D1749704

BASLER KOMMENTAR

Schweizerische Zivilprozessordnung

BASLER KOMMENTAR

Schweizerische Zivilprozessordnung

Herausgeber

Karl Spühler
em. Professor an der Universität Zürich,
a. Bundesrichter, Rechtsanwalt in Zürich

Luca Tenchio
Rechtsanwalt in Chur

Dominik Infanger
Rechtsanwalt und Notar in Chur

Helbing Lichtenhahn Verlag

BASLER KOMMENTAR

begründet von
Heinrich Honsell und Nedim Peter Vogt

Bibliographische Information der Deutschen Nationalbibliothek

Die Deutsche Nationalbibliothek verzeichnet diese Publikation
in der Deutschen Nationalbibliographie; detaillierte bibliographische Daten
sind im Internet abrufbar: http://dnb.d-nb.de

Zitiervorschlag: BSK ZPO-BEARBEITER/IN, Art. 29 N 4

Alle Rechte vorbehalten. Dieses Werk ist weltweit urheberrechtlich geschützt.
Insbesondere das Recht, das Werk mittels irgendeines Mediums (grafisch, technisch,
elektronisch und/oder digital, einschliesslich Fotokopie und downloading) teilweise
oder ganz zu vervielfältigen, vorzutragen, zu verbreiten, zu bearbeiten, zu übersetzen,
zu übertragen oder zu speichern, liegt ausschliesslich beim Verlag. Jede Verwertung in
den genannten oder in anderen als den gesetzlich zugelassenen Fällen bedarf deshalb
der vorherigen schriftlichen Einwilligung des Verlags.

© 2010 Helbing Lichtenhahn Verlag, Basel

ISBN 978-3-7190-2323-2
www.helbing.ch

Vorwort

Im April 1999 setzte Bundesrat Arnold Koller eine Expertenkommission zur Ausarbeitung der ersten Schweizerischen Zivilprozessordnung ein. Diese wurde nicht unter dem Vorbild einer oder mehreren kantonalen Zivilprozessordnungen erarbeitet, sondern die Expertenkommission unter dem Präsidium des Basler Professors Thomas Sutter-Somm war bestrebt, etwas wirklich Neues zu schaffen. Bundesrat und Parlament wichen teils schwergewichtig vom Entwurf der Epertenkommission ab. Dies betraf vor allem den Gang des ordenlichen Verfahrens, des Beweisverfahrens, die Einführung der Mediation und die folgenschwere Redimensionierung der Rechtsmittel. Ob dies für die Praxis von Gerichten und Anwälten gelang, werden erst die nächsten Jahre nach dem Inkrafttreten der Schweizerischen Zivilprozessordnung am 1. Januar 2011 zeigen.

Der vorliegende Kommentar soll bei der Anwendung des neuen Zivilprozessrechtes helfen. 46 Juristinnen und Juristen aus Gerichten, Hochschulen und Advokatur haben ein Werk geschaffen, das bestrebt ist, den praktischen Bedürfnissen umfassend zu genügen.

Unser Dank gilt vorerst den Autorinnen und Autoren, welche ihre Beiträge unter oft schwierigen persönlichen und beruflichen Verhältnissen erstellten. Daneben geht ein aufrichtiger Dank an den Verlag, vor allem Dr. Men Haupt, der den Autoren und der Herausgeberschaft stets erhebliche Freiheit gewährte. Danken möchten wir schliesslich lic. iur. Joëlle Monney, welche uns als Lektorin stets mit äusserst wertvollen Hilfeleistungen beigestanden ist.

Zürich/Chur, im April 2010　　　　　　　　　　　　　　　　Die Herausgeber:

　　　　　　　　　　　　　　　　　　　　　　　　　　　　Karl Spühler
　　　　　　　　　　　　　　　　　　　　　　　　　　　　Luca Tenchio
　　　　　　　　　　　　　　　　　　　　　　　　　　　　Dominik Infanger

Verzeichnis der Autorinnen und Autoren

Dorothee Auwärter, lic. iur.
Rechtsanwältin in Winterthur
Art. 38a

Jurij Benn, Dr. iur.
Rechtsanwalt, dipl. Steuerexperte in Zürich
Art. 142–146

Stephen V. Berti, Prof. Dr. iur.
Rechtsanwalt,
Ordinarius an der Universität Luzern,
Titularprofessor an der Universität Fribourg
Art. 13

Remo Bornatico, lic. iur.
a. Oberrichter am Obergericht Zürich
Art. 124–132, 136–141

Andrea Brüesch, Dr. iur.
Rechtsanwalt und Notar in Chur
Art. 19

Alfred Bühler, Dr. iur., Dr. h.c.
a. Oberrichter, Egliswil
Art. 133–135

Annette Dolge, Dr. iur., LL.M.
Kantonsrichterin am Kantonsgericht Schaffhausen
Art. 177–189

Lorenz Droese, Dr. iur.
Oberassistent an der Universität Luzern,
Rechtsanwalt in Zürich
Art. 335–341

Andreas Frei, lic. iur.
Rechtsanwalt in Winterthur, Richter am Verwaltungsgericht Zürich
Art. 402–406, 408

Sylvia Frei, lic. iur.
Rechtsanwältin in Winterthur, Richterin am Kassationsgericht des Kt. Zürich und Richterin am Bundesstrafgericht in Bellinzona
Art. 219–235

Nina J. Frei, Dr. iur.
Rechtsanwältin in Zug
Art. 16, 73–83

Myriam A. Gehri, Dr. iur., LL.M.
Solicitor of England & Wales,
Rechtsanwältin in Küsnacht, Lehrbeauftragte an der Universität Zürich
Art. 52–61

Thomas Geiser, Prof. Dr. iur.
Professor an der Universität St. Gallen
Art. 305–307

Philipp S. Gelzer, Dr. iur.
Advokat, Mediator SKWM,
Gerichtsschreiber am Schweizerischen Bundesgericht in Lausanne
Vorbem. zu Art. 213–218, Art. 217

Roger Giroud, Prof. Dr. iur., LL.M.
Rechtsanwalt in Zürich
Art. 46

Daniel Girsberger, Prof. Dr. iur., LL.M.
Professor an der Universität Luzern,
Rechtsanwalt in Zürich
Art. 357–359, 381–388, 407

Niccolò Gozzi, Dr. iur., LL.M.
Rechtsanwalt in Zürich
Art. 147–149

Peter Guyan, Dr. iur.
Rechtsanwalt in Chur
Art. 150–159, 169–176

Philipp Habegger, Dr. iur., LL.M.
Rechtsanwalt in Zürich
Art. 360–362, 364–366, 370–380

Peter Hafner, Dr. iur., LL.M.
Rechtsanwalt in Zürich
Art. 168, 190–193

Heinrich Hempel, Dr. iur., LL.M.
Rechtsanwalt in Winterthur
Art. 36–39

Nicolas Herzog, Dr. iur., LL.M.
Rechtsanwalt in Zürich
Art. 328–334

Verzeichnis der Autorinnen und Autoren

Andri Hess-Blumer, Dr. iur., LL.M.
Rechtsanwalt in Zürich
Art. 270

Dieter Hofmann, lic. iur.
Rechtsanwalt in Zürich
Art. 257

Dominik Infanger, Dr. iur.
Rechtsanwalt und Notar in Chur
Art. 9–12, 17, 18, 62–65, 197–212

Noëlle Kaiser Job, lic. iur.
Rechtsanwältin, Ersatzrichterin am
Bezirksgericht Zürich
Art. 31–35, 194–196

Peter Karlen, Dr. iur.
Bundesrichter am Schweizerischen
Bundesgericht in Lausanne
Art. 29, 30 und 122 BV

Claudia Martin-Spühler, lic. iur.
Rechtsanwältin, Uster
Art. 28

Stephan Mazan, Dr. iur.
Rechtsanwalt, Bezirksrichter am Bezirksgericht
Dietikon
Art. 243–256 inkl. Vorbem.

Michael Mráz, Dr. iur.
Rechtsanwalt in Zürich
Art. 389–399

Paul Oberhammer, Prof. Dr. iur.
Professor an der Universität Zürich
Art. 84–90, 236–242

Viktor Rüegg, lic. iur.
Rechtsanwalt, Notar und Mediator in Kriens
Art. 91–123

Peter Ruggle, lic. iur.
Rechtsanwalt und Mediator SAV in Zürich
Art. 14, 70–72, 213–216, 218, 400, 401

Ernst F. Schmid, Dr. iur., LL.M.
Rechtsanwalt in Zürich
Art. 160–167

Kurt Siehr, Prof. Dr. iur., Dr. h.c., M.C.L.
em. Professor an der Universität Zürich,
Max-Planck-Institut Hamburg
Art. 23–27, 271–294

Thomas Sprecher, Dr. iur., Dr. phil., LL.M.
Rechtsanwalt in Zürich
Art. 261–269

Karl Spühler, Prof. Dr. iur.
Rechtsanwalt in Zürich, ehemals Bundesrichter
Entstehungsgeschichte, Art. 308–327a

Daniel Steck, Dr. iur.
a. Oberrichter, Greifensee
Art. 295–304

Kristina Tenchio-Kuzmić, Dr. iur.
Rechtsanwältin und Notarin in Chur
Art. 66, 67, 258–260

Luca Tenchio, Dr. iur.
Rechtsanwalt in Chur
Art. 29, 30, 68, 69, 258–260

Claudia Visinoni-Meyer, Dr. iur.
Rechtsanwältin, Gerichtsschreiberin am
Bezirksgericht Inn
Art. 347–352

Dominik Vock, Dr. iur., LL.M.
Rechtsanwalt in Zürich
Art. 1–8, 40–45

Marc Weber, Dr. iur., LL.M.
Rechtsanwalt in Zürich
Art. 15, 20–22, 47–51

Urs Weber-Stecher, Dr. iur., LL.M.
Rechtsanwalt in Zürich
Einleitung 3. Teil, Art. 353–356, 363,
367–369

Daniel Willisegger, lic. iur.
Rechtsanwalt in Winterthur
Art. 219–235, 402–406, 408

Gian Reto Zinsli, lic. iur.
Rechtsanwalt und Notar in Chur
Art. 342–346

Inhaltsverzeichnis

	Art.	Seite
Vorwort		V
Verzeichnis der Autorinnen und Autoren		VII
Inhaltsverzeichnis		IX
Abkürzungsverzeichnis		XIII
Literaturverzeichnis		XXVII

	Art.	Seite
Bundesverfassung	29, 30, 122	3
Schweizerische Zivilprozessordnung		
1. Teil: Allgemeine Bestimmungen	1–196	27
1. Titel: Gegenstand und Geltungsbereich	1–3	27
2. Titel: Zuständigkeit der Gerichte und Ausstand	4–51	35
1. Kapitel: Sachliche und funktionelle Zuständigkeit	4–8	35
2. Kapitel: Örtliche Zuständigkeit	9–46	52
1. Abschnitt: Allgemeine Bestimmungen	9–19	52
2. Abschnitt: Personenrecht	20–22	117
3. Abschnitt: Familienrecht	23–27	137
4. Abschnitt: Erbrecht	28	160
5. Abschnitt: Sachenrecht	29, 30	170
6. Abschnitt: Klagen aus Vertrag	31–35	188
7. Abschnitt: Klagen aus unerlaubter Handlung	36–39	215
8. Abschnitt: Handelsrecht	40–45	246
9. Abschnitt: Schuldbetreibungs- und Konkursrecht	46	266
3. Kapitel: Ausstand	47–51	269
3. Titel: Verfahrensgrundsätze und Prozessvoraussetzungen	52–61	288
1. Kapitel: Verfahrensgrundsätze	52–58	288
2. Kapitel: Prozessvoraussetzungen	59–61	325
4. Titel: Rechtshängigkeit und Folgen des Klagerückzugs	62–65	337
5. Titel: Die Parteien und die Beteiligung Dritter	66–83	353
1. Kapitel: Partei- und Prozessfähigkeit	66, 67	353
2. Kapitel: Parteivertretung	68, 69	376
3. Kapitel: Streitgenossenschaft	70–72	389

Inhaltsverzeichnis

4. Kapitel: Intervention	73–77	412
1. Abschnitt: Hauptintervention	73	412
2. Abschnitt: Nebenintervention	74–77	418
5. Kapitel: Streitverkündung	78–82	435
1. Abschnitt: Einfache Streitverkündung	78–80	435
2. Abschnitt: Streitverkündungsklage	81, 82	448
6. Kapitel: Parteiwechsel	83	475
6. Titel: Klagen	84–90	486
7. Titel: Streitwert	91–94	533
8. Titel: Prozesskosten und unentgeltliche Rechtspflege	95–123	542
1. Kapitel: Prozesskosten	95–103	542
2. Kapitel: Verteilung und Liquidation der Prozesskosten	104–112	570
3. Kapitel: Besondere Kostenregelungen	113–116	587
4. Kapitel: Unentgeltliche Rechtspflege	117–123	595
9. Titel: Prozessleitung, prozessuales Handeln und Fristen	124–149	624
1. Kapitel: Prozessleitung	124–128	624
2. Kapitel: Formen des prozessualen Handelns	129–141	647
1. Abschnitt: Verfahrenssprache	129	647
2. Abschnitt: Eingaben der Parteien	130–132	652
3. Abschnitt: Gerichtliche Vorladung	133–135	666
4. Abschnitt: Gerichtliche Zustellung	136–141	674
3. Kapitel: Fristen, Säumnis und Wiederherstellung	142–149	694
1. Abschnitt: Fristen	142–146	694
2. Abschnitt: Säumnis und Wiederherstellung	147–149	712
10. Titel: Beweis	150–193	730
1. Kapitel: Allgemeine Bestimmungen	150–159	730
2. Kapitel: Mitwirkungspflicht und Verweigerungsrecht	160–167	766
1. Abschnitt: Allgemeine Bestimmungen	160–162	766
2. Abschnitt: Verweigerungsrecht der Parteien	163, 164	785
3. Abschnitt: Verweigerungsrecht Dritter	165–167	788
3. Kapitel: Beweismittel	168–193	799
1. Abschnitt: Zulässige Beweismittel	168	799
2. Abschnitt: Zeugnis	169–176	806
3. Abschnitt: Urkunde	177–180	824
4. Abschnitt: Augenschein	181, 182	836
5. Abschnitt: Gutachten	183–189	840
6. Abschnitt: Schriftliche Auskunft	190	885
7. Abschnitt: Parteibefragung und Beweisaussage	191–193	888
11. Titel: Rechtshilfe zwischen schweizerischen Gerichten	194–196	897

2. Teil: Besondere Bestimmungen — 197–352 — 903

1. Titel: Schlichtungsversuch — 197–212 — 903
1. Kapitel: Geltungsbereich und Schlichtungsbehörde — 197–201 — 903
2. Kapitel: Schlichtungsverfahren — 202–207 — 914
3. Kapitel: Einigung und Klagebewilligung — 208, 209 — 934
4. Kapitel: Urteilsvorschlag und Entscheid — 210–212 — 942

2. Titel: Mediation — 213–218 — 950

3. Titel: Ordentliches Verfahren — 219–242 — 979
1. Kapitel: Geltungsbereich — 219 — 979
2. Kapitel: Schriftenwechsel und Vorbereitung der Hauptverhandlung — 220–227 — 982
3. Kapitel: Hauptverhandlung — 228–234 — 1028
4. Kapitel: Protokoll — 235 — 1052
5. Kapitel: Entscheid — 236–240 — 1063
6. Kapitel: Beendigung des Verfahrens ohne Entscheid — 241, 242 — 1096

4. Titel: Vereinfachtes Verfahren — 243–247 — 1112

5. Titel: Summarisches Verfahren — 248–270 — 1146
1. Kapitel: Geltungsbereich — 248–251 — 1146
2. Kapitel: Verfahren und Entscheid — 252–256 — 1174
3. Kapitel: Rechtsschutz in klaren Fällen — 257 — 1189
4. Kapitel: Gerichtliches Verbot — 258–260 — 1197
5. Kapitel: Vorsorgliche Massnahmen und Schutzschrift — 261–270 — 1205
1. Abschnitt: Vorsorgliche Massnahmen — 261–269 — 1205
2. Abschnitt: Schutzschrift — 270 — 1334

6. Titel: Besondere eherechtliche Verfahren — 271–294 — 1343
1. Kapitel: Angelegenheiten des summarischen Verfahrens — 271–273 — 1343
2. Kapitel: Scheidungsverfahren — 274–294 — 1354
1. Abschnitt: Allgemeine Bestimmungen — 274–284 — 1355
2. Abschnitt: Scheidung auf gemeinsames Begehren — 285–289 — 1385
3. Abschnitt: Scheidungsklage — 290–293 — 1395
4. Abschnitt: Eheungültigkeits- und Ehetrennungsklagen — 294 — 1402

7. Titel: Kinderbelange in familienrechtlichen Angelegenheiten — 295–304 — 1405
1. Kapitel: Allgemeine Bestimmungen — 295, 296 — 1407
2. Kapitel: Eherechtliche Verfahren — 297–301 — 1422
3. Kapitel: Angelegenheiten des summarischen Verfahrens — 302 — 1452
4. Kapitel: Unterhalts- und Vaterschaftsklage — 303, 304 — 1459

Inhaltsverzeichnis

8. Titel: Verfahren bei eingetragener Partnerschaft	305–307	1468
1. Kapitel: Angelegenheiten des summarischen Verfahrens	305, 306	1468
2. Kapitel: Auflösung und Ungültigkeit der eingetragenen Partnerschaft	307	1478
9. Titel: Rechtsmittel	308–334	1483
1. Kapitel: Berufung	308–318	1485
1. Abschnitt: Anfechtbare Entscheide und Berufungsgründe	308–310	1485
2. Abschnitt: Berufung, Berufungsantwort und Anschlussberufung	311–314	1489
3. Abschnitt: Wirkungen und Verfahren der Berufung	315–318	1494
2. Kapitel: Beschwerde	319–327a	1501
3. Kapitel: Revision	328–333	1516
4. Kapitel: Erläuterung und Berichtigung	334	1545
10. Titel: Vollstreckung	335–352	1550
1. Kapitel: Vollstreckung von Entscheiden	335–346	1550
2. Kapitel: Vollstreckung öffentlicher Urkunden	347–352	1613
3. Teil: Schiedsgerichtsbarkeit	353–399	1635
1. Titel: Allgemeine Bestimmungen	353–356	1648
2. Titel: Schiedsvereinbarung	357–359	1685
3. Titel: Bestellung des Schiedsgerichts	360–366	1713
4. Titel: Ablehnung, Abberufung und Ersetzung der Mitglieder des Schiedsgerichts	367–371	1752
5. Titel: Das Schiedsverfahren	372–380	1806
6. Titel: Schiedsspruch	381–388	1908
7. Titel: Rechtsmittel	389–399	1960
1. Kapitel: Beschwerde	389–395	1960
2. Kapitel: Revision	396–399	2012
4. Teil: Schlussbestimmungen	400–408	2029
1. Titel: Vollzug	400, 401	2029
2. Titel: Anpassung von Gesetzen	402, 403	2031
3. Titel: Übergangsbestimmungen	404–407	2034
4. Titel: Referendum und Inkrafttreten	408	2052
Sachregister		2053

Abkürzungsverzeichnis

a	frühere Fassung der betreffenden Bestimmung
a.A.	anderer Ansicht
a.a.O.	am angeführten Ort
Abt.	Abteilung
aBV	alte Bundesverfassung der Schweizerischen Eidgenossenschaft vom 29. Mai 1874, in Kraft bis 31. Dezember 1999
Abs.	Absatz
AcP	Archiv für civilistische Praxis
a.E.	am Ende
AFG	Bundesgesetz vom 18. März 1994 über die Anlagefonds (neu: KAG, SR 951.31)
AG	Aktiengesellschaft
AG	Kanton Aargau
AGer	Arbeitsgericht
AGVE	Aargauische Gerichts- und Verwaltungsentscheide
AHVG	Bundesgesetz vom 20. Dezember 1946 über die Alters- und Hinterlassenenversicherung (SR 831.10)
AI	Kanton Appenzell Innerrhoden
AJP	Aktuelle Juristische Praxis, St. Gallen 1992 ff.
AKBS	Fachgruppe ZPO/SchKG der Advokatenkammer Basel und der ASA-Lokalgruppe Basel für das Schiedsverfahren
a.M.	anderer Meinung
AmtlBull	Amtliches Bulletin der Bundesversammlung (NR: Nationalrat; StR: Ständerat); bis 1966 StenBull
Anh.	Anhang
Anm.	Anmerkung
aOR	Bundesgesetz vom 14. Juni 1881 über das Obligationenrecht (altes OR)
AppGer	Appellationsgericht
AppHof	Appellationshof
AR	Kanton Appenzell Ausserrhoden
ArbInt	Arbitration International (London)
ArbR	Mitteilungen des Instituts für schweizerisches Arbeitsrecht, Zürich
Art.	Artikel

Abkürzungsverzeichnis

AS	Sammlung der eidgenössischen Gesetze (1948 ff.; von 1848–1947: Eidgenössische Gesetzessammlung)
ASA	Association Suisse de l'Arbitrage (Schweizerische Vereinigung für Schiedsgerichtsbarkeit)
ASA Bull	ASA Bulletin
ATSG	Bundesgesetz vom 6. Oktober 2000 über den Allgemeinen Teil des Sozialversicherungsrechts (SR 830.1)
Aufl.	Auflage
AuG	Bundesgesetz vom 16. Dezember 2005 über die Ausländerinnen und Ausländer (SR 142.20)
AVG	Bundesgesetz vom 6. Oktober 1989 über die Arbeitsvermittlung und den Personalverleih (*Arbeitsvermittlungsgesetz*; SR 823.11)
BankG	Bundesgesetz vom 8. November 1934 über die Banken und Sparkassen (*Bankengesetz*; SR 952.0)
BB	Der Betriebs-Berater, D-Heidelberg
BBl	Bundesblatt
Bd./Bde.	Band/Bände
BE	Kanton Bern
BEHG	Bundesgesetz vom 24. März 1995 über die Börsen und den Effektenhandel (*Börsengesetz*; SR 954.1)
Bem.	Bemerkung
betr.	betreffend
BewG	Bundesgesetz vom 16. Dezember 1983 über den Erwerb von Grundstücken durch Personen im Ausland (SR 211.412.41)
BezGer	Bezirksgericht
BGer	Bundesgericht
BGE	Entscheidungen des Schweizerischen Bundesgerichtes. Amtliche Sammlung, Lausanne
BJM	Basler Juristische Mitteilungen
BG	Bundesgesetz
BGB	deutsches Bürgerliches Gesetzbuch
BGBB	Bundesgesetz vom 4. Oktober 1991 über das bäuerliche Bodenrecht (SR 211.412.11)
BGG	Bundesgesetz vom 17. Juni 2005 über das Bundesgericht (*Bundesgerichtsgesetz*; SR 173.110)
BG-KKE	Bundesgesetz vom 21. Dezember 2007 über internationale Kindesentführung und die Haager Übereinkommen zum Schutz von Kindern und Erwachsenen (SR 211.222.32)

Abkürzungsverzeichnis

BFA	Bundesgesetz vom 23. Juni 2000 über die Freizügigkeit der Anwältinnen und Anwälte (*Anwaltsgesetz*; SR 935.61)
BK	Berner Kommentar, Bern
BL	Kanton Basel-Landschaft
BR	Bündner Rechtsbuch
BS	Kanton Basel-Stadt
BSG	Bernische systematische Gesetzessammlung
BSK	Basler Kommentar
Bsp.	Beispiel
bspw.	beispielsweise
Bst.	Buchstabe
Bull ASA	Bulletin de l'Association Suisse de l'Arbitrage (Basel)
Bull. civ.	Bulletin des arrêts de la Cour de cassation, chambre civile (Paris)
BV	Bundesverfassung der Schweizerischen Eidgenossenschaft vom 18. Dezember 1998 (SR 101)
BVG	Bundesgesetz vom 25. Juni 1982 über die berufliche Alters-, Hinterlassenen- und Invalidenvorsorge (SR 831.40)
BVerfGE	Bundesverfassungsgericht
BZP	Bundesgesetz vom 4. Dezember 1947 über den Bundeszivilprozess (SR 273)
bzw.	beziehungsweise
CHF	Schweizer Franken
CIEC	Commission Internationale de l'Etat Civil
CJ GE	Cour de Justice (Genève)
COTIF	Übereinkommen vom 9. Mai 1980 über den internationalen Eisenbahnverkehr (SR 0.742.403.1)
C.p.c.	Code de procédure civile
ders.	derselbe
DesG	Bundesgesetz vom 5. Oktober 2001 über den Schutz von Design (*Designgesetz*; SR 232.12)
dgl.	dergleichen
d.h.	das heisst
dies.	dieselben
DIS	Deutsche Institution für Schiedsgerichtsbarkeit
DIS Rules	DIS Schiedsgerichtsordnung
dies.	dieselben

XV

Abkürzungsverzeichnis

DRiZ	Deutsche Richterzeitung (Köln)
Diss.	Dissertation
DSG	Bundesgesetz vom 19. Juni 1992 über den Datenschutz (SR 235.1)
E	Entwurf
E.	Erwägung
EBG	Eisenbahngesetz vom 20. Dezember 1957 (SR 742.101)
EGBGB	Einführungsgesetz zum Bürgerlichen Gesetzbuch
EG-VSZ	Entscheide der Gerichts- und Verwaltungsbehörden des Kantons Schwyz
eidg.	eidgenössisch
EJPD	Eidgenössisches Justiz- und Polizeidepartement
EMRK	(Europäische) Konvention vom 4. November 1950 zum Schutze der Menschenrechte und Grundfreiheiten (SR 0.101)
Entw.	Entwurf
ESÜ	Europäisches Übereinkommen vom 20. Mai 1989 über die Anerkennung und Vollstreckung von Entscheidungen über das Sorgerecht für Kinder und die Wiederherstellung des Sorgerechts (SR 02.211.230.01)
etc.	et cetera
ETH	Eidgenössische Technische Hochschule
EuGH	Gerichtshof der Europäischen Gemeinschaften
EuGVO	Verordnung (EG) Nr. 2201/2003 des Rates vom 27. November 2003 über die Zuständigkeit und die Anerkennung und Vollstreckung von Entscheidungen in Ehesachen und in Verfahren betreffend die elterliche Verantwortung und zur Aufhebung der Verordnung (EG) Nr. 1347/2000
EuGVÜ	Brüsseler Übereinkommen vom 27. September 1968 über die gerichtliche Zuständigkeit und die Vollstreckung gerichtlicher Entscheidungen in Zivil- und Handelssachen
EuZ	Zeitschrift für Europarecht, Zürich
evtl.	eventuell
f./ff.	folgende/fortfolgende (Seite/Seiten)
FamFG	deutsches Gesetz vom 17. Dezember 2008 über das Verfahren in Familiensachen und in den Angelegenheiten der freiwilligen Gerichtsbarkeit
FamPra.ch	Die Praxis des Familienrechts (Bern)

Abkürzungsverzeichnis

FFE	Fürsorgerischer Freiheitsentzug
HGer	Handelsgericht
FG	Festgabe
FINMAG	Bundesgesetz vom 22. Juni 2007 über die Eidgenössische Finanzmarktaufsicht (*Finanzmarktaufsichtsgesetz*; SR 956.1)
FN	Fussnote
FR	Kanton Freiburg
FS	Festschrift
FZG	Bundesgesetz vom 17. Dezember 1993 über die Freizügigkeit in der beruflichen Alters-, Hinterlassenen- und Invalidenvorsorge (*Freizügigkeitsgesetz*; SR 831.42)
GBV	Verordnung vom 22. Februar 1910 betreffend das Grundbuch (*Grundbuchverordnung*; SR 211.432.1)
GE	Kanton Genf
GeBüV	Verordnung vom 24. April 2002 über die Führung und Aufbewahrung der Geschäftsbücher (*Geschäftsbücherverordnung*; SR 221.431)
GestG	Bundesgesetz vom 24. März 2000 über den Gerichtsstand in Zivilsachen (*Gerichtsstandsgesetz*; SR 272)
ggf.	gegebenenfalls
GL	Kanton Glarus
GlG	Bundesgesetz vom 24. März 1995 über die Gleichstellung von Mann und Frau (*Gleichstellungsgesetz*; SR 151.1)
gl.M.	gleicher Meinung
GmbH	Gesellschaft mit beschränkter Haftung
GR	Kanton Graubünden
GUMG	Bundesgesetz vom 8. Oktober 2004 über genetische Untersuchungen beim Menschen (SR 810.12)
GV	Generalversammlung
GVG	Gerichtsverfassungsgesetz (z.B. GVG/ZH)
GVP/SG	St. Gallische Gerichts- und Verwaltungspraxis, St. Gallen
HAP	Handbücher für die Anwaltspraxis (z.B. HAP I), Basel
HBÜ	(Haager) Übereinkommen vom 18. März 1970 über die Beweisaufnahme im Ausland in Zivil- und Handelssachen (SR 0.274.132)
HEsÜ	Übereinkommen vom 13. Januar 2000 über den internationalen Schutz von Erwachsenen (*Haager Erwachsenenschutzübereinkommen*; SR 0.211.232.1)

Abkürzungsverzeichnis

HGer	Handelsgericht
h.L.	herrschende Lehre
h.M.	herrschende Meinung
HKsÜ	Übereinkommen vom 19. Oktober 1996 über die Zuständigkeit, das anzuwendende Recht, die Anerkennung, Vollstreckung und Zusammenarbeit auf dem Gebiet der elterlichen Verantwortung und der Massnahmen zum Schutz von Kindern (*Haager Kindesschutzübereinkommen*; SR 0.211.231.011)
HRegV	Handelsregisterverordnung vom 17. Oktober 2007 (SR 221.411)
Hrsg.	Herausgeber, Herausgeberin
IBA	International Bar Association
IBA Evidence Rules	IBA Rules on the Taking of Evidence in International Commercial Arbitrations, adopted by the IBA Council on 1 June 1999
ICC	International Chamber of Commerce/Internationale Handelskammer (Paris)
ICC Bull	The ICC International Court of Arbitration Bulletin
ICC Rules	Schiedsgerichtsordnung der Internationalen Handelskammer (ICC) vom 1. Januar 1998
i.c.	in casu
i.d.R.	in der Regel
i.e.	id est = das heisst
i.E.	im Ergebnis
i.e.S.	im engeren Sinne
i.f.	in fine = am Ende
IHK	Internationale Handelskammer
INFOSTAR	Informatisiertes Standesregister
inkl.	inklusive
insb.	insbesondere
IPR	Internationales Privatrecht
IPRAx	Praxis des internationalen Privat- und Verfahrensrechts, D-Bielefeld
IPRG	Bundesgesetz vom 18. Dezember 1987 über das Internationale Privatrecht (SR 291)
i.S.	im Sinne
i.S.v.	im Sinne von

Abkürzungsverzeichnis

ius.focus	Zeitschrift für Aktuelle Rechtsprechung kompakt, Basel
i.V.m.	in Verbindung mit
i.w.S.	im weiteren Sinne
JAR	Jahrbuch des Schweizerischen Arbeitsrechts, Bern
JBl	Juristische Blätter (Wien)
JdT	Journal des Tribunaux, Lausanne
JIntArb	Journal of International Arbitration (Genf)
JKR	Jahrbuch des schweizerischen Konsumentenrechts, Bern
JN	österreichische Jurisdiktionsnorm
JU	Kanton Jura
JZ	Juristenzeitung (Tübingen)
KAG	Bundesgesetz vom 23. Juni 2006 über die kollektiven Kapitalanlagen (*Kollektivanlagengesetz*; SR 951.31)
Kap.	Kapitel
KassGer	Kassationsgericht
KG	Bundesgesetz vom 6. Oktober 1995 über Kartelle und andere Wettbewerbsbeschränkungen (*Kartellgesetz*; SR 251)
KGer	Kantonsgericht (gefolgt von der amtlichen Abkürzung des Kantons [Bsp.: KGer VS])
KHG	Kernenergiehaftpflichtgesetz vom 18. März 1983 (SR 732.44)
KKG	Bundesgesetz vom 23. März 2001 über den Konsumkredit (SR 221.214.1)
KKV	Verordnung vom 22. November 2006 über die kollektiven Kapitalanlagen (*Kollektivanlagenverordnung*; SR 951.311)
Komm.	Kommentar/Kommentierung
KSG	Konkordat vom 27. März 1969 über die Schiedsgerichtsbarkeit
krit.	kritisch
KVZ	Konkordat vom 27. März 1969 über die Vollstreckung von Zivilurteilen
LCIA	London Court of International Arbitration
LCIA Rules	LCIA Schiedsgerichtsordnung vom 1. Januar 1998
LFG	Bundesgesetz vom 21. Dezember 1948 über die Luftfahrt (*Luftfahrtgesetz*; SR 748.0)
LGVE	Luzerner Gerichts- und Verwaltungsentscheide

Abkürzungsverzeichnis

lit.	litera
LPG	Bundesgesetz vom 4. Oktober 1985 über die landwirtschaftliche Pacht (SR 221.213.2)
LS	Loseblattsammlung der Zürcher Gesetze
LTrV	Verordnung vom 17. August 2005 über den Lufttransport (SR 748.411)
LU	Kanton Luzern
LugÜ	Übereinkommen vom 16. September 1988 über die gerichtliche Zuständigkeit und die Vollstreckung gerichtlicher Entscheidungen in Zivil- und Handelssachen (*Lugano-Übereinkommen*; SR 0.275.11) (mit Prot. und Erkl.)
LugÜ II	Übereinkommen vom 30. Oktober 2007 über die gerichtliche Zuständigkeit und die Anerkennung und Vollstreckung von Entscheidungen in Zivil- und Handelssachen (BBl 2009 8809)
m.a.W.	mit anderen Worten
m.Bsp.	mit Beispielen
m.E.	meines Erachtens
m.H.	mit Hinweisen
m.Nw.	mit Nachweisen
m.Vw.	mit Verweis
m.w.Bsp.	mit weiteren Beispielen
m.w.E.	mit weiteren Erläuterungen
m.w.H.	mit weiteren Hinweisen
m.w.Nw.	mit weiteren Nachweisen
m.w.V.	mit weiteren Verweisungen
max.	maximal
mind.	mindestens
mp	Mietrechtspraxis, Zeitschrift für Schweizerisches Mietrecht (Zürich)
MSchG	Bundesgesetz vom 28. August 1992 über den Schutz von Marken und Herkunftsangaben (*Markenschutzgesetz*; SR 232.11)
N	Note
NE	Kanton Neuenburg
No	Number
Nr.	Nummer
NR	Nationalrat

Abkürzungsverzeichnis

NW	Kanton Nidwalden
NYÜ	Übereinkommen vom 10. Juni 1958 über die Anerkennung und Vollstreckung ausländischer Schiedssprüche (SR 0.277.12; «New Yorker Übereinkommen»)
NZZ	Neue Zürcher Zeitung
OG	Bundesgesetz vom 16. Dezember 1943 über die Organisation der Bundesrechtspflege (*Bundesrechtspflegegesetz*; abgelöst durch das BGG, s. dort)
OGer	Obergericht (gefolgt von der amtlichen Abkürzung des Kantons [Bsp.: OGer ZH])
OHG	Bundesgesetz vom 23. März 2007 über die Hilfe an Opfer von Straftaten (*Opferhilfegesetz*; SR 312.5)
OR	Bundesgesetz vom 30. März 1911 betreffend die Ergänzung des Schweizerischen Zivilgesetzbuches (Fünfter Teil: *Obligationenrecht*; SR 220)
OW	Kanton Obwalden
PartG	Bundesgesetz vom 18. Juni 2004 über die eingetragene Partnerschaft gleichgeschlechtlicher Paare (*Partnerschaftsgesetz*; SR 211.231)
PatG	Bundesgesetz vom 25. Juni 1954 über die Erfindungspatente (*Patentgesetz*; SR 232.14)
PG	Postgesetz vom 30. April 1997 (SR 783.0)
PKG	Die Praxis des Kantonsgerichtes von Graubünden, Chur
POG	Bundesgesetz vom 30. April 1997 über die Organisation der Postunternehmung des Bundes (*Postorganisationsgesetz*; SR 783.1)
Pra	Die Praxis des Bundesgerichts, Basel
PrHG	Bundesgesetz vom 18. Juni 1993 über die Produktehaftpflicht (*Produktehaftpflichtgesetz*; SR 221.112.944)
RB	Rechenschaftsbericht des Zürcher Kassationsgerichts
RBOG	Rechenschaftsbericht des Obergerichts des Kantons Thurgau an den Grossen Rat
RIW	Recht der internationalen Wirtschaft, Frankfurt a.M.
RLG	Bundesgesetz vom 4. Oktober 1963 über Rohrleitungsanlagen zur Beförderung flüssiger oder gasförmiger Brenn- oder Treibstoffe (*Rohrleitungsgesetz*; SR 746.1)
Rz	Randziffer
s.	siehe
s.o.	siehe oben
s.u.	siehe unten

Abkürzungsverzeichnis

S.	Seite
SBBG	Bundesgesetz vom 20. März 1998 über die Schweizerischen Bundesbahnen (SR 742.31)
SchKG	Bundesgesetz vom 11. April 1889 über Schuldbetreibung und Konkurs (SR 281.1)
SchlT	Schlusstitel
SchO	Schiedsgerichtsordnung, Schiedsordnung
SemJud	La semaine judiciaire (Genf)
SG	Kanton St. Gallen
SGK	St. Galler Kommentar
SH	Kanton Schaffhausen
SHAB	Schweizerisches Handelsamtsblatt
sic!	Zeitschrift für Immaterialgüter-, Informations- und Wettbewerbsrecht (Zürich)
SIWR	Schweizerisches Immaterialgüter- und Wettbewerbsrecht
SJZ	Schweizerische Juristen-Zeitung, Zürich
SMI	Schweizerische Mitteilungen über Immaterialgüterrecht, Basel
SO	Kanton Solothurn
sog.	sogenannt
SOG	Solothurnische Gerichtspraxis
SPR	Schweizerisches Privatrecht, Basel
SR	Systematische Sammlung des Bundesrechts, Bern
SSG	Bundesgesetz vom 23. September 1953 über die Seeschifffahrt unter der Schweizer Flagge (*Seeschifffahrtsgesetz*; SR 747.30)
StenBull	Amtliches stenographisches Bulletin der Bundesversammlung (seit 1967: AmtlBull)
StGB	Schweizerisches Strafgesetzbuch vom 21. Dezember 1937 (SR 311.0)
StPO	Schweizerische Strafprozessordnung vom 5. Oktober 2007 (*Strafprozessordnung*; BBl 2007 6977)
StR	Ständerat
SUVA	Schweizerische Unfallversicherungsanstalt, Luzern
SVG	Strassenverkehrsgesetz vom 19. Dezember 1958 (SR 741.01)
Swiss Rules	Internationale Schiedsordnung der Schweizerischen Handelskammern (Schweizerische Schiedsordnung) vom Januar 2006 (Swiss Rules of International Arbitration)

Abkürzungsverzeichnis

syst. Teil	Systematischer Teil
SZ	Kanton Schwyz
SZIER	Schweizerische Zeitschrift für internationales und europäisches Recht (Zürich)
SZS	Schweizerische Zeitschrift für Sozialversicherung und berufliche Vorsorge, Bern
SZW	Schweizerische Zeitschrift für Wirtschaftsrecht, Zürich (bis 1989: SAG)
SZZP	Schweizerische Zeitschrift für Zivilprozessrecht (Basel)
TAS	Tribunal Arbitral du Sport (Schiedsgericht für Sport)
Teilbd.	Teilband
TI	Kanton Tessin
TG	Kanton Thurgau
TREX	Der Treuhandexperte (Zürich)
TUG	Bundesgesetz vom 30. April 1997 über die Organisation der Telekommunikationsunternehmung des Bundes (*Telekommunikationsunternehmensgesetz*; SR 784.11)
UeB	Übergangsbestimmungen
u.	und/unten
UNCITRAL	United Nations Commission on International Trade Law (Kommission der Vereinten Nationen für Internationales Handelsrecht)
UNCITRAL Modellgesetz	UNCITRAL Model Law on International Commercial Arbitration
UNCITRAL Rules	UNCITRAL Arbitration Rules vom 15. Dezember 1976
UN-KRK	Übereinkommen vom 20. November 1989 über die Rechte des Kindes (SR 0.107)
unv.	unveröffentlicht
UR	Kanton Uri
URG	Bundesgesetz vom 9. Oktober 1992 über das Urheberrecht und verwandte Schutzrechte (*Urheberrechtsgesetz*; SR 231.1)
UstÜ	(Haager) Übereinkommen vom 2. Oktober 1973 über das auf Unterhaltspflichten anzuwendende Recht (SR 0.211.213.01)
usw.	und so weiter
u.U.	unter Umständen
UVÜ	Übereinkommen vom 2. Oktober 1973 über die Anerkennung und Vollstreckung von Unterhaltsentscheidungen (SR 0.211.213.02)

Abkürzungsverzeichnis

UWG	Bundesgesetz vom 19. Dezember 1986 gegen den unlauteren Wettbewerb (SR 241)
V	Verordnung
v.a.	vor allem
VAG	Bundesgesetz vom 17. Dezember 2004 betreffend die Aufsicht über die privaten Versicherungseinrichtungen (*Versicherungsaufsichtsgesetz*; SR 961.01)
VD	Kanton Waadt
VE	Vorentwurf
VE-ZPO	Vorentwurf zur Schweizerischen Zivilprozessordnung
Verf.	Verfasser
VersGer	Versicherungsgericht
VG	Bundesgesetz vom 14. März 1958 über die Verantwortlichkeit des Bundes sowie seiner Behördemitglieder und Beamten (*Verantwortlichkeitsgesetz*; SR 170.32)
vgl.	vergleiche
Vorbem.	Vorbemerkung
VPB	Verwaltungspraxis der Bundesbehörden, Bern
VS	Kanton Wallis
VTS	Verordnung vom 19. Juni 1995 über die technischen Anforderungen an Strassenfahrzeuge (SR 741.41)
VVG	Bundesgesetz vom 2. April 1908 über den Versicherungsvertrag (*Versicherungsvertragsgesetz*; SR 221.229.1)
VVV	Verkehrsversicherungsverordnung vom 20. November 1959 (SR 741.31)
WIPO	Weltorganisation für geistiges Eigentum (World Intellectual Property Organization)
WIPO Rules	Regeln über das Schiedsgerichtsverfahren der WIPO vom 1. Oktober 2002
WM	Wertpapier-Mitteilungen (Frankfurt a.M.)
z.B.	zum Beispiel
ZBJV	Zeitschrift des bernischen Juristenvereins, Bern
ZertES	Bundesgesetz vom 19. Dezember 2003 über Zertifizierungsdienste im Bereich der elektronischen Signatur (Bundesgesetz über die elektronische Signatur; SR 943.03)
ZEuP	Zeitschrift für europäisches Privatrecht (München)
ZfRV	Zeitschrift für Europarecht, IPR und Rechtsvergleichung, Wien

Abkürzungsverzeichnis

ZG	Kanton ZUG
ZGB	Schweizerisches Zivilgesetzbuch vom 10. Dezember 1907 (SR 210)
ZGRG	Zeitschrift für Gesetzgebung und Rechtsprechung in Graubünden, Chur
ZH	Kanton Zürich
ZK	Zürcher Kommentar, Zürich
Ziff.	Ziffer
zit.	zitiert
ZPO	Zivilprozessordnung (z.B. ZPO/ZH)
ZR	Blätter für die Zürcherische Rechtsprechung, Zürich
ZSR	Zeitschrift für Schweizerisches Recht, Basel
ZStR	Schweizerische Zeitschrift für Strafrecht, Bern
ZStV	Zivilstandsverordnung vom 28. April 2004 (SR 211.112.2)
ZvglRWiss	Zeitschrift für vergleichende Rechtswissenschaft, D-Heidelberg
ZVW	Zeitschrift für Vormundschaftswesen Zürich
ZWR	Zeitschrift für Walliser Rechtsprechung (Sion)
ZZPInt	Zeitschrift für Zivilprozess International, Köln
ZZW	Zeitschrift für Zivilstandswesen, Bern
ZZZ	Schweizerische Zeitschrift für Zivilprozess- und Zwangsvollstreckungsrecht (St. Gallen)

Literaturverzeichnis

AMONN/WALTHER	Kurt Amonn/Fridolin Walther, Grundriss des Schuldbetreibungs- und Konkursrechts, 8. Aufl., Bern 2008
AUBERT	Jean-François Aubert, Traité de Droit Constitutionnel Suisse, Neuenburg 1967; Supplement 1967–1982, Neuenburg 1998; Nachtrag, Neuenburg 1995
BAUMBACH/LAUTERBACH	Adolf Baumbach/Wolfgang Lauterbach/Jan Albers/Peter Hartmann, Zivilprozessordnung, 67. Aufl., München 2009
BERGER/GÜNGERICH	Bernhard Berger/Andreas Güngerich, Zivilprozessrecht – Unter Berücksichtigung des Entwurfs für eine schweizerische Zivilprozessordnung, der bernischen Zivilprozessordnung und des Bundesgerichtsgesetzes, Bern 2008
BERGER/KELLERHALS	Bernhard Berger/Franz Kellerhals, Internationale und interne Schiedsgerichtsbarkeit in der Schweiz, Bern/Wien 2006
Bericht VE-ZPO	Sutter-Somm et al., Schweizerische Zivilprozessordnung – Bericht zum Vorentwurf der Expertenkommission, Juni 2003
BERTOSSA/GAILLARD/GUYET	Bernard Bertossa/Louis Gaillard/Jaques Guyet, Commentaire de la loi de procédure du canton de Genève du 10 avril 1987, Genf 1990
BK-BEARBEITER/IN	Berner Kommentar zum Schweizerischen Privatrecht, Bern ab 1910, unterschiedliche Auflagen, die Nachweise beziehen sich auf die laufende Auflage
BÖCKLI	Peter Böckli, Schweizer Aktienrecht, 4. Aufl., Zürich 2009
BOHNET	François Bohnet, CPCN, Code de procédure civile neuchâtelois commenté, 2. Aufl., Basel 2005
BOHNET, ZSR II	François Bohnet, Les défenses en procédure civile suisse, in: Schweizerischer Juristenverein (Hrsg.) Vereinheitlichung des Zivilprozessrechts/Unification de la procédure civile, ZSR II – Referate zum Schweizerischen Juristentag 2009, 185–322, Basel 2009
BOTSCHAFT Bundesrechtspflege	Botschaft zur Totalrevision der Bundesrechtspflege vom 28. Februar 2001 (BBl 2001 4292)
BOTSCHAFT GestG	Botschaft zum Bundesgesetz über den Gerichtsstand in Zivilsachen vom 18. November 1998 (BBl 1999 2848 ff.)
BOTSCHAFT LugÜ	Botschaft zum Bundesbeschluss über die Genehmigung und die Umsetzung des revidierten Übereinkommens von Lugano über die gerichtliche Zuständigkeit, die Anerkennung und die Vollstreckung gerichtlicher Entscheidungen in Zivil- und Handelssachen vom 18. Februar 2009 (BBl 2009 1777 ff.)

Literaturverzeichnis

BOTSCHAFT ZPO	Botschaft zur Schweizerischen Zivilprozessordnung vom 28. Juni 2006 (BBl 2006 7221 ff.)
BOVAY/DUPUIS/ MONNIER/MOREILLON/ PIGUET	Benoît Bovay/Michel Dupuis/Gilles Monnier/Laurent Moreillon/Christophe Piguet, Procédure pénale vaudoise, 3. Aufl., Basel 2008
BRANDENBERG BRANDL	Béatrice Brandenberg Brandl, Direkte Zuständigkeit der Schweiz im internationalen Schuldrecht, St. Galler Studien zum internationalen Privatrecht, St. Gallen 1991
BSK BEHG-BEARBEITER/IN	Rolf Watter/Nedim Peter Vogt (Hrsg.), Basler Kommentar zum Börsengesetz, Basel 2007
BSK BGG-BEARBEITER/IN	Marcel Alexander Niggli/Peter Uebersax/Hans Wiprächtiger (Hrsg.), Basler Kommentar zum Bundesgerichtsgesetz (BGG), Basel 2008
BSK DSG	Urs Maurer-Lambrou/Nedim Peter Vogt (Hrsg.), Basler Kommentar zum Datenschutzgesetz, 2. Aufl., Basel/Genf/München 2006
BSK FusG-BEARBEITER/IN	Rolf Watter/Nedim Peter Vogt/Rudolf Tschäni/Daniel Daeniker (Hrsg.), Basler Kommentar zum Fusionsgesetz, Basel/Genf/München 2005
BSK IPRG-BEARBEITER/IN	Heinrich Honsell/Nedim Peter Vogt/Anton K. Schnyder/Stephen V. Berti, Basler Kommentar zum Internationalen Privatrecht (IPRG), 2. Aufl., Basel 2006
BSK KAG-BEARBEITER/IN	Rolf Watter/Nedim Peter Vogt/René Bösch/François Rayroux/Christoph Winzeler, Basler Kommentar zum Kollektivanlagengesetz, Basel 2009
BSK OR I-BEARBEITER/IN	Heinrich Honsell/Nedim Peter Vogt/Wolfgang Wiegand (Hrsg.), Basler Kommentar zum Obligationenrecht I (Art. 1–529 OR), 4. Aufl., Basel 2007
BSK OR II-BEARBEITER/IN	Heinrich Honsell/Nedim Peter Vogt/Rolf Watter (Hrsg.), Basler Kommentar zum Obligationenrecht II (Art. 530–1186 OR), 3. Aufl., Basel 2008
BSK SchKG I-BEARBEITER/IN	Adrian Staehelin/Thomas Bauer/Daniel Staehelin (Hrsg.), Basler Kommentar zum Bundesgesetz über Schuldbetreibung und Konkurs, SchKG I (Art. 1–87), Basel 1998
BSK SchKG II-BEARBEITER/IN	Adrian Staehelin/Thomas Bauer/Daniel Staehelin (Hrsg.), Basler Kommentar zum Bundesgesetz über Schuldbetreibung und Konkurs, SchKG II (Art. 88–220), Basel 1998
BSK SchKG III-BEARBEITER/IN	Adrian Staehelin/Thomas Bauer/Daniel Staehelin (Hrsg.), Basler Kommentar zum Bundesgesetz über Schuldbetreibung und Konkurs, SchKG III (Art. 221–352, Nebenerlasse), Basel 1998
BSK SchKG-BEARBEITER, Erg.Bd.	Adrian Staehelin/Thomas Bauer/Daniel Staehelin (Hrsg.), Basler Kommentar zum Bundesgesetz über Schuldbetreibung und Konkurs, SchKG Ergänzungsband, Basel/Genf/München 2005

Literaturverzeichnis

BSK StGB I-BEARBEITER/IN	Marcel Alexander Niggli/Hans Wiprächtiger (Hrsg.), Basler Kommentar Strafrecht I (JstG, Art. 1–110 StGB), 2. Aufl., Basel 2007
BSK StGB II-BEARBEITER/IN	Marcel Alexander Niggli/Hans Wiprächtiger (Hrsg.), Basler Kommentar Strafrecht II (Art. 111–392 StGB), 2. Aufl., Basel 2007
BSK ZGB I-BEARBEITER/IN	Heinrich Honsell/Nedim Peter Vogt/Thomas Geiser (Hrsg.), Basler Kommentar zum Schweizerischen Privatrecht, Zivilgesetzbuch I (Art. 1–456 ZGB), 3. Aufl., Basel/Genf/München 2006
BSK ZGB II-BEARBEITER/IN	Heinrich Honsell/Nedim Peter Vogt/Thomas Geiser (Hrsg.), Basler Kommentar zum Schweizerischen Privatrecht, Zivilgesetzbuch II (Art. 457–977 ZGB, Art. 1–61 SchlT ZGB), 3. Aufl., Basel 2007
BUCHER	Andreas Bucher, Die neue internationale Schiedsgerichtsbarkeit in der Schweiz, Basel/Frankfurt a.M. 1989
BUCHER/BONOMI	Andreas Bucher/Andrea Bonomi, Droit international privé, 2. Aufl., Basel/Genf/München 2004
BÜHLER/EDELMANN/KILLER	Alfred Bühler/Andreas Edelmann/Albert Killer, Kommentar zur aargauischen Zivilprozessordnung, Aarau 1998
BÜLOW/BÖCKSTIEGEL/GEIMER/SCHÜTZE	Arthur Bülow/Karl-Heinz Böckstiegel/Reinhold Geimer/Rolf A. Schütze, Der internationale Rechtsverkehr in Zivil- und Handelssachen, 3 Bde. (Loseblatt), München, Stand 1997
BÜRGI/SCHLAEPFER/HOTZ/PAROLARI	Hermann Bürgi/Kaspar Schlaepfer/Matthias Hotz/Carlo Parolari, Handbuch zur Thurgauer Zivilprozessordnung, Zürich 2000
BURCKHARDT	Walter Burckhardt, Kommentar der schweizerischen Bundesverfassung, 3. Aufl., Bern 1931
BVK-BEARBEITER/IN	Jean-François Aubert/Kurt Eichenberger/Jörg Paul Müller/René Rhinow/Dietrich Schindler, Kommentar zur Bundesverfassung der Schweizerischen Eidgenossenschaft, 6. Lieferung, Basel/Zürich/Bern 1996
CHK-BEARBEITER/IN	Marc Amstutz/Peter Breitschmid/Andreas Furrer/Daniel Girsberger/Claire Huguenin/Markus Müller-Chen/Vito Roberto/Alexandra Rumo-Jungo/Anton K. Schnyder (Hrsg.), Handkommentar zum Schweizer Privatrecht, Zürich 2007
CR CO I-BEARBEITER/IN	Luc Thévenoz/Franz Werro (Hrsg.), Commentaire Romand, Code des obligations I (Art. 1–529), Basel/Genf/München 2003
CR CO II-BEARBEITER/IN	Pierre Tercier/Marc Amstutz (Hrsg.), Commentaire Romand, Code des obligations II (Art. 530–1186), Basel/Genf/München 2008

Literaturverzeichnis

CR LIFD-Bearbeiter/in	Danielle Yersin/Yves Noël (Hrsg.), Commentaire Romand, Impôt fédéral direct, Basel/Genf/München 2008
CR LP-Bearbeiter/in	Louis Dallèves/Bénédict Foëx/Nicolas Jeandin (Hrsg.), Commentaire Romand, Poursuite et faillite, Basel/Genf/München 2005
Cocchi/Trezzini	Bruno Cocchi/Francesco Trezzini, Codice di Procedura civile ticinese annotato, 2. Aufl., Lugano 2000
Dasser/Oberhammer-Bearbeiter/in	Felix Dasser/Paul Oberhammer (Hrsg.), Kommentar zum Lugano-Übereinkommen (LugÜ), Bern 2008
Dolge	Annette Dolge, Der Zivilprozess im Kanton Schaffhausen im erstinstanzlichen ordentlichen Verfahren, Zürich 2001
Donzallaz, Comm.	Yves Donzallaz, Commentaire de la loi fédérale sur les fors en matière civile, Bern 2001
Donzallaz, LugÜ	Yves Donzallaz, La Convention de Lugano du 16 septembre 1988 concernant la compétence judiciaire et l'exécution des décisions en matière civile et commerciale, 3 Bde., Bern 1996–1998
Donzallaz, Comm. LTF	Yves Donzallaz, Loi sur le Tribunal fédéral, Commentaire, Bern 2008
Deschenaux/Castella	Henri Deschenaux/Jean Castella, La nouvelle procédure civile fribourgeoise, Fribourg 1960
Dessemontet	François Dessemontet (éd.), Le nouveau droit international privé suisse, Lausanne 1989
Ducrot	Michel Ducrot, Le droit judiciaire privé valaisan, Martigny 2000
Dutoit	Bernard Dutoit, Droit international privé suisse, Commentaire de la loi fédérale du 18 décembre 1987, 4. Aufl., Basel/Genf/München 2005
Ehrenzeller	Max Ehrenzeller, Zivilprozessordnung des Kantons Appenzell A. Rh. vom 27. April 1980, Herisau 1989
Frank/Sträuli/Messmer bzw. Wiget/Sträuli/Messmer (bei Schiedsgerichtsbarkeit)	Richard Frank/Hans Sträuli/Georg Messmer, Kommentar zur zürcherischen Zivilprozessordnung, Schiedsgerichte und Schiedsgutachten von Niklaus und Georg Wiget, 3. Aufl., Zürich 1997; Supplement von Richard Frank, Zürich 2000
Fritzsche/Walder, I	Hans Fritzsche/Hans Ulrich Walder, Schuldbetreibung und Konkurs nach schweizerischem Recht, Bd. I: Allgemeine Lehren, 3. Aufl., Zürich 1984
Fritzsche/Walder, II	Hans Fritzsche/Hans Ulrich Walder, Schuldbetreibung und Konkurs nach schweizerischem Recht, Bd. II: Konkursrecht, Arrest, Miete und Pacht, Paulianische Anfechtung, Nachlassvertrag und Notstundung, Besondere Ordnungen, 3. Aufl., Zürich 1993

Literaturverzeichnis

FS Kellerhals	Monique Jametti Greiner/Bernhard Berger/Andreas Güngerich (Hrsg.), Rechtsetzung und Rechtsdurchsetzung: zivil- und schiedsverfahrensrechtliche Aspekte, Festschrift für Franz Kellerhals zum 65. Geburtstag, Bern 2005
FS Poudret	Jacques Haldy/Jean-Marc Rapp/Phidias Ferrari, Etudes de procédure et d'arbitrage en l'honneur de Jean-François Poudret, Lausanne 1999
FS Spühler	Hans Michael Riemer/Moritz Kuhn/Dominik Vock/Myriam A. Gehri, Schweizerisches und internationales Zwangsvollstreckungsrecht, Festschrift für Karl Spühler, Zürich 2005
FS Vogel	Ivo Schwander/Walter A. Stoffel, Beiträge zum schweizerischen und internationalen Zivilprozessrecht, Festschrift für Oskar Vogel, Freiburg 1991
Fux	Roland Fux, Die Walliser Zivilprozessordnung, Leuk 1988
Gasser/Rickli	Dominik Gasser/Brigitte Rickli, Schweizerische Zivilprozessordnung, Kurzkommentar, Zürich 2010
Gauch/Schluep/ Schmid/Rey	Peter Gauch/Walter R. Schluep/Jörg Schmid/Heinz Rey, Schweizerisches Obligationenrecht, Allgemeiner Teil, 2 Bde., 9. Aufl., Zürich 2008
Gehri	Myriam A. Gehri, Wirtschaftliche Zuständigkeiten im internationalen Zivilprozessrecht der Schweiz, Zürich 2002
Geimer	Reinhold Geimer, Internationales Zivilprozessrecht, 6. Aufl., Köln 2009
Geimer/Schütze	Reinhold Geimer/Rolf A. Schütze, Europäisches Zivilverfahrensrecht, 2. Aufl., München 2004 (3. Aufl. 2010)
Geiser/Münch	Thomas Geiser/Peter Münch (Hrsg.), Prozessieren vor Bundesgericht, 2. Aufl. Basel 1998
GestG-Komm.- Bearbeiter/in	Karl Spühler/Luca Tenchio/Dominik Infanger (Hrsg.), Kommentar zum schweizerischen Zivilprozessrecht, Bundesgesetz über den Gerichtsstand in Zivilsachen (GestG), Basel 2001
Giger	Hans Giger, Handbuch der Schweizerischen Zivilrechtspflege, Zürich 1990
Gilliéron, I–V	Pierre-Robert Gilliéron, Commentaire de la loi fédérale sur la poursuite pour dettes et la faillite, Lausanne 1999–2003
Gilliéron, Poursuite	Pierre-Robert Gilliéron, Poursuite pour dettes, faillite et concordat, 4. Aufl., Basel/Lausanne 2005
Güngerich	Andreas Güngerich, Die Schutzschrift im schweizerischen Zivilprozessrecht, Bern 2000
Güngerich/Coendet	Andreas Güngerich/Thomas Coendet, Das Bundesgerichtsgesetz – Erste Erfahrungen und offene Fragen, in: Walter Fellmann et al. (Hrsg.), Aktuelle Anwaltspraxis 2007, Bern 2008, 1 ff.

Literaturverzeichnis

GULDENER, ZPR	Max Guldener, Schweizerisches Zivilprozessrecht, 3. Aufl., Zürich 1979
GULDENER, Beweis	Max Guldener, Beweiswürdigung und Beweislast nach schweizerischem Zivilprozessrecht, Zürich 1955
GULDENER, Grundzüge	Max Guldener, Grundzüge der freiwilligen Gerichtsbarkeit der Schweiz, Zürich 1954
GULDENER, Herkunft	Max Guldener, Über die Herkunft des schweizerischen Zivilprozessrechts, Berlin 1966
GULDENER, Internat.	Max Guldener, Das internationale und interkantonale Zivilprozessrecht der Schweiz, 2. Aufl., Zürich 1958, 1. Suppl. 1959, 2. Suppl. 1964
GYGI	Fritz Gygi, Verwaltungsrecht, Bern 1986
HABERTHÜR	Bruno Haberthür, Praxis zur Basler Zivilprozessordnung mit Erläuterungen, 2 Bde., Basel 1965
HABSCHEID, ZPR	Walther J. Habscheid, Schweizerisches Zivilprozess- und Gerichtsorganisationsrecht, 2. Aufl., Basel 1990
HABSCHEID, Droit judiciaire	Walther J. Habscheid, Droit judiciaire privé suisse, 2. Aufl., Genf 1981
HÄFELIN/HALLER/KELLER	Ulrich Häfelin/Walter Haller/Helen Keller, Schweizerisches Bundesstaatsrecht, 7. Aufl., Zürich 2008
HÄFELIN/MÜLLER/UHLMANN	Häfelin Ulrich/Müller Georg/Uhlmann Felix, Allgemeines Verwaltungsrecht, 5. Aufl., Zürich 2006
HAFTER	Peter Hafter, Strategie und Technik des Zivilprozesses, Zürich 2004
HALDY	Jacques Haldy, La nouvelle procédure civile suisse, Introduction pour les praticiens et les étudiants, Basel 2009
HANGARTNER	Yvo Hangartner (Hrsg.), Das St. Gallische Zivilprozessrecht, St. Gallen 1991
HAUSER/SCHWERI	Robert Hauser/Erhard Schweri, Gerichtsverfassungsgesetz (Kanton Zürich), 3. Aufl., Zürich 2001
HESS-BLUMER	Andri Hess-Blumer, Die Schutzschrift nach eidgenössischem und zürcherischem Recht, Zürich 2001
HINDERLING/STECK	Hans Hinderling/Daniel Steck, Das schweizerische Ehescheidungsrecht: unter besonderer Berücksichtigung der Rechtsprechung und des Expertenentwurfs der Scheidungsrechtsrevision, 4. Aufl., Zürich 1995
HOFMANN/LÜSCHER	David Hofmann/Christian Lüscher, Le Code de procédure civile, Bern 2009
HOLENSTEIN	August Holenstein, Gerichtsgesetz des Kantons St. Gallen vom 2. April 1987, Flawil 1987

Literaturverzeichnis

IMBODEN/RHINOW	Max Imboden/René A. Rhinow, Schweizerische Verwaltungsrechtsprechung, 6. Aufl, Basel 1986 (René A. Rhinow/Beat Krähenmann, Ergänzungsband, Basel 1990)
INFANGER	Dominik Infanger, Erstinstanzliche Zivilstreitsachen im ordentlichen Verfahren vor dem Bündner Einzelrichter, Diss. Zürich 2000
IPRG-Komm.-BEARBEITER/IN	Daniel Girsberger/Anton Heini/Max Keller/Jolanta Kren Kostkiewicz/Kurt Siehr/Frank Vischer/Paul Volken (Hrsg.), Kommentar zum Bundesgesetz über das internationale Privatrecht (IPRG) vom 1. Januar 1989, 2. Aufl., Zürich 2004
JAYME/HAUSMANN	Erik Jayme/Rainer Hausmann (Hrsg.), Internationales Privat- und Verfahrensrecht, 14. Aufl., München 2008
JOLIDON	Pierre Jolidon, Commentaire du concordat suisse sur l'arbitrage, Bern 1994
KÄLIN	Walter Kälin, Das Verfahren der staatsrechtlichen Beschwerde, 2. Aufl., Bern 1994
KARLEN	Peter Karlen, Das neue Bundesgerichtsgesetz, Basel/Genf/München 2006
KARRER/ARNOLD	Pierre A. Karrer/Karl W. Arnold, Switzerland's Private International Law Statute 1987, 2. Aufl., Deventer/Zürich 1994
KELLER/STAMPFLI	Walter Keller/Raoul Stampfli, Zivilprozessordnung des Kantons Solothurn mit Praxis des Obergerichts, Bern 1999
KELLER/SIEHR	Max Keller/Kurt Siehr, Allgemeine Lehren des internationalen Privatrechts, Zürich 1986
Kellerhals/von Werdt/Güngerich-BEARBEITER/IN	Franz Kellerhals/Nicolas von Werdt/Andreas Güngerich (Hrsg.), Gerichtsstandsgesetz – Kommentar zum Bundesgesetz über den Gerichtsstand in Zivilsachen, 2. Aufl., Bern 2005
KELLERHALS/GÜNGERICH/BERGER	Franz Kellerhals/Andreas Güngerich/Bernhard Berger, Zivilprozessrecht – dargestellt anhand der Zivilprozessordnung für den Kanton Bern, 3. Aufl., Bern 2004
KROPHOLLER, Europ. ZPR	Jan Kropholler, Europäisches Zivilprozessrecht – Kommentar zu EuGVÜ und Lugano-Übereinkommen, 8. Aufl., Frankfurt a.M. 2005
KROPHOLLER, Int. Privatrecht	Jan Kropholler, Internationales Privatrecht, 6. Aufl., Tübingen 2006
KUMMER, ZPR	Max Kummer, Grundriss des Zivilprozessrechts nach den Prozessordnungen des Kantons Bern und des Bundes, 4. Aufl., Bern 1984
KUMMER, Klagerecht	Max Kummer, Das Klagerecht und die materielle Rechtskraft im schweizerischen Recht, Bern 1954

Literaturverzeichnis

KUKO OR-Bearbeiter/in	Heinrich Honsell (Hrsg.), Kurzkommentar zum Obligationenrecht (Art. 1–529 OR), Basel 2008
KUKO SchKG-Bearbeiter/in	Daniel Hunkeler (Hrsg.), Kurzkommentar Schuldbetreibungs- und Konkursgesetz, Basel 2009
Lalive/Poudret/Reymond	Pierre Lalive/Jean-François Poudret/Claude Reymond, Le droit de l'arbitrage interne et international en Suisse, Lausanne 1989
Leuch/Marbach/Kellerhals/Sterchi	Georg Leuch/Omar Marbach/Franz Kellerhals/Martin Sterchi, Die Zivilprozessordnung für den Kanton Bern, 5. Aufl., Bern 2000
Leuenberger	Christoph Leuenberger (Hrsg.), Der Beweis im Zivilprozessrecht/La preuve dans le procès civil, Zürich 2000
Leuenberger/Pfister-Liechti	Christoph Leuenberger/Renate Pfister-Liechti, Das Gerichtsstandsgesetz/La loi sur les fors, Bern 2001
Leuenberger/Uffer-Tobler	Christoph Leuenberger/Beatrice Uffer-Tobler, Kommentar zur Zivilprozessordnung des Kantons St. Gallen, Bern 1999
Marazzi	Luca Marazzi, Erranze alla scoperta del nuovo Codice di procedura civile svizzero, in: Schweizerischer Juristenverein (Hrsg.), Vereinheitlichung des Zivilprozessrechts/Unification de la procédure civile, ZSR II – Referate zum Schweizerischen Juristentag 2009, 323–437, Basel 2009
Meier, Rechtsschutz	Isaak Meier, Grundlagen des einstweiligen Rechtsschutzes, Zürich 1983
Meier, ZPO	Isaak Meier, Vorentwurf für eine Schweizerische Zivilprozessordnung, Zürich 2003
Meier, ZPR	Isaak Meier, Internationales Zivilprozessrecht und Zwangsvollstreckungsrecht – mit Gerichtsstandsgesetz, 2. erw. Aufl., Zürich 2005
Meier, Zivilprozessrecht	Isaak Meier, Schweizerisches Zivilprozessrecht – Eine kritische Darstellung aus Sicht von Lehre und Praxis, Zürich 2010
Meier, GestG	Isaak Meier, Internationales Zivilprozessrecht und Zwangsvollstreckungsrecht mit Gerichtsstandsgesetz, 2. Aufl., Zürich/Basel/Genf 2005
Mercier/Dutoit	Pierre Mercier/Bernard Dutoit, L'Europe judiciaire, Les Conventions de Bruxelles et de Lugano, Basel/Frankfurt a.M. 1991
Messmer/Imboden	Georg Messmer/Hermann Imboden, Die eidgenössischen Rechtsmittel in Zivilsachen: Berufung, zivilrechtliche Nichtigkeitsbeschwerde und staatsrechtliche Beschwerde, Zürich 1992
Mermoud	Jean-René H. Mermoud, Loi de procédure civile genevoise annotée, Genf 1988

Literaturverzeichnis

MERZ	Barbara Merz, Die Praxis zur thurgauischen Zivilprozessordnung, 2. Aufl., Bern 2007
MEYER-HAYOZ/ FORSTMOSER	Arthur Meyer-Hayoz/Peter Forstmoser, Schweizerisches Gesellschaftsrecht, 10. Aufl., Bern 2007
Müller/Wirth-BEARBEITER/IN	Thomas Müller/Markus Wirth (Hrsg.), Gerichtsstandsgesetz – Kommentar zum Bundesgesetz über den Gerichtsstand in Zivilsachen, Zürich 2001
NAY	Giusep Nay, Zivilprozessordnung und Gerichtsverfassungsgesetz des Kantons Graubünden, Chur 1986
OETIKER/REY	Christian Oetiker/Laura Rey, Das Gerichtsstandsrecht auf dem Weg in die Schweizerische Zivilprozessordnung, in: AJP 2008, 1517 ff.
PATOCCHI/GEISINGER, DIP	Paolo Michele Patocchi/Elliot Geisinger, Code de droit international privé suisse annoté, Lausanne 1995
PATOCCHI/GEISINGER, IPRG	Internationales Privatrecht, Internationale Übereinkommen, Schiedsgerichtsordnungen, Zürich 2000
PEDRAZZINI	Mario M. Pedrazzini, Patent- und Lizenzvertragsrecht, 2. Aufl., Bern 1987
POUDRET/HALDY/TAPPY	Jean-François Poudret/Jaques Haldy/Denis Tappy, Procédure civile vaudoise, 3. Aufl., Lausanne 2002
POUDRET/SANDOZ-MONOD	Jean-François Poudret/Suzette Sandoz-Monod, Commentaire de la loi fédérale d'organisation judiciaire, Bde. I–V, Bern 1990–1992
REHBINDER	Manfred Rehbinder, Schweizerisches Arbeitsrecht, 15. Aufl., Bern 2002
RIEMER	Hans Michael Riemer, Grundriss des Vormundschaftsrechts, 2. Aufl., Bern 1997
ROSENBERG/SCHWAB/GOTTWALD	Leo Rosenberg/Karl Heinz Schwab/Peter Gottwald, Zivilprozessrecht, 16. Aufl., München 2004
RÜEDE/HADENFELDT	Thomas Rüede/Reimer Hadenfeldt, Schweizerisches Schiedsgerichtsrecht, 2. Aufl., Zürich 1993; Supplement, Zürich 1999
SCHLOSSER	Peter F. Schlosser, EU-Zivilprozessrecht, 3. Aufl., München 2009
SCHNYDER	Anton K. Schnyder, Das neue IPR-Gesetz, 2. Aufl., Zürich 1990
SCHNYDER/LIATOWITSCH	Anton K. Schnyder/Manuel Liatowitsch, Internationales Privat- und Zivilverfahrensrecht, 2. Aufl., Zürich 2006
SCHÜPBACH	Henri-Robert Schüpbach, Traité de procédure civile, Zürich 1995
SCHURTER/FRITZSCHE	Emil Schurter/Hans Fritzsche, Das Zivilprozessrecht der Schweiz, 3 Bde., Zürich 1924–1933

Literaturverzeichnis

SCHWANDER, Handelsgericht	Daniel Schwander, Das Zürcher Handelsgericht und die branchenspezifische Zusammensetzung seines Spruchkörpers, Berlin 2009
SCHWANDER, IPR AT	Ivo Schwander, Einführung in das internationale Privatrecht – Allgemeiner Teil, Bd. I, 3. Aufl., St. Gallen 2000
SCHWANDER, IPR BT	Ivo Schwander, Einführung in das internationale Privatrecht – Besonderer Teil, Bd. II, 2. Aufl., St. Gallen 1998
SCHWANDER, LugÜ	Ivo Schwander (Hrsg.), Das Lugano Übereinkommen, St. Gallen 1990
SCHWARZENBACH	Hans Rudolf Schwarzenbach, Die Staats- und Beamtenhaftung in der Schweiz, 2. Aufl., Zürich 1995
Schweiz. Institut für Rechtsvergleichung	Veröffentlichungen des Schweizerischen Instituts für Rechtsvergleichung, Übereinkommen von Lugano: I. Text und erläutender Bericht, II. Materialien, Zürich 1991
SCHWENZER	Ingeborg Schwenzer, Obligationenrecht, Allgemeiner Teil, 5. Aufl., Bern 2009
SGK BV-BEARBEITER/IN	Bernhard Ehrenzeller, Philippe Mastronardi, Rainer J. Schweizer, Klaus A. Vallender, Die Schweizerische Bundesverfassung, Kommentar, Zürich 2008
SEILER/VON WERDT/ GÜNGERICH	Hansjörg Seiler/Nicolas von Werdt/Andreas Güngerich, Bundesgerichtsgesetz (BGG), Bern 2007
SIEHR	Kurt Siehr, Das internationale Privatrecht der Schweiz, Zürich 2002
SPR	Schweizerisches Privatrecht, unterschiedliche Auflagen, die Nachweise beziehen sich auf die laufende Auflage, Basel ab 1967
SPÜHLER, StaBe	Karl Spühler, Die Praxis der staatsrechtlichen Beschwerde, Bern 1994
SPÜHLER, Scheidungsverfahren	Karl Spühler, Neues Scheidungsverfahren, Zürich 1999; Supplement, Zürich 2000
SPÜHLER, CH-ZPO	Karl Spühler (Hrsg.), Die neue Schweizerische Zivilprozessordnung, Basel 2003
SPÜHLER/DOLGE/VOCK	Karl Spühler/Annette Dolge/Dominik Vock, Kurzkommentar zum Bundesgerichtsgesetz (BGG), St. Gallen 2006
SPÜHLER/GEHRI	Karl Spühler/Myriam A. Gehri, Schuldbetreibungs- und Konkursrecht I, Zürich 2008
SPÜHLER/DOLGE	Karl Spühler/Annette Dolge, Schuldbetreibungs- und Konkursrecht II, Zürich 2007
SPÜHLER/MEYER	Karl Spühler/Claudia Meyer, Einführung ins internationale Zivilprozessrecht, Zürich 2001

Literaturverzeichnis

SPÜHLER/KREN KOSTKIEWICZ/ SUTTER-SOMM/GEHRI	Karl Spühler/Jolanta Kren Kostkiewicz/Thomas Sutter-Somm/Myriam A. Gehri, Fälle im Zivilprozessrecht sowie im Schuldbetreibungs- und Konkursrecht, 3. Aufl. (vormals Spühler/Vock), Zürich 2009
SPÜHLER/VOCK, Rechtsmittel	Karl Spühler/Dominik Vock, Rechtsmittel in Zivilsachen im Kanton Zürich und im Bund, Zürich 1999
SPÜHLER/VOCK, GestG	Karl Spühler/Dominik Vock, Gerichtsstandsgesetz, Gesetzesausgabe mit Anmerkungen, Zürich 2000
SPÜHLER/REETZ/ VOCK/GRAHAM-SIEGENTHALER	Karl Spühler/Peter Reetz/Dominik Vock/Barbara Graham-Siegenthaler, Neuerungen im Zivilprozessrecht, Zürich 2000
STAEHELIN/STAEHELIN/ GROLIMUND	Adrian Staehelin/Daniel Staehelin/Pascal Grolimund, Zivilprozessrecht, Zürich 2008
STAEHELIN/SUTTER	Adrian Staehelin/Thomas Sutter, Zivilprozessrecht (nach den Gesetzen der Kantone Basel-Stadt und Basel-Landschaft unter Einbezug des Bundesrechts), Zürich 1992
Stein/Jonas-BEARBEITER/IN	Friedrich Stein/Martin Jonas (Hrsg.), Kommentar zur Zivilprozessordnung, 22. Aufl., Tübingen 2002
STREIFF/VON KAENEL	Ullin Streiff/Adrian von Kaenel, Arbeitsvertrag, Praxiskommentar, 6. Aufl., Zürich 2006
STUDER/RÜEGG/EIHOLZER	Urs W. Studer/Viktor Rüegg/Heiner Eiholzer, Der Luzerner Zivilprozess, Luzern 1994; Ergänzungen zum Luzerner Zivilprozess von Anton Bühlmann/Viktor Rüegg/Heiner Eiholzer, Kriens 2002
SUTTER-SOMM	Thomas Sutter-Somm, Auf dem Weg zur Rechtseinheit im schweizerischen Zivilprozessrecht, Zürich 1998
SUTTER-SOMM, ZPR	Thomas Sutter-Somm, Schweizerisches Zivilprozessrecht, Zürich 2007
SUTTER-SOMM/HASENBÖHLER	Thomas Sutter-Somm/Franz Hasenböhler (Hrsg.), Die künftige schweizerische Zivilprozessordnung, Zürich 2003
TUOR/SCHNYDER/ SCHMID/RUMO-JUNGO	Peter Tuor/Bernhard Schnyder/Jörg Schmid/Alexandra Rumo-Jungo, Das Schweizerische Zivilgesetzbuch, 12. Aufl., Zürich 2002
Vernehmlassung ZPO	Schweizerische Zivilprozessordnung (ZPO), Darstellung der Stellungnahmen auf Grund des Gesetzesentwurfs der Expertenkommission und des entsprechenden Begleitberichts, Bundesamt für Justiz, Bern 2004
VOCK	Dominik Vock, Prozessuale Fragen bei der Durchsetzung von Aktionärsrechten, Zürich 2000
VOGEL/SPÜHLER	Oscar Vogel/Karl Spühler, Grundriss des Zivilprozessrechts und des internationalen Zivilprozessrechts der Schweiz, 8. Aufl., Bern 2006

Literaturverzeichnis

VOLKEN	Paul Volken, Die internationale Rechtshilfe in Zivilsachen, Zürich 1996
WALDER, IZPR	Hans Ulrich Walder, Einführung in das Internationale Zivilprozessrecht der Schweiz, Zürich 1989
WALDER, Prozesserl.	Hans Ulrich Walder, Prozesserledigung ohne Anspruchsprüfung, Zürich 1996
WALDER/GROB	Hans Ulrich Walder-Richli/Béatrice Grob-Andermacher, Zivilprozessrecht – Nach den Gesetzen des Bundes und des Kantons Zürich unter Berücksichtigung weiterer kantonaler Zivilprozessordnungen und der Schweizerischen Zivilprozessordnung vom 19. Dezember 2008 sowie unter Einschluss internationaler Aspekte. 5., vollständig überarbeitete Auflage, Zürich 2009
WALDER/KULL/KOTTMANN	Hans Ulrich Walder/Thomas M. Kull/Martin Kottmann, Bundesgesetz über Schuldbetreibung- und Konkurs, 3 Bde., 1997–2001
WALTER, Zivilrechtspflege	Hans Peter Walter, Neue Zivilrechtspflege, in: Neue Bundesrechtspflege, Berner Tage für die juristische Praxis BTJP 2006, 113 ff.
WALTER, Int. ZPR	Gerhard Walter, Internationales Zivilprozessrecht der Schweiz, 4. Aufl., Bern 2007
WALTER/BOSCH/BRÖNNIMANN	Gerhard Walter/Wolfgang Bosch/Jürgen Brönnimann, Internationale Schiedsgerichtsbarkeit in der Schweiz, Bern 1991
WEIBEL/RUTZ	Heinrich Weibel/Magdalena Rutz, Gerichtspraxis zur basellandschaftlichen Zivilprozessordnung, 4. Aufl., Liestal 1986
ZK-BEARBEITER/IN	Zürcher Kommentar zum Schweizerischen Zivilgesetzbuch, unterschiedliche Auflagen, die Nachweise beziehen sich auf die laufende Auflage, Zürich ab 1909
ZUBERBÜHLER/MÜLLER/HABEGGER	Tobias Zuberbühler/Christoph Müller/Philipp Habegger, Swiss Rules of international Arbitration, Zürich 2005

Bundesverfassung der Schweizerischen Eidgenossenschaft

vom 18. April 1999

Art. 29 BV

Allgemeine Verfahrensgarantien

¹ Jede Person hat in Verfahren vor Gerichts- und Verwaltungsinstanzen Anspruch auf gleiche und gerechte Behandlung sowie auf Beurteilung innert angemessener Frist.

² Die Parteien haben Anspruch auf rechtliches Gehör.

³ Jede Person, die nicht über die erforderlichen Mittel verfügt, hat Anspruch auf unentgeltliche Rechtspflege, wenn ihr Rechtsbegehren nicht aussichtslos erscheint. Soweit es zur Wahrung ihrer Rechte notwendig ist, hat sie ausserdem Anspruch auf unentgeltlichen Rechtsbeistand.

Garanties générales de procédure

¹ Toute personne a droit, dans une procédure judiciaire ou administrative, à ce que sa cause soit traitée équitablement et jugée dans un délai raisonnable.

² Les parties ont le droit d'être entendues.

³ Toute personne qui ne dispose pas de ressources suffisantes a droit, à moins que sa cause paraisse dépourvue de toute chance de succès, à l'assistance judiciaire gratuite. Elle a en outre droit à l'assistance gratuite d'un défenseur, dans la mesure où la sauvegarde de ses droits le requiert.

Garanzie procedurali generali

¹ In procedimenti dinanzi ad autorità giudiziarie o amministrative, ognuno ha diritto alla parità ed equità di trattamento, nonché ad essere giudicato entro un termine ragionevole.

² Le parti hanno diritto d'essere sentite.

³ Chi non dispone dei mezzi necessari ha diritto alla gratuità della procedura se la sua causa non sembra priva di probabilità di successo. Ha inoltre diritto al patrocinio gratuito qualora la presenza di un legale sia necessaria per tutelare i suoi diritti.

Inhaltsübersicht

Note

I. Bedeutung der Verfahrensgarantien von Art. 29 BV nach der Vereinheitlichung des Zivilprozessrechts 1
II. Anspruch auf ein faires Verfahren (Abs. 1 Teil 1) 8
III. Verbot der Rechtsverweigerung im weiteren Sinn (Abs. 1 Teil 2) 11
   1. Verbot der Rechtsverweigerung im engeren Sinn (Refus de statuer) 12
   2. Verbot der Rechtsverzögerung (Beschleunigungsgebot) 14
   3. Verbot des überspitzten Formalismus 20
IV. Anspruch auf rechtliches Gehör (Abs. 2) 22
   1. Recht auf Orientierung, Äusserung und Teilnahme am Beweisverfahren 25
   2. Recht auf Akteneinsicht 27
   3. Recht auf Prüfung und Begründung 29
   4. Recht auf Vertretung und Verbeiständung 31
V. Anspruch auf unentgeltliche Rechtspflege (Abs. 3) 33

Literatur

Zu Art. 29 BV allgemein: G. BIAGGINI, BV, Kommentar, Zürich 2007; E. GRISEL, Egalité. Les garanties de la Constitution fédérale du 18 avril 1999, Bern 2000, 175 ff.; M. HOTTELIER, Les garanties de procédure, in: D. Thürer/J.-F. Aubert/J. P. Müller (Hrsg.), Verfassungsrecht der Schweiz, Zürich 2001, 810 ff.; T. JAAG, Die Verfahrensgarantien der neuen Bundesverfassung, in: P. Gauch/ D. Thürer (Hrsg.), Die neue Bundesverfassung. Analysen, Erfahrungen, Ausblick, Zürich 2002, 25 ff.; R. KIENER/W. KÄLIN, Grundrechte, Bern 2007, 411 ff.; P. MAHON, in: J.-F. Aubert/P. Mahon (Hrsg.), Petit commentaire de la Constitution fédérale de la Confédération suisse du 18 avril 1999, Zürich u.a. 2003; J. P. MÜLLER/M. SCHEFER, Grundrechte in der Schweiz, 4. Aufl., Bern 2008, 817 ff.

Zu Art. 29 Abs. 1 BV (Anspruch auf ein faires Verfahren): R. WIEDERKEHR, Fairness als Verfassungsgrundsatz, Bern 2006; P. SALADIN, Das Verfassungsprinzip der Fairness. Die aus dem Gleichheitssatz abgeleiteten Verfassungsgrundsätze, in: Erhaltung und Entfaltung des Rechts in der Rechtsprechung des Schweizerischen Bundesgerichts, Festgabe der schweizerischen Rechtsfakultäten zur Hundertjahrfeier des Bundesgerichts, Basel 1975, 41 ff.

Zu Art. 29 Abs. 2 BV (Anspruch auf rechtliches Gehör): Vgl. die Literaturangaben zu Art. 53 ZPO sowie aus verfassungsrechtlicher Sicht insbesondere: L. KNEUBÜHLER, Die Begründungspflicht, Diss. Bern 1998 (zit. Begründungspflicht); DERS., Gehörsverletzung und Heilung, ZBl 1998, 97 ff. (zit. Gehörsverletzung); A. KOLLER, Der Gehörsanspruch im erstinstanzlichen Zivilprozess; verfassungsrechtliche Minimalanforderungen, ZSR 1986 I, 229 ff.; B. SCHINDLER, Die «formelle Natur» von Verfahrensgrundrechten, ZBl 2005, 169 ff.; H. SEILER, Abschied von der formellen Rechtsnatur des rechtlichen Gehörs, SJZ 2004, 377 ff.

Zu Art. 29 Abs. 3 BV (Anspruch auf unentgeltliche Rechtspflege): Vgl. die Literaturhinweise zu Art. 117 ff. ZPO.

I. Bedeutung der Verfahrensgarantien von Art. 29 BV nach der Vereinheitlichung des Zivilprozessrechts

1   Die neue Bundesverfassung umschreibt in Art. 29 und 30 BV *rechtsstaatliche Mindestanforderungen* an die Verfahren rechtsanwendender Instanzen. Diese beiden Normen stecken zusammen mit Art. 122 BV den verfassungsrechtlichen Rahmen ab, innerhalb dessen sich der Gesetzgeber bei der Regelung des Zivilprozessrechts bewegen muss. Die heute in Art. 29 und 30 BV enthaltenen Verfahrensgarantien leitete die bundesgerichtliche Rechtsprechung vor dem Inkrafttreten der neuen Bundesverfassung am 1.1.2000 grösstenteils bereits aus Art. 4 aBV ab. Einzelne Rechte finden ihre Grundlage ebenfalls in Art. 5 und 6 EMRK sowie in Art. 9 und 14 UNO-Pakt II (vgl. MÜLLER/SCHEFER, 817 f.).

2   Das Bundesgericht fasste in seiner früheren Praxis die Verfahrensgarantien unter dem Oberbegriff der **formellen Rechtsverweigerung** zusammen (vgl. GRISEL, 175 f.). Das Verhältnis der einzelnen Rechte zueinander war oft wenig geklärt, da sich die Rechtsprechung pragmatisch entwickelte. Auch seit der ausdrücklichen Gewährleistung der Verfahrensrechte in Art. 29–32 BV wird deren Zusammenspiel teilweise weiterhin unterschiedlich gedeutet, und es hat sich bisher keine völlig einheitliche Begriffs- und Systembildung durchgesetzt (vgl. SGK BV-STEINMANN, Art. 29 N 9; grundsätzlich skeptisch zu einer Kategorisierung SALADIN, 73 f.).

3   Art. 29 BV enthält allgemeine Garantien, die für alle Verfahren rechtsanwendender Instanzen gelten. Demgegenüber ist der Anwendungsbereich von Art. 30 BV eingeschränkter; er bezieht sich lediglich auf *gerichtliche* Verfahren. Beide Verfassungsbestimmungen erstrecken sich damit auch auf den Zivilprozess. Dagegen berühren ihn die weiteren besonderen Verfahrensgarantien von Art. 31 (Freiheitsentzug) und Art. 32 BV (Strafverfahren) nicht.

Die allgemeinen Garantien von Art. 29 BV zählen zu den **Grundrechten**. Sie dienen der Herstellung prozeduraler Gerechtigkeit. Hingegen stellen sie keine Freiheitsrechte dar und können daher auch nicht unter den Voraussetzungen von Art. 36 BV eingeschränkt werden (vgl. etwa AUBERT/MAHON, Art. 36 N 4). Die Verfahrensrechte von Art. 29 BV stehen *jedermann* zu. Ihre Anrufung setzt lediglich voraus, dass die Person an einem Verfahren teilnimmt. Eine Berechtigung in der Sache ist nicht erforderlich (BGE 129 I 232, 238 E. 3.3). Die Garantien gelten hingegen nur für Verfahren der Rechtsanwendung, hingegen grundsätzlich nicht für die Rechtsetzung (BGE 131 I 91, 95 E. 3.1 betreffend den Gehörsanspruch; BGE 130 I 174, 177 f. E. 2.2, wo erwogen wird, unter gewissen Voraussetzungen die Rüge der Rechtsverzögerung ebenfalls gegenüber dem Gesetzgeber zuzulassen).

Mit dem Inkrafttreten der schweizerischen Zivilprozessordnung verändert sich die *praktische Bedeutung* der Verfahrensgarantien von Art. 29 BV erheblich (vgl. auch BIAGGINI, Art. 29 N 10). Sie verlieren ihre Funktion, einen einheitlichen Minimalstandard des Zivilprozessrechts der Kantone sicherzustellen. Denn die Zivilprozessordnung umschreibt von nun an für die ganze Schweiz abschliessend die Verfahrensrechte und konkretisiert in ihren Bestimmungen die verfassungsmässigen Garantien. Sie kann dabei freilich auch über das verfassungsrechtlich Gebotene hinausgehen. Umgekehrt sind die Bestimmungen der Zivilprozessordnung für die rechtsanwendenden Organe grundsätzlich selbst dann verbindlich, wenn sie den verfassungsrechtlichen Erfordernissen nicht vollumfänglich genügen sollten (Art. 190 BV; vgl. zur Tragweite dieses sog. Anwendungsgebots BGE 134 II 249, 251 f. E. 2.3).

Die *Rechtsprechung zu Art. 29 BV* behält ihren Wert als **Auslegungshilfe** bei der Anwendung jener Bestimmungen der Zivilprozessordnung, die an die Verfassungspraxis anknüpfen. Inskünftig braucht sich allerdings die Interpretation der zivilprozessualen Normen nicht mehr ausschliesslich am Verfassungsrecht zu orientieren. Eine Wechselwirkung zwischen den Garantien von Art. 29 BV und den Verfahrensnormen der Zivilprozessordnung besteht jedoch weiterhin, und zwar in einem doppelten Sinn: Einerseits sind Fortentwicklungen der Verfassungsgarantien – ausserhalb des Zivilprozessrechts – im Rahmen der verfassungskonformen Auslegung der zivilprozessualen Bestimmungen auch in Zukunft zu berücksichtigen. Anderseits kann die Gesetzesauslegung im Bereich des Zivilprozessrechts Anstösse zur Weiterentwicklung der verfassungsmässigen Verfahrensrechte – in Gebieten ausserhalb des Zivilprozessrechts – geben (vgl. auch KIENER/KÄLIN, 403; MÜLLER/SCHEFER, 819).

Die *nachstehende Kommentierung* stellt den Bestand der allgemeinen Verfahrensgarantien von Art. 29 BV und deren Umsetzung in den Bestimmungen der neuen Zivilprozessordnung dar. Soweit die letzteren die bisherige Verfassungspraxis ins Gesetz überführen, erfolgt deren nähere Erläuterung beim jeweiligen Artikel der Zivilprozessordnung. Demgegenüber werden jene Teilgehalte von Art. 29 BV eingehender behandelt, die keine direkte Umsetzung in der Zivilprozessordnung finden.

II. Anspruch auf ein faires Verfahren (Abs. 1 Teil 1)

Art. 29 Abs. 1 BV stellt an den Anfang den Anspruch auf gleiche und gerechte Behandlung. Der französische Wortlaut ist knapper und spricht von einem Recht des Einzelnen, «que sa cause soit traitée équitablement». Die Norm verbürgt in Form einer Generalklausel und in Anlehnung an Art. 6 Ziff. 1 EMRK den Anspruch auf ein **faires Verfahren**. Eine präzise begriffliche Umschreibung dieses Rechts erscheint weder möglich noch wünschenswert. Vielmehr handelt es sich um eine *Grund- und Auffangnorm*, die der

Rechtsfortbildung zugänglich sein soll und stets zum Zuge kommt, soweit nicht die nachstehend dargestellten spezielleren Garantien anwendbar sind (vgl. SGK BV-STEINMANN, Art. 29 N 20; vgl. zur Fairness als Generalprinzip SALADIN, 85 ff.; WIEDERKEHR, 219 ff.).

9 Die Vorschriften der Zivilprozessordnung dienen *insgesamt* der Verwirklichung der Verfahrensfairness. Art. 52 ZPO stellt ausserdem klar, dass nicht nur die Behörden, sondern alle Verfahrensbeteiligten nach Treu und Glauben zu handeln haben.

10 Eine besondere Folgerung aus dem Anspruch auf ein faires Verfahren zieht Art. 152 Abs. 2 ZPO, der eine Berücksichtigung **rechtswidrig beschaffter Beweismittel** nur zulässt, wenn das Interesse an der Wahrheitsfindung überwiegt. Damit wird an die bisherige bundesgerichtliche Rechtsprechung zu Art. 29 Abs. 1 BV und Art. 6 Ziff. 1 EMRK (BGE 131 I 272, 274 f. E. 3.2.1) angeknüpft (vgl. BOTSCHAFT ZPO, 7312 f.).

III. Verbot der Rechtsverweigerung im weiteren Sinn (Abs. 1 Teil 2)

11 Art. 29 Abs. 1 BV gewährleistet in seinem zweiten Teil eine *Beurteilung innert angemessener Frist* in Verfahren vor Gerichts- und Verwaltungsinstanzen. Damit werden in etwas verkürzter Ausdrucksweise drei Aspekte der in einem weiteren Sinn verstandenen **Rechtsverweigerung** erfasst.

1. Verbot der Rechtsverweigerung im engeren Sinn (Refus de statuer)

12 Aus dem Recht auf Behandlung innert einer angemessenen Frist ergibt sich – gewissermassen vorgelagert – der Anspruch darauf, dass sich die Behörden mit einer Sache überhaupt befassen, d.h. das Vorliegen der Prozessvoraussetzungen untersuchen und bei deren Bejahung die Sache materiell prüfen. Treten sie auf formgerecht gestellte Begehren nicht ein oder lassen sie Angelegenheiten einfach liegen, obwohl sie nach den massgeblichen Verfahrensvorschriften darüber entscheiden müssten, begehen sie eine unzulässige **Rechtsverweigerung im engeren Sinn** (BGE 117 Ia 116, 117 E. 3a).

13 Eine *Konkretisierung* dieses Verfassungsgrundsatzes findet sich in Art. 59 Abs. 1 ZPO, der ausdrücklich festhält, dass die Gerichte auf eine Klage oder ein Gesuch eintreten, sofern die Prozessvoraussetzungen erfüllt sind.

2. Verbot der Rechtsverzögerung (Beschleunigungsgebot)

14 Wird eine Sache zwar an die Hand genommen, der Entscheid darüber aber verschleppt, liegt eine Rechtsverzögerung vor, die Art. 29 Abs. 1 BV ebenfalls untersagt. Die Verfassung verlangt eine *Beurteilung innert angemessener Frist (dans un délai raisonnable)* und damit eine beförderliche Behandlung. Diese Garantie deckt sich inhaltlich mit dem **Beschleunigungsgebot**, das Art. 6 Ziff. 1 EMRK für zivilrechtliche Streitigkeiten und strafrechtliche Anklagen aufstellt (vgl. BGE 130 I 312, 325 E. 4). Allerdings legen weder die Verfassung noch die EMRK für die Verfahrensabwicklung starre Verfahrensdauern fest.

15 Art. 124 Abs. 1 ZPO konkretisiert das Beschleunigungsgebot. Er hält die Zivilgerichte an, die notwendigen prozessleitenden Verfügungen zur *zügigen Vorbereitung und Durchführung des Verfahrens* zu treffen. Daneben dienen speziellere Vorschriften der Verfahrensbeschleunigung, so z.B. Art. 246 Abs. 1 ZPO, wonach vereinfachte Verfahren möglichst am ersten Verhandlungstermin erledigt werden sollen, oder Art. 265 Abs. 2 ZPO, nach dem bei superprovisorischen Massnahmen die Verhandlung und darauf der Entscheid *unverzüglich* zu erfolgen haben.

Genauso wenig wie Art. 29 Abs. 1 BV umschreibt die Zivilprozessordnung maximal zulässige Verfahrensdauern in starrer Weise (eine Ausnahme bildet Art. 203 Abs. 1 ZPO, der eine Frist von zwei Monaten für die Durchführung einer Schlichtungsverhandlung aufstellt). Die verfassungsrechtliche Praxis ist daher bei der Beurteilung, ob eine Rechtsverzögerung vorliege, weiterhin von Bedeutung. 16

Die **angemessene Frist** gemäss Art. 29 Abs. 1 BV bestimmt sich aufgrund der gesamten Verhältnisse des konkreten Falls. Dabei sind als *massgebliche Umstände* insb. zu berücksichtigen (zusammenfassend BGE 130 I 312, 332 E. 5.2 = Pra 2006, 263, 280 E. 5.2): 17

– *besondere gesetzliche Vorschriften*: Sie schreiben für einzelne Angelegenheiten ein rasches Verfahren vor (Art. 280 Abs. 1 ZGB, Art. 274d Abs. 1 und Art. 343 Abs. 2 OR);

– *Natur des Verfahrens*: Eine besonders beförderliche Behandlung verlangen insb. Gesuche um vorsorgliche Massnahmen (BGE 124 I 139, 141 E. 2b = Pra 1988, 663, 665 E. 2b; vgl. auch BGE 130 I 269, 273 E. 3.1 und 3.2);

– *Umfang und Komplexität der Streitsache*: Weitläufige Sachverhaltsabklärungen und die Klärung schwieriger Rechtsfragen rechtfertigen einen erhöhten Zeitbedarf;

– *Verhalten der Parteien*: Der Rechtsuchende kann sich nicht über die Verzögerung beschweren, die auf von ihm verursachte unnötige Ausweitungen des Verfahrens zurückgehen;

– *Verhalten der Behörden*: Unzulässig sind insb. Verzögerungen durch Liegenlassen der Sache oder ungerechtfertige Instruktionsmassnahmen.

Die Angemessenheit der Dauer bestimmt sich grundsätzlich in einer *gesamthaften Betrachtung* – einer «évaluation globale» – für das ganze Verfahren (BGE 130 I 312 E. 332, E. 5.2 = Pra 2006, 263, 280 E. 5.2). Dieses darf eine gewisse Dauer nicht überschreiten. Verzögerungen in einer Phase können bis zu einem gewissen Grad durch eine besonders beförderliche Behandlung in einer anderen aufgefangen werden (vgl. BGE 124 I 139, 144 E. 2c = Pra 1998, 663, 668 E. 2c). 18

Als **Sanktionen von Rechtsverzögerungen** kommen in Betracht (vgl. BGE 130 Ia 312, 333 E. 5.3 = Pra 2006, 263, 280 E. 5.3): die Anweisung an die Behörde, innert bestimmter Frist zu entscheiden (BGE 117 Ia 336, 338 E. 1b), die blosse Feststellung der Verletzung des Beschleunigungsgebots und – auf besondere Klage hin – Schadenersatz- und Genugtuungsansprüche gegenüber dem Gemeinwesen (BGE 107 Ib 155, 160). 19

3. Verbot des überspitzten Formalismus

Das Recht kann auch durch eine **übertriebene Formenstrenge** verweigert werden. Die Verfassung verbietet deshalb einen prozessualen Formalismus, der überspitzt erscheint, weil er durch kein schutzwürdiges Interesse gerechtfertigt ist und zum blossen Selbstzweck wird (BGE 128 II 139, 142 E. 2a). Wohl kann die Einhaltung prozessualer Formen verlangt werden, doch dürfen diese und auch die Sanktionen bei der Nichtbeachtung nicht unnötig streng ausgestaltet sein. 20

Die neue Zivilprozessordnung trägt diesem Verfassungsgrundsatz in verschiedenen Bestimmungen Rechnung, so in Art. 132 Abs. 1, der die Ansetzung einer **Nachfrist** zur Behebung geringfügiger Mängel (fehlende Unterschrift auf einer Eingabe oder fehlende Vollmacht) vorsieht, oder in Art. 148, der unter gewissen Voraussetzungen die **Wiederherstellung** einer versäumten Frist erlaubt. 21

IV. Anspruch auf rechtliches Gehör (Abs. 2)

22 Unter den Verfahrensgarantien wird der **Gehörsanspruch** am häufigsten angerufen. Die grosse praktische Bedeutung liegt zunächst in seiner *verfahrensrechtlichen Funktion* als Mittel der Sachaufklärung begründet. Durch die Einführung der Sicht des Betroffenen soll eine optimale Aufarbeitung der Entscheidgrundlagen sichergestellt werden. Daneben kommt dem Anspruch auf rechtliches Gehör eine *persönlichkeitsbezogene Funktion* zu. Der Einzelne soll sich eigenverantwortlich am Entscheidungsprozess beteiligen können und nicht zum blossen Verfahrensobjekt herabgemindert werden (vgl. BGE 135 I 187, 190 E. 2.2; 127 I 54, 56 E. 2b).

23 Der verfassungsmässige Anspruch auf rechtliches Gehör umfasst mehrere **Teilgehalte**, die sich in einer langjährigen Rechtsprechung herausgebildet haben (vgl. N 25 ff.). Die Garantie gilt an sich vorbehaltlos und unterliegt keinen Einschränkungen (vgl. N 4). Allerdings hängt ihre Reichweite in erheblichem Mass von den konkreten Umständen ab. So kann die Art der Gewährung des rechtlichen Gehörs – namentlich Zeitpunkt und Umfang – erheblich variieren. Auch die Sanktionen bei festgestellten Gehörsverletzungen werden in der Praxis differenziert gehandhabt (weiterführend SGK BV-STEINMANN, Art. 29 N 32 f.; vgl. ferner die Abhandlungen von KNEUBÜHLER, Gehörsverletzung, SCHINDLER und SEILER).

24 Die *Zivilprozessordnung* konkretisiert auf Gesetzesstufe die einzelnen Teilgehalte des rechtlichen Gehörs. Angesichts seiner zentralen Bedeutung wiederholt sie in Art. 53 Abs. 1 ZPO den Gehörsanspruch auch in genereller Form. Das verfassungsmässige Recht wird damit zugleich zum Gesetzesrecht (zu den Konsequenzen vgl. N 5 f.). Die Verfassungsrechtsprechung zum rechtlichen Gehör ist wegleitend für die Auslegung von Art. 53 ZPO (vgl. BOTSCHAFT, ZPO, 7274) und wird bei der Kommentierung dieser Norm im Einzelnen dargestellt. Nachstehend ist lediglich aufzuzeigen, wie die verschiedenen verfassungsrechtlichen Teilgehalte des Gehörsanspruchs durch weitere Bestimmungen der Zivilprozessordnung konkretisiert werden.

1. Recht auf Orientierung, Äusserung und Teilnahme am Beweisverfahren

25 Der Kern des Gehörsanspruchs besteht im Recht, sich vor dem Entscheid zu allen relevanten Aspekten der Streitsache *äussern* zu können. Darin ist das **Recht auf Orientierung** über eine in Aussicht genommene Anordnung sowie auf **Teilnahme am Beweisverfahren** (Stellung von Beweisanträgen, Teilnahme an der Beweiserhebung, Stellungnahme zum Beweisergebnis) eingeschlossen (BGE 127 I 54, 56 E. 2b). Nach der Rechtsprechung des Europäischen Gerichtshofs besteht im Anwendungsbereich von Art. 6 EMRK ausserdem praktisch voraussetzungslos ein **Recht auf Replik** zu allen Eingaben während des Verfahrens (Urteile i.S. *Contardi gegen Schweiz* vom 12.7.2005, Ziff. 36, 45 und i.S. *Spang gegen Schweiz* vom 11.10.2005, Ziff. 14, 33.; BGE 132 I 42, 45 ff. E. 3). Das Praxis des Bundesgerichts anerkennt neuerdings ein Replikrecht für alle gerichtlichen Verfahren, auch für solche, die nicht von Art. 6 Ziff. 1 EMRK erfasst werden (BGE 133 I 100, 102 ff. E. 4.3–4.6; zu den Möglichkeiten der praktischen Umsetzung des Replikrechts vgl. BGE 133 I 98 ff.).

26 Die kontradiktorische Ausgestaltung des Zivilprozesses (vgl. Art. 220 ff. ZPO) verwirklicht das **Äusserungsrecht des Verfahrensbeteiligten** grundsätzlich ohne weiteres (vgl. KOLLER, 231 ff.). Besondere Regelungen zu seiner Gewährung bestehen bei vorsorglichen Massnahmen (Art. 265 ZPO) und im summarischen Verfahren (Art. 253 ZPO). Nach Art. 152 Abs. 1 ZPO hat ausserdem jede Partei das Recht, dass das Gericht die von ihr form- und fristgerecht angebotenen tauglichen Beweismittel abnimmt, und Art. 155

Abs. 3 ZPO berechtigt die Parteien, an der Beweisabnahme teilzunehmen. Nicht besonders Rechnung trägt die Zivilprozessordnung dem durch die neue Rechtsprechung ausgeweiteten Replikrecht. Die entsprechenden Bestimmungen (vgl. namentlich Art. 232 ZPO für das ordentliche Verfahren und Art. 316 ZPO für das Berufungsverfahren) bedürfen einer verfassungskonformen Auslegung.

2. Recht auf Akteneinsicht

Die in ein Verfahren einbezogenen Personen haben Anspruch, in alle für den Entscheid wesentlichen Akten Einsicht zu nehmen. Sie sollen dadurch die Möglichkeit erhalten, ihre Rechte wirksam und sachbezogen geltend machen zu können (BGE 129 I 85, 88 E. 4.1). Der Nachweis eines besonderen Interesses ist nicht erforderlich (BGE 129 I 249, 253 E. 3). Von der vollständigen Offenlegung sämtlicher Akten kann bei Überwiegen entgegenstehender Interessen abgesehen werden; auf geheim gehaltene Dokumente darf aber nur abgestellt werden, wenn den Parteien deren wesentlicher Inhalt bekannt gegeben wird (BGE 115 Ia 293, 304 E. 5c; 132 I 181, 192 f. E. 4.4).

27

In Anlehnung an diese Rechtsprechung bestimmt Art. 52 Abs. 2 ZPO, dass die Parteien die **Akten einsehen** und **Kopien anfertigen** lassen können, soweit keine überwiegenden öffentlichen und privaten Interessen entgegenstehen. Der Wahrnehmung des Akteneinsichtsrechts dient die **Protokollführungspflicht**, die Art. 235 ZPO jetzt für die ganze Schweiz in den Grundlinien einheitlich regelt.

28

3. Recht auf Prüfung und Begründung

Das Gegenstück zum Äusserungsrecht bildet der Anspruch auf **Prüfung** der vorgebrachten Argumente durch die zuständige Behörde und auf **Begründung** des getroffenen Entscheids. Eine Rechtsmittelbehörde verletzt dieses Recht, wenn sie die ihr zustehende Überprüfungsbefugnis nicht ausschöpft, indem sie z.B. lediglich die Rechtsanwendung anstatt auch die Angemessenheit kontrolliert (BGE 130 II 449, 452 E. 4.1). Ausserdem muss die Begründung ihres Entscheids so abgefasst sein, dass sich der Betroffene und gegebenenfalls die Rechtsmittelbehörde ein Bild über dessen Tragweite verschaffen können. Dazu sind die Gründe anzuführen, von denen sich die Behörde leiten liess und auf die sich der Entscheid stützt (vgl. BGE 129 I 232, 26 E. 3.2).

29

Nach Art. 238 lit. g und Art. 239 ZPO bildet zwar die **schriftliche Begründung** weiterhin Bestandteil des Entscheids, doch erfolgt diese nicht automatisch, sondern nur auf Begehren oder bei Einlegung eines Rechtsmittels bzw. bei Entscheiden, die beim Bundesgericht angefochten werden können (Art. 112 Abs. 1 lit. b BGG). Diese in der Vernehmlassung umstrittene Lösung ist verfassungsrechtlich nicht zu beanstanden, da der Gehörsanspruch von der Einhaltung bestimmter formeller Voraussetzungen abhängig gemacht und auf dessen Geltendmachung im Einzelfall verzichtet werden kann (vgl. BGE 105 Ib 250 E. b; BGE vom 9.2.1977, ZBl 1977, 518 ff.; vgl. auch BGE 132 I 42, 45 f. E. 3.3.1; krit. demgegenüber KNEUBÜHLER, Begründungspflicht, 206 ff.).

30

4. Recht auf Vertretung und Verbeiständung

Aus dem Gehörsanspruch leitet die Rechtsprechung auch die Befugnis ab, sich in einem Verfahren durch eine fachkundige Person vertreten und beraten zu lassen. Für einfache und rasche Verfahren sowie für bestimmte Verfahrensabschnitte ist indessen verfassungsrechtlich ein Ausschluss der Vertretung zulässig (BGE 119 Ia 260).

31

Im Zivilprozess kann sich jede Partei vertreten lassen (Art. 68 Abs. 1 ZPO). Einschränkungen dieses Rechts kennt die neue Zivilprozessordnung nicht. Allerdings entbindet der

32

Beizug des Vertreters nicht von der Pflicht, in gewissen Fällen persönlich zu erscheinen (Art. 68 Abs. 4, Art. 204 Abs. 1, Art. 273 Abs. 2 und Art. 278 ZPO).

V. Anspruch auf unentgeltliche Rechtspflege (Abs. 3)

33 Um den gleichen Rechtsschutz für alle Rechtsuchenden sicherzustellen, gewährt Art. 29 Abs. 3 BV dem Bedürftigen einen Anspruch auf **unentgeltliche Rechtspflege**, wenn sein Rechtsbegehren nicht aussichtslos ist. Dieses prozessuale Grundrecht gibt einerseits Anspruch auf Befreiung von der Bezahlung der Gerichtskosten und der Leistung entsprechender Vorschuss- oder Sicherheitsleistungen und anderseits auf gerichtliche Bestellung eines Rechtsbeistands, wenn dies zur Wahrung der Rechte notwendig ist (vgl. BGE 122 I 322, 324 f. E. 2b und c).

34 Die Regelung der unentgeltlichen Rechtspflege in der *Zivilprozessordnung* (Art. 117 ff.) knüpft eng an die bundesgerichtliche Rechtsprechung zu Art. 29 Abs. 3 BV an (vgl. BOTSCHAFT ZPO, 7301). Die bisherige Praxis wird deshalb bei der Kommentierung der neuen Bestimmungen erörtert. Da Art. 29 Abs. 3 BV lediglich einen Minimalstandard garantiert, kann bei der Anwendung der zivilprozessualen Normen über das verfassungsrechtlich Gebotene hinausgegangen werden (vgl. auch N 5).

Art. 30 BV

Gerichtliche Verfahren	¹ Jede Person, deren Sache in einem gerichtlichen Verfahren beurteilt werden muss, hat Anspruch auf ein durch Gesetz geschaffenes, zuständiges, unabhängiges und unparteiisches Gericht. Ausnahmegerichte sind untersagt. ² Jede Person, gegen die eine Zivilklage erhoben wird, hat Anspruch darauf, dass die Sache vom Gericht des Wohnsitzes beurteilt wird. Das Gesetz kann einen anderen Gerichtsstand vorsehen. ³ **Gerichtsverhandlung und Urteilsverkündung sind öffentlich. Das Gesetz kann Ausnahmen vorsehen.**
Garanties de procédure judiciaire	¹ Toute personne dont la cause doit être jugée dans une procédure judiciaire a droit à ce que sa cause soit portée devant un tribunal établi par la loi, compétent, indépendant et impartial. Les tribunaux d'exception sont interdits. ² La personne qui fait l'objet d'une action civile a droit à ce que sa cause soit portée devant le tribunal de son domicile. La loi peut prévoir un autre for. ³ L'audience et le prononcé du jugement sont publics. La loi peut prévoir des exceptions.
Procedura giudiziaria	¹ Nelle cause giudiziarie ognuno ha diritto d'essere giudicato da un tribunale fondato sulla legge, competente nel merito, indipendente e imparziale. I tribunali d'eccezione sono vietati. ² Nelle azioni civili il convenuto ha diritto che la causa sia giudicata dal tribunale del suo domicilio. La legge può prevedere un altro foro. ³ L'udienza e la pronuncia della sentenza sono pubbliche. La legge può prevedere eccezioni.

Inhaltsübersicht

Note

I. Bedeutung von Art. 30 BV für das Zivilverfahren 1

II. Anspruch auf den verfassungsmässigen Richter (Abs. 1) 7
   1. Anspruch auf den gesetzlich vorgesehenen Richter 8
   2. Anspruch auf einen unabhängigen Richter 12
   3. Anspruch auf einen unparteiischen Richter 14

III. Anspruch auf Beurteilung von Zivilklagen durch den Wohnsitzrichter (Abs. 2) .. 18

IV. Anspruch auf eine öffentliche Gerichtsverhandlung und Urteilsverkündung (Abs. 3) 22

Literatur

Zu Art. 30 BV allgemein: G. BIAGGINI, BV, Kommentar, 2007; M. HOTTELIER, Les garanties de procédure, in: D. Thürer/J.-F. Aubert/J. P. Müller (Hrsg.), Verfassungsrecht der Schweiz, Zürich 2001, 815 ff.; T. JAAG, Die Verfahrensgarantien der neuen Bundesverfassung, in: P. Gauch/ D. Thürer (Hrsg.), Die neue Bundesverfassung. Analysen, Erfahrungen, Ausblick, Zürich u.a. 2002, 25 ff.; R. KIENER/W. KÄLIN, Grundrechte, Bern 2007, 438 ff.; P. MAHON, in: J.-F. Aubert/P. Mahon (Hrsg.), Petit commentaire de la Constitution fédérale de la Confédération suisse du 18 avril 1999, Zürich u.a. 2003; J. P. MÜLLER/M. SCHEFER, Grundrechte in der Schweiz, 4. Aufl. Bern 2008, 927 ff.; P. REETZ, Justizgrundsätze in der neuen Bundesverfassung, in: K. Spühler et al. (Hrsg.), Neuerungen im Zivilprozessrecht, Zürich 2000, 1 ff.

Zu Art. 30 Abs. 1 BV (Anspruch auf den verfassungsmässigen Richter): C. BANDLI, Zur Spruchkörperbildung, in: Aus der Werkstatt des Rechts, FS für Heinrich Koller, Basel u.a. 2006, 209 ff.; R. KIENER, Richterliche Unabhängigkeit, Bern 2001; vgl. ausserdem die Literaturhinweise zu Art. 47 ff.

Zu Art. 30 Abs. 2 BV (Anspruch auf Beurteilung von Zivilklagen durch den Wohnsitzrichter): Y. DONZALLAZ, L'art. 30 al. 2 nCst. féd., AJP 2002, 530 ff.

Zu Art. 30 Abs. 3 BV (Anspruch auf eine öffentliche Gerichtsverhandlung und Urteilsverkündung): H. AEMISEGGER, Öffentlichkeit der Justiz, in: P. Tschannen (Hrsg.), Neue Bundesrechtspflege, Berner Tage für die juristische Praxis BTJP 2006, Bern 2007, 375 ff.; F. BOMMER, Öffentlichkeit der Hauptverhandlung zwischen Individualgrundrecht und rechtsstaatlich-demokratischem Strukturprinzip, in: A. Donatsch/M. Forster/C. Schwarzenegger, Strafrecht, Strafprozessrecht und Menschenrechte, FS für Stefan Trechsel, Zürich u.a. 2002, 671 ff.; F. ZELLER, Medien und Hauptverhandlung. Menschenrechtliche Leitplanken, in: Justice – Justiz – Giustizia 2006/1; vgl. ausserdem die Literaturhinweise zu Art. 54 ZPO.

I. Bedeutung von Art. 30 BV für das Zivilverfahren

Nach der Verankerung allgemeiner Verfahrensgarantien in Art. 29 BV stellt die neue Bundesverfassung in Art. 30 BV zusätzliche **Mindestanforderungen für gerichtliche Verfahren** auf. Sie knüpft dabei an entsprechende Bestimmungen der alten Verfassung (Art. 58 und 59 aBV) sowie an Art. 6 Ziff. 1 EMRK und Art. 14 Ziff. 1 UNO-Pakt II an. Die neue Norm deckt sich indessen nicht vollständig mit den genannten Bestimmungen. **1**

Siehe zur Tragweite der Verfahrensgarantien von Art. 29 und 30 BV sowie zu ihrem gegenseitigen Verhältnis die Komm. zu Art. 29 BV N 1 ff.

Art. 30 BV findet nur Anwendung, wenn ein *gerichtliches* Verfahren stattfindet. Er verleiht jedoch keinen Anspruch auf Beurteilung durch ein Gericht. Ein solcher kann sich **2** aus Art. 29a, 31 und 32 BV oder aus Art. 5 und Art. 6 Ziff. 1 EMRK ergeben. Als Gericht gilt nach der Rechtsprechung jede Behörde, die organisatorisch und personell, nach der Art ihrer Ernennung, der Amtsdauer, dem Schutz vor äusseren Beeinflussungen und nach ihrem Erscheinungsbild sowohl gegenüber anderen Behörden als auch gegenüber den Parteien unabhängig und unparteiisch ist und in dieser spezifischen Rolle über Streitfragen entscheidet (BGE 126 I 228, 230 f. E. 2a/bb).

3   Die Garantien von Art. 30 BV gelten für *alle Gerichtsverfahren*. Allerdings stellt das Verfassungsrecht für den gerichtlichen Rechtsschutz in einzelnen Rechtsgebieten weitere Erfordernisse auf (vgl. Art. 31 BV für den Freiheitsentzug und Art. 32 für Strafverfahren).

4   Art. 30 BV gewährleistet dem Rechtsuchenden *drei verschiedene verfassungsmässige Rechte:*

– einen Anspruch auf Beurteilung durch ein auf Gesetz beruhendes, zuständiges, unabhängiges und unparteiisches Gericht (Abs. 1);

– einen Anspruch auf Beurteilung von Zivilklagen am Wohnsitz des Beklagten (Abs. 2);

– schliesslich ein Recht auf eine öffentliche Gerichtsverhandlung und Urteilsverkündung (Abs. 3).

5   Die *praktische Bedeutung* der genannten verfassungsmässigen Rechte für das Zivilverfahren ist unterschiedlich. Die grösste Tragweite hat die Garantie des verfassungsmässigen Richters, da die Organisation der Zivilgerichte weiterhin in der Kompetenz der Kantone verbleibt (Art. 122 Abs. 2 BV; Art. 3 ZPO) und Art. 30 Abs. 1 BV die rechtsstaatlichen Mindestanforderungen umschreibt, die an die kantonalen Ordnungen zu stellen sind. Der in Abs. 1 von Art. 30 BV ebenfalls gewährleistete Anspruch auf die Unparteilichkeit des Gerichts wird dagegen gleich wie die Rechte von Abs. 2 und 3 durch die Bestimmungen der eidgenössischen Zivilprozessordnung näher umschrieben. Die Verfassungsgarantien verlieren dadurch stark an Bedeutung, da die Normen der Zivilprozessordnung für die rechtsanwendenden Organe grundsätzlich verbindlich sind (Art. 190 BV; zur Tragweite dieses sog. Anwendungsgebots vgl. BGE 134 II 249, 251 f. E. 2.3). Die verfassungsrechtliche Praxis dient in diesen Bereichen vor allem noch als **Auslegungshilfe** bei der Anwendung der massgeblichen Bestimmungen der Zivilprozessordnung.

Vgl. zu den Wechselwirkungen zwischen Verfassungsrecht und Zivilprozessrecht die Komm. zu Art. 29 BV N 6.

6   Wie bei der Komm. von Art. 29 BV werden nachstehend nur jene Teilgehalte von Art. 30 BV detailliert erläutert, die nicht durch die Zivilprozessordnung konkretisiert werden. Soweit diese solche Bestimmungen enthält, werden die verfassungsrechtlichen Bezüge bei der Kommentierung dieser Normen mitbehandelt. An dieser Stelle ist jedoch aufzuzeigen, welche Bestimmungen der Zivilprozessordnung die verfassungsmässigen Ansprüche näher umschreiben und in welcher Weise dies erfolgt.

II. Anspruch auf den verfassungsmässigen Richter (Abs. 1)

7   Art. 30 BV gewährleistet an erster Stelle den Anspruch des Rechtsuchenden auf ein **gesetzmässiges, zuständiges, unabhängiges und unparteiisches Gericht.** Diese für jeden Rechtsstaat zentrale Garantie enthält drei Teilaspekte, die sich freilich nicht immer scharf auseinanderhalten lassen.

1. Anspruch auf den gesetzlich vorgesehenen Richter

a) Erfordernis der gesetzlichen Umschreibung von Bestand und Zuständigkeit der Gerichte

Zur Vermeidung jeglichen Anscheins von Manipulation dürfen nur Gerichte Recht sprechen, die eine Grundlage in einem *Gesetz* haben. Dieses hat zudem deren sachliche, funktionelle und örtliche Zuständigkeit zu umschreiben (BGE 134 I 125, 133 E. 3.3). Art. 30 Abs. 1 BV unterstreicht dies noch dadurch, dass er **Ausnahmegerichte** ausdrücklich untersagt. Unzulässig ist es, eine richterliche Behörde für einen Einzelfall einzusetzen und personell zu bestellen (BGE 131 I 31, 34 E. 2.1.2.1 = Pra 2006, 173, 175 E. 2.1.2.1). Demgegenüber steht das Verfassungsrecht der Einrichtung von **Spezialgerichten** – z.B. Handels-, Miet- oder Arbeitsgerichten – nicht entgegen (BGE 126 I 235; 119 Ia 81, 83 E. 3).

Die Zivilprozessordnung regelt die Organisation der Gerichte nicht, da diese nach Art. 122 Abs. 2 BV in der Kompetenz der *Kantone* liegt (vgl. auch Art. 3 ZPO). Allerdings dient Art. 4 ZPO dadurch der Verwirklichung des Anspruchs auf ein gesetzmässiges und zuständiges Gericht, dass er die Kantone anhält, die sachliche und funktionelle Zuständigkeit der Gerichte *gesetzlich* zu ordnen, und dass Art. 9 ff. ZPO die örtliche Zuständigkeit eingehend regeln. Nach Art. 60 i.V.m. Art. 59 Abs. 2 lit. b ZPO hat das Gericht überdies in jedem Fall von Amtes wegen zu prüfen, ob es für die Sache sachlich und örtlich zuständig ist.

b) Anforderungen an die Spruchkörperbildung

Der Anspruch auf den gesetzlich vorgesehenen und zuständigen Richter erfordert ebenfalls, dass die **Besetzung der Richterbank** nach objektiven Regeln erfolgt. Es ist unzulässig, durch eine gezielte Auswahl der mitwirkenden Richter im Einzelfall auf die Rechtsprechung Einfluss zu nehmen oder auch nur einen entsprechenden Anschein zu erwecken. Bei einem derartigen Vorgehen läge ein nach Art. 30 Abs. 1 Satz 2 BV verpöntes Ausnahmegericht vor (vgl. BGer vom 8.6.1999, 1P.645/1998, ZBl 101/2000, 605 E. 4b). Allerdings erfordert Art. 30 Abs. 1 BV nicht, dass der Spruchkörper stets im Voraus bestimmbar ist, sondern es genügt das Vorliegen generell-abstrakter Regeln, nach denen die Besetzung der Richterbank zu erfolgen hat (vgl. für das Bundesgericht Art. 22 BGG und Art. 40 des Reglements für das Bundesgericht vom 20.11.2006; strenger demgegenüber Kiener, 376 ff.; krit. ebenfalls Biaggini, Art. 30 N 5; Müller/Schefer, 935). Einzelne Gerichte (zurzeit das Bundesverwaltungsgericht und das Sozialversicherungsgericht des Kantons Zürich) nehmen die Fallzuteilung mittels einer besonderen Software durch den Computer vor. Nicht erforderlich ist, dass die Regeln über die Besetzung des Spruchkörpers vollständig auf Gesetzesstufe verankert sind (BGE 129 V 335, 340 f. E. 3.2 = Pra 2004, 953, 957 E. 3.2).

Die *Rechtsprechung* bejaht eine Verletzung von Art. 30 Abs. 1 BV, wenn bei der Spruchkörperbildung Vorschriften verletzt werden, also z.B. eine Kammer in kleinerer als der vorgesehenen Besetzung oder unter Ausschluss des Gerichtsschreibers tagt (BGE 129 V 335, 341 E. 3.3 = Pra 2004, 953, 958 E. 3.3; 125 V 499, 501 ff. E. 2 und 3). Soweit dem Vorsitzenden bei der Zusammensetzung der Richterbank ein Ermessen zusteht, muss er dieses nach objektiven Gesichtspunkten ausüben. Insbesondere muss sich eine Abweichung von der üblichen Praxis mit sachlichen Gründen rechtfertigen lassen (BGer vom 8.6.1999, 1P.645/1998, ZBl 101/2000, 605 E. 4b; BGE 105 Ia 172, 179 f. E. 5b). Ein einmal gebildeter Spruchkörper darf nachträglich nur aus zwingenden Gründen wie Krankheit oder Ausscheiden eines Gerichtsmitglieds geändert werden (BGer vom 26.6.2006, 6P.102/2005, ZBl 108/2007, 43, 44 E. 2.2).

2. Anspruch auf einen unabhängigen Richter

12 Wegen ihrer grossen Bedeutung garantiert die Verfassung die richterliche Unabhängigkeit zugleich als *Individualrecht (Art. 30 Abs. 1 BV)* und als *Organisationsgrundsatz (Art. 191c BV)*. Gerichte sollen bei der Rechtsprechung nur dem Recht verpflichtet sein und keinen Beeinflussungen durch andere Staatsgewalten oder von privater Seite unterstehen.

13 Nach der bisherigen *Gerichtspraxis* wird der **Anspruch auf Unabhängigkeit** des Gerichts verletzt, wenn ein weisungsgebundener Angehöriger der Verwaltung richterliche Funktonen ausübt (BGE 124 I 255, 261 ff. E. 4 und 5 betr. den Einsatz eines kantonalen Beamten als Protokollführer und Sekretär einer Bodenverbesserungskommission mit richterlichen Funktionen). Dagegen verletzt es Art. 30 Abs. 1 BV nicht, wenn in einem Mietgericht Vertreter von Mieter- und Vermieterorganisationen Einsitz nehmen (BGE 133 I 1, 7 f. E. 6.4.3; 126 I 235 ff.). Überdies erscheint die Ernennung der Richter durch die Exekutive verfassungsrechtlich zulässig (BGer vom 8.6.1999, 1P.645/1998, ZBl 101/2000, 605 E. 3).

3. Anspruch auf einen unparteiischen Richter

14 Die richterliche Unabhängigkeit weist neben institutionellen Aspekten auch eine *personelle* Seite auf. Art. 30 Abs. 1 BV gewährleistet deshalb den Rechtsuchenden ebenfalls einen Anspruch darauf, dass seine Sache von einem **unparteiischen, unvoreingenommenen und unbefangenen Richter** entschieden wird. Es sollen keine Umstände, die ausserhalb des Prozesses liegen, in sachwidriger Weise auf das Urteil einwirken. Da sich eine Befangenheit nur schwer nachweisen lässt, erscheint der verfassungsrechtliche Anspruch bereits verletzt, wenn Umstände vorliegen, die den Anschein der Befangenheit und die Gefahr der Voreingenommenheit begründen (BGE 114 I a 50, 54 f. sowie zuletzt BGE 134 I 238, 240 E. 2.1).

15 Die Zivilprozessordnung enthält in Art. 47 ff. eingehende Regeln über den **Ausstand von Gerichtspersonen,** um der erwähnten Verfassungsgarantie Nachachtung zu verschaffen. Der Gesetzgeber ergänzt in Art. 47 Abs. 1 ZPO die traditionellen Ausstandsgründe (lit. a–e) durch eine Generalklausel (lit. f), wonach eine Gerichtsperson immer in den Ausstand zu treten hat, wenn Gründe bestehen, die sie als befangen erscheinen lassen. Vor allem bei der Auslegung des zuletzt genannten allgemeinen Ausstandsgrunds ist die bisherige reiche Verfassungsrechtsprechung (vgl. dazu insb. SGK BV-STEINMANN, Art. 30 N 10 ff.) heranzuziehen. Die Generalklausel ermöglicht es, die zivilprozessuale Ausstandspraxis auch künftig mit der Entwicklung der Rechtsprechung zu Art. 30 Abs. 1 BV abzustimmen.

Zur Tragweite der einzelnen Ausstandsgründe s. die Komm. zu Art. 47 ZPO.

16 Eine besondere Bedeutung kommt den verfassungsrechtlichen Anforderungen an die richterliche Unparteilichkeit in Fällen der **sog. Vorbefassung** zu, in denen eine Gerichtsperson mehrfach in verschiedener Funktion in der gleichen Sache tätig wird. Im Interesse der Rechtssicherheit nennt Art. 47 Abs. 2 ZPO beispielhaft fünf Fälle, in denen die frühere Mitwirkung *für sich allein* keinen Ausstandsgrund bildet. Die Regelung folgt dabei der Rechtsprechung des Bundesgerichts zu Art. 30 Abs. 1 BV (vgl. BGE 134 I 238 E. 2; 131 I 24, 26 ff. E. 1.3 und 2 = Pra 2005, 878, 879 ff. E. 1.3 und 2; BGE 131 I 113, 119 ff. E. 3.6 und 3.7).

17 Das Verfassungsrecht stellt auch Anforderungen an die Ausgestaltung des **Ausstandsverfahrens** (vgl. dazu SGK BV-STEINMANN, Art. 30 N 16). Die Regelung in Art. 48–51

ZPO entspricht diesen Vorgaben. Sie statuiert eine Mitteilungspflicht der Gerichtspersonen über *mögliche* Ausstandsgründe (Art. 48 ZPO) und verlangt umgekehrt von den Parteien, dass sie Ausstandsgesuche *unverzüglich* stellen, wenn sie von einem Ausstandsgrund Kenntnis erlangen (Art. 49 Abs. 1 ZPO). Kantonale Entscheide über Ausstandsbegehren können beim Bundesgericht nur innert 30 Tagen nach der selbständigen Eröffnung angefochten werden (Art. 92 BGG).

III. Anspruch auf Beurteilung von Zivilklagen durch den Wohnsitzrichter (Abs. 2)

Der zweite verfassungsmässige Anspruch von Art. 30 BV enthält eine **Gerichtsstandsgarantie zugunsten des Beklagten**. In Anknüpfung an den römischrechtlichen Grundsatz «actor sequitur forum rei» sind Zivilklagen grundsätzlich am Wohnsitz des Beklagten zu erheben. Letzterer ist nach den zivilrechtlichen Regeln (Art. 23 ff. ZGB bzw. bei juristischen Personen Art. 56 ZGB) zu bestimmen. 18

Art. 30 Abs. 2 BV führt die **Garantie des Wohnsitzrichters** gemäss Art. 59 aBV mit leicht verändertem *Inhalt* weiter. Einerseits erstreckt sich die Verfassungsnorm jetzt auf alle Zivilklagen und nicht mehr bloss auf die «persönlichen Ansprachen»; anderseits entfällt die Beschränkung auf die «aufrechtstehenden», d.h. zahlungsfähigen Schuldner. Dieser Ausweitung steht jedoch eine erhebliche Relativierung der Garantie in Satz 2 von Art. 30 Abs. 2 BV gegenüber. Danach kann das *Gesetz* einen anderen als den Wohnsitzgerichtsstand vorsehen. Mit diesem Vorbehalt sollte für die vielen Ausnahmen, die schon unter der alten Verfassung bestanden, eine einwandfreie Grundlage geschaffen werden (vgl. Botschaft über eine neue Bundesverfassung vom 20.11.1996, BBl 1997 I 184). Eine Abweichung vom Wohnsitzgerichtsstand kann dabei sowohl durch ein Gesetz des Bundes oder eines Kantons oder durch einen Staatsvertrag geschaffen werden (BOTSCHAFT BV, a.a.O.; DONZALLAZ, AJP 2002, 540; SGK BV-LEUENBERGER, Art. 30 N 19; kantonale Gesetze vom Vorbehalt ausschliessend dagegen GestG-Komm.-SURBER, Art. 30 Abs. 2 N 21; REETZ 18 f.). Schliesslich stellt Art. 30 Abs. 2 BV im Unterschied zu Art. 59 aBV nicht mehr bloss eine interkantonale Kollisionsregel auf, sondern räumt auch innerkantonal einen Anspruch auf den Wohnsitzrichter ein (BGer vom 26.9.2000, 4P.174/2000, E. 3b/bb; DONZALLAZ, AJP 2002, 534; MÜLLER/SCHEFER, 960; SGK BV-LEUENBERGER, Art. 30 N 20; GestG-Komm.-SURBER, Art. 30 Abs. 2 N 20; **a.M.** BIAGGINI, Art. 30 N 13; MAHON, N 10; REETZ, 17). 19

Die *Tragweite* der Garantie des Wohnsitzgerichtsstands erscheint in der neuen Fassung von Art. 30 Abs. 2 BV sehr gering. Dem Gesetzgeber ist es nicht verwehrt, in ausgedehntem Umfang Ausnahmen vom Grundsatz vorzusehen. Die Beibehaltung der Garantie des Wohnsitzgerichtsstands in der neuen Verfassung zeigt indessen, dass die Freiheit des Gesetzgebers nicht grenzenlos sein soll. Der Wohnsitzgerichtsstand ist als *Institut* zu erhalten (Institutsgarantie). Er darf als allgemeiner Gerichtsstand für Zivilklagen nicht ganz beseitigt oder so weit ausgehöhlt werden, dass ihm faktisch keine Relevanz mehr zukommt. 20

Der *Bund* regelt die zivilprozessualen Gerichtsstände heute abschliessend in Bundesgesetzen (ZPO, SchKG, IPRG) sowie im revidierten Lugano-Übereinkommen (LugÜ II). In Übereinstimmung mit Art. 30 Abs. 2 BV sieht Art. 10 ZPO den allgemeinen Gerichtsstand am Wohnsitz oder Sitz der beklagten Partei vor (gleiche Regelungen finden sich auch in Art. 2 IPRG und Art. 2 LugÜ II). Für *kantonale* Gerichtsstandsbestimmungen besteht mit dem Inkrafttreten der Zivilprozessordnung kein Raum mehr, da diese auf alle Zivilverfahren anwendbar ist, also auch auf solche, in denen Ansprüche aus *kantonalem* 21

Privatrecht geltend gemacht werden (vgl. Art. 1 ZPO). Die örtliche Zuständigkeit ergibt sich damit stets aus Bundesgesetzen oder Staatsverträgen, die gemäss Art. 190 BV bei der Rechtsanwendung verbindlich sind. Art. 30 Abs. 2 BV behält indessen eine Bedeutung als Gesichtspunkt bei der *Auslegung der Gerichtsstandsbestimmungen* (vgl. BGE 133 IV 171, 180 f. E. 9.4; 129 III 80, 84; LEUENBERGER, Art. 30 N 24 ff.). Ausserdem bindet er als *Institutsgarantie* (vgl. N 20) den Gesetzgeber bei künftigen Änderungen des Gerichtsstandsrechts.

IV. Anspruch auf eine öffentliche Gerichtsverhandlung und Urteilsverkündung (Abs. 3)

22   Im Unterschied zur alten Verfassung verlangt Art. 30 Abs. 3 BV, dass einzelne Teile des Gerichtsverfahrens – die Parteiverhandlungen und die Urteilsverkündung, nicht aber die Urteilsberatung – *öffentlich* erfolgen. Dies entspricht teilweise alter Tradition und war bisher in einzelnen Rechtsgebieten auch von Art. 6 Ziff. 1 EMRK sowie Art. 14 Abs. 1 UNO-Pakt II vorgeschrieben.

23   Art. 30 Abs. 3 BV umfasst nicht nur die **Parteiöffentlichkeit,** sondern ebenfalls die **Publikumsöffentlichkeit.** Letztere trägt zur Veranschaulichung und Transparenz der Rechtsprechung bei und dient damit auch der Kontrolle der Justiztätigkeit. Die Bürger sollen sich ein Bild davon verschaffen können, wie die Richter die ihnen übertragene Verantwortung wahrnehmen (vgl. BGE 134 I 286, 288 E. 5.1; 129 III 529, 532 E. 3.2; näher dazu BOMMER, 674 ff.). Entsprechend dieser Konzeption steht der Anspruch auf Öffentlichkeit von Gerichtsverhandlungen und Urteilsverkündungen nicht nur den Parteien des Verfahrens, sondern jedermann zu, der ein schutzwürdiges Interesse nachweist (BGE 134 I 286, 288 E. 5.1; vgl. auch SGK BV-STEINMANN, Art. 30 N 36; zurückhaltender jedoch MAHON, Art. 30 N 13).

24   Der **Umfang des Öffentlichkeitsanspruchs** von Art. 30 Abs. 3 BV deckt sich nicht mit jenem gemäss Art. 6 Ziff. 1 EMRK und Art. 14 Abs. 1 UNO-Pakt II. Er reicht weiter, indem er die Öffentlichkeit von Gerichtsverhandlungen und Urteilsverkündungen in genereller Weise – also ohne Einschränkung auf bestimmte Rechtsgebiete – garantiert. Demgegenüber erscheint der *Inhalt* von Art. 30 Abs. 3 BV beschränkter als jener der genannten völkerrechtlichen Garantien, da er im Unterschied zu jenen kein Recht auf Durchführung einer mündlichen Gerichtsverhandlung einräumt. Ob eine solche durchzuführen ist, richtet sich vielmehr nach dem massgebenden Verfahrensrecht bzw. nach Art. 6 Ziff. 1 EMRK und Art. 14 Abs. 1 UNO-Pakt II (BGE 128 I 288 E. 2.3–2.6 = Pra 2003, 438 E. 2.3–2.6; für eine weitergehende Auslegung des Inhalts von Art. 30 Abs. 3 BV jedoch BIAGGINI, Art. 30 N 17, und SGK BV-STEINMANN, Art. 30 N 31 ff.). Durch Gesetz können *Ausnahmen* vom Öffentlichkeitsgrundsatz vorgesehen werden. Als Gründe für den Ausschluss kommt der Schutz öffentlicher oder privater Interessen in Betracht (vgl. die Aufzählung von Gründen in Art. 6 Ziff. 1 Satz 2 EMRK). Nichtöffentlichkeit kann im Einzelfall zugelassen, aber auch für ganze Fallkategorien vorgesehen werden. Möglich ist ausserdem sowohl der vollständige als auch der bloss teilweise Ausschluss der Öffentlichkeit.

25   Die Zivilprozessordnung konkretisiert Art. 30 Abs. 3 BV in mehreren Bestimmungen. Nach Art. 54 Abs. 1 ZPO sind Verhandlungen und eine allfällige mündliche Eröffnung des Urteils öffentlich durchzuführen. Zudem müssen auch die den Parteien auf schriftlichem Weg zugestellten Entscheide der Öffentlichkeit zugänglich gemacht werden. Umstritten war bei der Beratung der Vorlage, ob auch die **Urteilsberatungen** öffentlich erfolgen sollten; Art. 54 Abs. 2 ZPO überlässt die Regelung dieser Frage nun dem

Bundesverfassung der Schweizerischen Eidgenossenschaft   Art. 122 BV

kantonalen Recht. Das Gesetz lässt weiter den Ausschluss der Öffentlichkeit im Einzelfall zu (Art. 54 Abs. 3 ZPO) und sieht ihn generell für familienrechtliche Verfahren (Art. 54 Abs. 4 ZPO) sowie die Schlichtungsverhandlungen (Art. 203 Abs. 3 ZPO, der allerdings Ausnahmen zulässt) vor. Im Verfahren vor Bundesgericht sind nebst den Parteiverhandlungen grundsätzlich auch die Urteilsberatungen und Abstimmungen öffentlich (Art. 59 BGG). Bei der Auslegung der gesetzlichen Regelungen über die Öffentlichkeit ist die bisherige und künftige Praxis zu Art. 30 Abs. 3 BV als Auslegungshilfe heranzuziehen.

Vgl. im Einzelnen die Komm. zu Art. 54 und 203 Abs. 3 ZPO.

Art. 122 BV

Zivilrecht	[1] Die Gesetzgebung auf dem Gebiet des Zivilrechts und des Zivilprozessrechts ist Sache des Bundes. [2] Für die Organisation der Gerichte und die Rechtsprechung in Zivilsachen sind die Kantone zuständig, soweit das Gesetz nichts anderes vorsieht.
Droit civil	[1] La législation en matière de droit civil et de procédure civile relève de la compétence de la Confédération. [2] L'organisation judiciaire et l'administration de la justice en matière de droit civil sont du ressort des cantons, sauf disposition contraire de la loi.
Diritto civile	[1] La legislazione nel campo del diritto civile e della procedura civile compete alla Confederazione. [2] L'organizzazione dei tribunali e l'amministrazione della giustizia in materia civile competono ai Cantoni, salvo diversa disposizione della legge.

Inhaltsübersicht   Note

    I. Entstehungsgeschichte und Bedeutung von Art. 122 BV   1
   II. Gesetzgebungskompetenz des Bundes für das Zivil- und das Zivilprozessrecht
       (Abs. 1)   3
       1. Eigenart der Bundeskompetenz   3
       2. Umfang der Bundeskompetenz im Bereich des Zivilrechts   5
       3. Umfang der Bundeskompetenz im Bereich des Zivilprozessrechts   8
  III. Kompetenz der Kantone für die Gerichtsorganisation und die
       Zivilrechtsprechung (Abs. 2)   11

Literatur

J.-F. AUBERT, in: J.-F. Aubert/P. Mahon (Hrsg.), Petit commentaire de la Constitution fédérale de la Confédération suisse du 18 avril 1999, Zürich u.a. 2003; G. BIAGGINI, BV, Kommentar, Zürich 2007; F. GYGI, Zur Rechtsetzungszuständigkeit des Bundes auf dem Gebiete des Zivilrechts (BV 64), ZSR 1976 I, 343 ff.; P. KARLEN, Vereinheitlichung des Zivilprozessrechts und Reform der Bundesrechtspflege, in: K. Spühler (Hrsg.), Die neue Schweizerische Zivilprozessordnung. Eine Orientierung, Basel u.a. 2003, 3 ff.; T. SUTTER, Auf dem Weg zur Rechtseinheit im schweizerischen Zivilprozessrecht, Zürich 1998.

I. Entstehungsgeschichte und Bedeutung von Art. 122 BV

1 Die in Art. 122 BV verankerte Gesetzgebungskompetenz des Bundes für das Zivil- und Zivilprozessrecht hat eine lange *Entstehungsgeschichte*. Das Postulat, die beiden genannten Rechtsgebiete in der Schweiz zu vereinheitlichen und dem Bund eine entsprechende Zuständigkeit einzuräumen, fand bereits Eingang in die Vorlage zur Verfassungsrevision von 1872. Da diese in der Volksabstimmung jedoch scheiterte, erhielt der Bund in der Folge lediglich eine Gesetzgebungskompetenz für das *materielle* Zivilrecht, und zwar 1874 zunächst nur für Teilgebiete und 1898 schliesslich für die gesamte Materie. Während mehr als hundert Jahren erstreckte sich darauf die Gesetzgebungskompetenz des Bundes lediglich auf das materielle Zivilrecht, während das Zivilprozessrecht und die Gerichtsorganisation in der kantonalen Hoheit verblieben (Art. 64 Abs. 3 aBV und Art. 122 BV in der Fassung vor der Justizreform). Aufgrund dieser verfassungsrechtlichen Lage vereinheitlichte die Schweiz zwar wie die anderen europäischen Länder das materielle Privatrecht, sie verfügte aber im Unterschied zu diesen weiterhin über ein zersplittertes Zivilprozessrecht, das aus 26 kantonalen Zivilprozessordnungen mit annähernd 10 000 Bestimmungen und einem Gesetz über den Bundeszivilprozess bestand.

Die Forderung nach einer **Vereinheitlichung auch des Zivilprozessrechts** verstummte nicht, gewann aber erst im Zusammenhang mit den Bestrebungen zur Totalrevision der Bundesverfassung an Durchschlagskraft. Entsprechend dem Konzept der Nachführung übernahm die neue Verfassung zunächst die Regelung von Art. 64 aBV. Doch stimmten Volk und Stände schliesslich am 12.3.2000 mit grossem Mehr einer grösseren Revision der Justizverfassung – der **sog. Justizreform** – zu, welche die Gesetzgebungskompetenz des Bundes auf das Zivil- und Strafprozessrecht ausweitete. Bemerkenswert ist, dass der Bundesrat zuerst lediglich eine Harmonisierung des Prozessrechts ins Auge gefasst hatte und sich erst aufgrund der Vernehmlassungsergebnisse für eine vollständige Vereinheitlichung des Prozessrechts entschied (vgl. zur Entstehungsgeschichte auch BOTSCHAFT ZPO, 7233 ff.; KARLEN, 4 ff.; SUTTER, 3 ff.). Art. 122 BV trat in der neuen Fassung zusammen mit der Neuordnung der Bundesrechtspflege (BGG und VGG) am 1.1.2007 in Kraft (AS 2006 1060).

2 Aufgrund der Stellung im Kapitel über die Zuständigkeiten des Bundes erhellt, dass Art. 122 BV eine *Kompetenznorm* darstellt. Sie gibt dem Bund die Ermächtigung, auf dem Gebiet des Zivil- und Zivilprozessrechts zu legiferieren. Diese Befugnis würde ohne Kompetenzzuweisung an den Bund gemäss der allgemeinen Regel (Art. 3 Abs. 1 und Art. 42 BV) bei den Kantonen liegen. Art. 122 BV schreibt dem Bund indessen nicht vor, in welchem Umfang und in welcher Weise er von seiner Kompetenz Gebrauch zu machen hat.

II. Gesetzgebungskompetenz des Bundes für das Zivil- und das Zivilprozessrecht (Abs. 1)

1. Eigenart der Bundeskompetenz

3 Die Tragweite der Befugnis, die Art. 122 BV dem Bund einräumt, ergibt sich aufgrund der traditionellen Kriterien der Kompetenzzuweisung (vgl. auch AUBERT, Art. 122 N 3; SGK BV-LEUENBERGER, Art. 122 N 4). Es handelt sich unter dem Gesichtspunkt

- der Art des Gegenstands um eine *Gesetzgebungskompetenz*. Der Bund wird ermächtigt, auf dem Gebiete des Zivil- und Zivilprozessrechts Gesetze zu erlassen; die Zivilrechtsprechung bleibt dagegen grundsätzlich den Kantonen vorbehalten (Art. 122 Abs. 2 BV; vgl. aber auch N 14);

- der Reichweite um eine *umfassende* Kompetenz. Der Bund ist befugt, das Zivil- und Zivilprozessrecht erschöpfend gesetzlich zu regeln;
- der Wirkung um eine *konkurrierende* Kompetenz. Solange der Bund von seiner Befugnis keinen Gebrauch macht, bleiben weiterhin die Kantone zuständig.

Der *Gegenstand* der Rechtsetzungszuständigkeit des Bundes wird in Art. 122 BV mit den herkömmlichen Begriffen des Zivilrechts und des Zivilprozessrechts umschrieben. Es handelt sich dabei um Materien, die sich im Laufe der geschichtlichen Entwicklung zu besonderen Rechtsgebieten herausgebildet haben, sich aber nicht exakt abgrenzen lassen. Der Verfassungsgeber knüpft daran an, überlässt hingegen die Bestimmung des genauen Umfangs der Bundeskompetenz bewusst der Wissenschaft und Praxis (vgl. Botschaft über eine neue Bundesverfassung vom 20.11.1996, BBl 1997 I, 338 [zit. BOTSCHAFT BV]). 4

2. Umfang der Bundeskompetenz im Bereich des Zivilrechts

Neben den unbestrittenen Kerngebieten weist das Zivilrecht verschiedene Randzonen auf, in denen die Abgrenzung einerseits vom *öffentlichen Recht* und anderseits vom *Zivilprozessrecht* Probleme bieten kann. Im letzteren Punkt hat die Unterscheidung mit dem Inkrafttreten der Justizreform ihre praktische Bedeutung verloren, da sich die Bundeskompetenz jetzt auch auf das Zivilprozessrecht erstreckt. Demgegenüber gilt es weiterhin, die Zivilrechtskompetenz des Bundes von den öffentlich-rechtlichen Befugnissen der Kantone aufzugrenzen. Art. 6 ZGB bestätigt auf Gesetzesstufe die kantonalen Kompetenzen im Bereich des öffentlichen Rechts, trägt aber zur Klärung ihres Umfangs nichts bei und erscheint bloss als unechter Vorbehalt zugunsten des kantonalen Rechts (vgl. ZK-MARTI, Art. 6 ZGB N 24). 5

In der Wissenschaft werden drei Theorien zur **Abgrenzung der Zivilrechtskompetenz des Bundes** vom **kantonalen öffentlichen Recht** vertreten (vgl. die Übersichten bei AUBERT, Art. 122 N 4 ff. und in VPB 63/1999 Nr. 83, 799 ff.; vgl. ferner ZK-MARTI, Vor Art. 5 und 6 ZGB N 96 ff.): 6

- eine *modale,* die das Zivilrecht nach rechtstheoretischen Merkmalen vom öffentlichen Recht unterscheidet (gilt heute als herrschende Lehre; vgl. AUBERT, Art. 122 N 8);
- eine *materielle,* die dem Zivilrecht bestimmte Sachgebiete zurechnet (begründet durch GYGI, 343 ff.);
- eine *typologische,* nach der das Zivilrecht alle Rechtsnormen umfasst, welche «die Voraussetzungen privatautonomer Rechtsgestaltung umschrieben, herkömmlicherweise mit der Privatrechtskodifikation zusammenhängen und typische *privatrechtliche Ziele* verfolgen» (so das Bundesamt für Justiz im Gutachten vom 16.6.1999, VPB 63/1999 Nr. 83, 800; ebenso bereits das frühere Gutachten in VPB 46/1982 Nr. 20, 145 ff.).

In der *Praxis* führen die Theorien oft zum gleichen Ergebnis. Der Bund hat seine Gesetzgebungskompetenz im Zivilrecht stets in einem *sehr weiten Sinne* verstanden. So stützte er neben den grossen Privatrechtskodifikationen (ZGB und OR) auch eine Reihe von Spezialgesetzen ganz oder teilweise auf seine Zivilrechtskompetenz, jüngst z.B. das Bucheffektengesetz vom 3.10.2008 (BEG). Im Rahmen der Totalrevision der Bundesverfassung gingen der Bundesrat und die Eidgenössischen Räte sogar davon aus, auch das Schuldbetreibungs- und Konkursrecht werde von seiner Zivilrechtskompetenz erfasst, weshalb es in der neuen Verfassung nicht mehr besonders erwähnt werden müsse (vgl. 7

BOTSCHAFT BV, BBl 1997 I, 339; AUBERT, Art. 122 N 9 Anm. 25). Diese Auffassung ist umso erstaunlicher, als sich die Schuldbetreibung auch auf öffentlich-rechtliche Forderungen erstreckt (vgl. KARLEN, 153 f.). Nach der Ausweitung der Bundeszuständigkeit auf das Zivilprozessrecht lässt sich die Schuldbetreibungs- und Konkursgesetzgebung auf diese neue Kompetenz stützen (vgl. SGK BV-LEUENBERGER, Art. 122 N 20).

3. Umfang der Bundeskompetenz im Bereich des Zivilprozessrechts

8   Mit der Justizreform sollte eine Grundlage für den Erlass einer eidgenössischen Zivilprozessordnung geschaffen werden. Dementsprechend erstreckt sich die Bundeskompetenz auf jene *Materien,* die vor dem Inkrafttreten der Justizreform in den kantonalen Zivilprozessordnungen und im BZP geregelt waren. Die bisherige Trennlinie zwischen eidgenössischer und kantonaler Kompetenz verläuft damit nicht mehr entlang der Abgrenzung zwischen materiellem Zivilrecht und Zivilprozessrecht, sondern zwischen jener von Zivilprozessrecht und Gerichtsorganisation sowie Zivilrechtsprechung. Zugleich kommt ihr nur noch eine eingeschränktere Bedeutung zu als bisher, da Art. 122 Abs. 2 BV den Bundesgesetzgeber auch zu Regelungen im grundsätzlich den Kantonen vorbehaltenen Bereich ermächtigt (vgl. N 12).

9   Mit dem Erlass der Zivilprozessordnung schöpft der Bund seine Kompetenz weitgehend aus. Es handelt sich bei diesem Erlass um eine **Kodifikation**, die für das streitige Zivilverfahren eine umfassende und abschliessende Ordnung aufstellt (BOTSCHAFT ZPO, 7236). Einzig die freiwillige Gerichtsbarkeit wird nur soweit geregelt, als es sich um gerichtliche Angelegenheiten handelt (Art. 1 ZPO). Die Kantone dürfen auf dem von der Zivilprozessordnung erfassten Gebiet nur noch Regelungen treffen, soweit die eidgenössische Zivilprozessordnung sie dazu ermächtigt (sog. echter Vorbehalt). Die meisten Fälle, in denen die Zivilprozessordnung den Kantonen einen Regelungsspielraum einräumt, betreffen hingegen nicht das Zivilverfahren selber, sondern die Gerichtsorganisation, zu deren Regelung die Kantone ohnehin grundsätzlich zuständig sind (Art. 122 Abs. 2 BV; s. N 11 ff.).

10 Der Bund regelt in der Zivilprozessordnung nunmehr auch die **Vollstreckung von Zivilurteilen** (vgl. Art. 335 ff. ZPO). Der bisherige Abs. 3 von Art. 122 BV, welcher deren Vollstreckbarkeit im interkantonalen Verhältnis sicherstellte, wurde deshalb mit der Justizreform gestrichen.

III. Kompetenz der Kantone für die Gerichtsorganisation und die Zivilrechtsprechung (Abs. 2)

11 Die Verfassung stellt ausdrücklich klar, welche Kompetenzen den Kantonen nach der Ausweitung der Gesetzgebungszuständigkeiten des Bundes verblieben sind. Es handelt sich einerseits um die Regelung der **Gerichtsorganisation** und anderseits um die **Rechtsprechung in Zivilsachen**. An sich wäre die Nennung der kantonalen Restkompetenzen angesichts der Regel von Art. 3 und 42 Abs. 1 BV nicht nötig. Doch wird dadurch einer allzu weitgehenden Auslegung der Befugnisse des Bundes vorgebeugt (vgl. AUBERT, Art. 122 N 11).

12 Gerichtsorganisation und Zivilverfahrensrecht lassen sich nicht immer scharf trennen. Um Diskussionen über die Abgrenzung zu vermeiden, schränkt Art. 122 Abs. 2 BV die kantonale Kompetenz ein. Sie besteht nur, *soweit das Gesetz nicht anderes vorsieht.* Die Bundesgesetzgebung kann in die kantonale Hoheit eingreifen, soweit dies für die Gewährleistung eines einheitlichen Verfahrens oder für die Durchsetzung des materiellen

Rechts unerlässlich ist (BOTSCHAFT ZPO, 7259). Allerdings darf der Bundesgesetzgeber auf diesem Wege die kantonale Hoheit bei der Gerichtsorganisation und Zivilrechtsprechung nicht völlig aushöhlen (AUBERT, Art. 122 N 13; BIAGGINI, Art. 122 N 6). Die Kantone besitzen somit in diesen Bereichen immerhin eine *Substanzgarantie* (BOTSCHAFT BV, BBl 1997 I, 525).

Zu der grundsätzlich in der kantonalen Hoheit verbliebenen **Organisation der Gerichte** zählen die Festlegung des Bestands, der Zusammensetzung und der Wahl des gerichtlichen Behörden, ferner die Bestimmung ihres sachlichen und örtlichen Zuständigkeitsbereichs sowie des Instanzenzugs. Die Zivilprozessordnung achtet die kantonale Organisationskompetenz und enthält in diesem Bereich nur wenige Vorschriften (vgl. auch Art. 3 ZPO). Insbesondere zwingt sie die Kantone nicht, neue Gerichte einzuführen (vgl. BOTSCHAFT ZPO, 7243). Diese bleiben auch in der Bezeichnung, Wahl und Ordnung der sachlichen sowie örtlichen Zuständigkeit ihrer richterlichen Behörden weiterhin frei (BOTSCHAFT ZPO, 7258 f.). Gewisse Vorgaben stellt die Zivilprozessordnung jedoch für die Ausgestaltung des innerkantonalen Instanzenzugs in Zivilsachen auf. Diese sind ihrerseits auf die Anforderungen abgestimmt, die sich aus Art. 75 Abs. 2 (Erfordernis der sog. double instance) und Art. 110–112 BGG (Vorschriften zur Gewährleistung der Einheit des Verfahrens) ergeben. 13

Neben der Gerichtsorganisation erfasst die kantonale Kompetenz nach Art. 122 Abs. 2 BV ebenfalls die **Rechtsprechung in Zivilsachen.** Soweit die Kantone die Zivilgerichte selber bestimmen und einsetzen, versteht sich dies von selbst. Allerdings kann der Bund auch in diesem Bereich durch Gesetz Ausnahmen vorsehen. So ist es ihm nicht verwehrt, für einzelne Gebiete des Zivilrechts die Rechtsprechung eigenen richterlichen Behörden zu übertragen. Art. 191a Abs. 3 BV sieht vor, dass auf eidgenössischer Ebene neben dem Bundesgericht untere richterliche Behörden geschaffen werden. In Betracht kommt die Bildung erstinstanzlicher eidgenössischer Gerichte vor allem für Materien, in denen ein grosses Spezialwissen erforderlich ist. Eine solche Instanz ist mit dem **Bundespatentgericht** geschaffen worden (vgl. Art. 1 ff. des Patentgerichtsgesetzes vom 20.3.2009). 14

Schweizerische Zivilprozessordnung

vom 19. Dezember 2008

Einleitung

Das Zivilprozessrecht der Schweiz ist zum grössten Teil aus den umliegenden Staaten rezipiert worden. Vor allem hielten sich schon die im 19. Jahrhundert erlassenen kantonalen Zivilprozessordnungen an ausländische Vorbilder. So floss deutsches, österreichisches, französisches und italienisches Zivilprozessrecht in die Schweiz ein (vgl. MAX GULDENER, Über die Herkunft des schweizerischen Zivilprozessrechts, Berlin 1966).

Im Verlaufe der Zeit ist eine erhebliche Eigenständigkeit des einheimischen Prozessrechts festzustellen. So förderte die Angleichung von prozessrechtlichen Instituten, indem bei Gesetzesrevisionen Regelungen aus anderen kantonalen Prozessgesetzen übernommen wurden, die Vereinheitlichung des Prozessrechts.

Dahin arbeitete auch die Rechtsprechung des Bundesgerichtes. Anderseits trug die Lehre bis zum hervorragenden Schaffen von Max Guldener wenig zur prozessrechtlichen Vereinheitlichung bei. Ein eigentlicher Durchbruch wurde erst mit der Justizreform um die letzte Jahrhundertwende erzielt, welche Bestandteil der Bundesverfassung vom 18.12.1998 bildete. Die erste gesetzgeberische Tat bildete das Gerichtsstandsgesetz vom 24.3.2000.

Schon ein Jahr vorher hatte der Vorsteher des eidgenössischen Justizdepartements eine vierzehnköpfige Expertengruppe eingesetzt, die innert knapp vier Jahren einen Entwurf einer Schweizerischen Zivilprozessordnung ausarbeitete. Mit eingebaut wurde die Regelung der Binnenschiedsgerichtsbarkeit. Der Vorentwurf der Expertenkommission wurde vom Bundesrat zu einem ansehnlichen Teil übernommen. Grössere Änderungen ergaben sich bei den Rechtsmitteln. Neu ins Gesetz aufgenommen wurde ein Titel betreffend die Mediation.

Die Botschaft des Bundesrates wurde am 28.6.2006 dem Parlament zugeleitet. National- und Ständerat verabschiedeten die Schweizerische Zivilprozessordnung am 19.12.2008 fast einstimmig.

1. Teil: Allgemeine Bestimmungen

1. Titel: Gegenstand und Geltungsbereich

Art. 1

Gegenstand	Dieses Gesetz regelt das Verfahren vor den kantonalen Instanzen für: a. streitige Zivilsachen; b. gerichtliche Anordnungen der freiwilligen Gerichtsbarkeit; c. gerichtliche Angelegenheiten des Schuldbetreibungs- und Konkursrechts; d. die Schiedsgerichtsbarkeit.
Objet	La présente loi règle la procédure applicable devant les juridictions cantonales: a. aux affaires civiles contentieuses; b. aux décisions judiciaires de la juridiction gracieuse; c. aux décisions judiciaires en matière de droit de la poursuite pour dettes et la faillite; d. à l'arbitrage.
Oggetto	Il presente Codice disciplina la procedura dinanzi alle giurisdizioni cantonali per: a. le vertenze civili; b. i provvedimenti giudiziali di volontaria giurisdizione; c. le pratiche giudiziali in materia di esecuzione per debiti e fallimenti; d. l'arbitrato.

Inhaltsübersicht Note

I. Allgemeines 1
II. Streitige Zivilsache 3
   1. Zivilsache 3
   2. Streitigkeit 5
III. Gerichtliche Anordnungen der freiwilligen Gerichtsbarkeit 6
IV. Gerichtliche Angelegenheiten des Schuldbetreibungs- und Konkursrechts 8
V. Schiedsgerichtsbarkeit 10

Literatur

C. LEUENBERGER, Der Vorentwurf für eine schweizerische Zivilprozessordnung – ein Überblick, AJP 2003, 1421 ff. (zit. Vorentwurf); I. MEIER, Stolpersteine in der neuen schweizerischen Zivilprozessordnung, SJZ 2003, 597 ff. (zit. Stolpersteine); P. PIOTET, Quelques réflexions sur le sens des terms «Affaires Civiles» en droit fédéral suisse, SZZP 2006, 95 ff.; B. ROHNER, Die Schweizerische Zivilprozessordnung – aus der Sicht der Gesetzgebung, Anwaltsrevue 2007, 58 ff.; TH. SUTTER-SOMM, Der Vorentwurf zur Schweizerischen Zivilprozessordnung, ZSR 2002, 545 ff. (zit. Vorentwurf); DERS., Vorentwurf zur Schweizerischen Zivilprozessordnung im Überblick. Neuerungen und Altbewährtes, BJM 2003, 185 ff. (zit. Überblick); DERS., Der Vorentwurf zur Schweizerischen Zivilprozessordnung – Tendenzen und Hauptstossrichtung, in: Symposium für Richard Frank, Zürich 2003, 69 ff. (zit. Tendenzen).

I. Allgemeines

1 Die ZPO regelt das Verfahren vor den kantonalen Instanzen für streitige Zivilsachen, gerichtliche Anordnungen der freiwilligen Gerichtsbarkeit, gerichtliche Angelegenheiten des Schuldbetreibungs- und Konkursrechts sowie die Schiedsgerichtsbarkeit. Es spielt somit keine Rolle, ob es um eine streitige oder nichtstreitige Angelegenheit geht (BOTSCHAFT ZPO, 7257). Wie aus dem Gesetzeswortlaut hervorgeht, ist die ZPO lediglich auf Verfahren vor den **kantonalen Instanzen** anwendbar, nicht aber auf Verfahren vor dem **Bundesgericht**. Hier ist ausschliesslich das **Bundesgesetz** vom 17.6.2005 über das Bundesgericht (BGG; SR 173.110) anwendbar.

2 Der Entwurf des Bundesrates war in den Beratungen von National- und Ständerat unbestritten. Dementsprechend hat ihn das Parlament diskussionslos angenommen (AmtlBull StR 2007 503; AmtlBull NR 2008 639).

II. Streitige Zivilsache

1. Zivilsache

3 Ein Verfahren gilt nach der Praxis als **Zivilsache**, wenn es auf die endgültige, dauernde Regelung zivilrechtlicher Verhältnisse durch behördlichen Entscheid abzielt (nicht publizierte E. 1.1 von BGE 132 III 49; 123 III 349 E. a; 101 II 366 E. 2a). Bei der Beurteilung der Frage, ob eine Zivilsache vorliegt, ist die Rechtsnatur des Streitgegenstandes massgeblich, der durch die Klagebegehren und die klägerischen Sachvorbringen bestimmt wird (GEISER/MÜNCH, Rz 4.7; BGE 120 II 414 E. 1b). Unerheblich ist, ob die Parteien als Privatpersonen oder staatliche Behörden auftreten (GEISER/MÜNCH, Rz 4.7).

4 Die ZPO findet somit keine Anwendung in **Strafsachen** und bei **öffentlich-rechtlichen Angelegenheiten**. Die Abgrenzung zum Begriff der Zivilsache verursacht in der Praxis jedoch Schwierigkeiten (vgl. hierzu etwa BGE 131 III 550; 130 III 491 f.; 129 III 304; 127 III 422 f.). Strafsachen sind Verfahren, die mit einer Sanktion (Strafe oder Massnahme) abgeschlossen werden. **Adhäsionsklagen** sind grundsätzlich zivilrechtlicher Natur. Nach Art. 39 sind hierfür gleichwohl die **Strafgerichte** zuständig. Bei der Abgrenzung zwischen **Privatrecht** und **öffentlichem Recht** findet mehrheitlich die Subordinationstheorie Anwendung. Allerdings wenden Lehre und Praxis die verschiedenen Theorien (Subordinations-, Interessen- und Funktionstheorie sowie modale Theorie) kombiniert im Sinne eines Methodenpluralismus auf einen Einzelfall an (HÄFELIN/MÜLLER/UHLMANN, Rz 264). Dabei ist die Praxis des Bundesgerichts massgeblich, welches ebenfalls die unterschiedlichen Theorien anwendet (vgl. BGE 129 III 65; 122 III 101 E. 2a/aa; 123 III 346 E. 1a; 131 V 271 E. 2). So prüft das Bundesgericht «in jedem Einzelfall, welches Abgrenzungskriterium den konkreten Gegebenheiten am besten gerecht wird [...]. Damit wird dem Umstand Rechnung getragen, dass der Unterscheidung zwischen privatem und öffentlichem Recht ganz verschiedene Funktionen zukommen, je nach den Regelungsbedürfnissen und insb. den Rechtsfolgen, die im Einzelfall in Frage stehen.»

Unerheblich ist, ob **Bundesprivatrecht** oder **kantonales Privatrecht** anzuwenden ist (LEUENBERGER, Vorentwurf, 1421).

1. Titel: Gegenstand und Geltungsbereich 5–7 **Art. 1**

2. Streitigkeit

Ein **Zivilrechtsstreit** besteht in einem **kontradiktorischen Verfahren** zwischen zwei 5
oder mehreren natürlichen oder juristischen Personen als Trägerinnen privater Rechte –
oder zwischen solchen Personen und einer nach Bundesrecht die Stellung einer Partei
besitzenden Behörde –, das sich vor dem Richter oder einer anderen Spruchbehörde abspielt und auf die endgültige, dauernde Regelung zivilrechtlicher Verhältnisse durch behördlichen Entscheid abzielt (BGE 124 III 46; 120 II 12 f. E. 2a). Die Partei- und Prozessfähigkeit richten sich nach Art. 66 f.

III. Gerichtliche Anordnungen der freiwilligen Gerichtsbarkeit

Bei der **freiwilligen Gerichtsbarkeit** handelt es sich um behördliche Anordnungen, die 6
auf Gesuch eines Interessierten ohne kontradiktorisches Verfahren erlassen werden. Es
geht nicht um die Entscheidung von Rechtsstreitigkeiten, sondern um Rechtsfürsorge,
insb. um behördliche Mitwirkung bei der Begründung, Erhaltung, Änderung oder Aufhebung privater Rechte, wobei als Gesuchsteller häufig nur eine Person auftritt (GEISER/
MÜNCH, Rz 4.10). Währenddem bei streitigen Sachen die ZPO ausnahmslos anwendbar
ist, gibt es bei der freiwilligen Gerichtsbarkeit Einschränkungen (vgl. zum Ganzen BOTSCHAFT ZPO, 7257 f.):

– Die ZPO gilt nicht für **Registersachen** (Zivilstandsregister, Grundbuch, Handelsregister, Register des Geistigen Eigentums). Diese sind Gegenstand eigentlicher Verwaltungsverfahren und bleiben deshalb in den einschlägigen Spezialerlassen geregelt.

– Gleiches gilt für die **öffentliche Beurkundung**. Die Herstellung derselben bleibt Sache des kantonalen Rechts (Art. 55 SchlT ZGB).

– Im Bereich des **Kindesschutzes** und des **Vormundschaftsrechtes** gilt die ZPO nicht
automatisch. Die Kantone bleiben im Rahmen des Zivilgesetzbuches zuständig, das
Verfahren zu regeln. So können sie die Verwaltungsjustiz für anwendbar erklären oder
das Verfahren der ZPO unterstellen. Im revidierten Kindes- und Erwachsenenschutzrecht (BBl 2006 7001 ff.) gilt, sofern die Kantone nichts anderes vorsehen, vermutungsweise die ZPO.

Der **freiwilligen Gerichtsbarkeit** sind u.a. folgende Verfahren zuzuordnen (vgl. aus- 7
führlich MESSMER/IMBODEN, Rz 55): Namensänderung (Art. 30 Abs. 1 und 2 ZGB),
Weigerung des Vormundes, in die Eheschliessung einzuwilligen (Art. 99 ZGB), Absehen
von der Zustimmung eines Elternteils zur Adoption und Verweigerung der Adoption
(Art. 265c Ziff. 2, Art. 268 Abs. 1 ZGB), Beschränkung des Besuchsrechts durch die
Vormundschaftsbehörde (Art. 274 Abs. 2 ZGB), Genehmigung einer Unterhaltsvereinbarung (Art. 287 ZGB), Anweisung an die Schuldner eines unterstützungspflichtigen Elternteils (Art. 291 ZGB), Aufnahme eines Pflegekindes (Art. 316 ZGB), Bewilligung zur
Anzehrung des Kindesvermögens (Art. 320 Abs. 2 ZGB), sichernde Massnahmen zugunsten des Vermächtnisnehmers (Art. 594 Abs. 2 ZGB), Anordnung der Erbschaftsverwaltung (Art. 554 Abs. 2 ZGB), Einlieferung und Eröffnung von letztwilligen Verfügungen (Art. 556 ZGB), amtliche Inventarisation (Art. 553 und 580 ZGB), Ausstellung
eines Erbscheins (Art. 559 Abs. 1 ZGB), Einsetzung eines Erbenvertreters (Art. 602
Abs. 3 ZGB), Gesuch um Wiederherstellung der Frist zur Ausschlagung einer Erbschaft
(Art. 576 ZGB), Massnahmen zur Erhaltung des Miteigentums (Art. 647 Abs. 2 ZGB),
Anstände über die ausserordentliche Ersitzung (Art. 662 Abs. 2 ZGB), Anstände zwischen einem Gesellschafter und dem Liquidator über Verwaltungshandlungen sowie

Art. 2   1. Titel: Gegenstand und Geltungsbereich

Auseinandersetzungen über die richterliche Einberufung einer Generalversammlung (Art. 699 Abs. 3 OR), Kraftloserklärung von Wertpapieren und Versicherungspolicen (Art. 972 Abs. 2 und Art. 13 VVG i.V.m. Art. 981 ff. OR).

IV. Gerichtliche Angelegenheiten des Schuldbetreibungs- und Konkursrechts

8   Die ZPO ist sodann auf sämtliche **gerichtliche Verfahren im SchKG** anwendbar. Es spielt dabei keine Rolle, ob der Streit zivilrechtlicher oder betreibungsrechtlicher Natur ist. Ebenso, ob ein ordentliches, vereinfachtes (z.B. Aberkennungs- oder Kollokationsprozess) oder nur ein summarisches Verfahren (z.B. Rechtsöffnung, Arrest) in Frage steht (BOTSCHAFT ZPO, 7258). In den Anwendungsbereich der ZPO fallen auch einseitige Anordnungen der Gerichte, wie Einstellung des Konkurses mangels Aktiven, Ermächtigungen des Nachlassrichters zur Veräusserung oder Belastung von Anlagevermögen (BOTSCHAFT ZPO, 7258). In der Lehre wurde insb. in Bezug auf das summarische Verfahren die Frage gestellt, ob die Bestimmungen der ZPO über das summarische Verfahren den in Art. 25 SchKG aufgezählten Streitsachen gerecht werden (MEIER, ZPO, 97 f.; DERS., Stolpersteine, 602 f.). Da die ZPO den Gerichten bei der Ausgestaltung der Verfahren einen grossen Ermessensspielraum offenlässt, sollte das summarische Verfahren der ZPO in SchKG-Angelegenheiten den Anforderungen des SchKG genügen.

9   Verfügungen und Entscheide der **Vollstreckungsorgane**, also v.a. der Betreibungs- und Konkursämter, sowie die betreibungsrechtliche Beschwerde (Art. 17 ff. SchKG) werden nicht durch die ZPO geregelt. Sie sind ausserhalb des Anwendungsbereichs und bleiben eigenständige Verwaltungsverfahren (BOTSCHAFT ZPO, 7256). Die Kantone sind somit weiterhin kompetent, das Beschwerdeverfahren nach Art. 17 ff. SchKG näher zu regeln (vgl. Art. 13 SchKG). Dass das Beschwerdeverfahren den Kantonen überlassen wird und nicht auch vom Bundesgesetzgeber abschliessend geregelt wird, ist in der Lehre kritisiert worden (MEIER, ZPO, 99; DERS., Stolpersteine, 603).

V. Schiedsgerichtsbarkeit

10   Die ZPO ist schliesslich auf die **Binnenschiedsgerichtsbarkeit** anwendbar. Das Konkordat über die Schiedsgerichtsbarkeit vom 27.3.1969 (SR 279) wird mit Inkrafttreten der ZPO seine Geltung verlieren. Die Binnenschiedsgerichtsbarkeit ist im dritten Teil der ZPO in den Art. 353–388 geregelt. Dabei ist insb. der Geltungsbereich gemäss Art. 353 zu beachten (vgl. Art. 353 N 1 ff.).

Art. 2

Internationale Verhältnisse	Bestimmungen des Staatsvertragsrechts und die Bestimmungen des Bundesgesetzes vom 18. Dezember 1987 über das Internationale Privatrecht (IPRG) bleiben vorbehalten.
Causes de nature internationale	Les traités internationaux et la loi fédérale du 18 décembre 1987 sur le droit international privé (LDIP) sont réservés.
Relazioni internazionali	Sono fatte salve le disposizioni dei trattati internazionali e della legge federale del 18 dicembre 1987 sul diritto internazionale privato (LDIP).

1. Titel: Gegenstand und Geltungsbereich   1–3 **Art. 2**

Inhaltsübersicht   Note

   I. Allgemeines 1

   II. Internationale Verhältnisse 3

   III. Vorbehalt 6

Literatur

I. SCHWANDER, Zum Gegenstand des Internationalen Privatrechts, in: FS Pedrazzini, Bern 1990; K. SIEHR, Das internationale Privatrecht der Schweiz, Zürich 2002; K. SPÜHLER, Der Einfluss der neuen schweizerischen Zivilprozessordnung auf das internationale Zivilprozessrecht, in: K. Spühler (Hrsg.), Internationales Zivilprozess- und Verfahrensrecht III, Zürich 2003, 1 ff. (zit. IZPR); A. K. SCHNYDER/P. GROLIMUND, Fragen und Probleme der Abgrenzung von Gerichtsstandsgesetz, IPR-Gesetz und Lugano-Übereinkommen, in: P. Gauch/D. Thürer (Hrsg.), Zum Gerichtsstand in Zivilsachen, Zürich 2002, 1 ff.

I. Allgemeines

In **internationalen Verhältnissen** bleiben die Bestimmungen des Staatsvertragsrechts und des schweizerischen IPRG vorbehalten. Unter den Begriff «internationale Verhältnisse» fallen grenzüberschreitende Sachverhalte (BSK IPRG-SCHNYDER/GROLIMUND, Art. 1 N 1). Ob ein internationales Verhältnis vorliegt, ist in jedem Einzelfall selbständig zu bestimmen (BGE 131 III 76). 1

Der Entwurf des Bundesrates war in den Beratungen von National- und Ständerat unbestritten. Dementsprechend hat ihn das Parlament diskussionslos angenommen (AmtlBull StR 2007 504; AmtlBull NR 2008 639). 2

II. Internationale Verhältnisse

Die ZPO ist nur anwendbar für Streitigkeiten, denen ein sog. **Binnensachverhalt** zugrunde liegt, im Gegensatz zu einem grenzüberschreitenden Sachverhalt (BGE 129 III 738). Das «**internationale Verhältnis**», das für die Anwendbarkeit der ZPO zu fehlen hat, ist gleich wie nach Art. 1 Abs. 1 IPRG auszulegen. Es kann somit diesbezüglich auf die bestehende Lehre und Praxis zurückgegriffen werden. Die Feststellung, ob ein internationaler Sachverhalt vorliegt, stellt zumeist kein Problem dar. Bei kommerziellen Rechtsgeschäften kommt es i.d.R. auf den (Wohn-)Sitz der Parteien an. So liegen etwa internationale Verhältnisse vor bei Import- und Exportgeschäften, bei denen Waren oder Dienstleistungen die Landesgrenze überschreiten. Die Frage, ob ein internationaler Sachverhalt vorliegt, stellt sich aber dann, wenn die Aspekte, welche einen Bezug zum Ausland aufweisen, für das konkrete Rechtsverhältnis bzw. die konkrete Rechtsfrage ohne Bedeutung sind (vgl. zum Ganzen BSK IPRG-SCHNYDER/GROLIMUND, Art. 1 N 2). Verkauft z.B. ein deutscher Staatsangehöriger mit Wohnsitz in Zürich seine Eigentumswohnung in Zürich einem Italiener mit Wohnsitz in Lugano, so handelt es sich bei dem Grundstückserwerb um ein rein inländisches Geschäft. Die Frage der Staatsangehörigkeit spielt dabei keine Rolle (BSK IPRG-SCHNYDER/GROLIMUND, Art. 1 N 1). Demgegenüber kann die Staatsangehörigkeit v.a. im Bereich des Familien- und Erbrechts eine wichtige Rolle spielen. Verstirbt eine US-amerikanische Staatsangehörige mit letztem Wohnsitz in Luzern, so handelt es sich dabei um ein internationales Verhältnis, bei dem das IPRG vorgeht (vgl. Bsp. aus BSK IPRG-SCHNYDER/GROLIMUND, Art. 1 N 2). Ein internationaler Sachverhalt liegt somit nach der h.L. dann vor, wenn die einzelnen Tatbe- 3 standselemente offensichtlich Bezugspunkte zu mehr als einer nationalen Rechtsordnung aufweisen (SCHWANDER, 360).

4 Wenn der Gerichtsstand in der Schweiz liegt, ist die ZPO auch bei **internationalen Prozessen** anwendbar. Denn bei Streitigkeiten mit Auslandbezug gilt im Grundsatz die prozessrechtliche **lex fori** (Recht des Gerichtsortes). Jedes Gericht wendet sein eigenes Prozessrecht an, auch in internationalen Sachverhalten (STAEHELIN/STAEHELIN/GROLIMUND, § 4 Rz 2).

5 Im Zivilprozessrecht gibt es verschiedene Begriffe, auf die nicht Prozessrecht, sondern materielles Recht anwendbar ist, so. z.B. die **Parteifähigkeit**, die auf der materiellrechtlichen Rechtsfähigkeit gründet oder die **Prozessfähigkeit,** die sich auf die materiellrechtliche Handlungsfähigkeit stützt. Aber auch die **Beweislast** und die **Beweislastverteilung** sind eng mit dem materiellen Recht verbunden. Im Einzelfall können sich hier schwierige Abgrenzungsfragen zwischen der prozessrechtlichen **lex fori** und dem in der Sache anwendbaren materiellen Recht ergeben. Es ist somit zu fragen, wann ein Begriff des Prozessrechts derart eng mit dem materiellen Recht verbunden ist, dass er sich nach dem durch Kollisionsrecht berufenen in- oder ausländischen materiellen Recht bestimmt. Die Antwort ergibt sich durch Auslegung der jeweiligen Vorschrift in der ZPO (vgl. zum Ganzen STAEHELIN/STAEHELIN/GROLIMUND, § 4 Rz 5 f.).

III. Vorbehalt

6 Soweit Art. 2 das IPRG vorbehält, handelt es sich um einen **Vorbehalt echter Natur**. Bei einem internationalen Sachverhalt gehen somit die Bestimmungen des IPRG denjenigen der ZPO vor sofern sie in den Anwendungsbereich des IPRG fallen. Dies ist nicht selbstverständlich, würde doch die ZPO als jüngeres Recht vorgehen. Der Vorbehalt von Staatsverträgen versteht sich aufgrund des völkerrechtlichen Primates von selbst. Es handelt sich hierbei um einen deklaratorischen **unechten Vorbehalt** (SPÜHLER, IZPR, 2).

7 Bei internationalen Sachverhalten sind insb. folgende Staatsverträge zu beachten, welche die Anwendung der ZPO derogieren:

– Konvention zum Schutze der Menschenrechte und Grundfreiheiten vom 4.11.1950, insbes. Art. 6 (EMRK; SR 0.101);

– Haager Übereinkunft betreffend Zivilprozessrecht vom 17.7.1905 (SR 0.274.11) samt Protokoll vom 4.7.1924 (SR 0.274.111);

– Haager Übereinkunft betreffend Zivilprozessrecht vom 1.3.1954 (SR 0.274.12);

– Haager Übereinkommen über die Zustellung gerichtlicher und aussergerichtlicher Schriftstücke im Ausland in Zivil- und Handelssachen vom 15.11.1965 (SR 0.274.131);

– Haager Übereinkommen über die Beweisaufnahme im Ausland in Zivil- und Handelssachen vom 18.3.1970 (SR 0.274.132);

– Haager Übereinkommen über den internationalen Zugang zur Rechtspflege vom 25.10.1980 (SR 0.274.133);

– Haager Übereinkommen über die Geltendmachung von Unterhaltsansprüchen im Ausland vom 20.6.1956 (SR 0.274.15);

- Haager Übereinkommen über die Zuständigkeit der Behörden und das anzuwendende Recht auf dem Gebiet des Schutzes von Minderjährigen vom 5.10.1961 (SR 0.211.231.0 1);
- Haager Übereinkommen über die Anerkennung und Vollstreckung von Entscheidungen auf dem Gebiet der Unterhaltpflicht gegenüber Kindern vom 15.4.1958 (SR 0.211.221.432);
- Haager Übereinkommen über die Anerkennung und Vollstreckung von Unterhaltsentscheidungen vom 2.10.1973 (SR 0.211.213.02);
- Haager Übereinkommen über das auf Trusts anwendbare Recht und über ihre Anerkennung (SR 0.221.371; BOTSCHAFT ZPO, 551 ff.);
- Europäisches Übereinkommen über Staatenimmunität vom 16.5.1972 (SR 273.1) samt Zusatzprotokoll vom 16.5.1972 (SR 273.11);
- Europäisches Übereinkommen über die Übermittlung von Gesuchen um unentgeltliche Rechtspflege vom 27.1.1977 (SR 0.274.137);
- Europäisches Übereinkommen über die Anerkennung und Vollstreckung von Entscheidungen über das Sorgerecht für Kinder und die Wiederherstellung des Sorgerechts vom 20.5.1980 (SR 0.211.230.01);
- Lugano-Übereinkommen über die gerichtliche Zuständigkeit und die Vollstreckung gerichtlicher Entscheidungen in Zivil- und Handelssachen vom 30.10.2007 (LugÜ II; SR 0.275.11);
- New Yorker Übereinkommen über die Anerkennung und Vollstreckung ausländischer Schiedssprüche vom 10.6.1958 (SR 0.277.12).

Zudem bestehen viele bilaterale Staatsverträge in Bezug auf das Zivilprozessrecht. Im Bereich der LugÜ-Staaten haben sie nur noch geringe Bedeutung, d.h. sie sind nur noch für nicht unter das LugÜ fallende oder darin nicht geregelte Materien massgebend (SPÜHLER/MEYER, 10).

Art. 3

Organisation der Gerichte und der Schlichtungsbehörden

Die Organisation der Gerichte und der Schlichtungsbehörden ist Sache der Kantone, soweit das Gesetz nichts anderes bestimmt.

Organisation des tribunaux et des autorités de conciliation

Sauf disposition contraire de la loi, l'organisation des tribunaux et des autorités de conciliation relève des cantons.

Organizzazione dei tribunali e delle autorità di conciliazione

Salvo che la legge disponga altrimenti, l'organizzazione dei tribunali e delle autorità di conciliazione è determinata dal diritto cantonale.

Inhaltsübersicht   Note

   I. Allgemeines 1

  II. Gerichtsorganisation und Schlichtungsbehörden 3

 III. Ausnahmen 6

Literatur

LEUENBERGER, Der Vorentwurf für eine schweizerische Zivilprozessordnung – ein Überblick, AJP 2003, 1421 ff. (zit. Vorentwurf).

I. Allgemeines

1 Die ZPO vereinheitlicht das Verfahren, nicht aber die **Gerichtsverfassung** und **Gerichtsorganisation** der Kantone. Entsprechend wiederholt Art. 3 den verfassungsrechtlichen Grundsatz, wonach die Kantone für die Organisation ihrer Gerichte zuständig sind (Art. 122 Abs. 2 BV). Die ZPO verfolgt somit kein zentralistisches Konzept, sondern belässt den Kantonen diesbezüglich Autonomie (BOTSCHAFT ZPO, 7237).

2 Der Entwurf des Bundesrates war in den Beratungen von National- und Ständerat unbestritten. Dementsprechend hat ihn das Parlament diskussionslos angenommen (AmtlBull StR 2007 504; AmtlBull NR 2008 639).

II. Gerichtsorganisation und Schlichtungsbehörden

3 Die Kantone sind zuständig für die Regelung der **Gerichtsorganisation**. So bestimmen die Kantone, wie die **Gerichtspersonen** zu wählen sind, ob sie Kollegial- oder Einzelgerichte einsetzen, wie die Spruchkompetenzen lauten, wie die Gerichte bezeichnet werden («Einzelrichter», «Bezirksgericht», «Amtsgericht»; «Kreisgericht», «Kantonsgericht», «Obergericht», «Appellationsgericht»), wie sie territorial organisiert sind (Gerichtsbezirke, Kreise, Regionen), wie die Akten aufzubewahren sind (digital oder im Original), usw. (vgl. zum Ganzen BOTSCHAFT ZPO, 7258 f.; LEUENBERGER, Vorentwurf, 1421).

4 Die Kantone können somit in sachlicher Hinsicht für bestimmte Streitigkeiten **Spezialgerichte** einsetzen, die sich durch besondere Sachkenntnis auszeichnen. Hierzu zählen die in einzelnen Kantonen (Bern, Zürich, St. Gallen und Aargau) eingerichteten **Handelsgerichte** (vgl. hierzu Art. 6). Die Kantone können auch weitere Spezialgerichte (z.B. **Arbeitsgerichte**, **Mietgerichte** etc.) einsetzen (STAEHELIN/STAEHELIN/GROLIMUND, § 6 Rz 8 f.). Hiervon sind die von Art. 30 Abs. 1 Satz 2 BV verbotenen **Sonder- und Ausnahmegerichte** zu unterscheiden, die ausschliesslich für einen bestimmten Prozess eingesetzt werden (BGE 131 I 34).

5 Art. 3 bestimmt auch nicht die Anzahl Richter, die in einem Spruchkörper vertreten sein müssen. Die Kantone können vom **Streitwert** abhängige Spruchkörper vorsehen, also z.B. Einzelrichter bis zu einem Streitwert von CHF 30 000 und Kollegialgericht bei einem Streitwert von mehr als CHF 30 000.

III. Ausnahmen

6 Die ZPO kann in die Gerichtsorganisation der Kantone eingreifen. Dies sollte aber nur dann möglich sein, wenn es für ein einheitliches Verfahren (z.B. bei der Frage der Anzahl Gerichtsinstanzen und der Parität einzelner Schlichtungsstellen) oder für die einheitliche Durchsetzung des materiellen Rechts unerlässlich ist (BOTSCHAFT ZPO, 7259). Solche Eingriffe in die kantonale Hoheit sind verfassungsrechtlich zulässig (Art. 122 Abs. 2 BV). So schreibt der Bundesgesetzgeber in Art. 75 Abs. 2 BGG und bei der Regelung der Rechtsmittel gemäss Art. 308 ff. ZPO den Kantonen vor, zwei kantonale Instanzen einzusetzen (Grundsatz der **«double instance»**; vgl. hierzu auch LEUENBERGER, Vorentwurf, 1421).

2. Titel: Zuständigkeit der Gerichte und Ausstand

1. Kapitel: Sachliche und funktionelle Zuständigkeit

Art. 4

Grundsätze	¹ **Das kantonale Recht regelt die sachliche und funktionelle Zuständigkeit der Gerichte, soweit das Gesetz nichts anderes bestimmt.** ² **Hängt die sachliche Zuständigkeit vom Streitwert ab, so erfolgt dessen Berechnung nach diesem Gesetz.**
Principes	¹ Le droit cantonal détermine la compétence matérielle et fonctionnelle des tribunaux, sauf disposition contraire de la loi. ² Si la compétence à raison de la matière dépend de la valeur litigieuse, celle-ci est calculée selon la présente loi.
Principi	¹ Salvo che la legge disponga altrimenti, il diritto cantonale determina la competenza per materia e la competenza funzionale dei tribunali. ² Se la competenza per materia dipende dal valore litigioso, quest'ultimo è determinato secondo il presente Codice.

Inhaltsübersicht   Note

I. Allgemeines 1
II. Sachliche Zuständigkeit 3
III. Funktionelle Zuständigkeit 7
IV. Ausnahmen 8

Literatur

BRÄNDLI, Die sachliche Zuständigkeit der aargauischen Zivilgerichte, Diss. Basel 1984.

I. Allgemeines

Abs. 1 ist logische Konsequenz des in Art. 3 statuierten föderalistischen Prinzips. Die 1
Regelung der **sachlichen und funktionellen Zuständigkeit** bleibt den Kantonen vorbehalten, weil sie untrennbar mit der Gerichtsorganisation zusammenhängt (BOTSCHAFT ZPO, 7259).

Der Entwurf des Bundesrates war in den Beratungen von National- und Ständerat un- 2
bestritten. Dementsprechend hat ihn das Parlament diskussionslos angenommen (Amtl-Bull StR 2007 504; AmtlBull NR 2008 639). Eine Minderheit im Nationalrat wollte einen zusätzlichen Gesetzesartikel einfügen, wonach die Kantone paritätische Miet- und Arbeitsgerichte einsetzen sollten. Dieser Minderheitsantrag wurde aber nach einer Debatte abgelehnt (AmtlBull NR 2008 641).

II. Sachliche Zuständigkeit

3   Die Kantone sind frei, die **sachliche Zuständigkeit** der Gerichte zu regeln. Sie können somit die sachliche Zuständigkeit nach verschiedenartigen **Kriterien** bestimmen: So kann sie von der *Natur des Anspruches* oder vom *Streitwert* abhängig gemacht werden (FRANK/STRÄULI/MESSMER, § 17 ZPO/ZH N 11 f.). Richtet sich die sachliche Zuständigkeit nach der **Natur des Anspruches**, dann stellt sich die Frage, ob die Streitigkeit Arbeitsrecht oder Mietrecht, Kartellrecht, Urheberrecht usw. betrifft, oder ob ein Handelsverhältnis vorliegt. Abzustellen ist dabei auf den vom Kläger geltend gemachten Anspruch und dessen Begründung, hingegen nicht auf die ihr entgegengestellten Einreden. Ein Beweis der klägerischen Behauptungen ist zur Prüfung der sachlichen Zuständigkeit nicht erforderlich (FRANK/STRÄULI/MESSMER, § 17 ZPO/ZH N 11). Sodann können die Kantone vom **Streitwert** abhängige Spruchkörper vorsehen, also z.B. Einzelrichter bis zu einem Streitwert von CHF 30 000 und Kollegialgericht bei einem Streitwert von mehr als CHF 30 000. Bei der Streitwertberechnung sind aber die Art. 91–94 anwendbar (BOTSCHAFT ZPO, 7259). Dies ergibt sich aus dem Wortlaut von *Abs. 2*.

4   Nach der **Dispositionsmaxime** ist es zulässig, dass ein Kläger durch Beschränkung seiner Klage auf einen Teilanspruch (Teilklage) den Prozess vor Einzelrichter statt vor Bezirksgericht bzw. vor Bezirksgericht statt vor Handelsgericht bringt, sei es im Interesse der Beschleunigung oder Kostenersparnis, sei es, um die Einleitung eines Rechtsmittelverfahrens auszuschliessen, so insb. bei zweifelhaftem Prozessausgang oder zweifelhafter Zahlungsfähigkeit des Beklagten. Demgegenüber kann die beklagte Partei durch Erhebung einer **negativen Feststellungsklage** über den Gesamtanspruch erreichen, dass der Prozess doch von der für den gesamten Anspruch zuständigen Instanz zu entscheiden ist, und sich damit auch allfällige Weiterzugsmöglichkeiten sichern (vgl. zum Ganzen FRANK/STRÄULI/MESSMER, § 17 ZPO/ZH N 20).

5   Die **sachliche Zuständigkeit** ist zwingend und lässt kein Raum für **Parteivereinbarungen**. Allerdings können die Kantone unter bestimmten strengen Voraussetzungen den Parteien erlauben, die sachliche Zuständigkeit durch Vereinbarung festzulegen. Meistens ist eine solche Vereinbarung vor Entstehung der Streitigkeit unzulässig. Weiter darf nicht in die von der ZPO zwingend vorgegebenen Verfahrensarten, wie ordentliches, vereinfachtes oder summarisches Verfahren, eingegriffen werden (STAEHELIN/STAEHELIN/GROLIMUND, § 9 Rz 16). Die ZPO enthält keine Vorschriften über die Wirksamkeit von Parteivereinbarungen über die sachliche Zuständigkeit. Jedenfalls müssten zumindest die Formvorschriften, welche für eine gültige Gerichtsstandsvereinbarung gelten, eingehalten werden (vgl. Art. 17). Es dürfte aber auch eine vorbehaltlose Einlassung gemäss Art. 18 genügen (STAEHELIN/STAEHELIN/GROLIMUND, § 9 Rz 18).

6   Die Regeln über die sachliche Zuständigkeit gelten auch für Streitigkeiten mit internationalem Bezug.

III. Funktionelle Zuständigkeit

7   Die **funktionelle Zuständigkeit** bezeichnet das Gerichtsorgan, welches innerhalb des gleichen Prozesses in den verschiedenen Verfahrensstadien zuständig ist. So kann z.B. der Präsident oder die Präsidentin, bzw. der Referent oder die Referentin für den Erlass von prozessleitenden Verfügungen funktionell zuständig sein. Die funktionelle Zuständigkeit bestimmt sich sowohl bei Binnensachverhalten als auch bei internationalen Prozessen nach kantonalem Recht (vgl. aber Art. 191 IPRG; Art. 43 Nr. 2 LugÜ II).

1. Kapitel: Sachliche und funktionelle Zuständigkeit   **Art. 5**

IV. Ausnahmen

In Bezug auf die sachliche und funktionelle Zuständigkeit kann nach *Abs. 1* das Bundesrecht ins kantonale Recht eingreifen, sofern dies durch ein einheitliches gesamtschweizerisches Verfahren geboten ist. So drängt sich eine einheitliche bundesrechtliche Regelung in bestimmten Bereichen wie dem Immaterialgüterrecht und dem Wettbewerbsrecht sowie bei haftpflichtrechtlichen Streitigkeiten auf. Gleiches gilt für die Handelsgerichtsbarkeit (Art. 6) und die Prorogation des oberen Gerichts (Art. 8). Einheitliche Regelungen sind sodann bei bestimmten zivilprozessualen Instrumenten geboten wie Widerklage (Art. 14 und 224), Hauptintervention (Art. 73), Streitverkündungsklage (Art. 81 f.), Vollstreckung von vorsorglichen Massnahmen (Art. 267) und die Mitwirkung staatlicher Gerichte bei der Binnenschiedsgerichtsbarkeit (Art. 356 und 362; vgl. zum Ganzen BOTSCHAFT ZPO, 7259).   8

Der Grundsatz der «double Instance» ist in Art. 75 Abs. 2 BGG festgehalten und wird demnach in der ZPO nicht mehr ausdrücklich erwähnt. Er ergibt sich aber aus dem Rechtsmittelsystem heraus (vgl. Art. 308 ff.; BOTSCHAFT ZPO, 7259).   9

Art. 5

Einzige kantonale Instanz

¹ Das kantonale Recht bezeichnet das Gericht, welches als einzige kantonale Instanz zuständig ist für:
  a. **Streitigkeiten im Zusammenhang mit geistigem Eigentum einschliesslich der Streitigkeiten betreffend Nichtigkeit, Inhaberschaft, Lizenzierung, Übertragung und Verletzung solcher Rechte;**
  b. **kartellrechtliche Streitigkeiten;**
  c. **Streitigkeiten über den Gebrauch einer Firma;**
  d. **Streitigkeiten nach dem Bundesgesetz vom 19. Dezember 1986 über den unlauteren Wettbewerb, sofern der Streitwert mehr als 30 000 Franken beträgt oder sofern der Bund sein Klagerecht ausübt;**
  e. **Streitigkeiten nach dem Kernenergiehaftpflichtgesetz vom 18. März 1983;**
  f. **Klagen gegen den Bund;**
  g. **die Einsetzung eines Sonderprüfers nach Artikel 697*b* des Obligationenrechts (OR);**
  h. **Streitigkeiten nach dem Bundesgesetz vom 23. Juni 2006 über die kollektiven Kapitalanlagen und nach dem Börsengesetz vom 24. März 1995.**

² Diese Instanz ist auch für die Anordnung vorsorglicher Massnahmen vor Eintritt der Rechtshängigkeit einer Klage zuständig.

Instance cantonale unique

¹ Le droit cantonal institue la juridiction compétente pour statuer en instance cantonale unique sur:
  a. les litiges portant sur des droits de propriété intellectuelle, y compris en matière de nullité, de titularité et de licences d'exploitation ainsi que de transfert et de violation de tels droits;
  b. les litiges relevant du droit des cartels;
  c. les litiges portant sur l'usage d'une raison de commerce;

Art. 5
2. Titel: Zuständigkeit der Gerichte und Ausstand

    d. les litiges relevant de la loi fédérale du 19 décembre 1986 contre la concurrence déloyale lorsque la valeur litigieuse dépasse 30 000 francs ou que la Confédération exerce sont droit d'action;
    e. les litiges relevant de la loi fédérale du 18 mars 1983 sur la responsabilité civile en matière nucléaire;
    f. les actions contre la Confédération;
    g. la désignation d'un contrôleur spécial en vertu de l'art. 697*b* du code des obligations (CO);
    h. les litiges relevant de la loi fédérale du 23 juin 2006 sur les placements collectifs de capitaux et de la loi fédérale du 24 mars 1995 sur les bourses et le commerce des valeurs mobilières.

² Cette juridiction est également compétente pour statuer sur les mesures provisionnelles requises avant litispendance.

Istanza cantonale unica

¹ Il diritto cantonale designa il tribunale competente a decidere, in istanza cantonale unica, nei seguenti ambiti:
    a. controversie in materia di proprietà intellettuale, comprese quelle relative alla nullità, alla titolarità, all'utilizzazione su licenza, al trasferimento e alla violazione di tali diritti;
    b. controversie in materia cartellistica;
    c. controversie vertenti sull'uso di una ditta commerciale;
    d. controversie secondo la legge federale del 19 dicembre 1986 contro la concorrenza sleale, in quanto il valore litigioso ecceda 30 000 franchi o in quanto la Confederazione eserciti il suo diritto d'azione;
    e. controversie secondo la legge del 18 marzo 1983 sulla responsabilità civile in materia nucleare;
    f. azioni giudiziali contro la Confederazione;
    g. designazione di un controllore speciale secondo l'articolo 697*b* del Codice delle obbligazioni (CO);
    h. controversie secondo la legge del 23 giugno 2006 sugli investimenti collettivi e secondo la legge del 24 marzo 1995 sulle borse.

² Questo tribunale è parimenti competente per l'emanazione di provvedimenti cautelari prima della pendenza della causa.

Inhaltsübersicht

	Note
I. Allgemeines	1
II. Einzige kantonale Instanz	3
1. Abs. 1 lit. a: Immaterialgüterrecht (gewerblicher Rechtsschutz)	4
2. Abs. 1 lit. b: Kartellrecht	6
3. Abs. 1 lit. c: Firmenschutz	7
4. Abs. 1 lit. d: Unlauterer Wettbewerb	8
5. Abs. 1 lit. e: Zivilansprüche für Nuklearschädigung	10
6. Abs. 1 lit. f: Klagen gegen den Bund	11
7. Abs. 1 lit. g: Einsetzung eines Sonderprüfers	12
8. Abs. 1 lit. h: Streitigkeiten nach dem KAG und dem BEHG	13
9. Streitigkeiten nach dem Wappenschutzgesetz	15
III. Anordnung vorsorglicher Massnahmen	16

Literatur

K. BAUDENBACHER, Lauterkeitsrecht, Kommentar zum UWG, Basel 2001; U. BERTSCHINGER/ P. MÜNCH/TH. GEISER, Schweizerisches und Europäisches Patentrecht, Basel 2002; E. BRUNNER, Der Patentverletzungsprozess, Schweizerische Mitteilungen über Immaterialgüterrecht, 1994, 61 ff.; DERS., Der Patentnichtigkeitsprozess im schweizerischen Recht, Schweizerische Mitteilungen über Immaterialgüterrecht, 1995, 7 ff.; L. DAVID, Der Rechtsschutz im Immaterialgüterrecht, 2. Aufl., Basel 1998; DERS., Kommentar zum Markenschutzgesetz, Muster- und Modellgesetz, 2. Aufl., Basel 1999; P. DIGGELMANN, Unterlassungsbegehren im Immaterialgüterrecht, SJZ 1992, 26 ff.; D. LENGAUER, Zivilprozessuale Probleme bei der gerichtlichen Verfolgung bei publikumswirksamen Wettbewerbsverstössen, Diss. Zürich 1995; E. MARBACH, Markenrecht, Schweizerisches Immaterialgüter- und Wettbewerbsrecht, Band III/1, Basel 2009; B. K. MÜLLER/R. OERTLI, Urheberrechtsgesetz (URG), Bern 2006; M. M. PEDRAZZINI/C. HILTI, Europäisches und Schweizerisches Patent- und Patentprozessrecht, 3. Aufl., Bern 2008; M. M. PEDRAZZINI/F. A. PEDRAZZINI, Unlauterer Wettbewerb, 2. Aufl., Bern 2002; M. REHBINDER, Schweizerisches Urheberrecht, 3. Aufl., Bern 2000; M. REHBINDER/A. VIGANÒ, URG Urheberrecht, Kommentar, Zürich 2008; W. R. SCHLUEP, Verfahrensrechtliche Anmerkungen zum BG über Kartelle und ähnliche Organisationen und zu deren Weiterentwicklung, in: FS Walder, Zürich 1994, 95 ff.; R. M. STUTZ/ S. BEUTLER/M. KÜNZI, Designgesetz DesG, Bern 2006; O. VOGEL, Besonderheiten des Immaterialgüterrechtsprozesses im Lichte der neueren Rechtsprechung, Schweizerische Mitteilungen über Immaterialgüterrecht, 1993, 26 ff.; R. VON BÜREN/L. DAVID, Designrecht, Schweizerisches Immaterialgüter- und Wettbewerbsrecht, Basel 2007; R. VON BÜREN/E. MARBACH/P. DUCREY, Immaterialgüter- und Wettbewerbsrecht, 3. Aufl., Bern 2008; WALTER, Zivilrechtliche Verfahren nach dem revidierten KG – unauffällige Revision mit Knacknüssen, AJP 1996, 893 ff.; R. ZÄCH, Schweizerisches Kartellrecht, 2. Aufl., Bern 2005; DERS., Das revidierte Kartellgesetz in der Praxis, Zürich 2006; vgl. zudem die Literaturhinweise zu Art. 6.

I. Allgemeines

Das Bundesrecht hatte bereits vor Inkrafttreten der ZPO für die Beurteilung **immaterialgüter- und wettbewerbsrechtlicher** sowie gewisser **haftpflichtrechtlicher Klagen** eine einzige Instanz vorgeschrieben. Diese Spezialmaterien verlangen nach einer Konzentration des rechtlichen und fachlichen Wissens bei einer einzigen kantonalen Gerichtsinstanz (BOTSCHAFT ZPO, 7260). Zudem verfolgt der Eingriff in die kantonale Gerichtshoheit den Zweck, mehrfachen Instanzenzug zu verhindern. Damit trägt er zur Prozessbeschleunigung und zu einer einheitlichen, kompetenten Rechtsprechung bei (HAUSER/SCHWERI, § 61 N 4).

Der Entwurf des Bundesrates war in den Beratungen von National- und Ständerat im Grundsatz unbestritten (AmtlBull StR 2007 504; AmtlBull NR 2008 641). Der Nationalrat schlug aber vor, zusätzlich Streitigkeiten nach dem KAG sowie nach dem BEHG einer einzigen kantonalen Instanz zuzuweisen. Demgegenüber strich er Art. 5 Abs. 1 lit. h des Entwurfs (Zuständigkeit im Bereich Kindesschutz) ersatzlos (AmtlBull NR 2008 641). Der Ständerat folgte den Vorschlägen des Nationalrates diskussionslos (AmtlBull StR 2008 724).

II. Einzige kantonale Instanz

Nach Art. 5 müssen die Kantone eine einzige kantonale Instanz bezeichnen, die für folgende Streitigkeiten zuständig ist:

– Streitigkeiten im Zusammenhang mit geistigem Eigentum, einschliesslich der Streitigkeiten betreffend Nichtigkeit, Inhaberschaft, Lizenzierung, Übertragung und Verletzung solcher Rechte. Hierzu gehören vor allem die Klagen im Immaterialgüter- und Wettbewerbsrecht (vgl. Art. 76 PatG; Art. 58 Abs. 3 MSchG; Art. 37 DesG; Art. 42 Sortenschutzgesetz und Art. 64 Abs. 3 URG). Sollte ein Bundespatentgericht geschaffen werden, müsste die ZPO in diesem Punkt abgeändert werden.

– Kartellrechtliche Streitigkeiten (Art. 14 Abs. 1 KG).

– Streitigkeiten über den Gebrauch einer Firma (Art. 944 und 956 OR).

- Streitigkeiten nach dem UWG, sofern der Streitwert mehr als 30 000 Franken beträgt oder der Bund sein Klagerecht ausübt.

- Haftpflichtrechtliche Klagen nach Art. 23 KHG.

- Klagen gegen den Bund.

- Klage auf Einsetzung eines Sonderprüfers i.S.v. Art. 697b OR.

- Klagen nach dem KAG und dem BEHG.

1. Abs. 1 lit. a: Immaterialgüterrecht (gewerblicher Rechtsschutz)

4   Es ist davon auszugehen, dass sich Art. 5 Abs. 1 lit. a auf Streitigkeiten bezieht, die sich als spezifische **Bestandes- und Abwehrklagen** des **gewerblichen Rechtsschutzes** erweisen. Es geht also bei den Prozessen um die Existenz eines gewerblichen Rechtsschutzobjektes oder die sich aus dessen Gefährdung oder Verletzung ergebenden Ansprüche, namentlich also um die **Nichtigkeit** des Exklusivrechts, um die **Unterlassung oder Beseitigung** von Störungen, um die Entrichtung von **Schadenersatz** oder **Genugtuung** und um die **Herausgabe** des widerrechtlich erlangten **Gewinns** (HAUSER/SCHWERI, § 61 N 5). **Vertragsklagen**, die sich auf eine Nicht- oder Schlechterfüllung von Abtretungs- oder Lizenzverträgen über Immaterialgüterrechte beziehen, sind keine Verletzungsklagen, die in den Spezialgesetzen vorgesehen sind (HAUSER/SCHWERI, § 61 N 7). Nichtsdestotrotz fallen sie in den Anwendungsbereich von Art. 5 Abs. 1 lit. a. Dies ergibt sich aus dem Wortlaut. Art. 5 Abs. 1 lit. a spricht auch von Streitigkeiten betreffend «Lizenzierung» und «Übertragung» solcher Rechte. Der Bundesgesetzgeber sieht also auch für diese Vertragsklagen eine einzige kantonale Instanz vor. Früher war diese Rechtslage anders; für solche Klagen waren die normalen, ordentlichen Gerichte zuständig (vgl. hierzu HAUSER/SCHWERI, § 61 N 7).

5   Die einzige kantonale Instanz ist auch für eine **Widerklage** zuständig, wenn diese eine Streitigkeit über ein geistiges Eigentum zum Gegenstand hat (HAUSER/SCHWERI, § 61 N 8). Werden aus demselben Sachverhalt Ansprüche aus Immaterialgüterrechten sowie aus Kartellrecht (KG) und unlauterem Wettbewerb (UWG) geltend gemacht (**objektive Klagenhäufung**), so ist jede einzige kantonale Instanz zuständig, die für einen der Ansprüche zuständig ist. Dies kann dazu führen, dass für Streitigkeiten betreffend Patente oder Marken eine andere kantonale Instanz zuständig ist als z.B. für Urheberrechte. Dies war z.B. im Kanton Zürich früher der Fall: Das Handelsgericht beurteilte Streitigkeiten betreffend Patente oder Marken und das Obergericht solche über Urheberrechte. Nach § 42 lit. a des Entwurfs zum neuen Zürcher Gerichtsorganisationsgesetz (GOG) wird das Handelsgericht als einzige kantonale Instanz für sämtliche Streitigkeiten gemäss Art. 5 Abs. 1 lit. a–e zuständig sein, womit sich die Problematik der Klagenhäufung zumindest für den Kanton Zürich nicht mehr stellt.

2. Abs. 1 lit. b: Kartellrecht

6   Im Bereich des **Kartellrechts** liegt das Schwergewicht der Abwehr- und Schutzmassnahmen auf der Ebene des Verwaltungsrechts; die entsprechenden Aufgaben werden von der **Wettbewerbskommission** erledigt. Dem zivilrechtlichen Verfahren kommt eher zweitrangige Bedeutung zu. Die von den Kantonen zu bezeichnenden einzigen Gerichtsinstanzen sollten nicht nur für die ordentlichen Zivilverfahren zuständig sein, sondern auch für die summarischen Verfahren. So ist diese einzige kantonale Instanz zuständig

für (i) die Beurteilung, ob eine unzulässige Wettbewerbsbeschränkung vorliegt (Feststellungsklage), (ii) die Ungültigerklärung wettbewerbswidriger Absprachen oder die Verpflichtung des Beklagten zum Abschluss markt- oder branchenüblicher Verträge mit dem Kläger (Unterlassungs- und Beseitigungsklage), (iii) die Beurteilung vermögensrechtlicher Forderungen, die infolge einer Boykotthandlung geltend gemacht werden (Schadenersatz, Genugtuung, Gewinnherausgabe) sowie (iv) für die Anordnung der Urteilspublikation (vgl. zum Ganzen HAUSER/SCHWERI, § 61 N 18 ff.).

3. Abs. 1 lit. c: Firmenschutz

Unter den Begriff «**Streitigkeiten über den Gebrauch einer Firma**» sind ausschliesslich die Klagen gemäss Art. 956 Abs. 2 OR zu subsumieren. Die nicht firmenmässige Verwendung einer Firma (z.B. als Werbeslogan) kann als Nebenbegehren zusammen mit dem Hauptbegehren auf Schutz der Firma eingeklagt werden (HAUSER/SCHWERI, § 61 N 36). So würde auch eine solche Streitigkeit unter Art. 5 Abs. 1 lit. c fallen.

4. Abs. 1 lit. d: Unlauterer Wettbewerb

Neu schreibt der Bundesgesetzgeber auch für Streitigkeiten betreffend den **unlauteren Wettbewerb** eine einzige kantonale Instanz vor. So ergeben sich bei objektiver und subjektiver Klagenhäufung in Bezug auf die sachliche Zuständigkeit keine Probleme mehr, wie dies im früheren Recht der Fall war (vgl. Art. 12 Abs. 2 UWG; BGE 125 III 95). Unter den Anwendungsbereich von Art. 5 Abs. 1 lit. d fallen Klagen, welche für die in ihrer lauterkeitsrechtlich geschützten Wettbewerbsstellung verletzte oder gefährdete Partei folgendes beim Richter einklagen kann: (i) Verbietung einer drohenden Verletzung (Art. 9 Abs. 1 lit. a UWG), (ii) Beseitigung einer bestehenden Verletzung (Art. 9 Abs. 1 lit. b UWG), (iii) Feststellung der Widerrechtlichkeit einer Verletzung, wenn sich diese weiterhin störend auswirkt (Art. 9 Abs. 1 lit. c UWG), (iv) Schadenersatz, Genugtuung und Gewinnherausgabe (Art. 9 Abs. 3 UWG) sowie (v) eine Urteilspublikation (Art. 9 Abs. 2 UWG).

Wie aus dem Gesetzeswortlaut von *Abs. 1* hervorgeht, spielt die Höhe des **Streitwertes** für die Zuständigkeit im Grundsatz keine Rolle. Einzige Ausnahme bildet Art. 5 Abs. 1 lit. d, wo für Streitigkeiten nach dem UWG ein Streitwert von mehr als CHF 30 000 verlangt wird. Die kleineren Prozesse sind i.d.R. Verbrauchersachen, für die das kostengünstigere vereinfachte Verfahren gemäss Art. 243 ff. ZPO anwendbar ist (BOTSCHAFT ZPO, 7260).

5. Abs. 1 lit. e: Zivilansprüche für Nuklearschädigung

Bei Streitigkeiten, welche sich auf die Haftung gemäss Kernenergiehaftpflichtgesetz (SR 732.44) stützen, richtet sich die sachliche und funktionale Zuständigkeit ausschliesslich nach Art. 5 Abs. 1 lit. e. Die entsprechenden Zuständigkeitsbestimmungen im KHG (also Art. 23 KHG vom 18.3.1983 bzw. Art. 21 KHG vom 13.6.2008) werden aufgehoben. Die örtliche Zuständigkeit richtet sich nach Art. 38a. Es ist eine zwingende Gerichtsstandsbestimmung.

6. Abs. 1 lit. f: Klagen gegen den Bund

Bei den «**Klagen gegen den Bund**» i.S.v. Art. 5 Abs. 1 lit. f handelt es sich nur um solche Klagen, für die nicht der direkte Prozess vor Bundesgericht anwendbar ist (Art. 120 BGG, Art. 1 BZP).

7. Abs. 1 lit. g: Einsetzung eines Sonderprüfers

12 Im **Sonderprüfungsverfahren** gibt es zwei Klagen. Stimmt die GV einer Sonderprüfung zu, ist nach Art. 697a Abs. 2 OR Klage auf Einsetzung eines Sonderprüfers zu erheben. Diese Klage untersteht der freiwilligen Gerichtsbarkeit. Sie beinhaltet lediglich ein Gesuch an den Richter, einen **Sonderprüfer** einzusetzen. Wird demgegenüber der Antrag auf Sonderprüfung von der GV oder dem Verwaltungsrat abgewiesen oder gar nicht behandelt, ist i.S.v. Art. 697b Abs. 1 OR zu klagen. Diese Klage ist der streitigen Gerichtsbarkeit zuzuordnen. Es liegt ein kontradiktorisches Verfahren mit zwei Parteien vor (BGE 120 II 394 f. E. 2). Der gutheissende Entscheid über die Einsetzung eines Sonderprüfers ist definitiv (BGE 120 II 394 E. 2). Nur für dieses streitige Verfahren haben die Kantone eine einzige Gerichtsinstanz zu bezeichnen. Das Verfahren ist summarisch i.S.v. Art. 250 lit. c Ziff. 8 ZPO.

8. Abs. 1 lit. h: Streitigkeiten nach dem KAG und dem BEHG

13 Art. 5 Abs. 1 lit. h gilt für die **Verantwortlichkeitsklagen** der Anleger i.S.v. Art. 145 KAG. Art. 145 KAG entspricht im Grundsatz dem früheren Art. 68 AFG (BOTSCHAFT ZPO, 7271; BOTSCHAFT GestG, 2868). Neben der genannten Verantwortlichkeitsklage wird in Art. 84 Abs. 3 KAG die Klage der Anleger gegen die **Fondsleitung** oder die **Investmentgesellschaft mit variablem Kapital** (SICAV) auf **Auskunftserteilung** geregelt. Sodann können die Anleger gegen diejenigen Personen auf **Rückerstattung** klagen, welche einer **offenen kollektiven Kapitalanlage** Schaden zugefügt haben (Art. 85 KAG). Die Anleger können schliesslich vom Gericht die **Ernennung einer Vertretung** verlangen, wenn sie Ansprüche auf Leistung an die offene kollektive Kapitalanlage glaubhaft machen (Art. 86 Abs. 1 KAG). Auch alle diese Klagen fallen in den Anwendungsbereich von Art. 5 Abs. 1 lit. h.

14 Nach Art. 5 Abs. 1 lit. h sind sodann **Stimmrechtssuspendierungsklagen** gemäss Art. 20 Abs. 4bis und Art. 32 Abs. 7 BEHG von einer einzigen kantonalen Instanz zu beurteilen. Gleiches gilt für Klagen gemäss Art. 9 Abs. 3 BEHG bei **Verweigerung der Zulassung** eines Effektenhändlers oder der Effektenzulassung sowie bei **Ausschluss** eines Effektenhändlers oder **Widerruf** der Effektenzulassung sowie für die **Kraftloserklärung** der restlichen Beteiligungspapiere i.S.v. Art. 33 BEHG. Im Gegensatz zu den übrigen Kraftloserklärungsverfahren gehört die Kraftloserklärung der restlichen Beteiligungspapiere gemäss Art. 33 BEHG wohl eher zur streitigen Gerichtsbarkeit, weil es sich um ein Zweiparteienverfahren handelt (BSK BEHG-RAMPINI/REITER, Art. 33 N 25).

9. Streitigkeiten nach dem Wappenschutzgesetz

15 Der Entwurf des Bundesgesetzes über den Schutz des Schweizerwappens und anderer öffentlicher Zeichen (Wappenschutzgesetz, WSchG) sieht einen neuen Art. 5 Abs. 1 lit. i ZPO vor. Lit. i lautet wie folgt: «Streitigkeiten nach dem Wappenschutzgesetz vom […], dem Bundesgesetz vom 25.3.1954 betreffend den Schutz des Zeichens und des Namens des Roten Kreuzes und dem Bundesgesetz vom 15.12.1961 zum Schutz von Namen und Zeichen der Organisation der Vereinten Nationen und anderer zwischenstaatlicher Organisationen» (vgl. im Übrigen BBl 2009 8650 f.).

III. Anordnung vorsorglicher Massnahmen

16 Die Zuteilung der Zuständigkeit an eine einzige Instanz bei der Anordnung **vorsorglicher Massnahmen** macht aus prozessökonomischen Überlegungen Sinn. Die Zuständigkeit eines unteren Gerichts wäre nicht prozessförderlich, da dies zu einer Zersplitte-

rung des meist komplexen Verfahrens führen würde. Somit erscheint die Zuständigkeit des mit der Hauptsache betrauten Gerichts als geboten, und zwar auch schon für die Anordnung vorsorglicher Massnahmen, die vor Rechtshängigkeit der Hauptsache beantragt werden (BOTSCHAFT ZPO, 7260).

Art. 6

Handelsgericht

¹ Die Kantone können ein Fachgericht bezeichnen, welches als einzige kantonale Instanz für handelsrechtliche Streitigkeiten zuständig ist (Handelsgericht).

² Eine Streitigkeit gilt als handelsrechtlich, wenn:
a. die geschäftliche Tätigkeit mindestens einer Partei betroffen ist;
b. gegen den Entscheid die Beschwerde in Zivilsachen an das Bundesgericht offen steht; und
c. die Parteien im schweizerischen Handelsregister oder in einem vergleichbaren ausländischen Register eingetragen sind.

³ Ist nur die beklagte Partei im schweizerischen Handelsregister oder in einem vergleichbaren ausländischen Register eingetragen, sind aber die übrigen Voraussetzungen erfüllt, so hat die klagende Partei die Wahl zwischen dem Handelsgericht und dem ordentlichen Gericht.

⁴ Die Kantone können das Handelsgericht ausserdem zuständig erklären für:
a. Streitigkeiten nach Artikel 5 Absatz 1;
b. Streitigkeiten aus dem Recht der Handelsgesellschaften und Genossenschaften.

⁵ Das Handelsgericht ist auch für die Anordnung vorsorglicher Massnahmen vor Eintritt der Rechtshängigkeit einer Klage zuständig.

Tribunal de commerce

¹ Les cantons peuvent instituer un tribunal spécial qui statue en tant qu'instance cantonale unique sur les litiges commerciaux (tribunal de commerce).

² Un litige est considéré comme commercial aux conditions suivantes:
a. l'activité commerciale d'une partie au moins est concernée;
b. un recours en matière civile au Tribunal fédéral peut être intenté contre la décision;
c. les parties sont inscrites au registre du commerce suisse ou dans un registre étranger équivalent.

³ Le demandeur peut agir soit devant le tribunal de commerce soit devant le tribunal ordinaire, si toutes les conditions sont remplies mais que seul le défendeur est inscrit au registre du commerce suisse ou dans un registre étranger équivalent.

⁴ Les cantons peuvent également attribuer au tribunal de commerce:
a. les litiges mentionnés à l'art. 5, al. 1;
b. les litiges relevant du droit des sociétés commerciales et coopératives.

⁵ Le tribunal de commerce est également compétent pour statuer sur les mesures provisionnelles requises avant litispendance.

Art. 6

Tribunale commerciale

¹ I Cantoni possono attribuire a un tribunale specializzato il giudizio, in istanza cantonale unica, sul contenzioso commerciale (tribunale commerciale).

² Vi è contenzioso commerciale se:
a. la controversia si riferisce all'attività commerciale di una parte almeno;
b. la decisione del tribunale è impugnabile con ricorso in materia civile al Tribunale federale; e
c. le parti risultano iscritte nel registro svizzero di commercio o in un analogo registro estero.

³ Se soltanto il convenuto è iscritto nel registro svizzero di commercio o in un analogo registro estero, ma le altre condizioni risultano adempiute, l'attore può scegliere tra il tribunale commerciale e il giudice ordinario.

⁴ I Cantoni possono altresì attribuire al tribunale commerciale il giudizio su:
a. le controversie di cui all'articolo 5 capoverso 1;
b. le controversie in materia di società commerciali e cooperative.

⁵ Il tribunale commerciale è parimenti competente per l'emanazione di provvedimenti cautelari prima della pendenza della causa.

Inhaltsübersicht

	Note
I. Allgemeines	1
II. Handelsgerichtsbarkeit	3
III. Voraussetzungen	7
1. Geschäftliche Tätigkeit mindestens einer Partei	8
2. Anfechtbarkeit mit der Beschwerde in Zivilsachen	10
3. Eintrag im Handelsregister oder in einem vergleichbaren ausländischen Register	11
IV. Wahlrecht der Parteien	15
V. Erweiterte Zuständigkeit der Handelsgerichte	16
VI. Anordnung vorsorglicher Massnahmen	17

Literatur

H. R. ALTHERR, Das Handelsgericht des Kantons St. Gallen, Diss. Zürich 1979; A. BRUNNER, Handelsrichter als Vermittler zwischen Wirtschaft und Recht, SJZ 2006, 428 ff.; DERS., Die Verwertung von Fachwissen im handelsgerichtlichen Prozess, SJZ 1992, 22 (zit. Verwertung); R. KAUFMANN, Gedanken über das sanktgallische Handelsgericht, SJZ 1981, 294; KOPP, Das zürcherische Handelsgericht, Diss. Zürich 1940; C. LEUENBERGER, Der Vorentwurf für eine schweizerische Zivilprozessordnung – ein Überblick, AJP 2003, 1421 ff. (zit. Vorentwurf); MEYER, Aus für Handelsgerichte, SJZ 1998, 171 f.; P. NOBEL, Zur Institution der Handelsgerichte, ZSR 1983, 137 ff.; J. NOTTER, Das aargauische Handelsgericht, Diss. Zürich 1954; I. SCHWANDER, Das Zürcher Handelsgericht und die branchenspezifische Zusammensetzung seines Spruchkörpers, Berlin 2009; Th. SUTTER-SOMM, Der Vorentwurf zur Schweizerischen Zivilprozessordnung, ZSR 2002, 545 ff. (zit. Vorentwurf); TEITLER, Zur Frage der im Handelsgericht vertretenen Sachkunde, SJZ 1960, 270 ff.; R. E. TOBLER, Das Berner Handelsgericht und sein Verfahren, Diss. Zürich 1958; P. USTERI, Hundert Jahre Zürcher Handelsgericht, SJZ 1967, 1 ff.; O. VOGEL, 125 Jahre Zürcher Handelsgericht, SJZ 1992, 17 ff. (zit. Handelsgericht); DERS.; Prozessuales Management am Handelsgericht, SJZ 1992, 18 ff. (zit. Management); J. J. ZÜRCHER, Der Einzelrichter am Handelsgericht des Kantons Zürich, Diss. Zürich 1998.

I. Allgemeines

Die Kantone Aargau, Bern, St. Gallen und Zürich haben **handelsrechtliche Streitigkeiten** besonderen Fachgerichten zugewiesen. Diese **Handelsgerichte** haben sich in der Praxis sehr bewährt (BOTSCHAFT ZPO, 7261). Entsprechend überlässt die ZPO die Einsetzung von Fachgerichten bei handelsrechtlichen Streitigkeiten weiterhin dem freien Willen der Kantone. Der Bundesgesetzgeber wollte die **Handelsgerichtsbarkeit** aufwerten und hat deshalb in Art. 6 bestimmt, dass das Handelsgericht als einzige kantonale Instanz entscheiden kann (BOTSCHAFT ZPO, 7261). Dieser Entscheid unterliegt unmittelbar der **Beschwerde in Zivilsachen** an das Bundesgericht. Gemäss Art. 75 Abs. 2 lit. b BGG ist eine solche Durchbrechung der «double instance» zulässig. Diese Lösung dient einerseits der für Handelsprozesse wichtigen Beschleunigung des Prozesses und ist andererseits durch die Fachkompetenz des Spezialgerichtes gerechtfertigt.

Der Entwurf des Bundesrates war in den Beratungen von National- und Ständerat im Grundsatz unbestritten (AmtlBull StR 2007 504; AmtlBull NR 2008 641). Der Ständerat schlug aber zusätzlich ein Wahlrecht der klagenden Partei zwischen dem Handelsgericht und dem ordentlichen Gericht vor, wenn nicht sie, sondern nur die beklagte Partei im Handelsregister oder in einem vergleichbaren ausländischen Register eingetragen ist (AmtlBull StR 2007 504). Der Nationalrat folgte dem Vorschlag des Ständerates und machte noch ein paar wenige Änderungen (AmtlBull NR 2008 641 ff.), denen dann der Ständerat in der Differenzenbereinigung zustimmte (AmtBull SR 2008 725).

II. Handelsgerichtsbarkeit

Der Vorteil der Handelsgerichtsbarkeit besteht darin, dass das Richterwissen und das Fachwissen zusammengeführt werden. Es braucht somit im Gegensatz zu den ordentlichen Gerichten keine Experten. In den überwiegenden Fällen enden denn auch die Streitigkeiten nicht erst nach Durchführung des Haupt-, Beweis-, und Rechtsmittelverfahrens nach mehreren Jahren, sondern in der **Referentenaudienz** und **Vergleichsverhandlung** bereits nach rund sechs Monaten (BRUNNER, 429). Die handelsgerichtlichen Verfahren sind deshalb grösstenteils rasch, kostengünstig und sachgerecht (MEYER, 171 f.). In der Regel können teure **Beweisverfahren** mit Expertisen unterbleiben. Experten erhalten ansehnliche Honorare für ihre Gutachten (BRUNNER, 430). In der Lehre wurde allerdings unverständlicherweise vorgebracht, dass der aussenstehende Experte das geringere Übel sei als der Fachrichter (SCHWANDER, 78 ff.). Handelsgerichte sind **Fachgerichte** und nicht etwa verfassungsrechtlich problematische **Ausnahmegerichte** (NOBEL, 145). Zur Historie der Handelsgerichtsbarkeit vgl. NOBEL, 138–143; SCHWANDER, 17–39.

Zur **Zusammensetzung des Handelsgerichts**: Z.B. am Zürcher Handelsgericht bilden drei Handelsrichter (Referent und zwei weitere Fachrichter) gegenüber den zwei Oberrichtern (Präsident und Instruktionsrichter) im Urteilskollegium die Mehrheit (BRUNNER, 429; NOBEL, 146; SCHWANDER, 39). Die Fachrichter und nicht die Juristen haben somit die Mehrheit. Am Zürcher Handelsgericht wird die Prozessleitung nach Eingang der ersten Rechtsschriften dem Oberrichter als Instruktionsrichter delegiert, und ihm ein Handelsrichter als Referent sowie ein juristischer Sekretär zugeteilt. Diese Gerichtsdelegation bleibt während des ganzen Verfahrens zuständig (BRUNNER, 430). In diesem Zusammenhang ist darauf hinzuweisen, dass keine Verletzung des Anspruchs auf einen verfassungsmässigen Richter vorliegt, wenn ein Richter mitwirkt, der nicht an sämtlichen vorangegangenen Verhandlungen und Zwischenentscheiden mitgewirkt hat (BRUNNER, 430 m.H. auf SJZ 1994, 313; **a.M.** SCHWANDER, 45–49).

5   Die zehn Kammern des Zürcher Handelsgerichts umfassen folgende Branchen: 1. Banken und Versicherungen, 2. Revisions- und Treuhandwesen, 3. Baugewerbe und Architektur, 4. Chemie, Pharmazeutik, Drogerie, 5. Lebens- und Genussmittelindustrie und -handel, 6. Maschinen- und Elektroindustrie, 7. Erfindungspatente, 8. Übersee- und Grosshandel und Spedition, 9. Textil-Industrie und -Handel, und 10. Verschiedene Branchen.

6   Die **Fachrichter** an den Handelsgerichten haben die Stellung eines Richters. Die **richterliche Unabhängigkeit** gilt auch bei ihnen. Dies kann aber zu heiklen Konstellationen führen:

– So besteht z.B. kein Anschein von Voreingenommenheit allein deshalb, weil die drei mitwirkenden Handelsrichter hauptberuflich in leitender Stellung bei Bankinstituten tätig sind und gleichzeitig die Beklagte ebenfalls eine Bank ist (BRUNNER, 430 m.H. auf ZR 1997, 56 ff.). Dies wird jedoch von einem Teil der Lehre kritisiert. So verstösst nach SCHWANDER diese Spruchkörperbesetzung gegen die verfassungs- und konventionsrechtliche Garantie auf ein unabhängiges und unparteiisches Gericht (vgl. Art. 6 Ziff. 1 EMRK; Art. 30 Abs. 1 BV; vgl. SCHWANDER, 106).

– Nach der früheren Zürcher Praxis galten die Meinungsäusserungen der Fachrichter als Bestandteil der Urteilsberatungen. 1981 änderte das Zürcher Kassationsgericht diese Rechtsprechung (vgl. ZR 1984, 142 ff.): «Soll entscheidend auf die sachverständigen Voten von Handelsrichtern abgestellt werden, so muss den Parteien vor der Urteilsfällung Gelegenheit geboten werden, sich dazu zu äussern.» Das Kassationsgericht hatte somit das Fachrichtervotum dem Beweisverfahren zugeordnet. Es tritt an die Stelle einer förmlichen Expertise. Beide Meinungen haben ihre Berechtigung. Da Fachrichter allerdings von Gesetzes wegen Richter sind, wäre es wünschenswert, wenn deren Voten wieder als Teil der Urteilsberatung gelten würden.

III. Voraussetzungen

7   Die sachliche Zuständigkeit des Handelsgerichts orientiert sich an den geltenden kantonalen Regelungen: (i) die geschäftliche Tätigkeit mindestens einer Partei muss betroffen sein, (ii) die Streitigkeit muss mit der **Beschwerde in Zivilsachen** beim Bundesgericht anfechtbar sein und (iii) schliesslich bedarf es des Eintrages beider Parteien im Handelsregister oder in einem vergleichbaren ausländischen Register *(Abs. 2 lit. a–c)*. Hierzu Folgendes:

1. Geschäftliche Tätigkeit mindestens einer Partei

8   Das Prozessverhältnis muss sich aus der **geschäftlichen Tätigkeit** mindestens einer Partei ergeben. Vor das Handelsgericht sollen nur Streitigkeiten gelangen, die kaufmännischer, technischer oder ähnlicher Natur sind (HAUSER/SCHWERI, § 62 N 17). Unter den Begriff «geschäftliche Tätigkeit» sind alle berufs- und gewerbsmässig betriebenen Geschäfte einer im Handelsregister eingetragenen Person zu verstehen. Dabei ist nicht nur das **Grundgeschäft** (z.B. Verkauf von selbst fabrizierten oder erworbenen Güter), sondern auch das **Hilfs- oder Nebengeschäft** (fördert die Geschäftstätigkeit, z.B. Reklame) gemeint (HAUSER/SCHWERI, § 62 N 21 f.). Ein auch nur loser Zusammenhang zwischen dem Streitgegenstand und der geschäftlichen Tätigkeit genügt. Nicht erforderlich ist, dass die Parteien in einem Vertragsverhältnis stehen. Grundlage einer Schadenersatzklage kann auch eine unerlaubte Handlung bilden (HAUSER/SCHWERI, § 62 N 24). Ob eine Beziehung zur geschäftlichen Tätigkeit besteht oder ob ein Privatgeschäft vorliegt, muss aus

den konkreten Umständen geschlossen werden. So gibt es z.B. Meinungen in der Lehre, wonach die Anschaffung von Luxusgütern (z.B. von Kunstwerken) für die Ausschmückung von Arbeitsräumen als typischer Liebhaberkauf nicht den Betrieb betrifft (vgl. zum Ganzen hierzu HAUSER/SCHWERI, § 62 N 18). Es fragt sich, ob Rechtsverhältnisse, welche an sich die geschäftliche Tätigkeit nicht betreffen, die ihrer Natur nach aber trotzdem der geschäftlichen Tätigkeit zuzurechnen sind, ebenfalls in den Zuständigkeitsbereich der Handelsgerichte fallen. Mit der bisherigen kantonalen Praxis sollte dies bejaht werden. So dürften auch künftig die Handelsgerichte zuständig sein für die Anfechtung von Beschlüssen der Kollektivgesellschaften oder Aktionäre, Anfechtung von GV-Beschlüssen, Streitigkeiten über Rechte und Pflichten der Aktionäre oder Genossenschafter, Streitigkeiten über die Geschäftsführung und Verantwortung der Direktoren, Verwaltungsräte und Revisionsstellen usw. (vgl. zum Ganzen HAUSER/SCHWERI, § 62 N 25).

Kasuistik (aus HAUSER/SCHWERI, § 62 N 26 ff.): für arbeitsrechtliche Streitigkeiten ist nicht das Handelsgericht zuständig, auch wenn es um leitende Angestellte geht. Die Zuständigkeit wurde aber – sofern auch die übrigen Zulässigkeitsvoraussetzungen erfüllt sind – bejaht bei widerrechtlichem Konkurrenzkampf (unlauterer Wettbewerb, Kreditschädigung, Ehrverletzung), bei Verursachung eines Verkehrsunfalls bei einer Geschäftsfahrt mit einem fabrikeigenen Fahrzeug, bei hehlerischem Erwerb von Handelsware für das vom Beklagten betriebene Geschäft, bei Streitigkeiten unter Kollektiv- und Kommanditgesellschaften sowie Anfechtung von GV-Beschlüssen bei der AG, Verantwortlichkeitsklagen gegen Verwaltungsräte (Art. 754 ff. OR), Kraftloserklärung der restlichen Beteiligungspapiere i.S.v. Art. 33 BEHG, Klagen auf Anerkennung (Art. 83 Abs. 2 SchKG) und Rückforderung (Art. 86 und 187 SchKG), Arrestprosequierungsklagen (Art. 279 SchKG), Anfechtungsklagen (Art. 285 SchKG) wie auch bei Klagen des Gläubigers auf Beteiligung seiner abgewiesenen Forderung am ordentlichen Nachlassvertrag (Art. 315 SchKG).

2. Anfechtbarkeit mit der Beschwerde in Zivilsachen

Gegen den Entscheid des Handelsgerichts muss die **Beschwerde in Zivilsachen** an das Bundesgericht offen stehen. Wesentlich ist dabei, dass der Streitwert mindestens CHF 30 000 betragen muss (Art. 74 Abs. 1 lit. b BGG). Zur Bestimmung des Streitwertes sind die Art. 51–53 BGG und nicht die Art. 91–94 ZPO anwendbar. Dabei gilt Folgendes: Schliessen die in Haupt- und Widerklage geltend gemachten Ansprüche einander aus und erreicht eine der beiden Klagen die Streitwertgrenze nicht, so gilt die Streitwertgrenze auch für diese Klage als erreicht (Art. 53 Abs. 2 BGG). Somit ist bei Nichtausschluss und entsprechend tiefem Streitwert einer Klage bezüglich dieser das Handelsgericht nicht zuständig. Ebenso fehlt die Zuständigkeit des Handelsgerichts, wenn der Streitwert sowohl der Haupt- als auch der Widerklage tiefer als CHF 30 000 ist, denn die Streitwerte werden nicht zusammengezählt, wie das früher in einzelnen Kantonen der Fall war. Im Unterschied dazu bestimmt sich der Streitwert bei Haupt- und Widerklage gemäss Art. 94 Abs. 1 ZPO nach dem höheren Rechtsbegehren. Ein Ausschluss der Ansprüche wird nicht gefordert.

3. Eintrag im Handelsregister oder in einem vergleichbaren ausländischen Register

Das Handelsgericht ist nur dann sachlich zuständig, wenn **beide Parteien im Handelsregister oder in einem vergleichbaren ausländischen Register eingetragen sind**. Nach Art. 2 lit. a HRegV können folgende Rechtseinheiten im **Handelsregister** eingetragen werden: Einzelunternehmen (Art. 934 Abs. 1 und 2 OR); Kollektivgesellschaften

(Art. 552 ff. OR); Kommanditgesellschaften (Art. 594 ff. OR); Aktiengesellschaften (Art. 620 ff. OR); Kommanditaktiengesellschaften (Art. 764 ff. OR); Gesellschaften mit beschränkter Haftung (Art. 772 ff. OR); Genossenschaften (Art. 828 ff. OR); Vereine (Art. 60 ff. ZGB); Stiftungen (Art. 80 ff. ZGB); Kommanditgesellschaft für kollektive Kapitalanlagen (Art. 98 ff. KAG); Investmentgesellschaft mit festem Kapital (SICAF; Art. 110 ff. KAG); Investmentgesellschaft mit variablem Kapital (SICAV, Art. 36 ff. KAG); Institute des öffentlichen Rechts (Art. 2 lit. d FusG) sowie Zweigniederlassungen (Art. 935 OR). Dabei spielt es für die Bestimmung der handelsgerichtlichen Zuständigkeit keine Rolle, ob die Eintragung im Handelsregister **deklaratorisch** oder **konstitutiv** ist. Konstitutiv ist sie bei der AG, Kommanditaktiengesellschaft, GmbH, Genossenschaft, SICAV, SICAF, Kommanditgesellschaft für kollektive Kapitalanlagen, aber auch bei der nicht-kaufmännischen Kollektiv- und Kommanditgesellschaft. Diese erlangen alle das Recht der Persönlichkeit erst durch die Eintragung im Handelsregister. Für den Beginn der konstitutiven Wirkung ist das Tagesregisterdatum massgeblich (vgl. zum Ganzen BSK OR II-ECKERT, Art. 933 N 1 f.).

12 **Natürliche Personen** sind der Handelsgerichtsbarkeit nur unterworfen, wenn sie mit ihrem **Einzelunternehmen** im Handelsregister gemäss Art. 945 i.V.m. Art. 934 OR eingetragen sind. Demgegenüber ist für ein Prozess gegen eine natürliche Person, die nur als Organ einer Kapitalgesellschaft oder Genossenschaft (als Direktor, Verwaltungsrat oder Prokurist) im Handelsregister eingetragen, nicht das Handelsgericht, sondern das ordentliche Gericht zuständig. Dies gilt auch, wenn sich der Prozessgegenstand auf die Organstellung bezieht. Sodann sind für Einzelpersonen, die als Gesellschafter einer Kollektiv- oder Kommanditgesellschaft im Handelregister eingetragen sind und von Gesellschaftsgläubigern ins Recht gefasst werden, die ordentlichen Gerichte und nicht die Handelsgerichte zuständig (HAUSER/SCHWERI, § 62 N 10). **Institute des öffentlichen Rechts** unterliegen der Handelsgerichtsbarkeit, wenn sie in einer Zivilrechtsstreitigkeit involviert sind. Bei eingetragenen Vereinen und Stiftungen ist das Handelsgericht zuständig, wenn sich der Streit auf einen von ihnen geführten Geschäftsbetrieb bezieht (HAUSER/SCHWERI, § 62 N 12).

13 Die Voraussetzungen für die Eintragung in das **vergleichbare ausländische Register** richten sich nach dem entsprechenden ausländischen Recht. Wie das Wort «vergleichbar» sagt, muss das ausländische Register in etwa die gleiche Funktion wie das Handelsregister erfüllen.

14 Entscheidend ist, dass die Eintragung in das **Handelsregister** oder in ein adäquates **ausländisches Register** im Zeitpunkt der **Rechtshängigkeit** besteht. Wird die Partei nachher gelöscht oder übertragen, so bleibt die ursprüngliche begründete Zuständigkeit erhalten. Entsprechend fehlt die handelsgerichtliche Zuständigkeit, wenn die Partei im Zeitpunkt der Entstehung des Klagegrundes im Handelsregister eingetragen ist, aber nicht mehr bei Eintritt der Rechtshängigkeit (HAUSER/SCHWERI, § 62 N 14). Tritt die Partei in Liquidation, bleibt sie eingetragen, weshalb auch das Handelsgericht zuständig bleibt (HAUSER/SCHWERI, § 62 N 14).

IV. Wahlrecht der Parteien

15 *Abs. 3* räumt der klagenden Partei ein **Wahlrecht** zwischen dem Handelsgericht und dem ordentlichen Gericht ein, wenn nur die beklagte Partei im schweizerischen Handelsregister oder in einem vergleichbaren ausländischen Register eingetragen ist und die übrigen Voraussetzungen gemäss *Abs. 2 lit. a und b* erfüllt sind. Der Entwurf des Bundesrates

war strenger und sah dieses Wahlrecht nicht vor. Grund hierfür war die Überlegung, dass Konsumentenstreitigkeiten bei einem Streitwert von über CHF 30 000 – z.B. der Kauf eines exklusiven Sportwagens – neu unter die Handelsgerichtsbarkeit fallen würden (BOTSCHAFT ZPO, 7216). Hingegen ist die **Einlassung** nicht mehr möglich. Damit ist sichergestellt, dass niemand unwissentlich auf das ordentliche Verfahren verzichtet und damit eine Gerichtsinstanz verliert (BOTSCHAFT ZPO, 7216).

V. Erweiterte Zuständigkeit der Handelsgerichte

Die sachliche Zuständigkeit des Handelsgerichts ist bewusst sehr weit gefasst. Nach Abs. 4 sind die Kantone berechtigt, für Streitigkeiten nach Art. 5 Abs. 1 sowie aus dem Recht der Handelsgesellschaften und Genossenschaften, das Handelsgericht für zuständig zu erklären. Dabei ist es den Kantonen unbenommen, für diese Angelegenheiten Streitwertgrenzen festzusetzen (BOTSCHAFT ZPO, 7261). 16

VI. Anordnung vorsorglicher Massnahmen

Abs. 5 bestimmt, dass das Handelsgericht auch für die Anordnung von vorsorglichen Massnahmen vor bzw. nach Rechtshängigkeit des Hauptprozesses zuständig ist. Diese Zuständigkeitsregelung macht aus prozessökonomischen Gründen Sinn, da damit eine Zersplitterung des Rechtsweges verhindert werden kann. 17

Art. 7

Gericht bei Streitigkeiten aus Zusatzversicherungen zur sozialen Krankenversicherung	Die Kantone können ein Gericht bezeichnen, welches als einzige kantonale Instanz für Streitigkeiten aus Zusatzversicherungen zur sozialen Krankenversicherung nach dem Bundesgesetz vom 18. März 1994 über die Krankenversicherung zuständig ist.
Litiges portant sur les assurances complémentaires à l'assurance-maladie sociale	Les cantons peuvent instituer un tribunal qui statue en tant qu'instance cantonale unique sur les litiges portant sur les assurances complémentaires à l'assurance-maladie sociale selon la loi fédérale du 18 mars 1994 sur l'assurance-maladie.
Tribunale per le controversie derivanti da assicurazioni complementari all'assicurazione sociale contro le malattie	I Cantoni possono designare un tribunale competente a decidere, in istanza cantonale unica, le controversie derivanti da assicurazioni complementari all'assicurazione sociale contro le malattie secondo la legge federale del 18 marzo 1994 sull'assicurazione malattie.

Inhaltsübersicht Note

I. Allgemeines 1

II. Streitigkeiten aus Zusatzversicherungen zur sozialen Krankenversicherung 3

Literatur

P. GROLIMUND, Zivilprozess und Versicherung, HAVE 2008, 224 ff.; U. KIESER, Die Neuordnung der Zusatzversicherung zur Krankenversicherung, AJP 1997, 11 ff.; A. MAURER, Das neue Krankenversicherungsrecht, Basel 1996 (zit. KVR); DERS., Schweizerisches Privatversicherungsrecht, 3. Aufl., Bern 1995 (zit. PVR); DERS., Verhältnis obligatorische Krankenpflegeversicherung und Zusatzversicherung, in: LAMal – KVG, Recueil de travaux en l'honneur de la société suisse de droit des assurances, Lausanne 1997, 727 ff. (zit. Zusatzversicherung); U. C. NEF, Zum Verhältnis von Privatrecht und öffentlichem Recht in der Sozialversicherung, in: FS 75 Jahre EVG, 133 ff.; R. SCHAER, Modernes Versicherungsrecht, Bern 2007; D. WOHNLICH, Zusatzleistungen im ambulanten Bereich der Krankenversicherung, Diss. Zürich 2002.

I. Allgemeines

1 In Art. 7 geht es um Streitigkeiten aus **Zusatzversicherungen** neben der **sozialen Krankenversicherung**. Art. 12 Abs. 2 KVG regelt die Zusatzversicherungen. Diese Zusatzversicherungen unterliegen gemäss Art. 12 Abs. 3 KVG dem VVG (vgl. auch SCHAER, 286). Streitigkeiten im Bereich der Zusatzversicherung sind auf dem Klageweg auszutragen. Die Krankenkassen haben hier keine Verfügungsbefugnis, wie dies im Bereich der Grundversicherung der Fall ist.

2 Der bundesrätliche Entwurf sah die Möglichkeit der Kantone, eine einzige kantonale Instanz für Streitigkeiten aus Zusatzversicherungen zur sozialen Krankenversicherung nach dem KVG zu bezeichnen, nicht vor. Erst die Rechtskommission des Nationalrates schlug der grossen Kammer eine solche Bestimmung vor. Diesem Entwurf der Rechtskommission stimmten sowohl National- als auch Ständerat zu (AmtlBull NR 2008 644; AmtlBull StR 2008 725).

II. Streitigkeiten aus Zusatzversicherungen zur sozialen Krankenversicherung

3 Massgeblich für den Rechtsschutz bei den **Zusatzversicherungen** zur obligatorischen Krankenpflegeversicherung ist Art. 85 Abs. 2 und 3 VAG. Mit der Trennung zwischen Grundversicherungs- und Zusatzversicherungsbereich nahm der Bundesgesetzgeber eine Trennung der Verfahrenswege vor. Streitigkeiten aus dem Bereich der Zusatzversicherungen sind nicht im verwaltungsrechtlichen Anfechtungsstreitverfahren, sondern – da privatversicherungsrechtlicher Natur – auf dem **Zivilrechtsweg** geltend zu machen (vgl. hierzu BGE 124 III 44; 124 III 229; 124 V 135; 123 V 330). Die massgebenden Bestimmungen für das Verfahren bei zusatzversicherungsrechtlichen Streitigkeiten ergeben sich mithin neu aus der ZPO, welche jedoch die bundesrechtlichen Mindestbestimmungen von Art. 85 Abs. 2 und 3 VAG zu beachten hat (vgl. zum Ganzen WOHNLICH, 125 f.). So ist ein einfaches und rasches Verfahren vorgesehen, in dem das Gericht den Sachverhalt von Amtes wegen feststellt und die Beweise nach freiem Ermessen würdigt (Art. 85 Abs. 2 VAG). Zudem ist das Verfahren, ausser bei mutwilliger Prozessführung, kostenlos (Art. 85 Abs. 3 VAG). Umstritten ist, ob Art. 85 Abs. 2 und 3 VAG auch auf **Streitigkeiten mit Privatversicherern** anwendbar ist. Die wohl h.L. bejaht dies (MAURER, KVR, 135 f.; WOHNLICH, 127).

4 Unter den Begriff der «**Zusatzleistungen**» fallen in etwa (nicht abschliessend; vgl. WOHNLICH, 52 f.): Brillen und Kontaktlinsen; Gesundheitsförderung; Prävention (z.B. Fitnesskurse); Medikamente, welche die Kriterien für eine Zulassung in die Spezialitätenliste (Art. 52 Abs. 1 lit. b KVG) nicht erfüllen (nicht kassapflichtige Medikamente); Mittel und Gegenstände, die ausserhalb der Pflichtleistungen gemäss der Liste für Mittel

und Gegenstände (Art. 52 Abs. 1 lit. a Ziff. 3 KVG) liegen; Bereiche der Alternativmedizin; Reisekosten (z.B. Reisekosten zur Übernahme von auswärtigen Bestrahlungen); nichtärztliche selbständige Psychotherapie; Personen-Assistance (Such- und Rettungstransporte), soweit sie über den Bereich von Art. 26 f. KLV i.V.m. Art. 56 KVV hinausgeht; Ambulanztransporte; Behandlungen am Kausystem (zahnärztliche Behandlungen, Zahntechniker, Kieferchirurgie), soweit nicht eine Leistungspflicht der obligatorischen Krankenpflegeversicherung nach Art. 31 Abs. 1 KVG i.V.m. Art. 17 ff. KLV besteht; kosmetische Eingriffe; Arztleistungen im Ausland (ambulante Behandlungen bei akuter und notfallmässiger Erkrankung, soweit die Leistungen nicht von der Grundversicherung zu erbringen sind; vgl. Art. 34 Abs. 2 KVG), wobei weltweit freie Arztwahl besteht; Behandlungen zusätzlich zu den nach KVG vergüteten physiotherapeutischen Sitzungen; Sterilisation zum Zwecke der Familienplanung.

Nach der bundesgerichtlichen Rechtsprechung können sodann durch Zusatzversicherungen Leistungen abgedeckt werden, die zwar von zur Tätigkeit in der Grundversicherung zugelassenen **Leistungserbringern** vorgenommen wurden, jedoch nicht im Rahmen der obligatorischen Krankenpflegeversicherung zu übernehmen sind (BGE 126 III 352). Dabei muss es sich um «echte» **Mehrleistungen** handeln. Hierunter fallen bspw. (vgl. WOHNLICH, 55 f.): 5

– Zusatzleistungen, welche die Kriterien der Wirksamkeit, Zweckmässigkeit und Wirtschaftlichkeit nicht erfüllen. Dazu gehören u.a. alle Leistungen bei leichteren Beschwerden sowie ärztliche Leistungen, die ohne medizinische Gründe ausserhalb des Wohn- oder Arbeitsortes erbracht werden;

– Echte Mehrleistungen, d.h. durch die Grundversicherung ausdrücklich als Nichtpflichtleistungen definierte Leistungen, wie z.B. Psoriasis-Behandlung durch eine Klimatherapie am Toten Meer, Schwangerschafts- und HIV-Tests, gewisse medizinische Leistungen bei unerfülltem Kinderwunsch;

– Zusatzleistungen, welche bezüglich der Darreichungsform (Anzahl, Zeit, Kompetenz des Arztes) ein «Plus» zur Grundleistung darstellen (vgl. hierzu Art. 3 Abs. 1 KLV, Art. 13 lit. a Ziff. 1 und lit. b Ziff. 1 KLV; Art. 12 lit. c KLV).

Sodann fallen unter die Zusatzversicherungen nach Art. 12 Abs. 2 KVG die von den Krankenversicherungen betriebene **private Taggeldversicherung** nach VVG. Diese ersetzt den Erwerbsausfall, den der Versicherte bei Krankheit, Mutterschaft oder Unfall erleiden kann. 6

Art. 8

Direkte Klage beim oberen Gericht

¹ **In vermögensrechtlichen Streitigkeiten kann die klagende Partei mit Zustimmung der beklagten Partei direkt an das obere Gericht gelangen, sofern der Streitwert mindestens 100 000 Franken beträgt.**

² **Dieses Gericht entscheidet als einzige kantonale Instanz.**

Action directe devant le tribunal supérieur

¹ Si la valeur litigieuse d'un litige patrimonial est de 100 000 francs au moins, le demandeur peut, avec l'accord du défendeur, porter l'action directement devant le tribunal supérieur.

² Ce tribunal statue en tant qu'instance cantonale unique.

Art. 9

Azione diretta davanti all'autorità giudiziaria superiore

¹ Nelle controversie patrimoniali in cui il valore litigioso raggiunga almeno 100 000 franchi l'attore, con l'accordo del convenuto, può deferire la causa direttamente all'autorità giudiziaria superiore.

² L'autorità giudiziaria superiore giudica in istanza cantonale unica.

1   Nach *Abs. 1* können die Parteien die sachliche Zuständigkeit einer oberen kantonalen Instanz prorogieren. Eine solche **Prorogation** ist aber nur zulässig bei **vermögensrechtlichen Streitigkeiten** mit einem Streitwert von über CHF 100 000. Andere Streitigkeiten sind nicht prorogierbar (BOTSCHAFT ZPO, 7262). Diese Prorogation hat sich in der Praxis bewährt, insbesondere auch in Kantonen, die keine **Handelsgerichtsbarkeit** vorsehen. Dort besteht das Bedürfnis der Parteien, die betreffenden Streitigkeiten zwecks Prozessbeschleunigung durch das obere kantonale Gericht erledigen zu lassen. Der relativ hohe Streitwert ist dadurch gerechtfertigt, dass hier eine ausserordentliche sachliche Zuständigkeit begründet wird (BOTSCHAFT ZPO, 7262), bei der die Parteien auf das ordentliche Verfahren und eine Gerichtsinstanz verzichten.

2   Das prorogierte Gericht entscheidet gemäss *Abs. 2* als einzige kantonale Instanz. Seine Entscheide sind somit nicht bei einer weiteren kantonalen Instanz anfechtbar, auch nicht mit einem ausserordentlichen und beschränkten Rechtsmittel (BOTSCHAFT ZPO, 7262). Es ist einzig die **Beschwerde in Zivilsachen** an das Bundesgericht zulässig (Art. 75 Abs. 2 lit. c BGG). Dies ist ein weiterer Fall, in dem der Grundsatz der **«double instance»** durchbrochen wird.

3   Der Entwurf des Bundesrates war in den Beratungen von National- und Ständerat unbestritten. Dementsprechend hat ihn das Parlament diskussionslos angenommen (AmtlBull StR 2007 503; AmtlBull NR 2008 644).

2. Kapitel: Örtliche Zuständigkeit

1. Abschnitt: Allgemeine Bestimmungen

Art. 9

Zwingende Zuständigkeit

¹ **Ein Gerichtsstand ist nur dann zwingend, wenn es das Gesetz ausdrücklich vorschreibt.**

² **Von einem zwingenden Gerichtsstand können die Parteien nicht abweichen.**

For impératif

¹ Un for n'est impératif que si la loi le prévoit expressément.

² Les parties ne peuvent déroger à un for impératif.

Foro imperativo

¹ Un foro è imperativo soltanto se la legge lo prescrive espressamente.

² Le parti non possono derogare a un foro imperativo.

Inhaltsübersicht

Note

I. Anwendungsbereich 10
II. Voraussetzung 13
III. Rechtsfolgen 14
    1. Unmittelbare Rechtsfolgen 15
    2. Mittelbare Rechtsfolgen 32
IV. IPR 36

Literatur

A. EDELMANN, Zur Bedeutung des Bundesrechts im Zivilprozessrecht, Zürich 1990, 64 ff.; K. MEIER, Schiedsgerichtsbarkeit in arbeitsrechtlichen Streitigkeiten, in: A. Donatsch et al. (Hrsg.), Festschrift 125 Jahre Kassationsgericht des Kantons Zürich, Zürich 2000, 267 ff. (zit. Festschrift); DERS., Bundesgesetz über den Gerichtsstand in Zivilsachen (Gerichtsstandsgesetz, GestG): Konzept des neuen Rechts und erste Antworten auf offene Fragen, in Anwaltsrevue 4 (2001), 23–31, 2001; J.-F. STÖCKLI, Allgemeine Arbeitsbedingungen, Bern 1980; TH. SUTTER-SOMM, Zivilrechtspflege im Einzelarbeitsvertragsrecht, in: BJM 1986, 129 ff.; K. TENCHIO-KUZMIC/L. TENCHIO, Grundzüge des neuen Bundesgesetzes über den Gerichtsstand in Zivilsachen, in: Anwaltsrevue 10/2000, 9 ff.; H. U. WALDER, Die Offizialmaxime, Zürich 1973 (zit. Offizialmaxime); R. WYSS, Der Gerichtsstand der unerlaubten Handlung im schweizerischen und internationalen Zivilprozessrecht, Diss. Bern 1997.

Abs. 1 nimmt als **allgemeine Gerichtsstandsvorschrift** die **Existenz zwingender Gerichtsstände** vorweg. Daneben gibt es in der ZPO auch teilzwingende Gerichtsstände.   **1**

Im Expertenentwurf zum GestG war der Begriff des **ausschliesslichen Gerichtsstandes** noch definiert. Zuletzt hat aber der Bundesrat in seinem Entwurf auf diese Begriffsumschreibung verzichtet (BBl 1999, 2842). Die ZPO enthält nicht nur keine solche Legaldefinition, sondern verwendet den Begriff «ausschliesslich» überhaupt *nicht*. Dennoch besteht der Begriff des ausschliesslichen Gerichtsstandes dogmatisch fort. Ein Gerichtsstand ist ausschliesslich, sofern neben ihm keine weitere örtliche Zuständigkeit gegeben ist (VOGEL/SPÜHLER, 4. Kap. N 14; WALDER, IZPR, § 7 Anm. 48). Von einem ausschliesslichen Gerichtsstand kann mittels Vereinbarung oder Einlassung abgewichen werden (GULDENER, IZPR, 105 Anm. 99).   **2**

Bei den Begehren um **Verschollenerklärung** gemäss Art. 21 und auf **Berichtigung des Zivilstandsregisters** nach Art. 22 handelt es sich um Angelegenheiten der freiwilligen Gerichtsbarkeit, für die zu Unrecht eine zwingende Zuständigkeit normiert wurde; denn in diesem Bereich sind eine Prorogation (nur eine Partei agiert) und eine Einlassung (keine beklagte Partei vorhanden) aus verständlichen Gründen apriori ausgeschlossen (SPÜHLER/VOCK, GestG, Art. 18 N 7). Gleiches bewirken zwingende Gerichtsstände. Ist aber – wie bei den vorgenannten freiwilligen Gerichtsbarkeiten – eine Prorogation und eine Einlassung ohnehin nicht möglich, so sind in diesem Bereich auch keine zwingenden Gerichtsstände i.S.v. Art. 9 erforderlich. Folglich hat eine örtliche Zuständigkeit im Zusammenhang mit diesen **freiwilligen Gerichtsbarkeiten** dogmatisch einfach nur den Charakter einer ausschliesslichen Zuständigkeit, da neben ihr keine weitere örtliche Zuständigkeit gegeben ist.   **3**

Ein ausschliesslicher Gerichtsstand braucht aber nicht zugleich ein zwingender und ein zwingender nicht zugleich ein ausschliesslicher Gerichtsstand zu sein (HABSCHEID, N 217). Folglich können dem Kläger für **einen Anspruch auch mehrere zwingende Foren** zur Verfügung stehen (BBl 1999, 2841 f.). **Mehrere Ansprüche** jedoch, für die je   **4** verschiedene zwingende Gerichtsstandsnomen anwendbar sind, können grundsätzlich (vgl. aber N 9) nur dann zusammen an einem Ort eingeklagt werden, wenn die in verschiedenen Normen aufgeführten, zwingenden Gerichtsstandsbestimmungen – in Anwendung des Prinzips des kleinsten gemeinsamen Nenners – einen **simultanen Klageort** zur Verfügung stellen.

5   Abs. 1 hält fest, dass ein Gerichtsstand nur dann zwingend ist, wenn das Gesetz es **ausdrücklich festhält**. Im Vergleich zum GestG hat die Anzahl zwingender Gerichtsstände zugenommen. Dies ist der Fall bei:

– Gesuchen um Erlass vorsorglicher Massnahmen nach Art. 13 (am Ort der Hauptsache oder am Ort der Vollstreckung der Hauptsache);

– In Angelegenheiten der freiwilligen Gerichtsbarkeit nach Art. 19 (am Wohnsitz oder Sitz der gesuchstellenden Partei, sofern das Gesetz nichts anderes bestimmt);

– Begehren um Todes- und Verschollenerklärung gemäss Art. 21 (am letzten bekannten Wohnsitz; «zwingend» meint jedoch ausschliesslich; vgl. N 3);

– Begehren auf Berichtigung des Zivilstandsregisters nach Art. 22 (am Ort des Registers; «zwingend» meint jedoch ausschliesslich; vgl. N 3);

– Eherechtliche Gesuche und Klagen nach Art. 23 (am Wohnsitz einer Partei);

– Gesuche und Klagen bei eingetragenen Partnerschaften nach Art. 24 (Wohnsitz einer Partei);

– Klagen auf Feststellung oder Anfechtung des Kindesverhältnisses nach Art. 25 (am Wohnsitz zurzeit der Geburt bzw. der Adoption oder der Klage);

– Unterhalts- und Unterstützungsklagen nach Art. 26 (am Wohnsitz einer Partei);

– Ansprüche der unverheirateten Mutter nach Art. 27 (am Wohnsitz einer der Parteien);

– Massnahmen im Zusammenhang mit dem Erbgang nach Art. 28 (Behörde am letzten Wohnsitz der Erblasserin oder des Erblassers);

– Für Angelegenheiten der freiwilligen Gerichtsbarkeit, die sich auf Rechte an Grundstücken beziehen nach Art. 29 (Ort, an dem das Grundstück im Grundbuch aufgenommen ist oder aufzunehmen wäre);

– Für Angelegenheiten der freiwilligen Gerichtsbarkeit nach Art. 30 (am Wohnsitz oder Sitz der gesuchstellenden Partei oder am Ort der gelegenen Sache);

– Kraftloserklärung von Wertpapieren und Versicherungspolicen nach Art. 43 (am Sitz der Gesellschaft bzw. Wohnsitz oder Sitz der Schuldnerin oder des Schuldners);

– Zahlungsverbot nach Art. 43 Abs. 4 (am Zahlungsort);

– Klagen der Kollektivanleger nach Art. 45 (am Sitz des jeweils betroffenen Bewilligungsträgers) und

– für die Anordnung von Vollstreckungsmassnahmen und die Einstellung der Vollstreckung nach Art. 339 (am Wohnsitz oder Sitz der unterlegenen Partei oder am Ort, wo die Massnahmen zu treffen sind, oder am Ort, wo der zu vollstreckende Entscheid gefällt worden ist).

Hinsichtlich der zwingenden Gerichtsstände gilt das **Enumerationsprinzip**. Der Gesetzgeber hat sich folglich entschieden, den zwingenden Charakter eines Gerichtsstandes direkt in der betreffenden Norm zum Ausdruck zu bringen. Denkbar wäre auch ein abschliessender Katalog gewesen, welcher die zwingenden Gerichtsstände einzeln aufgeführt hätte.

Die ZPO enthält neben den zwingenden auch **teilzwingende Gerichtsstände** (Art. 32–34). Der teilzwingende Charakter eines Gerichtsstandes wird nicht einfach durch den Begriff «teilzwingend», sondern mit der in Art. 35 Abs. 1 aufgenommenen Formulierung, wonach auf die Gerichtsstände «nicht zum Voraus oder durch Einlassung» verzichtet werden könne, bestimmt. Für die dadurch geschützte Partei ist ein teilzwingender Gerichtsstand nur insofern auch zwingend, als er den **Vorausverzicht** auf diesen Gerichtsstand **ausschliesst** (BBl 1999, 2842). Teilzwingende Gerichtsstände sind vorgesehen bei:

– Streitigkeiten aus Konsumentenverträgen gemäss Art. 32;

– Klagen aus Miete und Pacht unbeweglicher Sachen gemäss Art. 33 und

– arbeitsrechtlichen Klagen gemäss Art. 34.

Weitere teilzwingende Gerichtsstände sind in der ZPO nicht vorgesehen (BBl 1999, 2842).

Die genannten Gerichtsstände sind **einseitig teilzwingend:** denn geschützt wird nach dem Wortlaut von Art. 35 Abs. 1 nur eine Partei:

– der Konsument oder die Konsumentin (Art. 35 Abs. 1 lit. a);

– die mietende oder pachtende Partei von Wohn- oder Geschäftsräumen (Art. 35 Abs. 1 lit. b);

– die pachtende Partei bei landwirtschaftlichen Pachtverhältnissen (Art. 35 Abs. 1 lit. c) und schliesslich

– die stellensuchende oder arbeitnehmende Partei (Art. 35 Abs. 1 lit. d).

Folglich können die Vertragspartner dieser vorgenannten geschützten Parteien auf den teilzwingenden Gerichtsstand auch im Voraus verzichten. Für sie sind somit die Gerichtsstände nach Art. 32–34 dispositiv.

Bisher musste der zwingende oder nicht zwingende Charakter einer Gerichtsstandsnorm meist mittels bewährter Auslegungsregeln ermittelt werden (VOGEL/SPÜHLER, 4. Kap. N 16; vgl. z.B. aArt. 40g OR). Abs. 1 bringt nun zum Ausdruck, dass die übrigen, nicht explizit als zwingende Gerichtsstände bezeichneten Normen teilzwingender oder dispositiver Natur sind. Für diese Gerichtsstandsnormen statuiert Abs. 1 somit ein **Auslegungsverbot** hinsichtlich der Frage des zwingenden Charakters dieser Normen (zur Relativierung dieses Verbotes vgl. N 9). Dieses Verbot erstreckt sich indes nur auf Normen, welche die Regelung eines Gerichtsstandes zum Inhalt haben, und hat zur Konsequenz, dass nunmehr einzig der eidgenössische Gesetzgeber darüber entscheidet, ob ein in der ZPO geregelter Gerichtsstand zwingend ist. Mithin sind die **zwingenden Gerichtsstände der ZPO abschliessend aufgezählt,** was unter dem Gesichtspunkt der Rechtssicherheit zu begrüssen ist. Das Auslegungsverbot gilt grundsätzlich auch für die einseitig teilzwingenden Gerichtsstände (vgl. BBl 1999, 2842). In diesem Anwendungsbereich wird es aber wegen der Verwendung unbestimmter Rechtsbegriffe (z.B. Konsument) abgeschwächt (vgl. N 17).

9 Sodann hält Abs. 2 – in Ergänzung zu Abs. 1 – fest, dass die Parteien von einem zwingenden Gerichtsstand nicht abweichen können. Dabei handelt es sich um einen **allgemeinen Rechtsgrundsatz,** der in der ZPO positiv normiert wurde. Nach dem Wortlaut können jedoch nur «die Parteien» nicht von einem zwingenden Gerichtsstand abweichen. E contrario ist eine **Abweichung durch Bundesgesetz oder Staatsvertrag möglich.** Zudem können zwingende Gerichtsstände – ohne ausdrückliche Befugnis zur Abweichung – unbeachtlich sein, wenn das private oder öffentliche Interesse an einer Abweichung grösser ist als das öffentliche Interesse, welches für die positive Normierung der zwingenden örtlichen Zuständigkeit ausschlaggebend war. Beispielsweise kann von einem zwingenden Gerichtsstand dann abgewichen werden, wenn nur dadurch eine von Bundesrechts wegen einheitlich zu fällende Entscheidung möglich würde. In diesem Sinne wird das Auslegungsverbot (N 8) relativiert, als es im Hinblick auf die Frage, unter welchen Voraussetzungen von einem zwingenden Gerichtsstand abgewichen werden könne, keinen Bestand hat.

I. Anwendungsbereich

10 Art. 9 Abs. 1 **betrifft ausnahmslos Bestimmungen der ZPO** und ist für andere Gesetze, welche die örtliche Zuständigkeit in Zivilsachen regeln, insb. nach dem Bundesgesetz über die Schuldbetreibung und Konkurs ohne Relevanz. Gerichtsstandsbestimmungen ausserhalb der ZPO sind, falls erforderlich, weiterhin mittels Auslegung auf ihren zwingenden Charakter hin zu überprüfen (VOGEL/SPÜHLER, 4. Kap. N 16).

11 Neben den übrigen, die örtliche Zuständigkeit regelnden Gesetzen sind vom Auslegungsverbot (vgl. N 8) auch die **Gerichtsstandsvereinbarungen ausgenommen** (Art. 17). Um Unklarheiten zu vermeiden, empfiehlt es sich, eine unmissverständliche Formulierung für die Vereinbarung eines zwingenden Gerichtsstandes zu verwenden.

12 Innerhalb der ZPO fallen **nur eigentliche Gerichtsstandsbestimmungen** unter den Anwendungsbereich von Art. 9 Abs. 1. Zu diesen sind Normen, die bloss einen zwingenden Gerichtsstand vorsehen, aber auch zwingende Wahlgerichtsstände zu zählen. Für die übrigen Bestimmungen der ZPO, die nicht die Regelung eines Gerichtsstandes zum Inhalt haben, findet Art. 9 – und damit das Auslegungsverbot – keine Anwendung. So sind bspw. in der ZPO aufgestellte Formvorschriften oder Fristbestimmungen selbst dann zwingend, wenn dies nicht ausdrücklich gesagt wird.

II. Voraussetzung

13 Damit von einer zwingenden örtlichen Zuständigkeit ausgegangen werden kann, verlangt das Gesetz als **einzige Voraussetzung** einen ausdrücklichen Hinweis auf den zwingenden Charakter der Gerichtsstandsnorm. Dazu wird ausnahmslos die Formulierung «zwingend zuständig» verwendet.

III. Rechtsfolgen

14 Der zwingende Charakter einer örtlichen Zuständigkeit ist sowohl von den Rechtssuchenden als auch von den Rechtsprechungsorganen zu beachten. Dementsprechend unterschiedlich sind die Rechtsfolgen. Diese bestehen einerseits in einer unmittelbaren **Beschränkung**, da die zwingenden Gerichtsstände beachtet werden müssen, und anderseits, für den Fall der Missachtung der Norm, in einer mittelbaren korrigierenden **Schutzwirkung**.

2. Kapitel: Örtliche Zuständigkeit

1. Unmittelbare Rechtsfolgen

a) Beschränkung

Ist eine örtliche Zuständigkeit zwingend, so kann – unabhängig vom Willen einer Partei – nur dieses Forum angerufen werden. Die Parteien können von einem zwingenden Gerichtsstand nicht abweichen; es handelt sich um **absolut zwingendes Recht**, d.h. es darf zu Ungunsten keiner Partei davon abgewichen werden. Zwingende Gerichtsstände stellen sowohl eine **Beschränkung** der Privatautonomie als auch eine Einschränkung der Inhaltsfreiheit dar. Diese Eingriffe werden dadurch gerechtfertigt, dass in den Fällen, in welchen ein zwingender Gerichtsstand statuiert wurde, ein **öffentliches Interesse zum Schutz der Parteien** besteht; diesbezüglich stehen die personenrechtlichen und die familienrechtlichen Gerichtsstände im Vordergrund, was der bisherigen Ordnung entspricht.

Bei **teilzwingenden Normen** (Art. 32 ff.) kann die geschützte Partei nicht zum Voraus oder durch Einlassung auf den Gerichtsstand verzichten (vgl. N 4). Nach Entstehung der Streitigkeit kann sie indes eine Gerichtsstandsvereinbarung abschliessen (Art. 35 Abs. 2). Da es sich hierbei um **einseitig teilzwingende Gerichtsstände** handelt, kann die klagende **geschützte Partei** von den teilzwingenden Gerichtsständen abweichen, indem sie den Anbieter, den Vermieter oder Verpächter, den Arbeitgeber und den Arbeitsvermittler bzw. -verleiher an einem anderen als dem vorgesehenen teilzwingenden Gerichtsstand einklagen darf. Für den Fall, dass die geschützte Partei klagt, kann ihr aber auch ein vertraglich zusätzlicher Klageort zur Verfügung gestellt werden. Dadurch wird der Schutz der geschützten Partei grundsätzlich nicht geschmälert, da diese lediglich einen **zusätzlichen alternativen Gerichtsstand** erhält. Der Schutz kann aber, je nachdem wie die **einseitig verbindliche Gerichtsstandsvereinbarung** zugunsten der geschützten Partei ausformuliert wurde, geschwächt werden. Dies ist insb. der Fall, wenn einfach eine gewöhnliche Gerichtsstandsvereinbarung im Vertrag aufgenommen wird, beispielsweise: «Gerichtsstand ist Chur». Die geschützte Partei könnte nämlich dadurch irregeführt werden und unbewusst auf den Schutz verzichten, indem sie in Chur, anstelle am teilzwingend geschützten Gerichtsstand klagt. Daher muss die einseitig verbindliche Gerichtsstandsvereinbarung klar formuliert sein, damit der geschützten Partei deutlich zur Kenntnis gebracht wird, dass ihr neben dem zusätzlich alternativ vereinbarten Gerichtsstand auch noch die teilzwingenden Gerichtsstände gemäss ZPO zur Verfügung stehen. In einem Mietvertrag über eine unbewegliche Sache wäre etwa die folgende Formulierung zu wählen: «Der Mieter kann am Ort der Mietsache oder am Sitz der Vermieterin in Chur klagen.»

Fazit: Die geschützte Partei darf, muss aber nicht am teilzwingenden Gerichtsstand klagen. Sie darf aber nur am örtlich teilzwingend zuständigen Ort beklagt werden; es sei denn, es wurde nach Entstehung der Streitigkeit eine davon abweichende örtliche Zuständigkeit i.S.v. Art. 35 Abs. 2 vereinbart.

Die Beschränkung beschlägt auch die in einer zwingenden bzw. teilzwingenden Gerichtsstandsnorm enthaltenen Begriffe, welche insoweit zwingend sind, als die Parteien nicht durch **Vereinbarung einer abweichenden Begriffsdefinition** diese Normen umgehen dürfen (vgl. N 8 a.E.). Diese Begriffe sind folglich restriktiv auszulegen. Die Vereinbarung etwa, wonach sich der Wohnsitz einer Partei ausschliesslich dort befindet, wo diese ihre Schriften hinterlegt hat, ist im Anwendungsbereich zwingender Gerichtsstandsbestimmungen unbeachtlich und nichtig. Folglich sind selbst übereinstimmende Angaben der Parteien über die zuständigkeitsbegründenden Tatsachen auf ihre Richtigkeit hin zu überprüfen (WALDER, Offizialmaxime, 29).

b) Widerklage

18 Laut Art. 14 kann beim Gericht der Hauptklage Widerklage erhoben werden, wenn die Widerklage mit der Hauptklage in einem sachlichen Zusammenhang steht. Dabei sind auch die **zwingenden Gerichtsstände** zu beachten. Folglich kann eine Widerklage dann nicht am Ort der Hauptklage erhoben werden, wenn die ZPO für die Widerklage eine zwingende, vom Ort der Hauptklage abweichende Zuständigkeit vorschreibt (LEUCH/ MARBACH/KELLERHALS/STERCHI, Art. 33 ZPO/BE N 1c; BÜHLER/EDELMANN/KILLER, § 36 ZPO/AG N 3). Der für das Forum der Widerklage erforderliche sachliche Zusammenhang vermag die Schutzwirkung, welche den sozialpolitisch motivierten zwingenden Gerichtsständen zukommt, nicht auszuschliessen.

19 **Teilzwingende Gerichtsstände** stehen indes dem Gerichtsstand der Widerklage nicht entgegen (vgl. BÜHLER/EDELMANN/KILLER, Vor §§ 23–39 ZPO/AG N 5, § 36 ZPO/AG N 3), sofern die geschützte Partei nicht zum Voraus oder durch Einlassung auf den teilzwingenden Gerichtsstand verzichtet (Art. 35 Abs. 1). Folglich muss nach Entstehung der Streitigkeit ein Gerichtsstand vereinbart werden, was – in den meisten Fällen – eine Instanzierung der Widerklage am Ort der Hauptklage faktisch ausschliesst. So könnte bspw. der Anbieter, gegen den ein Konsument am Sitz des Anbieters klagt (Art. 32 Abs. 1 lit. a), keine Widerklage erheben, weil er nach Art. 32 Abs. 1 lit. b i.V.m. Art. 35 Abs. 1 lit. a nur am teilzwingenden Gerichtsstand am Wohnsitz des Konsumenten klagen kann. Dieses Ergebnis ist unbefriedigend, weswegen die Frage aufzuwerfen ist, ob in der Klage des Konsumenten gegen den Anbieter nicht auch eine – an sich zulässige – Offerte, auf den teilzwingenden Gerichtsstand verzichten zu wollen, enthalten sei, welche durch die Widerklage angenommen würde. Aus prozessökonomischen Gründen ist eine solche pragmatische Lösung angezeigt.

c) Klagenhäufung

20 Es ist zwischen der subjektiven (Art. 15 Abs. 1) und der objektiven Klagenhäufung (Art. 15 Abs. 2) zu unterscheiden. Da die Widerklage ein Sonderfall der **objektiven Klagenhäufung** ist, gilt für diese das Gleiche wie für jene (vgl. N 18 f.).

21 Demgegenüber muss bei der **subjektiven Klagenhäufung** zwischen der einfachen und der notwendigen Streitgenossenschaft unterschieden werden, obgleich die ZPO diese Unterscheidung in Art. 15 Abs. 1 nicht trifft (BBl 1999, 2848). Bei der **notwendigen Streitgenossenschaft** kann von zwingenden und teilzwingenden Gerichtsständen abgewichen werden, da es in diesen Fällen gerade von Bundesrechts wegen erforderlich ist, dass ein einziges Gericht über den gesamten Anspruch entscheidet (vgl. EDELMANN, 64; GULDENER, IZPR, 104 f.). Bei der **einfachen Streitgenossenschaft** sind jedoch zwingende und teilzwingende Gerichtsstände zu beachten, ansonsten deren Schutzgedanke mit Leichtigkeit unterlaufen werden könnte.

d) Prorogation

22 Die zwingenden Gerichtsstandsnormen sind dadurch gekennzeichnet, dass ihre Anwendung auf keine Art und Weise – weder ganz noch teilweise – von den Parteien ausgeschlossen werden kann. Selbst wenn mehrere zwingende Gerichtsstände zur Verfügung stehen, können die Parteien nicht einen unter Ausschluss der anderen auswählen. Eine **Prorogation** ist schlechthin **ausgeschlossen** (BBl 1999, 2845). Die Frage, ob eine Gerichtsstandsvereinbarung tatsächlich einen zwingenden Gerichtsstand unrechtmässig derogiert, wird erst im Zusammenhang mit der Eintretensfrage vor Ge-

richt aktuell und ist jeweils aufgrund der konkreten Rechtsbegehren zu beantworten; denn bei umfangreichen Verträgen, die verschiedene komplexe Rechtsverhältnisse beinhalten, kann es durchaus vorkommen, dass zwar gewisse Vertragsteile, jedoch gerade nicht der vor Gericht strittige Teil von einem zwingenden Gerichtsstand erfasst wird.

Bei **teilzwingenden Gerichtsständen** ist eine Prorogation – allerdings erst nach Entstehung der Streitigkeit – zulässig (Art. 35 Abs. 2). Zu Gunsten der geschützten Partei kann indes bereits zum Voraus ein alternativer klägerischer Gerichtsstand vereinbart werden (vgl. N 4 und N 13). 23

e) Einlassung

Im Anwendungsbereich eines zwingenden Gerichtsstandes ist die **Einlassung** ebenfalls **nicht möglich**; nur bei Schiedsabreden ist eine Einlassung trotz zwingendem Gerichtsstand zulässig (vgl. N 29). Wird die örtliche Unzuständigkeit nicht bereits durch das angerufene Gericht erkannt, so kann der Beklagte die Einrede der örtlichen Unzuständigkeit bis zu dem Zeitpunkt erheben, in welchem das vom örtlich unzuständigen Gericht gefällte Urteil in Rechtskraft erwächst (WALDER, IZPR, § 19 N 20). Die Einrede kann somit auch noch im Rechtsmittelverfahren erhoben werden. Dennoch sind die Parteien angehalten, die Unzuständigkeitseinrede möglichst frühzeitig zu erheben (Art. 2 ZGB). 24

Auch bei **teilzwingenden Gerichtsständen** bleibt die Einlassung durch die geschützte Partei unzulässig (Art. 35 Abs. 1). 25

f) Schiedsgerichtsbarkeit

Der Entwurf zum GestG stellte in Art. 1 Abs. 3 GestG noch klar, dass – sogar bei gegebener Schiedsfähigkeit – zwingendes Gerichtsstandsrecht auch mit einer **Schiedsabrede** (Schiedsvertrag und Schiedsklausel) nicht unterlaufen werden könne (BBl 1999, 2844). Das Parlament strich diesen Abs. 3 ersatzlos. Auch das Verbot in Art. 226l OR, im Voraus einen Schiedsgerichtsvertrag abzuschliessen, wurde ausgemustert mit der – mittlerweile überholten – Begründung, das Verbot sei nun neu in Art. 1 Abs. 3 GestG verankert (BOTSCHAFT GestG, 2861). Die Konsequenz dieser in der ZPO übernommenen Gesetzgebung ist nicht nur, dass künftig mittels Schiedsabrede theoretisch von zwingenden Gerichtsständen abgewichen werden kann, sondern auch, dass sich eine Partei trotz **zwingendem Gerichtsstand** an einem beliebigen Sitz des Schiedsgerichtes einlassen kann (vgl. N 30). 26

Obschon aus den Materialien hervorgeht, dass mit **Schiedsabreden** (Schiedsklausel und Schiedsvertrag) von den **zwingenden Gerichtsständen** abgewichen werden kann, kann ein solches, allenfalls mittels Auslegung ermitteltes Ergebnis eines qualifizierten Schweigens nicht gutgeheissen werden, auch wenn dies nun auch beim Erlass der ZPO ohne weitere Bemerkungen übernommen wurde (vgl. BOTSCHAFT ZPO, 7394). Die zwingenden Gerichtsstände sind – unabhängig von der Schiedsfähigkeit einer Streitsache – auch in einer **Schiedsabrede** zu beachten. Die restriktive Anwendung und das standhafte Gepräge der zwingenden Gerichtsstände können nicht einfach preisgegeben werden. In diesem Zusammenhang ist vielmehr Sinn und Gehalt von Art. 9 auszulegen. Es würde auch den zwingenden Gerichtsstandsnormen zuwiderlaufen, wenn sich die dem Schutz unterworfene Partei nicht vor dem leicht erreichbaren staatlichen Gericht verantworten könnte und statt dessen gezwungen wäre, ein Schiedsgericht mit beliebigem Sitz 27 in der Schweiz anzurufen (gl.M. ZK-STAEHELIN/VISCHER, Art. 343 OR N 4; SPÜHLER/ VOCK, GestG, Einleitung Art. 1; HABSCHEID, N 851; STREIF/VON KAENEL, Art. 343 OR N 8; SUTTTER, 130; STÖCKLI, 226; MEIER, Festschrift, 271; MEIER, Revue, 25; vgl. auch RÜEDE/HADENFELDT, § 16 IV 4; FRANK/STRÄULI/MESSMER, Vor §§ 238–258 ZPO/ZH N 18; **a.M.** BK-REHBINDER, Art. 343 OR N 9 f.; TENCHIO-KUZMIĆ/TENCHIO, 10). Dadurch könnte der durch die zwingenden Normen gewährte Schutz beliebig aus den Angeln gehoben werden. Es wird ferner argumentiert, dass wenn schon anstelle des staatlichen Richters ein privates Gericht bestimmt werden könne, so sei es nur konsequent, dass bei diesem schweren Eingriff auch gerade auf einen zwingenden Gerichtsstand verzichtet werden könne (OGer ZH, JAR 1990, 401 f.). Diese Argumentation, bei schiedsfähigen Sachen sei eine Abweichung von zwingenden Gerichtsständen möglich, überzeugt nicht. Es trifft zwar zu, dass ein zwingender Gerichtsstand die Schiedsfähigkeit einer Sache nicht tangiert, da damit eben nur die örtliche Zuständigkeit zwingend geschützt wird (BOTSCHAFT GestG, 2861). Folglich wird hierdurch weder den Parteien die freie Verfügbarkeit über ihre Ansprüche entzogen noch die Vereinbarung eines Schiedsgerichts zur Prüfung sowie Entscheidung solcher Ansprüche ausgeschlossen. Könnte jedoch von zwingenden Gerichtsstandsnormen nur schon deshalb abgewichen werden, weil eine schiedsfähige Sache vorliegt, so müsste aus den gleich guten Gründen auch im Zuständigkeitsbereich staatlicher Gerichte eine Abweichung durch Gerichtsstandsvereinbarung möglich sein; denn die Bestimmung des Sitzes eines Schiedsgerichtes ist nichts anderes als eine Gerichtsstandsvereinbarung. Mit einer Gerichtsstandsvereinbarung kann aber von einem zwingenden Gerichtsstand nicht abgewichen werden (Art. 9 Abs. 1). Eine Abweichung von zwingenden Gerichtsständen sollte daher nur möglich sein, falls die in N 9 aufgeführten oder die restriktiven, de lege ferenda gesetzlich zu verankernden Voraussetzungen (N 33) gegeben sind. Leider hat der Gesetzgeber darauf weiterhin verzichtet.

28 Diese Diskussion, ob in einer Schiedsabrede von einem **zwingenden Gerichtsstand** abgewichen werden könne, wird insofern entschärft, als die Streitsachen, bei denen die ZPO eine zwingende örtliche Zuständigkeit statuierte, zudem **schiedsfähig** sein müssen. Dies ist indes bei den zwingenden Gerichtsständen der ZPO nur ausnahmsweise der Fall. So sind Begehren um Verschollenerklärung gemäss Art. 21, Begehren auf Berichtigung des Zivilstandsregisters nach Art. 22, Eherechtliche Begehren und Klagen nach Art. 23, Klagen auf Feststellung oder Anfechtung des Kindesverhältnisses nach Art. 25 und die Unterhalts- und Unterstützungsklagen nach Art. 26 unbestrittenermassen nicht schiedsfähig, da diese Ansprüche nicht der freien Verfügung der Parteien unterliegen (vgl. hierzu auch FRANK/STRÄULI/MESSMER, Vor §§ 238–258 ZPO/ZH N 18 ff.). Bei Gesuchen um vorsorgliche Massnahmen sind allein die staatlichen Gerichte zuständig (Art. 374). Die Parteien können sich aber freiwillig den vom Schiedsgericht vorgeschlagenen vorsorglichen Massnahmen unterziehen (Art. 374). Die zwingende örtliche Zuständigkeit nach Art. 13 wird daher durch eine Schiedsabrede ebenfalls nicht tangiert.

29 Mittels **Schiedsabrede** kann – nach dem Willen des Gesetzgebers – auch von teilzwingenden Gerichtsständen abgewichen werden, was zumindest im Zusammenhang mit dem **Schiedsvertrag** nicht überrascht. Entscheidend ist ebenfalls die Schiedsfähigkeit der Streitsache. Folglich sind in Streitsachen i.S.v. Art. 32 ff. nur **Schiedsverträge**, nicht aber Schiedsklauseln, zulässig, was jedoch die einseitig **teilzwingenden Gerichtsstände nicht tangiert,** da sich Schiedsverträge auf schon entstandene Streitigkeiten beziehen (FRANK/STRÄULI/MESSMER, Vor §§ 238–258 ZPO/ZH N 24) und mithin mit Art. 35 Abs. 2 harmonieren.

g) Prüfung der Zuständigkeit und Nichteintreten

Steht ein **zwingender Gerichtsstand** zur Diskussion, so muss sowohl die erste Instanz als auch die Rechtsmittelinstanz die örtliche Zuständigkeit **von Amtes wegen** prüfen. Kommt das Gericht zum Schluss, es sei zufolge eines zwingenden Gerichtsstandes für die Klage unzuständig, so wird ein **Nichteintretensentscheid** gefällt. 30

Auch bei **teilzwingenden Gerichtsständen** ist die örtliche Zuständigkeit von Amtes wegen zu prüfen, sofern die geschützte Partei beklagt wird. Bei Klagen der geschützten Partei hat das Gericht diese nur auf einen allfälligen teilzwingenden Gerichtsstand aufmerksam zu machen, wenn gestützt auf eine missverständliche und unklare Gerichtsstandsvereinbarung am betreffenden Ort geklagt wurde (vgl. N 6 f. und 16) oder wenn ernsthafte Zweifel aufkommen, ob die geschützte Partei unbewusst und nicht wissend um die teilzwingenden Gerichtsstände von diesen abgewichen ist. Ansonsten prüft das Gericht die Zuständigkeit nur auf Einrede hin. 31

2. Mittelbare Rechtsfolgen

Für den Fall der **Missachtung** eines zwingenden Gerichtsstandes sind auf Grund der Art der Verletzung **unterschiedliche Rechtsfolgen** auszumachen. 32

Vereinbarungen, in welchen die Parteien von einem zwingenden Gerichtsstand abweichen, sind **nichtig** und somit unwirksam (Art. 19 und 20 Abs. 2 OR). Dies gilt unabhängig davon, ob die Nichtigkeit geltend gemacht wurde. Der angerufene Richter hat zudem die Unwirksamkeit von Amtes wegen zu beachten. Anstelle der nichtigen Vereinbarung tritt die zwingende Gerichtsstandsnorm. Abweichungen von **teilzwingenden Gerichtsständen,** die zu Lasten der geschützten Partei gehen, sind ebenfalls nichtig, sofern sie vor Entstehung der Streitigkeit vereinbart wurden. 33

Demgegenüber ist – trotz amtswegiger Prüfung der Zuständigkeit – das von einem unzuständigen Gericht gefällte **Urteil nicht nichtig.** Es ist daher durchaus möglich, dass trotz Verletzung einer zwingenden oder teilzwingenden Gerichtsstandsnorm ein Urteil in Rechtskraft erwachsen und alsdann auch vollstreckt werden kann. Bei der Vollstreckung entfällt die Zuständigkeitseinrede ausnahmslos, also unabhängig davon, ob zwingende, teilzwingende oder dispositive Gerichtsstände betroffen sind (Art. 341 e contrario; vgl. auch BOTSCHAFT GestG, 2874 f.). 34

Mangelnde Schiedsfähigkeit – jedoch nicht die Missachtung zwingender oder teilzwingender Gerichtsstände – führt zur Nichtigkeit oder Teilnichtigkeit der Schiedsabrede und des darauf basierenden Schiedsspruches (FRANK/STRÄULI/MESSMER, Vor §§ 238–258 ZPO/ZH N 17 m.w.H.). 35

IV. IPR

Die Regelung ist nur bei **Zivilstreitsachen vor einem Schweizer Gericht** anwendbar. Der ausländische Richter braucht den zwingenden Charakter eines in der ZPO normierten Gerichtsstandes nicht zu beachten, soweit seine eigene örtliche Zuständigkeit zur Diskussion steht. 36

Art. 10

Wohnsitz und Sitz

¹ Sieht dieses Gesetz nichts anderes vor, so ist zuständig:
a. für Klagen gegen eine natürliche Person: das Gericht an deren Wohnsitz;
b. für Klagen gegen eine juristische Person und gegen öffentlich-rechtliche Anstalten und Körperschaften sowie gegen Kollektiv- und Kommanditgesellschaften: das Gericht an deren Sitz;
c. für Klagen gegen den Bund: das Obergericht des Kantons Bern oder das obere Gericht des Kantons, in dem die klagende Partei ihren Wohnsitz, Sitz oder gewöhnlichen Aufenthalt hat;
d. für Klagen gegen einen Kanton: ein Gericht am Kantonshauptort.

² Der Wohnsitz bestimmt sich nach dem Zivilgesetzbuch (ZGB). Artikel 24 ZGB ist nicht anwendbar.

Domicile et siège

¹ Sauf disposition contraire de la présente loi, le for est:
a. pour les actions dirigées contre une personne physique, celui de son domicile;
b. pour les actions dirigées contre les personnes morales, les établissements et les corporations de droit public ainsi que les sociétés en nom collectif ou en commandite, celui de leur siège;
c. pour les actions intentées contre la Confédération, le tribunal supérieur du canton de Berne ou du canton du domicile, du siège ou de la résidence habituelle du demandeur;
d. pour les actions intentées contre un canton, un tribunal du chef-lieu.

² Le domicile est déterminé d'après le code civil (CC). L'art. 24 CC n'est pas applicable.

Domicilio e sede

¹ Salvo che il presente Codice disponga altrimenti, le azioni si propongono:
a. contro una persona fisica, al giudice del suo domicilio;
b. contro una persona giuridica, enti o istituti di diritto pubblico oppure società in nome collettivo o in accomandita, al giudice della loro sede;
c. contro la Confederazione, alla Corte suprema del Cantone di Berna o al tribunale cantonale del Cantone di domicilio, sede o dimora abituale dell'attore;
d. contro un Cantone, a un tribunale del capoluogo cantonale.

² Il domicilio si determina secondo il Codice civile (CC). L'articolo 24 CC non è tuttavia applicabile.

Inhaltsübersicht   Note

   I. Normzweck 1
  II. Anwendungsbereich 6
 III. Voraussetzungen 8
     1. Klagen gegen natürliche Personen 9
     2. Klagen gegen juristische Personen (Art. 10 Abs. 1 lit. b) 30
     3. Klagen gegen den Bund (Art. 10 Abs. 1 lit. c) 36
     4. Klagen gegen den Kanton (Art. 10 Abs. 1 lit. d) 39

IV. Prozessuales 40
V. Rechtsfolgen 43
VI. IPR 45

Literatur

H. M. RIEMER, Anfechtungs- und Nichtigkeitsklage im schweizerischen Gesellschaftsrecht, Bern 1998 (zit. Anfechtungs- und Nichtigkeitsklage); DERS., Personenrecht des ZGB, Bern 1995 (zit. Personenrecht); WALDER-RICHLI/GROB-ANDERMACHER, Entwicklungen in Zivilprozessrecht und Schiedsgerichtsbarkeit/Le point sur la procédure civil et l'arbitrage, SJZ 2001, 30 ff.

I. Normzweck

Die Zuständigkeit am Wohnsitz oder Sitz nach Art. 10 ist gegeben, wenn die ZPO keinen anderen besonderen Gerichtsstand (Art. 20 ff.) vorsieht. Es handelt sich folglich um einen **allgemeinen Gerichtsstand.** Dieser befindet sich am **Wohnsitz des Beklagten** und ist **weder zwingend, teilzwingend noch ausschliesslich.** Art. 10 gestaltet die in Art. 30 Abs. 2 BV normierte direkte Zuständigkeit am beklagten Wohnsitz bzw. Sitz näher aus (BBl 1999, 2837). Neben diesem Gerichtsstand am beklagten Wohnsitz wurde bei den besonderen Gerichtsständen verschiedentlich ein Gerichtsstand am Wohnsitz des Klägers als Wahlgerichtsstand normiert. 1

Alle Klagen können am Ort des allgemeinen Gerichtsstandes erhoben werden. Im Verhältnis zu den besonderen Gerichtsständen kann von einem **subsidiären Auffanggerichtsstand** gesprochen werden. Damit soll – zusammen mit Art. 11 f. – sichergestellt werden, dass die ZPO für jeden gesonderten Einzelfall einen Gerichtsstand zur Verfügung stellt. 2

Der subsidiäre Gerichtsstand ist **ein Wahlgerichtsstand.** Der Kläger kann somit zwischen einem besonderen Gerichtsstand (Art. 20 ff.) und dem Wohnsitzgerichtsstand nach Art. 10 frei wählen (BGE 129 III 33). 3

Abs. 2 ist eine **allgemeine Gerichtsstandsvorschrift,** die auch für besondere Gerichtsstände, die einen klägerischen oder beklagten Wohnsitzgerichtsstand vorsehen, von Bedeutung ist. Zudem wird klargestellt, dass dem Begriff des Wohnsitzes in der ZPO die gleiche **Bedeutung wie im ZGB** beizumessen ist. Einzige Ausnahme davon bildet der positiv normierte Ausschluss der Anwendbarkeit von Art. 24 ZGB (Art. 10 Abs. 2 Satz 2). Daraus wird die **Doppelfunktion** von Art. 10 ersichtlich: Gerichtsstandsnorm und allgemeine Gerichtsstandsvorschrift. 4

Gemäss Art. 30 Abs. 2 BV hat jede Person, gegen die eine Zivilklage erhoben wird, Anspruch darauf, dass die Sache vom Gericht des Wohnsitzes beurteilt wird, womit eine echte (direkte) Zuständigkeit am Wohnsitz bzw. Sitz des Beklagten begründet wurde (BBl 1999, 2837; WALDER/GROB, 30, Anm. 23; a.M. SPÜHLER/REETZ/VOCK/GRAHAM-SIEGENTHALER, 17). Folglich wird dadurch der beklagten Partei ein Anspruch auf den Wohnsitzrichter als Grundrecht gewährt (FRANK, SJZ, 4). Dieser Gerichtsstand am Wohnsitz des Beklagten wird in Art. 10 detaillierter ausgestaltet. In dieser **näheren Ausgestaltung von Art. 30 Abs. 2 BV** wird an der grundlegenden Bedeutung des Gerichtsstandes am Wohnsitz oder Sitz der beklagten Person festgehalten (vgl. zum Ganzen Art. 30 Abs. 2 BV N 24; INFANGER, 41 f. und 56). 5

II. Anwendungsbereich

6 Art. 10 wird massgeblich, wenn die ZPO **keinen anderen besonderen Gerichtsstand** (alternativen, zwingenden oder teilzwingenden) vorsieht (SPÜHLER/VOCK, GestG, N 1).

7 Der **Verweis** auf den Wohnsitzbegriff des ZGB und der Ausschluss der Anwendbarkeit von Art. 24 ZGB in Art. 10 Abs. 2 gilt **auch für die beklagtischen und klägerischen Wohnsitzgerichtsstände** gemäss Art. 20 ff. Ist somit im Besonderen Teil ein Gerichtsstand am Wohnsitz bzw. Sitz einer Partei vorgesehen, so ist in dieser Bestimmung die Kaskade von Art. 10 ff. eingeschlossen.

III. Voraussetzungen

8 Art. 10 setzt bei allen in Abs. 1 lit. a–d normierten Klagen das **Fehlen eines besonderen Gerichtsstandes** und das **Vorhandensein eines Wohnsitzes bzw. Sitzes** voraus.

1. Klagen gegen natürliche Personen

a) Begriff des selbständigen Wohnsitzes

9 Die meisten natürlichen Personen haben einen selbständigen Wohnsitz. Dieser bestimmt sich ausschliesslich nach der rechtlichen **Beziehung einer Person zu einem Ort** und wird mithin nicht von einer anderen Person oder einer Behörde abgeleitet.

10 Der Wohnsitz der natürlichen Person bestimmt sich nach den Normen des ZGB. Gemäss Art. 23 Abs. 1 ZGB befindet sich der Wohnsitz einer Person an dem Ort, wo sie sich mit der Absicht dauernden Verbleibens aufhält. Der Wohnsitzbegriff setzt sich somit aus zwei Elementen zusammen: Einem objektiven Element, dem **Aufenthalt,** und einem subjektiven Element, der **Absicht dauernden Verbleibens** (RIEMER, Personenrecht, § 10 N 182).

11 Der Terminus «**aufhalten**» i.S.v. Art. 23 Abs. 1 ZGB ist ein Rechtsbegriff. Der Wohnsitz ist nicht schon mit dem blossen physischen Aufenthalt an einem Ort gegeben. Erforderlich ist vielmehr ein Wohnen, wozu die Benützung von Räumen gehört (BGE 96 I 149 E. 4c). Grundsätzlich ist der Gebrauch von Räumlichkeiten für das private Verbleiben entscheidend (RIEMER, Personenrecht, § 10 N 183).

12 Das Vorhandensein der **Absicht dauernden Verbleibens** beurteilt sich nach der Praxis des BGer nicht nach dem inneren Willen der betreffenden Person, sondern danach, *auf welche Absichten die erkennbaren Umstände objektiv schliessen lassen* (BGE 120 III 8 E. 2; 119 II 65 E. 2b/bb und 115 II 122 E. 4c). Entscheidend ist m.a.W., ob die Person den Ort, an dem sie weilt, in einer für Dritte erkennbaren Weise zum Mittelpunkt ihrer Lebensinteressen gemacht hat oder zu machen beabsichtigt (BGE 97 II 3 E. 3). Somit ist die Urteilsfähigkeit zur Wohnsitzbegründung prinzipiell nicht erforderlich.

13 Diese erkennbaren Umstände sind **Indizien** und ergeben sich aus den tatsächlichen und rechtlichen Beziehungen zu einem Ort (RIEMER, Personenrecht, § 10 N 184). Bei solchen Beziehungen zu mehreren Orten ist die *Intensität,* welche auf Grund des Verhaltens einer Person zu bestimmen ist, bzw. der effektiv erkennbare *Lebensmittelpunkt bzw. -schwerpunkt* ausschlaggebend (BGE 85 II 322). Dieser befindet sich zumeist dort, wo geschlafen und die Freizeit verbracht wird sowie die persönlichen Effekten aufbewahrt werden (BSK ZGB I-STAEHELIN, Art. 23 N 6). Folglich werden familiäre und gesellschaftliche Verbindungen als stärker erachtet als diejenigen, die sich aus der beruflichen

Tätigkeit ergeben (BGE 101 Ia 560). Beispielsweise begründet der ausländische verheiratete Saisonier, der seine Familie im Ausland lässt, am Arbeitsort keinen Wohnsitz, hat da aber seinen Aufenthaltsort i.S.v. Art. 11 (FRANK/STRÄULI/MESSMER, § 2 ZPO/ZH N 8). **Ausnahmsweise** befindet sich der Lebensmittelpunkt und folglich auch der **Wohnsitz am Arbeitsort**, falls zufolge einer leitenden Arbeitsstellung der Familienwohnort nur ein- bis zweimal pro Monat aufgesucht wird oder am Wohnort bloss übernachtet, jedoch am Arbeitsort die meiste Freizeit verbracht wird, sich dort ein Teil der persönlichen Effekten befindet und als Adresse für die persönliche Korrespondenz angegeben wird (BK-BUCHER, Art. 23 ZGB N 49). **Weitere Indizien** können sein: Mietverträge, Telefonanschluss, Bankverbindungen, Beziehungen zu Vereinen, Arbeitsort, wirtschaftliche Tätigkeiten, Grundeigentum etc. Die Indizien müssen aber nach aussen erkennbar sein.

Die **öffentlich-rechtliche Niederlassung** (Ausweisschriften, Steuern etc.) bildet ebenfalls nur ein Indiz, das zusammen mit anderen Umständen den zivilrechtlichen Wohnsitz begründet (BGE 120 III 8 E. 2 und 97 II 6). 14

Die Absicht des dauernden Aufenthaltes muss zumindest zum **Zeitpunkt der Wohnsitzbegründung** bestanden haben, und deren **dauerhafter Charakter** muss nach aussen hin erkennbar sein. In diesem Sinne kann auch ein von vornherein bloss vorübergehender Aufenthalt einen Wohnsitz begründen (BGE 69 II 280 E. 2). Der Wohnsitz einer Person bleibt an einem Ort bestehen, wenn sie für Ferien, aus beruflichen oder sonstigen Gründen während kürzerer oder selbst längerer Zeit vorübergehend abwesend ist, und geht verloren, wenn mit dem Weggang auch die Wohngelegenheit aufgegeben wird (BGE 96 I 149 E. 4c). Schliesslich bestimmt sich der Wohnsitz für jeden Ehegatten gesondert (BGE 115 II 121 E. 4a). 15

Der Aufenthalt zum Zweck des Besuches einer **Lehranstalt und die Unterbringung einer Person in einer Erziehungs-, Versorgungs- und Heil- oder Strafanstalt** begründet keinen Wohnsitz (Art. 26 ZGB). Die betreffenden Orte werden – meist nicht freiwillig – zur Verfolgung eines **Sonderzweckes** aufgesucht (vgl. BGE 108 V 24 E. 2). In diesen Fällen spielt die Aufenthaltsdauer keine Rolle. Hingegen haben Insassen eines Altersheimes daselbst ihren Wohnsitz, weil sie den Rest ihres Lebens dort verbringen wollen, es sei denn, sie sind nicht freiwillig in das Altersheim eingetreten (RIEMER, Personenrecht, § 10 N 202). Personen, die eine Lehranstalt besuchen, können aber auch am Ort dieser Anstalt ihren Wohnsitz i.S.v. Art. 23 ZGB begründen, wenn sich ihre Beziehung zum bisherigen Wohnsitz zu Gunsten derjenigen zum Ort der Lehranstalt stark gelockert hat (RIEMER, Personenrecht, § 10 N 203; BSK ZGB I-STAEHELIN, Art. 23 N 7). Folgerichtig begründen Ausländer, die sich nur zu Studienzwecken in der Schweiz aufhalten, keinen Wohnsitz (BGE 106 Ib 197 E. 2 m.w.H.). 16

Der Begriff des Wohnsitzes ist von der **Nationalität einer Person** unabhängig. Auch ein Asylbewerber, der in der Schweiz heiraten will, kann hier einen Wohnsitz haben (BGE 113 II 7 E. 2; FRANK/STRÄULI/MESSMER, § 2 ZPO/ZH N 9). Wird indes sein Gesuch abgewiesen, so steht nur der Gerichtsstand am Aufenthaltsort offen, da Art. 24 ZGB nicht zur Anwendung gelangt (vgl. dazu BGE 113 II 7 E. 2). 17

Niemand kann an mehreren Orten zugleich seinen Wohnsitz haben (Art. 23 Abs. 2 ZGB). Jede natürliche Person hat **nur einen Wohnsitz.** Die Einheitlichkeit des Wohnsitzes wird in Art. 23 Abs. 3 ZGB präzisiert, wonach die geschäftliche Niederlassung durch diese Bestimmung nicht tangiert werde. 18

Die ZPO geht im Gegensatz zu Art. 24 ZGB nicht von der Notwendigkeit eines Wohnsitzes aus: Die **Anwendbarkeit von Art. 24 ZGB** wird ausdrücklich ausgeschlossen (Art. 10 Abs. 2 Satz 2). Hat eine Partei keinen Wohnsitz, da ihr die Absicht dauernden 19

Verbleibens fehlt, so kommt der Gerichtsstand am Aufenthaltsort (Art. 11) zum Tragen. Insofern wird vom Wohnsitzbegriff des ZGB entscheidend abgewichen, als für die Bestimmung einer Zuständigkeit nach ZPO eine Person nicht zwingend einen Wohnsitz haben muss. Nach der ZPO gibt es folglich nur einen tatsächlichen, jedoch keinen fiktiven Wohnsitz.

b) Abgeleiteter Wohnsitz

20 Manche unselbständige Personen haben einen abgeleiteten Wohnsitz. Dieser knüpft nicht an die Beziehung einer Person zu einem Ort an, sondern wird **von einer anderen Person oder einer Behörde abgeleitet.**

aa) Wohnsitz des Kindes

21 Laut Art. 25 Abs. 1 ZGB gilt als Wohnsitz des Kindes unter elterlicher Sorge der **Wohnsitz der Eltern** oder, falls die Eltern keinen gemeinsamen Wohnsitz haben, der Wohnsitz des Elternteils, unter dessen Sorge das Kind steht (vgl. Art. 296 ff. ZGB). Steht die elterliche Sorge beiden Eltern zu, ist für die Wohnsitzbestimmung der Wohnsitz desjenigen Elternteils entscheidend, unter dessen Obhut es sich befindet (vgl. BK-HAUSHEER/REUSSER/GEISER, Art. 176 ZGB N 44 und 46).

22 In den übrigen Fällen, bspw. falls die Eltern oder ein Elternteil keinen Wohnsitz haben, gilt der **Aufenthaltsort** des Kindes als Wohnsitz (Art. 25 Abs. 1 ZGB). In dieser Konstellation kann der subsidiäre Gerichtsstand am Aufenthaltsort (Art. 11) nicht zur Anwendung kommen; denn ein **Kind** hat – trotz des Ausschlusses des Art. 24 ZGB – **immer einen Wohnsitz.**

23 Weder die selbständige noch die unselbständige **Berufstätigkeit eines Kindes** begründet einen eigenständigen Wohnsitz. Immerhin kann ein Kind, dem das selbständige Nachgehen eines Berufes oder eines Geschäftes erlaubt ist (Art. 305 Abs. 1 i.V.m. Art. 412 ZGB), einen Gerichtsstand der Niederlassung haben (BGE 85 III 164 E. 2 und 67 II 83 f.).

bb) Bevormundete, verheiratete und verbeiständete Personen

24 **Bevormundete Personen** haben gemäss Art. 25 Abs. 2 ZGB ihren Wohnsitz am **Sitz der Vormundschaftsbehörde** und nicht am Sitz des Vormundes (vgl. Art. 361 und 377 ZGB). Dies hat zur Konsequenz, dass bei Wohnortwechsel des Bevormundeten dessen Wohnsitz erst mit der formellen Übertragung der Befugnisse an die andere Behörde wechselt. Der abgeleitete Wohnsitz bleibt auch nach Wegfall der Vormundschaft so lange bestehen, bis ein selbständiger Wohnsitz begründet wird (BGE 61 II 66 f.).

25 **Verheiratete und Verbeiständete** haben keinen abgeleiteten Wohnsitz. Sie unterliegen den allgemeinen Wohnsitzbestimmungen.

c) Wochenaufenthalter

26 Familiäre und gesellschaftliche Verbindungen werden als stärker erachtet als diejenigen, die sich aus der beruflichen Tätigkeit ergeben, weswegen der **Wochenaufenthalter** seinen Lebensmittelpunkt und seinen Wohnsitz i.S.v. Art. 23 Abs. 1 ZGB am Familienwohnort hat, auch wenn er quantitativ mehr Zeit am Arbeits- als am Wohnort verbringt (BGE 101 Ia 560). Für die Bestimmung des Wohnsitzes hat folglich der Wohnort der

Ehe- oder Konkubinatspaare grundsätzlich eine grössere Bedeutung als bei Alleinstehenden. Bei diesen kann aber gemäss BGE 111 Ia 41 ff. der Besuch der Eltern den dortigen Wohnsitz fortbestehen lassen, wenn zumindest jedes zweite Wochenende und die Ferien dort verbracht werden (BSK ZGB I-STAEHELIN, Art. 23 N 15).

Bei einem Wochenaufenthalter ist zudem die Position im Betrieb (Arbeiter oder leitender Angestellter) zu berücksichtigen. Sind wegen der Arbeitszeiten eines *Vorarbeiters* (Schichtbetrieb) häufigere Besuche ausgeschlossen, so genügen eine bis zwei Rückkehren pro Monat zur Beibehaltung des Wohnsitzes am Familienwohnort (BGE 79 I 27; vgl. auch BGE 57 I 419 E. 1). Falls jedoch zufolge einer *leitenden Arbeitsstellung* der Familienwohnort nur ein- bis zweimal pro Monat aufgesucht wird, befindet sich ausnahmsweise der **Wohnsitz am Arbeitsort,** mit der Begründung: «Der Rekurrent ist nach Zürich berufen worden, um hier die zentrale Verwaltung, Leitung eines ausgedehnten Betriebes zu übernehmen, ihm als Vorgesetzter vorzustehen. Eine solche Tätigkeit ergreift aber die ganze Persönlichkeit in intensiver Weise und schafft einen starken Zusammenhang mit dem Orte, wo der Betrieb lokalisiert ist und die Tätigkeit sich entfaltet und wo die betreffende Person mit Rücksicht auf ihre Wirksamkeit wohnt und wohnen muss, anders als blosse manuelle oder mehr untergeordnete kaufmännische Verrichtungen, mit denen keine derartige tiefgehende örtliche Bindung verbunden ist» (BGE 57 I 419 E. 1). 27

d) Personengesellschaften

Einfache Gesellschaften sind nicht parteifähig und haben daher keinen Sitz, an welchem sie beklagt werden könnten (FRANK/STRÄULI/MESSMER, § 2 ZPO/ZH N 28). Gegen sie gerichtete Ansprüche sind am Wohnsitz der betreffenden Gesellschafter oder am Ort ihrer Niederlassung (Art. 12) geltend zu machen. 28

Kollektiv- und Kommanditgesellschaften sind Gesamthandschaften, die in gewisser Hinsicht wie juristische Personen behandelt werden. Beispielsweise sind sie prozessfähig (Art. 562 und 602 OR), weshalb sie auch einen eigenen Sitz haben, an welchem sie beklagt werden können. Der Sitz der Kollektiv- und Kommanditgesellschaften befindet sich am tatsächlichen Mittelpunkt der gesellschaftlichen Aktivitäten, mithin am Ort der Hauptniederlassung, wo sie im Handelsregister eingetragen sind oder eingetragen sein sollten (vgl. Art. 554 Abs. 1, Art. 596 Abs. 1 und Art. 934 Abs. 1 OR). Insofern kann der Sitz nicht – wie bei juristischen Personen – beliebig frei gewählt werden. Der Gerichtsstand am Sitz gilt für sämtliche Klagen gegen die Gesellschaft (SPÜHLER/VOCK, GestG, N 5). 29

2. Klagen gegen juristische Personen (Art. 10 Abs. 1 lit. b)

Nach wie vor nach öffentlichem Recht des Bundes bestimmt sich der Sitz für **öffentlich-rechtliche juristische Personen** (Art. 59 Abs. 1 ZGB; vgl. z.B. Art. 5 Abs. 1 des BG über die Schweizerischen Bundesbahnen [SBBG] vom 23.6.1944 [SR 742.31]). Laut ZPO fallen nun sowohl die öffentlichen juristischen Personen als auch die juristischen Personen des Privatrechts unter Art. 10 Abs. 1 lit. b. 30

Sieht die ZPO nichts anderes vor (vgl. insb. Art. 20 ff.), so ist für Klagen gegen **juristische Personen** das Gericht an deren Sitz zuständig. Der **Verweis in Art. 10 Abs. 2 auf das ZGB** gilt auch für den «Wohnsitz» juristischer Personen (vgl. Art. 56 ZGB) und für die Sitzbestimmung bei Gerichtsständen nach Art. 20 ff. Juristische Personen müssen auf Grund der Konzeption von Art. 56 ZGB immer einen **Sitz** haben. 31

32 Wenn die Statuten nichts anderes bestimmen, befindet sich gemäss Art. 56 ZGB der Sitz der juristischen Personen am Ort, wo ihre Verwaltung geführt wird. Der **in den Statuten genannte Sitz** ist massgebend, der überdies – unabhängig vom Schwerpunkt der Geschäftstätigkeit – frei gewählt werden kann (BGE 108 II 124 E. 1). Sitz und Geschäftsbetrieb können mithin an verschiedenen Orten sein.

33 Der Sitz **eintragungspflichtiger juristischer Personen** lässt sich aus dem Handelsregister entnehmen. Bei diesen ist ein so genannter fliegender Sitz unzulässig.

Bei der Bestimmung des Sitzes gilt es weiter zu differenzieren: Bei der AG und GmbH wird die Sitzverlegung auch für Dritte unmittelbar mit der Eintragung im Handelsregister rechtswirksam (Art. 932 Abs. 3 i.V.m. Art. 647 Abs. 3 und Art. 785 Abs. 2 OR). Bei den übrigen juristischen Personen mit notwendiger Änderung des Handelsregistereintrages wird eine Eintragung gegenüber Dritten erst am nächsten Werktag wirksam, der auf den aufgedruckten Ausgabetag derjenigen Nummer des Schweizerischen Handelsamtsblattes folgt, in der die Eintragung veröffentlicht worden ist (Art. 932 Abs. 2 OR). Gleiches gilt für freiwillig eingetragene juristische Personen (Vereine und Stiftungen). Der im Handelsregister eingetragene oder durch die Statuten bestimmte Sitz ist selbst dann für die Begründung des Gerichtsstandes massgebend, wenn er mit der tatsächlichen Geschäftstätigkeit der juristischen Person nicht übereinstimmt (BGE 106 II 325 E. 5; 94 I 566 E. 1 und 2 sowie 56 I 374). Unter Umständen kann es angezeigt sein, wie bei den nicht eintragungspflichtigen juristischen Personen (Vereine, Familienstiftungen, kirchliche Stiftungen), auf die Statuten bzw. die Stiftungsurkunde zurückzugreifen. Ein solcher Zugriff ist indes nicht immer ohne weiteres möglich und muss u.U. mittels Edition erzwungen werden (LEUENBERGER/UFFER-TOBLER, Art. 22 ZPO/SG N 3). Hat eine juristische Person ausnahmsweise zwei Sitze (z.B. UBS AG und Nestlé AG), so kann sie an beiden Orten beklagt werden (SPÜHLER/VOCK, GestG, N 6).

34 Bei **nicht eingetragenen juristischen Personen** ist auf die Statuten abzustellen. Fehlt darin eine Sitzbestimmung und kann auch die Verwaltung nicht eindeutig lokalisiert werden, gilt das nach dem Vertrauensprinzip auszulegende Verwaltungszentrum als Sitz und damit als allgemeiner Gerichtsstand (BK-RIEMER, Art. 56 ZGB N 19).

35 Ein **Sitzwechsel** einzig zu dem Zweck, sich der Belangung durch einen Kläger zu entziehen, ist rechtsmissbräuchlich und hat zur Folge, dass die betroffene juristische Person – trotz zwischenzeitlicher Löschung im Handelsregister – weiterhin am ursprünglichen Sitz gerichtlich verfolgt werden kann (LEUCH/MARBACH/KELLERHALS/STERCHI, Art. 20 ZPO/BE N 2b). Dies trifft etwa zu, wenn während laufender Frist bezüglich eines früheren Beschlusses eine Sitzverlegung beschlossen und im Handelsregister eingetragen wird (RIEMER, Anfechtungs- und Nichtigkeitsklage, N 221).

3. Klagen gegen den Bund (Art. 10 Abs. 1 lit. c)

36 Sieht die ZPO nichts anderes vor, so ist für **Zivilklagen gegen den Bund** das Gericht in der Stadt Bern zuständig. Daraus ergibt sich zweierlei:

37 Einerseits wird **bestimmt,** dass Klagen gegen die **Eidgenossenschaft,** mithin gegen den Bundesrat, die Departemente und die Bundeskanzlei (vgl. hierzu Art. 58 des Regierungs- und Verwaltungsorganisationsgesetzes vom 21.3.1997) in Bern einzureichen sind. Dieser Sitz der Eidgenossenschaft gilt auch im Anwendungsbereich anderer Bestimmungen der ZPO, wenn diese einen Gerichtsstand am Wohnsitz vorsehen.

38 Auf einen Gerichtsstand am jeweiligen **Hauptort des Wohnsitzkantons** des Klägers wurde im GestG noch verzichtet, da dieses besondere Forum angesichts des breiten An-

gebots an besonderen Gerichtsständen, die bei entsprechenden Streitigkeiten auch gegenüber dem Bund und den genannten Institutionen angerufen werden können, entbehrlich sei (BBl 1999, 2845). Art. 41 Abs. 2 aOG (AS 2000, 2719) wurde jedoch mit einer Fussnote Nr. 5 versehen, worin zu lesen ist: «Die hier beschlossene Fassung ist gemäss Beschluss der Redaktionskommission der BVers (Art. 33 Abs. 1 des Geschäftsverkehrsgesetzes) ersetzt worden durch die Fassung gemäss Änderung des Bundesrechtspflegesetzes im Rahmen des Gerichtsstandsgesetzes vom 24.3.2000; AS **2000** 2365.» Was ist geschehen? Im Zusammenhang mit der Teilrevision des Bundesrechtspflegegesetzes zur Entlastung des BGer sollte Art. 41 Abs. 2 OG ebenfalls abgeändert werden. Dem Bericht der Geschäftsprüfungskommission des Ständerates und des Nationalrates ist zu entnehmen, dass für zivilrechtliche Ansprüche von Privaten und Korporationen gegen den Bund eine Wahl des Gerichtsstandes zwischen der Stadt Bern als Sitz der Eidgenossenschaft und dem Hauptort, in dem der Kläger seinen Wohnsitz hat, vorgesehen sei (BBl 1999, 9531). Bevor der heute nicht mehr relevante Art. 41 Abs. 2 OG am 1.1.2001 in Kraft trat, haben folglich zwei Versionen bestanden, die nota bene beide von der Bundesversammlung beschlossen wurden (am 24.3.2000 die Annahme des GestG und am 23.6.2000 die Änderung betreffend die Teilrevision des Bundesrechtspflegesetzes zur Entlastung des BGer). Die **Redaktionskommission** der Bundesversammlung hat sich aber in der Folge **gegen den** im Zusammenhang mit der Teilrevision des Bundesrechtspflegegesetzes vorgesehenen **Wahlgerichtsstand** am Sitz der Eidgenossenschaft in Bern und am Kantonshauptort, in dem der Kläger seinen Wohnsitz hat, entschieden. Gründe, weshalb auf den Kantonshauptort als Wahlgerichtsstand verzichtet wurde, wurden keine angegeben. Wenn die Redaktionskommission der Bundesversammlung einen derart wichtigen Entscheid, der unter anderem zur Folge hat, dass italienisch, französisch und romanisch Sprechende einen Prozess gegen den Bund in Bern und in deutscher Sprache führen müssen, von sich aus fällt, so ist zumindest die gesetzliche Grundlage in Frage zu stellen, zumal es sich im vorliegenden Fall kaum um eine gebotene Verbesserung eines *sinnstörenden Versehens* nach Art. 33 Abs. 1 des Geschäftsverkehrsgesetzes handelt und diese Kommission keine gesetzgeberische Kompetenzen hat. Zu erwähnen bleibt endlich, dass der Bundesrat in seiner Stellungnahme zur Teilrevision des Bundesrechtspflegegesetzes zur Entlastung des BGer vom 4.10.1999 die Fassung ohne Wahlgerichtsstand favorisierte (BBl 1999, 9609). In der ZPO wurde nun dieser Mangel behoben. Neu können nun Klagen gegen den Bund auch beim oberen Gericht des Kantons, in dem die klagende Partei ihren Wohnsitz, Sitz oder gewöhnlichen Aufenthaltsort hat, erhoben werden.

4. Klagen gegen den Kanton (Art. 10 Abs. 1 lit. d)

Klagen gegen den Kanton können nun beim Gericht am Kantonshauptort eingereicht werden. Die ZPO setzt somit voraus, dass jeder Kanton einen gesetzlich genügend bestimmten Kantonshauptort hat und da selbst auch ein Gericht ist.

IV. Prozessuales

Nach allgemeinem Grundsatz hat der **Kläger die Zuständigkeit nachzuweisen.** Wer sich somit auf einen bestimmten Wohnsitz beruft, mithin daraus Rechte ableitet, hat dies i.S.v. Art. 8 ZGB nachzuweisen (FRANK/STRÄULI/MESSMER, § 2 ZPO/ZH N 8). So hat auch der Kläger i.d.R. den Wohnsitz des Beklagten zu beweisen. Dabei kann zufolge Art. 10 Abs. 2 Satz 2 die Vermutung von Art. 24 Abs. 1 ZGB nicht geltend gemacht werden.

Behauptet der Beklagte, an einem anderen als vom Kläger geltend gemachten Ort Wohnsitz oder gewöhnlichen Aufenthalt zu haben, so ist er seinerseits dafür beweispflichtig. Kann von keiner Partei der Beweis eines Wohnsitzes an dem einen oder anderen Ort erbracht werden, so ist der Beklagte dafür beweispflichtig, dass er an einem anderen Ort als dem Ort, an welchem geklagt wird, seinen gewöhnlichen Aufenthaltsort hat.

42 In den meisten Kantonen wird der Gerichtsstand des **Wohnsitzes bzw. Sitzes** mit Eintritt der **Rechtshängigkeit fixiert.** Ein nach diesem Zeitpunkt erfolgter Wechsel des Wohnsitzes bzw. Sitzes **ist** ohne Belang, und die einmal rechtshängige Klage bleibt – in Anwendung des Grundsatzes der perpetuatio fori – bis zu ihrer Erledigung beim ursprünglich örtlich zuständigen Gericht anhängig (SPÜHLER/VOCK, GestG, Art. 4 N 9).

V. Rechtsfolgen

43 Sind die Voraussetzungen gegeben, ist ausschliesslich der **Wohnsitzrichter** örtlich zuständig. Ein weiterer Gerichtsstand liegt nicht vor.

44 Sind die Voraussetzungen nicht gegeben und fehlt folglich ein Wohnsitzgerichtsstand, so ist die Gegenpartei an ihrem gewöhnlichen Aufenthaltsort zu beklagen. Der **Aufenthaltsort tritt an die Stelle** eines aufgehobenen Wohnsitzes (SPÜHLER/VOCK, GestG, N 10).

VI. IPR

45 **Allgemein international** sind Art. 2, 20 Abs. 1 lit. a, Art. 20 Abs. 2 sowie Art. 21 Abs. 1 und 2 IPRG und **eurointernational** Art. 2 Abs. 1 sowie Art. 52 f. LugÜ anwendbar. Art. 2 Abs. 1 LugÜ regelt lediglich die internationale Zuständigkeit. Die innerstaatliche örtliche Zuständigkeit wird eurointernational nach der lex fori, mithin in der Schweiz nach Art. 2, 20 lit. a, Art. 20 Abs. 2, Art. 21 Abs. 1 und 2, Art. 98 Abs. 1, Art. 112 Abs. 1 und Art. 129 Abs. 1 IPRG bestimmt.

Art. 11

Aufenthaltsort

[1] Hat die beklagte Partei keinen Wohnsitz, so ist das Gericht an ihrem gewöhnlichen Aufenthaltsort zuständig.

[2] Gewöhnlicher Aufenthaltsort ist der Ort, an dem eine Person während längerer Zeit lebt, selbst wenn die Dauer des Aufenthalts von vornherein befristet ist.

[3] Hat die beklagte Partei keinen gewöhnlichen Aufenthaltsort, so ist das Gericht an ihrem letzten bekannten Aufenthaltsort zuständig.

Résidence

[1] Lorsque le défendeur n'a pas de domicile, le for est celui de sa résidence habituelle.

[2] Une personne a sa résidence habituelle au lieu où elle vit pendant une certaine durée, même si cette durée est d'emblée limitée.

[3] Si le défendeur n'a pas de résidence habituelle, le tribunal compétent est celui de son dernier lieu de résidence connu.

Luogo di dimora

¹ Se il convenuto non ha un domicilio, è competente il giudice nel luogo della sua dimora abituale.

² La dimora abituale è il luogo in cui una persona vive per una certa durata, anche se tale durata è limitata a priori.

³ Se il convenuto non ha una dimora abituale, è competente il giudice del suo ultimo luogo di dimora conosciuto.

Inhaltsübersicht

	Note
I. Normzweck	1
II. Anwendungsbereich	6
III. Voraussetzungen	9
IV. Prozessuales	13
V. Rechtsfolgen	15
VI. IPR	16

Literatur

A. FROHWEIN/W. PEUKERT, Europäische Menschenrechtskonvention, 2. Aufl., Kehl/Strassburg/Arlington 1996.

I. Normzweck

Die Zuständigkeit am gewöhnlichen Aufenthaltsort der beklagten Partei ist nur gegeben, wenn diese keinen Wohnsitz bzw. Sitz i.S.v. Art. 10 hat. Es handelt sich um einen **allgemeinen, weder zwingenden noch teilzwingenden Gerichtsstand.** 1

Der Gerichtsstand nach Art. 11 ist **kein Wahlgerichtsstand.** Der Kläger kann somit nicht zwischen dem Wohnsitzgerichtsstand nach Art. 11 und dem Gerichtsstand am Aufenthaltsort wählen. 2

Art. 11 soll zusammen mit Art. 10 sicherstellen, dass die ZPO für jeden gesonderten Einzelfall einen Gerichtsstand zur Verfügung stellt. Allerdings wurde dies mit dem GestG nicht erreicht; denn es ist durchaus denkbar, dass eine Person (z.B. ein Fahrender) **keinen gewöhnlichen Aufenthaltsort** i.S.v. Art. 11 besitzt, was zur Folge hätte, dass überhaupt kein Gericht örtlich zuständig wäre. Es lag folglich eine auszufüllende Lücke vor, welche mit der ZPO geschlossen wurde. Entsprechend wurde nun in Abs. 3 geklärt, dass das Gericht an ihrem letzten bekannten Aufenthaltsort zuständig ist, wenn die beklagte Partei keinen gewöhnlichen Aufenthaltsort hat. 3

Abs. 2 beinhaltet eine **Legaldefinition** des gewöhnlichen Aufenthaltes. Dieser Begriff deckt sich mit demjenigen gemäss Art. 20 Abs. 1 lit. b IPRG (BBl 1999, 2846). 4

Die Normierung dieses Gerichtsstandes ist die **Konsequenz aus dem Ausschluss der Anwendbarkeit von Art. 24 ZGB** (vgl. Art. 10 Abs. 2 Satz 2); denn ansonsten wäre eine örtliche Zuständigkeit am gewöhnlichen Aufenthaltsort gar nicht denkbar (INFANGER, 59). Der Aufenthaltsort tritt somit an die Stelle des Wohnsitzes (BBl 1999, 2845). 5

II. Anwendungsbereich

6 Sofern weder ein besonderer Gerichtsstand (Art. 20 ff.) noch der allgemeine Gerichtsstand nach Art. 10 begründet sind, können alle Klagen am Ort des gewöhnlichen Aufenthaltes des Beklagten erhoben werden. Aber auch für **beklagte Wohnsitzgerichtsstände des Besonderen Teils** kommt subsidiär der gewöhnliche Aufenthaltsort zum Tragen.

7 Art. 11 kommt **nur bei natürlichen Personen** (mit Ausnahme von Kindern unter elterlicher Sorge, vgl. N 8) zur Anwendung; denn juristische Personen müssen auf Grund der Konzeption von Art. 56 ZGB immer einen Sitz haben (vgl. Art. 10 N 31 ff.).

8 **Kinder** unter elterlicher Sorge haben **immer einen Wohnsitz** (Art. 25 Abs. 1 a.E. ZGB) und können mithin nicht gestützt auf Art. 11 belangt werden (vgl. BK-HAUSHHER/REUSSER/GEISER, Art. 176 ZGB N 44 ff.; ferner Art. 10 N 21).

III. Voraussetzungen

9 Grundsätzlich wird vorausgesetzt, dass **kein anderer Gerichtsstand** zur Verfügung steht. Es darf somit kein Gerichtsstand am Wohnsitz gegeben sein. Letzteres trifft zu, wenn der aktuelle Wohnsitz in der Schweiz aufgegeben und noch kein neuer begründet wurde (BBl 1999, 2846). Hat der Beklagte zwar einen Wohnsitz, aber im Ausland, so liegen internationale Verhältnisse vor und der Gerichtsstand wird durch allfällige Staatsverträge und das IPRG abschliessend bestimmt (vgl. LEUENBERGER/UFFER-TOBLER, Art. 24 ZPO/SG N 3; INFANGER, 59).

10 Ferner muss die beklagte Person einen **gewöhnlichen Aufenthaltsort** haben. Dieser befindet sich am Ort, an welchem eine Person üblicherweise verweilt, sich überwiegend aufhält bzw. während längerer Zeit lebt, selbst wenn diese Zeit von vornherein befristet ist. Es besteht aber nicht die Absicht eines länger dauernden Verbleibens, auf welche die erkennbaren Umstände objektiv schliessen lassen müssten (vgl. BGE 97 II 3 E. 3). Immerhin muss aber ein objektiv wahrnehmbarer und andauernder bzw. sich wiederholender Aufenthalt am selben Ort erkennbar sein, sodass nicht bloss von einem einmaligen Verweilen gesprochen werden kann, als vielmehr von einer hervorstechenden Verbundenheit, die auch bei vorübergehender Ortsabwesenheit bestehen bleibt (BGE 72 III 40 E. 3). Eine Person kann durchaus mehrere Aufenthaltsorte haben (BGE 81 II 326 E. 2; STUDER/RÜEGG/EIHOLZER, § 25 ZPO/LU N 1). Eine bloss vorübergehende zufällige Anwesenheit an einem Ort genügt jedoch nicht (BGE 119 III 56 E. 2d).

11 Grundsätzlich ist aber – wie beim Wohnsitz – massgebend, wo sich der **Schwerpunkt der Lebensverhältnisse** (berufliche und persönliche Beziehungen) befindet. Allerdings ist in diesem Zusammenhang stärker als beim Wohnsitzbegriff auf den äusseren Anschein und weniger auf subjektive Momente abzustellen (vgl. BGE 117 II 337 E. 4). Der Beklagte muss sich mithin nicht notwendigerweise freiwillig an einem Ort aufhalten. Folglich vermögen selbst Urteilsunfähige einen Aufenthaltsort zu haben. In der Regel muss aber der nach aussen objektiv erkennbare Wille bestehen, den Aufenthalt zumindest während einer gewissen Dauer aufrechtzuerhalten.

12 Was unter **längerer Zeit** zu verstehen ist, ergibt sich nicht aus der ZPO. Diese Zeitspanne ist für den jeweiligen Einzelfall zu bestimmen (vgl. BGE 117 II 337 E. 4). Sie ist umso kürzer, je häufiger ein Ortswechsel vorgenommen wird. Durch das *Verweilen für längere Zeit* grenzt sich der gewöhnliche Aufenthaltsort vom jeweiligen bzw. letzten bekannten Aufenthaltsort ab.

Jedenfalls ist der Gerichtsstand am Aufenthaltsort nicht erst gegeben, wenn die nach den konkreten Umständen zu bestimmende längere Zeit verstrichen ist. Massgebend sind vielmehr die **Lebensumstände**, welche den Eindruck vermitteln, dass eine Person an diesem Ort eine gewisse Zeit verweilen wird (BSK IPRG-CHRISTEN/WESTENBERG, Art. 20 N 23; INFANGER, 59). Wird dieser Eindruck nach aussen hin kundgetan, so kann bereits am ersten Tag am neuen Ort auf die Begründung eines Aufenthaltsortes geschlossen werden.

IV. Prozessuales

Nach allgemeinem Grundsatz hat der **Kläger die Zuständigkeit nachzuweisen.** Jedoch hat nicht der Kläger, der am Aufenthaltsort des Beklagten klagt, das Fehlen eines Wohnsitzes nachzuweisen. Die Beweislast dafür liegt vielmehr beim Beklagten, der einwendet, an einem anderen Ort als dem Klageort einen Wohnsitz zu haben. 13

Behauptet der Beklagte, er halte sich an einem anderen als vom Kläger geltend gemachten Ort auf, so ist er seinerseits dafür beweispflichtig. 14

V. Rechtsfolgen

Kann ein **gewöhnlicher Aufenthaltsort** ausgemacht werden, so ist das Gericht an diesem Ort zuständig. Hat der Beklagte keinen gewöhnlichen Aufenthaltsort nach Art. 11 Abs. 1, so kann er am **letzten bekannten Aufenthaltsort** belangt werden (Art. 11 Abs. 3). 15

VI. IPR

Allgemein international sind Art. 2, 20 Abs. 1 lit. b, Art. 20 Abs. 2 und Art. 21 Abs. 2 IPRG anwendbar. **Eurointernational** ist lediglich bei Unterhaltsklagen der alternative Gerichtsstand des Aufenthaltsortes nach Art. 5 Ziff. 2 LugÜ vorgesehen. 16

Art. 12

Niederlassung	**Für Klagen aus dem Betrieb einer geschäftlichen oder beruflichen Niederlassung oder einer Zweigniederlassung ist das Gericht am Wohnsitz oder Sitz der beklagten Partei oder am Ort der Niederlassung zuständig.**
Etablissements et succursales	Le tribunal du domicile ou du siège du défendeur ou du lieu où il a son établissement ou sa succursale est compétent pour statuer sur les actions découlant des activités commerciales ou professionnelles d'un établissement ou d'une succursale.
Stabile organizzazione	Le azioni derivanti dalla gestione di un domicilio professionale o d'affari o di una succursale si propongono al giudice del domicilio o della sede del convenuto o al giudice del luogo di tale stabile organizzazione.

Inhaltsübersicht

	Note
I. Normzweck	1
II. Anwendungsbereich	4
III. Voraussetzungen	6
1. Begriff der Geschäftsniederlassung	7
2. Klagen aus dem Betrieb	19
IV. Rechtsfolgen	23
V. IPR	24

Literatur

P. FORSTMOSER/A. MEIER-HAYOZ/P. NOBEL, Schweizerisches Aktienrecht, Bern 1996; P. GAUCH, Der Zweigbetrieb im schweizerischen Zivilrecht mit Einschluss des Prozess- und Zwangsvollstreckungsrechts, Zürich 1974, 214 f.; I. MEIER, Bundesgesetz über den Gerichtsstand in Zivilsachen (Gerichtsstandsgesetz, GestG): Konzept des neuen Rechts und erste Antworten auf offene Fragen, in Anwaltsrevue 4 (2001), 23–31, 2001; E. SCHUCANY, Kommentar zu schweizerischen Aktienrecht, 2. Aufl., Zürich 1960; H. M. RIEMER, Anfechtungs- und Nichtigkeitsklage im schweizerischen Gesellschaftsrecht, Bern 1998.

I. Normzweck

1 Der Gerichtsstand der Niederlassung war vor Inkraftsetzung des GestG bundesrechtlich vorgesehen für die Zweigniederlassungen einer AG (Art. 642 Abs. 3 OR), Kommanditaktiengesellschaft (Art. 764 Abs. 2 i.V.m. Art. 642 Abs. 3 OR), GmbH (Art. 782 Abs. 3 OR) und Genossenschaft (Art. 837 Abs. 3 OR) für Klagen aus ihrem Geschäftsbetrieb. Daneben konnten die Kantone einen Gerichtsstand am Ort der geschäftlichen oder beruflichen Niederlassung vorsehen. Nicht alle Kantone kannten diesen Gerichtsstand. In den betreffenden Kantonen hatte dies zur Konsequenz, dass Gesellschafter einer einfachen Gesellschaft grundsätzlich nur an ihrem Wohnort eingeklagt werden konnten. Das GestG stellte dann **einen Gerichtsstand am Ort der geschäftlichen oder beruflichen Niederlassung** zur Verfügung. Mithin können Personen, die im Handelsregister nicht eingetragen sind, ebenfalls von dieser Bestimmung betroffen sein (MEIER, Revue, 25). Die ZPO übernahm die Regelung im GestG.

2 «Das alternative *forum* der Niederlassung geht auf den **Grundgedanken** zurück, die Zuständigkeit des «Wohnsitzrichters» vom vielleicht entfernten (Haupt-)Domizil des rechtlichen Unternehmensträgers zu lösen, um sie auf die räumlich nähere Lokalität des tatsächlichen Betriebes auszudehnen.» (BBl 1999, 2846) Die Zuständigkeit am Ort der Niederlassung ist **weder zwingend noch teilzwingend**. Die Handelsgesellschaften und Gesellschafter eröffnen – bewusst – Geschäftsniederlassungen, weswegen sie auch in Kauf zu nehmen haben, dass am Ort der Niederlassung geklagt wird (vgl. FORSTMOSER/MEIER-HAYOZ/NOBEL, § 59 N 63 FN 42).

3 Art. 12 ist eine **alternative**, neben dem allgemeinen Gerichtsstand bestehende **örtliche Zuständigkeit** (SPÜHLER/VOCK, GestG, Art. 5 N 1). Der Kläger kann folglich zwischen dem Gerichtsstand am Wohnsitz oder (HAUPT-)Sitz nach Art. 10 einerseits und dem Gerichtsstand am Ort der Niederlassung anderseits frei wählen (BSK OR II-SCHENKER, Art. 642 N 5 m.w.H.). In diesem Sinne liegt somit ein **Wahlgerichtsstand** vor.

II. Anwendungsbereich

Der Gerichtsstand am Ort der Niederlassung kommt bei **natürlichen und juristischen Personen, bei Kollektiv- und Kommanditgesellschaften und selbst bei Unmündigen und Bevormundeten**, denen eine freischaffende Tätigkeit als Angestellte oder der Selbsterwerb in einem eigenen Geschäft gestattet ist, zur Anwendung FRANK/STRÄULI/ MESSMER, § 3 ZPO/ZH N 3 m.w.H.). Der Gerichtsstand ist auf **kaufmännische, gewerbliche, landwirtschaftliche, selbständige und freie Berufe** anwendbar. 4

In diversen öffentlich-rechtlichen Erlassen war bislang auch ein Gerichtsstand am Ort der Zweigniederlassung vorgesehen (vgl. aArt. 4 des Eisenbahngesetzes vom 20.12.1957 [SR 742.101]; aArt. 5 Abs. 2 und 3 des Bundesgesetzes über die Schweizerischen Bundesbahnen [SBBG] vom 23.6.1944 [SR 742.31]; aArt. 17 des Bundesgesetzes über die Organisation der Postunternehmung des Bundes [Postorganisationsgesetz, POG] vom 30.4.1997 [SR 783.1]; aArt. 17 Abs. 2 des Postgesetzes [PG] vom 30.4.1997 [SR 783.0] und aArt. 19 Abs. 2 und 3 des Bundesgesetzes über die Organisation der Telekommunikationsunternehmung des Bundes [Telekommunikationsunternehmungsgesetz, TUG] vom 30.4.1997 [784.11]). Diese Gerichtsstände wurden bereits zu Gunsten des GestG aufgehoben. Der **Gerichtsstand** der Niederlassung nach ZPO gilt mithin auch für **öffentlich-rechtliche Anstalten** (z.B. ETH, Post, SUVA) und **öffentlich-rechtliche Körperschaften.** 5

III. Voraussetzungen

Vorausgesetzt wird, dass eine **Geschäftsniederlassung** vorliegt und die Klage mit dieser im **Zusammenhang** steht. 6

1. Begriff der Geschäftsniederlassung

a) Allgemeines

Der Begriff der Geschäftsniederlassung ist in der ganzen ZPO (mithin auch für die besonderen Gerichtsstände) identisch und umfasst sowohl die **Zweigniederlassung** einer Handelsgesellschaft oder Genossenschaft (vgl. alt Art. 642 Abs. 3, Art. 782 Abs. 3 und Art. 837 Abs. 3 OR, die alle aufgehoben wurden) als auch die **berufliche oder geschäftliche Niederlassung einer natürlichen Person,** einer Einzelfirma oder einer Kollektiv- bzw. Kommanditgesellschaft (BBl 1999, 2846). Es können mehrere Geschäftsniederlassungen nebeneinander existieren. Der Inhaber muss nicht persönlich am Ort der Niederlassung anwesend sein (vgl. FRANK/STRÄULI/MESSMER, § 3 ZPO/ZH N 3). 7

Mit dem Gerichtsstand nach Art. 12 wird eine Niederlassung, welcher ansonsten die Rechtspersönlichkeit fehlt, **weder partei- noch prozessfähig** (BGE 120 III 13 E. 1 und 117 II 87 E. 4). Die am Gerichtsstand der Niederlassung erhobene Klage richtet sich nie gegen die Zweigniederlassung bzw. die berufliche oder geschäftliche Niederlassung selbst. 8

Der Begriff der Geschäftsniederlassung ist nicht so umfassend wie derjenige des **Betriebsortes** gemäss Art. 34 Abs. 1 (BGE 117 II 87 E. 4; 114 II 354 E. 1 und 103 II 200 E. 3). Dieser ist nämlich bereits dann gegeben, wenn eine mit einem bestimmten Ort auf beschränkte oder unbeschränkte Dauer verbundene, planvoll organisierte und mit Betriebseinrichtungen ausgestattete Wirtschaftseinheit des Arbeitgebers vorliegt (vgl. ZK-STAEHELIN/VISCHER, Art. 343 OR N 18). 9

b) Zweigniederlassung

10 Handelsgesellschaften und Genossenschaften können eine Zweigniederlassung besitzen, d.h. einen kaufmännischen Betrieb, der zwar **rechtlich Teil eines Hauptunternehmens** ist, von der er abhängt, der **dauernd eine gleichartige Tätigkeit** wie jene ausübt und dabei aber sowohl über eine **gewisse wirtschaftliche und gesellschaftliche Unabhängigkeit** als auch über **eigene Räumlichkeiten** bzw. über ständige körperliche Anlagen oder Einrichtungen verfügt, mittels derer ein qualitativ oder quantitativ wesentlicher Teil des technischen oder kommerziellen Betriebes des Unternehmens vollzogen wird (BGE 117 II 87 E. 4; 108 II 124 E. 1; 101 Ia 41 E. 1 und 103 II 200 E. 3).

11 Obschon die Zweigniederlassung rechtlich ein Teil der Hauptniederlassung ist, muss sie **nach aussen eine gewisse wirtschaftliche und gesellschaftliche Unabhängigkeit** aufweisen, indem sie bspw. direkte Beziehungen zur Kundschaft pflegt, mit Dritten Verträge abschliesst, eigene Korrespondenz auf Papier mit speziellem Briefkopf führt, Rechnungen ausstellt, sowie Adresse und Telefonnummer bekannt gibt (BSK OR II-ECKERT, Art. 935 N 3). Das interne Verhältnis zwischen Haupt- und Zweigniederlassung ist nur insofern von Belang, als Letztere bevollmächtigt sein muss, die laufenden Geschäfte ohne Genehmigung oder Gegenzeichnung durch eine Geschäftsstelle ausserhalb der Zweigniederlassung abzuschliessen, und als die Leitung der Niederlassung eine in sich geschlossene und damit selbständige Aufgabe zu sein hat und nicht einfach als Teil der unternehmerischen Gesamtleitung erscheint (BSK OR II-ECKERT, Art. 935 N 4). Die Unabhängigkeit setzt voraus, dass mindestens ein Mitarbeiter der Zweigniederlassung zum Abschluss von Rechtsgeschäften bevollmächtigt ist (vgl. hierzu FRANK/STRÄULI/MESSMER, § 3 ZPO/ZH N 6 m.w.H.).

12 Im Gegensatz zur geschäftlichen oder beruflichen Niederlassung benötigt die Zweigniederlassung eine **Eintragung im Handelsregister** (Art. 935 OR). Die Eintragung hat jedoch nur deklaratorische Bedeutung. Sind die vorgenannten, den Begriff «Zweigniederlassung» definierenden Voraussetzungen gegeben, so liegt der Gerichtsstand auch ohne Handelsregistereintrag vor (gl.M. Forstmoser/MEIER-HAYOZ/VOGEL, § 59 N 54; SCHUCANY, Art. 642 OR N 5; ZK-SIEGWART, Art. 642 OR N 34; VOGEL, 4. Kap. N 49; FRANK/STRÄULI/MESSMER, § 3 ZPO/ZH N 9; GULDENER, ZPR, 85; **a.M.** GAUCH, 214 f.). Diese umstrittene Frage wurde in der neueren Bundesgerichtspraxis offen gelassen (vgl. BGE 108 II 130 E. 5; 103 II 203 E. 4 und 98 Ib 103 E. 2). In diesem Zusammenhang sei jedoch gesagt, dass die vorgenannte Problematik gegenstandslos wird, wenn der Handelsregisterführer auf den Bestand einer Zweigniederlassung aufmerksam gemacht wird (BSK OR II-SCHENKER, Art. 643 N 6), da dieser dann gestützt auf Art. 941 OR die Registrierung veranlassen muss (vgl. BGE 108 II 128 E. 4 und 5, wonach ein schutzwürdiges Interesse daran besteht, die Existenz einer Zweigniederlassung durch die zuständigen Behörden feststellen zu lassen) und ein Eintrag ins Handelsregister in jedem Fall eine Zweigniederlassung begründet und zwar unabhängig davon, ob hier tatsächlich eine solche betrieben wird (BGE 68 III 151 E. 2 und 62 I 18 E. 3). Demgegenüber währt – nach der Löschung der Zweigniederlassung – der Gerichtsstand der Niederlassung für die vorher entstandenen und mit ihrem Geschäftsbetrieb zusammenhängenden Verbindlichkeiten fort (BGE 98 Ib 104 E. 2).

13 Von der Frage der Eintragung einer Zweigniederlassung ist diejenige zu unterscheiden, zu welchem **Zeitpunkt** die Voraussetzungen für die **Begründung der örtlichen Zuständigkeit** vorzuliegen haben. Diese müssen spätestens zum Zeitpunkt der Urteilsfällung erfüllt sein. Waren sie bereits **zum** Zeitpunkt der Rechtshängigkeit gegeben, wird dadurch der Gerichtsstand fixiert und dieser bleibt auch bestehen, wenn die Voraussetzungen nachträglich wegfallen (Art. 64 Abs. 1 lit. b).

Ausnahmsweise müssen **nicht sämtliche** vorgenannten **Merkmale** einer Zweigniederlassung objektiv gegeben sein. Dies ist der Fall, wenn der Beklagte Dritten gegenüber den Eindruck vermittelt, dass eine über völlige Selbständigkeit für den Abschluss von Geschäften verfügende Zweigniederlassung besteht, und diesen Eindruck stillschweigend duldet (BGE 101 Ia 45). Diesfalls kommt die Einrede der örtlichen Unzuständigkeit einem widersprüchlichen Verhalten gleich, und eine Firma kann selbst am Ort einer blossen Agentur belangt werden (BÜHLER/EDELMANN/KILLER, § 28 ZPO/AG N 6).

c) Berufliche oder geschäftliche Niederlassung

Eine berufliche oder geschäftliche Niederlassung liegt vor, wenn jemand den Mittelpunkt seiner **selbständigen geschäftlichen Tätigkeit** (Hauptniederlassung) oder wenigstens eine **Geschäftsstelle** (Zweigniederlassung) an einem bestimmten Ort hat (FRANK/STRÄULI/MESSMER, § 3 ZPO/ZH N 4 m.w.H.). Dieser Ort ist i.d.R. mit dem Wohnsitz bzw. statutarischen Sitz der das Unternehmen betreibenden natürlichen oder juristischen Person bzw. Kollektiv- oder Kommanditgesellschaft identisch (LEUCH/MARBACH/KELLERHALS/STERCHI, Art. 21 ZPO/BE N 1a).

Eine **Hauptniederlassung** ist daran zu erkennen, dass von ihr aus die Oberleitung einer an verschiedenen Orten betriebenen Unternehmung ausgeübt wird. Für die Begründung einer **Geschäftsstelle** müssen die Voraussetzungen für das Vorliegen einer Zweigniederlassung nicht notwendigerweise gegeben sein (BGE 101 Ia 40 E. 1 und 2). Beispielsweise reicht es aus, dass die Tätigkeit nur auf längere Dauer angelegt ist; sie muss mithin nicht dauernd ausgeübt werden. Indessen begründet eine blosse Baustelle oder ein Eintrag in einem Adressbuch keinen Gerichtsstand am Ort der Niederlassung (GULDENER, IZPR, 85; BÜHLER/EDELMANN/KILLER, § 28 ZPO/AG N 6). Ein Eintrag der Niederlassung ins Handelsregister ist ebenfalls nicht erforderlich (BBl 1999, 2847 FN 38 a.E.).

Natürliche Personen (z.B. Ärzte, Rechtsanwälte, Architekten usw.), Einzelfirmen oder Kollektiv- und Kommanditgesellschaften besitzen einen Gerichtsstand am Ort ihrer beruflichen oder geschäftlichen Niederlassung (BBl 1999, 2846). Auch das Mitglied einer Kollektiv- und Kommanditgesellschaft hat persönlich eine Geschäftsniederlassung am Gesellschaftssitz und an den jeweiligen Orten der Geschäftsniederlassungen der Gesellschaft (BGE 78 I 119 E. 4). Selbst ein Kind, dem eine freischaffende Tätigkeit als Angestellte/r oder der Selbsterwerb in einem eigenen Geschäft erlaubt ist (Art. 305 Abs. 1 i.V.m. Art. 412 ZGB), kann einen Gerichtsstand am Ort der Niederlassung haben (BGE 85 III 164 E. 2 und 67 II 83 f.).

In allen diesen Fällen ist eine **persönliche Anwesenheit des** Inhabers **nicht erforderlich**. Eine Vertretung durch einen Angestellten reicht zur Begründung eines Gerichtsstandes am Ort der Niederlassung aus.

2. Klagen aus dem Betrieb

Mit dieser Bestimmung (Gerichtsstand am Ort der Niederlassung) wurde ein Sondergerichtsstand begründet, der nur für **vertragliche und ausservertragliche Ansprüche** gilt, die mit dem Geschäftsbetrieb der Niederlassung im Zusammenhang stehen.

Obschon **Salär- und Entschädigungsansprüche** von Angestellten, deren Tätigkeit sich auf die Niederlassung beschränkt, grundsätzlich am Ort der Niederlassung eingeklagt werden könnten, wird diese Zuständigkeit i.d.R. durch den Gerichtsstand am Betriebsort gemäss Art. 34 Abs. 1 ausgeschlossen.

21 Als «Klage aus dem Betrieb» gelten nicht nur die in diesem Zusammenhang stehenden Geschäfte, welche die Zweigniederlassung selber abgeschlossen hat, sondern auch solche, die der Geschäftsinhaber in **unmittelbarer Beziehung zum Geschäftsbetrieb der Niederlassung** abgeschlossen hat (BÜHLER/EDELMANN/KILLER, § 28 ZPO/AG N 11 m.w.H.). In diesem Sinne ist es für die Bestimmung der örtlichen Zuständigkeit gleichgültig, ob der Vertrag mit dem Hauptsitz oder der Geschäftsniederlassung abgeschlossen wurde und ob dieser oder jener für die Ansprüche aufzukommen hat (FRANK/STRÄULI/MESSMER, § 3 ZPO/ZH N 12). Ansprüche aus Geschäften, die über den ordentlichen Geschäftsbetrieb hinausgehen oder gar das interne Verhältnis zur Hauptniederlassung betreffen, können ebenfalls am Ort der Niederlassung einer Aktiengesellschaft eingeklagt werden (ZR 95 Nr. 21). In den meisten Fällen sieht die ZPO bereits einen besonderen Gerichtsstand vor, sodass die Bedeutung des Gerichtsstandes gering sein wird.

22 Demgegenüber sind **Verantwortlichkeitsklagen** (Art. 761 OR), **Kraftloserklärungen** von Inhaberpapieren (Art. 981 Abs. 2 OR) sowie im Zusammenhang mit der Gesellschaft stehende **Anfechtungs- und Nichtigkeitsklagen** (insb. gegen GV-Beschlüsse) nicht zu den «Klagen aus dem Betrieb» zu zählen (vgl. RIEMER, Anfechtungs- und Nichtigkeitsklagen, N 221; vgl. BGE 115 II 163 E. 3c).

IV. Rechtsfolgen

23 Sind die Voraussetzungen nach Art. 12 gegeben, kann die klägerische Partei das **Gericht am Wohnsitz oder Sitz der beklagten Partei oder am Ort der Niederlassung** anrufen. Der Gerichtsstand des Wohnsitzes oder (Haupt-)Sitzes des Beklagten steht mithin weiterhin alternativ zur Verfügung. Ein Rechtsanwalt etwa kann für Ansprüche aus seiner beruflichen Tätigkeit an seinem Wohnsitz oder am Sitz seiner Kanzlei eingeklagt werden (SPÜHLER/VOCK, GestG, Art. 5 N 3).

V. IPR

24 **Allgemein international** sind Art. 20 Abs. 1 lit. c, Art. 21 Abs. 3, Art. 112, 127, 129 Abs. 2, 131, Art. 151 Abs. 1 und Art. 160 Abs. 1 IPRG und **eurointernational** Art. 5 Ziff. 5 LugÜ zu beachten. Im eurointernationalen Verhältnis liegt eine Zweigniederlassung, Agentur oder sonstige Niederlassung dann vor, wenn sie aus der Sicht des Dritten leicht erkennbar als Aussenstelle eines übergeordneten Stammhauses hervortritt (KROPHOLLER, EuGVÜ/LugÜ, Art. 5 N 80).

25 Auch eine **Gesellschaft mit Sitz im Ausland** kann in der Schweiz eine Zweigniederlassung haben, womit die Niederlassung schweizerischem Recht untersteht (Art. 160 Abs. 1 Satz 2 IPRG) und gestützt auf Art. 935 Abs. 2 OR ebenfalls verpflichtet ist, sich im Handelsregister eintragen zu lassen (BSK OR II-ECKERT, Art. 935 N 9 m.w.H.).

Art. 13

Vorsorgliche Massnahmen

Soweit das Gesetz nichts anderes bestimmt, ist für die Anordnung vorsorglicher Massnahmen zwingend zuständig das Gericht am Ort, an dem:
a. die Zuständigkeit für die Hauptsache gegeben ist; oder
b. die Massnahme vollstreckt werden soll.

Mesures provisionnelles	Sauf disposition contraire de la loi, est impérativement compétent pour ordonner des mesures provisionnelles: a. le tribunal compétent pour statuer sur l'action principale; b. le tribunal du lieu où la mesure doit être exécutée.
Provvedimenti cautelari	Salvo che la legge disponga altrimenti, per l'emanazione di provvedimenti cautelari è imperativo: a. il foro competente per la causa principale; oppure b. il foro del luogo dove il provvedimento deve essere eseguito.

Inhaltsübersicht

Note

I. Normzweck und Grundlagen 1
II. Anwendungsbereich 4
    1. Gesuche um Erlass vorsorglicher Massnahmen 4
    2. Gesuche um vorsorgliche Beweissicherung 5
    3. Besondere Bestimmungen, die Art. 13 vorgehen 6
III. Die alternativen Gerichtsstände 8
    1. Gerichtsstand der Hauptsache (lit. a) 8
    2. Gerichtsstand des Vollstreckungsorts (lit. b) 10
IV. Zwingende Natur der Gerichtsstände 12
V. Zuständigkeitsprüfung 13
VI. IZPR 14

Literatur

S. BERTI, Vorsorgliche Massnahmen im schweizerischen Zivilprozessrecht, ZSR 1997 II 173 ff.; M. DIETRICH, Vorsorgliche Massnahmen nach Gerichtsstandsgesetz, in: Leuenberger/Pfister-Liechti (Hrsg.), Das Gerichtsstandsgesetz, Bern 2001, 109 ff.; Y. DONZALLAZ, Le for des mesures provisionnelles, in: Leuenberger/Pfister-Liechti (Hrsg.), Das Gerichtsstandsgesetz, Bern 2001, 157 ff. (zit. for des mesures); F. HALDY, Le for des mesures provisionnelles, in: Haldy/Rapp/Ferrari (Hrsg.), Études de procédure et d'arbitrage en l'honneur de Jean-François Poudret, Lausanne 1999, 69 ff.; S. KOFMEL EHRENZELLER, Der vorläufige Rechtsschutz im internationalen Verhältnis, Tübingen 2005; G. WALTER, Vorsorgliche Massnahmen bei fehlender Hauptsachezuständigkeit, in: Spühler (Hrsg.), Vorsorgliche Massnahmen aus internationaler Sicht, Zürich 2000, 121 ff.; J. J. ZÜRCHER, Der Einzelrichter am Handelsgericht des Kantons Zürich, Diss. Zürich, Zürich 1998.

I. Normzweck und Grundlagen

Art. 13 regelt den Gerichtsstand für die in den Art. 261 ff. normierten vorsorglichen Massnahmen. Mit der alternativen Anknüpfung an den Vollstreckungsort (nebst jener an die Hauptsache) trägt der Gesetzgeber der Besonderheit des einstweiligen Rechtsschutzes Rechnung.

Die Gesetz gewordene Bestimmung entspricht wörtlich Art. 12 des bundesrätlichen Entwurfes (der gegenüber Art. 11 VE [und Art. 33 GestG] lediglich den Zusatz «Soweit das Gesetz nichts anderes bestimmt» aufnahm), der in den parlamentarischen Beratungen zu keiner Diskussion Anlass gab. Gegenüber der systematischen Stellung der Norm im GestG ergab sich eine Verschiebung: Während Art. 33 GestG einzige Bestimmung des 5. Kapitels mit der Überschrift «Vorsorgliche Massnahme» bildete, befindet sich Art. 13 unter den *allgemeinen Bestimmungen* über die örtliche Zuständigkeit. Diese systematische Verschiebung hat keine inhaltlichen Auswirkungen.

3 Art. 13 regelt die **(national-)örtliche Zuständigkeit**. Die Normierung der *sachlichen* Zuständigkeit bleibt kantonalem Recht überlassen, allerdings unter Vorbehalt von Art. 5 Abs. 2 und Art. 6 Abs. 2.

II. Anwendungsbereich

1. Gesuche um Erlass vorsorglicher Massnahmen

4 Primärer Gegenstand der von Art. 13 geregelten Zuständigkeit sind Gesuche um Erlass vorsorglicher Massnahmen (vgl. allgemein zu den vorsorglichen Massnahmen im Schweizerischen Zivilprozessrecht KOFMEL EHRENZELLER, 19–94 und BERTI, 178–188). Solche Massnahmen trifft das Gericht, wenn die Gesuchsstellerin glaubhaft macht, dass ein ihr zustehender Anspruch verletzt ist oder eine Verletzung zu fürchten ist und dass ihr als Folge der Verletzung ein nicht leicht wieder gutzumachender Nachteil droht (Art. 261 Abs. 1). Als Massnahme kommt jede gerichtliche Anordnung in Frage, die geeignet ist, den drohenden Nachteil abzuwenden, insbesondere die in Art. 262 aufgezählten Beispiele. Vgl. im Übrigen die Komm. zu Art. 261 ff.

2. Gesuche um vorsorgliche Beweissicherung

5 Kraft der ausdrücklichen Verweisung in Art. 158 Abs. 2 gilt Art. 13 auch für die vorsorgliche Beweisführung (vgl. dazu die Komm. zu Art. 158).

3. Besondere Bestimmungen, die Art. 13 vorgehen

6 Art. 13 gilt ausdrücklich nur «insoweit, als nicht das Gesetz etwas anderes bestimmt». Besondere Bestimmungen über den Gerichtsstand für vorsorgliche Massnahmen enthalten Art. 276 Abs. 1 für das *Scheidungsverfahren* und Art. 304 für die *Unterhalts- und Vaterschaftsklage*. Für *Schiedsverfahren* gilt Art. 374.

7 Für den aus historischen Gründen im SchKG geregelten *Arrest*, welcher der Funktion nach eine vorsorgliche Massnahme i.S.v. Art. 13 ist, gilt die spezifische Zuständigkeitsregel des Art. 272 Abs. 1 SchKG.

III. Die alternativen Gerichtsstände

1. Gerichtsstand der Hauptsache (lit. a)

8 Mit dem Begriff der Hauptsache ist das Erkenntnisverfahren gemeint, das über den durch vorsorgliche Massnahmen einstweilen zu schützenden sachrechtlichen Anspruch bereits rechtshängig ist oder aber voraussichtlich zu führen sein wird. Das Gesetz stellt alle nach der ZPO für ein solches Erkenntnisverfahren gegebenen Gerichtsstände auch für den einstweiligen Rechtsschutz zur Verfügung. Ein Massnahmenverfahren kann *vor* oder *nebst* dem (und auch ganz *ohne* ein) Hauptsacheverfahren stattfinden; in allen Fällen ist es ein eigenständiges Verfahren, für welches die darauf zugeschnittenen Vorschriften des Abschnitts über das summarische Verfahren gelten (vgl. Art. 248 lit. d).

9 Das Gesetz gewährt eine Massnahmezuständigkeit an jedem für die Hauptsache in Frage kommenden Gerichtsstand, einschliesslich an einem von den Parteien mit gültiger Vereinbarung gemäss Art. 17 prorogierten Gerichtsstand (DONZALLAZ, for des mesures, 161). Mit dem Eintritt der Rechtshängigkeit des Hauptsacheverfahrens wird die Massnahmezuständigkeit bei der angerufenen Instanz fixiert (Art. 64 Abs. 1 lit. a; so auch GestG-Komm.-LEUENBERGER, Art. 33 N 24). Damit entfällt zwar die Wahlmöglichkeit unter allenfalls gegebenen mehreren Hauptsachengerichtsständen, nicht aber jene bezüg-

lich der Massnahmezuständigkeit an Vollstreckungsorten nach Massgabe von lit. b (dazu N 10 f.).

2. Gerichtsstand des Vollstreckungsorts (lit. b)

Mit dem (seit Inkrafttreten der ZPO bundesrechtlichen) Begriff des Vollstreckungsorts ist der Ort gemeint, wo dem Inhalt der Massnahme durch Anwendung von Rechtszwang unmittelbare Wirkung verschafft werden soll. In Frage kommen etwa u.a. (vgl. dazu auch GestG-Komm.-LEUENBERGER, Art. 33 N 26): 10

- der Belegenheitsort einer Sache, die zu sichern, herauszugeben oder beschlagnahmen ist;
- der Wohnsitz (u.U. auch der gewöhnliche oder der bloss tatsächliche Aufenthaltsort) einer Person, der die Erbringung einer Leistung, ein Dulden oder ein Unterlassen befohlen wird;
- der Ort des Registers, das über das Recht geführt wird, hinsichtlich dessen die Massnahme angeordnet wurde.

Die Massnahmezuständigkeit am jeweiligen Vollstreckungsort besteht auch **nach Eintritt der Rechtshängigkeit** des Hauptsacheverfahrens weiter (gl.M. GestG-Komm.-LEUENBERGER, Art 33 N 24). Hingegen dürfen nicht Massnahmebegehren identischen Inhaltes gleichzeitig an verschiedenen Gerichtsständen gestellt werden (arg. aus Art. 59 Abs. 2 lit. d). 11

IV. Zwingende Natur der Gerichtsstände

Das Gesetz bezeichnet beide Kategorien von Gerichtsständen als *zwingend*, was gemäss Art. 9 Abs. 2 zur Folge hat, dass die Parteien nicht davon abweichen können. Eine anderslautende Gerichtsstandsvereinbarung ist ebenso wie die Einlassung eines Gesuchsgegners auf das Massnahmeverfahren *unwirksam*. Ebenfalls zwingend ist die **Alternativität** sowohl innerhalb der beiden wie auch zwischen beiden Kategorien von Gerichtsständen. So können die Parteien nicht etwa vereinbaren, auf gewisse der gemäss lit. a oder lit. b in Frage kommenden Gerichtsstände, nicht aber auf andere, zu verichten; sie können auch nicht vereinbaren, auf alle Gerichtsstände gemäss lit. a zu verzichten, nicht aber auf jene gemäss lit. b, oder umgekehrt (dagegen will DIETRICH, 144 und Anm. 180 «die Vereinbarung eines der mehreren und zwingenden von Art. 33 GestG vorgesehenen Gerichtsstände nach entstandenem Streit» zulassen, was bei teilzwingenden Gerichtsstände angehen mag, hier aber klar gegen Art. 9 Abs. 2 verstiesse; differenzierend DONZALLAZ, for des mesures, 161 [«forum fixing»]). 12

V. Zuständigkeitsprüfung

Die Gesuchsstellerin muss die Zuständigkeit der angerufenen Massnahmeinstanz lediglich **glaubhaft** machen (GULDENER, ZPR, 583 Anm. 42; ZÜRCHER, 54 vor Anm. 18; GestG-Komm.-LEUENBERGER, Art. 33 N 22). 13

VI. IZPR

Das internationale Zivilprozessrecht der Schweiz umfasst diejenigen Normen, die im Rahmen von Zivilverfahren vor schweizerischen Instanzen mit einem kollisionsrechtsrelevanten Auslandsbezug anwendbar sind. Zu solchen Normen gehören Art. 24 LugÜ sowie Art. 10 IPRG. Beide Bestimmungen beanspruchen bzw. bestätigen im Ergebnis die 14

Art. 14

Existenz einer allgemeinen internationale Massnahmezuständigkeit der Schweizer Zivilrechtspflegeinstanzen auch in Fällen, in denen ein ausländisches Gericht bezüglich der Hauptsache zuständig ist (nach Art. 10 IPRG «wenn sie in der Sache selbst nicht [international] zuständig sind», nach Art. 24 LugÜ «wenn für die Entscheidung in der Hauptsache das Gericht eines Vertragsstaats aufgrund dieses Übereinkommens zuständig ist»).

15 Weder Art. 24 LugÜ noch Art. 10 IPRG regelt die konkrete national-örtliche Zuständigkeit (vgl. BSK IPRG-BERTI, Art. 10 N 14; KOFMEL EHRENZELLER, 72 f.). Diese muss deshalb durch Lückenfüllung gemäss Art. 1 ZGB bestimmt werden. Zu finden ist eine Norm des *internationalen* Zivilprozessrechts der Schweiz, weshalb eine direkte Anwendung der ZPO ausscheidet (**a.M.** DIETRICH, 148, der Art. 33 GestG im internationalen Verhältnis «subsidiär» anwenden wollte); ein *analoge* Anwendbarkeit von Art. 13 kommt hingegen in Frage und erscheint auch sachgerecht (gl.M. für das bisherige Recht GestG-Komm.-LEUENBERGER, Art. 33 N 17).

Art. 14

Widerklage	**¹ Beim für die Hauptklage örtlich zuständigen Gericht kann Widerklage erhoben werden, wenn die Widerklage mit der Hauptklage in einem sachlichen Zusammenhang steht.** **² Dieser Gerichtsstand bleibt auch bestehen, wenn die Hauptklage aus irgendeinem Grund dahinfällt.**
Demande reconventionnelle	¹ Une demande reconventionnelle peut être formée au for de l'action principale lorsqu'elle est dans une relation de connexité avec la demande principale. ² Ce for subsiste même si la demande principale est liquidée, pour quelque raison que ce soit.
Domanda riconvenzionale	¹ Al giudice territorialmente competente per l'azione principale si può proporre domanda riconvenzionale se le due sono materialmente connesse. ² Questo foro sussiste anche quando l'azione principale viene meno per qualsivoglia ragione.

Inhaltsübersicht   Note

    I. Norminhalt und Normzweck 1

    II. Anwendungsbereich 4

    III. Bestimmung der örtlichen Zuständigkeit 9

    IV. Voraussetzung des sachlichen Zusammenhangs 14

    V. Voraussetzung der gleichen Verfahrensart 25

    VI. Voraussetzung der Rechtshängigkeit der Hauptklage 26

    VII. Der Zeitpunkt der Anhängigmachung der Widerklage 27

    VIII. Art. 14 Abs. 2 28

    IX. Sachliche Zuständigkeit 31

    X. Internationales Recht 32

2. Kapitel: Örtliche Zuständigkeit   1–4   **Art. 14**

Literatur

B. BERGER, Die Widerklage zwischen kantonalem und eidgenössischem Recht, in: M. Jametti Greiner/B. Berger/A. Güngerich (Hrsg.), Rechtsetzung und Rechtsdurchsetzung: Zivil- und schiedsverfahrensrechtliche Aspekte, Festschrift für Franz Kellerhals zum 65. Geburtstag, Bern 2005, 219–252; F. BOHNET, Trois ans de jurisprudence en matière de LFors, Une analyse critique, AJP/PJA 2004, 55–69 (zit. AJP 2004); TH. A. CASTELBERG, Die identischen und die in Zusammenhang stehenden Klagen im Gerichtsstandsgesetz, Diss. Bern 2005; H. GAUTSCHI, Verrechnungseinrede und Widerklage im schweizerischen Prozessrecht, Bern 1946; A. KELLER, Beiträge zur Lehre von der Widerklage, Diss. Zürich 1940; M. KOENIG, Die Widerklage im Eheprozess, Diss. Zürich 1977; CH. OETIKER/L. REY, Der Gerichtsstand auf dem Weg in die Schweizerische Zivilprozessordnung, AJP/PJA 2008, 1517–1524; P. REETZ, Die allgemeinen Bestimmungen des Gerichtsstandsgesetzes, Diss. Zürich 2001; P. R. REUTLINGER, Die Voraussetzungen der Widerklage unter besonderer Berücksichtigung der Kantone Basel-Stadt, Basel-Landschaft, Aargau und Solothurn, Diss. Basel 1981; CH. ZIMMERLI, Die Verrechnung im Zivilprozess und in der Schiedsgerichtsbarkeit – Unter besonderer Berücksichtigung internationaler Verhältnisse, Diss. Basel 2003.

I. Norminhalt und Normzweck

Art. 14 handelt vom Gerichtsstand der Widerklage. Die Widerklage betrifft einen **Gerichtsstand des Sachzusammenhangs** (wie die Gerichtsstände der Streitgenossenschaft und Klagehäufung sowie der Streitverkündungsklage). Der Gerichtsstand der Widerklage beruht auf der Idee, dass zwischen den Parteien gegenseitig Ansprüche streitig sind und es aus *prozessökonomischen Gesichtspunkten* sinnvoll erscheint, diese Ansprüche im gleichen Prozess zu behandeln (GULDENER, ZPR, 216; IPRG-Komm.-VOLKEN, Art. 8 N 12; Müller/Wirth-MÜLLER, Art. 6 GestG N 1 und 6). Der Gerichtsstand der Widerklage gibt daher dem Beklagten die Möglichkeit, seine Ansprüche gegen den Kläger am Ort der Hauptklage geltend zu machen.   1

Die Widerklage ist nichts anderes als eine **selbständige Klage**, die im Prozess von der beklagten Partei erhoben wird. Sie gehört dogmatisch zur *objektiven Klagenhäufung*, allerdings mit umgekehrter Parteirolle, indem die Widerklage vom Beklagten wie eine selbständige Klage erhoben wird (vgl. HABSCHEID, ZPR, 226). Das BGer hat dazu in BGE 123 III 47 E. 3c treffend festgehalten: «Die Widerklage ist eine selbständige Klage im Rahmen eines anderen Prozesses [...]. Sie ist weder Angriffs- noch Verteidigungsmittel sondern [...] ein gegen den Angriff geführter Gegenangriff, mit welchem die Beklagtenseite ein selbständiges Ziel verfolgt, indem sie einen von der Vorklage nicht erfassten, unabhängigen Anspruch ins Recht legt» (vgl. auch VOGEL/SPÜHLER, 7. Kap. N 50 ff.; Kellerhals/von Werdt/Güngerich-KELLERHALS/GÜNGERICH, Art. 6 GestG N 3; Müller/Wirth-MÜLLER, Art. 6 GestG N 7).   2

Die Widerklage steht unter **drei Voraussetzungen**: Zunächst ist ein sachlicher Zusammenhang (Konnexität) zwischen Haupt- und Widerklage erforderlich (N 14 ff.). Sodann müssen die beiden Ansprüche mittels der gleichen Verfahrensart beurteilt werden können (N 25). Schliesslich verlangt Art. 14 die Rechtshängigkeit einer Hauptklage (N 26). Letztere beiden Voraussetzungen ergeben sich nicht direkt aus dem Gesetzeswortlaut. Sie sind vielmehr *stillschweigende Tatbestandselemente*.   3

II. Anwendungsbereich

Art. 14 betrifft die **Widerklage** und bestimmt deren **örtliche Zuständigkeit**. Inhaltlich stimmt Art. 14 mit dem früheren **Art. 6 GestG** überein. Auch hier wurde nur die örtliche Zuständigkeit geregelt. Die *sachliche Zuständigkeit* richtet sich nach den einschlägigen Bestimmungen des *kantonalen Rechts* (vgl. N 31). Bundesrechtlich besteht keine   4

Verpflichtung, am Ort der Hauptklage für die Widerklage auch ein sachlich zuständiges Gericht zur Verfügung zu stellen (Kellerhals/von Werdt/Güngerich-KELLERHALS/GÜNGERICH, Art. 6 GestG N 4; für die Rechtslage vor Inkrafttreten des GestG: REUTLINGER, 40 ff.). Die **Zulässigkeit der Widerklage** regelt Art. 224. Danach sind Widerklagen nur zulässig, wenn der Anspruch der Widerklage nach der gleichen Verfahrensart wie die Hauptklage zu beurteilen ist.

5 Für Widerklagen ist das Gericht der Hauptklage örtlich zuständig. Mehr bestimmt Art. 14 nicht. Insbesondere sagt die Bestimmung **nichts direkt über die sachliche Zuständigkeit** aus (vgl. N 31).

6 Art. 14 findet auch Anwendung auf **Eventualwiderklagen**. Solche werden für den Fall der Gutheissung der Hauptklage eingereicht (VOGEL/SPÜHLER, 7. Kap. N 51; vgl. ein Beispiel bei HABSCHEID, ZPR, N 410). Die Zulässigkeit von Eventualwiderklagen ist unbestritten (GestG-Komm.-SPÜHLER, Art. 6 N 2).

7 Nicht Anwendung findet Art. 14 hingegen auf **Wider-Widerklagen**. Nach Art. 224 Abs. 3 letzter Satz sind derartige Wider-Widerklagen ausdrücklich unzulässig. Indes ist diese Bestimmung unnötig, weil eine Widerklage auf eine Widerklage nichts anderes sein kann als eine *Abänderung der Hauptklage* (VOGEL/SPÜHLER, 7. Kap N 52). Die örtliche Zuständigkeit für Wider-Widerklagen bestimmt sich deshalb nach derjenigen der Hauptklagen. Einschlägig sind die Bestimmungen über die Änderungen der Klagebegehren (Art. 227 N 11 ff.).

8 Art. 14 ist sodann nicht anwendbar auf vom Beklagten nicht widerklage- sondern nur **verrechnungsweise geltend gemachte Gegenforderungen** (GestG-Komm.-SPÜHLER, Art. 6 N 5).

III. Bestimmung der örtlichen Zuständigkeit

9 Die örtliche **Zuständigkeit für Widerklagen** befindet sich gemäss dem Wortlaut von Art. 14 Abs. 1 **am Gericht, das örtlich für die Hauptklage zuständig ist**. Die Hauptklage ist ursprünglich eine gewöhnliche Klage. Sie wird erst mit Anhebung einer Widerklage zur Hauptklage (GestG-Komm.-SPÜHLER, Art. 6 N 6).

10 Das Gericht, das örtlich für die Hauptklage und damit auch für die Widerklage zuständig ist, bestimmt sich nach den allgemeinen Gerichtsstandsbestimmungen der ZPO von Art. 9 ff. Die Bestimmung von Art. 14 Abs. 1 findet damit auch Anwendung, wenn **eine gültige Gerichtsstandsvereinbarung i.S.v. Art. 17 Abs. 1 vorliegt**, die nur den Gerichtsstand der Hauptklage regelt und nur die Hauptklageforderung umfasst. Das bedeutet, dass sich auch in Fällen, wo (nur) der Gerichtsstand der Hauptklage vereinbart worden ist, die örtliche Zuständigkeit für die Widerklage am selben Ort, am Ort der Hauptklage, befindet. Die Anwendbarkeit von Art. 14 setzt nicht ausschliesslich voraus, dass sich die Zuständigkeit nach den allgemeinen Gerichtsstandbestimmungen der ZPO ergibt (Kellerhals/von Werdt/Güngerich-KELLERHALS/GÜNGERICH, Art. 6 GestG N 5). Die Widerklage kann vielmehr auch an Gerichtsständen erhoben werden, die nicht durch die ZPO bestimmt werden.

11 Auch in Fällen, in denen die örtliche Zuständigkeit für die Klage (Hauptklage) durch **Einlassung** gemäss Art. 18 begründet wird, befindet sich die örtliche Zuständigkeit für die Widerklage dort, wo sie kraft Einlassung des Beklagten für die Klage (Hauptklage) entstanden ist. Voraussetzung bildet stets, dass die Einlassung zulässig war (GestG-Komm.-SPÜHLER, Art. 6 N 8). Art. 35 Abs. 1 definiert entsprechende Ausschlussgründe.

Der Zulässigkeit der Widerklage sind **systemimmanente Grenzen** gesetzt. Zunächst einmal gehen **zwingende Gerichtsstände** für die Widerklageforderung dem Gerichtsstand der Widerklage vor. Die Widerklage ist eine selbständige Klage. Wenn für die widerklageweise geltend gemachte Forderung ein zwingender Gerichtsstand vorgesehen ist, so muss die Widerklage am dortigen Gerichtsstand anhängig gemacht werden (Kellerhals/von Werdt/Güngerich-KELLERHALS/GÜNGERICH, Art. 6 GestG N 40 m.w.H.). Demgegenüber ist die Widerklage für den Fall, dass die Hauptklage an einem **teilzwingenden Gerichtsstand** anhängig gemacht wird, zulässig. Die konnexe Widerklage kann demnach auch am teilzwingenden Gerichtsstand der Hauptklage eingebracht werden (h.L. GestG-Komm.-INFANGER, Art. 2 N 19; Kellerhals/von Werdt/Güngerich-KELLERHALS/GÜNGERICH, Art. 6 GestG N 41; Müller/Wirth-MÜLLER, Art. 6 GestG N 29). Die teilzwingenden Gerichtsstände sind in Art. 35 Abs. 1 festgelegt.

Eine **Schiedsklausel oder eine Gerichtsstandsvereinbarung** geht dem Gerichtsstand der Widerklage vor. Ist der Anspruch, der widerklageweise geltend gemacht wird, von einer Schieds- oder Gerichtsstandsvereinbarung erfasst, so darf dieser Anspruch nicht am Gerichtsstand der Hauptklage rechtshängig gemacht werden (BGE 123 III 35, E. 3c).

IV. Voraussetzung des sachlichen Zusammenhangs

Als einzige Voraussetzung für die Anwendbarkeit von Art. 14 Abs. 1 nennt der Gesetzeswortlaut das Bestehen eines **sachlichen Zusammenhanges zwischen Widerklage und Hauptklage**. Diese Regelung hat den Zweck, widersprüchliche Entscheidungen zu verhindern und eine rasche und effiziente gesamthafte Erledigung von Verfahren unter den gleichen Parteien zu garantieren (BGer 5C.260/2006, E. 3; BGer 4A_176/2007 E. 2.3; Kellerhals/von Werdt/Güngerich-KELLERHALS/GÜNGERICH, Art. 6 GestG N 1; BOHNET, AJP 2004, 59; WALDER/GROB, § 7 N 25). Der Begriff des sachlichen Zusammenhangs deckt sich mit demjenigen von Art. 15 Abs. 2. Bereits mit Erlass von Art. 6 GestG wurde die binnenrechtliche Regelung der örtlichen Zuständigkeit hinsichtlich des Erfordernisses des sachlichen Zusammenhangs an Art. 8 IPRG und Art. 6 Nr. 3 LugÜ angepasst (GestG-Komm.-SPÜHLER, Art. 6 N 10). Der Konnexitätsbegriff gemäss Art. 14 ist identisch zu demjenigen gemäss Art. 8 IPRG, jedoch weiter gefasst als derjenige nach Art. 6 Nr. 3 LugÜ (BGer 5C.260/2006, E. 3.1: Die Widerklage muss sich hier auf denselben Vertrag oder Sachverhalt stützen). Demgegenüber ist der Konnexitätsbegriff von Art. 36 GestG anders abgegrenzt. Er orientiert sich dort am Zweck des besagten Artikels, der Verhinderung potenziell widersprüchlicher Entscheidungen (GestG-Komm.-RUGGLE/TENCHIO-KUZMIC, Art. 36 N 16 ff.; CASTELBERG, 144 ff.). Der sachliche Zusammenhang zum Hauptklageanspruch ist indes nur dann Voraussetzung für die Widerklage, wenn für deren Zuständigkeit auf keine andere Gerichtsstandsvorschrift als Art. 14 zurückgegriffen werden kann (BERGER, 232 f.).

Allgemein wird davon gesprochen, die Widerklage müsse konnex mit der Hauptklage sein bzw. für Haupt- und Widerklage müsse Konnexität bestehen (STAEHELIN/STAEHELIN/GROLIMUND, § 9 N 52). Mit anderen Worten: Der **örtliche Gerichtsstand einer Hauptklage gilt nur für eine konnexe Widerklage** (BOTSCHAFT GestG, 2847).

Konnexität liegt vor, wenn beide Klagen auf dem **gleichen sachlichen oder rechtlichen Grund** beruhen. Ein gleicher sachlicher Grund liegt vor, wenn beide Klagen auf dem gleichen Lebensvorgang gründen; ein gleicher rechtlicher Grund liegt vor, wenn sie z.B. auf den gleichen Vertrag zurückgeführt werden können. Letzteres ist für die Bejahung der rechtlichen Konnexität aber nicht unbedingt notwendig. Die rechtliche Konnexität kann sich auch aus den gleichen ausservertraglichen Bestimmungen ergeben. Daraus ergibt sich, dass eine enge rechtliche Beziehung verschiedener Sachverhalte genügt (GestG-Komm.-SPÜHLER, Art. 6 N 11; VOGEL/SPÜHLER, 7. Kap. N 58).

17 Die Konnexität kann auch dadurch entstehen, dass sich Klagen gegenseitig bedingen. Sie sind voneinander abhängig, d.h. stehen zueinander im Verhältnis der Subordination. Die Bedingtheit kann gegen- oder auch einseitig sein, sich aus tatsächlichen oder rechtlichen Gründen ergeben (GestG-Komm.-RUGGLE/TENCHIO-KUZMIC, Art. 36 N 18).

18 Konnexe Klage i.S.v. Art. 14 sind insbesondere:
– bei beidseitigen Leistungen basierend auf demselben Rechtsverhältnis (BGE 129 III 230, E. 3./3.1; BGer 4A_176/2007, E. 2.3);
  – Forderung auf Verzugszins für die verspätete Kaufpreisforderung und Widerklage auf Rückforderung eines Teils des Kaufpreises wegen Minderung (BGE 80 I 200);
  – Klage auf Herausgabe der bei einer Bank hinterlegten Summe und Widerklage auf Zahlung des Werklohnes, wobei sich beide Forderungen auf denselben Werkvertrag stützen (BGE 93 I 549);
  – Besitzesklage und Klage aus dem Recht (Müller/Wirth-MÜLLER, Art. 6 GestG N 19);
  – Klage auf Nichtigerklärung eines Vertrages und Klage auf Zahlung des Restkaufpreises (GestG-Komm.-RUGGLE/TENCHIO-KUZMIC, Art. 36 N 19);
  – Klage auf Erfüllung eines Vertrages und Klage auf Schadenersatz wegen Nichterfüllung durch die andere Partei;
  – Klage auf Bezahlung eines Teils einer Summe und Widerklage in Form einer negativen Feststellungsklage auf Nichtbestehen der Schuld (Müller/Wirth-MÜLLER, Art. 6 GestG N 19);
  – die Hauptklage des einen Ehegatten auf Scheidung und die Widerklage des andern ebenfalls auf Scheidung (Kellerhals/von Werdt/Güngerich-KELLERHALS/GÜNGERICH, Art. 6 GestG N 14);
  – Haupt- und Widerklage bei Ansprüchen aus demselben Gesellschaftsverhältnis (Kellerhals/von Werdt/Güngerich-KELLERHALS/GÜNGERICH, Art. 6 GestG N 17);
– bei Klagen aus gleichem Rechtsgrund;
– bei Klagen, die denselben Gegenstand betreffen (Müller/Wirth-MÜLLER, Art. 6 GestG N 19);
  – Vindikationsklage und Klage auf Feststellung eines Pfandrechts;
– bei Herleitung der Ansprüche aus demselben Tatbestand;
  – wechselseitige Schadenersatzansprüche aus demselben Schadenereignis;
– bei Bestehen einer engen rechtlichen Beziehung, auch wenn Haupt- und Widerklage auf verschiedenen Sachverhalten beruhen (VOGEL/SPÜHLER, 7. Kap. N 58; GestG-Komm.-SPÜHLER, Art. 6 N 11, Kellerhals/von Werdt/Güngerich-KELLERHALS/GÜNGERICH, Art. 6 GestG N 21);
  – Arrestprosequierungsklage sowie Widerklage wegen ungerechtfertigtem Arrest (BGE 71 I 344).

19 In **familienrechtlichen Angelegenheiten** ist die Konnexität i.d.R. besonders eng. Wechselseitige Scheidungs- und Trennungsklagen bzw. Eheschutzklagen sind daher zwingend am Gerichtsstand der Hauptklage rechtshängig zu machen. Dies gilt auch für kindesrechtliche Klagen. Die eine Klage hängt regelmässig von der anderen ab (GestG-Komm.-RUGGLE/TENCHIO-KUZMIC, Art. 36 N 19). Derartige wechsel- oder doppelseitigen Klagen (*actio duplex*) stellen indes keinen Anwendungsfall der Widerklage dar (VOGEL/SPÜHLER, 7. Kap. N 48; Müller/Wirth-MÜLLER, Art. 6 GestG N 9).

Die Klagen müssen nicht unbedingt gleicher Art sein. Die Hauptklage kann z.B. eine Leistungsklage, die Widerklage eine Gestaltungs- oder Feststellungsklage sein oder auch umgekehrt. Ebenso wenig müssen die **geltend gemachten Ansprüche von gleicher Natur sein** oder gar dieselben Rechtsgrundlagen haben; einem dinglichen können z.B. ein persönlicher oder schuldrechtlicher Anspruch gegenübergestellt werden (BGer 5C.260/2006, E. 3.1; IPRG KOMM.-VOLKEN, Art. 8 N 24; Kellerhals/von Werdt/Güngerich-KELLERHALS/GÜNGERICH, Art. 6 GestG N 9 f.; Müller/Wirth-MÜLLER, Art. 6 GestG N 8). 20

Blosse Gleichartigkeit der Klage ist **nicht ausreichend.** Ebensowenig reicht es, wenn einzig Gründe der Prozessökonomie ins Feld geführt werden (BSK IPRG-BERTI, Art. 8 N 12). Die Konnexität vermögen schliesslich nach der Praxis des Bundesgerichts auch nicht personelle Verflechtungen oder bestehende, anderweitige Geschäftsbeziehungen zu begründen (OETIKER/REY, 1519, BGE 129 II E. 3.3; 71 I 344). 21

Blosse **Verrechenbarkeit** genügt für die Bejahung des sachlichen Zusammenhanges ebenfalls nicht (zur konstanten Praxis des Bundesgerichts BERGER, 227 ff.). Der Gesetzgeber sah dies bei Erlass des damaligen Art. 6 GestG bewusst so vor, da sonst eine unerwünschte Abweichung vom internationalen Recht weiter bestehen würde (BOTSCHAFT GestG, 2847; Müller/Wirth-MÜLLER, Art. 6 GestG N 20). Die Widerklage ist ein prozessuales Institut, die Verrechnung entstammt demgegenüber dem materiellen Recht. Die Verrechnungseinwendung verfolgt andere Ziele, nämlich die Klageabweisung und nicht etwa die Verurteilung des Klägers. Verrechnung und Widerklage haben unterschiedliche prozessuale Wirkungen (ZIMMERLI, 120 und 122 f.). Die unterschiedliche Behandlung der Verrechnungseinwendung ist daher gerechtfertigt (zu den praktischen Konsequenzen ZIMMERLI, 124). 22

Lässt sich der Kläger und Widerbeklagte *rügelos auf die Widerklage ein*, so spielt das Erfordernis der Konnexität keine Rolle (Kellerhals/von Werdt/Güngerich-KELLERHALS/GÜNGERICH, Art. 6 GestG N 30). Ausgenommen sind Ansprüche, die an einem zwingenden Gerichtsstand einzuklagen wären. Hier ist eine Einlassung für die Widerklage nicht möglich. Die mit Widerklage geltende gemacht Anspruch muss am zwingenden Gerichtsstand eingeklagt werden. 23

Führt ein Kläger Klage gegen eine *einfache Streitgenossenschaft*, so kann – bei vorausgesetzter Konnexität – jeder einzelne Streitgenosse Widerklage erheben. In gleicher Weise kann auch eine passive *notwendige Streitgenossenschaft* als Ganzes Widerklage einbringen. Umgekehrt kann die notwendige Streitgenossenschaft im Rahmen einer Widerklage beklagt werden (Müller/Wirth-MÜLLER, Art. 6 GestG N 27). 24

V. Voraussetzung der gleichen Verfahrensart

Damit eine Widerklage am nämlichen Gerichtsstand wie die Hauptklage erhoben werden kann, muss **dieselbe Verfahrensart** für beide Klagen gelten (GULDENER, ZPR, 218; VOGEL/SPÜHLER, 7. Kap. N 56; Müller/Wirth-MÜLLER, Art. 6 GestG N 12), d.h. beide Klagen müssen entweder *im ordentlichen, im vereinfachten oder im summarischen Verfahren* erhoben werden können. Es ist schlechterdings ausgeschlossen, dass Haupt- und Widerklage in verschiedenen Verfahrensarten abgewickelt werden können, so z.B. die Hauptklage im ordentlichen und die Widerklage im summarischen Verfahren. Die ZPO regelt diese Anforderung nun ausdrücklich in Art. 224 und erhebt damit die **Voraussetzung der gleichen Verfahrensart** für Haupt- und Widerklage zu **Bundesrecht.** Für die Kantone besteht hier gar **kein Regelungsspielraum** mehr. 25

VI. Voraussetzung der Rechtshängigkeit der Hauptklage

26 Eine weitere **Voraussetzung der Widerklage** ist nach Lehre und Praxis die **Rechtshängigkeit** der Hauptklage (BGE 87 I 130 E. 3; VOGEL/SPÜHLER, 7. Kap. N 60). Das Erfordernis der Rechtshängigkeit ist im Wortlaut von Art. 14 Abs. 1 (wie schon von Art. 6 GestG) nicht erwähnt. In den Materialien findet sich dazu nichts. Die Widerklage kann indes nur bei rechtshängiger Hauptklage erhoben werden. Der Zeitpunkt des Eintritts der Rechtshängigkeit ist in Art. 62 ff. geregelt. Soweit es um den **Grundsatz der Rechtshängigkeit der Hauptklage als Voraussetzung der Zulässigkeit der Widerklage** geht, liegt **ungeschriebenes Bundesrecht** vor (GestG-Komm.-SPÜHLER, Art. 6 N 16).

VII. Der Zeitpunkt der Anhängigmachung der Widerklage

27 Der Zeitpunkt der Anhängigmachung der Widerklage wird durch das *Bundesrecht* geregelt. Die Widerklage kann nach Art. 224 spätestens in der **Klageantwort** erhoben werden. Für abweichendes kantonales Recht verbleibt kein Raum. Verspätete Widerklagen, auch solche, die erst im Rechtsmittelverfahren eingebracht werden, sind nicht mehr zulässig. Ausnahmen gelten für den Scheidungsprozess.

VIII. Art. 14 Abs. 2

28 Art. 14 Abs. 2 befasst sich mit dem **Schicksal des Gerichtsstandes der Widerklage** – und nicht etwa mit der Widerklage als solcher (unrichtig damals BOTSCHAFT GestG, 2847) –, wenn die Hauptklage dahin fällt. Gemäss dieser Bestimmung bleibt der einmal begründete Gerichtsstand bestehen. Dies ist Ausfluss aus dem Umstand, dass es sich bei der Widerklage um eine selbständige Klage handelt. Die Botschaft zum Gerichtsstandsgesetz fand zu Recht, ein Hinfall der Widerklage wäre unbillig (BOTSCHAFT GestG, 2848). Eine andere als die vom Gesetzgeber gewählte Lösung würde nicht mit dem Grundsatz von Treu und Glauben übereinstimmen, denn der Widerbeklagte hat das Forum mit der Einreichung der Hauptklage selbst gewählt. Die Regelung von Art. 14 Abs. 2 ist demnach auch prozessökonomisch sinnvoll (GestG-Komm.-SPÜHLER, Art. 6 N 17).

29 Das Weiterbestehen des Gerichtsstandes für die Widerklage ist **unabhängig vom Grund des Dahinfallens der Hauptklage**. Gleichgültig ist deshalb, ob die Hauptklage infolge Nichteintretens, Rückzug, Gegenstandslosigkeit, Annerkennung, Vergleichs oder (Teil-)Urteils dahin gefallen ist. Daraus folgt, dass der Gerichtsstand der Widerklage auch fortdauert, wenn nach deren Rechtshängigkeit auf die Hauptklage mangels örtlicher Zuständigkeit nicht eingetreten wird (BOTSCHAFT GestG, 2847; Müller/Wirth-MÜLLER, Art. 6 GestG N 22 f.).

30 Da die Widerklage spätestens mit der Klageantwort erhoben werden muss, ist eine Widerklage, die erst in Rechtsmittelinstanzen erhoben wird, unzulässig. Die in N 28 und 29 dargelegten Grundsätze gelten aber immerhin dann, wenn es für ein Rechtsmittel gegen ein Urteil über die Hauptklage an einer **Rechtsmittelvoraussetzung fehlt** und deshalb nicht auf das Rechtsmittel eingetreten wird. Dies berührt die örtliche Zuständigkeit der Widerklage nicht (GestG-Komm.-SPÜHLER, Art. 6 N 20).

IX. Sachliche Zuständigkeit

31 Art. 14 regelt bloss die örtliche Zuständigkeit. Die sachliche Zuständigkeit bestimmt sich nach **kantonalem Recht**. Immerhin greift der Bund insofern ein, als er bei Vorliegen von Haupt- und Widerklage den Streitwert nach dem höheren Rechtsbegehren bestimmt (Art. 94) und damit direkt Einfluss auf die sachliche Zuständigkeit der Klagen nimmt. Die

X. Internationales Recht

Die Widerklage wird im schweizerischen Internationalen Recht in **Art. 8 IPRG** geregelt. Die Regelung entspricht hinsichtlich dem Erfordernis im Wesentlichen der Konnexität derjenigen von Art. 14. **32**

Demgegenüber befasst sich im Anwendungsbereich des Lugano-Übereinkommens **Art. 6 Nr. 3 LugÜ** mit der Widerklage. Dieser geht im persönlich-räumlichen Geltungsbereich Art. 8 IPRG vor (IPRG-Komm.-VOLKEN, Art. 8 N 1). Besagter Artikel verlangt von der Widerklage, dass sie sich auf denselben Vertrag oder Sachverhalt wie die Klage selbst stützt und ist damit enger gefasst als Art. 14 oder Art. 8 IPRG. **33**

Art. 15

Streitgenossenschaft und Klagenhäufung

¹ Richtet sich die Klage gegen mehrere Streitgenossen, so ist das für eine beklagte Partei zuständige Gericht für alle beklagten Parteien zuständig, sofern diese Zuständigkeit nicht nur auf einer Gerichtsstandsvereinbarung beruht.

² Stehen mehrere Ansprüche gegen eine beklagte Partei in einem sachlichen Zusammenhang, so ist jedes Gericht zuständig, das für einen der Ansprüche zuständig ist.

Consorité et cumul d'actions

¹ Lorsque l'action est intentée contre plusieurs consorts, le tribunal compétent à l'égard d'un défendeur l'est à l'égard de tous les autres, à moins que sa compétence ne repose que sur une élection de for.

² Lorsque plusieurs prétentions présentant un lien de connexité sont élevées contre un même défendeur, chaque tribunal compétent pour statuer sur l'une d'elles l'est pour l'ensemble.

Litisconsorzio e cumulo di azioni

¹ Se l'azione è diretta contro più litisconsorti, il giudice competente per un convenuto lo è anche per gli altri, eccetto che questo foro risulti soltanto da una proroga.

² Se contro un convenuto sono fatte valere più pretese materialmente connesse, il giudice competente per una di esse lo è anche per le altre.

Inhaltsübersicht Note

I. Allgemeines	1
II. Subjektive Klagenhäufung (Abs. 1)	2
1. Einfache Streitgenossenschaft	3
2. Notwendige Streitgenossenschaft	4
3. Sachzusammenhang und gleiche Verfahrensart	9
4. Fallkonstellationen	10
5. Zuständiges Gericht	13
III. Objektive Klagenhäufung (Abs. 2)	14
1. Mehrere Ansprüche gegen eine beklagte Partei	17
2. Sachlicher Zusammenhang	18

3. Gleiche Verfahrensart 19
4. Zuständiges Gericht 20
5. Abgrenzung 23

IV. Einzelfragen 24

V. Rechtsmittel 31

VI. Internationale Verhältnisse 33
1. LugÜ II 33
2. IPRG 35

Literatur

S. P. BAUMGARTNER, Class Actions and Group Litigation in Switzerland, Northwestern Journal of International Law and Business 27 (2007) 301–350; CHR. BRÜCKNER/TH. WEIBEL, Die erbrechtlichen Klagen, 2. Aufl., Zürich 2006; TH. A. CASTELBERG, Die identischen und die in Zusammenhang stehenden Klagen im Gerichtsstandsgesetz, Diss. Bern 2004; J. E. DOMENIG, Die Verhütung widersprechender Zivilurteile, insbesondere durch den Gerichtsstand des Sachzusammenhangs, Diss. Zürich 1952; PH. DICKENMANN, Sammelklagen und kollektiver Rechtsschutz, Anwaltsrevue 2009, 468–471; M. DIRKSEN-SCHWANENLAND, Die Auswirkungen der notwendigen Streitgenossenschaft, insbesondere auf das Rechtsmittelverfahren, Diss. Hamburg 1995; J. FLEPP, Die Streitgenossenschaft im schweizerischen Zivilprozessrecht, Diss. Zürich 1945; D. GAUTHEY LADNER, Solidarité et consorité en matière délictuelle en droit suisse et américain, en particulier new-yorkais, Diss. Lausanne 2001; E. GEIER, Die Streitgenossenschaft im internationalen Verhältnis, Diss. St. Gallen 2005; J. GEIGER, Streitgenossenschaft und Nebenintervention, Diss. Zürich 1969; R. GEISER, Über den Ausstand des Richters im schweizerischen Zivilprozessrecht, Diss. Zürich 1957; C. GIGER, Der Gerichtsstand des Sachzusammenhangs, Diss. Basel 1998; CH. GREINER, Die Class Action im amerikanischen Recht und deutscher Ordre Public, Diss. München 1997; CHR. VON HOLZEN, Die Streitgenossenschaft im schweizerischen Zivilprozess, Diss. Basel 2006; F. KELLERHALS, Gerichtsstandsvereinbarungen nach dem Gerichtsstandsgesetz: Schutz des Schwachen vs. Schutz gegen widersprüchliche Entscheide und ineffiziente Streiterledigung, in: FS Hans Peter Walter, Bern 2005, 487–506; J. OVARI, Die Streitgenossenschaft im schweizerischen Zivilprozess (unter besonderer Berücksichtigung der notwendigen Streitgenossenschaft), Diss. Basel 1963; L. PERUCCHI, Anerkennung und Vollstreckung von US class action-Urteilen und -Vergleichen in der Schweiz, Diss. Luzern 2007; J. W. PLANCK, Die Mehrheit der Rechtsstreitigkeiten im Prozessrecht, Göttingen 1844; P. REETZ, Die allgemeinen Bestimmungen des Gerichtsstandsgesetzes, Diss. Zürich 2001; I. ROMY, Litiges des masse, Diss. Freiburg 1997; M.-F. SCHAAD, La Consorité en Procédure Civile, Diss. Neuenburg 1993; I. SCHWANDER, Streitgenossenschaft interkantonal und international, in: Mélanges Dutoit, Genf 2002, 257–269; L. THÉVENOZ, L'action de groupe en procédure civile suisse, in: Veröffentlichungen des Schweizerischen Instituts für Rechtsvergleichung, Bd. 12, Zürich 1990.

I. Allgemeines

1   Art. 15 Abs. 1 behandelt die örtliche Zuständigkeit für Klagen gegen eine Mehrheit von Parteien auf der Beklagtenseite (**Streitgenossenschaft** oder **subjektive Klagenhäufung**), Art. 15 Abs. 2 die örtliche Zuständigkeit für mehrere Ansprüche gegen dieselbe beklagte Partei (**objektive Klagenhäufung**).

II. Subjektive Klagenhäufung (Abs. 1)

2   Art. 15 Abs. 1 handelt von der **passiven Streitgenossenschaft** (mehrere Parteien auf der Beklagtenseite) und unterscheidet – wie schon das aufgehobene GestG – nicht zwischen einfacher (Art. 71) und notwendiger Streitgenossenschaft (Art. 70). Der erste Halbsatz von Abs. 1 entspricht wortgleich Art. 7 Abs. 1 GestG.

1. Einfache Streitgenossenschaft

Bei der **einfachen passiven Streitgenossenschaft** ist nach Art. 15 Abs. 1 das für eine beklagte Partei zuständige Gericht gegenüber sämtlichen beklagten Parteien zuständig, wenn die Klagen auf gleichartigen Tatsachen oder Rechtsgründen beruhen (Art. 71 Abs. 1). Bei der einfachen passiven Streitgenossenschaft sind mehrere Beklagte ohne zwingende materiell-rechtliche Vorschrift an einem Verfahren beteiligt, wobei die Klagen einen inneren Zusammenhang aufweisen. Grund für eine einfache Streitgenossenschaft sind Zweckmässigkeitsüberlegungen. Zudem soll die Gefahr von widersprechenden Urteilen verhindert oder zumindest verringert werden (statt vieler VON HOLZEN, 40). Das Gericht kann die Klagen in jedem Verfahrensstadium auch ohne die Einwilligung der Parteien wieder aufteilen, wenn dies als zweckmässiger erscheint. Bei der einfachen Streitgenossenschaft werden die geltend gemachten Ansprüche zusammengerechnet, sofern sie sich nicht gegenseitig ausschliessen (Art. 93 Abs. 1). Dabei bleibt Verfahrensart trotz Zusammenrechnung des Streitwerts erhalten (Art. 93 Abs. 2).

2. Notwendige Streitgenossenschaft

Sind mehrere Personen an einem Rechtsverhältnis beteiligt, über das nur mit Wirkung für alle entschieden werden kann, so müssen sie gemeinsam klagen oder beklagt werden (Art. 70 Abs. 1). Bei der **notwendigen Streitgenossenschaft** muss aus materiellrechtlichen Gründen gegen alle Beteiligten gemeinsam und gleich entschieden werden. Typische Fälle von notwendiger Streitgenossenschaft sind die Erbengemeinschaft (Art. 602 ZGB), die einfache Gesellschaft (Art. 530 ff. OR) und die Gemeinderschaft (Art. 336 ff. ZGB). Die Fälle der passiven notwendigen Streitgenossenschaft sind viel seltener als die Fälle der aktiven notwendigen Streitgenossenschaft. Am ehesten sind Fälle bei Gemeinschaften zur gesamten Hand denkbar, soweit dingliche Rechte gegen die Gesamthänder geltend gemacht werden. **Passive notwendige Streitgenossenschaft** besteht regelmässig, wenn ein Rechtsverhältnis umgestaltet werden soll, das notwendigerweise mehrere Personen betrifft, namentlich die Klagen auf Anfechtung der Vaterschaft (Art. 256 Abs. 2 ZGB) oder auf Anfechtung deren Anerkennung (Art. 260a Abs. 3 ZGB).

Für obligatorische Forderungen besteht dagegen Solidarität (Art. 603 Abs. 1 und Art. 342 Abs. 2 ZGB, Art. 544 Abs. 3 OR) oder eine andere persönliche Haftung (Art. 233 f. ZGB) und gerade keine notwendige passive Streitgenossenschaft (BGer, 5P.134/2002, E. 2.2; BGE 121 III 118 E. 3). So haften bspw. die Erben solidarisch für die Erbschaftsschulden, und jeder Erbe kann einzeln für die Erbengemeinschaft eingeklagt werden (vgl. Art. 603 Abs. 1 ZGB). Gleiches gilt für die Klage des Vermächtnisnehmers nach Art. 601 ZGB gegen die anderen Erben auf Herausgabe eines bestimmten Geldbetrages, es sei denn, der Vermächtnisnehmer ist zugleich Erbe. Ist der Streitgegenstand ein Sachlegat, so ist die Gesamtheit der Erben als notwendige Streitgenossenschaft einzuklagen (BRÜCKNER/WEIBEL, 105). Kein notwendiger Streitgenosse ist der Willensvollstrecker.

a) Eigentlich und uneigentlich notwendige Streitgenossenschaft

Die Lehre unterscheidet teilweise zwischen **eigentlich** und **uneigentlich notwendiger Streitgenossenschaft** (VON HOLZEN, 39 m.w.H.). Bei der eigentlich notwendigen Streitgenossenschaft ist die Einzelklage eines einzelnen Beteiligten unzulässig, da die Streitgenossen in ihrer Gesamtheit Rechtsträger des eingeklagten Anspruchs sind. Bei der uneigentlich notwendigen Streitgenossenschaft (consorité improprement dite) verlangt das materielle Recht nicht, dass mehrere Beklagte gleichzeitig als notwendige Streitgenossen einklagen bzw. eingeklagt werden. Einzelklagen sind zulässig, doch müssen die Urteile für alle Beteiligten identisch ausfallen; so etwa bei der Vaterschaftsklage nach Art. 261

ZGB: Aktivlegitimiert sind die Mutter und das Kind. Klagen beide, so können die Klagen gemeinsam oder getrennt eingereicht werden. Auch bei getrennt eingebrachten Klagen kann nicht die eine Klage gutgeheissen und die andere abgewiesen werden. Gleiches gilt bei der Anfechtung eines GV-Beschlusses nach Art. 706 OR: Die Klage kann von mehreren Aktionären getrennt eingereicht werden, das Urteil (Aufhebung des Beschlusses) wirkt jedoch für alle Aktionäre. Wohl aber nicht bei der Herabsetzungsklage eines Pflichtteilserben gegen mehrere Zuwendungsempfänger (vgl. REETZ, 91–93).

b) Alternative und eventuelle Streitgenossenschaft

7   Bei der **alternativen Streitgenossenschaft** werden die Beklagten mit dem Begehren ins Recht gefasst, es sei entweder A oder B zur Leistung zu verpflichten; bei der **eventuellen Streitgenossenschaft** lautet das Rechtsbegehren, es sei A, eventuell B zur Leistung zu verpflichten (VOGEL/SPÜHLER, 5. Kap. Rz 61a; zur Frage der Zulässigkeit der eventuellen Streitgenossenschaft s. VON HOLZEN, 42–45 m.w.H.).

c) Echte und unechte Streitgenossenschaft

8   Die kantonalen Prozessgesetze unterschieden zwischen **echten** (materiellen) und **unechten** (formellen) **Streitgenossenschaften**. Die erste Gruppe sind Streitgenossenschaften, bei denen die Parteien gemeinschaftliche Rechte und Pflichten bezüglich des Streitgegenstandes oder aus demselben Rechtsgrund haben. Für die zweite Gruppe sind im Wesentlichen gleichartige tatsächliche und rechtliche Grundlagen vorausgesetzt.

3. Sachzusammenhang und gleiche Verfahrensart

9   Bei der notwendigen passiven Streitgenossenschaft bedarf es keines besonderen **Sachzusammenhangs**; dieser ist vielmehr inhärent und daher nicht besonders zu prüfen (STAEHELIN/STAEHELIN/GROLIMUND, § 9 Rz 51). Wie auch schon das aufgehobene GestG sagt die ZPO nichts über das Erfordernis der gleichen Verfahrensart. Aus Gründen der Praktikabilität und der einheitlichen Rechtsanwendung ist die Voraussetzung der gleichen Verfahrensart als ungeschriebener bundesrechtlicher Grundsatz anzuerkennen (vgl. VOGEL/SPÜHLER, 4. Kap. Rz 87 hinsichtlich Art. 7 Abs. 1 GestG; vgl. auch DONZALLAZ, Comm., Art. 7 GestG N 13).

4. Fallkonstellationen

10 Passive Streitgenossenschaft liegt etwa in folgenden Fallkonstellationen vor:

– Klage auf Verwandtenunterstützung gegen mehrere Verwandte nach Art. 328 ZGB (BGE 60 II 266 E. 3; SJZ 1978, 40);

– Unterhaltsklage des Kindes gegen Vater und Mutter nach Art. 279 ZGB;

– Herabsetzungsklage gegen mehrere Zuwendungsempfänger bzw. Vermächtnisnehmer nach Art. 522 Abs. 1 ZGB;

– Testamentsungültigkeitsklage nach Art. 519 ZGB;

– Obligatorische Forderungen gegen Gesamthandschaften (Müller/Wirth-MÜLLER, Art. 7 GestG N 22);

– Klagen gegen mehrere Solidarschuldner, sei es aus Vertrag oder gemeinsamem Verschulden (Müller/Wirth-MÜLLER, Art. 7 GestG N 22);

2. Kapitel: Örtliche Zuständigkeit 11–13 Art. 15

– Obligatorische Ansprüche aus einem Rechtsverhältnis zur gesamten Hand nach Art. 143, 181 Abs. 2 und Art. 759 Abs. 1 OR;
– Nicht dingliche Klagen auf unteilbare Leistung (Müller/Wirth-MÜLLER, Art. 7 GestG N 22);
– Negative Feststellungsklage gegen eine Mehrheit von Solidargläubigern nach Art. 70 OR;
– Klagen gegen mehrere mittelbare oder unmittelbare Besitzer, Dienstbarkeitsberechtigte oder Drittpfandgeber (Müller/Wirth-MÜLLER, Art. 7 GestG N 22).

Passive (unechte) Streitgenossenschaft liegt etwa in folgenden Fallkonstellationen vor: **11**

– Klage des Bauunternehmers gegen mehrere Unterakkordanten aus gleichartigen Werkverträgen (Müller/Wirth-MÜLLER, Art. 7 GestG N 23);
– Klage einer Versicherungsgesellschaft gegen mehrere Versicherte aus hinsichtlich der Klageansprüche gleichlautenden Versicherungsverträgen (Müller/Wirth-MÜLLER, Art. 7 GestG N 23);
– Klage des Vermieters gegen mehrere Mieter aus gleichlautenden Mietverträgen (Müller/Wirth-MÜLLER, Art. 7 GestG N 23);
– Klage des Arbeitgebers gegen mehrere Arbeitnehmer bei identischen Verträgen und gleicher Verletzung (Müller/Wirth-MÜLLER, Art. 7 GestG N 23);
– Verbindung von Patentnichtigkeitsklagen, wenn ein Patent A allein, das andere A und B gemeinsam zusteht (ZR 1976 Nr. 31);
– Klage gegen den Hauptschuldner und den Bürgen oder Garanten (FRANK/STREULI/MESSMER, § 40 ZPO/ZH N 12);
– Klage eines Vorkaufsberechtigten gegen den Verkäufer auf Zusprechung des Eigentums und auf Grundbuchberichtigung des zu Unrecht als Eigentümer eingetragenen Käufers (BGE 84 II 187; 85 II 474).

Der häufig angeführte Fall der Klage eines pflichtteilsgeschützten Erben gegen mehrere Zuwendungsempfänger fällt nach der hier vertretenen Auffassung nicht unter Art. 15 Abs. 1 (gl.M. wohl VON HOLZEN, 138; **a.A.** GestG-Komm.-REETZ, Art. 7 N 6 i.V.m. N 4). Eine solche Konstellation einer **uneigentlich einfachen Streitgenossenschaft** liegt nur dann vor, wenn mehreren Klägern ein selbstständiges Klagerecht zusteht, aber trotzdem für alle Beteiligten ein einheitliches Urteil zu ergehen hat. **12**

5. Zuständiges Gericht

Gemäss dem Wortlaut von Art. 15 Abs. 1 zweiter Halbsatz ist das Gericht zuständig, das für eine beklagte Partei zuständige Gericht für alle beklagten Parteien zuständig, sofern diese Zuständigkeit nicht nur auf einer **Gerichtsstandsvereinbarung** beruht. Ist also ein Gericht auf Grund einer Gerichtsstandsvereinbarung (vgl. Art 17 ZPO, Art. 23 LugÜ II und Art. 5 IPRG) für einen der Beklagten zuständig, so ist dieses Gericht nicht für die anderen Beklagten zuständig (anders noch BGE 129 II 80 E. 2.3 hinsichtlich Art. 7 Abs. 1 GestG; 117 II 208 hinsichtlich Art. 129 Abs. 3 IPRG; krit. KELLERHALS, 498–502). Bei der notwendigen passiven Streitgenossenschaft besteht in jedem Fall ein Forum gegenüber sämtlichen beklagten Parteien. Das materielle Recht gebietet, dass bei notwendiger Streitgenossenschaft über die Klage ein einheitliches Urteil ergeht (BGE 129 **13**

III 80 E. 2.2; VOGEL/SPÜHLER, Kap. 5 Rz 55a). Vgl. in diesem Zusammenhang Art. 70 Abs. 1, der ein Rechtsverhältnis verlangt, über das nur mit Wirkung für alle entschieden werden kann.

III. Objektive Klagenhäufung (Abs. 2)

14 Eine **objektive Klagenhäufung** liegt vor, wenn ein Kläger gegen denselben Beklagten gleichzeitig mehrere Ansprüche stellt oder mehrere getrennt eingereichte Ansprüche eines Klägers gegen den gleichen Beklagten vereinigt werden.

15 Stehen mehrere Ansprüche gegen eine beklagte Partei in einem **sachlichen Zusammenhang**, so ist nach Art. 15 Abs. 2 jedes Gericht (örtlich) zuständig, das für einen der Ansprüche zuständig ist. Mit sachlichem Zusammenhang ist ein rechtlicher oder tatsächlicher Zusammenhang gemeint (BGE 132 III 178 E. 3). Präzisierend hält Art. 90 fest, dass die klagende Partei mehrere Ansprüche gegen dieselbe Partei in einer Klage vereinen kann, sofern das gleiche Gericht dafür **sachlich zuständig** ist, und die **gleiche Verfahrensart** Anwendung findet.

16 Die in einem sachlichen Zusammenhang stehenden Ansprüche können **kumulativ** (Bsp: Kläger verlangt die Herausgabe der Sache und Schadenersatz wegen Beschädigung der Sache) oder **eventuell** (Bsp: Kläger verlangt die Herausgabe der Sache; für den Fall der objektiv unmöglichen Leistung wegen Weiterverkaufs verlangt der Kläger den Kaufpreis) geltend gemacht werden. Eine **alternative** Klagenhäufung (Bsp: Kläger verlangt die Herausgabe der Sache oder die Bezahlung des Kaufpreises: welcher Antrag gutgeheissen werden soll, überlässt er dem Gericht) ist unzulässig (vgl. WALDER/GROB, § 11 Rz 1). Wie die passive Streitgenossenschaft (Art. 15 Abs. 1) entsteht objektive Klagenhäufung entweder durch gleichzeitige Klageerhebung oder durch richterliche Prozessvereinigung (Müller/Wirth-MÜLLER, Art. 7 GestG N 30). Schliesslich werden bei der (objektiven) Klagenhäufung die geltend gemachten Ansprüche zusammengerechnet, sofern sie sich nicht gegenseitig ausschliessen (Art. 93 Abs. 1).

1. Mehrere Ansprüche gegen eine beklagte Partei

17 Definitionsgemäss ist bei der objektiven Klagenhäufung gemäss Abs. 2 erforderlich, dass mehrere Ansprüche vom selben Kläger gegen denselben Beklagten geltend gemacht werden (SPÜHLER/VOCK, GestG, Art. 7 N 2; FRANK/STRÄULI/MESSMER, § 58 N 3; DONZALLAZ, Comm., Art. 7 GestG N 25). Notwendige Streitgenossenschaften – nicht jedoch einfache Streitgenossenschaften, gleichgültig ob echt oder unecht – gelten als eine Partei. Unerheblich ist, ob es sich bei den gleichzeitig anhängigen Klagen bzw. Rechtsbegehren (zur Rechtshängigkeit s. Art. 62 Abs. 1) um **Feststellungsklagen** (Art. 88), **Leistungsklagen** (Art. 84) oder **Gestaltungsklage**n (Art. 87) handelt.

2. Sachlicher Zusammenhang

18 Art. 15 Abs. 2 verlangt einen **sachlichen Zusammenhang** (Konnexität) der Ansprüche gegen eine und dieselbe beklagte Partei. Dieses Erfordernis kommt in anderen Vorschriften zwar ebenfalls vor (Art. 14 Abs. 1: Widerklage [s. hier auch Art. 8 IPRG], Art. 127 Abs. 1: Überweisung bei zusammenhängenden Verfahren; Art. 227 Abs. 1 lit. a: Klageänderung), wird vom Gesetzgeber aber weder definiert noch umschrieben. Für die Konkretisierung des sachlichen Sachzusammenhangs darf auf Art. 28 Nr. 3 LugÜ II zurückgegriffen werden. Danach stehen Klagen im Zusammenhang, «wenn zwischen ihnen

eine so enge Beziehung gegeben ist, dass eine gemeinsame Verhandlung und Entscheidung geboten erscheint, um zu vermeiden, dass in getrennten Verfahren widersprechende Entscheidungen ergehen könnten.» Der sachliche Zusammenhang kann vorliegen, wenn die Klage ihren Grund im selben Lebenssachverhalt oder im selben Rechtsverhältnis hat (Müller/Wirth-MÜLLER, Art. 7 GestG N 33). Ein Verhältnis von Haupt- und Nebenanspruch ist indessen nicht erforderlich (DONZALLAZ, Comm., Art. 7 aGestG N 45–47).

3. Gleiche Verfahrensart

Neben dem sachlichen Zusammenhang muss die **gleiche Verfahrensart** gelten (SPÜHLER/ VOCK, GestG, Art. 7 N 3; VOGEL/SPÜHLER, 4. Kap. Rz 87). Auch hier gilt der ungeschriebene bundesrechtliche Grundsatz, dass das angerufene örtlich zuständige Gericht nur über Klagen gleichzeitig entscheiden kann, die in der gleichen Verfahrensart (ordentliches Verfahren: Art. 219–247; summarisches Verfahren: Art. 248–270) zu behandeln sind (statt vieler VOGEL/SPÜHLER, Kap. 7 Rz 45). 19

4. Zuständiges Gericht

Gemäss dem Wortlaut von Art. 15 Abs. 2 ist jedes Gericht zuständig, das für einen der Ansprüche zuständig ist. Bestimmt die ZPO nichts anderes, regelt das kantonale Recht die sachliche und funktionelle Zuständigkeit der Gerichte (Art. 4 Abs. 1). In Frage kommen der Gerichtsstand am Wohnsitz bzw. Sitz des Beklagten (Art. 10 Abs. 1 lit. a bzw. b), am Handlungs-, Erfolgs- oder Unfallort (vgl. Art. 36), am Ort der Niederlassung (Art. 12), der gelegenen Sache (Art. 30, 33), der Widerklage (Art. 14 Abs. 1), der Streitgenossenschaft (Art. 15 Abs. 1), der Einlassung (Art. 18) oder gar am Wohnsitz des Klägers (vgl. Art. 23 Abs. 1: Scheidungsklage). Im Gegensatz zu Abs. 1 ist in Abs. 2 der vereinbarte Gerichtsstand möglich. 20

Im Rahmen der objektiven Klagenhäufung kommt es ebensowenig wie bei der subjektiven Klagenhäufung (Streitgenossenschaft) darauf an, wo zuerst geklagt wird (Müller/ Wirth-MÜLLER, Art. 7 GestG N 35). Der Kläger wird i.d.R. mehrere Ansprüche gleichzeitig bei ein- und demselben Gericht einklagen und die Zuständigkeit nach Art. 15 Abs. 2 begründen. Damit liegt die objektive Klagenhäufung vor. Auch eine **Vereinigung** der nacheinander beim selben Gericht eingeklagten **konnexen** Ansprüche gestützt auf Art. 15 Abs. 2 ist zulässig, sofern die erste Klage noch anhängig ist. Schliesslich greifen Art. 126 Abs. 1, wonach das Gericht das Verfahren sistieren kann, wenn der Entscheid vom Ausgang eines anderen Verfahrens abhängig ist, sowie Art. 127 Abs. 1, wonach ein später angerufenes Gericht die bei ihm rechtshängige Klage an das zuerst angerufene Gericht überweisen kann, wenn dieses mit der Übernahme einverstanden ist. 21

Der Gerichtsstand der objektiven Klagenhäufung steht nur zur Verfügung, wenn das kantonale Recht dieselbe sachliche Zuständigkeit vorsieht. 22

5. Abgrenzung

Keine objektive Klagenhäufung liegt vor, wenn ein einziges Recht durch **verschiedene Normen** begründet werden kann, so wenn z.B. ein Schadenersatzbegehren mit Vertragsverletzung (Art. 97 Abs. 1 OR) und unerlaubter Handlung (Art. 41 Abs. 1 OR). Man spricht in diesen Fällen von sog. **Anspruchskonkurrenz**, wobei separate gleichzeitige oder gestaffelte Klagen ausgeschlossen sind, weil ein einziger Streitgegenstand vorliegt (SUTTER, Rz 214). 23

IV. Einzelfragen

24 Die Zulässigkeit der Streitgenossenschaft ist als **Prozessvoraussetzung** von Amtes wegen zu prüfen. Eine unzulässige Streitgenossenschaft verhindert das materielle Eintreten auf die Klage (STAEHELIN/STAEHELIN/GROLIMUND, § 13 Rz 34).

25 Die Kompetenzattraktion des Gerichts für einen Anspruch gegen mehrere Beklagte (Art. 15 Abs. 1) und für mehrere Ansprüche gegen dieselbe beklagte Partei (Art. 15 Abs. 2) gilt nur für **bundeszivilrechtliche Ansprüche**. Die örtliche Zuständigkeit für Ansprüche gestützt auf kantonales Privatrecht bestimmt sich nach kantonalem Recht (vgl. BOTSCHAFT GestG, 2844 Ziff. 22). Keine Anwendung findet die ZPO sodann auf bundeszivilrechtliche Ansprüche, die zusammen mit Klagen des SchKG erhoben werden, für welche das SchKG spezielle Zuständigkeitsvorschriften bereithält.

26 **Nebenansprüche** gehören vor das Gericht der Hauptsache (VOGEL/SPÜHLER, 4. Kap. Rz 86; BGE 66 I 228 E. 3; 58 I 165 E. 4) und nicht umgekehrt (so auch Kellerhals/von Werth/Güngerich-KELLERHALS/GÜNGERICH, Art. 7 GestG N 20; a.A. Müller/Wirth-MÜLLER, Art. 7 GestG N 43). Die Frage, ob gemeinsam eingereichte Klagen zu trennen (Art. 125 lit. b) oder selbstständig eingereichte Klagen zu vereinigen (Art. 125 lit. c) sind, sowie die Frage der Sistierung (Art. 126) und Überweisung (Art. 127) beurteilt sich ausschliesslich nach Bundesrecht.

27 Die objektive Klagenhäufung hat nichts zu tun mit der sog. **Gruppen- oder Sammelklage** (class action), ein in der Schweiz unbekanntes Institut des amerikanischen Prozessrechts. In einer Gruppenklage ist die Beurteilung der Ansprüche oder eines Teils der Ansprüche von mehreren Anspruchsberechtigten gegen denselben Beklagten im Rahmen einer einzigen Klage möglich (PERUCCHI, 5; zum Problem des Ordre public bei einer Anerkennung in der Schweiz vgl. DERS., 42–76, insb. 67–70). Die Klage nimmt aber lediglich ein oder mehrere «Vertreter» wahr, ohne dass sich die Berechtigten als Parteien am Prozess beteiligen (vgl. VOGEL/SPÜHLER, Kap. 4 Rz 64i; BOTSCHAFT ZPO, 7281). Auf die Einführung von Sammelklagen und eine Regelung für die Abwicklung von Massenschäden (anders noch Art. 35 VE-ZPO) wurde verzichtet (zu der aus Art. 28 ZGB abgeleiteten Verbandsklage vgl. BGE 73 II 65 E. 1–3; 114 II 345 E. 3b; 125 III 82 E. 2; vgl. zudem etwa Art. 56 Abs. 1 lit. a MschG, 10 Abs. 2 lit. b UWG oder 7 Abs. 1 GlG; für eine spezialgesetzliche Regelung vgl. ROMY, 275–280).

28 Art. 15 greift nicht, wenn die ZPO für einen der objektiv oder subjektiv zu häufenden Ansprüche eine **zwingende Zuständigkeit** vorsieht (vgl. Müller/Wirt-MÜLLER, Art. 7 GestG N 47). Es ist unzulässig, dem Kläger zu gestatten, dem Beklagten durch subjektive oder objektive Klagenhäufung einen zwingenden Gerichtsstand zu entziehen. Ein Gerichtsstand ist nach Art. 9 Abs. 1 nur dann zwingend, wenn es das Gesetz ausdrücklich vorsieht (so in Art. 13, 19, 21–30, 43, 45 und 339 Abs. 1).

29 Der vor der Entstehung der Streitigkeit begründete **Verzicht** auf die gesetzlichen Gerichtsstände oder die Einlassung ist nur beschränkt zulässig. Unzulässig ist er im Voraus bei konsumentenrechtlichen Streitigkeiten, bei Klagen aus Miete und Pacht unbeweglicher Sachen sowie bei arbeitsrechtlichen Klagen (vgl. Art. 35 Abs. 1). In allen anderen Fällen ist die Einlassung durch den Beklagten zulässig, und das angerufene Gericht wird zuständig (vgl. Art. 18).

30 Obwohl Art. 15 die Begriffe «Klage» (Abs. 1) und «Ansprüche» (Abs. 2) verwendet, gilt die Vorschrift auch für die Anordnung **vorsorglicher Massnahmen** (Art. 261–270). Dies ergibt sich zumindest indirekt aus Art. 13 lit. a (das für die Hauptsache zuständige Gericht).

V. Rechtsmittel

Der Entscheid über die Zuständigkeit erfolgt in Form einer Zwischenverfügung und unterliegt – streitwertunabhängig – der **Beschwerde** an die kantonale Rechtsmittelinstanz (Art. 319 lit. a i.V.m. Art. 321 Abs. 1). Die sachliche Zuständigkeit wird durch das kantonale Recht bestimmt (Art. 4 Abs. 1). Beschwerdeentscheide durch die obere kantonale Instanz können in solchen Angelegenheiten mit der **Beschwerde in Zivilsachen** beim BGer angefochten werden (Art. 92 Abs. 1 BGG). Dasselbe gilt für Teilentscheide, die das Verfahren nur für einen Teil der Streitgenossen abschliesst (Art. 72 Abs. 1 BGG i.V.m. Art. 91 lit. b BGG). Eine Streitwertgrenze besteht bei der Beschwerde in Zivilsachen nur in vermögensrechtlichen Angelegenheiten (Art. 74 BGG), bei den übrigen Streitigkeiten ist sie immer zulässig.

Es ist namentlich in folgenden Fällen die Berufung und letztinstanzlich die **Beschwerde in Zivilsachen** ans BGer zu erheben (vgl. GestG-Komm.-REETZ, Art. 7 N 22):

– das Gericht bejaht oder verneint zu Unrecht das Vorliegen einer notwendigen passiven Streitgenossenschaft, da es bundesrechtswidrig nicht von gleichen Tatsachen und gleichen Rechtsgründen ausgeht;

– das Gericht bejaht oder verneint zu Unrecht das Vorliegen einer einfachen passiven Streitgenossenschaft, da es bundesrechtswidrig entweder nicht von (i) – im Kern – gleichen Tatsachen oder (ii) gleichen Rechtsgründen (verbunden mit gleichartigen Tatsachen) ausgeht;

– das später angerufene Gericht sieht im Fall der uneigentlichen notwendigen passiven Streitgenossenschaft von einer Überweisung an das zuerst angerufene Gericht ab oder dieses weigert sich, die ihm vom später angerufenen Gericht überwiesene Klage zu übernehmen;

– das Gericht weigert sich, im Falle einer notwendigen oder einfachen passiven Streitgenossenschaft eine Beurteilung im gleichen Verfahren vorzunehmen, da es für einen oder mehrere Streitgenossen eine andere sachliche Zuständigkeit oder eine andere Verfahrensart als gegeben erachtet;

– das Gericht am Gerichtsstand für den ersten einfachen passiven Streitgenossen tritt nicht auf die Klage gegen den zweiten einfachen Streitgenossen ein, da es davon ausgeht, dass dadurch zwingendes oder teilzwingende Gesetzesrecht verletzt würde.

VI. Internationale Verhältnisse

1. LugÜ II

a) Subjektive Klagenhäufung (Streitgenossenschaft)

Nach Art. 6 Nr. 1 LugÜ II kann im Falle einer (einfachen oder notwendigen) passiven Streitgenossenschaft eine Person in einem anderen Vertragsstaat verklagt werden, wenn mehrere Personen verklagt werden und zwischen den Klagen «eine so enge Beziehung gegeben ist, dass eine gemeinsame Verhandlung und Entscheidung geboten erscheint, um zu vermeiden, dass in getrennten Verfahren widersprechende Entscheidungen ergehen könnten.» Diese Voraussetzung der **«engen Beziehung»** ist bei der notwendigen Streitgenossenschaft stets gegeben. Dies bedeutet für eine Klage gegen eine Erbengemeinschaft Folgendes: Hat der beklagte Erbe A Wohnsitz in Deutschland und die beklagten Miterben B und C in der Schweiz, können A, B und C vor den jeweils fremden Richter gezogen werden.

b) Objektive Klagenhäufung

34 Das LugÜ II kennt keinen allgemeinen Gerichtsstand der objektiven Klagenhäufung.

2. IPRG

a) Subjektive Klagenhäufung (Streitgenossenschaft)

35 Das IPRG kennt keinen allgemeinen Gerichtsstand der Streitgenossenschaft.

36 Richtet sich eine Klage gegen mehrere Streitgenossen, die nach dem IPRG in der Schweiz verklagt werden können, so ist gemäss Art. 8a Abs. 1 IPRG das für eine beklagte Partei zuständige schweizerische Gericht für alle beklagten Parteien zuständig. Diese Vorschrift begründet im Gegensatz zu Art. 6 Nr. 1 LugÜ II keine internationalen Gerichtsstände der Klagenhäufung, sondern erlaubt vielmehr – nur, aber immerhin – eine örtliche Verfahrenskonzentration; sie hat somit **nur innerstaatliche Wirkung**. Sollen mehrere Parteien auf Grund einer subjektiven Klagenhäufung vor einem einzigen schweizerischen Gericht verklagt werden, so muss bezüglich jeder beklagten Partei ein Gerichtsstand auf Grund der übrigen Bestimmungen des IPRG in der Schweiz gegeben sein (BOTSCHAFT LugÜ II, 1827 f.).

37 Der Verzicht auf einen Sondergerichtsstand der Klagenhäufung (nach dem Vorbild von Art. 6 Nr. 1 LugÜ II) ist darin begründet, dass das IPRG bereits eine Vielzahl von Gerichtsständen kennt, auf Grund derer sich das Ziel der **Verfahrenskonzentration** auch durch die örtliche Zusammenführung verwirklichen lässt. Ausserhalb von LugÜ II wäre ein Urteil, welches auf einer Zuständigkeit auf Grund einer dem Art. 6 Nr. 1 LugÜ II nachempfundenen Bestimmung beruht, nur in den seltensten Fällen in einer Anerkennung im Ausland zugänglich. Auch das IPRG kennt diesen indirekten Zuständigkeitsgrund nicht (BOTSCHAFT LugÜ II, 1828).

b) Objektive Klagenhäufung

38 Das IPRG kennt keinen allgemeinen Gerichtsstand der objektiven Klagenhäufung.

39 Stehen mehrere Ansprüche gegen eine beklagte Partei, die nach dem IPRG in der Schweiz eingeklagt werden können, in einem **sachlichen Zusammenhang**, so ist gemäss Art. 8a Abs. 2 IPRG jedes schweizerisches Gericht zuständig, das für einen der Ansprüche zuständig ist. Soll also dieselbe Partei bezüglich mehrerer Ansprüche auf Grund einer objektiven Klagenhäufung vor einem einzigen schweizerischen Gericht verklagt werden, so muss bezüglich jedes eingeklagten Anspruchs ein Gerichtsstand auf Grund der übrigen Bestimmungen des IPRG in der Schweiz gegeben sein (BOTSCHAFT LugÜ II, 1828).

40 Art. 8a IPRG entspricht den schon vorhandenen punktuellen Regelungen in Art. 109 Abs. 2 IPRG (Klagen aus Immaterialgüterrechten) und Art. 129 Abs. 3 IPRG (Klagen aus unerlaubter Handlung). Sie sehen einen Gerichtsstand der Streitgenossenschaft vor unter der Voraussetzung, dass sich die Ansprüche «im wesentlichen auf die gleichen Tatsachen und Rechtsgründe» stützen. Art. 109 Abs. 2 IPRG und Art. 129 Abs. 3 IPRG sind wegen der neuen Regelung in Art. 8a IPRG obsolet geworden.

Art. 16

Streitverkündungs-klage	Für die Streitverkündung mit Klage ist das Gericht des Hauptprozesses zuständig.
Appel en cause	Le tribunal compétent pour statuer sur l'action principale statue aussi sur l'appel en cause.
Azione di chiamata in causa	Per l'azione di chiamata in causa è competente il giudice del processo principale.

Inhaltsübersicht Note

   I. Ausnahme von der Garantie des Wohnsitzgerichtsstands 1
   II. Vorbehalt zwingender Gerichtsstände 5
   III. Gerichtsstandsvereinbarungen 6
   IV. Gerichtsstand für Hauptintervention? 10
   V. Internationale Aspekte 13

Literatur

C. DÄTWYLER, Gewährleistungs- und Interventionsklage nach französischem Recht und Streitverkündung nach schweizerischem und deutschem Recht im internationalen Verhältnis nach IPRG und Lugano-Übereinkommen unter Berücksichtigung des Vorentwurfs zu einer schweizerischen Zivilprozessordnung, Diss. Lachen/St. Gallen 2005; N. J. FREI, Die Interventions- und Gewährleistungsklagen im Schweizer Zivilprozess, Diss. Zürich 2004; J. HALDY, De l'utilité de l'appel en cause, SZZP 4/2005, 439 ff. (zit. appel en cause); H.-P. MANSEL, Gerichtspflichtigkeit von Dritten: Streitverkündung und Interventionsklage (Deutschland), in: E.-M. Bajons/P. Mayr/ G. Zeiler (Hrsg.), Die Übereinkommen von Brüssel und Lugano. Der Einfluss der Europäischen Gerichtsstands- und Vollstreckungsübereinkommen auf den österreichischen Zivilprozess, Symposium vom 31. Jänner und 1. Februar 1997, Wien 1997, 177 ff. (zit. Gerichtspflichtigkeit); DERS., Gerichtsstandsvereinbarung und Ausschluss der Streitverkündung durch Prozessvertrag, ZZP 109 (1996), 61 ff. (zit. ZZP); M. MEIER, Grenzüberschreitende Drittbeteiligung: Eine Untersuchung über die Formen unfreiwilliger Drittbeteiligung in Europa und den Vereinigten Staaten von Amerika und ihre Anerkennung in der Bundesrepublik Deutschland, Diss. Frankfurt a.M. 1994.

I. Ausnahme von der Garantie des Wohnsitzgerichtsstands

Für die meisten Kantone neu ist das Institut der Streitverkündungsklage (Art. 81 f.). Mit der Streitverkündungsklage wird ein Dritter nicht bloss um Hilfe in einem Prozessverfahren gerufen; vielmehr wird gegen diesen direkt eine **Gewährleistungsklage** für den Fall erhoben, dass eine der Parteien im Hauptprozess unterliegen sollte. Als Beispiele für Gewährleistungsklagen können Ansprüche aus kauf- oder werkvertraglicher Sach- oder Rechtsgewährleistung, vertragliche Schadloshaltungsversprechen mit Einschluss von Versicherungsverträgen, Ansprüchen aus Garantien, Bürgschaften, Patronatserklärungen sowie Regressansprüche aus gesetzlicher Haftung etc. genannt werden (u.a. Müller/ Wirth-MÜLLER, Art. 8 GestG N 14; zum Ganzen die Ausführungen zu Art. 81 N 1 ff.). 1

Art. 16 bezeichnet das **Gericht** des Hauptprozesses für die Streitverkündungsklage als zuständig. Diese Bestimmung ersetzt **Art. 8 GestG**, welche den Kantonen die *Option* 2

3 Da es sich bei Art. 16 um eine bundesrechtliche Gerichtsstandsnorm handelt, kann die streitverkündungsbeklagte Partei die Einrede des Wohnsitzgerichtsstandes gestützt auf Art. 30 Abs. 2 BV nicht erheben, so wie dies bereits bei Art. 8 GestG der Fall war (GestG-Komm.-REETZ, Art. 8 N 14 f.; HALDY, ZPO, 32). Aufgrund der verschiedenen Vorteile, die eine gleichzeitige Beurteilung der mit der Streitverkündungsklage erhobenen Begehren am Gerichtsstand des Hauptprozesses bringt (dazu im Einzelnen die Komm. zu Art. 81 f.), ist die Statuierung einer weiteren Ausnahme zum Wohnsitzgerichtsstand sachgerecht. Dies gilt insbesondere vor dem Hintergrund, als in der eidg. ZPO diverse andere Spezialgerichtsstände normiert sind, die ihre Rechtfertigung in der gleichzeitigen Beurteilung von konnexen Ansprüchen haben (z.B. Art. 14, Art. 15 Abs. 2; HALDY, appel en cause, 445).

4 Das Forum des Hauptprozesses steht für Streitverkündungsklagen nur solange zur Verfügung, als der **Hauptprozess noch rechtshängig** ist. Dies ergibt sich aus dem den Gerichtsständen des Sachzusammenhangs, wozu auch der Gerichtsstand für Streitverkündungsklagen gehört, innewohnenden Gedanken der Prozessökonomie: Der Entzug der sonst üblichen örtlichen Zuständigkeit ist nur dann gerechtfertigt, wenn sich dadurch ein Streitkomplex effizienter erledigen lässt – dies ist nicht mehr der Fall, wenn der Hauptprozess bereits entschieden ist (so zum GestG Müller/Wirth-MÜLLER, Art. 8 GestG N 22).

II. Vorbehalt zwingender Gerichtsstände

5 Vorbehalten bleiben die zwingenden und teilzwingenden Gerichtsstände der eidg. ZPO (FREI, 100; Kellerhals/von Werdt/Güngerich-KELLERHALS/GÜNGERICH, Art. 8 GestG N 8; Müller/Wirth-MÜLLER, Art. 8 GestG N 21). Art. 9 Abs. 2 hält ausdrücklich fest, dass die Parteien von zwingenden Gerichtsständen nicht abweichen können.

III. Gerichtsstandsvereinbarungen

6 Gemäss Art. 17 können Klagen *lediglich* am vereinbarten Gerichtsstand erhoben werden, sofern die Gerichtsstandsvereinbarung nicht andere parallele Foren zulässt. Gerichtsstandsvereinbarungen gelten nach der eidg. ZPO somit als **ausschliesslich** vereinbart, sofern die Parteien nicht explizit etwas anderes regelten. Haben die streitverkündungsklagende und -beklagte Partei eine Gerichtsstandsvereinbarung geschlossen, kann erstere letztere folglich nicht am Forum eines anderen hängigen Hauptprozesses verklagen: Eine Klage gegen den streitverkündungsbeklagten Dritten kann **nur am vereinbarten Gerichtsstand** angehoben werden, sofern aus der Vereinbarung nichts anderes hervorgeht (Kellerhals/von Werdt/Güngerich-KELLERHALS/GÜNGERICH, Art. 8 GestG N 9). So geht man auch im internationalen Zivilprozessrecht grundsätzlich davon aus, dass Zuständigkeitsvereinbarungen Vorrang haben und Gerichtsstände für Interventions- und Gewährleistungsklagen nach Art. 6 Nr. 2 EUGVO/LugÜ wegbedungen sind (DÄTWYLER, 130; KROPHOLLER, Europ. ZPR, Art. 6 EuGVO N 34; M. MEIER, 131). Da die eidg. ZPO vom ausschliesslichen Charakter einer Gerichtsstandsvereinbarung ausgeht, muss der Gerichtsstand der Streitverkündungsklage **nicht ausdrücklich derogiert** werden (FREI, 105).

7 Einer Partei des Hauptverfahrens verbleibt in diesen Fällen jedoch die Möglichkeit, der dritten Person den Streit zu verkünden. Der lediglich Streitberufene wird sich nicht auf eine Gerichtsstandsvereinbarung berufen können, da gegen ihn keine Klage erhoben wird (FREI, 105; MANSEL, ZZP, 62 f.).

Dasselbe gilt in Schiedsverfahren: Der Beitritt einer durch Klage in ein hängiges Gerichtsverfahren berufenen Partei setzt eine Schiedsvereinbarung zwischen dieser und den Streitparteien voraus und bedarf der Zustimmung des Schiedsgerichts (Art. 376 Abs. 3). 8

Etwas anderes gilt demgegenüber, wenn lediglich für das Rechtsverhältnis zwischen den Hauptparteien eine Gerichtsstandsvereinbarung gilt: Die streitverkündungsbeklagte Partei kann dann gleichwohl am Forum des Hauptprozesses belangt werden (Kellerhals/von Werdt/Güngerich-KELLERHALS/GÜNGERICH, Art. 8 GestG N 10; BGE 129 III 80 ff.). 9

IV. Gerichtsstand für Hauptintervention?

Art. 73 hält fest, dass diejenige Drittpartei, welche am Streitgegenstand ein besseres, beide Parteien eines bereits hängigen Verfahrens ausschliessendes Recht behauptet, eine eigenständige Klage gegen beide Parteien erheben kann (Hauptintervention). Eine Gerichtsstandsbestimmung wie Art. 16 für die Streitverkündungsklage fehlt bei der Hauptintervention. Gewisse Autoren gehen davon aus, dass die Hauptintervention unter die Interventions- und Gewährleistungsklage gemäss Art. 8 GestG fiel (u.a. Kellerhals/von Werdt/Güngerich-KELLERHALS/GÜNGERICH, Art. 8 GestG N 7; Müller/Wirth-MÜLLER, Art. 8 GestG N 18). Art. 8 GestG wird nun durch Art. 16 ersetzt (vgl. N 2): Es stellt sich daher die Frage, ob auch bei der Hauptintervention Art. 16 als örtliche Zuständigkeit herangezogen werden kann. Dies ist aus den nachfolgenden Gründen zu verneinen: 10

Verschiedene Autoren gingen bereits unter dem GestG davon aus, dass die Hauptintervention der Schweiz, wie sie einige kantonale Prozessordnungen kannten, keine Interventions- oder Gewährleistungsklage gemäss Art. 8 GestG darstellt, weil es bei der Hauptintervention zu einem neuen Zweiparteienprozess kommt, in welchem die bisherigen Parteien des bereits hängigen Erstprozesses eine passive Streitgenossenschaft bilden. Bei den Interventions- oder Gewährleistungsklagen kommt es demgegenüber zu einem echten Mehrparteienprozess (u.a. FREI, 22; MANSEL Gerichtspflichtigkeit, 203 ff.; vgl. zu den Begriffen der Interventions- und Gewährleistungsklagen Art. 81 N 5 ff.). Art. 16 kann daher bereits aus diesem Grund nicht als Gerichtsstand für die Hauptintervention herangezogen werden. 11

Die Streitverkündungsklage gemäss eidg. ZPO ist im Übrigen auf *Regressansprüche* beschränkt, womit sich der Anwendungsbereich der Streitverkündungsklage und der Hauptintervention nicht mehr decken, auch wenn man unter dem GestG noch der Auffassung gewesen wäre, die Hauptintervention sei ein Anwendungsfall der Interventions- und Gewährleistungsklagen. Die Hauptintervention gemäss eidg. ZPO fällt damit nicht unter Art. 16; vielmehr ist deren örtliche Zuständigkeit in der materiellen Regelung der Hauptintervention von Art. 73 zu suchen. 12

V. Internationale Aspekte

Das IPRG kennt zurzeit keine internationale Zuständigkeit für Interventions- und Gewährleistungsklagen und damit auch für Streitverkündungsklagen; ein Gerichtsstand in der Schweiz kann nach dem IPRG folglich nur dann bejaht werden, wenn für die Klage eine andere schweizerische Gerichtszuständigkeit besteht (FREI, 29). Im Rahmen der Revision des Lugano-Übereinkommens soll jedoch eine neue Bestimmung in das IPRG aufgenommen werden, nach welcher für Streitverkündungen mit Klage die schweizerischen Gerichte des Hauptprozesses zuständig sein sollen, sofern gegen die streitberufene Partei ein Gerichtsstand in der Schweiz nach dem IPRG besteht (Entwurf Bundesbe- 13 schluss über die Genehmigung und die Umsetzung des revidierten LugÜ, Erläuternder Begleitbericht zum Vernehmlassungsverfahren vom 30.5.2008, 44).

14 Demgegenüber sieht Art. 6 Nr. 2 LugÜ vor, dass eine Partei, die ihren Wohnsitz im Hoheitsgebiet eines Vertragsstaats hat, auch vor dem Gericht des Hauptprozesses verklagt werden kann, wenn es sich um eine Klage auf Gewährleistung oder um eine Interventionsklage handelt. Dieselbe Zuständigkeit kennt auch das revidierte LugÜ vom 30.10.2007. Auf welcher Norm des LugÜ die Zuständigkeit für die Hauptklage beruht, spielt keine Rolle (so zur EuGVO KROPHOLLER, Europ. ZPR, Art. 6 EuGVO N 30). Umstritten ist die Frage, ob eine Interventions- oder Gewährleistungsklage gestützt auf Art. 6 Nr. 2 LugÜ auch zulässig ist, wenn sich die Zuständigkeit für die Hauptklage nicht aus dem Lugano-Übereinkommen ergibt (siehe dazu die Ausführungen bei DÄTWYLER, 115 ff.). Art. 10 Abs. 1 LugÜ (nach dem revLugÜ Art. 11 Ziff. 1) regelt den speziellen Fall der Gewährleistungsklage gegen den Versicherer im Prozessverfahren zwischen dem Geschädigten und Versicherten.

15 Im Gegensatz zur örtlichen Zuständigkeit für die Streitverkündungsklage wird bei internationalen Interventions- und Gewährleistungsklagen gestützt auf Art. 6 Nr. 2 LugÜ zusätzlich statuiert, dass eine Zuständigkeit am Ort des Hauptprozesses nur bejaht werden könne, wenn es nicht einzig darum gehe, *eine Partei dem für sie zuständigen Gericht zu entziehen*. Dabei obliegt es gemäss EuGH den nationalen Gerichten, bei denen der Hauptprozess hängig ist, zu prüfen und sich zu vergewissern, dass dies nicht der Fall ist (KROPHOLLER, Europ. ZPR, Art. 6 EuGVO N 30; EuGH 26.5.2005–77/04, GIE Réunion européenne, Nr. 33). Dieser Aspekt fliesst auch in der Schweiz bei der Abwägung der involvierten Interessen im Rahmen der Prüfung der Zulassung der Streitverkündungsklage ein (dazu Art. 81 N 17 ff.).

Art. 17

Gerichtsstandsvereinbarung	**¹ Soweit das Gesetz nichts anderes bestimmt, können die Parteien für einen bestehenden oder für einen künftigen Rechtsstreit über Ansprüche aus einem bestimmten Rechtsverhältnis einen Gerichtsstand vereinbaren. Geht aus der Vereinbarung nichts anderes hervor, so kann die Klage nur am vereinbarten Gerichtsstand erhoben werden.**
	² Die Vereinbarung muss schriftlich oder in einer anderen Form erfolgen, die den Nachweis durch Text ermöglicht.
Election de for	¹ Sauf disposition contraire de la loi, les parties peuvent convenir d'un for pour le règlement d'un différend présent ou à venir résultant d'un rapport de droit déterminé. Sauf disposition conventionnelle contraire, l'action ne peut être intentée que devant le for élu.
	² La convention doit être passée en la forme écrite ou par tout autre moyen permettant d'en établir la preuve par un texte.
Proroga di foro	¹ Salvo che la legge disponga altrimenti, le parti possono pattuire il foro per una controversia esistente o futura in materia di pretese derivanti da un determinato rapporto giuridico. Salva diversa stipulazione, l'azione può essere proposta soltanto al foro pattuito.
	² Il patto deve essere stipulato per scritto o in un'altra forma che consenta la prova per testo.

Inhaltsübersicht Note

I. Norminhalt und Normzweck 1

II. Voraussetzungen 3
   1. Kein Ausschluss durch Gesetz 3
   2. Bestehender oder künftiger Rechtsstreit 7
   3. Ansprüche aus einem bestimmten Rechtsverhältnis 10

III. Inhalt der Gerichtsstandsvereinbarung 12
   1. Allgemeines 12
   2. Gerichtsstand 13
   3. Rechtsverhältnis 16

IV. Wirkung 20

V. Form 26

Literatur

F. DASSER, Tücken von Gerichtsstandsklauseln, FS 125 Jahre Kassationsgericht des Kantons Zürich, Zürich 2000, 173 ff.; P. REETZ, Die allgemeinen Bestimmungen des Gerichtsstandsgesetzes, Diss. Zürich 2001; K. SPÜHLER, Gerichtsstandsvereinbarung überprüfen!? – zum neuen Gerichtsstandsgesetz, SZW 2000, 238 ff.; M. WIRTH, Gerichtsstandsvereinbarungen gemäss GestG – umstrittene Fragen, in: Gauch/Thürer (Hrsg.), Zum Gerichtsstand in Zivilsachen, Zürich 2002, 39 ff.

I. Norminhalt und Normzweck

Inhaltlich entspricht diese Bestimmung Art. 9 Abs. 1 und 2 GestG. Die Modifikationen sind redaktioneller Natur. Geregelt wird die **Wahl des Gerichtsstandes durch Parteivereinbarung** (prorogatio fori). Art. 17 nennt die Voraussetzungen (Abs. 1) und bestimmt die Form (Abs. 2) zum Abschluss einer Gerichtsstandvereinbarung. Dabei handelt es sich um einen prozessualen Vertrag, in welchem die örtliche Zuständigkeit geregelt wird.

Das GestG sah noch ein Ablehnungsrecht des prorogierten Gerichts vor (ebenso der Vorentwurf). Im Vernehmlassungsverfahren wurde von verschiedener Seite geltend gemacht, damit werde – entgegen dem internationalen Standard – die Wahl eines neutralen und für den konkreten Fall vielleicht besonders geeigneten Gerichts verhindert (BOTSCHAFT ZPO, 7264). Zudem führe das Ablehnungsrecht zu einer Inländerdiskriminierung (vgl. Art. 23 LugÜ II und Art. 5 IPRG, die keine solch ausgedehnten Ablehnungsrechte kennen). Aus diesen Gründen verzichtet die ZPO auf das **forum non conveniens**. Diese Diskussion wurde auch im Vernehmlassungsverfahren zum GestG geführt; damals wurde allerdings das Ablehnungsrecht nicht im Vorentwurf, sondern erst nach dem Vernehmlassungsverfahren aufgenommen.

II. Voraussetzungen

1. Kein Ausschluss durch Gesetz

Nach Abs. 1 ist eine prorogatio fori nur zulässig, «soweit das Gesetz nichts anderes vorsieht». Unter Gesetz ist das **gesamte Bundesrecht** (unter Einschluss der Staatsverträge) und nicht auch kantonales Recht zu verstehen, faktisch jedoch bloss noch die ZPO.

4 Ein Ausschluss ist bei den **zwingenden und den teilzwingenden Gerichtsständen** der Fall: Zwingende Gerichtsstände dürfen zu keiner Zeit – also weder vor noch nach Ausbruch des Streites – wegbedungen werden (Art. 9 Abs. 2), teilzwingende wenigstens nicht zum Voraus (vgl. Art. 35).

5 Die ZPO trägt damit den Anliegen des sozialen Prozessrechts Rechnung, weil der Vorausverzicht auf die gesetzlichen **Gerichtsstände im Konsumentenrecht** – mithin Gerichtsstandsklauseln in sog. Konsumentenverträgen – generell unzulässig ist. Die Konsumenten können auf das Gericht an ihrem eigenen Wohnsitz nicht zum Voraus verzichten, denn dieser ist teilzwingend (vgl. auch Art. 114 Abs. 2 IPRG sowie Art. 12 Nr. 1 und Art. 15 Nr. 1 LugÜ).

6 Eine Gerichtsstandsvereinbarung ist dann von Gesetzes wegen ausgeschlossen (IPRG und LugÜ), wenn zum Zeitpunkt der Vereinbarung kein **Binnenverhältnis** vorliegt, also nicht alle am Rechtsstreit beteiligten Parteien Wohnsitz bzw. Sitz oder zumindest ihren gewöhnlichen Aufenthaltsort in der Schweiz haben.

2. Bestehender oder künftiger Rechtsstreit

7 Die prorogatio kann einen bestehenden oder künftigen Streit betreffen. Grundsätzlich spielt daher der **Zeitpunkt des Abschlusses** der Gerichtsstandsvereinbarung keine Rolle. Lediglich bei teilzwingenden Gerichtsständen muss sich die Vereinbarung auf einen bereits bestehenden Rechtsstreit beziehen, um gültig zu sein.

8 Die Frage, ob ein bestehender Rechtsstreit vorliegt, knüpft nicht an der Rechtshängigkeit an. Von einem **künftigen Rechtsstreit** wird gesprochen, wenn sich in einer konkreten Auseinandersetzung der Gang vors Gericht abzeichnet.

9 Die Gerichtsstandsvereinbarung, welche sich auf einen künftigen Rechtsstreit bezieht, wird **Gerichtsstandsklausel** und diejenige, welche sich auf einen bestehenden Rechtsstreit bezieht, **Gerichtsstandsvereinbarung** genannt.

3. Ansprüche aus einem bestimmten Rechtsverhältnis

10 Die prorogatio muss jedoch – wie nach internationalem Recht (vgl. Art. 5 Abs. 1 IPRG und Art. 17 Abs. 1 LugÜ) – immer einen **bestehenden oder künftigen Streit** aus einem bestimmten Rechtsverhältnis betreffen.

11 Nicht entscheidend ist sodann, um was für ein **Rechtsverhältnis** es sich handelt. Es wäre sogar ein öffentlich-rechtliches Rechtsverhältnis denkbar, wenn sich daraus eine Streitigkeit vor einem Zivilgericht ergibt.

III. Inhalt der Gerichtsstandsvereinbarung

1. Allgemeines

12 **Zustandekommen und Gültigkeit** einer Gerichtsstandsvereinbarung richtet sich nach analoger Anwendung von Art. 1 ff. OR. Der **Inhalt** der Vereinbarung richtet sich nach Art. 17. Die Vereinbarung hat mindestens das vereinbarte Gericht und das Rechtsverhältnis, für welches die Vereinbarung gelten soll, zu bezeichnen. Die Auslegung erfolgt nach Art. 18 OR.

2. Gerichtsstand

In der Gerichtsstandsvereinbarung muss hinreichend deutlich bestimmt werden, welches Gericht die Parteien im Streitfall für örtlich zuständig erklären. Möglich ist auch, dass einer von **verschiedenen Gerichtsständen** ausgeschlossen wird oder dass mehrere Gerichtsstände vereinbart werden.

Bestimmbarkeit reicht aus. Es ist daher nicht zwingend eine Ortsbezeichnung (Chur) oder die Nennung eines bestimmten Gerichts (Bezirksgericht Plessur) erforderlich. Wird ein Gericht bestimmt, das es gar nicht gibt (z.B. HGer Graubünden), fehlt es nicht per se an der genügenden Bestimmtheit. Vielmehr ist mittels Auslegung zu ermitteln, ob die Parteien nicht einfach ein Gericht im entsprechenden Gerichtssprengel vereinbaren wollten. Werden nämlich die **Gerichte eines bestimmten Kantons** vereinbart, ist das ausreichend; diesfalls kann unter Einhaltung der sachlichen Zuständigkeit ein beliebiges Gericht dieses Kantons angerufen werden, zumal das forum non conveniens in der ZPO nicht mehr enthalten ist (**a.M.** GestG-Komm.-REETZ, Art. 9 N 34). Genügend bestimmt ist auch ein Gerichtsstand unter Verweis auf den Wohnsitz oder Sitz einer Partei. An der erforderlichen Bestimmtheit mangelt es jedoch, wenn lediglich der **Erfüllungsort** oder der **Zahlungsort** als Gerichtsstand vereinbart wird (KELLERHALS/VON WERDT/GÜNGERICH-BERGER, Art. 9 GestG N 18 m.w.H.).

Wird in der Gerichtsstandsvereinbarung nichts anderes festgehalten, so kann die Klage nur am vereinbarten Gerichtsstand (oder an den vereinbarten Gerichtsständen) eingereicht werden. Diesfalls handelt es sich um einen **ausschliesslichen Gerichtsstand** bzw. ausschliessende Gerichtsstände.

3. Rechtsverhältnis

Ein **bestimmtes Rechtsverhältnis** liegt dann vor, wenn nicht nur die Parteien sondern auch Dritte aufgrund des Wortlautes der Gerichtsstandsvereinbarung ohne weiteres erkennen können, welches Rechtsverhältnis unter die Gerichtsstandsvereinbarung fällt (GestG-Komm.-REETZ, Art. 9 N 7). Die Bestimmbarkeit des Rechtsstreites, jedoch nicht auch des Anspruches, muss im Zeitpunkt der Vereinbarung gegeben sein.

Kaum Schwierigkeiten bestehen bei Gerichtsstandsverträgen, weil diesfalls nicht nur das Rechtsverhältnis sondern auch bereits der Rechtsstreit bestimmt ist. Die Anforderungen an die Bestimmtheit sind bei Gerichtsstandsklauseln etwas höher. Unzulässig wäre etwa die Vereinbarung eines Gerichtsstandes für **sämtliche Streitigkeiten aus den gegenseitigen Geschäftsbeziehungen der Parteien** (gl.M. GestG-Komm.-REETZ, Art. 9 N 8 und Müller/Wirth-WIRTH, Art. 9 GestG N 29; **a.M.** KELLERHALS/VON WERDT/GÜNGERICH-BERGER, Art. 9 GestG N 19), weil zum Zeitpunkt der Vereinbarung zwar die Geschäftsbeziehung, nicht aber das Rechtsverhältnis bestimmbar ist. Demgegenüber bereitet die Formulierung, wonach sämtliche Ansprüche aus einer Vereinbarung einem bestimmten Rechtsverhältnis unterliegen, keine Schwierigkeiten. Davon erfasst sind nicht nur die unmittelbar aus dem Vertrag entstehenden Haupt- und Nebenpunkt, sondern auch die Frage des **Zustandekommens und der Gültigkeit der Vertrages** sowie die Beurteilung aller weiteren Ansprüche, die im Zusammenhang mit seiner allfälligen Nichtigkeit, Ungültigkeit, Verletzung oder Auflösung entstehen können (KELLERHALS/VON WERDT/GÜNGERICH-BERGER, Art. 9 GestG N 20). Soweit ein Anspruch aus unerlaubter Handlung zugleich auch eine Vertragsverletzung darstellt, ist jener Anspruch ebenfalls durch die Gerichtsstandsklausel abgedeckt (GestG-Komm.-REETZ, Art. 9 N 35).

Eine Gerichtsstandsklausel kann auch in den **Statuten einer juristischen Person** aufgenommen werden. Sie gilt grundsätzlich für Streitigkeiten zwischen der juristischen

Person und eines oder mehreren Mitgliedern. Dadurch werden vorab die Gründungsmitglieder und die juristische Person gebunden. Neue Mitglieder haben eine solche Gerichtsstandsklausel explizit mit schriftlicher Erklärung i.S.v. Abs. 2 zu übernehmen. Die Gerichtsstandsklausel in den Statuten ist auch für Streitigkeiten zwischen den Mitgliedern beachtlich, sofern die Streitigkeit dem «bestimmten Rechtsverhältnis» entspringt.

19 Auch in **Ehe- und Erbverträgen** können Gerichtsstandsklauseln aufgenommen werden. In Eheverträgen ist eine Gerichtsstandsvereinbarung nur dann unzulässig, wenn sie die güterrechtliche Auseinandersetzung unter Lebenden zum Gegenstand hat (GestG-Komm.-REETZ, Art. 9 N 33). Die Gerichtsstandsklausel in Erbverträgen ist nur für die Vertragsparteien verbindlich; sie ist für testamentarische Bestimmungen im Erbvertrag unbeachtlich. Ebenso wenig ist die Klausel für am Erbvertrag nicht beteiligte Erben und Vermächtnisnehmer relevant. Gerichtsstandsklauseln sind für Testamente generell unzulässig, da es sich dabei um eine einseitige Verfügung handelt.

IV. Wirkung

20 Die prorogatio hat sodann **Ausschlusswirkung** (Abs. 1 Satz 2), d.h. jedes andere angerufene Gericht hat sich auf entsprechende Einrede des Beklagten für unzuständig zu erklären. Der vereinbarte Gerichtsstand ist somit ausschliesslich. Die gesetzliche Ausschliesslichkeitsvermutung kann die Beklagtschaft mittels Beweis des Gegenteils entkräften.

21 Die **Ausschliesslichkeitsvermutung** gilt für alle Klagen, somit auch für Widerklagen. Für die unter eine Gerichtsstandsvereinbarung fallenden Widerklagen müssen die Voraussetzungen nach Art. 14 Abs. 1 nicht gegeben sein.

22 Da es sich um einen ausschliesslichen Gerichtsstand handelt (ausser es wird etwas anderes vereinbart), kann die Gerichtsstandsvereinbarung jederzeit von den Parteien **wieder abgeändert werden**. Ebenso kann sich eine Partei auf einen an einem anderen als dem ausschliesslich vereinbarten Gerichtsstand **einlassen**.

23 Die Gerichtsstandvereinbarung wirkt primär zwischen den Vertragsparteien. **Rechtsnachfolger** (gestützt auf Singular- oder Universalsukzession) sind ebenfalls daran gebunden, soweit die Vereinbarung nicht einen rein persönlichen Charakter hat. Daher haben etwa die Konkursmasse, der Abtretungsgläubiger oder der Bürge beim Rückgriff auf den Hauptschuldner die Gerichtsstandsvereinbarung zu beachten.

24 **Solidargläubiger oder -schuldner** (aber auch andere Berechtigte aus dem Vertrag, welche nicht Vertragspartner sind) unterliegen nicht der Gerichtsstandsvereinbarung, sofern sie sich nicht daran gebunden haben. **Interveniente** und **Litisdenunziat** können sich auf die Gerichtsstandsvereinbarung berufen (KELLERHALS/VON WERDT/GÜNGERICH-BERGER, Art. 9 GestG N 40).

25 Eine Gerichtsstandsvereinbarung kann auch Wirkungen zugunsten Dritter entfalten. Dies gilt sicher dann, wenn die Vereinbarung zugunsten Dritte abgeschlossen wurde (vgl. KELLERHALS/VON WERDT/GÜNGERICH-BERGER, Art. 9 GestG N 38). Das Bundesgericht bejaht eine **Drittwirkung** auch ohne Vereinbarung, soweit ein Streitgenosse eingeklagt wird, und wich damit von der Relativität der Rechtsverhältnisse ab (BGE 129 III 80 ff.); der Bundesgesetzgeber hat diesen Entscheid gekippt, indem nun in Art. 15 Abs. 1 klargestellt wird, dass eine Gerichtsstandsvereinbarung nicht auch für den Streitgenossen gilt. Für den Gerichtsstand der **Streitgenossenschaft** und der **Klagenhäufung** hat die Gerichtsstandsvereinbarung somit keine Bedeutung (vgl. Art. 15 Abs. 1).

V. Form

Die Vereinbarung muss **schriftlich oder in einer anderen Form** erfolgen, die den Nachweis durch Text ermöglicht. Telex, Telefax und E-Mail werden anders als im GestG – weil blosse Beispiele – im Gesetzestext nicht mehr ausdrücklich erwähnt. Materiell bleiben sie selbstverständlich erfasst (BOTSCHAFT ZPO, 7264). Auch eine Gerichtsstandsklausel auf der Homepage kann ausreichenden sein, wenn diese durch den Kunden angenommen wird; allerdings muss das Akzept nachweislich mit der Bestellung abgegeben werden. 26

Die Vereinbarung muss **von keiner Parteien unterzeichnet** sein; aus beweisrechtlichen Gründen ist eine Unterzeichnung aber faktisch unerlässlich. Erforderlich ist zudem, dass die Parteien die Vereinbarung mit entsprechendem Inhalt erklärt haben und diese ihrem Willen entspricht. Damit geht das Gerichtsstandsgesetz vom selben Prinzip aus wie das IPRG und das Lugano-Übereinkommen. 27

Eine vorerst nur **mündliche Vereinbarung mit anschliessender schriftlicher Bestätigung** ist nicht mehr zulässig (vgl. Art. 9 Abs. 2 lit. b GestG). Diese Form ist lediglich noch für altrechtliche Gerichtsstandsvereinbarungen zu beachten, welche zwischen 1.1.2001 und 31.12.2010 abgeschlossen wurden. 28

Die Gerichtsstandvereibarung ist eine (insb. vom Hauptvertrag) **unabhängige Vereinbarung**, welche Inhalt (oder integrierender Bestandteil) eines Hauptvertrages ist oder in einem separaten Dokument aufgenommen wird. 29

Nicht zuletzt aus praktischen Beweisgründen genügt **reine Mündlichkeit** jedoch nicht, auch nicht im kaufmännischen Verkehr (vgl. demgegenüber Art. 23 Abs. 1 lit. b und c LugÜ II, der für den internationalen Handel die Formvorschriften weitgehend aufhebt). Das IPRG hingegen kann und muss sogar formstrenger sein, da seine Zuständigkeitsordnung weder im landesinternen noch im (nahen) eurointenationalen Verhältnis unmittelbar spielt, sondern entferntere internationale Beziehungen abdeckt (BOTSCHAFT GestG, 2850). 30

Die soge. «**typografische Rechtssprechung**» des Bundesgerichts wurde bereits mit Einführung des GestG abgeschafft. Auch die ZPO kommt darauf nicht zurück. Für altrechtliche Gerichtsstandsvereinbarungen, also für solche, welche vor dem 1.1.2001 (Inkraftsetzung des GestG) vereinbart wurden, ist die typografische Rechtssprechung des Bundesgerichts nach wie vor beachtlich. Bei altrechtlichen Vereinbarungen muss der Gerichtsstand an gut sichtbarer Stelle des Vertrages angebracht und drucktechnisch hervorgehoben sein (vgl. BGE 118 Ia 297). 31

Art. 18

Einlassung	Soweit das Gesetz nichts anderes bestimmt, wird das angerufene Gericht zuständig, wenn sich die beklagte Partei ohne Einrede der fehlenden Zuständigkeit zur Sache äussert.
Acceptation tacite	Sauf disposition contraire de la loi, le tribunal saisi est compétent lorsque le défendeur procède sans faire de réserve sur la compétence.
Costituzione in giudizio del convenuto	Salvo che la legge disponga altrimenti, il giudice adito è competente dal momento in cui il convenuto si esprime nel merito senza sollevare l'eccezione d'incompetenza.

Art. 18 1–7

Inhaltsübersicht

	Note
I. Norminhalt und Normzweck	1
II. Anwendungsbereich	5
1. Begriff	5
2. Voraussetzungen	6
3. Kasuistik	10
III. Rechtsfolgen	12

I. Norminhalt und Normzweck

1 Art. 18 regelt den Gerichtsstand der Einlassung, der grundsätzlich dann gegeben ist, wenn **vorbehaltlos zur Hauptsache materiell verhandelt** wird, ohne zuvor die örtliche Zuständigkeit des Gerichtes bestritten zu haben.

2 Inhaltlich stimmt die Bestimmung mit Art. 10 Abs. 1 GestG überein. Eine Einlassung ist – wie unter dem GestG – in den **Materien der Sozialprozesse** nicht möglich. Das Recht zur **Ablehnung des Gerichts**, das das GestG und der Vorentwurf vorgesehen haben, übernimmt die ZPO nicht.

3 Es wird nur die Einlassung vor dem örtlich unzuständigen Gericht geregelt. Ob vor einem **sachlich unzuständigen Gericht** Einlassung möglich ist, hat das kantonale Recht zu bestimmen (Art. 4 Abs. 1).

4 Zur Einlassung auf ein **Schiedsverfahren** vgl. Art. 61 lit. a i.V.m. Art. 359 Abs. 2.

II. Anwendungsbereich

1. Begriff

5 Der **Begriff der Einlassung** wird vom Bundesgericht wie folgt definiert: «Einlassung ist der Verzicht auf den gesetzlichen oder ausschliesslich prorogierten Gerichtsstand durch konkludentes Handeln in einem bereits hängigen Prozess und erscheint dergestalt als Sonderform einer Gerichtsstandsvereinbarung» (BGE 123 III 45 f.).

2. Voraussetzungen

6 Einlassung ist ohne direkten **Austausch übereinstimmender Willenserklärungen** möglich. Der Kläger klagt weder an einem gesetzlichen noch ausschliesslich prorogierten Gerichtsstand, was einem Antrag auf Abschluss einer Gerichtsstandsvereinbarung gleichkommt. Der Beklagte nimmt diesen Antrag an, indem er bewusst oder unbewusst auf die Einrede der örtlichen Unzuständigkeit verzichtet und vorbehaltlos zur Hauptsache materiell verhandelt. **Säumnis gilt nicht als Einlassung**. Daher liegt eine Sonderform einer Gerichtsstandsvereinbarung vor. Nur eine zuvor erhobene bedingungslose und hauptsächliche Einrede der örtlichen Unzuständigkeit lassen materielle Äusserungen zur Sache nicht als Einlassung erscheinen.

7 Der **Prozess** muss **rechtshängig** sein. Der Zeitpunkt der Rechtshängigkeit bestimmt sich nach Art. 62 f. Obschon die Rechtshängigkeit bereits mit Einreichung eines Schlichtungsgesuchs eintritt, ist eine **Einlassung im Schlichtungsverfahren immer ausgeschlossen**. Zum einen deshalb, weil das Schlichtungsverfahren seines Sinnes entleert würde, wenn materielles Verhandeln zur Sache im Schlichtungsverfahren als Einlassung gelten würde. Zum anderen kann im Schlichtungsverfahren die örtliche Zuständigkeit

nicht geprüft werden. Daher kann der Beklagte auch erst vor Gericht die Unzuständigkeitseinrede erheben.

Wie die Gerichtsstandsvereinbarung ist die Einlassung daher nur zulässig, «soweit das Gesetz nichts anderes bestimmt». Es darf ihr also **keine zwingende Zuständigkeit** (Art. 9) entgegenstehen. Auch durch einen bloss **teilzwingenden Gerichtsstand** (Art. 35 Abs. 1) wird sie ausgeschlossen, da sonst dessen Schutzzweck allzu leicht unterlaufen würde. In diesen Fällen hat sich das angerufene Gericht für unzuständig zu erklären, auch wenn sich der Beklagte vorbehaltlos zur Sache äussert (GULDENER, ZPR, 95). Das in Art. 35 Abs. 1 stipulierte **Einlassungsverbot** in den Materien der Sozialprozesse gilt nur im Binnenverhältnis, weil das internationale Zivilprozessrecht als lex spezialis kein solches generelles Einlassungsverbot kennt. Bei teilzwingenden Gerichtsständen kann sich die nicht geschützte Partei (Anbieter, Vermieter, Verpächter oder Arbeitgeber) durchaus einlassen.

Eine **freie Verfügungsbefugnis** der Parteien über den Streitgegenstand ist nicht erforderlich.

3. Kasuistik

a) Einlassung

Einlassung liegt in folgenden Fällen vor:

- Der Beklagte nimmt mündlich oder schriftlich zur Klage materiell Stellung, ohne zuvor oder zumindest gleichzeitig die Unzuständigkeitseinrede zu erheben (BGE 104 Ia 146 f.).
- Der Beklagte schliesst einen gerichtlichen Vergleich ab (BGE 64 I 266).
- Der Beklagte erhebt vorbehaltlos Widerklage oder die Verrechnungseinrede (vgl. dazu auch BGE 63 I 18).
- Der Beklagte erhebt Beweisanträge zur Sache (und nicht bloss in Zusammenhang mit den Prozessvoraussetzungen).

b) Keine Einlassung

Keine Einlassung liegt in folgenden Fällen vor:

- Der Beklagte erhebt vorbehaltlos die Einrede der örtlichen Unzuständigkeit. Dabei steht es ihm frei, sich trotz dieser Einrede zur Sache zu äussern. Als Einrede gilt dabei auch die Erklärung, dass ein anderes Gericht örtlich zuständig sei, die Erhebung der Einrede der litis pendenz oder der Schiedsvereinbarung.
- Der Beklagte bestreitet vorab weitere prozessrechtliche Voraussetzungen, ohne sich aber zur Sache zu äussern (**a.M.** KELLERHALS/VON WERDT/GÜNGERICH-BERGER, Art. 10 GestG N 19), oder trifft rein prozessuale Vorkehren (Fristverlängerungsgesuche, Terminvereinbarungen, Einreichung einer Vollmacht, Streitverkündung, Gesuch um Erteilung der unentgeltlichen Prozessführung etc.).
- Eventualiter erhobene Widerklage oder Verrechnungseinrede.
- Der Beklagte ist säumig, indem er weder auf die schriftliche Klage antwortet noch vor Gericht erscheint.
- Verhandeln zur Sache vorprozessuale (z.B. Beweissicherung oder ausserprozessuales Massnahmenverfahren) oder im Schlichtungsverfahren.

Art. 19

– Vollständige oder teilweise Erfüllung des eingeklagten Anspruchs, ohne dass daraus geschlossen werden kann, es sei ein Vergleich abgeschlossen worden.

III. Rechtsfolgen

12 Durch Einlassung wird die **örtliche Zuständigkeit** des vom Kläger angerufenen (und eigentlich unzuständigen) Gerichts begründet. Dem Gericht steht dabei **kein Ablehnungsrecht** zu.

13 Da die Einlassung bewusst oder unbewusst erfolgen kann, kann ein einmal erfolgte Einlassung nicht rückgängig gemacht werden. Ebenso wenig ist eine Anfechtung der Einlassung wegen **Irrtum** möglich.

14 Ausnahmsweise kann die Einlassung auch für einen mit dieser Streitsache **zusammenhängenden späteren Prozess** verbindlich sein (vgl. BGE 36 I 597), z.B. für die auf die Feststellungsklage folgende Leistungsklage, für die auf die Teilklage folgende Restklage etc.

15 Als Sonderform einer Gerichtsstandsvereinbarung kann die Einlassung nur zwischen den Prozessparteien Wirkungen entfalten. **Dritte** sind grundsätzlich nicht daran gebunden.

16 Als Gericht der Hauptklage kommt auch das durch Einlassung zuständige Gericht für die **Widerklage** in Frage (BGE 123 III 45). Dem Widerbeklagten bleibt es unbenommen, die Konnexität zu bestreiten oder die Einrede der ausschliesslichen Zuständigkeit des in der Gerichtsstandsvereinbarung vereinbarten Ortes für die Widerklage zu erheben. Einlassung auf die Widerklage ist jedoch ebenfalls möglich.

17 Die Einlassung gilt nur gegenüber dem einfachen passiven **Streitgenossen** (nicht auch gegenüber den anderen passiven Streitgenossen). Bei der notwendigen passiven Streitgenossenschaft ist eine Einlassung nur möglich, wenn alle passiven Streitgenossen sich einlassen, weil diese zwingend gemeinsam handeln müssen.

18 Die Einlassung wirkt sich sodann auf alle eingeklagten Ansprüche aus, weshalb sich der Beklagte auch auf den Gerichtsstand der objektiven **Klagenhäufung** einlassen kann, womit er sich aber auf sämtliche Klagen einlässt. Der Beklagte kann aber weiterhin auch nur in Bezug auf eine Klage die Konnexität bestreiten oder die Einrede der ausschliesslichen Zuständigkeit des in der Gerichtsstandsvereinbarung vereinbarten Ortes für eine bestimmte Klage erheben.

Art. 19

Freiwillige Gerichtsbarkeit	In Angelegenheiten der freiwilligen Gerichtsbarkeit ist das Gericht oder die Behörde am Wohnsitz oder Sitz der gesuchstellenden Partei zwingend zuständig, sofern das Gesetz nichts anderes bestimmt.
Juridiction gracieuse	Sauf disposition contraire de la loi, le tribunal ou l'autorité du domicile ou du siège du requérant est impérativement compétent pour statuer sur les affaires relevant de la juridiction gracieuse.
Volontaria giurisdizione	Salvo che la legge disponga altrimenti, in materia di volontaria giurisdizione è imperativamente competente il giudice o l'autorità amministrativa del domicilio o della sede del richiedente.

Inhaltsübersicht

Note

I. Allgemeines 1

II. Anwendungsbereich 3
   1. Begriff der freiwilligen Gerichtsbarkeit 3
   2. Grundsatz 5
   3. Ausnahmen 6

III. Rechtsfolgen 11

IV. Weitere Fragen 14
   1. Gerichtsstandsvereinbarung und Einlassung 14
   2. Summarisches Verfahren 15
   3. Rechtsmittel 16

V. Internationale Verhältnisse 18

Literatur

C. BRÜCKNER, Schweizerisches Beurkundungsrecht, Zürich 1993; L. CARLEN, Notariatsrecht der Schweiz, Zürich 1976; M. JAMETTI GREINER, Der Begriff der Entscheidung im schweizerischen internationalen Zivilverfahrensrecht, Diss. Basel 1998; LEUENBERGER, St. Galler Kommentar zu Art. 122 BV, 2. Aufl. 2008; H. MARTI, Notariatsprozess, Bern 1989; D. PIOTET, La qualité pour recourir en matière de juridiction civile non contentieuse, Droit en action, Lausanne 1996, 327 ff.; DERS., Le passage des fors cantonaux aux fors fédéraux: l'exemple de la juridiction gracieuse, Nouveaux fors fédéraux et les nouvelles organisations judiciaires, Lausanne 2001, 51 ff.; RUF, Notariatsrecht, Langenthal 1995; K. SIDLER, Kurzkommentar zum Luzernischen Beurkundungsgesetz, Luzern 1975; E. SPIRIG, Zürcher Kommentar zum Schweizerischen Zivilgesetzbuch, Bd. II/3a, Art. 397a–397f, Zürich 1995; F. WALTHER, Die aktuelle Situation der freiwilligen Gerichtsbarkeit nach schweizerischem Recht, ZZP 2004, 421 ff.

I. Allgemeines

Die vorliegende Bestimmung ist im Kontext zu Art. 1 lit. b zu sehen. Die ZPO regelt auch das **Verfahren** vor den kantonalen Instanzen für gerichtliche Anordnungen der freiwilligen Gerichtsbarkeit. Indessen sind die Bestimmungen der ZPO – gestützt auf die entsprechende verfassungsrechtliche Kompetenz von Art. 122 BV – nur auf den Bereich der *gerichtlichen* Anordnungen der freiwilligen Gerichtsbarkeit anwendbar (BBl 2006 7257). Da sich nicht alle Verfahren der freiwilligen Gerichtsbarkeit notwendigerweise vor einem Zivilgericht abspielen (GULDENER, Grundzüge, 8), ist zu betonen, dass die Verfahrensbestimmungen der ZPO für Registersachen, öffentliche Beurkundungen (Art. 55 SchlT ZGB), Zivilsachen, die von kantonalen Verwaltungsbehörden behandelt werden (Art. 54 SchlT ZGB) sowie Kindesschutz und Vormundschaftsrecht nicht zur Anwendung gelangen (BBl 2006 7257). Für Registersachen gelten die diesbezüglichen Spezialerlasse; im Übrigen bleibt für die vorgenannten Bereiche der freiwilligen Gerichtsbarkeit die Regelung des Verfahrens den Kantonen überlassen (LEUENBERGER, Art. 122 N 19), wobei es den Kantonen frei steht, hiefür die neue ZPO als anwendbar zu erklären (BBl 2006 7257). 1

Bereits mit Art. 11 GestG wollte ein allgemeines Forum für die freiwillige Gerichtsbarkeit geschaffen werden (BOTSCHAFT GestG, 2851). Nach Art. 11 GestG liegt der allgemeine Gerichtsstand in Angelegenheiten der freiwilligen Gerichtsbarkeit am Wohnsitz oder Sitz der gesuchstellenden Partei. Bereits dieser Gerichtsstand gelangte für all jene 2

Verfahren der freiwilligen Gerichtsbarkeit zur Anwendung, für welche kein besonderes Forum vorgesehen war. Im Gegensatz dazu gilt die **Zuständigkeitsbestimmung** der ZPO für die freiwillige Gerichtsbarkeit demgegenüber *zwingend* nicht nur für die Gerichte, sondern *explizit auch für Behörden*. Die entsprechende Meinungsverschiedenheit, ob die Gerichtsstandsbestimmung auch für diejenigen Fälle der freiwilligen Gerichtsbarkeit, die von Verwaltungsbehörden entschieden werden, zum Tragen kommt oder nicht, ist damit geklärt (vgl. bspw. Kellerhals/von Werdt/Güngerich-VON WERDT, Art. 11 N 21 m.w.H.); auf Einzelheiten ist unten zurückzukommen.

II. Anwendungsbereich

1. Begriff der freiwilligen Gerichtsbarkeit

3   Der Ausdruck «freiwillige Gerichtsbarkeit» stammt aus dem **römischen Recht**, welches schon zwischen streitiger Gerichtsbarkeit (iurisdictio contentiosa) und freiwilliger Gerichtsbarkeit (iurisdictio voluntaria) unterschieden hat. Im deutschen Recht begann sich schon in der merowingischen Zeit eine freiwillige Gerichtsbarkeit zu entwickeln, insb. auf dem Gebiet des Immobiliarsachenrechts, des Erbrechtes und des Vormundschaftsrechtes (vgl. GULDENER, Grundzüge, 8 f.).

4   Hinsichtlich Begriff der **«freiwilligen Gerichtsbarkeit»** spricht die Botschaft von «fehlender Schärfe dieses Begriffes» und bezeichnet den klassischen und sehr geläufigen Terminus des Zivilprozessrechts viel eher als eine historische als eine technische Bezeichnung (Botschaft ZPO, 7258). SPÜHLER umschreibt den Begriff als «hoheitliche Tätigkeit eines Gerichts oder einer Verwaltungsbehörde in zivilrechtlichen, nichtstreitigen Angelegenheiten» (GestG-Komm.-SPÜHLER, Art. 11 N 2 m.w.H.). Einfacher zu erfassen ist der Begriff als *Gegensatz zur streitigen Gerichtsbarkeit*. Das Bundesgericht umschreibt die streitige Gerichtsbarkeit als kontradiktorisches Verfahren zwischen zwei oder mehreren natürlichen oder juristischen Personen als Trägerinnen privater Rechte oder zwischen solchen Personen und einer nach Bundesrecht die Stellung einer Partei besitzenden Behörde, das sich vor dem Richter oder einer anderen Spruchbehörde abspielt und auf die endgültige, dauernde Regelung zivilrechtlicher Verhältnisse durch behördlichen Entscheid abzielt (BGE 107 II 501 E. 2b m.H.; Kellerhals/von Werdt/Güngerich-VON WERDT, Art. 11 N 10). Was daher nicht als Zivilrechtsstreitigkeit qualifiziert werden kann, bildet eine Angelegenheit der freiwilligen Gerichtsbarkeit.

2. Grundsatz

5   Der Gerichtsstand am **Wohnsitz oder Sitz der gesuchstellenden Partei** kommt grundsätzlich für alle Verfahren der freiwilligen Gerichtsbarkeit zum Zuge, für die das Gesetz kein besonderes Forum vorsieht, mithin eigentliche Gerichtssachen (diese werden – hinsichtlich Verfahren – allesamt von der ZPO erfasst, [BOTSCHAFT ZPO, 7258]), reine Verwaltungstätigkeit bis hin zu eigentlicher Eingriffsverwaltung oder Fürsorge. Es handelt sich somit um einen typischen Auffanggerichtsstand (BOTSCHAFT ZPO, 7264). Eine exemplifikative Enumeration von Akten der freiwilligen Gerichtsbarkeit lässt sich Kellerhals/von Werdt/Güngerich-VON WERDT, Art. 11 N 48 ff., entnehmen.

Die *Befugnis zur Legiferierung* über den Gerichtsstand wird aus Art. 30 Abs. 2 Satz 2 BV abgeleitet (vgl. dazu GestG-Komm.-SURBER, Art. 30 Abs. 2 BV). Seit der Justizreform kann die Kompetenz zusätzlich auf Art. 122 BV gestützt werden.

3. Ausnahmen

a) Gerichtsstandsbestimmungen der ZPO

Art. 19 ZPO ist zwingend anwendbar, sofern das Gesetz nichts anderes bestimmt.

Besondere Gerichtsstände sind in der ZPO selbst festgelegt (BOTSCHAFT ZPO, 7264; vgl. auch Kellerhals/von Werdt/Güngerich-VON WERDT, Art. 11 N 31 ff.):

– Art. 21 ZPO: Todes- und Verschollenerklärung;

– Art. 22 ZPO: Bereinigung des Zivilstandsregisters;

– Art. 24 ZPO: Gesuche bei eingetragener Partnerschaft;

– Art. 28 ZPO: Massnahmen im Zusammenhang mit dem Erbgang;

– Art. 29 Abs. 4 ZPO: Grundstücke;

– Art. 30 Abs. 2 ZPO: Bewegliche Sachen;

– Art. 43 ZPO: Kraftloserklärung von Wertpapieren;

– Art. 44 ZPO: Einberufung der Gläubigerversammlung bei Anleihensobligationen.

b) Gerichtsstandsbestimmungen in anderen Gesetzen

Was gilt bei Gerichtsständen, welche in **anderen Bundesgesetzen**, bspw. ZGB und OR, vorgesehen sind? Zu berücksichtigen sind in diesen Fällen die Auslegungsregeln, wonach jüngeres Recht dem älteren Recht und spezielleres Recht dem allgemeineren Recht vorgeht (lex posterior derogat legi priori, lex specialis derogat legi generali). Daraus leitet SPÜHLER (GestG-Komm. Art. 11 N 4) – bezogen auf das GestG – ab, dass die im GestG geregelte örtliche Zuständigkeit den Gerichtsständen, welche in anderen Bundesgesetzen festgelegt sind, vorgeht. «Diese Lösung stimmt auch mit dem Sinn des GestG überein, eine umfassende und systematische Ordnung der örtlichen Zuständigkeit in Zivilsachen zu verwirklichen» (GestG-Komm.-SPÜHLER, Art. 11 N 4; vgl. auch SPÜHLER/VOCK, GestG, 1 sowie Kellerhals/von Werdt/Güngerich-VON WERDT, Art. 11 N 12). Während von WERDT der Auffassung ist, dass die widersprechenden Gesichtsstände in ZGB und OR als lex specialis weiterhin bestehen bleiben (Kellerhals/von Werdt/Güngerich-VON WERDT, Art. 11 N 20), vertritt SPÜHLER die Meinung, dass diese örtlichen Zuständigkeiten dahinfallen (GestG-Komm. Art. 11 N 4 sowie insb. Art. 11 N 18). Für die heutige Situation ist in Bezug auf den vorliegenden Artikel davon auszugehen, dass die neue Bestimmung vorgeht und die altrechtlichen örtlichen Zuständigkeiten definitiv dahinfallen. Dies entspricht auch der Intention, «die Qualität der Zuständigkeit in der freiwilligen Gerichtsbarkeit einheitlich zu regeln» (BOTSCHAFT ZPO, 7264).

c) Kantonal begründete Zuständigkeiten

Was gilt hinsichtlich Zuständigkeit bei den bundesrechtlich festgelegten **Kompetenzen zugunsten der Kantone** aufgrund der Art. 54 und 55 SchlT ZGB? In diesen Gesetzesbestimmungen werden die Kantone ermächtigt, *zuständige Gerichte oder Verwaltungsbehörden* und *Verfahren* auch im Bereich des Zivilrechts festzulegen (Art. 54 SchlT ZGB) sowie zu bestimmen, in welcher Weise auf ihrem Gebiet die *öffentliche Beurkundung* hergestellt wird (Art. 55 SchlT ZGB).

Der Bund war im Rahmen seiner verfassungsrechtlichen Kompetenzen indessen schon vor der Justizreform befugt, die nichtstreitige Gerichtsbarkeit zu ordnen (BRÜCKNER,

Beurkundungsrecht, 3 FN 9). Hinsichtlich **Verfahren** hat der Bund in der ZPO die streitigen Sachen ausnahmslos erfasst, wogegen bei der freiwilligen Gerichtsbarkeit wesentliche Einschränkungen gemacht wurden. Hier fallen bezüglich Verfahren «nur die gerichtlichen Angelegenheiten unter die ZPO» (BOTSCHAFT ZPO, 7264).

In der vorliegenden **Zuständigkeitsbestimmung** hat er indessen explizit «neben den Gerichten neu allgemein auch die Verwaltungsbehörden angesprochen» (BOTSCHAFT ZPO, 7264). Aufgrund der Auslegungsregeln «lex superior derogat legi inferiori» und «lex posterior derogat legi priori» ist daher abzuleiten, dass auch für die aufgrund von Art. 54 SchlT ZGB durch die *Kantone bezeichneten Verwaltungsbehörden* zwingend die Gerichtsstandsbestimmung des vorliegenden Artikels zur Anwendung gelangt.

10 Was gilt indessen für die **Notariatspersonen**? Grundsätzlich vermag die spätere bundesgesetzliche Bestimmung auch die frühere dahingehend einzuschränken, dass das Bundesrecht in die Zuständigkeitsordnung der Kantone eingreifen kann: So hat das Bundesrecht bspw. mit Art. 70 Abs. 2 FusG in die Zuständigkeitsordnung der Kantone insoweit eingegriffen, dass bei Vorliegen eines Vermögensübertragungsvertrags mit Grundstücken in verschiedenen Kantonen eine einzigen öffentliche Urkunde genügt (BSK ZGB II-SCHMID, Art. 55 SchlT ZGB N 19a). Indessen hat der Gesetzgeber kaum beabsichtigt, mit der vorliegenden Bestimmung sämtliche notariellen Angelegenheiten zwingend dem Ort des Wohnsitzes oder Sitzes der gesuchstellenden Partei zu unterstellen. In diesem Sinn unterstreicht auch die Botschaft für den Bereich der öffentlichen Beurkundung, dass diese «Sache des kantonalen Rechts (Art. 55 SchlT ZGB)» (BBl 2006 7257) bleibe; diese Feststellung bezieht sich an dieser Stelle zwar lediglich auf das Verfahren, gilt indessen auch für die Zuständigkeit. Das Beurkundungswesen bildet – unabhängig davon, für welches System sich der Kanton entscheidet – ein in sich geschlossenes System, welches daher auch für die örtliche Zuständigkeit und die diesbezügliche Regelungskompetenz der Kantone gelten muss. Wie die bundesrechtlich geregelte Registerführung fällt die öffentliche Beurkundung in den Bereich des öffentlichen Verwaltungsrechts. Auch die Regelung der örtlichen Zuständigkeit ist damit Sache des kantonalen Rechts (gl.M. GestG-Komm.-SPÜHLER, Art. 11 N 10 m.w.H.). Einer zwingenden bundesrechtlichen Gerichtsstandsbestimmung auch für diesen Bereich widerspricht auch der bundesgerichtliche Hinweis auf die im Vertragsrecht verankerte Freiheit in der Wahl des Abschlussortes (BGE 113 II 504). Dementsprechend könnte Art. 55 SchlT ZGB durchaus auch als lex specialis gegenüber Art. 19 ZPO qualifiziert werden, zumal diese Bestimmung für den Bereich der öffentlichen Beurkundung auch nicht zweckmässig ist. Einen derartigen Eingriff in das geschriebene kantonale und ungeschriebene interkantonale Notariatsrecht müsste der Gesetzgeber in der Tat zweifellos explizit festlegen.

Im Ergebnis ist daher auch die Auffassung von VON WERDT hinsichtlich Art. 11 GestG zu unterstützen (vgl. Kellerhals/von Werdt/Güngerich-VON WERDT, Art. 11 N 21). Sein Hinweis, wonach Notariatspersonen nicht als Verwaltungsbehörden gelten, vermag indessen nicht zu überzeugen: Notariatspersonen üben durchaus eine amtliche Tätigkeit mit hoheitlichen Funktionen aus, und zwar unabhängig davon, ob sie diese Funktion als Mitarbeitende einer staatlichen Organisation oder als freiberuflich tätige Personen ausüben (BSK ZGB II-SCHMID, Art. 55 SchlT ZGB N 6a und 3; SIDLER, N 14).

III. Rechtsfolgen

11 Untersteht der Akt der freiwilligen Gerichtsbarkeit in Bezug auf die Zuständigkeit dem Art. 19 ZPO, ist die örtliche Zuständigkeit am **Wohnsitz oder Sitz der gesuchstellenden Partei** gegeben. Der Wohnsitz natürlicher Personen richtet sich nach Art. 10 Abs. 2 ZPO,

welcher auf die Bestimmungen des ZGB verweist; explizit ist Art. 24 ZGB nicht anwendbar. Hat die Partei keinen Wohnsitz, ist sinngemäss Art. 11 ZPO und mithin ihr Aufenthaltsort massgeblich. Hinsichtlich Sitz juristischer Personen, öffentlich-rechtlicher Anstalten und Körperschaften sowie Kollektiv- und Kommanditgesellschaften ist das materielle Recht massgeblich.

Als **gesuchstellende Partei** gilt die legitimierte Verfahrensbeteiligte, welche eine Anordnung der freiwilligen Gerichtsbarkeit anstrebt (GULDENER, Grundzüge, 28; GestG-Komm.-SPÜHLER, Art. 11 N 16). Sodann gibt es Anordnungen auf dem Gebiet der freiwilligen Gerichtsbarkeit, die *von Amtes wegen* zu treffen sind, ohne Rücksicht darauf, ob ein entsprechendes Gesuch gestellt ist oder nicht (GULDENER, Grundzüge, 29). Mangels gesuchstellender Partei ist Art. 19 nicht direkt anwendbar. Es ist aber sinnvoll, die Bestimmung analog anzuwenden, soweit sich nicht eine anderweitige – allenfalls auch analog anwendbare – Zuständigkeitsbestimmung aus der ZPO oder aus dem übrigen Bundesrecht ergibt und diese zweckmässig erscheint.

Wo das Verfahren für die freiwillige Gerichtsbarkeit sich nach der ZPO richtet, gilt auch Art. 60 ZPO für die Prüfung der örtlichen Zuständigkeit im Sinne von Art. 59 Abs. 2 lit. b ZPO. Ebenfalls gelangt auch Art. 63 ZPO zur Anwendung. Die sachliche Zuständigkeit wird durch das kantonale Recht geregelt, Art. 4 ZPO. Soweit die Verfahrensbestimmungen der ZPO zur Anwendung gelangen (vgl. N 1), sind überhaupt **sämtliche Bestimmungen der ZPO direkt oder sinngemäss anwendbar**, was sich jedoch nicht aus Art. 19, sondern aus Art. 1 lit. b ergibt. Dies gilt insb. auch für den Erlass vorsorglicher Massnahmen; indessen macht es keinen Sinn, die Zuständigkeitsbestimmung von Art. 13 jener von Art. 19 vorziehen zu wollen.

IV. Weitere Fragen

1. Gerichtsstandsvereinbarung und Einlassung

Die freiwillige Gerichtsbarkeit steht mangels Gegenpartei einer Gerichtsstandsvereinbarung entgegen. Der Gesetzgeber hat diesen Gegebenheiten dahingehend Rechnung getragen, dass der Gerichtsstand – im Gegensatz zur Fassung in Art. 11 GestG – als **zwingend** bezeichnet wird (die Ergänzung erfolgte erst im Rahmen der parlamentarischen Beratung, AmtlBull StR 2007, 505). Dasselbe gilt für die Einlassung, liegt doch gar keine Gegenpartei vor, welche sich vor einem an sich unzuständigen Gericht einlassen könnte (vgl. GestG-Komm.-SPÜHLER Art. 11 N 19f. sowie BOTSCHAFT ZPO, 7264).

2. Summarisches Verfahren

Wo sich das Verfahren nach der ZPO richtet (vgl. N 1 und 13), gelten die Regeln über das **summarische Verfahren** (Art. 248 lit. e), wobei das Gericht den Sachverhalt von Amtes wegen festzustellen hat (Art. 255 lit. b).

3. Rechtsmittel

Wenn einer von mehreren Beteiligten ein **Rechtsmittel** gegen eine Amtshandlung der freiwilligen Gerichtsbarkeit ergreift, während die anderen Beteiligten deren Abweisung beantragen, wird das Verfahren der freiwilligen Gerichtsbarkeit in ein Zweiparteienverfahren übergeführt. Das Verfahren der freiwilligen Gerichtsbarkeit wird sachlich zu einem Zivilprozess, im Allgemeinen aber formell als Verfahren der freiwilligen Gerichtsbarkeit weitergeführt, also nicht durch ein Verfahren der streitigen Gerichtsbarkeit ersetzt

(GULDENER, Grundzüge, 6; GestG-Komm.-SPÜHLER, Art. 11 N 21). Die Entscheidungen der Rechtsmittelinstanzen und Aufsichtsbehörden haben keine weitergehenden Wirkungen als diejenigen der Erstinstanz; sie sind nicht in höherem Masse bindend als die Verfügungen der unteren Behörden (GULDENER, Grundzüge, 79 ff.; vgl. auch die weiteren Ausführungen zu den Rechtsmitteln). Grundsätzlich ist (bei einer Anwendbarkeit der ZPO) nicht nur jeder erstinstanzliche Entscheid der streitigen Gerichtsbarkeit berufungsfähig, sondern ebenso der freiwilligen Gerichtsbarkeit (Sach- oder Nichteintretensentscheid), vgl. Art. 308 ZPO sowie BOTSCHAFT ZPO, 7371.

17 Zu den Zivilsachen i.S.v. Art. 72 Abs. 1 BGG gehören nicht nur die Zivilrechtsstreitigkeiten, sondern auch die nichtstreitigen Angelegenheiten des Zivilrechts, mithin die Akte der freiwilligen Gerichtsbarkeit. Einzelne davon unterliegen der **Einheitsbeschwerde in Zivilsachen**. Das BGG sieht von einer dogmatischen Auseinandersetzung mit dem Ausdruck «Zivilsache» dahingehend ab, als die Aufzählung der unter die Beschwerde in Zivilsachen fallenden Materien in Art. 72 Abs. 2 lit. b BGG aufgrund praktischer und pragmatischer Überlegungen erfolgt (SPÜHLER/DOLGE/VOCK, Art. 72 N 1 m.w.H.). Zur Legitimation und weiteren Fragen vgl. SPÜHLER/DOLGE/VOCK, Art. 76 N 2; Art. 110 BGG N 7.

V. Internationale Verhältnisse

18 Das IPRG enthält **keinen allgemeinen Gerichtsstand** für Akte der freiwilligen Gerichtsbarkeit (Kellerhals/von Werdt/Güngerich-VON WERDT, Art. 11 N 105; GestG-Komm.-SPÜHLER, Art. 11 N 22 m.w.H.). Direkte örtliche Zuständigkeiten ergeben sich indessen aus dem IPRG auch für den Bereich der freiwilligen Gerichtsbarkeit, bspw. Art. 38 IPRG (Namensänderung), Art. 41 (Verschollenerklärung), Art. 75 f. (Adoption), Art. 86 ff. (Nachlassverfahren).

19 Zur Frage der **Anerkennung und Vollstreckung** der Akte der freiwilligen Gerichtsbarkeit kann insb. auf das IPRG sowie das LugÜ zurückgegriffen werden. Aufgrund von *Art. 31 IPRG* gelten die Art. 25–29 IPRG sinngemäss für die Anerkennung und Vollstreckung einer Entscheidung oder einer Urkunde der freiwilligen Gerichtsbarkeit. Im *LugÜ* ist die Anerkennung und Vollstreckung in Angelegenheiten der freiwilligen Gerichtsbarkeit in Art. 25 ff. LugÜ geregelt (Kellerhals/von Werdt/Güngerich-VON WERDT, Art. 11 N 106; GestG-Komm.-SPÜHLER, Art. 11 N 23 m.w.H.; Dasser/Oberhammer-WALTHER, Art. 25 N 23). Nach Art. 1 LugÜ fallen indessen wichtige Bereiche der freiwilligen Gerichtsbarkeit gar nicht in den Anwendungsbereich des LugÜ (vgl. die Ausführungen und Auflistungen bei Dasser/Oberhammer-DASSER, Art. 1 N 49 ff.). Sodann muss die Entscheidung von einem Rechtsprechungsorgan und nicht von einer Verwaltungsbehörde eines Vertragstaates erlassen worden sein (GestG-Komm.-SPÜHLER, Art. 11 N 23, m.H. auf KROPHOLLER, Europ. ZPR, Art. 50 EuGVÜ/LugÜ N 3). Bei Vorliegen dieser Voraussetzung kann auch eine öffentliche Urkunde i.S.v. Art. 50 LugÜ vorliegen, welche einen Akt der freiwilligen Gerichtsbarkeit beinhaltet (GestG-Komm.-SPÜHLER, Art. 11 N 23, die Vollstreckbarerklärung richtet sich nach den Art. 31 ff. LugÜ); vgl. dazu auch BSK IPRG-BERTI/DÄPPEN, Art. 31 N 7.

2. Kapitel: Örtliche Zuständigkeit   Art. 20

2. Abschnitt: Personenrecht

Art. 20

Persönlichkeits- und Datenschutz	Für die folgenden Klagen und Begehren ist das Gericht am Wohnsitz oder Sitz einer der Parteien zuständig: a. Klagen aus Persönlichkeitsverletzung; b. Begehren um Gegendarstellung; c. Klagen auf Namensschutz und auf Anfechtung einer Namensänderung; d. Klagen und Begehren nach Artikel 15 des Bundesgesetzes vom 19. Juni 1992 über den Datenschutz.
Protection de la personnalité et protection des données	Le tribunal du domicile ou du siège de l'une des parties est compétent pour statuer sur: a. les actions fondées sur une atteinte à la personnalité; b. les requêtes en exécution du droit de réponse; c. les actions en protection du nom et en contestation d'un changement de nom; d. les actions et requêtes fondées sur l'art. 15 de la loi fédérale du 19 juin 1992 sur la protection des données.
Protezione della personalità e protezione dei dati	Per le seguenti azioni e istanze è competente il giudice del domicilio o della sede di una delle parti: a. azioni per lesione della personalità; b. istanze nell'ambito del diritto di risposta; c. azioni di protezione del nome e di contestazione del cambiamento di nome; d. azioni e istanze secondo l'articolo 15 della legge federale del 19 giugno 1992 sulla protezione dei dati.

Inhaltsübersicht   Note

   I. Allgemeines   1

  II. Klagen und Begehren im Einzelnen   3
      1. Klagen aus Persönlichkeitsverletzung (lit. a)   3
      2. Begehren um Gegendarstellung (lit. b)   9
      3. Klagen auf Namensschutz und auf Anfechtung einer Namensänderung (lit. c) 10
      4. Klagen und Begehren nach Art. 15 DSG (lit. d) 18

 III. Abgrenzung zu Klagen aus unerlaubter Handlung 27

 IV. Gerichtsstand 28

  V. Rechtsmittel 29

 VI. Internationale Verhältnisse 30
      1. LugÜ II 30
      2. IPRG 33

Literatur

B. BÄNNINGER, Die Gegendarstellung in der Praxis, Diss. Zürich 1998; A. BUCHER, Natürliche Personen und Persönlichkeitsschutz, 4. Aufl., Basel 2009; CH. BRÜCKNER, Das Personenrecht des ZGB, Zürich 2000; P. GAUCH/F. WERRO/J.-B. ZUFFEREY (Hrsg.), La protection de la personnalité, Freiburg 1993; D. GIRSBERGER, Grenzüberschreitende Persönlichkeitsverletzungen, in: FS Vonplon, Zürich 2009, 151–160; J.-M. GROSSEN, Das Recht der Einzelperson, in: SPR II, Basel 1967, 285–377; R. HÄFLIGER, Die Namensänderung nach Art. 30 ZGB, Diss. Zürich 1996; A. HALFMEIER, Die Veröffentlichung privater Tatsachen als unerlaubte Handlung, Diss. Hamburg 1999; H. HAUSHEER/R. AEBI, Das Personenrecht des Schweizerischen Zivilgesetzbuches, 2. Aufl., Bern 2008; M. VON HINDEN, Persönlichkeitsverletzung im Internet, Diss. Hamburg 1999; D. LACK, Privatrechtlicher Namensschutz (Art. 29 ZGB), Diss. Bern 1992; P. NOBEL/R. H. WEBER, Medienrecht, 3. Aufl., Bern 2007; M. PEDRAZZINI, Der Rechtsschutz der betroffenen Personen gegenüber privaten Bearbeitern (Klagen, vorsorgliche Massnahmen, Gerichtsstand), in: Rainer J. Schweizer (Hrsg.), Das neue Datenschutzgesetz des Bundes, Zürich 1993, 81–90; M. PEDRAZZINI/ N. OBERHOLZER, Grundriss des Personenrechts, 4. Aufl., Bern 1993; J. T. PETER, Das Datenschutzgesetz im Privatbereich, Diss. Zürich 1994; H. M. RIEMER, Personenrecht des ZGB, 2. Aufl., Bern 2002; D. ROSENTHAL/Y. JÖHRI, Handkommentar zum Datenschutzgesetz sowie weiteren, ausgewählten Bestimmungen, Zürich 2008; J. SIX, Der privatrechtliche Namensschutz von und vor Domänennamen im Internet, Diss. Zürich 2000; P. TERCIER, Le nouverau droit de la personnalité, Zürich 1984; R. WYSS, Der Gerichtsstand der unerlaubten Handlung im schweizerischen und internationalen Zivilprozessrecht, Diss. Bern 1997.

I. Allgemeines

1 Art. 20 entspricht praktisch wortgleich dem aufgehobenen Art. 12 GestG.

2 Art. 20 betrifft den Gerichtsstand für folgende Klagen und Begehren:

– Klagen aus Persönlichkeitsverletzung [nach Art. 28a ZGB] (lit. a);

– Begehren um Gegendarstellung [nach Art. 28l ZGB] (lit. b);

– Klagen auf Namensschutz (lit. c);

– Klagen auf Anfechtung einer Namensänderung (lit. c);

– Klagen und Begehren nach Art. 15 DSG (lit. d).

II. Klagen und Begehren im Einzelnen

1. Klagen aus Persönlichkeitsverletzung (lit. a)

3 Welche Klagen in Art. 20 gemeint sind, sagt Art. 28a ZGB. Darunter fallen folgende **negatorische** und **reparatorische** Ansprüche:

– Klagen auf Unterlassung einer drohenden Störung (Art. 28a Abs. 1 Ziff. 1 ZGB);

– Klagen auf Beseitigung einer bestehenden Störung (Art. 28a Abs. 1 Ziff. 2 ZGB);

– Klagen auf Feststellung einer bereits eingetretenen, aber zwischenzeitlich beendeten Persönlichkeitsverletzung (Art. 28a Abs. 1 Ziff. 3 ZGB);

– Klagen auf Publikation einer Berichtigung oder des Urteils (Art. 28a Abs. 2 ZGB);

– Klagen auf Schadenersatz, Genugtuung und Herausgabe eines Gewinns (Art. 28a Abs. 3 ZGB), sofern sie mit anderen Schutzbegehren verbunden sind.

a) Klagen auf Unterlassung einer drohenden Störung (Art. 28a Abs. 1 Ziff. 1 ZGB)

Die **Unterlassungsklage** gemäss Art. 28a Abs. 1 Ziff. 1 ZGB ist ein Anwendungsfall der Beseitigungsklage und zielt präventiv darauf ab, dem Beklagten – regelmässig unter Strafandrohung des Art. 292 StGB – gerichtlich zu untersagen, eine bestimmte Handlung vorzunehmen, welche die Persönlichkeit des Klägers verletzen würde (Müller/Wirth-DIETRICH, Art. 12 GestG N 10). Wird der Unterlassungsanspruch in Form einer vorsorglichen Massnahme geltend gemacht, bestimmt sich der Gerichtsstand nach Art. 13.

b) Klagen auf Beseitigung einer bestehenden Störung (Art. 28a Abs. 1 Ziff. 2 ZGB)

Die **Beseitigungsklage** gemäss Art. 28a Abs. 1 Ziff. 2 ZGB bezweckt die Aufhebung der gegenwärtigen Folgen einer **widerrechtlichen** Persönlichkeitsverletzung. Der Beseitigungsanspruch umfasst auch den Anspruch auf Veröffentlichung einer Berichtigung (BGE 106 II 92 E. 4; 104 II 1 E. 4). Die Berichtigung umfasst das Begehren auf Vernichtung bzw. Unbrauchbarmachung von Vorlagen (BGE 96 II 409 E. 6b: Film) oder Herausgabe eines Mitgliederverzeichnisses (BGE 97 II 97 E. 5a).

c) Feststellungsklage (Art. 28a Abs. 1 Ziff. 3 ZGB)

Die **Feststellungsklage** gemäss Art. 28a Abs. 1 Ziff. 3 ZGB hat den Zweck, den Inhalt des Persönlichkeitsrechts, nämlich die vom Kläger behauptete Persönlichkeitsverletzung, zu bejahen oder zu verneinen. Der positive Feststellungsanspruch ist in Art. 28a Abs. 1 Ziff. 3 ZGB ausdrücklich erwähnt. Darüber hinaus ergibt sich der negative Feststellungsanspruch direkt aus Art. 28 ZGB (implizit PEDRAZZINI/OBERHOLZER, 157; Müller/Wirth-DIETRICH, Art. 12 GestG N 8).

d) Klagen auf Publikation einer Berichtigung oder des Urteils (Art. 28a Abs. 2 ZGB)

Der Verletzte kann verlangen, dass das **richterliche Urteil** oder aber eine **Berichtigung** veröffentlicht wird. Er wird dies meist in Verbindung mit einer Feststellungsklage tun, zumal die Publikation einer Berichtigung oder des Urteils oft ein adäquates Mittel dafür ist, einen Störungszustand zu beseitigen. Das Medium kann aber nur dann zu einer Urteilspublikation oder -ausstrahlung angehalten werden, wenn darin auch die verletzende Äusserung verbreitet worden ist (vgl. BGE 106 II 92 E. 4). Dritte können nicht zur Urteilspublikation gezwungen werden (BGE 126 III 209 E. 5b m.H. auf unv. BGE, 23.6.1998, E. 7c a.E.; BUCHER, Rz 569). Die Publikation des Urteils erfolgt nur unter der Voraussetzung, dass sie geeignet ist, die Folgen der Persönlichkeitsverletzung zu beseitigen. Mit «Urteil» ist nicht nur das Urteilsdispositiv gemeint; der Richter kann zusätzlich ganz oder teilweise die Urteilserwägungen oder sogar eine von ihm verfasste Erklärung veröffentlichen lassen (gl.M. TERCIER, Personnalité, Rz 1011 m.H. auf Art. 65 [recte Art. 66 Satz 2] UrG; vgl. auch BGE 126 III 209 E. 5b m.H. auf unv. BGE, 23.6.1998, E. 7c a.E.; a.A. PEDRAZZINI/OBERHOLZER, 158). Ebenso zulässig sein muss die Verdeutlichung des Urteilsdispositivs durch den Richter (ebenso PEDRAZZINI/OBERHOLZER, 158; vgl. auch unv. E. 4c von BGE 104 II 1; BGE 126 III 209 E. 5b; zum Ganzen NOBEL/WEBER, Kap. 4 Rz 130–134).

e) Klagen auf Schadenersatz, Genugtuung und Herausgabe eines Gewinns (Art. 28a Abs. 3 ZGB)

Neben den genannten **Abwehrklagen** steht dem Verletzten auch offen, vom Verletzer finanziellen Ausgleich (Schadenersatz, Genugtuung und Gewinnherausgabe) zu fordern. **Reparatorische Klagen** auf Schadenersatz, Genugtuung und Gewinnherausgabe fallen unter Art. 20 lit. a, unabhängig davon, ob sie kombiniert oder selbstständig erhoben werden (gl.M. wohl auch SPÜHLER/VOCK, Art. 12 GestG N 1: «mit den erwähnten Klagen verbundenen Begehren»; **a.A.** GestG-Komm.-SCHUHMACHER, Art. 12 N 8; zu den Ansprüchen im Einzelnen s. BSK ZGB I-MEILI, Art. 28a N 15 ff.).

2. Begehren um Gegendarstellung (lit. b)

9 Das Gesetz spricht in lit. b von *Begehren*, nicht von Klagen, und übernimmt insoweit den Wortlaut des aufgehobenen Art. 12 GestG. Die Verwendung von *Begehren* ist missverständlich; denn mit Begehren um Gegendarstellung ist lediglich die **Gegendarstellungsklage** (TUOR/SCHNYDER/SCHMID/RUMO-JUNGO, § 11 Rz 55) bzw. die Klage auf Ausübung des Gegendarstellungsrechts (BUCHER, Rz 725) gemeint. Dies erhellt umso mehr zum einen mit Blick auf der mit Inkrafttreten des GestG aufgehobenen Zuständigkeitsvorschrift in Art. 28l Abs. 2 ZGB, der den Begriff *Klage* verwendete. Zum anderen kann der Betroffene nach Art. 28l Abs. 1 ZGB «das Gericht anrufen», wenn das Medienunternehmen die Ausübung des Gegendarstellungsrechts verhindert oder die Gegendarstellung verweigert oder die Gegendarstellung nicht korrekt veröffentlicht.

10 Die Gegendarstellungsklage ist ein selbstständiger Rechtsbehelf und von den übrigen aus Art. 28a ZGB fliessenden Klagen unabhängig. Selbst wenn die Gegendarstellungsklage erhoben oder unterlassen wird, kann der Berechtigte immer noch eine **Feststellungsklage** (Art. 88 ZPO) oder eine **Beseitigungsklage** in einem ordentlichen Verfahren erheben und allenfalls vorsorgliche Massnahmen (Art. 262 lit. b) beantragen oder unabhängig von der Gegendarstellungsklage auf Veröffentlichung einer Berichtigung nach Art. 28a Abs. 2 ZGB klagen (TUOR/SCHNYDER/SCHMID/RUMO-JUNGO, § 11 Rz 54; BUCHER, Rz 735; Müller/Wirth-DIETRICH, Art. 12 GestG N 21). Nach Praxis des BGer kann eine Gegendarstellung nur dann auf dem Weg der **vorsorglicher Massnahmen** erfolgen, wenn die Voraussetzungen des Rechts auf Gegendarstellung nach Art. 28g ff. ZGB nicht erfüllt sind (BGE 118 II 369 E. 4a). Der Gerichtsstand bestimmt sich in diesem Fall nach Art. 13 (s. zudem Art. 6 Abs. 5: Zuständigkeit des HGer für die Anordnung vorsorglicher Massnahmen vor Eintritt der Rechtshängigkeit der Klage).

3. Klagen auf Namensschutz und auf Anfechtung einer Namensänderung (lit. c)

a) Klagen auf Namensschutz (lit. c)

11 Der Namensschutz ist in Art. 29 ZGB geregelt. Folgende Klagen auf Namensschutz stehen zur Verfügung:

– Feststellungsklage betreffend Namensbestreitungen (Art. 29 Abs. 1 ZGB);

– Unterlassungsklage betreffend Namensanmassungen (Art. 29 Abs. 2 ZGB);

– Beseitigungsklage;

– Reparatorische Klagen.

aa) Feststellungsklage gegen Namensbestreitungen (Art. 29 Abs. 1 ZGB)

12 Die Feststellungsklage gegen Namensbestreitungen ist eine **Bestandesklage**, die ohne praktische Bedeutung geblieben ist. Sie ist gegeben sowohl gegen **Namensbestreitungen** (Art. 29 Abs. 1 ZGB) als auch gegen **Namensanmassungen** (Art. 29 Abs. 2 ZGB). Erfasst werden sowohl positive als auch negative Feststellungsklagen. Während bei Namensbestreitungen der Bestand eines Namensrechts festgestellt wird, ist bei Namensanmassungen die Widerrechtlichkeit der Verletzung des Namensrechts gemäss Art. 28a

Abs. 1 Ziff. 3 ZGB festzustellen (Müller/Wirth-DIETRICH, Art. 12 GestG N 25; BSK ZGB I-BÜHLER, Art. 29 N 66). Weitere namensrechliche Ansprüche sieht das Gesetz bei Namensbestreitungen nicht vor, solche ergeben sich aber u.U. aus dem allgemeinen Persönlichkeitsrecht (Art. 28a ZGB).

bb) Unterlassungsklage betreffend Namensanmassungen (Art. 29 Abs. 2 ZGB)

Die **Unterlassungsklage** gemäss Art. 29 Abs. 2 ZGB (negatorische Klage) richtet sich gegen eine Namensanmassung und setzt kein Verschulden voraus (BGE 90 II 315 E. 3e). Ebenso möglich ist die Anordnung von einschränkenden Auflagen für den Namensgebrauch (BGer, 4C.376/2004 E. 3.2; BSK ZGB I-BÜHLER, Art. 29 N 68). Obwohl Art. 29 Abs. 2 ZGB hierüber schweigt, sind aber auch bei Namensanmassungen (und nicht nur bei Namensbestreitungen) **Feststellungsklagen** zulässig. Diese haben jedoch nicht den Bestand eines Namensrechts zum Gegenstand, sondern die Feststellung der Widerrechtlichkeit einer sich weiterhin störend auswirkenden Verletzung des Namensrechts (Art. 28a Abs. 1 Ziff. 3 ZGB). 13

cc) Beseitigungsklage

Die **Beseitigungsklage** besteht gegen eine andauernde Namensanmassung gestützt auf Art. 28a Abs. 1 Ziff. 2 ZGB, obwohl sie in Art. 29 Abs. 2 ZGB nicht erwähnt wird (BSK ZGB I-BÜHLER, Art. 29 N 68). Denkbar sind etwa die Entfernung von Namensschriftzügen an Gebäuden, eine auf die Kundschaft abzielende Urteilsveröffentlichung (BGE 80 II 138 E. 4; 83 II 249 E. 8) oder die Löschung eines Domainnamens bei der Vergabestelle bzw. dessen Übertragung auf den Berechtigten (BSK ZGB I-BÜHLER, Art. 29 N 69). Betreffend die Anordnung vorsorglicher Massnahmen s. Art. 261–269 bzw. Art. 13 für die (örtliche) Zuständigkeit. 14

dd) Reparatorische Klagen

Da Art. 29 Abs. 2 ZGB Schadenersatz- und Genugtuungsansprüche ausdrücklich erwähnt, fallen sie ebenfalls unter Art. 20 lit. c, falls sie verbunden sind mit einer Beseitigungsklage gegen eine andauernde Namensanmassung. Eine mit einer solchen Beseitigungsklage verbundene Klage auf Herausgabe des Gewinns fällt ebenfalls unter Art. 20 lit. c (**a.A.** BSK ZGB I I-BÜHLER, Art. 29 N 67 m.w.H., wonach Art. 28a Abs. 3 ZGB analog anwendbar ist). Ob Genugtuungsansprüche und Klagen auf Gewinnherausgabe ein Verschulden des Verletzers voraussetzen, ist umstritten. 15

b) Klagen auf Anfechtung einer Namensänderung (lit. c)

Die Klage auf Anfechtung einer **Namensänderung** ist in Art. 30 Abs. 3 ZGB geregelt und ein Anwendungsfall des Namensschutzes nach Art. 29 ZGB (vgl. BGE 52 II 103 E. 2; 81 II 401, 406). Während Art. 29 ZGB gegen **Namensanmassungen** Feststellungs- und Unterlassungs- bzw. Beseitigungsklagen vorsieht, zielt die Klage nach Art. 30 Abs. 3 ZGB als Anfechtungsklage darauf ab, einen behördlich verfügten und i.d.R. längst rechtskräftig gewordenen Namenserwerb bzw. Erwerb eines subjektiven Namensrechts rückgängig zu machen. Bei der Anfechtungsklage einer Namensänderung handelt es sich somit eine **Gestaltungsklage** der in ihrem Namensrecht verletzten natürlichen oder juristischen Person (BGE 118 II 1 E. 3; 81 II 401, 405; 72 II 145 E. 1). Verletzte sind die Träger des dem Gesuchsteller bewilligten neuen Namens oder eines täuschend ähnlichen Namens (TUOR/SCHNYDER/SCHMID/RUMO-JUNGO, § 11 Rz 67). 16

c) Reparatorische Klagen

17 Die verletzte Person kann zudem Schadenersatz und Genugtuung verlangen. **Reparatorische Klagen** auf Schadenersatz und Genugtuung werden in Art. 29 Abs. 2 ZGB (im Gegensatz zu Art. 28a Abs. 3 ZGB) ausdrücklich normiert und fallen deshalb unter Art. 20 lit. c.

d) Abgrenzung zum Firmen- und Lauterkeitsrecht

18 Erfüllt ein Sachverhalt gleichzeitig Tatbestände des Namensrechts und des Firmen- und/oder Lauterkeitsrechts, liegt **echte Normenkonkurrenz** vor. Nach Rechtsprechung des BGer besteht zwischen dem Namensrecht und dem Firmenrecht (Art. 956 OR) Subsidiarität bzw. Exklusivität des Firmenrechts (vgl. BGE 117 II 513 E. 3a; 102 II 161 E. 2; ebenso die h.L.). Dagegen besteht eine kumulative Anwendbarkeit von Art. 29 ZGB und Art. 3 lit. d UWG (vgl. BSK ZGB I-BÜHLER, Art. 29 N 75 m.w.H.). Hier besteht beim Vorliegen des erforderlichen Sachzusammenhangs die Möglichkeit einer **objektiven Klagenhäufung** i.S. des Art. 15 Abs. 2.

4. Klagen und Begehren nach Art. 15 DSG (lit. d)

a) Allgemeines

19 In lit. d spricht das Gesetz von **Klagen und Begehren** und verweist auf Art. 15 DSG. Dieser regelt die Rechtsansprüche der betroffenen Personen bei widerrechtlicher, persönlichkeitsverletzender Datenbearbeitung sowie gewisse Einzelheiten des Verfahrens bei deren Durchsetzung. Das DSG gewährt den betroffenen Personen **negatorische Ansprüche** (Abwehransprüche), die der Verhütung oder Beseitigung von Persönlichkeitsverletzungen und damit unmittelbar dem Schutz der Persönlichkeit dienen. Mittelbar geschützt wird die Persönlichkeit der betroffenen Personen durch **reparatorische Ansprüche**, welche die Wiedergutmachung der Folgen der Persönlichkeitsverletzung bezwecken. Bei allen Ansprüchen ist grundsätzlich eine widerrechtliche Persönlichkeitsverletzung verlangt; einzig der Anspruch auf Anbringung eines Bestreitungsvermerks (s.u. N 25) besteht ohne erwiesene Persönlichkeitsverletzung.

20 Aktivlegitimiert ist gemäss Art. 28 Abs. 1 ZGB grundsätzlich jede natürliche oder juristische Person oder rechtsfähige Personengesamtheit, die in ihrer Persönlichkeit widerrechtlich verletzt wird bzw. wurde. Das DSG schützt aber nur die betroffenen Personen (vgl. Art. 1 und 12 Abs. 1 DSG), d.h. nur natürliche oder juristische Personen und rechtsfähige Personengesamtheiten, über die Daten bearbeitet werden bzw. wurden (vgl. Art. 3 lit. b DSG). Datenschutzrechtliche Ansprüche können damit nur die in ihrer Persönlichkeit widerrechtlich verletzten **betroffenen Personen** geltend machen.

21 Die datenschutzrechtlichen Ansprüche richten sich «gegen jeden, der an der Verletzung mitgewirkt hat» (Art. 28 Abs. 1 ZGB). Passivlegitimiert ist damit nicht nur der Alleinurheber der Persönlichkeitsverletzung (oder ggf. dessen Erben), sondern jeder unmittelbar oder mittelbar mitwirkende Miturheber sowie Hilfspersonen und Beauftragte, sofern deren Handeln und Unterlassen für die Persönlichkeitsverletzung kausal ist (BSK DSG-RAMPINI, Art. 15 N 6 m.w.H.). Nicht nur der Datenbearbeiter (oder dessen Hilfsperson oder ein Dritter i.S.v. Art. 14 DSG), sondern auch der Inhaber einer Datensammlung (analog zu Art. 8 Abs. 1 DSG) stehen dabei im Vordergrund.

22 Art. 15 DSG nennt folgende Rechtsansprüche:
– Klagen zum Schutz der Persönlichkeit (Art. 15 Abs. 1 Satz 1 DSG);
– Anspruch auf Sperrung der Datenbearbeitung (Art. 15 Abs. 1 Satz 2 DSG);

- Anspruch auf Nicht-Weitergabe von Daten an Dritte (Art. 15 Abs. 1 Satz 2 DSG);
- Anspruch auf Berichtigung oder Vernichtung von Personendaten (Art. 15 Abs. 1 Satz 2 DSG);
- Anspruch auf Anbringung eines Vermerks (Art. 15 Abs. 2 DSG);
- Anspruch auf Mitteilung an Dritte oder Veröffentlichung der Berichtigung, der Vernichtung, der Sperre, des Vermerks über die Bestreitung oder des Urteils (Art. 15 Abs. 3 DSG);
- Klagen zur Durchsetzung des Auskunftsrechts (Art. 15 Abs. 4 DSG).

b) Ansprüche im Einzelnen

aa) Klagen zum Schutz der Persönlichkeit (Art. 15 Abs. 1 DSG)

Art. 15 Abs. 1 Satz 1 DSG verweist auf Art. 28, 28a und 28l ZGB. Der Kläger kann gemäss Art. 28a Abs. 1 ZGB auf **Unterlassung** (Ziff. 1), **Beseitigung** (Ziff. 2) oder auf **Feststellung** der Persönlichkeitsverletzung (Ziff. 3) klagen. Art. 28l ZGB handelt von der Möglichkeit des Verletzten, das Gericht anzurufen, wenn das Medienunternehmen die Ausübung des Gegendarstellungsrechts verweigert oder die Gegendarstellung nicht korrekt veröffentlicht. Zudem hat der Verletzte einen Anspruch auf Schadenersatz, Genugtuung und Gewinnherausgabe (Art. 28a Abs. 3 ZGB).

Art. 15 Abs. 1 Satz 2 DSG nennt zusätzlich (nicht abschliessend) folgende Ansprüche des Verletzten:

- Anspruch auf Sperrung der Datenbearbeitung;
- Anspruch auf Nicht-Weitergabe von Daten an Dritte;
- Anspruch auf Berichtigung oder Vernichtung von Personendaten.

bb) Anspruch auf Anbringung eines Vermerks (Art. 15 Abs. 2 DSG)

Wenn weder die Richtigkeit noch die Unrichtigkeit von Personendaten dargetan werden kann, hat der Verletzte nach Art. 15 Abs. 2 DSG einen Anspruch auf Anbringung eines entsprechenden Vermerks bei den in Frage stehenden Daten. Der Anspruch auf Anbringung eines sog. **Bestreitungsvermerks** verlangt weder eine Persönlichkeitsverletzung (Art. 15 Abs. 1 DSG) noch die erwiesene Unrichtigkeit (vgl. Art. 15 Abs. 2 DSG) der bearbeiteten Daten (zu den Beweisanforderungen vgl. Rosenthal/Jöhri-ROSENTHAL, Art. 15 DSG N 83). Der Inhalt des Vermerks ist grundsätzlich auf die Nennung der Tatsache der Bestreitung beschränkt («vom Betroffenen bestritten»). Zulässig sein muss hier aber – nach freiem richterlichen Ermessen – die Zulassung einer in aller Kürze gehaltenen positiven Aussage (BSK DSG-RAMPINI, Art. 15 N 32). Der Anspruch auf einen Bestreitungsvermerk wird klageweise auf dieselbe Weise und nach denselben Vorschriften durchgesetzt wie der Anspruch auf Berichtigung nach Art. 15 Abs. 1 DSG. Eine Klage kann auf das Anbringen eines Bestreitungsvermerks beschränkt sein, wird aber typischerweise als Eventualbegehren formuliert sein, soweit eine Klage auf Berichtigung nicht durchdringt (Rosenthal/Jöhri-ROSENTHAL, Art. 15 DSG N 84).

cc) Anspruch auf Mitteilung oder Veröffentlichung (Art. 15 Abs. 3 DSG)

Gemäss Art. 15 Abs. 3 DSG kann die klagende Partei verlangen, dass die Berichtigung, die Vernichtung, die Sperre, namentlich die Sperre der Bekanntgabe an Dritte, der Vermerk über die Bestreitung (Art. 15 Abs. 2 DSG) oder das Urteil Dritten mitgeteilt oder veröffentlicht wird. Der Anspruch auf Mitteilung oder Veröffentlichung gilt nach Art. 28a Abs. 2 i.V.m. Art. 15 Abs. 1 DSG ohnehin, weshalb der Hinweis in Art. 15 Abs. 3 DSG überflüssig ist.

dd) Klagen zur Durchsetzung des Auskunftsrechts (Art. 15 Abs. 4 DSG)

27 Jede Person kann vom **Inhaber einer Datensammlung** Auskunft darüber verlangen, ob Daten über sie bearbeitet werden (Art. 8 Abs. 1 DSG). Werden eine oder mehrere Datensammlungen von mehreren Inhabern gemeinsam geführt und ist nicht einer von ihnen für die Behandlung aller Auskunftsbegehren verantwortlich, kann das Auskunftsrecht bei jedem Inhaber geltend gemacht werden (Art. 1 Abs. 5 VDSG). In diesem Fall besteht die Möglichkeit einer **subjektiven (passiven) Klagenhäufung** i.S.v. Art. 15 Abs. 1; eines besonderen Sachzusammenhangs bedarf es hierfür nicht. Das Gericht entscheidet über Klagen zur Durchsetzung des Auskunftsrechts im **vereinfachten Verfahren** (Art. 15 Abs. 4 DSG i.V.m. Art. 243–247).

III. Abgrenzung zu Klagen aus unerlaubter Handlung

28 Die Zuständigkeit für Klagen aus unerlaubten Handlungen richtet sich nach Art. 36. *Lex specialis* zu Art. 36 ist Art. 20 und geht diesem vor. Gemäss Art. 36 ist für Klagen aus unerlaubter Handlung das Gericht am Wohnsitz oder Sitz der geschädigten Person oder der beklagten Partei oder am Handlungs- oder am Erfolgsort zuständig. Der Gerichtsstand ist **nicht zwingend** (Art. 9 Abs. 1 e contrario).

IV. Gerichtsstand

29 Der VE 2003 subsumierte die Zuständigkeit für den Persönlichkeits- und Datenschutz unter den allgemeinen Gerichtsstand der unerlaubten Handlung (Art. 32 VE-ZPO). Für die Klagen und Begehren i.S. des Art. 20 ist das Gericht am **Wohnsitz** oder Sitz einer der Parteien zuständig. Der Gerichtsstand ist **nicht zwingend** (Art. 9 Abs. 1 e contrario). Eine Prorogation – entweder durch Gerichtsstandsvereinbarung (Art. 17) oder durch Einlassung (Art. 18) – ist somit zulässig. Die (zwingende) örtliche Zuständigkeit für die Anordnung vorsorglicher Massnahmen richtet sich nach Art. 13.

V. Rechtsmittel

30 Der Entscheid über die Zuständigkeit erfolgt in Form einer Zwischenverfügung und unterliegt – streitwertunabhängig – der **Beschwerde** an die kantonale Rechtsmittelinstanz (Art. 319 lit. a i.V.m. Art. 321 Abs. 1). Die sachliche Zuständigkeit wird durch das kantonale Recht bestimmt (Art. 4 Abs. 1). Beschwerdeentscheide durch die obere kantonale Instanz können in solchen Angelegenheiten mit der **Beschwerde in Zivilsachen** beim BGer angefochten werden (Art. 92 Abs. 1 BGG). Eine Streitwertgrenze besteht bei der Beschwerde in Zivilsachen nur in vermögensrechtlichen Angelegenheiten (Art. 74 BGG), bei den übrigen Streitigkeiten ist sie immer zulässig.

VI. Internationale Verhältnisse

1. LugÜ II

31 Das LugÜ II kennt für den Persönlichkeits- und Datenschutz keine besondere Zuständigkeit. Persönlichkeits- und Datenschutzverletzungen gelten als unerlaubte Handlungen. Primär ist der Wohnsitz der beklagten Partei bzw. der Sitz des beklagten Medienunter-

nehmens (Art. 2 Nr. 1 LugÜ II; so auch Art. 2 Abs. 1 VO [EG] Nr. 44/2001) massgebend. Liegen Handlungs- oder Erfolgsort in einem anderen Mitgliedstaat als dem (Wohnsitz-) Staat des Beklagten, besteht für den Kläger die zusätzliche Möglichkeit, an diesem Ort zu klagen (Art. 5 Nr. 3 LugÜ II; so auch Art. 5 Nr. 3 VO [EG] Nr. 44/2001). Letzteres gilt mit Inkrafttreten des LugÜ II umso mehr; denn nach Art. 5 Nr. 3 LugÜ II ist nicht nur das Gericht am Ort, wo die schädigenden Handlung eingetreten ist, örtlich zuständig, sondern zusätzlich auch das Gericht am Ort, wo die Handlung einzutreten droht (so schon Art. 5 Nr. 3 VO [EG] Nr. 44/2001).

Bei mehreren Erfolgsorten in mehreren LugÜ II-Vertragsstaaten sind die Gerichte eines jeden Erfolgsstaates örtlich zuständig. Der Erfolgsort ist dort, wo das Printmedium vertrieben wird, jedoch nur in dem Ausmass, als das Territorium des betreffenden Staates tangiert ist (vgl. EuGH, Rs. 21/76, Slg. 1976, II-1735). Bei Ehrverletzungen durch die Presse kann also das Gericht am **Erfolgsort** nur über Schäden entscheiden, die im Sitzstaat des urteilenden Gerichts entstanden sind (EuGH, Rs. C-68/93, Slg. 1995, I-415 Ziff. 30). Dagegen ist das Gericht im Staat des **Handlungsorts** für eine Klage zum Ersatz des gesamten Schadens international zuständig (EuGH, Rs. C-68/93, Slg. 1995, I-415 Ziff. 25). 32

Selbst das Auskunftsrecht nach Art. 15 Abs. 4 DSG ist eine Zivil- und Handelssache i.S.v. Art. 1 Nr. 1 LugÜ II, weshalb Art. 2 Nr. 1 und Art. 5 Nr. 3 LugÜ II anwendbar sind. Nach der hier vertretenen Auffassung ist Art. 5 Nr. 3 LugÜ II für **sämtliche** datenschutzrechtlichen Ansprüche, insb. denen, die in Art. 15 DSG erwähnt sind, anwendbar. 33

2. IPRG

Im Verhältnis zu Drittstaaten verweist das IPRG in Art. 33 Abs. 2 für Ansprüche aus Persönlichkeitsverletzung auf die **unerlaubten Handlungen** (Art. 129 IPRG). Nach Art. 129 Abs. 1 IPRG ist für Klagen aus unerlaubten Handlungen das Gericht am Wohnsitz, Aufenthaltsort oder am Ort der Niederlassung des Beklagten zuständig. Subsidiär kann am Handlungs- oder am Erfolgsort geklagt werden (Art. 129 Abs. 2 IPRG). 34

Betreffend Klagen zur Durchsetzung des Auskunftsrechts gilt Art. 130 Abs. 3 IPRG. Danach sind die Gerichte am Wohnsitz, Aufenthaltsort oder am Ort der Niederlassung des Beklagten zuständig sowie am Handlungs- oder am Erfolgsort und schliesslich am Ort, an dem die Datensammlung geführt oder verwendet wird. 35

Art. 21

Todes- und Verschollenerklärung	**Für Gesuche, die eine Todes- oder eine Verschollenerklärung betreffen (Art. 34–38 ZGB), ist das Gericht am letzten bekannten Wohnsitz der verschwundenen Person zwingend zuständig.**
Déclaration de décès et d'absence	Le tribunal du dernier domicile connu d'une personne disparue est impérativement compétent pour statuer sur les requêtes en déclaration de décès ou d'absence (art. 34 à 38 CC).
Dichiarazione di morte e di scomparsa	Per le istanze di dichiarazione di morte o di scomparsa (art. 34–38 CC) è imperativo il foro dell'ultimo domicilio conosciuto della persona scomparsa.

Art. 21 1–3   2. Titel: Zuständigkeit der Gerichte und Ausstand

Inhaltsübersicht   Note

I. Allgemeines	1
II. Anwendungsbereich	2
1. Todeserklärung	2
2. Verschollenerklärung	3
III. Gerichtsstand	9
IV. Rechtsmittel	13
V. Internationale Verhältnisse	14
1. LugÜ II	14
2. IPRG	15

Literatur

P. BREITSCHMID, Das amtliche Verschollenheitsverfahren, SJZ 1984, 192–196; A. BUCHER, Natürliche Personen und Persönlichkeitsschutz, 4. Aufl., Basel 2009; A. BUCHER/A. BONOMI, Droit international privé, 2. Aufl., Basel/Genf/München 2004; J.-M. GROSSEN, Das Recht der Einzelpersonen, in: SPR II, Basel 1967, 285–377; M. PEDRAZZINI/N. OBERHOLZER, Grundriss des Personenrechts, 4. Aufl., Bern 1993.

I. Allgemeines

1   Art. 21 entspricht dem aufgehobenen Art. 13 GestG, regelt aber nicht nur die örtliche Zuständigkeit für die Verschollenerklärung, sondern auch für die Todeserklärung sowie für allfällige Aufhebungen dieser Erklärungen (vgl. Art. 34–38 ZGB). Das Verfahren der Todes- und Verschollenerklärung sowie deren Aufhebungen ist ein typischer Fall der **freiwilligen** oder **nichtstreitigen Gerichtsbarkeit**, was Bundesrecht ist (vgl. Art. 1 lit. b). Die gerichtliche Behandlung von Gesuchen um Todes- und Verschollenerklärung erfolgt im **summarischen Verfahren** (vgl. Art. 248 lit. e). Zudem gilt der Untersuchungsgrundsatz (vgl. Art. 255 lit. b). Erweist sich eine Anordnung betreffend eine Todes- oder Verschollenerklärung im Nachhinein als unrichtig, so kann sie von Amtes wegen oder auf Antrag aufgehoben oder abgeändert werden, es sei denn, das Gesetz oder die Rechtssicherheit ständen entgegen (vgl. Art. 256 Abs. 2). Die noch unter dem GestG vorgenommene Unterscheidung zwischen Verschollenerklärung i.e.S. und Verschollenerklärung i.w.S. (so etwa GestG-Komm.-SCHUHMACHER, Art. 13 N 2) ist mit Inkrafttreten der ZPO obsolet geworden, weil Art. 21 sowohl die Todes- als auch die Verschollenerklärung abdeckt.

II. Anwendungsbereich

1. Todeserklärung

2   Mit Gesuch um **Todeserklärung** ist das Verfahren nach Art. 34 ZGB gemeint. Danach kann der Tod einer Person als erwiesen betrachtet werden, sobald die Person unter Umständen verschwunden ist, die ihren Tod als sicher erscheinen lassen.

2. Verschollenerklärung

3   Mit Gesuch um **Verschollenerklärung** ist das Verfahren nach Art. 35–38 ZGB gemeint. Der Gerichtsstand für **Klagen auf Registerbereinigung** zufolge sicherer Todesanzeichen (Art. 34 und 42 ZGB) richtet sich ausschliesslich nach Art. 22 (Bereinigung des Zivilstandsregisters). Das Verfahren einer Verschollenerklärung kann von einer Privatper-

son, die aus der Verschollenheit einer verschwundenen Person Rechte ableiten möchte, oder von einer Behörde ausgelöst werden.

a) Privates Verschollenheitsverfahren

Im sog. **privaten Verfahren** auf Verschollenerklärung kann jeder, der aus dem Nichtvorhandensein bzw. dem Tod des Verschwundenen Rechte ableitet, ein Begehren auf Verschollenerklärung stellen (Müller/Wirth-SANTORO, Art. 13 GestG N 9). Legitimiert sind insb. die gesetzlichen und eingesetzten Erben, Vermächtnisnehmer, auf den Todesfall Beschenkte, Begünstigte aus der Todesfallversicherung, gesetzliche Vertreter oder der Fiskus (vgl. BSK ZGB I-GUGGENBÜHL/NÄGELI, Art. 35 N 8; ZK-EGGER, Art. 35 ZGB N 10); nicht aber der Willensvollstrecker (BGE 90 II 376 E. 6e).

Eine Person gilt als verschwunden, wenn die Umstände des Verschwindens einer Person deren Tod als **höchstwahrscheinlich** erscheinen lassen. Der Tod muss, ohne als sicher zu gelten (hier kann eine Eintragung des Todes ins Todesregister nach Art. 34 und 42 ZGB i.V.m. Art. 74 ZStV erfolgen), als die am ehesten wahrscheinliche Hypothese erscheinen (BUCHER, Rz 224). Ausreichend hierfür ist, dass sich der Vermisste in einer Lage befand, welche die Todesgefahr in sich barg. In Frage kommen eine Nordpolexpedition, eine Reise in ein Unruhegebiet (ZK-EGGER, Art. 35 ZGB N 6; BSK ZGB I-GUGGENBÜHL/ NÄGELI, Art. 35 N 4), eine Überfahrt auf einem Schiff (BGE 107 II 97 = Pra 1981 Nr. 153) oder ein Flug mit einem Flugzeug, das seinen Bestimmungsort nie erreicht hat (BGE 75 I 328 E. 4).

Das Erfordernis der langen nachrichtenlosen Abwesenheit ist erfüllt, wenn eine Person während einer Zeitdauer von mind. fünf Jahren (Art. 36 Abs. 1 ZGB) unbekannt abwesend ist, und seit dieser Zeit Nachrichten von ihr und Informationen über sie fehlen. Darüber hinaus verlangt das Gesetz jedoch einen Zusammenhang zwischen der Todeswahrscheinlichkeit und der Abwesenheit des Verschwundenen (GROSSEN, 307).

b) Amtliches Verschollenheitsverfahren

Das **amtliche Verschollenheitsverfahren** ist in Art. 550 ZGB geregelt. Gemäss Abs. 1 wird auf Verlangen der zuständigen Behörde die Verschollenerklärung von Amtes wegen durchgeführt, wenn das Vermögen oder der Erbteil des Verschwundenen während zehn Jahren in amtlicher Verwaltung (Art. 544 ZGB) gestanden hat, oder wäre dieser 100 Jahre alt geworden.

c) Abgrenzungen

Die Verschollenerklärung steht nur zur Diskussion, wenn der Tod einer Person **nicht als sicher** erscheint. Kann der Tod auf Grund von Indizien als erwiesen betrachtet werden, so richtet sich das Verfahren nach Art. 34 ZGB. Die Zuständigkeit bestimmt sich in diesem Fall nach Art. 22 (s.o. N 3). An die Voraussetzungen für die Annahme eines sicheren Todes stellt die Praxis hohe Anforderungen. Lassen sich auf Grund des konkreten Sachverhalts andere Möglichkeiten als der sichere Tod nicht absolut ausschliessen, muss gemäss der Rechtsprechung des BGer der Weg der Verschollenerklärung eingeschlagen werden (BGE 75 I 328 E. 4; 56 I 546 E. 1b).

III. Gerichtsstand

Da eine verschwundene Person keinen Wohnsitz und keinen Aufenthaltsort im rechtlichen Sinn hat, bzw. diese unbekannt sind, ist ein besonderer Gerichtsstand – das Gericht am letzten bekannten **Wohnsitz** – notwendig. An jenem Ort sind die dauerhaftesten persönlichen Beziehungen der verschwundenen Person zu erwarten. Der Wohnsitzbegriff richtet sich nach Art. 10 Abs. 1 lit. a, der wiederum – allerdings nicht ausdrücklich – auf Art. 23 f. ZGB verweist. Nicht anwendbar ist der fiktive Wohnsitz i.S. des Art. 24 ZGB. Hat die verschwundene Person keinen Wohnsitz, so wäre nach dem Wortlaut von Art. 21 e contrario die Zuständigkeit nicht begründet. Das Gesetz stellt generell für den Fall eines fehlenden Wohnsitzes das Gericht am **gewöhnlichen Aufenthalt** zur Verfügung (Art. 11 Abs. 1; zu den Kriterien des gewöhnlichen Aufenthaltsorts s. Art. 11 Abs. 2). Fehlt ein gewöhnlicher Aufenthaltsort, so ist das Gericht am **letzten bekannten Aufenthaltsort** (vgl. Art. 11 Abs. 3; ein solcher fehlte in Art. 4 GestG) zuständig. Dieser subsidiäre Gerichtsstand ist *in favor forum helveticum* und eines schlussendlich auch Rechtssicherheit begründenden Verschollenerklärung gerechtfertigt.

10 Allerdings ist zu beachten, dass der Aufenthaltsgerichtsstand auf Grund der Besonderheiten des Todes- und Verschollenheitsverfahrens nur eingeschränkt zur Anwendung gelangt. So steht das Gericht am letzten gewöhnlichen Aufenthaltsort einer verschwundenen Person nur zur Verfügung, wenn der Vermisste nie über einen nachweisbaren Wohnsitz verfügt hat. Der subsidiäre Gerichtsstand kommt insb. dann nicht zur Anwendung, wenn ein Wohnsitz aufgegeben und noch kein neuer begründet wurde. Dies ergibt sich bereits aus dem Gesetzeswortlaut, wo auf den letzten bekannten Wohnsitz des Verschwundenen abgestellt wird. Eine Anwendbarkeit des Aufenthaltsgerichtsstandes auch im Falle der Wohnsitzaufgabe hätte zudem vorab in Fällen **lange andauernder Abwesenheit** regelmässig den Verlust des Wohnsitzforums zur Folge und würde den Kläger vor die schwierige Aufgabe stellen, einen letzten Aufenthaltsort nachweisen zu müssen (Müller/Wirth-SANTORO, Art. 13 GestG N 20).

11 Liegt der letzte bekannte Wohnsitz der verschwundenen Person im **Ausland**, so kann die Verschollenerklärung auch dann nicht in der Schweiz erfolgen, wenn der Verschwundene zuvor einmal in der Schweiz domiziliert war (Müller-Wirth-SANTORO, Art. 13 N 21). Die Verschollenerklärung von **Auslandschweizern** untersteht dem IPRG (s.u. N 16).

12 Nach Art. 21 ist das zuständige Gericht **zwingend** zuständig. Der Gerichtsstand ist schon von seiner Natur her zwingend, weil mangels Gegenpartei der Abschluss einer Gerichtsstandsvereinbarung (Art. 17) oder Einlassung (Art. 18) gar nicht möglich ist (BOTSCHAFT ZPO, 7264). Art. 21 ist *lex specialis* zu Art. 19 (freiwillige Gerichtsbarkeit).

IV. Rechtsmittel

13 Der Entscheid über die Zuständigkeit erfolgt in Form einer Zwischenverfügung und unterliegt – streitwertunabhängig – der **Beschwerde** an die kantonale Rechtsmittelinstanz (Art. 319 lit. a i.V.m. Art. 321 Abs. 1). Die sachliche Zuständigkeit wird durch das kantonale Recht bestimmt (Art. 4 Abs. 1). Beschwerdeentscheide durch die obere kantonale Instanz können in solchen Angelegenheiten mit der **Beschwerde in Zivilsachen** beim BGer angefochten werden (Art. 92 Abs. 1 BGG). Eine Streitwertgrenze besteht bei der Beschwerde in Zivilsachen nur in vermögensrechtlichen Angelegenheiten (Art. 74 BGG), bei den übrigen Streitigkeiten ist sie immer zulässig.

V. Internationale Verhältnisse

1. LugÜ II

14 Das LugÜ II ist auf Personenstandsachen **nicht anwendbar** (Art. 1 Nr. 2 lit. a LugÜ II), so dass das IPRG die internationale Zuständigkeit ausschliesslich regelt, es sei denn, andere Staatsverträge kämen zur Anwendung.

2. IPRG

Gemäss Art. 41 Abs. 1 IPRG sind für Verschollenerklärungen die schweizerischen Gerichten oder Behörden am letzten bekannten **Wohnsitz** der verschwundenen Person zuständig. Diese Zuständigkeitsregel betrifft nur Personen **ausländischer Staatsangehörigkeit** mit letztem Wohnsitz in der Schweiz (BSK IPRG-GEISER/JAMETTI GREINER, Art. 41 N 7) und wiederholt Art. 21 ZPO mit der Abweichung, dass die internationale (örtliche) Zuständigkeit der schweizerischen Gerichte oder Behörden **nicht zwingend** ist. 15

Art. 41 Abs. 2 IPRG betrifft Fälle, bei denen sich der letzte bekannte Wohnsitz einer Person im **Ausland** befand, oder wenn der Wohnsitz einer verschwundenen Person nicht bestimmbar ist. Nach Art. 41 Abs. 2 IPRG sind alternativ (BSK IPRG-GEISER/JAMETTI GREINER, Art. 41 N 9; **a.A.** BUCHER/BONOMI, Rz 615, die von einem subsidiären Gerichtsstand ausgehen) die schweizerischen Gerichte oder Behörden für Verschollenerklärungen international zuständig, wenn ein **schützenswertes Interesse** des Gesuchstellers besteht. Ein schützenswertes Interesse liegt namentlich vor bei vorhandenen Vermögenswerten in der Schweiz (BGE 46 II 496 E. 2), ferner bei Nachlassabwicklungen, Kindesanerkennungen (BSK IPRG-GEISER/JAMETTI GREINER, Art. 41 N 10) oder Wiederverheiratung, bei der vorgängig auf Auflösung der früheren Ehe zu klagen ist (BGE 107 II 97 E. 2, 3 = Pra 1981 Nr. 153: ein amerikanischer Staatsbürger klagte auf Auflösung der Ehe mit seiner verschollenen norwegischen Frau, deren letzter Wohnsitz in der Schweiz unbekannt war. Das BGer schützte die Gesuchstellung am letzten gemeinsamen Wohnsitz der Ehegatten, da vom Ehemann vernünftigerweise nicht habe verlangt werden können, sein Gesuch bei den Behörden des letzten Wohnsitzes oder der Heimat der Ehefrau zu stellen). Handelt es sich um eine im Ausland verschwundene schweizerische Person, so ist bereits in der **Bereinigung** der heimatlichen Zivilstandsregister i.d.R. ein schützenswertes Interesse zu bejahen sein (ebenso BSK IPRG-GEISER/JAMETTI GREINER, Art. 41 N 12). 16

Art. 22

Bereinigung des Zivilstandsregisters	**Für Klagen, die eine Bereinigung des Zivilstandsregisters betreffen, ist zwingend das Gericht zuständig, in dessen Amtskreis die zu bereinigende Beurkundung von Personenstandsdaten erfolgt ist oder hätte erfolgen müssen.**
Modification des registres de l'état civil	Le tribunal dans le ressort duquel les données de l'état civil à modifier ont été ou auraient dû être enregistrées est impérativement compétent pour statuer sur les actions en modification du registre.
Rettificazione dei registri dello stato civile	Per le azioni di rettificazione di registri dello stato civile è imperativo il foro del circondario in cui i dati anagrafici sono stati registrati o avrebbero dovuto esserlo.

Art. 22 1   2. Titel: Zuständigkeit der Gerichte und Ausstand

Inhaltsübersicht Note

	Note
I. Allgemeines	1
II. Bereinigung von Personenstandsdaten	7
III. Abgrenzungen	8
1. Nicht streitige Angaben	8
2. Streitige Angaben	9
3. Verhältnis zu den besonderen Klagen im Familienrecht	11
4. Verhältnis zum Gerichtsstand der freiwilligen Gerichtsbarkeit (Art. 19)	12
5. Verhältnis zur allgemeinen Statusklage	13
IV. Änderung von Registereintragungen	15
1. Bereinigung	15
2. Ergänzung	17
3. Löschung	18
4. Nachtrag	19
V. Kompetenz der Zivilstandsbehörden	20
VI. Kompetenz der Gerichte	21
VII. Gerichtsstand	22
VIII. Rechtsmittel	23
IX. Internationale Verhältnisse	24
1. LugÜ II	24
2. IPRG	25

Literatur

A. BUCHER, Natürliche Personen und Persönlichkeitsschutz, 4. Aufl., Basel 2009; EJPD, Informatisiertes Standesregister, Konzeptbericht Informatik, 1. Juni 1999; R. FORNI, Berichtigung von Zivilstandsereignissen, ZZW 1973, 186–191, 191–194 [frz.], 194–196 [ital.]; GÖTZ, Die Beurkundung des Personenstandes, in: SPR II, Basel 1967, 379–421; M. JÄGER/T. SIEGENTHALER, Das Zivilstandswesen in der Schweiz, Bern 1998; J. KAUFMANN, Die gerichtliche Berichtigung des Zivilstandsregisters nach Art. 45 ZGB, SJZ 1914/15, 325–328; Kommentierte Zivilstandsverordnung, ZZW 2004, 141–173; M. PEDRAZZINI/N. OBERHOLZER, Grundriss des Personenrechts, 4. Aufl., Bern 1993; H.-R. SCHÜPBACH, Der Personenstand, in: SPR II/3, Basel/Frankfurt a.M. 1996.

Materialien

BBl 1996 I 52 f. (Botschaft vom 15.11.1995 über die Änderung des Schweizerischen Zivilgesetzbuches [Personenstand, Eheschliessung, Scheidung, Kindesrecht, Verwandtenunterstützungspflicht, Heimstätten, Vormundschaft und Ehevermittlung]); BBl 2001 1639 (Botschaft vom 14.2.2001 über die Änderung des Schweizerischen Zivilgesetzbuches [Elektronische Führung des Personenstandsregisters]).

I. Allgemeines

1   Art. 22 ersetzt Art. 14 GestG. Im Gegensatz zum GestG spricht die ZPO jedoch nicht mehr von Berichtigung, sondern von **Bereinigung**, was der zutreffende Oberbegriff ist (vgl. Randtitel Art. 42 ZGB; BOTSCHAFT ZPO, 7265). Zudem ist nicht mehr die Rede von Begehren, sondern von Klagen.

2. Kapitel: Örtliche Zuständigkeit　　　　　　　　　　　　　　　　2–4 **Art. 22**

Die **Zivilstandsregister** werden seit dem 1.7.2004 elektronisch geführt (Art. 39 Abs. 1 ZGB; BG vom 5.10.2001 [Elektronische Führung der Personenstandsregister], AS 2004, 2911, 2913; BBl 2001 1639). Der Bund verwaltet zu diesem Zweck für die Kantone die zentrale Datenbank **Infostar** (vgl. Art. 45a Abs. 1 ZGB). Einen eigentlichen Registerort gibt es daher nicht mehr. Die bisherigen Einzelregister (Geburts-, Todes-, Ehe- und Anerkennungsregister) sowie das zentrale Verzeichnis der Adoptionen sind seit 2005 geschlossen. Im sog. **Personenstandsregister**, welches das Familienregister ersetzte, werden die Zivilstandsereignisse und Familienbeziehungen den Personen individuell zugeordnet und nicht (wie im Familienregister) «familienweise» dargestellt. Zuständig für die dezentrale Erfassung der Daten sind die **Zivilstandsämter** bzw. die **Sonderzivilstandsämter** (Art. 2 Abs. 1 ZStV: Kantone können Sonderzivilstandsämter bilden, deren Zivilstandskreis das ganze Kantonsgebiet umfassen; zur Aufgabenzuteilung s. Art. 2 Abs. 2 ZStV). Aus den in Papierform geführten herkömmlichen Zivilstandsregistern können Berechtigte weiterhin Auszüge (Geburtschein, Todesschein, Eheschein) erhalten.　　**2**

Die **Beurkundung** des Personenstandes ist in den Art. 39–49 ZGB und in der ZStV (SR 211.112.2) geregelt. Erfasst werden abschliessend (Art. 7 Abs. 2 ZStV):　　**3**

– Geburt;

– Findelkind;

– Tod;

– Tod einer Person mit unbekannter Identität;

– Namenserklärung;

– Kindesanerkennung;

– Bürgerrecht;

– Ehevorbereitung;

– Ehe;

– Eheauflösung;

– Namensänderung;

– Kindesverhältnis;

– Adoption;

– Verschollenerklärung;

– Geschlechtsänderung;

– Vorbereitung der Eintragung einer Partnerschaft, Eintragung einer Partnerschaft und Auflösung einer eingetragenen Partnerschaft.

Das Personenstandsregister enthält folgende Daten (Art. 8 ZStV; s.a. Anhang zur ZStV):　　**4**

– Systemdaten (Systemnummern, Eintragungsart, Eintragungsstatus, Verzeichnisse);

– Personenidentifikationsnummer;

– AHV-Versichertennummer;

– Namen (Familienname, Ledigname, Vornamen, andere amtliche Namen);

Art. 22 5   2. Titel: Zuständigkeit der Gerichte und Ausstand

- Geschlecht;

- Geburt (Datum, Zeit, Ort, Totgeburt);

- Zivilstand (Status [ledig – verheiratet/geschieden/verwitwet/unverheiratet – in eingetragener Partnerschaft/aufgelöste Partnerschaft: gerichtlich aufgelöste Partnerschaft/ durch Tod aufgelöste Partnerschaft/durch Verschollenerklärung aufgelöste Partnerschaft], Datum);

- Tod (Datum, Zeit, Ort);

- Wohnort;

- Aufenthaltsort;

- Lebensstatus;

- bevormundet;

- Eltern (Familien- und Vornamen sowie andere amtliche Namen der Mutter, Familien- und Vornamen sowie andere amtliche Namen des Vaters);

- Adoptiveltern (Familien- und Vornamen sowie andere amtliche Namen der Adoptivmutter, Familien- und Vornamen sowie andere amtliche Namen des Adoptivvaters);

- Bürgerrecht/Staatsangehörigkeit (Datum, Erwerbsgrund, Anmerkung zum Erwerbsgrund, Verlustgrund, Anmerkung zum Verlustgrund, Referenz Familienregister, Burger- oder Korporationsrecht);

- Beziehungsdaten (Art [Eheverhältnis/eingetragene Partnerschaft/Kindesverhältnis], Datum, Auflösungsgrund).

5   Die ZStV nennt folgende **örtliche Zuständigkeitsvorschriften**:

- Geburt/Tod: Zivilstandsamt im Zivilstandskreis, in dem Geburt/Tod stattfinden (Art. 20 ZStV). Die Zuständigkeit für die Beurkundung von Geburten und Todesfällen an Bord eines Luftfahrzeuges oder Schiffes: Art. 18 f. der Verordnung vom 22.1.1960 über die Rechte und Pflichten des Kommandanten eines Luftfahrzeuges (SR 748.225.1) und nach Art. 56 SSG;

- Trauung: Zivilstandskreis, in dem sie stattgefunden hat (Art. 21 Abs. 1 ZStV);

- [gleichgeschlechtliche eingetragene] Partnerschaft: Zivilstandskreis, in dem sie beurkundet worden ist (Art. 21 Abs. 1bis ZStV);

- Kindesanerkennung (unter Vorbehalt der gerichtlichen und der testamentarischen Kindesanerkennungen): jeder Zivilstandsbeamte (Art. 21 Abs. 2 ZStV i.V.m. Art. 11 Abs. 5 ZStV und Art. 260 Abs. 3 ZGB);

- Namenserklärung vor der Heirat: Zivilstandsamt, bei welchem das Gesuch um Durchführung des Vorbereitungsverfahrens zur Eheschliessung oder das Zivilstandsamt des Trauungsortes (Art. 12 Abs. 2 ZStV);

- Namenserklärung nach gerichtlicher Auflösung der Ehe: jeder Zivilstandsbeamte; im Ausland: die Vertretung der Schweiz (Art. 13 Abs. 2 ZStV);

- Nachweis nicht streitiger Angaben (Art. 41 ZGB): jeder Zivilstandsbeamte (Art. 17 Abs. 1 ZStV).

II. Bereinigung von Personenstandsdaten

Die Bereinigung umfasst die **Berichtigung**, die **Änderung**, die **Ergänzung**, die **Löschung** und den **Nachtrag**. Das ZGB unterscheidet zwischen Klagen auf Eintragung von streitigen Angaben über den Personenstand und Klagen auf Berichtigung oder Löschung einer Eintragung (vgl. Art. 42 Abs. 2 ZGB). Die ZStV benutzt die Begriffe Änderung und Berichtigung (Art. 49a ZStV). Die Bereinigung eines Eintrags setzt dessen Fehlerhaftigkeit voraus, wobei je nach Natur dieses Fehlers dessen Behebung auf unterschiedliche Weise erfolgt (vgl. Müller/Wirth-SANTORO, Art. 14 GestG N 7).

III. Abgrenzungen

1. Nicht streitige Angaben

Sind Angaben über den Personenstand im Hinblick auf deren Eintragung im Personenstandsregister durch Urkunden zu belegen, und erweist sich deren Beschaffung nach hinreichenden Bemühungen als unmöglich oder unzumutbar, so kann bei **nicht streitigen** Angaben der Nachweis durch Abgabe einer Erklärung vor dem Zivilstandsamt erbracht werden unter dem Vorbehalt der Bewilligung der kantonalen Aufsichtsbehörde (Art. 41 Abs. 1 ZGB).

2. Streitige Angaben

Sind die Angaben **streitig**, so steht nur der Klageweg offen (Art. 42 Abs. 1 ZGB). Wer ein schützenswertes persönliches Interesse glaubhaft macht, kann beim Gericht auf Eintragung von streitigen Angaben über den Personenstand auf Berichtigung oder auf Löschung der Eintragung klagen (Art. 42 Abs. 1 ZGB). Zur Klage legitimiert sind sodann die kantonalen Aufsichtsbehörden (Art. 42 Abs. 2 ZGB). Art. 42 ZGB ist nicht anwendbar auf Fälle, bei denen keine Angaben über den Personenstand einzutragen sind und keine Eintragung im Personenstand vorliegt, die zu bereinigen sind (berichtigen oder löschen nach der Terminologie von Art. 42 ZGB). In solchen Fällen muss eine **Feststellungsklage** (Art. 88) erhoben werden.

Die Klage nach Art. 42 Abs. 1 ZGB ist eine **Gestaltungsklage** (Art. 87). Sie kommt bloss subsidiär zur Anwendung, nämlich dann, wenn kein eigenes Verfahren (z.B. Statusklagen im Kindesrecht) zur Verfügung steht (BSK ZGB I-HEUSSLER, Art. 42 N 5).

3. Verhältnis zu den besonderen Klagen im Familienrecht

Die ZPO kennt besondere Klagen im Familienrecht (vgl. Art. 23–27). Diese Klagen gehen als *lex specialis* Art. 22 vor. Des Weiteren ist Art. 22 nur anwendbar, wenn die Unrichtigkeit des Eintrags auf die Fehlerhaftigkeit des Eintragungs*vorgangs* zurückzuführen ist, weil der Eintrag insb. auf falschen Angaben oder Urkunden beruht (vgl. ZK-EGGER, Art. 45 ZGB N 3). Beruht der Eintrag auf unrichtigen Angaben, so bspw. bei der Eintragung der Kindesanerkennung, wenn nicht der biologische Vater des Kindes eingetragen wird, so ist Art. 25 anwendbar. Hierfür ist das Gericht am **Wohnsitz** einer der Parteien **zwingend** (örtlich) zuständig. Gleiches gilt für eherechtliche Klagen/Gesuche (Art. 23), Klagen/Gesuche bei eingetragener Partnerschaft (Art. 24), Unterhaltsklagen von Kindern gegen ihre Eltern und Unterstützungsklagen gegen nahe Verwandte (Art. 26) sowie bei Klagen der unverheirateten Mutter (Art. 27).

4. Verhältnis zum Gerichtsstand der freiwilligen Gerichtsbarkeit (Art. 19)

11 Der allgemeine Gerichtsstand der **freiwilligen Gerichtsbarkeit** richtet sich nur dann nach Art. 19, wenn ein besonderes Forum nicht gegeben ist. Auf nicht streitige Begehren betreffend den Personenstand findet er nur Anwendung, wenn weder der familienrechtliche Status noch eine Registerbereinigung in Frage steht. Zu denken ist hier an die Bestimmung des Geburtsdatums eines im Verfolgerstaat geborenen und in der Schweiz als Flüchtling anerkanntes Kindes (Müller/Wirth-SANTORO, Art. 14 GestG N 28 m.w.H.).

5. Verhältnis zur allgemeinen Statusklage

12 In den Anwendungsbereich von Art. 42 ZGB fallen sämtliche **Statusklagen**, für die eine gesetzliche Regelung nicht besteht (Müller/Wirth-SANTORO, Art. 14 GestG N 20). Mit der Statusklage wird beantragt, es sei festzustellen, dass eine Angabe zum Personenstand (Geburtsdatum, Geschlecht, Zivilstand, Anerkennung, Adoption, Verschollenheit, Wohnsitz usw.) falsch eingetragen sei, korrekterweise wie behauptet laute (GestG-Komm.-SCHUHMACHER, Art. 14 N 6 m.w.H.).

13 Nach einer Geschlechtsumwandlung steht nur die **Feststellungsklage** (Art. 88) als Statusklage besonderer Art zur Verfügung (so schon BGE 119 II 270 E. 6c; 92 II 128 E. 3 = Pra 1966 Nr. 147; BSK ZGB I-HEUSSLER, Art. 42 N 4). Seit dem 1.1.2002 werden vor dem 1.1.2002 erfolgte Geschlechtsänderungen auf Verlangen im Geburtsregister (seit dem 1.7.2004 im Personenstandsregister) am Rand [unter dem Punkt «Geburt»] **angemerkt** (Art. 98 Abs. 1 ZStV).

IV. Änderung von Registereintragungen

1. Bereinigung

a) Bereinigung im weiteren Sinn

14 Nach der hier verwendeten Terminologie sind **Bereinigungen i.w.S.** dann vorzunehmen, wenn der Eintrag zwar formell korrekt vorgenommen wurde, dieser aber von den tatsächlichen Verhältnissen abweicht, wie sie im Zeitpunkt der Eintragung bestanden. Bsp.: Eintragung eines falsches Geburtsdatums, uneinheitliche Schreibweise des Familiennamens (BGE 86 II 437 E. 4) oder Eintragung einer Ehe auf Grund eines unrichtigen ausländischen Geburtsscheins (Zivilstandsinspektorat ZG, GVP ZG 1985/86, 188). Vor der Beurkundung eines neuen Zivilstandsereignisses festgestellte Ungenauigkeiten können jedoch durch das fehlbare Zivilstandsamt in eigener Verantwortung behoben werden (Art. 29 Abs. 1 erster Halbsatz ZStV). Ist der Fehler und der korrekte Personenstand nicht offensichtlich, so stehen die **Registerbereinigungsklage** nach Art. 42 ZGB und die **allgemeine Statusklage** in Form einer **Feststellungsklage** (Art. 88) offen (BUCHER, Rz 306; SCHÜPBACH, 104 f.).

b) Bereinigung im engeren Sinn

15 Fehler, die auf einem offensichtlichen Versehen oder Irrtum beruhen, werden von den Zivilstandsbehörden von Amtes wegen auf Verfügung der **Aufsichtsbehörde** hin behoben (Art. 43 Abs. 1 ZGB und Art. 29 Abs. 1 erster Halbsatz ZStV). Damit die kantonalen Aufsichtsbehörden Kenntnis von solchen Sachverhalten erhalten, sind die Behörden, namentlich die Zivilstandsämter, zur Meldung an die Aufsichtsbehörde verpflichtet (Art. 29 Abs. 3 ZStV); sie kann aber auch durch die betroffenen Personen erfolgen (Art. 29 Abs. 4 ZStV). Eine solche **administrative Bereinigung** ist jedoch ausgeschlossen, sobald von irgendeiner Seite mit Widerspruch zu rechnen ist. Vor der Beurkundung

eines neuen Zivilstandsereignisses festgestellte Ungenauigkeiten können durch das fehlbare Zivilstandsamt in eigener Verantwortung behoben werden (Art. 29 Abs. 1 zweiter Halbsatz ZStV).

2. Ergänzung

Eine Eintragung kann – obwohl formell abgeschlossen – lückenhaft sein, indem sie entgegen den Vorschriften des Gesetzes oder einer Verordnung (insb. ZStV) die zu beurkundenden Verhältnisse nur unvollständig wiedergibt (Müller/Wirth-SANTORO, Art. 14 GestG N 12). Denkbar sind namentlich der fehlende Eintrag von Name, Wohnsitz oder Staatsangehörigkeit. Sobald die fehlenden Angaben beigebracht werden können, steht jedem, der ein schützenswertes **persönliches Interesse** glaubhaft macht, die Anhebung des Ergänzungsverfahrens i.S. einer Register**bereinigungsklage** nach Art. 42 Abs. 1 ZGB offen. Klagelegitimiert sind auch die kantonalen Aufsichtsbehörden (Art. 42 Abs. 2 ZGB).

3. Löschung

Häufig ist die **Löschung** einer Eintragung notwendig, um den Registereintrag an die tatsächlichen Verhältnisse anzupassen. Denkbar sind folgende Fälle: Löschung eines eingetragenen ausländischen Scheidungsurteils, das gegen den schweizerischen Ordre public verstösst (BGE 87 I 464 E. 4), oder eines noch nicht rechtkräftigen Scheidungsurteils (Trib. civ. de la Sarine, RFJ 1997, 222 f.). Ob die Löschung einer Kindesanerkennung vom Richter im Bereinigungsverfahren vorzunehmen ist, wenn das Kind während bestehender Ehe der Mutter mit dem Anerkennenden gezeugt wurde, hat das BGer offen gelassen (BGE 89 I 316 E. 3). Die (private) Klage auf Löschung von streitigen Angaben über den Personenstand bedarf der Glaubhaftmachung eines schützenswerten **persönlichen Interesses** (Art. 42 Abs. 1 ZGB). Klagelegitimiert sind auch die kantonalen Aufsichtsbehörden (Art. 42 Abs. 2 ZGB).

4. Nachtrag

Die wohl häufigste Ursache für die Unrichtigkeit oder Unvollständigkeit von Registereintragungen ist eine **nachträgliche Änderung** eines der fünf Zivilstände (ledig, verheiratet, geschieden, verwitwet und unverheiratet [eingetragene Partnerschaft oder aufgelöste Partnerschaft durch gerichtliches Urteil, Tod oder Verschollenerklärung]). Auf diese Fälle ist weder Art. 42 ZGB (Bereinigungsklage vor Gericht) noch Art. 43 ZGB (administrative Bereinigung durch die Zivilstandsbehörde) anwendbar. Vielmehr tragen die Zivilstandsbehörden die neuen Zivilstandstatsachen **von Amtes wegen** nach (vgl. Art. 44 und 45 ZGB). Der Nachtrag fällt allerdings dann in die Zuständigkeit des Gerichts i.S. des Art. 42 ZGB, wenn er sich auf Tatsachen – und nicht auf Rechtsgeschäfte oder Urteile – bezieht und der Zuständigkeit der Zivilstandsbehörden entzogen ist (BUCHER, Rz 301). Das ist der Fall bei der Eintragung von als sicher anzunehmenden Todesfällen, in denen jedoch die Leiche nicht gefunden werden konnte (Art. 34 ZGB; BBl 1996 I 53).

V. Kompetenz der Zivilstandsbehörden

Folgende Zivilstandsfälle werden im Zivilstandskreis **beurkundet**, in dem sie stattfinden:

– Geburt: Erfolgt die Geburt während der Fahrt, so wird sie in jenem Zivilstandskreis beurkundet, in dem die Mutter nach der Geburt das Fahrzeug verlässt (Art. 20 Abs. 1 und 2 ZStV; vgl. zudem Art. 18–20 der Verordnung vom 22.1.1960 über die Rechte und Pflichten des Kommandanten eines Luftfahrzeuges; Art. 56 SSG);

- Tod: Tritt der Tod während der Fahrt ein, so wird er in jenem Zivilstandskreis beurkundet, in dem die Leiche dem Fahrzeug entnommen wird; lässt sich nicht feststellen, wo die Person gestorben ist, so wird der Tod im Zivilstandskreis beurkundet, in dem die Leiche gefunden wurde (Art. 20 Abs. 3 und 4 ZStV; vgl. zudem Art. 18–20 der Verordnung vom 22.1.1960 über die Rechte und Pflichten des Kommandanten eines Luftfahrzeuges; Art. 56 SSG);
- Trauung (Art. 21 Abs. 1 ZStV);
- Entgegennahme der Namenserklärung (Zivilstandsamt des Trauungsortes oder das Zivilstandsamt, bei welchem das Gesuch um Durchführung des Vorbereitungsverfahrens zur Eheschliessung eingereicht werden muss, Art. 13 Abs. 2 ZStV);
- Eintragung einer Partnerschaft (Art. 21 Abs. 1bis ZStV);

Für folgende Zivilstandsfälle ist *jeder* Zivilstandsbeamte zuständig:

- Kindesanerkennungen (Art. 11 Abs. 5 ZStV; zur möglichen Eintragung am Ort einer Klinik oder einer Strafvollzugsanstalt s. Art. 11 Abs. 6 ZStV);
- Entgegennahme von Namenserklärungen nach gerichtlicher Auflösung der Ehe (Art. 13 Abs. 2 ZStV);

VI. Kompetenz der Gerichte

20 In allen anderen als der in Art. 29 ZStV vorgesehenen Fällen (s.o. N 15 f.) sind die Gerichte für die **Bereinigung** der Beurkundung von Personenstandsdaten zuständig (Art. 30 Abs. 1 ZStV). Das Gericht ist zuständig für die Vornahme von Korrekturen einer unrichtigen Registereintragung. Wer ein schützenswertes **persönliches Interesse** glaubhaft macht, kann gemäss Art. 42 Abs. 1 ZGB beim Gericht auf Eintragung von streitigen Angaben über den Personenstand, auf Berichtigung oder auf Löschung einer Eintragung klagen.

VII. Gerichtsstand

21 Nach Art. 22 ist für Klagen, die eine **Bereinigung** des Zivilstandsregisters betreffen, das Gericht **zwingend** zuständig, in dessen **Amtskreis** die zu bereinigende Beurkundung von Personenstandsdaten erfolgt ist oder hätte erfolgen müssen. Diese Vorschrift übernimmt wortgleich Art. 30 Abs. 2 ZStV, die mit Inkrafttreten der ZPO obsolet geworden ist.

VIII. Rechtsmittel

22 Der Entscheid über die Zuständigkeit erfolgt in Form einer Zwischenverfügung und unterliegt – streitwertunabhängig – der **Beschwerde** an die kantonale Rechtsmittelinstanz (Art. 319 lit. a i.V.m. Art. 321 Abs. 1). Die sachliche Zuständigkeit wird durch das kantonale Recht bestimmt (Art. 4 Abs. 1). Beschwerdeentscheide durch die obere kantonale Instanz können in solchen Angelegenheiten mit der **Beschwerde in Zivilsachen** beim BGer angefochten werden (Art. 92 Abs. 1 BGG), ebenso letztinstanzliche Entscheide über die Führung des Zivilstandsregisters (Art. 72 Abs. 2 lit. b Ziff. 2 BGG i.V.m. Art. 92 Abs. 1 BGG). Eine Streitwertgrenze besteht bei der Beschwerde in Zivilsachen nur in vermögensrechtlichen Angelegenheiten (Art. 74 BGG), bei den übrigen Streitigkeiten ist sie immer zulässig.

2. Kapitel: Örtliche Zuständigkeit **Art. 23**

IX. Internationale Verhältnisse

1. LugÜ II

Angelegenheiten des Personenstandes sind vom Anwendungsbereich des LugÜ II ausdrücklich ausgenommen (Art. 1 Nr. 2 lit. a LugÜ II). Das LugÜ II ist deshalb auf die Bereinigung von Eintragungen im Zivilstandsregister **nicht** anwendbar. 23

2. IPRG

Das IPRG kennt keinen Gerichtsstand für Klagen auf Bereinigung von Eintragungen von Personenstandsdaten. Art. 33 IPRG erfasst «personenrechtliche Verhältnisse», die aber lediglich die Rechtsfähigkeit und Handlungsfähigkeit sowie die Mündigerklärung und Klagen auf Feststellung oder Gestaltung des materiellen Personenstandsrechts betreffen wie namentlich die Geschlechtsumwandlung, die Feststellung eines Namens oder eines Geburtsdatums (vgl. BSK IPRG-GEISER/JAMETTI GREINER, Art. 33 N 6). **Registerbereinigungsklagen** fallen somit nicht unter die Generalklausel von Art. 33 IPRG. 24

Beim Bereinigungsverfahren geht es um die Frage der **Registerführung**. Nach einem allgemein anerkannten Grundsatz handelt es sich dabei um eine **ausschliessliche Zuständigkeit** des betreffenden Staates (vgl. Art. 22 Nr. 3 LugÜ II, wonach für Klagen, welche die Gültigkeit von Eintragungen in öffentlichen Registern zum Gegenstand haben, die Gerichte des Staates zuständig sind, in dem die Register geführt werden). Unabhängig vom Vorliegen einer allfälligen Auslandberührung beschlägt die Registerbereinigungsklage damit einen **reinen Binnensachverhalt**. Das gilt auch dann, wenn mit Widerspruch aus dem Ausland zu rechnen ist, steht doch nach wie vor die inländische Registerführung in Frage. Die materiellrechtliche Ausgestaltung des Personenstandes bleibt davon unberührt; hier kommen die personenrechtlichen Bestimmungen des IPRG zum Zug (BGE 119 II 264 E. 6b [Geschlechtsumwandlung]; Müller/Wirth-SANTORO, Art. 14 GestG N 40). Da es an einem qualifizierten Auslandbezug mangelt, ist Art. 22 ZPO anwendbar. 25

Zu erwähnen bleibt Art. 32 IPRG, der sich mit ausländischen Entscheidungen und Urkunden über den Zivilstand befasst. Die Eintragung erfolgt auf Grund einer Verfügung der kantonalen Aufsichtsbehörde. 26

3. Abschnitt: Familienrecht

Art. 23

Eherechtliche Gesuche und Klagen

¹ Für eherechtliche Gesuche und Klagen sowie für Gesuche um Anordnung vorsorglicher Massnahmen ist das Gericht am Wohnsitz einer Partei zwingend zuständig.

² Für Gesuche der Aufsichtsbehörde in Betreibungssachen auf Anordnung der Gütertrennung ist das Gericht am Wohnsitz der Schuldnerin oder des Schuldners zwingend zuständig.

Requêtes et actions fondées sur le droit du mariage

¹ Le tribunal du domicile de l'une des parties est impérativement compétent pour statuer sur les requêtes et actions fondées sur le droit du mariage ainsi que sur les requêtes en mesures provisionnelles.

² Le tribunal du domicile du débiteur est impérativement compétent pour statuer sur les requêtes en séparation de biens émanant de l'autorité de surveillance en matière de poursuite pour dettes et la faillite.

Art. 23   1, 2   2. Titel: Zuständigkeit der Gerichte und Ausstand

Istanze e azioni di diritto matrimoniale

¹ Per le istanze e azioni di diritto matrimoniale, incluse le istanze di provvedimenti cautelari, è imperativo il foro del domicilio di una parte.

² Per le istanze di separazione dei beni proposte dall'autorità di vigilanza in materia di esecuzione per debiti è imperativo il foro del domicilio del debitore.

Inhaltsübersicht

	Note
I. Norminhalt und Normzweck	1
II. Gerichtsstände	4
1. Alternative Gerichtsstände	4
2. Zwingende Gerichtsstände	5
3. Rechtshängigkeit	6
III. Anwendungsbereich	8
1. Eheschliessung	8
2. Befristete Ungültigkeit, Scheidung und Trennung	9
3. Eheschutzmassnahmen	16
4. Anordnung der Gütertrennung (Abs. 2)	19
IV. Auslandsfälle	20
1. Internationale Zuständigkeit	20
2. Anerkennung ausländischer Statusänderungen und anderer Entscheidungen	24
V. Übergangsrecht	25

Literatur

C. BURGER-SUTZ, Die Kindesbelange unter altem und neuem Scheidungsrecht unter besonderer Berücksichtigung des zürcherischen Verfahrens, Zürich 1999; L. DALLÈVES/B. FOËX/N. JEANDIN (Hrsg.), Poursuite et faillite. Commentaire de la Loi fédérale sur la poursuite pour dettes et la faillite ainsi que des articles 166 à 175 de la Loi fédérale sur le droit international privé, Basel/Genf/München 2005; H. HAUSHEER (Hrsg.), Vom alten zum neuen Scheidungsrecht, Bern 1999; C. HEGNAUER/P. BREITSCHMID, Grundriss des Eherechts, 4. Aufl., Bern 2000; H. HINDERLING/D. STECK, Das schweizerische Ehescheidungsrecht, 4. Aufl., Zürich 1995; J. MICHELI/PH. NORDMANN/C. JACCOTET-TISSOT/J. CRETTAZ/T. THONNEY/E. RIVA, Le nouveau droit du divorce, Lausanne 1999; R. PFISTER-LIECHTI (Hrsg.), De l'ancien au nouveau droit du divorce, Bern 1999; P. PICHONNAZ/A. RUMO-JUNGO (Hrsg.), De droit du divorce: Questions actuelles et besoin de réforme, Zürich 2008; R. REUSSER, Die Geltendmachung des Unterhaltsanspruchs des Scheidungskindes – eine unorthodoxe Meinung, in: FS Hegnauer, Zürich 1986, 395 ff.; S. SANDOZ/M. DUCROT/G. A. BERNASCONI/D. TAPPY/M. STETTLER/PH. GARDAZ/J.-A. SCHNEIDER/CHR. BRUCHEZ, Le nouveau droit du divorce, Lausanne 2000; I. SCHWENZER (Hrsg.), FamKomm Scheidung, Bern 2005; K. SPÜHLER, Neues Scheidungsverfahren, Zürich 1999, Supplement 2000; TH. SUTTER-SOMM/D. FREIBURGHAUS, Kommentar zum neuen Scheidungsrecht, Zürich 1999.

I. Norminhalt und Normzweck

1   Art. 23 bestimmt für **eherechtliche Gesuche und Klagen** (vgl. Art. 274 ff.) sowie für Gesuche um Anordnung vorsorglicher Massnahmen (vgl. Art. 261 ff., 276) das örtlich zuständige Gericht. Er ersetzt Art. 15 Abs. 1 GestG. Diese Zuständigkeit ist zwingend i.S. des Art. 9.

2   Ebenfalls für die Zuständigkeit für Gesuche der **Aufsichtsbehörde in Betreibungssachen** auf Anordnung der Gütertrennung (vgl. Art. 189 ZGB i.V.m. Art. 68b Abs. 5 SchKG) ist das Gericht am Wohnsitz des Schuldenden zwingend zuständig.

Art. 23 regelt nur die **örtliche** Zuständigkeit. Die sachliche und funktionale Zuständigkeit wird vom kantonalen Recht geregelt (Art. 4 Abs. 1). Die internationale Zuständigkeit bestimmt das LugÜ II oder das IPRG in seinen Art. 43 ff. (s. N 20–23). 3

II. Gerichtsstände

1. Alternative Gerichtsstände

Nach Art. 23 können Gesuche und Klagen sowohl am inländischen Wohnsitz der einen oder der anderen Partei angebracht werden. Diese Alternativität gab es bereits in Art. 15 GestG und im Eherecht vor Inkrafttreten des GestG am 1.1.2001. Eine Partei kann also an ihrem Wohnsitz um Rechtsschutz nachsuchen, kann aber auch den Gerichtsstand des anderen Teils wählen. Lediglich im Fall des Art. 23 Abs. 2 ist nur das Gericht am Wohnsitz des Schuldners oder der Schuldnerin zuständig. Die unbefristete Ungültigkeitsklage der zuständigen Behörde oder eines Dritten kann nur am Wohnsitz eines Ehegatten erhoben werden und nicht am Sitz der Behörde oder dem Wohnsitz des Dritten (Art. 106 Abs. 1 ZGB). 4

Sobald jedoch eine Partei im *Ausland* wohnt oder Ausländer ist, muss zunächst nach Staatsverträgen oder IPRG geprüft werden, ob inländische Gerichte *international* zuständig sind (s. N 20–23).

2. Zwingende Gerichtsstände

Die Gerichtsstände des Art. 23 sind zwingend. Das bedeutet nach Art. 9 Abs. 2, dass die Parteien hiervon nicht abweichen und ein anderes inländisches Gericht durch Vereinbarung oder Einlassung wählen können. Diese Haltung deckt sich mit der internationalen Tendenz, die ebenfalls eine freie Vereinbarung des Gerichtsstandes in Ehesachen ablehnt (vgl. § 122 dt. FamFG; Art. 1070 Abs. 1 fr. C.p.c.; Art. 4 Abs. 1 ital. ScheidungsG von 1970; § 76 österr. JN; Art. 3 der Europäischen Eheverordnung [EuEheVO]). Bei einem gemeinsamen Scheidungsbegehren können beide den Wohnsitz einer Partei wählen, jedoch nicht ein Gericht, in dessen Bezirk keine Partei ihren Wohnsitz hat. 5

3. Rechtshängigkeit

Der **Wohnsitz einer Partei** oder des Schuldners muss im Zeitpunkt der Rechtshängigkeit des Verfahrens bestimmt werden. Wann die Rechthängigkeit vorliegt, bestimmen die Art. 62 ff. für inländische Verfahren. Sie wird also regelmässig mit Einreichung eines Gesuches oder einer Klage begründet. Diese Vorschrift tritt an die Stelle des aufgehobenen aArt. 136 ZGB. Wann ein Wohnsitz vorliegt, sagen nach Art. 10 Abs. 2 ZPO die Art. 23 ff. ZGB, ohne Art. 24 ZGB über den Wechsel im Wohnsitz. In internationalen Fällen gelten die Art. 27 ff. LugÜ II, Art. 10 HKsÜ und, hilfsweise schliesslich Art. 9 IPRG. 6

Die **Wirkungen der Rechtshängigkeit** regelt Art. 64. Sie sind dreifacher Art. Zum einen fixiert die Rechtshängigkeit ein für allemal die Zuständigkeit des Gerichts und hindert die Parteien daran, denselben Streitgegenstand zwischen den gleichen Parteien anderweitig rechtshängig zu machen. Zum zweiten tritt eine **perpetuatio fori** ein, d.h. die Zuständigkeit bleibt auch dann erhalten, wenn sich der Wohnsitz derjenigen Partei nachträglich ändert, an deren Wohnsitz das Verfahren rechthängig gemacht worden ist. Schliesslich ist für die Wahrung einer solchen gesetzlichen Frist des Privatrechts (etwa Art. 204 Abs. 2 ZGB), die auf den Zeitpunkt der Klage, der Klagerhebung oder auf einen anderen verfahrenseinleitenden Schritt abstellt, die Rechtshängigkeit nach der ZPO massgebend. 7

III. Anwendungsbereich

1. Eheschliessung

8   Die Eheschliessung ist zwar im Inland formalisiert (Art. 97 ff. ZGB), jedoch kein Gegenstand eines streitigen Verfahrens oder der freiwilligen Gerichtsbarkeit. Deshalb bleibt es bei den Vorschriften über die Zuständigkeit der Zivilstandsbeamten (vgl. Art. 98 ZGB) und über die Trauung (Art. 97 Abs. 2 ZGB). Der Art. 23 regelt diese Materie nicht. Erst wenn eine befristete Ungültigkeit der Eheschliessung geltend gemacht wird, regelt Art. 23 die zuständige Instanz (s. N 9).

2. Befristete Ungültigkeit, Scheidung und Trennung

a) Auflösungsbegehren

9   Eherechtliche Gesuche und Klagen umfassen auch die Ungültigkeitsklage gemäss Art. 107 ZGB. Die *unbefristete* Ungültigkeitsklage, die von Amtes wegen von der zuständigen kantonalen Behörde am Wohnsitz der Ehegatten zu erheben ist (Art. 106 ZGB, der nicht aufgehoben ist), fällt dagegen nicht unter Art. 23. Zu Art. 23 zählt dagegen die Klage auf Scheidung und das gemeinsame Begehren einer Scheidung. Auch eine Ehetrennung nach Art. 117 ZGB fällt unter die Zuständigkeitsbestimmung des Art. 23.

b) Scheidungsfolgen

10 Die gerichtliche Zuständigkeit für die Entscheidungen über **Nebenfolgen** der Auflösung einer Ehe ist ebenfalls in Art. 23 geregelt. Zu diesen Nebenfolgen gehören: güterrechtliche Auseinandersetzung, Wohnung der Familie, berufliche Vorsorge mit Vorsorgeleistungen, nachehelicher Unterhalt, elterliche Sorge, Kindesunterhalt. Diese Nebenfolgen stehen in so engem Zusammenhang mit dem Auflösungsbegehren, dass sich ein einheitlicher Gerichtsstand rechtfertigt.

11 Auch hat das Scheidungsgericht über die **berufliche Vorsorge** zu entscheiden. Nur im Fall des Art. 281 Abs. 3 überweist das Gericht von Amtes wegen die Streitsache demjenigen Gericht, das nach dem Freizügigkeitsgesetz vom 17.12.1993 zuständig ist, und teilt ihm dabei insb. die in Art. 281 Abs. 3 lit. a–d genannten Daten mit.

12 Auch die Anordnung einer **Vertretung des Kindes** im Ehescheidungsprozess (Art. 299) ist eine Sache, die so eng mit der Hauptsache zusammenhängt, dass sich – mangels einer besonderen Bestimmung – die Zuständigkeit der Gerichte anbietet, die nach Art. 23 zuständig sind. Nachdem aArt. 147 ZGB gestrichen ist und dem Art. 299 ZPO mit seiner gerichtlichen Anordnung Platz gemacht hat, empfiehlt sich diese Auslegung.

c) Abänderungs- und Ergänzungsklagen

13 Der **Unterhalt** und die **elterliche Sorge**, die einem Scheidungsurteil geregelt sind, können nenn später auf Grund veränderter Verhältnisse abgeändert und ergänzt werden (Art. 129, 134 ZGB). Solche Abänderungsklagen sind nach Art. 284 ebenfalls eherechtliche Sachen, für welche der Art. 23 die zuständigen Gerichte bestimmt.

14 Ist das **Kind**, für das Unterhalt geschuldet wird, mittlerweile **mündig** geworden und verlangt nun Abänderung der Unterhaltsbeiträge, so sind auch hierfür die Gerichte nach Art. 23 zuständig. aArt. 135 Abs. 2 ZGB ist aufgehoben worden und mit ihm eine Verweisung auf die Bestimmungen über den Kindesunterhalt. In diesem Fall klagt das mündige Kind, ist also Partei, und für Art. 23 kommt es deshalb auf seinen Wohnsitz an.

Die Anwendung des Art. 23 auf Abänderungs- und Ergänzungsfragen führt dazu, dass im **Zeitpunkt dieser Klagen** der Wohnsitz einer Partei im Inland sein muss. Es kommt also nicht auf die ursprüngliche Zuständigkeit für das Scheidungsverfahren an. Die perpetuatio fori endet mit der Rechtskraft dieser Klage. Danach wird die Zuständigkeit der Abänderungsklage selbständig nach dem Wohnsitz einer Partei im Zeitpunkt der Rechtshängigkeit dieser Abänderungs- oder Ergänzungsklage bestimmt. – Für die Abänderung vorsorglicher Massnahmen gilt das in N 17 Gesagte. 15

3. Eheschutzmassnahmen

Eheschutzmassnahmen fallen auch unter Art. 23. Solche Massnahmen sind die allgemeinen Eheschutzmassnahmen nach Art. 172 ff. ZGB und die besonderen Begehren auf Auskunftserteilung (Art. 170 ZGB), auf Anordnung der Gütertrennung (Art. 185 ff. ZGB) und auf Einräumung einer Zahlungsfrist (Art. 203 Abs. 2 ZGB). Der Begriff der Eheschutzmassnahme ist weit auszulegen und umfassend zu verstehen (ebenso GestG-Komm.-SPÜHLER/SIEHR/GRAHAM-SIEGENTHALER, Art. 15 N 9). 16

Die **Abänderung, Ergänzung und Aufhebung** vorsorglicher Massnahmen ordnet das Gericht an, das in diesem Zeitpunkt für die Änderung, Ergänzung oder Aufhebung nach Art. 23 zuständig ist. Hier gilt keine perpetuatio fori. Ein zwischenzeitlicher Wohnsitzwechsel ist also erheblich. 17

Nach Art. 13 gibt es eine **besondere Zuständigkeit** für vorsorgliche Massnahmen. Diese Vorschrift belässt es für Eheschutzmassnahmen bei der Zuständigkeit für die Hauptsache (Art. 13 lit. a i.V.m. Art. 23) und sieht daneben die Zuständigkeit der Gerichte des Ortes vor, an dem die Massnahme vollstreckt werden soll (Art. 13 lit. b). 18

4. Anordnung der Gütertrennung (Abs. 2)

Nach Art. 189 ZGB i.V.m. Art. 68b Abs. 5 SchKG kann bei einem Ehegatten, der im Güterstand der Gütergemeinschaft lebt, der für eine Eigenschuld betrieben und dessen Anteil am Gesamtgut gepfändet worden ist, auf Antrag der Aufsichtsbehörde des Betreibungsamts die Anordnung der Gütertrennung beantragt werden. Über diesen Antrag entscheidet das Gericht, das nach Art. 23 Abs. 2 zuständig ist, also das Gericht am Wohnsitz des Schuldners. Eine Alternativität der Zuständigkeit entfällt dann zu Recht. 19

IV. Auslandsfälle

1. Internationale Zuständigkeit

Die internationale Zuständigkeit ist dann und insoweit nicht selbstverständlich, als eine Partei des Ehesache oder eines ihrer Kinder nicht im Inland wohnt oder eine ausländische Staatsangehörigkeit besitzt. In diesen Fällen ist die internationale Zuständigkeit inländischer Instanzen nach Staatsverträgen oder dem IPRG zu bestimmen. 20

a) Lugano Übereinkommen II von 2007

Das LugÜ II gilt in Ehesachen, die nach Art. 1 Abs. 2 lit. a vom Anwendungsbereich des LugÜ II ausgeschlossen sind, nur insoweit, als es in Art. 2 und 5 Ziff. 2 den Gerichtsstand für Unterhaltsklagen normiert. Nach Art. 2 Abs. 1 LugÜ II kann der Unterhaltsschuldner im Inland verklagt werden, wenn er im Inland seinen Wohnsitz hat, oder nach Art. 5 Ziff. 2 LugÜ II, wenn er in einem anderen Staat wohnt, der durch das LugÜ II gebunden ist (EU-Mitgliedstaat, Island, Norwegen). Nach Art. 5 Ziff. 2 LugÜ II sind 21 inländische Gerichte für Unterhaltssachen nur dann zuständig, wenn entweder der Unterhaltsberechtigte seinen Wohnsitz oder gewöhnlichen Aufenthalt im Inland hat (Art. 5 Ziff. 2 lit. a LugÜ II) oder – wenn über den Unterhalt in einer Ehesache zu entscheiden ist – die Gerichte dieser Ehesache nach inländischem Recht zuständig sind, es sei denn, diese Zuständigkeit beruht lediglich auf der Staatsangehörigkeit einer der Parteien, etwa im Falle des Art. 60 IPRG (Art. 5 Ziff. 2 lit. b LugÜ II). Hat also der Unterhaltsschuldner seinen Wohnsitz ausserhalb der gebundenen Staaten, z.B. in den USA, sind Art. 2 und 5 Ziff. 2 LugÜ II nicht anwendbar, und die inländische internationale Zuständigkeit für Unterhaltssachen ist nach Art. 46 f. und 79–81 IPRG zu bestimmen.

b) Haager Kindesschutz-Übereinkommen von 1996

22 Das Haager Kindesschutz-Übereinkommen (HKsÜ) von 1996 (SR 0.211.231.011) ist am 1.7.2009 für die Schweiz in Kraft getreten und gilt seitdem für den Schutz von Kindern unter 18 Jahren. Insbesondere regelt das HKsÜ die Zuweisung der elterlichen Verantwortung. Zuständig sind die inländischen Gerichte und Behörden nach Art. 5 Abs. 1 immer dann, wenn – abgesehen von Flüchtlingskindern und Kindesentführungen – das Kind seinen gewöhnlichen Aufenthalt im Inland hat. Für Kindesschutzmassnahmen in Ehesachen sieht Art. 10 Abs. 1 HKsÜ eine besondere Vorschrift vor. Danach können die für eine Ehescheidung zuständigen Gerichte Massnahmen zum Schutz eines Kindes, das nicht im Forumstaat seinen gewöhnlichen Aufenthalt hat, treffen, wenn (1) einer der Eltern zu Beginn des Verfahrens seinen gewöhnlichen Aufenthalt im Forumstaat hat, (2) ein Elternteil die elterliche Verantwortung für das Kind hat, (3) der Inhaber der elterlichen Verantwortung die Zuständigkeit der inländischen Gerichte für das Ergreifen solcher Massnahmen erkannt hat, und (4) diese inländische Zuständigkeit dem Wohl des Kindes entspricht. Wenn also das gemeinsame Kind bei den Grosseltern im Ausland lebt und kein Fall des Art. 10 HKsÜ vorliegt, muss die Zuweisung der elterlichen Sorge den Gerichten am ausländischen gewöhnlichen Aufenthalt vorbehalten werden.

c) IPRG von 1987

23 Das IPRG kommt immer zur Anwendung, wenn die internationale Zuständigkeit inländischer Gerichte und Behörden zu bestimmen ist und internationale Staatsverträge die internationale Zuständigkeit nicht abschliessend regeln, wie etwa beim HKsÜ (N 22).

Für Ehesachen sind die Art. 59, 60, 62–64 IPRG massgebend, wenn eine der Parteien ihren Wohnsitz nicht im Inland hat. Nach Art. 59 lit. b IPRG kann ein Ehepartner an seinem Wohnsitz nur dann klagen, wenn er sich entweder ein Jahr in der Schweiz aufhält oder wenn er Schweizer Bürger ist. Diese Regelung geht dem Art. 23 vor.

In Unterhaltssachen bestimmen Art. 46 f., 63 Abs. 2 und 79–81 IPRG die internationale Zuständigkeit, wenn das LugÜ II nicht anwendbar ist. Weil es sich um eine vermögensrechtliche Streitigkeit handelt, ist sowohl eine Gerichtsstandvereinbarung (Art. 5 IPRG) als auch eine Schiedsvereinbarung (Art. 177, 178 IPRG) wirksam.

Für Entscheidungen über die elterliche Sorge bleibt neben dem HKsÜ kein Raum. Wenn die inländischen Gerichte nach diesem Übereinkommen nicht zuständig sind, können sie nicht mehr auf autonomes Recht zurückgreifen, es sei denn, dass ein inländischer Schutz einer Person oder deren Vermögen unerlässlich ist (Art. 85 Abs. 3 IPRG).

Für vorsorgliche Massnahmen gilt der neue Art. 10 IPRG, der dem Art. 13 ZPO angepasst worden ist.

2. Kapitel: Örtliche Zuständigkeit   **Art. 24**

Für die Ergänzung und Abänderung von Entscheidungen gilt in internationalen Sachen
der Art. 64 IPRG. Er erweitert die inländische Zuständigkeit gegenüber der örtlichen
Zuständigkeit.

2. Anerkennung ausländischer Statusänderungen und anderer Entscheidungen

Sind bei Einleitung eines inländischen eherechtlichen Verfahrens bereits im Ausland Vor- 24
gänge eingetreten, die einer inländischen Anerkennung bedürfen, so sind diese Fragen
nach IPR zu beantworten. Eine Eheschliessung im Ausland wird nach Art. 45 IPRG anerkannt, eine Festsetzung des Unterhalts durch ein ausländisches Gericht erfolgt nach
Art. 32 LugÜ II, nach dem Haager Unterhaltsvollstreckungsübereinkommen von 1973
(SR 0.211.213.02), nach bilateralen Abkommen oder nach Art. 65 IPRG. Für ausländische Kindesschutzmassnahmen gelten die Art. 23 ff. HKsÜ.

V. Übergangsrecht

Art. 23 löst den Art. 15 GestG ab. Hier war im Wesentlichen dasselbe geregelt. Ab In- 25
krafttreten der ZPO gilt das neue Recht.

Art. 24

Gesuche und Klagen **Für Gesuche und Klagen bei eingetragener Partnerschaft sowie**
bei eingetragener **für Gesuche um Anordnung vorsorglicher Massnahmen ist das**
Partnerschaft **Gericht am Wohnsitz einer Partei zwingend zuständig.**

Requêtes et actions Le tribunal du domicile de l'une des parties est impérativement compétent
en matière de   pour statuer sur les requêtes et actions en matière de partenariat enregistré
partenariat enregistré ainsi que sur les requêtes en mesures provisionnelles.

Istanze e azioni   Per le istanze e azioni nell'ambito dell'unione domestica registrata, incluse
nell'ambito   le istanze di provvedimenti cautelari, è imperativo il foro del domicilio di
dell'unione   una parte.
domestica registrata

Inhaltsübersicht   Note
  I. Norminhalt und Normzweck 1
 II. Gerichtsstände 4
    1. Alternative Gerichtsstände 4
    2. Zwingende Gerichtsstände 5
    3. Rechtshängigkeit 6
III. Anwendungsbereich 8
    1. Begründung einer Partnerschaft 8
    2. Befristete Ungültigkeit und Auflösung 9
    3. Partnerschutzmassnahme 15
IV. Auslandsfälle 16
    1. Internationale Zuständigkeit 16
    2. Anerkennung ausländischer Statusänderungen und anderer Entscheidungen .. 20
 V. Übergangsrecht 21

Literatur

J. BASEDOW/K. J. HOPT/H. KÖTZ/P. DOPFFEL (Hrsg.), Die Rechtsstellung gleichgeschlechtlicher Lebensgemeinschaften, Tübingen 2000; A. BUCHER, Le couple en droit international privé, Basel/Paris 2004; A. BÜCHLER (Hrsg.), FamKomm Eingetragene Partnerschaft, Bern 2007; I. CURRY-SUMNER, All's well that ends registered? The substantive and private international law aspects of non-marital registered relationships in Europe. A comparison of the laws of Belgium, France, The Netherlands, Switzerland and the United Kingdom, Antwerpen/Oxford 2005; TH. GEISER/PH. GREMPER (Hrsg.), Zürcher Kommentar zum Partnerschaftsgesetz, Zürich 2007; A. HUET, La séparation des concubins en droit international privé, in: Des concubinages, Études offertes à Jacqueline Rubellin-Devichi, Paris 2002, 539–554; J. M. SCHERPE/N. YASSARI (Hrsg.), Die Rechtsstellung nichtehelicher Lebensgemeinschaften. The Legal Status of Cohabitants, Tübingen 2005; I. SCHWANDER, Registrierte Partnerschaften im internationalen Privat- und Zivilprozessrecht, AJP 2001, 350–356.

I. Norminhalt und Normzweck

1   Nach dem Partnerschaftsgesetz können **gleichgeschlechtliche Paare** eine eingetragene Partnerschaft begründen. Für partnerschaftliche Gesuche und Klagen (vgl. Art. 9 ff. und 29 f. PartG) sowie für Gesuche um vorsorgliche Massnahmen wird das örtliche zuständige Gericht bestimmt. Diese Vorschrift ersetzt den aArt. 35 PartG, der für das Verfahren die Bestimmungen des Scheidungsverfahrens als sinngemäss anwendbar vorsah. Art. 24 tut das Gleiche.

2   Im Ausland können vielfach auch **homosexuelle Ehen** (z.B. Belgien: Art. 143 Abs. 1 Code civil; Niederlande: Art. 1:30 Abs. 1 BW) und **heterosexuelle Partnerschaften** (z.B. Frankreich: Art. 515-1 ff. Code civil: PACS; Niederlande: Art. 1: 80a Abs. 1 BW) geschlossen werden (vgl. SCHERPE/YASSARI, 203 ff.). Solche Verbindungen werden in der Schweiz nach Art. 65a i.V.m. Art. 45 Abs. 3 IPRG als eingetragene Partnerschaft anerkannt (s. N 20). Diese Verbindungen fallen also auch unter Art. 24, sobald sie im Inland anerkannt worden sind.

3   Art. 24 regelt nur die **örtliche** Zuständigkeit. Die sachliche und funktionale Zuständigkeit wird vom kantonalen Recht bestimmt (Art. 4 Abs. 1). Die internationale Zuständigkeit regelt das LugÜ II, das HKsÜ oder das IPRG (s. N 16–19).

II. Gerichtsstände

1. Alternative Gerichtsstände

4   Nach Art. 24 können Gesuche und Klagen sowohl am inländischen Wohnsitz der einen oder der anderen Partei der Partnerschaft angebracht werden. Diese Regelung entspricht der Bestimmung über eherechtliche Gesuche und Klagen in Art. 23 Abs. 1. Eine Partei kann also an ihrem Wohnsitz um Rechtsschutz nachsuchen, kann aber auch den Gerichtsstand des anderen Teils wählen. Die unbefristete Ungültigkeitsklage der zuständigen Behörde kann jedoch nur am Wohnsitz der Partnerin oder des Partners erhaben werden und nicht am Sitz der Behörde (Art. 9 Abs. 2 PartG).

Sobald jedoch eine Partnerschaftspartei im Ausland wohnt oder Ausländer ist, muss zunächst nach Staatsverträgen oder IPRG geprüft werden, ob inländische Gerichte *international* zuständig sind (s. N 16–19).

2. Zwingende Gerichtsstände

5   Die Gerichtsstände des Art. 24 sind zwingend. Das bedeutet nach Art. 9 Abs. 2, dass die Parteien hiervon nicht abweichen und ein anderes inländisches Gericht durch Vereinbarung oder Einlassung wählen können. In internationalen Fällen jedoch ist es den Partner-

schaftsparteien gestattet, für gewisse Fragen eine Gerichtsstandsklausel oder Schiedsvereinbarung zu treffen (s. N 19).

3. Rechtshängigkeit

Der **Wohnsitz einer Partnerschaftspartei** muss im Zeitpunkt der Rechtshängigkeit des Verfahrens bestimmt werden. Wann die Rechtshängigkeit vorliegt, bestimmen die Art. 62 ff. für inländische Verfahren. Sie wird also regelmässig mit Einreichung eines Gesuches oder einer Klage begründet. Diese Vorschrift tritt an die Stelle des aufgehobenen aArt. 136 ZGB, der über aArt. 35 PartG sinngemäss anwendbar war. Wann ein Wohnsitz vorliegt, sagen nach Art. 10 Abs. 2 die Art. 23 ff. ZGB, mit Ausnahme von Art. 24 ZGB über den Wechsel im Wohnsitz. 6

In Auslandsfällen gelten – für Unterhaltssachen – die Art. 27 ff. LugÜ II und im übrigen Art. 9 IPRG.

Die **Wirkungen** der Rechtshängigkeit regelt Art. 64 und sind dieselben wie bei Art. 23 (s. dort N 7). 7

III. Anwendungsbereich

1. Begründung einer Partnerschaft

Eine registrierte Partnerschaft oder jede andere formalisierte Lebensgemeinschaft wird durch einen Begründungsakt geschlossen, der selbst keine Streitigkeit ist, die durch die ZPO und dessen Art. 24 geregelt wird. Es bleibt bei Art. 5 PartG und den entsprechenden ausländischen Vorschriften. Art. 24 gilt erst dann, wenn es innerhalb einer Partnerschaft zu Auseinandersetzungen kommt. 8

2. Befristete Ungültigkeit und Auflösung

a) Aufhebung

Wie bei der Ehe kann eine Partnerschaft *unbefristet* von Amtes wegen für ungültig erklärt werden oder befristet von den Parteien einer Partnerschaft. Die unbefristete Ungültigkeitsklage wird von der zuständigen Behörde am Wohnsitz einer Partei der Partnerschaft erhoben (Art. 9 Abs. 2 PartG), und bei dieser Bestimmung bleibt es. Art. 24 gilt nicht. Diese Vorschrift bezeichnet nur die örtliche Zuständigkeit für eine *befristete* Ungültigkeitsklage (Art. 10 PartG) und für eine Gesuch bzw. Klage auf Aufhebung der eingetragenen Partnerschaft (Art. 29 f. PartG). 9

b) Aufhebungsfolgen

Die gerichtliche Zuständigkeit für Entscheidungen über **Nebenfolgen** der Aufhegung einer Partnerschaft ist auch in Art. 24 geregelt. Zu diesen Nebenfolgen gehören die Beendigung eines Verwaltungsauftrags nach Art. 21 PartG i.V.m. Art. 404–406 OR analog oder die Beendigung eines vereinbarten Güterstandes nach Art. 25 PartG i.V.m. Art. 196 ff. ZGB, die Zuteilung der gemeinsamen Wohnung (Art. 32 PartG), die berufliche Vorsorge mit der Zuteilung erworbener Austrittsleistungen (Art. 33 PartG), den nachpartnerschaftlichen Unterhalt gemäss Art. 34 PartG sowie – falls erforderlich – die Regelung des persönlichen Umgangs (vgl. Art. 27 Abs. 2 PartG) und der Unterhaltsbeziehungen zu einem Kind (Art. 27 Abs. 1 PartG). Das Verhältnis zu einem Kind, das die Partner im Ausland adoptiert haben (im Inland können sie es nicht: Art. 28 PartG), muss 10

Kurt Siehr

– wenn die Adoption im Inland nach Art. 78 IPRG anerkannt wird – auch vom Gericht, das nach Art. 24 örtlich zuständig ist, geregelt werden.

11 Für die **berufliche Vorsorge** verweist Art. 33 PartG auf die Bestimmungen des Scheidungsrechts über die berufliche Vorsorge, also auf die aArt. 141 f. ZGB. Heute gelten dafür die Art. 280 f., so dass insoweit dasselbe gilt wie bei der Scheidung (s. Art. 23 N 11).

12 Ob ein Kind eines Partners auch am Auflösungsverfahren nach Art. 298 f. zu beteiligen ist, mag zweifelhaft sein, weil es normalerweise keine gemeinsamen Kinder gibt. Wird trotzdem ein Kind angehört, so kann ein **Vertreter des Kindes** bestellt werden, und auch diese Anordnung triff das nach Art. 24 zuständige Gericht (vgl. Art. 23 N 12).

c) Abänderungs- und Ergänzungsklagen

13 Auch bei der **Auflösung** einer eingetragenen Partnerschaft sind Abänderungs- und Ergänzungsklagen zulässig und möglich. Ein Unterhaltsbeitrag, der nach Art. 34 PartG festgesetzt wurde, kann nach Art. 34 Abs. 4 PartG i.V.m. Art. 129 ZGB abgeändert werden, und auch für ein Kind sind Fälle des Art. 134 ZGB denkbar. Auch diese Abänderungs- und Ergänzungsklagen werden von Art. 24 erfasst.

14 Bei Abänderungs- und Ergänzungsklagen kommt es auf den Wohnsitz einer der Parteien einer Partnerschaft im **Zeitpunkt dieser Klage** an. Hat also eine Partei zwischenzeitlich ihren Wohnsitz gewechselt, so kann sie beim Gericht an diesem Wohnsitz klagen.

3. Partnerschutzmassnahme

15 Für das Verfahren zur Ungültigkeit und Auflösung der eingetragenen Partnerschaft gelten nach Art. 307 die Bestimmungen über das Scheidungsverfahren (s. Art. 23 N 16). Also können auch bei der Ungültigkeit und Auflösung einer Partnerschaft vorsorgliche Massnahmen zum Schutz der Partner ergriffen werden. Auch diese Massnahmen werden von Art. 24 erfasst. Für die Abänderung dieser Massnahmen bleibt das einmal zuständige Gericht kompetent (s. Art. 23 N 17). Die allgemeine Zuständigkeit für vorsorgliche Massnahmen nach Art. 13 bleibt auch hier bestehen, so dass auch die Gerichte am Ort der Vollstreckung zuständig sind (s. Art. 23 N 18).

IV. Auslandsfälle

1. Internationale Zuständigkeit

16 Wenn bei Einleitung eines inländischen Verfahrens eine Partei einer Partnerschaft ihren Wohnsitz nicht im Inland hat oder wenn sie in diesem Zeitpunkt eine ausländische Staatsangehörigkeit besitzt, muss zuerst die internationale Zuständigkeit inländischer Gerichte und Behörden geprüft werden. Diese Zuständigkeit ist nicht in der ZPO geregelt, sondern in Staatsverträgen oder dem IPRG.

a) Lugano Übereinkommen II von 2007

17 Das LugÜ II gilt nach seinem Art. 1 Abs. 2 lit. a nicht für den Personenstand, wozu auch eingetragene Partnerschaften gehören (so BUCHER, Le couple, 182; Dasser/Oberhammer-DASSER, Art. 1 LugÜ N 67; ERMAN/HOHLOCH, Art. 17b EGBGB N 19; HUET, 551; ZK-SCHWANDER, Art. 45 Abs. 3 PartG/Art. 65a–d IPRG N 52; FamKomm Eingetragene Partnerschaft-WIDMER, Teil 4: IPR, N 94). Sie begründen durch ihre Formalisierung auch

einen Status besonderer Art und unterscheiden sich so von der einfachen «concubinage» (Art. 515-8 fr. Code civil), auf den das allgemeine Vertrags- und Deliktsrecht angewandt wird.

Das LugÜ II gilt jedoch für Unterhaltsansprüche, welche ein Partner gegen den anderen oder ein Kind gegen einen der Beteiligten geltend macht. Für diese Ansprüche gelten die Art. 2 und 5 Ziff. 2 LugÜ II.

b) Haager Kindesschutz-Übereinkommen von 1996

Das Haager Kindesschutz-Übereinkommen von 1996 (HKsÜ) regelt seit dem 1.7.2009 Kindesschutzmassnahmen in internationalen Fällen. Siehe hierzu Art. 23 N 22.

18

c) IPRG von 1987

Mangels vorgehender Staatsverträge richtet sich die Zuständigkeit für die gerichtliche Feststellung der Ungültigkeit und die gerichtliche Auflösung einer *eingetragenen Partnerschaft* nach Art. 65a i.V.m. Art. 59 IPRG und Art. 65b IPRG. Danach sind die inländischen Gerichte am Wohnsitz des Beklagten zuständig (Art. 59 lit. a IPRG) oder am Wohnsitz des Klägers, wenn sich dieser seit einem Jahr in der Schweiz aufhält oder Schweizer Bürger ist (Art. 59 lit. b IPRG). Eine Art Notzuständigkeit ist für Ausländer ohne Wohnsitz in der Schweiz am schweizerischen Eintragungsort vorgesehen, wenn es unmöglich oder unzumutbar ist, die Klage oder das Begehren am Wohnsitz einer der Personen zu erheben (Art. 65b IPRG).

19

Da die Art. 65a ff. IPRG nur von eingetragener Partnerschaft reden und nicht von Partnerschaft gleichgeschlechtlicher Paare, gelten diese Vorschriften auch für Partnerschaften *heterosexueller Paare* einer eingetragenen Partnerschaft (BSK IPRG-BOPP, Art. 65a N 7; BUCHER, Le couple, 185 f.; SCHWANDER AJP 2001, 351; SIEHR, IPR, 79 ff.; **a.M.** DUTOIT, Art. 65a IPRG N 11).

Diese Vorschriften gelten jedoch nicht nur für eingetragene Partnerschaften. Nach Art. 45 Abs. 3 IPRG wird eine im Ausland geschlossene *gleichgeschlechtliche Ehe* im Inland als eingetragene Partnerschaft anerkannt und ebenso wie diese behandelt. Das heisst also, dass auch die Scheidung einer homosexuellen Ehe wie eine Auflösung einer Partnerschaft behandelt wird und dass sich deswegen die internationale Zuständigkeit inländischer Gerichte auch nach den Art. 65a und 65b IPRG richtet.

2. Anerkennung ausländischer Statusänderungen und anderer Entscheidungen

Eine eingetragene Partnerschaft, die im Ausland begründet worden ist, wird im Inland anerkannt, wenn sie dort gültig abgeschlossen worden ist und keine Umgehungsabsicht vorliegt (Art. 65a i.V.m. Art. 45 Abs. 1 und 2 IPRG). Also auch Schweizer Bürger, die in Frankreich wohnen, können einen «pacte civil de solidarité (PACS)» schliessen, und zwar auch dann, wenn sie heterosexuell sind. Dieser PACS wird in der Schweiz ebenso anerkannt wie eine niederländische Eheschliessung gleichgeschlechtlicher schweizerischer Partner, die in den Niederlanden wohnen (Art. 45 Abs. 3 IPRG).

20

Alle anderen Entscheidungen werden nach Art. 65d IPRG anerkannt, sofern Staatsverträge entweder nicht vorgehen oder die Anerkennung erleichtern. Das ist hinsichtlich von Unterhaltsentscheidungen aus EU-Staaten, Island und Norwegen nach Art. 32 ff. LugÜ II der Fall oder für Entscheidungen eines Mitgliedstaats des Haager Unterhaltsvollstreckungsübereinkommen von 1973 nach diesem Staatsvertrag. Ausserdem gilt für Kindesschutzmassnahmen das HKsÜ mit seinen Art. 23 ff.

V. Übergangsrecht

21 Für eingetragene Partnerschaften galten bisher nach aArt. 35 PartG die Bestimmungen des Scheidungsverfahrens sinngemäss. Nun gilt aufgrund des Art. 24 mehr oder weniger dasselbe.

Art. 25

Feststellung und Anfechtung des Kindesverhältnisses

Für Klagen auf Feststellung und auf Anfechtung des Kindesverhältnisses ist das Gericht am Wohnsitz einer der Parteien zwingend zuständig.

Constatation et contestation de la filiation

Le tribunal du domicile de l'une des parties est impérativement compétent pour statuer sur l'action en constatation ou en contestation de la filiation.

Accertamento e contestazione della filiazione

Per le azioni di accertamento o contestazione della filiazione è imperativo il foro del domicilio di una parte.

Inhaltsübersicht

Note

I. Norminhalt und Normzweck 1
II. Gerichtsstände 5
   1. Alternative Gerichtsstände 5
   2. Zwingende Gerichtsstände 6
   3. Rechtshängigkeit 7
III. Anwendungsbereich 9
   1. Begründung eines Kindesverhältnisses ex lege oder kraft Anerkennung 9
   2. Feststellungsklagen 10
   3. Adoption und Anfechtung der Adoption 13
   4. Anfechtung des Kindesverhältnisses 14
   5. Kindesschutzmassnahmen, Kindesentführungen 15
   6. Unterhalt für Kind und Ersatz für Mutter 16
IV. Auslandsfälle 17
   1. Internationale Zuständigkeit 17
   2. Anerkennung ausländischer Entscheidungen 21
V. Übergangsrecht 22

Literatur

C. HEGNAUER/P. BREITSCHMID, Grundriss des Kindesrechts und des übrigen Verwandtschaftsrechts, 5. Aufl., Bern 1999; PH. MEIER/M. STETTLER, Droit de la filiation. Bd. I: Etablissement de la filiation (art. 252 à 269c CC), Zürich 2005.

I. Norminhalt und Normzweck

1 Wo ein Kindesverhältnis nicht von Gesetzes wegen entsteht, muss es festgestellt werden (vgl. Art. 261 ZGB). Für eine solche **Vaterschaftsklage** bezeichnet Art. 25 das örtlich zuständige Gericht. Ebenfalls für die **Anfechtung** eines Kindesverhältnisses (vgl.

Art. 256, 258, 259 Abs. 2, Art. 260a, 269, 269a ZGB) bezeichnet Art. 25 die örtlich zuständige Instanz. Doch über diese Fälle hinaus ist diese Vorschrift immer dann anwendbar, wenn der Kläger die Existenz eines Kindesverhältnisse zum Vater oder zur Mutter gerichtlich festgestellt oder beseitigt haben will.

Unter Art. 25 fällt z.B. auch die Klage einer Frau, die in Kalifornien ein Kind bei einer «surrogate mother» bestellt und von dieser erhalten hat und schon vor der Geburt des Kindes eine «declaration of paternity» (**Feststellung der Mutterschaft**) unterzeichnet hat (vgl. § 7571 California Family Code). Jedoch auch weniger spektakuläre Fälle sind unter Art. 25 zu subsumieren. Wenn die Elternschaft eines Elternteils streitig ist, bestimmt Art. 25 das örtlich zuständige Gericht.

In manchen Rechtsordnungen kann man auf **Klärung seiner Abstammung** klagen oder die Gerichte bei der Einwilligung in eine Abstammungsuntersuchung in Anspruch nehmen (vgl. z.B. § 1598a dt. BGB). Diese Klärung hat keine standesrechtlichen Wirkungen. Für diese Klärung bestimmt Art. 25 das zuständige Gericht. Ebenso ist Art. 25 auf die **Feststellung der Geschlechtszugehörigkeit** (vgl. § 8 ff. des dt. Transsexuellengesetzes, TSG) anwendbar (ebenso BSK ZGB I-SCHWENZER Art. 253 N 2).

Art. 25 bestimmt nur das **örtlich** zuständige Gericht. Die sachliche und funktionale Zuständigkeit regeln die Kantone. Die internationale Zuständigkeit ist bei Auslandfällen zuerst zu bestimmen, diese richtet sich nach dem IPRG oder vorgehenden Staatsverträgen (s. N 17–20).

II. Gerichtsstände

1. Alternative Gerichtsstände

Ebenso wie Art. 16 GestG normiert Art. 25 alternative Gerichtsstände am Wohnsitz einer der Parteien. Zur Bestimmung des Wohnsitzes vgl. Art. 10 Abs. 2 i.V.m. Art. 23 ff. ZGB. Diese Alternativität gab es bereits in Art. 16 GestG, war da jedoch noch weiter ausgestaltet als bei Art. 25. Weggefallen sind die Wohnsitzgerichtsstände im Zeitpunkt der Geburt bzw. der Adoption. Heute kann eine Partei nur an ihrem Wohnsitz um Rechtsschutz nachsuchen, darf aber auch den Gerichtsstand des anderen Teils wählen. Wer die richtige Partei ist, sagt das ZGB (vgl. GestG-Komm.-SIEHR/GRAHAM-SIEGENTHALER, Art. 16 N 4) oder das anwendbare ausländische materielle Recht.

Sofern jedoch eine Partei im Ausland wohnt oder Ausländer ist, muss zunächst nach Staatsverträgen oder IPRG geprüft werden, ob die inländischen Gerichte international zuständig sind (s. N 17–20).

2. Zwingende Gerichtsstände

Die Gerichtsstände des Art. 25 sind zwingend. Die Parteien können also nicht hiervon abweichen und einen anderen Gerichtsstand durch Vereinbarung oder Einlassung wählen (Art. 9 Abs. 2).

3. Rechtshängigkeit

Massgebend ist heute der Wohnsitz einer Partei im **Zeitpunkt** der Rechtshängigkeit. Wann die Rechtshängigkeit eintritt, regeln die Art. 62 f. Das geschieht in aller Regel mit Einreichung einer Klage. Für die freiwillige Gerichtsbarkeit gelten besondere Vorschriften (vgl. Art. 19). In Auslandsfällen sind – für Unterhaltsentscheide – die Art. 27 ff. LugÜ II und hilfsweise der Art. 9 IPRG zu beachten.

8 Die **Wirkungen der Rechtshängigkeit** sind in Art. 64 geregelt. Was das im Einzelnen bedeutet, vgl. Art. 23 N 7. Für die Wahrung der Frist, z.B. von Art. 256c ZGB, ist der Zeitpunkt der Klageerhebung massgebend.

III. Anwendungsbereich

1. Begründung eines Kindesverhältnisses ex lege oder kraft Anerkennung

9 Die Begründung eines Kindesverhältnisses ex lege (vgl. z.B. Art. 252 Abs. 1, Art. 255 Abs. 1 ZGB) oder kraft Anerkennung (vgl. z.B. Art. 260 Abs. 1 ZGB) fällt nicht unter Art. 25. Hierbei geht es um keinen Streitfall, der in einem Verfahren zu lösen wäre. Ist jedoch zweifelhaft, ob ein Kindesverhältnis entstanden ist oder ob eine Abstammung besteht, ist dies durch ein Gericht zu lösen; dann kommt Art. 25 zur Anwendung.

2. Feststellungsklagen

a) Feststellung der Vaterschaft

10 Eine Vaterschaftsklage auf Feststellung der Vaterschaft (vgl. Art. 261 ZGB) ist am Wohnsitz des Vaters oder seiner Nachkommen als Beklagte oder der Mutter oder des Kindes als Kläger (vgl. Art. 263 Abs. 1 ZGB) anzubringen. Welches die richtigen Kläger und Beklagten sind, sagt das materielle Recht.

b) Feststellung der Mutterschaft

11 Normalerweise steht die Mutter mit der Geburt des Kindes fest: mater semper certa est (Art. 252 Abs. 1 ZGB). Das ist dann anders, wenn das Kind im Kinderspital vertauscht worden ist, wenn das anwendbare Recht eine Anerkennung der Mutterschaft verlangt, aber diese nicht anerkannt wird, oder wenn das Kind von einer fremden Frau (surrogate mother) geboren wurde und nun auf Feststellung der Gültigkeit einer vorgeburtlichen Mutterschaftsanerkennung geklagt wird (s. N 2).

c) Feststellung der Abstammung oder der Geschlechtszugehörigkeit

12 Die Beteiligten eines Kindesverhältnisses haben das Recht zu erfahren, ob sie von einander abstammen. Eine solche Klage braucht das Statusverhältnis zwischen den Beteiligten nicht zu berühren (so z.B. der § 1598a BGB). Diese Klage fällt ebenso unter Art. 25 wie die Klage auf Feststellung der Geschlechtszugehörigkeit (s. N 3).

3. Adoption und Anfechtung der Adoption

13 Im Gegensatz zu Art. 16 GestG erwähnt Art. 25 nicht die Herstellung eines Kindesverhältnisses durch Adoption. Die örtliche Zuständigkeit wird nach wie vor in Art. 268 ZGB geregelt, die Anfechtung der Adoption in Art. 269 ZGB. Aus diesen nicht gestrichenen Bestimmungen des ZGB ist zu schliessen, dass die örtliche Zuständigkeit für die Adoption als Akt der freiwilligen Gerichtsbarkeit nicht durch Art. 25 geregelt werden sollte; denn ein Adoptionsgesuch ist keine Klage auf Herstellung oder Aufhebung eines Kindesverhältnisses.

4. Anfechtung des Kindesverhältnisses

14 Gestaltungsklagen, welche um Aufhebung eines vorher bestehenden Kindesverhältnisses ersuchen, fallen unter den Art. 25. Die meisten Klagen dürften die Anfechtung der Vaterschaftsvermutung bzw. -anerkennung betreffen (vgl. Art. 256, 260a ZGB), jedoch ist auch die Anfechtung einer Mutterschaftsanerkennung denkbar.

5. Kindesschutzmassnahmen, Kindesentführungen

Die örtliche Zuständigkeit für Kindesschutzmassnahmen regeln immer noch die Art. 275 Abs. 1, Art. 315, 324 Abs. 3 ZGB. Daraus ist zu schliessen, dass – ausserhalb eines Eheverfahrens nach Art. 23 – die örtliche Zuständigkeit für Kindesschutzmassnahmen nicht durch Art. 25 geregelt werden soll. Das ist verständlich, denn Kindesschutzmassnahmen werden meistens von Amtes wegen von vormundschaftlichen Behörden erlassen und nicht auf Klage hin.

Bei Kindesentführungen ins Ausland und vom Ausland in die Schweiz sind die besonderen Übereinkommen zur Kindesentführung zu beachten.

6. Unterhalt für Kind und Ersatz für Mutter

Wenn das Kind auf Feststellung der Vaterschaft klagt, kann es bei einer positiven Feststellung im gleichen Verfahren auf Unterhalt klagen (Art. 280 Abs. 3 ZGB). Diese unselbständige Unterhaltsklage und die Klage der Mutter auf zeitlich begrenzten eigenen Unterhalt und auf Erstattung der Kosten der Geburt (Art. 295 ZGB) werden nicht von Art. 26 erfasst, sondern von Art. 25.

IV. Auslandsfälle

1. Internationale Zuständigkeit

Sofern einer der Beteiligten seinen Wohnsitz nicht in der Schweiz hat oder Ausländer ist, muss vor der Bestimmung der örtlichen Zuständigkeit die internationale Zuständigkeit geprüft werden. Die örtliche Zuständigkeit wird ausserdem in internationalen Fällen häufig anders bestimmt als in reinen Inlandsfällen.

a) Lugano Übereinkommen II von 2007

Das LugÜ II ist auf den «Personenstand, die Rechts- und Handlungsfähigkeit sowie die gesetzliche Vertretung natürlicher Personen» (l'état et la capacité des personnes physiques) nicht anwendbar. Darunter fällt auch das gesamte Kindesrecht mit Ausnahme des Unterhalts.

b) Andere Staatsverträge

Über Klagen auf Feststellung und auf Anfechtung des Kindesverhältnisses gibt es kaum Staatsverträge. Selbst die Internationale Zivilstandskommission CIEC hat nur einen Staatvertrag hierzu ausgearbeitet, nämlich das Übereinkommen vom 12.9.1962 über die Feststellung der mütterlichen Abstammung ausserhalb der Ehe geborener Kinder (SR 0.211.222.1). Dieses Übereinkommen gilt zwischen den Vertragsstaaten (Deutschland, Griechenland, Luxemburg, Niederlande, Schweiz, Spanien, Türkei) auch für die Anfechtung einer Anerkennung (Art. 1 Satz 2), die dann für alle Vertragsstaaten gültig ist (Art. 5). Das CIEC-Übereinkommen von 1964 betreffend die Entscheidungen über die Berichtigung von Einträgen in Zivilstandsregistern (SR 0.211.112.14) gilt nicht für Entscheidungen über den Personenstand (Art. 1).

Für die nicht unter Art. 25 fallende **Kindesentführung** regelt BG-KKE in seinem Art. 7 die örtliche Zuständigkeit für die Rückführungsgesuche bei Entführungen aus dem Ausland in die Schweiz. Bei Entführungen ins Ausland bleiben die inländischen örtlichen Instanzen solange zuständig, bis das Kind seinen gewöhnlichen Aufenthalt im Ausland errichtet hat.

Art. 26 2. Titel: Zuständigkeit der Gerichte und Ausstand

Für **Kindesschutzmassnahmen** im internationalen Verhältnis gelten jetzt die Art. 5 ff. HKsÜ, die allerdings die örtliche Zuständigkeit nicht festlegen. Insofern gelten die Bestimmungen des ZGB, da das IPRG und die ZPO die örtliche Zuständigkeit nur allgemein, nicht speziell regeln.

c) IPRG von 1987

20 Im Endergebnis bestimmt also das IPRG die internationale Zuständigkeit für Auslandsfälle, nämlich in Art. 66 und 67 IPRG für die Feststellung und Anfechtung des Kindesverhältnisses, in Art. 71 IPRG für die Anfechtung einer Vaterschaftsanerkennung und in Art. 75 und 76 IPRG für die Adoption. Nach Art. 66 IPRG sind die Gerichte am inländischen gewöhnlichen Aufenthalt des Kindes sowie am inländischen Wohnsitz von Vater oder Mutter für eine Klage international und örtlich zuständig. Nach Art. 67 IPRG sind bei Fehlen solcher Kontakte mit dem Inland die Gerichte am Heimatort von Vater oder Mutter international und örtlich zuständig, sofern eine Klage im Ausland unmöglich oder unzumutbar ist.

2. Anerkennung ausländischer Entscheidungen

21 Abgesehen von der Anerkennung von Anfechtungen einer Mutterschaftsanerkennung aus Deutschland, Griechenland, Luxemburg, Niederlande, Spanien und der Türkei aufgrund des CIEC-Übereinkommens von 1962 (s. N 18), gibt es keine weiteren Staatsverträge über die Anerkennung von Entscheidungen, die Materien betreffen, die unter Art. 25 fallen. Folglich gelten für die Anerkennung ausländischer Entscheidungen die Art. 70 und 73 Abs. 2 sowie Art. 78 IPRG.

V. Übergangsrecht

22 Ab Inkrafttreten der ZPO gilt der Art. 25, vorher galt der Art. 16 GestG, der im Wesentlichen dasselbe vorsah (s. GestG-Komm.-SIEHR/GRAHAM-SIEGENTHALER, Art. 16).

Art. 26

Unterhalts- und Unterstützungsklagen	**Für selbstständige Unterhaltsklagen der Kinder gegen ihre Eltern und für Klagen gegen unterstützungspflichtige Verwandte ist das Gericht am Wohnsitz einer der Parteien zwingend zuständig.**
Entretien et dette alimentaire	Le tribunal du domicile de l'une des parties est impérativement compétent pour statuer sur les actions indépendantes en entretien intentées par des enfants contre leurs père et mère et des actions intentées contre des parents tenus de fournir des aliments.
Azioni di mantenimento e di assistenza	Per le azioni di mantenimento indipendenti proposte dal figlio contro i genitori e per le azioni per violazione dell'obbligo di assistenza fra parenti è imperativo il foro del domicilio di una parte.

Inhaltsübersicht

	Note
I. Norminhalt und Normzweck	1
II. Gerichtsstände	4
1. Alternative Gerichtsstände	4
2. Zwingende Zuständigkeit	5
3. Rechtshängigkeit	6
III. Anwendungsbereich	8
1. Unterhaltsklagen gegen Eltern	8
2. Unterhaltsklagen gegen Verwandte oder Verschwägerte	10
3. Abänderungs- und Ergänzungsklagen	11
4. Klagen auf Rückerstattung von Vorschüssen	12
5. Klagen des Scheinvaters auf Erstattung	13
6. Unterhaltsklagen gegen Kinder	14
IV. Auslandsfälle	15
1. Internationale Zuständigkeit	15
2. Anerkennung ausländischer Entscheidungen	19
V. Übergangsrecht	20

Literatur

B. BRÜCKNER, Unterhaltsregress im Internationalen Privat- und Verfahrensrecht, Tübingen 1994; B. GRAHAM-SIEGENTHALER, Das Stiefkind (insbesondere das «child of the marriage») im schweizerischen und im kanadischen Familienrecht, Zürich 1996; C. HEGNAUER, Elterliche Unterstützungspflicht und Verwandtenunterstützungspflicht, ZVW 1994, 13 ff.; J. JACOBI, Der Unterhaltsregreß des Scheinvaters, Hamburg 2005; D. MARTINY, Unterhaltsrang und -rückgriff. Mehrpersonenverhältnisse und Rückgriffsansprüche im Unterhaltsrecht Deutschlands, Österreichs, der Schweiz, Frankreichs, Englands und der Vereinigten Staaten von Amerika, Tübingen 2000.

I. Norminhalt und Normzweck

Für Unterhaltsklagen von Kindern, die **selbständig** erhoben werden und nicht unselbständig in Zusammenhang mit einer eherechtlichen Klage (vgl. hierzu die Komm. zu Art. 23), sind die Gerichte am Wohnsitz des Schuldners oder des klagenden Kindes örtlich zuständig. **1**

Abänderungs- und Ergänzungsklagen des Kindes fallen ebenfalls unter diese Vorschrift. Jedoch ist dann zu beachten, dass sich die örtliche Zuständigkeit am Wohnsitz der Parteien im Zeitpunkt der Einreichung dieser Klage bei Gericht richtet. **2**

Art. 26 fixiert nur die **örtliche** Zuständigkeit inländischer Gerichte. Wenn eine Partei im Ausland wohnt oder eine ausländische Staatsangehörigkeit besitzt, ist vorher die internationale Zuständigkeit schweizerischer Gerichte zu bestimmen (s. N 15–18). Dies kann in den Fällen des Art. 80 IPRG dazu führen, dass inländische Gerichte am inländischen Heimatort einer Partei international zuständig sind, also auch dann, wenn keine der Parteien im Inland ihren Wohnsitz hat. **3**

II. Gerichtsstände

1. Alternative Gerichtsstände

Art. 26 stellt für selbständige Unterhaltsklagen des Kindes die Gerichte am Wohnsitz des Beklagten oder des Klägers wahlweise zur Verfügung. Diese Alternativität gab es bereits unter Art. 17 GestG und davor in aArt. 279 ZGB. Das Kind kann also an seinem Wohn- **4** sitz auf Unterhalt klagen, kann aber auch die Gerichte am Wohnsitz des Beklagten wählen. Wer der richtige Kläger ist, richtet sich nach materiellem Recht. Bei Inlandsfällen ist das normalerweise das Kind, das – vertreten durch den Inhaber der elterlichen Sorge – gegen einen Elternteil klagt. In Auslandsfällen kann es jedoch anders sein. Nach italienischem Recht z.B. (Art. 279 Abs. 3 Codice civile) kann die Mutter eines nichtehelichen Kindes in dessen Interesse auf Unterhaltszahlungen an das Kind klagen.

Diese Alternativität geht bei der internationalen Zuständigkeit nicht verloren. Sowohl unter LugÜ II (dessen Art. 2 und 5 Ziff. 2) als auch nach Art. 79 Abs. 1 IPRG kann das Kind an beiden Orten auf Unterhalt klagen und ausserdem noch an seinem inländischen Heimatort, wenn die Parteien im Ausland leben (Art. 80 IPRG) und LugÜ II nicht anwendbar ist.

2. Zwingende Zuständigkeit

5 Der Gerichtsstände des Art. 26 sind zwingend, können also von den Parteien weder durch Prorogation noch durch Einlassung geändert werden.

Dies ist anders bei Auslandfällen. Da es sich bei einer Unterhaltsklage um eine vermögensrechtliche Streitigkeit handelt, können die Parteien sowohl nach Art. 23 LugÜ II als auch nach Art. 5 IPRG einen international zuständigen Gerichtsstand bestimmen.

3. Rechtshängigkeit

6 Der Wohnsitz einer Partei muss im **Zeitpunkt** der Rechtshängigkeit des Verfahrens bestimmt werden. Wann die Rechtshängigkeit vorliegt, sagen die Art. 62 ff. für inländische Verfahren. Sie wird also regelmässig mit Einreichung der Klage bei Gericht begründet.

In Auslandsfällen sind die Art. 27 ff. LugÜ II sowie Art. 9 IPRG zu beachten. Danach verlieren inländische Gerichte u.U. durch eine früher im Ausland eingereichte Klage ihre internationale Zuständigkeit.

7 Die **Wirkung der Rechtshängigkeit** ist in Art. 64 geregelt. Was das bedeutet, wird in Art. 23 N 7 ausgeführt.

III. Anwendungsbereich

1. Unterhaltsklagen gegen Eltern

a) Selbständige Unterhaltsklagen

8 Art. 26 gilt nur für selbständige Unterhaltsklagen des Kindes. Damit sind Klagen gemeint, die unabhängig von einem eherechtlichen (Scheidung der Ehe und Unterhalt an Kinder) oder kindesrechtlichen Verfahren (Vaterschaftsklage und Unterhalt an Kinder) bei einem Gericht anhängig gemacht werden, um über den Unterhaltsanspruch des Kindes selbständig zu entscheiden. Um eine selbständige Unterhaltsklage geht es auch dann, wenn ein getrennt lebender Elternteil bei der zuständigen Vormundschaftsbehörde (vgl. Art. 315 Abs. 1 ZGB) um Übertragung der alleinigen elterlichen Sorge nachsucht und das Kind bei Gericht auf Unterhalt gegen den anderen Elternteil klagt.

b) Unselbständige Unterhaltsklagen

9 Wird eine Klage auf Unterhalt an ein Kind als Scheidungsfolge oder als Folge einer positiven Vaterschaftsfeststellung geltend gemacht, so richtet sich die örtliche Zuständigkeit der Gerichte für den Unterhaltsanspruch nach den Regeln der Art. 23 (Scheidungsverfahren) oder Art. 25 (Vaterschaftsklage).

2. Unterhaltsklagen gegen Verwandte oder Verschwägerte

Art. 26 spricht nur von Verwandten, die dem Kind Unterstützung schulden. Gemeint sind hiermit die Verwandten auf- und absteigender Linie (Art. 328 ZGB). In Auslandsfällen jedoch sind manchmal auch verschwägerte Personen gegenüber den Kindern, die im selben Haushalt leben, unterhaltspflichtig. Dies ist z.B. in England aufgrund des Matrimonial Causes Act 1973 der Fall und auch nach dem Recht vieler kanadischer Provinzen (vgl. GRAHAM-SIEGENTHALERM, 28 ff.). Danach kann der Stiefelternteil eines Kindes, der mit dessen leiblicher Mutter zusammen einen Haushalt führt, zu Unterhaltszahlungen an sein Stiefkind verurteilt werden. Ein Stiefelternteil, der in der Schweiz wohnt, kann also von seinem Stiefkind, das in England oder Kanada wohnt, auf Unterhalt verklagt werden. Auch für eine solche Klage gilt der Art. 26. 10

3. Abänderungs- und Ergänzungsklagen

Unterhaltsansprüche sind in aller Regel abänderbar (vgl. Art. 286 ZGB). Massstab für die Abänderung sind die Veränderungen der Bedürfnisse des Kindes oder der Leistungsfähigkeit der Eltern oder die veränderten Lebenskosten. Auch für solche Abänderungsklagen gilt Art. 26 ebenso wie für Ergänzungsklagen, weil das erste Gericht über den Unterhalt nicht entschieden hat und deshalb selbständig auf Unterhalt geklagt werden muss. Eine Herabsetzungsklage des Schuldners fällt dagegen nicht unter Art. 26. 11

4. Klagen auf Rückerstattung von Vorschüssen

Wenn Eltern den geschuldeten Unterhalt nicht zahlen, bevorschusst die Wohnsitzgemeinde oder eine andere Stelle die geschuldeten Unterhaltsbeiträge (vgl. etwa § 20 Abs. 1 ZH-Jugendhilfegesetz, Zürcher Gesetzessammlung 852.1), und die den Vorschuss zahlende Stelle hat einen Rückgriffsanspruch gegen den Schuldner (z.B. § 24 Abs. 1 ZH-Jugendhilfegesetz; § 7 dt. Unterhaltsvorschussgesetz). Diese Rückerstattungsansprüche fallen nicht unter Art. 26, unabhängig davon, ob sie auf einer Subrogation, Legalzession oder einem separaten Erstattungsanspruch beruhen. Denn diese Vorschrift will den Unterhaltsgläubiger schützen und ihm den alternativen Gerichtsstand zur Verfügung stellen. Dieses Schutzes bedarf eine öffentliche Stelle, die Vorschuss leistet, nicht. Für sie gelten die allgemeinen Vorschriften der Art. 10 ff. 12

5. Klagen des Scheinvaters auf Erstattung

Klagen eines Scheinvaters gegen denn leiblichen Vater oder andere Personen auf Erstattung derjenigen Unterhaltsbeiträge (vgl. AGer LU Land, SJZ 1987, 257; MARTINY, 966 ff.), die er vor seiner Vaterschaftsanfechtung gezahlt hat, fallen nicht unter Art. 26. Denn hierbei geht es nicht um Unterhaltsansprüche der Kinder gegen Eltern oder andere Verwandte. Ein Scheinvater mit Wohnsitz in der Schweiz kann also nur am Wohnsitz des Beklagten auf Erstattung klagen. 13

6. Unterhaltsklagen gegen Kinder

Kinder sind auch gegenüber Verwandten auf- und absteigender Linie unterstützungspflichtig. Eine solche Klage gegen Kinder fällt nicht unter Art. 26. Es muss am Gerichtsstand des beklagten Kindes geklagt werden (Art. 10 Abs. 1 lit. a). Dasselbe gilt für Klagen gegen die Kinder auf Feststellung, dass kein Unterhalt geschuldet werde, sowie für Herabsetzungsklagen des Schuldners auf Minderung des geschuldeten Betrages. 14

IV. Auslandsfälle

1. Internationale Zuständigkeit

15 Wenn eine Partei im Ausland wohnt oder eine ausländische Staatsangehörigkeit besitzt, muss vor der örtlichen Zuständigkeit nach Art. 26 die inländische internationale Zuständigkeit geprüft werden, und zwar aufgrund vorgehender Staatsverträge und auf Grund des IPRG.

a) Lugano Übereinkommen II von 2007

16 Hat der Unterhaltsschuldner seinen Wohnsitz in einem Staat, der durch das LugÜ II gebunden ist (also in einem Mitgliedstaat der EU oder in Island, Norwegen, Schweiz), so kann er an seinem inländischen Wohnsitz (Art. 2 Abs. 1 LugÜ II i.V.m. Art. 79 IPRG) verklagt werden oder am inländischen Wohnsitz des Klägers (Art. 5 Ziff. 2 lit. a LugÜ II). Hat der Schuldner seinen Wohnsitz ausserhalb der durch das LugÜ II gebundenen Staaten, so kommt das LugÜ II nicht zur Anwendung. Es gelten nationales Recht (Art. 4 Abs. 1 LugÜ II) oder andere Staatsverträge.

Art. 5 Ziff. 2 LugÜ II gilt nicht für Regressansprüche einer staatlichen Stelle, die Vorschüsse auf den Unterhalt geleistet hat, welchen Eltern schulden. Dies hat der EuGH ausdrücklich entschieden und geltend gemacht, dass die besondere Situation, den Gläubiger durch einen Klägergerichtsstand zu schützen, hier nicht gegeben ist (EuGH 15.1.2004, Rs. 433/01, Freistaat Bayern/Blijdenstein, IPRax 2004, 240 mit krit. Anm. MARTINY, 195; KROPHOLLER, Europ. ZPR, Art. 5 EuGVO N 65). Regress kann nur am Gerichtsstand des Schuldners nach Art. 2 LugÜ II verlangt werden.

Auch eine Herabsetzungsklage des Schuldners kann nur am Gerichtsstand des Kindes erhoben werden (vgl. KROPHOLLER, Europ. ZPR, Art. 5 EuGVO N 69).

b) Haager Unterhaltsvollstreckungs-Übereinkommen von 1973 und andere Staatsverträge

17 Das Haager Übereinkommen von 1973 zur Anerkennung und Vollstreckung von Unterhaltsentscheidungen (SR 0.211.213.02) enthält keine Bestimmungen über die direkte internationale Zuständigkeit von Unterhaltsprozessen. Auch andere Staatsverträge regeln diese Frage nicht.

c) IPRG von 1987

18 Wenn der verklagte Schuldner in keinem Staat wohnt, der durch das LugÜ II gebunden ist, so kommen die Art. 79–81 IPRG zur Anwendung. Der Unterhaltsgläubiger kann also an seinem gewöhnlichen Aufenthalt oder Wohnsitz klagen (Art. 79 Abs. 1 IPRG) oder an seinem inländischen Heimatort (Art. 80 IPRG). Ausserdem bestimmt Art. 81 lit. a IPRG, dass die nach Art. 79 f. IPRG zuständigen Gerichte auch über Rückgriffsansprüche von solchen Behörden zu entscheiden habe, die für den Unterhalt des Kindes Vorschuss geleistet haben. Nur hier also befindet sich eine ausdrückliche Vorschrift über die Zuständigkeit für Rückgriffsklagen.

2. Anerkennung ausländischer Entscheidungen

19 Ausländische Unterhaltsentscheidungen werden im Inland anerkannt und vollstreckt, wenn sie die Voraussetzungen der Art. 32 ff. LugÜ II erfüllen oder die Art. 4 ff. Haager Unterhaltsvollstreckungs-Übereinkommen oder – unter Vorbehalt des Art. 65 LugÜ II –

die Vorschriften bilateraler Anerkennungsabkommen. Neben diesen Instrumenten gelten stets die Art. 84, 25 ff. IPRG.

V. Übergangsrecht

Art. 26 ersetzt den Art. 17 GestG, der im Wesentlichen dasselbe vorsah wie Art. 26. **20**

Art. 27

Ansprüche der unverheirateten Mutter

Für Ansprüche der unverheirateten Mutter ist das Gericht am Wohnsitz einer der Parteien zwingend zuständig.

Prétentions de la mère non mariée

Le tribunal du domicile de l'une des parties est impérativement compétent pour statuer sur les prétentions de la mère non mariée.

Pretese della madre nubile

Per le pretese della madre nubile è imperativo il foro del domicilio di una parte.

Inhaltsübersicht
Note

I. Norminhalt und Normzweck 1
II. Gerichtsstände 3
   1. Alternative Gerichtsstände 3
   2. Zwingender Gerichtsstand 4
   3. Rechtshängigkeit 5
III. Anwendungsbereich 6
   1. Ansprüche der unverheirateten Mutter 6
   2. Unterhaltsansprüche der Mutter 7
IV. Auslandsfälle 9
   1. Internationale Zuständigkeit 9
   2. Anerkennung ausländischer Entscheidungen 12
V. Übergangsrecht 13

Literatur

C. HEGNAUER, Zur Geltendmachung der Ansprüche der unverheirateten Mutter (Art. 295 ZGB) durch den Beistand des Kindes (Art. 309 Abs. 1 ZGB), ZVW 1985, 50–52; G. RIEMER-KAFKA, Rechtsprobleme der Mutterschaft im Sozialversicherungs- und Arbeitsrecht, Zürich 1987, 293 ff.; P. TERCIER, L'action en paternité selon le nouveau droit de la filiation, ZBJV 1978, 377–405.

I. Norminhalt und Normzweck

Nach Art. 295 Abs. 1 ZGB kann die **unverheiratete Mutter** (Mutter, die im Zeitpunkt der Geburt des Kindes unverheiratet ist) gegen den Vater ihres Kindes auf Ersatz der Entbindungskosten, auf Unterhalt für mindestens zwölf Wochen und auf Erstattung der Kosten der Geburt und der Ausstattung des Kindes klagen. Diese Ansprüche kann die Mutter entweder an ihrem Wohnsitz oder am Wohnsitz des beklagten Vaters einklagen. **1**

2 Art. 27 bestimmt nur das **örtlich** zuständige Gericht. Falls eine der Parteien im Ausland wohnt oder eine ausländische Staatsangehörigkeit besitzt, ist vorher die internationale Zuständigkeit schweizerischer Gerichte zu prüfen (s. N 9–11).

II. Gerichtsstände

1. Alternative Gerichtsstände

3 Art. 27 stellt alternative Gerichtstände zur Verfügung. Die unverheiratete Mutter kann entweder an ihrem eigenen Wohnsitz oder am Wohnsitz des Vaters klagen.

2. Zwingender Gerichtsstand

4 Der Gerichtsstand des Art. 27 ist zwingend, kann also nach Art. 9 durch Prorogation oder Einlassung nicht abgeändert werden.

3. Rechtshängigkeit

5 Der zuständigkeitsbegründende Wohnsitz muss im Zeitpunkt der Rechtshängigkeit, also im Zeitpunkt der Einreichung eines Schlichtungsgesuchs oder einer Klage bestehen (Art. 62 Abs. 1). In Auslandsfällen sind die Art. 27 ff. LugÜ II und Art. 9 IPRG zu beachten.

III. Anwendungsbereich

1. Ansprüche der unverheirateten Mutter

6 Art. 27 gilt für die Ansprüche, die eine unverheiratete Mutter nach Art. 295 ZGB gegen den Vater ihres Kindes erheben kann. Die Vaterschaft des Beklagten muss allerdings feststehen, und zwar aufgrund einer Anerkennung oder eines Vaterschaftsurteils. Soweit auf Vaterschaft geklagt wird, kann dort auch der Anspruch aus Art. 295 ZGB anhängig gemacht werden (vgl. Art. 295 Abs. 1 ZGB i.V.m. Art. 25 ZPO).

2. Unterhaltsansprüche der Mutter

a) Selbständige Klagen

7 Sofern die Mutter eigene Unterhaltsansprüche durch selbständige Klage geltend macht, kommen die allgemeinen Regeln zur Anwendung. Sie kann nur am Wohnsitz des Beklagten die Sache anhängig machen (Art. 10).

b) Unselbständige Klagen

8 Wenn die Mutter jedoch eigenen Unterhalt unselbständig in einer eherechtlichen Sache (Art. 23) oder in einem kindesrechtlichen Verfahren (Art. 25) gelten diese Vorschriften.

IV. Auslandsfälle

1. Internationale Zuständigkeit

9 Wenn eine der Parteien ihren Wohnsitz im Ausland hat oder eine ausländische Staatsangehörigkeit besitzt, muss die internationale Zuständigkeit der schweizerischen Gerichte geprüft werden, und zwar aufgrund vorgehender Staatsverträge und hilfsweise auf Grund des IPRG.

a) Lugano Übereinkommen II von 2007

Das LugÜ II gilt für Ansprüche der unverheirateten Mutter; denn es ist eine Zivilsache, die durch Art. 1 Abs. 2 LugÜ II nicht ausgeschlossen ist. Soweit die Mutter nach Art. 295 Abs. 1 Ziff. 2 ZGB Unterhalt für mindestens zwölf Wochen geltend macht, ist der Gerichtsstand des Art. 5 Ziff. 2 LugÜ II gegeben, wenn auch der Beklagte seinen Wohnsitz in einem gebundenen Staat hat. Die Erstattungskosten des Art. 295 Abs. 1 Ziff. 1 und 3 ZGB sind dagegen keine Unterhaltsansprüche und müssten am Wohnsitz des Beklagten (Art. 2 Abs. 1 LugÜ II) geltend gemacht werden, wenn dieser in einem gebundenen Staat wohnt. Viel spricht jedoch dafür, dass auch diese Ansprüche aus «Unterhalt» zu qualifizieren sind und deshalb auch unter Art. 5 Ziff. 2 LugÜ II fallen. Auch die unverheiratete Mutter sollte an ihrem Wohnsitz auf Erstattung klagen können. **10**

Werden Ansprüche nach Art. 295 ZGB oder einer entsprechenden ausländischen Vorschrift unselbständig in einem Kindesverfahren gelten gemacht, so gilt Art. 5 Ziff. 2 lit. b LugÜ II, wenn am Wohnsitz des Kindes oder der Mutter geklagt wird und der Beklagte auch in einem gebundenen Staat wohnt.

b) IPRG von 1987

Nach Art. 81 lit. b IPRG gelten die Art. 79 f. IPRG auch für Ansprüche der Mutter auf Unterhalt und Ersatz der durch Geburt entstandenen Kosten. Hier sieht der Art. 79 Abs. 1 IPRG eine alternative internationale Zuständigkeit vor. Ausserdem wird auf die Heimatzuständigkeit (Art. 80 IPRG) für den Fall verwiesen, dass keine der Parteien im Inland wohnt, aber mindestens eine das schweizerische Bürgerrecht besitzt. Dann kann am Heimatort geklagt werden. **11**

2. Anerkennung ausländischer Entscheidungen

Entscheidungen aus einem durch das LugÜ II gebundenen Staat werden nach Art. 32 LugÜ II anerkannt und, soweit es sich um Unterhaltsansprüche der Mutter handelt, nach dem Haager Unterhaltsvollstreckungs-Übereinkommen von 1973. Im Übrigen gilt Art. 84 IPRG. **12**

V. Übergangsrecht

Das GestG enthielt keine besondere Vorschrift über die Zuständigkeit für Klagen nach Art. 295 ZGB. Art. 295 Abs. 1 ZGB erklärte die für die Vaterschaftsklage zuständigen Gerichte für kompetent, verwies also auf Art. 16 GestG. **13**

4. Abschnitt: Erbrecht

Art. 28

¹ Für erbrechtliche Klagen sowie für Klagen auf güterrechtliche Auseinandersetzung beim Tod eines Ehegatten, einer eingetragenen Partnerin oder eines eingetragenen Partners ist das Gericht am letzten Wohnsitz der Erblasserin oder des Erblassers zuständig.

² Für Massnahmen im Zusammenhang mit dem Erbgang ist die Behörde am letzten Wohnsitz der Erblasserin oder des Erblassers zwingend zuständig. Ist der Tod nicht am Wohnsitz eingetreten, so macht die Behörde des Sterbeortes derjenigen des Wohnortes Mitteilung und trifft die nötigen Massnahmen, um die Vermögenswerte am Sterbeort zu sichern.

³ Selbstständige Klagen auf erbrechtliche Zuweisung eines landwirtschaftlichen Gewerbes oder Grundstückes können auch am Ort der gelegenen Sache erhoben werden.

¹ Le tribunal du dernier domicile du défunt est compétent pour statuer sur les actions successorales ainsi que sur les actions en liquidation du régime matrimonial faisant suite au décès de l'un des conjoints ou de l'un des partenaires enregistrés.

² Les autorités du dernier domicile du défunt sont impérativement compétentes pour statuer sur les mesures en rapport avec la dévolution. Si le décès n'est pas survenu au domicile, l'autorité du lieu du décès communique le fait à l'autorité du domicile et prend les mesures nécessaires pour assurer la conservation des biens sis au lieu du décès.

³ Les actions indépendantes relatives à l'attribution successorale d'une exploitation ou d'un immeuble agricole peuvent aussi être portées devant le tribunal du lieu où l'objet est situé.

¹ Per le azioni di diritto successorio, nonché per quelle di liquidazione del regime dei beni in caso di morte di uno dei coniugi o dei partner registrati è competente il giudice dell'ultimo domicilio del defunto.

² Per le misure in relazione alla devoluzione dell'eredità è imperativamente competente l'autorità dell'ultimo domicilio del defunto. Se la morte non è avvenuta nel luogo di domicilio, l'autorità del luogo del decesso ne avvisa quella del domicilio e prende le misure necessarie per la conservazione dei beni che si trovano nel luogo del decesso.

³ Le azioni indipendenti concernenti l'attribuzione ereditaria di un'azienda o di un fondo agricoli possono essere proposte anche al giudice del luogo di situazione della cosa.

2. Kapitel: Örtliche Zuständigkeit 1, 2 **Art. 28**

Inhaltsübersicht Note

I. Norminhalt 1

II. Art. 28 Abs. 1 3
   1. Erbrechtliche Klagen 3
   2. Klagen auf güterrechtliche Auseinandersetzung beim Tod eines Ehegatten ... 7
   3. Klagen auf güterrechtliche Auseinandersetzung bei Tod einer eingetragenen Partnerin oder eines eingetragenen Partners 11
   4. Gerichtsstand 14
   5. Gerichtsstandsvereinbarung und Einlassung 15
   6. Schiedsvereinbarung 17

III. Art. 28 Abs. 2 20
   1. Freiwillige Gerichtsbarkeit 20
   2. Gerichtsstand 22
   3. Abgrenzung zu anderen Bestimmungen der ZPO 23
   4. Zuständigkeit der Behörde am Sterbeort 25

IV. Art. 28 Abs. 3 26

V. IPR 29
   1. Vorbehalt in Art. 2 ZPO 29
   2. LugÜ 30
   3. IPRG 31

Literatur

D. ABT/TH. WEIBEL(Hrsg.), Praxiskommentar Erbrecht, Basel 2007; B. BERGER/F. KELLERHALS, Internationale und interne Schiedsgerichtsbarkeit in der Schweiz, Bern 2006; C. BRÜCKNER/ TH. WEIBEL, Die erbrechtlichen Klagen, 2. Aufl., Zürich 2006; B. DERRER, Die Aufsicht der zuständigen Behörde über den Willensvollstrecker und den Erbschaftsliquidator, Zürich 1985; J. DRUEY, Grundriss des Erbrechts, 5. Aufl., Bern 2002; M. MAUERHOFER, ZBJV 142 (2006) 375 ff.; A. RUMO-JUNGO, Tafeln und Fälle zum Erbrecht, 2. Aufl., Zürich 2007.

I. Norminhalt

Art. 28 regelt den Gerichtsstand für die streitige (Abs. 1 und 3) und die freiwillige (Abs. 2) Gerichtsbarkeit des Erbrechts. Gemäss Art. 28 ist ein **einheitlicher Gerichtsstand in erbrechtlichen Angelegenheiten** am letzten Wohnsitz des Erblassers gegeben.   1

Art. 28 entspricht weitgehend der Bestimmung in **Art. 18 GestG**. Im Gegensatz zu Art. 18 GestG erwähnt Art. 28 Abs. 2 ausdrücklich, dass der Gerichtsstand für Massnahmen im Zusammenhang mit dem Erbgang *zwingend* ist. Die alternative Zuständigkeit für Klagen auf erbrechtliche Zuweisung eines landwirtschaftlichen Grundstückes ist neu in einem eigenem Absatz – Abs. 3 von Art. 28 – geregelt und betrifft nunmehr selbständige Klagen.   2

Bereits vor Inkrafttreten des GestG im Jahre 2001 waren die Gerichte und Behörden am letzten Wohnsitz des Erblassers für Klagen erbrechtlicher Natur – vgl. Art. **538 Abs. 2 aZGB**, dessen Aufzählung erbrechtlicher Klagen nicht abschliessend war – und für Massnahmen im Zusammenhang mit dem Erbgang – vgl. **Art. 538 Abs. 1 aZGB**, der dem Art. 538 ZGB in aktueller Fassung entspricht – zuständig. Für Klagen über die güterrechtliche Auseinandersetzung beim Tod eines Ehegatten wurde der Gerichtsstand am letzten Wohnsitz des Erblassers in Art. 194 Ziff. 1 aZGB geregelt.

II. Art. 28 Abs. 1

1. Erbrechtliche Klagen

a) Begriff

3 Art. 28 Abs. 1 regelt grundsätzlich den **Gerichtsstand für erbrechtliche Klagen**. Als erbrechtliche Klagen sind alle Klagen zu betrachten, *deren Rechtsgrund im Erbrecht liegt* (so zu GestG: Müller/Wirth-GRÜNINGER, Art. 18 GestG N 14; Kellerhals/vonWerdt/Güngerich-VON WERDT, Art. 18 GestG N 3; DONZALLAZ, Comm., Art. 18 GestG N 4; zu Art. 538 aZGB: BGE 117 II 26 E. 2a = Pra 1992 Nr. 207 E. 2a).

b) Anwendungsfälle

4 Bei der folgenden Aufzählung der erbrechtlichen Klagen kann weitgehend auf die Literatur und Judikatur zu Art. 18 Abs. 1 GestG sowie zu Art. 538 Abs. 2 aZGB zurückgegriffen werden. Bei folgenden Klagen handelt es sich um **erbrechtliche Klagen** (vgl. zum Ganzen: BRÜCKNER/WEIBEL, Rz 10 ff.; Müller/Wirth-GRÜNINGER, Art. 18 GestG N 16 ff.; Kellerhals/vonWerdt/Güngerich-VON WERDT, Art. 18 GestG N 4 ff.; PraxKomm Erbrecht-SCHWEIZER, Anhang GestG N 9; GestG-Komm.-SPÜHLER, Art. 18 N 4; LEUCH/MARBACH/KELLERHANS/STERCHI, Art. 30 ZPO N 2b ff.; SPÜHLER/VOCK, GestG, Art. 18 N 1; DONZALLAZ, Comm., Art. 18 GestG N 4; BGE 117 II 26 E. 2a = Pra 1992 Nr. 207 E. 2a; ferner: BK-TUOR/PICENONI, Art. 538 ZGB N 8 ff.; ZK-ESCHER, Art. 538 ZGB N 4 ff.):

– Erbrechtliche Feststellungsklagen, bspw. Klage auf Feststellung oder Aberkennung der Erbenqualität bestimmter Personen, Klage auf Feststellung der Nichtigkeit letztwilliger Verfügungen;

– Anfechtung der Enterbung (Art. 479 und 480 ZGB);

– Klage auf Vollziehung einer Auflage (Art. 482 ZGB);

– Klage auf Ungültigerklärung einer Verfügung von Todes wegen (Art. 519 ff. ZGB);

– Herabsetzungsklage im Fall der Anfechtung eines Testamentes oder Erbvertrages (Art. 522 ff. ZGB) oder im Fall der Anfechtung einer lebzeitigen Zuwendung (Art. 527 ff. ZGB);

– Klage des Vermächtnisnehmers gegen die Erben (Art. 562 und 601 ZGB);

– Anfechtung der Ausschlagung (Art. 578 ZGB);

– Erbschaftsklage (Art. 598 ff. ZGB) (vgl. hierzu auch N 5);

– Klage auf Teilung der Erbschaft (Art. 604 Abs. 1 ZGB) sowie Klage auf Verschiebung der Teilung (Art. 604 Abs. 2 ZGB);

– Klage auf Unterhalt durch die werdende Mutter (Art. 605 Abs. 2 ZGB) sowie durch die Hausgenossen (Art. 606 ZGB);

– Auskunftsklage gegen Miterben (Art. 607 Abs. 3 und Art. 610 Abs. 2 ZGB);

– Klage auf Ausgleichung (Art. 626 ff. ZGB);

– Klage auf Vollzug des Erbteilungsvertrages (Art. 634 ZGB);

– Klage aus vertraglich abgetretenem Erbteil (Art. 635 ZGB);

– Geltendmachung erbrechtlicher Gewährleistungsansprüche (Art. 637 und 640 ZGB);

- Anfechtung eines Erbteilungsvertrages (Art. 638 ZGB);
- Klage des Erbschaftsverwalters gegen die Erben auf Herausgabe von Erbschaftssachen und auf Erfüllung eines Erbteilungsvertrages;
- Klage gegen den Willensvollstrecker, den Erbschaftsverwalter oder den amtlichen Liquidator als «Vertreter» des Nachlasses (vgl. zur Beschwerde N 21).

Stützt sich die Klage eines Erben auf einen geerbten **Sondertitel** wie bspw. einen Mietvertrag, der *zwischen dem Erblasser und einem Dritten* bestanden hat und nun aufgrund Universalsukzession auf den Erben übergegangen ist, handelt es sich nicht um eine erbrechtliche Klage (Kellerhals/vonWerdt/Güngerich-VON WERDT, Art. 18 GestG N 31; RUMO-JUNGO, 205). Der Gerichtsstand am letzten Wohnsitz des Erblassers gemäss Art. 28 Abs. 1 ist nicht gegeben. Demgegenüber bleibt aufgrund der Rechtsprechung des Bundesgericht der Gerichtsstand am letzten Wohnsitz des Erblassers bei der *Erbschaftsklage* bestehen, falls der Beklagte gegenüber dem klagenden Erben, der vom Beklagten die Herausgabe der Erbschaft bzw. einzelner Erbschaftssachen verlangt, einen Sondertitel geltend macht (BGE 119 II 114 E. 4a = Pra 1995 Nr. 71 E. 4a; Kellerhals/vonWerdt/ Güngerich-VON WERDT, Art. 18 GestG N 11; BSK ZGB II-FORNI/PIATTI, Art. 598 N 7; BRÜCKNER/WEIBEL, Rz 112 f.).

Klagen der Erbschaftsgläubiger aus Forderungen gegen den Erblasser sind keine erbrechtlichen Klagen. Es handelt sich hierbei um persönliche Ansprüche der Erbschaftsgläubiger, die gegen die einzelnen solidarisch haftenden Erben geltend zu machen sind (Art. 603 Abs. 1, Art. 639 ZGB). Der Gerichtsstand am letzten Wohnsitz des Erblassers, welchen verschiedene kantonale Prozessordnungen für Klagen der Erbschaftsgläubiger gegen den unverteilten Nachlass vorgesehen haben, wurde bereits durch das Gerichtsstandsgesetz aufgehoben (BOTSCHAFT GestG, 2855; DONZALLAZ, Comm., Art. 18 GestG N 3; Müller/Wirth-GRÜNINGER, Art. 18 GestG N 3).

2. Klagen auf güterrechtliche Auseinandersetzung beim Tod eines Ehegatten

Für **Klagen auf güterrechtliche Auseinandersetzung beim Tod eines Ehegatten** ist das Gericht am letzten Wohnsitz des Erblassers zuständig (Art. 28 Abs. 1). Bereits nach altem Recht befand sich der Gerichtsstand am letzten Wohnsitz des Erblassers (Art. 18 Abs. 1 GestG, sowie vorher Art. 194 Ziff. 1 aZGB).

Unter Art. 28 Abs. 1 fallen **Klagen güterrechtlicher Natur** nach dem Ableben eines oder sogar beider Ehegatten. Es handelt sich einerseits um Klagen bei der güterrechtlichen Auseinandersetzung des Güterstandes der *Errungenschaftsbeteiligung* oder der *Gütergemeinschaft*. Andererseits sind auch unter dem Güterstand der *Gütertrennung* Klagen gemäss Art. 28 Abs. 1 denkbar, obwohl es bei der Gütertrennung zu keiner eigentlichen güterrechtlichen Auseinandersetzung kommt. So kann ein Ehegatte verlangen, dass ihm ein im Miteigentum beider Ehegatten stehender Vermögenswert gemäss Art. 251 ZGB ungeteilt zugewiesen wird (Müller/Wirth-GRÜNINGER, Art. 18 GestG N 27 ff.; Kellerhals/vonWerdt/Güngerich-VON WERDT, Art. 18 GestG N 39 ff.; PraxKomm Erbrecht-SCHWEIZER, Anhang GestG N 12).

Prozessparteien sind die Ehegatten bzw. deren Erben. Für Klagen zwischen einem Ehegatten bzw. dessen Erben und einem Dritten ist Art. 28 Abs. 1 nicht anwendbar (Kellerhals/vonWerdt/Güngerich-VON WERDT, Art. 18 GestG N 38).

Im Gegensatz zu den Klagen über die güterrechtliche Auseinandersetzung bei Tod eines Ehegatten richtet sich der Gerichtsstand bei Klagen über **die güterrechtliche Auseinandersetzung unter Lebenden** nach Art. 23 Abs. 1 (vgl. Art. 23 N 10).

3. Klagen auf güterrechtliche Auseinandersetzung bei Tod einer eingetragenen Partnerin oder eines eingetragenen Partners

11 **Eingetragene Partner** verfügen über **eigenes Vermögen** (Art. 18 PartG), welches sie getrennt voneinander nutzen und darüber verfügen. Sie unterstehen *dem ordentlichen Güterstand der Gütertrennung* (ZK-GREMPER, Art. 18 PartG N 1). Bei einer Auflösung der Partnerschaft nimmt daher jeder Partner seine Vermögenswerte zurück, und die Schulden werden geregelt. Es erfolgt keine eigentliche güterrechtliche Auseinandersetzung. Eine vermögensrechtliche Entflechtung kann dennoch notwendig sein, bspw. kann ein Partner gemäss Art. 24 PartG die Zuweisung eines im Miteigentum beider Partner stehenden Vermögenswertes verlangen.

12 Die eingetragenen Partner können in einem **Vermögensvertrag** vereinbaren, dass das Vermögen gemäss den Bestimmungen über die *Errungenschaftsbeteiligung* geteilt wird (Art. 25 Abs. 1 PartG). Bei der Auflösung der eingetragenen Partnerschaft erfolgt eine güterrechtliche Auseinandersetzung gemäss Art. 196 ff. ZGB.

13 Kommt es bei eingetragenen Partnern, die unter dem Güterstand der Gütertrennung gelebt haben, nach dem Ableben eines Partners zu einer vermögensrechtlichen Entflechtung, oder kommt es bei Partnern, die vermögensvertraglich die Errungenschaftsbeteiligung vereinbart haben, zu einer eigentlichen güterrechtlichen Auseinandersetzung, so ist für Klagen das Gericht am letzten Wohnsitz des Erblassers zuständig. Unter Art. 28 Abs. 1 fallen demnach alle Klagen bei Tod eines eingetragenen Partners, die ihre Grundlage *im Vermögensrecht des Partnerschaftsgesetz* haben (ZK PartG-WOLF/GENNA, Art. 18 Abs. 1 GestG N 25).

4. Gerichtsstand

14 Sowohl für erbrechtliche Klagen als auch für Klagen auf güterrechtliche Auseinandersetzung beim Tod eines Ehegatten, einer eingetragenen Partnerin oder eines eingetragenen Partners ist das Gericht **am letzten Wohnsitz des Erblassers** zuständig (Art. 28 Abs. 1). Unter dem letzten Wohnsitz des Erblassers ist dessen Wohnsitz im Zeitpunkt seines Todes zu verstehen (BSK ZGB II-SCHWANDER, Art. 538 ZGB N 7). Dieser bestimmt sich nach Art. 10 Abs. 2 i.V.m. Art. 23 ff. ZGB, wobei Art. 24 ZGB nicht anwendbar ist. Hat der Erblasser seinen Wohnsitz aufgegeben, ohne einen neuen zu begründen, so sind eben nicht die Gerichte an seinem bisherigen Wohnsitz zuständig. M.E. befindet sich in diesem Fall der Gerichtsstand in Analogie zu Art. 11 am gewöhnlichen Aufenthaltsort des Erblassers (so auch Art. 11 N 9; PraxKomm Erbrecht-SCHWEIZER, Anhang GestG N 1) **A.A.** ist VON WERDT, der für diesen Fall vorschlägt, die Klage am Wohnsitz des oder eines der Beklagten anzuheben (Kellerhals/vonWerdt/Güngerich-VON WERDT, Art. 18 GestG N 1).

5. Gerichtsstandsvereinbarung und Einlassung

15 Die Gerichtsstände in Art. 28 Abs. 1 sind **nicht zwingend**. Gemäss Art. 9 ist ein Gerichtsstand nämlich nur dann zwingend, wenn das Gesetz es ausdrücklich vorschreibt. Da dies in Art. 28 Abs. 1 nicht der Fall ist, sind *Gerichtsstandsvereinbarungen* gemäss Art. 17 und *Einlassung* gemäss Art. 18 möglich.

16 Die Prozessparteien können in Bezug auf einen erbrechtlichen Prozess einen vom letzten Wohnsitz des Erblassers abweichenden Gerichtsstand vereinbaren (Art. 17). Soweit bestimmte Voraussetzungen gegeben sind, kann selbst **der Erblasser eine Gerichtsstandsvereinbarung treffen**. Insbesondere sind Gerichtsstandsvereinbarungen in einem *Erb-*

vertrag für erbrechtliche Klagen sowie in einem *Ehevertrag* bzw. *Vermögensvertrag* für Klagen über die güterrechtliche Auseinandersetzung bei Tod eines Ehegatten bzw. eines eingetragenen Partners möglich (vgl. Art. 17 N 19; Müller/Wirth-GRÜNINGER, Art. 18 GestG N 50). Die Voraussetzungen gemäss Art. 17 sind dann erfüllt, wenn der künftige Rechtsstreit zwischen den Parteien des Vermögens-, Ehe- oder Erbvertrages bzw. deren Rechtsnachfolgern stattfindet. So muss die Herabsetzungsklage gemäss Art. 522 ff. ZGB am im Erbvertrag vereinbarten Gerichtsstand erhoben werden, da es sich bei den Parteien um Erben handelt. Demgegenüber gilt der im Erbvertrag vereinbarte Gerichtsstand nicht für Klagen des Vermächtnisnehmers, welcher nicht zugleich Erbe ist, gegen die Erben auf Herausgabe des Vermächtnisses (Art. 562 ZGB), denn der Vermächtnisnehmer ist nicht Rechtsnachfolger des Erblassers und somit nicht Partei i.S.v. Art. 17 Abs. 1. Die beklagte Partei kann Unzuständigkeitseinrede erheben und muss sich nicht auf den Prozess einlassen (Art. 18). Im Weiteren kann der Erblasser testamentarisch keinen Gerichtsstand verfügen. Der Wortlaut von Art. 17 Abs. 1 («…können die Parteien einen Gerichtsstand vereinbaren…») schliesst eine Gerichtsstandsvereinbarung in einer letztwilligen Verfügung aus (vgl. SPÜHLER/VOCK, GestG, Art. 9 N 7 sowie Art. 18 N 4; GestG-Komm.-REETZ, Art. 9 N 32; GestG-Komm.-SPÜHLER, Art. 18 N 12; PraxKomm Erbrecht-SCHWEIZER, Anhang GestG N 20).

6. Schiedsvereinbarung

Für erbrechtliche Klagen kann auch die **Zuständigkeit von Schiedsgerichten** begründet werden. Für Binnenschiedsgerichte sind Art. 353 ff. anwendbar, die internationale Schiedsgerichtsbarkeit ist in Art. 176 ff. IPRG geregelt. Sowohl im Rahmen der Binnenschiedsgerichtsbarkeit als auch der internationalen Schiedsgerichtsbarkeit sind erbrechtliche und güterrechtliche Klagen *schiedsfähig* (vgl. Art. 354 N 30 f.), denn es geht dabei um frei verfügbare Ansprüche (Art. 354 ZPO) bzw. um vermögensrechtliche Ansprüche (Art. 177 Abs. 1 IPRG). 17

Das Schiedsgericht wird durch **Schiedsvereinbarung** bestellt (vgl. hierzu Art. 357 f. ZPO, Art. 178 IPRG). Einerseits kann die Zuständigkeit eines Schiedsgerichtes durch Schiedsvertrag unter den Parteien einer bestehenden erbrechtlichen Streitigkeit begründet werden. Die Parteien eines *Vermögens-, Ehe- oder Erbvertrag* können andererseits durch eine Schiedsklausel im Vertrag mögliche zukünftige Streitigkeiten einem Schiedsgericht unterstellen. 18

Im Weiteren ist darauf einzugehen, ob die Zuständigkeit eines Schiedsgerichtes durch eine **letztwillige Verfügung** des Erblassers begründet werden kann. In Art. 357 f. ZPO und Art. 178 IPRG ist von Schiedsvereinbarung die Rede. Der Wortlaut deutet eher darauf hin, dass eine Übereinkunft zwischen zwei oder mehreren Parteien erforderlich ist. Nach überwiegender Auffassung kann der Erblasser jedoch in einer letztwilligen Verfügung anordnen, dass für Streitigkeiten, die sich aus dem Nachlass ergeben, ein Schiedsgericht zuständig ist (Art. 357 N 32 f.; VOGEL/SPÜHLER, Kap. 14 Rz 29; HABSCHEID, Rz 852; RÜEDE/HADENFELDT, 45; GULDENER, ZPR, 600 f.; BERGER/KELLERHALS, Rz 452; JOLIDON, 116; **a.M.** LALIVE/POUDRET/REYMOND, Art. 4 KSG N 1.1; GEHRI, 91). Es handelt sich hierbei um eine **Auflage** gemäss Art. 482 ZGB, in selteneren Fällen um eine **Bedingung** gemäss Art. 482 ZGB. 19

Durch diese als Auflage oder Bedingung ausgestaltete Schiedsklausel in der letztwilligen Verfügung können **nur Erben und Vermächtnisnehmer** verpflichtet werden, an das Schiedsgericht zu gelangen, jedoch nicht allfällige Drittpersonen wie ein besitzender Nichterbe als Beklagter bei der Erbschaftsklage (MAUERHOFER, 391 f.).

Der Pflichtteil muss dem pflichtteilsgeschützten Erben unbelastet von Auflagen zukommen und darf nicht von Bedingungen abhängig gemacht werden (BSK ZGB II-STAEHELIN, Art. 470 N 5 f.). Aus diesem Grund darf der Erblasser **den pflichtteilsgeschützten Erben** für Fragen, die den Pflichtteil betreffen bzw. Auswirkungen auf dessen Höhe haben können, die Zuständigkeit eines Schiedsgerichtes nicht vorschreiben. Für die Herabsetzungsklage darf der Erblasser demzufolge nicht ohne Zustimmung der Erben ein Schiedsgericht anordnen; auch Erbteilungsklagen können Auswirkungen auf den Umfang des Nachlasses und damit auf den Pflichtteil haben (gl.M. Art. 357 N 34; BSK ZGB II-STAEHELIN, Art. 470 N 11; MAUERHOFER, 392 ff.; ZR 88 [1989] 75; HABSCHEID, Rz 852; GULDENER, ZPR, 601 FN 30 sowie RÜEDE/HADENFELDT, 45 befürworten Schiedsabreden generell im Rahmen der verfügbaren Quote; a.A. DRUEY, § 16 Rz 81, der nur bei Herabsetzungsklagen einseitige Schiedsklauseln ablehnt; im weiteren BSK IPRG-WENGER/MÜLLER, Art. 178 N 64 sowie BERGER/KELLERHALS, Rz 452, die Schiedsanordnungen in Testamenten gegenüber allen gesetzlichen Erben ablehnen).

Damit die Bestimmung eines Schiedsgerichts für erbrechtliche Klagen umfassend wirksam ist, und auch wegen der uneinheitlichen Lehre sowie der weitgehend fehlenden Judikatur, sollten m.E. Schiedsklauseln **stets in Erbverträgen**, welche zumindest mit allen pflichtteilsgeschützten Erben abgeschlossen werden, enthalten sein.

III. Art. 28 Abs. 2

1. Freiwillige Gerichtsbarkeit

a) Begriff

20 Art. 28 Abs. 2 regelt die örtliche Zuständigkeit für **Massnahmen im Zusammenhang mit dem Erbgang**. Es handelt sich dabei um Angelegenheiten der *freiwilligen Gerichtsbarkeit* in Erbschaftssachen (Kellerhals/vonWerdt/Güngerich-VON WERDT, Art. 18 GestG N 75; Müller/Wirth-GRÜNINGER, Art. 18 GestG N 38; GestG-Komm.-SPÜHLER, Art. 18 N 14).

b) Anwendungsfälle

21 Folgende erbrechtlichen Verfahren fallen in den Bereich der **freiwilligen Gerichtsbarkeit** (vgl. zum Ganzen Kellerhals/vonWerdt/Güngerich-VON WERDT, Art. 18 GestG N 76 ff.; Müller/Wirth-GRÜNINGER, Art. 18 GestG N 45; SPÜHLER/VOCK, GestG, Art. 18 N 5; DONZALLAZ, Comm., Art. 18 GestG N 6; GestG-Komm.-SPÜHLER, Art. 18 N 14):

– Inventaraufnahme bei der Nacherbeneinsetzung (Art. 490 Abs. 1 ZGB);
– Anschliessende Beurkundung eines Nottestamentes (Art. 507 ZGB);
– Beschwerde gegen den Willensvollstrecker (Art. 518 Abs. 1 i.V.m. Art. 595 Abs. 3 ZGB), Beschwerde gegen den Erbschaftsverwalter (Art. 554 i.V.m. Art. 595 Abs. 3 ZGB), Beschwerde gegen den amtlichen Liquidator (Art. 595 Abs. 3 ZGB), welche in den Bereich der freiwilligen Gerichtsbarkeit fallen (GULDENER, Grundzüge, 16; BSK ZGB II-KARRER, Art. 518 N 106 und Art. 595 N 32 f.; DERRER, 51);
– Sichernde Massnahmen beim Erbgang gemäss Art. 551 ZGB, wie Siegelung (Art. 551 Abs. 2 und Art. 552 ZGB), Inventaraufnahme (Art. 551 Abs. 2 und Art. 553 ZGB), Anordnung einer Erbschaftsverwaltung (Art. 551 Abs. 2 und Art. 554 ZGB), Erbenruf bei unbekannten Erben (Art. 555 ZGB), Eröffnung der letztwilligen Verfügung (Art. 551 Abs. 2 und Art. 556 f. ZGB);

- Ausstellung einer Erbbescheinigung gemäss Art. 559 ZGB (BGE 118 II 108 E. 1 = Pra 1993 Nr. 191 E. 1);
- Entgegennahme der Ausschlagungserklärung (Art. 570 ZGB);
- Errichtung des öffentlichen Inventars (Art. 580 ff. ZGB);
- Durchführung der amtlichen Liquidation (Art. 593 ff. ZGB);
- Mitwirkung bei der Teilung, wie Bestellung eines Erbenvertreters (Art. 602 Abs. 3 ZGB), Mitwirkung der Behörde bei der Teilung (Art. 609 ZGB) und Bildung der Lose (Art. 611 Abs. 2 ZGB).

2. Gerichtsstand

Im Rahmen der freiwilligen Gerichtsbarkeit in Erbschaftssachen ist die **Behörde am letzten Wohnsitz** des Erblassers örtlich zuständig (zum Begriff des letzten Wohnsitzes vgl. N 14). Diese Zuständigkeit bestand bereits im alten Recht in Art. 18 Abs. 2 GestG und vorher in Art. 538 Abs. 1 aZGB. Art. 538 Abs. 1 aZGB wurde nicht aufgehoben, sondern ist zum neuen Art. 538 ZGB geworden. Die Bestimmung ist heute insofern von Bedeutung, als sie ein allgemeines Prinzip für den Gerichtsstand im Erbrecht enthält (ZK-ESCHER, Art. 538 ZGB N 1; Müller/Wirth-GRÜNINGER, Art. 18 GestG N 6).

Die Zuständigkeit am letzten Wohnsitz des Erblassers ist **zwingend**. Somit sind Gerichtsstandsvereinbarungen, Einlassung und Schiedsgerichtsabreden ausgeschlossen. Obwohl die zwingende Zuständigkeit in Art. 18 Abs. 2 GestG nicht ausdrücklich festgehalten war, galt dies bereits unter dem Gerichtsstandsgesetz, weil es sich um eine Angelegenheit der freiwilligen Gerichtsbarkeit handelt (Müller/Wirth-GRÜNINGER, Art. 18 GestG N 43; GestG-Komm.-SPÜHLER, Art. 11 N 19 f. und Art. 18 N 17).

3. Abgrenzung zu anderen Bestimmungen der ZPO

Art. 28 Abs. 2 regelt die freiwillige Gerichtsbarkeit im Bereich des Erbrechts. Er ist somit **lex specialis zu Art. 19**, welcher die Zuständigkeit in Angelegenheiten der freiwilligen Gerichtsbarkeit allgemein regelt.

Im Weiteren ist auf das **Verhältnis von Art. 28 Abs. 2 zu Art. 13** einzugehen. Art. 28 Abs. 2 betrifft die Massnahmen im Zusammenhang mit dem Erbgang, insb. Sicherungsmassnahmen gemäss Art. 551 ZGB. Art. 13 regelt **vorsorgliche Massnahmen**, wobei im vorliegenden Zusammenhang Sicherungsmassnahmen vor oder während einem erbrechtlichen Prozess im Vordergrund stehen. Die beiden Bestimmungen verfolgen nicht denselben Zweck. Sicherungsmassnahmen gemäss Art. 551 dienen allein der Sicherung des Erbganges, nicht der Erbschaft oder der Interessen einzelner Erben (BSK ZGB II-KARRER, Vor Art. 551–559 N 2). Im Gegensatz dazu wollen die Parteien mit vorsorglichen Massnahmen die zukünftige Vollstreckung des Urteils im erbrechtlichen Prozess sicherstellen und deshalb im eigenen Interesse die Erbschaft sichern (VOGEL/SPÜHLER, Kap. 12 Rz 192). Aufgrund der unterschiedlichen Zweckbestimmung kommen m.E. Art. 28 Abs. 2 und Art. 13 nebeneinander zur Anwendung (so auch BSK ZGB II-KARRER, Vor Art. 551–559 N 2; Müller/Wirth-GRÜNINGER, Art. 18 GestG N 41 ff.).

4. Zuständigkeit der Behörde am Sterbeort

Ist der Tod des Erblassers nicht an seinem Wohnsitz eingetreten, so macht die **Behörde des Sterbeortes** derjenigen des Wohnortes Mitteilung und trifft die nötigen Massnahmen zur Sicherung der Vermögenswerte am Sterbeort (Art. 28 Abs. 2 zweiter Satz). Diese

Regelung entsprach Art. 18 Abs. 2 GestG bzw. vorher Art. 551 Abs. 3 aZGB, welcher mit dem Inkrafttreten des GestG aufgehoben wurde. Die Behörde am Sterbeort ist einzig zuständig, Sicherungsmassnahmen für diejenigen Vermögenswerte zu treffen, welche sich am Sterbeort befinden. Sie hat sich demnach auf Sofortmassnahmen wie Siegelung sowie Inventaraufnahme der Vermögenswerte am Sterbeort zu beschränken und der Behörde am letzten Wohnsitz des Erblassers Mitteilung zu machen (SPÜHLER/VOCK, GestG, Art. 18 N 6). Demgegenüber bleibt die Behörde am letzten Wohnsitz für allgemeine Sicherungsmassnahmen zuständig (BSK ZGB II-KARRER, Art. 551 N 5).

IV. Art. 28 Abs. 3

26 **Klagen über die erbrechtliche Zuweisung eines landwirtschaftlichen Gewerbes oder Grundstückes** können alternativ am letzten Wohnsitz des Erblassers oder am Ort der gelegenen Sache erhoben werden. Es muss sich dabei um *selbständige Klagen* handeln, d.h. sämtliche Rechtsbegehren der Klage müssen im Zusammenhang mit der erbrechtlichen Zuweisung des landwirtschaftlichen Gewerbes oder Grundstückes stehen. Sobald andere Rechtsbegehren, insbesondere auch andere erbrechtliche Rechtsbegehren gestellt werden, handelt es sich nicht mehr um selbständige Klagen. In diesem Fall befindet sich der Gerichtsstand einzig am letzten Wohnsitz des Erblassers und nicht am Ort der gelegenen Sache. Bereits das Gerichtsstandsgesetz kannte den alternativen Gerichtsstand (Art. 18 Abs. 1 zweiter Satz GestG), allerdings wurde das Erfordernis der selbständigen Klagen in der ZPO neu eingefügt.

27 Die Klage muss sich auf ein landwirtschaftliches Gewerbe oder ein landwirtschaftliches Grundstück, **welches dem BGBB untersteht** (Art. 2 BGBB), beziehen. Es genügt jedoch, wenn das betroffene Grundstück dem BGBB nur teilweise untersteht (BOTSCHAFT ZPO, 7266).

28 Auch wenn Art. 28 Abs. 3 im Gegensatz zu Art. 18 Abs. 1 GestG nicht mehr ausdrücklich auf Art. 11 ff. BGBB verweist, befindet sich die **Grundlage für Klagen** über die erbrechtliche Zuweisung eines landwirtschaftlichen Gewerbes oder Grundstückes **in Art. 11 ff. BGBB**, insbesondere in Art. 11–27 BGBB (so auch Müller/Wirth-GRÜNINGER, Art. 18 GestG N 36; **a.M.** Kellerhals/vonWerdt/Güngerich-VON WERDT, Art. 18 GestG N 55 ff., der eine Grundlage für die Klage auch in anderen Bestimmungen des BGBB sieht). Es handelt sich dabei um Streitigkeiten über die Zuweisung von landwirtschaftlichen Gewerben und Grundstücken – bzw. um Miteigentums- oder Gesamthandanteile –, welche sich im Nachlass befinden, bis zur Erbteilung. Befindet sich das Gewerbe oder Grundstück nicht oder nicht mehr im Nachlass, bestimmt sich die Zuständigkeit nicht nach Art. 28 Abs. 3 sondern nach Art. 29.

V. IPR

1. Vorbehalt in Art. 2 ZPO

29 Gemäss Art. 2 gehen Staatsverträge und das IPRG den Bestimmungen der ZPO vor.

2. LugÜ

30 Gemäss Art. 1 Abs. 2 Nr. 1 LugÜ ist das **LugÜ nicht anzuwenden** auf die ehelichen Güterstände sowie auf das Gebiet des Erbrechts einschliesslich des Testamentsrechts. Unter den Begriff «Erbrecht einschliesslich Testamentsrecht» fallen alle Streitigkeiten

über den Erwerb von Todes wegen (WALTER, 174) sowie das Nachlassverfahren (zum Begriff vgl. N 31; BSK IPRG-SCHNYDER/LIATOWITSCH, Art. 86 N 23). Demnach kommt das LugÜ für die erbrechtlichen Zuständigkeiten, welche im binnenrechtlichen Verhältnis durch Art. 28 geregelt sind, nicht zur Anwendung.

3. IPRG

a) Erbrechtliche Zuständigkeit

Sofern kein Staatsvertrag anwendbar ist, richtet sich die Zuständigkeit im internationalen Verhältnis nach dem IPRG (Art. 1 IPRG). Für das **Nachlassverfahren** und die erbrechtlichen Streitigkeiten sind die schweizerischen Gerichte oder Behörden am letzten Wohnsitz des Erblassers zuständig (Art. 86 Abs. 1 IPRG). Unter den Begriff des Nachlassverfahrens fallen die gesamte Abwicklung der Erbschaft und die Erbteilung i.S. des ZGB (BSK IPRG-SCHNYDER/LIATOWITSCH, Art. 86 N 8). M.E. sind darunter alle Massnahmen im Bereich der freiwilligen Gerichtsbarkeit zu verstehen. Sofern auf den Nachlass des Erblassers gemäss Art. 91 IPRG ein ausländisches Recht anwendbar ist, bestimmt sich die Durchführung der einzelnen Massnahmen im Nachlassverfahren nach schweizerischem Recht (Art. 92 Abs. 2 IPRG; BSK IPRG-SCHNYDER/LIATOWITSCH, Art. 86 N 6 ff.). 31

Eine **erbrechtliche Streitigkeit** gemäss Art. 86 Abs. 1 IPRG liegt vor, wenn sich die Parteien auf einen erbrechtlichen Titel berufen, um einen Teil ihrer Erbschaft zu fordern und die Existenz ihrer Rechte feststellen zu lassen (BGE 132 III 677 E. 3.3; BGE 119 II 77 E. 3a = Pra 84 Nr. 15 E. 3a). Es handelt sich um Streitigkeiten mit einer erbrechtlichen Rechtsgrundlage. Der Begriff der erbrechtlichen Streitigkeiten in Art. 86 Abs. 1 IPRG entspricht somit dem Begriff der erbrechtlichen Klagen gemäss Art. 28 Abs. 1.

Gemäss Art. 87 Abs. 2 IPRG sind **die schweizerischen Gerichte oder Behörden am Heimatort** zuständig, wenn ein Schweizer Bürger mit letztem Wohnsitz im Ausland sein in der Schweiz gelegenes Vermögen oder seinen gesamten Nachlass durch letztwillige Verfügung oder Erbvertrag der schweizerischen Zuständigkeit oder dem schweizerischen Recht unterstellt. Der Schweizer mit letztem Wohnsitz im Ausland kann seinen Nachlass direkt der schweizerischen Zuständigkeit unterstellen. Überdies ist in der Wahl des schweizerischen Rechts diejenige der schweizerischen Zuständigkeit zwangsläufig eingeschlossen (ZK-HEINI, Art. 87 IPRG N 10). 32

Für die **örtliche Zuständigkeit in bezug auf Grundstücke** wird auf Art. 86 Abs. 2 und Art. 88 IPRG verwiesen. 33

Massnahmen zur Sicherung des Erbganges gemäss Art. 551 ZGB fallen in die Zuständigkeit der Eröffnungsbehörde (Art. 86 Abs. 1 IPRG; vgl. auch BBl 1983, 385). Demgegenüber sind, sofern der letzte Wohnsitz des Erblassers sich im Ausland befindet, **Massnahmen zur Sicherung der in der Schweiz gelegenen Vermögenswerte** von der Behörde am Ort der gelegenen Sache zu treffen (Art. 89 IPRG). 34

b) Zuständigkeit für die güterrechtliche Auseinandersetzung

Ist beim Tod eines Ehegatten eine **güterrechtliche Auseinandersetzung** vorzunehmen, so verweist Art. 51 lit. a IPRG auf die Nachlasszuständigkeit gemäss Art. 86–89 IPRG. Dies gilt auch beim Ableben einer eingetragenen Partnerin bzw. eines eingetragenen Partners (Art. 65a i.V.m. Art. 51 lit. a IPRG und Art. 86 ff. IPRG). 35

5. Abschnitt: Sachenrecht

Art. 29

Grundstücke

¹ Für die folgenden Klagen ist das Gericht am Ort, an dem das Grundstück im Grundbuch aufgenommen ist oder aufzunehmen wäre, zuständig:
a. dingliche Klagen;
b. Klagen gegen die Gemeinschaft der Stockwerkeigentümerinnen und Stockwerkeigentümer;
c. Klagen auf Errichtung gesetzlicher Pfandrechte.

² Andere Klagen, die sich auf Rechte an Grundstücken beziehen, können auch beim Gericht am Wohnsitz oder Sitz der beklagten Partei erhoben werden.

³ Bezieht sich eine Klage auf mehrere Grundstücke oder ist das Grundstück in mehreren Kreisen in das Grundbuch aufgenommen worden, so ist das Gericht an dem Ort zuständig, an dem das flächenmässig grösste Grundstück oder der flächenmässig grösste Teil des Grundstücks liegt.

⁴ Für Angelegenheiten der freiwilligen Gerichtsbarkeit, die sich auf Rechte an Grundstücken beziehen, ist das Gericht an dem Ort zwingend zuständig, an dem das Grundstück im Grundbuch aufgenommen ist oder aufzunehmen wäre.

Immeubles

¹ Le tribunal du lieu où un immeuble est ou devrait être immatriculé au registre foncier est compétent pour statuer sur:
a. les actions réelles;
b. les actions intentées contre des communautés de propriétaires par étage;
c. les actions en constitution de droits de gages légaux.

² Le tribunal du domicile ou du siège du défendeur peut aussi statuer sur les autres actions relatives à des droits sur l'immeuble.

³ Lorsque l'action concerne plusieurs immeubles ou un immeuble immatriculé dans plusieurs arrondissements, le tribunal du lieu où est situé l'immeuble ayant la plus grande surface ou la plus grande surface de l'immeuble est compétent.

⁴ Le tribunal du lieu où un immeuble est ou devrait être immatriculé au registre foncier est impérativement compétent pour statuer sur les affaires de juridiction gracieuse portant sur des droits réels immobiliers.

Fondi

¹ Per le seguenti azioni è competente il giudice del luogo in cui il fondo è o dovrebbe essere intavolato nel registro fondiario:
a. azioni reali;
b. azioni contro la comunione dei proprietari per piani;
c. azioni di costituzione di diritti di pegno legali.

² Le altre azioni che si riferiscono a diritti su fondi possono essere proposte anche al giudice del domicilio o della sede del convenuto.

³ Se l'azione concerne più fondi oppure se il fondo è stato intavolato nel registro fondiario in più circondari, è competente il giudice del luogo di situazione del fondo di maggiore estensione, rispettivamente quello dove si trova la parte più estesa del fondo.

⁴ Nelle cause di volontaria giurisdizione concernenti diritti su fondi è imperativo il foro del luogo in cui il fondo è o dovrebbe essere intavolato nel registro fondiario.

2. Kapitel: Örtliche Zuständigkeit 1 **Art. 29**

Inhaltsübersicht Note

I. Normzweck/Allgemeines 1

II. Abs. 1 8
  1. Abs. 1 lit. a («dingliche Klagen») 8
  2. Abs. 1 lit. b (« Stockwerkeigentümergemeinschaft ») 19
  3. Abs. 1 lit. c («Errichtung gesetzlicher Pfandrechte») 21

III. Abs. 2 (Wahlgerichtsstand bei «Rechte an Grundstücken») 24

IV. Abs. 3 27

V. Abs. 4 («Angelegenheiten der freiwilligen Gerichtsbarkeit») 28

VI. Rechtslage bei vorsorglichen Massnahmen 30

VII. Rechtslage im internationalen Verhältnis oder IPR 35

Literatur

B. ASCHWANDEN, Grundzüge, Besonderheiten und Probleme des Urnerischen Zivilrechtsverfahrens, Diss. Zürich 1983; C. BANDLI/J.-M. HENNY/E. HOFER (Hrsg.), Das bäuerliche Bodenrecht: Kommentar zum Bundesgesetz über das bäuerliche Bodenrecht vom 4. Oktober 1991, Brugg 1995 (zit. BGBB Komm.-BEARBEITER); Y. DONZALLAZ, Commentaire de la loi fédérale du 4 octobre 1991 sur le nouveau droit foncier rural, Sion 1993 (zit. code rural); DERS., Les règles de compétence territoriale du Code de procédure civile valaisan au regard du droit fédéral interne et international, thèse Fribourg 1993 (zit. thèse); A. KRENGER, Die Grundbuchberichtigungsklage, 2. unveränderte Aufl., Diss. Basel/Chur/Zürich 1991; P. LIVER, Das Eigentum, in: A. Meier-Hayoz (Hrsg.), Schweizerisches Privatrecht, Bd. V/1, Basel/Stuttgart 1977; H. PFISTER-INEICHEN, Das Vorrecht nach Art. 841 ZGB und die Haftung der Bank als Vorgangsgläubigerin, Freiburg 1991; P. REETZ, Der Gerichtsstand für Vergütungsklagen aus Bauverträgen – Ein Leiturteil des Bundesgerichts vom 9. Oktober 2007 (BGE 134 III 16), in: Baurecht 2008, 62 ff.; H. M. RIEMER, Die beschränkten dinglichen Rechte, Grundriss des schweizerischen Sachenrechts, Bd. II, 2. Aufl., Zürich 2000 (zit. Grundriss); H. REY, Die Grundlagen des Sachenrechts und das Eigentum, Grundriss des schweizerischen Sachenrechts, Bd. I, 3. Aufl., Bern 2007; B. SCHNEIDER, Das schweizerische Miteigentumsrecht, Diss. Bern 1973; R. SCHUMACHER, Das Bauhandwerkerpfandrecht, 3. Aufl., Zürich 2008; P. SIMONIUS/TH. SUTTER, Schweizerisches Immobiliarsachenrecht, Bd. I, Grundlagen, Grundbuch und Grundeigentum, Basel/Frankfurt a.M. 1994 (zit. I); DIES., Schweizerisches Immobiliarsachenrecht, Bd. II, Die beschränkten dinglichen Rechte, Basel/Frankfurt a.M. 1990 (zit. II); W. STAUFFER, Einige Bemerkungen zum Gerichtsstand der gelegenen Sache im bernischen Recht, ZBJV 58 (1922), 414 ff.; P. TSCHÜMPERLIN, Grenze und Grenzstreitigkeiten im Sachenrecht, Diss. Freiburg 1984; H. VON DER CRONE, Der Gerichtsstand der gelegenen Sache, Diss. Zürich 1955; A. WERMELINGER, Das Stockwerkeigentum, Kommentar der Artikel 712a bis 712t schweizerischen Zivilgesetzbuches, Zürich/Basel/Genf 2004; D. ZOBL, Grundbuchrecht, 2. Aufl., Zürich 2004.

Vorliegende Kommentierung berücksichtigt die Änderung vom 11.12.2009 des Schweizerischen Zivilgesetzbuches (Register-Schuldbrief und weitere Änderungen des Sachenrechts) (in: BBl 2009, 8779 ff.) nicht, da gemäss Auskunft vom 4.3.2010 des Bundesamtes für Justiz beabsichtigt ist, diese auf den 1.1.2012 in Kraft zu setzen.

I. Normzweck/Allgemeines

Art. 29 Abs. 1 legt für dingliche Klagen, Klagen gegen die Gemeinschaft der Stockwerkeigentümerinnen und Stockwerkeigentümer sowie Klagen auf Errichtung gesetzlicher Pfandrechte, die sich auf Grundstück beziehen, die örtliche Zuständigkeit des Gerichts am Ort fest, an dem das Grundstück im Grundbuch aufgenommen ist oder aufzunehmen   1 wäre (**Gerichtsstand der gelegenen Sache**; *forum rei sitæ*). Der Gerichtsstand wird m.E. effektiv am **Lageort** des Grundstücks definiert, unabhängig vom Wohnsitz der Parteien (vgl. hiezu auch N 27). «Andere Klagen», die sich auf Rechte an Grundstücken beziehen, können gemäss Abs. 2 auch beim Gericht am Wohnsitz oder Sitz der beklagten Partei erhoben werden. In Abs. 3 der Norm wird die Frage geregelt, welches Gericht zuständig ist, wenn mehrere Grundstücke oder ein Grundstück in mehreren Gerichtssprengeln liegen. Schliesslich führt Abs. 4 einen zwingenden Gerichtsstand am Ort ein, wo das Grundstück im Grundbuch aufgenommen ist oder aufzunehmen wäre, für Angelegenheiten der freiwilligen Gerichtsbarkeit ein, die sich auf Rechte an Grundstücken beziehen.

2 Der Gerichtsstand gemäss Art. 29 ist (mit Ausnahme von Abs. 4) – anders als bisher in den meisten kantonalen Zivilprozessordnungen – **nicht zwingend** (Art. 9 Abs. 1; vgl. LEUCH/MARBACH/KELLERHALS/STERCHI, Art. 29 ZPO/BE N 11; DUCROT, 84), obwohl Abs. 1 mit guten Gründen als zwingend ausgestaltet hätte werden können. Gerichtsstandsvereinbarungen und Einlassung sind demnach zulässig.

3 Die Norm gliedert die Anknüpfung nach vier Kriterien: dingliche Klagen (Abs. 1 lit. a), Klagen gegen die Gemeinschaft der Stockwerkeigentümer (Abs. 1 lit. b), Klagen auf Errichtung gesetzlicher Pfandrechte (Abs. 1 lit. c). Bei Abs. 2 wird im Sinne eines **Wahlgerichtsstandes** dem Kläger bei Klagen, «die sich auf Rechte an Grundstücken beziehen», zudem die Möglichkeit eingeräumt, die Klage auch beim Gericht am Wohnsitz oder Sitz der beklagten Partei zu erheben.

4 Was als «**Grundstück**» i.S.v. Art. 19 zu betrachten ist, richtet sich nach Bundeszivilrecht, nämlich nach Art. 655 Abs. 2 und Art. 943 Abs. 1 ZGB (vgl. hierzu im Einzelnen LIVER, 122 ff.; BK-MEIER-HAYOZ, Art. 655 ZGB; BSK ZGB II-LAIM, Art. 655; BSK II-SCHMID, Art. 943; ZOBL, N 162 ff.; namentlich gilt auch das Baurecht nach Massgabe von Art. 675 und Art. 779 Abs. 3 ZGB als Grundstück, sofern es als selbständiges und dauerndes Recht im Grundbuch aufgenommen wurde).

5 Zur Liegenschaft gehören gemäss Art. 642 ZGB ihre *Bestandteile* (vgl. zum Begriff LIVER, 33 ff.). Ein Bestandteil entsteht, wenn eine Sache durch einen rein tatsächlichen Vorgang mit einer anderen Sache, der sog. Hauptsache verbunden wird und das Schicksal der Hauptsache teilt (Akzessionsprinzip; vgl. dazu BK-MEIER-HAYOZ, Bd. IV, Syst. Teil, N 98). Fällt die äussere oder innere Verbindung des Bestandteils mit der Hauptsache dahin, was i.d.R. durch körperliche Trennung von Hauptsache und Bestandteil geschieht, oder ändert sich der Ortsgebrauch, geht die Bestandteilseigenschaft unter (vgl. BK-MEIER-HAYOZ, Art. 642 ZGB N 79). Macht ein Berechtigter einen dinglichen Anspruch an einem Bestandteil geltend, der vom Grundstück entfernt wurde, ist Art. 29 ebenfalls anwendbar, solange der «Bestandteil» nicht als selbständige Sache zu qualifizieren ist (vgl. BSK IPRG-FISCH, Art. 97 N 2). Die Anwendbarkeit von Art. 29 gilt auch für den Fall, dass die Bestandteilseigenschaft in Frage steht.

6 Die in Art. 644 Abs. 2 und Art. 645 ZGB definierte *Zugehör* (vgl. zum Begriff LIVER, 36 ff.) ist nur dann wie eine bewegliche Sache nach Art. 30 zu behandeln, wenn sich die Klage ausschliesslich auf sie bezieht (BK-MEIER-HAYOZ, Art. 644/645 ZGB N 60 f.; LEUCH/MARBACH/KELLERHALS/STERCHI, Art. 29 ZPO/BE N 5; FRANK/STRÄULI/MESSMER, §§ 6/7 ZPO/ZH N 11; implizit: DONZALLAZ, thèse, 135).

7 Für die Anknüpfung bei **Grunddienstbarkeiten** und **Grundlasten** kommt es auf die Belegenheit des belasteten bzw. zu belastenden Grundstücks an, da die Eintragung am Ort des belasteten bzw. zu belastenden Grundstücks für den Bestand der Belastungen massgebend ist (vgl. BÜHLER/EDELMANN/KILLER, § 29 ZPO/AG N 3; DONZALLAZ, thèse, 136; EHRENZELLER, Art. 38 ZPO/AR N 5; EICHENBERGER, § 29 ZPO/AG N 3;

FRANK/STRÄULI/MESSMER, §§ 6/7 ZPO/ZH N 28; LEUENBERGER/UFFER-TOBLER, Art. 27 ZPO/SG N 4; ZK-LIVER, Art. 731 ZGB N 55 ff.; LEUCH/MARBACH/KELLERHALS/ STERCHI, Art. 29 ZPO/BE N 4a; BK-LEEMANN, Art. 783 ZGB N 15; STUDER/RÜEGG/ EIHOLZER, § 29 ZPO/LU N 3).

II. Abs. 1

1. Abs. 1 lit. a («dingliche Klagen»)

Nach Art. 29 Abs. 1 lit. a ist das Gericht am Ort, an dem das Grundstück aufgenommen ist oder aufzunehmen wäre, für die Anhandnahme **«dinglicher Klagen»**, die dieses Grundstück betreffen, örtlich zuständig. Gemäss Botschaft zu Art. 19 GestG waren (bei gleichem Wortlaut von Art. 19 Abs. 1 lit. a GestG) darunter Klagen über dingliche Rechte oder über den Besitz an Grundstücken zu verstehen (BOTSCHAFT GestG, 2855). Dies dürfte auch für Art. 29 Abs. 1 lit. a der Fall sein, führt doch die Botschaft aus, dass Art. 28 E-ZPO weitgehend Art. 19 GestG entspreche (BOTSCHAFT ZPO, 7266). Die Klageart sowie der Wohnsitz der Prozessparteien ist unbedeutend. Entscheidend ist lediglich, dass die Klage als **dinglich** qualifiziert wird.

a) Klagen über dingliche Rechte an Grundstücken

Das **dingliche Recht muss Gegenstand der Klage** (Streitgegenstand) sein. Es genügt nicht, dass das dingliche Recht an einer unbeweglichen Sache von der Klage berührt wird oder dass die Klage im Zusammenhang mit dem dinglichen Recht steht, um Art. 29 Abs. 1 lit. a greifen zu lassen.

Zum **Begriff des dinglichen Rechts**, vgl. ausführlich LIVER, 9 f. m.w.H.; ferner VON TUHR/PETER, Allgemeiner Teil des schweizerischen Obligationenrechts, Bd. I, 3. Aufl., Zürich 1974/1979, 13 ff.; BK-MEIER-HAYOZ, Bd. IV, Syst. Teil N 235 ff.; REY, N 199 ff.; zum dinglichen Recht an Immobilien im Besonderen SIMONIUS/SUTTER I, § 1 N 11 ff.; FRANK/STRÄULI/MESSMER, §§ 6/7 ZPO/ZH N 2. Das Bundesgericht definiert eine Klage dann als dinglich, wenn sie aus einem Rechtsverhältnis hervorgeht, dessen Gehalt sich nicht in der Leistung eines bestimmten Schuldners erschöpft und das daher nicht nach Leistungserfüllung beendet wird, sondern weiterhin Wirkungen entfaltet (vgl. BGE 117 II 29 E. 3 = Pra 81 [1992] Nr. 207 E. 3 m.V. auf BGE 35 I 73; vgl. ferner BGE 120 Ia 243 E. 3a).

Die dingliche Natur ist u.a. bei folgenden Ansprüchen zu bejahen:

- Die **Eigentumsklage** nach Massgabe von **Art. 641 Abs. 2 ZGB** (*rei vindicatio*; vgl. LIVER, 25 ff.; BK-MEIER-HAYOZ, Art. 641 ZGB N 54 ff., 52; SIMONIUS/SUTTER, I, § 1 N 79; BSK ZGB II-WIEGAND, Art. 641 N 52 f. m.w.H.; insb. BK-MEIER-HAYOZ, Art. 641 ZGB N 55, 85 und 154 ff., wonach bei Grundstücken die Grundbuchberichtigungsklage nach Art. 975 ZGB die Klage auf Herausgabe der Sache «weitgehend [aber keineswegs durchgehend] ersetzt oder doch ergänzt»);

- Die **Eigentumsfreiheitsklage** laut **Art. 641 Abs. 2 ZGB** (*actio negatoria*; vgl. LIVER, 18 f.; BK-MEIER-HAYOZ, Art. 641 ZGB N 89 ff., 75; SIMONIUS/SUTTER, I, § 1 N 79; BSK ZGB II-WIEGAND, Art. 641 N 67);

- Die Klage auf **Feststellung des Bestehens oder Nichtbestehens des Eigentums** (die *Eigentumsfeststellungsklage*, die *Grenzfeststellungs- und -scheidungsklage* nach Art. 669 ZGB; vgl. LIVER, 29 f.; BK-MEIER-HAYOZ, Art. 641 ZGB N 133 ff., Art. 669 ZGB N 5; SIMONIUS/SUTTER, I, § 5 N 8; FRANK/STRÄULI/MESSMER, §§ 6/7 ZPO/ZH N 2; LEUCH/MARBACH/KELLERHALS/STERCHI, Art. 29 ZPO/BE N 2a/aa; TSCHÜMPER-

LIN, 161 ff., 175, 177, 181: Gegenstand der Grenzscheidungsklage nach Art. 669 ZGB ist zwar nicht die Feststellung der räumlichen Ausdehnung der dinglichen Berechtigung, sondern die *Lage der Grenze*. Da sich indes aufgrund der durch das Urteil festgestellten Grenzlage als deren *Reflexwirkung* die räumliche Ausdehnung des dinglichen Rechts ergibt, muss auch die Grenzscheidungsklage als *dinglich* bezeichnet werden. Die Grenzscheidungsklage ist *subsidiär* zu den Eigentums[feststellungs]klagen: Solange die Frage, wie weit ein dingliches Recht in den Grenzbereich reicht, derart im Raume steht, dass die räumliche Abgrenzung der Eigentumsrechte noch zu beweisen ist, bleibt für die Grenzscheidungsklage kein Raum: die Grenzscheidungsklage kann indes mit der Eigentums[feststellungs]klage *eventualiter* verbunden werden) **sowie von beschränkten dinglichen Rechten** (auf Feststellung des Bestehens bzw. Nichtbestehens oder Aberkennung von Dienstbarkeiten, Grundlasten und Grundpfandrechten [Art. 730 ff., 782 ff., 793 ff. ZGB; vgl. BÖCKLI, § 14 aZPO/TG N 3]), insb. auf Ablösung, Änderung, Löschung oder Verlegung einer dinglichen Belastung (Art. 736, 742 ff., 748, 787, 788, 826 ff., 850 ZGB), es sei denn die beschränkten dinglichen Rechte haben als ihre Grundlage gesetzliche Pfandrechte (hier gilt Art. 29 Abs. 1 lit. c);

— Die **Klage auf Grundbuchberichtigung** gemäss **Art. 975 ZGB** (vgl. zum Begriff der Grundbuchberichtigung BK-MEIER-HAYOZ, Art. 641 ZGB N 154 ff. sowie BSK ZGB II-SCHMID, Art. 975; Gleiches gilt für die Klage nach Art. 27 Abs. 1 lit. a BewG i.V.m. Art. 977 ZGB);

— Die **Abwehrklagen aus Nachbarrecht** (dies gilt für die Beseitigungs-, Präventiv-, Unterlassungs- und Feststellungsklagen nach Art. 679 [i.V.m. Art. 684] ZGB. Sie sind am Ort, wo das von der übermässigen Einwirkung *beeinträchtigte* Grundstück liegt, anzubringen [vgl. BGE 108 Ia 57 E. 1]. Streng genommen handelt es sich bei den vorliegenden Klagen um Begehren, deren Rechtsgrund in einer unerlaubten Handlung liegt. Da das Zurechnungskriterium der in Art. 679 ZGB normierten Kausalhaftung in der objektiven Überschreitung des *aus dem Grundeigentum fliessenden [Nutzungs-] Rechts* besteht, rechtfertigt sich für die örtliche Zuständigkeit eine Unterstellung unter Art. 29 Abs. 1 lit. a; wird lediglich die Schadenersatzklage nach Art. 679 ZGB erhoben, ist richtigerweise Art. 29 Abs. 2 anwendbar, da diese einen reinen obligatorischen Anspruch darstellt [vgl. in diesem Zusammenhang BGE 108 Ia 57 E. 1; 66 I 235 E. 3; BK-MEIER-HAYOZ, Art. 679 ZGB N 141; ZK-HAAB/SIMONIUS/SCHERRER/ ZOBL, Art. 679 ZGB N 23]);

12 Gestützt auf **Art. 688 ZGB** sind die Kantone ermächtigt, die Abstände festzulegen, welche die Eigentümer für Anpflanzungen einhalten müssen, und Sanktionen für die Verletzung entsprechender Bestimmungen vorzusehen (vgl. BGE 126 III 457 E. 3a m.V. auf BGE 122 Ia 84 E. 2a m.w.H.). Sieht der Kanton in diesem Bereich Abwehrklagen vor, richtet sich deren örtliche Zuständigkeit nach kantonalem Recht. Beinhaltet das kantonale Recht keine Gerichtsstandsvorschrift, ist die örtliche Zuständigkeit gleich wie bei den dinglichen Klagen nach Art. 679 ZGB zu ermitteln.

13 Werden *gleichzeitig* mit dem dinglichen Streit **Entschädigungsansprüche** (z.B. nach Art. 651, 684 ff., 691 oder 694 ZGB) erhoben, richtet sich deren örtliche Zuständigkeit zu Recht nach dem Gerichtsstand des dinglichen Streits, nämlich nach Art. 29 Abs. 1 lit. a, zumal der Beseitigungsanspruch und der Immissionsschaden sinnvollerweise nur an einem einzigen Gerichtsstand zu beurteilen ist («Gerichtsstand des Sachzusammenhanges»; vgl. hierzu GULDENER, 101 ff.; SIMONIUS/SUTTER, I, § 2 N 37; WALDER, § 7 N 30 ff.). Für den Fall, dass diese alleine erhoben werden, richtet sich deren Zuständigkeit nach Art. 29 Abs. 2 (ähnlich: SIMONIUS/SUTTER, I, § 1 N 86).

b) Klagen über den Besitz an Grundstücken

Unter den Begriff der dinglichen Klage nach Art. 29 Abs. 1 lit. a GestG subsumierte die Botschaft zum GestG auch **Klagen über den Besitz** (vgl. BOTSCHAFT GestG, 2855, wohl in Anlehnung an BGE 66 I 233 ff. E. 2). Dies ist auch unter neuem Recht sachgerecht, da unsere Rechtsordnung an die Tatsache des Besitzes Rechtsfolgen knüpft, die zum Teil den Charakter von subjektiven Rechten haben. Beim Besitz handelt es sich um ein quasi-dingliches Recht; er stellt nur dann überhaupt ein Recht dar, wenn nicht die tatsächliche Gewalt, sondern das Besitzesschutzrecht gemeint ist (vgl. BK-MEIER-HAYOZ, Bd. IV, Syst. Teil, N 253 ff.).

Der Schutz des (mittel- und unmittelbaren) Besitzes an *Immobilien* hat durch die Einführung des Grundbuches an Bedeutung verloren. Die Verteidigungsmöglichkeit der **Besitzesschutzklagen nach Art. 927 und 928 ZGB** hat indes dann praktische Relevanz, wenn *im Grundbuch nicht eingetragene persönliche Berechtigte (wie Mieter oder Pächter)* den Besitzesschutz anrufen, und zwar sowohl zum Schutz des Besitzes an der Liegenschaft selbst als auch bezüglich des Besitzes desjenigen an den Grunddienstbarkeiten und Grundlasten, die dem Grundstück zustehen (Art. 919 Abs. 2 ZGB; vgl. im Besonderen zum Besitzesschutz bei Dienstbarkeiten ZK-LIVER, Einl. zu Art. 730–792 ZGB N 71). Der Besitzesschutz gibt hier (gemäss Art. 937 Abs. 2 ZGB) dem Mieter oder Pächter eine direkte Klage gegen den Täter des Eingriffs; er ist nicht darauf angewiesen, vom Vermieter bzw. Verpächter geeignete Massnahmen gestützt auf den entsprechenden Vertrag zu verlangen (vgl. BK-STARK, Vor Art. 926–929 ZGB N 103, Art. 937 ZGB N 31).

Bei Grundstücken kann sich die *Besitzesentziehung* nach Art. 927 ZGB in praxi nur auf einen Teil der besessenen Sache beziehen, z.B. bei der Versetzung von Marksteinen und Einfriedungen (vgl. BK-STARK, Vor Art. 926–929 ZGB N 16 und Art. 927 ZGB N 14 m.w.H., wonach dies als Besitzesstörung betrachtet wird; vgl. zum Ganzen auch TSCHÜMPERLIN, 166 f.).

Die *Besitzesstörungsklage* nach Art. 928 ZGB dient in erster Linie dem Schutz des Besitzes an Liegenschaften und Wohnungen (gegen Baulärm, Wohnlärm, Strassenlärm, Lärm von Flugzeugen etc.), wobei als Störer der Nachbar und andere Mieter im Vordergrund stehen.

Beschlägt die Besitzesentziehung oder -störung das Verhältnis zwischen Mieter und Vermieter, ist Art. 33 anwendbar. Dass die Besitzesschutzklagen auch durch den Grundeigentümer erhoben werden können, ergibt sich explizit aus Art. 937 Abs. 2 ZGB (vgl. BSK ZGB II-STARK, Art. 937 N 7 m.V. auf einen Entscheid der CJ GE, in: SemJud 1983, 361, wonach für das Greifen des Besitzesschutzes verbotene Eigenmacht vorausgesetzt wird).

Massgebend für die örtliche Zuständigkeit bei den Besitzesschutzklagen bei Grundstücken ist die *Lage des entzogenen bzw. von der Störung betroffenen Grundstücks*.

Art. 937 Abs. 1 ZGB verleiht hinsichtlich der in das Grundbuch aufgenommenen Grundstücke dem eingetragenen Berechtigten eine «Klage aus dem Besitze», welche der **Besitzesrechtsklage** bei Fahrnis entspricht (Art. 934 Abs. 1 und Art. 936 Abs. 1 ZGB). Entgegen dem Gesetzeswortlaut («aus dem Besitze») setzt sie indes keinen Besitz, sondern die (frühere) *Eintragung im Grundbuch* voraus. Es handelt sich somit um eine *Klage aus dem Buchauseintrag*; der Eintrag begründet die Aktivlegitimation. Jeder Eingetragene ist zur Verfolgung desjenigen *Rechtes* legitimiert, *welches ihm gemäss Eintrag zusteht*. Der Klageinhalt ergibt sich demnach aus dem eingetragenen Recht (und nicht etwa aus Art. 937 Abs. 1 ZGB, welcher lediglich die Sachlegitimation regelt). Letzteres gilt nicht nur für dingliche, sondern auch für obligatorische (eingetragene) Rechte mit verstärkter Wirkung (vgl. BK-STARK, Art. 937 ZGB N 22).

Bei *Schuldbrief* und *Gült* verlangt Art. 868 ZGB zur Geltendmachung ausser dem Eintrag noch den Besitz des Titels. Für *Grundpfandverschreibungen* hält Art. 835 ZGB fest, dass der Eintrag nichts darüber aussagt, wer aktivlegitimiert ist (BSK ZGB II-STARK, Art. 937 N 1 und 5). Die Klage des Eingetragenen richtet sich gegen Nicht-Eingetragene und gegen Eingetragene (z.B. die Klage des Dienstbarkeitsberechtigten gegen den Eigentümer) (vgl. BK-STARK, Art. 937 ZGB N 24).

17 **Einstweilige Verfügungen** im Besitzesschutzverfahren sind ebenfalls am Gerichtsstand nach Art. 29 Abs. 1 lit. a (i.V.m. Art. 13) zu beurteilen (vgl. EHRENZELLER, Art. 38 ZPO/AR N 4 sowie N 39, und Komm. zu Art. 13).

18 Werden **Schadenersatzklagen nach Art. 927 Abs. 3 und 928 Abs. 2 ZGB** (beide als Anwendungsfälle von Art. 41 OR; vgl. BK-STARK, Art. 927 ZGB N 28; BSK ZGB II-STARK, Art. 928 ZGB N 12) alleine erhoben, ist Art. 29 nicht anwendbar. Werden sie im Zusammenhang mit den Besitzschutzklagen gestellt, rechtfertigt sich richtigerweise eine Unterstellung unter Art. 29 Abs. 1 lit. a (vgl. N 14).

2. Abs. 1 lit. b (« Stockwerkeigentümergemeinschaft »)

19 Nach Art. 29 Abs. 1 lit. b ist das Gericht am Ort, wo das Grundstück im Grundbuch aufgenommen ist oder aufzunehmen wäre, für **«Klagen gegen die Gemeinschaft der Stockwerkeigentümer und -eigentümerinnen»** zuständig. Durch Einführung dieser Regelung in Art. 19 Abs. 1 lit. a GestG wurde Art. 712l Abs. 2 ZGB modifiziert.

20 Vorliegendenfalls knüpft die örtliche Zuständigkeit nicht – wie in Abs. 1 lit. a und c und Abs. 2 – an den Inhalt der Klage bzw. am Recht an der Sache an, sondern an die **Passivlegitimation**, nämlich an die beklagte Gemeinschaft der Stockwerkeigentümerinnen und -eigentümer. Unerheblich bleibt, wo sich der Wohnsitz einzelner Stockwerkeigentümerinnen und -eigentümer oder aber des Verwalters befindet. Es genügt, wenn im Klagebegehren der Name der Stockwerkeigentümergemeinschaft und die Ortsbezeichnung des gemeinschaftlichen Grundstückes angegeben werden (vgl. BK-MEIER-HAYOZ/REY, Art. 712l ZGB N 84). Es handelt sich dabei um Klagen, die in den Bereich der Nutzungs- und Verwaltungstätigkeit des gemeinsamen Objektes fallen (vgl. BK-MEIER-HAYOZ/REY, Art. 712l ZGB N 96 ff.). Darunter können bspw. folgende Klagen fallen (vgl. exemplativ auch REY, N 868 ff.; ferner BK-MEIER-HAYOZ, Bd. IV, Syst. Teil N 277):

- **Forderungsklagen aus Verträgen** gegenüber Dritten, welche die Gemeinschaft im Zusammenhang mit ihrer Verwaltungstätigkeit abgeschlossen hat (wie z.B. aus Kauf- und Werkverträgen sowie Aufträgen; vgl. BGE 114 II 239 u.a.);

- Klagen aus **Schäden**, die der Verwalter bei Erfüllung vertraglicher Verpflichtungen der Gemeinschaft verursacht hat, sofern die Haftung durch eine entsprechende Reglementsbestimmung nicht beschränkt oder aufgehoben wurde (Art. 101 OR; vgl. BK-MEIER-HAYOZ/REY, Art. 712l ZGB N 54);

- Klagen auf **Bezahlung von Baurechtszinsen und Amortisationsleistungen** (vgl. Art. 712h Abs. 2 Ziff. 4; BK-MEIER-HAYOZ/REY, Art. 712l ZGB N 57, Art. 712h ZGB N 63 ff.; im Zusammenhang mit Baurechtszinsen vgl. BGE 117 II 40 ff.);

- **Klagen von Grundpfandgläubigern**, gegenüber denen das Stammgrundstück verpfändet ist, auf Zahlung von Zinsen und Amortisationszahlungen. Gleiches gilt für **Forderungen gegen die Grundpfandschuldnerin aus Bauhandwerkerpfandrechten, welche das gemeinschaftliche Grundstück belasten (vgl. BK-MEIER-HAYOZ/REY, Art. 712a ZGB N 102) sowie aus **Gesamtpfandrechten an allen Anteilen** (vgl. BK-MEIER-HAYOZ/REY, Art. 712l ZGB N 58); bei Ersteren konkurriert Art. 29 Abs. 1 lit. b mit lit. c. Da die Rechtsfolgen einheitlich sind, kann offen bleiben, ob diese unter lit. b oder c von Art. 29 Abs. 1 zu subsumieren sind;

– Klagen auf **Bezahlung von (öffentlich-rechtlichen) Steuern und Abgaben** (vgl. Art. 712h Abs. 2 Ziff. 3 ZGB; die Bestimmung der Stockwerkeigentümergemeinschaft als das Steuer- bzw. Abgabesubjekt durch das öffentliche Recht wird als «üblich und der privatrechtlichen Regelung des Stockwerkeigentums entsprechend» bezeichnet [vgl. BK-MEIER-HAYOZ/REY, Art. 712l ZGB N 59]);

– Forderungsklagen aus **unerlaubten Handlungen** (bei Klagen aus Art. 679 ZGB lässt sich die örtliche Zuständigkeit sowohl auf Art. 29 Abs. 1 lit. a oder lit. b abstützen; bei Klagen nach Art. 58 ZGB dürfte Art. 29 Abs. 1 lit. b Art. 36 vorgehen; vgl. zur Deliktsfähigkeit der Stockwerkeigentümergemeinschaft im Einzelnen WERMELINGER, Art. 712l ZGB N 147 ff.);

– Forderungsklagen aus **ungerechtfertigter Bereicherung** nach Art. 62 ff. OR (WERMELINGER, Art. 712l ZGB N 154; bspw. kann ein einzelner Stockwerkeigentümer die Gemeinschaft für zuviel bezahlte Beiträge an die gemeinschaftlichen Kosten und Lasten beklagen [vgl. BK-MEIER-HAYOZ/REY, Art. 712l ZGB N 55]);

– Klagen auf **Ernennung oder Abberufung des Verwalters** (Art. 712q Abs. 1 und Art. 712r Abs. 2 ZGB);

– Klage auf **Erlass des Reglements** (Art. 712g Abs. 3 ZGB);

– **Anfechtungsklage** gegen einen Beschluss der Stockwerkeigentümerversammlung (Art. 712m Abs. 2 i.V.m. Art. 75 ZGB);

– Bei der auf Art. 712e Abs. 2 ZGB gestützten Klage auf Berichtigung der Wertquoten *fehlt* der Stockwerkeigentümergemeinschaft die passive Partei- und Prozessfähigkeit (dies zumindest dann, wenn ihr am gemeinsamen Grundstück keine eigenen Rechte zustehen, BGE 116 II 50, E. 4; vgl. ferner WERMELINGER, Art. 712e ZGB N 114, sowie Art. 66 N 32).

3. Abs. 1 lit. c («Errichtung gesetzlicher Pfandrechte»)

Abs. 1 lit. c sieht vor, dass für Klagen auf Errichtung gesetzlicher Pfandrechte das Gericht am Ort, an dem das Grundstück im Grundbuch aufgenommen oder aufzunehmen wäre, zuständig ist. Es handelt sich hierbei um einen Gerichtsstand für **mittelbar gesetzliche Grundpfandrechte**, zumal die unmittelbar gesetzlichen Grundpfandrechte ohne Eintragung in das Grundbuch entstehen (vgl. Art. 836 ZGB).

Die Botschaft führt in diesem Zusammenhang aus, dass eine solche Klage «an sich» «zwar ein Anwendungsfall von Absatz 2» wäre, doch bestünde hier eine besondere Notwendigkeit eines «zentralen» Gerichtsstandes am Ort der Sache (BOTSCHAFT ZPO, 7266). Der Ausschluss des alternativen Gerichtsstandes (zum Wohnsitzgerichtsstand) wurde denn auch in der Literatur mitunter gefordert (vgl. hierzu kürzlich SCHUMACHER, N 1353, der den Wahlgerichtsstand [am Ort der gelegenen Sache und am Wohnsitzgerichtsstand] im Bereich des **Bauhandwerkerpfandrechts** als «sehr unglücklich» qualifizierte und einen «einheitlichen und ausschliesslichen Gerichtsstand am Ort der gelegenen Sache» forderte; ferner Kellerhals/von Werdt/Güngerich-VON WERDT, Art. 19 GestG N 69). Ein Auseinanderfallen der Gerichtsstände kann durch die vorliegende Lösung wohl nicht ganz vermieden werden, wie dies die Botschaft (BOTSCHAFT ZPO, 7266) einräumt, zumal der Gerichtsstand nach Art. 29 Abs. 1 lit. c nicht als zwingender Gerichtsstand ausgestaltet worden ist, mithin mit einzelnen Bauhandwerkern nach wie vor Gerichtsstandsvereinbarungen getroffen werden können. Tatsächlich dürfte eine Prorogation des Gerichtsstandes weg vom Ort des Grundstückes selten vorkommen.

23 Neben dem soeben genannten gesetzlichen Anspruch auf Eintragung eines Bauhandwerkerpfandrechts (**Art. 837 Abs. 1 Ziff. 3 und Art. 839 ff. ZGB**) besteht ein Anspruch auf Eintragung eines gesetzlichen Grundpfandes namentlich in folgenden weiteren Fällen (zur realobligatorischen Natur des Anspruches auf Eintragung eines gesetzlichen Grundpfandrechtes seit BGE 92 II 229 f. vgl. ZK-DÜRR, Teilbd. IV/2b, Syst. Teil N 216):

— Für Beitragsforderungen der Stockwerkeigentümer nach **Art. 712i ZGB**;

— Für die ausgebliebene Heimfallentschädigung nach **Art. 779d Abs. 2 ZGB**;

— Für den ausgebliebenen Baurechtszins nach **Art. 779i i.V.m. Art. 779k ZGB**;

— Ansprüche gemäss den kantonalen Grundpfandrechten nach **Art. 836 ZGB**, sofern der Kanton lediglich einen Anspruch auf Eintragung des Pfandrechtes begründet (vgl. zu diesem Fall BSK ZGB II-HOFSTETTER, Art. 836 N 10; ferner ZK-DÜRR, Art. 797 ZGB N 45 mit Nennung von § 197 EG ZGB/ZH als Beispiel; Art. 798a N 30, Art. 799 N 16, 48 ff. und 135 ff.; zu den mittelbaren gesetzlichen Pfandrechten an Miteigentumsanteilen vgl. Art. 800 N 74 ff. und an Grundstücken in Gesamteigentum vgl. Art. 800 N 101);

— Für die Forderung des Verkäufers an dem verkauften Grundstück (Gleiches gilt gemäss **Art. 523 OR** für die Forderung des Pfründers gegen den Pfrundgeber für seine Ansprüche bei Übertragung eines Grundstücks) nach **Art. 837 Abs. 1 Ziff. 1 ZGB**;

— Für die Forderung der Miterben und Gemeinder aus Teilung an den Grundstücken, die der Gemeinschaft gehörten nach **Art. 837 Abs. 1 Ziff. 2 ZGB**.

Die Klage auf Eintragung eines gesetzlichen Pfandrechtes kann gegebenenfalls mit dem Begehren um Eröffnung eines entsprechenden Grundbuchblattes eingereicht werden (vgl. hierzu ZK-DÜRR, Art. 796 ZGB N 44). Die dingliche Entstehung des mittelbar gesetzlichen Pfandrechtes ist darauf angewiesen, dass sie auf einer identifizierbaren Realfolie eingetragen werden kann (ZK-DÜRR, Art. 797 ZGB N 23 a.E. ferner N 40).

III. Abs. 2 (Wahlgerichtsstand bei «Rechte an Grundstücken»)

24 Abs. 2 sieht vor, dass «andere Klagen, die sich auf Rechte an Grundstücken beziehen», auch beim Gericht am Wohnsitz oder Sitz der beklagten Partei erhoben werden können. Diese Formulierung – welche gemäss Botschaft (vgl. BOTSCHAFT ZPO, 7266) die Unklarheit der alten Formulierung nach Art. 19 Abs. 1 lit. c GestG («andere Klagen, die sich auf das Grundstück beziehen») behebt (recte: beheben soll) – ist mit **BGE 134 III 16 vom 17.10.2007** (4A_119/2007; Fünferbesetzung) zu lesen, in welchem das Bundesgericht – entgegen der Botschaft zum GestG (vgl. BOTSCHAFT GestG, 2856 f.) – klargestellt hat, dass Art. 19 Abs. 1 lit. c GestG den Gerichtsstand am Ort des Grundstückes für Vertragsklagen nur dann begründet, wenn sie einen **dinglichen Bezug zum Grundstück** haben (vgl. die Kritik hierzu, insb. die dadurch entstehende Inländerdiskriminierung angesichts des Erfüllungsgerichtsstandes gemäss Art. 5 Nr. 1 LugÜ, in: REETZ, a.a.O.). Mit der neuen Diktion des Bundesgesetzgebers (unter Berücksichtigung der Ausführung in der Botschaft) wurde klargestellt, dass Klagen nur dann am Ort der gelegenen Sache erhoben werden können, wenn sie einen dinglichen Bezug zum Grundstück aufweisen. Das Bundesgericht spricht in diesem Zusammenhang von **Klagen, die zu einer Änderung**

des Grundbuches führen können (E. 3.2, 3.4 und 3.6). Für rein obligatorische Klagen ohne jeglichen sachenrechtlichen Bezug zum Grundstück steht die alternative örtliche Zuständigkeit am Ort der gelegenen Sache demnach **nicht** zur Verfügung (E. 3.4). Ein bloss faktischer Bezug zum Grundstück – so die Botschaft – genügt somit nicht (BOTSCHAFT ZPO, 7266). Das Bundesgericht führt in E. 3.7 m.H. auf die Botschaft aus, dass die vom Bundesgesetzgeber verabschiedete Fassung von Art. 29 Abs. 2 der von ihm vertretenen Ansicht entspricht.

Nachfolgend werden die unter Art. 29 Abs. 2 fallenden Ansprüche exemplarisch aufgeführt, wobei die Zuordnung sich nach materiellem Recht richtet. Wesentlich bleibt bei sämtlichen Beispielen, dass eine Änderung des Grundbucheintrages durch die Klage herbeigeführt werden würde, wenn sie gutgeheissen würde. Zumindest so dürfte die bundesgerichtliche Diktion gelesen werden können:

– auf Feststellung des Teilungsanspruches und Teilungsklage beim Miteigentum (**Art. 650, Art. 651 Abs. 2 ZGB**; vgl. BSK ZGB II-BRUNNER/WICHTERMANN, Art. 650 N 8; BK-MEIER-HAYOZ, Art. 650 ZGB N 6, Art. 651 ZGB N 19; SIMONIUS/SUTTER, I, § 14 N 107 ff., § 16 N 44 ff.; SCHNEIDER, 169 f.; STAEHELIN/SUTTER, § 8 N 37);

– Anspruch auf Neufestsetzung der Grenze infolge Bodenverschiebungen nach **Art. 660 Abs. 1** und **Art. 660b Abs. 1 ZGB** (i.V.m. Art. 669 ZGB; vgl. BSK ZGB II-LAIM, Art. 660b N 1 ff.; REY, N 2072a ff.; die Klage ist nach der hier vertretenen Auffassung dort anzubringen, wo das Grundstück sich vor der Verschiebung befand);

– Klage auf Übertragung des Eigentums (vgl. **Art. 665 Abs. 1 ZGB**) oder Einräumung eines beschränkten dinglichen Rechts an einem Grundstück infolge obligatorischer Verpflichtung (vgl. hierzu explizit die Botschaft [BBl 2006 7266]: «Übertragung des Eigentums, Einräumung einer Dienstbarkeit»);

– Klage auf Mitwirkung zur Feststellung einer ungewissen Grenze gemäss **Art. 669 ZGB** (abgeleitet aus dem sog. Abgrenzungsanspruch; vgl. BK-MEIER-HAYOZ, Art. 669 ZGB N 8 ff.; TSCHÜMPERLIN, 132, m.w.H.; massgebend ist nach der hier vertretenen Auffassung die Lage desjenigen Grundstückes sein, dessen Eigentümer die Ungewissheit der Grenze behauptet);

– Anspruch auf Einräumung eines Überbaurechts nach **Art. 674 Abs. 3 ZGB** (BK-MEIER-HAYOZ, Art. 674 ZGB N 52 f., 75; BK-REY, Syst. Teil. zu Art. 730 und 731 ZGB N 92 f. und Vor Art. 730–736 ZGB N 35 f.; BSK ZGB II-REY, Art. 674 N 9; massgebend ist die Örtlichkeit des zu belastenden Grundstück);

– Anspruch auf Einräumung eines Durchleitungsrechts nach **Art. 691 Abs. 3 ZGB** (ZK-LIVER, Art. 734 ZGB N 173 ff.; BK-MEIER-HAYOZ, Art. 691 ZGB N 6; BK-REY Syst. Teil. zu Art. 730 und 731 ZGB N 92 f. und Vor Art. 730–736 ZGB N 37; BSK ZGB II-REY, Art. 691 N 2);

– Anspruch auf Einräumung eines Wegrechts (sog. Notweg) gemäss **Art. 694 ZGB** (BK-MEIER-HAYOZ, Art. 694 ZGB N 8 ff.; BK-REY, Syst. Teil. zu Art. 730 und 731 ZGB N 92 f. und Vor Art. 730–736 ZGB N 38 f.; BSK ZGB II-REY, Art. 694 N 3);

– Anspruch auf «Abtretung eines Anteils an Brunnen oder Quellen» (sog. Notbrunnenrecht) nach **Art. 710 ZGB** (vgl. BK-REY, Syst. Teil. zu Art. 730 und 731 ZGB N 92 f. und Vor Art. 730–736 ZGB N 41 ff.; BSK ZGB II-REY, Art. 710 ZGB N 2; ZK-HAAB/SIMONIUS/SCHERRER/ZOBL, Art. 709/710 ZGB N 10);

– Klage auf Aufhebung des Stockwerkeigentums nach **Art. 712f Abs. 3 ZGB** (vgl. BK-MEIER-HAYOZ/REY, Art. 712f ZGB N 47 ff.; BK-MEIER-HAYOZ, Syst. Teil N 277);

- Klage auf Vormerkung eines «persönlichen Rechts» im Grundbuch nach **Art. 959 ZGB** (wie z.B. das Nachrückungsrecht des Grundpfandgläubigers nach **Art. 814 Abs. 3 ZGB**, das Vorkaufs-, Rückkaufs- und Kaufsrecht gemäss **Art. 681, Art. 682, Art. 682a, 712c ZGB, Art. 216/216a OR**, das Miet- und Pachtverhältnis, vgl. **Art. 261b und Art. 290 lit. c OR** sowie **Art. 71 GBV**; vgl. BGE 125 III 130 E. 1 f.), auf Eintragung des Gewinnanspruches nach **Art. 34 Abs. 2 BGBB** (vgl. BGBB Komm.-HENNY, Art. 34 BGBB), sowie des Rückfallsrechtes des Schenkers bei Schenkung von Grundstücken oder anderen beschränkten dinglichen Rechten (**Art. 247 Abs. 2 OR**; a.M. H. DESCHENAUX, in: Festgabe Gutzwiller, Basel, 1959, 734 f.);

- Ansprüche auf Vormerkung einer Verfügungsbeschränkung nach **Art. 960 ZGB**; Letztere Norm dient dazu, neben dem obligatorischen Anspruch ein dingliches Nebenrecht zu schaffen (vgl. so BSK ZGB II-SCHMID, Art. 960 insb. N 1 m.w.H.). Der obligatorische Erfüllungsanspruch wird zur Realobligation (vgl. ZOBL, N 310);

- Das Kaufsrecht der Miterben nach **Art. 24 BGBB**, der Zuweisungsanspruch bei der Aufhebung von vertraglich begründetem gemeinschaftlichen Eigentum (**Art. 36 ff. BGBB**), das Vorkaufsrecht an Miteigentumsanteilen (**Art. 49 Abs. 1 und 2, je Ziff. 1 und 2 i.V.m. Abs. 3 BGBB**); ferner die Klagen aus vertraglichen Kaufs- und Vorkaufsrechten an landwirtschaftlichen Gewerben oder Grundstücken (vgl. BBl 1988 III 1058) (vgl. BGBB Komm.-STALDER, Vor Art. 42–46 BGBB N 11, Art. 82 BGBB N 5; BÜHLER/EDELMANN/KILLER, § 29 ZPO/AG N 6);

- Klagen aus dem Kaufs- bzw. Vorkaufsrecht der Verwandten nach **Art. 25 ff. sowie Art. 42 ff. BGBB**), aus dem Vorkaufsrecht des Pächters (**Art. 47 f. BGBB**), aus dem Vorkaufsrecht an Miteigentumsanteilen nach **Art. 49 Abs. 1 und 2, je Ziff. 2 i.V.m. Art. 41 Abs. 1 und Art. 47 Abs. 1 lit. a BGBB**, aus dem Rückkaufsrecht nach **Art. 55 BGBB** sowie aus den kantonalen Vorkaufsrechten nach **Art. 56 BGBB**, sofern der Kanton keine eigene Zuständigkeit vorgesehen hat.

26   Klagen, die unter Berücksichtigung der obgenannten Rechtsprechung **nicht** unter Art. 29 Abs. 2 fallen dürften, sind:

- Die Klage des Architekten gegen den Grundeigentümer oder den Bauherrn, welcher nicht Grundeigentümer ist, auf Bezahlung seines Honorars (vgl. BGE 131 II 16);

- Werklohnforderungen von Unternehmern gegen den Grundeigentümer oder Besitzer für Arbeiten am Grundstück; wird indes ein Bauhandwerkerpfandrecht gemäss Art. 29 Abs. 1 lit. c am Ort der gelegenen Sache geltend gemacht, muss aufgrund des Sachzusammenhanges gleichzeitig die (dem Pfandrecht zugrundeliegende) Forderung geltend gemacht werden können;

- Schadenersatzforderung wegen Vorenthaltung des Eigentums oder für bereits erfolgte Eigentumsstörung (wie z.B. Klagen nach Art. 679 i.V.m Art. 684 ZGB; falls sie im Zusammenhang mit einer in N 10 besprochenen Klage eingereicht werden, gilt der Gerichtsstand des Sachzusammenhangs);

- Klagen auf Feststellung des eines Grundpfandes die Zusprechung der gesicherten Forderung (Kellerhals/von Werdt/Güngerich-VON WERDT, Art. 19 GestG N 49);

- Obligatorische Klagen aus einem Grundstückkaufvertrag, wie Klagen auf Bezahlung des Kaufpreises, auf Schadenersatz wegen Nicht- oder Schlechterfüllung des Vertrages. Die Klage auf Feststellung der Ungültigkeit des Grundstückkaufvertrages fällt dann unter Art. 29 Abs. 2, wenn sie mit der Klage auf Rückübereignung des Grundstücks verbunden wird;

- Schadenersatzklagen wegen Besitzesstörung oder -entziehung (Kellerhals/von Werdt/ Güngerich-VON WERDT, Art. 19 GestG N 59);
- Schadenersatzklagen aus Werkmängeln des Grundstücks gemäss Art. 58 f. OR.

IV. Abs. 3

Bezieht sich die Klage auf **mehrere Grundstücke oder ist das Grundstück in mehreren Kreisen in das Grundbuch aufgenommen**, so ist nach Art. 29 Abs. 3 das Gericht am Ort zuständig, an dem das flächenmässig grösste Grundstück oder der flächenmässig grösste Teil des Grundstückes **liegt** (vgl. hierzu Art. 3 GBV). Die Zuordnung der richterlichen Behörde (für Art. 29 Abs. 1 und 2) erfolgt somit nach der **Lage des (grössten bzw. grössten Teils des) Grundstückes** und unabhängig davon, wo die Grenzen des Grundbuchamtskreises verlaufen bzw. der Sitz der Grundbuchamtskanzlei liegt (ähnlich: FRANK/STRÄULI/MESSMER, §§ 6/7 ZPO/ZH N 26). Dies ist denn auch sachgerecht, da Grundbuchkreis und Gerichtssprengel nicht immer deckungsgleich sein müssen:

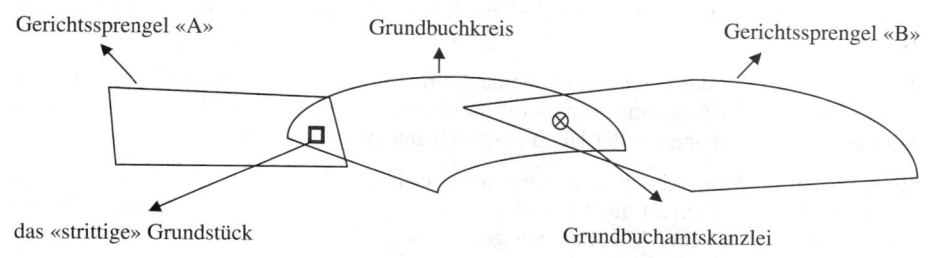

27

Gerichtssprengel «A»   Grundbuchkreis   Gerichtssprengel «B»

das «strittige» Grundstück   Grundbuchamtskanzlei

Gemäss der hier vertretenen Auffassung ist das für den Gerichtssprengel «A» zuständige Gericht für die Anhandnahme der Klage für das «strittige» Grundstück örtlich zuständig.

V. Abs. 4 («Angelegenheiten der freiwilligen Gerichtsbarkeit»)

Für Angelegenheiten der **freiwilligen Gerichtsbarkeit** (vgl. zum Begriff Art. 19 N 3 f.), die sich auf Rechte an Grundstücken beziehen, ist gemäss Art. 29 Abs. 4 das Gericht an dem Ort zwingend zuständig, an dem das Grundstück im Grundbuch aufgenommen ist oder aufzunehmen wäre. Art. 29 Abs. 4 bildet eine Ausnahme zu Art. 19, wonach in Angelegenheiten der freiwilligen Gerichtsbarkeit das Gericht oder die Behörde am Wohnsitz oder Sitz der gesuchstellenden Partei zwingend zuständig ist. Abs. 4 weist die gleiche Diktion wie Abs. 2 auf (Rechte an Grundstücken), so dass diesbezüglich auf die obzitierte Rechtsprechung verwiesen werden kann (vgl. N 25). Die Führung des Grundbuches stellt zwar eine Angelegenheit der nichtstreitigen Gerichtsbarkeit dar (GULDENER, ZPR, 42; HABSCHEID, N 137); die Normen des formellen Grundbuchrechts gehören aber dem öffentlichen Verwaltungsrecht des Bundes an (vgl. BSK ZPO II-SCHMID, Vor Art. 942–977 N 27; BGE 97 I 271 E. 1). Da das 2. Kapitel der ZPO einzig die örtliche Zuständigkeit in Zivilsachen regelt, ist es auf die Teil des öffentlichen Rechts darstellende Grundbuchführung nicht anwendbar (vgl. GestG-Komm.-SPÜHLER, Art. 11 N 10).

28

Nachstehend werden einige Fälle angeführt, welche nicht unter Art. 29 Abs. 4 fallen:

29

- Massnahmen zur Erhaltung des Wertes und der Gebrauchsfähigkeit der Sache bei Miteigentum nach **Art. 647 Abs. 2 Ziff. 1 ZGB**. Gemäss BGE 104 II 163, 164 f. E. 3 leitet ein entsprechendes Gesuch keine Zivilrechtsstreitigkeit ein. Da das entsprechende Urteil keine Änderung des Grundbuches nach sich ziehen kann, ist Art. 29 Abs. 4 nicht anwendbar. Die örtliche Zuständigkeit ergibt sich demnach aus Art. 19.

– Gleiches dürfte auch für Art. 666b ZGB für das Gesuch um Anordnung gerichtlicher Massnahmen beim Fehlen der vorgeschriebenen Organe der juristischen Person als Eigentümerin des Grundstückes gelten.

– Die öffentliche Beurkundung privater Rechtsgeschäfte nach **Art. 55 SchlT ZGB**, zu welchen auch die Grundstückgeschäfte gehören, fällt ebenfalls nicht unter Art. 29 Abs. 4 (vgl. hierzu Art. 19 N 10).

VI. Rechtslage bei vorsorglichen Massnahmen

30 Für den Erlass vorsorglicher Massnahmen ist das Gericht am Ort, an dem die Zuständigkeit für die Hauptsache gegeben ist, oder am Ort, an dem die Massnahme vollstreckt werden soll, zwingend zuständig (**Art. 13**). Massgeblich bleibt in diesem Zusammenhang, dass die in Art. 13 vorgesehene Alternative *auch nach Eintritt der Rechtshängigkeit* besteht.

Die «Zuständigkeit der Hauptsache» gemäss Art. 13 kann sich nach Art. 29 Abs. 1 lit. a, b oder c sowie Abs. 2 richten, so dass für die Anordnung von vorsorglichen Massnahmen vorweg zu prüfen bleibt, wo der Hauptanspruch anhängig zu machen ist.

Richtet sich die Zuständigkeit der Hauptsache nach **Art. 29 Abs. 1 lit. a, b oder c** – wonach lediglich das Gericht am Lageort des Grundstücks zuständig ist – besteht für die Anordnung vorsorglicher Massnahmen gemäss Art. 13 nur ein Gerichtsstand: derjenige am Lageort des Grundstückes.

Richtet sich die Zuständigkeit der Hauptsache nach **Art. 29 Abs. 2**, ist in Anwendung von Art. 13 das Gericht am Lageort des Grundstückes oder am Wohnsitz des Beklagten für die Anordnung vorsorglicher Massnahmen «wahlweise zwingend» zuständig.

31 Nach **Art. 960 Abs. 1 Ziff. 1 ZGB** können Verfügungsbeschränkungen für einzelne Grundstücke auf Grund einer amtlichen Anordnung zur *Sicherung* streitiger oder vollziehbarer Ansprüche im Grundbuch vorgemerkt werden. Bei den hier sicherungshalber im Grundbuch vorzumerkenden Rechten handelt es sich um *obligatorische Ansprüche* (welche mittels Klage aus Art. 655 ZGB oder mittels Klage auf Abgabe einer Willenserklärung nach Art. 963 f. ZGB durchgesetzt werden können und zu deren materiellrechtlicher Realisierung ein Grundbucheintrag, die Löschung eines solchen oder eine Vormerkung im Grundbuch notwendig sind [vgl. BSK ZGB II-SCHMID, Art. 960 N 4]). Im Zuge des vorsorglichen Massnahmeverfahrens auf einstweilige Durchsetzung des persönlichen Rechts kann – in Anwendung von Art. 13 («Zuständigkeit für die Hauptsache») – nach der Wahl des Klägers beim Gericht am Ort der gelegenen Sache oder beim Wohnsitz des Beklagen gemäss Art. 29 Abs. 2 die Anordnung der Eintragung der Verfügungsbeschränkung beantragt werden (vgl. zum Ganzen BGE 120 Ia 240 = Pra 84 [1995] Nr. 193).

32 **Art. 961 Abs. 1 Ziff. 1 ZGB** hat die *Sicherung eines* bereits bestehenden, aus dem Grundbuch jedoch nicht ersichtlichen *dinglichen Rechts* zum Gegenstand, das durch eine vorläufige Eintragung vorgemerkt werden kann (vgl. BSK ZGB II-SCHMID, Art. 961 N 1 f.; Art. 2 und 75 GBV). Die örtliche Zuständigkeit im Verfahren auf Anordnung einer vorsorglichen Massnahme i.S.v. Art. 961 Abs. 1 Ziff. 1 ZGB ist dinglicher Natur (Art. 29 Abs. 1 lit. a), so dass in Anwendung von Art. 13 lediglich der Gerichtsstand der gelege-

nen Sache zwingend örtlich zuständig ist (vgl. BÖCKLI, § 14 aZPO/TG N 3; BÜRGI/ SCHLÄPFER/HOTZ/PAROLARI, § 7 ZPO/TG N 5).

In kantonalen Gesetzen vorkommende **Grundbuch- oder Kanzleisperren** dürfen lediglich darauf ausgerichtet sein, den bestehenden Zustand zu erhalten (d.h. ein Verfügungsverbot des Eigentümers über das Grundstück zu errichten und so die Aufrechterhaltung des bisherigen Zustandes zu gewährleisten). Begründen sie subjektive Privatrechte, sind sie mit dem Bundesrecht nicht vereinbar (BGE 104 II 179 E. 6; vgl. ferner BSK-SCHMID, Art. 946 ZGB N 69; ZOBL, N 345 ff.). Die Anmerkung der Grundbuch- oder Kanzleisperre erfolgt aufgrund der Behauptung besserer obligatorischer oder dinglicher Rechte, weshalb sich der Gerichtsstand je nach dem Inhalt des (behaupteten) Rechtes auf Art. 29 Abs. 1 lit. a, b oder c (als «Zuständigkeit der Hauptsache» nach Art. 13) zu stützen hat, sofern der Kanton nicht einen eigenen Gerichtsstand vorsieht. Auf jeden Fall bleibt der Lageort des Grundstückes nach Art. 13 («Massnahmevollstreckung») zwingend zuständig. 33

Falls das Gericht im Eheschutzverfahren dem Ehegatten untersagt hat, über ein Grundstück zu verfügen, hat er diese Anordnung nach **Art. 178 Abs. 3 ZGB** von Amtes wegen im Grundbuch anmerken zu lassen. Dadurch wird gewährleistet, dass der Ehegatte ohne Zustimmung des anderen nicht über das Grundstück verfügen kann. Es handelt sich hierbei um eine *Kanzleisperre von Bundesrechts* wegen, welche die Eintragung von gesetzlich begründeten Ansprüchen Dritter (wie Bauhandwerkerpfandrechten etc.) nicht hindert (vgl. BSK ZGB II-HASENBÖHLER, Art. 178 ZGB N 16). Da die Anmerkung lediglich im Zusammenhang mit dem Erlass der Verfügungsbeschränkung angeordnet werden kann und letztere eine Eheschutzmassnahme darstellt, richtet sich die «Zuständigkeit für die Hauptsache» für die Durchsetzung der Massnahme i.S.v. Art. 178 Abs. 3 ZGB nach Art. 23 Abs. 1. 34

VII. Rechtslage im internationalen Verhältnis oder IPR

In internationalen Verhältnissen für Klagen betreffend dingliche Rechte an Grundstücken wird in Art. 97 IPRG und Art. 16 Nr. 1 lit. a LugÜ ein ausschliesslicher und zwingender Gerichtsstand am Ort der gelegenen Sache vorgesehen. In beiden Texten bedeutet «ausschliesslich» den Ausschluss von Prorogation und Einlassung (vgl. BSK IPRG-FISCH, Art. 97 N 4; ZK-HEINI, Art. 97 IPRG N 4; R. GEIMER/R. A. SCHÜTZE, Europäisches Zivilverfahrensrecht, Kommentar zum EuGVÜ und zum Lugano-Übereinkommen, München 1997, Art. 16 EuGVÜ/LugÜ N 36 ff.; Dasser/Oberhammer-K. MÜLLER, Art. 16 Nr. 1 LugÜ N 1 m.w.H.; J. KROPHOLLER, Europäisches Zivilprozessrecht, Kommentar zum EuGVÜ und Lugano-Übereinkommen, 6. Aufl., Heidelberg 1998, Art. 16 EuGVÜ/ LugÜ N 4). Art. 6 Nr. 4 LugÜ stellt des Weiteren für Klagen aus Vertrag, die mit Ansprüchen aus dinglichen Rechten an Grundstücken verbunden sind, wahlweise den Gerichtsstand im Staat, wo das Grundstück liegt, zur Verfügung (vgl. Dasser/Oberhammer-TH. MÜLLER, Art. 6 LugÜ N 133; KROPHOLLER, a.a.O., Art. 6 EuGVÜ/LugÜ N 43 ff.). 35

Art. 30

Bewegliche Sachen

¹ **Für Klagen, welche dingliche Rechte, den Besitz an beweglichen Sachen oder Forderungen, die durch Fahrnispfand gesichert sind, betreffen, ist das Gericht am Wohnsitz oder Sitz der beklagten Partei oder am Ort der gelegenen Sache zuständig.**

² **Für Angelegenheiten der freiwilligen Gerichtsbarkeit ist das Gericht am Wohnsitz oder Sitz der gesuchstellenden Partei oder am Ort der gelegenen Sache zwingend zuständig.**

Biens meubles

¹ Le tribunal du domicile ou du siège du défendeur ou celui du lieu où le bien est situé est compétent pour statuer sur les actions relatives aux droits réels mobiliers, à la possession et aux créances garanties par gage mobilier.

² Dans les affaires relevant de la juridiction gracieuse, le tribunal du domicile ou du siège du requérant ou celui du lieu de situation du bien est impérativement compétent.

Cose mobili

¹ Per le azioni in materia di diritti reali mobiliari o di possesso di cose mobili e per le azioni in materia di crediti garantiti da pegno mobiliare è competente il giudice del domicilio o della sede del convenuto o il giudice del luogo di situazione della cosa.

² Nelle cause di volontaria giurisdizione è imperativo il foro del domicilio o della sede del richiedente o il foro del luogo di situazione della cosa.

Inhaltsübersicht   Note

   I. Normzweck/Allgemeines 1
  II. Voraussetzungen 3
      1. Begriff der beweglichen Sache und deren Belegenheit 3
      2. Massgeblicher Zeitpunkt für die Ermittlung der Belegenheit 7
      3. Unter Art. 30 fallende Klagen 9
 III. Freiwillige Gerichtsbarkeit (Abs. 2) 15
 IV. Rechtslage bei vorsorglichen Massnahmen 16
  V. Rechtslage im internationalen Verhältnis 17

Literatur

Vgl. die Literaturhinweise zu Art. 29.

I. Normzweck/Allgemeines

1   Art. 30 eröffnet einen **Wahlgerichtsstand** für Klagen über dingliche Rechte oder über den Besitz an beweglichen Sachen und über Forderungen, die durch Faustpfand gesichert sind, am Wohnsitz der beklagten Partei oder am Ort, an dem die Sache liegt. Die ZPO behandelt die beweglichen und unbeweglichen Sachen unterschiedlich, was sachlich gerechtfertigt ist. Die Verwurzelung am Lageort ist bei beweglichen Sachen weniger gegeben als bei Grundstücken. Vom allgemeinen Gerichtsstand am Wohnort des Beklagten soll nicht ohne Not abgewichen werden. Eine generelle Anknüpfung an den Lageort würde zudem die Gefahr des Missbrauchs nach sich ziehen: durch kurzfristiges (bzw. häufiges) Verschieben der Sache vor dem für die Belegenheit massgeblichen Zeitpunkt (vgl. hierzu N 4) hätte es der zu Beklagende in der Hand, neue Zuständigkeiten nach

2. Kapitel: Örtliche Zuständigkeit 2–7 Art. 30

Belieben zu begründen, was der Rechtssicherheit abträglich wäre (vgl. hierzu BSK IPRG-FISCH, Art. 98 N 4). Dem Lageort kommt bezüglich der örtlichen Zuständigkeit insoweit Bedeutung zu, als der (Wohn-)Sitz (Art. 10 Abs. 1 lit. a und b i.V.m. Abs. 2) bzw. gewöhnliche Aufenthalt (Art. 11) des Beklagten nicht bekannt sind.

Art. 30 Abs. 1 ist **nicht zwingend** (vgl. auch DUCROT, 85); Gerichtsstandsvereinbarungen nach Art. 17 und Einlassung nach Art. 18 sind demnach zulässig. Demgegenüber ist Art. 30 Abs. 2 bei Angelegenheiten freiwilliger Gerichtsbarkeit **zwingender Natur**. 2

II. Voraussetzungen

1. Begriff der beweglichen Sache und deren Belegenheit

Der Begriff der beweglichen Sache definiert sich in erster Linie nach Bundeszivilrecht. 3
Die bewegliche Sache ist nach der in der schweizerischen Lehre herrschenden Auffassung ein unpersönlicher, für sich bestehender Gegenstand, der der menschlichen Herrschaft unterworfen werden kann (vgl. LIVER, 11, 312 f.; BK-MEIER-HAYOZ, Bd. IV, Syst. Teil, N 115; REY, N 66 ff., 140 ff.) und keine Liegenschaft i.S.v. Art. 655 Abs. 2 Ziff. 1 und Art. 943 Abs. 1 Ziff. 1 ZGB darstellt. Mobilien sind **Objekte, deren räumliche Lage ohne Substanzverlust beliebig geändert werden kann**, da sie nicht in fester Verbindung mit dem Boden stehen (vgl. BK-MEIER-HAYOZ, BD. IV, Syst. Teil, N 173; REY, N 143; BSK ZGB II-SCHWANDER, Art. 713 N 3; BK-ZOBL Art. 884 ZGB N 76). Zu den beweglichen Sachen gehören naturgemäss auch *Wertpapiere* (vgl. analog BGE 116 III 109). Für das Mobiliarsachenrecht sind insb. die Art. 641–654, 713–729, 745–775, 884–941 ZGB zu beachten (vgl. REY, N 140).

Körperliche Sachen **liegen** allgemein **dort**, wo sie sich dauernd oder vorübergehend befinden. 4

Ein *Wertpapierdepot*, das einer Bank verpfändet ist, welche das Depotkonto führt, befindet sich am Sitz der Bank unabhängig davon, wo diese Papiere aufbewahrt oder aufbewahren lässt (vgl. BGE 105 III 117; BÜRGI/SCHLÄPFER/HOTZ/PAROLARI, § 8 ZPO/TG N 2; FRANK/STRÄULI/MESSMER, §§ 6/7 ZPO/ZH N 31). Ist die Sache *durch Zerstörung untergegangen oder abhanden gekommen*, kann die Klage i.S.v. Art. 938/940 ZGB an jedem Ort angebracht werden, wo sich die Sache in der Zeitperiode befunden hat, für welche der Beklagte verantwortlich gemacht wird (vgl. BK-STARK, Vor Art. 938–940 ZGB N 30 ff., insb. 33; BÜRGI/SCHLÄPFER/HOTZ/PAROLARI, § 8 ZPO/TG N 1; FRANK/STRÄULI/MESSMER, §§ 6/7 ZPO/ZH N 29).

Art. 30 gilt nicht für dingliche Rechte an Forderungen und anderen Rechten, da letzteren 5
die Körperlichkeit abgesprochen werden muss (vgl. BÜHLER/EDELMANN/KILLER, § 30 ZPO/AG N 2; HUBER, § 7 ZPO/ZH N 1; LEUCH/MARBACH/KELLERHALS/STERCHI, Art. 29 ZPO/BE N 2a/aa Abs. 2 und N 8 a m.w.H.; LEUENBERGER/UFFER-TOBLER, Art. 28 ZPO/SG N 2b).

Bei **dinglichen Rechten an Energien** (bzw. Naturkräften), die mitunter wie bewegliche 6
Sachen behandelt werden (vgl. REY, N 86 ff.), dürfte deren Belegenheit zumindest dort angesiedelt werden, wo die Energie bzw. Naturkraft durch von Menschenhand geschaffene Vorrichtungen gewonnen wird oder wo sie nach ihrer Gewinnung gespeichert wird.

2. Massgeblicher Zeitpunkt für die Ermittlung der Belegenheit

Das Gericht am Ort, «an dem die Sache liegt», ist wahlweise für die Anhandnahme der in 7
Art. 30 beschriebenen Klagen zuständig. Eine bewegliche Sache liegt dort, wo sie sich **bei Eintritt der Rechtshängigkeit** dauernd oder vorübergehend befindet, unabhängig

vom Willen des Besitzers bzw. vom Grund der Belegenheit der Sache (vgl. LEUCH/ MARBACH/KELLERHALS/STERCHI, Art. 29 ZPO/BE N 4b; vgl. für den Eintritt der Rechtshängigkeit Art. 62 ff.).

8 Was die **Identifizierung der Sache** anbetrifft, dürften keine wesentlichen Probleme auftauchen. Geht es um Forderungen, die durch ein Pfand an mehreren beweglichen Sachen gesichert sind, sollte die *Belegenheit der wertvollsten Sache* massgebend sein.

3. Unter Art. 30 fallende Klagen

a) Klagen über dingliche Rechte oder über den Besitz

9 Der Wahlgerichtsstand nach Art. 30 eröffnet sich für **Klagen über dingliche Rechte oder über den Besitz** an beweglichen Sachen. Hierzu kann im Wesentlichen auf Art. 29 N 8 ff. verwiesen werden, sofern sich die dort aufgeführten Ansprüche auf bewegliche Sachen beziehen. Insbesondere fallen sämtliche (Besitzesschutz- und Besitzesrechts-) Behelfe des Besitzrechts unter «Klagen aus Besitz».

b) Klagen über Forderungen, die durch Faustpfand gesichert sind

10 Der Wahlgerichtsstand besteht ferner für **Forderungen, die durch Faustpfand gesichert sind**. Dies hängt damit zusammen, dass mit der Klage sowohl ein obligatorisches (Pfandforderung) als auch ein beschränktes dingliches Recht (Pfandrecht) geltend gemacht werden kann. Für das Erstere würde der allgemeine Gerichtsstand, für das Letztere der Ort der gelegenen Sache sprechen (vgl. ZK-ZOBL, Bd. IV, Syst. Teil N 824; BK-MEIER-HAYOZ, Art. 641 ZGB N 76 f.; BK-STARK, Vorbem. vor Art. 938 ff. ZGB N 31). Der Wahlgerichtsstand kann bspw. für folgende Klagen gelten:

— Feststellung des Bestehens bzw. Nichtbestehens (der Höhe) einer pfandrechtlich gesicherten Forderung (vgl. BK-ZOBL, Bd. IV, Syst. Teil N 823; auch wenn das Pfandrecht *nicht* bestritten wird oder die Forderung den Wert des Pfandes *übersteigt* [vgl. LEUENBERGER/UFFER-TOBLER, Art. 28 ZPO/SG N 3 m.w.H.]);

— Die Klage auf Feststellung des Nichtbestehens/Bestehens bzw. Geltendmachung einer pfandrechtlich gesicherten Forderung *und* des Pfandrechtes (sowie Rückgabe des Fahrnispfandes) (vgl. BK-ZOBL, Bd. IV, Syst. Teil N 823; LEUCH/MARBACH/ KELLERHALS/STERCHI, Art. 29 ZPO/BE N 6; FRANK/STRÄULI/MESSMER, §§ 6/7 ZPO/ ZH N 13);

— Wird die pfandgesicherte Forderung *erst nach der Pfandverwertung* geltend gemacht, entfällt der Wahlgerichtsstand nach Art. 30 (vgl. BK-ZOBL, Bd. IV, Syst. Teil N 823);

— Klage auf Feststellung des Nichtbestehens/Bestehens des Pfandrechtes (als «dingliches Recht» an beweglichen Sachen»).

11 Der Wahlgerichtsstand nach Art. 30 steht auch dann offen, wenn ausnahmsweise ein *besitzloses Pfandrecht* zugelassen ist (z.B. nach Art. 885 ZGB; vgl. FRANK/STRÄULI/ MESSMER, §§ 6/7 ZPO/ZH N 14).

c) «Andere» Klagen

12 Alle dinglichen Klagen sowie solche über den Besitz an beweglichen Sachen fallen unter Art. 30. Obligatorische Forderungen an beweglichen Sachen – mit Ausnahme jener, die durch Faustpfand oder Retentionsrecht gesichert sind – fallen **nicht** unter Art. 30 (vgl. FRANK/STRÄULI/MESSMER, §§ 6/7 ZPO/ZH N 22). Dies gilt insb. für Klagen aus **Miete**

und **Pacht beweglicher Sachen** (vgl. hierzu die damalige Streichung von Art. 274b Abs. 1 lit. b OR im Rahmen der Einführung des GestG [Ziff. 5 des Anhanges zum GestG]).

Das Bundesgericht hat die Klage auf **Herausgabe einer Geldsumme**, die bei einem Dritten zur Sicherstellung einer streitigen Forderung hinterlegt wurde, wenn die Hinterlegung an die Stelle eines Pfandes oder einer retinierten Sache tritt oder geleistet wird, um ein Pfandrecht abzuwenden, als Forderungsklage mit dinglichen Charakter anerkannt (vgl. FRANK/STRÄULI/MESSMER, §§ 6/7 ZPO/ZH N 19 und BÜHLER/EDELMANN/KILLER, § 29 ZPO/AG N 2, je m.w.H.), so dass auf sie Art. 30 anwendbar ist. **13**

Die **Anerkennungs- und Arrestprosequierungsklagen** (Art. 79 und 279 SchKG) können im Rahmen der Betreibung auf Pfandverwertung auch am Ort der Belegenheit der Pfandsache erhoben werden, wenn die unter N 10 bezeichneten Klagen anstehen. Bei der **Admassierungsklage** nach Art. 242 Abs. 3 SchKG eröffnet sich ebenfalls der Wahlgerichtsstand nach Art. 30, zumal es sich um eine ordentliche Eigentumsklage nach Art. 641 Abs. 2 ZGB handelt (vgl. BSK SchKG III-RUSSENBERGER, Art. 242 N 7). **14**

III. Freiwillige Gerichtsbarkeit (Abs. 2)

Für Angelegenheiten der freiwilligen Gerichtsbarkeit ist gemäss Abs. 2 das Gericht am Wohnsitz oder Sitz der gesuchstellenden Partei oder am Ort der gelegenen Sache zwingend zuständig. Richtet sich somit das Verfahren nach der freiwilligen Gerichtsbarkeit, sind die Gerichtsstände nach Abs. 1 «ausgeschaltet» und Abs. 2 hat Vorrang. **15**

IV. Rechtslage bei vorsorglichen Massnahmen

Nach Art. 13 ist für den Erlass vorsorglicher Massnahmen das Gericht am Ort, an dem die Zuständigkeit für die Hauptsache gegeben ist, oder am Ort, an dem die Massnahme vollstreckt werden soll, zwingend zuständig. Diese Alternativen gelten auch nach Eintritt der Rechtshängigkeit der Hauptklage. Für vorsorgliche Massnahmen, deren Klagen sich auf den Gerichtsstand von Art. 30 stützen, eröffnet sich in Anwendung von Art. 13 der Gerichtsstand am Ort der gelegenen Sache (welcher gleichzeitig den Ort darstellt, «an dem die Massnahme vollstreckt werden soll») sowie am Wohnsitz des Beklagten. **16**

IV. Rechtslage im internationalen Verhältnis

Für Klagen betreffend dingliche Rechte an beweglichen Sachen sind gemäss Art. 98 IPRG die schweizerischen Gerichte am Wohnsitz oder, wenn ein solcher fehlt, diejenigen am gewöhnlichen Aufenthalt des Beklagten zuständig. Hat der Beklagte in der Schweiz weder Wohnsitz noch gewöhnlichen Aufenthalt, sind die schweizerischen Gerichte am Ort der gelegenen Sache zuständig. Art. 98 IPRG behält sich keine ausschliessliche Zuständigkeit vor; eine Gerichtsstandsvereinbarung ist gemäss Art. 5 IPRG bei vermögensrechtlichen Klagen zulässig, was auch für die Einlassung gemäss Art. 6 IPRG gilt (vgl. BSK IPRG-FISCH, Art. 98 N 7). **17**

6. Abschnitt: Klagen aus Vertrag

Art. 31

Grundsatz	Für Klagen aus Vertrag ist das Gericht am Wohnsitz oder Sitz der beklagten Partei oder an dem Ort zuständig, an dem die charakteristische Leistung zu erbringen ist.
Principe	Le tribunal du domicile ou du siège du défendeur ou celui du lieu où la prestation caractéristique doit être exécutée est compétent pour statuer sur les actions découlant d'un contrat.
Principio	Per le azioni derivanti da contratto è competente il giudice del domicilio o della sede del convenuto oppure il giudice del luogo in cui dev'essere eseguita la prestazione caratteristica.

Inhaltsübersicht

	Note
I. Allgemeines	1
II. Anwendungsbereich	2
1. Allgemeines	2
2. Klagen aus Vertrag	3
III. Rechtsfolgen	5
1. Allgemeines	5
2. Gerichtsstand am Wohnsitz oder Sitz der beklagten Partei	7
3. Gerichtsstand am Erfüllungsort der charakteristischen Leistung	8
IV. Prozessuales	20
V. Übergangsrecht	21
VI. Internationale Verhältnisse	22
1. IPRG	22
2. LugÜ	23

Literatur

R. DALLAFIOR/C. GÖTZ STAEHELIN, Überblick über die wichtigsten Änderungen des Lugano-Übereinkommens, SJZ 2008, 105 ff.; A. FURRER/D. SCHRAMM, Zuständigkeitsprobleme im europäischen Vertragsrecht, Die neuesten Entwicklungen zu Art. 5 Ziff. 1 LugÜ/EuGVÜ, SJZ 2003, 105 ff.; P. GROLIMUND, Zivilprozess und Versicherung, HAVE 2008, 224 ff.; DERS. Fallstricke und Stilblüten bei der Zuständigkeit in Zivilsachen, AJP 2009, 961 ff.; H. WALDER-RICHLI/B. GROB-ANDERMACHER, Entwicklungen in Zivilprozessrecht und Schiedsgerichtsbarkeit, SJZ 2007, 41 ff.; C. WYNIGER, Vom Alleinverkaufsvertrag, insb. im internationalen Privatrecht der Schweiz, Diss. Bern 1963.

I. Allgemeines

1 Art. 31 sieht für Klagen aus Vertrag einen *Wahlgerichtsstand* am Wohnsitz bzw. Sitz der beklagten Partei oder am Erfüllungsort der charakteristischen Leistung vor. Gegenüber dem bisherigen Recht stellt dies eine **wesentliche Neuerung** dar, da das GestG einen allgemeinen Gerichtsstand am Vertragserfüllungsort noch nicht enthalten hatte. Zwar

hatten bereits der Vorentwurf der Expertenkommission zum GestG wie auch der bundesrätliche Entwurf dazu für Klagen aus Verträgen eine alternative Zuständigkeit am Wohnsitz bzw. Sitz der beklagten Partei oder am Erfüllungsort vorgesehen (BOTSCHAFT GestG, 2858 f.). Der Gerichtsstand am Erfüllungsort wurde aber bei der Beratung des GestG vom Parlament noch *abgelehnt* (AmtlBull NR 1999, 1032). Auf vielfach geäusserten Wunsch nahmen Vorentwurf und Entwurf zur ZPO dieses Anliegen wieder auf. In der Vernehmlassung stiess der alternative Gerichtsstand am Erfüllungsort mehrheitlich auf Zustimmung und wurde von den Räten dieses Mal diskussionslos *angenommen* (AmtlBull StR 2007, 505; AmtlBull NR 2008, 644).

II. Anwendungsbereich

1. Allgemeines

Art. 31 stellt den Grundsatz auf, wo Klagen aus Vertrag anhängig zu machen sind. Diese Bestimmung gilt aber **nicht für alle Klagen aus Vertrag**. Insbesondere sehen die Art. 32–34 besondere Gerichtsstände für Klagen aus *Konsumentenverträgen, Miete und Pacht* sowie *Arbeitsrecht* vor. Diese Gerichtsstände sind aus Gründen des Sozialschutzes teilzwingend ausgestaltet und gehen dem allgemeinen Vertragsgerichtsstand gemäss Art. 31 als *leges speciales* vor (BOTSCHAFT ZPO, 7268). Bei Klagen aus Vertrag ist somit stets zu prüfen, ob im konkreten Fall nicht eine der besonderen Zuständigkeitsbestimmungen des 6. Abschnitts (Art. 32–34) zur Anwendung gelangt. Nur wenn dies nicht der Fall ist, ist der Wahlgerichtsstand des Art. 31 gegeben. Zu weiteren Ausnahmen vgl. N 4.

2. Klagen aus Vertrag

Der Begriff «**Klagen aus Vertrag**» umfasst nicht nur Ansprüche aus einem bestehenden Vertragsverhältnis. Vielmehr sind darunter alle Klagen zu verstehen, die eine *vertragliche Anspruchsgrundlage* in dem Sinne besitzen, dass mit ihnen *materiellrechtliche Ansprüche aus einer bestehenden oder früheren Vertragsbeziehung geltend gemacht werden oder dass sie das Zustandekommen oder Nichtzustandekommen des Vertrages* selbst betreffen (in Anlehnung an ZK-HIGI, Art. 274 OR N 44). Auch Klagen aus *culpa in contrahendo* fallen darunter, wie auch Klagen, mit denen Ansprüche geltend gemacht werden, die im Verhältnis der *Anspruchskonkurrenz* zueinander stehen.

Verträge können ganz **unterschiedliche Rechtsgebiete** betreffen. Für diese sind in anderen Abschnitten der ZPO **eigene Zuständigkeitsbestimmungen** vorgesehen. So sind insb. die folgenden *vertragsrechtlichen Klagen* an *besonderen Gerichtsständen* zu erheben (vgl. näher Kellerhals/von Werdt/Güngerich-WALTHER, Vor 5. Abschnitt GestG N 4 ff.):

– Klagen aus *Eheverträgen*: am Gerichtsstand nach Art. 23;

– Klagen auf Erfüllung und Anfechtung von *Erbteilungsverträgen*: am Gerichtsstand nach Art. 28;

– Klagen auf *Übertragung von Grundeigentum* aus Grundstückkaufverträgen: am Gerichtsstand nach Art. 29 Abs. 2;

– Klagen auf Einräumung beschränkter dinglicher Rechte aus *Dienstbarkeitsverträgen*: am Gerichtsstand nach Art. 29 Abs. 2;

– Verantwortlichkeitsansprüche aus einem *Kollektivanlagevertrag*: am Gerichtsstand nach Art. 45.

III. Rechtsfolgen

1. Allgemeines

5 Für Klagen aus Vertrag im Sinne der obigen Ausführungen stellt Art. 31 wahlweise einen Gerichtsstand am *Wohnsitz* bzw. *Sitz der beklagten Partei* oder am *Erfüllungsort der charakteristischen Leistung* zur Verfügung. Dieser Wahlgerichtsstand ist **nicht zwingend**. Sowohl der Abschluss einer *Gerichtsstandsvereinbarung* (Art. 17) als auch die *Einlassung* vor einem an sich unzuständigen Gericht (Art. 18) sind daher zulässig.

6 Bei gegebenen Voraussetzungen kann zusätzlich am **Ort der Niederlassung** geklagt werden, da dieser Gerichtsstand immer auch dann zur Verfügung steht, wenn einer der besonderen Gerichtsstände die Zuständigkeit am Wohnsitz oder Sitz der beklagten Partei vorsieht (BGE 129 III 31, 33 f.; Müller/Wirth-MÜLLER, Art. 5 GestG N 37; DONZALLAZ, Comm., Art. 5 GestG N 4). Dasselbe gilt für die weiteren Gerichtsstände des 1. Abschnitts. Je nach den Umständen können daher für Klagen aus Vertrag nebst dem Gerichtsstand am Wohnsitz bzw. Sitz der beklagten Partei und am Erfüllungsort auch die **folgenden Gerichtsstände** in Betracht kommen:

– Gerichtsstand am *gewöhnlichen Aufenthaltsort*, wenn die beklagte Partei keinen Wohnsitz hat (Art. 11);

– Gerichtsstand am *Ort der Niederlassung* für Klagen aus dem Betrieb der Niederlassung (Art. 12);

– Gerichtsstand am *Ort der Widerklage* (Art. 14);

– Gerichtsstand bei *objektiver* und *subjektiver Klagenhäufung* (Art. 15);

– Gerichtsstand am *forum prorogatum* (Art. 17);

– Gerichtsstand am Ort der *Einlassung* (Art. 18).

2. Gerichtsstand am Wohnsitz oder Sitz der beklagten Partei

7 Der **Begriff des Wohnsitzes bzw. Sitzes** der beklagten Partei bestimmt sich nach Art. 10. Dieser verweist in Abs. 2 auf die Bestimmungen zum Zivilgesetzbuch, mit Ausnahme von Art. 24 ZGB (fiktiver Wohnsitz). Zum **massgebenden Zeitpunkt** für die Bestimmung von Wohnsitz bzw. Sitz der beklagten Partei vgl. Art. 59 N 3, 9.

3. Gerichtsstand am Erfüllungsort der charakteristischen Leistung

a) Allgemeines

8 Art. 31 stellt für den Gerichtsstand am Erfüllungsort auf die **charakteristische Leistung** ab. Da jeder Vertrag in der Regel nur *eine* charakteristische Leistung hat, wird dadurch ein *unnötiges Splitting* der Gerichtsstände *vermieden* (BOTSCHAFT ZPO, 7268).

9 Der Begriff der charakteristischen Leistung ist dem **Kollisionsrecht** entnommen (vgl. Art. 117 Abs. 2 IPRG) und lehnt sich gemäss bundesrätlicher Botschaft an Art. 5 Ziff. 1 der EG-Verordnung 44/2001 über die gerichtliche Zuständigkeit und die Vollstreckung von Entscheidungen in Zivil- und Handelssachen bzw. die *Revision des LugÜ* an. Dieses sieht jedoch nur für Teilbereiche einen einheitlichen Erfüllungsort vor. Im Übrigen findet nach wie vor die bisherige Regelung Anwendung, wonach für den Erfüllungsort auf die eingeklagte (Haupt-)Leistung abzustellen und der Erfüllungsort nach der lex causae zu bestimmen ist, was zu einer Vertragsspaltung führt (s. N 23).

Um im konkreten Fall den **Erfüllungsgerichtsstand bestimmen** zu können, ist somit in einem ersten Schritt nach der charakteristischen Leistung zu fragen und anschliessend zu prüfen, an welchem Ort diese zu erbringen ist.

b) charakteristische Leistung

Unter der **charakteristischen Leistung** ist diejenige Leistung zu verstehen, die wirtschaftlich, soziologisch und funktionell im *Vordergrund* steht und im menschlichen Dasein eine *wirtschaftliche Funktion* erfüllt, die den *konkreten Vertragstyp prägt* (ZK-KELLER/KREN KOSTKIEWICZ, Art. 117 IPRG N 27 m.Nw.). Mit anderen Worten handelt es sich um diejenige Leistung, die geradezu das *typische Merkmal der betreffenden Vertragsart* ausmacht (WYNIGER, 65).

Die *Bestimmung* der charakteristischen Leistung ist *unproblematisch* bei **einseitigen Verträgen**, in denen nur der Schuldner zu einer Leistung verpflichtet ist, wie etwa bei der Schenkung, der Bürgschaft oder dem Garantievertrag. Keine Probleme ergeben sich auch bei **unvollkommen zweiseitigen Verträgen**, bei denen die Hauptleistung als die vertragstypische erscheint, wie z.B. die Leistung des Verleihers bei der Gebrauchsleihe (ZK-KELLER/KREN KOSTKIEWICZ, Art. 117 IPRG N 28).

Bei **synallagmatischen Verträgen** ist nicht auf die Geldleistung, sondern auf die mit dieser in einem Austauschverhältnis stehende *Nicht-Geldleistung* abzustellen (STAEHELIN/STAEHELIN/GROLIMUND, § 9 Rz 122; BOTSCHAFT ZPO, 7268). Das Geld hat als übliches Tauschmittel nichts Besonderes an sich, weshalb die *Nicht-Geldleistung* als *charakteristische Leistung* gilt (ZK-KELLER/KREN KOSTKIEWICZ, Art. 117 IPRG N 29). Da Geldschulden vermutungsweise Bringschulden sind, wird dadurch gleichzeitig das unerwünschte Forum am Wohnsitz des Gläubigers der Geldforderung verhindert (BOTSCHAFT ZPO, 7268).

Schwierigkeiten ergeben sich dort, wo sich **zwei gleichartige Leistungen** gegenüberstehen, wie etwa Geldleistung und Geldleistung beim *entgeltlichen Darlehen* oder Sachleistung und Sachleistung beim *Tausch*. Nach der Botschaft zum IPRG soll in diesen Fällen diejenige Leistung als *charakteristische Leistung* gelten, welche das *grössere Risiko* in sich birgt (BOTSCHAFT IPRG, Ziff. 282.23). Hilft dieses Kriterium nicht weiter, ist darauf abzustellen, *um welcher Leistung wegen* der Vertrag überhaupt abgeschlossen worden ist. Dann gilt diese als charakteristische Leistung (ZK-KELLER/KREN KOSTKIEWICZ, Art. 117 IPRG N 33; BSK IPRG-AMSTUTZ/VOGT/WANG, Art. 117 N 26). Nach einer *anderen Meinung* sollen in einem solchen Fall die Erfüllungsorte beider Leistungen ein Forum begründen (GASSER/RICKLI, Art. 31 N 2; BOTSCHAFT LugÜ, 1830).

Kann im konkreten Fall **keine charakteristische Leistung** bestimmt werden, steht nach der hier vertretenen Meinung der *Gerichtsstand am Erfüllungsort* **nicht** zur Verfügung, es sei denn, beide (Haupt-)Leistungen seien ausnahmsweise am selben Ort zu erfüllen. Vielmehr ist der Kläger in einem solchen Fall auf den *allgemeinen Gerichtsstand* am Wohnsitz oder Sitz der beklagten Partei zu verweisen.

Entsprechend der vorstehenden Ausführungen gilt als *charakteristische Leistung* somit bei:

– **Veräusserungsverträgen** (Kauf, Schenkung) die Leistung des *Veräusserers* (zum Tausch vgl. N 14);

– **Gebrauchsüberlassungsverträgen** (Darlehen, Leihe, Miete und Pacht beweglicher Sachen) die Leistung des *Darlehensgebers*, *Verleihers*, *Vermieters*, *Verpächters* (zur Miete und Pacht unbeweglicher Sachen vgl. N 2 und Art. 33);

- **Dienstleistungsverträgen** (Werkvertrag, Auftrag, Kreditbrief, Kreditauftrag, Akkreditiv, Mäklervertrag, Agenturvertrag, Kommission, Beförderungsvertrag, Speditionsauftrag, Verlagsvertrag, Anweisung, Architekten-, Ingenieur-, Generalunternehmer-, Engineeringvertrag) die Leistung des *Unternehmers*, *Beauftragten*, *Angewiesenen*, *Mäklers*, *Agenten*, *Kommissionärs*, *Frachtführers*, *Spediteurs*, *Verlegers* (letzteres umstritten, vgl. ZK-KELLER/KREN KOSTKIEWICZ, Art. 117 IPRG N 133 m.H.); zum Arbeitsvertrag vgl. N 2 und Art. 34;

- **Verwahrungsverträgen** (Hinterlegungsvertrag, Lagergeschäft, Depositum irregolare, Beherbergungsvertrag, Depotvertrag) die Leistung des *Verwahrers*;

- **Sicherungsverträgen** (Bürgschaft, Garantievertrag) die Leistung des *Bürgen*, *Garanten*;

- beim **Versicherungsvertrag** die Leistung des *Versicherers*;

- beim **Leasingvertrag** die Leistung des *Leasinggebers*;

- beim **Factoringvertrag** die Leistung des *Faktors*;

- beim **Trödelvertrag** die Leistung des *Trödlers*;

- beim **Reiseveranstaltungsvertrag** die Leistung des *Veranstalters*;

- beim **Energielieferungsvertrag** die Leistung des *Lieferanten*;

- beim **Aktionärbindungsvertrag** die Leistung des *Aktionärs*;

Zum Ganzen vgl. ZK-KELLER/KREN KOSTKIEWICZ, Art. 117 IPRG N 73 ff.

17 Bei **zusammengesetzten** und **gemischten Verträgen** ist für die Bestimmung der charakteristischen Leistung danach zu fragen, welcher der Vertragspartner die *überwiegende wirtschaftliche Tätigkeit* erbringt (ZK-KELLER/KREN KOSTKIEWICZ, Art. 117 IPRG N 196). Für den Fall, dass keine solche ermittelt werden kann vgl. N 15.

c) Erfüllungsort

18 Der **Erfüllungsort** der charakteristischen Leistung bestimmt sich nach **Art. 74 OR**. Danach ist in erster Linie auf die *Parteivereinbarung* abzustellen. Fehlt eine vertragliche Vereinbarung, richtet sich der Erfüllungsort nach Art. 74 Abs. 2 Ziff. 1–3 OR (BOTSCHAFT ZPO, 7268; STAEHELIN/STAEHELIN/GROLIMUND, § 9 Rz 123).

19 Die **Vereinbarung des Erfüllungsortes** ist von der Gerichtsstandsvereinbarung zu unterscheiden. Während sich letztere an die Formvorschriften des Art. 17 Abs. 2 zu halten hat, kann sich erstere auch nur mittelbar aus dem Vertrag ergeben (BSK OR I-LEU, Art. 74 N 3). Haben die Parteien hingegen einen Erfüllungsort vereinbart, mit dem sie einzig die Regelung eines Gerichtsstandes bezwecken, ohne dass sie tatsächlich an diesem Ort erfüllen wollen, muss die Vereinbarung den Formvorschriften des Art. 17 Abs. 2 genügen (STAEHELIN/STAEHELIN/GROLIMUND, § 9 Rz 123).

IV. Prozessuales

20 Zur **Prüfung** der örtlichen Zuständigkeit und **Beweislast** vgl. MEIER, Zivilprozessrecht, 134 ff. Die unrichtige Anwendung von Art. 31 durch das Gericht kann in berufungsfähigen Fällen mit **Berufung** und in den übrigen Fällen mit **Beschwerde** gerügt werden (vgl. Komm. zu Art. 308 und 319). Zwischenentscheide über die Zuständigkeit müssen selbständig angefochten werden; eine spätere Anfechtung zusammen mit dem Endentscheid ist ausgeschlossen (Art. 237 Abs. 2).

V. Übergangsrecht

Gemäss Art. 404 Abs. 2 bestimmt sich die örtliche Zuständigkeit nach dem **neuen Recht**. Mit Inkrafttreten der eidgenössischen ZPO können die Parteien somit an den von Art. 31 zur Verfügung gestellten Gerichtsständen klagen, auch wenn der der Klage zugrundeliegende Vertrag früher abgeschlossen wurde.

VI. Internationale Verhältnisse

1. IPRG

Für Klagen aus Vertrag sieht Art. 112 IPRG den Gerichtsstand am **schweizerischen Wohnsitz des Beklagten** oder, wenn ein solcher fehlt, am **gewöhnlichen Aufenthalt in der Schweiz** vor. Gemäss Art. 113 revIPRG kann auch am (schweizerischen) **Erfüllungsort der charakteristischen Leistung** geklagt werden, wobei dieser Gerichtsstand *neu* nicht nur subsidiär, sondern *alternativ* zur Verfügung steht (zur bisherigen Rechtslage vgl. WALTER, IZPR, 156, m.H.). Diese Änderung wurde im Zuge der Umsetzung des *LugÜ II* vorgenommen, um das Gerichtsstandsrecht des IPRG mit demjenigen der ZPO und des LugÜ II *abzustimmen* (BOTSCHAFT LugÜ, 1826). Für die Bestimmung der *charakteristischen Leistung* i.S.v. Art. 113 revIPRG soll auf die Definitionen in Art. 117 Abs. 3 IPRG und die dazu entwickelte Rechtsprechung abgestellt werden (BOTSCHAFT LugÜ, 1830). Zu beachten sind auch im IPRG die Sonderregelungen für *Arbeits-* und *Konsumentenverträge* (Art. 114 und 115 IPRG; vgl. auch Art. 32 N 22 und Art. 34 N 32).

2. LugÜ

Im *eurointernationalen Verhältnis* steht dem Kläger wahlweise der Gerichtsstand am **Wohnsitz des Beklagten** oder am **Erfüllungsort** zur Verfügung, wenn sich letzterer in einem anderen Vertragsstaat befindet. Nach langjähriger Lehre und Rechtsprechung war für den Erfüllungsort auf die eingeklagte (Haupt-)Leistung bzw. die vertraglich eingeklagte Primärpflicht abzustellen und der Erfüllungsort nach der lex causae zu bestimmen (vgl. die Übersicht in WALTER, IZPR, 187 ff.; FURRER/SCHRAMM, 109 ff.). Das *revidierte LugÜ* sieht in Angleichung an Art. 5 Nr. 1 der EG-Verordnung 44/2001 über die gerichtliche Zuständigkeit und die Vollstreckung von Entscheidungen in Zivil- und Handelssachen für *Kaufverträge über bewegliche Sachen* und die *Erbringung von Dienstleistungen* neu einen *einheitlichen Erfüllungsort für sämtliche Ansprüche aus Vertrag* vor. Dabei erklärt für diese beiden wichtigen Vertragstypen Art. 5 Nr. 1 lit. b LugÜ den tatsächlichen bzw. vertraglich vereinbarten Erfüllungsort als massgebend (vgl. dazu WALTER, IZPR, 197; FURRER/SCHRAMM, 112 f.). Für alle *anderen Vertragstypen* bleibt es hingegen bei der *bisherigen Regelung*. Zu beachten sind im Bereich des LugÜ die besonderen Zuständigkeiten für *Konsumentenverträge, Arbeitsverträge, Versicherungsstreitigkeiten* und Klagen aus *Miete und Pacht unbeweglicher Sachen* (Art. 15 ff. und Art. 22 Nr. 1 LugÜ II; vgl. Art. 32 N 23, Art. 33 N 24 f. und Art. 34 N 33).

Art. 32

Konsumenten-vertrag

¹ Bei Streitigkeiten aus Konsumentenverträgen ist zuständig:
a. für Klagen der Konsumentin oder des Konsumenten: das Gericht am Wohnsitz oder Sitz einer der Parteien;
b. für Klagen der Anbieterin oder des Anbieters: das Gericht am Wohnsitz der beklagten Partei.

² Als Konsumentenverträge gelten Verträge über Leistungen des üblichen Verbrauchs, die für die persönlichen oder familiären Bedürfnisse der Konsumentin oder des Konsumenten bestimmt sind und von der anderen Partei im Rahmen ihrer beruflichen oder gewerblichen Tätigkeit angeboten werden.

Contrats conclus avec des consommateurs

¹ En cas de litige concernant les contrats conclus avec des consommateurs, le for est:
a. celui du domicile ou du siège de l'une des parties lorsque l'action est intentée par le consommateur;
b. celui du domicile du défendeur lorsque l'action est intentée par le fournisseur.

² Sont réputés contrats conclus avec des consommateurs les contrats portant sur une prestation de consommation courante destinée aux besoins personnels ou familiaux du consommateur et qui a été offerte par l'autre partie dans le cadre de son activité professionnelle ou commerciale.

Contratti conclusi con consumatori

¹ In materia di controversie derivanti da contratti conclusi con consumatori è competente:
a. per le azioni del consumatore, il giudice del domicilio o della sede di una delle parti;
b. per le azioni del fornitore, il giudice del domicilio del convenuto.

² Sono contratti conclusi con consumatori quelli su prestazioni di consumo corrente destinate al fabbisogno personale o familiare del consumatore e offerte dall'altra parte nell'ambito della sua attività professionale o commerciale.

Inhaltsübersicht Note

I. Allgemeines 1

II. Anwendungsbereich 3
   1. Streitigkeiten aus Konsumentenverträgen 3
   2. Gerichtsstand 14

III. Prozessuales 19
   1. Massgebender Zeitpunkt/Prüfung der Zuständigkeit .. 19
   2. Übergangsrecht 20
   3. Verfahren und Rechtsmittel 21

IV. Internationale Verhältnisse 22
   1. IPRG 22
   2. LugÜ 23

Literatur

A. BRUNNER, Der Konsumentenvertrag im schweizerischen Recht, AJP 1992, 591 ff.; B. HESS, Das Anwaltsgesetz (BGFA) und seine Umsetzung durch die Kantone am Beispiel des Kantons Bern, ZBJV 2004, 126; M. HRISTIC, Zwingende und teilzwingende Gerichtsstände des Gerichtsstandsgesetzes, Diss. Zürich 2002.

I. Allgemeines

Art. 32 übernimmt **inhaltlich unverändert** die Regelung von Art. 22 GestG. Danach steht dem *Konsumenten* für Streitigkeiten aus Konsumentenverträgen ein *Wahlgerichtsstand* an seinem eigenen Wohnsitz oder am Wohnsitz bzw. Sitz des Anbieters zur Verfügung (Art. 32 Abs. 1 lit. a). Klagen des *Anbieters* gegen den Konsumenten können dagegen einzig am *Wohnsitz des Konsumenten* erhoben werden (Art. 32 Abs. 1 lit. b). Abs. 2 enthält eine *positive Legaldefinition* des Konsumentenvertrags, die ebenfalls wörtlich mit Art. 22 Abs. 2 GestG übereinstimmt. Geändert wurde einzig der Randtitel, was jedoch für die Auslegung von Art. 32 ohne Bedeutung bleibt (BOTSCHAFT ZPO, 7268).

Auf diese Gerichtsstände kann der Konsument oder die Konsumentin weder *zum Voraus* noch durch *Einlassung* verzichten (Art. 35 Abs. 1 lit. a). Möglich ist aber der Abschluss einer Gerichtsstandsvereinbarung nach Entstehung der Streitigkeit (Art. 35 Abs. 2). Die Gerichtsstände nach Art. 32 sind damit – wie bereits unter der Geltung des GestG – **teilzwingend**.

II. Anwendungsbereich

1. Streitigkeiten aus Konsumentenverträgen

a) Konsumentenverträge

Die Definition des Konsumentenvertrages in Art. 32 Abs. 2 geht auf den Ständerat zurück, der bei der Schaffung des GestG der negativen Umschreibung des bundesrätlichen Entwurfs eine **positive Definition des Konsumentenvertrages** gegenüberstellte (zur Entstehungsgeschichte vgl. GestG-Komm.-BRUNNER, Art. 22 N 4; Kellerhals/von Werdt/Güngerich-WALTHER, Art. 22 GestG N 7 ff.). Aus den parlamentarischen Beratungen ergibt sich, dass der Begriff des Konsumentenvertrages **eng auszulegen** ist (AmtlBull NR 1999, 2410; AmtlBull StR 1999, 894).

Keine Konsumentenverträge sind zunächst **Geschäfte unter zwei oder mehreren Konsumenten**. Ebensowenig fallen **Handelsgeschäfte** darunter (GestG-Komm.-BRUNNER, Art. 22 N 14).

Aus dem Wortlaut von Art. 32 Abs. 1 lit. b ergibt sich, dass nur eine *natürliche Person* **Konsument** sein kann. Als **Anbieter** kommen dagegen sowohl *natürliche* als auch *juristische Personen* in Betracht, sofern sie die vertragliche Leistung im Rahmen ihrer beruflichen oder gewerblichen Tätigkeit erbringen (Müller/Wirth-GROSS, Art. 22 GestG N 97 ff.). Nicht entscheidend ist die konkrete Schutzbedürftigkeit des Konsumenten.

Unter «**Leistungen des üblichen Verbrauchs**» fallen nicht nur verbrauchbare Sachen, deren Substanz bestimmungsgemäss verzehrt wird. Vielmehr sind darunter alle «Verträge betreffend verbrauchbare und unverbrauchbare Sachleistungen sowie Dienstleistungen» zu verstehen, sofern die übrigen Voraussetzungen des Konsumentenvertrages erfüllt sind.

Der Begriff des üblichen Verbrauchs umfasst daher den *(üblichen)* «*Gebrauch oder Verbrauch von Waren und Dienstleistungen*» (Müller/Wirth-GROSS, Art. 22 GestG N 107 f. m.H.).

7 Mit dem Kriterium der «*Üblichkeit*» wird klargestellt, dass **einmalige Rechtsgeschäfte** zwischen Unternehmen und Privathaushalten vom Anwendungsbereich des Art. 32 **ausgenommen** sind (GestG-Komm.-BRUNNER, Art. 22 N 15; Müller/Wirth-GROSS, Art. 22 GestG N 125). Nicht unter Art. 32 fällt etwa der Kauf eines *Einfamilienhauses* (GestG-Komm.-BRUNNER, Art. 22 N 15 m.Nw.), der Kauf eines *Fahrzeuges im Wert von CHF 190 000* (BGer, 8.2.2008, 4A.432/2007, E. 4.2), der Vertrag mit einem *Baumeister über CHF 100 000* (AmtlBull StR 1999, 892), Verträge über *Finanzdienstleistungen* mit einer Bank, wenn ein *namhafter Betrag* in Wertschriften und flüssigen Mitteln hinterlegt wird (BGE 132 III 268, 272 f.), der *Vertrag mit einem Anwalt* zur Verhinderung einer Baute wegen befürchteter Nachteile (GVP SG 2008 Nr. 68), anders hingegen die Miete eines Wohnmobils für zwei Wochen zu Ferienzwecken für CHF 1800 (GVP ZG 2004, 189, E. 2.3.2.) oder der Kauf eines Autos, sofern es sich nicht um ein Luxusfahrzeug handelt (AmtlBull NR 1999, 2410; *offen gelassen* in BGer 8.2.2008, 4A.432/2007, E. 4.2).

8 Ob ein Vertrag zwischen einem Konsument und einem gewerblichen Anbieter noch als solcher über eine Leistung des üblichen Verbrauchs zu qualifizieren ist, hängt also sowohl von der **Häufigkeit** («Üblichkeit») des entsprechenden Geschäfts als auch von dessen **Volumen** ab. Mit anderen Worten werden von Art. 32 nur Verträge zwischen Konsumenten und gewerblichen Anbietern erfasst, *die weder in Bezug auf ihre Grössenordnung bzw. Tragweite noch in Bezug auf ihren Gegenstand als ausserordentlich einzustufen sind* (GVP SG 2008 Nr. 68).

9 Eine **generelle wertmässige Schranke**, was noch als üblich gilt, lässt sich kaum aufstellen. Diskutiert wird in der Literatur in Anlehnung an das frühere KKG für Finanzierungsgeschäfte als Richtschnur eine Obergrenze von CHF 40 000 bzw. in Anlehnung an die frühere Streitwertgrenze für das einfache und rasche Verfahren eine solche von CHF 8000 für einfachere Transaktionen (Müller/Wirth-GROSS, Art. 22 GestG N 127 ff.; **a.M.** DONZALLAZ, Comm., Art. 22 GestG N 48, der keine Begrenzung nach oben vorsieht). Das *Bundesgericht* hat sich in einem neueren Entscheid ebenfalls an der Streitwertgrenze für das einfache und rasche Verfahren sowie am KKG orientiert, obwohl die Grenzen damals bereits bei CHF 20 000 (für das einfache und rasche Verfahren) bzw. CHF 80 000 (für das KKG) lagen (BGer 8.2.2008, 4A.432/2007, E. 4.2). Ob ein Vertrag eine Leistung des üblichen Verbrauchs betrifft, kann naturgemäss nicht für alle Verträge gleich beantwortet werden. Eine feste wertmässige Grenze ist daher abzulehnen. Vielmehr ist für jedes Geschäft einzeln zu prüfen, ob es das Kriterium der Üblichkeit erfüllt.

10 *Umstritten* ist, ob Verträge, die durch ein **besonderes Treueverhältnis** zwischen den Parteien geprägt sind (z.B. Auftragsverhältnisse mit Ärzten oder Anwälten) vom Anwendungsbereich des Art. 32 *auszunehmen* sind (*befürwortend* Müller/Wirth-GROSS, Art. 22 GestG N 130 ff.; DONZALLAZ, Comm., Art. 22 GestG N 52; *ablehnend* Kellerhals/ von Werdt/Güngerich-WALTHER, Art. 22 GestG N 29; HESS, 126; wohl ebenso GestG-Komm.-BRUNNER, Art. 22 N 16). Allerdings wird es solchen Verträgen häufig am Kriterium der Üblichkeit fehlen, weshalb sie bereits aus diesem Grund nicht als Konsumentenverträge i.S.v. Art. 32 zu qualifizieren sind (vgl. N 7 ff.).

11 Die **Miete unbeweglicher Sachen**, insb. die Wohnungsmiete fällt bei Beteiligung entsprechender Marktteilnehmer an sich unter den Begriff des Konsumentenvertrages.

Gleichwohl ist das Mietrecht als besonders ausgebildetes Sonderprivatrecht, das eigenen Regeln folgt, vom Konsumentenvertragsrecht *abzugrenzen* (BRUNNER, 598; GestG-Komm.-BRUNNER, Art. 22 N 15). Anwendbar ist somit Art. 33. Zur Miete von Ferienwohnungen vgl. Art. 33 N 4. Die örtliche Zuständigkeit für **arbeitsrechtliche Streitigkeiten** richtet sich nach Art. 34.

b) Streitigkeiten aus Konsumentenverträgen

Unter dem Begriff «**Streitigkeiten aus Konsumentenverträgen**» sind alle Klagen zu verstehen, die eine *vertragliche Anspruchsgrundlage* in dem Sinne besitzen, dass mit ihnen *materiellrechtliche Ansprüche aus einer bestehenden oder früheren Vertragsbeziehung geltend gemacht werden oder dass sie das Zustandekommen oder Nichtzustandekommen des Vertrages* selbst betreffen (in Anlehnung an ZK-HIGI, Art. 274 OR N 44; ähnlich Müller/Wirth-GROSS, Art. 22 GestG N 43 f.). Auch Klagen aus *culpa in contrahendo* fallen darunter sowie Klagen, mit denen Ansprüche geltend gemacht werden, die im Verhältnis der *Anspruchskonkurrenz* zueinander stehen. *Nicht* unter Art. 32 fallen ausservertragliche Streitigkeiten, insb. Ansprüche aus *Produktehaftpflicht* (Müller/Wirth-GROSS, Art. 22 GestG N 45).

Für **Verbandsklagen von Konsumentenorganisationen**, insb. gegen missbräuchliche Klauseln in Konsumentenverträgen und unlautere AGB eines einzelnen Anbieters oder Kartells (Art. 10 Abs. 2 lit. b UWG), steht der Klägergerichtsstand von Art. 32 Abs. 1 lit. a *nicht* zur Verfügung. Vielmehr sind derartige Klagen am Wohnsitz oder Sitz des Anbieters einzureichen (eingehend GestG-Komm.-BRUNNER, Art. 22 N 35).

2. Gerichtsstand

a) Klagen des Konsumenten

Dem Konsumenten stehen **wahlweise** die Gerichte an seinem *Wohnsitz* oder am *Wohnsitz bzw. Sitz des Anbieters* zur Verfügung.

Der **Begriff des Wohnsitzes bzw. Sitzes** bestimmt sich nach Art. 10. Dieser verweist in Abs. 2 auf die Bestimmungen zum Zivilgesetzbuch, mit Ausnahme von Art. 24 ZGB (fiktiver Wohnsitz).

Im Verweis auf den Wohnsitz bzw. Sitz des Anbieters ist auch ein Verweis auf den **Ort der Geschäftsniederlassung** mitenthalten (Müller/Wirth-GROSS, Art. 22 GestG N 57; GestG-Komm.-BRUNNER, Art. 22 N 19), da dieser Gerichtsstand immer auch dann zur Verfügung steht, wenn einer der besonderen Gerichtsstände die Zuständigkeit am Wohnsitz oder Sitz der beklagten Partei vorsieht (BGE 129 III 31, 33 f. [zum Arbeitsrecht]; Müller/Wirth-MÜLLER, Art. 5 N 36 f.; DONZALLAZ, Comm. Art. 5 GestG N 4). Gleiches gilt für den Gerichtsstand am **gewöhnlichen Aufenthaltsort des Anbieters** (Müller/Wirth-GROSS, Art. 22 GestG N 57). Hingegen kann der Konsument an seinem *eigenen jeweiligen Aufenthaltsort* nicht klagen, da Art. 11 nur die beklagte, nicht jedoch die klagende Partei erwähnt (GestG-Komm.-BRUNNER, Art. 22 N 22; Kellerhals/von Werdt/Güngerich-WALTHER, Art. 22 GestG N 38; Kellerhals/von Werdt/Güngerich-BERGER, Art. 4 GestG N 9; Müller/Wirth-MÜLLER, Art. 4 GestG N 13; **a.M.** Müller/Wirth-GROSS, Art. 22 GestG N 55). Eine Klage des Konsumenten an seinem eigenen *Sitz* oder am Ort der eigenen geschäftlichen *Niederlassung* ist bereits begrifflich *ausgeschlossen* (Müller/Wirth-GROSS, Art. 22 GestG N 54).

Die in Art. 32 zur Verfügung gestellten Gerichtsstände sind **teilzwingend** (vgl. näher Art. 35 N 1 und 13 ff.). Zum Gerichtsstand bei **abgetretenen Forderungen** aus Konsumentenvertrag vgl. Art. 35 N 8 f. Zum Verhältnis von Art. 32 und **SchKG-Klagen** vgl. Art. 46 N 1 ff.

b) Klagen des Anbieters

18 Klagen des Anbieters können gemäss Art. 32 Abs. 1 lit. b einzig am **Wohnsitz des Konsumenten** angebracht werden. Der Begriff des Wohnsitzes bestimmt sich nach Art. 10, welcher in Abs. 2 auf die Bestimmungen zum Zivilgesetzbuch verweist, mit Ausnahme von Art. 24 ZGB (fiktiver Wohnsitz). Hat der Konsument keinen Wohnsitz oder keinen Wohnsitz mehr, steht dem Anbieter die Klage am gewöhnlichen Aufenthaltsort des Konsumenten zur Verfügung (GestG-Komm.-BRUNNER, Art. 22 N 23). Die Klage des Anbieters am Sitz oder am Ort der Niederlassung des Konsumenten ist bereits begrifflich ausgeschlossen (Müller/Wirth-GROSS, Art. 22 GestG N 58).

III. Prozessuales

1. Massgebender Zeitpunkt/Prüfung der Zuständigkeit

19 Zum **massgebenden Zeitpunkt** für die Bestimmung von Wohnsitz und Sitz vgl. Art. 59 N 3, 9. Zur **Prüfung** der örtlichen Zuständigkeit bei teilzwingenden Gerichtsständen vgl. MEIER, Zivilprozessrecht, 134 f.

2. Übergangsrecht

20 Gemäss Art. 406 bestimmt sich die **Gültigkeit** einer **Gerichtsstandsvereinbarung** (Zulässigkeit und Form) nach dem Recht, das zur Zeit ihres Abschlusses gegolten hat. Es ist daher nicht ausgeschlossen, dass Gerichtsstandsklauseln, die vor dem Inkrafttreten des GestG abgeschlossen worden sind, nach wie vor zur Anwendung gelangen können (vgl. näher Art. 406 N 1 ff.).

3. Verfahren und Rechtsmittel

21 Für Streitigkeiten aus Konsumentenverträgen bis zu einem Streitwert von CHF 30 000 gilt nach Art. 243 Abs. 1 das **vereinfachte Verfahren**, welches Nachfolger des sog. einfachen und raschen Verfahrens ist (BOTSCHAFT ZPO, 7346). Die unrichtige Anwendung von Art. 32 durch das Gericht kann in berufungsfähigen Fällen mit **Berufung** und in den übrigen Fällen mit **Beschwerde** gerügt werden (vgl. Komm. zu Art. 308 und 319). Zwischenentscheide über die Zuständigkeit müssen selbständig angefochten werden; eine spätere Anfechtung zusammen mit dem Endentscheid ist ausgeschlossen (Art. 237 Abs. 2).

IV. Internationale Verhältnisse

1. IPRG

22 Die Regelung des Art. 114 IPRG entspricht weitgehend Art. 32. Im Unterschied zur ZPO kann der Konsument aber nicht nur an seinem Wohnsitz, sondern auch an seinem gewöhnlichen Aufenthaltsort klagen (Art. 114 Abs. 1 lit. a IPRG). Ferner ist die Definition des Konsumentenvertrags etwas weiter gefasst (vgl. Art. 120 IPRG). Schliesslich bleibt im Gegensatz zum schweizerischen Binnenmarkt die Einlassung des Konsumenten vor einem unzuständigen Gericht möglich.

2. LugÜ

Der in Art. 32 vorgesehene **Klägergerichtsstand** des Verbrauchers findet sich auch im eurointernationalen Verhältnis (Art. 15 und 16 LugÜ II). Der Anwendungsbereich ist seit der Revision des LugÜ etwas weiter, hauptsächlich um neuen Kommunikationsmitteln und Vertragsabschlussformen gerecht zu werden (BOTSCHAFT LugÜ, 1792 f.; vgl. auch HRISTIC, 103). Der Abschluss einer Gerichtsstandsvereinbarung ist zulässig, wenn sie nach Entstehung der Streitigkeit getroffen wird oder wenn dem Verbraucher zusätzliche Gerichtsstände eingeräumt werden (Art. 17 Nr. 1 und 2 LugÜ II). Abgesehen davon ist die vorgängige Prorogation wegen des Vorbehalts des Landesrechts in Art. 17 Nr. 3 LugÜ II im Ergebnis nicht möglich. Hingegen wird wie im IPRG die Einlassung des Konsumenten vor einem unzuständigen Gericht ermöglicht (Art. 24 LugÜ II). 23

Art. 33

Miete und Pacht unbeweglicher Sachen	**Für Klagen aus Miete und Pacht unbeweglicher Sachen ist das Gericht am Ort der gelegenen Sache zuständig.**
Bail à loyer ou à ferme portant sur un immeuble	Le tribunal du lieu où est situé l'immeuble est compétent pour statuer sur les actions fondées sur un contrat de bail à loyer ou à ferme.
Locazione e affitto di beni immobili	Per le azioni in materia di locazione e di affitto di beni immobili è competente il giudice del luogo di situazione della cosa.

Inhaltsübersicht

Note

I. Allgemeines 1
II. Anwendungsbereich 3
   1. Gerichtsstand bei Klagen aus Miete und Pacht unbeweglicher Sachen 3
   2. Gerichtsstand bei Klagen aus landwirtschaftlicher Pacht 15
III. Prozessuales 21
   1. Prüfung der Zuständigkeit 21
   2. Verfahren und Rechtsmittel 22
IV. Internationale Verhältnisse 23
   1. IPRG 23
   2. LugÜ 24

Literatur

M. HRISTIC, Zwingende und teilzwingende Gerichtsstände des Gerichtsstandsgesetzes, Diss. Zürich 2002; F. KNOEPFLER, Que reste-t-il de l'autonomie de la volonté en matière de bail immobilier international? In: Rechtskollisionen, Festschrift für Anton Heini zum 65. Geburtstag, Zürich 1995, 239 ff.; T. KOLLER/A. MAUERHOFER, Die mietrechtliche Rechtsprechung des Bundesgerichts im Jahr 2008, ZBJV 2010, 57 ff.; M. MÜLLER, Die privatrechtlichen Bestimmungen des Bundesgesetzes über die landwirtschaftliche Pacht, ZBJV 1987, 1 ff.; L. STREBEL, Neuerungen bei der landwirtschaftlichen Pacht, SJZ 2008, 233 ff.; B. STUDER/E. HOFER, Das landwirtschaftliche Pachtrecht, Brugg 1987.

I. Allgemeines

1 Art. 33 regelt die örtliche Zuständigkeit im Binnenverhältnis für Klagen aus **Miete** und nichtlandwirtschaftlicher **Pacht unbeweglicher Sachen** sowie für Klagen aus **landwirtschaftlicher Pacht**. Die Bestimmung übernimmt nahezu unverändert die Regelung des Art. 23 GestG. Einzig der *Wahlgerichtsstand* für Klagen aus landwirtschaftlicher Pacht wurde nach Kritik im Vernehmlassungsverfahren *fallengelassen*, so dass nun solche Klagen ebenfalls einheitlich am Ort der gepachteten Sache zu erheben sind (BOTSCHAFT ZPO, 7269). Für die *Auslegung* kann daher die Literatur und Rechtsprechung zu *Art. 23 GestG* herangezogen werden.

2 Wie bereits unter der Geltung des GestG ist der Gerichtsstand am Ort der gelegenen Sache aus Sozialschutzgründen für die mietende und pachtende Partei von Wohn- oder Geschäftsräumen sowie für die pachtende Partei bei landwirtschaftlichen Pachtverhältnissen **teilzwingend** (Art. 35 Abs. 1 lit. b, c und Abs. 2). Der Vorentwurf zur ZPO hatte noch vorgesehen, das *Einlassungsverbot* im Sozialprozess *aufzuheben*. Nach heftiger Kritik im Vernehmlassungsverfahren kehrte der Bundesrat zur Regelung des GestG zurück (BOTSCHAFT ZPO, 7269).

II. Anwendungsbereich

1. Gerichtsstand bei Klagen aus Miete und Pacht unbeweglicher Sachen

a) Klagen aus Miete und Pacht unbeweglicher Sachen

3 Art. 33 beschränkt sich auf die Regelung der örtlichen Zuständigkeit für Klagen aus Miete und Pacht **unbeweglicher Sachen**. Die Miete und Pacht *beweglicher Sachen* gehört *nicht* dazu. Handelt es sich bei der Miete beweglicher Sachen um einen *Konsumentenvertrag*, richtet sich die örtliche Zuständigkeit nach *Art. 32*, andernfalls nach *Art. 31* (Kellerhals/von Werdt/Güngerich-WALTHER, Art. 23 GestG N 8). Zum **Begriff der unbeweglichen Sachen** vgl. ZK-HIGI, Vor Art. 253–274g OR N 84 f. Zum Gerichtsstand bei Klagen aus der Miete von **Flugzeugen und Schiffen** vgl. Müller/Wirth-GROSS, Art. 23 GestG N 84; GestG-Komm.-KAISER JOB, Art. 23 N 15. Zum Gerichtsstand bei Klagen aus der Miete von **Zugehör** vgl. GestG-Komm.-KAISER JOB, Art. 23 N 17 m.H.

4 **Mietverträge über Ferienwohnungen**, die für höchstens drei Monate gemietet werden, unterstehen zwar den Art. 253 ff. OR, nicht aber den Bestimmungen über Wohn- und Geschäftsräume (Art. 253a Abs. 2 OR). Nach der hier vertretenen Meinung gilt Art. 33 – nicht aber Art. 35 – auch für Streitigkeiten über solche Mietobjekte, selbst wenn die Mietdauer drei Monate oder weniger beträgt. Sowohl aus dem Wortlaut von Art. 33 als auch der Entstehungsgeschichte von Art. 33 bzw. Art. 23 GestG ist zu schliessen, dass kurzfristige Mietverhältnisse betreffend Ferienwohnungen von den mietrechtlichen Zuständigkeiten erfasst werden sollen (vgl. GestG-Komm.-KAISER JOB, Art. 23 N 12, m.Nw.). Die *überwiegende Literatur* will jedoch Klagen aus der Miete von Ferienwohnungen, die für höchstens drei Monate gemietet werden, dem *Konsumentengerichtsstand* nach Art. 32 oder subsidiär dem allgemeinen (Vertrags-)Gerichtsstand unterstellen (Müller/Wirth-GROSS, Art. 23 GestG N 50, 74; Kellerhals/von Werdt/ Güngerich-WALTHER, Art. 23 GestG N 6).

5 Art. 33 findet auch auf Klagen aus der Miete von **luxuriösen Wohnungen** und **Einfamilienhäusern** i.S.v. Art. 253b OR Anwendung (Müller/Wirth-GROSS, Art. 23 GestG N 36). Ferner gilt Art. 33 – anders als Art. 32 – unabhängig davon, ob es sich bei den Parteien um eine **natürliche** oder **juristische** Person handelt (DONZALLAZ, Comm., Art. 23 GestG N 29; Kellerhals/von Werdt/Güngerich-WALTHER, Art. 23 GestG N 7).

Unter **«Klagen aus Miete und Pacht»** sind alle Klagen zu verstehen, die eine vertragliche Anspruchsgrundlage in dem Sinne besitzen, dass mit ihnen materiellrechtliche Ansprüche aus einer bestehenden oder früheren Vertragsbeziehung geltend gemacht werden oder dass sie das Zustandekommen oder Nichtzustandekommen des Vertrages selbst betreffen (ZK-HIGI, Art. 274 OR N 44). Darunter fallen bspw. Klagen i.S.v. 6

- Art. 259 h OR (Hinterlegung);
- Art. 270 ff. OR (Anfechtung des Mietzinses);
- Art. 273 OR (Anfechtung der Kündigung und Erstreckung des Mietverhältnisses);
- Art. 258 ff. OR (Ansprüche aus Nichterfüllung oder Mängeln);
- Art. 253 OR (Mietzinsforderung);
- Art. 267 OR (Rückgabe der Mietsache).

Auch Klagen aus *culpa in contrahendo* fallen darunter, ebenso Klagen, mit denen Ansprüche geltend gemacht werden, die im Verhältnis der *Anspruchskonkurrenz* zueinander stehen.

Das **Bundesgericht** versteht den Begriff «Klagen aus Miete und Pacht» – wie bereits unter der Geltung von Art. 274b OR – demgegenüber noch weiter und subsumiert darunter auch nichtvertragliche Ansprüche, die in einem sachlichen Zusammenhang mit einem Miet- oder Pachtvertrag stehen, wie Ansprüche des Vermieters gegen den Untermieter (vgl. BGer, 4.11.2003, 5C.181/2003, E. 2.3; BGE 120 II 112, 117; zur Kritik an dieser Auslegung vgl. ZK-HIGI, Art. 274 OR N 47 ff.; DERS., Art. 274b OR N 8; GestG-Komm.-KAISER JOB, Art. 23 N 19). Nicht unter Art. 33 fällt jedoch auch nach Ansicht des Bundesgerichts die Klage eines Hauswarts gegen einen Mieter aus ungerechtfertigter Bereicherung, wenn jener behauptet, die Reinigungspflicht des Mieters bei der Rückgabe der Sache für diesen erfüllt zu haben (BGer, 17.11.1999, 4C.274/1999, E. 3). Ebenso wenig ist am Gerichtsstand nach Art. 33 die Klage eines Vermieters zu erheben, der gegen die Versicherung für den nicht vom Mieter erhältlichen und ihm im vorgängigen Separatprozess zugesprochenen Schadenersatz aus Art. 60 VVG klagt (BGer 4.11.2003, 5C.181/2003, E. 2.4). 7

Nicht erfasst werden **rein deliktische Ansprüche** sowie Ansprüche aus **Eigentum** oder **Besitz** (Bericht VE, 28; HRISTIC, 108 f.). Erstere fallen in den Anwendungsbereich des Art. 36, letztere in denjenigen von Art. 29. 8

Auf Klagen aus einem **gemischten Vertrag** ist Art. 33 anwendbar, wenn der Vertrag seinen Vorrang im Miet- bzw. Pachtrecht hat (ZK-HIGI, Art. 274b OR N 21 ff.). Beim in der Praxis häufigen Fall sog. *Hauswartswohnungen* richtet sich die Zuständigkeit nach der konkreten vertraglichen Ausgestaltung. Dabei ist auf objektive Kriterien wie die Höhe des Lohnes im Vergleich zur Wohnungsmiete und den Beschäftigungsgrad des mietenden Arbeitnehmers abzustellen (vgl. JAR 1991, 383f.). 9

Zum Verhältnis von Art. 33 und **SchKG-Klagen** vgl. Art. 46 N 1 ff. Zum Gerichtsstand bei **abgetretenen Forderungen** aus Miet- und Pachtrecht vgl. Art 35 N 8 f. 10

b) Gerichtsstand

Art. 33 stellt für Klagen aus Miete und Pacht unbeweglicher Sachen den Gerichtsstand am **Ort der gelegenen Sache** zur Verfügung. Damit wird der Gerichtsstand 11 gewählt, der für das *Beweisverfahren* am günstigsten ist und bei dem der *Ortsgebrauch*, auf den das Gesetz verschiedentlich verweist, am ehesten bekannt ist (BGE 120 II 112, 114; BGer, 4.11.2003, 5C.181/2003, E. 2.3; BSK OR I-WEBER-ZIHLMANN, Art. 274b N 1).

12 Die Zuständigkeit am Ort der gelegenen Sache gilt sowohl für das Gericht als auch für die **Schlichtungsbehörde** (Bericht VE-ZPO, 28).

13 Zuständig sind diejenige Schlichtungsbehörde und dasjenige Gericht, in deren **Sprengel** die unbewegliche Sache liegt. Nicht entscheidend für diese Frage ist die grundbuchliche Behandlung (**a.M.** Müller/Wirth-GROSS, Art. 23 GestG N 90). Für die Frage, wie vorzugehen ist, wenn eine Sache in mehreren Sprengeln liegt oder sich mehrere gemietete oder gepachtete unbewegliche Sachen in unterschiedlichen Sprengeln befinden vgl. GestG-Komm.-KAISER JOB, Art. 23 N 24 und teilweise abweichend Müller/Wirth-GROSS, Art. 23 GestG N 92 f.)

14 Auf den Gerichtsstand am Ort der gelegenen Sache kann die mietende oder pachtende Partei von Wohn- oder Geschäftsräumen weder zum Voraus noch durch Einlassung verzichten (Art. 35 Abs. 1 lit. b). Möglich ist einzig der Abschluss einer **Gerichtsstandsvereinbarung** nach Entstehung der Streitigkeit (Art. 35 Abs. 2). Der Begriff der **Wohn- oder Geschäftsräume** bestimmt sich nach Art. 253a OR (Müller/Wirth-GROSS, Art. 21 GestG N 61). Vgl. im Einzelnen Art. 35 N 5 und 13 ff.

2. Gerichtsstand bei Klagen aus landwirtschaftlicher Pacht

a) Klagen aus landwirtschaftlicher Pacht

15 Klagen aus **landwirtschaftlicher Pacht** sind neu ebenfalls ausschliesslich am Ort der gelegenen Sache zu erheben. Art. 23 Abs. 2 GestG hatte noch einen Wahlgerichtsstand am Wohnsitz bzw. Sitz der beklagten Partei oder am Ort der gepachteten Sache vorgesehen und damit die Regelung von Art. 48 Abs. 2 aLPG übernommen.

16 Die landwirtschaftliche Pacht ist im LPG geregelt, welches eine lex specialis zu den Art. 275–304 OR darstellt (BSK OR I-STUDER, Art. 275 N 4; ähnlich ZK-HIGI, Art. 276a OR N 9). Ein vom LPG erfasstes **Vertragsverhältnis** liegt vor, wenn ein landwirtschaftliches Gewerbe oder Grundstück, das nach den Art. 1–3 LPG unter den Anwendungsbereich des LPG fällt, zur landwirtschaftlichen Nutzung verpachtet wird, oder wenn ein Umgehungsgeschäft i.S.v. Art. 1 Abs. 2 LPG besteht. In gewissen Fällen gilt das LPG nicht (Art. 2 ff. LPG; zur Revision des LPG 2007 vgl. insb. STREBEL, 233 ff.). Da neu für Klagen sowohl aus nichtlandwirtschaftlicher Pacht als auch landwirtschaftlicher Pacht derselbe Gerichtsstand am Ort der gepachteten Sache gilt, sind diese Ausnahmen jedoch nicht mehr von Belang.

17 Das LPG umfasst neben rein privatrechtlichen Normen auch zahlreiche *verwaltungsrechtliche Vorschriften* (Bsp.: Bewilligungspflicht, Art. 30 ff. LPG; Kontrolle des Pachtzinses, Art. 36 ff. LPG). Art. 33 regelt die örtliche Zuständigkeit nur für **zivilrechtliche Streitigkeiten** aus dem Pachtverhältnis (Müller/Wirth-GROSS, Art. 23 GestG N 98; STUDER/HOFER, 289 [zu Art. 48 aLPG]). Darunter sind bspw. Streitigkeiten über Abschluss, Änderung oder Auflösung des Pachtvertrages, über die Pachterstreckung, über den Eintritt in ein bestehendes Pachtverhältnis, über Unterhalt und Erneuerung an der Pachtsache, über die Ausübung des Vorpachtrechts oder über die Rückgabe des Pachtgegenstandes (MÜLLER, 15) zu verstehen.

Nicht unter Art. 33 fallen alle **öffentlich-rechtlichen Streitigkeiten** des LPG (insb. verschiedene Bewilligungs- und Einspracheverfahren). Ebenfalls nicht unter Art. 33 fallen Klagen aus **unerlaubter Handlung**, **dingliche Klagen** oder Klagen aus **Gesellschaftsrecht**, die irgendwie mit dem Pachtobjekt zusammenhängen. Für diese sind die jeweiligen besonderen Zuständigkeitsnormen zu beachten.

Für Klagen aus **gemischten Verträgen** mit pachtrechtlichen Elementen gilt Art. 33 dann, wenn der Vertrag seinen Vorrang im Pachtrecht hat. Sodann kann das LPG und damit die für Klagen aus landwirtschaftlicher Pacht geltende örtliche Zuständigkeit auch auf andere Verträge Anwendung finden, wenn diese Umgehungsgeschäfte i.S.v. Art. 1 Abs. 2 LPG darstellen.

b) Gerichtsstand

Der Gerichtsstand am Ort der gepachteten Sache ist für die pachtende Partei **teilzwingend** (Art. 35 Abs. 1 lit. c und Abs. 2).

III. Prozessuales

1. Prüfung der Zuständigkeit

Zur Prüfung der Zuständigkeit bei teilzwingenden Gerichtsständen vgl. MEIER, Zivilprozessrecht, 134 f.

2. Verfahren und Rechtsmittel

Gemäss Art. 243 Abs. 2 lit. c gilt für Miet- und Pachtstreitigkeiten unabhängig vom Streitwert das **vereinfachte Verfahren**, sofern es um die Hinterlegung von Miet- und Pachtzinsen, den Schutz vor missbräuchlichen Miet- oder Pachtzinsen, den Kündigungsschutz oder die Erstreckung des Miet- oder Pachtverhältnisses geht. Zudem hat das Gericht in diesen Fällen sowie in den übrigen Fällen bis zu einem Streitwert von CHF 30 000 den Sachverhalt **von Amtes wegen** abzuklären (Art. 247 Abs. 2). Die unrichtige Anwendung von Art. 33 durch das Gericht kann in berufungsfähigen Fällen mit **Berufung** und in den übrigen Fällen mit **Beschwerde** gerügt werden (vgl. Komm. zu Art. 308 und 319). Zwischenentscheide über die Zuständigkeit müssen selbständig angefochten werden; eine spätere Anfechtung zusammen mit dem Endentscheid ist ausgeschlossen (Art. 237 Abs. 2).

IV. Internationale Verhältnisse

1. IPRG

Das IPRG kennt – im Gegensatz zum LugÜ und zur ZPO – **keinen speziellen miet- oder pachtrechtlichen Gerichtsstand**, sondern stellt nur den allgemeinen Gerichtsstand für Klagen aus Vertrag gemäss Art. 112 IPRG bzw. den Gerichtsstand am Vertragserfüllungsort gemäss Art. 113 revIPRG zur Verfügung. Nicht anwendbar ist Art. 114 IPRG, da es sich bei der Miete unbeweglicher Sachen nicht um Konsumentenverträge handelt (KNOEPFLER, 242). Liegt das Grundstück in der Schweiz, ergibt sich – auch im allgemeinen internationalen Verhältnis – nach überwiegender Auffassung wegen Art. 22 Nr. 1 LugÜ II eine zwingende und ausschliessliche Zuständigkeit der schweizerischen Gerichte (Müller/Wirth-GROSS, Art. 23 GestG N 108). Da das LugÜ in diesem Bereich nur die internationale Zuständigkeit regelt, gab es Fälle, in denen kein schweizerischer Gerichtsstand bestand (illustrativ BGE 134 III 475, 478 f.), wobei *umstritten* war, wie in einem solchen Fall vorzugehen war (vgl. dazu KOLLER/MAUERHOFER, 74 f.). Mit dem revidierten Art. 113 IPRG ist diese Problematik weggefallen, da der Gerichtsstand am Erfüllungsort der charakteristischen Leistung neu alternativ zum allgemeinen (Vertrags-) Gerichtsstand zur Verfügung steht, was für Klagen aus Miete und Pacht für in der Schweiz gelegene Immobilien auch im internationalen Verhältnis zu einem Forum am Ort der gelegenen Sache führt. Zu beachten ist, dass die analoge Anwendung von Art. 33 im internationalen Verhältnis ausgeschlossen ist (BGE 134 III 475, 478 f. [zu Art. 23 GestG]).

2. LugÜ

24 Für Klagen aus Miete und Pacht unbeweglicher Sachen sieht Art. 22 Nr. 1 LugÜ II eine **zwingende Zuständigkeit** der Gerichte desjenigen Vertragsstaates vor, in welchem die Sache belegen ist. Damit wird (wie bisher) lediglich die internationale, nicht aber die örtliche Zuständigkeit geregelt. Diese bestimmt sich nach dem IPRG, welches jedoch keinen spezifischen miet- oder pachtrechtlichen Gerichtsstand bereitstellt. Anwendbar sind vielmehr die allgemeinen Bestimmungen für Klagen aus Vertrag (Art. 112 IPRG und Art. 113 revIPRG; vgl. N 23 und Art. 31 N 22). Da der Gerichtsstand am Erfüllungsort der charakteristischen Leistung i.S.v. Art. 113 revIPRG **neu** *alternativ* neben dem allgemeinen Gerichtsstand am Wohnsitz bzw. gewöhnlichen Aufenthalt des Beklagten zur Verfügung steht, ergibt sich auch bei fehlendem Wohnsitz und/oder Aufenthalt des Beklagten in der Schweiz ein (schweizerisches) Forum am Ort der gelegenen unbeweglichen Miet- oder Pachtsache. Damit ist die frühere Problematik wegen des im IPRG nicht vorgesehenen Gerichtsstands am Ort der unbeweglichen Miet- oder Pachtsache weggefallen (vgl. BGE 134 III 475, 478 f.; N 23).

25 Für Klagen betreffend die Miete oder Pacht unbeweglicher Sachen zum **vorübergehenden privaten Gebrauch** für höchstens sechs aufeinanderfolgende Monate («Ferienhausmiete») sind nicht nur die Gerichte des Belegenheitsstaates, sondern auch die Gerichte des Vertragsstaats zuständig, in dem der Beklagte seinen Wohnsitz hat, sofern es sich beim Mieter oder Pächter um eine natürliche Person handelt und beide Parteien ihren Wohnsitz in demselben Vertragsstaat haben (Art. 22 Nr. 1 Satz 2 LugÜ II). Im Unterschied zur bisherigen Regelung wird nicht mehr vorausgesetzt, dass keine der Parteien im Staat wohnt, in dem die Liegenschaft belegen ist (Art. 16 Nr. 1 lit. b LugÜ), sondern dass sie ihren Wohnsitz im selben Vertragsstaat haben.

Art. 34

Arbeitsrecht

¹ Für arbeitsrechtliche Klagen ist das Gericht am Wohnsitz oder Sitz der beklagten Partei oder an dem Ort, an dem die Arbeitnehmerin oder der Arbeitnehmer gewöhnlich die Arbeit verrichtet, zuständig.

² Für Klagen einer stellensuchenden Person sowie einer Arbeitnehmerin oder eines Arbeitnehmers, die sich auf das Arbeitsvermittlungsgesetz vom 6. Oktober 1989 stützen, ist zusätzlich das Gericht am Ort der Geschäftsniederlassung der vermittelnden oder verleihenden Person, mit welcher der Vertrag abgeschlossen wurde, zuständig.

2. Kapitel: Örtliche Zuständigkeit **1 Art. 34**

Droit du travail
¹ Le tribunal du domicile ou du siège du défendeur ou celui du lieu où le travailleur exerce habituellement son activité professionnelle est compétent pour statuer sur les actions relevant du droit du travail.

² Le tribunal du lieu de l'établissement commercial du bailleur de services ou de l'intermédiaire avec lequel le contrat a été conclu est également compétent pour statuer sur les actions de demandeurs d'emploi ou de travailleurs relevant de la loi du 6 octobre 1989 sur le service de l'emploi et la location de services.

Diritto del lavoro
¹ Per le azioni in materia di diritto del lavoro è competente il giudice del domicilio o della sede del convenuto o il giudice del luogo in cui il lavoratore svolge abitualmente il lavoro.

² Per le azioni fondate sulla legge del 6 ottobre 1989 sul collocamento, proposte da una persona in cerca di impiego o da un lavoratore, oltre al giudice di cui al capoverso 1 è competente anche il giudice del luogo del domicilio d'affari del collocatore o del prestatore con cui è stato concluso il contratto.

Inhaltsübersicht   Note

 I. Allgemeines 1
 II. Art. 34 Abs. 1 4
     1. Arbeitsrechtliche Klagen 4
     2. Gerichtsstand 13
 III. Art. 34 Abs. 2 20
     1. Allgemeines 20
     2. Arbeitsvermittlung 21
     3. Personalverleih 24
     4. Vorübergehend entsandte Arbeitnehmer 29
 IV. Prozessuales 30
     1. Prüfung der Zuständigkeit 30
     2. Verfahren und Rechtsmittel 31
 V. Internationale Verhältnisse 32
     1. IPRG 32
     2. LugÜ 33

Literatur

Y. DONZALLAZ, Le lieu où le travailleur exécute habituellement son travail au sens de l'art. 5 ch. 1 CB/CL, ZZZ 2004, 57 ff.; H.-P. EGLI, Das arbeitsrechtliche Verfahren nach Art. 343 OR, ZZZ 2004, 21 ff.; M. HRISTIC, Zwingende und teilzwingende Gerichtsstände des Gerichtsstandsgesetzes, Diss. Zürich 2002; E. JOHNER, Die direkte Zuständigkeit der Schweiz bei internationalen Arbeitsverhältnissen, Diss. Basel 1995; G. KOLLER, Art. 343 OR unter besonderer Berücksichtigung der Praxis des Arbeitsgerichts Zürich, Diss. Zürich 1995; M. REHBINDER, Kurzkommentar zum Arbeitsvermittlungsgesetz, Zürich 1992; L. THÉVENOZ, Temporäre Arbeit und Personalverleih, Schweiz. Juristische Kartothek, Karte 772l.

I. Allgemeines

Art. 34 entspricht weitgehend der **bisherigen gesetzlichen Regelung** von Art. 24 GestG. 1 Einzig der mit Inkrafttreten des GestG neu geschaffene zusätzliche Gerichtsstand am *Entsendeort* bei vorübergehend entsandten Arbeitnehmern und Arbeitnehmerinnen wurde *fallengelassen*, da im innerschweizerischen Verhältnis offenbar kein Bedürfnis nach diesem zusätzlichen Gerichtsstand besteht (BOTSCHAFT ZPO, 7269). Für die Auslegung von Art. 34 kann daher auf die Rechtsprechung und Literatur zu Art. 24 GestG zurückgegriffen werden.

2   Die Bestimmung stellt je nach Anwendungsfall **unterschiedliche Gerichtsstände** zur Verfügung. Während die in Abs. 1 vorgesehenen Zuständigkeiten für alle arbeitsrechtlichen Klagen gelten, kommt der zusätzliche Gerichtsstand nach Abs. 2 nur in bestimmten Konstellationen zur Anwendung. Art. 34 Abs. 1 regelt damit das «Prinzip», wohingegen Abs. 2 einen «Sonderfall» betrifft (BOTSCHAFT GestG, 2862 f.).

3   Die in Art. 34 Abs. 1–2 vorgesehenen Gerichtsstände sind – wie bereits unter der Geltung des GestG – **teilzwingend**: Die stellensuchende Partei sowie der Arbeitnehmer können auf diese Gerichtsstände weder *zum Voraus* noch durch *Einlassung* verzichten. Möglich ist einzig der Abschluss einer Gerichtsstandsvereinbarung nach Entstehung der Streitigkeit (Art. 35 Abs. 2; vgl. Art. 35 N 13 ff.).

II. Art. 34 Abs. 1

1. Arbeitsrechtliche Klagen

4   Der Begriff «arbeitsrechtliche Klagen» umfasst zunächst Klagen aus **Einzelarbeitsvertrag** i.S.v. Art. 319 ff. OR. Dazu gehören auch Klagen aus besonderen Einzelarbeitsverträgen, die an die Regelung von Art. 319 ff. OR anknüpfen (**Lehrvertrag**, **Handelsreisendenvertrag**, **Heimarbeitsvertrag**; Müller/Wirth-GROSS, Art. 24 GestG N 35; DONZALLAZ, Comm., Art. 24 GestG N 6; Kellerhals/von Werdt/Güngerich-WALTHER, Art. 24 GestG N 6). Auch Klagen aus sog. *faktischen Vertragsverhältnissen* i.S.v. Art. 320 Abs. 2 und 3 OR fallen unter Art. 34 (Müller/Wirth-GROSS, Art. 24 GestG N 37; DONZALLAZ, Comm., Art. 24 GestG N 12; Kellerhals/von Werdt/Güngerich-WALTHER, Art. 24 GestG N 6).

5   Unter Art. 34 fallen alle Klagen, die eine vertragliche Anspruchsgrundlage in dem Sinne besitzen, dass mit ihnen **materiellrechtliche Ansprüche** aus einer bestehenden oder früheren Vertragsbeziehung geltend gemacht werden oder dass sie das Zustandekommen oder Nichtzustandekommen des Vertrages selbst betreffen. Dazu gehören auch Klagen über ein *Konkurrenzverbot* (BGE 109 II 33, 34; JAR 1981, 202 f. [zu Art. 343 aOR]), Klagen aus einem Arbeitsverhältnis für eine in *Gründung befindliche AG* (ZR 2007 189, 190) oder Klagen aus *culpa in contrahendo*. Auch Streitigkeiten, die sich auf das *Gleichstellungsgesetz* oder das *Mitwirkungsgesetz* stützen, werden von Art. 34 erfasst (BOTSCHAFT GestG, 2862). *Ausgenommen* sind jedoch Verbandsklagen gemäss Art. 7 GlG.

6   Der Inhalt des Arbeitsvertrages wird nicht nur durch Einzelvereinbarungen und Gesetz bestimmt, sondern kann sich auch aus **Gesamt-** oder **Normalarbeitsverträgen** ergeben (vgl. BSK OR I-REHBINDER, Vor Art. 319 ff. N 1 und Art. 320 N 9). Auch Streitigkeiten über Arbeitsverträge, die im Geltungsbereich eines solchen Normal- oder Gesamtarbeitsvertrages liegen, sind als arbeitsrechtliche Klagen i.S.v. Art. 34 Abs. 1 zu qualifizieren (ähnlich DONZALLAZ, Comm., Art. 24 GestG N 7 f.). Von solchen arbeitsrechtlichen Streitigkeiten sind die *Kollektivstreitigkeiten* abzugrenzen. Ob diese ganz, teilweise oder gar nicht von Art. 34 erfasst werden, ist umstritten (vgl. näher HRISTIC, 120 f.).

7   *Nicht* unter Art. 34 Abs. 1 fallen **Klagen aus anderen Verträgen auf Arbeitsleistung**, wie z.B. Auftrag, Werkvertrag oder Gesellschaftsvertrag. Für diese gilt die Zuständigkeitsregelung von Art. 31 oder – wenn es sich um einen Konsumentenvertrag handelt – von Art. 32.

Keine Anwendung findet Art. 34 auf **öffentlich-rechtliche Streitigkeiten**. Ausgenommen sind damit zunächst Streitigkeiten aus *öffentlich-rechtlichen Dienstverhältnissen* (Müller/Wirth-GROSS, Art. 24 GestG N 25; DONZALLAZ, Comm., Art. 24 GestG N 10). Ausgenommen sind sodann auch *öffentlich-rechtliche Ansprüche* aus privatrechtlichen Arbeitsverträgen (z.B. Forderungen gegenüber Sozialversicherungen, Ansprüche gegenüber Familienausgleichskassen, Forderungen gegenüber Unfallversicherungen, Krankentaggeldversicherungen, vgl. KOLLER, 42 ff. [zu Art. 343 aOR], m.w.Bsp.; Müller/Wirth-GROSS, Art. 24 GestG N 66 ff.). 8

Art. 342 Abs. 2 OR gesteht der Gegenpartei einen *zivilrechtlichen* Anspruch auf Erfüllung zu, wenn durch Vorschriften des Bundes oder der Kantone über die Arbeit und die Berufsbildung dem Arbeitgeber oder dem Arbeitnehmer eine öffentlich-rechtliche Verpflichtung auferlegt wird und diese Verpflichtung Inhalt des Einzelarbeitsvertrages sein könnte. Dazu gehören namentlich Normen über Überzeit, Nacht- und Sonntagszuschläge, Arbeitsverbote und Einschränkungen, Mindestlohnvorschriften für die Erteilung von Arbeitsbewilligungen für Ausländer, Ansprüche aufgrund des Berufsbildungsgesetzes etc. (KOLLER, 41 f., m.w.Bsp.). Der Anspruch auf Erfüllung einer solchen Verpflichtung fällt ebenfalls unter Art. 34 Abs. 1 (Müller/Wirth-GROSS, Art. 24 GestG N 26). 9

Art. 34 gilt für alle Arten von Arbeitnehmern, also auch für **leitende Angestellte**, **Direktoren** oder **Prokuristen** (Müller/Wirth-GROSS, Art. 24 GestG N 32; Kellerhals/von Werdt/Güngerich-WALTHER, Art. 24 GestG N 8; KOLLER, 49; vgl. auch BGE 128 III 129, 131 ff.). Ausgenommen sind jedoch Streitigkeiten zwischen *Arbeitnehmern untereinander* (DONZALLAZ, Comm., Art. 24 GestG N 14) und zwischen *Arbeitnehmern und Kunden* (SPÜHLER/VOCK, GestG, Art. 24 N 1). 10

Auf Klagen aus einem **gemischten Vertrag** ist Art. 34 anwendbar, wenn der Vertrag seinen Vorrang im Arbeitsrecht hat (Müller/Wirth-GROSS, Art. 24 GestG N 13 und 45). Beim in der Praxis häufigen Fall sog. *Hauswartswohnungen* richtet sich die Zuständigkeit nach der konkreten vertraglichen Ausgestaltung. Dabei ist auf objektive Kriterien wie die Höhe des Lohnes im Vergleich zur Wohnungsmiete und den Beschäftigungsgrad des mietenden Arbeitnehmers abzustellen (vgl. JAR 1991, 383 f. [zu Art. 343 aOR]). 11

Zum Verhältnis von Art. 34 und **SchKG-Klagen** vgl. Art. 46 N 1 ff. Zum Gerichtsstand bei **abgetretenen Forderungen** aus Arbeitsvertrag vgl. Art. 35 N 8 f. 12

2. Gerichtsstand

a) Allgemeines

Der von Art. 34 Abs. 1 vorgesehene **Wahlgerichtsstand** am Wohnsitz bzw. Sitz der beklagten Partei oder am gewöhnlichen Arbeitsort steht *beiden Parteien* zur Verfügung. Er bezweckt den Abbau von Rechtswegbarrieren im Interesse der sozial schwächeren Partei (Müller/Wirth-GROSS, Art. 24 GestG N 21). 13

b) Wohnsitz oder Sitz der beklagten Partei

Der Begriff des **Wohnsitzes bzw. Sitzes** der beklagten Partei bestimmt sich nach Art. 10. Dieser verweist in Abs. 2 auf die Bestimmungen zum Zivilgesetzbuch, mit Ausnahme von Art. 24 ZGB (fiktiver Wohnsitz). Zum massgebenden Zeitpunkt vgl. Art. 59 N 3, 9. 14

Bei gegebenen Voraussetzungen kann *zusätzlich* am **Ort der Niederlassung** geklagt werden, da dieser Gerichtsstand immer auch dann zur Verfügung steht, wenn einer der besonderen Gerichtsstände die Zuständigkeit am Wohnsitz oder Sitz der beklagten Partei vorsieht (BGE 129 III 31, 33 f.; Müller/Wirth-MÜLLER, Art. 5 GestG N 36; 15

DONZALLAZ, Comm., Art. 5 GestG N 4; Kellerhals/von Werdt/Güngerich-WALTHER, Art. 24 GestG N 12).

c) gewöhnlicher Arbeitsort

16 Der Gerichtsstand am Ort, an dem der Arbeitnehmer oder die Arbeitnehmerin **gewöhnlich die Arbeit verrichtet**, lehnt sich an die Regelung und Terminologie des internationalen Rechts an (BOTSCHAFT GestG, 2862). Er befindet sich dort, wo sich der **tatsächliche Mittelpunkt** der Berufstätigkeit des Arbeitnehmers befindet (Kellerhals/von Werdt/Güngerich-WALTHER, Art. 24 GestG N 9 m.H.). Häufig wird er mit dem Unternehmenssitz oder Betriebsort zusammenfallen. Im Gegensatz zum Betriebsort ist aber nicht erforderlich, dass der Arbeitgeber eine Organisationseinheit mit festen Einrichtungen auf längere Zeit und an einem bestimmten Ort angelegt hat (vgl. Art. 343 aOR und dazu BGE 114 II 353, 355 f., E.1b = Pra 1989 Nr. 115). Gewöhnlicher Arbeitsort kann daher auch die Baustelle sein, wo der Arbeitnehmer nicht bloss vorübergehend Bau- und Montagearbeiten ausführt (BSK IPRG-BRUNNER, Art. 115 N 17; EGLI, 26) oder die eigene Wohnung im Falle der Telearbeit (Kellerhals/von Werdt/Güngerich-WALTHER, Art. 24 GestG N 9). Entscheidend ist nicht die absolute Zeitdauer, sondern die relative im Vergleich zur Dauer des Arbeitsverhältnisses und der anderen Arbeitsorte (EGLI, 26).

17 Arbeitet der Arbeitnehmer *gleichzeitig* **an mehreren Orten**, ist auf den Hauptarbeitsort abzustellen. Kann kein solcher ermittelt werden, steht der Gerichtsstand am gewöhnlichen Arbeitsort nicht zur Verfügung (ebenso Müller/Wirth-GROSS, Art. 24 GestG N 94 f.; **a.M.** Kellerhals/von Werdt/Güngerich-WALTHER, Art. 24 GestG N 10; EGLI, 26, die von der alternativen Zuständigkeit aller Arbeitsorte ausgehen).

18 Hat der Arbeitnehmer *nacheinander* an **verschiedenen Orten** gearbeitet, ist für die örtliche Zuständigkeit der gewöhnliche Arbeitsort im Zeitpunkt des Eintritts der Rechtshängigkeit der Klage entscheidend. Besteht in diesem Zeitpunkt kein gewöhnlicher Arbeitsort mehr, ist auf den letzten gewöhnlichen Arbeitsort abzustellen (EGLI, 26; ähnlich Müller/Wirth-GROSS, Art. 24 GestG N 90; Kellerhals/von Werdt/Güngerich-WALTHER, Art. 24 GestG N 11).

19 Fehlt es überhaupt an einem gewöhnlichen Arbeitsort, weil dieser ständig ändert oder die Arbeit gar nie aufgenommen worden ist, steht der Gerichtsstand am Ort der gewöhnlichen Arbeitsverrichtung nicht zur Verfügung (Müller/Wirth-GROSS, Art. 24 GestG N 94 f.; **a.M.** EGLI, 26).

III. Art. 34 Abs. 2

1. Allgemeines

20 Für Klagen einer **stellensuchenden Person** sowie eines Arbeitnehmers, die sich auf das **Arbeitsvermittlungsgesetz** stützen, stellt Art. 34 Abs. 2 einen *zusätzlichen Wahlgerichtsstand* am Ort der Geschäftsniederlassung der vermittelnden oder verleihenden Person zur Verfügung. Der Vermittler oder Verleiher kann sich auf diesen zusätzlichen Gerichtsstand nicht berufen. Für ihn gelten nur die Gerichtsstände nach Abs. 1.

2. Arbeitsvermittlung

21 Der **stellensuchenden Person** stehen bei Klagen gegen den Vermittler drei Gerichtsstände zur Verfügung: der Gerichtsstand am Wohnsitz oder Sitz des Vermittlers, am Ort der Geschäftsniederlassung des Vermittlers sowie am gewöhnlichen Arbeitsort. Mit dem gewöhnlichen Arbeitsort ist der Arbeitsort der vermittelten Tätigkeit gemeint (vgl. näher

GestG-Komm.-KAISER JOB, Art. 24 N 39). Der Begriff der Geschäftsniederlassung deckt sich mit dem Begriff der Niederlassung von Art. 12 (vgl. Komm. zu Art. 12).

Ist die **Vermittlungstätigkeit erfolglos** geblieben oder existiert aus anderen Gründen kein gewöhnlicher Arbeitsort, steht der Gerichtsstand am gewöhnlichen Arbeitsort der stellensuchenden Person nicht zur Verfügung (**a.M.** wohl EGLI, 29). Ihr verbleiben lediglich die anderen beiden Gerichtsstände, die trotz der sozialpolitischen Zielsetzung des AVG für sie keine Begünstigung darstellen (vgl. GestG-Komm.-KAISER JOB, Art. 24 N 39; krit. auch Müller/Wirth-GROSS, Art. 24 GestG N 98 ff.). 22

Der Gerichtsstand bei **Klagen des Vermittlers** gegen die stellensuchende Person bestimmt sich nach Art. 34 Abs. 1 (BOTSCHAFT GestG, 2862; Müller/Wirth-GROSS, Art. 24 GestG N 106). Besteht **zwischen Vermittler und Arbeitgeber** ebenfalls ein Vertrag, richtet sich die örtliche Zuständigkeit nach Art. 31, andernfalls nach Art. 10 ff. 23

3. Personalverleih

Der Personalverleih bedeutet eine «Zweiteilung der Arbeitgeberrolle» (THÉVENOZ, 1), eine «Aufteilung der Arbeitgeberfunktionen» (REHBINDER, 47). Der Arbeitnehmer ist durch einen Einzelarbeitsvertrag mit dem Verleiher verbunden (Art. 19 AVG). Aufgrund eines zweiten Vertrages (sog. Verleihvertrag) überlässt der Arbeitgeber und Verleiher den Arbeitnehmer einem Dritten, dem sog. Einsatzbetrieb (Art. 22 AVG). Zwischen dem Arbeitnehmer und dem Dritten wird kein Vertrag geschlossen, jedoch entsteht zwischen ihnen ein faktisches Arbeitsverhältnis (THÉVENOZ, 2 und 11). Für die Zuständigkeit ist deshalb stets zu prüfen, aus welchem Rechtsverhältnis geklagt wird. 24

Für Klagen aus dem **Arbeitsvertrag** gegen den Verleiher steht dem *Arbeitnehmer* wahlweise der Gerichtsstand an seinem gewöhnlichen Arbeitsort, am Wohnsitz oder Sitz des Verleihers oder am Ort der Geschäftsniederlassung des Verleihers zur Verfügung. Für Klagen des *Verleihers* gegen den Arbeitnehmer richtet sich die Zuständigkeit nach Art. 34 Abs. 1 (BOTSCHAFT GestG, 2862). 25

Unter dem **gewöhnlichen Arbeitsort** ist bei der Temporärarbeit und Leiharbeit der Ort des Einsatzbetriebs zu verstehen. Der Begriff der **Geschäftsniederlassung** deckt sich mit dem Begriff der Niederlassung von Art. 12 (vgl. Komm. zu Art. 12). Zur Zuständigkeit bei bloss gelegentlicher Überlassung des Arbeitnehmers vgl. GestG-Komm.-KAISER JOB, Art. 24 N 44 f. 26

Klagen aus dem **Verleihvertrag** sind keine arbeitsrechtlichen Klagen i.S.v. Art. 34 (BOTSCHAFT GestG, 2862 f.). Der Gerichtsstand bestimmt sich somit nach Art. 31. 27

Streitigkeiten **zwischen Arbeitnehmern und Einsatzbetrieb** können am Wahlgerichtsstand nach Art. 34 Abs. 1 erhoben werden (faktisches Arbeitsverhältnis; vgl. N 4 und 24). 28

4. Vorübergehend entsandte Arbeitnehmer

Vorübergehend entsandten Arbeitnehmern und Arbeitnehmerinnen stehen ab Inkrafttreten der ZPO nur noch die allgemeinen arbeitsrechtlichen Gerichtsstände zur Verfügung (vgl. N 1). 29

IV. Prozessuales

1. Prüfung der Zuständigkeit

Zur Prüfung der Zuständigkeit bei teilzwingenden Gerichtsständen vgl. MEIER, Zivilprozessrecht, 134 f. 30

2. Verfahren und Rechtsmittel

31 Für Streitigkeiten bis zu einem Streitwert von CHF 30 000 gilt das **vereinfachte Verfahren**. Unabhängig vom Streitwert gilt dies für Streitigkeiten nach dem Gleichstellungsgesetz und dem Mitwirkungsgesetz (Art. 243 Abs. 2 lit. a und e). Zudem hat das Gericht in diesen Fällen den Sachverhalt **von Amtes wegen** abzuklären (Art. 247 Abs. 2). Die unrichtige Anwendung von Art. 34 durch das Gericht kann in berufungsfähigen Fällen mit **Berufung** und in den übrigen Fällen mit **Beschwerde** gerügt werden (vgl. Komm. zu Art. 308 und 319). Zwischenentscheide über die Zuständigkeit müssen selbständig angefochten werden; eine spätere Anfechtung zusammen mit dem Endentscheid ist ausgeschlossen (Art. 237 Abs. 2).

V. Internationale Verhältnisse

1. IPRG

32 Gemäss **Art. 115 Abs. 1 IPRG** sind für Klagen aus Arbeitsvertrag die schweizerischen Gerichte am Wohnsitz des Beklagten oder am Ort zuständig, an welchem der Arbeitnehmer gewöhnlich die Arbeit verrichtet. Abs. 2 stellt für Klagen des Arbeitnehmers eine zusätzliche Zuständigkeit an dessen Wohnsitz oder gewöhnlichen Aufenthalt zur Verfügung. Art. 115 IPRG unterscheidet somit – anders als Art. 34 Abs. 1 – zwischen Gerichtsständen, die beide Vertragspartner in Anspruch nehmen können und solchen, die bloss für den Arbeitnehmer gelten (IPRG-Komm.-KELLER/KREN KOSTKIEWICZ, Art. 115 N 5). Gerichtsstandsvereinbarungen sind grundsätzlich zulässig, können jedoch unwirksam sein, wenn dem Arbeitnehmer die Gerichtsstände i.S.v. Art. 5 Abs. 2 IPRG missbräuchlich entzogen werden (JOHNER, 143 ff.; HRISTIC, 132 f.).

2. LugÜ

33 Das **revidierte LugÜ** regelt in einem eigenen Abschnitt die Zuständigkeit im Bereich der individuellen Arbeitsverträge. Dabei kann der Arbeitnehmer zwischen dem allgemeinen Gerichtsstand sowie dem Gerichtsstand am gewöhnlichen Arbeitsort wählen (Art. 19 Nr. 1 und 2 LugÜ II), während der Arbeitgeber am allgemeinen Gerichtsstand klagen muss (Art. 20 Nr. 1 LugÜ II). Fehlt oder fehlte es an einem gewöhnlichen Arbeitsort, kann der Arbeitnehmer auch vor dem Gericht des Ortes klagen, an dem sich die Niederlassung, die ihn eingestellt hat, befindet bzw. befand (Art. 19 Nr. 2 lit. b LugÜ II). Eine Gerichtsstandsvereinbarung ist nur nach Entstehung der Streitigkeit zulässig oder wenn sie dem Arbeitnehmer zusätzliche Gerichtsstände einräumt (Art. 21 LugÜ II). Hingegen ist die Einlassung für beide Parteien möglich (Art. 24 LugÜ II).

Art. 35

Verzicht auf die gesetzlichen Gerichtsstände

¹ Auf die Gerichtsstände nach den Artikeln 32–34 können nicht zum Voraus oder durch Einlassung verzichten:
a. die Konsumentin oder der Konsument;
b. die Partei, die Wohn- oder Geschäftsräume gemietet oder gepachtet hat;
c. bei landwirtschaftlichen Pachtverhältnissen: die pachtende Partei;
d. die stellensuchende oder arbeitnehmende Partei.

² Vorbehalten bleibt der Abschluss einer Gerichtsstandsvereinbarung nach Entstehung der Streitigkeit.

2. Kapitel: Örtliche Zuständigkeit   1, 2 **Art. 35**

Renonciation aux fors légaux	¹ Ne peuvent renoncer aux fors prévus aux art. 32 à 34 avant la naissance du litige ou par acceptation tacite: a. les consommateurs; b. les locataires ou les fermiers d'habitations ou de locaux commerciaux; c. les fermiers agricoles; d. les demandeurs d'emploi ou les travailleurs. ² L'élection de for conclue après la naissance du différend est réservée.
Rinuncia ai fori legali	¹ Non possono rinunciare ai fori secondo gli articoli 32–34, né a priori, né mediante costituzione in giudizio: a. il consumatore; b. il conduttore o affittuario di locali di abitazione o commerciali; c. l'affittuario agricolo; d. la persona in cerca d'impiego o il lavoratore. ² Rimane salva la proroga di foro pattuita dopo l'insorgere della controversia.

Inhaltsübersicht

	Note
I. Allgemeines	1
II. Voraussetzungen	3
III. Rechtsfolgen	13
1. Verbot des Vorausverzichts	13
2. Verbot der Einlassung	16
3. Gerichtsstandsvereinbarung nach Entstehung der Streitigkeit	18
IV. Prozessuales	21
1. Prüfung der Zuständigkeit/Rechtsmittel	21
2. Übergangsrecht	22
V. Internationale Verhältnisse	23

Literatur

H.-P. EGLI, Das arbeitsrechtliche Verfahren nach Art. 343 OR, ZZZ 2004, 21 ff.; M. HRISTIC, Zwingende und teilzwingende Gerichtsstände des Gerichtsstandsgesetzes, Diss. Zürich 2002; vgl. ausserdem die Literaturhinweise zu Art. 32–34.

I. Allgemeines

Für das Sonderprivatrecht des *Konsumrechts*, des *Miet- und Pachtrechts* sowie des *Arbeitsrechts* sieht das Gesetz besondere Gerichtsstände vor (Art. 32–34; GestG-Komm.-BRUNNER, Art. 21 N 6). Art. 35 sichert diese Gerichtsstände für die **sozial schwächere Vertragspartei**. Die Bestimmung entspricht damit den Grundsätzen des *sozialen Zivilprozesses*.   1

Art. 35 **stimmt inhaltlich** mit Art. 21 GestG überein. Die sozial schwächere Vertragspartei kann auf die ihr zustehenden Gerichtsstände weder zum Voraus noch durch Einlassung verzichten (Abs. 1). Möglich bleibt einzig der Abschluss einer Gerichtsstandsvereinbarung nach Entstehung der Streitigkeit (Abs. 2). Demgegenüber hatte der *Vorentwurf* vorgesehen, das *Einlassungsverbot* aufzuheben. Nach Kritik im Vernehmlassungsverfahren kehrte der Bundesrat jedoch zur bisherigen Regelung zurück. Für die Auslegung kann daher auf die Rechtsprechung und Literatur zu Art. 21 GestG abgestellt werden.   2

II. Voraussetzungen

3   Art. 35 zählt den **geschützten Personenkreis** abschliessend auf. Auf die konkrete Schutzbedürftigkeit kommt es nicht an. Auch für den geschäftserfahrenen, solventen Konsumenten, Mieter, Arbeitnehmer etc. sind die Gerichtsstände somit teilzwingend. *Nicht* auf Art. 35 berufen können sich *Verbände und Berufsorganisationen* (Kellerhals/von Werdt/Güngerich-WALTHER, Art. 21 GestG N 2 und Vor 5. Abschnitt, N 46 m.H.).

4   Als **Konsument** oder **Konsumentin** i.S.v. Art. 35 Abs. 1 lit. a ist die Partei eines Konsumentenvertrages zu verstehen. Ob eine Person Konsument oder Konsumentin im Sinne des Gesetzes ist, ergibt sich demnach aus Art. 32, der in Abs. 2 eine positive Legaldefinition des Konsumentenvertrages enthält. Aus Art. 32 Abs. 1 lit. b folgt zudem, dass Konsument oder Konsumentin nur eine *natürliche Person* sein kann (s. Art. 32 N 3 ff.).

5   Art. 35 Abs. 1 lit. b dehnt den Sozialschutzgedanken nicht auf alle Miet- und Pachtverhältnisse von unbeweglichen Sachen aus, sondern beschränkt den Schutz – wie bereits das GestG – auf die **mietende** oder **pachtende** Partei von **Wohn-** oder **Geschäftsräumen**. Zudem muss es sich um unbewegliche Sachen handeln; die Miete beweglicher Sachen zu Wohn- oder Geschäftszwecken wird von Art. 33 und 35 nicht erfasst. Der *Begriff* der Wohn- oder Geschäftsräume bestimmt sich nach Art. 253a OR (Müller/Wirth-GROSS, Art. 21 GestG N 61). Da sich zuständigkeitsrechtlich keine Unterschiede ergeben, entfällt die oft schwierige Abgrenzung zwischen Wohn- und Geschäftsräumen. Mietende oder pachtende Partei von Wohn- oder Geschäftsräumen kann – anders als beim Konsumentenvertrag – auch eine juristische Person sein. Auch *ideelle Organisationen* können sich auf Art. 35 Abs. 1 lit. b berufen, sofern das Miet- oder Pachtverhältnis den Voraussetzungen des Art. 253a OR entspricht. Auch die Miete von luxuriösen Wohnräumen oder Einfamilienhäusern i.S.v. Art. 253b Abs. 2 OR oder subventionierten Wohnungen i.S.v. Art. 253b Abs. 3 OR wird von Art. 33 und 35 erfasst.

6   Zum Begriff des **landwirtschaftlichen Pachtverhältnisses** vgl. Art. 33 N 16.

7   Art. 35 schützt auch den **Arbeitnehmer** sowie die **stellensuchende Partei** i.S.v. Art. 34. Für welche Streitigkeiten der Schutz konkret besteht, ergibt sich deshalb aus Art. 34.

8   Das Gesetz gibt keine Antwort auf die Frage, ob die in Art. 32–34 vorgesehenen besonderen Gerichtsstände auch für den **Rechtsnachfolger** oder **Zessionar** einer oder beider Parteien gelten. Gemäss Art. 64 Abs. 1 lit. b hat die Rechtshängigkeit u.a. zur Folge, dass die örtliche Zuständigkeit erhalten bleibt (sog. *perpetuatio fori*). Veränderungen *nach Eintritt der Rechtshängigkeit* z.B. durch Erbgang oder Abtretung ändern an der einmal begründeten Zuständigkeit nichts (Kellerhals/von Werdt/Güngerich-WALTHER, Vor 5. Abschnitt GestG N 45).

9   Wie es sich *vor Eintritt der Rechtshängigkeit* verhält, ist demgegenüber *umstritten*. Da die Art. 32–35 dem Schutz der schwächeren Vertragspartei dienen, vermögen Veränderungen auf Seiten der stärkeren Partei, d.h. des gewerblichen Anbieters, Vermieters, Verpächters, Arbeitgebers an der gesetzlichen Zuständigkeitsordnung von vornherein nichts zu ändern (teilweise **a.M.** Kellerhals/von Werdt/Güngerich-WALTHER, Vor 5. Abschnitt GestG N 40). Tritt bspw. ein Anbieter seine Kaufpreisforderung aus einem Konsumentenvertrag seiner Bank ab, hat die Bank den Konsumenten nach wie vor gestützt auf Art. 32 an dessen Wohnsitz einzuklagen, wobei eine Einlassung des Konsumenten an die an einem anderen Ort erhobene Klage nicht möglich ist (Art. 35 Abs. 1 lit. a). Bei Veränderungen auf Seiten der sozial schwächeren Partei werden in der Literatur höchst unterschiedliche Meinungen vertreten (vgl. Kellerhals/von Werdt/Güngerich-WALTHER, Vor 5. Abschnitt GestG N 38 ff.; Müller/Wirth-GROSS, Art. 21 GestG N 54). Nach der

hier vertretenen Ansicht kommt es auf die Natur der eingeklagten Forderung an, weshalb Veränderungen unerheblich sind.

Sowohl dem *Konsumenten* als auch der *arbeitnehmenden* und *stellensuchenden Partei* stehen wahlweise *verschiedene Gerichtsstände* zur Verfügung. Erhebt der Konsument oder der Arbeitnehmer bzw. die stellensuchende Partei seine Klage am allgemeinen Gerichtsstand, darf die Gegenpartei unter den Voraussetzungen des Art. 14 **Widerklage** erheben, obschon dadurch der stärkeren Partei im Ergebnis ein Klägergerichtsstand zur Verfügung steht (Kellerhals/von Werdt/Güngerich-KELLERHALS/GÜNGERICH, Art. 6 GestG N 41; Kellerhals/von Werdt/Güngerich-WALTHER, Art. 22 GestG N 38 und Art. 24 N 16; Müller/Wirth-GROSS, Art. 21 GestG N 35 ff.; Müller/Wirth-MÜLLER, Art. 6 GestG N 29 f.).

Gemäss Art. 15 Abs. 1 ist im Falle der **subjektiven Klagenhäufung** (passive Streitgenossenschaft) das für eine beklagte Partei zuständige Gericht für alle beklagten Parteien zuständig, sofern diese Zuständigkeit nicht nur auf einer Gerichtsstandsvereinbarung beruht. Dies gilt jedoch dann nicht, wenn dadurch einer oder mehreren von Art. 35 geschützten Personen die ihr zustehenden Gerichtstände entzogen werden (Kellerhals/von Werdt/Güngerich-KELLERHALS/GÜNGERICH, Art. 7 GestG N 24; Müller/Wirth-GROSS, Art. 21 GestG N 39 f.; Müller/Wirth-MÜLLER, Art. 7 GestG N 47; a.M. GestG-Komm.-REETZ, Art. 7 N 14 ff.). Klagt umgekehrt eine von Art. 35 geschützte Person gegen mehrere Personen, für die keine zwingende oder teilzwingende Zuständigkeit gilt, kann sie sich ohne Einschränkung auf Art. 15 Abs. 1 berufen.

Im Falle der **objektiven Klagenhäufung** gehen zwingende oder teilzwingende Foren dem Gerichtsstand des Sachzusammenhangs i.S.v. Art. 15 Abs. 2 vor (Kellerhals/von Werdt/Güngerich-Kellerhals/GÜNGERICH-KELLERHALS, Art. 7 GestG N 24; Müller/Wirth-GROSS, Art. 21 GestG N 41 f.; Müller/Wirth-MÜLLER, Art. 7 GestG N 47; a.M. GestG-Komm.-REETZ, Art. 7 N 14 ff.). Mehrere Ansprüche, die in einem sachlichen Zusammenhang stehen, sind daher am zwingenden bzw. teilzwingenden Gerichtsstand zu erheben. Konkurrieren mehrere Ansprüche miteinander, für die zwingende oder teilzwingende Gerichtsstände gelten, steht der Gerichtsstand des Sachzusammenhangs nicht zur Verfügung.

III. Rechtsfolgen

1. Verbot des Vorausverzichts

Art. 35 Abs. 1 statuiert ein **vorgängiges Prorogationsverbot** für die sozial schwächere Partei. Bis zu welchem Zeitpunkt ein unzulässiger Vorausverzicht der schwächeren Partei auf die ihr zustehenden Gerichtsstände vorliegt, ergibt sich aus der Gegenüberstellung mit Abs. 2. Nach dieser Bestimmung ist eine Gerichtsstandsvereinbarung nach Entstehung der Streitigkeit auch für die schwächere Partei ohne weiteres zulässig. Bis zur Entstehung einer konkreten Streitigkeit bleibt der Abschluss einer Gerichtsstandsvereinbarung somit unzulässig.

Werden der schwächeren Partei **zusätzliche Gerichtsstände** eingeräumt, die nur für sie gelten, liegt kein Verzicht auf die Gerichtsstände «dieses Abschnitts» vor. Solche Vereinbarungen sind daher auch gültig, wenn sie zum Voraus abgeschlossen werden (Kellerhals/von Werdt/Güngerich-WALTHER, Art. 21 GestG N 8).

Verstösst eine zum Voraus abgeschlossene **Gerichtsstandsvereinbarung** gegen Art. 35, hat das prorogierte Gericht seine Zuständigkeit von Amtes wegen abzulehnen. Nach dem

Wortlaut von Art. 35 ist es nur der sozial schwächeren Partei verwehrt, auf die Gerichtsstände der Art. 32–34 zu verzichten. Im Voraus getroffene Gerichtsstandsvereinbarungen sind daher für den Konsumenten, Mieter, Pächter, Arbeitnehmer etc. **einseitig unverbindlich**. Die stärkere Partei bleibt ihrerseits auch dann an die Gerichtsstandsvereinbarung gebunden, wenn von den Gerichtsständen der Art. 32–34 abgewichen wird (BGer, 21.3.06, 4C.29/2006, E. 4.1 und 4.2; **a.M.** Hristic, 82 f.; Müller/Wirth-Gross, Art. 21 GestG N 86).

2. Verbot der Einlassung

16 Art. 35 Abs. 1 sieht ein generelles **Einlassungsverbot** der sozial schwächeren Partei vor (zur Einlassung im Allgemeinen vgl. Art. 18). Für die Gegenpartei gilt dies nicht. Der gewerbliche Anbieter, Vermieter, Arbeitgeber etc. kann sich daher auf die vor einem örtlich unzuständigen Gericht erhobene Klage einlassen. Zu beachten ist, dass Art. 18 – anders als noch Art. 9 Abs. 3 GestG – keine Ablehnungsbefugnis des Gerichts am Ort der Einlassung mehr vorsieht.

17 Nach der überwiegenden Meinung will Art. 35 lediglich die stillschweigende, nicht jedoch die «**bewusste**» **Einlassung** der sozial schwächeren Partei verhindern (Müller/Wirth-Gross, Art. 21 N 77 ff.). Lässt sich die schwächere Partei im Wissen um die örtliche Unzuständigkeit bewusst auf die am falschen Ort erhobene Klage ein, liegt deshalb keine Verletzung von Art. 35 vor (Egli, 28).

3. Gerichtsstandsvereinbarung nach Entstehung der Streitigkeit

18 Gemäss Abs. 2 ist eine Gerichtsstandsvereinbarung nach Entstehung der Streitigkeit zulässig. Eine **Streitigkeit ist entstanden**, sobald zwischen den Parteien erstmals «Differenzen», «Meinungsverschiedenheiten» bezüglich des Vertrages auftreten, z.B. wenn sich der Konsument schriftlich oder mündlich beim Verkäufer beschwert (Müller/Wirth-Gross, Art. 21 GestG N 92; Kellerhals/von Werdt/Güngerich-Walther, Art. 21 GestG N 17; Donzallaz, Comm., Art. 21 GestG N 9; strenger Egli, 28, für arbeitsrechtliche Streitigkeiten). *Nicht* erforderlich ist, dass ein gerichtliches Verfahren unmittelbar oder in Kürze bevorsteht oder dass den Parteien bewusst ist, dass sie ohne fremde Vermittlung nicht zu einer Einigung gelangen können (**a.M.** GestG-Komm.-Brunner, Art. 21 N 20).

19 Die **Form** der **Gerichtsstandsvereinbarung** wird in Art. 17 Abs. 2 geregelt. Nach dieser Bestimmung genügt es, wenn die Vereinbarung schriftlich oder in einer anderen Form erfolgt, die den Nachweis durch Text ermöglicht, z.B. durch E-Mail, Fax etc. (vgl. Komm. zu Art. 17).

20 Wird nach Entstehung einer Streitigkeit eine Gerichtsstandsvereinbarung abgeschlossen, sind die Parteien für **spätere Streitigkeiten**, die nichts mit der ersten zu tun haben, nicht gebunden (**a.M.** Müller/Wirth-Gross, Art. 21 GestG N 74).

IV. Prozessuales

1. Prüfung der Zuständigkeit/Rechtsmittel

21 Zur Prüfung der örtlichen Zuständigkeit bei teilzwingenden Gerichtsständen vgl. Meier, Zivilprozessrecht, 134 f. Die unrichtige Anwendung von Art. 35 durch das Gericht kann in berufungsfähigen Fällen mit **Berufung** und in den übrigen Fällen mit **Beschwerde** gerügt werden (vgl. Komm. zu Art. 308 und 319). Zwischenentscheide über die Zuständigkeit müssen selbständig angefochten werden; eine spätere Anfechtung zusammen mit dem Endentscheid ist ausgeschlossen (Art. 237 Abs. 2).

2. Übergangsrecht

Gemäss Art. 406 bestimmt sich die **Gültigkeit einer Gerichtsstandsvereinbarung** nach dem Recht, das zur Zeit ihres Abschlusses gegolten hat. Da bis zum Inkrafttreten des GestG am 1.1.2001 insb. Gerichtsstandsvereinbarungen in *Konsumentenverträgen* sowie für den *Mieter oder Pächter von Geschäftsräumen* zulässig waren, ist es denkbar, dass gestützt auf eine derartige Gerichtsstandsvereinbarung noch während längerer Zeit an anderen als den von Art. 32 und 33 vorgesehenen Gerichtsständen geklagt werden kann (vgl. im Einzelnen Art. 406 N 1 ff. sowie GestG-Komm.-BRUNNER, Art. 21 N 15; GestG-Komm.-DASSER, Art. 39 N 6 ff.; Kellerhals/von Werdt/Güngerich-WALTHER, Art. 21 GestG N 18). 22

V. Internationale Verhältnisse

Zur Frage, ob und unter welchen Voraussetzungen unter der Herrschaft des IPRG und LugÜ auf die **Gerichtsstände** in konsumentenrechtlichen, miet-, pacht- und arbeitsrechtlichen Streitigkeiten **verzichtet** werden kann, vgl. die Komm. zu Art. 32–34. 23

7. Abschnitt: Klagen aus unerlaubter Handlung

Art. 36

Grundsatz	**Für Klagen aus unerlaubter Handlung ist das Gericht am Wohnsitz oder Sitz der geschädigten Person oder der beklagten Partei oder am Handlungs- oder am Erfolgsort zuständig.**
Principe	Le tribunal du domicile ou du siège du lésé ou du défendeur ou le tribunal du lieu de l'acte ou du résultat de celui-ci est compétent pour statuer sur les actions fondées sur un acte illicite.
Principio	Per le azioni da atto illecito è competente il giudice del domicilio o della sede del danneggiato o del convenuto o il giudice del luogo dell'atto o dell'evento.

Inhaltsübersicht Note

I. Normzweck 1
II. Anwendungsbereich 6
   1. Begriff der unerlaubten Handlung 6
   2. Ausnahmen vom Anwendungsbereich 11
   3. Mehrheit von Ansprüchen; Anspruchskonkurrenz 15
III. Die einzelnen Gerichtsstände 18
   1. Mehrheit von Gerichtsständen 18
   2. Wohnsitz oder Sitz der beklagten Partei 19
   3. Handlungs- und Erfolgsort 20
   4. Wohnsitz oder Sitz der geschädigten Person 26
IV. Prorogation und Einlassung 29
V. Internationale Zuständigkeit 31

Literatur

O. ARTER/F. S. JÖRG/U. P. GNOS, Zuständigkeit und anwendbares Recht bei internationalen Rechtsgeschäften mittels Internet unter Berücksichtigung der unerlaubten Handlung, AJP 2000, 277 ff.; I. CHERPILLOD, Droit des marques et Internet, sic! 1997, 121 ff.; L. DAVID, Der Rechtsschutz im Immaterialgüterrecht, in: Roland von Büren/Lucas David (Hrsg.), Schweizerisches Immaterialgüter- und Wettbewerbsrecht, Bd. I/2, 2. Auflage, Basel/Frankfurt a.M. 1998, 49 f., 123; R. DETTLING-OTT, Lufttransportrecht, in: Georg Müller (Hrsg.), Schweizerisches Bundesverwaltungsrecht, Bd. IV, Verkehrsrecht, Basel 2008; P. HEINRICH, Achtung: Neue Gerichtsstände im Immaterialgüter- und Wettbewerbsrecht, in sic! 2000, 659 ff.; M. HOCHSTRASSER, Freizeichnung zugunsten und zulasten Dritter, Diss., Zürich 2006; I. MEIER, Bundesgesetz über den Gerichtsstand in Zivilsachen (Gerichtsstandsgesetz, GestG) – Konzept des neuen Rechts und erste Antworten auf offene Fragen, Anwaltsrevue 1/2001, 23 ff. (zit. Revue); K. OFTINGER/E. W. STARK, Schweizerisches Haftpflichtrecht, Besonderer Teil, Bd. II/2, Gefährdungshaftungen: Motorfahrzeughaftpflicht und Motorfahrzeughaftpflichtversicherung, 4. Aufl., Zürich 1989, N 800; F. ROMERIO, Anmerkungen zu Art. 25 und 27 Gerichtsstandsgesetz, in: P. Gauch/D. Thürer (Hrsg.), Zum Gerichtsstand in Zivilsachen, Probleme der nationalen und internationalen Zuständigkeit, Zürich/Basel/Genf 2002, 75 ff. (zit. Anmerkungen); D. ROSENTHAL, Das auf unerlaubte Handlungen im Internet anwendbare Recht am Beispiel des Schweizer IPR, in: AJP 1997, 1340 ff.; TH. STÄHELI, Kollisionsrecht auf dem Information Highway, in: R. M. Hilty (Hrsg.), Information Highway. Beiträge zu rechtlichen und tatsächlichen Fragen, Bern/München 1996, 597 ff.; P. TERCIER, Le nouveau droit de la personnalité, Zürich 1984, N 355 ff., 367 ff.; L. UHL, Internationale Zuständigkeit gemäss Art. 5 Nr. 3 des Brüsseler und Lugano-Übereinkommens, Frankfurt a.M. etc. 2000; R. WYSS, Der Gerichtsstand der unerlaubten Handlung im schweizerischen und internationalen Zivilprozessrecht, Diss. Zürich 1997 (zit. WYSS); ROGER ZÄCH, Schweizerisches Kartellrecht, 2. Aufl., Bern 2005, N 267 ff.

I. Normzweck

1 Bis zum **Inkrafttreten des Gerichtsstandsgesetzes** am 1.1.2001 galten für die **unerlaubte Handlung** verschiedene Zuständigkeitsregeln. Aufgrund der Gerichtsstandsgarantie von Art. 59 aBV war für Schweizer grundsätzlich der Richter am Wohnsitz oder Sitz des Beklagten zuständig (statt vieler: FRANK/STRÄULI/MESSMER, § 10 N 3). Für Personen ohne festen Wohnsitz in der Schweiz sahen die meisten kantonalen Prozessgesetze die Zuständigkeit des Richters am Handlungs- oder Erfolgsort vor (z.B. § 31 ZPO/AG; Art. 26 ZPO/BE; Art. 31 ZPO/SG). Diese kantonalen Regelungen wurden allerdings durch Art. 129 Abs. 1 und 2 IPRG weitgehend obsolet, da mit dieser Norm für die Grosszahl der Personen ohne festen Wohnsitz in der Schweiz – Personen mit Wohnsitz im Ausland – eine bundesrechtliche Zuständigkeitsbestimmung geschaffen worden war. Dies führte z.B. im Kanton Zürich zur Aufhebung des Gerichtsstandes der unerlaubten Handlung (FRANK/STRÄULI/MESSMER, § 10 N 1). Neben den kantonalen Regelungen und Art. 129 IPRG fanden sich in zahlreichen Bundesgesetzen Spezialregelungen für bestimmte Fälle der ausservertraglichen Haftung, so z.B. im Strassenverkehrsgesetz (Art. 84 SVG), im Eisenbahngesetz (Art. 4 EBG), im Kernenergiehaftungsgesetz (Art. 24 KHG) usw. (vgl. hierzu GestG-Komm.-HEMPEL, Anhang, Kommentar zu Änderungen von Bundesgesetzen; WYSS, 4 ff., 20 ff., 52 ff., 91 ff.).

2 Eines der Ziele des Gerichtsstandsgesetzes war es, diese zahlreichen Gerichtsstandsbestimmungen durch eine möglichst **einheitliche Regelung** für sämtliche unerlaubten Handlungen zu ersetzen (vgl. BOTSCHAFT GestG, 2863, 2864; Bericht ExpertKo, 22). Dieses Ziel wurde jedoch nur teilweise verwirklicht. So sah das Gerichtsstandsgesetz selbst neben dem allgemeinen Gerichtsstand für unerlaubte Handlungen (Art. 25 GestG) Spezialregelungen vor für Motorfahrzeug- und Fahrradunfälle (Art. 26 GestG) sowie für Massenschäden (Art. 27 GestG). Darüber hinaus gab es eine Spezialregelung für Klagen aus Persönlichkeitsverletzung (Art. 12 lit. a GestG). Unklar war das Verhältnis zum Gerichtsstand für «andere Klagen, die sich auf Grundstücke beziehen» (Art. 19 Abs. 1 lit. c

GestG). Die Zivilprozessordnung hat an diesem Zustand im Wesentlichen nichts geändert. Trotzdem bringt sie einige Änderungen: Der mit dem Gerichtsstandsgesetz neu geschaffene Gerichtsstand für Massenschäden (Art. 27 GestG) hat in die Zivilprozessordnung keinen Eingang gefunden und wird in rekordverdächtig kurzer Zeit wieder abgeschafft. Begründet wurde dies damit, dass er wie schon bei seiner Einführung in der Vernehmlassung zur ZPO erneut als zu unbestimmt und kaum justiziabel kritisiert worden war (BOTSCHAFT ZPO, 7269). Dafür fand der – durchaus zweckmässige – Gerichtsstand für Schadenersatz bei ungerechtfertigten vorsorglichen Massnahmen in die ZPO Eingang (Art. 37). Die Revision des Kernenergiehaftpflichtgesetzes bringt zudem wieder einen besonderen Gerichtsstand für Kernenergieschäden (Art. 38a).

Art. 36 ist wörtlich identisch mit Art. 25 GestG. Die Bestimmung lässt dem Kläger die **Wahl zwischen nicht weniger als vier verschiedenen Gerichtsständen**: Er kann frei wählen zwischen dem Gericht am Wohnsitz oder Sitz der beklagten Partei, dem Gericht am Handlungsort, dem Gericht am Erfolgsort und dem Gericht am Wohnsitz oder Sitz der geschädigten Person. Da das Gericht am Wohnsitz oder Sitz des Beklagten dem ordentlichen Gerichtsstand entspricht, haben nur die Gerichtsstände am Handlungs- oder Erfolgsort oder am Wohnsitz oder Sitz der geschädigten Person selbständige Bedeutung. 3

Eines der **Hauptargumente für die Zuständigkeit der Gerichte am Handlungs- oder Erfolgsort** (zum Begriff von Handlungs- und Erfolgsort s. N 20 ff.) ist darin zu sehen, dass sie für die Durchführung eines Gerichtsverfahrens besser geeignet erscheinen als ein womöglich weit vom Deliktsort entferntes Gericht am Wohnsitz oder Sitz der beklagten Partei. Insbesondere das Beweisverfahren (Augenschein, Zeugeneinvernahmen usw.) dürfte sich i.d.R. am Handlungs- oder Erfolgsort am leichtesten gestalten (vgl. KROPHOLLER, Europ. ZPR, Art. 5 N 73; OFTINGER/STARK, N 800; IPRG-Komm.-VOLKEN, Art. 129 N 66). Dies dürfte in besonderem Masse dann gelten, wenn ein Strafverfahren eingeleitet wird, für welches primär die Behörden am Tatort und subsidiär jene am Erfolgsort zuständig sind (Art. 340 StGB). Darüber hinaus erfüllt der Gerichtsstand am Handlungs- oder Erfolgsort auch gewisse Schutzfunktionen zugunsten des Geschädigten (vgl. WYSS, 107). Er muss den Beklagten nicht an einem Ort suchen, zu dem er unter Umständen überhaupt keine Beziehungen hat. Besonders evident ist dies im (von der ZPO nicht geregelten) internationalen Verhältnis: Dem Deutschen, der in der Schweiz von einem Australier geschädigt wird, könnte kaum zugemutet werden, in Canberra zu klagen. Aber auch in den für die ZPO allein interessierenden kleineren schweizerischen Verhältnissen besteht ein entsprechendes Schutzbedürfnis des Geschädigten, etwa mit Rücksicht auf Prozesssprache und Anreise zum Gerichtsort. 4

Dem **Schutzbedürfnis der geschädigten Person** hat der Gesetzgeber in noch weiter gehendem Masse Rechnung getragen, indem ihr auch die **Klage an ihrem Wohnsitz oder Sitz** offen steht. Dieser Gerichtsstand war im Bundesrecht – soweit ersichtlich – bis zum Inkrafttreten des Gerichtsstandsgesetzes nur in Art. 14 Abs. 2 KG, Art. 28b Abs. 1 ZGB und – durch Verweis – Art. 15 Abs. 1 DSG vorgesehen gewesen. Der Nationalrat hatte diesen Gerichtsstand statt demjenigen am Erfolgsort in das Gerichtsstandsgesetz eingefügt, weil letzterer angeblich zu wenig bestimmt und ersterer zum Schutz des Opfers notwendig sei. Schliesslich blieben beide Gerichtsstände im Gesetz (vgl. Amtl-Bull NR 1999, 2409 ff.). Art. 36 übernimmt die Zuständigkeitsregelung des GestG. Mit dem Gerichtsstand am Sitz oder Wohnsitz des Klägers schiesst das Gesetz jedoch aus falsch verstandenem Opferschutz weit über das Ziel hinaus, kann der Beklagte doch nun vor ein für ihn völlig unvorhersehbares Gericht gezogen werden. Dies könnte allenfalls dort vertretbar sein, wo ein Versicherer Beklagter ist, wie dies der Nationalrat offensicht- 5 lich als Regel annahm. Eine Direktklage gegen den Versicherer ist jedoch nur ausnahmsweise zulässig, namentlich im Strassenverkehrsrecht, wo aber der Gerichtsstand am Sitz der geschädigten Person gerade nicht zur Verfügung steht (s. N 11, Art. 38 N 12). Ansonsten lässt sich ein Gerichtsstand am Wohnsitz oder Sitz der geschädigten Partei kaum rechtfertigen, wird doch damit für das Zivilprozessrecht die Unschuldsvermutung ausser Kraft gesetzt. Der Gesetzgeber hat verkannt, dass es in vielen Fällen strittig ist, ob der Kläger überhaupt widerrechtlich geschädigt wurde und damit «Opfer» ist; für die Begründung der Zuständigkeit genügt aber grundsätzlich die blosse Behauptung der unerlaubten Handlung, da es sich bei den zuständigkeitsbegründenden Sachverhaltselementen regelmässig um sog. doppelrelevante Tatsachen handelt, die auch für die materielle Beurteilung des Falles erheblich sind und daher bei der Zuständigkeitsprüfung grundsätzlich als richtig unterstellt werden (BGE 134 III 27 E. 6.2; 131 III 153 E. 5.1; 122 III 249 E. 3b.bb; ZR 2000 Nr. 107, 247; WALTER, Int. ZPR, 202 f.). Insbesondere wenn der (angebliche) Schädiger eine Privatperson oder ein nur lokal oder regional tätiges Unternehmen ist, kann der Gerichtsstand am Wohnsitz oder Sitz des Geschädigten trotz der relativ engen schweizerischen Verhältnisse zu unbilligen Ergebnissen führen. Es ist kaum akzeptabel, dass der – möglicherweise ungerechtfertigte – Vorwurf einer unerlaubten Handlung genügt, um einen Walliser, der nie aus seinem Tal gekommen ist, im Kanton Schaffhausen vor ein Gericht zu bringen (oder umgekehrt). Der Wohnsitz oder Sitz des Geschädigten ist daher als Gerichtsstand ungeeignet (so schon überzeugend zu Art. 28b Abs. 1 ZGB und Art. 14 Abs. 2 KG: WYSS, 78 f. Für das Immaterialgüterrecht s. HEINRICH, 659 f.; vgl. auch die allgemeine Kritik zum Gerichtsstand am Wohnsitz oder Sitz des Klägers von WALDER/GROB, 106 Anm. 50b). Es kommt hinzu, dass wegen dieses zusätzlichen Gerichtsstandes bei Unfällen mit mehreren Geschädigten nunmehr ein erhebliches Risiko besteht, dass mehrere Verfahren mit womöglich widersprüchlichem Ausgang durchgeführt werden. Für Strassenverkehrsdelikte wurde die Zahl der Gerichtsstände ausdrücklich deshalb limitiert, um eine solche Verzettelung von Verfahren zu vermeiden (s. Art. 38 N 2). Es ist nicht einzusehen, weshalb dieses Interesse ausserhalb des Strassenverkehrsrechts geringer sein sollte. Trotz der Fragwürdigkeit des Gerichtsstands am Sitz oder Wohnsitz des Geschädigten und der in der Lehre dazu geäusserten Kritik (vgl. auch Kellerhals/von Werdt/Güngerich-KURTH/BERNET, Art. 25 GestG N 4; ROMERIO, Anmerkungen, 76 f.) hat der Gesetzgeber in der ZPO – anders als beim Gerichtsstand für Massenschäden – an diesem Gerichtsstand festgehalten.

II. Anwendungsbereich

1. Begriff der unerlaubten Handlung

6   Art. 36 bestimmt den Gerichtsstand für unerlaubte Handlungen. Der **Begriff der unerlaubten Handlung** ist – wie im IPRG und LugÜ – **weit zu verstehen** (BOTSCHAFT GestG, 2864; DONZALLAZ, Comm., Art. 25 GestG N 9; Müller/Wirth-ROMERIO, Art. 25 GestG N 6; **a.M.** Kellerhals/von Werdt/Güngerich-KURTH/BERNET, Art. 25 GestG N 5). Art. 36 erfasst daher nicht nur die Sachverhalte, die im OR unter diesem Titel aufgeführt sind, sondern sämtliche Fälle ausservertraglicher Haftung für widerrechtliches Verhalten (DONZALLAZ, LugÜ, N 5072 ff; WYSS, 8 ff., insb. 33 f.). Erfasst wird auch die Haftung aus Unterlassen (SPÜHLER/VOCK, GestG, Art. 25 N 3). Der Begriff deckt sich mit dem in der Dogmatik gebräuchlichen Begriff der unerlaubten Handlung, wie er zur Abgrenzung gegenüber Ansprüchen aus Vertrag oder ungerechtfertigter Bereicherung verwendet wird. Da die ZPO rein nationale Verhältnisse regelt, wird man bei der Begriffsbestimmung – anders als bei Art. 129 IPRG und Art. 5 Nr. 3 LugÜ, welche auch auf ausländi-

sche Rechtsordnungen und Definitionen der unerlaubten Handlung Rücksicht nehmen müssen – weitgehend auf die Rechtsprechung und Lehre zum Begriff der unerlaubten Handlung im schweizerischen Recht zurückgreifen können. Es ist daher entgegen der Botschaft zum GestG (S. 2864) zu bezweifeln, dass sich der in Art. 36 verwendete Begriff der unerlaubten Handlung vollständig mit demjenigen in IPRG und LugÜ deckt (gl.M. Müller/Wirth-ROMERIO, Art. 25 GestG N 6). Unabhängig hiervon bleibt aber immer Voraussetzung, dass das Fundament der Klage in einer unerlaubten Handlung besteht. Ist dies nicht der Fall, steht der Deliktsgerichtsstand nicht zur Verfügung. Entsprechend gilt Art. 36 nicht für sämtliche ausservertraglichen Ansprüche. So kann die Klage auf Zahlung einer nach Urheberrechtsgesetz geschuldeten Vergütung nicht als unerlaubte Handlung qualifiziert werden (BGE 134 III 214 E. 2). Zudem sind gewisse unerlaubte Handlungen – wie z.B. Persönlichkeitsverletzungen – vom Anwendungsbereich von Art. 36 ausgenommen (vgl. N 11 ff.).

Art. 36 umfasst neben den im Obligationenrecht geregelten Tatbeständen auch die Deliktsansprüche, die ihre Grundlage im Zivilgesetzbuch haben, die zahlreichen in der Spezialgesetzgebung (wie z.B. PrHG, EBG, RLG, POG usw.) geregelten Deliktsansprüche und insb. die **Ansprüche aus unlauterem Wettbewerb, Wettbewerbsbehinderungen nach Kartellrecht und Verletzung von Immaterialgüterrechten** wie Patentrecht, Sortenschutzrecht, Urheberrecht, Recht der Topographie, Muster- und Modellrecht sowie Markenrecht (BOTSCHAFT GestG, 2864; DAVID, 50; KROPHOLLER, Europ. ZPR, Art. 5 N 74; Kellerhals/von Werdt/Güngerich-KURTH/BERNET, Art. 25 GestG N 7 ff.; Müller/Wirth-ROMERIO, Art. 25 GestG N 6 ff.; Dasser/Oberhammer-OBERHAMMER, Art. 5 LugÜ N 125 ff.). Die **paulianische Anfechtungsklage** fällt demgegenüber nur schon deshalb nicht unter Art. 36, weil die Zuständigkeit dafür weiterhin in Art. 289 SchKG geregelt ist und daher die Anwendung der Gerichtsstandregeln in der ZPO nach Art. 46 ausgeschlossen ist. In der Lehre wird eine Qualifikation paulianischer Tatbestände als unerlaubte Handlung wegen deren betreibungsrechtlichen Natur ohnehin ausgeschlossen (KROPHOLLER, Europ. ZPR, Art. 5 N 75; Dasser/Oberhammer-OBERHAMMER, Art. 5 LugÜ N 127; WYSS, 85 f.). Die Arrestschadenersatzklage gemäss Art. 273 SchKG fällt nicht unter Art. 36, sondern unter Art. 37 (s. Art. 37 N 6). Art. 36 erfasst sodann nur die zivilrechtliche Haftung; die Zuständigkeit für Staatshaftungsansprüche nach öffentlichem Recht ist nach öffentlichem Recht zu beurteilen (gl.M. Müller/Wirth-DASSER, Art. 1 GestG N 62; **a.M.** Kellerhals/von Werdt/Güngerich-KURTH/BERNET, Art. 25 GestG N 18). 7

Einen Grenzfall bildet die **Haftung aus culpa in contrahendo**. Die Rechtsnatur dieser Haftung ist kontrovers. Je nach den Umständen kann sie mehr vertragsrechtlicher oder mehr ausservertraglicher Natur sein (BGE 101 II 266 ff.; Gauch/Schluep/Schmid/Emmenegger, N 975 ff. mit Darstellung der verschiedenen Lehrmeinungen). Je nachdem wird auch der Gerichtsstand für vertragliche Ansprüche oder jener für die unerlaubte Handlung massgeblich sein (gl.M. Kellerhals/von Werdt/Güngerich-KURTH/BERNET, Art. 25 GestG N 22; Müller/Wirth-ROMERIO, Art. 25 GestG N 34 ff.; vgl. zur Problematik auch KROPHOLLER, Europ. ZPR, Art. 5 N 68; WYSS, 6 f.). Das Gleiche muss für andere Erscheinungsformen der Vertrauenshaftung wie insbesondere die **Haftung aus Konzernvertrauen** gelten, welche der Haftung aus culpa in contrahendo verwandt ist (BGE 120 III 331 ff.; 121 III 350 ff.; ZR 2000 Nr. 107, 252 f.). 8

Art. 36 erstreckt sich auf **sämtliche Klagen, die ihr Fundament in einer unerlaubten Handlung haben** (vgl. BGE 134 III 214 E. 2.3), also nicht nur auf die Klage des direkt Geschädigten gegen den Schädiger, sondern auch auf *Klagen von indirekt Geschädigten* (z.B. im Falle des Versorgerschadens), allfällige direkte *Klagen gegen den Haftpflichtver-* 9 *sicherer* sowie die Auseinandersetzung um den *Regress* unter einer Mehrheit von Schädigern (BBl 1999, 2865). Demnach kann auch der in Anspruch genommene Schädiger Art. 36 anrufen, um auf die Mitschädiger Rückgriff zu nehmen (KROPHOLLER, Europ. ZPR, Art. 5 N 74; WYSS, 140) – dies allerdings nur, wenn der Regresspflichtige ebenfalls aus unerlaubter Handlung und nicht aus Vertrag haftet (Müller/Wirth-ROMERIO, Art. 25 GestG N 13; Kellerhals/von Werdt/Güngerich-KURTH/BERNET, Art. 25 GestG N 24). Dagegen sollte ihm Art. 36 nicht zur Verfügung stehen, um gegen den Geschädigten eine selbständige *negative Feststellungsklage* anzustrengen; es geht nicht an, dass der Geschädigte der ihm eingeräumten Wahlmöglichkeit beraubt wird (vgl. WYSS, 140 f.). Die Rechtsprechung und Lehre zu Art. 5 Nr. 3 LugÜ und Art. 5 Nr. 3 EUGVO, die die Klage des Schädigers am Handlungs- und Erfolgsort zulässt (BGE 133 III 282 ff.; 125 III 346 E.4.b; KROPHOLLER, Europ. ZPR, Art. 5 N 81; SCHLOSSER, Art. 5 EuGVVO N 15; Dasser/Oberhammer-OBERHAMMER, Art. 5 LugÜ N 132), kann m.E. nicht ohne weiteres auf rein schweizerische Verhältnisse übertragen werden. Dem Schädiger steht es aber frei, einrede- oder widerklageweise geltend zu machen, dass das vom Kläger behauptete Recht nicht besteht. Dies sollte namentlich auch für die Klagen des Immaterialgüterrechts gelten; die im euro-internationalen Recht geltenden Schranken einer negativen Feststellung des Bestandes des Immaterialgüterrechts, auf das sich die Klage stützt (vgl. EuGH vom 13.7.2006, Rs. C-4/03, Gesellschaft für Antriebsrechnik mbH & Co. KG c. Lamellen- und Kupplungsbau-Beteiligungs KG; s.a. BGE 132 III 579 ff.), haben in rein innerschweizerischen Verhältnissen keine Berechtigung. Im Falle der *Universal- oder Singularsukzession* – wie z.B. bei Erbschaft, Subrogation, Regress – kann sich der Rechtsnachfolger insoweit auf Art. 36 berufen, als dies sein Rechtsvorgänger konnte (WYSS, 139; Kellerhals/von Werdt/Güngerich-KURTH/BERNET, Art. 25 GestG N 24).

10 Am Gerichtsstand der unerlaubten Handlung können **sämtliche damit zusammenhängende Ansprüche** geltend gemacht werden, also nicht nur Schadenersatz- und Genugtuungsansprüche, sondern – wo vom materiellen Recht vorgesehen – auch andere Formen der *Leistungsklage* (einschliesslich *Unterlassungsklagen*), *Feststellungsklagen*, *Gestaltungsklagen* und – gestützt auf Art. 13 – *vorsorgliche Massnahmen* (Kellerhals/von Werdt/Güngerich-KURTH/BERNET, Art. 25 GestG N 25; Müller/Wirth-ROMERIO, Art. 25 GestG N 18; DONZALLAZ, Comm., Art. 25 GestG N 21; LEUCH/MARBACH/KELLERHANS/STERCHI, Art. 26 ZPO/BE N 2; WYSS, 146 f.; KROPHOLLER, Europ. ZPR, Art. 5 N 76 ff.; SCHLOSSER, Art. 5 EuGVVO N 16). Auch deliktisch begründete Ansprüche auf *Gewinnherausgabe* sollten trotz ihrer Verwandtschaft zu den Ansprüchen aus ungerechtfertigter Bereicherung unter Art. 36 fallen (gl.M. Kellerhals/von Werdt/Güngerich-KURTH/BERNET, Art. 25 GestG N 21; Müller/Wirth-ROMERIO, Art. 25 GestG N 39; zu Inhalt und Rechtsnatur solcher Ansprüche vgl. BGE 126 III 382 E. 4b m. Nachw.; 134 III 306 E.4; 133 III 153 E. 2 und 3; 129 III 422 E. 4). Diese Grundsätze gelten auch für das Immaterialgüterrecht. So richtet sich die Zuständigkeit für Bestandesklagen des Immaterialgüterrechts nach Art. 36 (vgl. BGE 117 II 598 E.2.; **a.M.** Müller/Wirth-ROMERIO, Art. 25 GestG N 41); die Bestandesklage ist eine positive Feststellungsklage und bedarf wie jede Feststellungsklage eines speziellen Rechtsschutzinteresses, das i.d.R. nur gegeben ist, wenn eine Verletzung droht oder schon erfolgte.

2. Ausnahmen vom Anwendungsbereich

11 Der Gesetzgeber hat das **Ziel, für sämtliche Ansprüche aus unerlaubter Handlung eine einheitliche Regelung zu treffen, nicht vollständig verwirklicht**. Selbstverständlich erscheint, dass die ZPO die Möglichkeit der Adhäsionsklage nicht beschneidet (Art. 39). Sodann enthält der 7. Abschnitt für Motorfahrzeug- und Fahrradunfälle

(Art. 38), die Kernenergiehaftung (Art. 38a) sowie Schadenersatz bei ungerechtfertigen vorsorglichen Massnahmen (Art. 37) gewichtige Ausnahmen von der in Art. 36 getroffenen Regelung. Art. 37, 38 und 38a stellen im Verhältnis zu Art. 36 leges speciales dar, welche die Anwendung des allgemeinen Deliktsgerichtsstandes ausschliessen (vgl. auch Art. 38 N 12; Kellerhals/von Werdt/Güngerich-KURTH/BERNET, Art. 25 GestG N 40 und Art. 26 GestG N 27; Müller/Wirth-ROMERIO, Art. 25 GestG N 28). Die abweichende Minderheitsmeinung, wonach die Gerichtsstände – namentlich auch jene der unerlaubten Handlung – kumulativ gälten (so DONZALLAZ, Comm., Art. 25 GestG N 3), hätten die völlige Nutzlosigkeit der Spezialregelungen zur Folge. Dass der Gesetzgeber nur für die Galerie normiert, ist jedoch nicht anzunehmen. Die Argumentation von DONZALLAZ, die fraglichen Gerichtsstände seien nicht zwingend, übersieht, dass auch bei nicht zwingenden Gerichtsständen deren Anwendungsbereich durch Auslegung zu ermitteln ist.

Eine weitere bedeutende Ausnahme gilt für **Klagen aus Persönlichkeitsverletzungen**. Die Zuständigkeit dafür ergibt sich nicht aus Art. 36, sondern aus Art. 20 lit. a. Diese Bestimmung erscheint wiederum als lex specialis, die einer Anwendung von Art. 36 entgegensteht (gl.M. Kellerhals/von Werdt/Güngerich-KURTH/BERNET, Art. 25 GestG N 40 und Art. 26 GestG N 27; Müller/Wirth-ROMERIO, Art. 25 GestG N 28). Gemäss Art. 20 lit. a ist für Klagen aus Persönlichkeitsverletzung das Gericht am Wohnsitz oder Sitz einer der Parteien zuständig. Die – im internationalen Verhältnis so wichtige – Klage am Handlungs- oder Erfolgsort ist demnach ausgeschlossen. Nur schon aus diesem Grund erscheint die Sonderregelung für Persönlichkeitsverletzungen nicht besonders geglückt. Es kommt hinzu, dass beträchtliche Abgrenzungsprobleme zwischen Art. 20 lit. a und Art. 36 absehbar sind. Zu den bedeutendsten Anwendungsfällen von Klagen aus unerlaubter Handlung gehören jene wegen Körperverletzung und Tötung. Dabei handelt es sich um Beeinträchtigungen der physischen Integrität, mithin Persönlichkeitsverletzungen (vgl. TERCIER, N 355 ff. und 367 ff.). Es war nun aber sicher nicht der Wille des Gesetzgebers, ausgerechnet diese klassischen Deliktstatbestände vom Anwendungsbereich von Art. 36 auszunehmen (**a.M.** Müller/Wirth-ROMERIO, Art. 12 GestG N 7 ff., der anscheinend sämtliche Ansprüche aus Persönlichkeitsverletzung dem Art. 20 lit. a entsprechenden Art. 12 lit. a GestG unterstellen will). Damit stellt sich die Frage, was unter Persönlichkeitsverletzungen i.S.v. Art. 20 lit. a zu verstehen ist. Ein möglicher Lösungsansatz besteht darin, selbständig geltend gemachte reparatorische Ansprüche nach Art. 36 zu beurteilen, während sich die Zuständigkeit für alle übrigen Ansprüche aus Persönlichkeitsverletzung nach Art. 20 lit. a richten sollen (Kellerhals/von Werdt/Güngerich-KURTH/BERNET, Art. 25 GestG N 41 m.Nw.). Diese Auffassung kann sich auf die systematische Ausgestaltung von Art. 28a ZGB stützen. Allerdings vermag nicht recht zu überzeugen, weshalb dem Kläger weniger Gerichtsstände zur Verfügung stehen sollen, wenn er nicht nur Schadenersatz verlangt, sondern auch noch andere Begehren stellt; nach dem Grundsatz von Art. 15 Abs. 2 müsste es dann eher zur Kumulation und nicht zur Reduktion der Gerichtsstände kommen. Ein alternativer und nach der hier vertretenen Auffassung vorzuziehender Lösungsansatz wäre, Angriffe auf die physische Integrität (Recht auf Leben, körperliche Integrität, Bewegungsfreiheit, sexuelle Selbstbestimmung usw.; TERCIER, N 355 ff.) nach Art. 36 und alle übrigen Persönlichkeitsverletzungen – namentlich solche wegen tatsachenwidriger oder rufschädigender Behauptungen – nach Art. 20 lit. a zu beurteilen.

Unklarheiten bestehen unter dem Gerichtsstandsgesetz auch mit Bezug auf **Ansprüche aus unerlaubten Handlungen, die sich auf ein Grundstück beziehen**. Gemäss Art. 19 Abs. 1 lit. a und b GestG sind dingliche Klagen, die sich auf Grundstücke beziehen, und Klagen gegen Stockwerkeigentümer am Ort, an dem das Grundstück im Grundbuch aufgenommen ist oder aufzunehmen wäre, zu erheben. Art. 19 Abs. 1 lit. c GestG sieht vor, dass «andere Klagen, die sich auf das Grundstück beziehen», an diesem Gerichtsstand oder am Sitz oder Wohnsitz der beklagten Partei erhoben werden. Ungeklärt ist, ob dies auch für Klagen aus Art. 679 ZGB gilt und ob, wenn dies bejaht wird, eine Berufung auf die Gerichtsstände des Art. 25 GestG ausgeschlossen ist (vgl. GestG-Komm.-HEMPEL, Art. 25 N 13; Kellerhals/von Werdt/Güngerich-KURTH/BERNET, Art. 25 GestG N 42; Müller/Wirth-ROMERIO, Art. 25 GestG N 23). Diese Frage stellt sich unter der ZPO nicht mehr. Art. 29 Abs. 2, der Art. 19 Abs. 1 lit. c entspricht, wurde zur Klärung der Rechtslage umformuliert (BOTSCHAFT ZPO, 7266). Danach gilt der Gerichtsstand für Grundstücke nur für «[a]ndere Klagen, die sich auf Rechte an Grundstücken beziehen». Damit erscheint klar, dass deliktische Ansprüche nicht unter Art. 29 Abs. 2 subsumiert werden können und sich insbesondere die Zuständigkeit für Ansprüche aus Art. 679 ZGB nach Art. 36 richtet. Erst recht gilt dies für Ansprüche aus Werkeigentümerhaftung, für die schon unter dem Gerichtsstandsgesetz der Gerichtsstand für unerlaubte Handlungen gilt.

14 Die ZPO regelt die Gerichtsstände nicht abschliessend. Spezialregelungen finden sich namentlich auf dem Gebiet der **Binnenschifffahrt.** Gemäss Art. 39 BSG können Zivilklagen aus Schiffsunfällen nach Wahl des Klägers beim Richter des Unfallortes oder des Wohnsitzes des Beklagten angebracht werden. Vorbehalten bleiben abweichende Gerichtsstandsbestimmungen für Klagen gegen den Bund und Unternehmen der konzessionierten Schifffahrt sowie internationale Vereinbarungen. Diese Regelung stellt gegenüber jener in Art. 36 wiederum eine lex specialis dar. Sonderregeln gelten auch in der **Luftfahrt.** Für Schäden, die von einem im Flug befindlichen Luftfahrzeug einer Person oder Sache auf der Erde zugefügt werden (Art. 64 Abs. 1 LFG), ist nach Wahl des Klägers das Gericht am Wohnsitz des Beklagten oder am Orte der Schadenverursachung zuständig (Art. 67 LFG). Vorbehalten sind dabei abweichende vertragliche Regelungen (Art. 69 LFG). Keine Sonderregeln gelten mehr in rein nationalen Verhältnissen für Ansprüche von Fluggästen und Verfrachtern gegenüber dem Transportführer. Zwar hat der Bundesrat in Anwendung von Art. 6a und 75 LFG mit Erlass der Lufttransportverordnung (Verordnung über den Lufttransport, LTrV, SR 748.411) die Haftungsordnung des Montrealer Übereinkommens (Übereinkommen zur Vereinheitlichung bestimmter Vorschriften über die Beförderung im internationalen Luftverkehr, SR 0.748.411) ins innerschweizerische Recht übernommen. Die Lufttransportverordnung enthält jedoch, anders als noch das von ihr abgelöste Lufttransportreglement, keine Regelung des Gerichtsstandes. Es gilt damit die allgemeine Regelung der örtlichen Zuständigkeit gemäss ZPO (DETTLING-OTT, 435).

3. Mehrheit von Ansprüchen; Anspruchskonkurrenz

15 Hat ein Geschädigter neben Ansprüchen aus unerlaubter Handlung gegen den Beklagten auch noch Ansprüche aus Vertrag, ungerechtfertigter Bereicherung oder Geschäftsführung ohne Auftrag, so ist die **Zuständigkeit für jeden Anspruch getrennt zu beurteilen.** Die praktische Konsequenz hiervon ist jedoch wegen Art. 15 Abs. 2 gering. Gemäss dieser Bestimmung ist nämlich **für mehrere Ansprüche gegen dieselbe beklagte Partei, welche in einem sachlichen Zusammenhang stehen, jedes Gericht zuständig, das für einen der Ansprüche zuständig ist.**

16 Bei **Konkurrenz zwischen Ansprüchen aus unerlaubter Handlung und solchen aus Vertrag** kann allerdings nicht ohne weiteres auf Art. 15 Abs. 2 zurückgegriffen werden. Zunächst ist zu prüfen, ob der Vertrag eine *Schieds- oder Gerichtsstandsklausel* enthält. Ist dies der Fall, wird deren Auslegung meist dazu führen, dass sie auch für unerlaubte

Handlungen gilt, die mit dem Vertrag im Zusammenhang stehen (für die Gerichtsstandsklauseln: GULDENER, ZPR, 102; BSK IPRG-GROLIMUND, Art. 5 N 41; KROPHOLLER, Europ. ZPR, Art. 23 N 69; WALTER, Int. ZPR, 136 f.; für die Schiedsklauseln: RÜEDE/HADENFELDT, 76; BSK IPRG-WENGER/MÜLLER, Art. 178 N 35). Ist die Gerichtsstandsvereinbarung ausschliesslich (wie dies nach Art. 17 Abs. 1 vermutet wird), ist eine Klage an den in Art. 36 vorgesehenen Gerichtsständen nicht zulässig. *Wo eine Gerichtsstandsvereinbarung nicht ausschliesslich ist oder überhaupt fehlt*, stellt sich die Frage, ob nicht entgegen Art. 15 Abs. 2 generell oder wenigstens im Einzelfall der – vereinbarte oder gesetzliche – Gerichtsstand für Klagen aus Vertrag demjenigen für Klagen aus unerlaubter Handlung vorgehen soll. Rechtsprechung und Literatur zu den kantonalen Gerichtsständen des Sachzusammenhanges haben sich, soweit ersichtlich, mit dieser Frage nicht auseinandergesetzt. Unter dem EuGVÜ, der EuGVO und dem LugÜ, die keinen Gerichtsstand des Sachzusammenhangs kennen, wurde die Zuständigkeit des Richters am Deliktsort für vertragliche Ansprüche verneint (EuGHE 1988, 5584), es wird aber von einem bedeutenden Teil der Lehre eine umfassende Zuständigkeit des Richters am Vertragsgerichtsstand des Erfüllungsortes auch für Ansprüche aus unerlaubter Handlung gefordert (KROPHOLLER, Europ. ZPR, Art. 5 N 79; SCHLOSSER, Art. 5 EuGVVO N 3; **a.M.** Dasser/Oberhammer-OBERHAMMER, LugÜ, Art. 5 N 131; DONZALLAZ, LugÜ, N 4535 ff; UHL, 130 ff.). Unter dem Gerichtsstandsgesetz verlangt die herrschende Lehre in strikter Anwendung von Art. 7 Abs. 2 GestG, der Art. 15 Abs. 2 entspricht, die kumulative Anwendung der Gerichtsstände. Eine Ausnahme soll nur für Missbräuche gelten (Kellerhals/von Werdt/Güngerich-KURTH/BERNET, Art. 25 GestG N 26 f.; Müller/Wirth-ROMERIO, Art. 25 GestG N 94 ff.; DERS., Anmerkungen, 79 f.; DONZALLAZ, Comm., Art. 25 GestG N 11; MEIER, Revue, 27). Damit wird jedoch m.E. dem grundlegenden Unterschied zwischen Vertrag und unerlaubter Handlung nicht hinreichend Rechnung getragen und erlangt die unerlaubte Handlung prozessual eine Bedeutung, die sie materiell kaum hat, wenn sich Ansprüche auf einen Vertrag stützen können. Die Parteien eines Vertrages sind mit Wissen und Willen in eine Rechtsbeziehung getreten. Im Falle der unerlaubten Handlung besteht die Rechtsbeziehung demgegenüber entgegen dem Willen der Parteien (zumindest des Geschädigten). Man wird davon ausgehen dürfen, dass der Gesetzgeber mit dem Vertragsgerichtsstand denjenigen Gerichtsstand geschaffen hat, der der gewillkürten vertraglichen Rechtsbeziehung am besten entspricht. Es leuchtet nicht ein, weshalb diese als sachgerecht beurteilten vertraglichen Gerichtsstände nur deshalb um weitere Gerichtsstände erweitert werden sollen, weil eine Vertragsverletzung gemäss den Behauptungen des Klägers gleichzeitig auch eine unerlaubte Handlung darstellt und die (möglicherweise geschäftsunerfahrenen) Parteien nicht daran gedacht haben, diesen Fall zu regeln. Auch würde die Kumulierung der Gerichtsstände zu Ergebnissen führen, die kaum den Erwartungen der Parteien entsprechen dürften: Der Davoser Handwerker, der in der Davoser Ferienwohnung eines Baslers die Waschmaschine fehlerhaft repariert, so dass diese noch stärker beschädigt wird, könnte plötzlich in Basel verklagt werden. Der Mieter der unbeweglichen Sache in Baden, der aus mangelnder Vorsicht den Keramikherd zerkratzt, könnte entgegen dem teilweise zwingenden Art. 35 Abs. 1 lit. b am Neuenburger Wohnsitz des Vermieters vor den Richter gebracht werden. Der Arzt, der einen Kunstfehler begeht, könnte nicht mehr darauf vertrauen, dass er nur am Vertragsgerichtsstand eingeklagt werden kann. Bei Lizenzverträgen würde der vertragliche Gerichtsstand ebenfalls in vielen Fällen obsolet, da eine Verletzung des Lizenzvertrags u.U. (auch) eine Verletzung des lizenzierten Immaterialgutes und damit (auch) eine unerlaubte Handlung darstellt (DAVID, 123 f.; ohne weitere Begründung scheint Müller/Wirth-ROMERIO, Art. 25 GestG N 42 der Auffassung zu sein, dass es bei einer Verletzung von Lizenzverträgen zu keiner Kumulation der Gerichtsstände kommt). Dies kann der Gesetzgeber nicht gewollt haben. Wo eine unerlaubte Handlung im Zusammenhang mit der Abwicklung eines Vertrages steht, sollte der Deliktsgerichtsstand daher zurücktreten und ausschliesslich der Vertragsgerichtsstand massgeblich sein (in diesem Sinne auch ein Teil der Lehre und Rechtsprechung zu Art. 5 LugÜ und Art. 5 EugVO, vgl. den Überblick bei SCHLOSSER, Art. 5 EUGVVO N 3a und 16 m.Nw.; **a.M.** Kellerhals/von Werdt/Güngerich-KURTH/BERNET, Art. 25 GestG N 26 f.; Müller/Wirth-ROMERIO, Art. 25 GestG N 94 ff.; DONZALLAZ, Comm., Art. 25 GestG N 11, 24; MEIER, Revue, 27; STAEHELIN/STAEHLIN/GROLIMUND, § 9 N 140). Entgegen der von den vorgenannten Autoren geäusserten Kritik führt dies nicht dazu, dass der Gerichtsstand zu unbestimmt ist und lange über die Zuständigkeit gestritten werden muss. In der Klagebegründung ist das Klagefundament darzulegen. Daraus ist i.d.R. ohne weiteres ersichtlich, ob die Parteien erst durch die unerlaubte Handlung in Rechtsbeziehungen getreten sind oder ob die Rechtsbeziehung schon vorher aufgrund eines Vertrags bestand und ob die unerlaubte Handlung mit dem Vertragsverhältnis zusammenhängt. Es bedarf somit i.d.R. keiner zusätzlichen Ausführungen und keines Beweisverfahrens, um die Zuständigkeit zu prüfen.

17 Vertragliche Regelungen sind nicht nur in den Fällen von Anspruchskonkurrenz zu beachten. So kann nach dem Willen der Vertragsparteien eine **Gerichtsstandsklausel** auch Wirkungen **zu Gunsten Dritter** entfalten, so dass dieser Gerichtsstand einer dritten Partei, die widerrechtlich geschädigt worden ist, zusätzlich zu den Gerichtsständen des Art. 36 zur Verfügung steht. Von Bedeutung kann dies insbesondere in den Fällen von Versorgerschäden sein. Ob sich eine vom Versorger getroffene Vereinbarung eines ausschliesslichen Gerichtsstandes auch zu Lasten des Versorgten auswirken kann, erscheint demgegenüber fraglich (vgl. HOCHSTRASSER, 186 ff., insb. 218 ff.). Da der Versorgte blosser Reflexgeschädigter ist und damit seine Ansprüche gewissermassen vom Versorger her ableitet (vgl. hiezu N 25), liessen sich hiefür jedoch zumindest gute Argumente vorbringen.

III. Die einzelnen Gerichtsstände

1. Mehrheit von Gerichtsständen

18 Art. 36 stellt der geschädigten Partei nicht weniger als **vier Gerichtsstände** zur Verfügung. Sie kann am Sitz oder Wohnsitz der beklagten Partei, am Handlungsort, am Erfolgsort oder am eigenen Wohnsitz oder Sitz klagen. Dabei ist jeder der vier Gerichtsstände gleichwertig, d.h. die geschädigte Partei hat die **freie Wahl**, wo sie die Klage einreichen will.

2. Wohnsitz oder Sitz der beklagten Partei

19 Der Wohnsitz oder Sitz der beklagten Partei ist der **ordentliche Gerichtsstand**. Insoweit hat Art. 36 keine selbständige Bedeutung. Der Sitz oder Wohnsitz ist nach den gemäss Art. 10 geltenden Grundsätzen zu bestimmen (Näheres vgl. Art. 10 N 9 ff.). Will die geschädigte Person gegen mehrere Schädiger gleichzeitig vorgehen, so kann sie dies gestützt auf Art. 15 Abs. 1 bei irgendeinem Gericht tun, das für einen der Schädiger zuständig ist.

3. Handlungs- und Erfolgsort

20 Der Handlungs- und Erfolgsort ist der «klassische» Gerichtsstand für deliktische Ansprüche, den auch die meisten kantonalen Prozessgesetze, Art. 129 IPRG (wenn auch nur subsidiär) und Art. 5 Nr. 3 LugÜ kennen. Es ist der Gerichtsstand, **dem Sachverhalt am nächsten** ist (N 4).

In der Regel werden Handlungs- und Erfolgsort zusammenfallen (vgl. BBl 1999, 2864). **21**
Die Unterscheidung wird v.a. bei **Distanzdelikten** von Bedeutung. Ein anschauliches
Beispiel hierfür ist der Schuss über die Grenze. Praktische Relevanz erlangt die Unterscheidung bei Presse-, Internet- Umweltdelikten (für das wohl bedeutendste Pressedelikt,
die Persönlichkeitsverletzung durch die Presse, ist eine Klage am Handlungs- oder Erfolgsort jedoch ausgeschlossen, da sich die Zuständigkeit nach Art. 20 lit. a richtet, s.
N 12).

Handlungsort ist der Ort, an dem die unerlaubte Handlung begangen wurde, d.h. wo das **22**
schadensbegründende Ereignis veranlasst wurde, also z.B. dort, wo der Brief oder die
E-Mail versandt wurde. Bei *Unterlassungsdelikten* ist dies der Ort, wo die unterlassene
Handlung hätte ausgeführt werden müssen (BGE 125 III 346 E.4c; 113 II 476 E.3b;
Kellerhals/von Werdt/Güngerich-KURTH/BERNET, Art. 25 GestG N 33). Bei präventiven
Klagen auf Unterlassung befindet sich der Handlungsort dort, wo die Handlung mit grosser Wahrscheinlichkeit begangen würde (ZR 95/1996 Nr. 99; Müller/Wirth-ROMERIO,
Art. 25 GestG N 19). Es genügt, wenn mit der Handlung oder Unterlassung eine blosse
Teilursache für die Schädigung gesetzt wurde (BSK IPRG-UMBRICHT, Art. 129 N 16;
Kellerhals/von Werdt/Güngerich-KURTH/BERNET, Art. 25 GestG N 33; ARTER/JÖRG/
GNOS, 293 Anm. 175). Es sind m.a.W. auch mehrere Handlungsorte und damit mehrere
Gerichtsstände am Handlungsort möglich. Dies gilt auch in subjektiver Hinsicht, wenn
der Schaden von mehreren Personen verursacht wird (Müller/Wirth-ROMERIO, Art. 25
GestG N 67 f.). Allerdings genügt nicht jeder noch so unbedeutende Beitrag zum
Delikt, um einen Gerichtsstand zu begründen; insbesondere genügen reine Vorbereitungshandlungen nicht, um eine Zuständigkeit zu begründen (BGE 131 III 153 E. 6;
125 III 346, 350; Kellerhals/von Werdt/Güngerich-KURTH/BERNET, Art. 25 GestG N 33).
Die Problematik wird v.a. in Zusammenhang mit *Internet-Delikten* diskutiert. Dort
wird gemeinhin ein Gerichtsstand am Ort des Service-Providers abgelehnt, solange
sich der Service-Provider nicht selbst deliktisch verhält. Der Handlungsort soll nur
dort sein, wo die Daten auf die Web-Site eingespeist werden (ARTER/JÖRG/GNOS, 294;
CHERPILLOD, 124; ROSENTHAL, 1342 f.; Kellerhals/von Werdt/Güngerich-KURTH/BERNET,
Art. 25 GestG N 38). Zu bedenken ist allerdings, dass der entscheidende Schritt ins Internet erst mit Hilfe des Service-Providers erfolgt, auch wenn dieser von der unerlaubten
Handlung keine Kenntnis hat und blosser Tatmittler ist. Die Auswahl des Service-
Providers ist eine aktive Handlung des Schädigers. Es kommt hinzu, dass die griffigsten
Massnahmen (z.B. Sperren einer Web-Site) beim Service-Provider vollzogen werden
müssen. All dies spricht dafür, auch beim Service-Provider einen Handlungsort zu bejahen (so auch STÄHELI, 600 f.), ohne damit die Frage von dessen Haftung zu präjudizieren. Abzulehnen wäre demgegenüber ein Gerichtsstand an Orten, auf die der Schädiger
keine oder nur geringe Einflussmöglichkeiten hat, z.B. an Knotenpunkten im Internet
oder beim Service-Provider des Empfängers bzw. Nutzers (Müller/Wirth-ROMERIO,
Art. 25 GestG N 71, möchte den Standort des Servers nur für Klagen gegen den Provider
zulassen).

Erfolgsort ist der Ort, an dem das Schadenereignis eingetreten ist. Dies ist dort, *wo das* **23**
geschützte Rechtsgut verletzt wird, d.h. wo – z.B. – eine Sache beschädigt oder eine Person physisch verletzt wird (BGE 125 III 103 E.2b.aa; 113 II 476 E. 3a. SCHLOSSER,
Art. 5 EuGVÜ N 19; BSK IPRG-UMBRICHT/ZELLER, Art. 129 N 25; WYSS, 97 ff.;
Kellerhals/von Werdt/Güngerich-KURTH/BERNET, Art. 25 GestG N 34; Müller/Wirth-
ROMERIO, Art. 25 GestG N 76 f.). Im Falle von präventiven Klagen ist dies der Ort, wo
der Erfolg der zu unterlassenden Handlung einzutreten droht (so nun ausdrücklich Art. 5
Nr. 3 LugÜ); d.h. dort, wo er mit grosser Wahrscheinlichkeit eintreten würde (Müller/Wirth-ROMERIO, Art. 25 GestG N 19). Bei Immaterialgüterrechts-, Wettbewerbs-

rechts- und Kartellrechtsverletzungen befindet sich der Erfolgsort an allen Orten, wo sich die Verletzung auswirkt – bei Mediendelikten ist dies dort, wo das Medium empfangen oder abgerufen werden kann – bzw. wo der Schutz des Gesetzes beansprucht wird (vgl. DAVID, 49; Müller/Wirth-ROMERIO, Art. 25 GestG N 81 f.; Kellerhals/von Werdt/Güngerich-KURTH/BERNET, Art. 25 GestG N 37; zum Auswirkungsprinzip im Kartellrecht s. ZÄCH, N 267 ff.). Auch bei Internet-Delikten ist nicht überall, wo die verletzende Web-Site geöffnet werden kann ein Erfolgsort zu bejahen, sondern nur dort, wo sich die Verletzungshandlung effektiv auswirkt, d.h. in die geschützten Rechtsgüter eingegriffen wird (ARTER/JÖRG/GNOS, 294; CHERPILLOD, 124 f.; ROSENTHAL, 1344). Das Bundesgericht hat offengelassen, ob der Erfolgsort nur dort liegt, wo die Website bestimmungsgemäss abrufbar ist (BGer 6.3.2007, 4C.341/2005, E. 4.2, in: sic! 2007, 543 ff.; Medialex 2007, 147 ff. mit Anmerkungen). Nach einer Minderheitsmeinung soll der Erfolgsort dort liegen, wo der ersatzfähige Vermögensschaden eintritt. Diese Auffassung übersieht, dass die Rechtsgutsverletzung die direkte Folge der unerlaubten Handlung ist, die die Haftung auslöst. Der Vermögensschaden ist bloss die – im Vermögen des Geschädigten feststellbare – Folge dieser Schädigung. Alleine die Tatsache, dass ein Vermögensschaden eingetreten ist, genügt nicht, um eine Schädigung widerrechtlich zu machen, und darf daher auch nicht Anknüpfungspunkt für die örtliche Zuständigkeit sein (gl.M. Müller/Wirth-ROMERIO, Art. 25 GestG N 78). Es kommt hinzu, dass der Vermögensschaden kaum lokalisierbar ist. Im Interesse der Rechtssicherheit müsste er am Sitz bzw. Wohnsitz des Geschädigten angeknüpft werden. Dann würde der Gerichtsstand am Erfolgsort unter der ZPO aber wenig Sinn machen, besteht doch am Wohnsitz oder Sitz der geschädigten Partei gemäss Art. 36 bereits ein Gerichtsstand. Der Ort des Vermögensschadens kann daher nur ausnahmsweise bei reinen Vermögensschäden – wozu der in Lehre und Rechtsprechung immer wieder als Beispiel angeführte Diebstahl von Geld m.E. nicht gehört, da ins Eigentum am Geld eingegriffen wird – zuständigkeitsbegründend sein, etwa bei einer durch betrügerische Machenschaften veranlassten Banküberweisung am Ort der kontoführenden Bankfiliale; lässt sich der Ort des Vermögensschadens nicht lokalisieren, befindet sich der Ort am Wohnsitz oder Sitz des Geschädigten (BGE 125 III 106 E.3; Kellerhals/von Werdt/Güngerich-KURTH/BERNET, Art. 25 GestG N 34; Müller/Wirth-ROMERIO, Art. 25 GestG N 89 ff.).

24 Unter Umständen kann der Erfolg der schädigenden Handlung an **mehreren Orten** eintreten. Ein Beispiel hiefür ist die grenzüberschreitende Umweltverschmutzung. Läuft bei Biel Öl in die Aare und wirkt sich die Verschmutzung bis Olten aus, so bestehen in den Kantonen Bern, Solothurn und Aargau Gerichtsstände. Nach der inneren Logik des Gerichtsstands am Erfolgsort – der die z.T. kritisierte Praxis des EuGH folgt (vgl. KROPHOLLER, Europ. ZPR, Art. 5 N 81 ff.; SCHLOSSER, Art. 5 EuGVÜ N 20; Dasser/Oberhammer-OBERHAMMER, LugÜ, Art. 5 N 140) – könnte dann vor jedem Gericht nur derjenige Schaden geltend gemacht werden, der im Zuständigkeitsbereich des jeweils angerufenen Gerichts entstanden ist. Dies dürfte unter der ZPO jedoch von geringer praktischer Relevanz sein, da die Voraussetzungen für eine objektive Klagenhäufung gemäss Art. 15 Abs. 2 regelmässig erfüllt sein werden. Allerdings dürfte in einer derartigen Konstellation meist eine Klage an einem der anderen Gerichtsstände des Art. 36 zweckmässiger sein (vgl. zum Ganzen auch MEIER, Revue, 27).

25 Von den Fällen des mehrfachen Erfolgsortes sind diejenigen zu unterscheiden, in denen an einem anderen Ort ein **weiterer Schaden oder Erfolg** eintritt. Wenn eine Person in einem Restaurant vergiftet wird, zunächst nur unter Magenkrämpfen leidet, einige Wochen danach aber an der Vergiftung stirbt, besteht ein Gerichtsstand am Erfolgsort nur dort, wo sich das Restaurant befindet, nicht auch an den Orten des weiteren Schadenseintritts. Massgeblich ist somit die *primäre Rechtsgutsverletzung* (KROPHOLLER, Europ.

2. Kapitel: Örtliche Zuständigkeit

ZPR, Art. 5 N 87 m.Nw.; Dasser/Oberhammer-OBERHAMMER, Art. 5 LugÜ N 137; DONZALLAZ, LugÜ, N 5198; WYSS, 114 f.; Kellerhals/von Werdt/Güngerich-KURTH/BERNET, Art. 25 GestG N 34; **a.M.** SCHLOSSER, Art. 5 EuGVÜ N 19; widersprüchlich: Müller/Wirth-ROMERIO, Art. 25 GestG N 77, 78). Besondere Bedeutung erlangt dies bei den *ersatzfähigen Reflexschäden Dritter,* namentlich beim *Versorgerschaden.* Auch hier geht im internationalen Zivilprozessrecht die Tendenz dahin, darauf abzustellen, wo der primäre Erfolg eingetreten ist (d.h. wo der Versorger verletzt oder getötet worden ist), und den Erfolgsort des Versorgerschadens zu vernachlässigen. Diese Lösung findet insbesondere im Zweck des Gerichtsstandes des Erfolgsortes ihre Rechtfertigung: Der Erfolgsort wird u.a. deshalb zur Verfügung gestellt, weil er für das Beweisverfahren am besten geeignet erscheint (N 4). Dieser Zweck könnte nicht verwirklicht werden, wenn der Ort des Versorgerschadens massgeblich wäre. Das Abstellen auf den primären Erfolgsort macht den Gerichtsstand für den (potentiellen) Schädiger auch vorhersehbarer und dient damit seinem – im ZPO allerdings gering geschätzten – Schutz. Schliesslich käme es bei mehreren Versorgten mit unterschiedlichem Wohnsitz zu einer gerade in den Fällen des Versorgerschadens kaum wünschbaren Verzettelung der Gerichtsstände. Deshalb muss bei Versorger- und anderen Reflexschäden ausschliesslich der Ort, wo das primäre Schadenereignis eingetreten ist, als Erfolgsort gelten (KROPHOLLER, Europ. ZPR, Art. 5 N 91; SCHLOSSER, Art. 5 EuGVÜ N 19; Kellerhals/von Werdt/Güngerich-KURTH/BERNET, Art. 25 GestG N 34).

4. Wohnsitz oder Sitz der geschädigten Person

Art. 36 räumt der **geschädigten Partei** sehr weitgehend auch das Recht ein, an ihrem **Sitz oder Wohnsitz** zu klagen. Der Sitz oder Wohnsitz ist nach den gemäss Art. 10 geltenden Grundsätzen zu bestimmen (Näheres dazu vgl. Art. 10 N 9 ff.). Zur Entstehungsgeschichte dieses Gerichtsstands sowie zur Kritik an ihm s. N 5.

Auch hier fragt sich im Zusammenhang mit **Reflexschäden von Drittpersonen**, namentlich bei *Versorgerschäden,* ob es auf den Wohnsitz des primär geschädigten Versorgers oder auf den Wohnsitz des Versorgten ankommt. Der Wortlaut von Art. 36 wie auch der vom Gesetzgeber verfolgte Zweck dürften eher für letztere Lösung sprechen. Angesichts der Problematik des Gerichtsstandes am Wohnsitz der geschädigten Person (vorn N 5) ist jedoch zu fordern, dass der Wohnsitz des Versorgers massgeblich ist. Insbesondere wenn er mehrere Personen mit verschiedenen Wohnsitzen versorgte, wird damit auch verhindert, dass ein und derselbe Schadensfall von mehreren Gerichten unterschiedlich beurteilt wird (gl.M. Kellerhals/von Werdt/Güngerich-KURTH/BERNET, Art. 25 GestG N 34; **a.M.** Müller/Wirth-ROMERIO, Art. 25 GestG N 54).

Für **Regressklagen** und andere Klagen von Personen, die nicht selber geschädigt werden, aber einen Gerichtsstand nach Art. 36 haben (N 9), ist klar, dass sie nicht am Wohnsitz oder Sitz der klagenden Partei, sondern nur am Wohnsitz oder Sitz der primär geschädigten Partei erhoben werden können. Dies ergibt sich schon aus dem Wortlaut von Art. 36, der von der «geschädigten», nicht der «klagenden» Partei spricht. Andere potentielle Kläger haben auch nicht dasselbe Schutzbedürfnis wie die Geschädigten. Dies gilt auch für andere Rechtsnachfolger wie Erben, Zessionare u.ä. (gl.M. Müller/Wirth-ROMERIO, Art. 25 GestG N 61 f.).

IV. Prorogation und Einlassung

Da Art. 36 die Gerichtsstände für die unerlaubten Handlungen nicht für zwingend erklärt, sind die Parteien **frei, über den Gerichtsstand zu verfügen** und eine andere Zuständigkeit zu vereinbaren (Art. 9 und 17). Eine solche Vereinbarung kann sowohl vor als auch

Art. 37   2. Titel: Zuständigkeit der Gerichte und Ausstand

nach Eintritt des Schadensereignisses getroffen werden. Eine Vereinbarung vor Eintritt des Schadenereignisses erscheint nur dann denkbar, wenn zwischen der schädigenden und geschädigten Partei eine vertragliche Beziehung besteht. Wenn immer eine Gerichtsstandsvereinbarung getroffen wird, kann die Klage nur am vereinbarten Gerichtsstand angehoben werden, sofern aus der Vereinbarung nichts anderes hervorgeht (Art. 17 Abs. 2 Satz 1). Zum Verhältnis zwischen Vertrags- und Deliktsgerichtsstand im Allgemeinen vgl. N 15 ff.

30   Angesichts der dispositiven Natur des Deliksgerichtsstandes ist auch eine **Einlassung** möglich (Art. 9 und 18).

V. Internationale Zuständigkeit

31   Das Gerichtsstandsgesetz regelt nur die Zuständigkeit für rein nationale Verhältnisse. Die internationale Zuständigkeit wird grundsätzlich durch das **IPRG** geregelt. Für Klagen aus unerlaubter Handlung sieht Art. 129 Abs. 1 IPRG primär die Zuständigkeit der schweizerischen Gerichte am Wohnsitz des Beklagten, oder, wenn ein solcher fehlt, diejenige an seinem gewöhnlichen Aufenthalt oder am Ort seiner Niederlassung vor. Sofern der Beklagte weder Wohnsitz noch gewöhnlichen Aufenthalt noch eine Niederlassung in der Schweiz hat, so kann beim schweizerischen Gericht am Handlungs- oder am Erfolgsort geklagt werden (Art. 129 Abs. 2 IPRG). Können mehrere Beklagte in der Schweiz belangt werden und stützen sich die Ansprüche im Wesentlichen auf die gleichen Tatsachen und Rechtsgründe, so kann bei jedem zuständigen Richter gegen alle geklagt werden; der zuerst angerufene Richter ist ausschliesslich zuständig (Art. 129 Abs. 3 IPRG). Art. 130 und 131 IPRG enthalten Sonderregelungen für die Kernenergiehaftung, das Datenschutzrecht und die Regressklagen gegen den Haftpflichtversicherer. Für Klagen betreffend Immaterialgüterrechte enthält Art. 109 IPRG eine völlig eigenständige Regelung.

32   Im Anwendungsbereich des **LugÜ** können Deliktsklagen grundsätzlich am Wohnsitz der beklagten Partei (Art. 2 LugÜ) oder am Ort des schädigenden Ereignisses (Art. 5 Nr. 3 LugÜ) erhoben werden. Ort des schädigenden Ereignisses ist sowohl der Handlungs- als auch der Erfolgsort (KROPHOLLER, Europ. ZPR, Art. 5 N 81; SCHLOSSER, Art. 5 EuGVÜ N 19; Dasser/Oberhammer-OBERHAMMER, Art. 5 LugÜ N 123).

Art. 37

Schadenersatz bei ungerechtfertigten vorsorglichen Massnahmen	**Für Schadenersatzklagen wegen ungerechtfertigter vorsorglicher Massnahmen ist das Gericht am Wohnsitz oder Sitz der beklagten Partei oder an dem Ort, an dem die vorsorgliche Massnahme angeordnet wurde, zuständig.**
Dommages-intérêts consécutifs à des mesures provisionnelles injustifiées	Le tribunal du domicile ou du siège du défendeur ou celui du lieu où les mesures ont été ordonnées est compétent pour statuer sur les actions en dommages-intérêts consécutives à des mesures provisionnelles injustifiées.
Risarcimento in caso di provvedimenti cautelari ingiustificati	Per le azioni di risarcimento del danno in caso di provvedimenti cautelari ingiustificati è competente il giudice del domicilio o della sede del convenuto o il giudice del luogo in cui il provvedimento è stato emanato.

Inhaltsübersicht

Note

I. Normzweck und Entstehungsgeschichte 1

II. Anwendungsbereich 4

III. Verhältnis von Art. 37 zu anderen Gerichtsständen 12

IV. Die einzelnen Gerichtsstände 13
 1. Mehrheit von Gerichtsständen 13
 2. Gerichtsstand am Sitz oder Wohnsitz der beklagten Partei 14
 3. Gerichtsstand am Ort, an dem die vorsorgliche Massnahme angeordnet wurde 15

V. Prorogation und Einlassung 17

VI. Internationale Zuständigkeit 18

Literatur

J. J. ZÜRCHER, Der Einzelrichter am Handelsgericht des Kantons Zürich, Diss. Zürich 1998.

I. Normzweck und Entstehungsgeschichte

Art. 264 Abs. 2 sieht eine **Haftung der gesuchstellenden Partei** vor **für den Schaden, der aus ungerechtfertigten vorsorglichen Massnahmen entsteht**. Art. 37 legt das Forum für diesen Schadenersatzanspruch fest. Zuständig ist das Gericht am Sitz oder Wohnsitz der beklagten Partei oder am Ort, an dem die vorsorgliche Massnahme angeordnet wurde. Art. 37 schafft Rechtssicherheit, da sich dank dieser klaren Regelung der Zuständigkeit Diskussionen über die Rechtsnatur des Schadenersatzanspruchs und den «richtigen» Gerichtsstand erübrigen. Die Bestimmung stellt sicher, dass die Schadenersatzansprüche entweder vom «natürlichen» Richter am Sitz oder Wohnsitz der beklagten Partei oder vom Richter, der der Sache am nächsten steht, beurteilt werden (BOTSCHAFT ZPO, 7270). Auch wird für solche Ansprüche ein Forum Shopping verhindert.

Das **GestG** kennt **keine vergleichbare Spezialregelung**. Vor Einführung des GestG fand sich aber eine mit Art. 37 vergleichbare Bestimmung in Art. 28f Abs. 2 ZGB. Diese Bestimmung wurde durch das GestG aufgehoben. Die ZPO, die das GestG ablöst, führt den Gerichtsstand wieder ein. Art. 37 ist wörtlich identisch mit der Formulierung im Entwurf des Bundesrates (BOTSCHAFT ZPO, 7421).

Art. 37 **begründet** selber **keine Schadenersatzansprüche**. Die Grundlage für die Schadenersatzansprüche findet sich vielmehr in Art. 264 und anderen Vorschriften wie z.B. Art. 273 SchKG (s. hierzu N 6). Bei der Auslegung der Zuständigkeitsnorm von Art. 37, insbesondere der Definition des Anwendungsbereichs der Bestimmung sind diese materiellen Anspruchsgrundlagen zu berücksichtigen.

II. Anwendungsbereich

Der Gerichtsstand des Art. 37 gilt nach dessen Wortlaut «[f]ür **Schadenersatzklagen wegen ungerechtfertigter vorsorglicher Massnahmen**». Was solche Schadenersatzklagen sind, sagt Art. 37 nicht. Dies ist aufgrund der materiellen Anspruchsgrundlagen zu bestimmen (N 3). Eine solche Grundlage – die jedoch nicht die einzige ist – schafft die ZPO selbst mit **Art. 264**. Gemäss dieser Bestimmung haftet die gesuchstellende Partei kausal für den aus einer ungerechtfertigten vorsorglichen Massnahme erwachsenen Schaden. Wenn sie beweisen kann, dass sie in guten Treuen gehandelt hat, kann das Gericht die Ersatzpflicht herabsetzen oder gänzlich von ihr entbinden. Für jeden Anspruch, der sich auf diese Grundlage stützt, ist die Zuständigkeit nach Art. 37 zu beurteilen.

5   Unerheblich für die **Anordnungen gemäss Art. 264** ist, ob die vorsorglichen Massnahmen in einem **selbständigen Verfahren** oder **im Rahmen des Hauptprozesses** erlassen worden sind. Wie sich u.a. aus Art. 263 ergibt, regelt der 1. Abschnitt des 5. Kapitels, in dem sich Art. 264 befindet, sowohl die vorsorglichen Massnahmen, die vor Anhängigmachung des Hauptprozesses beantragt werden, als auch die vorsorglichen Massnahmen, um die im Rahmen eines Hauptprozesses ersucht wird. Entsprechend ist auch für die Anwendung von Art. 37 unerheblich, in welchem Verfahrensstadium die vorsorglichen Massnahmen, die die behauptete Schadenersatzpflicht auslösen, angeordnet wurden.

6   Auch der **Begriff der vorsorglichen Massnahme** wird in der ZPO nicht definiert. Darunter werden Anordnungen verstanden, mit denen einer Partei vor oder während des ordentlichen Prozesses vorläufig Rechtsschutz gewährt wird, indem entweder der bestehende Zustand aufrechterhalten, Leistungen angeordnet oder die für die Dauer des Prozesses notwendigen Regelungen getroffen werden (VOGEL/SPÜHLER, 348 ff.; MEIER, Grundlagen, 109 ff.; Vor Art. 261–269 N 1 f.). Vorsorgliche Massnahmen können in sämtlichen Rechtsgebieten getroffen werden. Beispiele sind etwa (Vor Art. 261–269 N 26 ff.): Vorläufige Verbote gestützt auf Persönlichkeitsrecht, Immaterialgüterrechte oder UWG; vorläufige Anordnungen während des Scheidungsverfahrens; Vormerkung von Verfügungsbeschränkungen (Art. 960 ZGB) und vorläufige Eintragungen im Grundbuch (Art. 961 ZGB); Zahlungsverbote bei Kraftloserklärungen (Art. 982 und 1072 OR); Massnahmen bei Klagen auf Auflösung einer Kollektivgesellschaft, einer Aktiengesellschaft oder einer Genossenschaft (Art. 574 Abs. 3, Art. 625 Abs. 2, Art. 643 Abs. 3, Art. 833 Abs. 2 OR); usw. usf. Das Inkrafttreten der ZPO wird auch die Diskussion beenden, ob die Grundlage für den Erlass vorsorglicher Massnahmen im Bundes- oder im kantonalen Prozessrecht liegt (s. BOTSCHAFT ZPO, 7353; vgl. zu dieser Diskussion ZÜRCHER, 40 ff.).

7   Die ZPO enthält keine umfassende Regelung der vorsorglichen Massnahmen und der Schadenersatzansprüche wegen ungerechtfertigter vorsorglicher Massnahmen. Das Zivilprozessrecht regelt nach der schweizerischen Rechtstradition nur vorsorgliche Massnahmen, die der Sicherung nicht-pekuniärer Forderungen dienen. Die Vollstreckung und Sicherung von Geldforderungen ist im SchKG geregelt. Die vorsorgliche Massnahme zur Sicherung von Geldforderungen ist in erster Linie der **Arrest** gemäss Art. 271 SchKG (zur Qualifikation des Arrestes als vorsorgliche Massnahme s. AMONN/WALTHER, 456 ff.; BSK SchKG III-STOFFEL, Art. 271 N 1; MEIER, Grundlagen, 107 f.). Gemäss Art. 273 SchKG haftet der Gläubiger sowohl dem Schuldner als auch Dritten für den aus einem ungerechtfertigten Arrest erwachsenen Schaden. Dieser gesetzlichen Regelung trägt Art. 269 lit. a Rechnung mit einem Vorbehalt zugunsten der Bestimmungen des SchKG über sichernde Massnahmen bei der Vollstreckung von Geldforderungen. Entsprechend seiner systematischen Stellung beschlägt dieser Vorbehalt jedoch nur die Grundlagen, Voraussetzungen und Wirkungen des Arrestes als Sicherungsmassnahme, nicht aber die Zuständigkeit für die Geltendmachung von Schadenersatzansprüchen wegen ungerechtfertigten Arrestes. Art. 37 enthält keine Anhaltspunkte dafür, dass sich die Zuständigkeit

für diese Schadenersatzansprüche nicht nach dieser Bestimmung richten würde. Aus den Materialien ergibt sich unmissverständlich, dass nach dem Willen des Bundesrates auch die Klagen auf Ersatz des Arrestschadens Art. 37 unterstellt sein sollen (BOTSCHAFT ZPO, 7266). Dies entspricht auch dem Zweck der Bestimmung, für Schadenersatzklagen wegen ungerechtfertigter vorsorglicher Massnahmen eine klare Zuständigkeit vorzugeben. Es ist daher davon auszugehen, dass Art. 37 auch für Schadenersatzklagen wegen ungerechtfertigten Arrestes gilt. Dem steht Art. 273 Abs. 2 SchKG, der eine Zuständigkeit *auch* am Arrestort vorsieht, nicht entgegen. Wie der Zusatz «auch» verdeutlicht, stellt diese Vorschrift einen zusätzlichen Gerichtsstand zur Verfügung (BSK SchKG III-STOFFEL, Art. 273 N 28). Die Gerichtsstände des Art. 37 werden dadurch in keiner Weise eingeschränkt. Art. 37 kommt auch zum Zug, soweit wegen **anderer vorsorglicher Massnahmen des SchKG** (provisorische Pfändung, Güterverzeichnis; vgl. hierzu MEIER, Rechtsschutz, 107 f.) eine Schadenersatzforderung sollte geltend gemacht werden können.

Art. 269 lit. b und c enthalten auch einen Vorbehalt zugunsten **erbrechtlicher Sicherungsmassregeln** des ZGB und des Patentgesetzes über die **Klage auf Lizenzerteilung** (vgl. STAEHELIN/STAEHELIN/GROLIMUND, Zivilprozessrecht, 379 f.). Bei den erbrechtlichen Sicherungsmassregeln handelt es sich um die in Art. 551–559 ZGB geregelten Massnahmen (Siegelung, Inventarisierung, Erbschaftsverwaltung, Eröffnung der letztwilligen Verfügungen). Die Klage auf Lizenzerteilung ist in Art. 37 Abs. 1 PatG, die Sicherung des Anspruchs auf Lizenzerteilung in Art. 37 Abs. 3 PatG geregelt. Soweit die ungerechtfertigte Anordnung solcher Sicherungsmassregeln einen Schadenersatzanspruch begründet, bestimmt sich die Zuständigkeit für dessen Beurteilung ebenfalls nach Art. 37.

8

Art. 37 befindet sich im Abschnitt über die Klagen aus unerlaubter Handlung. Dies entspricht der allgemeinen Qualifikation der Schadenersatzklage wegen ungerechtfertigter vorsorglicher Massnahmen als Anspruch deliktischer oder deliktsähnlicher **Rechtsnatur** (z.B. BSK SchKG III-STOFFEL, Art. 273 N 27). Diese Qualifikation erscheint nicht unproblematisch. Mit dem Antrag auf Erlass vorsorglichen Massnahmen nimmt der Gesuchsteller lediglich ein ihm von der Rechtsordnung eingeräumtes Recht wahr. Die Massnahme wird nach gerichtlicher Prüfung durch das Gericht angeordnet. Der Gesuchsteller hat daher – um eine Rechtsfigur aus dem Strafrecht zu entlehnen – nur beschränkt «Tatherrschaft». Auch wäre es etwas befremdlich, im Gericht nur einen hilflosen Tatmittler oder gar einen aktiven Mittäter oder Gehilfen sehen zu wollen. Ohne spezielle gesetzliche Grundlage würde ein Schadenersatzanspruch gestützt auf Art. 41 OR wohl nur in Ausnahmefällen in Betracht fallen. Die gesetzlichen Schadenersatzansprüche wegen ungerechtfertigter vorsorglicher Massnahmen sind daher m.E. als ausservertragliche Ansprüche eigener Rechtsnatur zu qualifizieren (s.a. Art. 264 N 59 f.). Die bestehenden gesetzlichen Anspruchsgrundlagen für die Schadenersatzklage schliessen denn auch nicht aus, dass ein Schadenersatzanspruch u.U. auf **andere rechtliche Grundlagen** gestützt werden kann. Namentlich erscheint denkbar, dass er in einem Vertrag geregelt ist, z.B. in einem Vergleich, der im Rahmen eines Massnahmeverfahrens geschlossen wird und eigenständige Anspruchsvoraussetzungen definiert (s.a. Art. 264 N 61). M.E. bestimmt sich auch für solche vertraglichen Schadenersatzansprüche der Gerichtsstand nach Art. 37, wenn sich in der Vereinbarung keine Gerichtsstandsklausel findet.

9

In subjektiver Hinsicht ergibt sich aus Art. 264 Abs. 2, dass sich die Klage **gegen die gesuchstellende Partei** richten muss. Dies gilt auch für die Schadenersatzansprüche, die sich auf eine andere Rechtsgrundlage stützen. Ausgeschlossen erscheint, dass allfällige

10

Schadenersatzansprüche gegen den Staat erfasst sind; für diese gelten die Regeln über die Staatshaftung. Art. 264 enthält keine Anhaltspunkte dafür, wer zur Klage aktiv legitimiert ist. Als **Kläger** kommt primär **die beklagte Partei im Massnahmeprozess** in Betracht. Denkbar ist aber auch, dass **Dritte** durch eine ungerechtfertigte vorsorgliche Massnahme einen Schaden erleiden (Art. 264 N 43). Art. 273 SchKG nennt denn auch ausdrücklich neben dem Arrestschuldner Dritte als potentielle Kläger.

11   Nach dem Wortlaut von Art. 37 gilt die spezielle Zuständigkeit nur für **Schadenersatzklagen**. Soweit die anwendbaren materiellen Grundlagen einen Anspruch auf **Genugtuung** einräumen, ist auch dafür die Zuständigkeit nach Art. 37 zu bestimmen. Dass das Gesetz von einem Schadenersatz in Geld ausgeht, dürfte der Geltendmachung von **anderen Ansprüchen reparatorischer** Natur am Gerichtsstand des Art. 37 nicht entgegenstehen, sofern solche Ansprüche vom materiellen Recht vorgesehen sind (Art. 264 räumt nur Schadenersatzansprüche ein, s. Art. 264 N 8 und 49). Art. 37 ist m.E. auch anwendbar auf positive und negative **Feststellungsklagen**, mit denen der Bestand oder Nicht-Bestand des Schadenersatzanspruchs festgestellt werden soll und an denen ein hinreichendes Rechtsschutzinteresse besteht. Im wenig wahrscheinlichen Fall, dass die gesuchstellende Partei im Falle der Verurteilung zur Leistung von Schadenersatz auf einen Dritten Rückgriff nehmen kann, ist für die Zuständigkeit der Regressklage nicht Art. 37 massgeblich, ausser der Regressbeklagte hätte als Partei am Massnahmeverfahren teilgenommen (was noch unwahrscheinlicher erscheint).

III. Verhältnis von Art. 37 zu anderen Gerichtsständen

12   Art. 37 ist nach Sinn und Zweck der Bestimmung **lex specialis zu Art. 36** und geht damit dem allgemeinen Deliktsgerichtsstand vor. Dasselbe gilt für sämtliche weiteren Gerichtsstände. Wird z.B. gestützt auf einen Vertrag oder auf Gesellschaftsrecht eine vorsorgliche Massnahme beantragt und erweist sich diese als ungerechtfertigt, sind damit zusammenhängende Schadenersatzansprüche nicht am Gerichtsstand für vertragliche oder gesellschaftsrechtliche Ansprüche einzuklagen, sondern am Gerichtsstand gemäss Art. 37 (s. aber N 17).

IV. Die einzelnen Gerichtsstände

1. Mehrheit von Gerichtsständen

13   Art. 37 stellt **zwei Gerichtsstände** zur Verfügung. Nach **Wahl der klagenden Partei** kann entweder am Wohnsitz oder Sitz der beklagten Partei geklagt werden oder am Ort, an dem die vorsorgliche Massnahme angeordnet wurde.

2. Gerichtsstand am Sitz oder Wohnsitz der beklagten Partei

14   Der Gerichtsstand am Sitz oder Wohnsitz der beklagten Partei entspricht dem **allgemeinen Gerichtsstand** von Art. 10. Der Sitz oder Wohnsitz ist nach den gemäss Art. 10 Abs. 2 geltenden Grundsätzen zu bestimmen (vgl. Art. 10 N 9 ff.).

3. Gerichtsstand am Ort, an dem die vorsorgliche Massnahme angeordnet wurde

15   Die Alternative zum allgemeinen Gerichtsstand ist das Gericht am **Ort, an dem die vorsorgliche Massnahme angeordnet wurde**. Diese Formulierung ist nicht ganz eindeutig. Sie kann den Ort des verfügenden Gerichts meinen oder den Richter am Ort, an dem sich

die angeordnete Massnahme auswirkt. Art. 28f Abs. 2 aZGB hatte diese Doppeldeutigkeit noch vermieden, indem die Bestimmung davon sprach, dass der Richter zuständig sei, der die Massnahme verfügt habe. Es darf davon ausgegangen werden, dass auch nach Art. 37 der Ort des verfügenden Gerichts gemeint und der Gesetzgeber mit der von ihm gewählten Formulierung das Missverständnis vermeiden wollte, mit der örtlichen würde auch gleich die sachliche Zuständigkeit geregelt. Der Ort des verfügenden Gerichts ist der Ort, an dem die besondere Sachnähe gegeben ist, die den besonderen Gerichtsstand erst rechtfertigt. Auf den Ort abzustellen, an dem sich die Massnahme auswirkt, würde zudem zu einer unerträglichen Rechtsunsicherheit führen, wenn sich – wie z.B. bei Massnahmen im Bereich des Persönlichkeitsschutzes oder des Immaterialgüterrechts – die Auswirkungen nicht auf einen Ort beschränken.

Die vorsorglichen Massnahmen werden in der Regel **von einem Gericht angeordnet**. 16
Dies ist jedoch nicht Voraussetzung für die Anwendung von Art. 37. So können namentlich erbrechtliche Sicherungsmassregeln je nach der kantonalen Zuständigkeitsordnung **von einer Verwaltungsbehörde angeordnet** werden. Daran ändert die ZPO nichts (BOTSCHAFT ZPO, 7357).

V. Prorogation und Einlassung

Die Gerichtsstände des Art. 37 sind nicht zwingend ausgestaltet. Sowohl **Gerichts-** 17
standsvereinbarungen als auch eine **Einlassung** sind **zulässig** (Art. 9, 17 und 18; vgl. auch Art. 36 N 28 f.).

VI. Internationale Zuständigkeit

Weder das IPRG noch das LugÜ oder die EUGVO sehen einen speziellen Gerichtsstand 18
vor für Schadenersatzklagen wegen ungerechtfertigter vorsorglicher Massnahmen. Je nach der materiellen Grundlage für den Schadenersatzanspruch ist die Klage am Delikts- oder Vertragsgerichtsstand anzubringen.

Art. 38

Motorfahrzeug- und Fahrradunfälle

¹ **Für Klagen aus Motorfahrzeug- und Fahrradunfällen ist das Gericht am Wohnsitz oder Sitz der beklagten Partei oder am Unfallort zuständig.**

² **Für Klagen gegen das nationale Versicherungsbüro (Art. 74 des Strassenverkehrsgesetzes vom 19. Dez. 1958; SVG) oder gegen den nationalen Garantiefonds (Art. 76 SVG) ist zusätzlich das Gericht am Ort einer Zweigniederlassung dieser Einrichtungen zuständig.**

Accidents de véhicules à moteur et de bicyclettes

¹ Le tribunal du domicile ou du siège du défendeur ou celui du lieu de l'accident est compétent pour statuer sur les actions découlant d'accidents de véhicules à moteur ou de bicyclettes.

² En plus des tribunaux mentionnés à l'al. 1, le tribunal du siège d'une succursale du défendeur est compétent pour statuer sur les actions intentées contre le bureau national d'assurance (art. 74 de la loi du 19 déc. 1958 sur la circulation routière, LCR) ou le fonds national de garantie (art. 76 LCR).

Art. 38 1

Incidenti di veicoli a motore e di cicli

¹ Per le azioni in materia di incidenti di veicoli a motore e di cicli è competente il giudice del domicilio o della sede del convenuto o il giudice del luogo dell'incidente.

² Se l'azione è diretta contro l'Ufficio nazionale di assicurazione (art. 74 della LF del 19 dic. 1958 sulla circolazione stradale, LCStr) o contro il Fondo nazionale di garanzia (art. 76 LCStr), oltre al giudice di cui al capoverso 1 è competente anche il giudice del luogo di una delle loro succursali.

Inhaltsübersicht   Note

I. Normzweck und Entstehungsgeschichte 1
II. Anwendungsbereich 4
   1. Begriff des Motorfahrzeugs und des Fahrrads 4
   2. Von Art. 38 erfasste Ansprüche 8
   3. Verhältnis von Art. 38 zu anderen Gerichtsständen 12
III. Die einzelnen Gerichtsstände 13
   1. Mehrheit von Gerichtsständen 13
   2. Gerichtsstand am Sitz oder Wohnsitz der beklagten Partei 14
   3. Gerichtsstand am Unfallort 15
   4. Gerichtsstand am Ort einer Zweigniederlassung des nationalen
      Versicherungsbüros oder des nationalen Garantiefonds 16
IV. Prorogation und Einlassung 17
V. Internationale Zuständigkeit 18

Literatur

R. BREHM, Motorfahrzeughaftpflicht, Bern 2008; H. GIGER, SVG – Strassenverkehrsgesetz, 7. Aufl., Zürich 2008; H. GIGER/R. SIMMEN, Strassenverkehrsgesetz, Mit Kommentar sowie ergänzenden Gesetzen und Bestimmungen, Zürich 1996; K. OFTINGER/E. W. STARK, Schweizerisches Haftpflichtrecht, Besonderer Teil, Bd. II/2, Gefährdungshaftungen: Motorfahrzeughaftpflicht und Motorfahrzeughaftpflichtversicherung, 4. Aufl., Zürich 1989; R. SCHAFFHAUSER, Grundriss des schweizerischen Strassenverkehrsrechts, Bd. I, Verkehrszulassung und Verkehrsregeln, 2. Aufl., Bern 2002; R. SCHAFFHAUSER/J. ZELLWEGER, Grundriss des schweizerischen Strassenverkehrsrechts, Bd. II, Haftpflicht und Versicherung, Bern 1988.

I. Normzweck und Entstehungsgeschichte

1 Gemäss Art. 38 Abs. 1 ist für **Klagen aus Motorfahrzeug- und Fahrradunfällen** das Gericht am Unfallort oder am Wohnsitz oder Sitz der beklagten Partei zuständig. Klagen gegen das nationale Versicherungsbüro oder gegen den nationalen Garantiefonds sind laut Abs. 2 zudem am Ort einer Zweigniederlassung dieser Einrichtungen zulässig. Die ZPO übernimmt damit die Regelung von Art. 26 GestG. Der Vorentwurf der Expertenkommission für das GestG hatte für Strassenverkehrsunfälle noch keinen speziellen Gerichtsstand vorgesehen. In der Vernehmlassung wurde jedoch wiederholt der Wunsch geäussert, für solche Unfälle den bewährten Gerichtsstand am Unfallort i.S.v. Art. 84 SVG beizubehalten. Der Bundesrat nahm daher eine Spezialbestimmung für Strassenverkehrsunfälle auf, welche von den Räten unverändert angenommen wurde (BOTSCHAFT GestG, 2865).

Art. 38 **beschränkt** im Vergleich zu Art. 36 die **Wahlmöglichkeit des Klägers** erheblich, indem weder der Gerichtsstand am Sitz oder Wohnsitz der geschädigten Partei noch jener des Erfolgsorts (so jedenfalls der Bundesrat) zur Verfügung steht. Diese Einschränkung der zur Verfügung stehenden Gerichtsstände ist laut Botschaft aus praktischen Gründen geboten. Nach Auffassung des Bundesrates würde der Gerichtsstand am Erfolgsort bei Unfällen, an denen mehrere Personen beteiligt sind, zu einer *«unerträglichen Verzettelung»* der Verfahren führen (BOTSCHAFT GestG, 2865). Bei dieser Einschätzung ging der Bundesrat allerdings von der unzutreffenden Annahme aus, dass Folgeschäden einen zusätzlichen Gerichtsstand begründen könnten; richtigerweise ist Erfolgsort nur der Ort der ersten, unmittelbaren Rechtsgutsverletzung (vgl. hierzu Art. 36 N 23 f.). Bei richtiger Betrachtung ist der Unfallort sogar – entgegen der Auffassung des Bundesrates – nichts anderes als der Erfolgsort (s. N 15). Eine Verzettelung der Verfahren könnte sich dagegen aus dem durch Art. 36 eingeräumten, erst vom Parlament eingeführten Gerichtsstand am Wohnsitz oder Sitz der geschädigten Partei ergeben. Unter diesem Gesichtspunkt erscheint die Spezialregelung für Strassenverkehrsunfälle tatsächlich sinnvoll. Der Gesetzgeber hat das Ziel der Konzentration der Verfahren allerdings nur teilweise verwirklicht, steht doch neben dem Gerichtsstand am Unfallort auch noch derjenige am Wohnsitz oder Sitz der beklagten Partei zur Verfügung. Ob das «Sprengpotenzial» dieses Gerichtsstands bei Verkehrsunfällen mit mehreren Beteiligten tatsächlich so gering ist, wie die Botschaft (BOTSCHAFT GestG, 2865) meint, erscheint allerdings fraglich. Zudem stellt sich die grundsätzliche Frage, weshalb das Interesse, eine Verzettelung von Verfahren zu vermeiden, bei Strassenverkehrsunfällen grösser sein soll als bei anderen Unfällen, an denen mehrere Personen beteiligt sind (wie z.B. bei Eisenbahn- oder Flugzeugunfällen). Sodann ist nicht einzusehen, weshalb das Interesse der geschädigten Partei, an ihrem Wohnsitz oder Sitz klagen zu können, bei Strassenverkehrsunfällen geringer sein soll als bei anderen Unfällen. Die Sonderregelung für Strassenverkehrsunfälle vermag daher nicht besonders zu überzeugen. Immerhin wird dadurch für einen beträchtlichen Teil der Fälle der Schädigung aus unerlaubter Handlung der problematische Gerichtsstand am Sitz oder Wohnsitz der geschädigten Partei ausgeschaltet (vgl. die Kritik an diesem Gerichtsstand in Art. 36 N 5).

Ungeachtet dieser Kritik ist bei der Auslegung dem Sinn und Zweck von Art. 38 Rechnung zu tragen, für Motorfahrzeug- und Fahrradunfälle eine **Verzettelung der Verfahren zu vermeiden**. Für die Auslegung ist sodann relevant, dass die Bestimmung ihre Wurzeln im Strassenverkehrsgesetz hat; insb. lehnt sich die Terminologie an Art. 1 Abs. 1 SVG an (s. N 4). Zu beachten sind allerdings auch die Unterschiede zu Art. 84 SVG, der eine Klage am Wohnsitz des Haftenden nur subsidiär vorsah, wenn alle noch nicht abgefundenen Geschädigten zustimmten, und den Gerichtsstand am Ort der Zweigniederlassung des nationalen Versicherungsbüros oder des nationalen Garantiefonds nicht kannte. Nur schon wegen dieser Unterschiede können Rechtsprechung und Lehre zum Strassenverkehrsgesetz im Allgemeinen und zu Art. 84 SVG im Besonderen nicht unbesehen übernommen werden (gl.M. Müller/Wirth-ROMERIO, Art. 26 GestG N 7). Es kommt hinzu, dass die Gerichtsstandsbestimmung für Verkehrsunfälle durch die Herauslösung aus dem Strassenverkehrsgesetz ein gewisses Eigenleben erhalten hat (s. hierzu N 7 und 8 ff.).

II. Anwendungsbereich

1. Begriff des Motorfahrzeugs und des Fahrrads

Art. 38 gilt für Motorfahrzeug- und Fahrradunfälle. Damit knüpft die Bestimmung an **Art. 1 Abs. 1 SVG** an, wonach das Strassenverkehrsgesetz «die Haftung und die Versicherung für Schäden, die durch Motorfahrzeuge oder Fahrräder verursacht werden», regelt. Wegen dieses Zusammenhanges, der auch durch die Entstehungsgeschichte der Bestimmung gestützt wird (s. N 2 f.), wird man für die Auslegung der Begriffe «Motorfahrzeug» und «Fahrrad» auf die Strassenverkehrsgesetzgebung zurückgreifen können.

5 Gemäss Art. 7 Abs. 1 SVG ist **Motorfahrzeug** «jedes Fahrzeug mit eigenem Antrieb, durch den es auf dem Erdboden unabhängig von Schienen fortbewegt wird». Unerheblich sind der Verwendungszweck des Fahrzeugs oder die Antriebsart, solange es sich nur um ein Fahrzeug handelt, das sich auf dem Erdboden (und nicht im Wasser, in der Luft oder auf Schienen) bewegt. Es kommt auch nicht darauf an, ob die Fortbewegung auf Rädern oder Raupen erfolgt oder ob sich das Fahrzeug stets mit eigenem Antrieb fortbewegt (BREHM, N 145 ff.; SCHAFFHAUSER, N 205 ff.; GIGER, Art. 1 SVG N 1 ff.). Aus haftungsrechtlicher Sicht ist auch der Trolleybus als Motorfahrzeug anzusehen (Art. 7 Abs. 2 SVG i.V.m. Art. 15 des Bundesgesetzes über die Trolleybusunternehmungen [SR 744.21]; vgl. auch BREHM, N 148). Für die Frage des Geltungsbereichs von Art. 38 unerheblich ist, dass Motorfahrräder, Motorhandwagen und Motoreinachser, die nur von einer zu Fuss gehenden Person geführt und nicht für das Ziehen von Anhängern verwendet werden, hinsichtlich Haftpflicht und Versicherung als Fahrräder gelten (Art. 37 Abs. 2 und Art. 38 Abs. 1 VVV; BREHM, N 151).

6 Der Begriff des **Fahrrads** wird in Art. 24 Abs. 1 Satz 1 VTS definiert. Danach sind Fahrräder «Fahrzeuge mit wenigstens zwei Rädern, die durch mechanische Vorrichtung ausschliesslich mit der Kraft der sich darauf sitzenden Personen fortbewegt werden». Ein Einrad ist demnach kein Fahrrad im Sinne der Strassenverkehrsgesetzgebung. Gemäss Art. 24 Abs. 1 Satz 2 VTS gelten Kinderräder und Behindertenfahrstühle ausdrücklich nicht als Fahrräder. Haftungsrechtlich sind diese Fortbewegungsmittel privilegiert, da sie der Verschuldenshaftung nach Art. 41 OR unterstehen; prozessrechtliches Korrelat dazu ist, dass sich die Zuständigkeit nach Art. 36 richtet.

7 Die besonderen Haftpflichtbestimmungen gelten unbestrittenermassen auch für Unfälle, die sich nicht auf öffentlichen Strassen zutragen (BGE 116 II 214 f.; 77 II 58 ff.). Nach der herrschenden Lehre gelten sie selbst für die nicht der Versicherungspflicht gemäss Art. 63 SVG unterliegenden Fahrzeuge, die überhaupt nicht für den **Verkehr auf öffentlichen Strassen** bestimmt sind und dort auch nicht eingesetzt werden (BREHM, 149; GIGER, Art. 1 SVG N 4; OFTINGER/STARK, N 54 ff.; SCHAFFHAUSER/ZELLWEGER, N 935). Die Rechtsprechung des Bundesgerichts erscheint in dieser Hinsicht allerdings nicht ganz klar (vgl. obiter dictum in BGE 114 II 376 E.1a). Im Zusammenhang mit Art. 38 gibt es jedenfalls keinerlei Anhaltspunkte dafür, dass Fahrzeuge, die nicht auf öffentlichen Strassen verkehren, vom Anwendungsbereich ausgenommen werden sollen. Eine solche Einschränkung widerspräche auch dem primären Zweck der Bestimmung, bei Strassenverkehrsunfällen die Verfahren nach Möglichkeit an einem Ort zu konzentrieren. Art. 38 gilt somit für alle Fahrzeuge, unabhängig davon, wo sie eingesetzt werden (gl.M. Kellerhals/von Werdt/Güngerich-KURTH/BERNET, Art. 26 GestG N 3; Müller/Wirth-ROMERIO, Art. 26 GestG N 25).

2. Von Art. 38 erfasste Ansprüche

8 Art. 38 gilt für «Klagen aus Motorfahrzeug- und Fahrradunfällen». Der Wortlaut ist insoweit nicht ganz präzise, als zu allgemein von «Klagen» – und nicht nur von deliktsrechtlichen Klagen – die Rede ist. Aufgrund der systematischen Stellung der Bestimmung im 6. Abschnitt («Klagen aus unerlaubter Handlung») erscheint jedoch klar, dass damit nur **deliktsrechtliche Klagen** gemeint sind (gl.M. Müller/Wirth-ROMERIO, Art. 26 GestG N 8).

2. Kapitel: Örtliche Zuständigkeit 9–11 **Art. 38**

Art. 84 SVG, dem Art. 26 GestG und Art. 38 ZPO nachgebildet sind, sprach von «Zivil- **9**
klagen aus Motorfahrzeug- und Fahrradunfällen». **Unter Art. 84 SVG war strittig,
welche Ansprüche** diese Formulierung erfasste. Nach der einen Auffassung galt Art. 84
SVG für sämtliche Ansprüche, die sich auf ein Ereignis abstützen, an dem ein Motorfahrzeug oder ein Fahrrad beteiligt ist. Demnach wären auch Klagen eines Motorfahrzeughalters gegen einen Fussgänger oder unberechtigten Lenker oder Klagen des
Geschädigten gegen einen Mitfahrer am Gerichtsstand des Art. 84 SVG anzubringen
gewesen (so z.B. OFTINGER/STARK, N 785 ff.). Ein beträchtlicher Teil der Lehre sowie
der Rechtsprechung tendierte demgegenüber dazu, den Anwendungsbereich von Art. 84
SVG auf die besonderen Haftpflichtansprüche des Strassenverkehrsrechts einzuschränken. Dabei handelt es sich insb. um die Ansprüche gegen den Radfahrer (Art. 70 Abs. 1
SVG i.V.m. Art. 41 OR), den Motorfahrzeughalter (Art. 58 SVG), mit dem Motorfahrzeughalter solidarisch haftende Personen (Art. 60 Abs. 1 SVG), Unternehmer des Motorfahrzeuggewerbes (Art. 71 SVG), den Veranstalter von motor- und radsportlichen Veranstaltungen (Art. 72 SVG), den Strolchenfahrer (Art. 75 SVG), Bund und Kantone als
Halter (Art. 73 SVG), die Motorfahrzeug-Haftpflichtversicherer in den Fällen ungedeckter Schäden (Art. 76 SVG) und die Kantone in den Fällen von Art. 77 SVG (SCHAFFHAUSER/ZELLWEGER, N 1489 und 1524; GIGER/SIMMEN, 212 f.). Im Zusammenhang mit
der Anfechtung einer unzulänglichen Entschädigungsvereinbarung – die wegen der Regelung in Art. 87 Abs. 2 SVG freilich auch als besondere strassenverkehrsrechtliche Klage angesehen werden könnte – befürwortete das Bundesgericht demgegenüber eine weite
Auslegung von Art. 84 SVG, die möglichst alle Zivilklagen erfassen soll, die ihre Ursache im Unfallgeschehen haben (BGE 109 II 73 E.2). In der kantonalen Gerichtspraxis
wurde – in Übereinstimmung mit der Rechtsprechung zur Verjährung von Schadenersatz-
und Genugtuungsansprüchen aus Motorfahrzeug- und Fahrradunfällen gemäss Art. 83
SVG (vgl. hierzu BGE 111 II 55 ff. = Pra 1985 Nr. 129; ZR 1976 Nr. 24) – der Gerichtsstand am Unfallort jedoch im Fall der Klage des Motorfahrzeughalters gegen den Lenker
(RIJ 1991 S. 71 = JdT 1993 I 734; JdT 1989 I 717 f.) sowie des Motorfahrzeughalters
gegen den Werkeigentümer (JdT 1986 I 428 f.) verneint.

Die Entstehungsgeschichte von Art. 38 und dem durch diese Bestimmung ersetzten **10**
Art. 26 GestG enthält keine Anhaltspunkte dafür, wie diese Kontroverse unter dem neuen
Recht zu lösen ist. Entscheidend muss wohl sein, dass der Wortlaut von Art. 38 keinerlei
Grundlage dafür bietet, den Geltungsbereich der Bestimmung auf die besonderen Haftpflichtklagen des Strassenverkehrsrechts einzuschränken. Durch die Herauslösung aus
dem Strassenverkehrsgesetz fehlt auch der systematische Zusammenhang (insb. zur Verjährungsbestimmung des Art. 83 SVG), der eine Einschränkung des Geltungsbereichs
rechtfertigen könnte. Es ist daher angezeigt, Art. 38 auf **alle deliktsrechtlichen Klagen**
anzuwenden, **die mit einem Ereignis in Zusammenhang stehen, an dem ein Motorfahrzeug oder ein Fahrrad beteiligt war**. Dies steht auch im Einklang mit dem primären Zweck von Art. 26, eine Verzettelung der Verfahren zu vermeiden (gl.M. Kellerhals/von Werdt/Güngerich-KURTH/BERNET, Art. 26 GestG N 4). Immerhin muss die
Bedeutung des Fahrzeugs in der Kausalkette eine gewisse minimale Intensität erreichen.
So ist Art. 38 nicht anwendbar, wenn das geparkte Auto von einem Stein getroffen wird
(Müller/Wirth-ROMERIO, Art. 26 GestG N 17; Kellerhals/von Werdt/Güngerich-KURTH/
BERNET, Art. 26 GestG N 4). Zudem ist Art. 38 dann nicht einschlägig, wenn ein fahrbares Arbeitsgerät (z.B. ein Kran oder gewisse landwirtschaftliche Geräte) in seiner Arbeitsfunktion einen Schaden verursacht (vgl. BGE 114 II 376 ff.).

Art. 38 ist grundsätzlich auch auf **Regressklagen** anwendbar, die mit dem Motorfahr- **11**
zeug- oder Fahrradunfall zusammenhängen (Kellerhals/von Werdt/Güngerich-KURTH/
BERNET, Art. 26 GestG N 17 ff.; Müller/Wirth-ROMERIO, Art. 26 GestG N 2, 11). Erfasst

werden insb. der Rückgriff des zahlenden Haftpflichtigen auf die Mithaftenden nach Art. 60 Abs. 2 SVG, der Rückgriff des Halters und des Haftpflichtversicherers auf den Strolchenfahrer nach Art. 75 Abs. 2 SVG, der Rückgriff bei Zahlungen der Motorfahrzeug-Haftpflichtversicherer auf den Verursacher des Schadens gemäss Art. 76 Abs. 2 SVG und der Rückgriff des Versicherers auf den eigenmächtigen Benützer eines Fahrrades oder Fahrrad-Kennzeichens nach Art. 70 Abs. 6 SVG. Sodann gilt Art. 38 auch in den Fällen, in denen der Haftpflichtversicherer in die Ansprüche des Halters oder der Sozialversicherer in die Ansprüche des Geschädigten subrogiert (SCHAFFHAUSER/ZELLWEGER, N 1527). Unter Art. 84 SVG war strittig, inwieweit der spezielle Gerichtsstand auch für Ansprüche gilt, die sich auf den **Versicherungsvertrag** abstützen oder sonst versicherungsrechtlicher Natur sind (gegen die Anwendbarkeit von Art. 84 SVG: SCHAFFHAUSER/ZELLWEGER, N 1528; für die Anwendbarkeit von Art. 84 SVG zumindest auf alle Regressklagen des Haftpflichtversicherers: OFTINGER/STARK, N 791 ff.). Soweit eine Klage ihre Grundlage im Versicherungsvertrag hat, scheint eine Anwendung von Art. 38 jedoch ausgeschlossen, da sie nicht deliktsrechtlicher Natur ist (gl.M. Kellerhals/von Werdt/Güngerich-KURTH/BERNET, Art. 26 GestG N 22; Müller/Wirth-ROMERIO, Art. 26 GestG N 2, 8, 13).

3. Verhältnis von Art. 38 zu anderen Gerichtsständen

12 Das **Verhältnis von Art. 38 zu anderen Gerichtsständen** ist wie folgt: Aus Wortlaut sowie Sinn und Zweck von Art. 38 wie auch aus den Materialien zum GestG (z.B. BOTSCHAFT GestG, 2865) ergibt sich eindeutig, dass diese Bestimmung im Verhältnis zu Art. 36 lex specialis ist und damit eine Anwendung von Art. 36 auf Motorfahrzeug- und Fahrradunfälle ausschliesst (anscheinend **a.M.** DONZALLAZ, LugÜ, Art. 26 N 7 ff.; unhaltbar ist insb. auch die von DONZALLAZ, Comm., Art. 26 N 3, vertretene Auffassung, für Ansprüche gegen den Haftpflichtversicherer käme auf jeden Fall Art. 25 GestG zur Anwendung). Art. 38 ist nicht anwendbar, wo ein Anspruch ausschliesslich vertraglicher Natur ist; damit ist in diesen Fällen die Klage am Unfallort ausgeschlossen. Im Falle von Anspruchskonkurrenz gelten die gleichen Grundsätze wie für den allgemeinen Deliktsgerichtsstand (s. Art. 38 N 15 f.). Art. 38 muss sodann nach seinem Sinn und Zweck dem Gerichtsstand für Klagen aus Persönlichkeitsverletzung gemäss Art. 20 lit. a vorgehen; andernfalls käme der Gerichtsstand bei Unfällen, bei denen Personen verletzt oder getötet werden, nicht zur Anwendung (s.a. Art. 36 N 12).

III. Die einzelnen Gerichtsstände

1. Mehrheit von Gerichtsständen

13 Art. 38 stellt grundsätzlich **zwei Gerichtsstände** zur Verfügung. Gemäss Abs. 1 kann nach **Wahl der klagenden Partei** entweder am Unfallort oder am Wohnsitz oder Sitz der beklagten Partei geklagt werden. Im Fall der Klage gegen das nationale Versicherungsbüro oder gegen den nationalen Garantiefonds steht zusätzlich am Ort einer Zweigniederlassung dieser Einrichtungen ein Gerichtsstand zur Verfügung (Art. 38 Abs. 2).

2. Gerichtsstand am Sitz oder Wohnsitz der beklagten Partei

14 Der Gerichtsstand am Sitz oder Wohnsitz der beklagten Partei entspricht dem **allgemeinen Gerichtsstand** von Art. 10. Der Sitz oder Wohnsitz ist nach den gemäss Art. 10 Abs. 2 geltenden Grundsätzen zu bestimmen. Mit diesem Gerichtsstand ist der Gesetzge-

ber vom von ihm angestrebten Ziel, bei Verkehrsunfällen die Verfahren an einem Ort zu konzentrieren, zumindest teilweise abgewichen (s.a. N 2). Vor Inkrafttreten des GestG hatte Art. 84 SVG eine Klage am Wohnsitz eines Haftpflichtigen oder am Sitz der Haftpflichtversicherung nur für zulässig erklärt, wenn sämtliche noch nicht befriedigten Geschädigten zugestimmt hatten.

3. Gerichtsstand am Unfallort

Mit dem Gerichtsstand am Unfallort knüpft Art. 38 an der Regelung von Art. 84 SVG an (N 3). Für die Definition des Begriffs «Unfallort» kann auf **Rechtsprechung und Lehre zu Art. 84 SVG** zurückgegriffen werden. Danach wird der Gerichtsstand am Unfallort allgemein als Anwendungsfall des Gerichtsstandes am Handlungs- oder Begehungsort angesehen (BOTSCHAFT GestG, 2865; OFTINGER/STARK, N 800). Wie das folgende Beispiel zeigt, ist diese rechtliche Qualifikation allerdings alles andere als zwingend: Wird ein Auto im Leerlauf auf einer abschüssigen Strasse stehen gelassen und die Handbremse ungenügend angezogen, so dass es den Abhang hinunter rollt und am Fuss des Abhangs mit einem anderen Fahrzeug zusammenstösst, so ist der Unfallort der Ort des Zusammenstosses und nicht der Ort, wo sich der Lenker die entscheidende Handlung oder Unterlassung hat zuschulden kommen lassen. Der Unfallort erscheint damit als besondere Ausgestaltung des Erfolgsortes. Aus praktischer Sicht hat diese Qualifikation allerdings kaum Bedeutung, dürften doch Handlungs- und Erfolgsort i.d.R. zusammenfallen. In Lehre und Rechtsprechung zu Art. 84 SVG dürfte zudem Einigkeit darin bestehen, dass der Gerichtsstand stets am Ort ist, wo der Zusammenstoss stattfindet (vgl. etwa die Sachverhaltsschilderungen in BGE 94 II 134 ff. und 113 II 353 ff.).

4. Gerichtsstand am Ort einer Zweigniederlassung des nationalen Versicherungsbüros oder des nationalen Garantiefonds

In den Fällen, in denen ein **ausländisches Fahrzeug** in der Schweiz einen Verkehrsunfall verursacht, stellt das nationale Versicherungsbüro sicher, dass der Schaden des Geschädigten in gleichem Umfang gedeckt ist, wie wenn der Unfall von einem schweizerischen Fahrzeug verursacht worden wäre (Art. 74 SVG und Art. 39 ff. VVV). Der nationale Garantiefonds deckt Schäden, die von **unbekannten oder nicht versicherten Personen** verursacht wurden (Art. 76 SVG und Art. 52 ff. VVV). Klagen gegen diese Einrichtungen können gemäss Art. 38 Abs. 2 auch am Ort einer derer Zweigniederlassungen angehoben werden. Dieser Gerichtsstand gilt alternativ zum Gerichtsstand am Hauptsitz Zürich und am Unfallort. Unerheblich ist, ob der Unfall mit der Tätigkeit der entsprechenden Zweigniederlassung zusammenhängt (BOTSCHAFT GestG, 2865); der Geschädigte kann m.a.W. frei wählen, bei welcher Zweigniederlassung er klagen will. Die Gründung von Zweigniederlassungen war bei Erlass des GestG geplant (BOTSCHAFT GestG, 2866) und erfolgte schliesslich 2002 in Lausanne und Lugano.

IV. Prorogation und Einlassung

Da die Gerichtsstände des Art. 38 nicht zwingend ausgestaltet sind, sind sowohl Gerichtsstandsvereinbarungen als auch eine Einlassung **zulässig** (Art. 9, 17 und 18; vgl. auch Art. 36 N 28 f.; Kellerhals/von Werdt/Güngerich-KURTH/BERNET, Art. 26 GestG N 23; Müller/Wirth-ROMERIO, Art. 26 GestG N 30).

V. Internationale Zuständigkeit

18 **Weder IPRG noch LugÜ sehen einen besonderen Gerichtsstand für Strassenverkehrsunfälle vor.** Die internationale Zuständigkeit richtet sich somit nach Art. 129 IPRG und Art. 5 Nr. 3 LugÜ (s. hierzu Art. 36 N 31 f.). Für Klagen gegen den Haftpflichtversicherer sind Art. 131 IPRG und Art. 10 Abs. 2 LugÜ zu beachten. Dies hat zur Folge, dass sich bei Unfällen mit internationalem Bezug die Zuständigkeit nach diesen Bestimmungen und nicht nach Art. 38 beurteilt. Für die Frage, ob ein nationales oder internationales Verhältnis vorliegt, ist auf die allgemeinen Grundsätze zurückzugreifen. Es ist insb. – entgegen einem Teil der Lehre – unzulässig, bei sämtlichen Unfällen in der Schweiz automatisch ein rein nationales Verhältnis annehmen zu wollen (IPRG-Komm.-VOLKEN, Art. 129 N 35 ff.; WYSS, 59 ff. mit ausführlicher Diskussion der Lehre; **a.M.** OFTINGER/STARK, N 226 ff.). So liegt namentlich dann ein internationales Verhältnis vor, wenn eine der Parteien Wohnsitz im Ausland hat (BGE 131 III 76 E. 2.3). Für Klagen gegen das nationale Versicherungsbüro gemäss Art. 38 Abs. 2 wird man allerdings nach Sinn und Zweck dieser Bestimmung wohl stets ein Binnenverhältnis annehmen müssen, auch wenn der Schadenverursacher Wohnsitz im Ausland hat; andernfalls käme Art. 38 Abs. 2 für Klagen gegen das nationale Versicherungsbüro wohl kaum je zur Anwendung.

Art. 38a

Nuklearschäden

¹ Für Klagen aus nuklearen Ereignissen ist zwingend das Gericht des Kantons zuständig, auf dessen Gebiet das Ereignis eingetreten ist.

² Kann dieser Kanton nicht mit Sicherheit bestimmt werden, so ist zwingend das Gericht des Kantons zuständig, in welchem die Kernanlage des haftpflichtigen Inhabers gelegen ist.

³ Bestehen nach diesen Regeln mehrere Gerichtsstände, so ist zwingend das Gericht des Kantons zuständig, der die engste Verbindung zum Ereignis aufweist und am meisten von seinen Auswirkungen betroffen ist.

Dommages nucléaires

¹ Le tribunal du canton où l'événement dommageable est survenu connaît impérativement des actions découlant d'un accident nucléaire.

² S'il est impossible de déterminer ce canton avec certitude, le tribunal du canton où se situe l'installation nucléaire de l'exploitant responsable est impérativement compétent.

³ S'il existe plusieurs fors selon les règles qui précèdent, le tribunal du canton le plus étroitement lié à l'accident et le plus affecté par ses conséquences est impérativement compétent.

Danni nucleari

¹ Per le azioni in materia di incidenti nucleari è imperativo il foro del Cantone in cui si è prodotto il sinistro.

² Se è impossibile determinare tale Cantone con certezza, è imperativo il foro del Cantone in cui è situato l'impianto nucleare dell'esercente civilmente responsabile.

³ Se risultano competenti più fori, è imperativo il foro del Cantone che presenta il legame più stretto con il sinistro e ne subisce maggiormente le conseguenze.

Inhaltsübersicht

Note

I. Normzweck und Entstehungsgeschichte 1

II. Anwendungsbereich 5

III. Gerichtsstände 8

IV. Prorogation und Einlassung 11

V. Internationale Zuständigkeit 12

Literatur

K. OFFTINGER/E. W. STARK, Schweizerisches Haftpflichtrecht, Bd. II/3, Zürich 1991; R. WYSS, Der Gerichtsstand der unerlaubten Handlung, Diss. Lachen SZ/St. Gallen 1997.

Materialien

Zum Gerichtsstandsgesetz: AS 2000 2355 ff.

Zum Kernenergiehaftpflichtgesetz: Botschaft, BBl 2007 5397 ff.; BBl 2008 5339 ff., Medienmitteilung vom 6. Juli 2009.

Zum Übereinkommen vom 29. Juli 1960 über die Haftung gegenüber Dritten auf dem Gebiet der Kernenergie: BBl 2007 5471 ff.

Zur Zivilprozessordnung: BBl 2009 139.

I. Normzweck und Entstehungsgeschichte

Mit Bundesbeschluss vom 13.6.2008 genehmigte die schweizerische Bundesversammlung das **Übereinkommen vom 29.7.1960 über die Haftung gegenüber Dritten auf dem Gebiet der Kernenergie** in der Fassung des Zusatzprotokolls vom 28.1.1964, des Protokolls vom 16.11.1982 und des Protokolls vom 12.12.2004 (auch Pariser Übereinkommen; BBl 2008 5339 ff.). Gleichzeitig mit der Genehmigung dieses Abkommens hat die Bundesversammlung ein **neues Kernenergiehaftpflichtgesetz vom 13.6.2008** angenommen (KHG; BBl 2008 5341 ff.). Dieses soll das bestehende Kernenergiehaftpflichtgesetz vom 18.3.1983 (aKHG; SR 732.44) ersetzen. Das neue Kernenergiehaftpflichtgesetz kann allerdings erst in Kraft gesetzt werden, wenn das Revisionsprotokoll zum Pariser Übereinkommen in Kraft tritt. Dafür ist dessen Ratifizierung durch mindestens zwei Drittel der 15 Unterzeichnerstaaten erforderlich. Bis zur Inkraftsetzung des neuen Gesetzes wird es noch einige Zeit dauern; ein genauer Zeitpunkt ist noch nicht bestimmt (vgl. Medienmitteilung des Bundesamts für Energie vom 6.7.2009). 1

Im Anhang zum neuen Kernenergiehaftpflichtgesetz ist vorgesehen, dass ein neuer **Art. 27a ins Gerichtsstandsgesetz vom 24.3.2000** eingefügt wird (BBl 2008 5352 f.). Diese Bestimmung entspricht im Wesentlichen dem vorliegenden Art. 38a ZPO. Gemäss den Koordinationsbestimmungen in Anhang 2 zur Zivilprozessordnung (BBl 2009 139) soll Art. 38a in Kraft treten, sobald beide Erlasse – ZPO und Kernenergiehaftpflichtgesetz – in Kraft sind. Der Zeitpunkt des Inkrafttretens ist festgelegt auf den Zeitpunkt des Inkrafttretens des später in Kraft tretenden Gesetzes bzw. – bei gleichzeitigem Inkrafttreten der beiden Gesetze – auf den Zeitpunkt des Inkrafttretens beider Erlasse. 2

3 Mit Art. 38a (bzw. Art. 27a GestG) wird ein **besonderer Gerichtsstand** für Klagen aus nuklearen Ereignissen geschaffen. Einen solchen gab es bereits im Kernenergiehaftpflichtgesetz vom 18.3.1983 (Art. 24; vgl. dazu WYSS, 72). Diese Bestimmung wurde allerdings mit Inkrafttreten des Gerichtsstandsgesetzes per 1.1.2001 zugunsten eines – mit der ZPO wieder aufgegebenen – Gerichtsstandes für Massenschäden abgeschafft (AS 2000 2371 f.).

4 Art. 13 des Pariser Übereinkommens bestimmt, welcher Staat für die Beurteilung von Klagen betreffend nukleare Ereignisse zuständig ist. Weiter verlangt diese Bestimmung, dass pro Ereignis innerstaatlich nur **ein einziges Gericht zuständig** ist, wobei jeder Vertragsstaat das zuständige Gericht frei bestimmen kann. Art. 38a legt diesen einen Gerichtsstand innerhalb der Schweiz fest. Mit dem Wegfall des Gerichtsstandes für Massenschäden würde die ZPO den Anforderungen des Pariser Übereinkommens nicht genügen, wenn nicht ein besonderer Gerichtsstand geschaffen würde.

II. Anwendungsbereich

5 Art. 38a regelt den Gerichtsstand für die Fälle der Schadenersatzpflicht gemäss Kernenergiehaftpflichtgesetz. Dieses gilt für nukleare Schäden, die durch **Kernanlagen** oder beim **Transport von Kernmaterialien** verursacht werden (Art. 1 Abs. 1 KHG). Entsprechend ist auch der Anwendungsbereich von Art. 38a auf von Kernanlagen oder beim Transport von Kernmaterialien verursachte Schäden beschränkt. Nicht anwendbar ist Art. 38a z.B. auf Schäden, die dadurch entstehen, dass in einem Labor radioaktive Strahlung austritt.

6 Art. 38a gilt für Klagen aus **nuklearen Ereignissen**. Weder das neue Kernenergiehaftpflichtgesetz noch Art. 38a enthalten eine vom Pariser Übereinkommen abweichende Definition für nukleare Ereignisse (zum Begriff des Nuklearschadens nach aKHG vgl. OFFTINGER/STARK, § 29 N 189 ff.). **Für die Definition des Anwendungsbereichs ist daher auf die Definition im Pariser Übereinkommen zurückzugreifen.**

Gemäss Pariser Übereinkommen ist ein nukleares Ereignis jedes einen **nuklearen Schaden** verursachende Geschehnis oder jede Reihe solcher aufeinanderfolgender Geschehnisse desselben Ursprungs (Art. 1 lit. a Ziff. i). Was unter nuklearem Schaden zu verstehen ist, wird in Art. 1 lit. a Ziff. vii des Pariser Übereinkommens eingehend definiert. Diese Bestimmung lautet wie folgt:

vii «nuklearer Schaden»
1. Tötung oder Verletzung eines Menschen;
2. Verlust von oder Schaden an Vermögenswerten sowie folgender Schaden in dem durch das Recht des zuständigen Gerichts festgelegten Ausmass;
3. wirtschaftlicher Verlust auf Grund des unter Nummer 1 oder 2 aufgeführten Verlusts oder Schadens, soweit er unter diesen Nummern nicht erfasst ist, wenn davon jemand betroffen ist, der hinsichtlich eines solchen Verlusts oder Schadens anspruchsberechtigt ist;
4. die Kosten von Massnahmen zur Wiederherstellung geschädigter Umwelt, sofern diese Schädigung nicht unbeträchtlich ist, wenn solche Massnahmen tatsächlich ergriffen werden oder ergriffen werden sollen, und soweit diese Kosten nicht durch Nummer 2 erfasst werden;
5. Einkommensverlust aus einem unmittelbaren wirtschaftlichen Interesse an der Nutzung oder dem Genuss der Umwelt, der infolge einer beträchtlichen Umweltschädigung eingetreten ist, soweit dieser Einkommensverlust nicht durch Nummer 2 erfasst wird;
6. die Kosten von Vorsorgemassnahmen und anderer Verlust oder Schaden infolge solcher Massnahmen und zwar hinsichtlich der Nummern 1 bis 5 in dem Ausmass, in dem der Verlust oder Schaden von ionisierender Strahlung herrührt oder sich daraus ergibt, die von einer Strahlenquelle innerhalb einer Kernanlage oder von Kernbrennstoffen oder radioaktiven Erzeugnissen oder

Abfällen in einer Kernanlage oder von Kernmaterialien, die von einer Kenanlage kommen, dort ihren Ursprung haben oder an sie gesandt werden, ausgeht, unabhängig davon, ob der Verlust oder Schaden von den radioaktiven Eigenschaften solcher Materialien oder einer Verbindung der radioaktiven Eigenschaften mit giftigen, explosiven oder sonstigen gefährlichen Eigenschaften des betreffenden Materials herrührt.

Was ein Geschehnis ist oder unter «nuklear» zu verstehen ist, wird im Pariser Übereinkommen nicht definiert. Es ist davon auszugehen, dass damit diejenigen Ereignisse gemeint sind, die für die Nukleartechnologie typisch sind. Entsprechend geht es um die Haftung für Schäden, die die Folge radioaktiver Strahlung sind (vgl. BBl 2007 5402). Andere Schäden, die Folge des Betriebs einer Kernanlage oder des Transports von Kernmaterialien sind, fallen nicht unter das Kernenergiehaftpflichtgesetz und damit auch nicht unter Art. 38a.

Der Anwendungsbereich von Art. 38a umfasst sämtliche Klagen, die nukleare Schäden betreffen, welche durch Kernanlagen oder beim Transport von Kernmaterialien verursacht werden. Im Vordergrund stehen naturgemäss die reparatorischen Klagen. Denkbar sind aber auch andere Klagen, z.B. Feststellungsklagen. Nicht erforderlich ist, dass es sich um einen Massenschaden handelt. Der Gerichtsstand gilt auch für Einzelereignisse, die nur eine oder einige wenige Personen betreffen. 7

III. Gerichtsstände

Art. 38a Abs. 1 sieht die zwingende Zuständigkeit des Gerichts in dem **Kanton** vor, in **welchem das Ereignis eingetreten ist**. Konkret ist das Gericht zuständig, welches das kantonale Recht des Ereignisorts als zuständig bezeichnet. Vom Wortlaut her nicht eindeutig ist, ob mit dem Ereignisort der Handlungsort (Art. 36 N 22) oder der Erfolgsort (also der Ort der Rechtsgutverletzung, Art. 36 N 23 ff.) gemeint ist. Da bei einem nuklearen Zwischenfall der Erfolg (insbesondere Verletzung der physischen Integrität) an den verschiedensten Orten eintreten kann, muss der Ereignisort dem Handlungsort entsprechen, d.h. dem Ort, an dem Radioaktivität entweicht. Andernfalls würde der Zweck von Art. 38a unterlaufen, dass innerstaatlich künftig nur noch ein Gericht zuständig ist (s. N 4; zum Begriff des Ereignisorts nach bisherigem Art. 130 IPRG vgl. BSK IPRG-UMBRICHT/ZELLER, Art. 130 N 3; WYSS, 73). 8

Für den Fall, dass der Ereignisort nicht mit Sicherheit bestimmt werden kann, sieht Art. 38a Abs. 2 zwingend den Gerichtsstand in dem Kanton vor, **in dem die Kernanlage des haftpflichtigen Inhabers gelegen ist**. Wird ein Nuklearschaden bspw. dadurch verursacht, dass nukleare Substanzen im Verlauf des Transports entweichen, ohne dass der Ort des Ereignisses lokalisiert werden kann, muss die Klage bei demjenigen Gericht eingereicht werden, welches durch das am Ort der betroffenen Anlage geltende kantonale Recht als zuständig bezeichnet wird (BBl 2007 5445). 9

Nach Art. 38a Abs. 1 und 2 ist es möglich, dass **mehrere Gerichtsstände** gegeben sind. So kann es beispielsweise sein, dass sich während des Transports von nuklearen Substanzen ein Vorfall ereignet, ohne dass der Ereignisort genau bestimmt werden kann, und dass diese Substanzen zwei Betreibern gehören. In dieser Konstellation sind gemäss Art. 38a Abs. 2 unter Umständen zwei Gerichtsstände gegeben, nämlich je einer am Standort der betroffenen Kernanlagen. Für solche Fälle bezeichnet Art. 38a Abs. 3 das Gericht des Ortes für zwingend zuständig, der **am engsten mit dem Ereignis verbunden** und der durch seine Auswirkungen **am meisten betroffen** ist. Diese Regelung entspricht Art. 13 lit. f Ziff. ii des Pariser Übereinkommens. 10

Art. 39   1   2. Titel: Zuständigkeit der Gerichte und Ausstand

IV. Prorogation und Einlassung

11 Der Gerichtsstand gemäss Art. 38a wird explizit als **zwingend** bezeichnet. Prorogation und Einlassung sind demzufolge unzulässig (Art. 9 ZPO).

V. Internationale Zuständigkeit

12 Das Pariser Übereinkommen regelt die internationale Zuständigkeit bei nuklearen Ereignissen (Art. 13). Das IPRG, das bisher in Art. 130 die internationale Zuständigkeit der Schweiz in solchen Fällen regelte, bedarf daher einer Änderung. Diese wird mit Inkrafttreten des KHG vorgenommen (vgl. BBl 2008 5353 f.). Neu wird für die schweizerische Zuständigkeit auf das Pariser Übereinkommen verwiesen.

13 Das LugÜ sieht keinen besonderen Gerichtsstand für nukleare Ereignisse vor. Art. 57 Abs. 1 LugÜ enthält aber einen Vorbehalt zugunsten von Übereinkommen in besonderen Rechtsgebieten, denen die Vertragsstaaten angehören oder angehören werden. Die Regelung im IPRG, welche auf das Pariser Übereinkommen verweist, geht daher den Gerichtsständen im LugÜ vor.

Art. 39

Adhäsionsklage	Für die Beurteilung adhäsionsweise geltend gemachter Zivilansprüche bleibt die Zuständigkeit des Strafgerichts vorbehalten.
Conclusions civiles	La compétence du tribunal pénal pour statuer sur les conclusions civiles est réservée.
Azione in via adesiva nel processo penale	È fatta salva la competenza del giudice penale per il giudizio delle pretese civili fatte valere in via adesiva.

Inhaltsübersicht   Note

   I. Normzweck und Entstehungsgeschichte 1

  II. Anwendungsbereich 2

 III. Zuständigkeit der Strafgerichte 5

 IV. Verhältnis zwischen Adhäsionsprozess und ordentlichem Zivilprozess 6

  V. Internationales Zivilprozessrecht 7

Literatur

H. P. KIENER, in: P. Goldschmid/Th. Maurer/J. Sollberger, Kommentierte Textausgabe zur schweizerischen Strafprozessordnung, Bern 2008, 100 ff.

I. Normzweck und Entstehungsgeschichte

1 Gemäss Art. 122 StPO kann die geschädigte Person zivilrechtliche Ansprüche aus der Straftat als Privatklägerin adhäsionsweise geltend machen. Bereits die **kantonalen Strafprozessordnungen**, die durch die **StPO** abgelöst werden, sahen regelmässig vor, dass das Strafgericht auch für die Beurteilung der Zivilansprüche der durch die Straftat geschädigten Personen gegen den Angeschuldigten zuständig ist. Art. 39 stellt klar, dass

die ZPO das Recht auf Geltendmachung von Zivilansprüchen im Strafprozess nicht beschneidet. Die Vorschrift übernimmt die Regelung von Art. 29 GestG.

II. Anwendungsbereich

Der Vorbehalt von Art. 39 gilt zugunsten von Adhäsionsprozessen, d.h. **im Strafprozess geltend gemachten Zivilansprüchen**. Inwieweit in einem Strafverfahren Zivilansprüche geltend gemacht werden können, bestimmt das Strafprozessrecht. Zudem enthält das Opferhilfegesetz gewisse Vorschriften, die auch nach Inkrafttreten der StPO weitergelten (Art. 38 OHG).

Bei den adhäsionsweise geltend gemachten Zivilansprüchen handelt es sich typischerweise um **ausservertragliche Schadenersatz- oder Genugtuungsansprüche**. Aus diesem Grund findet sich Art. 39 auch im Abschnitt über die unerlaubten Handlungen. Dies darf jedoch nicht dahingehend interpretiert werden, dass der Vorbehalt von Art. 39 ausschliesslich für deliktische Ansprüche gilt. Der Schadenersatz- oder Genugtuungsanspruch der durch die Straftat geschädigten Person kann **auch vertraglicher Natur** sein oder sich aus einer **ungerechtfertigten Bereicherung** ergeben. Auch in diesen Fällen muss der Vorbehalt von Art. 39 gelten (gl.M. Müller/Wirth-ROMERIO, Art. 28 GestG N 12; Kellerhals/von Werdt/Güngerich-KURTH/BERNET, Art. 28 GestG N 6; DONZALLAZ, Comm., Art. 28 GestG N 3).

Wer im Adhäsionsprozess **Parteistellung** haben kann, bestimmt das Strafprozessrecht. Gemäss Art. 122 Abs. 1 und 2 StPO sind dies die geschädigte Person und die Angehörigen des Opfers, soweit sie eigene Zivilansprüche geltend machen. Als geschädigte Person gilt die Person, die durch die Straftat unmittelbar in ihren Rechten verletzt worden ist (Art. 115 Abs. 1 StPO). Die zur Stellung eines Strafantrags berechtigte Person gilt in jedem Fall als geschädigte Person (Art. 115 Abs. 2 StPO). Opfer ist eine geschädigte Person, die durch die Straftat in ihrer körperlichen, sexuellen oder psychischen Integrität unmittelbar beeinträchtigt worden ist (Art. 116 Abs. 1 StPO). Als Angehörige des Opfers gelten sein Ehegatte, seine Kinder, seine Eltern und andere Personen, die ihm in ähnlicher Weise nahe stehen (Art. 116 Abs. 2 StPO).

III. Zuständigkeit der Strafgerichte

Für Adhäsionsprozesse richtet sich die örtliche Zuständigkeit nach der **Zuständigkeitsordnung für das Strafverfahren**. Diese ist neu nicht mehr im StGB, sondern in der StPO geregelt. Gemäss Art. 31 Abs. 1 StPO sind die Behörden am Ort, an dem die Tat verübt worden ist, für deren Verfolgung und Beurteilung zuständig. Liegt nur der Ort, wo der Erfolg eingetreten ist oder eintreten sollte, in der Schweiz, so sind diese Behörden zuständig. Ist die Tat an mehreren Orten ausgeführt worden oder ist der Erfolg an mehreren Orten eingetreten, so sind die Behörden am Ort zuständig, wo zuerst Verfolgungshandlungen vorgenommen wurden (Art. 31 Abs. 2 StPO). Besondere Regeln gelten u.a. für strafbare Handlungen im Ausland (Art. 32 StPO), Straftaten mit mehreren Teilnehmern (Art. 33 StPO) und mehrere Straftaten (Art. 34 StPO) und für Mediendelikte (Art. 35 StPO).

IV. Verhältnis zwischen Adhäsionsprozess und ordentlichem Zivilprozess

Die Möglichkeit der Adhäsionsklage ist ein **Recht, nicht eine Pflicht des Geschädigten** (Kellerhals/von Werdt/Güngerich-KURTH/BERNET, Art. 28 GestG N 9; DONZALLAZ, Comm., Art. 28 GestG N 2). Es steht ihm frei, den Weg des Zivilprozesses statt denjeni-

Art. 40

gen des Strafprozesses zu beschreiten, und er kann die adhäsionsweise geltend gemachten Ansprüche jederzeit wieder zurückziehen, ohne das Recht auf eine Zivilklage zu verwirken (Art. 122 Abs. 4 StPO; KIENER, 101). Die beklagte Partei kann daher im Zivilverfahren nicht die Einrede der Unzuständigkeit erheben, wenn der Geschädigte von einer Adhäsionsklage absieht. Auf die Klage des Geschädigten ist auch einzutreten, wenn das Strafgericht die Zivilklage gemäss Art. 126 Abs. 2 und 3 StPO ganz oder teilweise auf den Zivilweg verweist. Auch das Institut der Adhäsionsklage erlaubt aber nicht, denselben Anspruch gleichzeitig an zwei Orten geltend zu machen: Solange eine Adhäsionsklage beim Strafgericht hängig ist, erscheint eine Klage beim Zivilgericht ausgeschlossen (Art. 122 Abs. 4 StPO e contrario). Die Klageerhebung bei einem Zivilgericht ist demgegenüber wohl als Verzicht auf die Adhäsionsklage anzusehen, zumal einem Klagerückzug im Zivilverfahren materielle Rechtskraft zukäme (Art. 241 Abs. 2 ZPO); soweit der Geschädigte parallel dazu auch im Strafverfahren Ansprüche geltend macht, ist auf diese nicht einzutreten, ausser der Zivilrichter sistiert das bei ihm hängige Verfahren bis zum Entscheid im Adhäsionsprozess.

V. Internationales Zivilprozessrecht

7   Art. 5 Nr. 4 LugÜ enthält für das **eurointernationale Verhältnis** eine mit Art. 28 vergleichbare Vorschrift. Das IPRG enthält keine Regelung, doch wird man davon ausgehen dürfen, dass auch unter dem IPRG die Zuständigkeit der Strafgerichte für Adhäsionsprozesse vorbehalten ist.

8. Abschnitt: Handelsrecht

Art. 40

Gesellschaftsrecht	**Für Klagen aus gesellschaftsrechtlicher Verantwortlichkeit ist das Gericht am Wohnsitz oder Sitz der beklagten Partei oder am Sitz der Gesellschaft zuständig.**
Droit des sociétés	Le tribunal du domicile ou du siège du défendeur ou du siège de la société est compétent pour statuer sur les actions en responsabilité fondées sur le droit des sociétés.
Diritto societario	Per le azioni di responsabilità in materia di diritto societario è competente il giudice del domicilio o della sede del convenuto o il giudice della sede della società.

Inhaltsübersicht   Note

   I. Allgemeines 1

   II. Voraussetzungen 2

   III. LugÜ und IPRG 11

Literatur

H. BÄRTSCHI, Verantwortlichkeit im Aktienrecht, Diss. Zürich, 2001; BÖCKLI, Schweizer Aktienrecht, 4. Aufl., Zürich 2009; P. FORSTMOSER, Die aktienrechtliche Verantwortlichkeit, 2. Aufl., Zürich 1998; P. FORSTMOSER/A. MEIER-HAYOZ/P. NOBEL, Schweizerisches Aktienrecht, Bern

1996; S. HARTMANN, Die Unterscheidung zwischen dem unmittelbaren und dem mittelbaren Gläubigerschaden im Konkurs der Aktiengesellschaft, SZW 2006, 321 ff.; P. V. KUNZ, Die Klagen im Schweizer Aktienrecht, Zürich 1997; M. VETTER, Der verantwortlichkeitsrechtliche Organbegriff gemäss Art. 754 Abs. 1 OR, Diss. St. Gallen 2007.

I. Allgemeines

Die Bestimmung entspricht Art. 29 GestG (BOTSCHAFT GestG, 7270). Ursprünglich wollte die Expertenkommission GestG im Bereich des **Gesellschaftsrechts** den euronationalen Gerichtsstand von Art. 16 Nr. 2 LugÜ (heute Art. 22 Nr. 2 LugÜ II) übernehmen. Der Vorentwurf des GestG sah deshalb eine zwingende **örtliche Zuständigkeit** für Klagen, welche die **Gültigkeit, Nichtigkeit oder Auflösung einer Gesellschaft** bzw. die Beschlüsse ihrer Organe zum Gegenstand haben, am Gesellschaftssitz vor (Bericht ExpertKo GestG, 23 f.). Die Vernehmlassungsteilnehmer kritisierten aber diesen Vorschlag der Expertenkommission. Sie argumentierten, eine solche zwingende Zuständigkeit schliesse die Schiedsgerichtsbarkeit für diese Streitigkeiten aus, sofern der Sitz des Schiedsgerichts nicht mit jenem der Gesellschaft übereinstimmen würde (BOTSCHAFT GestG, 2867). Die definitive Fassung von Art. 29 GestG und nun auch von Art. 40 ZPO tragen den Anliegen der ursprünglichen Vernehmlassung Rechnung. Auf die Übernahme der euronationalen Regelung wurde verzichtet (BOTSCHAFT GestG, 2867 f.), auch später bei der Formulierung von Art. 40. Art. 29 GestG bzw. Art. 40 ZPO bestimmen einzig die Zuständigkeit für **gesellschaftsrechtliche Verantwortlichkeitsklagen**. Sie wurden dem alten Art. 761 OR nachgebildet (BOTSCHAFT GestG, 2868). Die bisherige Lehre und Rechtsprechung hierzu gilt somit weiterhin.

Der Entwurf des Bundesrates war in den Beratungen von National- und Ständerat unbestritten. Dementsprechend hat ihn das Parlament diskussionslos angenommen (AmtlBull StR 2007 506; AmtlBull NR 2008 646; vgl. zu den Beratungen des GestG: AmtlBull NR 1999 1034; AmtlBull StR 1999 895).

II. Voraussetzungen

Der **Gerichtsstand am Wohnsitz oder Sitz** der beklagten Partei oder am **Sitz der Gesellschaft** nach Art. 40 gilt für **Klagen aus gesellschaftsrechtlicher Verantwortlichkeit**. Art. 40 regelt somit die Zuständigkeit für Klagen, mit denen Verantwortlichkeitsansprüche geltend gemacht werden, die ihre Rechtsgrundlage im Gesellschaftsrecht haben. Für folgende Klagen bestimmt Art. 40 den örtlich zuständigen Richter: für die aktienrechtlichen Klagen nach Art. 752 OR (**Prospekthaftung**), Art. 753 OR (**Gründungshaftung**), Art. 754 OR (**Verwaltungs- und Geschäftsführungshaftung**) sowie Art. 755 OR (**Haftung der Revisionsstelle**), für die Verantwortlichkeitsklage bei der **Kommanditaktiengesellschaft** (Art. 769 OR), für die Verantwortlichkeitsklage bei der **GmbH** (Art. 827 OR) und für die Verantwortlichkeitsklage bei der **Genossenschaft** (Art. 916 ff. OR). Es fragt sich, ob sich der Gerichtsstand bei der allgemein für alle juristische Personen geltenden Verantwortlichkeitsklage (Art. 55 Abs. 3 ZGB) ebenfalls nach Art. 40 richtet. Diese Verantwortlichkeitsklage ist gerade bei Klagen gegen Vereins- oder Stiftungsorgane nicht unbedingt gesellschaftsrechtlicher Natur. Da **Vereine** und **Stiftungen** juristische Personen sind, und die entsprechenden Verantwortlichkeitsklagen mit den gesellschaftsrechtlichen Verantwortlichkeitsklagen wesensverwandt sind, ist es aber naheliegend, die Zuständigkeit für die entsprechenden Klagen ebenfalls nach Art. 40 festzulegen (gl.M. Kellerhals/von Werdt/Güngerich-KURTH/BERNET, Art. 29 GestG N 2; Müller/Wirth-BLUNSCHI, Art. 29 GestG N 10 f.).

3 Die Zuständigkeit für alle übrigen gesellschaftsrechtlichen Klagen, wie bspw. die **GV-Anfechtung**, die **Nichtigkeitsklage**, die **Klage auf Auskunft und Einsicht**, die Klage auf **Einberufung einer GV**, die Klage auf **Einsetzung eines Sonderprüfers**, die Klage auf **Ernennung und Abberufung von Liquidatoren** oder die **Auflösungsklage**, richtet sich nach Art. 10 Abs. 1 lit. b (Sitz der Gesellschaft).

4 Die Verantwortlichkeitsklage kann alternativ am Wohnsitz oder Sitz der beklagten Partei oder am Sitz der Gesellschaft erhoben werden. Art. 40 schafft zugunsten der klägerischen Partei ein Recht, am Sitz der Gesellschaft zu klagen. Es besteht jedoch keine Pflicht dazu. Den Geschädigten bleibt es unbenommen, die Klage gegen einzelne oder alle Verantwortlichen an deren Wohnsitzen geltend zu machen. Überdies ist es zulässig, die Verantwortlichkeitsklage an einem Wohnsitz eines Verantwortlichen zu erheben und die übrigen verantwortlichen Personen gemäss Art. 15 Abs. 1 ebenfalls an diesem Wohnsitz einzuklagen.

Der Gerichtsstand am Sitz der Gesellschaft widerspricht nicht dem Sinngehalt von Art. 30 Abs. 2 BV. Diese Verfassungsbestimmung behält ja gerade vom Wohnsitzgerichtsstand abweichende bundesrechtliche Zuständigkeitsregeln – wie etwa Art. 40 – vor.

5 Ob die beklagte Partei zum Kreis der Verantwortlichen gehört, ob sie insb. Organ war, ist eine Frage der Passivlegitimation und für die Bestimmung des Gerichtsstandes ohne Bedeutung (OGer ZH, ZR 1985, 169 f.; FORSTMOSER, Rz 564).

Der Gerichtsstand nach Art. 40 knüpft sachlich an die Natur der Klageforderung an (BOTSCHAFT GestG, 2868). **Rechtsnachfolger** einer verantwortlichen Person (z.B. die Erben eines Verwaltungsrates) können damit ebenfalls am Sitz der Gesellschaft eingeklagt werden (BOTSCHAFT GestG, 2868; vgl. bisherige Rechtsprechung zur aktienrechtlichen Verantwortlichkeit BGE 123 III 90 ff. E. 3). Für eine solche sachliche Abgrenzung des Anwendungsbereichs von Art. 40 ohne Einschränkungen hinsichtlich der Person des Beklagten sprechen folgende Gründe: Die Gerichte am Sitz der Gesellschaft sind angesichts ihrer räumlichen Nähe am besten geeignet, den Verantwortlichkeitsfall zu beurteilen; für die klägerische Partei ist es äusserst umständlich, gegen mehrere Beklagte vor verschiedenen Gerichten vorzugehen; Mehrfachprozesse sind zudem mit der Gefahr widersprechender Urteile verbunden (vgl. bisherige Rechtsprechung zur aktienrechtlichen Verantwortlichkeit, BGE 123 III 92 E. 3b; 115 II 162 E. 3b).

6 Die Zuständigkeit nach Art. 40 gilt für alle Berechtigten (die Gesellschaft, die Gesellschafter und die Gläubiger), die eine **unmittelbare** oder **mittelbare** Schädigung geltend machen (ZK-BÜRGI/NORDMANN, Art. 761 OR N 3; FORSTMOSER, Rz 565). Unerheblich ist somit, ob Ersatz für Gesellschafts-, Gesellschafter- oder Gläubigerschaden beansprucht wird, aus welcher Verantwortung die Ansprüche abgeleitet und ob sie ausserhalb oder im Nachgang zu einem **Konkurs** oder einem **Liquidationsvergleich** geltend gemacht werden (BGE 115 II 164 E. 3c). Im Fall eines Konkurses ist Folgendes zu beachten: Mit der Konkurseröffnung steht die Geltendmachung der Verantwortlichkeitsansprüche nach der bundesgerichtlichen Rechtsprechung zunächst der Gläubigergesamtheit zu, welche durch die Konkursverwaltung vertreten wird (BGE 132 III 342). Verzichtet diese auf die Durchsetzung des Anspruches, ist hierzu jeder Aktionär bzw. Gläubiger berechtigt (Art. 757 Abs. 2 Satz 1 OR). Wird die Prozessführungsbefugnis einem Gläubiger i.S.v. Art. 260 SchKG abgetreten, genügt die rechtskräftige Kollokation zur Erfüllung der Aktivlegitimation (BGE 132 III 342). In einem solchen Fall ist die Begründetheit und der Umfang seiner im Konkurs kollozierten Forderung nicht nachzuprüfen (BGE 132 III 575 E. 6.1).

Unklar ist, ob Art. 40 auch die Zuständigkeit bei der Geltendmachung von **Regressan-** 7
sprüchen regelt. Dies ist dann von Bedeutung, wenn im Prozess zwischen Geschädigten und Solidarschuldnern auch über Rückgriffsrechte entschieden werden soll, sei es, dass die beklagten Streitgenossen gegeneinander Ansprüche einklagen, sei es, dass der Beklagte den andern den Streit verkündet und gegen sie Regressansprüche erhebt (ZK-BÜRGI/NORDMANN, Art. 761 OR N 4). Nach der h.L galt Art. 761 OR auch für Regressklagen (ZK-BÜRGI/NORDMANN, Art. 761 OR N 4; FORSTMOSER, Rz 567). Entsprechendes muss heute für Art. 40 ZPO gelten (gl.M. Kellerhals/von Werdt/Güngerich-KURTH/BERNET, Art. 29 GestG N 6). Die Regressklagen sind ebenfalls Klagen gegen die verantwortlichen Personen. In einem Regressfall gehen nämlich auf den leistenden Haftpflichtigen infolge Subrogation die Rechte des Geschädigten einschliesslich allfälliger Nebenrechte über. Art. 40 gilt auch dann, wenn die Ansprüche des Geschädigten infolge Erlass, Vergleichs, abweisenden Urteils oder Decharge untergegangen sind und sich der Regressberechtigte deswegen nicht auf Ansprüche aus Subrogation stützen kann (vgl. zum Ganzen hierzu ausführlich FORSTMOSER, Rz 567).

Entsprechend der bisherigen Praxis regelt sodann Art. 40 die Zuständigkeit für Klagen 8
gegen die verantwortlichen Personen einer Bank, die als Aktiengesellschaft besteht (BGE 97 II 408 f. E. 1b; vgl. auch FORSTMOSER, Rz 569; FORSTMOSER/MEIER-HAYOZ/NOBEL, § 36 N 4; Kellerhals/von Werdt/Güngerich-KURTH/BERNET, Art. 29 GestG N 2).

Zum Gerichtsstand am Wohnsitz der beklagten Partei vgl. Art. 10. Für die Bestimmung 9
des Sitzes der Gesellschaft ist der statutarische Sitz im Zeitpunkt der Klageanhebung massgeblich (BGE 115 II 166 E. 3d). Ausser Betracht fällt der Sitz einer zur Sanierung gegründeten Auffanggesellschaft; massgebend bleibt der Sitz der sanierten, wenn auch ganz oder teilweise liquidierten Gesellschaft (BGE 115 II 163 E. 3c). An der **Zweigoder Geschäftsniederlassung** kann nicht geklagt werden (BGE 115 II 163 E. 3c); bei Streitigkeiten über Verantwortlichkeitsansprüche handelt es sich nicht um solche, die mit der Niederlassung im Zusammenhang stehen, wie dies Art. 12 für einen Gerichtsstand an der Niederlassung voraussetzt (**a.M.** Kellerhals/von Werdt/Güngerich-KURTH/BERNET, Art. 29 GestG N 10; Müller/Wirth-BLUNSCHI, Art. 29 GestG N 14). Ebenso wenig begründet nach dem klaren Gesetzeswortlaut die Wahl eines besonderen Liquidationsdomizils den bundesrechtlichen Gerichtsstand (BGE 115 II 163 E. 3c). Der Sitz befindet sich am durch die Gesellschaft statutarisch festgelegten Ort (Art. 56 ZGB). Ausschlaggebend für die Bestimmung der örtlichen Zuständigkeit ist der Eintrag des Sitzes im Handelsregister und nicht erst die entsprechende Publikation im «Schweizerischen Handelsamtsblatt», bei nicht eintragungspflichtigen juristischen Personen (Vereine), der statutarische Sitz (SPÜHLER/VOCK, GestG, Art. 3 N 6). Vgl. im Übrigen zum Gerichtsstand am Sitz der Gesellschaft Art. 10.

Statutarische Klauseln, wonach Streitigkeiten zwischen der Gesellschaft bzw. ihren 10
Mitgliedern und ihren Organen an einem bestimmten Gerichtsstand bzw. vor einem Schiedsgericht ausgetragen werden müssen, sind zulässig (vgl. zum früheren Recht BSK OR II-WIDMER, Art. 761 N 5; FORSTMOSER/MEIER-HAYOZ/NOBEL, § 36 N 117). Sie schliessen die Zuständigkeit nach Art. 40 aus. Die Gläubiger werden aber durch eine solche statutarische Klausel nicht gebunden, und zwar auch dann nicht, wenn sie die Verantwortlichen auf mittelbaren Schaden belangen (FORSTMOSER, Rz 575; FORSTMOSER/MEIER-HAYOZ/NOBEL, § 36 N 117). Demgegenüber sind im Fall, in dem sich die Gläubiger i.S.v. Art. 260 Abs. 1 SchKG das Prozessführungsrecht für die der Gesellschaft zustehenden Ansprüche haben abtreten lassen, die Klauseln verbindlich (FORSTMOSER, Rz 575). Die Konkursverwaltung ist an die Klauseln gebunden, ausser sie mache einzig Gläubigerrechte geltend (FORSTMOSER, Rz 578).

Statutarische Gerichtsstandsklauseln sind für Mitglieder der Gesellschaft nur dann verbindlich, wenn das Mitglied eine **Beitrittserklärung** entweder schriftlich oder in einem der Schriftform gleichgestellten Surrogat (Art. 17 Abs. 2) abgibt. Die Beitrittserklärung hat auf die Statuten Bezug zu nehmen.

Bei Schiedsklauseln in Binnensachverhalten ist Art. 358 anwendbar, wonach die Schiedsvereinbarung der Schriftform bedarf. Diese ist nur dann gewahrt, wenn in einer schriftlichen Beitrittserklärung ausdrücklich auf eine statutarische oder reglementarische Schiedsklausel Bezug genommen wird (FORSTMOSER/MEIER-HAYOZ/NOBEL, § 36 N 118).

III. LugÜ und IPRG

11 Art. 22 Nr. 2 LugÜ II bestimmt zwingend für Klagen, welche die Gültigkeit, die Nichtigkeit oder die Auflösung einer Gesellschaft oder die Beschlüsse ihrer Organe betreffen, einen Gerichtsstand am Sitz der Gesellschaft. Die Zuständigkeit von Verantwortlichkeitsklagen regelt aber Art. 22 Nr. 2 LugÜ II nicht. Für die Bestimmung des betreffenden Gerichtsstandes sind Art. 2 ff. LugÜ II massgeblich (KROPHOLLER, Europ. ZPR, Art. 16 LugÜ N 38; BSK IPRG-VON PLANTA/EBERHARD, Art. 151 N 4; IPRG-Komm.-VISCHER, Art. 151 N 2). In internationalen Verhältnissen gilt für die Zuständigkeit von Verantwortlichkeitsklagen Art. 151 Abs. 1 IPRG (BSK IPRG-VON PLANTA/EBERHARD, Art. 151 N 6). Im Unterschied zu Art. 40 sieht Art. 151 Abs. 3 IPRG für die aktienrechtliche Verantwortlichkeitsklage nach Art. 752 OR (Prospekthaftung) einen besonderen und zwingenden Gerichtsstand am Ausgabeort vor (BSK IPRG-VON PLANTA/EBERHARD, Art. 151 N 11).

Art. 41

Stimmrechts-suspendierungs-klagen	Für Stimmrechtssuspendierungsklagen nach dem Börsengesetz vom 24. März 1995 ist das Gericht am Sitz der Zielgesellschaft zuständig.
Actions en suspension de l'exercice du droit de vote	Le tribunal du siège de la société visée est compétent pour statuer sur les actions en suspension de l'exercice du droit de vote relevant de la loi du 24 mars 1995 sur les bourses et le commerce des valeurs mobilières.
Azioni di sospensione dell'esercizio del diritto di voto	Per le azioni di sospensione dell'esercizio del diritto di voto secondo la legge del 24 marzo 1995 sulle borse è competente il giudice della sede della società mirata.

Inhaltsübersicht Note

I. Allgemeines 1

II. Voraussetzungen 6

Literatur

R. BERNET, Die Regelung öffentlicher Kaufangebote im neuen Börsengesetz (BEHG), Diss. Basel 1998; L. CEREGHETTI, Offenlegung von Unternehmensbeteiligungen im schweizerischen Recht, Diss. Zürich 1995; G. GOTSCHEV, Koordiniertes Aktionärsverhalten im Börsenrecht, Diss. Zürich 2005; C. KÖPFLI, Die Angebotspflicht im schweizerischen Kapitalmarktrecht, SSHW 195, Zürich

2000; M. KÜNG/F. M. HUBER/M. KUSTER, Kommentar zum Börsengesetz, Band II, Zürich 1998; C. MEIER-SCHATZ, Offenlegung von Beteiligungen/Öffentliche Kaufangebote, in: C. Meier-Schatz (Hrsg.), Das neue Börsengesetz der Schweiz, Bern 1996, 93; DERS., Meldepflichten und Übernahmeangebote: Gedanken zu den neuen Ausführungsbestimmungen, AJP 1998, 48 (zit. Meldepflichten); P. NOBEL, Schweizerisches Finanzmarktrecht, 2. Aufl., Bern 2004; R. VON BÜREN/ TH. BÄHLER, Eingriffe des neuen Börsengesetzes ins Aktienrecht, AJP 1996, 391 ff.; H. C. VON DER CRONE, Angebotspflicht, SZW 1997, 44 ff.; DERS., Meldepflicht und Übernahmeregelung im neuen Börsengesetz, in: Nobel (Hrsg.), Aktuelle Rechtsprobleme des Finanz- und Börsenplatzes Schweiz, Bern 1995, 63 (zit. Meldepflicht); R. H. WEBER, Börsenrecht, Kommentar, Zürich 2001.

I. Allgemeines

1 Art. 20 Abs. 1 BEHG statuiert eine Pflicht zur Offenlegung von Beteiligungen. Gemäss Art. 20 Abs. 4bis BEHG kann auf Verlangen der **Finanzmarktaufsicht** (FINMA), der Gesellschaft oder eines ihrer Aktionäre der Richter die Ausübung des **Stimmrechts** der Person, die eine Beteiligung unter Verletzung der Meldepflicht erwirbt oder veräussert, für die Dauer von bis zu fünf Jahren **suspendieren**. Hat eine Person eine Beteiligung im Hinblick auf ein **öffentliches Übernahmeangebot** unter Verletzung der Meldepflicht erworben, so kann die Übernahmekommission, die Zielgesellschaft oder einer ihrer Aktionäre vom Richter die Suspendierung des Stimmrechts verlangen.

2 Nach Art. 32 BEHG ist sodann ein **öffentliches Angebot** abzugeben, wenn der Schwellenwert von 33^1/$_3$% durch einen Aktionär oder mehrere Zusammenwirkende überschritten wird. Auf Verlangen der Aufsichtsbehörde, der Zielgesellschaft oder eines ihrer Aktionäre kann der Richter die Ausübung des **Stimmrechtes** desjenigen, der die Angebotspflicht nicht beachtet, durch einstweilige Verfügung **suspendieren** (Art. 32 Abs. 7 BEHG). Der Zweck dieser Sanktion besteht darin, die Gefährdung der Interessen der Minderheitsaktionäre zu beseitigen, indem die Ausübung der erworbenen Kontrolle durch den oder die Angebotspflichtigen verhindert wird (GOTSCHEV, 205; KÖPFLI, 283). Nach Auffassung der Lehre rechtfertigt sich die Anordnung nur in einem schwerwiegenden Fall (z.B. krasse Missachtung der Mindestpreisvorschriften; BBl 1993 1418 f.; von BÜREN/ BÄHLER, 401; WEBER, Art. 32 BEHG N 42; BSK BEHG-HOFSTETTER/HEUBERGER, Art. 32 N 143). In den übrigen Fällen genügt die Verfügungskompetenz der Aufsichtsbehörde (Art. 35 Abs. 1 BEHG). Diese kann die Durchführung eines gesetzeskonformen öffentlichen Angebots anordnen und die Anordnung mit einer Strafandrohung gemäss Art. 292 StGB verknüpfen (BSK BEHG-HOFSTETTER/HEUBERGER, Art. 32 N 143).

3 Nach Auffassung der wohl h.L. ist der aus Art. 32 Abs. 7 BEHG abgeleitete Anspruch ein eigenständiger und nicht bloss ein Element des provisorischen Rechtsschutzes (VON DER CRONE, 48; GOTSCHEV, 205; KÖPFLI, 263 und 283). Es folgt gemäss dem Gesetzeswortlaut denn auch kein Hauptverfahren, in welchem abschliessend über den Anspruch auf Unterbreitung des Angebots geurteilt wird (VON DER CRONE, 48; GOTSCHEV, 205). Es können sämtliche Stimmrechte des betreffenden Aktionärs suspendiert werden und nicht nur diejenigen, welche er in Überschreitung des Grenzwertes hält (BSK BEHG-HOFSTETTER/HEUBERGER, Art. 32 N 144).

4 Art. 41 regelt für die erwähnten **Stimmrechtssuspendierungsklagen** gemäss Art. 20 Abs. 4bis und Art. 32 Abs. 7 BEHG die örtliche Zuständigkeit.

5 Der Entwurf des Bundesrates sah für die Stimmrechtssuspendierungsklagen noch keinen Gerichtsstand vor. Dem Entwurf der nationalrätlichen Rechtskommission stimmten National- und Ständerat diskussionslos zu (AmtlBull NR 2008 646; AmtlBull StR 2008 725).

Art. 42

II. Voraussetzungen

6　Aktivlegitimiert für die Stimmrechtssuspendierungsklage nach Art. 20 Abs. 4bis und Art. 32 Abs. 7 BEHG sind die Zielgesellschaft, die FINMA (bzw. Übernahmekommission bei öffentlichem Übernahmeangebot), und die einzelnen Aktionäre der Zielgesellschaft. Passivlegitimiert ist die melde- bzw. angebotspflichtige Person (GOTSCHEV, 205; KÖPFLI, 284).

7　Der Entscheid über die Suspendierungsklage setzt eine volle Prüfung des Richters in tatsächlicher und rechtlicher Hinsicht voraus und erwächst in materieller Rechtskraft (VON DER CRONE, 48; GOTSCHEV, 205). Die Suspendierung kann auch in einem Hautprozess begehrt werden (VON DER CRONE, 48; GOTSCHEV, 205; KÖPFLI, 284).

8　Zuständig ist der Richter am **Sitz der Zielgesellschaft**.

9　In der Lehre wird diskutiert, ob der Aktionär beim Zivilrichter eine **Erfüllungsklage** erheben kann (siehe für Art. 32 Abs. 7 BEHG VON DER CRONE, 46; GOTSCHEV, 206; KÖPFLI, 258 f., 276 ff.). Sofern eine solche Erfüllungsklage zulässig ist, würde sich der Gerichtsstand aber nach den allgemeinen Bestimmungen richten und nicht nach Art. 41. Wie aus der Marginalie und dem Gesetzeswortlaut klar hervorgeht, gilt Art. 41 nur für die **Stimmrechtssuspendierungsklage**. Der Gerichtsstand gemäss Art. 41 würde auch nicht für eine mögliche **Schadenersatzklage** gelten.

Art. 42

Fusionen, Spaltungen, Umwandlungen und Vermögensübertragungen	**Für Klagen, die sich auf das Fusionsgesetz vom 3. Oktober 2003 stützen, ist das Gericht am Sitz eines beteiligten Rechtsträgers zuständig.**
Fusion, scission, transformation et transfert de patrimoine	Le tribunal du siège d'un des sujets impliqués est compétent pour statuer sur les actions relevant de la loi du 3 octobre 2003 sur la fusion.
Fusioni, scissioni, trasformazioni e trasferimenti di patrimonio	Per le azioni fondate sulla legge del 3 ottobre 2003 sulla fusione è competente il giudice della sede di uno dei soggetti giuridici coinvolti.

Inhaltsübersicht　　　　　　　　　　　　　　　　　　　　　　　　　　Note

　I. Allgemeines 1

　II. Voraussetzungen 6

　III. LugÜ und IPRG 14

Literatur

BAKER&MCKENZIE (Hrsg.), Fusionsgesetz, Bern 2003 (zit. FusG-BEARBEITER/IN); DASSER, Gerichtsstand und anwendbares Recht unter dem Fusionsgesetz, in: FS Forstmoser, Zürich 2003, 659 ff.; VON DER CRONE/GERSBACH/KESSLER/DIETRICH/BERLINGER, Das Fusionsgesetz, Zürich 2004.

I. Allgemeines

Art. 42 sieht vor, dass für Klagen, die sich auf das FusG stützen, die Gerichte am Sitz eines der beteiligten **Rechtsträger** zuständig sind. Gemeint sind alle an der Transaktion direkt beteiligten Rechtsträger – z.B. sowohl die übernehmende als auch die übernommene Gesellschaft – und nicht bloss der am Prozess selbst beteiligte Rechtsträger (vgl. hierzu Art. 2 lit. a–d FusG; BSK FusG-DASSER, Art. 29a GestG N 12). Dies ist eine sehr weitgehende Gerichtsstandsbestimmung, wie dies DASSER anhand folgenden Beispiels gezeigt hat (vgl. DASSER, 663 f.): «Beteiligte Rechtsträger seien bei einer Fusion die beiden vorbestehenden Gesellschaften A AG, Zürich, und B AG, Genf, sowie die allenfalls neu gegründete zu übernehmende Gesellschaft C AG, Bern. Heisst dies nun, dass die Aktionäre der Zürcher A AG diese in Genf am Sitz der B AG einklagen kann, weil die A AG nicht genügend Einsicht in die Fusionsunterlagen nach Art. 16 E FusG gewährt habe?» Nach der Botschaft zum FusG wäre dies so (BBl 2000 4429). Dies ist fragwürdig, denn der Sinn der Zuständigkeitsbestimmungen besteht darin, dass jeweils dasjenige Gericht eine Streitsache beurteilt, das auch eine gewisse Sachnähe hat. Im genannten Beispiel ist nicht ersichtlich, weshalb das Gericht in Genf eine grössere Sachnähe haben soll als dasjenige in Zürich (vgl. hierzu auch DASSER, 664). Vor diesem Hintergrund geht Art. 42 zu weit. Er fördert das **«forum shopping»**, das im Einzelfall zu Rechtsmissbräuchen führen kann (BSK FusG-DASSER, Art. 29a GestG N 1 ff.).

Art. 42 ist nicht anwendbar auf Streitigkeiten über **Sicherstellung bei Vorsorgeeinrichtungen** gemäss Art. 96 FusG. Über die Pflicht zur Sicherstellung entscheidet die Aufsichtsbehörde und nicht der Zivilrichter (Art. 96 Abs. 4 FusG; BSK FusG-DASSER, Art. 29a GestG N 11; Kellerhals/von Werdt/Güngerich-KURTH/BERNET, Art. 29a GestG N 13).

Art. 101 Abs. 2 FusG verweist auf das Verantwortlichkeitsgesetz (VG; SR 170.32). Es fragt sich, ob eine Klage gemäss Art. 101 Abs. 1 FusG und gestützt auf das Verantwortlichkeitsgesetz eine Zivilsache i.S.v. Art. 1 Abs. 1 und ob demnach für die Frage der Zuständigkeit Art. 42 anzuwenden ist. Aus der Verweisung von Art. 101 Abs. 2 FusG auf das Staatshaftungsrecht und damit auf Art. 10 VG lässt sich schliessen, dass solche Streitigkeiten der **Verwaltungsgerichtsbarkeit** unterstehen. Damit ist Art. 42 auf solche Klagen nicht anwendbar (vgl. zum Ganzen DASSER, 665; BSK FusG-DASSER, Art. 29a GestG N 11; Kellerhals/von Werdt/Güngerich-KURTH/BERNET, Art. 29a GestG N 13).

Die Zuständigkeit bei **arbeitsrechtlichen Klagen**, die sich auf Art. 27 f., 49 f., 68 oder 76 FusG stützen, sollte sich aus sozialpolitischen Gründen nicht nach Art. 42, sondern vielmehr nach Art. 34 richten (gl.M. DASSER, 665; **a.M.** Kellerhals/von Werdt/Güngerich-KURTH/BERNET, Art. 29a GestG N 25).

Art. 42 entspricht Art. 29a GestG, der im Rahmen des FusG ins GestG eingefügt worden ist (vgl. BBl 2000 4429, 4490 f., 4506; BOTSCHAFT ZPO, 7271). Den Aktionären und den Gläubigern soll der Gerichtsstand am **Sitz der Gesellschaft** erhalten bleiben (BOTSCHAFT ZPO, 7271). Der Entwurf des Bundesrates war in den Beratungen von National- und Ständerat unbestritten. Dementsprechend hat ihn das Parlament diskussionslos angenommen (AmtlBull StR 2007, 506; AmtlBull NR 2008, 646).

II. Voraussetzungen

Art. 42 ist auf sämtliche **Zivilklagen** anwendbar, die sich auf das FusG stützen (Kellerhals/von Werdt/Güngerich-KURTH/BERNET, Art. 29a GestG N 2). Es handelt sich hierbei um folgende Klagen (nicht abschliessend, vgl. zum Ganzen DASSER, 660 f.; Kellerhals/von Werdt/Güngerich-KURTH/BERNET, Art. 29a GestG N 2 ff.):

Art. 42 7   2. Titel: Zuständigkeit der Gerichte und Ausstand

- Allgemeine Klagen auf Feststellung der **Ungültigkeit eines Fusionsvertrages** oder der Verletzung einer anderen Pflicht eines oder mehrerer der beteiligten Rechtsträger;
- **Klagen auf Einsicht** in verschiedene Unterlagen zu einer geplanten Fusion, Spaltung etc. (Art. 16, 41, 63 und 93 FusG);
- **Klagen aus persönlicher Haftung** der Gesellschafterinnen für die Verbindlichkeiten der übertragenen Gesellschaft gemäss Art. 26, 27 Abs. 3, Art. 49 Abs. 3, Art. 68, 75 Abs. 1 und 2, Art. 86 Abs. 2 und Art. 98 FusG;
- **Klagen auf Untersagung einer Eintragung der Fusion** im Handelsregister durch die Arbeitnehmervertretung gemäss Art. 28 Abs. 3, Art. 50, 77 FusG;
- **Ansprüche aus solidarischer Haftung** der an einer Aufspaltung beteiligten Gesellschaft für nicht zuordnenbare Verbindlichkeiten gemäss Art. 38 Abs. 3 FusG sowie aus subsidiärer Haftung gemäss Art. 47 FusG;
- **Anfechtung des Fusionsbeschlusses** bei Familienstiftungen und kirchlichen Stiftungen durch eine Destinatärin (Art. 84 Abs. 2 FusG);
- **Klage auf Festsetzung einer angemessenen Ausgleichszahlung** für Anteils- oder Mitgliedschaftsrechte gemäss Art. 105 FusG (**Überprüfungsklage**);
- **Anfechtung des Beschlusses über die Fusion** etc. durch Gesellschafter der beteiligten Rechtsträger gemäss Art. 106 FusG (**Anfechtungsklage**);
- **Ansprüche aus persönlicher Verantwortlichkeit** aller mit der Fusion befassten Personen aus absichtlicher oder fahrlässiger Pflichtverletzung gemäss Art. 108 FusG (**Verantwortlichkeitsklage**).

7   Die **Überprüfungsklage** nach Art. 105 FusG schützt die Interessen der Gesellschafter und ermöglicht bei unangemessenem Umtauschverhältnis einen Wertausgleich. Mit der **Anfechtungsklage** (Art. 106 FusG) wird eine Korrektur gesetzeswidriger Organbeschlüsse bezweckt. Beide Klagen stehen bei **Fusionen, Spaltungen und Umwandlungen** offen. Aktivlegitimiert sind die Gesellschafterinnen und Gesellschafter der an der Transaktion beteiligten Gesellschaften (übernehmende und übertragende Gesellschaft). Passivlegitimiert sind die an der Transaktion beteiligten übernehmenden und übertragenden Gesellschaften. Bei Stiftungen gibt es die Überprüfungs- und Anfechtungsklage nicht, weil diese keine Gesellschafter haben. Hier stehen die Rechtswege des Stiftungsrechtes offen, weshalb Art. 42 nicht anwendbar ist (vgl. zum Ganzen VON DER CRONE/GERSBACH/KESSLER/DIETRICH/BERLINGER, Rz 1014). Hinzu kommt die **Verantwortlichkeitsklage** nach Art. 108 FusG. Die mit einer Transaktion befassten Personen und Prüfer sind den Rechtsträgern, deren Gesellschaftern und den Gläubigern gegenüber für Verletzungen ihrer fusionsgesetzlichen Pflichten verantwortlich (VON DER CRONE/GERSBACH/KESSLER/DIETRICH/BERLINGER, Rz 1015). Aktivlegitimiert sind der Rechtsträger, dessen Gesellschafter sowie die Gläubiger des Rechtsträgers. Den eigenen unmittelbaren Schaden können die Gesellschafter und Gläubiger selbständig nach Art. 108 FusG gegen die verantwortlichen Personen geltend machen. Bei der Geltendmachung des Schadens der Gesellschaft sind die Bestimmungen von Art. 756–757 OR anwendbar (VON DER CRONE/GERSBACH/KESSLER/DIETRICH/BERLINGER, Rz 1091 f.). Passivlegitimiert sind alle Personen, die von Gesetzes wegen mit einer Transaktion befasst sind oder einen Prüfungsauftrag verrichten. Hierunter fallen primär die obersten Leitungs- oder Verwaltungsorgane, welche die Transaktion gestalten und die erforderlichen Dokumente aushandeln, aber auch Revisoren und Experten, die einen fusionsgesetzlichen Prüfungsauftrag nicht pflichtgemäss erfüllen (VON DER CRONE/GERSBACH/KESSLER/DIETRICH/BERLINGER, Rz 1093).

2. Kapitel: Örtliche Zuständigkeit   8–12   **Art. 42**

Der Gerichtsstand nach Art. 42 steht auch für allfällige **Regressansprüche** zur Verfügung. Etwas Anderes gilt für Klagen aus solidarischer Haftung nach Art. 38 Abs. 3 FusG bzw. aus subsidiärer solidarischer Haftung nach Art. 47 FusG. Hier besteht eine Zuständigkeit bereits aus dem zugrundeliegenden Rechtsverhältnis. Art. 42 dürfte aus diesem Grund auf solche Klagen nicht anwendbar sein (BSK FusG-DASSER, Art. 29a GestG N 29). **8**

Örtlich zuständig sind die Gerichte am **Sitz eines der beteiligten Rechtsträger**. Der Begriff «**Rechtsträger**» ist in Art. 2 lit. a FusG definiert. Darunter fallen Gesellschaften, Stiftungen, im Handelsregister eingetragene Einzelfirmen und Institute des öffentlichen Rechts. Organe dieser Rechtsträger sowie weitere mit der Fusion etc. befasste Personen i.S.v. Art. 108 FusG zählen nicht zu den beteiligten Rechtsträgern. So kann ein Verwaltungsratsmitglied der übernehmenden Gesellschaft nicht an seinem Wohnsitz aus Art. 108 FusG eingeklagt werden. In solchen Fällen hebt Art. 42 den verfassungsrechtlichen Wohnsitzgerichtsstand auf. Der Gerichtsstand am Wohnsitz oder Sitz der beklagten Partei gilt nur subsidiär, ebenso diejenigen Gerichtsstände am gewöhnlichen Aufenthaltsort und an der betroffenen Niederlassung (vgl. zum Ganzen BSK FusG-DASSER, Art. 29a GestG N 15 ff.). Wird ein Rechtsträger im Rahmen einer Fusion, Aufspaltung oder anderen Umstrukturierung aufgelöst, bleibt der betreffende Gerichtsstand trotz **Löschung des Rechtsträgers** im Handelsregister bestehen (BSK FusG-DASSER, Art. 29a GestG N 13; ZK-MEIER-DIETERLE, Art. 105 FusG N 39; ZK-BERETTA, Art. 108 FusG N 69; Kellerhals/von Werdt/Güngerich-KURTH/BERNET, Art. 29a GestG N 16; VON DER CRONE/GERSBACH/KESSLER/DIETRICH/BERGLINGER, Rz 1038, 1074 und 1101). **9**

Der Gerichtsstand nach Art. 42 ist **alternativ** (SPÜHLER/VOCK, GestG, Art. 29 N 4). Strittig ist, ob das Wahlrecht nach Art. 42 bei der Klage auf Ausgleichszahlungen nach Art. 105 FusG bzw. der Anfechtung einer Fusion nach Art. 106 FusG bei einer Mehrzahl von Klägern nur dem ersten Kläger zur Verfügung steht oder allen Klägern. Da es sich um einen Fall einer **subjektiven Klagehäufung** handelt, müssen allfällige spätere Kläger an demjenigen Gericht klagen, wo der erste Kläger seine Klage eingereicht hat (gl.M. FusG-BÜRGI/GLANZMANN, Art. 105 N 27; ZK-MEIER-DIETERLE, Art. 105 FusG N 40 f.; a.M. BSK FusG-DASSER, Art. 29a GestG N 34; Kellerhals/von Werdt/Güngerich-KURTH/BERNET, Art. 29a GestG N 18 für die Anfechtungsklage). **10**

Der Gerichtsstand ist nicht zwingend. Abweichende **Schiedsklauseln** oder **Gerichtsstandsvereinbarungen** sind deshalb zulässig (Kellerhals/von Werdt/Güngerich-KURTH/BERNET, Art. 29a GestG N 20). Ein abweichender Gerichtsstand oder eine Schiedsklausel im Transaktionsvertrag oder im Transaktionsplan ist nur dann verbindlich, wenn sämtliche Gesellschafter dem Vertrag oder Plan von Gesetzes wegen zustimmen. Denn als prozessuale Vereinbarung setzt eine gültige Gerichtsstands- oder Schiedsklausel die individuelle Zustimmung sämtlicher (potentieller) Prozessparteien voraus (VON DER CRONE/GERSBACH/KESSLER/DIETRICH/BERLINGER, Rz 1039; Kellerhals/von Werdt/Güngerich-KURTH/BERNET, Art. 29a GestG N 20). Zudem müssen die Gesellschafter vor dem Zustimmungsbeschluss auf die Gerichtsstands- oder Schiedsklausel hingewiesen werden. Wird eine Transaktion bei einer Kapitalgesellschaft mit einem Mehrheitsbeschluss genehmigt, kann dem klagenden Gesellschafter die Gerichtsstands- oder Schiedsklausel im Transaktionsvertrag nicht entgegengehalten werden, sofern er dem Transaktionsvertrag nicht zugestimmt hat (VON DER CRONE/GERSBACH/KESSLER/DIETRICH/BERLINGER, Rz 1039). **11**

Art. 42 geht als **lex specialis** Art. 40 vor (Kellerhals/von Werdt/Güngerich-KURTH/BERNET, Art. 29a GestG N 22). So steht z.B. bei der Durchsetzung von Verantwortlich- **12** keitsansprüchen, die sich allein auf vom FusG auferlegte Pflichten stützen, der Wohnsitzgerichtsstand nach Art. 40 nicht zur Verfügung. Die Klage kann einzig bei den Gerichten am Sitz eines der beteiligten Rechtsträgers erhoben werden (Kellerhals/von Werdt/Güngerich-KURTH/BERNET, Art. 29a GestG N 22; BSK FusG-DASSER, Art. 29a GestG N 15). Sodann sind die Gerichtsstände bei der **Widerklage, Klagenhäufung, Interventions- und Gewährleistungsklage, Gerichtsstandsvereinbarung** und **Einlassung** alternativ (BSK FusG-DASSER, Art. 29a GestG N 20).

13 Die Zuständigkeit bei **vorsorglichen Massnahmen** richtet sich nach Art. 13. Neben dem Gerichtsstand der Hauptsache stellt Art. 13 lit. b einen Gerichtsstand am Ort zur Verfügung, an dem die Massnahme vollstreckt werden soll. Dies dürfte in den meisten Fällen am Sitz eines der beteiligten Rechtsträgern sein, so dass es i.d.R. bei der Zuständigkeit nach Art. 42 bleibt (BSK FusG-DASSER, Art. 29a GestG N 30; Kellerhals/von Werdt/ Güngerich-KURTH/BERNET, Art. 29a GestG N 27).

III. LugÜ und IPRG

14 Bei der Anwendbarkeit des LugÜ und IPRG fragt sich vorab, ob ein **internationaler Sachverhalt** vorliegt. Für die im FusG geregelten Rechte und Pflichten ist grundsätzlich auf den Wohnsitz oder Sitz der beteiligten Parteien abzustellen. Sind beide Parteien Inländer, so beurteilt sich die Zuständigkeit nach dem Recht für **Binnenstreitigkeiten**, und zwar auch dann, wenn an der zugrundeliegenden Fusion oder Abspaltung eine ausländische Drittpartei beteiligt ist (DASSER, 661). Zwar bestimmt sich das anwendbare materielle Recht nach dem IPRG, es ist aber nicht einzusehen, weshalb auch bei der Frage der Zuständigkeit von einem internationalen Fall auszugehen ist. Beide Hauptparteien sind Inländer. Dies sollte für einen Binnensachverhalt genügen. Zudem ist die Frage nach dem anwendbaren Recht separat zur Zuständigkeitsfrage zu beantworten (gl.M. DASSER, 661; **a.M.** BSK IPRG-SCHNYDER/GROLIMUND, Art. 1 N 3, 4). Somit ist in solchen Fällen die ZPO anwendbar.

15 Im **euronationalen Verhältnis** gilt Folgendes: Art. 22 Nr. 2 LugÜ II sieht für Klagen, die die Gültigkeit, Nichtigkeit oder Auflösung einer Gesellschaft oder die Gültigkeit der Beschlüsse ihrer Organe zum Gegenstand haben, die ausschliessliche Zuständigkeit der Gerichte im Sitzstaat der Gesellschaft vor. Bei Klagen im FusG, welche die Auflösung einer Gesellschaft (die auch durch Fusion erfolgen kann), die Gründung (z.B. im Rahmen einer Abspaltung) oder Organbeschlüsse zum Gegenstand haben, bestimmt sich die Zuständigkeit in einem euronationalen Sachverhalt folglich nach Art. 22 Nr. 2 LugÜ II. Gleiches gilt für Streitigkeiten über die Höhe der einem Gesellschafter im Rahmen einer Auflösung auszuzahlenden Anteile (KROPHOLLER, Europ. ZPR, Art. 22 N 37; DASSER, 666). Darunter können auch Streitigkeiten nach Art. 105 FusG fallen (BBl 2000, 4505; DASSER, 666; FusG-BÜRGI/GLANZMANN, Art. 105 N 27; **a.M.** VON DER CRONE/ GERSBACH/KESSLER/DIETRICH/BERLINGER, Rz 1042), nicht aber Klagen auf Auskunfterteilung oder aus persönlicher Haftung (DASSER, 666). Bei der Verantwortlichkeitsklage ist somit Art. 2 LugÜ II anwendbar.

16 Im **internationalen Verhältnis** gelten grundsätzlich die normalen Zuständigkeitsregeln gemäss Art. 151 ff. IPRG: In Zusammenhang mit der Überprüfungsklage gemäss Art. 105 FusG ist allerdings auf folgendes hinzuweisen: Bei Gesellschaften, deren Anteile und Mitgliedschaftsrechte in Frage stehen, ist Art. 164a IPRG anwendbar, wenn die Gesellschaften ihren Sitz ausserhalb eines Mitgliedstaates des LugÜ haben (vgl. hierzu DASSER, 667). Art. 164a IPRG ist ausschliesslich auf die Überprüfungsklage anwendbar. Der Gerichtsstand der Anfechtungsklage (Art. 106 FusG) richtet sich nach Art. 151 IPRG.

Art. 43

Kraftloserklärung von Wertpapieren und Versicherungspolicen; Zahlungsverbot

¹ Für die Kraftloserklärung von Beteiligungspapieren ist das Gericht am Sitz der Gesellschaft zwingend zuständig.

² Für die Kraftloserklärung von Grundpfandtiteln ist das Gericht an dem Ort zwingend zuständig, an dem das Grundstück im Grundbuch aufgenommen ist.

³ Für die Kraftloserklärung der übrigen Wertpapiere und der Versicherungspolicen ist das Gericht am Wohnsitz oder Sitz der Schuldnerin oder des Schuldners zwingend zuständig.

⁴ Für Zahlungsverbote aus Wechsel und Check und für deren Kraftloserklärung ist das Gericht am Zahlungsort zwingend zuständig.

Annulation de papiers-valeurs et de polices d'assurance et interdiction de payer

¹ Le tribunal du siège de la société est impérativement compétent pour statuer sur l'annulation de titres de participation.

² Le tribunal du lieu où un immeuble est immatriculé au registre foncier est impérativement compétent pour statuer sur l'annulation de titres de gages immobiliers.

³ Le tribunal du domicile ou du siège du débiteur est impérativement compétent pour statuer sur l'annulation d'autres papiers-valeurs ou de polices d'assurance.

⁴ Le tribunal du lieu où le paiement doit être effectué est impérativement compétent pour statuer sur l'interdiction de payer les effets de change et les chèques et sur leur annulation.

Ammortamento di titoli di credito e di polizze assicurative; divieto di pagamento

¹ Per l'ammortamento di titoli di partecipazione è imperativo il foro del luogo di sede della società.

² Per l'ammortamento di titoli di pegno immobiliare è imperativo il foro del luogo in cui il fondo è intavolato nel registro fondiario.

³ Per l'ammortamento degli altri titoli di credito come pure delle polizze assicurative è imperativo il foro del domicilio o del luogo di sede del debitore.

⁴ Per il divieto di pagamento in materia di cambiali e assegni bancari e per il loro ammortamento è imperativo il foro del luogo del pagamento.

Inhaltsübersicht

	Note
I. Allgemeines	1
II. Voraussetzungen	4
III. LugÜ und IPRG	14

Literatur

A. MEIER-HAYOZ/H. C. VON DER CRONE, Wertpapierrecht, 2. Aufl., Bern 2000, § 26 N 34 ff.; C. KÖPFLI, Der Ausschluss der Minderheitsaktionäre nach einem öffentlichen Übernahmeangebot, SJZ 1998, 53 ff.

Art. 43 1–7

I. Allgemeines

1 Die Bestimmung entspricht Art. 30 GestG. Es kann somit für die Auslegung die bisherige Lehre und Rechtsprechung herangezogen werden. Zur Klarstellung werden nun die Beteiligungspapiere allgemein (Abs. 1) und die Versicherungspolicen (Abs. 3) ausdrücklich genannt (BOTSCHAFT ZPO, 7271). Im Gegensatz zum GestG erklärt *Abs. 2* für die Kraftloserklärung von Grundpfandtiteln das Gericht am Ort, an dem das Grundstück im Grundbuch eingetragen ist, für zuständig. Wie aus dem Gesetzeswortlaut hervorgeht, ist es eine zwingende Gerichtsstandsbestimmung.

2 Ursprünglich übernahm Art. 30 GestG die in Art. 981 Abs. 2 OR und Art. 1072 Abs. 1 OR normierten Gerichtsstände des früheren Rechts (vgl. BOTSCHAFT GestG, 2868). Im Gegensatz zum heutigen Art. 43 ZPO war aber der Gerichtsstand nach Art. 30 GestG nicht mehr **zwingend** (vgl. im früheren Recht zur zwingenden Natur: ZK-JÄGGI, Art. 981 OR N 7). Die Verfahren betreffend Kraftloserklärung von Wertpapieren gehören – abgesehen von einer Ausnahme (vgl. nachstehende N 6) – zur **freiwilligen Gerichtsbarkeit** (GULDENER, ZPR, 42; VOGEL/SPÜHLER, 1. Kap. N 48). Art. 43 ist lex specialis zu Art. 19 und geht somit vor.

3 Der Entwurf des Bundesrates war in den Beratungen von National- und Ständerat unbestritten. Dementsprechend hat ihn das Parlament diskussionslos angenommen (AmtlBull StR 2007 506; AmtlBull NR 2008 646; vgl. zu den Beratungen des GestG: AmtlBull NR 1999 1034; AmtlBull StR 1999 895).

II. Voraussetzungen

4 *Abs. 1* regelt die örtliche Zuständigkeit der Gerichte für das **Amortisationsverfahren** nach Art. 981 ff. OR. Der Gerichtsstand am Sitz der Gesellschaft gilt für die Kraftloserklärung von Beteiligungspapieren. Der Begriff **«Beteiligungspapier»** ist weit auszulegen. Darunter fallen sowohl **Inhaber- als auch Namenpapiere**. Früher fragte es sich, ob der Gerichtsstand am Sitz auch auf die Kraftloserklärung von Namenpapieren anwendbar war, da sich der Gerichtsstand bei der Kraftloserklärung von Namenaktien nicht nach Art. 981 OR, sondern nach Art. 1072 OR bestimmte (ZK-JÄGGI, Art. 977 OR N 9). Diese Unsicherheit hat nun der Gesetzgeber beseitigt, in dem er nur noch von «Beteiligungspapier» spricht.

5 Die Aufzählung der Arten von Inhaberpapieren in Art. 981 Abs. 1 OR ist nicht erschöpfend. Unter den Begriff **«Inhaberpapiere»** fallen mit Ausnahme des Inhaberchecks (BSK OR II-FURTER, Art. 981 N 2) sämtliche Inhaberpapiere, insb. auch die Inhaberaktien-Zertifikate, Trustzertifikate und Inhaberobligationen mit Grundpfandverschreibung. Die Zuständigkeit für die Kraftloserklärung aller dieser Papiere richtet sich folglich nach *Abs. 1* (Kellerhals/von Werdt/Güngerich-KURTH/BERNET, Art. 30 GestG N 2).

6 Entsprechend der bisherigen Praxis ist der Richter am Sitz der Gesellschaft gemäss *Abs. 1* auch für die **Kraftloserklärung der restlichen Beteiligungspapiere** i.S.v. Art. 33 BEHG zuständig (vgl. Kellerhals/von Werdt/Güngerich-KURTH/BERNET, Art. 30 GestG N 5; BSK BEHG-RAMPINI/REITER, Art. 33 N 26; KÖPFLI, 63 m.w.H.). Im Gegensatz zu den übrigen Kraftloserklärungsverfahren gehört die Kraftloserklärung der restlichen Beteiligungspapiere gemäss Art. 33 BEHG wohl eher zur streitigen Gerichtsbarkeit, weil es sich um ein Zweiparteienverfahren handelt (BSK BEHG-RAMPINI/REITER, Art. 33 N 25; **a.M.** wohl KÖPFLI, 63 FN 164).

7 *Abs. 2:* Im Gegensatz zum früheren Recht (Art. 30 Abs. 1 GestG) bestimmt nun *Abs. 2* ausdrücklich die Zuständigkeit bei der **Kraftloserklärung von Grundpfandtiteln** (z.B.

Papier-Schuldbrief) und Zinscoupons. Zuständig ist der Richter am Ort, an dem das Grundstück im Grundbuch aufgenommen ist. Mit der Bestimmung des ausschliesslichen **«forum rei sitae»** hat der Gesetzgeber die bisherige Unsicherheit in Bezug auf den Gerichtsstand beseitigt. Der frühere Gerichtsstand am Wohnsitz oder Sitz des Schuldners bzw. der Schuldnerin war nach bisherigem Recht umstritten, da der Gerichtsstand am **Ort der gelegenen Sache** geeigneter erschien (vgl. zum früheren Recht: BK-LEEMANN, Art. 870 ZGB N 16; BSK ZGB II-STAEHELIN, Art. 870 N 5). Dementsprechend wurde in der Praxis subsidiär auch der Richter am Ort des Unterpfandes als zuständig erklärt (vgl. zum früheren Recht: BK-LEEMANN, Art. 870 ZGB N 16; BSK ZGB II-STAEHELIN, Art. 870 N 5 m.w.H.; ZK-JÄGGI, Art. 981 OR N 12). Da es bei den neu einzuführenden Register-Schuldbriefen (vgl. Art. 857–859 E-ZGB) naturgemäss kein Kraftloserklärungsverfahren gibt, ist die Zuständigkeitsbestimmung nach *Abs. 2* nur auf das Kraftloserklärungsverfahren bei Papier-Schuldbriefen (vgl. Art. 865 E-ZGB) anwendbar. Bei den Register-Schuldbriefen sind ausschliesslich die Bestimmungen des Grundbuchrechts anwendbar.

Abs. 3: Der Richter am **Wohnsitz oder Sitz des Schuldners** oder der Schuldnerin ist sodann für die **Kraftloserklärung der übrigen Wertpapiere** zuständig. Der Begriff **«übrige Wertpapiere»** scheint klar zu sein: Hierunter fallen alle Wertpapiere, die nicht Beteiligungspapiere i.S.v. *Abs. 1* sind. Entsprechend dem bisherigen Art. 981 OR sind wiederum sämtliche Namen- und Inhaberpapiere gemeint. Neu ist nun auch der Gerichtsstand bei der **Kraftloserklärung von Versicherungspolicen** am Wohnsitz oder Sitz des Schuldners oder der Schuldnerin geregelt. Entsprechend gilt der Gerichtsstand am Erfüllungsort i.S.v. Art. 13 Abs. 1 VVG nicht mehr. Art. 13 Abs. 1 VVG wird aufgehoben (BOTSCHAFT ZPO, 7271). 8

Zum Gerichtsstand am **Wohnsitz oder Sitz** vgl. Art. 10. Wer Schuldner ist und wo er seinen Wohnsitz hat, bestimmt sich entsprechend dem Zeitpunkt der Einreichung des Gesuches (BSK OR II-FURTER, Art. 981 N 5). Dieser Zeitpunkt gilt auch für die Bestimmung des Sitzes der AG. Das Gesuch um Kraftloserklärung von Aktien kann ausserdem nicht am **Ort der Zweigniederlassung** der AG eingereicht werden (BGE 74 II 244; gl.M. Kellerhals/von Werdt/Güngerich-KURTH/BERNET, Art. 30 GestG N 11). 9

Der Gerichtsstand für **Zahlungsverbote** i.S.v. Art. 982 OR während und vor dem Kraftloserklärungsverfahren der erwähnten Wertpapiere ist in Art. 43 nicht explizit erwähnt. Da es sich um **vorsorgliche Massnahmen** handelt (BSK OR II-FURTER, Art. 982 N 2), bestimmt sich die Zuständigkeit somit nach Art. 13. Das Gesuch um ein Zahlungsverbot ist demnach bei Aktien am Sitz der Aktiengesellschaft und bei den übrigen Wertpapieren am Wohnsitz oder Sitz des Schuldners bzw. der Schuldnerin einzureichen. Zudem kann es nach Art. 13 auch beim Richter am Zahlungsort gestellt werden. 10

Abs. 4 regelt die örtliche Zuständigkeit für das **Amortisationsverfahren** nach Art. 1074 ff. OR sowie für das **selbständige Vorsorgeverfahren** nach Art. 1072 OR. Für Zahlungsverbote aus **Wechsel und Check** und für deren Kraftloserklärung ist der Richter am Zahlungsort zuständig. *Abs. 4* ist für die Kraftloserklärung von **gezogenen und eigenen Wechseln** sowie von **Inhaberchecks** anwendbar (Kellerhals/von Werdt/Güngerich-KURTH/BERNET, Art. 30 GestG N 8). Es fragt sich, ob **wechselähnliche** und andere **Ordrepapiere** unter den Begriff «Wechsel und Check» i.S.v. *Abs. 4* oder unter den Begriff «übrige Wertpapiere» gemäss *Abs. 3* fallen. Nach dem bisherigen Recht richtete sich der Gerichtsstand nach derselben Zuständigkeitsregel wie Wechsel und Check. So sind wechselähnliche und andere Ordrepapiere vom Richter am Zahlungsort nach *Abs. 4* kraftlos zu erklären. Zudem gilt *Abs. 4* nur bei Wechseln mit Zahlungsort in der Schweiz und bei Checks, welche in der Schweiz zahlbar sind (BSK OR II-HÖHN, Vor Art. 1072–1080 N 3). 11

12 Der Zahlungsort beim **Wechsel** ist zwingend auf der Urkunde anzugeben (Art. 991 Ziff. 5 OR; Art. 1096 Ziff. 4 OR), wobei der beim Bezogenen angefügte Ort genügt (Art. 992 Abs. 3 OR). Wird keiner oder werden mehrere Zahlungsorte angegeben, ist der Wechsel nichtig (Kellerhals/von Werdt/Güngerich-KURTH/BERNET, Art. 30 GestG N 12). Beim **Check** ist ebenfalls der auf der Urkunde angegebene Zahlungsort (Art. 1100 Ziff. 4 OR) massgeblich, subsidiär greifen die Vermutungen nach Art. 992 Abs. 3 OR, Art. 1101 Abs. 2 und 3 OR.

13 Das **Zahlungsverbot** gemäss Art. 1072 Abs. 1 OR ist eine vorsorgliche Massnahme des Bundesrechts (BSK OR II-HÖHN, Art. 1072 N 2). Den Gerichtsstand müsste somit Art. 13 bestimmen. Die Zuständigkeitsregel in *Abs. 4* geht als **lex specialis** aber dem allgemeinen Gerichtsstand für vorsorgliche Massnahmen i.S.v. Art. 13 vor. Der Gerichtsstand nach *Abs. 4* gilt nicht nur für Begehren betreffend Zahlungsverbote während des Kraftloserklärungsverfahrens, sondern auch bereits für solche vor Einleitung des Verfahrens (BSK OR II-HÖHN, Art. 1072 N 3).

III. LugÜ und IPRG

14 Das LugÜ und das IPRG enthalten für die **Kraftloserklärung von Wertpapieren** keine expliziten Zuständigkeitsregeln. Es gelten demnach die allgemeinen Gerichtsstände. Die spezielle Natur der Kraftloserklärung von Grundpfandtiteln gebietet eine differenzierte Betrachtung: Hat der Schuldner seinen Wohnsitz im Ausland, dürfte der Richter i.S.v. Art. 97 IPRG am Ort des Unterpfandes zuständig sein (vgl. zum früheren Recht: ZK-JÄGGI, Art. 971 f. OR N 25). Entsprechendes könnte im euronationalen Verhältnis gelten. Die Kraftloserklärung betrifft aufgrund der engen Verbindung von Forderung und Grundpfand ein dingliches Recht i.S.v. Art. 22 Nr. 1 Abs. 1 LugÜ II (vgl. zum früheren Recht: BSK ZGB-STAEHELIN, Art. 870 ZGB N 5).

Art. 44

Anleihens-obligationen	**Die örtliche Zuständigkeit für die Ermächtigung zur Einberufung der Gläubigerversammlung richtet sich nach Artikel 1165 OR.**
Emprunt par obligations	Le tribunal compétent à raison du lieu pour autoriser la convocation de l'assemblée des créanciers est déterminé en vertu de l'art. 1165 CO.
Prestiti in obbligazioni	Per l'autorizzazione a convocare l'assemblea degli obbligazionisti la competenza per territorio è retta dall'articolo 1165 CO.

Inhaltsübersicht Note

I. Allgemeines 1

II. Voraussetzungen 3

III. LugÜ und IPRG 7

Literatur

D. DAENIKER, Anlegerschutz bei Obligationenanleihen, SSHW 142, Zürich 1992.

2. Kapitel: Örtliche Zuständigkeit   1–6 **Art. 44**

I. Allgemeines

Das Recht der **Anleihensobligationen** (Art. 1156 ff. OR) ist überwiegend international 1
geprägt. Da neben den internationalen auch nationale Sachverhalte denkbar sind, hat der
Gesetzgeber entschieden, dass sich der Gerichtsstand für die Ermächtigung zur Einberufung der Gläubigerversammlung sowohl für internationale als auch nationale Sachverhalte neu nach Art. 1165 Abs. 3 und 4 OR richtet (BOTSCHAFT ZPO, 7271). Entsprechend
verweist Art. 44 ZPO denn auch auf Art. 1165 OR. Die Zuständigkeitsregel von Art. 44
ZPO i.V.m. Art. 1165 Abs. 3 und 4 OR entspricht im Grundsatz dem früheren Art. 31
GestG und Art. 1165 Abs. 4 OR (BOTSCHAFT ZPO, 7271; BOTSCHAFT GestG, 2868). Bei
der richterlichen Ermächtigung von Anleihensgläubigern (es müssen ihnen gemäss
Art. 1165 Abs. 2 OR 5% des im Umlauf befindlichen Kapitals zustehen) oder eines
Anleihensvertreters zur **Einberufung der Gläubigerversammlung bei Anleihensobligationen** (Art. 1165 Abs. 3 OR) handelt es sich um einen Tatbestand der **freiwilligen
Gerichtsbarkeit** (BOTSCHAFT GestG, 2868). Art. 19 ist nicht anwendbar, weil diese Bestimmung andere Gerichtsstandsbestimmungen betreffend die freiwillige Gerichtsbarkeit
vorbehält (Art. 19, 2. Halbsatz; gl.M. Kellerhals/von Werdt/Güngerich-KURTH/BERNET,
Art. 31 GestG N 1). Art. 44 ist **lex specialis** zu Art. 19.

Der Entwurf des Bundesrates war in den Beratungen von National- und Ständerat un- 2
bestritten. Dementsprechend hat ihn das Parlament diskussionslos angenommen (AmtlBull StR 2007 506; AmtlBull NR 2008 646; vgl. zu den Beratungen des GestG: AmtlBull NR 1999 1034; AmtlBull StR 1999 895).

II. Voraussetzungen

Art. 1165 Abs. 3 und 4 OR sehen für die Ermächtigung zur Einberufung der Gläubiger- 3
versammlung bei Anleihensobligationen das Gericht des gegenwärtigen oder des letzten
Sitzes oder der **geschäftlichen Niederlassung** des Schuldners oder der Schuldnerin vor.

Die Gerichtsstände gemäss Art. 1165 Abs. 3 und 4 OR sind **alternativ**. Entweder ist der 4
Richter am gegenwärtigen oder letzten Sitz oder an der gegenwärtigen oder letzten geschäftlichen Niederlassung des Schuldners bzw. der Schuldnerin örtlich zuständig. In
Bezug auf das Verhältnis zwischen Art. 1165 Abs. 3 und 4 OR hat gemäss dem Gesetzeswortlaut der Gerichtsstand am gegenwärtigen oder letzten Sitz Vorrang. Der Gesuchsteller hat keine **Wahlmöglichkeit** zwischen den Gerichtständen am Wohnsitz/Sitz
und der Niederlassung. Er kann die Einberufung einer Gläubigerversammlung nur dann
beim Richter an der geschäftlichen Niederlassung des Schuldners bzw. der Schuldnerin
beantragen, wenn der Schuldner bzw. die Schuldnerin keinen Wohnsitz bzw. Sitz in der
Schweiz hat oder hatte (im früheren Recht bestand Wahlmöglichkeit: vgl. BSK GestG-
VOCK, Art. 31 N 3). In diesem Sinne ist der Gerichtsstand gemäss Art. 1165 Abs. 4 OR
subsidiär.

Zum Gerichtsstand am Sitz vgl. Art. 10; zum Gerichtsstand bei der geschäftlichen Nie- 5
derlassung vgl. Art. 12. Massgeblich für die Bestimmung des letzten Sitzes ist der **Zeitpunkt der Ausgabe der Anleihensobligationen** (BK-ZIEGLER, Art. 1165 OR N 12). Da
Art. 44 den alternativen Gerichtsstand am gegenwärtigen oder letzten Wohnsitz vorsieht,
entfällt die Anrufung des Gerichtsstandes am Aufenthaltsort gemäss Art. 11.

Bei Anleihensobligationen mit unmittelbarer oder mittelbarer Grundpfandsicherung 6
bleibt es bei der Zuständigkeitsregel von Art. 44. Es ist also nicht der Richter am Ort der
gelegenen Sache i.S.v. Art. 29 zuständig (vgl. zum früheren Recht: BK-ZIEGLER,
Art. 1165 OR N 12, für den Fall, dass der Schuldner nie einen Wohnsitz oder eine Niederlassung in der Schweiz hatte).

III. LugÜ und IPRG

7 Den Vorschriften über die Gläubigergemeinschaft bei Anleihensobligationen gemäss Art. 1157 ff. OR unterliegen nur diejenige Anleihen, deren Schuldner in der Schweiz einen Wohnsitz oder eine geschäftliche Niederlassung haben (**Inlandanleihe**) sowie **Auslandanleihen**, sofern sie in einer Vereinbarung (z.B. Anleihensbedingungen) ausdrücklich diesen Bestimmungen unterstellt wurden (BSK OR II-STEINMANN/REUTTER, Vor Art. 1157–1186 N 3 und Art. 1157 N 1 und 12, je m.H.). In diesen Fällen richtet sich die Zuständigkeit für die Ermächtigung zur Einberufung der Gläubigerversammlung nach Art. 44 i.V.m. Art. 1165 Abs. 3 und 4 OR. In **euronationalen** und **internationalen** Verhältnissen, also wenn der Gesuchsteller im Ausland domiziliert ist, würde grundsätzlich das LugÜ II oder das IPRG gelten. Diese sehen für die richterliche Ermächtigung zur Einberufung einer Gläubigerversammlung bei Anleihensobligationen aber keinen expliziten Gerichtsstand vor. Folglich sollte sich der Gerichtsstand deshalb direkt nach Art. 44 ZPO i.V.m. Art. 1165 Abs. 3 und 4 OR bestimmen. In Bezug auf den bisherigen Gerichtsstand gemäss Art. 31 GestG plädierte die Lehre ebenfalls für die direkte Anwendung dieser Gerichtsstandsbestimmung auch in internationalen Verhältnissen (Kellerhals/von Werdt/Güngerich-KURTH/BERNET, Art. 31 GestG N 9).

Art. 45

Kollektivanlagen	Für Klagen der Anlegerinnen und Anleger sowie der Vertretung der Anlegergemeinschaft ist das Gericht am Sitz des jeweils betroffenen Bewilligungsträgers zwingend zuständig.
Fonds de placement	Le tribunal du siège du titulaire de l'autorisation concerné est impérativement compétent pour statuer sur les actions intentées par les investisseurs ou par le représentant de la communauté des investisseurs.
Investimenti collettivi	Per le azioni degli investitori e del rappresentante della comunità degli investitori è imperativo il foro del luogo di sede del titolare dell'autorizzazione interessato.

Inhaltsübersicht   Note

    I. Allgemeines 1

    II. Voraussetzungen 4

    III. LugÜ und IPRG 11

Literatur

B. GEIGER, Der zivilrechtliche Schutz des Anlegers, Diss. Zürich 1971; TH. GROSS, Fehlerhafte Vermögensverwaltung – Klage des Anlegers auf Schadenersatz, AJP 2006, 161 ff.; P. C. GUTZWILER, Rechtsfragen der Vermögensverwaltung, Zürich 2008; P. NOBEL, Schweizerisches Finanzmarktrecht, 2. Aufl., Bern 2004; H. P. WALTER, Prozessuale Aspekte beim Streit zwischen Kunden und Vermögensverwalter, ZSR 2008, 99 ff.

I. Allgemeines

1 Der zwingende Gerichtsstand am Sitz des jeweiligen **Bewilligungsträgers** gilt für Klagen der **Anlegerinnen und Anleger** sowie der **Vertretung der Anlegergemeinschaft**. Es fragt sich somit, für welche Klagen im KAG dieser Gerichtsstand anwendbar ist. Wie

im früheren Recht ist der Gerichtsstand gemäss Art. 45 ZPO massgeblich für die **Verantwortlichkeitsklagen der Anleger** i.S.v. Art. 145 KAG. Dies entspricht im Grundsatz dem früheren Art. 68 AFG (BOTSCHAFT ZPO, 7271; BOTSCHAFT GestG, 2868). Für die Verantwortlichkeit der Organe der **Fondsleitung**, der **Investmentgesellschaft mit variablem Kapital** (SICAV) und der **Investmentgesellschaft mit festem Kapital** (SICAF) sind gemäss Art. 145 Abs. 4 KAG die allgemeinen Grundsätze der aktienrechtlichen Verantwortlichkeit nach Art. 754 ff. OR anwendbar (BSK KAG-VON PLANTA/BÄRTSCHI, Art. 145 N 63 ff.). Nach Art. 145 Abs. 5 KAG richtet sich sodann die Verantwortlichkeit der **Kommanditgesellschaft für kollektive Kapitalanlagen** nach den Bestimmungen des OR über die Kommanditgesellschaft (vgl. insb. Art. 604 ff. OR).

Neben der genannten **Verantwortlichkeitsklage** wird in Art. 84 Abs. 3 KAG die Klage der Anleger gegen die Fondsleitung oder die SICAV auf **Auskunfterteilung** geregelt. Sodann können die Anleger gegen diejenigen Personen auf **Rückerstattung** klagen, welche einer offenen kollektiven Kapitalanlage Schaden zugefügt haben (Art. 85 KAG). Die Anleger können schliesslich vom Gericht die **Ernennung einer Vertretung** verlangen, wenn sie Ansprüche auf Leistung an die offene kollektive Kapitalanlage glaubhaft machen (Art. 86 Abs. 1 KAG). Gemäss Art. 84 Abs. 3 KAG ist die **Klage auf Auskunfterteilung** am Sitz der Fondsleitung oder der SICAV zu erheben. Dieser Gerichtsstand wird mit Inkrafttreten der ZPO nicht aufgehoben. Art. 84 Abs. 3 KAG ist somit **lex specialis** und geht Art. 45 ZPO vor. Bei der Klage auf Auskunfterteilung richtet sich die Zuständigkeit folglich nach Art. 84 Abs. 3 KAG. Im Ergebnis spielt dies aber keine Rolle. Bei der **Rückerstattungsklage** gilt folgendes: Richtet sich die Klage gegen die Fondsleitung, die SICAV oder die Depotbank, bestimmt sich der Gerichtsstand nach Art. 45. Werden andere von Art. 85 KAG erfasste Personen eingeklagt (wie z.B. Beauftragte der Fondsleitung, Organe der SICAV) gelten die allgemeinen Gerichtsstandsbestimmungen nach Art. 10 ff. ZPO (BSK KAG-DU PASQUIER/RAYROUX, Art. 85 N 8). Für die **Bestimmung eines Vertreters der Anlegergemeinschaft** ist örtlich der Richter am Sitz des betroffenen Bewilligungsträgers (also Fondsleitung oder SICAV) zuständig. Der Gerichtsstand bestimmt sich hier ebenfalls nach Art. 45 (BSK KAG-DU PASQUIER/RAYROUX, Art. 86 N 59).

Im Zeitpunkt, als der Bundesrat den Entwurf der ZPO dem Parlament zur Beratung übergab, war das AFG noch in Kraft. Die Kommission des Nationalrates passte dann Art. 43 des Entwurfes dem neuen KAG an. In den Beratungen von National- und Ständerat war der Entwurf der Kommission unbestritten. Dementsprechend hat ihn das Parlament diskussionslos angenommen (AmtlBull StR 2007 506; AmtlBull NR 2008 646; vgl. zu den Beratungen des GestG: AmtlBull NR 1999 1034; AmtlBull StR 1999 895).

II. Voraussetzungen

Art. 45 regelt die Zuständigkeit für «**Klagen der Anlegerinnen und Anleger**». Damit meint das Gesetz die Rückererstattungsklage gemäss Art. 85 KAG gegen die Fondsleitung, die SICAV oder die Depotbank, die **Klage auf Bestimmung eines Vertreters** der Anlegergemeinschaft (Art. 86 Abs. 1 KAG) gegen die Fondsleitung oder SICAV sowie die Verantwortlichkeitsklagen i.S.v. Art. 145 KAG gegen alle mit der Gründung, der Geschäftsführung, der Vermögensverwaltung, dem Vertrieb, der Prüfung oder der Liquidation befassten Personen, wie Fondsleitung, SICAV, Kommanditgesellschaft für kollektive Kapitalanlagen, SICAF, Depotbank, Vertriebsträger, Vertreter ausländischer kollektiver Kapitalanlagen, Prüfgesellschaft, Liquidatoren, Schätzungsexperten und Vertreter der Anlegergemeinschaft. Wer zum Kreis der beklagten Personen gehört, ist eine Frage der **Passivlegitimation** und für die Anwendbarkeit von Art. 45 unerheblich.

Art. 45 knüpft sachlich an die Natur der Klageforderung an. Somit können bei der **Verantwortlichkeitsklage** auch Rechtsnachfolger einer verantwortlichen Person (z.B. Erben eines Vertreters der Anlegergemeinschaft) ebenfalls am Gerichtsstand von Art. 45 eingeklagt werden. Gleiches gilt für faktische Funktionsträger (vgl. zur Haftung der faktischen Funktionsträger BSK KAG-VON PLANTA/BÄRTSCHI, Art. 145 N 21).

5   Art. 45 bestimmt den Gerichtsstand nicht nur für Klagen der Anleger, sondern auch für Klagen des **Vertreters der Anlegergemeinschaft**. Dieser ist in einem allfälligen **Verantwortlichkeitsprozess** gleich wie der Anleger aktivlegitimiert. Er vertritt dann die gemeinsamen Rechte der Anlegergesamtheit (BSK KAG-VON PLANTA/BÄRTSCHI, Art. 145 N 29). Für die Bestimmung der Zuständigkeit ist unerheblich, ob die Berechtigten aufgrund unmittelbarer (Schaden beim Anleger) oder mittelbarer (Schaden beim vertraglichen Anlagefonds, bei der SICAV, bei der SICAF oder bei der Kommanditgesellschaft für kollektive Kapitalanlagen und nur indirekt beim Anleger) Schädigung klagen.

6   Fraglich ist, ob der Gerichtsstand auch bei der klageweisen Durchsetzung von **Verantwortlichkeitsansprüchen** der **Gesellschaft** gegenüber anderen Funktionsträgern gilt, ebenso, wenn **Gesellschaftsgläubiger** klagen. Art. 45 spricht nur von «Klagen der Anlegerinnen und Anleger sowie der Vertretung der Anlegergemeinschaft». Klagen der Gesellschaft und der Gesellschaftsgläubiger werden nicht erfasst. Die örtliche Zuständigkeit bei der klageweisen Durchsetzung von Ansprüchen der Gesellschaft gegen eigene **Verwaltungs- und Geschäftsführungsorgane** bestimmt sich nach dem allgemeinen gesellschaftsrechtlichen Gerichtsstand gemäss Art. 40. Der Richter am Wohnsitz oder Sitz der beklagten Partei oder am Sitz der Gesellschaft ist somit zuständig (gl.M. BSK KAG-VON PLANTA/BÄRTSCHI, Art. 145 N 63 ff.). Klagt die Gesellschaft gegen einen anderen Funktionsträger, dürfte häufig eine vertragliche Vereinbarung bestehen, nach der sich dann auch der Gerichtsstand richtet (BSK KAG-VON PLANTA/BÄRTSCHI, Art. 145 N 56). Wird der Gesellschaftsschaden von einem Anleger oder einem Gläubiger geltend gemacht, bestimmt sich der Gerichtsstand in gleicher Weise wie für den Fall einer Klage durch die Gesellschaft. Die Zuständigkeit für die **Klage eines Gesellschaftsgläubigers** bestimmt sich nach dem entsprechenden Rechtsverhältnis zwischen dem Gläubiger und dem beklagten Funktionsträger (BSK KAG-VON PLANTA/BÄRTSCHI, Art. 145 N 56).

7   Der vorliegende Gerichtsstand gilt überdies für **Regressansprüche** der **verantwortlichen Beteiligten** (vgl. zum früheren Recht AFG-Komm-FORSTMOSER, Art. 68 AFG N 11; BSK Kapitalmarktrecht-VON PLANTA, Art. 68 AFG N 5; SPÜHLER/VOCK, GestG, Art. 32 N 3). Der Gerichtsstand am Sitz des betroffenen Bewilligungsträgers gilt sowohl für die Geltendmachung des indirekten, mittelbaren Schadens als auch des direkten, unmittelbaren Schadens (BSK KAG-VON PLANTA/BÄRTSCHI, Art. 145 N 40).

8   Die Rückerstattungsklage, die Klage auf Bestimmung eines Vertreters der Anlegergemeinschaft sowie die Verantwortlichkeitsklage sind zwingend am Sitz des betroffenen Bewilligungsträgers zu erheben. Zum Begriff «**Bewilligungsträger**»: Personen, welche schweizerische kollektive Kapitalanlagen verwalten und/oder aufbewahren, sind Bewilligungsträger und müssen von der FINMA als solche bewilligt werden. Die Bewilligungsträger sind in Art. 13 KAG abschliessend aufgezählt. Es sind dies (vgl. BSK KAG-FRICK/HÄUSERMANN, Art. 13 N 2): die **Fondsleitung** (Art. 28 ff. KAG); die **SICAV** (Art. 36 ff. KAG); die **Kommanditgesellschaft für kollektive Kapitalanlagen** (Art. 98 ff. KAG); die **SICAF** (Art. 110 ff. KAG); die **Depotbank** (Art. 72 ff. KAG); die **Vermögensverwalter schweizerischer kollektiver Kapitalanlagen** (Art. 18 KAG); die

Vertriebsträger (Art. 19 KAG) sowie der **Vertreter ausländischer kollektiver Kapitalanlagen** (Art. 123 ff. KAG). Die Fondsleitung ist eine AG mit Sitz und Hauptverwaltung in der Schweiz (Art. 28 Abs. 1 KAG). Für die Bestimmung der örtlichen Zuständigkeit ist somit der Eintrag des **statutarischen Sitzes** der Fondsleitung im Handelsregister ausschlaggebend, und zwar im **Zeitpunkt der Klageanhebung** (SPÜHLER/VOCK, GestG, Art. 32 N 4). Gleiches gilt bei den anderen genannten Bewilligungsträgern, sofern sie als juristische Personen im Handelsregister eingetragen sind. Sind sie dies nicht, gilt der **Wohnsitz** des betreffenden Bewilligungsträgers als massgeblicher Gerichtsstand. So kann z.B. der Vermögensverwalter einer schweizerischen kollektiven Kapitalanlage eine natürliche Person sein (Art. 18 Abs. 1 lit. a KAG). Art. 45 spricht nur vom Gerichtsstand am Sitz. Der Begriff «**Sitz**» muss deshalb weit ausgelegt werden. Darunter fällt auch der Begriff «**Wohnsitz**».

Wegen des **zwingenden Gerichtsstandes** ist die klagende Partei im Gegensatz zu den gesellschaftsrechtlichen Verantwortlichkeitsklagen (vgl. Art. 40) nicht berechtigt, die Verantwortlichkeitsklage am Wohnsitz oder Sitz der verantwortlichen Person einzureichen (vgl. zum früheren Recht AFG-Komm-FORSTMOSER, Art. 68 AFG N 8). Es steht ihr einzig der Richter am Sitz des betroffenen Bewilligungsträgers zur Verfügung. Eine **Gerichtsstandsvereinbarung** ist weder im Voraus noch nach entstandener Streitigkeit zulässig. Demnach ist eine **statutarische Gerichtsstandsklausel** ebenfalls nicht rechtmässig. Sodann können sich die Parteien nicht an einem von der vorliegenden Bestimmung abweichenden Gerichtsstand **einlassen** (SPÜHLER/VOCK, GestG, Art. 2 N 1). 9

Es fragt sich, wo der Anleger gegen den Vertreter einer ausländischen kollektiven Kapitalanlage (Art. 119 ff. KAG) seinen Verantwortlichkeitsanspruch geltend machen kann. Da die kollektive Kapitalanlage ihren Sitz im Ausland und nicht in der Schweiz hat, könnte argumentiert werden, es handle sich um einen internationalen Sachverhalt, weshalb die Gerichtsstandsbestimmungen der ZPO nicht anwendbar sind. Dieser Argumentation ist aber nicht zu folgen: Es handelt sich gleichwohl um einen Binnensachverhalt (vorausgesetzt, dass die klägerische Partei in der Schweiz wohnt), weil die beklagte Partei als Vertreterin der ausländischen kollektiven Kapitalanlage ihren Wohnsitz oder Sitz in der Schweiz hat. Da die Verantwortlichkeitsklage des Anlegers oder des Vertreters der Anlegergemeinschaft gegen den Vertreter der ausländischen kollektiven Kapitalanlage ausdrücklich in Art. 145 Abs. 1 lit. g KAG geregelt ist, ist somit für die Bestimmung der Zuständigkeit dieser Klage ebenfalls Art. 45 ZPO massgeblich. 10

III. LugÜ und IPRG

Sowohl im **euronationalen** als auch im **internationalen** Bereich ist der Gerichtsstand für Verantwortlichkeitsklagen bei Kollektivanlagen nicht geregelt. Es sind somit die allgemeinen Zuständigkeitsregeln des LugÜ II und des IPRG anwendbar. So richtet sich im internationalen Verhältnis die Zuständigkeit für Verantwortlichkeitsansprüche der Anleger gegen gesellschaftsrechtlich strukturierte kollektive Kapitalanlagen bzw. gegen deren Organe nach Art. 151 Abs. 1 und 2 IPRG (BSK KAG-VON PLANTA/BÄRTSCHI, Art. 145 N 57). Für bei der öffentlichen Ausgabe von Beteiligungspapieren oder Anleihen in Zusammenhang stehende Schadenersatzklagen besteht eine zwingende Zuständigkeit am schweizerischen Emissionsort (BSK IPRG-VON PLANTA/EBERHARD, Art. 151 N 9 ff.; BSK KAG-VON PLANTA/BÄRTSCHI, Art. 145 N 57). 11

9. Abschnitt: Schuldbetreibungs- und Konkursrecht

Art. 46

Für Klagen nach dem Bundesgesetz vom 11. April 1889 über Schuldbetreibung und Konkurs (SchKG) bestimmt sich die örtliche Zuständigkeit nach diesem Kapitel, soweit das SchKG keinen Gerichtsstand vorsieht.

Le présent chapitre régit la compétence à raison du lieu en cas d'actions fondées sur la loi fédérale du 11 avril 1889 sur la poursuite pour dettes et la faillite (LP), dans la mesure où la LP ne prévoit pas de for.

Per le azioni fondate sulla legge federale dell'11 aprile 1889 sulla esecuzione e sul fallimento (LEF) la competenza per territorio è determinata dal presente capitolo, in quanto la LEF non preveda un altro foro.

Inhaltsübersicht

	Note
I. Norminhalt und Normzweck	1
II. Anwendungsbereich	2
1. ZPO-Zuständigkeit	2
2. SchKG-Zuständigkeit	19

Literatur

D. GASSER, Gerichtsstandsgesetz und SchKG, in: Leuenberger/Pfister-Liechti (Hrsg.), Das Gerichtsstandsgesetz, Bern 2001, 73 ff.; A. GÜNGERICH, Auswirkungen des Gerichtsstandsgesetzes auf die Verfahren des SchKG, IWIR 2001, 127; P. REETZ, Die allgemeinen Bestimmungen des Gerichtsstandsgesetzes, Zürcher Studien zum Verfahrensrecht 128, Zürich 2001; K. SPÜHLER/ P. REETZ, Das neue Gerichtsstandsgesetz und seine Auswirkungen auf das SchKG, BlSchK 2002, 1 ff.; H. U. WALDER/I. JENT-SØRENSEN, Tafeln zum Schuldbetreibungs- und Konkursrecht, 6. Aufl., Zürich 2008.

I. Norminhalt und Normzweck

1 Diese Bestimmung nimmt einerseits den bisherigen gerichtstandsrechtlichen Vorbehalt von Art. 1 Abs. 2 lit. b GestG zugunsten des SchKG auf und stellt andererseits klar: Wenn das SchKG für eine seiner Klagen keinen Gerichtsstand statuiert, bestimmt sich die örtliche Zuständigkeit nach der ZPO. Zudem beendet sie die Kontroverse, ob bei Schweigen des SchKG für die örtliche Zuständigkeit kantonales Recht oder die analoge Anwendung des GestG massgebend sei (BOTSCHAFT ZPO, 7272; Bericht VE-ZPO, 30).

II. Anwendungsbereich

1. ZPO-Zuständigkeit

2 Für eine SchKG-Klage ist der Gerichtsstand zunächst im SchKG zu suchen und wenn sich dort keiner finden lässt, bestimmt er sich nach diesem Kapitel der ZPO (BOTSCHAFT ZPO, 7272; Bericht VE-ZPO, 31). Das SchKG sieht für seine nachfolgend genannten Klagen keinen Gerichtsstand vor:

2. Kapitel: Örtliche Zuständigkeit 3–9 Art. 46

a) Klage aus Staatshaftung (Art. 5 SchKG)

Der Gerichtsstand für die Staatshaftungsklage ist umstritten. Für die einen ist sie am Hauptort desjenigen Kantons einzureichen, dessen Beamten und Angestellte etc. den Schaden verursachten. Da es um öffentlich-rechtliche Ansprüche geht, lehnen sie den Gerichtstand von Art. 36 für Klagen aus unerlaubten Handlungen ab (STAEHELIN/STAEHELIN/GROLIMUND, § 9 N 153). Demgegenüber bejahen andere für die Staatshaftungsklage den Gerichtsstand für Klagen aus unerlaubten Handlungen, weil eine ausservertragliche Schädigung in Frage stehe (Kellerhals/von Werdt/Güngerich-GASSER, Art. 1 GestG N 40; GASSER, 79; REETZ, 39 f.; SPÜHLER/REETZ, 6). 3

Gemäss Bundesgericht sind Entscheide über die Staatshaftung nach Art. 5 SchKG öffentlich-rechtlicher Natur (BGE 126 III 431, 436 f. E. 2c/bb; BGer vom 30.4.2008, 5A_54/2008, E. 1; vom 19.9.2007, 5A_306/2007, E. 1.1). Indessen erachtet es Art. 41 ff. OR auch bei der Beurteilung der Haftung aufgrund Art. 5 SchKG als anwendbar (BGer vom 30.4.2008, 5A_54/2008, E. 4.1). Des Weiteren sieht der Gesetzgeber für die Staatshaftungsklage nicht den Verwaltungsweg, sondern mit Art. 1 c den Gerichtsweg und mit Art. 46 die Bestimmungen der ZPO über die örtliche Zuständigkeit vor. Ferner ist Art. 10 lit. d, welcher für Klagen gegen einen Kanton ein Gericht am Kantonshauptort vorsieht, nicht zwingend. All dies spricht dafür, Art. 36 auf die Staatshaftungsklage anzuwenden, auch wenn dies zu einem Gerichtsstand führen kann, welcher ausserhalb des Kantonsgebietes des ins Recht gefassten Kantons liegt. 4

b) Anerkennungsklage beim nachträglichen Rechtsvorschlag (Art. 77 Abs. 4 SchKG)

Die Zuständigkeit richtet sich nach Art der Forderung (STAEHELIN/STAEHELIN/GROLIMUND, § 9 N 153; Müller/Wirth-DASSER, Art. 1 GestG N 61; SPÜHLER/GEHRI, 218; vgl. auch REETZ, 42). 5

c) Anerkennungsklage (Art. 79 Abs. 1 SchKG)

Die Art der Forderung bestimmt die Zuständigkeit (STAEHELIN/STAEHELIN/GROLIMUND, § 9 N 153; Müller/Wirth-DASSER, Art. 1 GestG N 61; SPÜHLER/GEHRI, 218; vgl. auch Kellerhals/von Werdt/Güngerich-GASSER, Art. 1 GestG N 35; GASSER, 78; GÜNGERICH, 127; REETZ, 42; SPÜHLER/REETZ, 6; WALDER/JENT-SØRENSEN, Tafel 8). 6

d) Klage gegen den früheren Ersteigerer und seinen Bürgen (Art. 129 Abs. 4 und Art. 143 Abs. 2 SchKG)

Der allgemeine Gerichtsstand von Art. 10 ZPO gilt (s. STAEHELIN/STAEHELIN/GROLIMUND, § 9 N 153; Müller/Wirth-DASSER, Art. 1 GestG N 61; Kellerhals/von Werdt/Güngerich-GASSER, Art. 1 GestG N 36; GASSER, 78; REETZ, 44). 7

e) Klage der Abtretungsgläubiger in der Betreibung auf Pfändung (Art. 131 Abs. 2 SchKG)

Gerichtsstand ist derjenige Ort, an welchem der Schuldner als Forderungsgläubiger klagen müsste (WALDER/JENT-SØRENSEN, Tafel 62). 8

f) Anerkennungsklage in der Betreibung auf Pfandverwertung (Art. 153a Abs. 1 und 2 SchKG)

Die Zuständigkeit ergibt sich aus der Forderungsart (STAEHELIN/STAEHELIN/GROLIMUND, § 9 N 153; Müller/Wirth-DASSER Art. 1 GestG N 61; vgl. auch Kellerhals/von Werdt/Güngerich-GASSER, Art. 1 GestG N 35; GASSER, 78; REETZ, 42; SPÜHLER/REETZ, 6; SPÜHLER/GEHRI, 218; WALDER/JENT-SØRENSEN, Tafel 8). 9

g) Klage auf Zahlung bei Hinterlegung in der Wechselbetreibung (Art. 184 Abs. 2 SchKG)

10 Die Forderungsart ist für die Zuständigkeit massgebend (vgl. STAEHELIN/STAEHELIN/ GROLIMUND, § 9 N 153; Müller/Wirth-DASSER, Art. 1 GestG N 61).

h) Klage bei Bewilligung des Rechtsvorschlages in der Wechselbetreibung (Art. 186 SchKG)

11 Je nach Art der Forderung kommt der allgemeine Gerichtsstand oder ein Spezialgerichtstand nach ZPO zum Tragen (vgl. WALDER/JENT-SØRENSEN, Tafel 70; STAEHELIN/ STAEHELIN/GROLIMUND, § 9 N 153; Müller/Wirth-DASSER, Art. 1 GestG N 61).

i) Admassierungsklage (Art. 242 Abs. 3 SchKG)

12 Die sachenrechtliche Zuständigkeit von ZPO 29 f. gilt (vgl. STAEHELIN/STAEHELIN/ GROLIMUND, § 9 N 153; Müller/Wirth-DASSER, Art. 1 GestG N 61; Kellerhals/von Werdt/ Güngerich-GASSER, Art. 1 GestG N 37; GASSER, 78; REETZ, 42; SPÜHLER/REETZ, 6; SPÜHLER/DOLGE, 130).

j) Klage der Abtretungsgläubiger (Art. 260 Abs. 1 SchKG)

13 Dort, wo der Schuldner als Forderungsgläubiger klagen müsste, befindet sich der Gerichtsstand (WALDER/JENT-SØRENSEN, Tafel 62).

k) Klage der Abtretungsgläubiger nach Schluss des Konkursverfahrens (Art. 269 Abs. 3 SchKG i.V.m. Art. 260 SchKG)

14 Auch hier ist der Ort, an welchem der Schuldner als Forderungsgläubiger klagen müsste, Gerichtsstand (WALDER/JENT-SØRENSEN, Tafel 62).

l) Arrestprosequierungsklage (Art. 279 Abs. 2 SchKG)

15 Die Zuständigkeit bestimmt sich nach der Art der Forderung (Müller/Wirth-DASSER, Art. 1 GestG N 61; SPÜHLER/GEHRI, 220; vgl. auch Kellerhals/von Werdt/Güngerich-GASSER, Art. 1 GestG N 35; GÜNGERICH, 127). Die Klage ist dort zu erheben, wo sie anzuheben wäre, wenn die Forderung vorher nicht verarrestiert worden wäre (REETZ, 45; SPÜHLER/REETZ, 6).

m) Klage auf Feststellung des Retentionsrechtes bzw. der ihm zugrunde liegenden Forderung (Kreisschreiben Nr. 24 des SchK-Kammer des Bundesgerichts vom 12.7.1909).

16 Zuständig ist aufgrund von Art. 10 und 30 ZPO das Gericht am Wohnsitz bzw. Sitz der beklagten Partei oder am Ort der gelegenen Sache (vgl. WALDER/JENT-SØRENSEN, Tafel 42).

n) Retentionsprosequierungsklage (Art. 283 SchKG)

17 Hier gelten der sachenrechtliche und der mietrechtliche Gerichtsstand von Art. 30 bzw. 33 ZPO (s. STAEHELIN/STAEHELIN/GROLIMUND, § 9 N 153; Kellerhals/von Werdt/ Güngerich-GASSER, Art. 1 GestG N 38; GASSER, 79; REETZ, 45).

o) Klage auf Rückschaffung von Retentionsgegenständen (Art. 284 SchKG)

18 Die Zuständigkeit richtet sich nach dem sachenrechtlichen Gerichtsstand von Art. 30 ZPO (STAEHELIN/STAEHELIN/GROLIMUND, § 9 N 153; Kellerhals/von Werdt/Güngerich-GASSER, Art. 1 GestG N 39; GASSER, 79; BSK SchKG III-SCHNYDER/WIEDE, Art. 284 N 15; SPÜHLER/GEHRI, 109, 222; WALDER/JENT-SØRENSEN, Tafel 43; **a.M.** REETZ, 46).

2. SchKG-Zuständigkeit

Für gewisse Klagen hält das SchKG einen Gerichtsstand bereit, lässt jedoch noch andere zu. Der in Art. 83 Abs. 2 SchKG vorgesehene Gerichtsstand der Aberkennungsklage am Betreibungsort ist nicht zwingend, der Gläubiger kann sich auf eine Aberkennungsklage an einem andern Ort einlassen (BSK SchKG I-STAEHELIN, Art. 83 N 35). Bei der Rückforderungsklage (Art. 86 Abs. 2 SchKG) und bei der Rückforderungsklage in der Wechselbetreibung (Art. 187 SchKG i.V.m. Art. 86 SchKG) hat der Kläger die Wahl zwischen dem Gerichte des Betreibungsortes und dem ordentlichen Gerichtsstand des Beklagten. Für die Arrestschadenersatzklage stellt Art. 273 Abs. 2 SchKG als alternativen Gerichtsstand das Gericht des Arrestortes zur Verfügung. 19

Für weitere Zuständigkeiten, welche das SchKG regelt, siehe die Übersichten bei LEUCH/MARBACH/KELLERHALS/STERCHI, Art. 32 ZPO/BE N 2b sowie SPÜHLER/GEHRI, 218 ff. und SPÜHLER/DOLGE, 128 ff. 20

3. Kapitel: Ausstand

Art. 47

Ausstandsgründe

¹ Eine Gerichtsperson tritt in den Ausstand, wenn sie:
a. in der Sache ein persönliches Interesse hat;
b. in einer anderen Stellung, insbesondere als Mitglied einer Behörde, als Rechtsbeiständin oder Rechtsbeistand, als Sachverständige oder Sachverständiger, als Zeugin oder Zeuge, als Mediatorin oder Mediator in der gleichen Sache tätig war;
c. mit einer Partei, ihrer Vertreterin oder ihrem Vertreter oder einer Person, die in der gleichen Sache als Mitglied der Vorinstanz tätig war, verheiratet ist oder war, in eingetragener Partnerschaft lebt oder lebte oder eine faktische Lebensgemeinschaft führt;
d. mit einer Partei in gerader Linie oder in der Seitenlinie bis und mit dem dritten Grad verwandt oder verschwägert ist;
e. mit der Vertreterin oder dem Vertreter einer Partei oder mit einer Person, die in der gleichen Sache als Mitglied der Vorinstanz tätig war, in gerader Linie oder im zweiten Grad der Seitenlinie verwandt oder verschwägert ist;
f. aus anderen Gründen, insbesondere wegen Freundschaft oder Feindschaft mit einer Partei oder ihrer Vertretung, befangen sein könnte.

² Kein Ausstandsgrund für sich allein ist insbesondere die Mitwirkung:
a. beim Entscheid über die unentgeltliche Rechtspflege;
b. beim Schlichtungsverfahren;
c. bei der Rechtsöffnung nach den Artikeln 80–84 SchKG;
d. bei der Anordnung vorsorglicher Massnahmen;
e. beim Eheschutzverfahren.

Art. 47

2. Titel: Zuständigkeit der Gerichte und Ausstand

Motifs de récusation

¹ Les magistrats et les fonctionnaires judiciaires se récusent dans les cas suivants:
  a. ils ont un intérêt personnel dans la cause;
  b. ils ont agi dans la même cause à un autre titre, notamment comme membre d'une autorité, comme conseil juridique d'une partie, comme expert, comme témoin ou comme médiateur;
  c. ils sont conjoints, ex-conjoints, partenaires enregistrés ou ex-partenaires enregistrés d'une partie, de son représentant ou d'une personne qui a agi dans la même cause comme membre de l'autorité précédente ou mènent de fait une vie de couple avec l'une de ces personnes;
  d. ils sont parents ou alliés en ligne directe, ou jusqu'au troisième degré en ligne collatérale d'une partie;
  e. ils sont parents ou alliés en ligne directe ou au deuxième degré en ligne collatérale d'un représentant d'une partie ou d'une personne qui a agi dans la même cause comme membre de l'autorité précédente;
  f. ils pourraient être prévenus de toute autre manière, notamment en raison d'un rapport d'amitié ou d'inimitié avec une partie ou son représentant.

² Ne constitue pas à elle seule un motif de récusation notamment la participation aux procédures suivantes:
  a. l'octroi de l'assistance judiciaire;
  b. la conciliation;
  c. la mainlevée au sens des art. 80 à 84 LP;
  d. le prononcé de mesures provisionnelles;
  e. la protection de l'union conjugale.

Motivi

¹ Chi opera in seno a un'autorità giudiziaria si ricusa se:
  a. ha un interesse personale nella causa;
  b. ha partecipato alla medesima causa in altra veste, segnatamente come membro di un'autorità, patrocinatore di una parte, perito, testimone o mediatore;
  c. è o era unito in matrimonio, vive o viveva in unione domestica registrata oppure convive di fatto con una parte, il suo rappresentante o una persona che ha partecipato alla medesima causa come membro della giurisdizione inferiore;
  d. è in rapporto di parentela o affinità in linea retta, o in linea collaterale fino al terzo grado incluso, con una parte;
  e. è in rapporto di parentela o affinità in linea retta, o in linea collaterale fino al secondo grado incluso, con il rappresentante di una parte o con una persona che ha partecipato alla medesima causa come membro della giurisdizione inferiore;
  f. per altri motivi, segnatamente a causa di amicizia o inimicizia con una parte o il suo rappresentante, potrebbe avere una prevenzione nella causa.

² Non è in sé motivo di ricusazione segnatamente la partecipazione:
  a. alla decisione circa il gratuito patrocinio;
  b. alla procedura di conciliazione;
  c. al rigetto dell'opposizione secondo gli articoli 80–84 LEF;
  d. all'emanazione di provvedimenti cautelari;
  e. alla procedura a tutela dell'unione coniugale.

Inhaltsübersicht

	Note
I. Allgemeines	1
1. Verfassungsmässiges Recht auf ein unabhängiges und unparteiisches Gericht	1
2. Abgrenzung zur Unvereinbarkeit	9
II. Verpflichtete Personen	10
1. Schiedsrichter	11
2. Gerichtsschreiber	12

3. Sachverständige 13
  4. Berufsständische Organe 15
III. Die Ausstandsgründe (Abs. 1) 16
  1. Vorbemerkungen 16
  2. Die Ausstandsgründe im Einzelnen 19
IV. Keine Ausstandsgründe (Abs. 2) 49
  1. Allgemeines 49
  2. Negativkatalog 50

Literatur

G. BIAGGINI, Bundesverfassung der Schweizerischen Eidgenossenschaft und Auszüge aus der EMRK, den UNO-Pakten sowie dem BGG, Zürich 2007; W. BIRCHMEIER, Handbuch des Bundesgesetzes über die Organisation der Bundesrechtspflege vom 16. Dezember 1943 unter Berücksichtigung der Schluss- und Übergangsbestimmungen, Zürich 1950; A. BÜHLER, Die Stellung von Experten in der Gerichtsverfassung, SJZ 2009, 329–334 (zit. Experten); DERS., Gerichtsgutachter und -gutachten im Zivilprozess, in: M. Heer/C. Schöbi (Hrsg), Gericht und Expertise, Bern 2005, 11–125 (zit. Gerichtsgutachter); R. KIENER, Richterliche Unabhängigkeit – Verfassungsrechtliche Anforderungen an Richter und Gerichte, Bern 2001 (zit. Unabhängigkeit); DIES., Anwalt oder Richter?, in: FS 100 Jahre Aargauischer Anwaltsverband, Zürich 2005, 3–26 (zit. Anwalt); R. KIENER/W. KÄLIN, Grundrechte, Bern 2007; R. KIENER/M. KRÜSI, Die Unabhängigkeit von Gerichtssachverständigen, ZSR 2006 I 487–513; J. P. MÜLLER/M. SCHEFER, Grundrechte in der Schweiz, 4. Aufl., Bern 2008; J.-F. POUDRET, Commentaire de la loi fédérale d'organisation judiciaire du 16 décembre 1943, Bern 1990–1992; P. SCHINDLER, Die Befangenheit der Verwaltung, Diss. Zürich 2002; H. SCHULZE-FIELITZ/C. SCHÜTZ (Hrsg.), Justiz und Justizverwaltung zwischen Ökonomisierungsdruck und Unabhängigkeit, Berlin 2002; P. SUTTER, Der Anwalt als Richter, die Richterin als Anwältin, AJP 2006, 30–42; H. P. WALTER, Bundesprivatrecht und kantonales Zivilprozessrecht, BJM 1995, 281–301.

I. Allgemeines

1. Verfassungsmässiges Recht auf ein unabhängiges und unparteiisches Gericht

Die **richterliche Unabhängigkeit** wird in Art. 30 Abs. 1 BV als justiziables Grundrecht und in Art. 191c BV als organisatorischer Grundsatz sowie in Art. 6 Ziff. 1 Satz 1 EMRK und Art. 14 Abs. 1 UNO-Pakt II (Internationaler Pakt vom 16.12.1966 über bürgerliche und politische Rechte, SR 0.103.2) garantiert. Jedoch besteht kein verfassungsmässiger Anspruch auf einen juristisch gebildeten Richter (BGE 134 I 16 E. 4). 1

Nach Art. 30 Abs. 1 BV und Art. 6 Ziff. 1 Satz 1 EMRK hat der Einzelne Anspruch darauf, dass seine Sache von einem **unabhängigen und unparteiischen Gericht** ohne Einwirken sachfremder Umstände entschieden wird. Art. 29 Abs. 1 BV vermittelt den Verfahrensparteien einen grundrechtlichen Anspruch auf «gleiche und gerechte Behandlung» durch die rechtsanwendenden Behörden. Diese Garantie sichert die Standards minimaler Verfahrensfairness und bedeutet deshalb mehr als nur den Anspruch auf rechtsgleichen Zugang zur Justiz (KIENER, Anwalt, 18 f. m.w.H.). 2

Befangenheit des Richters ist immer dann anzunehmen, wenn Umstände vorliegen, die geeignet sind, Misstrauen in dessen Unparteilichkeit zu erwecken. Die Ablehnung setzt nicht voraus, dass der Richter tatsächlich befangen ist (BGer, 4A_222/2009, E. 2; BGE 134 I 238 E. 2.1 m.w.H.; 133 I 1 E. 6.2). Bei der Beurteilung solcher Umstände sind das subjektive Empfinden einer Partei oder rein persönliche Eindrücke nicht ausschlaggebend (BGE 134 I 20 E. 4.2 = Pra 2008 Nr. 73; 133 I 1 E. 52; 131 I 24 E. 1.1 = Pra 2005 Nr. 129). Vielmehr genügen Umstände, die bei objektiver Betrachtung den **An-** 3

schein der Befangenheit und die **Gefahr der Voreingenommenheit** zu begründen vermögen (grundlegend BGE 114 Ia 50 E. 3b = Pra 1988 Nr. 188; s.a. BGer, 1B.221/2007, E. 4.2; BGE 131 I 113 E. 3.4; 126 I 68 E. 3a; 125 I 209 E. 8a; 125 I 119 E. 3a). Solche objektiv festgestellten Umstände können entweder in einem bestimmten Verhalten des betreffenden Richters oder in gewissen äusseren Gegebenheiten **funktioneller und organisatorischer Natur** begründet sein. Mit anderen Worten muss gewährleistet sein, dass der Prozess aus Sicht aller Beteiligten als offen erscheint (BGE 133 I 1 E. 6.2). Die Unbefangenheit eines Richters soll garantieren, dass keine Umstände, welche ausserhalb des Prozesses liegen, in sachwidriger Weise zu Gunsten oder zu Lasten einer Partei auf das Urteil einwirken. Schliesslich soll verhindert werden, dass jemand als Richter tätig wird, der unter solchen Einflüssen steht und deshalb kein «rechter Mittler» (BGE 33 I 143 E. 2) mehr sein kann (BGE 114 Ia 50 E. 3b = Pra 1988 Nr. 188).

4   Der Anspruch auf einen unabhängigen und unparteiischen Richter umfasst indessen nicht auch die Garantie auf einen jederzeit fehlerfrei arbeitenden Richter. Verfahrens- oder Einschätzungsfehler sind deshalb ebenso wenig Ausdruck einer Voreingenommenheit wie ein inhaltlich falscher Entscheid in der Sache oder Fehler in der Verhandlungsführung (BGer, 4A_220/2009, E. 4.1 m.H. auf KIENER, Unabhängigkeit, 105). Solche Fehler können nur ausnahmsweise die Unbefangenheit einer Gerichtsperson in Frage stellen. Dabei müssen objektiv gerechtfertigte Gründe zur Annahme bestehen, dass sich in Rechtsfehlern gleichzeitig eine Haltung manifestiert, die auf fehlende Distanz und Neutralität beruht. Es muss sich um besonders krasse Fehler oder wiederholte Irrtümer handeln, die eine schwere Verletzung der Richterpflichten darstellen (BGer, 4A_220/2009, E. 4.1 m.H. auf BGE 116 Ia 135 E. 3a = Pra 1991 Nr. 84; 115 Ia 400 E. 3b = Pra 1990 Nr. 242; 114 Ia 153 E. 3b/bb = Pra 1988 Nr. 246; BGer, 5A_206/2008, E. 2.2).

5   Selbst wenn die Gerichtsperson glaubhaft beteuert, dass sie sich bei der Entscheidfindung von solchen Gründen in keiner Weise leiten lässt, genügt der begründete Anschein der Befangenheit (STAEHELIN/STAEHELIN/GROLIMUND, § 6 Rz 23). Dabei geht es nie um den unmittelbaren (direkten) Beweis des tatsächlichen Vorliegens oder Nichtvorliegens der Unparteilichkeit und Unbefangenheit, sondern vielmehr nur um den Nachweis von **äusseren Umständen** (Indizien), die den Anschein der Befangenheit und die Gefahr der Voreingenommenheit begründen (BÜHLER, Experten, 330).

6   Wird zufolge Ausstandes ein Richter oder ein ganzes Gericht in einem bestimmten Fall von seiner Amtspflicht entbunden, so hat dies zur Folge, dass nicht der primär für diesen Streit gesetzlich vorgesehene, sondern ein nur subsidiär zuständiger oder sogar ein durch Einzelverfügung bestellter Richter in dieser Sache entscheiden muss. Der Anspruch auf einen unparteiischen Richter steht daher mit dem Anspruch auf den ordentlicherweise gesetzlich vorgesehenen Richter in einem gewissen Spannungsverhältnis (BGE 105 Ia 157 E. 5c). Der Ausstand soll nicht leichthin, sondern nur aus **erheblichen Gründen** bewilligt werden. Insbesondere darf sich ein Richter nicht ihm unbequemer Prozesse entschlagen. Der Ausstand muss **Ausnahme** bleiben; sonst bestünde die Gefahr, dass die regelhafte Zuständigkeitsordnung für die Gerichte bis zu einem gewissen Grade illusorisch und die Garantie des verfassungsmässigen Richters von dieser Seite her ausgehöhlt werden könnte (BGE 105 Ia 157 E. 6a; Pra 2002 Nr. 144 E. 3.2).

7   Diese Grundsätze gelten auch bei **privaten Schiedsgerichten**, deren Entscheide denjenigen der staatlichen Instanzen hinsichtlich Rechtskraft und Vollstreckbarkeit gleichstehen und die deshalb dieselbe Gewähr für eine unabhängige Rechtsprechung bieten müssen (BGE 135 I 14 E. 2; 119 II 271 E. 3b m.w.H.).

8   Die Ausstandspflicht von **Gerichtsschreibern** sowie von **Sachverständigen** ergibt sich aus Art. 29 Abs. 1 BV (Anspruch auf ein faires Verfahren) und nicht aus Art. 30 Abs. 1

BV (vgl. KIENER, Unabhängigkeit, 81; BÜHLER, Experten, 329). Die von Art. 29 Abs. 1 BV verlangten allgemeinen Mindestanforderungen an die Unabhängigkeit gehen allerdings weniger weit als die spezifischen Garantien für Gerichte nach Art. 30 Abs. 1 BV (BGer, 1B_86/2009, E. 2.2).

2. Abgrenzung zur Unvereinbarkeit

Die Ausstandsgründe sind von den in den kantonalen Gerichtsorganisations- bzw. Gerichtsverfassungsgesetzen normierten **Unvereinbarkeiten** zu unterscheiden. Letztere beziehen sich auf das Amt als solches. Liegt eine Unvereinbarkeit vor, kann das Amt nicht ausgeübt werden.

II. Verpflichtete Personen

Das 3. Kap. des 2. Titels (Art. 47–51) spricht stets von **Gerichtspersonen**, ohne diese Personen näher zu bezeichnen (vgl. aber Art. 34 BGG). Konkretisiert wird der Begriff lediglich in Art. 183 Abs. 2, wonach für eine **sachverständige Person** die gleichen Ausstandsgründe gelten wie für Gerichtspersonen. Der Begriff der Gerichtsperson ist somit weit auszulegen. Darunter fallen neben Richtern auch Schiedsrichter, Friedensrichter, Gerichtsschreiber, Sachverständige und Gerichtspsychologen. Im Einzelnen gilt Folgendes:

1. Schiedsrichter

An die Unbefangenheit eines **Schiedsrichters** sind keine strengeren Anforderungen zu stellen als an jene eines staatlichen Richters (vgl. etwa BGE 105 Ia 247 f. = Pra 1980 Nr. 33 m.w.H.). Es gelten deshalb die gleichen Prinzipien, die das BGer für die staatlichen Richter aus Art. 30 Abs. 1 BV abgeleitet hat (vgl. BGE 115 Ia 400 E. 3b = Pra 1990 Nr. 242). Hat das Schiedsgericht seinen Sitz in der Schweiz, und hat wenigstens eine Partei keinen Wohnsitz/gewöhnlichen Aufenthalt in der Schweiz, so gelten zudem die «Ablehnungsgründe» nach Art. 180 Abs. 1 lit. a–c IPRG.

2. Gerichtsschreiber

Der Anspruch auf ein unabhängiges und unparteiisches Gericht betrifft grundsätzlich auch die **Gerichtsschreiber** bzw. Protokollführer. Dies gilt insb. dann, wenn der juristisch ausgebildete Protokollführer beratende Stimme hat, und die fragliche richterliche Behörde ganz oder teilweise mit juristischen Laien besetzt ist (BGE 124 I 255 E. 5c/aa). Anders zu entscheiden hiesse, den Anspruch auf ein unabhängiges Gericht zu unterlaufen, zumal der Protokollführer in den genannten Fällen einen nicht zu unterschätzenden Einfluss auf die Willensbildung der richterlichen Behörde ausüben kann (BGE 115 Ia 224 E. 7b m.w.H.).

3. Sachverständige

Der **Sachverständige** (Gutachter, Experte) ist nicht Richter, sondern – nur, aber immerhin – Gehilfe des Richters (vgl. VOGEL/SPÜHLER, Kap. 10 Rz 154). Als Beauftragte des Gerichts haben auch sie für die aus dem rechtlichen Gehör abgeleitete Unabhängigkeit Gewähr zu bieten (BGE 100 Ia 31 E. 3). Als Entscheidungsgehilfen des Gerichts ergänzen sie das Wissen der Richter durch besondere Kenntnisse auf ihrem Sachgebiet (BGE 118 Ia 144 E. 1c m.w.H.); die Ausstandsregeln gelten aber auch für sie (STAEHELIN/STAEHELIN/GROLIMUND, § 18 Rz 120; BGE 126 III 249 E. 3c und d [schiedsgerichtlicher Experte]). Da der Sachverständige nicht Richter ist, ergeben sich die Anforderungen an seine Unbefangenheit aus dem Anspruch auf ein faires Verfahren gemäss Art. 29 Abs. 1 BV und Art. 6 Ziff. 1 EMRK (BGer, 6B_299/2007, E. 5.1.1). Inwieweit auch die Kriterien von Art. 30 Abs. 1 BV heranzuziehen sind, die «in strenger Weise» den Anspruch auf ein unabhängiges und unparteiisches Gericht gewährleisten, ist nicht restlos geklärt (BGer, 6B_299/2007, E. 5.1).

14 Gerichtliche Expertisen (zum Gutachten vgl. Art. 183–189) können entscheidenden Einfluss auf den Ausgang eines gerichtlichen Verfahrens haben. Steht die Befangenheit eines Gerichtsexperten fest, so darf er nicht in einem Prozess mitwirken. Der Experte teilt dem Gericht auf Grund seiner Sachkunde entweder Erfahrungs- oder Wissenssätze seiner Disziplin mit, erforscht für das Gericht erhebliche Tatsachen oder zieht sachliche Schlussfolgerungen aus bereits bestehenden Tatsachen. Der Sachverständige muss von den Verfahrensbeteiligten unabhängig sein und sich «der strengsten Unparteilichkeit befleissen» (so Art. 59 Abs. 1 Satz 1 BZP).

4. Berufsständische Organe

15 Es ist nicht zum Vornherein ausgeschlossen, dass ein **berufsständisch** oder **paritätisch zusammengesetztes Organ** selber als unabhängiges und unparteiisches Gericht gelten kann, wenn es funktionell, organisatorisch und verfahrensmässig die Voraussetzungen hierzu erfüllt (BGE 126 I 228 E. 3a m.H. auf 123 I 87 E. 4g). Keine richterliche Behörde i.S.v. Art. 6 Ziff. 1 EMRK bzw. Art. 30 Abs. 1 BV sind die Aufsichtskommissionen über die Rechtsanwälte (BGE 126 I 228 E. 2c: Aufsichtskommissionen über die Rechtsanwälte im Kanton Zürich) und die Berufsgerichte der Ärztekammern (so etwa im dt. Recht: BVerfGE 18, 241).

III. Die Ausstandsgründe (Abs. 1)

1. Vorbemerkungen

16 Art. 47 konkretisiert die verfassungsrechtlichen Grundsätze (s.o. N 1–8) und nennt in Abs. 1 lit. a–e beispielartig fünf typische Ausstandsgründe. Liegen die jeweiligen Voraussetzungen vor, so hat die Gerichtsperson eo ipso in den Ausstand zu treten, nach lit. f indessen nur, wenn eine Gerichtsperson «aus anderen Gründen» nach einer Einzelfallbetrachtung den begründeten Anschein der Befangenheit erweckt hat (zu lit. f s.u. N 37–48).

17 Die ZPO unterscheidet nicht zwischen **zwingenden** (obligatorischen) Ausschliessungs- bzw. *Ausschluss*gründen (*iudex incapax, inhabilis*) und **nicht-zwingenden** (freiwilligen) *Ablehnungs*gründen (*iudex suspectus*), sondern verwendet nur den Begriff «Ausstand» bzw. «Ausstandsgrund». Die Unterscheidung ist bereits mit Inkrafttreten des BGG aufgehoben und in der ZPO zu Recht nicht wieder aufgenommen worden. Rechtsfolge der fallen gelassenen Unterscheidung ist die **von Amtes wegen** vorzunehmende Beachtung der Ausstandsgründe; sie sind nicht erst auf Parteiantrag hin zu beachten. Allerdings **verwirken** die in Abs. 1 aufgezählten Ausstandsgründe, wenn sie nach ihrer Erkennbarkeit von der betroffenen Partei nicht unverzüglich geltend gemacht werden (hierzu s.u. Art. 49 N 3).

18 Da die Ausstandsgründe persönlicher Natur sind, können nur Einzelpersonen abgelehnt werden, bei denen die jeweiligen Gründe vorliegen, nicht aber das Gericht als solches (so ausdrücklich etwa § 42 Abs. 8 GOG BS).

2. Die Ausstandsgründe im Einzelnen (Abs. 1)

a) Persönliches Interesse (lit. a)

Das **persönliche Interesse** kann unmittelbar oder mittelbar sein (SPÜHLER/DOLGE/VOCK, Art. 34 BGG N 3). *Unmittelbar* ist das Interesse, wenn es um einen eigenen Anspruch geht. Ist die Gerichtsperson als Organ einer juristischen Person tätig ist oder ist sie Aktionärin, Gesellschafterin einer GmbH, Genossenschafterin, Vereinsmitglied usw. einer Prozesspartei, so ist das persönliche Interesse nur ein *mittelbares* (vgl. BIRCHMEIER, Art. 22 OG N 4). 19

Ist die Gerichtsperson **Aktionärin** einer der involvierten Parteien, so ist sie nicht per se befangen. Vielmehr ist zum einen auf das Mass der Beteiligung (so auch LEUCH/MARBACH/KELLERHALS/STERCHI, Art. 11 ZPO/BE N 5b; anders namentlich noch § 96 Ziff. 1 GVG ZH und Art. 23 lit. a OG) und zum anderen auf das Verhältnis zwischen der Kapitalbeteiligung und der finanziellen Lage der Gerichtsperson abzustellen. Die Befangenheit wegen einer einzigen Aktie mit einem hohen Marktwert ist damit theoretisch denkbar. Zudem spielt die Bedeutung für die am Verfahren beteiligte juristische Person am Prozessausgang eine Rolle (so auch LEUCH/MARBACH/KELLERHALS/STERCHI, Art. 11 ZPO/BE N 5b; BÜHLER, Gerichtsgutachter, 31). Schliesslich ist es nicht unerheblich, ob es sich um eine Publikumsgesellschaft oder um eine Familien-AG handelt. Gerade in Klein- und Mittelunternehmungen kann ein bestimmender Einfluss der Gerichtsperson vorliegen (**a.A.** SPÜHLER/DOLGE/VOCK, Art. 34 BGG N 3 mit der Einschränkung auf grosse Publikumsgesellschaften). Dieselben Grundsätze gelten, wenn der Ehe- oder Lebenspartner Aktionärseigenschaft aufweist (**a.A.** POUDRET, Art. 23 OG N 3 m.w.H.). Ein Ausstandsgrund ist nicht gegeben, wenn es sich bei der am Prozess beteiligten Gesellschaft um eine Tochter- oder Muttergesellschaft handelt, von der die Gerichtsperson Aktien besitzt. 20

Die Befangenheit ist zu bejahen, wenn der **nebenamtliche** Richter, der als Anwalt für eine Bank tätig ist, die – obwohl selber nicht Prozesspartei – am Ausgang des Verfahrens interessiert ist, selbst wenn er kein mit der Streitsache zusammenhängendes Mandat führt (BGE 116 Ia 135 E. 3c). Die Befangenheit kann auch dann bestehen, wenn eine Streitigkeit Brancheninteressen betrifft, und ein Richter auf Grund seiner **Anwaltstätigkeit** als Interessenvertreter dieser Branche anzusehen ist. Je gewichtiger das Mandatsvolumen und je länger die Bindungen bestehen, desto dringender ist die Besorgnis um Befangenheit (vgl. KIENER, Anwalt, 15). Der Richter verliert seine Unabhängigkeit nicht, wenn er regelmässig als Anwalt für eine Mieterschutzvereinigung gearbeitet hatte und später in einem Verfahren urteilte, in dem eine Partei durch eben diese Vereinigung vertreten war (BGer, 24.11.1997, SZIER 1998, 494). Vertritt ein nebenamtlicher Richter im Rahmen seiner privatwirtschaftlichen Tätigkeit eine Partei vor seinen Richterkollegen, so müssen diese entgegen der bundesgerichtlichen Praxis (BGer, 17.3.1998, ZBl 1999, 136 E. 2; unv. BGer, 23.12.1992, SZIER 1993, 605 bei Rz 6.1.12) in den Ausstand treten. 21

Bei **Vereinsmitgliedschaften** darf für den Ausstandsgrund der Umstand einer lediglich Passivmitgliedschaft keine Rolle spielen (ebenso SPÜHLER/DOLGE/VOCK, Art. 34 BGG N 3). Ein Ausstandsgrund liegt nicht eo ipso vor, wenn namentlich eine Krankenkasse, der TCS, ACS, oder andere Grossverbände den Prozess führen, deren Mitglied eine Gerichtsperson ist. 22

Ein persönliches Interesse liegt schliesslich immer vor, wenn die Gerichtsperson beim Entscheid über den eigenen Ausstand (mit-)entscheidet oder sie präsumtiver Erbe einer Partei ist. Gleiches muss gelten bei der Eigenschaft der Gerichtsperson als Gläubiger oder Schuldner. 23

b) Tätigkeit in einer anderen Stellung in der gleichen Sache (lit. b)

24 Eine gewisse Besorgnis der Voreingenommenheit und damit Misstrauen in das Gericht kann bei den Parteien immer dann entstehen, wenn einzelne Gerichtspersonen in einem früheren Verfahren mit der konkreten Streitsache schon einmal befasst waren (KIENER/ KRÜSI, 505). Solche Fälle der sog. **Vorbefassung** sind in lit. b genannt. Die Gerichtsperson hat in den Ausstand zu treten, wenn sie zwar in einer anderen Stellung, aber in der gleichen Sache tätig war.

25 Lit. b führt in **nicht abschliessender** Aufzählung fünf Konstellationen auf, wo die Gerichtsperson in den Ausstand zu treten hat, wenn sie als Mitglied einer Behörde, als Rechtsbeiständin oder Rechtsbeistand, als Sachverständige oder Sachverständiger, als Zeugin oder Zeuge sowie als Mediatorin oder Mediator in der gleichen Sache tätig wird. Zu prüfen ist, ob sich eine Gerichtsperson durch ihre Mitwirkung an früheren Entscheidungen in einzelnen Punkten bereits in einem Mass festgelegt hat, die sie nicht mehr als unvoreingenommen und dementsprechend das Verfahren als **nicht mehr offen** erscheinen lässt (BGE 131 I 113 E. 3.4 m.w.H.; 133 I 1 E. 6.2). Ob eine unzulässige Vorbefassung vorliegt, muss **im Einzelfall** anhand aller tatsächlichen und verfahrensrechtlichen Umstände geprüft werden (BGE 133 I 1 E. 6.2; 126 I 68 E. 3c; 114 Ia 50 E. 3d = Pra 1988 Nr. 188).

26 Das Gesetz nennt zunächst die **Mitgliedschaft einer Behörde**. Mit «Behörde» meint der Gesetzgeber sowohl eine gerichtliche als auch eine Verwaltungsbehörde. Der Begriff der Mitgliedschaft ist weit zu verstehen. Es muss genügen, wenn die Gerichtsperson kraft ihrer Stellung bei der gerichtlichen oder der Verwaltungsbehörde am Verfahren mitwirkte und dieses in der Sache durch Antragsrechte, Mitwirkung bei der Entscheidberatung oder durch Ausfertigung der Entscheidgründe beeinflussen kann. Eine Tätigkeit als Gerichtsschreiber im vorinstanzlichen Verfahren genügt (ebenso POUDRET, Art. 22 OG N 3.1).

27 Die Konstellation der vormaligen Befassung der Gerichtsperson als **Rechtsbeistand** ist eng gefasst, da es sich um die **gleiche Sache** handeln muss. In der Praxis weit häufiger sind die Fälle, in welchen nebenamtliche Gerichtspersonen gleichzeitig als **Anwälte** einer Partei in einer anderen Angelegenheit tätig sind; diese Fälle fallen unter lit. f (s.u. N 37–48). Die Stellung als Rechtsbeistand einer Partei nimmt neben den Anwälten auch der **Berater** oder **Konsulent** ein (BSK BGG-HÄNER, Art. 34 N 10). Keine Rolle spielt dabei, in welcher Stellung die betreffende Person beratend tätig war, ob der Rat nur bei Gelegenheit, mündlich oder schriftlich, kostenlos oder gegen Entgelt, abgegeben wurde. Unerheblich ist auch, ob sich der Rat auf eine Tat- oder Rechtsfrage bezog. Wesentlich ist jedoch wiederum, dass es sich dabei um die gleiche Angelegenheit handelt. Eine im Rahmen einer wissenschaftlichen Arbeit abgegebene Ansicht vermag ebenso wenig die Befangenheit zu begründen wie eine im Zusammenhang mit einem anderen Verfahren abgegebene Meinung (vgl. jedoch BGE 123 IV 236 E.1). Allerding ist nicht ausgeschlossen, dass ein anderer Ausstandsgrund i.S.v. lit. f (s.u. N 37–48) vorliegt. Im Zweifelsfall ist auf Grund der Frage zu entscheiden, ob die betreffende Gerichtsperson aus objektiven Gründen den Anschein der Befangenheit erweckt (vgl. N 3).

28 Eine Gerichtsperson kann schliesslich auch als **Sachverständiger** in derselben Sache bereits tätig geworden sein. In Abgrenzung zur beratenden Tätigkeit und insb. zur Gutachtertätigkeit zugunsten einer Partei ist damit die Tätigkeit als Sachverständiger i.S. des **Gerichtsexperten** zu verstehen (vgl. Art. 57–61 BZP).

29 Der Ausstandsgrund der vormaligen Befassung als **Zeuge** setzt voraus, dass die Zeugeneigenschaft tatsächlich vorlag und eine Befragung als Zeuge auch stattgefunden hat (POUDRET, Art. 22 OG N 3.1 m.w.H.). Die vormalige Stellung als Zeuge bildet dann kei-

nen Ausstandsgrund, wenn die Gerichtsperson in jener Stellung bloss angerufen wurde, die Funktion aber nie wahrgenommen hat.

In den Ausstand treten muss auch ein vormaliger **Mediator** in der gleichen Sache (zur Mediation s. Art. 213–218). Der Mediator ist weder Richter noch Schlichter, und die Mediation ist unabhängig von der Schlichtungsbehörde und vom Gericht (vgl. Art. 216 Abs. 1; in der EU gilt die RL 2008/52/EG v. 21.5.2008 über bestimmte Aspekte der Mediation in Zivil- und Handelssachen).

c) Ehe, eingetragene Partnerschaft, faktische Lebensgemeinschaft (lit. c)

Die Gerichtsperson hat gemäss lit. c in den Ausstand zu treten, wenn sie mit einer Partei, ihrer Vertreterin oder ihrem Vertreter oder einer Person, die in der gleichen Sache als Mitglied in der Vorinstanz tätig war, verheiratet ist oder war, in eingetragener Partnerschaft lebt oder lebte oder eine faktische Lebensgemeinschaft führt. Grundsätzlich kann die Beziehung des Ehegatten eines Richters zu einer Partei zur Befangenheit führen (BGer, 1P.180/2004, E. 2: i.c. verneint).

d) Verwandtschaft oder Schwägerschaft zu einer Partei (lit. d)

Die Gerichtsperson hat gemäss lit. d in den Ausstand zu treten, wenn sie mit einer Partei in gerader oder in der Seitenlinie bis und mit dem dritten Grad verwandt oder verschwägert ist.

e) Verwandtschaft oder Schwägerschaft zum Vertreter einer Partei (lit. e)

Die Gerichtsperson hat gemäss lit. e in den Ausstand zu treten, wenn sie mit der Vertreterin oder dem Vertreter einer Partei oder mit einer Person, die in der gleichen Sache als Mitglied der Vorinstanz tätig war, in gerader Linie oder im zweiten Grad der Seitenlinie verwandt oder verschwägert ist.

f) Freund- oder Feindschaft (lit. f)

Die Gerichtsperson tritt gemäss lit. f in den Ausstand, wenn sie wegen **Freundschaft** oder **Feindschaft** mit einer Partei oder ihrer Vertretung befangen sein könnte. Lit. f lässt durch seine offene Formulierung genügend Raum, noch weitere Ausstandsgründe zuzulassen und dient als Auffangtatbestand zu den in den lit. a–e genannten Ausstandsgründen.

Die Befangenheit der Gerichtsperson ist offensichtlich, wenn diese mit einer Partei oder ihrer Vertretung befreundet oder verfeindet ist. Es ist im konkreten Einzelfall zu prüfen, ob die Freund- oder Feindschaft aus **objektiver Sicht** den Anschein der Befangenheit erwecken kann. Im Gegensatz zu Art. 34 lit. f BGG verlangt das Gesetz nicht eine «besondere» Freund- oder Feindschaft, doch muss die sozialen Beziehung zwischen den Personen eine **gewisse Intensität** und Enge aufweisen. Eine Befangenheit darf erst angenommen werden, wenn eine Freundschaft durch regelmässige persönliche Kontakte aktiv gelebt wird und aktuell ist. Eine persönliche Bekanntschaft, eine Nachbarschaft oder ein Duzverhältnis genügt in aller Regel nicht (vgl. KIENER, Unabhängigkeit, 98 f.; KIENER/KRÜSI, 498 m.w.H.). Voreingenommenheit der Gerichtsperson ist folglich nur bei Vorliegen spezieller Umstände und mit Zurückhaltung anzunehmen. Erforderlich wäre, dass die Intensität und Qualität der beanstandeten Beziehung vom «Mass des sozial Üblichen» abweicht und bei objektiver Betrachtung geeignet ist, sich auf die Partei selber und deren Prozess auszuwirken, und derart den Anschein der Befangenheit hervorzurufen vermag (BGer, 1B_303/2008, E. 2.2 m.H. auf KIENER, Unabhängigkeit, 133).

36 Freundschaft kann nur schwer objektiv belegt werden, da es dabei um das Mass persönlicher Zuneigung und somit letztlich Gefühle geht (BGer, 1P.479/2006, E. 2.4). Bei der Feindschaft ist zu fordern, dass zu einer Partei ein besonderes Zerwürfnis oder ausgeprägte Spannungen bestehen (KIENER, Unabhängigkeit, 99). **Wertende Äusserungen** gegenüber einer Partei oder ihrer Vertretung genügen nicht, wenn sie nicht das Mass der üblichen Sympathie oder Antipathie überschreiten. Persönliche Konflikte müssen schwer sein und dürfen nicht zu weit zurück liegen, damit sie den Anschein der Befangenheit begründen. Die erforderliche Schwere ist vor allem dann zu bejahen, wenn sich ein Konflikt nicht nur im privaten Bereich abgespielt, sondern ein Straf- oder Persönlichkeitsverletzungsverfahren ausgelöst hat oder auf politischer oder medialer Ebene öffentlich geworden ist.

g) «Aus anderen Gründen» (lit. f)

37 Unter **«anderen Gründen»** sind sämtliche weitere Umstände zu verstehen, welche die Gerichtsperson als befangen erscheinen lassen und die Gefahr der Voreingenommenheit nach sich ziehen. Häufige Beispiele aus der Praxis betreffen die Ausstandspflicht von **nebenamtlichen Richtern** wegen ihrer eigenen **hauptberuflichen Anwaltstätigkeit**. Allein in der Tatsache, dass ein Richter hauptberuflich als Anwalt tätig ist, liegt der Rechtsprechung zufolge kein Grund für die Annahme einer Befangenheit (KIENER, Anwalt, 13). Das BGer hat die Gefahr der Befangenheit bei hauptberuflich als Anwalt tätigen Richtern bis zu einem gewissen Grad als systemimmanent bezeichnet (BGE 135 I 14 E. 6.4.2 m.H. auf 124 I 121 E. 3b). In seiner bisherigen Rechtsprechung hat es aber den Umstand, dass das Mitglied eines Gerichts gleichzeitig als Anwalt tätig ist und in anderen Verfahren vor demselben Gericht als Anwalt auftritt, nicht in allgemeiner Weise als hinreichenden Ausstandsgrund anerkannt (BGE 128 V 82 E. 2a; unv. BGer, 23.12.1992, SZIER 1993, 605 bei Rz 6.1.12). Immerhin hat es das BGer – aus Sicht der Wirtschaftsfreiheit – als verhältnismässig erachtet, dass einer teilzeitlich beschäftigten Gerichtsschreiberin an einem Bezirksgericht die Anwaltstätigkeit nur ausserhalb des Zuständigkeitsbereichs dieses Gerichts gestattet wird (BGer, 23.6.2006, ZBl 2006, 586).

38 Keine Befangenheit besteht, wenn der Richter in der Vergangenheit eine Prozesspartei vertreten hat und es sich um ein einzelnes, abgeschlossenes Mandat handelt (BGE 116 Ia 485 E. 3b). Ein als Richter amtender Anwalt erscheint demgegenüber als befangen, wenn zu einer Partei ein noch offenes Mandat besteht, oder wenn er für eine Partei mehrmals oder kurze Zeit vorher anwaltlich tätig geworden ist (BGE 135 I 14 E. 4.1 m.H. auf unv. BGer, 17.3.1998, 1P.76/1998, E. 2). Bei einer solchen **positiven Dauerbeziehung** (KIENER, Anwalt, 15) spielt es keine Rolle, ob die früheren Mandate eine inhaltliche Beziehung zum aktuellen Prozess aufweisen oder seine Beurteilung präjudizieren (BGE 116 Ia 485 E. 3b). Eine Befangenheit drängt sich zudem auf bei der Mitwirkung als Richter in einem Fall, in welchem dieselben Rechtsfragen zu klären sind, die sich in einer anderen Angelegenheit stellen, in welcher der Richter als Anwalt tätig ist (BGE 124 I 121 E. 3c).

39 Ein als Richter bzw. Schiedsrichter amtierender Anwalt erscheint nicht nur als befangen, wenn er in einem anderen Verfahren eine der Prozessparteien vertritt oder kurz vorher vertreten hatte, sondern auch dann, wenn ein solches Vertretungsverhältnis zu deren **Gegenpartei** im anderen Verfahren besteht bzw. bestand (BGE 135 I 14 E. 4.1–4.3). Bei solchen Fällen **negativer Dauerbeziehungen** (KIENER, Anwalt, 16) müsste die Gerichtsperson in den Ausstand treten, wenn sie in Verfahren regelmässig mit der gleichen Gegenpartei im Streit liegt, und diese Partei später an einem Verfahren beteiligt ist (**a.A.** BGer, 15.5.1992, ZBl 1993, 84, E. 3c, hinsichtlich eines nebenamtlichen Verwaltungs-

richters, der wiederholt als Gegenanwalt einer Verfahrenspartei aufgetreten war; weitere Fälle bei KIENER, Anwalt, 16 FN 60). Zudem ist die Unabhängigkeitsgarantie verletzt, wenn eine nebenamtliche Richterin in einem anderen, ebenfalls hängigen Verfahren als **Gegenanwältin** einer Verfahrenspartei auftritt (EGMR, 21.3.2001, Nr. 33958/96).

Dagegen besteht kein Anschein der Befangenheit der urteilenden Richterin, wenn sich eine Partei vor Bezirksgericht durch einen Rechtsanwalt vertreten lässt, der als nebenamtlicher Richter an einem höheren Gericht im selben Kanton tätig ist (BGE 133 I 1 und vorinstanzlicher Beschluss KassGer ZH, 23.6.2006, ZR 2006 Nr. 42). Sodann erscheint ein nebenamtlicher Richter grundsätzlich nicht als parteilich, weil er gleichzeitig als Anwalt zusammen mit einem vorinstanzlichen Richter eine Bürogemeinschaft betreibt. Dies gilt umso mehr, wenn der Richter im Verhältnis zu den Parteien keine Doppelfunktion ausübt und im Rahmen der betreffenden Anwaltsgemeinschaft weder eine finanzielle Abhängigkeit noch eine enge Freundschaft besteht (EGMR, 19.5.2005, Nr. 63151/00). Etwas anderes gilt, wenn der Richter und der Parteianwalt der gleichen Anwaltskanzlei angehören (BGE 92 I 271 = Pra 1967 Nr. 26 E. 5: ein Schiedsrichter ist befangen, wenn seine Ehefrau als Anwältin beim Rechtsvertreter derjenigen Partei arbeitet, die ihn zum Schiedsrichter ernannt hat; in dieselbe Richtung weist EGMR, 21.3.2001, Nr. 33958/96). 40

Mitgliedschaften in **ideellen Vereinigungen** sind grundsätzlich unbedenklich (BGE 118 Ia 282 [i.c. Ablehnungsrecht verwirkt]). Die gemeinsame Mitgliedschaft bedeutet nicht, dass sich die Vereinsmitglieder auch ausserhalb der Vereinsaktivität nahe stehen und auf gegenseitige Förderung ihrer wirtschaftlichen oder persönlichen Interessen bedacht sind. Etwas anderes gilt, wenn die gemeinsame Vereinszugehörigkeit zu einer engen persönlichen Freundschaft geführt hat oder ein enger Zusammenhang zwischen dem ideellen Vereinszweck und dem Streitgegenstand besteht (KIENER/KRÜSI, 499; SCHINDLER, 128). Keine Befangenheit besteht nach der hier vertretenen Auffassung bezüglich Mitgliedschaften in gesellschaftlichen Vereinigungen wie z.B. Serviceclubs (Rotary, Kiwanis, Lions etc.) oder Studentenverbindungen (**a.A.** SCHINDLER, 113 FN 584 betreffend Serviceclubs und Geheimgesellschaften wie etwa die Freimaurerlogen). Etwas anders muss gelten, wenn es sich um einen **kleinen Kreis** Gleichgesinnter mit engen persönlichen Beziehungen handelt. Bei solchen Vereinigungen mit überschaubarem Mitgliederbestand ist die Befangenheit eher zu bejahen. Doch selbst bei ihnen müsste die enge persönliche Beziehung einer **Freundschaft** gleich kommen, damit ein Ausstandsgrund gegeben ist. 41

Andere Fälle sind denkbar bezüglich **persönlicher Engagements** der Gerichtsperson in der Sache selbst, z.B. durch Publikationen oder Medienäusserungen (BGE 108 Ia 48 E. 2.3: Mitunterzeichnung eines öffentlichen Aufrufs; BGE 115 Ia 172 E. 4b = Pra 1989 Nr. 221: Berichterstattung eines Ersatzrichters in der NZZ über ein erstinstanzliches Verfahren sowie spätere öffentliche Erklärung, Beschwerde sei aussichtslos), wobei es hierzu einer intensiven Auseinandersetzung mit **entscheidrelevanten Rechtsfragen** bedarf. Schliesslich können **äussere Umstände**, namentlich Medienkampagnen oder politische Druckversuche, die richterliche Unabhängigkeit in Frage stellen (BSK BGG-HÄNER, Art. 34 N 21 m.w.H.). 42

Keine Befangenheit besteht wohl bei der Zugehörigkeit zur gleichen **politischen Partei** (vgl. ZR 1982 Nr. 69). Begründete Zweifel an der Unparteilichkeit einer Gerichtsperson bestehen erst, wenn die Gerichtsperson und eine Partei oder deren Anwalt einer kleinen Splitterpartei angehören und beide zum aktiven Kern der betreffenden politischen Gruppierung gehören oder die Streitsache starke Bezüge zum politischen Leben aufweist (vgl. KIENER/KRÜSI, 499 f.). 43

44 Die Zugehörigkeit zur gleichen **Religionsgemeinschaft** ist ähnlich zu beurteilen wie die Mitgliedschaft in einer politischen Partei. Die Identität der Religionsgemeinschaft stellt die Unbefangenheit des Gerichtsgutachters zweifellos nicht in Frage, soweit es um eine (als öffentlich-rechtliche Körperschaft) anerkannte Kirche geht (ZR 1982 Nr. 69: römisch-katholische Kirche). Anderes muss gelten, wenn es sich um die gemeinsame Mitgliedschaft in einer rein privatrechtlich organisierten Religionsgemeinschaft mit einem relativ kleinen Mitgliederkreis handelt, wie z.B. in einer religiösen Sekte.

45 Die Mitgliedschaft der betroffenen Personen in **Berufsverbänden**, wie bspw. die Anwaltsverbände, oder in Branchenverbänden, wie namentlich der Schweizerische Ingenieur- und Architektenverein (SIA), beeinträchtigt deren Unabhängigkeit und Unparteilichkeit nicht. Eine Ausstandspflicht kann aber gegeben sein, wenn das Richteramt – ausserhalb paritätisch besetzter Spezialgerichte (BGE 126 I 235 E. 2b: Waadtländer Mietgericht) – von eigentlichen Interessen- bzw. Branchenvertretern ausgeübt wird (vgl. Eidg. VersGer, U 326/05 E. 1.6 m.w.H.; BGer, 4P.261/2000, E. 3b/bb).

46 Keine Befangenheit begründen **Rechtsbelehrungen** in gerichtlichen Verhandlungen, eingeschlossen solche über die Prozessaussichten bei Vergleichsverhandlungen oder -vorschlägen (BGer, 5A_382/2007, E. 3.2.2 m.H. auf BGE 131 I 113 E. 3.6) sowie bei Referentenaudienzen. Die Gerichtsperson erscheint aber als voreingenommen, wenn sie die vorläufige Auffassung und die beabsichtigte Antragsstellung dem Rechtsvertreter vor Durchführung der Berufungsverhandlung mitteilt und zwar selbst dann, wenn die Mitteilung auf Initiative des Referenten hin erfolgt (BGE 134 I 238 E. 2.6). Kein Ausstandsgrund liegt gegenüber einem Richter vor, der in einem früheren Verfahren in einer anderen Sache gegen eine Partei entschieden hat (BGE 114 Ia 50 E. 3d mit Bsp. = Pra 1988 Nr. 188). Die Befangenheit kann auch gegenüber dem **Rechtsvertreter einer Partei** bestehen. Dies wird allerdings nur ganz ausnahmsweise, unter besonderen Umständen, vermutet werden dürfen (Leuch/Marbach/Kellerhals/Sterchi, Art. 11 ZPO/BE N 5d).

47 Namentlich ist ein Richter gehalten, von sich aus in den Ausstand zu treten, wenn er gegen eine Partei eine Strafanzeige und/oder Zivilklage erhoben hat, und diese Partei in einem späteren Verfahren beteiligt ist (vgl. BGE 134 I 20 E. 4.3.2 = Pra 2008 Nr. 73). Nimmt der Richter den Beweis des Klägers ab, verzichtet aber auf die von der Gegenpartei beantragte Anhörung ihres Zeugen, weil es nichts am Beweisergebnis ändern werde, so ist diese Äusserung durchaus geeignet, ihn als befangen erscheinen zu lassen, da er sich über die Streitigkeit offensichtlich bereits eine abschliessende Meinung gebildet hat. Der Umstand eines Vermittlungsversuchs als solcher vermag aber die Unparteilichkeit eines Richters nicht in Frage zu stellen (BGE 131 I 113 E. 3.6 m.H. auf unv. BGer, 20.3.1997, 1P.32/1997). Ein Ausstandsgrund besteht dagegen nur, wenn die vorhergehende Vermittlertätigkeit oder ein Vermittlungsvorschlag den objektiv begründeten Anschein der Befangenheit hervorruft. Dies trifft etwa zu, wenn der Richter eine durch den Prozess erst noch abzuklärende Tatsache als schon erwiesen ansieht oder sich bereits in einer Art festgelegt hat, dass Zweifel darüber bestehen, ob er einer anderen Bewertung der Sach- und Rechtslage auf Grund weiterer Abklärungen noch zugänglich wäre (BGE 131 I 113 E. 3.6; 119 Ia 81 E. 4b).

48 Die Ausstandsfrage stellt sich ferner, wenn ein Richter in einem parallelen Verfahren ohne Bezug zu den Parteien eine **Drittperson** vertritt, welche die gleichen Interessen wie die Gegenpartei des Beschwerdeführers verfolgt (BGE 135 I 14 E. 6.4.3). Es soll vermieden werden, dass der Richter in einer Weise über eine Streitfrage entscheidet, die seine anwaltliche Stellung im Parallelverfahren verbessern kann (vgl. BGE 128 V 82

E. 3d; 124 I 121 E. 3c). In derartigen Fällen muss der Richter in den Ausstand treten, wenn er Streitfragen zu beurteilen hätte, die noch nicht präjudiziell entschieden sind. Nach Auffassung des BGer ist es realitätsfremd anzunehmen, ein Anwalt vermöge, sobald er als Richter fungiere, von den Konsequenzen zu abstrahieren, die bspw. die Auslegung einer prozessualen Vorschrift für seine Arbeit als beruflicher Prozessvertreter und für die Position seiner Klienten in parallel laufenden Verfahren haben könnte (BGE 124 I 121 E. 3b).

IV. Keine Ausstandsgründe (Abs. 2)

1. Allgemeines

Das Gesetz zählt in Abs. 2 **nicht abschliessend** fünf Gründe auf, die für sich allein keinen Ausstandsgrund darstellen. Zusätzlich müssen besondere Umstände vorliegen; die vormalige Befassung allein genügt nicht (vgl. BOTSCHAFT ZPO, 7272; zur Vorbefassung in der gleichen Sache s.o. N 24–30). 49

2. Negativkatalog (Abs. 2)

Welche Fälle solcher Vorbefassung mit Art. 30 BV und Art. 6 Ziff. 1 EMRK vereinbar sind, lässt sich nicht generell beantworten. Das BGer fordert allgemein, dass das Verfahren in Bezug auf den konkreten Sachverhalt und die konkret zu entscheidenden Rechtsfragen trotz der Vorbefassung eines Richters als **offen und nicht vorbestimmt** erscheint (BGE 114 Ia 50 E. 3d mit zahlreicher Kasuistik = Pra 1988 Nr. 188). Es kommt darauf an, inwiefern sich die in den beiden Verfahrensabschnitten zu beurteilenden Fragen ähnlich sind oder miteinander zusammenhängen, welcher Entscheidungsspielraum verbleibt und welche Bedeutung die Entscheidung für den Fortgang des Verfahrens hat (BGE 114 Ia 50 E. 3d = Pra 1988 Nr. 188). 50

a) Entscheid über die unentgeltliche Rechtspflege (lit. a)

Die Mitwirkung beim Entscheid über die **unentgeltliche Rechtspflege** (Art. 117–123) ist nach lit. a für sich allein kein Ausstandsgrund. Der Gesetzgeber hat hier die Rechtsprechung des BGer übernommen (vgl. BGE 131 I 113 E. 3.7.3; 2A.468/2000, E. 2b/bb; 114 Ia 50 E. 3d = Pra 1988 Nr. 188). Vielmehr müssen **konkrete Anhaltspunkte** dafür vorliegen, dass sich der Richter bei der Beurteilung des Gesuchs um unentgeltliche Rechtspflege bereits in einer Art festgelegt hat, dass er einer anderen Bewertung der Sach- und Rechtslage nicht mehr zugänglich und der Verfahrensausgang deswegen nicht mehr offen erscheint (BGE 131 I 113 E. 3.7.3 m.w. auf unv. BGer, 20.3.1997, 1P.32/1997). 51

b) Schlichtungsverfahren (lit. b)

Die Mitwirkung beim Schlichtungsverfahren, d.h. dem Verfahren vor einer **Schlichtungsbehörde** (Art. 197–212), ist nach lit. b für sich allein kein Ausstandsgrund. Dasselbe gilt für das Mediationsverfahren (Art. 213–218). Nicht nur die Schlichtungstätigkeit, sondern auch die blosse Rechtsberatung durch die Schlichtungsstelle (Art. 201 Abs. 2 i.V.m. Art. 200: Streitigkeiten aus Miete und Pacht von Wohn- und Geschäftsräumen sowie nach dem Gleichstellungsgesetz) begründen keine Ausstandspflicht. Dagegen wäre problematisch, wenn ein Gerichtspräsident im Rahmen eines Schlichtungsverfahrens einen Urteilsvorschlag (Art. 210) erarbeitet, nachdem er ein Beweisverfahren (Art. 203 Abs. 2) durchgeführt hat. Er dürfte diesfalls eine spätere Klage nicht mehr beurteilen (BOTSCHAFT ZPO, 7272 f.). 52

Art. 48

c) Rechtsöffnung nach den Art. 80–84 SchKG (lit. c)

53 Die Mitwirkung bei der **Rechtsöffnung** nach Art. 80–84 SchKG ist nach lit. c für sich allein kein Ausstandsgrund. Diese Vorschrift übernimmt die bundesgerichtliche Rechtsprechung, die eine Ämterkumulation von Rechtsöffnungsrichter und Anerkennungs- (Art. 79 SchKG) oder Aberkennungsrichter (Art. 83 Abs. 2 SchKG) als zulässig erachtete (BGE 120 Ia 82 E. 6 = Pra 1995 Nr. 60). Ebenso keine Vorbefassung liegt vor, wenn der Rechtsöffnungsrichter in einem späteren Strafverfahren mitwirkt (BGer, 6B_183/2009, E. 2.4 m.w.H.).

d) Anordnung vorsorglicher Massnahmen (lit. d)

54 Die Mitwirkung bei der Anordnung **vorsorglicher Massnahmen** (Art. 261–269) ist nach lit. d für sich allein kein Ausstandsgrund. Der Gesetzgeber hat hier die bundesgerichtliche Rechtsprechung übernommen. Danach ist die Offenheit des Verfahrens nicht beeinträchtigt, wenn eine Hauptsachenprognose gestellt werden musste, weil diese prozessualen Anordnungen ein anderes Ziel verfolgen als der Entscheid in der Hauptsache (BGE 131 I 113 E. 3.7; vgl. auch BGE 114 Ia 50 E. 3d = Pra 1988 Nr. 188; krit. KIENER, Unabhängigkeit, 166 f.; ebenso WALTER, 282). Gemäss der neuen Rechtsprechung des EGMR findet Art. 6 Ziff. 1 EMRK auch auf das Verfahren zum Erlass einstweiliger Verfügungen Anwendung (EGMR, 15.10.2009, Nr. 17056/06).

e) Eheschutzverfahren (lit. e)

55 Die Mitwirkung einer Gerichtsperson beim **Eheschutzverfahren** ist nach lit. e für sich allein kein Ausstandsgrund. Ein Richter darf also vorerst als Eheschutzrichter amten und später über die Scheidung derselben Parteien befinden. Der Gesetzgeber hat hier die Rechtsprechung des BGer übernommen (vgl. etwa BGE 114 Ia 50 E. 3d m.w.H. = Pra 1988 Nr. 188; Pra 1997 Nr. 3). Keine Befangenheit besteht sodann, wenn der Eheschutzrichter Unterhaltsbeiträge festgesetzt hat und später über noch nicht erhaltene Unterhaltsbeiträge im Rahmen einer Klage auf Feststellung des Nichtbestehens einer Schuld gemäss Art. 85a SchKG entscheidet (BGer, 5A_591/2007 E. 3.2.2 = Pra 2009 Nr. 17).

f) Andere Fälle

Keine unzulässige Vorbefassung liegt etwa vor bei der Mitwirkung der Gerichtsperson an einem Revisionsentscheid (BGE 113 Ia 62 E. 3c; KIENER, Unabhängigkeit, 174 f.) oder bei einer erneuten Beurteilung der Sache nach einer Rückweisung (BGE 131 I 113 E. 3.6; 116 Ia 28 E. 2a; 113 Ia 407 E. 2b).

Art. 48

Mitteilungspflicht	**Die betroffene Gerichtsperson legt einen möglichen Ausstandsgrund rechtzeitig offen und tritt von sich aus in den Ausstand, wenn sie den Grund als gegeben erachtet.**
Obligation de déclarer	Le magistrat ou le fonctionnaire judiciaire concerné fait état en temps utile d'un motif de récusation possible et se récuse lorsqu'il considère que le motif est réalisé.
Obbligo di comunicazione	Chi opera in seno a un'autorità giudiziaria e si trova in un caso di possibile ricusazione lo comunica tempestivamente e si astiene spontaneamente se ne ritiene dato il motivo.

3. Kapitel: Ausstand   **Art. 49**

Literatur

Vgl. die Literaturhinweise zu Art. 47.

Art. 48 entspricht im Wesentlichen Art. 35 BGG. 1

Art. 48 verpflichtet die betroffene Gerichtsperson (s.o. Art. 47 N 11–15) zur **Selbstanzeige**. Liegt möglicherweise ein Ausstandsgrund nach Art. 47 vor, so hat ihn die Gerichtsperson **rechtzeitig** offenzulegen. Rechtzeitig heisst, wenn sie vor dem Tätigwerden erfolgt. Die Pflicht zur Selbstanzeige besteht nicht erst bei Vorliegen begründeter Zweifel, sondern bereits dann, wenn die Möglichkeit eines Ausstandsgrunds nicht ausgeschlossen werden kann. Wer möglicherweise in den Ausstand treten muss, hat die Gründe zunächst den übrigen Mitgliedern des Spruchkörpers mitzuteilen. Ist ein Einzelrichter mit der Sache befasst, so teilt er den möglichen Ausstandsgrund den Parteien mit. 2

Die Ausstandspflicht ist eine Sachurteilsvoraussetzung und deshalb **von Amtes wegen** zu beachten. Die Parteien können den von Amtes wegen vorgenommenen Ausstand der Gerichtsperson nicht bestreiten, was das Recht auf ein ordnungsgemäss zusammengesetztes Gericht tangiert (vgl. POUDRET, Art. 24 OG N 3.1; KIENER, Unabhängigkeit, 364). 3

Art. 49

Ausstandsgesuch	¹ Eine Partei, die eine Gerichtsperson ablehnen will, hat dem Gericht unverzüglich ein entsprechendes Gesuch zu stellen, sobald sie vom Ausstandsgrund Kenntnis erhalten hat. Die den Ausstand begründenden Tatsachen sind glaubhaft zu machen. ² **Die betroffene Gerichtsperson nimmt zum Gesuch Stellung.**
Demande de récusation	¹ La partie qui entend obtenir la récusation d'un magistrat ou d'un fonctionnaire judiciaire la demande au tribunal aussitôt qu'elle a eu connaissance du motif de récusation. Elle doit rendre vraisemblables les faits qui motivent sa demande. ² Le magistrat ou le fonctionnaire judiciaire concerné se prononce sur la demande de récusation.
Domanda di ricusazione	¹ La parte che intende ricusare una persona che opera in seno a un'autorità giudiziaria deve presentare al giudice la relativa domanda non appena è a conoscenza del motivo di ricusazione. Deve rendere verosimili i fatti su cui si fonda la domanda. ² Il ricusando si pronuncia sulla domanda.

Inhaltsübersicht   Note

I. Ausstandsgesuch der betroffenen Partei (Abs. 1) 1

II. Stellungnahme durch die Gerichtsperson (Abs. 2) 5

Literatur

Vgl. die Literaturhinweise zu Art. 47.

I. Ausstandsgesuch der betroffenen Partei (Abs. 1)

1 Art. 49 entspricht im Wesentlichen Art. 36 BGG.

2 Die Partei, die eine Gerichtsperson ablehnen will, hat nach Art. 49 Abs. 1 Satz 1 dem Gericht **«unverzüglich»** ein Ausstandsgesuch zu stellen, nachdem sie vom Ausstandsgrund Kenntnis erhalten hat. Das Gesuch kann mündlich oder schriftlich gestellt werden (BOTSCHAFT ZPO, 7273; anders Art. 36 Abs. 1 BGG, der Schriftlichkeit verlangt).

3 Entdeckt eine Partei den Ausstandsgrund an einer Gerichtsverhandlung, so muss sie die Ablehnung noch während dieser Verhandlung beantragen. Wer die Gerichtsperson nicht «unverzüglich» ablehnt, nachdem er vom Ausstandsgrund Kenntnis erhalten hat, **verwirkt** seinen Ablehnungsanspruch (s. etwa BGE 132 II 485 E. 4.3; 126 III 249 E. 3c und d; 121 I 225 E. 3; 119 Ia 221 E. 5a m.w.H.; 116 Ia 485 E. 2c; BÜHLER, Gerichtsgutachter, 26; STAEHELIN/STAEHELIN/GROLIMUND, § 6 Rz 29 und § 18 Rz 120 [Gutachter]; **a.A.** BSK BGG-HÄNER, Art. 36 N 1, wonach das Ablehnungsrecht nicht verwirken kann).

4 Nach Art. 49 Abs. 1 Satz 2 sind die den Ausstand begründenden Tatsachen nur **glaubhaft** zu machen. Es genügt, wenn eine überwiegende Wahrscheinlichkeit dargetan werden kann, dass der geltend gemachte Ausstandsgrund besteht (weniger streng wohl BGE 120 II 398 E. 4c: «gewisse» Wahrscheinlichkeit). Blosse Behauptungen genügen jedenfalls nicht.

II. Stellungnahme durch die Gerichtsperson (Abs. 2)

5 Die betroffene Gerichtsperson nimmt gemäss Abs. 2 zum Gesuch Stellung. Die Stellungnahme dient der Abklärung des Sachverhalts, wobei die Stellungnahme Voraussetzung ist für die gerichtliche Überprüfung des Ausstandsgrunds nach Art. 50.

6 Die Ablehnung der Gerichtsperson wirkt, falls diese das Ausstandsgesuch gutheisst, vom Moment der Anbringung des Gesuchs an (AppHof BE, 7.12.1989, ZBJV 1992, 170; s.a. Art. 28 Abs. 2 OG) und nicht erst ab dem Zeitpunkt der Gutheissung. Einlassung in die Verhandlung vor dem ablehnbaren Richter kann nur als **Verzicht** angesehen werden, wenn der Partei bei Kenntnis des Ablehnungsgrundes die Möglichkeit der Ablehnung auch bekannt war (LEUCH/MARBACH/KELLERHALS/STERCHI, Art. 11 ZPO/BE N 2; s.a. Art. 28 Abs. 2 OG). Verzicht und Verwirkung vorbehalten, ist die Ablehnung zulässig, solange das Urteil noch nicht gefällt ist (vgl. BGE 119 Ia 13 E. 3b).

Art. 50

Entscheid	[1] **Wird der geltend gemachte Ausstandsgrund bestritten, so entscheidet das Gericht.** [2] **Der Entscheid ist mit Beschwerde anfechtbar.**
Décision	[1] Si le motif de récusation invoqué est contesté, le tribunal statue. [2] La décision peut faire l'objet d'un recours.
Decisione	[1] Se il motivo di ricusazione è contestato, decide il giudice. [2] La decisione del giudice è impugnabile mediante reclamo.

3. Kapitel: Ausstand   **Art. 51**

Inhaltsübersicht   Note
    I. Gerichtliche Überprüfung des bestrittenen Ausstandsgrunds (Abs. 1) 1
    II. Anfechtbarkeit des Entscheids (Abs. 2) 4

Literatur

T. GÖKSU, Die Beschwerden ans Bundesgericht, Zürich/St. Gallen 2007; C. LEUENBERGER, Die neue Schweizerische ZPO – Die Rechtsmittel, Anwaltsrevue 8/2008, 332–339.

I. Gerichtliche Überprüfung des bestrittenen Ausstandsgrunds (Abs. 1)

Art. 50 entspricht im Wesentlichen Art. 37 BGG.   1

Über einen streitigen Ausstandsgrund – sei es ein bestrittenes Ausstandsgesuch (Art. 49) oder ein bestrittener Selbstausstand (Art. 48) – entscheidet das Gericht (Abs. 1). Der Entscheid des Gerichts über das Ausstandsbegehren ist sofort zu treffen (BSK BGG-HÄNER, Art. 37 N 4). Die ZPO hält nicht ausdrücklich fest, dass der vom Ausstandsbegehren betroffene Richter am Entscheid nicht mitwirken darf, doch trägt Art. 47 Abs. 1 lit. a (persönliches Interesse als Ausstandsgrund) dem verfassungsmässigen Recht auf einen unabhängigen Richter Rechnung.   2

Ob die Gegenpartei anzuhören ist, sagt die ZPO nicht (s. aber Art. 37 Abs. 2 BGG, wonach ohne Anhörung entschieden werden kann). Die Frage ist nach der hier vertretenen Auffassung zu bejahen, wenn die Gutheissung des Ablehnungsbegehrens zu einer Verzögerung des Prozesses führen würde, namentlich dann, wenn Amtshandlungen der befangenen Gerichtsperson wiederholt werden müssten (ebenso STAEHELIN/STAEHELIN/GROLIMUND, § 6 Rz 28).   3

II. Anfechtbarkeit des Entscheids (Abs. 2)

Gemäss Abs. 2 unterliegt der Entscheid über den gerichtlich geltend gemachten Ausstandsgrund der **Beschwerde** an die Rechtsmittelinstanz (Art. 319 lit. a i.V.m. Art. 321 Abs. 1). Die sachliche Zuständigkeit wird durch das kantonale Recht bestimmt (Art. 4 Abs. 1).   4

Beschwerdeentscheide durch die obere kantonale Instanz über Ausstandsbegehren können mit der **Beschwerde in Zivilsachen** beim BGer angefochten werden (Art. 92 Abs. 1 BGG).   5

Art. 51

Folgen der Verletzung der Ausstandsvorschriften

¹ Amtshandlungen, an denen eine zum Ausstand verpflichtete Gerichtsperson mitgewirkt hat, sind aufzuheben und zu wiederholen, sofern dies eine Partei innert zehn Tagen verlangt, nachdem sie vom Ausstandsgrund Kenntnis erhalten hat.

² **Nicht wiederholbare Beweismassnahmen darf das entscheidende Gericht berücksichtigen.**

³ **Wird der Ausstandsgrund erst nach Abschluss des Verfahrens entdeckt, so gelten die Bestimmungen über die Revision.**

Conséquences de l'inobservation des règles de récusation	¹ Les actes de procédure auxquels a participé une personne tenue de se récuser doivent être annulés et renouvelés si une partie le demande dans les dix jours après qu'elle a eu connaissance du motif de récusation.

² Les mesures probatoires non renouvelables peuvent être prises en considération par le tribunal.

³ Si un motif de récusation n'est découvert qu'après la clôture de la procédure, les dispositions sur la révision sont applicables. |
| Conseguenze della violazione delle norme sulla ricusazione | ¹ Gli atti ufficiali ai quali ha partecipato una persona tenuta a ricusarsi sono annullati e ripetuti se una parte lo richiede entro dieci giorni da quello in cui è venuta a conoscenza del motivo di ricusazione.

² Le prove già esperite ma non più ripetibili possono essere nondimeno prese in considerazione.

³ Se il motivo di ricusazione è scoperto soltanto dopo la chiusura del procedimento, si applicano le disposizioni sulla revisione. |

Inhaltsübersicht Note

  I. Aufhebung bereits vorgenommener Amtshandlungen (Abs. 1) 1
 II. Berücksichtigung nicht wiederholbarer Beweismassnahmen (Abs. 2) 5
III. Revision (Abs. 3) 7

Literatur

Vgl. die Literaturhinweise zu Art. 47.

I. Aufhebung bereits vorgenommener Amtshandlungen (Abs. 1)

1   Der Wortlaut von Art. 51 deckt sich im Wesentlichen mit demjenigen von Art. 38 BGG.

2   Hat die befangene Gerichtsperson bereits an Amtshandlungen mitgewirkt, so besteht gemäss Abs. 1 folgende Regelung: Grundsätzlich sind solche Amtshandlungen vom Gericht **aufzuheben** und zu wiederholen, aber nur **auf Antrag** einer Partei, die den Antrag innert 10 Tagen (anders noch VE-ZPO sowie BOTSCHAFT ZPO, 7273) seit Kenntnis des Ausstandsgrunds stellen muss. Die Mitwirkung eines ablehnbaren Richters ist also kein Nichtigkeitsgrund, dagegen wohl aber die Mitwirkung eines mit Erfolg abgelehnten (AppHof BE, 7.12.1989, ZBJV 1992, 168).

3   Besonders zu beachten ist, dass nicht bloss ein Ausstandsgesuch zu stellen, sondern gleichzeitig die **Wiederholung** der betreffenden Amtshandlungen zu beantragen ist. Nach Ablauf dieser Frist wirkt das Ausstandsbegehren nur noch für die Zukunft. Ebenso ist von einer *ex nunc*-Wirkung auszugehen, wenn der Antrag auf Wiederholung der Amtshandlung fehlt (BSK BGG-HÄNER, Art. 38 N 1).

4   Da der Anspruch auf ein unabhängiges und unparteiliches Gericht formeller Natur ist, sind Amtshandlungen unabhängig der materiellen Anspruchsbegründung aufzuheben, wenn das Ausstandsbegehren und die Aufhebung der Amtshandlung rechtzeitig gestellt wurden (KIENER, Unabhängigkeit, 383).

II. Berücksichtigung nicht wiederholbarer Beweismassnahmen (Abs. 2)

5   Die unter Verletzung der Ausstandsvorschriften erhobenen Beweise gelten als unrechtmässig erlangt. Nicht wiederholbare **Beweismassnahmen** bleiben im Interesse der materiellen Wahrheitsfindung aufrechterhalten (vgl. BOTSCHAFT ZPO, 7273; STAEHELIN/

STAEHELIN/GROLIMUND, § 6 Rz 29) und dürfen nach Abs. 2 berücksichtigt werden. Nicht wiederholbare Beweismassnahmen sind selten. Denkbare Fälle sind etwa der verstorbene Zeuge und der untergegangene Beweisgegenstand.

Inwiefern das Gericht nicht wiederholbare Beweismassnahmen berücksichtigen darf, hängt von den in Frage stehenden **Interessen** ab, zwischen denen das Gericht abzuwägen hat. Bei dieser Güterabwägung ist zu prüfen, welches Gewicht der Verletzung der Ausstandsvorschrift zuzumessen ist und welche Bedeutung das Beweismittel für den Ausgang des Verfahrensausgang hat (Seiler/von Werth/Güngerich-GÜNGERICH, Art. 38 BGG N 3; BSK BGG-HÄNER, Art. 38 N 4). Dem allenfalls verminderten Beweiswert der nicht wiederholbaren Beweismassnahmen ist im Rahmen der freien Beweiswürdigung (Art. 157) Rechnung zu tragen.

III. Revision (Abs. 3)

Wird der Ausstandsgrund erst nach Abschluss des Verfahrens, d.h. nach Eintritt der formellen Rechtskraft, entdeckt, so kann der Entscheid im Interesse der Rechtssicherheit nur unter den Voraussetzungen der **Revision** (Art. 328–333) aufgehoben werden. Wird ein Ausstandsgrund während des Verfahrens entdeckt, das Urteil aber noch **vor** Ablauf der 10-tägigen Frist für das Gesuch um Wiederholung der Amtshandlung (Abs. 1) gefällt, so hat die betroffene Partei ebenfalls das Revisionsverfahren einzuleiten. Als Revisionsgrund wäre Art. 328 Abs. 1 lit. a (nachträgliche Entdeckung erheblicher Tatsachen) anzurufen.

3. Titel: Verfahrensgrundsätze und Prozessvoraussetzungen

1. Kapitel: Verfahrensgrundsätze

Art. 52

Handeln nach Treu und Glauben	**Alle am Verfahren beteiligten Personen haben nach Treu und Glauben zu handeln.**
Respect des règles de la bonne foi	Quiconque participe à la procédure doit se conformer aux règles de la bonne foi.
Comportamento secondo buona fede	Tutte le persone che partecipano al procedimento devono comportarsi secondo buona fede.

Inhaltsübersicht   Note

  I. Allgemeines 1
 II. Anwendungsbereich 4
    1. Schutz vor missbräuchlichem Verhalten der Parteien 4
    2. Schutz vor missbräuchlichem Verhalten der Gerichte 18

Literatur

M. GULDENER, Treu und Glauben im Zivilprozess, SJZ 39 (1943), 389 ff. und 405 ff. (zit. Treu und Glauben); P. SCHWARTZ, Die Bedeutung von Treu und Glauben im Prozess- und Betreibungsverfahren nach der bundesgerichtlichen Rechtsprechung, in: Kummer/Walder (Hrsg.), FS Guldener, Zürich 1973, 291 ff.; TH. SUTTER-SOMM, Die Verfahrensgrundsätze und die Prozessvoraussetzungen, ZZZ 2007, 301 ff. (zit. ZZZ 2007).

I. Allgemeines

1   Das **Handeln nach Treu und Glauben** ist ein grundsätzliches Gebot, dessen Geltung sich auf die gesamte schweizerische Rechtsordnung mit Einschluss des öffentlichen Rechts sowie des Prozess- und Zwangsvollstreckungsrechts erstreckt. Die Anwendung des Grundsatzes von Treu und Glauben für das schweizerische Zivilprozessrecht war in der Rechtsprechung des Bundesgerichts indessen umstritten. Das Bundesgericht hat es zunächst teilweise abgelehnt, einen solchen einheitlichen bundesrechtlichen Verfahrensgrundsatz im Zivilprozess anzuerkennen. So wurde anfänglich der Grundsatz von Treu und Glauben rundweg abgelehnt (BGE 40 III 154, 160), da der gesetzgeberische Grund (die «*Unebenheiten des geschriebenen Rechtes*» ausgleichen), welcher zur Aufstellung von Art. 2 ZGB geführt habe, «*im Prozessrecht und insbesondere auch im Zwangsvollstreckungsrecht*» nicht bestehe. Das Verfahrensgebot wurde alsdann dem kantonalen Gewohnheitsrecht (BGE 56 I 448; 83 II 352) und später vereinzelt dem ungeschriebenen Bundeszivilprozessrecht zugerechnet (BGE 105 II 155, anders aber BGE 111 II 66, wo der Grundsatz wieder dem kantonalen Recht zugewiesen wurde). Art. 52 stellt nun endgültig klar, dass das Gebot des Handelns nach Treu und Glauben auch im Zivilprozess gilt.

Art. 52 richtet sich ausdrücklich an **alle am Verfahren beteiligten Personen**, sowohl an die *Parteien*, ihre *Vertreter* und die *Invervenienten* als auch an die *Richter* des konkreten Verfahrens (BGE 128 III 201; 121 III 60). Für die Gerichte ergibt sich die Pflicht des Handelns nach Treu und Glauben bereits aus verfassungsrechtlichen Vorgaben (Art. 9 BV, s. dazu BGE 115 Ia 19; 114 Ia 108; 114 Ia 28; 113 Ia 227). Der Grundsatz von Treu und Glauben gilt sowohl im Verhältnis der Parteien untereinander, als auch zwischen den Parteien und dem Gericht. Die Parteien haben die Pflicht, bei der Ausübung ihrer Rechte und der Einhaltung ihrer prozessualen Pflichten nach Massgabe von Treu und Glauben vorzugehen.

Der Grundsatz enthält zunächst das **Gebot**, nach Treu und Glauben zu handeln. Dies bedeutet umgekehrt, dass der offenbare Missbrauch eines prozessualen Rechts keinen Rechtsschutz findet (**Rechtsmissbrauchsverbot**). Insbesondere die missbräuchliche Inanspruchnahme einzelner prozessualen Befugnisse durch eine Partei verletzt das Gebot von Treu und Glauben.

II. Anwendungsbereich

1. Schutz vor missbräuchlichem Verhalten der Parteien

a) Grundsatz

Art. 2 Abs. 1 ZGB enthält den Grundsatz, dass jedermann bei der **Ausübung seiner Rechte** und in der **Erfüllung seiner Pflichten** nach Treu und Glauben zu handeln hat. Daher ist es nicht erlaubt, bei der **Geltendmachung oder Abwehr** solcher Rechte im Prozess sich einer Taktik zu bedienen, die mit diesem Grundsatz im Widerspruch steht. Die staatlichen Einrichtungen dürfen nicht einer ungerechten oder gewissenlos geführten Sache zum Sieg verhelfen (GULDENER, Treu und Glaube, 391).

b) Fallgruppen

Eine klägerische Partei, welche eine Klage erhebt oder (hartnäckig) an einer Klage festhält, obwohl das Klageziel bereits erreicht wurde bzw. mit Sicherheit nicht erreicht werden kann, verstösst gegen das **Verbot der nutzlosen Rechtsausübung** und damit gegen den Grundsatz von Treu und Glauben. Ebenso verstösst gegen Treu und Glauben, wer mutwillig einen **aussichtslosen Prozess** führt (BGE 93 II 461 E. 11). Ein Prozess ist aussichtslos, wenn er jenseits des Vertretbaren liegt, nicht aber dann, wenn die Position des Klägers zwar im Widerspruch zu der ständigen Rechtsprechung des Bundesgerichts oder der herrschenden Lehre steht, der Kläger aber Gründe vorzubringen vermag, welche gegen die Richtigkeit der herrschenden Auffassung sprechen (GULDENER, ZPR, 189). Anwälte haben die Pflicht, ihren Parteien von der Einleitung solcher Klagen abzuraten.

Aus dem Gebot, nach Treu und Glauben zu handeln, folgt auch die **Wahrheitspflicht der Parteien** hinsichtlich des tatsächlichen Sachverhalts (SCHWARTZ, 298; VOGEL/SPÜHLER, 6. Kap. Rz 90). Die Parteien haben bewusst unwahre Tatsachenbehauptungen und das Bestreiten von wahren Tatsachen wider besseres Wissen zu unterlassen (GULDENER, ZPR, 189). Die Parteien sind aber nicht gehalten, eine für ihre Position ungünstige Tatsache aus eigenem Antrieb vorzubringen.

Einzelne Prozesshandlungen können aber auch rechtsmissbräuchlich sein (STAEHELIN/STAEHELIN/GROLIMUND, § 10 Rz 59). Die Vornahme von Prozesshandlungen, die lediglich auf eine **Verzögerung des Prozesses** abzielen, ist ein Verstoss gegen Treu und Glauben (BGE 102 II 12 E. 2b, GULDENER, ZPR, 189). Eine auf systematische Obstruktion angelegte Prozessführung ist ebenso wie trölerisches Prozessieren zwecks Zeitgewinn rechtsmissbräuchlich (z.B. unentschuldigtes Fernbleiben von Gerichtsterminen). Missbräuchlich ist etwa die Ausdehnung des mündlichen Vortrages oder die offentsichtlich absichtliche Weitschweifigkeit schriftlicher Eingaben.

8 Auch das **Verursachen unnötiger Prozesskosten** ist rechtsmissbräuchlich und stellt einen Verstoss gegen das Gebot von Treu und Glauben dar (GULDENER, ZPR, 189).

9 Die **missbräuchliche Berufung auf einen Formmangel** ist rechtsmissbräuchlich und verletzt den Grundsatz von Treu und Glauben.

10 Rechtsmissbräuchlich ist weiter auch das **widersprüchliche Verhalten** einer Partei (*venire contra factum proprium*). So sind eine Klage oder eine Einwendung, welche unvereinbar mit der bisherigen Prozessführung derselben Partei mit demselben Gegner sind und die auf Erlangung eines ungerechtfertigten Vorteils abzielen, rechtsmissbräuchlich (GULDENER, ZPR, 198). Wer bspw. erfolgreich den Abschluss eines Vertrages bestritten hat, kann nicht in einem zweiten Prozess die Herausgabe des Kaufgegenstandes mit der Begründung fordern, ein Kaufvertrag sei doch abgeschlossen worden. Ist der erste Entscheid noch nicht in Rechtskraft erwachsen, kann die beklagte Partei zwar nicht die Einrede der *res iudicata* (s. dazu Art. 59 N 18 f.) geltend machen, wohl aber kann sie der klagenden Partei rechtsmissbräuchliches Verhalten vorwerfen (GULDENER, ZPR, 189).

11 Aus dem Grundsatz von Treu und Glauben folgt auch, dass keine Partei aus einem Sachverhalt für sich **prozessuale Vorteile** geltend machen darf, welche sie sich in **unredlicher Weise verschafft** hat. So darf, wer die Beweisführung des Prozessgegners vereitelt hat, sich nicht darauf berufen, dass der Beweis gescheitert ist (GULDENER, ZPR, 189).

12 Missbräuchlich handelt insb. ein Kläger, der sich den **Lästigkeitswert** seiner Klage abkaufen lässt (**schikanöse Rechtsausübung**). Ein solches Vorgehen ist zudem sittenwidrig (BGE 123 III 101, E. 2c; s.a. BSK ZGB I-HONSELL, Art. 2 N 56). Das Bundesgericht ist jedoch bei der Annahme von rechtsmissbräuchlichem Verhalten zurückhaltend, z.B. handelt der Kläger, der für den Rückzug einer Baueinsprache ein Entgelt verlangt, nicht rechtsmissbräuchlich, wenn die Einsprache nicht aussichtslos ist und die bezahlte Summe als Abgeltung der Chancen und Vorteile der Baueinsprache (Nachteilsausgleich) angesehen werden kann (BGE 123 III 101 E. 2c). Die Partei, die eine Zwangslage der gegnerischen Partei bewusst ausnützt und einen ungerechtfertigten Sondervorteil erzwingen will, handelt aber rechtsmissbräuchlich. Auf solche Klagen wird das Gericht mangels Vorliegen schutzwürdiger Interessen nicht eintreten (STAEHELIN/STAEHELIN/GROLIMUND, § 10 Rz 59).

13 Missbräuchlich können aber auch einzelne Prozesshandlungen sein, z.B. die **böswillige Vornahme einer Rechtshandlung** (z.B. mutwilliges Ergreifen eines Rechtsmittels, s. BGE 100 II 307), oder das **böswillige Unterlassen einer Prozesshandlung** (z.B. die Verweigerung der Annahme eines gerichtlichen Schreibens. Das Schreiben gilt in diesem Fall trotz verweigerter Annahme als zugestellt, BGE 82 II 165; s.a. Art. 138 Abs. 3 lit. b) (STAEHELIN/STAEHELIN/GROLIMUND, § 10 Rz 59).

c) Rechtsfolgen bei treuwidrigem Verhalten der Parteien

14 Die bös- oder mutwillige Prozessführung einer Partei oder ihres Vertreters kann das Gericht mit einer **Ordnungsbusse** ahnden (s. Art. 128 N 12 ff.), ebenso, wenn eine Partei den Geschäftsgang des Gerichts stört (s. Art. 128 N 7 ff.). Das Gericht kann der Partei, welche mutwillig ihre Wahrheitspflicht verletzt und im Beweisverfahren unwahre Angaben über den Sachverhalt macht, eine Busse auferlegen (s. Art. 191 N 15 f.).

Die Partei, welche unnötige **Prozesskosten** verursacht hat, hat diese Kosten zu bezahlen (s. Art. 108 N 1 f.). Das missbräuchliche Verhalten einer Partei kann weiter die **Verteilung der Gerichtskosten** beeinflussen (s. Art. 109 N 1 f.). 15

Ferner wird ein Gericht **nicht auf eine Klage eintreten**, welche rechtsmissbräuchlich eingeleitet wurde. 16

Rechtsmissbräuchliches Verhalten einer Partei kann schliesslich eine **Schadenersatzpflicht nach Art. 41 OR** nach sich ziehen (GULDENER, ZPR, 190). 17

2. Schutz vor missbräuchlichem Verhalten der Gerichte

Der Grundsatz von Treu und Glauben richtet sich nicht nur an die Parteien, sondern auch an die **Organe der Rechtsanwendung und der Justiz** (BGE 128 III 201 E. 1c). Gemäss Art. 9 BV hat jede Person den unmittelbaren Anspruch von den staatlichen Organen nach Treu und Glauben behandelt zu werden. Es handelt sich um ein Grundrecht der Bürger gegenüber dem Staat (BGE 94 I 513 E. 4a). 18

Eine **unrichtige, unklare oder zweideutige Rechtsmittelbelehrung**, aufgrund welcher dem Rechtsuchenden prozessuale Nachteile entstehen (z.B. Versäumen einer gesetzlichen Frist), berechtigt die angerufene Instanz nicht, auf das entsprechende Rechtsmittel nicht einzutreten (BGer vom 12.3.2009, 5A_814/2008; BGE 115 Ia 18 E. 4a; 114 Ia 106 E. 2a; 96 I 100 E. 4; STAEHELIN/STAEHELIN/GROLIMUND, § 25 Rz 11; VOGEL/SPÜHLER, 6. Kap. Rz 94). Wo eine Partei oder ihr Anwalt die Fehlerhaftigkeit der Rechtsmittelbelehrung durch Konsultierung des massgebenden Gesetzestextes allein hätte erkennen können, wird der Vertrauensschutz indessen versagt (BGE 124 I 258 E. 1a/aa; 118 Ib 330 E. 1c). Die einschlägige Rechtsprechung oder Literatur muss aber nicht nachgeschlagen werden (BGE 117 Ia 422 E. 2a; 112 Ia 310 E. 3; 106 Ia 16 E. 3). 19

Überspitzter Formalismus ist eine besondere Form der Rechtsverweigerung und liegt vor, wenn für ein Verfahren rigorose Formvorschriften aufgestellt werden, wenn die Behörde formelle Vorschriften mit übertriebener Schärfe handhabt, wenn sie an Rechtsschriften überspannte Anforderungen stellt oder wenn dem Bürger der Rechtsweg in unzulässiger Weise versperrt wird (BGE 118 Ia 14 E. 2a; 115 Ia 12 E. 3b; 114 Ia 20 E. 2; 112 Ia 305 E. 2). Aus diesem Grund sollen die Gerichte den Parteien eine Nachfrist setzen, um mangelhafte, unleserliche, ungebührliche, unverständliche oder unnötig weitschweifige Eingaben zu verbessern (Art. 132 N 3 ff., 7). 20

Aus dem Grundsatz von Treu und Glauben ergibt sich auch das **Beschleunigungsgebot** bzw. das **Verbot der Rechtsverzögerung**. Die Parteien haben – gestützt auf den Grundsatz – den Anspruch auf Beurteilung ihrer Anliegen innert angemessener Frist. 21

Art. 53

Rechtliches Gehör

¹ **Die Parteien haben Anspruch auf rechtliches Gehör.**

² **Insbesondere können sie die Akten einsehen und Kopien anfertigen lassen, soweit keine überwiegenden öffentlichen oder privaten Interessen entgegenstehen.**

Droit d'être entendu

¹ Les parties ont le droit d'être entendues.

² Elles ont notamment le droit de consulter le dossier et de s'en faire délivrer copie pour autant qu'aucun intérêt prépondérant public ou privé ne s'y oppose.

Art. 53 1–3 3. Titel: Verfahrensgrundsätze und Prozessvoraussetzungen

Diritto di essere sentiti

¹ Le parti hanno il diritto di essere sentite.

² Le parti hanno segnatamente il diritto di consultare gli atti e di farsene rilasciare copia, sempre che preponderanti interessi pubblici o privati non vi si oppongano.

Inhaltsübersicht Note

I. Allgemeines 1

II. Inhalt des rechtlichen Gehörs (Abs. 1) 6
   1. Recht auf Anhörung durch das Gericht 6
   2. Recht auf Beweisführung 19
   3. Recht auf anwaltliche Vertretung 24
   4. Recht auf Begründung des Entscheids 25

III. Akteneinsicht (Abs. 2) 27

IV. Folgen der Verweigerung des rechtlichen Gehörs 33

Literatur

L. KNEUBÜHLER, Gehörsverletzung und Heilung, ZBl 1998, 97 ff.; A. KOLLER, Der Gehörsanspruch im erstinstanzlichen Zivilprozess, ZSR 1986, 229 ff.; H. SEILER, Abschied von der formellen Natur des rechtlichen Gehörs, SJZ 100 (2004), 377 ff.; R. TINNER, Das rechtliche Gehör, ZSR 1964, 295 ff.; H. U. WALDER, Zur Bedeutung des rechtlichen Gehörs im schweizerischen Zivilprozessrecht, in Hauser et al. (Hrsg.), Gedächtnisschrift für Peter Noll, Zürich 1984, 403 ff. (zit. rechtliches Gehör).

I. Allgemeines

1 Abs. 1 entspricht dem Wortlaut von Art. 29 Abs. 2 BV. Das rechtliche Gehör ist ein derart zentrales Verfahrensrecht, dass es ausdrücklich erwähnt und in Abs. 2 in Bezug auf das Akteneinsichtsrecht konkretisiert wird. Die Akteneinsicht kann verweigert werden, wenn dies überwiegende öffentliche oder private Interessen (z.B. das Geschäftsgeheimnis) rechtfertigen. Diese Einschränkung entspricht der bundesgerichtlichen Rechtsprechung (s. auch Art. 156 für die Beweisabnahme sowie Art. 56 Abs. 2 BGG, dazu BSK BGG-GELZER Art. 56 N 9 ff.).

2 Der Anspruch der Parteien auf beidseitiges rechtliches Gehör ist die *«grundlegendste Maxime eines jeden rechtsstaatlichen Prozesses»* (KUMMER, ZPR, 74). Der Grundsatz ist Teil des in Art. 6 Abs. 1 EMRK garantierten fairen Verfahrens und ist auch in Art. 29 Abs. 2 BV (Art. 4 aBV) verfassungsrechtlich geregelt. Der in Art. 6 Abs. 1 EMRK gewährleistete Anspruch verschafft indessen keine über Art. 29 Abs. 2 BV hinausgehenden Rechte (BGE 122 V 157 E. 2b; 119 Ia 264 E. 3; 116 Ia 14 E. 3 = Pra 1991, 17; 115 V 244, 256 E. 4b/bb; 111 Ia 273 E. 2a; 109 Ia 177 E. 3).

3 Der Anspruch auf rechtliches Gehör dient einerseits als Mittel der **Sachverhaltsaufklärung** (Sachdarstellung, Beweisabnahme) und damit der Wahrheitsfindung im Prozess (BGE 119 Ia 260 E. 6; 106 Ia 4 E. 2b/bb). Die richterliche Behörde hat dabei die Pflicht, die Argumente und Verfahrensanträge der Partei entgegenzunehmen und zu prüfen sowie die ihr rechtzeitig und formrichtig angebotenen Beweismittel abzunehmen, es sei denn, diese beträfen eine nicht erhebliche Tatsache oder seien offensichtlich untauglich, über die streitige Tatsache Beweis zu erbringen (s. BGE 124 I 241 E. 2). Andererseits soll das rechtliche Gehör i.S. der *«Waffengleichheit im Prozess»* (s. BGE 133 I 1; 132 II

267; 132 V 370; 131 I 95; 129 II 59) den Parteien ein **persönlichkeitsbezogenes Mitwirkungsrecht** beim Erlass des Entscheids ermöglichen. Der Anspruch auf rechtliches Gehör gibt dem Betroffenen das Recht, sich vor Erlass eines in seine Rechtsstellung eingreifenden Entscheids zu äussern (s. N 6 ff.), erhebliche Beweise beizubringen (s. N 19 ff.), mit erheblichen Beweisanträgen gehört zu werden und an der Erhebung wesentlicher Beweise entweder mitzuwirken oder sich zumindest zum Beweisergebnis zu äussern (s. N 22 f.), wenn dieses geeignet ist, den Entscheid zu beeinflussen (BGE 124 I 241 E. 2).

Alle Personen, die durch einen richterlichen Entscheid in ihrer Rechtsposition betroffen sind, haben Anspruch auf rechtliches Gehör. Es können sich somit auch **Nebenparteien** und **Dritte**, bspw. Zeugen, die sich auf ein Zeugnisverweigerungsrecht berufen möchten, oder Inhaber von Urkunden, welche zu deren Vorlage angehalten werden, oder Personen, denen im Rahmen vorsorglicher Massnahmen bestimmte Auflagen gemacht werden, auf den Grundsatz des rechtlichen Gehör berufen (WALDER, rechtliches Gehör, 405). Keinen Anspruch auf rechtliches Gehör haben bloss mittelbar betroffene Dritte.

Die eidgenössische ZPO enthält keine Definition des Anspruchs auf rechtliches Gehör. Die ZPO ist so ausgestaltet, dass sie ohne weiteres den Anforderungen des Grundsatzes des rechtlichen Gehörs genügt (STAEHELIN/STAEHELIN/GROLIMUND, § 10 Rz 52). So werden Teilaspekte des Anspruchs auf rechtliches Gehör im jeweiligen Kontext weiter konkretisiert und gewährleistet, bspw.:

– Recht auf Beweis (s. Art. 152);

– Anspruch auf Einreichung einer Klageantwort (s. Art. 222);

– Anspruch auf erste Parteivorträge mit Replik und Duplik (s. Art. 228);

– Anspruch auf Schlussvorträge (s. Art. 232).

II. Inhalt des rechtlichen Gehörs (Abs. 1)

1. Recht auf Anhörung durch das Gericht

Das **Recht auf Anhörung** ist ein allgemeines Prinzip («*audiatur et altera pars*»). Das Gericht ist verpflichtet, den Parteien die Gelegenheit zu ermöglichen, sich vor dem Erlass eines Entscheids gebührend zu äussern (STAEHELIN/STAEHELIN/GROLIMUND, § 10 Rz 53). Es ist teilweise ausdrücklich im Gesetz verankert (so bspw. die in Art. 374 ZGB vorgeschriebene Anhörungspflicht im Vormundschaftsrecht).

Das Gericht darf über eine Klage erst nach **Anhörung beider Parteien** entscheiden. Dies gilt sowohl bei vollständiger und teilweiser Gutheissung der Klage als auch für den Fall der Abweisung der Klage (s. WALDER-RICHLI/GROB-ANDERMACHER, § 21 Rz 3). Selbst dann, wenn die Klage von vornherein als aussichtslos erscheint, muss der beklagten Partei die Möglichkeit zur Stellungnahme geboten werden. Die Stellungnahme der Beklagten könnte nämlich dazu führen, dass die Streitsache in einem neuen Licht erscheint oder es wäre z.B. denkbar, dass die Beklagte die Klage anerkennt. Hinsichtlich mündlicher Verhandlungen muss beachtet werden, dass die Aufforderungen eines Gerichts an die Parteien, sich aus Zeitgründen kurz zu halten, eine Verweigerung des rechtlichen Gehörs darstellt. Den Parteien muss genügend Zeit für ihre Vorträge eingeräumt werden (WALDER-RICHLI/GROB-ANDERMACHER, § 21 Rz 9).

Die beklagte Partei muss indes nicht angehört werden, wenn es an einer Prozessvoraussetzung fehlt (s. Komm. zu Art. 59) oder die Klage offensichtlich nicht ordnungsgemäss erhoben wurde, denn die Veranlassung der Stellungnahme würde lediglich unnötige Prozesskosten verursachen. Diese **Ausnahme des rechtlichen Gehörs** greift jedoch nur, wenn der Mangel durch die Stellungnahme der Parteien nicht mehr behoben werden kann (s. GULDENER, ZPR, 175). Bei fehlender Zuständigkeit des Gerichts könnte bspw. die beklagte Partei die Zuständigkeit des angerufenen Gerichts anerkennen. Eine Klage darf also nicht wegen örtlicher Unzuständigkeit durch Nichteintreten erledigt werden, bevor sich die gegnerische Partei dazu äussern konnte (WALDER-RICHLI/GROB-ANDERMACHER, § 21 Rz 6).

9   Das rechtliche Gehör ist den Parteien **in der gleichen Form** zu gewähren. Eine Partei soll nicht *«nachdrücklicher»* als eine andere das rechtliche Gehör erhalten (WALDER, rechtliches Gehör, 409; KUMMER, ZPR, 75). Insbesondere soll nicht einer Partei die Gelegenheit eingeräumt werden, sich in der Form einer schriftlichen Eingabe zu äussern, wenn die gegnerische Partei sich aber bloss mündlich äussern kann.

10 Nach der Rechtsprechung des Europäischen Gerichtshofes für Menschenrechte (EGMR) ist jede **Parteieingabe bzw. Vernehmlassung einer Vorinstanz der Gegenpartei zur Kenntnis zu bringen** (BOTSCHAFT ZPO, 7274). Inwieweit eine allfällige Stellungnahme dann prozessual noch zu berücksichtigen ist, hängt vom Stand und der Art des Verfahrens sowie vom jeweiligen Novenrecht ab (vgl. Art. 229 und 247).

11 Die Parteien haben, gestützt auf den Grundsatz des rechtlichen Gehörs, Anspruch auf **Teilnahme an Verhandlungen** (WALDER-RICHLI/GROB-ANDERMACHER, § 21 Rz 19 f.).

12 Die **Äusserungsrechte** der Parteien regeln Art und Zahl der jeder Partei zustehenden Vorträge und Rechtsschriften. Die Parteien haben im erstinstanzlichen Verfahren das Recht, sich mindestens zweimal zu äussern. Gemäss Art. 222 hat die beklagte Partei ein **Recht zur Beantwortung der Klage** (wenn es die Verhältnisse erfordern, kann das Gericht einen zweiten Schriftenwechsel anordnen, s. Art. 225 N 1 ff.). Nach der Eröffnung des Hauptverfahrens haben die Parteien Anrecht auf erste Parteivorträge (Art. 228 Abs. 1) sowie auf **Replik und Duplik** (Art. 228 Abs. 2; s. dazu Art. 228 N 5). Grundsätzlich dürfen neue klagebegründende Tatsachen vorgebracht werden. Das Gericht ist aber gehalten, die Gleichbehandlung der Parteien zu wahren. Der gegnerischen Partei ist allenfalls ein Recht auf Stellungnahme einzuräumen. Dies kann bedeuten, dass nach einem längeren mündlichen Parteivortrag eine angemessen lange Verhandlungspause einzuschalten ist, auf dass sich die Gegenseite angemessen zur Antwort vorbereiten kann.

13 Die Äusserungsrechte gelten ebenfalls für das **Rechtsmittelverfahren**. Die gegnerische Partei hat sowohl im *Berufungs- wie auch im Beschwerdeverfahren* das Recht zu schriftlicher Stellungnahme (s. Art. 312 N 1 ff. und Art. 322 N 1 ff.). Das Gericht kann zudem im *Berufungsverfahren* einen zweiten Schriftenwechsel anordnen (Art. 316 Abs. 2; s. Art. 316 N 3). Im *Beschwerdeverfahren* ist nur ein Schriftenwechsel vorgesehen.

14 Im **summarischen Verfahren** sind die Äusserungsrechte der Parteien auch zu wahren (BGE 106 Ia 4 E. 2b/bb). Dies gilt jedoch lediglich in eingeschränktem Masse. Bei besonderer Dringlichkeit, können vorsorgliche Massnahmen sofort und ohne Anhörung der Gegenpartei angeordnet werden (**superprovisorische Massnahmen**, s. Komm. zu Art. 265). Die Anhörung der Gegenpartei muss aber nach Erlass einer vorsorglichen Verfügung unverzüglich nachgeholt werden (Art. 265 Abs. 2; s. Art. 265 N 2). Vorsorgliche Massnahmen können erst nach erfolgter Anhörung der anderen Partei vollstreckt werden.

15 Die Parteien haben – gestützt auf den Grundsatz des rechtlichen Gehörs – den Anspruch, sich auch zu **Rechtsfragen**, welche für den Prozess von Bedeutung sind, äussern zu kön-

nen. Die Parteien können ihre Anträge schriftlich in der Klage (Art. 221 Abs. 3; s. zudem Komm. zu Art. 221) und anlässlich des ersten Parteivortrages mündlich begründen (Art. 228 Abs. 1, s. dazu Art. 228 N 3 ff.). Obwohl das Gericht – gemäss dem Grundsatz der richterlichen Rechtsanwendung (*iura novit curia*) – die in Betracht kommenden Rechtssätze von Amtes wegen anzuwenden hat, muss den Parteien die Möglichkeit eingeräumt werden, die Rechtsfragen in ihrem Lichte zu erörtern (KUMMER, ZPR, 74; WALDER-RICHLI/GROB-ANDERMACHER, § 21 Rz 9; s.a. Art. 57 N 22 ff.). Es besteht aber keine Pflicht des Richters, mit den Parteien eigentliche Rechtsgespräche zu führen (WALDER-RICHLI, rechtliches Gehör, 409).

Damit das Recht der Parteien auf rechtliches Gehör gewahrt wird, kann es gegebenenfalls erforderlich sein, einen **amtlichen Übersetzer** anzuordnen, denn eine **fremdsprachige Partei**, «*welche nicht versteht, was verhandelt wird, kann ihren Anspruch auf rechtliches Gehör unter Umständen nicht ausüben*». Gleiches gilt auch, wenn **Stumme, Gehörlose und Schwerhörige** am Prozess teilnehmen. Bei einer mündlichen Einvernahme haben Hörgeschädigte Anspruch auf Beizug eines fachkundigen Dolmetschers (s. bspw. § 130 Abs. 2 GVG-ZH). Der Anspruch der Parteien auf Wahrung ihres rechtlichen Gehörs besteht diesbezüglich jedoch nicht absolut. Eine Übersetzung sämtlicher amtlicher Dokumente in die Muttersprache der betroffenen Partei kann mithin nicht verlangt werden (BGer 8.6.2001, 4P.26/2001, E. 1a/aa; BGE 118 Ia 462 E. 3; 115 Ia 64 E. 6b). Es ist vielmehr grundsätzlich die Angelegenheit der entsprechenden Prozesspartei, für eine Übersetzung besorgt zu sein (BGE 115 Ia 64 E. 6b).

16

Bei der Einvernahme von **fremdsprachigen Drittpersonen** als Zeugen oder Sachverständige kann u.U. das rechtliche Gehör einer Partei verletzt werden, wenn die Mitwirkung eines Dolmetschers an sich geboten wäre, das Gericht aber auf den Beizug eines solchen verzichtet. Die Kosten müssen grundsätzlich von der betreffenden Partei übernommen werden (BGer vom 31.3.1982, in: ZBl 1982, 363). Die Partei, welche die Kosten aufgrund ihrer finanziellen Verhältnisse nicht selbst tragen kann, kann, gestützt auf den Gehörsanspruch, die unentgeltliche Bestellung des Übersetzers verlangen.

Die Parteien haben Anspruch darauf, dass die Richter, welche über die Streitsache entscheiden, von den Vorbringen der Parteien und vom Beweisverfahren Kenntnis haben. Das rechtliche Gehör wird aber nicht verletzt, wenn die Parteien nach einem **personellen Wechsel im Gerichtskörper** keine Gelegenheit zu erneuter Einvernahme erhalten. Entscheidend ist jedoch, dass dem neu mitwirkenden Gerichtsmitglied der Prozessstoff durch Aktenstudium zugänglich gemacht werden kann (BGE 117 Ia 133 E. 1e). Das rechtliche Gehör der Parteien wäre bspw. dann verletzt, wenn Richter an einem Urteil mitwirken, welche nicht alle der ausschliesslich mündlichen, in keinem Protokoll festgehaltenen Beweisabnahme beigewohnt haben. Die Tatsache, dass ein Richter an einem Urteil mitgewirkt hat, ohne an sämtlichen Verhandlungen teilgenommen haben, verstösst nicht gegen die verfassungsrechtlichen Verfahrensgarantien (BGE 96 I 323 E. 2a).

17

Der Grundsatz auf rechtliches Gehör verlangt nur, dass das Gericht den Parteien die Möglichkeit einräumt, sich im Verfahren zu äussern. Es ist Sache der Parteien zu beurteilen, ob eine Vernehmlassung neue Vorbringen enthält und eine Stellungnahme erfordert (s. STAEHELIN/STAEHELIN/GROLIMUND, § 10 Rz 53). Ob die Parteien ihr rechtliches Gehör tatsächlich nutzen, bleibt daher ihnen überlassen. Ein **Verzicht auf das Äusserungsrecht** ist möglich, darf aber vom Gericht nicht leichtfertig angenommen werden, insbesondere wenn eine Partei nicht anwaltlich vertreten ist und sie sich über den Umfang ihrer Parteirechte nicht im Bilde ist (BGE 132 I 42 E. 3.3.1; 101 Ia 313).

18

2. Recht auf Beweisführung

19 Wesentlicher Ausfluss des rechtlichen Gehörs ist der Anspruch der Parteien auf Beweisführung. Dieses **Recht auf Beweis** – der sog. Beweisanspruch – stützte sich auf die Regeln der Verteilung der Beweislast gemäss Art. 8 ZGB (s. dazu BSK ZGB I-SCHMID, Art. 8 N 24 ff.; s. auch BGE 131 III 45 E. 4.2.4; 126 III 315 E. 4a; 122 III 219, E. 3; 108 Ia 293 E. 4c) und ist nun ausdrücklich in Art. 150 verankert.

20 Die Parteien haben Recht auf Bezeichnung von Beweismitteln, die Parteien dürfen aber auch zum Gegenbeweis Beweismittel bezeichnen. Die Sachbehauptungen der Parteien müssen ausreichend substantiiert sein, so dass darüber Beweis abgenommen werden kann. Das beantragte Beweismittel muss dabei eine rechtserhebliche Sachbehauptung betreffen (s. dazu Art. 150 N 3; BGE 123 III 35 E. 2b; 118 II 441 E. 1; 114 II 289 E. 2a) und das angebotene Beweismittel muss geeignet sein, das Gericht vom Vorhandensein der zu beweisenden Tatsache zu überzeugen (BGE 114 II 289 E. 2a; 109 Ia 217, 233 E. 5c; 106 Ia 162 E. 2b). Die Beweismittel müssen überdies form- und fristgerecht vorgebracht werden (Art. 150 Abs. 1; s. Art. 150 N 5).

21 Ein Gericht kann aber Beweisanträge ablehnen, wenn es seine Überzeugung durch andere Beweismittel bereits gewonnen hat oder wenn es das offerierte Beweismittel zum vornherein als ungeeignet hält, die behauptete Tatsache zu beweisen. Diese **antizipierte Beweiswürdigung** ist Teil des Grundsatzes der freien Beweiswürdigung und steht in einem Spannungsverhältnis mit dem Beweisanspruch der Parteien. Die antizipierte Beweiswürdigung ist im Interesse eines konzentrierten Verfahrens ein notwendiger Ausgleich zum Beweisanspruch. Der Vorentwurf hatte eine entsprechende Regelung zunächst noch vorgesehen (Art. 147 Abs. 2 VE-ZPO), wurde jedoch in der Vernehmlassung stark kritisiert.

22 Die Gerichte müssen den Parteien die Gelegenheit geben, an der **Erhebung wesentlicher Beweise mitzuwirken.** Die Parteien haben das Recht, an der Beweisabnahme *teilzunehmen* (Art. 155 Abs. 3; s. Art. 155 N 14) oder sich zumindest zum Ergebnis der Beweisabnahme (z.B. Zeugenbefragungen, Art. 169; Augenschein, Art. 181; Gutachten, Art. 183) *zu äussern.* Letzteres gilt auch dann, wenn die Parteien sich zu den betreffenden streitigen Tatsachen bereits in den Rechtsschriften oder mündlich in den Parteivorträgen geäussert haben (s. BGE 130 II 169 E. 2.3.5; BGer 11.9.2005, 5P.232/2005, E. 3.1).

23 **Beweisführungsverträge**, in denen die Parteien die Beweisführung auf bestimmte Beweismittel beschränken oder einem bestimmten Beweismittel zum Voraus ein bestimmtes Gewicht zuordnen, werden mehrheitlich als unzulässig betrachtet (s. GULDENER, Beweis, 70 f.; WALDER-RICHLI/GROB-ANDERMACHER, § 30 Rz 3), u.a. weil in unzulässiger Weise die prozessuale Bewegungsfreiheit der Parteien eingeschränkt wird.

3. Recht auf anwaltliche Vertretung

24 Die Parteien dürfen – gestützt auf den Grundsatz des rechtlichen Gehörs – grundsätzlich in allen Verfahren einen oder mehrere **berufsmässigen Vertreter für die Prozessführung** beiziehen (STAEHELIN/STAEHELIN/GROLIMUND, § 10 Rz 53). Ein Gericht kann aber unter bestimmten Umständen die Rechtsvertretung vom Verfahren ausschliessen (s. BGE 105 Ia 288 E. 3b und c).

4. Recht auf Begründung des Entscheids

25 Das Gericht muss die Vorbringen der betroffenen Partei tatsächlich hören, sorgfältig und ernsthaft prüfen und **in ihrer Entscheidung entsprechend berücksichtigen** (BGE 101

Ia 545 E. 4). Tat- und Rechtsfragen, welche für die Entscheidfindung des Gerichts unerheblich sind, müssen von den Gerichten indes nicht berücksichtigt werden (s. WALDER-RICHLI/GROB-ANDERMACHER, § 21 Rz 22). Ob die Vorbringen der Parteien erheblich sind, ist eine Frage des Bundesprivatrechts (s. WALDER-RICHLI/GROB-ANDERMACHER, § 21 Rz 23), und liegt in der Entscheidungszuständigkeit des erkennenden Gerichts.

Die Gerichte müssen ihre Entscheide und Urteile nicht mit einer **Eventualbegründung** versehen (ZR 105 Nr. 10, E. III/3.1). Da in den meisten kantonalen Gerichtsinstanzen die Urteilsberatung nicht öffentlich ist, sind einige Gerichte dazu übergegangen, vom Urteil abweichende Anträge von einzelnen Mitgliedern des Richtergremiums als sog. «Dissenting Opinion» im Urteil aufzunehmen. Eine Pflicht dazu besteht allerdings nicht. 26

III. Akteneinsicht (Abs. 2)

Der in Abs. 2 enthaltene Anspruch auf Akteneinsicht konkretisiert in beispielhafter Weise den Anspruch der Parteien auf rechtliches Gehör. Das Recht auf Akteneinsicht entspricht Art. 29 Abs. 2 BV. 27

Die von einem Entscheid betroffenen Personen sollen sich vor der Entscheidfällung zu den wesentlichen Punkten äussern können. Dazu müssen die Parteien auch in alle **massgeblichen Akten** Einsicht nehmen können. Dies betrifft in erster Linie den rechtserheblichen Sachverhalt und nur in Ausnahmefällen auch Rechtsnormen oder von den Behörden vorgesehene rechtliche Begründungen (BGE 132 II 485 E. 3.4; 127 I 54 E. 2b). Vom Akteneinsichtsrecht umfasst sind somit alle Dokumente, die sich mit den Grundlagen des Entscheids befassen. Akten, welche **aus dem Recht**, nicht aber aus den Akten gewiesen wurden und vom Gericht bis zur Beendigung des Verfahrens gesondert geführt werden, sind vom Akteneinsichtsrecht ausgeschlossen. 28

Die Parteien haben Anspruch, die Akten am Sitz der Behörde einzusehen. Die Parteien haben aber keinen Anspruch, Akten, in die Einsicht gewährt werden muss, **nach Hause zu nehmen** (BGE 116 Ia 327, E. 4d/aa). In einigen Kantonen ist es Praxis, dass Akten an zugelassene Rechtsanwälte angesichts ihrer beruflicher Stellung innerhalb der Rechtspflege herausgegeben werden (s. bspw. im Kanton Zürich FRANK/STRÄULI/MESSMER, § 56 ZPO/ZH N 19 oder im Kanton Aargau BÜHLER/EDELMANN/KILLER, § 78 ZPO/AG N 30). 29

Das Akteneinsichtsrecht schliesst das Recht auf Anfertigung von **Kopien, Fotografien und Notizen** in sich ein. 30

Im gerichtlichen Verfahren haben die Parteien Anspruch auf Akteneinsicht, soweit keine überwiegenden öffentlichen oder privaten Interessen entgegenstehen (Art. 53 Abs. 2). **Einschränkungen des Akteneinsichtsrechts** ergeben sich durch das öffentliche Interesse des Staates oder durch berechtigte Geheimhaltungsinteressen Dritter, namentlich auf Grund des Datenschutzgesetzes (BGE 132 II 494; 131 V 41; 130 III 44; 129 I 88; 129 I 253; 128 I 6; 127 I 151; 95 I 109; 112 Ia 100 E. 5b; 110 Ia 85 E. 4a; 103 Ia 492). **Öffentliche Geheimhaltungsinteressen** können etwa bei Fragen der Landesverteidigung oder der Staatssicherheit vorliegen (BGE 100 Ia 102 E. 5b). Dem Akteneinsichtsrecht können ferner **berechtigte Geheimhaltungsinteressen von Dritten** vorgehen, bspw. soweit Familienangehörige, Auskunftspersonen oder Geschäftsgeheimnisse betroffen sind (BGE 112 Ia 102 E. 6; 103 Ia 493; 100 Ia 102 E. 5b; 95 I 109 E. 4). Trotz Bestehens einer Anzeigepflicht können Ärzte ihre Mitwirkung und die Einsichtnahme in ein **ärztliches oder psychiatrisches Gutachten** verweigern, wenn glaubhaft gemacht wird, dass das Geheimhaltungsinteresse das Interesse der Wahrheitsfindung überwiegt (STAEHELIN/ 31

Art. 54

STAEHELIN/GROLIMUND, § 10 Rz 54; s.a. BGE 100 Ia 102 E. 5b). Die einander entgegenstehenden Interessen an der Akteneinsicht auf der einen Seite und an deren Verweigerung auf der andern Seite sind im Einzelfall **sorgfältig gegeneinander abzuwägen** (BGE 110 Ia 86 E. 4b). Allenfalls können Teile der Akten abgedeckt werden.

32 Anspruch auf Akteneinsicht besteht i.d.R. nur während eines **hängigen Verfahrens**. Ausserhalb eines formellen Verfahrens (z.B. nach Abschluss oder vor Anhebung eines Verfahrens) können die Parteien oder Dritte Akten einsehen, wenn ein schützwürdiges Interesse geltend gemacht werden kann (BGE 95 I 108; 112 Ia 100 E. 5b; 110 Ia 85 E. 4a), insb. wenn die Einsichtnahme Voraussetzung für die Wahrung anderer Rechte ist (BGE 113 Ia 4 E. 4a; 113 Ia 262 E. 4a; 112 Ia 101 E. 5b) und die Akten die eigene Person betreffen (BGE 113 Ia 4 E. 4a; 113 Ia 262 E. 4a).

IV. Folgen der Verweigerung des rechtlichen Gehörs

33 Der Gehörsanspruch der Parteien ist **formeller Natur** (BGE 129 I 364; 129 V 74; 127 V 435; 126 V 132). Bei Verweigerung des rechtlichen Gehörs leidet ein Entscheid an einem schweren Mangel und ist, auf entsprechenden Antrag der Parteien, im Rechtsmittelverfahren aufzuheben. Dies gilt unabhängig davon, ob die Verfügung bei der Gewährung des rechtlichen Gehörs anders ausgefallen wäre (BGE 127 V 431 E. 3d/aa; 126 I 19 E. 2d/bb; 126 V 130 E. 2b).

34 Die Verletzung des rechtlichen Gehörs kann aber **nachträglich geheilt** werden, wenn die Verletzung nicht besonders schwer wiegt, die Rechtsmittelinstanz über die gleiche Kognition verfügt wie die Vorinstanz und der betroffenen Partei dadurch keinen Nachteil erwächst (BGE 129 I 129 E. 2.2.3; 127 V 431 E. 3d/aa; 126 I 68 E. 2; 125 I 209 E. 9). Die nachträgliche Heilung der Gehörsverletzung soll aber die Ausnahme bleiben (BGE 127 V 431 E. 3d/aa; 126 I 68 E. 2; 126 II 111 E. 6b/aa; 126 V 103 E. 2b; 124 V 180 E. 4e; krit. dazu SEILER, 377 ff. m.w.H.), zumal dadurch eine Gerichtsinstanz verloren geht.

Art. 54

Öffentlichkeit des Verfahrens	¹ **Verhandlungen und eine allfällige mündliche Eröffnung des Urteils sind öffentlich. Die Entscheide werden der Öffentlichkeit zugänglich gemacht.** ² **Das kantonale Recht bestimmt, ob die Urteilsberatung öffentlich ist.** ³ **Die Öffentlichkeit kann ganz oder teilweise ausgeschlossen werden, wenn es das öffentliche Interesse oder das schutzwürdige Interesse einer beteiligten Person erfordert.** ⁴ **Die familienrechtlichen Verfahren sind nicht öffentlich.**
Principe de publicité	¹ Les débats et une éventuelle communication orale du jugement sont publics. Les décisions doivent être accessibles au public. ² Le droit cantonal détermine si les délibérations sont publiques. ³ Le huis clos total ou partiel peut être ordonné lorsque l'intérêt public ou un intérêt digne de protection de l'un des participants à la procédure l'exige. ⁴ Les procédures relevant du droit de la famille ne sont pas publiques.

Pubblicità del procedimento	¹ Le udienze e l'eventuale comunicazione orale della sentenza sono pubbliche. Le decisioni sono rese accessibili al pubblico.
	² Il diritto cantonale determina se anche la deliberazione della sentenza dev'essere pubblica.
	³ Il giudice può ordinare che il procedimento si svolga, in tutto o parzialmente, a porte chiuse, se l'interesse pubblico o l'interesse degno di protezione di un partecipante al processo lo richiedano.
	⁴ I procedimenti nelle cause del diritto di famiglia non sono pubblici.

Inhaltsübersicht

 Note

I. Allgemeines 1
II. Öffentlichkeit der Verhandlungen, der Urteilseröffnung und Veröffentlichung der Urteile (Abs. 1) 8
   1. Öffentlichkeit der Verhandlungen 8
   2. Öffentlichkeit der Urteilseröffnung und Veröffentlichung der Urteile 13
III. Öffentlichkeit der Urteilsberatungen (Abs. 2) 18
IV. Ausschluss der Öffentlichkeit (Abs. 3) 19
V. Ausschluss bei familienrechtlichen Verfahren (Abs. 4) 21

Literatur

F. BOMMER, Öffentlichkeit der Hauptverhandlung zwischen Individualgrundrecht und rechtsstaatlich-demokratischem Strukturprinzip, Donatsch et al. (Hrsg.), FS Stefan Trechsel, Zürich 2002, 671 ff.; U. SAXER, Vom Öffentlichkeitsprinzip zur Justizkommunikation – Rechtsstaatliche Determination einer verstärkten Öffentlichkeitsarbeit der Gerichte, ZSR 2006, 459 ff.; P. TSCHÜMPERLIN, Öffentlichkeit der Entscheidungen und Publikationspraxis des Schweizerischen Bundesgerichts, SJZ 99 (2003), 265 ff.; F. ZELLER, Medien und Hauptverhandlung – Menschenrechtliche Planken, in: Justice – Justiz – Giustizia, Die Schweizerische Richterzeitung, 1/2006.

I. Allgemeines

Garantien für die Öffentlichkeit der Gerichtsverhandlung und Urteilsverkündung sind bereits in Art. 6 Ziff. 1 EMRK, Art. 14 Ziff. 1 UNO-Pakt II sowie in Art. 30 Abs. 3 BV enthalten. Die in der EMRK und im UNO-Pakt II vorgesehene Öffentlichkeit ist Teil der Garantie auf ein faires Verfahren, wobei der Grundsatz hier auf *«civil rights»* eingeschränkt ist. Der sachliche Anwendungsbereich von Art. 30 Abs. 3 BV ist hingegen umfassend. Gemäss Art. 30 Abs. 3 BV sind Gerichtsverhandlungen und Urteilsverkündungen öffentlich, wobei das Gesetz Ausnahmen vorsehen kann. Der verfassungsrechtliche Grundsatz bezieht sich auf alle Verfahren und Instanzen, verlangt aber als **Minimalstandart** i.d.R. lediglich die Durchführung öffentlicher Verhandlungen und Urteilsverkündungen (SAXER, 462). Die Öffentlichkeit der Urteils*beratungen* ist dagegen in den verfassungsrechtlichen Verfahrensgrundsätzen nicht gewährleistet (BGE 122 V 47 E. 2c). Art. 52 ZPO konkretisiert den in Art. 30 Abs. 3 BV verankerten verfassungsmässigen Grundsatz der Öffentlichkeit. 1

Träger des Öffentlichkeitsanspruches sind die Verfahrensbeteiligten, die Medien wie auch das öffentliche Publikum. 2

Die **Parteiöffentlichkeit** in ihrer Ausgestaltung als Anrecht auf mündliche Anhörung ist Teil des Anspruchs der Parteien auf Wahrung des rechtlichen Gehörs. Dazu gehört die 3

Anwesenheit der Parteien bei der Beweisaufnahme (s. Art. 53 N 19 ff.), Äusserungsmöglichkeit anlässlich der Hauptverhandlung (s. Art. 53 6 ff.), persönliche Eröffnung von Urteilen (s. Art. 53 N 25), etc. (BGE 120 V 7 E. 3b; 119 V 380 E. 4b/bb; 119 Ia 104 E. 4a).

4   Die Medien übernehmen mit ihrer Gerichtsberichterstattung insoweit eine wichtige Brückenfunktion, als sie die richterliche Tätigkeit einem grösseren Publikum zugänglich machen. Die **Gerichtsberichterstattung** dient damit einer verlängerten bzw. **mittelbaren Gerichtsöffentlichkeit** (BGE 129 III 532).

5   **Publikumsöffentlichkeit** bedeutet, dass jedermann Zugang zu den Verhandlungen hat und als Zuhörer den Prozessablauf unmittelbar und direkt verfolgen kann (s. Art. 30 BV N 23 ff.).

6   Der Öffentlichkeitsgrundsatz erfüllt verschiedene **Funktionen**. Der Grundsatz bedeutet eine Absage an jegliche Form einer undemokratischen Geheim- oder Kabinettsjustiz (BGE 124 IV 234; 117 Ia 389; 111 Ia 239), stellt die Kontrolle der Rechtspflege durch die Öffentlichkeit sicher, verwirklicht die Transparenz in der Rechtsprechung und sichert das Vertrauen der Bürger in die Gerichtsbarkeit.

7   Im **Verfahren vor Bundesgericht** sind die Parteiverhandlungen wie auch die Urteilsberatungen und Abstimmungen grundsätzlich auch öffentlich (s. BSK BGG-HEIMGARTNER/ WIPRÄCHTIGER, Art. 59 N 35 ff., 41 ff., 52).

II. Öffentlichkeit der Verhandlungen, der Urteilseröffnung und Veröffentlichung der Urteile (Abs. 1)

1. Öffentlichkeit der Verhandlungen

8   Die **Gerichtsöffentlichkeit** beschränkt sich i.d.R. auf spätere Verfahrensstadien, insb. auf die Verhandlungen im Gerichtssaal und die Urteilsverkündungen (BSK BGG-HEIMGARTNER/WIPRÄCHTIGER, Art. 59 N 18).

9   Der Anspruch auf eine öffentliche Verhandlung ist grundsätzlich nur für das **erstinstanzliche Verfahren** gewährleistet. Die Parteien haben – gestützt auf den Grundsatz des rechtlichen Gehörs – Anspruch auf Parteivorträge während des Hauptverfahrens (s. Art. 228 N 3). Einen Antrag der Parteien auf Durchführung einer öffentlichen Verhandlung ist nicht erforderlich. Die Parteien können aber auf die Durchführung des Hauptverfahrens und damit auf eine öffentliche Verhandlung verzichten (s. Art. 233 N 1 ff.; BGE 132 I 42 E. 3.3.1).

10 Die Parteien haben gestützt auf ihr rechtliches Gehör grundsätzlich das Anrecht, bei **Beweisabnahmen** durch das Gericht zugegen zu sein (s. Art. 53 N 19 ff. sowie Art. 155 N 14). Der Anspruch gilt indes nicht absolut, *Einschränkungen* ergeben sich durch die Wahrung der Geheimsphäre der Parteien, namentlich bei familienrechtlichen Prozessen (SUTTER-SOMM, ZPR, Rz 369 ff.).

11 **Rechtsmittelinstanzen** können ein rein schriftliches Verfahren unter Ausschluss der Öffentlichkeit durchführen (für die Berufung s. Art. 316; für die Beschwerde s. Art. 327). Eine Rechtsmittelinstanz, deren Kognition auf eine reine Rechtskontrolle beschränkt ist, kann im schriftlichen Verfahren entscheiden, sofern in erster Instanz eine öffentliche Verhandlung stattgefunden hat (BGE 121 I 30 E. 5e m.w.H. auf die Rechtsprechung des EGMR). Entscheide, welche im summarischen Verfahren ergangen sind, können in einem schriftlichen Verfahren überprüft werden (s. BOTSCHAFT ZPO, 7375). Eine Verhandlung wird aber grundsätzlich dann geboten sein, wenn im Berufungsverfahren Beweise

abzunehmen sind (s. Art. 316 N 1 ff.) oder wenn die schriftlichen Eingaben der Parteien zu wenig Aufschluss geben (z.B. bei der Anfechtung eines Entscheides des vereinfachten Verfahrens gemäss Art. 243 ff.). Entscheidend für die Frage, ob im Rechtsmittelverfahren eine öffentliche Verhandlung durchzuführen ist, ist es, ob die Rechtsmittelinstanz die Streitigkeit ohne öffentliche Verhandlung sachgerecht beurteilen kann (BGE 121 I 36 E. 5e; 119 Ia 318 E. 2b.).

Im **summarischen Verfahren** liegt die Entscheidung, ob das Verfahren schriftlich oder mündlich durchgeführt wird, ebenfalls im richterlichen Ermessen (s. Art. 256 N 2 ff.). Damit kann den Umständen des Einzelfalls Rechnung getragen werden. Ein rein schriftliches Verfahren unter Ausschluss der Öffentlichkeit ist die Regel etwa bei der Rechtsöffnung nach Art. 80 ff. SchKG; eine mündliche Verhandlung wird dagegen bei Massnahmen zum Schutz der ehelichen Gemeinschaft nach Art. 271 ff. durchgeführt (s. Komm. zu Art. 273), wobei solche Verfahren unter Ausschluss der Öffentlichkeit durchgeführt werden (s. unten N 21). 12

2. Öffentlichkeit der Urteilseröffnung und Veröffentlichung der Urteile

Die **Eröffnung des Urteils** hat öffentlich zu erfolgen. Ein Urteil muss aber nicht zwingend mündlich öffentlich bekannt gegeben werden. Es genügt, wenn der Entscheid in der Gerichtskanzlei dem interessierten Publikum zugänglich gemacht wird (STAEHELIN/STAEHELIN/GROLIMUND, §23 Rz 2; s.a. KassGer ZH, ZR 105 Nr. 10, E. III/2.5/e). 13

Das Gericht kann den **Parteien** seinen Entscheid (ohne schriftliche Begründung) im Anschluss an eine Hauptverhandlung durch Übergabe des schriftlichen Dispositivs oder durch Zustellung des schriftlichen Dispositivs eröffnen (s. Art. 239 N 2 ff.). Gemäss Art. 54 Abs. 1 Satz 2 müssen gerichtliche Entscheide der Öffentlichkeit zugänglich gemacht werden. Der Entscheid wird den Behörden und betroffenen Dritten mitgeteilt oder veröffentlicht, wenn es das Gesetz vorsieht oder es der Vollstreckung dient (s. dazu Art. 240 N 1 ff.). 14

Ein **Verzicht** auf öffentliche Urteilseröffnung seitens der Verfahrensparteien oder beteiligten Dritten ist nicht zulässig, denn der Verkündungsanspruch steht auch der Öffentlichkeit zu. Primärer Zweck der öffentlichen Urteilseröffnung ist nämlich die Information der Öffentlichkeit über den Ausgang des Verfahrens. 15

Ausnahmen vom Grundsatz der öffentlichen Urteilsverkündung sind beschränkt und nur aus triftigen Gründen zulässig, etwa aus Gründen des Persönlichkeits- oder Datenschutzes sowie anderen Geheimhaltungsinteressen. In solchen Fällen ist aber die Veröffentlichung des Urteils in einer anonymisierten Form vorzuziehen (BGE 133 I 106 E. 8.4). 16

Eine **Verletzung** des Grundsatzes der öffentlichen Urteilseröffnung zieht nicht die Aufhebung des fraglichen Entscheids nach sich, sondern zur Anordnung, für deren Veröffentlichung zu sorgen (BGer vom 1.9.2006, 1P.298/2006; BGE 124 IV 234). 17

III. Öffentlichkeit der Urteilsberatungen (Abs. 2)

Eine öffentliche Urteilsberatung geht über die in Art. 30 BV verankerte verfassungsrechtliche Garantie der Verfahrensöffentlichkeit und der öffentlichen Urteilsverkündung hinaus (s. Art. 30 BV N 22 ff.). Eine öffentliche Urteilsberatung wird etwa vor Bundesgericht durchgeführt (s. BSK BGG-HEIMGARTNER/WIPRÄCHTIGER, Art. 59 N 41, verschiedene kantonale Prozessordnungen enthielten in unterschiedlicher Ausgestaltung ebenfalls Bestimmungen über öffentliche Urteilsberatungen). Ob der Prozess der Entscheidfindung des Gerichts öffentlich ist, ist nun nach Massgabe des **kantonalen Rechts** 18

IV. Ausschluss der Öffentlichkeit (Abs. 3)

19 Der teilweise oder ganze Ausschluss der Öffentlichkeit ist zulässig, wenn es das öffentliche Interesse oder das schutzwürdige Interesse einer beteiligten Person erfordert. Das Prinzip der Öffentlichkeit gilt damit **nicht schrankenlos**.

20 Nur besonders wichtige Gründe vermögen den Ausschluss der Öffentlichkeit zu rechtfertigen (BGE 119 Ia 99 E. 4a). Das Gericht hat eine entsprechende **Interessenabwägung** vorzunehmen (SUTTER-SOMM, ZPR, Rz 364). Einschränkungen des Öffentlichkeitsprinzips müssen immer **verhältnismässig** sein. Insbesondere müssen die grundsätzliche Zulassung der Öffentlichkeit zur Verhandlung und die privaten Interessen der Verfahrensparteien an einer (ausnahmsweisen) Verhandlung hinter verschlossenen Türen gegeneinander abgewogen werden. Unannehmlichkeiten, welche sich aufgrund eines öffentlichen Verfahrens für die betroffene Partei ergeben (z.B. Befragungen zu den persönlichen Verhältnissen, zu Vorstrafen, etc.), sind *«angesichts der hohen rechtsstaatlichen Bedeutung des Öffentlichkeitsprinzips grundsätzlich in Kauf zu nehmen»* (BGE 119 Ia 99 E. 4b). Ebenso kann ein hohes soziales Prestige einer Verfahrenspartei nicht den Ausschluss der Öffentlichkeit rechtfertigen, es müssen zusätzliche besondere Gründe vorliegen (BGE 119 Ia 99 E. 4b). Der Ausschluss der Öffentlichkeit muss überdies auch **geeignet** sein, den angeführten gegenteiligen Interessen Rechnung zu tragen. Unter dem Aspekt der **Erforderlichkeit** ist zu prüfen, ob bspw. mit einem partiellen Ausschluss der Öffentlichkeit vom Verfahren oder Teilen des Verfahrens (z.B. Zulassung der Medienschaffenden, Ausschluss des allgemeinen Publikums) den gegenteiligen Interessen Privater oder der staatlichen Sicherheit gedient werden kann. Auch ist zu prüfen, ob nicht Urteilsberatung ohne Namensnennung in anonymisierter Form dem Persönlichkeitsschutz der Parteien ausreichend Rechnung trägt.

V. Ausschluss bei familienrechtlichen Verfahren (Abs. 4)

21 Aus Schutz der Privatsphäre ist in familienrechtlichen Verfahren die Öffentlichkeit hingegen von Gesetzes wegen stets ausgeschlossen. Dieser Ausschluss gilt für alle Verfahren des Eherechts (Art. 90–251 ZGB) und der Verwandtschaft (Art. 252–348 ZGB) sowie für alle vormundschaftlichen Verfahren (Art. 360–455 ZGB).

Art. 55

Verhandlungs- und Untersuchungsgrundsatz	¹ **Die Parteien haben dem Gericht die Tatsachen, auf die sie ihre Begehren stützen, darzulegen und die Beweismittel anzugeben.** ² **Vorbehalten bleiben gesetzliche Bestimmungen über die Feststellung des Sachverhaltes und die Beweiserhebung von Amtes wegen.**
Maxime des débats et maxime inquisitoire	¹ Les parties allèguent les faits sur lesquels elles fondent leurs prétentions et produisent les preuves qui s'y rapportent. ² Les dispositions prévoyant l'établissement des faits et l'administration des preuves d'office sont réservées.

1. Kapitel: Verfahrensgrundsätze 1, 2 **Art. 55**

Principio dispositivo [1] Le parti devono dedurre in giudizio i fatti su cui poggiano le loro domande
e riserva del principio e indicare i mezzi di prova.
inquisitorio
[2] Sono fatte salve le disposizioni di legge concernenti l'accertamento dei fatti e l'assunzione delle prove d'ufficio.

Inhaltsübersicht   Note

  I. Allgemeines 1
 II. Verhandlungsgrundsatz (Abs. 1) 2
    1. Grundsatz 2
    2. Milderung des Verhandlungsgrundsatzes 7
III. Untersuchungsgrundsatz (Abs. 2) 16
    1. Grundsatz 16
    2. Anwendungsbereich 20

Literatur

W. FELLMANN, Berührungspunkte zwischen Verhandlungs- und Untersuchungsgrundsatz und ihre Bedeutung für die Ausgestaltung des Zivilprozesses, in: Richter und Verfahrensrecht, FS Luzerner Obergericht, Bern 1991, 95 ff.; M. SARBACH, Gedanken zur Verhandlungsmaxime, ZBJV 2000, 685 ff.

I. Allgemeines

Der Verhandlungs- und der Untersuchungsgrundsatz bestimmen die Art und Weise, wie 1 der rechtserhebliche Sachverhalt festgestellt werden soll. Diese Grundsätze bestimmen, wer den massgebenden Sachverhalt zu ermitteln hat und wer die Verantwortung für dessen Richtigkeit sowie Wahrheit trägt (FELLMANN, 96). Der in Art. 55 Abs. 1 aufgestellte **Verhandlungsgrundsatz** besagt, dass es Sache der Parteien ist, dem Gericht das Tatsächliche des Rechtsstreites beizubringen (GULDENER, ZPR, 159). *Gegenstück* zum Verfahrensgrundsatz ist der in Abs. 2 enthaltene **Untersuchungsgrundsatz**. Der Untersuchungsgrundsatz verpflichtet das Gericht, den Sachverhalt *von Amtes wegen* festzustellen. Im Zivilprozess, namentlich im ordentlichen Verfahren, gilt i.d.R. der Verhandlungsgrundsatz, sofern nicht gesetzliche Regelungen die teilweise oder umfassende Anwendung des Untersuchungsgrundsatzes anordnen. Der Untersuchungsgrundsatz ist daher die Ausnahme (STAEHELIN/STAEHELIN/GROLIMUND, § 10 Rz 24). Er gilt insb. im vereinfachten (s. N 24 f.) sowie teilweise auch im summarischen Verfahren (s. N 27). Dem Untersuchungsgrundsatz unterliegen sodann im Wesentlichen auch die familienrechtlichen Angelegenheiten (s. N 20 ff.).

II. Verhandlungsgrundsatz (Abs. 1)

1. Grundsatz

Die Parteien müssen die wesentlichen Tatsachen von sich aus behaupten und den erfor- 2 derlichen Beweis durch Einreichung der greifbaren Beweismittel oder durch Stellung von Beweisanträgen erbringen (*«da mihi facta dabo tibi ius»*). Der Verhandlungsgrundsatz verwirklicht den Gedanken, dass die Parteien am besten über den relevanten Sachverhalt orientiert sind (GULDENER, ZPR, 160).

3 Den Parteien obliegt die **Behauptungslast** (STAEHELIN/STAEHELIN/GROLIMUND, § 10 Rz 16). Die Behauptungslast ist aber nicht eine Rechtspflicht, sondern eine *Obliegenheit*, deren Unterlassung dazu führt, dass die betreffende Tatsache im Zivilprozess nicht berücksichtigt wird (*«quod non es in actis non est in mundo»*). Umgekehrt bedeutet dies, dass ein Richter sein Urteil nur auf Tatsachen gründen darf, welche im Verlaufe des Prozesses geltend gemacht werden (GULDENER, ZPR, 159; WALDER/GROB, § 17 Rz 6 mit dem Hinweis, dass Art. 55 Abs. 2 dies zu wenig klar zum Ausdruck bringe). Die Behauptungslast besteht auch in jenen Fällen, bei welchen die Richter ihren Entscheid auf *Ermessen* begründen können (WALDER/GROB, § 17 Rz 9). Die *Verteilung* der Behauptungslast ist bundesrechtlich geregelt. Gemäss Art. 8 ZGB hat grundsätzlich derjenige das Vorhandensein einer behaupteten Tatsache zu beweisen, der aus ihr Rechte ableitet (s. dazu BSK ZGB I-SCHMID, Art. 8 N 38).

4 Es genügt aber nicht, das Vorhandensein einer Tatsache global zu behaupten bzw. gegnerische Behauptungen global zu bestreiten (sog. **Substantiierungslast** oder **Substantiierungspflicht**). Eine Tatsachenbehauptung muss, um der Substantiierungspflicht zu genügen, immer so konkret formuliert werden, dass eine substantiierte Bestreitung möglich ist oder der Gegenbeweis angetreten werden kann (BGE 127 III 365 E. 2b; 117 II 113 E. 2; GULDENER, ZPR, 164). Das *Mass* der Substantiierungspflicht bestimmt sich nach dem materiellen Bundesrecht (BGE 123 III 183 E. 3e; 108 II 337 E. 2 und 3). Was im Gesagten bereits eingeschlossen (implizit) ist, muss nicht in jeder Einzelheit explizit gesagt werden (SARBACH, ZBJV 2000, 698). Wird aber das an sich schlüssige Vorbringen einer Partei, der die Behauptungslast obliegt, von der gegnerischen Partei bestritten, kann erstere gezwungen sein, die rechtserheblichen Tatsachen nicht nur in den Grundzügen, sondern so umfassend und klar darzulegen, dass darüber Beweis abgenommen werden kann (BGE 108 II 337 E. 3). Bei *Bestreitungen* gelten indes nicht die gleichen Anforderungen wie bei Sachbehauptungen, welche die Beurteilung des daraus abgeleiteten Anspruchs erlauben sollen. Es genügt, wenn die Bestreitung ihrem Zweck entsprechend konkretisiert wird, um den Behauptenden zu der ihm obliegenden Beweisführung zu veranlassen (BGE 115 II 1 E. 4). Jedoch sollte die Bestreitung möglichst substantiiert erfolgen. Pauschale Bestreitungen sind nicht zu empfehlen. Es gehört ferner zum Verhandlungsgrundsatz, dass die Parteien ihre *Beweismittel für bestrittene Behauptungen* selber vorlegen oder bezeichnen (WALDER/GROB, § 17 Rz 10). Im Übrigen kann auf Art. 222 Abs. 2 verwiesen werden.

5 Die Parteien haben weiter die **Beweisführungslast**. Wer eine Tatsache behauptet, muss den Beweis durch Einreichung verfügbarer Beweismittel (z.B. Urkunden) oder durch Beweisanträge (z.B. Antrag auf Einholung eines Gutachtens) hierzu erbringen. Tatsachen, welche zwar von einer Partei behauptet, aber von ihr nicht bewiesen werden, bleiben beweislos und werden in der Urteilsfindung des Gerichts ebenso wenig berücksichtigt wie nicht behauptete Tatsachen (STAEHELIN/STAEHELIN/GROLIMUND, § 10 Rz 17). Der Verhandlungsgrundsatz wird bspw. verletzt, wenn das Gericht seinem Entscheid Tatsachen zugrunde legt, welche sich zwar aus einer eingebrachten Beilage zu einer Rechtsschrift ergeben, aber auf die in keiner Rechtsschrift erkennbar verwiesen wird (WALDER/GROB, § 17 Rz 2 m.V. auf ZR 95 Nr. 12 und ZR 97 Nr. 87).

6 Die Behauptungs- und Beweisführunglast bezieht sich auf das Tatsächliche und die Erbringung von Beweisen. Gestützt auf den Grundsatz des rechtlichen Gehörs, können die Parteien auch **Rechtsfragen**, welche für den Prozess von Bedeutung sind, erörtern. Allerdings muss beachtet werden, dass das Gericht das Recht von Amtes wegen anzuwenden hat (*«iura novit curia»*, s. Komm. zu Art. 57). Aus dem Privatrecht kann sich aber ergeben, dass bei Vorliegen der erforderlichen Tatsachenbehauptungen die sich scheinbar ergebende Rechtsfolge nicht ohne weiteres berücksichtigt werden darf. Kommt bspw. aus den eingelegten Akten klar zum Ausdruck, dass die Verjährungsfrist für die Geltendmachung eines Anspruches abgelaufen ist, darf eine diesbezügliche Klage nicht aufgrund Verjährung abgewiesen werden, solange die beklagte Partei nicht die Verjährungseinrede erhoben hat (WALDER/GROB, § 17 Rz 3 f.; s.a. Art. 57 N 18).

2. Milderung des Verhandlungsgrundsatzes

a) Gerichtliche Fragepflicht

Die **gerichtliche Fragepflicht** ist eine Abschwächung des Verhandlungsgrundsatzes. Sie ist in Art. 56 festgelegt. Sind die Anliegen einer Partei unklar, widersprüchlich, unbestimmt oder offensichtlich unvollständig, so gibt ihr das Gericht durch entsprechende Fragen Gelegenheit zur Klarstellung und Ergänzung. Sinn und Zweck der richterlichen Fragepflicht sind das Aufdecken und Korrigieren von unklaren, widersprüchlichen Vorbringen und die Vervollständigung des relevanten Sachverhalts (SUTTER-SOMM, Rz 317). Der *Umfang* der richterlichen Fragepflicht ist von der jeweiligen Prozessart abhängig: In Verfahren, welche vom Verhandlungsgrundsatz beherrscht werden, ist die richterliche Fragepflicht auf klare Mängel der Parteivorbringen beschränkt. Wo hingegen die Ausnahme des Untersuchungsgrundsatzes gilt, geht sie wesentlich weiter (BOTSCHAFT ZPO, 7275). Die richterliche Fragepflicht befreit die Parteien allerdings nicht davon, dass sie die relevanten Tatsachen *selber* vorbringen und die entsprechenden Beweismittel einbringen müssen (STAEHELIN/STAEHELIN/GROLIMUND, § 10 Rz 21). Die richterliche Fragepflicht darf nämlich nicht auf eine Sachverhaltsfeststellung von Amtes wegen hinauslaufen, andernfalls eine Partei einseitig bevorteilt würde. Wird das Gleichbehandlungsgebot der Parteien verletzt, würde ein schwerwiegender Verfahrensmangel vorliegen, der von der gegnerischen Partei im Rechtsmittelverfahren gerügt werden kann (s. Komm. zu Art. 52).

7

Zu beachten ist allerdings, dass gemäss Art. 153 Abs. 2 ein Gericht den Beweis von Amtes wegen erheben kann, wenn es an der Richtigkeit einer unbestrittenen Tatsache erhebliche Zweifel hat. Diese Bestimmung ermöglicht es dem Gericht, im Interesse der materiellen Wahrheitsfindung allenfalls unbillige Entscheide zu vermeiden (z.B. bei Säumnis einer Partei; s. Art. 153)

8

b) Allgemein bekannte Tatsachen

Tatsachen, welche der Allgemeinheit bekannt sind («*notorisch*») bzw. dem Gericht allgemein bekannt sind («*gerichtsnotorisch*») sowie allgemeine Erfahrungssätze, müssen weder behauptet noch bewiesen werden (STAEHELIN/STAEHELIN/GROLIMUND, § 10 Rz 23). Art. 151 enthält eine explizite Regelung (s. Art. 151 N 2 ff.).

9

Notorische Tatsachen sind jene Tatsachen, die der Allgemeinheit bekannt sind. Was alle wissen, darf im Prozess als bekannt vorausgesetzt werden und braucht nicht besonders behauptet zu werden (GULDENER, ZPR, 161; differenziert SARBACH, ZBJV 2000, 701 ff.; s.a. BGE 112 II 181).

10

Gerichtsnotorisch sind jene Tatsachen, die dem Gericht allgemein oder aus früheren Prozessen bekannt sind, z.B. weil bereits ein Gutachten für die Klärung einer bestimmten Frage erstellt wurde. *Rein privates Wissen* einer Gerichtsperson über den hängigen Streit ist hingegen nicht gerichtsnotorisch und entbindet nicht von der Beweisführung (BOTSCHAFT ZPO, 7311). Ob eine Tatsache als notorisch oder gerichtsnotorisch gilt, bestimmt das Gericht im freien Ermessen. Im Zweifelsfall sind daher entsprechende Tatsachenbehauptungen und Beweisanträge angezeigt (SUTTER-SOMM, 66).

11

12 **Erfahrungssätze der Wissenschaft** dürfen auch bei fehlender Behauptung und fehlendem Beweisantrag vom Gericht in der Urteilsfindung berücksichtigt werden (BGE 91 I 6; 83 II 593; 58 II 118). Dabei ist aber das rechtliche Gehör der Parteien zu wahren und den Parteien ist Gelegenheit zur Stellungnahme zu geben, falls es sich um spezielle Erfahrungssätze der Wissenschaft handelt (z.B. Bremsweg bei bestimmter Geschwindigkeit, nicht aber dass der Ball bei abfallender Strasse runterrollt). Erfahrungssätze der Wissenschaft unterliegen oft einem Wandel. Nötigenfalls ist vom Gericht ein Gutachten in Auftrag zu geben, wenn es nicht über das nötige Fachwissen verfügt, um die Tragweite eines Erfahrungssatzes zu würdigen (SUTTER-SOMM, 66).

c) Zugestandene Tatsachen

13 Tatsachen, welche von der gegnerischen Partei im Prozess **ausdrücklich oder stillschweigend zugestanden** werden, d.h. wenn eine Partei die gegnerischen Behauptungen nicht bestreitet, müssen nicht behauptet oder bewiesen werden (GULDENER, ZPR, 160; STAEHELIN/STAEHELIN/GROLIMUND, § 10 Rz 23; SUTTER-SOMM, 65 m.H. auf BGE 113 Ia 433 E. 4). Das Gericht muss daher zugestandene Tatsachen dem Urteil zugrunde legen, auch wenn sie sich nicht zugetragen haben sollten. Dies gilt indes nicht absolut, denn das Gericht kann über nicht bestrittene Tatsachen Beweis führen, wenn erhebliche Zweifel an deren Richtigkeit bestehen (s. Art. 151 N 1 ff.).

d) Indizien

14 Indizien (oder Hilfstatsachen) sind Tatsachen, welche aufgrund von Erfahrung den Rückschluss auf das Vorliegen einer anderen Tatsache, die beweisbedürftig ist, zulassen (SUTTER-SOMM, 66). Sie ermöglichen eine **indirekte Beweisführung**. Eine indirekte Beweisführung ist letztlich unabdingbar, wenn die zu beweisende Haupttatsache nicht direkt beweisbar ist, namentlich wenn es sich um sog. innere Tatsachen handelt (z.B. böser oder guter Glaube, der Parteiwille, etc.). Indizien, die für einen behaupteten Tatbestand sprechen, dürfen vom Gericht auch dann berücksichtigt werden, wenn sie von keiner Partei behauptet worden sind (GULDENER, ZPR, 162).

e) Gesetzliche Tatsachenvermutungen

15 Tatsachen, welche vom Bundeszivilrecht als richtig oder vorhanden vermutet werden, müssen weder behauptet noch bewiesen werden (GULDENER, ZPR, 164; SARBACH, ZBJV 2000, 708; SUTTER-SOMM, Rz 67). So erbringen etwa öffentliche Register und öffentliche Urkunden für die durch sie bezeugten Tatsachen vollen Beweis, solange nicht die Unrichtigkeit ihres Inhaltes nachgewiesen ist (Art. 179 ZPO und Art. 9 Abs. 1 ZGB).

III. Untersuchungsgrundsatz (Abs. 2)

1. Grundsatz

16 Der in Abs. 2 enthaltene **Untersuchungsgrundsatz** verpflichtet das Gericht, den Sachverhalt **von Amtes wegen** zu erheben. Der Untersuchungsgrundsatz ist Gegenstück zum Verhandlungsgrundsatz und die Ausnahme (STAEHELIN/STAEHELIN/GROLIMUND, § 10 Rz 24). Der Untersuchungsgrundsatz gilt insb. in jenen Fällen, bei denen die Parteien aufgrund des öffentlichen Interesses oder im Interesse Dritter über den Streitgegenstand überhaupt nicht oder nur eingeschränkt verfügen können (z.B. Verfahren zur Feststellung oder Anfechtung des Kindsverhältnisses gemäss Art. 254 Ziff. 1 ZGB; s. STAEHELIN/STAEHELIN/GROLIMUND, § 10 Rz 25). Der Untersuchungsgrundsatz wird auch aus sozi-

alpolitischen Erwägungen vorgeschrieben, etwa um die Prozessführung auch ohne den Beizug von Anwälten zu ermöglichen (z.B. bei geringen Streitwerten unter CHF 30 000; s. dazu Art. 243 N 2 ff.; STAEHELIN/STAEHELIN/GROLIMUND, § 10 Rz 25; SUTTER-SOMM, Rz 322).

Der Untersuchungsgrundsatz kennzeichnet sich dadurch, dass das Gericht die prozessrelevanten Akten von Amtes wegen beschaffen muss und für den Beweis zu sorgen hat. Dies bedeutet aber nicht, dass der Zivilrichter eine mit den Strafbehörden vergleichbare Untersuchungstätigkeit zu entwickeln hat. Der Zivilrichter soll und muss nicht zum *«Detektiv»* werden (STAEHELIN/STAEHELIN/GROLIMUND, § 10 Rz 26). Es besteht somit eine **Mitwirkungspflicht der Parteien** (s.a. BGer vom 1.5.2006, 4C.11/2006; BGE 125 III 231 E. 4a). Im Anwendungsbereich des Untersuchungsgrundsatzes soll das Gericht die Parteien durch Belehrungen und Befragungen dazu bringen, dass sie den prozessrelevanten Sachverhalt vorbringen und ungenügende Angaben ergänzen. Das Gericht soll weiter die Beweismöglichkeiten abklären, indem es die Parteien auffordert, Beweismittel einzureichen und Zeugen zu benennen. Das Gericht soll zweckdienliche Beweiserhebungen durchführen ohne dabei an die Beweisanträge gebunden zu sein (STAEHELIN/STAEHELIN/ GROLIMUND, § 10 Rz 26 m.H. auf BGE 125 III 2; SUTTER-SOMM, Rz 324). *Verweigert* eine Partei ihre Mitwirkungspflicht, kann sich dies zu ihrem Nachteil auswirken. Erscheint z.B. eine Partei in einem Eheschutzverfahren entgegen Art. 278 nicht persönlich vor Gericht, kann das Gericht prozessrelevante Tatsachen, etwa ihr Einkommen, gemäss den schlüssigen Angaben der gegnerischen Partei feststellen (STAEHELIN/STAEHELIN/ GROLIMUND, § 10 Rz 28). Bleiben prozessrelevante Tatsachen *beweislos*, ist nach den allgemeinen Regeln der Beweislast zu entscheiden, d.h. es unterliegt diejenige Partei, welche die Beweislast trägt (SUTTER-SOMM, Rz 326).

Unterschieden wird einerseits zwischen dem **klassischen** Untersuchungsgrundsatz und dem **eingeschränkten** (sozialen) Untersuchungsgrundsatz (in abgeschwächter Form) (BOTSCHAFT ZPO, 7348; STAEHELIN/STAEHELIN/GROLIMUND, § 10 Rz 27; SUTTER-SOMM, Rz 327). Der klassische Untersuchungsgrundsatz zielt darauf ab, dass das Gericht den Sachverhalt von Amtes wegen *erforscht* (z.B. Art. 296). Unter dem beschränkten Untersuchungsgrundsatz soll ein Gericht den Sachverhalt hingegen *feststellen*, indem es darauf hinwirkt, dass die Parteien ungenügende Angaben zum Sachverhalt vervollständigen und vorhandene Beweismittel ergänzen (z.B. Art. 247). In praktischer Hinsicht ergeben sich aber durch diese Unterteilung kaum Unterschiede. Werden die Parteien bspw. in einem Verfahren, das vom klassischen Untersuchungsgrundsatz beherrscht wird, anwaltlich vertreten, so ist es zulässig, wenn das Gericht auf die Behauptungen und Beweisanträge der rechtskundigen Parteivertreter abstellt und den Sachverhalt nur bei offensichtlichen Lücken oder Ungereimtheiten von Amtes wegen erforscht (STAEHELIN/STAEHELIN/ GROLIMUND, § 10 Rz 27).

Nicht in den Bereich des Untersuchungsgrundsatzes fallen *Rechtsfragen*, die das Gericht von Amtes wegen festzustellen hat (Hinsichtlich der Prozessvoraussetzungen bestehen gewisse Ausnahmen, s. Komm. zu Art. 60).

2. Anwendungsbereich

a) Familienrechtliche Prozesse

Für **Massnahmen zum Schutze der ehelichen Gemeinschaft** gemäss Art. 172–179 ZGB gilt der eingeschränkte Untersuchungsgrundsatz (Art. 271 lit. a i.V.m. Art. 272), z.B. für die Festsetzung der Alimente an den Unterhalt der Familie (Art. 173 ZGB; s.a. BGer vom 4.8.2005, 5P.252/2005), die Vertretung der ehelichen Gemeinschaft (Art. 174

ZGB), Regelungen betreffend des Getrenntlebens (176 ZGB), die «Lohnsperre» gemäss Art. 177 ZGB und die Beschränkung der Verfügungsbefugnis. Hier ist der eingeschränkte Untersuchungsgrundsatz durch den Umstand gerechtfertigt, dass das Bedürfnis nach raschem Rechtsschutz ohne Beizug von Anwälten sowie nach einer gütlichen Einigung des Streites besonders hoch ist (s. Art. 273 Abs. 3; STAEHELIN/STAEHELIN/GROLIMUND, § 10 Rz 30). Bei den vergleichbaren Massnahmen in einer eingetragenen Partnerschaft gilt ebenfalls der eingeschränkte Untersuchungsgrundsatz (Art. 306).

21 Im **Scheidungsprozess** gilt bei der Prüfung der Scheidungsvoraussetzungen und bei Fragen um die berufliche Vorsorge der eingeschränkte Untersuchungsgrundsatz (STAEHELIN/STAEHELIN/GROLIMUND, § 10 Rz 31). Für vorsorgliche Massnahmen gilt ebenfalls der eingeschränkte Untersuchungsgrundsatz (Art. 276 i.V.m. Art. 272). Hinsichtlich der scheidungsfeindlichen (scheidungsbegründenden) Tatsachen kommt der eingeschränkte Untersuchungsgrundsatz zur Anwendung (SUTTER-SOMM, Rz 330; STAEHELIN/STAEHELIN/GROLIMUND, § 10 Rz 31 welche dem Gericht hier eine gewisse Zurückhaltung aufdrängen wollen).

Für die güterrechtliche Auseinandersetzung sowie für die Festlegung des nachehelichen Unterhalts gilt indes der Verhandlungsgrundsatz (Art. 277).

22 Bei **Streitigkeiten um Kinderbelange** (im Rahmen einer Scheidung, in Vaterschaftsprozessen, etc.) gilt der klassische Untersuchungsgrundsatz (Art. 296). Der Untersuchungsgrundsatz gilt dabei auch für die unterhaltspflichtige Person (BGer vom 10.2.2005, 5C.247/2004; BGE 128 III 412; STAEHELIN/STAEHELIN/GROLIMUND, § 10 Rz 32). Ob der klassische Untersuchungsgrundsatz oder allenfalls der eingeschränkte Untersuchungsgrundsatz auch im Verfahren des volljährigen Unterhaltsberechtigten gemäss Art. 277 Abs. 2 ZGB gilt, ist umstritten (STAEHELIN/STAEHELIN/GROLIMUND, § 10 Rz 32 m.V. auf BGE 118 II 95).

23 **Verfahren um die Verwandtenunterstützungspflicht** gemäss Art. 328 ff. ZGB sind in der ZPO nicht gesondert geregelt. Art. 329 Abs. 2 ZGB verweist für das Verfahren auf die Bestimmungen (des ZGB) über die Unterhaltsklagen des Kindes. Mit der ZPO ist das Verfahren um Kindsbelange nicht mehr im ZGB geregelt, sondern in der ZPO selbst. Dies ändert nichts daran, dass das Verfahren um die Verwandtenunterstützungspflicht weiterhin vom Untersuchungsgrundsatz beherrscht wird (STAEHELIN/STAEHELIN/GROLIMUND, § 10 Rz 33).

b) Vereinfachtes Verfahren

24 Für vereinfachte Verfahren gemäss Art. 243 ff. sieht Art. 247 den beschränkten Untersuchungsgrundsatz vor. Streitigkeiten mit einem Streitwert unter CHF 30 000 oder die in Art. 243 Abs. 2 vorgesehene Fälle sollen in einem einfachen, i.d.R. mündlichen Verfahren durchgeführt werden. Hier hat der Gesetzgeber insb. den sozialen Untersuchungsgrundsatz verwirklicht (STAEHELIN/STAEHELIN/GROLIMUND, § 10 Rz 34). Die ZPO erweitert hier den bisher geltenden Anwendungsbereich des Untersuchungsgrundsatzes (SUTTER-SOMM, Rz 332).

25 Art. 343 OR sah vor, dass für **Streitigkeiten aus dem Arbeitsverhältnis** bis zu einem Streitwert von CHF 30 000 das Gericht den Sachverhalt von Amtes wegen festzustellen und die Beweise nach seinem freien Ermessen zu würdigen hat. Diese Bestimmung ist mit dem Inkrafttreten der ZPO aufgehoben. Die arbeitsrechtlichen Prozesse bis zu einem Streitwert von CHF 30 000 werden nun von den Bestimmungen über das vereinfachte Verfahren (Art. 243 ff.) umfasst. Für arbeitsrechtliche Prozesse bis zu einem Streitwert von CHF 30 000 gilt weiterhin der beschränkte Untersuchungsgrundsatz.

Bei **Streitigkeiten aus Miet- und Pachtverhältnissen** gilt ebenfalls, wie bis anhin in Art. 274d OR vorgesehen, der in Art. 247 ZPO vorgesehene beschränkte Untersuchungsgrundsatz. 26

c) Summarisches Verfahren

Art. 255 sieht für das summarische Verfahren gemäss Art. 248 ff. den eingeschränkten Untersuchungsgrundsatz vor, wenn das Gericht als Konkurs- oder Nachlassgericht zu entscheiden hat oder bei Anordnungen der freiwilligen Gerichtsbarkeit (s. Art. 255 N 4). 27

Art. 56

Gerichtliche Fragepflicht	Ist das Vorbringen einer Partei unklar, widersprüchlich, unbestimmt oder offensichtlich unvollständig, so gibt ihr das Gericht durch entsprechende Fragen Gelegenheit zur Klarstellung und zur Ergänzung.
Interpellation par le tribunal	Le tribunal interpelle les parties lorsque leurs actes ou déclarations sont peu clairs, contradictoires, imprécis ou manifestement incomplets et leur donne l'occasion de les clarifier et de les compléter.
Interpello	Se le allegazioni di una parte non sono chiare, sono contraddittorie o imprecise oppure manifestamente incomplete, il giudice dà alla parte l'opportunità di rimediarvi ponendole pertinenti domande.

Inhaltsübersicht   Note

   I. Gegenstand der Norm 1

  II. Ausprägungen 5

 III. Grenzen der richterlichen Fragepflicht 12

 IV. Abgrenzungen 16

Literatur

V. LIEBER, Zur richterlichen Fragepflicht gemäss §55 der zürcherischen Zivilprozessordnung, unter besonderer Berücksichtigung der Rechtsprechung des Kassationsgerichts, in: Lieber et al. (Hrsg.), Rechtsschutz, FS Guido Castelberg; M. SARBACH, Die richterliche Aufklärungs- und Fragepflicht im schweizerischen Zivilprozessrecht, Diss. Bern 2003.

I. Gegenstand der Norm

Art. 56 regelt die gerichtliche Fragepflicht. Während das Gericht im Rahmen seiner **formellen Prozessleitung** für den äusseren Gang des Verfahrens zuständig ist, soll es im Rahmen der **materiellen Prozessleitung** für eine materiell sachgerechte Streiterledigung sorgen und ein Urteil sprechen, welches mit der materiellen Rechtslage übereinstimmt (VOGEL/SPÜHLER, 6. Kap. Rz 38). Dies verwirklicht das Gericht unter anderem dadurch, dass es seine Aufklärungs- und Fragepflicht erfüllt (SARBACH, 37). 1

Ferner begründet die richterliche Frage- und Aufklärungspflicht eine **Abschwächung** des **Verhandlungsgrundsatzes**. Einzelne Autoren halten die richterliche Fragepflicht als 2 dessen notwendige Ergänzung (FRANK/STRÄULI/MESSMER, § 55 ZPO/ZH N 2; WALDER, IZPR, § 17 Rz 13). Sind die Vorbringen einer Partei oder ihres Vertreters unklar, widersprüchlich, unbestimmt oder offensichtlich unvollständig, so hat ihr das Gericht durch entsprechende Fragen Gelegenheit zur Klarstellung und Ergänzung ihrer Vorbringen zu geben. Durch geeignete Fragen soll der Richter den Parteien dazu verhelfen, ihr Klagefundament bzw. das Fundament der Bestreitung vorzutragen und ihre Vorträge entsprechend in die richtigen Bahnen zu lenken (ZR 78/1974 Nr. 35, 60; WALDER/GROB, § 17 Rz 13). Damit geht es in erster Linie um die Aufklärung des Prozessstoffes, die Vervollständigung ungenügender Behauptung und Substanzierung oder auch um die Klärung des Parteiwillens (SARBACH, 47).

3   Art. 56 steht wesentlich im Interesse der Wahrheitsfindung (STAEHLIN/STAEHELIN/GROLIMUND, § 10 Rz 20; WALDER/GROB, § 17 Rz 13). Die richterliche Frage- und Aufklärungspflicht soll in erster Linie verhindern, dass **juristische Laien** durch ihre Unkenntnis um ihr Recht gebracht werden. Nach WALDER/GROB ist die richterliche Fragepflicht eine Unterstützung derjenigen Personen, «die möglicherweise vor Gericht nicht recht wissen, worauf es eigentlich ankommt und Dinge vortragen, die für das Prozessergebnis unwesentlich sind, dafür dann aber Wesentliches ausser Acht lassen (WALDER/GROB, § 17 Rz 13). SARBACH vertritt die Ansicht, dass eine der vordringlichsten Aufgaben der richterlichen Fragepflicht darin besteht, sicherzustellen, dass auch Laien den Anforderungen des Verfahrens voll gewachsen sind. Er spricht in diesem Zusammenhang von einer sog. kompensatorischen Funktion der richterlichen Fragepflicht, welche die hohen Anforderungen, welche der Verhandlungsgrundsatz an die Parteien stellt, kompensieren soll (SARBACH, 65). Die richterliche Fragepflicht besteht grundsätzlich auch, wenn die Parteien anwaltlich vertreten sind (ZR 60 Nr. 64; VOGEL/SPÜHLER, Kap. 6 Rz 39). Auch wird die Ansicht vertreten, dass bei juristisch erfahrenen Personen, namentlich Anwältinnen und Anwälten, die richterliche Frage- und Aufklärungspflicht eine geringere Rolle spielt (BGE 113 Ia 90; WALDER/GROB, § 17 Rz 13; m.w.H. SARBACH, 131).

4   Die richterliche Frage- und Aufklärungspflicht gilt **allgemein**. Sie nimmt aufgrund der direkten **Befragungsmöglichkeit der Parteien** regelmässig im mündlichen Verfahren einen grösseren Stellenwert ein als im schriftlichen Verfahren (VOGEL/SPÜHLER, Kap. 6 Rz 43). Hier ist die richterliche Fragepflicht anlässlich der Instruktionsverhandlung auszuüben. Nach Massgabe von Art. 226 dient die Instruktionsverhandlung namentlich auch der freien Erörterung des Streitgegenstandes wie auch der Ergänzung des Sachverhalts. Obwohl die richterliche Fragepflicht allgemein gilt, ist sie inhaltlich abhängig von der jeweiligen Prozessart: In Verfahren, die vom Verhandlungsgrundsatz beherrscht werden, ist sie auf klare Mängel der Parteivorbringen beschränkt. Wo hingegen der Untersuchungsgrundsatz gilt, geht sie wesentlich weiter (BOTSCHAFT ZPO, 7275). Letztlich ist die Fragepflicht auch ein Mittel der Prozessbeschleunigung.

II. Ausprägungen

5   Art. 56 statuiert bewusst die **richterliche Fragepflicht** und nicht etwa ein **Fragerecht** (BOTSCHAFT ZPO, 7275).

6   Grundsätzlich besteht die richterliche Frage- und Aufklärungspflicht nur bezüglich **rechtzeitig** in den Prozess eingebrachter Vorbringen. Den Parteien soll nicht die Verantwortung für rechtzeitiges Äussern ihrer Vorbringen abgenommen werden (FRANK/STRÄULI/MESSMER, § 55 ZPO/ZH N 3).

7   Der eigentliche **Kernbereich** der richterlichen Fragepflicht besteht darin, dass der Richter die Parteien auf **mangelhafte Tatsachenvorträge** hinweist. Tatsachenvorträge sind

oftmals deswegen ungenügend, da sie den für die Erfüllung der Behauptungs- und Substanzierungslast erforderlichen Detaillierungsgrad nicht aufweisen (SARBACH, 187). Der Wortlaut von Art. 56 bezieht sich ausdrücklich auf die folgenden Mängel: unklare, widersprüchliche, unbestimmte oder offensichtlich unvollständige Vorbringen. Bisher hat sich das Bundesgericht nicht zum Umfang der richterlichen Fragepflicht geäussert, sondern hat die Festlegung deren Tragweite der kantonalen Kompetenz überlassen (BGE 113 Ia 433 E.1; 108 II 340 E. 2d).

Damit die richterliche Fragepflicht im Rahmen des Tatsachenvortrages zum Tragen kommt, wird zunächst vorausgesetzt, dass die Parteien die betreffenden Tatsachen **überhaupt behaupten**. Entsprechend darf die richterliche Fragepflicht nicht dazu führen, dass der Richter die Parteien auf Tatsachen aufmerksam macht, die von ihnen überhaupt nicht vorgetragen wurden. **8**

Sind die Ausführungen einer Partei unklar, widersprüchlich, unbestimmt oder **offensichtlich unvollständig**, so soll der Richter im Rahmen seiner Fragepflicht der Partei dazu verhelfen, selbst die relevanten Tatsachen vorzubringen und entsprechende Beweismittel zu nennen (STAEHLIN/STAEHELIN/GROLIMUND, § 10 Rz 21; VOGEL/SPÜHLER, Kap. 6 Rz 41). So ist der Richter insb. dann verpflichtet von seinem Fragerecht Gebrauch zu machen, wenn anzunehmen ist, eine Partei habe es infolge unrichtiger Beurteilung der Rechtslage versäumt, erhebliche Tatsachen zu behaupten, zu bestreiten oder Beweis anzutreten (ZR 78/1974 Nr. 35, 60). Immer ist dabei der **Gleichbehandlungsgrundsatz** zu wahren und die Fragepflicht darf nicht einseitig zu Gunsten oder zu Lasten einer Partei ausgeübt werden. Ferner würde es dem Sinn und Zweck der Norm und auch dem Verhandlungsgrundsatz entgegenlaufen, wenn durch die Fragepflicht praktisch der Sachverhalt von Amtes wegen festgestellt würde. Hingegen nimmt die richterliche Frage- und Aufklärungspflicht in Verfahren unter dem Untersuchungsgrundsatz eine breitere Stellung ein. **9**

Die richterliche Aufklärungspflicht kann darin bestehen, dass der Richter die Parteien zum **Beizug** einer **Anwältin oder eines Anwalts** berät. Die Bundeszivilprozessordnung und das BGG kennen für das bundesgerichtliche Verfahren keinen eigentlichen Anwaltszwang. Somit kann grundsätzlich jede handlungsfähige Person als Verfahrensbevollmächtigte vor Bundesgericht auftreten und ist entsprechend postulationsfähig (zur Postulationsfähigkeit im Allgemeinen s.: BGE 132 I 1, 5 E. 3.2; 102 Ia 23, 25 E. 2; SEILER/VON WERDT/GÜNGERICH, Art. 41 BGG N 2; VOGEL/SPÜHLER, 5. Kap. Rz 42). Hingegen kann nach Massgabe von Art. 41 BGG eine Partei vom Bundesgericht aufgefordert werden, einen Vertreter beizuziehen, sofern sie offensichtlich nicht im Stande ist, ihren Prozess selber zu führen (weiterführend dazu BSK-BGG-MERZ, Art. 41 N 1 ff.; SPÜHLER/DOLGE/VOCK, Art. 41 BGG N 1 f.; SEILER/VON WERDT/GÜNGERICH, Art. 41 BGG N 1 ff.). **10**

Die richterliche Frage- und Aufklärungspflicht dient auch dazu, den Parteien die Möglichkeit zu geben, i.S. der Wahrheitsfindung **unklare und widersprüchliche Vorbringen** zu korrigieren. Ferner hat das Gericht nach Massgabe von Art. 132 mangelhafte Eingaben zur Verbesserung zurückzuweisen (näheres dazu s. Art. 132 N 8 ff.; für das bundesgerichtliche Verfahren, Art. 42 Abs. 5 und 6 BGG). Ferner ist der Richter auch im mündlichen Verfahren verpflichtet, bei unklaren und widersprüchlichen Vorbringen durch die Parteien zu intervenieren. Dies geht aber nicht so weit, als dass der Richter die Parteien auch auf unzulässige Rechtsbegehren aufmerksam machen müsste; die Beurteilung unzulässiger Rechtsbegehren ist Gegenstand des späteren Urteils (STAEHLIN/STAEHELIN/GROLIMUND, § 10 Rz 22). **11**

III. Grenzen der richterlichen Fragepflicht

12   Nach BÜHLER/EDELMANN/KILLER leitet sich die richterliche Aufklärungs- und Fragepflicht von der allgemeinen **Fürsorgepflicht** ab. Sie führen aus, dass die richterliche Fürsorgepflicht nicht so weit gehen dürfe, dass der Richter die parteilichen Pflichten übernehmen würde und an ihrer Stelle unklare, unvollständige oder unbestimmte Sachvorbringen oder Rechtsbegehren ergänze (BÜHLER/EDELMANN/KILLER, § 75 ZPO/AG N 38). Ebenso ist der Richter nicht verpflichtet, die Parteien auf den entscheidrelevanten Sachverhalt hinzuweisen (BGE 108 Ia 293; FRANK/STRÄULI/MESSMER, § 55 ZPO/ZH N 2).

13   Weiter ist anzumerken, dass das Handeln im Prozess und damit das Behaupten und Beweisen von rechtserheblichen Tatsachen keine Rechtspflicht der Parteien darstellt, sondern eine Obliegenheit (GULDENER, ZPR). Wird einer Partei eine Frist zur Ergänzung unklarer oder unvollständiger Vorbringen gesetzt, so muss diese Partei innert angesetzter Frist das Versäumte nachholen, ansonsten sie Gefahr läuft, dass auf ihr unvollständiges Vorbringen abgestellt wird. Allgemein gilt, dass Rechtsnachteile einer Partei aus ihrem Stillschweigen erst entstehen dürfen, wenn sie vom Richter erfolglos zur Äusserung aufgerufen wurde (WALDER/GROB, § 17 Rz 14 f.).

14   Ferner ist es Sache der Parteien, ihren Prozess **sorgfältig** zu führen. So kann insb. eine unsorgfältige Prozessführung zum Rechtsverlust führen. Die richterliche Fragepflicht ist in diesem Sinne nicht dazu da, Mängel in der Prozessführung auszugleichen (SARBACH, 132).

15   Insbesondere darf die richterliche Frage- und Aufklärungspflicht nicht die **Unparteilichkeit** des Richters gefährden und ist deshalb zurückhaltend auszuüben. Der Richter darf sich nicht dem Anschein der Parteilichkeit aussetzen und damit möglicherweise Anlass für ein Ablehnungsverfahren auf Grund von Befangenheit geben (BÜHLER/EDELMANN/KILLER, § 75 ZPO/AG N 41). Eine Bevorzugung einer Partei kann bspw. darin liegen, dass sie, nachdem sie ihre Parteivorträge schlecht vorbereitet hat, durch die richterliche Ausübung der Fragepflicht in die Lage versetzt wird, das Versäumte nachzuholen (WALDER/GROB, § 17 Rz 16). Das Gericht würde ferner seine Unparteilichkeit einbüssen, wenn es eine Partei auf die Notwendigkeit der Erhebung der Verjährungseinrede aufmerksam machen würde (weiterführend dazu LIEBER, 165; STAEHELIN/STAEHELIN/GROLIMUND, § 10 Rz 22).

IV. Abgrenzungen

16   Die richterliche Fragepflicht ist eine **rein informatorische Befragung** und in diesem Sinne von der beweismässigen Parteibefragung abzugrenzen. Bei der letzteren geht es um eine förmliche Einvernahme der Parteien zum Zweck der Tatsachenfeststellung. Bei der richterlichen Befragung geht es um die Erwirkung von Parteibehauptungen zur Sachverhaltsklärung, bei der beweismässigen Befragung hingegen um die Erwirkung von Beweismitteln zur Sachverhaltserwahrung (weiterführend dazu SARBACH, 47 ff.).

17   Ferner ist die richterliche Fragepflicht als prozessuale Information durch den Richter von der **Rechtsberatung** abzugrenzen, welche sich auf das vorprozessuale Stadium bezieht. Die Rechtsberatung wird darüber hinaus auch durch aussergerichtliche Institutionen ausgeübt.

Art. 57

Rechtsanwendung von Amtes wegen	Das Gericht wendet das Recht von Amtes wegen an.
Application du droit d'office	Le tribunal applique le droit d'office.
Applicazione d'ufficio del diritto	Il giudice applica d'ufficio il diritto.

Inhaltsübersicht

Note

I. Einleitung 1
  1. Bedeutung und Auswirkungen der Vorschrift 1
  2. Die vom Grundsatz betroffenen Rechtsnormen 8
  3. Rechtsanwendung von Amtes wegen vor Bundesgericht 18
  4. Einschränkungen des Grundsatzes 22

Literatur

J. BRÖNNIMANN, Gedanken zur Untersuchungsmaxime (Aus Anlass der Revision der Berner ZPO), ZBJV 1990; I. HANGARTNER, in: Ehrenzeller et al. (Hrsg), Die schweizerische Bundesverfassung, Kommentar, 2. Aufl., Zürich 2008; I. MEIER, Iura novit curia, die Verwirklichung des Grundsatzes im schweizerischen Zivilprozessrecht, Diss. Zürich 1977; OTHENIN-GIRARD, AJP 2002, 88 ff.; T. SUTTER-SOMM, Die Verfahrensgrundsätze und die Prozessvoraussetzungen, ZZZ 2007, 301 ff.; H. U. WALDER-RICHLI/B. GROB-ANDERMACHER, Tafeln zu Zivilprozessrecht, 4. Aufl., Zürich 2008 (zit. Tafeln).

I. Einleitung

1. Bedeutung und Auswirkungen der Vorschrift

a) Bedeutung

Art. 57 verankert den klassischen Verfahrensgrundsatz der richterlichen Rechtsanwendung (*iura novit curia*). Es handelt sich dabei um einen Hauptzweck der Verfahrensordnung überhaupt (SUTTER-SOMM, ZZZ 2007, 303). Die Rechtsanwendung durch den Richter ist durch die teilweise mit den privatrechtlichen Rechtsverhältnissen verbundenen öffentlichen Verhältnisse sowie durch sozialpolitische Erwägungen motiviert (BRÖNNIMANN, 343 f.). Die richterliche Rechtsanwendung bezieht sich auf alle Rechtssätze, unabhängig davon, ob sie dem materiellen Recht oder dem Prozessrecht angehören (GULDENER, ZPR, 155; STAEHELIN/STAEHELIN/GROLIMUND, § 10 Rz 18). Während es gemäss Art. 55 Abs. 1 Sache der Parteien ist, die Tatsachen, auf die sie ihre Begehren stützen, darzulegen und die entsprechenden Beweismittel anzugeben, ist es die Pflicht des Richters, das Recht anzuwenden (WALDER/GROB, Tafeln, Tafel 22 a und 22b).   1

Gestützt auf Art. 57 hat der Richter bei der rechtlichen Beurteilung der Begehren und Einwendungen der Parteien die in Betracht kommenden Rechtssätze von Amtes wegen anzuwenden (BGE 133 III 639; 107 II 119, 122). Entsprechend besteht die gerichtliche Pflicht darin, das anzuwendende Recht zunächst **festzustellen** sowie dieses mittels Subsumtion auf den massgebenden Sachverhalt **anzuwenden** (FRANK/STRÄULI/MESSMER, § 57 ZPO/ZH N 2; GULDENER ZPO, 156). Dabei darf das Gericht alle Rechtsnormen heranziehen, welche es als massgebend erachtet.   2

b) Auswirkungen

3 Der Grundsatz der richterlichen Rechtsanwendung wirkt sich wie folgt aus:

4 Das Gericht hat das Recht **von sich aus** anzuwenden. Entsprechend spielt es keine Rolle, ob sich die Parteien bei der Begründung ihrer Begehren auf die richtigen Rechtsnormen berufen oder nicht (GULDENER, ZPR, 156; VOGEL/SPÜHLER, Kap. 6 Rz 60: fehlende Rechtskenntnis soll dem Rechtsgenossen nicht schaden). Ferner besteht die richterliche Pflicht, sich von Amtes wegen auch mit einem von den Parteien nicht eingenommenen Rechtsstandpunkt zu befassen (BGE 107 II 199; 107 II 119, 122; 99 II 67, 76; 89 II 337, 339 ff. E. 2). So muss das Gericht im Rahmen des Dispositionsgrundsatzes den von einer Partei erhobenen Anspruch auf alle möglichen **Entstehungsgünde** hin beurteilen (GULDENER, ZPR, 156; STAEHELIN/STAEHELIN/GROLIMUND, § 24 Rz 17). Dies heisst aber nicht, dass der Richter von mehreren rechtlichen Begründungen eines Anspruches alle zu prüfen hat. So kann er seinem Urteil auch nur jene Begründungen zu Grunde legen, die zur Gutheissung resp. Abweisung der Klage führen (MEIER, 66). Ferner ist das Gericht nicht an die Begründung der Anträge der Parteien gebunden, sondern ist in der rechtlichen Würdigung der Tatsachen frei (BGE 89 II 337 E. 2). Obwohl die richterliche Rechtsanwendung ein Grundpfeiler des schweizerischen Zivilprozessrechts bildet, besteht kein verfassungsmässiger Anspruch auf einen Richter mit juristischer Bildung (vgl. BGE 134 I 16, wonach Art. 30 Abs. 1 BV die juristische Ausbildung nicht zur Voraussetzung für die Wahl als Bundesrichter aufstellt, somit kann eine entsprechende institutionelle Garantie von vornherein nicht für kantonale Gerichte abgeleitet werden).

5 Auf der anderen Seite können die Parteien auf die rechtliche Würdigung der Tatsachen **keinen Einfluss** nehmen. Dies gilt selbst dann, wenn die Parteien eine übereinstimmende Rechtsauffassung teilen. Wohl können sie aber dem Gericht ihre rechtlichen Standpunkte darlegen (GULDENER, ZPR, 156).

6 Ferner ergibt sich aus dem Grundsatz der Rechtsanwendung von Amtes wegen, dass die Parteien bei der Prozessführung **von der Kenntnis des Rechts dispensiert** sind (ausführlich dazu MEIER, iura novit curia, 3 ff.; VOGEL/SPÜHLER, Kap. 6 Rz 64). Somit spielt es zunächst keine Rolle, ob sich die Parteien zur Begründung ihrer Begehren oder zu ihrer Verteidigung auf die massgebenden Rechtssätze berufen. Entsprechend können die Parteien die rechtliche Begründung ihrer Rechtsbegehren in jedem Verfahrensstadium ändern, auswechseln oder auch ergänzen (BGE 116 II 213 E. 2b/cc; 115 II 465 E.1; 114 II 149 E. 3a). Dies manifestiert sich darin, dass vor der ersten Instanz die Parteien überhaupt keine rechtlichen Ausführungen zur Begründung ihrer Klage oder Bestreitung der Klage der Gegenpartei zu machen brauchen; so genügt es, wenn die Parteien dem Richter die massgebenden Tatbestandselemente darlegen, aus welchen sie ihren Anspruch geltend machen (BGE 121 III 68). Hingegen ist eine Begründung rechtlicher Natur dann geboten, wenn sie zur Abgrenzung eines Anspruchs von einem anderen dient (WALDER/GROB, § 20 Rz 2; STAEHELIN/STAEHELIN/GROLIMUND, § 19 Rz 19). So kann der Kläger bspw. aus ein und demselben Schadensereignis auf Schadenersatz oder Genugtuung klagen. Ferner hat derjenige Kläger, der seine Forderung aus einem Vertrag ableitet, den gültigen Abschluss des Vertrages zu behaupten und zu beweisen.

7 Der Grundsatz der Rechtsanwendung von Amtes wegen bezieht sich auch auf die Rechtsmittelinstanz. Dient ein **Rechtsmittel** dazu, den vorinstanzlichen Entscheid vollumfänglich durch die Rechtsmittelinstanz zu prüfen, so muss sich der im vorinstanzlichen Verfahren Unterlegene mit dem Urteil der Vorinstanz auseinandersetzen; hingegen bleibt es unbeachtlich, ob er dies in richtiger und falscher Weise tut. So wendet das Gericht das Recht auch bei jenen Rechtsmitteln von Amtes wegen an, welche in irgendeiner

Beziehung die vollumfängliche Prüfung des vorinstanzlichen Entscheides durch die Rechtsmittelinstanz ermöglichen. Die unterlegene Partei ist zwar verpflichtet, sich mit dem angefochtenen Urteil auseinanderzusetzen, unabhängig von dieser Prüfung ist es aber Sache des Gerichts zu entscheiden, ob das Urteil der Vorinstanz rechtlich haltbar ist oder nicht (WALDER/GROB, § 20 Rz 3).

2. Die vom Grundsatz betroffenen Rechtsnormen

a) Gesetzesrecht

Der Grundsatz der Rechtsanwendung von Amtes wegen bezieht sich auf alle Rechtssätze, gleichgültig, ob sie dem **materiellen** oder dem **Prozessrecht** angehören (STAEHELIN/STAEHELIN/GROLIMUND, § 10 Rz 18). **8**

Das Gericht hat sich von Amtes wegen Kenntnis bezüglich des **einheimischen** Rechts zu verschaffen. Dies bezieht sich auf Bundes- und kantonales Recht sowie Gemeindesatzungen. Unbeachtlich ist dabei, ob es sich um zwingendes oder nicht zwingendes Recht handelt. Ebenfalls ist nicht entscheidend, ob es sich um einen Rechtssatz handelt, welcher ausdrücklich im Gesetz verankert ist oder durch Auslegung der Gerichtspraxis ermittelt wurde (FRANK/STRÄULI/MESSMER, § 56 ZPO/ZH N 3). **9**

Die **Auslegung** der ermittelten Rechtsnormen nimmt das Gericht nach eigenem Ermessen vor (SEILER/VON WERDT/GÜNGERICH, Art. 106 BGG N 4). **10**

b) Kenntnis von Gewohnheitsrecht und den Regeln von Übung und Ortsgebrauch

Das Gewohnheitsrecht gilt als **subsidiäre Rechtsquelle** zur Ausfüllung von Gesetzeslücken (ZK-DÜRR, Art. 1 ZGB N 428). Somit schliesst die Rechtsanwendung von Amtes wegen auch die Kenntnis von Gewohnheitsrecht mit ein (FRANK/STRÄULI/MESSMER, § 57 ZPO/ZH N 3; LEUCH/MARBACH/KELLERHALS/STERCHI, Art. 202 ZPO/BE N 3c). Art. 1 ZGB verpflichtet namentlich den Richter, lückenfüllendes Gewohnheitsrecht von Amtes wegen anzuwenden. Dies gilt auch dann, wenn die Parteien dessen Anwendung nicht vorbringen. Im Sinne des Grundsatzes iura novit curia ist der Richter verpflichtet, sich die notwendigen Kenntnisse über allfällig bestehendes Gewohnheitsrecht zu verschaffen (BK-MEIER-HAYOZ, Art. 1 ZGB N 241; BSK ZGB I-HONSELL, Art. 1 N 22). **11**

Dies schliesst nicht aus, dass auf Parteiantrag oder auch von Amtes wegen über das Vorliegen von Gewohnheitsrecht Beweis erhoben werden kann (FRANK/STRÄULI/MESSMER, § 57 ZPO/ZH N 3). Wer einen Gewohnheitsrechtssatz anruft, hat von Bundesrechts wegen einen Anspruch auf Zulassung zum Beweis derjenigen Sachumstände, aus denen er ihn glaubt folgern zu können (KUMMER, ZPR, Art. 8 N 101; BK-MEIER-HAYOZ, Art. 1 ZGB N 237 ff.). **12**

Gleiches gilt für die **Übung und den Ortsgebrauch** (sog. partikuläre Besonderheiten, ZK-MARTI, Art. 5 ZGB N 212 f.; BSK ZGB I-SCHMID, Art. 5 Abs. 2 N 40), auf welche das Gesetz selber zur näheren Bestimmung oder Ergänzung seines Inhalts verweist. Sie werden zum objektiven Recht gezählt, über dessen Bestand und Inhalt der Richter sich von Amtes wegen Kenntnisse zu verschaffen hat. Somit bezieht sich der Grundsatz iura novit curia grundsätzlich auch auf Übung und Ortsgebrauch gemäss Art. 5 Abs. 2 ZGB (FRANK/STRÄULI/MESSMER, § 57 ZPO/ZH N 3; BSK ZGB I-SCHMID, Art. 6 N 46). Hingegen können Übung und Ortsgebrauch auf zum Beweis verstellt werden (BSK ZGB I-SCHMID, Art. 5 N 46). **13**

c) Ermittlungspflicht bezüglich ausländischem Recht

14 Der Grundsatz iura novit curia gilt nach Massgabe von Art. 16 IPRG auch bei **grenzüberschreitenden Sachverhalten** (BGE 128 III 346, 351; 126 III 492 E. 3c/bb, 495; 118 II 83 ff.; Sem.Jud 1992, 377; FRANK/STRÄULI/MESSMER, § 57 ZPO/ZH N 1; SEILER/VON WERDT/GÜNGERICH, Art. 106 BGG N 3; STAEHELIN/STAEHELIN/GROLIMUND, 118; SCHWANDER, IPR AT, Rz 391–393; zur Anwendung ausländischen Rechts vor Bundesgericht, siehe auch Art. 96 lit. b BGG). Die Bestimmung des anwendbaren ausländischen Rechts hat nach den Grundsätzen des schweizerischen internationalen Privatrechts zu erfolgen, soweit sich nicht aus völkerrechtlichen Verträgen etwas anderes ergibt.

15 Zur Feststellung des ausländischen Rechts stehen neben eigenen Abklärungen und Auskünften Dritter oder neben Rechercheergebnissen aus juristischen Datenbanken, Online-Diensten oder virtuellen Bibliotheken als weitere **Hilfsmittel** eine Reihe von Einrichtungen zur Verfügung (allgemein dazu auch: BGE 124 I 49 ff. E. 3b): Für die Schweiz gilt das Schweizerische Institut für Rechtsvergleichung in Lausanne-Dorigny als Ansprechpartner für Fragen zu ausländischem Recht (vgl. BG vom 6.10.1978 über das Schweizerische Institut für Rechtsvergleichung, SR 425.1). Ferner bestehen verschiedene im Bereich des ausländischen und internationalen Privatrechts spezialisierte Universitätsinstitute zur Verfügung. Im Weiteren können gerichtliche Behörden nach Massgabe des Europäischen Übereinkommens betreffend Auskünfte über ausländisches Recht vom 7.6.1968 (SR 0.274.161) kostenlose Auskünfte über Zivil- und Handelsrecht sowie über verfahrensrechtliche Fragen und die Gerichtsorganisation von den zuständigen Stellen der Vertragsstaaten erlangen (weiterführend dazu BSK IPRG-MÄCHLER-ERNE/WOLF-METTIER, Art. 16 N 6 ff).

16 Die Kenntnis ausländischen Rechts kann dem Gericht nicht von vornherein zugemutet werden (m.w.H. GULDENER, ZPR, 157). Nach Massgabe von Art. 16 Abs. 1 IPRG kann das Gericht die **Parteien** bei der Ermittlung des ausländischen Rechts **einbeziehen**. Zum einen kann die **Mitwirkung** der Partien verlangt werden. Zum anderen kann das Gericht bei vermögensrechtlichen Ansprüchen den **Nachweis** ausländischen Rechts gar den Parteien überbinden. Die Nachweispflicht umfasst etwa das Beschaffen ausländischer Rechtsquellen und Informationen über ausländisches Recht. Die Mitwirkungs- und Nachweispflicht ist immer derjenigen Partei aufzuerlegen, die daraus Rechte ableitet (BSK IPRG- MÄCHLER-ERNE/WOLF-METTIER, Art. 16 N 10). Da es dabei um einen Nachweis und nicht um einen Beweis im eigentlichen Sinne geht, sind die gewöhnlichen Beweisregeln nicht anwendbar, hingegen diejenigen der Beweiswürdigung (BOTSCHAFT ZPO, 7311; BGE 121 III 438; 119 II 93, 94; OTHENIN-GIRARD, 94). Dies bedeutet, dass das Gericht mind. von der Wahrscheinlichkeit der Richtigkeit und Vollständigkeit überzeugt sein muss (IPRG-Komm.-KELLER/GIRSBERGER, Art. 16 N 44).

17 **Mangelnde Mitwirkung** bei der der Feststellung ausländischen Rechts kann nicht geahndet werden, da es keine entsprechende gesetzliche Anordnung gibt. Somit bleibt das Gericht auf Grund des Grundsatzes der Rechtsanwendung von Amtes wegen auch bei fehlendem Nachweis oder bei mangelnder Überzeugtheit verpflichtet, ihm zumutbare und verhältnismässige Abklärungen selber zu treffen (BGE 128 III 351; ZR 1991, 66 ff. = SJZ 1992, 37; ZR 1997, 114 ff. E. 3a; unveröffentlichter BGer vom 11.3.2002, 4C.302/2001, E. 1; über die Mittel zur Feststellung des anwendbaren ausländischen Rechts durch die rechtsanwendenden Instanzen und/oder Privaten vgl. BSK IPRG-MÄCHLER-ERNE/WOLF-METTIER, Art. 16 N 6 ff.). Immer ist bezüglich des Ergebnisses der richterlichen Nachforschungen das **rechtliche Gehör** der Parteien zu wahren (BGE 124 I 52 E. 3c). Das Gericht hat insb. sein Verständnis ausländischen Rechts, welches es mittels Gutachten von Dritten erworben hat, den Parteien zur Kenntnis zu brin-

gen und ihnen Gelegenheit zur Stellungnahme zu geben (BGE 124 I 49), damit die Parteien nicht von der Anwendung ausländischen Rechts überrascht werden (BGE 119 II 93, 93). Schweizerisches Recht kommt als Ersatzrecht gemäss Art. 16 Abs. 2 IPRG nur in Betracht, wenn der Inhalt des ausländische Rechts ungeachtet der Ausschöpfung aller dem Richter zur Vergügung stehenden Mittel und ungeachtet auch der Mitwirkung der Parteien beziehungsweise des versuchten Nachweises durch diese nicht feststellbar ist (BGE 128 III 346 ff. E. 3.2.2. und E. 3.3; 121 III 436 ff. E. 5a; 124 I 51 f. E. 3b). Insbesondere gilt die Ermittlung des anwendbaren ausländischen Rechts eines Nachbarstaates als zumutbar (vgl. BGE 119 II 93 ff., 95). Jedoch muss der Richter auch bei geografisch weiter entfernten Ländern alle ihm zur Verfügung und zumutbaren Mittel, allenfalls auch unter Einbezug der Parteien, ergreifen, bevor er schweizerisches Recht als Ersatzrecht anwenden darf (BGE 128 III 346 ff., 351 ff.; 124 I 49 E. 3b). Ein Grund zur Anwendung von schweizerischem Recht kann auch darin bestehen, dass ernsthafte Zweifel am ermittelten Ergebnis bestehen (BSK IPRG-MÄCHLER-ERNE/WOLF-METTIER, Art. 16 N 19).

3. Rechtsanwendung von Amtes wegen vor Bundesgericht

Die Bundeszivilprozessordnung enthält den Grundsatz der richterlichen Rechtsanwendung nicht ausdrücklich. Hingegen findet er seinen Niederschlag in **Art. 106 Abs. 1 BGG**. So hat das Bundesgericht in den Schranken der zulässigen Beschwerdegründe (Art. 95 ff. BGG) die massgebenden Rechtsnormen zu ermitteln. Die Botschaft äussert sich nicht näher zur Tragweite von iura novit curia und dem damit zu überprüfenden Streitgegenstand (Botschaft 2001, BBl 2001 4344). Gerade die Umschreibung des Streitgegenstandes (BGE 124 II 361; 122 V 34: 119 Ib 33; 110 V 48) ist zentral, zumal sich die Rechtsanwendung durch das Bundesgericht nur im Rahmen dieses ihm unterbreiteten Streitgegenstandes aufhalten darf. Die Auffassungen darüber, wie der **Streitgegenstand** zu bestimmen sei, sind geteilt. Auch die bundesgerichtliche Rechtsprechung und die Praxis des EVG ist unterschiedlich. Zum einen wird der Standpunkt vertreten, dass sich die Rechtsanwendung von Amtes wegen auf das Anfechtungsobjekt beziehe und damit auf das vorinstanzliche Urteilsdispositiv. So kann über die erhobenen Rügen hinaus auch das Dispositiv des Urteils der Vorinstanz auf die Übereinstimmung mit dem objektiven Recht überprüft werden (JdT 2006 I 447 E. 2.4.4; BGE 125 V 413). Zum anderen besteht die Ansicht, dass sich die Rechtsanwendung von Amtes wegen auf das Urteilsdispositiv als Anfechtungsobjekt beziehe, soweit dieses durch eine Beschwerde angefochten worden sei. Nach dieser Betrachtung beschränkt sich die Prüfung des Bundesgerichts nur auf die vorgebrachten Beschwerdegründe (RDAF 1999 I 254 E. 4b/cc m.w.H.).

Die Rechtsanwendung von Amtes wegen beschränkt sich auf die Überprüfung der im angefochtenen Entscheid aufgeführten Rechtsfolgen. Somit bezieht sie sich nicht gleichzeitig auch auf alle den angeordneten Rechtsfolgen unterliegenden Begründungen (BSK BGG-MEYER, Art. 106 N 6).

Gemäss **Art. 106 Abs. 2 BGG** erfolgt die Prüfung der Verletzung von verfassungsmässigen Rechten der BV, der EMRK, des UNO-Paktes II oder einer Kantonsverfassung nur unter zwei kumulativen Voraussetzungen. Dasselbe gilt für die Prüfung von kantonalem und interkantonalem Recht (BBl 2001 4344). So ist vorausgesetzt, dass die Rüge einer entsprechenden Rechtsverletzung in der Beschwerde an das Bundesgericht ausdrücklich vorgebracht worden ist. Ferner muss die Rüge mit einer Begründung versehen sein. Fehlt eine doppelte Rügebegründung im dargelegten Sinn, entfällt eine Prüfung der Rechtsverletzung i.S.v. Art. 106 Abs. 2 BGG (SEILER/VON WERDT/GÜNGERICH, Art. 106 BGG N 9 ff.; SPÜHLER/DOLGE/VOCK, Art. 106 BGG N 2; BSK BGG-MEYER, Art. 106 N 15).

21 Da **Art. 120 Abs. 3 BGG** für die direkte Klage vor Bundesgericht auf die Bundeszivilprozessordnung verweist, stellt sich die Frage, ob der Grundsatz der Rechtsanwendung von Amtes wegen auch für diese Verfahren gelte. Wie WALDER/GROB zu Recht ausführen, findet iura novit curia als allgemeine Maxime des schweizerischen Rechts wohl auch auf Verfahren bei direkten Klagen vor Bundesgericht Anwendung (WALDER/ GROB, § 20 FN 7).

4. Einschränkungen des Grundsatzes

a) Allgemeines

22 Der Grundsatz der Rechtsanwendung von Amtes wegen entbindet die Parteien und die Parteivertreter nicht, auch ihrerseits die sich stellenden Rechtsfragen zu prüfen. Denn es hängt von den Rechtsfragen ab, welche Tatsachen die Parteien in ihrem Interesse vorbringen müssen. So hängt der geltend gemachte Rechtsanspruch immer direkt auch mit den ihm zu Grunde liegenden Tatsachen zusammen (STAEHELIN/STAEHELIN/GROLIMUND, 19 Rz 19).

b) Res iudicata

23 Eine Schranke der richterlichen Rechtsanwendung bildet die **res iudicata**. Gilt eine Sache als abgeurteilt, bleibt für eine erneute materielle Beurteilung kein Raum (BGE 112 II 268 E. I1; BSK BGG-MEYER, Art. 106 N 7).

c) Bindung an die geltend gemachten Ansprüche

24 Die **Rechtsbegehren** der Parteien ziehen die Grenzen, innerhalb derer sich der Richter mit seiner rechtlichen Beurteilung bewegen darf. Entsprechend darf das Gericht ausserhalb des durch die Rechtsbegehren bestimmten Streitgegenstandes nach dem Grundsatz «ne eat iudex ultra petita partium» keine Gesichtspunkte heranziehen und beurteilen (SEILER/VON WERDT/GÜNGERICH, Art. 106 BGG N 6; zur sog. Klageidentität im Einzelnen vgl. auch WALDER/GROB, § 26 Rz 46–80).

25 Die Beachtung der sog. **Klageidentität** ist auch in der Dispositionsmaxime begründet, wonach der Richter die Klage nicht mit einer rechtlichen Begründung schützen darf, welche einen anderen als den geltend gemachten Anspruch gutheisse. Wie auch eine Klageänderung mangels Identität des Klagegrundes unzulässig ist, kann dieser prozessuale Mangel nicht auf dem Wege der richterlichen Rechtsanwendung geheilt werden (AGVE 1996, 63 ff., insb. 67, E. 2 f.).

d) Einrede-Erhebung

26 Gewisse Gesetzesbestimmungen erfordern zu ihrer Vervollständigung eine bestimmte **Willensäusserung**, eine sog. **Einrede** (Verjährung, Verrechnung, Stundung, Willensmängel etc.). So tritt etwa die Verjährungswirkung einer Forderung erst ein, wenn die Einrede der Verjährung erhoben wurde. Vereinzelt wird die Meinung vertreten, die prozessuale Erhebung einer Einrede bilde eine Ausnahme des Grundsatzes der richterlichen Rechtsanwendung (KUMMER, ZPR, 76).

27 Die Notwendigkeit der Einrede – Erhebung im Zivilrecht bildet **keine Ausnahme** vom Grundsatz der Rechtsanwendung von Amtes wegen, da sie zu dem für die Anspruchsabwehr notwendigen Sachverhalt gehört. Einreden sind dem Zivilrecht zuzuordnen, sie sind nicht prozessrechtlicher Natur und unterliegen entsprechend den durch die Verhandlungsmaxime gebotenen Schranken (MEIER, 64 ff.; WALDER/GROB, § 20 Rz 5; BÜHLER/ EDELMANN/KILLER, § 76 ZPO/AG N 8).

e) Keine Entbindung von der Behauptungs- und Substantiierungslast

Der Grundsatz der richterlichen Rechtsanwendung entbindet die Parteien nicht von ihrer **Behauptungs- und Substantiierungslast**. So ist es unter der Herrschaft der Dispositions- und Verhandlungsmaxime Sache der Parteien, die geltend gemachten Ansprüche zu benennen und den ihnen zu Grunde liegenden Sachverhalt darzulegen und zu beweisen. Der Richter auf der anderen Seite hat die einschlägigen Rechtssätze auf den **behaupteten und festgestellten** Sachverhalt anzuwenden und ist nicht verpflichtet, das Recht von Amtes wegen auf einen Tatbestand anzuwenden, der weder behauptet, noch bewiesen ist. Iura novit curia schützt nicht vor dem Verlust eines materiellen Anspruches durch unsorgfältiges Prozessieren (BGE 115 II 464 E. 1). 28

f) Billigkeitsentscheide

Grundsätzlich hat ein **Schiedsgericht** wie ein staatliches Gericht nach dem anwendbaren Recht zu entscheiden. In internationalen Verhältnissen kommt mangels Rechtswahl durch die Parteien gemäss Art. 187 Abs. 1 IPRG das Recht zur Anwendung, das mit der Streitsache am engsten zusammenhängt. 29

Nach Massgabe von **Art. 187 Abs. 2 IPRG** können die Parteien das Schiedsgericht ermächtigen, ihren Entscheid nach Billigkeit zu fällen. Auf der Grundlage einer solchen Ermächtigung durch die Parteien ist das Schiedsgericht zwar nicht entbunden, die für den streitigen Anspruch erheblichen Tatsachen festzustellen sowie das massgebliche Verfahrensrecht anzuwenden, jedoch ist das Schiedsgericht nicht verpflichtet, das materielle Recht einschliesslich der zwingenden Normen anzuwenden. Die Schranken der Entbindung von der Anwendung des materiellen Rechts bildet immer der Ordre Public. 30

Art. 58

Dispositions- und Offizialgrundsatz	¹ **Das Gericht darf einer Partei nicht mehr und nichts anderes zusprechen, als sie verlangt, und nicht weniger, als die Gegenpartei anerkannt hat.** ² **Vorbehalten bleiben gesetzliche Bestimmungen, nach denen das Gericht nicht an die Parteianträge gebunden ist.**
Principe de disposition et maxime d'office	¹ Le tribunal ne peut accorder à une partie ni plus ni autre chose que ce qui est demandé, ni moins que ce qui est reconnu par la partie adverse. ² Les dispositions prévoyant que le tribunal n'est pas lié par les conclusions des parties sont réservées.
Corrispondenza tra il chiesto e il pronunciato e riserva della non vincolatività delle conclusioni delle parti	¹ Il giudice non può aggiudicare a una parte né più di quanto essa abbia domandato, né altra cosa, né meno di quanto sia stato riconosciuto dalla controparte. ² Sono fatte salve le disposizioni di legge secondo le quali il giudice non è vincolato dalle conclusioni delle parti.

Art. 58 1–4 3. Titel: Verfahrensgrundsätze und Prozessvoraussetzungen

Inhaltsübersicht Note

I. Einleitung 1
II. Auswirkungen 3
   1. Das Gericht handelt nur auf Initiative einer Partei 3
   2. Bindung an die von den Parteien gestellten Rechtsbegehren 5
   3. Jederzeitige Möglichkeit, den Prozess durch Entscheidsurrogate zu erledigen ... 7
III. Der Offizialgrundsatz (Abs. 2) 10
   1. Allgemeines 10
   2. Abgrenzungen 11
   3. Anwendungsbereiche des Offizialgrundsatzes 15

Literatur

T. SUTTER-SOMM, Die Verfahrensgrundsätze und die Prozessvoraussetzungen, ZZZ 2007, 301 ff.; H. U. WALDER, Die Offizialmaxime, Anwendungsbereich und Grenzen im schweizerischen Zivilprozessrecht, Zürich 1973.

I. Einleitung

1   Die Dispositionsmaxime ist prozessualer Ausfluss der im Bundesprivatrecht verankerten **Privatautonomie** und bedeutet, dass die Parteien frei über ihre Rechte verfügen dürfen. Die Parömie lautet hier: *ne eat iudex ultra petita partium*, was bedeutet, dass die Parteien die Verfügungsfreiheit über den Streitgegenstand besitzen.

2   Die Frage, ob die Dispositionsmaxime dem **Bundesrecht oder dem kantonalen Recht** entstammt, ist in Bezug auf die Überprüfungsbefugnis des Bundesgerichts massgebend. Ordnet man den Dispositionsgrundsatz dem Bundesrecht zu, so kann dessen Verletzung direkt gerügt werden. Wird auf der anderen Seite der Dispositionsgrundsatz dem kantonalen Recht zugeordnet, kann dessen Verletzung nur gerügt werden, wenn sie gleichzeitig eine Bundesrechtswidrigkeit begründet (SUTTER-SOMM, § 4 Rz 282). Das Bundesgericht wies die Dispositionsmaxime für die Verfahren vor kantonalen Gerichten noch dem kantonalen Recht zu (vgl. BGE 116 II 86 E. 4b; 111 II 360 E. 1; 109 II 460; BGer vom 21.6.2005, 5P.98/2005 E. 1). Als Auswirkung der Privatautonomie wurde die Dispositionsmaxime von einem Teil der Lehre trotz der erwähnten Bundesgerichtspraxis bislang bereits dem Bundesrecht zugeordnet (STAEHELIN/STAEHELIN/GROLIMUND, § 10 Rz 3; VOGEL/SPÜHLER, 6. Kap. Rz 7a). Mit Inkrafttreten der ZPO gehört die Dispositionsmaxime eindeutig dem Bundesrecht an.

II. Auswirkungen

1. Das Gericht handelt nur auf Initiative einer Partei

3   Ein Gericht wird nur tätig, **wenn dies von ihm verlangt wird**. Dies gilt auch für die sog. unverzichtbaren Ansprüche (z.B. Art. 361 und 362 OR), so z.B. auch für Ansprüche aufgrund dem Schutz der Persönlichkeit (Art. 27 und 28 ZGB). Für den Kläger bedeutet dies, dass er alleine entscheidet, ob überhaupt, zu welchem Zeitpunkt und über welchen Streitgegenstand ein Prozess zu führen ist und wie lange dieser dauert. Die Parömie lautet hier: «ohne Kläger kein Richter»; «nemo iudex sine actore», «ne iudex procedat ex officio».

4   Das Institut der sog. **Klageprovokation**, und damit die öffentliche Aufforderung, Klage zu erheben oder Rechte beim Gericht anzumelden, wurde vom Bundesgericht als bundesrechtswidrig bezeichnet und ist somit durch die ZPO nicht vorgesehen (vgl. BGE 118 II

527 E. 3). Zudem kann das Ergebnis der Klageprovokation durch eine negative Feststellungsklage erreicht werden (GULDENER, ZPR, 153; SUTTER-SOMM, § 4 Rz 284).

2. Bindung an die von den Parteien gestellten Rechtsbegehren

Wie der Wortlaut von Art. 58 ausdrücklich erklärt, kann das Gericht **nicht mehr** zusprechen, als der Kläger verlangt. Ferner darf das Gericht auch **nichts anderes** zusprechen und dabei den Streitgegenstand auf nicht geltend gemachte Punkte ausdehnen (vgl. BGE 129 V 450 E. 3.2; 129 III 417 m.w.H.; 120 II 175). Schliesslich darf das Gericht auch **nicht dem Kläger weniger zusprechen**, als von der beklagten Partei anerkannt worden ist. So darf eine Klage nicht vollständig abgewiesen werden, wenn sie nur teilweise von der Beklagten bestritten wurde. Somit ist es Sache der Parteien, das Thema des Prozesses zu bestimmen (GULDENER, ZPR, 148).

Im Rechtmittelverfahren gilt das Verbot der sog. **reformatio in peius**. Dieses Verbot ist aus der Dispositionsmaxime abgeleitet und besagt, dass das Gericht dem Kläger nicht weniger zusprechen darf, als im angefochtenen Entscheid festgehalten wurde. Oder anders ausgedrückt, soll derjenige, der ein Rechtsmittel einlegt, durch das Urteil der Rechtsmittelinstanz nicht schlechter gestellt sein, als wenn er das unterinstanzliche Urteil nicht weitergezogen hätte (BGE 129 III 417 E. 2.1.1; 129 I 65 E. 2.3; 110 II 113 E. 3). Anderes gilt, wenn die Gegenpartei ihrerseits eine Anschlussbeschwerde erhoben hat (BGE 110 II 113 E. 3a) oder wenn die Offizialmaxime gilt (BGE 122 III 404 E. 3d; 119 II 201 E. 1).

3. Jederzeitige Möglichkeit, den Prozess durch Entscheidsurrogate zu erledigen

Möglich ist auch immer die **Prozesserledigung ohne materiellen Streiterledigungs-Entscheid**. So sind die Parteien gemäss Art. 208 befugt, durch Klageanerkennung, Klagerückzug oder einen gerichtlichen Vergleich, den Prozess in jeder Instanz und somit auch im Rechtsmittelverfahren ohne gerichtlichen Entscheid zum Abschluss zu bringen.

So ist es dem Kläger überlassen, eine bereits angehobene Klage – ohne dies zu begründen – zurückzuziehen und damit auf den eingeklagten Anspruch zu verzichten. Für die Beklagte andererseits wirkt sich der Dispositionsgrundsatz dahingehend aus, dass sie den eingeklagten Anspruch jederzeit ganz oder teilweise anerkennen kann, wenn sie den eingeklagten Anspruch nicht abwehren möchte.

Ferner können die Parteien nach Massgabe von Art. 214 Abs. 2 dem Gericht jederzeit gemeinsam die Durchführung einer Mediation beantragen. Die im Rahmen einer Mediation erzielte Vereinbarung kann gemäss Art. 217 genehmigt werden, womit die Vereinbarung die Wirkung eines rechtskräftigen Entscheids enthält.

III. Der Offizialgrundsatz (Abs. 2)

1. Allgemeines

Der Offizialgrundsatz bildet die **Ausnahme** zum Dispositionsgrundsatz. Abs. 2 statuiert, dass dem Dispositionsgrundsatz gesetzliche Bestimmungen vorbehalten sind, nach denen das Gericht nicht an die Parteianträge gebunden ist und der Rechtschutz unabhängig von den am Streit Beteiligten gewährt wird. Der Offizialgrundsatz ist vor allem dort massgebend, wo den Parteien auf Grund des öffentlichen Interesses oder dem Interesse Dritter die Verfügungsfreiheit gänzlich oder teilweise entzogen wird oder die Gestaltung der Rechtsverhältnisse bewusst dem Richter überlassen wird (WALDER/GROB, § 18 N 2). Dies gilt namentlich dort, wo das Ergebnis eines Prozesses am Verfahren nicht beteiligte Dritte, so z.B. Kinder mitbetrifft.

2. Abgrenzungen

11 Der Offizialgrundsatz muss zunächst vom richterlichen **Handeln ex officio** unterschieden werden (Handeln von Amtes wegen). Der Offizialgrundsatz bezieht sich nach WALDER auf «die richterliche Beteiligung an der sonst den Parteien überlassenen Zusammenstellung des Prozessstoffes einerseits» und auf die gewöhnlich «den Parteien zukommende Verfügung über den eingeklagten Anspruch andererseits» (WALDER, Offizialmaxime, 6 f.).

12 Darüber hinaus ist der Offizialgrundsatz auch vom **Verhandlungsgrundsatz** abzugrenzen. Letzterer bezieht sich auf die den Parteien überlassene Sammlung des Prozessstoffes und die damit zusammenhängende Pflicht des Richters, das Urteil nur auf die von den Parteien im Prozess behaupteten und, sofern von der Gegenpartei bestritten, bewiesenen Tatsachen zu stützen.

13 Ferner ist der Offizialgrundsatz auch vom **Untersuchungsgrundsatz** zu trennen, welcher sich mit der Art und Weise der Einbringung und dem Beweisen der prozessrelevanten Tatsachen befasst. Hingegen wird in denjenigen Fällen, in denen der Streitgegenstand gänzlich der Verfügungsfreiheit der Parteien entzogen ist, die Grenze zwischen dem Untersuchungs- und dem Offizialgrundsatz verwischt, da das Gericht in solchen Streitigkeiten auch den Prozessstoff aufarbeiten muss (SUTTER-SOMM, § 4 Rz 286).

14 Der Offizialgrundsatz ist ferner von der **richterlichen Prozessleitung** nach Massgabe von Art. 124 abzugrenzen.

3. Anwendungsbereiche des Offizialgrundsatzes

a) Allgemein

15 Der Offizialgrundsatz, und damit eine Einschränkung des Dispositionsgrundsatzes, kommt immer dort zum Tragen, wo mit einer Klage eine Rechtsänderung verlangt wird, die nicht durch ein privates Rechtsgeschäft bewirkt werden kann. Dies ist insb. im Bereich der Eheprozesse, Statusprozesse, Vaterschaftsprozesse über Vermögensleistungen, Entmündigungsprozesse, der Prozesse über den Entzug der elterlichen Gewalt oder bei besonderen Prozessen bei juristischen Personen von entscheidender Bedeutung.

b) Prozesse im Eherecht

16 Grundsätzlich sind im Eherecht Parteierklärungen für das Gericht nicht verbindlich (GULDENER, ZPR, 149).

17 Das auf den 1.1.2000 in Kraft getretene Scheidungsrecht enthielt in den Art. 135–149 ZGB eine Vielzahl zivilprozessualer Bestimmungen. Vor dem Hintergrund der teilweise sehr unterschiedlichen kantonalen Zivilprozessordnungen wollte der Bundesgesetzgeber die Grundlage für eine möglichst einheitliche Durchsetzung des materiellen Scheidungsrechts schaffen. Die Art. 135–149 ZGB enthielten einzelne abschliessende prozessuale Fragen (z.B. Art. 139–145 ZGB), andere hingegen nur Rahmen- oder Mindestvorschriften (z.B. Art. 138 Abs. 1 und Art. 148 Abs. 2 ZGB). Da dem Bund für das Zivilprozessrecht eine umfassende Gesetzgebungskompetenz fehlte, war damals eine Vereinheitlichung des Scheidungsprozessrechts noch ausgeschlossen und wichtige Fragen richteten sich nach kantonalem Recht. Mit der Vereinheitlichung des Zivilprozessrechts wurde dieser Rechtszersplitterung ein Ende bereitet und die bisherigen Art. 136–149 ZGB konnten gestrichen werden (BOTSCHAFT ZPO, 139). Damit werden die prozessrechtlichen Aspekte der Ehescheidung **abschliessend** durch die ZPO geregelt. Dies gilt sowohl

für den nichtstreitigen (Art. 111 ZGB) als auch den streitigen Teil (Art. 112 ff. ZGB) des Scheidungsrechts.

Nach Massgabe von Art. 279 hat das Gericht zunächst zu prüfen, ob die Voraussetzungen der Vereinbarung über die Scheidungsfolgen erfüllt sind und sie genehmigt werden kann, bevor sie Einlass in das Urteilsdispositiv findet. Art. 279 Abs. 1 weist insb. auf die Bestimmungen über die **berufliche Vorsorge** hin. Dies hängt damit zusammen, dass im Zusammenhang mit der beruflichen Vorsorge strengere Genehmigungsvoraussetzungen gelten. So genehmigt das Gericht die Vereinbarung über die Teilung der Austrittsleistungen der beruflichen Vorsorge, wenn die Voraussetzungen nach Abs. 1 lit. a–c erfüllt sind. Der gänzliche oder teilweise Verzicht eines Ehegatten auf seinen Anspruch ist gemäss Art. 280 Abs. 3 nicht schlechterdings zulässig. Das Gericht hat von Amtes wegen zu prüfen, ob eine entsprechende Alters- und Invalidenvorsorge auf andere Weise gewährleistet ist. Zum Verfahren bei fehlender Einigung über die Teilung der Austrittleistungen vgl. im Einzelnen. Bezüglich der Vereinbarung über die **Unterhaltsbeiträge** gemäss Art. 282 stellt das Gesetz besondere Vorschriften im Zusammenhang mit der Dokumentationspflicht auf. Die verlangten Angaben sind im Hinblick auf einen Abänderungsprozess von grosser praktischer Bedeutung, indem sie die Aufgabe des für die Abänderung zuständigen Gerichts wesentlich erleichtern (BOTSCHAFT ZPO, 142). 18

c) Kinderbelange in familienrechtlichen Angelegenheiten: Abstammungsprozesse

Art. 295 f. ZPO enthält die zivilprozessualen Bestimmungen über die **Kinderbelange** in familienrechtlichen Angelegenheiten. Die entsprechenden Vorschriften des ZGB (Art. 144–147, 254, 280–284 ZGB) konnten damit aufgehoben werden. Sodann gelten für alle Kinderbelange in familienrechtlichen Angelegenheiten die uneingeschränkte Untersuchungsmaxime und Offizialmaxime (Art. 291). 19

d) Statusprozesse

Bei Statusprozessen geht es um Begehren um eine **Rechtsgestaltung**, die nicht durch ein privatrechtliches Rechtsgeschäft bewirkt werden kann (WALDER, Offizialmaxime, 11). Aus diesem Grund kommt auch in Statusprozessen der Offizialgrundsatz zur Anwendung. 20

Gleiches gilt für die Verträge über die Unterhaltspflicht für das Kind gemäss Art. 287 Abs. 1 ZGB oder die Vereinbarung über die Abfindung des Kindes über seinen Unterhaltsanspruch gemäss Art. 288 ZGB. Diese werden für das Kind erst mit der Genehmigung durch die Vormundschaftsbehörde verbindlich und im Rahmen eines gerichtlichen Verfahrens durch die Genehmigung durch das Gericht (Art. 287 Abs. 3 ZGB; Art. 288 Abs. 2 Ziff. 1 ZGB). 21

Die Anerkennung der Vaterschaft kann nach Massgabe von Art. 260a ZGB von jedermann, der ein Interesse hat sowie von der Heimat- oder Wohnsitzgemeinde angefochten werden. 22

e) Verfahren im Zusammenhang mit juristischen Personen

Klagen auf **Auflösung** einer Aktiengesellschaft, eines Vereins oder einer Stiftung können nicht vom Verwaltungs- bzw. Stiftungsrat anerkannt werden (GULDENER, ZPR, 129, 147; BGE 71 II 459). Anders könnte das prozessierende Organ indirekt über die Auflösung der Gesellschaft, für welche sie tätig ist, bestimmen. Darauf basierend soll die Auflösung der Gesellschaft überdies auch nicht durch eine Unterlassung einer Prozess- 23 handlung erzielt werden können (WALDER, Offizialmaxime, 20). Dasselbe gilt für Vereins- und Generalversammlungsbeschlüsse (hingegen vertritt das Bundesgericht die Ansicht, dass das Vergleichsverbot nicht durch den Offizialgrundsatz gewährleistet werden müsse, da die Rechte der Aktionäre und Vereinsmitglieder durch die Intervention gemäss Art. 706 Abs. 5 OR gewährleistet seien (BGE 80 II 390; **a.M.** WALDER, Offizialmaxime, 21).

24 Ferner kann die **Nichtigkeit** einer juristischen Person des ZGB mit unsittlichem oder widerrechtlichem Zweck gemäss Art. 52 Abs. 3 ZGB durch gerichtliche Nichtigerklärung festgestellt werden (BGE 112 II 1 ff.; BSK ZGB I-HUGUENIN, Art. 52 Abs. 3 N 17).

f) Weitere Verfahren

25 Darüber hinaus ist beim Offizialgrundsatz die **Bindung** des Gerichts an die **Rechtsbegehren** der Parteien **gelockert oder aufgehoben**. So kann das Gericht auch auf Grund des materiellen Rechts eine mildere Sanktion zu Gunsten der Gegenpartei zusprechen. Gemäss Art. 205 Abs. 2 OR steht es dem Richter frei, bloss Ersatz des Minderwertes zuzusprechen, sofern es die Umstände nicht rechtfertigen, den Kauf rückgängig zu machen. In der Judikatur findet sich bisher keine hinreichende Konkretisierung dafür, in welchen Fällen der Richter von seinem Ermessen, lediglich Minderung zuzusprechen, Gebrauch machen darf (weiterführend dazu BSK OR I-HONSELL, Art. 205 Abs. 2 N 7). Wird davon ausgegangen, dass im Rechtsbegehren um Wandelung gleichzeitig das Eventualbegehren und Minderung enthalten ist, so wäre die richterliche Zusprechung einer Minderung kein Anwendungsfall des Offizialgrundsatzes oder keine eigentliche Ausnahme des Dispositionsgrundsatzes (STAEHELIN/STAEHELIN/GROLIMUND, § 10 Rz 13). Ein weiteres Beispiel kann in Art. 527 Abs. 3 OR gesehen werden, welcher vorsieht, dass der Richter von Amtes wegen die **häusliche Gemeinschaft** aufheben und dem Pfründer zum Ersatz dafür eine Leibrente zusprechen kann, anstatt den Vertrag vollständig aufzuheben.

26 Grundsätzlich liegt auch in einem Verfahren unter der Geltung des Offizialgrundsatzes die Sache beim Kläger und die staatliche Behörde wird nicht von sich aus tätig. Dasselbe gilt im Rechtsmittelverfahren, welches nicht von Amtes wegen, sondern auf Antrag einer Partei eingeleitet wird (BGE 93 II 220). Aber auch dazu gibt es Ausnahmen. Wo ein erhebliches öffentliches Interesse an der klageweisen Durchsetzung eines Anspruches besteht, wird die Klagelegitimation einer staatlichen Behörde zugesprochen. Eine Ausnahme dazu bildet Art. 106 ZGB, welcher die **Klagelegitimation** einer kantonalen Behörde zuspricht. Damit wird bundesrechtlich vorgeschrieben, dass die Klage auf Ungültigkeit der Ehe von der zuständigen kantonalen Behörde am Wohnsitz der Ehegatten von Amtes wegen zu erheben sei. Dies hängt damit zusammen, dass die Geltendmachung der unbefristeten Ungültigkeit der Ehe im öffentlichen Interesse steht. Da die zuständige Behörde jedoch über keinen eigenen Ermittlungsapparat verfügt, werden Klagen auf Ungültigkeit der Ehe wohl regelmässig von Dritten erhoben (BSK ZGB I-GEISER/ LÜCHINGER, Art. 106 N 2). Ferner kann eine Schenkung auf Klage der Vormundschaftsbehörde für ungültig erklärt werden, wenn der Schenker wegen Verschwendung entmündigt wird und das Entmündigungsverfahren gegen ihn innerhalb eines Jahres seit der Schenkung eröffnet worden ist (Art. 240 Abs. 3 OR).

27 Im Gegensatz zu den Prozessen unter der Herrschaft des Dispositionsgrundsatzes, können die Parteien das Verfahren **nicht vorzeitig durch Klageanerkennung oder Vergleich beenden**. Wird z.B. ein Vertrag über die Unterhaltspflicht für das Kind im Rahmen eines gerichtlichen Verfahrens gemäss Art. 287 Abs. 3 ZGB geschlossen, so wird

der Vertrag erst durch die Genehmigung durch die Vormundschaftsbehörde verbindlich. Gleiches gilt auch im Falle von Art. 288 Abs. 2 Ziff. 2 ZGB, wonach die Vereinbarung über eine Abfindung für den Unterhaltsanspruch eines Kindes, sofern es dessen Interesse rechtfertigt, erst verbindlich wird, wenn die Abfindungssumme an die dabei bezeichnete Stelle entrichtet worden ist. Gleiches gilt im Scheidungsrecht. Auch dort ist die Scheidung der Dispositionsfreiheit der Parteien entzogen und sie können die Scheidung nicht durch ein Rechtsgeschäft herbeiführen. Selbst bei der Scheidung auf gemeinsames Begehren mit einer umfassenden Einigung gemäss Art. 111 ZGB wird die Ehe erst durch gerichtlichen Entscheid rechtsgültig geschieden. Nach Massgabe von Art. 288 Abs. 1 ZPO hat das Gericht die Vereinbarung über die Scheidungsfolgen der Partien zu genehmigen. Jedoch ist es grundsätzlich immer möglich den Prozess durch einen Klagerückzug zum Ende zu bringen (SUTTER-SOMM, § 4 Rz 293).

2. Kapitel: Prozessvoraussetzungen

Art. 59

Grundsatz

¹ **Das Gericht tritt auf eine Klage oder auf ein Gesuch ein, sofern die Prozessvoraussetzungen erfüllt sind.**

² **Prozessvoraussetzungen sind insbesondere:**
a. **die klagende oder gesuchstellende Partei hat ein schutzwürdiges Interesse;**
b. **das Gericht ist sachlich und örtlich zuständig;**
c. **die Parteien sind partei- und prozessfähig;**
d. **die Sache ist nicht anderweitig rechtshängig;**
e. **die Sache ist noch nicht rechtskräftig entschieden;**
f. **der Vorschuss und die Sicherheit für die Prozesskosten sind geleistet worden.**

Principe

¹ Le tribunal n'entre en matière que sur les demandes et les requêtes qui satisfont aux conditions de recevabilité de l'action.

² Ces conditions sont notamment les suivantes:
a. le demandeur ou le requérant a un intérêt digne de protection;
b. le tribunal est compétent à raison de la matière et du lieu;
c. les parties ont la capacité d'être partie et d'ester en justice;
d. le litige ne fait pas l'objet d'une litispendance préexistante;
e. le litige ne fait pas l'objet d'une décision entrée en force;
f. les avances et les sûretés en garantie des frais de procès ont été versées.

Principio

¹ Il giudice entra nel merito di un'azione o istanza se sono dati i presupposti processuali.

² Sono presupposti processuali segnatamente:
a. l'interesse degno di protezione dell'attore o instante;
b. la competenza per materia e per territorio del giudice;
c. la capacità di essere parte e la capacità processuale;
d. l'assenza di litispendenza altrove;
e. l'assenza di regiudicata;
f. la prestazione degli anticipi e della cauzione per le spese giudiziarie.

Inhaltsübersicht	Note
I. Allgemeines	1
II. Anwendungsbereich	3
1. Fallgruppen	5

Literatur

M. KUMMER, Das Klagerecht und die materielle Rechtskraft im schweizerischen Recht, Bern 1954 (zit. Klagerecht); I. SCHWANDER, Prozessvoraussetzungen in der neuen Schweizerischen Zivilprozessordnung, ZZZ 2008/09, 195 ff. (zit. ZZZ 2008/09); M. STACHER, Das Rechtsschutzinteresse im internationalen Verhältnis, AJP 2007, 1124 ff.; T. SUTTER-SOMM, Die Verfahrensgrundsätze und die Prozessvoraussetzungen, ZZZ 2007, 301 ff.

I. Allgemeines

1 Prozessvoraussetzungen sind die **Voraussetzungen des Sachentscheides**, mit welchem das Gericht in materieller Hinsicht über den eingeklagten Anspruch entscheidet (STAEHELIN/STAEHELIN/GROLIMUND, § 11 Rz 1). Nach der neueren Prozessrechtslehre ist der Begriff der Prozessvoraussetzungen insofern unzutreffend gewählt, als auch bei deren Nichtvorliegen Rechtshängigkeit eintritt und ein Prozessrechtsverhältnis gebildet wird (GULDENER, 220 FN 3). Die Prozessvoraussetzungen werden von Amtes wegen geprüft (BOTSCHAFT ZPO, 7276), was jedoch nicht bedeutet, dass seitens der beklagten Partei keine Einreden vorzubringen wären.

2 Der Gesetzgeber hat darauf verzichtet in Art. 59 eine vollständige Liste der Prozessvoraussetzungen aufzuführen. Dies wird durch das Wort «insbesondere» klargemacht. Gemäss der früheren kantonalen Gesetzgebung gelten folgende Voraussetzungen weiterhin als Prozessvoraussetzungen: Gehörige Bevollmächtigung des Rechtsvertreters, Zulässigkeit der gewählten Prozessart. Grundsätzlich steht dem Gericht die Kompetenz zu, **weitere Eintretensvoraussetzungen** anzuerkennen. Dazu gehören die internationale Zuständigkeit gemäss Staatsverträgen bzw. Lugano-Übereinkommen, das Prinzip der Gerichtsbarkeits-Immunität (vgl. BGE 130 III 136 ff.), die funktionelle Zuständigkeit, die gehörige Verfahrenseinleitung und die Zulässigkeit des Rechtswegs und insb. des Zivilrechtswegs (SCHWANDER, ZZZ 2008/09, 210).

II. Anwendungsbereich

3 Art. 59 definiert nicht, in welchem **Zeitpunkt** die Prozessvoraussetzungen vorliegen müssen. Richtigerweise müssen die Prozessvoraussetzungen grundsätzlich erst im **Zeitpunkt der Urteilsfällung vorliegen** (BGE 127 III 41 ff.). Das Gericht soll während der Prozessdauer der Entwicklung der Tatsachen Rechnung tragen, denn nicht selten verändern sich während eines Prozesses die Verhältnisse um den Streitgegenstand. Diesen neuen Umständen hat das Gericht Rechnung zu tragen. Dieser Grundsatz erfährt jedoch Ausnahmen, so insb. bei der Zuständigkeit (vgl. N 9 ff.).

4 Fällt eine Prozessvoraussetzung **nachträglich** weg und kann sie nicht mehr hergestellt werden (z.B. fällt das Rechtsschutzinteresse während des Verfahrens unheilbar weg), so muss das Gericht diese neue Tatsache berücksichtigen (SCHWANDER, ZZZ 2008/09, 207) und bei **definitiver Nichtheilbarkeit** des Mangels, statt eines Sachurteils einen nachträglichen Nichteintretensentscheid fällen.

1. Fallgruppen

a) Schutzwürdiges Interesse (Art. 95 Abs. 2 lit. a)

Obwohl explizit als Prozessvoraussetzung und damit als prozessrechtliches Institut genannt, ist das **schutzwürdige Interesse** gemäss h.L. und Rechtsprechung dem Privatrecht zuzuordnen (KUMMER, Klagerecht, 1 f., 6 f.; m.w.H.; STACHER, 1125 ff.; VOGEL/ SPÜHLER, 2. Kap. Rz 30 ff.; BGE 133 III 287; 129 III 299; 110 II 354 f.). Trotz dieser Einteilung führt fehlendes Feststellungsinteresse zum Nichteintreten (BGE 124 III 382, 387; vgl. weiter BGE 133 III 287 ff. E. 5; 131 III 327 E. 3.7; 110 III 359 E. 2c) und nicht etwa zur Abweisung der Klage. Dies führt zur berechtigten Frage, ob diese unter kantonalem Recht ergangene Rechtssprechung auch weiterhin Geltung beanspruchen wird oder ob das schutzwürdige Interesse dem nunmehr vereinheitlichten Zivilprozessrecht zuzuweisen sein wird (vgl. zu diesem Thema STACHER, 1127 ff.).

Das schutzwürdige Interesse oder Rechtsschutzinteresse muss bereits im Zeitpunkt der Prozesseinleitung vorliegen. **Ein fehlendes schutzwürdiges Interesse kann nicht nachträglich hergestellt werden.** Das schutzwürdige Interesse sollte idealerweise während der ganzen Dauer des Prozesses vorliegen, zumindest aber im Einleitungs- und Urteilszeitpunkt. Entfällt es nachträglich nach der Prozesseinleitung, so rechtfertigt sich ein späteres Nichteintreten (SCHWANDER, ZZZ 2008/09, 204). Die Idee hinter dem Erfordernis des schutzwürdigen Interesses ist es, dass die Parteien den Staat nicht mit unnötigen Prozessen belasten sollen. Nur wer aus dem materiellen Recht ein Interesse am Führen eines Prozesses hat, soll ihn auch führen dürfen.

Ein schutzwürdiges Interesse ist vorhanden, wenn die Durchsetzung des materiellen Rechts gerichtlichen Rechtsschutz nötig macht (VOGEL/SPÜHLER, 7. Kap. Rz 12). Das schutzwürdige Interesse dürfte i.d.R. *wirtschaftlicher Natur* sein, ist aber nicht auf diesen Typ beschränkt. Denkbare schutzwürdige Interessen können auch *ideeller Natur* sein. Um den Bestand des schutzwürdigen Interesses zu beurteilen, muss das Gericht die dem Prozess zugrunde liegenden materiellen Verhältnisse einer Prüfung unterziehen, wobei diese Prüfung den Rahmen einer summarischen Überprüfung nicht sprengen darf. Ob dann eine Partei am geltend gemachten materiellen Rechtsverhältnis tatsächlich berechtigt ist, muss im Rahmen der Urteilsfindung entschieden werden. Im Stadium der **Überprüfung des schutzwürdigen Interesses,** sollte das Gericht den Aufwand auf ein Minimum beschränken und insb. auf langwierige (doppelte) Schriftenwechsel oder gar Beweisverfahren verzichten. Aus rechtsstaatlichen Überlegungen sollte im Zweifelsfall ein Vorliegen des schutzwürdigen Interesses bejaht werden.

Während bei den Leistungsklagen das schutzwürdige Interesse anhand objektiver Kriterien bestimmt werden kann, benötigt die klagende Partei bei einer beabsichtigten Feststellungsklage auch ein sog. **Feststellungsinteresse**. Ein solches wird i.d.R. verneint, wenn neben der Feststellungsklage auch eine Leistungsklage möglich wäre. Damit ein schutzwürdiges Interesse zur Erhebung einer Feststellungsklage bejaht werden kann, muss die klagende Partei zunächst eine Unsicherheit, Ungewissheit oder Gefährdung der Rechtsstellung darlegen. Sodann muss sie nachweisen, dass die Fortdauer dieser Rechtsungewissheit für die klagende Partei unzumutbar wäre. Als weitere kumulative Voraussetzung darf die Behebung der Ungewissheit nicht auf andere Weise möglich sein, z.B. durch eine Leistungs- oder Gestaltungsklage (VOGEL/SPÜHLER, 7. Kap. Rz 23).

b) Sachliche und örtliche Zuständigkeit (Art. 59 Abs. 2 lit. b)

Als Prozessvoraussetzung ist die **örtliche Zuständigkeit** vom Gericht bei den zwingenden Gerichtsständen und bei den teilzwingenden Gerichtsständen (vgl. Art. 32–34) von

Amtes wegen zu prüfen (VOGEL/SPÜHLER, 4. Kap. Rz 105). Da bei den nicht zwingenden Gerichtsständen die Einlassung der beklagten Partei möglich ist (vgl. Art. 18), darf das Gericht die Frage der örtlichen Zuständigkeit nicht von Amtes wegen prüfen. Das Gericht hat der beklagten Partei die Klageschrift zuzustellen und eine allfällige Unzuständigkeitseinrede abzuwarten (BERGER/GÜNGERICH, § 11 Rz 551). Den Parteien soll damit die Möglichkeit gegeben werden, im Rahmen der Parteiautonomie eine nachträgliche Gerichtsstandsvereinbarung zu schliessen.

10   In der Praxis gibt die örtliche Zuständigkeit dem Prozessgegner von allen Prozessvoraussetzungen die meisten Möglichkeiten, ein Verfahren zu verzögern. Erhebt er die **Unzuständigkeitseinrede**, ist das Gericht gehalten, die Frage der örtlichen Zuständigkeit genau abzuklären, was gegebenenfalls mehrere Schriftenwechsel oder gar ein Beweisverfahren zur Folge haben kann. Fällt dann das Gericht einen Entscheid betr. örtlicher Zuständigkeit, kann dieser mit Rechtsmitteln angefochten werden, was das Verfahren wiederum verzögert. Gerade im Zusammenhang mit der örtlichen und internationalen Zuständigkeit stellt sich die Auslegungsfrage, in welchem Zeitpunkt die tatsächlichen Voraussetzungen dazu erfüllt sein müssen. Nach der h.L. müsste es genügen, wenn die Zuständigkeitsvoraussetzungen im Zeitpunkt unmittelbar vor bzw. bei der Sachurteilsfällung erfüllt sein müssen. Dies bedeutet, dass diese Voraussetzungen erst nach Eintritt der Hängigkeit des Verfahrens eintreten. Dem wird seitens der Gerichte oft von Vornherein entgegengewirkt, wenn die örtliche Zuständigkeit bereits ganz zu Beginn des Verfahrens geprüft wird und ein Nichteintretensentscheid erlassen wird. Im umgekehrten Fall bleibt aufgrund der perpetuatio fori die einmal begründete Zuständigkeit bestehen (SCHWANDER, ZZZ 2008/09, 205).

11   Die Ausgestaltung der **sachlichen Zuständigkeit** wurde wie bis anhin den Kanton überlassen (Art. 4 Abs. 1). Die sachliche Zuständigkeitsordnung ist grundsätzlich zwingender Natur (FRANK/STRÄULI/MESSMER, § 19 ZPO/ZH N 17). In sachlicher Hinsicht steht es den Parteien somit nicht frei, das Gericht zu wählen, es sei denn, das kantonale Recht sehe eine solche Prorogationsmöglichkeit vor. Dies ist z.B. im neuen Gerichtsorganisationsrecht des Kantons Zürich vorgesehen: So kann nach § 18 Abs. 2 und § 19 Abs. 2 E-GOG anstelle des Mietgerichts auch das Arbeitsgericht oder ein Schiedsgericht und umgekehrt vereinbart werden, allerdings nicht bereits im Voraus, sondern erst nach Entstehung der Streitigkeit.

c) Partei- und Prozessfähigkeit (Art. 59 Abs. 2 lit. c)

12   Die **Partei- und Prozessfähigkeit** wird grundsätzlich durch das materielle Recht definiert. Nur wer rechtsfähig ist, oder von Bundesrechts wegen als Partei auftreten kann, darf in einem Zivilprozess auftreten (Art. 66). Prozessfähig ist, wer handlungsfähig ist (Art. 67 Abs. 1). Ebenfalls unter lit. c) sind die Prüfung der Vollmacht der Prozessvertreter und die Zulassung ders. vorzunehmen (SCHWANDER, ZZZ 2008/09, 205). Während fehlende Partei- oder Prozessfähigkeit zwangsläufig zu einem sofortigen Nichteintreten führen muss, rechtfertigt es sich aus prozessökonomischen Gründen, bei fehlerhafter Prozessvertretung eine kurze Frist zur Verbesserung dieses Mangels zu setzen, so dass z.B. nachträglich eine Vollmacht noch beigebracht werden kann.

d) Keine anderweitige Rechtshängigkeit (Art. 59 Abs. 2 lit. d)

13   Die Auflistung dieser Bestimmung hat zum Ziel, zu verhindern, dass gleichzeitig oder hintereinander über die **gleiche Sache (Streitgegenstand) zwischen denselben Parteien ein Prozess stattfindet** (SUTTER-SOMM, ZZZ 2007, 319).

Die **anderweitige Rechtshängigkeit** ist ein Prozesshindernis bei dessen Vorhandensein 14
das Gericht ebenfalls einen Nichteintretensentscheid fällen muss. Im Gegensatz zur positiven Prozessvoraussetzung handelt es sich hier um eine negative Prozessvoraussetzung, deren Fehlen vorausgesetzt wird. Schon unter altem Recht galt der Grundsatz, dass eine anderweitige Rechtshängigkeit von Amtes wegen zu prüfen war und nicht erst auf Einrede der Gegenseite. Gegenteilige kantonale Vorschriften galten als bundesrechtswidrig (ZR 88 (1989) Nr. 43).

Die Frage, ob eine **anderweitige Rechtshängigkeit vorliegt**, bestimmt sich für das 15
nationale Recht nach Art. 62 ff., in internationalen Verhältnissen nach der lex fori (EuGH 7.6.1984–129/83, Zelger), wobei der Eintritt einer gewissen Fortsetzungslast vorausgesetzt sein dürfte.

Sofern die anderweitige Rechtshängigkeit zu bejahen wäre, wäre auf die Klage nur schon 16
zufolge **fehlenden Rechtsschutzinteresses** nicht einzutreten (VOGEL/SPÜHLER, 7. Kap. Rz 74).

In der Praxis dürfte das zweitangerufene Gericht nicht sofort einen Nichteintretensentscheid fällen, sobald es von einer anderweitigen Rechtshängigkeit erfährt. Vielmehr wäre 17
das Verfahren gestützt auf Art. 126 vorerst zu **sistieren**, bis sich die Tatsache einer früheren Rechtshängigkeit erhärtet hat (SUTTER-SOMM, ZZZ 2007, 319).

e) Keine abgeurteilte Sache (Art. 59 Abs. 2 lit. e)

Auch beim Erfordernis, dass in der gleichen Sache nicht bereits ein Urteil vorliegen darf 18
(«*res iudicata*»), handelt es sich um eine negative Prozessvoraussetzung, deren Vorliegen das Gericht von Amtes wegen zu prüfen hat. Es soll verhindert werden, dass die gleiche Sache (Streitgegenstand) zwischen denselben Parteien bei verschiedenen Gerichten zur Beurteilung gelangt. Dabei soll die Gefahr sich widersprechender Urteile vermieden werden und der definitive Rechtsfriede durch ein bindendes, autoritatives Urteil erfolgen (SCHWANDER, ZZZ 2008/09, 201).

Wie bereits die Bestimmung von lit. d, löst auch hier der Eintritt der materiellen Rechts- 19
kraft eine **Sperrwirkung** aus (SUTTER-SOMM, ZZZ 2007, 319). Die Frage, ob eine abgeurteilte Sache vorliegt, beurteilt sich für das nationale Recht nach Art. 236 ff. Im internationalen Verhältnis bestimmt sich die Frage der res iudicata grundsätzlich nach der lex fori, wobei vorausgesetzt wird, dass der ausländische Entscheid in der Schweiz auch anerkannt werden kann. Der Eintritt der Sperrwirkung ergibt sich aus der materiellen Rechtskraft des Urteils.

f) Leistung des Kostenvorschusses und der Sicherheit für die Prozesskosten
   (Art. 59 Abs. 2 lit. f)

Mit diesen Prozessvoraussetzungen werden einerseits die fiskalischen Interessen des 20
Staates und andererseits die finanziellen Interessen der Gegenpartei gewahrt. Die Anwendung dieser Bestimmung muss sich in einem verhältnismässigen Rahmen bewegen und darf nicht zur Rechtsschutzverweigerung führen (SCHWANDER, ZZZ 2008/09, 201). Die Höhe des **Kostenvorschusses** kann im Maximum die mutmassliche Höhe der Gerichtskosten betragen (Art. 98). Die Sicherheiten für die Parteientschädigungen werden nur unter bestimmten Voraussetzungen und auf Antrag der beklagten Partei angeordnet (Art. 99 Abs. 1).

Bei **nicht fristgerechter Einzahlung** des Vorschusses und der Sicherheit darf nicht bereits ein Nichteintreten erfolgen, sondern es wird eine Nachfrist gesetzt (Art. 101 Abs. 3). 21

Die Zahlungsfristen sollten bei Klägern im Ausland von Beginn an etwas grosszügiger angesetzt werden, um die längere Überweisungsdauer beim internationalen Zahlungsverkehr zu berücksichtigen.

22 Nach Eingang der Klage legt das Gericht den Kostenvorschuss mittels **prozessleitendem Entscheid** fest, der selbständig mittels Beschwerde angefochten werden kann (Art. 319 lit. b Ziff. 1 i.V.m. Art. 103).

Art. 60

Prüfung der Prozessvoraussetzungen	Das Gericht prüft von Amtes wegen, ob die Prozessvoraussetzungen erfüllt sind.
Examen des conditions de recevabilité	Le tribunal examine d'office si les conditions de recevabilité sont remplies.
Esame dei presupposti processuali	Il giudice esamina d'ufficio se sono dati i presupposti processuali.

Inhaltsübersicht Note

    I. Allgemeines 1
    II. Zeitpunkt der Prüfung 4
    III. Präzisierungen 7
    IV. Umfang der gerichtlichen Prüfungspflicht 10
    V. Konsequenz des Fehlens von Prozessvoraussetzungen 11
        1. Allgemeines 11
        2. Partielles Nichteintreten 13

Literatur

I. SCHWANDER, Prozessvoraussetzungen in der neuen Schweizerischen Zivilprozessordnung, ZZZ 2008/09, 195 ff. (zit. ZZZ 2008/09); T. SUTTER-SOMM, Die Verfahrensgrundsätze und die Prozessvoraussetzungen, ZZZ 2007, 315 ff. (zit. ZZZ 2007).

I. Allgemeines

1 Gemäss Art. 60 prüft das Gericht **von Amtes wegen**, ob die Prozessvoraussetzungen erfüllt sind (BOTSCHAFT ZPO, 7276; BERGER/GÜNGERICH, § 10 Rz 505; STAEHELIN/ STAEHELIN/GROLIMUND, § 11 Rz 6). Im Gegensatz zu mehreren kantonalen Zivilprozessordnungen unterscheidet hier die Schweizerische Zivilprozessordnung nicht zwischen den von Amtes wegen zu prüfenden Eintretensvoraussetzungen und solchen, die durch eine Partei auf Einrede oder Einwendung hin geprüft werden. Somit bestehen keine Prozessvoraussetzungen mehr, die nur im Falle ihrer Geltendmachung durch eine Partei zum Nichteintreten führen (SCHWANDER, ZZZ 2008/09, 209; zu der abweichenden Regelung bei vermögensrechtlichen Streitigkeiten in Schiedsvereinbarungen vgl. Art. 61; ferner auch die abweichende Regelung für die Einlassung auf die Klage vor einem örtlich oder international nicht zuständigen Gericht, s. N 7 ff.).

Grundsätzlich müssen alle Prozessvoraussetzungen erfüllt sein, damit zur Sache verhandelt werden darf, andernfalls darf kein **Sachurteil** ergehen und das Gericht fällt einen **Nichteintretensentscheid** (SUTTER-SOMM, ZZZ 2007, 315; VOGEL/SPÜHLER, Kap. 7 Rz 78; WALDER/GROB, § 35 Rz 7). Kommt es zu einem Nichteintretensentscheid bedeutet dies, dass ein gerichtliches Verfahren nicht zulässig ist und über die betreffende Streitsache nicht gerichtlich entschieden werden darf. Nichteintretensentscheide sind aus rechtsstaalicher bzw. verfassungsrechtlicher Sicht zulässig und aus prozessökonomischen Gründen sinnvoll (weiterführend zur verfassungsrechtlichen Grundlage des Nichteintretens, vgl. SCHWANDER, ZZZ 2008/09, 199). 2

Praktisch ist das Gericht bei seiner Prüfung aber auch auf entsprechende **Parteivorbringen** angewiesen, so gerade wenn es um die Frage der fehlenden anderweitigen Rechtshängigkeit oder der fehlenden materiellen Rechtskraft geht (BOTSCHAFT ZPO, 57; SUTTER-SOMM, ZZZ 2007, 316). So gilt hier der Untersuchungsgrundsatz nicht uneingeschränkt, denn es kann dem Richter nicht zugemutet werden, dass er bezüglich dem Vorhandensein der Prozessvoraussetzungen weitgehende Nachforschungen anstellt und entsprechende Erhebungen macht (BÜHLER/EDELMANN/KILLER, § 173 ZPO/AG N 4). Dies ändert aber nichts an der grundsätzlichen Amtsprüfungspflicht des Gerichts und somit ist eine **förmliche Einrede oder Einwendung** der Parteien **nicht erforderlich** (SCHWANDER, ZZZ 2008/09, 201). Es wäre namentlich ein Widerspruch, wenn man die Beachtung von schwerwiegenden Verfahrensmängeln, die im öffentlichen Interesse liegen, von förmlichen Einreden oder Einwendungen einer Partei abhängig machen würde (gl.M. SCHWANDER, ZZZ 2008/09, 204). 3

II. Zeitpunkt der Prüfung

Das Gericht hat die Zulässigkeit einer Klage immer **zu Beginn des Verfahrens** und, falls nötig, **jederzeit** bis zum Endentscheid zu prüfen. Es kann den Prozess nach Massgabe von Art. 125 lit. a auf einzelne Fragen beschränken und somit auch auf das Vorliegen aller Prozessvoraussetzungen. Ferner kann mittels Zwischenentscheid z.B. über die örtliche Zuständigkeit entschieden werden (Art. 237). 4

Aus prozessökonomischen Gründen hat das Gericht vorzugsweise **möglichst frühzeitig** auf mangelnde Prozessvoraussetzungen hinzuweisen und darüber zu entscheiden (BERGER/GÜNGERICH, 3. Kap. Rz 558; LEUCH/MARBACH/KELLERHALS/STERCHI, Art. 191 ZPO/BE N 3a). Dennoch ist die richterliche Überprüfung der Prozessvoraussetzungen in unterschiedlichen Verfahrensstadien denkbar, selbst im Zeitpunkt der Urteilsfällung. Dies hängt damit zusammen, dass die Prozessvoraussetzungen grundsätzlich erst im Zeitpunkt der Urteilsfällung vorliegen müssen (BGE 127 III 41 ff.). Ferner ist darauf hinzuweisen, dass bei der Reihenfolge der Prüfung und Beachtung von Eintretensvoraussetzungen die völkerrechtliche Gerichtsbarkeit des Staates und die Zuständigkeit des Gerichts einer gewissen prioritären Prüfung unterliegen sollten, da ansonsten kein gesetzliches Gericht und Gerichtsverfahren besteht (HABSCHEID, ZPR, 206). 5

Gerade bei den klassischen Prozessvoraussetzungen – wie der Zuständigkeit, der Zulässigkeit des Zivilrechtswegs, der richtigen Klageeinleitung, der fehlenden anderweitigen prioritären Rechtshängigkeit – soll das Nichteintreten in einem möglichst frühen Verfahrensstadium erfolgen. Daneben bestehen aber auch Verfahrensmängel, welche erst später eintreten können. So bspw. Mängel in der Besetzung des Gerichts, Säumnisse während verschiedener prozessualer Schritte, Missachtung von Ausstandsregeln oder die verspätete Geltendmachung von Noven. Solche Mängel lassen sich im Laufe des Verfahrens korrigieren und entfalten ihre Wirkung allenfalls nur teilweise (z.B. Nichtbeachten eines 6

Novums, aber dennoch Fällung eines Sachurteils; weiterführend dazu SCHWANDER, ZZZ 2008/09, 206). Damit sollen Mängel, die behebbar sind, nur dann zu einem Prozessurteil führen, wenn sie im spezifischen Fall nicht behoben werden konnten.

III. Präzisierungen

7   Gemäss Art. 59 Abs. 2 lit. b hat das Gericht seine örtliche Zuständigkeit von Amtes wegen zu prüfen. Auf der anderen Seite kann sich die Beklagte auf ein Verfahren einlassen, selbst wenn die örtliche Zuständigkeit des Gerichtes nicht gegeben ist (Art. 18; für das internationale Verhältnis gilt Art. 6 IPRG, wonach die vorbehaltlose **Einlassung** die Zuständigkeit des angerufenen schweizerischen Gerichts begründet, sofern dieses nach Art. 5 Abs. 3 IPRG seine Zuständigkeit nicht ablehnen kann). Nach SCHWANDER bilden Art. 18 ZPO und Art. 6 IPRG jedoch **nicht Ausnahmen** vom Grundsatz, dass die Bestimmungen über die örtliche und die internationale Zuständigkeit von Amtes wegen zu prüfen und zu befolgen sind. Stattdessen werde damit den Parteien die Möglichkeit geboten, eine nachträgliche Gerichtsstandsvereinbarung abzuschliessen. SCHWANDER vertritt richtigerweise die Ansicht, dass das Gericht verpflichtet sei, die Parteien darauf aufmerksam zu machen, dass das Gericht an sich örtlich oder international nicht zuständig ist und dass es der beklagten Partei freizustellen sei, ob sie sich dennoch bewusst auf das Verfahren einlassen wolle (SCHWANDER, ZZZ 2008/09, 204).

8   Ferner ist auf die **Heilbarkeit** der mangelhaften Prozesshandlungen hinzuweisen; so ist es denkbar, dass eine Prozesshandlung heilbar oder nachholbar ist, womit die Rechtfertigung für ein Nichteintreten nicht mehr besteht. Richtigerweise soll das Gericht, bevor es auf Nichteintreten beschliesst, prüfen, ob der Mangel oder das Versäumnis behebbar ist und gegebenenfalls die Parteien auf diese Möglichkeit hinweisen (gl.M. SCHWANDER, ZZZ 2008/09, 205, der dies aus dem Grundsatz des Handelns nach Treu und Glauben gemäss Art. 52 ableitet).

9   Grundsätzlich müssen die Prozessvoraussetzungen erst **im Urteilszeitpunkt** vorliegen (BGE 127 III 41 ff.). Entsprechend wird auf den Sachverhalt abgestellt, wie er sich im Zeitpunkt des Urteils präsentiert (BERGER/GÜNGERICH, 3. Kap. Rz 562). Davon können sich folgende Ausnahmen ergeben: Die **sachliche Zuständigkeit** fällt nicht weg, wenn sie einst vorlag und sich der Streitwert im Laufe des Prozesses verändert. Die **örtliche Zuständigkeit** bleibt bestehen, wenn sie zu Beginn des Verfahrens bestand, sich aber im Laufe des Prozesses andere Verhältnisse ergeben. Hier ist entscheidend, ob die entsprechenden Voraussetzungen im Zeitpunkt der Rechtshängigkeit gegeben waren (LEUCH/MARBACH/KELLERHALS/STERCHI, Art. 191 ZPO/BE N 1b). Dasselbe gilt für das **Rechtsschutzinteresse**. Ein zu Beginn des Verfahrens allenfalls fehlendes oder unklares Rechtsschutzinteresse kann nachträglich hinzutreten oder geklärt werden. Dies ist insb. in denjenigen Fällen massgebend, in denen das Rechtsschutzinteresse kontrovers diskutiert wird und die klagende Partei ihre Interessenlage während dem Prozess näher ausführen oder begründen muss; demgegenüber kann auch während des Verfahrens auf Nichteintreten beschlossen werden, wenn das schutzwürdige Interesse nach Rechtshängigkeit der Klage entfällt. Auf der anderen Seite kann ein zu Beginn des Prozesses streitiges Rechtsschutzinteresse nachträglich hinzutreten oder geklärt werden (SCHWANDER, ZZZ 2008/09, 204).

IV. Umfang der gerichtlichen Prüfungspflicht

10 Grundsätzlich ist das Gericht nicht verpflichtet, jede einzelne Prozessvoraussetzung zu erforschen. Im Rahmen der einem Gericht zur Verfügung stehenden Mittel, wird es namentlich einem Gericht kaum möglich sein, eine umfassende Prüfung der Prozessvor-

aussetzungen ohne Unterstützung durch die Parteien vorzunehmen. So ist insb. die Beschaffung des Tatsachenmaterials Aufgabe derjenigen Partei, die bezüglich der in Frage stehenden Prozessvoraussetzung beweisbelastet ist. So ist es Sache des Klägers, die prozessbegründenden Tatsachen vorzutragen und deren Vorliegen zu beweisen, denn die richterliche Amtsprüfung enthebt die Parteien nicht von ihrer Beweislast. Art. 60 verpflichtet das Gericht, soweit nicht in der Sache selbst der Untersuchungsgrundsatz gilt, sich vom Vorliegen der vom Kläger vorgebrachten Sachumstände auch bei fehlender Bestreitung zu überzeugen. Ferner muss das Gericht ihm bekannte Tatsachen, welche die Zulässigkeit der Klage hindern, von Amtes wegen berücksichtigen, unabhängig davon, ob sie von der Beklagten vorgetragen werden oder nicht.

V. Konsequenz des Fehlens von Prozessvoraussetzungen

1. Allgemeines

Fehlt eine der sog. Prozessvoraussetzungen, so ergeht kein Sachurteil, sondern ein **Nichteintretensentscheid** (SCHWANDER, ZZZ 2008/09, 195; ferner zur verfassungsrechtlichen Grundlage des Nichteintretens, SCHWANDER, ZZZ 2008/09, 199; zur Problematik der falschen Bezeichnung eines Entscheids vgl. SUTTER-SOMM, ZZZ 2007, 316). Dafür ist grundsätzlich nicht erforderlich, dass ein Antrag einer Partei vorliegt, sondern es gilt der Offizialgrundsatz (SUTTER-SOMM, ZZZ 2007, 315). 11

Grundsätzlich ist ein Urteil, welches trotz Fehlens einzelner Prozessvoraussetzungen ergangen ist, nichtig. Jedoch kann ausnahmsweise ein Prozessmangel, der unbeachtet geblieben ist, im Laufe eines Verfahrens **geheilt** bzw. **verbessert** werden (SCHWANDER, ZZZ 2008/09, 202). So ist denkbar, dass die Prozesshandlungen eines Prozessunfähigen durch den gesetzlichen Vertreter vor der Rückweisung genehmigt werden (LEUCH/MARCHBACH/KELLERHALS/STERCHI, Art. 191 ZPO/BE N 3a). Erfolgt trotz angemessener Fristansetzung zur Verbesserung des Mangels keine Verbesserung innert Frist, so ist es gerechtfertigt, wenn das Gericht einen Nichteintretensentscheid fällt. Dem steht auch die Rechtsweggarantie nicht im Wege (SCHWANDER, ZZZ 2008/09, 202). 12

2. Partielles Nichteintreten

Das Noven- und Klageänderungsrecht schafft partielle Eintretensvoraussetzungen im Verlaufe des Verfahrens. Wird eine Tatsachenbehauptung oder eine Klageänderung zu spät vorgebracht, kann ein Nichteintretensentscheid erfolgen, der sich jedoch nur auf die zu spät geltend gemachten Vorbringen bezieht (SCHWANDER, ZZZ 2008/09, 202). 13

Art. 61

Schiedsvereinbarung

Haben die Parteien über eine schiedsfähige Streitsache eine Schiedsvereinbarung getroffen, so lehnt das angerufene staatliche Gericht seine Zuständigkeit ab, es sei denn:
  a. die beklagte Partei habe sich vorbehaltlos auf das Verfahren eingelassen;
  b. das Gericht stelle fest, dass die Schiedsvereinbarung offensichtlich ungültig oder nicht erfüllbar sei; oder
  c. das Schiedsgericht könne nicht bestellt werden aus Gründen, für welche die im Schiedsverfahren beklagte Partei offensichtlich einzustehen hat.

Convention d'arbitrage	Lorsque les parties ont conclu une convention d'arbitrage portant sur un litige arbitrable, le tribunal saisi décline sa compétence, sauf dans les cas suivants: a. le défendeur a procédé au fond sans émettre de réserve; b. le tribunal constate que, manifestement, la convention d'arbitrage n'est pas valable ou ne peut être appliquée; c. le tribunal arbitral, pour des raisons manifestement dues au défendeur de la procédure arbitrale, n'a pas pu être constitué.
Patto d'arbitrato	Se le parti hanno pattuito di sottoporre ad arbitrato una controversia compromettibile, il giudice statale adito declina la propria competenza, eccetto che: a. il convenuto si sia incondizionatamente costituito in giudizio; b. il giudice statale accerti la manifesta nullità o inadempibilità del patto d'arbitrato; oppure c. il tribunale arbitrale non possa essere costituito per motivi manifestamente imputabili al convenuto nel procedimento arbitrale.

Inhaltsübersicht

Note

I. Allgemeines 1
II. Anwendungsbereich 7
   1. Allgemeines 7
   2. Einlassung (lit. a) 8
   3. Ungültige Schiedsvereinbarung lit. b) 9
   4. Verhinderung der Bestellung des Schiedsgerichts (lit. c) 11

Literatur

D. GIRSBERGER/N. VOSER, International Arbitration in Switzerland, Zürich 2008; I. SCHWANDER, Prozessvoraussetzungen in der neuen Schweizerischen Zivilprozessordnung, ZZZ 2008/09, 195 ff. (zit. ZZZ 2008/09).

I. Allgemeines

1   Dass private Schiedsgerichte an Stelle staatlicher Gerichte über vermögensrechtliche Ansprüche entscheiden können, beruht auf einer seit jeher von den kantonalen Zivilprozessordnungen und vom Bundesgesetzgeber (IPRG) akzeptierten Konsequenz der Parteiautonomie betreffend vermögensrechtliche Ansprüche (SCHWANDER, ZZZ 2008/09, 201). Auch bei diesem Eintretungshinderungsgrund der Schiedsvereinbarung handelt es sich um eine negative Prozessvoraussetzung, deren Vorliegen das Gericht von Amtes wegen zu beachten hat. In der Praxis dürfte das Gericht, welches mit der Sache betraut wird, eine Schiedsvereinbarung nicht ohne weiteres erkennen, zumal dann nicht, wenn die entsprechende Vereinbarung nicht eingelegt wurde bzw. sich ausserhalb des relevanten Vertrages in einer separaten Vereinbarung oder gar in AGB finden lässt. Es ist dann an der Gegenseite, die entsprechende Einrede vorzubringen und die Schiedsvereinbarung ins Recht zu legen.

2   Ist das Gericht nicht sicher, ob eine an sich formell gültig vereinbarte Schiedsvereinbarung die vorliegende Streitigkeit abdeckt, d.h. liegt kein offensichtlicher Fall i.S.v. Art. 61 lit. b vor, so kann das Gericht den Prozess von Amtes wegen sistieren und die klagende Partei unter Androhung des Nichteintretens zur Einleitung des Schiedsverfahrens anhalten. Dem Schiedsgericht steht es aufgrund seiner Kompetenz-Kompetenz

nämlich als primäres und erstes (nicht aber einziges) Gericht zu, über seine eigene Zuständigkeit zu entscheiden, bevor dies ein staatliches Gericht tut (GIRSBERGER/VOSER, 2. Kap.). Erst wenn das Schiedsgericht mangels gültiger Schiedsvereinbarung nicht auf die Streitigkeit eintritt, kann das staatliche Gericht die Sistierung aufheben und das Verfahren fortführen. Andernfalls ist das Verfahren mittels Nichteintreten zu erledigen und abzuschreiben.

Diese Vorgehensweise hat den Vorteil, dass die Rechtshängigkeit während der Sistierung des staatlichen Gerichtsverfahrens bestehen bleibt, so dass allfällige Verjährungsfristen nicht mehr ablaufen können. Verneint das Schiedsgericht seine Zuständigkeit, so muss das staatliche Gerichtsverfahren nicht noch einmal eingeleitet werden, sondern die Sistierung kann aufgehoben werden. 3

Erkennt das Gericht eine gültige Schiedsvereinbarung nicht, bzw. bringt die beklagte Partei eine entsprechende Einrede erst in einem späteren Zeitpunkt des Verfahrens, so hat das Schiedsgericht die Tatsache der gültigen Schiedsvereinbarung auch noch in einem späteren Verfahrenszeitpunkt zu beachten. M.E. sollte dies während des gesamten Hauptverfahrens und auch während des Beweisverfahrens mithin bis zum Urteilszeitpunkt möglich sein. 4

Die Frage, ob eine schiedsfähige Streitsache vorliegt, hat das Gericht im nationalen Verhältnis nach Art. 354 ZPO und im internationalen Verhältnis nach Art. 177 Abs. 2 IPRG zu prüfen. 5

Die Schiedsvereinbarung ist nach der h.L. ein Vertrag des Prozessrechts. Die zivilrechtliche Ungültigkeit des der Schiedsvereinbarung zugrundeliegenden Vertrages erfasst die Schiedsvereinbarung nicht (VOGEL/SPÜHLER, 14. Kap. Rz 40 f.). Ob eine gültige Schiedsvereinbarung getroffen wurde, richtet sich für nationale Verhältnisse nach Art. 357 und 358 ZPO, für internationale Verhältnisse gilt Art. 178 IPRG. Die Schiedsvereinbarung hat nach beiden Bestimmungen grundsätzlich schriftlich oder mittels Nachweises der Schriftlichkeit zu erfolgen. 6

II. Anwendungsbereich

1. Allgemeines

Während in Abs. 1 bei Vorliegen einer Schiedsvereinbarung der Grundsatz des Nichteintretens festgelegt wird, halten lit. a–c gewichtige Ausnahmen von diesem Grundsatz fest. Ist die Schiedsvereinbarung im Vornherein zum Scheitern verurteilt, soll der klagenden Partei aus prozessökonomischen Gründen der Weg über das Nichteintreten mit anschliessender (unnötiger) Anrufung des Schiedsgerichts erspart bleiben. Aus dem Grundsatz der Kompetenz-Kompetenz des Schiedsgerichts folgt, dass lit. a–c nur mit äusserster Zurückhaltung anzuwenden sind. Der Parteiautonomie ist oberste Priorität einzuräumen. Hat das Gericht Zweifel über den gültigen Abschluss der Schiedsvereinbarung, so ist nicht sofort ein Nichteintreten zu entscheiden, sondern sinnvollerweise ist der Prozess zu sistieren, bis die Zuständigkeit des Schiedsgerichtes feststeht. 7

2. Einlassung (lit. a)

Für den Fall, dass sich die beklagte Partei vorbehaltlos auf das Verfahren eingelassen hat, darf das staatliche Gericht, selbst bei Vorliegen einer gültigen Schiedsvereinbarung, seine Zuständigkeit nicht ablehnen. Dies entspricht der Regelung von Art. 59 lit. b, bei welcher das Gericht eine Einlassung der beklagten Partei vor dem örtlich unzuständigen Gericht 8 beachten muss. Diese Ausnahme vom Grundsatz des Nichteintretens rechtfertigt sich deshalb, weil es den Parteien frei stehen soll, ob sie auf eine an sich gültig abgeschlossene Schiedsvereinbarung nachträglich verzichten wollen. Das Gesetz gewichtet hier den Grundsatz der Parteiautonomie vorrangig. Wenn die Parteien schon frei sind, eine Schiedsvereinbarung zu schliessen, so dürfen sie auf dieselbe auch wieder verzichten. Sie dürfen nicht in ein Schiedsverfahren gedrängt werden.

3. Ungültige Schiedsvereinbarung lit. b)

9 Auch lit. b durchbricht den Grundsatz des Nichteintretens zufolge Schiedsvereinbarung. Dies soll dann der Fall sein, wenn die Schiedsvereinbarung offensichtlich ungültig oder nicht erfüllbar ist. Dabei handelt es sich um schwerwiegende und unheilbare Mängel der Schiedsvereinbarung, welche sowohl materieller als auch formeller Natur sein können. Zu denken ist in materieller Hinsicht z.B. an Schiedsvereinbarungen in Rechtsgebieten, in welchen zufolge Schutzes einer Vertragspartei Schiedsvereinbarungen vor Entstehen der Streitigkeit gar nicht zulässig sind (Mietrecht, Arbeitsrecht, Eherecht) oder auch bei Personenstands- und familienrechtlichen Prozessen sowie bei rein betreibungsrechtlichen Angelegenheiten (VOGEL/SPÜHLER, 14. Kap. Rz 32).

10 Die Schiedsvereinbarung kann auch offensichtlich ungültig sein, da sie formelle Fehler aufweist. Als Beispiel kann eine nur mündlich abgeschlossene Schiedsvereinbarung genannt werden. Aufgrund der vorstehend beschriebenen Kompetenz-Kompetenz des Schiedsgerichtes ist bei der Annahme einer ungültigen Schiedsvereinbarung Zurückhaltung geboten. Wann immer möglich, soll das Schiedsgericht als erstes Gericht über seine eigene Zuständigkeit entscheiden. Lit. b bezieht sich demnach nur auf die krassen Fälle, bei welchen die Ungültigkeit der Schiedsvereinbarung dem Gericht förmlich «ins Auge springt».

4. Verhinderung der Bestellung des Schiedsgerichts (lit. c)

11 Diese Bestimmung möchte verhindern, dass eine rechtsmissbräuchlich agierende Partei der anderen Partei das Schiedsverfahren entzieht und anschliessend versucht, sich dem von der klagenden Partei angerufenen staatlichen Gericht mittels der Schiedseinrede zu entziehen. Solche Situationen kommen in der Praxis nicht selten vor. So kann die beklagte Partei je nach Ausgestaltung der Schiedsordnung das Schiedsverfahren zu Fall bringen, indem sie den von ihr zu bestellenden Schiedsrichter nicht ernennt. Sieht die Schiedsordnung nichts anderes vor, so kann das Schiedsverfahren nicht durchgeführt werden. Der klagenden Partei muss der Weg ans staatliche Gericht wieder offenstehen, ohne dass sich die beklagte Partei auf die Schiedsvereinbarung berufen könnte.

12 Zu denken ist weiter an eine beklagte Partei, welche trotz gültiger Schiedsvereinbarung die ihr vom Schiedsgericht auferlegten Prozesskostenvorschüsse nicht leistet und die klagende Partei darauf verzichtet, die Vorschüsse auch für die beklagte Partei zu leisten, worauf das Schiedsgericht ein Nichteintreten beschliesst. In solchen Fällen muss der klagenden Partei der Rechtsweg vor das staatliche Gericht wieder offen stehen. Erhebt die beklagte Partei dann die Einrede der Schiedsvereinbarung, wäre eine solche Einrede gestützt auf lit. c nicht zu hören. Eine solche Einrede wäre im Übrigen auch rechtsmissbräuchlich.

13 Den erwähnten Fällen gemeinsam ist, dass die beklagte Partei die Ursache für die gescheiterte Bestellung des Schiedsgerichtes gesetzt hat. Kann das Schiedsgericht aus anderen Gründen nicht bestellt werden, so hat das staatliche Gericht seine Zuständigkeit abzulehnen.

4. Titel: Rechtshängigkeit und Folgen des Klagerückzugs

Art. 62

Beginn der Rechtshängigkeit

¹ Die Einreichung eines Schlichtungsgesuches, einer Klage, eines Gesuches oder eines gemeinsamen Scheidungsbegehrens begründet Rechtshängigkeit.

² Der Eingang dieser Eingaben wird den Parteien bestätigt.

Début de la litispendance

¹ L'instance est introduite par le dépôt de la requête de conciliation, de la demande ou de la requête en justice, ou de la requête commune en divorce.

² Une attestation de dépôt de l'acte introductif d'instance est délivrée aux parties.

Inizio della pendenza della causa

¹ Il deposito dell'istanza di conciliazione, della petizione, dell'istanza introduttiva del giudizio o della richiesta comune di divorzio determina la pendenza della causa.

² Alle parti è data conferma del ricevimento dell'atto.

Inhaltsübersicht   Note

  I. Norminhalt, Normzweck und Allgemeines 1
 II. Anwendungsbereich 7
III. Beginn der Rechtshängigkeit 8
 IV. Unzureichende Eingaben 14
  V. Rechtshängigkeit der Widerklage und eines Schiedsverfahrens 20
 VI. Ende der Rechtshängigkeit 22
VII. Bestätigung der Rechtshängigkeit 27

Literatur

ST. V. BERTI, Die Gleichstellung von Schiedsverfahren und Gerichtsverfahren bei der Rechtshängigkeit; ZZPInt 2001, 365 ff.; TH. ERBACHER, «Klagerücknahme vor Rechtshängigkeit»?, Aktuelle Probleme des § 269 Abs. 3 S. 3 ZPO, Diss. Würzburg 2005; O. VOGEL, Rechtshängigkeit und materielle Rechtskraft im internationalen Verhältnis, SJZ 1990, 77 ff.

I. Norminhalt, Normzweck und Allgemeines

Unter Rechtshängigkeit (Litispendenz) ist die **Zeitspanne** zwischen Beginn und Ende eines Verfahrens zu verstehen, in welchem eine Klage mit individualisiertem Anspruch dem Richter zur autoritativen Entscheidung unterbreitet wird. 1

Art. 62 legt fest, zu welchem **Zeitpunkt** die Rechtshängigkeit beginnt und wie die involvierte Instanz darauf zu regieren hat. Diese Norm bestimmt jedoch nicht ausdrücklich, wie lange die Rechtshängigkeit andauert. 2

Der Beginn der Rechtshängigkeit war bislang in den verschiedenen kantonalen Prozessgesetzen unterschiedlich geregelt. Die Rechtshängigkeit wurde aber an das gleichzeitige 3

Vorhandensein der **Fortführungslast** geknüpft. Die ZPO weicht nun von dieser Verknüpfung ab, indem mit Eintritt der Rechtshängigkeit die Klägerschaft nicht zeitgleich mit der Fortführung des Verfahrens belastet wird. Die Klage kann nämlich ohne Zustimmung der Gegenseite jederzeit bis zu deren Zustellung an die Gegenpartei ohne Rechtsverlust (unter Vorbehalt der Verwirkungsfristen) zurückgezogen werden (Art. 65).

4   Die **prozessualen Wirkungen** der Rechtshängigkeit sind bedeutsam, vgl. dazu insb. Art. 64. Daher ist es sehr zu begrüssen, wenn der Eingang einer die Rechtshängigkeit begründenden Eingabe den Parteien bestätigt wird.

5   Ein möglichst **früher Zeitpunkt der Rechtshängigkeit** entspricht modernem Prozessrecht. Er schafft rasch Klarheit über den Gerichtsstand und wirkt dem unerwünschten forum running entgegen.

6   Vor und nach Rechtshängigkeit ist die gleiche Instanz zum **Erlass vorsorglicher Massnahmen** zuständig (Art. 5 Abs. 2 und Art. 6 Abs. 2). Ebenso können Gesuche um Erteilung der unentgeltlichen Rechtspflege vor und nach Rechtshängigkeit gestellt werden (Art. 119 Abs. 1).

II. Anwendungsbereich

7   Die vorliegende Norm regelt die Rechtshängigkeit für **Binnenfälle**. In internationalen Verhältnissen wird die Rechtshängigkeit durch das IPRG und diverse Staatsverträge geregelt (vgl. dazu BSK IPRG-BERTI, Art. 9 N 5 ff.).

III. Beginn der Rechtshängigkeit

8   Die Rechtshängigkeit wird mit Einreichung eines Schlichtungsgesuches, einer Klage, eines Gesuches oder eines gemeinsamen Scheidungsbegehrens begründet. Mit Einreichung beginnt die Rechtshängigkeit, wobei rechtzeitige Postaufgabe des Gesuchs oder der Klage genügt (vgl. Art. 143). Da mit dem gesamtschweizerisch **einheitlichen Eintritt der Rechtshängigkeit** das forum runnig etwas entschärft wird, dürften künftig bei Eingaben, welche am gleichen Tag rechtshängig wurden, auch Stunden und Minuten für die Bestimmung der massgeblichen Sperrwirkung ausschlaggebend sein.

9   Die Rechtshängigkeit tritt grundsätzlich einheitlich mit Einreichung des Schlichtungsgesuches ein. Wo kein Schlichtungsverfahren stattzufinden hat, ist der Zeitpunkt der Einreichung der Klage, des Gesuchs im Summarverfahren oder des gemeinsamen Scheidungsbegehrens ausschlaggebend (Abs. 1). Mit dem Einreichen einer **Schutzschrift** wird die Rechtshängigkeit der damit vorsorglich begegneten Hauptklage nicht begründet. Ebenso wenig wird eine Einrede rechtshängig (GULDENER, IZPR, 234). Demgegenüber wird Rechtshängigkeit mit Einreichung eines Gesuchs um Erlass vorsorglicher Massnahmen begründet (vgl. auch Vor Art. 261–269 N 75 f.).

10   Die Umschreibung von Abs. 1 entspricht inhaltlich dem früheren und heute nicht mehr gleichermassen bedeutsamen Begriff der Klageanhebung, worunter jede prozesseinleitende oder -vorbereitende Handlung zu verstehen ist, mit der zum ersten Mal in bestimmter Form der Schutz des Gerichts angerufen wird (BGE 118 II 487). Inskünftig wird die **Klageanhebung** nicht nur Fristen wahren, sondern in allen Fällen zugleich die Rechtshängigkeit begründen.

11   Rechtshängig wird die Klage nur **im Umfang der geltend gemachten Rechtsbegehren**. Die Rechtshängigkeit bleibt bestehen, wenn das Rechtsbegehren i.S.v. Art. 227 geändert wird, ohne die Klageidentität zu verändern (bspw. wenn die eingeklagte Forderung re-

duziert wird). Wird ein neuer Anspruch i.S.v. Art. 227 gestellt, so wird dieser erst mit der Eingabe, in welcher dieser Anspruch geltend gemacht wird, rechtshängig (vgl. FRANK/ STRÄULI/MESSMER, § 102 ZPO/ZH N 12).

Die Rechtshängigkeit tritt auch bei **Fehlen einer Prozessvoraussetzung** ein. Die Rechtshängigkeit bleibt diesfalls bis zum Eintritt der Rechtskraft des Nichteintretensentscheids bestehen. 12

Die Klage wird rechtshängig mit **Datum der Postaufgabe** oder bei **Übergabe ans Amt**, wenn sie bei der Schlichtungsstelle oder dem Gericht eintrifft. Die Rechtshängigkeit tritt daher nicht ein, wenn der Klagerückzug vor der Eingabe i.S.v. Art. 62 Abs. 2 beim Amt eingeht. 13

IV. Unzureichende Eingaben

Die Rechtshängigkeit wird nur begründet, wenn die Eingabe derart beschaffen ist, dass zumindest die **Eintretensvoraussetzungen** geprüft werden können. Die Eingabe muss in diesem Sinne zureichend sein. 14

Unzureichend wäre eine Eingabe dann, wenn sie von einem **vollmachtlosen oder postulationsunfähigen Vertreter** stammt, weil der unberechtigte Vertreter keine Prozesshandlungen mit Wirkung für die Person vornehmen kann, in deren Namen er handelt. Die Handlung des vollmachtlosen Vertreters kann aber nachträglich mit Wirkung ex tunc genehmigt und damit geheilt werden (vgl. BGE 86 I 8). 15

Ebenso unvollständig wäre eine Eingabe, welche kein **eindeutiges Rechtsbegehren** oder keine **eindeutige Parteibezeichnung** enthält. Die Rechtshängigkeit kann erst eintreten, wenn klar ist, was Gegenstand der Klage bzw. wer im Prozess Partei ist. 16

Eine Klageschrift begründet auch dann die Rechtshängigkeit, wenn das Schlichtungsgesuch nicht den **Anforderungen** nach Art. 202 Abs. 2, die Klageschrift oder das Gesuch den Anforderungen nach Art. 221 Abs. 1 und 2 i.V.m. Art. 219 oder das gemeinsame Scheidungsbegehren den Anforderungen nach Art. 285 nicht genügt, sofern eine **nachträgliche Verbesserung** zulässig ist. Dies ist ohne weiteres der Fall, wenn die Eingabe nicht unterschrieben ist oder der Eingabe die Vollmacht nicht beigeschlossen wurde (Art. 132 Abs. 1). Gleiches gilt für ein fehlendes Datum. Ebenfalls nachgereicht werden können die Beilagen. 17

Keine Rechtshängigkeit wird begründet, wenn die Eingabe die **erforderliche Begründung** der Klage oder des Gesuchs nicht enthält. Ob die erforderliche Begründung nachgeschoben werden kann, hängt von der richterlichen Fragepflicht (Art. 56) und von der Verfahrensart ab. In Verfahren, die vom **Verhandlungsgrundsatz** beherrscht werden, ist sie auf klare Mängel der Parteivorbringen beschränkt, während unter Anwendung des **Untersuchungsgrundsatzes** die richterliche Fragepflicht wesentlich weiter geht (BOTSCHAFT ZPO, 7275) und auch die Partei fortlaufend die Begründung ergänzen kann. Somit ist es bei strenger Verhandlungsmaxime eher als im Geltungsbereich des Untersuchungsgrundsatzes möglich, dass die Rechtshängigkeit zufolge mangelhafter Begründung nicht eintritt. 18

Die Rechtshängigkeit fällt nicht weg, wenn die **Klagebewilligung verspätet beim Gericht eingeht**, weil nach dem Wortlaut des Gesetzes diese nicht binnen laufender Prosequierungsfrist eingereicht werden muss, sondern nur als Beweis dafür dient, dass der Kläger bis zu einem bestimmten Zeitpunkt berechtigt ist, die Klage einzureichen (vgl. Art. 209 Abs. 3). Demgegenüber wird keine Rechtshängigkeit begründet, wenn eine Klage direkt beim Gericht eingereicht wird, ohne zuvor das Schlichtungsverfahren zu durch- 19 laufen. Jedoch kann unter Umständen auch dieser Mangel geheilt werden (vgl. Art. 63 Abs. 1 und 2).

V. Rechtshängigkeit der Widerklage und eines Schiedsverfahrens

20 Die **Widerklage** wird im Zeitpunkt ihrer Erhebung rechtshängig. Der Zeitpunkt ihrer Rechtshängigkeit wird somit nicht auf denjenigen der Hauptklage zurückdatiert.

21 Die Rechtshängigkeit eines **Schiedsverfahrens** wird in Art. 372 geregelt.

VI. Ende der Rechtshängigkeit

22 Die Rechtshängigkeit dauert grundsätzlich **bis zum formellen Abschluss des Verfahrens**, also bis zur rechtskräftigen Erledigung des Prozesses. Dabei spielt es keine Rolle, in welcher Form das Verfahren beendet wird.

23 Es ist daher nicht relevant, ob dem förmlichen Entscheid ein Vergleich, eine Klageanerkennung, ein Klagerückzug nichtangebrachtermassen oder ein Richterspruch zugrunde liegt; denn in allen diesen Fällen fällt die Rechtshängigkeit mit Eintritt der **Rechtskraft des Sachentscheids** dahin.

24 Sie fällt aber auch dahin nach Ablauf eines Monats nach Eintritt der **Rechtskraft des Prozessentscheids** zufolge Nichteintretens oder Rückzugs angebrachtermassen. Die Rechtshängigkeit fällt in diesen Fällen während eines Monats in einen Schwebezustand und kann unter Nachachtung der Voraussetzungen nach Art. 63 Abs. 1 aufrechterhalten werden.

25 Die Rechtshängigkeit lebt bei Gutheissung eines **Revisionsgesuchs** wieder auf. Demgegenüber lebt die Rechtshängigkeit nicht schon mit dem Revisionsgesuch wider auf, weil es die Rechtskraft nicht hemmt. Gleiches gilt sogar dann, wenn die Vollstreckung aufgeschoben wird.

26 Die Rechtshängigkeit einer bestimmten Streitsache kann auch bei **Klageänderung** untergehen, wenn damit die Identität der Streitsache verloren geht.

VII. Bestätigung der Rechtshängigkeit

27 Der Eingang dieser Eingaben nach Art. 62 Abs. 1 wird den Parteien bestätigt. Damit wird auch der Eintritt der Rechtshängigkeit amtlich dokumentiert. Die **Bestätigung** hat den Zweck, gegenüber einem anderen Gericht die Rechtshängigkeit einer bestimmten Streitsache dokumentieren zu können.

28 Die Bestätigung macht dann keinen Sinn, wenn darin einfach erwähnt wird, dass eine Klage zwischen den Parteien rechtshängig gemacht wurde. Sie muss inhaltlich folgende **Angaben** enthalten: Namen der Parteien, Rechtsbegehren, kurze Umschreibung des Streitgegenstandes, Datum der Rechtshängigkeit und Bezeichnung des angerufenen («hieramts») oder noch anzurufenden Gerichts.

29 Die Bestätigung hat den Charakter einer **Verfügung**. Da sie in Zusammenhang mit dem forum running eine nicht unerhebliche Bedeutung haben kann, ist es von Interesse, dass die Bestätigung den richtigen Inhalt aufweist. Eine **inhaltlich unrichtige Bestätigung** kann mittels Beschwerde (Art. 319 lit. b Ziff. 2) angefochten werden, sollte die verfügende Stelle nicht von sich aus eine Berichtigung vornehmen. Berichtigungen sind aber nur zulässig, wenn der Fehler offensichtlich ist.

Art. 63

Rechtshängigkeit bei fehlender Zuständigkeit und falscher Verfahrensart

[1] Wird eine Eingabe, die mangels Zuständigkeit zurückgezogen oder auf die nicht eingetreten wurde, innert eines Monates seit dem Rückzug oder dem Nichteintretensentscheid bei der zuständigen Schlichtungsbehörde oder beim zuständigen Gericht neu eingereicht, so gilt als Zeitpunkt der Rechtshängigkeit das Datum der ersten Einreichung.

[2] Gleiches gilt, wenn eine Klage nicht im richtigen Verfahren eingereicht wurde.

[3] Vorbehalten bleiben die besonderen gesetzlichen Klagefristen nach dem SchKG.

Litispendance en cas d'incompétence du tribunal ou de fausse procédure

[1] Si l'acte introductif d'instance retiré ou déclaré irrecevable pour cause d'incompétence est réintroduit dans le mois qui suit le retrait ou la déclaration d'irrecevabilité devant le tribunal ou l'autorité de conciliation compétent, l'instance est réputée introduite à la date du premier dépôt de l'acte.

[2] Il en va de même lorsque la demande n'a pas été introduite selon la procédure prescrite.

[3] Les délais d'action légaux de la LP sont réservés.

Pendenza della causa in caso di incompetenza e di errato tipo di procedura

[1] Se l'atto ritirato o respinto per incompetenza del giudice o dell'autorità di conciliazione aditi è riproposto entro un mese davanti al giudice o all'autorità competenti, la causa si considera pendente dal giorno in cui l'atto fu proposto la prima volta.

[2] Lo stesso vale se l'azione fu promossa in errato tipo di procedura.

[3] Sono fatti salvi gli speciali termini legali d'azione previsti dalla LEF.

Inhaltsübersicht

	Note
I. Norminhalt und Normzweck	1
II. Mangelnde Zuständigkeit	6
III. Voraussetzungen	9
IV. Rechtsfolgen	16
V. Besondere gesetzliche Klagefristen	22

Literatur

Vgl. die Literaturhinweise zu Art. 62 sowie J. BRÖNIMANN, Die Behauptungs- und Substanzierungslast im schweizerischen Zivilprozess, Bern 1989; D. DUBS, Die Prozessüberweisung im zürcherischen Zivilprozessrecht unter Berücksichtigung der Regelungen anderer Kantone und des Auslandes, Zürich 1981; A. EDELMANN, Zur Bedeutung des Bundesrechts im Zivilprozessrecht, Zürich 1990; I. MEIER, Bundesgesetz über den Gerichtsstand in Zivilsachen (Gerichtsstandsgesetz, GestG): Konzept des neuen Rechts und erste Antworten auf offene Fragen, in Anwaltsrevue 4 (2001), 23–31, 2001; K. SPÜHLER, Art. 21 LugÜ: zum Beispiel BGE 123 III 414 – und die schweizerischen Interessen, in: Forstmoser/von der Crone/Weber/Zobl, Der Einfluss des europäischen Rechts auf die Schweiz, Festschrift zum 60. Geburtstag von Roger Zäch, Zürich 1999, 847 ff.; TH. SUTTER-SOMM, Auf dem Weg zur Rechtseinheit im schweizerischen Zivilprozessrecht, Zürich 1998, N 340, N 307; H. U. WALDER, Die Offizialmaxime, Zürich 1973.

I. Norminhalt und Normzweck

1 Art. 63 Abs. 1 statuiert unabhängig davon, ob eine Verjährungs- oder Verwirkungsfrist läuft, eine einmonatige **Nach- bzw. Notfrist** zwecks Erhaltung der Wirkungen der Klageanhebung für den Fall, dass die Klage beim örtlich unzuständigen Gericht eingereicht und daher eine Rückweisung oder ein Rückzug notwendig wurde. Hierbei bleiben das Klagerecht und – zwischen Klageanhebung und Neueinreichung – auch die einmal begründete Rechtshängigkeit unter der Bedingung bestehen, dass die Klage fristgerecht wieder eingereicht wird. Damit soll verhindert werden, dass unrichtige Klageeinleitungen allein zu einem Rechtsverlust führen. Art. 63 bezweckt mithin einem überspitzten Formalismus vorzubeugen, ohne jedoch den Verlauf des Verfahrens gänzlich ausufern zu lassen. Fehler bei der Einleitung eines Prozesses sollen nicht unmittelbar grosse Konsequenzen haben.

2 Eine Partei kann sich somit an ein **unzuständiges Gericht** wenden oder für ihr Begehren die **falsche Verfahrensart** wählen (z.B. das Summarverfahren, obwohl die Sache in einem einlässlichen Prozess zu beurteilen wäre). Dennoch wird ihre Sache zunächst einmal rechtshängig – grundsätzlich mit allen Wirkungen. Auch eine peremptorische Klagefrist wird durch die Eingabe zunächst einmal gewahrt.

3 Tritt nun das Gericht auf die Klage nicht ein (oder zieht die Partei ihre Eingabe zurück), so entfiele die Rechtshängigkeit an sich wieder. Auch die Einhaltung der Klagefrist wäre unter Umständen in Frage gestellt. Diese unbilligen Konsequenzen werden durch die Abs. 1 und 2 vermieden, sofern sich die Partei binnen der gesetzlichen Nachfrist an das zutreffende Gericht wendet oder das richtige Verfahren einleitet. In diesem Fall wird die **Rechtshängigkeit perpetuiert** (sog. «Rückdatierung der Rechtshängigkeit»), und die Eingabe gilt als von Anfang an wirksam.

4 Eine **Überweisung von Amtes wegen** findet dagegen nicht statt. Die damit verbundene Zusatzbelastung des Gerichts wollte der Gesetzgeber vermeiden.

5 Die Regelung verallgemeinert den Grundsatz von Art. 139 OR, der mit in Kraftsetzung der ZPO aufgehoben wurde. Dies ist insofern zu bedauern, weil aArt. 139 OR als rein materielle Bestimmung anders als Art. 63 Abs. 1 auch für im Ausland eingereichte Klagen galt (gl.M. STAEHELIN/STAEHELIN/GROLIMUND, § 12 N 4).

II. Mangelnde Zuständigkeit

6 Die mangelnde Zuständigkeit bezieht sich einzig auf die **örtliche Zuständigkeit**, da nur diese in der ZPO bestimmt wird (vgl. Art. 4 Abs. 1). In Art. 34 Abs. 2 GestG wurde dies noch ausdrücklich erwähnt. Wird die Eingabe bei der örtlich unzuständigen Schlichtungsbehörde oder beim örtlich unzuständigen Gericht eingereicht, so geht die Rechtshängigkeit nicht verloren, wenn die Eingabe zurückgezogen oder auf sie nicht eingetreten wird.

7 Der Rückzug mangels örtlicher Zuständigkeit kann auch nach Zustellung der Klage an die Gegenpartei und stets **ohne** dessen **Zustimmung** erfolgen (Art. 65 e contrario).

8 Ein Klagerückzug beendet den Prozess unmittelbar (Art. 241). Er wird **gegenstandslos** und der guten Ordnung halber abgeschrieben (BOTSCHAFT ZPO, 7345). Bei allen Rückzugsmöglichkeit bleibt die **Kostentragungspflicht** der klagenden Partei für das bisherige Verfahren unberührt (vgl. Art. 106 Abs. 1).

III. Voraussetzungen

Die Klage muss **mangels örtlicher Zuständigkeit zurückgezogen oder aus einem beliebigen Grund zurückgewiesen** worden sein, damit bei einer erneuten Klageanhebung das Datum der ersten Einreichung gelten kann. Um Missbräuchen entgegenzuwirken, ist im Falle eines Rückzuges nicht auf die Begründung in der Rückzugserklärung, sondern auf die **tatsächlichen Gegebenheiten** abzustellen, selbst wenn die Parteiaussagen übereinstimmen; denn bei Art. 63 Abs. 1 handelt es sich um eine Verwirkungsfrist, weswegen auch die Fristauslösung von Amtes wegen zu berücksichtigen ist. Es muss sich folglich um einen **berechtigten Rückzug** handeln, der durch die mangelnde örtliche Zuständigkeit initiiert wurde. Nur um die Klage bei einem anderen, alternativ zuständigen Gericht einzureichen, obschon am bisherigen Ort bereits eine örtliche Zuständigkeit gegeben war, stellt keinen berechtigten Rückzug dar. Wird die Klage folglich aus anderen Gründen als der fehlenden örtlichen Zuständigkeit zurückgezogen oder zurückgewiesen, ist das Datum der ersten Einreichung ohne Belang. Der berechtigte Klagerückzug muss **nach Rechtshängigkeit, aber vor der Urteilsfällung** erfolgen.

Vor Ablauf der zu wahrenden Verjährungs- und Verwirkungsfristen kann – durch Rückweisung oder Rückzug der Klage – die **einmonatige Frist mehrmals ausgelöst** werden.

Ist der Anspruch, nachdem die Klage angehoben wurde, jedoch verjährt oder verwirkt, so kann die **einmonatige Frist** nach Art. 63 Abs. 1 **nur noch einmal ausgelöst** werden. Sie fängt nicht noch einmal an zu laufen, falls erneut ein unzuständiges Gericht angerufen wurde. Das gilt selbst dann, wenn sich das Vordergericht zu Unrecht für unzuständig hielt; denn diesfalls hat der Kläger den Rechtsmittelweg zu beschreiten. Folglich muss nach Ablauf der Verjährungs- oder Verwirkungsfrist die angehobene, mittlerweile jedoch zurückgezogene oder zurückgewiesene Klage auf jeden Fall innert Monatsfrist beim zuständigen Gericht eingereicht werden, wobei innert dieser Frist durchaus auch mehrere Gerichte angerufen werden können. Würde es dem Kläger erlaubt sein, bei fehlender örtlicher Zuständigkeit seine Klage immer und immer wieder mit der Wirkung, dass die Frist nach Art. 63 Abs. 1 stets aufs Neue ausgelöst würde, zurückzuziehen, obschon ohne Nachfrist die Verwirkung längst eingetreten wäre, könnte er die gerichtliche Austragung des Streites beliebig hinauszögern, was das Bundesrecht mit seinen Klagefristen gerade verhindern will. Mit dem unbegrenzten Zuwarten könnte ferner der Beklagte dazu gebracht werden, seinerseits einen Vorstoss unternehmen zu müssen, was ebenfalls dem Zweck der Klagefristen widersprechen würde.

Es wird folglich vorausgesetzt, dass der Anspruch – unter Achtung der Frist gemäss Art. 63 Abs. 1 (Verwirkungsfrist) – noch **nicht verwirkt oder verjährt** ist. Zudem wird die Frist gemäss Art. 63 Abs. 1 nur ausgelöst, wenn die Klage vor Ablauf der Verwirkungsfrist ein erstes Mal rechtshängig wurde.

Ferner darf nur der ursprüngliche Kläger die Klage neu anbringen. Dabei bleibt er grundsätzlich **an den bislang vorgebrachten Prozessstoff und seine Klagebegehren gebunden**. Dieses Recht, die Klage neu anzubringen, steht dem Beklagten nicht zu, falls die Rechtshängigkeit eingetreten ist und somit auch die **Parteirollen fixiert** wurden. Ist dies der Fall, so kann der Beklagte – nach dem Rückzug oder der Rückweisung – mithin nicht von sich aus die Klage einreichen und auch nicht vom Kläger verlangen, dass dieser die Klage neu anbringt. Ist die Klage bei der ersten Klageeinreichung jedoch nicht rechtshängig geworden, so kann der Beklagte bereits vor, aber auch nach dem Rückzug oder der Rückweisung ein für ihn günstigeres Forum beanspruchen, und eine alsdann vom ursprünglichen Kläger erhobene Einrede der Litispendenz würde ins Leere greifen.

13 Der **Gerichtsstand der Widerklage bleibt nach Art. 14 Abs. 2 bestehen,** wenn die Hauptklage aus irgendeinem Grund dahinfällt. Selbst wenn auf die Hauptklage mangels örtlicher Zuständigkeit nicht eingetreten bzw. diese mangels örtlicher Zuständigkeit zurückgezogen wird, besteht folglich der **Gerichtsstand der Widerklage** am Ort der ersten Einreichung fort, sofern die Widerklage rechtshängig geworden ist (BBl 1999, 2847). Bei der subjektiven und der objektiven **Klagenhäufung** ist ein Gericht für alle beklagten, einfachen oder notwendigen Streitgenossen bzw. für alle Ansprüche gegen eine Partei, welche in einem sachlichen Zusammenhang stehen, zuständig, falls dieses Gericht, an welchem angeknüpft werden soll, für eine Partei bzw. für einen Anspruch effektiv zuständig ist. Fehlt es an dieser örtlichen Zuständigkeit, so können die Klagen gegen die Streitgenossen bzw. die in einem sachlichen Zusammenhang stehenden Klagen nicht am Gerichtsstand der Klagenhäufung angeknüpft werden.

14 Als erste Eingabe i.S. dieser Bestimmung (Abs. 1) gilt **jede Handlung**, womit die Klage rechtshängig wurde. Welche Form und welchen Inhalt diese Handlung haben muss, bestimmt sich nach Art. 62 Abs. 1.

15 Schliesslich muss auch die **einmonatige Frist** nach Art. 63 Abs. 1 eingehalten werden. Dabei handelt es sich um eine **Verwirkungsfrist**. Sie beginnt im Falle des *Klagerückzuges* am Tage der **Absendung bzw. Abgabe** der schriftlichen oder mündlichen **Rückzugserklärung** (wobei der erste Tag der Frist der darauf folgende Tag ist) und nicht mit der Mitteilung der Abschreibungsverfügung. Im Falle der *Rückweisung* beginnt sie mit Eintritt der Rechtskraft **des Nichteintretensentscheids** zu laufen, weil dem Kläger die 30tägige Rechtsmittelfrist zugestanden werden muss, um den Nichteintretensentscheid von der zweiten Instanz überprüfen zu lassen, sollet er damit nicht einverstanden sein. Müsste die Neueinreichung der Klage binnen einem Monat seit Mitteilung des Nichteintretensentscheids erfolgen, so könnte dieser Entscheid überhaupt nicht angefochten werden, weil es am erforderlichen Beschwer mangeln würde, hat doch das Verfahren bei der neu angerufenen Instanz seinen verbindlichen Fortgang gefunden. Dabei ist zu beachten, dass der Berufung von Gesetzes wegen aufschiebende Wirkung zukommt, während bei der Beschwerde nach Art. 319 ff. und der Beschwerde in Zivilsachen ans Bundesgericht die aufschiebende Wirkung lediglich von der Rechtsmittelinstanz erteilt werden kann (auf Antrag hin bzw. von Amtes wegen). In allen Fällen sollte daher die aufschiebende Wirkung immer erteilt werden, damit eine Überprüfung des Nichteintretensentscheids überhaupt möglich ist. Eine Überweisung findet nicht statt.

Innert der einmonatigen Frist muss diejenige Handlung vorgenommen werden, damit die Eingabe beim zuständigen Gericht als eingereicht gilt. Die Frist nach Art. 63 Abs. 1 ist als **Verwirkungsfrist von Amtes wegen zu prüfen.**

IV. Rechtsfolgen

16 Erklärt sich das Gericht für örtlich unzuständig, so darf die Klage **nicht an das örtlich zuständige Gericht überwiesen** werden (der Vorschlag der Expertenkommission, die Prozessüberweisung im Gerichtsstandsgesetz vorzusehen, wurde abgelehnt; s. BOTSCHAFT GestG, 2870), sondern das Gericht wird auf die Klage nicht eintreten. Es ergeht ein Nichteintretensentscheid, mithin ein Prozessendentscheid; **Rückweisung** bedeutet **Nichteintreten mit aufschiebender Wirkung**, da unter Einhaltung der Nachfrist gemäss Art. 63 Abs. 1 Verwirkungs- und Verjährungsfristen noch immer gewahrt werden können und die Rechtshängigkeit zwischenzeitlich bestehen bleibt, sofern sie bereits eingetreten ist (BOTSCHAFT GestG, 2870; **a.M.** MEIER, Revue, 30). Ist die Klage indes noch nicht rechtshängig geworden und beansprucht in der Folge der Beklagte ein für ihn günstigeres

Forum, so greift eine alsdann vom ursprünglichen Kläger dagegen erhobene Einrede der Litispendenz ins Leere. Verstreicht die Nachfrist ungenutzt, so entfaltet der Nichteintretensentscheid seine volle Wirkung.

Als Zeitpunkt der Rechtshängigkeit gilt weiterhin das Datum der ersten Einreichung, sofern die Klage binnen einem Monat beim zuständigen Gericht erneut eingereicht wurde. Dadurch können **Verwirkungs- und Verjährungsfristen** gewahrt und mithin die **Probleme der Fortführungslast** umgangen werden (SPÜHLER/VOCK, GestG, N 3). Dies gilt nicht nur – wie nach aArt. 139 OR – falls die Frist unterdessen abgelaufen ist. Auch die Rechtshängigkeit wird zurückdatiert, sofern sie mit der ersten Eingabe eingetreten ist.

Selbst ein berechtigter Rückzug befreit den Kläger nicht von **den Kosten- und Entschädigungsfolgen.**

Zieht der Kläger die Klage zurück, fällt das Gericht einen Abschreibungsbeschluss und die Frist beginnt bereits mit der Rückzugserklärung zu laufen. Ob die **Notfrist** nach Art. 63 Abs. 1 dem Kläger zusteht, **prüft** nicht der erste unzuständige Richter, sondern der **neu angegangene Richter.** Da es sich bei der einmonatigen Frist um eine Verwirkungsfrist handelt, muss die Prüfung von Amtes wegen vorgenommen werden.

Wird eine Klage zufolge fehlender örtlicher Zuständigkeit nach Ausstellung der Klagebewilligung zurückgezogen oder nach Einleitung des Prozesses zurückgewiesen, so muss der Kläger für den Fall, dass er die Klage nun in einem anderen Kanton erneut anheben muss, wiederum ein Schlichtungsverfahren durchlaufen. Das kantonale Recht kann aber für diesen Fall vorsehen, dass **ausserkantonale Klagebewilligungen** anerkannt werden, sofern der Beklagte am Schlichtungsverfahren vorbehaltlos teilnahm.

Zur Vermeidung eines zweiten Schlichtungsverfahrens ist aber auch für den **innerkantonalen Fall**, dass der Klagebewilligung von örtlich unzuständigen Schlichtungsbehörde ausgestellt wurde, eine entsprechende Norm erforderlich; denn ein vor der örtlich unzuständigen Schlichtungsbehörde durchgeführtes Verfahren dürfte ungültig sein. Diese Materie ist vom kantonalen Recht zu regeln.

V. Besondere gesetzliche Klagefristen

Abs. 3 behält die **besonderen gesetzlichen Klagefristen** nach SchKG vor (vgl. aArt. 32 Abs. 3 SchKG). Bei den Klagen aus SchKG richtet sich die Nachfrist somit nach der jeweils (kürzeren) gesetzlichen Klagefrist gemäss SchKG. Sie beträgt z.B. zwanzig Tage bei der Aberkennungsklage (Art. 83 Abs. 2 SchKG), zehn Tage bei der Lastenbereinigungsklage (Art. 140 SchKG) und zehn Tage bei der Arrestprosequierungsklage (Art. 279 SchKG).

Art. 64

Wirkungen der Rechtshängigkeit

¹ **Die Rechtshängigkeit hat insbesondere folgende Wirkungen:**
a. **der Streitgegenstand kann zwischen den gleichen Parteien nicht anderweitig rechtshängig gemacht werden;**
b. **die örtliche Zuständigkeit bleibt erhalten.**

² **Für die Wahrung einer gesetzlichen Frist des Privatrechts, die auf den Zeitpunkt der Klage, der Klageanhebung oder auf einen anderen verfahrenseinleitenden Schritt abstellt, ist die Rechtshängigkeit nach diesem Gesetz massgebend.**

Effets de la litispendance

¹ La litispendance déploie en particulier les effets suivants:
a. la même cause, opposant les mêmes parties, ne peut être portée en justice devant une autre autorité;
b. la compétence à raison du lieu est perpétuée.

² Lorsqu'un délai de droit privé se fonde sur la date du dépôt de la demande, de l'ouverture de l'action ou d'un autre acte introductif d'instance, le moment déterminant est le début de la litispendance au sens de la présente loi.

Effetti della pendenza della causa

¹ La pendenza della causa produce segnatamente i seguenti effetti:
a. impedisce tra le parti la creazione altrove di una litispendenza sull'oggetto litigioso;
b. mantiene inalterata la competenza per territorio.

² Per l'osservanza dei termini legali di diritto privato fondati sulla data del deposito della petizione, dell'inoltro della causa o di un altro atto introduttivo del giudizio fa stato la pendenza della causa ai sensi del presente Codice.

Inhaltsübersicht

	Note
I. Norminhalt und Normzweck	1
II. Sperrwirkung (oder Ausschlusswirkung)	3
1. Allgemeines	3
2. Identität der Parteien	5
3. Identität des Streitgegenstandes	6
III. Perpetuatio fori	12
IV. Weitere Wirkungen	16
V. Wahrung privatrechtlicher Fristen	34

Literatur

Vgl. die Literaturhinweise zu Art. 62 und 63.

I. Norminhalt und Normzweck

1 Ab einem bestimmten Verfahrensstadium entfalten sich gewisse prozessuale Wirkungen. Mit der Rechtshängigkeit werden gewisse **Fixationswirkungen** verbunden. Art. 64 regelt diese Wirkungen, die i.S. eines modernen Prozessrechts früh eintreten.

2 Die darin genannten Wirkungen sind nicht abschliessend. Weitere Wirkungen ergeben sich direkt oder indirekt aus dem Gesetz. Geregelt werden die **Sperrwirkung** und die

perpetuatio fori. Sodann wird festgehalten, dass für die Wahrung privatrechtlicher Fristen die Rechtshängigkeit gemäss ZPO massgebend ist.

II. Sperrwirkung (oder Ausschlusswirkung)

1. Allgemeines

Die **Sperrwirkung** der Rechtshängigkeit gehörte bislang zum sogenannten ungeschriebenen Zivilprozessrecht des Bundes (BGE 114 II 183 ff). Nach Buchstabe a kann eine identische Klage nicht mehr bei einem anderen Gericht rechtshängig gemacht werden. Identität liegt vor, wenn die Parteien und der Streitgegenstand gleich sind (eadem res inter easdem partes). Die fehlende anderweitige Rechtshängigkeit ist eine Prozessvoraussetzung und daher von Amtes wegen zu prüfen, wobei diese Voraussetzung nur unter Mitwirkung der Parteien überhaupt geprüft werden kann. Liegt Litispendenz vor, so wird das Verfahren nicht etwa sistiert, sondern es wird darauf nicht eingetreten, weil die Prozessvoraussetzungen nicht vollständig gegeben sind.

Zur Frage der Identität besteht eine reiche Rechtsprechung und Literatur, die ihre Bedeutung vollumfänglich beibehält. Von **Klageidentität** wird ausgegangen, wenn dem Richter der Anspruch aus demselben Rechtsgrund, zwischen den gleichen Parteien und gestützt auf den gleichen Sachverhalt zur Beurteilung unterbreitet wird (BGE 125 III 241 E. 1; 123 III 16 E. 2a; 119 II 89 E. 2a). Verlangt wird somit Identität der Parteien und des Streitgegenstandes. Zur Frage der Anwendbarkeit der Kernpunkttheorie vgl. Vor Art. 84–90 N 14 ff.

2. Identität der Parteien

Identität der Parteien ist gegeben, wenn die gleichen Parteien einander gegenüber stehen. Dabei kommt es nicht darauf an, wie die Parteirollen verteilt sind. Bei Rechtsnachfolgern liegt Identität vor, wenn sie nach materiellem Recht in die Rechts- bzw. Pflichtstellung der Partei eingetreten sind (VOGEL/SPÜHLER, 8 N 6).

3. Identität des Streitgegenstandes

a) Individualisierter Anspruch

Die Beurteilung der Klageidentität ist dann einfach, wenn der Anspruch im Rechtsbegehren genau bezeichnet wird und daher **individualisiert** ist. Als Beispiel kann die Zusprechung des Eigentums an einer bestimmten Sache genannt werden.

b) Nichtindividualisierter Anspruch

Bei **nichtindividualisierten Ansprüchen** ist die Beurteilung der Identität des Streitgegenstandes schwieriger. Die Beurteilung hat immer anhand des konkreten Falles zu erfolgen. Dabei erweisen sich verschiedene Theorien als hilfreich. Sie sind aber als Hilfsmittel zu verstehen und in einem Methodenpluralismus anzuwenden.

So mangelt etwa der **materiell-rechtlichen Theorie**, wonach es einzig auf den geltend gemachten Rechtstitel ankommen soll, der Makel an, dass sie im Widerspruch zur richterlichen Rechtsanwendung steht. Das Bundesgericht scheint von dieser ansatzweise übernommenen Theorie abgekommen zu sein (vgl. BGE 98 II 158 und 125 III 241).

Die **Antragstheorie** ist deshalb nicht überzeugend, weil sie einzig auf das gestellte Rechtsbegehren abstellt. Insb. bei Forderungsklagen kann die Identität nur aus der Begründung herausgelesen werden. Diese Theorie vermag daher einzig bei individualisierten Ansprüchen vollständig zu überzeugen.

10 Lehre und Rechtsprechung priorisieren die **Theorie des Lebensvorganges**, wonach der Streitgegenstand durch das Rechtsbegehren in Verbindung mit dem behaupteten Lebensvorgang bestimmt wird. Vor- und Nachteil dieser Theorie liegt im unbestimmten Begriff «Lebensvorgang». Der Begriff ist einerseits wenig greifbar, andererseits lässt der weit gefasste Begriff genügend Raum für die gebührende Beachtung des Rechtsschutzinteresses im Einzelfall.

11 Der **bundesgerichtliche Identitätsbegriff** lautet wie folgt: «Der Begriff der Anspruchsidentität ist nicht grammatikalisch, sondern inhaltlich zu verstehen. Er wird durch die Rechtsbehauptungen bestimmt, die von den im abgeschlossenen Verfahren gestellten und beurteilten Begehren erfasst werden. Der neue Anspruch ist deshalb trotz abweichender Umschreibung vom beurteilten nicht verschieden, wenn er in diesem bereits enthalten war, wenn im neuen Verfahren bloss das kontradiktorische Gegenteil zur Beurteilung gestellt wird oder wenn die im ersten Prozess beurteilte Hauptfrage für Vorfragen des zweiten Prozesses von präjudizieller Bedeutung ist. Anderseits sind Rechtsbehauptungen trotz gleichen Wortlauts dann nicht identisch, wenn sie nicht auf dem gleichen Entstehungsgrund, d.h. auf denselben Tatsachen und rechtlichen Umständen beruhen (BGE 121 III 474, 477 f. E. 4a m.H.)» (BGE 123 III 16).

III. Perpetuatio fori

12 Nach dem allgemeinen Grundsatz der perpetuatio fori sind die **tatsächlichen Verhältnisse zum Zeitpunkt des Eintritts der Rechtshängigkeit** entscheidend. Daher bleibt nach lit. b die örtliche Zuständigkeit auch bei Wegfall der sie begründenden Tatsachen erhalten (perpetuatio fori). Dabei handelt es sich um eine Fixationswirkung.

13 Die Zuständigkeit muss nach allgemeinen zivilprozessualen Grundsätzen zum **Zeitpunkt der Fällung des Sachurteils** gegeben sein, wobei es genügt, wenn sie bis zu diesem Zeitpunkt eintritt (vgl. GULDENER, IZPR, 229; KUMMER, 87; VOGEL/SPÜHLER, 7 N 85). Begründet wird dies damit, dass aufgrund der perpetuatio fori, wonach die einmal begründete örtliche Zuständigkeit – selbst bei Veränderungen der tatsächlichen Verhältnisse – während der ganzen Rechtshängigkeit bestehen bleibt, nicht geschlossen werden dürfe, die Zuständigkeit müsse auch bereits von Anfang an bestehen (BGE 116 II 211 f.). Dieser Grundsatz gilt auch im Anwendungsbereich der ZPO weiter, weil mit Eintritt der Rechtshängigkeit – unabhängig von allfälligen späteren Veränderungen – die einmal begründete örtliche Zuständigkeit erhalten bleibt.

14 Das bedeutet, dass der Grundsatz der perpetuatio fori eine **neue Überprüfung der Zuständigkeit** verbietet, wenn sich die Verhältnisse geändert haben sollten, und dass der selbständige Zwischenentscheid über die Zuständigkeit, der notwendigerweise eine Entscheidung über die massgeblichen Tatsachen mitenthält, in Rechtskraft erwächst. Deshalb muss – bei besonderen kompetenzbegründenden tatsächlichen Behauptungen – vor der Fällung des selbständigen Zuständigkeitsentscheids ein Beweisverfahren durchgeführt werden, und es darf nicht einfach auf die entsprechenden Behauptungen der Klägerpartei abgestellt werden.

15 Um eine **Gerichtsstandflucht** zu verhindern, ist es daher richtig, dass die örtliche Zuständigkeit fixiert wird. Aus diesem Grund wirken sich mögliche Veränderungen nach einem gewissen Zeitpunkt nicht mehr auf die Bestimmung des Gerichtsstands aus.

IV. Weitere Wirkungen

a) Prozessuale Wirkungen

Weitere prozessuale Wirkungen der Rechtshängigkeit regelt die ZPO jeweils im Sachzusammenhang:

Der **Gerichtsstand der Widerklage** kann erst mit Rechtshängigkeit einer Klage mit autonomer Wirkung begründet werden (Art. 14).

Die sachliche Zuständigkeit für eine **unbezifferte Forderungsklage** wird perpetuiert (Art. 85 Abs. 2).

Die Rechtshängigkeit erschwert die **Klageänderung** (Art. 227). Der Streitgegenstand wird indes nicht mit Eintritt der Rechtshängigkeit fixiert.

An den Eintritt der Rechtshängigkeit wird keine **Fortführungslast** geknüpft. Diese tritt grundsätzlich erst ein, wenn die Klage der Gegenseite zugestellt wird (Art. 65). Die Klage kann sogar nach diesem Zeitpunkt vorbehaltlos zurückgezogen werden, wenn die Gegenseite zustimmt.

Laut Art. 59 Abs. 2 lit. d steht der Gegenpartei gegen eine andere, später bei einem zweiten Gericht eingereichte Klage in der gleichen Sache die **Einrede der Rechtshängigkeit** zu (Einrede der Litispendenz). Diese Einrede kann bereits im Schlichtungsverfahren erhoben werden.

Der **Streitgegenstand wird nicht fixiert**. Er darf nach Eintritt der Rechtshängigkeit veräussert werden, weil ein Parteiwechsel bei Veräusserung des Streitobjekts nicht zwingend ist. Die veräussernde Partei kann den Prozess als sog. Prozessstandschafterin weiterführen, denn nach anerkannten Grundsätzen behält sie ihr Prozessführungsrecht (BOTSCHAFT ZPO, 7286). Dafür kann die Gegenpartei ihre Rechtsbegehren an die veränderte Sachlage anpassen (Art. 227).

Vor und nach Rechtshängigkeit ist die gleiche Instanz zum Erlass **vorsorglicher Massnahmen** zuständig (Art. 5 Abs. 2 und Art. 6 Abs. 2).

Gesuche um Erteilung der **unentgeltlichen Rechtspflege** können vor und nach Rechtshängigkeit beim gleichen Gericht gestellt werden (Art. 119 Abs. 1).

b) Materielle Wirkungen

Die Rechtshängigkeit hat auch **materiellrechtliche Wirkungen**, z.B.:

Ein Ehegatte kann die **Scheidung** verlangen, wenn die Ehegatten bei Eintritt der Rechtshängigkeit der Klage oder bei Wechsel zur Scheidung auf Klage mindestens zwei Jahre getrennt gelebt haben (Art. 114 ZGB).

Geschiedene Ehegatten haben zueinander kein gesetzliches Erbrecht und können aus **Verfügungen von Todes wegen**, die sie vor der Rechtshängigkeit des Scheidungsverfahrens errichtet haben, keine Ansprüche erheben (Art. 120 Abs. 2 ZGB).

In Zusammenhang mit der **güterrechtlichen Auseinandersetzung** ist der Eintritt der Rechtshängigkeit der massgebliche Zeitpunkt der Auflösung des Güterstands (Art. 204 Abs. 2 und nach 236 Abs. 2 ZGB).

Jeder Ehegatte kann nach Rechtshängigkeit der Scheidungsklage den **gemeinsamen Haushalt** aufheben (Art. 275 Abs. 1).

Art. 65

30 Ein Schuldner, der mit der Zahlung von Zinsen oder mit der Entrichtung von Renten oder mit der Zahlung einer geschenkten Summe im Verzuge ist, hat erst vom Tage der Anhebung der Betreibung oder der gerichtlichen Klage an **Verzugszinse** zu bezahlen (Art. 105 Abs. 1 OR).

31 Ist der Streit vor Gericht anhängig und die Schuld fällig, so kann jede Partei den Schuldner zur **Hinterlegung** anhalten (Art. 168 Abs. 3).

32 Wird an der **hinterlegten Sache** von einem Dritten Eigentum beansprucht, so ist der Aufbewahrer dennoch zur Rückgabe an den Hinterleger verpflichtet, sofern nicht gerichtlich Beschlag auf die Sache gelegt oder die Eigentumsklage gegen ihn anhängig gemacht worden ist (Art. 479 Abs. 1 OR).

33 Aus **Verfügungen von Todes wegen**, die vor Rechtshängigkeit des Auflösungsverfahrens errichtet worden sind, können keine Ansprüche erhoben werden (Art. 31 Abs. 2 PartG).

V. Wahrung privatrechtlicher Fristen

34 Für die Wahrung einer gesetzlichen **Frist des Privatrechts**, die auf den Zeitpunkt der Klage, der Klageanhebung oder auf einen anderen verfahrenseinleitenden Schritt abstellt, ist die Rechtshängigkeit nach diesem Gesetz massgebend.

35 Damit ist geklärt, dass sämtliche privatrechtliche **Verjährungs- und Verwirkungsfristen** gewahrt sind, wenn vor Fristablauf die Rechtshängigkeit eingetreten ist. Dies gilt auch für **kantonale privatrechtliche Fristen**, soweit diese auf den Zeitpunkt der Klage, der Klageanhebung oder auf eine andere verfahrenseinleitenden Schritt abstellen.

36 Die Bestimmung kommt bspw. zur **Anwendung** für die Anfechtung von Vereinsbeschlüssen (Art. 75 ZGB), die Anfechtung der Vaterschaft (Art. 256c ZGB), die erbrechtliche Ungültigkeits- und Herabsetzungsklage (Art. 521 und 533 ZGB), die Anfechtung der Kündigung im Mietrecht (Art. 273 OR), den Entschädigungsanspruch zufolge missbräuchlicher Kündigung (Art. 336b Abs. 2 OR), die Anfechtung eines Beschlusses der Generalversammlung der Aktiengesellschaft (Art. 706a OR), für die Klage auf Herausgabe der Urkunde (Art. 985 Abs. 1 OR), die wechselmässigen Ansprüche (Art. 1070 OR) und die Klage auf Herausgabe des Wechsels (Art. 1073 Abs. 1 OR und Art. 1978 Abs. 1 OR); vgl. auch die zahlreichen Klagefristen des SchKG.

Art. 65

Folgen des Klagerückzugs	**Wer eine Klage beim zum Entscheid zuständigen Gericht zurückzieht, kann gegen die gleiche Partei über den gleichen Streitgegenstand keinen zweiten Prozess mehr führen, sofern das Gericht die Klage der beklagten Partei bereits zugestellt hat und diese dem Rückzug nicht zustimmt.**
Conséquence du désistement d'action	Le demandeur qui retire son action devant le tribunal compétent ne peut la réintroduire contre la même partie et sur le même objet que si le tribunal n'a pas notifié sa demande au défendeur ou si celui-ci en a accepté le retrait.
Effetti della desistenza	La parte che desiste davanti al giudice competente non può avviare contro la controparte un nuovo processo inerente allo stesso oggetto litigioso se il giudice adito ha già notificato la petizione al convenuto e questi non acconsente al ritiro dell'azione.

4. Titel: Rechtshängigkeit und Folgen des Klagerückzugs   1–6 **Art. 65**

Inhaltsübersicht   Note
   I. Norminhalt und Normzweck 1
  II. Beginn der Fortführungslast 2
 III. Folgen 5

Literatur

Vgl. die Literaturhinweise zu Art. 62 und 63 sowie W. J. HABSCHEID, Die neuere Entwicklung der Lehre von Streitgegenstand im Zivilprozess, in: Gottwlad/Prütting, FS Karl Heinz Schwab, München 1990, 181 ff.; G. VON CASTELBERG, Die identischen und die in Zusammenhang stehenden Klagen im Gerichtsstandsgesetz, Bern 2005.

I. Norminhalt und Normzweck

Aufgrund der Dispositionsmaxime kann die klagende Partei ihre Klage jederzeit zurückziehen. Mit dem Klagerückzug sollen bis zu einem bestimmten Zeitpunkt keine nachteiligen Folgen verbunden sein, damit einvernehmliche Regelungen erleichtert werden. Ab einem gewissen Zeitpunkt hingegen besteht die **Obliegenheit**, die Klage fortzuführen.   1

II. Beginn der Fortführungslast

Der Beginn der Fortführungslast war bislang in den verschiedenen kantonalen Prozessgesetzen unterschiedlich geregelt. Mit dem Eintritt der Rechtshängigkeit wurde aber meistens auch die Fortführungslast begründet. Die ZPO weicht nun von dieser Verknüpfung ab, indem die **Fortführungslast nicht mit Eintritt der Rechtshängigkeit** beginnt.   2

Dir Fortführungslast beginnt grundsätzlich **mit Zustellung der Klage** an die Gegenpartei zu wirken. Die Klage kann bis zu diesem Zeitpunkt ohne Zustimmung der Gegenseite jederzeit ohne Rechtsverlust (unter Vorbehalt der Verwirkung von Fristen) zurückgezogen werden (Art. 65). Die Klage gilt mit Eingang bei der Gegenseite als zugestellt.   3

Nach Klagezustellung an die Gegenpartei ist ein Klagerückzug ohne Rechtsverlust nur noch mit **Zustimmung der Gegenseite** möglich. Die Zustimmung ist an keine bestimmte Form gebunden. Sie muss aber bei Klagerückzug vorliegen, damit dies im Dispositiv erwähnt werden kann.   4

III. Folgen

Der Eintritt der Fortführungslast hat zur Folge, dass dem Klagerückzug die **Wirkung einer Klageabweisung** zukommt (vgl. Art. 241 Abs. 2). Einer erneuten Klage steht dann die res iudicata entgegen, dass heisst es kann keine Klage mehr gegen die gleiche Partei über den gleichen Streitgegenstand eingereicht werden (zur Klageidentität vgl. 64 N 3). Diese Folgen treten nur ein, wenn die Klage bei einem örtlich zuständigen Gericht zurückgezogen wird. Bei einem Rückzug einer bei einem örtlich unzuständigen Gericht eingereichten Klage ist der Rückzug auch nach Klagezustellung ohne weiteres möglich, wenn sie später rechtzeitig beim örtlich zuständigen Gericht wieder eingereicht wird.   5

Im **Schlichtungsverfahren** hat der vorbehaltlose Klagerückzug stets die Wirkung eines rechtskräftigen Entscheids (Art. 208 Abs. 2). Daher ist im Schlichtungsverfahren mit dem Rückzug zu erklären, dass dieser **unter Vorbehalt der Wiedereinbringung** erfolgt. Das Anbringen dieser Erklärung empfiehlt sich auch im gerichtlichen Verfahren. Sie ist aber nicht zwingend und entfaltet ohnehin keine Wirkung, wenn die Fortführungslast eingetreten ist und der Rückzug ohne Zustimmung der Gegenseite erfolgte.   6

7   Die Folgen der Fortführungslast können nur vermieden werden, wenn die beklagte Partei dem Rückzug zustimmt oder wenn der Rückzug aufgrund von Art. 63 Abs. 1 erfolgt. Es ist in solchen Fällen in Anlehnung an aArt. 139 OR von einem «**Rückzug angebrachtermassen**» zu sprechen.

8   Ein Klagerückzug beendet den Prozess unmittelbar (Art. 241). Er wird **gegenstandslos** und nur noch der guten Ordnung halber abgeschrieben (BOTSCHAFT ZPO, 7345). Bei allen Rückzugsmöglichkeiten bleibt die Kostentragungspflicht der klagenden Partei für das bisherige Verfahren unberührt (vgl. Art. 106 Abs. 1).

9   Mangels Entscheidqualität kann ein Klagerückzug weder mit Berufung noch mit Beschwerde angefochten werden. Die **Anfechtungsmöglichkeit** mit Revision hingegen entspricht einer modernen Tendenz im Prozessrecht. Als Revisionsgrund kommen vorab Willensmängel in Frage, welche den Klagerückzug unwirksam machen (Art. 21 ff. OR i.V.m. Art. 328 Abs. 1 lit. c).

5. Titel: Die Parteien und die Beteiligung Dritter

1. Kapitel: Partei- und Prozessfähigkeit

Vorbemerkungen zu Art. 66/67

Inhaltsübersicht Note

I. Rechtsklarheit durch Normierung materiellen Bundesrechts 1
II. Zweiparteienverfahren, freiwillige Gerichtsbarkeit und materielle Rechtskraft ... 2
III. Partei- und Prozessfähigkeit als Prozessvoraussetzungen 4

I. Rechtsklarheit durch Normierung materiellen Bundesrechts

Die explizite Normierung von Parteifähigkeit und Prozessfähigkeit gewährleistet Rechts- 1
klarheit und ist zu begrüssen. Die Begriffe wurden in der Lehre mit unterschiedlichen
Akzentuierungen diskutiert und in der Rechtsprechung bezüglich der nicht rechtsfähigen
Gebilde mitunter nicht einheitlich gehandhabt. Ungeachtet der z.T. unvollständigen und
z.T. leicht unterschiedlichen Definitionen in kantonalen Zivilprozessordnungen beurteilten sich die Partei- und Prozessfähigkeit schon nach altem Recht gemäss bundesgerichtlicher Rechtsprechung nach Massgabe des materiellen Bundesrechts. Sowohl Parteifähigkeit als auch Prozessfähigkeit können daher in einer Streitsache, die der Beschwerde
in Zivilsachen gemäss Art. 72 ff. BGG unterliegt, durch das Bundesgericht überprüft
werden (BGE 108 II 398, 399 E. 2a; 77 II 9).

II. Zweiparteienverfahren, freiwillige Gerichtsbarkeit und materielle Rechtskraft

Der Zivilprozess ist ein **Zweiparteienverfahren** und setzt als solcher einen Zweipartei- 2
enstreit voraus. Parteien sind diejenigen Personen, von welchen oder gegen welche der
staatliche Rechtsschutz unter ihrem eigenen Namen verlangt wird (GULDENER, ZPR,
124). Die Partei- und Prozessfähigkeit beurteilt sich sodann im Rahmen der **freiwilligen
Gerichtsbarkeit** grundsätzlich nicht anders (vgl. zur Definition der freiwilligen Gerichtsbarkeit als «hoheitliche Tätigkeit eines Gerichts oder einer Verwaltungsbehörde in
zivilrechtlichen, nichtstreitigen Angelegenheiten» GestG-Komm.-SPÜHLER, Art. 11 N 2
m.w.H., sowie Art. 19 N 3 f.).

Die **materielle Rechtskraft** erstreckt sich normalerweise nur auf die Parteien (in der 3
freiwilligen Gerichtsbarkeit auf die Partei), weshalb es bedeutsam ist, wer als Partei und
wer als Dritter an einem Zivilprozess bzw. im Verfahren der freiwilligen Gerichtsbarkeit
beteiligt ist.

III. Partei- und Prozessfähigkeit als Prozessvoraussetzungen

Partei- und Prozessfähigkeit sind gemäss Art. 59 Abs. 2 lit. c Prozessvoraussetzungen. 4
Als solche sind sie gemäss Art. 60 **von Amtes wegen zu prüfen** (vgl. Komm. zu
Art. 60). Sie müssen im Zeitpunkt der Urteilsfällung gegeben sein. Zum Vorgehen bei
Fehlen, Mängeln oder Zweifeln an der Partei- und/oder Prozessfähigkeit vgl. weiter hinten Art. 66 N 50 ff. und Art. 67 N 35 ff.

Art. 66

Parteifähigkeit	**Parteifähig ist, wer rechtsfähig ist oder von Bundesrechts wegen als Partei auftreten kann.**
Capacité d'être partie	La capacité d'être partie est subordonnée soit à la jouissance des droits civils, soit à la qualité de partie en vertu du droit fédéral.
Capacità di essere parte	Ha capacità di essere parte chi gode dei diritti civili o è legittimato ad essere parte in virtù del diritto federale.

Inhaltsübersicht Note

I. Begriff und Normzweck 1
II. Parteifähigkeit zufolge Rechtsfähigkeit (Art. 66 erster Satzteil) 4
   1. Rechtsfähigkeit 4
   2. Natürliche Personen 6
   3. Juristische Personen 11
III. Parteifähigkeit zufolge Bundesrecht (Art. 66 zweiter Satzteil) 19
   1. Kollektiv- und Kommanditgesellschaften sowie Kommanditgesellschaften für kollektive Kapitalanlagen 19
   2. Verselbständigte Sondervermögen ohne Rechtspersönlichkeit 23
   3. Gemeinschaft der Stockwerkeigentümer 28
   4. Verwaltung der AG, GmbH, Genossenschaft 33
   5. Gläubigergemeinschaft bei Anleihensobligationen 34
IV. Gebilde ohne Parteifähigkeit 35
   1. Rechtsgemeinschaften resp. Gesamthandsverhältnisse 35
   2. Miteigentümergemeinschaft 43
   3. Zweigniederlassung 44
   4. Vertraglicher Anlagefonds 46
   5. Trust 48
V. Vorgehen bei Fehlen, Mängeln oder Zweifeln an der Parteifähigkeit 50
VI. IPR 58

Literatur

E. M. BRÜGGER, Die schweizerische Gerichtspraxis im Schuldbetreibungs- und Konkursrecht 1984–1991; H. FREI, Zum Aussenverhältnis der Gemeinschaft der Stockwerkeigentümer, Diss. Zürich 1979; M. GWELESSIANI, Praxiskommentar zur Handelsregisterverordnung, Zürich 2008; M. GULDENER, Bundesprivatrecht und kantonales Zivilprozessrecht, in: ZSR 1961 II 37; R. HÄFLIGER, Die Parteifähigkeit im Zivilprozess unter besonderer Berücksichtigung der Wechselbeziehung Zivilprozessrecht – Bundesprivatrecht, Diss. Zürich 1987, 10 ff., 15; H.-R. HEFELE, Der Nasciturus im Zivilprozess, Diss. München 1949; TH. MANNSDORFER, Pränatale Schädigung: Ausservertragliche Ansprüche pränatal geschädigter Personen, Diss. Fribourg 2000; H. REY/ L. MAETZKE, Schweizerisches Stockwerkeigentum, 3. Aufl., Zürich 2009; H. SPINNER, Die Rechtsstellung des Nachlasses in den Fällen seiner gesetzlichen Vertretung [ZGB 517, 554, 595/602 III], Diss. Zürich/Winterthur, 1966; TH. STRÄULI, Fehlerhafte Prozesshandlungen der Parteien und ihre Heilung im Zürcherischen Zivilprozess, Diss. Zürich, 1966; R. STRITTMATTER, Ausschluss aus Rechtsgemeinschaften, Diss. Zürich/Basel/Genf 2001; A. WERMELINGER, Das Stockwerkeigentum, Zürich 2004; W. WIEGAND, Zum Gesellschaftsrecht im Allgemeinen «Weisses Ross» – Ein trojanisches Pferd vor Schweizer Mauern?, in: Festschrift für Peter Forstmoser, Neuere Tendenzen im Gesellschaftsrecht, Zürich 2003; A. ZEITER, Die Erbstiftung, Diss. Freiburg 2001.

1. Kapitel: Partei- und Prozessfähigkeit   1–6   **Art. 66**

I. Begriff und Normzweck

Die Parteifähigkeit ist die «Möglichkeit, in einem Prozess Partei zu sein» (BOTSCHAFT ZPO, 7279). Sie ist die prozessuale Berechtigung, an einem Prozess in eigenem Namen auf Kläger- oder Beklagtenseite teilzunehmen (GULDENER, ZPR, 124 f.). Parteifähigkeit ist die Möglichkeit, vom materiellen Recht verliehene subjektive Rechte in eigenem Namen prozessual geltend zu machen (**aktive Parteifähigkeit**) bzw. die Möglichkeit, aus behaupteten subjektiven Rechten der Klägerin in eigenem Namen eingeklagt zu werden (**passive Parteifähigkeit**) (BK-BUCHER, Art. 11 ZGB N 31). Sie ist vom Begriff der Sachlegitimation zu unterscheiden. 1

Die Parteifähigkeit bestimmt sich nach **materiellem** Recht (BGE 42 II 553; VOGEL/ SPÜHLER, § 25 Rz 3). Einerseits ist sie die **prozessuale Seite der Rechtsfähigkeit**, weil jedes Subjekt, das rechtsfähig ist, auch parteifähig ist. Darüber hinaus anerkennt das materielle Recht im bestimmten Fällen aus Zweckmässigkeitsgründen für nicht rechtsfähige Gebilde im Sinne einer materiell-rechtlichen Sonderregelung deren Parteifähigkeit an, wobei diese im speziell umschriebenen Rahmen eine umfassende oder auf die aktive/ passive Parteifähigkeit beschränkte sein kann (vgl. N 27). 2

Art. 66 berücksichtigt durch namentliche Bezugnahme auf das materielle Bundesrecht im zweiten Satzteil, dass eine nur von der materiell-rechtlichen Rechtsfähigkeit abgeleitete Begriffsbildung zu kurz greift und die kantonalen Zivilprozessordnungen sowie die Zivilprozessrechtslehre immer schon nach einer Ausweitung des Kreises der parteifähigen Subjekte gesucht haben. Als parteifähig müssen dabei nach materiellem Bundesrecht alle Gebilde gelten, die von ihrer Konzeption durch den Gesetzgeber als in rechtlicher Hinsicht soweit verselbständigt sind, dass sie Rechtszuordnungssubjekte sind (HÄFLIGER, 10 ff., 15). Insofern verlaufen die Begriffe Rechtsfähigkeit und Parteifähigkeit nicht parallel. 3

II. Parteifähigkeit zufolge Rechtsfähigkeit (Art. 66 erster Satzteil)

1. Rechtsfähigkeit

Parteifähig sind gemäss erstem Satzteil von Art. 66 in erster Linie und stets alle jene Subjekte, denen Rechtsfähigkeit i.S.v. **Art. 11 ZGB** zukommt. Die Fähigkeit, Rechte und Pflichten zu haben, kommt allen Rechtspersonen zu (vgl. im Übrigen zu Begriff und Inhalt der Rechtsfähigkeit im Einzelnen BK-BUCHER, Art. 11 ZGB sowie BSK ZGB I-BIGLER-EGGENBERGER, Art. 11). 4

Die Rechtsfähigkeit ist als unabdingbare Voraussetzung für die Stellung der Person im Rechtsleben zu vermuten (BSK ZGB I-BIGLER-EGGENBERGER, Art. 12 N 22). Allfällige Einschränkungen oder gar ein Fehlen der Rechtsfähigkeit ist von derjenigen Partei zu beweisen, die daraus für sich Rechte ableitet (Art. 8 ZGB). 5

2. Natürliche Personen

Gemäss Art. 11 Abs. 2 ZGB haben alle Menschen in den Schranken der Rechtsordnung die gleiche Fähigkeit, Rechte und Pflichten zu haben (vgl. zur Relativierung der Rechtsgleichheit BSK ZGB I-BIGLER-EGGENBERGER, Art. 11 N 6 ff., sowie zu den Schranken der Rechtsfähigkeit durch Alter, geistige oder körperliche Fähigkeit, Staatsangehörigkeit u.ä. a.a.O. N 9 ff., N 13). Die Persönlichkeit beginnt mit dem Leben nach der vollendeten Geburt und endet mit dem Tode (Art. 31 Abs. 1 ZGB). 6

7 Gemäss Art. 31 Abs. 2 ZGB kommt dem sog. **nasciturus** unter der Bedingung der Lebendgeburt die volle Rechtsfähigkeit i.S.v. Art. 11 ZGB zu (ZK-EGGER, Art. 31 ZGB N 1 ff., 9; BK-BUCHER, Art. 11 ZGB N 103 und 113; BSK ZGB I-BERETTA, Art. 31 N 1 ff., 10 ff.; zur Frage, ob die Bedingung als suspensiv- oder resolutiv-bedingt aufzufassen sei und zur fraglichen Relevanz der Diskussion vgl. BSK ZGB I-BERETTA, Art. 31 N 20 m.H. auf die Lehre).

8 Die Rechtsfähigkeit der noch nicht geborenen natürlichen Person, des nasciturus, ist namentlich von Bedeutung im *Erbrecht* (Art. 544 Abs. 1 ZGB [Erbfähigkeit], Art. 605 ZGB [Aufschiebung der Teilung], Art. 393 Ziff. 3 ZGB [Beistandschaft in Vermögensbelangen], Art. 480 Abs. 1 ZGB [Enterbung], Art. 545 Abs. 1 ZGB [Nacherbeneinsetzung]), *Kindesrecht* (Art. 311 Abs. 3 ZGB [Entziehung der elterlichen Sorge], Art. 133 ZGB [Elternrechte und -pflichten nach der Scheidung], Art. 309 ZGB [Beistandschaft betreffend Feststellung der Vaterschaft], *Persönlichkeitsrecht* (Art. 28 ff. ZGB) und *Namensrecht*. Zu den Folgen der Rechtsfähigkeit gehört namentlich die Tatsache, dass nach Erlangung der Rechtspersönlichkeit das Kind auf Schadenersatz nach Art. 45 Abs. 3 OR klagen kann, wenn es z.B. den Versorger vor der Geburt verloren hat. Bei *pränatalen Schädigungen* des nasciturus durch Körperverletzung kann dieser auf Schadenersatz nach Art. 46 OR klagen (vgl. hierzu umfassend die Diss. von MANNSDORFER). Zum Einfluss einer Totgeburt auf einen litispendenten oder abgeschlossenen Prozess vgl. N 57.

9 Die zu erwartende Rechts- und damit Parteifähigkeit einer noch nicht gezeugten natürlichen Person, des **non iam conceptus**, ist punktuell im materiellen Recht ebenfalls erfasst (Art. 311 Abs. 3 ZGB [Entziehung der elterlichen Gewalt], Art. 480 ZGB [Enterbung eines zahlungsunfähigen Erben zu Gunsten seiner vorhandenen und später geborenen Kinder], Zuwendung der Erbschaft oder von Erbschaftssachen an im Zeitpunkt des Erbfalls noch nicht lebende Personen im Falle der Nacherbeneinsetzung oder des Nachvermächtnisses).

10 Ein **Toter** ist nicht rechtsfähig und nicht parteifähig – es kann niemand in seinem Namen eine Klage anheben oder Beschwerde führen (BGE 129 I 302 ff. m.H. auf Judikatur). Aufgrund des geltenden Rechts ist ausgeschlossen, dass jemand als Vertreter eines Verstorbenen in dessen Namen eine Klage gemäss Art. 28 Abs. 1 ZGB Klage anhebt im Sinne der Theorie des postmortalen Persönlichkeitsschutzes (Bestätigung der Verneinung des postmortalen Persönlichkeitsschutzes nach Auseinandersetzung mit dem Schrifttum in BGE 129 I 306, E. 1.2.1.–1.2.6.). Hingegen können gewisse Rechte wie z.B. eine gerichtliche Überprüfung einer Anordnung der Obduktion, von den Angehörigen geltend gemacht werden (BGE 120 I 305; WALDER/GROB, 141).

3. Juristische Personen

11 Juristische Personen sind nach Massgabe von **Art. 53 ZGB** rechtsfähig. Ihre Rechts- und Parteifähigkeit ist – sofern kein wesensmässiger Unterschied zu den natürlichen Personen eine Einschränkung gebietet – eine umfassende und gilt für alle juristische Personen gleichermassen (BK-BUCHER, Art. 11 ZGB N 51; BK-RIEMER, Art. 53 ZGB N 1 ff.; BSK ZGB I-HUGUENIN, Art. 53 N 1 ff.; BGE 42 II 555 [aktive und passive Parteifähigkeit der juristischen Person]; BGE 90 III 23 f. [aktive und passive Betreibungsfähigkeit der juristischen Person]; indes kommt der juristischen Person und Sondervermögen, wie der Konkursmasse [BGE 125 V 372] kein Anspruch auf unentgeltliche Rechtspflege zu [BGE 110 Ia 337 ff. = Pra 1994 Nr. 103], dies im Gegensatz zur Kollektivgesellschaft [BGE 116 II 651]; die Frage offen gelassen hat das Bundesgericht, ob analog § 116 der deutschen ZPO ausnahmsweise für eine juristische Person dann ein Anspruch auf unent-

geltliche Rechtspflege und Verbeiständung bestehen könne, wenn ihr einziges Aktivum im Streite liegt und neben ihr auch die wirtschaftlich Beteiligten mittellos sind: BGE 131 II 306, 327; 124 I 126; 119 Ia 340 = Pra 1994, 353]).

Parteifähig sind somit alle **Körperschaften und Anstalten** des Bundesprivatrechts (Aktiengesellschaft [Art. 620 ff. OR], Kommandit-Aktiengesellschaft [Art. 764 ff. OR], Gesellschaft mit beschränkter Haftung [Art. 772 ff. OR], Genossenschaft [Art. 828 ff. OR], **Verein** [Art. 60 ff. ZGB], SICAV [Art. 36 ff. KAG], **Stiftung** [Art. 80 ff. ZGB]) und des kantonalen Privatrechts (Art. 59 Abs. 3 ZGB), denen die entsprechenden Normen Rechtspersönlichkeit verleihen. 12

Die mittels Verfügung von Todes wegen errichtete Stiftung (erbrechtliche Stiftung; **Erbstiftung**) erlangt gemäss dem seit 1.1.2006 geltenden Gesetzeswortlaut unabhängig von der Errichtungsform, namentlich auch im Falle eines Erbvertrags, Rechtspersönlichkeit und damit Partei- und Prozessfähigkeit (BSK ZGB I-GRÜNINGER, Art. 81 N 9 ff., 13a; BK-RIEMER, Art. 81 ZGB N 37; ZEITER, 285 ff.; die altrechtliche bundesgerichtliche Rechtsprechung zur Unzulässigkeit der Errichtung der Stiftung durch Erbvertrag ist überholt). 13

Die Investmentgesellschaft mit variablem Kapital nach Art. 36 ff. KAG (**SICAV**) ist ein Fondsprodukt in Gesellschaftsform mit eigener Rechtspersönlichkeit (BSK KAG-RAYROUX/VOGT SCHOLLER, Art. 36 N 11 ff.; zum sog. vertraglichen Anlagefonds ohne Rechtspersönlichkeit vgl. N 46). Die Investmentgesellschaft mit festem Kapital nach Art. 110 ff. KAG (**SICAF**), die (zusammen mit der Kommanditgesellschaft für kollektive Kapitalanlagen, KGK) für geschlossene Kollektivkapitalanlagen geschaffen wurde, weist die Rechtsform einer Aktiengesellschaft nach Art. 620 ff. OR auf. SICAV und SICAF sind parteifähig. Zur Parteifähigkeit der KGK vgl. N 22. 14

Die Rechtsfähigkeit von Gemeinwesen, Körperschaften, Anstalten oder Behörden des **öffentlichen Rechts** bestimmt sich nach den einschlägigen Bestimmungen des öffentlichen Rechts. Parteifähige Behörden auf Bundesstufe sind mitunter die «Eidgenössische Alters- und Hinterlassenenversicherung», die «Eidgenössische Invalidenversicherung», die Verbandsausgleichskassen, die Ausgleichkassen und der Ausgleichsfonds (BGE 112 II 90). Nicht parteifähig sind dagegen Behörden, die Organe eines Gemeinwesens sind (z.B. eine Vormundschaftsbehörde, GULDENER, 125 Anm. 5; BGE 113 II 113, zit. nach VOGEL/SPÜHLER, § 25 Rz 12a; ferner LEUENBERGER/UFFER-TOBLER, Art. 38 ZPO/SG N 6a mit dem Hinweis in N 6b, dass das Gesetz in gewissen Fällen Verwaltungsabteilungen und Behörden ausdrücklich zugesteht, in eigenem Namen zu klagen). 15

Die Rechts- und Parteifähigkeit gehen gemäss h.L. und Rechtsprechung des Bundesgerichts mit der Löschung der Rechtseinheit im Handelsregister unter (die Löschung ist indes nicht konstitutiv: vgl. Art. 116 Abs. 3 HRegV und GWELESSIANI, N 576). Stellt sich nachträglich heraus, dass noch Rechte und Pflichten der Gesellschaft vorhanden sind, so muss diese zunächst durch eine anbegehrte Wiedereintragung im Handelsregister aufleben, damit sie klagen oder eingeklagt werden kann. Seit dem 1.1.2008 ist in **Art. 164 HRegV** explizit geregelt, unter welchen Voraussetzungen eine Rechtseinheit wieder im Handelsregister eingetragen werden kann. Neu ist die Kompetenz von den Registerbehörden den Gerichten übertragen. Dem Gericht hat der Ansprecher glaubhaft zu machen, dass die gelöschte Rechtseinheit in einem Gerichtsverfahren als Partei teilnimmt sowie dass ein schutzwürdiges Interesse an der Wiedereintragung besteht (zum neuen Recht GWELESSIANI, a.a.O., N 576–581, wonach die «Absicht, ein Verfahren gegen eine Rechtseinheit und ihre Organe durchzuführen» ein rechtserhebliches Interesse darstellt; vgl. zum alten Recht z.B. BGE 115 II 276 ff.; 87 I 301 ff.). 16

17 Einer Stiftung kommt Rechtsfähigkeit schon vor ihrer Eintragung in das Handelsregister zu unter der Bedingung, dass sie tatsächlich eingetragen wird (BGE 103 Ib 6 ff.; 99 II 246 ff.). Eine privatrechtliche Personenverbindung mit widerrechtlichem oder unsittlichem Zweck erwirbt ungeachtet des Wortlauts von Art. 52 Abs. 3 ZGB Rechtspersönlichkeit und damit Parteifähigkeit mit Eintragung im Handelsregister, muss aber aufgehoben werden (BGE 107 Ib 186 [Verstoss gegen das BewG]). Ein Prozess gegen eine Aktiengesellschaft, deren Konkurs mangels Aktiven eingestellt wird, die jedoch noch nicht im Handelsregister gelöscht ist, ist normal weiterzuführen (ZR 95 Nr. 29; entgegen ZR 76 Nr. 125, wo er als gegenstandslos abgeschrieben worden war).

18 Vgl. zum **Trust** N 48 f.

III. Parteifähigkeit zufolge Bundesrecht (Art. 66 zweiter Satzteil)

1. Kollektiv- und Kommanditgesellschaften sowie Kommanditgesellschaften für kollektive Kapitalanlagen

19 Gemäss **Art. 562** und **602 OR** können die Kollektivgesellschaften (BGE 114 IV 14; 81 II 358) und Kommanditgesellschaften (BGE 99 III 1 f.) unter ihrer Firma Rechte erwerben und Verbindlichkeiten eingehen, vor Gericht klagen und verklagt werden.

20 Die Parteifähigkeit zeigt sich u.a. darin, dass Änderungen im Bestand der Gesellschafter auf einen litispendenten Prozess ohne Einwirkung sind und dass zudem Prozesse zwischen der Gesellschaft und den einzelnen Gesellschaftern oder zwischen mehreren Gesellschaften, die aus den gleichen Gesellschaftern bestehen, möglich sind (FRANK/STRÄULI/MESSMER, §§ 27/28 ZPO/ZH N 5 m.H. auf die Lehre).

21 Das Bundesgericht hat die Parteifähigkeit einer im Handelsregister gelöschten, aber noch nicht vollständig liquidierten Personengesellschaft bejaht (BGE 81 II 358 ff.; 59 II 53 ff.). In BGE 71 II 39 ff. wurde die Rechtskraft eines Urteils gegenüber der Personengesellschaft auf ihre Gesellschafter ausgedehnt. Zum Wechsel einer einfachen Gesellschaft in eine Kollektivgesellschaft vgl. N 37.

22 Mit der **Kommanditgesellschaft für kollektive Kapitalanlagen (KGK)** gemäss **Art. 98 ff. KAG** hat der Gesetzgeber in Durchbrechung des numerus clausus eine besondere Rechtsform für geschlossene Kapitalanlagen – in Anlehnung an den angelsächsischen limited partnership – geschaffen, mit der Absicht, diese für Risikokapital und alternative Anlagen zur Verfügung zu stellen. Die KGK entsteht als Rechtssubjekt nach vorgängiger Bewilligung der FINMA – im Gegensatz zur Kommanditgesellschaft nach OR – erst mit dem Handelsregistereintrag (Art. 13 und 100 KAG) (vgl. BSK KAG-DU PASQUIER/POSKRIAKOV, Art. 98 N 5 ff.).

2. Verselbständigte Sondervermögen ohne Rechtspersönlichkeit

a) Konkursmasse, vertreten durch die Konkursverwaltung

23 Gemäss **Art. 240 SchKG** vertritt die Konkursverwaltung die Masse vor Gericht. Gemäss Bundesgericht kommt der Konkursmasse als Sondervermögen aktive und passive Parteifähigkeit zu. Sie ist zwar nicht Rechtsnachfolgerin des Gemeinschuldners, kann jedoch alle seine Rechte geltend machen und trägt seine sämtlichen Pflichten (BGE 97 II 403, 409 E. 2 [«Klageberechtigung der Konkursmasse» mit Bezug auf ein unv. Urteil des BGer vom 7.10.1958 i.S. Duttweiler/Kehrli vs. Konkursmasse der Maritime suisse SA, E. 2]; 87 II 169, 172 E. 1; 47 III 11; 41 III 165, 172 E. 3). Das Prozessführungsrecht der Konkursverwaltung schliesst alle Massnahmen und Erklärungen ein, die in einem Zivil-

prozess von Bedeutung sind; ferner alle rechtlichen Schritte, die der Liquidationszweck mit sich bringt (BSK SchKG III-RUSSENBERGER, Art. 240 N 10 ff.). Sie ist berechtigt, zur Prozessführung einen Anwalt zuzuziehen und ihn aus der Masse zu bezahlen (OGer TG, BlSchKG 1957, 113, zit. nach BRÜGGER).

Bei einer Abtretung nach Art. 260 SchKG an einen Gläubiger des Gemeinschuldners wird dieser in die Lage versetzt, an Stelle der Masse als Partei in einen bereits hängigen Prozess einzutreten (BGE 105 III 188). Die Abtretung nach Art. 260 SchKG verleiht ihm das Prozessführungsrecht (BSK SchKG III-BERTI, Art. 260 N 4 ff. m.H. auf BGE 113 III 137 E. 3a; 93 III 62 E. 1). 24

b) Liquidationsmasse beim Nachlassvertrag mit Vermögensabtretung

Die Liquidationsmasse beim Nachlassvertrag mit Vermögensabtretung ist analog der Konkursmasse i.S.v. **Art. 319 Abs. 2 SchKG** fähig, als Partei für Rechnung der Gläubiger, dasjenige Vermögen zu liquidieren, das nach den Bestimmungen des Nachlassvertrages dem Beschlagsrecht der Gläubiger unterliegt (BGE 126 III 294, 297 e contrario; 41 III 165 ff., 172 ff. E. 3) 25

c) Erbschaftsvermögen bei der amtlichen Nachlassliquidation und ungeteilter Nachlass

Das Erbschaftsvermögen bei der amtlichen Nachlassliquidation ist ein auf die «Generalliquidation» ausgerichtetes Sondervermögen, dem insoweit aktive und passive Parteifähigkeit zukommt (BGE 47 III 11 f. E. 1). Das Bundesgericht zieht diesen Schluss durch Vergleich mit der Konkursmasse und mit der Liquidationsmasse beim Nachlassvertrag mit Vermögensabtretung. 26

Der ungeteilte Nachlass ist gemäss **Art. 49 und 59 SchKG** betreibungsfähig. Es kommt ihm daher entsprechende passive Parteifähigkeit bezüglich der Forderungen, die sich gegen ihn richten, zu (BGE 116 III 4 ff.; 113 III 79 ff.; 102 II 385, 387: Änderung der Rechtsprechung; GULDENER, ZSR 1961 II 37). Als Ausnahme vom Grundsatz, dass eine Erbschaft nicht parteifähig ist, erkennt das Bundesgericht einem Nachlass vollumfängliche Parteifähigkeit zu, soweit ein Willensvollstrecker, Erbschaftsverwalter oder Erbenvertreter ernannt worden ist (BGE 102 II 385, 387, in Anlehnung an SPINNER; vgl. auch GULDENER, ZPR, 126). Wird hingegen eine Betreibung gegen einen unverteilten, gesetzlich nicht vertretenen Nachlass eingeleitet, so ist in einem allfälligen Aberkennungsprozess die Gemeinschaft der Erben zur gesamten Hand Klägerin. 27

3. Gemeinschaft der Stockwerkeigentümer

Gemäss **Art. 712l ZGB** erwirbt die Gemeinschaft der Stockwerkeigentümer das sich aus ihrer Verwaltungstätigkeit ergebende Vermögen, wie namentlich Beitragsforderungen und die aus ihnen erzielten verfügbaren Mittel, wie den Erneuerungsfonds. In diesem Umfang kann die Gemeinschaft der Stockwerkeigentümer unter ihrem Namen klagen und betreiben sowie am Ort der gelegenen Sache beklagt (vgl. hierzu Art. 29 N 19 f.) und betrieben werden. Trotz fehlender Rechtsfähigkeit kommt der Stockwerkeigentümergemeinschaft beschränkt auf den Bereich gemeinschaftlicher Verwaltungstätigkeiten Handlungs-und Vermögensfähigkeit und damit Partei- und Prozessfähigkeit zu (BK-MEYER-HAYOZ/REY, Art. 712l ZGB N 46 ff.; BBl 1962 II 1491 f., worin die Stockwerkeigentümergemeinschaft nach aussen als vermögensfähig «wie die Kollektivgesellschaft» bezeichnet wurde; vgl. auch FREI, 103). Die aktive Partei- und Prozess- sowie Betreibungsfähigkeit sichert die Durchsetzung der Ansprüche, die die Gemeinschaft aufgrund ihrer Vermögensfähigkeit erworben hat. Die passive Partei- und Prozess- sowie Betrei- 28 bungsfähigkeit erleichtert den Gläubigern die Geltendmachung ihrer Ansprüche (REY/ MAETZKE, N 267).

29 Zur Verwaltungstätigkeit gehören insbesondere Unterhalts- und Reparaturarbeiten an gemeinschaftlichen Bauteilen (BGE 109 II 423 ff. [Partei- und Prozessfähigkeit der Stockwerkeigentümergemeinschaft in Bezug auf zessionsweise erworbene Gewährleistungsansprüche aus Schäden an der Fassade des gemeinschaftlichen Gebäudes]; ZR 77 Nr. 116 und 117). Die Stockwerkeigentümergemeinschaft kann zunächst Sachgewährleistungsansprüche aus Werk- oder Kaufverträgen einklagen, die sie im Rahmen ihrer Verwaltungstätigkeit abgeschlossen hat (BGE 114 II 239, 242 E. 4a). Sodann kann sie Gewährleistungsansprüche aus nicht von ihr selbst, sondern den einzelnen Stockwerkeigentümern abgeschlossenen Kauf- resp. Kauf/Werkverträgen, in eigenem Namen geltend machen, wenn diese Forderungen abtretbar sind, an die Gemeinschaft durch Verfügung (eine Legalzession wird vom Bundesgericht abgelehnt) abgetreten worden sind und sich auf Mängel an gemeinschaftlichen Bauteilen beziehen (BGE 114 II 239 ff.; Bestätigung von BGE 111 II 458 ff.; 106 II 11 ff.). Der Eintritt eines neuen Stockwerkeigentümers während des Prozesses ändert nichts am Prozessverlauf (ZR 89 Nr. 3).

30 In Bezug auf die Anfechtung von Beschlüssen der Stockwerkeigentümerversammlung durch Stockwerkeigentümer ist die Stockwerkeigentümergemeinschaft handlungs- und vermögens- sowie passiv partei-, prozess- und betreibungsfähig (BGE 119 II 404, 408 E. 5), ebenso in Bezug auf Klagen betr. Ernennung und Abberufung des Verwalters, Erstellung eines Reglements oder bei einer Klage auf Bezahlung des Baurechtszinses, falls das gemeinschaftliche Gebäude im Baurecht erstellt ist (BGE 117 II 40 ff.) (vgl. die Aufzählung mit weiteren Bespielen bei BK-MEYER-HAYOZ/REY, Art. 712l ZGB N 98). Für Ansprüche in einem funktionellen Zusammenhang mit der gemeinschaftlichen Nutzung und Verwaltung kann nur die Stockwerkeigentümergemeinschaft haftbar gemacht werden (keine solidarische Haftung der Stockwerkeigentümer, faktisch indes indirekte Belangung via Beitragsleistungen; BGE 119 II 404, 409 E. 6).

31 Im Hinblick auf eine Wertquotenberichtigungsklage ist die Stockwerkeigentümergemeinschaft weder partei- und prozessfähig noch passivlegitimiert, soweit ihr keine eigenen Rechte an der Liegenschaft zustehen (BGE 116 II 55, 58 E. 4).

32 Die Stockwerkeigentümergemeinschaft kann schliesslich unter Umständen eine (zivilrechtliche) Haftung gestützt auf Vertrag oder ausservertragliches Haftpflichtrecht treffen, wofür sie eingeklagt werden kann (vgl. hierzu WERMELINGER, 407 ff.).

4. Verwaltung der AG, GmbH, Genossenschaft

33 Die Verwaltung der Aktiengesellschaft, der Gesellschaft mit beschränkter Haftung und der Genossenschaft haben gestützt auf **Art. 706 Abs. 1, Art. 808c und Art. 891 Abs. 1 OR** eine aktive Rechts- und damit Parteifähigkeit kraft gesetzlicher Sonderregelung für die Anfechtung von Generalversammlungsbeschlüssen, die gegen das Gesetz oder die Statuten verstossen. Beklagte Partei ist die betroffene Kapitalgesellschaft resp. Genossenschaft. Anfechtungsberechtigt ist nicht das einzelne Mitglied, sondern die Verwaltung als Organ (vgl. BSK OR-DUBS/TRUFFER, Art. 706 ff. N 1 ff.; im Einzelnen vgl. VOCK; BSK OR II-TRUFFER/DUBS, Art. 808c N 1 ff.; BSK OR II-MOLL, Art. 891 N 1 ff.).

5. Gläubigergemeinschaft bei Anleihensobligationen

34 Die Gläubigergemeinschaft bei Anleihensobligationen nach **Art. 1164 Abs. 1 OR** ist für Gesuche auf Änderung der Anleihensbedingungen und Klagen zur Erhaltung des Haftungssubstrates (z.B. Verantwortlichkeitsansprüche betreffend den mittelbaren Schaden)

parteifähig (VOGEL/SPÜHLER, § 25 Rz 8d). Nicht parteifähig ist sie jedoch für eine Prospekthaftungsklage nach Art. 1156 Abs. 3 OR resp. Art. 752 OR (Parteifähigkeit verneint in BGE 113 II 283).

IV. Gebilde ohne Parteifähigkeit

1. Rechtsgemeinschaften resp. Gesamthandsverhältnisse

Rechtsgemeinschaften sind Personenverbindungen ohne eigene Rechtspersönlichkeit, deren Gemeinschafter gemeinsam Träger derselben Rechte und Pflichten sind (MEIER-HAYOZ/FORSTMOSER, § 2 N 62 ff.). Solche Gesamthandverhältnisse sind nicht parteifähig. Alle Gesamteigentümer müssen als notwendige Streitgenossenschaft zusammen klagen oder eingeklagt werden (BGE 129 III 715, 720 E. 3.3; 116 II 49, 52 E. 4a; vgl. auch STRITTMATTER, 5 ff.). Zur notwendigen Streitgenossenschaft vgl. Komm. zu Art. 70. 35

a) Einfache Gesellschaft

Die einfache Gesellschaft ist nicht parteifähig (BGE 51 III 98; 71 I 184; 96 III 103; ZR 50 Nr. 65). Im Gegensatz zur Kollektiv- und zur Kommanditgesellschaft tritt sie nicht als Einheit nach aussen auf, führt keine Firma, ist nicht im Handelsregister eingetragen und besitzt kein Gesellschaftsvermögen i.S. eines Sondervermögens (FRANK/STRÄULI/MESSMER, §§ 27/28 ZPO/ZH N 16; vgl. demgegenüber die neue Rechtsprechung des BGH in N 63). 36

Wandelt sich eine einfache Gesellschaft pendente lite zu einer Kollektivgesellschaft, liegt kein Parteiwechsel vor, weil Rechtsträger und Prozesspartei die unveränderte Gemeinschaft zur gesamten Hand bleibt. Indes ist die Parteibezeichnung durch das Gericht zu ändern (ZR 81 Nr. 26 E. 4). Bei Mitgliederbewegungen kann u.U. eine stillschweigend vereinbarte Fortsetzungsklausel angenommen werden (SJZ 1989, 144 Nr. 25). 37

b) Erbengemeinschaft

Die Erbengemeinschaft ist eine Vermögensgemeinschaft zur gesamten Hand und damit nicht parteifähig. Zur Rechtsverfolgung und damit Prozessführung befugt sind alle Miterben als notwendige Streitgenossenschaft (vgl. BGE 121 III 118, 121 m.w.H.; BK-TUOR/PICENONI, Vor Art. 602 sowie Art. 602 ZGB N 1 ff. und 32 ff.; ZK-ESCHER, Art. 602 ZGB N 54 ff.; BSK ZGB II-SCHAUFELBERGER/KELLER, Art. 602 N 26 ff.). Der einzelne Erbe kann weder für seinen ideellen Teil noch für alle als Prozesspartei auftreten (BK-TUOR/PICENONI, Art. 602 ZGB N 32). Es müssen alle Erben im Rubrum namentlich als Partei aufgeführt werden. Eine Sammelbezeichnung «Erbengemeinschaft des X» oder «Nachlass des X» genügt mangels Rechtspersönlichkeit der Erbengemeinschaft nicht (BGE 51 III 58; 53 II 354; 79 II 115 [keine Klagen gegen ungenannte Erben]). 38

Restriktiv zu handhabende Ausnahmen vom Gesamthandsprinzip gelten etwa bei zeitlicher Dringlichkeit (BGE 58 II 195, 198–201 E. 2 [Widerspruchsklage]), beim unmittelbaren oder mittelbaren Einbezug aller Erben in das Verfahren (BGE 109 II 400, 403 E. 2 [zum Sicherstellungsbegehren eines Miterben müssen sich die anderen äussern können und sind, sofern sie nicht dem Begehren beitreten oder sich dem Urteil unterziehen wollen, auf der Seite des Beklagten in den Prozess einzubeziehen]) oder bei Verfolgung blosser Informationsansprüche über Erbschaftsaktiven (BGE 82 II 555, 566 E. 7). Abgelehnt wurde die Klagebefugnis eines einzelnen Miterben für ererbte Urheberrechte in 39

BGE 121 III 118 ff. Schliesslich besteht eine Ausnahme vom Gesamthandprinzip in Fällen der Auseinandersetzung innerhalb der Erbengemeinschaft. Hier genügt es gemäss Rechtsprechung, wenn alle Erben an der Auseinandersetzung als Parteien auf der Aktiv- oder Passivseite beteiligt sind und sich so über ihre gegenseitigen Rechtsansprüche auseinandersetzen können (BGE 74 II 215 ff., 54 II 234 f.; BGE 109 II 400, 403 E. 2).

40 Einem Willensvollstrecker, amtlichen Erbschaftsverwalter (Art. 554, 593 ZGB) oder Erbenvertreter (Art. 602 Abs. 3 ZGB) steht die Prozessführungsbefugnis an Stelle der Erbengemeinschaft im eigenen Namen und als Partei zu (BGE 116 II 131, 133 ff. = Pra 1990, 656 ff.; BGE 94 II 141; 77 II 122, 125 f.).

41 Mit Ausnahme der Haftungsklage nach Art. 603 ZGB für Erbschafts- und Erbgangsschulden (BGE 93 II 11, 14 f. [ein einzelner Miterbe kann auf Feststellung des Nichtbestehens seiner solidarischen Haftung für Schulden der Erbengemeinschaft aus der Weiterführung eines Betriebs des Erblassers klagen]) sind bei der prozessualen Durchsetzung von Verpflichtungen der Erbengemeinschaft alle Teilhaber der Erbengemeinschaft als notwendige Streitgenossen einzuklagen (BGE 130 III 550 ff. [will ein Miterbe ein Urteil über die Erbteilung anfechten, muss er alle Miterben belangen]).

42 Massgebend für die Zusammensetzung der Erbengemeinschaft ist die Erbenbescheinigung nach Art. 559 ZGB. Gemäss Bundesgericht können nicht als Klagende oder Beklagte aufgeführte Erben im Verlauf des Prozesses erklären, der Klage beizutreten oder sich dem Urteil zu unterziehen (BGE 74 II 215 ff.). Vgl. ferner ZR 59 Nr. 118 zum Problem, wenn nicht alle Erben Rechtsmittel ergreifen. Umgekehrt können ein Erbe oder Erbenstamm Erbverzicht und Prozessverzicht erklären und damit aus dem Prozess ausscheiden (BGE 85 II 384; SJZ 58 [1962] 136). Verzichten alle Miterben zugunsten eines Miterben, liegt eine Teilliquidation vor, die vom Fall des Prozessmitwirkungsverzichts oder Verzichts auf den Erbteil zu unterscheiden ist (BK-TUOR/PICENONI, Art. 602 ZGB N 32d m.H. auf BGE 51 II 269 ff.).

2. Miteigentümergemeinschaft

43 Die Gemeinschaft der Miteigentümer ist ungeachtet der Tatsache, ob die Miteigentümer eine Verwaltungs- und Nutzungsvereinbarung treffen, die dem Gesellschaftsvertrag ähnlich ist, nicht parteifähig, da es an einer gesetzlichen Vorschrift mangelt, die derjenigen des Art. 712l ZGB für den Fall des Stockwerkeigentums entspricht und diesbezüglich ein qualifiziertes Schweigen des Gesetzgebers vorliegt (BGE 103 Ib 76, 78; ZR 86 [1987] Nr. 85, 81 [1982] Nr. 134; vgl. zur Abgrenzung von Miteigentümergemeinschaft und Stockwerkeigentümergemeinschaft PKG 1978 Nr. 1). Fällt ein Gericht gegen eine nicht parteifähige Miteigentümergemeinschaft ein Urteil, ohne die Klagen gegen die einzelnen Miteigentümer zu behandeln, dann ist das Urteil auch ohne Parteiantrag als absolut nichtig aufzuheben (ZR 86 [1987] Nr. 85).

3. Zweigniederlassung

44 Die Zweigniederlassung einer Handelsgesellschaft oder Genossenschaft (Art. 641, 778a, 836, 935 OR) besitzt keine eigene Rechtspersönlichkeit und ist rechtlich vom Hauptunternehmen abhängig. Ihr Handelsregistereintrag ist rein deklaratorischer Natur (Pra 71 Nr. 239). Wird sie als Gläubigerin oder Schuldnerin bezeichnet, kann u.U. fehlerhafte Parteibezeichnung angenommen und diese berichtigt werden (BGE 120 III 11, 13 E. 1a, wonach der Mangel der fehlerhaften Parteibezeichnung geheilt werden könne, wenn «die andere Partei über die Identität der betreffenden Person keine Zweifel hegen konnte und

durch nichts in ihren Interessen beeinträchtigt war»). Zum Begriff der Zweigniederlassung vgl. BGE 117 II 87; 108 II 124.

Am Ort der Niederlassung besteht gemäss Art. 12 ZPO ein (zusätzlicher) Gerichtsstand, doch ist Partei stets das Hauptunternehmen und nicht die Zweigniederlassung. Die Geschäftsniederlassung begründet, sofern sie im Handelsregister eingetragen ist, sodann nach Art. 50 SchKG einen schweizerischen Betreibungsort (BGE 114 III 8 = Pra 1988, 769 ff.). 45

4. Vertraglicher Anlagefonds

Ein vertraglicher Anlagefonds besitzt keine Rechts- und Parteifähigkeit (Art. 25 KAG; BGE 115 III 14 E. 2a; BSK KAG-BÜNZLI/WINZELER, Art. 25 N 6). Als Partei tritt die Fondsleitung (Art. 28 KAG) sowie gegebenenfalls ein Vertreter der Anlegergemeinschaft auf (Art. 86 KAG) (zur altrechtlichen Stellung der Fondsleitung bzw. des Sachwalters nach AFG vgl. BGE 100 II 52, 63 E. 4; 101 II 154, 158 f. E. 1). 46

Neben dem vertraglichen Anlagefonds existiert in Form der Investmentgesellschaft mit variablem Kapital (SICAV) nach Art. 36 ff. KAG ein Fondsprodukt in Gesellschaftsform, dem eigene Rechtspersönlichkeit zukommt (vgl. N 14; BSK KAG-RAYROUX/VOGT SCHOLLER, Art. 36 N 11). 47

5. Trust

Ein Trust i.S.v. Art. 149a IPRG i.V.m. dem Art. 2 des Haager Übereinkommens vom 1.7.1985 über das auf Trusts anzuwendende Recht und über ihre Anerkennung, in Kraft getreten für die Schweiz am 1.7.2007, (SR 0.221.371) ist ein verselbständigtes, in Bestand und Identität von der jeweiligen Person der beteiligten Parteien unabhängiges Rechtsgebilde oder zumindest ein vom persönlichen Trustee-Vermögen klar getrenntes Sondervermögen. Die Rechte in Bezug auf das Vermögen des Trusts lauten auf den Namen des Trustees oder auf den einer anderen Person in Vertretung des Trustees. Dem Trust im Sinne dieser Begriffsbestimmung kommt **keine Rechtspersönlichkeit und keine Parteifähigkeit** zu. Die Betreibung kann nicht gegen das Trustvermögen, sondern muss gegen einen Trustee unter Hinweis auf seine Funktion als Vertreter des Trustvermögens eingeleitet werden (Art. 284a Abs. 1 SchKG). Entsprechendes gilt für den Zivilprozess: dieser ist gegen den Trustee anzuheben. 48

Vom Trust im vorgenannten Sinn zu unterscheiden sind Gebilde, die gemäss Inkorporationsstatut als Gesellschaften mit Rechtspersönlichkeit zu qualifizieren sind. Sie sind dann entsprechend parteifähig. 49

V. Vorgehen bei Fehlen, Mängeln oder Zweifeln an der Parteifähigkeit

Die Partei- und Prozessfähigkeit ist in jeder Lage des Verfahrens von Amtes wegen zu prüfen (vgl. N 4 mit Verweis auf die Komm. Art. 60). Der Richter hat nicht selber nach Tatsache, die das Fehlen der genannten Fähigkeiten dartun, zu forschen, sondern hat sie bloss zu berücksichtigen, wenn sie sich aus den Akten und dem Verhalten der Partei ergeben (vgl. AGVE 56, 83). Da die Urteilsfähigkeit grundsätzlich vermutet wird (vgl. hierzu allerdings BGE 124 III 5, wonach unter bestimmten Umständen die Urteilsunfähigkeit zu vermuten ist), muss eine Partei bis die Prozessunfähigkeit festgestellt ist, zur Prozessführung zugelassen werden (vgl. GULDENER, ZPR, 127 Anm. 15, 276 Anm. 58 Abs. 3). 50

51 Während die Sachlegitimation eine im Rahmen des Sachurteils zu beantwortende Frage ist, kann, muss aber nicht, über die Parteifähigkeit ein **gesondertes Prozessurteil** ergehen. Letzteres wird dann der Fall sein, wenn sich die Parteiunfähigkeit aufgrund der Akten zu Beginn des Prozesses als offensichtlich erweist. Kann der festgestellte Mangel der fehlenden Parteifähigkeit nicht verbessert werden oder ist er überhaupt unheilbar, so ist auf die **Klage nicht einzutreten**. Wurde auf die Klage zunächst eingetreten und der Mangel im Verlaufe des Prozesses entdeckt, hat ein Prozessurteil zu ergehen und darf kein Sachurteil gefasst werden, weil das Vorliegen der Parteifähigkeit eine Bedingung für die Zulässigkeit eines Sachurteils ist (GULDENER, ZPR, 221). Fällt die Parteifähigkeit während des Prozesses dahin, so ist die Klage **als gegenstandslos abzuschreiben** (WALDER, Prozesserl., 9 f., m.H. auf ZR 55, Nr. 7; WALDER/GROB, 144).

52 Die Rüge der mangelnden Partei- und Prozessfähigkeit muss **bis vor der Urteilsfällung in letzter Instanz** vorgebracht werden können (vgl. hierzu BGE 79 II 115 E. 3). Sie kann somit auch im **Rechtsmittelverfahren** vorgebracht werden. Das Bundesgericht ist zur Prüfung der Prozessfähigkeit von Amtes wegen und in freier Kognition zuständig (BGE 96 I 547 E. 1; 97 I 199 E. 2; 98 I 324 E. 2 und 3; BK-BUCHER, Art. 11 ZGB N 31 f., Art. 12 ZGB N 23 ff.).

53 Ist die ursprüngliche, nachträgliche oder vorübergehende **Partei- und Prozessfähigkeit** von juristischen Personen, Rechtsgemeinschaften oder Vermögensmassen umstritten und bildet diese Frage den **Gegenstand des Prozesses** oder steht damit in einem engen Zusammenhang (z.B. Feststellungsklagen auf Nichtigkeit einer Vereinsgründung oder Stiftungserrichtung), ist die Parteifähigkeit für das betreffende Verfahren (einschliesslich Rechtsmittelverfahren bis zum rechtskräftigen Entscheid darüber) gegeben (BGE 112 II 1 ff. E. 4b; 100 III 19, 21 E. 1; 99 II 246, 256 ff. E. 6; 96 II 273, 276 ff. E. 1; 75 II 81, 87 f. E. 2; 73 II 81, 84 f. E. 3 [passive Parteifähigkeit einer nichtigen Unterhalts-Familienstiftung im Verfahren auf Feststellung ihrer Nichtigkeit ab initio]; vgl. ferner Entscheid des deutschen Reichsgerichts, RGZ 170, 26, zit. nach GULDENER, ZPR, 124 Anm. 2, worin zwei vom Erblasser in zwei verschiedenen letztwilligen Verfügungen errichtete und je als Alleinerbinnen eingesetzte Stiftungen zur Prozessführung zugelassen wurden bis zur rechtskräftigen Entscheidung darüber, welche Stiftung existent geworden ist).

54 Im Prozess einer aufgelösten Gesellschaft um letzte Ansprüche muss ihr ebenfalls Parteifähigkeit zukommen (RGZ 134 [1932] 94; HÄFLIGER, 69).

55 Offensichtlich **falsche Parteibezeichnungen** können mangels expliziter Regelung nicht von Amtes wegen berichtigt werden. Das Gericht kann Frist ansetzen, den Mangel zu beheben, unter der Androhung, dass sonst auf die Klage nicht eingetreten werde. Die Berichtigung der Parteibezeichnung wirkt ex tunc (GULDENER, ZPR, 124, 235 Anm. 28 Abs. 2, 283). Die Berichtigung der Parteibezeichnung ist nur zulässig, wenn die Identität der Partei gewahrt wird, da die Bestimmungen über den Parteiwechsel i.S.v. Art. 83 nicht umgangen werden dürfen (vgl. BGE 114 II 335 ff.; 85 II 312 ff.; vgl. Kommentierung zu Art. 83). Wird die Parteifähigkeit im Laufe des Prozesses erst erworben, wird durch rügelose Fortsetzung des Prozesses die bisherige Prozessführung stillschweigend genehmigt und damit geheilt (HÄFLIGER, 58).

56 **Sachurteile**, die ergangen sind, ohne dass das **Fehlen der Parteifähigkeit** zutage getreten ist, entfalten nach einem Teil der Lehre volle Wirksamkeit (STRÄULI, 48; KUMMER, 88). Da jedoch die Parteifähigkeit im Vollstreckungsverfahren selbständig geprüft werden kann, ist die Vollstreckbarkeit eines solchen Urteils in Frage gestellt (HÄFLIGER, 64 f.). Ebenso stellt sich die Problematik der Vollstreckung von auferlegten Gerichtskos-

ten und Parteientschädigungen, da ein Parteiunfähiger nicht betreibungsfähig ist (WALDER, Prozesserl., 9; vgl. die beiden widersprüchlichen Entscheide ZR 75 Nr. 89 [keine Verpflichtung zur Zahlung einer Prozessentschädigung der als Rechtssubjekt untergegangenen Beklagten] und ZR 77 [1978] Nr. 97 [wo eine unselbständige Abteilung des Treuhandunternehmens mit eigenen Fondsmitteln zwar als nicht rechtsfähig, aber als «Sondervermögen» qualifiziert wurde, das gemäss Verfahrensausgang kosten- und entschädigungspflichtig wurde]).

Tritt während eines litispendenten Prozesses eines nasciturus dessen Totgeburt ein, ist demgegenüber mit WALDER zufolge Auftretens einer nichtexistenten Person der Prozess formlos durch Prozessurteil zu erledigen, da er gegenstandslos geworden ist (WALDER, Prozesserl., § 8 Rz 11). Bei einem bereits abgeschlossenen Prozess soll die Totgeburt gemäss Lehre das ergangene Sachurteil entweder als Nichturteil oder aber als nichtiges Urteil ohne materielle Rechtskraft qualifizieren. In beiden Fällen ist das Urteil nicht vollstreckbar (vgl. HEFELE, 32 f.). 57

VI. IPR

Gemäss Art. 34 Abs. 1 IPRG beurteilt sich der Inhalt der Rechtsfähigkeit nach schweizerischem materiellen Recht. Aufgrund der fundamentalen Bedeutung der Rechtsfähigkeit ist abweichenden ausländischen Ordnungen der ordre public entgegenzuhalten (vgl. BSK ZGB I-BIGLER-EGGENBERGER, Art. 12 N 24, m.H. auf Materialien, Lehre und Judikatur; zum Ganzen sodann BSK IPRG-JAMETTI GREINER/GEISER, Art. 34 N 1 ff.; ZK-VISCHER, Art. 34 IPRG N 1 ff.). 58

Beginn und Ende der Persönlichkeit unterstehen dem Recht des Rechtsverhältnisses, das die Rechtsfähigkeit voraussetzt, sodass sich beispielsweise die Frage der erbrechtlichen Stellung des nasciturus nach dem Erbstatut beantwortet. 59

Bezüglich der ausländischen kollektiven Kapitalanlagen gelten die Art. 119–125 KAG resp. gegebenenfalls Staatsverträge i.S.v. Art. 122 KAG (vgl. BSK KAG-COMPTESSE/FISCHER/STUPP, Art. 119–125). 60

Als Gesellschaften im Sinne des IPRG gelten «**organisierte Personenzusammenschlüsse**» und «**organisierte Vermögenseinheiten**» (Art. 150 IPRG). Ihre Rechts- und Handlungsfähigkeit bestimmt sich gemäss Art. 155 lit. c IPRG i.V.m. Art. 154 IPRG nach dem Recht, nach dem die Gesellschaft errichtet wurde (Inkorporationsstatut; vgl. ZK-VISCHER, Art. 155 IPRG N 12 ff.; BSK IPRG-VON PLANTA, Art. 155 N 7; BGE 117 II 494 ff.). Gleiches gilt für ausländische Trusts, denen nach ihrem Inkorporationsstatut juristische Persönlichkeit mit Prozessfähigkeit für das konkrete Verfahren zugestanden wird (vgl. N 49). Vorbehalten bleiben etwa unabhängig vom anwendbaren Recht zwingenden Normen des schweizerischen Rechts, die die Geschäftsfähigkeit beschränken können, wie z.B. ein Bewilligungsvorbehalt durch das BewG (Art. 18 IPRG). Umgekehrt kann sich die Gesellschaft gemäss Art. 158 IPRG nicht auf eine gemäss Inkorporationsstatut geltende Beschränkung der Handlungsfähigkeit berufen, wenn diese am gewöhnlichen Aufenthalt oder am Ort der Niederlassung der anderen Partei unbekannt ist. Dies ist namentlich relevant im Zusammenhang mit der angelsächsischen ultra-vires-Lehre (vgl. BSK IPRG-WATTER, Art. 158 N 1 ff.). 61

Die Schweizer **Zweigniederlassung einer ausländischen Gesellschaft** untersteht nach Art. 160 Abs. 1 IPRG schweizerischem Recht. D.h. nach Schweizer Recht beurteilt sich die Frage, ob die inländische Niederlassung eine Zweigniederlassung im Sinne des Schweizer Rechts darstellt und daher nicht parteifähig ist (vgl. N 44 f.). 62

Art. 67

5. Titel: Die Parteien und die Beteiligung Dritter

63 Der BGH hat in einem Urteil vom 29.1.2001 einer der einfachen Gesellschaft entsprechenden «Gesellschaft bürgerlichen Rechts» nach §§ 705–740 BGB die aktive und passive Parteifähigkeit im Zivilprozess in Abänderung bisherigen Rechts zuerkannt, soweit die «Aussengesellschaft durch Teilnahme am Rechtsverkehr Rechte und Pflichten begründe» («Arbeitsgemeinschaft Weisses Ross»; BGHZ 146, 341 = NJW 2001, 1056 ff. = JZ 2001, 655 ff. = WM 2001, 408 ff.). Eine Übernahme auf nach schweizerischem Recht gesamthänderisch organisierte Personengesellschaften ist abzulehnen. Die deutsche Rechtsprechung ist indes zu berücksichtigen, soweit eine die vom BGH aufgestellten Kriterien erfüllende Aussengesellschaft bürgerlichen Rechts Partei eines schweizerischen Zivilprozesses oder internationalen Schiedsgerichtsverfahrens ist (WIEGAND, 33 ff.; vgl. ferner MEIER-HAYOZ/FORSTMOSER, § 2 N 68 ff., die darauf hinweisen, dass die konkrete Ausgestaltung massgebend ist, die Trennung von Körperschaft und Rechtsgemeinschaft grundsätzlich beizubehalten sei).

Art. 67

Prozessfähigkeit

¹ Prozessfähig ist, wer handlungsfähig ist.

² Für eine handlungsunfähige Person handelt ihre gesetzliche Vertretung.

³ Soweit eine handlungsunfähige Person urteilsfähig ist, kann sie:
a. selbstständig Rechte ausüben, die ihr um ihrer Persönlichkeit willen zustehen;
b. vorläufig selbst das Nötige vorkehren, wenn Gefahr in Verzug ist.

Capacité d'ester en justice

¹ L'exercice des droits civils confère la capacité d'ester en justice.

² La personne qui n'a pas l'exercice des droits civils agit par l'intermédiaire de son représentant légal.

³ La personne qui n'a pas l'exercice des droits civils peut, pour autant qu'elle soit capable de discernement:
a. exercer ses droits strictement personnels de manière indépendante;
b. accomplir provisoirement les actes nécessaires s'il y a péril en la demeure.

Capacità processuale

¹ Ha capacità processuale chi ha l'esercizio dei diritti civili.

² Chi non ha l'esercizio dei diritti civili agisce per mezzo del suo rappresentante legale.

³ Se capace di discernimento, chi non ha l'esercizio dei diritti civili può:
a. esercitare autonomamente i diritti inerenti alla sua personalità;
b. in caso di pericolo nel ritardo, svolgere provvisoriamente lui stesso gli atti necessari.

1. Kapitel: Partei- und Prozessfähigkeit   1-4   Art. 67

Inhaltsübersicht   Note
I. Begriff und Normzweck 1
II. Prozessfähigkeit zufolge Handlungsfähigkeit (Abs. 1) 4
   1. Urteilsfähige und mündige natürliche Personen (Art. 12 ff. ZGB) 4
   2. Juristische Personen mit den unerlässlichen Organen (Art. 54 ZGB) 5
   3. Handlungsfähigkeit gestützt auf gesetzliche Sonderregelung resp. Rechtsprechung 7
   4. Einschränkungen der Handlungsfähigkeit 9
III. Handeln durch die gesetzliche Vertretung bei Prozessunfähigkeit (Abs. 2) 16
   1. Gesetzliche Vertretung bei prozessunfähigen natürlichen Personen 16
   2. Bei Mängeln in der Organisation von juristischen Personen 19
   3. Ausnahme: Eigenes Handeln der Prozessunfähigen 24
IV. Prozessfähigkeit in bestimmten Bereichen der urteilsfähigen Handlungsunfähigen (Abs. 3) 25
   1. Ausübung höchstpersönlicher Rechte (lit. a) 25
   2. Dringlichkeit (lit. b) 29
   3. Weitere Spezialfälle nach Bundeszivilrecht: Handlungsfähigkeit beschränkt auf besondere Bereiche 32
V. Vorgehen bei Fehlen, Mängeln oder Zweifeln an der Prozessfähigkeit 36
VI. IPR 42

Literatur

Vgl. die Literaturhinweise zu Art. 66.

I. Begriff und Normzweck

Prozessfähigkeit ist das **prozessrechtliche Gegenstück zur Handlungsfähigkeit** nach   1
Bundeszivilrecht. Sie ist die Berechtigung, den Prozess als Partei selbst oder durch eine
selbst bestellte Vertretung zu führen (GULDENER, ZPR, 127). Die Botschaft umschreibt
sie als «prozessuale Handlungsfähigkeit» (BOTSCHAFT ZPO, 7279).

Die Prozessfähigkeit nach Art. 67 knüpft an der zivilrechtlichen Handlungsfähigkeit an.   2
Explizit erwähnt wird ferner, dass urteilsfähige Handlungsunfähige im Rahmen ihrer
höchstpersönlichen Rechte sowie bei Dringlichkeit als prozessfähig gelten. Prozessunfähige nehmen nach Massgabe des materiellen Rechts durch ihre gesetzliche Vertretung am
Verfahren teil, soweit es sich nicht um einen vertretungsfeindlichen Prozessgegenstand
handelt.

Teil der Prozessfähigkeit ist die **Postulationsfähigkeit** als das Recht, vor Gericht selb-   3
ständig Anträge zu stellen und den Prozessgegenstand vorzutragen (BOTSCHAFT ZPO,
7279). Zum fehlenden Anwaltszwang sowie zur Frage, wann eine Partei angehalten werden kann, einen Vertreter zu bestellen, vgl. Komm. zu Art. 69.

II. Prozessfähigkeit zufolge Handlungsfähigkeit (Abs. 1)

1. Urteilsfähige und mündige natürliche Personen (Art. 12 ff. ZGB)

Natürliche Personen sind gemäss Art. 13 ZGB handlungsfähig und demnach prozess-   4
fähig, wenn sie mündig i.S.v. Art. 14 f. ZGB und urteilsfähig i.S.v. Art. 16 ZGB sind.
Die Urteilsfähigkeit ist eine relative und muss im Hinblick auf den konkreten Prozess-

gegenstand gegeben sein. Ist die Urteilsfähigkeit zu verneinen, entfällt die Handlungs- und damit die Prozessfähigkeit (Art. 18 ZGB; zu den Ausnahmen vgl. N 23). Da die Urteilsfähigkeit grundsätzlich vermutet wird (vgl. hierzu allerdings BGE 124 III 5, wonach unter bestimmten Umständen die Urteilsunfähigkeit zu vermuten ist) und weil sie sich sonst gegen die Verneinung ihrer Prozessfähigkeit nicht wirksam zur Wehr setzen könnte, muss einer Partei bis zur endgültigen gerichtlichen Feststellung der Prozessunfähigkeit die Möglichkeit der Prozessführung gewahrt bleiben und ist sie solange prozessfähig (GULDENER, ZPR, 127 Anm. 15 Abs. 1 a.E.; BGE 108 Ia 236, 240 E. 3a).

2. Juristische Personen mit den unerlässlichen Organen (Art. 54 ZGB)

5 Juristische Personen sind handlungs- und damit prozessfähig, sobald die nach Gesetz, Statuten resp. Stiftungsurkunde unentbehrlichen Organe bestellt sind, durch die sie handeln (Art. 54 ZGB).

6 Der juristischen Person werden sowohl die rechtsgeschäftlichen als auch die unerlaubten Handlungen ihrer Organe zugerechnet (Art. 55 ZGB; Art. 722, 817, 899 Abs. 3 OR) und die juristische Person haftet entsprechend (Art. 41 ff., 97 OR; BGE 105 II 189 ff.; 121 III 176 ff.). Das Wissen der Organe wird ebenfalls der juristischen Person zugerechnet (hierzu im Einzelnen SANDRO ABEGGLEN, Wissenszurechnung bei der juristischen Person und im Konzern, Habil. Bern 2004).

3. Handlungsfähigkeit gestützt auf gesetzliche Sonderregelung resp. Rechtsprechung

7 Gemäss Art. 563 f. und 603 OR können die zur Vertretung der Kollektiv- und Kommanditgesellschaften befugten Gesellschafter im Namen der Gesellschaft alle Rechtshandlungen vornehmen, die der Zweck der Gesellschaft mit sich bringen kann. Gemäss Art. 99 KAG gilt dies entsprechend für die Kommanditgesellschaft für kollektive Kapitalanlagen (KGK). Die Vertretung der Kollektiv- und Kommanditgesellschaft sowie der KGK wird durch die Gesellschafter bzw. die unbeschränkt haftenden Gesellschafter wahrgenommen.

8 Soweit Vermögensmassen und Rechtsgemeinschaften bzw. Gesamthandschaften zufolge Bundesrecht parteifähig sind, sei dies kraft gesetzlicher Sonderregelung, sei dies kraft Rechtsprechung (vgl. Art. 66 N 19 ff.), sind sie auch entsprechend prozessfähig durch die gemäss ihrer Organisation resp. gemäss Gesetzesvorschrift zur Vertretung nach aussen befugten Organe resp. Personen. Die in den Art. 706 Abs. 1, Art. 808 Abs. 4, 891 Abs. 1 OR genannten Gesellschaftsorgane sind für die Anhebung der einschlägigen Klagen prozessfähig, vgl. Art. 66 N 13. Die Stockwerkeigentümergemeinschaft handelt i.d.R. durch eine ernannte Verwaltung (Art. 712q–t ZGB), wobei diese ausserhalb des summarischen Verfahrens vorgängig der Ermächtigung durch die Stockwerkeigentümer bedarf (Art. 712t Abs. 2 ZGB). Für den unverteilten Nachlass kann im Falle seiner Vertretung ein Willensvollstrecker, Erbschaftsverwalter oder Erbenvertreter (Art. 517, 554, 595/602 Abs. 2 ZGB) handeln (vgl. Art. 66 N 27 und 38 ff.). Für die Gläubigergemeinschaft bei Anleihensobligationen handelt der in den Anleihensbedingungen bestellte oder der durch die Gemeinschaft gewählte Vertreter (Art. 1158 ff. OR). Die Konkursmasse wird durch die Konkursverwaltung vertreten (Art. 66 N 23 f.), die Liquidationsmasse beim Nachlassvertrag mit Vermögensabtretung durch die Konkursverwaltung oder die Liquidatoren (Art. 66 N 25).

4. Einschränkungen der Handlungsfähigkeit

Gemäss dem noch geltenden Zivilrecht existiert eine Typisierung der Handlungsfähigkeit wie folgt: 9

(i) volle Handlungsfähigkeit (Art. 12–16 ZGB); sie setzt für die betreffende Handlung Urteilsfähigkeit und Mündigkeit voraus;

(ii) volle Handlungsunfähigkeit (Art. 17 f. ZGB); diese besteht, wenn entweder für eine bestimmte Handlung die Urteilsfähigkeit fehlt oder aber eine Entmündigung vorliegt und für die Geltendmachung des Rechts Urteilsfähigkeit nicht genügt;

(iii) beschränkte Handlungsfähigkeit der nach Art. 395 ZGB Verbeirateten (vgl. hierzu N 12); und

(iv) beschränkte Handlungs*un*fähigkeit der urteilsfähigen Unmündigen oder entmündigten Personen i.S.v. Art. 19 ZGB (vgl. N 24 ff.).

Eine Bevormundung (Art. 368 ff. ZGB) führt beim urteilsunfähigen Entmündigten zum umfassenden Entzug seiner Handlungsfähigkeit (Art. 17 ZGB, mit Ausnahme von Art. 54 OR). **Urteilsunfähige Entmündigte** sind somit durchwegs **prozessunfähig**. 10

Bezüglich der **urteilsfähigen Entmündigten sowie der Unmündigen** sieht Art. 19 Abs. 2 ZGB vor, dass diese ohne Zustimmung ihrer gesetzlichen Vertreter unentgeltliche Vorteile erwerben und Rechte ausüben können, die ihnen um ihrer Persönlichkeit willen zustehen (vgl. hierzu im Einzelnen die Komm. zu Abs. 3 N 24 f.). Im Übrigen sind die Genannten vollkommen prozessunfähig, es sei denn, der Prozess beschlage höchstpersönliche Rechte für deren Geltendmachung sie urteilsfähig sind. 11

Bei der **Mitwirkungsbeiratschaft** ist der Verbeiratete gemäss Art. 395 Abs. 1 ZGB **alleine prozessunfähig** und muss der **Beirat** bei der Prozessführung, allfälligen Vergleichsabschlüssen (Ziff. 1) und den weiteren, abschliessend in Art. 395 Abs. 1 Ziff. 2–9 ZGB aufgeführten Rechtshandlungen stets (vorgängig, gleichzeitig oder nachträglich) **mitwirken** (BSK ZGB I- LANGENEGGER, Art. 395 N 13). Die unter Mitwirkungsbeiratschaft stehende Person bedarf der Mitwirkung des Beirats für die Klageerhebung oder Einlassung und der Beirat hat sie in der Prozessführung zu unterstützen. Er kann jedoch nur neben dem Schutzbefohlenen Prozesshandlungen vornehmen, ist aber nicht zur selbständigen Prozessführung berechtigt, es sei denn, der Schutzbefohlene stimme dem zu (GULDENER, ZPR, 130). Bei der **Verwaltungsbeiratschaft** nach Art. 395 Abs. 2 ZGB ist der Verbeiratete lediglich auf dem Gebiet der **Verwaltung seiner Vermögenssubstanz handlungs-, mithin auch prozessunfähig**. Gültige (Prozess-)Handlungen bezüglich dieses Bereiches können ausschliesslich durch den Beirat (allenfalls auch i.V.m. der Ermächtigung der Vormundschaftsbehörde für über die normale Verwaltung hinausgehende Handlungen, BGE 85 II 468) vorgenommen werden (sog. «partielle Bevormundung», beschränkt auf einen Teil des wirtschaftlichen Bereiches, BGE 80 II 18). Bei der kombinierten Beiratschaft gilt wiederum Art. 395 Abs. 1 Ziff. 1 ZGB. Bezüglich der alleinigen Geltendmachung höchstpersönlicher Rechte durch den Verbeirateten vgl. die Komm. zu Abs. 3 N 24 f. 12

Die Beistandschaft nach noch geltendem Recht i.S.v. Art. 392 ff. ZGB hat auf die Handlungsfähigkeit und damit Prozessfähigkeit keinen Einfluss (Art. 417 Abs. 1 ZGB; BSK ZGB I-BIDERBOST, Art. 417 N 12). Der **Verbeiständete** bleibt – neben seinem Beistand – prozessfähig. Daneben ist zudem der Beistand prozessfähig in Rahmen der ihm zugewiesenen Aufgabenbereiche (vgl. zur Doppelzuständigkeit und zur Problematik von kollidierenden Handlungen BSK ZGB I-BIDERBOST, Art. 417 N 22). 13

14 Im Rahmen der **Revision des Erwachsenenschutzrechts** sollen im Interesse der besseren Umsetzung des Verhältnismässigkeitsprinzips den Einzelfällen angepasste individuelle Massnahmen getroffen werden können, die die Handlungsfähigkeit nicht unnötig einschränken (BBl 2006 7001 ff.; vgl. die tabellarische Übersicht in BSK ZGB I-Langenegger, Art. 369 N 18). Die einzelnen Institute sind daher teilweise nach Ermessen der Erwachsenenschutzbehörde auszugestalten und miteinander kombinierbar. Neben der sog. umfassenden Beistandschaft nach Art. 398 E-ZGB als Entsprechung zur Bevormundung nach geltendem Recht, die die Handlungsfähigkeit wegfallen lässt, sowie der sog. Begleitbeistandschaft mit Zustimmung der hilfsbedürftigen Person nach Art. 393 E-ZGB, die die Handlungsfähigkeit unberührt lässt, sieht der Entwurf insbesondere einen Katalog von diversen Massnahmen vor, die gemäss Ermessen der Erwachsenenschutzbehörde die Handlungsfähigkeit überhaupt nicht, nur punktuell oder in Bezug auf verwaltetes Vermögen oder einzelne Vermögenswerte einschränken (allgemeine Vertretungsbeistandschaft nach Art. 394 E-ZGB; Beistandschaft in Bezug auf Vermögensverwaltung nach Art. 395 E-ZGB). Bei der Mitwirkungsbeistandschaft gemäss Art. 396 E-ZGB wird die Handlungsfähigkeit von Gesetzes wegen in den Bereichen beschränkt, in denen die hilfsbedürftigen Personen zu ihrem Schutz der Zustimmung des Beistands oder der Beiständin bedürfen.

III. Handeln durch die gesetzliche Vertretung bei Prozessunfähigkeit (Abs. 2)

1. Gesetzliche Vertretung bei prozessunfähigen natürlichen Personen

15 Die gesetzliche Vertretung **Unmündiger** wird entweder von beiden Eltern (Art. 296 f. ZGB [verheiratete Eltern]; 298a ZGB [unverheiratete Eltern], Art. 133 Abs. 2 und 3 ZGB [geschiedene resp. gerichtlich getrennte Eltern]) oder von einem Elternteil ausgeübt (Art. 298 Abs. 1 ZGB [unverheiratete Mutter], Art. 298 Abs. 2 ZGB [unverheirateter Vater im Ausnahmefall]). Nur in Ausnahmefällen kann die Vertretung auf einen Vormund übertragen werden (z.B. bei Entzug der elterlichen Sorge, Art. 311 Abs. 2 ZGB). Die gesetzliche Vertretung Unmündiger ohne Inhaber der elterlichen Sorge (Art. 368 ZGB) sowie von **Bevormundeten** i.S.v. Art. 369 ff. ZGB wird – unter Vorbehalt der verbotenen Geschäfte (Art. 408 ZGB), des eigenen Handelns der Bevormundeten und seiner Mitwirkung (vgl. Ziff. IV) sowie der Zustimmung der vormundschaftlichen Behörden (Art. 361 ff., 420 ff. ZGB) – vom Vormund wahrgenommen (Art. 407 ZGB).

16 Die gesetzliche Vertretung kann die urteilsfähigen unmündigen und entmündigten Personen zum Voraus zur Prozessführung oder zu einzelnen Prozesshandlungen ermächtigen oder diese nachträglich (mit Wirkung ex tunc) genehmigen, solange keine Rückweisung erfolgt ist (ZBJV 97, 292; Guldener, ZPR, 130, 285 f., zit. nach Leuch/Marbach/Kellerhals, Art. 35 ZPO/BE N 4).

17 Der Vormund bedarf für die Prozessführung seinerseits der Zustimmung durch die vormundschaftlichen Behörden (Art. 361 ff., 420 ff. ZGB). Fehlt die Zustimmung, so sind seine Prozesshandlungen sowie seine Ermächtigungen des Mündels zu solchen Handlungen unwirksam, aber auch genehmigungsfähig, wie diejenigen der prozessunfähigen Partei selber (Leuch/Marbach/Kellerhals, Art. 35 ZPO/BE N 4). Keiner Zustimmung durch die Vormundschaftsbehörde bedarf der Vormund für vorsorglichen Rechtsschutz oder für die Klageanhebung, falls bei Einholung der Zustimmung die Verwirkung des Rechts zu befürchten wäre (a.a.O.).

2. Bei Mängeln in der Organisation von juristischen Personen

Im Zuge der Revision des GmbH-Rechts sowie Anpassungen im Aktien-, Genossenschafts-, Handelsregister- und Firmenrecht wurden mit Inkraftsetzung per 1.1.2008 auch neue Vorschriften im OR und ZGB bezüglich der Behebung von Mängeln in der Organisation geschaffen, die die verschiedenen altrechtlichen Vorschriften (u.a. Art. 393 Ziff. 4 aZGB) zusammenfassen und aufeinander abstimmen (zu den Gründen der neurechtlichen Bestimmung sowie zu deren Ausgestaltung im Einzelnen vgl. BSK OR II-WATTER/WIESER, Art. 731b N 1 ff.). Im Interesse der Teilhaber an der juristischen Person, der Gläubiger und der Öffentlichkeit bestehen für die verschiedenen Rechtsformen einheitliche Regeln, u.a. werden die Kosten der zur Behebung der Organisationsmängel zu treffenden Massnahmen jeweils einheitlich den Rechtsträgern überbunden (vgl. die entsprechenden Passagen in BBl 2002 3148 ff.). Wegen der Dringlichkeit ist ein summarisches Verfahren geboten (vgl. BSK OR II-WATTER/WIESER, Art. 731b N 10; betr. das summarische Verfahren vgl. Komm. zum 5. Titel).

Fehlt es der **Aktiengesellschaft** an einem der vorgeschriebenen Organe oder ist dieses nicht rechtmässig zusammengesetzt, mithin **bei Mängeln in der Organisation**, kann nach **Art. 731b OR** ein Aktionär, ein Gläubiger oder der Handelsregisterführer dem Richter beantragen, die erforderlichen Massnahmen zu ergreifen. Dieser kann u.a. im Sinne einer nicht abschliessenden Aufzählung gemäss Abs. 1 der Gesellschaft unter Androhung der Auflösung Frist ansetzen, um den rechtmässigen Zustand wieder herzustellen (Ziff. 1), das fehlende Organ oder einen Sachwalter ernennen (Ziff. 2) oder die Gesellschaft auflösen und ihre Liquidation nach den Vorschriften über den Konkurs anordnen (Ziff. 3). Die Regelung gilt gemäss Verweisungen gleichermassen für die **GmbH** (Art. 819 OR) und die **Genossenschaft** (Art. 908). Die Ernennung eines Organs bzw. Sachwalters ist als Lösung ad-interim geschaffen worden, weshalb der Richter die Dauer der getroffenen Massnahme festlegen muss (vgl. BSK OR II-WATTER/WIESER, Art. 731b N 22, die eine Beschränkung auf ein Jahr fordern). Vgl. zu den Mängeln in der Organisation des Verwaltungsrates einer Aktiengesellschaft im Einzelnen BÖCKLI, § 13 N 491 ff., der bei einem schwerwiegenden organisatorischen Mangel ein Rechtsschutzinteresse eines Aktionärs oder Gläubigers am Antrag nach Art. 731b OR bejaht. Bezüglich der Prozesskosten könne der Richter nach Ermessen entscheiden (Art. 107) und werde diese bei hinreichendem Grund der Gesellschaft und nicht dem Antragsteller aufbürden. Bei Abweisung des Antrags riskiert der Antragsteller, dass ihm die Kosten überbunden werden (BÖCKLI, § 13 N 495b).

Fehlt einem **Verein** eines der vorgeschriebenen Organe, so kann ein Mitglied oder ein Gläubiger dem Gericht beantragen, die erforderlichen Massnahmen zu ergreifen (Art. 69c Abs. 1 ZGB). Das Gericht kann dem Verein Frist zu Wiederherstellung des rechtmässigen Zustands ansetzen und, wenn nötig, einen Sachwalter ernennen (Art. 69 Abs. 2 ZGB).

Ist bei einer **Stiftung** die vorgesehene Organisation ungenügend, fehlt ihr eines der vorgeschriebenen Organe oder ist eines dieser Organe nicht rechtmässig zusammengesetzt, so muss die Aufsichtsbehörde gemäss Art. 83d Abs. 1 ZGB die erforderlichen Massnahmen ergreifen. Sie kann eine Frist zur Wiederherstellung des rechtmässigen Zustands ansetzen (Ziff. 1), das fehlende Organ oder einen Sachwalter ernennen (Ziff. 2). Kann keine zweckdienliche Organisation gewährleistet werden, hat die Aufsichtsbehörde das Vermögen einer anderen Stiftung mit möglichst gleichartigem Zweck zuzuwenden (Abs. 2).

22 Dauernde Handlungsunfähigkeit der juristischen Person muss nach wie vor zu deren Auflösung und Liquidation führen (BK-RIEMER, Art. 54/55 ZGB N 15).

3. Ausnahme: Eigenes Handeln der Prozessunfähigen

23 Ausnahmsweise sind urteilsunfähige Personen dann prozessfähig, wenn es um die Aufhebung der Vormundschaft (BGE 77 II 10 f.; 2 II 264 f.) und die fürsorgerische Freiheitsentziehung (Art. 397e Ziff. 3–5 ZGB) geht. Sodann sind urteilsunfähige Kinder für Klagen auf Namensänderung prozessfähig; obschon es sich um ein höchstpersönliches Recht handelt, kann das Kind handelnd durch den gesetzlichen Vertreter auf Namensänderung klagen (BGE 105 II 248, 117 II 6).

IV. Prozessfähigkeit in bestimmten Bereichen der urteilsfähigen Handlungsunfähigen (Abs. 3)

1. Ausübung höchstpersönlicher Rechte (lit. a)

24 Urteilsfähige Unmündige und Entmündigte können über Rechte, die ihnen um ihrer Persönlichkeit willen zustehen (sog. höchstpersönliche Rechte), selbst Prozesse führen oder durch eine selbst bestellte Vertretung führen lassen. In Bezug auf die absolut höchstpersönlichen Rechte sind die urteilsfähigen Handlungsunfähigen allein und unter Ausschluss der gesetzlichen Vertretung zur Prozessführung befugt. Zu den einzelnen Tatbeständen höchstpersönlicher Rechte vgl. die Übersicht bei BK-BUCHER, Art. 19 ZGB N 221 ff.

a) dazu zählt u.a. der Anspruch (Liste gemäss BERGER/GÜNGERICH, N 323):

– auf Schutz der Persönlichkeit (Art. 28 und Art. 28a Abs. 1–2 ZGB);

– auf Namensschutz (Art. 29 ZGB);

– der entmündigten Person, gegen die Verweigerung der Zustimmung des gesetzlichen Vertreters zur Eheschliessung oder zur Eintragung einer Partnerschaft den Richter anzurufen (Art. 94 Abs. 2 ZGB und Art. 3 Abs. 2 PartG);

– auf gerichtliche Feststellung des Nichtbestehens von Ehehindernissen (Art. 95 ZGB) oder Eintragungshindernissen (Art. 4 PartG);

– des Ehegatten auf gerichtliche Ungültigerklärung der geschlossenen Ehe (Art. 105–108 ZGB) bzw. des eingetragenen Partner auf Ungültigerklärung der eingetragenen Partnerschaft (Art. 9–11 PartG);

– des Ehegatten auf gerichtliche Anordnung der Scheidung (Art. 114 ZGB) oder Trennung (Art. 117 ZGB) der geschlossenen Ehe bzw. des eingetragenen Partners auf gerichtliche Auflösung der eingetragenen Partnerschaft (Art. 29–30 PartG);

– des Kindes, die gerichtliche Neuregelung der Zuteilung der elterlichen Sorge zu verlangen (Art. 134 Abs. 1 ZGB);

– des Ehemannes sowie des Kindes (wenn während seiner Unmündigkeit der gemeinsame Haushalt der Ehegatten aufgehört hat) auf Anfechtung der Vaterschaftsvermutung (Art. 256 ZGB);

– der Mutter, des Ehemannes und des Kindes, die Anerkennung der Vaterschaft des Ehemannes gerichtlich anzufechten (Art. 259 und 260a ZGB);

– der Mutter und des Kindes auf gerichtliche Feststellung der Vaterschaft (Art. 281 ZGB);

- des Vaters und der Mutter auf gerichtliche Regelung des persönlichen Verkehrs mit unmündigen Kindern (Art. 273 ZGB);
- auf selbständige Wahrung der Parteirechte im Prozess um die eigene Entmündigung (Art. 368 ff. ZGB);
- der betroffenen Person, gegen Entscheide über Massnahmen der fürsorgerischen Freiheitsentziehung das Gericht anzurufen (Art. 397d Abs. 1 ZGB);
- der bevormundeten Person, die Aufhebung der Vormundschaft zu verlangen (Art. 433 Abs. 3 ZGB).

b) nicht aber u.a. folgende Ansprüche, für deren Geltendmachung der gesetzliche Vertreter beizuziehen ist:

- die vermögensrechtlichen Folgen der Scheidung (BK-BÜHLER/SPÜHLER, Art. 143 ZGB N 49 f.; BGE 68 II 144);
- die vermögensrechtlichen Folgen der Auflösung der eingetragenen Partnerschaft (Art. 29–30 PartG);
- Klagen auf Schadenersatz, Genugtuung und Gewinnherausgabe nach Art. 28a Abs. 3 ZGB.

Das Prozessführungsrecht beinhaltet das Recht, dass die urteilsfähigen Unmündigen und Entmündigen selbständig einer Anwältin oder einem Anwalt ihrer Wahl eine Prozessvollmacht erteilen und das entsprechende Mandatsverhältnis regeln können (BGE 112 IV 9 ff.). Der Anwalt und die Anwältin haben ihre Berufspflicht sorgfältig zu wahren und die Einleitung eindeutig aussichtsloser Verfahren abzulehnen, ansonsten der Honorarforderung die exceptio doli entgegensteht (LEUCH/MARBACH/KELLERHALS, Art. 35 ZPO/BE N 2a).

Urteilsunfähige Prozessunfähige können i.d.R. **höchstpersönliche Rechte nicht durchsetzen**, z.B. keine Scheidungsklage durch den gesetzlichen Vertreter erheben oder wirksam einer Scheidung zustimmen (BGE 116 II 385 ff.; 114 Ia 362; 78 II 101; 77 II 7; 68 II 145 ff. E. 1; krit. VOGEL, in: ZBJV 1992, 268). In bestimmten Fällen weicht das Bundesgericht von diesem Grundsatz ab. Danach darf der urteilsunfähige Ehegatte ohne Zustimmung des gesetzlichen Vertreters als beklagte Partei die Abweisung der Scheidungsklage beantragen (BGE 85 II 221 ff. E. 1) und kann der urteilsfähige Entmündigte auch ohne Zustimmung des Vormundes auf Scheidung klagen (BGE 78 II 100 E. 2). Ist die Urteilsfähigkeit der auf Scheidung klagenden Partei erst später eingetreten, ist das Verfahren fortzuführen, solange keine Anzeichen für eine ernst zu nehmende Änderung des Scheidungswillens vorliegen (BGE 116 II 385 ff., wobei offengelassen wurde, ob der gesetzliche Vertreter die Scheidungsklage zurückziehen könnte).

Im Bereich der **relativ höchstpersönlichen Rechte** ist eine Vertretung möglich, **nicht hingegen im Bereich absolut höchstpersönlicher Rechte** (vgl. GULDENER, ZPR, 129; implizit auch BK-BUCHER, Art. 19 ZGB N 207 f.).

2. Dringlichkeit (lit. b)

In der Botschaft selbst finden sich zu lit. b keine Erläuterungen. Die Diktion lautet gleich wie in den altrechtlichen § 28 Abs. 1 ZPO/ZH und § 45 Abs. 1 ZPO/LU sowie (ähnlich) Art. 39 Abs. 3 ZPO/SG. Der urteilsfähige Prozessunfähige soll in dringenden Fällen einstweilen die notwendigen Prozesshandlungen vorkehren können, wenn andernfalls ein Nachteil droht. Muss beispielsweise eine Frist gewahrt, eine Beweissicherung eingeleitet oder vorsorgliche Massnahme beantragt werden, soll dies bei zeitlicher Dringlichkeit auch im Falle der Abwesenheit des gesetzlichen Vertreters möglich sein.

29 Allerdings muss der gesetzliche Vertreter die Prozesshandlung des urteilsfähigen Prozessunfähigen in der Folge genehmigen, andernfalls auf dessen Gesuch, Klage oder Rechtsmittel unter Kostenfolge nicht eingetreten werden kann (LEUENBERGER/UFFER-TOBLER, Art. 39 ZPO/SG N 4). Ist der Prozessunfähige der Beklagte, treffen ihn bei Verweigerung der Genehmigung die Säumnisfolgen (STUDER/RÜEGG/EIHOLZER, § 45 ZPO/LU N 1). Ohne dass dies explizit in lit. b erwähnt wird, muss das Gericht (analog den altrechtlichen § 28 Abs. 2 ZPO/ZH sowie § 45 Abs. 2 ZPO/LU) dem gesetzlichen Vertreter oder der Vormundschaftsbehörde unverzüglich davon Kenntnis geben, damit die nachträgliche Genehmigung eingeholt werden kann.

30 Falls die Zustimmung und weitere Betreuung durch den gesetzlichen Vertreter nicht rechtzeitig erfolgen kann oder falls dem urteilsfähigen Prozessunfähigen trotz Urteilsfähigkeit die Postulationsfähigkeit fehlt, hat das Gericht nach Art. 69 zu verfahren (vgl. Komm. zu Art. 69).

3. Weitere Spezialfälle nach Bundeszivilrecht: Handlungsfähigkeit beschränkt auf besondere Bereiche

31 Da sich die Prozessfähigkeit stets nach dem jeweils geltenden bundeszivilrechtlichen Inhalt der Handlungsfähigkeit bemisst, ist die **Aufzählung in lit. a und b exemplarischer, nicht abschliessender Natur**. Gestützt auf Bundeszivilrecht kommt urteilsfähigen Unmündigen oder entmündigten Personen auch in weiteren, speziell geregelten Bereichen Handlungsfähigkeit und damit auch Prozessfähigkeit zu.

32 Urteilsfähige Minderjährige und Entmündigte können die mit der Verwaltung und Nutzung ihres Arbeitserwerbes aus **genehmigter selbständiger Berufs- und Gewerbeausübung** (**Art. 323, 412 ZGB**) zusammenhängenden Rechte selber gerichtlich geltend machen (BGE 112 II 102 ff.; 106 III 8 ff.; 85 III 161, 165 E. 3). Dasselbe gilt bezüglich der Rechte, die ihnen nach **Art. 414 ZGB** (gegebenenfalls i.V.m. **Art. 305 ZGB**) zur **freien Verwendung bzw. Verwaltung** zustehen (WALDER/GROB, 148).

33 Prozesse, die auf Vollzug einer unentgeltlichen Zuwendung gerichtet sind, können Handlungsunfähige nicht selbständig führen. Ohne Mitwirkung des gesetzlichen Vertreters vermögen sie zwar **unentgeltliche Vorteile** zu erlangen (Art. 19 Abs. 2 ZGB). Die Prozessführung ist aber auch dann kein unentgeltlicher Vorteil in diesem Sinne, wenn sie auf Vollzug eines unentgeltlichen Rechtsgeschäftes gerichtet ist, kann doch die Prozessführung zuungunsten des Handlungsunfähigen ausschlagen und ihm dadurch Nachteile bringen (wie Verlust eines an sich begründeten Anspruches, Kostenfolgen) (GULDENER, ZPR, 128 f. mit Anm. 20). Ebenso wenig prozessfähig sind die urteilsfähigen unmündigen und entmündigten Personen hinsichtlich ihrer Verpflichtungen aus Delikt (Art. 19 Abs. 3 ZGB; LEUCH/MARBACH/KELLERHALS, Art. 35 ZPO/BE N 2a).

34 Sie können mit Zustimmung des gesetzlichen Vertreters selbst Prozesse führen. Im Falle der Bevormundung ist zudem die Zustimmung der Vormundschaftsbehörde erforderlich (BGE 52 II 99 f.; 112 II 103 f. E. 2 Frage der nachträglichen Zustimmung).

V. Vorgehen bei Fehlen, Mängeln oder Zweifeln an der Prozessfähigkeit

35 Prozesshandlungen, die von einem (auch später festgestellten) Prozessunfähigen oder gegen einen (auch später festgestellten) Prozessunfähigen vorgenommen werden, sind vom Gericht als **ungültig** zurückzuweisen, sofern sie nicht vom gesetzlichen Vertreter

oder, falls die Partei die Prozessfähigkeit im Laufe des Verfahrens erlangt, von dieser selbst (mit Wirkung ex tunc) genehmigt werden (GULDENER, ZPR, 130 und 285 f.; vgl. ZR 55 Nr. 7).

Fehlt die Prozessfähigkeit bei Anhängigmachung des Prozesses oder Einlegung eines Rechtsmittels, ist der Prozess zu **sistieren**. Liegt eine gesetzliche Vertretung bereits vor (z.B. ein Vormund), hat dieser indes nicht gehandelt, ist ihr unter Ansetzung einer Frist Gelegenheit einzuräumen, bereits erfolgte **Prozesshandlungen zu genehmigen** und den Prozess zu führen, unter der Androhung, dass andernfalls auf die Klage bzw. das Rechtsmittel nicht eingetreten oder dass die Ablehnung der Prozessführung seitens des gesetzlichen Vertreters angenommen werde (GULDENER, ZPR, 129; ZR 55 Nr. 7, 30 Nr. 98, 28 Nr. 168, zit. nach FRANK/STRÄULI/MESSMER, §§ 27/28 ZPO/ZH N 64b). Ist noch kein gesetzlicher Vertreter bestimmt, so ist die zuständige Behörde aufzufordern, eine **Vertretung zu bestellen**. Kommt es nicht zu einer Prozessführung durch einen gesetzlichen Vertreter, so beschliesst das Gericht auf die Klage einer prozessunfähigen Partei schliesslich **nicht einzutreten** (LEUENBERGER/UFFER-TOBLER, Art. 39 ZPO/SG N 1b m.w.H.). 36

Fehlt die Prozessfähigkeit des Beklagten nur hinsichtlich eines Teils der Klagebegehren, so ist bei mangelnder Zulässigkeit der Trennung der Rechtsbegehren die materielle Behandlung des ganzen Prozesses auszusetzen und dem Kläger Frist zur Verbesserung des Mangels einzuräumen unter der Androhung, dass sonst auf die ganze Klage nicht eingetreten werde (BGE 51 II 481, zit. nach FRANK/STRÄULI/MESSMER, §§ 27/28 ZPO/ZH N 64c). 37

Im Falle der Aberkennung der Postulationsfähigkeit der für den Prozessunfähigen handelnden Vertretung, ernennt das Gericht nach Art. 69 einen Rechtsbeistand (vgl. Komm. zu Art. 69). 38

Wird ein berechtigter Einwand der fehlenden Prozessfähigkeit erhoben, kann das Gericht eine **amtsärztliche Untersuchung** der betreffenden Partei anordnen, mit der Androhung, dass im Widerhandlungsfalle die Handlungsunfähigkeit angenommen werde (FRANK/ STRÄULI/MESSMER, §§ 27/28 ZPO/ZH N 64a). 39

Die Fähigkeit, vernunftgemäss zu handeln i.S.v. Art. 16 ZGB fehlt dem sog. **Querulanten**. Beim Entscheid darüber, ob ein Rechtsuchender als psychopathischer Querulant bezeichnet werden muss, dem die Prozessfähigkeit nicht zukommt, kann ausnahmsweise von einem psychiatrischen Gutachten abgesehen werden, wenn «das langjährige, allgemein bekannte prozessuale Verhalten der Partei zum zwingenden Schluss führt, dass die fraglichen Handlungen auf keinerlei vernünftigen Überlegungen mehr beruhen, sondern schlechterdings nur noch als Erscheinungsform einer schweren psychischen Störung gewürdigt werden können» (BGE 98 Ia 324, 325 E. 3; 118 Ia 236 ff.). Davon zu unterscheiden ist der Grundsatz, dass auf missbräuchlich erhobene Rechtsmittel nicht einzutreten ist, was allgemein gilt (LEUCH/MARBACH/KELLERHALS, Art. 35 ZPO/BE N 1g, m.H. auf BGE 111 Ia 148 ff.). 40

VI. IPR

Gemäss Art. 35 IPRG untersteht die Handlungsfähigkeit **natürlicher Personen** dem Recht am Wohnsitz. Ein Wohnsitzwechsel berührt die einmal erworbene Handlungsfähigkeit nicht. Massgebend ist der Wohnsitz im Zeitpunkt der Handlung, die Handlungsfähigkeit voraussetzt (ZK-VISCHER, Art. 35 IPRG N 13). Das auf die Prozessfähigkeit und Betreibungsfähigkeit anzuwendende Recht bestimmt sich nach Art. 35 IPRG (BSK 41

IPRG-GEISER/JAMETTI GREINER, Art. 35 N 8; zu den nicht unter Art. 35 IPRG fallenden Sonderanknüpfungen a.a.O., N 9):

42 Erkennt das Gesetz die Handlungsfähigkeit für ein bestimmtes Rechtsgeschäft der unmündigen Person zu, verlangt aber gleichzeitig die Mitwirkung des gesetzlichen Vertreters, so ist in Bezug auf die Fähigkeit, das Geschäft selbst abschliessen zu können, nach den Regeln über das entsprechende Rechtsgeschäft anzuknüpfen. Ergibt sich aber aufgrund von dem durch Art. 35 IPRG bestimmten Recht eine volle Handlungsfähigkeit, ist von der Zustimmung des gesetzlichen Vertreters abzusehen (BSK IPRG-GEISER/JAMETTI GREINER, Art. 35 N 11).

43 Zur Prozessfähigkeit der **Gesellschaften** i.S.v. Art. 150 IPRG, die sich gemäss Art. 154 IPRG i.V.m. Art. 155 lit. c IPRG nach dem Inkorporationsstatut richtet, vgl. Art. 66 N 61 ff. Zur Zweigniederlassung vgl. Art. 66 N 62; zur Prozessfähigkeit des Trusts vgl. Art. 66 N 49.

44 Werden **ausländische kollektive Kapitalanlagen** in oder von der Schweiz aus öffentlich vertrieben, so müssen die Fondsleitung und die Gesellschaft gemäss Art. 123 KAG vorgängig (schriftlich, vgl. Art. 128 KKV) einen Vertreter mit der Wahrnehmung der Pflichten nach Art. 124 KAG (Einhaltung der gesetzlichen Melde-, Publikations- und Informationspflichten sowie die Verhaltensregeln von Branchenorganisationen) beauftragen.

2. Kapitel: Parteivertretung

Art. 68

Vertragliche Vertretung

¹ Jede prozessfähige Partei kann sich im Prozess vertreten lassen.

² Zur berufsmässigen Vertretung sind befugt:
  a. in allen Verfahren: Anwältinnen und Anwälte, die nach dem Anwaltsgesetz vom 23. Juni 2000 berechtigt sind, Parteien vor schweizerischen Gerichten zu vertreten;
  b. vor der Schlichtungsbehörde, in vermögensrechtlichen Streitigkeiten des vereinfachten Verfahrens sowie in den Angelegenheiten des summarischen Verfahrens: patentierte Sachwalterinnen und Sachwalter sowie Rechtsagentinnen und Rechtsagenten, soweit das kantonale Recht es vorsieht;
  c. in den Angelegenheiten des summarischen Verfahrens nach Artikel 251 dieses Gesetzes: gewerbsmässige Vertreterinnen und Vertreter nach Artikel 27 SchKG;
  d. vor den Miet- und Arbeitsgerichten beruflich qualifizierte Vertreterinnen und Vertreter, soweit das kantonale Recht es vorsieht.

³ Die Vertreterin oder der Vertreter hat sich durch eine Vollmacht auszuweisen.

⁴ Das Gericht kann das persönliche Erscheinen einer vertretenen Partei anordnen.

2. Kapitel: Parteivertretung

Art. 68

Représentation conventionnelle

¹ Toute personne capable d'ester en justice peut se faire représenter au procès.

² Sont autorisés à représenter les parties à titre professionnel:
  a. dans toutes les procédures, les avocats autorisés à pratiquer la représentation en justice devant les tribunaux suisses en vertu de la loi fédérale du 23 juin 2000 sur la libre circulation des avocats;
  b. devant l'autorité de conciliation, dans les affaires patrimoniales soumises à la procédure simplifiée et dans les affaires soumises à la procédure sommaire, les agents d'affaires et les agents juridiques brevetés, si le droit cantonal le prévoit;
  c. dans les affaires soumises à la procédure sommaire en vertu de l'art. 251, les représentants professionnels au sens de l'art. 27 LP;
  d. devant les juridictions spéciales en matière de contrat de bail et de contrat de travail, les mandataires professionnellement qualifiés, si le droit cantonal le prévoit.

³ Le représentant doit justifier de ses pouvoirs par une procuration.

⁴ Le tribunal peut ordonner la comparution personnelle des parties qui sont représentées.

Rappresentanza contrattuale

¹ Ogni parte con capacità processuale può farsi rappresentare nel processo.

² Sono autorizzati a esercitare la rappresentanza professionale in giudizio:
  a. in tutti i procedimenti, gli avvocati legittimati ad esercitare la rappresentanza dinanzi a un tribunale svizzero giusta la legge del 23 giugno 2000 sugli avvocati;
  b. dinanzi all'autorità di conciliazione, nelle controversie patrimoniali in procedura semplificata, nonché nelle pratiche evase in procedura sommaria, i commissari e agenti giuridici patentati, se il diritto cantonale lo prevede;
  c. nelle pratiche evase in procedura sommaria secondo l'articolo 251 del presente Codice, i rappresentanti professionali a tenore dell'articolo 27 LEF;
  d. dinanzi al giudice della locazione e al giudice del lavoro, i rappresentanti professionalmente qualificati, se il diritto cantonale lo prevede.

³ Il rappresentante deve legittimarsi mediante procura.

⁴ Il giudice può ordinare la comparizione personale delle parti rappresentate.

Inhaltsübersicht

	Note
I. Allgemeines	1
II. Abs. 1	2
III. Abs. 2	6
1. lit. a	8
2. lit. b	10
3. lit. c	12
4. lit. d	13
IV. Abs. 3	14
V. Abs. 4	19

I. Allgemeines

Abs. 1 der Norm hält fest, dass prozessfähige Parteien (vgl. zur Prozessfähigkeit Art. 67) sich im Zivilprozess vertraglich (durch eine natürliche, handlungsfähige Person mit besonderen Fähigkeiten) vertreten lassen können, aber nicht müssen. Es besteht somit für den schweizerischen Zivilprozess grundsätzlich **kein Vertretungsobligatorium**, mithin kein sog. Anwaltszwang. Das Recht, sich vor Gericht vertreten und beraten zu lassen, entspringt dem Anspruch auf rechtliches Gehör (vgl. FRANK/STRÄULI/MESSMER, § 29 ZPO/ZH N 2). Abs. 2 der Bestimmung hält fest, wer zur berufsmässigen Vertretung befugt ist, während Abs. 1 festhält, dass sich jede prozessfähige Partei im Prozess vertreten lassen kann. Zugelassen ist nach Abs. 1 eine beliebige (postulationsfähige) Vertrauensperson, somit auch Juristen ohne Anwaltspatent und sogar Laien (vgl. GASSER/RICKLI, Art. 68 ZPO N 2). Abs. 3 und 4 der Norm beinhalten formelle Aspekte, nämlich einerseits die Pflicht, dass sich der Vertreter – trotz zivilrechtlicher Formfreiheit der Vollmachtserteilung – durch eine (schriftliche) Vollmacht gegenüber dem Gericht ausweisen muss und andererseits das Recht des Spruchkörpers, das persönliche Erscheinen – unabhängig von der Verfahrensart – der vertretenen Partei anordnen zu können.

II. Abs. 1

2 Abs. 1 spricht positiv aus, dass sich jede Partei einen beliebigen **gewillkürten Parteivertreter** bestellen kann. Die Feststellung, wonach jede prozessfähige Partei sich im Prozess vertreten lassen kann, beschlägt nicht die Fragen nach dem unentgeltlichen anwaltschaftlichen Rechtsbeistand (Art. 117 ff.) oder der Bestellung eines Vertreters bei erstellter Postulationsunfähigkeit (Art. 69). Ebensowenig werden in Abs. 1 der Bestimmung die Vertretungsverhältnisse im Zivilrecht (Handlungen juristischer Personen durch ihre Organe, Fragen der gesetzlichen Vertretung etc.) geregelt (vgl. hierzu BSK BGG-MERZ, Art. 40 N 3). Die Vertretung nach Abs. 1 darf nicht berufsmässig (vgl. hierzu N 6 nachstehend) ausgeübt werden (vgl. GASSER/RICKLI, N 68 N 2).

3 Ein Ausschluss bzw. «Verbot» der vertraglichen Vertretung für bestimmte Prozesse (wie z.B. im Arbeitsprozess bis zu einer gewissen Streitwertgrenze), wie dies gewisse kantonale Vorschriften vorsehen, wird durch Abs. 1 derogiert (vgl. hierzu STREIFF/VON KAENEL, Art. 343 OR N 13).

4 Das Recht, sich vertreten zu lassen, setzt **Prozessfähigkeit des Vertreters** voraus; Prozesshandlungen, die von einem prozessunfähigen Vertreter vorgenommen werden, sind vom Gericht als unzulässig zurückzuweisen, weil er nicht mit Wirkung für die Partei handeln kann. Hingegen kann eine prozessfähige Partei – bei Prozessunfähigkeit des für sie ernannten Beistandes – die Prozesshandlungen genehmigen, womit sie ex tunc geheilt werden (vgl. FRANK/STRÄULI/MESSMER, § 29 ZPO/ZH N 2, m.H. auf GULDENER, 232 [Ziff. 4d], 286).

5 Voraussetzung für die Zulässigkeit einer Mehrheit von Prozessvertretern im gleichen Verfahren ist, dass die von ihnen vorgenommenen Prozesshandlungen nicht in einem unauflösbaren Widerspruch zueinander stehen (vgl. FRANK/STRÄULI/MESSMER, § 29 ZPO/ZH N 3, m.H. auf ZR 76 Nr. 66).

III. Abs. 2

6 Abs. 2 bestimmt, welche Voraussetzungen eine Person erfüllen muss, um eine andere Person in bestimmten Verfahren vor den zuständigen Behörden beruflich vertreten zu können. Eine berufsmässige Vertretung liegt dann vor, wenn die betreffende Person «in einer unbestimmten oder unbegrenzten Zahl von Fällen für andere Prozesse führt oder zu führen bereit ist; ob gegen oder ohne Entgelt, ist von untergeordneter Bedeutung» (vgl. ZR 61 [1962] Nr. 1). Ist die Vertretung lediglich eine einmalige (bezahlte oder unbezahlte), liegt keine Berufsmässigkeit vor (vgl. hierzu WALDER/GROB, § 10 N 11). Andere, die Voraussetzungen nicht erfüllende Personen können keine gültigen Rechtshandlungen für

die von ihnen vertretene Partei vornehmen, es sei denn, die Voraussetzungen von Abs. 1 seien erfüllt. Für die vom entsprechende Voraussetzungen erfüllenden Vertreter angegangene Behörde heisst dies umgekehrt, dass diese gültig mit ihm als Vertreter der Partei sämtliche Willenserklärungen auszutauschen hat (tut sie es nicht, ist die entsprechende Rechtshandlung mangelhaft; dennoch kann sie Rechtswirkungen entfalten [vgl. hierzu BSK BGG-MERZ, Art. 40 N 23 a.E.]). In diesem Zusammenhang stellt sich die Frage, ob das Gericht eventuelle Beschränkungen in der Vollmacht (die die Vertretungsbefugnis beschlagen) zu beachten hat. Nach der hier vertretenen Auffassung hat die Behörde nicht explizit abzuklären, ob die nach Aussen durch den Vertreter kundgegebene Vertretung umfassend ist oder nicht (Vertretungsmacht). Sie kann somit in der Regel davon ausgehen, dass der Vertreter zu sämtlichen rechtlich zulässigen Rechtshandlungen ermächtigt ist, es sei denn, es sei – etwa in einem separaten Schreiben – darauf aufmerksam gemacht worden, welche expliziten Rechtshandlungen der Vertreter nicht namens der Partei vornehmen dürfe. Letzterenfalls hat die Behörde den Vertreter für jene Rechtshandlungen als nicht befugt zu qualifizieren und dementsprechend diese nicht als im Namen der Prozesspartei abgegeben zu beachten. Werden sie dennoch durch die Vertretung abgegeben, handelt diese als *falsus procurator*, die Prozesshandlung ist unbeachtlich und die entsprechend dadurch entstandenen Kosten sind dem (diesbezüglich) falschen Vertreter aufzuerlegen. In Zivil- (und Strafsachen) können Parteien vor Bundesgericht nach Art. 40 Abs. 1 BGG nur von Anwälten und Anwältinnen vertreten werden, die nach dem Anwaltsgesetz vom 23.6.2000 oder nach einem Staatsvertrag berechtigt sind, Parteien vor schweizerischen Gerichtsbehörden zu vertreten. Erweiterungen wie sie in Art. 68 Abs. 2 lit. b, c und d stipuliert sind, sind vor Bundesgericht nicht vorgesehen

Neben dem Vertreter kann die vertretene Partei freilich stets und rechtsgültig gegenüber der Behörde Rechtshandlungen vornehmen, zumal sie durch die gewillkürte Vertretung ihre Postulationsfähigkeit – im Gegensatz zu Art. 69 – nicht einbüsst. Es stellt sich die Frage, ob bei direkten Eingaben der vertretenen Partei die Behörde vermuten müsse, dass damit die Vollmacht des Vertreters als widerrufen gilt. Dies darf nicht leichthin angenommen werden. Ein konkludenter Widerruf könnte höchstens darin gesehen werden, dass die Partei Anträge stellt, die in klarem Widerspruch zu den vom Vertreter formulierten Begehren stehen. Im Prinzip ist es aber an der Partei, dem Gericht einen solchen Widerruf hinreichend klar zu kommunizieren. Ist dies nicht der Fall, muss das Gericht Akten, Verfügungen und Entscheide weiterhin dem Parteivertreter und nicht der Partei zustellen (vgl. Art. 137 sowie BSK BGG-MERZ, Art. 40 N 12 m.H. auf BGE 113 Ib 296, 298 E. 2b; vgl. ferner KGer VS vom 24.6.2008, in: ZWR 2009, 131, sowie in: ius.focus Oktober 2009, 16, m.V. auf BVGer B-6713/2007 vom 18.7.2008 für das Verwaltungsverfahren). 7

1. lit. a

Art. 68 Abs. 2 lit. a sieht vor, dass Rechtsanwälte gemäss dem Bundesgesetz vom 23.6.2000 über die Freizügigkeit der Anwältinnen und Anwälte (Anwaltsgesetz, BGFA, SR 935.61) berechtigt sind, Parteien in allen Verfahren vor schweizerischen Gerichten zu vertreten. Mit «allen Verfahren» sind sämtliche Verfahren, die von Art. 1 erfasst sind, gemeint. Vor den Schlichtungsbehörden gilt Art. 204 (Abs. 2) und vor Schiedsgerichten Art. 373 Abs. 5. Wer als Rechtsanwalt gilt, ist im Anwaltsgesetz geregelt, auf welches hier integral verwiesen wird (vgl. hierzu K. SCHILLER, Schweizerisches Anwaltsrecht – Grundlagen und Kernbereich, Zürich 2009; W. FELLMANN/G. ZINDEL [Hrsg.], Kommentar zum Anwaltsgesetz, Zürich/Basel/Genf 2005; B. EHLE/D. SECKLER, Die Freizügigkeit europäischer Anwälte in der Schweiz, in: Anwaltsrevue 2005, 269 ff.; M. VALICOS/B. CAPPUIS/CH.M. REISER, Commentaire de la loi fédérale sur la libre circulation des avocats [Loi sur les avocats, LLCA], Basel 2009). 8

9 Die Rechtspraktikanten sind in lit. a nicht aufgeführt. Wie Nationalrat YVES NIDEGGER in der parlamentarischen Debatte festhielt, sei es die Auffassung des Bundesrates, dass auch die (zugelassenen) Rechtspraktikanten zum Zivilprozess gemäss lit. a zugelassen sind, mithin durch die genannte Norm nicht eingeschränkt sind (vgl. AmtlBull NR 2008 N 648). Die Zulassung richtet sich nach kantonalem Recht.

2. lit. b

10 Nach Art. 68 Abs. 2 lit. b sind für die Verfahren vor den Schlichtungsbehörden (vgl. hierzu Art. 197 ff. bis und mit der Erteilung der Klagebewilligung [Art. 209], indes nicht für die Einreichung der Klagebewilligung mit der Klage [Art. 220 f.]) in vermögensrechtlichen Streitigkeiten des vereinfachten Verfahrens (Art. 243 ff.) sowie in den Angelegenheiten des summarischen Verfahrens (Art. 248 ff.) **auch** patentierte Sachwalter sowie Rechtsagenten (franz. «agents d'affaires brevetés», z.B. in den Kantonen GE, LU, VD und SG) zur Vertretung befugt, sofern das entsprechende kantonale Recht es vorsieht. In ordentlichen und familienrechtlichen Verfahren sind diese somit nicht zugelassen. Ist eine Person in einem Kanton zugelassen (z.B. als Rechtsagentin im Kanton St. Gallen), so kann sie im Zulassungskanton und denjenigen Kantonen, wo die entsprechende ausserkantonale Zulassung anerkannt wird, entsprechend auftreten, in anderen Kantonen indes nicht (z.B. der sankt-gallische Rechtsagent im Kanton Graubünden nach derzeit geltender Gesetzeslage).

11 Eine kantonale Norm, welche vorsieht, dass der Rechtsagent (Gleiches gilt für die Sachwalter) weitergehende Rechtsvertretungsbefugnisse als Art. 68 Abs. 2 lit. b dies vorsieht, inne habe, ist nichtig. Es gilt ausschliesslich die letztgenannte Norm (vgl. hierzu NR YVES NIDEGGER, in: AmtlBull NR 2008 N 649). Möglich ist indes, dass der Kanton die Kompetenzen weiter beschränkt (z.B. mittels Zulassung nur für vermögensrechtliche Streitigkeiten des vereinfachten Verfahrens, nicht in Angelegenheiten des Summarverfahrens) (vgl. so GEISSER/RICKLI, Art. 68 ZPO N 6).

3. lit. c

12 Gemäss Art. 68 Abs. 2 lit. c sind für Angelegenheiten des summarischen Verfahrens nach Art. 251 **auch** gewerbsmässige Vertreter nach Art. 27 SchKG zugelassen. Es wird hier integral auf die entsprechende Komm. verwiesen: BSK SchKG-ROTH, zu Art. 27.

4. lit. d

13 Schliesslich erlaubt Art. 68 Abs. 2 lit. d, dass vor den Miet- und Arbeitsgerichten beruflich qualifizierte Vertreter, sofern das kantonale Recht es vorsieht, **ebenfalls** als Vertreter zugelassen werden. Ob jemand als beruflich qualifizierter Vertreter zu qualifizieren ist, entscheidet ausschliesslich das kantonale Recht. Gleiches gilt für die Frage, ob – für Kantone ohne spezielle Fachgerichte für Miet- und Arbeitsstreitigkeiten – die entsprechende Person beim ordentlichen Zivilgericht in Miets- und Arbeitsrechtsstreitigkeiten als Vertreter auftreten kann. Gemäss der ratio legis von Art. 68 Abs. 2 lit. d (Wortlaut zwar: «vor Miet- und Arbeits*gerichten*») muss nach der hier vertretenen Auffassung ausschlaggebend sein, ob der kantonale Gesetzgeber – unabhängig von einem Streitwert und damit auch ausserhalb der Offizialmaxime – beruflich qualifizierte Vertreter zulassen will. Ist dies der Fall, müssen diese unabhängig von der betreffenden Gerichtsorganisation, d.h. u.U. vor den ordentlichen Zivilgerichten, zur Vertretung zugelassen sein. Eine ungleiche Behandlung zwischen Kantonen, die über Fachgerichte verfügen und Kantonen, die über keine Fachgerichte verfügen, rechtfertigt sich von der Sache her nicht und würde unzulässigerweise (indirekt) in die den Kantonen vorbehaltenen Gerichtsorgansa-

tionsautonomie eingereifen und gleichzeitig Art. 68 Abs. 2 lit. d verletzen (a.M. GEISSER/RICKLI, Art. 68 ZPO N 7).

IV. Abs. 3

Abs. 3 verlangt, dass der Vertreter sich durch eine schriftliche Vollmacht der vertretenen Partei dem Spruchkörper gegenüber auszuweisen hat. Die Vollmachtserteilung unterliegt nach Zivilrecht keiner Formvorschrift; Abs. 3 dient der prozessualen Rechtssicherheit und ist demnach durch den Spruchkörper von Amtes wegen zu prüfen. Die Vollmacht kann **in Kopie** eingereicht werden; falls vom Spruchkörper (bzw. dessen Instruktionsrichter) oder einer anderen prozessbeteiligten Partei begründete Zweifel an der Echtheit aufkommen, kann der Instruktionsrichter das Original einfordern.

Die Vollmacht braucht lediglich vor der ersten Instanz eingelegt zu werden. Vor Rechtsmittelinstanzen ist sie nur dann einzulegen, wenn sie sich nicht mehr in den der Rechtsmittelinstanz durch die Vorinstanz vorzulegenden Akten befindet oder der Vertreter bzw. die Vertreterin nicht auf die in den Vorakten sich befindende Vollmacht verweist. Bestehen Zweifel an der nach wie vor bestehenden Bevollmächtigung (etwa aufgrund des «Alters» der Vollmacht, wobei hier nicht allzu strenge Anforderungen zu stellen sind), kann der Spruchkörper bzw. dessen Instruktionsrichter jederzeit die Vorlage einer «neuen» Vollmacht verlangen. Die Vorlage einer aktuellen Vollmacht rechtfertigt sich jedenfalls nach Ablauf von fünf Jahren seit der Ausstellung der bestehenden Vollmacht.

Wird die Vollmacht nicht von sich aus durch den Vertreter vorgelegt, ist ihm eine angemessene (verlängerbare) Frist zu deren Einreichung zu setzen. Dies verbunden mit der Androhung, dass seine Rechtshandlungen ansonsten unbeachtet bleiben. Dem Instruktionsrichter steht frei, die Aufforderung direkt auch der betroffenen Partei zuzustellen.

Wird die Vollmacht nicht innert Frist vorgelegt, ist davon auszugehen, dass die als Parteivertreter auftretende Person nicht bevollmächtigt ist (*falsus procurator*). Sämtliche Handlungen, die der *falsus procurator* vorgenommen hat, dürfen demnach nicht beachtet werden. Durch die nicht legitimierte Vertretung entstandene und entstehende Kosten und Auslagen, können dem *falsus procurator* auferlegt werden (vgl. BSK BGG-MERZ, Art. 40 N 43 m.H. auf BGer, 29.3.2007, 2A.29/2009, E. 4). Je nach Art der Umstände, wie die Eigenschaft des *falsus procurators* entstanden ist, ist der nicht vertretenen Partei das Recht einzuräumen, die nicht beachteten Prozesshandlungen zu wiederholen (vgl. BSK BGG-MERZ, Art. 40 N 44 auch m.H. auf BGer., 20.3.1992, 2A.419/1990 und weitere Judikatur).

Sämtliche Akten, die dem *falsus procurator* durch das Gericht zugänglich gemacht bzw. zugestellt worden sind, sind nach fruchtlosem Ablauf der Frist zur Einreichung einer Vollmacht freilich der betreffenden Partei zugänglich zu machen bzw. zuzustellen.

V. Abs. 4

Nach **Art. 204** müssen die Parteien persönlich zur Schlichtungsverhandlung erscheinen; die Ausnahmen hievon sind in Art. 204 Abs. 3 aufgeführt. Gemäss **Art. 273** sowie **Art. 278** müssen die Parteien im Summar- bzw. Scheidungsverfahren zwingend persönlich zu den Verhandlungen erscheinen, sofern das Gericht sie nicht wegen Krankheit, Alter oder anderen wichtigen Gründen dispensiert.

In allen anderen Verfahren brauchen rechtsgültig vertretene Parteien **nicht** zu den Verhandlungen zu erscheinen, es sei denn, das Gericht ordnet das persönliche Erscheinen einer vertretenen Partei nach Art. 68 Abs. 4 an. Mit «Gericht» ist sowohl der gesamte Spruchkörper, aber vorab der Instruktionsrichter gemeint, kann es doch nicht angehen, dass das Gesamtgericht bloss für die Frage, ob eine vertretene Partei persönlich zu erscheinen hat, eigens zu tagen hat.

21 Das «persönliche Erscheinen» nach Abs. 4 der Bestimmung ist bei einer nicht anwaltlich vertretenen **Gesellschaft oder juristischen Person** dann gegeben, wenn das entsprechende Organ erscheint, da dieses den Willen der juristischen Person zum Ausdruck gibt (vgl. Art. 55 Abs. 1 ZGB). Für STAEHELIN/STAEHELIN/GOLIMUND, § 20 N 19, reicht es, wenn eine im Handelsregister kollektiv zu zweien zeichnungsberechtigte Person, ein im Handelsregister eingetragener Prokurist (Art. 458 ff. OR) oder ein in anderer Funktion eingetragener Zeichnungsberechtigter, sofern er über eine von einem weiteren Zeichnungsberechtigten unterzeichnete Vollmacht verfügt, in der er ermächtigt wird, einen Vergleich abzuschliessen, erscheint. Die Anwesenheit eines Handlungsbevollmächtigten ist nur ausreichend, wenn dieser allgemein zur Prozessführung ermächtigt worden ist (Art. 462 Abs. 2 OR).

22 Entgegen bestehenden Zivilprozessordnungen (wie z.B. § 29 Abs. 3 ZPO/ZH) kann der Instruktionsrichter infolge fehlender direkter Norm grundsätzlich **keine Ordnungsbusse** androhen, falls die vertretene Partei – trotz Aufforderung – persönlich nicht erscheint. Erscheint der Vertreter ohne die vertretene Partei, kann die Verhandlung durchgeführt werden. Erscheint die Partei (ohne Vertreter) nicht, treten die Säumnisfolgen ein (beim Schlichtungsverfahren nach Art. 206, bei den übrigen Verfahren nach Art. 147; vgl. hierzu die entsprechenden Komm.). Allenfalls kann eine Ordnungsbusse dann ausgesprochen werden, wenn im Vorladungsschreiben darauf explizit verwiesen wird, das Erscheinen der Partei unerlässlich ist, mithin das Nichterscheinen eine «Störung des Geschäftsganges» nach **Art. 128 Abs. 1** darstellen würde. Letzteres dürfte aber nicht oft vorliegen.

Art. 69

Unvermögen der Partei	[1] **Ist eine Partei offensichtlich nicht im Stande, den Prozess selbst zu führen, so kann das Gericht sie auffordern, eine Vertreterin oder einen Vertreter zu beauftragen. Leistet die Partei innert der angesetzten Frist keine Folge, so bestellt ihr das Gericht eine Vertretung.**
	[2] **Das Gericht benachrichtigt die Vormundschaftsbehörde, wenn es vormundschaftliche Massnahmen für geboten hält.**
Incapacité de procéder	[1] Si une partie est manifestement incapable de procéder elle-même, le tribunal peut l'inviter à commettre un représentant. Si la partie ne donne pas suite à cette injonction dans le délai imparti, le tribunal en désigne un.
	[2] Le tribunal avise l'autorité compétente lorsque des mesures tutélaires lui paraissent indiquées.
Parte incapace di condurre la propria causa	[1] Se una parte non è manifestamente in grado di condurre la propria causa, il giudice può ingiungerle di far capo a un rappresentante. Se la parte non ottempera a tale ingiunzione entro il termine impartito, il giudice le designa un rappresentante d'ufficio.
	[2] Il giudice avvisa l'autorità tutoria se reputa che si debbano adottare misure tutelari.

2. Kapitel: Parteivertretung 1–5 **Art. 69**

Inhaltsübersicht Note

	Note
I. Allgemeines	1
1. Einleitung zu Abs. 1	5
2. Einleitung zu Abs. 2	7
II. Abs. 1	8
1. «offensichtlich nicht im Stande, den Prozess selbst zu führen»	8
2. Feststellung und Wirkungen der Postulationsunfähigkeit	16
III. Abs. 2	27

I. Allgemeines

Im schweizerischen Zivilprozess besteht dem Grundsatze nach kein Anwaltszwang (vgl. hierzu Art. 68 N 1). Der Prozesspartei kann deshalb in eigener Person ohne Prozessbevollmächtigte auftreten und selbstständig Anträge stellen (sog. Postulationsfähigkeit; BGE 132 I 1, 5 E. 3.2; VOGEL/SPÜHLER, 5. Kap. Rz 142). Art. 69 beschlägt ausschliesslich die Frage der Postulationsfähigkeit und ist von der in Art. 67 geregelten Prozessfähigkeit abzugrenzen (vgl. Komm. zu Art. 67). 1

Die Bestellung eines Vertreters nach Art. 69 ist von der gerichtlichen Bestellung eines Rechtsbeistandes nach Art. 118 Abs. 1 lit. c zu unterscheiden, welche voraussetzt, dass die entsprechende Person nicht über die erforderlichen Mittel verfügt und ihr Rechtsbegehren nicht aussichtslos erscheint (Art. 117). 2

Für die Anordnungen im Rahmen von Art. 69 ist grundsätzlich der entsprechende Instruktionsrichter des angerufenen Gerichts zuständig (vgl. SEILER/VON WERDT/GÜNGERICH, Art. 41 BGG N 2). Der Instruktionsrichter kann in jedem Verfahrensstadium prüfen, ob die Postulations- und Prozessfähigkeit gegeben sind, wobei die Vermutung dafür spricht, dass diese Verfahrensvoraussetzungen erfüllt sind (vgl. BGE 118 Ia 236, 238 E. 2b). Wurde im erstinstanzlichen Verfahren Art. 69 nicht angewendet, wird die Postulationsfähigkeit i.d.R. weiterhin anzunehmen sein (vgl. BGer, 7B.71/2006). Wurde der Zustand der Postulationsunfähigkeit in erster Instanz rechtskräftig festgestellt, besteht demgegenüber die Vermutung, dass dieser Zustand vor den Rechtsmittelinstanzen weiter besteht. 3

Der Instruktionsrichter hat den Anspruch der betroffenen Partei auf rechtliches Gehör gemäss Art. 29 Abs. 2 BV zu beachten. 4

1. Einleitung zu Abs. 1

Entsprechend verschiedenen kantonalen Prozessordnungen sieht Absatz 1 vor, dass das Gericht eine Partei, die ihre Sache selber vertritt, auf unzweckmässige oder gar schlechte Prozessführung hinweisen und ihr den Beizug einer Rechtsanwältin oder eines Rechtsanwaltes nahe legen kann. Kommt die Partei dieser Aufforderung nicht nach, so bestellt ihr das Gericht einen Vertreter oder eine Vertreterin («Anwalts»-zwang; implizite Aberkennung der Postulationsfähigkeit). Damit übernimmt Art. 69 Abs. 1 die Regelung von Art. 41 Abs. 1 BGG. Gemäss Botschaft hat die beigeordnete Vertretung «eine ähnliche Stellung zu ihrem Klienten oder ihrer Klientin und zum Staat wie die notwendige Verteidigung im Strafprozess». Die Partei – so die Botschaft weiter – hat, unentgeltliche Rechtspflege (recte: unentgeltliche anwaltschaftliche Verbeiständung) vorbehalten, die damit verbundenen Kosten und Vorschüsse selber zu tragen (vgl. BOTSCHAFT ZPO, 7280). 5

6   Aufgrund des ausdrücklichen Wortlautes kann der Instruktionsrichter je nach Verfahren einen Vertreter zuordnen, der im entsprechenden Verfahren gemäss Art. 68 die Vertretung übernehmen darf. Es steht ihm aber ausdrücklich offen, einen «höher» qualifizierten Vertreter für das entsprechende Verfahren beizuordnen. So steht es dem Instruktionsrichter offen, in vermögensrechtlichen Streitigkeiten des vereinfachten Verfahrens anstatt einen Rechtsagenten (Art. 68 Abs. 2 lit. b) eine Rechtsanwältin (Art. 68 Abs. 2 lit. a) beizugeben. Vor Bundesgericht können nur Rechtsanwältinnen oder Rechtsanwälte zugeordnet werden (vgl. Art. 40 Abs. 1 i.V.m. Art. 41 Abs. 1 BGG).

2. Einleitung zu Abs. 2

7   Bestehen Zweifel an der Prozessfähigkeit und hält das Gericht vormundschaftliche Massnahmen für geboten, so benachrichtigt es gemäss Abs. 2 die Vormundschaftsbehörde. Gegebenenfalls sistiert das Gericht den Prozess gemäss Art. 126 und wartet die Anordnung vormundschaftlicher Massnahmen ab.

II. Abs. 1

1. «offensichtlich nicht im Stande, den Prozess selbst zu führen»

a) Allgemeines

8   Nur für den Fall, dass eine Partei «offensichtlich nicht im Stande ist, den Prozess selbst zu führen», sieht das Gesetz vor, dass das Gericht vom Grundsatz des fehlenden Vertretungszwanges abweichen kann, zumal jede prozessfähige Partei berechtigt ist, den eigenen Prozess selber zu führen und Anträge zu stellen (Postulationsfähigkeit; vgl. hierzu BGE 132 I 1, 5 E. 3.1 und 3.2). An den Entzug der Postulationsfähigkeit sind **strenge Voraussetzungen** zu stellen, zumal der Gesetzeswortlaut nur dann ein diesbezügliches Eingreifen vorsieht, wenn die Postulationsfähigkeit «offensichtlich» nicht gegeben ist (vgl. ferner BGer, 29.3.1994, 4P.303/1993, E. 2c, Rep 1993, 249: Unfähigkeit zur Prozessführung sollte **nicht leichthin** angenommen werden). Als offensichtlich unfähig, einen Prozess selbst zu führen, ist eine Person dann zu beurteilen, wenn sie (aus physischen und/oder intellektuellen oder anderen Gründen) nicht in der Lage ist, den Prozess zu führen. Dabei ist die Fähigkeit, die eigene Sache gehörig zu führen, **nicht nur** *isoliert* **bezogen auf eine besondere Prozesshandlung** zu beurteilen, sondern danach zu bemessen, ob die betreffende Partei fähig ist, ihre *Sache als Ganzes* gehörig zu führen (vgl. BGE 132 I 1, 5 E. 3.3 m.H. auf ZR 1997, 250 ff.). Die Botschaft hält allgemein fest, dass dann einer Partei ein Rechtsbeistand bestellt werden kann, wenn der Prozess «unzweckmässig oder gar schlecht» geführt wird (BOTSCHAFT ZPO, a.a.O.). Der Instruktionsrichter hat zu beurteilen, ob die Fähigkeit, zu verstehen, was im Prozess wichtig bzw. unwichtig ist, im Hinblick auf die noch vorzunehmenden Prozesshandlungen vorhanden ist. Dabei muss bei der Gesamtbetrachtung des Prozessgebarens die Unfähigkeit der Partei klar zu Tage treten (vgl. hierzu auch das Urteil der I. Zivilkammer des OGer ZH vom 15.7.2004, Nr. LB030052).

9   Wie bereits ausgeführt, handelt es sich bei Art. 69 Abs. 1 um eine **«kann»-Vorschrift**. Als Folge des Grundsatzes des fairen Verfahrens (Art. 5, 9 und 29 BV, Art. 6 EMRK) und der Waffengleichheit der Parteien erscheint die Bestellung eines Parteivertreters zumindest dann geboten, wenn es zu verhindern gilt, dass die betroffene Partei nur zu einem **Objekt des Verfahrens** wird (vgl. so BSK BGG-MERZ, Art. 41 N 6). Die blosse Tatsache, dass die Gegenseite durch einen Rechtsbeistand vertreten wird, reicht für die Aberkennung der Postulationsfähigkeit indes nicht (vgl. hierzu Art. 118 Abs. 1 lit. c).

Ohne das Vorliegen besonderer Anhaltspunkte hat das Gericht nicht zu prüfen, ob eine Prozesshandlung einer Partei allein oder im Zusammenhang mit früheren Prozesshandlungen auf deren allfällige Unfähigkeit, ihre Sache gehörig zu vertreten, hinweise. Die Ansprüche an die richterliche Fragepflicht dürfen in diesem Zusammenhang nicht überspannt werden. Eine allfällige Fragepflicht hinsichtlich der Abklärung der Frage, ob eine Partei ihre Sache selbst gehörig führen kann, ist erst anzunehmen, wenn **klare Anzeichen für das Fehlen dieser Fähigkeit** gegeben sind (vgl. hierzu ZR 1997 Nr. 117).

b) Anwendungsfälle

Ohne Anspruch auf Vollständigkeit seien hiernach Fälle umschrieben, bei denen Art. 69 zur Anwendung gelangen kann. Dabei handelt es sich um handlungsfähige Parteien, die aufgrund bestimmter Umstände offensichtlich nicht in der Lage sind, das konkrete Gerichtsverfahren selbst zu führen (vgl. zu den nachstehenden Ausführungen BSK BGG-MERZ, Art. 41 N 12 ff.):

aa) Analphabetismus und Unbeholfenheit

Handelt es sich bei der betroffenen Partei um einen Analphabeten oder jemanden, der anderweitig völlig unbeholfen auftritt (was vorab aus den Rechtsschriften oder einem persönlichen Auftritt abgeleitet werden kann), ist vorab die Unfähigkeit zur Prozessführung zu prüfen (Prozessunfähigkeit). Bei einer bloss lückenhaften Rechtsschrift eines Laien, wozu auch die Unterlassung von Einwänden gegen die gegnerische Forderung zählt (vgl. BGer, 29.3.1994, 4P.303/1993, E. 2c, Rep 1994, 249), liegt in keinem Falle Postulationsunfähigkeit vor; in solchen Fällen hat das Gericht von sich aus die Rechtsschrift zur Verbesserung zurückzuweisen.

bb) Fremdsprachige Prozesspartei

Das Bundesgericht hat es bislang abgelehnt, Massnahmen, welche materiell Art. 69 entsprechen (Art. 29 Abs. 5 OG, Art. 41 BGG) bei Nicht-Beherrschen der Verfahrenssprache anzuordnen (vgl. BGer, 2.6.2003, 6P.95/2002, E. 9.3). Hat die Partei Mittel und Möglichkeiten, sich die Prozessakten übersetzen zu lassen, führt dies nicht zu Problemen. Ist die Partei zur Bestellung eines Rechtsbeistandes oder Übersetzers nicht im Stande, darf das Gericht keine hohen Anforderungen (BSK BGG-MERZ, Art. 41 N 15: «niedrige Anforderungen») an die Eingaben der Partei stellen. Ist die Partei nicht fähig, sich in der Verfahrenssprache auszudrücken und verfügt sie nicht über Mittel und Möglichkeiten, einen Rechtsanwalt oder Dolmetscher zu bestellen, ist der Beizug eines Übersetzers durch das Gericht angezeigt (vgl. BGer, 27.2.2007, 2C.29/2007, E. 1, und 12.3.2007, 2C.17/2001, wo das Bundesgericht fremdsprachige Beschwerden von Ausländern in Ausschaffungs- oder Vorbereitungshaft regelmässig von sich aus und auf eigene Kosten übersetzen lässt).

cc) Abwesenheit der Partei

Die Abwesenheit einer Partei kann und soll i.d.R. mit Fristverlängerungen oder Sistierung des Verfahrens überbrückt werden, wenn die Abwesenheit nicht absichtlich zur Verfahrensverzögerung durch die entsprechende Partei veranlasst wurde. Länger dauernde Abwesenheiten (wie z.B. solche aufgrund unverschuldeter Verhinderung wie Krankheit, Unfall etc.) können zur Anwendung von Art. 69 führen, wenn das Verfahren da-

dd) Störung des Verfahrens

15 Stört eine Partei wiederholt und in schwerer Weise durch ihr Verhalten das Verfahren, erscheint ihr Verhalten als querulatorisch und offensichtlich rechtsmissbräuchlich, ist die Anwendung von Art. 69 zu prüfen (vgl. SPÜHLER/DOLGE/VOCK, Art. 41 BGG N 1). Dies ist nicht dann schon gegeben, wenn die Partei durch eigene Emotionsbekundungen Prozessnachteile erleidet. Unnötige Weitschweifigkeiten oder Querulieren kann mit den Massnahmen nach Art. 128 und Art. 132 Abs. 3 begegnet werden.

2. Feststellung und Wirkungen der Postulationsunfähigkeit

a) Einleitung

16 Bevor zur formellen Feststellung der Postulationsunfähigkeit geschritten wird, ist der Partei vorteilhafterweise durch den Instruktionsrichter nahe zu legen, freiwillig einen Vertreter zu bestellen, um so die entsprechenden Verfahren nicht einleiten zu müssen. Dies kann und soll unter Hinweis auf die Möglichkeit des Instruktionsrichters erfolgen, die Bestellung eines Vertreters könne über Art. 69 erzwungen werden (vgl. hierzu auch BSK BGG-MERZ, Art. 41 N 22).

b) Feststellungsverfahren

17 Wird die Postulationsunfähigkeit einmal durch den Instruktionsrichter festgestellt, so hat dies in der Form einer prozessleitenden Verfügung zu erfolgen. Als Feststellung des Nicht-Bestehens der Postulationsfähigkeit ist bereits die blosse formelle Aufforderung zu verstehen, innert Frist einen Vertreter zu bestellen, ansonsten ein solcher nach Art. 69 ZPO durch das Gericht ernannt werde.

18 Nachdem das Verfahren zur Feststellung der Postulationsfähigkeit bzw. -unfähigkeit – unter Wahrung des rechtlichen Gehörs der betreffenden Partei – rechtskräftig abgeschlossen ist, hat der Instruktionsrichter die betreffende Partei aufzufordern, innert (verlängerbarer) Frist eine Vertreterin oder einen Vertreter zu beauftragen. Dies hat – wie bereits die Feststellung der Postulationsunfähigkeit – in schriftlicher Form zu geschehen mit dem Hinweis, ab welchem Zeitpunkt die Postulationsfähigkeit aberkannt wurde. Fehlt der Hinweis, ist zu vermuten, dass das Datum der Aufforderung massgebend ist. An die Begründung der genannten Feststellung sind hohe Anforderungen zu stellen, zumal durch die Feststellung vom Grundsatz des fehlenden Vertretungszwangs im Einzelfall abgewichen wird und einer Person die Postulationsfähigkeit entzogen wird. Zusammen mit der Fristansetzung für die Bestellung der Vertretung muss der Hinweis angebracht werden, dass bei unbenutztem Ablauf der Frist der Partei durch das Gericht eine Vertretung bestellt wird. Nur dadurch – und für den Fall, dass das Nicht-Bestehen der Postulationsfähigkeit nicht in einer separaten prozessleitenden Verfügung abgehandelt worden ist (vgl. vorstehende Ziffer) – ist sich die betreffende Partei bewusst, dass der Instruktionsrichter die Aberkennung seiner Postulationsfähigkeit beschlossen hat. An die Nichteinhaltung der Frist dürfen keine weiteren Folgen (wie z.B. die Ausfällung einer Busse etc.) geknüpft werden.

19 Die Feststellung der Postulationsunfähigkeit bzw. die genannte Aufforderung ist als prozessleitende Verfügung i.S.v. Art. 319 lit. b zu qualifizieren. Da sie in aller Regel – insb. dann, wenn die prozessleitende Verfügung am Anfang eines Prozesses ergeht – einen

nicht wieder gutzumachenden Nachteil zur Folge hat, zumal sie in ein höchstpersönliches Recht eingreift, muss die Anordnung grundsätzlich mit Beschwerde nach Art. 319 lit. b Ziff. 2 anfechtbar sein. Der nicht leicht wiedergutzumachende Nachteil dürfte darin liegen, dass – würde die Einsetzung des Vertreters bzw. die Aberkennung der Postulationsfähigkeit erst im Rahmen des Rechtsmittels gegen den Hauptentscheid aufgehoben werden – sämtliche nach der Einsetzung erfolgten Rechtsakte durch den (fälschlicherweise) eingesetzten Vertreter «nichtig» würden und der Prozess dadurch quasi auf erster Stufe wiederholt werden müsste. Dies kann zu einem nicht leicht wieder gutzumachenden Nachteil für alle Prozessbeteiligten führen und das Verfahren unnötig verzögern.

Die Frist für die Ernennung einer Vertretung ist eingehalten, wenn innert Frist sich die mit Vollmacht zu legitimierende (vgl. zur Notwendigkeit der Vorlage der Vollmacht vgl. Art. 68 Abs. 3) Vertretung beim Gericht meldet oder aber die betreffende Partei – unter Beilage der entsprechenden Vollmacht – die Vertretung (mit entsprechender Annahmeerklärung durch die Vertretung) dem Gericht anzeigt. Falls die Vertretung zwar angezeigt wird, indes ohne Beilage der Vollmacht, ist für deren Einreichung eine kurze Nachfrist zu setzen.

c) Wirkungen der festgestellten Postulationsunfähigkeit

Die Feststellung der Postulationsunfähigkeit hat zur Folge, dass danach von der betreffenden Partei vorgenommene Prozesshandlungen unbeachtlich, mithin nichtig sind und deshalb – so bei Rechtsschriften und weiteren Schreiben – aus dem Recht zu weisen sind. Der Wegfall der Postulationsfähigkeit bzw. die Ernennung eines Vertreters hat nicht zur Folge, dass zuvor von einer Partei eingereichte Schriften und Anträge unbeachtlich werden, wenn sie der beigezogene bzw. bestellte Vertreter nicht widerruft, sondern nur ergänzt (BSK BGG-MERZ, Art. 41 N 24, m.H. auf BGE 95 II 280). Der Vertreter kann Prozesshandlungen nur dann gültig widerrufen, wenn sie von der betreffenden Partei im Zustand der vom Instruktionsrichter (rückwirkend) festgestellten Postulationsunfähigkeit getätigt wurden.

Konsequenterweise darf der als postulationsunfähig festgestellten Partei nicht vorgeworfen werden, sie habe seit Bestehen der Gründe für die Postulationsunfähigkeit Verfahrenshandlungen versäumt (vgl. BGer, 23.11.1995, 5P.340/1995, E. 3 und 4, Rep 1996, 40; BSK BGG-MERZ, Art. 41 N 25).

Ob Prozesshandlungen (wie z.B. ein Schriftenwechsel) «wiederholt» werden können/sollen, hat der Instruktionsrichter – unabhängig von bestehenden Fristen für prozessuale Handlungen und freilich unter Berücksichtigung des Zeitpunkts der Feststellung der Postulationsunfähigkeit – zu entscheiden (vgl. BSK BGG-MERZ, Art. 41 N 25, m.H. auf BGE 95 II 280). Die Möglichkeit, gewisse Prozesshandlungen zu wiederholen, muss sich auf diejenige Zeitperiode beziehen, für die die Postulationsunfähigkeit festgestellt worden war (vgl. BSK BGG-MERZ, a.a.O., m.H. auf BGE 131 I 291, 311 E. 3.5; 121 I 71, 77 E. 2).

d) Folgen der Nichtbeachtung der Frist: Bestellung einer Vertretung durch das Gericht

Beachtet die betreffende Partei die Frist nicht, «so bestellt ihr das Gericht eine Vertretung». Wie die Botschaft ausführt, hat die Partei grundsätzlich die mit der Bestellung der Vertretung verbundenen Kosten und Vorschüsse selber zu tragen (BOTSCHAFT ZPO, 7280). Da die gerichtliche Beiordnung lediglich bei fruchtlosem Ablauf der Frist für die

Bestellung einer Privatvertretung erfolgt, dürfte die Bereitschaft von Personen gemäss Art. 68 Abs. 2 tendenziell (auch aus finanziellen Gründen) gering sein, sich durch den Staat zu einer Vertretung einer Person ernennen zu lassen, die einer solchen (offensichtlich oder implizit) ablehnend gegenüber stehen könnte, so dass sich die Frage stellt, ob die Gerichte eine Person zur Übernahme des Mandats zwingen können. Eine Pflicht eines Rechtsanwaltes oder einer anderen Person gemäss Art. 68 Abs. 2 lit. b–d, das Mandat auf «Ernennung» des Gerichts hin übernehmen zu müssen, dürfte infolge fehlender gesetzlicher Grundlage verneint werden, auch wenn Art. 17 der (privaten) Standesordnung vom 10.6.2005 des Schweizerischen Anwaltsverbandes, in Kraft seit 1.1.2007, eine Pflicht zur Übernahme von «Pflichtmandaten» für Rechtsanwälte statuiert.

25 Da die gerichtliche «Ernennung» eines Vertreters nicht auf einem privaten Mandatsvertrag beruht, stellen sich Fragen im Rahmen der Honorierung des Rechtsbeistandes. Ist die Partei bedürftig, so kann der ernannte Rechtsbeistand ein Gesuch um unentgeltliche Rechtspflege einreichen. Ist sie nicht bedürftig und weigert sich, mit dem Rechtsbeistand eine Honorarvereinbarung abzuschliessen, dürften seine Bemühungen dennoch nach dem «normalen» bzw. «üblichen» Stundenansatz gemäss der kantonal massgebenden Ordnung abgerechnet werden dürfen.

26 Das Verhältnis zwischen der Partei und dem vom Gericht «ernannten» Rechtsbeistand qualifiziert der Bundesrat wie diejenige zwischen der **notwendigen Verteidigung und dem Angeschuldigten im Strafprozess** (vgl. BOTSCHAFT ZPO, 7280, m.H. auf BGE 1P.285/2004, E. 2.4).

III. Abs. 2

27 Erweist sich eine Partei als offensichtlich unfähig, ihre Sache selbst gehörig zu vertreten, kann dies auch an der **fehlenden Prozessfähigkeit** liegen. Für diesen Fall sieht Abs. 2 vor, dass das Gericht die Vormundschaftsbehörde benachrichtigen muss, wenn es vormundschaftliche Massnahmen für geboten hält. Das gilt – wie angetönt – insbesondere, wenn sich im Rahmen der Prüfung der Postulationsfähigkeit der begründete Verdacht ergibt, dass die sub Ziff. II hiervor beschriebenen Einschränkungen den Grad der Urteilsunfähigkeit bezüglich des zu führenden Prozesses erreichen (Fehlen der Prozessfähigkeit). Letzterenfalls wäre nämlich ein sinnvoller Kontakt zwischen der Partei und der zu bestellenden Vertretung für die Führung des Prozesses nicht möglich.

28 Mit der Überweisung an die Vormundschaftsbehörde ist das Verfahren in aller Regel bis zur rechtskräftigen Ernennung des (Rechts-)Beistandes durch das Gericht zu sistieren. Der Vertreter entscheidet in der Folge, ob er den Prozess weiterführen soll; in der Regel wird er eine Vertretung für die von ihm vertretene Partei für die Prozessführung bestellen.

29 Bezüglich der Vertretung des Kindes im Prozess vgl. Art. 146 ZGB sowie Art. 299 ZPO.

3. Kapitel: Streitgenossenschaft

Art. 70

Notwendige Streitgenossenschaft	[1] Sind mehrere Personen an einem Rechtsverhältnis beteiligt, über das nur mit Wirkung für alle entschieden werden kann, so müssen sie gemeinsam klagen oder beklagt werden. [2] Rechtzeitige Prozesshandlungen eines Streitgenossen wirken auch für säumige Streitgenossen; ausgenommen ist das Ergreifen von Rechtsmitteln.
Consorité nécessaire	[1] Les parties à un rapport de droit qui n'est susceptible que d'une décision unique doivent agir ou être actionnées conjointement. [2] Les actes de procédure accomplis en temps utile par l'un des consorts valent pour ceux qui n'ont pas agi, à l'exception des déclarations de recours.
Litisconsorzio necessario	[1] Più persone devono agire o essere convenute congiuntamente se sono parte di un rapporto giuridico sul quale può essere deciso solo con unico effetto per tutte. [2] Gli atti processuali tempestivi di un litisconsorte vincolano anche i litisconsorti rimasti silenti; sono eccettuate le impugnazioni.

Inhaltsübersicht   Note

I. Normzweck und Norminhalt 1
II. Entstehung und Begriff 2
   1. Begriff der notwendigen Streitgenossenschaft 2
   2. Entstehung der notwendigen Streitgenossenschaft 4
III. Fälle notwendiger Streitgenossenschaften 5
   1. Gemeinschaften zur gesamten Hand 6
   2. Gestaltungsklagen mit Auswirkung auf mehrere 10
   3. Notwendigkeit einheitlicher Entscheidung 17
   4. Nicht: Kündigung der Familienwohnung 20
IV. Rechtsfolgen der notwendigen Streitgenossenschaft 21
   1. Prozessvoraussetzungen 21
   2. Die Notwendigkeit der Streitgenossenschaft als Frage der Sachlegitimation 23
   3. Die örtliche und sachliche Zuständigkeit 26
   4. Übereinstimmendes Handeln im Prozess 29
   5. Urteil und Rechtskraft 42
   6. Das Rechtsmittelverfahren 44
   7. Die Kostenfestsetzung 45
   8. Beurteilung von Regressansprüchen 46
V. IZPR 47

Literatur

J. H. DOMENIG, Die Verhütung widersprechender Zivilurteile, insbesondere durch den Gerichtsstand des Sachzusammenhangs, Diss. Zürich 1952; J. FLEPP, Die Streitgenossenschaft im schweizerischen Zivilprozessrecht, Diss. Zürich 1945; E. R. GEIER, Die Streitgenossenschaft im internationalen Verhältnis, Diss. St. Gallen 2005; J. GEIGER, Streitgenossenschaft und Nebenintervention, unter besonderer Berücksichtigung des zürcherischen Zivilprozessrechtes, Diss. Zürich 1969; C. GIGER, Der Gerichtsstand des Sachzusammenhangs, Diss. Basel 1998; L. GORDON-VRBA, Vielparteienprozesse, Diss. Zürich 2007; C. VON HOLZEN, Die Streitgenossenschaft im schweizerischen Zivilprozess, Diss. Basel 2006; J. OVARI, Die Streitgenossenschaft im Schweizerischen Zivilprozessrecht unter besonderer Berücksichtigung der notwendigen Streitgenossenschaft, Diss. Basel 1963; M.-F. SCHAAD, La Consorité en Procedure Civile, Diss. Neuchâtel 1993; K.-H. SCHWAB, Mehrparteienschiedsgerichtsbarkeit und Streitgenossenschaft, in: W. F. Lindacher (Hrsg.), FS für Walter J. Habscheid zum 65. Geburtstag, Bielefeld 1989, 285 ff.

I. Normzweck und Norminhalt

1 Art. 70 handelt von der notwendigen Streitgenossenschaft. Aufgrund des **materiellen Rechts** ist in bestimmten Fällen auf Kläger- oder auf Beklagtenseite eine gemeinsame Prozessführung aller Beteiligten erforderlich. Wird in diesen Fällen Klage nicht von allen Beteiligten oder gegen alle Verpflichtete erhoben, so fehlt die *Aktiv- bzw. Passivlegitimation*. Die Klage wird abgewiesen. Abs. 2 hält fest, dass rechtzeitige Prozesshandlungen eines Streitgenossen auch für allfällig säumige Mitstreiter gelten. Ausgenommen davon ist das Ergreifen eines Rechtsmittels. Der *Notwendigkeit der gemeinsamen Prozessführung* entspricht die Notwendigkeit einer einheitlichen Entscheidung gegenüber allen Streitgenossen. Die Urteilsgrundlagen müssen demnach allen Streitgenossen gegenüber dieselben sein. Vornehmlicher **Zweck der notwendigen Streitgenossenschaft** ist die Vermeidung sich widersprechender Urteile (VOGEL/SPÜHLER, 5. Kap. N 47; SCHAAD, 42; FRANK/STRÄULI/MESSMER, § 39 ZPO/ZH N 2; VON HOLZEN, 31 f.).

II. Entstehung und Begriff

1. Begriff der notwendigen Streitgenossenschaft

2 Bei einer Streitgenossenschaft handelt es sich um eine Verbindung mehrerer Parteien auf Kläger- oder Beklagtenseite (VON HOLZEN, 15). Notwendige Streitgenossenschaft bedeutet, dass mehrere Personen als Kläger **zwingend** gemeinsam auftreten oder als Beklagte gemeinsam belangt werden müssen. Das streitige Rechtsverhältnis kann allen Streitgenossen gegenüber nur einheitlich festgelegt werden (VOGEL/SPÜHLER, 5. Kap. N 47; STAEHELIN/STAEHELIN/GROLIMUND, § 13 N 41). Bei der notwendigen Streitgenossenschaft liegt keine (subjektive) Häufung von Ansprüchen vor (zur begrifflichen Unterscheidung vgl. Art. 71 N 5). Die Streitgenossenschaft ist ein **Institut des Zivilprozessrechts**, die mit Beginn des Verfahrens entsteht und spätestens mit dessen Abschluss wieder endet (GEIGER, 4; SCHAAD, 73; VON HOLZEN, 14 f.).

3 Die Definition der notwendigen Streitgenossenschaft gemäss Art. 70 stellt auf das Kriterium der **Beteiligung der Parteien an einem Rechtsverhältnis** ab, über das **einheitlich entschieden** werden muss (VON HOLZEN, 82). Die gesetzliche Definition umfasst dadurch einige Fälle der notwendigen Streitgenossenschaft nicht, insb. diejenigen Fälle, in denen das materielle Recht zwar ein einheitliches Urteil verlangt, die betroffenen Parteien indes keine eigentliche notwendige Streitgenossenschaft zu bilden haben. Es handelt sich dabei um die Fälle der sog. *uneigentlichen notwendigen Streitgenossenschaften*. Sie fallen nicht in den Anwendungsbereich von Art. 70 und werden vielmehr als einfache Streitgenossenschaft behandelt (VON HOLZEN, 84 f.).

2. Entstehung der notwendigen Streitgenossenschaft

Die notwendige Streitgenossenschaft beruht auf dem **materiellen Recht** (VOGEL/SPÜLER, 5. Kap. N 47 f.; FRANK/STRÄULI/MESSMER, § 39 ZPO/ZH N 2; BÜHLER/EDELMANN/KILLER, § 53 ZPO/AG N 1; COCCHI/TREZZINI, Art. 41 ZPO/TI N 1; WALDER/GROB, § 11 N 24; VON HOLZEN, 71; GASSER/RICKLI, Art. 70 N 1; vgl. hernach N 5 ff.). Das materielle Recht kennt subjektive Rechte, die nicht anders als von mehreren Personen **gemeinsam oder nur mehreren Personen gegenüber gemeinsam** ausgeübt werden können. Dies gilt auch für die *gerichtliche Geltendmachung* (GULDENER, ZPR, 296). Dem materiellen Recht ist teils *ausdrücklich* zu entnehmen, dass zu dessen Durchsetzung eine notwendige Streitgenossenschaft aller Beteiligten erforderlich ist. Teils ergibt sich die Notwendigkeit der Streitgenossenschaft *aus der Natur der Sache* (BGE 107 III 91 E. 3; FRANK/STRÄULI/MESSMER, § 39 ZPO/ZH N 5; VON HOLZEN, 72 f.). Mittels Auslegung ist im Einzelfall zu entscheiden, ob eine notwendige Streitgenossenschaft erforderlich ist oder ob eine andere prozessuale Möglichkeit genügt (LEUENBERGER/UFFER-TOBLER, § 44 ZPO/SG N 2; BGE 102 II 209). 4

III. Fälle notwendiger Streitgenossenschaften

Die Notwendigkeit einer Streitgenossenschaft ergibt sich aus dem materiellen Recht. Eine allgemeine Regel, welche Fälle als notwendige Streitgenossenschaft geführt werden müssen, existiert nicht. Die Praxis hat daher einige Anwendungsfälle zur notwendigen Streitgenossenschaft gebildet. Sie ist allerdings *unübersichtlich*. Die nachfolgende Übersicht gibt die wichtigsten Anwendungsfälle wieder (weitere Bsp. insb.: GULDENER, ZPR, 297, FRANK/STRÄULI/MESSMER, § 39 ZPO/ZH N 16 ff.; LEUCH/MARBACH/KELLERHALS/STERCHI, Art. 36 ZPO/BE N 2a; VON HOLZEN, 87 ff.; BÜHLER/EDELMANN/KILLER, § 53 ZPO/AG N 2; COCCHI/TREZZINI, Art. 41 ZPO/TI N 4 ff.). 5

1. Gemeinschaften zur gesamten Hand

Werden Klagen aus einem Recht hergeleitet, das **mehreren Berechtigten zur gesamten Hand** zusteht, so liegt eine notwendige Streitgenossenschaft vor. Im Falle von Gemeinschaften zur gesamten Hand wie der *Gütergemeinschaft* (Art. 221 ff. ZGB), der *Gemeinderschaft* (Art. 336 ff. ZGB) und der *Erbengemeinschaft* (Art. 602 ZGB, z.B. Klage auf Ausgleichung) müssen *in Aktivprozessen* sämtliche Gesamthänder gemeinsam auftreten. Jedes Mitglied einer Erbengemeinschaft kann **nur gemeinsam** mit allen andern irgendwelche Ansprüche gegenüber Dritten geltend machen. Der Grund dafür liegt darin, dass die Gesamthänder nur gemeinsam über die Aktiven verfügen können (VOGEL/SPÜHLER, 5. Kap. N 51; FRANK/STRÄULI/MESSMER, § 39 ZPO/ZH N 3 m.H., LEUENBERGER/UFFER-TOBLER, § 44 ZPO/SG N 3; VON HOLZEN, 89). Im Zusammenhang mit der Erbengemeinschaft entsteht auch eine notwendige Streitgenossenschaft, wenn die Erben in den vom Erblasser eingeleiteten *Aktivprozess eintreten* und diesen weiterführen (FLEPP, 76; OVARI, 16; VON HOLZEN, 56). Eine Gesamthandschaft bilden auch die Miturheber nach Art. 7 URG. Diese können zwar nach Art. 7 Abs. 3 URG Rechtsverletzungen selber verfolgen, allerdings nur Leistung an alle verlangen. Die Rechtsprechung, wonach zur *Abwehr von Angriffen gegen das Gesamtgut* nach Massgabe von Art. 648 Abs. 1 ZGB dem einzelnen Miteigentümer ein selbständiges Klagerecht eingeräumt wurde (ZR 53 Nr. 143; FRANK/STRÄULI/MESSMER, § 39 ZPO/ZH N 3), dürfte weiterhin Gültigkeit haben. Die Rechtskraft erstreckt sich diesfalls auf die betroffenen Parteien. 6

7 Bei *Prozessen zwischen Gesamthändern* ist es hingegen ausreichend, wenn alle Gesamthänder entweder auf der Aktiv- oder der Passivseite in das Verfahren hineinbezogen werden und Parteistellung einnehmen (BGE 112 II 310; VON HOLZEN, 89; GEIGER, 97).

8 In **Passivprozessen** dagegen besteht nur dann notwendige Streitgenossenschaft, soweit **dingliche Rechte** gegen die Gesamthänder geltend gemacht werden (VOGEL/SPÜHLER, 5. Kap. N 52; LEUENBERGER/UFFER-TOBLER, § 44 ZPO/SG N 3; VON HOLZEN, 93). Der Grund dafür liegt darin, dass die Gesamthänder nur gemeinsam über die Sache verfügen können. Bei *obligatorischen Ansprüchen* ist eine notwendige Streitgenossenschaft nicht gegeben. Ohnehin kennt das materielle Recht keine Fälle, in denen eine obligatorische Verpflichtung nicht anders als durch eine gegen mehrere Personen gerichtete Klage geltend gemacht werden könnte. Vielmehr kann ein obligatorisch Verpflichteter für sich allein auf Erfüllung eingeklagt werden (GULDENER, ZPR, 298; VOGEL/SPÜHLER, 5. Kap. N 52; GEIGER, 99; VON HOLZEN, 93). In der Regel besteht hier unter den Beteiligten Solidarität. In Ausnahmefällen findet eine Sonderregelung Anwendung (Gütergemeinschaft, Art. 233 und 234 ZGB). Die Gesamthänder können, müssen aber nicht als einfache Streitgenossen eingeklagt werden.

9 Die **einfache Gesellschaft** verfügt über keine Rechtsfähigkeit. Die Vermögenswerte stehen, soweit im Gesellschaftsvertrag nichts anderes vereinbart wurde, allen Gesellschaftern zu gesamter Hand zu (Art. 544 Abs. 1 OR). Im *Aktivprozess* bilden die Gesellschafter daher eine *notwendige Streitgenossenschaft* (Art. 535 Abs. 3 OR; BGer, 4C.214/200; FRANK/STRÄULI/MESSMER, § 39 ZPO/ZH N 3; BÜHLER/EDELMANN/KILLER, § 53 ZPO/AG N 2; VON HOLZEN, 100 f.). Da die Gesellschafter für Forderungen solidarisch haften (Art. 544 Abs. 2 OR), besteht im Passivprozess keine notwendige Streitgenossenschaft.

2. Gestaltungsklagen mit Auswirkung auf mehrere

10 Bei *Gestaltungsklagen, die auf Aufhebung, Begründung oder Abänderung eines Rechtsverhältnisses* gerichtet sind, das mehrere Personen umfasst und das mit Wirkung gegen alle aufgehoben, begründet oder abgeändert werden muss, liegt eine notwendige Streitgenossenschaft vor. Jeder Beteiligte ist befugt, selbständig Klage zu erheben und sich unabhängig von der Stellungnahme anderer Beteiligter im Prozess zu verteidigen. Wegen der Notwendigkeit einheitlicher Entscheidung und der Urteilsvollstreckung gegen alle Beteiligten müssen jedoch **alle am Rechtsverhältnis materiell beteiligten Personen in den Prozess** einbezogen werden, sei es auf der Seite des Klägers oder des Beklagten (FRANK/STRÄULI/MESSMER, § 39 ZPO/ZH N 13). Jede Partei kann statt einer Teilnahme vor Einleitung der Klage oder während des Prozesses eine entsprechende Erklärung abgeben, wonach sie das Urteil anerkenne (BGE 74 II 217). Die notwendige Streitgenossenschaft reduziert sich auf diejenigen Beteiligten, die das klägerische Rechtsbegehren nicht anerkennen (GULDENER, ZPR 382; FRANK/STRÄULI/MESSMER, § 39 ZPO/ZH N 13). Im Wesentlichen kennt das Recht die folgenden Fälle:

11 – *Klage auf Aufhebung von Gesamthandverhältnissen*

Typischerweise sind hier die *Erbteilungsklage* oder die Klage auf Auflösung einer einfachen Gesellschaft oder einer Kollektivgesellschaft zu nennen. Sämtliche Gesamthänder sind entweder auf der Kläger- oder auf der Beklagtenseite in den Prozess einzubinden (BGE 130 III 550 E. 2.1.1.; VOGEL/SPÜHLER, 5. Kap. N 54; VON HOLZEN, 119 f.; OVARI, 100 f.; GULDENER, ZPR, 119). Die **Erbteilungsklage** ist gegen alle Miterben zu erheben.

Wird indes die Klage von einzelnen Beteiligten anerkannt, wird auf deren Einbezug in den Prozess verzichtet (BGE 113 II 37).

Die Mitglieder einer **einfachen Gesellschaft** sind im Prozess unter den Gesellschaftern unabhängig von einander zur Ergreifung eines Rechtsmittels legitimiert. Der Gesellschafter, der kein Rechtsmittel einlegt, wird zum Rechtsmittelbeklagten (FRANK/ STRÄULI/MESSMER, § 39 ZPO/ZH N 6).

– *Klage auf Änderung der Wertquoten der Stockwerkseigentümer (Art. 712e Abs. 2 ZGB)* 12

Berichtigungen der Wertquoten oder Ausdehnung der gemeinschaftlichen Teile von Stockwerkeigentum müssen zwingend gegen alle anderen Stockwerkseigentümer in notwendiger Streitgenossenschaft geführt werden (VOGEL/SPÜHLER, 5. Kap. N 54a; LEUENBERGER/UFFER-TOBLER, § 44 ZPO/SG N 3; VON HOLZEN, 122 f.)

– *Klagen auf Änderung des Personenstandes und Abänderungen der Regelung der elterlichen Sorge* 13

Bei Gestaltungsklagen auf Änderung des Personenstands sind die von einer Änderung betroffenen Personen zwingend in den Prozess miteinzubeziehen (VOGEL/SPÜHLER, 5.Kap. N 55; VON HOLZEN, 121 f.; FRANK/STRÄULI/MESSMER, § 39 ZPO/ZH N 4; BGE 116 II 55 E. 4): Klage Dritter auf Ungültigerklärung der Ehe (Art. 106 ZGB), Klage auf Anfechtung der Vaterschaft und der Vaterschaftsanerkennung (Art. 256 Abs. 2 ZGB, Art. 260a Abs. 3 ZGB, nicht aber die Vaterschaftsklage), Klage der Vormundschaftsbehörde auf Abänderung des Scheidungsurteils hinsichtlich der Elternrechte.

– *Obligationenrechtliche Klagen* 14

Das Obligationenrecht kennt weitere Gestaltungsklagen, die die Bildung einer notwendigen Streitgenossenschaft auf der Aktiv- oder der Passivseite verlangen. Es handelt sich dabei insb. um Fälle auf Anfechtung von Verträgen, bei denen auf Kläger- oder Beklagtenseite eine Mehrheit von Parteien vorhanden ist (VON HOLZEN, 123): Wandelungsklage mehrerer Käufer oder gegen mehrere Verkäufer (Art. 205 OR, GULDENER, ZPR, 297; LEUENBERGER/UFFER-TOBLER, § 44 ZPO/SG N 3; BÜHLER/EDELMANN/KILLER, § 53 ZPO/AG N 2).

– *Fusionsgesetz* 15

Art. 105 FusG: Klage der Gesellschafter auf angemessene Ausgleichszahlung bei Spaltung gegen die übernehmenden Rechtsträger; Art. 106 FusG: Klage auf Anfechtung des Beschlusses über ein Spaltung (VON HOLZEN, 127 f.).

Demgegenüber bilden die Mitglieder eines Kartells keine notwendige Streitgenossenschaft. Eine Wettbewerbsbehinderungsklage nach Art. 12 KG kann auch gegen einzelne Mitglieder des Kartells erhoben werden (FRANK/STRÄULI/MESSMER, § 39 ZPO/ZH N 21; BÜHLER/EDELMANN/KILLER, § 53 ZPO/AG N 2). 16

3. Notwendigkeit einheitlicher Entscheidung

Wenn in der Sache **notwendigerweise einheitlich entschieden** werden muss, dann müssen mehrere Kläger als notwendige Streitgenossenschaft klagen oder mehrere Beklagte als notwendige Streitgenossenschaft beklagt werden (VOGEL/SPÜHLER, 5. Kap. N 55a): 17

18 — *Unteilbares Rechtsverhältnis*

Sind mehrere Personen an einem Rechtsverhältnis beteiligt, so bilden sie im Streitfall eine notwendige Streitgenossenschaft (z.B. Liegenschaftskauf durch mehrere Käufer, gemeinsame Miete). Massgebend ist, dass **notwendigerweise einheitlich** entschieden werden muss (VOGEL/SPÜHLER, 5. Kap. N 55b; BGE 51 I 47, 49). In diesen Fällen ist selbst bei bloss obligatorischen Ansprüchen eine Klage nur durch sämtliche Beteiligte möglich. Ein dinglicher Anspruch auf unteilbare Leistung (Eigentum, Einräumung einer Dienstbarkeit, Beseitigung einer Schädigung nach Art. 679 ZGB) ist gegen alle **Miteigentümer** zu erheben (Art. 648 Abs. 2 ZGB; FRANK/STRÄULI/MESSMER, § 39 ZPO/ZH N 12; vgl. im Einzelnen VON HOLZEN, 104 ff.). Grundsätzlich kann in Fällen, in denen mehrere Schuldner eine unteilbare Leistung schulden, jeder Gläubiger selbständig Leistung an alle Gläubiger verlangen bzw. jeder Schuldner auf die ganze Leistung belangt werden. Das materielle Bundesrecht verlangt hier keine notwendige Streitgenossenschaft (LEUCH/MARBACH/KELLERHALS/STERCHI, Art. 36 ZPO/BE N 2b; GULDENER, ZPR, 297; LEUENBERGER/UFFER-TOBLER, Art. 44 ZPO/SG N 4; VON HOLZEN, 103).

19 — *Mehrere Abtretungsgläubiger nach Art. 260 SchKG*

Lassen sich Gläubiger im Konkurs Ansprüche nach Art. 260 SchKG abtreten, so müssen diejenigen, die ihren Anspruch verfolgen wollen, dies in notwendiger Streitgenossenschaft tun (VOGEL/SPÜHLER, 5. Kap. N 55c; GULDENER, ZPR, 297; STAEHELIN/STAEHELIN/GROLIMUND, § 13 N 43; ZR 1996 Nr. 97). Allerdings hat jeder Abtretungsgläubiger das Recht, von einer Klage abzusehen oder einen gerichtlichen bzw. aussergerichtlichen Vergleich abzuschliessen. Ausserdem ist jeder Abtretungsgläubiger berechtigt, im Prozess eigene Vorbringen einzubringen. Da indes über ein- und denselben Anspruch ein einheitliches Urteil ergeben muss, bilden die Abtretungsgläubiger eine notwendige Streitgenossenschaft (BÜHLER/EDELMANN/KILLER, § 54 ZPO/AG N 4; BGE 121 III 294 E. 3 und 492 f. E. 2c und 2). Mit anderen Worten müssen sich die Gläubiger insb. dahingehend absprechen, ob sie überhaupt ihre Ansprüche mittels Klage durchsetzen wollen. So sei die notwendigerweise einheitliche Entscheidung sichergestellt (BGE 121 III 488, 492 f. E. 2c).

4. Nicht: Kündigung der Familienwohnung

20 Die Kündigung einer Familienwohnung ist immer an beide Ehegatten zu richten (Art. 266n OR). Eine Verletzung dieser Pflicht hat Nichtigkeit zur Folge. Eine notwendige Streitgenossenschaft liegt hier indes nicht vor, da sich jeder Ehegatte in jedem Verfahrensstadium am Prozess beteiligen kann (BGE 115 II 361 E. 4c; FRANK/STRÄULI/MESSMER, § 39 ZPO/ZH N 14a m.H.).

IV. Rechtsfolgen der notwendigen Streitgenossenschaft

1. Prozessvoraussetzungen

21 Die Prozessvoraussetzungen wie Partei- und Prozessfähigkeit müssen **für alle notwendigen Streitgenossen** erfüllt sein (KELLERHALS/GÜNGERICH/BERGER, 02.142). Vorgesehen ist die amtswegige Prüfung durch das zuständige Gericht. Fehlt bei einem Streitgenossen eine Prozessvoraussetzung, ist auf die Klage für oder gegen denjenigen Streitgenossen nicht einzutreten. Damit fehlt es den andern Streitgenossen an der Sachlegitimation, weshalb deren Klagen durch Sachurteil abzuweisen sind (vgl. hernach

N 23; GULDENER, ZPR, 297 f.; FRANK/STRÄULI/MESSMER, § 39 ZPO/ZH N 24; OVARI, 69; VON HOLZEN, 146 f.).

Die unter altem Recht kontrovers diskutierte Frage der **Kautionspflicht** wird in der neuen ZPO ausdrücklich geregelt: Im Falle einer notwendigen Streitgenossenschaft ist diese nur dann zur Leistung einer Sicherheit verpflichtet, **wenn bei allen Streitgenossen eine der Voraussetzungen** für die Kautionierung nach Art. 99 Abs. 1 gegeben ist (Art. 99 Abs. 2). 22

2. Die Notwendigkeit der Streitgenossenschaft als Frage der Sachlegitimation

Das gemeinsame Vorgehen gegen alle Streitgenossen bzw. aller Streitgenossen gegen einen Dritten ist eine **eigenständige Sachurteilsvoraussetzung**. Bei Vorliegen einer notwendigen Streitgenossenschaft ist demnach die Klage abzuweisen, wenn sie nicht von allen gemeinsam Berechtigten erhoben oder nicht gegen alle Beteiligten gerichtet wird. Es fehlt die **Sachlegitimation**. Die Klageabweisung begründet indes gegenüber einer von allen oder gegenüber von allen oder gegen alle notwendigen Streitgenossen eingereichten Klage **keine res iudicata**. Mangels Identität der Parteien handelt es sich nicht um dieselbe Streitsache (h.L. BGE 121 III 118, E. 3; GULDENER, ZPR, 297 f.; VOGEL/SPÜHLER, 8. Kap. N 66 f.; FRANK/STRÄULI/MESSMER, § 39 ZPO/ZH N 24; LEUCH/MARBACH/KELLERHALS/STERCHI, Art. 36 ZPO/BE N 1d; BÜHLER/EDELMANN/KILLER, § 53 ZPO/AG N 3; WALDER/GROB, § 11 N 26; KELLERHALS/GÜNGERICH/BERGER, 02.141; STUDER/RÜEGG/EIHOLZER, § 49 N 1; LEUENBERGER/UFFER-TOBLER, Art. 44 ZPO/SG N 3; MERZ, § 20 ZPO/TG N 3; OVARI, 68 f.; VON HOLZEN, 78; **a.M.** HABSCHEID, 154, der dafür hält, dass die Prozessvoraussetzungen nicht erfüllt seien und sich für ein Nichteintreten auf die Klage stark macht). Die Sachlegitimation ist vom Gericht **von Amtes wegen** zu prüfen. 23

Eine Ausnahme davon besteht nur für solche Streitgenossen, die zum Vornherein erklärt haben, dass sie ein **Urteil anerkennen** würden. Deren Einbezug in das Verfahren ist nicht erforderlich (BÜHLER/EDELMANN/KILLER, § 53 ZPO/AG N 4; STUDER/RÜEGG/EIHOLZER, § 49 ZPO/LU N 1). 24

Das Schweizer Zivilprozessrecht sieht keine Möglichkeit vor, den Fehler der fehlenden Teilnahme eines Streitgenossen zu korrigieren. Ein nachträglicher Prozessbeitritt, aber auch eine Beiladung, wie dies einzelne kantonale Prozessrechte vorsahen, gibt es nicht. Indes muss auch unter der neuen Zivilprozessordnung möglich sein, was unter altem kantonalen Recht befürwortet wurde: Die *Fristansetzung zur Ausdehnung der Klage bzw. zum Beitritt oder zur Beibringung von Verzichtserklärungen der nicht involvierten Streitgenossen* (FRANK/STÄULI/MESSMER, § 39 ZPO/ZH N 24; LEUENBERGER/UFFER-TOBLER, Art. 44 ZPO/SG N 4; GULDENER, ZPR, 298; WALDER/GROB, § 11 N 29; VON HOLZEN, 80; GASSER/RICKLI, Art. 70 N 3). 25

3. Die örtliche und sachliche Zuständigkeit

Im Falle einer **passiven notwendigen Streitgenossenschaft** gibt Art. 15 Abs. 1 dort für alle Beklagten einen Gerichtsstand, wo das Gericht für eine beklagte Partei zuständig ist. Ausgenommen sind Zuständigkeiten, die auf einer Gerichtsstandsvereinbarung beruhen. Ein besonderer Sachzusammenhang ist indes nicht erforderlich (STAEHELIN/STAEHELIN/GROLIMUND, § 9 N 51). Art. 15 findet keine Anwendung bei aktiver Streitgenossenschaft. 26

27 Die Feststellung der **sachlichen Zuständigkeit** bereitet im Falle der notwendigen Streitgenossenschaft i.d.R. keine Probleme, da keine subjektive Klagehäufung vorliegt. Ausserdem entfällt hier das Kriterium der gleichen Verfahrensart. Solches ist hier nicht erforderlich.

28 **Sondergerichte** können hingegen grundsätzlich nur dann angerufen werden, wenn die entsprechenden **Voraussetzungen von sämtlichen Streitgenossen** erfüllt werden (FRANK/STRÄULI/MESSMER, § 39 ZPO/ZH N 23). Da die *sachliche Zuständigkeit der Regelung durch die Kantone* verbleibt, ist dem kantonalen Recht zu entnehmen, wie allfällige Zuständigkeitskonflikte gelöst werden müssen. Das anwendbare kantonale Recht kann vorsehen, dass die Zuständigkeit des Sondergerichts, z.B. eines Handelsgerichts, auch dann begründet ist, wenn nur einer von mehreren notwendigen Streitgenossen die entsprechenden Voraussetzungen erfüllt (ZR 89 Nr. 73; FRANK/STRÄULI/MESSMER, § 39 ZPO/ZH N 23). Entscheidend ist, dass das kantonale Recht die **Durchführung eines einheitlichen Verfahrens für alle Streitgenossen** vorsieht. Andernfalls würde Bundesrecht vereitelt werden.

4. Übereinstimmendes Handeln im Prozess

a) Grundsatz

29 Die notwendige Streitgenossenschaft erfordert ein **gemeinsames, übereinstimmendes Handeln** im Prozess. Die Streitgenossen müssen nicht nur die Klage gemeinsam einreichen, auch das Rechtsbegehren muss gleichlautend sein. Tatsachenbehauptungen, Bestreitungen, Zugeständnisse, Beweisantretungen, Klageanerkennung und Klagerückzug, der Abschluss eines Vergleichs, die Einlegung und der Rückzug von Rechtsmitteln sind nur insofern von Bedeutung, als sie von den Streitgenossen gemeinsam vorgenommen werden (GULDENER, ZPR, 299; BÜHLER/EDELMANN/KILLER, § 54 ZPO/AG N 1; LEUENBERGER/UFFER-TOBLER, Art. 45 ZPO/SG N 1; VOGEL/SPÜHLER, 5. Kap. N 58; VON HOLZEN, 147 f.; SCHAAD, 386 f.; GEIGER, 119 f.). Die Parteien müssen ihre Prozesshandlungen absprechen und übereinstimmende Anträge stellen.

30 Den Streitgenossen bleibt es indes nicht verwehrt, einen **eigenen Parteivortrag** abzugeben. Das Gericht wird den Parteien in diesen Fällen Frist ansetzen, um allfällige Widersprüche zu beseitigen (WALDER/GROB, § 11 N 29). Lassen sich ein übereinstimmender Sachvortrag oder identische Beweisanträge nicht einholen, so entscheidet das Gericht im Rahmen seiner *freien Beweiswürdigung* (FRANK/STRÄULI/MESSMER, § 39 ZPO/ZH N 25; HABSCHEID, 154; LEUENBERGER/UFFER-TOBLER, Art. 44 ZPO/SG N 1). So können Zugeständnisse eines Streitgenossen im Rahmen der Beweiswürdigung immerhin als Indiz mitberücksichtigt werden (GULDENER, ZPR, 299 FN 18).

31 **Weigert sich ein Streitgenosse**, bei der *Klageerhebung* mitzuwirken, so sagt das **materielle Recht**, wie dieser Konflikt gelöst wird. Im Falle einer Klage über die Erbschaft kann jeder Miterbe die Bestellung eines gemeinsamen Vertreters verlangen. Differenzen unter den Streitgenossen *während des Prozesses* sind im Rahmen der Beweiswürdigung zu bewerten (FRANK/STRÄULI/MESSMER, § 39 ZPO/ZH N 25; VON HOLZEN, 155 f.; GEIGER, 123).

32 Die **Säumnis eines Streitgenossen schadet** im Grundsatz auch **den übrigen**, soweit das Gesetz nicht etwas anderes festlegt (vgl. N 38 ff.).

33 Die Befragung von notwendigen Streitgenossen **als Zeugen** ist **ausgeschlossen**. Sie, auch solche, die sich einem allfälligen Urteil unterworfen haben, können lediglich *als Partei* befragt werden. *Beweisanträge* sind von allen Streitgenossen ebenfalls *gemeinsam*

zu stellen. Unbeachtlich bleibt ein Beweisantrag, wenn dieser nur von einem Streitgenossen gestellt wurde. Ausgenommen ist der Fall, dass der Streitgenosse auch für den säumigen handelt (GULDENER, ZPR, 299; VON HOLZEN, 162; SCHAAD, 425). Zugeständnisse einzelner Streitgenossen können immerhin als Indiz beachtet werden (GULDENER, ZPR, 299; VON HOLZEN, 162 f.; LEUENBERGER/UFFER-TOBLER, Art. 45 ZPO/SG N 1; GEIGER, 123; SCHAAD, 430)

Bei der notwendigen Streitgenossenschaft werden die **Streitwerte nicht zusammengerechnet**. Zwar handelt es sich um eine Mehrheit von Prozessen, sie gründen indes alle im selben Rechtsverhältnis. Es liegt im Grunde genommen **lediglich ein Rechtsverhältnis im Streit** (VON HOLZEN, 142; SCHAAD, 525 f.). Die Schweizerische ZPO sieht daher keine Zusammenrechnung der Streitwerte vor. 34

Im Rahmen einer notwendigen Streitgenossenschaft ist zwar übereinstimmendes Handeln vorausgesetzt. **Nicht erforderlich** ist, dass die Streitgenossen sich auf **eine gemeinsame Vertretung** einigen. Art. 72 ist lediglich eine Kann-Vorschrift, die keine entsprechende Verpflichtung vorsieht (VON HOLZEN, 157 ff.). 35

Bei notwendiger Streitgenossenschaft ist das **Verfahren einheitlich** für alle Streitgenossen zu führen. Die einzelnen Verfahrensschritte (Fristansetzungen, Verhandlungstermine) sind koordiniert anzusetzen, wobei für jeden Streitgenossen eine Frist erst mit der jeweiligen Zustellung zu laufen beginnt. Das Gericht hat keine Möglichkeit, die Klage in mehrere Verfahren zu trennen. Für alle Parteien ergeht ein einheitliches Sachurteil (VON HOLZEN, 161; GEIGER, 130 f.; SCHAAD, 455). 36

Hinsichtlich der Gewährung **der unentgeltlichen Rechtspflege** werden die Streitgenossen unabhängig voneinander betrachtet. Die finanzielle Lage der anderen Streitgenossen darf für die Beurteilung der Mittellosigkeit nicht herangezogen werden (FRANK/STRÄULI/MESSMER, § 39 ZPO/ZH N 27; VON HOLZEN, 166; BGE 115 Ia 193 E. 3). 37

b) Ausnahmen (Abs. 2)

Damit die Säumnis eines einzelnen Streitgenossen nicht allen schadet, bestimmt Art. 70 Abs. 2, dass **rechtzeitige Prozesshandlungen eines notwendigen Streitgenossen zugunsten säumiger Streitgenossen** wirken. Von dieser Ausnahme ausdrücklich *ausgenommen* ist das Ergreifen von *Rechtsmitteln* (vgl. N 44). Hier geht es darum, das materielle Recht zu verwirklichen und allfällig drohende Nachteile (z.B. wegen Desinteresse eines Streitgenossen oder Interessenkollisionen) zu vermeiden. Indes kann *nicht jede Prozesshandlung* für den säumigen Streitgenossen Wirkung entfalten. Sofern die entsprechende Handlung einer Verfügung über den Streitgegenstand gleichkommt (z.B. Klageanerkennung oder Klagerückzug), obliegt diese Handlung allen Streitgenossen gemeinsam (GULDENER, ZPR, 300; VON HOLZEN, 151). 38

Allgemein kann das **materielle Recht** auch bei einer notwendigen Streitgenossenschaft getrenntes Handeln zulassen (GULDENER, ZPR, 300). Ein solcher Fall stellt bspw. die Vaterschaftsklage dar, wobei Mutter wie Kind unabhängig voneinander zur Klage legitimiert sind. Aber auch im Zusammenhang mit der Auflösung einer Gesellschaft oder Teilung gemeinsamen Eigentums kann sich jeder Beteiligte selbständig gegen die Klage zur Wehr setzten (GULDENER, ZPR, 300). 39

Weitere Fälle sind denkbar bei einer *Interessenkollision oder Dringlichkeit* (BGE 121 III 118, E. 3; STAEHELIN/STAEHELIN/GROLIMUND, § 13 N 48; BÜHLER/EDELMANN/KILLER, § 54 ZPO/AG N 3; SCHAAD, 389; VON HOLZEN, 154; z.B. für den Erben: BGE 74 II 217 40

E. 2). Klassische Interessenkollisionen kommen bei der kindesrechtlichen Klage vor. Dringende Fälle ergeben sich insb. aus dem Ablauf von Fristen. Für den Fall der Erbengemeinschaft dürfte der Grundsatz, wonach im Falle der Dringlichkeit jedem einzelnen Erben das Recht zusteht, für die Erbengemeinschaft zu klagen (BGE 74 II 217 E. 2 m.H.), weiterhin Gültigkeit haben. Dringlichkeit ist angezeigt, wenn ein Streitgenosse vorsorgliche Massnahmen zur Beweissicherung vornimmt (VON HOLZEN, 154). Nach dem Wegfall der Dringlichkeit müssen die weiteren Prozesshandlungen von allen Streitgenossen wieder gemeinsam vorgenommen werden (VON HOLZEN, 154).

41 Ein Streitgenosse kann sich indes auch **einem Urteil unterwerfen** und darauf verzichten, an der Streitgenossenschaft teilzunehmen. So kann der Kläger auf die Klage verzichten, der er sich zunächst angeschlossen hat. Nach seinem Klagerückzug wird er weiter als Beklagter am Prozess beteiligt bleiben (BGE 113 II 37, 39; 109 II 140 E. 3; ZR 53(1954) Nr. 143; LEUENBERGER/UFFER-TOBLER, Art. 45 ZPO/SG N 2; GULDENER, ZPR, 300; FRANK/STRÄULI/MESSMER, § 39 ZPO/ZH N 4 und 13; VOGEL/SPÜHLER, 5. Kap. N 54; VON HOLZEN, 153). Die Streitgenossenschaft bleibt eine notwendige, indes wird eine Klage nicht mangels Aktiv- oder Passivlegitimation abgewiesen, weil die verzichtende Partei nicht am Prozess teilnimmt (VON HOLZEN, 153).

5. Urteil und Rechtskraft

42 Die Urteilsgrundlagen müssen im Verhältnis zu allen Streitgenossen gleich sein (GULDENER, ZPR, 299). Im Rahmen einer notwendigen Streitgenossenschaft besteht daher die Notwendigkeit, über sämtliche Streitgenossen **im gleichen Sinne zu entscheiden**. Es ergeht immer nur ein einziges Urteil, das für und gegen alle Streitgenossen wirkt (STAEHELIN/STAEHELIN/GROLIMUND, § 13 N 49; VON HOLZEN, 163).

43 Die **Rechtskraft** erstreckt sich nur **auf die beteiligten Streitgenossen**. Wenn sich nachträglich herausstellt, dass ein notwendiger Streitgenossen am Verfahren nicht beteiligt war, kann das Urteil nicht vollstreckt werden (VON HOLZEN, 163; SCHAAD, 461).

6. Das Rechtsmittelverfahren

44 Grundsätzlich sind bei gegebener notwendiger Streitgenossenschaft Rechtsmittel **von allen Streitgenossen** zu ergreifen. Auf ein Rechtsmittel, das nicht von allen Streitgenossen ergriffen wird, kann nicht eingetreten werden (ZR 91/92, Nr. 76). In Bezug auf das Ergreifen von Rechtsmitteln werden die säumigen Streitgenossen nach dem klaren Wortlaut von Art. 70 Abs. 2 letzter Satz **nicht vom handelnden vertreten**. Zulässig ist es, dass das Gericht den säumigen Streitgenossen eine kurze Nachfrist ansetzt, damit sich diese dem Rechtsmittel eines Streitgenossen anschliessen können (VON HOLZEN, 169 f.). Grundsätzlich ist das Rechtsmittelverfahren mit allen Streitgenossen durchzuführen. Ein **Rechtsmittel fällt dahin**, wenn dieses nicht von allen Streitgenossen ergriffen wird oder nicht alle Streitgenossen innert der Nachfrist ihren Anschluss an das Rechtsmittel erklären. Davon gibt es allerdings *Ausnahmen*: Im Falle von Statusklagen ist nach der bundesgerichtlichen Praxis jeder Streitgenosse legitimiert, ein Rechtsmittel einzulegen (FRANK/STRÄULI/MESSMER, § 39 ZPO/ZH N 26). Zulässig sind auch individuelle ergriffene Rechtsmittel gegen die Kostenfestsetzung (VON HOLZEN, 172; SCHAAD, 435 f.). Sodann kann es zur Verwirklichung des materiellen Rechts und zwecks Abwendung drohender Nachteile (z.B. Interessenkollisionen) erforderlich sein, das von einem Streitgenossen erhobene Rechtsmittel mit Wirkung für die anderen zuzulassen.

7. Die Kostenfestsetzung

Nach Art. 106 Abs. 3 bestimmt das Gericht den Anteil der Streitgenossen an den **Prozesskosten**. Auch wenn eine Aufteilung des Prozesses aus materiellen Gründen im Fall einer notwendigen Streitgenossenschaft nicht möglich ist, können immerhin die Prozesskosten den einzelnen Streitgenossen **unterschiedlich** auferlegt werden (STAEHELIN/STAEHELIN/GROLIMUND, § 13 N 49). Das Gericht kann auch auf eine solidarische Haftung für die Kosten erkennen (Art. 106 Abs. 3 letzter Satz; vgl. Art. 106 N 9 f.). 45

8. Beurteilung von Regressansprüchen

Allfällige Regressansprüche unter den Parteien werden nicht im Erstprozess behandelt. Eine gemeinsame Beurteilung ist **im Gesetz nicht vorgesehen**. Eine Feststellung der Regressansprüche im gleichen Verfahren bedarf einer gesetzlichen Grundlage (vgl. z.B. § 14 ZPO/ZH; ZR 62 Nr. 41 und 57 Nr. 44). Hierzu dient bei gegebenen Voraussetzungen das Instrument der Streitverkündungsklage (Art. 81 f.). 46

V. IZPR

Die Streitgenossenschaft ist grundsätzlich ein **Institut des Prozessrechts**. Anwendung findet demnach das Prozessrecht der lex fori. Bei Rückgriff auf denselben Rechtsgrund für die Annahme eines Zusammenhangs muss das materielle Recht herangezogen werden. Insbesondere für die notwendige Streitgenossenschaft ergibt sich die *Pflicht zu gemeinsamen Handeln aus dem materiellen Recht*. Dieses bestimmt sich nach den Kollisonsnormen des IPRG bzw. dem vorrangigen Staatsvertragsrecht (STAEHELIN/STAEHELIN/GROLIMUND, § 13 N 50). 47

Art. 71

Einfache Streitgenossenschaft

[1] Sollen Rechte und Pflichten beurteilt werden, die auf gleichartigen Tatsachen oder Rechtsgründen beruhen, so können mehrere Personen gemeinsam klagen oder beklagt werden.

[2] Die einfache Streitgenossenschaft ist ausgeschlossen, wenn für die einzelnen Klagen nicht die gleiche Verfahrensart anwendbar ist.

[3] Jeder Streitgenosse kann den Prozess unabhängig von den andern Streitgenossen führen.

Consorité simple

[1] Les personnes dont les droits et les devoirs résultent de faits ou de fondements juridiques semblables peuvent agir ou être actionnées conjointement.

[2] La consorité simple est exclue lorsque les causes relèvent de procédures différentes.

[3] Chaque consort peut procéder indépendamment des autres.

Litisconsorzio facoltativo

[1] Più persone possono agire o essere convenute congiuntamente se si tratta di statuire su diritti o obblighi che si fondano su fatti o titoli giuridici simili.

[2] Il litisconsorzio facoltativo è escluso se alle singole azioni non è applicabile lo stesso tipo di procedura.

[3] Ciascun litisconsorte può condurre la propria causa indipendentemente dagli altri.

Inhaltsübersicht

	Note
I. Normzweck und Norminhalt	1
II. Begriff und Entstehung	5
1. Begriff der einfachen Streitgenossenschaft	5
2. Entstehung der einfachen Streitgenossenschaft	9
III. Die Zulässigkeitsvoraussetzungen der einfachen Streitgenossenschaft	13
1. Sachlicher Zusammenhang zwischen den Klagen	14
2. Gleiche Verfahrensart	16
3. Gleiche Zuständigkeit	17
4. Der Zulässigkeitsentscheid	18
IV. Fälle der einfachen Streitgenossenschaft	21
V. Rechtsfolgen der einfachen Streitgenossenschaft	27
1. Die Prozessvoraussetzungen	27
2. Örtliche Zuständigkeit	29
3. Selbständiges Handeln der Streitgenossen (Abs. 3)	30
4. Urteil und Rechtskraft	41
5. Das Rechtsmittelverfahren	43
6. Kostenfestsetzung	45
VI. Weitere Fragen	46
1. Beurteilung von Regressansprüchen	46
2. Die Sammelklage als Anwendungsfall der einfachen Streitgenossenschaft?	47
VII. IZPR	48

Literatur

Vgl. die Literaturhinweise zu Art. 70.

I. Normzweck und Norminhalt

1 Ähnlich wie die notwendige Streitgenossenschaft beruht auch die einfache Streitgenossenschaft auf einem *Sachzusammenhang* (GULDENER, ZPR, 301). Indes ist der Zusammenhang ein *lockerer* als im Falle der notwendigen Streitgenossenschaft. Die einfache Streitgenossenschaft zeichnet sich dadurch aus, dass **in einem Verfahren mehrere Prozesse** behandelt werden.

2 Die einfache Streitgenossenschaft wird zunächst in Abs. 1 definiert. Eine solche liegt vor, wenn die zu beurteilenden Rechte und Pflichten auf **gleichartigen Tatsachen oder Rechtsgründen** beruhen. Jede klagende Person nimmt indes Parteistellung ein. Die einfache Streitgenossenschaft beruht auf *Freiwilligkeit* (BOTSCHAFT ZPO, 7281). Sie ist auch auf beklagtischer Seite denkbar, indem eine Person gegen mehrere mögliche Ansprecher klagt.

3 Abs. 2 bestimmt, dass eine einfache Streitgenossenschaft nur zulässig ist, wenn für sämtliche Ansprüche die *gleiche Verfahrensart* gilt. Trotz Zusammenrechnung des Streitwerts bleibt die Verfahrensart erhalten (Art. 93 Abs. 2). Schliesslich führt jeder Streitgenosse den Prozess von den andern unabhängig (Abs. 3).

4 Die einfache Streitgenossenschaft wird aus **Zweckmässigkeitsüberlegungen** begründet. Vermieden werden soll die Gefahr sich widersprechender Urteile (VOGEL/SPÜHLER, 5. Kap. N 61). Mit anderen Worten stehen Gründe der Prozessökonomie im Vordergrund, um die Zusammenfassung von Klagen, die getrennt behandelt werden könnten, zuzulas-

sen. Die praktische Bedeutung liegt indes nicht nur in der Verfahrensökonomie begründet, sondern auch in der **Vereinfachung des Verfahrens** überhaupt. Sie verbürgt eine gleiche Rechtsanwendung und Beweiswürdigung allen Streitgenossen gegenüber, soweit sich die Ansprüche auf die gleichen Tatsachen stützen (GULDENER, ZPR, 305; DOMENIG, 33; GEIGER, 17; VON HOLZEN, 32 und 174).

II. Begriff und Entstehung

1. Begriff der einfachen Streitgenossenschaft

Sind **mehrere Personen aus gleichen bzw. gleichartigen Tatsachen oder Rechtsgründen** berechtigt oder verpflichtet, so spricht man von einer einfachen Streitgenossenschaft. Die einfache Streitgenossenschaft umfasst demnach mehrere Klagen, an denen nicht die gleichen, sondern verschiedene Personen beteiligt sind. Einfache Streitgenossenschaft bedeutet demnach immer *Anspruchskumulation*. Mit derselben Klage werden mehrere Ansprüche gegen mehrere Rechtssubjekte verfolgt. Die Mehrheit der Parteien kann dabei auf der klägerischen oder der beklagtischen Seite sein (KELLERHALS/GÜNGERICH/BERGER, 02.102). Die Prozessführung in einfacher Streitgenossenschaft wird häufig auch als *subjektive Klagehäufung* bezeichnet und mit dieser gleichgesetzt (GULDENER, ZPR, 301; VON HOLZEN, 5; WALDER/GROB, § 11 N 13). Der Gesetzgeber unterscheidet in der neuen Zivilprozessordnung nur noch zwischen einfacher Streitgenossenschaft und Klagehäufung (Art. 93). In Abgrenzung dazu liegt eine objektive Klagehäufung vor, wenn zwischen denselben Parteien mehrere unterschiedliche Ansprüche zur Beurteilung vorgetragen werden (VOGEL/SPÜHLER, 7. Kap. N 44; VON HOLZEN, 19).

5

Im Gegensatz zur notwendigen Streitgenossenschaft liegt **keine zwingende gesetzliche Vorschrift** vor, die das gemeinsame Vorgehen der Mehrheit von Parteien erfordern würde (STAEHELIN/STAEHELIN/GROLIMUND, § 13 N 35). In der Frage, ob das materielle Recht auf das Prozessrecht Einfluss nimmt und den Beteiligten ein *gemeinsames Vorgehen vorschreibt*, liegt die *Unterscheidung zwischen einfacher und notwendiger Streitgenossenschaft* (VON HOLZEN, 40). Die einfache Streitgenossenschaft ist dadurch gekennzeichnet, dass die eingeklagten Ansprüche an sich getrennt erhoben werden könnten, jedoch aus Zweckmässigkeitsüberlegungen eine Vereinigung stattfindet (GULDENER, ZPR, 301; BÜHLER/EDELMANN/KILLER, § 50 ZPO/AG N 1; GEIGER, 13). Eine materiell-rechtliche Verpflichtung zur Vereinigung der Verfahren besteht indes nicht (VON HOLZEN, 16; SCHAAD, 77 f.).

6

In der Literatur wird bisweilen unterschieden zwischen **echter und unechter Streitgenossenschaft**. Eine echte Streitgenossenschaft liegt vor, wenn die Streitgenossen aus gleichem Rechtsgrund klagen. Demgegenüber besteht eine unechte Streitgenossenschaft, wenn die Rechtsgründe, die den Klagen zugrunde liegen, lediglich *gleichartig* sind. Bei Ansprüchen, die sich lediglich **im Wesentlichen** auf die gleichen Tatsachen und Rechtsgründe stützen, besteht ein lockerer Zusammenhang. Eine gemeinsame Klageerhebung und auch eine gemeinsame Beurteilung in einem Verfahren sind nicht unbedingt notwendig (FRANK/STRÄULI/MESSMER, § 40 ZPO/ZH N 1 und 11a; BÜHLER/EDELMANN/KILLER, § 50 ZPO/AG N 2 f.). Diese Unterscheidung ist wenig ergiebig (GULDENER, ZPR, 296 FN 2; VON HOLZEN, 38), zumal Art. 71 nach dem Wortlaut *auch die unechte einfache Streitgenossenschaft* umfasst. Beide Arten von Streitgenossenschaften werden gleichgesetzt und gleich behandelt.

7

Eine *alternative Streitgenossenschaft* liegt vor, wenn der Kläger alternativ mehrere Personen einklagt, weil ungewiss ist, wen er zur Leistung verpflichten kann (ZR 32 Nr. 26 sowie 56 Nr. 49). Eine *eventuelle subjektive Streitgenossenschaft* besteht dann, wenn der Kläger mit der Klage entweder Leistung von A oder – im Falle der Abweisung der Klage

8

gegen A – von B verlangt (VOGEL/SPÜHLER, 5. Kap. N 61a; MERZ, § 21 ZPO/TG N 5; LEUENBERGER/UFFER-TOBLER, Art. 45 ZPO/SG N 1; VON HOLZEN, 41 ff.; ZR 55 Nr. 8). Bei der eventuellen subjektiven Streitgenossenschaft wird bei Gutheissung der einen Klage die andere nicht – wie im Falle der alternativen Streitgenossenschaft – gegenstandslos, vielmehr ist diese als unbegründet kostenfällig abzuweisen (BGE 113 Ia 106 E. c). Das Gesetz beantwortet die Frage nicht, ob alternative und eventuelle Streitgenossenschaften zulässig sind oder nicht. Die bisherige Lehre und Rechtsprechung bejahte deren Zulässigkeit (GULDENER, ZPR, 302; LEUCH/MARBACH/KELLERHALS/STERCHI, Art. 36 ZPO/BE N 1f und g; BÜHLER/EDELMANN/KILLER, § 50 ZPO/AG N 5). Nach der hier vertretenen Auffassung müssen derartige alternative Klageverbindungen **zulässig** sein.

2. Entstehung der einfachen Streitgenossenschaft

9 Eine einfache Streitgenossenschaft entsteht insb. in folgenden Fällen (GULDENER, ZPR, 303; BÜHLER/EDELMANN/KILLER, Vor § 50 ff. ZPO/AG N 3; GORDON-VRBA, 170; VON HOLZEN, 50 ff.):

a) Klage mehrerer Kläger oder gegen mehrere Beklagte

10 Ein prozessualer Zwang zur Führung einer einfachen Streitgenossenschaft besteht nicht. Vielmehr steht die Bildung einer einfachen Streitgenossenschaft **im Ermessen der klagenden Partei**. Eine Ausnahme ist jedoch dann anzunehmen, wenn der Richter die Verfahren vereinigt (N 12). Wenn mehrere Streitgenossen als Beklagte erfasst werden, so beruht die Streitgenossenschaft ebenfalls nicht auf freiem Entschluss (BÜHLER/EDELMANN/KILLER, § 51 ZPO/AG N 2; VON HOLZEN, 50).

b) Während des Prozesses durch Rechtsnachfolge

11 Eine nachträgliche einfache Streitgenossenschaft entsteht, wenn eine Mehrheit von Personen die Rechtsnachfolge antritt (VON HOLZEN, 56).

c) Durch Vereinigung von Prozessen durch den Richter

12 Die Vereinigung der Verfahren wird zwingend vorgenommen, wenn die eingeklagten Ansprüche gemeinsam beurteilt werden **müssen**. Dies geschieht bspw. dann, wenn sich widersprechende Urteile vermieden werden müssen (BGE 105 II 15). Eine Vereinigung von Verfahren kann selbst dann vorgenommen werden, wenn die Klagen an verschiedenen Gerichten rechtshängig sind (vgl. Art. 127 Abs. 1).

III. Die Zulässigkeitsvoraussetzungen der einfachen Streitgenossenschaft

13 Die einfache Streitgenossenschaft findet ihre **Grundlage** nicht im materiellen Recht, sondern im **Prozessrecht**; sie ist ein *Institut des Prozessrechts*. Nach dem ausdrücklichen Wortlaut des Gesetzes ist die einfache Streitgenossenschaft nur bei einem sachlichen Zusammenhang zwischen den im Streit stehenden Ansprüchen sowie bei gleicher Verfahrensart zulässig (so schon BGE 125 III 95; VON HOLZEN, 179).

1. Sachlicher Zusammenhang zwischen den Klagen

14 Nach Art. 71 ist eine einfache Streitgenossenschaft zulässig, wenn die zu beurteilenden Rechte und Pflichten der im Streit stehenden Ansprüche auf **gleichartigen Tatsachen oder Rechtsgründen** beruhen. Mithin ist **Konnexität** der Klagen auch für die einfache

Streitgenossenschaft Voraussetzung für deren Bildung. Für die Begründung des Sachzusammenhangs ist nach dem klaren Wortlaut des Gesetzes ausreichend, wenn bloss **gleichartige** auf tatsächlichen oder rechtlichen Gründen beruhende **Ansprüche** zur Beurteilung vorgetragen werden. *Nicht erforderlich ist, dass sich die Ansprüche auf die gleichen tatsächlichen und rechtlichen Gründe abstützen*. Ausreichend ist nach dem klaren Wortlaut des Gesetzes das *alternative* Vorliegen von gleichartigen Tatsachen *oder* Rechtsgründen (krit. VON HOLZEN, 194).

Mit dieser Formulierung sollen von Art. 71 auch Fälle erfasst werden, in denen die Streitgenossenschaft als **bloss zweckmässig** erscheint. Bereits vor Erlass der ZPO bestand in der kantonalen Gesetzgebung Übereinstimmung darin, dass es im Falle einer einfachen Streitgenossenschaft nicht in allen, so doch in den wesentlichen Punkten der Identität sowohl des den Klagen zugrunde liegenden Tatbestandes als auch der durch den Tatbestand geschaffenen Rechtsverhältnisse bedarf (MERZ, § 21 ZPO/TG N 3). Da eine Definition der Gleichartigkeit bzw. des sachlichen Zusammenhangs nicht möglich ist, sind einfache Streitgenossenschaften vielmehr nach deren **Zweck** zuzulassen, nämlich der Vereinfachung von Verfahren sowie der Vermeidung sich widersprechender Urteile (VON HOLZEN, 198). Insbesondere die *Prozessökonomie* wird *oberste Richtschnur* für deren Zulässigkeit sein. Dies liegt daran, dass die einfache Streitgenossenschaft ein Institut des Prozessrechts ist und sich nicht auf das materielle Recht abstützen kann (VON HOLZEN, 201). Bei der Frage der Zulässigkeit ist zu berücksichtigen, dass die Parteien nicht verpflichtet sind, sich als einfache Streitgenossenschaft zu konstituieren. Andererseits kann ein Gericht jederzeit Verfahren, die mittels einfacher Streitgenossenschaft zusammengeführt wurden, wieder trennen. 15

2. Gleiche Verfahrensart

Voraussetzung für die Behandlung einer einfachen Streitgenossenschaft ist die **gleiche Verfahrensart** für die in Frage stehende Klage. Die *Art der Klagen spielt keine Rolle*. Mithin kann eine Leistungsklage mit einer Feststellungsklage oder einer Gestaltungsklage verbunden werden. Entscheidend ist einzig die gleiche Verfahrensart. Ansprüche, die im summarischen Verfahren zu beurteilen sind, können demnach nicht mit solchen kombiniert werden, für die das ordentliche Verfahren vorgesehen ist. Zu bemerken ist, dass die Verfahrensart trotz Zusammenrechnung der Streitwerte der einzelnen Klagen erhalten bleibt (Art. 93 Abs. 2). Dieser Umstand kann dazu führen, dass eine Streitgenossenschaft nicht zulässig ist, wenn die einzelnen Klagen unterschiedliche Streitwerte aufweisen und für diese jeweils andere Verfahrensarten zur Anwendung gelangen (VON HOLZEN, 229 FN 1119). 16

3. Gleiche Zuständigkeit

Die einfache Streitgenossenschaft setzt stillschweigend voraus, dass für alle Klagen die **gleiche sachliche Zuständigkeit** besteht (VON HOLZEN, 219; GEIER, 180). Angesichts des Konnexitätserfordernisses dürfte eine unterschiedliche sachliche Zuständigkeit eher selten vorkommen. Die **gleiche örtliche Zuständigkeit** bildet hingegen **keine Voraussetzung** für eine einfache Streitgenossenschaft (vgl. N 29). 17

4. Der Zulässigkeitsentscheid

Die Zulässigkeit der Prozessführung in einfacher Streitgenossenschaft beurteilt sich nach dem **klägerischen Rechtsbegehren** (FRANK/STRÄULI/MESSMER, § 40 ZPO/ZH N 17). Die **Zulässigkeit der Streitgenossenschaft** ist als Prozessvoraussetzung von Amtes we- 18 gen zu prüfen (BÜHLER/EDELMANN/KILLER, § 50 ZPO/AG N 5; LEUENBERGER/UFFER-TOBLER, Art. 46 ZPO/SG N 2; VON HOLZEN, 181). Erst wenn die Begründung der Klage bekannt ist, kann auch festgestellt werden, ob tatsächlich die Voraussetzungen für eine einfache Streitgenossenschaft vorliegen oder nicht.

19 Die Zulassung der einfachen Streitgenossenschaft ist bloss ein *vorläufiger Entscheid*. Sind die Voraussetzungen für die Prozessführung in einfacher Streitgenossenschaft nicht gegeben, so hängt das weitere Vorgehen davon ab, welche Voraussetzungen fehlen. Soweit die *Gleichheit der Verfahrensart* nicht für alle Klagen gegeben ist, hat das Gericht auf die entsprechende *Klage nicht einzutreten*. Fehlt es *lediglich am Sachzusammenhang oder erweist sich die durch Parteihandeln gebildete Streitgenossenschaft als unzweckmässig*, so sind die *Klagen getrennt* zu behandeln (vgl. Art. 125 lit. b; FRANK/STRÄULI/MESSMER, § 40 ZPO/ZH N 17; GULDENER, ZPR, 303). Eine Trennung verschiedener Klagen ist zulässig, auch **ohne Antrag einer Prozesspartei**. Die Trennung kommt selbst dann in Frage, wenn alle Prozessvoraussetzungen einer einfachen Streitgenossenschaft erfüllt sind (LEUENBERGER/UFFER-TOBLER, Art. 46 ZPO/SG N 3; BÜHLER/EDELMANN/KILLER, § 52 ZPO/AG N 2). Voraussetzung ist indes, dass die **Trennung zweckmässig** ist, mithin aus zureichenden Gründen erfolgt (so schon § 40 Abs. 2 ZPO/ZH). Eine Trennung der Klagen kann **in jedem Zeitpunkt des Verfahrens**, mithin auch noch in zweiter Instanz, erfolgen (MERZ, § 21 ZPO/TG N 10). Entscheidend ist, dass durch die Trennung das Verfahren beschleunigt oder vereinfacht wird. Den Parteien darf aus der Trennung kein Nachteil entstehen. Die Parteien sind vor der Trennung zur Wahrung des rechtlichen Gehörs anzuhören. Die einmal begründete Zuständigkeit wird dadurch nicht verändert (LEUENBERGER/UFFER-TOBLER, Art. 46 ZPO/SG N 3). Auch die Rechtshängigkeit bleibt bestehen.

20 Der Richter ist somit **nicht an die Parteibegehren gebunden**. Umgekehrt können auch separat anhängig gemachte Begehren im Nachhinein auf Antrag oder ohne Antrag der Parteien gemeinsam behandelt werden.

IV. Fälle der einfachen Streitgenossenschaft

21 Konnexität nach Art. 71 lässt sich kaum abstrakt definieren. Die Lehre und Rechtsprechung hat daher **Fallgruppen** gebildet. In den folgenden Fällen liegt Konnexität vor und ist die einfache Streitgenossenschaft bei gegebener gleicher Verfahrensart zulässig (vgl. FRANK/STRÄULI/MESSMER, § 40 ZPO/ZH N 4 ff.):

22 *Aus dem Familienrecht:*
– Eheeinspruchsklage (Art. 111 ZGB), Vaterschaftsklage der Mutter und des Kindes (Art. 261 ZGB).

23 *Aus dem Erbrecht:*
– Herabsetzungsklage bei mehreren pflichtteilsberechtigten Erben, Testamentsungültigkeitsklage mehrerer Erben oder Bedachter.

24 *Aus dem Sachenrecht:*
– Vindikation gegen den unmittelbaren oder mittelbaren Besitzer, Klagen mehrerer Miteigentümer auf unteilbare Leistung (Einräumung einer Dienstbarkeit, Besitzübertragung etc.);
– Schadenersatzanspruch des Eigentümers und des Nutzniessers oder Pfandberechtigten wegen einer beschädigten Sache.

Aus dem Obligationenrecht: 25

- Klagen mehrerer Solidargläubiger oder gegen mehrere Solidarschuldner aus Vertrag oder gemeinsamem Verschulden (Art. 50 und 143 OR);

- Konkurrierende Haftung mehrerer Personen aus verschiedenen oder aus gleichartigen Rechtsgründen für den gleichen Schaden (Art. 51 OR);

- Schadenersatzansprüche mehrerer durch das gleiche Ereignis Verletzten (BÜHLER/EDELMANN/KILLER, § 50 N 3);

- Ein sachlicher Zusammenhang fehlt hingegen, wenn sich der geltend gemachte Anspruch gegenüber dem einen Beklagten auf einen Vertrag, gegenüber dem andern hingegen auf unerlaubte Handlung stützt (MERZ, § 21 ZPO/TG N 3).

- Klagen, die sich auf gleichlautende Verträge stützen und sich gegen dieselbe Person richten oder von derselben Person erhoben werden (Klagen mehrerer Mieter aus gleichlautenden Mietverträgen, oder von Mietern, die gemeinsam eine Mietzinserhöhung anfechten);

- Klagen mehrerer Arbeitnehmer bei Verletzung gleichlautender Arbeitsverträge, Arbeitnehmer, die eine Massenentlassung anfechten;

- Anfechtung eines Generalversammlungsbeschlusses, wenn mehrere Aktionäre klagen;

- Klagen von mehreren betroffenen Konsumenten;

- Klagen mehrerer Arbeitnehmer aus gleichlautenden Dienstverträgen wegen gleichartiger Vertragsverletzung (ZR 22 Nr. 124);

- Klage gegen den Hauptschuldner und den Bürgen.

Aus dem SchKG: 26

- Widerspruchsklagen mehrerer betreibender Gläubiger gegen einen Drittansprecher bzw. des letzteren gegen mehrere Gläubiger wegen des gleichen gepfändeten Vermögenswertes; Klagen mehrerer Gläubiger, die den Kollokationsplan im gleichen Punkt anfechten

V. Rechtsfolgen der einfachen Streitgenossenschaft

1. Die Prozessvoraussetzungen

Für alle einfachen Streitgenossen müssen die Prozessvoraussetzungen, namentlich Partei-, Prozess- und Postulationsfähigkeit, **gleichermassen** erfüllt sein. Das Gericht wird die Prozessvoraussetzungen für alle Streitgenossen **separat prüfen** müssen. Eine fehlende Prozessvoraussetzung wirkt sich indes nur beim betreffenden Streitgenossen aus (STAEHELIN/STAEHELIN/GROLIMUND, § 13 N 37). 27

Daraus folgt, dass die *Kautionspflicht* für jeden Streitgenossen gesondert geprüft und angeordnet wird (e contrario Art. 99 Abs. 3; FRANK/STRÄULI/MESSMER, § 77 ZPO/ZH N §; VON HOLZEN, 230). Mithin wäre es unzulässig, sämtliche Streitgenossen zu kautionieren, wenn bei einem einzelnen Streitgenossen die Voraussetzungen für die Leistung einer Kaution erfüllt sind. 28

2. Örtliche Zuständigkeit

29 Die **örtliche Zuständigkeit** ergibt sich für die Streitgenossenschaft aus **Art. 15**. Bei *objektiver Klagehäufung* gewährt Art. 15 Abs. 2 am Gerichtsstand eines Anspruchs eine Zuständigkeit auch für die anderen Klagen, wenn zwischen den Ansprüchen ein rechtlicher oder tatsächlicher Zusammenhang besteht. Bei der *passiven Streitgenossenschaft* demgegenüber sieht Art. 15 Abs. 1 vor, dass am Gericht für einen beklagten Streitgenossen die Klagen gegen die anderen Streitgenossen ebenfalls geltend gemacht werden können, wenn die Ansprüche auf gleichartigen Tatsachen oder Rechtsgründen beruhen (forum connexiatis, STAEHELIN/STAEHELIN/GROLIMUND, § 9 N 50 f.). Eine Belangung von Streitgenossen an einem einheitlichen Gerichtsstand ist demnach ohne weiteres möglich. Demgegenüber findet Art. 15 für die aktive einfache Streitgenossenschaft keine Anwendung.

3. Selbständiges Handeln der Streitgenossen (Abs. 3)

30 Nach Abs. 3 von Art. 71 kann jeder Streitgenosse den Prozess unabhängig von den andern Streitgenossen führen. Abs. 3 ist als «Kann»-Vorschrift formuliert und zeigt, dass im Gegensatz zur notwendigen Streitgenossenschaft **jeder Streitgenosse** den Prozess **grundsätzlich unabhängig** vom anderen führt (VOGEL/SPÜHLER, 5. Kap. N 62; GULDENER, ZPR, 303; FRANK/STRÄULI/MESSMER, § 40 ZPO/ZH N 18; LEUENBERGER/UFFER-TOBLER, Art. 47 ZPO/SG N 1; GORDON-VRBA, 171; BÜHLER/EDELMANN/KILLER, § 51 ZPO/AG N 1; WALDER/GROB, § 11 N 19; VON HOLZEN, 230). Es gibt kein Gebot der gemeinsamen Prozessführung (GASSER/RICKLI, Art. 71 N 5). Bei einfacher Streitgenossenschaft besteht trotz Verbindung der Klagen eine Mehrheit voneinander unabhängiger Prozesse. Jeder Streitgenosse kann unabhängig vom anderen selbständig prozessuale Handlungen wahrnehmen, soweit dies seinen eigenen Prozess betrifft (VON HOLZEN, 232).

31 Trotz Streitgenossenschaft ist in der Klage für jeden Streitgenossen ein **eigenes Rechtsbegehren** abzugeben. Die Forderungen sind **individuell zu substantiieren**, wenn mehrere Streitgenossen als Kläger auftreten. Jeder Streitgenosse hat das Recht, einen **eigenen Vertreter** zu bestimmen.

32 Das prozessuale Handeln **wirkt nur für den handelnden Streitgenossen**. Klageanerkennung, Klagerückzug oder Abschluss eines Vergleichs wirken nur zwischen den betroffenen Parteien, mithin nicht zugunsten bzw. zu Lasten der anderen Streitgenossen (VON HOLZEN, 233; WALDER/GROB, § 11 N 19). Weiter kann eine Partei mit einer Gegenpartei einen Vergleich schliessen, während eine andere auf einer Beurteilung beharrt oder die Klage zurückzieht (LEUENBERGER/UFFER-TOBLER, Art. 47 ZPO/SG N 1). Einem Streitgenossen werden demnach auch bloss die von ihm persönlich vorgenommen Prozesshandlungen zugerechnet. Prozesshandlungen und Versäumnisse eines Streitgenossen gereichen den übrigen Streitgenossen weder zum Vorteil noch zum Nachteil (GULDENER, ZPR, 303; VON HOLZEN, 233; HABSCHEID, 152; BÜHLER/EDELMANN/KILLER, § 51 ZPO/AG N 4).

33 Jeder Streitgenosse trägt für seine Klage die eigenen Tatsachenbehauptungen vor. Allerdings wirken sich faktisch **Tatsachenbehauptungen** eines Streitgenossen über Tatsachen, die alle anderen Streitgenossen betreffen, auch auf die Stellung der übrigen Streitgenossen aus (STUDER/RÜEGG/EIHOLZER, § 50 ZPO/LU N 2; LEUENBERGER/UFFER-TOBLER, Art. 47 ZPO/SG N 1). Tatsachen, die für alle Streitgenossen erheblich sind, und die Beweismittel dafür, wirken für alle, auch für jene, die sie nicht vorgetragen haben (BÜHLER/EDELMANN/KILLER, § 51 ZPO/AG N 4). **Widersprüche**, die durch den Tatsa-

chenvortrag hervorgetreten sind, sind **im Rahmen der Beweiswürdigung** aufzulösen. Unzulässig wäre es, wenn das Gericht die Parteien zu einer einheitlichen Sachdarstellung anhalten würde. Ein solches Vorgehen wird dem Grundsatz der selbständigen Prozessführung eines Streitgenossen nicht gerecht.

Allfällige Säumnisfolgen treffen nur den jeweiligen Streitgenossen (GULDENER, ZPR, 304; BÜHLER/EDELMANN/KILLER, § 51 ZPO/AG N 4; VON HOLZEN, 234). Im Gegensatz zur notwendigen Streitgenossenschaft wirken dringende Handlungen nicht für den säumigen Streitgenossen. Die Streitgenossen können auch nicht irgendwelche Vorteile aus der Säumnis eines andern Streitgenossen ableiten. 34

Jeder Streitgenosse kann vom andern unabhängig *Angriffs- und Verteidigungsmittel* einbringen oder Widerklage erheben (LEUENBERGER/UFFER-TOBLER, Art. 47 ZPO/SG N 1). Eine **Widerklage** eines Beklagten gegen nur einen von mehreren Streitgenossen ist zulässig. 35

Jeder Streitgenosse kann grundsätzlich für den andern *als Zeugen* aussagen. Allerdings ist die Zeugnisfähigkeit beschränkt auf Tatsachen, die ausschliesslich den Prozess des andern Streitgenossen betreffen (GULDENER, ZPR, 341; SCHAAD, 247; FRANK/STRÄULI/MESSMER, § 157 ZPO/ZH N 5a). Auch hier gilt, dass eine Zeugenaussage in eigener Sache ausgeschlossen ist. Mögliches Korrektiv wäre hier eine Parteibefragung (VON HOLZEN, 243). 36

Grundsätzlich gilt, dass auch ein Beweisverfahren für jeden einzelnen Prozess selbständig geführt werden muss. Die **Beweisführung** eines Streitgenossen über Tatsachen, die alle anderen Streitgenossen betreffen, wirken sich indes auch auf die Stellung der übrigen Streitgenossen aus (STUDER/RÜEGG/EIHOLZER, § 50 ZPO/LU N 2; LEUENBERGER/UFFER-TOBLER, Art. 47 ZPO/SG N 1). Sofern Beweismittel gehörig produziert wurden, entfalten sie *zu Gunsten* der anderen Streitgenossen in jedem Fall ihre Wirkung (STUDER/RÜEGG/EIHOLZER, § 50 ZPO/LU N 2). *Zugeständnisse* eines Streitgenossen machen den Beweis nur diesem gegenüber überflüssig, nicht auch gegenüber den andern (WALDER/GROB, § 11 N 19; LEUENBERGER/UFFER-TOBLER, Art 47 ZPO/SG N 1; VON HOLZEN, 244; a.M. GIGER, 60). Immerhin kann das Zugeständnis als Indiz bei der Beweiswürdigung gegenüber einem andern Streitgenossen gewürdigt werden (LEUENBERGER/UFFER-TOBLER, Art. 47 ZPO/SG N 1; BÜHLER/EDELMANN/KILLER, § 51 ZPO/AG N 4). Unzulässig wäre es indes, einen für mehrere durch einfache Streitgenossenschaft zusammengefasste Parteien erhobenen Beweis im Verfahren für den einen Streitgenossen anders zu würdigen als für den andern (WALDER/GROB, § 11 FN 25; GULDENER, ZPR, 354). 37

Die Gegenpartei der Streitgenossen muss **alle prozessualen Handlungen** jeweils **gegenüber allen Streitgenossen** vornehmen, für die die Handlungen Rechtswirkung entfalten sollen (VON HOLZEN, 235; SCHAAD, 238). 38

Der **Streitwert** richtet sich bei einer einfachen Streitgenossenschaft nicht nach der einzelnen Klage, sondern nach der **Summe aller eingeklagten Ansprüche**, soweit sie sich nicht gegenseitig ausschliessen (Art. 93 Abs. 1; BÜHLER/EDELMANN/KILLER, § 51 ZPO/AG N 1). Daraus ergibt sich auch die sachliche Zuständigkeit, die unter Umständen für die einzelnen Klagen fehlen würde. Lediglich die Verfahrensart bleibt nach dem Wortlaut des Gesetzes trotz Zusammenrechnung des Streitwerts erhalten. 39

Jedem Streitgenossen kann unabhängig von den andern *unentgeltliche Rechtspflege* gewährt werden (BGE 115 Ia 193 E. 3; VON HOLZEN, 253). 40

Peter Ruggle

4. Urteil und Rechtskraft

41 Das *Schicksal* der verschiedenen Klagen der Streitgenossen bzw. der verschiedenen Klagen gegen die Streitgenossen kann *unterschiedlich* sein. Die Klagen haben jeweils selbständigen Charakter. Die einfache Streitgenossenschaft hat insb. nicht zur Folge, dass gegenüber allen Streitgenossen ein gleichartiges Urteil gefällt wird (BGE 125 III 95; STAEHELIN/STAEHELIN/GROLIMUND, § 13 N 40; MERZ, § 21 ZPO/TG N 7). Die **Urteile** müssen schon aus materiellen Gründen **nicht einheitlich** sein. Mit anderen Worten ist denkbar, dass auf eine Klage eines Streitgenossen wegen Fehlens einer Prozessvoraussetzung nicht eingetreten wird, eine andere Klage abgewiesen oder gutgeheissen wird. Der Entscheid des Gerichts umfasst grundsätzlich zwar alle Klagen, indes ergeht für jeden Streitgenossen bzw. für jeden eingeklagten Anspruch ein **eigener Entscheid** (VON HOLZEN, 254).

42 Die **Rechtskraft** eines Urteils wirkt nicht im Verhältnis der Streitgenossen untereinander (FRANK/STRÄULI/MESSMER, § 40 ZPO/ZH N 20; SCHAAD, 305; GULDENER, ZPR, 373; VON HOLZEN, 258). Vielmehr ist der Eintritt der Rechtskraft eines Urteils für jeden Streitgenossen gesondert zu prüfen.

5. Das Rechtsmittelverfahren

43 Die Entscheidungen des Gerichts sind **getrennt anfechtbar**. Mithin steht es jedem Streitgenossen frei, ein Rechtsmittel einzulegen oder darauf zu verzichten. Die Gegenpartei ihrerseits kann frei entscheiden, ob sie gegen einen oder gegen mehrere Streitgenossen ein Rechtsmittel einlegt (SCHAAD, 261; FLEPP, 105; VON HOLZEN, 255). Denkbar ist sogar, dass den Streitgenossen unterschiedliche Rechtsmittel zur Verfügung stehen (OVARI, 52).

44 Das Ergreifen eines Rechtsmittels durch einen Streitgenossen entfaltet *keine Rechtswirkung für den säumigen Streitgenossen*. Ein Streitgenosse kann kein Anschlussrechtsmittel zum Rechtsmittel des andern einlegen (OVARI, 52; GEIGER, 49; VON HOLZEN, 255).

6. Kostenfestsetzung

45 Jeder Streitgenosse hat Anspruch auf anteilsmässige Festsetzung der Prozesskosten (FRANK/STRÄULI/MESSMER, § 40 ZPO/ZH N 20). Da im Falle einer einfachen Streitgenossenschaft kein einheitliches Urteil gefällt werden muss, sind auch die Prozesskosten entsprechend unterschiedlich, d.h. **anteilsmässig**, zu verteilen (Art. 106 Abs. 3; FRANK/STRÄULI/MESSMER, § 40 ZPO/ZH N 3; LEUENBERGER/UFFER-TOBLER, Art. 47 ZPO/SG N 3; BGE 113 Ia 104). Eine *solidarische Haftung* für die Prozesskosten ist auf Anordnung des Gerichts nach Art. 106 Abs. 3 letzter Satz *möglich*. Da die Streitgenossen ihre Verfahren unabhängig voneinander führen, ist eine solidarische Haftung nicht sachgerecht und daher nur zurückhaltend anzuordnen. Art. 759 Abs. 2 OR sieht für Verantwortlichkeitsprozesse auch hier eine Sonderregelung vor, die auf dem materiellen Recht gegründet ist.

VI. Weitere Fragen

1. Beurteilung von Regressansprüchen

46 Im Falle einer einfachen Streitgenossenschaft kann es durchaus vorkommen, dass unter den Streitgenossen ein Regressverhältnis besteht. Dies ist z.B. dann der Fall, wenn die Streitgenossen mit der Begründung eingeklagt werden, einen Schaden gemeinsam verursacht zu haben. Eine Feststellung der Regressansprüche im gleichen Verfahren bedarf einer gesetzlichen Grundlage (vgl. z.B. alt § 14 ZPO/ZH; ZR 62 Nr. 41 und 57 Nr. 44; so nach Art. 759 Abs. 2 OR für die Verantwortlichkeitsklage). Hierzu dient bei gegebenen Voraussetzungen das Instrument der Streitverkündungsklage (Art. 81 f.). Immerhin ist denkbar, dass derjenige Streitgenosse, der Interesse am Obsiegen einer Partei gegen einen andern Streitgenossen hat, sich des Instituts der Nebenintervention bedient.

2. Die Sammelklage als Anwendungsfall der einfachen Streitgenossenschaft?

Nach der Botschaft ZPO (S. 7281) kommt der einfachen Streitgenossenschaft die Funktion einer **Sammelklage** zu. Allerdings ist gerade die Streitgenossenschaft ein wenig taugliches Mittel, wenn es bei Grossschäden um die Wahrung eines angemessenen Zugangs zum Gericht geht (GORDON-VRBA, 171). In der Praxis kommt es vielmehr vor, dass bei Masseverfahren mehrere Kläger *durch den gleichen Anwalt* vertreten werden (vgl. GORDON-VRBA, 172). Die Streitgenossenschaft scheidet als Türöffner für eine Sammelklage schon deshalb aus, weil die Streitwerte der einzelnen Klagen zusammengezählt werden (Art. 93 Abs. 1). Dies wirkt – gerade bei Masseverfahren – prohibitiv. 47

VI. IZPR

Vgl. dazu die Komm. zu Art. 70 N 47. 48

Art. 72

Gemeinsame Vertretung	Die Streitgenossen können eine gemeinsame Vertretung bezeichnen, sonst ergehen Zustellungen an jeden einzelnen Streitgenossen.
Représentant commun	Les consorts peuvent commettre un représentant commun. Tant qu'aucun représentant n'est désigné, les notifications sont adressées à chaque consort.
Rappresentante comune	I litisconsorti possono designare un rappresentante comune, altrimenti le notificazioni sono fatte a ciascuno di loro.

Inhaltsübersicht Note

   I. Norminhalt und Normzweck 1
  II. Grundsatz: Keine gemeinsame Vertretung 4
 III. Form der gemeinsamen Vertretung 6
    1. Begründung der gemeinsamen Vertretung 6
    2. Auflösung der gemeinsamen Vertretung 10
 IV. Rechtsfolge 12
    1. Gemeinsame Vertretung 12
    2. Entbindung von einem selbständigen Handeln 16

Literatur

Vgl. die Literaturhinweise zu Art. 70.

I. Norminhalt und Normzweck

1 Bei Vorliegen einer notwendigen Streitgenossenschaft ist ein gemeinsames Handeln aller Parteien zwingend (Art. 70 N 2). Im Falle einer *einfachen Streitgenossenschaft* hingegen ist dies nicht erforderlich (Art. 71 N 2). Art. 72 regelt in Ergänzung zu Art. 70 und 71 die **gemeinsame Vertretung der Parteien gegen aussen**. Die kantonalen Prozessordnungen unterschieden zwischen eigentlichen Vertretern und blossen Zustellempfängern (GULDENER, ZPR, 1157). Zumeist galten diese Bestimmungen nur für die notwendige Streitgenossenschaft, weil bei der einfachen Streitgenossenschaft jeder Prozessgenosse den Prozess unabhängig führt und daher eine Bestellung eines gemeinsamen Vertreters nicht erwartet werden durfte (z.B. § 42 ZPO/ZH; FRANK/STRÄULI/MESSMER, § 42 ZPO/ZH N 2). Art. 72 macht keine Unterscheidung zwischen notwendiger und einfacher Streitgenossenschaft. Es handelt sich um eine blosse *Kann-Vorschrift*, d.h. die Streitgenossen sind nicht verpflichtet, eine gemeinsame Vertretung zu bestimmen (WALDER/GROB, 162 FN 22). Nicht vorgesehen ist in Art. 72, dass ein Gericht von sich aus, einen Streitgenossen als gemeinsamen Vertreter bestimmen darf (VON HOLZEN, 160). Dies ist nach dem Wortlaut vielmehr ausgeschlossen.

2 Art. 72 regelt **einzig** die **gewillkürte Stellvertretung** und wäre eigentlich nicht notwendig gewesen. Die Befugnis des Vertreters kann sich entweder direkt aus dem Gesetz oder aus einer entsprechenden Vollmacht ergeben (LEUENBERGER/UFFER-TOBLER, Art. 45 ZPO/SG N 1; VON HOLZEN, 149). Die Parteien sind indes ungeachtet einer gemeinsamen Vertretung alle im Rubrum eines Verfahrens aufzuführen.

3 **Nicht Gegenstand** von Art. 72 ist ein allfällig **internes Verhältnis** unter den Streitgenossen. Die interne Aufteilung wird durch das materielle Recht geregelt. Art. 72 ermächtigt das Gericht nicht, eine derartige interne Aufteilung vorzunehmen. Eine Feststellung der Regressansprüche im gleichen Verfahren bedarf einer gesetzlichen Grundlage (vgl. z.B. alt § 14 ZPO/ZH; ZR 62 Nr. 41 und 57 Nr. 44). Hierzu dient bei gegebenen Voraussetzungen das Instrument der Streitverkündungsklage (Art. 81 f.). Anderslautende kantonale Regelungen sind unzulässig.

II. Grundsatz: Keine gemeinsame Vertretung

4 Art. 72 geht vom **Grundsatz** aus, dass sich die Parteien **nicht gemeinsam vertreten lassen** (GASSER/RICKLI, Art. 71 N 1). Das zuständige Gericht muss folgerichtig seine *Verfügungen und Mitteilungen an sämtliche Streitgenossen zustellen*. Jeder Streitgenosse hat grundsätzlich Anspruch auf Zustellung sämtlicher gerichtlichen Erlasse (BÜHLER/EDELMANN/KILLER, § 91 ZPO/AG N 1). Vorbehalten bleibt eine anderweitige Instruktion der involvierten Streitgenossen.

5 Art. 72 **verpflichtet** sodann die Streitgenossen **nicht, einen Prozess gemeinsam zu führen**. Die Verpflichtung zur gemeinsamen Prozessführung im Falle einer notwendigen Streitgenossenschaft ergibt sich vielmehr aus dem materiellen Recht bzw. aus Art. 70. Für eine einfache Streitgenossenschaft sieht das materielle Recht keine derartige Verpflichtung vor. Die fehlende Verpflichtung, einen Prozess gemeinsam zu führen, erstreckt sich auch auf eine allfällige gemeinsame Vertretung. Es besteht **keine Verpflichtung** der Streitgenossen, **sich gemeinsam vertreten zu lassen**. Anderslautende kantonale Bestimmungen sind ungültig. Das kantonale Recht kann hier auch keine entsprechende Verpflichtung einführen.

III. Form der gemeinsamen Vertretung

1. Begründung der gemeinsamen Vertretung

Die Streitgenossen *können* eine gemeinsame Vertretung bestimmen. An eine besondere Form ist die Begründung der gemeinsamen Vertretung nicht gebunden. Erforderlich ist einzig eine ausreichend **bestimmbare übereinstimmende Willenserklärung** der Streitgenossen, wonach sie sich von einem Dritten oder einem anderen Streitgenossen vertreten lassen wollen. Aus dem Umstand, dass eine Partei einer rechtsungültig erfolgten Verfügung widerspruchslos Folge leistet, darf nicht geschlossen werden, dass der Streitgenosse den anderen für die Zukunft als Vertreter anerkennt (FRANK/STRÄULI/MESSMER, § 42 ZPO/ZH N 1). Das Gericht wird die fragliche Partei dazu befragen müssen.

Dieser Dritte kann ein Rechtsanwalt oder ein anderer Streitgenosse sein. Das Schweizer Recht sieht grundsätzlich *keinen Anwaltszwang* vor, weshalb die Vertretung durch einen anderen Streitgenossen zulässig ist (VON HOLZEN, 156). Voraussetzung ist, dass dieser Dritte bereit ist, die Vertretung des andern zu übernehmen.

Möglich ist, dass einzelne Streitgenossen, mithin nicht alle eine gemeinsame Vertretung bestimmen. Mit anderen Worten ist es zulässig, dass ein Vertreter **bloss einen Teil der Streitgenossen** vertritt. Nicht zwingend vorausgesetzt ist, dass der Vertreter sämtliche Streitgenossen vertritt.

Der erste Teilsatz von Art. 72 macht deutlich, dass die Bezeichnung eines gemeinsamen Vertreters durch die Parteien freiwillig («*können*») geschieht. Abweichende kantonalrechtliche Bestimmungen (z.B. § 20 Abs. 1 ZPO/ZG oder Art. 42 ZPO/VS), die entsprechende Verpflichtungen vorsahen, sind ungültig. Den Kantonen verbleibt hier kein Raum zu legiferieren.

2. Auflösung der gemeinsamen Vertretung

Die gemeinsame Vertretung kann von einem Streitgenossen **jederzeit durch einseitige Willenserklärung** gegenüber dem Gericht aufgelöst werden. Eine besondere Form ist nicht einzuhalten. Die Auflösung der gemeinsamen Vertretung gilt aus Gründen der Rechtssicherheit *nur für die Zukunft*.

Auch der **Vertreter** kann die gemeinsame Vertretung jederzeit ohne Einhaltung einer besonderen Form auflösen. Das Gericht wird in diesem Fall die betroffenen Streitgenossen informieren.

IV. Rechtsfolge

1. Gemeinsame Vertretung

Bei Bestimmung eines gemeinsamen Vertreters sind **sämtliche Zustellungen** des Gerichts an den Vertreter auch für die anderen Streitgenossen gültig. Mitteilungen und Verfügungen des Gerichts ergehen an den gemeinsamen Vertreter mit Wirkung für alle (GULDENER, ZPR, 252 und 304; SCHAAD, 199; FRANK/STRÄULI/MESSMER, § 42 ZPO/ZH N 1; FLEPP, 94; VON HOLZEN, 159).

Von besonderer Bedeutung ist dies für den Beginn des Laufs von Fristen. Der Beginn des Fristenlaufs wird mit der Zustellung an den Vertreter festgelegt (HAUSER/SCHWERI, § 191 GVG N 4; SJZ 36, 285 Nr. 2079).

Das Gericht muss sich mit anderen Worten nicht darum kümmern, ob der Vertreter beispielsweise die anderen Streitgenossen informiert, mit ihnen allfällige Termine abspricht oder den Beginn des Fristenlaufs anzeigt. Gleichwohl wird das Gericht dem gemeinsamen Vertreter ausreichend Exemplare der Verfügungen und Mitteilungen zustellen. Ein prozessuales Fehlverhalten des Vertreters wäre von diesem gegenüber den anderen Streitgenossen zu verantworten, rechtfertigt indes nicht zur Wiederherstellung von Fristen etc.

15 Da der gemeinsame Vertreter nicht bloss Zustellempfänger ist, darf er **sämtliche Prozesshandlungen mit Wirkung für alle** vornehmen. Art. 72 macht hier keine Einschränkungen. Eine anderslautende Vollmacht ist zulässig und bleibt vorbehalten.

2. Entbindung von einem selbständigen Handeln

16 Die Streitgenossen sind **von einem selbständigen Handeln entbunden**, wenn ein gemeinsamer Vertreter bestimmt wurde. Der Umfang seines Handelns ergibt sich aus der Vollmacht. Grundsätzlich kann der Vertreter sämtliche Rechtshandlungen zugunsten und zu Lasten der andern Streitgenossen vornehmen. Er handelt mithin **nicht als blosser Zustellempfänger**. Eine anders lautende Vollmacht ist möglich.

4. Kapitel: Intervention

1. Abschnitt: Hauptintervention

Art. 73

[1] Wer am Streitgegenstand ein besseres Recht behauptet, das beide Parteien ganz oder teilweise ausschliesst, kann beim Gericht, bei dem der Prozess erstinstanzlich rechtshängig ist, gegen beide Parteien Klage erheben.

[2] Das Gericht kann den Prozess bis zur rechtskräftigen Erledigung der Klage des Hauptintervenienten einstellen oder die Verfahren vereinigen.

[1] La personne qui prétend avoir un droit préférable excluant totalement ou partiellement celui des parties peut agir directement contre elles devant le tribunal de première instance saisi du litige.

[2] Le tribunal peut soit suspendre le procès jusqu'à ce que l'action de l'intervenant principal fasse l'objet d'un jugement entré en force soit joindre les deux causes.

[1] Chi afferma di avere sull'oggetto litigioso un diritto totalmente o parzialmente preclusivo rispetto a quelli di entrambe le parti può proporre azione contro di esse davanti al giudice presso cui è pendente il processo in prima istanza.

[2] Il giudice può sospendere il processo fintanto che l'azione dell'interveniente principale non sia passata in giudicato oppure riunire i due procedimenti.

4. Kapitel: Intervention   **Art. 73**

Inhaltsübersicht   Note

 I. Vorbemerkungen   1

 II. Voraussetzungen (Abs. 1)   4
    1. Formelle Voraussetzungen   4
    2. Materielle Voraussetzung: Gleichgewichtiges Recht wie Hauptparteien   8

III. Weiteres Verfahren (Abs. 2) 12
    1. Einstellung des Hauptprozesses 13
    2. Vereinigung der beiden Prozessverfahren 16
    3. Weiterführung zweier getrennter Verfahren 19

 IV. Wirkungen 20

  V. Internationale Aspekte 23

Literatur

F. BRANDES, Der gemeinsame Gerichtsstand, Die Zuständigkeit im europäischen Mehrparteienprozess nach Art. 6 Nr. 1 EuGVÜ/LÜ, Diss. Hamburg/Frankfurt a.M. 1998; A. BURGSTALLER, Prozessverbindung, Querklage und Interventionsklage, JBl 116 (1994), Heft 2, 69 ff.; D. COESTER-WALTJEN, Die Bedeutung des Art. 6 Nr. 2 EuGVÜ, IPRax 1992, Heft 5, 290 ff.; L. DE FRANÇA COSTA FILHO, Die streitgenössische Widerklage, Zur Widerklage mit Drittbeteiligung, Diss. Mainz/Aaachen 1997; C. DÄTWYLER, Gewährleistungs- und Interventionsklage nach französischem Recht und Streitverkündung nach schweizerischem und deutschem Recht im internationalen Verhältnis nach IPRG und Lugano-Übereinkommen unter Berücksichtigung des Vorentwurfs zu einer schweizerischen Zivilprozessordnung, Diss. Lachen/St. Gallen 2005; N. J. FREI, Die Interventions- und Gewährleistungsklagen im Schweizer Zivilprozess, Diss. Zürich 2004; R. GEIMER, Fora Connexitatis, Der Sachzusammenhang als Grundlage der internationalen Zuständigkeit, Bemerkungen zu Artikel 6 des EWG-Übereinkommens vom 27. September 1968, WM Nr. 13, 1979, 350 ff.; M. GULDENER, Über die materiellen Wirkungen der Streitverkündung, ZSR, Bd. 68 (1949), 235 ff. (zit. Streitverkündung); N. JEANDIN, Parties au procès: Mouvement et (r)évolution, Précis en vue du Code fédérale de procédure civile acutellement en préparation, Zürich 2003; J. HALDY, De l'utilité de l'appel en cause, SZZP 4/2005, 439 ff. (zit. appel en cause); H.-P. MANSEL, Gerichtspflichtigkeit von Dritten: Streitverkündung und Interventionsklage (Deutschland), in: E. M. Bajons/P. Mayr/G. Zeiler (Hrsg.), Die Übereinkommen von Brüssel und Lugano. Der Einfluss der Europäischen Gerichtsstands- und Vollstreckungsübereinkommen auf den österreichischen Zivilprozess, Symposium vom 31. Jänner und 1. Februar 1997, Wien 1997, 177 ff. (zit. Gerichtspflichtigkeit); A. MEIER, Einbezug Dritter vor internationalen Schiedsgerichten, Diss. Zürich 2007; M. MEIER, Grenzüberschreitende Drittbeteiligung: Eine Untersuchung über die Formen unfreiwilliger Drittbeteiligung in Europa und den Vereinigten Staaten von Amerika und ihre Anerkennung in der Bundesrepublik Deutschland, Diss. Frankfurt a.M. 1994; G. PERRIN, La tierce-intervention en procédure civile française, allemande et vaudoise, Diss. Lausanne 1938; L. ROSENBERG/K. H. SCHWAB/P. GOTTWALD, Zivilprozessrecht, 16. Aufl., München 2004; V. SALVADÉ, Dénonciation d'instance et appel en cause, Etude de droit fédéral et de procédure civile vaudoise, Diss. Lausanne 1995; P. SCHLOSSER, Europäisches Gerichtsstands- und Vollstreckungsübereinkommen mit Luganer Übereinkommen und den Haager Übereinkommen über Zustellung und Beweisaufnahme, München 1996; A. SCHOBER, Die Drittbeteiligung im Zivilprozess – Votum für Einführung der Garantieklage in das zivilprozessuale Erkenntnisverfahren aufgrund einer Untersuchung des deutschen, französischen und europäischen Rechts einschliesslich seiner historischen Wurzeln und zukünftigen Entwicklungsmöglichkeiten, Diss. Universität Bayreuth 1990; I. SCHWANDER, Die Beteiligung Dritter am Prozess: Hauptintervention, Nebenintervention und Streitverkündung, ZZZ 2007, 353 ff. (zit. ZZZ 2007); E. STAEHELIN, Die Nebenparteien im Zivilprozessrecht unter besonderer Berücksichtigung der Kantone Basel-Stadt, Basel-Land, Aargau und Solothurn, Diss. Basel 1979; M. P. STERN, Prozessökonomie und Prozessbeschleunigung als Ziele der zürcherischen Zivilrechtspflegegesetze, Diss. Zürich 1989; N. TAKEI, Die Streitverkündung und ihre materiellen Wirkungen, Diss. Basel 2005.

I. Vorbemerkungen

1 Hauptintervenient ist derjenige, welcher am Streitgegenstand ein besseres, beide Parteien des Hauptverfahrens **ausschliessendes Recht** behauptet, und dieses durch eine **gegen beide Parteien** gerichtete Klage geltend macht (VOGEL/SPÜHLER, § 27 N 90). Hauptbeispiel ist die Klage des Dritten auf Herausgabe einer Sache gegen die beiden Hauptparteien, deren Eigentum an der Sache im Hauptprozess strittig ist.

2 Die Möglichkeit der Hauptintervention sahen bisher nur vereinzelte Kantone vor. Auch im Vorentwurf der Expertenkommission vom Juni 2003 war die Möglichkeit der Hauptintervention nicht geregelt. Aufgrund der Anliegen diverser Vernehmlassungsteilnehmer wurde dieses Institut aber nachträglich in den Entwurf des Bundesrates vom 28.6.2006 aufgenommen (BOTSCHAFT ZPO, 7281). Aufgrund der Klageerhebung gegen die im Erstprozess streitenden Parteien kann der Hauptintervenient einen u.U. überflüssigen Prozess bereits in einem frühen Verfahrensstadium stoppen, was aus **prozessökonomischen Gründen** sinnvoll ist (STERN, 113).

3 Mit der Möglichkeit der Hauptintervention sollen auch **Urteilskonflikte vermieden werden** (HABSCHEID, N 322). Solche könnten entstehen, wenn später ein zweites Gericht, vor welchem der Hauptintervenient seine Klage erheben müsste, anders über einen Sachverhalt urteilt. Daher sollten der Haupt- und Interventionsprozess nicht isoliert an verschiedenen Gerichtsständen geführt werden müssen.

II. Voraussetzungen (Abs. 1)

1. Formelle Voraussetzungen

a) Hängiger erstinstanzlicher Prozess

4 Notwendigermassen muss bereits ein Prozessverfahren zwischen zwei Hauptparteien *hängig* sein, in welches eine dritte Partei interveniert (FREI, 9; STAEHELIN/STAEHELIN/GROLIMUND, § 13 N 63). Da sich die Klage gegen die Hauptparteien des Erstprozesses richtet, ist die Hauptintervention zwangsläufig bloss im erstinstanzlichen Verfahren möglich, auch wenn dies im Gesetzestext nicht ausdrücklich so festgehalten ist. Eine Hauptintervention im Rechtsmittelverfahren ist ausgeschlossen: Ein Verfahren kann nicht erst in zweiter Instanz beginnen, andernfalls es an der **funktionellen Zuständigkeit fehlen würde** (STAEHELIN/STAEHELIN/GROLIMUND, § 13 N 63; STUDER/RÜEGG/EIHOLZER, § 51 ZPO/LU N 1; WALDER/GROB, § 12 N 3). Dies gilt gleichermassen für das Rechtsmittelverfahren vor dem Bundesgericht. Es soll nicht jemand, der im Verfahren vor den kantonalen Instanzen, deren Entscheid vom Bundesgericht überprüft werden soll, gar nicht beteiligt war, zur Geltendmachung eigener Rechte in ein Verfahren eingreifen können (FRANK/STRÄULI/MESSMER, § 43 ZPO/ZH N 3; WALDER/GROB, § 12 N 8).

b) Vorliegen der üblichen Prozessvoraussetzungen, kein Schlichtungsverfahren

5 Da der Hauptintervenient eine selbständige Klage gegen die Parteien des Hauptprozesses erhebt, sind grundsätzlich die **üblichen Prozessvoraussetzungen bei einer Klageerhebung zu beachten** (FREI, 9). Aufgrund des Gesetzestextes hat der Hauptintervenient zwar einen Anspruch auf Behandlung seiner Klage; nichtsdestotrotz hat das Gericht die Prozessvoraussetzungen zu prüfen und allenfalls auf die Hauptinterventionsklage nicht einzutreten, falls die Voraussetzungen nicht erfüllt sind (SCHWANDER, ZZZ 2007, 362 FN 24).

Eine Ausnahme gilt bezüglich dem Schlichtungsverfahren: Die Interventionsklage ist ohne vorgängige Durchführung eines Schlichtungsverfahrens direkt beim Gericht einzureichen (Art. 198 lit. g). 6

c) Zuständigkeit

Zuständig für die Klage des Hauptintervenienten ist das Gericht, bei welchem bereits der Hauptprozess hängig ist. Art. 73 statuiert damit indirekt auch eine **besondere örtliche und gegebenenfalls sachliche Zuständigkeit** (HABSCHEID, N 322; MERZ, § 24 ZPO/TG N 3). Eine ausdrückliche Gerichtsstandsbestimmung wie bei der Streitverkündungsklage (Art. 16) sieht die eidg. ZPO damit nicht vor (STAEHELIN/STAEHELIN/GROLIMUND, § 13 N 63). Eine Hauptintervention kann auch dann stattfinden, wenn das Gericht für den Anspruch des Hauptintervenienten nicht zuständig wäre, etwa gestützt auf eine Gerichtsstandsklausel zwischen dem Hauptintervenienten und einer der Parteien des Hauptverfahrens (WALDER/GROB, § 12 N 3). 7

2. Materielle Voraussetzung: Gleichgewichtiges Recht wie Hauptparteien

Gemäss Gesetzestext muss der Hauptintervenient ein besseres Recht behaupten, das die Rechte der Hauptparteien im laufenden Prozess ganz oder teilweise ausschliesst. Dies setzt die Identität des Streitgegenstandes im Erst- und Zweitprozess voraus. Unzulässig ist z.B. eine Hauptintervention mit dem Begehren, es sei dem Hauptintervenienten das *Eigentum* an einer Sache zuzusprechen, über deren *Pfandbelastung* ein Kollokationsprozess schwebt (FRANK/STRÄULI/MESSMER, § 43 ZPO/ZH N 3). 8

Der Anwendungsbereich der Hauptintervention ist aber zu eng, wenn man zwingend ein *besseres Recht* des Hauptintervenienten voraussetzt. Mit Schwander sind vielmehr auch Eigeninteressen des Hauptintervenienten zuzulassen, **die einen anderen Antrag rechtfertigen, als denjenigen, welcher eine der bisherigen Parteien gestellt hat.** Bei diesem Ansatz muss es mit anderen Worten genügen, wenn der Hauptintervenient zumindest *gleichgewichtige Rechte* wie eine der bisherigen Parteien hat (SCHWANDER, ZZZ 2007, 362 f.). Als Beispiel ist erstens das Prozessverfahren zwischen A als Kläger und B als Beklagter über die Eigentumsübertragung an einem Bild zu nennen, wobei ein aussenstehender Dritter (C) geltend macht, B habe ihm vertraglich zugesichert, ihm das Bild zu verpfänden, was die Besitzesübertragung an C voraussetzt. Zwar schliesst die Übertragung des Bildes von B an A das Pfandrecht des C nicht zwingend aus; nichtsdestotrotz hat C ein rechtlich geschütztes Interesse daran, dass weder die Klage auf Eigentumsübertragung des A noch der Antrag auf Klageabweisung des B gutgeheissen wird, sondern dass das Bild an ihn übertragen wird (in diesem Beispiel könnte man auch von einem besseren Recht des C ausgehen, da das Pfandrecht dem Eigentum grundsätzlich vorgeht). Als zweites Beispiel ist A zu nennen, der mit B und C zwei inhaltlich identische Kaufverträge wiederum über ein bestimmtes Bild abgeschlossen hat, die er real nur mit einer der Parteien erfüllen kann. B hat nun bereits auf Leistung an ihn geklagt und damit zeitlich einen Prozessvorsprung. Wenn C nun in das Prozessverfahren interveniert, hat er grundsätzlich kein besseres Recht als B; wenn B im Prozessverfahren hingegen gegen A obsiegt, verbleibt C nur ein Schadenersatzanspruch gegenüber A. Die Zulassung der Hauptintervention in diesem Fall führt dazu, dass B den *Zeitvorsprung in der Rechtsverfolgung verliert*, und sich das Gericht mit der Frage konfrontiert sieht, wem A nun liefern muss, B oder C (zu diesen Beispielen s. SCHWANDER, ZZZ 2007, 363). 9

Hat die Hauptintervention jedoch einzig zum Zweck, den Standpunkt einer der beiden Parteien des Hauptprozesses zu *unterstützen*, ist auf die Hauptintervention nicht einzutre- 10 ten (ZR 87 Nr. 35). Dem Hauptintervenienten steht in diesem Fall das Institut der *Nebenintervention* zur Verfügung (Art. 74 ff.). Eine Nebenintervention würde in den soeben erwähnten Beispielen (N 9) jedoch nichts bringen, wenn das Gericht verfügt, dass das Bild im Bsp. 1 an A bzw. im Bsp. 2 an B übertragen werden muss.

11 Über die prozessuale Zulässigkeit einer Hauptintervention bzw. die Frage, welche Rechtsposition der anderen vorgeht, muss sich ein Gericht bei Anhängigmachung einer Hauptinterventionsklage noch nicht definitiv äussern; es muss genügen, dass eine erste grobe Prüfung der verschiedenen Rechtspositionen ergibt, dass sich unvereinbare Rechtspositionen gegenüberstehen (SCHWANDER, ZZZ 2007, 362).

III. Weiteres Verfahren (Abs. 2)

12 Sind die Voraussetzungen der Hauptintervention gegeben und wird auf die Klage des Hauptintervenienten eingetreten, hat das Gericht zwei Möglichkeiten, die Verfahren fortzusetzen: Es kann den Hauptprozess bis zur rechtskräftigen Erledigung der Klage des Hauptintervenienten einstellen oder die beiden Verfahren (Hauptprozess und Interventionsprozess) vereinigen.

1. Einstellung des Hauptprozesses

13 Kommt es zu einer Einstellung des Hauptprozesses, wird dieser gestützt auf Art. 126 sistiert. Nach dieser Bestimmungen kann das Gericht ein Prozessverfahren jederzeit einstellen, wenn es die **Zweckmässigkeit** verlangt. Als zweckmässig erachtet der Gesetzgeber eine Sistierung insbesondere, wenn der Entscheid *vom Ausgang eines anderen Verfahrens abhängt*. Dies ist bei der Hauptintervention der Fall, wird doch vorausgesetzt, dass der Hauptintervenient ein besseres (bzw. gleichgewichtiges, s. dazu N 8 ff.), beide Hauptparteien ausschliessendes Recht besitzt: Die Hauptintervention soll verhindern, dass sich widersprechende Urteile ergehen, weshalb der Gesetzgeber die Zweckmässigkeit der Sistierung des Hauptprozesses bis zum Entscheid im Interventionsprozess bejahte (BOTSCHAFT ZPO, 7282). Obsiegt der Hauptintervenient im Prozess gegen die beiden Hauptparteien, muss der Haupt- bzw. Erstprozess nicht mehr weitergeführt werden, da die Klage und eine allfällige Widerklage ohne weiteres abzuweisen sind. Unterliegt er, kann das Hauptverfahren weitergeführt werden.

14 Da einer Hauptintervention vor zweiter Instanz die **funktionelle Unzuständigkeit** entgegensteht (vgl. N 4), ist diese ausgeschlossen, wenn der Hauptprozess bereits vor zweiter Instanz hängig ist. Dem aussen stehenden Dritten wird damit häufig das praktische Hindernis entgegenstehen, dass er gar nichts von dem bereits hängigen Prozess weiss, und er mit einer Hauptintervention zu spät ist. Die intervenierende Partei kann in diesem Fall aber trotzdem eine Klage gegen beide Parteien des Hauptprozesses erheben und dem Gericht beantragen, das Hauptverfahren in zweiter Instanz sei zu sistieren (Art. 126; SCHWANDER, ZZZ 2007, 364).

15 Die Sistierung eines Prozessverfahrens ist mit Beschwerde anfechtbar (Art. 126 Abs. 2). Es steht somit beiden Parteien des Hauptverfahrens die Beschwerde gegen den Sistierungsentscheid des Gerichts offen.

2. Vereinigung der beiden Prozessverfahren

16 Das Gericht kann den Haupt- und Interventionsprozess auch vereinigen. Art. 125 lit. c erlaubt dem Gericht, selbständig eingereichte Klagen zur **Vereinfachung** zusammen zu legen. Eine Vereinfachung wird bei der Hauptintervention insb. deshalb zu bejahen sein,

weil dem Haupt- und Interventionsprozess derselbe Sachverhalt zugrunde liegt und dieselben Rechtsfragen beurteilt werden müssen. In der Botschaft ZPO wird denn auch als Grund für die Vereinigung auf die Vermeidung sich widersprechender Urteile verwiesen (BOTSCHAFT ZPO, 7282).

In jedem Fall hat das Gericht die beiden Verfahren als **unterschiedliche (miteinander konkurrierende)** zu behandeln, z.B. bezüglich der Durchführung der Schriftenwechsel bzw. der Parteivorträge, Beweislast etc. Hingegen wird das Gericht zulässigerweise vom Wissen aus beiden Verfahren profitieren, z.B. bei der Beweiswürdigung (SCHWANDER, ZZZ 2007, 364). 17

Werden der Haupt- und Interventionsprozess vom Gericht vereinigt, sieht der Gesetzgeber keine analog zur Sistierung gegebene Beschwerdemöglichkeit vor (Art. 125 lit. c). Das heisst m.a.W., dass sich weder die Parteien des Hauptprozesses noch die intervenierende Partei gegen eine Vereinigung der beiden Verfahren durch das Gericht zur Wehr setzen können. 18

3. Weiterführung zweier getrennter Verfahren

Art. 73 Abs. 2 enthält lediglich eine **Kann-Vorschrift**. Dem Gericht bleibt es somit freigestellt, den Haupt- und Interventionsprozess getrennt weiterzuführen. Eine Sistierung des Hauptprozesses ist aber geboten, wenn die Entscheidung über die Hauptintervention für diesen präjudiziell ist. 19

IV. Wirkungen

Zwischen den bisherigen Prozessparteien (Hauptprozess) und der dritten als Hauptintervenientin intervenierenden Partei entsteht ein **neues Prozessverfahren (Interventionsprozess)**, der unabhängig vom Hauptprozess ist bzw. mit diesem konkurriert (HABSCHEID, N 322; WALDER/GROB, § 12 N 2). Die Parteien des Hauptprozesses können auch nach erfolgter Hauptintervention den Prozess als durch Rückzug oder Anerkennung beenden, sofern dieser nicht sistiert ist, was zur Abschreibung des Hauptprozesses führt (ZR 52 Nr. 46). Die Streitverkündungsklage (dazu Art. 81 f.) führt demgegenüber zu keinem zweiten Prozessverfahren, vielmehr wird das bisherige Hauptverfahren zu einem *Mehrparteienprozess*, in welchem jede Partei unabhängig agiert (FREI, 22, Art. 81 N 45 ff.). 20

Im Interventionsprozess bilden die bisherigen Prozessparteien eine **passive Streitgenossenschaft** (FREI, 10; WALDER/GROB, § 1 N 9 sowie § 12 N 2). Die Streitgenossenschaft ist eine **notwendige**, da gegenüber den Parteien des Erstprozesses einheitlich über den Streitgegenstand entschieden werden muss (FRANK/STRÄULI/MESSMER, § 43 ZPO/ZH N 2; MERZ, § 24 ZPO/TG N 4; STUDER/RÜEGG/EIHOLZER, § 51 ZPO/LU N 1). Im Gegensatz zur Nebenintervention (dazu Art. 74 ff.) kommt der intervenierenden Partei bei der Hauptintervention **Parteistellung** zu (u.a. STAHELIN/STAEHELIN/GROLIMUND, § 13 N 63). Ihre Klage gegen beide Parteien des Hauptverfahrens geht meistens gegen den Beklagten im Hauptprozess auf Leistung, z.B. Herausgabe eines Gegenstandes (was im Erstprozess regelmässig auch vom Hauptkläger begehrt wird) und gegen den Hauptkläger auf Feststellung, dass der Hauptintervenient selber Eigentümer des Gegenstandes ist (FRANK/STRÄULI/MESSMER, § 43 ZPO/ZH N 2). 21

Da es zu einem Zweitprozess kommt, der unabhängig vom Erstprozess geführt wird, ausser dass er sich gegen die beiden Parteien des Erstprozesses als passive Streitgenossen richtet, kann der Hauptintervenient im Erstprozess grundsätzlich auch als Zeuge einvernommen werden (FRANK/STRÄULI/MESSMER, § 43 ZPO/ZH N 2). 22

Art. 74 1   5. Titel: Die Parteien und die Beteiligung Dritter

V. Internationale Aspekte

23   Das **IPRG** kennt keine spezifische Zuständigkeit für die Hauptintervention in der Schweiz; ein Gerichtsstand kann nach dem IPRG folglich nur dann bejaht werden, wenn für die Klage eine andere schweizerische Gerichtszuständigkeit besteht (SCHWANDER, ZZZ 2007, 367).

24   Demgegenüber sieht Art. 6 Ziff. 2 **LugÜ** vor, dass eine Partei, die ihren Wohnsitz im Hoheitsgebiet eines Vertragsstaats hat, auch vor dem Gericht des Hauptprozesses verklagt werden kann, wenn es sich um eine Klage auf Gewährleistung oder um eine Interventionsklage handelt, es sei denn, dass diese Klage lediglich erhoben wurde, um diese Partei dem für sie zuständigen Gericht zu entziehen. Dabei ist strittig, ob die Hauptintervention ebenfalls unter den Begriff der Interventions- und Gewährleistungsklagen nach dem LugÜ fällt (dazu Art. 16 N 10 ff.). Wird dies bejaht, kann sich die Hauptintervention im internationalen Verhältnis auf den Gerichtsstand in Art. 6 Ziff. 2 LugÜ stützen.

2. Abschnitt: Nebenintervention

Art. 74

Grundsatz	**Wer ein rechtliches Interesse glaubhaft macht, dass eine rechtshängige Streitigkeit zugunsten der einen Partei entschieden werde, kann im Prozess jederzeit als Nebenpartei intervenieren und zu diesem Zweck beim Gericht ein Interventionsgesuch stellen.**
Principe	Quiconque rend vraisemblable un intérêt juridique à ce qu'un litige pendant soit jugé en faveur de l'une des parties peut en tout temps intervenir à titre accessoire et présenter au tribunal une requête en intervention à cet effet.
Principio	Chi rende verosimile un interesse giuridico a che una controversia pendente venga decisa a favore dell'una o dell'altra parte può in ogni tempo intervenire nel processo a titolo adesivo e a tal fine farne istanza al giudice.

Inhaltsübersicht   Note

I. Vorbemerkungen 1
II. Voraussetzungen 2
   1. Materielle Voraussetzung: Glaubhaftmachung eines rechtlichen Interessens .. 2
   2. Formelle Voraussetzungen 8
III. Internationale Aspekte 19

Literatur

Vgl. die Literaturhinweise zu Art. 73.

I. Vorbemerkungen

1   Nebenintervenient ist, wer an einem Prozess teilnimmt, um eine der Prozessparteien zu unterstützen, an deren Obsiegen er interessiert ist (u.a. GULDENER, ZPR, 306; VOGEL/ SPÜHLER, § 27 N 68). Die Nebenintervention erfolgt entweder auf eigene Initiative (unter

Umständen gegen den Willen der Hauptparteien), oder auf Aufforderung einer der beiden Hauptparteien nach erfolgter Streitverkündung (Art. 78 ff.; BOTSCHAFT ZPO, 7282). Im Unterschied zum Hauptintervenient (Art. 73) ist der Nebenintervenient lediglich **Nebenpartei** in einem bereits zwischen anderen Parteien (Hauptparteien) anhängigen Prozess. Nebenparteien nehmen somit in eigenem Namen an einem fremden Prozess teil, in dem sie eine der Hauptparteien als Streitgehilfe unterstützen wollen oder können (VOGEL/ SPÜHLER, § 27 N 65). Der Begriff «*Neben*partei» ist insofern irreführend, als Nebenparteien keine Parteistellung haben, sondern lediglich «Gehilfen» einer der Parteien im Prozessverfahren sind (STAEHELIN/STAEHELIN/GROLIMUND, § 13 N 51).

II. Voraussetzungen

1. Materielle Voraussetzung: Glaubhaftmachung eines rechtlichen Interessens

Als materielle Voraussetzung für die Zulassung der als Nebenintervernientin intervenierenden Partei durch das Gericht nennt das Gesetz die Glaubhaftmachung eines *rechtlichen* Interessens. Das rechtliche Interesse muss so gerichtet sein, dass die intervenierende Partei **am Obsiegen einer der beiden Hauptparteien interessiert ist**. Dies ist vor allem dann der Fall, wenn Rechte oder Verbindlichkeiten der intervenierenden Partei vom Bestand oder Nichtbestand der Rechte oder Rechtsverhältnisse des Hauptprozesses abhängen, d.h. ihre **Rechtslage unmittelbar oder mittelbar beeinträchtigt, gefährdet oder verschlechtert wird**, ob die Rechte und Verbindlichkeiten der intervenierenden Person nun streitig sind oder nicht (GULDENER, ZPR, 306; STAEHELIN/ STAEHELIN/GROLIMUND, § 13 N 55). Ein *ökonomisches* oder bloss *faktisches* Interesse der intervenierenden Partei, z.B. als Gläubigerin einer Hauptpartei, genügt nicht (FRANK/ STRÄULI/MESSMER, § 44 ZPO/ZH N 5; MERZ, § 25 ZPO/TG N 1).

Im Übrigen spielt es keine Rolle, ob die Rechtslage der intervenierenden Partei im Verhältnis zur Partei, zu deren Gunsten interveniert wird, oder zu deren Prozessgegner betroffen ist. Hingegen muss die intervenierende Partei an der Entscheidung des Rechtsstreites schlechthin ein Interesse haben; die Intervention kann m.a.W. nicht auf *einzelne* Angriffs- oder Verteidigungsmittel beschränkt werden (BGE 81 II 307; STAEHELIN/ STAEHELIN/GROLIMUND, § 13 N 55).

Die Nebenintervention ist somit zuzulassen, wenn die intervenierende Partei befürchten muss (vgl. GULDENER, ZPR, 306),

– eine der Hauptparteien werde im Falle ihres Unterliegens gegen sie Ansprüche auf Gewährleistung oder Schadloshaltung erheben, oder

– sie werde Rechte gegenüber einer der Hauptparteien einbüssen, wenn diese im Prozess unterliegt.

Als **Beispiele** sind der Produzent in einem Haftpflichtprozess zu nennen, der ein rechtliches Interesse daran hat, dass der Verkäufer den Prozess gegenüber dem Käufer gewinnt, weil er andernfalls Regressansprüche seitens des Verkäufers befürchten muss, oder der Verkäufer, der ein rechtliches Interesse daran hat, dass der Käufer den Prozess gegenüber einem Dritten, der Entwehrungsansprüche geltend macht, gewinnt, weil auch er andernfalls Gewährleistungsansprüche befürchten muss. Denkbar ist auch, dass das zwischen den Hauptparteien ergehende Urteil nur *faktisch präjudiziell* für den intervenierenden Dritten wirkt. Als Beispiel ist der Zedent zu nennen, der ein rechtliches Interesse daran hat, dass der Zessionar, dem er eine Teilforderung abgetreten hat, den Prozess gegenüber dem Schuldner gewinnt, denn wenn die Klage des Zessionars gutgeheissen wird, sind die

Erfolgsaussichten, dass auch der Zedent mit seiner Restforderung durchdringen wird, grösser (GULDENER, ZPR, 306 f.). Ein einzig **faktisches, nicht zur Intervention berechtigendes Interesse**, haben aber demgegenüber die Aktionäre am Obsiegen der Aktiengesellschaft im Prozess mit Dritten, oder der Gläubiger am Obsiegen seines Schuldners oder dessen Masse im Prozess mit anderen Gläubigern (HABSCHEID, 175; LEUCH/MARBACH/KELLERHALS/STERCHI, Art. 44 ZPO/BE N 1c, m.w.Bsp.). Hingegen wurde im Kanton Zürich ein kollozierter Gläubiger als Nebenintervenient der Konkursmasse in einem von einem anderen Gläubiger gegen die Konkursmasse geführten Kollokationsprozess zugelassen (ZR 76 Nr. 6).

6   Eine Nebenintervention ist überdies ausgeschlossen, wenn sich das rechtliche Interesse der intervenierenden Person darin erschöpft, dass dem Gegner der Hauptpartei, zu deren Gunsten interveniert wird, die Legitimation abgesprochen wird, um hernach selber den Anspruch gegen die Hauptpartei, zu deren Gunsten interveniert wird, geltend machen zu können. Dazu steht der intervenierenden Person das Institut der Hauptintervention zur Verfügung (Art. 73; LEUCH/MARBACH/KELLERHALS/STERCHI, Art. 44 ZPO/BE N 1a; weitere Bsp. bei FRANK/STRÄULI/MESSMER, § 44 ZPO/ZH N 4).

7   Das rechtliche Interesse muss **glaubhaft** gemacht werden (BOTSCHAFT ZPO, 7282). Die Glaubhaftmachung ist vom Gericht *als Interventionsvoraussetzung von Amtes wegen zu prüfen* (STAEHELIN/STAEHELIN/GROLIMUND, § 13 N 55). Dies ist insofern gerechtfertigt, als sich ein Dritter u.U. unabhängig vom Willen der Prozessparteien am Prozess beteiligt und Aktenkenntnis erhält (VOGEL/SPÜHLER, § 27 N 71), obwohl er kein rechtliches Interesse am Ausgang des Verfahrens hat. Die oben aufgeführten Beispiele zeigen, dass sich rechtliche und wirtschaftliche Interessen nicht immer ganz einfach voneinander abgrenzen lassen; die Beurteilung dieser Fragen bzw. Prüfung der Glaubhaftmachung steht im Ermessen des Richters (LEUENBERGER/UFFER-TOBLER, 130).

2. Formelle Voraussetzungen

a) Interventionsgesuch

8   Als formelle Voraussetzung nennt das Gesetz das **Stellen eines Interventionsgesuchs beim Gericht**. Das Interventionsgesuch kann mit anderen Worten nicht allein gegenüber einer der Prozessparteien gestellt werden, sondern muss zumindest gleichzeitig oder auch nur allein gegenüber dem Gericht erfolgen. Es ist in der Folge Sache des Gerichts, die Hauptparteien entsprechend zu informieren. Eine Drittpartei wird indes nur dann zur Nebenintervenientin, wenn das Gericht ihrem Interventionsgesuch stattgibt.

9   Die formellen Anforderungen an das Interventionsgesuch sind im Übrigen in Art. 75 geregelt (dazu Art. 75 N 1 ff.).

b) Intervenierende Partei

10 Nebenintervenientin ist immer eine **aussen stehende dritte Partei**. Wer als Hauptpartei bereits in ein Prozessverfahren involviert ist, kann seine Interessen ohnehin wahren, und muss diesem daher nicht als intervenierende Partei beitreten. Ausnahmsweise kommt aber auch eine Hauptpartei zusätzlich als intervenierende Partei in Frage, wie folgende Beispiele zeigen (GULDENER, ZPR, 307): Zulassung eines Gesellschafters als intervenierende Partei auf Seiten der Kollektiv- oder Kommanditgesellschaft, sofern der betreffende Gesellschafter gemäss Gesellschaftervertrag nicht zur Vertretung der Gesellschaft im Prozess befugt ist; Zulassung der Nebenintervention eines Streitgenossen zugunsten eines anderen säumigen Streitgenossen bei der notwendigen Streitgenossenschaft, um ein

Rechtsmittel zu ergreifen, oder Zulassung des Gemeinschuldners als intervenierende Person im Prozess der Masse.

c) Fristen

Der Gesetzgeber stellt **keine Frist** auf, innerhalb welcher das Interventionsgesuch gestellt werden muss. Dies kann jederzeit gestellt werden, solange das Prozessverfahren läuft, d.h. sogar noch in *zweiter* Instanz (BOTSCHAFT ZPO, 7282).

Hingegen ist die Nebenintervention im Beschwerdeverfahren **vor Bundesgericht in aller Regel ausgeschlossen**: Art. 76 Abs. 1 lit. a BGG hält fest, dass zur Beschwerde in Zivilsachen lediglich berechtigt ist, wer **vor der Vorinstanz am Verfahren teilgenommen** hat, oder keine Möglichkeit der Teilnahme erhalten hat. Nebenparteien und damit auch intervenierende Personen können sich somit grundsätzlich nicht erst im Beschwerdeverfahren vor Bundesgericht konstituieren, da sie die Möglichkeit hatten, sich bereits in den Vorverfahren zu beteiligen (BERGER/GÜNGERICH, N 453; STAEHELIN/ STAEHELIN/GROLIMUND, § 13 N 57; BGer, 28.11.2006, 4C.291/2006, E. 1), ausser sie hätten aus irgendeinem Grund keine Gelegenheit zur Teilnahme gehabt, weil z.B. die Vorinstanz die Teilnahme zu Unrecht verneinte (SEILER/VON WERDT/GÜNGERICH, Art. 76 BGG N 8).

Der Gesetzgeber statuiert schliesslich auch nicht explizit, dass der Prozess durch den Beitritt der intervenierenden Partei nicht wesentlich verzögert werden dürfe, wie dies die kantonalen Zivilprozessordnungen teils vorsahen (z.B. § 45 Abs. 3 ZPO/ZH). Dies ist auch nicht notwendig, da die intervenierende Partei dem Prozess in dem Stand beitritt, wie er sich zum Zeitpunkt der Intervention befindet, d.h. allfällige frühere Prozessstadien werden nicht wiederholt.

d) Hängiger Prozess zwischen Hauptparteien

Schliesslich wird vorausgesetzt, dass ein Hauptprozess bereits hängig ist, dem die intervenierende Person als Nebenpartei beitreten kann. Dabei spielt es keine Rolle, ob das angerufene Gericht zuständig ist oder die Prozessvoraussetzungen des Hauptprozesses erfüllt sind (FRANK/STRÄULI/MESSMER, § 44 ZPO/ZH N 8).

Die Voraussetzung der Rechtshängigkeit der Streitsache schliesst aber nicht aus, dass eine Nebenintervention nicht bereits in einem Verfahren um **Erlass vorsorglicher Massnahmen** oder um eine **vorsorgliche Beweisaufnahme** zuzulassen wäre; in beiden Fällen kann die intervenierende Partei vom Ausgang des späteren Prozesses betroffen sein (STAEHELIN/STAEHELIN/GROLIMUND, § 13 N 56). Auch im **Sühneverfahren** ist eine Nebenintervention bereits möglich, da die Rechtshängigkeit gemäss eidg. ZPO mit Einreichung des Schlichtungsgesuchs beginnt (Art. 62 Abs. 1).

Die Nebenintervention ist auch noch zuzulassen, um ein **ausserordentliches Rechtsmittel**, d.h. eine Beschwerde (Art. 319 ff.) oder ein Revisionsgesuch (Art. 328 ff.), gegen ein ohne Beteiligung der intervenierenden Person ergangenes Urteil zu ergreifen, auch wenn in diesem Zeitpunkt keine Rechtshängigkeit mehr besteht. Da die Rechtsmittelinstanz die Vollstreckung aufschieben kann (Art. 325 Abs. 2, Art. 331 Abs. 2), kann die Rechtshängigkeit nachträglich wiederhergestellt werden. Eine Nebenintervention ist damit **solange zulässig, als die Hauptpartei zur Prozessführung berechtigt ist** (GULDENER, ZPR, 307). Die intervenierende Partei kann damit z.B. ein Revisionsgesuch einreichen mit der Begründung, die von ihr unterstützte Partei habe Tatsachen oder Beweismittel gefunden, die sie im früheren Verfahren nicht habe beibringen können (Art. 328 Abs. 1 lit. a), selbst wenn sie selbst bereits im Besitze solcher Informationen war. Hatte die intervenierende Partei im umgekehrten Fall keine Kenntnis von solchen Tatsachen oder Beweismitteln, wohl aber die von ihr unterstützte Hauptpartei, ist ein Revisionsgesuch nicht mehr zuzulassen (WALDER/GROB, § 13 N 12 FN 7).

17 Die Nebenintervention ist **in allen Verfahren gemäss eidg. ZPO** möglich (dies im Gegensatz zur Streitverkündungsklage, Art. 81 Abs. 3).

e) Partei- und Prozessfähigkeit

18 Schliesslich setzt eine Nebenintervention die Partei- und Prozessfähigkeit der intervenierenden Person voraus (FRANK/STRÄULI/MESSMER, § 44 ZPO/ZH N 2).

III. Internationale Aspekte

19 Für die Nebenintervention in einen in der Schweiz hängigen Prozess, z.B. durch eine im Ausland wohnhafte Person, braucht es **keine eigene Zuständigkeitsgrundlage** (SCHWANDER, ZZZ 2007, 367). Ob eine Nebenintervention zulässig ist und was die Voraussetzungen sind, prüft im Übrigen jedes Gericht nach der eigenen lex fori. Dasselbe gilt bezüglich dem Verfahren und den Rechten der intervenierenden Partei (Art. 75/76); diese bestimmen sich ebenfalls nach der lex fori.

20 Hingegen ist die Glaubhaftmachung eines rechtlichen Interessens nach dem Recht zu prüfen, das dieses generiert, bzw. nach dem Recht, das auf das Rechtsverhältnis zwischen der Hauptpartei und der intervenierenden Partei anwendbar ist (SCHWANDER, ZZZ 2007, 367). Diese Frage ist unter Umständen nicht einfach zu beantworten, da jedes Land sein eigenes Internationales Privatrecht anwendet und man u.U. noch nicht weiss, wo der Folgeprozess stattfinden wird und dementsprechend welches Recht auf das Rechtsverhältnis zwischen der Hauptpartei und der intervenierenden Partei anwendbar sein wird.

Art. 75

Gesuch	[1] **Das Interventionsgesuch enthält den Grund der Intervention und die Bezeichnung der Partei, zu deren Unterstützung interveniert wird.**
	[2] **Das Gericht entscheidet über das Gesuch nach Anhörung der Parteien. Der Entscheid ist mit Beschwerde anfechtbar.**
Requête	[1] La requête en intervention indique le motif de l'intervention et la partie en faveur de laquelle elle est déposée.
	[2] Le tribunal statue sur la requête après avoir entendu les parties. La décision peut faire l'objet d'un recours.
Istanza	[1] L'istanza di intervento deve indicare le ragioni dell'intervento e la parte a sostegno della quale si interviene.
	[2] Il giudice decide sull'istanza dopo aver sentito le parti. La sua decisione è impugnabile mediante reclamo.

Inhaltsübersicht

	Note
I. Interventionsgesuch (Abs. 1)	1
1. Grund der Intervention	1
2. Bezeichnung der Partei, zu deren Gunsten interveniert wird	2
3. Form	3
4. Rückzug	4
II. Verfahren über Zulassung der Nebenintervention (Abs. 2)	6
1. Anhörung der Parteien	6
2. Zwischenentscheid über Zulassung	8
3. Rechtsmittel gegen Zulassung	9
4. Weiteres Verfahren	12

Literatur

Vgl. die Literaturhinweise zu Art. 73.

I. Interventionsgesuch (Abs. 1)

1. Grund der Intervention

Art. 75 hält fest, dass das Interventionsgesuch erstens den Grund der Intervention darlegen muss und zweitens die Partei bezeichnet, zu deren Gunsten interveniert wird. Das Gericht kann das **rechtliche Interesse** der intervenierenden Person lediglich prüfen, wenn die Hintergründe des Interventionsgesuchs offen gelegt werden. Auch die Parteien müssen vor dem Entscheid über die Zulassung der Intervention angehört werden (Art. 75 Abs. 2). Dieses Anhörungsrecht schliesst ein Recht auf Bekanntgabe des Grundes der Intervention ein; die Hauptparteien können sich nicht zu einem Interventionsgesuch äussern, wenn sie nicht wissen, aus welchem Grund die Intervention erfolgt.

2. Bezeichnung der Partei, zu deren Gunsten interveniert wird

Die intervenierende Person kann nur **eine der Hauptparteien** im Prozessverfahren unterstützen (WALDER/GROB, § 13 N 14). Dies ergibt sich bereits aus der Vorgabe, dass sich die intervenierende Person zu den Handlungen der Hauptpartei, zu deren Gunsten sie interveniert, *nicht in Widerspruch setzen darf* (Art. 76 Abs. 2), stehen die Handlungen zugunsten einer der Hauptparteien in aller Regel doch automatisch im Widerspruch zu den Handlungen der Gegenpartei. Die intervenierende Partei muss im Interventionsgesuch daher *genau bezeichnen*, welche der Parteien sie im Hauptverfahren unterstützen will.

3. Form

Die neue Zivilprozessordnung schreibt nicht vor, dass das Interventionsgesuch schriftlich erfolgen muss, **weshalb dieses auch mündlich zu Protokoll gegeben werden kann** (so auch STAEHELIN/STAEHELIN/GROLIMUND, § 13 N 57). Das Interventionsgesuch wird aber **hauptsächlich schriftlich** erklärt werden, da das Gericht von der Nebenintervention überhaupt Kenntnis erhalten muss, bevor es die intervenierende Partei nach deren Zulassung z.B. zu Verhandlungen einlädt.

4. Rückzug

Ein einmal gestelltes Interventionsgesuch kann **jederzeit wieder zurückgezogen werden** (LEUENBERGER/UFFER-TOBLER, 133). Die Interventionswirkungen (vgl. Art. 77

N 4 ff.) gelten in diesem Fall für die Zeit, während der sich die intervenierende Person am Prozessverfahren beteiligte. Nach dem Rückzug unterlassene Handlungen der Hauptpartei, zu deren Gunsten interveniert wurde, muss sich die intervenierende Partei nicht entgegenhalten lassen. Hingegen muss sie u.U. allfällige Kostenfolgen aufgrund ihres Beitritts tragen (LEUCH/MARBACH/KELLERHALS/STERCHI, Art. 45 ZPO/BE N 2c). Möchte die Hauptpartei, zu deren Gunsten die intervenierende Partei in das Prozessverfahren eingriff, letztere weiterhin im Prozessverfahren dabei haben, muss sie dieser den Streit verkünden (dazu Art. 78 ff.).

5 Der intervenierenden Partei steht es selbstverständlich immer auch frei, sich nicht aktiv am Prozessverfahren zu beteiligen – was aber keinen Einfluss auf die Interventionswirkungen (Art. 77) hat, die sie gegen sich gelten lassen muss. Es wird daher seltener vorkommen, dass eine intervenierende Partei nicht aktiv im Prozessgeschehen mitwirkt, als dass eine Partei, welcher der Streit verkündet wurde, sich passiv verhält. Ein Wiedereintritt nach erfolgtem Rückzug dürfte zwar ebenfalls selten, indes infolge fehlender «Rechtskraft des Rückzuges» (da keine Klage erhoben wird) möglich sein.

II. Verfahren über Zulassung der Nebenintervention (Abs. 2)

1. Anhörung der Parteien

6 Bevor das Gericht über die Zulassung der Nebenintervention entscheidet, muss es **beide Parteien** des Hauptverfahrens anhören (MERZ, § 25 ZPO/TG N 3; BOTSCHAFT ZPO, 7282). Wie die Anhörung erfolgen muss, lässt der Gesetzgeber offen, weshalb diese im Ermessen des Gerichts liegt. Den Parteien muss aber in jedem Fall der *Grund der Intervention* und die *Partei, zu deren Gunsten interveniert werden soll*, mitgeteilt werden, damit sie sich zu dieser wie auch zum Vorliegen des rechtlichen Interesses äussern können. Wird das Interventionsgesuch schriftlich gestellt, ist das Gesuch den beiden Hauptparteien in aller Regel zur **schriftlichen Stellungnahme** zuzustellen.

7 Ausgeschlossen ist, dass die Identität der intervenierenden Partei geheim bleibt; in solchen Fällen ist lediglich eine interne Unterstützung der Hauptpartei möglich, wobei letztere in diesem Fall der aussen stehenden dritten Partei den Streit verkünden muss (Art. 78 ff.).

2. Zwischenentscheid über Zulassung

8 Ob die Nebenintervention zulässig ist, ist vom Gericht als **Prozessvoraussetzung** von Amtes wegen zu prüfen und **vorfrageweise** zu erledigen (LEUCH/MARBACH/KELLERHALS/STERCHI, Art. 45 ZPO/BE N 2b). Das Gericht entscheidet mittels **prozessleitender Verfügung** über die Zulassung oder die Abweisung einer Nebenintervention (STAEHELIN/STAEHELIN/GROLIMUND, § 13 N 58; WALDER/GROB, § 13 N 12). Der Entscheid ist wenn immer möglich aufgrund der Akten und unter Vermeidung eines weitläufigen Prozessverfahrens zu fällen (FRANK/STRÄULI/MESSMER, § 45 ZPO/ZH N 2; GULDENER, ZPR, 308). Notfalls hat das Gericht eine Nebenintervention auch ohne entsprechende Begehren der Hauptparteien von Amtes wegen abzuweisen, da es zur Prozessleitung gehört, unnötige Belastungen des Verfahrens zu vermeiden (Art. 125; BÜHLER/EDELMANN/KILLER, § 56 ZPO/AG N 4). Eine Abweisung aufgrund einer Belastung des Hauptprozesses ist aber nur in Ausnahmefällen vorzunehmen, da der Gesetzgeber die Nebenintervention nicht bloss im ordentlichen Prozessverfahren zulässig erklärte, sondern auch im summarischen und vereinfachten Verfahren.

3. Rechtsmittel gegen Zulassung

Der Entscheid über die Nebenintervention ist mittels **Beschwerde** anfechtbar (Art. 75 Abs. 2; Art. 319 lit. b Ziff. 1 und 2). Vom Gesetzgeber sind keine Einschränkungen vorgesehen, womit sowohl die **Parteien des Hauptverfahrens** wie auch die **intervenierende Partei beschwerdelegitimiert** sind, sofern sie ein schutzwürdiges Interesse an einer Beschwerde haben (Art. 59 Abs. 2 lit. a, Beschwer). Bei der *Zulassung der Nebenintervention* können die Parteien des Hauptverfahrens ein Interesse an der Nichtzulassung haben und Beschwerde erheben. Dabei wird vor allem das Interesse an einem effizienten Prozessverfahren, und dass keine Nebenparteien das Verfahren unnötig verzögern, eine Rolle spielen. Da die Möglichkeit der Nebenintervention jedoch gesetzlich vorgesehen ist, wird eine solche Beschwerde lediglich in Ausnahmefällen gutgeheissen werden dürfen, solange die intervenierende Partei ein rechtliches Interesse glaubhaft machen kann. Bei der *Nichtzulassung* der Nebenintervention kommt hauptsächlich die das Interventionsgesuch stellende Partei als Beschwerdeführerin in Frage. Diejenige Partei, zu deren Gunsten in den Prozess interveniert werden soll, würde bei einer Nichtzulassung die Möglichkeit der Streitverkündung offenstehen (LEUENBERGER/UFFER-TOBLER, 130). Da die intervenierende Partei bereits selber das Gesuch für eine Nebenintervention stellte, ist auch davon auszugehen, dass sie der Streitverkündung Folge leisten wird. Der Prozessgegner der Hauptpartei, zu deren Unterstützung die intervenierende Person in das Prozessverfahren eingreifen will, hat hingegen in aller Regel kein schutzwürdiges Interesse, die *Nichtzulassung* der Nebenintervention mit Beschwerde anzufechten.

Ein Weiterzug mittels Beschwerde in Zivilsachen an das Bundesgericht wird in den meisten Fällen möglich sein, da die Nichtzulassung einer Intervention regelmässig einen **nicht wieder gutzumachenden Nachteil bewirken wird** (Art. 72 ff. BGG i.V.m. Art. 93 Abs. 1 lit. a BGG; STAEHELIN/STAEHELIN/GROLIMUND, § 13 N 58).

Ein abgewiesenes Interventionsgesuch kann in einem späteren Stadium des Verfahrens wieder geltend gemacht werden, sofern sich die Verhältnisse ändern (LEUCH/MARBACH/KELLERHALS/STERCHI, Art. 45 ZPO/BE N 2c).

4. Weiteres Verfahren

Ist die Nebenintervention rechtskräftig, hat das Gericht der intervenierenden Person **Kopien der von den Hauptparteien eingereichten Rechtsschriften zuzustellen** und diese **zu den Verhandlungen vorzuladen** (STAEHELIN/STAEHELIN/GROLIMUND, § 13 N 60). Dasselbe gilt für Verfügungen und Entscheide des Gerichts: Auch über diese ist die intervenierende Person in Kenntnis zu setzen. Im Vorentwurf der Expertenkommission vom Juni 2003 war noch explizit festgehalten, dass das Gericht seine Verfügungen auch der intervenierenden Partei zustellt (Vorentwurf, Art. 67 Abs. 3; Bericht VE-ZPO, 39). Offenbar befand man diese Bestimmung für überflüssig und hat diese im Hinblick auf eine schlanke Zivilprozessordnung gestrichen. Sobald zudem eine dritte Partei in ein Prozessverfahren interveniert, werden auch die Hauptparteien dem Gericht jeweils ein weiteres Exemplar ihrer Eingaben zustellen müssen (Art. 131).

Zu beachten ist, dass die intervenierende Partei als *Neben*partei im weiteren Prozessverfahren **keine Zeugenstellung** haben kann. Nach herrschender Lehre kann einzig die streitberufene Partei, die dem Prozess nicht beitritt und damit keine Nebenpartei ist, als Zeuge fungieren (HABSCHEID, N 317; VOGEL/SPÜHLER, § 48 N 128). Auch in der eidg. ZPO wird festgehalten, dass einzig als Zeuge aussagen könne, wer nicht Partei in einem Verfahren sei (Art. 169). Unter den Betriff der Partei müssen dabei sowohl *Haupt-* wie auch *Neben*parteien fallen. In Frage kommt damit einzig eine Parteibefragung oder Beweisaussage der intervenierenden Partei (Art. 191 und 192).

Art. 76

Rechte der intervenierenden Person

¹ Die intervenierende Person kann zur Unterstützung der Hauptpartei alle Prozesshandlungen vornehmen, die nach dem Stand des Verfahrens zulässig sind, insbesondere alle Angriffs- und Verteidigungsmittel geltend machen und auch Rechtsmittel ergreifen.

² Stehen die Prozesshandlungen der intervenierenden Person mit jenen der Hauptpartei im Widerspruch, so sind sie im Prozess unbeachtlich.

Droits de l'intervenant

¹ L'intervenant peut accomplir tous les actes de procédure compatibles avec l'état du procès qui sont utiles à la partie principale dont il soutient la cause; il peut notamment faire valoir tous les moyens d'attaque et de défense ainsi qu'interjeter recours.

² Les actes de l'intervenant ne sont pas considérés s'ils contredisent les déterminations de la partie principale.

Diritti dell'interveniente

¹ L'interveniente può, a sostegno della parte principale, intraprendere tutti gli atti processuali ammissibili secondo la fase della procedura; può segnatamente far valere qualsivoglia mezzo d'azione e di difesa, nonché proporre mezzi d'impugnazione.

² Gli atti processuali dell'interveniente che contrastino con quelli della parte principale sono processualmente ininfluenti.

Inhaltsübersicht
 Note

I. Rechte der intervenierenden Partei 1
   1. Vornahme von Prozesshandlungen 1
   2. Erste Einschränkung: Eventualmaxime (Abs. 1) 6
   3. Zweite Einschränkung: Keine Widersprüche zu den Handlungen der Hauptpartei (Abs. 2) 9
II. Kein Parteiwechsel 14
III. Exkurs: Streitgenössische Nebenintervention 18

Literatur
Vgl. die Literaturhinweise zu Art. 73.

I. Rechte der intervenierenden Partei

1. Vornahme von Prozesshandlungen

1 Die intervenierende Partei kann zur Unterstützung der Hauptpartei **alle Prozesshandlungen vornehmen, die nach dem Stand des Prozessverfahrens zulässig sind**, wobei das von der intervenierenden Partei Vorgebrachte als von der Hauptpartei erklärt gilt (WALDER/GROB, § 13 N 13). Als Prozesshandlungen der intervenierenden Partei kommen alle **Angriffs- und Verteidigungsmittel** in Frage, d.h. diese kann eigene Rechtsbegehren stellen, Tatsachen behaupten, Beweisanträge stellen, Rechtsmittel einlegen etc. (STAEHELIN/STAEHELIN/GROLIMUND, § 13 N 59). Dazu hat sie **volle Akteneinsicht** und ist auch zu **mündlichen Vorträgen** zuzulassen LEUCH/MARBACH/KELLERHALS/STERCHI,

Art. 46 ZPO/BE N 1a). Der intervenierenden Partei ist weiter Gelegenheit zu geben, Zeugen selbständig zu befragen (A. MEIER, 170). Es gelten jedoch folgende Einschränkungen: Erstens dürfen die Prozesshandlungen die Position der Partei, zu deren Unterstützung interveniert wird, *nicht schwächen* und **mit deren Handlungen nicht im Widerspruch** stehen (Art. 76 Abs. 2). Zweitens ist die intervenierende Partei an den Stand des Prozesses im Zeitpunkt ihrer Intervention gebunden (**Eventualmaxime**).

Es kann dennoch von einer **selbständigen Prozessführung der intervenierenden Partei** gesprochen werden (SCHWANDER, ZZZ 2007, 365). Die weit reichenden Befugnisse der intervenierenden Partei werden dahingehend relativiert, als die Hauptpartei jederzeit von der intervenierenden Partei vorgebrachte Verteidigungsmittel, z.B. ein Rechtsmittel, zurückziehen kann (MERZ, § 26 ZPO/TG N 2). Wie sich ein solcher Rückzug entgegen dem Willen der intervenierenden Partei auf die Interventionswirkungen (Art. 77) auswirkt, steht erst im Regressprozess zur Diskussion.

Die Prozesshandlungen sind ab dem **Zeitpunkt des Interventionsgesuchs** zulässig, und nicht erst ab einem allfälligen Entscheid des Gerichts über die Zulässigkeit eines Interventionsgesuch (Art. 75 Abs. 2). Interventionen werden regelmässig im Hinblick auf eine *konkrete Prozesshandlung* gemacht, z.B. der Ergreifung eines Rechtsmittels. Der intervenierenden Partei muss es daher möglich sein, sofort zu handeln, um allfällige Fristen zu wahren. Sollte die Nebenintervention zu einem späteren Zeitpunkt abgewiesen werden, sind die Prozesshandlungen der intervenierenden Person (rückwirkend) wirkungslos.

Auch die intervenierende Partei kann sich im Prozessverfahren nach den üblichen Grundsätzen vertreten lassen (MERZ, § 26 ZPO/TG N 3).

Da die intervenierende Partei zur Nebenpartei im Prozessverfahren wird, kann sie **keine Zeugenstellung** haben (VOGEL/SPÜHLER, § 27 N 78); eine Nebenintervention muss daher immer gut überlegt sein (SCHWANDER, ZZZ 2007, 366). In diesem Zusammenhang stellt sich die Frage, wie Zeugenaussagen von Personen berücksichtigt werden können, die erst zu einem *späteren Zeitpunkt* als Nebenintervenienten in das Prozessverfahren intervenieren. Grundsätzlich sind solche Zeugenaussagen im Nachhinein nicht irrelevant; das Gericht hat jedoch bei der Würdigung derselben die Interessenlage, wie sie sich zum Zeitpunkt der Nebenintervention darstellt, zu berücksichtigen. Die Zeugenaussagen einer später intervenierten Partei werden damit in den meisten Fällen lediglich noch den Stellenwert von Parteiaussagen haben.

2. Erste Einschränkung: Eventualmaxime (Abs. 1)

Als erste Einschränkung für die Prozesshandlungen der intervenierenden Partei ist die Eventualmaxime zu nennen: Die intervenierende Partei muss **den Prozess in der Lage aufnehmen, in der er sich zum Zeitpunkt der Intervention befindet**. Frühere **Prozesshandlungen werden nicht wiederholt**, um Fehler der Hauptpartei, zu deren Gunsten interveniert wird, zu verbessern oder auch Prozesshandlungen nachzuholen: Der Konzentrationsgrundsatz bzw. die Eventualmaxime wird durch eine Nebenintervention m.a.W. nicht berührt (STAEHELIN/STAEHELIN/GROLIMUND, § 13 N 59). Massgebend für die Frage, was für Prozesshandlungen die intervenierende Partei noch vornehmen kann, ist der Zeitpunkt des Interventionsgesuchs (und nicht der Zulassung der Nebenintervention, Art. 75 Abs. 2): Erfolgt das Interventionsgesuch erst nach verfügtem Abschluss des Schriftenwechsels oder der letzten Instruktionsverhandlung, kann die intervenierende Partei nur noch im Rahmen des Beweisverfahrens und einem allfälligen späteren Rechtsmittelverfahren mitwirken (MERZ, § 26 ZPO/TG N 1).

7   Ebenso wenig bewirkt die Nebenintervention neue Fristenläufe oder unterbricht solche (GULDENER, ZPR, 308 f.). Hingegen sieht der Gesetzgeber nicht ausdrücklich vor, dass die Nebenintervention den Hauptprozess nicht verzögern dürfe (so noch § 45 Abs. 3 ZPO/ZH), weshalb nicht auszuschliessen ist, dass der intervenierenden Partei zusätzliche gerichtliche Fristerstreckungen gewährt werden können, oder sie die Verschiebung von Tagfahrten beantragen kann.

8   Tritt die intervenierende Partei erst nach Abschluss des Schriftenwechsels oder Durchführung einer Instruktionsverhandlung dem Prozessverfahren bei, so entscheidet sich die Frage, ob neue Tatsachen oder Beweismittel zulässig sind, danach, ob die *Hauptpartei*, zu deren Unterstützung interveniert wird, die Tatsachen oder Beweismittel trotz zumutbarer Sorgfalt nicht vorher vor- resp. beibringen können (Art. 229, BÜHLER/EDELMANN/KILLER, § 57 ZPO/AG N 2). Ob die intervenierende Partei von solchen Tatsachen oder Beweismitteln Kenntnis hatte und solche hätte vorbringen können, spielt keine Rolle. Das Handeln der intervenierenden Partei hindert somit die Säumnis der Hauptpartei; bereits von der Hauptpartei Versäumtes kann jedoch nur innert den der Hauptpartei gezogenen Grenzen nachgeholt werden (LEUCH/MARBACH/KELLERHALS/STERCHI, Art. 46 ZPO/BE N 1a).

3. Zweite Einschränkung: Keine Widersprüche zu den Handlungen der Hauptpartei (Abs. 2)

9   Die zweite Einschränkung besagt, dass die intervenierende Partei keine Handlungen vornehmen darf, die in Widerspruch zu jenen der Hauptpartei stehen, d.h. die **Hauptpartei bleibt «Herrin des Prozesses»** (WALDER/GROB, § 13 N 14). Die intervenierende Partei kann damit nicht über den Streitgegenstand verfügen, d.h. **keine Dispositionsakte vornehmen**. Sie kann insb. die Klage im Hauptverfahren nicht anerkennen, auf diese nicht verzichten, diese wie auch Rechtsmittel nicht zurückziehen, keinen Vergleich mit der Gegenseite abschliessen, keine privatrechtlichen Gestaltungsakte der Hauptpartei – wie z.B. eine Verrechnungserklärung – ausüben, keine Widerklage erheben, oder den Prozessumfang nicht durch Klageänderung erweitern (BOTSCHAFT ZPO, 7282; GULDENER, ZPR, 308 FN 13; HABSCHEID, N 317; WALDER/GROB, § 13 N 13 f.). Allfällige Einreden, auf welche die unterstützte Hauptpartei im Prozessverfahren ausdrücklich verzichtet, kann die intervenierende Person folglich erst in einem allfälligen *Regressprozess thematisieren* bzw. gegen die unterstützte Partei vorbringen (LEUENBERGER/UFFER-TOBLER, 134 f.). Eine Verrechnung mit einer eigenen Forderung der intervenierenden Partei ist einzig denkbar, wenn dadurch die Schuld der Hauptpartei erlöschen würde (LEUCH/MARBACH/KELLERHALS/STERCHI, Art. 46 ZPO/BE N 1b). Die Hauptpartei, zu deren Unterstützung in den Prozess eingegriffen wird, kann demgegenüber Rechtsmittel der intervenierenden Partei zurückziehen oder z.B. auch mit der Gegenpartei einen Vergleich abschliessen (BOTSCHAFT ZPO, 7282).

10 Der intervenierenden Partei sind jedoch nicht nur Dispositionsakte verboten; vielmehr darf diese generell **keine Handlungen** vornehmen, welche die **Position der Hauptpartei schwächen** würden. So darf sie z.B. keine Tatsachen anerkennen, die sich später als Zugeständnis bei der Beweiswürdigung zu Lasten der Hauptpartei auswirken (STAEHELIN/STAEHELIN/GROLIMUND, § 13 N 59). Unbeachtlich sind weiter auch Anträge, mit welchen die intervenierende Partei – ohne sich bereits zu den Ausführungen der unterstützten Hauptpartei in Widerspruch zu setzen – in erster Linie eigene Interessen verficht oder etwas anstrebt, woran die Hauptpartei ausdrücklich ihr Desinteresse erklärt hat (FRANK/STRÄULI/MESSMER, § 45 ZPO/ZH N 3; MERZ, § 26 ZPO/TG N 2).

Prozesshandlungen der intervenierenden Partei, die im Widerspruch zur Hauptpartei stehen, oder deren Position schwächen, sind unbeachtlich und **wirkungslos** (STAEHELIN/ STAEHELIN/GROLIMUND, § 13 N 59). Der intervenierenden Partei kommt damit eine **unselbständige Stellung** zu (BOTSCHAFT ZPO, 7282). Sie ist eine Nebenpartei im Prozessverfahren, dies im Gegensatz zur Hauptintervenientin (Art. 73) und der streitverkündungsbeklagten Partei (Art. 81 f.). Faktisch bleibt aber selbstverständlich das Problem, dass sich Handlungen der intervenierenden Partei nicht einfach so aus dem Gedächtnis der Richter löschen lassen, auch wenn sie wirkungslos sind.

Ob sich eine Prozesshandlung der intervenierenden Partei mit einer solchen der Partei des Hauptverfahrens verträgt oder nicht, ist aus dem Kontext zu ermitteln. Die Hauptpartei muss mit anderen Worten nicht ausdrücklich gegen eine Prozesshandlung der intervenierenden Partei opponieren (BOTSCHAFT ZPO, 7282), auch wenn sich dies selbstverständlich aus Beweisgründen für einen allfälligen späteren Regressprozess empfiehlt.

Auch wirkungslose Eingaben oder Stellungnahmen der intervenierenden Partei sind bei den Prozessakten zu belassen, auch wenn diese für das Urteil *keine Beachtung* finden dürfen (so zur Streitverkündung FRANK/STRÄULI/MESSMER, § 46 ZPO/ZH N 6). Die intervenierende wie auch die streitberufene Partei (Art. 78 ff.) müssen nämlich in einem allfälligen Regressprozess *nachweisen* können, dass sie ihrerseits z.B. ein Rechtsmittel erhoben hätten, das möglicherweise zum Sieg im Erstprozess geführt hätte, die Hauptpartei aber ausdrücklich auf ein Rechtsmittel verzichtete.

II. Kein Parteiwechsel

Ein eigentlicher Parteiwechsel, wie dies frühere kantonale Prozessordnungen bei der Nebenintervention ermöglichten, ist in der eidg. ZPO nicht vorgesehen; d.h. die Partei, zu deren Gunsten interveniert wird, bleibt Hauptpartei des Verfahrens. Ein Parteiwechsel ist einzig denkbar, wenn diesem auch die *Gegenpartei zustimmt* (Art. 83 Abs. 4). Ein Parteiwechsel ist jedoch *nach erfolgter Streitverkündung* möglich; die streitberufene Partei kann anstelle der Partei, die ihr den Streit verkündet hat, mit deren Einverständnis den Prozess führen (Art. 79 Abs. 1 lit. b). Denkbar ist folglich, dass die Hauptpartei der intervenierenden Partei den Streit verkündet, und in der Folge ein Parteiwechsel gestützt auf Art. 79 Abs. 1 lit. b stattfindet (Art. 79 N 12 f.).

Weiter schweigt sich die eidg. ZPO darüber aus, ob die Partei, zu deren Gunsten interveniert wird, die *Prozessführung* der intervenierenden Person überlassen könne. Die intervenierende Partei würde in diesem Fall den Prozess als *Vertreterin* der Hauptpartei weiterführen und letztere würde nicht mehr aktiv am Prozess teilnehmen (u.a. § 48 ZPO/ZH; HABSCHEID, N 320). Ein solches Vorgehen wird von der eidg. ZPO nicht ausgeschlossen. Auch den Materialien lässt sich nichts entnehmen, was auf einen gewollten Ausschluss der Überlassung der Prozessführung an die intervenierende Partei hindeuten würde. Vielmehr kann sich jede Partei in einem Prozessverfahren durch eine prozessfähige Partei vertreten lassen (Art. 68 Abs. 1). Es kann sich dabei um eine beliebige Vertrauensperson einer Prozesspartei handeln, solange die betreffende Person das Mandat nicht berufsmässig ausübt (BOTSCHAFT ZPO, 7279).

Es ist damit auch denkbar, dass sich die Hauptpartei, zu deren Gunsten in den Prozess interveniert wird, aus dem Prozessgeschehen zurückzieht, und die intervenierende Partei den Prozess in Vertretung fortsetzt. Nimmt die intervenierende Partei in solchen Fällen an einer Verhandlung teil, kann trotz Abwesenheit der Hauptpartei kein Säumnisurteil im mündlichen Verfahren ergehen (STAEHELIN/STAEHELIN/GROLIMUND, § 13 N 59). Es liegt in all diesen Fällen jedoch kein Parteiwechsel vor: Das Urteil im Hauptprozess lautet auf die Partei, zu deren Gunsten interveniert wird. Hieraus muss auch folgen, dass die Hauptpartei jederzeit in den Prozess zurückkehren kann (HABSCHEID, N 320). Eine Fortsetzung des Prozesses ist einzig ausgeschlossen, wenn die Partei, zu deren Gunsten in den Prozess interveniert wurde, ihre Klage zurückgezogen oder die Klage der Gegenseite anerkannt hat. Dies gilt gleichermassen bei einem rechtsgültigen Rechtsmittelverzicht der Hauptpartei, was aber bei der blossen Unterlassung, ein Rechtsmittel zu ergreifen, noch nicht angenommen werden kann (GULDENER, ZPR, 308, FN 15). In diesen Fällen würde sich die intervenierende Partei in Widerspruch zu den Handlungen der Hauptpartei begeben, würde sie den Prozess fortsetzen.

17 Ist die Hauptpartei nicht aktivlegitimiert (oder nicht passivlegitimiert), kann dieser Mangel nicht durch eine Nebenintervention der legitimierten Person beseitigt werden; hier würde nur ein Parteiwechsel, sofern dieser nach Art. 83 zulässig ist, helfen (LEUCH/MARBACH/KELLERHALS/STERCHI, Art. 46 ZPO/BE N 1c).

III. Exkurs: Streitgenössische Nebenintervention

18 Frühere kantonale Zivilprozessordnungen sahen die sog. unabhängige bzw. streitgenössische Nebenintervention im Gegensatz zur einfachen (abhängigen) Nebenintervention vor, vorausgesetzt, das zwischen den Hauptparteien ergehende Urteil hatte auch auf das Rechtsverhältnis zwischen der intervenierenden Partei und dem Prozessgegner der Hauptpartei Auswirkungen. Als Beispiel ist die Anfechtung von Generalversammlungsbeschlüssen bei der Aktiengesellschaft zu nennen: Da sich das Urteil gestützt auf Art. 706 Abs. 5 OR gegenüber allen Aktionären auswirkt, ist auch die Rechtsposition der intervenierende Partei bzw. Aktionärs gegenüber dem Prozessgegner des anderen Aktionärs (Hauptpartei), zu dessen Gunsten man dem Prozess beitreten will, betroffen. Bei gemeinsamer Klage würde in einem solchen Fall eine unechte notwendige Streitgenossenschaft vorliegen. In den Fällen streitgenössischer Nebeninterventionen hat die intervenierende Person ebenfalls die Möglichkeit, **den Prozess in selbständiger Stellung zu führen** (GULDENER, ZPR, 309; HABSCHEID, N 321).

19 Die eidg. ZPO sieht keine streitgenössische Nebenintervention mehr vor. Im Bericht VE-ZPO wird festgehalten, angesichts der übrigen Beteiligungsarten bestehe für die streitgenössische Nebenintervention *kein Bedürfnis* mehr (Bericht VE-ZPO, 37). Mit Habscheid ist jedoch die Auffassung zu vertreten, dass die streitgenössische Nebenintervention auch ohne explizite Statuierung gestützt auf die weiterhin geltenden bundesrechtlichen Prinzipien der Gestaltungswirkung und materiellen Rechtskraft möglich sein muss (HABSCHEID, N 321). Aufgrund der unmittelbaren Wirkungen des Urteils im Hauptprozess gegenüber dem streitgenössischen Nebenintervenienten – im Gegensatz zur mittelbaren Interventionswirkung bei der einfachen Nebenintervention (Art. 77) – kann es dem streitgenössischen Nebenintervenienten nicht verwehrt sein, sich zu den Handlungen der Hauptpartei in Widerspruch zu setzen. Faktisch kommt es in solchen Fällen zu einer **nachträglichen Streitgenossenschaft**. Fasst man den Anwendungsbereich der Hauptintervention weit auf (dazu Art. 73 N 8 ff.), kann man auch die Auffassung vertreten, die streitgenössische Nebenintervention führe in diesem Fall zu einer Hauptintervention (SCHWANDER, ZZZ 2007, 365 FN 35).

20 Mittels einer streitgenössischen Intervention kann die intervenierende Partei somit nachträglich noch auf ein Prozessverfahren Einfluss nehmen, obwohl sie selbständig keine Klage mehr erheben könnte, weil z.B. eine diesbezügliche gesetzliche Frist abgelaufen

4. Kapitel: Intervention

wäre (z.B. Erlöschen des Anfechtungsrechts von Generalversammlungsbeschlüssen nach Ablauf von zwei Monaten, Art. 706a OR). Der streitgenössisch intervenierenden Partei verbleibt aber das Risiko, dass die Hauptpartei ihre Klage zurückzieht, die Klage der Gegenseite anerkennt oder rechtsgültig auf ein Rechtsmittel verzichtet. In diesen Fällen könnte das Prozessverfahren nicht durch die streitgenössisch intervenierende Partei weitergeführt werden, da auch bei dieser Form der Nebenintervention die Hauptpartei über den Streitgegenstand allein verfügen kann.

Art. 77

Wirkungen der Intervention

Ein für die Hauptpartei ungünstiges Ergebnis des Prozesses wirkt auch gegen die intervenierende Person, es sei denn:
a. sie sei durch die Lage des Prozesses zur Zeit ihres Eintritts oder durch Handlungen oder Unterlassungen der Hauptpartei verhindert gewesen, Angriffs- und Verteidigungsmittel geltend zu machen; oder
b. ihr unbekannte Angriffs- oder Verteidigungsmittel seien von der Hauptpartei absichtlich oder grobfahrlässig nicht geltend gemacht worden.

Effets de l'intervention

Un résultat défavorable à la partie principale est opposable à l'intervenant, sauf dans les cas suivants:
a. l'état du procès au moment de son intervention ou les actes ou omissions de la partie principale l'ont empêché de faire valoir des moyens d'agir et de défendre;
b. la partie principale a omis, intentionnellement ou par grave négligence, de faire valoir des moyens d'agir ou de défendre que l'intervenant ne connaissait pas.

Effetti dell'intervento

L'esito sfavorevole del processo per la parte principale ha effetto anche nei confronti dell'interveniente, eccetto che:
a. in conseguenza dello stato di avanzamento del processo al momento dell'intervento o di atti od omissioni della parte principale, egli sia stato impedito di proporre mezzi d'azione o di difesa; oppure
b. la parte principale abbia omesso, scientemente o per negligenza grave, di proporre mezzi di azione o di difesa di cui egli non era a conoscenza.

Inhaltsübersicht   Note

I. Urteilswirkungen und Kostenfolgen 1
II. Interventionswirkungen im Besonderen 4
   1. Faktische Erstreckung der Rechtskraft 4
   2. Schranken der Interventionswirkung 6
III. Ablösung von Art. 193 OR 8
IV. Internationale Aspekte 12

Literatur

Vgl. die Literaturhinweise zu Art. 73.

I. Urteilswirkungen und Kostenfolgen

1 Die intervenierende Partei ist lediglich Nebenpartei, weshalb **kein Urteil für oder gegen diese ergeht**, und das Urteil folglich gegenüber der intervenierenden Partei auch nicht vollstreckt werden kann. Es kann daher auch die Aktiv- oder Passivlegitimation einer der beiden Parteien nicht dadurch geheilt werden, dass die tatsächlich legitimierte Partei dem Prozess als Nebenintervenientin beitritt (FRANK/STRÄULI/MESSMER, § 45 ZPO/ZH N 1).

2 Nichtsdestotrotz können der intervenierenden Partei Prozesskosten (Gerichtskosten und/oder Parteikosten) auferlegt werden. Sind am Prozess mehrere Personen als Haupt- oder Nebenparteien beteiligt, so bestimmt das Gericht ihren Anteil an den Prozesskosten; es kann auch auf solidarische Haftung erkennen (Art. 106 Abs. 3). Ob und inwiefern der intervenierenden Partei wie auch der unterstützten Hauptpartei **Kosten auferlegt werden**, steht im **Ermessen des Gerichts** (BERGER/GÜNGERICH, N 454). Bezüglich **Verteilung** der Prozesskosten kann die intervenierende Partei **selbständig Anträge** stellen. Der Entscheid über die Auferlegung der Prozesskosten kann gegen die intervenierende Partei auch direkt vollstreckt werden (LEUCH/MARBACH/KELLERHALS/STERCHI, Art. 44 ZPO/BE N 3).

3 Inwiefern die intervenierende Partei und die von dieser unterstützten Hauptpartei für die Prozesskosten Rückgriff aufeinander nehmen können, ist eine Frage des materiellen Rechtsverhältnisses zwischen diesen und Gegenstand eines allfälligen späteren Regressprozesses (STAEHELIN/STAEHELIN/GROLIMUND, § 13 N 61). Der intervenierenden Partei wird jedoch regelmässig keine Parteientschädigung zugesprochen, ausser eine solche rechtfertige sich im Einzelfall aus Billigkeitsüberlegungen (BGE 130 III 571; STAEHELIN/STAEHELIN/GROLIMUND, § 13 N 61).

II. Interventionswirkungen im Besonderen

1. Faktische Erstreckung der Rechtskraft

4 Auch wenn das Urteil im Hauptprozess nicht für oder gegen die intervenierende Partei lautet, hat diese die sogenannten Interventionswirkungen zu gewärtigen, sobald ein rechtskräftiges Urteil im Hauptprozess vorliegt. Die Interventionswirkung ist zwar eine **Urteilswirkung**; sie ist aber **nicht identisch mit der materiellen Rechtskraft** (HABSCHEID, N 319): In der Regel hat die Hauptpartei, zu deren Unterstützung die intervenierende Partei in das Prozessverfahren eingreift, aus materiellem Recht einen Regressanspruch gegenüber der intervenierenden Partei. Die Rechtskraft im Hauptprozess erstreckt sich aber nicht auf letztere, d.h. diese ist nicht an das Urteil im Hauptprozess gebunden. Der intervenierende Verkäufer könnte damit z.B. seine Gewährleistungspflicht nach wie vor bestreiten, auch wenn die Entwehrungsklage eines Dritten gegenüber dem Käufer gutgeheissen würde. Die Beteiligung der intervenierenden Partei im Prozessverfahren stellt m.a.W. *keine Anerkennung von Ansprüchen* der unterstützten Partei dar.

5 Die Interventionswirkung besagt damit, inwieweit die intervenierende Partei bzw. die später im Regressprozess beklagte Partei die **Richtigkeit des nachteiligen Urteils im Hauptverfahren in Frage stellen darf** (BOTSCHAFT ZPO, 7282). Die zwischen den Parteien getroffenen *Feststellungen* wirken m.a.W. auch gegenüber der intervenierenden Partei; diese kann Einreden, die sie im Hauptprozess erhoben hat oder hätte erheben können, nicht ein weiteres Mal im Zweitprozess vorbringen. Die Interventionswirkung hat damit keine rechtliche, sondern bloss eine faktische Erstreckung der Rechtskraft zur Folge: Die intervenierende Partei kann im Folgeprozess nicht mehr alle Einreden vorbringen, die sie ohne Nebenintervention hätte vorbringen können (**Einredenausschluss**; BERGER/GÜNGERICH, N 455; SCHWANDER, ZZZ 2007, 366).

2. Schranken der Interventionswirkung

Die Interventions- oder auch Bindungswirkung gilt aber nicht uneingeschränkt: Der Gesetzestext hält dazu fest, dass das für die Hauptpartei ungünstige Ergebnis eines Prozesses auch gegenüber der intervenierenden Partei wirke, *ausser* 6

– dieser sei es aufgrund der **Lage des Prozesses zur Zeit des Eintritts** nicht mehr möglich gewesen, Angriffs- und Verteidigungsmittel vorzubringen (lit. a);

– dieser sei es aufgrund von **Handlungen oder Unterlassungen der Hauptpartei** (gemeint ist die Partei, zu deren Unterstützung interveniert wird) nicht mehr möglich gewesen, Angriffs- und Verteidigungsmittel vorzubringen (lit. a); oder

– dieser **unbekannte Angriffs- und Verteidigungsmittel** seien von der Hauptpartei (gemeint ist wiederum die Partei, zu deren Unterstützung interveniert wird), absichtlich oder grobfahrlässig nicht geltend gemacht worden (lit. b).

Die intervenierende Partei muss sich das Dispositiv und die Begründung des Urteils somit entgegenhalten lassen, wenn keine der Einreden gemäss lit. a und b zutrifft (BOTSCHAFT ZPO, 7283). Denkbar ist z.B., dass die intervenierende Partei die Hauptpartei im Prozessverfahren mit einem wichtigen Beweisstück hätte bedienen können, dies aufgrund des fortgeschrittenen Prozessstadiums aber nicht mehr möglich war (STAEHELIN/STAEHELIN/GROLIMUND, § 13 N 69). Kommt sie mit dieser Einrede durch, wird die Regresspflicht entweder ermässigt oder gänzlich verneint (Bericht VE-ZPO, 39). 7

III. Ablösung von Art. 193 OR

Die meisten kantonalen Zivilprozessordnungen haben zur Interventionswirkung bis anhin geschwiegen. Die Grundsätze der Interventionswirkung haben sich aus dem Kaufrecht bei Gewährleistungsansprüchen eines Dritten gegenüber dem Verkäufer hergeleitet (Art. 193 OR): Art. 193 Abs. 2 OR hielt fest, dass ein ungünstiges Ergebnis eines Prozesses auch gegenüber dem Verkäufer wirke, sofern die Streitverkündung (respektive die Nebenintervention) rechtzeitig erfolgte, und der Verkäufer nicht beweisen konnte, dass das ungünstige Prozessergebnis durch böse Absicht oder grobe Fahrlässigkeit des Käufers verschuldet wurde. Art. 193 Abs. 2 OR basierte auf dem Grundsatz von **Treu und Glauben**, weshalb sowohl das Bundesgericht wie auch die meisten Autoren der Auffassung sind, dass sich eine Unterstützungspflicht sinngemäss auf andere Rechtsverhältnisse anwenden lässt, aus denen ein **Anspruch auf Gewährleistung oder Schadloshaltung** hergeleitet werden kann (BERGER/GÜNGERICH, N 472; GULDENER, ZPR, 313; LEUCH/MARBACH/KELLERHALS/STERCHI, Art. 48 ZPO/BE N 3a; LEUENBERGER/UFFER-TOBLER, Art. 49 ZPO/SG N 3a; STUDER/RÜEGG/EIHOLZER, § 53 ZPO/LU N 3; **a.M.** HABSCHEID, N 327, welcher die Unterstützungspflicht bzw. die zu gewärtigen Nachteile, falls man dem Aufruf zur Streitverkündung nicht Folge leistet, mit einer *analogen Anwendung* von Art. 193 Abs. 2 OR begründet). 8

Es sei auf folgende weitere Beispiele verwiesen, bei welchen eine Unterstützungspflicht bei einer Nebenintervention oder Streitverkündung (Art. 78) bejaht werden muss (dazu und zu weiteren Beispielen GULDENER, ZPR, 313f.): 9

– Den selbständigen Besitzer (z.B. Vermieter) trifft die Last, eine Sache gegen dingliche Ansprüche zu verteidigen, die ein Dritter mit einer Klage gegenüber dem unselbständigen Besitzer (z.B. Mieter) geltend macht. Wird eine Sache demgegenüber durch Klage eines Dritten gegen den selbständigen Besitzer vindiziert, so ist der unselbständige Besitzer nicht gehalten, den selbständigen Besitzer im Prozessverfahren zu unterstützen. Der unselbständige Besitzer hat m.a.W. im Gegensatz zum selbständigen Besitzer nicht dafür einzustehen, dass letzterer zum Besitz berechtigt ist.

– Wird ein Gesellschafter für eine Gesellschaftsschuld eingeklagt, so hat ihn ein Mitgesellschafter aufgrund der Treuepflicht im Prozessverfahren zu unterstützen.

– Eine Unterstützungspflicht trifft weiter den Solidarschuldner, wenn nur einer von mehreren Solidarschuldnern eingeklagt wurde.

10 Vor Einführung der eidg. ZPO wurde gefordert, dass die Wirkung nach Art. 193 Abs. 2 OR kraft *Prozessrecht* für alle Interventionsfälle eintreten soll (u.a. LEUCH/MARBACH/KELLERHALS/STERCHI, Art. 51 ZPO/BE N 1a). Die Interventionswirkungen sind nun einheitlich in Art. 77 geregelt. Da diese Regelung materiell Art. 193 Abs. 2 OR entspricht, konnte dieser Artikel gestrichen werden (Anhang Ziff. 5; BOTSCHAFT ZPO, 7283). Aufgrund von Art. 77 werden die Interventionswirkungen (was gleichermassen auch für die Wirkungen der Streitverkündung gilt, dazu Art. 80 N 1 ff.) somit neu durch das Prozessrecht definiert. Ob die **prozessualen Wirkungen der Nebenintervention** gestützt auf Art. 77 hingegen greifen, beurteilt sich nach wie vor aufgrund der *materiellen Rechtsbeziehung* zwischen der Hauptpartei und der in das Prozessverfahren intervenierenden Partei, bzw. der *materiellen Frage, ob letztere gestützt auf das Prinzip von Treu und Glauben verpflichtet war, die Hauptpartei im Prozessverfahren zu unterstützen*. Ähnlich in diesem Zusammenhang auch Takei bezüglich der Wirkungen der Streitverkündung (welche dieselben sind wie bei der Nebenintervention, Art. 80): Dieser versteht die Streitverkündung hinsichtlich ihrer *Voraussetzungen*, des *Verfahrens* und der *Stellung der streitberufenen Partei* (was gleichermassen für die intervenierende Partei gilt) als Institut des Prozessrechts. Materielle Wirkungen sieht er nur in der Interventionswirkung (TAKEI, 3 ff., 222). Auch Dätwyler ist der Auffassung, Voraussetzungen und Wirkungen einer Streitverkündung (was gleichermassen für die Nebenintervention gilt) seien Fragen des materiellen Rechts, nur Form und Verfahren würden vom Prozessrecht geregelt (DÄTWYLER, 2).

11 Zusammenfassend ist festzuhalten, dass **das Prozessrecht den Interventionswirkungen gewisse Realisierungsformen beigibt** bzw. beigeben muss, wenn es die **dem Privatrecht dienende Funktion** erfüllen will (SCHWANDER, ZZZ 2007, 367). Das materielle Recht beantwortet mit anderen Worten die Frage, *ob* eine Nebenintervention aufgrund des Rechtsverhältnisses zwischen der Hauptpartei und der intervenierenden Partei Wirkungen haben kann, und das Prozessrecht die Frage, *was* für Einreden im Folgeprozess vorgebracht werden können.

IV. Internationale Aspekte

12 Wie das rechtliche Interesse (vgl. Art. 74 N 2 ff.) hat sich auch die Frage der Interventionswirkungen nach der zukünftigen (hypothetischen) lex causae des Zweitprozesses zu orientieren (so zur Streitverkündung SCHWANDER, ZZZ 2007, 369 f.; **a.M.** DÄTWYLER, 161 ff.).

5. Kapitel: Streitverkündung

1. Abschnitt: Einfache Streitverkündung

Art. 78

Grundsätze

¹ Eine Partei, die für den Fall ihres Unterliegens eine dritte Person belangen will oder den Anspruch einer dritten Person befürchtet, kann diese auffordern, sie im Prozess zu unterstützen.

² Die streitberufene Person kann den Streit weiter verkünden.

Principe

¹ Une partie peut dénoncer l'instance à un tiers lorsqu'elle estime, pour le cas où elle succomberait, qu'elle pourrait faire valoir des prétentions contre lui ou être l'objet de prétentions de sa part.

² Le tiers dénoncé peut à son tour dénoncer l'instance.

Principi

¹ Ogni parte che intenda rivalersi su un terzo o ne tema la rivalsa in caso di soccombenza nel processo può denunciargli la lite ingiungendogli di assisterla nel processo.

² Il terzo può a sua volta denunciare la lite ad altri.

Inhaltsübersicht

	Note
I. Vorbemerkungen	1
II. Voraussetzungen (Abs. 1)	4
1. Materielle Voraussetzung	4
2. Formelle Voraussetzungen	6
3. Kein prozessleitender Entscheid über Zulassung	16
III. Kettenstreitverkündung (Abs. 2)	17
IV. Internationale Aspekte	19

Literatur

Vgl. die Literaturhinweise zu Art. 73.

I. Vorbemerkungen

Die eidg. ZPO sieht **zwei Formen der Streitverkündung** vor. Einerseits die **einfache Streitverkündung** (Art. 78 ff.), welche die grosse Mehrheit der kantonalen Zivilprozessordnungen kannten. Die einfache Streitverkündung, die in den Art. 78–80 geregelt ist, ist die von einer Prozesspartei (streitverkündende Partei oder Litisdenunziant) ausgehende *Aufforderung an einen Dritten* (streitberufene Partei oder Litisdenunziat), sie im Prozess zu unterstützen (VOGEL/SPÜHLER, § 27 N 81). Die streitberufene Partei bleibt *Neben*partei und wird nicht zur Hauptpartei (STAEHELIN/STAEHELIN/GROLIMUND, § 13 N 64). Als Nebenpartei kann sich die auswärts domizilierte Partei der Streitverkündung damit auch nicht unter Berufung auf einen fehlenden Gerichtsstand entziehen, denn es ergeht gegen sie im Hauptverfahren kein Urteil (STAEHELIN/STAEHELIN/GROLIMUND, § 13 N 67). 1

2 Zweitens sieht die eidg. ZPO neu eine **Streitverkündungsklage** vor (Art. 81 f.). Das Institut der Streitverkündungsklage ist für die meisten Kantone neu. Es übernimmt die Funktion der sogenannten **Interventions- oder Gewährleistungsklagen** (vgl. zu diesen Begriffen Art. 81 N 5 ff.) bzw. des appel en cause, der in den Kantonen Genf und Waadt bekannt war. Mit der Streitverkündungsklage wird die streitbrufene Partei als selbständige Hauptpartei in ein Prozessverfahren gezwungen (BOTSCHAFT ZPO, 7283). Da Art. 16 für die Streitverkündung mit Klage das Gericht am Hauptprozess für zuständig bezeichnet, ist die Einrede der fehlenden Zuständigkeit für die streitverkündungsbeklagte Partei (Art. 81 f.) nicht möglich.

3 Die Streitverkündung steht insofern im Zusammenhang mit der Nebenintervention, als sie dieser vorgreift und überflüssig macht (GULDENER, ZPR, 314).

II. Voraussetzungen (Abs. 1)

1. Materielle Voraussetzung

4 Als materielle Voraussetzung für die Streitverkündung nennt der Gesetzgeber die Absicht, zu einem späteren Zeitpunkt eine *dritte Person belangen zu wollen*, oder aber das Risiko, *von einer dritten Person zu einem späteren Zeitpunkt belangt werden zu können*. Die streitverkündende Partei möchte m.a.W. bei einer Niederlage im Hauptprozess Ansprüche gegen eine dritte Partei geltend machen, befürchtet aber deren Einwand des schlecht geführten Prozesses. Die Streitverkündung dient somit v.a. dem **Erhalt von Regressansprüchen für den Fall des Unterliegens im Hauptprozess** (STAEHELIN/STAEHELIN/GROLIMUND, § 13 N 64; vgl. auch die weiterführenden Bsp. für Streitverkündungen bei DÄTWYLER, 15 ff.).

5 Ein rechtliches Interesse wird im Gegensatz zur Nebenintervention nicht als Voraussetzung erwähnt; es muss bei der Streitverkündung somit **kein rechtliches Interesse dargetan** werden (HABSCHEID, N 324; VOGEL/SPÜHLER, § 27 N 82). Dies bedeutet aber nicht, dass bei einer Streitverkündung kein rechtliches Interesse vorliegen müsste: Vielmehr wird dies **stillschweigend vorausgesetzt**, wenn man eine dritte Person belangen will und oder von dieser belangt werden könnte. Als Begründung für die nicht vorzunehmende Prüfung des rechtlichen Interesses durch das Gericht wird teils angegeben, dass zumindest eine der Parteien mit dem Einbezug der dritten Partei einverstanden sei (TAKEI, 12). Schwander ist Recht zu geben, dass diese Lösung nicht ganz überzeugt, da sich die Gegenpartei immerhin mit einer zusätzlichen Prozesspartei abfinden muss. Auch Schwander räumt aber ein, eine allfällige Überprüfung des rechtlichen Interesses berge das Risiko in sich, dass bei einer zu Unrecht erfolgten Verweigerung der Streitverkündung der Mangel später nicht mehr geheilt werden kann (SCHWANDER, ZZZ 2007, 369). Aufgrund der grösseren Auswirkungen bei der Streitverkündungsklage als qualifizierte Streitverkündung ist das rechtliche Interesse bei dieser Intervention hingegen zu prüfen und es sind die Parteien dazu auch anzuhören (dazu Art. 81 N 13 ff; vgl. zur Nebenintervention auch Art. 74 N 2 ff.).

2. Formelle Voraussetzungen

a) Erklärung der Streitverkündung

6 Als wesentliche formelle Voraussetzung ist die Streitverkündung selbst zu erwähnen, d.h. die **Aufforderung an eine dritte Person, die Hauptpartei im Prozess zu unterstützen**. Die eidg. ZPO geht nicht weiter darauf ein, in welcher Form die Streitverkündung erfolgen muss. Diese kann damit entweder **mündlich oder schriftlich** erfolgen; selbstver-

ständlich drängt sich aufgrund der Beweisbarkeit der Streitverkündung in einem allfälligen späteren Regressprozess aber die Schriftlichkeit auf (SCHWANDER, ZZZ 2007, 368; TAKEI, 13; WALDER/GROB, § 14 N 1).

Diverse kantonale Zivilprozessordnungen sahen explizit vor, dass die Streitverkündung über das Gericht erfolgen kann oder sogar muss. Darauf wurde in der eidg. ZPO verzichtet; die Streitverkündung kann demnach entweder über das Gericht erfolgen oder auch mittels aussergerichtlicher Erklärung an die streitberufene Person gerichtet werden (sogenannte **private Streitverkündung**; SCHWANDER, ZZZ 2007, 367). Dieses Vorgehen macht Sinn, wenn die streitberufene Person im Ausland wohnhaft ist, weil mit einer aussergerichtlichen Erklärung der meist zeitraubende Rechtshilfeweg, wie er bei einer Streitverkündung durch das Gericht als einer gerichtlichen Aufforderung im allgemeinen einzuhalten wäre, nicht beschritten werden muss. Der Zeitpunkt des Zugangs einer Streitverkündung ist insofern wesentlich, als davon deren materielle Wirkungen abhängen (TAKEI, 14; GULDENER, ZPR, 309 FN 20). Eine bloss privat erfolgte Streitverkündung kann aber zu späteren Anerkennungsproblemen der inländischen Streitverkündungswirkungen im Ausland führen (TAKEI, 14). Eine private Streitverkündung kann sich auch aufdrängen, wenn die streitberufene Partei die streitverkündende Partei lediglich intern unterstützen soll, ohne dass diese gegen aussen in Erscheinung tritt. Erfolgt eine Streitverkündung über das Gericht, wird dies der Gegenpartei zwangsläufig bekannt. 7

In der Regel wird der Streit aber in einer gerichtlichen Eingabe erfolgen. Das Gericht wird die streitberufene Person über die erfolgte Streitverkündung **informieren**, entweder durch Zustellung der Gerichtseingabe, mit welcher der Streit verkündet wurde, oder ohne eine solche, wenn die Streitverkündung lediglich mündlich erfolgte. Davon scheint auch der Gesetzgeber auszugehen, wenn er in Art. 79 Abs. 2 festhält, dass der Prozess ohne Rücksicht auf die streitberufene Partei fortgesetzt wird, wenn diese den Prozesseintritt ablehnt oder nicht erklärt, inwiefern sie sich am Prozessverfahren beteiligen will. Offenbar setzte der Gesetzgeber voraus, dass die Gerichte der streitberufenen Partei eine kurze Frist ansetzen, um zu erklären, in welcher Form und zur Unterstützung welcher der beiden Hauptparteien sie sich am Prozessverfahren beteiligen will (FRANK/STRÄULI/MESSMER, § 48 ZPO/ZH N 1; WALDER/GROB, § 14 N 1 FN 2). Damit wird Klarheit darüber geschaffen, welche Parteien bzw. Nebenparteien im weiteren Prozessverfahren mitwirken, und damit auch berechtigt sind, Akteneinsicht zu haben und Gerichtseingaben zugestellt zu erhalten. Nichtsdestotrotz bleibt eine streitberufene Partei auch nach Ablauf einer solchen Fristansetzung durch das Gericht berechtigt, sich als Nebenintervenientin im Prozessverfahren zu positionieren, da der Gesetzgeber diesbezüglich keine Fristen aufgestellt hat (dazu N 10 ff.). 8

Auch wenn die Streitverkündung aussergerichtlich erfolgte, ist diese dem Gericht spätestens dann zur Kenntnis zu bringen, wenn sich die streitberufene Partei als Nebenintervenientin formieren will (dazu Art. 79 N 6 ff.), da dieses über die Berechtigung einer allfälligen Teilnahme der streitberufenen Partei als Nebenintervenientin ohne Nachweis eines rechtlichen Interessens notwendigermassen orientiert werden muss (GULDENER, ZPR, 309 FN 20). Das Gericht muss hingegen nicht informiert werden, wenn die streitberufene Partei die streitverkündende Partei lediglich intern mit Rat oder Verteidigungsmittel unterstützen soll; diese Beteiligungsform wird erst in einem allfälligen Regressprozess dem für das Regressverfahren zuständigen Gericht bekannt gemacht werden müssen. 9

b) Keine Fristen

Die eidg. ZPO nennt keine Frist, innerhalb welcher die Streitverkündung erfolgen muss, diese ist jederzeit und **solange möglich, als die streitverkündende Partei zur Prozess-** 10

führung berechtigt ist (BOTSCHAFT ZPO, 7283; GULDENER, ZPR, 310). Eine Streitverkündung ist daher wie auch die Nebenintervention **in jedem Verfahrensstadium** denkbar, d.h. sowohl in einem vorgeschobenen *Massnahmeverfahren*, wie auch noch *vor zweiter Instanz* (DÄTWYLER, 26 f.; STAEHELIN/STAEHELIN/GROLIMUND, § 13 N 65).

11 Insbesondere ist die Streitverkündung *bereits im Sühneverfahren* möglich, da die Rechtshängigkeit mit dem Sühnegesuch erfolgt (Art. 62 Abs. 1). Da eine Streitverkündung immer auch aussergerichtlich denkbar ist (N 7 f.), liegen m.E. auch keine Argumente vor, die gegen eine Streitverkündung sogar vor Rechthängigkeit sprechen würden (**a.M.** TAKEI, 8 ff.). Der streitverkündenden Partei wird daran gelegen sein, möglichst frühzeitig auf das Prozessverfahren Einfluss zu nehmen, wozu auch die Mitwirkung bei prozessvorbereitenden Handlungen gehört. Möchte sich die streitberufene Partei noch nicht entscheiden, ob und wie sie sich beteiligen will, kann sie sich vorläufig auch abwartend verhalten und z.B. erst zu einem späteren Zeitpunkt dem Prozessverfahren als Nebenintervenientin beitreten.

12 Grundsätzlich **ausgeschlossen** ist eine Streitverkündung aber **vor Bundesgericht**: Art. 76 Abs. 1 lit. a BGG hält fest, dass zur Beschwerde in Zivilsachen lediglich berechtigt ist, wer vor der Vorinstanz am Verfahren teilgenommen hat, oder keine Möglichkeit der Teilnahme erhalten hat. Nebenparteien – und damit auch intervenierende Personen – können sich damit regelmässig nicht erst im Beschwerdeverfahren vor Bundesgericht konstituieren; damit bleibt eine Streitverkündung vor Bundesgericht wirkungslos, sofern die Unterstützung nicht bloss intern erfolgen soll (so auch STAEHELIN/STAEHELIN/GROLIMUND, § 13 N 66). Der streitberufenen Partei steht damit eine Beschwerde an das Bundesgericht regelmässig lediglich offen, wenn sie spätestens vor der letzten kantonalen Instanz dem Prozessverfahren beitrat, und die Hauptpartei nicht bloss intern mit Verteidigungsmitteln unterstützt hat (BERGER/GÜNGERICH, N 1296).

13 Selbstverständlich ist die Streitverkündung umso wirkungsvoller, je früher sie erfolgt; massgebender Zeitpunkt der Mitwirkungsrechte der streitberufenen Person ist nämlich die Zustellung des Streitverkündungsgesuchs an dieselbe (MERZ, § 28 ZPO/TG N 1): Wird einem aussenstehenden Dritten erst kurz vor dem Verfahrensende der Streit verkündet, hat diese nicht mehr viele Möglichkeiten, effektiv in das Prozessverfahren einzugreifen und die streitverkündende Partei z.B. als Nebenintervenientin zu unterstützen (BOTSCHAFT ZPO, 7283).

c) Keine Beschränkung auf gewisse Verfahrensarten

14 Die Streitverkündung wie die Nebenintervention ist **in allen Verfahren möglich**, d.h. sowohl im vereinfachten, summarischen wie auch im ordentlichen Verfahren (vgl. dazu im Gegensatz die Streitverkündungsklage, Art. 81 Abs. 3).

d) Ausschluss der Streitverkündung mittels Vereinbarung

15 Da eine Partei auf eine Streitverkündung reagieren muss, will sie Einfluss auf deren Wirkungen nehmen (Art. 80 N 1 ff.), muss sie sich unter Umständen an einem fremden Gerichtsstand an einem Prozessverfahren beteiligen. Es stellt sich daher die Frage, ob die Parteien in einer Gerichtsstandsvereinbarung zusätzlich regeln können, dass eine Streitverkündung nur am vereinbarten Gerichtsstand möglich sein soll. Die Antwort ist nein, da es sich bei der Streitverkündung um ein Institut des materiellen Rechts handelt, deren Wirkungen unter anderem von der Unterstützungspflicht zwischen den Parteien basierend auf deren Rechtsverhältnis und den diesbezüglichen gesetzlichen Bestimmungen wie auch dem Prinzip von Treu und Glauben abhängt. Diese Wirkungen können die

Parteien nicht durch eine Vereinbarung umgehen (dazu Art. 77 N 4 ff. und Art. 80 N 1 ff.). Eine solche Vereinbarung würde auch *kein eigentlicher Ausschluss eines fremden Gerichtsstands* darstellen, da die streitberufene Partei keine Parteistellung im Hauptprozess erhält, und die Einrede der fehlenden Zuständigkeit nicht erheben kann (vgl. auch DÄTWYLER, 130 ff.).

3. Kein prozessleitender Entscheid über Zulassung

Bei der Streitverkündung kommt es nicht wie bei der Nebenintervention zu einem eigentlichen Prüfen der Voraussetzungen und einem Entscheid über deren Zulassung nach Anhörung der Parteien. **Das Gericht hat eine Streitverkündung ohne weiteres zuzulassen** (GULDENER, ZPR, 310). Insbesondere kann auch der Gegner der streitverkündenden Partei im Hauptprozess **keinen Einspruch gegen die Teilnahme der streitberufenen Partei** im Prozess erheben (MERZ, § 27 ZPO/TG N 5). Ob die Streitverkündung zu Recht und rechtzeitig erfolgt ist, und was die Wirkungen derselben sind, hat das Gericht sodann erst im Folgeprozess zwischen der streitverkündenden und streitberufenen Partei zu entscheiden (BERGER/GÜNGERICH, N 463; LEUCH/MARBACH/KELLERHALS/STERCHI, Art. 48 ZPO/BE N 2b; STAEHELIN/STAEHELIN/GROLIMUND, § 13 N 65). Diese einfache Zulassung der Streitverkündung beruht darauf, dass mindestens eine Partei des Hauptprozesses mit der Zulassung einer dritten Person einverstanden ist, während die Zulassung einer von sich aus intervenierenden Partei wie bei der Nebenintervention den Interessen beider Parteien zuwiderlaufen kann, z.B. wenn sich diese lediglich als Nebenintervenientin formiert, um Zugang zu den Prozessakten zu erhalten, ohne ein rechtliches Interesse am Ausgang des Prozessverfahrens zu haben (GULDENER, ZPR, 310 FN 21; vgl. auch N 5).

III. Kettenstreitverkündung (Abs. 2)

Die streitberufene Partei kann den Streit weiter verkünden, d.h. selber zur streitverkündenden (Neben)partei werden. Die streitberufene Partei kann nämlich bei der Geltendmachung von Ansprüchen der hauptstreitverkündenden Partei ihrerseits ein Interesse daran haben, auf eine weitere Partei Regress zu nehmen und Ansprüche gegenüber dieser zu erheben.

Materielle Wirkungen kann eine solche zweite Streitverkündung aber kaum entfalten: Zwischen der streitverkündenden Hauptpartei und der (zweit)streitberufenen Partei nicht, weil die Streitverkündung *nicht von der Hauptpartei ausging*, und zwischen der (erst)- und (zweit)streitberufenen Partei nicht, weil zwischen diesen *kein die erststreitberufene Partei direkt bindendes Urteil ergeht*, welche sich wegen der Streitverkündung auf die zweitstreitberufene Partei auswirken könnte (WALDER/GROB, § 14 N 1 FN 6).

IV. Internationale Aspekte

Wie bei der Nebenintervention braucht es für die Streitverkündung **keine separate Zuständigkeitsgrundlage** (so zur Nebenintervention SCHWANDER, ZZZ 2007, 367). Die prozessrechtlichen Voraussetzungen, das Verfahren und die Rechte der streitberufenen Person bestimmen sich nach der anwendbaren lex fori (DÄTWYLER, 140; vgl. auch SCHWANDER, ZZZ 2007, 369).

Art. 79

Stellung der streitberufenen Person

¹ Die streitberufene Person kann:
a. zugunsten der Partei, die ihr den Streit verkündet hat, ohne weitere Voraussetzungen intervenieren; oder
b. anstelle der Partei, die ihr den Streit verkündet hat, mit deren Einverständnis den Prozess führen.

² Lehnt sie den Eintritt ab oder erklärt sie sich nicht, so wird der Prozess ohne Rücksicht auf sie fortgesetzt.

Position du dénoncé

¹ Le dénoncé peut:
a. intervenir sans autre condition en faveur de la partie qui a dénoncé l'instance;
b. procéder à la place de la partie dénonçante si celle-ci y consent.

² Si le dénoncé refuse d'intervenir ou ne donne pas suite à la dénonciation, le procès suit son cours.

Posizione del terzo denunciato

¹ Il denunciato può:
a. intervenire senz'altro a favore della parte che gli ha denunciato la lite; oppure
b. col consenso della parte che gli ha denunciato la lite, condurre la causa in sua vece.

² Se il denunciato rifiuta di intervenire o resta silente, il processo continua nondimeno il suo corso.

Inhaltsübersicht

Note

I. Mögliche Beteiligungen im Prozessverfahren (Abs. 1) 1
   1. Vorbemerkungen 1
   2. Rein interne Unterstützung 4
   3. Beteiligung als Nebenintervenientin 6
   4. Vertretung der streitverkündenden Partei 11
   5. Übernahme des Prozessverfahrens: Parteiwechsel 12
   6. Exkurs: Unterstützung der Gegenseite der streitverkündenden Partei 14
II. Widerruf der Streitverkündung 15
III. Passive Haltung der streitberufenen Partei (Abs. 2) 16
IV. Unterstützungspflicht gestützt auf das materielle Recht 18

Literatur

Vgl. die Literaturhinweise zu Art. 73.

I. Mögliche Beteiligungen im Prozessverfahren (Abs. 1)

1. Vorbemerkungen

1 Die streitberufene Partei hat verschiedene Möglichkeiten, im Prozessverfahren mitzuwirken. Gemäss Gesetzgeber kann diese dem Prozessverfahren als Nebenintervenientin beitreten, oder sogar an Stelle der Partei, die ihr den Streit verkündet hat, den Prozess führen (Prozessstandschaft); für letzteres braucht es aber die Zustimmung der streitverkündenden Partei.

Wie sich die streitberufene Partei in einem Prozessverfahren beteiligt, ist dieser alleine 2
überlassen. Die Wirkungen der Streitverkündung (dazu Art. 80) treten unabhängig davon
ein, wie sich die streitberufene Person formiert, sofern eine Streitverkündung erfolgt ist.
Die Unterstützung der streitverkündenden Partei durch die streitberufene Partei bedeutet
aber andererseits auch noch **keine Anerkennung irgendwelcher Regressansprüche**
(GULDENER, ZPR, 310, FN 24). Es bleibt der streitberufenen Partei auch überlassen, ob
sie sich lediglich bezüglich **eines Teils der strittigen Forderung** am Prozess beteiligen
will, sofern mehrere Klagebegehren zur Diskussion stehen (ZR 87 Nr. 48; FRANK/
STRÄULI/MESSMER, § 48 ZPO/ZH N 3).

Erfolgt die Streitverkündung über das Gericht, ist dieses verpflichtet, die streitberufene 3
Partei über die erfolgte Streitverkündung zu informieren resp. orientieren. Eine Unterlassung dieser **Orientierungspflicht** stellt eine **Verweigerung des rechtlichen Gehörs** dar,
wenn die streitberufene Partei in der Lage gewesen wäre, wesentliche Tatsachen vorzubringen und zu beweisen (FRANK/STRÄULI/MESSMER, § 47 ZPO/ZH N 1). Im Übrigen ist
es Sache der streitverkündenden Partei, die streitberufene Partei über den Stand des Verfahrens zu orientieren; es erfolgt diesbezüglich keine Orientierung durch das Gericht
(FRANK/STRÄULI/MESSMER, § 47 ZPO/ZH N 1; LEUENBERGER/UFFER-TOBLER, Art. 50
ZPO/SG N 4; VOGEL/SPÜHLER, § 27 N 84).

2. Rein interne Unterstützung

Bei den verschiedenen Beteiligungsformen ist erstens denkbar, dass eine nicht gegen 4
aussen in Erscheinung tretende streitberufene Partei die streitverkündende Partei intern
mit Verteidigungsmitteln unterstützt. Die Befugnis zur ausserprozessualen Unterstützung
stellt eine Selbstverständlichkeit dar, die auch **ohne gesetzliche Normierung zulässig**
ist; jeder Prozesspartei steht es grundsätzlich frei, sich von irgendeiner Drittperson aussergerichtlich beraten und unterstützen zu lassen (TAKEI, 17, 26). Eine solche interne
Unterstützung macht allenfalls Sinn, wenn die streitberufene Partei als Zeugin in Betracht kommt; formiert sich diese als Nebenpartei, ist eine Zeugenstellung nicht mehr
möglich (LEUENBERGER/TOBLER, Art. 49 ZPO/SG N 2; SCHWANDER, ZZZ 2007, 367;
WALDER/GROB, § 14 N 30 FN 21). Die Unterstützung schlägt sich in diesem Fall nicht in
den Prozessakten nieder (DÄTWYLER, 4). Eine andere Frage ist, ob und inwiefern die
Kontakte der Hauptpartei mit der streitberufenen Partei als Zeugin offengelegt werden
müssen.

Erfolgt lediglich eine interne Unterstützung, ist eine eigene Beschwerde der streitberufe- 5
nen Partei vor Bundesgericht nicht möglich, da diese zumindest vor der letzten kantonalen Instanz am Prozess teilgenommen, d.h. sich als Nebenintervenientin formiert haben
muss (BERGER/GÜNGERICH, N 1296 ff.; Art. 78 N 12).

3. Beteiligung als Nebenintervenientin

Wird einer Person der Streit verkündet, kann diese zweitens **ohne weitere Vorausset-** 6
zungen in das Prozessverfahren intervenieren, d.h. dies muss insbesondere **kein rechtliches Interesse an der Nebenintervention nachweisen**. Aufgrund der bereits erfolgten
Streitverkündung wird ein rechtliches Interesse aber regelmässig vorliegen und daher
stillschweigend angenommen (A. MEIER, 32). Die Streitverkündung ist m.a.W. Legitimation genug (BOTSCHAFT ZPO, 7283). Auch wenn kein rechtliches Interesse vorliegen würde, kann gegen die Nebenintervention nach erfolgter Streitverkündung nicht
mit der Begründung opponiert werden, es liege kein solches vor, da der Gesetzgeber
statuiert hat, dass die streitberufene Partei ohne weitere Voraussetzungen intervenieren
kann.

7 Weiter wird auch bei einer Nebenintervention nach erfolgter Streitverkündung nicht vorausgesetzt, dass irgendwelche Fristen eingehalten werden. Die Nebenintervention ist solange möglich, als auch eine selbständige Nebenintervention gestützt auf Art. 74 möglich wäre.

8 Hingegen wird die intervenierende Partei nach erfolgter Streitverkündung dem Gericht gegenüber ebenfalls **erklären müssen**, dass sie sich als Nebenintervenientin formiert, bzw. ein entsprechendes **Interventionsgesuch** stellen (Art. 74 N 8 f.). Das Gericht muss jedoch im Gegensatz zur selbständigen Nebenintervention nicht prüfen, ob ein rechtliches Interesse vorliegt und über die Zulassung der Streitverkündung einen Entscheid treffen, der von den Parteien mit Beschwerde anfechtbar ist.

9 Im Übrigen kann auf die Ausführungen zur Nebenintervention verwiesen werden; die streitberufene Partei hat als Nebenintervenientin die gleichen Rechte, wie wenn sie von sich aus in das Prozessverfahren interveniert wäre. Insbesondere sind auch Prozesshandlungen der streitberufenen Partei wirkungslos, wenn sich diese in Widerspruch zu den Ausführungen der streitverkündenden Partei setzt (Art. 76 N 9 ff.). In diesem Fall, oder sofern die streitverkündende Partei ausdrücklich erklärt, sie wolle sich die Prozesshandlungen der streitberufenenen Person nicht zurechnen lassen, sind allfällige Eingaben der streitberufenen Partei gleichwohl bei den Prozessakten zu belassen, auch wenn diese für das Urteil keine Beachtung finden dürfen (FRANK/STRÄULI/MESSMER, § 46 ZPO/ZH N 6). Die streitberufene Partei muss nämlich in einem allfälligen Regressprozess nachweisen können, dass sie ihrerseits z.B. ein Rechtsmittel erhoben hätte, das möglicherweise zum Sieg im Erstprozess geführt hätte, die streitverkündende Partei aber ausdrücklich auf ein Rechtsmittel verzichtete.

10 Die streitberufene Partei als Nebenintervientin ist sodann ebenfalls Nebenpartei und kann nicht mehr als Zeugin einvernommen werden (DÄTWYLER, 8; FRANK/STRÄULI/MESSMER, § 45 ZPO/ZH N 3). Widersprechen die Aussagen der streitberufenen Partei denjenigen der streitverkündenden Partei, sind sie grundsätzlich unbeachtlich (vgl. dazu die weitergehenden Ausführungen bei DÄTWYLER, 8 f.).

4. Vertretung der streitverkündenden Partei

11 Wie bereits bei der Nebenintervention erwähnt, kann die streitberufene Partei, die in den Prozess interveniert, diesen auch als *Vertreterin* der Hauptpartei weiterführen (Art. 76 N 15). Ein solches Vorgehen wird von der eidg. ZPO nicht ausgeschlossen. Vielmehr kann sich jede Partei in einem Prozessverfahren durch eine prozessfähige Partei vertreten lassen (Art. 68 Abs. 1; Takei, 26). Es kann sich dabei um eine beliebige Vertrauensperson handeln, solange die aussenstehende Person das Mandat nicht berufsmässig ausübt (BOTSCHAFT ZPO, 7279). Lässt sich die Hauptpartei durch die streitberufene Partei vertreten, kann diese jederzeit wieder in den Prozess zurückkehren und dessen Führung übernehmen (FRANK/STRÄULI/MESSMER, § 48 ZPO/ZH N 2; A. MEIER, 33).

5. Übernahme des Prozessverfahrens: Parteiwechsel

12 Drittens hat die streitberufene Partei die Möglichkeit, den Prozess *anstelle* der streitverkündenden Partei zu führen, vorausgesetzt, die **streitverkündende Partei stimmt dieser Prozessübernahme** zu. In diesem Fall kommt es zum Parteiwechsel und die streitberufene Person wird ebenfalls zur Hauptpartei und führt den Prozess **in eigenem Namen aber für fremdes Recht** (sog. **Prozessstandschaft**; BOTSCHAFT ZPO, 7284; BGer, 18.12.2008, 4A.398/2008), **ohne dass es der Zustimmung der Gegenseite bedarf** (Bericht VE-ZPO, 40; HALDY, ZPO, 31). Diese Form macht vor allem Sinn, wenn zwischen

der streitverkündenden und -berufenen Partei klar ist, dass erstere gegen letztere ein Rückgriffsrecht zusteht (LEUENBERGER/UFFER-TOBLER, Art. 49 ZPO/SG N 2). Die streitverkündende Partei wird in diesem Fall ihre Rechte im Prozessverfahren nicht mehr mit demselben Elan vertreten und die streitberufene Partei daher ein Interesse haben, das Prozessverfahren selber zu führen.

Die streitberufene Partei haftet in diesem Fall für Prozesskosten ab diesem Zeitpunkt allein (WALDER/GROB, § 14 N 2). 13

6. Exkurs: Unterstützung der Gegenseite der streitverkündenden Partei

Denkbar ist auch, dass sich die streitberufene Partei nicht der streitverkündenden Partei, sondern deren *Gegenpartei* im Hauptprozess anschliesst (FRANK/STRÄULI/MESSMER, § 47 ZPO/ZH N 1; MERZ, § 27 ZPO/TG N 4). Auch in diesem Fall muss das Gericht die Voraussetzungen des Prozessbeitritts als Nebenintervenientin nicht weiter prüfen (**a.M.** offenbar DÄTWYLER, 6; STAEHELIN, 15, welche den Nachweis eines rechtlichen Interessens verlangen, ausser die Gegenpartei verkünde der streitberufenen Partei ihrerseits den Streit). Die streitverkündende Partei hat mit anderen Worten immer auch das Risiko, dass sie von der streitberufenen Partei überhaupt nicht unterstützt wird, sondern diese im Gegenteil auf der Gegenseite Hilfe leistet, auch wenn dies sicherlich eher der Ausnahmefall sein wird. Was die Konsequenzen einer solchen Unterstützung der Gegenseite sind, ist wiederum erst im Regressprozess zu prüfen; in jedem Fall treffen die streitberufene Partei auch in diesem Fall die Interventionswirkungen im Regressprozess mit der streitverkündenden Partei. Unberücksichtigt bleiben müssen Vorbringen einer streitberufenen Partei, wenn dieser von mehreren Hauptparteien der Streit verkündet wurde, diese es aber unterlässt, klarzustellen, zur Unterstützung welcher der Hautparteien sie als Nebenintervenientin dem Prozessverfahren beitritt, obwohl sie dazu vom Gericht aufgefordert wurde (ZR 78 1979 Nr. 15 E.2.3; WALDER/GROB, § 14 N 1 FN 5). 14

II. Widerruf der Streitverkündung

Eine einmal erklärte Streitverkündung kann **nicht mehr rückgängig gemacht bzw. widerrufen werden** (FRANK/STRÄULI/MESSMER, § 46 ZPO/ZH N 6; DÄTWYLER, 2; SCHWANDER, ZZZ 2007, 368). Die Frage, ob der Rückzug einer Streitverkündung möglich ist, ist aber eher theoretischer Natur: Da diese immer im Interesse der streitverkündenden Partei erfolgt, wird diese kaum je auf die Idee kommen, eine Streitverkündung zurückzuziehen. 15

III. Passive Haltung der streitberufenen Partei (Abs. 2)

Lehnt die streitberufene Person den Eintritt als Haupt- oder Nebenpartei in das Prozessverfahren ab, oder erklärt sie sich nicht, auf welcher Seite sie sich als Nebenintervenientin positionieren will, wird das Prozessverfahren ohne Rücksicht auf sie fortgesetzt. Den Wirkungen der Streitverkündung kann sich die streitberufene Person dadurch aber nicht entziehen (Art. 80 N 1 ff.). Nicht auszuschliessen ist, dass die streitberufene Partei die streitverkündende Partei in diesem Fall lediglich intern unterstützt (N 4 ff.). 16

Unterlassen nach einer erfolgten Streitverkündung sowohl die streitverkündende wie auch die streitberufene Partei die Fortführung des Prozesses, indem z.B. keine Klageantwort eingereicht wird (die streitverkündende Partei, weil sie sich auf die Prozesshandlungen der streitberufenen Partei verlässt, diese den Prozesseintritt aber ablehnt und keine Prozesshandlungen unternimmt), so treten die vom Gesetzgeber aufgestellten 17

Säumnisfolgen ein, solange nicht entweder die streitberufene oder die streitverkündende Partei die erwarteten Prozesshandlungen rechtzeitig nachholen (FRANK/STRÄULI/ MESSMER, § 48 ZPO/ZH N 4; WALDER/GROB, § 14 N 2 FN 7). Die Klage gegen die streitverkündende Partei wird m.a.W. gutgeheissen, was sich über die Streitverkündung auch auf die streitberufene Partei auswirkt, da diese ebenfalls keine Verteidigungsmittel geltend machte, ausser diese seien jener nicht bekannt gewesen (Art. 77 lit. b). Wer die Säumnisfolgen tatsächlich zu tragen hat, wird sich definitiv in einem allfälligen Regressprozess zwischen der streitverkündenden und der streitberufenen Partei entscheiden. Die Säumnisfolgen werden aber allein die streitberufene Partei treffen, wenn diese den Prozess in Prozessstandschaft alleine weiterführte, und somit ab dem Zeitpunkt der Prozessübernahme auch allein für das Prozessgeschehen verantwortlich ist.

IV. Unterstützungspflicht gestützt auf das materielle Recht

18 *Prozessrechtlich* ist niemand verpflichtet, einer Streitverkündung Folge zu leisten (BOTSCHAFT ZPO, 7284; SCHWANDER, ZZZ 2007, 369). Lehnt die streitberufene Partei den Prozessbeitritt ab, d.h. tritt sie dem Prozessverfahren weder als intervenierende Partei bei noch führt sie den Prozess in Prozessstandschaft oder Vertreterin anstelle der streitverkündenden Partei fort, so wird der Prozess ohne Rücksicht auf die streitberufene Partei fortgesetzt, wie wenn gar keine Streitverkündung erfolgt wäre. Die Streitverkündung stellt somit keine rechtliche Pflicht, sondern lediglich eine **Obliegenheit zur Vermeidung der Einrede des schlecht geführten Prozesses** dar (STAEHELIN/STAEHELIN/ GROLIMUND, § 13 N 65). Ob eine Streitverkündung erfolgt ist oder nicht, sagt auch nichts darüber aus, wie ein allfälliger Regressprozess zwischen der streitverkündenden und streitberufenen Person ausgehen wird.

19 Eine **Unterstützungspflicht** der streitberufenen Partei ergibt sich aber unter Umständen **aus dem materiellen Recht** (BOTSCHAFT ZPO, 7284; SCHWANDER, ZZZ 2007, 369). So kann die streitberufene Partei aufgrund ihres Rechtsverhältnisses zur streitverkündenden Partei gehalten sein, letztere im Prozess zu unterstützen (BÜHLER/EDELMANN/KILLER, § 58 ZPO/AG N 2). Wegleitend war bis anhin Art. 193 OR: Nach dieser Bestimmung wirkte ein ungünstiges Prozessergebnis auch gegen den Verkäufer, sofern die Streitverkündung rechtzeitig erfolgte, und der Verkäufer nicht beweisen konnte, dass das ungünstige Prozessergebnis durch böse Absicht oder grobe Fahrlässigkeit des Käufers verschuldet war. Art. 193 Abs. 2 OR basierte auf dem Grundsatz von *Treu und Glauben*, weshalb sowohl das Bundesgericht wie auch die meisten Autoren der Auffassung sind, dass sich eine Unterstützungspflicht sinngemäss auf andere Rechtsverhältnisse anwenden lässt, aus denen ein Anspruch auf Gewährleistung oder Schadloshaltung hergeleitet werden kann (BGE 90 II 408; BERGER/GÜNGERICH, N 472; GULDENER, ZPR, 313; vgl. im Übrigen Art. 77 N 8 ff.).

Art. 80

Wirkungen der Streitverkündung	Artikel 77 gilt sinngemäss.
Effets de la dénonciation	L'art. 77 est applicable par analogie.
Effetti della denuncia della lite	Si applica per analogia l'articolo 77.

5. Kapitel: Streitverkündung

Inhaltsübersicht

	Note
I. Verweis auf Nebenintervention (Art. 77)	1
II. Einreden	4
1. Einreden gestützt auf Art. 77	4
2. Einrede aus dem materiellen Recht: Keine Unterstützungspflicht	8
III. Kein Unterbruch der Verjährung	11
IV. Kosten- und Entschädigungsfolgen	12

Literatur

Vgl. die Literaturhinweise zu Art. 73.

I. Verweis auf Nebenintervention (Art. 77)

Bezüglich der Wirkungen der Streitverkündung verweist der Gesetzgeber auf Art. 77 zur Nebenintervention. Es kann damit auf die Ausführungen zu Art. 77 verwiesen werden: Auch die Streitverkündung stellt insofern ein **materiellrechtliches Institut** dar, als das *materielle* Recht die Frage beantwortet, *ob* aufgrund des Rechtsverhältnisses zwischen der streitberufenen und streitverkündenden Partei eine Streitverkündung Wirkungen zeigt, und das *Prozessrecht* die Frage, *was* diese Wirkungen sind bzw. was konkret für Einreden erhoben werden können (Art. 77 N 4 ff.). 1

Für das Überwiegen des materiellrechtlichen Charakters der Streitverkündung spricht insbesondere, dass diese auch aussergerichtlich erklärt und die streitberufene Partei die streitverkündende Partei auch bloss intern unterstützen kann (SCHWANDER, ZZZ 2007, 367). 2

Die Wirkungen der Streitverkündung beschränken sich sodann **auf die im Folgeprozess notwendigen Entscheidungsgründe**, und auch dies nur soweit, als sie die streitberufene Partei belasten (VOGEL/SPÜHLER, § 27 N 89; A. MEIER, 35). Damit bleiben die Wirkungen des Erstprozesses ohne Auswirkungen auf die sich am Prozess nicht beteiligende streitberufene Partei, wenn dieser zugunsten der streitverkündenden Partei ausgeht. Für die streitverkündende Partei kommt es in diesem Fall gar nicht zu einer Beeinträchtigung deren Rechte und ein Regressprozess findet naturgemäss gar nicht statt (WALDER/GROB, § 14 N 31). 3

II. Einreden

1. Einreden gestützt auf Art. 77

Der Vollständigkeit halber sollen die Wirkungen in Art. 77 nochmals kurz zusammengefasst werden: Art. 77 bestimmt, das für die streitverkündende Partei ungünstige Ergebnis eines Prozesses wirke auch insofern gegenüber der streitberufenen Partei, als es zu einer **Einschränkung der Beweisführung** in einem allfälligen Regressprozess führt (DÄTWYLER, 28), ausser 4

– der streitberufenen Partei sei es aufgrund der Lage des Prozesses zur Zeit des Eintritts nicht mehr möglich gewesen, Angriffs- und Verteidigungsmittel vorzubringen; oder

– dieser sei es aufgrund von Handlungen oder Unterlassungen der streitverkündenden Partei nicht mehr möglich gewesen, Angriffs- und Verteidigungsmittel vorzubringen; oder

– dieser unbekannte Angriffs- und Verteidigungsmittel seien von der streitverkündenden Partei absichtlich oder grobfahrlässig nicht geltend gemacht worden.

5 Es können damit zwei Hauptfälle unterschieden werden: Entweder gab die streitverkündende Partei im Hauptprozess Erklärungen ab oder nahm Handlungen vor, welche die streitberufene Partei nicht korrigieren konnte, da die Streitverkündung entweder zu spät erfolgte oder die streitberufene Partei sich nicht in Widerspruch zur streitverkündenden Partei setzen durfte; oder die streitverkündende Partei unterliess das Geltendmachen von Angriffs- und Verteidigungsmitteln, die nur ihr selbst bekannt waren (A. MEIER, 35).

6 Aufgrund der in N 4 aufgeführten Einredemöglichkeit der streitberufenen Partei spielt es eine Rolle, dass die **Streitverkündung rechtzeitig erfolgt**, auch wenn der Gesetzgeber diesbezüglich keine Fristen aufstellt (A. MEIER, 34). Rechtzeitig bedeutet, dass die Streitverkündung so früh erfolgen muss, dass die streitberufene Person noch etwas zur Erzielung eines günstigen Urteils beitragen kann (WALDER/GROB, § 14 N 10 f.).

7 Damit ein Fehlverhalten der streitverkündenden Partei aber tatsächlich den Eintritt der Interventionswirkung verhindert, muss die streitberufene Partei zusätzlich dartun, dass mit einer sorgfältigeren Prozessführung ein günstigeres Urteil hätte erzielt werden können (GULDENER, Streitverkündung, 248; A. MEIER, 35). Andere Autoren vertreten die Auffassung, die streitberufene Partei müsse einen möglicherweise günstigeren Prozessausgang einigermassen plausibel darlegen (TAKEI, 123 f.). Letzterem ist der Vorzug zu geben.

2. Einrede aus dem materiellen Recht: Keine Unterstützungspflicht

8 Weiter steht der streitberufenen Partei die Einrede zu, es bestehe zwischen ihr und der streitverkündenden Partei **kein Rechtsverhältnis, dass sie materiellrechtlich verpflichtet hätte, die streitverkündende Partei im Hauptprozess zu unterstützen** (FRANK/STRÄULI/MESSMER, § 47 ZPO/ZH N 4; GULDENER, ZPR, 314; dazu Art. 79 N 18 f.). Die streitberufene Partei kann nämlich im Folgeprozess mit der Hauptpartei nicht dadurch benachteiligt werden, als sie die streiverkündende Partei nicht oder nicht mit Erfolg unterstützt hat, wenn sie gar keine rechtliche Pflicht zur Unterstützung traf (GULDENER, ZPR, 313; A. MEIER, 34; TAKEI, 39).

9 Nichtsdestotrotz ist es richtig, dass in der eidg. ZPO die Zulassung einer Streitverkündung nicht davon abhängig gemacht wurde, dass die streitberufene Partei auch tatsächlich zur Unterstützung der streitverkündenden Partei verpflichtet ist: Diese Frage kann im *Hauptprozess* nicht abschliessend geklärt werden. Ob eine Streitverkündung Wirkung haben kann oder nicht, bzw. mit anderen Worten, ob eine materiellrechtliche Unterstützungspflicht der streitberufenen Partei gestützt auf Treu und Glauben bejaht werden muss oder nicht, wird erst im *Folgeprozess* zwischen streitverkündender und streitberufener Partei geprüft (VOGEL/SPÜHLER, § 27 N 89). Auch die Teilnahme der streitberufenen Partei im Hauptprozess darf für sich allein noch nicht als Anerkennung einer Unterstützungspflicht der streitverkündenden Partei betrachtet werden, da die Unterstützung im Hauptprozess selbstverständlich auch *vorsorglich* erfolgen kann (FRANK/STRÄULI/MESSMER, § 47 ZPO/ZH N 4; GULDENER, ZPR, 314).

10 Selbstredend stehen der streitberufenen Partei im Zweitprozess immer auch die direkten Einreden aus ihrem Verhältnis mit der streitverkündenden Partei zu Gebote; diese bleiben von der Bindungswirkung des Urteils im Hauptprozess unberührt (A. MEIER, 35 f.; TAKEI, 39; WALDER/GROB, § 14 N 18).

III. Kein Unterbruch der Verjährung

Die Streitverkündung unterbricht die Verjährung nicht; sie bedeutet **keine gerichtliche Geltendmachung des Anspruchs gegenüber der streitberufenen Person** (DÄTWYLER, 37; BÜHLER/EDELMANN/KILLER, § 61 ZPO/AG N 3; FRANK/STRÄULI/MESSMER, § 47 ZPO/ZH N 4; LEUCH/MARBACH/KELLERHALS/STERCHI, Art. 48 ZPO/BE N 3c). Eine Ausnahme findet sich im Wechselrecht (Art. 1070 OR).

IV. Kosten- und Entschädigungsfolgen

Bezüglich der Kosten ist wie bei der Nebenintervention auf Art. 106 Abs. 3 zu verweisen: Sind mehrere Haupt- oder Nebenparteien in einem Prozessverfahren beteiligt, so bestimmt das Gericht ihren Anteil der Prozesskosten, wobei es auch auf eine solidarische Haftung erkennen kann. Ob und in welchem Umfang die streitverkündende Partei für die Kosten Regress auf die streitberufene Partei nehmen kann, ist wiederum eine Frage des materiellen Rechts (DÄTWLYER, 38 f.), die in einem späteren Regressprozess zwischen der streitverkündenden und streitberufenen Partei zu klären ist.

In der Literatur wird teils dafür plädiert, der intervenierende Streitberufene sei im Erstprozess gänzlich vom Kostenspruch auszunehmen und die streitverkündende Partei für die dieser entstandenen Mehrkosten auf den Kostenregress im Folgeprozess zu verweisen (TAKEI, 209). Dies ist insofern gerechtfertigt, als der intervenierenden Partei als Nebenpartei keine selbstständige Stellung zukommt, und dieser daher nur in speziellen Fällen auch Kosten des Hauptprozesses auferlegt werden sollen. Dies bedeutet aber andererseits auch, dass die streitberufene Partei eine allfällige Parteientschädigung im Falle des Obsiegens der streitverkündenden Partei nicht direkt von der Gegenseite einfordern kann (TAKEI, 209), sondern diese in einem zweiten Prozess gegenüber der streitverkündenden Partei geltend machen muss.

Im Interesse der Prozessökonomie sollte ein Gericht über die Kostenverteilung zwischen streitverkündender und streitberufener Partei bei einem Obsiegen der Ersteren bereits im Hauptprozess entscheiden, sofern ein entsprechender (Eventual-)Antrag vorliegt (STAEHELIN/STAEHELIN/GROLIMUND, § 13 N 70; TAKEI, 209). Da in diesem Fall kein Regressprozess stattfindet, müsste ansonsten ein selbständiger Prozess einzig über die Kostenverteilung zwischen streitverkündender und streitberufener Partei erfolgen.

Selbstverständlich hat die streitberufene Partei aber die Gerichtskosten zu tragen, falls diese in Anwendung von Art. 79 Abs. 1 lit. b anstelle der streitverkündenden Partei den Prozess führt und ein Parteiwechsel stattfindet. Das Urteil lautet in diesem Fall auf die streitberufene Partei und die Gegenseite; die streitverkündende Partei ist am Prozessverfahren nicht mehr beteiligt (TAKEI, 210).

2. Abschnitt: Streitverkündungsklage

Art. 81

Grundsätze

¹ Die streitverkündende Partei kann ihre Ansprüche, die sie im Falle des Unterliegens gegen die streitberufene Person zu haben glaubt, beim Gericht, das mit der Hauptklage befasst ist, geltend machen.

² Die streitberufene Person kann keine weitere Streitverkündungsklage erheben.

³ Im vereinfachten und im summarischen Verfahren ist die Streitverkündungsklage unzulässig.

Principes

¹ Le dénonçant peut appeler en cause le dénoncé devant le tribunal saisi de la demande principale en faisant valoir les prétentions qu'il estime avoir contre lui pour le cas où il succomberait.

² L'appelé en cause ne peut à son tour appeler un tiers en cause.

³ L'appel en cause n'est pas admis en procédure simplifiée ni en procédure sommaire.

Principi

¹ La parte che denuncia la lite può far valere davanti al giudice adito con l'azione principale le pretese che in caso di soccombenza ritiene di avere contro il terzo chiamato in causa.

² Il terzo non può a sua volta chiamare altri in causa.

³ L'azione di chiamata in causa è improponibile in procedura semplificata o sommaria.

Inhaltsübersicht Note

I. Vorbemerkungen 1
   1. Für die meisten Kantone neues Institut 1
   2. Ursprung im französischen Prozessrecht 4
   3. Begriffliches 5
   4. Streitverkündungsklage als qualifizierte Streitverkündung 10
   5. Streitverkündungsklage als bedingt aufschiebende Klage 11
   6. Exkurs: Umfassendere Anwendung der Streitverkündungsklage .. 13
II. Voraussetzungen 15
   1. Materielle Voraussetzungen (Abs. 1) 15
   2. Formelle Voraussetzungen (Abs. 1 und 3) 25
III. Keine Kettenstreitverkündungsklagen (Abs. 2) 40
IV. Wirkungen der Streitverkündungsklage 42
   1. Stellung der streitverkündungsbeklagten Partei als Hauptpartei .. 42
   2. Rechtshängigkeit der Streitverkündungsklage 43
   3. Verschiedene Prozessrechtsverhältnisse innerhalb des Gesamtverfahrens 45
   4. Akteneinsicht der streitverkündungsbeklagten Partei 48
   5. Gegenüber der streitverkündungsbeklagten Partei direkt vollstreckbares Urteil 50
V. Kosten- und Entschädigungsfolgen 57
   1. Vorbemerkungen 57

2. Verteilung der Kosten 60
3. Berücksichtigung unbezifferter Rechtsbegehren 67

VI. Internationale Aspekte 68

Literatur

Vgl. die Literaturhinweise zu Art. 73.

I. Vorbemerkungen

1. Für die meisten Kantone neues Institut

Für die meisten Kantone neu ist das Institut der Streitverkündungsklage. Mit der Streitverkündungsklage wird nicht bloss eine Erklärung abgegeben und ein Dritter um Hilfe gerufen; vielmehr wird gegen diesen direkt eine **Gewährleistungsklage für den Fall erhoben, dass man im Hauptprozess unterliegen sollte**. Die dritte Partei wird damit in das Prozessverfahren gezwungen; diese kann sich nicht mehr wie die bloss streitberufene Partei entscheiden, ob und wie sie sich am Prozessverfahren beteiligen will (SCHWANDER, ZZZ 2007, 370). Der Regressprozess zwischen der streitverkündungsklagenden und -beklagten Partei wird gleichzeitig mit dem Hauptprozess geführt. Die Streitverkündungsklage stellt damit im Gegensatz zur einfachen Streitverkündung ein rein **prozessrechtliches Institut** dar; die Voraussetzungen und Wirkungen bestimmen sich allein durch das Prozessrecht (SCHWANDER, ZZZ 2007, 370). Als Beispiele für Streitverkündungsklagen können dieselben Beispiele wie bei der Streitverkündung aufgezählt werden: In Frage kommen z.B. Ansprüche aus kauf- oder werkvertraglicher Sach- oder Rechtsgewährleistung, vertragliche Schadensloshaltungsversprechen mit Einschluss von Versicherungsverträgen; Ansprüche aus Garantien, Bürgschaften, Patronatserklärungen; Regressansprüche aus gesetzlicher Haftung, z.B. Art. 50 OR, oder aktienrechtlicher Verantwortlichkeit (u.a. Müller/Wirth-MÜLLER, Art. 8 GestG N 14).

Die Streitverkündungsklage hat viele Vorteile, wie z.B. diejenigen eines **effizienten Verfahrens**, indem zwei Prozessverfahren – der Haupt- und Regressprozess – gleichzeitig in einem Mehrparteienverfahren erledigt werden (vgl. auch HALDY, appel en cause, 444 f.): So können *Verfahrenssynergien* (z.B. können Beweisverfahren zusammengelegt werden) und auch die *Sachverhaltskenntnisse des Gerichts* (es muss sich nur noch ein Gericht mit einem Sachverhalt befassen) genutzt werden. Die Quote solidarisch haftender Parteien kann z.B. bereits im ersten Urteil festgesetzt werden, und der primär in Anspruch genommene muss nicht Jahre warten, bis ein möglicherweise anderes Gericht die Regressquote festlegt (SCHWANDER, ZZZ 2007, 371). Im Übrigen sieht sich die streitverkündungsklagende Partei **nicht mit einem Gerichtsstandswechsel** konfrontiert, wenn sie Regressansprüche gegenüber einer dritten Partei geltend machen will. Aufgrund des effizienten Prozessverfahrens können insb. auch **Kosten gespart** werden. Zudem können **widersprüchliche Urteile im Haupt- und Streitverkündungsprozess vermieden** werden, wenn beide Prozesse von demselben Gericht beurteilt werden. Dieser Vorteil kommt insb. in internationalen Verhältnissen zum Tragen, weil jeder Staat sein eigenes internationales Privatrecht hat und z.B. ein deutsches Gericht aufgrund des deutschen internationalen Privatrechts möglicherweise auf dasselbe Rechtsverhältnis ein anderes Recht anwendet als das schweizerische Gericht im Erstprozess (SCHWANDER, ZZZ 2007, 371). Schliesslich geht mit der Beteiligung mehrerer Parteien, welche Licht auf bestimmte Umstände zu werfen vermögen, auch eine *Steigerung der Wahrheitsfindung im Prozess* einher (BOTSCHAFT ZPO, 7284; ausführlich FREI, 173 f., m.w.H.).

3 Nicht verschwiegen werden dürfen jedoch die Nachteile der Streitverkündungsklage: Ein Problem stellt sicherlich die *Menge des Prozessstoffes* dar, die innerhalb eines Verfahrens verarbeitet werden muss (wobei es sich aber zumindest um dieselben Sachverhaltskomplexe handeln wird). Weiter sind das *Kostenrisiko* (wobei dieses gut durch die Kostenverteilungsmöglichkeiten im Ermessen des Gerichts aufgefangen werden kann) und die *Verzögerungen im Hauptprozess* aufgrund der Beteiligung mehrerer Parteien zu erwähnen (jedoch braucht es keinen zweiten Prozess, was schlussendlich weniger Zeit der Gerichte bindet; dazu BOTSCHAFT ZPO, 7284). Diese Nachteile fallen zudem bloss ins Gewicht, wenn der Streitverkündungskläger gewinnt; denn dann erübrigt sich der Folgeprozess, und nichtsdestotrotz hat bereits ein aufwändiger Hauptprozess mit Beteiligung einer dritten Partei stattgefunden. Verliert der Streitverkündungsbeklagte überwiegen eindeutig die Vorteile der Vermeidung widersprüchlicher Urteile und der Prozessökonomie (SCHWANDER, ZZZ 2007, 371). Schliesslich hat der Streitverkündungsbeklagte selbstverständlich das Risiko, nicht am Wohnsitzgerichtsstand verklagt zu werden (Art. 16; BOTSCHAFT ZPO, 7284; ausführlich FREI, 177 ff., m.w.H.).

2. Ursprung im französischen Prozessrecht

4 Die Streitverkündungsklage geht auf den **appel en cause** (Aufforderung zur Prozessteilnahme) der Kantone Genf und Waadt zurück und hat seinen **Ursprung im französischen Zivilprozessrecht** (ein ähnliches Institut kannte der Kanton Wallis, FREI, 25 f.). Das Institut des appel en cause kam ebenfalls zur Anwendung, wenn eine Partei des Hauptverfahrens Regress- oder Schadenersatzansprüche gegenüber einer aussenstehenden Drittpartei geltend machen wollte. In diesem Fall handelte es sich um eine *Gewährleistungsklage*, wie sie auch die Streitverkündungsklage darstellt. Mit dem appel en cause konnte eine Drittperson aber auch in ein hängiges Verfahren gezwungen werden, sofern dieser gegenüber mit dem Hauptverfahren *konnexe Ansprüche* geltend gemacht werden sollten oder man dieser das *Urteil lediglich entgegen halten wollte*. Der Anwendungsbereich des appel en cause war somit weiter als derjenige der Streitverkündungsklage (FREI, 23 ff., 35 ff.).

3. Begriffliches

5 Bereits das Gerichtsstandsgesetz sah den Gerichtsstand für sogenannte **Interventions- und Gewährleistungsklagen** vor. Auch das LugÜ verwendet nach wie vor die Begriffe der Interventions- und Gewährleistungsklage. Die Tragweite dieser Begriffsbestimmung ist jedoch nicht klar, weshalb dazu kurz Stellung zu nehmen ist.

6 Im Protokoll der vorberatenden Kommission des Nationalrates zum Gerichtsstandsgesetz ist davon die Rede, das kantonale Recht könne für *beide Institute* (d.h. die Interventions- und Gewährleistungsklage) eine entsprechende Regelung vorsehen, womit der Gesetzgeber von zwei Klagearten auszugehen schien (FREI, 18 f.; Müller/Wirth-MÜLLER, Art. 8 GestG N 15). Gemäss Botschaft GestG sollte die Gewährleistungsklage dazu dienen, einen Dritten, gegen den man im Falle des Unterliegens *Regress* nehmen will, als Partei in ein bereits hängiges Prozessverfahren zu zwingen (BOTSCHAFT GestG, 2848). Auf den Begriff der Interventionsklage wird in der Botschaft zum Gerichtsstandsgesetz demgegenüber nicht eingegangen.

7 Auch in den Kommentierungen zum LugÜ bzw. der EuGVO werden die beiden Begriffe der Interventions- und Gewährleistungsklage **unterschiedlich definiert**. Einerseits wird die Gewährleistungsklage als eine Klage verstanden, die der Beklagte im Hauptprozess gegen einen Dritten zum Zweck der eigenen Schadloshaltung im Hinblick auf den mög-

lichen Ausgang des Hauptprozesses erheben könne (entsprechend dem Zweck der Streitverkündungsklage). Demgegenüber sei die Interventionsklage als das umfassendere Institut zu verstehen, das möglich sei, wenn durch freiwilligen Beitritt oder durch Ladung durch die Parteien des Hauptverfahrens eine dritte Partei in den Rechtsstreit einbezogen werde (SCHLOSSER, Art. 6 EuGVÜ N 6; COESTER-WALTJEN, 290). Andererseits wird die Auffassung vertreten, die Begriffe Interventions- und Gewährleistungsklage können synonym verwendet werden (GEIMER, 361), oder aber, die Interventionsklage sei eine Art Streitverkündung in Klageform, wobei unter den Begriff der Interventionsklage auch Klagen fallen würden, die ein Dritter als Interventionskläger erhebe (MANSEL, Gerichtspflichtigkeit, 204). Andere Autoren zweifeln, ob die Interventionsklage auch eine Klage von einem aussenstehenden Dritten gegen eine Prozesspartei erfasse (DÄTWYLER, 120; KROPHOLLER, Europ. ZPR, Art. 6 EugVO N 27; M. MEIER, 121 f.).

Der Mehrheit der Autoren folgend ist der Begriff der **Interventionsklage als Oberbegriff** zu verstehen, der auch Klagen Dritter gegen eine Prozesspartei umfasst, sofern ein genügender innerer Bezug der Zweitklage zum Hauptprozess besteht. Unter den Begriff der Interventionsklage sind damit folgende Klagen zu subsumieren: (i) Klagen von Parteien des Hauptverfahrens gegenüber einem Dritten, wobei mit dem Gegenstand des Hauptverfahrens zusammenhängende Ansprüche geltend gemacht werden (z.B. Regressansprüche); (ii) andere Streitaufforderungen durch eine der Parteien des Hauptverfahrens, welche zwingend zum Einbezug des Dritten als Hauptpartei führen und das Urteil diesem gegenüber direkt vollstreckbar machen sowie (iii) Klagen, die ein aussenstehender Dritter als Interventionskläger gegen eine der Parteien des Hauptverfahrens erhebt. Damit ist aber nicht das dem schweizerischen Zivilprozessrecht bekannte Institut der *Haupt*intervention gemeint. Zwischen den Prozessparteien des Hauptverfahrens und dem Hauptintervenienten entsteht vielmehr ein neuer Zweiparteienprozess, wobei die Parteien des Hauptprozesses eine passive Streitgenossenschaft bilden (Art. 73 N 20 ff.). Die Interventionsklage führt demgegenüber zu keinem neuen Prozess, vielmehr wird das bisherige Hauptverfahren zu einem Mehrparteienprozess, in welchem jede Partei unabhängig agiert (FREI, 20 f.; **a.M.** Müller/Wirth-MÜLLER, Art. 8 GestG N 18; SPÜHLER/REETZ/VOCK/GRAHAM-SIEGENTHALER, 82; Kellerhals/von Werdt/Güngerich-KELLERHALS/GÜNGERICH, Art. 8 GestG N 7).

8

Die Begriffe der «Interventions- und Gewährleistungsklage» sind jedenfalls nicht sehr glücklich gewählt, wie die Ausführungen in N 5 ff. zeigen. Der Begriff der Intervention lässt darauf schliessen, dass ein Dritter in den Hauptprozess interveniert, was jedoch im internationalen Zivilprozess nicht immer der Fall ist, da die Interventionsklage wie oben ausgeführt als Oberbegriff auch Klagen der Hauptparteien gegen einen aussen stehende Dritten umfasst. Der Begriff der Gewährleistungsklage deckt sodann lediglich einen Teil des Anwendungsbereichs der Interventionsklagen ab (vgl. grafische Darstellungen bei FREI, 23). In der eidg. ZPO wird auf die Begriffe Interventions- und Gewährleistungsklage daher zu Recht verzichtet und der **Begriff der Streitverkündungsklage** verwendet.

9

4. Streitverkündungsklage als qualifizierte Streitverkündung

Die streitverkündende Partei verkündet der streitberufenen Partei nicht bloss den Streit, sondern nimmt diese bereits anlässlich des Hauptverfahrens als beklagte Partei in die Pflicht und macht dieser gegenüber Ansprüche geltend (**qualifizierte Streitverkündung** respektive Streitverkündungsklage im Gegensatz zur einfachen Streitverkündung). Im Bericht der Expertenkommission zum ersten Vorentwurf wird die Streitverkündungsklage als *scharfe Alternative zur einfachen Streitverkündung* bezeichnet (Bericht VE-ZPO, S. 40 f.). **Die streitverkündungsbeklagte Partei ist jedoch immer gleichzeitig auch**

10

streitberufene Partei. Einziger **Unterschied** zwischen der einfachen und der qualifizierten Streitverkündung ist somit der **Zeitpunkt der Erhebung der Klage gegenüber dem Dritten**: So wird bei der einfachen Streitverkündung erst zu einem späteren Zeitpunkt an einem möglicherweise anderen Gerichtsstand gegenüber der streitberufenen Partei eine Regressklage erhoben; bei der qualifizierten Streitverkündung demgegenüber bereits anlässlich des Hauptverfahrens am Gerichtsstand des Hauptprozesses, womit die streitberufene Partei *zusätzlich* zur streitverkündungs*beklagten* Partei wird (FREI, 112 f., 169 f.; zum appel en cause SALVADÉ, 137 f. und 246).

5. Streitverkündungsklage als bedingt aufschiebende Klage

11 Mit der Streitverkündungsklage werden *Regressansprüche* geltend gemacht. Typischerweise entstehen Regressansprüche aber erst, wenn die die Regressansprüche auslösende **Hauptklage erfolgreich ist**. Die Regressansprüche, welche die streitverkündungsklagende Partei gegenüber der streitverkündungsbeklagten Partei geltend macht, existieren damit bei Rechtshängigmachung der Streitverkündungsklage i.d.R. noch nicht. So gehen z.B. die Rechte des Gläubigers erst auf den Solidarschuldner über (Subrogation), nachdem dieser ersteren befriedigt hat (Art. 149 OR; FREI, 153 f.). Die Streitverkündungsklage stellt damit eine aufschiebend bedingte Klage dar: Bedingt durch die erfolgreiche Durchsetzung der Hauptklage, aufschiebend bedingt, da erst nach dem Entscheid über die Hauptklage das Schicksal allfälliger Regressansprüche entschieden werden kann (FREI, 153; STAEHELIN/STAEHELIN/GROLIMUND, § 13, N 71; WALTER, 217).

12 Die Streitverkündungsklage als bedingte Klage enthält notwendigerweise **bedingte Rechtsbegehren**. Dies ist zulässig, sind doch auch *Eventualbegehren neben den Hauptbegehren* oder auch eine *eventuelle Widerklage* möglich; unzulässig ist lediglich eine bedingte oder eventuell Hauptklage (VOGEL/SPÜHLER, § 33 N 7). Dies lässt sich mit der Unterteilung der Prozesshandlungen in *Erwirkungshandlungen*, welche auf eine Veränderung der prozessualen Rechtslage durch den Richter, und *Bewirkungshandlungen*, welche direkt eine Änderung der prozessualen Rechtslage herbeiführen, begründen (HABSCHEID, N 304). Dabei können lediglich Bewirkungshandlungen unbedingt vorgenommen werden, weil durch sie eine neue prozessuale Rechtslage geschaffen wird, welche durch die Bedingung nicht wieder in Frage gestellt werden darf. Bedingte Erwirkungshandlungen sind demgegenüber zulässig (HABSCHEID, N 307). Die Klageanhebung stellt insofern eine Bewirkungshandlung dar, als sie die Rechtshängigkeit begründet (HABSCHEID, N 306). Eine bedingte oder eventuelle Hauptklage ist dementsprechend unzulässig, da die Rechtshängigkeit direkt eine prozessuale Ausgangslage schafft, die definitiv sein muss. Bei Eventualbegehren oder einer eventuellen Widerklage wird der Prozessgang demgegenüber nicht aufgehalten; vielmehr ergibt sich aus diesem selbst, ob die Bedingung eintritt (VOGEL/SPÜHLER, § 42 N 51). So wird die eventuelle Widerklage lediglich für den Fall erhoben, dass das Gericht in einem gewissen Sinne entscheidet, was zulässig ist. Dieselbe Ausgangslage haben wir bei der Streitverkündungsklage: Diese wird für den Fall erhoben, dass das Gericht die Hauptklage gutheisst oder abweist, je nachdem ob die hauptklagende oder -beklagte Partei die Streitverkündungsklage erhebt. Die Streitverkündungsklage ist damit als eine aufschiebend bedingte Klage zulässig (zum Ganzen FREI, 154 f.).

6. Exkurs: Umfassendere Anwendung der Streitverkündungsklage

13 Aufgrund der Formulierung in der eidg. ZPO, dass die streitverkündende Partei ihre Ansprüche, die sie *im Falle des Unterliegens gegen die streitberufene Partei zu haben glaubt,* beim Hauptgericht geltend machen kann, geht der Gesetzgeber von *Regressansprüchen* aus, welche mit der Streitverkündungsklage geltend gemacht werden. Die bei-

den anderen Varianten, die dem «appel en cause» der Kantone Genf und Waadt bekannt waren, nämlich dass das Urteil des Hauptverfahrens der streitverkündungsbeklagten Partei *lediglich entgegengehalten werden soll* (was grundsätzlich der in den meisten Kantonen bekannte einfachen Streitverkündung entspricht) bzw. dieser gegenüber *konnexe Ansprüche* erhoben werden sollen (vgl. dazu N 4, N 8), werden in der eidg. ZPO nicht statuiert: Der Anwendungsbereich der Streitverkündungsklage ist damit im Vergleich zum «appel en cause» auf Regressansprüche beschränkt (vgl. in diesem Zusammenhang auch HALDY, appel en cause, 439 ff.).

Wünschenswert wäre gewesen, die Streitverkündungsklage nicht bloss für Regressansprüche zuzulassen: Das Ziel der Einführung der Streitverkündungsklage war insb. das eines prozessökonomischen Verfahrens. Die **Vorteile einer solchen Verfahrenskonzentration** treten aber generell bei einem **Zusammenhang zwischen verschiedenen Ansprüchen** ein: Zweck der Einführung der Streitverkündungsklage hätte daher sein müssen, möglichst viele Ansprüche, die *auf demselben Sachverhalt basieren*, von *einem Gericht* in einem *einheitlichen Verfahren* beurteilen zu lassen: Die mit der Klage gegenüber einer dritten Person geltend gemachten Ansprüche müssten mit anderen Worten nicht zwingend vom Hauptverfahren *ab*hängen, sondern könnten mit diesem auch bloss *zusammen*hängen (vgl. zu den Überlegungen eines umfassenderen Anwendungsbereichs der Streitverkündungsklage FREI, 113 ff., 187 ff.). 14

II. Voraussetzungen

1. Materielle Voraussetzungen (Abs. 1)

a) Geltendmachung von Ansprüchen für den Fall des Unterliegens

Der Gesetzgeber sieht vor, dass die streitverkündende Partei ihre Ansprüche, die sie im Falle ihres Unterliegens im Hauptprozess gegen die streitberufene Person zu haben glaubt, mittels der Streitverkündungsklage geltend machen kann (Art. 81 Abs. 1). Dieser Anwendungsfall ist das Pendant zur einfachen Streitverkündung, gemäss welcher die streitverkündende Partei der streitberufenen Partei unter anderem den Streit verkünden kann, wenn sie diese für den Fall ihres Unterliegens belangen will (Art. 78 Abs. 1). 15

b) Befürchten von Ansprüchen eines Dritten

Im Gesetzestext nicht ausdrücklich vorgesehen ist das Pendant zum Fall der einfachen Streitverkündung, bei welcher der streitberufenen Partei der Streit verkündet wird, weil man von dieser im Falle des Unterliegens einen Anspruch befürchtet (Art. 78 Abs. 1). Auch solche Ansprüche sind mittels der Streitverkündungklage aber ohne weiteres zuzulassen: Bereits unter dem Gerichtsstandsgesetz ging man von einem weiten Begriff des Regressanspruchs aus: Als Regressansprüche wurden Ansprüche verstanden, «welche adäquat kausal auf den Hauptprozess zurückzuführen sind bzw. aufgrund desselben entstehen können» (GestG-Komm.-REETZ, Art. 8 N 7). Es darf damit **keine Rolle** spielen, ob die streitverkündungsklagende Partei **Ansprüche geltend macht oder solche lediglich befürchtet**. Die Interessenlage ist in beiden Fällen dieselbe. Im letzteren Fall können mit der Streitverkündungsklage sinnvollerweise auch **negative Feststellungsansprüche** geltend gemacht werden (FREI, 114 f.; HALDY, ZPO, 33). 16

c) Rechtliches Interesse (Rechtsschutzinteresse)

Bei der Nebenintervention wird vorausgesetzt, dass die intervenierende Partei ein rechtliches Interesse glaubhaft machen muss, dass das Prozessverfahren zugunsten einer der 17 beiden Parteien des Hauptverfahrens entschieden wird (Art. 74). Bei der einfachen Streitverkündung wird das rechtliche Interesse vermutet, weshalb dieses nicht speziell dargetan werden muss (Art. 78 N 5). Auch bei der Streitverkündungsklage ist im Gesetzestext nicht explizit verankert, dass die streitverkündungsklagende Partei ein rechtliches Interesse an der Streitverkündungsklage nachweisen oder zumindest glaubhaft machen muss, so wie dies beim appel en cause der Fall war (vgl. z.B. Art. 83 ZPO/VD und FREI, 52 ff.; HALDY, appel en cause, 442).

18 Die ausdrückliche Statuierung eines rechtlichen Interessens bei der Streitverkündungsklage war jedoch nicht notwendig, weil dieses bereits aufgrund der allgemeinen Bestimmungen der eidg. ZPO vorausgesetzt wird: Gestützt auf Art. 59 Abs. 2 tritt ein Gericht auf eine Klage lediglich ein, wenn die klagende Partei ein **schutzwürdiges Interesse an der Klage** hat (sog. **Rechtsschutzinteresse**). Das Rechtsschutzinteresse stellt eine *allgemeine Prozessvoraussetzung* dar, welche auch bei der Streitverkündungsklage vorliegen muss (FREI, 123; HALDY, ZPO, 30).

19 Das heisst gleichzeitig, dass das Rechtsschutzinteresse bei der Streitverkündungsklage vom Gericht vorab geprüft werden muss. Beim appel en cause der Kantone Genf und Waadt musste das Interesse des Appellanten (resp. nach dem Wortlaut der eidg. ZPO der streitverkündungsklagenden Partei) an der Teilnahme eines Dritten am Prozessverfahren gegenüber demjenigen seiner Gegenpartei im Hauptverfahren sowie allgemeiner öffentlicher Interessen abgewogen werden (FREI, 54 ff.; HALDY, appel en cause, 442; SALVADÉ, 107 f.). Dies gilt gleichermassen bei der Streitverkündungsklage: Auf eine Streitverkündungsklage ist lediglich **einzutreten**, wenn das Gericht nach einer **Abwägung aller involvierten Interessen** zum Schluss kommt, dass die Zulassung der Streitverkündungsklage ein zweckmässiger und effizienter Weg zur Lösung der Rechtsstreitigkeit darstellt (in diesem Sinne zum deutschen Recht auch BRANDES, 35). Dabei muss das Gericht folgende Interessen gegeneinander abwägen (vgl. HALDY, appel en cause, 446): Interessen der streitverkündungsklagenden Partei (insb. Verhinderung eines zweiten Regressprozesses unter Umständen vor einem anderen Gericht), Interessen der Gegenseite der streitverkündungsklagenden Partei im Hauptverfahren (insb. keine Verzögerungen im Hauptprozess) wie auch die Interessen der streitverkündungsbeklagten Partei (insb. Verhinderung eines Gerichtsverfahrens vor einem fremden Gericht). Im Übrigen spielen auch die Interessen des Rechtsschutzsystems an sich eine Rolle (FREI, 124 ff.).

20 Das Rechtsschutzsystem hat in erster Linie ein Interesse an einer **möglichst effizienten und kostengünstigen Rechtsprechung**. Bereits im Bericht VE-ZPO wird festgehalten, dass es ein zentrales Anliegen der neuen Zivilprozessordnung sei, konnexe Verfahren möglichst zusammen unter der Leitung eines einzigen Gerichts erledigen zu können, sofern dies im Einzelfall prozessökonomisch sei (Bericht VE-ZPO, 41, 47). Art. 83 Abs. 2 ZPO/VD wie auch Art. 104 Abs. 2 ZPO/GE sahen in diesem Zusammenhang vor, dass das Gericht die Möglichkeit hat, einen appel en cause zurückzuweisen, falls es durch die Prozessteilnahme einer dritten Partei zu einer übermässigen Ausweitung des Verfahrens kommen würde. Die eidg. ZPO enthält keine solche explizite Ausschlussmöglichkeit, was aber nicht heisst, dass die Gerichte nicht die Möglichkeit hätten, auf solche Situationen zu reagieren: Würde eine Streitverkündungsklage zu einem ausfernden Gerichtsverfahren führen, so dass die Verfahrenseffizienz in keiner Weise mehr gewährleistet wäre (was aufgrund der oben beschriebenen Interessenabwägung zu beurteilen ist, N 17 ff.), muss das Rechtsschutzinteresse an der Streitverkündungsklage verneint werden, weshalb auf diese nicht einzutreten ist (Art. 82 N 5 ff.; FREI, 126).

21 Im Übrigen behält die eidg. ZPO in Art. 82 Abs. 3 eine Bestimmung zur Vereinfachung des Prozesses (Art. 125) ausdrücklich vor. Anstatt auf die Streitverkündungsklage nicht

einzutreten, ist es dem Gericht gestützt auf Art. 125 auch erlaubt, den Streitverkündungsprozess separat vom Hauptprozess zu führen (vgl. dazu Art. 82 N 22 ff.), falls die Verfahrenseffizienz nicht mehr gewährleistet ist.

In diesem Zusammenhang ist auf die zusätzliche Voraussetzung bei den Interventions- und Gewährleistungsklagen gestützt auf Art. 6 Ziff. 2 LugÜ, wozu auch die Streitverkündungsklage gehört, zu verweisen: Dort wird explizit festgehalten, dass eine Zuständigkeit für Interventions- und Gewährleistungsklagen am Ort des Hauptprozesses nur bejaht werden könne, wenn es **nicht einzig darum gehe, eine Partei dem für sie zuständigen Gericht zu entziehen.** Auch dieser Aspekt kann analog in die Interessenabwägung einfliessen.

d) Stillschweigende Voraussetzung des Sachzusammenhanges

Im Entwurf des Bundesrates vom 28.6.2006 war noch vorgesehen, dass die mittels der Streitverkündungsklage geltend gemachten Ansprüche in einem sachlichen Zusammenhang mit der Hauptklage stehen müssen (Art. 79). Wie in N 13 f. ausgeführt, können mit der Streitverkündungsklage jedoch nur Regressansprüche geltend gemacht werden. Ein **Regressverfahren** steht nun aber **naturgemäss mit dem Ausgang des Hauptverfahrens in einem sachlichen Zusammenhang** (so bereits beim appel en cause SALVADÉ, 149). Damit ist die Streichung der Voraussetzung des Sachzusammenhangs durch die Kommission des Ständerates, weil sich diese als *überflüssig* erweise, zu Recht erfolgt (AmtlBull StR 2007, 509; SCHWANDER, ZZZ 2007, 372). Dies heisst aber nicht, dass zwischen der Haupt- und Streitverkündungsklage kein Sachzusammenhang vorliegen muss, vielmehr liegt dieser bei Regressansprüchen ohnehin vor, weshalb der Sachzusammenhang nicht geprüft werden muss (in der Botschaft wird ebenfalls von einem Sachzusammenhang ausgegangen, BOTSCHAFT ZPO, 7284). Auch dem Wortlaut von Art. 6 Nr. 2 LugÜ lässt sich nicht entnehmen, dass zwischen der Haupt- und Interventions- bzw. Gewährleistungsklage ein Sachzusammenhang bestehen muss; das Vorliegen einer Konnexität wird aber auch hier von der herrschenden Lehre gefordert (DÄTWYLER, 123 f.).

Eine Streitverkündungsklage ist jedoch ausgeschlossen, wenn bei einer alternativen Schadensverursachung offen ist, welche Person den Schaden verursacht hat. Ein Sachzusammenhang im Sinne der Streitverkündungsklage muss hier verneint werden (DÄTWYLER, 126).

2. Formelle Voraussetzungen (Abs. 1 und 3)

a) Parteien

Beide Parteien im Hauptverfahren können gegenüber einem aussen stehenden Dritten eine Streitverkündungsklage erheben. Denkbar ist auch, dass beide Hauptparteien ein Streitverkündungsklage gegen dieselbe oder verschiedene streitverkündungsbeklagte Parteien erheben, z.B. wenn beide Parteien bei derselben oder verschiedenen Versicherungsgesellschaften versichert sind (GestG-Komm.-REETZ, Art. 8 N 16). Die streitverklagende Partei muss aber **Partei im Hauptverfahren** sein. Einer Nebenpartei ist es nicht gestattet, gegenüber einer dritten Partei am Ort des Hauptprozesses eine Streitverkündungsklage zu erheben, da sie keine volle Parteistellung hat (FREI, 89).

Bei einer notwendigen Streitgenossenschaft im Hauptprozess kann die Streitverkündungsklage auch nur von einer Partei ausgehen. Die notwendigen Streitgenossen müssen ihre Handlungen bloss gegenüber dem Prozessgegner im Hauptprozess gemeinsam vornehmen, nicht dagegen im Verhältnis zu einem aussen stehenden Dritten, gegenüber welchem Streitverkündungsklage erhoben wird (FREI, 89; GestG-Komm.-REETZ, Art. 8 N 17). Dasselbe gilt selbstredend bei einfacher Streitgenossenschaft.

27 Die streitverkündungs*beklagte* Partei darf sodann keine Partei im Hauptverfahren sein. Möchte eine Partei des Hauptprozesses gegen die Gegenseite Gegenansprüche erheben, steht ihr das Institut der *Wider*klage zur Verfügung (FREI, 89). Denkbar ist hingegen, dass gegenüber einer Nebenpartei (intervenierende oder streitberufene Partei, Art. 74 ff.) eine Streitverkündungsklage erhoben wird. Möglich ist insbesondere, dass die Streitverkündungsklage sogar von derjenigen Partei des Hauptprozesses gegen eine intervenierende Partei erhoben wird, zu deren Unterstützung letztere in das Prozessverfahren eingriff. Nicht ausgeschlossen ist schliesslich, dass eine Partei des Hauptverfahrens einer dritten Partei vorerst den Streit verkündet, und gegen diese nachträglich noch eine Streitverkündungsklage erhebt (FREI, 90).

b) Zeitpunkt der Streitverkündungsklage

28 Die Streitverkündungsklage muss im Gegensatz zur einfachen Streitverkündung **innerhalb einer bestimmten vorgegebenen Frist** geltend gemacht werden. Bis wann die Streitverkündungsklage erhoben werden muss, ist in Art. 82 geregelt (vgl. dazu Art. 82 N 1 ff.).

c) Rechtshängigkeit der Hauptklage

29 Aus dem Gesetzestext geht indirekt hervor, dass ein Hauptverfahren rechtshängig sein muss, damit eine Streitverkündungsklage erhoben werden kann.

30 Fällt die Rechtshängigkeit nachträglich dahin, wird der Streitverkündungsprozess nicht analog der Reglung bei der Widerklage selbständig fortgesetzt (Art. 14 Abs. 2). Da die Streitverkündungsklage auf Regressansprüche beschränkt ist, die vom Hausgang des Hauptverfahrens abhängen, wird der Streitverkündungsprozess *gegenstandslos*, sollte die Rechtshängigkeit des Hauptprozesses aus irgendeinem Grund dahinfallen (FREI, 94).

d) Verfahrensart

31 Die eidg. ZPO unterscheidet zwischen dem *ordentlichen* Verfahren (Art. 219 ff.), dem *vereinfachten* Verfahren (Art. 243 ff.) und dem *summarischen* Verfahren (Art. 248 ff.). Wie bereits der Entwurf des Bundesrates vom 28.6.2006 **schliesst die eidg. ZPO die Streitverkündungsklage im vereinfachten und summarischen Verfahren aus** (Art. 81 Abs. 3; anders noch der Vorentwurf der Expertenkommission vom Juni 2003, Art. 71). Als Begründung wird in der Botschaft ausgeführt, eine Streitverkündungsklage würde zwangsläufig zu einer gewissen Verlängerung und Komplikation des Verfahrens führen, weshalb sich dieses Institut nicht mit dem summarischen und vereinfachten Verfahren vereinbaren lasse (BOTSCHAFT ZPO, 7285).

32 Das vereinfachte Verfahren gilt unter anderem für vermögensrechtliche Streitigkeiten bis zu einem Streitwert von CHF 30 000 (Art. 243 Abs. 1); das heisst mit anderen Worten, dass eine Streitverkündungsklage lediglich in **ordentlichen Verfahren ab einem Streitwert von mehr als CHF 30 000 möglich ist**. Da auch die Verfahren vor den Handelsgerichten ordentliche Verfahren darstellen, sind Streitverkündungsklagen auch vor dem Handelsgericht ab einem Streitwert von CHF 30 000 denkbar (BOTSCHAFT ZPO, 7285; SCHWANDER, ZZZ 2007, 372).

Der sowohl im Vorentwurf der Expertenkommission vom Juni 2003 (Art. 71) wie auch dem Entwurf des Bundesrates vom 28.6.2006 (Art. 79 Abs. 1 lit. c) vorgesehene Vorbehalt, dass die Haupt- und Streitverkündungsklage in derselben Verfahrensart beurteilt werden müssen, konnte damit zu Recht gestrichen werden, da Streitverkündungsklagen ohnehin bloss im ordentlichen Verfahren zulässig sind (AmtBull StR 2007, 509; die Kommission des Ständerates bezeichnete die Voraussetzung der gleichen Verfahrensart als *überflüssig*). Zusammenfassend ist festzuhalten, dass die **gleiche Verfahrensart** damit **stillschweigend vorausgesetzt** wird.

e) Zuständigkeit

aa) Örtliche Zuständigkeit

Für die Streitverkündungsklage ist das **Gericht des Hauptprozesses örtlich zuständig (Art. 16)**. Im Gegensatz zur Hauptintervention (Art. 73) sieht die eidg. ZPO für die Streitverkündungsklage eine ausdrückliche Gerichtsstandsbestimmung vor. (vgl. dazu die Ausführungen zu Art. 16 N 1 ff.).

bb) Sachliche Zuständigkeit

Sowohl im Vorentwurf der Expertenkommission vom Juni 2003 (Art. 71 Abs. 1) wie auch dem Entwurf des Bundesrates vom 28.6.2006 (Art. 79 Abs. 1 lit. b) war vorgesehen, dass die von der streitverkündungsklagenden Partei geltend gemachten Ansprüche in die gleiche sachliche Zuständigkeit wie die des Hauptgerichts fallen müssen. Der Wortlaut der heutigen Version setzt die gleiche sachliche Zuständigkeit nicht mehr voraus. Die Kommission des Ständerates strich auch diese Voraussetzung, weil sich diese als *überflüssig* erweise (AmtlBull StR 2007, 509). Auch diese Vereinfachung ist aus den nachfolgenden Gründen sachlich gerechtfertigt.

Die Regelung der sachlichen Zuständigkeit der Gerichte fällt nach Inkrafttreten der eidg. ZPO nach wie vor in die Kompetenz der Kantone (Art. 4). Die Streitverkündungsklage ist wie wir gesehen haben nur noch im ordentlichen Verfahren und damit ab einem Streitwert von CHF 30 000 zulässig (N 31 f.). Dabei ist soweit ersichtlich in allen Kantonen ab einem Streitwert von CHF 30 000 regelmässig nur noch ein Gericht sachlich zuständig.

Die Frage der gleichen sachlichen Zuständigkeit kann sich aber nach wie vor stellen, wenn die Kantone ein Handelsgericht (Art. 6) oder auch ein Arbeitsgericht vorsehen, und dieses nicht für beide Parteien und/oder beide Ansprüche sachlich zuständig ist. Da mittels der Streitverkündungsklage lediglich *Regress*ansprüche geltend gemacht werden können, werden solche Fälle aber kaum vorkommen, da für Regressansprüche regelmässig die gleichen Gerichte wie für die Hauptansprüche sachlich zuständig sein werden; insofern ist die Statuierung der gleichen sachlichen Zuständigkeit zur Recht fallen gelassen worden, da diese ebenfalls **stillschweigend vorausgesetzt werden kann** (bzw. überflüssig war, AmtlBull StR 2007, 509). Ist dies ausnahmsweise nicht der Fall, muss die gleiche sachliche Zuständigkeit vorausgesetzt werden.

Damit erübrigen sich auch Ausführungen zur Problematik, ob die Streitwerte der Haupt- und Streitverkündungsklage addiert werden müssen, und allenfalls eine Überweisung an das Gericht mit der höheren Spruchkompetenz erfolgen muss, wie dies in Art. 93 und 94 bezüglich der Streitgenossenschaft, Klagenhäufung und Widerklage erfolgt (vgl. zur Problematik Frei, 102 ff.; GestG-Komm.-Reetz, Art. 8 N 11). Sollte sich diese Problematik bei einer Änderung der sachlichen Zuständigkeit durch eine der Kantone auch bei der Streitverkündungsklage stellen, sind die Streitwerte der Haupt- und Streitverkündungsklage in analoger Anwendung von Art. 93 Abs. 1 zu addieren, sofern sie sich nicht (ausnahmsweise) gegenseitig ausschliessen (FREI, 102).

f) Kein Schlichtungsverfahren

39 Bei der Streitverkündungsklage muss kein Schlichtungsverfahren durchgeführt werden (Art. 198 lit. g). In der Botschaft ZPO wird erwähnt, an die Stelle des Schlichtungsverfahrens trete das Zulassungsverfahren (BOTSCHAFT ZPO, 7285). Dem kann nicht zugestimmt werden, das Zulassungsverfahren (dazu Art. 82 N 5 ff.) hat eine andere Funktion als das Schlichtungsverfahren vor Einleitung eines Prozessverfahrens hat; nichtsdestotrotz fällt ein Schlichtungsverfahren weg, um den Fortgang des Hauptverfahrens nicht zu verzögern.

III. Keine Kettenstreitverkündungsklagen (Abs. 2)

40 Der Gesetzgeber schliesst Kettenstreitverkündungsklagen ausdrücklich aus: Die streitverkündungsbeklagte Partei selber kann damit keine Streitverkündungsklage gegen eine dritte Partei erheben. Nicht ausgeschlossen ist jedoch, dass die streitverkündungsbeklagte Partei einer dritten Partei den Streit verkündet und diese dann als Nebenintervenientin in das Prozessverfahren interveniert (vgl. die Kritik bei SCHWANDER, ZZZ 2007, 372, der die Vorteile der Streitverkündungsklage bei komplexen Verantwortlichkeits- und Produktehaftpflichtfällen betont, bei denen regelmässig verschiedene Regresskaskaden vorliegen würden, weshalb gerade die Kettenstreitverkündungsklage Vorteile gebracht hätte).

41 Wäre ein anderes Gericht für die Regressklage der streitverkündungsbeklagten Partei zuständig, könnte die Klage dort rechtshängig gemacht und die Überweisung an das Gericht des Hauptprozesses verlangt werden: Sind bei verschiedenen Gerichten Klagen rechtshängig, die miteinander in einem sachlichen Zusammenhang stehen, kann das später angerufene Gericht die bei ihm rechtshängig gemachte Klage an das zuerst angerufene Gericht überweisen, wenn dieses mit der Übernahme einverstanden ist (Art. 127 Abs. 1). Damit könnten zumindest die Sachverhaltskenntnisse des Gerichts des Hauptverfahrens genutzt werden.

IV. Wirkungen der Streitverkündungsklage

1. Stellung der streitverkündungsbeklagten Partei als Hauptpartei

42 Die Stellung der streitverkündungsbeklagten Partei im Prozessverfahren ist diejenige einer **Hauptpartei**. Sie hat im Gegensatz zum Nebenintervenienten und der bloss streitberufenen Partei dieselben Rechte und Pflichten wie die Hauptparteien im Hauptprozess. Die Parteien des Hauptprozesses und die streitverkündungsbeklagte Partei stellen somit **drei voneinander unabhängige Parteien** dar. Es bildet sich keine Streitgenossenschaft auf der Kläger- oder Beklagtenseite, vielmehr kommt es zu einem echten **Mehrparteienverfahren** (FREI, 137).

2. Rechtshängigkeit der Streitverkündungsklage

43 Die Streitverkündungsklage wird **mit der Zustellung des Zulassungsgesuchs** (Art. 82 Abs. 1) **rechtshängig**; die streitverkündungsbeklagte Partei erhält ab diesem Zeitpunkt ihre Parteistellung. Ob die Prozessvoraussetzungen zum Eintreten auf die Streitverkündungsklage vorliegen, wird in der Folge im Zulassungsverfahren geprüft (dazu Art. 82 N 5 ff.). Wird auf die Streitverkündungsklage nicht eingetreten bzw. diese nicht zugelassen, fällt die Parteistellung der streitverkündungsbeklagten Partei im Nachhinein wieder

dahin (FREI, 137). Die Streitverkündungsklage kann in diesem Fall andernorts nochmals rechtshängig gemacht werden. Wird diese innerhalb eines Monats beim zuständigen Gericht neu eingereicht, gilt als Zeitpunkt der Rechtshängigkeit das Datum der Ersteinreichung (Art. 63).

Mit der Stellung des Zulassungsgesuchs für die Streitverkündungsklage werden auch die Verjährungsfristen unterbrochen. Dies im Gegensatz zur einfachen Streitverkündung, welche die Verjährung nicht unterbrechen kann (FREI, 169). 44

3. Verschiedene Prozessrechtsverhältnisse innerhalb des Gesamtverfahrens

Auch wenn es bei der Streitverkündungsklage zu einem Mehrparteienprozess kommt, bedeutet dies nicht, dass sich drei Parteien je einzeln gegenüberstehen und gegeneinander gleichberechtigt Ansprüche erheben können (so für das Schiedsverfahren auch M. MEIER, 160). Zwischen der streitverkündungsbeklagten Partei und der Gegenpartei der streitverkündungsklagenden Partei im Hauptprozess kommt es zu keinem direkten Prozessrechtsverhältnis (ein Prozessrechtsverhältnis stellt ein Rechtsverhältnis zwischen den Parteien untereinander wie auch zwischen jeder Partei und dem Gericht dar, HABSCHEID, N 21; VOGEL/SPÜHLER, § 1 N 8). Vielmehr bleiben die beiden Prozessrechtsverhältnisse zwischen den Parteien des Hauptprozesses und denjenigen des Streitverkündungsprozesses materiell, d.h. anspruchsmässig, getrennte Prozessrechtsverhältnisse. Der Streitverkündungsprozess erfolgt damit *materiell* als (zweiter) selbständiger Prozess. Dieser wird hingegen *formell* in demselben Verfahren wie der Hauptprozess geführt. Das heisst m.a.W., dass **zwei Prozesse trotz rechtlicher Selbstständigkeit und getrennt zu beurteilenden Rechtskraftwirkungen verfahrensmässig vereinigt und gemeinsam durchgeführt werden**, womit die Akten- und Rechtskenntnis des Gerichts erhalten bleibt (FREI, 138; GestG-Komm.-REETZ, Art. 8 N 9). Bei der Streitverkündungsklage werden somit Ansprüche verschiedener Beteiligter in einem einzigen Prozess statt sukzessiver Einzelverfahren behandelt (BERGER/GÜNGERICH, N 479; BOTSCHAFT ZPO, 7284). Damit ist auch vom **Prinzip des «einheitlichen Sachverhalts»** auszugehen: Das Gericht hat über Vorbringen, die z.B. nur von der streitverkündungsbeklagten Partei bestritten werden, Beweis abzunehmen, auch wenn die Parteien des Hauptverfahrens diese Tatsachen zugestanden haben. Andernfalls würde weiterhin die Gefahr sich widersprechender Urteile bestehen. Etwas anderes muss lediglich geltend, wenn eine Tatsache lediglich für den Haupt- oder Streitverkündungsprozess relevant ist (DÄTWYLER, 175). 45

In diesem Sinne wird der Mehrparteienprozess auch unter deutschem Recht verstanden. Die Parteienmehrheit bedeute, dass mehrere Personen in der Rolle des Klägers oder des Beklagten als Prozessparteien eines Verfahrens beteiligt sind, wobei der Begriff des Verfahrens nicht in dem Sinne verstanden werde, dass es sich um einen einzigen Prozess handle. Eine Parteienmehrheit stelle demnach in Wirklichkeit eine **Mehrheit von Prozessen und Prozessrechtsverhältnissen** dar. Jede beteiligte Partei sei hingegen bloss Partei ihres eigenen Prozesses. In Bezug auf die im Verfahren zusammengeführten Prozesses sei sie nicht Partei, sondern Dritte (DE FRANÇA COSTA FILHO, 56; ROSENBERG/SCHWAB/GOTTWALD, § 2 N 2). 46

Zusammenfassend kann festgehalten werden, dass ein **direktes Prozessrechtsverhältnis** lediglich **zwischen den Parteien des Hauptprozesses (Hauptprozess)** sowie den **Parteien des Streitverkündungsprozesses (Streitverkündungsprozess)** besteht, wobei die beiden Prozessrechtsverhältnisse formell in einem Verfahren durchgeführt werden, was den Gesamtprozess zum Mehrparteienverfahren macht, ohne dass es aber zu Streitgenossenschaften auf der Kläger- oder Beklagtenseite kommt (FREI, 139). Die streitverkündungsbeklagte Partei hat jedoch die Möglichkeit, dem Hauptprozess als Nebeninterve- 47 nientin beizutreten. Das rechtliche Interesse liegt in diesem Fall zweifelsohne vor, da die Streitverkündungsklage als qualifizierte Streitverkündung gleichzeitig immer auch eine einfache Streitverkündung beinhaltet (N 10).

4. Akteneinsicht der streitverkündungsbeklagten Partei

48 Da die Streitverkündungsklage formell zu einem vereinigten Verfahren führt, sollten die **Verfahrensakten grundsätzlich für das Gesamtverfahren angelegt werden**. Nur so kann das Gericht einen Überblick über den vollständigen Sachverhalt haben. Damit können aber unter Umständen Ausführungen, welche im Rahmen des anderen Streitverhältnisses getätigt wurden bzw. dort eingereichte Unterlagen indirekt Einfluss auf die Entscheidfindung des Gerichts haben – was ja grundsätzlich auch gewünscht ist. Gestützt auf den Grundsatz des rechtlichen Gehörs müssen damit die Parteien über die Möglichkeit verfügen, sich durch Akteneinsicht über die Ausführungen und die eingereichten Beweismittel auch in den parallel geführten Streitverhältnissen Kenntnis zu verschaffen (so auch für das Schiedsverfahren A. MEIER, 162). Dieser Konsequenz muss man sich folglich bewusst sein, wenn man eine Streitverkündungsklage erhebt.

49 Lediglich in Ausnahmefällen ist vom Gericht eine eingeschränkte Akteneinsicht bzw. das teilweise Schwärzen von Unterlagen zu verfügen, sofern einer Akteneinsicht auch in den parallelen Prozessverfahren überwiegende öffentliche oder private Interessen entgegenstehen (Art. 53). Bei der Beurteilung eines Begehrens auf Schutzmassnahmen muss das Gericht abwägen, ob das schutzwürdige Interesse an der Geheimhaltung es rechtfertigt, eine Prozesspartei von der Akteneinsicht (teilweise) auszuschliessen. Reicht die direkte Gegenpartei im eigenen Prozessrechtsverhältnis Beweise ein, die nicht oder nicht vollständig offengelegt werden sollen, ist die Beschränkung der Akteneinsicht sehr restriktiv zu handhaben. Werden Unterlagen in einem anderen Prozessrechtsverhältnis eingereicht, z.B. im Hauptprozess, ist eine Beschränkung der Akteneinsicht, z.B. der streitverkündungsbeklagten Partei, eher zu rechtfertigen, sofern darauf geachtet wird, das die betreffenden Unterlagen keine Auswirkungen auf die Entscheidfindung im Streitverkündungsprozess haben. Andernfalls liegt eine Verletzung des rechtlichen Gehörs vor (A. MEIER, 163).

5. Gegenüber der streitverkündungsbeklagten Partei direkt vollstreckbares Urteil

a) Ein Urteil über alle Ansprüche

50 Am Ende des Verfahrens muss das Gericht sowohl über die zwischen den Hauptparteien erhobenen Ansprüche wie auch über die Regressansprüche entscheiden. Dabei ist es dem Gericht freigestellt, anlässlich eines **einzigen Urteils über alle Ansprüche** zu entscheiden (FREI, 152; JEANDIN, 85). Da derselbe Sachverhalt beurteilt und ähnliche rechtliche Überlegungen anzustellen sind, macht es regelmässig keinen Sinn, zwei Urteile zu fällen, da diese über weite Strecken wohl identisch wären. So erfolgt auch bei der Widerklage kein separates Urteil, vielmehr fasst das Gericht ein Urteil über die Haupt- wie auch Widerklage. Dies ist auch bei einer Streitverkündungsklage möglich, auch wenn eine weitere Partei hinzukommt. Nicht ausgeschlossen ist jedoch, dass das Gericht zwei separate Urteile für jedes Prozessrechtsverhältnis fällt.

b) Direkte Vollstreckbarkeit

51 Im Gegensatz zur einfachen Streitverkündung ist das Urteil bei der qualifizierten Streitverkündung **gegenüber der streitverkündungsbeklagten Partei direkt vollstreckbar**, was sich aus deren Parteistellung im Streitverkündungsprozess ergibt (FREI, 153). Da

zwischen der Gegenpartei der streitverkündungsklagenden Partei im Hauptprozess und der streitverkündungsbeklagten Partei hingegen kein materielles Prozessrechtsverhältnis besteht, ergeht *kein Urteil gegen die streitverkündungsbeklagte Partei zugunsten der Gegenpartei im Hauptprozess* (N 45 ff.; SCHOBER, 164, 172 f. und 202).

c) Bedingtes Urteil

Die gegenüber der streitverkündungsbeklagten Partei erhobenen Ansprüche sind durch die erfolgreiche Durchsetzung der Hauptklage bzw. die Verpflichtung der streitverkündungsklagenden Partei bedingt, ihre Gegenpartei im Hauptverfahren entschädigen zu müssen (Streitverkündungsklage als aufschiebend bedingte Klage, N 11 ff.). Es stellt sich damit die Frage, ob nicht auch das Urteil im Streitverkündungsprozess als bedingtes Urteil ausgestaltet werden muss: Die streitverkündungsbeklagte Partei wird nämlich regelmässig kein Interesse haben, dem Urteil im Streitverkündungsprozess Folge zu leisten, wenn die streitverkündungsklagende Partei ihrerseits die Zahlung, zu der sie gemäss Urteil im Hauptverfahren an die Gegenseite verpflichtet wurde, noch nicht geleistet hat. Unter Umständen *muss* die streitverkündungsklagende Partei die Gegenseite bereits befriedigt haben, bevor allfällige Regressansprüche überhaupt aufleben, so z.B. bei der Subrogation nach Art. 149 Abs. 1 OR (BURGSTALLER, 71). 52

Das Gericht kann in diesem Falle ein **bedingtes Urteil** fällen (SALVADÉ, 133 f.; **a.M.** offenbar PERRIN, 118 f.). In einem Urteil kann vorgesehen werden, dass die **Zwangsvollstreckung nur bei Eintritt einer Bedingung oder bei Erbringung einer Gegenleistung zulässig ist** (HABSCHEID, N 453; vgl. auch § 304 Abs. 2 ZPO/ZH, nach welcher Bestimmung im Befehlsverfahren zu entscheiden war, ob die Voraussetzung der Vollstreckung erfüllt war). Wie weit derartige Vorbehalte zulässig sind, ist eine Frage des materiellen Rechts (FRANK/STRÄULI/MESSMER, § 304 ZPO/ZH N 5). Dabei hat die Frage des Eintritts der Bedingung bzw. des Erbringens der Gegenleistung vollstreckungsrechtliche Bedeutung: Die streitverkündungsklagende Partei kann das Urteil gegenüber der streitverkündungsbeklagten Partei erst vollstrecken lassen, nachdem sie ihrerseits ihren Verpflichtungen nachgekommen ist (FREI, 156; HABSCHEID, N 453; was im Vollstreckungsverfahren vorfrageweise zu prüfen ist). 53

d) Rechtsmittel gegen Urteil

Jede Partei des Mehrparteienprozesses wird *materiell* beschwert sein, falls im Urteil von den von ihr gestellten Anträgen abgewichen wird. Die Parteien des Hauptprozesses werden das Urteil in jedem Fall in Bezug auf die in der Hauptsache erhobenen Ansprüche und die Parteien des Streitverkündungsprozesses bezüglich der Regressansprüche anfechten können (FREI, 156). Hingegen wird regelmässig weder die Gegenpartei der streitverkündungsklagenden Partei im Hauptverfahren bezüglich des Urteils über die Regressansprüche noch die streitverkündungsbeklagte Partei bezüglich des Urteils über die Hauptansprüche *formell* beschwert sein, da es sich um zwei verschiedene Prozessrechtsverhältnisse mit unterschiedlichen Rechtskraftwirkungen handelt (N 45 ff., FREI, 156 f.). Die streitverkündungsbeklagte Partei kann aber als Nebenintervenientin zugunsten der streitverkündungsklagenden Partei Rechtsmittel gegen das Urteil im Hauptverfahren ergreifen (FREI, 157). 54

Da die Streitverkündungsklage als Regressklage konzipiert ist, ist der Entscheid über diese aber regelmässig durch die erfolgreiche Durchsetzung der Hauptklage bedingt, womit der Regressprozess durch ein Rechtsmittel einer der beiden Hauptparteien gegen das Urteil im Hauptverfahren ebenfalls wieder neu aufgerollt wird (FREI, 157 f.). Der 55

Entscheid über die Regressansprüche kann somit lediglich rechtskräftig werden, wenn auch der Entscheid im Hauptverfahren rechtskräftig ist. Umgekehrt kann der Entscheid im Hauptverfahren auch rechtskräftig werden, wenn gegen den Entscheid über die Regressansprüche ein Rechtsmittel ergriffen wurde, und somit dieser Teil des Urteils nicht in Rechtskraft erwachsen kann (Frei, S. 158). Diese Ausführungen gelten auch für den Fall, dass über die Ansprüche im Haupt- und Streitverkündungsverfahren in einem Urteil entschieden wird. Ein Entscheid kann immer auch in teilweise Rechtskraft erwachsen.

56 Unter Umständen empfiehlt es sich aber für die streitverkündungsklagende Partei, ein Rechtsmittel im Hauptverfahren einzulegen, falls die streitverkündungsbeklagte Partei das Urteil über die Regressansprüche angefochten hat. Sie läuft ansonsten die Gefahr, dass sie zur Leistung an die hauptklagende Partei verpflichtet bleibt, weil das Urteil in diesem Teil rechtskräftig wurde, ohne aber auf die streitverkündungsbeklagte Partei Rückgriff nehmen zu können, falls deren Rechtsmittel erfolgreich ist (BURGSTALLER, 78; FREI, 158). Da sowohl für die Ansprüche des Haupt- wie auch Streitverkündungsprozesses dieselbe Frist für die Ergreifung eines Rechtsmittels läuft, kann sich die Situation ergeben, dass z.B. die streitverkündungsklagende Partei im Hauptverfahren ein Rechtsmittel einlegen möchte, für den Fall, dass auch die streitverkündungsbeklagte Partei im Streitverkündungsprozess ein Rechtsmittel einlegt. Da es sich bei der Ergreifung eines Rechtsmittels um eine bewirkende Prozesshandlung handelt (vgl. dazu N 12) ist die bedingte Ergreifung für den Fall, dass eine andere involvierte Partei ebenfalls ein Rechtsmittel ergreift, jedoch nicht möglich. Hingegen kann ein Rechtsmittel nachträglich immer auch zurückgezogen werden.

V. Kosten- und Entschädigungsfolgen

1. Vorbemerkungen

57 In der eidg. ZPO wird vom Grundsatz ausgegangen, dass die Prozesskosten der unterliegenden Partei auferlegt werden (Art. 106 Abs. 1; als Prozesskosten gelten die Gerichtskosten wie auch die Parteientschädigungen, Art. 95 Abs. 1). Bei Nichteintreten und bei Klagerückzug gilt die klagende Partei, bei Anerkennung der Klage die beklagte Partei als unterliegend (Art. 106 Abs. 1). Sind am Prozess mehrere Parteien als Haupt- oder Nebenparteien beteiligt, so bestimmt das Gericht ihren Anteil an den Prozesskosten, wobei es auch auf solidarische Haftung erkennen kann (Art. 106 Abs. 3). Gestützt auf Art. 107 kann das Gericht von diesen Verteilungsgrundsätzen auch abweichen und die Prozesskosten nach Ermessen verteilen.

58 Beim Haupt- und Streitverkündungsprozess ist von materiell unterschiedlichen Prozessrechtsverhältnissen auszugehen (N 45 ff.). Art. 106 Abs. 3 kann somit nur ausnahmsweise für die Verteilung der Kosten herangezogen werden. Die **Verteilung der Prozesskosten** sind vielmehr **für den Haupt- und den Streitverkündungsprozess grundsätzlich getrennt zu beurteilen** (FREI, 160). Für die Gerichte bedeutet dies bei Durchführung des Haupt- und Streitverkündungsprozesses in einem Verfahren, dass die Kosten einer Beweisaufnahme, von Zeugenbefragungen wie auch von Verhandlungen etc. auf die beiden Verfahrenskomplexe Haupt- und Streitverkündungsprozess aufgeteilt werden müssen, falls der entsprechende Aufwand des Gerichts im Hinblick auf beide Verfahrenskomplexe erfolgt ist, z.B. die Beweise für beide Verfahren von Bedeutung sind (Frei, S. 160).

59 In diesem Zusammenhang ist weiter zu berücksichtigen, dass die Streitverkündungsklage eine aufschiebend bedingte Klage für den Fall des Unterliegens im Hauptprozess dar-

stellt (N 11 ff.). Obsiegt die streitverkündungsklagende Partei im Hauptverfahren, steht fest, dass die Bedingung nicht mehr eintreten kann. Es gibt damit keinen Grund mehr, den Streitverkündungsprozess fortzusetzen, da der Streitgegenstand weggefallen ist. Das Gericht hat den Streitverkündungsprozess in diesem Fall als gegenstandslos geworden abzuschreiben (FREI, 158 f.).

2. Verteilung der Kosten

a) Erfolgreiche Durchsetzung der Haupt- und Streitverkündungsklage

In diesem Fall hat entsprechend der **Grundregel**, nach welcher die **unterliegenden Partei die Prozesskosten zu tragen hat**, die hauptbeklagte Partei die Prozesskosten des Hauptprozesses und die streitverkündungsbeklagte Partei diejenigen des Streitverkündungsprozesses zu tragen (FREI, 160). 60

Die streitverkündungsklagende Partei kann u.U. gestützt auf das *materielle Recht* die Kosten, die sie aufgrund ihres Unterliegens im Hauptverfahren tragen muss, als weiteren **Schaden gegenüber der streitverkündungsbeklagten Partei** geltend machen. Dabei würde es wenig Sinn machen, wenn die streitverkündungsklagende Partei bezüglich der Überwälzung der Gerichtskosten nochmals ein Verfahren gegenüber der streitverkündungsbeklagten Partei anstrengen müsste: Zweck der Streitverkündungsklage ist es ja gerade, ein zweites Verfahren zu vermeiden. Das Gericht muss daher die Möglichkeit haben, die Prozesskosten des Hauptverfahrens der streitverkündungsbeklagten Partei aufzuerlegen, sofern dies die streitverkündungsklagende Partei begehrt hat: Nicht aber, weil die streitverkündungsbeklagte Partei im Hauptprozess unterlegen ist, sondern weil sie aufgrund ihres Unterliegens im Streitverkündungsprozess zum Ersatz des der streitverkündungsklagenden Partei angefallenen Schadens verpflichtet wird, und zu diesem Schaden auch die Kosten des Hauptprozesses gehören können (FREI, 161; im Zusammenhang mit der Streitverkündung STAEHELIN, 179 f.). 61

b) Erfolgreiche Durchsetzung der Hauptklage/Abweisung der Streitverkündungsklage

Bezüglich dem Hauptprozess gilt das unter a) Gesagte: Die hauptbeklagte Partei hat die Prozesskosten des Hauptprozesses zu tragen. Im Streitverkündungsprozess hat aufgrund der Abweisung der Streitverkündungsklage grundsätzlich ebenfalls die streiverkündungsklagende Partei die Prozesskosten zu tragen. Sah sich die streitverkündungsklagende Partei jedoch in guten Treuen veranlasst, eine Streitverkündungsklage zu erheben, kann das Gericht von dieser Grundregel abweichen (Art. 107 Abs. 1 lit. b und f). Das Gericht kann in diesem Fall die Prozesskosten in eigenem Ermessen auf die Parteien im Haupt- und Streitverkündungsprozess verteilen (Art. 106 Abs. 3); eine Abweichung von der Grundregel, dass grundsätzlich die unterliegende Partei die Prozesskosten zu tragen hat, sollte aber lediglich in Ausnahmefällen erfolgen (dazu FREI, 162 f.). 62

c) Abweisung der Hauptklage/Gegenstandslosigkeit der Streitverkündungsklage

Wird die Hauptklage abgewiesen, hat die hauptklagende Partei die Kosten des Hauptprozesses zu tragen. Die Streitverkündungsklage wird in diesem Fall **gegenstandslos** (N 59), was aber nicht bedeutet, dass im Streitverkündungsprozess nicht bereits Prozesskosten angefallen sind, die es zu verteilen gilt. Gestützt auf Art. 107 Abs. lit. e entscheidet das Gericht über die Verteilung der Prozesskosten nach Ermessen, wenn das Verfahren als gegenstandslos geworden abgeschrieben wurde und das Gesetz nichts anderes vorsieht. Die Prozesskosten wären dementsprechend nach Ermessen zwischen den Parteien des Haupt- und Streitverkündungsprozesses zu verteilen. 63

64 Dabei können ebenfalls die Grundsätze der Prozessführung in guten Treuen herangezogen werden (N 62; FREI, 163 f.). Die Prozesskosten sollten jedoch lediglich in Ausnahmefällen auf die streitverkündungsbeklagte Partei überwälzt werden, da diese unfreiwillig in ein Prozessverfahren gezogen wurde. Naheliegender wird es sein, die hauptklagende Partei zur Tragung zumindest eines Teils der Prozesskosten auch des Streitverkündungsprozesses zu verpflichten, wenn sich die hauptklagende Partei in guten Treuen veranlasst sah, einen aussen stehenden Dritten in das Prozessverfahren zu zwingen (FREI, 164; im Zusammenhang mit der Streitverkündung STAEHELIN, 180 f.). Dies gilt umso mehr, als ihre Hauptklage nicht erfolgreich war, und sie damit indirekt dafür verantwortlich ist, dass die Streitverkündungsklage gegenstandslos wurde.

d) Beendigung des Hauptprozesses ohne richterliche Entscheidung

65 Ein Verfahren kann immer auch durch eine Willenserklärung der Parteien wie **Klagerückzug**, **Klageanerkennung** oder **Vergleich** erledigt werden. Ein Klagerückzug ist grundsätzlich so zu beurteilen, wie wenn die die Klage zurückziehende Partei unterliegen würde, und umgekehrt bei einer Klageanerkennung die Klage anerkennende Partei (Art. 106 Abs. 1).

66 Bei einem Vergleich zwischen den Parteien des Hauptprozesses wird der Streitverkündungsprozess nicht ohne weiteres gegenstandslos. Aus Gründen der Verfahrenseffizienz wäre es selbstverständlich sinnvoll, wenn ein umfassender Vergleich geschlossen wird, der die Ansprüche aller Parteien des Mehrparteienverfahrens wie auch die Kosten- und Entschädigungsfolgen abschliessend regelt. Ansonsten werden die Kosten des Streitverkündungsprozesses nach dem Ausgang desselben beurteilt werden müssen, wobei der Vergleich im Hauptverfahren Auswirkungen auf die Ansprüche der streitverkündsklagenden Partei haben wird. Die streitverkündungsbeklagte Partei muss sich den Vergleich im Hauptverfahren jedoch nicht ohne weiteres entgegenhalten lassen, wenn sie sich im Hauptverfahren als Nebenintervenientin formierte, und sich gegen den Abschluss des Vergleichs wehrte, diesen aufgrund der blossen Stellung als Nebenpartei im Hauptverfahren aber nicht verhindern konnte. Auch hier werden die Prozesskosten vom Gericht schlussendlich gestützt auf Art. 106 Abs. 3 sowie Art. 107 Abs. 1 lit. f verteilt werden müssen.

3. Berücksichtigung unbezifferter Rechtsbegehren

67 Da die streitverkündungsklagende Partei bei Erhebung der Streitverkündungsklage regelmässig nicht weiss, zur Zahlung welchen Betrags sie im Hauptprozess verurteilt wird, ist es ihr unter Umständen nicht möglich, ihre Rechtsbegehren gegenüber der streitverkündungsbeklagten Partei zu beziffern (dazu Art. 82 N 10 ff.). Gestützt auf Art. 107 Abs. 1 lit. a kann das Gericht die Prozesskosten in diesem Fall nach Ermessen verteilen, **wenn die Klage zwar grundsätzlich, aber nicht in der Höhe der Forderung gutgeheissen wurde**, und die Bezifferung des Anspruchs schwierig war.

VI. Internationale Aspekte

68 International regelt das LugÜ den Gerichtsstand für sog. Interventions- und Gewährleistungsklagen, zu denen auch die Streitverkündungsklage gehört, in **Art. 6 Nr. 2 LugÜ** (FREI, 87; das IPRG sieht keinen diesbezüglichen Gerichtsstand vor (vgl. dazu ausführlich DÄTWYLER, 109 ff.); dies soll sich aber im Rahmen der Revision des LugÜ ändern (dazu Art, 16 N 13). Gestützt auf Art. 6 Ziff. 2 LugÜ kann eine Partei, die ihren Wohnsitz im Hoheitsgebiet eines Vertragsstaats hat, auch vor dem Gericht des Hauptprozesses ver-

klagt werden, wenn es sich um eine Klage auf Gewährleistung oder um eine Interventionsklage handelt, es sei denn, dass dies Klage lediglich erhoben wurde, um diese Partei dem für sie zuständigen Gericht zu entziehen. Dieselbe Bestimmung kennt auch das revidierte LugÜ vom 30.10.2007. **Art. 10 Abs. 1 LugÜ** (Art. 11 Ziff. 1 revLugÜ vom 30.10.2007) regelt den speziellen Fall der Gewährleistungsklage gegen den Versicherer im Prozessverfahren zwischen dem Geschädigten und Versicherten.

Die **Zulässigkeitsvoraussetzungen** und das **Verfahren** der Gewährleistungs- und Interventionsklagen im internationalen Verhältnis bzw. die Rechte und Pflichten der Parteien richten sich nach der jeweils anwendbaren **lex fori des Hauptverfahrens** (KROPHOLLER, Europ. ZPR, Art. 6 EuGVO N 29; WALTER, 219). In der eidg. ZPO ist nun neu mit der Streitverkündungsklage ein entsprechendes Institut geregelt. Eine Grenze wird dem nationalen Verfahrensrecht aber insofern gesetzt, als dieses die *praktische Wirksamkeit* von Art. 6 Ziff. 2 LugÜ nicht beinträchtigen darf; das Verfahren darf mit anderen Worten nicht so geregelt sein, dass eine Gewährleistungsklage in einen LugÜ-Staat *faktisch* ausgeschlossen ist (KROPHOLLER, Europ. ZPR, Art. 6 EuGVO N 29). 69

Art. 6 Ziff. 2 LugÜ im Zusammenhang mit Art. 25 ff. LugÜ sichern somit die Anerkennung und Vollstreckbarerklärung eines schweizerischen Entscheids gestützt auf eine Streitverkündungsklage in jedem anderen Lugano-Konventionsstaat, genau so wie in der Schweiz Entscheide gestützt auf Interventions- und Gewährleistungsklagen anderer LugÜ-Staaten anerkannt und vollstreckt werden müssen (SCHWANDER, ZZZ 2007, 373). 70

Den in *Art. V des Protokolls Nr. 1 über bestimmte Zuständigkeits-, Verfahrens- und Vollstreckungsfragen* festgehaltenen **Vorbehalt**, dass die Zuständigkeit für Interventions- und Gewährleistungsklagen in der Schweiz nicht geltend gemacht werden kann (wobei die schweizerische Verhandlungsdelegation vorerst übersehen hat, dass es diese Institute zumindest in den Kantonen Waadt und Genf gab: FREI, 32 f.), kann mit Einführung der Streitverkündungsklage in der Eidgenössischen Zivilprozessordnung **gestrichen werden** (SCHWANDER, ZZZ 2007, 373). Eine entsprechende Erklärung soll im Rahmen der Ratifikation des revidierten Lugano-Übereinkommens erfolgen. Da die *einfache* Streitverkündung mit Einführung der Streitverkündungsklage nicht gestrichen wurde, stellt sich die Frage, ob eine Streitverkündung in internationalen Fällen gestützt auf das LugÜ nicht mehr möglich sein soll, bzw. ob deren Wirkungen in anderen Mitgliedstaaten nicht mehr anerkannt werden sollen. Da der Vorbehalt in Art. V des Protokolls Nr. 1 für die betreffenden Mitgliedstaaten lediglich die Funktion hat, *nicht verpflichtet zu sein*, die Möglichkeit von Interventions- und Gewährleistungsklagen einführen zu müssen, spricht m.E. nichts dagegen, dass die Mitgliedstaaten weiterhin die Wirkungen der Streitverkündung gegenüber Dritten anerkennen müssen, da die Schweiz diesbezüglich ein **duales System** kennt (einfache Streitverkündung und Streitverkündungsklage, DÄTWYLER, 149 f.). 71

Art. 82

Verfahren

¹ Die Zulassung der Streitverkündungsklage ist mit der Klageantwort oder mit der Replik im Hauptprozess zu beantragen. Die Rechtsbegehren, welche die streitverkündende Partei gegen die streitberufene Person zu stellen gedenkt, sind zu nennen und kurz zu begründen.

² Das Gericht gibt der Gegenpartei sowie der streitberufenen Person Gelegenheit zur Stellungnahme.

³ Wird die Streitverkündungsklage zugelassen, so bestimmt das Gericht Zeitpunkt und Umfang des betreffenden Schriftenwechsels; Artikel 125 bleibt vorbehalten.

⁴ Der Entscheid über die Zulassung der Klage ist mit Beschwerde anfechtbar.

Procédure

¹ La demande d'admission de l'appel en cause doit être introduite avec la réponse ou avec la réplique dans la procédure principale. Le dénonçant énonce les conclusions qu'il entend prendre contre l'appelé en cause et les motive succinctement.

² Le tribunal donne l'occasion à la partie adverse et à l'appelé en cause de s'exprimer.

³ Si l'appel en cause est admis, le tribunal fixe le moment et l'étendue de l'échange d'écritures qui s'y rapporte; l'art. 125 est réservé.

⁴ La décision d'admission de l'appel en cause peut faire l'objet d'un recours.

Procedura

¹ La parte che intende proporre azione di chiamata in causa deve farne istanza nell'ambito della risposta alla petizione o nell'ambito della replica nel processo principale. Le conclusioni ch'essa si propone di opporre al terzo denunciato devono essere indicate e succintamente motivate.

² Il giudice dà alla controparte e al terzo denunciato l'opportunità di presentare le proprie osservazioni.

³ Se l'azione di chiamata in causa è ammessa, il giudice determina il momento e l'estensione del pertinente scambio di scritti; è fatto salvo l'articolo 125.

⁴ La decisione circa l'ammissibilità dell'azione è impugnabile mediante reclamo.

Inhaltsübersicht

	Note
I. Zeitpunkt der Streitverkündungsklage (Abs. 1)	1
II. Zulassungsverfahren (Abs. 1, 2 und 4)	5
1. Zwischenentscheid über Zulassung	5
2. Kurze Begründung	8
3. Rechtsbegehren	10
4. Anhörung der Parteien	14
5. Sistierung des Hauptprozesses	15
6. Rechtsmittel gegen Zulassungsentscheid	17
7. Kostenfolgen	21
III. Fortsetzung des Hauptprozesses (Abs. 3)	22
1. Begründung der Streitverkündungsklage	22

2. Gesamtverfahren oder Weiterführung zweier getrennter Verfahren 24
3. Weiterer Schriftenwechsel 29
4. Prozessuales Handeln der streitverkündungsbeklagten Partei 34
5. Zeugenstellung der streitverkündungsbeklagten Partei im Hauptprozess 38

Literatur

Vgl. die Literaturhinweise zu Art. 73.

I. Zeitpunkt der Streitverkündungsklage (Abs. 1)

Der Gesetzgeber sieht vor, dass die Zulassung der Streitverkündungsklage mit der **Klageantwort** oder mit der **Replik** im Hauptprozess zu beantragen ist. Dies schliesst nicht aus, dass eine Streitverkündungsklage bereits vor diesen Prozessstadien erfolgt. Eine Streitverkündungsklage muss dementsprechend auch bereits **vor dem Friedensrichter** erhoben werden können, da die für die Streitverkündungsklage notwendige Rechtshängigkeit zu diesem Zeitpunkt bereits besteht (Art. 62 Abs. 1). 1

Die zeitliche Limitierung soll verhindern, dass erstens vorgerückte oder gar spruchreife Prozessverfahren *nicht durch nachträgliche Schriftenwechsel unterbrochen und verzögert werden* (BOTSCHAFT ZPO, 7285), da die Haupt- und Streitverkündungsklage i.d.R. gleichzeitig zu beurteilen sind, und auch die Schriftenwechsel und Hauptverhandlungen wenn immer möglich parallel oder gar gleichzeitig durchgeführt werden (dazu N 24 ff.). Die Expertenkommission, die mit der Vorbereitung der eidg. ZPO beauftragt war, kam zweitens zur Auffassung, dass zum Zeitpunkt der Klageantwort bzw. Replik die *Argumente im Wesentlichen auf dem Tisch* liegen, und die Parteien abschätzen können, ob der Einbezug einer dritten Partei sinnvoll sei oder nicht (Bericht VE-ZPO, 41). Das erste Argument leuchtet ein: Wenn die Synergien des Haupt- und Streitverkündungsprozesses genutzt werden sollen, ist eine Streitverkündungsklage von jeder Partei mit der ersten Stellungnahme auf die Vorbringen der Gegenseite zu erheben. Auch die Widerklage ist mit der Klageantwort zu erheben (Art. 224). Hingegen ist das zweite Argument nicht stichhaltig: Neue Tatsachen und Beweismittel können von den Parteien auch noch in einem allfälligen zweiten Schriftenwechsel oder anlässlich einer Instruktionsverhandlung vorgebracht werden. Insofern könnte es sich auch noch nach der Klageantwort oder Replik aufdrängen, eine Streitverkündungsklage zu erheben; dies schliesst der Gesetzestext jedoch ausdrücklich aus. 2

Hingegen ist es sehr wohl denkbar, dass gar **kein zweiter Schriftenwechsel stattfindet**. Aufgrund von Art. 225 *kann* das Gericht einen zweiten Schriftenwechsel anordnen, sofern es die Verhältnisse erfordern, was eher auf einen Ausnahmefall schliessen lässt. Wie die Gerichte dies handhaben werden, wird sich zeigen. In der Botschaft wird jedoch festgehalten, dass eine Streitverkündungsklage nach dem Schriftenwechsel ausgeschlossen sei (BOTSCHAFT ZPO, 7285). Diese Aussage erfolgte wohl in der Annahme eines zweifachen Schriftenwechsels, ansonsten dem Hauptkläger eine Streitverkündungsklage verschlossen bliebe, da die Replik bei Fehlen eines zweiten Schriftenwechsels erst **anlässlich der Hauptverhandlung** erfolgt. Der Widerspruch wird sich insofern entschärfen, als aufgrund der Beschränkung der Streitverkündungsklage auf Regressansprüche hauptsächlich die hauptbeklagte Partei eine Streitverkündungsklage gegen einen Dritten erheben wird. Findet jedoch kein zweiter Schriftenwechsel statt, und möchte die klagende Hauptpartei eine Streitverkündungsklage erheben, muss sie dies auch noch **anlässlich der Hauptverhandlung** tun können, sofern kein zweiter Schriftenwechsel stattfand (FREI, 92). Vorbehalten bleibt der Fall, dass beide Parteien gemeinsam auf die Durchfüh- 3 rung einer Hauptverhandlung verzichten (Art. 233); dies muss auch als Verzicht auf eine Streitverkündungsklage gedeutet werden.

4 Eine Streitverkündungsklage vor *zweiter Instanz* oder in einem *Rechtsmittelverfahren* vor Bundesgericht ist ausgeschlossen. Bei der Streitverkündungsklage kommt es zu einem zweiten Prozessrechtsverhältnis innerhalb eines bereits hängigen Verfahrens (Art. 81 N 45 ff.). In einer Rechtsmittelinstanz kann kein Prozessrechtsverhältnis mehr begründet werden; einer Klageerhebung erst **vor der Berufungsinstanz** steht immer die **funktionelle Unzuständigkeit der Gerichtsinstanz entgegen** (HABSCHEID, N 173; FREI, 94 f.).

II. Zulassungsverfahren (Abs. 1, 2 und 4)

1. Zwischenentscheid über Zulassung

5 Der Vorentwurf der Expertenkommission vom Juni 2003 enthielt keine speziellen Bestimmungen zur Prüfung der Zulassung einer Streitverkündungsklage. Dies wurde von verschiedenen Vernehmlassungsteilnehmern kritisiert, insb. da das sog. Zulassungsverfahren des appel en cause ausführlich geregelt war (vgl. Art. 86 ZPO/VD; SALVADÉ, 236 ff.). Die eidg. ZPO sieht daher heute eine Art **Zulassungsverfahren** für die Streitverkündungsklage vor. Bei der Frage um die Zulassung der Streitverkündungsklage geht es um die **Prüfung der Prozessvoraussetzungen bzw. um die Ein- bzw. Nichteintretensfrage**. Aus Art. 84 Abs. 4 ergibt sich implizit, dass das Gericht nach Prüfung der Prozessvoraussetzungen über die Zulassung der Streitverkündungsklage vorab einen *Zwischenentscheid* zu fällen hat (zum appel en cause HALDY, appel en cause, 444).

6 Kommt das Gericht zum Schluss, dass die Streitverkündungsklage zuzulassen und auf diese einzutreten ist, fällt es einen **Zwischenentscheid**. Der Zwischenentscheid stellt in diesem Fall ein **Prozessurteil** dar, mit dem eine **positive Prozessvoraussetzung** bejaht wird (HABSCHEID, N 439; STAEHELIN/STAEHELIN/GROLIMUND, § 23 N 4). Ein Zwischenentscheid ist nach der eidg. ZPO generell zu fällen, wenn durch abweichende oberinstanzliche Beurteilung sofort eine Endentscheid herbeigeführt und dadurch ein bedeutender Zeit- oder Kostenaufwand gespart werden kann (Art. 237). Dies ist der Fall, wenn die obere Instanz die Streitverkündungsklage als nicht zulässig erachten würde. Es macht in der Tat keinen Sinn, dass erst am Schluss des Prozessverfahrens entschieden wird, ob eine Streitverkündungsklage zuzulassen ist oder nicht, bzw. ob auf diese einzutreten sei oder nicht, obwohl dem unter Umständen bereits ein umständlicher Prozess mit drei involvierten Parteien vorangeht.

7 Bei Nichtzulassung der Streitverkündungsklage wird demgegenüber einen **Endentscheid** (**Nichteintretensentscheid**) gefällt (Art. 236) und das durch die erhobene Streitverkündungsklage entstandene Prozessrechtsverhältnis fällt wieder dahin.

2. Kurze Begründung

8 Im Zulassungsverfahren hat die streitverkündungsklagende Partei die Rechtsbegehren, welche sie in der Streitverkündungsklage zu stellen gedenkt, vorerst zu nennen und kurz zu begründen. Aufgrund der vom Gesetz vorgesehenen kurzen Begründung ist die Klage noch **nicht im Detail zu substantiieren** (STAEHELIN/STAEHELIN/GROLIMUND, 177). Dem Gericht muss jedoch ermöglicht werden, zu prüfen, ob die streitverkündungsklagende Partei ein Rechtsschutzinteresse an der Streitverkündungsklage hat, und auf diese somit eingetreten werden kann (dazu Art. 81 N 17 ff.).

Die kurze Begründung der Klage hat gestützt auf die allgemeinen Bestimmungen zu den Eingaben der Parteien **schriftlich** (in Papierform oder elektronisch) zu erfolgen (Art. 130). Kann die Streitverkündungsklage erst **mündlich** anlässlich der Hauptverhandlung vorgebracht werden (vgl. N 3), muss diese auch mündlich zu Protokoll gegeben werden können (FREI, 96). Das Protokoll, welches das Gericht über jede Verhandlung führen muss, hat unter anderem die Rechtsbegehren, Anträge und Prozesserklärungen der Parteien zu enthalten (Art. 235 Abs. 1 lit. d). Dazu gehört auch das Erheben einer Streitverkündungsklage. Die streitverkündungsklagende Partei ist in diesem Fall anzuhalten, ihre Klage anlässlich der Hauptverhandlung kurz zu begründen, so dass dem Gericht ermöglicht wird, zu prüfen, ob auf diese im Rahmen des Hauptverfahrens eingetreten werden kann. 9

3. Rechtsbegehren

Die Streitverkündungsklage stellt eine **aufschiebend bedingte Klage** dar (Art. 81 N 11 ff.); ausnahmsweise sind bei der Streitverkündungsklage somit **bedingte Rechtsbegehren** zulässig (STAEHELIN/STAEHELIN/GROLIMUND, 177). 10

Bei der Streitverkündungsklage als Regressklage wird es sich zudem **typischerweise um eine Leistungsklage** handeln. Es spricht jedoch nichts dagegen, auch Feststellungsansprüche zur qualifizierten Streitverkündung zuzulassen (KROPHOLLER, Europ. ZPR, Art. 6 EuGVO N 28). So muss eine Streitverkündungsklage auch erhoben werden können, wenn eine der Hauptparteien für den Fall ihres Unterliegens Regressansprüche einer dritten Person *befürchten muss* (Art. 81 N 16). In diesem Fall wird die streitverkündungsklagende Partei begehren, es sei gegenüber der streitverkündungsbeklagten Partei festzustellen, dass diese ihr gegenüber keine Ansprüche habe, falls sie im Hauptverfahren unterliege (negative **Feststellungsklage**). 11

Die streitverkündungsklagende Partei wird ihre Regressansprüche *zudem nicht immer genau beziffern* können, da sie noch nicht weiss, zu welchen Leistungen sie ihrerseits im Hauptverfahren verpflichtet wird, und für welche sie Regress auf die streitverkündungsbeklagte Partei nehmen will. Es muss daher möglich sein, dass die streitverkündungsklagende Partei ihr Rechtsbegehren **vorerst noch nicht beziffert**, oder zumindest den *Vorbehalt* anbringen darf, dass sie ihre Rechtsansprüche je nach Ausgang des Hauptverfahrens reduziert oder erhöht. Wenn der Haupt- und Streitverkündungsprozess jedoch parallel geführt werden, ist eine solche Anpassung nicht möglich, da das Urteil im Haupt- und Streitverkündungsprozess gleichzeitig erfolgt (FREI, 98). Im letzteren Fall hat das Gericht jedenfalls bei der Verteilung der Prozesskosten zu berücksichtigen, dass es für die streitverkündungsklagende Partei schwierig war, ihr Rechtsbegehren zu beziffern: Gestützt auf Art. 107 Abs. 1 lit. a kann das Gericht die Prozesskosten nach Ermessen verteilen, wenn die Klage zwar grundsätzlich, aber nicht in der Höhe der Forderung gutgeheissen wurde, und die Bezifferung des Anspruchs schwierig war. 12

Zusammenfassend könnte ein Rechtsbegehren in einem Streitverkündungsprozess wie folgt lauten: *Die streitverkündungsbeklagte Partei sei für den Fall des Unterliegens der streitverkündungsklagenden Partei im Hauptprozess zu verpflichten, der streitverkündungsklagenden Partei denjenigen Betrag zu bezahlen, zu dessen Zahlung letztere im Hauptprozess an die hauptklagende Partei verpflichtet wird.* Da es dem Gericht bei diesem Rechtsbegehren ohne weiteres möglich ist, ein Urteil zu fällen, muss das unbezifferte Rechtsbegehren der Streitverkündungsklage zulässig sein. 13

4. Anhörung der Parteien

14 Nach Erhalt des Zulassungsbegehrens der Streitverkündungsklage hat das Gericht der Gegenseite der streitverkündungsklagenden Partei im Hauptprozess sowie der streitverkündungsbeklagten Partei Gelegenheit zur Stellungnahme zu geben (HALDY, appel en cause, 444). Da insb. auch die Interessen der Gegenseite im Hauptprozess von der Klageerhebung betroffen sind (Verzögerung des Hauptverfahrens, Akteneinsicht einer dritten Partei) muss sich auch diese zur Zulassung äussern können (FREI, 130 f.).

5. Sistierung des Hauptprozesses

15 Während dem Zulassungsverfahren der Streitverkündungsklage kann der Hauptprozess sistiert werden. Gestützt auf Art. 126 Abs. 1 ist eine Sistierung angezeigt, wenn dies die **Zweckmässigkeit** verlangt: Dies kann im Zulassungsverfahren einer Streitverkündungsklage durchaus der Fall sein, da es für die Fortführung des Hauptprozesses eine Rolle spielt, ob dieser als Mehr- oder Zweiparteienverfahren fortgesetzt wird. Andernfalls müssten z.B. Verhandlungen, Beweisabnahmen etc. im Streitverkündungsprozess wiederholt werden, womit die prozessökonomischen Vorteile der Streitverkündungsklage verloren wären. Wird z.B. vor Ablauf der Frist zur Einreichung der Hauptklageantwort die Zulassung einer Streitverkündungsklage begehrt, könnte das Gericht verfügen, dass diese Frist bis zu einem allfälligen Zwischenentscheid über das Eintreten auf eine Streitverkündungsklage ruht; wird diese zugelassen, könnte die umfassende Begründung der Hauptklageantwort zusammen mit der Streitverkündungsklage erfolgen (FREI, 133). Vorbehalten bleiben z.B. aber dringliche Beweisabnahmen im Hauptverfahren, welche durch eine Sistierung nicht tangiert werden dürfen.

16 Wird der Hauptprozess während dem Zulassungsverfahren sistiert, hat das Gericht darüber eine prozessleitende Verfügung zu fällen, die selbständig mit *Beschwerde* anfechtbar ist (Art. 126 Abs. 2).

6. Rechtsmittel gegen Zulassungsentscheid

a) Beschwerde (Art. 319 ff.)

17 Vom Gesetzgeber wird ausdrücklich statuiert, dass die Zulassung einer Streitverkündungsklage **mittels Beschwerde anfechtbar ist** (Art. 82 Abs. 4, Art. 319 ff.). Eine *Berufung* wird damit vom Gesetzgeber ausgeschlossen, auch wenn der Entscheid über die Zulassung einer Streitverkündungsklage grundsätzlich einen Zwischen- oder Endentscheid über das Eintreten bzw. Nichteintreten darstellt (vgl. N 5 f.), welcher bei Vorliegen der weiteren Voraussetzungen grundsätzlich auch mit Berufung anfechtbar wäre. Der Gesetzgeber scheint den Entscheid über die Zulassung der Streitverkündungsklage jedoch als **prozessleitende Verfügung innerhalb des Hauptprozesses** zu betrachten, welche einerseits in den vom Gesetz genannten Fällen (Art. 319 lit. b Ziff. 1), oder andererseits, wenn durch sie ein nicht leicht wieder gutzumachender Nachteil droht (Art. 319 lit. b Ziff. 2), mit Beschwerde anfechtbar ist. Haldy ist der Auffassung, dass es sich bei der Beschwerde gegen die Zulassung einer Streitverkündungsklage um einen Anwendungsfall von Art. 319 lit. b Ziff. 2 handle, da der Beschwerdeführer nachweisen müsse, die Zulassung der Streitverkündungsklage würde für ihn einen nicht leicht wieder gutzumachenden Nachteil bedeuten (HALDY, ZPO, 32 FN 84).

b) Exkurs: Beschwerde an das Bundesgericht

18 Ein Weiterzug mittels Beschwerde in Zivilsachen an das Bundesgericht ist gestützt auf Art. 72 ff. i.V.m. Art. 93 Abs. 1 lit. a BGG zu bejahen. Der Entscheid über die Zulassung

der Streitverkündung stellt einen Zwischen- oder Endentscheid dar (N 5 ff.), der selbständig eröffnet werden muss (Art. 82 Abs. 4). Die Nichtzulassung der Streitverkündungsklage wird im Übrigen regelmässig einen nicht wieder gutzumachenden Nachteil bewirken, bzw. sofort einen Endentscheid herbeiführen und damit einen bedeutenden Aufwand an Zeit oder Kosten für ein weitläufiges Beweisverfahren ersparen, wenn die Vorinstanz eine Streitverkündungsklage zugelassen hat, die dagegen erhobene Beschwerde jedoch gutgeheissen wird (Art. 93 Abs. 1 lit. b BGG).

c) Rechtsmittellegitimation

Die eidg. ZPO lässt offen, wer alles ein Rechtsmittel über den Entscheid der Zulassung einer Streitverkündungsklage ergreifen kann. Die Legitimation der **streitverkündungsbeklagten und -klagenden Partei** ergibt sich ohne weiteres aus dem Prozessrechtsverhältnis zwischen diesen.

Auch wenn die **Gegenseite** der streitverkündungsklagenden Partei im **Hauptverfahren** nicht direkt in den Streitverkündungsprozess involviert ist, wird diese durch das Hinzukommen der streitverkündungsbeklagten Partei in das Prozessverfahren in ihren prozessualen Rechten benachteiligt und damit materiell beschwert, da sie sich eine Verfahrenserweiterung gefallen lassen muss (zur materiellen Beschwer VOGEL/SPÜHLER, § 63 N 58 ff.). Diese ist zur Zulassung der Streitverkündungsklage daher auch speziell anzuhören (N 14). Damit ist auch die Gegenseite der streitverkündungsklagenden Partei im Hauptprozess zur Beschwerde legitimiert, andernfalls ihr rechtlicher Gehörsanspruch verletzt wäre (FREI, 134 f.; HALDY, ZPO, 32).

7. Kostenfolgen

Wird die Streitverkündungsklage nicht zugelassen, hat regelmässig die streitverkündungsklagende Partei die Kosten des Zulassungsverfahrens zu übernehmen: Art. 106 Abs. 1 hält fest, dass bei Nichteintreten auf eine Klage die klagende Partei als unterliegende Partei gelte und dementsprechend die Kosten zu tragen habe.

III. Fortsetzung des Hauptprozesses (Abs. 3)

1. Begründung der Streitverkündungsklage

Kommt das Gericht im Zulassungsverfahren zum Schluss, dass auf die Streitverkündungsklage einzutreten sei (vgl. dazu N 5 ff.), wird das Verfahren fortgesetzt. Das Gericht hat in diesem Fall den **Zeitpunkt und den Umfang des weiteren Schriftenwechsels** zu bestimmen (Art. 82 Abs. 3). Da die Streitverkündungsklage im Zulassungsverfahren regelmässig lediglich summarisch begründet wurde, wird der streitverkündungsbeklagten Partei nochmals **Frist anzusetzen** sein, um die Streitverkündungsklage zu **begründen** (ähnlich JEANDIN, 85). In der Botschaft wird festgehalten, dass nach Abschluss des Zulassungsverfahrens eine *einlässliche* Klageschrift einzureichen sei (BOTSCHAFT ZPO, 7285). Die Streitverkündungsklage stellt dabei eine gewöhnliche Klage dar, weshalb die üblichen **formellen Voraussetzungen** für die Eingaben der Parteien zu beachten sind (Art. 130 ff.). Die Streitverkündungsklage ist dem Gericht damit grundsätzlich schriftlich in Papierform oder elektronisch einzureichen und in jedem Fall zu unterzeichnen (Art. 130).

Die Streitverkündungsklage ist nicht zwingend mit einer separaten Rechtsschrift einzureichen, vielmehr wird die Streitverkündungsklage in derselben Eingabe wie die Klageantwort oder Replik erfolgen können. Es sind aber auch eigenständige Klagen denkbar (FREI, 95).

2. Gesamtverfahren oder Weiterführung zweier getrennter Verfahren

a) Gesamtverfahren

24 Bei der Streitverkündungsklage liegt es im **Ermessen des Richters**, ob es den Haupt- und Streitverkündungsprozess formell in einem einzigen Verfahren oder zwei getrennten Verfahren durchführen will (Bericht VE-ZPO, 41). Prüfstein für die Frage, wie das Verfahren weiterzuführen ist, müssen die Grundsätze der **Gleichbehandlung aller Parteien** und der **Gewährung des rechtlichen Gehörs** sein (so zum Schiedsprozess, was aber gleichzeitig auch für staatliche Prozesse gilt, M. MEIER, 159).

25 Auch wenn bei einem Mehrparteienverfahren separate Prozessrechtsverhältnisse weiterbestehen und diese lediglich formell in einem Prozessverfahren durchgeführt werden, wird die streitverkündungsbeklagte Partei grundsätzlich Akteneinsicht im Hauptprozess haben (Art. 81 N 48 ff.). Will dies die streitverkündungsklagende Partei verhindern, darf sie keinen aussen stehenden Dritten in das Prozessverfahren zwingen. Sie darf diesem allerdings auch keinen Streit verkünden, da die streitberufene Partei ohne Nachweis eines rechtlichen Interessens als Nebenintervenientin dem Hauptprozess ebenfalls beitreten kann (Art. 74 ff.).

b) Trennung des Haupt- und Streitverkündungsverfahrens

26 Eine Trennung des Haupt- und Streitverkündungsprozesses drängt sich jedoch in gewissen Fällen auf. Dies ist insb. möglich, wenn der Hauptprozess zu einem ausufernden Prozessverfahren führen würde, das Gericht das Rechtsschutzinteresse an der Streitverkündungsklage aber dennoch als gegeben erachtet. Möglich ist auch eine Trennung der beiden Verfahren, wenn das Hauptverfahren kurz vor dem Abschluss steht, und der Entscheid über die Streitverkündungsklage nicht innert nützlicher Frist zu erwarten ist (JEANDIN, 83 f., 85).

27 Eine **Trennung der Gerichtsverfahren wird auf Art. 125 lit. c** gestützt: Nach dieser Bestimmung kann das Gericht zur *Vereinfachung* des Prozesses gemeinsam eingereichte Klagen trennen. Kommt das Gericht somit zum Schluss, dass die gleichzeitige Beurteilung der Regressansprüche im Hauptverfahren z.B. aufgrund der Menge des Prozessstoffes zu unzumutbaren Verzögerungen führen würde, kann es gestützt auf eine analoge Anwendung von Art. 125 lit. c die Streitverkündungsklage in ein separates Verfahren verweisen. Dabei gehen die Vorteile der Streitverkündungsklage auch bei einer Trennung der Verfahren nicht ganz verloren, da beide Streitsachen, d.h. sowohl der Haupt- wie auch der Streitverkündungsprozess, zumindest bei *demselben Gericht* hängig bleiben. Zur Vereinfachung des Prozesses kann das Gericht das **Verfahren vorerst auch auf einzelne Fragen oder Rechtsbegehren beschränken (Art. 125 lit. a)** oder den **Prozess über die Streitverkündungsklage sistieren**, bis im Hauptverfahren ein Urteil gefällt ist (**Art. 126**). Eine Trennung der Verfahren ist jedoch nicht vorschnell zu beschliessen, da die Vorteile der Streitverkündungsklage in diesem Fall nicht voll zum Zuge kommen werden (Art. 81 N 2).

28 Auch bei einer Trennung der Verfahren kann nicht verhindert werden, dass die streitverkündungsbeklagte Partei im Hauptverfahren Akteneinsicht erhält, wenn sich diese dort als Nebenintervenientin formiert.

3. Weiterer Schriftenwechsel

a) Erster Schriftenwechsel

Werden der Haupt- und Streitverkündungsprozess zusammen durchgeführt, ist der streitverkündungsbeklagten Partei **First zur Klageantwort** anzusetzen, sobald die streitverkündungsklagende Partei die Streitverkündungsklage vollständig begründet hat. Mit der Fristansetzung an die streitverkündungsbeklagte Partei ist aber sinnvollerweise zuzuwarten, **bis der erste Schriftenwechsel im Hauptverfahren abgeschlossen ist**, d.h. bis die Hauptklageantwort dem Gericht eingereicht wurde. Da die streitverkündungsbeklagte Partei u.a. auch als Nebenintervenientin in das Hauptverfahren eingreifen kann, sollte die Streitverkündungsklageantwort erst eingereicht werden müssen, wenn die Vorbringen der Hauptparteien im Wesentlichen auf dem Tisch liegen, d.h. die Hauptklage wie auch die Hauptklageantwort produziert wurden. Hat die hauptbeklagte Partei die Streitverkündungsklage *vor* Einreichung der eigenen Hauptklageantwort im Hauptverfahren eingereicht, ist folglich vor der Fristansetzung zur Streitverkündungsklageantwort abzuwarten, bis die streitverkündungsklagende Partei die Hauptklageantwort produzierte (dies wird regelmässig zusammen mit der vollständigen Begründung der Streitverkündungsklage erfolgen). Unter Umständen kann es geboten sein, der hauptbeklagten Partei hiefür eine neue Frist anzusetzen, sofern z.B. das Hauptverfahren während dem Zulassungsverfahren der Streitverkündungsklage sistiert wurde. Hat die hauptbeklagte Partei die Streitverkündungsklage gleichzeitig mit der Hauptklageantwort rechtshängig gemacht, kann der streitverkündungsbeklagten Partei sofort Frist zur Streitverkündungsklageantwort angesetzt werden (FREI, 150 f.).

Hat die hauptklagende Partei eine Streitverkündungsklage erhoben, ist wiederum zu unterscheiden, ob dies vor oder nach der Hauptklageantwort geschehen ist. Sinnvollerweise ist auch in diesem Fall zuzuwarten, bis die Hauptklageantwort dem Gericht eingereicht wurde, bevor der streitverkündungsbeklagten Partei Frist angesetzt wird, die Streitverkündungsklageantwort einzureichen (FREI, 150).

b) Zweiter Schriftenwechsel

Nach Abschluss des ersten Schriftenwechsels kommt es auch im Streitverkündungsprozess zur Replik und Duplik, sofern diese nicht mündlich an der Hauptverhandlung erfolgen (Art. 225, 228). Dabei wird i.d.R. zuerst die hauptklagende Partei **auf die Hauptklageantwort replizieren**. In der Folge wird die hauptbeklagte Partei die **Hauptklageduplik** und gleichzeitig die **Streitverkündungsklagereplik** und anschliessend die streitverkündungsbeklagte Partei die **Streitverkündungsklageduplik** einreichen (FREI, 151).

c) Haupt- und Instruktionsverhandlungen

Anschliessend folgt die **Hauptverhandlung** (Art. 228 ff.). Anlässlich der Hauptverhandlung kommt es zur **Beweisabnahme in Bezug auf zwei Prozessrechtsverhältnisse**. Dabei wird es sich aufgrund des Sachzusammenhangs zwischen dem Haupt- und Streitverkündungsprozess häufig um dieselben Beweismittel handeln. Denkbar ist auch, dass bereits im Vorfeld der Hauptverhandlung Instruktionsverhandlungen stattgefunden haben (Art. 226). **Instruktionsverhandlungen** können sich insb. in Mehrparteienverfahren aufdrängen, wobei es dem Richter aufgrund seiner Kompetenz der Prozessleitung auch anheim gestellt ist, Instruktionsverhandlungen separat mit den Parteien des Hauptprozesses und denjenigen des Streitverkündungsprozesses durchzuführen.

Anlässlich der Hauptverhandlung wird von den Parteien auch zum Beweisergebnis Stellung genommen. Dabei plädiert die hauptklagende Partei zuerst (Art. 232 Abs. 1). Im

Mehrparteienverfahren wird anschliessend die hauptbeklagte Partei und in der Folge die streitverkündungsbeklagte Partei zum Beweisergebnis plädieren dürfen. Möglich sind weitere Vorträge (Art. 232 Abs. 1) oder auch schriftliche Parteivorträge (Art. 232 Abs. 2). Vor allem im Mehrparteienverfahren können schriftliche Stellungnahmen zum Beweisergebnis sinnvoll sein (FREI, 151 f.).

4. Prozessuales Handeln der streitverkündungsbeklagten Partei

a) Im Streitverkündungsprozess

34 Im Streitverkündungsprozess (Regressverfahren) ist die streitverkündungsbeklagte Partei direkte Gegenpartei der streitverkündungsklagenden Partei: Diese kann daher **direkt zu den ihr gegenüber geltend gemachten Ansprüchen Stellung nehmen**, d.h. entweder deren Abweisung beantragen und/oder auch Gegenanträge stellen.

b) Im Hauptprozess

35 Wird eine Streitverkündungsklage erhoben, erfolgt diese als **qualifizierte Streitverkündung verbunden mit einer einfachen Streitverkündung** (Art. 81 N 10). Die streitverkündungsbeklagte Partei ist **zugleich streitberufene Partei**, womit sie zugunsten der streitverkündungsklagenden Partei ohne Nachweis eines rechtlichen Interessens als **Nebenintervenientin** in das Hauptverfahren intervenieren kann (Art. 81 N 47).

36 Regelmässig wird es auch im Interesse der streitverkündungsbeklagten Partei sein, dass die Hauptklage abgewiesen wird, da die Streitverkündungsklage in diesem Fall gegenstandslos wird (FREI, 140). Formiert sich die streitverkündungsbeklagte Partei im Hauptprozess als Nebenintervenientin, sind ihr die Vorladungen zu den Verhandlungen und die prozessleitenden Verfügungen und Beschlüsse in Bezug auf das Hauptverfahren ebenfalls zuzustellen, sofern die Vorladungen, Verfügungen und Beschlüsse nicht ohnehin für den Haupt- und Regressprozess gemeinsam erfolgen (FRANK/STRÄULI/MESSMER, § 45 ZPO/ZH N 3 ff.; LEUENBERGER/UFFER-TOBLER, Art. 51 ZPO/SG N 3). Demgegenüber hat die Gegenpartei der streitverkündungsklagenden Partei im Hauptprozess im Streitverkündungsprozess *keine eigene Funktion*, d.h. sie ist weder Partei noch Nebenpartei und hat deshalb dort auch keine Mitwirkungsmöglichkeiten (FREI, 140).

37 Die streitverkündungsbeklagte Partei ist jedoch auch als Nebenintervenientin im Hauptprozess *nicht berechtigt, eigene Ansprüche gegenüber der Gegenpartei der streitverkündungsklagenden Partei zu erheben*. Der Begriff des Mehrparteienverfahrens ist nicht so zu verstehen, dass jede Partei ohne weiteres gegenüber der anderen Partei Ansprüche erheben kann. Vielmehr ist **materiell von zwei Prozessrechtsverhältnissen** auszugehen, auch wenn diese **formell in einem Verfahren abgehandelt werden** (Art. 81 N 45 ff.). Eine Kompetenzattraktion für direkte Ansprüche der streitverkündungsbeklagten Partei gegenüber der Gegenpartei der streitverkündungsklagenden Partei im Hauptverfahren kann damit lediglich stattfinden, wenn das Gericht auch für diese weiteren Ansprüche zuständig ist (FREI, 142; SALVADÉ, 217; vgl. auch die diesbezüglichen Ausführungen zu einer sachbezogenen Konzentration von an sich unabhängig zu verfolgenden Ansprüche an demselben Gerichtsstand und einer umfassenderen Anwendung des Gerichtsstands der Streitgenossenschaft und Klagenhäufung FREI, 143 f.).

5. Zeugenstellung der streitverkündungsbeklagten Partei im Hauptprozess

38 Die eidg. ZPO hält fest, dass lediglich Zeugnis ablegen könne, wer *nicht als Partei* in einem Verfahren teilnehme; dabei fallen unter den Begriff der Partei sowohl Haupt- wie auch *Neben*parteien. In diesem Zusammenhang stellt sich die Frage, ob auch die streit-

verkündungsbeklagte Partei von der streitverkündungsklagenden Partei im Hauptprozess nicht mehr als Zeugin angerufen werden kann. Dies ist der Fall, wenn sich die streitverkündungsbeklagte Partei im Hauptprozess als Nebenpartei (Nebenintervenientin) formiert (Art. 81 N 47). Hingegen ist die Frage differenziert zu beantworten, falls dies nicht der Fall ist: Aufgrund der materiell verschiedenen Prozessrechtsverhältnissen wird die streitverkündungsbeklagte Partei nicht zu einer direkten Partei im Hauptverfahren, weshalb die Frage berechtigt ist, ob diese im Hauptverfahren nicht als Zeugin aussagen könne. Dabei kommt es auf die **Interessenlage im Hauptverfahren** an. Da mit der Streitverkündungsklage Regressansprüche geltend gemacht werden, wird die streitverkündungsbeklagte Partei in den meisten Fällen ein Interesse daran haben, dass die streitverkündungsklagende Partei im Hauptverfahren obsiegt, da die Regressansprüche in diesem Fall gegenstandslos werden. Allfällige Zeugenaussagen der streitverkündungsbeklagten Partei im Hauptverfahren werden daher kaum als unabhängig gewichtet werden können. Etwas anderes kann höchstens gelten, wenn die Zeugenaussagen Tatsachen betreffen, die für die streitverkündungsbeklagte Partei nicht bedeutsam sind, wobei diese Auslegung restriktiv gehandhabt werden muss (FREI, 145).

6. Kapitel: Parteiwechsel

Art. 83

¹ **Wird das Streitobjekt während des Prozesses veräussert, so kann die Erwerberin oder der Erwerber an Stelle der veräussernden Partei in den Prozess eintreten.**

² **Die eintretende Partei haftet für die gesamten Prozesskosten. Für die bis zum Parteiwechsel aufgelaufenen Prozesskosten haftet die ausscheidende Partei solidarisch mit.**

³ **In begründeten Fällen hat die eintretende Partei auf Verlangen der Gegenpartei für die Vollstreckung des Entscheides Sicherheit zu leisten.**

⁴ **Ohne Veräusserung des Streitobjekts ist ein Parteiwechsel nur mit Zustimmung der Gegenpartei zulässig; besondere gesetzliche Bestimmungen über die Rechtsnachfolge bleiben vorbehalten.**

¹ Lorsque l'objet litigieux est aliéné en cours d'instance, l'acquéreur peut reprendre le procès en lieu et place de la partie qui se retire.

² La partie qui se substitue répond de l'ensemble des frais. La partie qui se retire du procès répond solidairement des frais encourus jusqu'à la substitution.

³ Sur requête de la partie adverse, le juge peut si nécessaire ordonner au reprenant de constituer des sûretés en garantie de l'exécution de la décision.

⁴ En l'absence d'aliénation de l'objet du litige, la substitution de partie est subordonnée au consentement de la partie adverse; les dispositions spéciales prévoyant la succession d'un tiers aux droits ou obligations des parties sont réservées.

[1] Se l'oggetto litigioso è alienato durante il processo, l'acquirente può subentrare nel processo al posto dell'alienante.

[2] La parte subentrante risponde per tutte le spese giudiziarie. La parte che si ritira risponde tuttavia solidalmente per le spese giudiziarie già maturate.

[3] In casi motivati, su richiesta della controparte la parte subentrante deve prestare una garanzia per l'esecuzione della decisione.

[4] Se non vi è alienazione dell'oggetto litigioso, la sostituzione di parte può avvenire solo con il consenso della controparte; sono fatte salve le disposizioni speciali di legge in materia di successione legale.

Inhaltsübersicht Note

I. Vorbemerkungen 1
II. Parteiwechsel bei Veräusserung des Streitobjekts (Abs. 1–3) 5
   1. Begriffliches 5
   2. Folgen der Veräusserung 8
   3. Informelle Mitteilung an das Gericht 19
   4. Zeitliche Limiten für Parteiwechsel 20
   5. Auswirkungen auf weiteres Verfahren 22
   6. Kostenfolgen 28
   7. Sicherheitsleistung 30
   8. Teilweiser Parteiwechsel 32
III. Parteiwechsel ohne Veräusserung des Streitobjekts (Abs. 4) 33
   1. Gewillkürter (schlichter) Parteiwechsel nur mit Zustimmung aller Parteien ... 33
   2. Parteiwechsel aufgrund gesetzlicher Rechtsnachfolge 36
   3. Konkurs und Nachlass 42
   4. Weitere Beispiele für Parteiwechsel ohne Veräusserung des Streitgegenstands 50

Literatur

M. GULDENER, Über die materiellen Wirkungen der Streitverkündung, ZSR, Bd. 68 (1949), 235 ff. (zit. Streitverkündung); J. HALDY, De l'utilité de l'appel en cause, Schweizerische Zeitschrift für Zivilprozessrecht 4/2005, 439 ff. (zit. appel en cause); M. P. STERN, Prozessökonomie und Prozessbeschleunigung als Ziele der zürcherischen Zivilrechtspflegegesetze, Diss. Zürich 1989.

I. Vorbemerkungen

1 Grundsätzlich stehen sich während einem Prozessverfahren von Anfang bis zum Ende *dieselben Parteien* gegenüber, abgesehen von der späteren Prozessteilnahme einer intervenierenden, streitberufenen oder streitverkündungsbeklagten Partei. Denkbar ist aber, dass der Streitgegenstand während eines Prozessverfahrens veräussert wird. In diesem Fall ist zwischen der **materiellen Rechtslage** und **den durch das Prozessrecht daraus gezogenen Folgerungen** zu unterscheiden.

2 *Materiell* fällt die **Aktivlegitimation** bei einer Veräusserung des Streitgegenstandes durch die klägerische Partei grundsätzlich dahin. Bei einer Veräusserung des Streitobjekts durch die beklagte Partei fehlt es im Nachhinein an der **Passivlegitimation**, ausser die klägerische Partei würde ihr Rechtsbegehren ändern (z.B. Änderung eines Herausgabeanspruchs in einen Schadenersatzanspruch) oder die Realvollstreckung bliebe auf-

grund der lediglich subjektiven Unmöglichkeit der Leistungserfüllung durch die beklagte Partei nach wie vor möglich (STAEHELIN/STAEHELIN/GROLIMUND, § 13 N 79).

Die *prozessualen* Folgen haben die kantonalen Zivilprozessordnungen bis anhin unterschiedlich geregelt: In gewissen Kantonen hat die Veräusserung des Streitobjekts keinen Einfluss auf die Prozessführungsbefugnis, d.h. die veräussernde Partei führte den Prozess *in eigenem Namen* aber *für fremdes Recht* (das des Erwerbenden, sog. *Prozessstandschaft*) weiter, oder die erwerbende Partei war auch bei einer Veräusserung des Streitgegenstands lediglich befugt, in das Prozessverfahren einzutreten, wenn die Gegenseite *zustimmte*. Die Rechtskraft sollte in der Folge auf die erwerbende Partei erstreckt werden. Bei dieser Lösung stimmte das Urteil in der Folge nicht mit der materiellen Rechtslage überein. Andere Zivilprozessordnung ermöglichen den Parteiwechsel bei einer Veräusserung des Streitgegenstands auch ohne Zustimmung der Gegenseite (vgl. dazu die Übersicht bei VOGEL/SPÜHLER, § 28 N 102, 108 f.).

Auch nach der eidg. ZPO soll der Erwerber bei einer Veräusserung des Streitobjekts in das Prozessverfahren eintreten können, **ohne** dass es der **Zustimmung der Gegenseite** bedarf, so wie dies bereits diverse kantonale Zivilprozessordnungen vorgesehen haben. Dies macht aus **prozessökonomischen Gründen** Sinn: Könnte der Erwerber nicht in das begonnene Prozessverfahren eintreten, müsste der Prozess gegen den Veräusserer wegen fehlender Aktiv- oder Passivlegitimation abgewiesen (FRANK/STRÄULI/MESSMER, § 49 ZPO/ZH N 2; STAEHELIN/STAEHLIN/GROLIMUND, § 13 N 79; STERN, 114 f.), und ein zweites Verfahren in die Wege geleitet werden. Die Verfassung garantiert dem Rechtssuchenden zudem wohl ein faires Verfahren, nicht aber, dass einer Prozesspartei die ihr genehme Gegenpartei erhalten bleibt (BGer, 19.12.2005, 4P.231/2005).

II. Parteiwechsel bei Veräusserung des Streitobjekts (Abs. 1–3)

1. Begriffliches

a) Begriff des Streitobjekts

Als Streitgegenstand werden Sachen oder Rechte bezeichnet, «wenn die Sachlegitimation der Parteien durch die Beziehung zu ihnen bestimmt wird, z.B. die eingeklagte Forderung, die Sache, an welcher Eigentum oder Besitz oder ein anderes beschränktes dingliches Recht durch Leistungs- oder Feststellungsklage geltend gemacht wird, ferner Sachen, deren Eigentum oder Besitz mit der Verpflichtung zu einem Dulden oder Leisten verbunden ist, [...] sowie Sachen, auf deren Herausgabe der Kläger einen obligatorischen Anspruch erhebt. Dazu zählen auch Rechte des Immaterialgüterrechts» (FRANK/STRÄULI/MESSMER, § 49 ZPO/ZH N 1).

b) Begriff der Veräusserung

Auch der Begriff der Veräusserung ist sehr weit gefasst. Damit ist **jede Übertragung eines Rechts oder des Besitzes** einer Sache unter Lebenden gemeint, d.h. sowohl durch Rechtsgeschäft (Kauf, Tausch, Schenkung, Zession), Zwangsverwertung infolge Pfändung oder Konkurs oder auch Legalzession (FRANK/STRÄULI/MESSMER, § 49 ZPO/ZH N 2; GULDENER, ZPR, 146 insb. FN 13; LEUENBERGER/UFFER-TOBLER, Art. 53 ZPO/SG N 4a; STUDER/RÜEGG/EIHOLZER, § 56 ZPO/LU N 2).

Räumt die veräussernde Partei dem Dritten lediglich ein *beschränkt dingliches Recht* oder einen *obligatorisches Recht* am Streitobjekt ein (z.B. Pfandrecht oder Nutzniessung an der strittigen Forderung), so büsst sie die Legitimation zum Streitobjekt nicht ein und es findet keine Veräusserung desselben statt (FRANK/STRÄULI/MESSMER, § 49 ZPO/ZH N 18). Die erwerbende Partei ist u.U. berechtigt, als Nebenintervenientin dem Prozessverfahren beizutreten.

2. Folgen der Veräusserung

a) Parteiwechsel aufgrund der Veräusserung

8 Der Gesetzgeber sieht vor, dass die erwerbende Partei **anstelle der veräussernden Partei in den Prozess eintreten kann**; sie muss aber nicht. Es steht der erwerbenden Partei somit frei, ob sie das Prozessverfahren anstelle der veräussernden Partei weiterführen will oder nicht. Mit einem Parteiwechsel muss grundsätzlich auch die *veräussernde Partei* einverstanden sein (BOTSCHAFT ZPO, 7286). Sie wird aber kaum ein Interesse haben, einen Parteiwechsel zu verhindern, da ihr nach der Veräusserung die Aktivlegitimation bzw. Passivlegitimation fehlt (dazu N 10 ff.). Der Parteiwechsel ist für sie regelmässig sogar von Vorteil, da eine zweite Partei für die bisherigen Gerichtskosten mithaftet, und sie für die weiteren Gerichtskosten nicht mehr haftet (vgl. N 28 ff.).

9 Tritt die erwerbende Partei folglich in das Prozessverfahren ein, kommt es zu einem Parteiwechsel, **ohne** dass es hiefür der **Zustimmung der Gegenseite** bedürfte. Tritt die erwerbende Partei demgegenüber nicht ein, bestimmen sich die Folgen je nachdem, ob die klägerische oder beklagte Partei das Streitobjekt veräussert hat:

b) Erwerbende Person tritt dem Prozessverfahren nicht bei

aa) Klägerische veräussernde Partei

10 Veräussert die klägerische Partei das Streitobjekt während laufendem Prozessverfahren, und tritt die erwerbende Partei nicht in das Prozessverfahren ein, verliert erstere grundsätzlich die Aktivlegitimation und die **Klage ist abzuweisen** (FRANK/STRÄULI/MESSMER, § 49 ZPO/ZH N 2; STAEHELIN/STAEHELIN/GROLIMUND, § 13 N 79; STERN, 115; VOGEL/ SPÜHLER, § 28 N 109; **a.M.** wohl BERGER/GÜNGERICH, N 376; HABSCHEID, § 23 N 294).

11 Die eidg. ZPO berechtigt die veräussernde Partei m.a.W. nicht zur Weiterführung des Prozesses als Prozessstandschafterin (FRANK/STRÄULI/MESSMER, § 49 ZPO/ZH N 11; STAEHELIN/STAEHELIN/GROLIMUND, § 13 N 79), so wie dies gewisse kantonale Zivilprozessordnungen vorgesehen haben. Eine Prozessstandschaft mangels ausdrücklicher Grundlage in der eidg. ZPO ist rechtlich nicht möglich (LEUENBERGER/UFFER-TOBLER, Art. 53 ZPO/SG N 5), da das schweizerische Recht die *gewillkürte Prozessstandschaft nicht vorsieht* (WALDER/GROB, § 9 N 5; BGE 78 II 274).

12 Diese Lösung ist sachgerecht: Die erwerbende Partei hat nämlich u.U. kein Interesse, in das Prozessverfahren einzutreten, da dieses z.B. bis anhin von der bisherigen Klägerin als veräussernde Partei schlecht geführt wurde, oder aber die erwerbende Partei der veräussernden Klägerin eine Forderung abgekauft hat, um die beklagte Partei bzw. Schuldnerin der Forderung zu entlasten. In diesen Fällen hat die erwerbende Partei eben gerade kein Interesse daran, dass das Prozessverfahren weitergeführt wird; dieses soll daher auch nicht eigenmächtig von der veräussernden Partei weitergeführt werden können, sollte die erwerbende Partei dem Verfahren nicht als Partei beitreten und ein Parteiwechsel stattfinden. Die Rechtsstellung des Erwerbers wird dadurch nicht beeinträchtigt, da das klageabweisende Urteil in diesem Fall lediglich Rechtskraft bezüglich der Frage der Aktivlegitimation entfaltet (FRANK/STRÄULI/MESSMER, § 49 N 11).

Die veräussernde Partei kann das Prozessverfahren einzig weiterführen, wenn sie ihre Rechtsbegehren in dem Sinne abändert, als sie die **Leistung an die erwerbende Partei** verlangt (FRANK/STRÄULI/MESSMER, § 49 ZPO/ZH N 11). Dagegen ist es bei einer Veräusserung durch die beklagte Partei nicht möglich, den Erwerber, der keine Gelegenheit hatte, sich im Prozess zu verteidigen, zu einer Leistung an die klagende Partei zu verpflichten (GULDENER, ZPR, 292). 13

bb) Beklagtische veräussernde Partei

Veräussert demgegenüber die beklagte Partei das Streitobjekt, kann sie sich dadurch nicht ohne weiteres dem Prozessverfahren entziehen, sofern die erwerbende Partei dem Prozessverfahren nicht beitreten will. Wie die erwerbende Partei auf der klägerischen Seite, trifft diese keine Pflicht zum Prozessbeitritt; der Prozessbeitritt ist lediglich ein *Recht*, wobei es die Zustimmung der Gegenseite nicht braucht. 14

Eine Verurteilung auf Realerfüllung bleibt u.U. dennoch möglich, soweit bei der beklagten Partei lediglich ein Fall der *subjektiven Unmöglichkeit* eintritt, bzw. z.B. die eingeklagten und zu liefernden Aktien nach wie vor auf dem Markt verfügbar sind (STAEHELIN/STAEHLIN/GROLIMUND, § 13 N 79). Auch bei einer *objektiven Unmöglichkeit* (z.B. Klage auf Herausgabe eines bestimmten Gemäldes) hat die klägerische Partei nach wie vor die Möglichkeit, ihre *Rechtsbegehren an die veränderte Sachlage anzupassen*: Die beklagte Partei wäre zwar weiterhin zur Herausgabe verpflichtet, nur ist bereits während dem Prozessverfahren klar, dass diese Pflicht realiter nicht mehr durchsetzbar wäre, womit die Aufrecherhaltung am ursprünglichen Rechtsbegehren keinen Sinn mehr macht. Die klägerische Partei kann daher ihre ursprünglichen Begehren **in ein Schadenersatzbegehren umwandeln**. Das geänderte Rechtsbegehren wird in diesem Fall mit dem bisherigen Anspruch in einem **sachlichen Zusammenhang** stehen, womit eine Klageänderung ohne weiteres zulässig ist (Art. 227; BERGER/GÜNGERICH, N 375). Diesen Fall scheint auch die Botschaft zu thematisieren, wobei dies mit einer Weiterführung der Prozessführungsbefugnis begründet wird (BOTSCHAFT ZPO, 7268). 15

Die klägerische Partei hat bei einer Veräusserung durch die beklagte Partei auch die Möglichkeit, das Verfahren für gegenstandslos erklären zu lassen (BERGER/GÜNGERICH, N 375), wobei die Gegenstandslosigkeit von der beklagten Partei zu vertreten wäre, was sich auf die Tragung der Kostenfolgen auswirkt (BÜHLER/EDELMANN/KILLER, §§ 64 u. 65 ZPO/AG N 6). 16

Erfolgt keine Änderung des Rechtsbegehrens durch die klägerische Partei, ist die Klage bei objektiver Unmöglichkeit der Leistung durch die beklagt Partei **wegen Wegfall der Passivlegitimation abzuweisen**, wobei sich das Verhalten der beklagten Partei selbstverständlich auch hier auf die Kostenverteilung auswirkt bzw. diese die Prozesskosten tragen muss (STAEHELIN/STAEHLIN/GROLIMUND, § 13 N 79; i.E. gleich BERGER/GÜNGERICH, N 375). 17

Unter Umständen ist es daher sinnvoll, wenn die klägerische Partei bei einer drohenden Veräusserung des Streitobjekts durch die beklagte Partei versucht, den Anspruch auf Realerfüllung durch **einstweilige Verfügung** absichern zu lassen (Art. 261 ff.; BERGER/GÜNGERICH, N 375; FRANK/STRÄULI/MESSMER, § 49 ZPO/ZH N 6). 18

3. Informelle Mitteilung an das Gericht

Soll ein Parteiwechsel stattfinden, stellt der Gesetzgeber keine Vorschriften darüber auf, wie die Mitteilung an das Gericht erfolgen muss. Da der Erwerber dem Prozessverfahren hingegen nicht beitreten *muss*, bedarf es einer **ausdrücklichen Erklärung** desselben, 19 da das Gericht nicht ohne weiteres annehmen darf, dass ein Parteiwechsel stattfindet (GULDENER, ZPR, 293). Es empfiehlt sich daher, den Parteiwechsel gegenüber dem Gericht *schriftlich* bekannt zu geben und gleichzeitige eine *schriftliche Bestätigung der erwerbenden Partei* einzureichen, dass diese bereit ist, das Prozessverfahren anstelle der bisherigen Partei weiterzuführen.

4. Zeitliche Limiten für Parteiwechsel

20 Ebenso wenig sagt der Gesetzgeber etwas zum Zeitpunkt, bis wann ein Parteiwechsel spätestens stattfinden muss. Er kann damit **jederzeit bis zum Urteilszeitpunkt** und auch noch in einem allfälligen Rechtsmittelverfahren erfolgen (FRANK/STRÄULI/MESSMER, § 49 ZPO/ZH N 20). Ausgeschlossen ist jedoch in jedem Fall die Wiederholung von Prozesshandlungen (LEUENBERGER/UFFER-TOBLER, Art. 54 ZPO/SG N 1). Wurde das Streitobjekt nach Eintritt der Rechtskraft des Urteils veräussert, kommen die Bestimmungen über den Parteiwechsel nicht mehr zur Anwendung und es hat unter Umständen der erwerbende Dritte ein allfälliges Revisionsgesuch zu stellen (FRANK/STRÄULI/MESSMER, § 49 ZPO/ZH N 20).

21 Unter den bisherigen kantonalen Zivilprozessordnungen wurde teils die Ansicht vertreten, die Bestimmungen zum Parteiwechsel würden keine Anwendung finden vor Anhängigmachung der Klage, d.h. z.B. während dem Sühneverfahren (u.a. FRANK/STRÄULI/MESSMER, § 49 ZPO/ZH N 20). Da nach der eidg. ZPO die Rechtshängigkeit bereits mit Einreichung des Schlichtungsgesuchs begründet wird (Art. 62 Abs. 1), kommen die Bestimmungen über den Parteiwechsel bereits während dem Sühneverfahren zum Tragen.

5. Auswirkungen auf weiteres Verfahren

22 Die Zulässigkeit des Parteiwechsels stellt eine **Prozessvoraussetzung** dar und ist vom Gericht **von Amtes wegen zu prüfen** (BÜHLER/EDELMANN/KILLER, Vor §§ 62–65 ZPO/AG N 3). Dies gilt jedoch bloss bei einer *Bestreitung der Zulässigkeit des Parteiwechsels* durch die Gegenseite im Prozessverfahren, da auch ein gewillkürter Parteiwechsel zulässig ist, wenn dem alle Prozessparteien zustimmen (Art. 83 Abs. 4; BERGER/GÜNGERICH, N 371).

23 Die eintretende Partei nimmt den Prozess in der Lage auf, wie er sich im Moment des Parteiwechsels befindet. Bisherige Prozesshandlungen und damit auch Versäumnisse der ausscheidenden Partei behalten somit ihre Wirkung, und die eintretende Partei kann diese nicht rückgängig machen (BOTSCHAFT ZPO, 7286). Die Wirkungen der Rechtshängigkeit wie insb. die Unterbrechung der Verjährung, können dem eintretenden Erwerber gegenüber aber erst vom Zeitpunkt des Prozesseintritts an eintreten (BÜHLER/EDELMANN/KILLER, §§ 64 u. 65 ZPO/AG N 7, m.w.H.).

24 Im Übrigen ist es Sache der veräussernden Partei, die eintretende erwerbende Partei über den Stand des Prozessverfahrens zu informieren.

25 Auch das Urteil ergeht schlussendlich *nur für oder gegen die eintretende Partei*; die ausscheidende Partei tritt beim Parteiwechsel vollständig aus dem Prozessverfahren aus (BOTSCHAFT ZPO, 7286).

26 Ist eine Partei aufgrund eines Parteiwechsels aus dem Prozessverfahren ausgeschieden, ist eine Befragung als Zeugin grundsätzlich wieder möglich, da die ausgeschiedene Partei keine Parteistellung mehr besitzt. Allfällige Eigeninteressen einer ausgeschiedenen Partei sind vom Gericht jedoch im Rahmen der Beweiswürdigung zu berücksichtigen (LEUENBERGER/UFFER-TOBLER, Art. 53 ZPO/SG N 2). Eigene Interessen am Obsiegen

der eintretenden Person werden häufig vorliegen: So wird z.B. die veräussernde Partei ein Interesse daran haben, dass die erwerbende Partei das übernommene Prozessverfahren gewinnt, weil sie von dieser andernfalls Schadenersatzansprüche zu gewärtigen hat. Eine **Zeugenstellung** der veräussernden Partei ist daher **lediglich in Ausnahmefällen** denkbar.

Fällt das Veräusserungsgeschäft nachträglich dahin, hat dies keine Auswirkungen auf das Prozessverfahren; ein Wiederaufleben der prozessualen Rechte des Veräusserers ist mit anderen Worten nach dem Wortlaut und der Bedeutung von Art. 83 ausgeschlossen: Der **Parteiwechsel ist definitiv** und der Erwerber bleibt Partei (FRANK/STRÄULI/MESSMER, § 49 ZPO/ZH N 11), ausser das Streitobjekt werde wieder an die ursprüngliche Partei (zurück) veräussert. 27

6. Kostenfolgen

Die **eintretende Partei haftet für die gesamten Prozesskosten**, und zwar auch für die **Prozesskosten, die vor dem Parteiwechsel entstanden sind**. Dies besagt Satz zwei von Abs. 2, in welchem festgehalten wird, dass die ausscheidende Partei bis zum Parteiwechsel für aufgelaufene Prozesskosten solidarisch *mithaftet*. Der Gegenseite haften damit bis zum Parteiwechsel solidarisch zwei Parteien für die Prozesskosten, einerseits die ausscheidende und andererseits die eintretende Partei; für Prozesskosten nach dem Parteiwechsel haftet bloss noch die eintretende Partei (BOTSCHAFT ZPO, 7286). Diese Regelung ist gerechtfertigt, da die ausscheidende Partei den Prozessverlauf nach dem Parteiwechsel nicht mehr beeinflussen kann. Die eintretende Partei konnte zwar die Prozesskosten bis zum Parteiwechsel auch nicht beeinflussen; dieser steht es aber frei, ob sie in den Prozess eintreten will oder nicht (N 8). 28

Mit Prozesskosten sind sowohl die Gerichtskosten (Art. 95 Abs. 1 und 2) wie auch die Parteientschädigung an die Gegenseite gemeint (Art. 95 Abs. 3; BOTSCHAFT ZPO, 7286). 29

7. Sicherheitsleistung

In begründeten Fällen hat die eintretende Partei auf Verlangen der Gegenseite für die Vollstreckung des Entscheides Sicherheit zu leisten (Art. 83 Abs. 3). Sicherheit bedeutet die **Gewährleistung**, dass die der Gegenseite allfällig geschuldete **Prozessentschädigung bezahlt wird**; im Weiteren kann eine Sicherheitsleistung aber auch für den **Vollzug des Urteils** in der Sache selbst verlangt werden, sofern der Parteiwechsel auf der Beklagtenseite stattgefunden hat. 30

Beispiele für begründete Fälle erwähnt der Gesetzgeber nicht. Auch in der Botschaft ZPO und dem Bericht VE-ZPO finden sich diesbezüglich keine Erklärungen (BOTSCHAFT ZPO, 7286; Bericht VE-ZPO, 42). Eine Sicherheitsleistung ist aber insofern gerechtfertigt, als die Gegenseite den Parteiwechsel nicht beeinflussen kann, da es deren Zustimmung nicht braucht. Diese sieht sich folglich während laufenden Prozessverfahren plötzlich mit einer anderen Prozesspartei konfrontiert. Eine Sicherheitsleistung drängt sich daher insb. auf, wenn der Klägerin aufgrund eines Parteiwechsels eine weniger liquide Gegenseite gegenübersteht, gegen die sie möglicherweise nie ein Prozessverfahren eingeleitet hätte. 31

8. Teilweiser Parteiwechsel

Obwohl dies der Gesetzgeber nicht explizit statuiert hat, ist auch ein teilweiser Parteiwechsel möglich, wenn z.B. lediglich ein Teil der Forderung zediert wurde. In diesem Fall stehen der Gegenseite neu **einfache Streitgenossen** gegenüber, sofern die erwerben- 32 de Partei in das Prozessverfahren eintritt. Als Beispiel ist die Arbeitslosenkasse zu erwähnen, die einem arbeitsrechtlichen Verfahren im Umfang der subrogierten Forderung als Partei beitritt. Es handelt sich in diesem Fall um eine streitgenössische Nebenintervention (i.E. gleich MERZ, § 23 ZPO/TG N 2b).

III. Parteiwechsel ohne Veräusserung des Streitgegenstands (Abs. 4)

1. Gewillkürter (schlichter) Parteiwechsel nur mit Zustimmung aller Parteien

33 Wird der Streitgegenstand nicht veräussert, kommt ein Parteiwechsel im Rahmen des durch die *Dispositionsmaxime* Zulässigen **nur mit Zustimmung der Gegenpartei** in Frage (STAEHELIN/STAEHELIN/GROLIMUND, § 13, N 76). Gibt es mehrere Prozessparteien, müssen alle zustimmen, mit Ausnahme der Nebenparteien wie z.B. die Nebenintervenientin (STUDER/RÜEGG/EIHOLZER, § 57 ZPO/LU N 7). Zustimmen müssen insb. auch alle notwendigen Streitgenossen. Bei der einfachen Streitgenossenschaft kann das Prozessverfahren unter Umständen geteilt werden, wenn dem Parteiwechsel nicht alle Streitgenossen zustimmen (Art. 125 lit. b; FRANK/STRÄULI/MESSMER, § 49 ZPO/ZH N 21). Stimmt die Gegenpartei einem Parteiwechsel nicht von sich aus zu, kann es folglich nicht zu einem Parteiwechsel kommen (BOTSCHAFT ZPO, 7286). Die Zulassung eines gewillkürten bzw. schlichten Parteiwechsels ohne Zustimmung der Gegenpartei erachtete das Bundesgericht als mit dem Gedanken des Rechtsstaats nicht vereinbar (BGE 118 Ia 129, 131 ff.).

34 Wer eine *falsche (nicht passivlegitimierte) Partei* einklagt, ist damit nicht berechtigt, später im Prozessverfahren die falsche Partei durch die richtige zu ersetzen; die Klage ist vielmehr zurückzuziehen und gegen die richtige Partei ein neuer Prozess anzuheben. Ebenso wenig kann die richtige, aktivlegitimierte Partei ohne weiteres anstelle der bisher falschen, nicht aktivlegitimierten Partei in das Prozessverfahren eintreten (BERGER/GÜNGERICH, N 372). Ein solch gewillkürter bzw. schlichter Parteiwechsel ist lediglich zulässig, wenn dem alle Parteien zustimmen, was unter Umständen aus *prozessökonomischen Überlegungen* sinnvoll sein kann. Auch eine **bloss formelle Berichtigung** der Parteibezeichnung ist lediglich möglich, wenn die **Identität der Partei** von Anfang an feststand, und lediglich deren Benennung falsch war; andernfalls liegt der untaugliche Versuch eines Parteiwechsels vor (FRANK/STRÄULI/MESSMER, § 49 ZPO/ZH N 3, m.H. auf BGE 110 V 349 E. 2).

35 Der in Art. 83 geregelte Parteiwechsel hat selbstverständlich auch nichts mit der Problematik von Änderungen im Mitgliederbestand von Personengesellschaften und juristischen Personen während einem hängigen Gerichtsverfahren zu tun. Sofern die *Partei- und Prozessfähigkeit* nach der Änderung des Mitgliederbestands gewahrt bleibt, findet kein Parteiwechsel statt (FRANK/STRÄULI/MESSMER, § 49 ZPO/ZH N 22, m.w.H. auf Grenzfälle).

2. Parteiwechsel aufgrund gesetzlicher Rechtsnachfolge

36 Vorbehalten bleiben weiter gesetzliche Regelungen, bei welchen eine Rechtsnachfolge unmittelbar gestützt auf das Gesetz eintritt (vgl. auch BOTSCHAFT ZPO, 7286). Das Prozessrecht kann diesen **Übergang gestützt auf das materielle Recht nicht verhindern**; insb. kann dieses den Parteiwechsel nicht von weiteren Bedingungen abhängig machen (BERGER/GÜNGERICH, N 378), wie z.B. der Zustimmung der Gegenseite. Es ist kurz auf nachfolgende Beispiele einzugehen:

a) Nachfolge durch Erbgang

Die Erben erwerben eine Erbschaft von Gesetzes wegen und es gehen sämtliche Rechte und **Pflichten des Erblassers ipso iure auf die Erben über** (Art. 560 ZGB). Stirbt der Erblasser während einem laufenden Prozessverfahren, wird der **Prozess eingestellt**, bis die Ausschlagung der Erbschaft nicht mehr möglich ist (Art. 567 ZGB). Diese Einstellung hat von Amtes wegen zu erfolgen, sofern kein diesbezüglicher Parteiantrag erfolgt (HABSCHEID, N 290; VOGEL/SPÜHLER, § 28 N 94). Da eine Sistierung des Prozessverfahrens für diesen Fall in der eidg. ZPO nicht explizit vorgeschlagen ist, hat der Richter im Rahmen seiner Prozessleitung eine Sistierung des Verfahrens gestützt auf Art. 126 zu verfügen. Schlagen die Erben die Erbschaft nicht aus, wird das Prozessverfahren mit diesen ipso iure an Stelle der verstorbenen Partei fortgesetzt.

37

Geht es im Prozessverfahren demgegenüber um **höchstpersönliche Ansprüche**, wird das **Prozessverfahren gegenstandslos**. Dasselbe gilt, wenn das Rechtsverhältnis mit dem Tode des Erblassers untergeht, z.B. bei einer Scheidungsklage. Die Rechtsfolgen mit den Erben beschränken sich in diesem Fall auf die förmliche Feststellung, dass das Prozessverfahren *abzuschreiben* ist, und die Auseinandersetzung über die *Prozesskosten* (BERGER/GÜNGERICH, N 380; GULDENER, ZPR, 144).

38

b) Fusionsgesetz

Bei diversen Tatbeständen gestützt auf das Fusionsgesetz gehen ebenfalls Aktiven und Passiven auf die übernehmende Gesellschaft über (**Fusion**, Art. 22 Abs. 1 FusG; **Spaltung**, Art. 52 FusG; **Vermögensübertragung**, Art. 73 Abs. 2 FusG), und es findet ein Parteiwechsel gestützt auf das materielle Recht statt.

39

Eine besondere Konstellation liegt bei der **Übernahme eines Vermögens mit Aktiven und Passiven nach Art. 181** vor. Auch bei Art. 181 OR wird der Übernehmer aus den mit dem Vermögen oder dem Geschäft verbundenen Rechten und Pflichten ohne weiteres verpflichtet: Falls es in einem Prozess um ein Aktivum geht, tritt der Übernehmer somit ebenfalls ipso iure anstelle des früheren Inhabers in den Prozess ein. Etwas anderes gilt aber bei einem Passivum: Da der frühere Inhaber mit dem Übernehmer solidarisch noch während dreier Jahre für die übertragenen Schulden mithaftet, kann er vom Gläubiger weiterhin belangt werden und bleibt damit Prozesspartei (BERGER/GÜNGERICH, N 379). Es bleibt dem Gläubiger überlassen, ob er gleichzeitig auch den Übernehmer aufgrund der Solidarhaftung einklagen will; letzterer hat die Möglichkeit, dem Prozessverfahren als Nebenintervenient beizutreten.

40

Wird nur das Rechtskleid gewechselt (z.B. Umwandlung einer GmbH in eine AG) erfolgt nur eine **Berichtigung der Parteibezeichnung**, d.h. es liegt kein Parteiwechsel vor (zur Abgrenzung zwischen Parteiwechsel und Berichtigung der Parteibezeichnung im Allgemeinen s. BGE 131 I 57; STAEHELIN/STAEHELIN/GROLIMUND, § 13 N 77).

41

3. Konkurs und Nachlass

Weiter zu erwähnen ist der Spezialfall der Konkurseröffnung über den Gemeinschuldner als Partei eines Prozessverfahrens: Durch die Konkurseröffnung **verliert dieser die Dispositionsbefugnis über sein Vermögen** und damit im Prozessverfahren die Prozessführungsbefugnis (BGE 132 III 89 E. 1.3; Art. 204 SchKG). An dessen Stelle tritt die Konkursmasse, vertreten durch die Konkursverwaltung (STAEHELIN/STAEHELIN/GROLIMUND, § 13 N 78).

42

43 Die Prozessverfahren, in denen der Gemeinschuldner Partei ist und die den Bestand der Konkursmasse berühren, werden zuerst von Gesetzes wegen eingestellt, ausser es handle sich um dringende Fälle (Art. 207 SchKG; BGE 132 III 89 E. 1.5 und 1.6). Rein betreibungsrechtliche Verfahren in hängigen Betreibungen, z.B. Rechtsöffnungsverfahren, werden mit der Konkurseröffnung *gegenstandslos* (Art. 206 SchKG), ausser es handelt sich um die Betreibung auf Verwertung von Drittpfändern oder Betreibungen für nach der Konkurseröffnung entstandene Forderungen (VOGEL/SPÜHLER, § 28 N 98).

44 Wird der Konkurs im ordentlichen Verfahren geführt, kann das eingestellte Prozessverfahren frühestens zehn Tage nach der zweiten Gläubigerversammlung, im summarischen Verfahren frühestens 20 Tage nach der Auflegung des Kollokationsplans wieder aufgenommen werden (Art. 207 SchKG). Das Prozessverfahren wird in diesem Fall von der Konkursverwaltung als Stellvertreterin des Gemeinschuldners fortgesetzt (GULDENER, ZPR, 145).

45 Ob das Prozessverfahren fortgesetzt werden soll, entscheidet die **Gläubigerversammlung** (Art. 238 SchKG). Denkbar ist auch, dass sich ein oder mehrere Gläubiger die **Prozessführungsbefugnis abtreten lassen** (sie führen die Prozesse alsdann in einer Art Prozessstandschaft, Art. 260 SchKG; BÜHLER/EDELMANN/KILLER, Vor §§ 62–65 ZPO/AG N 4). Bei Tod des Abtretungsgläubigers geht die Prozessführungsbefugnis auf die Erben über (FRANK/STRÄULI/MESSMER, § 49 ZPO/ZH N 14, m.w.H.). Dasselbe gilt bei der Abtretung einer Konkursforderung: Die im Konkursverfahren abgetretene Prozessführungsbefugnis geht auf den Zessionar über (FRANK/STRÄULI/MESSMER, § 49 ZPO/ZH N 14; BGE 57 III 100). Verzichten die Gläubiger oder später die Abtretungsgläubiger, denen die Prozessführungsbefugnis vorerst abgetreten wurde, auf die Fortsetzung des Verfahrens, sehen die Folgen unterschiedlich aus, je nachdem ob es sich um einen Aktiv- oder Passivprozess handelt.

46 Bei Aktivprozessen hat die bestmögliche Verwertung der Forderung zu erfolgen (Art. 260 Abs. 3 SchKG; LEUENBERGER/UFFER-TOBLER, Art. 54 ZPO/SG N 7c; WALDER/GROB, § 15 N 17 ff.). Nach Abschluss des Konkursverfahrens darf der Gemeinschuldner die Klage wieder selbständig führen (BERGER/GÜNGERICH, N 386; BÜHLER/EDELMANN/KILLER, § 63 ZPO/AG N 2).

47 Bei Passivprozessen gilt die Klage des Dritten als anerkannt und sein Anspruch ist demzufolge zu kollozieren (BERGER/GÜNGERICH, N 386; BÜHLER/EDELMANN/KILLER, § 63 ZPO/AG N 2; VOGEL/SPÜHLER, § 28 N 99; **a.M.** GULDENER, ZPR, 145).

48 Wird das Konkursverfahren mangels Aktiven eingestellt (Art. 230 SchKG), fällt die Beschränkung der Prozessführungsbefugnis des Gemeinschuldners nachträglich ebenfalls wieder dahin und dieser kann den Prozess weiterführen, sofern es sich um eine natürliche Person handelt. Bei einer juristischen Person wird das Verfahren gegenstandslos, sobald diese im Handelsregister gelöscht wird. Die Beschränkung der Prozessführungsbefugnis fällt schliesslich gleichermassen für natürliche und juristische Personen bei Widerruf des Konkurses dahin (BÜHLER/EDELMANN/KILLER, § 63 ZPO/AG N 4 ff.).

49 Etwas anderes gilt bei der **Nachlassstundung**. Diese begründet keinen Verlust der Parteistellung und hat daher keinen Einfluss auf die Führung von Zivilprozessen. Die sich in Nachlassstundung befindliche Partei wird jedoch gewöhnlich durch den Sachwalter vertreten. Erst bei Abschluss eines Nachlassvertrages mit Vermögensabtretung tritt der Verlust der Dispositionsbefugnis analog den Regeln über das Konkursverfahren ein. An die Stelle der Prozesspartei tritt auch hier die Masse (mit dem Zusatz «in Nachlassliquidation»), vertreten durch den Liquidator (Art. 319 Abs. 2 und 4 SchKG; STAEHELIN/STAEHELIN/GROLIMUND, § 13 N 78).

4. Weitere Beispiele für Parteiwechsel ohne Veräusserung des Streitgegenstands

Art. 79 Abs. 1 lit. b sieht die Möglichkeit vor, dass die **streitberufene Partei** anstelle der streitverkündenden Partei den Prozess fortführen kann. In diesem Fall kommt es ebenfalls zum Parteiwechsel und die streitberufene Partei wird ebenfalls zur Hauptpartei und führt den Prozess in eigenem Namen aber für fremdes Recht (Prozessstandschaft; BOTSCHAFT ZPO, 7284; Art. 79 N 12 f.), ohne dass es der Zustimmung der Gegenseite bedarf (Bericht VE-ZPO, 40).

Ein Übergang der Prozessführungsbefugnis findet weiter von einer Prozesspartei auf deren gesetzlichen Vertreter (oder umgekehrt) statt, sofern erstere **im Laufe des Prozesses die Prozessfähigkeit einbüsst bzw. verliert** (GULDENER, ZPR, 146). Gestützt auf das materielle Bundesrecht ist auch der Zessionar in der Beklagtenrolle im Aberkennungsprozess verpflichtet, dem Prozess beizutreten, wenn die Forderung erst während der Betreibung abgetreten wurde (FRANK/STRÄULI/MESSMER, § 49 ZPO/ZH N 13, m.H. auf BGE 83 II 214; 95 II 254). Dasselbe gilt wohl für den Zessionar einer Betreibungsforderung in einem nach Art. 107 SchKG vom Dritten eingeleiteten Widerspruchsprozess (FRANK/STRÄULI/MESSMER, § 49 ZPO/ZH N 13). Weiter ist der Erwerber eines Grundstücks, mit welchem die streitige Verpflichtung subjektiv dinglich verknüpft ist, von Gesetzes wegen verpflichtet, dem Prozessverfahren beizutreten, z.B. beim Bauhandwerkerpfandrecht (FRANK/STRÄULI/MESSMER, § 49 ZPO/ZH N 13; GULDENER, ZPR, 289). Schliesslich ist auch der Käufer, der ein Mietobjekt nach Einleitung des Erstreckungsverfahrens durch den Mieter erworben hat, und das gekündigte Mietverhältnis übernommen hat, gesetzlich verpflichtet, in das Mieterstreckungsverfahren einzutreten (BGE 98 II 294).

6. Titel: Klagen

Vorbemerkungen zu Art. 84–90[*]

Inhaltsübersicht   Note

I. Gegenstand der Art. 84–90 1

II. Klage 2
    1. Essentialien 2
    2. Insbesondere: Rechtsbegehren 3
    3. Ausnahmefall: Vereinfachte Klage 5

III. Klage und Streitgegenstand 7
    1. Allgemeines 7
    2. Bestimmung des Streitgegenstands 9
    3. Relevanz des Streitgegenstandsbegriffs 13
    4. Rechtshängigkeit und «Kernpunkttheorie» 14

Literatur

S. BERTI, Neue Gedanken zum Streit- oder Prozessgegenstand, SZZP 2008, 193 ff.; T. CASTELBERG, Die identischen und die in Zusammenhang stehenden Klagen im Gerichtsstandsgesetz, Diss. Bern 2005; W. HABSCHEID, Der Streitgegenstand im Zivilprozess und im Streitverfahren der freiwilligen Gerichtsbarkeit, Bielefeld 1956; O. HAUS, Der Streitgegenstand im schweizerischen Zivilprozess, Diss. Zürich 1981; I. MEIER, Bundesgesetz über den Gerichtsstand in Zivilsachen (Gerichtsstandsgesetz, GestG) – Konzept des neuen Rechts und erste Antworten auf offene Fragen, Anwaltsrevue 2001, 23 ff.; C. ROHNER, Klageänderung, AJP 2001, 7 ff.; D. SCHWANDER, Die objektive Reichweite der materiellen Rechtskraft – Ausgewählte Probleme, Diss. Zürich 2002; M. SOGO, Gestaltungsklagen und Gestaltungsurteile des materiellen Rechts und ihre Auswirkungen auf das Verfahren, Diss. Zürich 2007; O. VOGEL, Die Stufenklage und die dienende Funktion des Zivilprozessrechts, Urteilsanmerkung Zivilprozessrecht, recht 1992, 58 ff.; G. VON ARX, Der Streitgegenstand im schweizerischen Zivilprozess, Diss. Basel 2007; G. WALTER, Der Streitgegenstand, recht 1990, 33 ff.; F. WALTHER, Anmerkung zum Entscheid des Schweizer Bundesgerichts vom 8.5.2002 (4C.385/2001), ZZPInt 2002, 401 ff.

I. Gegenstand der Art. 84–90

1   Die Art. 84–90 regeln verschiedene Aspekte im Zusammenhang mit der **Klage**. Die Regelungen dieses Titels sind mitnichten alles, was das Gesetz diesbezüglich anordnet. Zu beachten sind insb. auch die Art. 130–132 (Eingaben der Parteien), Art. 220 und 221 (Einleitung des ordentlichen Verfahrens durch Klage; Klageinhalt), Art. 244 (vereinfachte Klage), Art. 252 (Verfahrenseinleitung durch Gesuch im summarischen Verfahren), Art. 290 (Scheidungsklage) sowie verschiedene Sonderbestimmungen wie etwa Art. 81 und 82 (Streitverkündungsklage) oder Art. 224 (Widerklage). Zugleich enthält dieser Titel Bestimmungen mit bloss belehrendem Charakter. Dies gilt für Art. 84 Abs. 1 (Definition der Leistungsklage) und Art. 87 (Definition der Gestaltungsklage). Entweder wollte der Gesetzgeber hier entgegen dem bewährten Prinzip «lex moneat, nec doceat» lehrhafte Inhalte in die Zivilprozessordnung einfügen (was angesichts des sonst doch überaus

---

[*] Ich danke meinen Assistenten Christian Fraefel und Philipp Weber für die Unterstützung bei der Recherche.

geringen Regulierungsgrades dieses Gesetzes erstaunlich wäre), oder es wurde missverstanden, dass Existenz und Definition der Leistungsklage dermassen selbstverständlich ist, dass sie gewiss keiner Regelung in einer Zivilprozessordnung bedarf, während die Definition der Gestaltungsklage – welche ja durchaus nicht deren Rechtsgrundlage ist (vgl. Art. 87 N 1) – überflüssig ist (vgl. nur SOGO, 39). Der Umstand, dass der Vorentwurf (Art. 77 Abs. 3 VE) ein noch in verfehlter Weise in das Privatrecht eingreifendes Rückwirkungsverbot für das Gestaltungsurteil vorsah, lässt erahnen, dass man hier das Verhältnis von Privat- und Prozessrecht in der Tat nicht klar vor Augen hatte.

II. Klage

1. Essentialien

Die Klage ist der verfahrenseinleitende Dispositionsakt des Klägers. Der zivilprozessuale Dispositionsgrundsatz (Art. 58 Abs. 1) verwirklicht sich hier insofern, als der Kläger mit der Klage den Streitgegenstand des Prozesses festlegt. Die *Essentialien* der Klage kommen aus diesem Blickwinkel gesehen in der eher auf die technische Ausgestaltung der Klageschrift ausgerichteten Bestimmung des Art. 221 über den Inhalt der Klage nicht deutlich zum Ausdruck: Der rechtliche Kern dieser Parteiprozesshandlung liegt in der **Behauptung eines Sachverhalts** und der **Stellung eines Rechtsbegehrens**. Die begehrte Rechtsfolge muss sich aus den substantiierten Tatsachenbehauptungen der Klage ableiten lassen; ist dies nicht der Fall, so ist die Klage unschlüssig und muss daher – allenfalls nach richterlichen Hinweisen auf die bestehende Unschlüssigkeit (Art. 56) – ohne Durchführung eines Beweisverfahrens abgewiesen werden (HABSCHEID, ZPR, Rz 368).

2. Insbesondere: Rechtsbegehren

Das Vorliegen eines ausreichend bestimmten Rechtsbegehrens ist wohl als **Prozessvoraussetzung** anzusehen (VOGEL, recht 1992, 58, 64). Die **Formulierung des Rechtsbegehrens** variiert in der kantonalen Praxis. Zu Recht regelt die ZPO diese Frage des Kurialstils nicht. Zum Teil wird ja der Urteilsantrag im Konjunktiv formuliert («Der Beklagte sei zu verpflichten, ...»), zum Teil wird das Rechtsbegehren in Frageform formuliert. (Nicht nur) diese beiden Wege stehen durchaus im Einklang mit den Vorgaben der ZPO. Wesentlich ist lediglich, dass das Rechtsbegehren einen **klaren Urteilsantrag** enthält – das Rechtsbegehren stellt die Frage, das Urteilsdispositiv gibt die Antwort. Das Erfordernis eines bestimmten Rechtsbegehrens kommt in Art. 84 Abs. 2 (Bezifferung einer Klage auf Geldleistung) zum Ausdruck, gilt aber für alle Klagearten; vgl. die Sonderregelung des Art. 85 (unbezifferte Forderungsklage). Weil das Urteil nach Art. 58 Abs. 1 nicht mehr und nichts anderes zusprechen darf als der Kläger verlangt hat, muss dem Rechtsbegehren unmittelbar das **beantragte Urteilsdispositiv** zu entnehmen sein. Umgekehrt besteht das Urteilsdispositiv dann im Falle eines Sachurteils notwendig nur aus einer gänzlichen oder teilweisen Gutheissung oder Abweisung des klägerischen Rechtsbegehrens und darf unter Vorbehalt von Art. 58 Abs. 2 insb. nicht mehr oder etwas anderes enthalten.

Das Rechtsbegehren darf unter **keiner ausserprozessualen Bedingung** stehen, zulässig sind jedoch insb. **Eventualbegehren**, d.h. die hilfsweise Stellung eines Rechtsbegehrens für den Fall der Nichtstattgebung des Hauptbegehrens (GULDENER, ZPR, 262; STAEHELIN/STAEHELIN/GROLIMUND, § 14 Rz 8 f.; VOGEL/SPÜHLER, 7. Kap. Rz 7; BERGER/GÜNGERICH, Rz 648). Mit der Eventualmaxime hat dies jedoch nichts zu tun (so jedoch STAEHELIN/STAEHELIN/GROLIMUND, § 14 Rz 9), weil Eventualbegehren ja notwendig einen vom Hauptbegehren unterschiedlichen, hilfsweise formulierten Streitgegenstand betreffen und daher von der *Präklusionswirkung* der materiellen Rechtskraft nicht erfasst werden; sie können daher im Wege der Klageänderung oder parallel oder später auf dem Wege einer neuen Klage geltend gemacht werden. Der Begriff «*Eventual*maxime» bezieht sich vielmehr auf die Notwendigkeit, bis zu einem bestimmten Zeitpunkt Vorbringen und damit gegebenenfalls eben auch Eventualvorbringen *zum selben Streitgegenstand* zu erstatten.

3. Ausnahmefall vereinfachte Klage?

5   Im vereinfachten Verfahren ist nach Art. 244 Abs. 2 eine «Begründung der Klage (...) nicht erforderlich». Allerdings muss die Klage auch in diesem Fall ein Rechtsbegehren (Art. 244 Abs. 1 lit. b) und «die Bezeichnung des Streitgegenstandes» (Art. 244 Abs. 1 lit. c) enthalten. Im Unterschied dazu verlangt Art. 221 für die Klage im ordentlichen Verfahren neben der Bezeichnung der einzelnen Beweismittel auch die Tatsachenbehauptungen. Die Ausführungen der Botschaft zeigen, dass dies kaum reflektiert geschah (BOTSCHAFT ZPO, 7374 f.): Treffend wird hier auf die textliche Parallele zu Art. 202 (Einleitung des Schlichtungsverfahrens) hingewiesen; in der Tat wird in Art. 202 Abs. 2 angeordnet, im Schlichtungsgesuch seien die Gegenpartei, «das Rechtsbegehren und der Streitgegenstand» zu bezeichnen. Die Botschaft führt in diesem Zusammenhang aus, die vereinfachte Klage sei «keine Rechtschrift im eigentlichen Sinne». Es genüge, dass «der Streit definiert werden kann». Zur mangelnden Begründungspflicht wird angeführt, nicht erforderlich sei «eine Substantiierung der Klage», denn die Klage brauche weder tatsächliche noch rechtliche Ausführungen zu enthalten. Freilich muss eine Klage niemals rechtliche Ausführungen enthalten (vgl. auch N 2). Allerdings ist eine Klage – auch im vereinfachten Verfahren! – gewiss unschlüssig, wenn sie überhaupt gar keine tatsächlichen Behauptungen enthält. Auf der Grundlage einer solchen Klage könnte auch der Umfang der Rechtshängigkeit nicht ermittelt werden.

6   Unklar ist bei all dem, was der Gesetzgeber mit der Bezeichnung des «Streitgegenstandes» (neben der Angabe des Rechtsbegehrens!) gemeint hat; es ist zu vermuten, dass er hier eine schlagwortartige Angabe von Sachverhalt bzw. Anspruchgrundlage vor Augen hatte. Der Streitgegenstand setzt sich freilich aus dem (Lebens-)Sachverhalt und dem Rechtsbegehren zusammen (vgl. N 9), weshalb zur Angabe des «Streitgegenstandes» zusätzlich zur ohnedies erforderlichen Bezeichnung des Rechtsbegehrens ja nur ein Tatsachenvorbringen in Betracht kommt. Tatsächlich dürfte der Gesetzgeber dort in ungeschickter Weise zum Ausdruck bringen wollen, dass noch keine volle Substantiierung der Klage erforderlich sei; und in der Tat kann ja im vereinfachten Verfahren die Klagebegründung noch in der Verhandlung nachgetragen werden. Im Ergebnis bedeutet dies, dass der Kläger wegen einer mangelnden Substantiierung der Klage schon in der Klageschrift keinen Rechtsnachteil erleidet. Gewiss ist aber bei der Angabe des «Streitgegenstandes» eine ganz knappe Angabe des Tatsachenvorbringens zu fordern, weil ansonsten ganz unklar bleibt, was Streitgegenstand des Verfahrens ist – würde nur ein Rechtsbegehren gestellt, so wüsste man z.B. gar nicht, wie die objektiven Grenzen der Rechtshängigkeit zu bestimmen sind. Der Unterschied zum ordentlichen Verfahren ist damit aber letztlich nur graduell: Auch dort kann der Kläger ja eine zunächst nicht ausreichend substantiierte Klage im Rahmen eines zweiten Schriftenwechsels (Art. 225), einer Instruktionsverhandlung (Art. 226) oder – wenn weder ein zweiter Schriftenwechsel noch eine Instruktionsverhandlung stattgefunden hat – zu Beginn der Hauptverhandlung (Art. 229 Abs. 2) noch genauer substantiieren. Fraglich ist bei all dem, wann der Fall vorliegt, dass eine Klage i.S.v. Art. 245 eine Begründung enthält (dann Fristsetzung zur schriftlichen

Stellungnahme) oder nicht (dann sofortige Vorladung zur Verhandlung). Da der Übergang von einer vereinfachten Klage, die bloss eine knappe Angabe von Rechtsbegehren und «Streitgegenstand» enthält, zu einer Klagebegründung (die in einfachen Fällen ja auch knapp ausfallen kann) fliessend ist, liegt hier letztlich ein Ermessensentscheid des Gerichts vor, welches zu erwägen hat, ob der Inhalt der Klageschrift schon so detailliert ist, dass ein Auftrag zur schriftlichen Stellungnahme an den Beklagten prozessökonomisch sinnvoll ist.

III. Klage und Streitgegenstand

1. Allgemeines

Tatsachenvorbringen und Klagebegehren in der Klage konstituieren den **Streitgegenstand** des Prozesses. Dieser ändert sich insb. nicht durch die vom Beklagten geltend gemachten *Verteidigungsmittel*, sofern keine *Widerklage* erhoben wird. Letztere muss ja einen notwendig vom Gegenstand der Hauptklage unterschiedlichen Streitgegenstand aufweisen (ansonsten stünde der Widerklage ja das Prozesshindernis der Rechtshängigkeit entgegen); die Bestimmungen über die Klage sind daher mutatis mutandis und vorbehaltlich von Sondervorschriften für die Widerklage (vgl. Art. 94, 198 lit. g und insb. Art. 224) auch auf diese anwendbar.

Die ZPO bedient sich mit Blick auf den Streitgegenstand keiner einheitlichen **Terminologie**: In Art. 64 und 65 wird vom «Streitgegenstand» gesprochen, während in Art. 90 und 227 vom «Anspruch» die Rede ist. Dieser Begriff des «Anspruchs» entspricht jedoch in der sonstigen deutschsprachigen Gesetzesterminologie im Sinne eines «prozessualen Anspruchs» dem Streitgegenstandsbegriff (vgl. nur § 322 der deutschen und § 411 der österreichischen Zivilprozessordnung). In der Tat ist in allen genannten Fällen dasselbe gemeint; zu beachten ist jedoch die Besonderheit im Hinblick auf die Zuständigkeitskonzentration durch Rechtshängigkeitssperre nach der Rechtsprechung des Bundesgerichts (s. N 15). Während auch die italienische Textfassung hier zwei Begriffe für dasselbe enthält (in Art. 64 und 65 ist vom «oggetto litigioso» die Rede, während in Art. 90 und 227 von der «pretesa» die Rede ist), bringt es die französische Fassung sogar auf drei verschiedene Begriffe: «la même cause» (Art. 64 Abs. 1 lit. a), «le même objet» (Art. 65) sowie «prétention» (Art. 90 bzw. 227 Abs. 1). All das dürfte zum einen auf wenig sorgfältige Redaktionsarbeit hinweisen (dies gilt insb. für die begriffliche Divergenz zwischen Art. 64 und 65 in der französischen Fassung, welcher identische Begriffe in der deutschen und italienischen Version entsprechen), zum anderen wohl aber auch auf mangelndes Problembewusstsein, gewiss aber nicht auf einen bewussten Willen des Gesetzgebers, hier in irgendeiner Weise zu differenzieren! Umgekehrt macht der Gesetzgeber dagegen vom Begriff «Streitgegenstand» Gebrauch, wo er offenbar etwas anderes zum Ausdruck bringen möchte (vgl. Art. 202 Abs. 2, Art. 244 Abs. 1 lit. c; vgl. dazu N 6). Die ZPO weist nicht nur in diesem Bereich erhebliche begriffliche Schwächen auf.

2. Bestimmung des Streitgegenstands

Nach der heute zu Recht herrschenden **zweigliedrigen Streitgegenstandstheorie** wird der Streitgegenstand daher durch das **Rechtsbegehren** und den vom Kläger behaupteten **Lebenssachverhalt** bestimmt (GULDENER, ZPR, 199; HABSCHEID, ZPR, Rz 392; SCHWANDER, Rechtskraft, 152; VON ARX, 25, 36 ff.; VOGEL/SPÜHLER, 8. Kap. Rz 16 ff.; BERGER/GÜNGERICH, Rz 705; vgl. aus der Rechtsprechung vor allem BGE 125 III 8 E. 3; auf den «Rechtsgrund» abstellend BGE 128 III 284 E. 3b; 125 III 241 E. 1; 123 III 16

E. 2a, was allerdings nicht im Widerspruch zur Theorie vom Lebenssachverhalt steht: der Begriff «Lebenssachverhalt» konkretisiert vielmehr jenen des Rechtsgrunds – vgl. schon HABSCHEID, Streitgegenstand, 184 ff., bes. 210). Eine *rechtliche Qualifikation* des geltend gemachten Anspruchs durch den Kläger ist nicht notwendiger Klageinhalt, schränkt den Streitgegenstand daher auch nicht ein und ist für das Gericht wegen Art. 57 auch nicht bindend (BGE 107 II 119 E. 2a; 99 II 67 E. 4; 95 II 242 E. 3).

10 Das für den Streitgegenstand konstitutive Rechtsbegehren ist genau das in der Klage begehrte *Urteilsdispositiv* (und nicht etwa ein weitergehendes «Rechtsschutzziel» o.dgl.). Besondere Schwierigkeiten macht die **Bestimmung des relevanten Sachverhalts**. Nach der insb. von HABSCHEID (ursprünglich für das deutsche Recht) entwickelten (vgl. nur HABSCHEID, Streitgegenstand, 208 ff.) und dann in die Schweiz übernommen, heute herrschenden zweigliedrigen Streitgegenstandstheorie ist auf den **Lebenssachverhalt** abzustellen (vgl. nur HABSCHEID, ZPR, Rz 381 ff.).

11 Der **Begriff des «einheitlichen Lebenssachverhalts»** ist von erheblicher Unschärfe; dies ist jedoch zum einen angesichts der Vielzahl der in Betracht kommenden Konstellationen gerade von grossem Vorteil (vgl. auch HAUS, 98); zum anderen hat die gerade in Deutschland mit Intensität geführte Streitgegenstandsdiskussion bis heute zwar eine Vielzahl wesentlich komplizierterer Ansätze, aber keine bessere Lösung gefunden. Im Einzelfall hat das Gericht einen wesentlichen Spielraum zur Konkretisierung dieses Begriffs. Dabei ist m.E. vor dem Hintergrund der Massgeblichkeit des Streitgegenstandsbegriffs für die objektiven Rechtskraftgrenzen auf *Zumutbarkeitskriterien* abzustellen: Der einheitliche Lebenssachverhalt umfasst jene Fakten, welche aufgrund des in der Klage vorgebrachten Tatsachensubstrats aus Sicht sorgfältig prozessierender Parteien als Grundlage von Angriffs- und Verteidigungsmitteln heranzuziehen wären, weil ihre Beachtung angesichts eines nach der Verkehrsauffassung einheitlichen Lebensvorgangs eben zumutbar ist.

12 Zum Lebenssachverhalt zählen nämlich durchaus **nicht nur gerade die in der Klage vorgebrachten Tatsachen**. Diese stecken vielmehr lediglich ein Feld von Tatsachen ab, im Rahmen dessen im Prozess zum einen Vorbringen erstattet werden *kann*, ohne dass eine Klageänderung vorliegt, zum anderen aber auch bei sonstiger Präklusion qua materieller Rechtskraft Vorbringen erstattet werden *muss*. Je nachdem, ob sich ein nach der Klage von einer der Parteien vorgebrachtes Faktum innerhalb dieses Feldes befindet, liegt dann lediglich ergänzendes Vorbringen zum selben Lebenssachverhalt oder eben eine Klageänderung vor; der Begriff «Anspruch» in Art. 227 Abs. 1 meint ja den «prozessualen Anspruch», mithin den Streitgegenstand, weshalb eine Klageänderung vorliegt, wenn Rechtsbegehren *oder* Lebenssachverhalt geändert werden.

3. Relevanz des Streitgegenstandsbegriffs

13 Der so durch die Klage fixierte, allenfalls durch eine Klageänderung geänderte Streitgegenstand ist insb. massgeblich für die Beurteilung der Frage, ob eine **objektive Klagenhäufung** (Art. 90) vorliegt oder vielmehr bloss mehrere rechtliche Begründungen für denselben prozessualen Anspruch (Streitgegenstand) bestehen, ob eine **Klageänderung** (Art. 227) oder nur ergänzendes Vorbringen zum selben Streitgegenstand vorliegt sowie zur Bestimmung der **objektiven Grenzen der Rechtshängigkeit** (vgl. Art. 64 Abs. 1 lit. a, wo ausdrücklich auf den «Streitgegenstand» abgestellt wird; vgl. jedoch gleich unten N 14 ff.) und der **materiellen Rechtskraft** sowie für die **Sperrwirkung des Klagerückzugs** (Art. 65) (vgl. allgemein BERTI, SZZP 2008, 193 f.; WALTER, recht 1990, 33). Wie erwähnt steckt dieser Streitgegenstand auch die **Grenzen der gerichtlichen**

Kognition im Rahmen des Dispositionsgrundsatzes ab (Art. 58 Abs. 1). Schliesslich ist er – grob gesprochen – **Massstab für die Prüfung einer ganzen Reihe von Prozessvoraussetzungen** (etwa Wertzuständigkeit, örtliche und internationale Zuständigkeiten für bestimmte Arten von Streitgegenständen).

4. Rechtshängigkeit und «Kernpunkttheorie»

Eine Besonderheit im Hinblick auf den Streitgegenstandsbegriff ist bei der **Rechtshängigkeit** zu beachten (vgl. auch Art. 64 N 4): Nach herkömmlicher (und m.E. eigentlich auch zutreffender) Ansicht war der Streitgegenstand für die Ermittlung der *objektiven Grenzen der Rechtshängigkeit* nach den oben dargelegten allgemeinen Regeln zu bestimmen. Das Bundesgericht ist jedoch unter dem Einfluss der Rechtsprechung des EuGH von diesem bewährten Verständnis abgegangen: Eine von den nationalen Vorschriften zur Rechtshängigkeit funktionell unterschiedliche Bestimmung findet sich nämlich in Art. 21 LugÜ (bzw. Art. 27 revLugÜ). Diese Bestimmung enthält eine **spezifisch international-zuständigkeitsrechtliche Rechtshängigkeitssperre**, wenn bei Gerichten verschiedener Vertragsstaaten Klagen wegen desselben Anspruchs zwischen denselben Parteien anhängig gemacht werden. Der EuGH legt den Begriff der «Klagen wegen desselben Anspruchs» autonom nach der sog. **Kernpunkttheorie** aus, welche – in unserer Terminologie gesprochen – zu einem wesentlich weiteren Streitgegenstandsbegriff führt (vgl. dazu nur Dasser/Oberhammer-DASSER, Art. 21 N 13 ff.). Dies hat insb. nach der Rechtsprechung des EuGH zur Folge, dass eine negative Feststellungsklage bezüglich eines Rechtsverhältnisses und eine Leistungsklage auf Grundlage dieses Rechtsverhältnisses als identische «Ansprüche» i.S. des europäischen Zuständigkeitsrechts gelten und daher die spezifisch international-zuständigkeitsrechtliche Rechtshängigkeitssperre nach Art. 21 LugÜ bzw. Art. 27 revLugÜ greift (EuGH, Rs. 144/86, Slg. 1987, 4861 Ziff. 15 ff., Gubisch/Palumbo; EuGH, Rs. C-406/92, Slg. 1994, I 5439 Ziff. 39 ff., The Tatry/The Maciej Rataj; EuGH, Rs. C-39/02, Slg. 2004, I 9657 Ziff. 34 ff., Maersk Olie & Gas A/S/Firma M. de Haan en W. de Boer). Nach der oben skizzierten, in der Schweiz ansonsten herrschenden zweigliedrigen Streitgegenstandstheorie (Rechtsbegehren und Lebenssachverhalt) wären dies schon wegen der unterschiedlichen Rechtsbegehren zweifellos unterschiedliche Streitgegenstände. (Notabene: Es geht – entgegen manchen Missverständnissen – hier nicht um das Verhältnis von negativer Feststellungsklage bezüglich eines Anspruchs und Klage auf Leistung aus diesem Anspruch: Letztere Streitgegenstände wären ja schon nach traditioneller schweizerischer Auffassung identisch, genauer gesagt: die negative Feststellungsklage bezüglich des Anspruchs wäre lediglich ein Minus im Verhältnis zur Leistungsklage bezüglich desselben Anspruchs.)

Art. 35 des früheren GestG rezipierte den damaligen Art. 21 LugÜ, also die Vorschrift über die (zuständigkeitsrechtliche) Rechtshängigkeitssperre bei identischen Klagen für das schweizerische Binnenverhältnis. Daran anknüpfend, inspiriert durch eigentlich wenig überzeugende Lehrmeinungen (vgl. insb. DONZALLAZ, Comm., Art. 35 GestG N 30; MEIER, Anwaltsrevue 1/2001, 29; kritisch zur Rezeption der «Kernpunkttheorie» VON ARX, 193; Kellerhals/von Werdt/Güngerich-KELLERHALS/GÜNGERICH, Art. 35 GestG N 9; vgl. auch schon Müller/Wirth-DASSER, Art. 35 GestG N 17), in Verkennung der entscheidenden Wortlautdifferenz zwischen GestG und LugÜ (im GestG hiess es «Streitgegenstand», im LugÜ heisst es «Anspruch», was doch den Gedanken an eine differenzierende Betrachtungsweise i.S. der traditionellen Streitgegenstandstheorie für das GestG nahegelegt hätte) und wohl auch aufgrund einer eigenwilligen «Europhorie» sprach das Bundesgericht in BGE 128 III 284 E. 3 (vgl. entsprechend für Art. 9 Abs. 1 IPRG BGer,

5A_452/2009, E. 2.2.1; vgl. dem BGer zustimmend WALTHER, ZZPInt 2002, 407 f.; CASTELBERG, 65) aus, die Kernpunkttheorie des EuGH sei auf die Auslegung von Art. 35 GestG zu übertragen.

16 Dies wird nicht selten in dem Sinne missverstanden, dass seither für die Rechtshängigkeit – anders als für alle anderen Aspekte, in denen der Streitgegenstandsbegriff relevant ist – nicht der traditionelle zweigliedrige schweizerische Streitgegenstandsbegriff, sondern die Kernpunkttheorie des EuGH/Bundesgerichts massgebend ist. Während der spezifisch zuständigkeitsrechtliche Zusammenhang der Kernpunkttheorie noch deutlicher erkennbar war, solange die Rechtshängigkeit im GestG geregelt war, besteht mit dem Inkrafttreten der ZPO und der darin aufgenommenen, nicht mehr spezifisch auf das Zuständigkeitsrecht zugeschnittenen Bestimmungen über die Rechtshängigkeit (Art. 62 ff., insb. Art. 64) die Gefahr, dass dieses Missverständnis perpetuiert und vertieft wird.

17 Tatsächlich schaffen Art. 21 LugÜ (bzw. Art. 27 revLugÜ) sowie (früher Art. 35 GestG und heute) Art. 64 eine **Spaltung des auf die Rechtshängigkeit bezogenen Streitgegenstandsbegriffs**. Dies war nach früherem Zivilprozessrecht schon wegen der Spaltung der Rechtsquellen (GestG und kantonales Zivilprozessrecht entsprachen insofern LugÜ und nationalem Zivilprozessrecht) leichter erkennbar, ist aber auch heute der Fall (sofern das Bundesgericht – was allerdings sehr wahrscheinlich ist – seine Rechtsprechung zur Kernpunkttheorie auch unter der Geltung der ZPO fortsetzt): Zu unterscheiden ist jedenfalls zwischen der **Rechtshängigkeitssperre im engeren Sinne** und der **zuständigkeitskoordinierenden Rechtshängigkeitssperre** nach der Kernpunkttheorie.

18 Die **zuständigkeitskoordinierende Rechtshängigkeitssperre** auf Grundlage der zu einem weiten Streitgegenstandsbegriff führenden Kernpunkttheorie hat lediglich zur Folge, dass derselbe «Kernpunkt» nur bei jenem Gericht anhängig gemacht werden kann, vor welchem eine diesen Kernpunkt betreffende Klage schon früher hängig gemacht wurde. Wollte man allerdings auch vor diesem zuerst angerufenen Gericht auf die «Kernpunkttheorie» abstellen, so hätte dies die absurde Folge, dass der Anspruch gar nicht mehr geltend gemacht werden kann – es besteht ja keinerlei Anhaltspunkt dafür, dass die Kernpunkttheorie in irgendeiner Weise zu einer Modifikation der objektiven Rechtskraftgrenzen und insb. der Voraussetzungen für die Vollstreckbarkeit geführt hätte. Konkret gesagt vermag zwar die Erhebung einer negativen Feststellungsklage bezüglich der Nichtexistenz eines Vertrages die Erhebung einer Leistungsklage aus diesem Vertrag bei jedem anderen schweizerischen Gericht (und bei jedem anderen Gericht eines LugÜ-Mitgliedstaats) zu sperren; wollte man diese Sperrwirkung jedoch auch für die Erhebung der Leistungsklage bei dem zuerst angerufenen Gericht gelten lassen, so hätte dies zur Folge, dass der Gläubiger so lange keine Leistungsklage erheben kann, als die negative Feststellungsklage hängig ist. Damit würde dem Gläubiger in konventions- und verfassungswidriger Weise der Rechtsschutz entzogen, weil ihm die Einleitung eines Prozesses zur Erlangung eines Vollstreckungstitels verweigert wird – die Abweisung der negativen Feststellungsklage bezüglich der Existenz des zugrunde liegenden Vertrages kann nach keiner Auffassung zur Entstehung eines Vollstreckungstitels bezüglich der (welcher?) aus dem Vertrag geschuldeten Leistung führen!

19 Daher führt die erwähnte zuständigkeitsrechtliche Rechtshängigkeitssperre nur zu einer **zuständigkeitsrechtlichen Verfahrenskoordination** dadurch, dass die Erhebung einer i.S. der Kernpunkttheorie identischen Klage bei allen anderen Gerichten unzulässig ist. Der Erhebung einer i.S. der Kernpunkttheorie identischen Klage beim selben Gericht kann diese erweiterte zuständigkeitsrechtliche Rechtshängigkeitssperre jedoch keineswegs entgegenstehen; hier geht es vielmehr um die **Rechtshängigkeitssperre im enge-**

ren Sinne, und es kommt für die Beurteilung des Prozesshindernisses der Rechtshängigkeit wieder auf den **traditionellen zweigliedrigen Streitgegenstandsbegriff** i.S. des oben Ausgeführten (N 9) an.

Die erwähnte Zuständigkeitskoordination qua Rechtshängigkeitssperre bezüglich desselben «Kernpunkts» betraf und betrifft nur die Ebene des Bundesrechts, woraus sich die Frage ergeben könnte, ob und inwiefern die traditionelle Streitgegenstandslehre auch für das **sachliche Zuständigkeitsverhältnis** weiter gelten soll; das Problem stellt sich etwa beispielsweise, wenn zwei Klagen, die denselben «Kernpunkt» betreffen, in unterschiedliche Wertzuständigkeiten fallen. M.E. wird im Sinne eines «effet utile» der bundesgerichtlichen Rechtsprechung aber auch hier von der Zuständigkeitskonzentration durch i.S. der Kernpunkttheorie erweiterte objektive Grenzen der zuständigkeitsrechtlichen Rechtshängigkeitssperre auszugehen sein. 20

Art. 84

Leistungsklage	[1] Mit der Leistungsklage verlangt die klagende Partei die Verurteilung der beklagten Partei zu einem bestimmten Tun, Unterlassen oder Dulden. [2] Wird die Bezahlung eines Geldbetrages verlangt, so ist dieser zu beziffern.
Action condamnatoire	[1] Le demandeur intente une action condamnatoire pour obtenir que le défendeur fasse, s'abstienne de faire ou tolère quelque chose. [2] L'action tendant au paiement d'une somme d'argent doit être chiffrée.
Azione di condanna a una prestazione	[1] Con l'azione di condanna a una prestazione l'attore chiede che il convenuto sia condannato a fare, omettere o tollerare qualcosa. [2] Se la prestazione consiste nel pagamento di una somma di denaro, la pretesa va quantificata.

Inhaltsübersicht Note

I. Regelungsgegenstand 1

II. Bestimmtheit des Leistungsbegehrens 3
   1. Allgemeines 3
   2. Unterlassungsklage 4

III. Rechtsschutzinteresse bei der Leistungsklage 6
   1. «Positive» Leistungsklage 6
   2. Duldungs- und Unterlassungsklage 9

IV. Fälligkeit des Anspruchs 11

Literatur

P. DIGGELMANN, Unterlassungsbegehren im Immaterialgüterrecht, SJZ 1992, 26 ff.; P. HEINRICH, Die Formulierung patentrechtlicher Unterlassungsbegehren und -urteile, sic! 2006, 48 ff.; C. KÖLZ, Die Zwangsvollstreckung von Unterlassungspflichten im schweizerischen Zivilprozessrecht, Diss. Zürich 2007.

I. Regelungsgegenstand

1   Art. 84 Abs. 1 enthält eine lehrhafte **Definition der Leistungsklage**. Diese kann Leistungsklage i.e.S. (*«positive Leistungsklage»*) sowie *Unterlassungs-* bzw. *Duldungsklage* (*«negative Leistungsklage»*) sein; der Unterschied zwischen positiver Leistungsklage auf der einen und Unterlassungs- bzw. Duldungsklage auf der anderen Seite liegt im besonderen Rechtsschutzinteresse, welches stets Prozessvoraussetzung der Unterlassungs- und Duldungsklage ist (s. N 9). Einen besonderen Fall der Leistungsklage stellt schliesslich die *Klage auf Abgabe einer Willenserklärung* dar. Art. 344 Abs. 1 sieht vor, dass die Verurteilung zur Abgabe der Willenserklärung die Abgabe der Willenserklärung durch den Beklagten substituiert. Insbesondere ist ein solches Urteil also kein Gestaltungsurteil.

2   Art. 84 Abs. 2 konkretisiert das allgemeine, ungeschriebene Gebot der **Bestimmtheit der Klage**, insb. der Leistungsklage für den Fall der *Zahlungsklage*; diese ist grundsätzlich zu beziffern, wobei Art. 85 jedoch die Möglichkeit der unbezifferten Forderungsklage vorsieht – vgl. zur Problematik der Bezifferung daher die Kommentierung zu Art. 85; zur Bestimmtheit des Klagebegehrens allgemein Vor Art. 84–90 N 3 f.

II. Bestimmtheit des Leistungsbegehrens

1. Allgemeines

3   Die besondere Relevanz des Bestimmtheitserfordernisses bei der Leistungsklage liegt darin, dass das Dispositiv des Leistungsurteils einen **Leistungsbefehl** zu enthalten hat, der jedenfalls grundsätzlich ohne weitere Tatsachenerhebungen vollstreckbar sein muss. Dies ist bei der Verurteilung auf Zahlung selbstverständlich, weil diese jedenfalls – auch bei der unbezifferten Forderungsklage – beziffert zu erfolgen hat. Probleme ergeben sich hier bei anderen Ansprüchen; wird z.B. auf Herausgabe einer beweglichen Sache geklagt, so muss das Rechtsbegehren diese so bestimmt bezeichnen, dass auf Grundlage des Urteils ohne weitere Erhebungen zur Vollstreckung nach Art. 343 Abs. 1 lit. d geschritten werden kann.

2. Unterlassungsklage

4   Von besonderer Brisanz ist das Erfordernis eines bestimmten Klagebegehrens gerade bei der Unterlassungsklage. Die Unterlassungsklage kann nur insofern geschützt werden, als sie auf das **Verbot eines genügend bestimmten Verhaltens** gerichtet ist (BGE 131 III 70 E. 3.3; 107 II 82 E. 2b; 97 II 92). Dabei geht es nicht nur um die Schaffung der Voraussetzungen dafür, dass ohne Dazwischenschaltung eines weiteren Erkenntnisverfahrens zur Vollstreckung geschritten werden kann; insb. darf die Unterlassungsklage auch nicht dazu missbraucht werden, um schon ex lege bestehende Verbote durch sehr weit gefasste Rechtsbegehren vollstreckbar zu machen (Verbot «persönlichkeitsverletzender Äusserungen», «übermässiger Einwirkungen auf das Nachbargrundstück» oder dgl.; vgl. dazu umfassend KÖLZ, Rz 22 ff. mit zahlreichen w.Nw.).

5   Allgemeine Aussagen zur erforderlichen Bestimmtheit und zum konkret zulässigen Rechtsbegehren können kaum getroffen werden, weil sie im Wesentlichen vom konkreten materiellrechtlichen Hintergrund (Nachbar-, Wettbewerbs-, Immaterialgüterrecht etc.) abhängen. Eine umfassende Darlegung der in diesem Zusammenhang in den verschiedenen privatrechtlichen Materien entwickelten Grundsätze kann an dieser Stelle nicht er-

folgen. Grundsätzlich ist die bereits begangene bzw. konkret drohende Verletzung Massstab für die **Formulierung des Rechtsbegehrens**, wobei zur Verhinderung im Ergebnis entsprechender Verletzungshandlungen eine etwas weitere, jedoch nicht allzu weite Formulierung zu wählen ist (vgl. dazu HEINRICH, 50; DIGGELMANN, 26 ff.).

III. Rechtsschutzinteresse bei der Leistungsklage

1. «Positive» Leistungsklage

Die Prozessvoraussetzung des **Rechtsschutzinteresses** (Art. 59 Abs. 2 lit. a) ergibt sich bei der positiven Leistungsklage regelmässig schon aus der **Behauptung eines (fälligen) Leistungsanspruchs**. Behauptet der Beklagte, keinerlei Anlass zur Klageführung gegeben zu haben, insb. weil er den geltend gemachten Anspruch gar nicht bestreitet, so fehlt dadurch der positiven Leistungsklage keineswegs das Rechtsschutzinteresse. Vielmehr hat der Beklagte hier die Möglichkeit, die Klage sofort anzuerkennen, was bei der Kostenentscheidung zu berücksichtigen ist (Art. 107 Abs. 1 lit. f, Art. 115). 6

Tatsächlich sind kaum Fälle denkbar, in denen es bei Einklagung eines fälligen Leistungsanspruchs am Rechtsschutzinteresse mangelt. Bisweilen werden hier Beispiele angeführt, in welchen in Wahrheit der geltend gemachte Anspruch untergegangen ist und daher eine Klageabweisung erfolgen müsste (vgl. etwa ZR 1990 Nr. 110: Auskunftsbegehren zur Ermittlung eines Gewinns wird mangels Rechtsschutzinteresses gegenstandslos, weil die erforderliche Information bereits anderweitig erlangt wurde; vgl. dazu näher im Zusammenhang mit der Stufenklage Art. 85 N 12 ff.) oder in denen in Wirklichkeit andere Prozessvoraussetzungen fehlen (vgl. etwa GULDENER, ZPR, 205 FN 3: Unklagbarkeit von Pflichten, welche unmittelbar vom Betreibungs- bzw. Konkursamt durchgesetzt werden können). 7

Mit kostenrechtlichen Folgen (und nicht etwa mit Nichteintreten mangels Rechtsschutzinteresses) ist m.E. auch vorzugehen, wenn ein *zweiter Vollstreckungstitel* begehrt wird, was z.B. denkbar ist, wenn Leistungsklage erhoben wird, nachdem bereits eine vollstreckbare öffentliche Urkunde nach Art. 347 ff. vorliegt und der Gläubiger aufgrund der Umstände nicht gerade ein besonderes Rechtsschutzinteresse an einer rechtskräftigen Verurteilung hat (s. auch STAEHELIN/STAEHELIN/GROLIMUND, § 28 Rz 68). 8

2. Duldungs- und Unterlassungsklage

Besonders zu prüfen ist das Rechtsschutzinteresse dagegen bei der Duldungs- und Unterlassungsklage. Gerade bei den solchen Klagen sehr häufig zugrunde liegenden absolut geschützten Rechten bestünde sonst das Problem, dass eine Klage – etwa auf Unterlassung der Verletzung von Eigentum – gegen jedermann erhoben werden könnte, weil ja jedermann die Verletzung des Eigentums zu unterlassen hat usw. Dogmatisch eleganter wäre es hier, deutlicher zwischen absolutem Recht und (materiellem) Duldungs- bzw. Unterlassungsanspruch zu unterscheiden, wobei diese Ansprüche erst durch eine (drohende) Rechtsverletzung ausgelöst würden. In der Schweiz hat sich dagegen die Auffassung durchgesetzt, die insofern notwendige Filterfunktion zwischen absolutem, gegen jedermann bestehendem Recht und dem Rechtsbehelf der Duldungs- bzw. Unterlassungsklage habe auf Ebene des Rechtsschutzinteresses zu erfolgen, was letztlich zu entsprechenden Ergebnissen führt. Nicht selten wird hier ohnedies eine nicht unerhebliche Schnittmenge zwischen den für den Nachweis des Rechtsschutzinteresses und jenen für 9 die Begründetheit der Klage selbst behaupteten Fakten bestehen, so dass aufgrund der Lehre von den doppelrelevanten Tatsachen eine inhaltliche Prüfung der Behauptungen einschliesslich einer Beweisabnahme ohnedies erst in der Begründetheitsstation erfolgt (BGer, 4P.17/2001, E. 3c; vgl. auch BGE 129 III 25 E. 2.1).

10 Die Rechtsprechung hatte sich vor allem mit Fragen der (praktisch viel wichtigeren) **Unterlassungsklage** zu befassen. Nach ständiger Rechtsprechung liegt das besondere Rechtsschutzinteresse für die Unterlassungsklage dann vor, wenn das Verhalten des Beklagten eine künftige Verletzung **ernstlich befürchten** lässt (BGE 124 III 72 E. 2; 116 II 357 E. 1; 109 II 338 E. 3; 97 II 97 E. 5). Im Kern geht es hier darum, dass der Beklagte entweder durch eine erste Verletzungshandlung oder durch andere Verhaltensweisen indiziert, dass weitere Verletzungen unmittelbar drohen (Wiederholungs- oder Begehungsgefahr), wobei allerdings zu beachten ist, dass vom Kläger nicht in einem strengen Sinne der Nachweis verlangt werden darf, dass es tatsächlich zu einer solchen Verletzungshandlung kommen wird; letztlich handelt es sich ja notwendigerweise um eine Vermutung, weshalb der Nachweis des Rechtsschutzinteresses leicht gemacht werden sollte (BGE 97 II 97 E. 5). Entsprechendes gilt mutatis mutandis für die **Duldungsklage**.

IV. Fälligkeit des Anspruchs

11 Grundsätzlich kann sich die Leistungsklage nur auf bereits fällige Ansprüche beziehen. Dies ist jedoch nicht Zulässigkeits-, sondern **Begründetheitsvoraussetzung**, weshalb eine vor Fälligkeit erhobene Leistungsklage (als) «zur Zeit (unbegründet)» abzuweisen ist (vgl. jedoch gleich unter N 12); auch ohne die Formulierung «zur Zeit» ist in solchen Fällen aufgrund der relativen Rechtskraftwirkung des massgeblichen Abweisungsgrundes jedoch klar, dass die Rechtskraft des Entscheids einer neuerlichen Einklagung nach Eintritt der Fälligkeit nicht entgegensteht. In Betracht kommt allenfalls eine Umdeutung der verfrüht erhobenen Leistungsklage in eine Feststellungsklage (FRANK/STRÄULI/MESSMER, § 59 ZPO/ZH N 26b m.H. auf ZR 1946 Nr. 114; STAEHELIN/STAEHELIN/GROLIMUND, § 14 Rz 13; **abl.** aber GULDENER, ZPR, 206 FN 6).

12 Die Fälligkeit muss freilich nicht schon zum Zeitpunkt der Klageerhebung vorliegen, als Voraussetzung der Gutheissung muss sie vielmehr erst zum **entscheidungsmassgeblichen Zeitpunkt** gegeben sein. Ist schon anhand der Klage erkennbar, dass die Fälligkeit noch nicht eingetreten ist, riskiert der verfrüht Klagende freilich eine Abweisung wegen Unschlüssigkeit (Vor Art. 84–90 N 2).

13 Unproblematisch ist eine **Klage auf künftige Leistungen** dagegen dort, wo sie vom Privatrecht ausdrücklich vorgesehen ist; in solchen Fällen ist zum Teil auch eine Verurteilung zur Erbringung wiederkehrender Leistungen möglich (vgl. etwa Art. 126 Abs. 1, Art. 173 Abs. 3, Art. 279 ZGB; Art. 43 Abs. 2 OR). Abgesehen von solchen Spezialkonstellationen stehen der Zulassung der Klage auf künftige Leistungen ähnliche Bedenken entgegen wie einer schrankenlosen Zulässigkeit von Duldungs- bzw. Unterlassungsklage (vgl. oben N 9 f.): Es könnte dann ja jeder Gläubiger vor Fälligkeit präventiv einen Vollstreckungstitel erwerben, wodurch die Funktion des Zivilprozesses, Rechtsfrieden in Konfliktfällen zu schaffen, verfehlt würde und es – womöglich – zur massenhaften Schaffung von Vollstreckungstiteln käme, die unter dem Damoklesschwert stünden, dass sie aufgrund freiwilliger Erfüllung unmittelbar nach Fälligkeit inhaltlich unrichtig würden. Die Konsequenz wäre dann die Verlagerung des Streits über die Erfüllung in das Vollstreckungsverfahren (etwa im Rahmen der definitiven Rechtsöffnung gem. Art. 81

6. Titel: Klagen **Art. 85**

Abs. 1 SchKG oder von Klagen nach Art. 85 oder 85a SchKG, was kaum als wünschenswert angesehen werden könnte). Daher ist grundsätzlich an der Unbegründetheit von vor Fälligkeit erhobener Leistungsklagen festzuhalten.

Hat der Kläger allerdings ein **besonderes Rechtsschutzinteresse**, weil der Beklagte das Bestehen der Leistungspflicht *schon vor Fälligkeit* ausreichend deutlich *bestreitet*, ist die Klage bereits *bezifferbar* und *steht der Fälligkeitszeitpunkt fest*, so spricht viel dafür, eine Leistungsklage bereits vor Fälligkeit zuzulassen (FRANK/STRÄULI/MESSMER, § 59 ZPO/ ZH N 26b; GULDENER, ZPR, 206; vgl. auch BGer, 12.5.1998, mp 1998, 184; OGer AG, 24.10.1996, mp 1997, 45). Ist dies nicht der Fall, kann der Gläubiger bei hinreichend deutlicher Bestreitung seines Anspruchs durch den Schuldner vor Fälligkeit aber jedenfalls *Feststellungsklage* erheben (vgl. Art. 88 N 1 ff.). 14

Art. 85

Unbezifferte Forderungsklage

[1] Ist es der klagenden Partei unmöglich oder unzumutbar, ihre Forderung bereits zu Beginn des Prozesses zu beziffern, so kann sie eine unbezifferte Forderungsklage erheben. Sie muss jedoch einen Mindestwert angeben, der als vorläufiger Streitwert gilt.

[2] Die Forderung ist zu beziffern, sobald die klagende Partei nach Abschluss des Beweisverfahrens oder nach Auskunftserteilung durch die beklagte Partei dazu in der Lage ist. Das angerufene Gericht bleibt zuständig, auch wenn der Streitwert die sachliche Zuständigkeit übersteigt.

Action en paiement non chiffrée

[1] Si le demandeur est dans l'impossibilité d'articuler d'entrée de cause le montant de sa prétention ou si cette indication ne peut être exigée d'emblée, il peut intenter une action non chiffrée. Il doit cependant indiquer une valeur minimale comme valeur litigieuse provisoire.

[2] Une fois les preuves administrées ou les informations requises fournies par le défendeur, le demandeur doit chiffrer sa demande dès qu'il est en état de le faire. La compétence du tribunal saisi est maintenue, même si la valeur litigieuse dépasse sa compétence.

Azione creditoria senza quantificazione del valore litigioso

[1] Se non è possibile o non si può ragionevolmente esigere che l'entità della pretesa sia precisata già all'inizio del processo, l'attore può promuovere un'azione creditoria senza quantificare il valore litigioso. Deve tuttavia indicare un valore minimo quale valore litigioso provvisorio.

[2] L'attore deve precisare l'entità della pretesa appena sia in grado di farlo dopo l'assunzione delle prove o dopo che il convenuto ha fornito informazioni in merito. Il giudice adito rimane competente anche se il valore litigioso eccede la sua competenza per materia.

Inhaltsübersicht   Note

  I. Allgemeines 1
 II. Unbezifferte Forderungsklage 4
    1. Unmöglichkeit oder Unzumutbarkeit der Bezifferung 4
    2. Angabe eines Mindestbetrages, spätere Bezifferung 7
III. Stufenklage 12

Art. 85 1–3

Literatur

M. AFFOLTER, Die Durchsetzung von Informationspflichten im Zivilprozess, Diss. St. Gallen 2004; P. LEUMANN LIEBSTER, Die Stufenklage im schweizerischen Zivilprozessrecht, Diss. Basel 2005; P. LOOSLI, Die unbezifferte Forderungsklage, Diss. Zürich 1977; A. SCHRÖDER, Informationspflichten im Erbrecht, Diss. Basel 2000; O. VOGEL, Die Stufenklage und die dienende Funktion des Zivilprozessrechts, Urteilsanmerkung Zivilprozessrecht, recht 1992, 58 ff.

I. Allgemeines

1 Die Klage hat grundsätzlich ein bestimmtes, im Falle der Leistungsklage auf ein ohne weiteres vollstreckbares Urteilsdispositiv gerichtetes Rechtsbegehren zu enthalten (Vor Art 84–90 N 3; Art. 84 N 3). Insbesondere ist nach Art. 84 Abs. 2 eine Zahlungsklage grundsätzlich zu beziffern (Art. 84 N 2). Diese Notwendigkeit ist insb. vor dem Hintergrund zu sehen, dass durch die ausreichende Bestimmtheit, bei der Zahlungsklage insb. durch die **Bezifferung des Rechtsbegehrens**, die Anknüpfungspunkte für die sachliche Zuständigkeit und der Umfang der Rechtshängigkeit hervorgehen. Aus interessenjuristischer Sicht ist insb. hervorzuheben, dass dem Beklagten dadurch das *Prozessrisiko*, mithin das Gewicht seiner prozessualen Einlassungslast vor Augen geführt wird, was sich u.U. auf seine Sorgfalt bei der Rechtsverteidigung auswirken mag. Grundsätzlich ist die Last, ein bestimmtes Klagebegehren zu formulieren und insb. eine Zahlungsklage zu beziffern, ein Reflex des zivilprozessualen Dispositionsgrundsatzes (Art. 58 Abs. 1; vgl. hierzu auch LOOSLI, 14): Aus dem Recht des Klägers, den Streitgegenstand festzulegen, folgt auch die prozessuale Last, dies (ausreichend bestimmt) zu tun. Diese Last kann aber in vielen Fällen zur *unzumutbaren Härte* werden, wenn und weil der Kläger bei Aufwendung der zumutbaren Sorgfalt (noch) nicht in der Lage ist, das Klagebegehren zu beziffern. Hier schafft das Institut der unbezifferten Forderungsklage Abhilfe.

2 Der Kläger hätte in solchen Fällen freilich die Möglichkeit, **«ins Blaue hinein» zu beziffern**, indem er insb. einen Betrag nennt, der jedenfalls hoch genug ist. Stellt sich im Laufe des Verfahrens heraus, dass der geltend gemachte Betrag zu hoch ist, kommt eine Beschränkung der Klage (Art. 227 Abs. 3) in Betracht; ist der Betrag zu niedrig, wird eine Klageausdehnung regelmässig nach Art. 227 Abs. 1 zulässig sein. Stellt sich erst zu spät heraus, dass der eingeklagte Betrag zu gering war, so kann der Restbetrag – wegen der Zulässigkeit der verdeckten Teilklage (Art. 86 N 6) – noch mit einer **zusätzlichen Klage** geltend gemacht werden, was freilich aufwändig ist. Dennoch besteht bei der Bezifferung «ins Blaue hinein» immer die *Gefahr einer Abweisung eines überhöhten Klagebegehrens* mit entsprechenden Kostenfolgen. Auch hier hilft die ZPO allerdings mit Art. 107 Abs. 1 lit. a, wonach das Gericht die **Kosten nach Ermessen** verteilen kann, wenn die Klage zwar grundsätzlich, aber nicht in der Höhe der Forderung gutgeheissen wurde und diese Höhe vom gerichtlichen «Ermessen» abhängig oder die Bezifferung des Anspruchs schwierig war. In solchen Fällen kann es bei überhöhter Bezifferung wegen der Schwierigkeit einer richtigen Bezifferung zu einer vollständigen Verurteilung des Beklagten zur Kostentragung trotz Teilabweisung kommen.

3 Vor diesem Hintergrund mag man fragen, ob das Instrument der unbezifferten Forderungsklage (vgl. sogleich unten N 4 ff.) nicht entbehrlich ist, und in der Tat gibt es Rechtsordnungen, die eine solche nicht vorsehen. Unverzichtbar ist diese Regelung freilich für das Instrument der *Stufenklage* (vgl. unten 12 ff.). Zudem mag man gegen eine Bezifferung (mehr oder weniger) «ins Blaue hinein» einwenden, diese könne als treuwidriges Prozessverhalten angesehen werden (vgl. Art. 52, dem ja wohl auch eine – bedauerlicherweise in das Gesetz nicht ausdrücklich aufgenommene – Wahrheits- und Vollstän-

digkeitspflicht der Parteien zu entnehmen sein wird), wobei allerdings zweifelhaft sein könnte, ob der Kläger treuwidrig handelt, wenn er wegen Unzumutbarkeit oder Unmöglichkeit der Bezifferung einen Betrag «ins Blaue hinein» nennt. Praktisch besteht freilich das nicht zu unterschätzende Problem, dass ein Kläger, der einen «Phantasiebetrag» nennt, natürlich gehalten ist, diesen bis zu einem gewissen Grad zu substantiieren. Dies führt notwendig zu unscharfen bis unrichtigen Behauptungen in der Klage, was dem Kläger schon deshalb schwer zumutbar ist, weil er damit gleich am Anfang des Prozesses womöglich seine Glaubwürdigkeit für das Gericht in Frage stellt. Die Erhebung einer unbezifferten Forderungsklage ist daher wohl einfach der «sauberere» Weg, eine solche Situation zu bewältigen, ohne Glaubwürdigkeit einzubüssen. Aus prozessstrategischer Sicht ist freilich immer zu bedenken, dass der Kläger damit seine Informationsdefizite schon zu Beginn des Prozesses offen legt.

II. Unbezifferte Forderungsklage

1. Unmöglichkeit oder Unzumutbarkeit der Bezifferung

Die Bezifferung der Forderung bereits zu Beginn des Prozesses muss nach Abs. 1 «**un- 4 möglich oder unzumutbar**» sein. Die unbezifferte Forderungsklage war schon vor Inkrafttreten der ZPO als Institut des ungeschriebenen Bundesrechts anerkannt; in der früheren Rechtsprechung finden sich zum Teil ähnliche Formeln (vgl. etwa BGE 121 III 249 E. 2), zum Teil aber auch grosszügigere Formulierungen («wo sich ein Schaden nicht oder nur schwer ziffernmässig nachweisen lässt» – BGE 112 Ib 334 E. 1; «wenn der Kläger aus entschuldbaren Gründen nicht in der Lage ist, die Höhe seines Anspruchs anzugeben» – HGer ZH, ZR 1992/93 Nr. 65). In der Tat spricht sehr viel dafür, hier einen sehr **grosszügigen Massstab** anzulegen: Es bestünde auch bei einer unrichtigen Bezifferung jederzeit die Möglichkeit, die Klage einzuschränken oder auszudehnen bzw. bei zu geringer Bezifferung nachträglich eine zweite Teilklage zu erheben (vgl. N 2); diese Möglichkeiten bestehen ganz unabhängig davon, ob dem Kläger schon ursprünglich eine – zutreffende! – Bezifferung «unmöglich oder unzumutbar» war.

Dem Kläger stehen zwar verschiedene Möglichkeiten zur Verfügung, **vorprozessual 5 Voraussetzungen für eine richtige Bezifferung** zu schaffen; etwa durch Einholung von Gutachten, Massnahmen der vorsorglichen Beweisführung (Art. 158; vgl. auch BGE 122 III 353 E. 3b/bb) oder durch die selbständige, präparatorische Geltendmachung von Informationsansprüchen, welche ja auch im Summarverfahren nach Art. 257 erfolgen könnte. Bei der Beurteilung, ob die Klagebezifferung unmöglich oder unzumutbar ist, darf allerdings vom Kläger *nicht verlangt* werden, dass er vorweg solche Massnahmen gesetzt hat (STAEHELIN/STAEHELIN/GROLIMUND, § 14 Rz 5).

Nicht selten wird es sich bei den Gründen für die Unmöglichkeit oder Unzumutbarkeit 6 der Bezifferung ohnedies um **doppelrelevante Tatsachen** zumindest im weiteren Sinne handeln. Aber auch abgesehen davon sollte man es ausreichen lassen, dass der Kläger **substantiiert behauptet**, dass er bei gehöriger Sorgfalt aufgrund der ihm zur Verfügung stehenden Informationen noch nicht zur Bezifferung in der Lage ist. Wer beziffern kann, wird dies normalerweise ohnedies tun; ein besonderes Missbrauchspotential ist hier kaum zu erkennen.

2. Angabe eines Mindestbetrages, spätere Bezifferung

Der Kläger muss jedoch jedenfalls einen **Mindestbetrag** angeben; dieser gilt als **vor- 7 läufiger Streitwert**, ermöglicht so auch und vor allem dem Beklagten eine vorläufige grobe Beurteilung des Prozessrisikos. Sobald die Forderung beziffert wird, gilt der dann angegebene Wert als Streitwert des Verfahrens. Art. 227 kommt hier nicht zur Anwendung.

8 Übersteigt der schliesslich festgelegte Betrag die Wertgrenze für die **sachliche Zuständigkeit**, bleibt das zunächst angerufene Gericht – anders als bei Art. 227 Abs. 2 – weiterhin zuständig (Abs. 2 Satz 2). Denkbar ist freilich auch, dass der endgültig festgesetzte Betrag sogar unter dem Mindestwert liegt, welcher ursprünglich nach Abs. 1 Satz 2 angegeben wurde. Sinkt dadurch der Streitwert unter die Wertgrenze für die sachliche Zuständigkeit, vermag dies an der Zuständigkeit des zunächst angerufenen Gerichts ebenfalls nichts zu ändern, weil dies nicht einmal im Falle der Klageänderung geschieht (vgl. Art. 227 Abs. 3).

9 Nach Abs. 2 Satz 1 ist die Forderung **zu beziffern, sobald die klagende Partei** nach Abschluss des Beweisverfahrens oder nach Auskunftserteilung durch die beklagte Partei **dazu in der Lage ist**. Dies ist aber nicht in dem Sinne zu verstehen, dass die Klage unzulässig würde, wenn es nicht zu einer nach Meinung des Gerichts rechtzeitigen Bezifferung kommt. Es muss schlicht vor dem entscheidungsmassgeblichen Zeitpunkt zu einer Bezifferung kommen, weil ansonsten das aufgrund des zivilprozessualen Dispositionsgrundsatzes (Art. 58 Abs. 1) vom Kläger geschuldete bestimmte Klagebegehren (vgl. Vor Art. 84–90 N 3) und damit eine Voraussetzung für die Gutheissung der Klage fehlt. Unterlässt der Kläger bis zum Schluss des Verfahrens eine Bezifferung, so wird das Gericht ihn dazu regelmässig im Rahmen seiner Fragepflicht (Art. 56) aufzufordern haben; kommt es dann zu keiner Bezifferung, so sollte die Klage m.E. jedoch ebenfalls nicht abzuweisen, sondern der zunächst angegebene Mindestbetrag als geltend gemachte Klageforderung zu interpretieren sein.

10 Schon die frühere bundesgerichtliche Rechtsprechung hat darauf hingewiesen, dass eine unbezifferte Forderungsklage insb. in Fällen zulässig sei, wo der Richter bei der Beweiserhebung ein «Ermessen» habe, wie insb. im Falle des **Art. 42 Abs. 2 OR** oder bei Art. 73 Abs. 2 PatG (BGE 131 III 243 E. 5; 116 II 215 E. 4; unscharf zum Verhältnis zwischen unbezifferter Forderungsklage und Art. 42 Abs. 2 OR STAEHELIN/STAEHELIN/GROLIMUND, § 14 Rz 7). Nach der Rechtsprechung des Bundesgerichts handelt es sich hier um gesamtanalogiefähige Fälle (BGE 128 III 271 E. 2b, wonach eine entsprechende *Beweismassabsenkung* immer dann erfolgen kann, wenn ein strikter Beweis nach der Natur der Sache nicht möglich oder nicht zumutbar ist; warum gerade derjenige in den Vorteil solcher Rechtswohltaten kommen soll, dessen Beweis nach der Natur der Sache schwer zu führen ist, nicht aber jener, der bloss unter konkreter Beweisnot leidet, ist indessen schwer nachvollziehbar). Unbezifferte Forderungsklage und Schadenschätzung i.S.v. Art. 42 Abs. 2 OR können, müssen aber nicht zusammen auftreten: Sehr häufig wird der Kläger in der Tat in den für Art. 42 Abs. 2 OR (per analogiam) einschlägigen Fällen auch Schwierigkeiten haben, die Klage zu beziffern, weshalb er dann eine unbezifferte Forderungsklage i.S.v. Art. 85 erheben und sich zur Substantiierung der Schadenshöhe (zumindest in eventu) auf die Rechtswohltat des Art. 42 Abs. 2 OR berufen wird. Es handelt sich dann aber um einen echten Fall einer unbezifferten Forderungsklage (so ausdrücklich BGE 131 III 243 E. 5; 116 II 215 E. 4), weshalb insb. auch ein Mindestbetrag nach Abs. 1 Satz 2 angegeben werden muss. Allerdings kann Art. 42 Abs. 2 OR (per analogiam) auch dann greifen, wenn zwar eine bezifferte Klage erhoben wurde, sich aber nachträglich herausstellt, dass der Kläger zur Gänze oder zum Teil in Beweisnot i.S.v. Art. 42 Abs. 2 OR gerät.

11 Die **Bezeichnung als unbezifferte «Forderungsklage»** ist insofern unscharf, als der Anwendungsbereich der Klage durchaus nicht auf Forderungen im technischen Sinne

(also schuldrechtliche Ansprüche) beschränkt ist; vielmehr gilt die Bestimmung **für alle Zahlungsansprüche** (vgl. für die Herabsetzungsklage BGE 121 III 249 E. 2). In der Praxis geht es zwar primär um Zahlungsansprüche, und auch der Wortlaut des Art. 85 weist auf eine Geltung dieser Bestimmung für diese Art von Ansprüchen hin. Es gibt jedoch keinen Grund, diese Bestimmung nicht auch **in anderen Fällen analog** anzuwenden, in welchen die Formulierung eines ausreichend bestimmten Klagebegehrens zu Beginn des Prozesses unmöglich oder unzumutbar ist. Man denke etwa an die Herausgabe von Sachen, wenn noch unklar ist, wie viele vertretbare Sachen herauszugeben sind, oder der Kläger noch nicht in der Lage ist, eine bestimmte herauszugebende Einzelsache ausreichend genau zu beschreiben. Auch hier sollte es analog Art. 85 zugelassen werden, dass der Kläger sich eine Konkretisierung des Klagebegehrens im Zuge des Prozesses vorbehält. Diese wäre ja nach Art. 227 Abs. 1 als Klageänderung ohnedies regelmässig zulässig; eine analoge Anwendung von Art. 85 schützt jedoch den Kläger vor dem Einwand, seine Klage sei mangels ausreichend konkreten Begehrens nicht ordnungsgemäss erhoben worden.

III. Stufenklage

Die Stufenklage ist im Gesetz nicht ausdrücklich geregelt, war aber schon von der bundesgerichtlichen Rechtsprechung als Bestandteil des ungeschriebenen Bundeszivilprozessrechts anerkannt (vgl. BGE 123 III 142 E. 2b; 116 II 351 E. 3c; 116 II 215 E. 4a; dazu nur VOGEL, recht 1992, 58 ff.). Aufgrund der auch in diesem Punkt zu konstatierenden Unterregulierung des Zivilprozessrechts in der ZPO ist auch hierin davon auszugehen, dass das vorkodifikatorische «case law» insofern weiter gilt. 12

Voraussetzung der Erhebung der Stufenklage ist, dass zum einen die **Voraussetzungen des Art. 85 für die unbezifferte Forderungsklage** erfüllt sind und der Kläger zum anderen einen **privatrechtlichen Informationsanspruch** (etwa auf Auskunft, Rechnungslegung, Bucheinsicht o.dgl.) behauptet. Die Stufenklage besteht dann in einer **Kombination eines Rechtsbegehrens auf Information** («Stufe 1») mit einem **Rechtsbegehren auf Leistung desjenigen Betrags, welcher sich aus dieser Information ergibt** («Stufe 2»). Ersteres ist die Einklagung eines normalen zivilrechtlichen Leistungsanspruchs (auf Information), Zweiteres eine unbezifferte Forderungsklage nach Art. 85. 13

Die Besonderheit der Stufenklage liegt darin, dass das Gericht hier **zunächst nur den Informationsanspruch** behandelt (Art. 125 lit. a) und bei dessen Begründetheit einen **Teilentscheid über den Informationsanspruch** fällt. In der Folge kann der Kläger – entweder aufgrund freiwilliger Erfüllung des Informationsanspruchs oder aufgrund der Resultate einer Vollstreckung des Entscheids auf Information, oder einfach, weil er die fehlende Information anderweitig, etwa im Zuge des Beweisverfahrens in der «Stufe 1» erlangt hat – seine Klage **beziffern** (Art. 85 Abs. 2 Satz 1); um eine Klageänderung, welche unter Art. 227 und 230 fällt, handelt es sich jedoch – wie bei der Bezifferung nach Art. 85 Abs. 2 Satz 1 ganz allgemein – nicht (irreführend STAEHELIN/STAEHELIN/GROLIMUND, § 14 Rz 6). 14

Wird schon das **Informationsbegehren abgewiesen**, so soll nach h.M. das Gericht mit Endentscheid entscheiden, weil damit die Entscheidung über die «Stufe 2» wohl als hinfällig angesehen wird (vgl. VOGEL, recht 1992, 63; ROSENBERG/SCHWAB/GOTTWALD, § 94 Rz 35; differenzierend SCHRÖDER, 222; LEUMANN LIEBSTER, 175 ff.). Dies ist m.E. verfehlt, weil das unbezifferte Klagebegehren auf Leistung ja *unabhängig vom Informationsbegehren* geltend gemacht wird (vgl. auch AFFOLTER, 75), es handelt sich ja um einen Fall objektiver Klagenhäufung (ebenso VOGEL, recht 1992, 63; SUTTER-SOMM, ZPR, 15

Rz 545), weshalb nicht einfach wegen der mangelnden Begründetheit des Informationsanspruchs eine Abweisung des unbezifferten Leistungsbegehrens erfolgen darf. Vielmehr wäre auch hier dem Kläger – gegebenenfalls nach richterlichem Hinweis nach Art. 56 – eine *Gelegenheit zur Bezifferung* zu geben. Weist das Gericht den Kläger vor Entscheidung über den Informationsanspruch darauf hin, dass das Informationsbegehren abgewiesen werden wird, und nimmt der Kläger keine Bezifferung vor, so wird häufig auch Spruchreife bezüglich des unbezifferten Leistungsbegehrens bestehen. Schon in dieser Konstellation ist jedoch nicht auszuschliessen, dass der Kläger trotz Scheitern des Informationsanspruchs nicht völlig beweislos ist und daher noch auf anderem Wege zu einer zumindest teilweisen Gutheissung seines Zahlungsanspruchs gelangen kann. Hat das Gericht den Kläger nicht auf die bevorstehende Abweisung des Informationsanspruchs hingewiesen und war dies für den Kläger auch nicht erkennbar, so würde ihm durch eine sofortige Abweisung auch seines unbezifferten Leistungsbegehrens ohne Einräumung einer Gelegenheit zur Bezifferung (und damit zusammenhängend zur Substantiierung der Anspruchshöhe) sogar das *rechtliche Gehör* entzogen, weshalb das Gericht auch in diesem Fall mit Teilentscheid vorgehen müsste (Abweisung des Informationsbegehrens) und dem Kläger dann eben nachträglich Möglichkeit zur Bezifferung und entsprechenden anderweitigen Substantiierung der Anspruchshöhe geben muss.

16 Praktisch nicht unwahrscheinlich ist der Fall, dass im Rahmen einer Stufenklage **im Zuge der «Stufe 1» (Verfahren über den Informationsanspruch) die begehrte Information vom Kläger bereits erlangt** wird. Denkbar ist, dass sie vom Beklagten freiwillig erteilt wird oder im Rahmen des Beweisverfahrens in «Stufe 1» erlangt wird (vgl. auch LEUMANN LIEBSTER, 188). Nach BGE 116 II 351 E. 3 entfällt in solchen Fällen nachträglich das **Rechtsschutzinteresse** für die Klage auf Information, weshalb diese als **gegenstandslos abzuschreiben** sei (vgl. Art. 242). Zumal das Verfahren dann ohnedies auf der «Stufe 2» fortgesetzt wird, mutet diese Vorgangsweise indes eher bürokratisch an. Vor allem darf eine solche Abschreibung keineswegs nachteilige Kostenfolgen für den Kläger haben. Allerdings mag im Einzelfall strittig sein, ob die vom Beklagten gewährten oder im Zuge des Beweisverfahrens erlangten Informationen bereits dem gesamten geltend gemachten Informationsbegehren genügen. M.E. wird das Gericht dem Kläger hier nach Art. 56 einen Hinweis darauf geben müssen, dass das Rechtsschutzinteresse für eine Verurteilung zur Informationserteilung nach seiner Auffassung weggefallen ist (wenn dies nicht ohnedies schon vom Beklagten eingewandt wurde). Der Kläger steht damit dann vor der Wahl, ob er unmittelbar auf die «Stufe 2» weiter schreiten und die Klage beziffern möchte; in diesem Fall bedarf es m.E. – im Unterschied zur angeführten Auffassung des Bundesgerichts – keiner Abschreibung des Informationsbegehrens als gegenstandslos; beharrt der Kläger dagegen zu Unrecht auf der Verurteilung des Beklagten zur Auskunftserteilung, so ist die richtige Entscheidungsform m.E. (folgt man dem Bundesgericht, wonach es sich um eine Frage des Rechtsschutzinteresses handelt) die Fällung eines Nichteintretensentscheids; eine Abschreibung des Verfahrens als gegenstandslos kommt ja nur in Frage, wenn zwischen den Parteien nichts mehr streitig ist (vgl. Art. 242 N 3, 12). Der Unterschied zwischen der hier vertretenen und der bundesgerichtlichen Auffassung besteht also zum einen darin, dass man bei Bezifferung des Rechtsbegehrens vor Fällung des Teilentscheids in der «Stufe 1» keinen wie immer gearteten Entscheid über den Informationsanspruch zu fällen hat, sondern gleich auf die «Stufe 2» umgestiegen werden kann; zum anderen wäre es – wie eben dargelegt – verfehlt, das Verfahren als gegenstandslos abzuschreiben, wenn strittig ist, ob der Kläger die begehrte Information (vollständig) erlangt hat.

Art. 86

Teilklage	Ist ein Anspruch teilbar, so kann auch nur ein Teil eingeklagt werden.
Action partielle	Une prétention divisible est susceptible d'une action partielle.
Azione parziale	Se una pretesa è divisibile, può essere proposta azione anche soltanto per una parte della medesima.

Inhaltsübersicht Note

- I. Allgemeines 1
- II. Arten der Teilklage 2
    - 1. Allgemeines 2
    - 2. Unechte Teilklage 3
    - 3. Echte Teilklage 4

Literatur

S. BERTI, Gedanken zur Teil(anspruchs)klage nach Art. 84 E-ZPO CH, SZZP 2007, 77 ff.; T. GEISER, Die Mängel einer grossen Kodifikation, plädoyer 2004, 38 ff.; P. GOEPFERT, Die Teilklage nach baselstädtischem Zivilprozessrecht, BJM 1958, 133 ff.; P. OBERHAMMER, Wieder einmal: Rechtskraft bei Teilklagen, in: Bork et al. (Hrsg.), Recht und Risiko, FS Kollhosser Band II, Karlsruhe 2004, 501 ff.; D. SCHWANDER, Die objektive Reichweite der materiellen Rechtskraft – Ausgewählte Probleme, Diss. Zürich 2002; W. WÜTHRICH, Teilklage und Teilurteil, Diss. Zürich 1952.

I. Allgemeines

Welches Rechtsbegehren der Kläger stellen möchte, steht in seinem privatautonomen Dafürhalten; dies ist Ausdruck des zivilprozessualen *Dispositionsgrundsatzes* (Art. 58 Abs. 1; vgl. dazu Vor Art. 84–90 N 2). Daraus resultiert auch die Berechtigung des Klägers*, nicht alle Ansprüche*, die ihm aufgrund eines Lebenssachverhalts zustehen mögen, gleich in einer Klage geltend machen zu müssen. Eine gegenteilig verstandene «Eventualmaxime» hätte zwar prima vista den Charme, dass damit in einem Prozess ein für alle Mal alle Ansprüche aus einem Lebenssachverhalt erledigt werden müssen, würde jedoch die prozessualen Sorgfaltslasten der Parteien deutlich überspannen. Zudem hätte dies zur Folge, dass womöglich («sicherheitshalber») in diesem «einen, umfassenden» Prozess schon über Aspekte gestritten werden muss, welche bei zunächst vorsichtiger Einklagung nur einzelner Ansprüche bzw. Anspruchsteile niemals vor Gericht kämen, weil der Konflikt der Parteien durch den Prozess über die Teilklage letztlich geklärt wird. Zu denken ist an den Fall, dass der Kläger einsieht, dass seine Rechtsverfolgung *nicht aussichtsreich* ist, oder dass der Beklagte über den mit Teilklage geltend gemachten Anspruch hinausgehend *freiwillig* den gesamten Anspruch *erfüllt*, oder dass es auf Grundlage des Ergebnisses des Urteils über die Teilklage zu einer *Einigung* zwischen den Parteien kommt. 1

II. Arten der Teilklage

1. Allgemeines

Von einer **offenen Teilklage** spricht man, wenn der Kläger z.B. durch den Vorbehalt der Geltendmachung weiterer Ansprüche schon in der Teilklage oder im Prozess über die Teilklage verdeutlicht, dass das gestellte Rechtsbegehren noch nicht alle Ansprüche aus 2 dem Lebenssachverhalt ausschöpft; ist dies nicht der Fall, so liegt eine **verdeckte Teilklage** vor (vgl. zu den Rechtsfolgen N 6). Eine **unechte Teilklage** liegt dann vor, wenn nicht etwa ein Anspruchsziel nur zum Teil zum Gegenstand des Rechtsbegehrens gemacht wird (Einklagung etwa eines Schadenersatzbetrages von CHF 1000 von einem insgesamt höheren Schadenersatzbetrag aus demselben schadenstiftenden Vorgang, dann **echte Teilklage**), sondern vielmehr verschiedene Anspruchsziele in verschiedenen Prozessen verfolgt werden (etwa Herausgabe einer Sache und Zahlung von Schadenersatz aus demselben Lebenssachverhalt) (vgl. hierzu auch STAEHELIN/STAEHELIN/GROLIMUND, § 14 Rz 40; LEUENBERGER/UFFER-TOBLER, Art. 65 ZPO/SG N 9b).

2. Unechte Teilklage

3   Im Fall der **unechten Teilklage** ist von vornherein klar, dass die isolierte Geltendmachung eines Rechtsbegehrens zulässig ist und dass die Entscheidung darüber (wegen der Beschränkung der objektiven Grenzen der materiellen Rechtskraft auf den Streitgegenstand) keinerlei Auswirkungen auf die Entscheidung über den anderen Anspruch hat. Die Stellung unterschiedlicher Begehren aus demselben Lebenssachverhalt konstituiert ja von vornherein *unterschiedliche Streitgegenstände*, wobei – um beim oben genannten Beispiel zu bleiben – die Herausgabe einer Sache und die Geltendmachung eines Schadenersatzanspruchs aus demselben Lebenssachverhalt ja nicht im Verhältnis von Vor- und Hauptfrage zueinander stehen, sondern *zwei gleichrangige Hauptfragen* sind, womit nicht nur die isolierte Geltendmachung beider Ansprüche offensichtlich zulässig ist, sondern auch eine Rechtskraftwirkung des einen Urteils für das andere ausser Betracht bleibt; gemein ist beiden Verfahren in solchen Fällen ja nur (u.U.) der gemeinsame Lebenssachverhalt und u.U. eine gemeinsame Anspruchsgrundlage auf Basis dieses Lebenssachverhalts, was aber nur Vorfrage beider Leistungsklagen ist und daher nicht von der materiellen Rechtskraft der Entscheide erfasst wird. Erst recht gilt dies, wenn verschiedene Begehren aufgrund verschiedener Lebenssachverhalte geltend gemacht werden (etwa Geltendmachung von Ansprüchen auf Zahlung von Mietzinsen für verschiedene Perioden in verschiedenen Klagen).

3. Echte Teilklage

a) Allgemeines

4   Weniger evident ist die Zulässigkeit der Aufteilung eines Anspruchs auf mehrere Klagen (präzise: der Geltendmachung eines wirtschaftlichen Anspruchsziels aufgrund derselben Anspruchsgrundlage und desselben Lebenssachverhalts in mehreren Verfahren), also der Fall der **echten Teilklage**: Der Kläger meint einen Schadenersatzanspruch in Höhe von CHF 10 000 zu haben und macht zunächst nur einen Anspruch in Höhe von CHF 1000 geltend. Dies geschieht in der Praxis häufig sozusagen als «Testprozess» mit wesentlich verringertem Kostenrisiko. Der Kläger kann damit zwar nicht (oder zumindest nicht in jedem Fall) eine rechtskräftige Entscheidung über den «Anspruchsgrund» erwirken, welcher vom Gericht bei der Einklagung des Restbetrages zugrunde zu legen wäre (s. N 9), freilich kann ein solcher Entscheid – wie oben (N 1) erwähnt – die Grundlage für eine Einigung, für freiwillige Leistungen des Beklagten oder schlicht für die Entscheidung des Klägers, ob er den Restbetrag geltend machen will, sein. Nicht zu unterschätzen ist in der Praxis auch die ausserrechtliche «Suggestivwirkung» der Entscheidung über die Teilklage für jene über den Restbetrag, zumal wenn der Restbetrag beim selben Gericht oder gar bei derselben Richterin geltend gemacht wird. Der Gesetzgeber hielt es gerade mit Blick auf diese Konstellation für erforderlich, die

Zulässigkeit der Teilklage ausdrücklich gesetzlich zu regeln. Diese war schon nach der früheren Rechtsprechung des Bundesgerichts anerkannt (BGE 125 III 8 E. 3b = Pra 2000, Nr. 172; 99 II 172 E. 2; 52 II 215 E. 3; 39 II 414) und ist vor dem Hintergrund der Geltung des Dispositionsgrundsatzes eigentlich selbstverständlich; nicht die Zulässigkeit der Teilklage, sondern vielmehr deren Unzulässigkeit bedürfte daher einer ausdrücklichen Anordnung. Normativer Gehalt der Regelung des Art. 86 ist auch nicht, dass nur ein Teil des Anspruchs eingeklagt werden kann (niemand würde ernstlich auf die Idee kommen, den Kläger mit Mitteln des Zivilprozessrechts im oben genannten Beispielsfall zu «zwingen», nicht CHF 1000, sondern die ganzen CHF 10 000 geltend zu machen), sondern der Umstand, **dass die Erhebung einer Teilklage nicht ausschliesst, dass anschliessend noch der Restbetrag mit einer zweiten oder weiteren Klagen geltend gemacht wird.**

b) Offene und verdeckte (echte) Teilklage

Insofern betrifft gerade die Anordnung des Art. 86 jenen Aspekt, der in diesem Zusammenhang gewiss nicht problematisch ist. Über den Wortlaut hinaus dürfte hier aber doch klar zum Ausdruck kommen, dass die Geltendmachung eines Anspruchs zu mehreren Teilbeträgen in mehreren Klagen («echte Teilklage») jedenfalls zulässig ist. Problematisiert wird in diesem Zusammenhang, ob die Geltendmachung einer zweiten echten Teilklage nur dann zulässig ist, wenn dies mit der ersten echten Teilklage mehr oder weniger deutlich vorbehalten wurde (**«offene Teilklage»**) oder ob dies auch dann der Fall ist, wenn kein solcher Vorbehalt erfolgt ist (**«verdeckte Teilklage»**).

Nach h.M. ist **ein solcher Vorbehalt nicht erforderlich**, hat also keine besondere rechtliche Wirkung, weil auch die blosse Erhebung einer verdeckten Teilklage die Erhebung weiterer Teilklagen nicht ausschliesst (STAEHELIN/STAEHELIN/GROLIMUND, § 14 Rz 39; LEUENBERGER/UFFER-TOBLER, Art. 65 ZPO/SG N 10; KUMMER, Klagerecht, 129 FN 2; WÜTHRICH, 52; **a.A.** GOEPFERT, BJM 1958, 147). Dies folgt schlicht daraus, dass der objektive Rechtskraftumfang sich aus dem vom Kläger zur gerichtlichen Beurteilung unterbreiteten Streitgegenstand (mithin aus Rechtsbegehren und Lebenssachverhalt) ergibt, im Übrigen aber eine Disposition über diese objektiven Rechtskraftgrenzen durch «Vorbehalte» o.dgl. nicht vorgesehen ist. Aus der Zulässigkeit der echten Teilklage kann daher wohl auch gefolgert werden, dass diese nicht als solche gekennzeichnet werden muss. Der Umstand, dass ein solcher Vorbehalt oder eine solche Bezeichnung vom Gesetz nicht verlangt wird, hat eine zusätzliche, wenngleich auch nur leichte Indizwirkung in diese Richtung, wenn auch angesichts der klaffenden Regelungslücken Umkehrschlüsse in der ZPO nur mit grösster Zurückhaltung gezogen werden dürfen.

Allenfalls kann gefragt werden, ob ein schlüssiger *Verzicht* vorliegt oder die spätere Einklagung des Restbetrages widersprüchliches, gegen Treu und Glauben verstossendes Verhalten darstellt (so KUMMER, Klagerecht, 129; STAEHELIN/STAEHELIN/GROLIMUND, § 14 Rz 39). Bei der Annahme eines stillschweigenden Verzichts auf Rechte oder Anspruchsverwirkung wegen widersprüchlichen Verhaltens ist jedoch bekanntlich grösste Zurückhaltung angezeigt (vgl. BGE 116 II 428 E. 2; BSK OR I-GONZENBACH, Art. 115 N 6; ZK-AEPLI, Art. 115 OR N 30). Wenn und weil man (richtig) davon ausgeht, dass die verdeckte Teilklage die nachträgliche Geltendmachung eines Restbetrages mit einer zweiten Teilklage nicht ausschliesst (vgl. N 4 f.), kann kaum angenommen werden, dass die Einklagung bloss eines Teilbetrages angesichts der Existenz einer darüber hinaus gehenden Forderung ein schutzwürdiges Vertrauen darauf entstehen lässt, dass keine weiteren Teilbeträge mehr eingeklagt werden bzw. als schlüssiger Verzicht auf die Restforderung interpretiert werden darf.

c) Rechtskraftumfang

8 Umstritten ist die Frage, ob und inwiefern dem Entscheid über die echte Teilklage, mithin über das Rechtsbegehren auf Leistung eines «Sockelbetrages», **Rechtskraftwirkung** bezüglich etwaiger weiterer Teilklagen zukommt, welche auf Leistung des «Restbetrages» gerichtet sind.

9 Nach h.M. entfaltet das Urteil über die (echte) Teilklage lediglich **Rechtskraftwirkung bezüglich des eingeklagten Betrages**, ist mithin für die Einklagung des Restbetrages in keiner Hinsicht bindend (BGE 128 III 191 E. 4a; 125 III 8 E. 3b = Pra 2000, Nr. 172; 99 II 172 E. 2; BGer, 4A_209/2007, E. 2.2.2; B 18/03, E. 2.2; 4C.233/2000, E. 3a; GULDENER, ZPR, 368 FN 34; HABSCHEID, ZPR, Rz 491; SCHWANDER, Rechtskraft, 45; LEUCH/MARBACH/KELLERHALS/STERCHI, Art. 192 ZPO/BE N 12 c)bb).

10 Ausgangspunkt der Überlegungen muss hier der Umstand sein, dass die Rechtskraft sich bekanntlich auf den geltend gemachten Anspruch bzw. – anders gesagt – auf das *Urteilsdispositiv* beschränkt. Vorfragen bzw. Urteilsmotive sind daher von der Rechtskraft nicht umfasst. Die Existenz eines zugrunde liegenden Vertragsverhältnisses o.dgl. ist daher nicht Rechtskraftgegenstand des Urteils über die Teilklage, sondern lediglich Vorfrage. Dass jeder Entscheid über eine Teilbetrag jedenfalls auch die Existenz des Anspruchs dem Grunde nach auch mit Rechtskraftwirkung für den Gesamtbetrag feststellt, stünde in einem schwerwiegenden Spannungsverhältnis zum Dispositionsgrundsatz – ein solcher Entscheid wurde ja eigentlich nicht beantragt; zweifelhaft ist auch, ob die isolierte Anspruchsexistenz dem Grunde nach überhaupt ein feststellungsfähiges Recht oder Rechtsverhältnis wäre. Wenn von einem Gesamtanspruch von (angeblich) CHF 10 000 in einem ersten Prozess nur CHF 1000 geltend gemacht und zugesprochen werden, enthält dieser Entscheid daher keine rechtskräftige und damit für spätere Prozesse verbindliche Aussage über die zugrunde liegende Rechtsgrundlage, die Existenz des Anspruchs dem Grunde nach oder gar über das Bestehen der Restforderung. Die h.M. ist daher insofern zutreffend, als sie eine Rechtskraftwirkung des die **Teilklage** über den Sockelbetrag (vollständig) **gutheissenden Entscheids** für die Einklagung des Restbetrages verneint. Nicht zu folgen ist der h.M. freilich für die **Abweisung oder Teilabweisung der** ersten echten **Teilklage** bezüglich des Sockelbetrags: Die Einklagung eines den Sockelbetrag übersteigenden Restbetrages setzt ja voraus, dass die Forderung *zumindest dem Sockelbetrag nach* besteht: Macht der Kläger mit der Behauptung, es bestehe insgesamt eine Forderung von CHF 10 000 zunächst CHF 1000 und im zweiten Prozess die «restlichen» CHF 9000 geltend, so können diese restlichen CHF 9000 nur geschuldet sein, wenn der darunter liegende Sockelbetrag von CHF 1000 geschuldet ist. Wäre das Gericht bei der Entscheidung über die erste Teilklage bezüglich des Sockelbetrags zum Ergebnis gekommen, dass diese Klage zum Teil oder zur Gänze abzuweisen ist, steht also – aufgrund des Dispositivs des ersten Entscheids! – rechtskräftig fest, dass nur CHF 0 (oder z.B. nur CHF 999) geschuldet sind, so würde ein zweites Gericht, das den CHF 1000 übersteigenden Restbetrag aufgrund des Vorbringens, es seien insgesamt CHF 10 000 geschuldet, zusprechen wollte, eindeutig gegen die Rechtskraft des Dispositivs des ersten Entscheids verstossen. Daher darf **nach Abweisung** oder Teilabweisung **einer ersten echten Teilklage** in einem zweiten Prozess natürlich auch **kein überschiessender Restbetrag einer angeblich existierenden Gesamtforderung mehr zugesprochen** werden. Im Ergebnis hat daher zwar **nicht das die erste Teilklage gutheissende, sehr wohl aber das die erste Teilklage ganz oder zum Teil abweisende Urteil Rechtskraftwirkung für weitere Teilklagen** über Restbeträge; es steht dann fest, dass der Anspruch gar nicht oder nur bis zu einer bestimmten Höhe, aber natürlich nicht darüber hinaus besteht. Diese Bindung des Gerichts in Prozessen über weitere Teilklagen an die (Teil-)Abweisung einer ersten

Teilklage ist mithin keine Erweiterung der objektiven Rechtskraftgrenzen über das Dispositiv hinaus, sondern lediglich eine Konsequenz der verbindlichen Wirkung des Dispositivs des rechtskräftigen Urteils (vgl. in diesem Sinne OBERHAMMER, FS Kollhosser II, 501 ff.; für das schweizerische Recht folgend BERTI, 77, 84).

d) Negative Feststellungswiderklage als Abwehrmassnahme des Beklagten

Der Beklagte hat freilich ein schutzwürdiges Interesse daran, schon im ersten Prozess ein für alle Mal einen Entscheid zu erlangen, welcher die Geltendmachung weiterer Teilbeträge in Folgeprozessen ausschliesst. Zudem ist auch sein Interesse anzuerkennen, einer Manipulation des Kostenrisikos oder der sachlichen Zuständigkeit durch Einklagung eines kleinen Betrages entgegenzutreten. Man mag zwar meinen, mangels Rechtskraftwirkung der Gutheissung der Teilklage für den Restbetrag (s. N 9) betreffe diese ja ohnedies nur den Teilbetrag, womit eine an dem Teilbetrag ausgerichtete Bestimmung der sachlichen Zuständigkeit und der Prozesskosten keine Manipulation ist, sondern der Sachlage gerecht wird, doch ist zu bedenken, dass im Hintergrund natürlich immer der *Gesamtstreit* steht. Dies wird bloss noch deutlicher, wenn man – wie hier – von einer Rechtskraftwirkung des die Teilklage abweisenden Entscheids für die Einklagung des Restbetrages ausgeht (s. N 10). Daher verteidigt sich der Beklagte schon bei der ersten Teilklage gegen die Forderung als Ganzes, wobei er freilich – was diese Situation überaus zumutbar macht! – nur gewinnen kann, weil nur die Abweisung der Teilklage, nicht aber deren Gutheissung Rechtskraftwirkung für Folgeprozesse hat; dem Kläger ist diese zum Vorteil des Beklagten ausschlagende *Imparität* schon deshalb zuzumuten, weil er sich ja dafür entschieden hat, eine Teilklage zu erheben.

11

Dies hilft dem Beklagten jedoch nur, wenn man der hier vertretenen Meinung zum Rechtskraftumfang bei der (Teil-)Abweisung der Teilklage folgt (vgl. N 10). Zudem besteht jedenfalls das Problem, dass die erste Teilklage ja begründet sein kann, der Beklagte aber schon aus ihrem Anlass künftiger Inanspruchnahme (über einen gewissen Betrag hinaus) entgegentreten will. Daher kann der Beklagte jederzeit die Behauptung, er schulde in Wahrheit nichts oder höchstens einen bestimmten Betrag, zum Gegenstand einer **negativen Feststellungswiderklage** erheben (BÜHLER/EDELMANN/KILLER, § 75 ZPO/AG N 21; LEUENBERGER/UFFER-TOBLER, Art. 65 ZPO/SG N 9b; STAEHELIN/STAEHELIN/GROLIMUND, § 14 Rz 38; KUMMER, Klagerecht, 129; vgl. auch BOTSCHAFT ZPO, 7288; a.A. GEISER, plädoyer 2004, 39). Dadurch kann der Beklagte der Teilklage dafür sorgen, dass *ein für alle Mal über den gesamten Anspruch entschieden* wird, und eine kosten- und zuständigkeitsrelevante Erhöhung des Streitwerts bewirken.

12

Art. 87

Gestaltungsklage	Mit der Gestaltungsklage verlangt die klagende Partei die Begründung, Änderung oder Aufhebung eines bestimmten Rechts oder Rechtsverhältnisses.
Action formatrice	Le demandeur intente une action formatrice pour obtenir la création, la modification ou la dissolution d'un droit ou d'un rapport de droit déterminé.
Azione costitutiva	Con l'azione costitutiva l'attore chiede che venga pronunciata la costituzione, la modifica o la soppressione di un diritto o di un rapporto giuridico determinato.

Inhaltsübersicht

	Note
I. Gestaltungsrecht und Gestaltungsklage	1
II. Gestaltungswirkung	4

Literatur

P. OBERHAMMER, Richterliche Rechtsgestaltung und rechtliches Gehör. Gedanken zur inter omnes-Wirkung von Gestaltungsurteilen und zur Rechtsstellung Drittbetroffener im Zivilprozess, Wien 1994; P. RAMER, Die prozessualen Gestaltungsklagen des schweizerischen Rechts in rechtsvergleichender Darstellung mit dem deutschen Recht, Diss. Zürich 1973; M. SOGO, Gestaltungsklagen und Gestaltungsklagen des materiellen Rechts und ihre Auswirkungen auf das Verfahren, Diss. Zürich 2007.

I. Gestaltungsrecht und Gestaltungsklage

1 Art. 87 ist eine *überflüssige Vorschrift* (vgl. schon Vor Art. 84–90 N 1). Während Art. 84 Abs. 1 mit der Existenz der Leistungsklage noch eine zwar triviale, aber immerhin im Prozessrecht richtig verortete Frage zum Gegenstand hat, ist die Regelung des Art. 87 über die Gestaltungsklage ein *Fremdkörper* im Zivilprozessrecht; ob eine Rechtsgestaltung durch privatrechtliche Willenserklärung (Gestaltungserklärung) oder durch Klage (Gestaltungsklage) ausgelöst wird, ob das Gesetz mithin ein Gestaltungsrecht oder ein Gestaltungsklagerecht einräumt, ergibt sich ausschliesslich aus dem **materiellen Recht**.

2 Privatrechtlicher «Normalfall» ist die Ausübung von Gestaltungsrechten durch Willenserklärung (**Gestaltungserklärung**). Die Existenz einer **Gestaltungsklage** bedarf dagegen besonderer (grundsätzlich materiell-rechtlicher) Anordnung. Dies ist mit dem – etwas irreführenden – Grundsatz des **numerus clausus der Gestaltungsklagen** gemeint (so HABSCHEID, ZPR, Rz 359; KUMMER, ZPR, 103; RAMER, 12, 16; **a.M.** STAEHELIN/STAEHELIN/GROLIMUND, § 14 Rz 16). Freilich kann ein Gestaltungsklagerecht dem Privatrecht durchaus auch im Wege der Auslegung entnommen werden, es bedarf also keiner ausdrücklichen Anordnung. Eine Schaffung von Gestaltungsklagerechten durch *Parteivereinbarung* ist zwar nicht ganz ausgeschlossen, bedarf aber im Einzelfall besonderer Rechtfertigung, steht also nicht einfach im privatautonomen Dafürhalten der Parteien (vgl. zu all dem aus schweizerischer Sicht SOGO, 135 ff., der sich für eine sehr weitgehende Zulassung von Gestaltungsklagen kraft rechtsgeschäftlicher Vereinbarung ausspricht). Auch dabei handelt es sich freilich nicht um eine prozessrechtliche, sondern um eine (von Materie zu Materie einzeln zu untersuchende) Frage des materiellen Privatrechts.

3 Eine prozessrechtliche Frage ist dagegen jene nach der Existenz **prozessrechtlicher Gestaltungsklagen** (vgl. im Einzelnen freilich zweifelhafte und unvollständige Zusammenstellungen solcher Klagen etwa bei WALDER/GROB, § 24 Rz 38; STAEHELIN/STAEHELIN/GROLIMUND, § 14 Rz 18). Auch die Existenz dieser Klagen folgt naturgemäss nicht aus Art. 87, sondern aus den jeweiligen *Spezialbestimmungen*.

II. Gestaltungswirkung

4 Wie auch Art. 87 zu entnehmen ist, ist die Gestaltungsklage auf **Begründung, Änderung oder Aufhebung** eines bestimmten Rechts oder Rechtsverhältnisses gerichtet. Diese **Änderung der** privatrechtlichen (bzw. bei prozessualen Gestaltungsklagen prozessrechtli-

chen) **Rechtslage** tritt **mit der Rechtskraft des Gestaltungsurteils** ein. Man nennt diese Rechtswirkung «**Gestaltungswirkung**». Diese erst spät in der Rechtsentwicklung entdeckte Rechtswirkung (vgl. dazu OBERHAMMER, 18) wird seit jeher mystifiziert. Im Kern geht es bei dieser Mystifikation um die unrichtige Vorstellung, diese Gestaltungswirkung gelte immer inter omnes, d.h. – anders als alle anderen Urteilwirkungen – nicht nur inter partes, sondern gegenüber jedermann (so bspw. HABSCHEID, ZPR, Rz 358; VOGEL/ SPÜHLER, 7. Kap. Rz 42; WALDER/GROB, § 26 Rz 110 f.; HOHL, Rz 128; KUMMER, Klagerecht, 144; ausführlich dazu SOGO, 201 ff. und RAMER, 19 ff. m.w.H.). Ausgangspunkt dieser Fehlvorstellung war der intuitive Gedanke, eine Rechtsänderung könne ja nur entweder «eintreten» oder «nicht eintreten», nicht jedoch relative Wirkung haben. Diese schon früh als verkehrte «körperweltliche» Denkweise gebrandmarkte Sichtweise verkennt, dass jede Norm einen Adressatenkreis hat und daher niemals «ausgeschlossen» ist, dass sie gegenüber einer Partei gilt, der anderen gegenüber jedoch nicht; bei einem individuell-konkreten Staatsakt wie bei einem Urteil ist dies sogar der Normal- und nicht der Ausnahmefall (vgl. zu all dem OBERHAMMER, 18 ff.).

Über diesen Fehlschluss hinaus hat sich im Laufe der Rechtsentwicklung jedoch noch mehr, nämlich eine Vorstellung von der Gestaltungswirkung als einer Art *«Superrechtskraft»*, entwickelt, welche den Eintritt der durch das Urteil verfügten Rechtsänderung gegenüber jedermann verbindlich feststellt. Diese Fehlentwicklung führte schliesslich zu erheblichen dogmatischen Problemen, weil sie natürlich die Frage nahelegt, warum sich jedermann diese «Superrechtskraft» gefallen lassen muss, ohne rechtliches Gehör im zugrunde liegenden Gestaltungsprozess zwischen den Parteien erlangt zu haben. Tatsächlich beruht all dies auf einer Ebenenvermengung: Ob und inwiefern ein Urteil die Voraussetzungen für den Eintritt einer verfügten Rechtsänderung verbindlich festlegt, ist ausschliesslich Frage der materiellen Rechtskraft. Möchte der Gesetzgeber erreichen, dass im Hinblick auf eine bestimmte urteilsmässig verfügte Rechtsänderung Rechtssicherheit und Rechtsfrieden auch gegenüber Dritten eintritt, so hat er – in den Grenzen des von BV und EMRK Zugelassenen – eine **Rechtskrafterstreckung** vorzusehen; eine solche kann sich gegebenenfalls auch auf dem Wege der Interpretation ermitteln lassen. Jene Parteien, welche von der (gegebenenfalls subjektiv erweiterten) materiellen Rechtskraft einer Entscheidung erfasst sind, können die eingetretene Rechtsänderung aufgrund der ihnen gegenüber verbindlichen Feststellung der Gestaltungsgrundlagen nicht mehr in Frage stellen; Dritte, die nicht von der materiellen Rechtskraft erfasst sind, können dies sehr wohl. 5

Die «Gestaltungswirkung» ist etwas rein Privatrechtliches, d.h. einfach die aufgrund der anwendbaren privatrechtlichen Norm durch das Urteil verfügte Änderung der privatrechtlichen Verhältnisse. Sie ist nur dann wirksam, wenn der zugrunde liegende Gestaltungsgrund tatsächlich vorlag; freilich können dies – wie eben erwähnt – Personen, welche von der Rechtskraft des Gestaltungsurteils erfasst sind, nicht mehr geltend machen. Schliesslich ist noch zu beachten, dass in Fällen, in welchen *notwendige Streitgenossen* nicht am zugrunde liegenden Prozess beteiligt waren, nicht bloss von dieser durch die Beschränkung der objektiven Rechtskraftgrenzen im Ergebnis relativierten Gestaltungswirkungen, sondern vielmehr von einem Nichturteil auszugehen ist (vgl. zu all dem OBERHAMMER, passim; mir für das schweizerische Recht in allem folgend SOGO, 201 ff., 273 ff., 399 ff.). 6

Art. 88

Feststellungsklage	Mit der Feststellungsklage verlangt die klagende Partei die gerichtliche Feststellung, dass ein Recht oder Rechtsverhältnis besteht oder nicht besteht.
Action en constatation de droit	Le demandeur intente une action en constatation de droit pour faire constater par un tribunal l'existence ou l'inexistence d'un droit ou d'un rapport de droit.
Azione d'accertamento	Con l'azione d'accertamento l'attore chiede che sia accertata giudizialmente l'esistenza o l'inesistenza di un diritto o di un rapporto giuridico determinato.

Inhaltsübersicht

	Note
I. Grundlagen	1
II. Rechte oder Rechtsverhältnisse	4
III. Feststellungsinteresse	9
1. Allgemeines	9
2. Ungewissheit	13
3. «Sofortige» Feststellung	14
4. Unzumutbarkeit der Ungewissheit	15
5. Subsidiarität gegenüber der Rechtsschutzmöglichkeit durch Leistungs- oder Gestaltungsklage	17
6. Nachträglicher Wegfall des Rechtsschutzinteresses	19
IV. Negative Feststellungsklage	22
1. Hindernisse für die Erhebung negativer Feststellungsklagen	22
2. Beweislast	29
3. Rechtskraft bei Abweisung	30

Literatur

B. BODMER, Die allgemeine Feststellungsklage im schweizerischen Privatrecht, Diss. Basel 1984; F. DASSER, Feststellungsinteresse in internationalen Verhältnissen, Jusletter vom 29. März 2003; P. DIETRICH, Zulassung der Feststellungsklagen, Diss. Zürich 1985; T. DOMEJ, Negative Feststellungsklagen im Deliktsgerichtsstand, IPRax 2008, 550 ff.; T. GÖKSU, Negative Feststellungsklage: ausgewählte Aspekte und neuere Entwicklung, ZZZ 2008/09, 175 ff.; E. HABSCHEID, Die allgemeine Feststellungsklage – dritte Rechtsschutzform des Schweizer Bundesrechts aufgrund der Bundesverfassung (effektiver Rechtsschutz), AJP 2002, 269 ff.; H. HAUSHEER/R. AEBI-MÜLLER, Das Personenrecht des Schweizerischen Zivilgesetzbuches, 2. Aufl., Bern 2008; G. JEGHER, Mit schweizerischer negativer Feststellungsklage ins europäische Forum Running – (Gedanken anlässlich BGE 123 III 414), ZSR 1999 I 31 ff.; I. MEIER/M. WIGET, Klage und Rechtskraft im Haftpflichtprozess, in: Fellmann/Weber (Hrsg.), Der Haftpflichtrecht, Zürich 2006, 89 ff.; K. OFTINGER/E. STARK, Schweizerisches Haftpflichtrecht, Erster Band, 5. Aufl., Zürich 1995; R. ROEMER, Der Rechtsschutz gegen Störung von Eigentum und Besitz sowie gegen Grundeigentumsüberschreitung, Diss. Bern 1948; H. SCHMID, Negative Feststellungsklagen, AJP 2002, 774 ff.; M. STACHER, Das Rechtsschutzinteresse im internationalen Verhältnis, AJP 2007, 1124 ff.; A. STAEHELIN, Zur Feststellungsklage im schweizerischen Zivilprozess, in: «Im Namen des Obergerichts»: FS Rutz, Liestal 2004, 183 ff.; O. VOGEL, Die Rechtsprechung des Bundesgerichts zum Zivilprozessrecht im Jahre 1997, ZBJV 1998, 365 ff.; G. WALTER, Zur Abweisung einer negativen Feststellungsklage, ZBJV 1987, 553 ff.

I. Grundlagen

Art. 88 enthält seinem Wortlaut nach eine Definition der Feststellungsklage, welche wohl als Regelung ihres zulässigen Gegenstandes – des Bestehens oder Nichtbestehens eines Rechts oder Rechtsverhältnisses – zu verstehen ist (vgl. N 4). Nicht geregelt wurde erstaunlicherweise das Feststellungsinteresse als zentrale Voraussetzung dieser Rechtsschutzform (vgl. N 8). Dies entspricht allerdings einer allgemeinen Tendenz der ZPO, jene Aspekte des Verfahrensrechts, welche schon unter der Geltung kantonalen Zivilprozessrechts durch die Rechtsprechung des Bundesgerichts vereinheitlicht waren, nicht bzw. nur zum Teil zu kodifizieren, womit das alte «case law» auch hierin weiter gelten muss. Allerdings kann das Feststellungsinteresse als Ausprägung des Rechtsschutzinteresses nach Art. 59 Abs. 2 lit. a verstanden werden. Art. 88 sieht vor, dass auch auf die Feststellung des Nichtbestehens eines Rechts oder Rechtsverhältnisses geklagt werden kann; diese negative Feststellungsklage ist eine unverzichtbare Rechtsschutzform, die aber eine Reihe von Problemen aufwirft (s. N 21 ff.). 1

Mit Art. 88 ist immerhin klargestellt, dass **Rechtsgrundlage der Feststellungsklage** nicht etwa das Privat-, sondern das **Prozessrecht** ist. Das Privatrecht sieht – anders, als das noch im deutschen Rechtskreis im 19. Jh. vertreten wurde – keinen materiellrechtlichen «Anerkennungsanspruch» oder «Feststellungsanspruch» vor (vgl. dazu nur Stein/Jonas-ROTH, Vor § 253 N 8 m.w.Nw.). In der Schweiz vollzog sich freilich insofern zunächst eine Sonderentwicklung, als das Bundesgericht das Instrument der Feststellungsklage und dessen Voraussetzungen schon früh aus dem ungeschriebenen Bundeszivilprozessrecht schöpfte, mithin aus der dem Bundesprivatrecht zu entnehmenden Garantie effektiven und gleichförmigen Rechtsschutzes trotz kantonaler Gesetzgebungszuständigkeit für das Zivilprozessrecht ableitete (vgl. BGE 77 II 344 E. 1). Zunächst wurde dem kantonalen Zivilprozessrecht dabei noch eingeräumt, die Feststellungsklage auch dort zuzulassen, wo sie nicht schon kraft Bundesprivatrechts gegeben war (vgl. etwa BGE 92 II 107 E. 2), im Laufe der Zeit wurde aber insb. die Prozessvoraussetzung des Feststellungsinteresses zur Gänze nach Bundesrecht beurteilt (vgl. etwa BGE 119 II 368 E. 2). Diese Ableitung der Feststellungsklage und insb. die besondere Prozessvoraussetzung des Feststellungsinteresses aus dem Bundesprivatrecht war freilich immer nur ein – wenngleich eleganter – argumentativer Kniff, um durch richterliche Vereinheitlichung des damals noch in die kantonale Gesetzgebungshoheit fallenden Zivilprozessrechts Rechtschutzdefiziten und -divergenzen abzuhelfen. Freilich hat das BGer daraus leider nach früherem Recht auch die verfehlte begriffsjuristische Konsequenz gezogen, das Feststellungsinteresse sei eine privatrechtliche Frage. Dies hat sich insb. bei der **kollisionsrechtlichen Einordnung** des Feststellungsinteresses gerächt, wo die Rechtsprechung vor Inkrafttreten der ZPO davon ausging, das Vorliegen des Feststellungsinteresses sei aufgrund des privatrechtlichen Charakters dieser Frage nicht etwa nach der (schweizerischen) lex fori, sondern vielmehr nach der ausländischen lex causae zu beurteilen (BGE 129 III 295 E. 2.2; BGer, 5A_492/2007, E. 3); dies wurde zu Recht in der Lehre kritisiert (vgl. etwa JEGHER, 42 f.; DASSER, N 22 f.; STACHER, 1131 f., 1134; GÖKSU, 176). Mit Inkrafttreten der ZPO ist die gesamte Argumentation, mit welcher das Bundesgericht seine Befugnis zur richterlichen Rechtsfortbildung im Zivilprozessrecht auf Grundlage des Bundesprivatrechts geschöpft hat, hinfällig (dies verkennend STAEHELIN/STAEHELIN/GROLIMUND, § 14 Rz 29 f.). Auch das Feststellungsinteresse ist nun eine prozessrechtliche Frage; es ist sachgerecht, es kollisionsrechtlich nach der **lex fori** zu beurteilen. Wenn und weil sich das Feststellungsinteresse immer aus einer konkreten (behaupteten) Privatrechtslage ergibt, sind dabei freilich die (womöglich nach ausländischem Privatrecht zu beurteilenden) Rechtsverhältnisse zwischen den Parteien zu beachten; die abstrakten Voraussetzungen für das Vorliegen des Feststellungsinteresses sind 2 jedoch vor schweizerischen Gerichten nach Schweizer Recht zu beurteilen. Dies gilt jedenfalls für die den Gegenstand von Art. 88 bildende «allgemeine Feststellungsklage»; denkbar ist freilich, dass ausländische Privatrechtsnormen besondere Typen von Feststellungsklagen zur Rechtsverwirklichung vorsehen, welche dann vor schweizerischen Gerichten nach der lex causae zu beurteilen wären.

3   Mangels materiellrechtlicher Anspruchsgrundlage kann die **Sachlegitimation** der Parteien für die Feststellungsklage auch nicht anhand privatrechtlicher Normen ermittelt werden, sondern ist ebenfalls Frage des Zivilprozessrechts. Anerkanntermassen sind auch Feststellungsklagen bezüglich von Verhältnissen mit oder zwischen Dritten zulässig (vgl. N 7), denn die Sachlegitimation der Parteien ist auch nicht aus jenem Recht oder Rechtsverhältnis abzuleiten, welches den Gegenstand der Feststellungsklage bildet. Sachlegitimiert sind vielmehr **jene Parteien, zwischen denen ein ausreichendes Feststellungsinteresse besteht**. Dies ist insb. bei der Feststellungsklage bezüglich Rechtsverhältnissen mit oder zwischen Dritten besonders genau zu prüfen (vgl. N 7). Ebenso problematisch sind in diesem Zusammenhang Mehrparteienkonstellationen, in welchen eine Feststellungsklage nicht von bzw. gegen alle Beteiligten erhoben wird, was u.U. zu einer unzulänglichen Schaffung von Rechtsfrieden zu führen vermag, was Grundlage für die Verneinung des Feststellungsinteresses sein müsste (vgl. N 9). In solchen Fällen kann sich aus dem Umstand, dass weitestgehender Rechtsfriede nur durch eine Klage mehrerer bzw. gegen mehrere erreicht werden kann, auch aus prozessrechtlichen Gründen eine *notwendige Streitgenossenschaft* derer ergeben, gegen die ein schutzwürdiges Interesse auf möglichst weitgehende Schaffung von Rechtsfrieden durch Feststellungsklage nur einheitlich besteht.

II. Rechte oder Rechtsverhältnisse

4   Gegenstand der Feststellungsklage ist die Feststellung des Bestehens oder Nichtbestehens von **Rechten** und **Rechtsverhältnissen**. Jedenfalls ausser Betracht bleibt damit die Feststellung von **Tatsachen**, und zwar – anders als noch etwa nach § 59 der Zürcher ZPO – auch jene der Echtheit oder Unechtheit einer Urkunde; bei Letzterem handelte es sich freilich ohnedies um einen Fall von verschwindender praktischer Relevanz (BODMER, 62). Eine präventive Tatsachenfeststellung kann freilich im Rahmen der **vorsorglichen Beweisführung** (vgl. Art. 158) erfolgen.

5   Gegenstand der Feststellungsklage ist nur das Bestehen oder Nichtbestehen von Rechten oder Rechtsverhältnissen, **nicht** jedoch die Beurteilung **allgemeiner, hypothetischer oder abstrakter Rechtsfragen** (BGE 122 III 279 E. 3a; 101 II 177 E. 4; 80 II 362 E. 3; 69 II 76 79; BGer, 4A_530/2007, E. 2.3; 4C.138/2003, E. 2.3 [nicht zitierte Erwägung in BGE 129 III 715]; offenbar weitergehend STAEHELIN/STAEHLIN/GROLIMUND, § 14 Rz 21). Es ist nicht Aufgabe des Zivilprozesses, den Parteien Rechtsberatung angedeihen zu lassen, etwa in Form von hypothetischen Rechtsgutachten («was wäre, wenn ...?»). Als Ausnahme hiervon könnte die Möglichkeit angesehen werden, die Haftpflicht für künftige Schäden aufgrund eines schadenstiftenden Ereignisses feststellen zu lassen (s. N 6).

6   **Unzulässig** wäre auch das Begehren, nur **einzelne Elemente bzw. Vorfragen im Rahmen von Rechtsverhältnissen** seien festzustellen, etwa dass den Beklagten ein Verschulden trifft oder er sich mit einer bestimmten Leistung im Verzug befindet (BGE 99 II 172 E. 2; OGer TG, SJZ 2008, 151 f.; HABSCHEID, AJP 2002, 271; KUMMER, ZPR, 102 f.; DERS., Klagerecht, 47; BODMER, 63 f.; DIETRICH, 90 f.; **a.M.** A. STAEHELIN, 186). Als zulässig wird freilich ein Begehren auf Feststellung angesehen, dass der Beklagte **für**

künftig eintretende Schäden aus einem bestimmten schadenstiftenden Ereignis haftet (BGE 118 II 254 E. 1.c; 114 II 253 E. 2; 99 II 172 E. 2; 97 II 371 E. 1; A. STAEHELIN, 186 f.; BODMER, 69; ZK-LANDOLT, Vor Art. 45/46 OR N 315; OFTINGER/STARK, § 6 Rz 15; MEIER/WIGET, 99 ff.; skeptisch jedoch SCHMID, 777 und BK-BREHM, Art. 46 OR N 150). Eine Durchbrechung dieses Grundsatzes stellt wohl auch die spezialgesetzliche Zulassung von Klagen auf **Feststellung der Widerrechtlichkeit eines bestimmten Verhaltens** dar (vgl. etwa Art. 28a Abs. 1 Ziff. 3 ZGB; Art. 74 Ziff. 2 und 3 PatG). In diesen Sonderfällen hat die Feststellung der Widerrechtlichkeit negatorische Funktion, dient also der Beseitigung immaterieller Nachteile, hat aber u.U. auch (insb. durch die Publikation des Urteils – vgl. etwa Art. 28a Abs. 1 Ziff. 3 und Abs. 2 ZGB, Art. 49 Abs. 2 OR, BGE 131 III 26 E. 12) Genugtuungsfunktion (vgl. dazu grundlegend BGE 95 II 481 E. 9 sowie 127 III 481 E. 1; 123 III 354 E. 1.b; 122 II 449 E. 2; anders noch 120 II 371 E. 3; BSK ZGB I-MEILI, Art. 28a N 6 ff.; A. STAEHELIN, 187; VOGEL, ZBJV, 376 f.; HAUSHEER/AEBI-MÜLLER, § 14 Rz 14.27 ff.; BODMER, 91 ff.). Wo eine physische Beseitigung andauernder Nachteile (wie etwa im Nachbarrecht) möglich ist oder ohnedies eine Unterlassungsklage ausreicht, um künftigen Eingriffen vorzubeugen, stellt eine solche Klage auf Feststellung der Widerrechtlichkeit eines Verhaltens schon deshalb nicht zur Verfügung, weil es am Feststellungsinteresse daran mangelt (vgl. dazu OGer BL, BJM 1995, 129 ff. [vgl. dazu Baurecht 1995, 95]; BODMER, 98 ff. m.w.Nw.; ROEMER, 75 ff.; KUMMER, Klagerecht, 53).

Auch vor dem Hintergrund der zuletzt genannten Einschränkungen könnte die Geltung des zivilprozessualen Dispositionsgrundsatzes (Art. 58 Abs. 1) so verstanden werden, dass der Kläger bei der **Formulierung des Rechtsbegehrens** in manchen Fällen einen nicht unerheblichen Spielraum hat. Dabei ist jedoch zu beachten, dass die Feststellungsklage nur deshalb zugelassen wird, weil sie präventiv (möglichst umfassend – BODMER, 100 ff. m.w.H.; DIETRICH, 85 ff.) Rechtsfrieden zu schaffen vermag. Dies zeigt sich insb. auch in der Prozessvoraussetzung des Feststellungsinteresses (s. N 9 ff.) und hier vor allem in der Subsidiarität dieser Rechtsschutzform (s. N 17). Entsprechend ist der Kläger gehalten, sein Rechtsbegehren vor dem Hintergrund eines bestimmten, zwischen den Parteien streitauslösenden Sachverhalts **so (weit) zu formulieren, dass der Konflikt zwischen den Parteien möglichst weitgehend beigelegt wird** (vgl. zum deutschen Recht Stein/Jonas-ROTH, § 256 N 52). Dieses Kriterium rechtfertigt sich insb. vor dem Hintergrund, dass ein allzu eng formuliertes Feststellungsbegehren die Möglichkeit von Folgeprozessen über Fragen, die von der materiellen Rechtskraft eines auf solcher Grundlage erwirkten Feststellungsurteils nicht erfasst sind, quasi vorprogrammiert. Ist zum Beispiel zwischen A, B und C strittig, ob C Gesellschafter einer einfachen Gesellschaft mit A und B geworden ist, so wäre es m.E. unzulässig, wenn C etwa auf Feststellung klagt, sein Eintritt in die Gesellschaft sei wirksam gewesen; richtigerweise wäre hier auf Feststellung der Gesellschafterstellung zu klagen; gleichermassen wäre es unzulässig, wenn C in dieser Konstellation Feststellungsklage nur gegen B erhebt, etwa weil A sich in der Auseinandersetzung bisher passiv verhalten hat; nur die Klage gegen alle (anderen) Mitgesellschafter vermag endgültig Rechtsfrieden bezüglich der Auseinandersetzung über die Gesellschafterstellung des C zu schaffen (vgl. BGE 93 II 11 E. 2.c für die Klage auf Feststellung der Haftung einer Erbengemeinschaft; KUMMER, Klagerecht, 35 für die Klage auf Feststellung der Mitgliedschaft in einer Kollektivgesellschaft; BODMER, 70 ff. m.w.H.) Freilich kann der Kläger dabei vor schwierige Formulierungsfragen gestellt werden. Häufig wird sich die Stellung von **Eventualbegehren** als Ausweg anbieten; ist das Gericht der Auffassung, dass ein zu enges Feststellungsbegehren gestellt wurde, so liegt ein typischer Fall vor, in welchem durch Ausübung der **gerichtlichen Fragepflicht** (Art. 56) die Möglichkeit zur Klageänderung eingeräumt werden muss.

8 Das festzustellende Rechtsverhältnis muss nicht notwendig zwischen den Prozessparteien bestehen, denkbar ist auch eine Feststellungsklage über **Rechtsverhältnisse Dritter**, an welchen nur eine oder keine der Parteien beteiligt ist (BGE 109 II 51 E. 2; 108 II 475 E. 1a; 93 II 11 E. 2.c; FRANK/STRÄULI/MESSMER, § 59 ZPO/ZH N 12; **a.A.** STAEHELIN/STAEHELIN/GROLIMUND, § 14 Rz 24; LEUCH/MARBACH/KELLERHALS/STERCHI, Art. 174 ZPO/BE N 2.b; BODMER, 70). Freilich ist in solchen Fällen besonders genau zu prüfen, ob an der Feststellung des Drittverhältnisses ein Feststellungsinteresse gerade des Klägers geenüber der Beklagten besteht; ein Feststellungsinteresse Dritter oder gegen Dritte ist nämlich nicht ausreichend (s. N 12), das Feststellungsinteresse muss vielmehr genau zwischen den Parteien bestehen, denn es vermittelt ihnen ja gerade erst die Sachlegitimation für die Feststellungsklage (N 3).

III. Feststellungsinteresse

1. Allgemeines

9 Besondere, in der ZPO freilich nicht eigens geregelte Voraussetzung für die Zulässigkeit der Feststellungsklage ist das Vorliegen eines Feststellungsinteresses. Dieses resultiert heute aus dem Bundeszivilprozessrecht, da es als Ausprägung des allgemeinen Rechtsschutzinteresses nach Art. 59 Abs. 2 lit. a zu verstehen ist. Vgl. dazu und insb. zu den kollisionsrechtlichen Folgen oben N 2.

10 Ähnlich wie beim Rechtsschutzinteresse bei der Duldungs- und Unterlassungsklage hat das Erfordernis des Feststellungsinteresses bei der Feststellungsklage eine wesentliche **Filterfunktion**: Könnte unbeschränkt jedes Recht oder Rechtsverhältnis zum Gegenstand einer Feststellungsklage gemacht werden, so könnte dies (jedenfalls theoretisch) dazu führen, dass völlig willkürlich Prozesse über eigentlich unstreitige Rechtsverhältnisse anhängig gemacht werden. Zweck der Feststellungsklage ist aber die (präventive) Schaffung von Rechtsfrieden in Konfliktsituationen. An diesem Zweck ist auch die Beurteilung des Feststellungsinteresses auszurichten. Bei all dem ist aber m.E. Folgendes zu bedenken: Nur zur persönlichen Unterhaltung der Parteien, aus blosser Bosheit oder anderen offenkundig nicht schutzwürdigen Interessen werden selten Prozesse eingeleitet (vgl. freilich zur Problematik des «forum running» mittels negativer Feststellungsklage unten N 23). In aller Regel hat der Kläger seine Gründe dafür, dass er Zeit und Kosten für die Beschreitung des Rechtsweges aufwendet. Ist schon eine andere, weitergehenden Rechtsfrieden verbürgende Rechtsschutzform (also eine Leistungs- oder Gestaltungsklage) zulässig (s. N 17), so muss sich der Kläger ohnedies entgegenhalten lassen, dass sein Rechtsbegehren nicht für eine abschliessende Schaffung von Rechtsfrieden taugt und er daher ein anderes Rechtsbegehren stellen sollte. Im Allgemeinen sollten die Gerichte freilich vor dem erwähnten Hintergrund bei der Anwendung der Prozessvoraussetzung des Feststellungsinteresses einen eher **grosszügigen Massstab** anlegen. Im Kern geht es hier um die **Abwägung der Parteiinteressen**, was von der Rechtsprechung vor allem bei der negativen Feststellungsklage hervorgehoben wird (vgl. unten N 26). Kritisch ist m.E. hier insb. jede Position zu beurteilen, welche (ausdrücklich oder unterschwellig) trotz Vorliegens eines schutzwürdigen Klägerinteresses das Feststellungsinteresse verneint, weil die Justiz vor der Behelligung mit Prozessen zu schützen sei. Das Recht schützt Personen voreinander und diese vor dem Staat, gewiss aber nicht den Staat vor den Menschen. Wer einen Schutz der Gerichtsbarkeit vor Prozessen aus Kostengründen für angemessen hält, der sollte die Einführung kostendeckender Gebühren fordern und nicht Parteien den sonst womöglich interessengerechten Rechtsschutz abschneiden. Dass sich schliesslich der konkret betroffene Richter durch den Prozess «behelligt» fühlt, ist ein

offensichtlich irrelevanter Gesichtspunkt, der leider bisweilen im Hintergrund von solch etatistischer Rhetorik steht. Kritisch zu beurteilen ist vor diesem Hintergrund insb. das Erfordernis der Unzumutbarkeit der Rechtsungewissheit (s. N 16).

In der Rechtsprechung ist gelegentlich davon die Rede, das Feststellungsinteresse müsse kein rechtliches sein, ausreichend sei auch ein bloss **faktisches Interesse** (vgl. etwa BGE 133 III 282 E. 3; 120 II 22 E. 3; 114 II 253 E. 2.a; 110 II 35 E. 2). Dabei handelt es sich um eine eigentlich inhaltsleere *façon de parler*, weil die konkrete Ausgestaltung des Feststellungsinteresses durch die Rechtsprechung natürlich gerade darauf abzielt, rechtlich schutzwürdige von nicht schutzwürdigen Interessen zu unterscheiden und damit eigentlich «rechtliche», d.h. rechtlich geschützte Interessen zu bestimmen; umgekehrt sind die zugrunde liegenden Parteiinteressen natürlich immer faktischer Natur. Einen eigenen Erklärungswert hat diese Formulierung kaum (vgl. schon BODMER, 84).

11

Die Feststellungsklage kann sich zwar auf Rechtsverhältnisse mit oder zwischen Dritten beziehen (N 8), das Feststellungsinteresse muss jedoch immer **der Kläger selbst** aufweisen, und zwar gerade **im Verhältnis zum Beklagten**; eine Feststellungsklage im Interesse Dritter ist daher unzulässig (BGer, 4A_530/2007, E. 2.3; 4C.290/2001, E. 1.3).

12

2. Ungewissheit

Zentrale Voraussetzung des Rechtsschutzinteresses ist nach der Rechtsprechung das Bestehen einer **rechtlichen Ungewissheit** (welche durch die Feststellungsklage beseitigt werden kann) (vgl. etwa BGE 135 III 378 E. 2; 133 III 282 E. 3; 131 III 319 E. 3.5; 123 III 414 E.7; 120 II 20 E. 3; BGer, 4A_36/2009, E. 3). Gemeint ist damit insb. nicht, dass die Parteien sich über ihre Rechte oder Rechtsverhältnisse unsicher sein müssen, vielmehr muss zwischen den Parteien eine **Meinungsverschiedenheit** bestehen; diese kann ja auch existieren, wenn sich eine Partei zu Recht ganz sicher ist, dass ihr Standpunkt zutrifft. Nur das Bestehen einer solchen Meinungsverschiedenheit, also eines Konflikts über Rechte und Rechtsverhältnisse, ist mit dem insofern unscharfen Begriff der «Ungewissheit» gemeint. Eine solche Situation ergibt sich regelmässig aus der Behauptung von Rechten durch den Beklagten («Berühmung»), wenn sich diese Rechte gegen den Kläger richten oder mit den eigenen Rechtsbehauptungen des Klägers in Widerspruch stehen, bzw. aus der Bestreitung von Rechten des Klägers durch den Beklagten.

13

3. «Sofortige» Feststellung

Das Interesse muss gemäss bundesgerichtlicher Rechtsprechung an einer «sofortigen» Feststellung der streitigen Rechte bzw. Rechtsverhältnisse bestehen (vgl. etwa BGE 135 III 378 E. 2.2; 133 III 282 E. 3; 114 II 253 E. 2). Gemeint ist damit aber nur, dass zwischen den Parteien ein aktueller Konflikt über Rechte oder Rechtsverhältnisse vorliegen muss und der Kläger mit Bezug auf eine mögliche spätere Leistungsklage ein Interesse an der Vorwegnahme der Feststellung und damit Streiterledigung hat (BGE 103 II 220 E. 3; 91 II 410 E. 4.a). Das heisst, der Kläger muss ein schutzwürdiges Interesse daran haben, zum für die Beurteilung der Prozessvoraussetzungen entscheidungsmassgeblichen Zeitpunkt eine Klärung der Rechtslage durch Feststellungsklage zu erreichen. Der Begriff «sofort» drückt dabei freilich eine etwas optimistische Einschätzung der Verfahrensdauer aus (vgl. etwas realistischer § 256 Abs. 1 der deutschen ZPO: «alsbald»; vgl. auch BODMER, 85 ff.); die Klage ist schon dann zulässig, wenn ein ausreichend dichtes Interesse an der urteilsmässigen Klärung der Rechtslage zwischen den Parteien in absehbarer Zeit bestehen wird.

14

4. Unzumutbarkeit der Ungewissheit

15 Die Ungewissheit muss dem Kläger **unzumutbar** sein, was insb. dann der Fall ist, wenn der Kläger durch die Unklarheit über die Rechtslage in seiner (wirtschaftlichen) **Bewegungsfreiheit eingeschränkt ist** (BGE 135 III 378 E. 2.2; 131 III 319 E. 3.5; 123 III 414 E. 7; 120 II 20 E. 3; 114 II 253 E. 2a; 110 II 352 E. 2). Dies ist insb. dann der Fall, wenn der (negative) Feststellungskläger Rückstellungen für die Befriedigung eines von ihm bestrittenen, erst künftig fälligen Anspruchs tätigen müsste. Es wird daher insb. bei bloss geringfügigen Forderungen verneint, bei welchen eine künftige Klärung auf dem Leistungsklagewege als zumutbar angesehen wird (BGE 120 II 20 E. 3; HGer ZH, ZR 2007 Nr. 79, E. 3.2; HGer ZH, ZR 1994 Nr. 23, E. III). Vgl. insb. zur Unzumutbarkeit der Rechtsungewissheit im Rahmen der negativen Feststellungsklage N 23.

16 Das Kriterium der «Unzumutbarkeit» ist m.E. **problematisch**: Der Kläger hat ein schutzwürdiges Interesse an der Klärung der Rechtslage auch dann, wenn ihn die Ungewissheit nicht in seiner Bewegungsfreiheit beschränkt; er will ja die Behelligung durch aus seiner Sicht unrichtige Rechtsbehauptungen oder -bestreitungen beendigen. Wenn und weil die Feststellungsklage aus einem rechtlichen Konflikt resultiert, dem eine Rechtsbehauptung oder -bestreitung des Gegners zugrunde liegt, ist diesem die Auseinandersetzung über die konfligierenden Rechtsstandpunkte auch durchaus jederzeit zumutbar. Liegen lediglich Behauptungen vor, die für die Zukunft keine wie auch immer gearteten nachteiligen rechtlichen Konsequenzen für den Kläger befürchten lassen, liegt ohnedies schon keine Ungewissheit im oben erwähnten Sinne vor, welche eine sofortige Klärung der Rechtslage verlangen würde. Zu bedenken ist auch, dass die Nichtzulassung einer Leistungsklage vor Fälligkeit durch die Rechtsordnung ja nicht «naturgegeben» ist, sondern letztlich darauf aufbaut, dass nicht durch Streitigkeiten vor Fälligkeit gleichsam auf Vorrat Vollstreckungstitel in Fällen geschaffen werden, in denen noch gar kein Konflikt besteht und ein solcher sich auch nicht entwickeln wird. Bestreitet der Schuldner einen noch nicht fälligen Anspruch ernstlich und ist der Fälligkeitstermin datumsmässig bestimmt, so kann nach richtiger Auffassung ohnedies schon eine präventive Leistungsklage erhoben werden (vgl. Art 85 N 14). In anderen Fällen hat die Nichtzulassung einer Feststellungsklage unter Hinweis auf das Unzumutbarkeitskriterium dann, wenn etwa wegen der Geringfügigkeit der Ansprüche das Abwarten einer späteren Leistungsklage des Gegners als zumutbar angesehen wird, lediglich eine Verzögerung des Rechtsschutzes zur Folge. Wenn zum gegenwärtigen Zeitpunkt bereits klar ist, dass eine rechtliche Auseinandersetzung bevorsteht, gibt es daher eigentlich keinen guten Grund, wegen der «Zumutbarkeit» der Rechtsunsicherheit auf spätere Prozesse nach Fälligkeit einer Forderung zu verweisen. Hier entspricht es grundsätzlich der Prozessökonomie, sofort zur Sache zu schreiten. Dass zuletzt die Behelligung der Gerichte mit Prozessen jedenfalls kein besonders gutes Kriterium für die Verweigerung von Rechtsschutz darstellt, wurde bereits oben (N 10) hervorgehoben. Gewiss hätten die Gerichte bei Entfall des unsinnigen Unzumutbarkeitskriteriums auch keine Lawine von Feststellungsklagen zu gewärtigen! Dieses Kriterium spiegelt wohl hauptsächlich das gerade in der Schweiz tief verwurzelte Misstrauen gegen das Instrument der negativen Feststellungsklage (s. N 22), welches allerdings nicht oder zumindest nicht in dem verbreiteten Ausmasse gerechtfertigt ist.

5. Subsidiarität gegenüber der Rechtsschutzmöglichkeit durch Leistungs- oder Gestaltungsklage

17 Die Feststellungsklage ist subsidiär gegenüber der Leistungs- bzw. Gestaltungsklage (BGE 135 III 378 E. 2.2; 119 II 368 E. 2; 114 II 253 E. 2); dieser Umstand wird auch als Frage des Feststellungsinteresses angesehen, an welchem es fehlt, wenn der Kläger be-

reits Rechtsschutz durch Leistungs- oder Gestaltungsklage erlangen könnte. Unzulässig wäre also etwa eine Klage auf Feststellung des Bestehens einer Forderung durch den Gläubiger nach Eintritt ihrer Fälligkeit (weil dann schon Leistungsklage erhoben werden kann) oder die Klage gegen einen Mitgesellschafter einer Kollektivgesellschaft auf Feststellung, er habe einen Grund für seinen Ausschluss aus der Gesellschaft gesetzt (wenn und weil bereits eine Gestaltungsklage auf Ausschliessung nach Art. 577 OR möglich wäre).

Zu beachten ist allerdings, dass die Möglichkeit einer Leistungs- bzw. Gestaltungsklage der Feststellungsklage nur insofern entgegensteht, als sie tatsächlich – wie in den erwähnten Beispielsfällen – zumindest jene Rechtssicherheit prästiert, welche auch mit der Feststellungsklage erreicht werden soll. Denkbar bleibt neben solchen Klagen eine Feststellungsklage mit einem weitergehenden Rechtsschutzziel, also etwa eine Leistungsklage auf Schadenersatz verbunden mit einer Klage auf Feststellung der Haftpflicht des Schädigers für später eintretende Schäden (s. N 6) oder eine negative Feststellungswiderklage des Beklagten gegen eine Teilklage (vgl. Art. 86 N 11).

6. Nachträglicher Wegfall des Rechtsschutzinteresses

Das Feststellungsinteresse muss zum **entscheidungsmassgeblichen Zeitpunkt** noch vorliegen. Wird ein Anspruch, auf dessen Feststellung geklagt wurde, während des anhängigen Verfahrens **fällig**, so hat der Kläger die Klage auf Leistung zu ändern, weil sie sonst wegen Wegfall des Feststellungsinteresses unzulässig würde. Dies gilt natürlich nicht für den Eintritt der Fälligkeit zu einem Zeitpunkt, in welchem eine Klageänderung nicht mehr möglich ist. Das Feststellungsinteresse für die negative Feststellungsklage bleibt freilich nach Eintritt der Fälligkeit bestehen, weil der Schuldner ja keine Leistungsklage erheben kann.

Wurde eine **negative Feststellungsklage** erhoben, so ist die **Leistungsklage** (am besten als Widerklage) wegen der zuständigkeitskoordinierenden Rechtshängigkeitswirkung aufgrund der Kernpunkttheorie (vgl. dazu Vor Art. 84–90 N 18) vor demselben Gericht zu erheben. Wenn und weil damit ohnedies beide Verfahren vor demselben Gericht hängig sind und daher miteinander verbunden werden können, ist die alte Streitfrage, ob die negative Feststellungsklage in einem solchen Fall wegen Erhebens der Leistungsklage unzulässig würde, praktisch ein wenig entschärft. Keine Lösung stellt es aber offensichtlich dar, auf die später beim selben Gericht eingebrachte Leistungsklage nicht einzutreten (so aber Göksu, 177), weil dies ja schlicht eine unzulässige Rechtsschutzverweigerung gegenüber dem Gläubiger darstellen würde (vgl. dazu schon Vor Art. 84–90 N 18). Eine Abschreibung des Feststellungsprozesses als gegenstandslos (für diese Lösung Leuch/Marbach/Kellerhals/Sterchi, Art. 174 ZPO/BE N 3d, Bühler/Edelmann/Killer, § 170 ZPO/AG N 10 sowie Walder/Grob, § 24 Rz 26 FN 28) würde u.U. die bereits vorhandenen Prozessergebnisse im negativen Feststellungsprozess vernichten. Am einfachsten wäre es, die beiden Prozesse zu verbinden, wobei dann im Urteil nur über den Leistungsanspruch meritorisch abzusprechen ist und das negative Feststellungsbegehren erst dann als gegenstandslos abzuschreiben wäre, wobei die Kostentragung sich natürlich am Ausgang des Leistungsprozesses zu orientieren hat. Zum Feststellungsinteresse bei der negativen Feststellungsklage vgl. im Übrigen N 26.

Das Privat- oder Prozessrecht sieht die Möglichkeit einer Feststellungsklage in bestimmten Konstellationen ausdrücklich vor. Dabei kann nicht schlechterdings gesagt werden, dass bei solchen **positivgesetzlich verankerten besonderen Feststellungsklagen** das Feststellungsinteresse nicht zu prüfen ist (so aber etwa A. Staehelin, 187 mit irreführendem Nachweis auf «BGE 125 III 151» sowie GULDENER, ZPR, 210). Die Unzulässigkeit der negativen Feststellungsklage nach Art. 85a SchKG nach Erhebung eines Rechtsvorschlags durch den Schuldner ergibt sich nach Auffassung des Bundesgerichts ja etwa gerade aus dem mangelnden (Feststellungs-)Interesse (so explizit BGE 125 III 149, 152 E. 2, also genau jener Entscheid, mit dem A. STAEHELIN, 187 das Gegenteil belegt). Bisweilen wird in solchen Fällen die Voraussetzung des Feststellungsinteresses sogar spezialgesetzlich nochmals wiederholt (vgl. Art. 61 URG, Art. 74 PatG, Art. 52 MSchG, Art. 33 DesG), in anderen Fällen kann die Auslegung ergeben, dass das Feststellungsinteresse aufgrund der Filterfunktion dieser Prozessvoraussetzung geprüft werden muss. Zum Teil dürfte es sich aber tatsächlich so verhalten, dass eine eigene Prüfung der Prozessvoraussetzung des Feststellungsinteresses deshalb zu unterbleiben hat, weil schon der besondere gesetzliche Feststellungsklage-Tatbestand eine entsprechende Filterfunktion erfüllt; dies ist m.E. etwa bei Art. 28a Abs. 1 Ziff. 3 ZGB der Fall, wo eine Klage auf Feststellung der Widerrechtlichkeit einer Persönlichkeitsverletzung ja nur dann zulässig ist, wenn sich diese weiterhin störend auswirkt; die Feststellungsklage erreicht damit das Rechtsschutzziel «Beseitigung der Widerrechtlichkeit» gerade dann, wenn sich die Verletzung noch störend auswirkt. Damit liegt dann aber auch eindeutig ein Rechtsschutzinteresse vor, weshalb sich dessen zusätzliche Prüfung im Rahmen des allgemeinen Feststellungsinteresses erübrigt (vgl. BGE 127 III 481 E. 1; 123 III 354 E. 1; 104 II 225 E. 5; 101 II 187 E. 4.b; 95 II 481 E. 9;); davon ist die Frage zu unterscheiden, wann von einer fortdauernden Störung i.S.v. Art. 28a Abs. 1 Ziff. 3 ZGB auszugehen ist (unscharf daher die Kritik von BSK ZGB I-MEILI, Art. 28a N 8). Auch bei der Klage auf Feststellung der Vaterschaft (Art. 261 ZGB) ist etwa das Vorliegen eines Feststellungsinteresses nicht zu prüfen; bei dieser Klage handelt es sich jedoch nach richtiger Meinung gar nicht um eine Feststellungs-, sondern um eine Rechtsgestaltungsklage (vgl. BSK ZGB I-SCHWENZER, Art. 261 N 1).

IV. Negative Feststellungsklage

1. Hindernisse für die Erhebung negativer Feststellungsklagen

22 Wie schon dem Wortlaut von Art. 88 zu entnehmen ist, kann auch auf Feststellung des Nichtbestehens eines Rechts oder Rechtsverhältnisses geklagt werden (negative Feststellungsklage). Die **schweizerische Rechtsprechung** steht dieser Rechtsschutzform jedoch etwas **zurückhaltend gegenüber**, was insb. bei der Zuständigkeitsprüfung (N 24) und v.a. bei den Massstäben für die Prüfung des Feststellungsinteresses (N 26) zum Ausdruck kommt. Hintergrund dieser zurückhaltenden Sichtweise ist wohl auch der Umstand, dass die schweizerische Praxis eine Neigung hat, den Gläubiger als den sozusagen «natürlichen» Kläger (vgl. besonders deutlich BGE 130 III 285 E. 5.3) und die Leistungsklage bzw. positive Feststellungsklage als den «normalen» Prozess (vgl. BGE 133 III 645 E. 5.2) anzusehen. Dies hängt nicht zuletzt wohl auch mit der (im Ergebnis weitgehend erodierten) verfassungsrechtlichen Garantie des Wohnsitzgerichtstands (Art. 30 Abs. 2 BV) zusammen; noch Art. 59 Abs. 1 aBV garantierte diesen Gerichtstand ja nicht wie heute Art. 30 Abs. 2 BV dem Beklagten, sondern vielmehr dem Schuldner.

23 Die insofern bestehende Zurückhaltung gegenüber der Rechtsschutzform der negativen Feststellungsklage steht freilich in einem gewissen Spannungsverhältnis zur **Rezeption der Kernpunkttheorie des EuGH durch das Bundesgericht** (BGE 128 III 284 E. 3; vgl. dazu Vor Art. 84–90 N 15), welche der negativen Feststellungsklage aufgrund der damit verbundenen erweiterten, zuständigkeitsrechtlichen Rechtshängigkeitswirkung wesentlich mehr Gewicht gab; seither kann der Schuldner, der eine negative Feststellungsklage erhebt, den Gläubiger mit dessen Leistungsklage vor das Gericht zwin-

gen, bei welchem schon eine negative Feststellungsklage anhängig ist. Allerdings hat das Bundesgericht durch seinen Folgeentscheid (der sich auf dieselbe prozessuale Auseinandersetzung bezog!) diese Möglichkeit durch die Verneinung eines Feststellungsinteresses bei einer bloss zum Zwecke des «forum running» erhobenen negativen Feststellungsklage wieder wesentlich relativiert: Das blosse **Interesse am «forum running»**, d.h. an der Sicherung eines günstigen Gerichtsstands durch den Schuldner durch Erhebung einer negativen Feststellungsklage konstituiert kein Feststellungsinteresse (BGE 131 III 319 E. 3; vgl. auch 133 III 282 E. 3; 129 III 295 E. 2; 123 III 414 E. 7). In eine ähnliche Richtung geht es, wenn ausgesprochen wird, es mangle an der Unzumutbarkeit der Rechtsungewissheit (s. N 14), wenn die **Leistungsklage** des Gläubigers **unmittelbar bevorsteht** (BGE 131 III 319 E. 3.5; offengelassen in BGE 133 III 282 E. 3.5.1).

Auch im **Zuständigkeitsrecht** findet sich zwar ein Bekenntnis zum Grundsatz, dass die negative Feststellungsklage keinen gerichtsstandsrechtlichen Beschränkungen unterliegt, doch zeigt wohl auch der im Zusammenhang mit Art. 5 Nr. 3 LugÜ (Gerichtsstand der unerlaubten Handlung) vom Bundesgericht vorgenommene, m.E. (dazu Dasser/Oberhammer-OBERHAMMER, Art. 5 LugÜ N 124) eindeutig gegen das europäische Zuständigkeitsrecht verstossende forum-non-conveniens-Test (vgl. BGE 133 III 282 E. 4 f.; vgl. dazu DOMEJ, 551 f.), dass ein gewisses Ressentiment gegenüber der negativen Feststellungsklage besteht. Ebenso eindeutig verstiess das Bundesgericht gegen das europäische Zivilprozessrecht in seinem Entscheid BGer, 4A_143/2007, E. 3, in welchem es die frühere Rechtshängigkeit einer in Italien erhobenen negativen Feststellungsklage («Italian torpedo») mit dem eher oberflächlich begründeten Hinweis missachtete, der Schuldner habe durch die **Verzögerung des Sühnverfahrens bezüglich der Leistungsklage** deren rechtzeitige Erhebung arglistig verschleppt. 24

Die Erhebung von negativen Feststellungsklagen in «Langsamprozessländern» («**Torpedoklagen**») ist in der Tat ein bedeutendes Problem der internationalen Rechtsdurchsetzung, insb. auch, weil der EuGH eine ihm dargebotene Chance, dieses Problem zu relativieren, ungenützt liess (vgl. EuGH, Rs. C-116/02, Slg. 2003, I-14693, Gasser/MISAT). Im europäischen internationalen Zivilprozessrecht ist die schweizerische Rechtsprechung dabei aber an die Vorgaben des LugÜ gebunden, nach welchem – nach Auffassung des EuGH in der eben zitierten Rechtssache Gasser – auch die zeitlich prioritäre Rechtshängigkeit in «Langsamprozessstaaten» zu respektieren ist. Im Unterschied dazu erlaubt Art. 9 IPRG die Nichtbeachtung der Rechtshängigkeit in Nicht-LugÜ-Mitgliedstaaten, wenn dort nicht mit einem Entscheid in angemessener Frist zu rechnen ist. 25

Das Bundesgericht begründet vor allem die besonders sorgfältige Prüfung des **Feststellungsinteresses** bei negativen Feststellungsklagen damit, dass auf die Interessen des Beklagten Rücksicht zu nehmen sei: Wer auf Feststellung klage, dass eine Forderung nicht bestehe, zwinge den Gläubiger zur vorzeitigen Prozessführung und könne ihn insofern benachteiligen, als er ihn allenfalls zur Beweisführung zwinge, bevor er dazu bereit und in der Lage sei (BGE 131 III 319 E. 3.5; 120 II 20 E. 3a; BGer, 4A_36/2009, E. 3; 4C.364/2002, E. 2.1). Damit wird unterstellt, es gebe einen «natürlichen» Prozesszeitpunkt, der irgendwo zwischen Fälligkeit der Forderung und ihrer Verjährung liege. Warum die Gläubigerin ein schutzwürdiges Interesse daran haben soll, die Klage erst zu dem für sie beweisrechtlich optimalen Zeitpunkt zu erheben, ist unerfindlich. Noch niemand wäre auf die Idee gekommen, einem Schuldner das Recht einzuräumen, später prozessieren zu wollen, weil ihm eine Beweisführung zum gegenwärtigen Zeitpunkt ungelegen kommt! Bekanntlich verhält es sich auch nicht so, dass der Gläubiger immer die Beweislast für alle relevanten Fakten trägt. Besonders irritierend ist das Argument des 26

Bundesgerichts in diesem Zusammenhang, eine negative Feststellungsklage des Schuldners könne dem Gläubiger gegenüber unzumutbar sein, wenn dieser eine Betreibung «nur zum Zwecke der Verjährungsunterbrechung» eingeleitet hat (BGer, 4C.364/2002, E. 2.1). Erstaunlich: Der Gläubiger betreibt den Schuldner, doch eine Prozessführung über den von ihm betriebenen Anspruch soll ihm unzumutbar sein, weil ihn diese zu einer «vorzeitigen Prozessführung» zwinge, die ihm beweisrechtliche Nachteile bringen könne! Demgegenüber ist nachdrücklich festzuhalten, dass dem Gläubiger, welcher den Schuldner betreibt (unabhängig von den Motiven für die Betreibung) eine negative Feststellungsklage des Schuldners ohne weiteres zumutbar ist! Es gibt doch wohl keine deutlichere Form der Rechtsbehauptung als die Betreibung der Forderung – nicht dem Gläubiger ist hier die «vorzeitige Prozessführung» unzumutbar, sondern vielmehr dem Schuldner ein weiteres Zuwarten mit der Rechtsverteidigung, immerhin liegt dann auch ein Eintrag im Betreibungsregister vor. Dass schliesslich beweisrechtliche Nachteile bei einem Prozess über eine Forderung aus einer verfrühten Klageerhebung resultieren, ist zudem auch kaum vorstellbar: Das bereits – insb. aufgrund des Vertragsschlusses – vorliegende Beweismaterial ist noch «frischer», was später passiert, ist ohnedies nicht von der Rechtskraft eines früheren Prozesses umfasst.

27 Zutreffend hat das Bundesgericht in einem Fall, in welchem der Beklagte sich darauf berief, es bestehe kein Rechtsschutzinteresse an einer negativen Feststellungsklage, weil er noch nicht über zur Beweisführung erforderliche Urkunden verfüge, festgehalten, dass es hier kein schutzwürdiges Interesse an der Verzögerung der Rechtsdurchsetzung gebe, wenn und weil der Beklagte ja jederzeit die Möglichkeit gehabt hätte, eine unbezifferte Forderungsklage (vgl. Art. 85 N 4 ff.) oder Stufenklage (vgl. Art. 85 N 12 ff.) zu erheben oder die Edition der betreffenden Urkunden im Prozess über die negative Feststellungsklage zu verlangen (BGer, 4A_36/2009, E. 3). In diesem Fall war sogar substantiiert vorgetragen, über welche Beweismittel der Beklagte der negativen Feststellungsklage noch nicht verfüge, und *hier* hat das Bundesgericht – richtig! – erkannt, dass es kein Interesse daran gebe, den Prozess über eine bereits streitige Forderung noch hinauszuzögern. So wird es sich freilich – entgegen der sonstigen Rechtsprechung des BGer (N 26) – in aller Regel verhalten, weshalb die Aussage, bei der Abwägung von Kläger- und Beklagteninteressen mit Blick auf das Rechtsschutzinteresse an einer negativen Feststellungsklage sei auch auf den Aspekt abzustellen, dass der Beklagte zur vorzeitigen Rechtsdurchsetzung und Beweisführung gezwungen werde, in die falsche Richtung weist, weil damit ein Interesse besonders hervorgehoben wird, das in der Wirklichkeit kaum je schutzwürdig sein dürfte.

28 M.E. sollte man sich von all diesen Ressentiments gegen die negative Feststellungsklage frei machen. Am Anfang einer zivilprozessualen Auseinandersetzung stehen sich zwei Parteien gegenüber, bei welchen definitionsgemäss noch unbekannt ist, welche schliesslich obsiegen wird, also «im Recht ist». Es geht nicht um «Gläubiger», «Schädiger» und dergleichen, sondern vielmehr um Personen, von denen behauptet und bestritten wird, dass sie Gläubiger, Schädiger etc. sind. Es mag zutreffen, dass manche Gerichtsstandsbestimmungen auf der Vorstellung beruhen, dass immer eine bestimmte Partei die Klage erheben werde. Insgesamt kann aber mitnichten gesagt werden, wer der «natürliche Kläger» ist, und dass daher eine negative Feststellungsklage des angeblichen Schuldners per se problematischer ist als eine Klage des Gläubigers. Dies verhält sich schon bei der Geltendmachung von Ansprüchen so – der angebliche Schuldner ist nicht weniger schutzwürdig als der angebliche Gläubiger – und zeigt sich erst recht bei der Feststellungsklage bezüglich anderer Rechte (z.B. beim Streit über das Eigentum). Insgesamt wäre daher ein **Umdenken** der Rechtsprechung wünschenswert, mit welchem die negative Feststellungsklage als gleichwertige Rechtsschutzform akzeptiert wird und ihr nicht aus einem

intuitiven Ressentiment gegen die mit dieser Rechtsschutzform verbundene Umkehrung der «natürlichen» Parteirollen allerlei Hindernisse entgegensetzt werden.

2. Beweislast

Entgegen einer unter Unkundigen verbreiteten Fehlvorstellung ändert der mit der negativen Feststellungsklage eintretende Parteirollentausch nichts an der **Beweislast** (vgl. nur SCHMID, 776). Die Beweislast knüpft bekanntlich nicht an der Parteirollenverteilung im Zivilprozess, sondern vielmehr an den Vorgaben des materiellen Rechts, mithin an Art. 8 ZGB und den korrespondierenden Ausnahmebestimmungen an. 29

3. Rechtskraft bei Abweisung

Eine althergebrachte dogmatische Streitfrage ist jene der Rechtskraftwirkung der Abweisung einer negativen Feststellungsklage. Nach h.M. führt die Abweisung der negativen Feststellungsklage zu einer (positiven) Feststellung bezüglich des Rechts oder Rechtsverhältnisses, auf welche sich die negative Feststellungsklage bezog (vgl. BGE 123 III 414 E. 5; 105 II 229 E. 1.b; LEUCH/MARBACH/KELLERHALS/STERCHI, Art. 174 ZPO/BE N 1g; SCHMID, 780; GULDENER, ZPR, 211; KUMMER, Klagerecht, 81 f.; DIETRICH, 85); dies folgt schon aus dem Grundsatz der prozessualen Waffengleichheit – es wäre dem Beklagten der negativen Feststellungsklage unzumutbar, könnte der negative Feststellungskläger im Prozess über seine Klage «nur gewinnen». Zu beachten ist freilich, dass die Abweisung einer negativen Feststellungsklage bezüglich einer Geldforderung die Existenz der Forderung naturgemäss nur dem Grunde nach feststellen kann, weil damit ja keine Aussage auf Ebene des Dispositivs über die Anspruchshöhe getroffen wird. 30

Umstritten ist die Frage, ob und inwiefern dies auch gilt, wenn die negative Feststellungsklage – insb. unter Verkennung der Beweislastsituation – wegen Beweislosigkeit abgewiesen wird. Wenn die negative Feststellungsklage abgewiesen wurde, weil etwa dem Schuldner nicht der Beweis gelungen ist, dass die Forderung nicht besteht, wird (m.E. zu Unrecht) geschlossen, die Beweislosigkeit für das Nichtbestehen der Forderung lasse noch nicht auf deren Existenz schliessen (so für das schweizerische Recht WALTER, ZBJV 1987, 553 ff.; **a.M.** zutreffend HABSCHEID, ZPR, Rz 286; BGE 115 II 187, E. 3 b; ebenso der deutsche Bundesgerichtshof NJW 1983, 2032). 31

Art. 89

Verbandsklage

¹ **Vereine und andere Organisationen von gesamtschweizerischer oder regionaler Bedeutung, die nach ihren Statuten zur Wahrung der Interessen bestimmter Personengruppen befugt sind, können in eigenem Namen auf Verletzung der Persönlichkeit der Angehörigen dieser Personengruppen klagen.**

² **Mit der Verbandsklage kann beantragt werden:**
a. eine drohende Verletzung zu verbieten;
b. eine bestehende Verletzung zu beseitigen;
c. die Widerrechtlichkeit einer Verletzung festzustellen, wenn sich diese weiterhin störend auswirkt.

³ **Besondere gesetzliche Bestimmungen über die Verbandsklage bleiben vorbehalten.**

Art. 89

6. Titel: Klagen

Action des organisations

¹ Les associations et les autres organisations d'importance nationale ou régionale qui sont habilitées aux termes de leurs statuts à défendre les intérêts d'un groupe de personnes déterminé peuvent, en leur propre nom, agir pour l'atteinte à la personnalité des membres de ce groupe.

² Elles peuvent requérir du juge:
a. d'interdire une atteinte illicite si elle est imminente;
b. de la faire cesser si elle dure encore;
c. d'en constater le caractère illicite, si le trouble qu'elle a créé subsiste.

³ Les dispositions spéciales sur le droit d'action des organisations sont réservées.

Azione collettiva

¹ Le associazioni ed altre organizzazioni d'importanza nazionale o regionale autorizzate dagli statuti a difendere gli interessi di determinati gruppi di persone possono proporre azione in proprio nome per lesione della personalità degli appartenenti a tali gruppi.

² Con tale azione collettiva si può chiedere al giudice di:
a. proibire una lesione imminente;
b. far cessare una lesione attuale;
c. accertare l'illiceità di una lesione che continua a produrre effetti molesti.

³ Sono fatte salve le disposizioni speciali di legge concernenti le azioni collettive.

Inhaltsübersicht

Note

I. Allgemeines 1
II. Andere Wege kollektiven Rechtsschutzes 4
    1. Musterprozessvereinbarung 4
    2. Klagenhäufung 7
III. Verbandsklage 8
    1. Grundlagen 8
    2. Beschränkung auf Persönlichkeitsverletzungen 10
    3. Klagebefugte Verbände 11
    4. Rechtsschutzziel 19
    5. Keine Wirkungen für und gegen Gruppenmitglieder 20
    6. Vorbehalt des Abs. 3 22

Literatur

D. BAETGE/S. EICHHOLTZ, Die Class Action in den USA, in: Basedow/Hopt/Kötz/Baetge (Hrsg.), Die Bündelung gleichgerichteter Interessen im Prozess, Tübingen 1999, 287 ff.; C. BAUDENBACHER, Kommentar Lauterkeitsrecht, Basel 2001; S. BAUMGARTNER, Class Actions and Group Litigation in Switzerland, 27 Nw. J. Int'l L. & Bus. 2007, 301 ff. (zit. 27 Nw. J. Int'l L. & Bus. 2007); DERS., Class Actions in der Schweiz?, in: Schindler/Schlauri (Hrsg.), Auf dem Weg zu einem einheitlichen Verfahren, Zürich 2001, 111 ff. (zit. Class Actions); F. BAUR, Der «Musterprozess», in: Habscheid/Hoffmann-Nowotny/Linder/Meier-Hayoz (Hrsg.) Freiheit und Zwang, FS Giger, Bern 1989, 15 ff.; M. BERNET/P. GROZ, Sammelklagen in Europa?, SZZP 2008, 75 ff.; M. BERNI, Verbandsklagen als Mittel privatrechtlicher Störungsabwehr, Diss. St. Gallen 1992; A. BRUNNER, Zur Verbands- und Sammelklage in der Schweiz, in: Walder-Richli (Hrsg.), Rechtsschutz im Privatrecht, Symposium für Richard Frank, Zürich 2003, 37 ff.; A. BUCHER, Natürliche Personen und Persönlichkeitsschutz, 4. Aufl., Basel 2009; L. DAVID, Kommentar Markenschutz, Muster- und Modellgesetz, 2. Aufl., Basel 1999 (zit. Persönlichkeitsschutz); P. DICKENMANN, Sammelklagen und kollektiver Rechtsschutz, Anwaltsrevue 2009, 468 ff.; S. EICHHOLTZ, Die US-amerikanische Class action und ihre deutschen Funktionsäquivalente, Tübingen 2002;

D. Favalli/J. Matthews, Recognition and Enforcement of U.S. Class action judgments and settlements in Switzerland, SZIER 2007, 611 ff.; L. Gordon-Vrba, Vielparteienprozesse, Diss. Zürich 2007; R. Greger, Verbandsklage und Prozessrechtsdogmatik – Neue Entwicklungen in einer schwierigen Beziehung, ZZP 2000, 399 ff.; B. Gross, in: E. Homburger (Hrsg.), Kommentar zum Kartellgesetz, Zürich 1997; B. Hess, Verbesserung des Rechtsschutzes durch kollektive Rechtsbehelfe, in: Mansel/Dauner-Lieb/Henssler, Zugang zum Recht, Baden-Baden 2008, 61 ff.; H. Hirte, Sammelklagen – Fluch oder Segen?, VersR 2000, 148 ff.; J. Hohl, Die US-amerikanische Sammelklage im Wandel, Diss. Regensburg 2007; K. Hopt/D. Baetge, Rechtsvergleichung und Reform des deutschen Rechts – Verbandsklage und Gruppenklage, in: Basedow/Hopt/Kötz/Baetge (Hrsg.), Die Bündelung gleichgerichteter Interessen im Prozess, Tübingen 1999, 11 ff.; L. Jacquemoud-Rossari, Les parties et les actes des parties, in: Lukic (Hrsg.), Le projet de Code de Procédure civile fédérale, Lausanne 2008, 73 ff.; F. Jacoby, Der Musterprozessvertrag: die gewillkürte Bindung an gerichtliche Entscheidung, Diss. Hamburg 1999; N. Jeandin, Parties au procès: Mouvement et (r)évolution, Zürich 2003; H. Koch, Die Verbandsklage in Europa – Rechtsvergleichende, europa- und kollisionsrechtliche Grundlagen, ZZP 2000, 413 ff.; ders., Internationaler kollektiver Rechtsschutz, in: C. Meller-Hannich (Hrsg.), Kollektiver Rechtsschutz im Zivilprozess, Baden-Baden 2008, 53 ff.; H. Micklitz/A. Stadler, Das Verbandsklagerecht in der Informations- und Dienstleistungsgesellschaft, Münster 2005; P. Oberhammer, Zivilprozessgesetzgebung: Content follows method, in: Honsell et al. (Hrsg.), FS Kramer, 1025 ff.; L. Perucchi, Anerkennung und Vollstreckung von US class action-Urteilen und -Vergleichen in der Schweiz, Diss. Luzern 2007; G. Rauber, Klageberechtigung und prozessrechtliche Bestimmungen (Art. 9–15 UWG), in: von Büren/David (Hrsg.) Schweizerisches Immaterialgüter- und Wettbewerbsrecht, 2. Aufl., Basel 1998; H. Riemer, Kollektiv-Persönlichkeitsverletzungen ausserhalb des wirtschaftlich-beruflichen Bereichs, insbesondere die Frage der Zulässigkeit eines Verbandsklagerechts, in: Mélanges en l'honneur de Jacques-Michel Grossen, Basel 1992, 83 ff.; I. Romy, Class actions américaines et droit international privé suisse, AJP 1999, 783 ff. (zit. AJP 1999); dies., Litiges de masse, Habil. Fribourg 1997 (zit. Litiges); E. Schilken, Der Zweck des Zivilprozesses und der kollektive Rechtsschutz, in: C. Meller-Hannich (Hrsg.), Kollektiver Rechtsschutz im Zivilprozess, Baden-Baden 2008, 21 ff.; N. Schoibl, Die Verbandsklage als Instrument zur Wahrung «öffentlicher» oder «überöffentlicher» Interessen im österreichischen Zivilverfahren, ZfRV 1990, 3 ff.; P. Scyboz, Les parties et leurs représentants dans le Code de procédure civile suisse du 19 décembre 2008, Anwaltsrevue 2009, 12 ff.; A. Stadler, Bündelung von Interessen im Zivilprozess, Überlegungen zur Einführung von Verbands- und Gruppenklagen im deutschen Recht, Heidelberg 2004 (zit. Bündelung); dies., Bündelung von Verbraucherinteressen im Zivilprozess, in: Brönneke (Hrsg.), Kollektiver Rechtsschutz im Zivilprozessrecht, Baden-Baden 2001, 1 ff. (zit. Rechtsschutz); dies., Rechtspolitischer Ausblick zum kollektiven Rechtsschutz, in: C. Meller-Hannich (Hrsg.), Kollektiver Rechtsschutz im Zivilprozess, Baden-Baden 2008, 93 ff. (zit. Ausblick); U. Stengel/P. Hakeman, Gruppenklage – Ein neues Institut im schwedischen Zivilverfahrensrecht, RIW 2004, 221 ff.; P. Steinauer, Le droit d'action des associations visant à défendre la personnalité de leurs membres, en particulier en matière de protection des donnés, in: Brem et al. (Hrsg.), FS Pedrazzini, Bern 1990, 497 ff.; H. Stöckli, Ansprüche aus Wettbewerbsbehinderung, Diss. Fribourg 1999; W. Stoffel, L'image du plaideur: Du demandeur individuel aux intérêts de groupe, in: L'image de l'homme en droit: Mélanges publiés par la Faculté de droit à l'occasion du centenaire de l'Université de Fribourg, Fribourg 1990, 497 ff.; L. Thévenoz, L'action de groupe en procédure civile suisse, in: Rapports suisses présentés au XIIIème Congrès international de droit comparé, Zürich 1990, 129 ff.; H. Walder-Richli/B. Grob-Andermacher, Entwicklungen in Zivilprozessrecht und Schiedsgerichtsbarkeit, SJZ 2007, 41 ff.; G. Walter, Mass tort litigation in Germany and Switzerland, 11 Duke Journal of Comparative and International Law 2001, 369 ff.

I. Allgemeines

Traditionell ist der Zivilprozess auf die Durchsetzung von in zwischen den Parteien (angeblich) bestehenden Rechten und Rechtsverhältnissen des Privatrechts verkörperten Individualinteressen zugeschnitten. In den letzten Jahrzehnten entsprach es jedoch einem internationalen Trend, auch Auseinandersetzungen über kollektive oder diffuse Interessen vor Zivilgerichten auszutragen, wobei – zusammenfassend und daher sehr vereinfachend ausgedrückt – zwei Grundformen solcher kollektiver Zivilprozesse bestehen, nämlich einerseits die **Sammelklage** (class action), die aus dem US-amerikanischen Prozessrecht stammt, aber in jüngster Zeit Nachahmung in einer Reihe anderer Rechtsordnungen gefunden hat, und andererseits die **Verbandsklage**, die in den kontinentaleuropäischen Rechtsordnungen (noch) dominiert und viel weniger weitreichende Rechtsfolgen hat als die Sammelklage. Zwischen diesen beiden Rechtsschutzformen bestehen zwei grundsätzliche Unterschiede: Die Verbandsklage setzt das Bestehen einer Organisation (nach Art. 89 Abs. 1: von gesamtschweizerischer oder zumindest regionaler Bedeutung, s. N 13 ff.) voraus, welche im Prozess ihre statutarischen Zwecke verfolgt; die class action kann grundsätzlich von jedermann erhoben werden, der in derselben Weise betroffen ist wie die gesamte «Klasse». Damit mediatisiert die Verbandsklage den einzelnen Betroffenen von vornherein und lässt eine Klage nur von solchen Verbänden zu, welche bereits eine gewisse soziale Anerkennung geniessen; die class action kann dagegen tatsächlich auf einer reinen Privatinitiative einzelner «named plaintiffs» beruhen, welche auch im Namen aller anderen Betroffenen «ihr Recht in die Hand nehmen» – de facto handelt es sich dabei freilich i.d.R. um Initiativen von darauf spezialisierten Anwälten. Damit im Zusammenhang steht ein zweiter bedeutender Unterschied zwischen diesen beiden Rechtsschutzformen: Der Entscheid über eine Verbandsklage wirkt – der klassischen Konzeption des Zivilprozesses entsprechend – lediglich inter partes, also zwischen dem klagenden Verband und dem Beklagten, greift jedoch nicht in die Rechtsposition des Einzelnen ein, dessen Interessen durch den Verband repräsentiert werden, und zwar weder zum Vor- noch zum Nachteil der betroffenen Individuen (s. N 18, 20). Bei der class action kommt es dagegen zu einem rechtlich verbindlichen Entscheid über die Rechte der Gruppenmitglieder, sofern diese nicht die Möglichkeit wahrgenommen haben, sich aus der kollektiven Prozessführung hinauszuoptieren («opting out»). Vgl. zur class action aus hiesiger Sicht BAUMGARTNER, 27 Nw. J. Int'l L. & Bus. 2007, 301 ff.; DERS., Class Actions, 111 ff.; BERNET/GROZ, SZZP 2008, 76 ff.; DICKENMANN, Anwaltsrevue 2009, 468 ff.; EICHHOLTZ, 29 ff.; GORDON-VRBA, 12 ff.; HIRTE, VersR 2000, 148 ff.; HOHL, 14 ff.; HOPT/BAETGE, 11 ff.; JEANDIN, 110; PERUCCHI, 5 ff.; ROMY, LITIGES, 5 ff.; DIES., AJP 1999, 784 ff.; STADLER, Rechtsschutz, 13 ff.; vgl. grundsätzlich zur Verbandsklage BERNI, 10 ff.; EICHHOLTZ, 260 ff.; GREGER, ZZP 2000, 399 ff.; HOPT/BAETGE, 11 ff.; JEANDIN, 86 ff.; KOCH, ZZP 2000, 413 ff.; MICKLITZ/STADLER, 5 ff.; SCHOIBL, ZfRV 1990, 3 ff.; THÉVENOZ, 140 ff.

2   Der **Gesetzgeber der schweizerischen ZPO** hat einen gegenüber solchen Formen kollektiven Rechtsschutzes durch Zivilgerichte ausserordentlich **zurückhaltenden Zugang** gewählt: Schon die Erläuterungen zum Vorentwurf der ZPO wählen just die US-amerikanische class action als besonders anschauliches Beispiel dafür, dass Rechtsvergleichung als Grundlage zivilprozessualer Qualifikationsarbeiten überflüssig ist (Bericht VE-ZPO, 15, 45; vgl. dazu kritisch OBERHAMMER, 1047). Dieser Befund ist nicht nur wegen des darin zum Ausdruck kommenden engen Horizonts, sondern insb. auch angesichts des Umstandes, dass sich parallel zur Entstehung der ZPO in einer ganzen Reihe von europäischen Staaten eine Diskussion von deutlich über die Verbandsklage hinausgehenden Modellen kollektiven Rechtsschutzes entwickelt hat und in manchen Staaten bereits vom US-amerikanischen Recht inspirierte Formen einer Sammelklage eingeführt wurden (vgl. dazu aus schweizerischer Sicht etwa BAUMGARTNER, Class Actions, 112 f.; BERNET/GROZ, 75 ff.; DICKENMANN, 468 f.; vgl. auch HESS, 61 ff.; HOPT/ BAETGE, 11 ff.; KOCH, 53 ff.; MICKLITZ/STADLER, 32 ff.; STADLER, Ausblick, 93 ff.; DIES., Bündelung, 5 ff.; STENGEL/HAKEMAN, 221 ff.), durchaus etwas borniert. Die Entwicklung kollektiver Rechtsschutzformen kann mittlerweile auch in Kontinentaleuropa als einer der wesentlichen prozessualen «Megatrends» des frühen 21. Jahrhunderts bezeichnet werden.

Es mag in diesem Zusammenhang zu sehen sein, dass der Vorentwurf in seinem Art. 79 immerhin noch die Möglichkeit einer Verbandsklage im gesamten Privatrecht vorsah. Eine Verbandsklagemöglichkeit im Bereich auch vermögensrechtlicher Interessen ist freilich ein Rechtsschutzinstrument, das zwar im Vergleich zu einer echten Sammelklage verhältnismässig harmlos ist, aber doch in Interessen von politisch gewiss nicht einflusslosen Branchen eingegriffen hätte. Es überrascht daher kaum, dass schliesslich eine nur auf den Bereich des Persönlichkeitsschutzes beschränkte Verbandsklagemöglichkeit das bescheidene Resultat der Gesetzgebung war.

II. Andere Wege kollektiven Rechtsschutzes

1. Musterprozessvereinbarung

Neben Art. 89 bestehen freilich auf dem Boden der ZPO noch andere Möglichkeiten, kollektiven Rechtsschutz geltend zu machen. Denkbar ist zunächst die Vereinbarung eines **Musterprozesses (Modell- oder Pilotprozesses**; vgl. dazu BGE 116 II 480 E. 1 sowie auch 131 II 13, 18; 125 II 385, 386 f.; BAUMGARTNER, 27 Nw. J. Int'l L. & Bus. 2007, 342 ff.; BAUR, 15 ff.; BRUNNER, 40 f.; DICKENMANN, 471; GORDON-VRBA, 163 ff., 175 ff.; WALTER, 374 ff.; ausführlich JACOBY, 1 ff.) Dabei handelt es sich um einen **privatrechtlichen (Vergleichs-)Vertrag**, in welchem die Parteien vereinbaren, dass der Ausgang eines bestimmten Musterprozesses (i.d.R. zwischen einer der Parteien und einem oder mehreren Gruppenmitgliedern der Gegenseite) auch für die Rechtsverhältnisse anderer, am Musterprozess nicht beteiligter Personen verbindlich sein soll. Dies ist keine vertragliche Rechtskrafterstreckung, weil die subjektiven und objektiven Rechtskraftgrenzen nicht der Parteidisposition unterliegen, sondern eine nur vertragsrechtlich wirksame Vereinbarung, die freilich als solche in Prozessen der anderen Gruppenmitglieder später zu berücksichtigen ist.

Zentrales Element einer solchen Musterprozessvereinbarung ist regelmässig auch ein **Verjährungsverzicht** des Beklagten gegenüber allen anderen (potenziellen) Gegnern, welche den Musterprozessvertrag schliessen, weil sich die gesetzliche Unterbrechungswirkung nur auf die Verjährungsfrist für die Ansprüche gerade des Klägers im Musterprozess auswirkt.

Haben andere Betroffene, die Parteien des Musterprozessvertrages sind, ebenfalls bereits Klage erhoben, so kommt eine **Sistierung** dieser Verfahren nach Art. 126 Abs. 1 in Betracht, weil der Musterprozess aufgrund des Musterprozessvertrages für die anderen Verfahren massgebend i.S.v. Art. 126 Abs. 1 Satz 2 ist. Wurde dagegen kein Musterprozessvertrag geschlossen, so kommt eine solche Sistierung m.E. keineswegs in Betracht, weil selbst bei Vorliegen ähnlicher Rechts- und Tatfragen in einem Drittverhältnis mangels Rechtskrafterstreckung nicht von einer Abhängigkeit von inhaltlich verwandten Parallelprozessen i.S.v. Art. 126 Abs. 1 Satz 2 die Rede sein kann (vgl. Stein/Jonas-ROTH, § 148 N 19 sowie SCHILKEN, 41 m.w.N. für das deutsche Recht; **a.A.** offenbar zumindest für Art. 6 BZP ROMY, Litiges, 238 f.); vielmehr würde die Sistierung von Parallelprozessen (etwa von durch dasselbe oder ein ähnliches Verhalten desselben Beklagten geschädigter Klägern) sogar zu einer unzulässigen Rechtsschutzverweigerung führen, weil der Parallelprozess ja keinen Rechtsschutz für die von diesem mangels Musterprozessvertrag gar nicht betroffenen Parallelkläger gewährt.

2. Klagenhäufung

Die Verbandsklage steht insb. nicht für Zahlungsklagen zur Verfügung (vgl. N 19), was ja wesentliche Ursache dafür ist, dass es sich dabei um einen im Vergleich zur Sammelklage

US-amerikanischer Prägung «zahnlosen» Rechtsbehelf handelt. Freilich erlaubt auch das geltende Zivilprozessrecht durchaus die **kollektive Geltendmachung von Zahlungsansprüchen**: Denkbar ist zunächst ein Auftreten einer Gruppe von Gläubigern im Wege **subjektiver Klagenhäufung** (Art. 71), wobei sich die Kläger eines gemeinsamen Vertreters (Art. 72) bedienen und damit wesentlich zur Kostenersparnis beitragen können. Denkbar ist auch eine Zession von Ansprüchen an einen Kläger, etwa auch an einen zur Wahrung entsprechender Interessen gegründeten Verband, der dann die Ansprüche gebündelt im Wege **objektiver Klagenhäufung** (Art. 90) geltend macht, was die Prozessführung weiter vereinfacht und insb. auch zu einer Ersparnis von Gerichtskosten führen kann. In solchen Fällen ist die Rechtsdurchsetzung insb. auch durch den Gerichtsstand des Art. 15 Abs. 2 erleichtert. Zudem kann gerade bei der objektiven Klagenhäufung der Streitwert in solchen Fällen einen Betrag erreichen, der eine Prozessfinanzierung durch einen professionellen Prozessfinanzierer wirtschaftlich gangbar macht. Jedenfalls bleibt die Rechtsdurchsetzung aber auch in diesen Fällen auf jene Personen beschränkt, die sich (im Falle der subjektiven Klagenhäufung) als Kläger beteiligt oder (im Falle der objektiven Klagenhäufung) ihren Anspruch an den «Sammelkläger» abgetreten haben; ein Einbezug Dritter, welche sich nicht auf die eine oder andere Weise an einer solchen «Sammelklage» beteiligt haben, bleibt jedoch jedenfalls ausser Betracht (vgl. BAUMGARTNER, 27 Nw. J. Int'l L. & Bus. 2007, 338; ROMY, Litiges, 242 f.; THÉVENOZ, 137).

III. Verbandsklage

1. Grundlagen

8   Die dogmatische Qualifikation des in Art. 89 Abs. 1 geregelten Verbandsklagerechts ist ein traditioneller Gegenstand akademischer Kontroversen (siehe dazu BGE 103 II 294 E. 2; BERNI, 188 ff.; STEINAUER, 497 f.; STOFFEL, 509 ff.; vgl. dazu aus deutscher Sicht etwa ROSENBERG/SCHWAB/GOTTWALD, § 47 N 10 ff. m.w.Nw.). Nach der zutreffenden h.M. (vgl. WALDER-RICHLI/GROB-ANDERMACHER, SJZ 2007, 43; vgl. auch AmtlBull StR 2007 510; AmtlBull NR 2008 649 f.) handelt es sich dabei um eine Frage des **materiellen Rechts**, d.h. dem klagebefugten Verband wird ein privatrechtlicher Anspruch auf Unterlassung (Art. 89 Abs. 2 lit. a) oder Beseitigung (Art. 89 Abs. 2 lit. b) eingeräumt; dort, wo eine Befugnis des Verbandes zur Feststellungsklage besteht (Art. 89 Abs. 2 lit. c), mag man zunächst an ein gesetzlich anerkanntes Rechtsschutzinteresse an der Feststellung von zwischen Dritten bestehenden Rechtsverhältnissen denken; richtiger ist jedoch m.E. auch hier eine materiellrechtliche Einordnung, weil die Klage auf Feststellung der Widerrechtlichkeit einer Verletzung i.S.v. Art. 89 Abs. 2 lit. c letztlich nur ein Seitenstück der in Art. 89 Abs. 2 dem klagebefugten Verband materiellrechtlich zuerkannten negatorischen Befugnisse ist.

9   Insgesamt handelt es sich damit bei der Klagebefugnis des Verbands um eine Frage der **Aktivlegitimation**, weshalb Verbandsklagen von nicht klagebefugten Organisationen abzuweisen sind (grundlegend BGE 73 II 65 E. 1 ff. sowie 125 III 82 E. 1; 114 III 345 E. 3; 86 II 18 E. 2; **a.A.** für Art. 10 UWG BAUDENBACHER, Art. 10 UWG N 13). Insofern ist Art. 89 eine materiellrechtliche Regelung, welche sich in die ZPO verirrt hat. Aufgrund der Beschränkung auf Persönlichkeitsverletzungen wäre es gewiss passender gewesen, diese Regelung im Zusammenhang mit Art. 28a ff. ZGB vorzunehmen.

2. Beschränkung auf Persönlichkeitsverletzungen

10 Die Verbandsklagebefugnis nach Art. 89 bezieht sich nach dessen Abs. 1 auf Verletzungen der Persönlichkeit (Wenn das Gesetz hier von Klagen «auf Verletzung der Persönlichkeit» spricht, so handelt es sich um eine legistische Stilblüte; Rechtsschutzziel ist

natürlich nicht die Verletzung der Persönlichkeit, sondern gerade das Gegenteil!). Damit knüpft der Gesetzgeber hier an Art. 27 ff. ZGB an. In Betracht kommen allerdings auch Ansprüche aus Sondertatbeständen, welche den Persönlichkeitsschutz spezialgesetzlich konkretisieren (DSG, UWG, URG, OHG etc.; vgl. dazu BSK ZGB I-MEILI, Art. 28 N 10 ff.). Die Frage, ob eine Persönlichkeitsverletzung den Gegenstand der Verbandsklage bildet, ist aufgrund der Angaben des Klägers zu beurteilen. Bei den dazu vorgebrachten Fakten handelt es sich um **doppelrelevante Tatsachen**. Liegt keine Persönlichkeitsverletzung vor, so ist die Klage daher abzuweisen.

3. Klagebefugte Verbände

Klagebefugt sind «Vereine und andere Organisationen»; eine bestimmte Rechtsform wird nicht vorausgesetzt, offensichtlich wird jedoch auf rechtsfähige Organisationen abgestellt (SCYBOZ, 17; JEANDIN, 103 ff.; zum früheren Recht STOECKLI, 167), ausser Betracht bleiben also etwa Vereine ohne Rechtspersönlichkeit (Art. 62 ZGB), einfache Gesellschaften und natürlich auch physische Personen. 11

Die **Statuten** des klagebefugten Verbandes müssen die **Interessenwahrung für eine bestimmte Personengruppe ausdrücklich vorsehen** (BOTSCHAFT ZPO, 7289); vgl. aus der früheren Rechtsprechung BGE 125 III 82 E. 1; 114 II 345 E. 3; 103 II 254 E. 2. Vgl. auch BGE 120 IV 154 E. 3, wonach ein «Verein gegen Tierfabriken – zum Schutz der Nutztiere» sich nicht statutengemäss dem Konsumentenschutz widmet, weil der Konsumentenschutz nur quasi eine Reflexwirkung des Tierschutzes darstellt (bestätigt in BGer, 6P.235/2006, 6S.539/2006, E. 6). Zu bedenken ist bei all dem freilich, dass eine entsprechende Formulierung der Statuten ja im privatautonomen Dafürhalten der jeweiligen Vereine steht und eine allzu strenge Handhabung des Zweckerfordernisses lediglich jene Verbandskläger begünstigt, die einen breiten, wenig scharf akzentuierten Verbandszweck in ihre Statuten aufgenommen haben. Daher kann der Schutz einer bestimmten Personengruppe sich durchaus aus einem objektiv formulierten Verbandszweck ergeben (so zum früheren Recht STEINAUER, 500 f.). 12

Es muss sich um einen Verein von **gesamtschweizerischer** oder zumindest **regionaler Bedeutung** handeln. Dieses etwas diffuse Kriterium verhindert, dass sozusagen spontan gegründete Vereinigungen als Verbandskläger auftreten, und ermöglicht insofern eine gewisse gesellschaftliche Kontrolle der Akteure von Verbandsprozessen i.S.v. Art. 89. Da eine gesamtschweizerische Bedeutung offenkundig über eine bloss regionale Bedeutung hinausgeht, hat der Begriff der gesamtschweizerischen Bedeutung keinen eigenständigen Erklärungswert. 13

Der Begriff «**regional**» ist unscharf. Jedenfalls kann von einer regionalen Bedeutung gesprochen werden, wenn es sich um einen Verband von überkantonaler Bedeutung handelt (SCYBOZ, 17; zum MSchG DAVID, Art. 56 N 8; weitergehend zum UWG BERNI, 98 f.; RAUBER, 261 f. sowie BAUDENBACHER, Art. 10 UWG N 32 f. sowie zum KG GROSS, Art. 43 N 27). Umgekehrt genügt eine lediglich lokale Bedeutung sicher nicht (SCYBOZ, 17; HOFMANN/LÜSCHER, 41). 14

Zu beachten ist in diesem Zusammenhang auch der Begriff «**Bedeutung**». Daraus kann wohl abgeleitet werden, dass der Verband seine Zwecke mit einer gewissen Regelmässigkeit und Intensität erfüllen muss. Ein Verband, der in verschiedenen Landesteilen nur ganz vereinzelte, geringfügige Aktivitäten im Sinne des Verbandszwecks gesetzt hat, mag zwar insofern eine schweizweite Tätigkeit entfaltet haben, hätte aber schwerlich gesamtschweizerische «Bedeutung». M.E. ist der Begriff der regionalen Bedeutung daher i.S. eines beweglichen Systemdenkens dahingehend zu verstehen, dass der geografi- 15 sche Wirkungskreis des Verbandsklägers umso enger sein darf, je grösser seine Bedeutung ist.

16 Die Formulierung des Abs. 1 könnte den Fehlschluss nahelegen, dass die Verbandsklage nur dann zulässig ist, wenn alle nach den Statuten des Verbandes vom Verbandszweck erfassten Personen von einer Persönlichkeitsverletzung betroffen sind (vgl. in diesem Sinne SCYBOZ, 17; HALDY, 34 unter Hinweis auf AmtlBull NR 2008 650 und AmtlBull StR 2007 510). Dieser Gedanke ist abwegig; es kann doch nicht verlangt werden, dass eine Verbandsklage eines dem Zwecke des Konsumentenschutzes dienenden Vereins nur dann zulässig ist, wenn die behaupteten Persönlichkeitsverletzungen «alle Konsumenten» (wenn es sich um einen schweizweit tätigen Verein handelt, also alle Bewohner der Schweiz!) betreffen. Offensichtlich kann es hier nur darum gehen, dass die Interessen von – wie es Abs. 1 eben sagt – «**Angehörigen dieser Personengruppen**» geschützt werden. Keineswegs ist dem Gesetz hier auch zu entnehmen, dass es sich um eine «grande majorité» der Angehörigkeiten der Personengruppe handelt (so aber HOFMANN/LÜSCHER, 41) – wie viele Millionen Personen sollen denn «betroffen» sein, damit etwa bei einem schweizweit tätigen Verein mit Konsumentenschutzzweck von einer Klagelegitimation ausgegangen wird? Es kommt mithin *nur* darauf an, dass die Verbandsklage dem Schutz von Personen dient, deren Schutz (ein) Verbandszweck ist.

17 Abweichendes darf auch nicht dem Umstand entnommen werden, dass die Formulierung des Abs. 1 vom Vorentwurf abweicht; in Art. 79 Abs. 1 VE war zwar noch nicht von Verletzung der Rechte einer bestimmten Personengruppe ausdrücklich die Rede, doch ergab sich schon aus dem Sinn der ursprünglich geplanten Bestimmung, dass es sich um dem Verbandszweck geschützte Interessen/Personen handeln musste. Der nunmehrige Wortlaut sollte demgegenüber eine objektive (auf den Persönlichkeitsschutz), nicht aber eine subjektive Einschränkung vornehmen. Die gegenteilige Meinung hätte auch zur Folge, dass Verbände mit einem sehr engen Verbandszweck und/oder einem eher kleinen regionalen Tätigkeitsbereich viel leichter Verbandsklage erheben könnten als Verbände mit grosser, schweizweiter Bedeutung, welche naturgemäss eine viel grössere Personenzahl repräsentieren – auch das wäre ein durchaus absurdes Ergebnis.

18 Die Klagebefugnis steht dem Verband – wie bereits oben erwähnt (N 1) – **im eigenen Namen** zu, es handelt sich also nicht um eine Vertretung, Prozessstandschaft o.dgl. Nach einer Meinung soll die Verbandsklage (anders als nach früherer Rechtsprechung – vgl. BGE 121 III 168 E. 4; 114 II 345 E. 3; 86 II 21 E. 2) unabhängig vom Bestehen eines persönlichen Klagerechts der Mitglieder der geschützten/betroffenen Personengruppe sein (BOTSCHAFT ZPO, 7289; SCYBOZ, 17; STAEHELIN/STAEHELIN/GROLIMUND, § 13 Rz 22; JACQUEMOUD-ROSSARI, 115 f.). Dies trifft insofern zu, als nicht dargetan werden muss, dass *alle* «Betroffenen» auch eigene, gleichgerichtete Ansprüche hätten. Dabei darf jedoch nicht verkannt werden, dass der Verband selbst ja keine Persönlichkeitsverletzung erlitten haben muss (sonst wäre er ja nicht Verbandskläger, sondern träte schlicht mit eigenen Ansprüchen aus Art. 27 ff. ZGB auf), weshalb der vom Verband geltend gemachte Anspruch letztlich doch auf der Existenz irgendwelcher entsprechenden **Ansprüche der Gruppenmitglieder** beruht. Richtet sich die Verbandsklage etwa gegen die Diffamierung einer bestimmten Personengruppe in den Medien, muss verlangt werden, dass zumindest einzelne Mitglieder dieser Personengruppe Ansprüche aus Art. 28 ff. ZGB hätten; sonst kann ja von einer «Persönlichkeitsverletzung» nicht gesprochen werden. Freilich kann auf Verbandsebene eine Rechtsschutzform naheliegen, die individuell unzulässig wäre: Schliesst ein Unternehmer etwa mit einem einzelnen Konsumenten einen gegen Art. 27 Abs. 2 ZGB verstossenden Vertrag, so wird sich der betroffene Konsument im Individualprozess schlicht auf die Nichtigkeit des Vertrages berufen, während aus

Sicht eines klagebefugten Verbandes gegenüber einem Unternehmer, der entsprechende (Formular-)Verträge massenhaft abschliesst, auch eine Klage auf Unterlassung dieser Vertragspraxis in Betracht kommt.

4. Rechtsschutzziel

Nach Abs. 2 kann das Rechtsbegehren der Verbandsklage nur auf **Unterlassung** (Abs. 2 lit. a), **Beseitigung** (Abs. 2 lit. b) oder **Feststellung der Widerrechtlichkeit**, wenn sich diese weiterhin störend auswirkt (Abs. 2 lit. c), gerichtet sein (vgl. zu dieser Art der Feststellungsklage Art. 88 N 6). Der Grund für diese Beschränkung liegt darin, dass die Verbandsklage nicht in die Befugnisse der einzelnen Betroffenen eingreifen soll und kann (vgl. schon oben in N 1, 18). Dies wäre jedoch insb. der Fall, wenn der Verband Zahlungsansprüche für alle Betroffenen (die ja nicht einmal seine Mitglieder sein müssen!) geltend machen würde. Mit Ausnahme der Beseitigung gem. Abs. 2 lit. b kommen also «positive» Leistungsklagen als Gegenstand der Verbandsklage nicht in Betracht. Ausgeschlossen sind daher im Bereich des Persönlichkeitsschutzes insb. Klagen auf Schadenersatz, Genugtuung oder Gewinnherausgabe (BOTSCHAFT ZPO, 7289; JACQUEMOUD-ROSSARI, 117; HALDY, 34; HOFMANN/LÜSCHER, 42; SCYBOZ, 17; für das alte Recht bereits BGE 125 III 82 E. 1; 114 II 345 E. 3; 86 II 18 E. 2). (Denkbar ist freilich eine Abtretung solcher Ansprüche an einen Verband, s. N 7). Der **Publikationsanspruch** nach Art. 28a Abs. 2 ZGB knüpft an einem Urteil über ein Rechtsbegehren i.S.v. Art. 28a Abs. 1 ZGB an und steht daher auch dem klagenden Verband zu (so zum alten Recht RIEMER, 93; BERNI, 139; STREIFF/VON KÄNEL, Art. 360e N 4). Problematisch ist jedoch m.E. die Zuerkennung des **Gegendarstellungsrechts** nach Art. 28l ZGB (dafür aber nach früherem Recht BUCHER, Persönlichkeitsschutz, Rz 661; FRANK/STRÄULI/MESSMER, §§ 27/28 ZPO/ZH N 28; RIEMER, 95). Der Verband kann im Rahmen seiner Befugnisse auch **vorsorgliche Massnahmen** beantragen (so zu alten Recht RIEMER, 93; vgl. freilich Art. 266).

19

5. Keine Wirkungen für und gegen Gruppenmitglieder

Ist der Verbandskläger erfolgreich, so wirkt sich das ersiegte Urteil damit nur reflexartig auf die betroffenen Personengruppen aus: Ist ein bestimmtes Verhalten zu unterlassen oder ein bestimmter Zustand zu beseitigen, so profitieren von der Durchsetzung eines darauf gerichteten Urteils faktisch alle Betroffenen. Abgesehen von dieser faktischen Reflexwirkung im Interesse der Betroffenen **greift das Urteil aus dem Verbandsprozess nicht in die Rechte der Betroffenen ein**, und auch **Entscheide, welche die Betroffenen individuell erwirkt haben, haben keine Rechtswirkungen für den Verbandsklageprozess**: Bereits rechtshängige Prozesse aufgrund von Einzelklagen oder rechtskräftige Entscheide, die in solchen Prozessen ergangen sind, stehen der Verbandsklage ebenso wenig entgegen wie Prozesse bzw. Entscheide aufgrund von Verbandsklagen anderer Verbände. Dies ist dem Beklagten ohne weiteres zumutbar, weil es sich ja auch bei der parallelen Geltendmachung von Ansprüchen mehrerer Betroffener nicht anders verhält; mit dem Verband kommt nur ein weiterer potentieller Kläger dazu. Umgekehrt bewirkt auch die Erhebung der Verbandsklage keine Rechtshängigkeit für die Geltendmachung von Ansprüchen der Betroffenen, und die Rechtskraft eines Urteils über die Verbandsklage erstreckt sich nicht auf die Rechtsverhältnisse der Betroffenen (vgl. dazu THÉVENOZ, 148; BERNI, 169 ff.; teilweise weitergehend bezüglich präjudizieller Wirkung JEANDIN, 99 und BAUMGARTNER, 27 Nw. J. Int'l L. & Bus. 2007, 325 f. sowie bereits BGE 73 II 65 E. 3; teilweise abweichend RIEMER, 94). Denkbar ist freilich, dass durch den Erfolg des Verbandsklägers eine faktische Veränderung eintritt, die im Einzel-

20

prozess der Betroffenen zu berücksichtigen ist (oder umgekehrt) – dies wäre etwa der Fall, wenn ein Kläger bereits die Beseitigung eines rechtswidrigen Zustands erwirkt hat, dessen Beseitigung auch vom anderen begehrt wird. Derlei ist jedoch keine Besonderheit der Verbandsklage, sondern kann auch bei mehreren Klagen individuell Betroffener geschehen.

21 In Betracht kommt allenfalls eine **Vereinigung mehrerer Verfahren** (von Einzel- und/oder Verbandsklägern) nach Art. 125 lit. c; eine Sistierung von Einzelprozessen unter Hinweis auf die Verbandsklage kommt jedoch gerade mangels Wirkungen des im Verbandsprozess erstrittenen Urteils auf die Rechtsverhältnisse der Einzelkläger nicht in Betracht (vgl. schon oben zum «Musterprozess» N 4 ff.).

6. Vorbehalt des Abs. 3

22 Da Abs. 1 und 2 lediglich eine (materiellrechtliche) Sonderbestimmung des Persönlichkeitsschutzes darstellen – und daher richtigerweise im Zusammenhang mit Art. 28a ff. ZGB hätten geregelt werden sollen (s. N 1, 18 f.) – bleiben andere gesetzliche Bestimmungen, die eine Verbandsklage vorsehen, vorbehalten. Dies wird in Art. 89 Abs. 3 besonders hervorgehoben. Die Bezeichnung dieser anderen Bestimmungen als «besondere» gesetzliche Bestimmungen ist irreführend, da Art. 89 ja gerade nicht die «allgemeine» Regelung über die Verbandsklage ist, sondern den bereits existierenden Sonderbestimmungen einen weiteren Spezialfall für den Persönlichkeitsschutz hinzufügt. Zu den von Abs. 3 vorbehaltenen Bestimmungen zählen insb. Art. 7 GlG; Art. 10 Abs. 2 i.V.m. Art. 9 UWG; Art. 56 Abs. 1 i.V.m. Art. 52, 55 MSchG; Art. 15 Abs. 2 Mitwirkungsgesetz; Art. 357b OR.

Art. 90

Klagenhäufung   **Die klagende Partei kann mehrere Ansprüche gegen dieselbe Partei in einer Klage vereinen, sofern:**
a. das gleiche Gericht dafür sachlich zuständig ist; und
b. die gleiche Verfahrensart anwendbar ist.

Cumul d'actions   Le demandeur peut réunir dans la même action plusieurs prétentions contre le même défendeur pour autant que:
a. le même tribunal soit compétent à raison de la matière;
b. elles soient soumises à la même procédure.

Cumulo di azioni   L'attore può riunire in un'unica azione più pretese contro una medesima parte se:
a. per ciascuna di esse è competente per materia il giudice adito; e
b. risulta applicabile la stessa procedura.

Inhaltsübersicht

                                                                         Note

I. Allgemeines 1

II. Voraussetzungen 3

Literatur

B. SUTER, Zur objektiven Klagenhäufung, insbesondere zur eventuellen Häufung nach baselstädtischem Zivilprozessrecht, BJM 1997, 281 ff.

6. Titel: Klagen 1–4 Art. 90

I. Allgemeines

Art. 90 gibt dem Kläger die Möglichkeit, mit einer Klageschrift *mehrere (prozessuale) Ansprüche* gegen denselben Beklagten geltend zu machen. Es handelt sich also um die **Kumulierung mehrerer verschiedener Streitgegenstände** (vgl. dazu Vor Art. 84–90 N 13) in einer Klage. Davon zu unterscheiden ist insb. die Angabe verschiedener Gründe, z.B. Anspruchsgrundlagen innerhalb eines einzelnen Streitgegenstandes. Im Normalfall stellt die objektive Klagenhäufung *mehrere unterschiedliche Rechtsschutzbegehren* nebeneinander; als Fall der objektiven Klagenhäufung angesehen wird aber auch die Geltendmachung von **Eventualbegehren** (vgl. etwa SUTER, BJM 1997, 290; GULDENER, ZPR, 214; HABSCHEID, ZPR, Rz 402).

Ob der Kläger überhaupt mehrere Klagen erheben und ob er diese durch Aufnahme in einer Rechtsschrift i.S.v. Art. 90 häufen möchte, steht im Rahmen des **Dispositionsgrundsatzes** (Art. 58 Abs. 1) in seinem privatautonomen Dafürhalten. Insbesondere ist hervorzuheben, dass auch bei Bestehen eines Sachzusammenhangs zwischen mehreren Streitgegenständen die Nichtvornahme einer objektiven Klagenhäufung keineswegs dazu führt, dass andere prozessuale Ansprüche (Streitgegenstände), welche nicht schon mit einer früheren Klage geltend gemacht wurden, künftig präkludiert sind. Ebenso wie die Nichtvornahme einer Klageänderung führt auch die Nichtgeltendmachung anderer prozessualer Ansprüche mittels objektiver Klagenhäufung zu keiner prozessualen Präklusion.

II. Voraussetzungen

Art. 90 verlangt für die Zulässigkeit der objektiven Klagenhäufung nur, dass das **gleiche Gericht für alle gehäuften Ansprüche sachlich zuständig** ist und dass für alle gehäuften Ansprüche die **gleiche Verfahrensart** anwendbar ist. Dies ist insofern irreführend, als das angerufene Gericht auch für alle Ansprüche **örtlich (und international) zuständig** sein muss: Art. 15 Abs. 2 sieht zwar einen **Gerichtsstand der objektiven Klagenhäufung** vor, doch ist dieser nur gegeben, wenn die Ansprüche in **sachlichem Zusammenhang** miteinander stehen; die objektive Klagenhäufung selbst ist jedoch unabhängig von einem solchen Sachzusammenhangserfordernis zulässig.

Diese Differenzierung leuchtet auch ein: Will ein Kläger mehrere Ansprüche gegen denselben Beklagten geltend machen und ist das angerufene Gericht (unabhängig vom besonderen Gerichtsstand der objektiven Klagenhäufung) **ohnedies für alle Ansprüche zuständig** (und ist für alle Ansprüche dieselbe Verfahrensart vorgesehen), so kann man es getrost dem Kläger überlassen, ob er mehrere Einzelklagen erhebt oder eine objektive Klagenhäufung vornimmt. In aller Regel wird die objektive Klagenhäufung weniger umständlich sein; Beklagteninteressen, vor einer objektiven Klagenhäufung geschützt zu werden, sind in solchen Fällen nicht zu erkennen. Ist dem Gericht der Prozess aufgrund einer zu grossen Zahl von miteinander in keinem Zusammenhang stehenden, objektiv gehäuften Ansprüchen zu unübersichtlich, besteht jederzeit die Möglichkeit einer *Trennung der gemeinsam eingereichten Klagen* nach Art. 125 lit. b. Anders verhält es sich jedoch, wenn (**abgesehen vom besonderen Gerichtsstand der objektiven Klagenhäufung nach Art. 15 Abs. 2**) das angerufene Gericht für einen der geltend gemachten Ansprüche **unzuständig** ist. Besteht kein ausreichender Sachzusammenhang zwischen den Ansprüchen, so würde der Beklagte durch Zulassung der objektiven Klagenhäufung vor einem Forum gerichtspflichtig, das zumindest für einen der geltend gemachten Ansprüche eigentlich nicht zuständig wäre, und zwar ohne dass diese Durchbrechung der gesetzlichen Zuständigkeitsordnung in irgendeiner Hinsicht sachlich gerechtfertigt wäre.

Daher muss die objektive Klagenhäufung hier an der Unzuständigkeit des angerufenen Gerichts für einzelne Ansprüche scheitern, damit sie nicht als Instrument der Zuständigkeitserschleichung missbraucht wird. Anders verhält es sich aber gerade, wenn – wie im Fall des Art. 15 Abs. 2 – ein *Sachzusammenhang* zwischen den Prozessen besteht; dann ist die objektive Klagenhäufung nicht nur eine Frage des praktischeren «Handlings» mehrerer Ansprüche gegen denselben Beklagten, sondern dient auch der Verhinderung von widersprechenden Entscheidungen in zusammenhängenden Rechtssachen. In diesen Fällen besteht daher ein guter Grund dafür, die Prozesse gemeinsam zu führen, weshalb es dem Beklagten auch zugemutet werden kann, sich gegen einzelne der Ansprüche vor einem an sich unzuständigen Gericht zu verteidigen.

5   Zu beachten ist, dass **IPRG** und **LugÜ** – anders als die ZPO – keinen Gerichtsstand der objektiven Klagenhäufung vorsehen, weshalb die *internationale Zuständigkeit jedenfalls für jeden der objektiv gehäuften prozessualen Ansprüche gegeben sein muss*. Eine wertungswidrige Konsequenz der Teilkodifikation des schweizerischen Zivilprozessrechts unter Ausnahme der zum Gerichtsverfassungsrecht gezählten Bestimmungen über die sachliche Zuständigkeit ist schliesslich der Umstand, dass mit Art. 15 Abs. 2 zwar ein *Gerichtsstand der objektiven Klagenhäufung* bei sachlich zusammenhängenden Ansprüchen vorgesehen ist, aber nicht durch Bundesrecht sichergestellt ist, dass *Entsprechendes auch für die sachliche Zuständigkeit gilt*.

6   Sind die Voraussetzungen von Art. 90 im eben dargelegten Sinne erfüllt, ist die Klagenhäufung *unabhängig vom Gegenstand der einzelnen Prozesse* zulässig; insbesondere können auch Leistungsklagen und negative Feststellungsklagen gehäuft werden (so für die betreibungsrechtliche Aberkennungsklage BGE 124 III 207 E. 3a).

7. Titel: Streitwert

Art. 91

Grundsatz

¹ **Der Streitwert wird durch das Rechtsbegehren bestimmt. Zinsen und Kosten des laufenden Verfahrens oder einer allfälligen Publikation des Entscheids sowie allfällige Eventualbegehren werden nicht hinzugerechnet.**

² **Lautet das Rechtsbegehren nicht auf eine bestimmte Geldsumme, so setzt das Gericht den Streitwert fest, sofern sich die Parteien darüber nicht einigen oder ihre Angaben offensichtlich unrichtig sind.**

Principe

¹ La valeur du litige est déterminée par les conclusions. Les intérêts et les frais de la procédure en cours ou d'une éventuelle publication de la décision et, le cas échéant, la valeur résultant des conclusions subsidiaires ne sont pas pris en compte.

² Lorsque l'action ne porte pas sur le paiement d'une somme d'argent déterminée, le tribunal détermine la valeur litigieuse si les parties n'arrivent pas à s'entendre sur ce point ou si la valeur qu'elles avancent est manifestement erronée.

Principio

¹ Il valore litigioso è determinato dalla domanda. Gli interessi e le spese del procedimento in corso o di un'eventuale pubblicazione della decisione, nonché eventuali conclusioni subordinate non sono computati.

² Se la domanda non verte su una determinata somma di denaro e le parti non si accordano in merito oppure le loro indicazioni in proposito sono manifestamente errate, il valore litigioso è determinato dal giudice.

Inhaltsübersicht   Note

I. Bedeutung des Streitwerts   1
II. Die Streitwertberechnung   3
   1. Das Rechtsbegehren als Grundlage   3
   2. Eventualbegehren und Zinsen   5
   3. Rechtsbegehren ohne bestimmte Geldsumme (Abs. 2)   6
   4. Massgeblicher Zeitpunkt   7
III. Internationale Aspekte   9

I. Bedeutung des Streitwerts

Dem Streitwert kommt im Zivilprozess **mehrfache Bedeutung** zu. So kann er die sachliche Zuständigkeit (Art. 4 Abs. 2), Einzelheiten des Schlichtungsverfahrens (Art. 199 Abs. 1, Art. 210 Abs. 1 lit. c und Art. 212 Abs. 1), die Verfahrensart (Art. 243 Abs. 1), die Geltung der Untersuchungsmaxime (Art. 247 Abs. 2 lit. b) oder die Zulässigkeit von Rechtsmitteln (Art. 308 Abs. 2; s.a. Art. 74 Abs. 1 BGG) bestimmen. Auch für die Bemessung von Gerichts- und Parteikosten stellt er ein Kriterium dar, obwohl gemäss Art. 96 die Kostentarife wie bisher von den Kantonen festzusetzen sind; neben dem Streitwert sind bei der Kostenfestsetzung allerdings weitere Berechnungskriterien wie etwa Schwierigkeit und Bedeutung der Angelegenheit oder erforderlicher Aufwand zu berücksichtigen (s. BOTSCHAFT ZPO, 7290 m.H.).

2 Die Bestimmungen über den Streitwert lehnen sich einerseits an entsprechende kantonale Regelungen (vgl. LEUENBERGER/UFFER-TOBLER, Art. 73 ZPO/SG; FRANK/STRÄULI/ MESSMER, § 18 ZPO/ZH; LEUCH/MARBACH/KELLERHALS/STERCHI, Art. 138 ZPO/BE; BOHNET, Art. 2–6 ZPO/NE), andererseits aber auch an Art. 36 OG (SR 173.110) und an **Art. 51 ff. BGG** an. Die zugehörige Rechtsprechung des Bundesgerichts und kantonaler Gerichte kann deshalb ohne weiteres zur Auslegung dieser bundesrechtlichen Bestimmungen beigezogen werden.

II. Die Streitwertberechnung

1. Das Rechtsbegehren als Grundlage

3 Geht das **Rechtsbegehren** (s. u.a. Art. 202 Abs. 2, Art. 221 Abs. 1 lit. b und Art. 244 Abs. 1 lit. b) auf Geldzahlung, deckt sich der Streitwert mit dem Begehren. Analoges gilt für Feststellungsklagen, die auf einen Geldbetrag lauten (LEUENBERGER/UFFER-TOBLER, Art. 73 ZPO/SG N 1). Ob die Forderungsklage über einen bestimmten Geldbetrag unbegründet ist oder übersetzt erscheint, ist unerheblich. Forderungen, die von der Gegenpartei zur Verrechnung gestellt werden, oder von der klagenden Partei offerierte Gegenleistungen beeinflussen den aus dem Rechtsbegehren abgeleiteten Streitwert nicht (BGE 102 II 397; 116 II 431 E. 1).

4 Rechtsbegehren, die **Fremdwährungen** enthalten, sind für die Bestimmung des Streitwertes in Schweizer Franken umzurechnen (FRANK/STRÄULI/MESSMER, § 18 ZPO/ZH N 12; BGE 63 II 34). Bei arbeitsrechtlichen Lohnforderungen bestimmt sich der Streitwert ebenfalls nach den Rechtsbegehren, die richtigerweise auf den Bruttolohn des Arbeitnehmers abstellen (BK-REHBINDER, Art. 343 OR N 13; STREIFF/VON KAENEL, Art. 343 OR N 6).

Die Zulässigkeit von **Teilklagen** ist in Art. 86 ausdrücklich vorgesehen, die Berücksichtigung von **Widerklage**-Begehren bei der Streitwertberechnung ist in Art. 94 geregelt.

2. Eventualbegehren und Zinsen

5 Nach dem klaren Wortlaut von Abs. 1 werden Eventualbegehren, die für den Fall der Abweisung des Hauptbegehrens gestellt werden, bei der Streitwertbemessung nicht einbezogen. Ebenso wenig werden vertragliche und gesetzliche Zinsen und Verfahrens- oder Urteils-Publikationskosten hinzugerechnet. Zu berücksichtigen sind dagegen Zinsen, die als selbständige Forderung eingeklagt werden oder die Bestandteil einer Hauptforderung geworden sind (FRANK/STRÄULI/MESSMER, § 20 ZPO/ZH N 3).

Unter die nicht zu berücksichtigenden Verfahrenskosten fallen die Parteikosten für prozessuale und vorprozessuale Bemühungen, die Kosten des Schlichtungsverfahrens und die Kosten vorausgegangener Verfahren betreffend vorsorgliche Massnahmen, vorsorgliche Beweisführung, Betreibung, Rechtsöffnung oder Arrest (LEUENBERGER/UFFER-TOBLER, Art. 73 ZPO/SG N 13).

3. Rechtsbegehren ohne bestimmte Geldsumme (Abs. 2)

6 Lautet ein Rechtsbegehren nicht auf Zahlung einer Geldsumme, sondern etwa auf die Einräumung dinglicher Rechte, auf die Verpflichtung zu einem Tun oder Unterlassen, auf Gewährung von Persönlichkeitsschutz oder auf Feststellung oder Anfechtung des Kin-

desverhältnisses, ist es primär **Sache der Parteien, sich über den Streitwert zu einigen**. Kommt eine solche Einigung nicht zustande oder ist sie offensichtlich unrichtig, hat das Gericht den Streitwert zu bestimmen. Dabei stellt das Gericht auf die Vorbringen und Interessen der Parteien ab. Zu dieser **richterlichen Streitwertbemessung** besteht eine reichhaltige Praxis des Bundesgerichts zu Art. 36 OG (aufgehoben per 1.1.2007) und neu auch zu Art. 51 BGG sowie eine Vielzahl kantonaler Praejudizien (s. FRANK/STRÄULI/MESSMER, § 18 ZPO/ZH N 8 ff.; LEUCH/MARBACH/KELLERHALS/STERCHI, Art. 138 ZPO/BE N 3 ff.; LEUENBERGER/UFFER-TOBLER, Art. 75 ZPO/SG N 4; POUDRET/SANDOZ-MONOD, Art. 36 OG N 9).

4. Massgeblicher Zeitpunkt

Massgeblicher Zeitpunkt für die Bestimmung des Streitwertes ist der Zeitpunkt der **Klageeinreichung beim Gericht**. Dies ist – im Unterschied zur Regelung vieler kantonaler Zivilprozessordnungen (s. u.a. Art. 156 ZPO/SG und Art. 160 ZPO/BE) – *nicht* der Zeitpunkt der Rechtshängigkeit, da diese bereits mit der Einreichung eines Schlichtungsgesuchs gemäss Art. 62 Abs. 1 eingetreten sein kann. Der Streitwert wird m.a.W. vermindert, wenn die beklagte Partei die Klageforderung vor der Schlichtungsbehörde teilweise anerkannt oder wenn die klagende Partei ihren Anspruch nach dem unvermittelten Schlichtungsversuch reduziert hat (STUDER/RÜEGG/EIHOLZER, § 18 ZPO/LU N 3). Demgegenüber zeitigt eine erst nachträglich, also nach Klageeinreichung erfolgte Veränderung des Streitwertes – etwa zufolge einer Teilanerkennung, durch Rückzug der Widerklage oder durch Werterhöhung oder -verminderung des Streitgegenstandes – keinen Einfluss auf die Streitwertberechnung und die vom (ursprünglichen) Streitwert abhängige sachliche Zuständigkeit (s.a. Art. 63 und 64 zu den Folgen der Rechtshängigkeit). 7

Gerade **anders festgelegt** ist der massgebliche Zeitpunkt für die Bestimmung des bei einer **Berufung** erforderlichen Streitwertes von mind. CHF 10 000: Dieser Betrag muss gemäss Art. 308 Abs. 2 in den vor erster Instanz «zuletzt aufrechterhaltenen Rechtsbegehren» noch enthalten sein. Das heisst, erstinstanzliche Teilrückzüge oder Teilvergleiche wirken sich auf den verbleibenden Berufungs-Streitwert aus. Abgesehen von dieser Besonderheit gelten die im 7. Titel verankerten Bestimmungen über den Streitwert auch für die Rechtsmittelverfahren des 9. Titels (Art. 308–334). 8

III. Internationale Aspekte

Bei internationalen Vollstreckbarerklärungsverfahren dürfen gemäss Art. 52 Abs. 1 LugÜ II **keine nach dem Streitwert abgestuften Gebühren** erhoben werden, worunter insb. Entscheidgebühren gemäss Art. 95 Abs. 2 lit. b fallen. Die bundesrätliche Ratifizierung des **revidierten** Übereinkommens von Lugano über die gerichtliche Zuständigkeit, die Anerkennung und die Vollstreckung gerichtlicher Entscheidungen in Zivil- und Handelssachen **vom 30.10.2007** (BBl 2009 1841) steht noch aus. Unter Vorbehalt des Referendums wird das Übereinkommen voraussichtlich am 1.1.2011 in Kraft treten. 9

Art. 92

Wiederkehrende Nutzungen und Leistungen

[1] Als Wert wiederkehrender Nutzungen oder Leistungen gilt der Kapitalwert.

[2] Bei ungewisser oder unbeschränkter Dauer gilt als Kapitalwert der zwanzigfache Betrag der einjährigen Nutzung oder Leistung und bei Leibrenten der Barwert.

Revenus et prestations périodiques

[1] Les revenus et prestations périodiques ont la valeur du capital qu'ils représentent.

[2] Si la durée des revenus et prestations périodiques est indéterminée ou illimitée, le capital est constitué du montant annuel du revenu ou de la prestation multiplié par vingt; s'il s'agit de rentes viagères, le montant du capital correspond à sa valeur actualisée.

Rendite e prestazioni periodiche

[1] Le rendite e prestazioni periodiche hanno il valore del capitale che rappresentano.

[2] Se la loro durata è incerta o illimitata, è considerato valore capitalizzato l'importo annuo della rendita o della prestazione moltiplicato per venti o, se si tratta di rendite vitalizie, il valore attuale del capitale corrispondente alla rendita.

Inhaltsübersicht

	Note
I. Leistungen bestimmter Dauer	1
1. Wiederkehrende Leistungen oder Nutzungen	1
2. Der Kapitalwert als Streitwert	2
II. Leistungen unbestimmter Dauer	3

Literatur

STAUFFER/SCHAETZLE, Barwerttafeln, 5. Aufl., Zürich 2001.

I. Leistungen bestimmter Dauer

1. Wiederkehrende Leistungen oder Nutzungen

1 Bei «wiederkehrenden Leistungen oder Nutzungen», die i.S.v. Art. 92 als Ganzes für die verbleibende Restdauer des Rechtsverhältnisses streitig sein müssen, handelt es sich etwa um Renten, Alimente, Nutzniessungen, Wasserrechte, Verwandtenunterstützungen, aber auch um Lohnansprüche und Mietzinse (LEUENBERGER/UFFER-TOBLER, Art. 73 ZPO/SG N 4a; POUDRET/SANDOZ-MONOD, Art. 36 OG N 8.1; a.M. FRANK/STRÄULI/MESSMER, § 21 ZPO/ZH N 1, wonach von einer Gegenleistung abhängige Mietzinse und Lohnforderungen nicht als wiederkehrende Leistungen zu betrachten sind). Der Begriff deckt sich mit den praktisch gleichlautenden Regelungen von Art. 36 Abs. 4 und 5 OG sowie von Art. 51 Abs. 4 BGG. Nicht darunter fallen Ratenzahlungen einer zum voraus bestimmten Summe oder Preise für Teillieferungen.

2. Der Kapitalwert als Streitwert

2 Bei Leistungen und Nutzungen von **gewisser und bestimmter Dauer** gilt der **Kapitalwert** als Streitwert; jener wird nach den Barwerttafeln von STAUFFER/SCHAETZLE be-

rechnet. Danach entspricht der Kapitalwert derjenigen Summe, die zu bezahlen ist, um eine jährliche Rente von entsprechender Höhe für die Dauer der Berechtigung zu erhalten. Er ist abhängig von der Rentendauer, vom Kapitalisierungszinsfuss und von der Zahlungsart.

Der Streitwert bei wiederkehrenden Leistungen ist also nicht etwa der Summe der einzelnen Leistungen gleichzusetzen. So bemisst sich der Streitwert einer Miet-Erstreckung nach dem Kapitalwert der für die anbegehrte Erstreckungsdauer zu leistenden Mietzinse.

II. Leistungen unbestimmter Dauer

Sind Leistungen oder Nutzungen mit **ungewisser oder unbeschränkter Dauer** streitig, wird strikt (im Unterschied zum bundesrätlichen Entwurf, der noch die Relativierung «in der Regel» enthielt, s. BOTSCHAFT ZPO, 7432) auf den zwanzigfachen Betrag der einjährigen Leistung oder Nutzung abgestellt, im Spezialfall der Leibrenten auf den Barwert. Obwohl der Gesetzgeber den Einschub «in der Regel» gestrichen hat, wird die Gerichtspraxis insb. bei «sozialen Zivilprozessen», so etwa bei strittigen Zinszahlungen eines Miet- oder Pachtverhältnisses von unbestimmter Dauer, entscheiden müssen, ob der zwanzigfache Jahresbetrag ausnahmslos und zwingend als Streitwert heranzuziehen ist. Dagegen spricht nicht nur die für viele Parteien kaum verdauliche Höhe der damit verbundenen Prozesskosten-Risiken, sondern v.a. der Umstand, dass die durchschnittliche Mietdauer bei Wohnungen erheblich kürzer ausfällt als zwanzig Jahre (analog POUDRET/SANDOZ-MONOD, Art. 36 OG N 9.6). Das Bundesgericht hat unter der Geltung von Art. 36 Abs. 5 OG, dessen Wortlaut sich mit demjenigen von Art. 92 Abs. 2 in den hier interessierenden Passagen völlig deckt, in BGE 111 II 384 das offenkundige Problem seinerzeit so gelöst, dass es bei umstrittener Gültigkeit einer Kündigung den Streitwert aufgrund des Zeitraums berechnete, während dem der Vertrag fortdauern würde, wenn die Kündigung nicht gültig wäre; dieser Zeitraum erstrecke sich aber nur bis zu dem Zeitpunkt, auf den eine weitere Kündigung ausgesprochen werden könnte oder ausgesprochen worden sei [...]. Zugunsten einer sozialpolitisch massvollen Streitwertbemessung wurde also die an sich unbeschränkte Dauer eines noch nicht rechtskräftig gekündigten Mietverhältnisses auf die Dauer der vertraglichen Kündigungsfrist heruntergebrochen. Aus ähnlichen Überlegungen sahen mehrere kantonale Zivilprozessordnungen bei Miet- und Pachtverhältnissen bloss den doppelten Betrag des Jahreszinses als Streitwert vor (z.B. § 20 Abs. 2 ZPO/LU oder Art. 73 Abs. 2 lit. b ZPO/SG).

Sind bloss Mietzinserhöhungen oder Mietzinssenkungen strittig, gilt gemäss bisheriger Praxis zu analogen kantonalen Streitwertbestimmungen bzw. zu Art. 36 Abs. 5 OG diese **Mietzinsdifferenz als Streitgegenstand** (LEUENBERGER/UFFER-TOBLER, Art. 73 ZPO/SG N 7b; s.a. unv. BGE vom 13.1.2004, 4C.176/2003). Obwohl auch in diesen – allerdings von keiner Kündigung betroffenen – Fällen die Vertragsdauer unbeschränkt ist, spricht nichts dagegen, den Streitwert gemäss dem Wortlaut von Art. 92 Abs. 2 als zwanzigfachen Betrag der Differenz pro Jahr zu berechnen.

Art. 93

Streitgenossenschaft und Klagenhäufung	**[1] Bei einfacher Streitgenossenschaft und Klagenhäufung werden die geltend gemachten Ansprüche zusammengerechnet, sofern sie sich nicht gegenseitig ausschliessen.** [2] **Bei einfacher Streitgenossenschaft bleibt die Verfahrensart trotz Zusammenrechnung des Streitwerts erhalten.**
Consorité simple et cumul d'actions	[1] En cas de consorité simple ou de cumul d'actions, les prétentions sont additionnées, à moins qu'elles ne s'excluent. [2] En cas de consorité simple, le type de procédure pour chaque prétention est maintenu, malgré l'addition des valeurs litigieuses.
Litisconsorzio facoltativo e cumulo di azioni	[1] In caso di litisconsorzio facoltativo e di cumulo di azioni le pretese dedotte in giudizio vengono sommate, eccetto che si escludano vicendevolmente. [2] In caso di litisconsorzio facoltativo permane applicabile la stessa procedura anche qualora i valori litigiosi vengano sommati.

Inhaltsübersicht

                                                                                Note

I. Streitwert bei einfacher Streitgenossenschaft 1
    1. Ansprüche einer einfachen Streitgenossenschaft 1
    2. Ansprüche einer notwendigen Streitgenossenschaft 4
II. Streitwert bei Klagenhäufung 5

Literatur

D. FISCHER, Sammelklagen: Auch in der Schweiz sinnvoll?, plädoyer 6/08.

I. Streitwert bei einfacher Streitgenossenschaft

1. Ansprüche einer einfachen Streitgenossenschaft

1   Was unter – aktiver oder passiver – **einfacher Streitgenossenschaft** zu verstehen ist, legt Art. 71 Abs. 1 fest. Für eine gemeinsame gerichtliche Geltendmachung solcher streitgenossenschaftlicher Ansprüche setzt Art. 71 Abs. 2 u.a. die gleiche Verfahrensart voraus (Art. 71 N 16). In Art. 15 Abs. 1 ist schliesslich die örtliche Zuständigkeit bei beklagten Streitgenossen geregelt (Art. 15 N 1 ff.). Für die Berechnung des massgeblichen Streitwertes werden die von einfachen Streitgenossen gemeinsam geltend gemachten **Ansprüche zusammengerechnet**, weil sich der wirtschaftliche Wert des Prozesses erhöht. Die gemeinsam geltend gemachten Ansprüche könnten als getrennte Begehren auch je separat erhoben werden (vgl. LEUENBERGER/UFFER-TOBLER, Art. 74 N 1; FRANK/STRÄULI/MESSMER, § 19 ZPO/ZH N 1 ff.). Das Institut der «Sammelklage» mit angepasster Streitwertberechnung kennt die Schweizerische Zivilprozessordnung nicht (s. FISCHER, 48 ff.).

2   **Keine Zusammenrechnung** erfolgt, wenn sich die geltend gemachten Ansprüche gegenseitig ausschliessen; diesfalls erhöht sich die wirtschaftliche Bedeutung des Prozesses nicht. Dies trifft etwa zu auf Erfüllungs- und eventuelle Schadenersatzklagen oder für sämtliche alternativen Rechtsbegehren. Analoges gilt, wenn mehrere Ansprüche nebeneinander bestehen, wirtschaftlich aber bloss eine Leistung verlangt wird, wie bei Klagen mehrerer Solidargläubiger oder bei einer Klage gegen mehrere Solidarschuldner (LEUCH/MARBACH/KELLERHALS/STERCHI, Art. 139 ZPO/BE N 1f).

7. Titel: Streitwert   **Art. 94**

Die Zusammenrechnung des Streitwerts **ändert gemäss Abs. 2 nichts an der für jeden einzelnen Anspruch geltenden Verfahrensart**, die nach Art. 71 Abs. 2 «für die einzelnen Klagen» die gleiche sein muss. Trotz zusammengerechnetem, erhöhtem Streitwert findet also kein Wechsel vom vereinfachten ins ordentliche Verfahren statt. So bleibt das Verfahren nach Art. 243 ff. anwendbar, auch wenn sich zehn Angestellte zu einer einfachen Streitgenossenschaft zusammenschliessen und ihre zehn Lohnansprüche von je CHF 5000 gegen den Arbeitgeber gemeinsam einklagen, obwohl der Streitwert nun insgesamt CHF 50 000 beträgt (s. BOTSCHAFT ZPO, 7281). Anderseits richtet sich dann das zulässige Rechtsmittel doch nach demjenigen Streitwert, der aus den zuletzt aufrechterhaltenen Rechtsbegehren zusammengerechnet wird (s. Art. 308 Abs. 2).   3

2. Ansprüche einer notwendigen Streitgenossenschaft

Bei der **notwendigen Streitgenossenschaft** stellt sich die Frage der Zusammenrechnung ohnehin nicht, da nur ein einziger Rechtsanspruch im Streit liegt. Dieser ist aus materiellrechtlichen Gründen zwingend von mehreren Personen gemeinsam bzw. gegenüber einer Gemeinschaft von mehreren Personen (z.B. bei Gesamthandverhältnissen) in *einem* Prozess geltend zu machen (STUDER/RÜEGG/EIHOLZER, § 19 ZPO/LU N 3).   4

II. Streitwert bei Klagenhäufung

Auch bei der **objektiven Klagenhäufung**, wo die klagende Partei mehrere Rechtsbegehren gegen die beklagte Partei geltend macht, werden die eingeklagten Ansprüche bei der Berechnung des Streitwertes grundsätzlich zusammengerechnet. Die Zulässigkeit der objektiven Klagenhäufung richtet sich nach Art. 15 Abs. 2 und nach Art. 90 (Art. 15 N 14 ff. und Art. 90 N 3 ff.). Nicht zusammengerechnet werden auch hier Ansprüche, die sich gegenseitig ausschliessen. Dasselbe gilt gemäss Art. 91 Abs. 1, wenn neben dem Hauptbegehren noch Eventualbegehren eingeklagt sind. Im Unterschied zur einfachen Streitgenossenschaft (Art. 93 Abs. 2) führt die Zusammenrechnung der Streitwerts bei der objektiven Klagenhäufung unter Umständen dazu, dass anstelle des für einzelne Ansprüche geltenden vereinfachten Verfahrens der ganze Streit im ordentlichen Verfahren durchzuführen ist.   5

Art. 94

Widerklage	¹ **Stehen sich Klage und Widerklage gegenüber, so bestimmt sich der Streitwert nach dem höheren Rechtsbegehren.**
	² **Zur Bestimmung der Prozesskosten werden die Streitwerte zusammengerechnet, sofern sich Klage und Widerklage nicht gegenseitig ausschliessen.**
Demande reconventionnelle	¹ Lorsque la demande principale et la demande reconventionnelle s'opposent, la valeur litigieuse se détermine d'après la prétention la plus élevée.
	² Lorsque les demandes reconventionnelle et principale ne s'excluent pas, leurs valeurs litigieuses respectives sont additionnées pour déterminer les frais.
Domanda riconvenzionale	¹ Se all'azione è contrapposta una domanda riconvenzionale, il valore litigioso è determinato dalla più elevata delle due pretese.
	² Per la determinazione delle spese giudiziarie, i valori litigiosi vengono sommati, eccetto che azione e domanda riconvenzionale si escludano vicendevolmente.

Art. 94 1–4

Inhaltsübersicht   Note

    I. Streitwert nach «höherem Rechtsbegehren» 1

    II. Auswirkung auf die Prozesskosten 3

    III. Internationale Aspekte 5

I. Streitwert nach «höherem Rechtsbegehren»

1   Im Vorentwurf der Expertenkommission war für den Fall einer Widerklage bloss vorgesehen, dass die **Streitwerte von Klage und Widerklage nicht zusammengerechnet** werden. Damit war nicht hinreichend klar geregelt, welcher der beiden Streitwerte für die Bestimmung der sachlichen Zuständigkeit, der Verfahrensart oder des zulässigen Rechtsmittels massgebend sein soll. In Art. 94 Abs. 1 ist nun festgelegt, dass das zwischen Klage und Widerklage vergleichsweise **«höhere Rechtsbegehren»** den Streitwert bestimmt. Diese Formulierung ist legislatorisch verunglückt, weil – Leistungsklagen auf Geld ausgenommen – nicht das Rechtsbegehren als solches vergleichsweise höher oder tiefer sein kann, sondern vielmehr der vom Rechtsbegehren abhängige Streitwert. Zu prüfen ist beispielsweise, ob der Streitwert eines Begehrens auf Unterlassung oder auf Beseitigung «höher» zu gewichten ist als etwa derjenige eines Widerklage-Antrags auf Feststellung oder Schadenersatz. Art. 94 Abs. 1 ist demnach so zu verstehen, dass sich der Streitwert bei Klage und Widerklage nach dem höheren Streitwert der durch Klage oder Widerklage vorgetragenen Rechtsbegehren bestimmt. Dementsprechend sah etwa schon § 19 Abs. 2 ZPO LU vor, dass bei Haupt- und Widerklage der «höhere Streitwert massgebend» ist (s. STUDER/RÜEGG/EIHOLZER, § 19 ZPO/LU N 5; zu analogen kant. Bestimmungen s. LEUCH/MARBACH/KELLERHALS/STERCHI, Art. 140 ZPO/BE N 1 ff. und BOHNET, Art. 6 Abs. 1 ZPO/NE N 1–3; auf Bundesebene s. POUDRET/SANDOZ-MONOD, Art. 47 Abs. 2 OG).

2   Die Voraussetzungen der Zulässigkeit einer Widerklage sind in Art. 14 (örtliche Zuständigkeit; s.a. Art. 94 N 5 m.H. auf Art. 8 IPRG) und in Art. 224 Abs. 1 und 2 (Verfahrensart und sachliche Zuständigkeit) festgelegt. Dabei spielt der **Streitwert der Widerklage** insofern nochmals eine wichtige Rolle, als er zur Überweisung beider Klagen an das Gericht mit der höheren sachlichen Zuständigkeit führt, falls er die sachliche Zuständigkeit des Gerichts der Hauptklage übersteigt (Art. 224 Abs. 2).

II. Auswirkung auf die Prozesskosten

3   Gemäss Art. 94 Abs. 2 werden die Streitwerte von Klage und Widerklage **zusammengerechnet**, wenn es um die **Bestimmung der Prozesskosten** geht. Es liegt auf der Hand, dass die wirtschaftliche Bedeutung eines Prozesses zufolge einer Widerklage steigt, es sei denn, Klage und Widerklage schlössen sich gegenseitig aus (vgl. Art. 93 N 2). Diese Ausnahme von der Zusammenrechnung der Streitwerte sieht denn Art. 94 Abs. 2 auch ausdrücklich vor. So erfolgt keine Zusammenrechnung, wenn die Widerklage nur die Verneinung des klägerischen Rechtsbegehrens darstellt (FRANK/STRÄULI/MESSMER, § 19 ZPO/ZH N 8).

4   Diese Sonderregelung zur Bestimmung von Prozesskosten stellt einen singulären Eingriff des Bundesgesetzgebers in die durch Art. 96 den Kantonen ausdrücklich belassene **Tarifhoheit für die Prozesskosten** dar. Weil die Kantone bei der Festlegung der Tarife für Gerichtskosten und Parteientschädigungen neben dem Kriterium des Streitwertes andere Kriterien wie die Art der Streitigkeit, den Zeitaufwand oder den Interessenwert bisher schon angewandt haben und wohl auch in Zukunft mitberücksichtigen werden (s. Art. 96

7. Titel: Streitwert   5 **Art. 94**

N 4–6), wirkt die auf Bundesebene erlassene – sachlich unstrittige – Vorgabe des Art. 94 Abs. 2 innerhalb der kantonalen Tarifautonomie als Fremdkörper.

III. Internationale Aspekte

Bei internationalen Verhältnissen kann gemäss Art. 8 IPRG eine Widerklage beim für die Hauptklage zuständigen Gericht dann anhängig gemacht werden, wenn zwischen Haupt- und Widerklage «ein sachlicher Zusammenhang» besteht. Dem Streitwert von Haupt- oder Widerklage kommt dabei keine Bedeutung zu. Analoges gilt für die in Art. 6 Ziff. 3 LugÜ geregelte internationale Zuständigkeit für Widerklagen (FRANK/STRÄULI/MESSMER, § 19 ZPO/ZH N 22 ff.).   5

8. Titel: Prozesskosten und unentgeltliche Rechtspflege

1. Kapitel: Prozesskosten

Art. 95

Begriffe

¹ Prozesskosten sind:
a. die Gerichtskosten;
b. die Parteientschädigung.

² Gerichtskosten sind:
a. die Pauschalen für das Schlichtungsverfahren;
b. die Pauschalen für den Entscheid (Entscheidgebühr);
c. die Kosten der Beweisführung;
d. die Kosten für die Übersetzung;
e. die Kosten für die Vertretung des Kindes (Art. 299 und 300).

³ Als Parteientschädigung gilt:
a. der Ersatz notwendiger Auslagen;
b. die Kosten einer berufsmässigen Vertretung;
c. in begründeten Fällen: eine angemessene Umtriebsentschädigung, wenn eine Partei nicht berufsmässig vertreten ist.

Définitions

¹ Les frais comprennent:
a. les frais judiciaires;
b. les dépens.

² Les frais judiciaires comprennent:
a. l'émolument forfaitaire de conciliation;
b. l'émolument forfaitaire de décision;
c. les frais d'administration des preuves;
d. les frais de traduction;
e. les frais de représentation de l'enfant (art. 299 et 300).

³ Les dépens comprennent:
a. les débours nécessaires;
b. le défraiement d'un représentant professionnel;
c. lorsqu'une partie n'a pas de représentant professionnel, une indemnité équitable pour les démarches effectuées, dans les cas où cela se justifie.

Definizioni

¹ Sono spese giudiziarie:
a. le spese processuali;
b. le spese ripetibili.

² Sono spese processuali:
a. gli esborsi forfettari per la procedura di conciliazione;
b. gli esborsi forfettari per la decisione (tassa di giustizia);
c. le spese dell'assunzione delle prove;
d. le spese di traduzione e interpretariato;
e. le spese per la rappresentanza del figlio (art. 299 e 300).

³ Sono spese ripetibili:
a. le spese necessarie;
b. le spese per la rappresentanza professionale in giudizio;
c. in casi motivati, un'adeguata indennità d'inconvenienza qualora una parte non sia rappresentata professionalmente in giudizio.

Inhaltsübersicht

Note

I. Allgemeines 1

II. Die Gerichtskosten 6
   1. Pauschalsystem statt detaillierter Gebührenberechnung 6
   2. Pauschalen für das Schlichtungsverfahren und für den Gerichts-Entscheid 9
   3. Kosten der Beweisführung (Abs. 2 lit. c) 11
   4. Kosten für die Übersetzung (Abs. 2 lit. d) 13
   5. Kosten für die Vertretung des Kindes (Abs. 2 lit. e) 14

III. Die Parteientschädigung (Abs. 3) 16
   1. Begriff und Inhalt der «Parteientschädigung» 16
   2. Ersatz notwendiger Auslagen (Abs. 3 lit. a) 17
   3. Kosten berufsmässiger Vertreter (Abs. 3 lit. b) 18
   4. Sonderfall der Umtriebsentschädigung (Abs. 3 lit. c) 21

Literatur

I. MEIER, Vorentwurf für eine Schweizerische Zivilprozessordnung, Zürich 2003 (zit. Vorentwurf); D. SCHWANDER, Erfolgshonorar ohne Zustimmung des Klienten?, ZBJV 2009; I. SCHWENZER, Familienrechts-Kommentar Scheidung, Bern 2005 (zit. FamKomm).

I. Allgemeines

Jeder Prozess verursacht auf Seite des Gerichts wie der Parteien Kosten. Der grösste Teil der aus der Führung von Zivilprozessen bei der Justiz anfallenden Kosten wird von den Kantonen und vom Bund durch öffentliche Gelder finanziert. Der kleinere Teil wird in Form von **Gerichtskosten** den Prozessparteien auferlegt, sofern das Gesetz nicht ausnahmsweise Kostenlosigkeit vorsieht. Soweit durch den Prozess Kosten bei den Parteien – insb. Vertretungskosten – entstehen, werden diese vom Gericht gestützt auf einen Parteiantrag i.d.R. als **«Parteientschädigung»** der unterlegenen Partei überbunden. Die prozessual berücksichtigten und im Kostenentscheid verlegten Kosten fallen unter den Begriff **«Prozesskosten»**, obwohl die Schweizerische Zivilprozessordnung keine «Prozesse», sondern nur «Verfahren» kennt (s. Art. 219 ff.).

Das Risiko, Prozesskosten tragen zu müssen, soll sowohl aussichtslose Prozesse verhindern wie auch die vorprozessuale und die gerichtliche Vergleichsbereitschaft der Parteien fördern. Denn «jeder Zivilprozess ist ein Übel» (KUMMER, ZPR, § 1 Ziff. 4). Die mögliche **Belastung mit Prozesskosten** soll anderseits Parteien v.a. dann nicht vom Gang vor Gericht abhalten, wenn es um existentielle Fragen – etwa aus den Bereichen von Arbeit oder Miete – geht; bei derartigen Streitigkeiten dürfen deshalb im Schlichtungs- und allenfalls auch im Entscheidverfahren keine Gerichtskosten gesprochen werden (s. Art. 113 Abs. 2 und Art. 114 mit dem Vorbehalt von Art. 115). Noch umfassender schützt die verfassungsrechtlich garantierte und für Zivilprozesse in Art. 117 ff. konkretisierte **unentgeltliche Rechtspflege** den Zugang zur Justiz (s. Art. 29 Abs. 3 BV): Sie ermöglicht ihn auch denjenigen Personen, die für die benötigten Kostenvorschüsse nicht über die erforderlichen finanziellen Mittel verfügen. Vorausgesetzt wird allerdings, dass ihr Rechtsbegehren nicht aussichtslos erscheint.

Als Konzession an die föderalistische Struktur des Bundes und an die historische Verankerung des Prozessrechts in den Kantonen kann das Zugeständnis verstanden werden, wonach die **Tarifhoheit über die Prozesskosten** gemäss Art. 96 weiterhin bei den Kantonen verbleibt. Damit soll gleichzeitig den unterschiedlichen wirtschaftlichen Situationen der Kantone Rechnung getragen werden (s. BOTSCHAFT ZPO, 7244; krit. u.a. MEIER, Vorentwurf, 20; s.a. Art. 96 N 1). Das Beharren auf kantonaler Tarifautonomie mutet insofern leicht anachronistisch an, als bspw. Gerichtsgebühren in SchK-Sachen schon seit Jahrzehnten weitgehend vereinheitlicht sind (s. GebV SchKG vom 23.9.1996, SR 281.35).

4 Will eine **Partei bloss den Kostenentscheid**, also den Entscheid über die Verlegung der Prozesskosten und/oder den Entscheid über die Höhe der Gerichtskosten oder der Parteientschädigung **anfechten**, so steht ihr auch in berufungsfähigen Streitigkeiten ausschliesslich das Rechtsmittel der **Beschwerde nach Art. 319 ff.** zur Verfügung (s. Art. 110). Entscheide letzter kantonaler Instanzen unterstehen sodann der Beschwerde in Zivilsachen oder bei Nichterreichen der Streitwertgrenze der subsidiären Verfassungsbeschwerde an das Bundesgericht. Mit der Beschwerde kann die Verletzung von Bundesrecht und/oder die willkürliche Anwendung der kantonalen Kostentarife gerügt werden. Die in der Hauptsache gegebene Beschwerde ist auch bezüglich aller Nebenpunkte des Urteils zulässig, namentlich hinsichtlich Drittpersonen betreffender Kostenentscheide (BGE 134 I 159 E. 1.1; 134 V 138 E. 3). Auch **betroffene Dritte** sind somit auf kantonaler wie auf bundesgerichtlicher Ebene zur Beschwerdeführung gegen Kostenentscheide legitimiert (s. Art. 110 N 1–4).

5 Die Regelungen des 8. Titels über die Prozesskosten und die unentgeltliche Rechtspflege gelten als «allgemeine Bestimmungen» auch für die Rechtsmittelverfahren des 9. Titels (Art. 308–334), für die Vollstreckungsverfahren (Art. 335–352) und für die Schiedsgerichtsbarkeit (Art. 353–399), soweit nicht besondere Bestimmungen Abweichendes festlegen (z.B. Art. 378–380).

II. Die Gerichtskosten

1. Pauschalsystem statt detaillierter Gebührenberechnung

6 Die im Einzelfall von Gerichten oder Schlichtungsbehörden zu erhebenden Gerichtskosten können sich aus mehreren Positionen zusammensetzen, wie sie in Art. 95 Abs. 2 lit. a–e abschliessend aufgeführt sind. Basis der Gerichtskosten bildet neu eine «**Pauschale**», welche die bisherigen, in vielen Kantonen detailliert berechneten Gerichtsgebühren ersetzt. Die Pauschale gilt mit Ausnahme der in Art. 95 Abs. 2 lit. c–e angeführten Zusatzkosten sämtliche gerichtlichen Leistungen eines üblich verlaufenden Verfahrens ab. In der Pauschale inbegriffen sind also insb. Kosten für Schreibarbeiten, Telefonspesen, Vorladungen, Zustellungen, Fristerstreckungen und richterliches Aktenstudium. Die Pauschale schliesst hingegen nicht aus, dass für besondere, über den normalen Verlauf eines Verfahrens hinausgehende Dienstleistungen wie das Erstellen von Kopien auf Begehren einer Partei oder die Ausfertigung von Urteilen in anonymisierter Form Kanzleikosten separiert in Rechnung gestellt werden. In zeitlicher Hinsicht ist gemäss Art. 104 je nachdem zwischen den Kosten für den Endentscheid, den Zwischenentscheides oder die vorsorgliche Massnahme abzugrenzen.

7 Da die Tarifhoheit bei den Kantonen verbleibt (s. Art. 96), haben diese für die Pauschalen auf dem Gesetzgebungsweg eine Bandbreite oder einen Rahmen festzusetzen, was den Gerichten erlaubt, bei der konkreten Festsetzung der Pauschale dem Streitwert und dem Aufwand des Einzelfalls angemessen Rechnung zu tragen. Kriterien für die Ausgestaltung dieser kantonalen Rahmentarife wie auch für die richterliche Kostenfestsetzung im Einzelfall gibt der Bund nur insoweit vor, als sich die Kantone an **das Legalitäts-, das Kostendeckungs- und das Äquivalenzprinzip** zu halten haben (s. BGE 126 I 188;

HAUSER/SCHWERI, 744 f.; HÄFELIN/MÜLLER/UHLMANN, N 2704 ff.). Gemäss Kostendeckungsprinzip dürfen die Gerichtskosten die Gesamtkosten der betreffenden Amtshandlung nicht oder bloss geringfügig übersteigen. Das Äquivalenzprinzip schreibt vor, dass die Gerichtskosten nicht in ein offensichtliches Missverhältnis zum objektiven Wert der Leistung geraten und sich in vernünftigen Grenzen bewegen. Diese Prinzipien lassen es ohne weiteres zu, dass in kantonalen Tarifen reduzierte Gerichtskosten vorgesehen werden für Entscheide, die ohne schriftliche Begründung in Rechtskraft erwachsen (s. Art. 239 N 8 ff.).

Für gerichtliche Entscheide in **betreibungsrechtlichen Summarsachen**, für die daran anschliessenden Rechtsmittelverfahren und für Entscheidungen des Konkurs- oder Nachlassgerichts gelten die in der Gebührenverordnung zum Bundesgesetz über Schuldbetreibung und Konkurs vorgesehenen vereinheitlichten Gebühren (Art. 48 ff. GebV SchKG). **8**

2. Pauschalen für das Schlichtungsverfahren und für den Gerichts-Entscheid

Von der Schlichtungsbehörde nach Art. 207 Abs. 1 zu verlegende **Kosten des Schlichtungsverfahrens** beinhalten auf jeden Fall die «Pauschale» nach Art. 95 Abs. 2 lit. a. Hinzu können Kosten für den Beizug eines Dolmetschers kommen, der für die Durchführung von Versöhnungsverhandlungen unverzichtbar sein kann. In abschliessend aufgezählten Schlichtungsverfahren des sozialen Zivilprozesses werden gemäss Art. 115 Abs. 2 keine Gerichtskosten gesprochen, so etwa in Streitigkeiten nach dem Gleichstellungsgesetz (SR 151.1), aus Miete und Pacht von Wohn- und Geschäftsräumen (SR 220), aus landwirtschaftlicher Pacht (SR 221.213.2) oder aus dem Arbeitsverhältnis bis zu einem Streitwert von CHF 30 000 (SR 220). Eine besondere Regelung sieht Art. 218 für die Tragung von Kosten einer **Mediation** vor, die an die Stelle des Schlichtungsverfahrens tritt (Art. 218 N 1 ff.). **9**

Auf Ebene der **Gerichtsverfahren** ist im Entscheid über die Festsetzung der Gerichtskosten (Art. 105 Abs. 1) ebenfalls die «Pauschale» als (bisherige) Entscheidgebühr grundlegend, soweit das Verfahren nicht kostenlos ist. Die Pauschale kann mit Beweisführungs-, Übersetzung- und Kindesvertretungskosten ergänzt werden. Bei der Festlegung der Gerichts-Pauschale nicht zu berücksichtigen sind die Parteikosten für prozessuale und vorprozessuale Bemühungen, die Kosten des Schlichtungsverfahrens oder die Kosten vorausgegangener Verfahren betreffend vorsorgliche Massnahmen, vorsorgliche Beweisführung, Betreibung, Rechtsöffnung oder Arrest (vgl. LEUENBERGER/UFFER-TOBLER, Art. 73 ZPO/SG N 13). Gänzliche **Kostenlosigkeit** gilt nach Art. 114 für Gerichtsverfahren nach dem Gleichstellungsgesetz, nach dem Behindertengleichstellungsgesetz (SR 151.3), aus dem Arbeitsverhältnis sowie nach dem Arbeitsvermittlungsgesetz bis zu einem Streitwert von CHF 30 000 (SR 220 und 823.11), nach dem Mitwirkungsgesetz (SR 822.14) und aus Zusatzversicherungen zur sozialen Krankenversicherung nach dem Bundesgesetz über die Krankenversicherung (SR 832.10). Auch im Verfahren um die Gewährung der unentgeltlichen Rechtspflege werden i.d.R. keine Gerichtskosten erhoben (Art. 119 Abs. 6). **10**

3. Kosten der Beweisführung (Abs. 2 lit. c)

Unter die Kosten für die Beweisführung fallen im Wesentlichen die **Zeugenentschädigungen**, die **Honorare von Gutachtern und Übersetzern** sowie die **Auslagen für auswärtige Augenscheine**. Solche Beweiskosten können masslich die Höhe der gerichtlichen Entscheid-Pauschale schnell übersteigen. Deshalb sind sie bei den Gerichtskosten aufzurechnen. Zudem sind sie gemäss Art. 102 von der die Beweiserhebung beantragen- **11** den Partei vorzuschiessen, soweit sie nicht schon im Kostenvorschuss nach Art. 98 für die mutmasslichen Gerichtskosten inbegriffen sind.

12 Die **Festlegung der Tarife** für Zeugenentschädigungen bzw. für Gutachter- oder Übersetzerhonorare fällt gemäss Art. 96 in die Kompetenz der Kantone. Man wird also weiterhin mit stark unterschiedlichen Beweiskosten für vergleichbare Fälle leben müssen. Zeugen und Editionspflichtige dürften primär nach Zeitaufwand entschädigt werden, wobei Verdienstausfall und Spesen zusätzlich zu vergelten sind. Die Unsitte, dass Dritte für ihren Nachforschungsaufwand zur Edition von Urkunden überrissene Entschädigungen geltend machen, könnte mit Blick auf die kantonale Tarifhoheit ihre Fortsetzung finden, es sei denn, unverhältnismässigen Entschädigungsansätzen kantonaler Gerichte werde höchstrichterlich der Riegel geschoben. Bei der Entschädigung von Experten sind die branchenüblichen Ansätze anzuwenden.

4. Kosten für die Übersetzung (Abs. 2 lit. d)

13 Die in die Gerichtskosten aufzunehmenden Übersetzungskosten betreffen vornehmlich Honorare für **Dolmetscher**, allenfalls auch Kosten für die Übersetzung von Amtes wegen anzuwendenden ausländischen Rechts. Soweit ein Übersetzer im Auftrage des von Amtes wegen handelnden Gerichts fremdsprachige Urkunden übersetzt, handelt er als Gutachter unter Beachtung der einschlägigen Verfahrensvorschriften (LEUENBERGER/UFFER-TOBLER, Art. 112 ZPO/SG N 1e); entsprechend ist er zu entschädigen. Nicht darunter fallen Übersetzungskosten für fremdsprachige Urkunden, welche die Parteien dem Gericht einreichen. Deren Übersetzung in die nach Art. 129 zu beachtende Verfahrenssprache ist Sache der Parteien, die den entsprechenden Aufwand als Parteientschädigung geltend machen können.

5. Kosten für die Vertretung des Kindes (Abs. 2 lit. e)

14 In **eherechtlichen Verfahren** kann das Gericht wenn nötig die Vertretung des Kindes anordnen (Art. 299; s.a. Art. 146 aZGB). Dass die Kosten des gerichtlich bestellten Beistandes unter die Gerichtskosten fallen, stellt Art. 95 Abs. 2 lit. e neu auf Gesetzesebene klar. Dies entspricht der herrschenden Lehre zu Art. 147 Abs. 3 aZGB (s.u.a. SCHWENZER, FamKomm, Art. 147 aZGB N 46 m.H.). In aller Regel werden somit **die Eltern** als Parteien der eherechtlichen Streitigkeit und als «Verursacher» die **Kindervertretungskosten zu tragen** haben. Da das Kind in eherechtlichen Verfahren nie Partei ist, kann es nicht mit solchen Kosten belastet werden.

15 Die **Höhe der Vertretungskosten** bzw. die Kriterien für deren Festlegung ist wiederum Sache des kantonalen Rechts. Gemäss bundesgerichtlicher Rechtsprechung sind dabei kantonale Tarifordnungen für Berufsgruppen zu berücksichtigen (s. BGE 116 II 399, 404 f. = Pra 1991, 861 ff.). Die Entschädigung ist auf jeden Fall so anzusetzen, dass eine sorgfältige Vertretung des Kindes gewährleistet ist; anderseits ist unnötiger Aufwand nicht zu entschädigen.

III. Die Parteientschädigung (Abs. 3)

1. Begriff und Inhalt der «Parteientschädigung»

16 Im Unterschied zur Regelung in Art. 68 BGG (und zu Art. 159 und Art. 160 OG) begnügt sich das Gesetz nicht damit, die einer Partei zu leistende Entschädigung für den erbrachten Prozessaufwand generalisierend so zu umschreiben, dass ihr «alle durch den Rechtsstreit verursachten notwendigen Kosten zu ersetzen» sind. Unter den **Begriff**

«Parteientschädigung» i.S.v. Art. 95 Abs. 3 werden vielmehr **drei unterschiedliche Aufwands-Positionen** subsumiert und zusammengefasst, die einerseits auseinander zu halten und anderseits abschliessend aufgezählt sind. Es handelt sich um den Ersatz notwendiger Auslagen, die Anwaltskosten als berufsmässige Vertretungskosten und ausnahmsweise eine Umtriebsentschädigung für eine nicht anwaltlich vertretene Partei. Materiell deckt sich der Begriff «Parteientschädigung» mit dem in vielen kantonalen Prozessordnungen verwendeten Begriff «Parteikosten». Die Zusprechung einer Parteientschädigung setzt einen entsprechenden Antrag der ansprechenden Partei voraus (s. Art. 105 N 2).

2. Ersatz notwendiger Auslagen (Abs. 3 lit. a)

Auslagen der Parteien wie diejenigen ihrer Anwälte sind im Rahmen der Parteientschädigung dann zu ersetzen, wenn sie **prozessual notwendig** waren, wie es etwa bei Reisespesen, Versandkosten, Fernmeldedienstleistungen oder Kopie-Kosten der Fall sein kann. Auch Auslagen für die Beschaffung von entscheidendem Beweismaterial (z.B. Detektivkosten) oder für die Übersetzung von Urkunden können ersatzfähig sein. Entstehen Auslagen im Zusammenhang mit spezialisierten Beratungen (z.B. durch Patentanwälte) oder mit Privatgutachten, ist deren Notwendigkeit, Zweckdienlichkeit und Angemessenheit besonders zu überprüfen (vgl. LEUENBERGER/UFFER-TOBLER, Art. 263 ZPO/SG N 2c; teilweise **a.M.** FRANK/STRÄULI/ MESSMER, § 69 ZPO/ZH N 10 und LEUCH/MARBACH/KELLERHALS/STERCHI, Art. 58 ZPO/BE N 3). Keine separat zu vergütenden Auslagen stellen übliche Kanzlei-Unkosten eines Anwaltes dar (z.B. Kosten für Fachliteratur oder Gebühren für Internet-Abos), weil sie in den auf kantonalen Tarifen basierenden Entschädigungen für Vertretungskosten gemäss Abs. 3 lit. b regelmässig mitenthalten sind.

17

3. Kosten berufsmässiger Vertreter (Abs. 3 lit. b)

In aller Regel bilden die Kosten berufsmässiger Vertreter von Prozessparteien den Hauptteil einer Parteientschädigung. Wer alles zur berufsmässigen Vertretung bei Zivilprozessen befugt ist, legt Art. 68 Abs. 2 lit. a–d abschliessend fest (Art. 68 N 6–13). Keine berufsmässige Vertretung liegt vor, wenn ein Anwalt als Organ einer Partei oder Angestellter ihres Rechtsdienstes handelt (s. unv. BGE vom 21.12.2007, 1C_198/2007). Die Kantone sind gemäss Art. 96 zuständig, die Tarife für die berufsmässigen Vertreter, insb. also für Anwälte und Sachwalter, festzulegen (s.a. Art. 27 Abs. 1 Ziff. 3 SchKG). Zum tarifgemässen Honorar ist den berufsmässigen Vertretern die Mehrwertsteuer aufzurechnen. **Vertretungskosten** sind nur dann zu vergüten, wenn sie **kausal** gewesen sind, d.h. durch die Interessenwahrung im betreffenden Prozess entstanden sind. Für Aufwendungen, die mit dem betreffenden Prozess nicht in einem direkten Zusammenhang stehen, kann die Gegenpartei nicht belastet werden; solche Dienstleistungen sind von der eigenen Partei zu bezahlen. Daher dürfen Mehrkosten, die durch unnötige Anwaltswechsel entstanden sind, nicht der Gegenpartei belastet werden (LEUENBERGER/UFFER-TOBLER, Art. 263 ZPO/SG N 2b).

18

Zu beachten ist, dass **im Schlichtungsverfahren** grundsätzlich **keine Parteientschädigungen** gesprochen werden (Art. 113 Abs. 1), was bei der Kostenverlegung nach Art. 207 Abs. 1 entsprechend zu berücksichtigen ist.

19

Die **Abgrenzung zwischen prozessualen Vertretungskosten**, die im Kostenentscheid zu entschädigen sind, und **vorprozessual oder aussergerichtlich entstandenen Vertretungskosten**, die im Kostenentscheid nicht vergütet werden, kann im Einzelfall schwie-

20

rig sein. Gemäss den auch zukünftig massgeblichen kantonalrechtlichen Kostenfestsetzungs-Regeln umfasst die gerichtliche Parteientschädigung alle – anwaltlichen – Aufwendungen, die üblicherweise und unmittelbar mit der Vertretung der Partei im gerichtlichen Verfahren in Zusammenhang stehen (s. für viele § 50 Abs. 1 Kostenverordnung LU vom 6.11.2003, SRL Nr. 265; und § 44 Abs. 1 Prozesskostenverordnung NW vom 8.1.1977, NG 261.11). Dazu gehören namentlich die Instruktion, das Studium der Akten und der Rechtsfragen, soweit sie für die Interessenwahrung im betreffenden Prozess notwendig oder nützlich waren. **Nicht** darunter fallen demnach **vorprozessuale Vergleichsverhandlungen**, da sie für den Prozess selber weder nützlich noch notwendig sind, sondern diesen gegenteils gerade verhindern sollen (a.M. LEUENBERGER/UFFER-TOBLER, Art. 263 ZPO/SG N 2d; FRANK/STRÄULI/MESSMER, § 69 ZPO/ZH N 2a). Vorprozessuale Vergleichsverhandlungen sind auch deshalb nicht unter den Prozessaufwand zu subsumieren, weil sie bei erfolgreichem Abschluss mangels eines nachfolgenden Prozesses nie prozessual entschädigt werden können. Sie sind bei der Festsetzung der Parteientschädigung ebensowenig zu berücksichtigen wie andere vorprozessuale oder aussergerichtliche Kosten, worunter etwa Kosten für die Teilnahme am Schlichtungsverfahren oder für vorprozessuale «Augenscheine» fallen. Denn die Parteientschädigung kann als Teil von «Prozesskosten» schon terminologisch nur Aufwendungen innerhalb des Prozesses abdecken. In Haftpflichtfällen können demgegenüber gestützt auf Art. 41 OR **vorprozessuale Kosten als Schaden** geltend gemacht werden, soweit sie notwendig und angemessen waren (BK-BREHM, Art. 41 OR N 89a). Die hier postulierte Abgrenzung zwischen prozessualen und vorprozessualen Vertretungskosten könnte den Weg für eine bundesweite Vereinheitlichung ebnen.

4. Sonderfall der Umtriebsentschädigung (Abs. 3 lit. c)

21 Führt eine Partei ihren Prozess selber, d.h. zieht sie keinen berufsmässigen Vertreter bei, kann ihr in begründeten Fällen eine angemessene Umtriebsentschädigung als Parteientschädigung zugesprochen werden (Art. 95 Abs. 3 lit. c). Die Regelung zielt auf Fälle ab, wo rechtlich bewanderte oder von Dritten im Verborgenen unterstützte **Parteien ohne Vertreter prozessieren**, oder wo ein **Anwalt in eigener Sache** auftritt, als Organ einer Partei oder Angestellter ihres Rechtsdienstes handelt (vgl. unv. BGE vom 21.12.2007, 1C_198/2007). Mit der vorgesehenen Umtriebsentschädigung soll gemäss bundesrätlicher Botschaft (s. BOTSCHAFT ZPO, 7293) in erster Linie ein gewisser **Ausgleich für den Verdienstausfall** einer selbständigerwerbenden Person erreicht werden. Es spricht indessen nichts dagegen, bspw. auch entgangene Freizeit einer in einem Anstellungsverhältnis stehenden und selber prozessierenden Partei zu entschädigen. Aufgabe der ansprechenden Partei ist es, die Entschädigung zu beantragen und dem Gericht sachlich überzeugende Gründe für die geltend gemachte Höhe der Umtriebsentschädigung vorzulegen. Dabei werden das Ausmass des für den Prozess erbrachten Zeitaufwandes einerseits und entgangener Verdienst oder verpasste Freizeit andererseits im Vordergrund stehen.

22 Die Höhe **einer «angemessenen» Umtriebsentschädigung** ist dem – selbstredend grossen – Ermessen des Gerichts anheimgestellt. Führt ein **Anwalt einen Prozess in eigener Sache**, sahen kantonale Tarife oder die kantonale Praxis schon bisher Abzüge von mindestens 25% vom ordentlichen Honorar vor, weil Instruktion und Verkehr mit einem Mandanten entfallen (s. etwa § 44 Abs. 3 Prozesskostenverordnung NW vom 8.1.1977, NG 261.11; § 47 Abs. 4 Kostenverordnung LU vom 6.11.2003, SRL Nr. 265; GVP SG 1990 Nr. 71; OGer ZH, II. ZivK vom 12.3.1985 i.S. Sch. ca.E.). Analoges muss für die Entschädigung von Anwälten gelten, die als Angestellte einer Partei oder als Organ

1. Kapitel: Prozesskosten   1–3   **Art. 96**

einer juristischen Person prozessieren (vgl. LEUCH/MARBACH/KELLERHALS/STERCHI, Art. 66 ZPO/BE N 2d).

Bei einer berufsmässig vertretenen Partei ist im Unterschied zu vielen kantonalen Prozessordnungen keine Entschädigung des Zeitaufwandes vorgesehen, der ihr aus der Verpflichtung zum persönlichen Erscheinen vor Gericht entsteht (s. etwa Art. 68 Abs. 4, Art. 191 und 192).   23

Art. 96

Tarife	**Die Kantone setzen die Tarife für die Prozesskosten fest.**
Tarif	Les cantons fixent le tarif des frais.
Tariffe	I Cantoni stabiliscono le tariffe per le spese giudiziarie.

Inhaltsübersicht   Note

  I. Allgemeines 1
 II. Inhalt der kantonalen Tarife 4
III. Internationale Aspekte 8

Literatur

W. FELLMANN/G. ZINDEL (Hrsg.), Kommentar zum Anwaltsgesetz, BGFA, Zürich 2005; vgl. ferner die Literaturhinweise zu Art. 95.

I. Allgemeines

Die im Vorentwurf der Expertenkommission vorgeschlagene Regelungs-Variante, die Tarife für die Prozesskosten einheitlich durch den Bundesrat festsetzen zu lassen, wurde im Vernehmlassungsverfahren grossmehrheitlich abgelehnt. Das Festhalten an der **kantonalen Tarifhoheit** (s.a. Art. 95 N 3) erlaubt Rücksichtnahme auf unterschiedliche Kostenstrukturen der unter Umständen verschiedenartig besetzten Spruchkörper der Kantone und auf vorhandene kantonale Unterschiede bei der Höhe der Anwaltshonorare. Ob kantonal divergierende Prozesskosten im Hinblick auf gesetzliche Wahlmöglichkeiten bei den Gerichtsständen zu einem Prozesstourismus führen, wird die Zukunft weisen müssen.   1

Bei der Festsetzung der Rahmen-Tarife müssen sich die Kantone dennoch an bestimmte **bundesrechtliche Vorgaben** halten: Vorab ist bei der Festlegung von Gerichtskosten generell das Kostendeckungs- und das Äquivalenzprinzip zu berücksichtigen (s. Art. 95 N 6). Sodann gehen Spezialvorschriften des Bundes über die – teilweise – Kostenlosigkeit von Verfahren (s. Art. 113 Abs. 2 und Art. 114), die Zusammenrechnung der Streitwerte von Klage und Widerklage zur Bestimmung der Prozesskosten (Art. 94 Abs. 2), die unentgeltliche Rechtspflege (Art. 117 ff.) oder die Kostenansätze im Betreibungs- und Konkurswesen gemäss Gebührenverordnung vom 23.9.1996 zum Bundesgesetz über Schuldbetreibung und Konkurs kantonalen Regelungen vor.   2

Demgegenüber räumt Art. 116 den Kantonen **zusätzlichen Spielraum** für «weitere Befreiungen von den Prozesskosten» ein, die namentlich ihnen selbst, ihren Gemeinden und   3 andern kantonalrechtlichen Körperschaften gewährt werden können (s. zur Frage des Umfangs dieser Kostenbefreiung Art. 116 N 1–3). Und Art. 218 Abs. 3 erteilt dem kantonalen Gesetzgeber die Kompetenz, zur Förderung mediativer Schlichtungs- oder Entscheidverfahren Kostenerleichterungen vorzusehen, welche über die unentgeltliche Mediation gemäss Art. 218 Abs. 2 für bestimmte kindesrechtliche Angelegenheiten hinausgehen. Schliesslich steht es den Kantonen frei, reduzierte Gerichtskosten für Entscheide ohne schriftliche Begründung nach Art. 239 festzulegen.

II. Inhalt der kantonalen Tarife

4 Die von der kantonalen Legislative oder vom obersten kantonalen Gericht zu erlassenden Tarife haben **Ansätze** über die in Art. 95 Abs. 2 lit. a–e angeführten Gerichtskosten-Positionen sowie über die Auslagen, die berufsmässigen Vertretungskosten und eine angemessene Umtriebsentschädigung gemäss Art. 95 Abs. 3 lit. a–c **festzulegen**. Unter die Ansätze der Beweisführungskosten gemäss Art. 95 Abs. 2 lit. c fallen auch Entschädigungen an mitwirkungsverpflichtete Dritte (Art. 160 Abs. 3) und an Sachverständige (Art. 183 ff.). Ergänzend sind Tarife für die angemessene Entschädigung unentgeltlicher Rechtsbeistände nach Art. 122 Abs. 2, deren Honorar gemäss BGE 132 I 201 ein bestimmtes verfassungsrechtliches Minimum nicht unterschreiten darf (s.a. Art. 122 N 5–7), und für die unentgeltliche Mediation nach Art. 218 Abs. 2 zu erlassen.

5 Für die einzelnen Positionen werden **Rahmen-Tarife**, wie sie schon unter den bisherigen Prozessordnungen Geltung hatten, im Vordergrund stehen, die durch **allgemeine Bemessungsgrundsätze** ergänzt werden. So sollen sich Schlichtungs- und Entscheidpauschalen am Streitwert orientieren, soweit nicht besondere Ansätze für nicht vermögensrechtliche Streitigkeiten festzulegen sind. Gestützt auf das Äquivalenzprinzip sind diese Pauschalen überdies im Einzelfall bei Vorliegen besonderer Umstände zu erhöhen (z.B. bei ausserordentlichem Umfang oder besonderer Schwierigkeit eines Falles) oder herabzusetzen (z.B. bei einem besonders einfachen Fall mit sehr hohem Streitwert). Bei den Beweisführungskosten sind angemessene Ansätze für Zeugengelder, Reiseauslagen und Erwerbsausfall-Entschädigungen festzulegen. Sachverständige und Übersetzer dürften nach Verbandstarifen, allenfalls nach richterlichem Ermessen entschädigt werden. Analoge Gesichtspunkte sollen die Parteientschädigungen regeln, wo die **Höhe der Anwaltskosten** auch in Zukunft am stärksten ins Gewicht fallen wird: Auch diese Ansätze haben sich an den Kriterien des Streitwertes, des Zeitaufwandes, des Interessenwertes sowie der Schwierigkeit und des Umfanges der Streitigkeit zu orientieren.

6 Die Kantone sind gehalten, die bisherigen Kosten-Tarife soweit nötig den neuen Erfordernissen der Schweizerischen Zivilprozessordnung anzupassen. Als **Fundstellen für** altrechtliche und mutmasslich auch neurechtliche **kantonale Kosten-Tarife** dienen namentlich folgende Erlasse:

– *Zürich*: Verordnung des Obergerichts über die Gerichtsgebühren vom 4.4.2007 (GS 211.11), Verordnung der obersten kantonalen Gerichte über die Entschädigung der Zeugen und Zeuginnen, Auskunftspersonen und Sachverständigen vom 11.6.2002 (GS 211.12), Verordnung des Obergerichts über die Anwaltsgebühren vom 21.6.2006 (GS 215.3);

– *Bern*: Dekret über die Gebühren der Zivilgerichte vom 7.11.1996 (BSG 278.1), Verordnung über die Bemessung des Parteikostenersatzes vom 17.5.2006 (BSG 168.811);

– *Luzern*: Verordnung des Obergerichts über die Kosten in Zivil- und Strafverfahren sowie in weiteren Verfahren vom 6.11.2003 (SRL 265);

- *Uri*: Verordnung über die Gebühren und Entschädigungen vor Gerichtsbehörden vom 16.12.1987 (RB 2.3231);
- *Schwyz*: Gerichtsordnung vom 10.5.1974 (GS 231.110), Gebührentarif für Rechtsanwälte vom 27.1.1975 (GS 280.411);
- *Obwalden*: Gebührenordnung für die Rechtspflege vom 28.9.1973 (GS 134.15);
- *Nidwalden*: Verordnung über die Kosten im Verfahren vor den Gerichten vom 8.1.1977 (NG 261.11);
- *Glarus*: Verordnung über die amtlichen Kosten im Zivil- und Strafprozess vom 12.2.1992 (GS III A/5); Zeugentarif des Kantons Glarus vom 19.2.1992 (GS III A/6);
- *Zug:* Verordnung betreffend Kosten und Entschädigungen in der Zivil- und Strafrechtspflege vom 28.11.1995 (BGS 161.7);
- *Freiburg*: Tarif vom 6.9.1966 der Gerichtskosten in Zivilsachen (SGF 135.11); Tarif vom 28.6.1988 der als Parteikosten in Zivilsachen geschuldeten Anwaltshonorare und -auslagen (SGF 137.21);
- *Solothurn*: Gebührentarif vom 24.10.1979 (BGS 615.11);
- *Basel-Stadt:* Verordnung über die Gerichtsgebühren vom 4.3.1975 (SG 154.810); Honorarordnung für die Anwältinnen und Anwälte vom 15.12.2004 (SG 291.400);
- *Basel-Land:* Verordnung über die Gebühren der Gerichte und der Strafverfolgungsbehörden vom 3.5.2004 (SGS 170.31); Tarifordnung für die Anwältinnen und Anwälte vom 17.11.2003 (SGS 178.112);
- *Schaffhausen:* Honorarverordnung vom 16.8.2002 (SHR 173.811); Entschädigungsverordnung vom 21.10.1994 (SHR 173.122);
- *Appenzell Ausserrhoden:* Verordnung über die Rechtskosten und Entschädigungen in der Zivil- und Strafrechtspflege vom 15.6.1981 (aGS 233.3); Verordnung über den Anwaltstarif vom 14.3.1995 (aGS 145.53);
- *Appenzell Innerrhoden:* Verordnung über die Gebühren der Gerichte vom 1.10.2001 (GS 173.810); Verordnung über die Honorare der Anwälte vom 7.10.2002 (GS 177.410);
- *St. Gallen:* Gerichtskostentarif vom 21.10.1997 (sGS 941.12); Honorarordnung für Rechtsanwälte und Rechtsagenten vom 22.4.1994 (sGS 963.75);
- *Graubünden:* Kostentarif im Zivilverfahren vom 9.12.1985 (320.075);
- *Aargau:* Dekret über die Verfahrenskosten vom 24.11.1987 (SAR 221.150); Dekret über die Entschädigung der Anwälte vom 10.11.1987 (SAR 291.150);
- *Thurgau:* Verordnung des Obergerichts über den Anwaltstarif für Zivil- und Strafsachen vom 9.7.1991 (RB 176.3);
- *Tessin:* Legge sulla tariffa giudiziaria del 14.12.1965 (rdl 3.1.1.5);
- *Waadt:* Tarif des frais judiciaires en matière civile du 4.12.1984 (RSV 270.11.5); Tarif des honoraires d'avocat dus à titre de dépens du 17.6.1986 (RSV 177.11.3);
- *Wallis:* Gesetz betreffend den Tarif der Kosten und Entschädigungen vor Gerichts- oder Verwaltungsbehörden vom 14.5.1998 (GS/VS 173.8);

- *Neuenburg:* Arrêté concernant le tarif des frais de procédure du 10.8.1983 (RSN 164.11); Arrêté concernant le tarif des frais entre plaideurs du 9.7.1980 (RSN 165.31);

- *Genf:* Règlement fixant le tarif des greffes en matière civile du 9.4.1997 (RSG E 3 05.10);

- *Jura:* Décret fixant les émoluments judiciaires en matière de juridiction civile et d'arbitrage du 4.12.1986 (RSJU 176.511); Ordonnance fixant le tarif des honoraires d'avocat du 19.4.2005 (RSJU 188.61).

7   Gegenstand anhaltender Kontroversen bildet die Frage der Zulässigkeit **anwaltlicher Erfolgshonorare**, wobei zwischen zulässigem pactum de palmario (Siegesprämie als zusätzlichem Honorar) und unzulässigem pactum de quota litis (Beteiligung am Prozessgewinn oder reinem Erfolgshonorar) unterschieden wird. Gesetzliche Grundlage des Verbotes eines reinen Erfolgshonorars bildet Art. 12 lit. e BGFA (s. FELLMANN/ZINDEL, Art. 12 BGFA N 118 ff.). Von Bedeutung ist dieses Verbot für die Gestaltung und Handhabung der **Anwaltstarife insofern, als die Kantone diese bundesrechtliche Vorgabe vollumfänglich zu beachten haben.** Fraglich erscheint, ob dies etwa auf Art. 34 des Genfer Anwaltsgesetzes (LPAv, RSG E 6 10) zutrifft, wonach der Anwalt sein Honorar unter Mitberücksichtigung des erzielten Prozessergebnisses selber bestimmen darf, was das Bundesgericht in BGE 135 III 259 mit gewohnt zurückhaltender (Ermessens-) Überprüfung als rechtskonform gewürdigt hat (krit. dazu SCHWANDER, ZBJV 2009, 582 ff.).

III. Internationale Aspekte

8   Bei der kantonalen Festsetzung der Tarife für Entscheid-Gebühren wird zu berücksichtigen sein, dass für internationale Vollstreckbarerklärungsverfahren gemäss Art. 52 Abs. 1 revLugÜ **keine nach dem Streitwert abgestuften Gebühren** erhoben werden dürfen. Die bundesrätliche Ratifizierung des **revidierten** Übereinkommens von Lugano über die gerichtliche Zuständigkeit, die Anerkennung und die Vollstreckung gerichtlicher Entscheidungen in Zivil- und Handelssachen **vom 30.10.2007** (BBl 2009 1841) steht noch aus. Unter Vorbehalt des Referendums wird das Übereinkommen voraussichtlich am 1.1.2011 in Kraft treten.

Art. 97

Aufklärung über die Prozesskosten	Das Gericht klärt die nicht anwaltlich vertretene Partei über die mutmassliche Höhe der Prozesskosten sowie über die unentgeltliche Rechtspflege auf.
Information sur les frais	Le tribunal informe la partie qui n'est pas assistée d'un avocat sur le montant probable des frais et sur l'assistance judiciaire.
Informazione circa le spese giudiziarie	Il giudice informa la parte non patrocinata da un avvocato sull'importo presumibile delle spese giudiziarie, nonché sul gratuito patrocinio.

Inhaltsübersicht   Note

I. Beschränkte richterliche Aufklärungspflicht   1

II. Zeitpunkt und Inhalt der Aufklärung   3

I. Beschränkte richterliche Aufklärungspflicht

Im Unterschied zum Vorentwurf der Expertenkommission und zu den meisten kantonalen Zivilprozessordnungen werden die erst- und zweitinstanzlichen Gerichte neu verpflichtet, alle den Prozess selber führenden Parteien über die mutmassliche Höhe der Prozesskosten und einen allfälligen Anspruch auf Gewährung der unentgeltlichen Rechtspflege aufzuklären. Bezweckt wird damit gemäss bundesrätlicher Botschaft, dass auch ein Laie das **Kostenrisiko abschätzen** kann (s. BOTSCHAFT ZPO, 7293). Wenig stringent erscheint die Regelung insofern, als die Gerichte Laien nur über die Höhe der Kostenrisiken, nicht aber über die für die Kostenverlegung massgeblichen Aspekte der prozessualen Gewinnchancen und Verlustgefahren des Einzelfalls aufklären sollen (s. allgemein zur richterlichen Aufklärungspflicht: VOGEL/SPÜHLER, § 6 N 33 ff.). 1

Keinen Anspruch auf richterliche Aufklärung nach Art. 97 besitzen anwaltlich vertretene Parteien, die durch ihren Vertreter über die Kostenrisiken und Möglichkeiten der unentgeltlichen Rechtspflege zu orientieren sind. Ist eine nicht vertretene Partei aus persönlichen Gründen offensichtlich nicht in der Lage, das Kostenrisiko ihres Prozesses trotz richterlicher Aufklärung zu erkennen, ist nach Art. 69 vorzugehen (s. Art. 69 1 ff.). Nicht zu verwechseln ist die hier geregelte richterliche Aufklärungspflicht über die Kostenrisiken sodann mit der in Art. 56 normierten gerichtlichen Fragepflicht, welche nicht die Prozesskosten, sondern als Abschwächung der Verhandlungsmaxime die Sachverhaltsermittlung betrifft (s. Art. 56 N 7 ff.). 2

II. Zeitpunkt und Inhalt der Aufklärung

Der Zweck der Bestimmung, anwaltlich nicht vertretene Parteien vor der Belastung mit hohen Prozesskosten zu schützen und über die Voraussetzungen der unentgeltlichen Rechtspflege zu informieren, legt es nahe, die richterliche Aufklärung **in einem möglichst frühen Verfahrensstadium** vorzunehmen. Das erlaubt den Parteien, eine Klage vergleichsweise kostengünstig zurückzuziehen oder (teilweise) zu anerkennen. Das Gesetz selber sagt über den richtigen Zeitpunkt der Aufklärung nichts aus. Ist die klagende Partei angesprochen, dürfte i.d.R. die Aufklärung über das Kostenrisiko mit dem Einverlangen des Kostenvorschusses gemäss Art. 98 verbunden werden. Betrifft die Aufklärung die beklagte Partei, sollte sie mit der Fristansetzung zur schriftlichen Klageantwort gemäss Art. 222 Abs. 1 bzw. zur Stellungnahme gemäss Art. 245 Abs. 2 oder Art. 253 kombiniert werden. Im Spezialfall des vereinfachten mündlichen Verfahrens wird sie wohl spätestens mit der Vorladung zur Verhandlung nach Art. 245 Abs. 1 zu eröffnen sein. 3

Die Aufklärung umfasst einerseits Angaben über die **mutmassliche Höhe der im konkreten Fall zu erwartenden Prozesskosten**, die sich aus den nach kantonalen Tarifen festzulegenden Gerichtskosten und Parteientschädigungen zusammensetzen (s. Art. 95 und 96). Die richterliche Prognose über die Kostenhöhe kann bloss eine Mutmassung sein, weil sich massgebliche Faktoren der Kostenberechnung regelmässig nach dem konkreten Verfahrensverlauf richten (z.B. Teilanerkennungen, Komplexität der Streitigkeit, Umfang und Art der Beweisführung). Anderseits hat der Richter die anwaltlich nicht vertretene Partei auch auf die **Voraussetzungen der unentgeltlichen Rechtspflege** gemäss Art. 117 ff. in verständlicher Form hinzuweisen, soweit sich nicht aus den Fallakten oder aus sicherer Kenntnis des Gerichts ergibt, dass die Partei über die erforderlichen Mittel zur Finanzierung des Prozesses verfügt. 4

Kommt das Gericht seiner Aufklärungspflicht nicht nach, liegt ein **Verfahrensmangel** und damit eine unrichtige Rechtsanwendung gemäss Art. 310 lit. a bzw. Art. 320 lit. a 5 vor, im Rahmen einer Beschwerde in Zivilsachen eine Bundesrechtsverletzung nach Art. 95 lit. a BGG. Die erfolgreiche Ergreifung der entsprechenden Rechtsmittel setzt ein als «Beschwer» bezeichnetes **Rechtsschutzinteresse** voraus. Beschwert ist ausschliesslich diejenige Partei, deren Anträge im Dispositiv des angefochtenen Entscheides nicht geschützt worden sind (s. Art. 59 Abs. 2 lit. a; Art. 76 Abs. 1 lit. b BGG; LEUENBERGER/UFFER-TOBLER, Art. 64 ZPO/SG N 4; FRANK/STRÄULI/MESSMER, § 51 ZPO/ZH N 8 ff.). Eine mit Verfahrenskosten belastete Partei, die selber prozessiert hat und über das Kostenrisiko nicht aufgeklärt worden ist, kann somit auf dem Rechtsmittelweg vorab geltend machen, bei erfolgter richterlicher Aufklärung wären die *Gerichtskosten* zufolge eines Klagerückzugs oder einer Klageanerkennung nicht in diesem Ausmass angefallen, weshalb die Mehrkosten gemäss Art. 107 Abs. 2 dem Staat aufzuerlegen seien. Eine der nicht aufgeklärten Partei überbundene *Entschädigung an die Gegenpartei* beschwert jene zwar auch, kann von der Rechtsmittelinstanz jedoch nicht zulasten der Gegenpartei gekürzt werden, da die Grundsätze der Kostenfestsetzung und Kostenverlegung nicht durch Fehler bei der richterlichen Kostenaufklärung ausser Kraft gesetzt werden. Ein zufolge mangelhafter richterlicher Aufklärung entstandenes Mehr an Parteientschädigung ist somit als *Schaden* gegenüber dem Staat des Gerichtsstandes klageweise geltend zu machen, wobei alle kantonalrechtlichen Haftungs-Voraussetzungen erfüllt sein müssen. Dabei wird nicht der zivilprozessuale, im Ergebnis nicht anfechtbare Entscheid zum Anlass der Ersatzpflicht, sondern die staatliche Haftung wird zur ausschliesslichen Behebung der Kosten-Folgen einer versehentlich unterbliebenen richterlichen Aufklärung (s. WALDER/GROB, § 42 N 34 ff.).

Art. 98

Kostenvorschuss	**Das Gericht kann von der klagenden Partei einen Vorschuss bis zur Höhe der mutmasslichen Gerichtskosten verlangen.**
Avance de frais	Le tribunal peut exiger du demandeur une avance à concurrence de la totalité des frais judiciaires présumés.
Anticipazione delle spese	Il giudice può esigere che l'attore anticipi un importo a copertura parziale o totale delle spese processuali presumibili.

Inhaltsübersicht

Note

I. Allgemeines 1
II. Adressaten der Vorschusspflicht 4
III. Keine Rückerstattung 7

Literatur

T. GABATHULER, Jede Klage wird zum finanziellen Grossrisiko, plädoyer 1/08 und 4/08; I. MEIER, Vorentwurf für eine Schweizerische Zivilprozessordnung, Zürich 2003 (zit. Vorentwurf).

I. Allgemeines

1 Die Vielfalt der kantonalen Zivilprozessordnungen kam bei der Regelung der Vorschusspflicht für die Gerichtskosten exemplarisch zum Ausdruck: In den meisten Kantonen wurde der Vorschuss für die ganzen mutmasslichen Gerichtskosten von der klagenden

Partei bezogen, andere bezogen von beiden Parteien einen je anteilsmässigen Vorschuss und wieder andere verzichteten gänzlich darauf. Der Entwurf der Expertenkommission sah vor, die klagende Partei höchstens die Hälfte der mutmasslichen Gerichtskosten bevorschiessen zu lassen, was in der Vernehmlassung unter Hinweis auf das Inkassorisiko der Kantone mehrheitlich kritisiert wurde. Das Gesetz stipuliert nun eine **Vorschusspflicht bis zur vollen Höhe der mutmasslichen Gerichtskosten**, was verschiedentlich – gerade in Kombination mit der dem Staat eingeräumten Verrechnungsmöglichkeit gemäss Art. 111 – als die Rechtsdurchsetzung unnötig erschwerendes Prozesshindernis bemängelt worden ist. Denn die fragliche Bonität eines beklagten Schuldners erhält so für den Entscheid über die Klageeinreichung noch grössere Bedeutung (GABATHULER, plädoyer 1/08, 28 und 4/08, 25; MEIER, Vorentwurf, 86).

Gemildert wird die Vorschusspflicht dadurch, dass sie auf einer **Kann-Vorschrift** beruht, die dem Gericht überdies auch **masslich Spielraum** «bis» zur Höhe der mutmasslichen Gerichtskosten einräumt. Damit liegt es im Ermessen des Gerichts, auf die finanzielle Leistungsfähigkeit und/oder die finanzielle Liquidität einer vorschusspflichtigen Partei bei der Festlegung des Vorschusses gebührend Rücksicht zu nehmen. Wenn eine Partei etwa wegen fehlender Mittellosigkeit keinen Anspruch auf unentgeltliche Rechtspflege besitzt (s. Art. 117 lit. a), gleichwohl aber nur minim über der Grenze des zivilprozessualen Notbedarfs lebt, ist das Gericht gehalten, bloss einen Teil der mutmasslichen Gerichtskosten oder die Leistung ratenweiser Teilvorschüsse einzuverlangen. Andernfalls würde ihr der Zugang zum Gericht faktisch verwehrt, was mit Blick auf Art. 29 Abs. 3 BV – der generell von Verfügbarkeit der «erforderlichen Mittel» spricht – eine verfassungswidrige Auslegung der Kann-Vorschrift des Art. 98 darstellte. Im Übrigen richtet sich die Höhe des Vorschusses bzw. der mutmasslichen Gerichtskosten nach dem anwendbaren kantonalen Tarif (Art. 96). Zusätzlich zu beachten ist der Umstand, dass unter die Gerichtskosten gemäss Art. 95 Abs. 2 lit. c auch die Kosten für die Beweisführung fallen, wofür Art. 102 eine ergänzende und spezifizierte Vorschussregelung enthält (zum Verhältnis zwischen Vorschuss nach Art. 98 und Vorschuss nach Art. 102 vgl. Art. 102 N 1).

Erstinstanzliche Entscheide über die Verpflichtung zur Leistung eines Gerichtskostenvorschusses an sich oder über dessen Höhe sind mit dem **Rechtsmittel der Beschwerde** anzufechten (Art. 103). Gegen zweitinstanzliche Entscheide über Gerichtskostenvorschüsse ist bei einer eigenständigen Beschwerdeführung an das Bundesgericht die zusätzliche Voraussetzung gemäss Art. 93 Abs. 1 lit. a BGG zu beachten.

II. Adressaten der Vorschusspflicht

Vorschusspflichtig für Gerichtskosten sind die **klagende Partei und die Widerklage erhebende Partei**, nicht aber die beklagte Partei vor erster Instanz und die Gegenpartei des Rechtsmitteleinlegers (vgl. STUDER/RÜEGG/EIHOLZER, § 123 ZPO/LU N 1). Ob auch **die ein Rechtsmittel einlegende Partei** zur Leistung eines Vorschusses verhalten werden kann, erscheint mit Blick auf den Wortlaut der Bestimmung, der ausschliesslich von «*klagender* Partei» spricht, fraglich. Ein Vergleich mit den bisherigen kantonalen Prozessordnungen führt nicht zu mehr Klarheit: Zwar war die ein Rechtsmittel einlegende Partei praktisch überall als vorschusspflichtig erklärt, doch beruhen diese Regelungen entweder auf der ausdrücklichen gesetzlichen Erwähnung des Rechtsmitteleinlegers (s. z.B. § 73 ZPO/ZH, § 101 Abs. 2 ZPO/AG, Art. 274 Abs. 1 lit. b ZPO/SG oder § 123 Abs. 1 ZPO/LU) oder zumindest auf einer offenen Umschreibung der Vorschusspflichtigen (s. Art. 57 Abs. 2 ZPO/BE). Auch das Bundesgerichtsgesetz verhält «die Partei, die

Art. 99

das Bundesgericht anruft, zur Leistung eines Gerichtskostenvorschusses (Art. 62 Abs. 1 BGG). Dass unter dem Begriff «klagende Partei» auch die ein Rechtsmittel einlegende Partei zu verstehen sein soll, wird in der bundesrätlichen Botschaft entsprechend erläutert (s. BOTSCHAFT ZPO, 7293). In der Tat wäre nicht nachvollziehbar, dass die Vorschusspflicht zwar vor erster kantonaler Instanz und vor Bundesgericht, nicht aber vor zweiter kantonaler Instanz gelten soll.

5   Das Gericht legt nicht nur die Höhe des Vorschusses fest, sondern setzt auch die **Zahlungsfrist** unter Androhung der **Säumnisfolgen** an (Art. 101 Abs. 1 und 3). Der Vorschuss ist stets in Geld zu leisten (vgl. BGE 107 Ia 119), während bspw. die Sicherheit für die Parteientschädigung auch mittels einer Garantie erbracht werden kann (Art. 100 Abs. 1).

6   Grundsätzlich keine Vorschüsse hat die mit **unentgeltlicher Rechtspflege** prozessierende Partei zu leisten (Art. 118 Abs. 1 lit. a). Eine besondere Kostenvorschuss-Regelung weist sodann das **Schiedsverfahren** auf (s. Art. 378 N 1 ff.). Nichts steht schliesslich entgegen, dass auch die Kosten eines **Schlichtungsverfahrens** in Anwendung von Art. 98 vorschussweise und unter Androhung der Säumnisfolgen von Art. 101 Abs. 3 einverlangt werden.

III. Keine Rückerstattung

7   Der von der klagenden Partei einverlangte Gerichtskostenvorschuss wird ihr selbst bei prozessualem Obsiegen **nicht zurückerstattet**: Art. 111 sieht im Rahmen der Liquidation der Prozesskosten zwingend die Verrechnung sämtlicher Vorschüsse und deren Ersatz durch die kostenpflichtige Partei, hier also der unterlegenen beklagten Partei, vor.

Art. 99

Sicherheit für die Parteientschädigung

¹ **Die klagende Partei hat auf Antrag der beklagten Partei für deren Parteientschädigung Sicherheit zu leisten, wenn sie:**
   a. keinen Wohnsitz oder Sitz in der Schweiz hat;
   b. zahlungsunfähig erscheint, namentlich wenn gegen sie der Konkurs eröffnet oder ein Nachlassverfahren im Gang ist oder Verlustscheine bestehen;
   c. Prozesskosten aus früheren Verfahren schuldet; oder
   d. wenn andere Gründe für eine erhebliche Gefährdung der Parteientschädigung bestehen.

² Bei notwendiger Streitgenossenschaft ist nur dann Sicherheit zu leisten, wenn bei allen Streitgenossen eine der Voraussetzungen gegeben ist.

³ Keine Sicherheit ist zu leisten:
   a. im vereinfachten Verfahren mit Ausnahme der vermögensrechtlichen Streitigkeiten nach Artikel 243 Absatz 1;
   b. im Scheidungsverfahren;
   c. im summarischen Verfahren mit Ausnahme des Rechtsschutzes in klaren Fällen (Art. 257).

1. Kapitel: Prozesskosten   **Art. 99**

Sûretés en garantie   ¹ Le demandeur doit, sur requête du défendeur, fournir dans les cas suivants
des dépens   des sûretés en garantie du paiement des dépens:
  a. il n'a pas de domicile ou de siège en Suisse;
  b. il paraît insolvable, notamment en raison d'une mise en faillite, d'une procédure concordataire en cours ou de la délivrance d'actes de défaut de biens;
  c. il est débiteur de frais d'une procédure antérieure;
  d. d'autres raisons font apparaître un risque considérable que les dépens ne soient pas versés.
² Les consorts nécessaires ne sont tenus de fournir des sûretés que si l'une des conditions ci-dessus est réalisée pour chacun d'eux.
³ Il n'y a pas lieu de fournir des sûretés:
  a. dans la procédure simplifiée, à l'exception des affaires patrimoniales visées à l'art. 243, al. 1;
  b. dans la procédure de divorce;
  c. dans la procédure sommaire, à l'exception de la procédure applicable dans les cas clairs (art. 257).

Cauzione per le spese   ¹ Su richiesta del convenuto, l'attore deve prestare cauzione per le spese
ripetibili   ripetibili se:
  a. non ha domicilio o sede in Svizzera;
  b. risulta insolvente, segnatamente se nei suoi confronti è stato dichiarato il fallimento o è in corso una procedura concordataria o a suo carico vi sono attestati di carenza beni;
  c. è ancora debitore delle spese giudiziarie relative a una precedente procedura; oppure
  d. per altri motivi il pagamento delle ripetibili risulta seriamente compromesso.
² In caso di litisconsorzio necessario occorre prestare cauzione solo se tutti i litisconsorti si trovano in una delle situazioni di cui al capoverso 1.
³ Non vi è obbligo di prestare cauzione:
  a. nella procedura semplificata, tranne nelle controversie patrimoniali secondo l'articolo 243 capoverso 1;
  b. nella procedura di divorzio;
  c. nella procedura sommaria, eccettuata la tutela giurisdizionale nei casi manifesti (art. 257).

Inhaltsübersicht   Note

I. Allgemeines 1
   1. Sicherheitsleistung als Prozessvoraussetzung 1
   2. Kreis der Antragsberechtigten und der Leistungspflichtigen 3
   3. Umfang der Sicherheit und massgebliche Verhältnisse 5
II. Kautionsgrund der fehlenden Belangbarkeit in der Schweiz 7
   1. Fehlender Wohnsitz, fehlender Sitz 7
   2. Vorbehalt von Staatsverträgen 9
III. Kautionsgrund der Zahlungsunfähigkeit 12
IV. Kautionsgrund der Prozesskostenschuld 16
V. Kautionsgrund der erheblichen Gefährdung der Parteientschädigung 17
VI. Sonderfall der notwendigen Streitgenossenschaft 18
VII. Ausnahmen von der Sicherheitsleistung 19
   1. Kein abschliessender Ausnahmekatalog 19
   2. Keine Kautionspflicht in vereinfachten Verfahren 20
   3. Keine Kautionspflicht in Scheidungsverfahren 21
   4. Keine Kautionspflicht in summarischen Verfahren 22
VIII. Internationale Aspekte 23

Literatur

R. ISLER, Die Kautionspflicht im Schweizerischen Zivilprozessrecht, Diss. Zürich 1967;
H. STUTZER, Die Kautionspflicht im ordentlichen zürcherischen Zivilprozess, Diss. Zürich 1980.

I. Allgemeines

1. Sicherheitsleistung als Prozessvoraussetzung

1 Die Leistung einer Sicherheit für eine möglicherweise anfallende Parteientschädigung ist, sofern sie gerichtlich verfügt worden ist, eine **Prozessvoraussetzung** (s. Art. 59 Abs. 2 lit. f). Kommt die pflichtige Partei ihrer Leistungspflicht innert Frist und innert der in Art. 101 Abs. 3 vorgesehenen Nachfrist nicht nach, ist auf die Klage, die Widerklage oder das Gesuch nicht einzutreten (so ausdrücklich Art. 101 Abs. 3; zum Nichteintreten auf ein Rechtsmittel s.u. N 4). Hieraus folgt, dass jede Instanz selbständig über die Pflicht zur Sicherheitsleistung, die im kantonalen Prozessrecht auch als *Prozesskaution* bezeichnet wurde, entscheidet. Der richterliche Entscheid setzt indessen zwingend einen **Antrag** der beklagten Partei voraus.

2 Weil es sich um eine Prozessvoraussetzung handelt, sind die relevanten Tatsachen **von Amtes wegen festzustellen** (s. FRANK/STRÄULI/MESSMER, § 73 ZPO/ZH N 4). Dabei ist das Gericht faktisch aber meistens auf entsprechende Parteivorbringen der Antragsberechtigten angewiesen, zumal die beantragte Sicherheitsleistung ja in deren Interesse liegt. Denn dank der Sicherheitsleistung sollen voraussehbare Schwierigkeiten beim späteren Eintreiben einer Parteientschädigung ausgeschlossen werden.

2. Kreis der Antragsberechtigten und der Leistungspflichtigen

3 **Antragsberechtigt** sind die beklagte Partei, die widerbeklagte Partei und – allenfalls (s.u. N 4) – die Gegenpartei der ein Rechtsmittel einlegenden Partei. Obwohl der Untersuchungsgrundsatz gilt, obliegt es aufgrund ihrer prozessualen Mitwirkungspflicht der antragsberechtigten Partei, sich zumindest auf eine der in Abs. 1 **alternativ** angeführten Voraussetzungen zu berufen und diese darzulegen.

4 Gemäss dem Wortlaut von Abs. 1 ist die **«klagende Partei» leistungspflichtig**. Hierunter fallen ohne jeden Zweifel diejenigen Parteien, die ein Verfahren durch Klage oder Widerklage einleiten oder in summarischen Verfahren als Gesuchsteller auftreten; vorbehalten bleibt der ausnahmsweise Ausschluss von Sicherheitsleistungen in den Verfahren gemäss Absatz 3. Für die Bestimmung des Leistungspflichtigen wird ausschliesslich auf die formelle Stellung im Verfahren abgestellt, weshalb auch etwa der Hauptintervenient sicherstellungspflichtig ist. Nicht leistungspflichtig ist im Unterschied zu diversen kantonalen Prozessordnungen die beklagte Partei (vgl. ISLER, 7). Ob auch **die ein Rechtsmittel einlegende Partei** zu einer Sicherheitsleistung verpflichtet werden kann, erscheint mit Blick auf den Wortlaut der Bestimmung, der wie Art. 98 ausschliesslich von *«klagender* Partei» spricht, fraglich (vgl. Art. 98 N 4). Die bundesrätliche Botschaft schweigt sich zu dieser Frage aus. Art. 62 Abs. 2 BGG sieht demgegenüber für Parteien, die das Bundesgericht anrufen, eine Sicherstellungspflicht für eine allfällige Parteientschädigung in höchstrichterlichen Verfahren ausdrücklich vor (s.a. Art. 150 Abs. 2 OG; MESSMER/IMBODEN, § 6 N 25). Nachdem das Bundesrecht somit für die erste wie für die höchste Instanz umfassende Sicherstellungspflichten für diejenigen Parteien stipuliert, welche vor diesen Instanzen ein Verfahren einleiten, ist davon auszugehen, dass der Gesetzgeber die Sicherstellungspflicht auch bei Rechtmitteln an die oberen kantonalen Instanzen vorsehen wollte, zumal dies in allen kantonalen Prozessordnungen entsprechend geregelt war. Für eine andere Betrachtungsweise sind keine sachlichen Gründe erkennbar. Die

Bestimmung ist entsprechend auszulegen und demnach bspw. auch auf die eine Anschlussberufung erklärende Partei (s. Art. 313) anzuwenden.

3. Umfang der Sicherheit und massgebliche Verhältnisse

Die Sicherheitsleistung ist **nach der mutmasslichen Höhe der Parteientschädigung zu bemessen**, wie diese im Verfahren der angerufenen Instanz nach dem massgeblichen kantonalen Tarif voraussichtlich festzusetzen sein wird (Art. 95 Abs. 3 und Art. 96). Es kann grundsätzlich nur für zukünftige Kosten eine Sicherheitsleistung verlangt werden. Tritt der Kautionsgrund erst im Laufe des Verfahrens ein, ist die Sicherheitsleistung nur für die Kosten zu verfügen, die noch nicht entstanden sind. Ist ein umfangreiches Beweisverfahren wahrscheinlich, kann berücksichtigt werden, dass das Verfahren aufwendiger wird (s. LEUENBERGER/UFFER-TOBLER, Art. 276 ZPO/SG N 1c). Da nur die Parteientschädigung gemäss Art. 95 Abs. 3 sichergestellt werden kann, entfällt eine Sicherstellung für Gerichtskosten wie auch für Beweiskosten, die von der Gegenpartei gemäss Art. 102 zu bevorschussen sind und die gemäss Art. 111 liquidiert werden. Bei Widerklage und Anschlussberufung bemisst sich die Höhe der sicherzustellenden Parteientschädigung nur nach dem Streitwert bzw. Interessenwert der entsprechenden Anträge. Auch im Schiedsverfahren ist eine Sicherstellung der Parteientschädigung möglich (Art. 379 N 3 ff.). Die ein Rechtsmittel einlegende Partei kann nur zur Sicherstellung der zweitinstanzlichen Parteientschädigung verhalten werden. 5

Für den Entscheid über die Sicherheitsleistung sind diejenigen Verhältnisse massgebend, die im **Zeitpunkt der Entscheidfällung** ausgewiesen sind. Die Anpassung einer verfügten Sicherheit an nachträglich veränderte Verhältnisse sieht Art. 100 Abs. 2 vor. Gegen Entscheide über Sicherheitsleistungen ist auf kantonaler Ebene das Rechtsmittel der **Beschwerde** gegeben (Art. 103). 6

II. Kautionsgrund der fehlenden Belangbarkeit in der Schweiz

1. Fehlender Wohnsitz, fehlender Sitz

Wenn die klagende Partei keinen Wohnsitz oder Sitz in der Schweiz verzeichnet, kann sie hier i.d.R. für eine später anfallende Parteientschädigung nicht betrieben werden (Art. 46 SchKG), was Anlass für eine Sicherheitsleistung sein kann. Der **Wohnsitz** bestimmt sich dabei nach Art. 23 ZGB, wobei der **tatsächliche** und nicht ein fiktiver Wohnsitz i.S.v. Art. 24 ZGB massgebend ist. Bei juristischen Personen richtet sich der Sitz nach Art. 56 ZGB. Für eintragungspflichtige juristische Personen und für Kollektiv- und Kommanditgesellschaften lässt sich der Sitz dem Handelsregistereintrag entnehmen (LEUENBERGER/UFFER-TOBLER, Art. 276 ZPO/SG N 2a). Fehlt ein Wohnsitz oder Sitz in der Schweiz, wird zwischen inländischen und ausländischen Parteien nicht unterschieden (s. BGE 90 II 144 ff.). 7

Eine **ausländische Gesellschaft mit einer Zweigniederlassung** in der Schweiz ist dann nicht kautionspflichtig, wenn sie über genügendes Vermögen in der Schweiz verfügt (s. LEUCH/MARBACH/KELLERHALS/STERCHI, Art. 70 ZPO/BE N 4a). Denn die Gesellschaft kann am Sitz der Zweigniederlassung betrieben (Art. 50 SchKG) und auch eingeklagt werden (Art. 12). 8

2. Vorbehalt von Staatsverträgen

Bei internationalen Verhältnissen sind Sicherheitsleistungen staatsvertraglich oft ausgeschlossen, falls diese *ausschliesslich* am ausländischen Wohnsitz der klagenden Partei 9 anknüpfen. Ein entsprechender **Vorbehalt für alle Staatsverträge** findet sich in der allgemeinen Bestimmung des Art. 2.

Sicherheitsleistungen zufolge eines **fehlenden Sitzes oder Wohnsitzes in der Schweiz** werden durch nachstehende Staatsverträge ausgeschlossen:

- Haager Übereinkommen betreffend Zivilprozessrecht vom 1.3.1954 (HÜ54), Art. 17 (s. dazu BGE 77 I 47 ff. und 120 Ib 299 ff.; STUTZER, 30 ff.; LEUCH/MARBACH/ KELLERHALS/STERCHI, Art. 70 ZPO/BE N 4c; LEUENBERGER/UFFER-TOBLER, Art. 276 ZPO/SG N 3a);
- Haager Übereinkommen über den internationalen Zugang zur Rechtspflege vom 25.10.1980 (HÜ80), Art. 14;
- Übereinkommen über die gerichtliche Zuständigkeit und die Vollstreckung gerichtlicher Entscheidungen in Zivil- und Handelssachen vom 16.9.1988 (LugÜ), Art. 45. Im **revidierten** Übereinkommen von Lugano über die gerichtliche Zuständigkeit, die Anerkennung und die Vollstreckung gerichtlicher Entscheidungen in Zivil- und Handelssachen **vom 30.10.2007** (BBl 2009 1841) ist der Ausschluss von Sicherheitsleistungen in Art. 51 LugÜ geregelt. Unter Vorbehalt des Referendums wird das Übereinkommen voraussichtlich am 1.1.2011 in Kraft treten;
- Bilaterale Verträge mit Estland (SR 0.274.187.721), Griechenland (SR 0.142.113.721, Art. 5), der Türkei (SR 0.274.187.631, Art. 1) und dem Iran (SR 0.142.114.362, Art. 8 Abs. 2);
- Abkommen mit Grossbritannien über Zivilprozessrecht vom 3.12.1937 (SR 0.274.183.671), das auch für Australien, Neuseeland, die Bahamas, Dominica, Fidschi, Kenia, Nauru, Uganda, Swaziland, Tansania, Tonga und von Grossbritannien abhängige Gebiete gilt.

Weil das Fürstentum Liechtenstein dem Haager Übereinkommen HÜ54 nicht beigetreten ist, besteht für klagende Parteien mit Wohnsitz im Fürstentum eine Sicherheits-Leistungspflicht nach Art. 99.

10 Bestimmungen zum **Ausschluss zivilprozessualer Sicherheitsleistungen generell** finden sich in folgenden weiteren **internationalen Übereinkommen**: Übereinkommen über den Beförderungsvertrag im internationalen Strassengüterverkehr (SR 0.741.611, Art. 31 Ziff. 5), Übereinkommen über den internationalen Eisenbahnverkehr (SR 0.742.403.1, Art. 18 § 4), Abkommen über die Rechtsstellung der Flüchtlinge (SR 0.142.30, Art. 16), Übereinkommen über die Rechtsstellung der Staatenlosen (SR 0.142.40, Art. 16), Europäisches Übereinkommen über Staatenimmunität (SR 0.273.1, Art. 17).

11 Internationale Verträge, die den **freien Zutritt zu den Gerichten** gewähren, bewirken **keine Befreiung von der Sicherheitsleistung** für die Parteientschädigung. So garantiert etwa der Vertrag mit den USA vom 25.11.1850 (SR 0.142.113.361, Art. 1) den freien Zutritt zu den Gerichten, befreit aber sowohl nach bisherigem kantonalem Prozessrecht (s.u.a. FRANK/STRÄULI/MESSMER, § 73 ZPO/ZH N 19 m.H. auf BGE 121 I 108 ff.; LEUCH/MARBACH/KELLERHALS/STERCHI, Art. 70 ZPO/BE N 4f) wie auch nach Art. 99 ff. nicht von der Sicherheits-Leistungspflicht. Analoges gilt für Verträge mit Meistbegünstigungsklauseln.

III. Kautionsgrund der Zahlungsunfähigkeit

12 Wer als klagende Partei generell als **«zahlungsunfähig erscheint»**, kann auf Antrag zur Sicherheitsleistung verpflichtet werden. Das allgemein umschriebene Erfordernis der Zahlungsunfähigkeit wird im Gesetz sodann durch drei qualifizierte Tatbestände

konkretisiert: Die Konkurseröffnung, ein Nachlassverfahren oder den Bestand von Verlustscheinen gegen die klagende Partei (s.u. N 13–15). Der bloss glaubhaft zu machende Anschein der Zahlungsunfähigkeit der klagenden Partei kann durch entsprechende Indizien erweckt werden, die sich meistens auf Akten des Betreibungsrechts stützen (s. die Regelung des Einsichtsrechts nach Art. 8a SchKG). Anhaltspunkte für Zahlungsunfähigkeit sind etwa (vgl. FRANK/STRÄULI/MESSMER, § 73 ZPO/ZH N 22 ff.; LEUENBERGER/UFFER-TOBLER, Art. 276 ZPO/SG N 4b; STUDER/RÜEGG/EIHOLZER, § 125 ZPO/LU N 4):

– wiederholte Konkursbegehren, die nicht zur Konkurseröffnung führten;
– ein zeitlich nicht weit zurückliegender Konkurs;
– wirtschaftliche Identität zwischen zahlungsunfähigem Alleinaktionär und seiner eine Klage anhebenden Aktiengesellschaft;
– eine leere Pfändungsurkunde bei provisorischer Pfändung;
– eine provisorische Pfändung mit ungenügender Deckung für die Gegenstand eines Aberkennungsprozesses bildende Forderung;
– sehr häufige Betreibungen;
– eine länger dauernde Lohnpfändung.

Der Nachweis der Zahlungsunfähigkeit ist unwiderlegbar erbracht, wenn über eine Partei der **Konkurs eröffnet** worden ist. Dabei spielt keine Rolle, ob der Konkurs durchgeführt, durch Abschluss eines Nachlassvertrages beendet oder mangels Aktiven eingestellt wurde. Unklar erscheinen mag, ob die **Konkursmasse als klagende Partei** sicherstellungspflichtig ist: Die Lehre lehnte die Sicherstellungspflicht der Konkursmasse unter bisherigem Recht mehrheitlich ab, weil die Prozesskosten Massaschulden seien (GULDENER, 409 Anm. 29; VOGEL/SPÜHLER, § 11 N 48; SPÜHLER/DOLGE/VOCK, Art. 62 BGG N 5; a.M. LEUENBERGER/UFFER-TOBLER, Art. 276 ZPO/SG N 4a; STUDER/RÜEGG/EIHOLZER, § 125 ZPO/LU N 4). Demgegenüber hält die bundesrätliche Botschaft bei der Erläuterung des Art. 99 Abs. 1 lit. b ohne nähere Begründung fest, dass die Konkursmasse in einem Aktivprozess Sicherheit zu leisten habe (s. BOTSCHAFT ZPO, 7294). Diese Meinung stützt sich wohl auf den klaren Wortlaut der Bestimmung. 13

Einen weiteren unwiderlegbaren Kautionsgrund stellt die **Durchführung eines Nachlassverfahrens** dar. Der Wortlaut postuliert, dass ein Nachlassverfahren «im Gang ist». Bei einer extensiven teleologischen Auslegung bedeutet dies, dass die Sicherstellungspflicht bereits ab Einreichung des Nachlassstundungsgesuchs zu bejahen ist, mit andern Worten die Bewilligung der Nachlassstundung oder des Nachlassvertrages nicht erteilt sein muss. Denn das Zeichen der Zahlungsunfähigkeit wird vom Nachlassschuldner selber bereits mir der Gesuchseinreichung kund getan. Und darüber hinaus erhalten gerade die zahlungsschwächsten Schuldner keine Bewilligung (vgl. § 73 Abs. 1 Ziff. 2 ZPO/ZH und FRANK/STRÄULI/MESSMER, § 73 ZPO/ZH N 26; ISLER, 41 ff.). 14

Schliesslich muss die Sicherstellungspflicht auch bejaht werden, wenn gegen eine Partei **provisorische oder definitive Pfändungsverlustscheine oder Konkursverlustscheine** ausgestellt sind. Die Sicherstellungspflicht entfällt aber, wenn der Verlustschein zufolge Verjährung erloschen ist (Art. 149a SchKG) oder der Schuldner die Befriedigung des Verlustscheingläubigers nachweist. Im Unterschied zu einzelnen kantonalen Prozessordnungen (etwa § 73 Abs. 1 Ziff. 3 ZPO/ZH) gelten Pfandausfallscheine nach Art. 158 SchKG nicht als Kautionsgrund, da sie für sich allein zu wenig über die Zahlungsfähig- 15 keit des Schuldners aussagen (s. für viele: BÜHLER/EDELMANN/KILLER, § 105 ZPO/AG N 13).

IV. Kautionsgrund der Prozesskostenschuld

16 Kautionspflichtig ist auch, wer dem Staat oder einer Gegenpartei **Prozesskosten aus früheren Verfahren schuldet**. Prozesskosten können gemäss Art. 95 Gerichtskosten oder Parteientschädigungen sein. Sie können aus einem zivil-, strafprozessualen oder verwaltungsrechtlichen Verfahren stammen, das allerdings rechtskräftig abgeschlossen sein muss. Unerheblich ist, von welcher – inländischen oder auch ausländischen – Instanz der Kosten-Entscheid ergangen ist. In Betracht kommen insb. auch dem Schuldner rechtskräftig überbundene Parteikosten aus einem Rechtsöffnungsverfahren trotz anschliessenden Aberkennungsprozesses oder separat verlegte Kosten eines dem Hauptprozess vorausgegangenen Massnahmeverfahrens (s. LEUENBERGER/UFFER-TOBLER, Art. 276 ZPO/SG N 5c und d m.H.). Im Übrigen ist bei diesem Kautionsgrund Zahlungsunfähigkeit nicht erforderlich, es genügt vielmehr bereits **Zahlungsunwilligkeit**. Eine Zahlungssäumnis liegt vor, wenn derartige Prozesskosten fällig und nicht innerhalb der in der Rechnung gesetzten Frist bezahlt worden sind, woran allfällige Stundungs- und Ratenzahlungsvereinbarungen nichts ändern (s. FRANK/STRÄULI/MESSMER, § 73 ZPO/ZH N 31 und 36). Der Grund, weshalb die Kostenschuld noch nicht beglichen ist, hat keinerlei Einfluss auf die Kautionsauflage (ISLER, 51).

V. Kautionsgrund der erheblichen Gefährdung der Parteientschädigung

17 Im Vergleich zu kantonalen Zivilprozessordnungen wird in Absatz 1 lit. d. neu der allgemeine **Auffangtatbestand** eingeführt, dass ein Kautionsgrund regelmässig dann gegeben ist, wenn andere Gründe für eine **erhebliche Gefährdung der Parteientschädigung** bestehen. Gemäss bundesrätlicher Botschaft lehnt sich die Bestimmung an Art. 123 Abs. 1 lit. c E-StPO an (s. BBl 2006 1389 ff. und BOTSCHAFT ZPO, 7294); zu denken sei an das sog. asset stripping vor Konkurs, bei dem sich die klagende Partei ihrer Aktiven etwa durch Übertragung unter Wert auf eine Auffanggesellschaft entledige. Die Leistungsfähigkeit der klagenden Partei kann ohne betreibungsrechtliche Vorgänge auch dann erheblich gefährdet sein, wenn sie nachweislich einer gesetzlichen, vertraglichen oder ausservertraglichen Verpflichtung gegenübersteht, die ihre Aktiven bei weitem übersteigt.

VI. Sonderfall der notwendigen Streitgenossenschaft

18 Bei *notwendiger* Streitgenossenschaft (Art. 70) besteht i.d.R. solidarische Haftbarkeit für die Prozesskosten (Art. 106 Abs. 3). Die Sicherstellungspflicht entfällt demnach so lange, als nur ein einziger Streitgenosse nicht kautionspflichtig ist. Vorausgesetzt wird also, dass **bei allen Streitgenossen ein Kautionsgrund gegeben** ist (Art. 99 Abs. 2). Demgegenüber beurteilt sich die Kautionspflicht jedes einzelnen Streitgenossen bei der *einfachen* Streitgenossenschaft (Art. 71) unabhängig von den übrigen (s. LEUENBERGER/ UFFER-TOBLER, Art. 277 ZPO/SG N 6a und b m.H.).

VII. Ausnahmen von der Sicherheitsleistung

1. Kein abschliessender Ausnahmekatalog

19 Die in Abs. 3 angeführten drei Verfahrensarten sind nicht die einzigen Streitigkeiten, wo grundsätzlich keine Sicherheit für die Parteientschädigung zu leisten ist. Eine weitere Ausnahme mit gar herausragender Bedeutung stellt die **Bewilligung der unentgeltlichen**

Rechtspflege dar, die gemäss Art. 118 Abs. 1 lit. a ausdrücklich von der Pflicht zu Sicherheitsleistungen befreit. Der Ausschluss der Sicherheitsleistung gilt in logischer Weiterführung der erstinstanzlichen Ausschlusserwägungen auch für nachfolgende Rechtsmittelverfahren. Anderseits kann sich die Frage der Kautionspflicht in Schlichtungsverfahren erst gar nicht stellen, weil dort gemäss Art. 113 Abs. 1 generell keine Parteientschädigungen gesprochen werden.

2. Keine Kautionspflicht in vereinfachten Verfahren

Bei den in Art. 243 Abs. 2 erwähnten Verfahren des sog. «**sozialen Zivilprozesses**» ist regelmässig keine Sicherheit zu leisten (s. aber den Vorbehalt in Art. 243 Abs. 3). Sie werden als «vereinfachte» Verfahren durchgeführt, überbinden der unterliegenden Partei i.d.R. aber eine Parteientschädigung an die Gegenpartei. In sozialen Zivilprozessen soll die Anrufung des Richters nicht an der Hürde einer Sicherheitsleistung scheitern. Die Kautionspflicht gilt hingegen für die in Art. 243 Abs. 1 geregelten vermögensrechtlichen Streitigkeiten bis zu einem Streitwert von CHF 30 000, den sog. «**Konsumentenverfahren**» nach Art. 97 Abs. 3 BV (s. Art. 32 N 3–13 und Art. 243 N 6–11). 20

3. Keine Kautionspflicht in Scheidungsverfahren

Keine Kautionen können in Scheidungsverfahren nach den Art. 274–294 verfügt werden. Es wäre mit der **eherechtlichen Beistandspflicht** und Unterhaltspflicht (Art. 159 Abs. 3, Art. 163 Abs. 1 und Art. 176 Abs. 1 Ziff. 1 ZGB) nicht vereinbar, die Einreichung einer Scheidungsklage oder eines Rechtsmittels in einem Scheidungsprozess von der Sicherheitsleistung eines Ehegatten abhängig zu machen. Unter die im 2. Teil, 6. Titel, 2. Kapitel geregelten «Scheidungsverfahren» fallen auch Eheungültigkeits- und Ehetrennungsklagen. 21

4. Keine Kautionspflicht in summarischen Verfahren

Schliesslich sind Sicherheitsleistungen auch in den summarischen Verfahren des 2. Teils, 5. Titels (Art. 248–269) sowie in weiteren Summarverfahren (z.B. nach Art. 271–273 oder Art. 339) ausgeschlossen. Die besondere Natur des summarischen Verfahrens, das als **abgekürztes Verfahren** mit beschränkten Beweismitteln für ausgewählte Streitigkeiten eine schnelle Entscheidung bezweckt, verträgt sich nicht mit einem vorgeschalteten Verfahren über eine Sicherheitsleistung (s. STUDER/RÜEGG/EIHOLZER, § 126 ZPO/LU N 4; GULDENER, 584). Ausnahmsweise zulässig bleiben jedoch Gesuche um Sicherheitsleistungen beim **Rechtsschutz in klaren Fällen** nach Art. 257, die zwar ebenfalls im summarischen Verfahren durchzuführen sind, nach Meinung des Gesetzgebers mit der Wahl dieses Schnellverfahrens eine allfällige Pflicht zur Sicherheitsleistung jedoch nicht sollen unterlaufen können (s. BOTSCHAFT ZPO, 7294). 22

VIII. Internationale Aspekte

Für internationale Aspekte zur Frage von Sicherheitsleistungen wird auf die vorstehend in N 9–11 dargelegten Sonderregelungen in Staatsverträgen und internationalen Übereinkommen verwiesen. 23

Art. 100

Art und Höhe der Sicherheit	¹ **Die Sicherheit kann in bar oder durch Garantie einer in der Schweiz niedergelassenen Bank oder eines zum Geschäftsbetrieb in der Schweiz zugelassenen Versicherungsunternehmens geleistet werden.** ² **Das Gericht kann die zu leistende Sicherheit nachträglich erhöhen, herabsetzen oder aufheben.**
Nature et montant des sûretés	¹ Les sûretés peuvent être fournies en espèces ou sous forme de garantie d'une banque établie en Suisse ou d'une société d'assurance autorisée à exercer en Suisse. ² Elles peuvent être augmentées, réduites ou supprimées par le tribunal.
Genere e entità della cauzione	¹ La cauzione può essere prestata in contanti o tramite una garanzia di una banca con stabile organizzazione in Svizzera o di una compagnia d'assicurazioni autorizzata ad esercitare in Svizzera. ² La cauzione può in seguito essere aumentata, ridotta o soppressa dal giudice.

Inhaltsübersicht Note

I. Art der Sicherheitsleistung 1
II. Nachträgliche Änderung 3
III. Zum Verfahren 4

Literatur

Vgl. die Literaturhinweise zu Art. 99.

I. Art der Sicherheitsleistung

1 Da im Entscheid über die Sicherheitsleistung der pflichtigen Partei die Sicherstellung eines bestimmten Betrags in **Schweizer Währung** auferlegt wird, ist die Sicherheit ebenfalls in dieser Währung zu leisten. Wird die Sicherheit in bar beim Gericht hinterlegt, entfällt mangels einer gesetzlichen Regelung eine Verzinsung (vgl. LEUENBERGER/ UFFER-TOBLER, Art. 278 ZPO/SG N 1). Im Unterschied zu bisherigen kantonalen Regelungen können Wertschriften oder Versicherungspolicen nicht als Sicherheit hinterlegt werden. Das Gesetz zählt die Arten der zulässigen Sicherheiten abschliessend auf, sodass auch Solidarbürgschaften nicht in Betracht kommen.

2 Zur Vermeidung von Zinsverlusten dürften Sicherheiten i.d.R. mittels **Bank- oder Versicherungs-Garantie** geleistet werden. Solche Garantien sind als unwiderrufliche Verpflichtung der Bank bzw. Versicherungsunternehmung gegenüber der kautionspflichtigen Partei zu verfassen, der berechtigten Partei bei Vorweisen des rechtskräftigen Kostenentscheides einen Betrag bis zu einer bestimmten Höhe auszubezahlen (ein Muster-Text, der ausschliesslich auf Parteientschädigungen anzupassen ist, findet sich in LEUENBERGER/ UFFER-TOBLER, Art. 278 ZPO/SG N 3a). Die Garantie-Erklärung muss entweder von einer in der Schweiz nach Bankengesetz vom 8.11.1934 (SR 952.0) bewilligten inländischen oder ausländischen Bank oder einem nach Versicherungsaufsichtsgesetz vom 17.12.2004 (SR 961.01) bewilligten inländischen oder zugelassenen ausländischen Ver-

sicherungsunternehmen stammen. Sache des Gerichts ist es zu prüfen, ob die Sicherheit rechtzeitig, hinreichend und gesetzeskonform geleistet worden ist (s. Art. 101 Abs. 3).

II. Nachträgliche Änderung

Eine Kaution ist herabzusetzen, wenn sich herausstellt, dass sie zu hoch angesetzt war. Eine teilweise Rückzahlung rechtfertigt sich, wenn trotz Freigabe eines Teils der Sicherheit noch genügend Deckung für die Parteientschädigung vorhanden ist (s. LEUENBERGER/UFFER-TOBLER, Art. 279 ZPO/SG N 7c). Die Kaution ist anderseits zu erhöhen, wenn das Verfahren sich etwa aufgrund neuer Tatsachen oder Beweisanträge oder zufolge einer Klageänderung (Art. 227) in nicht vorhergesehenem Mass ausweitet. Fällt der Kautionsgrund nachträglich – etwa wegen eines Wohnsitzwechsels – weg, ist die Kaution aufzuheben und zurückzuerstatten; es sei denn, dass ein anderer Kautionsgrund – etwa nach Art. 99 Abs. 1 lit. d – immer noch Bestand hat (a.M. FRANK/STRÄULI/MESSMER, § 79 ZPO/ZH N 4). In konsequenter Anwendung der Dispositionsmaxime sind **alle nachträglichen Änderungen nur auf Antrag einer Partei** anzuordnen, zumal die ursprüngliche Sicherheitsleistung ebenfalls einen Partei-Antrag vorausgesetzt hat.

III. Zum Verfahren

Das Gesetz regelt das Verfahren betreffend Sicherheitsleistung, das materiell unter die Dispositionsmaxime und die strittigen Zwei-Parteienverfahren fällt, bloss rudimentär: Es verlangt einen Parteiantrag (Art. 99) und regelt in Art. 101 die Folgen der Nichtleistung. Es schweigt sich aber darüber aus, ob der Pflichtige vorgängig zum Entscheid anzuhören ist und wann über die Verwendung der Sicherheitsleistung zu entscheiden ist. Nach dem Grundsatz des rechtlichen Gehörs (Art. 53 Abs. 1) ist **der Pflichtige zum voraus anzuhören**, da der Kautionsgrund strittig oder eine Ausnahme von der Kautionspflicht gegeben sein kann. Die Anhörung ermöglicht es der pflichtigen Partei auch, für sie zumutbare Zahlungsfristen oder die Möglichkeit von Ratenzahlungen zu beantragen. Zudem liegt regelmässig keine besondere zeitliche Dringlichkeit vor, die eine superprovisorische Anordnung einer Sicherheitsleistung rechtfertigen könnte. Die Alternative, einen ohne Anhörung ergangenen Kautionsentscheid in Wiedererwägung zu ziehen, erscheint wenig prozessökonomisch (s. Art. 101 Abs. 2; vgl. STUDER/RÜEGG/EIHOLZER, § 128 ZPO/LU N 14; a.M. LEUENBERGER/UFFER-TOBLER, Art. 279 ZPO/SG N 2). Zweck und relative Dringlichkeit der Sache legen es nahe, die Bestimmungen des summarischen Verfahrens (Art. 248 ff.) ergänzend beizuziehen, obwohl sich das Gesetz hierüber ausschweigt.

Über die Verwendung oder Freigabe der Sicherheitsleistung hat das Gericht spätestens **im Entscheid über die Prozesskosten** (Art. 104) zu befinden. Hinterlegte Barschaften sind direkt der berechtigten Partei auszurichten, Bankgarantien können durch Vorweisen des rechtskräftigen Kostenentscheides bei der betreffenden Bank eingelöst werden. Ist die kautionspflichtige Partei wegen Obsiegens nicht kostenpflichtig geworden, ist die Kaution erst nach Rechtskraft des Urteils zurückzugeben. Da die Kaution **ausschliesslich für die Parteientschädigung** – und nicht auch als Vorschuss für Gerichtskosten und Beweiserhebungen – beantragt und (bspw. in Form einer entsprechend lautenden Bankgarantie) geleistet worden ist, verbietet es sich, überschüssige Mittel zur Deckung allfälliger Gerichtskosten zu verwenden. Sie sind vielmehr zurückzuerstatten. Hiermit nicht vergleichbar sind kantonale Regelungen, die Sicherheitsleistungen für Gerichtskosten und Parteientschädigungen kombiniert anordnen liessen (s. LEUENBERGER/UFFER-TOBLER, Art. 280 ZPO/SG N 1a).

Art. 101

Leistung des Vorschusses und der Sicherheit

¹ **Das Gericht setzt eine Frist zur Leistung des Vorschusses und der Sicherheit.**

² **Vorsorgliche Massnahmen kann es schon vor Leistung der Sicherheit anordnen.**

³ **Werden der Vorschuss oder die Sicherheit auch nicht innert einer Nachfrist geleistet, so tritt das Gericht auf die Klage oder auf das Gesuch nicht ein.**

Fourniture des avances et des sûretés

¹ Le tribunal impartit un délai pour la fourniture des avances et des sûretés.

² Il peut ordonner des mesures provisionnelles avant la fourniture des sûretés.

³ Si les avances ou les sûretés ne sont pas fournies à l'échéance d'un délai supplémentaire, le tribunal n'entre pas en matière sur la demande ou la requête.

Prestazione dell'anticipo e della cauzione

¹ Il giudice impartisce un termine per la prestazione dell'anticipo e della cauzione.

² Possono essere ordinati provvedimenti cautelari già prima della prestazione della cauzione.

³ Se l'anticipo o la cauzione non sono prestati nemmeno entro un termine suppletorio, il giudice non entra nel merito dell'azione o dell'istanza.

Inhaltsübersicht
Note

I. Fristansetzung mit Anspruch auf Nachfrist 1

II. Nichteintreten wegen fehlender Prozessvoraussetzung 3

III. Vorrang dringlicher vorsorglicher Massnahmen 4

I. Fristansetzung mit Anspruch auf Nachfrist

1   Auf Begehren einer antragsberechtigten Partei (s. Art. 99 N 3 und 4) und nach Anhörung der pflichtigen Partei (s. Art. 100 N 4) hat das Gericht eine **dem Einzelfall angemessene Frist** zur Leistung des Vorschusses und der Sicherheit anzusetzen (s. BOTSCHAFT ZPO, 7295). Dabei sind je nach den Umständen allenfalls auch Ratenzahlungen zu bewilligen, wobei solche nicht von den Prozessaussichten abhängig gemacht werden dürfen (vgl. LEUENBERGER/UFFER-TOBLER, Art. 279 ZPO/SG N 8a). Mit der ersten Fristansetzung dürfen der pflichtigen Partei für den Fall der Säumnis die **Nichteintretens-Folgen** gemäss Art. 103 Abs. 3 **noch nicht angedroht** werden, da ihr das Gesetz ausdrücklich das Recht auf eine Nachfrist einräumt (Art. 101 Abs. 3). Einer Erstreckung der erstmals angesetzten Frist nach Art. 144 Abs. 2 steht bei Vorliegen zureichender Gründe nichts entgegen.

2   Bleibt die pflichtige Partei die Sicherheitsleistung nach erster Fristansetzung schuldig, muss ihr das Gericht eine angemessene **Nachfrist ansetzen verbunden mit der ausdrücklichen Androhung**, dass bei Säumnis auf die Klage oder das Gesuch **nicht eingetreten werde** (Art. 147 Abs. 3; s.a. FRANK/STRÄULI/MESSMER, § 80 ZPO/ZH N 2). Die Nachfrist kann erheblich kürzer sein als die erste Frist. Dennoch bleibt auch eine Erstreckung der Nachfrist auf Gesuch hin möglich, doch wird das Gericht zur Verhinderung

von Trölerei das Erfordernis der «zureichenden Gründe» (Art. 144 Abs. 2) mit guten Gründen restriktiv auslegen (vgl. LEUENBERGER/UFFER-TOBLER, Art. 165 ZPO/SG N 5b). Das rechtfertigt sich umso mehr, als die von Amtes wegen zu gewährende Nachfristansetzung prozessualen Ausnahmecharakter aufweist, vorliegend einer nachlässigen Zahlungspraxis der Parteien wie einer Prozessverzögerung Vorschub leistet und demnach in der Lehre auf berechtigte Kritik stösst (s. für viele: SPÜHLER/DOLGE/VOCK, Art. 62 BGG N 7).

II. Nichteintreten wegen fehlender Prozessvoraussetzung

Bei Nichtbeachten der Nachfrist hat das Gericht auf die Klage, die Widerklage, das Gesuch oder das Rechtsmittel androhungsgemäss nicht einzutreten (Art. 101 Abs. 3). Denn das Nichtbezahlen einer gerichtlich angeordneten Sicherheitsleistung entspricht dem **Fehlen der in Art. 59 Abs. 2 lit. f ausdrücklich statuierten Prozessvoraussetzung**. Das Nichteintreten bedeutet, dass die Klage – soweit nicht eine Verwirkungsfrist inzwischen abgelaufen ist – mangels fehlender materieller Rechtskraft jederzeit wieder neu eingereicht werden kann (s. Art. 59 Abs. 2 lit. e sowie FRANK/STRÄULI/MESSMER, § 80 ZPO/ZH N 2 und § 191 ZPO/ZH N 22). Demgegenüber führt das Nichteintreten auf ein Rechtsmittel wegen Säumnis der sicherheitspflichtigen Partei zur Rechtskraft des angefochtenen Entscheids (zur sinngemässen Anwendung der Bestimmung auf Rechtsmitteleinleger s. Art. 99 N 4). Die Säumnisfolgen können unter Umständen durch ein Gesuch um Wiederherstellung behoben werden (Art. 148). 3

III. Vorrang dringlicher vorsorglicher Massnahmen

Nach Art. 99 Abs. 3 lit. c dürfen im summarischen Verfahren zu erlassende vorsorgliche Massnahmen nicht von einer Sicherheitsleistung abhängig gemacht werden. Darüber hinaus müssen im Interesse eines schnellen und effektiven Rechtsschutzes **dringliche vorsorgliche Massnahmen** auch angeordnet werden können, bevor eine für die Hauptsache parallel beantragte Sicherheit geleistet ist. Dies stellt Art. 101 Abs. 2 klar. 4

Art. 102

Vorschuss für Beweiserhebungen

¹ **Jede Partei hat die Auslagen des Gerichts vorzuschiessen, die durch von ihr beantragte Beweiserhebungen veranlasst werden.**

² **Beantragen die Parteien dasselbe Beweismittel, so hat jede Partei die Hälfte vorzuschiessen.**

³ **Leistet eine Partei ihren Vorschuss nicht, so kann die andere die Kosten vorschiessen; andernfalls unterbleibt die Beweiserhebung. Vorbehalten bleiben Streitigkeiten, in denen das Gericht den Sachverhalt von Amtes wegen zu erforschen hat.**

Avance des frais de l'administration des preuves

¹ Chaque partie avance les frais d'administration des preuves qu'elle requiert.

² Lorsque les parties requièrent les mêmes moyens de preuve, chacune avance la moitié des frais.

³ Si l'avance n'est pas fournie par une partie, elle peut l'être par l'autre partie, faute de quoi, les preuves ne sont pas administrées. L'administration des preuves dans les affaires dans lesquelles le tribunal doit établir les faits d'office est réservée.

Art. 102 1–4 8. Titel: Prozesskosten und unentgeltliche Rechtspflege

Anticipo per l'assunzione delle prove

¹ Ogni parte deve anticipare le spese processuali per le assunzioni di prove da lei richieste.

² Ciascuna parte deve anticipare la metà delle spese per l'assunzione di prove richieste da entrambe.

³ L'anticipo non prestato da una parte può essere versato dall'altra; nel caso contrario, l'assunzione delle prove decade. Sono fatte salve le controversie in cui il giudice esamina d'ufficio i fatti.

Inhaltsübersicht Note

 I. Allgemeines zur Vorschusspflicht 1

 II. Umfang der Beweiserhebungs-Kosten und Folge der Nichtleistung 4

 III. Ausnahmen von der Vorschusspflicht 5

I. Allgemeines zur Vorschusspflicht

1 Die Vorschusspflicht trifft einerseits **die klagende Partei** nach Art. 98 generell bis zur Höhe der mutmasslichen Gerichtskosten, worunter auch die Kosten für die Beweisführung fallen (Art. 95 Abs. 2 lit. c). Die Vorschusspflicht trifft andererseits aber **auch die Beweiserhebungen beantragende Partei** (Art. 102). In welchem Verhältnis diese beiden Bestimmungen zueinander stehen, regelt das Gesetz nicht. Der zeitliche Ablauf der Verfahren gibt die Antwort: Der regelmässig zu Verfahrensbeginn einverlangte Gerichtskostenvorschuss deckt je nach seiner Höhe und je nach Umfang der später anfallenden Beweisführungskosten auch diese ganz, teilweise oder überhaupt nicht. Raum für ergänzende Beweiserhebungsvorschüsse besteht also nur dann, wenn der Gerichtskostenvorschuss die Beweisführungskosten nur teilweise oder überhaupt nicht deckt. Diese Differenzierung ist nicht nur für das Verhältnis zwischen Gericht und Parteien von Belang, sondern auch für das Verhältnis unter den Prozessparteien selber, da Gerichtskostenvorschüsse ausschliesslich von der klagenden Partei, Beweiserhebungsvorschüsse hingegen von beiden Parteien einverlangt werden können.

2 **Vorschusspflichtig** für Beweiserhebungskosten ist im Unterschied zu Regelungen diverser kantonaler Prozessordnungen nicht etwa diejenige Partei, in deren Interesse Beweiserhebungen erfolgen, sondern expressis verbis **diejenige Partei, die Beweiserhebungen formell beantragt** (s. Art. 152 Abs. 1, Art. 221 Abs. 1 lit. e, Art. 244 Abs. 3 lit. c, Art. 247 Abs. 1, Art. 254, Art. 317 Abs. 1 und Art. 328 Abs. 1 lit. a). Darunter fällt also auch etwa die Partei, die den Gegenbeweis führen will (s. FRANK/STRÄULI/MESSMER, § 83 ZPO/ZH N 2). Beantragen mehrere Parteien dasselbe Beweismittel, so hat jede Partei ihren Anteil an den Kosten vorzuschiessen (vgl. Art. 102 Abs. 2). Auch eine Partei, die Sicherheit nach Art. 99 leisten muss, kann zur Bezahlung eines Beweiskostenvorschusses verpflichtet werden. Keine gesetzliche Grundlage besteht hingegen für eine gesonderte nachschüssige Erhebung von Beweiskosten.

3 Obsiegt die vorschusspflichtige Partei, werden ihr Beweiskostenvorschüsse dennoch **nicht zurückerstattet**. Denn Art. 111 sieht im Rahmen der Liquidation der Prozesskosten zwingend die Verrechnung sämtlicher Vorschüsse und deren Ersatz durch die kostenpflichtige Partei vor.

II. Umfang der Beweiserhebungs-Kosten und Folge der Nichtleistung

4 Bei den Kosten der Beweiserhebung handelt es sich im Wesentlichen um Honorare von Gutachtern und Übersetzern sowie um Zeugenentschädigungen. Die Höhe des Vorschusses ist nach den zu erwartenden Auslagen zu bemessen. Nicht darunter fallen Telefonspe-

sen des Gerichts oder Aufwendungen für Vorladungen von Parteien, die in der pauschalen Entscheidgebühr inbegriffen sind (s. Art. 95 N 6). Die vorschusspflichtige Partei hat Anspruch zu erfahren, **für welche Beweiserhebungen sie welchen Kostenvorschuss leisten muss**. Ebenso ist auf die Folge der Nichtleistung, das Unterbleiben der Beweiserhebung, hinzuweisen, wobei hier im Unterschied zur Säumnis bei Gerichtskostenvorschuss oder Parteikostensicherheit keine Nachfrist anzusetzen ist (vgl. FRANK/STRÄULI/ MESSMER, § 83 ZPO/ZH N 2). Um eine allenfalls drohende Beweislosigkeit zu vermeiden, kann die Gegenpartei an Stelle der vorschusspflichtigen Partei deren Beweiskosten vorschiessen (Art. 102 Abs. 3).

III. Ausnahmen von der Vorschusspflicht

Keine Beweiskostenvorschüsse sind generell in den **Verfahren nach Art. 114** (z.B. bei Streitigkeiten aus dem Arbeitsverhältnis bis zu einem Streitwert von CHF 30 000) zu leisten, wo keine Gerichtskosten gesprochen und damit auch keine Beweiskosten erhoben werden. Befreit von der Vorschusspflicht ist sodann die Partei, der die **unentgeltliche Rechtspflege** gemäss Art. 118 Abs. 1 lit. a oder b gewährt worden ist.

Zu differenzieren ist bei Streitigkeiten, in denen das Gericht den **Sachverhalt von Amtes wegen zu erforschen** hat (s. Abs. 3): Falls die klassische Untersuchungsmaxime – etwa i.S.v. Art. 296 für Kinderbelange in familienrechtlichen Angelegenheiten – gilt und dem Gericht das Erforschen des massgeblichen Sachverhaltes überbunden ist, können Beweisabnahmen auch bei fehlendem Beweiskostenvorschuss erfolgen. Zu beachten ist dabei allerdings, in welchem Interesse die Untersuchungsmaxime statuiert worden ist (bspw. nicht im Interesse einer Partei, welche die Vaterschaftsvermutung durch ein Gutachten umstossen will, s. unv. BGE vom 7.4.2004, 5C.73/2004 m.H. auf BGE 128 III 411 E. 3.2.1 und 109 II 195 E. 3). Hat das Gericht den **Sachverhalt** hingegen in Anwendung der beschränkten Untersuchungsmaxime (s. etwa Art. 247, Art. 255 oder Art. 277 Abs. 3) bloss **festzustellen**, darf die Beweisabnahme von der Leistung des entsprechenden Vorschusses abhängig gemacht werden.

Art. 103

Rechtsmittel	Entscheide über die Leistung von Vorschüssen und Sicherheiten sind mit Beschwerde anfechtbar.
Recours	Les décisions relatives aux avances de frais et aux sûretés peuvent faire l'objet d'un recours.
Impugnazione	Le decisioni in materia di anticipazione delle spese e di prestazione della cauzione sono impugnabili mediante reclamo.

Gerichtliche Entscheide über Kostenvorschüsse und Sicherheitsleistungen sind sog. **Inzidenz-E-entscheide**, die im Laufe eines Prozesses getroffen werden. Sie sind auf kantonaler Ebene gemäss ausdrücklicher gesetzlicher Regelung **mit Beschwerde anfechtbar** (Art. 103 und Art. 319 lit. b Ziff. 1), selbst wenn kein nicht leicht wiedergutzumachender Nachteil droht. Weil diese gerichtlichen Anordnungen oft von besonderer Tragweite sind, kann die betroffene Partei sie sofort anfechten, ohne den Endentscheid in der Sache abwarten zu müssen. Aufschiebende Wirkung kommt der Beschwerde allerdings nicht zu, es sei denn, die Rechtsmittelinstanz ordne Gegenteiliges an (Art. 325 Abs. 1 und 2). Zur Beschwerde-Legitimation s. Art. 319 N 6, zur Beschwerdefrist s. Art. 321 N 1–3.

Art. 104 8. Titel: Prozesskosten und unentgeltliche Rechtspflege

2 Gegen zweitinstanzliche Entscheide und gegen kantonale Rechtsmittel-Entscheide zu Kostenvorschüssen und Sicherheitsleistungen ist die **Beschwerde in Zivilsachen** an das Bundesgericht zulässig, wobei nicht nur die Streitwertgrenzen gemäss Art. 74 BGG, sondern auch die besondern Voraussetzungen für Zwischenentscheide gemäss Art. 93 Abs. 1 lit. a oder b BGG zu beachten sind (s. Art. 72 und Art. 93 Abs. 1 BGG; SPÜHLER/DOLGE/VOCK, Art. 93 BGG N 1 ff.; BSK BGG-WALDMANN, Art. 93 BGG N 1 ff.; unv. BGE vom 20.8.2008, 4A_359/2008).

2. Kapitel: Verteilung und Liquidation der Prozesskosten

Art. 104

Entscheid über die Prozesskosten	[1] Das Gericht entscheidet über die Prozesskosten in der Regel im Endentscheid. [2] Bei einem Zwischenentscheid (Art. 237) können die bis zu diesem Zeitpunkt entstandenen Prozesskosten verteilt werden. [3] Über die Prozesskosten vorsorglicher Massnahmen kann zusammen mit der Hauptsache entschieden werden. [4] In einem Rückweisungsentscheid kann die obere Instanz die Verteilung der Prozesskosten des Rechtsmittelverfahrens der Vorinstanz überlassen.
Décision sur les frais	[1] Le tribunal statue sur les frais en règle générale dans la décision finale. [2] En cas de décision incidente (art. 237), les frais encourus jusqu'à ce moment peuvent être répartis. [3] La décision sur les frais des mesures provisionnelles peut être renvoyée à la décision finale. [4] En cas de renvoi de la cause, la juridiction supérieure peut déléguer la répartition des frais de la procédure de recours à la juridiction précédente.
Decisione sulle spese giudiziarie	[1] Il giudice statuisce sulle spese giudiziarie di regola nella decisione finale. [2] In caso di decisione incidentale (art. 237) possono essere ripartite le spese giudiziarie insorte fino a tal momento. [3] In caso di provvedimenti cautelari la decisione sulle relative spese giudiziarie può essere rinviata al giudizio sul merito. [4] In caso di giudizio di rinvio l'autorità giudiziaria superiore può decidere di lasciare alla giurisdizione inferiore la ripartizione delle spese giudiziarie della procedura di ricorso.

Inhaltsübersicht   Note

   I. Allgemeines 1

  II. Kostenverteilung im Endentscheid als Regelfall 4

 III. Kostenverteilung bei Zwischenentscheiden und vorsorglichen Massnahmen 5

 IV. Kostenverteilung bei Rückweisungsentscheiden 7

I. Allgemeines

Zum Abschluss eines gerichtlichen Verfahrens gehört auch die **von Amtes wegen zu fällende Entscheidung über die Prozesskosten**, die spätestens im sog. Endentscheid nach Art. 236 zu ergehen hat. Art. 104 bestimmt nicht nur, dass über die Kostenverteilung grundsätzlich im Endentscheid zu befinden ist, sondern sieht in den Abs. 2–4 Sonderregelungen über die Kosten von Zwischenentscheiden, vorsorglichen Massnahmen und Rückweisungsentscheiden vor. Die Bestimmung gilt auch für die kantonale Rechtsmittelinstanz. Der **Kostenentscheid ist zu begründen**, und zwar sowohl hinsichtlich der Gerichtskosten wie auch hinsichtlich einer beantragten Parteientschädigung; vorbehalten bleibt die in Art. 239 Abs. 1 vorgesehene vorläufige Eröffnung des Entscheides im Dispositiv. Die Verteilung der Prozesskosten ist i.d.R. durch Hinweise auf die angewandten Gesetzesbestimmungen darzulegen. Bei der Kostenfestsetzung braucht es in vielen Fällen keine gesonderte Begründung, weil die Bemessungsgrundsätze gesetzlich geregelt sind und die Parteien anhand der kantonalen Tarife die Kostenfestsetzung nachvollziehen können. Reichen Parteien Kostennoten nach Art. 105 Abs. 2 ein, darf das Gericht nicht darüber hinausgehen und hat die Gründe für allfällige Abweichungen darzulegen (s. BÜHLER/EDELMANN/KILLER, § 121 ZPO/AG N 9–12; LEUENBERGER/UFFER-TOBLER, Art. 267 ZPO/SG N 3c; STUDER/RÜEGG/EIHOLZER, § 118 N 2 ZPO/LU; s.a. Ergänzungsband, § 118 N 1). Über die Kostenverteilung ist bloss dann nicht mehr zu befinden, wenn sich die Parteien vergleichsweise über deren Verlegung geeinigt haben (s. Art. 109 mit den Vorbehalten gemäss Abs. 2).

Die Parteien können sich im Rahmen ihrer Rechtsschriften und Vorträge auch zur Kostenverteilung äussern. Den Anwälten ist Gelegenheit zu geben, ihre Kostennoten einzureichen. Nach dem Grundsatz des **rechtlichen Gehörs** (Art. 53) sind die Parteien berechtigt, Einsicht in die Kostennote der Gegenpartei zu nehmen und dazu Stellung zu beziehen. Bleibt eine Stellungnahme aus, gilt die Kostennote indes nicht als unbestritten, weil sie vom Gericht von Amtes wegen zu überprüfen ist (LEUENBERGER/UFFER-TOBLER, Art. 267 ZPO/SG N 3a und b).

Der Kostenentscheid kann gemäss Art. 110 selbständig, d.h. ohne gleichzeitige Anfechtung der Hauptsache, nur – aber immerhin – **mit Beschwerde angefochten** werden. Dabei kann die Kostenverteilung oder die Kostenfestsetzung bemängelt werden. Gegen zweitinstanzliche Kostenentscheide und gegen kantonale Rechtsmittel-Entscheide zu erstinstanzlichen Kostenentscheiden ist für einen Weiterzug an das Bundesgericht mittels Beschwerde in Zivilsachen oder subsidiärer Verfassungsbeschwerde je nach Art des angefochtenen Entscheides und nach Art des Beschwerdegrundes zu differenzieren (s. Art. 110 N 4).

II. Kostenverteilung im Endentscheid als Regelfall

Der Endentscheid beendet das Verfahren, sobald es spruchreif ist (Art. 236 Abs. 1). Nach Art. 90 BGG schliesst der Endentscheid das Verfahren ab, sei dies mit einem materiellen Entscheid oder mit Nichteintreten (s. BGE 133 V 377). **In jedem Endentscheid muss auch die Verteilung der Prozesskosten geregelt werden**. Es ist unzulässig, in einem Endentscheid (z.B. Abschreibung des Verfahrens wegen Gegenstandslosigkeit) auf die Prozesskostenregelung zu verzichten, weil diese etwa vom Ausgang eines andern Verfahrens abhängig ist (s. FRANK/STRÄULI/MESSMER, § 71 ZPO/ZH N 2). Als Endentscheide gelten auch die im Gesetz nicht ausdrücklich erwähnten **Teilentscheide**, wo das Gericht bloss einen Teil der Rechtsbegehren behandelt (Art. 125 lit. a) oder bei subjektiver Klagenhäufung (Art. 71) das Verfahren nur für einen oder einige, nicht aber für alle Streitgenossen beendet (s. SPÜHLER/DOLGE/VOCK, Art. 91 BGG N 1 ff.). Während im Endentscheid über die Prozesskosten entschieden werden muss, steht es dem Gericht frei, ob es bei Zwischenentscheiden, vorsorglichen Massnahmen und Rückweisungsentscheiden eine Kostenverteilung vornimmt oder nicht (s.u. N 5–7).

III. Kostenverteilung bei Zwischenentscheiden und vorsorglichen Massnahmen

5 Mit einem Zwischenentscheid nach Art. 237 wird ein wichtiger Teilaspekt eines Rechtsbegehrens vorab beurteilt, ohne dass ein Endentscheid oder ein Teilentscheid vorliegt (s. Art. 237 N 1 ff.). Zwischenentscheide können formell- oder materiellrechtlicher Natur sein. Formeller Natur sind die gemäss Art. 92 BGG zwingend selbständig anzufechtenden Entscheide über Zuständigkeit und Ausstand. Entscheide, die bloss einen materiellrechtlichen Teilaspekt einer Streitsache (z.B. eine von mehreren materiellen Anspruchsvoraussetzungen) beantworten, gelten als materiellrechtliche Zwischenentscheide (s. BGE 133 V 377). Führt ein Entscheid – etwa durch Verneinung der Zuständigkeit des Gerichts oder Bejahung einer Verjährungseinrede – zum Ende des Verfahrens, liegt kein Zwischenentscheid vor. Ebenfalls keinen Zwischenentscheid i.S.v. Art. 237 stellen prozessleitende Verfügungen dar, weshalb sie regelmässig ohne Kostenentscheid ergehen. Weil mit einem Zwischenentscheid begriffsnotwendig **eine Fortsetzung des Verfahrens** verbunden und damit der Erlass eines späteren Endentscheides unerlässlich ist, liegt es gemäss Art. 104 Abs. 2 im Ermessen des Gerichts, ob im Zwischenentscheid über die bisher entstandenen Prozesskosten entschieden wird oder nicht.

6 Über die Prozesskosten **vorsorglicher Massnahmen** kann gemäss Art. 104 Abs. 3 **zusammen mit der Hauptsache** entschieden werden, was dem Gericht auch erlaubt, die Kostenverteilung im vorausgehenden Massnahmeentscheid – allenfalls unter Vorbehalt einer andern Kostenverlegung im Hauptprozess – vorzunehmen (zur örtlichen Zuständigkeit s. Art. 13). Die Regelung knüpft an den nun ausschliesslich bundesrechtlich definierten Begriff der vorsorglichen Massnahme an, wie er in Art. 261 ff. normiert ist. Abgedeckt werden damit die **richterlichen Regelungs-, Leistungs- und Sicherungsmassnahmen zum vorsorglichen Rechtsschutz**. Altrechtlich waren vorsorgliche Massnahmen in weiten Gebieten des Bundesrechts (z.B. beim Persönlichkeitsschutz, Eheschutz oder im Immaterialgüterrecht) und in den kantonalen Prozessordnungen verstreut (zu den altrechtlichen Spannungsfeldern zwischen Bundesrecht und kantonalem Recht s. FRANK/STRÄULI/MESSMER, § 110 ZPO/ZH N 2 ff.; LEUENBERGER/UFFER-TOBLER, Art. 198 ZPO/SG N 2 und 3). Und auch die Kostenfolgen des Massnahmeverfahrens waren kantonal höchst unterschiedlich geregelt bzw. von einer uneinheitlichen Praxis geprägt (s. unv. BGE vom 22.1.2007, 5P.496 und 497/2006, teilweise publiziert in SZZP 2007, 169). Da in aller Regel erst mit der Hauptsache über Unterliegen oder Obsiegen einer Partei entschieden werden kann, dürfte es in den meisten Fällen ökonomisch sein, erst zu diesem Zeitpunkt auch über die Verteilung der Kosten des Massnahmeverfahrens zu befinden.

IV. Kostenverteilung bei Rückweisungsentscheiden

7 Eine Sonderregelung stipuliert Art. 104 Abs. 4 für die Verteilung der Prozesskosten von Rechtsmittelverfahren, die zur Rückweisung der Sache an die Vorinstanz – etwa zur Ergänzung des Beweisverfahrens – führen: In solchen Fällen ist für die Rechtsmittelinstanz kaum absehbar, welche Partei letztlich obsiegen wird, weshalb es Sinn macht, dass die **Vorinstanz im neuen Entscheid auch die Prozesskosten des Rechtsmittelverfahrens verteilt**. Die obere Instanz kann sich im Rechtsmittelentscheid auf die Festsetzung der

Kostenhöhe beschränken (s. LEUENBERGER/UFFER-TOBLER, Art. 264 ZPO/SG N 3d). Mit dieser Regelung wird der für die Kostenverteilung massgebende Grundsatz des Unterliegens (Art. 106) für das betroffene Rechtsmittelverfahren relativiert.

Art. 105

Festsetzung und Verteilung der Prozesskosten

¹ **Die Gerichtskosten werden von Amtes wegen festgesetzt und verteilt.**

² **Die Parteientschädigung spricht das Gericht nach den Tarifen (Art. 96) zu. Die Parteien können eine Kostennote einreichen.**

Fixation et répartition des frais

¹ Les frais judiciaires sont fixés et répartis d'office.

² Le tribunal fixe les dépens selon le tarif (art. 96). Les parties peuvent produire une note de frais.

Determinazione e ripartizione delle spese giudiziarie

¹ Le spese processuali sono fissate e ripartite d'ufficio.

² Il giudice assegna le ripetibili secondo le tariffe (art. 96). Le parti possono presentare una nota delle loro spese.

Zur Festsetzung und Verteilung der **Gerichtskosten** bedarf es keines Parteiantrags: Diese sind **von Amtes wegen festzusetzen und zu verteilen**. Für die Festsetzung der Entscheidgebühr hat sich das Gericht am kantonalen Tarif (Art. 96) zu orientieren und ausserdem tatsächlich angefallene Kosten für Beweisführung, Übersetzung oder Vertretung des Kindes mit zu berücksichtigen (Art. 95 Abs. 2; w.H. zur Bemessung der Gerichtskosten s. Art. 95 N 6–15). Anträge der Parteien zur Höhe der Gerichtskosten sind als blosse Anregungen zu betrachten (s. FRANK/STRÄULI/MESSMER, § 64 ZPO/ZH N 2); aber richterlich festgesetzte Gerichtskosten können als Teil des Kostenentscheides mit Beschwerde angefochten werden (Art. 110). Die Verteilung der Gerichtskosten – wie weiterer Prozesskosten – erfolgt nach den Kriterien der Art. 106–109. 1

Im Unterschied zum bundesgerichtlichen Beschwerdeverfahren, wo Anspruch auf Parteientschädigung auch ohne entsprechenden Antrag besteht (BGE 111 Ia 156 E. 4 und 5), ist vor kantonalen Gerichten eine **Parteientschädigung nur auf Antrag der Gegenpartei zuzusprechen**, was aus dem Verhältnis von Art. 105 Abs. 1 zu Abs. 2 zu folgern und gleichzeitig Ausfluss der den Zivilprozess beherrschenden Dispositionsmaxime ist. Die Entschädigung ist ebenfalls anhand des einschlägigen kantonalen Tarifs (Art. 96) festzusetzen. Sie kann nach Art. 95 Abs. 3 den Ersatz notwendiger Auslagen, die Anwaltskosten als berufsmässige Vertretungskosten und ausnahmsweise eine Umtriebsentschädigung für eine nicht anwaltlich vertretene Partei beinhalten. Da sie somit drei unterschiedliche Aufwands-Positionen umfassen kann, ist es Sache der ansprechenden Partei, ihren Entschädigungsantrag entsprechend zu substanzieren und zu spezifizieren. Hierzu dient bei anwaltlicher Vertretung namentlich die Einreichung einer Kostennote (s. dazu Art. 104 N 2). Eine Spezifizierung entfällt, wenn der Antrag bloss auf Zusprechung einer Parteientschädigung in angemessener Höhe lautet, womit die Höhe der Entschädigung allein dem richterlichen Ermessen anheim gestellt wird. Keine Parteientschädigungen dürfen im Schlichtungsverfahren gesprochen werden (Art. 113 Abs. 1). Entscheide über Parteientschädigungen sind als Teil des Kostenentscheides mit Beschwerde anfechtbar (Art. 110). Weitere Hinweise zur Bemessung der Parteientschädigung s. Art. 95 N 16–23 sowie FRANK/STRÄULI/MESSMER, § 69 ZPO/ZH N 1 ff. 2

Viktor Rüegg

Art. 106 — 8. Titel: Prozesskosten und unentgeltliche Rechtspflege

3   Auf Bundesebene **nicht geregelt ist das sog. Moderationsverfahren**, das Prozessparteien und Anwälte berechtigt, die Kostennote des Anwaltes im Verhältnis zur eigenen Partei durch das mit der Sache befasste Gericht festsetzen oder auf Angemessenheit und Tarifkonformität hin überprüfen zu lassen. Dabei kann der Moderationsrichter honorarrelevante Tatsachen und Umstände aus dem vorangegangenen Zivilprozess aus eigener Wahrnehmung einfliessen lassen (zum Ganzen s. FRANK/STRÄULI/MESSMER, § 69 ZPO/ZH N 11–15). Weil auch das Bundesgesetz über die Freizügigkeit der Anwältinnen und Anwälte vom 23.6.2000 (BGFA, SR 935.61) zur Moderation keine Bestimmungen enthält, ist es den Kantonen überlassen, für dieses Verfahren – weiterhin – die nötige gesetzliche Grundlage zu schaffen.

Art. 106

Verteilungsgrundsätze

¹ **Die Prozesskosten werden der unterliegenden Partei auferlegt. Bei Nichteintreten und bei Klagerückzug gilt die klagende Partei, bei Anerkennung der Klage die beklagte Partei als unterliegend.**

² **Hat keine Partei vollständig obsiegt, so werden die Prozesskosten nach dem Ausgang des Verfahrens verteilt.**

³ **Sind am Prozess mehrere Personen als Haupt- oder Nebenparteien beteiligt, so bestimmt das Gericht ihren Anteil an den Prozesskosten. Es kann auf solidarische Haftung erkennen.**

Règles générales de répartition

¹ Les frais sont mis à la charge de la partie succombante. La partie succombante est le demandeur lorsque le tribunal n'entre pas en matière et en cas de désistement d'action; elle est le défendeur en cas d'acquiescement.

² Lorsqu'aucune des parties n'obtient entièrement gain de cause, les frais sont répartis selon le sort de la cause.

³ Lorsque plusieurs personnes participent au procès en tant que parties principales ou accessoires, le tribunal détermine la part de chacune au frais du procès. Il peut les tenir pour solidairement responsables.

Principi di ripartizione

¹ Le spese giudiziarie sono poste a carico della parte soccombente. In caso di non entrata nel merito o di desistenza si considera soccombente l'attore; in caso di acquiescenza all'azione, il convenuto.

² In caso di soccombenza parziale reciproca, le spese giudiziarie sono ripartite secondo l'esito della procedura.

³ Se al processo partecipano più persone come parti principali o parti accessorie, il giudice ne determina la rispettiva quota di spese giudiziarie. Può anche decidere che tutte rispondano solidalmente.

Inhaltsübersicht   Note

  I. Allgemeines   1
 II. Die «unterliegende Partei»   3
III. Verhältnismässige Kostenverteilung   8
 IV. Kostenverteilung bei mehreren Prozessbeteiligten   9

2. Kapitel: Verteilung und Liquidation der Prozesskosten 1–5 **Art. 106**

I. Allgemeines

Grundsätzlich werden die Prozesskosten nach dem Prozessausgang, d.h. **entsprechend** 1
dem Erfolg der Parteien im Prozess verlegt: Die unterliegende Partei wird kostenpflichtig. Die Anwendung des in Art. 106 verankerten zivilprozessualen Grundsatzes des kostenpflichtigen Unterliegens wird durch die Ausnahmen in den folgenden Art. 107 und 108 allerdings eingeschränkt. Dort sieht das Gesetz eine Verteilung der Prozesskosten nach Ermessen bzw. Billigkeitserwägungen oder aufgrund schuldhafter Verursachung vor. Diese grundsätzlichen Regeln über die Kostentragung gelten selbstredend auch für Entscheide, die nach Art. 239 bloss im Dispositiv eröffnet und erst nachträglich auf Antrag der obsiegenden Partei begründet werden (s. LGVE 1999 I Nr. 24), wie für die Kostverlegungen in Rechtsmittelverfahren.

Kostenpflichtig werden i.d.R. **nur Parteien, nicht jedoch andere Verfahrensbeteiligte**, 2
die selber keine Anträge gestellt haben. Vorbehalten bleibt die Auflage unnötiger Kosten an verursachende Dritte (Art. 108). Bei Vertretungsverhältnissen können Kosten einem vollmachtlosen Vertreter auferlegt werden und in analoger Anwendung von BGE 129 IV 207 E. 2 wohl auch einem bevollmächtigten Anwalt, wenn er mit einem Minimum an Sorgfalt die verfahrensrechtliche Unzulässigkeit einer gewichtigen Prozesshandlung sofort hätte erkennen können (vgl. SPÜHLER/DOLGE/VOCK, Art. 66 BGG N 2). Die Kosten einer Kindesvertretung in eherechtlichen Verfahren sind als Teil der Gerichtskosten (Art. 95 Abs. 2 lit. e) ebenfalls nach den Kriterien der Art. 106–108 zu verteilen.

II. Die «unterliegende Partei»

Die objektive Tatsache und das Ausmass des Unterliegens sind daran zu messen, inwieweit 3
eine Partei **mit ihren Rechtsbegehren vor Gericht nicht durchgedrungen** ist. Dabei wird ein geringfügiges Unterliegen im Umfang von einigen Prozenten i.d.R. nicht berücksichtigt (BÜHLER/EDELMANN/KILLER, § 112 ZPO/AG N 14). Das gilt insb. dann, wenn dem Obsiegen in einer grundsätzlichen Frage prozessual grösste Bedeutung zukommt (vgl. Art. 107 Abs. 1 lit. a). Als unterliegend ist auch diejenige Partei zu betrachten, die Rechtsbegehren zurückzieht, anerkennt oder auf deren Begehren mangels Prozessvoraussetzung nicht eingetreten werden kann (LEUENBERGER/UFFER-TOBLER, Art. 264 ZPO/SG N 2a m.H. auf FRANK/STRÄULI/MESSMER, § 64 ZPO/ZH N 18). Für die Kostenverteilung fallen **Eventualbegehren** nicht in Betracht, sofern das Hauptbegehren geschützt wird. Dringt indessen bloss das Eventualbegehren durch und liegt dessen Streitwert unter demjenigen des Hauptbegehrens, so unterliegt die klagende Partei mit der Differenz zwischen Haupt- und Eventualbegehren (GULDENER, ZPR, 406 Anm. 6).

Steht einer Klage eine **Widerklage** gegenüber, obsiegt die klagende Partei, wenn die 4
Klage geschützt und die Widerklage abgewiesen wird, die beklagte Partei beim umgekehrten Ergebnis. In den übrigen Fällen ist eine verhältnismässige Verteilung der Kosten nach Abs. 2 vorzunehmen, wobei nach Art. 94 Abs. 2 die Streitwerte zusammenzurechnen sind. Wird die Klage abgewiesen, weil eine **Verrechnungseinrede** begründet war, unterliegt die klagende Partei. Führt aber erst die Prüfung zahlreicher Verrechnungseinreden zum Erfolg, kann eine Kostenverteilung nach Art. 107 angezeigt sein (LEUENBERGER/UFFER-TOBLER, Art. 264 ZPO/SG N 2c und d). Bei der alternativen oder bei der eventuellen subjektiven Klagenhäufung sind die Kosten für jede Klage gesondert zu verteilen (Art. 71 N 5 ff., insb. N 45).

Für die Kostenverteilung in **Rechtsmittelverfahren** sind nur die vor der Rechts- 5
mittelinstanz noch strittigen Rechtsbegehren zu berücksichtigen (s. FRANK/STRÄULI/MESSMER, § 64 ZPO/ZH N 23). Der Erfolg des Rechtsmittels misst sich daran, ob und in

Viktor Rüegg 575

welchem Umfang als Folge des Rechtsmittelbegehrens zulasten der Gegenpartei eine Änderung des vorinstanzlichen Entscheides bewirkt wird. Verzichtet die Gegenpartei auf eine Stellungnahme im Rechtsmittelverfahren, verliert sie ihre Parteistellung nicht und kann bei Unterliegen kostenpflichtig werden (BGE 123 V 156 und 159). In Anwendung der Ausnahmebestimmung des Art. 107 Abs. 2 ist für die Verlegung der Gerichtskosten anders zu entscheiden, wenn der korrigierte erstinstanzliche Entscheid allein auf einen Fehler des Gerichts und nicht auf einen Parteiantrag zurückgeht und wenn sich im Rechtsmittelverfahren auch der Rechtsmittelbeklagte nicht mit diesem Entscheid identifiziert (LEUENBERGER/UFFER-TOBLER, Art. 264 ZPO/SG N 3b). Fällt die Rechtsmittelinstanz selber einen neuen Entscheid, so ist über die Prozesskosten in Würdigung der Rechtsbegehren der Parteien für beide Verfahrensstufen je getrennt zu befinden.

6 Führt eine Berufung oder Beschwerde zur **Rückweisung der Sache an die Vorinstanz**, sind die Kosten des Rechtsmittelverfahrens nur dann durch die Rechtsmittelinstanz selber zu verlegen, wenn sie trotz Rückweisung über gesonderte Fragen endgültig entschieden hat. Mit der Beurteilung der zurückgewiesenen Streitsache soll die Vorinstanz gemäss Art. 104 Abs. 3 (s. Art. 104 N 7) auch über die Verteilung der Prozesskosten des Rechtsmittelverfahrens entscheiden.

7 Die **Anschlussberufung** erhebende Partei (Art. 313) trägt das Kostenrisiko für ihre Rechtsmittelanträge, es sei denn, die Berufung werde zurückgezogen oder als unzulässig erklärt; diesfalls sind alle zweitinstanzlichen Prozesskosten der die Berufung erklärenden Partei zu überbinden (BGE 122 III 495). Wird demgegenüber die Anschlussberufung zurückgezogen, wird die Anschlussberufung erklärende Partei im entsprechenden Umfang kostenpflichtig.

III. Verhältnismässige Kostenverteilung

8 Dringen beide Parteien mit ihren Rechtsbegehren bloss teilweise durch, so sind die Prozesskosten entsprechend aufzuteilen. Hierzu stehen zwei Berechnungs-Methoden im Vordergrund: Namentlich in Prozessen vermögensrechtlicher Natur kann der Prozesserfolg prozentual exakt ermittelt werden, um anschliessend die Gerichtskosten und die Parteientschädigungen beider Parteien zusammenzuzählen und dieses Kosten-Total **entsprechend dem prozentualen Erfolg** auf die Parteien zu verteilen. In einer andern Methode wird die zuzusprechende Parteientschädigung vereinfacht wie folgt berechnet: Es wird von den Parteikosten der mehrheitlich obsiegenden Partei ausgegangen. Dieser Betrag wird multipliziert mit der Differenz zwischen den Bruchteilen, für welche die Parteien als entschädigungspflichtig erklärt werden. Obsiegt z.B. die klagende Partei zu einem Viertel und die Gegenpartei zu drei Vierteln, hat die klagende Partei die Gegenpartei mit der Hälfte (3/4 minus 1/4) der Parteikosten der beklagten Partei zu entschädigen (LEUENBERGER/UFFER-TOBLER, Art. 264 ZPO/SG N 5a m.w.E.).

IV. Kostenverteilung bei mehreren Prozessbeteiligten

9 An einem Prozess können sich mehrere Personen als **Streitgenossen** (Art. 70 ff.), als **Haupt- oder Nebenintervenienten** (Art. 73 ff.) oder als **Streitberufene** (Art. 78 ff.) beteiligen und dabei die Rolle einer Haupt- oder Nebenpartei einnehmen. In allen Fällen bestimmt das Gericht den auf die verschiedenen Personen entfallenden Anteil an den Prozesskosten nach Ermessen. Bei notwendigen und einfachen Streitgenossen ist der einzelne Anteil zu gleichen Teilen oder im Verhältnis zur Beteiligung der Streitgenossen am gesamten Streitwert festzulegen (LEUENBERGER/UFFER-TOBLER, Art. 271 ZPO/SG

2. Kapitel: Verteilung und Liquidation der Prozesskosten   Art. 107

N 1). Ob einer Nebenpartei Kosten aufzuerlegen sind oder eine Parteientschädigung zuzusprechen ist, entscheidet das Gericht ebenfalls nach Ermessen. Unterliegt die unterstützte Partei, so können diejenigen Kosten, die auf Anträge der Nebenpartei zurückgehen, dieser auferlegt werden (LEUCH/MARBACH/KELLERHALS/STERCHI, Art. 62 ZPO/BE N 3).

Das Gericht kann hinsichtlich der Prozesskosten die **anteilsmässige oder solidarische Haftung** der am Verfahren beteiligten Haupt- oder Nebenparteien anordnen. Schweigt es sich hierüber aus, gilt – etwa im Unterschied zur Regelung in Art. 66 Abs. 5 BGG – bloss anteilsmässige Haftung. Solidarische Haftung ist vor allem bei einer notwendigen Streitgenossenschaft angezeigt, ist aber auch bei einfacher Streitgenossenschaft möglich. Sie kommt aber dann nicht in Betracht, wenn gegen die verschiedenen Streitgenossen unterschiedliche Urteile ergehen (LEUCH/MARBACH/KELLERHALS/STERCHI, Art. 61 ZPO/BE N 3). In Anwendung des Grundsatzes in maiore minus erscheint es zulässig, dass das Gericht anstelle einer solidarischen Haftung eine bloss subsidiäre anordnet, um dem potentiellen Ausfall bei einer haftenden Partei begegnen zu können.   10

Art. 107

Verteilung nach Ermessen

¹ Das Gericht kann von den Verteilungsgrundsätzen abweichen und die Prozesskosten nach Ermessen verteilen:
a. wenn die Klage zwar grundsätzlich, aber nicht in der Höhe der Forderung gutgeheissen wurde und diese Höhe vom gerichtlichen Ermessen abhängig oder die Bezifferung des Anspruchs schwierig war;
b. wenn eine Partei in guten Treuen zur Prozessführung veranlasst war;
c. in familienrechtlichen Verfahren;
d. in Verfahren bei eingetragener Partnerschaft;
e. wenn das Verfahren als gegenstandslos abgeschrieben wird und das Gesetz nichts anderes vorsieht;
f. wenn andere besondere Umstände vorliegen, die eine Verteilung nach dem Ausgang des Verfahrens als unbillig erscheinen lassen.

² Das Gericht kann Gerichtskosten, die weder eine Partei noch Dritte veranlasst haben, aus Billigkeitsgründen dem Kanton auferlegen.

Répartition en équité

¹ Le tribunal peut s'écarter des règles générales et répartir les frais selon sa libre appréciation dans les cas suivants:
a. le demandeur obtient gain de cause sur le principe de ses conclusions mais non sur leur montant, celui-ci étant tributaire de l'appréciation du tribunal ou difficile à chiffrer;
b. une partie a intenté le procès de bonne foi;
c. le litige relève du droit de la famille;
d. le litige relève d'un partenariat enregistré;
e. la procédure est devenue sans objet et la loi n'en dispose pas autrement;
f. des circonstances particulières rendent la répartition en fonction du sort de la cause inéquitable.

² Les frais judiciaires qui ne sont pas imputables aux parties ni aux tiers peuvent être mis à la charge du canton si l'équité l'exige.

Art. 107

Ripartizione secondo equità	¹ Il giudice può prescindere dai principi di ripartizione e ripartire le spese giudiziarie secondo equità se: a. l'azione è stata sostanzialmente accolta, ma non nell'entità delle conclusioni, e l'ammontare della pretesa dipendeva dall'apprezzamento del giudice o era difficilmente quantificabile; b. una parte aveva in buona fede motivo di agire in giudizio; c. si tratta di una causa del diritto di famiglia; d. si tratta di una causa in materia di unione domestica registrata; e. la causa è stralciata dal ruolo in quanto priva di oggetto e la legge non prevede altrimenti; f. altre circostanze speciali fanno apparire iniqua una ripartizione secondo l'esito della procedura. ² Per motivi d'equità, le spese processuali non causate né da una parte né da terzi possono essere poste a carico del Cantone.

Inhaltsübersicht   Note

I. Allgemeines 1
II. Fälle der Kostenverlegung nach Billigkeit 3
   1. Obsiegen im Grundsatz bei quantitativem Überklagen (Abs. 1 lit. a) 3
   2. Veranlassung zur Prozessführung in guten Treuen (Abs. 1 lit. b) 5
   3. Verfahren aus dem Familienrecht oder bei eingetragener Partnerschaft
      (Abs. 1 lit. c und d) 6
   4. Gegenstandslosigkeit des Verfahrens (Abs. 1 lit. e) 8
   5. Auffangtatbestand der besonderen Umstände (Abs. 1 lit. f) 9
III. Billigkeitshaftung des Kantons 11

I. Allgemeines

1   Die Kostenverteilung nach dem Prozessausgang (Art. 106) kann im Einzelfall starr und unbillig erscheinen. Art. 107 räumt dem Gericht hiergegen einen Spielraum ein, um **bei besonderen Umständen** die Prozesskosten nach Ermessen, d.h. nach **Billigkeitserwägungen**, zu verlegen. Im Interesse einer einzelfallweisen Gerechtigkeit kann so die Belastung mit Prozesskosten zugunsten der unterlegenen und zulasten der obsiegenden Partei verschoben werden (s. LEUENBERGER/UFFER-TOBLER, Art. 266 ZPO/SG N 1a). Selbstverständlich sind derartige Abweichungen vom Grundsatz des Unterliegens im Entscheid zu begründen. Die Bestimmung ersetzt mehrere im materiellen Bundesrecht bislang verstreute Einzelregelungen zu Kostenfolgen, so etwa die Art. 706a Abs. 3 und Art. 756 Abs. 2 aOR aus dem Bereich des Aktienrechts.

2   Die besondern Umstände für eine Kostenverteilung nach Ermessen sind in Abs. 1 lit. a–e bloss beispielhaft und **nicht abschliessend** aufgeführt. Das bringt der den Katalog in lit. f beendende Auffangtatbestand klar zum Ausdruck. So kann auch ein enorm ungleiches wirtschaftliches Kräfteverhältnis der Prozessparteien das Abweichen von den allgemeinen Verteilungsregeln rechtfertigen (s. BOTSCHAFT ZPO, 7297). Oder bei Verfahren mit Offizialmaxime (z.B. Verfahren nach Art. 243 i.V.m. Art. 247) kann es in einzelnen Fällen unbillig sein, die unterliegende Partei in vollem Umfang kostenpflichtig zu erklären, weil das Gericht unabhängig von den Anträgen der beklagten Partei Erhebungen über die tatsächlichen Verhältnisse von Amtes wegen durchzuführen hat (s. FRANK/STRÄULI/MESSMER, § 64 ZPO/ZH N 35). Auf jeden Fall steht dem Gericht bei der Anwendung der als Kann-Vorschrift ausgestalteten Bestimmung ein grosses Ermessen zu.

II. Fälle der Kostenverlegung nach Billigkeit

1. Obsiegen im Grundsatz bei quantitativem Überklagen (Abs. 1 lit. a)

Falls eine **Klage nur grundsätzlich, nicht aber im vollen Umfang der Klageforderung gutgeheissen** wurde, können die Prozesskosten gemäss Art. 107 Abs. 1 lit. a nach Ermessen verteilt werden unter der Voraussetzung, dass die Höhe der Forderung vom gerichtlichen Ermessen abhängig oder die Bezifferung des Anspruchs schwierig war. Die Bestimmung deckt insb. mögliche Kostenfolgen beim Direktprozess einer geschädigten Person gegen die Haftpflichtversicherung ab, wo nur ein Teil der Klageforderung gutgeheissen wurde; der klagenden Partei müsste nach den allgemeinen Verteilungsgrundsätzen ein wesentlicher Teil der i.d.R. hohen Prozesskosten überbunden werden. Weil gerade im Haftpflichtrecht Nachweis und Spezifikation der Schadenshöhe meistens schwierig zu erbringen sind, ist die Gefahr der Überklagung nahezu immanent. Gründe der Billigkeit, wozu auch das ungleiche wirtschaftliche Kräfteverhältnis der Parteien zählen mag, können deshalb die gänzliche oder zumindest überwiegende Kostenpflicht der teilweise obsiegenden Versicherung rechtfertigen (vgl. BOTSCHAFT ZPO, 7297). 3

Selbst wenn die Höhe einer Klageforderung weder von richterlichem Ermessen abhängt noch schwierig zu beziffern ist, kann das Obsiegen im Grundsatz trotz quantitativen Überklagens als besonderer Umstand nach Abs. 1 lit. f für eine ermessensweise Kostenverlegung sprechen: Etwa dann, wenn die Grundsatzfrage im Prozess verglichen mit dem Quantitativen einen erheblichen Aufwand verursacht hat oder wenn das quantitative Überklagen im Vergleich zum Obsiegen im Grundsatz von untergeordneter Bedeutung war (s. LEUENBERGER/UFFER-TOBLER, Art. 266 ZPO/SG N 1b m.H.). 4

2. Veranlassung zur Prozessführung in guten Treuen (Abs. 1 lit. b)

Was auf Bundesebene Art. 156 Abs. 3 OG ausdrücklich vorsah, in Art. 66 Abs. 1 BGG aber nur noch in der Generalklausel der «rechtfertigenden Umstände» verpackt ist, stellt nun Art. 107 Abs. 1 lit. b expressis verbis klar: Kostenverteilung nach Ermessen ist insb. dann möglich, wenn eine Partei **in guten Treuen zur Prozessführung veranlasst** war. Paradebeispiel ist die Praxisänderung eines Gerichtes, welche zum Unterliegen der auf die bisherige Praxis vertrauenden Partei führt (s. FRANK/STRÄULI/MESSMER, § 64 ZPO/ZH N 27 m.H. auf BGE 122 I 57 E. 3d). Bei dieser Konstellation sollten die Gerichtskosten gemäss Art. 107 Abs. 2 ausserdem dem Kanton auferlegt werden. Analog ist in Verfahren zur Beseitigung des Rechtsvorschlags – auch gemäss ausdrücklicher Regelung des Art. 73 Abs. 2 SchKG – bei der Kostenverlegung zu berücksichtigen, dass der obsiegende Gläubiger trotz Begehrens des Schuldners in der vorausgegangenen Betreibung den Forderungstitel nicht zur Einsicht vorgelegt und damit das Verfahren wesentlich mitveranlasst hat. 5

3. Verfahren aus dem Familienrecht oder bei eingetragener Partnerschaft (Abs. 1 lit. c und d)

In familienrechtlichen Verfahren können die Kosten abweichend von der allgemeinen Regel verteilt werden, weil die Parteien **durch Verwandtschaft oder Schwägerschaft verbunden** sind. Zudem unterstehen familienrechtliche Streitigkeiten meistens der Offizialmaxime. Zu berücksichtigen ist überdies die gegenseitige Unterhalts- und Beistandspflicht von Ehegatten sowie die Unterhaltspflicht von Eltern gegenüber ihren Kindern. Zu den Kosten familienrechtlicher Verfahren gehören auch Aufwendungen im Zusammenhang mit einer Vertretung des Kindes (s. Art. 95 Abs. 2 lit. e). Bei **Scheidungen auf gemeinsames Begehren** nach Art. 111 oder Art. 112 ZGB kann ohnehin kaum von «ob- 6 siegender» Partei gesprochen werden. In **Vaterschaftsprozessen** ist das Kind nur dann mit Kosten zu belasten, wenn es allein und erfolglos geklagt hat, wobei sich eine Kostenteilung schon dann rechtfertigt, wenn der Beklagte in der kritischen Zeit ebenfalls mit der Mutter verkehrt hat (s. STUDER/RÜEGG/EIHOLZER, § 121 ZPO/LU N 5).

7 Obwohl das Partnerschaftsgesetz vom 18.6.2004 (SR 211.231) als eigenständiges Gesetz konzipiert und nicht in das Familienrecht des Zivilgesetzbuches integriert worden ist, regelt es ausgehend vom Eherecht die Lebensgemeinschaft für gleichgeschlechtliche Paare. Dieser materielle Bezug zu Verwandtschaft und Schwägerschaft führt dazu, auch **Verfahren bei eingetragener Partnerschaft** – insb. deren gerichtliche Auflösung – bei der Kostenverteilung analog zu behandeln wie familienrechtliche Verfahren.

4. Gegenstandslosigkeit des Verfahrens (Abs. 1 lit. e)

8 Ein Prozess wird gegenstandslos, wenn der Streitgegenstand während des Prozesses untergegangen oder das rechtliche Interesse aus anderen Gründen während des Verfahrens dahingefallen ist (FRANK/STRÄULI/MESSMER, § 65 ZPO/ZH N 1). Das Gesetz sieht den Begriff der Gegenstandslosigkeit **für alle abzuschreibenden Verfahren** vor, d.h. für alle Verfahren, die ohne Entscheid enden (so die Überschrift des 6. Kapitels vor Art. 241 ff. und die Marginalie zu Art. 242). Zur Gegenstandslosigkeit eines Verfahrens führen also auch Vergleich, Klageanerkennung oder Klagerückzug (Art. 241). Für diese drei Spezialfälle von Gegenstandslosigkeit sehen die Art. 106 Abs. 1 bzw. Art. 109 indessen besondere Kostenregelungen vor, welche einer Verteilung nach Ermessen gemäss Art. 107 vorgehen. Bei den verbleibenden gegenstandslos gewordenen Prozessen ist für die Kostenverlegung je nach Lage des Einzelfalles zu berücksichtigen, welche Partei Anlass zur Klage gegeben hat, welches der mutmassliche Prozessausgang gewesen wäre, bei welcher Partei die Gründe eingetreten sind, die zur Gegenstandslosigkeit des Prozesses geführt haben und welche Partei unnötigerweise Kosten verursacht hat (s. BÜHLER/EDELMANN/KILLER, § 116 ZPO/AG N 1–2; LEUENBERGER/UFFER-TOBLER, Art. 266 ZPO/SG N 3b; STUDER/RÜEGG/EIHOLZER, § 121 ZPO/LU N 3).

5. Auffangtatbestand der besonderen Umstände (Abs. 1 lit. f)

9 Mit der allgemeinen Voraussetzung des Vorliegens «anderer besonderer Umstände» stipuliert Abs. 1 lit. f eine **Generalklausel** für alle diejenigen Fälle, wo eine Kostenverteilung nach Prozessausgang unbillig erschiene. Neben den oben in N 2 erwähnten Beispielen drängt sich eine Kostenverlegung nach Ermessen etwa dann auf, wenn die beklagte Partei zwar durch Erheben von Verrechnungseinreden obsiegt hat, das Gericht aber zahlreiche Verrechnungsforderungen prüfen musste, bis solche in genügendem Umfang zur Klageabweisung führten (vgl. LEUENBERGER/UFFER-TOBLER, Art. 266 ZPO/SG N 5).

10 Der Auffangtatbestand deckt auch die Fälle ab, wo eine Partei durch den gerichtlichen Entscheid **nicht wesentlich mehr erhält, als ihr zuvor als Vergleich angeboten** wurde. Im Vorentwurf und in den meisten kantonalen Prozessordnungen war dieser Umstand explizit als Grund für eine Kostenverlegung nach Ermessen enthalten. Letztlich erachtete man jedoch die generelle und flexiblere Regelung in Abs. 1 lit. f als opportuner, weil zu vermeiden ist, dass Parteien durch eine gerichtliche Kostendrohung zu Vergleichen gedrängt werden (s. BOTSCHAFT ZPO, 7298).

III. Billigkeitshaftung des Kantons

Die in Abs. 2 verankerte kantonale Staatshaftung umfasst **bloss Gerichtskosten, nicht aber Parteikosten**. Soweit Parteikosten Schadens-Folge einer widerrechtlichen Handlung einer richterlichen Behörde sind und eine Überprüfung formell rechtskräftiger Entscheide im Verantwortlichkeitsprozess nicht ausgeschlossen ist (dazu HAEFELIN/MÜLLER/UHLMANN, N 2263 ff.), richten sich allfällige Entschädigungsansprüche nach den kantonalen Haftungsgesetzen. Gerichtskosten sind dem Kanton bei pflichtgemässer Ermessensausübung dann zu überbinden, wenn sie **ausschliesslich** durch klar fehlerhafte und kostenwirksame Handlungen oder Entscheidungen von Angestellten oder Mitgliedern richterlicher Behörden verursacht worden sind. Darunter fallen etwa unzutreffende Rechtsmittelbelehrungen gegenüber rechtsunkundigen Parteien, irrtümliche Zeugenvorladungen oder Rechtsmittelverfahren gegen Entscheide, die allein durch fehlerhaftes Vorgehen der unteren Instanz verursacht worden sind (s. STUDER/RÜEGG/EIHOLZER, § 120 ZPO/LU N 3). Auch Kosten von berechtigten Erläuterungs- oder Berichtigungsbegehren sind i.d.R. dem Kanton aufzuerlegen.

Art. 108

Unnötige Prozesskosten	Unnötige Prozesskosten hat zu bezahlen, wer sie verursacht hat.
Frais causés inutilement	Les frais causés inutilement sont mis à la charge de la personne qui les a engendrés.
Spese giudiziarie inutili	Le spese giudiziarie inutili sono a carico di chi le ha causate.

Der Grundsatz der Kostenverlegung nach Prozessausgang (Art. 106) erleidet durch das in Art. 108 verankerte **Verursacherprinzip** eine weitere Ausnahme: Wer Prozesskosten unnötig verursacht, hat diese selber zu bezahlen. Die Kosten müssen durch schuldhaftes oder wenigstens ordnungswidriges Verhalten, also unter Missachtung der zumutbaren Sorgfalt, entstanden sein. Sie kommen somit zu den üblicherweise entstehenden Prozesskosten zusätzlich hinzu. Solche Kosten können innerhalb des Prozesses – z.B. durch Verschieben einer Verhandlung bei unentschuldigtem Ausbleiben einer Partei – oder ausserhalb des Prozesses – z.B. durch Verletzung der Auskunfts- oder Abrechnungspflicht bei einem Agenturverhältnis zufolge mangelhafter Buchhaltung – verursacht werden (s. LEUENBERGER/UFFER-TOBLER, Art. 265 ZPO/SG N 2). Anderseits wird eine Partei dann nicht kostenpflichtig, wenn sie der Vorladung eines unzuständigen Richters keine Folge leistet (ZR 45 Nr. 196).

Unter den gleichen Voraussetzungen können **auch Dritte** zur Bezahlung von Prozesskosten verhalten werden. Diese sind vor Erlass des Kostenentscheides anzuhören. In Betracht kommen Zeugen, die ohne hinreichende Entschuldigung nicht zur Einvernahme erscheinen oder vorhandene Urkunden trotz ausdrücklicher Aufforderung nicht mitbringen. Darüber hinausgehend sieht Art. 167 Abs. 1 lit. d (neben andern Sanktionen) allgemein die Möglichkeit vor, Dritten die durch unberechtigte Verweigerung oder Säumnis verursachten Prozesskosten aufzuerlegen. Auch einem vollmachtlosen Vertreter können Prozesskosten überbunden werden (s. Art. 106 N 2). Soweit Dritte im Prozess Schäden verursachen, die über die Prozesskosten hinausgehen, richtet sich ihre Haftung nach Art. 41 OR (s. FRANK/STRÄULI/MESSMER, § 179 ZPO/ZH N 2).

Art. 109

Verteilung bei Vergleich

¹ Bei einem gerichtlichen Vergleich trägt jede Partei die Prozesskosten nach Massgabe des Vergleichs.

² Die Kosten werden nach den Artikeln 106–108 verteilt, wenn:
a. der Vergleich keine Regelung enthält; oder
b. die getroffene Regelung einseitig zulasten einer Partei geht, welcher die unentgeltliche Rechtspflege bewilligt worden ist.

Répartition en cas de transaction

¹ Les parties qui transigent en justice supportent les frais conformément à la transaction.

² Les art. 106 à 108 sont applicables dans les cas suivants:
a. la transaction ne règle pas la répartition des frais;
b. elle défavorise de manière unilatérale la partie au bénéfice de l'assistance judiciaire.

Ripartizione in caso di transazione giudiziaria

¹ In caso di transazione giudiziaria, ogni parte si assume le spese giudiziarie secondo quanto pattuito nella transazione medesima.

² Le spese sono ripartite secondo gli articoli 106–108 se:
a. la transazione è silente in merito;
b. la ripartizione pattuita grava unilateralmente una parte cui è stato concesso il gratuito patrocinio.

1 **Einigen sich die Parteien im Vergleich auch über die Kostentragung**, ist das Gericht – in Beachtung des Grundsatzes der Dispositionsmaxime – daran gebunden, sofern damit nicht der Staat benachteiligt wird (s.u. N 2). Verständigen sich die Parteien über die Kosten nicht bzw. überlassen sie deren Verlegung im Vergleich dem Gericht, sind die Kosten entsprechend den Grundsätzen der Art. 106–108 zu verteilen. Dabei ist der «Prozesserfolg» am Verhältnis zwischen ursprünglichen Rechtsbegehren der Parteien und dem Inhalt des Vergleichs zu bemessen (s. FRANK/STRÄULI/MESSMER, § 65 ZPO/ZH N 2).

2 Das Gericht weicht vom Vergleich dann ab, wenn sich die **Kostenregelung der Parteien zum Nachteil des Staates** auswirkt, weil die Kosten in krassem Widerspruch zum Vergleichsergebnis und somit ohne triftigen Grund von einer mit unentgeltlicher Rechtspflege prozessierenden oder zahlungsunfähigen Partei übernommen werden (Art. 109 Abs. 2 lit. b; s. LEUENBERGER/UFFER-TOBLER, Art. 276 ZPO/SG N 2).

Art. 110

Rechtsmittel

Der Kostenentscheid ist selbstständig nur mit Beschwerde anfechtbar.

Recours

La décision sur les frais ne peut être attaquée séparément que par un recours.

Impugnazione

La decisione in materia di spese è impugnabile a titolo indipendente soltanto mediante reclamo.

Inhaltsübersicht

	Note
I. Anfechtung vor kantonalen Instanzen	1
II. Anfechtung vor Bundesgericht	4

Literatur

I. MEIER, Vorentwurf für eine schweizerische Zivilprozessordnung, Zürich 2003 (zit. Vorentwurf).

I. Anfechtung vor kantonalen Instanzen

Auf kantonaler Ebene können die **Prozessparteien Kostenentscheide zusammen mit der Hauptsache anfechten**, wozu das für die Hauptsache vorgesehene Rechtsmittel zu ergreifen ist. Art, Frist und weitere Voraussetzungen des Rechtsmittels richten sich diesfalls nach den Art. 308 ff. oder 319 ff. (evtl. auch nach Art. 328 ff.). Will eine Partei bloss den Kostenentscheid, also den Entscheid über die Verlegung der Prozesskosten und/oder den Entscheid über die Höhe der Gerichtskosten oder der Parteientschädigung, **«selbständig» anfechten**, so steht ihr gemäss Art. 110 auch in berufungsfähigen Streitigkeiten nur das Rechtsmittel der **Beschwerde** nach Art. 319 ff. offen. Ausgenommen davon ist der Sonderfall, wo nur die eine Partei Berufung erklärt hat, die andere Partei mit der nachfolgenden Anschlussberufung aber zulässigerweise bloss der Kostenpunkt anficht. Zur Tragung von Prozesskosten verhaltene Nebenparteien (s. Art. 106 N 9) können sie betreffende Kostenentscheide unter den für Hauptparteien geltenden Voraussetzungen anfechten.

Dritte wie Zeugen, Gutachter oder gerichtlich bestellte Rechtsbeistände können gegen einen sie betreffenden Kostenentscheid auf kantonaler Ebene ausschliesslich das Rechtsmittel der Beschwerde ergreifen. Es äussern sich zwar weder Art. 110 noch die Art. 319 ff. zur Beschwerde-Legitimation Dritter (allerdings ebensowenig zur Legitimation der Parteien). Die Rechtsmittellegitimation von Dritten ist im Gesetz bloss bruchstückhaft und insgesamt unzureichend geregelt (vgl. MEIER, Vorentwurf, 39). Eine verfassungskonforme Auslegung von Art. 110 lässt indessen mit Blick auf die Rechtsweggarantie von Art. 29a BV und auf den Gehalt von Art. 6 Ziff. 1 EMRK keine Zweifel offen, dass vom Kostenentscheid betroffene Dritte zur Beschwerde nach Art. 319 ff. legitimiert sind. Denn die durch das am 1.1.2007 in Kraft getretene Bundesgerichtsgesetz verwirklichte Rechtsweggarantie gewährt jeder Person bei Rechtsstreitigkeiten Anspruch auf Beurteilung durch eine richterliche Behörde, soweit nicht Ausnahmeregelungen entgegenstehen; zudem wurden die Kantone auf das Prinzip der «double instance» verpflichtet (s. Art. 75 Abs. 2 und Art. 110 BGG). Von diesen Prinzipien ist der Rechtsschutz Dritter vor unrechtmässigen Kostenbelastungen aus Zivilprozessen nirgends ausgenommen. Im Gegenteil, die Art. 128 und 167 räumen Dritten, die im Zivilprozess mit Ordnungsbussen oder andern Sanktionen belegt werden, exemplarisch die Beschwerdebefugnis ein.

Im Bereich der Prozesskosten nicht «Dritt-Ansprecher» sind die ihre berufsmässige Vertretung ausübenden **Anwälte**, da die gerichtlichen Anwaltsentschädigungen nicht ihnen selber zugesprochen, sondern gemäss Art. 95 Abs. 3 i.V.m. Art. 104 ff. als «Parteientschädigungen» gegenüber den Prozessparteien festgesetzt und verlegt werden. Die Anwälte sind deshalb nicht legitimiert, die Festsetzung der Parteientschädigung *in eigenem Namen* anzufechten. Nur bei der unentgeltlichen Rechtspflege, wo der unentgeltliche Rechtsbeistand vom Kanton angemessen zu entschädigen ist (Art. 122 Abs. 1 lit. a und Abs. 2), besteht für die Rechtsbeistände wie für jeden von einem Kostenentscheid direkt betroffenen Dritten die Möglichkeit, den Entscheid über die Entschädigung mittels Beschwerde (allenfalls auch vor Bundesgericht) anzufechten (vgl. LEUENBERGER/UFFER-TOBLER, Art. 267 ZPO/SG N 4b).

Art. 111

II. Anfechtung vor Bundesgericht

4   Auch vor Bundesgericht können Kosten-Entscheide letzter kantonaler Instanzen – für sich alleine oder zusammen mit der Hauptsache – angefochten werden, sei es durch **Beschwerde in Zivilsachen** oder bei Nichterreichen der Streitwertgrenze durch **subsidiäre Verfassungsbeschwerde**. Mit der gegen den Kostenentscheid gerichteten Beschwerde ist die Verletzung von Bundesrecht und/oder die willkürliche Anwendung der kantonalen Kostentarife zu rügen. Gemäss konstanter Rechtsprechung ist die in der Hauptsache gegebene Beschwerde auch bezüglich aller Nebenpunkte des Urteils zulässig, namentlich hinsichtlich Kostenentscheide, soweit dafür keine besonderen Verfahrenswege vorgeschrieben sind (BGE 134 I 159 E. 1.1; 134 V 138 E. 3). Das gilt auch für Entscheide über die Höhe eines Gutachterhonorars oder über andere, Drittpersonen betreffende Kostenentscheide. Die Beschwerde-Legitimation Dritter ergibt sich aus Art. 76 Abs. 1 BGG, der nicht zwingend eine Teilnahme als Partei am kantonalen Verfahren voraussetzt, wohl aber das Vorliegen einer formellen und materiellen Beschwer (s. BSK BGG-KLETT, Art. 76 BGG N 1 und 2).

Art. 111

Liquidation der Prozesskosten	**¹ Die Gerichtskosten werden mit den geleisteten Vorschüssen der Parteien verrechnet. Ein Fehlbetrag wird von der kostenpflichtigen Person nachgefordert.** **² Die kostenpflichtige Partei hat der anderen Partei die geleisteten Vorschüsse zu ersetzen sowie die zugesprochene Parteientschädigung zu bezahlen.** **³ Vorbehalten bleiben die Bestimmungen über die unentgeltliche Rechtspflege.**
Règlement des frais	¹ Les frais judiciaires sont compensés avec les avances fournies par les parties. La personne à qui incombe la charge des frais verse le montant restant. ² La partie à qui incombe la charge des frais restitue à l'autre partie les avances que celle-ci a fournies et lui verse les dépens qui lui ont été alloués. ³ Les dispositions sur l'assistance judiciaire sont réservées.
Liquidazione delle spese giudiziarie	¹ Le spese processuali sono compensate con gli anticipi prestati dalle parti. L'eventuale scoperto è a carico di chi è condannato a pagare le spese. ² La parte condannata a pagare le spese deve rimborsare all'altra gli anticipi prestati e pagarle le ripetibili assegnate dal giudice. ³ Sono fatte salve le disposizioni sul gratuito patrocinio.

Inhaltsübersicht Note

I. Allgemeines 1

II. Die Verrechnungskompetenz des Staates 3

III. Abweichende Kostenliquidation bei unentgeltlicher Rechtspflege 5

Literatur

T. GABATHULER, Jede Klage wird zum finanziellen Grossrisiko, plädoyer 1/08 und 4/08; I. MEIER, Vorentwurf für eine schweizerische Zivilprozessordnung, Zürich 2003 (zit. Vorentwurf); P. SCHÖNENBERGER, Prozesskosten, in: Y. Hangartner, Das st. gallische Zivilprozessrecht, St. Gallen 1991.

I. Allgemeines

Die Abrechnung über die von den Parteien geleisteten Vorschüsse ist Bestandteil des Entscheides über die Gerichtskosten. Ihr kommt wirtschaftlich deshalb besondere Bedeutung zu, weil sie darüber befindet, wer die Folgen einer allfälligen Zahlungsunfähigkeit der kostenpflichtigen Partei zu tragen hat. Es wäre der Staat, soweit er einer nicht kostenpflichtigen Partei die von ihr geleisteten Vorschüsse zurückzuerstatten hätte, wie dies etwa ausdrücklich in § 104 ZPO/AG vorgesehen war. Gemäss dem Willen des Gesetzgebers ist es bundesweit nun die obsiegende Partei, da gemäss Art. 111 Abs. 1 *sämtliche* geleisteten Vorschüsse mit den Gerichtskosten zu verrechnen sind. Damit wird das **Inkassorisiko** im Unterschied zur Regelung des Vorentwurfes, wie im Vernehmlassungsverfahren mehrheitlich unter Hinweis auf die rein private Natur eines jeden Zivilprozesses postuliert, **der obsiegenden Partei und nicht dem Staat überbunden**. Die klagende Partei hat demnach beim Entscheid, ob sie klagen will oder nicht, neben den prozessualen Erfolgsaussichten auch das Inkassorisiko einzukalkulieren; hierzu kann sie die Bonität der beklagten Partei vorher abklären. Die beklagte Partei anderseits kann rechtzeitig Sicherheit für eine gefährdete Parteientschädigung beantragen (s. BOTSCHAFT ZPO, 7299). 1

Das Zusammenspiel zwischen uneingeschränkter Vorschusspflicht der klagenden Partei nach Art. 98 und genereller Verrechnung von Gerichtskosten mit geleisteten Vorschüssen nach Art. 111 Abs. 1 kann die gerichtliche Durchsetzung von Rechtsansprüchen erschweren. Denn die klagende Partei muss nicht nur prozessual obsiegen, sondern bezüglich der Gerichtskosten zusätzlich für die Zahlungsunfähigkeit der Gegenpartei einstehen. Diese Entwicklung zu **prozessualen «Grossrisiken»** für mittelständische klagende Parteien, denen kein Anspruch auf unentgeltliche Rechtspflege zusteht, ist verschiedentlich kritisiert worden. Das vollstreckungsrechtliche Ausfall-Risiko kann umso grösser erscheinen, als die Aufdeckung verheimlichter Einkommen oder Vermögen bei einer kostenpflichtigen Partei eher selten zu bewerkstelligen ist (s. GABATHULER, plädoyer 1/08, 28; MEIER, Vorentwurf, 86). Bemängelt wird zudem in grundsätzlicher Hinsicht, dass so das Risiko für die Zahlungsunfähigkeit einer kostenpflichtigen Partei **aus rein fiskalischen Überlegungen** auf die nicht kostenpflichtige Gegenpartei abgewälzt wird (SCHÖNENBERGER, 214). 2

II. Die Verrechnungskompetenz des Staates

Dem Staat wird für seine Gerichtskostenforderung eine umfassende Verrechnungskompetenz eingeräumt: Die **Gerichtskosten** eines bestimmten Verfahrens sind **mit sämtlichen hierfür geleisteten Vorschüssen zu verrechnen**, und zwar unabhängig davon, welche Partei – die obsiegende oder die unterliegende – die Vorschüsse bezahlt hat. Was durch die Vorschüsse nicht gedeckt ist, muss bei der kostenpflichtigen Partei noch nachgefordert werden (Art. 111 Abs. 1). In analoger Anwendung der Bestimmungen von Art. 120 ff. OR sind die kantonalen Gerichte sodann berechtigt, überschüssige Vorschüsse zur Tilgung alter Prozessschulden der gleichen Partei heranzuziehen, wenn sie nicht zur Deckung der Gerichtskosten des betreffenden Prozesses verwendet werden (s. LEUENBERGER/UFFER-TOBLER, Art. 261 ZPO/SG N 1d). 3

Konsequenz aus der Verrechnung der von der obsiegenden Partei geleisteten Vorschüsse ist die Verpflichtung der kostenpflichtigen Partei, **der Gegenpartei die geleisteten Vorschüsse zu ersetzen** (Art. 111 Abs. 2). Zur Liquidation der Prozesskosten gehört auch die (teilweise) Freigabe oder Rückgabe einer geleisteten Parteikosten-Sicherheit je nach Ausgang des Entscheides über die Prozesskosten. Überschüssige Sicherheitsleistungen 4

Art. 112 1   8. Titel: Prozesskosten und unentgeltliche Rechtspflege

für eine Parteientschädigung dürfen nicht mit ungedeckten Gerichtskosten verrechnet werden, da der Staat an der Parteikosten-Sicherheit nicht in eigenem Namen, sondern bloss treuhänderisch berechtigt ist.

III. Abweichende Kostenliquidation bei unentgeltlicher Rechtspflege

5   Für den Fall, dass eine unentgeltlich prozessführende Partei unterliegt, sieht Art. 122 Abs. 1 lit. c eine von Art. 111 abweichende Regelung vor. Danach werden der Gegenpartei die von ihr geleisteten **Vorschüsse zurückerstattet**, weil ohnehin der Staat die Gerichtskosten zu übernehmen hat (s. Art. 122 Abs. 1 lit. b). So wird die unentgeltlich prozessführende Partei von der Tragung von Gerichtskosten befreit (Art. 118 Abs. 1 lit. b). Zum wirtschaftlich gleichen Ergebnis gelangte man, wenn die obsiegende Partei ihren mit den Gerichtskosten verrechneten Vorschuss beim Staat als Kostenträger der unterlegenen, unentgeltlich prozessführenden Partei eintreiben müsste. Weitere Auswirkungen der bewilligten unentgeltlichen Rechtspflege auf die Liquidation der Prozesskosten finden sich in Art. 122 (s. Art. 122 N 1–5).

Art. 112

Stundung, Erlass, Verjährung und Verzinsung der Gerichtskosten

¹ Gerichtskosten können gestundet oder bei dauernder Mittellosigkeit erlassen werden.

² Die Forderungen verjähren zehn Jahre nach Abschluss des Verfahrens.

³ Der Verzugszins beträgt 5 Prozent.

Sursis, remise, prescription et intérêts

¹ Le tribunal peut accorder un sursis ou, lorsque la partie est durablement dépourvue de moyens, renoncer aux créances en frais judiciaires.

² Ces créances se prescrivent par dix ans à compter de la fin du procès.

³ L'intérêt moratoire est de 5 %.

Dilazione, condono, prescrizione e interessi delle spese processuali

¹ Per il pagamento delle spese processuali il giudice può concedere una dilazione o, in caso di indigenza permanente, il condono.

² I crediti relativi alle spese processuali si prescrivono in dieci anni dalla chiusura del procedimento.

³ L'interesse di mora è del 5 per cento.

Inhaltsübersicht   Note

    I. Stundung und Erlass von Gerichtskosten 1

    II. Verjährung und Verzinsung 2

I. Stundung und Erlass von Gerichtskosten

1   Das Gericht kann auf Gesuch der kostenpflichtigen Partei hin die Gerichtskosten stunden, wenn sie glaubhaft macht, dass sie in **vorübergehenden** finanziellen Schwierigkeiten steckt. Möglich ist auch die Bewilligung von Ratenzahlungen. Ein Erlass der Gerichtskosten kommt nur dann in Betracht, wenn die Mittellosigkeit der betreffenden Partei ausgewiesen und **dauernd** ist; denn eine Nachforderung ist im Unterschied zur

Nachzahlung nach gewährter unentgeltlicher Rechtspflege (Art. 123) nicht mehr möglich (s. LEUENBERGER/UFFER-TOBLER, Art. 273 ZPO/SG N 1 und 2a). Wenn eine Partei die Mittellosigkeit selbst verschuldet hat, obschon sie wusste oder damit rechnen musste, dass sie Gerichtskosten zu bezahlen hat, ist der Erlass abzulehnen (STUDER/RÜEGG/ EIHOLZER, § 131 ZPO/LU N 4).

II. Verjährung und Verzinsung

Gerichtskosten sind öffentlich-rechtliche Forderungen, bei denen sich die Frage der Verjährung stellen kann. Fehlten einschlägige gesetzliche Verjährungsfristen, wäre auf verwandte Sachverhalte abzustellen oder wären allenfalls privatrechtliche Bestimmungen analog anzuwenden (s. BGE 131 V 55). Dem kommt Art. 112 Abs. 2 zuvor, der die **Verjährung von Forderungen aus Gerichtskosten bei zehn Jahren** festsetzt. Die Verjährungsfrist beginnt mit dem Abschluss des Verfahrens zu laufen, also mit der Rechtskraft des Endentscheides oder Zwischenentscheides. Sie kann durch alle Handlungen, mit denen die Forderung in geeigneter Weise beim Schuldner geltend gemacht wird, unterbrochen werden. Die Unterbrechungsgründe sind somit zahlreicher als im Privatrecht (HÄFELIN/MÜLLER/UHLMANN, N 777; s.a. Art. 123 N 2). 2

Auf rechtskräftigen Gerichtskosten-Forderungen ist ein Verzugszins von 5% zu entrichten (Art. 112 Abs. 3). In «Verzug» gelangt man in privatrechtlichen Verhältnissen gemäss Art. 102 Abs. 1 OR erst durch Zustellung einer **Mahnung**. Der privatrechtliche Begriff «Verzug» ist mangels anderslautender Vorschriften auf öffentlich-rechtliche Gerichtskosten-Schulden analog anzuwenden. Die Zustellung der Mahnung ist vom Staat nachzuweisen. 3

3. Kapitel: Besondere Kostenregelungen

Art. 113

Schlichtungsverfahren

¹ Im Schlichtungsverfahren werden keine Parteientschädigungen gesprochen. Vorbehalten bleibt die Entschädigung einer unentgeltlichen Rechtsbeiständin oder eines unentgeltlichen Rechtsbeistandes durch den Kanton.

² **Keine Gerichtskosten werden gesprochen in Streitigkeiten:**
a. nach dem Gleichstellungsgesetz vom 24. März 1995;
b. nach dem Behindertengleichstellungsgesetz vom 13. Dezember 2002;
c. aus Miete und Pacht von Wohn- und Geschäftsräumen sowie aus landwirtschaftlicher Pacht;
d. aus dem Arbeitsverhältnis sowie nach dem Arbeitsvermittlungsgesetz vom 6. Oktober 1989 bis zu einem Streitwert von 30 000 Franken;
e. nach dem Mitwirkungsgesetz vom 17. Dezember 1993;
f. aus Zusatzversicherungen zur sozialen Krankenversicherung nach dem Bundesgesetz vom 18. März 1994 über die Krankenversicherung.

Art. 113

8. Titel: Prozesskosten und unentgeltliche Rechtspflege

Procédure de conciliation

¹ Il n'est pas alloué de dépens en procédure de conciliation. L'indemnisation par le canton du conseil juridique commis d'office est réservée.

² Il n'est pas perçu de frais judiciaires pour:
a. les litiges relevant de la loi du 24 mars 1995 sur l'égalité;
b. les litiges relevant de la loi du 13 décembre 2002 sur l'égalité pour les handicapés;
c. les litiges portant sur des baux à loyer ou à ferme d'habitations ou de locaux commerciaux ou des baux à ferme agricoles;
d. les litiges portant sur un contrat de travail ou relevant de la loi du 6 octobre 1989 sur le service de l'emploi et la location de services, lorsque la valeur litigieuse n'excède pas 30 000 francs;
e. les litiges relevant de la loi du 17 décembre 1993 sur la participation;
f. les litiges portant sur des assurances complémentaires à l'assurance-maladie sociale au sens de la loi fédérale du 18 mars 1994 sur l'assurance-maladie.

Procedura di conciliazione

¹ Nella procedura di conciliazione non sono assegnate ripetibili. È fatta salva l'indennità di gratuito patrocinio a carico del Cantone.

² Nella procedura di conciliazione non sono addossate spese processuali per le controversie:
a. secondo la legge federale del 24 marzo 1995 sulla parità dei sessi;
b. secondo la legge del 13 dicembre 2002 sui disabili;
c. in materia di locazione e affitto di abitazioni e di locali commerciali come pure di affitto agricolo;
d. derivanti da un rapporto di lavoro come pure secondo la legge del 6 ottobre 1989 sul collocamento, fino a un valore litigioso di 30 000 franchi;
e. secondo la legge del 17 dicembre 1993 sulla partecipazione;
f. derivanti da assicurazioni complementari all'assicurazione sociale contro le malattie secondo la legge federale del 18 marzo 1994 sull'assicurazione malattie.

Inhaltsübersicht   Note

I. Allgemeines 1
II. Keine Parteientschädigungen in Schlichtungsverfahren 2
III. Ausgewählte Schlichtungsverfahren ohne Gerichtskosten 4
   1. Abschliessende Regelung in Abs. 2 4
   2. Streitigkeiten nach Gleichstellungsgesetz und Behindertengleichstellungsgesetz (Abs. 2 lit. a und b) 5
   3. Streitigkeiten aus Miete und Pacht von Wohn- und Geschäftsräumen sowie aus landwirtschaftlicher Pacht (Abs. 2 lit. c) 6
   4. Streitigkeiten aus dem Arbeitsverhältnis sowie nach dem Arbeitsvermittlungsgesetz bis zu einem Streitwert von CHF 30 000 (Abs. 2 lit. d) 7
   5. Streitigkeiten nach dem Mitwirkungsgesetz (Abs. 2 lit. e) 8
   6. Streitigkeiten aus Zusatzversicherungen zur sozialen Krankenversicherung nach dem Bundesgesetz über die Krankenversicherung (Abs. 2 lit. f) 9

I. Allgemeines

1 Die bundesrechtlich seit Jahrzehnten vorgegebene, auf ausgewählte Streitigkeiten beschränkte (teilweise) **Kostenlosigkeit von Schlichtungs- und Entscheidverfahren** beruht auf grundsätzlichen Erwägungen: Der generelle Verzicht auf die Erhebung von Gerichtskosten ist aus sozialpolitischen Gründen bei solchen Streitigkeiten gerechtfertigt,

wo einerseits zwischen den Parteien in aller Regel ungleiche Kräfteverhältnisse bestehen und es anderseits um existenzielle Belange für zumindest eine der Prozessparteien geht. Art. 113 Abs. 2 zählt dementsprechend diejenigen Streitigkeiten abschliessend auf, bei denen für Schlichtungsverfahren keine Gerichtskosten gesprochen werden, während Art. 114 dasselbe für ausgewählte, vor Gerichten ausgetragene Entscheidverfahren regelt. Art. 65 Abs. 4 BGG setzt den sozialpolitischen Schutzgedanken bei bundesgerichtlichen Beschwerdeverfahren insoweit fort, als er für bestimmte Streitigkeiten einen erheblich reduzierten Gerichtskosten-Rahmen festlegt. Die bundesrechtlichen Bestimmungen zur Kostenlosigkeit können zudem durch weitergehende Kostenbefreiungen nach kantonalem Recht ergänzt werden (Art. 116). Anderseits fällt die Kostenlosigkeit bei bös- oder mutwilliger Prozessführung dahin (Art. 115). Schliesslich ist für Mediationen, die anstelle eines Schlichtungsverfahrens durchgeführt werden, in Art. 218 eine eigenständige Kostenregelung vorgesehen.

II. Keine Parteientschädigungen in Schlichtungsverfahren

Im Unterschied zu den Gerichtsverfahren werden **in den Schlichtungsverfahren generell keine Parteientschädigungen** (s. Art. 95 N 16–23) zugesprochen. Das bedeutet, dass jede Partei ihre Parteikosten selber trägt (anders etwa § 68 Abs. 1 und § 72 ZPO/ZH sowie Art. 268 Abs. 2 ZPO/SG). Das gilt selbst bei Säumnis der Gegenpartei (Art. 206 N 9–4, kritisch N 11; anders etwa § 192 Abs. 2 ZPO/LU). Dementsprechend werden im Schlichtungsverfahren ausschliesslich Gerichtskosten verlegt (Art. 207). Weil mit der Schlichtung zwischen den Parteien eine gütliche Einigung und damit die Vermeidung des drohenden Prozesses angestrebt wird, liegt der Ausschluss von Parteientschädigungen im wohlverstandenen Interesse beider Parteien. Daher erscheint es sachgerecht, dass jede Partei ihren Aufwand selber trägt (BOTSCHAFT ZPO, 7294). Dennoch bleibt es den Parteien unbenommen, in einem Vergleich eine andere Kostenregelung zu treffen (s. Art. 109 Abs. 1).

Unentgeltliche Rechtsbeistände können auf Gesuch hin schon vor Eintritt der Rechtshängigkeit bestellt werden (Art. 119 N 4). Für ihre Mitwirkung im Schlichtungsverfahren sind sie unabhängig vom Ausgang des nachfolgenden Prozesses **durch den Kanton zu entschädigen**, weil die Gegenpartei selbst bei Unterliegen im Prozess nach dem in N 2 dargelegten Grundsatz für Aufwendungen im Schlichtungsverfahren keine Parteientschädigung zu vergüten hat. Dies wird mit dem entsprechenden Vorbehalt in Art. 113 Abs. 1 klargestellt.

III. Ausgewählte Schlichtungsverfahren ohne Gerichtskosten

1. Abschliessende Regelung in Abs. 2

In weitgehender Fortführung bisherigen Rechts listet Art. 113 Abs. 2 **acht Bereiche aus Bundesgesetzen** auf, bei denen die Schlichtung strittiger Rechte und Pflichten **vor der Schlichtungsbehörde kostenlos** zu erfolgen hat, d.h. keine Gerichtskosten gesprochen werden dürfen (zu den Parteientschädigungen s.o. N 2–3). Die in sechs Unterabsätze aufgeteilte Liste ist abschliessender Natur. Das Schlichtungsverfahren ist als Vorstufe eines Prozesses auf jeden Fall immer dann kostenlos, wenn auch später im Entscheidverfahren von Gesetzes wegen Kostenlosigkeit vorgesehen ist (vgl. Art. 114). Das betrifft die Streitigkeiten nach dem Gleichstellungsgesetz (SR 151.1), nach dem Behindertengleichstellungsgesetz (SR 151.3), aus dem Arbeitsverhältnis bis zu einem Streitwert von CHF 30 000 (SR 220, Art. 319–362 OR), nach dem Arbeitsvermittlungsgesetz

Art. 113 5–8   8. Titel: Prozesskosten und unentgeltliche Rechtspflege

bis zu einem Streitwert von CHF 30 000 (SR 823.11), nach dem Mitwirkungsgesetz (SR 822.14) und aus Zusatzversicherungen zur sozialen Krankenversicherung nach dem Bundesgesetz über die Krankenversicherung (SR 832.10). Ausserdem sind für die Schlichtung von Streitigkeiten aus Miete und Pacht von Wohn- und Geschäftsräumen (SR 220, Art. 253a–273 OR) sowie aus landwirtschaftlicher Pacht (SR 221.213.2) keine Gerichtskosten zu erheben, obwohl in diesen Bereichen nachfolgende Gerichtsverfahren nicht kostenlos sind. Erstaunlicherweise sieht das Gesetz demgegenüber für Zivilansprüche des Opfers nach Art. 9 OHG (SR 312.5), die vom Strafgericht an das Zivilgericht verwiesen werden, weder Kostenlosigkeit des Schlichtungsverfahrens geschweige denn dessen Wegfall vor (s. Art. 198), auch wenn das Opferhilfegesetz die Stellung des Opfers bei der Geltendmachung seiner Schadenersatzansprüche ausdrücklich stärken soll.

2. Streitigkeiten nach Gleichstellungsgesetz und Behindertengleichstellungsgesetz (Abs. 2 lit. a und b)

5   Bei Streitigkeiten nach dem Gleichstellungsgesetz vom 24.3.1995 (SR 151.1) über Diskriminierungen im Erwerbsleben aufgrund des Geschlechts werden für die Schlichtungsverfahren keine Gerichtskosten erhoben (zur paritätischen Besetzung der Schlichtungsbehörde s. Art. 200 Abs. 2). Analoges gilt für Zivilverfahren nach dem Behindertengleichstellungsgesetz vom 13.12.2002 (SR 151.3) gegen Benachteiligungen oder Diskriminierungen von Behinderten.

3. Streitigkeiten aus Miete und Pacht von Wohn- und Geschäftsräumen sowie aus landwirtschaftlicher Pacht (Abs. 2 lit. c)

6   Wie bis anhin erfolgen die Schlichtungsverfahren bei Streitigkeiten aus Miete und Pacht von Wohn- und Geschäftsräumen (Art. 253a–273 OR) kostenlos. Die dabei amtierende Schlichtungsbehörde setzt sich aus der vorsitzenden Person und aus einer paritätischen Vertretung der Vermieter- und der Mieter-Seite zusammen (s. Art. 200 Abs. 1, zur örtlichen Zuständigkeit s. Art. 33). **Neu** sind auch Schlichtungsverfahren bei Streitigkeiten aus landwirtschaftlicher Pacht kostenlos durchzuführen (SR 221.213.2, Art. 47 LPG). Nachfolgende Gerichtsverfahren sind indessen weder bei Streitigkeiten aus Miete und Pacht von Wohn- und Geschäftsräumen noch bei solchen aus landwirtschaftlicher Pacht kostenbefreit.

4. Streitigkeiten aus dem Arbeitsverhältnis sowie nach dem Arbeitsvermittlungsgesetz bis zu einem Streitwert von CHF 30 000 (Abs. 2 lit. d)

7   Das bisherige Recht wird auch bei Streitigkeiten aus dem Arbeitsverhältnis (s. Art. 319–362 OR) bis zu einem Streitwert von CHF 30 000 und bei analogen Streitigkeiten zwischen Verleiher und Arbeitnehmer nach dem Arbeitsvermittlungsgesetz vom 6.10.1989 (SR 823.11) konsequent weitergeführt, indem bei den entsprechenden Schlichtungsverfahren – wie bei nachfolgenden Gerichtsverfahren – keine Gerichtskosten erhoben werden (zur örtlichen Zuständigkeit s. Art. 34; zum Streitwert und zur Zulässigkeit einer Teilklage s. Art. 34 N 1 ff. und Art. 86 N 4 ff.).

5. Streitigkeiten nach dem Mitwirkungsgesetz (Abs. 2 lit. e)

8   Streitigkeiten, die sich um Ansprüche aus dem Bundesgesetz über die Information und Mitsprache der Arbeitnehmerinnen und Arbeitnehmer in den Betrieben vom 17.12.1993 (Mitwirkungsgesetz, SR 822.14) drehen, sind sowohl vor der Schlichtungsbehörde wie vor kantonalen Gerichtsinstanzen ohne Erhebung von Gerichtskosten durchzuführen.

3. Kapitel: Besondere Kostenregelungen **Art. 114**

6. Streitigkeiten aus Zusatzversicherungen zur sozialen Krankenversicherung nach dem Bundesgesetz über die Krankenversicherung (Abs. 2 lit. f)

Was bislang im Versicherungsaufsichtsgesetz (SR 961.01, Art. 85 Abs. 2 und 3) geregelt war, erneuern nunmehr Art. 113 Abs. 2 lit. f und Art. 114 lit. e auf zivilprozessualer Grundlage: Streitigkeiten aus Zusatzversicherungen zur sozialen Krankenversicherung nach dem Bundesgesetz über die Krankenversicherung vom 18.3.1994 (SR 832.10) sind vor Schlichtungsbehörde und kantonalen Gerichtsinstanzen kostenlos.

Art. 114

Entscheidverfahren Im Entscheidverfahren werden keine Gerichtskosten gesprochen bei Streitigkeiten:
  a. nach dem Gleichstellungsgesetz vom 24. März 1995;
  b. nach dem Behindertengleichstellungsgesetz vom 13. Dezember 2002;
  c. aus dem Arbeitsverhältnis sowie nach dem Arbeitsvermittlungsgesetz vom 6. Oktober 1989 bis zu einem Streitwert von 30 000 Franken;
  d. nach dem Mitwirkungsgesetz vom 17. Dezember 1993;
  e. aus Zusatzversicherungen zur sozialen Krankenversicherung nach dem Bundesgesetz vom 18. März 1994 über die Krankenversicherung.

Procédure au fond Il n'est pas perçu de frais judiciaires dans la procédure au fond:
  a. les litiges relevant de la loi du 24 mars 1995 sur l'égalité;
  b. les litiges relevant de la loi du 13 décembre 2002 sur l'égalité pour les handicapés;
  c. les litiges portant sur un contrat de travail ou relevant de la loi du 6 octobre 1989 sur le service de l'emploi et la location de services, lorsque la valeur litigieuse n'excède pas 30 000 francs;
  d. les litiges relevant de la loi du 17 décembre 1993 sur la participation;
  e. les litiges portant sur des assurances complémentaires à l'assurance-maladie sociale au sens de la loi fédérale du 18 mars 1994 sur l'assurance-maladie.

Procedura decisionale Nella procedura decisionale non sono addossate spese processuali per le controversie:
  a. secondo la legge federale del 24 marzo 1995 sulla parità dei sessi;
  b. secondo la legge del 13 dicembre 2002 sui disabili;
  c. derivanti da un rapporto di lavoro come pure secondo la legge del 6 ottobre 1989 sul collocamento, fino a un valore litigioso di 30 000 franchi;
  d. secondo la legge del 17 dicembre 1993 sulla partecipazione;
  e. derivanti da assicurazioni complementari all'assicurazione sociale contro le malattie secondo la legge federale del 18 marzo 1994 sull'assicurazione malattie.

Die Kostenlosigkeit der in Art. 113 Abs. 2 enummerierten Schlichtungsverfahren zu Streitigkeiten aus acht Bereichen des Bundesrechts wird auf Ebene der anschliessenden **Gerichtsverfahren** insofern fortgesetzt, als noch **bei Streitigkeiten aus sechs dieser Bereiche keine Gerichtskosten** zu erheben sind. Im Gegensatz zu den Schlichtungsverfahren umfasst die Kostenlosigkeit auf Stufe der kantonalen Gerichte ausschliesslich die Gerichtskosten; **Parteientschädigungen hingegen sind auf Antrag** (s. Art. 105 N 2)

Viktor Rüegg

Art. 115

auch in sog. «kostenlosen Entscheidverfahren» der anspruchsberechtigten Partei **zuzusprechen**. Der Ausschluss von Gerichtskosten bedeutet auch, dass weder Beweiskosten (-vorschüsse) noch Übersetzungskosten auferlegt werden dürfen. Unter dem Begriff «Entscheidverfahren» sind sämtliche kantonalen Gerichtsverfahren zu verstehen, also nicht nur solche mit End- oder Zwischenentscheiden (s. Art. 236 und 237), sondern auch Verfahren, die nach Art. 241 und 242 formell ohne «Entscheid» beendet werden. Im Verfahren um unentgeltliche Rechtspflege werden ebenfalls keine Gerichtskosten erhoben (Art. 119 Abs. 6). Vorbehalten bleibt aber für alle Verfahren der in Art. 115 verankerte Vorbehalt bös- oder mutwilliger Prozessführung.

2   Die in Art. 114 festgelegte Kostenlosigkeit gilt nicht nur in den angeführten erstinstanzlichen Entscheidverfahren, sondern **auch in anschliessenden kantonalen Rechtsmittelverfahren**. Sie stellen ebenfalls «Entscheidverfahren» i.S.v. Art. 114 dar, und die sozialpolitischen Erwägungen zur Kostenlosigkeit können auch vor oberen kantonalen Instanzen Geltung beanspruchen. Diese Auslegung von Art. 114 deckt sich mit der bisherigen Praxis zu Art. 343 aOR (s. STREIFF/VON KAENEL, Art. 343 aOR N 10). Zu den Rechtsmittelverfahren gehören auch Revision, Berichtigung und Erläuterung. Nicht unter die auf gerichtliche Erkenntnis ausgerichteten Entscheidverfahren nach Art. 114 fallen hingegen die im 10. Titel geregelten Vollstreckungsverfahren, wozu auch die Vollstreckung nach SchKG zählt. Die sozialpolitisch begründete Kostenermässigung ist vom Gesetzgeber auch im Bundesgerichtsgesetz für **bundesgerichtliche Beschwerdeverfahren** – allerdings in abgeschwächter Form – aufgenommen worden: Art. 65 Abs. 4 BGG legt für ausgewählte Streitigkeiten reduzierte Gerichtskosten-Rahmen fest.

3   Die Streitigkeiten, deren Entscheidverfahren nach Art. 114 kostenlos ist, decken sich mit den Streitigkeiten, deren Schlichtungsverfahren nach Art. 113 Abs. 2 kostenlos ist, bis auf **zwei Ausnahmen**: Die Streitigkeiten aus **Miete und Pacht von Wohn- und Geschäftsräumen** und diejenigen aus **landwirtschaftlicher Pacht** sind in Art. 114 nicht enthalten, weshalb entsprechende Entscheidverfahren vor kantonalen Gerichten Gerichtskosten nach sich ziehen. Demgegenüber bleiben vor kantonalen Gerichten – wie vor der Schlichtungsbehörde – Streitigkeiten aus folgenden Bereichen kostenfrei:

– nach dem Gleichstellungsgesetz (SR 151.1, vgl. Art. 113 N 5);
– nach dem Behindertengleichstellungsgesetz (SR 151.3, vgl. Art. 113 N 5);
– aus dem Arbeitsverhältnis sowie nach dem Arbeitsvermittlungsgesetz bis zu einem Streitwert von CHF 30 000 (SR 220 und 823.11, vgl. Art. 113 N 7);
– nach dem Mitwirkungsgesetz (SR 822.14, vgl. Art. 113 N 8);
– aus Zusatzversicherungen zur sozialen Krankenversicherung nach dem Bundesgesetz über die Krankenversicherung (SR 832.10, vgl. Art. 113 N 9).

Art. 115

Kostentragungspflicht	**Bei bös- oder mutwilliger Prozessführung können die Gerichtskosten auch in den unentgeltlichen Verfahren einer Partei auferlegt werden.**
Obligation de supporter les frais	Les frais judiciaires peuvent, même dans les procédures gratuites, être mis à la charge de la partie qui a procédé de façon téméraire ou de mauvaise foi.
Condanna alle spese	In caso di malafede o temerarietà processuali, le spese processuali possono essere addossate a una parte anche nelle procedure gratuite.

3. Kapitel: Besondere Kostenregelungen **Art. 116**

Die Kostenfreiheit gemäss Art. 113 und 114 entfällt, wenn eine Partei bös- oder mutwillig prozessiert. Diesfalls sind ihr die Gerichtskosten des Schlichtungs- oder des Entscheidverfahrens aufzuerlegen. Die fehlbare Partei und ihr Vertreter können darüber hinaus mit einer Ordnungsbusse bestraft werden (Art. 128 Abs. 2). Dieselben Grundsätze gelten auch für das an sich kostenfreie Verfahren um die unentgeltliche Rechtspflege (Art. 119 Abs. 6). **Mutwilligkeit** setzt neben der objektiv feststellbaren **Aussichtslosigkeit des Prozesses** noch ein subjektives Element voraus. Der Prozess muss **wider besseres Wissen** oder zumindest wider die vom Betreffenden nach Lage der Dinge zu erwartende Einsicht betrieben worden sein (BK-REHBINDER, Art. 343 aOR N 20 m.H. auf AppGer BS, BJM 1981, 291; OGer ZH, ZR 1972 Nr. 75 E. 5c). Böswilligkeit ist dann gegeben, wenn der aussichtslose Prozess primär die Verärgerung der Gegenpartei oder gar des Gerichtes bezwecken soll. 1

Die Gerichtspraxis zu Art. 343 Abs. 3 aOR bejahte Mutwilligkeit nur mit Zurückhaltung, **bspw.** bei folgenden Konstellationen (s. STREIFF/VON KAENEL, Art. 343 aOR N 11): 2

– bei unentschuldigtem Fernbleiben von der Gerichtsverhandlung;
– bei kurzfristigem Verschiebungsgesuch lange nach Erhalt der Vorladung;
– bei Bestreitung der Passivlegitimation erst nach durchgeführter Hauptverhandlung;
– bei falschen Angaben einer Partei, die zu einer zweiten Verhandlung führen;
– bei Klagen an ein unzuständiges Gericht trotz mehrfachem Hinweis darauf;
– bei Vorlage entscheidender Beweise erst vor zweiter Instanz;
– wenn bei klarer Sach- und Rechtslage mit dem Prozess nur eine Verzögerung bezweckt wird.

Art. 116

Kostenbefreiung nach kantonalem Recht

¹ Die Kantone können weitere Befreiungen von den Prozesskosten gewähren.

² Befreiungen, welche ein Kanton sich selbst, seinen Gemeinden und anderen kantonalrechtlichen Körperschaften gewährt, gelten auch für den Bund.

Dispenses de frais prévues par le droit cantonal

¹ Les cantons peuvent prévoir des dispenses de frais plus larges.

² Les dispenses de frais que le canton prévoit pour lui-même, ses communes et d'autres corporations de droit cantonal valent également pour la Confédération.

Esenzione dalle spese secondo il diritto cantonale

¹ I Cantoni possono prevedere altre esenzioni dalle spese giudiziarie.

² Le esenzioni che il diritto cantonale prevede a favore del Cantone medesimo, dei Comuni e di altri enti di diritto cantonale valgono anche per la Confederazione.

Mit Art. 116 wird den Kantonen die gesetzgeberische Kompetenz eingeräumt, «weitere Befreiungen von den Prozesskosten» zu gewähren. Der Bund lässt grundsätzlich offen, in welchen Bereichen, zu wessen Gunsten und nach welchen Kriterien der kantonale Gesetzgeber solche Kostenbefreiungen anordnen kann. Verlangt wird in Abs. 2 einzig, dass der Bund im Vergleich zu begünstigten kantonalrechtlichen Körperschaften nicht diskri- 1

Viktor Rüegg

miniert wird. Mit der Möglichkeit kantonalrechtlicher Kostenbefreiungen soll primär vermieden werden, dass kantonale Justizbehörden andern amtlich wirkenden kantonalen Körperschaften Gerichtskosten in Rechnung stellen, der Kanton im weiteren Sinne also zugleich Gläubiger und Schuldner derselben Forderung wäre. So sah bspw. der Aargauer Zivilprozess in § 118 ZPO/AG die Befreiung von Gerichtskosten für aargauische öffentlich-rechtliche Körperschaften unter den Voraussetzungen vor, dass deren Behörden in amtlicher Eigenschaft handeln und nicht ein vermögensrechtlicher Anspruch im Streite liegt (s. BÜHLER/EDELMANN/KILLER, § 118 ZPO/AG N 1 und 2). Auf ähnliche Weise befreit Art. 66 Abs. 4 BGG den Bund, die Kantone, die Gemeinden und mit öffentlich-rechtlichen Aufgaben betraute Organisationen i.d.R. von Gerichtskosten, wenn sie in ihrem amtlichen Wirkungskreis und ohne eigenes Vermögensinteresse an einem bundesgerichtlichen Verfahren als Partei oder Vorinstanz beteiligt sind (SPÜHLER/DOLGE/VOCK, Art. 66 BGG N 5; s.a. GEISER/MÜNCH, Art. 156 OG N 1.20a). **Im Vordergrund allfälliger kantonalrechtlicher Prozesskosten-Befreiungen** dürften demnach, was auch Art. 116 Abs. 2 andeutet, die **Kantone selber, ihre Gemeinden und andere kantonalrechtliche Körperschaften** stehen. Die Kostenbefreiung wird gerade im Bereich des Zivilprozesses auf amtlich wirkende öffentlich-rechtliche Körperschaften zu beschränken sein, die keine Interessen des Finanzvermögens verfolgen. So könnte etwa die erfolglose Klage einer kantonalen Aufsichtsbehörde auf Bereinigung einer Eintragung im Zivilstandsregister (Art. 42 Abs. 2 ZGB; Art. 249 lit. a Ziff. 3) ein Fall für die Befreiung von Gerichtskosten sein, sofern der betroffene Kanton zuvor entsprechend legiferiert hat. Beispiele altrechtlicher Kostenbefreiungen öffentlich-rechtlicher Körperschaften in Verfahren vor Bundesgericht, die allerdings ausschliesslich öffentlich-rechtliche Streitigkeiten betrafen, und Fälle nicht gewährter Kostenbefreiungen finden sich in SPÜHLER/DOLGE/VOCK, Art. 66 BGG N 9.

2 Obwohl Art. 116 Abs. 1 ausdrücklich über Befreiungen von «Prozesskosten» spricht und damit gemäss der Begriffsdefinition des Art. 95 Abs. 1 Gerichtskosten *und* Parteientschädigung umfassen müsste, erscheint nicht nachvollziehbar, dass kantonales Recht prozessual unterliegende öffentlich-rechtliche Körperschaften (oder gar andere Parteien!) von der Verpflichtung zur Leistung einer Parteientschädigung an die obsiegende Partei soll befreien können. Eine derartige Regelung stünde im offenbaren, sachlich nicht begründbaren und die prozessuale Chancengleichheit verletzenden Widerspruch zum bundesrechtlichen Kostenverteilungsgrundsatz gemäss Art. 106. Die Verwendung des Begriffs «Prozesskosten» in Art. 116 stellt auch mit Blick auf die Regelung von Art. 66 Abs. 4 BGG, der zu Recht nur die Befreiung von Gerichtskosten thematisiert, ein gesetzgeberisches Versehen dar. Die **Kostenbefreiung** nach Art. 116 **kann deshalb nur Gerichtskosten betreffen**, die übrigens schon in den vorgehenden Art. 113–115 ausschliesslicher Regelungsgegenstand sind.

3 Der **Spielraum der Kantone auf dem Gebiet der Prozesskosten** wird durch weitere Kompetenznormen erweitert: Gemäss Art. 218 Abs. 3 kann der kantonale Gesetzgeber «Kostenerleichterungen» zur Förderung mediativer Schlichtungs- oder Entscheidverfahren anordnen, die über den Anspruch auf unentgeltliche Mediation in kindesrechtlichen Angelegenheiten (Art. 218 Abs. 2) hinausgehen. Sodann steht es den Kantonen frei, reduzierte Gerichtskosten für Entscheide ohne schriftliche Begründung nach Art. 239 festzulegen (s. Art. 239 N 1–5).

4. Kapitel: Unentgeltliche Rechtspflege

Art. 117

Anspruch	Eine Person hat Anspruch auf unentgeltliche Rechtspflege, wenn: a. sie nicht über die erforderlichen Mittel verfügt; und b. ihr Rechtsbegehren nicht aussichtslos erscheint.
Droit	Une personne a droit à l'assistance judiciaire aux conditions suivantes: a. elle ne dispose pas de ressources suffisantes; b. sa cause ne paraît pas dépourvue de toute chance de succès.
Diritto	Ha diritto al gratuito patrocinio chiunque: a. sia sprovvisto dei mezzi necessari; e b. la cui domanda non appaia priva di probabilità di successo.

Inhaltsübersicht   Note

I. Überblick 1
II. Der Anspruch auf unentgeltliche Rechtspflege 5
III. Die Mittellosigkeit 7
   1. Zum Begriff der Mittellosigkeit 7
   2. Massgebliche Einkommen und Auslagen 9
   3. Berücksichtigung von Schulden, Vermögen und Leistungen Dritter 14
IV. Die fehlende Aussichtslosigkeit der Rechtsbegehren 18
   1. Begriff der Aussichtslosigkeit 18
   2. Prüfung der Erfolgsaussichten 20
V. Prozesskostenhilfe gemäss Lugano Übereinkommen 22

Literatur

A. BÜHLER, Die Prozessarmut, in: Chr. Schöbi (Hrsg.), Gerichtskosten, Parteikosten, Prozesskaution, unentgeltliche Prozessführung, Bern 2001; K. BOESCH/C. JOZIC, Die unentgeltliche Rechtspflege in der Zivilprozessordnung des Kantons Luzern, Luzern 2006; W. DÜGGELIN, Das zivilprozessuale Armenrecht im Kanton Luzern, Zürich 1986; EHRENZELLER/MASTRONARDI/SCHWEIZER/VALLENDER, Die schweizerische Bundesverfassung, St. Galler Kommentar, Zürich 2002; FELLMANN/ZINDEL, Kommentar zum Anwaltsgesetz, Zürich 2005; A. KLEY-STRULLER, Der Anspruch auf unentgeltliche Rechtspflege, AJP 1995, 179 ff.; S. MEICHSSNER, Das Grundrecht auf unentgeltliche Rechtspflege, Basel 2008; B. RIES, Die unentgeltliche Rechtspflege nach der aargauischen Zivilprozessordnung vom 18. Dezember 1984, Aarau 1990; M. SCHEFER, Grundrechte in der Schweiz, Bern 2005; P. WAMISTER, Die unentgeltliche Rechtspflege, die unentgeltliche Verteidigung und der unentgeltliche Dolmetscher unter dem Gesichtspunkt von Art. 4 BV und Art. 6 EMRK, Diss. Basel 1983.

I. Überblick

Der Anspruch auf unentgeltliche Rechtspflege (in kantonalen Prozessordnungen als «Armenrecht» oder auch als «unentgeltliche Prozessführung» bezeichnet) dient der **prozessualen Chancengleichheit**. Die unentgeltliche Rechtspflege nimmt einen sozialen Ausgleich vor, indem sie mit positiven Leistungen des Staates diejenigen faktischen Ungleichheiten ausgleicht, die einer Partei aufgrund ihrer finanziellen Situation in der Rechtsverfolgung entstehen (MEICHSSNER, 5). Sie bezweckt, auch der bedürftigen Partei   **1**

Art. 117 2–4   8. Titel: Prozesskosten und unentgeltliche Rechtspflege

den Zugang zum Gericht und die Wahrung ihrer Parteirechte zu ermöglichen (BGE 135 I 1 E. 7.1). Sie ist im Rahmen der Nachführung des Schweizer Verfassungsrechts ab 1.1.2000 als Grundrecht in Art. 29 Abs. 3 BV kodifiziert worden, derweil sie zuvor lediglich als Teilgehalt des Rechtsgleichheitsgebots von Art. 4 aBV, allenfalls auch des Rechtsgewährleistungsgebots in Art. 6 Ziff. 1 EMRK, anerkannt war. Dieses Grundrecht stellte bloss eine bundesrechtliche Minimalgarantie für die Rechtsuchenden dar (so BGE 124 I 2). Dem kantonalen Prozessrecht blieb es überlassen, das Institut zu konkretisieren, wobei das Bundesgericht als Verfassungsrichter immer wieder korrigierend in die kantonale Verfahrenshoheit eingriff.

2   Mit den Art. 117–123 wird die unentgeltliche Rechtspflege über das Grundrecht hinaus im Bereich des Zivilprozesses – analog zur entsprechenden Regelung im neuen Bundesstrafprozess für Zivilansprüche der Privatklägerschaft (s. Art. 136–138 StPO) – bundesweit vereinheitlicht. Im Kerngehalt **befreit die unentgeltliche Rechtspflege von Vorschuss- und Sicherheitsleistungen** sowie zumindest **vorläufig von Gerichtskosten**; ausserdem gewährt sie einen Anspruch auf **unentgeltliche Rechtsverbeiständung**, soweit dies zur Wahrung der Rechte im konkreten Fall notwendig ist. Sie kann – über den Zivilprozess hinaus – für jedes staatliche Verfahren erteilt werden (BGE 121 I 60, 62 ff.), so etwa auch für Konkursverfahren zufolge Insolvenzerklärung (BGE 118 III 27), für Rechtsöffnungsverfahren (BGE 121 I 60) und für SchKG-Beschwerdeverfahren (BGE 122 I 8). Sie steht **allen natürlichen Personen** – unabhängig von einem schweizerischen oder ausländischen Wohnsitz und unabhängig von ihrer Staatsangehörigkeit – zu (BGE 120 Ia 217; s.a. Art. 11c IPRG und Art. 1 HÜ80, SR 0.274.133; Spühler/Dolge/Vock, Art. 64 N 4). Unter bestimmten Voraussetzungen werden auch Kollektiv- und Kommanditgesellschaften gleich gehalten wie natürliche Personen (BGE 116 II 651 E. 2). Ebenso kann der Anspruch von jedem einzelnen – notwendigen oder einfachen – Streitgenossen unabhängig von den finanziellen Verhältnissen der andern Streitgenossen geltend gemacht werden (BGE 115 Ia 193 = Pra 1990 Nr. 49). Strittig ist, ob der Anspruch auch Nebenintervenienten zusteht (s. Leuenberger/Uffer-Tobler, Art. 281 ZPO/SG N 1f m.H. auf Frank/Sträuli/Messmer, § 84 ZPO/ZH N 8 und § 87 ZPO/ZH N 3). Anderseits gewährt die unentgeltliche Rechtspflege nicht die endgültige Befreiung von Verfahrens- oder Vertretungskosten; diese sind vielmehr bei Wegfall der Bedürftigkeit dem Staat nachzubezahlen (BGE 122 I 6; Kley-Struller, 179).

3   Ob die unentgeltliche Rechtspflege auch **juristischen Personen** oder bestimmten **Sondervermögen** (z.B. Konkursmassen) erteilt werden kann, ist nach bisherigem Recht kontrovers. Das Bundesgericht lehnte bisher den Anspruch einer juristischen Person auf unentgeltliche Rechtspflege im Grundsätzlichen ab, bejahte ihn aber ausnahmsweise dann, wenn das einzige Aktivum der juristischen Person im Streite liegt und neben ihr auch die wirtschaftlich Beteiligten mittellos sind (BGE 131 II 306, 326 f.). Auch die h.L. vertritt die Meinung, dass die unentgeltliche Rechtspflege ein soziales Grundrecht und im Hinblick auf die Umschreibung der Bedürftigkeit somit auf natürliche Personen zugeschnitten sei (so etwa Meichssner, 44 f., m.H. auf gleiche und auf abweichende Meinungen). Eine Minderheit kritisiert die bisherige Praxis als unvereinbar mit der Rechtsgleichheit, zumal sich juristische wie natürliche Personen bei der Rechtsverfolgung auf die Rechtsgleichheit und den Anspruch auf rechtliches Gehör berufen könnten. Mit der in Art. 117 gewählten offenen Formulierung entscheidet die neue Bundes-Zivilprozessordnung diese Kontroverse ausdrücklich nicht. Es soll vielmehr der Praxis überlassen sein, im Einzelfall eine sachgerechte Lösung zu treffen (s. Botschaft ZPO, 7301).

4   **Voraussetzungen für die Gewährung der unentgeltlichen Rechtspflege sind** einerseits die **Bedürftigkeit** der ansprechenden Partei und anderseits **Erfolgschancen** ihres

4. Kapitel: Unentgeltliche Rechtspflege   5, 6 **Art. 117**

Prozessstandpunkts. Bedürftigkeit liegt vor, wenn eine Partei ausser Stande ist, neben dem notwendigen Lebensunterhalt für sich und ihre Familie für Gerichts- und notwendige Anwaltskosten aufzukommen (SPÜHLER/DOLGE/VOCK, Art. 64 N 5). Aussichtslos sind Rechtsbegehren, bei denen die Gewinnaussichten beträchtlich geringer sind als die Verlustgefahren und die deshalb kaum als ernsthaft bezeichnet werden können (s.u.a. BGE 129 I 129 E. 2.3.1). Die Erfolgsaussichten beurteilen sich dabei im Zeitpunkt der Gesuchseinreichung (BGE 128 I 236 E. 2.5.3). Was die **unentgeltliche Rechtsverbeiständung** betrifft, ist sie nur dann zu bewilligen, wenn es **zur Wahrung der im Streite liegenden Rechte notwendig** ist (BGE 135 I 1). Hierbei sind als Kriterien massgebend: Die Schwierigkeit der sich im Prozess stellenden Fragen, die Rechtskundigkeit der ansprechenden Partei, die Pflicht zur Herstellung der «Waffengleichheit» und die Tragweite des Entscheides (vgl. LEUENBERGER/UFFER-TOBLER, Art. 282 ZPO/SG N 4a).

II. Der Anspruch auf unentgeltliche Rechtspflege

Die Umschreibung des Anspruchs auf unentgeltliche Rechtspflege gemäss Art. 117 **deckt sich nahezu wörtlich mit** der Fassung des in **Art. 29 Abs. 3 BV** kodifizierten Grundrechts. Damit liegt der Schluss nahe, dass der Gesetzgeber die bisherige Bundesgerichts-Praxis zu dieser Verfassungsbestimmung bzw. zu Art. 4 aBV als deren Vorgänger, wie sie in reichhaltiger Rechtsprechung entwickelt worden ist (s.o. Hinweise zu N 1–4), im Wesentlichen fortführen will. Dies gilt namentlich für den Kreis der anspruchsberechtigten Personen (s. N 2–3), für Umfang bzw. Wirkungen der unentgeltlichen Rechtspflege (s. N 2 und Art. 118) sowie für ihre Voraussetzungen (s. N 4 und 7–21). Insofern wird der bisherigen Lehre und Praxis zu Art. 29 Abs. 3 BV auch bei der Anwendung und Auslegung der Art. 117 ff. erhebliche Bedeutung zukommen (s. für viele: HOTZ, in: Ehrenzeller et al., Art. 29 BV Rz 42 ff.; SCHEFER, 303 ff.).

Anspruchsberechtigt nach Art. 117 sind alle natürlichen Personen, die als Partei in einem zivilprozessualen Verfahren vor einer staatlichen Instanz auftreten. Zu Nationalität und Wohnsitz der Personen, zu besondern Partei-Konstellationen und zur Abgrenzung von nicht anspruchsberechtigten Parteien wird auf die Ausführungen in N 2 und 3 verwiesen. Unter die vom Anspruch abgedeckten Verfahren fallen nicht nur die ordentlichen und vereinfachten Verfahren, die summarischen Verfahren mitsamt freiwilliger Gerichtsbarkeit, die besonderen eherechtlichen und die kindesrechtlichen Verfahren, sondern – für die meisten Kantone neu – **auch die Schlichtungsverfahren**, wie aus der Spezialregelung in Art. 113 Abs. 1 über die Entschädigung der unentgeltlichen Rechtsverbeiständung vor der Schlichtungsbehörde zu folgern ist. Das ist dogmatisch richtig, stellen die Schlichtungsverfahren doch als zwingende Prozessvoraussetzung einen notwendigen Schritt auf dem Weg zur Rechtsverwirklichung dar (s. MEICHSSNER, 56, m.H. auf die in BGE 114 Ia 29 E. 4 noch vertretene Gegenposition). Der Anspruch besteht zudem – auf neuen Antrag hin (Art. 119 Abs. 5) – in sämtlichen Rechtsmittelverfahren und in den zivilprozessualen (wie betreibungsrechtlichen) Vollstreckungsverfahren (vgl. FRANK/STRÄULI/MESSMER, § 84 ZPO/ZH N 4–6a und 24). Als abgewandelte Form der unentgeltlichen Rechtspflege kann die **unentgeltliche Mediation** in kindesrechtlichen Angelegenheiten bezeichnet werden, wie sie Art. 218 Abs. 2 unter bestimmten Voraussetzungen gewährt (Art. 218 N 7 ff.). Kein Anspruch besteht demgegenüber in allen Verfahren der Schiedsgerichtsbarkeit (Art. 353 ff.), da es nicht Aufgabe des Staates ist, den Zugang zu privaten Gerichten zu ermöglichen (s. MEICHSSNER, 65; BGE 99 Ia 325).

III. Die Mittellosigkeit

1. Zum Begriff der Mittellosigkeit

7   Als primäre Voraussetzung des Anspruchs auf unentgeltliche Rechtspflege legt Art. 117 lit. a fest, dass die antragstellende Partei «nicht über die erforderlichen Mittel verfügt» – zu ergänzen ist «zur Finanzierung der Prozesskosten». Damit tritt der Begriff der Mittellosigkeit wie schon in Art. 29 Abs. 3 BV an Stelle des während Jahrzehnten in Lehre und Praxis verwendeten Begriffs der Bedürftigkeit. Beide Begriffe umschreiben die finanzielle Situation einer Person so, dass sie nicht in der Lage ist, für die Prozesskosten aufzukommen, ohne dass sie Mittel beanspruchen müsste, die zur Deckung des Grundbedarfs für sie und ihre Familie notwendig sind (s. BGE 128 I 225 E. 2.5.1). Im Unterschied zur umgangssprachlichen Bedeutung des Begriffs Mittellosigkeit ist dieser nicht mit Armut gleichzusetzen; er bezeichnet bloss **das relative Unvermögen, mit den vorhandenen Mitteln zusätzlich die mutmasslichen Kosten eines konkreten Prozesses zu tragen**. Die Anspruchsvoraussetzungen für die Unterstützung durch Sozialhilfe und die Gewährung der unentgeltlichen Rechtspflege sind somit nicht identisch (MEICHSSNER, 74). Ob Bezüger wirtschaftlicher Sozialhilfe ohne nähere Einkommens- und Auslagenberechnung generell als «mittellos» i.S.v. Art. 117 lit. a zu gelten haben, wurde unter kantonalem Prozessrecht kontrovers entschieden. Die Frage dürfte zukünftig im Hinblick auf Zweck und Voraussetzungen wirtschaftlicher Sozialhilfe wohl für die ganze Schweiz zu bejahen sein. Konkret bestimmt sich die Mittellosigkeit aus einer Gegenüberstellung der gesamten finanziellen Verhältnisse der gesuchstellenden Partei auf der einen und ihrer notwendigen Auslagen zum Lebensunterhalt auf der andern Seite unter gleichzeitiger Berücksichtigung der mutmasslichen Prozesskosten. Dabei sind sowohl die Einkommens- als auch die Vermögensverhältnisse im Zeitpunkt der Entscheidung über das Gesuch zu berücksichtigen (zur Mitwirkungspflicht und dem Erfordernis des Glaubhaftmachens s. Art. 119 N 3). Auszugehen ist grundsätzlich vom betreibungsrechtlichen Existenzminimum, wobei den individuellen Umständen Rechnung zu tragen ist. Mittellosigkeit kann auch bejaht werden, wenn das Einkommen leicht über dem Existenzminimum liegt (BGE 124 I 2 E. 2a). Ein allfälliger **Überschuss** zwischen Einkommen und Notbedarf ist mit den für den konkreten Fall zu erwartenden Prozesskosten in Beziehung zu setzen. Dabei sollte der monatliche Überschuss ermöglichen, die Prozesskosten bei weniger aufwendigen Prozessen innert eines Jahres, bei anderen innert zweier Jahre zu tilgen und anfallende Gerichts- und Anwaltskostenvorschüsse innert absehbarer Zeit zu leisten (s. Pra 2008 Nr. 67, 444, E. 3.1.; unv. BGE vom 11.9.2007, 4A_87/2007).

8   Auch eine **selbst verschuldete Mittellosigkeit** schliesst den Anspruch auf unentgeltliche Rechtspflege nicht aus, soweit kein rechtsmissbräuchliches Verhalten vorliegt. Rechtsmissbrauch kann angenommen werden, wenn eine gesuchstellende Partei im Hinblick auf den zu führenden Prozess eine Anstellung aufgegeben oder eine andere nicht angetreten hat, oder wenn sie durch Veräusserung (z.B. Schenkung) in Kauf nimmt, die aus einem Prozess entstehenden Kosten nicht bezahlen zu können (LEUENBERGER/UFFER-TOBLER, Art. 281 ZPO/SG N 5 m.H. auf BGE 104 Ia 31 E. 4).

2. Massgebliche Einkommen und Auslagen

9   Bei der Gegenüberstellung der massgeblichen finanziellen Verhältnisse ist vom **gesamten Einkommen** der ansprechenden Partei auszugehen. Darunter fallen Nettolohn, Schichtzulagen, 13. Monatslohn, Familienzulage i.e.S., Gratifikation, Naturallohn, Spesenpauschalen mit Lohncharakter, persönliche Alimentenzahlungen, Reingewinn bei Selbständigerwerbenden, Leistungen der Arbeitslosenversicherung, der AHV und der IV,

Kapitalzinsen und andere Vermögenserträge. Anzurechnen sind auch Kapitalleistungen, die im Sinne eines Ersatzeinkommens geleistet werden. **Nicht zu berücksichtigen** sind Kapitalbeträge, die als Entschädigung für Körperverletzung, Gesundheitsstörung oder Tötung eines Menschen ausgerichtet werden, soweit sie Genugtuung bzw. Ersatz für Heilungskosten oder für die Anschaffung von Hilfsmitteln darstellen. Diese Leistungen sollen eine Einbusse in den Persönlichkeitsgütern ausgleichen und sind daher auch nicht pfändbar (s. LEUENBERGER/UFFER-TOBLER, Art. 281 ZPO/SG N 3 lit. d; BOESCH/JOZIC, 21; FRANK/STRÄULI/MESSMER, § 84 ZPO/ZH N 20). Kein Einkommen stellen Alimente dar, für die zwar ein Vollstreckungstitel vorliegt, die aber tatsächlich nicht bezahlt werden. Auch hypothetische Einkommen sind nicht aufzurechnen. Immerhin wird der erstinstanzliche Massnahmerichter (nach Art. 271 lit. a oder nach Art. 276) bei der gleichzeitigen Beurteilung eines Gesuchs um unentgeltliche Rechtspflege die zukünftigen Alimente als Einkommen bzw. Auslagen regelmässig anrechnen, da er auf die Erfüllung der von ihm festgelegten Alimentenverpflichtung vertrauen darf.

Für Kinder überwiesene **Unterhaltsbeiträge und Kinderzulagen** sind bei der Einkommensberechnung des obhutsberechtigten, getrennt lebenden Elternteils nicht zu berücksichtigen (zur Einkommens- und Auslagenberechnung eines Elternteils bei nicht getrennter Familie s. N 13). Bei diesen Leistungen handelt es sich von Gesetzes wegen um Mittel, die dem obhutsberechtigten Elternteil nicht dazu dienen dürfen, eigene Schulden zu decken oder den eigenen Lebensstandard zu verbessern; sie sollen vielmehr grundsätzlich nur den Kindern zukommen. Da in den Unterhaltsbeiträgen aber ein Anteil der Wohn- und Sozialversicherungskosten des Kindes enthalten ist, darf bei den entsprechenden Auslagenpositionen des Elternteils ein angemessener Abzug gemacht werden (s. unv. BGE vom 24.3.2005, 7B.35/2005 und BGE 115 Ia 325 ff. mit einem Vorbehalt bei übermässig hohen Kinderalimenten; anders noch LGVE 1998 I Nr. 29). 10

Das **Einkommen eines Selbständigerwerbenden** ist aufgrund der Bilanz und Erfolgsrechnung zu ermitteln. Aufgrund der Bilanz ergibt sich das Einkommen aus der Veränderung des Eigenkapitals korrigiert um die effektiven Nettoprivatbezüge und eventuelle Kapitaleinlagen. In der Erfolgsrechnung wird das massgebliche Einkommen als Gewinn ausgewiesen, d.h. als Überschuss des Geschäftsertrages über den korrekt ermittelten Aufwand. Die Privatbezüge des Geschäftsinhabers zeigen die von der Unternehmung effektiv bezogenen geldwerten Leistungen und können quasi als Gewinnvorbezug während des Geschäftsjahres aufgefasst werden (s. ZK-BRÄM/HASENBÖHLER, Art. 163 ZGB N 75). 11

Bei der Festlegung der **anrechenbaren Auslagen** ist grundsätzlich vom betreibungsrechtlichen Existenzminimum oder Notbedarf auszugehen, wobei aber gemäss konstanter Praxis zu Art. 4 aBV bzw. Art. 29 Abs. 3 BV nicht allein darauf abgestellt werden darf. Bedürftigkeit bzw. Mittellosigkeit kann auch dann bejaht werden, wenn das Einkommen **leicht über dem Existenzminimum** liegt (BGE 124 I 2 E. 2a; 120 Ia 181 E. 3a und 106 Ia 82 f.). Die meisten Kantone haben aufgrund von Richtlinien der Konferenz der Betreibungs- und Konkursbeamten der Schweiz (letztmals vom 15.12.2006) monatliche Grundbeträge für die Berechnung des betreibungsrechtlichen Existenzminimums festgelegt. In Verfahren betreffend unentgeltliche Rechtspflege wurden auf diesen Grundbeträgen bei der Berechnung der Mittellosigkeit unterschiedlich hohe Zuschläge gewährt (zwischen 10% und 30%) oder aber im Einzelfall ein angemessener Betrag aufgerechnet. Das Bundesgericht hat es unter bisherigem Recht vermieden, einen (minimalen) Zuschlag als angemessen oder gar verbindlich zu bezeichnen (zum Ganzen s. MEICHSSNER, 94 ff.). Da die Art. 117 ff. neu einen bundesrechtlich einheitlichen Anspruch auf unentgeltliche Rechtspflege vorgeben, wird die Praxis zu **pauschalen oder einzelfallweisen** 12

Zuschlägen zu vereinheitlichen sein. Im Interesse einer rechtsgleichen Behandlung der Rechtsuchenden erscheint ein pauschaler Zuschlag – etwa von 20% auf dem Grundbetrag – als angezeigt. Ebenso «rechtsgleich» ist es anderseits, besonders hohe Wohnkosten oder überobligatorische Krankenversicherungsprämien bei der Auslagenberechnung unter Beachtung vorgegebener Kündigungsfristen zu reduzieren. Denn die erwähnten **Richtlinien** sehen neben dem erwähnten Grundbetrag nur die Berücksichtigung weiterer *notwendiger* Auslagen wie die Wohnkosten (Mietzins bzw. Liegenschaftsaufwand), die Sozialbeiträge, unumgängliche Berufsauslagen, rechtlich oder moralisch geschuldete Unterstützungs- und/oder Unterhaltsbeiträge, Kosten für Schulung der Kinder, für Abzahlung oder Miete von Kompetenzstücken sowie für Arzt, Arzneien, Geburt, Pflege von Familienangehörigen oder Wohnungswechsel vor. Auch laufende Steuer-Verbindlichkeiten sind anzurechnen, soweit die Steuern bisher auch tatsächlich geleistet worden sind (Effektivitätsgrundsatz). Einzelheiten zur bisherigen, kantonal unterschiedlichen Berücksichtigung verschiedener Auslagenpositionen finden sich u.a. in LEUENBERGER/UFFER-TOBLER, Art. 281 ZPO/SG N 3–6; STUDER/RÜEGG/EIHOLZER, § 130 ZPO/LU N 3 und 4; BOESCH/JOZIC, 24–30.

13   Differenziert zu beurteilen sind die Fälle, wo die ansprechende Partei nicht alleine lebt, sondern verheiratet ist oder in einer dauernden Hausgemeinschaft mit erwachsenen Personen zusammenlebt. So geht innerhalb einer Familie die **familienrechtliche Unterhalts- und Beistandspflicht** nach Art. 159, Art. 163 und Art. 276 ZGB der unentgeltlichen Rechtspflege vor. Danach muss ein Ehegatte dem andern einen seinen Verhältnissen angemessenen Prozesskostenvorschuss leisten, wenn die Streitigkeit die eheliche Gemeinschaft, die Person oder das Vermögen des Ehegatten betrifft. Bei zusammenlebenden Ehegatten wird daher für die Beurteilung der Mittellosigkeit eines Ehegatten regelmässig das Einkommen beider Ehegatten dem Bedarf der Familie (inkl. Kinder) gegenübergestellt sowie das Vermögen beider Ehegatten berücksichtigt. Dabei ist der Güterstand der Ehegatten ohne Relevanz (s. LEUENBERGER/UFFER-TOBLER, Art. 281 ZPO/SG N 6a). Bei einer **Hausgemeinschaft unverheirateter erwachsener Personen,** wozu auch das Zusammenleben eines Elternteils mit *erwerbstätigen* volljährigen Kindern gehört, sind in der Auslagen-Berechnung pro Person der hälftige Ehepaar-Grundbetrag und die anteilsmässigen Wohnkosten einzusetzen. Befinden sich **mündige Kinder,** die im elterlichen Haushalt wohnen, hingegen **noch in Ausbildung** i.S.v. Art. 277 Abs. 2 ZGB, sind bei der Berechnung des zivilprozessualen Notbedarfs ihrer Eltern keine Kürzungen der Grundbeträge und der Wohnkosten vorzunehmen, sondern vielmehr die Unterhaltsleistungen zugunsten der Kinder aufwandseitig zu berücksichtigen.

3. Berücksichtigung von Schulden, Vermögen und Leistungen Dritter

14   Die Praxis der kantonalen Gerichte und des Bundesgerichts zur **Berücksichtigung von privat- oder öffentlich-rechtlichen Schulden** bei der Berechnung des notwendigen Lebensunterhalts ist uneinheitlich. Einerseits wird vom Grundsatz ausgegangen, dass eine ansprechende Partei i.d.R. durch die Prozessführung nicht daran gehindert werden soll, zwingende finanzielle Verpflichtungen, denen sie bisher stets nachgekommen ist, weiterhin zu erfüllen. Derartige Auslagen müssen sich anderseits unter objektiven Gesichtspunkten als notwendig erweisen und nicht missbräuchlich erscheinen. Notwendig sind sie u.a. nur dann, wenn sie nicht ohne grössere Nachteile aufgehoben oder sistiert werden können (vgl. MEICHSSNER, 92 f., und LGVE 1995 I Nr. 34). Im Unterschied zu nachweislich bezahlten laufenden Steuern sind offene Steuerrückstände, soweit sie nicht mittels Pfändung zwangsvollstreckt werden, in aller Regel bereits früher sistiert worden und dürften somit auch für eine weitere Übergangsfrist ohne grössere Nachteile sistierbar

bleiben, weshalb sie nicht anzurechnen sind. **Abzahlungs- und Leasingraten** (inkl. Amortisationsanteil) sind nur soweit zu berücksichtigen, als sie regelmässig bezahlt und **für die Anschaffung von Kompetenzgütern verwendet** wurden (BOESCH/JOZIC, 21 und 29; a.M. LEUENBERGER/UFFER-TOBLER, Art. 281 ZPO/SG N 3c). Andernfalls würden Parteien, die kreditierte Investitionen in Konsum- oder Luxusgüter zufälligerweise vor Prozessaufnahme getätigt haben, mit der Erteilung der unentgeltlichen Rechtspflege grundlos bevorzugt gegenüber Parteien, die erst während des Prozesses in solche Güter investieren möchten und dies wegen zu Recht verweigerter unentgeltlicher Rechtspflege nicht mehr tun können. Denn die unentgeltliche Rechtspflege soll nicht dazu dienen, auf Kosten des Gemeinwesens Gläubiger zu befriedigen, die nicht oder nicht mehr zum Lebensunterhalt des Schuldners beitragen (s. unv. BGE vom 29.5.2006, 4P.80/2006).

Neben dem überschüssigen Einkommen muss **auch Vermögen zur Bestreitung von Prozessaufwand eingesetzt werden**. Sind bei Beginn der Rechtshängigkeit eines Prozesses ausreichend liquide Mittel – etwa aus Bankkonten, Wertpapieren, Erbschaften oder fälligen Forderungen – vorhanden, erübrigt sich gar die Berechnung des zivilprozessualen Notbedarfs. Vom Vermögen ist allerdings derjenige Betrag, der mangels ausreichenden Einkommens für den laufenden Lebensunterhalt eingesetzt werden muss, nicht zu berücksichtigen (s. unv. BGE vom 11.2.2009, 9C_874/2008). Hierfür und zur Bewältigung zukünftiger Notsituationen gesteht die bisherige Gerichtspraxis den Ansprechern auf unentgeltliche Rechtspflege in unterschiedlichem Ausmass Vermögensfreibeträge, sog. «**Notgroschen**» zu. Die Freibeträge sind nicht pauschal festzusetzen, sondern in Würdigung der konkreten Umstände wie Alter, Gesundheit und Höhe des laufenden Vermögensverzehrs zu bemessen. So ist es nach Ansicht des Bundesgerichts willkürlich, bei einer psychisch kranken, bevormundeten Alleinstehenden ein Vermögen von CHF 15 700 zur Prozessfinanzierung zu berücksichtigen; anderseits soll einem gesunden Ansprecher mit regelmässigem Einkommen ein Vermögen von ca. CHF 24 000 nicht als Notgroschen belassen werden (s. unv. BGE vom 11.2.2009, 9C_874/2008; vom 18.12.2006, 5P.375/2006 und vom 28.9.2004, 1P.450/2004). Als Folge der Vereinheitlichung des Zivilprozessrechts wird das Bundesgericht kaum darum herumkommen, für die kantonalen Gerichte einen bundesrechtlich gebotenen Freibetrag als Ausgangsbasis vorzugeben, die mit Blick auf die bisherige Praxis der Kantone und die Lehre im Bereich von CHF 10 000 bis CHF 15 000 liegen könnte (s. MEICHSSNER, 85 f.; LEUENBERGER/ UFFER-TOBLER, Art. 281 ZPO/SG N 4b; STUDER/RÜEGG/EIHOLZER, § 130 ZPO/LU N 3; STAEHELIN/SUTER, 193).

Beim Vermögen sind neben den Barmitteln **auch veräusserbare oder hypothekarisch belastbare Sachwerte** zu berücksichtigen, soweit sie zusammen mit dem anderen Vermögen den Notgroschen übersteigen. Dazu gehören Rückkaufswerte von Lebensversicherungen oder Motorfahrzeuge ohne Kompetenzcharakter, wobei sich aus dem Besitz eines Autos allein nicht zwingend auf fehlende Mittellosigkeit und damit Verweigerung der unentgeltlichen Rechtspflege schliessen lässt (s. BGE 124 I 3 E.2.c. und 124 I 97 E 3.b). Bei **Immobilien** kann vom Eigentümer verlangt werden, dass er einen Kredit auf das Grundstück aufnimmt, soweit er es noch belasten kann und die Belastung für ihn auch tragbar ist (BGE 119 Ia 11 E.5). Trifft dies nicht zu und ist mit einem Nettoerlös aus dem Verkauf des Grundstücks zu rechnen, kann die unentgeltliche Rechtspflege bis zum Zeitpunkt der innert angemessener Frist zu realisierenden Veräusserung *teilweise* gewährt werden (s. Art. 118 Abs. 2); anschliessend sind aus dem Verkaufserlös die Prozesskosten zu finanzieren. Was Ansprüche auf Barauszahlung von Austrittsleistungen nach Art. 5 FZG (SR 831.42) betrifft, sind diese als Vermögen anzurechnen, sofern die Auszahlung vom Versicherten gefordert werden kann (s. BGE 135 I 288). Nicht zu berücksichtigen sind blosse Anwartschaften, strittige Vermögensansprüche oder ein mögli-

Art. 117 17–19   8. Titel: Prozesskosten und unentgeltliche Rechtspflege

cher Prozessgewinn, da solche Werte im Zeitpunkt der Entscheidung über die unentgeltliche Rechtspflege nicht verfügbar sind. Sobald sie realisiert sind, führen sie allerdings zur Nachzahlung nach Art. 123.

17   Neben der in N 13 dargelegten familienrechtlichen Unterhalts- und Beistandspflicht gehen weitere Leistungen Dritter der unentgeltlichen Rechtspflege vor: Im Vordergrund stehen **Leistungen einer Rechtsschutzversicherung**. Besteht im Rahmen einer solchen Versicherung Deckung für einen bestimmten Bereich, liegt darin ein vermögensrechtlicher Anspruch des Versicherten auf Kostenübernahme, was die unentgeltliche Rechtspflege überflüssig werden lässt (s. MEICHSSNER, 156). Analog sind Rechtsschutzleistungen von Gewerkschaften oder Verbänden zu behandeln (s. BGE 135 I 1 E. 7.4.2). Demgegenüber ist der Anspruch auf Übernahme der Anwaltskosten nach Art. 3 Abs. 4 OHG (SR 312.5) subsidiär zur unentgeltlichen Rechtspflege.

IV. Die fehlende Aussichtslosigkeit der Rechtsbegehren

1. Begriff der Aussichtslosigkeit

18   Die Rechtsprechung des Bundesgerichts zu Art. 4 aBV und zu Art. 29 Abs. 3 BV, der mit Art. 117 lit. a als identische Anspruchsvoraussetzung für die unentgeltliche Rechtspflege anführt, dass die Rechtsbegehren nicht aussichtslos erscheinen dürfen, weist auch unter neuem Recht den Weg: **Als aussichtslos erscheinen Rechtsbegehren**, bei denen die Gewinnaussichten beträchtlich geringer sind als die Verlustgefahren und daher nicht mehr als ernsthaft bezeichnet werden können. Dagegen gilt ein Begehren nicht als aussichtslos, wenn sich Gewinnaussichten und Verlustgefahren ungefähr die Waage halten oder jene nur wenig geringer sind als diese. Zu eng wird die Aussichtslosigkeit verstanden, wenn verlangt wird, dass bereits auf Anhieb und ohne Beweisverfahren erkennbar ist, dass eine Partei mit ihrem Standpunkt scheitern wird. Massgebend ist, ob eine Partei, die über die nötigen Mittel verfügt, sich bei vernünftiger Überlegung zu einem Prozess entschliessen würde; denn eine Partei soll einen Prozess, den sie auf eigene Rechnung und Gefahr nicht führen würde, nicht deshalb anstrengen können, weil er sie nichts kostet (BGE 129 I 129 E. 2.3.1 und 128 I 225 E. 2.5.3; LEUENBERGER/UFFER-TOBLER, Art. 281 ZPO/SG N 8 lit. a). Ob im Einzelfall genügende Erfolgsaussichten gegeben sind, beurteilt sich nach den Verhältnissen und der **Prozesslage bei Einreichung des Gesuchs**. Unzulässig ist es, die Aussichtslosigkeit erst nach einem späteren Beweisverfahren zu beurteilen (BGE 101 Ia 37 f.). Die Aussichtslosigkeit ist unabhängig von der Parteirolle für eine klagende wie für eine beklagte Partei grundsätzlich nach gleichen Kriterien zu beurteilen. Dennoch kann in nicht der Dispositionsmaxime unterstehenden Ehe- und Statussachen ein Gesuch der beklagten Partei nicht wegen Aussichtslosigkeit abgelehnt werden.

19   Die Aussichtslosigkeit kann materieller oder formeller Art sein, je nachdem ob das Begehren **materiell aussichtslos oder prozessual unzulässig** ist. Formell aussichtslos ist ein Begehren bei Fehlen einer oder mehrerer Prozessvoraussetzungen, etwa bei verpassten Fristen, bei klarer Unzuständigkeit des angerufenen Richters oder bei einem offensichtlich unzulässigen Rechtsmittel. Die blosse Missachtung von Formvorschriften im Verfahren zur Gewährung der unentgeltlichen Rechtspflege bewirkt hingegen keine formelle Aussichtslosigkeit i.S.v. Art. 117 lit. b, da sich diese auf das Hauptbegehren beziehen muss. Materielle Aussichtslosigkeit liegt etwa vor, wenn keine glaubwürdigen Beweise für den geltend gemachten Anspruch vorgebracht werden, sich das Begehren auf eine rechtlich unhaltbare Gesetzesauslegung stützt, die Sachlegitimation fehlt oder die Verjährung eingetreten ist (s. MEICHSSNER, 101, m.H. auf die Praxis sowie weitere Urteile in LEUENBERGER/UFFER-TOBLER, Art. 281 ZPO/SG N 8 lit. d und e). Nicht aussichts-

los i.S.v. Art. 117 lit. b sind hingegen Verfahren, wo auf der Gegenseite Zahlungsunfähigkeit vorliegt und damit der Anspruch nicht vollstreckt werden kann; denn das Interesse an der materiellen Beurteilung eines strittigen Anspruchs bleibt bestehen. Dies trifft analog auch auf Vollstreckungsverfahren zu, da selbst die Ausstellung eines allfälligen Verlustscheines im Hinblick auf dessen ausgedehnte Verjährungsfrist später den Griff auf die unterlegene Gegenpartei oder deren Erben erlaubt (s. LEUCH/MARBACH/KELLERHALS/STERCHI, Art. 77 ZPO/BE N 4.b; BGE 100 Ia 109 E. 6b). Aussichtslos ist demgegenüber die Insolvenzerklärung eines Schuldners, der überhaupt kein verwertbares Vermögen aufweist (vgl. BGE 119 III 113 E. 3b). Auch mutwillige oder rechtsmissbräuchliche Gesuche um unentgeltliche Rechtspflege – z.B. mittels Zession einer Forderung an einen Mittellosen – sind abzuweisen, da ihre Rechtsbegehren zwar nicht aussichtslos sind, das Vorgehen aber die generelle zivilprozessuale Voraussetzung des Handelns nach Treu und Glauben (Art. 52) nicht erfüllt.

2. Prüfung der Erfolgsaussichten

Die Erfolgsaussichten eines Rechtsbegehrens sind aufgrund einer **summarischen, auf Glaubhaftmachen beschränkten Prüfung** zum Zeitpunkt der Gesuchseinreichung zu beurteilen. Zu untersuchen ist, ob der geltend gemachte Anspruch aus den behaupteten Tatsachen rechtlich begründet und nicht geradezu ausgeschlossen werden kann. Dabei ist kein allzu strenger Massstab anzulegen, zumal der Prozessausgang letztlich auch von Zufällen abhängen kann (s. RIES, 99 f.). Der Entscheid hat sich in erster Linie auf die vorhandenen Akten abzustützen und nimmt in gewisser Weise eine antizipierte Beweiswürdigung vor, weil die Durchführung eines eigentlichen Beweisverfahrens ausgeschlossen ist. Je schwieriger und je umstrittener die sich stellenden Fragen sind, umso eher ist von genügenden Gewinnaussichten auszugehen (MEICHSSNER, 107 m.H.). In Summarsachen (Art. 248 ff.) kann die Frage der Aussichtslosigkeit direkt mit dem Hauptentscheid beurteilt werden. 20

Die Beurteilung der Erfolgsaussichten gilt bloss für die mit der Hauptsache befasste Instanz. Im kantonalen und im bundesgerichtlichen Rechtsmittelverfahren ist die unentgeltliche Rechtspflege jeweils neu zu beantragen und **von der Rechtsmittelinstanz neu zu beurteilen** (s. Art. 119 Abs. 5 ZPO und Art. 64 BGG). Die ansprechende Partei hat in ihrer Rechtsmittelschrift neben der Mittellosigkeit insb. mit Blick auf das vorinstanzliche Beweisverfahren und Urteil darzutun, dass die Rechtsbegehren des Rechtsmittelverfahrens nicht aussichtslos erscheinen. Die massgebliche Frage lautet, ob das Rechtsmittel offenbar prozessual unzulässig oder aussichtslos ist. Dass der angefochtene Entscheid an einem Mangel leidet, genügt für die Bejahung der Erfolgsaussichten nicht; entscheidend ist allein, ob das Rechtsmittel voraussichtlich gutgeheissen werden muss (unv. BGE vom 28.4.2004, 5P.125/2004). Der Rechtsstandpunkt der unentgeltlich prozessierenden Partei, die in erster Instanz obsiegt hat, kann vor zweiter Instanz nicht aussichtslos sein, da er gerichtlich geschützt worden ist (s. RIES, 114). 21

V. Prozesskostenhilfe gemäss Lugano Übereinkommen

Im Rahmen der Vollstreckung von Urteilen eines Vertragsstaates des Lugano Übereinkommens vom 16.9.1988 (LugÜ, SR 0.275.11) in einem andern Vertragsstaat ist bei der Gewährung der unentgeltlichen Rechtspflege folgendes in Betracht zu ziehen: Gemäss Art. 44 Abs. 1 LugÜ ist einem Antragsteller auf Vollstreckung eines Urteils **hinsichtlich der «Prozesskostenhilfe» die günstigste Behandlung** nach dem Recht des Vollstreckungsstaates zu gewähren, so weit ihm bereits im Ursprungsstaat ganz oder teilweise Prozesskostenhilfe gewährt worden ist. Nach dieser Bestimmung muss die unentgeltliche Rechtspflege bei der 22

Art. 118

Vollstreckung eines Urteils aus einem Vertragsstaat des Lugano Übereinkommens vor Schweizer Gerichten also bereits dann ohne Prüfung weiterer Voraussetzungen gewährt werden, wenn der antragstellenden Partei auch im Ursprungsstaat nach dessen eigenen rechtlichen Voraussetzungen Prozesskostenhilfe bzw. unentgeltliche Rechtspflege gewährt worden ist. Bejaht bspw. der Ursprungsstaat die Mittellosigkeit der antragstellenden Partei auch bei höherem Einkommensüberschuss oder höheren Vermögensfreibeträgen, ist der schweizerische Vollstreckungskanton an diese Würdigung gebunden.

23 Im **revidierten** Übereinkommen von Lugano über die gerichtliche Zuständigkeit, die Anerkennung und die Vollstreckung gerichtlicher Entscheidungen in Zivil- und Handelssachen **vom 30.10.2007** (BBl 2009 1841) regelt neu Art. 50 Abs. 1 revLugÜ den Anspruch auf günstigste Behandlung nach dem Recht des Vollstreckungsstaates bei der Gewährung der unentgeltlichen Rechtspflege. Materiell deckt sich die Bestimmung mit dem bisherigen Art. 44 Abs. 1 LugÜ. Die bundesrätliche Ratifizierung des revidierten Übereinkommens steht noch aus. Unter Vorbehalt des Referendums wird das Übereinkommen voraussichtlich am 1.1.2011 in Kraft treten.

Art. 118

Umfang

¹ **Die unentgeltliche Rechtspflege umfasst:**
a. **die Befreiung von Vorschuss- und Sicherheitsleistungen;**
b. **die Befreiung von den Gerichtskosten;**
c. **die gerichtliche Bestellung einer Rechtsbeiständin oder eines Rechtsbeistandes, wenn dies zur Wahrung der Rechte notwendig ist, insbesondere wenn die Gegenpartei anwaltlich vertreten ist; die Rechtsbeiständin oder der Rechtsbeistand kann bereits zur Vorbereitung des Prozesses bestellt werden.**

² **Sie kann ganz oder teilweise gewährt werden.**

³ **Sie befreit nicht von der Bezahlung einer Parteientschädigung an die Gegenpartei.**

Etendue

¹ L'assistance judiciaire comprend:
a. l'exonération d'avances et de sûretés;
b. l'exonération des frais judiciaires;
c. la commission d'office d'un conseil juridique par le tribunal lorsque la défense des droits du requérant l'exige, en particulier lorsque la partie adverse est assistée d'un avocat; l'assistance d'un conseil juridique peut déjà être accordée pour la préparation du procès.

² L'assistance judiciaire peut être accordée totalement ou partiellement.

³ Elle ne dispense pas du versement des dépens à la partie adverse.

Estensione

¹ Il gratuito patrocinio comprende:
a. l'esenzione dagli anticipi e dalle cauzioni;
b. l'esenzione dalle spese processuali;
c. la designazione di un patrocinatore d'ufficio, se necessario per tutelare i diritti dell'interessato, segnatamente se la controparte è patrocinata da un avvocato; il patrocinatore può essere designato già per la preparazione del processo.

² Il gratuito patrocinio può essere concesso integralmente o in parte.

³ Il gratuito patrocinio non esenta dal pagamento delle ripetibili alla controparte.

4. Kapitel: Unentgeltliche Rechtspflege

Inhaltsübersicht

	Note
I. Wirkungen der unentgeltlichen Rechtspflege	1
1. Die vollumfängliche unentgeltliche Rechtspflege (Abs. 1)	1
2. Die teilweise unentgeltliche Rechtspflege (Abs. 2)	2
3. Entschädigung der Gegenpartei (Abs. 3)	4
4. Beginn und Dauer der Wirkungen	5
II. Die Befreiung von Vorschuss- und Sicherheitsleistungen (Abs. 1 lit. a)	6
III. Die Befreiung von Gerichtskosten (Abs. 1 lit. b)	8
IV. Unentgeltliche Rechtsverbeiständung	9
1. Begriff und Rechtsverhältnis	9
2. Voraussetzungen der Bestellung eines Rechtsbeistandes	10
3. Person und Stellung von Rechtsbeiständen	13
4. Entschädigung unentgeltlicher Rechtsbeistände	16

Literatur

Vgl. die Literaturhinweise zu Art. 117.

I. Wirkungen der unentgeltlichen Rechtspflege

1. Die vollumfängliche unentgeltliche Rechtspflege (Abs. 1)

Die unentgeltliche Rechtspflege bezweckt, der mittellosen Partei die prozessuale Rechtsverfolgung zu ermöglichen. Entsprechend sind ihre Wirkungen bzw. gemäss Marginalie zu Art. 118 ihr «Umfang» ausgestaltet: Sie befreit vorab von Vorschüssen für Gerichtskosten (s. Art. 98 und unten N 6), wozu nach Art. 95 Abs. 2 lit. a u.a. auch die Pauschalen für das Schlichtungsverfahren gehören, von Vorschüssen für Beweiserhebungen (s. Art. 102 und unten N 6) und von Sicherheitsleistungen für allfällige Parteientschädigungen (s. Art. 99). Zudem befreit sie vorläufig von der Bezahlung auferlegter Gerichtskosten (s.u. N 8). Schliesslich gewährt sie einen Anspruch auf gerichtliche Bestellung eines Rechtsbeistandes, soweit dies zur Wahrung der Rechte der mittellosen Partei notwendig ist (s.u. N 9 ff.). Darin eingeschlossen ist auch die Befreiung von Vorschussleistungen an gerichtlich bestellte Anwälte. Die **Gesamtheit all dieser in Art. 118 Abs. 1 verankerten Garantien** kann als **vollumfängliche unentgeltliche Rechtspflege** bezeichnet werden, die i.S.v. Abs. 2 «ganz» gewährt wird.

1

2. Die teilweise unentgeltliche Rechtspflege (Abs. 2)

Die unentgeltliche Rechtspflege ist nur so weit zu gewähren, als sie zur Wahrung der prozessualen Rechte der mittellosen Partei nötig ist. Dementsprechend stellt Abs. 2 klar, dass sie auch bloss teilweise, sozusagen **«à la carte» gewährt** werden kann (s. STUDER/RÜEGG/EIHOLZER, § 131 ZPO/LU N 3). Die teilweise unentgeltliche Rechtspflege kann sich in dreifacher Hinsicht auswirken: Hauptanwendungsfall ist das Vorliegen einer **bloss beschränkten Mittellosigkeit** einer Partei, deren überschüssige Mittel nur – aber immerhin – zur Deckung eines Teils der anstehenden Prozesskosten ausreichen (vgl. LEUENBERGER/UFFER-TOBLER, Art. 282 ZPO/SG N 1; MEICHSSNER, 165). Dies ermöglicht etwa, die Partei nur ab einem bestimmten Betrag von Kostenvorschüssen zu befreien, ihr Ratenzahlungen zu gewähren und/oder sie die Kosten einer anwaltlichen Vertretung selber bevorschiessen und tragen zu lassen. In einer ähnlichen, aber durch **fehlende Liquidität** eines an sich vermögenden Ansprechers gekennzeichneten Situation, kann die unentgeltliche Rechtspflege so gewährt werden, dass jener von der Leistung von Vorschüssen gegenüber

2

Gericht und Anwalt befreit wird und der Staat dem bestellten Rechtsbeistand Kostengutstand erteilt. Im Urteil werden die Prozesskosten dann wie üblich verlegt, wobei der Kanton den Rechtsbeistand zu entschädigen hat und anschliessend die entstandenen Kosten direkt der gemäss richterlicher Annahme inzwischen liquiden Partei in Rechnung stellt. Bei dieser «vorschussweisen» unentgeltlichen Rechtspflege wechselt das Inkassorisiko also zum Staat (s. BOESCH/JOZIC, 31). In einer dritten Variante kann sich die unentgeltliche Rechtspflege auf einen Teil des oder der Rechtsbegehren beschränken, der vom Gericht im Unterschied zum Rest als nicht aussichtslos gewürdigt wird. Dies verdeutlicht, dass die partielle unentgeltliche Rechtspflege nach Art. 118 nicht nur an die finanzielle Lage der Betroffenen anknüpft (**a.M.**, allerdings zum alten Recht, MEICHSSNER, 165).

3   Vom Gesetz in den massgeblichen Art. 117–123 nicht vorgesehen und demnach nicht zulässig ist es, die Gewährung der (vollumfänglichen oder teilweisen) unentgeltlichen Rechtspflege **von Bedingungen abhängig** zu machen (**a.M.** zu bisherigem kantonalem Recht LEUENBERGER/UFFER-TOBLER, Art. 281 ZPO/SG N 7 und FRANK/STRÄULI/MESSMER, § 85 ZPO/ZH N 2a). Im Vordergrund steht die an sich verführerische Abtretung des Prozesserlöses in Höhe der staatlich bevorschussten Kosten. Eine gesetzliche Grundlage für die Einholung dieser oder ähnlicher Sicherheiten von einer aktuell mittellosen Partei fehlt, die Voraussetzungen der unentgeltlichen Rechtspflege sind im Gesetz abschliessend normiert. Der Staat muss sich demnach mit den Möglichkeiten der Nachzahlung gemäss Art. 123 begnügen.

3. Entschädigung der Gegenpartei (Abs. 3)

4   Gemäss ständiger Rechtsprechung zu Art. 4 aBV und zu Art. 29 Abs. 3 BV besass die mittellose Partei schon unter bisherigem Recht **keinen Anspruch darauf, dass die obsiegende Gegenpartei vom Staat entschädigt wird** (s. BGE 122 I 322 E. 2c; 117 I a 513 E. 2). Art. 118 Abs. 3 und Art. 122 Abs. 1 lit. d halten dementsprechend unter neuem Recht gleich doppelt fest, dass die Gewährung der unentgeltlichen Rechtspflege nicht von der Bezahlung einer Parteientschädigung an die Gegenpartei befreit. Die obsiegende Gegenpartei hat die ihr zugesprochene Parteientschädigung vielmehr ausnahmslos bei der unterlegenen mittellosen Partei einzutreiben. Damit hat die nicht mit unentgeltlicher Rechtspflege prozessierende Partei regelmässig das Risiko für die eigenen Anwaltskosten zu tragen, da die mittellose Partei einerseits keine Sicherheitsleistungen zu erbringen hat (Art. 118 Abs. 1 lit. a) und andererseits für die bei Unterliegen auferlegte Parteientschädigung kaum erfolgreich belangt werden kann. Zum Spezialfall bei beidseitig bestellten Rechtsbeiständen s. Art. 122 N 1.

4. Beginn und Dauer der Wirkungen

5   Die Wirkungen der unentgeltlichen Rechtspflege treten grundsätzlich erst ab Einreichung des Gesuchs ein, das vor oder nach Eintritt der Rechtshängigkeit gestellt werden kann (Art. 119 Abs. 1). Der Aufwand für gleichzeitig eingereichte Rechtsschriften zur Hauptsache, insb. auch für Scheidungskonventionen, ist damit noch abgedeckt (s. BGE 120 Ia 17 E. 3f). Zu beachten ist, dass gemäss Art. 118 Abs. 1 lit. c ein unentgeltlicher Rechtsbeistand bereits zur Vorbereitung des Prozesses bestellt werden kann. Analog zur Rechtsprechung zu Art. 4 aBV und zu Art. 29 Abs. 3 BV (BGE 122 I 203 E. 3b; 120 Ia 14 E. 3e; s.a. FRANK/STRÄULI/MESSMER, § 90 ZPO/ZH N 2) verleihen die Art. 117 ff. **i.d.R. keinen Anspruch auf rückwirkende Kostenbefreiung**, sondern sehen eine rückwirkende Bewilligung der unentgeltlichen Rechtspflege nur ausnahmsweise vor (so ausdrücklich Art. 119 Abs. 4). Vor Einreichung des Gesuchs geleistete Vorschüsse oder Sicherheitsleistungen sind daher nicht rückzuerstatten. Die unentgeltliche Rechtspflege dauert bis zur rechtskräftigen Beendigung des Verfahrens, für das sie bewilligt worden

ist, sofern sie nicht zuvor entzogen wird (Art. 120) oder die betroffene Partei darauf verzichtet (zur Zulässigkeit des Verzichts s. MEICHSSNER, 170 ff.).

II. Die Befreiung von Vorschuss- und Sicherheitsleistungen (Abs. 1 lit. a)

Die bewilligte unentgeltliche Rechtspflege befreit vorab von der Pflicht zur Leistung von Verfahrenskostenvorschüssen. Die **Befreiungswirkung umfasst Vorschüsse für sämtliche prozessualen Handlungen**, die zur materiellen Beurteilung der geltend gemachten Ansprüche nötig sind, also insb. auch die Kosten für Beweiserhebungen (Art. 102), notwendige Publikationen oder Rechtshilfemassnahmen (MEICHSSNER, 160). Obwohl es sich bloss um eine Art obligatorischer Vorstufe des späteren Prozesses handelt, muss **auch das Schlichtungsverfahren** nach Art. 202 ff. bzw. der zugehörige Kostenvorschuss von der Befreiungswirkung des Art. 118 Abs. 1 lit. a erfasst werden. Nur so wird der spätere Zugang zum Gericht effektiv garantiert. Entsprechend sieht Art. 119 Abs. 1 vor, dass das Gesuch um unentgeltliche Rechtspflege auch vor Eintritt der Rechtshängigkeit, also vor Einreichung des Schlichtungsgesuchs (s. Art. 62 Abs. 1) eingereicht werden kann. Vertreter mittelloser Parteien, die sich gemäss Art. 118 Abs. 1 lit. c bereits zur Vorbereitung des Prozesses als unentgeltliche Rechtsbeistände ernennen lassen können, machen das Gesuch um unentgeltliche Rechtspflege also mit Vorteil spätestens parallel zum Schlichtungsgesuch rechtshängig. Anders präsentiert sich die Lage bei einer **Mediation,** die anstelle des Schlichtungsverfahrens tritt (Art. 213): Hier entfaltet die unentgeltliche Rechtspflege keine kostenbefreiende Wirkung mit Ausnahme kindesrechtlicher Streitigkeiten nicht vermögensrechtlicher Art, wo das Gesetz unter bestimmten Voraussetzungen einen Anspruch auf unentgeltliche Mediation einräumt (Art. 218 N 7 ff.). Es ist dem Ziel der Prozessvermeidung allerdings kaum förderlich, wenn Streitigkeiten mit Beteiligung mittelloser Parteien aus finanziellen Erwägungen die Inanspruchnahme einer Mediation zum vornherein versagt bleibt.

6

Die vor erster Instanz bewilligte unentgeltliche Rechtspflege befreit nicht auch von der Pflicht zur Leistung eines **Rechtsmittel-Kostenvorschusses**: Hierüber entscheidet auf neuen Antrag der mittellosen Partei allein die Rechtsmittelinstanz (Art. 119 Abs. 5).

7

III. Die Befreiung von Gerichtskosten (Abs. 1 lit. b)

Die mittellose Partei wird durch die unentgeltliche Rechtspflege von der Bezahlung der im Entscheid über die Prozesskosten (Art. 104) festgelegten Gerichtskosten (Art. 95 Abs. 2) befreit, allerdings unter dem Vorbehalt der Nachzahlung nach Art. 123. Soweit der mittellosen Partei im Urteil also Gerichtskosten auferlegt sind, werden diese sogleich **resolutiv bedingt erlassen**. Gerichtskosten-Vorschüsse, welche von der obsiegenden Gegenpartei geleistet worden sind, müssen vom Staat rückerstattet werden (Art. 122 Abs. 1 lit. c). Nicht zu erstatten sind demgegenüber Vorschüsse, welche die (kostenpflichtige) mittellose Partei noch vor Einreichung des Gesuchs um unentgeltliche Rechtspflege bezahlt hat.

8

IV. Unentgeltliche Rechtsverbeiständung

1. Begriff und Rechtsverhältnis

Ein Rechtsanwalt kann in rechtlichen Angelegenheiten als Rechtsbeistand, als bevollmächtigter Rechtsvertreter oder – in Strafverfahren – als Verteidiger auftreten. In den Art. 118 und 122 wird als «Rechtsbeistand» oder «Rechtsbeiständin» **die für eine mittellose Partei bestellte Rechtsvertretung innerhalb eines Zivilprozesses** bezeichnet,

9

während etwa die analoge anwaltliche Funktion bei der prozessualen Vertretung von Kindern gemäss Art. 146 Abs. 1 ZGB schlicht «Beistand» heisst. Unentgeltliche Rechtsbeistände werden durch hoheitliche Verfügung bestellt, sie stehen demnach zum Staat in einem **öffentlich-rechtlichen Rechtsverhältnis** (s. BGE 132 V 200 E. 5.1.4). Darin ist u.a. die Verpflichtung enthalten, mit der mittellosen Partei ein **Auftragsverhältnis sui generis** über die Interessenwahrung in einem rechtlichen Verfahren einzugehen, wobei die Honorierung nicht Gegenstand des Auftragsverhältnisses, sondern des Verhältnisses des Rechtsbeistandes zum Staat ist (s. Art. 122). Die von der mittellosen Partei ausgestellte Prozessvollmacht erlaubt dem Rechtsbeistand die übliche uneingeschränkte Rechtsvertretung (s. MEICHSSNER, 182 f.; BÜHLER/EDELMANN/KILLER, Vor §§ 66–71 ZPO/AG N 4; LEUENBERGER/UFFER-TOBLER, Art. 282 ZPO/SG N 5.a; FELLMANN/ZINDEL, Art. 12 BGFA N 145). Zu unterscheiden sind Begriff und Funktionen unentgeltlicher Rechtsbeistände im Übrigen von denjenigen prozessualer Zwangsbeistände (Art. 69 N 24 ff.), der vormundschaftsrechtlichen Vertretungsbeistände (Art. 392 ZGB) und der im Strafrecht tätigen amtlichen oder notwendigen Verteidiger.

2. Voraussetzungen der Bestellung eines Rechtsbeistandes

10   Gemäss Art. 118 Abs. 1 lit. c kann die mittellose Partei die gerichtliche Bestellung eines Rechtsbeistandes – allenfalls bereits zur Vorbereitung des Prozesses – beanspruchen, «wenn dies zur Wahrung der Rechte notwendig ist». Was unter diesem **Kriterium der sachlichen «Notwendigkeit»** zu verstehen ist, wurde vom Bundesgericht in seiner Rechtsprechung zu Art. 4 aBV und zu Art. 29 Abs. 3 BV fortlaufend konkretisiert und kann vorbehaltlos auf die Auslegung des Art. 118 Abs. 1 lit. c übertragen werden: Danach ist die Notwendigkeit der Rechtsverbeiständung gegeben, wenn sowohl die Betroffenheit der Interessen eine gewisse Schwere aufweist und Schwierigkeiten tatsächlicher oder rechtlicher Art zu bewältigen sind. Ob die Interessen schwer betroffen sind, bestimmt sich primär nach objektiven Kriterien. Je nachdem, wie stark ein in Frage stehendes Verfahren in die Rechte der betroffenen Person einzugreifen droht, wird **zwischen leichten, relativ schweren und besonders schweren Fällen unterschieden**. In leichten Fällen wird die Notwendigkeit regelmässig verneint, in besonders schweren Fällen bejaht. In relativ schweren Fällen wird die Notwendigkeit anwaltlicher Verbeiständung nur dann bejaht, wenn besondere tatsächliche oder rechtliche Schwierigkeiten hinzukommen, welche die mittellose Partei alleine nicht zu bewältigen vermag. Negativ formuliert heisst Notwendigkeit, dass die betroffene Partei selber ihre Sache nicht sachgerecht und hinreichend wirksam vertreten kann (MEICHSSNER, 120 f. und 124 ff.; BGE 130 I 180 E. 2.2; 120 I 232 E. 2.5.2; unv. BGE vom 25.9.2007, 1B_153/2007).

11   Diese allgemein umschriebene Auslegung des gesetzlichen Erfordernisses der «**Notwendigkeit**» lässt sich durch weitere grundsätzliche Erwägungen bzw. bei besondern Fallkonstellationen **wie folgt konkretisieren**: Von einem zivilprozessualen «Bagatellfall», der die Bestellung eines unentgeltlichen Rechtsbeistandes regelmässig als unverhältnismässig und damit unnötig erscheinen lässt, kann bei einer betroffenen mittellosen Partei wohl nur dann die Rede sein, wenn einige hundert bis höchstens zweitausend Franken im Streite liegen (so MEICHSSNER, 126). Anderseits wiegt ein Fall namentlich dann besonders schwer, wenn eine schwere Beeinträchtigung eines Grundrechts zur Diskussion steht. Im übrigen fehlen für den Zivilprozess weitgehend Anhaltspunkte zur Abgrenzung der relativ schweren von den leichten und besonders schweren Fällen. Gemäss Lehre und Praxis zu Art. 4 aBV und zu Art. 29 Abs. 3 BV sind Prozesse ab wenigen tausend Franken und erst recht Zivilverfahren um wichtige Aspekte des Lebens wie Persönlichkeit, Ehe, Familie, Wohnung und Arbeit grundsätzlich der Kategorie der relativ schweren Fälle zuzuordnen. Deshalb konzentriert sich die Notwendigkeitsprüfung auf die Frage, ob

besondere Schwierigkeiten eine **Rechtsverbeiständung rechtfertigen** (s. MEICHSSNER, 129 f. m.H.; BGE 122 III 394 E. 3c und 112 Ia 11 E. 3). Dabei können auch Eigenheiten des jeweiligen Verfahrens eine Rolle spielen: So bejaht das Bundesgericht die Notwendigkeit anwaltlicher Unterstützung in **Verfahren mit Offizialmaxime** (neurechtlich z.B. Verfahren nach Art. 243 i.V. mit Art. 247) sehr zurückhaltend (BGE 125 V 32 E. 4b zu einem UVG-Verwaltungsverfahren, 122 I 8 E. 2.10 zu einem SchKG-Beschwerdeverfahren, 119 Ia 264 E. 4c zu einem Mietschlichtungsverfahren), obwohl solche Verfahren im Hinblick auf die tendenziell zunehmenden Mitwirkungspflichten für eine juristisch ungebildete Person kaum einfacher sind. Auch bei Anwendung der Offizialmaxime ist ein Anspruch auf Rechtsverbeiständung jedenfalls dann gegeben, wenn die Streitigkeit für die betroffene Partei **komplex zu lösende Fragen** aufwirft, die sich aus einem unübersichtlichen Sachverhalt oder aus heiklen Rechtsproblemen ergeben können. Da die Komplexität von der Fähigkeit der betroffenen Person abhängt, ihren Anliegen vor Gericht wirksam Gehör zu verschaffen, sind auch **persönliche Gründe** wie Alter, soziale Situation, Gesundheitszustand, Sprachkenntnisse und vorrangig natürlich Rechtskundigkeit **mitzuberücksichtigen** (s. BGE 128 I 225 E. 2.5.2 und 125 V 32 E. 4b). Juristische Kenntnisse eines (gesetzlichen) Vertreters sind der betroffenen Partei anzurechnen.

Von zusätzlicher und herausragender Bedeutung für die Bestellung eines Rechtsbeistandes ist, ob die **Gegenpartei durch einen Anwalt vertreten** ist. Trifft dies zu, ist «**Waffengleichheit**» – Ziel der unentgeltlichen Rechtspflege – **herzustellen** (s. BGE 131 I 350 E. 3.1). Es muss sichergestellt sein, dass die mittellose Partei prozessual über die erforderlichen Kenntnisse und Fähigkeiten in der Weise verfügt, dass die von einem Anwalt vertretene Gegenpartei sich nicht vorweg in einer günstigeren Lage befindet. Eine Verbeiständung erübrigt sich demnach auf jeden Fall dann, wenn die mittellose Partei die Voraussetzungen der Rechtskundigkeit selber erfüllt und ihre Interessen selber wirksam wahrnehmen kann, was selbst auf einen juristisch ausgebildeten Vormund dann nicht zutrifft, wenn er in einem Scheidungsprozess als Anwalt des Mündels tätig sein sollte, obwohl er diesen Beruf nicht praktiziert (s. BGE 112 Ia 11 E. 2.c; LEUENBERGER/UFFER-TOBLER, Art. 282 ZPO/SG N 4 lit. a). Damit die mittellose Partei in Fällen, wo die Gegenpartei anwaltlich vertreten ist und nicht über Bagatellen gestritten wird, über gleich lange Spiesse verfügen kann, ist unentgeltliche Rechtsverbeiständung entgegen der bisherigen äusserst zurückhaltenden Praxis (s. für viele BGE 119 Ia 264 E. 4d; ZR 3/2006 Nr. 14, 69; LGVE 2000 I Nr. 43 und 1998 I Nr. 28) auch bei Geltung der Offizialmaxime mit richterlicher «Fürsorgepflicht» regelmässig zu bewilligen (so auch MEICHSSNER, 135). 12

3. Person und Stellung von Rechtsbeiständen

Wie auf Ebene des Bundesgerichts bei Beschwerden in Zivilsachen (Art. 40 Abs. 1 BGG) sieht Art. 68 Abs. 2 für die zivilprozessualen Verfahren vor kantonalen Gerichten im Grundsatz das Anwaltsmonopol vor (Art. 68 Abs. 2 lit. a), das in abschliessend aufgezählten Sonderfällen aber durch andere Vertretungsberechtigte (z.B. Sachwalter gemäss Art. 68 Abs. 2 lit. b) durchlöchert ist. Konsequenterweise können **im Monopolbereich** nur nach dem Anwaltsgesetz vom 23.6.2000 (BGFA, SR 935.61) **zugelassene Anwälte** als unentgeltliche Rechtsbeistände bestellt werden. Dies gebietet auch das Prinzip der Waffengleichheit, beide Prozessparteien durch Personen mit analogen Qualifikationen und Garantien vertreten zu lassen. Vertretungsberechtigt sind die registrierten Anwältinnen und Anwälte, kantonsintern allenfalls auch die nicht registrierten (s. Art. 3 Abs. 2 BGFA und Art. 68 N 8–13); **ausländische Anwälte** aus der EU und der EFTA sind gemäss Art. 21 ff. BGFA ebenfalls vertretungsberechtigt (s.a. Art. 30 Abs. 2 BGFA). Ausserhalb des Monopolbereichs, also bei den in Art. 68 Abs. 2 lit. b–d angeführten Verfah- 13 ren, stellt sich die Frage, ob auf Wunsch einer mittellosen Partei (auch) die vom Gesetz ausdrücklich als Partei-Vertreter vorgesehenen «**Fachvertreter**» mit der unentgeltlichen Rechtsverbeiständung betraut werden können. *Dagegen* spricht die in BGE 132 V 200 vorgenommene höchstrichterliche Auslegung des Art. 37 Abs. 4 ATSG, wonach in sozialversicherungsrechtlichen Verfahren als unentgeltliche Rechtsbeistände nur patentierte Anwälte zugelassen sind, die überdies die Voraussetzungen für einen Registereintrag i.S.v. Art. 8 Abs. 1 BGFA – insb. die institutionelle Unabhängigkeit (zur Anwältin, die für eine gemeinnützige Organisation tätig ist, s. BGE 135 I 1) – erfüllen. Dabei betonte das Bundesgericht, dass im Einsprache- und nichtstreitigen Verwaltungsverfahren an die sachliche Gebotenheit der unentgeltlichen Verbeiständung ein besonders strenger Massstab anzulegen sei, was bei Bejahung der Voraussetzungen nur die Einsetzung patentierter Anwälte – mit grösstmöglicher Freiheit und Sachlichkeit bei der Interessenwahrung gegenüber dem Klienten wie dem Gericht – erlaube. *Dagegen* spricht auch Art. 64 Abs. 2 BGG, der für die Beschwerdeverfahren vor Bundesgericht als unentgeltliche Rechtsbeistände ausschliesslich «einen Anwalt oder eine Anwältin» vorsieht (s. SPÜHLER/DOLGE/VOCK, Art. 64 N 7; s.a. Art. 152 Abs. 2 OG). *Für* die Zulassung der in Art. 68 Abs. 2 lit. b–d abschliessend erwähnten Fachvertreter als Rechtsbeistände in den gleichenorts abschliessend erwähnten Streitigkeiten spricht hingegen – die dem ATSG fremde – gesetzgeberische Entscheidung, dass bestimmte Fachvertreter auf ihrem jeweiligen Spezialgebiet über das zivilprozessuale Anwaltsmonopol hinweg ebenfalls Gewähr für eine gehörige Interessenwahrung vor kantonalen Gerichten bieten. Diese seit Jahrzehnten bewährten Vertretungs-Alternativen auch im Bereich der unentgeltlichen Rechtspflege zu ermöglichen, erscheint wenig problematisch, weil die mittellose Partei den gewünschten Rechtsbeistand im Gesuch bezeichnen kann (Art. 119 Abs. 2), letztlich also die freie Wahl zwischen anwaltlicher oder fachspezifischer Vertretung hat. Der generelle Ausschluss der Fachvertreter von der unentgeltlichen Rechtsverbeiständung und damit die Einschränkung der Wahlmöglichkeit der Rechtsuchenden, wie dies unter kantonalem Prozessrecht – soweit bekannt – seit jeher der Fall war, ist zu überdenken, zumal zivilprozessual im Unterschied zum Sozialversicherungsrecht bei der Gebotenheit der unentgeltlichen Verbeiständung kein besonders strenger Massstab anzulegen ist. Unter neuem Recht könnte der Ausschluss von Fachvertretern allenfalls damit gerechtfertigt werden, dass bei der Bestellung von Rechtsbeiständen der staatlichen Aufsicht und der auf Anwälte beschränkten Übernahmepflicht (s.u. N 14) entscheidende Bedeutung beigemessen wird.

14   Alle in kantonalen Registern eingetragenen Anwälte sind gemäss Art. 12 lit. g BGFA verpflichtet, im entsprechenden Kanton im Rahmen der unentgeltlichen Rechtspflege Rechtsvertretungen zu übernehmen. Diese **Übernahmepflicht** soll das Korrelat zur Befugnis der eingetragenen Anwälte sein, ihren Beruf in der ganzen Schweiz im geschützten Monopolbereich ausüben zu dürfen (BGE 132 I 201 E. 8.1; FELLMANN/ZINDEL, Art. 12 BGFA N 142 f.; krit. MEICHSSNER, 193 f.). Weil an der Übernahmepflicht ein gewichtiges öffentliches Interesse besteht, nämlich den Zugang zum Recht für alle zu gewährleisten, ist die damit verbundene Einschränkung der Wirtschaftsfreiheit der betroffenen Anwälte verfassungsmässig, soweit diese für entsprechende Staats-Aufträge auch hinreichend entschädigt werden. Immerhin steht dem Anwalt im Einzelfall aus triftigen Gründen (z.B. Freundschaft mit der Gegenpartei, fehlendes Fachwissen in Spezialgebiet, Arbeitsüberlastung) ein Recht auf Ablehnung zu.

15   Der mittellosen Partei räumt Art. 119 Abs. 2 bezüglich der Person des unentgeltlichen Rechtsbeistandes ein als «Wünschen» umschriebenes, **freies Wahlrecht** ein. Das Gericht hat dem entsprechenden Wunsch bei der Bestellung des Rechtsbeistandes nachzu-

kommen, soweit auf Seite der zu ernennenden Person nichts entgegensteht (z.B. disziplinarische Hindernisse oder Arbeitsüberlastung). Da die mittellose Partei bei Gesuchseinreichung meistens schon einen Anwalt kontaktiert hat, wird mit dessen staatlicher Bestellung ein bestehendes Vertrauensverhältnis bestärkt (s. MEICHSSNER, 198, und Art. 283 Abs. 2 ZPO/SG). Der bestellte Rechtsbeistand hat das Mandat grundsätzlich bis zum Abschluss des Prozesses zu führen. Ein **Wechsel des Rechtsbeistandes** vor Prozessende kommt dann in Betracht, wenn der bisherige Rechtsbeistand die wesentlichen Interessen seiner Partei nach objektiven Kriterien nicht mehr wahrnehmen kann. Ein solcher Fall liegt vor, wenn das Vertrauensverhältnis zwischen dem unentgeltlichen Rechtsbeistand und der von ihm vertretenen Partei im Verlaufe des Prozesses vollständig zerstört wurde. Gewisse Unstimmigkeiten zwischen Anwalt und Rechtsbeistand sind aber in Kauf zu nehmen, solange dieser die wesentlichen Interessen seiner Klientschaft ausreichend wahrnimmt. Beim Auswechseln unentgeltlicher Rechtsbeistände ist wegen der damit verbundenen regelmässigen Mehrkosten zulasten des Staates Zurückhaltung zu üben (BOESCH/JOZIC, 36; LEUENBERGER/UFFER-TOBLER, Art. 282 ZPO/SG N 5b; FRANK/STRÄULI/MESSMER, § 87 ZPO/ZH N 1 und 5; BGE 114 Ia 101). Ist ein Rechtsbeistand aus gesundheitlichen Gründen zur vorzeitigen Beendigung des Mandates gezwungen, ist er auf entsprechendes Gesuch hin zu entlassen und durch einen Nachfolger zu ersetzen.

4. Entschädigung unentgeltlicher Rechtsbeistände

Die **Entschädigung** unentgeltlicher Rechtsbeistände **erfolgt durch den Staat** (Art. 122 N 5–7). Privatrechtliche Honorarvereinbarungen zwischen Rechtsbeistand und mittelloser Partei sind ausgeschlossen. Dem staatlich eingesetzten Rechtsanwalt ist es verwehrt, vom Vertretenen zusätzliche Kostenvorschüsse oder Entschädigungen zu verlangen, auch wenn der staatliche Entschädigungstarif tiefer ausfällt als das üblicherweise geschuldete Anwaltshonorar (MEICHSSNER, 199; FELLMANN/ZINDEL, Art. 12 BGFA N 149; BGE 122 I 322 E. 3.b). Das Verbot gilt auch dann, wenn dem Rechtsbeistand zulasten der Gegenpartei eine volle Parteientschädigung zugesprochen wurde, diese aber nicht durchgesetzt werden konnte und deshalb eine reduzierte staatliche Entschädigung i.S.v. Art. 122 Abs. 2 ausgerichtet wird. Zur Höhe der staatlichen Entschädigung s. Art. 122 N 6–7.

16

Art. 119

Gesuch und Verfahren

¹ Das Gesuch um unentgeltliche Rechtspflege kann vor oder nach Eintritt der Rechtshängigkeit gestellt werden.

² Die gesuchstellende Person hat ihre Einkommens- und Vermögensverhältnisse darzulegen und sich zur Sache sowie über ihre Beweismittel zu äussern. Sie kann die Person der gewünschten Rechtsbeiständin oder des gewünschten Rechtsbeistands im Gesuch bezeichnen.

³ Das Gericht entscheidet über das Gesuch im summarischen Verfahren. Die Gegenpartei kann angehört werden. Sie ist immer anzuhören, wenn die unentgeltliche Rechtspflege die Leistung der Sicherheit für die Parteientschädigung umfassen soll.

Art. 119   8. Titel: Prozesskosten und unentgeltliche Rechtspflege

⁴ **Die unentgeltliche Rechtspflege kann ausnahmsweise rückwirkend bewilligt werden.**

⁵ **Im Rechtsmittelverfahren ist die unentgeltliche Rechtspflege neu zu beantragen.**

⁶ **Ausser bei Bös- oder Mutwilligkeit werden im Verfahren um die unentgeltliche Rechtspflege keine Gerichtskosten erhoben.**

Requête et procédure   ¹ La requête d'assistance judiciaire peut être présentée avant ou pendant la litispendance.

² Le requérant justifie de sa situation de fortune et de ses revenus et expose l'affaire et les moyens de preuve qu'il entend invoquer. Il peut indiquer dans sa requête le nom du conseil juridique qu'il souhaite.

³ Le tribunal statue sur la requête en procédure sommaire. La partie adverse peut être entendue. Elle le sera toujours si l'assistance judiciaire porte sur la fourniture des sûretés en garantie du paiement des dépens.

⁴ L'assistance judiciaire est exceptionnellement accordée avec effet rétroactif.

⁵ L'assistance judiciaire doit faire l'objet d'une nouvelle requête pour la procédure de recours.

⁶ Il n'est pas perçu de frais judiciaires pour la procédure d'assistance judiciaire, sauf en cas de mauvaise foi ou de comportement téméraire.

Istanza e procedura   ¹ L'istanza di gratuito patrocinio può essere proposta prima o durante la pendenza della causa.

² L'instante deve esporre la sua situazione reddituale e patrimoniale e pronunciarsi sul merito e sui mezzi di prova che intende proporre. Può indicare nell'istanza il nome del patrocinatore desiderato.

³ Il giudice decide sull'istanza in procedura sommaria. La controparte può essere sentita. La controparte deve essere comunque sentita se il gratuito patrocinio comporta la dispensa dal prestare cauzione per le ripetibili.

⁴ In casi eccezionali il gratuito patrocinio può essere concesso con effetto retroattivo.

⁵ In sede di ricorso l'istanza di gratuito patrocinio può essere riproposta.

⁶ Tranne in caso di malafede o temerarietà, nella procedura di gratuito patrocinio non vengono prelevate spese processuali.

Inhaltsübersicht

	Note
I. Das Gesuch um unentgeltliche Rechtspflege	1
1. Der Inhalt des Gesuchs	1
2. Das sachlich und örtlich zuständige Gericht	2
3. Mitwirkungspflicht und Untersuchungsgrundsatz	3
II. Zeitliche Aspekte	4
1. Gesuchseinreichung und Dauer der unentgeltlichen Rechtspflege	4
2. Bloss ausnahmsweise Rückwirkung	5
3. Neues Gesuch vor der Rechtsmittelinstanz	6
III. Merkmale des Verfahrens betreffend unentgeltliche Rechtspflege	7
1. Anwendungsfall des summarischen Verfahrens	7
2. Beweisrechtliches	8
3. Anhören der Gegenpartei	9
4. Kostenlosigkeit des Verfahrens	10

4. Kapitel: Unentgeltliche Rechtspflege 1, 2 **Art. 119**

Literatur

Vgl. die Literaturhinweise zu Art. 117.

I. Das Gesuch um unentgeltliche Rechtspflege

1. Der Inhalt des Gesuchs

Die unentgeltliche Rechtspflege wird nicht etwa von Amtes wegen einer mittellosen Partei erteilt, sondern setzt ein entsprechendes **Gesuch** voraus (s. unv. BGE vom 29.1.2007, 2P.239/2006). Dieses kann **mündlich oder schriftlich** eingereicht werden (s. Art. 252 Abs. 2). Die meisten Kantone stellen Rechtsuchenden einschlägige **Formulare** zur Verfügung. Ob das Gesuch in eine andere Rechtsschrift integriert werden kann oder nicht, hängt davon ab, ob für beide Streitsachen dasselbe Gericht zuständig ist (s.u. N 2). Mit dem Gesuch hat die gesuchstellende Partei ihre Einkommens- und Vermögensverhältnisse darzulegen, damit das Gericht die Voraussetzung der Mittellosigkeit überprüfen kann (s. Art. 119 Abs. 2 und Art. 117 N 7 ff., auch unten N 3). Zudem hat sie die fehlende Aussichtslosigkeit ihrer Rechtsbegehren in der Hauptsache zumindest glaubhaft zu machen (s. Art. 119 Abs. 2 und Art. 117 N 18 ff., auch unten N 3). Wird das Gesuch vor Klageeinreichung gestellt, erscheint es zweckmässig, die Rechtsbegehren und den massgebenden Sachverhalt in geraffter Form anzugeben (STUDER/RÜEGG/EIHOLZER, § 132 ZPO/LU N 2). Schliesslich hat die mittellose Partei sich über ihre Beweismittel hinsichtlich der beiden Anspruchsvoraussetzungen nach Art. 117 zu äussern, wobei sie im Hinblick auf ihre Mitwirkungspflicht vorteilhafterweise schon mit dem Gesuch die relevanten Urkunden auflegt (s.u. N 3 und 8). Sodann kann sie – muss aber nicht – die gewünschte Person ihrer Rechtsverbeiständung bezeichnen (s. Art. 119 Abs. 2 und Art. 118 N 15). Genügt das Gesuch den gesetzlichen Anforderungen des Art. 119 Abs. 2 nicht, ist es im Hinblick auf den massgeblichen Untersuchungsgrundsatz (s.u. N 3) in analoger Anwendung von Art. 132 Abs. 1 zur Verbesserung innert einer Nachfrist zurückzusenden.

1

2. Das sachlich und örtlich zuständige Gericht

Die gesetzlichen Bestimmungen zur unentgeltlichen Rechtspflege (Art. 117–123) schweigen sich darüber aus, welches Gericht zur Entgegennahme und Beurteilung des Gesuchs örtlich und sachlich zuständig ist. Im Bericht zum Vorentwurf der Expertenkommission vom Juni 2003 wurde hinsichtlich der **sachlichen Zuständigkeit** erläutert, dass das **kantonale Recht** festzulegen habe, ob das in der Sache entscheidende Gericht, dessen Präsident oder ein anderes Gericht zuständig sei. Dem ist aufgrund der generell den Kantonen übertragenen Regelungs-Kompetenz für die sachlichen und funktionellen gerichtlichen Zuständigkeiten beizupflichten (s. Art. 4 N 1 ff.). Die **örtliche Zuständigkeit** hingegen wird vom Bundesrecht abschliessend geregelt (s. Art. 9–46). Der Gerichtsstandsfrage kommt vor allem bei Gesuchen vor Eintritt der Rechtshängigkeit, wo der Gerichtsstand der Hauptsache oft noch nicht feststeht (s. etwa die alternativen Gerichtsstände der Art. 20 und Art. 23–27), besondere Bedeutung zu. Leider enthält die Zivilprozessordnung – wie schon das altrechtliche Gerichtsstandsgesetz (GestG, SR 272) – für die Beurteilung von Gesuchen um unentgeltliche Rechtspflege keine besondere Gerichtsstands-Regelung. Denkbar wäre die Annwendung des für freiwillige Gerichtsbarkeits-Fälle vorgesehenen Art. 19 (mit zwingender Zuständigkeit am Wohnsitz oder Sitz der gesuchstellenden Partei) oder des allgemeinen Gerichtsstands von Art. 10 (als Auffanggerichtsstandes mit ausschliesslicher Zuständigkeit am Wohnsitz oder Sitz der beklagten Partei). Leider führen beide Gerichtsstände zum krass sinnwidrigen und unökonomischen

2

Ergebnis, dass über Gesuche um unentgeltliche Rechtspflege generell am Wohnsitz-Gerichtsstand entweder der klagenden Partei oder aber der beklagten Partei zu entscheiden wäre, derweil der Hauptprozess in einer Vielzahl der Fälle an einem andern Gerichtsstand stattfindet. Eine derart «gespaltene» Regelung über die örtliche Zuständigkeit findet sich auch in keiner der kantonalen Prozessordnungen. Es liegt demnach eine **unechte Gesetzeslücke** vor. Die Lückenfüllung erfolgt am überzeugendsten durch analoge Anwendung des Gerichtsstandes für vorsorgliche Massnahmen (Art. 13 lit. a): Denn als sachliche «Selbstverständlichkeit» wie auch als Fortführung einschlägiger kantonalrechtlicher Zuständigkeitsbestimmungen (z.B. § 128 Abs. 1 ZPO/AG, § 132 Abs. 1 ZPO/LU, Art. 78 ZPO/BE) bzw. als Weiterführung einer kaum diskutierten Praxis der Kantone (s. LEUENBERGER/UFFER-TOBLER, Art. 284 ZPO/SG N 1) ist der **Gerichtsstand** für unentgeltliche Rechtspflege-Verfahren sinnvollerweise dort zu bejahen, **wo die Zuständigkeit für die Hauptsache gegeben ist**. An diesem Gerichtsstand lässt sich eine summarische Beurteilung der Erfolgsaussichten am effizientesten vornehmen, und im gleichenorts durchzuführenden Hauptprozess werden sich auch die mit der unentgeltlichen Rechtspflege zusammenhängenden finanziellen Folgen bei Vorschusseinforderungen und beim Kosten-Entscheid auswirken.

3. Mitwirkungspflicht und Untersuchungsgrundatz

3   Weil fiskalische Interessen auf dem Spiel stehen, wird das Verfahren um Gewährung der unentgeltlichen Rechtspflege seit jeher **vom Untersuchungsgrundsatz beherrscht** (s. RIES, 125). Der Untersuchungsgrundsatz wird allerdings durch eine der mittellosen Partei überbundene, **umfassende Mitwirkungspflicht beschränkt**. Die gesuchstellende Partei hat ihre wirtschaftliche Situation offen zu legen und ihre Mittellosigkeit, die als negative Tatsache nicht strikt unter Beweis gestellt werden kann, sowie die Erfolgsaussichten der Rechtsbegehren **glaubhaft zu machen**. Werden die erforderlichen Unterlagen (z.B. eine amtliche Bestätigung der Steuerbehörde) oder die nötigen Angaben nicht vorgebracht, ist die Partei vom Gericht aufzufordern, die fehlenden Beweismittel vorzulegen. Wird die nötige und zumutbare Mitwirkung verweigert, kann das Gesuch trotz Untersuchungsmaxime abgewiesen werden. Umgekehrt ist bei ausreichender Mitwirkung ein Gesuch gutzuheissen, selbst wenn die verfügbaren Beweismittel keinen eindeutigen Aufschluss über die Frage der Mittellosigkeit ergeben (s. unv. BGE vom 4.2.2008, 5A_26/2008, E. 3.2; FRANK/STRÄULI/MESSMER, Erg.Bd., § 84 ZPO/ZH N 3 ff.; MEICHSSNER, 77 f.; LEUENBERGER/UFFER-TOBLER, Art. 285 ZPO/SG N 2a; BGE 120 Ia 179 E. 3a).

II. Zeitliche Aspekte

1. Gesuchseinreichung und Dauer der unentgeltlichen Rechtspflege

4   Gemäss Art. 119 Abs. 1 kann das Gesuch **vor oder nach Eintritt der Rechtshängigkeit** gestellt werden, also auch vor der Einreichung eines Schlichtungsgesuchs nach Art. 202 (zur Rechtshängigkeit s. Art. 62 Abs. 1). Auch ein unentgeltlicher Rechtsbeistand kann bereits zur Vorbereitung des Prozesses bestellt werden (Art. 118 Abs. 1 lit. c). Die Wirkungen der unentgeltlichen Rechtspflege treten grundsätzlich erst ab Einreichung des Gesuchs ein, das auch noch während des pendenten Hauptprozesses anhängig gemacht werden kann (s. Art. 118 N 5; LEUENBERGER/UFFER-TOBLER, Art. 261 ZPO/SG N 1d). Die unentgeltliche Rechtspflege dauert bis zur rechtskräftigen Beendigung des Verfahrens, für das sie bewilligt worden ist, sofern sie nicht zuvor entzogen wird (s. Art. 120) oder die betroffene Partei darauf verzichtet. Die Bewilligung gilt nicht für das Rechtsmittelverfahren (s. Art. 118 N 7 und Art. 119 Abs. 5).

2. Bloss ausnahmsweise Rückwirkung

Eine rückwirkende Bewilligung der unentgeltlichen Rechtspflege lässt das Gesetz nur ausnahmsweise zu (s. Art. 119 Abs. 4 und Art. 118 N 5). Die Praxis unter kantonalem Recht bewilligte etwa die Rückwirkung, wenn es wegen einer sachlich zwingend und dringend gebotenen Prozesshandlung unmöglich war, gleichzeitig um unentgeltliche Rechtspflege zu ersuchen. Dagegen ist die mittellose Partei mit dem Vorbringen, sie habe den Anspruch auf unentgeltliche Rechtspflege nicht gekannt, nicht zu hören (s. MEICHSSNER, 168 f.; FRANK/STRÄULI/MESSMER, § 90 ZPO/ZH N 2 und Erg.Bd. § 84 ZPO/ZH N 8; STUDER/RÜEGG/EIHOLZER, § 131 ZPO/LU N 4; BGE 122 I 203 E. 2f).

3. Neues Gesuch vor der Rechtsmittelinstanz

Im Unterschied zu vielen kantonalen Prozessordnungen schliesst Art. 119 Abs. 5 eine automatische Weitergeltung der erstinstanzlich bewilligten unentgeltlichen Rechtspflege im Rechtsmittelverfahren aus. Vor der Rechtsmittelinstanz ist somit regelmässig ein neues Gesuch zu stellen, was die Berücksichtigung allenfalls veränderter Erfolgsaussichten garantiert. Dabei ist für die Bejahung der Erfolgsaussichten allein entscheidend, ob das Rechtsmittel voraussichtlich gutgeheissen werden muss (s. Art. 117 N 21; LGVE 2008 I Nr. 32).

III. Merkmale des Verfahrens betreffend unentgeltliche Rechtspflege

1. Anwendungsfall des summarischen Verfahrens

Über Gesuche um unentgeltliche Rechtspflege ist im summarischen Verfahren zu entscheiden (Art. 119 Abs. 3; s.a. Art. 248 lit. a). Das summarische Verfahren ist in Art. 252–256 geregelt. Danach kann das Gesuch nicht nur in den Formen des Art. 130 gestellt, sondern **auch mündlich beim Gericht zu Protokoll** gegeben werden. Zu den Beweismitteln s.u. N 8 und oben N 3, zur Anwendung des beschränkten Untersuchungsgrundsatzes s.o. N 3. Der Entscheid kann ohne Durchführung einer Verhandlung auf Grundlage der Akten erfolgen; abzustellen ist für die Frage der Mittellosigkeit auf die im Zeitpunkt des Entscheides geltenden Verhältnisse (s. Art. 117 N 7), für die Frage der Erfolgsaussichten auf diejenigen bei Gesuchseinreichung (s. Art. 117 N 4). Ein (auch bloss teilweise) negativer Entscheid kann mit Beschwerde angefochten werden (Art. 121).

2. Beweisrechtliches

Die mittellose Partei hat ihre wirtschaftliche Situation schlüssig darzulegen und Mittellosigkeit sowie Erfolgsaussichten der Rechtsbegehren in der Hauptsache glaubhaft zu machen (s.o. N 3 mit Hinweisen). Als Beweismittel sieht Art. 254 Abs. 1 für summarische Verfahren ausschliesslich den **Urkundenbeweis** vor, der allerdings **durch andere Beweismittel** (s. Art. 168) **ergänzt** werden kann, wenn das Gericht den Sachverhalt von Amtes wegen festzustellen hat (Art. 254 Abs. 2 lit. c). Im Verfahren betreffend unentgeltliche Rechtspflege gilt der beschränkte Untersuchungsgrundsatz, weshalb die gesuchstellende Partei die anspruchsbegründenden Umstände nicht nur durch Urkunden, sondern auch etwa mit Anträgen auf Einholen einer schriftlichen Auskunft, Vornahme eines Augenscheins oder ausnahmsweise gar Befragung von Zeugen glaubhaft machen kann.

3. Anhören der Gegenpartei

Die Gegenpartei des Hauptprozesses ist im Verfahren um unentgeltliche Rechtspflege **nicht förmlich Partei**, weshalb Art. 253 nicht zur Anwendung gelangt. Sie **kann** aber gemäss Art. 119 Abs. 3 Satz 2 dennoch **angehört werden**, weil sie vielfach in der Lage ist, zur Abklärung der Vermögens- und Einkommensverhältnisse sowie der Erfolgsaussichten beizutragen (s. LEUENBERGER/UFFER-TOBLER, Art. 285 ZPO/SG N 2c; LEUCH/MARBACH/KELLERHALS/STERCHI, Art. 79 ZPO/BE N 4). Für ihre diesbezüglichen Aufwendungen ist der angehörten Partei keine Parteientschädigung zuzusprechen. Anders präsentiert sich die Situation dann, wenn im Rahmen der unentgeltlichen Rechtspflege ein Gesuch um **Befreiung von Sicherheitsleistung** gestellt wird, weil die Gegenpartei eine solche bereits beantragt hat oder ein diesbezügliches Gesuch erwartet wird. Diesfalls kommt der Gegenpartei Parteistellung zu, weshalb sie **zwingend anzuhören** ist und ihr bei Obsiegen auch eine Parteientschädigung zu entrichten ist.

4. Kostenlosigkeit des Verfahrens

10   Im Verfahren um unentgeltliche Rechtspflege werden – etwa im Unterschied zur bisherigen Praxis im Kanton Luzern – **keine Gerichtskosten erhoben**, selbst wenn das Gesuch abgewiesen wird. Vorbehalten sind gemäss Art. 119 Abs. 6 bös- oder mutwillige Gesuche (s.a. Art. 115 N 1 und 2). Dabei ist gemäss bundesrätlicher Botschaft (s. BOTSCHAFT ZPO, 7303) etwa an eine vermögende Partei zu denken, die den Hauptprozess durch dieses Zwischenverfahren nur verzögern will, oder an eine Partei, welche dem Gericht unwahre Angaben macht, um die Rechtswohltat zu erschleichen.

Art. 120

Entzug der unentgeltlichen Rechtspflege	**Das Gericht entzieht die unentgeltliche Rechtspflege, wenn der Anspruch darauf nicht mehr besteht oder nie bestanden hat.**
Retrait de l'assistance judiciaire	Le tribunal retire l'assistance judiciaire lorsque les conditions d'octroi ne sont plus remplies ou qu'il s'avère qu'elles ne l'ont jamais été.
Revoca del gratuito patrocinio	Il giudice revoca il gratuito patrocinio se le condizioni per la sua concessione non sono più o non sono mai state adempiute.

Inhaltsübersicht   Note

  I. Entzug für die Zukunft   1
  II. Rückwirkender Entzug   2

Literatur

Vgl. die Literaturhinweise zu Art. 117.

I. Entzug für die Zukunft

1   Die unentgeltliche Rechtspflege ist gemäss Art. 120 für die Zukunft zu entziehen, wenn die **Mittellosigkeit im Verlaufe des Prozesses entfallen** ist. Das kann etwa bei unvorhersehbarem Vermögensanfall, bspw. aus Erbrecht, der Fall sein. Wenn die Rechtsbegehren aufgrund von Beweisabnahmen oder anderer neuer Erkenntnisse während des Prozesses **aussichtslos werden**, darf der Entzug kurz vor Abschluss des Verfahrens nicht verfügt werden, weil dies einem unzulässigen rückwirkenden Entzug gleichkäme (anders der zulässige rückwirkende Entzug, s.u. N 2). In solchen Fällen steht erst der Rechtsmittelinstanz das Recht zum Entzug (für die Zukunft) zu. Dies deckt sich mit der Praxis, die

4. Kapitel: Unentgeltliche Rechtspflege   1   **Art. 121**

Erfolgsaussichten umgehend nach der Gesuchseinreichung auf Grundlage der dannzumaligen Erkenntnisse zu prüfen (s. MEICHSSNER, 173 f.; BÜHLER/EDELMANN/KILLER, § 132 ZPO/AG N 2 und 6; FRANK/STRÄULI/MESSMER, § 91 ZPO/ZH N 1 und Erg.Bd. § 91 ZPO/ZH N 2; LEUCH/MARBACH/KELLERHALS/STERCHI, Art. 77 ZPO/BE N 7; BGE 122 I 5 E. 4a; LGVE 2008 I Nr. 32; a.M. LEUENBERGER/UFFER-TOBLER, Art. 287 ZPO/SG N 1a;). Selbstverständlich ist die betroffene Partei zum geplanten Entzug der unentgeltlichen Rechtspflege anzuhören.

II. Rückwirkender Entzug

Als Ausnahme des vom Vertrauensgrundsatz abgeleiteten Rückwirkungsverbots lässt die   2
Praxis seit jeher den rückwirkenden Entzug der unentgeltlichen Rechtspflege dann zu, wenn die Mittellosigkeit nie bestanden hat und die begünstigte Partei **durch unrichtige Angaben** über ihre wirtschaftliche Situation die **Bewilligung zu Unrecht erlangt** hat. Gleich ist beim Aufdecken absichtlich konstruierter Erfolgsaussichten vorzugehen. Der rückwirkende Entzug kann von der Rechtsmittelinstanz unter diesen Voraussetzungen auch für das vorinstanzliche Verfahren ausgesprochen werden. Ein Entzug mit Wirkung ex tunc ist schliesslich auch dann möglich, wenn die Partei zu Prozessbeginn zwar durchaus mittellos gewesen ist, in der Folge aber eine **ausserordentliche Verbesserung ihrer finanziellen Verhältnisse** erfahren durfte (s. MEICHSSNER, 174 f.; BÜHLER/EDELMANN/KILLER, § 132 ZPO/AG N 6; LEUENBERGER/UFFER-TOBLER, Art. 287 ZPO/SG N 2; BGE 122 I 5 E. 4b). Der rückwirkende Entzug bewirkt, dass die betroffene Partei die Vorschüsse für den Prozess und für Beweiserhebungen ebenso leisten muss wie allfällige Sicherheitsleistungen. Anderseits ist der unentgeltliche Rechtsbeistand für seine Aufwendungen bis zum (rückwirkenden) Entzug vom Staat zu entschädigen.

Art. 121

Rechtsmittel	**Wird die unentgeltliche Rechtspflege ganz oder teilweise abgelehnt oder entzogen, so kann der Entscheid mit Beschwerde angefochten werden.**
Recours	Les décisions refusant ou retirant totalement ou partiellement l'assistance judiciaire peuvent faire l'objet d'un recours.
Impugnazione	Le decisioni che rifiutano o revocano totalmente o parzialmente il gratuito patrocinio sono impugnabili mediante reclamo.

Inhaltsübersicht   Note

   I. Anfechtung vor kantonalen Instanzen 1
  II. Anfechtung vor Bundesgericht 2

Literatur

Vgl. die Literaturhinweise zu Art. 117.

I. Anfechtung vor kantonalen Instanzen

Gegen die erstinstanzliche, gänzliche oder teilweise Verweigerung der unentgeltlichen   1
Rechtspflege kann **die gesuchstellende Partei innert 10 Tagen seit der Zustellung Beschwerde erheben** (s. Art. 121 i.V.m. Art. 321 Abs. 2). Unter die teilweise Verweigerung fällt u.a. die Nichtbestellung einer nachgesuchten unentgeltlichen Rechtsverbei-

Art. 122

ständung. Auch der erstinstanzliche Entzug der unentgeltlichen Rechtspflege ist mit Beschwerde anfechtbar. Die **Gegenpartei** ist mangels Parteistellung hingegen grundsätzlich **nicht legitimiert**, Bewilligung oder Verweigerung der unentgeltlichen Rechtspflege anzufechten (s. Art. 119 N 9); ausgenommen sind Entscheide, welche mit der unentgeltlichen Rechtspflege von der Sicherheitsleistung für die Parteientschädigung befreien (s. Art. 103 und Art. 118 Abs. 1 lit. a; FRANK/STRÄULI/MESSMER, § 271 ZPO/ZH N 25 f.; LEUENBERGER/UFFER-TOBLER, Art. 289 ZPO/SG; STUDER/RÜEGG/EIHOLZER, § 134 ZPO/LU N 3).

II. Anfechtung vor Bundesgericht

2   Gegen zweitinstanzliche Entscheide und gegen kantonale Rechtsmittel-Entscheide, welche die unentgeltliche Rechtspflege ganz oder teilweise ablehnen oder entziehen, ist die **Beschwerde in Zivilsachen** an das Bundesgericht zulässig, wobei nicht nur die Streitwertgrenzen gemäss Art. 74 BGG, sondern auch die besondern Voraussetzungen für **Zwischenentscheide** gemäss Art. 93 Abs. 1 lit. a oder b BGG zu beachten sind (SPÜHLER/DOLGE/VOCK, Art. 93 BGG N 1 ff.; BSK BGG-WALDMANN, Art. 93 N 1 ff.; BGE 133 III 629). Es liegen gemäss bundesgerichtlicher Rechtsprechung regelmässig Zwischenentscheide nach Art. 93 vor, dessen ungeachtet, ob sie während des Hauptverfahrens, zusammen mit dessen Endentscheid oder nach diesem ergehen. Bei Zwischenentscheiden folgt der Rechtsweg der Hauptsache, die insb. für die Bemessung des Streitwertes massgeblich ist (s. BGE 129 I 129 E. 1; unv. BGE vom 11.5.2007, 5A_108/2007 und vom 4.2.2008, 5A_26/2008; C. LEUENBERGER, ZBJV 2009, 354). Ein analoges Vorgehen dürfte sich aufdrängen bei den seltenen Entscheiden zur unentgeltlichen Rechtspflege, die vor Rechtshängigkeit der Hauptsache ergehen.

Art. 122

Liquidation der Prozesskosten

¹ **Unterliegt die unentgeltlich prozessführende Partei, so werden die Prozesskosten wie folgt liquidiert:**
   a. die unentgeltliche Rechtsbeiständin oder der unentgeltliche Rechtsbeistand wird vom Kanton angemessen entschädigt;
   b. die Gerichtskosten gehen zulasten des Kantons;
   c. der Gegenpartei werden die Vorschüsse, die sie geleistet hat, zurückerstattet;
   d. die unentgeltlich prozessführende Partei hat der Gegenpartei die Parteientschädigung zu bezahlen.

² **Obsiegt die unentgeltlich prozessführende Partei und ist die Parteientschädigung bei der Gegenpartei nicht oder voraussichtlich nicht einbringlich, so wird die unentgeltliche Rechtsbeiständin oder der unentgeltliche Rechtsbeistand vom Kanton angemessen entschädigt. Mit der Zahlung geht der Anspruch auf den Kanton über.**

Règlement des frais

¹ Lorsque la partie au bénéfice de l'assistance judiciaire succombe, les frais sont liquidés comme suit:
   a. le conseil juridique commis d'office est rémunéré équitablement par le canton;
   b. les frais judiciaires sont à la charge du canton;
   c. les avances que la partie adverse a fournies lui sont restituées;
   d. la partie au bénéfice de l'assistance judiciaire verse les dépens à la partie adverse.

² Lorsque la partie au bénéfice de l'assistance judiciaire obtient gain de cause, le conseil juridique commis d'office est rémunéré équitablement par le canton si les dépens ne peuvent être obtenus de la partie adverse ou qu'ils ne le seront vraisemblablement pas. Le canton est subrogé à concurrence du montant versé à compter du jour du paiement.

Liquidazione delle spese giudiziarie

¹ Se la parte cui è stato concesso il gratuito patrocinio risulta soccombente, le spese giudiziarie sono liquidate come segue:
a. il patrocinatore d'ufficio è adeguatamente remunerato dal Cantone;
b. le spese processuali sono a carico del Cantone;
c. alla controparte sono restituiti gli anticipi da essa versati;
d. la parte cui è stato concesso il gratuito patrocinio deve pagare le ripetibili alla controparte.

² Se la parte cui è stato concesso il gratuito patrocinio risulta vincente e le ripetibili non possono o non potranno presumibilmente essere riscosse presso la controparte, il patrocinatore d'ufficio è adeguatamente remunerato dal Cantone. A pagamento avvenuto, la pretesa passa al Cantone.

Inhaltsübersicht

Note

I. Liquidation der Prozesskosten bei unentgeltlicher Rechtspflege 1
   1. Überblick 1
   2. Kostenfolgen bei «Unterliegen» (Abs. 1) 2
   3. Kostenfolgen bei «Obsiegen» (Abs. 2) 4
II. Die Entschädigung unentgeltlicher Rechtsbeistände 5

Literatur

Vgl. die Literaturhinweise zu Art. 117.

I. Liquidation der Prozesskosten bei unentgeltlicher Rechtspflege

1. Überblick

Die Auswirkungen der bewilligten unentgeltlichen Rechtspflege auf die tatsächliche Bezahlung der Kosten des Hauptprozesses blieben unter kantonalem Recht für viele Parteien unklar. Mit Art. 122 soll zukünftig Klarheit geschaffen werden, **wie die Prozesskosten zu liquidieren sind, wenn mindestens eine Partei den Prozess unentgeltlich geführt hat**. Abs. 1 regelt die Kostenfolgen für diejenigen Fälle, bei denen die unentgeltlich prozessführende Partei unterlegen ist. Abs. 2 beschränkt sich auf die Sonderfälle, wo die unentgeltlich prozessführende Partei obsiegt hat, die unentgeltliche Rechtsverbeiständung aber dennoch staatlich zu entschädigen ist. Im Mittelpunkt steht also die Entschädigung der unentgeltlichen Rechtsverbeiständung, deren Umfang nach wie vor die Kantone selber festlegen (s. Art. 96 N 4 und 6). Prozessieren beide Parteien mit unentgeltlicher Rechtspflege, sind im gleichen Prozess sowohl die Voraussetzungen von Abs. 1 wie von Abs. 2 erfüllt; da die unterlegene Partei nicht leistungsfähig ist, ist gemäss Abs. 2 die unentgeltliche Rechtsverbeiständung der obsiegenden Partei zum vornherein vom Kanton zu entschädigen. Prozessiert keine Partei mit unentgeltlicher Rechtspflege, werden die Prozesskosten nach Art. 111 liquidiert. Keinen Einfluss hat Art. 122 auf die Kostenverlegung im Verhältnis der Prozessparteien, die ausschliesslich nach den Art. 106–109 vorzunehmen ist.

2. Kostenfolgen bei «Unterliegen» (Abs. 1)

2   Der in Art. 122 verwendete **Begriff des «Unterliegens»** (wie des «Obsiegens») ist unglücklich gewählt: Er knüpft ausschliesslich an den Prozesserfolg an und weckt die Assoziation zur Kostenverlegung entsprechend dem Ausgang des Verfahrens (Art. 106). Damit blendet er aus, dass Prozesskosten auch nach andern Kriterien verlegt werden können (s. Art. 107–109). Möglich ist, dass trotz Unterliegens ein Teil der Prozesskosten der obsiegenden Gegenpartei überbunden wird. Weil die in Art. 122 Abs. 1 lit. a–d geregelten Liquidationsfolgen solches in ihrer Absolutheit nicht zulassen, muss der Begriff des «Unterliegens» uminterpretiert werden: Die erwähnten Liquidationsfolgen sind nur dann zutreffend, **wenn die unentgeltlich prozessführende Partei die Prozesskosten zu tragen hat**, was bei «Unterliegen» i.e.S. nach dem Gesagten nicht immer der Fall ist. Abs. 1 regelt demnach die Liquidation der Prozesskosten, falls die unentgeltlich prozessführende Partei grundsätzlich zu deren Tragung verhalten worden ist.

3   Die Kostentragungs-Pflicht der unentgeltlich prozessführenden Partei zeitigt auf die Liquidation der Prozesskosten folgende **Auswirkungen**: Vorab ist der unentgeltliche **Rechtsbeistand vom Kanton angemessen zu entschädigen** (zum Mass der Entschädigung s.u. N 5 ff.). Die Entschädigung ist im Dispositiv direkt dem Rechtsbeistand zuzusprechen (anders bei «Obsiegen», s.u. N 4). Die **Gerichtskosten** gehen als Folge der Kostenbefreiung in Art. 118 Abs. 1 lit. b (unter dem Vorbehalt der Nachzahlung gemäss Art. 123) **zulasten des Kantons**, welcher der nicht kostenpflichtigen Gegenpartei deren geleistete **Vorschüsse zu erstatten** hat. Schliesslich hat die unentgeltlich prozessführende Partei der Gegenpartei die gerichtlich festgesetzte **Parteientschädigung zu bezahlen**, was schon in Art. 118 Abs. 3 zur Vermeidung von Missverständnissen legiferiert worden ist (ergänzende Ausführungen s. Art. 118 N 4).

3. Kostenfolgen bei «Obsiegen» (Abs. 2)

4   Der **Begriff des «Obsiegens»** ist in Abs. 2 mit der in N 2 dargelegten Begründung so auszulegen, dass die Gegenpartei im Hauptprozess zur Leistung einer Parteientschädigung an die unentgeltlich prozessführende Partei verhalten worden ist. Im Urteils-Dispositiv ist die Parteientschädigung der mittellosen Partei selber (und nicht etwa dem unentgeltlichen Rechtsbeistand) zuzusprechen. Eine ausdrücklich das Gegenteil anordnende Bestimmung – analog zur in vielen Kantonen bestandenen prozessrechtlichen Legalzession an den Rechtsbeistand (s. etwa § 89 Abs. 1 ZPO/ZH, Art. 282 Abs. 1 lit. c ZPO/SG oder § 136 Abs. 1 ZPO/LU; MEICHSSNER, 200 f.) – fehlt im Gesetz. Die Gefahr der Zweckentfremdung einer zugesprochenen Parteientschädigung durch die mittellose Partei ist deshalb zu vernachlässigen, weil sich Rechtsbeistände regelmässig auch zum Inkasso allfälliger Parteientschädigungen bevollmächtigen lassen (können). Die Zusprechung der Parteientschädigung an die mittellose Partei ändert im übrigen nichts daran, dass der unentgeltliche Rechtsbeistand mit Blick auf seinen öffentlich-rechtlichen Entschädigungsanspruch gegenüber dem Staat die Höhe der Parteientschädigung in eigenem Namen anfechten kann, da sie eine entscheidende Bemessungs-Grundlage für eine allfällige staatliche Entschädigung bildet. Es kann sich rechtfertigen, die staatliche Entschädigung des Rechtsbeistandes bereits im Kosten-Entscheid ergänzend zur Parteientschädigung festzulegen, wenn die Zahlungsunfähigkeit der Gegenpartei bereits feststeht (unv. BGE vom 9.2.2009, 5A_849/2008). Selbst wenn im Hauptprozess – etwa im Rahmen eines summarischen Verfahrens – der mittellosen Partei zulasten der Gegenpartei eine Parteientschädigung zugesprochen wird, darf im gleichen Entscheid das Gesuch um unentgeltliche Verbeiständung nicht aus diesem Grund abgewiesen werden, sondern muss der Entscheid von der Einbringlichkeit dieser Parteientschädigung abhängig gemacht

werden (BGE 122 I 322 E. 3b–d). Auf jeden Fall ist der unentgeltliche Rechtsbeistand **nur bzw. erst bei Zahlungsunfähigkeit der kostenpflichtigen Gegenpartei vom Kanton angemessen zu entschädigen** (zum Mass der Entschädigung s.u. N 5 ff.). Der unentgeltliche Rechtsbeistand muss also zunächst versuchen, das (volle) Honorar bei der Gegenpartei erhältlich zu machen. Bleiben diese Bemühungen erfolglos oder sind sie von Beginn weg offensichtlich aussichtslos, kann gegenüber dem Kanton die erwähnte «angemessene» Entschädigung geltend gemacht werden. Das Glaubhaftmachen der Uneinbringlichkeit genügt. Die staatliche Entschädigung ist analog zur Regelung in Art. 64 Abs. 2 BGG nur subsidiär, d.h. soweit nicht die zugesprochene Parteientschädigung für Deckung sorgt (s. SPÜHLER/DOLGE/VOCK, Art. 64 N 10). Im Umfang der Zahlung geht die Entschädigungsforderung auf den Staat über (s. Art. 166 OR). Fällt die «angemessene» staatliche Entschädigung tiefer aus als die richterlich zugesprochene Parteientschädigung, kann die oder der Honorarberechtigte die Differenz weiterhin bei der Gegenpartei (nicht aber bei der eigenen Partei) geltend machen (s. Art. 123 N 3; BGE 122 I 322 E. 3b; MEICHSSNER, 204; STUDER/RÜEGG/EIHOLZER, § 136 ZPO/LU N 2; BOESCH/JOZIC, 39).

II. Die Entschädigung unentgeltlicher Rechtsbeistände

Gemäss dem Willen einer deutlichen Vernehmlassungs-Mehrheit hat der Gesetzgeber weder die im Vorentwurf vorgesehene «volle Entschädigung» der unentgeltlichen Rechtsbeistände noch die Anwendung eines einheitlichen Tarifs oder Kürzungssatzes für deren Arbeit beschlossen. Art. 122 Abs. 1 lit. a und Abs. 2 begnügen sich mit der Postulierung einer **«angemessenen Entschädigung»**. Damit sind die Kantone im Rahmen ihrer Tarifhoheit (Art. 96) weiterhin berechtigt und verpflichtet, den richtigen Umfang der staatlichen Entschädigung selber festzulegen. Die Kontrolle durch das Bundesgericht als Beschwerdeinstanz wird die Angemessenheit der Entschädigung mit der üblichen, im Föderalismus begründeten Zurückhaltung überprüfen, was keine revolutionäre Änderung seiner bisherigen Rechtsprechung zur zulässigen Entschädigungshöhe erwarten lässt. Bisher ist das höchste Gericht bei kantonalen Entschädigungen nur dann eingeschritten, wenn die Entschädigung in missbräuchlicher Ermessensbetätigung oder willkürlich festgelegt worden ist, wenn sie ausserhalb jedes vernünftigen Verhältnisses zu den geleisteten Diensten steht und in krasser Weise gegen das Gerechtigkeitsempfinden verstösst (für viele: BGE 122 I 1 E. 3a; 118 Ia 133 E. 2b und d; unv. BGE vom 8.1.2008, 6B_695/2007).

Gemäss der konstanten Praxis der meisten Kantone wurde die Entschädigung unentgeltlicher Rechtsbeistände (oder amtlicher Verteidiger) regelmässig tiefer angesetzt als das für eine privat bestellte Parteivertretung geschuldete Honorar. Solche Reduktionen beliefen sich im Bereich der unentgeltlichen Rechtspflege auf 15% bis fast unglaubliche 40%. Trotz massiver Kritik der Lehre (s. MEICHSSNER, 207 m.H.) hat es das Bundesgericht bislang in ständiger Rechtsprechung als zulässig erachtet, dass das **Honorar für amtliche Mandate** im Vergleich zu denjenigen für freie Mandate **herabgesetzt** wird. Im wegleitenden, ausführlich begründeten und auf die Unterschiede der kantonalen Reduktionen hinweisenden Urteil vom 6.6.2006 (BGE 132 I 201) hat das Bundesgericht mit Blick auf Art. 29 Abs. 3 BV festgehalten, dass sich die Entschädigung für einen amtlichen Anwalt im schweizerischen Durchschnitt heute in der Grössenordnung von CHF 180 pro Stunde bewegen müsse, um vor der Verfassung standzuhalten, wobei kantonale Unterschiede eine Abweichung nach oben oder unten rechtfertigen könnten. Dieser Betrag liege in der Nähe des Stundenansatzes von CHF 200 (zuzüglich Mehrwertsteuer), welchen das Eidgenössische Versicherungsgericht kürzlich für das Sozialversicherungsverfahren geschützt habe (vgl. BGE 131 V 153 E. 7; vgl. auch Art. 3 des Reglementes vom 11.2.2004 über die Entschädigungen in Verfahren vor dem Bundesstrafgericht SR 173.711.31). Neu sind die kantonalen Zivilgerichte nun aber durch Art. 122 verpflichtet, unentgeltliche Rechtsbeistände **«angemessen» zu entschädigen**. Ob es unter dieser Vorgabe weiterhin zulässig ist, einzelne Anwälte durch den Staat grundsätzlich schlechter zu entschädigen, obwohl sie für diesen eine öffentliche Aufgabe erfüllen, die inhaltlich und qualitativ genau die gleiche ist wie diejenige eines privat mandatierten Anwaltes, wird die zukünftige Rechtsprechung zeigen müssen. Die freie Überprüfung der Angemessenheit einer staatlichen Entschädigung als Bestandteil einer nun bundesrechtlichen Rechtsfrage wird es dem Bundesgericht immerhin erlauben, allfällige Korrekturen nicht nur bei Ermessensmissbrauch oder Willkür anzubringen, sondern bereits bei schlichter «Unangemessenheit».

7   Unentgeltlichen Rechtsbeiständen ist nur **derjenige Aufwand zu entschädigen**, der mit der eigentlichen Interessenwahrung im Rahmen einer konkreten Streitigkeit zusammenhängt und der verhältnismässig ist. Nicht ersetzt werden Aufwändungen, bei denen zum vornherein klar ist, dass sie nicht der Interessenwahrung im Prozess dienen (z.B. Übersetzungsarbeiten, allgemeine Lebenshilfe, psychologische Betreuung der vertretenen Partei; s.a. BGE 109 Ia 107 E. 3b = Pra 1983 Nr. 282). Bei der Bemessung der Entschädigung nach dem jeweiligen kantonalen Tarif sind Art, Wichtigkeit und Schwierigkeit der Streitsache, Umfang der Arbeitsleistung und Zeitaufwand massgebend. Daneben sind die nötigen Auslagen und die Mehrwertsteuer dem Rechtsbeistand zu ersetzen (s. MEICHSSNER, 206). Problematisch erscheint die Praxis kantonaler Gerichte, der unentgeltlichen Rechtsverbeiständung im Bewilligungsentscheid ein sog. «weiches Kostendach» vorzugeben, das die staatliche Entschädigung auf diesen Maximalbetrag beschränkt, wobei das Kostendach aus zwingenden, nicht vorhergesehenen Gründen überschritten werden kann (s. BOESCH/JOZIC, 37). Denn einerseits ist der tatsächlich zu erbringende Vertretungsaufwand kaum vorhersehbar, anderseits wird das mit der gewährten unentgeltlichen Rechtspflege angestrebte Ziel der Waffengleichheit der Parteien durchlöchert, wenn der unentgeltlichen Rechtsverbeiständung im Unterschied zur Vertretung der Gegenpartei Schranken bei der Honorierung vorgegeben werden, die sich auf Motivation und Umfang der Vertretungstätigkeit nachteilig auswirken können.

Art. 123

Nachzahlung	**¹ Eine Partei, der die unentgeltliche Rechtspflege gewährt wurde, ist zur Nachzahlung verpflichtet, sobald sie dazu in der Lage ist.**
	² Der Anspruch des Kantons verjährt zehn Jahre nach Abschluss des Verfahrens.
Remboursement	¹ Une partie est tenue de rembourser l'assistance judiciaire dès qu'elle est en mesure de le faire.
	² La créance du canton se prescrit par dix ans à compter de la fin du procès.
Rifusione	¹ La parte cui è stato concesso il gratuito patrocinio è obbligata alla rifusione appena sia in grado di farlo.
	² La pretesa del Cantone si prescrive in dieci anni dalla chiusura del procedimento.

4. Kapitel: Unentgeltliche Rechtspflege   1–3 **Art. 123**

Literatur

Vgl. die Literaturhinweise zu Art. 117.

Gelangt eine Partei, die unentgeltlich prozessiert hat, **nachträglich zu Vermögen oder ausreichendem Einkommen**, ist sie zum vollständigen oder teilweisen Ersatz der ihr vorläufig erlassenen Gerichts- und Anwaltskosten verpflichtet (s. SPÜHLER/DOLGE/VOCK, Art. 64 N 12 m.H. auf BGE 124 V 309 E. 6). Veränderte wirtschaftliche Verhältnisse versetzen die zuvor mittellose Partei dann «in die Lage» zur Nachzahlung, wenn sie die Bewilligung der unentgeltlichen Rechtspflege ausschliessen würden (LEUCH/MARBACH/KELLERHALS/STERCHI, Art. 82 ZPO/BE N 2b; LEUENBERGER/UFFER-TOBLER, Art. 288 ZPO/SG N 1a). Leistet die pflichtige Partei nicht freiwillig, wird die zuständige kantonale Behörde – nach Wahrung des rechtlichen Gehörs – die Nachzahlung auf dem Verfügungsweg erlassen. Die Nachforderung kann schon vor Rechtskraftbeschreitung des Urteils in der Hauptsache angeordnet werden, bspw. im Urteil selber unter Hinweis auf den Prozessausgang oder nach vorgängigem Entzug der unentgeltlichen Rechtspflege (**a.M.** LEUENBERGER/UFFER-TOBLER, Art. 288 ZPO/SG N 1c).   1

Der Nachzahlungsanspruch ist eine öffentlich-rechtliche Forderung, die gemäss Art. 123 Abs. 2 **zehn Jahre nach Abschluss des Verfahrens verjährt**. Die Verjährungsfrist beginnt mit der Rechtskraft des Endentscheides zu laufen (vgl. auch Art. 112 Abs. 2). Sie kann durch alle Handlungen, mit denen die Forderung in geeigneter Weise beim Schuldner geltend gemacht wird, unterbrochen werden. Die Unterbrechungsgründe sind somit zahlreicher als im Privatrecht (HÄFELIN/MÜLLER/UHLMANN, N 777). Öffentlich-rechtliche Geldforderungen sind – auch ohne ausdrückliche gesetzliche Regelung – mit Beginn des Verzugs grundsätzlich zu verzinsen. Für die **Höhe des Verzugszinses** (5%) kann auf Art. 112 Abs. 3 zurückgegriffen werden. In «Verzug» gelangt die nachzahlungspflichtige Partei – mangels einer anderen Vorschrift – erst durch Zustellung einer Mahnung (Art. 102 Abs. 1 OR).   2

Ordnet der Kanton die Nachzahlung an, muss auch dem unentgeltlichen Rechtsbeistand unter denselben Voraussetzungen gestattet werden, denjenigen Teil seines Honoraranspruchs, der von der staatlichen Entschädigung allenfalls nicht gedeckt ist, gegen seinen Mandanten geltend zu machen. Das **Nachforderungsrecht des unentgeltlichen Rechtsbeistandes** gegenüber dem seinerzeitigen Begünstigten ist zulässig und vom verbotenen Honorarbezug zu unterscheiden (MEICHSSNER, 200; LEUCH/MARBACH/KELLERHALS/STERCHI, Art. 77 ZPO/BE N 11; unv. BGE vom 10.1.2001, 5P.421/2000).   3

9. Titel: Prozessleitung, prozessuales Handeln und Fristen

1. Kapitel: Prozessleitung

Art. 124

Grundsätze	¹ **Das Gericht leitet den Prozess. Es erlässt die notwendigen prozessleitenden Verfügungen zur zügigen Vorbereitung und Durchführung des Verfahrens.** ² **Die Prozessleitung kann an eines der Gerichtsmitglieder delegiert werden.** ³ **Das Gericht kann jederzeit versuchen, eine Einigung zwischen den Parteien herbeizuführen.**
Principes	¹ Le tribunal conduit le procès. Il prend les décisions d'instruction nécessaires à une préparation et à une conduite rapides de la procédure. ² La conduite du procès peut être déléguée à l'un des membres du tribunal. ³ Le tribunal peut en tout état de la cause tenter une conciliation des parties.
Principi	¹ Il giudice dirige il processo. Prende le necessarie disposizioni ordinatorie onde preparare e attuare speditamente il procedimento. ² La direzione del processo può essere affidata a un solo membro del tribunale. ³ Il giudice può tentare in ogni momento di conciliare le parti.

Inhaltsübersicht   Note

I. Norminhalt und Normzweck 1
II. Unmittelbarkeit; Delegation 6
III. Gütliche Einigung 8
IV. Internationales Privat- und Zivilprozessrecht 12

Literatur

U. EGLI, Vergleichsdruck im Zivilprozess, Eine rechtsstaatliche Untersuchung, Diss. Zürich 1996; Ch. LEUENBERGER, Die Zusammenarbeit von Richter und Gerichtsschreiber, Zbl 1986, 97 ff.; R. LEVI, Der Richter als Vermittler, SJZ 1967, 255 f.; I. MEIER, Besondere Vollstreckungstitel nach dem Lugano-Übereinkommen, in: I. Schwander (Hrsg.), Das Lugano-Übereinkommen, St. Gallen 1990, 157 ff.; J. P. MÜLLER/M. SCHEFER, Grundrechte in der Schweiz – Im Rahmen der Bundesverfassung von 1999, der UNO-Pakte und der EMRK, 4. Aufl., Bern 2008; R. STÜRNER, Richterliche Vergleichsverhandlung und richterlicher Vergleich aus juristischer Sicht, in: I. Meier/H. M. Riemer/ P. Weimar (Hrsg.), Recht und Rechtsdurchsetzung, FS Walder, Zürich 1994, 273 ff.; M. E. VILLIGER, Handbuch der Europäischen Menschenrechtskonvention (EMRK), 2. Aufl., Zürich 1999.

I. Norminhalt und Normzweck

1   Art. 124 regelt für alle Verfahren und Verfahrensarten die **formelle Verfahrensleitung**. Ist es materiell Sache der Parteien, ob, in welcher Form und wie lange es überhaupt zu einem gerichtlichen Verfahren kommt, fällt dessen Leitung – das Prozessmanagement –

ausschliesslich in die Zuständigkeit des Gerichtes. Das schliesst nicht aus, dass die Parteien über den Gang des Verfahrens Anträge stellen können, ändert aber nichts daran, dass das Gericht das Verfahren in Händen hält (WALDER/GROB, 245 f.). Das Gericht führt Regie und hat allgemein dafür zu sorgen, dass das Verfahren zügig vorbereitet und durchgeführt wird (BOTSCHAFT ZPO, 7305) sowie grundsätzlich darüber zu wachen, dass die gesetzlichen Vorschriften und seine Anordnungen befolgt werden (so ausdrücklich § 52 ZPO/ZH). Die Prozessleitung umfasst insb. die Prüfung der Prozessvoraussetzungen einschliesslich der Verbesserung allfälliger Mängel (Art. 132 Abs. 1 und 2), die Ansetzung und gegebenenfalls Erstreckung von Fristen, die Ansetzung und Leitung von Verhandlungen (s. aber Art. 146 Abs. 2), die Auferlegung von Kautionen, den Erlass vorsorglicher Massnahmen und den Entscheid über die aufschiebende Wirkung von Rechtsmitteln (FRANK/STRÄULI/MESSMER, § 52 ZPO/ZH N 1; BÜHLER/EDELMANN/KILLER, § 72 ZPO/AG N 1). Mithin alle Anordnungen, welche im Verlaufe des Verfahrens für dessen ordnungsgemässe Abwicklung und für die Vorbereitung des Urteils notwendig sind, ohne sich über die Zulässigkeit und Begründetheit der Klage auszusprechen (STÄHELIN/STÄHELIN/GROLIMUND, § 17 N 18; STAEHELIN/SUTTER, § 12 N 22).

Zur Prozessleitung gehört sodann auch die **Sitzungspolizei**, d.h. die prozessuale Tätigkeit, die *der Aufrechterhaltung von Ruhe und Ordnung in den (öffentlichen und nicht öffentlichen) Verhandlungen und der Fernhaltung störender Einflüsse dient* (HAUSER/SCHWERI, § 124 GVG/ZH N 1). Im Rahmen von Verhandlungen steht sie dem Gerichtspräsidenten (BGE 108 IV 161 E. 3) bzw. dem die Verhandlung leitenden Gerichtsmitglied zu. Sie dient dazu, jedes Verhalten, das den Gang des Verfahrens stört, das Ansehen der staatlichen Tätigkeit beeinträchtigt, einen unzulässigen Angriff auf das Gericht, Zeugen oder Zuhörer darstellt oder für die Gegenpartei sich sofort als beleidigend erweist (HAUSER/SCHWERI, a.a.O., N 3), zu unterbinden und gegebenenfalls zu sanktionieren (dazu im Einzelnen Art. 128 und Komm. dazu).

Bei der Prozessleitung hat das Gericht die allgemeinen und namentlich verfassungsmässigen Grundsätze zu beachten. Zu diesen gehört – wie sich schon aus Art. 124 Abs. 1 ergibt – in erster Linie der aus Art. 29 Abs. 1 BV und Art. 6 Abs. 1 EMRK fliessende Anspruch der Parteien auf eine Beurteilung ihrer Sache innert angemessener Frist, mithin das **Beschleunigungsgebot**, mit welchem eine Unterform der Rechtsverweigerung, die Rechtsverzögerung, verboten wird, die gegeben ist, wenn eine zum Handeln verpflichtete Behörde ein Verfahren über Gebühr verschleppt und damit dem Betroffenen sein Recht abschneidet (MÜLLER/SCHEFER, 836 ff., insb. 837 lit. b). Dabei ist die Frage, was als angemessene Verfahrensdauer gilt, soweit das Gesetz keine bestimmten Behandlungsfristen aufstellt, anhand der besonderen Umstände des Einzelfalles zu entscheiden (BGE 119 Ib 311, 325 E. 5b; BGer, 12T_2/2007, E. 3.2 m.w.H.; VILLIGER, 290 f. und MÜLLER/SCHEFER, 840 ff.), wobei auch ein widersprüchliches Verhalten der Betroffenen mitberücksichtigt werden kann (BGE 124 II 49 E. 3a; s.a. BGE 131 III 334 E. 2.3 und 132 I 42 E. 3.3.4 sowie VILLIGER, 292). Exzessiv ist die Dauer des Verfahrens, wenn es für den Entscheid über ausschliesslich rechtliche Fragen zwei Jahre braucht (BGer, 4A_173/2007). Gegen Rechtsverzögerungen und Rechtsverweigerung ist denn auch die direkte Beschwerde zulässig (Art. 319 lit. c).

Zu beachten hat das Gericht sodann auch alle übrigen Verfahrensgarantien (Art. 29, 29a und 30 BV). Zwar fliesst aus der richterlichen Prozessleitung auch das Recht, die Redezeit der Parteien zu beschränken. Dieses Recht ist indessen dem Anspruch der Parteien auf das **rechtliche Gehör** (Art. 29 Abs. 2 BV) untergeordnet; unterbunden werden dürfen nur unnötige Weitschweifigkeiten und Ausführungen, die nicht zur Sache gehören (BGE 101 Ia 88 E. 2) (Näheres vgl. Komm. zu Art. 53).

5   Einzuschränken ist sodann, dass das Gericht sich nicht stets und in allen Verfahren auf die bloss formelle Prozessleitung beschränken kann. Im Allgemeinen ist dies zu beachten, wo die richterliche Fragepflicht eingreift (Art. 56) oder Beweise von Amtes wegen zu erheben sind, wenn erhebliche Zweifel an der Richtigkeit einer nicht streitigen Tatsache bestehen (Art. 153 Abs. 2). Auch materielle Verantwortung trägt das Gericht sodann in sämtlichen Verfahren, in denen der **Untersuchungsgrundsatz** gilt, das Gericht somit den Sachverhalt nicht bloss festzustellen, sondern zu erforschen hat (Art. 247 Abs. 2, Art. 255, 262, 277 Abs. 2 und 3 und Art. 296 sowie bezüglich der Beweisabnahme Art. 153 Abs. 1).

II. Unmittelbarkeit; Delegation

6   Gemäss dem der ZPO zugrunde liegenden **Unmittelbarkeitsprinzip** hat das prozessuale Geschehen grundsätzlich vor dem erkennenden Gericht stattzufinden. Fällt das Verfahren in die Zuständigkeit eines Kollegialgerichtes, räumt diesem Abs. 2 die Möglichkeit ein, die Prozessleitung an ein Gerichtsmitglied zu delegieren. Die auch schon in den meisten kantonalen Prozessordnungen vorgesehene (§§ 14 und 173 ZPO/AG; § 110bis ZPO/BL; Art. 8 ZPO/BE; Art. 201 ZPO/GE; Art. 99 ZPO/GR; Art. 7 ZPO/JU; § 16 Abs. 2 ZPO/LU; Art. 179 ZPO/SH; § 108 ZPO/SZ; Art. 37, 146 und 205 ZPO/VD; Art. 179 ZPO/VS; § 89 ZPO/ZG und § 122 GVG/ZH) Möglichkeit der **Delegation** ist – gerade angesichts der allgemeinen Überlastung der Gerichte – vor allem aus prozessökonomischen Gründen sinnvoll sowie – wie das Bundesgericht schon früher festgestellt hat – *weit verbreitet und nicht zu beanstanden* (BGE 115 II 129 E. 6c = Pra 1989 Nr. 247). Sie ist nicht nur auf die reine Prozessleitung beschränkt, sondern erstreckt sich auch auf die Beweisabnahme (Art. 152), bei der auch andere Gründe (wie z.B. das Kindeswohl bei der Anhörung von Kindern) für eine Delegation an ein einzelnes Gerichtsmitglied sprechen können, jedoch die Parteien bei Vorliegen wichtiger Gründe die Beweisabnahme durch das Gesamtgericht verlangen können (Art. 152 Abs. 2). Eine Delegation der mündlichen Befragung des Betroffenen im Verfahren der Beurteilung der fürsorgerischen Freiheitsentziehung ist allerdings nicht möglich, da Art. 397f Abs. 3 ZGB die Befragung durch das entscheidende Gericht erfordert (BGE 115 II 129 E. 6c = Pra 1989 Nr. 247).

7   Nach dem klaren Wortlaut von Abs. 2 kann die Prozessleitung nur an ein Gerichtsmitglied delegiert werden. Die in kantonalem Recht vorgesehene (§ 186 Abs. 2 ZPO/AG; Art. 154 ZPO/AI und Art. 18 RechtspflegeVO/AI; § 217 ZPO/BL; Art. 16 Abs. 3 ZPO/BE; Art. 6 Abs. 3 Gesetz über die Organisation der Bezirksgerichte/SG sowie LEUENBERGER/UFFER-TOBLER, Art. 165 ZPO/SG N 1b m.w.H.; Art. 34 Abs. 2 Gesetz über die Organisation der Rechtspflege/TI [s. dazu BGE 134 I 184 E. 4 und 5 = Pra 2008 Nr. 138]; Art. 9 Abs. 2 ZPO/UR; Art. 180 ZPO/VS; § 150 Abs. 3 ZPO/ZG sowie § 23 Abs. 2 und 125 GVG/ZH) und in der bisherigen Praxis (z.B. ZR 1969 Nr. 92 = SJZ 1969 329 Nr. 164) praktizierte Delegation von Verfahrensschritten an den Gerichtsschreiber ist gestützt darauf und nach dem Willen des Gesetzgebers (BOTSCHAFT ZPO, 7314) nicht mehr zulässig. Dies ändert indessen nichts an der Bedeutung des Einsatzes kompetenter Gerichtsschreiber zur Unterstützung der Richter, namentlich auch in der Verfahrensleitung (dazu LEUENBERGER, 105 ff.).

III. Gütliche Einigung

8   Gemäss Abs. 3 kann das Gericht jederzeit versuchen, eine Einigung der Parteien in einem **Vergleich** herbeizuführen, sei es in einer selbständigen Vergleichsverhandlung oder im Rahmen einer Instruktionsverhandlung (Art. 226 Abs. 2). Damit wird die in den kantonalen Prozessordnungen nur teilweise erwähnte bzw. häufig verschwiegene Möglich-

keit des richterlichen Güteversuchs (STÜRNER, 274) ausdrücklich als Grundsatz festgelegt (BOTSCHAFT ZPO 7305) und festgehalten, dass Schlichten und Richten gleichwertige Lösungen sind (STÜRNER, 286). Eine im gegenseitigen Einverständnis, d.h. von beiden Parteien getragene Lösung ist wünschenswert (Bericht zum VE, 64) und aus mehreren Gründen sinnvoll, so namentlich zur schnelleren Wiederherstellung des Rechtsfriedens, zur Verminderung des Risikos unverhältnismässiger Kosten, zur Erzielung flexiblerer Lösungen als im Urteilsfall oder zur Mitberücksichtigung im Urteilsfall ausser Acht zu lassender namentlich finanzieller Umstände (dazu im Einzelnen LEVI, 256 f.; STÜRNER, 278 ff.; EGLI, 35 ff.). Analog den meisten bisherigen kantonalen Regelungen (Art. 186 Abs. 1 ZPO/AG; Art. 114 ZPO/AI; Art. 107 ZPO/AR; § 10bis ZPO/BL; §§ 46, 72 und 213 ZPO/BS; Art. 148 ZPO/BE; Art. 148 ZPO/FR; Art. 160 ZPO/GL; Art. 69 und 91 ZPO/GR; § 16 Abs. 2 ZPO/LU; Art. 179 ZPO/NE; Art. 58 ZPO/SG; Art. 180 ZPO/SH; § 108 ZPO/SZ; § 221 Abs. 1 ZPO/SO; Art. 179 ZPO/TI; § 142 ZPO/TG; Art. 56 ZPO/UR; Art. 126 ZPO/VD; Art. 180 ZPO/VS; § 117 Abs. 2 ZPO/ZH und § 62 ZPO/ZH) und der Regelung in § 278 der deutschen ZPO, wonach das Gericht «*in jeder Lage des Verfahrens auf eine gütliche Beilegung des Rechtsstreits oder einzelner Streitpunkte bedacht sein*» soll, womit der Richter nicht bloss ermächtigt, sondern sogar verpflichtet wird, sich stets um eine vergleichsweise Erledigung des Falles zu bemühen (LEUENBERGER/UFFER-TOBLER, Art. 58 ZPO/SG N 1), soll die einvernehmliche Lösung den Vorrang haben (BOTSCHAFT ZPO, 7242 und 7250 f.).

Bei den gerichtlichen Vergleichsbemühungen ist allerdings das Selbstbestimmungsrecht der Parteien auch dahingehend zu beachten, dass auf sie kein unzulässiger Druck auf den Abschluss eines Vergleiches ausgeübt werden darf, es also nicht zu einer «Vergleichszwängerei» kommt (EGLI, 85–87 sowie 92 ff.). Aufgabe des Gerichtes ist es, auf eine einvernehmliche Lösung hinzuarbeiten, dabei aber auch, eine angemessene Lösung anzustreben und nicht eine Erledigung um jeden Preis (LEUENBERGER/UFFER-TOBLER, Art. 58 ZPO/SG N 1). Aus diesen Gründen ist vom Bundesrat – und mit ihm dann von den beiden Räten – gestützt auf die Kritik in den Vernehmlassungen die in Art. 99 des VE in Anlehnung an mehrere bisherige kantonale Regelungen (§ 113 lit. a ZPO/AG; Art. 59 ZPO/BE [einschränkend LEUCH/MARBACH/KELLERHALS/STERCHI, N 1c dazu], Art. 111 Abs. 4 ZPO/FR; § 121 Abs. 2 lit. b ZPO/LU; Art. 100 ZPO/NW; Art. 266 lit. c ZPO/SG; Art. 94 ZPO/OW; Art. 256 Abs. 2 ZPO/SH und § 102 ZPO/SO) zur Förderung der vergleichsweisen Erledigung von Verfahren (Bericht zum VE, 57) vorgeschlagene Möglichkeit nicht übernommen worden, einer Partei die Kosten aufzuerlegen, wenn sie «durch den Entscheid nicht wesentlich mehr erhält, als zum Vergleich angeboten wurde» (BOTSCHAFT ZPO, 7298). Denn die Weigerung einer Partei, zu einem Vergleich Hand zu bieten, darf grundsätzlich zu keinen prozessualen Nachteilen führen. Fraglich kann höchstens sein, ob eine Partei gemäss der Rechtsprechung des zürcherischen Handelsgerichtes für eine unnötige Verhandlung kosten- und entschädigungspflichtig wird, wenn sie sich ohne jeglichen Vergleichswillen vorbehaltlos zu einer Vergleichsverhandlung vorladen lässt, da in einem solchen Fall die Kosten- und Entschädigungspflicht nicht auf die Ablehnung eines Vergleichs, sondern auf ein Handeln gegen Treu und Glauben dem Gericht und insb. der vergleichswilligen Gegenpartei gegenüber zurückzuführen ist (ZR 1992/1993 Nr. 5 sowie FRANK/STRÄULI/MESSMER, § 62 ZPO/ZH N 2), womit unnötige Kosten verursacht werden, die zu bezahlen hat, wer sie verursacht hat (Art. 108). **9**

Kommt ein Vergleich zustande, hat er die **Wirkung** eines rechtskräftigen Entscheides und das Verfahren ist damit beendigt (Art. 241 Abs. 2 und 3; Näheres s. Komm. dazu). **10**

Da auch die Durchführung einer Vergleichsverhandlung zur Prozessleitung gehört, kann nach dem bereits Gesagten (N 6) – entgegen zahlreicher bisheriger kantonalen Regelungen (z.B. § 186 Abs. 2 ZPO/AG; § 110a Abs. 2 ZPO/BL; Art. 160 Abs. 3 ZPO/GL; **11**

Art. 125

Art. 15 Abs. 3 ZPO/JU; Art. 180 ZPO/SH; Art. 180 ZPO/VS und § 344 Abs. 2 GVG/ZH) – auch die Durchführung einer solchen nicht mehr an den **Gerichtsschreiber** delegiert werden.

IV. Internationales Privat- und Zivilprozessrecht

12   Gemäss Art. 51 LugÜ werden im Laufe des Verfahrens vor einem Richter abgeschlossene und im Errichtungsstaat vollstreckbare Vergleiche im Vollstreckungsstaat unter denselben Bedingungen wie öffentliche Urkunden vollstreckt. Nach dem zur Wirkung des Vergleichs Gesagten (N 10) kann die Frage des Zeitpunkt des Eintrittes der Rechtskraft und damit der **Vollstreckbarkeit** nicht mehr fraglich sein (dazu MEIER, 185 f. sowie BGE 110 II 44 = Pra 1984 Nr. 150).

Art. 125

Vereinfachung des Prozesses	Zur Vereinfachung des Prozesses kann das Gericht insbesondere: a. das Verfahren auf einzelne Fragen oder auf einzelne Rechtsbegehren beschränken; b. gemeinsam eingereichte Klagen trennen; c. selbstständig eingereichte Klagen vereinigen; d. eine Widerklage vom Hauptverfahren trennen.
Simplification du procès	Pour simplifier le procès, le tribunal peut notamment: a. limiter la procédure à des questions ou des conclusions déterminées; b. ordonner la division de causes; c. ordonner la jonction de causes; d. renvoyer la demande reconventionnelle à une procédure séparée.
Semplificazione del processo	Per semplificare il processo il giudice può segnatamente: a. limitare il procedimento a singole questioni o conclusioni; b. ordinare la disgiunzione della causa nelle sue eventuali singole azioni; c. ordinare la congiunzione di più cause; d. rinviare la domanda riconvenzionale a un procedimento separato.

Inhaltsübersicht Note

I. Norminhalt und Normzweck 1

II. Beschränkung des Verfahrens 5
  1. Beschränkung auf einzelne Fragen 6
  2. Beschränkung auf einzelne Rechtsbegehren 8

III. Klagetrennung 10
  1. Bei Klagehäufung 10
  2. Abtrennung der Widerklage 13

IV. Vereinigung von Verfahren 14

V. Rechtsfolgen 17

VI. Internationales Zivilprozessrecht 21

Literatur

ST. KRAFT, Die gerichtliche Trennung und Vereinigung von Prozessen im schweizerischen Zivilprozess, Diss. Zürich 1959.

I. Norminhalt und Normzweck

Grundsätzlich sind es die Parteien, die im Wesentlichen mit der Klage und der Klageantwort den Prozessgegenstand, die Verfahrensart und damit auch den grundsätzlichen Gang des Verfahrens bestimmen. Um in allen Fällen die vom Gesetzgeber angestrebte möglichst effiziente, schnelle und kostengünstige Rechtsprechung (BOTSCHAFT ZPO, 7230 ff.; AmtlBull StR 2006, 499; AmtlBull NR 2008, 632) zu gewährleisten, muss das Gericht über geeignete Instrumente verfügen, um dort, wo es angebracht ist, das Verfahren zu vereinfachen. Art. 125 schafft dafür die Grundlage und übernimmt namentlich die dafür bereits aus den kantonalen Prozessordnungen bekannten und bewährten Instrumente zur **Vereinfachung des Verfahrens**. Über deren Anwendung entscheidet das Gericht nach seinem Ermessen (Bericht VE-ZPO, 64 zu Art. 115 VE).

Die Aufzählung **prozessvereinfachender Instrumente** in Art. 125 ist nicht abschliessend. Dem Gericht steht es deshalb ohne weiteres frei, dort, wo es im Einzelfall angebracht und dem von Art. 125 angestrebten Zweck dienlich erscheint, unter Beachtung der Rechte der Parteien auch weitere und andere das Verfahren vereinfachende Massnahmen zu ergreifen. Die in Art. 125 vorgesehenen und weitere vereinfachenden Massnahmen (z.B. im Rahmen des Beweisverfahrens und insb. der Beweisabnahme) in Betracht zu ziehen, rechtfertigt sich insb. dann, wenn erwartet werden kann, dass nach ihrer Ergreifung begründete Aussicht auf eine schnellere Erledigung des Verfahrens, namentlich im Rahmen einer das Verfahren beendenden und in aller Regel auch Rechtsmittelverfahren ausschliessenden gütlichen Einigung der Parteien, besteht.

Art. 125 ist eine **Kannvorschrift**, die das Gericht ermächtigt, nicht aber verpflichtet, die darin genannten, das Verfahren vereinfachenden Vorkehrungen zu treffen. Das Gericht hat vielmehr in jedem einzelnen Verfahren unter Berücksichtigung der besonderen Umstände des konkreten Falles nach seinem freien Ermessen zu prüfen, ob derartige Vorkehrungen sinnvoll und zweckmässig erscheinen und daher in Betracht zu ziehen sind. Für eine Klagetrennung (N 10 ff.) oder die Vereinigung von Verfahren (N 14 ff.) massgeblich muss stets sein, dass dadurch das Verfahren beschleunigt oder vereinfacht werden kann (LEUENBERGER/UFFER-TOBLER, Art. 46 ZPO/SG N 3).

Werden Vorkehrungen zur Vereinfachung des Verfahrens in Betracht gezogen, sind die Parteien zur **Wahrung des rechtlichen Gehörs** vorweg dazu anzuhören (a.a.O.; Art. 53).

II. Beschränkung des Verfahrens

Das Verfahren kann auf **einzelne Fragen** oder **einzelne Rechtsbegehren** beschränkt werden. Voraussetzung dafür ist grundsätzlich, dass der Entscheid über diese Frage(n) oder Rechtsbegehren die Herbeiführung eines Endentscheides oder zumindest eines Zwischenentscheides, gegen den ebenfalls ein Rechtsmittel ergriffen werden kann (Art. 237 sowie 308 bzw. 319), erlaubt (Bericht zum VE-ZPO, 64) und somit gegebenenfalls über diese Fragen oder Rechtsbegehren auch im Rechtsmittelverfahren einschliesslich der Beschwerde an das Bundesgericht (Art. 92 und 93 BGG) ein Entscheid herbeigeführt werden kann.

1. Beschränkung auf einzelne Fragen

Zu den einzelnen Fragen, auf die das Verfahren sinnvollerweise beschränkt werden kann, gehören in erster Linie die **Prozessvoraussetzungen betreffenden Fragen**, wie namentlich jene nach der Zuständigkeit des Gerichts, deren Verneinung zu einem das Verfahren abschliessenden Nichteintretensentscheid führt.

7 Eine Beschränkung des Verfahrens kann sodann bei Fragen sinnvoll sein, deren Bejahung oder Verneinung zu einer **sofortigen Erledigung des Verfahrens** unter Vermeidung erheblichen Zeitaufwandes und insb. eines weitläufigen Beweisverfahrens führt. Sie kommt namentlich dann in Frage, wenn bspw. die Verjährung oder Verwirkung verneint wird oder die Rechtzeitigkeit einer Mängelrüge, die Haftung der beklagten Partei im Grundsatz oder eine Aktiv- oder Passivlegitimation bejaht wird (FRANK/STRÄULI/MESSMER, § 189 ZPO/ZH N 9). Zu denken ist insb. an Teilfragen, deren Entscheidung u.U. erhebliche Weiterungen unnötig macht, wie die Frage der grundsätzlichen Haftung der beklagten Partei, z.B. für den geltend gemachten Schaden, deren allfällige Verneinung die sehr häufig in weitläufigen Beweisverfahren zu erfolgende Abklärung der Schadenshöhe und der für die Bestimmung eines allfälligen Schadenersatzes massgeblichen Umstände obsolet werden lässt. Dies rechtfertigt sich umso mehr, als der Teilentscheid rechtskräftig werden kann, da bei derartigen Vor- und Zwischenentscheiden die Beschwerde an das Bundesgericht namentlich dann gegeben ist, wenn deren Gutheissung sofort einen Endentscheid herbeiführen und damit einen bedeutenden Aufwand an Zeit oder Kosten für ein weitläufiges Beweisverfahren ersparen würde (Art. 93 Abs. 1 BGG).

2. Beschränkung auf einzelne Rechtsbegehren

8 Eine Beschränkung auf einzelne Rechtsbegehren kann sich bei objektiver Klagenhäufung als in prozessökonomischer Hinsicht angebracht erweisen. Eine **objektive Klagenhäufung** liegt vor, wenn die klagende Partei bei gleicher Zuständigkeit und gleicher Verfahrensart mit der gleichen Klage gegen die beklagte Partei mehrere Ansprüche geltend bzw. Rechtsbegehren rechtshängig macht (VOGEL/SPÜHLER, 187 Rz 44 f.; BGE 125 III 95 E. 2a). Eine Beschränkung auf die – einstweilige – Prüfung eines einzelnen oder einzelner der eingeklagten Ansprüche kann vor allem dann sinnvoll sein, wenn damit über diesen Teil der Klage – bei dem bspw. im Gegensatz zu den übrigen Teilen Rechtsfragen zu entscheiden sind und die Einleitung und Durchführung eines Beweisverfahrens sich erübrigt – einfacher und rascher definitiv entschieden werden kann (LEUENBERGER/UFFER-TOBLER, Art. 71 ZPO/SG N 2a).

9 Ob eine Beschränkung auf einzelne Rechtsbegehren sinnvoll erscheint, kann durchaus auch in Betracht gezogen werden, wenn zuvor seitens des Gerichts getrennt eingereichte Klagen aus prozessökonomischen Gründen und namentlich im Interesse einer vollständigen Auseinandersetzung der Parteien oder von Gesetzes wegen (FRANK/STRÄULI/MESSMER, § 58 ZPO/ZH N 9) vereinigt worden sind (N 13).

III. Klagetrennung

1. Bei Klagehäufung

10 Liegt eine **objektive Klagehäufung** (N 8) vor, kann allenfalls auch eine Abtrennung einzelner Klagen in Frage kommen, wenn das Verfahren sich eher dadurch vereinfachen lässt. Eine Trennung der Verfahren kommt selbst dann in Frage, wenn eine **subjektive Klagehäufung** vorliegt und alle Prozessvoraussetzungen einer einfachen Streitgenossenschaft, bei der mehrere aus den gleichen Tatsachen oder Rechtsgründen berechtigte oder verpflichtete Personen gemeinsam als Kläger auftreten oder als Beklagte belangt werden können (VOGEL/SPÜHLER, 145 Rz 59), erfüllt sind (s. aber N 11). Entscheidend ist allein, dass die Trennung im konkreten Fall zweckmässig erscheint (LEUENBERGER/UFFER-TOBLER, Art. 46 ZPO/SG N 3) bzw. dass «zureichende Gründe» dafür sprechen (§ 40 ZPO/ZH; STAEHELIN/SUTTER, § 10 N 10), was in jedem Verfahrensstadium und mithin auch im Rechtsmittelverfahren der Fall sein kann (FRANK/STRÄULI/MESSMER, § 40 ZPO/

ZH N 17). Insbesondere bei einfacher Streitgenossenschaft kommt eine Abtrennung in Frage, wenn hinsichtlich eines Streitgenossen ein Hindernis für die Fortführung des Prozesses – wie bspw. dessen Konkurs – eingetreten ist (LEUCH/MARBACH/KELLERHALS/STERCHI, Art. 38 ZPO/BE N 2b).

Eine Abtrennung einzelner Klagen ist nicht möglich, wenn dadurch verhindert würde, dass bei **notwendiger Streitgenossenschaft** das streitige Rechtsverhältnis allen Streitgenossen gegenüber einheitlich festgestellt wird (LEUCH/MARBACH/KELLERHALS/STERCHI, Art. 38 ZPO/BE N 2a; VOGEL/SPÜHLER, 138 Rz 47 ff.). 11

In Ehescheidungsverfahren muss der schon bisher zu beachtende (BSK ZGB I-STECK Art. 120 N 7 f.) Grundsatz der **Einheit des Scheidungsurteils** (BGE 134 III 426 E. 1.2 m.w.H.) beachtet werden und kann bloss beim Vorliegen wichtiger Gründe die Gütertrennung abgetrennt und in ein separates Verfahren verwiesen werden (Art. 283). 12

2. Abtrennung der Widerklage

Statt sich auf die Verteidigung gegen die eingeklagte Forderung zu beschränken oder deren erfolgreichen Durchsetzung allenfalls verrechnungsweise Gegenansprüche gegenüberstellen zu können, kann die beklagte Partei Widerklage erheben und mit dieser einen selbständigen Anspruch gegen den Kläger geltend machen, wenn die Widerklage mit der Hauptklage in einem sachlichen Zusammenhang steht (Art. 14). Ist die Widerklage zulässig, sind im Prozess – wie bei der objektiven Klagehäufung – mehrere Klagen zu beurteilen. Damit wird grundsätzlich die gegenseitige Auseinandersetzung der Parteien erleichtert (FRANK/STRÄULI/MESSMER, § 60 ZPO/ZH N 1). Wie schon nach den früheren kantonalen Ordnungen (z.B. Art. 170 ZPO/BE; § 60 Abs. 3 ZPO/ZH) und bewährter Praxis ist das Gericht befugt, die Widerklage vom Hauptverfahren zu trennen, wenn dadurch eine Vereinfachung des Verfahrens bewirkt oder Verwirrung vermieden werden (Art. 170 Abs. 1 ZPO/BE) kann. Ob dies der Fall und eine Abtrennung in Betracht zu ziehen ist, entscheidet das Gericht nach seinem freien Ermessen. Die Trennung von Vor- und Widerklage soll indessen nur in Ausnahmefällen erfolgen (LEUCH/MARBACH/KELLERHALS/STERCHI, Art. 170 ZPO/BE N 2). Sie kann bspw. dann in Betracht gezogen werden, wenn mit der Widerklage eine nicht mit der Forderung der Hauptklage verrechenbare Gegenforderung geltend gemacht wird. Eine Abtrennung kann aber v.a. dann als angebracht erscheinen, wenn der Hauptprozess einfach gelagert ist und der Widerklage ein rechtlich, v.a. aber tatsächlich komplizierter Sachverhalt zu Grunde liegt (FRANK/STRÄULI/MESSMER, § 60 ZPO/ZH N 21; ZR 1969 Nr. 122 E. 3). Wird in diesem Fall die Widerklage abgetrennt, hat das Gericht allerdings dafür zu sorgen, dass das Verrechnungsrecht des Widerklägers gewahrt bleibt (FRANK/STRÄULI/MESSMER, a.a.O. und dortige Hinweise). 13

IV. Vereinigung von Verfahren

Werden beim Gericht – sei es durch die gleiche Partei, sei es durch einfache Streitgenossen – getrennt einzelne Klagen rechtshängig gemacht, die in einem sachlichen Zusammenhang zueinander stehen, kann sich deren Vereinigung ebenso aufdrängen wie bei zusammenhängenden Klagen, die bei verschiedenen Gerichten hängig sind (Art. 127). Dabei ist auch hier von einem die Vereinigung rechtfertigenden **sachlichen Zusammenhang** auszugehen, wenn zwischen den einzelnen Klagen eine so enge Beziehung gegeben ist, dass eine gemeinsame Verhandlung und Entscheidung geboten erscheint, um zu vermeiden, dass in getrennten Verfahren widersprechende Entscheidungen ergehen könnten. Die Konnexität der Prozesse muss so eng sein, dass eine Vermeidung widersprüch- 14 licher Urteile geboten erscheint. Dafür genügt nicht irgendein Zusammenhang. Die erforderliche Konnexität ist nur gegeben, wenn den verschiedenen Klagen gleichartige faktische Umstände bzw. Rechtsfragen zu Grunde liegen (Art. 127 N 9 m.w.H.; LEUCH/MARBACH/KELLERHALS/STERCHI, Art. 38 ZPO/BE N 3d; STUDER/RÜEGG/EIHOLZER, § 50 ZPO/LU N 1).

15 Die zu vereinigenden Prozesse müssen der gleichen Prozess- bzw. Verfahrensart angehören. Verschiedene Klagearten (Leistungs-, Gestaltungs- oder Feststellungsklage) stehen einer Vereinigung nicht entgegen (LEUENBERGER/UFFER-TOBLER, Art. 46 ZPO/SG N 2). Eine die Vereinigung erlaubende Klagehäufung liegt trotz der vertauschten Parteirollen auch vor, wenn der Schuldner gleichzeitig eine Aberkennungsklage und eine Klage auf Schadenersatz gegen den Aberkennungsbeklagten einreicht (BGE 124 III 207 E. 3a). Unerheblich ist es sodann auch, ob für die zu vereinigenden Verfahren die Offizial- oder die Verhandlungsmaxime gilt (KRAFT, 77 f.).

16 Eine Vereinigung von Verfahren ist nicht angebracht, wenn dadurch für eines der Verfahren eine ungebührliche Prozessverzögerung eintritt (KRAFT, 78 f.), was bspw. der Fall sein kann, wenn in einem Verfahren nur Rechtsfragen zur Diskussion stehen und daher sofort entschieden werden kann, während im anderen Verfahren vorerst ein Beweisverfahren durchgeführt werden muss.

V. Rechtsfolgen

17 Werden einzelne Klagen oder die Widerklage abgetrennt, bleiben davon die **Zuständigkeit** und der **Streitwert** unberührt (BGE 112 II 510; KRAFT, 33 f.; FRANK/STRÄULI/MESSMER, § 26 ZPO/ZH N 1; LEUENBERGER/UFFER-TOBLER, Art. 71 ZPO/SG N 4).

18 Wird über ein oder einzelne abgetrennte Rechtsbegehren vorweg entschieden, liegt ein **Teilentscheid** vor, der auch vor Bundesgericht angefochten werden kann (Art. 91 BGG; BGE 135 III 212 E. 1.2).

19 Bei der Vereinigung von Klagen (N 13) wird der **Streitwert** der einzelnen Klagen zusammengerechnet, sofern die einzelnen Begehren sich nicht gegenseitig ausschliessen (Art. 93 Abs. 1; BGE 134 III 237; BGer, 4C.313/2005 E. 1.1 und 4A_109/2007 E. 1.1; STUDER/RÜEGG/EIHOLZER, § 19 ZPO/LU N 4). Bei einfacher Streitgenossenschaft bleibt indessen trotz der Zusammenrechnung der Streitwerte die Verfahrensart erhalten (Art. 93 Abs. 2).

20 Anordnungen gemäss Art. 125 gehören grundsätzlich zu der allein dem Gericht zustehenden Prozessleitung (Art. 124). Sie sind mit Beschwerde nur anfechtbar, wenn geltend gemacht wird, dass durch sie ein nicht leicht wiedergutzumachender Nachteil droht (Art. 319 lit. b Ziff. 2) oder dass sie zu einer Rechtsverzögerung führen (Art. 319 lit. c).

VI. Internationales Zivilprozessrecht

21 Das IPRG und das LugÜ enthalten keine Art. 125 analogen, aber auch keine dessen Anwendung entgegen stehenden Bestimmungen.

Art. 126

Sistierung des Verfahrens

¹ Das Gericht kann das Verfahren sistieren, wenn die Zweckmässigkeit dies verlangt. Das Verfahren kann namentlich sistiert werden, wenn der Entscheid vom Ausgang eines anderen Verfahrens abhängig ist.

² Die Sistierung ist mit Beschwerde anfechtbar.

Suspension de la procédure

¹ Le tribunal peut ordonner la suspension de la procédure si des motifs d'opportunité le commandent. La procédure peut notamment être suspendue lorsque la décision dépend du sort d'un autre procès.

² L'ordonnance de suspension peut faire l'objet d'un recours.

Sospensione del procedimento

¹ Il giudice può sospendere il procedimento se motivi d'opportunità lo richiedono. Il procedimento può essere in particolare sospeso quando la decisione dipende dall'esito di un altro procedimento.

² La decisione di sospensione è impugnabile mediante reclamo.

Inhaltsübersicht   Note

- I. Norminhalt und Normzweck 1
- II. Voraussetzungen 2
- III. Anwendungsbereich 4
  - 1. Sistierung von Rechts wegen 4
  - 2. Sistierung aus Zweckmässigkeitsgründen 9
  - 3. Sistierung im Hinblick auf ein anderes Verfahren 11
- IV. Rechtsfolgen 16
- V. Internationales Privat- und Zivilprozessrecht 18

I. Norminhalt und Normzweck

Der sich an den bisherigen Art. 36 Abs. 1 GestG anlehnende Art. 126 ermöglicht es, das Verfahren auch dort, wo eine Sistierung – auch Einstellung (§ 53a ZPO/ZH), Stillstand (Titel vor § 270 ZPO/AG) oder Aussetzen und Ruhen (Art. 109 ZPO/AR) – nicht schon von Rechts wegen zu erfolgen hat (unten N 4 ff.), aus Gründen der Zweckmässigkeit und insb. im Hinblick auf den Ausgang eines anderen Verfahrens zu sistieren. Damit soll einerseits vermieden werden, dass Verfahren unzweckmässigerweise weitergeführt werden (N 9 f.), andererseits und vor allem aber verhindert werden, dass es bei zwar nicht identischen, aber sachlich zusammenhängen Klagen, deren Entscheide füreinander präjudiziell sind, nicht zu unnötigem Prozessaufwand und zu inkohärenten oder sich gar widersprechenden Urteilen mit allenfalls sogar sich gegenseitig ausschliessenden Rechtsfolgen kommt. Kommt bei solchen Klagen eine Überweisung des Verfahrens an das zuerst angerufene Gericht mangels der nötigen Intensität des sachlichen Zusammenhanges nicht in Betracht oder nicht zustande (Art. 127; GestG-Komm.-RUGGLE/TENCHIO-KUZMIC, Art. 36 N 17), obliegt es dem später angerufenen Gericht, sobald es vom früheren Verfahren Kenntnis erhalten hat, nach Anhörung der Parteien von Amtes wegen (Kellerhals/von Werdt/Güngerich-KELLERHALS/GÜNGERICH, Art. 36 GestG N 10) durch die Sistierung für die Koordination der Verfahren besorgt zu sein.   1

II. Voraussetzungen

2   Da eine Sistierung des Verfahrens grundsätzlich dem in Art. 124 Abs. 1 sich spiegelnden **Beschleunigungsgebot**, nach welchem ein einmal eingeleitetes Verfahren ohne Verzögerung bzw. zügig durchzuführen ist (Art. 124 N 3), widerspricht, setzt sie triftige Gründe und einen diesbezüglichen formellen Entscheid voraus, der gemäss Abs. 2 aus dem eben genannten Grund, dass sie nämlich einem echten Bedürfnis entsprechen muss (BOTSCHAFT ZPO, 7305 zu Art. 123–125), mit Beschwerde anfechtbar ist.

3   Die Sistierung des Verfahrens durch einen **formellen Entscheid** anzuordnen, ist auch deshalb angebracht, weil durch die Sistierungsverfügung i.d.R. die Verjährung unterbrochen wird (N 16).

III. Anwendungsbereich

1. Sistierung von Rechts wegen

a) Tod einer Partei

4   Stirbt eine Partei im Verlaufe des Verfahrens, ergeben sich zwar die Folgen aus dem Bundesrecht und treten somit deren Erben ipso iure an ihre Stelle. Da indessen zunächst die Erben ermittelt und alsdann vorweg über die Frage der Ausschlagung der Erbschaft zu entscheiden ist, ist das Verfahren nach dem Tod einer Partei bis zur Klärung dieser Fragen zu sistieren (VOGEL/SPÜHLER, 153 Rz 94; FRANK/STRÄULI/MESSMER § 49 ZPO/ZH N 24; BÜHLER/EDELMANN/KILLER, § 270 ZPO/AG N 1–3, je m.w.H.), sofern nicht höchstpersönliche und unvererbliche Ansprüche Gegenstand des Prozesses sind und das Verfahren daher mit dem Tod der Partei gegenstandslos wird (FRANK/STRÄULI/MESSMER § 49 N 24a m.H.).

5   Eine Sistierung des Verfahrens hat auch zu erfolgen, wenn nach dem Tod einer Partei deren Erben zwar nicht die Erbschaft ausschlagen, aber deren amtliche Liquidation verlangen (Art. 593 ZGB). In diesem Fall kommt es zur **konkursamtlichen Liquidation des Nachlasses**. Bei dieser richtet sich das Verfahren voll und ganz nach den gewöhnlichen Regeln des SchKG (BK-PICENONI, Art. 597 ZGB N 7). Das Verfahren ist mithin das ordentliche Konkursverfahren (ZK-ESCHER, Art. 597 ZGB N 10), so dass das Verfahren gemäss Art. 207 SchKG bis zur Erklärung der Konkursverwaltung, ob der Prozess fortgesetzt wird, sistiert bleibt. Wird jedoch der Konkurs über die beklagte Partei mangels Aktiven nicht durchgeführt, ist der Prozess als gegenstandslos abzuschreiben, da es in diesem Fall an einem Haftungssubstrat fehlt (ZR 1977 Nr. 125).

b) Konkurs einer Partei

6   Zu sistieren ist das Verfahren auch bei Konkurs einer Partei, da mit der Konkurseröffnung der Gemeinschuldner die Verfügungsbefugnis über das Massevermögen verliert und diese auf die Gläubigergesamtheit übergeht. Gemäss Art. 207 SchKG ist daher das Verfahren von Gesetzes wegen zu sistieren, bis die Erklärung der Gläubigerversammlung vorliegt, ob der Prozess fortgesetzt wird oder nicht oder ob der Anspruch der Masse allenfalls abgetreten wird (BGE 118 III 42 E. 5b = Pra 1995 Nr. 47). Davon ausgenommen sind – nebst dringlichen und keinen Aufschub ertragenden Verfahren wie Ausweisungsverfahren (BGer, 4C.131/2005 E 4) – Entschädigungsklagen wegen Ehr- und Körperverletzungen sowie familienrechtlichen Prozessen (Art. 207 Abs. 4), nicht jedoch abgetrennte Güterrechtsprozesse einer während des Scheidungsverfahrens in Konkurs geratenen Partei, die als unter Art. 207 SchKG zu subsumierende Forderungsprozesse zu qualifizieren sind (ZR 1989 Nr. 92).

c) Urteilsunfähigkeit einer Partei

Eine Sistierung des Verfahrens ist auch bei Eintritt der Urteilsunfähigkeit einer Partei im Verlaufe des Prozesses notwendig. Da ihr von da an die Prozessfähigkeit fehlt, ist mit dem Sistierungsbeschluss die Vormundschaftsbehörde einzuladen, ihr in Anwendung von Art. 392 Ziff. 1 ZGB eine Vertretung zu bestellen (Art. 67 Abs. 2), und der Prozess ist für solange ruhen zu lassen. 7

d) Mediation

Gemäss Art. 214 Abs. 3 ist das Verfahren sodann bis zu einem allfälligen Widerruf des Antrages oder bis zur Mitteilung der Beendigung der Mediation zu sistieren, wenn von den Parteien eine Mediation beantragt und auch durchgeführt wird. 8

2. Sistierung aus Zweckmässigkeitsgründen

Zweckmässig kann eine Sistierung des Verfahrens auch angesichts von **aussergerichtlichen Vergleichsverhandlungen** sein (BOTSCHAFT ZPO, 7305), sofern beide Parteien sie beantragen oder zumindest ihr zustimmen und bei den Vergleichsverhandlungen ernsthafte Aussicht auf einen auch zeitlich absehbaren Abschluss besteht (LEUENBERGER/ UFFER-TOBLER, Art. 62 ZPO/SG N 4a; zur gütlichen Einigung s. Art. 124 N 8). 9

Ob eine Sistierung sich aus anderen Gründen als zweckmässig erweist, ist im Übrigen mit der nötigen Zurückhaltung und unter Beachtung insb. des Justizgewährungsanspruchs der Parteien, des Beschleunigungsgebotes und auch der Verfahrensart (Müller/ Wirth-DASSER, Art. 36 GestG N 12) nach richterlichem Ermessen zu entscheiden. 10

3. Sistierung im Hinblick auf ein anderes Verfahren

Wie Art. 126 ausdrücklich festhält, ist ein zureichender Grund für die Sistierung des Verfahrens gegeben, wenn der Ausgang eines anderen Verfahrens voraussichtlich eine bedeutende Vereinfachung des Verfahrens mit sich bringt. Dies kann auch bei einem im Ausland hängigen Verfahren der Fall sein, sofern die Sistierung mit dem verfassungsmässigen Anspruch auf Beurteilung innert angemessener Frist vereinbar ist (BGE 135 III 127 E. 2–4; s.a. BGer, 4P.51/2006 E. 1). Erforderlich ist nicht eine identische Klage mit identischen Parteien (LEUENBERGER/UFFER-TOBLER, Art. 62 ZPO/SG N 3a; Müller/ Wirth-DASSER, Art. 36 GestG N 4), auf die das später angerufene Gericht nicht einzutreten hätte (Art. 59 Abs. 2 lit. d), sondern bloss eine dahingehende **Konnexität der** beiden **Verfahren**, dass die Sistierung zur Vermeidung inkohärenter und sich widersprechender Entscheide angebracht erscheint. 11

Im Gegensatz zu Art. 22 LugÜ (N 10) sieht Art. 126 nicht vor, dass die beiden Klagen bei der gleichen Instanz anhängig sein müssen. Eine Sistierung kommt daher auch in Frage, wenn die früher erhobene Klage bereits in zweiter Instanz verhandelt wird, während im umgekehrten Fall, in dem der später angehobene Prozess sich schon im Rechtsmittelverfahren befindet, eine Sistierung nicht angezeigt erscheint (Kellerhals/von Werdt/ Güngerich-KELLERHALS/GÜNGERICH, Art. 36 GestG N 13; Müller/Wirth-DASSER, Art. 36 GestG N 8). 12

Das Zuwarten bis zum Ausgang eines bereits **hängigen Strafverfahrens** dürfte nur in den seltensten Fällen eine Sistierung rechtfertigen, da jenes nach anderen prozessualen Regeln durchgeführt wird und dessen Ergebnisse deshalb nur mit Vorbehalten auf einen Zivilprozess übertragbar sind. Werden im Strafverfahren namentlich durch Sachverständige Abklärungen zu Fragen, die sich auch im Zivilprozess stellen, vorgenommen, ge- 13 nügt in der Regel wohl der Beizug der betreffenden Unterlagen und drängt sich eine Sistierung des Zivilprozesses nicht auf (FRANK/STRÄULI/MESSMER, § 53a ZPO/ZH N 2). Eine Sistierung kann sich aber rechtfertigen, wenn das Strafverfahren für die Beweiswürdigung von Bedeutung ist, z.B. weil es darum geht, ob im Zivilprozess falsche Zeugenaussagen gemacht oder falsche Urkunden vorgelegt worden sind (BÜHLER/EDELMANN/KILLER, § 272 ZPO/AG N 1).

14 Die Sistierung ist **aufzuheben** und das sistierte Verfahren ist weiterzuführen, sobald das zuerst angerufene Gericht entschieden hat. Wird dessen Entscheid angefochten, ist die Frage, ob die Sistierung weiterhin zweckmässig ist, nach Anhörung der Parteien und unter Berücksichtigung ihres Anspruchs auf eine beförderliche Behandlung des Prozesses nach richterlichem Ermessen zu entscheiden (Kellerhals/von Werdt/Güngerich-KELLERHALS/GÜNGERICH, Art. 36 GestG N 16).

15 Der Entscheid des zuerst angerufenen Gerichtes hat für das sistierte Verfahren **keine bindende Wirkung,** kann aber bei dessen Beurteilung mitbestimmendes Element sein (Müller/Wirth-DASSER, Art. 36 GestG N 14; LEUCH/MARBACH/KELLERHALS/STERCHI, Art. 129 ZPO/BE N 12a/aa).

IV. Rechtsfolgen

16 Durch die Sistierung des Verfahrens fallen zum einen sämtliche bereits angesetzten **Fristen und Verhandlungstermine** dahin. Solange das Verfahren von Gesetzes wegen (oben N 4 ff.) oder wegen der gerichtlichen Sistierung (N 9 ff.) ruht, stehen zum anderen auch die gesetzlichen Fristen still (GULDENER, ZPR, 277 Ziff. 5; FRANK/STRÄULI/MESSMER, § 53a ZPO/ZH N 13; LEUCH/MARBACH/KELLERHALS, Art. 40 ZPO/BE N 2a; BÜHLER/EDELMANN/KILLER, Vor §§ 270–272 ZPO/AG N 3; LEUENBERGER/UFFER-TOBLER, Art. 62 ZPO/SG N 1a). Dies gilt insb. auch für die **Verjährungsfrist** (BGE 131 III 430 E. 1), sofern die gerichtlich angeordnete Sistierung es dem Gläubiger verunmöglicht, die Fortsetzung des Prozesses zu erwirken und damit seine Forderung geltend zu machen (Art. 134 Ziff. 6 OR; BGE 123 III 213 E. 3). Diese Voraussetzung ist indessen nicht erfüllt, wenn die Sistierung im Hinblick auf aussergerichtliche Vergleichsverhandlungen erfolgt ist (N 9) und es dem Gläubiger daher jederzeit möglich ist, die Weiterführung und den Abschluss des Verfahrens zu verlangen (BGE 130 III 202 E. 3.2 = Pra 2004 Nr. 161; BSK OR I-DÄPPEN, Art. 134 N 9 und Art. 138 N 3a).

17 Während der Sistierung dürfen ausserdem mit Ausnahme der die Sistierung beendenden Anordnung der Wiederaufnahme des Verfahrens richterliche Handlungen nicht vorgenommen werden, ansonsten sie zwar nicht nichtig (unbeachtlich), sondern auf dem Rechtsmittelweg anfechtbar sind (GULDENER, ZPR, 277; zum Ganzen FRANK/STRÄULI/MESSMER, § 53a ZPO/ZH N 13).

V. Internationales Privat- und Zivilprozessrecht

18 Nach Art. 9 Abs. 1 IPRG ist ein Verfahren zu sistieren, wenn eine Klage über denselben Gegenstand zwischen denselben Parteien zuerst **im Ausland** hängig gemacht worden und zu erwarten ist, dass das ausländische Gericht in angemessener Frist eine Entscheidung fällt, die in der Schweiz anerkennbar ist.

19 Art. 22 Abs. 1 LugÜ sieht vor, dass das später angerufene Gericht das Verfahren aussetzen kann, wenn bei Gerichten verschiedener Vertragsstaaten Klagen, die im Zusammenhang stehen, erhoben werden, dies aber – im Gegensatz zu Art. 126 (N 9) – nur solange beide Klagen im ersten Rechtszug anhängig sind. Im Sinne dieser Bestimmung stehen

Klagen im **Zusammenhang**, wenn zwischen ihnen eine so enge Beziehung gegeben ist, dass eine gemeinsame Verhandlung und Entscheidung geboten erscheint, um zu vermeiden, dass in getrennten Verfahren sich widersprechende Entscheidungen ergehen könnten (Art. 22 Abs. 3 LugÜ).

Die Feststellung der Rechtshängigkeit ist von Amtes wegen zu treffen, das Gericht wird aber dafür in den meisten Fällen auf eine Mitteilung der Parteien oder einen Hinweis aus den Akten angewiesen sein. Die Frage der **zeitlichen Priorität** ist aufgrund der nationalen Prozessrechte der beiden beteiligten Staaten zu beantworten. Der Zeitpunkt der Rechtshängigkeit vor dem ausländischen Gericht beurteilt sich somit nach dessen Prozessrecht; derjenige vor dem eigenen Gericht nach dem schweizerischen Recht und somit nach Art. 9 Abs. 2 IPRG (SCHWANDER, LugÜ, 108).

Gemäss Art. 38 Abs. 1 LugÜ kann das damit befasste Gericht das **Vollstreckungsverfahren** aussetzen, wenn gegen die Entscheidung im Ursprungsstaat ein ordentlicher Rechtsbehelf eingelegt worden ist oder die Frist hierfür noch läuft. Gemäss Art. 30 LugÜ kann auch im **Verfahren um Anerkennung** einer in einem anderen Vertragsstaat ergangenen Entscheidung das Verfahren ausgesetzt werden, wenn gegen die Entscheidung ein ordentlicher Rechtsbehelf eingelegt worden ist. Eine Sistierung ist indessen nur zulässig, wenn ein ordentlicher Rechtsbehelf i.S.v. Art. 38 Abs. 1 LugÜ zur Verfügung steht oder ergriffen worden ist, worunter i.S. der Konvention jeder Rechtsbehelf zu verstehen ist, der zur Aufhebung oder Abänderung der für vollstreckbar zu erklärenden Entscheidung führen kann und für dessen Einlegung im Erststaat eine gesetzliche Frist gesetzt ist, die durch die Entscheidung selber ausgelöst wird (BGE 129 III 574 E. 3).

Art. 127

Überweisung bei zusammenhängenden Verfahren

¹ Sind bei verschiedenen Gerichten Klagen rechtshängig, die miteinander in einem sachlichen Zusammenhang stehen, so kann ein später angerufenes Gericht die bei ihm rechtshängige Klage an das zuerst angerufene Gericht überweisen, wenn dieses mit der Übernahme einverstanden ist.

² Die Überweisung ist mit Beschwerde anfechtbar.

Renvoi pour cause de connexité

¹ Lorsque des actions connexes sont pendantes devant des tribunaux différents, tout tribunal saisi ultérieurement peut transmettre l'action au tribunal saisi en premier lieu, avec l'accord de celui-ci.

² L'ordonnance de renvoi peut faire l'objet d'un recours.

Rimessione in caso di connessione di cause

¹ Se davanti a giudici diversi sono pendenti più azioni materialmente connesse, il giudice successivamente adito può disporre la rimessione della causa pendente presso di lui a quello preventivamente adito, se questi vi acconsente.

² La decisione di rimessione è impugnabile mediante reclamo.

Inhaltsübersicht Note

I. Norminhalt und Normzweck 1
II. Voraussetzungen 3
III. Rechtsfolgen 12
IV. Internationales Zivilprozessrecht 15

I. Norminhalt und Normzweck

1 Der dem bisherigen Art. 36 Abs. 2 GestG entsprechende (BOTSCHAFT ZPO, 7305) Art. 127 bezweckt, Verfahren über Klagen, die in einem sachlichen Zusammenhang stehen, zu koordinieren, und damit zu verhindern, dass es bei konnexen Sachverhalten zu inkohärenten oder sich gar widersprechenden Urteilen mit allenfalls sogar sich gegenseitig ausschliessenden Rechtsfolgen kommt, sowie – wie beim gemeinsamen Gerichtsstand bei der Klagenhäufung (Art. 15 Abs. 1) – eine effiziente und ökonomische Streiterledigung zu fördern (BGE 130 III 80 E. 2.2; BOTSCHAFT GestG, 2848). Zwar sind grundsätzlich Prozesse, deren Streitgegenstände zwar nicht identisch sind, aber in einem Zusammenhang stehen, grundsätzlich immer je vom dafür zuständigen bzw. angerufenen Gericht selbständig durchzuführen. Im Einzelfall kann es aber aus verfahrensökonomischen Gründen, vor allem aber im Hinblick auf eine kohärente Verwirklichung des materiellen Rechts dennoch sinnvoll sein, solche Prozesse zu vereinigen und einheitlich zu behandeln (BOTSCHAFT GestG, 2871). Um in diesem Sinne beiden Aspekten Rücksicht tragende einzelfallgerechte Lösungen zu ermöglichen, wird das später angerufene Gericht nicht verpflichtet, aber ermächtigt, eine Überweisung des Prozesses an das zuerst angerufene Gericht in Betracht zu ziehen und – das Einverständnis des zuerst angerufenen Gerichtes vorausgesetzt – zu veranlassen. Kommt eine solche Überweisung nicht in Frage oder mangels Zustimmung des zuerst angerufenen Gerichts nicht zustande, bleibt die ebenfalls fakultative Möglichkeit, eine Sistierung des Verfahrens in Betracht zu ziehen (s. Komm. zu Art. 126 N 11 f.).

2 Zwar müssen die Parteien angesichts ihres grundsätzlichen Anspruchs auf rechtliches Gehör zur Frage einer allfälligen Überweisung stets angehört werden. Da jedoch die Überweisung letztlich im Ermessen des später angerufenen Gerichtes steht und allein vom Einverständnis des zuerst angerufenen Gerichtes abhängt (N 1), sieht Art. 127 Abs. 2 zur Wahrung der Parteirechte vor, dass die Überweisung – nicht jedoch deren Unterbleiben oder sogar Ablehnung in einem formellen Entscheid – mit Beschwerde anfechtbar ist.

II. Voraussetzungen

3 Art. 127 setzt einmal voraus, dass **mehrere Klagen** – mit identischen oder auch unterschiedlichen Parteien – **bei verschiedenen Gerichten** rechtshängig sind. Das zuerst angerufene Gericht ist dasjenige, bei dem die Streitsache zuerst rechtshängig geworden ist (SPÜHLER/VOCK, GestG, Art. 35 N 3). Den Beginn der Rechtshängigkeit bestimmt Art. 62.

4 Selbst wenn Gegenstand des Verfahrens am später angerufenen Gericht die Hauptsache (z.B. die Scheidung) ist und das Verfahren beim zuerst angerufenen Gericht eine Nebensache (z.B. das Güterrecht) betrifft, stellt sich die Frage, welchem Verfahren der Vorrang zu gewähren wäre, nicht; denn Art. 127 stellt – wie zuvor schon Art. 36 GestG – einzig auf die **zeitliche Priorität** ab, während eine Unterscheidung nach Hauptsache/Nebensache nicht stattfindet (BGE 132 III 178 E. 4).

5 Für die Anwendbarkeit von Art. 127 ohne Bedeutung ist die Art der bei den verschiedenen Gerichten rechtshängigen Klagen. Art. 127 bleibt auch anwendbar, wenn bspw. bei einem Gericht eine Leistungs- und beim anderen eine Gestaltungsklage hängig ist. Im Gegensatz zu der in Art. 126 vorgesehenen Sistierung kommt eine Überweisung jedoch bei **unterschiedlicher Verfahrensart** nicht in Betracht, da die unterschiedliche Verfahrensart einer Vereinigung der Verfahren beim zuerst angerufenen Gericht entgegenstünde

(GestG-Komm.-RUGGLE/TENCHIO-KUZMIC, Art. 36 N 10 und 55 sowie nunmehr Art. 90 lit. b; Müller/Wirth-DASSER, Art. 36 **GestG** N 20).

Wenn für den zu überweisenden Prozess ein **zwingender oder teilzwingender Gerichtsstand** besteht, steht dies grundsätzlich einer Überweisung nicht entgegen, da Art. 127 vorgeht (GestG-Komm.-RUGGLE/TENCHIO-KUZMIC, Art. 36 N 5; BGE 129 III 80 E. 2.2 = Pra 2003 Nr. 56 und dortiger Hinweis auf die Botschaft über eine neue Bundesverfassung vom 20.11.1996, BBl 1997 I 184). Da die Parteien durch die Überweisung um den gesetzlichen oder gar verfassungsmässig garantierten Gerichtsstand gebracht werden, darf indessen der für die Überweisung genügende Zusammenhang (N 9 f.) nicht leichthin angenommen werden (Müller/Wirth-DASSER, Art. 36 GestG N 5; Kellerhals/von Werdt/Güngerich-KELLERHALS/GÜNGERICH, Art. 36 GestG N 20).

Eine Überweisung ist auch zulässig, wenn die Zuständigkeit des zuerst angerufenen Gerichtes sich aus einer **Gerichtsstandsvereinbarung** ergibt, da auch in diesem Fall das Interesse an der Vermeidung widersprüchlicher Entscheide und an einer ökonomischen Streiterledigung Vorrang hat (BGE 129 III 80 E. 2.3.3 = Pra 2003 Nr. 56 sowie analog BGE 130 III 80 E. 2.3).

Da sie zu einem Instanzenverlust führen würde, kommt eine Überweisung des erstinstanzlich beim später angerufenen Gerichts hängigen Verfahrens nicht in Frage, wenn das beim zuerst angerufenen Gericht hängige Verfahren bereits in der zweiten Instanz verhandelt wird (BOTSCHAFT GestG, 2872; Müller/Wirth-DASSER, Art. 36 GestG N 27).

Hauptvoraussetzung für eine Überweisung nach Art. 127 ist die **Konnexität der Verfahren**. Hinsichtlich der Auslegung des Begriffes des von Art. 127 vorausgesetzten sachlichen Zusammenhanges rechtfertigt es sich, auf dessen Definition in Art. 22 Abs. 3 LugÜ anzulehnen (BGE 129 III 80 E. 2.2 = Pra 2003 Nr. 56 und BGE 130 III 80 E. 2.2 m.w.H.); demnach stehen Klagen in **sachlichem Zusammenhang**, wenn zwischen ihnen eine so enge Beziehung gegeben ist, dass eine gemeinsame Verhandlung und Entscheidung geboten erscheint, um zu vermeiden, dass in getrennten Verfahren widersprechende Entscheidungen ergehen könnten. Die Konnexität der Prozesse muss so eng sein, dass eine Vermeidung widersprüchlicher Urteile geboten erscheint. Dafür genügt nicht irgendein Zusammenhang. Die erforderliche Konnexität ist nur gegeben, wenn den verschiedenen Klagen gleichartige faktische Umstände bzw. Rechtsfragen zu Grunde liegen. Nur dann rechtfertigen es die öffentlichen Interessen, eine Partei warten zu lassen oder sie gar von einem gesetzlich zulässigen Forum in ein anderes zu weisen (BOTSCHAFT GestG, 2872; BGE 129 III 80 E. 2.2 = Pra 2003 Nr. 56; BGE 129 III 230 E. 3.1 und 132 III 178 E. 2 und 3).

In diesem Sinne im Zusammenhang stehende Verfahren sind überall dort denkbar, wo verschiedene Gerichtsstände zur Verfügung stehen, aber kein Zwang zur Bildung von aktiven oder passiven Streitgenossenschaften besteht (Kellerhals/von Werdt/Güngerich-KELLERHALS/GÜNGERICH, Art. 36 GestG N 5). Zu denken ist z.B. an die Klagen dreier Geschädigter einer unerlaubten Handlung gegen den Schädiger, von denen gestützt auf Art. 36 der Erste an dessen Wohnsitz, der Zweite am Handlungsort und der Dritte am Erfolgsort klagen (BOTSCHAFT GestG, 2871). Dasselbe gilt, wenn je gestützt auf Art. 34 Löhne einerseits am Ort der Arbeitsverrichtung und andererseits am Sitz der Arbeitgeberin eingeklagt werden (weitere Bsp. s. GestG-Komm.- RUGGLE/TENCHIO-KUZMIC, Art. 36 N 19).

Die Zulässigkeit einer Überweisung hängt schliesslich vom **Einverständnis des zuerst angerufenen Gerichtes** ab. Um zu vermeiden, dass dieses die Übernahme des überwiesenen Verfahrens durch einen Nichteintretensentscheid ablehnt, was zudem bloss unnötige Verzögerungen und Kosten verursachte, wird es sich daher für das später angerufene Gericht stets empfehlen, bei jenem im Rahmen eines vorgängigen Meinungsaustausches das Einverständnis mit der Überweisung im Voraus einzuholen (BOTSCHAFT GestG, 2872; Kellerhals/von Werdt/Güngerich-KELLERHALS/GÜNGERICH, Art. 36 GestG N 25).

III. Rechtsfolgen

12 Nach der – in seinem Einverständnis erfolgten – Überweisung hat das zuerst angerufene Gericht das überwiesene mit dem bei ihm hängigen Verfahren zu **vereinigen** und beide Verfahren im vereinigten Prozess weiterzuführen (BOTSCHAFT GestG, 2873).

13 Von einer **Kostenauflage** im Überweisungsbeschluss ist selbst dann abzusehen, wenn eine Partei in ihrer Stellungnahme dazu sich gegen die Überweisung ausgesprochen hat, da die Überweisung – wie ausgeführt (N 2 und 9) – vom Gericht im höheren Interesse angeordnet wird und über die endgültigen Kostenverteilung und Entschädigungsfolgen erst im Endentscheid durch das zuerst angerufene Gericht entschieden wird und werden kann (Kellerhals/von Werdt/Güngerich-KELLERHALS/GÜNGERICH, Art. 36 GestG N 27 i.V.m. N 15; GestG-Komm.-RUGGLE/TENCHIO-KUZMIC, Art. 36 N 50).

14 Sache des zuerst angerufenen und nach der Überweisung allein zuständigen Gerichtes ist es sodann, unter Berücksichtigung der prozessualen Lage der beiden vereinigten Verfahren zu prüfen, ob und inwiefern allenfalls eine **Abgleichung der Verfahren** – z.B. durch Nachholung von im überwiesenen Prozess noch nicht erfolgten oder Wiederholung von Prozesshandlungen – angebracht ist, damit den Parteien durch die Überweisung keine Nachteile erwachsen (Kellerhals/von Werdt/Güngerich-KELLERHALS/GÜNGERICH, Art. 36 GestG N 28 ff.; Müller/Wirth-DASSER, Art. 36 GestG N 28).

IV. Internationales Zivilprozessrecht

15 Das IPRG kennt keine Art. 127 entsprechende Bestimmung.

16 Art. 22 LugÜ betrifft zwar ebenfalls hängige und im Zusammenhang stehende Klagen. Wenn von einem Zusammenhang i.S.v. Abs. 3 auszugehen ist, sieht Abs. 1 keine Überweisung eines Verfahrens vor, sondern nur die Möglichkeit der Sistierung des beim später angerufenen Gericht hängigen Verfahrens bis zur Erledigung des beim zuerst angerufenen Gericht hängigen Verfahrens (Art. 126 N 12).

Art. 128

Verfahrensdisziplin und mutwillige Prozessführung

[1] Wer im Verfahren vor Gericht den Anstand verletzt oder den Geschäftsgang stört, wird mit einem Verweis oder einer Ordnungsbusse bis zu 1000 Franken bestraft. Das Gericht kann zudem den Ausschluss von der Verhandlung anordnen.

[2] Das Gericht kann zur Durchsetzung seiner Anordnungen die Polizei beiziehen.

[3] Bei bös- oder mutwilliger Prozessführung können die Parteien und ihre Vertretungen mit einer Ordnungsbusse bis zu 2000 Franken und bei Wiederholung bis zu 5000 Franken bestraft werden.

[4] Die Ordnungsbusse ist mit Beschwerde anfechtbar.

1. Kapitel: Prozessleitung   **1   Art. 128**

Discipline en procédure et procédés téméraires

¹ Quiconque, au cours de la procédure devant le tribunal, enfreint les convenances ou perturbe le déroulement de la procédure est puni d'un blâme ou d'une amende disciplinaire de 1000 francs au plus. Le tribunal peut, en outre, ordonner l'expulsion de la personne concernée de l'audience.

² Le tribunal peut requérir l'assistance de la police.

³ La partie ou son représentant qui usent de mauvaise foi ou de procédés téméraires sont punis d'une amende disciplinaire de 2000 francs au plus; l'amende est de 5000 francs au plus en cas de récidive.

⁴ L'amende disciplinaire peut faire l'objet d'un recours.

Disciplina nel processo e malafede o temerarietà processuali

¹ Chiunque, durante il procedimento dinanzi al giudice, offende le convenienze o turba l'andamento della causa è punito con l'ammonimento o con la multa disciplinare fino a 1000 franchi. Il giudice può inoltre ordinarne l'allontanamento.

² Per l'esecuzione di quanto da lui disposto, il giudice può far capo alla polizia.

³ In caso di malafede o temerarietà processuali, la parte e il suo patrocinatore possono essere puniti con la multa disciplinare fino a 2000 franchi e, in caso di recidiva, fino a 5000 franchi.

⁴ La multa disciplinare è impugnabile mediante reclamo.

Inhaltsübersicht   Note

   I. Norminhalt und Normzweck   1
  II. Verfahrensdisziplin   2
      1. Grundsätzliches   2
      2. Voraussetzungen für sitzungspolizeiliches Einschreiten   7
      3. Massnahmen 12
      4. Verfahrensdisziplin im schriftlichen Verfahren 18
 III. Mutwillige Prozessführung 19
  IV. Die Ordnungsbusse insbesondere 23
   V. Internationales Zivilprozessrecht 28

Literatur

J.P. ROCHAT, Reflexions sur les pouvoirs disziplinaires du juge et de la police de l'audition, JdT 1984 IV, 98 ff.

I. Norminhalt und Normzweck

Der in Anlehnung an die für das Verfahren vor Bundesgericht bereits bestehende und bewährte Regelung von Art. 33 BGG (zuvor Art. 31 OG) konzipierte Art. 128 hat – in Ergänzung zu Art. 52, wonach alle am Verfahren Beteiligten nach Treu und Glauben zu handeln haben – zum Zweck, prophylaktisch dafür zu sorgen, dass die gerichtlichen Verfahren unter Wahrung des von allen Beteiligten einander gegenüber zu erwartenden Anstandes und ohne Störungen seines Ganges durchgeführt werden können. Da indessen ungebührliches Benehmen und Störungen des Verfahrensganges nicht immer vermieden werden können, wird das für das konkrete Verfahren zuständige Gericht oder Gerichtsmitglied im Rahmen der ihm obliegenden Prozessleitung, zu der auch die Sitzungspolizei gehört (Art. 124 N 2), ermächtigt, bei den Anstand verletzendem oder den Gang des Verfahrens störendem Verhalten seitens von am Verfahren beteiligten Personen – nötigenfalls   1 unter Beizug der Polizei – einzugreifen und solches Verhalten sowie bös- und mutwillige Prozessführung disziplinarisch und insb. mit Ordnungsbussen zu sanktionieren.

II. Verfahrensdisziplin

1. Grundsätzliches

2 Die **Sitzungspolizei** und damit insb. die Aufrechterhaltung der Verfahrens- bzw. Sitzungsdisziplin fällt in die Zuständigkeit des Mitgliedes des Gerichts, das bei kollegialgerichtlichen Verhandlungen den Vorsitz führt oder das die Verhandlung leitet, deren Durchführung an ihn delegiert und von ihm angeordnet worden ist (vgl. Art. 124 N 6 f.; SPÜHLER/DOGLE/VOCK, Art. 33 N 1). Der prozessleitende Richter ist befugt und verpflichtet, den ungestörten Ablauf einer Verhandlung zu sichern (STUDER/RÜEGG/EIHOLZER, § 63 ZPO/LU N 1). Seine Aufgabe ist es, den Parteien, den sonstigen am Verfahren beteiligten Personen sowie allfälligem Publikum gegenüber die ihm zustehende Disziplinargewalt mit Bestimmtheit und gesundem Menschenverstand sowie unter Beachtung des Grundsatzes der Verhältnismässigkeit und der Hierarchie der anzuordnenden Massnahmen, mithin mit den weniger einschneidenden beginnend, auszuüben (ROCHAT, 109).

3 Ob **disziplinarische Massnahmen** angebracht sind, ist von Amtes wegen zu prüfen. Diesbezüglich hat eine Gegenpartei kein Antragsrecht (BGer, 4C.363/2005 E. 8); das schliesst es aber nicht aus, dass sie das Gericht auf ihrer Ansicht nach von der anderen Partei begangene Verletzungen der Verfahrensdisziplin hinweist (BSK BGG-HÄRRI, Art. 33 N 2).

4 Der Verfahrensdisziplin unterworfen sind nicht nur die Parteien und ihre Vertreter sowie zur Verhandlung geladene oder beigezogene Personen (insb. Zeugen, Auskunftspersonen und Sachverständige sowie Dolmetscher), sondern sämtliche Anwesenden und namentlich auch Zuhörer (HAUSER/SCHWERI, § 124 N 2; BSK BGG-HÄRRI, Art. 33 N 27; STUDER/RÜEGG/EIHOLZER, § 63 ZPO/LU N 4).

5 Der Sitzungspolizei unterworfen ist das **Verhalten** der Betroffenen **während der ganzen Verhandlung**. Dazu gehört nebst dem Verhalten im eigentlichen Gerichtssaal und während der eigentlichen Gerichtsverhandlung auch gegen die Sitzungsdisziplin verstossendes Verhalten unmittelbar vor oder nach der Verhandlung, selbst wenn es ausserhalb des Sitzungssaales oder Verhandlungsortes, aber noch in dessen Nähe und namentlich noch im Gerichtsgebäude statt findet (HAUSER/SCHWERI, § 124 N 4).

6 Ist zu befürchten, dass das Disziplinarverfahren zu einer übermässigen Verfahrensverzögerung führt, kann es abgetrennt und separat durchgeführt werden (BSK BGG-HÄRRI, Art. 33 N 3 und dortiger Hinweis).

2. Voraussetzungen für sitzungspolizeiliches Einschreiten

7 Sitzungspolizeilich einzuschreiten ist, wenn das Verhalten einer der anwesenden Personen entweder geeignet ist, den **ordnungsgemässen Gang des Verfahrens** und die vorgeschriebene Verfahrensordnung oder das Ansehen oder die Vertrauenswürdigkeit des Gerichtes bzw. der amtlichen Tätigkeit insgesamt zu beeinträchtigen, oder wenn es die guten Sitten und den **gebotenen Anstand** verletzt. Letzteres ist z.B. der Fall bei unzulässigen Angriffen auf das Gericht, bei Belästigung eines Zeugen oder eines Zuhörers, oder bei einem Verhalten, das sich nach Inhalt und Form für die Gegenpartei als beleidigend erweist. Ein solches Verhalten stellt eine Missachtung der dem Gericht geschuldeten Achtung dar (HAUSER/SCHWERI, § 124 N 3; SPÜHLER/DOLGE/VOCK, Art. 33 N 2).

Anlass zu einer Störung des Verfahrensganges oder einer Verletzung des gebührenden **8**
Anstandes den anderen Anwesenden gegenüber können auch **Bild- und Tonaufnahmen**
sein, da sie einerseits eine Verletzung der Persönlichkeitsrechte Dritter darstellen können
und andererseits die Mitglieder des Gerichtes, aber auch die Parteien und ihre Vertreter
verfahrensfremden Einflüssen aussetzen, die unter Umständen ihr Verhalten beeinträchtigen können (HAUSER/SCHWERI, § 124 N 9–11). Sie zu untersagen oder – allenfalls unter
Auflagen – zu bewilligen, ist ebenfalls Sache des über die Sitzungspolizei verfügenden
Mitgliedes des Gerichtes (STUDER/RÜEGG/EIHOLZER, § 63 ZPO/LU N 1), sofern darüber
nicht schon gesetzliche Bestimmungen oder grundsätzliche Weisungen bestehen. Letzteres ist z.B. im Kanton Zürich der Fall, wo Bild- und Tonaufnahmen von öffentlichen Verhandlungen grundsätzlich untersagt sind (§ 135 Abs. 1 Satz 2 GVG/ZH), weil sie die
Verhandlung stören, die Betroffenen blossstellen, ihre Persönlichkeitsrechte verletzen,
die Unbefangenheit nehmen, von der Verhandlung nur Ausschnitte wiedergeben und damit den Zusammenhang zerreissen (HAUSER/SCHWERI, § 135 N 22 m.H. auf die Materialien), und ausserdem das Obergericht des Kantons Zürich das Fotografieren im Zusammenhang mit dem Gerichtsbetrieb im ganzen Gerichtsgebäude verboten und in einem
Kreisschreiben die zürcherischen Bezirksgerichte angewiesen hat, es in gleicher Weise
zu untersagen (ZR 1963 Nr. 3 und SJZ 1963, 32).

Was andere am Verfahren Beteiligte beleidigende oder diese sogar in ihrer Ehre verletzende Äusserungen anbelangt, muss unterschieden werden, aus welchem Anlass und **9**
welchem Grund sie erfolgen. Wie gesagt, verletzen solche – verbalen oder auch nichtverbalen – Äusserungen die Verfahrensdisziplin, wenn sie allein die Beleidigung – und
damit allenfalls auch die Verunsicherung – eines anderen Beteiligten, sei es eine Partei,
deren Vertretung, ein Zeuge oder Sachverständiger oder auch ein Mitglied des Gerichtes,
bezwecken. Dies ist jedoch nicht der Fall, wenn die Äusserung im Zusammenhang mit
einer Aussage erfolgt, die durch das Verfahren – insb. durch eine Befragung des Aussagenden – veranlasst worden ist, bei welcher der Betroffene als Partei, als Zeuge, als Auskunftsperson oder als Sachverständiger die ihm gestellten Fragen wahrheitsgemäss bzw.
nach bestem Wissen und Gewissen zu beantworten hat, zu diesen sachbezogen Stellung
nimmt und dabei allenfalls seiner Überzeugung nach der Wahrheit entsprechende, aber
jemanden beleidigende oder dessen Ehre verletzende Aussagen macht. Denn in diesem
Fall ergibt sich die – auch im Rahmen der Verfahrensdisziplin zu beachtende – Erlaubtheit der an sich beleidigenden und sogar ehrverletzenden Äusserung aus Art. 14 StGB,
gemäss welchem sich rechtmässig verhält, wer handelt, wie es das Gesetz gebietet oder
erlaubt. Dabei kommt es nicht darauf an, ob die betroffene Person – wie namentlich ein
Zeuge – zur Aussage verpflichtet ist; es kann durchaus schon genügen, dass sie zur Deponierung von Aussagen auch lediglich berechtigt ist, wie dies etwa bei Prozessparteien
der Fall ist (BGE 135 IV 177 E. 4).

Bei allenfalls an sich **beleidigenden** oder gar **die Ehre verletzenden Bemerkungen** in **10**
mündlichen oder schriftlichen Äusserungen ist ebenfalls zu berücksichtigen, ob sie zur
Wahrung berechtigter Interessen gerechtfertigt sein können. Namentlich bei berufsmässigen Vertretern kann es sogar zur Berufspflicht gehören, die Interessen der von ihnen
vertretenen Partei auch pointiert zu vertreten, um die Rechtsposition nachhaltig auf den
Punkt zu bringen. Solange in diesem Rahmen erfolgte Äusserungen mit Bezug auf den
Streitgegenstand noch als sachbezogen und verhältnismässig erscheinen, sie nicht wider
besseres Wissen vorgebracht werden und blosse Vermutungen auch als solche bezeichnet
werden, können sie als gerechtfertigt betrachtet werden und ist demnach eine Verletzung
der Verfahrensdisziplin in analoger Anwendung von Art. 14 StGB und ihrer strafrechtlichen Qualifikation (s. BGE 116 IV 211 und 118 IV 248) zu verneinen.

11 Andererseits schliesst die disziplinarische Sanktionierung ehrverletzender Äusserungen deren **strafrechtliche Verfolgung** nicht aus, sondern ist die kumulative Verhängung einer disziplinarischen und strafrechtlichen Sanktion möglich (BÜHLER/EDELMANN/KILLER, § 73/74 ZPO/AG N 3; BSK BGG-HÄRRI, Art. 33 N 11 m.w.H.).

3. Massnahmen

12 Als Massnahmen gegen Verletzungen der Verfahrensdisziplin sieht Art. 128 den **Verweis**, die **Ordnungsbusse** und den **Ausschluss von der Verhandlung** vor. Ob und welche dieser Massnahmen zu treffen ist, liegt im pflichtgemässen Ermessen des Vorsitzenden, der bei der Emessensbetätigung allerdings die berechtigten Interessen der am Verfahren beteiligten Parteien und Dritten nicht unzulässig schmälern darf (HAUSER/SCHWERI, § 124 N 6; SPÜHLER/DOLGE/VOCK, Art. 33 N 3). Dem wird in erster Linie damit Rechnung getragen, dass zunächst zu warnenden und vorbeugenden Massnahmen (namentlich die Aufforderung, ein störendes Verhalten zu unterlassen, die Untersagung von Bild- und Tonaufnahmen, sofern diese nicht grundsätzlich schon unzulässig sind [N 6], und ein Verweis) und erst bei deren Erfolglosigkeit zu einer Ordnungsbusse oder gar zum Ausschluss von der Verhandlung gegriffen wird.

13 Mit einem **Verweis** werden Anwesende, die die Verhandlungsdisziplin verletzen, zur Ordnung aufgefordert. Dies kann die Parteien und auch ihre Vertreter, insb. aber auch allfällige Zuhörer betreffen, wenn Letztere durch Lärm oder Zwischenrufe die Verhandlung stören. Mit dem Verweis wird sinnvollerweise die Ergreifung der weitergehender Massnahmen für den Fall erneuter Störungen angedroht.

14 Bleibt ein Verweis erfolglos, kann die die Verfahrensdisziplin weiterhin verletzende Person mit einer **Ordnungsbusse** bis zu CHF 1000 bestraft werden. Zur Wahrung des grundsätzlichen Anspruchs der betroffenen Person auf rechtliches Gehör ist dieser indessen vorweg die Gelegenheit einzuräumen, zur Frage der Ausfällung und allenfalls der Höhe der Ordnungsbusse Stellung zu nehmen (s.a. N 24). Dies empfiehlt sich darüber hinaus auch deshalb, weil auf Grund dieser Stellungnahme, bei der bspw. die betroffene Person sich für ihr Verhalten entschuldigt und die Unterlassung weiterer Störungen der Verfahrensdisziplin verspricht, es möglicherweise angebracht erscheint, von der Ausfällung der angedrohten Ordnungsbusse abzusehen (und damit ein allfälliges diesbezügliches Beschwerdeverfahren zu verhindern [s. N 26]).

15 Kann die Verfahrensdisziplin weder mit einem Verweis noch mit einer Ordnungsbusse wieder hergestellt werden, kann das Gericht die sie verletzenden Anwesenden von der Verhandlung ausschliessen und aus dem Gerichtssaal wegweisen. Die **Wegweisung** kommt in erster Linie in Frage, wenn die anwesenden Zuhörer oder auch nur Teile davon wiederholt die Verhandlung stören und es sich zu deren ordnungsgemässen Fortführung rechtfertigt, wenn möglich nur die identifizierbaren einzelnen störenden Zuhörer wegzuweisen oder andernfalls als ultima ratio die Zuschauertribüne räumen zu lassen (ROCHAT, 101 f.). Eine Wegweisung kommt aber auch für die am Verfahren beteiligten Personen und namentlich die Parteien selber und ihre Vertreter in Frage, bei ihnen allerdings nur, wenn die übrigen Massnahmen ergebnislos geblieben sind und es zu wiederholten groben Ordnungstörungen kommt (HAUSER/SCHWERI, § 124 N 22) oder sie sich weiterhin sonst ungebührlich benehmen.

16 Leisten die Betroffenen gegen ihre Wegweisung Widerstand, kann das Gericht zur Durchsetzung seiner Anordnung die **Polizei beiziehen** (Abs. 2). Muss die nicht schon anwesende Polizei erst beigezogen werden, kann die Verhandlung bzw. Sitzung unter-

brochen werden, bis die gerichtlichen Anordnungen durchgesetzt sind und eine störungsfreie Fortsetzung der Verhandlung gewährleistet ist.

Wenn auch Art. 128 sie nicht ausdrücklich aufführt, kommt als Massnahme zur Wiederherstellung eines geordneten Verfahrensganges stets auch eine **Unterbrechung der Verhandlung** bzw. Sitzung in Frage, zu der das die Verhandlung leitende Gerichtsmitglied schon auf Grund der ihm obliegenden und zustehenden Prozessleitung (Art. 124 N 1) ohne Weiteres befugt ist. Eine Unterbrechung der Verhandlung kann sich auch empfehlen, wenn zwar nicht direkt die Verfahrensdisziplin gestört ist, aber übermässige emotionale Betroffenheit von Beteiligten das Verfahren erschwert und eine Unterbrechung zur nötigen Beruhigung beitragen kann. 17

4. Verfahrensdisziplin im schriftlichen Verfahren

Die Verfahrensdisziplin muss namentlich von den Parteien und ihren Vertretern selbstredend auch im **schriftlichen Verfahren** beachtet werden. Zu denken ist insb. an beleidigende oder gar die Ehre verletzende Äusserungen, die über das hinausgehen, was zur gehörigen Vertretung der eigenen Position noch gerechtfertigt erscheint (oben N 9). Wird dabei darüber hinaus der Anstand verletzt, kann auch im schriftlichen Verfahren eine Ordnungsbusse gemäss Abs. 1 in Betracht gezogen und – gegebenenfalls nach Anhörung der betroffenen Person – ausgefällt werden. Erweist sich dagegen das Verhalten im schriftlichen Verfahren bloss als querulatorisch oder rechtsmissbräuchlich, ist gemäss Art. 132 Abs. 3 vorzugehen. 18

III. Mutwillige Prozessführung

Bös- oder **mutwillige Prozessführung** liegt nicht schon bei einfachen Lügen oder unwahren Darstellungen im Prozess vor. Eine Partei handelt aber mutwillig, wenn sie in leichtfertiger Weise unrichtige Tatsachen behauptet, und gar böswillig, wenn sie von der Erfolglosigkeit ihres Verhaltens im Prozess überzeugt ist und es ihr nur darauf ankommt, dem Prozessgegner Ungelegenheit zu bereiten oder sich der Erfüllung ihrer feststehenden Verbindlichkeiten zu entziehen (FRANK/STRÄULI/MESSMER, § 50 ZPO/ZH N 17). Im gleichen Sinne rechtsmissbräuchlich und daher mutwillig ist auch das Verhalten einer Partei, die offensichtlich Ziele verfolgt, die mit dem Verfahren nicht das geringste zu tun haben, bspw. um die Gegenpartei zu bedrängen (BGE 115 III 18, Regeste). Als **böswillig** zu qualifizieren ist es auch, wenn ein Anwalt Tatsachen verheimlicht, die für die Beurteilung der Beschwerdelegitimation erheblich sind, um für seine Mandanten günstige Entscheide zu erwirken (BGE 121 IV 325 E. 4). 19

Auch wenn er letztlich aussichtslos ist, braucht ein Prozess nicht zum Vornherein mutwillig zu sein; denn **leichtsinnige und mutwillige Prozessführung** liegt solange nicht vor, als es der Partei darum geht, einen bestimmten, nicht als willkürlich erscheinenden Standpunkt durch den Richter beurteilen zu lassen, was auch gilt, wenn der Richter die Partei von der Unrichtigkeit ihres Standpunktes überzeugt und zu einem entsprechenden Verhalten veranlasst (BGE 124 V 285 E. 3b m.w.H.). Das Verhalten einer Partei ist auch nicht trölerisch, wenn sie verschiedene Argumente unterschiedlicher Güte vorbringt, um die Bezahlung des von der Gegenpartei verlangten Betrages hinauszuschieben (BGer, 4P.38/2005 E. 3.3.2). Rechtsmissbräuchlich ist es aber, wenn eine Partei einen aussichtslosen Standpunkt fortgesetzt einnimmt (BGE 111 Ia 148). Auf ein **rechtsmissbräuchliches Verhalten** hinaus läuft es auch, wenn in einem späteren Stadium des Verfahrens eine Rechtsschrift eingereicht wird, die praktisch wortwörtlich mit einer schon früher eingereichten identisch ist (BGE 134 II 244 E. 2.3 und 2.4.3 a.E.). 20

21 Bei der Beurteilung der **Mutwilligkeit der Prozessführung** ist nicht nur auf das Verhalten der Partei im gerichtlichen Verfahren abzustellen, sondern auch deren Verhalten im vorprozessualen Stadium mitzuberücksichtigen. Mutwilligkeit kann darin begründet sein, dass die Partei in diesem Stadium schon eine ihr obliegende Mitwirkungs- oder Unterlassungspflicht verletzt (BGE 124 V 285 E. 4b). Mutwillig verhält sich auch die Partei, die schon im vorprozessualen Stadium bei der ihr zumutbaren vernünftigen Überlegung ohne Weiteres die Aussichtslosigkeit des Prozesses erkennen konnte, den Prozess aber trotzdem führt (a.a.O., E. 3b m.w.H.). Dasselbe gilt, wenn eine Partei einen Standpunkt einnimmt, der angesichts vorprozessualer Vereinbarungen, die sie selber eingegangen ist, offensichtlich unhaltbar ist (BGE 106 II 45 E. 3 = Pra 1980 Nr. 227).

22 Die bös- oder mutwillige Prozessführung kann nach richterlichem Ermessen mit Ordnungsbusse bis zu CHF 2000 im Einzel- und bis zu CHF 5000 im Wiederholungsfall geahndet werden (Abs. 3; N 23 ff.).

IV. Die Ordnungsbusse insbesondere

23 Die Ordnungsbusse ist eine kraft der aus der Sitzungspolizei sich ergebenden Disziplinargewalt verhängte **Disziplinarstrafe**. Sie stellt keine «strafrechtliche Anklage» i.S.v. Art. 6 Ziff. 1 EMRK dar, weshalb auf sie die Verfahrensgarantien dieser Bestimmung und namentlich der Anspruch auf eine Beurteilung durch ein unabhängiges und unparteiisches Gericht nicht anwendbar sind (FRANK/STRÄULI/MESSMER, § 50 ZPO/ZH N 21b; BGE 121 I 379 E. 3 = Pra 1996 Nr. 182, bestätigt in BGE 135 I 313 E. 2).

24 Aus dem grundsätzlichen Anspruch auf **rechtliches Gehör** ergibt sich, dass die betroffene Person vor der Ausfällung einer Ordnungsbusse sich dazu und zur allfälligen Höhe der Ordnungsbusse äussern können muss (ZR 1989 Nr. 4 = SJZ 1990, 105 Nr. 23). Bei der Ausfällung einer Ordnungsbusse gegen einen Anwalt kann allerdings die vorgängige Gewährung des rechtlichen Gehörs unterbleiben, weil ein Anwalt, der in seiner Rechtschrift die Gegenpartei mit negativ qualifizierenden Äusserungen angreift, zum Vorneherein weiss, dass deswegen eine Disziplinarmassnahme ausgefällt werden kann (BGer, ZR 1992/1993 Nr. 1, E. 2b und c). Ergibt sich nämlich der Disziplinarfehler aus dem aktenkundigen Verhalten des Betroffenen, erübrigt es sich, diesem vorgängig des Disziplinarentscheids das rechtliche Gehör zu gewähren, dies zumal dann, wenn der Entscheid in Wiedererwägung gezogen werden kann (BSK BGG-HÄRRI, Art. 33 N 23).

25 Die Ordnungsbusse ist **nach richterlichem Ermessen** in analoger Anwendung von Art. 106 Abs. 3 StGB je nach den Verhältnissen des Betroffenen so zu bemessen, dass die Strafe dessen Verschulden entspricht.

26 Die Ausfällung einer Ordnungsbusse kann mit **Beschwerde** angefochten worden (Abs. 4) und gehört somit zu den in Art. 319 lit. b Ziff. 1 vorgesehenen Fällen der Anfechtbarkeit prozessleitender Verfügungen.

27 Mit der Ordnungsbusse wird nicht die Ehre der betroffenen Person, sondern einzig der ordnungsgemässe Ablauf des Verfahrens geschützt (LEUCH/MARBACH/KELLERHALS/STERCHI, Art. 19 ZPO/BE N 3). Da die Ordnungsbusse daher nicht Strafe im Sinne des Strafrechts ist, kann sie bei Nichtbezahlung nicht in Haft umgewandelt werden; andererseits schliesst sie eine auch **strafrechtliche Verfolgung** des geahndeten Verhaltens nicht aus (BÜHLER/EDELMANN/KILLER, § 73/3; STUDER/RÜEGG/EIHOLZER, § 63 ZPO/LU N 5).

V. Internationales Zivilprozessrecht

Die Ausfällung einer Ordnungsbusse gegen eine **Person im Ausland** käme einem Eingriff in die Justizhoheit des fremden Staates gleich. Daher gilt der allgemeine Grundsatz, dass im internationalen Rechtshilfeverkehr keine Ordnungsbussen angedroht und ausgefällt werden dürfen (FRANK/STRÄULI/MESSMER, Anhang II, § 196 GVG N 4 und § 198 GVG N 4).

28

2. Kapitel: Formen des prozessualen Handelns

1. Abschnitt: Verfahrenssprache

Art. 129

Das Verfahren wird in der Amtssprache des zuständigen Kantons geführt. Bei mehreren Amtssprachen regeln die Kantone den Gebrauch der Sprachen.

La procédure est conduite dans la langue officielle du canton dans lequel l'affaire est jugée. Les cantons qui reconnaissent plusieurs langues officielles règlent leur utilisation dans la procédure.

Il procedimento si svolge nella lingua ufficiale del Cantone. In presenza di più lingue ufficiali i Cantoni emanano le necessarie disposizioni.

Inhaltsübersicht   Note

  I. Norminhalt und Normzweck 1
 II. Anwendung, Sanktionen 6
III. Kantonale Regelungen 10
     1. Bern 11
     2. Freiburg 12
     3. Graubünden 13
     4. Wallis 14
 IV. Internationales Zivilprozessrecht 16

Literatur

R. KÄGI-DIENER, Sprachenfreiheit, in: B. Ehrenzeller u.a. (Hrsg.), Die schweizerische Bundesverfassung, Kommentar, 2. Aufl., Zürich 2008, S. 403 ff.; J. P. MÜLLER/M. SCHEFER, Grundrechte in der Schweiz, 4. Aufl., Bern 2008.

I. Norminhalt und Normzweck

Art. 129 hält – in Übernahme der bisherigen gefestigten Rechtsprechung (BGE 102 Ia 35 = Pra 1976 Nr. 135; BGE 128 I 273 E. 2.2 = Pra 2003 Nr. 73 und BGE 128 V 34 E. 2b/bb und dortige Hinweise) – fest, dass im Verfahren die offizielle kantonale *Amts-*

1

sprache zu gebrauchen ist, wobei Satz 2 es den Kantonen mit mehreren Amtssprachen überlässt, den innerkantonalen Gebrauch der verschiedenen kantonalen Amtssprachen zu regeln.

2 Die in Art. 18 BV verankerte Gewährleistung der zuvor schon vom Bundesgericht als ungeschriebenes Grundrecht anerkannten **Sprachenfreiheit**, die jedem das Recht garantiert, sich mündlich oder schriftlich in der Sprache seiner Wahl und insb. in seiner Muttersprache auszudrücken (MÜLLER/SCHEFER, 292 f.), gilt nicht restlos und wird namentlich durch die Regelung der Amtssprachen des Bundes und der entsprechenden Befugnisse der Kantone eingeschränkt (BGE 91 I 480, insb. E. 2). Nebst der Bestimmung von Deutsch, Französisch und Italienisch als Amtssprachen des Bundes in Abs. 1 überlässt es Art. 70 BV den Kantonen, ihre Amtssprache zu bestimmen, die dabei das Einvernehmen zwischen den Sprachgemeinschaften zu wahren, auf die herkömmliche sprachliche Zusammensetzung der Gebiete zu achten und auf die angestammten sprachlichen Minderheiten Rücksicht zu nehmen haben (Abs. 2). Damit wird das **Territorialitätsprinzip** als Schranke des individuellen Grundrechts anerkannt (MÜLLER/SCHEFER, 299 f.; KÄGI-DIENER, 413 ff.; zum Ganzen BGE 121 I 196 E. 2a und b = Pra 1986 Nr. 67 und BGE 128 V 34 E. 2b/bb).

3 **Kantonale Amtssprachen** sind deutsch in den Kantonen Aargau (§ 16 Gerichtsorganisationsgesetz), Appenzell-Ausserrhoden (Art. 44 Abs. 1 StPO/AR sowie EHRENZELLER, 109, Anh. N 9), Appenzell-Innerrhoden (Art. 2 GOG/AI), Basel-Land (§ 57 KV), Basel-Stadt (§ 76 KV/BS), Glarus (Art. 36 Abs. 1 GOG/GL), Luzern (Art. 7 KV/LU sowie § 72 Abs. 1 ZPO/LU), Nidwalden (Art. 48a Abs. 1 Grichtsgesetz/NW), Obwalden (Art. 25 Abs. 1 StPO/OW), Schaffhausen (Art. 76 Abs. 1 StPO/SH), Schwyz (§ 85 Gerichtsordnung/SZ), St. Gallen (Art. 58 Gerichtsgesetz/SG), Solothurn (§ 10 VO über den Zivilstandsdienst/SO), Thurgau (§ 28 EG zum ZGB/TG [indirekt]), Uri (Art. 57a ZPO/UR), Zug (§ 17 VVO über das Zivilstandswesen) und Zürich (Art. 48 KV/ZH sowie § 130 GVG/ZH), französisch in den Kantonen Genf (Art. 9 ZPO/GE), Jura (Art. 3 KV/JU), Neuenburg (Art. 4 KV/NE), und Waadt (Art. 3 KV/VD) und italienisch im Kanton Tessin (Art. 6 KV/TI); von den mehrsprachigen Kantonen haben Bern (Art. 6KV/BE), Freiburg (Art. 6 KV/FR) und Wallis (Art. 12 KV/VS) deutsch und französisch sowie Graubünden deutsch, italienisch und rätoromanisch (Art. 3 KV/GR) als kantonale Amtssprachen bestimmt.

4 Auf Grund der Materialien ist davon auszugehen, dass die Verwendung der Amtssprache nach dem Willen des Gesetzgebers **zwingend** ist. Der ursprünglich von der Expertenkommission vorgesehen (Art. 122 des VE sowie Bericht S. 67) und im bundesrätlichen Antrag übernommene (BOTSCHAFT ZPO, 7441 und 7306 zu Art. 127) Abs. 2 dieser Bestimmung, der bei Zustimmung des Gerichts und der Parteien auch die Verwendung einer anderen – namentlich der englischen – Sprache vorsah, ist vom Nationalrat auf Antrag seiner Kommission kommentarlos gestrichen worden (AmtlBull NR 2006, 945), und der Ständerat hat bei der Bereinigung der Differenzen der Streichung stillschweigend zugestimmt (AmtlBull StR 2008, 727). Damit werden kantonale Regelungen, die auch zur Verwendung einer anderen als der Amtssprache ermächtigen (z.B. § 16 Gerichtsorganisationsgesetz/AG, § 76 KV/BS; § 72 Abs. 1 ZPO/LU oder Art. 58 Gerichtsgesetz/SG; § 85 Gerichtsordnung/SZ) bundesrechtswidrig.

5 Der zwingende Gebrauch der offiziellen Amtssprache drängt sich auch für die Dokumentierung des Verfahrens und namentlich die Protokollierung von Verhandlungen auf, dies insb. auch im Hinblick auf die allfällige spätere Akteneinsicht durch Amtsstellen oder Personen, die seinerzeit dem Gebrauch einer anderen Sprache nicht zugestimmt hätten.

II. Anwendung, Sanktionen

Die Pflicht zum Gebrauch der Amtssprache gilt nicht nur für die schriftlichen Eingaben und das Vorbringen in den Gerichtsverhandlungen, sondern schliesst auch die Pflicht ein, eine **Übersetzung** der ins Recht gelegten und in einer anderen Sprache abgefassten Dokumente einzureichen. Allenfalls kann es genügen, dass die betroffene Partei nur eine Übersetzung der entscheidungserheblichen Teile des eingereichten Dokumentes einreicht; dies darf aber nicht dazu führen, dass durch eine selektive Übersetzung der Sinn eines Dokumentes in den massgeblichen Punkten entstellt wird (BGE 128 I 273 E. 2.2 = Pra 2003 Nr. 73 und BGE 128 V 34 E. 2b/bb). 6

Die zwingende Verwendung der Amtssprache hat zur Folge, dass Parteien, die die Amtssprache nicht beherrschen und sich in ihr nicht oder auch bloss nicht genügend mündlich auszudrücken vermögen, ein geeigneter **Dolmetscher** beigegeben werden muss, ansonsten ihnen das rechtliche Gehör verweigert würde. Dasselbe gilt hinsichtlich des Beizugs eines fachkundigen Dolmetschers für Stumme, Taube und Schwerhörige (LEUCH/MARBACH/KELLERHALS/STERCHI, Art. 121 ZPO/BE N 1a). Der Anspruch der Parteien auf rechtliches Gehör wird darüber hinaus auch verletzt, wenn bei der Vernehmung von Drittpersonen und namentlich Zeugen die gebotene Übersetzung unterbleibt (zum Ganzen FRANK/STRÄULI/MESSMER, § 56 ZPO/ZH N 5 und dortige Hinweise; Näheres s. Komm. zu Art. 53). 7

Die **Kosten der Übersetzung** gehören zu den Prozesskosten (Art. 95 Abs. 2 lit. d), die der unterliegenden Partei beziehungsweise nach Ausgang des Verfahrens aufzuerlegen sind (Art. 106). Eine Ausnahme davon gilt allerdings im Kanton Graubünden, dessen Sprachengesetz vorsieht, dass eine Partei, die nicht der im Verfahren verwendeten, sondern nur einer anderen [kantonalen] Amtssprache mächtig ist, auf Gesuch *Anspruch auf eine unentgeltliche Übersetzung der Verhandlung beziehungsweise des Urteils* hat (Art. 7 Abs. 4 SpG/GR). 8

Obwohl Art. 132 sie bei den mangelhaften Eingaben, für deren Verbesserung eine Nachfrist anzusetzen ist, nicht erwähnt, können auch bei in einer anderen als der im Verfahren zu gebrauchenden Amtssprache verfassten Eingaben nicht unbeachtlich bleiben, ohne dass zuvor der betroffenen Partei mit einer auch die Länge der Eingabe berücksichtigenden angemessenen **Nachfrist** Gelegenheit zu deren Übersetzung gegeben worden ist (Art. 132 N 22). Andernfalls würde die kantonale Behörde, die eine solche Eingabe ohne weiteres als unzulässig erklärt, in überspitzten Formalismus verfallen und eine Art. 8 BV verletzende Rechtsverweigerung begehen (BGE 102 Ia 35 = Pra 1976 Nr. 135). Wird die Übersetzung innert der Nachfrist nachgereicht, gilt die Eingabe als am Tag des Einganges der ursprünglichen, nicht in der Amtssprache verfassten Fassung eingegangen; da es andernfalls namentlich bei gesetzlichen Fristen zu einer unzulässigen Fristerstreckung käme, darf die Nachfrist ausschliesslich zur Übersetzung und keinesfalls zu einer allfälligen Änderung oder Ergänzung der Eingabe benützt werden (a.a.O.). 9

III. Kantonale Regelungen

Keiner weiteren Erörterung bedarf die Anwendung von Art. 129 in den bereits erwähnten einsprachigen Kantonen mit einer einzigen und daher ausschliesslich zu gebrauchenden Amtssprache (N 2). 10

In den mehrsprachigen Kantonen gelten folgende Regelungen:

1. Bern

11 Art. 6 KV/BE bestimmt, dass *das Deutsche und das Französische die bernischen Landes- und Amtssprachen* sind (Abs. 1) und als Amtssprachen im Berner Jura das Französische, im Amtsbezirk Biel das Deutsche und das Französische und in den übrigen Amtsbezirken das Deutsche gelten (Abs. 2). Für Biel regelt die Verordnung über die Sprachenregelung in der Gerichts- und Justizverwaltung des Amtsbezirks Biel vom 18.10.1995 (BSG 152.381), dass das Gerichtsverfahren grundsätzlich in Zivilsachen in der Sprache der Beklagtschaft bzw. der Gesuchsgegnerschaft und in Schuldbetreibungs- und Konkurssachen in jener der Schuldnerin oder des Schuldners geführt wird (Art. 2 Abs. 2), wobei das Gericht im Einverständnis mit den Parteien die Sprache auch anders bestimmen kann (Abs. 4), den Parteien und ihrer Vertretung stets die Wahl zwischen den beiden Landessprachen zusteht (Abs. 5) und auf Verlangen Aussagen und Urteile in die andere Landessprache zu übersetzen sind (Abs. 6 und 7).

2. Freiburg

12 Gemäss Art. 6 KV/FR sind Französisch und Deutsch die Amtssprachen des Kantons und haben Staat und Gemeinden bei ihrer Anwendung auf die herkömmliche Zusammensetzung der Gebiete zu achten. Im Einzelnen sieht Art. 11 ZPO/FR mit Bezug auf die Gerichtssprache vor, dass vor den unteren Gerichten die Parteien die Verhandlungen in französischer Sprache in den Bezirken oder Kreisen des französischen, und in deutscher Sprache in denjenigen des deutschen Kantonsteils führen (Abs. 1), in den gemischten Bezirken und Kreisen der Rechtsstreit in der Sprache des Beklagten geführt wird, sofern die Parteien nicht eine andere Vereinbarung treffen (Abs. 2) und vor dem Kantonsgericht der Rechtsstreit im Rechtsmittelverfahren in der Sprache des angefochtenen Entscheides ausgetragen wird sowie bei Anrufung des Kantonsgerichtes als erste Instanz die Verhandlungen in der Sprache des Beklagten erfolgen, sofern die Parteien nicht anders übereinkommen (Abs. 3). Dabei gelten nach der Praxis der Saanebezirk und die Stadt Freiburg als französischsprachig und werden daher die Zivilverfahren auf diesem Gebiet grundsätzlich auf Französisch geführt (BGE 106 Ia 299 = Pra 1981 Nr. 109 und BGE 121 I 196 E. 3 b = Pra 1996 Nr. 67).

3. Graubünden

13 Im Kanton Graubünden sind *Deutsch, Rätoromanisch und Italienisch die gleichwertigen Landes- und Amtssprachen des Kantons* (Art. 3 KV/GR). Ihre Anwendung im gerichtlichen Verfahren richtet sich nach dem Sprachengesetz des Kantons Graubünden vom 19.10.2006 (SpG; SR/GR 492.100). Die Amtssprache bzw. Amtssprachen der Gemeinden bestimmt sich je nach Anteile der Sprachgemeinschaften (Art. 16 SpG), jene der Kreise nach den Amtssprachen der Gemeinden (Art. 25 SpG). Für die Gerichte legt der Vorsitzende unter Berücksichtigung dieser Grundsätze fest, in welcher Amtssprache das Verfahren geführt wird (Art. 7 Abs. 1 SpG), wobei auf Gesuch eine unentgeltliche Übersetzung anzuordnen ist, wenn nicht alle Parteien ihrer mächtig sind (Art. 7 Abs. 2 SpG). In mehrsprachigen Bezirken ist das Verfahren in der Regel in der Sprache der beklagten Partei zu führen (Art. 10 SpG). Bei den kantonalen Gerichten richtet sich die Verfahrenssprache in der Regel nach der im angefochtenen Entscheid verwendeten Sprache beziehungsweise nach der Amtssprache, welcher die beklagte Partei mächtig ist (Art. 8 SpG).

4. Wallis

Walliser Landessprachen sind die französische und die deutsche Sprache (Art. 12 KV/VS). Gemäss Art. 4 des Ausführungsreglements zum Gesetz über die Gerichtsbehörden vom 6.2.2002 (SR/VS 173.104) können schriftliche Eingaben und mündliche Vorträge der Parteien oder ihrer Vertreter in einer der beiden Landessprachen erfolgen, gilt vor dem Gemeinderichter hingegen grundsätzlich die Sprache am Amtssitz (Abs. 1), haben die Bezirks- und Kreisgerichte ihre Schriftsätze, Beschlüsse und Urteile in der Sprache des Amtssitzes abzufassen (Abs. 2) und erlässt das Kantonsgericht seine Schriftsätze, Beschlüsse und Urteile grundsätzlich in der Sprache des instruierenden Gerichtes (Abs. 3), wobei von diesen Grundsätzen abgewichen werden kann, wenn es die Umstände rechtfertigen und namentlich zur besseren Wahrung des rechtlichen Gehörs einer Partei (Abs. 4). **14**

Interkantonal verkehren die Behörden direkt miteinander (Art. 194 Abs. 2), wobei **Rechtshilfegesuche** in der Sprache des ersuchenden oder des ersuchten Kantons abgefasst werden können (Art. 196 Abs. 1). **15**

IV. Internationales Zivilprozessrecht

Gemäss dem Haager Übereinkommen über die Zustellung gerichtlicher und aussergerichtlicher Schriftstücke im Ausland in Zivil- oder Handelssachen (SR 0.274.131) können die zentralen Behörden verlangen, dass gerichtliche Schriftstücke, die nicht durch einfache Übergabe zuzustellen sind, in der Amtssprache oder einer der Amtssprachen des ersuchten Staates abgefasst oder in diese übersetzt werden (Art. 5 Abs. 3). Eine Übersetzung kann somit von der ersuchten Behörde verlangt werden, ist indessen – vorbehältlich anderer Übereinkünfte – weder bei der Zustellung durch einfache Übergabe noch bei förmlicher Zustellung zwingend vorgeschrieben (BGE 129 III 750 E. 3.2 und dortige Hinweise). **16**

Der Internationale Pakt über bürgerliche und politische Rechte (SR 0.103.2) setzt in Art. 14 Grundsätze fest, um ein faires Verfahren zu gewährleisten. Daraus kann indessen kein Recht auf Anwendung einer anderen als der Amtssprache im Verkehr mit den Behörden abgeleitet werden; diese Bestimmung geht daher dem das schweizerische Sprachenrecht beherrschenden Territorialitätsprinzip und dem schweizerischen Prozessrecht nicht vor (BGE 124 III 205 E. 4). **17**

Auch aus dem sich aus Art. 6 Abs. 1 EMRK auch für Zivilverfahren ergebenden Anspruch auf rechtliches Gehör folgt keine Pflicht der Behörden, im schriftlichen Verkehr mit einem Bürger, der die Amtssprache des Kantons nicht beherrscht, sich in dessen Sprache an ihn zu wenden (BGE 115 Ia 64 E. 6b = Pra 1989 Nr. 261). **18**

2. Abschnitt: Eingaben der Parteien

Art. 130

Form

¹ Eingaben sind dem Gericht in Papierform oder elektronisch einzureichen. Sie sind zu unterzeichnen.

² Bei elektronischer Übermittlung muss das Dokument, das die Eingabe und die Beilagen enthält, mit einer anerkannten elektronischen Signatur der Absenderin oder des Absenders versehen sein. Der Bundesrat bestimmt das Format der Übermittlung.

³ Bei elektronischer Übermittlung kann das Gericht verlangen, dass die Eingabe und die Beilagen in Papierform nachgereicht werden.

Forme

¹ Les actes sont adressés au tribunal sous forme de documents papier ou électroniques. Ils doivent être signés.

² Lorsqu'ils sont transmis par voie électronique, le document contenant l'acte et les pièces annexées doit être certifié par la signature électronique reconnue de l'expéditeur. Le Conseil fédéral détermine le format du document.

³ Le tribunal peut exiger que l'acte et les pièces annexées transmis par voie électronique soient produits sur support papier.

Forma

¹ Gli atti di causa devono essere trasmessi al giudice in forma cartacea o elettronica. Devono essere firmati.

² In caso di trasmissione per via elettronica, il documento contenente l'atto scritto e i suoi allegati deve essere munito di una firma elettronica riconosciuta del mittente. Il Consiglio federale determina in quale formato il documento va trasmesso.

³ Il giudice può ordinare che l'atto e gli allegati trasmessi elettronicamente siano in seguito prodotti in forma cartacea.

Inhaltsübersicht Note

I. Norminhalt und Normzweck 1
II. Allgemeines 3
III. Eingaben in Papierform 8
IV. Elektronische Übermittlung 11

Literatur

A. DOLGE, Elektronischer Rechtsverkehr zwischen Bundesgericht und Parteien, in: AJP 2007, 299 ff.

I. Norminhalt und Normzweck

1 Art. 130 bestimmt grundsätzlich für jedes Verfahren die Form, mit der Eingaben an das Gericht eingereicht werden können und müssen, damit sie rechtsgültig eingereicht und (sofern sie auch unter Einhaltung einer dafür bestehenden oder angesetzten Frist erstattet

2. Kapitel: Formen des prozessualen Handelns 2–5 **Art. 130**

werden) im Verfahren beachtlich sind. Dafür sind zwei alternative Wege vorgesehen, nämlich zum einen die wie bisher in allen Verfahren übliche Einreichung in Papierform und zum anderen die Einreichung bzw. Übermittlung der Eingabe auf elektronischem Weg (Abs. 1), Letztere allerdings mit der Einschränkung, dass vom Gericht – ohne besondere Begründung – nachträglich die Nachreichung der Eingabe samt Beilagen in Papierform verlangt werden kann (Abs. 3).

Zusammen mit Art. 139, der die Möglichkeit der elektronischen Zustellung gerichtlicher Sendungen an die Parteien vorsieht, bezweckt diese Bestimmung somit, im Verkehr zwischen den Gerichten und den Parteien den – im In- und Ausland stets an Bedeutung zunehmenden (BOTSCHAFT ZPO, 7252) – **elektronischen Übermittlungsweg** mit dem Schriftverkehr gleichzustellen, wie dies im Verwaltungsbereich bereits der Fall ist (s. am 1.1.2007 in Kraft getretener Art. 21a VwVG) und im Strafprozess ebenfalls vorgesehen ist (Schweizerische Strafprozessordnung vom 5.10.2007, [BBl 2007, 6077 ff.] Art. 86, 91 und 110). Das bedeutet, dass die Parteien berechtigt, aber nicht verpflichtet werden, ihre Eingaben elektronisch zu übermitteln und sich die gerichtlichen Sendungen auf dem selben Weg zustellen zu lassen, während es für die Gerichte unverzichtbar wird, einheitliche Voraussetzungen für die Entgegennahme von Eingaben und die Zustellung gerichtlicher Sendungen auf elektronischem Weg, aber auch für den elektronischen Verkehr zwischen den verschiedenen gerichtlichen Instanzen (DOLGE, 304, Ziff. 4.4.3) zu schaffen. 2

II. Allgemeines

Eingaben i.S.v. Art. 130 sind die schriftlich zu erstattenden Äusserungen der Parteien im Verfahren, also die Schriftsätze, mit denen sich die Parteien im Verfahren dem Gericht gegenüber äussern (STUDER/RÜEGG/EIHOLZER, § 69 ZPO/LU N 1). Sie enthalten die Anträge oder Stellungnahmen der sie erstattenden Partei und deren Begründung. Um das unerlässliche (STUDER/RÜEGG/EIHOLZER, § 69 ZPO/LU N 2) Erfordernis der Schriftlichkeit zu erfüllen und damit gültig eingereicht und beachtlich zu sein, müssen sie von der Partei oder von der sie erstattenden Vertretung der Partei entweder eigenhändig unterzeichnet (Art. 13 und 14 Abs. 1 OR) oder mit einer anerkannten elektronischen Signatur versehen werden (BSK OR I-SCHWENZER, Art. 13 N 6 und 6a). Zur Eingabe gehören auch die darin erwähnten und mit ihr eingereichten Beilagen, die bei elektronischer Übermittlung ebenfalls mit der elektronischen Signatur versehen sein müssen. 3

Art. 130 überlässt es bewusst der Praxis, die Frage zu entscheiden, ob eine Einreichung durch **Fax** den Voraussetzungen der Schriftlichkeit entspricht (BOTSCHAFT ZPO, 7306). Diesbezüglich besteht indessen kein Anlass zu einer Änderung der bisherigen Praxis, nach welcher eine Eingabe nicht gültig per Fax eingereicht werden kann. Denn aus Gründen der Sicherheit muss verlangt werden, dass die Eingabe mit der Originalunterschrift ihres Verfassers versehen ist; die per Fernkopierer übermittelte Eingabe jedoch enthält zwangsläufig nur eine Kopie der Unterschrift ihres Verfassers, was im Widerspruch zum gesetzlichen Erfordernis der Schriftlichkeit steht (BGE 121 II 252 E. 3 und 4 = Pra 1996 Nr. 147). 4

Anders verhält es sich nur dort, wo die im Fax enthaltene Erklärung auch mündlich hätte abgegeben werden dürfen und es zu ihrer Gültigkeit nicht der Schriftform bedarf. Dann ist für die Beachtlichkeit der Erklärung lediglich erforderlich, dass deren Adressat keine Zweifel über deren Inhalt und Absender hat (BGE 127 III 181 E. 4 = Pra 2001 Nr. 32), wobei bei diesbezüglichen Unklarheiten verlangt werden kann, dass der Absender die Erklärung schriftlich nachreicht oder auf der Amtsstelle mündlich abgibt (BGer, SJZ 2001, 59 Nr. 5 [7B.236/2000]). 5

6 Das Fehlen der zwingend erforderlichen Unterschrift führt nicht a priori zur Unbeachtlichkeit der Eingabe, sondern kann innert der zur Behebung des Mangels anzusetzenden Frist behoben werden (s. Art. 132 N 8). Von einer solchen Nachfrist ist indessen bei der Einreichung der Eingabe per Telefax abzusehen, weil in diesem Fall die Unterschrift nicht versehentlich unterlassen, sondern nicht rechtsgültig angebracht worden ist (BGE 121 II 253 E. 4b = Pra 1996 Nr. 147).

7 Wann die für die Einreichung von Eingaben einzuhaltende Frist gewahrt ist, bestimmt Art. 143.

III. Eingaben in Papierform

8 Eingaben in Papierform können auch handschriftlich verfasst sein, müssen aber leserlich sein, ansonsten sie nachgebessert werden müssen (Art. 132 Abs. 2).

9 Die Anzahl der einzureichenden Exemplare bestimmt Art. 131.

10 Verlangt das Gericht gestützt auf Abs. 3, dass zunächst fristgerecht elektronisch übermittelte Eingaben in Papierform nachgereicht werden, ist – vorbehältlich einer anderen Anordnung des Gerichtes – die in Art. 131 vorgeschriebene Anzahl Exemplare einzureichen. Die nachgereichten Exemplare der Eingabe müssen in jedem Fall die bei der Papierform für die Beachtlichkeit geltenden Erfordernisse erfüllen und insb. unterzeichnet sein.

IV. Elektronische Übermittlung

11 Damit die Übermittlung auf elektronischem Weg die gleichen Bedingungen wie der Schriftverkehr erfüllt, bedarf es einerseits der zuverlässigen Identifizierung des Absenders, die mittels der – seit dem 1.1.2005 der Unterschrift im Schriftverkehr gleichgestellten (Art. 14 Abs. 2bis OR; BSK OR I-SCHWENZER, Art. 14/15 N 6a) – elektronischen Signatur erfolgt, und andererseits eines als Zustellplattform dienenden virtuellen Postamtes, das namentlich für gerichtliche Sendungen – wie beim eingeschriebenen Brief – den Zeitpunkt ihres Einganges verbindlich feststellen lässt (s. Art. 139 N 3).

12 Eine **elektronische Signatur** wird definiert als «Daten in elektronischer Form, die anderen elektronischen Daten beigefügt oder die logisch mit ihnen verknüpft sind und zu deren Authentifizierung dienen» (Bundesgesetz über Zertifizierungsdienste im Bereich der elektronischen Signatur [ZertES; SR 943.03] Art. 2), deren Generierung gemäss Art. 6 Abs. 1 ZertES vom Bundesrat geregelt worden ist (Verordnung über Zertifizierungsdienste im Bereich der elektronischen Signatur, VzertES, SR 943.032). Gemäss der Medienmitteilung des BAKOM zum Inkrafttreten des ZertES vom 3.12.2004 basiert «die elektronische Signatur auf der Technik der asymmetrischen Verschlüsselung. Der Nutzer verfügt über einmalige elektronische Daten, sog. kryptografische Schlüssel: den privaten Schlüssel, der geheim bleiben muss, und sein Gegenstück, den öffentlichen Schlüssel, der bekannt gegeben werden kann. Mit dem privaten Schlüssel (oder Signaturschlüssel) wird eine elektronische Datei signiert, während der öffentliche Schlüssel (oder Signaturprüfschlüssel) dem Empfänger erlaubt, die elektronische Signatur des Absenders zu überprüfen. Ist das Ergebnis dieser Überprüfung positiv, ist der Empfänger sicher, dass der Inhalt bei der Dateiübermittlung nicht geändert wurde. Der öffentliche Schlüssel befindet sich in einem elektronischen Zertifikat, das von einer vertrauenswürdigen dritten Stelle ausgestellt wird, der Anbieterin von Zertifizierungsdiensten. Die Hauptfunktion des elektronischen Zertifikats besteht darin, einen öffentlichen Schlüssel einer bestimmten Person zuzuordnen, die bei der Ausgabe des Schlüssels mit Hilfe des Passes identifi-

ziert wurde. Der Empfänger der elektronisch signierten Datei kennt dadurch die Identität des Absenders. Die Qualität des Zertifikats hängt davon ab, wie sorgfältig die Anbieterin von Zertifizierungsdiensten die Identität des Zertifikatinhabers überprüft hat» (‹www.bakom.admin.ch/dokumentation/medieninformationen/00471/index.html?lang=de&msgid=2002› [Stand 3.7.2009]; DOLGE, 300 f., Ziff. 3.1).

Gemäss Art. 14 Abs. 2bis OR ist die qualifizierte elektronische Signatur vorbehältlich abweichender gesetzlicher oder vertraglicher Regelungen der eigenhändigen Unterschrift gleichgestellt, sofern und nur wenn sie auf einem qualifizierten Zertifikat einer anerkannten Anbieterin von Zertifizierungsdiensten i.S. des ZertES beruht (SPÜHLER/DOLGE/VOCK, Art. 39 N 5 m.w.H.; Dolge, 301 f.). Anerkannte Anbieter von Zertifizierungsdiensten sind die Swisscom (Schweiz) AG (‹www.swissdigicert.ch›), die QuoVadis Trustlink Schweiz AG (‹www.quovadis.ch›) und die SwissSign AG (‹www.swisssign.com›) sowie das Bundesamt für Informatik und Telekommunikation BIT (‹www.pki.admin.ch› [Stand 15.7.2009]; Details dazu sowie weitere Anbieter s. ‹www.seco.admin.ch/sas/00229/00251/index.html?lang=de›). 13

Wer mit den Gerichten elektronisch verkehren will, muss über eine E-Mail-Adresse und das qualifizierte Zertifikat (vorstehend N 13) verfügen und sich bei einer Zustellplattform registrieren lassen, die man sich als virtuelles Postamt vorstellen kann (DOLGE, 302). Als **Zustellplattform** stellt die Schweizerische Post den Dienst IncaMail zur Verfügung (‹www.incamail.ch›). Dieser verfügt über ein zentrales Register der Teilnehmer und deren öffentlichen Schlüssel, einen Zeit- und Datumstempelservice zur Feststellung der fristgerechten Zustellung sowie ein Trackingmodul zum Nachweis der Existenz der erfolgten Transaktionen (SPÜHLER/DOLGE/VOCK, Art. 39 N 7; s.a. IncaMail-Flyer auf ‹www.incamail.ch›). 14

Gemäss dem Entwurf der vom Bundesrat noch zu erlassenden Verordnung (N 16) wird die Bundeskanzlei im Internet ein Verzeichnis der **Behördenadressen** veröffentlichen, aus dem insbes. die Adresse für die elektronische Eingabe sowie die Adresse der Zertifikate, die für die Verschlüsselung von Eingaben an die Behörde (öffentlicher Chiffrierschlüssel) beziehungsweise für die Überprüfung der elektronischen Signatur der Behörde zu verwenden sind (Art. 4). 15

In welchen *Formaten* die Eingaben und Beilagen elektronisch zu übermitteln sind, wird vom Bundesrat bestimmt (Abs. 2 Satz 2). Gemäss der Medienmitteilung des Bundesamtes für Justiz vom 20.7.2009 soll eine einzige Verordnung die Modalitäten des elektronischen Verkehrs zwischen den Verfahrensbeteiligten und den Gerichten oder Behörden im Rahmen von Verfahren regeln, auf welche die ZPO, das SchKG oder die StPO Anwendung finden, und soll diese Verordnung am 1.1.2011 in Kraft treten (‹www.bj.admin.ch/bj/de/home/dokumentation/medieninformationen/2009/2009-07-20.html› [Stand 21.7.2009]). Gemäss dem gleichzeitig publizierten Entwurf der «Verordnung über die elektronische Übermittlung im Rahmen von Zivil- und Strafprozessen sowie von Schuldbetreibungs- und Konkursverfahren» (‹www.bj.admin.ch/etc/medialib/data/staat_buerger/gesetzgebung/elektronische_uebermittlung.Par.0009.File.tmp/01_Ver-el-Uebermittlung-d.pdf› [Stand 21.7.2009]) haben die Verfahrensbeteiligten ihre Eingaben einschliesslich Beilagen im Format PDF zu übermitteln (Art. 5 Abs. 1 des Entwurfes). 16

Die Verwendung des vorgeschriebenen Formates stellt sicher, dass die elektronisch zugestellten Dokumente vom Gericht beziehungsweise bei Sendungen des Gerichts von ihrem Empfänger gelesen werden können; wird es nicht eingehalten, kann die Eingabe als unleserlich betrachtet werden, was nach Art. 132 Abs. 2 eine Nachfrist zu ihrer Verbesserung auslöst (Art. 132 N 23). 17

Art. 131

Anzahl	**Eingaben und Beilagen in Papierform sind in je einem Exemplar für das Gericht und für jede Gegenpartei einzureichen; andernfalls kann das Gericht eine Nachfrist ansetzen oder die notwendigen Kopien auf Kosten der Partei erstellen.**
Nombre d'exemplaires	Un exemplaire des actes et des pièces qui existent sur support papier est déposé pour le tribunal et un exemplaire pour chaque partie adverse; à défaut, le tribunal peut accorder à la partie un délai supplémentaire ou faire les copies utiles aux frais de cette dernière.
Numero delle copie	Gli atti e allegati allestiti in forma cartacea devono essere presentati in un numero di copie sufficiente per poter essere consegnati al giudice e a ciascuna delle controparti; altrimenti il giudice può assegnare un termine suppletorio per provvedere in tal senso o far approntare le necessarie copie a spese della parte.

1   Art. 131 legt fest, welche Anzahl Eingaben und Beilagen einzureichen sind, wenn deren Einreichung in Papierform zum Vorneherein erfolgt (Art. 130 Abs. 1) oder vom Gericht nachgefordert wird (Art. 130 Abs. 3). Werden die Eingaben und Beilagen nicht oder nur in ungenügender Anzahl ein- oder nachgereicht, steht es im Ermessen des Gerichts, ob der betroffenen Partei eine Nachfrist zur Einreichung der fehlenden Exemplare angesetzt wird oder die fehlenden Kopien auf deren Kosten im Gericht erstellt werden.

2   In der Praxis erscheint es vielfach sinnvoll, wenn das Gericht und namentlich der mit der Bearbeitung des Prozesses in erster Linie befasste Instruktionsrichter über ein zusätzliches Exemplar der Eingaben als Arbeitspapier verfügt, weshalb mitunter die Parteien ersucht werden, ein zusätzliche Kopie ihrer Eingaben einzureichen. Einem solchen, der betroffenen Partei gegenüber mit der Fristansetzung für die Eingabe zum Ausdruck gebrachten Anliegen steht Art. 131 jedenfalls dann nicht entgegen, wenn es klar bleibt, dass es der Partei freigestellt bleibt, ihm zu entsprechen, und bei einer Ablehnung keinesfalls prozessuale Nachteile in Frage kommen.

Art. 132

Mangelhafte, querulatorische und rechtsmissbräuchliche Eingaben	**¹ Mängel wie fehlende Unterschrift und fehlende Vollmacht sind innert einer gerichtlichen Nachfrist zu verbessern. Andernfalls gilt die Eingabe als nicht erfolgt.** **² Gleiches gilt für unleserliche, ungebührliche, unverständliche oder weitschweifige Eingaben.** **³ Querulatorische und rechtsmissbräuchliche Eingaben werden ohne Weiteres zurückgeschickt.**
Vices de forme et actes abusifs ou introduits de manière procédurière	¹ Le tribunal fixe un délai pour la rectification des vices de forme telle l'absence de signature ou de procuration. A défaut, l'acte n'est pas pris en considération. ² L'al. 1 s'applique également aux actes illisibles, inconvenants, incompréhensibles ou prolixes. ³ Les actes abusifs ou introduits de manière procédurière sont renvoyés à l'expéditeur.

2. Kapitel: Formen des prozessualen Handelns **Art. 132**

Atti viziati da carenze formali o da condotta processuale querulomane o altrimenti abusiva	¹ Carenze formali quali la mancata sottoscrizione dell'atto o la mancanza della procura vanno sanate entro il termine fissato dal giudice. Altrimenti, l'atto si considera non presentato. ² Lo stesso vale per gli atti illeggibili, sconvenienti, incomprensibili o prolissi. ³ Gli atti scritti dovuti a condotta processuale querulomane o altrimenti abusiva sono rinviati al mittente senz'altra formalità.

Inhaltsübersicht

	Note
I. Norminhalt und Normzweck	1
II. Grundsätzliches	2
III. Behebung von Mängeln (Abs. 1)	8
1. Allgemein	8
2. Fehlende Unterschrift	10
3. Fehlende Vollmacht	12
4. Fehlende Beilagen	13
5. Behebung inhaltlicher Mängel	16
IV. Verbesserung von Eingaben (Abs. 2)	20
1. Allgemein	20
2. Nichtverwendung der Amtssprache	22
3. Unleserliche Eingaben	23
4. Ungebührliche Eingaben	25
5. Unverständliche Eingaben	27
6. Weitschweifige Eingaben	29
V. Unbeachtliche Eingaben (Abs. 3)	30
VI. Rechtsfolgen	35
VII. Internationales Zivilprozessrecht	40

Literatur

A. TEMPERLI, Ungebührliche, weitschweifige oder schwer lesbare Eingaben i.S.v. § 131 GVG, in: A. Donatsch/Th. Fingerhuth/V. Lieber/J. Rehberg/H. U. Walder-Richli (Hrsg.), FS 125 Jahre Kassationsgericht des Kantons Zürich, Zürich 2000, 117 ff; H. U. WALDER, Überspitzter Formalismus, in: Festschrift für H. Giger, Bern 1989, 729 ff.

I. Norminhalt und Normzweck

Art. 132, der im Wesentlichen die bisherige Regelung von Art. 42 Abs. 5–7 BGG übernimmt, bezweckt, einerseits zu verhindern, dass auf Eingaben, die mit insb. formellen Mängeln behaftet oder in ihrer Form und ihrem Inhalt an sich für das Gericht und die Gegenparteien unzumutbar sind, jedoch korrigiert und verbessert werden können, aus rein formellen Gründen, mithin aus überspitztem Formalismus nicht eingetreten wird (Abs. 1 und 2), andererseits aber, den Gerichten es zu ermöglichen, sich mit Eingaben, die ein nicht korrigierbares Mass an unzumutbarem Inhalt aufweisen, nicht formell befassen zu müssen (Abs. 3). Damit soll sichergestellt werden, dass auch Rechtssuchenden, denen Fehler unterlaufen oder die sich in ihren Eingaben in der Form oder im Inhalt vergreifen, der Rechtsweg nicht voreilig und aus zu formalistischen Gründen abgeschnitten wird, dass jedoch die Gerichte und damit auch die betroffenen Gegenparteien sich nicht – womöglich sogar in mehreren Instanzen – mit Eingaben befassen müssen, denen jegliche Ernsthaftigkeit abzusprechen ist.

Art. 132 2–5   9. Titel: Prozessleitung, prozessuales Handeln und Fristen

II. Grundsätzliches

2   Unter **Eingaben** i.S. dieser Bestimmung fallen nicht alle Schriftstücke, die beim Gericht eingehen, sondern nur die schriftlich zu erstattenden Eingaben (Art. 130 N 3), die im Hinblick bzw. im Zusammenhang mit einem beim Gericht einzuleitenden oder bereits hängigen Verfahren stehen und von Bedeutung sind, namentlich Klageschriften, Klageantworten, Replik- und Duplikschriften, Beweisantretungsschriften und Stellungnahmen, ferner Gesuche und Verfahrensanträge der Parteien und auch von am Verfahren beteiligten Dritten (TEMPERLI, 118 m.w.H.).

3   Eine Rechtsverweigerung darstellender **überspitzter Formalismus** liegt nach der Rechtsprechung vor, wenn die von der Behörde und namentlich vom Gericht im Zusammenhang mit Eingaben verlangte Beachtung formeller Bestimmungen als exzessive Formstrenge erscheint, die von keinen schutzwürdigen Interessen gerechtfertigt ist, zum blossen Selbstzweck wird und die Verwirklichung des materiellen Rechts erschwert oder gar verhindert (BGE 128 II 139 E. 2a). Da dieser Rechtsfigur die dienende Funktion des Verfahrensrechts zugrundeliegt, kann das Verbot des überspitzten Formalismus auch aus dem Gebot des Handelns nach Treu und Glauben (Art. 52) abgeleitet werden (BÜHLER/ EDELMANN/KILLER, § 77 ZPO/AG N 9; BGE 120 V 413 E. 6). Demgemäss ist die zur Rechtspflege berufene Behörde bei Feststellung eines Mangels verpflichtet, sich innerhalb des ihr vom Gesetz gezogenen Rahmens dem Rechtssuchenden gegenüber so zu verhalten, dass sein Rechtsschutzinteresse materiell gewahrt werden kann (WALDER, 730). Dazu gehört insbesondere, dass wegen Missachtung von Formerfordernissen nicht auf eine Klage oder ein Rechtsmittel nicht eingetreten werden kann, ohne der betroffenen Partei eine Nachfrist zur Behebung des Mangels anzusetzen (FRANK/STRÄULI/MESSMER, § 50 ZPO/ZH N 9 m.w.H.).

4   Im bisher geltenden Recht sieht Art. 139 OR – der mit dem Inkrafttreten der ZPO durch deren Art. 63 ersetzt und daher aufgehoben wird (Anhang I, Ziff. II./5; BOTSCHAFT ZPO, 7277) – vor, dass im Falle der Zurückweisung einer Einrede oder einer Klage wegen Unzuständigkeit des angesprochenen Richters oder wegen eines verbesserlichen Fehlers eine neue Frist von 60 Tagen zur Geltendmachung des Anspruchs läuft (BGE 130 III 202 E. 3.3.2 = Pra 2004 Nr. 161). Diese Bestimmung gilt zwar nach ihrem Wortlaut und der Systematik nur für die Wahrung von Verjährungsfristen. Die – nun in Art. 132 kodifizierte – Rechtsprechung hat indessen in deren analogen Anwendung die Notwendigkeit der **Gewährung einer Nachfrist** zur Verbesserung bei allen nach Form oder Einreichestelle mangelhaften Rechtsverfolgungsschritten bejaht, wobei in den analogen Fällen die Nachfrist jeweils nach den Umständen zu bemessen ist (BSK OR I-DÄPPEN, Art. 139 N 3), nunmehr aber nicht länger als die von Art. 63 vorgesehene Monatsfrist sein kann.

5   Die Rechtshängigkeit tritt auch bei Fehlen einer Prozessvoraussetzung oder mangelhafter Klageeinleitung ein. Grundsätzlich beendet der deswegen zu ergehende Nichteintretensentscheid die Rechtshängigkeit. In Anwendung von Art. 63 gilt aber trotzdem als Zeitpunkt der Rechtshängigkeit das Datum der ersten, mangelhaften Einreichung, wenn der Mangel innert der dort vorgesehenen Monatsfrist behoben wird (STAEHELIN/STAEHELIN/ GROLIMUND, 144 f. Rz 4). Dies gilt – wie schon bei der analogen Anwendung von Art. 139 – für alle Rechtsverfolgungsschritte und auch für Klageverwirkungsfristen (ZK-BERTI, Art. 139 OR N 70 und 73 f.). Ist das Verfahren durch eine **mangelhafte Rechtsschrift** angehoben und rechtshängig geworden, bleibt es somit vorläufig dabei und hört die Rechtshängigkeit erst auf, wenn der Mangel innert der dafür angesetzten Nachfrist nicht behoben wird (STUDER/RÜEGG/EIHOLZER, § 71 ZPO/LU N 2).

Die Ansetzung einer Nachfrist setzt voraus, dass der innerhalb ihr zu behebende Mangel 6
bzw. Fehler **verbesserlich** ist. Dies ist nicht der Fall, wenn es sich nicht um eine unfreiwillige, sondern um eine freiwillige Unterlassung handelt (wie die Einreichung einer Eingabe per Fax und damit mit bloss einer Kopie der Unterschrift: BGE 121 II 252 = Pra 1996 Nr. 147) oder wenn die betreffende Partei eine ihr bereits vom Gericht angesetzte Frist – konkret zur Leistung eines Kostenvorschusses bzw. zur Einreichung der Widerklage – unbenützt verstreichen lassen hat (BGE 126 III 288 und 130 III 202 E. 3.3.2 = Pra 2004 Nr. 161).

Ist eine Eingabe mangelhaft, wird eine **Nachfrist** (nach dem französischen [un délai] und 7
italienischen [il termine] Text eine Frist) zur **Behebung des Mangels** angesetzt. Voraussetzung dafür ist, dass mit dem Verfahrensschritt, der mit dem zu verbessernden Fehler behaftet ist, die dafür massgeblichen Fristen eingehalten worden sind; dann kann die Rückweisung zur Verbesserung – was sich im Übrigen schon aus dem Begriff der **Nachfrist** ergibt – grundsätzlich auch nach Ablauf dieser Frist erfolgen (WALDER, 730 N 2; BSK OR I-DÄPPEN, Art. 139 N 6 m.w.H.; **a.M.** HAUSER/SCHWERI, § 131 N 4) und kann die Nachfrist somit auch über die mit der mangelhaften Eingabe zu beachtende gesetzliche Frist hinausgehen (BGE 120 V 413 E. 6a; bestätigt in BGer, 4C.236/2003 E. 3.3, 1P.254/2005 E. 2.5 und 1A.288/2003 E. 2.2.2).

III. Behebung von Mängeln (Abs. 1)

1. Allgemein

Schon aus seinem Wortlaut erhellt, dass Abs. 1 keine abschliessende Aufzählung der be- 8
hebbaren Mängel enthält. Diese Bestimmung ist vielmehr auf alle noch korrigierbaren Mängel bzw. Fehler anwendbar. Entscheidend ist mithin, dass eine Gelegenheit zur Korrektur nur eingeräumt werden kann, wenn der Fehler verbesserlich ist (BSK BGG-MERZ, Art. 42 N 96 f.). Dies ist insb. dann nicht der Fall, wenn die falsche Person klagt oder eingeklagt wird und somit die Aktiv- oder Passivlegitimation fehlt (dazu im Einzelnen BSK OR I-DÄPPEN, Art. 139 N 8 und 9 m.w.H.).

Wird der Mangel innert der gerichtlich angesetzten Nachfrist nicht behoben, bleibt es 9
dabei, dass die Eingabe damit behaftet ist und gemäss der Androhung von Abs. 1 Satz 2 als nicht erfolgt gilt.

2. Fehlende Unterschrift

Fehlt darauf die Unterschrift, erfüllt eine fristgerecht erstattete Eingabe das Erfordernis 10
der Schriftlichkeit nicht (Art. 130 N 2). Selbst dort, wo Schriftlichkeit zwingend ist (Art. 130 N 3), führt das Fehlen der eigenhändigen Unterschrift aber nicht a priori zur Unbeachtlichkeit der Eingabe, sondern ist der betroffenen Partei beziehungsweise ihrer Vertretung eine angemessene Nachfrist zur Behebung des Mangels durch nachträgliche Anbringung der Unterschrift anzusetzen, und ist die Eingabe nur dann unbeachtlich, wenn die Unterschrift nicht innerhalb dieser Frist nachgebracht wird (s. schon BGE 114 Ia 20 E. 2 = Pra 1988 Nr. 155). Eine Nachfrist zur Unterzeichnung ist der betroffenen Partei auch anzusetzen, wenn das Gericht der Meinung ist, dass eine sie betreffende Eingabe von einer nicht zu ihrer Vertretung berechtigten Person unterzeichnet ist (BGE 120 V 413 E. 6).

Gemäss der – allerdings schon als zu streng kritisierten (HAUSER/SCHWERI, § 131 N 17) 11
– bundesgerichtlichen Rechtsprechung ist von einer Nachfrist für die eigenhändige Unterzeichnung abzusehen, wenn eine per **Fax** eingereichte Eingabe zwangsläufig bloss

eine Fotokopie der Unterschrift aufweist und daher das Erfordernis der Schriftlichkeit nicht erfüllt. Denn in diesem Fall ist die Unterschrift nicht versehentlich unterlassen, sondern nicht rechtsgültig angebracht worden (BGE 121 II 253 E. 4b = Pra 1996 Nr. 147). Auch in diesem Fall ist es jedoch nach Treu und Glauben angebracht, eine Nachfrist zur rechtsgültigen Unterzeichnung anzusetzen, wenn eine prozessunerfahrene Partei aus der ohne Vorbehalt publizierten Telefaxnummer des Gerichtes den falschen Schluss zieht, dass eine als Telefaxkopie eingereichte Eingabe fristwahrend ist (ZR 1997 Nr. 121 E. II.3 = SJZ 1998, 113 f.).

3. Fehlende Vollmacht

12 Eine Nachfrist zu deren Einreichung ist schon nach dem Wortlaut von Abs. 1 insb. anzusetzen, wenn entgegen Art. 68 Abs. 3 – wonach die Vertreterin oder der Vertreter sich durch eine Vollmacht auszuweisen hat – keine Vollmacht eingereicht wird oder die Vollmacht – bspw. weil sie weit zurückdatiert und es nicht klar ist, ob sie für das hängige Verfahren noch gilt (FRANK/STRÄULI/MESSMER, § 38 ZPO/ZH N 4) – ungenügend ist. Wird die Vollmacht nachgereicht, gilt sie auch als rückwirkende Genehmigung der zuvor ohne Vollmacht erfolgten Prozesshandlung (FRANK/STRÄULI/MESSMER, § 38 ZPO/ZH N 1; BÜHLER/EDELMANN/KILLER, § 71 ZPO/AG N 3). Keine Nachfrist zur Behebung des Mangels einer ohne Berechtigung zur Prozessführung erstatteten Eingabe ist jedoch anzusetzen, wenn der als Vertreter handelnden Person die Befugnis zur Vertretung fehlt und sie die fehlerhafte Handlung dennoch vornimmt, obwohl sowohl sie als auch die vertretene Partei um den prozessualen Mangel wissen (SJZ 2007 189 f. Nr. 10).

4. Fehlende Beilagen

13 Eine Nachfrist zu deren nachträglichen Einreichung ist auch anzusetzen, wenn notwendige oder in der Eingabe erwähnte, ihr aber entgegen Art. 221 Abs. 2 lit. c nicht beigegebene Beilagen fehlen.

14 Bei den zwingend einzureichenden Urkunden ist namentlich an die **Klagebewilligung** (Art. 221 Abs. 2 lit. b) oder die Erklärung über den Verzicht auf das Schlichtungsverfahren, falls ein solches notwendig war, aber darauf von beiden Parteien verzichtet worden ist oder werden konnte (Art. 199), zu denken. Fehlt die Klagebewilligung, weil das zwingende Schlichtungsverfahren nicht durchgeführt worden ist oder weil seit ihrer Ausstellung mehr als drei Monate vergangen sind und sie daher verfallen ist (Art. 209 Abs. 3), fehlt an sich eine Prozessvoraussetzung und ist die Klage daher nicht gehörig eingeleitet (FRANK/STRÄULI/MESSMER, § 102 ZPO/ZH N 7). Auch in diesem Fall sind indessen die Voraussetzungen von Art. 139 OR, der analog anzuwenden ist (BGE 89 II 304 E. 4–7 = Pra 1964 Nr. 4 und BGE 108 III 41 E. 3 = Pra 1982 Nr. 109), bzw. nunmehr von Art. 63 (N 4 ff.) erfüllt: zwar kann auf die Klage wegen eines prozessualen Mangels nicht eingetreten werden; die klagende Partei kann indessen innerhalb der ihr anzusetzenden Nachfrist ein neues Begehren um Durchführung des Schlichtungsverfahrens stellen und danach eine neue Klage mit der Klagebewilligung einreichen, mit der Wirkung, dass als Zeitpunkt der Rechtshängigkeit das Datum der ersten Klageeinleitung gilt (Art. 139 OR bzw. Art. 63 Abs. 1; BGE 89 II 311 E. 7; STAEHELIN/STAEHELIN/GROLIMUND, 144 f. Rz 4; STUDER/RÜEGG/EIHOLZER, § 200 ZPO/LU N 2; zum Ganzen: BOTSCHAFT ZPO, 7277; FRANK/STRÄULI/MESSMER, § 102 ZPO/ZH N 5; BÜHLER/EDELMANN/KILLER, § 72 ZPO/AG N 13b, § 173 N 9 und § 174 N 1; GULDENER, ZPR, 273; VOGEL/SPÜHLER, 251 f. Rz 117–119).). Die in diesem Fall anzusetzende Nachfrist kann nunmehr höchstens die in Art. 63 vorgesehene Frist von einem Monat sein.

Eine Nachfrist zur Nachreichung einer genügenden Bewilligung ist auch anzusetzen, 15
wenn eine allenfalls notwendige **Bewilligung der Vertreterin oder des Vertreters** der
Partei zu deren Vertretung fehlt oder mangelhaft ist (BGE 112 Ia 305 E. 2 = Pra 1987
Nr. 115; FRANK/STRÄULI/MESSMER, § 29 ZPO/ZH N 13 und § 38 ZPO/ZH N 3 und 4
m.Nw.). Die Ansetzung einer Nachfrist kann aber unterbleiben, wenn zum Vorneherein
fest steht, dass keine Vertretungsbefugnis gegeben ist (N 11 a.E.).

5. Behebung inhaltlicher Mängel

Eine Nachfrist zur Verbesserung muss sodann auch bei einem **offensichtlichen Irrtum** 16
angesetzt werden, sofern dieser – wie die falsche Bezeichnung einer den formellen Anforderungen genügenden Eingabe – der Partei ohnehin nicht schadet (BGE 131 I 145
E. 2.1 = Pra 2006 Nr. 28). Eine Nachfrist ist bspw. dann anzusetzen, wenn in einer Eingabe aus einem offensichtlichen Versehen ihres früheren Vertreters der Name der Partei
falsch angegeben (in casu die Berufung namens der Z. AG statt der X. AG eingereicht)
wird (BGer, 4P.46/2003 E. 3). Berichtigt werden können sodann auch falsche Angaben
über eine Partei, wenn keine Zweifel über deren Identität bestehen (BGer, 4P.146/2005
E. 5.2.2 und 5.2.3). Zu unterscheiden ist allerdings zwischen der Berichtigung einer
Parteibezeichnung und einem Parteiwechsel. Zulässig ist die Berichtigung nur, wenn eine
Partei aufgrund eines redaktionellen Versehens nicht korrekt bezeichnet ist, aber gleichwohl kein Zweifel an ihrer Identität besteht. In diesem Fall ist eine Berichtigung selbst
dann zulässig, wenn sich die irrtümliche Bezeichnung auf eine Drittperson bezieht, auf
Grund der Umstände jedoch klar ist, dass nicht diese, sondern eine andere Partei eingeklagt werden soll (BGE 131 I 57 = Pra 2005 Nr. 135).

Ist das in der Klageschrift anzuführende (Art. 221 Abs. 1 lit. b) Rechtsbegehren **unklar** 17
und lässt sich sein Sinn auch auf Grund der für seine Auslegung mit zu berücksichtigenden Klagebegründung nicht ermitteln, darf die Klage nur als unzulässig erklärt werden,
ohne in überspitzten Formalismus zu verfallen, wenn der betroffenen Partei zuvor eine
Frist zur Verbesserung angesetzt worden ist, was im Übrigen auch durch die schutzwürdigen Interessen der Gegenpartei gerechtfertigt ist, die Anspruch darauf hat, genau zu
wissen, wogegen sie sich verteidigen muss (BGer, 5P.35/2005 E. 1.2; s.a. N 25). Die Ansetzung einer Nachfrist erübrigt sich jedoch, wenn ein Antrag oder eine Begründung
auch nicht im Ansatz vorhanden ist, da die Nachfrist nur zur Erhellung von Unklarheiten,
Unvollständigkeiten und Widersprüchen dient (BÜHLER/EDELMANN/KILLER, § 77 ZPO/
AG N 10 S. 203 m.w.H.).

Die Ansetzung einer Nachfrist ist dagegen bei einer **ungenügenden Begründung** des 18
Sachverhaltes nicht gerechtfertigt. Denn in diesem Fall kommt die betreffende Partei
ihrer sich aus dem Bundesrecht ergebenden Behauptungslast nicht nach, was zu ihrer
Abweisung führt (BGer, 4C.39/2005 E. 2; BGE 134 II 244 E. 2.4.2–4; BSK BGG-MERZ,
Art. 42 N 94).

Selbst bei einem Laien ist keine Nachfrist zur Ergänzung der Begründung der Be- 19
schwerde anzusetzen, wenn die Frist für die Beschwerde bereits abgelaufen ist oder
jedenfalls eine Ergänzung nicht mehr innerhalb der laufenden Frist möglich wäre
(BGer, 1P.220/2005 E. 1 und 5C.95/2006 E. 1.2), denn ansonsten würde im Ergebnis
die Rechtsmittelfrist erstreckt und damit der Beschwerdeführer unzulässigerweise bevorteilt.

IV. Verbesserung von Eingaben (Abs. 2)

1. Allgemein

20 Eine Nachfrist zu deren Verbesserung ist gemäss Abs. 2 auch bei *unleserlichen, ungebührlichen, unverständlichen oder weitschweifigen* Eingaben anzusetzen. Darunter fallen Eingaben, die derart geschrieben oder verfasst sind, dass es für das Gericht, aber auch für die Gegenparteien eine Zumutung ist, ihren für das Verfahren allenfalls erheblichen Inhalt mühsam zu ermitteln. Gerade bei der Prüfung der Frage, wann eine Verbesserung solcher Eingaben verlangt werden soll, ist aber besonders darauf zu achten, mit der nötigen Zurückhaltung vorzugehen und nicht in überspitzten Formalismus zu verfallen.

21 Die **Nachfrist** für die Verbesserung der mangelhaften Eingabe muss unter Berücksichtigung der konkreten Umstände und namentlich des Umfanges der zu verbessernden Eingabe angemessen, das heisst nicht zu kurz, aber auch nicht zu lang sein, was in der Regel für eine Frist von nicht weniger als sieben und nicht mehr als 20 Tagen spricht (§ 190 GVG/ZH und HAUSER/SCHWERI, N 2 und 4 dazu).

2. Nichtverwendung der Amtssprache

22 Sinngemäss unter die von Abs. 2 anvisierten Eingaben fallen auch Eingaben, die nicht in der für das betreffende Verfahren zwingend zu verwendenden Amtssprache (Art. 129 N 4) verfasst sind und bei denen eine unter Berücksichtigung auch ihres Umfanges angemessene Nachfrist zur Übersetzung anzusetzen ist (BGE 102 Ia 35 = Pra 1976 Nr. 135; Art. 129 N 9).

3. Unleserliche Eingaben

23 Als unleserlich zu qualifizieren sind die Eingaben, die nur schwer, mit Mühe und vor allem mit unzumutbarem zeitlichen Aufwand lesbar sind. Darunter fallen in erster Linie handschriftliche Eingaben, bei denen die Handschrift für Dritte nicht oder kaum entzifferbar ist. Zu denken ist aber auch an Eingaben, für die ein unzweckmässiges Schreibgerät – sei es ein Füllfederhalter oder Kugelschreiber oder aber auch ein Farbband oder Drucker mit schwacher Druckstärke – verwendet worden ist und die deshalb auch nicht kopiert werden können, was für ihre Zustellung an die Gegenpartei nötig, aber auch zu ihrer Bearbeitung erwünscht sein kann. Schwere Lesbarkeit liegt aber auch vor, wenn auf mehrseitigen Eingaben auf kleinstem Raum unübersichtliche Ergänzungen und Korrekturen angebracht oder längere Schriftstücke in engster Zeilenschaltung abgefasst werden (TEMPERLI, 123 f. m.H. auf ZR 1999 Nr. 18 und ZR 1955 Nr. 73).

24 Zu den unleserlichen Eingaben werden nach Einführung der Möglichkeit derer elektronischen Einreichung auch Eingaben zu zählen sein, die nicht im Format eingereicht werden, das vorgeschrieben ist und allein gewährleistet, dass sie gelesen werden können (s. Art. 130 N 14).

4. Ungebührliche Eingaben

25 Ungebührlich ist eine Eingabe, wenn sie die Würde und Autorität des Gerichtes oder der Rechtspflege im Allgemeinen missachtet und den geschuldeten Anstand verletzt, wobei der ungebührliche Inhalt sich sowohl gegen das Gericht als auch gegen die Gegenpartei oder am Verfahren beteiligte Dritte richten kann (HAUSER/SCHWERI, § 131 N 9). Ungebührlich handelt mithin, wer in seinen Eingaben gegen die allgemein bekannten Anstandsregeln verstösst. Dabei kann es sich bei bloss geringfügigen Anstandsverletzung wie einzelne Kraftausdrücke namentlich in Eingaben von Laien, die in einer mitunter

2. Kapitel: Formen des prozessualen Handelns 26–30 **Art. 132**

sogar verständlichen Erregung oder Erbitterung verfasst worden sind, durchaus rechtfertigen, nicht jedes Wort oder jeden Satz auf die Goldwaage zu legen und eine Nachfrist zu Verbesserung nur dann anzusetzen, wenn derartige Wendungen in gehäuftem Masse verwendet werden (TEMPERLI, 120 f.). Auf der anderen Seite ist vor allem bei Anwälten und Behörden ein strenger Massstab anzulegen, allerdings auch hier immer im Lichte der Meinungsäusserungsfreiheit (BSK BGG-MERZ, Art. 42 N 102).

Auch bei ungebührlichem Inhalt einer Eingabe kann von der Ansetzung einer Nachfrist 26 abgesehen werden und die Eingabe ohne Weiterungen unbeachtlich bleiben, wenn es sich bei der ungebührlichen Eingabe nicht um eine einmalige Entgleisung handelt, sondern die betreffende Partei bereits wiederholt ungebührliche Rechtsschriften eingereicht hat und bereits mehrmals zu deren Verbesserung aufgefordert worden ist, was sie aber nicht davon abgehalten hat, weiterhin durch solche Eingaben aufzufallen (BGer, 5A_355/2008 E. 2).

5. Unverständliche Eingaben

Gerade bei Eingaben von Laien ist zu beachten, dass Prozesserklärungen unter Berück- 27 sichtigung von Treu und Glauben auszulegen sind. Sie müssen somit so ausgelegt werden, wie sie der Empfänger nach den gesamten Umständen in guten Treuen verstehen durfte und musste, und es verfällt in überspitzten Formalismus, wer sie buchstabengetreu auslegt, ohne nach dem Sinn zu fragen, der ihnen vernünftigerweise beizumessen ist (BGE 105 II 149 E. 2a = Pra 1979 Nr. 212 und 113 Ia 94 E. 2 = Pra 1988 Nr. 48, bestätigt in BGer, 4P.163/2006 E. 1.2).

Unverständlich ist eine Eingabe, wenn sie «die nötige Klarheit vermissen» lässt (Art. 108 28 Abs. 3 OG), mithin wenn sie i.S. der Mehrdeutigkeit unklar ist und es sich auch nicht durch Auslegung ermitteln lässt, was damit eigentlich gewollt ist; die Ansetzung einer Nachfrist kommt indessen auch bei Unverständlichkeit nicht in Frage, wenn die Verbesserung nicht zur Schaffung von Klarheit, sondern zur Ergänzung und Vervollständigung einer ungenügenden Begründung des Vorbringens in der Eingabe diente (BSK BGG-MERZ, Art. 42 N 103; BGer, 4A.32/2007 E. 1 und 2).

6. Weitschweifige Eingaben

Unangebrachte Weitschweifigkeit darf nur angenommen werden, wenn eine Partei sich 29 über einzelne Fragen in langatmigen Ausführungen und ständigen Wiederholung ergeht, nicht aber, wenn sie vor dem Richter Tatsachenmaterial ausbreitet, dessen Vorlegung sie in guten Treuen für nötig hält (HAUSER/SCHWERI, § 131 N 10). Dabei ist bei der Annahme von Weitschweifigkeit im Zweifelsfall Zurückhaltung geboten; wird vorschnell auf Weitschweifigkeit erkannt, kann darin eine Verletzung des Anspruchs auf rechtliches Gehör liegen (TEMPERLI, 121 f.; LEUENBERGER/UFFER-TOBLER, Art. 165 ZPO/SG N 4b a.E.). Zurückhaltung bei der Ansetzung einer Nachfrist zu deren Verbesserung ist bei weitschweifigen Eingaben auch deshalb angebracht, weil das Gericht ohnehin sich nicht mit jedem und sämtlichem Vorbringen befassen muss, sondern sich mit der Behandlung der relevanten Streitpunkte und Fragen begnügen kann (BSK BGG-Merz, Art. 42 N 99; BGE 126 I 97 E. 2b).

V. Unbeachtliche Eingaben (Abs. 3)

Gemäss Abs. 3 können **querulatorische und rechtsmissbräuchliche Eingaben** *ohne* 30 *Weiteres zurückgeschickt werden*. Sie sind somit unbeachtlich und vermögen ein Verfahren weder zu eröffnen noch weiterzuführen (BOTSCHAFT ZPO, 7306). Im Nationalrat hat dazu eine Minderheit der vorberatenden Kommission den Antrag gestellt, solche Eingaben statt dessen – wie es Art. 42 Abs. 7 BGG vorsieht – als unzulässig zu erklären, womit die Eingaben im Verfahren blieben und der Gefahr begegnet werden könne, dass seitens des Gerichtes unliebsame Eingaben zurückgeschickt würden (AmtlBull NR 2008, 944 f.). Der Rat folgte indessen der Mehrheit und dem Bundesrat, da andernfalls die Gerichte zu querulatorischen und rechtsmissbräuchlichen Eingaben jeweils einen Nichteintretensentscheid fällen müssten, der – im Gegensatz zum Nichteintretensentscheid im Verfahren vor dem Bundesgericht – weitergezogen werden könnte, womit den Gerichten zusätzlicher unnötiger Mehraufwand verursacht würde; ausserdem stehe der Partei, die der Ansicht ist, dass ihre Eingabe zu Unrecht zurückgeschickt worden ist, die Rechtsverzögerungsbeschwerde offen (AmtlBull NR 2008, 945; Art. 319 lit. c).

31 Eingaben, die auf querulatorischer oder rechtsmissbräuchlicher Prozessführung beruhen, verdienen keinen Rechtsschutz. Rechtsmissbräuchlich ist insb. eine auf systematische Obstruktion angelegte Prozessführung sowie das trölerische Prozessieren allein zum Zwecke des Zeitgewinnes oder zur Schikanierung der Gegenpartei (BSK BGG-MERZ, Art. 42 N 112 f.). Nach dem Willen des Gesetzgebers (N 29) soll das Gericht sich mit ihnen überhaupt nicht befassen müssen.

32 Eindeutig **querulatorisch** sind Eingaben eines offensichtlich prozessunfähigen Querulanten, dessen Rechtsvorkehren auf keinen vernünftigen Überlegungen beruhen und nur noch als Erscheinungsform einer schweren psychischen Störung zu würdigen sind (HAUSER/SCHWERI, § 131 N 14 m.w.H.). Auf sie ist ohne vorgängige Belehrung nicht einzutreten (BÜHLER/EDELMANN/KILLER, § 66 ZPO/AG N 6). In diesem krassen Fall kann der betroffenen Person sogar die Prozessfähigkeit abgesprochen werden (BGE 118 Ia 236 = Pra 1994 Nr. 27), wovon allerdings insofern nur zurückhaltend auszugehen ist, als nicht jeder, der sein vermeintliches Recht mit allen zur Verfügung stehenden Mitteln durchzusetzen versucht und dabei die Geduld von Gerichten und Behörden über Gebühr in Anspruch nimmt, als psychopathischer Querulant gelten kann (BSK BGG-MERZ, Art. 42 N 114).

33 Auch bei bekanntermassen **querulatorischen Parteien** kann indessen nicht ohne weiteres und zum Vorneherein von einem rechtsmissbräuchlichen Verhalten ausgegangen werden, denn auch ein Querulant kann im Einzelfall ein schützenswertes Interesse an der Ergreifung eines Rechtsmittels bzw. an der materiellen Behandlung seines Vorbringens haben, und auch bei ihm sind seine Eingaben erst dann rechtsmissbräuchlich, wenn sie entgegen allen Rechtsgründen und damit rein trölerisch erfolgen (BÜHLER/EDELMANN/KILLER, § 317 ZPO/AG N 8).

34 Als **trölerisch und rechtsmissbräuchlich** zu qualifizieren ist ein Ausstandsbegehren, mit dem eine Partei offensichtlich allein das Ziel verfolgt, den Gang des Verfahrens zu stören, im konkreten Fall einen Verhandlungstermin zu verunmöglichen; es ist deshalb nicht zu beanstanden, wenn es abgewiesen wird, ohne zuvor eine Stellungnahme der Gegenpartei einzuholen, was die Einhaltung des Verhandlungstermins verunmöglicht hätte (BGer, 1P.457/2006 E. 2).

VI. Rechtsfolgen

35 Wird bei einer i.S.v. Abs. 1 und 2 mangelhaften Eingabe der verbesserliche Mangel innerhalb der hiefür anzusetzenden Nachfrist behoben, gilt dadurch die Eingabe als korrekt und rechtsgültig erfolgt sowie die allenfalls dafür geltende Frist als mit ihrer ersten Einreichung, mithin mit dem Datum der Einreichung der mangelhaften Eingabe gewahrt

(Art. 63 Abs. 1 N 5), und zwar selbst dann, wenn die für die Verbesserung angesetzte Nachfrist über die ursprünglich zu wahrende Frist hinausgegangen ist (N 7).

Lässt die betroffene Partei hingegen die ihr zur Behebung des Mangels oder zur Verbesserung ihrer Eingabe angesetzte Nachfrist unbenützt verstreichen, tritt die in Abs. 1 Satz 2 vorgesehene Folge ein, wobei die sprachliche Differenz zwischen den deutschen und italienischen Fassungen auf der einen und der französischen Fassung auf der anderen Seite im Ergebnis unerheblich ist: die fragliche Eingabe gilt gemäss den Ersteren als nicht erfolgt, während sie nach der französischen Fassung nicht berücksichtigt wird, womit sie nach allen drei Fassungen unbeachtlich wird, und zwar ohne dass dies einer Verweigerung des rechtlichen Gehörs gleichkäme (TEMPERLI, 128 f. m.w.H.). Diese Rechtsfolge ist der betroffenen Partei mit der Ansetzung der Nachfrist anzudrohen (HAUSER/SCHWERI, § 131 N 20). Bleibt die Eingabe unbeachtlich, treten die für den Fall ihrer Unterlassung vorgesehenen und/oder angedrohten Säumnisfolgen ein, namentlich die Verwirkung einer Frist, der Eintritt der Verjährung, die fehlende Begründung der Rechtshängigkeit (Art. 62 und 63), die Säumnis mit dem fraglichen Vorbringen (Art. 147) oder die Nichteinhaltung der Rechtsmittelfrist (Art. 311 und 321). **36**

Dasselbe gilt, wenn eine Eingabe i.S.v. Abs. 3 als querulatorisch und rechtsmissbräuchlich qualifiziert werden muss, sie daher gemäss der dortigen Androhung ohne weiteres zurückgeschickt wird und sie somit im Verfahren im Ergebnis ebenfalls nicht erfolgt ist. **37**

Dass **querulatorische und rechtsmissbräuchliche Eingaben** unbeachtet bleiben und zurückgesendet werden können, schliesst es grundsätzlich nicht aus, auch die zusätzliche Ausfällung einer Ordnungsbusse in Erwägung zu ziehen, wenn die Eingaben den Anstand verletzen oder als bös- und mutwillige Prozessführung zu qualifizieren sind (Art. 128 N 18; BSK BGG-MERZ, Art. 42 N 115). Gerade bei Querulanten dürfte es sich indessen eher empfehlen, von einer Sanktionierung abzusehen, um nicht damit weitere querulatorische Eingaben und Schritte zu veranlassen. **38**

Werden oder bleiben Eingaben aus den genannten Gründen unbeachtlich, handelt es sich bei den in ihrem Zusammenhang – z.B. bei der Anlegung eines dann wieder abzuschreibenden Verfahrens – entstandenen Kosten um unnötige Kosten, die der betreffenden Partei als ihrer Verursacherin aufzuerlegen sind (Art. 108). **39**

VII. Internationales Zivilprozessrecht

Ob eine Eingabe vom Ausland aus dem Gericht eingereicht worden ist, ist unerheblich, da für deren Behandlung allein die lex fori und somit Art. 132 massgeblich ist. **40**

Verletzt eine im Ausland von einer im Ausland wohnhaften Partei verfassten mangelhafte Eingabe auch die Verfahrensdisziplin, kommt die zusätzliche Ausfällung einer Ordnungsstrafe (N 38) indessen nicht in Frage (Art. 128 N 27). **41**

Art. 133

3. Abschnitt: Gerichtliche Vorladung

Art. 133

Inhalt   Die Vorladung enthält:
a. Name und Adresse der vorgeladenen Person;
b. die Prozesssache und die Parteien;
c. die Eigenschaft, in welcher die Person vorgeladen wird;
d. Ort, Datum und Zeit des geforderten Erscheinens;
e. die Prozesshandlung, zu der vorgeladen wird;
f. die Säumnisfolgen;
g. das Datum der Vorladung und die Unterschrift des Gerichts.

Contenu   La citation indique:
a. le nom et l'adresse de la personne citée à comparaître;
b. l'objet du litige et les parties;
c. la qualité en laquelle la personne est citée à comparaître;
d. le lieu, la date et l'heure de la comparution;
e. l'acte de procédure pour lequel elle est citée;
f. les conséquences d'une non comparution;
g. la date de la citation et la signature du tribunal.

Contenuto   La citazione contiene:
a. il nome e l'indirizzo della persona citata;
b. l'oggetto della causa e le parti;
c. la qualità nella quale la persona è citata;
d. il luogo, la data e l'ora della prevista comparizione;
e. l'atto processuale per il quale la persona è citata;
f. le conseguenze in caso di mancata comparizione;
g. la data della citazione medesima e la firma dell'autorità citante.

Inhaltsübersicht

	Note
I. Norminhalt	1
II. Begriff und Rechtsnatur der Vorladung	2
III. Form und Sprache der Vorladung	5
IV. Vorladungsinhalt im Einzelnen	11
1. lit a: Name und Adresse der vorgeladenen Person	11
2. lit. b: Prozesssache und Parteien	17
3. lit. c: Eigenschaft, in welcher die Person vorgeladen wird	20
4. lit. d: Ort, Datum und Zeit des geforderten Erscheinens	22
5. lit. e: Prozesshandlung, zu der vorgeladen wird	24
6. lit. f. Säumnisfolgen	27
7. lit. g: Datum der Vorladung und Unterschrift des Gerichts	34
8. Personelle Zusammensetzung des Gerichts?	35
V. Geltendmachung von Vorladungsmängeln	36

Literatur

R. HAUSER/E. SCHWERI, Kommentar zum zürcherischen Gerichtsverfassungsgesetz, Zürich 2002.

I. Norminhalt

Die Bestimmung von Art. 133 ist systematisch unter den «Formen des prozessualen Handelns» (1. Teil/9. Titel/2. Kapitel) eingeordnet. Das ist insofern ungenau, als Art. 133 nur den Inhalt der Vorladung als Mittel des prozessualen richterlichen Handelns regelt, nicht aber dessen Form. Die zulässigen Formen der Vorladung ergeben sich aus den im nachfolgenden 4. Abschnitt vorgesehenen Zustellungsformen (Art. 138 Abs. 1, Art. 139 Abs. 1 und Art. 141). Die durch die Vorladung begründete Erscheinungspflicht ist im Gesetz überhaupt nicht explizit statuiert. Sie wird in der Regelung der Säumnis und der Säumnisfolgen (Art. 147 und Art. 167 Abs. 2) sowie der Aussagepflicht (Art. 160 Abs. 1 lit. a) stillschweigend vorausgesetzt. 1

II. Begriff und Rechtsnatur der Vorladung

Die Vorladung ist die an eine Person gerichtete Aufforderung eines Gerichts, zu einem im Voraus bestimmten Zeitpunkt als Partei, Nebenpartei, Rechtsvertreter, Zeuge oder Sachverständiger an dem vom Gericht bestimmten Ort zu einer Verhandlung zu erscheinen (HAUSER/SCHWERI, § 173 N 3). 2

Verfahrensrechtlich ist die Vorladung eine gerichtliche Prozesshandlung, mit welcher der Anspruch des Vorgeladenen auf rechtliches Gehör (Art. 29 Abs. 2 BV) gewährleistet wird (BGE 131 I 185, 187 E. 2.1; 117 Ib 347, 350 f. E. 2b/bb m.w.H.; 112 Ia 5, 6 E. 2c; 104 Ia 465, 467 E. 3). Entsprechend der formellen Rechtsnatur des Anspruchs auf rechtliches Gehör (statt vieler: BGE 132 V 387, 390 E. 5.1) haben **Vorladungsmängel** unter Vorbehalt ihrer rechtzeitigen Heilung Rechtsunwirksamkeit der nicht ordnungsgemässen Vorladung zur Folge. 3

Für ausländische Urteile bildet die **gehörige Vorladung** der beklagten Partei nach dem Recht an ihrem Wohnsitz/Sitz oder gewöhnlichen Aufenthalt Voraussetzung ihrer Anerkennung und Vollstreckbarkeit in der Schweiz (Art. 27 Abs. 2 lit. a IPRG, Art. 34 Ziff. 2 i.V.m. Art. 45 Nr. 1 rev. LugÜ), sofern sich der Beklagte nicht in Kenntnis des Vorladungsmangels vorbehaltlos auf das ausländische Verfahren eingelassen hat (vgl. BGE 117 Ib 347, 350 E. 2b/aa). 4

Gegenüber ausserkantonalen Urteilen steht dem Schuldner die Einrede der nicht gehörigen Vorladung nach der revidierten Fassung von Art. 81 SchKG in definitiven Rechtsöffnungsverfahren nicht mehr zur Verfügung.

III. Form und Sprache der Vorladung

Die Vorladung erfolgt in schriftlicher, mit Zustimmung der vorgeladenen Person in elektronischer **Form** (Art. 139 Abs. 1) oder durch Publikation, wenn eine der Voraussetzungen von Art. 140 Abs. 1 lit. a–c gegeben ist. Die eigenhändige Unterzeichnung der Vorladung durch eine Gerichtsperson ist nicht Gültigkeitserfordernis der schriftlichen Vorladung. Die Unterzeichnung mittels Stempel genügt (BOTSCHAFT ZPO, 7306). 5

Eine **telefonische** Vorladung ist gesetzlich nicht vorgesehen und daher ungültig, doch wird der Formmangel geheilt, wenn der Vorgeladene diese Form akzeptiert und erscheint (HAUSER/SCHWERI, § 173 N 9). 6

Mündliche Vorladungen in Form einer Vereinbarung des nächsten Termins mit den an einer Verhandlung Anwesenden sind zulässig und rechtswirksam, sofern dabei auf die Säumnisfolgen explizit hingewiesen wird oder deren Kenntnis vorausgesetzt werden kann. 7

8   Zulässig ist auch die Vorladung mittels **prozessleitender Verfügung**, doch muss die Verfügung die Säumnisfolgen explizit mitenthalten oder hiefür auf das beigelegte Formular verweisen, damit eine Säumnis die vorgesehenen Rechtsfolgen (Art. 147 Abs. 2, Art. 167 Abs. 1) zeitigt.

9   Die Vorladung ergeht in der am Sitz des Gerichts massgebenden **Amtssprache**. In mehrsprachigen Kantonen regelt das kantonale Recht die am Gerichtssitz und im konkreten Verfahren geltende Amtssprache (Art. 129; Art. 6 KV BE; Art. 7–10 SpG GR; Art. 64 ZPO VS; Art. 10 ZPO FR). Die verfassungsmässig garantierte Sprachenfreiheit (Art. 4 BV) wird durch das Sprachgebietsprinzip (Art. 70 Abs. 2 BV) eingeschränkt und verschafft daher dem Vorgeladenen im Zivilprozess keinen Anspruch auf eine in die Amtssprache an seinem Wohnort/Aufenthaltsort übersetzte Vorladung (BGE 127 V 219, 225 f. E. 2b/aa; 121 I 196, 202 E. 3b); ebenso wenig auf eine Übersetzung in seine Muttersprache.

Lediglich für Zeugen besteht gestützt auf Art. 7 Abs. 2 des Konkordates über die Gewährung gegenseitiger Rechtshilfe vom 15.4.1975 (SR 274) Anspruch auf Vorladung in der dem Zeugen «geläufigen Sprache» oder «in der Sprache seines Aufenthaltsortes», womit die Amtssprache am Wohnort/Aufenthaltsort des Zeugen gemeint sein dürfte.

10 Im Ausland zuzustellende Vorladungen sind auf Verlangen der Zentralbehörde des ersuchten Staates in der oder einer der Amtssprachen des ersuchten Staates abzufassen oder zu übersetzen, falls eine qualifizierte Zustellung gewünscht wird (Art. 5 Abs. 3 HÜ 65).

VI. Vorladungsinhalt im Einzelnen

1. lit a: Name und Adresse der vorgeladenen Person

11 Bei natürlichen Personen ist ausser den Personalien die vollständige Wohnadresse (Postleitzahl, Wohnort, Strasse, Hausnummer) anzugeben. Zum Ausschluss von Verwechslungen sind nötigenfalls weitere Identifikationsmerkmale wie Geburtsjahr, Junior, Senior etc. anzugeben.

12 Bei juristischen Personen sind das oder die sie vertretenden Organe vorzuladen.

13 Für die partei- und prozessfähigen Personengesellschaften (Kollektiv- und Kommanditgesellschaft) sind der/die geschäftsführenden Gesellschafter vorzuladen; für die Stockwerkeigentümergemeinschaft deren Verwalter.

14 Ist eine nicht partei- und prozessfähige Rechtsgemeinschaft Prozesspartei (Miteigentümergemeinschaft, einfache Gesellschaft, Erbengemeinschaft, in Gütergemeinschaft lebende Ehegatten), sind alle gemeinschaftlich berechtigten und verpflichteten Mitglieder vorzuladen, soweit nicht ein Prozessstandschafter (Willensvollstrecker [Art. 518 ZGB], Erbschaftsverwalter [Art. 554 ZGB], amtlicher Erbschaftsvertreter [Art. 602 Abs. 3 ZGB]) zur Prozessführung in eigenem Namen befugt ist.

15 Bei prozessunfähigen Personen genügt die Vorladung ihres gesetzlichen Vertreters, soweit nicht höchstpersönliche, vertretungsfeindliche Rechte streitig sind.

16 Abweichend von den meisten bisherigen kantonalen Regelungen (vgl. BGE 71 I 2 E. 1; HAUSER/SCHWERI, Art. 174 N 14) genügt die Zustellung der für eine Partei bestimmten Vorladung an ihren Rechtsvertreter auch dann, wenn die Partei persönlich erscheinungspflichtig ist (Art. 137; BOTSCHAFT ZPO, 7307).

2. lit. b: Prozesssache und Parteien

Mit der anzugebenden «Prozesssache» ist der Streitgegenstand gemeint. Dieser muss nicht präzis umschrieben werden. Es genügt ein Stichwort wie z.B. Forderung, Ehescheidung, Haftpflicht etc., aus dem der Vorgeladene in groben Zügen entnehmen kann, was zwischen den Parteien streitig ist. 17

Anders als bei der vorgeladenen Person (lit. a) genügt es, wenn lediglich die Personalien der Parteien angegeben werden. Bei Streitgenossenschaften ist die Angabe des ersten klagenden/beklagten Streitgenossen mit dem Zusatz «und Kons.» ausreichend. 18

Nicht angegeben werden müssen die Rechtsvertreter der Parteien. 19

3. lit. c: Eigenschaft, in welcher die Person vorgeladen wird

Es ist anzugeben, ob jemand als Partei, Rechtsvertreter einer Partei, gesetzlicher Vertreter/Organ einer Partei, Haupt- oder Nebenintervenient, streitberufene Person (Nebenpartei), Zeuge, sachverständiger Zeuge oder Sachverständiger vorgeladen wird. Mit dieser Angabe soll dem Vorgeladenen eine sachgerechte Vorbereitung der Verhandlung ermöglicht werden. 20

Zeugen können mit Zustimmung des Gerichts auch befragt werden, wenn sie nicht vorgeladen, sondern von einer Partei an die Verhandlung mitgebracht worden sind (Art. 170 Abs. 2; BOTSCHAFT ZPO, 7321). 21

4. lit. d: Ort, Datum und Zeit des geforderten Erscheinens

Zur Vermeidung von Verwechslungen, z.B. zwischen Ober- und Bezirksgericht, ist die genaue Gerichtsadresse anzugeben. 22

Wird das Datum nicht bloss in Zahlen angegeben, sondern der Wochentag und Monat genannt, und entspricht der eine oder andere nicht dem kalendermässigen Datum, so liegt eine nicht gehörige Vorladung vor. Gestützt darauf angeordnete Säumnisfolgen sind ungültig. 23

5. lit. e: Prozesshandlung, zu der vorgeladen wird

Es ist die Art der durchzuführenden Verhandlung anzugeben, also Schlichtungsverhandlung, Instruktionsverhandlung, Hauptverhandlung oder kurz «Verhandlung» für die nicht im ordentlichen Verfahren durchzuführenden mündlichen Gerichtstermine. 24

Für die Parteien, ihre gesetzlichen Vertreter und ihre Organe ist auf die geplante Beweisabnahme mittels Parteibefragung und/oder Beweisaussage (Art. 191/192) hinzuweisen, damit für sie aus den regelmässig formularmässig angedrohten Säumnisfolgen klar wird, dass sie zusätzlich zu diesen (Art. 147 Abs. 2) im Falle des Nichterscheinens mit den Nachteilen der Mitwirkungsverweigerung (Art. 164) zu rechnen haben. 25

Nicht genannt werden müssen der oder die Richter, welche die Prozesshandlung, zu der vorgeladen wird, leiten oder daran teilnehmen. Vgl. dazu N 35. 26

6. lit. f. Säumnisfolgen

Für die Parteien, ihre gesetzlichen Vertreter, Organe und Rechtsvertreter stellt die **Erscheinungspflicht** eine prozessuale Obliegenheit (Last) und keine Rechtspflicht dar, da ihr Erscheinen nicht realiter erzwungen und weder disziplinarisch noch strafrechtlich oder kostenmässig sanktioniert wird. Die Rechtsfolge des Nichterscheinens (Säumnisfol- 27 ge) besteht gemäss Art. 147 Abs. 2 darin, dass die nicht erschienene Partei die prozessualen Rechte (insb. Recht auf Äusserung vor Erlass des Entscheides, Recht mit erheblichen Beweisanträgen gehört zu werden, Recht an der Erhebung wesentlicher Beweise mitzuwirken oder sich zum Beweisergebnis zu äussern als Teilgehalte des verfassungsmässigen Gehörsanspruches gemäss Art. 29 Abs. 2 BV; vgl. statt vieler BGE 132 V 368, 370 E. 3.1 m.H.) verwirkt, die sie an der Verhandlung hätte wahrnehmen können.

28 Betrifft die Vorladung eine **Beweisverhandlung**, an der die Parteien, ihr gesetzlicher Vertreter oder ihre Organe an der Beweisabnahme mittels Parteibefragung, Beweisaussage oder Urkundenedition mitzuwirken haben (Art. 160 Abs. 1 lit. a und b), besteht die Säumnisfolge gemäss Art. 164 darin, dass das Gericht das Nichterscheinen bei der Beweiswürdigung zum Nachteil der nicht erschienenen Partei würdigen darf. Die Erscheinungspflicht ist zwar unter den in Art. 160 Abs. 1 lit. a–c aufgeführten drei Mitwirkungspflichten nicht erwähnt, ist aber unabdingbare Voraussetzung einer gehörigen Erfüllung der Aussagepflicht gemäss Art. 160 Abs. 1 lit. a. Die Rechtsfolge der Säumnis hinsichtlich einer Beweisverhandlung ist daher dieselbe wie bei unberechtigter Verweigerung der Mitwirkung an der Beweisabnahme, zu der eine Partei erschienen ist.

29 Für die **Zeugen** stellt die Erscheinungspflicht eine Rechtspflicht dar, die gemäss Art. 167 Abs. 1 disziplinarisch, strafrechtlich oder kostenmässig sanktioniert und realiter vollstreckt werden kann (Art. 167 Abs. 1). In Art. 167 Abs. 2 ist klargestellt, dass die für eine unberechtigte Mitwirkungsverweigerung angedrohten Sanktionen auch im Falle der Säumnis Platz greifen.

30 Die Erscheinungspflicht und die Sanktionen ihrer Verletzung gelten auch für Zeugen, denen ein umfassendes (Art. 167) oder beschränktes (Art. 168) Verweigerungsrecht zusteht. Das Verweigerungsrecht kann grundsätzlich nur mündlich vor dem Richter und nicht zum Voraus schriftlich ausgeübt werden (GULDENER, ZPR, 346). Lediglich wenn zum Vorneherein feststeht, dass einem Zeugen ein absolutes Verweigerungsrecht zusteht, z.B. wegen naher Verwandtschaft oder als Anwalt/Geistlicher (Art. 168 Abs. 1 lit. b), kann der Zeuge durch das Gericht auf Gesuch hin vom Erscheinen entbunden werden.

31 Das Gericht hat gegenüber den Parteien bezüglich der Säumnisfolgen eine Pflicht zur **Aufklärung** (Art. 161 Abs. 1), welche «klar und vollständig» (BOTSCHAFT ZPO, 7316) erfolgen muss. Dem Erfordernis der Klarheit dürfte nicht genügen, wenn der Vorladung lediglich Kopien der einschlägigen Gesetzesbestimmungen beigelegt werden. Daraus geht für den Laien nicht ohne weiteres hervor, wer Partei und wer Dritter ist, dass das Verweigerungsrecht von der Erscheinungspflicht nicht entbindet und die Säumnisfolgen für eine Partei, ihren gesetzlichen Vertreter oder ihre Organe unterschiedlich sind, je nachdem ob zu einer Verhandlung mit oder ohne Abnahme des Beweismittels der Parteibefragung/Beweisaussage vorgeladen wird.

32 Die richtige und unmissverständliche Aufklärung über die Säumnisfolgen ist Voraussetzung für den Eintritt der Säumnis und die Rechtsgültigkeit der daraus abgeleiteten Rechtsnachteile oder Sanktionen.

33 Die Vorladung von Personen mit Wohnsitz/Sitz/Aufenthaltsort im **Ausland** darf nicht mit der Androhung der Säumnisfolgen gemäss Art. 167 Abs. 1 verbunden werden, da die Anordnung der in dieser Bestimmung vorgesehenen Sanktionen einen Eingriff in die Justizhoheit des fremden Staates darstellen würde (HAUSER/SCHWERI, § 113 N 11).

7. lit. g: Datum der Vorladung und Unterschrift des Gerichts

34 Unterzeichnung des Vorladungsformulars mittels Stempel durch den mit der Vorladung beauftragten Justizbeamten genügt. Eigenhändige Unterzeichnung durch den Richter/

Gerichtsschreiber ist nur erforderlich, wenn die Vorladung Bestandteil einer prozessleitenden Verfügung bildet (AGVE 1976, 63 f. E. 2).

8. Personelle Zusammensetzung des Gerichts?

Abweichend von vereinzelten kantonalen Bestimmungen – z.B. Art. 168 Abs. 1 ZPO SG – schreibt Art. 133 nicht vor, dass den Parteien mit der Vorladung die personelle Zusammensetzung des Gerichts bekannt zu geben ist, obschon sich dieser Anspruch aus der Garantie des verfassungsmässigen Richters (Art. 30 Abs. 1 BV) ergibt (BGE 117 Ia 322, 323 E. 1c). Die Zustellung der Vorladung begründet daher zumindest für nicht anwaltlich vertretene Parteien keine Pflicht, Ausstandsgründe ohne Verzug geltend zu machen, sobald sie davon Kenntnis haben oder bei gehöriger Aufmerksamkeit haben könnten (BGE 128 V 82, 85 E. 2b m.H.). 35

V. Geltendmachung von Vorladungsmängeln

Vorladungsmängel sind einer **Heilung** zugänglich, sofern die minimale Vorladungsfrist gemäss Art. 134 gewahrt bleibt. Aus dem Grundsatz von Treu und Glauben (Art. 52) kann sich eine Pflicht zu rascher Geltendmachung von Vorladungsmängeln ergeben, wenn sie bei sofortiger Rüge noch rechtzeitig behoben werden können (vgl. BGE 121 I 30, 38 E. 5 f.). Doloses Zuwarten mit der Rüge von Vorladungsmängeln begründet diesfalls deren Heilung. 36

Vorladungsfehler rechtfertigen die **Wiederherstellung** des Termins, wenn der Vorgeladene dadurch in einen Irrtum versetzt wurde, der seine Säumnis entschuldigt. 37

Die mangelhafte Vorladung **Dritter** kann von diesem mit selbständiger Beschwerde gegen die Säumnisfolgen-Anordnung geltend gemacht werden (Art. 167 Abs. 3). 38

Gegenüber den **Parteien** stellt die trotz Vorladungsfehlern angeordnete Säumnisfolge von Art. 147 Abs. 2 (Fortsetzung des Verfahrens) eine Gehörsverletzung dar, die einen nicht wiedergutzumachenden Nachteil bewirkt und selbständig mit Beschwerde anfechtbar ist (Art. 319 lit. b Ziff. 2). Ergeht am Gerichtstermin, zu dem mangelhaft vorgeladen wurde, der Endentscheid in Form eines Säumnisurteils, ist der Vorladungsmangel gegebenenfalls mit Berufung, in nicht berufungsfähigen Streitsachen mit Beschwerde geltend zu machen. 39

Art. 134

Zeitpunkt	**Die Vorladung muss mindestens zehn Tage vor dem Erscheinungstermin versandt werden, sofern das Gesetz nichts anderes bestimmt.**
Délai	Sauf disposition contraire de la loi, la citation doit être expédiée dix jours au moins avant la date de comparution.
Termine	Salvo che la legge disponga altrimenti, la citazione deve essere spedita almeno dieci giorni prima della data della prevista comparizione.

In Übereinstimmung mit dem VE (Art. 125) und vom Gesetzgeber gewollter Abweichung von den kantonalen Prozessordnungen (BBl 2006 7307), welche auf das Zustelldatum abstellten und dem Vorgeladenen eine minimale Vorbereitungszeit einräumten, 1

1 beginnt die 10-tägige Vorladungsfrist am **Tag des Versandes** (bei postalischer Zustellung am Tag des Postaufgabestempels) und nicht an dem auf die Zustellung folgenden Tag.

2 Damit wurde im Interesse eines scheinbar unkomplizierten Termin- und Vorladungsmanagements zu Lasten der Vorgeladenen effektiv eine ab dem Vorladungstermin zurücklaufende Frist eingeführt, für welche die allgemeinen Regeln (Art. 142, 143, 145 und 146) über den Beginn, die Berechnung, den Lauf und das Ende von Fristen nicht anwendbar sind, weil sie einen in die Zukunft wirkenden Fristenlauf voraussetzen. Eine streng nach dem Versandtag ausgerichtete 10-tägige Vorladungspraxis wird relativ oft zu verfassungswidrigen **Gehörsverletzungen** führen und daher die angestrebte administrative Vereinfachung verfehlen.

3 Die Vorladung ist eine empfangsbedürftige Mitteilung des Gerichts. Als Konkretisierung des rechtlichen Gehörs hat der Vorgeladene Anspruch darauf, so rechtzeitig vorgeladen zu werden, dass ihm ab Empfang der Vorladung genügend Zeit verbleibt, um sich vorzubereiten und einen Rechtsanwalt zu konsultieren sowie nötigenfalls zu mandatieren (BGE 117 Ib 347, 351 E. 2b/bb; 112 Ia 5, 6 E. 2c; vgl. auch BGE 131 I 185, 190 E. 2.3.3 betr. Strafprozess). Hinzu kommt, dass selbst Parteien und Dritte, die in einem Verfahren nicht erstmals vorgeladen werden, zur Abholung einer Vorladung, die ihnen nicht persönlich zugestellt werden kann (Art. 138 Abs. 2), am letzten Tag der siebentägigen Abholfrist berechtigt sind (Art. 138 Abs. 3 lit. a; BGE 104 Ia 465, 466 ff. E. 3). Schon in diesem Fall führt die 10-tägige Vorladungsfrist jedenfalls in nicht besonders dringlichen Streitsachen zu einer unzulässig kurzen **Vorbereitungszeit**. Erst recht trifft dies zu, wenn eine Vorladung, mit der nicht gerechnet werden muss, zufolge Abwesenheit vom Wohnort gar nicht innert der 10-tägigen Vorladungsfrist zugestellt werden kann.

4 Zum kantonalen Rechtsmittelweg für die Geltendmachung einer Gehörsverletzung bei nicht rechtzeitiger Vorladung vgl. Art. 133 N 38 und 39.

Art. 135

Verschiebung des Erscheinungstermins

Das Gericht kann einen Erscheinungstermin aus zureichenden Gründen verschieben:
a. von Amtes wegen; oder
b. wenn es vor dem Termin darum ersucht wird.

Renvoi de la comparution

Le tribunal peut renvoyer la date de comparution pour des motifs suffisants:
a. d'office;
b. lorsque la demande en est faite avant cette date.

Rinvio della comparizione

Il giudice può rinviare la comparizione per sufficienti motivi:
a. d'ufficio; oppure
b. su richiesta tempestiva.

Literatur

R. HAUSER/E. SCHWERI, Kommentar zum zürcherischen Gerichtsverfassungsgesetz, Zürich 2002.

1 Obwohl «zureichende Gründe» auch Voraussetzung einer Fristerstreckung sind (Art. 144 Abs. 2), werden Gesuche um Verschiebung einer Verhandlung regelmässig strenger gehandhabt als Fristerstreckungsgesuche.

An das Vorliegen eines zureichenden Grundes sind hohe **Anforderungen** zu stellen, falls der Termin mit den Rechtsvertretern vorgängig abgesprochen worden ist, die ihrerseits die Verfügbarkeit der Parteien abzuklären haben. Diesfalls stellen nur schwerwiegende Gründe wie Todesfall, Krankheit, Militärdienst etc., die eine Wiederherstellung rechtfertigen würden, einen zureichenden Verschiebungsgrund dar, hingegen grundsätzlich nicht anderweitige berufliche Inanspruchnahme (VOGEL, Prozessuales Management am Handelsgericht, SJZ 1992, 19).

Im vereinfachten Verfahren ist bei der Bewilligung von Verschiebungsgesuchen grössere Zurückhaltung gerechtfertigt als im ordentlichen, weil jenes einem verstärkten Beschleunigungsgebot untersteht (Art. 246 Abs. 1); ebenso im vorsorglichen Massnahme- und Beweissicherungsverfahren (Art. 158 und Art. 261), in denen die Dringlichkeit des richterlichen Handelns eine Verschiebung nur ausnahmsweise rechtfertigt.

Obwohl die klagende Partei regelmässig ein grösseres Interesse an der beförderlichen Streiterledigung hat als die beklagte Partei, ist es mit der Waffengleichheit als Teilgehalt des Rechts auf ein gerechtes (faires) Verfahren (Art. 29 Abs. 1 BV) kaum zu vereinbaren, ein Verschiebungsgesuch des Klägers grosszügiger zu behandeln als ein solches des Beklagten.

In der zürcherischen Praxis wurde als zureichender Grund anerkannt:

– Unmöglichkeit genügender Vorbereitung, insb. bei einem Anwaltswechsel (HAUSER/SCHWERI, § 195 N 9); nicht als zureichender Grund anerkannt, wenn einer Partei ausreichend Zeit für die Mandatierung und Instruktion eines neuen Rechtsvertreters zur Verfügung steht (ZR 1998 Nr. 20 E. 1.2.3c S. 61 f.; zur selbstverschuldeten zeitlichen Bedrängnis vgl. auch ZR 1996 Nr. 75 E. 3b S. 235/236).

– Verhandlung fällt auf staatlich nicht anerkannten Feiertag (z.B. israelitischen Feiertag; HAUSER/SCHWERI, § 195 N 10).

– Zeitliche Kollision zweier Verhandlungen; Verschiebung jener Verhandlung, zu der später vorgeladen wurde (HAUSER/SCHWERI, § 195 N 10).

– Krankheit einer Partei und dadurch bedingte Unfähigkeit im Prozess zu handeln, sofern sie durch zuverlässiges Arztzeugnis belegt ist (ZR 1949 Nr. 79 S. 142).

Anderweitige **berufliche Inanspruchnahme** bildet einen zureichenden Grund nur, wenn durch Unterlagen belegt wird, welche genau bezeichneten beruflichen Obliegenheiten den Vorgeladenen von der Verhandlung abhalten und weshalb sie gerade zur Zeit der Verhandlung verrichtet werden müssen, mithin weder in personeller noch in zeitlicher Hinsicht ein Ausweg besteht (ZR 2003 Nr. 3 E. 5.1c S. 15; SJZ 1985 Nr. 68 S. 361).

Aus dem Gehörsanspruch (Art. 29 Abs. 2 BV/Art. 53 Abs. 1) folgt, dass einem Gesuchsteller, der ein ungenügend begründetes und belegtes Verschiebungsgesuch stellt, Frist zur Ergänzung der Begründung und Einreichung der erforderlichen Belege anzusetzen ist (SJZ 1985 Nr. 68 S. 361).

Gegen Treu und Glauben (Art. 5 Abs. 3 BV/Art. 52) verstösst es, ein Verschiebungsgesuch nach Kenntnis des Hinderungsgrundes nicht unverzüglich zu stellen, sondern damit bis kurz vor dem Verhandlungstermin zuzuwarten (ZR 1996 Nr. 71 E. 3a S. 223 = SJZ 1997 Nr. 7 S. 50). Ein so hinausgezögertes Gesuch darf das Gericht ohne materielle Prüfung abweisen.

Die einmal erlassene Vorladung bleibt mit den darin enthaltenen Zeitangaben so lange gültig, als sie vom Gericht nicht ausdrücklich – schriftlich oder mündlich (telefonisch) –

widerrufen worden ist. Bis zum Eingang der Antwort des Gerichts darf keine (stillschweigende) Bewilligung der Verschiebung angenommen werden (ZR 1996 Nr. 71 E. 3b S. 223 = SJZ 1997 Nr. 7 S. 50.

10 Die Ablehnung eines begründeten Verschiebungsgesuches kann als Rechtsverweigerung, die ohne zureichenden Grund bewilligte Verschiebung als Rechtsverzögerung selbständig mit Beschwerde gemäss Art. 319 lit. c angefochten werden.

11 Die Kosten der Neuansetzung eines Termins können unbesehen der Kostenverlegung im Endentscheid jener Partei auferlegt werden, welche die Verschiebung verlangt hat (Art. 107 lit. f).

4. Abschnitt: Gerichtliche Zustellung

Art. 136

Zuzustellende Urkunden	**Das Gericht stellt den betroffenen Personen insbesondere zu:** **a. Vorladungen;** **b. Verfügungen und Entscheide;** **c. Eingaben der Gegenpartei.**
Actes à notifier	Le tribunal notifie aux personnes concernées notamment: a. les citations; b. les ordonnances et les décisions; c. les actes de la partie adverse.
Documenti soggetti a notificazione	Il tribunale notifica alle persone interessate segnatamente: a. le citazioni; b. le proprie ordinanze e decisioni; c. gli atti scritti della controparte.

Inhaltsübersicht Note

I. Norminhalt und Normzweck 1

II. Vorladungen 2

III. Verfügungen und Entscheide 3

IV. Eingaben und Vernehmlassungen 5

V. Rechtsfolgen 10

VI. Internationales Zivilprozessrecht 16

Literatur

CH. LEUENBERGER, Die Rechtsprechung des Bundesgerichts zum Zivilprozessrecht im Jahre 2007, ZBJV 2009, 329 ff.

I. Norminhalt und Normzweck

1 Art. 136 bestimmt die Urkunden, die immer *förmlich* zuzustellen sind (BOTSCHAFT ZPO 7307). Vorgeschrieben sind jene Zustellungen, die für den Fortgang und den Abschluss des Verfahrens unentbehrlich sind. Die nicht abschliessende Aufzählung schliesst es aber nicht aus, dass das Gericht auch weitere Urkunden (z.B. Protokolle) in dieser

qualifizierten Form zustellt (a.a.O.). Die Modalitäten der förmlichen Zustellung bestimmen die Art. 138–141.

II. Vorladungen

Vorladungen sind die Aufforderung an Parteien oder Dritte – insb. Zeugen (Art. 170) und Sachverständige (Art. 187) – zu einer bestimmten Prozesshandlung zu erscheinen (s. Komm. zu Art. 133). Werden Dritte vorgeladen, sind die Parteien zur Wahrung ihres Anspruchs auf rechtliches Gehör zur betreffenden Verhandlung ebenfalls – je nach Mitwirkungspflicht obligatorisch oder fakultativ – vorzuladen, wobei im Falle der Vertretung die Vorladung an den Vertreter zuzustellen ist (Art. 137 N 2). Nach dem Versand sämtlicher Vorladungen hat das Gericht sich zu vergewissern, ob ihre Zustellung gehörig erfolgt ist, und zwar auch dann, wenn den Parteien die Teilnahme an der fraglichen Verhandlung freigestellt ist (ZR 1975 Nr. 2 = SJZ 1975, 298 Nr. 135).

III. Verfügungen und Entscheide

Förmlich zuzustellen sind gemäss lit. b sämtliche Verfügungen und Entscheide, mit denen im Rahmen der Prozessleitung – insb. durch Fristansetzungen (Art. 122 Abs. 1, Art. 225, 232 Abs. 2) – der Gang des Verfahrens bestimmt oder eine Verhandlung vorbereitet wird (Art. 246). Unterbleibt eine gehörige Zustellung, treten die für den Säumnisfall angedrohten Folgen nicht ein. Sind diese Verfügungen mit Beschwerde anfechtbar (Art. 319), beginnt die Beschwerdefrist mit deren gehörigen Zustellung zu laufen (Art. 321).

Einer förmlichen Zustellung bedürfen sodann erstinstanzliche Endentscheide (Art. 236), Zwischenentscheide (Art. 237 Abs. 1), Entscheide, mit denen das Verfahren abgeschrieben (Art. 241) oder gegenstandslos erklärt (Art. 242) wird, sowie Entscheide über vorsorgliche Massnahmen (Art. 261 ff., 276), gegen die die Berufung erklärt werden kann (Art. 308), da erst deren gehörige Zustellung den Lauf der Berufungsfrist auslöst (Art. 311). Dasselbe gilt selbstredend auch für die nach Bundesrecht anfechtbaren Entscheide der Berufungs- und Beschwerdeinstanz (Art. 72 ff. BGG).

IV. Eingaben und Vernehmlassungen

Eine förmliche Zustellung ist erforderlich für die Eingaben als Rechtsschriften und sämtliche sonstigen Eingaben, bei deren Zustellung auch Fristen anzusetzen sind (Art. 222, 223 und 225), da auch hier der Beginn des Fristenlaufes von der gehörigen Zustellung der entsprechenden Verfügung abhängt (Art. 142 Abs. 1).

Zuzustellen sind darüber hinaus sämtliche Eingaben, die im Verlaufe des Verfahrens auch ausserhalb des Schriftenwechsels und auch ohne eine vom Gericht dazu angesetzte Frist eingereicht werden. Werden diese nicht mit einer Verfügung zugestellt, kann bei ihnen – wie sich aus Abs. 1, der nur Vorladungen, Verfügungen und Entscheide erwähnt, und Abs. 4 ergibt – von einer förmlichen Zustellung abgesehen werden. Auch bei ihnen dürfte sich indessen zur Vermeidung von Diskussionen über deren Kenntnisnahme und den konkludenten Verzicht auf Stellungnahme (s. N 8) eine förmliche Zustellung empfehlen.

Obwohl in lit. c nur die Eingaben der Gegenpartei erwähnt werden, ist zu beachten, dass nach der vom Bundesgericht übernommenen Rechtsprechung des Europäischen Gerichtshofes für Menschenrechte nicht nur jede Eingabe einer Partei der Gegenpartei zuzustellen ist, sondern die Parteien auch über jede *Vernehmlassung der Vorinstanz oder*

Stellungnahme einer anderen Stelle zu informieren sind, wobei sie zu schriftlichen Bemerkungen berechtigt sind (**Replikrecht**), und zwar beides unabhängig davon, inwieweit eine solche Eingabe bzw. Stellungnahme prozessual noch zu berücksichtigen ist (BGE 132 I 42 E. 3.3.3 und 133 I 100 E. 4.2–4.9; dazu LEUENBERGER, 329 f.), denn es steht den Parteien und nicht dem Richter zu, darüber zu befinden, ob neu beigebrachte Unterlagen es rechtfertigen, dass hierzu Stellung genommen wird (BGer, 2C_160/2008, E. 2.3).

8 Nach der Praxis des Bundesgerichtes darf zwar das Gericht einer Partei das Äusserungsrecht zur fraglichen Eingabe nicht abschneiden, ist es jedoch nicht erforderlich, formell Gelegenheit zur Stellungnahme dazu einzuräumen, sondern genügt es, wenn die Partei über deren Eingang informiert und damit hinreichend in die Lage versetzt wird, die Notwendigkeit einer Stellungnahme von ihrer Seite zu prüfen und gegebenenfalls eine solche einzureichen (a.a.O.), was aus Gründen des Zeitgewinns nach Treu und Glauben umgehend erfolgen muss (BGE 133 I 98 E. 2.2 und 4.7).

9 Eine Pflicht, sie den Parteien zur Kenntnis zu bringen, entfällt bei querulatorischen und rechtsmissbräuchlichen Eingaben, die stattdessen ohne weiteres zurückgeschickt werden können (Art. 132 Abs. 3).

V. Rechtsfolgen

10 Erfolgt die Zustellung nicht ordnungsgemäss, gilt die Mitteilung der gesendeten Schriftstücke als nicht erfolgt und ist daher der zugestellte Entscheid ungültig (BGE 116 III 85 E. 2 = Pra 1991 Nr. 48), wobei seine **Unwirksamkeit** zwar von Amtes wegen zu beachten ist (BGE 122 I 97 E. 3), nach dem Grundsatz von Treu und Glauben sich aber nicht auf die Nichtigkeit berufen kann, wer die Sendung tatsächlich erhalten hat (s. Art. 138 N 25).

11 Nicht gehörig zugestellte und daher formell ungenügende Vorladungen bilden einen **Nichtigkeitsgrund**, der bei der Vollstreckung eines Urteils geltend gemacht werden kann (FRANK/STRÄULI/MESSMER, § 120 ZPO/ZH N 2; vgl. auch N 19). Die Einrede der Nichtigkeit der Vorladung ist jedoch rechtsmissbräuchlich, wenn die Vorladung trotz des Formfehlers tatsächlich zugestellt worden, mithin zur Kenntnis ihres Adressaten gelangt ist und wenn der Formfehler weder ein öffentliches noch ein schützenswertes privates Interesse des Verletzten beeinträchtigt hat (BGE 132 I 249 E. 7 = Pra 2007 Nr. 64).

12 Unterbleiben die in lit. b vorgesehenen Zustellungen, entfalten die Verfügungen und Entscheide **keine Rechtswirkungen**. Das bedeutet insb., dass die Verfügungen die darin angesetzten Fristen nicht auslösen und die Entscheide nicht i.S.v. Art. 239 eröffnet sind, mit der Folge, dass die Rechtsmittelfristen nicht zu laufen beginnen (Art. 311 und 321 Abs. 1).

13 Wird ein Entscheid – wie es auch künftig häufig der Fall sein dürfte – nicht an der Hauptverhandlung mündlich, sondern durch Zustellung des Dispositivs eröffnet (Art. 339 Abs. 1), hängt von dessen gehörigen Zustellung ab, ob es überhaupt Wirkungen zu entfalten vermag. Denn ein nicht zugestellter und somit nicht mitgeteilter Entscheid erlangt keine Existenz und dessen Unwirksamkeit muss von Amtes wegen beachtet werden (BGE 122 I 97 E. 3a).

14 Unterbleibt die Zustellung der gemäss lit. c zuzustellenden Eingaben der Gegenpartei oder Stellungnahmen und Vernehmlassungen (N 7), löst die darin liegende Verletzung des rechtlichen Gehörs der betroffenen Partei die dafür vorgesehenen Rechtsfolgen aus (s. Komm. zu Art. 53).

2. Kapitel: Formen des prozessualen Handelns　　　　　　　　1–3　**Art. 137**

Werden die zuzustellenden Vorladungen, Verfügungen, Entscheide und sonstigen Urkunden unter Missachtung der für die Zustellung vorgesehenen **Form** und damit nicht gehörig zugestellt, treten die für die nichtgehörige Zustellung vorgesehenen Rechtsfolgen ein (s. Art. 138 N 26).　　15

VI. Internationales Zivilprozessrecht

Nicht gehörig zugestellte und daher ungenügende Vorladungen bilden einen Nichtigkeitsgrund, der das Urteil ungültig erscheinen lässt und der Anerkennung und Vollstreckung eines ausländischen Urteils bzw. eines Urteils im Ausland entgegensteht (Art. 29 Abs. 1 lit. c IPRG; GULDENER, Internat., 102; s. Art. 138 N 35).　　16

Art. 137

Bei Vertretung	**Ist eine Partei vertreten, so erfolgt die Zustellung an die Vertretung.**
Notification à une partie représentée	Lorsque la partie est représentée, les actes sont notifiés à son représentant.
In caso di rappresentanza	Se una parte è rappresentata, le notificazioni sono fatte al rappresentante.

Inhaltsübersicht　　　　　　　　　　　　　　　　　　　　　　　　　Note

　I. Anwendung 1
　II. Rechtsfolgen 4

I. Anwendung

Wie schon bisher von mehreren kantonalen Regelungen vorgesehen (z.B § 91 ZPO/AG; Art. 108 ZPO/BE; § 63 ZPO/BL; Art. 17 ZPO/GE; Art. 107 ZPO/JU; § 74 ZPO/LU; Art. 89 Abs. 3 ZPO/NE; Art. 43 ZPO/SH; Art. 65 Abs. 4 ZPO/UR; Art. 72 ZPO/VD), bestimmt Art. 137, dass bei vertretenen Parteien die gemäss Art. 136 zuzustellenden Urkunden der Vertretung zugestellt werden. Damit ist die Zustellung gehörig erfolgt.　　1

Dies gilt in erster Linie für die Zustellung sämtlicher Urkunden, mit denen Fristen angesetzt oder ausgelöst werden, die im Vertretungsfall in aller Regel vom Vertreter wahrzunehmen sind. Es gilt aber auch für Vorladungen an die Parteien selber, und zwar selbst dann, wenn sie mit der Vorladung zum **persönlichen Erscheinen** verpflichtet werden; denn vom Vertreter kann verlangt werden, dass er in diesem Fall die vertretene Person auch über eine sie persönlich betreffende Vorladung informiert, was nicht Aufgabe des Gerichts sein soll (BOTSCHAFT ZPO, 7307). Eine – in den kantonalen Regelungen bisher verschiedentlich vorgesehene (z.B. Art. 56 ZPO/GR; § 78 ZPO/LU; Art. 80 Abs. 1 ZPO/VS oder § 176 Abs. 2 GVG/ZH) – zusätzliche Zustellung der Vorladung an die vertretene Partei kann daher unterbleiben.　　2

Für die Frage, ob die Zustellung an die Partei oder ihre Vertretung zu erfolgen hat, muss entscheidend sein, ob im **Zeitpunkt des Versandes** der Urkunde die Vertretung besteht und dem Gericht auch bekannt gegeben worden ist. Wird die Vertretung erst danach bestellt oder dem Gericht bekannt gegeben, ist es Sache der Partei und ihrer Vertretung,　　3

Art. 138

dafür besorgt zu sein, dass die Vertretung bei ihrer Bestellung über den Stand des Verfahrens und insb. über allenfalls laufende Fristen oder bestehende Vorladungen informiert wird.

II. Rechtsfolgen

4 Wird bei einer vertretenen Partei, deren Vertretung dem Gericht auch bekannt ist, die gerichtliche Sendung der Partei selber und nicht ihrer Vertretung zugestellt, ist die Zustellung grundsätzlich nicht gehörig erfolgt.

5 Betrifft die in diesem Sinne nicht gehörig erfolgte Zustellung eine Vorladung, kann die Partei, die die Sendung empfangen und daher von ihr Kenntnis erhalten hat, sie allerdings nicht unbeachtet lassen, ansonsten sie sich rechtsmissbräuchlich verhalten würde (s. Art. 138 N 26). Unterlässt es wider Erwarten die Partei, ihre Vertretung über die Vorladung zu orientieren, und bleibt ihre Vertretung beim fraglichen Termin aus, ist neu – gehörig – vorzuladen, da es nicht Pflicht der Partei ist, dafür zu sorgen, dass auch ihre Vertretung von der Vorladung Kenntnis erhält.

6 Betrifft die nur an die vertretene Partei selber erfolgte Zustellung eine Frist auslösende gerichtliche Sendung, ist die Ansetzung der Frist nicht gehörig erfolgt, sodass bei ihrem unbenützten Ablauf die für diesen Fall angedrohten prozessualen Nachteile nicht eintreten können, sondern die Frist neu anzusetzen ist.

Art. 138

Form

¹ Die Zustellung von Vorladungen, Verfügungen und Entscheiden erfolgt durch eingeschriebene Postsendung oder auf andere Weise gegen Empfangsbestätigung.

² Sie ist erfolgt, wenn die Sendung von der Adressatin oder vom Adressaten oder von einer angestellten oder im gleichen Haushalt lebenden, mindestens sechzehn Jahre alten Person entgegengenommen wurde. Vorbehalten bleiben Anweisungen des Gerichts, eine Urkunde dem Adressaten oder der Adressatin persönlich zuzustellen.

³ Sie gilt zudem als erfolgt:
a. bei einer eingeschriebenen Postsendung, die nicht abgeholt worden ist: am siebten Tag nach dem erfolglosen Zustellungsversuch, sofern die Person mit einer Zustellung rechnen musste;
b. bei persönlicher Zustellung, wenn die Adressatin oder der Adressat die Annahme verweigert und dies von der überbringenden Person festgehalten wird: am Tag der Weigerung.

⁴ Andere Sendungen kann das Gericht durch gewöhnliche Post zustellen.

Forme

¹ Les citations, les ordonnances et les décisions sont notifiées par envoi recommandé ou d'une autre manière contre accusé de réception.

² L'acte est réputé notifié lorsqu'il a été remis au destinataire, à un de ses employés ou à une personne de seize ans au moins vivant dans le même ménage. L'ordre donné par le tribunal de notifier l'acte personnellement au destinataire est réservé.

³ L'acte est en outre réputé notifié:
a. en cas d'envoi recommandé, lorsque celui-ci n'a pas été retiré: à l'expiration d'un délai de sept jours à compter de l'échec de la remise, si le destinataire devait s'attendre à recevoir la notification;
b. lorsque le destinataire à qui il doit être remis personnellement refuse de le réceptionner et que le refus est constaté par le porteur: le jour du refus de réceptionner.

⁴ Les autres actes peuvent être notifiés par envoi postal normal.

Forma

¹ La notificazione di citazioni, ordinanze e decisioni è fatta mediante invio postale raccomandato o in altro modo contro ricevuta.

² La notificazione è considerata avvenuta quando l'invio è preso in consegna dal destinatario oppure da un suo impiegato o da una persona che vive nella stessa economia domestica aventi almeno 16 anni. Sono fatti salvi i casi in cui il giudice dispone che un documento sia notificato personalmente al destinatario.

³ La notificazione è pure considerata avvenuta:
a. in caso di invio postale raccomandato non ritirato, il settimo giorno dal tentativo di consegna infruttuoso, sempre che il destinatario dovesse aspettarsi una notificazione;
b. in caso di notificazione in mani proprie, quando il destinatario rifiuta la consegna e il latore ne attesta il rifiuto, il giorno del rifiuto.

⁴ Se non si tratta di citazioni, ordinanze o decisioni, la notificazione può avvenire anche per invio postale ordinario.

Inhaltsübersicht

	Note
I. Norminhalt und Normzweck	1
II. Zustellungsort	3
III. Zustellungsform	6
IV. Zustellungsempfänger	12
V. Zustellungszeitpunkt	14
1. Tatsächliche Zustellung	14
2. Zustellungsfiktion	17
3. Unmöglichkeit der Zustellung	24
VI. Rechtsfolgen	25
VII. Internationales Privat- und Zivilprozessrecht	28

Literatur

Y. DONZALLAZ, Le vice de notification purement formel dans la ClaH65 et dans le règlement (CEW) 44/2001 du 22 décembre 2000, AJP 2004, 330 ff.; R. JEANPRÊTRE, L'expédition et la réception des actes de procédure et des actes juridiques, SJZ 1973, 349 ff.; R. KAMBER, Das Zustellungswesen im schweizerischen Zivilprozess, Diss. Zürich 1957; CH. LEUENBERGER, Die Rechtsprechung des Bundesgerichts zum Zivilprozess im Jahre 2003, ZBJV 2005, 32 ff. (zit. ZBJV 2005); DERS., Die Rechtsprechung des Bundesgerichts zum Zivilprozess im Jahre 2006, ZBJV 2008, 185 ff. (zit. ZBJV 2008).

I. Norminhalt und Normzweck

Art. 138 regelt – wie teilweise schon Art. 44 Abs. 2 BGG für das Verfahren vor Bundesgericht – in Anlehnung an die bisherige höchstrichterliche Rechtsprechung (BSK BGG-AMSTUTZ/ARNOLD, Art. 44 N 22) die Formalitäten der Zustellung der gemäss Art. 136 zuzustellenden Urkunden und bestimmt insb. für die zuzustellenden Vorladungen, Verfügungen und Entscheide (Abs. 1), unter welchen Bedingungen sie zugestellt sind (Abs. 2) bzw. i.S. einer Zustellungsfiktion als zugestellt gelten (Abs. 3). Ist die Zustellungsform gewahrt, kann der Adressat nicht mehr einwenden, er habe die Urkunde nicht erhalten (Bericht zum VE-ZPO, 69 zu Art. 128). Diese Bestimmung dient somit dazu zu gewährleisten, dass das Verfahren unter Beachtung der verfassungsmässigen Garantien, insb. des Anspruchs der Parteien auf rechtliches Gehör, durchgeführt und durch die ordnungsgemässe Zustellung des Endentscheides auch ordnungsgemäss beendet werden kann. Durch die Zustellungsfiktion verhindert sie, dass die Durchführung des Verfahrens durch unmögliche oder vereitelte Zustellungen behindert oder gar verunmöglicht werden kann.

2 Mit Bezug auf unmögliche oder durch die unterbliebene Bezeichnung eines Zustellungsdomizils (Art. 140) verunmöglichte Zustellungen wird Art. 138 durch Art. 141 ergänzt.

II. Zustellungsort

3 Die Zustellung erfolgt an die dem Gericht bekannte Adresse der Partei. Hat eine Partei Kenntnis vom hängigen Verfahren – weil sie als klagende Partei es eingeleitet hat oder weil sie als beklagte Partei namentlich durch die Zustellung der ersten Vorladung (BÜHLER/EDELMANN/KILLER, § 91 ZPO/AG N 9) von der Einleitung des Verfahrens Kenntnis hat (Abs. 3 lit. a; dazu BGE 116 Ia 90 E. 2c/bb = Pra 1991 Nr. 83; BGE 123 III 492) oder zumindest auf Grund des Scheiterns eines Sühnversuches mit dessen Einleitung rechnen musste (BGer, 4P.30/2007, E. 5.3) – und muss sie mit einer gewissen Wahrscheinlichkeit mit der Zustellung einer gerichtlichen Sendung rechnen, ist sie verpflichtet, dafür zu sorgen, dass ihr Entscheide, welche das Verfahren betreffen, zugestellt werden können (BGE 130 III 396 E. 1.2.3). Darüber hinaus ist sie verpflichtet, **geeignete Vorkehren für deren Zustellbarkeit** zu treffen, wenn sie sich von ihrem Adressort entfernt. Ein Postrückbehaltungsauftrag ist aber keine taugliche Vorkehrung in diesem Sinne, da ansonsten eine Partei damit das Verfahren ungebührlich verzögern könnte (BGE 107 V 187 = Pra 1982 Nr. 142). Besteht ein Prozessrechtsverhältnis, haben somit die Parteien gestützt auf den Grundsatz von Treu und Glauben dafür besorgt zu sein, dass ihnen Sendungen des Gerichtes rechtsgültig zugestellt werden können. Daher kann die zustellende Behörde davon ausgehen, dass die Zustellung an der von der Partei bekannt gegebenen Adresse erfolgen kann, und, wenn dies wegen der unterbliebenen Mitteilung der neuen Adresse nicht möglich ist, von einer Zustellungsfiktion ausgehen (BGer, 2C_554/2007, E. 2.2; BGE 130 III 396 E. 1.2.3 m.w.H.; BSK BGG-MERZ, Art. 39 N 10).

4 Die Zustellungsfiktion hat indessen ihre **Grenzen**. Sie gilt grundsätzlich nur bis längstens ein Jahr nach der letzten verfahrensbezogenen Handlung. Nachher haben die Parteien nur noch eigentliche Adressänderungen oder länger dauernde Abwesenheiten, nicht aber solche von einigen Wochen zu melden (BGer, 2P.120/2005, E. 5).

5 Wird die Pflicht, die jeweils geltende Adresse bekannt zu geben, dem Gericht gegenüber verletzt, entfallen bei anwaltlich vertretenen Parteien jedoch Auswirkungen auf die Zustellung schon deshalb, weil bei solchen Parteien nunmehr sämtliche Zustellungen einschliesslich der Vorladungen nur noch an ihre Vertretung erfolgen (Art. 137). Die Pflicht lebt indessen beim Wegfall der Vertretung wieder auf (analog BGer, 5P.73/2004, E. 2.3).

III. Zustellungsform

6 Die förmliche Zustellung von Vorladungen, Verfügungen und Entscheiden erfolgt nach der Praxis und nach den bisherigen kantonalen Regelungen in aller Regel bzw. teilweise sogar ausschliesslich **durch die Post** mittels eingeschriebener Postsendung (im Einzel-

nen KAMBER, 27 ff.). Die Inanspruchnahme der Post regeln im Allgemeinen die eidgenössische Postgesetzgebung, namentlich das Postgesetz (PG; SR 783.0) und die Postverordnung (VPG; SR 783.1), und im Detail die Allgemeinen Geschäftsbedingungen der Post «Postdienstleistungen» (AGB «Postdienstleistungen»; ‹www.postlogistics.ch/de/uk-agb-postdienstleistungen-08.pdf›). Gemäss diesen werden eingeschriebene Sendungen und Sendungen mit Zustellnachweis beim Hauseingang übergeben (Ziff. 2.3.2). Der Zustellungsnachweis kann zusätzlich entweder mittels (durch die Post zu retournierenden) Rückscheins oder mittels Gerichtsurkunde erfolgen, wobei in beiden Fällen der Absender die Bestätigung erhält, wann und an wen die Sendung zugestellt worden ist (Broschüre «Briefe Schweiz» Ausgabe Februar 2008 ‹www.post.ch/de/pm-briefe-schweiz.pdf›, 21).

In der gerichtlichen Praxis werden i.d.R. Sendungen an nicht vertretene Parteien mit **Gerichtsurkunde** zugestellt, so dass der Zustellungsnachweis vom zustellenden Postamt direkt dem Gericht retourniert wird. Ist eine Partei vertreten, erfolgt die Zustellung an ihre Vertretung (Art. 137) und i.d.R. eingeschrieben und mit einem vom Empfänger zu retournierenden Empfangsschein. Wird im letzteren Fall der Empfangsschein nicht retourniert oder bestehen Zweifel an dem darauf vermerkten Empfangsdatum, kann jederzeit die Sendung über ‹www.postmail.ch/trackandtrace› verfolgt und der Zeitpunkt ihrer Zustellung überprüft werden (Broschüre «Briefe Schweiz», 22). 7

Gemäss Abs. 1 ist auch eine Zustellung **auf andere Weise** gegen Empfangsbestätigung möglich und bleibt es somit dem Gericht überlassen zu entscheiden, von welcher Zustellungsart es Gebrauch machen will (HAUSER/SCHWERI, § 177 N 16). Bei den anderen in Frage kommenden Zustellungsarten ist zum Beispiel an Zustellungen durch ein Gerichtsorgan (JEANPRÊTRE, 351), i.d.R. durch den Gerichtsweibel (KAMBER, 33 f.; STAEHELIN/SUTTER, § 12 N 24; Art. 10 ZPO/GE; Art. 113 ZPO/GL; Art. 34 ZPO/OW; Art. 325 ZPO/SH; § 72 ZPO/SO; § 58 ZPO/TG; Art. 24 ZPO/VD; Art. 82 ZPO/VS), aber auch durch die Polizei (Art. 112 ZPO/JU; § 74 Abs. 1 ZPO/LU), den Betreibungsgehilfen (Art. 103 Abs. 1 ZPO/BE) oder den Gemeindeammann (§ 177 GVG/ZH) zu denken. 8

Zu den anderen Weisen der Zustellung gehört insb. die in Art. 139 neu vorgesehene Möglichkeit der **elektronischen Zustellung** gerichtlicher Sendungen (s. Komm. zu Art. 139). 9

Die förmliche Zustellung einer gerichtlichen Sendung ist gehörig erfolgt, wenn deren Adressat bzw. das empfangsberechtigte Organ der juristischen Person oder eine der an deren Stelle zur Entgegennahme berechtigten Personen den Empfang bei der Aushändigung der Sendung entweder auf der dem Gericht zu retournierenden Gerichtsurkunde oder der zustellenden Person gegenüber unterschriftlich bestätigt. 10

Bei anderen als den in Art. 136 Abs. 1 erwähnten Sendungen bleibt es im Übrigen dem Gericht überlassen, sie auch bloss durch gewöhnliche Post zuzustellen (Abs. 4). Dies hat indessen den Nachteil, dass solche Sendungen in den Briefkasten oder das Postfach des Adressaten gelegt werden und nicht festgestellt werden kann, ob überhaupt und wann sie in dessen Hände gelangt sind (BGE 91 III 41 E. 2 = Pra 1965 Nr. 80). Diese Möglichkeit schliesst es jedoch nicht aus, je nach ihrer Bedeutung auch solche Sendungen förmlich zuzustellen (s. zu Art. 136 N 8). 11

IV. Zustellungsempfänger

Zur Entgegennahme einer gerichtlichen Sendung sind neben deren Adressaten bzw. dem empfangsberechtigten Organ der juristischen Person die im selben Wohn- oder Geschäftsdomizil lebenden erwachsenen, d.h. mindestens 16 Jahre alten Personen berechtigt (Abs. 2; AGB «Postdienstleistungen» Ziff. 2.3.5). Hält sich der Adressat in einer öffentlichen Anstalt (Heim, Spital, Gefängnis usw.) auf, ist der Inhaber oder Leiter der 12

Anstalt oder dessen Bevollmächtigter zur Entgegennahme der Sendung berechtigt (BGE 117 III 5 E. 1 = Pra 1992 Nr. 166).

13 Diese Berechtigungen von Dritten zur Entgegennahme gerichtlicher Sendungen gilt nicht, wenn das Gericht anweist, die Sendung **persönlich** bzw. «eigenhändig» (Broschüre «Briefe Schweiz», 21) zuzustellen, was sich namentlich bei streitigen familienrechtlichen Verfahren aufdrängen kann (BOTSCHAFT ZPO, 7307), in denen nicht selten beide Parteien noch an der gleichen Adresse wohnen und daher nach der allgemeinen Regel eine von ihnen auch die Sendung der Gegenpartei rechtsgültig in Empfang nehmen und dieser nicht weiterleiten könnte. In diesem Fall bedarf es keiner Begründung, dass eine gehörige Zustellung die Aushändigung der Sendung an den Adressaten persönlich voraussetzt.

V. Zustellungszeitpunkt

1. Tatsächliche Zustellung

14 Im Normalfall gilt die Sendung als zugestellt, wenn ihr Adressat oder eine der zu ihrer Entgegennahme berechtigten Personen (N 5) sie **tatsächlich empfangen** hat (BGE 122 III 316 E. 4 und dortige Hinweise). Hat die Sendung dem Adressaten oder einer dieser Personen ausgehändigt werden können, ist somit die Zustellung im Zeitpunkt ihres sich aus der Gerichtsurkunde bzw. der sich aus der der zustellenden Person gegenüber erfolgten unterschriftlichen Bestätigung der Aushändigung bzw. aus der Unterzeichnung des dem Gericht retournierten Empfangsscheines ergebenden Erhalts wirksam erfolgt.

15 Kann die Sendung nicht ausgehändigt werden, hinterlegt die Post im Briefkasten des Adressaten eine **Abholungseinladung**, mit der dem Adressaten eine Frist von sieben Tagen zum Bezug der darauf vermerkten Sendung angesetzt wird (AGB «Postdienstleistungen» Ziff. 2.3.7). Wird die Sendung innerhalb dieser Frist abgeholt, ist ihre Zustellung im Zeitpunkt ihrer Entgegennahme am Postschalter erfolgt.

16 Der Zeitpunkt der tatsächlichen Entgegennahme der Sendung am Postschalter – und nicht jener, in dem die Abholungseinladung in das Postfach gelegt worden ist – ist auch massgeblich, wenn die eingeschriebene Sendung an einen Postfachinhaber zugestellt und von diesem innerhalb der siebentägigen Abholungsfrist (N 10) am Postschalter abgeholt wird (BGE 100 III 3 = Pra 1974 Nr. 273).

2. Zustellungsfiktion

17 Kann eine Sendung dem Adressaten oder einer zur Entgegennahme berechtigten Person nicht übergeben werden und wird sie auch innerhalb der für ihre Abholung angesetzten siebentägigen Frist nicht abgeholt (N 13), wird die Sendung von der Post dem Gericht mit dem handschriftlichen Vermerk der für die Abholung angesetzten Frist und dem Vermerk «**Nicht abgeholt**» retourniert (AGB «Postdienstleistungen» Ziff. 2.4.2). Dann tritt an Stelle der Zustellung die Zustellungsfiktion.

18 Gemäss Abs. 2 lit. a tritt die Zustellungsfiktion «am siebten Tag nach dem erfolglosen Zustellungsversuch» ein. Entgegen der früheren bundesgerichtlichen Rechtsprechung (BGE 127 I 31 E. 2b = Pra 2001 Nr. 21) beginnt die die Zustellungsfiktion auslösende siebentägige Frist daher nicht schon am Tag des erfolglosen Zustellungsversuchs, sondern erst am darauf folgenden Tag zu laufen (BGer 5A_2/2010, E. 3. m.H. auf BGE 134 V 49 E. 4 und 5). Voraussetzung dafür ist aber in jedem Fall, dass die durch die Sendung betroffene Person ernsthaft mit der Zustellung von gerichtlichen Sendungen rechnen musste und daher verpflichtet war, dafür zu sorgen, dass ihr Entscheide, welche das Verfahren betreffen, zugestellt werden können (N 3). Ist ein Verfahren hängig, kann von der betroffenen Person verlangt werden, dass sie ihre Post regelmässig kontrolliert und allenfalls

längere Abwesenheiten mitteilt oder während diesen einen zur Entgegennahme allfälliger gerichtlicher Sendungen ermächtigten Stellvertreter ernennt (BSK BGG-AMSTUTZ/ ARNOLD, Art. 44 N 25). Unterlässt sie dies, tritt bei Nichtabholung der Sendung die Zustellungsfiktion ein und erübrigt sich ein zweiter Zustellungsversuch. Denn auf Grund der Postinformation, dass dem Empfänger die Sendung avisiert und eine Frist zur Abholung angesetzt worden ist, besteht eine (widerlegbare) Vermutung auf die Zustellung der Abholungseinladung (BSK BGG-AMSTUTZ/ARNOLD, Art. 44 N 31) und muss die Gefahr, dass die Abholungseinladung versehentlich in den Briefkasten einer Drittperson gelangt wäre, nicht in Betracht gezogen werden, da in diesem Fall angenommen werden kann, dass der unbeteiligte Dritte die Sendung dem Adressaten übergeben oder der Post retournieren würde (BGer, 5A_729/2007, E. 4.2). In diesem Fall obliegt es der Partei, die **Vermutung, dass die Abholungseinladung in ihren Briefkasten gelegt worden ist**, zu widerlegen (BGer, 9C_753/2008, E. 3). Diese Vermutung gilt allerdings nur, wenn die Abholungseinladung in den Briefkasten des Adressaten der gerichtlichen Sendung und nicht mangels eines Briefkastens andernorts – im konkreten Fall hinter einem Blumentopf vor dessen Schaufenster – hinterlegt worden ist (BGer, 5P.301/2006, E. 2). Die apodiktische und von Adressaten der gerichtlichen Sendung nur schwer umzustossende Vermutung, dass die Abholungseinladung ihn tatsächlich erreicht hat, ist allerdings nicht unkritisiert geblieben und namentlich in den Fällen als problematisch bezeichnet worden, in denen der fraglichen Partei im früheren Verlaufe des Verfahrens alle gerichtlichen Sendungen ohne Probleme zugestellt werden konnten und daher nichts für deren bewusstes Ignorieren eines Zustellungsversuches spricht (SZZP 2009, 25 ff.).

a) Briefkasten- und Postfachzustellung

Ist die Abholungseinladung (N 12) im Briefkasten oder Postfach des Adressaten hinterlegt, die Sendung jedoch innerhalb der siebentätigen Frist nicht abgeholt worden, gilt sie als am letzten Tag der für die Abholung eingeräumten Frist zugestellt (Abs. 3 lit. a; so schon BGE 97 III 7 E. 1 = Pra 1971 Nr. 111 und BGE 113 Ib 87). 19

b) Postlagernde Zustellung

Verlangt der Empfänger eine postlagernde Zustellung der gerichtlichen Sendungen und holt er dann die Sendung, mit der er angesichts des laufenden Verfahrens rechnen musste, nicht ab, beträgt die Frist für die Zustellungsfiktion – gleich wie bei der Postfach- bzw. Briefkastenzustellung (N 7) – sieben Tage von der Zustellung an (BGE 113 Ib 87 E. 2b), wobei die Sendung als im Zeitpunkt ihres Einganges beim Postamt am Wohnsitz des Adressaten zugestellt gilt (BGer, 7B.164/2005). 20

Hat bei postlagernder Zustellung der Adressat der Sendung wegen Abwesenheit in Beachtung seiner Pflicht, für die Nachreichung sämtlicher gerichtlicher Sendungen zu sorgen, einen «**Nachsendeauftrag postlagernd**» erteilt, werden die Abholungseinladungen für die für ihn bestimmten Sendungen in das Postfach bzw. den Briefkasten der durch den Auftrag bestimmten Nachsendeadresse gelegt. Als Bestimmungspoststelle gilt somit das im Nachsendeauftrag bestimmte Postamt, weshalb die siebentägige Frist für den Eintritt der Zustellungsfiktion in diesem Fall am Tag nach Eingang der Sendung bei dem durch den Nachsendeauftrag bestimmten Postamt zu laufen beginnt (BGer, 5P.425/2005, E. 3.2; LEUENBERGER, ZBJV 2008, 201 f.). 21

c) Zurückbehaltungsauftrag

Begehren für das Zurückbehalten von Postsendungen können für höchstens zwei Monate gestellt werden (Broschüre «Briefe Schweiz», 35; BGE 127 III 173 E. 1 = Pra 2001 22

Nr. 138). Dies ändert jedoch nichts daran, dass eine solche Anweisung der Post gegenüber den Zeitpunkt der Zustellungsfiktion nicht hinauszuschieben vermag. Denn ein Zurückbehaltungsauftrag befreit nicht von der Pflicht, dafür zu sorgen, dass Gerichtsurkunden zugestellt werden können. Da andernfalls mit einem solchen Auftrag das Verfahren leichthin um mehrere Wochen verzögert werden könnte, was dem Beschleunigungsgebot zuwiderliefe, gilt auch bei Vorliegen eines Zurückbehaltungsauftrages, dass die eingeschriebene Sendung am letzten Tag einer Frist von sieben Tagen ab Eingang bei der Poststelle am Ort des Empfängers als zugestellt gilt (BGE 132 III 492, bestätigt in BGE 134 V 49 E. 2).

d) Annahmeverweigerung

23 Weigert sich der Adressat einer persönlich bzw. «eigenhändig» zuzustellenden gerichtlichen Sendung (N 6), die Sendung entgegenzunehmen und wird dies von der überbringenden Person festgehalten bzw. vom Adressaten unterschriftlich bestätigt (AGB «Postdienstleistungen» Ziff. 2.3.8), gilt die Sendung als am Tage der Annahmeverweigerung zugestellt (Abs. 3 lit. b).

3. Unmöglichkeit der Zustellung

24 Bei unmöglichen oder durch unterbliebene Bezeichnung eines Zustellungsdomizils verunmöglichte Zustellungen erfolgt die öffentliche Bekanntmachung und gilt die Zustellung am Tag der Publikation als erfolgt (Art. 141; Näheres s. Komm. zu Art. 141).

VI. Rechtsfolgen

25 Erfolgt die Zustellung der gerichtlichen Sendung – sei es i.S. der tatsächlichen Aushändigung der Sendung (N 13–15), sei es in der Form der Zustellungsfiktion (N 16 ff.) – ordnungsgemäss, ist die Partei gehörig vorgeladen bzw. gehörig über den Inhalt der gerichtlichen Sendung in Kenntnis gesetzt worden, was insbes. den in der Vorladung festgesetzten Termin verbindlich macht bzw. die in den zugestellten Verfügungen oder Entscheiden angesetzten Fristen auslöst.

26 Erfolgt die Zustellung jedoch nicht ordnungsgemäss, gilt die Mitteilung der gesendeten Schriftstücke als nicht erfolgt und ist daher der zugestellte Entscheid ungültig (BGE 116 III 85 E. 2 = Pra 1991 Nr. 48), wobei seine **Unwirksamkeit** von Amtes wegen zu beachten ist (BGE 122 I 97 E. 3). Ist die Zustellung der ersten Vorladung nicht richtig vorgenommen worden, indem der Beklagte, dessen Adresse zumindest eruierbar gewesen wäre, unzulässigerweise mittels Publikation im Amtsblatt vorgeladen worden ist, und konnte er deshalb am Verfahren, von dem er keine Kenntnis erhalten hat, nicht teilnehmen, ist das in der Folge gegen ihn ergangene Säumnisurteil mit einem derart schwerwiegenden Verfahrensmangel behaftet, dass es als nichtig erscheint, mithin nicht existiert und keine Rechtswirkungen entfaltet (BGE 129 I 361; LEUENBERGER, ZBJV 2005, 32 f.).

27 Da die Bestimmungen über die Zustellung indessen hauptsächlich bezwecken sicherzustellen, dass die betreffende Urkunde dem (richtigen) Adressaten zukommt, ist die Einrede der Nichtigkeit der Zustellung missbräuchlich, wenn der Adressat trotz der nicht ordnungsgemässen Zustellung von der Sendung tatsächlich Kenntnis erhalten hat (BGer, 4A_367/2007, E. 3.2; BGE 132 I 249 = Pra 2007 Nr. 64). Nichtigkeit liegt m.a.W. nach dem Grundsatz von Treu und Glauben nur vor, wenn die Partei wirklich irregeführt worden ist und einen Nachteil erlitten hat, indem sie z.B. von einer Vorladung keine Kenntnis erhalten und deshalb einen Termin nicht hat wahrnehmen können (BGer, 5P.24/2007, E. 4.1).

VII. Internationales Privat- und Zivilprozessrecht

Im internationalen Verhältnis sind für Zustellungen die einschlägigen Bestimmungen des von der Schweiz mit Wirkung ab 1.1.1995 ratifizierten Haager Übereinkommens über die Zustellung gerichtlicher und aussergerichtlicher Schriftstücke im Ausland in Zivil- oder Handelssachen vom 15.11.1965 (HZÜ; SR 0.274.131) zu beachten, worunter auch die Zustellung von Betreibungsurkunden fallen, wenn die Betreibung privatrechtliche Forderungen betrifft (BGE 94 III 35 E. 2 = Pra 1968 Nr. 122 und dortige Hinweise). Art. 5 sieht vor, dass die Zustellung von der zentralen Behörde des ersuchten Staates entweder in einer der vom ersuchten Staat dafür vorgeschriebenen Formen oder in einer von der ersuchenden Stelle gewünschten Form, sofern diese nicht mit dem Recht des ersuchten Staates unvereinbar ist, bewirkt oder veranlasst wird (Abs. 1). Ist Letzteres nicht der Fall, darf die Zustellung stets durch einfache Übergabe des Schriftstückes an den Empfänger erfolgen, wenn dieser zur Annahme bereit ist (Art. 5 Abs. 2; BGE 103 III 69 E. 3 = Pra 1977 Nr. 115). 28

Erfolgt die Zustellung ins Ausland formell durch die ersuchte Behörde, kann diese verlangen, dass das Schriftstück in der Amtssprache oder einer der Amtssprachen des ersuchten Staates abgefasst oder in diese übersetzt wird (Art. 5 Abs. 3 HZÜ). Dies setzt die Behörden des ersuchten Staates in die Lage, die Zulässigkeit der Zustellung bestimmter Urkunden im Lichte ihres Landesrechts zu prüfen (BGE 103 III 69 E. 3 = Pra 1977 Nr. 115). 29

Das HZÜ schliesst es nicht aus, dass gerichtliche Schriftstücke im Ausland befindlichen Personen unmittelbar durch die Post übersandt werden (Art. 10 lit. a). Diese Zustellungsart ist jedoch nur statthaft, wenn Abkommen zwischen den beteiligten Staaten es zulassen. Dies ist z.B. für Italien nicht der Fall. Italien ist zwar ebenfalls dem Haager Übereinkommen beigetreten. Dessen ungeachtet gilt zwischen der Schweiz und Italien nach wie vor auch der Niederlassungs- und Konsularvertrag vom 22.7.1868 (SR 0.142.114.541), der die Zustellung durch die Post ausschliesst und daher nichtig macht (BGE 94 III 35 E. 3). 30

Das Übereinkommen stellt es sodann den Vertragsstaaten frei, gerichtliche Schriftstücke unmittelbar durch ihre diplomatischen oder konsularischen Vertreter ohne Zwang zustellen zu lassen (Art. 8 Abs. 1 HZÜ) oder für die Übermittlung der zuzustellenden Schriftstücke an die ausländischen Behörden den konsularischen Weg zu benutzen (Art. 9 HZÜ). 31

Auch ein formell mangelhaftes Zustellungsersuchen führt nicht zur Unwirksamkeit der Zustellung, wenn die ersuchte Behörde – statt nach Art. 4 des Haager Übereinkommens vorzugehen – ihm entspricht und die Zustellung tatsächlich erfolgt ist (BGE 129 III 750 E. 3.1; DONZALLAZ, 332 ff.). 32

Das frühere Haager Übereinkommen betreffend Zivilprozessrecht aus dem Jahre 1954 (SR 0.274.12) ist durch das neue Abkommen ersetzt worden und gilt nur noch im Verkehr mit Vertragsstaaten, die dem neuen Abkommen nicht beigetreten sind (MEIER, ZPR, 7). 33

Gemäss Art. 11 HZÜ steht es den Vertragsstaaten frei, in bilateralen Zusatzvereinbarungen den unmittelbaren Behördenweg vorzusehen. Von dieser Möglichkeit hat die Schweiz verschiedentlich Gebrauch gemacht. Neben und ergänzend zu den vorstehend erwähnten internationalen Übereinkommen sind daher im Verkehr mit den einzelnen Staaten – soweit sie einschlägig sind – auch die mit diesen abgeschlossenen und weiterhin geltenden (MEIER, a.a.O.) bilateralen Abkommen über die Anerkennung und Vollstreckung gerichtlicher Entscheidungen zu beachten. Es sind dies der Vertrag vom 19.11.1896 mit Spanien (SR 0.276.193.321), die Erklärung vom 1.1.1913 zwischen der 34

Schweiz und Frankreich betreffend die Übermittlung von gerichtlichen und aussergerichtlichen Aktenstücken sowie von Requisitorien in Zivil- und Handelssachen (SR 0.274.183.491), der Vertrag vom 21.12.1926 mit der Tschechoslowakischen Republik (SR 0.276.197.411), der inzwischen sowohl von der Tschechischen als auch von der Slowakischen Republik übernommen worden ist (SR 0.276.197.431 und 0.276.196.901), das Abkommen vom 2.11.1929 mit dem Deutschen Reich (SR 0.276.191.361), das Abkommen vom 3.1.1933 mit Italien (SR 0.276.194.541), der Vertrag vom 1.6.1933 mit der Türkei über den Rechtsverkehr in Zivil- und Handelssachen (SR 0.274.187.631), die Übereinkunft vom 30.3.1934 mit Griechenland über die Regelung der Rechtshilfe in Zivil- und Handelssachen (SR 0.274.183.721), das Abkommen vom 15.1.1936 mit Schweden (SR 0.276.197.141), das Abkommen vom 29.4.1959 mit Belgien (SR 0.276.191.721), der Vertrag vom 18.12.1960 mit der Republik Österreich (SR 0.276.191.632) und das Abkommen vom 25.4.1968 mit dem Fürstentum Liechtenstein (SR 0.276.195.141).

35 Für die Zustellung zivilprozessualer gerichtlicher Sendungen in einem Staat, mit welchem ein vertragsloser Zustand besteht, ist auf diplomatischem Weg der zuständigen Behörde des ersuchten Staates ein Ersuchungsschreiben in deren Amtssprache und mit der Angabe über den Gegenstand des Prozesses, in dem um Zustellhilfe ersucht wird, zuzustellen (WALDER, IZPR, 216 N 7–10). Verweigert diese die Zustellung, gilt die Zustellung als nicht möglich und kann sie auf dem Weg der öffentlichen Bekanntmachung erfolgen (Art. 141 Abs. 1 lit. b).

36 Eine tatsächliche Zustellung im Ausland ist unabdingbar für die den Prozess einleitende Vorladung oder Verfügung sowie für die Anweisung zur Bezeichnung eines Zustellungsdomizils in der Schweiz (Art. 140 N 2), ansonsten das in der Folge ergangene Urteil ungültig ist und dies dessen Anerkennung und Vollstreckung entgegensteht (Art. 29 Abs. 1 lit. c IPRG; BGer, 4A_161/2008, E. 4.1 m.w.H.) bzw. bei der Vollstreckung eines Urteils im Ausland geltend gemacht werden kann (GULDENER, Internat., 102). Denn die Staatsverträge (im Einzelnen BGE 105 Ib 45 f. = Pra 1979 Nr. 156) machen die Anerkennung und Vollstreckung ausländischer Urteile davon abhängig, dass der Grundsatz des rechtlichen Gehörs insb. dahingehend beachtet worden ist, dass die den Prozess einleitende Vorladung oder Verfügung der betroffenen Partei oder ihrer Vertretung gehörig, das heisst tatsächlich und unter Beachtung der Formen des Zustellortes, zugestellt worden ist. Ist dies nicht der Fall, ist das in der Folge ergangene Urteil nicht nur anfechtbar, sondern nichtig (BGE 129 I 361; LEUENBERGER, ZBJV 2005, 32 f.). Ist dagegen die Vorladung oder die den Prozess einleitende Verfügung gehörig zugestellt worden, ist für die weiteren Zustellungen im Laufe des Prozesses eine tatsächliche Zustellung nicht mehr erforderlich (GULDENER, Internat., 149 ff.; BGE 105 Ib 45 = Pra 1979 Nr. 156, insb. 46; BGer, 5P.435/2006, E. 6). Dies gilt auch für die Zustellung eines Urteils, sofern es nach dem Recht des Staates, in dem es zugestellt wird, rechtsgültig zugestellt worden ist (BGE 102 Ia 308 = Pra 1983 Nr. 110).

Art. 139

Elektronische Zustellung

¹ Mit dem Einverständnis der betroffenen Person kann jede Zustellung elektronisch erfolgen.

² Der Bundesrat bestimmt die Einzelheiten.

Notification par voie électronique

¹ Les actes peuvent être notifiés par voie électronique avec l'accord de la personne concernée.

² Le Conseil fédéral règle les modalités.

Notificazione per via elettronica	¹ Con il consenso del diretto interessato, ogni notificazione può essere fatta per via elettronica.
	² Il Consiglio federale emana le disposizioni di dettaglio.

Wie schon Art. 39 Abs. 2 BGG für das Verfahren vor Bundesgericht, erlaubt es Art. 139 nun grundsätzlich, die Zustellungen des Gerichtes an die Parteien auf elektronischem Weg vorzunehmen. Da sie das Einverständnis der betroffenen Person voraussetzt, ist die elektronische Zustellung jedoch nur im Verhältnis mit Parteien zulässig, die sich damit einverstanden erklärt haben. Das Gesetz verlangt somit nicht, dass die Partei auf elektronischem Weg erreichbar sein muss (SEILER/VON WERDT/GÜNGERICH, Art. 39 BGG N 6). 1

Wie für die Einreichung von Eingaben auf elektronischem Weg (Art. 130 Abs. 2) ist für die elektronische Zustellung vorausgesetzt, dass die Partei, die mit dieser Zustellungsform einverstanden ist oder sie sogar wünscht, über eine anerkannte elektronische Signatur verfügt und sich auf einer anerkannten Zustellplattform einträgt (s. Art. 130 N 12), damit die gerichtlichen Sendungen über diese übermittelt werden können. 2

Bei der elektronischen Zustellung werden die elektronisch übermittelten Sendungen auf dem auf der Zustellungsplattform eingerichteten virtuellen Briefkasten des Empfängers, das einem Postfach entspricht, zur Abholung bereit gestellt. Beim Eingang der Sendung erhält der Empfänger per E-Mail eine Benachrichtigung einschliesslich eines Abhol-Links. Der Zeitpunkt des Einganges in das Postfach und der Abholung der Nachricht wird sichergestellt und mit einem entsprechenden Nachweis dokumentiert. (IncaMail-Flyer auf ‹www.incamail.ch›). Die gerichtliche Sendung ist zugestellt, wenn sie der Empfänger von seinem Postfach herunterlädt und damit tatsächlich in Empfang nimmt. Unterbleibt das Herunterladen, gilt die Sendung – wie bei der Zustellung in Papierform in ein Postfach – als am siebten Tag nach der Bereitstellung im elektronischen Postfach bzw. der Zustellung der Abholeinladung als zugestellt (Art. 138 N 18). 3

Zur Regelung der gemäss Abs. 2 vom Bundesrat zu bestimmenden Einzelheiten ist eine «Verordnung über die elektronische Übermittlung im Rahmen von Zivil- und Strafprozessen sowie von Schuldbetreibungs- und Konkursverfahren» in Bearbeitung, die sich an die entsprechende Verordnung über die elektronische Übermittlung in Verwaltungsverfahren (VeÜVwV; SR 172.021.2) anlehnen wird (s. Art. 130 N 16). 4

Art. 140

Zustellungsdomizil	**Das Gericht kann Parteien mit Wohnsitz oder Sitz im Ausland anweisen, ein Zustellungsdomizil in der Schweiz zu bezeichnen.**
Election de domicile	Le tribunal peut ordonner aux parties dont le domicile ou le siège se trouve à l'étranger d'élire en Suisse un domicile de notification.
Recapito	Il giudice può invitare le parti con domicilio o sede all'estero a designare un recapito in Svizzera.

Inhaltsübersicht

	Note
I. Norminhalt und Normzweck	1
II. Anwendung	2
III. Rechtsfolgen	7
IV. Internationales Zivilprozessrecht	9

Literatur

R. KAMBER, Das Zustellungswesen im schweizerischen Zivilprozess, Diss. Zürich 1957.

I. Norminhalt und Normzweck

1 Art. 140 räumt – wie Art. Art. 39 Abs. 3 BGG und bisher schon die meisten kantonalen Ordnungen (z.B. § 405 ZPO/AG; Art. 51 ZPO/AR; Art. 55 Abs. 2 ZPO/GR; § 75 Abs. 2 ZPO/LU; Art. 74 Gerichtsgesetz/SG; Art. 45 Abs. 2 ZPO/SH; § 76 Abs. 2 ZPO/SO; § 58 Abs. 3 ZPO/TG; Art. 73 ZPO/VD; Art. 85 ZPO/VS und § 30 ZPO/ZH) – dem Gericht die Möglichkeit ein, von im Ausland wohnhaften Parteien die Bezeichnung eines Zustellungsdomizils in der Schweiz zu verlangen. Dieses Vorgehen hat den Zweck, den Gang des Verfahrens allenfalls ungebührlich verzögernde zeitraubende Verfahren für Zustellungen von Vorladungen, prozessleitenden Verfügungen und Entscheiden im Ausland zu vermeiden, und ermöglicht es somit, auch Verfahren, an denen im Ausland wohnhafte Parteien beteiligt sind, i.S. des Beschleunigungsgebotes zügig durchzuführen (BÜHLER/EDELMANN/KILLER, § 93 ZPO/AG N 9; s.a. Art. 124 N 3).

II. Anwendung

2 Art. 140 ist eine **Kannvorschrift**. Er überlässt es dem Gericht, ob es im konkreten Verfahren davon Gebrauch machen will. Damit eine allfällige Unterlassung die vorgesehenen Wirkungen (Art. 141 Abs. 1 lit. c) entfalten kann, ist gegebenenfalls aber stets vorausgesetzt, dass der betroffenen Partei die Anweisung zur Bezeichnung des Zustellungsdomizils gemäss Art. 138 und insb. unter Beachtung der für die Zustellungen ins Ausland massgeblichen staatsvertraglichen Bestimmungen und namentlich jener des Haager Übereinkommens über die Zustellung gerichtlicher und aussergerichtlicher Schriftstücke im Ausland in Zivil- oder Handelssachen (Art. 138 N 20 ff.) und der einschlägigen bilateralen Verträge tatsächlich zugestellt worden ist (BGE 97 I 250 E. 6c; BGer, 5P.73/2004, E. 2.2). Erforderlich ist zudem, dass die Anweisung nebst der Aufforderung zur Bezeichnung des Zustellungsdomizils auch den Hinweis auf die Folgen der Unterlassung enthält; nur deren in diesem Sinne ordnungsgemässe Zustellung verpflichtet die Partei ohne Verletzung des Grundsatzes des rechtlichen Gehörs (BGE 102 Ia 308, 315 E. 5 = Pra 1976 Nr. 226) und erlaubt es, bei unterbliebener Bezeichnung eines Zustellungsdomizils die vom Gesetz vorgesehenen Folgen eintreten zu lassen und die weiteren Zustellungen in Anwendung von Art. 141 Abs. 1 lit. c durch Publikation vorzunehmen (FRANK/STRÄULI/MESSMER, § 30 ZPO/ZH N 4; BÜHLER/EDELMANN/KILLER, § 93 ZPO/AG N 9).

3 Die Anweisung zur Bezeichnung eines Zustellungsdomizils setzt einen **Wohnsitz oder Sitz im Ausland** voraus. Sie kann auch erfolgen, wenn eine Partei während des Verfahrens ihren Wohnsitz oder Sitz dauerhaft ins Ausland verlegt (SPÜHLER/DOGLE/VOCK, Art. 39 BGG N 12; BSK BGG-MERZ, Art. 39 N 36).

4 Als Zustellungsdomizil muss eine Adresse in der Schweiz bezeichnet werden, an die die Zustellungen in Zukunft erfolgen können. Die an dieser Adresse empfangsberechtigte Person muss nicht eine Anwältin oder ein Anwalt sein (SEILER/VON WERDT/GÜNGERICH, Art. 39 BGG N 3). Der Zustellungsempfänger ist **Zustellungsbevollmächtigter** oder Insinuationsmandatar; er ist bloss passiver Vertreter, der nicht zur Vornahme von Prozesshandlungen, sondern nur dazu befugt ist, die der von ihm vertretenen Partei vom Gericht gemäss Art. 136 zugestellten Urkunden mit der Wirkung in Empfang zu nehmen, dass die Urkunde wie bei der Zustellung an den Adressaten oder die Parteivertretung (Art. 137) als gehörig zugestellt gilt (KAMBER, 75 f.).

Kommt die im Ausland wohnhafte Partei der Aufforderung, zur Bezeichnung eines Zustellungsdomizils nach, indem sie einen **Vertreter** in der Schweiz bevollmächtigt, so dass sämtliche Zustellungen ausschliesslich an diesen erfolgen können (Art. 137), legt aber in der Folge ihr Vertreter das Mandat nieder, hat die Partei ohne neue Aufforderung seitens des Gerichts ein Zustellungsdomizil zu bezeichnen, ansonsten die in der ursprünglichen Aufforderungen angedrohten Folgen eintreten (BGer, 5P.73/2004, E. 2.3). 5

Die Notwendigkeit der Bezeichnung eines Zustellungsdomizils entfällt, wenn die Partei stattdessen i.S.v. Art. 139 sich damit einverstanden erklärt, dass die Zustellung der gerichtlichen Sendungen elektronisch erfolgt und die dafür nötigen Voraussetzungen schafft, insb. sich auf einer in der Schweiz anerkannten Zustellungsplattform registrieren lässt und über eine in der Schweiz anerkannte elektronische Signatur verfügt (Art. 139 N 2; SPÜHLER/DOLGE/VOCK, Art. 39 BGG N 11; BSK BGG-MERZ, Art. 39 N 6). 6

III. Rechtsfolgen

Wird ein Zustellungsdomizil bezeichnet, erfolgen sämtliche gerichtliche Zustellungen an diese Adresse gemäss Art. 138 mit den entsprechenden Folgen. Erweist sich in der Folge – aus welchen Gründen auch immer – eine Zustellung an diese Adresse als unmöglich, kann die Zustellung gemäss Art. 141 durch öffentliche Bekanntmachung erfolgen. 7

Unterlässt es die im Ausland wohnhafte Partei, ein Zustellungsdomizil zu bezeichnen, können alle im weiteren Verlaufe des Verfahrens gemäss Art. 136 an sie vorzunehmenden Zustellungen durch Publikation erfolgen (Art. 141 Abs. 1 lit. c). Da sie in Art. 141 nicht vorgesehen ist, kommt hingegen die in Art. 39 Abs. 3 BGG und in bisherigen kantonalen Ordnungen (z.B. § 29 ZPO/SZ; § 30 ZPO/ZH) vorgesehene Möglichkeit, dass die Mitteilungen auch unterbleiben können, nicht in Betracht. 8

IV. Internationales Zivilprozessrecht

IPRG und LugÜ enthalten keine Art. 140 einschränkende Bestimmungen (FRANK/STRÄULI/MESSMER, § 30 ZPO/ZH N 3 und 8; ZR 1985 Nr. 25 E. 8; BSK BGG-MERZ, Art. 39 N 47). 9

Das Erfordernis einer Zustelladresse im Staat, in dem ein Verfahren durchgeführt wird, ist im Interesse der Vermeidung von Verfahrensverzögerungen gerechtfertigt und auch mit Art. 6 Ziff. 1 EMRK grundsätzlich vereinbar (BGer, 5P.73/2004, E. 2.4 m.w.H.). 10

Der Anwendung von Art. 140 steht auch das Haager Übereinkommen über die Zustellung gerichtlicher und aussergerichtlicher Schriftstücke im Ausland in Zivil- oder Handelssachen (SR 0.274.131) nicht entgegen (BSK BGG-MERZ, a.a.O.). Das Abkommen regelt die Art und Voraussetzungen einer tatsächlichen Zustellung an eine Prozesspartei mit Wohnsitz in einem anderen Staat. Es sagt indessen nichts darüber aus, in welcher Form Zustellungen erfolgen müssen, um prozessuale Wirkungen zu entfalten; darüber entscheidet allein das eigene Prozessrecht des einzelnen Staates. Ob die Inanspruchnahme der Rechtshilfe auswärtiger Behörden notwendig ist, entscheidet sich nach dem Recht des Prozessgerichtes (BGE 102 Ia 308 E. 4a; ZR 1985 Nr. 25 E. 8). Daran ändert das Bestehen vertraglicher Vereinbarungen über die Rechtshilfe mit einzelnen Staaten nichts; denn diese begründen das Recht, nicht aber die Pflicht zur Inanspruchnahme der Rechtshilfe (GULDENER, Internat., 18 Anm. 7). 11

Mit Bezug auf Deutschland ist zu beachten, dass der in Deutschland wohnhaften Partei die Anweisung zur Bezeichnung eines Zustellungsdomizils tatsächlich zugestellt werden 12

Art. 141

muss, da Zustellungen nach § 175 der deutschen ZPO (mittels uneeingeschriebener Postsendung an die Adresse des Wohnorts) nur dann nicht schweizerischem ordre public widersprechen, wenn die betroffene Partei zuvor in Kenntnis gesetzt worden ist, dass im Unterlassungsfall ihr gerichtliche Sendungen nach § 175 der deutschen ZPO zugestellt werden (WALDER, IZPR, § 12 N 12b und c m.H. auf BGE 97 I 259 f.).

Art. 141

Öffentliche Bekanntmachung	¹ Die Zustellung erfolgt durch Publikation im kantonalen Amtsblatt oder im Schweizerischen Handelsamtsblatt, wenn: a. der Aufenthaltsort der Adressatin oder des Adressaten unbekannt ist und trotz zumutbarer Nachforschungen nicht ermittelt werden kann; b. eine Zustellung unmöglich ist oder mit ausserordentlichen Umtrieben verbunden wäre; c. eine Partei mit Wohnsitz oder Sitz im Ausland entgegen der Anweisung des Gerichts kein Zustellungsdomizil in der Schweiz bezeichnet hat. ² Die Zustellung gilt am Tag der Publikation als erfolgt.
Notification par voie édictale	¹ La notification est effectuée par publication dans la feuille officielle cantonale ou dans la Feuille officielle suisse du commerce: a. lorsque le lieu de séjour du destinataire est inconnu et n'a pu être déterminé en dépit des recherches qui peuvent raisonnablement être exigées; b. lorsqu'une notification n'est pas possible ou présente des difficultés extraordinaires; c. lorsque la partie domiciliée à l'étranger n'a pas élu de domicile de notification en Suisse malgré l'injonction du tribunal. ² L'acte est réputé notifié le jour de la publication.
Notificazione per via edittale	¹ La notificazione è fatta mediante pubblicazione nel Foglio ufficale cantonale o nel Foglio ufficale svizzero di commercio se: a. il luogo di dimora del destinatario è sconosciuto e non può essere individuato nemmeno con debite, ragionevoli ricerche; b. una notificazione è impossibile o dovesse comportare difficoltà straordinarie; c. una parte con domicilio o sede all'estero non ha designato un recapito in Svizzera nonostante l'invito rivoltole dal giudice. ² La notificazione è considerata avvenuta il giorno della pubblicazione.

Inhaltsübersicht   Note

I. Norminhalt und Normzweck 1
II. Voraussetzungen der öffentlichen Bekanntmachung 2
   1. Unbekannter Aufenthaltsort 2
   2. Unmöglichkeit der Zustellung 3
   3. Fehlen eines Zustellungsdomizils 5
III. Publikationsorgan 6
IV. Rechtsfolgen 9
V. Internationales Zivilprozessrecht 12

Literatur

Vgl. die Literaturhinweise zu Art. 140.

I. Norminhalt und Normzweck

Art. 141 regelt die Zustellung in den Fällen, in denen eine gerichtliche Zustellung an die betroffene Partei nicht möglich ist (Abs. 1 lit. a und b) oder von ihr durch Unterlassung der Bezeichnung eines Zustellungsdomizils verunmöglicht worden ist (Abs. 1 lit. c). Diese schon in den früheren kantonalen Ordnungen und auch schon im Verfahren vor dem Bundesgericht (Art. 39 Abs. 3 BGG) vorgesehene Massnahme hat den Zweck, die Gewähr dafür zu schaffen, dass die Einleitung und Durchführung des Verfahrens nicht durch die Abwesenheit der Parteien, in der Regel der beklagten Partei, verunmöglicht wird. Sie ist indessen bloss ein Notbehelf, der nur zur Anwendung gelangen kann und darf, wenn es tatsächlich unmöglich ist, der betroffenen Partei eine der namentlich in Art. 136 vorgesehenen gerichtlichen Sendungen in der durch Art. 138 oder durch die internationalen Regelungen vorgesehenen Form (s. Art. 138 N 20) zuzustellen. Sie bewirkt die Fiktion, dass die Zustellung und insb. die Vorladung dem Adressaten zugegangen ist. Ihr Zweck ist es, damit unbekannt Abwesende oder Parteien, die entgegen der ihnen ordnungsgemäss zugestellten Aufforderung dazu kein Zustellungsdomizil bezeichnet haben, in endgültiger und unanfechtbarer Weise eine gerichtliche Sendung zuzustellen, so dass daran, dass sie trotz der (fiktiven) Zustellung nicht erscheinen oder die angesetzte Frist unbenützt verstreichen lassen, die gesetzlich vorgesehenen und angedrohten prozessualen Folgen geknüpft werden können, und zwar unabhängig davon, ob die betroffene Person von der Publikation erfahren hat oder nicht (HAUSER/SCHWERI, § 183 N 1–3).

II. Voraussetzungen der öffentlichen Bekanntmachung

1. Unbekannter Aufenthaltsort

Die öffentliche Bekanntmachung setzt zum einen voraus, dass *der Aufenthaltsort der Adressatin oder des Adressaten unbekannt ist und trotz zumutbaren Nachforschungen nicht ermittelt werden kann* (Abs. 1 lit. a). In diesem Sinne unbekannt ist der Aufenthaltsort der betroffenen Person erst und nur, wenn er jenem Personenkreis nicht bekannt ist, der ihn üblicherweise kennt, nicht aber schon, wenn der Adressat nur vorübergehend (z.B. in den Ferien, im Urlaub oder im Militärdienst) abwesend sein könnte (HAUSER/SCHWERI, § 183 N 6). In jedem Fall setzt die Annahme eines unbekannten Aufenthaltsortes und eine aus diesem Grund erfolgte öffentliche Bekanntmachung voraus, dass alle zumutbaren Nachforschungen erfolgt sind. Dazu gehört auch, dass die klagende Partei verpflichtet werden kann, die Adresse der oder des Beklagten beizubringen oder nachzuweisen, dass sie sich erfolglos darum bemüht hat und weitere Nachforschungen aussichtslos sind (KAMBER, 37; BÜHLER/EDELMANN/KILLER, § 94 ZPO/AG N 1; BGE 116 III 85 = Pra 1991 Nr. 48). Hat die private Partei die Nachforschungen nicht einholen können, bspw. weil die nötigen Auskünfte nur Amtsstellen erteilt werden, hat das Gericht sie von Amtes wegen einzuholen (HAUSER/SCHWERI, § 183 N 8); andernfalls kann nicht von einem unbekannten Aufenthaltsort i.S.v. Art. 141 ausgegangen werden.

2. Unmöglichkeit der Zustellung

Eine Unmöglichkeit der Zustellung i.S.v. Abs. 1 lit. b liegt vor, wenn die gerichtliche Sendung weder dem Adressaten persönlich noch seinem Vertreter noch einer zu deren Empfang berechtigten Person (Art. 138 Abs. 2) zugestellt werden kann. Auch die zur öffentlichen Bekanntmachung berechtigende Unmöglichkeit der Zustellung kann indessen erst angenommen werden, wenn sämtliche sachdienlichen Nachforschungen (z.B. mit einer Anfrage bei der Einwohnerkontrolle des Wohnortes, beim Fürsorgeamt oder bei Bekannten) erfolgt, aber erfolglos geblieben sind (BGE 116 III 85 E. 2 = Pra 1991 Nr. 48). Diese Nachforschungen sind an sich Sache des Gerichtes; es genügt aber, wenn die Gegenpartei ausreichende, aber ergebnislose Nachforschungen nachweist (BGE 112 III 6 = Pra 1996 Nr. 68).

4 Keine Unmöglichkeit der Zustellung ist gegeben, wenn der Adressat der gerichtlichen Sendung während der Anhängigkeit des Verfahrens, von dem er weiss und in dem er daher mit der Zustellung von gerichtlichen Urkunden rechnen musste, seinem Wohnsitz fernbleibt, ohne dafür zu sorgen, dass ihm Gerichtsurkunden nachgesandt und zugestellt werden können. Denn in einem solchen Fall liegt eine Vereitelung der Zustellung vor, bei der die Zustellung schon auf Grund von Art. 138 Abs. 3 als erfolgt gilt und daher eine öffentliche Bekanntmachung unterbleiben kann.

3. Fehlen eines Zustellungsdomizils

5 Hat eine im Ausland wohnhafte Partei trotz der ihr ordnungsgemäss zugestellten gerichtlichen Anweisung (Art. 140) es unterlassen, ein Zustellungsdomizil in der Schweiz zu bezeichnen, tritt nach Abs. 1 lit. c bei ihr ohne Weiterungen an Stelle der Zustellung die öffentliche Bekanntmachung, die im kantonalen Verfahren – im Unterschied zum Verfahren vor Bundesgericht (Art. 39 Abs. 3 BGG) und zu verschiedenen bisherigen kantonalen Regelungen (z.B. § 29 ZPO/SZ; § 30 ZPO/ZH) – nicht unterbleiben kann.

III. Publikationsorgan

6 Art. 141 sieht vor, dass die öffentliche Bekanntmachung *im kantonalen Amtsblatt oder im Schweizerischen Handelsamtsblatt* erfolgt. Es bleibt dem Gericht überlassen, nach freiem Ermessen zu entscheiden, in welchem dieser beiden Organe die Publikation erfolgen soll. Dabei wird insb. auf die Besonderheiten des konkreten Falles Rücksicht zu nehmen und zu bedenken sein, bei welchem Organ die betroffene Partei am ehesten von der Publikation Kenntnis erhalten könnte, was in Handelssachen und namentlich in handelsgerichtlichen Verfahren in der Regel eher für eine Publikation im Schweizerischen Handelsamtsblatt sprechen dürfte.

7 Da sie die in den meisten kantonalen Ordnungen noch vorgesehene (z.B. § 94 ZPO/AG; Art. 68 Abs. 2 ZPO/AR; Art. 112 ZPO/BE; § 65 ZPO/BL; Art. 28 ZPO/FR; Art. 55 Abs. 1 ZPO/GR; Art. 111 ZPO/JU; Art. 94 Abs. 3 ZPO/NE; Art. 68 Abs. 2 ZPO/NW; Art. 73 Abs. 2 Gerichtsgesetz/SG; Art. 46 ZPO/SH; § 78 ZPO/SO; § 58 Abs. 4 ZPO/TG; Art. 123 Abs. 2 ZPO/TI; Art. 67 Abs. 2 ZPO/UR; Art. 28 ZPO/VD; § 183 GVG/ZH und HAUSER/SCHWERI, § 183 N 22 f.) und im VE noch vorgeschlagene (Art. 133 Abs. 3 VE-ZPO) Möglichkeit der Publikation auch in einer anderen Zeitung (Bericht zum VE, 71) nicht übernimmt, muss die Aufzählung der möglichen Publikationsorgane in Art. 141 als abschliessend betrachtet werden.

8 Zum Nachweis der durch die Publikation erfolgten Zustellung ist ein Exemplar des fraglichen Publikationsorgans zu den Akten zu nehmen (KAMBER, 42 m.w.H.).

IV. Rechtsfolgen

9 Mit der rechtmässig angeordneten Publikation entsteht die **unwiderlegbare Vermutung**, dass der Inhalt der publizierten Bekanntmachung dem Adressaten zur Kenntnis gelangt ist (HAUSER/SCHWERI, § 183 N 18). Sind die Voraussetzungen dafür gegeben, kann die

betroffene Partei allenfalls versuchen, die Folgen der Zustellungsfiktion mit einem Gesuch um Wiederherstellung der danach versäumten Tagfahrt oder Frist abzuwenden (Art. 148; BÜHLER/EDELMANN/KILLER, § 94 ZPO/AG N 7 m.w.H.).

Die Zustellungsfiktion tritt gemäss Abs. 2 am **Tag der Publikation** ein. Massgebend ist der Tag, an dem das Presseerzeugnis, in dem die Publikation erfolgt, den Abonnenten bzw. die Leser erreicht und an dem es dem Adressaten überhaupt möglich wird, von der Publikation Kenntnis zu erhalten (FRANK/STRÄULI/MESSMER, Vor § 259 ff. ZPO/ZH N 7e; HAUSER/SCHWERI, § 183 N 17 und 18; KAMBER, 41; BGE 62 III 206; SJZ 1973 349 ff.). **10**

Erfolgt die öffentliche Bekanntmachung **ungerechtfertigterweise**, kann sie nicht als rechtsgültige Mitteilung betrachtet werden und entfaltet sie demgemäss keine Wirkungen (KAMBER, 42 ff. m.w.H.). **11**

V. Internationales Zivilprozessrecht

Im internationalen Verhältnis kann – nebst dem Fall der unterbliebenen Bezeichnung eines Zustellungsdomizils in der Schweiz (N 5) – ebenfalls zu einer Publikation an Stelle der Zustellung geschritten werden, wenn die Voraussetzungen von Abs. 1 lit. a und b (N 2 und 3 f.) erfüllt sind und namentlich die Zustellung der gerichtlichen Sendung aus rechtlichen Gründen nicht möglich ist, insb. weil der ausländische Staat die Zustellung verweigert oder keine freiwillige Rechtshilfe leistet (s. Art. 138 N 34; HAUSER/SCHWERI, § 183 N 10 ff.). Zur öffentlichen Bekanntmachung darf aber auch in diesem Fall erst geschritten werden, wenn zuvor ein Zustellungsversuch auf dem Rechtshilfeweg erfolgt ist (a.a.O., N 14). **12**

Einer öffentlichen Bekanntmachung an Stelle der tatsächlichen Zustellung stehen die internationalen Abkommen über die gegenseitige Rechtshilfe bei Zustellungen nicht entgegen. Denn derartige Verträge begründen das Recht, nicht aber die Pflicht, die Rechtshilfe in Anspruch zu nehmen. Ob deren Inanspruchnahme notwendig ist oder unterbleiben kann, entscheidet sich nach dem Recht des Prozessgerichtes (GULDENER, Internat., 18 FN 7). Dieses allein bestimmt, in welcher Form Zustellungen zu erfolgen haben, um prozessuale Wirkungen zu entfalten (ZR 1985 Nr. 25, 76; BGE 102 Ia 312 E. 4a). **13**

Die Zustellung mittels öffentlicher Bekanntmachung an eine im Ausland wohnhafte Partei, die kein Zustellungsdomizil in der Schweiz bezeichnet hat, setzt stets voraus, dass die betroffene Partei mit einer tatsächlich erfolgten Zustellung zur Bezeichnung des Zustellungsdomizils aufgefordert und dabei ausdrücklich auf die Folgen im Unterlassungsfall hingewiesen worden ist (s. Art. 140 N 2; WALDER, IZPR, § 12 N 12b und c; BGE 97 I 250, 259 f. E. 6c). **14**

Art. 142

3. Kapitel: Fristen, Säumnis und Wiederherstellung

1. Abschnitt: Fristen

Art. 142

Beginn und Berechnung

¹ Fristen, die durch eine Mitteilung oder den Eintritt eines Ereignisses ausgelöst werden, beginnen am folgenden Tag zu laufen.

² Berechnet sich eine Frist nach Monaten, so endet sie im letzten Monat an dem Tag, der dieselbe Zahl trägt wie der Tag, an dem die Frist zu laufen begann. Fehlt der entsprechende Tag, so endet die Frist am letzten Tag des Monats.

³ Fällt der letzte Tag einer Frist auf einen Samstag, einen Sonntag oder einen am Gerichtsort vom Bundesrecht oder vom kantonalen Recht anerkannten Feiertag, so endet sie am nächsten Werktag.

Computation

¹ Les délais déclenchés par la communication ou la survenance d'un événement courent dès le lendemain de celles-ci.

² Lorsqu'un délai est fixé en mois, il expire le jour du dernier mois correspondant au jour où il a commencé à courir. En l'absence d'une telle date, il expire le dernier jour du mois.

³ Si le dernier jour est un samedi, un dimanche ou un jour férié reconnu par le droit fédéral ou le droit cantonal du siège du tribunal, le délai expire le premier jour ouvrable qui suit.

Decorrenza e computo

¹ I termini la cui decorrenza dipende da una comunicazione o dal verificarsi di un evento decorrono a partire dal giorno successivo.

² Il termine fissato in mesi scade, nell'ultimo mese, il giorno corrispondente per numero a quello della decorrenza. Mancando tale giorno nell'ultimo mese, il termine scade l'ultimo giorno di detto mese.

³ Se l'ultimo giorno del termine è un sabato, una domenica o un giorno che nel luogo del tribunale è riconosciuto festivo dal diritto federale o cantonale, il termine scade il primo giorno feriale seguente.

Inhaltsübersicht Note

I. Vorbemerkungen 1
II. Allgemeine Grundsätze 9
III. Beginn des Fristenlaufs 11
IV. Berechnung von Monatsfristen 17
V. Fristablauf 18

Literatur

J. BRÖNNIMANN, Die Schweizerische Zivilprozessordnung vom 19.12.2008: ein Überblick, recht 2009, 79–99; B. WALDMANN/PH. WEISSENBERGER (Hrsg.), VwVG – Praxiskommentar zum Bundesgesetz über das Verwaltungsverfahren, Zürich 2009.

I. Vorbemerkungen

Das geordnete Prozessverfahren fordert, dass Prozesshandlungen der Parteien zu einem bestimmten Zeitpunkt oder bis zu einem bestimmten Zeitpunkt vorgenommen werden (GULDENER, ZPR, 265). Der so definierte Zeitraum wird als Frist bezeichnet. 1

Unter einer Frist wird demgemäss der **Zeitabschnitt** verstanden, innert welchem eine **Handlung vorgenommen, ein Recht ausgeübt oder eine Willenserklärung abgegeben** werden muss, um rechtswirksam zu sein (HAUSER/SCHWERI, Vor §§ 189 N 6; VOGEL/SPÜHLER, 9. Kap. § 43 N 88). Im Interesse der geordneten Prozessführung und der Vermeidung von Prozessverschleppung knüpft der Gesetzgeber die Zulässigkeit wichtiger Prozesshandlungen an Fristen, deren Nichteinhaltung den Verlust der prozessualen Rechte nach sich zieht (HAUSER/SCHWERI, a.a.O.). 2

In der Lehre wird unterschieden zwischen **Handlungs- und Zwischenfristen** (HAUSER/SCHWERI, Vor §§ 189 N 11): Handlungsfristen werden vom Gesetz oder dem Gericht angeordnet und zwingen die Parteien, eine Handlung vorzunehmen. Dagegen garantieren Zwischenfristen, dass die Parteien vor Fristablauf nicht von einer Präklusion oder Fiktion bedroht werden. 3

Entsprechend dem Begriff stehen **Fristen** jenen Parteien, welchen sie laufen, **bis zu ihrem Ende zur Verfügung** (VOGEL/SPÜHLER, 9. Kap. § 43 N 93). Gewahrt wird die Frist, wenn bis zu ihrem Ablauf die Prozesshandlung wirksam vorgenommen wird. Die Frist darf voll ausgenutzt werden, d.h. bis zu ihrem Ablauf dürfen Prozesshandlungen ergänzt, erweitert oder berichtigt werden (ZR 1962 Nr. 97). 4

Die ZPO unterscheidet zwischen **gesetzlichen** und **gerichtlichen Fristen** (Art. 144). Unterscheidungsmerkmal dieser unterschiedlichen Arten von Fristen ist die Frage, ob sie gesetzlich unabänderlich festgelegt sind oder vom Gericht nach pflichtgemässem Ermessen festgesetzt werden und nach erstmaliger Ansetzung ein- oder mehrfach erstreckt werden können (VOGEL/SPÜHLER, 9. Kap. § 43 N 89 f.; vgl. auch GULDENER, ZPR, 265; BÜHLER/EDELMANN/KILLER, § 80 N 1). 5

Von den prozessualen Fristen zu unterscheiden sind die **Klagefristen des Bundesrechts** (Art. 75, 521 und 533 ZGB; Art. 706a Abs. 1 OR; vgl. auch VOGEL/SPÜHLER, 9. Kap. § 43 N 92; ferner WALDER/GROB, ZPR, § 33 N 10; STAEHELIN/STAEHELIN/GROLIMUND, § 17 N 6). Bei diesen Fristen handelt es sich um **Verwirkungsfristen**, und das **materielle Recht** bestimmt, ob und gegebenenfalls mit welchen Handlungen diese Fristen zu wahren und gegebenenfalls wiederherzustellen sind. In Übereinstimmung mit der bisherigen Rechtsprechung (BGE 101 II 86, 88 E. 2) sind die Art. 147 ff. für die Wiederherstellung der Klagefristen des materiellen Rechts nicht anwendbar. 6

Materiellrechtliche Fristen bleiben durch das **prozessuale Fristenregime unberührt** – namentlich werden sie durch die Gerichtsferien nicht verlängert. Dies gilt auch für materiellrechtliche Fristen, welche durch das Gericht festgelegt werden (vgl. VOGEL/SPÜHLER, 9. Kap. § 43 N 94a mit dem illustrativen Hinweis auf BGE 119 II 434, 435 E. 2a = Pra 1994 Nr. 274 zu Art. 961 Abs. 3 ZGB; BÜHLER/EDELMANN/KILLER, Vor §§ 80 ff. N 2; WALDER/GROB, ZPR, § 33 N 10). 7

Das Fristenrecht der ZPO enthält keine bahnbrechenden Neuerungen gegenüber bewährten schweizerischen zivilprozessualen Grundsätzen: «Auffälligkeiten» sind nicht zu erkennen (BRÖNNIMANN, 86). Vielmehr wird an bewährte kantonale Tradition angeknüpft (BOTSCHAFT ZPO, 7236). 8

II. Allgemeine Grundsätze

9   Die Regelung über Beginn und Berechnung von Fristen wird auf die **Bundesrechtspflege**, insb. Art. 44 und 45 BGG (BOTSCHAFT ZPO, 7308) sowie auf verwandte Bestimmungen des Schuldbetreibungs- und des Obligationenrechts, nämlich Art. 31 Abs. 2 SchKG resp. Art. 77 Abs. 1 Ziff. 3 OR, abgestimmt. Abs. 1 stimmt wörtlich mit Art. 44 Abs. 1 BGG, Abs. 2 dem Sinn nach zudem mit Art. 31 Abs. 2 SchKG überein. Abs. 3 ist Art. 45 Abs. 1 BGG nachgebildet, weicht aber in einem Punkt von dieser Bestimmung ab (dazu N 18). Dem Sinn nach besteht weitgehend Übereinstimmung mit Art. 20 VwVG. Der gesamte Artikel hat in den parlamentarischen Beratungen zu keinen Erörterungen Anlass gegeben.

10 Im Bereiche des Zivilprozessrechts ist neben den Fristbestimmungen der ZPO das am 16.5.1972 abgeschlossene und für die Schweiz am 28.4.1983 in Kraft getretene Europäische Übereinkommen über die Berechnung von Fristen (FrÜb; SR 0.221.122.3) zu beachten (ZR 2004 Nr. 13; BGE 124 II 257 = Pra 1998 Nr. 150; Art. 2 ZPO kommt in diesem Zusammenhang lediglich deklaratorische Bedeutung zu): Dieses Abkommen beansprucht für die Berechnung von gesetzlichen oder richterlich bestimmten Fristen auf dem Gebiet des Zivil-, Handels- und Verwaltungsrechts einschliesslich des auf diesen Gebieten betreffenden Verfahrensrechts Anwendung. Mit dem Abkommen wurde eine Angleichung der Fristberechnungen sowohl für innerstaatliche wie für internationale Zwecke angestrebt. Die Bestimmungen des Abkommens sind in der Schweiz unmittelbar anwendbar (vgl. BSK BGG-AMSTUTZ/ARNOLD, Art. 44 N 4). Dies bedeutet, dass Tage, welche in der vom Bundesrat in Nachachtung von Art. 11 FrÜB erstellten Liste für die jeweiligen Kantone als Feiertage aufgeführt werden, selbst dann als Feiertage zu behandeln sind, wenn ihnen das kantonale Recht eine entsprechende Anerkennung versagt (vgl. beispielhaft ZR 2004 Nr. 13 für den Zürcher Berchtoldstag).

III. Beginn des Fristenlaufs

11 Die Regelung des Beginns und der Berechnung der Fristen entspricht bisherigen bewährten zivilprozessualen Grundsätzen (BOTSCHAFT ZPO, 7308). Der Grundsatz, wonach dann, wenn der Beginn einer Frist nach einer Zahl von Tagen festgesetzt war, am folgenden Tag zu laufen begann, war bereits den kantonalen Zivilprozessordnungen sowie dem OG eigen (vgl. GULDENER, ZPR, 265).

12 Eine **Mitteilung** oder der **Eintritt** eines fristauslösenden Ereignisses sind **Voraussetzung** für den **Beginn** des Fristenlaufs (HAUSER/SCHWERI, § 191 N 2; FRANK/STRÄULI/MESSMER, Vor §§ 259 N 7c). Indessen beginnt die Frist erst am **darauffolgenden Tag zu laufen** (Abs. 1; GULDENER, ZPR, 265). Ab diesem Tage wird die zur fristgemässen Vornahme der Handlung zur Verfügung stehende Zeit berechnet. Fällt der erste Tag der Frist auf einen Samstag, Sonntag oder Feiertag, so beginnt die Frist zu laufen, denn diese Tage sind lediglich für die Bestimmung des Fristendes von Bedeutung (beispielhaft BGE 104 IV 47 und 108 III 49; vgl. auch HAUSER/SCHWERI, § 191 N 11; WALDER/GROB, ZPR, § 33 N 3 Anm. 5; BÜHLER/EDELMANN/KILLER, § 81 N 3; MERZ, § 66 N 1).

13 Mitteilungen sind den Parteien oder ihren Vertretern (vgl. Art. 137) in den Formen von Art. 138 (eingeschriebene Postsendung) zuzustellen, gegebenenfalls in elektronischer Weise zu übermitteln (Art. 139), sofern nicht eine öffentliche Bekanntmachung Platz greift (Art. 141). Parteien mit Wohnsitz im Ausland können angewiesen werden, ein inländisches Zustellungsdomizil zu bezeichnen (Art. 140). Mitteilungen gelten im Falle eingeschriebener Postsendungen am siebten Tag nach erfolglosem Zustellversuch als zugestellt; im Falle persönlicher Zustellung dagegen bereits am Tage der Verweigerung

3. Kapitel: Fristen, Säumnis und Wiederherstellung   14–19 Art. 142

der Entgegennahme (für Details vgl. die Bem. zu Art. 138 Abs. 3 sowie illustrativ ZR 2009 Nr. 57).

Fristauslösende Mitteilungen sind **empfangs-, nicht aber annahmebedürftig**. Massgebend ist der Zeitpunkt des Eintreffens in den Machtbereich des Adressaten (vgl. BGE 122 III 316, 320 E. 4b; VOGEL/SPÜHLER, 2. Kap. N 46l). Die tatsächliche Entgegennahme ist nicht erforderlich; für die Fristauslösung ist ausreichend, dass die Mitteilung auf ordentlichem Wege in den Empfangsbereich des Adressaten gelangt ist (BSK BGG-AMSTUTZ/ARNOLD, Art. 44 N 10). 14

Fristauslösende Mitteilungen sind dem Adressaten an sein **Zustellungsdomizil** zu senden. Im Falle der Zustellung ins Ausland sind die einschlägigen staatsvertraglichen Bestimmungen zu beachten. Hat die Partei einen rechtmässigen Vertreter bestellt, haben die Zustellungen bis zum Widerruf der Vollmacht an den Vertreter zu erfolgen (Art. 137). Bei tatsächlich erfolgter Zustellung an den Vertreter bewirkt eine vor- oder nachgehende Zustellung an den Vertretenen keine weitere oder andere Fristauslösung (BSK BGG-AMSTUTZ/ARNOLD, Art. 44 N 12). 15

Der **Fristbeginn** ist vom **fristansetzenden Gericht zu beweisen** (vgl. HAUSER/SCHWERI, § 180 N 11). Dieser Nachweis wird erbracht durch Zustellung als eingeschriebene Postsendung (Gerichtsurkunde) oder gegen Empfangsschein. Erfolgt die fristauslösende Zustellung versehentlich uneingeschrieben oder geht der Empfangsschein verloren, kann der Nachweis vom Gericht auf jede andere mögliche Weise (etwa Postlaufzettel oder Zeugen) erbracht werden. Gelingt dieser nicht, hat es die Folgen der Beweislosigkeit zu tragen (vgl. HAUSER/SCHWERI, a.a.O. N 13), und es ist im Zweifel auf die Darstellung des Empfängers abzustellen. 16

IV. Berechnung von Monatsfristen

Gestützt auf Abs. 2 ist bei **Monatsfristen** die **Anzahl der Monate zum Monat des Fristbeginns hinzuzurechnen**. Das Fristende fällt auf den entsprechenden Tag des errechneten Monats, welcher dem Tag des Monats des Fristbeginns entspricht. Eine am 10. Februar beginnende Frist von drei Monaten endet somit am 10. Mai. Fehlt der entsprechende Monatstag (z.B. der 31.), so endet die Frist am letzten Tag dieses Monats. So endet bspw. eine am 31. August beginnende Frist von drei Monaten am 30. November oder eine am 30. November beginnende Frist von drei Monaten am 28. Februar (bzw. 29. Februar, sofern es sich um ein Schaltjahr handelt). 17

V. Fristablauf

Fällt der **letzte Tag der Frist auf einen Samstag, Sonntag**, oder einen am Gerichtsort vom Bundesrecht oder vom kantonalen Recht anerkannten **Feiertag**, so endet sie am nächsten Werktag (Abs. 3). Das entspricht grundsätzlich erneut einem anerkannten prozessrechtlichen Grundsatz, wonach der Fristenlauf durch Samstage, Sonntage oder staatlich anerkannte Feiertage nicht beeinflusst wird (VOGEL/SPÜHLER, 9. Kap. § 43 N 92; GULDENER, ZPR, 266). 18

Fällt dagegen der erste Tag der Frist auf einen Samstag, Sonntag oder Feiertag, wird er für die Fristberechnung wie ein Werktag behandelt. Samstage, Sonntage und Werktage haben somit lediglich Einfluss auf das Fristende, nicht aber den Fristbeginn. Fristen verlaufen auch trotz dieser Tage kontinuierlich, sie vermögen einmal laufende Fristen weder zu hemmen noch zu unterbrechen (statt aller VwVG-Praxiskommentar-MAITRE/THALMANN, Art. 20 N 10). 19

20   Samstage und Sonntage sind durch den Kalender definiert. Die Gleichstellung des Samstags nimmt auf die zwischenzeitlich weitgehend abgeschlossene Tendenz der Privatwirtschaft und der Verwaltung Rücksicht, den Samstag zufolge Fünftagewoche arbeitsfrei zu belassen (HAUSER/SCHWERI, § 192 N 2).

21   **Feiertage** im Sinne des Fristenrechts der ZPO sind nur solche, welche **staatliche Anerkennung** gefunden haben (BSK BGG-AMSTUTZ/ARNOLD, Art. 45 N 7): Festtage religiöser Natur oder andere in der Bevölkerung verwurzelte Festtage sind fristenrechtlich solange ohne Bedeutung, als ihnen die staatliche Anerkennung als Feiertag versagt bleibt. Insbesondere Tage mit Feierlichkeiten machen einen Tag noch nicht zu einem Feiertag, auch wenn die Arbeitszeit verkürzt wird oder Büros und Läden geschlossen bleiben (BK-WEBER, Art. 78 N 18; beispielhaft etwa die Nichtanerkennung des Zürcher Sechseläutens als staatlich anerkannter Feiertag: ZR 2008 Nr. 69). Hingegen qualifiziert ein Tag als Feiertag, wenn die Anerkennung aus dem Europäischen Übereinkommen über die Berechnung von Fristen abgeleitet werden kann (vgl. N 10 sowie als Bsp. ZR 2004 Nr. 13 [Zürcher Berchtoldstag]).

22   Gemäss Art. 110 Abs. 3 BV ist der **1. August** Bundesfeiertag. Von Bundesrechts wegen bestehen keine weiteren Feiertage. Vielmehr liegt die Kompetenz zur staatlichen Anerkennung von Feiertagen bei den Kantonen (BSK BGG-AMSTUTZ/ARNOLD, Art. 45 N 9).

23   Für die Bestimmung kantonalrechtlicher Feiertage ist das kantonale Recht des Gerichtsorts massgebend. Auf die Ansässigkeit der Parteien und/oder ihrer Vertreter kommt es etwa im Gegensatz zum BGG nicht an.

24   Primär ergibt sich die Anerkennung kantonaler Feiertage aus der einschlägigen kantonalen Gesetzgebung, im Falle des Fehlens eines kantonalen Gesetzes über die öffentlichen Ruhetage aus anderen öffentlich-rechtlichen Normen des kantonalen öffentlichen Rechts. Für den Kollisionsfall gebührt aufgrund allgemeiner Grundsätze den in der kantonalen Gesetzgebung definierten Feiertagen der Vorrang gegenüber den in den Vollziehungsverordnungen zum Arbeitsgesetz aufgeführten Feiertagen (zum Ganzen detailliert BSK BGG-AMSTUTZ/ARNOLD, Art 45 N 10).

25   Der Fristenlauf wird nicht beeinflusst durch Feiertage mit ausschliesslicher Grundlage im kommunalen Recht. Etwas anderes gilt nur dann, sofern lokale Feierlichkeiten vom kantonalen Recht ausdrücklich anerkannt werden oder sich für die Anerkennung eine ausdrückliche Ermächtigung im kantonalen Recht findet (vgl. etwa für den Kanton Neuenburg das Bsp. bei VwVG-Praxiskommentar-MAITRE/THALMANN, Art. 20 N 52).

26   Die in den einzelnen Kantonen anerkannten Feiertage werden bis anhin in insb. folgenden Erlassen geregelt (wobei im Zuge der Einführungsgesetzgebung Änderungen wahrscheinlich sind):

– AG: § 81 Abs. 3 ZPO/AG.
– AI: Art. 2 des Gesetzes über die öffentlichen Ruhetage (Ruhetagsgesetz, kantonale Gesetzessammlung Nr. 822.200).
– AR: Art. 7 Vollziehungsverordnung vom 21.11.1966 zum Arbeitsgesetz (bGS 822.11).
– BE: Art. 2 des Gesetzes über die Ruhe an öffentlichen Feiertagen (BSG 555.1).
– BS: § 2 des Gesetzes über die öffentlichen Ruhetage und die Ladenöffnung (SG 811.100).
– BL: § 46 Abs. 2 des Gesetzes über die Organisation der Gerichte und der Strafverfolgungsbehörden (Gerichtsorganisationsgesetz, SGS 170) sowie § 3 Abs. 1 des Gesetzes über die öffentlichen Ruhetage (SGS 547).

3. Kapitel: Fristen, Säumnis und Wiederherstellung   **Art. 143**

- FR: Art. 1 des Gesetzes betreffend die Heiligung der Sonn- und Feiertage (865.1).
- GE: Art. 1 des Loi sur les jours fériés (LJF, J 1 45).
- GL: Gesetz über die öffentlichen Ruhetage (Ruhetagsgesetz, IX B/21/1).
- GR: Art. 2 f. des Gesetzes über die öffentlichen Ruhetage (BR 520.100).
- JU: Art. 1 f. Loi sur les jours fériés officiels et le repos dominical (RSJU 555.1).
- LU: 82 Abs. 3 ZPO/LU sowie das Ruhetags- und Ladenschlussgesetz (SRL 855).
- NE: Art. 3 Abs. 1 des Loi sur le dimanche et les jours fériés (Gesetzessammlung 941.02).
- NW: Art. 2 des Gesetzes über die öffentlichen Ruhetage (Ruhetagsgesetz, NG 921.1) sowie § 5 der Vollzugsverordnung zum Personalgesetz (Personalverordnung, NG 165.111).
- OW: Art. 2 des Gesetzes über die öffentlichen Ruhetage (Ruhetagsgesetz, 975.2).
- SG: Art. 2 des Gesetzes über Ruhetag und Ladenöffnung (sGS 552.1).
- SH: Art. 1 betreffend die öffentlichen Ruhetage und den Ladenschluss (Ruhetagsgesetz, SHR 900.200).
- SO: 82 Abs. 3 ZPO/SO sowie §§ 1 ff. des Gesetzes über die öffentlichen Ruhetage (BGS 512.41).
- SZ: § 2 der Verordnung über die öffentlichen Ruhetage (SRSZ 545.110).
- TG: § 1 des Gesetzes über die öffentlichen Ruhetage (Ruhetagsgesetz, 822.9).
- TI: Decreto legislativo concernente i giorni festivi nel Cantone (10.1.1.1.2).
- UR: Art. 73 Abs. 3 ZPO/UR sowie Art. 6 der kantonalen Arbeitsverordnung (RB 20.1111) und Art. 9 lit. b des Gesetzes über den Ladenschluss und die Sonntagsruhe (RB 70.1421).
- VD: Art. 38 Abs. 1 ZPO/VD.
- VS: Art. 37 des Gesetzes über die Rechtspflege (RPflG, SR VS 173.1) sowie Ausführungsreglement zum Gesetze über die Sonn- und Feiertagsruhe vom 9.7.1936 (SR VS 822.200).
- ZG: § 92 Abs. 2 des Gerichtsorganisationsgesetzes (GOG, BGS 161.1).
- ZH: § 1 des Ruhetags- und Ladenöffnungsgesetzes (LS 822.4).

Art. 143

Einhaltung

[1] Eingaben müssen spätestens am letzten Tag der Frist beim Gericht eingereicht oder zu dessen Handen der Schweizerischen Post oder einer schweizerischen diplomatischen oder konsularischen Vertretung übergeben werden.

[2] Bei elektronischer Übermittlung ist die Frist eingehalten, wenn der Empfang bei der Zustelladresse des Gerichts spätestens am letzten Tag der Frist durch das betreffende Informatiksystem bestätigt worden ist.

Art. 143 1, 2 9. Titel: Prozessleitung, prozessuales Handeln und Fristen

³ **Die Frist für eine Zahlung an das Gericht ist eingehalten, wenn der Betrag spätestens am letzten Tag der Frist zugunsten des Gerichts der Schweizerischen Post übergeben oder einem Post- oder Bankkonto in der Schweiz belastet worden ist.**

Observation des délais

¹ Les actes doivent être remis au plus tard le dernier jour du délai soit au tribunal soit à l'attention de ce dernier, à la poste suisse ou à une représentation diplomatique ou consulaire suisse.

² Lorsqu'un acte est transmis par voie électronique, le délai est respecté si le système informatique correspondant à l'adresse électronique officielle du tribunal confirme sa réception le dernier jour du délai au plus tard.

³ Un paiement au tribunal est effectué dans le délai prescrit lorsque le montant est versé en faveur du tribunal à la poste suisse ou débité d'un compte bancaire ou postal en Suisse le dernier jour du délai au plus tard.

Osservanza

¹ Gli atti scritti devono essere consegnati al tribunale oppure, all'indirizzo di questo, alla posta svizzera o a una rappresentanza diplomatica o consolare svizzera il più tardi l'ultimo giorno del termine.

² In caso di trasmissione per via elettronica, il termine è osservato se il sistema informatico corrispondente al recapito elettronico del tribunale conferma la ricezione il più tardi l'ultimo giorno del termine.

³ Il termine per un pagamento al tribunale è osservato se l'importo dovuto è versato alla posta svizzera, oppure addebitato a un conto postale o bancario in Svizzera, in favore del tribunale, il più tardi l'ultimo giorno del termine.

Inhaltsübersicht

	Note
I. Norminhalt und Normzweck	1
II. Fristwahrung bei Eingaben in Papierform (Abs. 1)	5
III. Fristwahrung bei Eingaben in elektronischer Form (Abs. 2)	15
IV. Fristwahrung bei Zahlungen (Abs. 3)	19

Literatur

B. WALDMANN/PH. WEISSENBERGER (Hrsg.), VwVG – Praxiskommentar zum Bundesgesetz über das Verwaltungsverfahren, Zürich 2009.

I. Norminhalt und Normzweck

1 Art. 143 regelt dreierlei. Zunächst wird bestimmt, was zur Fristwahrung vorzukehren ist, sofern eine Eingabe in klassischer Weise auf Papier eingereicht wird. Sodann werden die Regeln für die Fristwahrung bei elektronischen Eingaben festgelegt. Schliesslich wird festgehalten, wie die Frist gewahrt wird, sofern dem Gericht Zahlungen zu leisten sind. Dabei folgen die Regeln bewährten zivilprozessualen Grundsätzen. Allerdings stellt die Möglichkeit der Einreichung von Eingaben in elektronischer Form aufgrund des technischen Fortschritts eine Erscheinung dar, welche erst in die jüngeren Verfahrenserlasse Einzug gehalten hat. Sodann weichen die Regeln über die fristgerechte Leistung von Zahlungen teilweise von bisherigen Grundsätzen ab.

2 Eingaben in Papier oder elektronischer Form haben den Erfordernissen von Art. 130 ff. zu genügen. Eingaben in Papierform sind zu unterzeichnen (Art. 130 Abs. 1). Im Falle elektronischer Übermittlung kann das Gericht verlangen, dass die Eingabe und/oder die

Beilagen in Papier nachgereicht werden (Art. 130 Abs. 3). Derartige Mängel führen im Falle rechtzeitiger Einreichung nicht zu einem Fristversäumnis; vielmehr ist zur Verbesserung Nachfrist anzusetzen (vgl. Art. 132 Abs. 1 und 2).

Die ZPO enthält entgegen anderen Verfahrensgesetzen – etwa Art. 48 Abs. 3 BGG oder Art. 21 Abs. 2 VwVG – keine ausdrückliche Regelung für den Fall, dass Eingaben innert Frist bei einer **örtlich oder sachlich unzuständigen Behörde eingereicht** werden. Namentlich nicht analog anwendbar ist Art. 32 SchKG (BOTSCHAFT ZPO, 7310). In Ermangelung einer eigenen Regelung (die bisherigen kantonalen Regelungen sind nicht mehr anwendbar) hat der für das **Verfahren vor Bundesgericht geltende Art. 48 Abs. 3 BGG als allgemeiner Rechtsgrundsatz** zu gelten: Demnach ist die Frist eingehalten, wenn die Eingabe fristgerecht einer unzuständigen Bundes- oder kantonalen Behörde eingereicht wird (BGE 118 Ia 241, 243 E. 3b; VOGEL/SPÜHLER, 2. Kap. N 46h, 9. Kap. N 93; BSK BGG-AMSTUTZ/ARNOLD, Art. 48 N 21; BÜHLER/EDELMANN/KILLER, § 83 N 1). Dieser Grundsatz dient der Durchsetzung des seit langem angewendeten Prinzips, dass das materielle Recht nicht unnötig den prozessualen Formen geopfert werden soll (HAUSER/SCHWERI, § 194 N 2; ähnlich VwVG-Praxiskommentar-CAVELTI, Art. 21 N 14, m.Nw.). 3

M.E. muss für die Fristwahrung auch die Eingabe an eine unzuständige Gemeindebehörde gelten, denn der Grundsatz, dass die Recht suchende Partei nicht ohne Not um die Beurteilung durch die zuständige Instanz gebracht werden soll, rechtfertigt keine Beschränkung der Heilungsmöglichkeit auf Fälle der Einreichung bei einer unzuständigen Bundes- und kantonalen Behörde. Daran ändert nichts, dass im Bereich der Bundesrechtspflege aufgrund des klaren Wortlauts von Art. 48 Abs. 3 BGG die irrtümliche Einreichung bei der Behörde einer Gemeinde keine fristwahrende Wirkung hat (BSK BGG-AMSTUTZ/ARNOLD, Art. 48 N 23). 4

II. Fristwahrung bei Eingaben in Papierform (Abs. 1)

Abs. 1 regelt die **Fristwahrung** im Falle von **Eingaben in Papierform**. Demnach gilt die Frist als eingehalten, wenn die Eingabe am letzten Tag der Frist bis spätestens um 24.00 Uhr (Mitternacht) beim Gericht eingereicht wird oder zu dessen Handen der Schweizerischen Post oder einer schweizerischen diplomatischen oder konsularischen Vertretung übergeben worden ist (VOGEL/SPÜHLER, 9. Kap. N 93). Es gilt das sog. «Expeditionsprinzip» (BOTSCHAFT ZPO, 7308; STAEHELIN/STAEHELIN/GROLIMUND, § 17 N 7). Mit Blick auf den Umstand, dass Fristen, welche an Samstagen, Sonntagen oder vom Bundesrecht oder massgebenden kantonalen Recht anerkannten Feiertagen enden, erst am darauffolgenden Werktag auslaufen, ergibt sich, dass der letzte Tag der Frist stets auf einen Werktag des Gerichtsorts fallen muss. 5

Die Parteien haben kein absolutes Recht darauf, während der ganzen Frist die Eingabe **persönlich dem Gericht abgeben** zu können (vgl. GULDENER, ZPR, 267 Anm. 19) oder in dessen Briefkasten zu werfen. Vielmehr hat die Einreichung der Eingabe am Gericht gegen Abgabe einer beweissichernden Empfangsbestätigung während der Geschäftszeit zu erfolgen (VwVG-Praxiskommentar-CAVELTI, Art. 21 N 3; vgl. auch HAUSER/SCHWERI, § 193 N 2; BÜHLER/EDELMANN/KILLER, § 81 N 4). Ist nach Ablauf der Geschäftszeiten bspw. der Zugang zum Gerichtsgebäude versperrt (etwa durch geschlossene Tore), so muss die Eingabe zur Fristwahrung bei der Post aufgegeben werden. 6

Wird die Eingabe in einen **Briefkasten des Gerichts** eingeworfen, so wird vermutet, dass die Eingabe an jenem Tag eingereicht wurde, welcher dem Eingangsstempel des 7

Gerichts entspricht. Den Parteien steht es allerdings frei, analog zur entsprechenden Problematik bei Einwurf in Briefkästen der Schweizerischen Post die Unrichtigkeit des durch die Abstempelung erzeugten Scheins des Eingangsdatums nachzuweisen (dazu N 13).

8   Unter der «Post» im Sinne der ZPO ist entsprechend dem Gesetzeswortlaut ausschliesslich die **Schweizerische Post** (wozu auch die Poststellen in Liechtenstein zu rechnen sind; vgl. GULDENER, ZPR, 267 Anm. 20) zu verstehen (BSK BGG-AMSTUTZ/ARNOLD, Art. 48 N 10; HAUSER/SCHWERI, § 193 N 5). Trotz der Aufhebung eines Teils des Postmonopols schreibt die ZPO also die Benutzung der Schweizerischen Post vor, sofern durch deren Benutzung eine Frist gewahrt werden soll (vgl. WALDER/GROB, ZPR, § 33 N 6 Anm. 10 m.H. auf BGE 104 Ia 4, wonach die strikte Beachtung dieses Erfordernisses keinen überspitzten Formalismus darstellt). Werden für die Einreichung **private Zustelldienste** in Anspruch genommen, so gilt das Datum der Übergabe durch den privaten Dienst am Gericht als Datum der vorgenommenen Handlung. Dabei handelt der Zustelldienst als Vertreter der fristgebundenen Partei. Nimmt der private Zustelldienst die Dienstleistungen der Schweizerischen Post in Anspruch, so gilt die Eingabe als im Zeitpunkt der Übergabe als zugestellt.

9   Wird die **Eingabe im Ausland aufgegeben** und die ausländische Post zur Expedition in Anspruch genommen, so gilt die Übergabe ebenfalls nicht als Zustellung an die Schweizerische Post. Für die Fristwahrung ist in diesem Falle notwendig, dass entweder die Eingabe vor Fristablauf beim Gericht eingeht oder mindestens vor Fristablauf von der Schweizerischen Post zur Weiterleitung in Empfang genommen worden ist (BGE 92 II 215; HAUSER/SCHWERI, § 193 N 7). Letzterenfalls ist die aufgebende Partei für die rechtzeitige Empfangnahme der Sendung beweisbelastet, was praktische Schwierigkeiten mit sich bringen kann.

10 Klassische Form der Postaufgabe (vgl. BSK BGG-AMSTUTZ/ARNOLD, Art. 48 N 10; HAUSER/SCHWERI, § 193 N 8) ist die Übergabe der Eingabe am Postschalter jeder Schweizerischen Poststelle oder Übergabe an einen Postboten. Seit jeher zulässig ist auch entgegen der Ansicht von GULDENER (ZPR, 267 Anm. 20) der Einwurf in einen Briefkasten der Post (ZR 2008 Nr. 1). Ebenfalls zulässig und entsprechend fristwahrend ist die Übergabe an den Kurierdienst der Schweizerischen Post. Zeitpunkt der vorgenommenen Handlung sind der Zeitpunkt der Übergabe am Schalter, des Einwurfs in den Briefkasten sowie der Übergabe an den Kurier.

11 Der Beginn des Fristenlaufs ist vom Gericht zu beweisen (vgl. Art. 142 N 16). Hingegen trägt die Partei die **Beweislast für die rechtzeitige Vornahme der Handlung** (ZR 2009 Nr. 37 und 51, 2008 Nr. 1; BGE 109 Ia 184; 97 III 12; 92 II 215; 92 I 257; HAUSER/SCHWERI, § 193 N 10; BÜHLER/EDELMANN/KILLER, § 82 N 5). Eine Umkehrung der Beweislast erfolgt lediglich dann, wenn die fehlende Beweisbarkeit aufgrund des Verhaltens des Gerichtspersonals – etwa durch Wegwerfen des Briefumschlags mit dem Poststempel (vgl. BSK BGG-AMSTUTZ/ARNOLD, Art. 48 N 8) – nicht mehr erbracht werden kann (ZR a.a.O.; WALDER/GROB, ZPR, § 33 N 6 Anm. 11; BÜHLER/EDELMANN/KILLER, § 81 N 5; IMBODEN/RHINOW, Nr. 91 B. II).

12 Die Rechtzeitigkeit der Handlung muss mit Gewissheit feststehen, ungeachtet dessen, ob die Eingabe unmittelbar dem Gericht oder zu dessen Handen der Schweizerischen Post bzw. einer diplomatischen oder konsularischen Vertretung übergeben worden ist (BSK BGG-AMSTUTZ/ARNOLD, Art. 48 N 8). Die Beweislast der Partei beschränkt sich nicht nur auf die rechtzeitige Vornahme, sondern auch auf den erforderlichen Inhalt der Post-

sendung (VwVG-Praxiskommentar-CAVELTI, Art. 21 N 5). Handlungen von Hilfspersonen haben sich die Parteien allgemeinen Grundsätzen zufolge anrechnen zu lassen.

Bezüglich in einen **Briefkasten geworfener Eingaben** gilt vermutungsweise, dass das Datum des Poststempels mit der Aufgabe übereinstimmt (BSK BGG-AMSTUTZ/ARNOLD, Art. 48 N 10). Der beweisbelasteten Partei steht allerdings der Gegenbeweis offen, dass die Sendung trotz rechtzeitiger Übergabe erst nach Fristablauf gestempelt und der Poststempel unzutreffend ist. Der Gegenbeweis kann mit allen tauglichen Beweismitteln geführt werden, wobei als Beweismittel Zeugenaussagen (oder Bestätigung durch einen Dritten auf der Rückseite des Couverts, dass der Einwurf rechtzeitig erfolgt sei) im Vordergrund stehen dürften. Der Verzicht auf die Einschreibung hat folglich nicht den Rechtsverlust, sondern nur eine Erschwerung des Nachweises der rechtzeitigen Aufgabe zur Folge (ZR 2009 Nr. 51, 2008 Nr. 1, 1991 Nr. 18; BGE 97 III 12; 82 III 102; HAUSER/SCHWERI, § 193 N 10; FRANK/STRÄULI/MESSMER, § 193 GVG N 2). Wer allerdings durch (blossen) Einwurf der Eingabe in einen Briefkasten eine verfahrensmässige Unsicherheit über die Fristwahrung schafft, ist gehalten, für die Rechtzeitigkeit unaufgefordert Beweismittel anzubieten, indem er etwa auf dem Briefumschlag vermerkt, die Fristsendung sei kurz vor Ablauf in Anwesenheit von Zeugen in den Briefkasten gelegt worden (BGer, 1P.509/2005, E. 3.1; ZR 2009 Nr. 37; vgl. auch BGE 115 Ia 8). Anwälten, welche fristgebundene Eingaben nicht eingeschrieben senden, können die Kosten für das erforderliche Beweisverfahren über die Fristwahrung auferlegt werden (vgl. ZR 2009 Nr. 51). 13

Alternativ zur Übergabe bei Gericht oder der Postaufgabe steht es den Parteien frei, Fristen durch Übergabe der Eingabe an eine **schweizerische diplomatische oder konsularische Vertretung** oder Einwurf in deren Briefkasten einzuhalten (vgl. auch IPRG Art. 12; WALDER/GROB, ZPR, § 33 N 6 Anm. 11). Die für die Übergabe bei Gericht oder der Postaufgabe festgehaltenen Grundsätze gelten sinngemäss (dazu N 5 ff.). 14

III. Fristwahrung bei Eingaben in elektronischer Form (Abs. 2)

Die ZPO lässt die Einreichung von **Eingaben in elektronischer Form** ausdrücklich zu (vgl. Art. 130 Abs. 1 und 2). Da sich die Anwendung der Regeln zur Einhaltung der Fristen im Falle der Einreichung in Papierform nicht für eine Analogie eignet, musste für die elektronische Eingabe eine eigenständige Regelung gefunden werden. Die Regelung der ZPO lehnt sich dabei eng an die entsprechenden Bestimmungen des BGG (Art. 48 Abs. 2) sowie des VwVG (Art. 21a Abs. 3) an. 15

Für die Fristwahrung ist notwendig, dass der Empfang der Eingabe bei der Zustelladresse des Gerichts spätestens am letzten Tag der Frist durch das betreffende Informatiksystem bestätigt wird. Das zugunsten der Parteien geltende «Expeditionsprinzip» spielt im Bereich der elektronischen Zustellung also nicht; vielmehr gilt das «**Empfangsprinzip**» (vgl. BOTSCHAFT ZPO, 7308; STAEHELIN/STAEHELIN/GROLIMUND, § 17 N 7). 16

Zur Fristwahrung muss also der Absender einer elektronischen Eingabe diese so früh versenden, dass ihm die Zustellplattform des empfangenden Gerichts innert Frist eine automatisch erstellte Bescheinigung des Eingangs zustellen kann (vgl. BSK BGG-AMSTUTZ/ARNOLD, Art. 48 N 18). Üblicherweise erfolgt diese Bestätigung innert kürzester Zeit. 17

Zwar trägt die einreichende Partei nur die mit der Übermittlung verbundenen Risiken bis zum Empfangsserver des Gerichts, wogegen das Gericht für Fehler des eigenen Infor- 18 matiksystems einzustehen hat (VwVG-Praxiskommentar-MAITRE/THALMANN, Art. 21a N 39). Mit Blick auf die mannigfachen Schwierigkeiten, welche die Beweisführung im Falle technischer Probleme mit sich bringen kann, sind die Parteien gut beraten, ihre Zustellversuche für elektronische Eingaben so zeitgerecht zu unternehmen, dass genügend Zeit verbleibt, im Falle des Scheiterns die Eingabe in klassischer Form aufzugeben.

IV. Fristwahrung bei Zahlungen (Abs. 3)

19   Die **Frist für die Zahlung an das Gericht** ist eingehalten, wenn der zu leistende Betrag spätestens am letzten Tag der Frist zugunsten des Gerichts der Schweizerischen Post übergeben oder einem Post- oder Bankkonto in der Schweiz belastet worden ist. Diese Regelung entspricht den Bestimmungen von Art. 48 Abs. 4 BGG und Art. 21 Abs. 3 VwVG. Die Koordination mit dem BGG bringt eine im Vergleich zum Vorentwurf (Art. 135 Abs. 2) restriktivere Lösung, da der Eingang des Zahlungsauftrags unmassgeblich bleibt (BOTSCHAFT ZPO, 7308). Wie bei der rechtzeitigen Eingabe ist auch die Rechtzeitigkeit der Zahlung von der zahlungspflichtigen Partei zu beweisen (BSK BGG-AMSTUTZ/ARNOLD, Art. 48 N 29).

20   Im Gesetzestext nicht ausdrücklich erwähnt ist die **Überbringung der Geldsumme in bar** bei der Gerichtskasse. Selbstverständlich steht auch diese Möglichkeit den Parteien zur Fristwahrung offen, sofern die Übergabe vor Fristablauf erfolgt (BSK BGG-AMSTUTZ/ARNOLD, Art. 48 N 26). Hingegen ist das Gericht nicht zur Annahme von Checks verpflichtet (HAUSER/SCHWERI, § 193 N 21; VwVG-Praxiskommentar-CAVELTI, Art. 21 N 23). Werden sie allerdings angenommen, sollte die Zahlungsfrist als gewahrt gelten, sofern der Check ungekreuzt ist und sich als gedeckt erweist.

21   Die Zahlungsfrist wird gewahrt durch **Übergabe des Barbetrages an die Schweizerische Post** bis spätestens am letzten Tag der Frist (HAUSER/SCHWERI, § 193 N 18). Im Falle der Zahlung mit Check gilt die Zahlung als rechtzeitig erfolgt, sofern der Check ungekreuzt ist und eine ausreichende Deckung besteht (VwVG-Praxiskommentar-CAVELTI, Art. 21 N 23). Nicht genügend ist dagegen die Übergabe an eine ausländische Post – diesfalls wird die Frist nur gewahrt, wenn der Betrag entweder bis zum Fristablauf der Gerichtskasse übergeben oder ihrem Bank- oder Postkonto gutgeschrieben wird (BSK BGG-AMSTUTZ/ARNOLD, Art. 48 N 27).

22   Ebenfalls als fristwahrend gilt die **Aufgabe von Zahlungsaufträgen an die Schweizerische Post oder Banken in der Schweiz**, sofern die Kontobelastung am letzten Tag der Frist erfolgt. Inländische Post- und Banküberweisungen werden somit gleichgestellt. Allerdings müssen die Aufträge so rechtzeitig aufgegeben werden, dass die Kontobelastung bis spätestens am letzten Tag der Frist erfolgt. Die Praxis des Bundesgerichts zum OG, welche beim Giroverkehr auf den Zeitpunkt des Zahlungsauftrages abstellt, ist überholt (STAEHELIN/STAEHELIN/GROLIMUND, § 17 N 7).

23   Nicht ausreichend ist entsprechend dem Gesagten, wenn der Zahlungsauftrag erst am letzten Tag der Frist aufgegeben wird (BSK BGG-AMSTUTZ/ARNOLD, Art. 48 N 28). Die Partei trägt zudem das Risiko, dass ein grundsätzlich rechtzeitig aufgegebener Zahlungsauftrag nicht rechtzeitig belastet wird (VwVG-Praxiskommentar-CAVELTI, Art. 21 N 21).

24   Wird die Zahlung rechtzeitig, aber an eine unzuständige Behörde geleistet, so sind die Regeln hinsichtlich der Eingabe an eine unzuständige Behörde analog anzuwenden (VwVG-Praxiskommentar-CAVELTI, Art. 21 N 21; vgl. auch § 194 Abs. 1 GVG/ZH).

Art. 144

Erstreckung

¹ **Gesetzliche Fristen können nicht erstreckt werden.**

² **Gerichtliche Fristen können aus zureichenden Gründen erstreckt werden, wenn das Gericht vor Fristablauf darum ersucht wird.**

Prolongation

¹ Les délais légaux ne peuvent pas être prolongés.

² Les délais fixés judiciairement peuvent être prolongés pour des motifs suffisants, lorsque la demande en est faite avant leur expiration.

Proroga

¹ I termini stabiliti dalla legge non possono essere prorogati.

² I termini stabiliti dal giudice possono essere prorogati per sufficienti motivi se ne è fatta domanda prima della scadenza.

Inhaltsübersicht

	Note
I. Nichterstreckbarkeit gesetzlicher Fristen (Abs. 1)	1
II. Erstreckung gerichtlicher Fristen aus zureichenden Gründen (Abs. 2)	5

Literatur

R. OTTOMANN, Erstreckung von Fristen, Verschiebung von Tagfahrten, in: FS Oscar Vogel, Freiburg 1991, 217.

I. Nichterstreckbarkeit gesetzlicher Fristen (Abs. 1)

Die ZPO übernimmt den überlieferten Grundsatz, wonach **gesetzliche Fristen** unabänderlich und somit **nicht erstreckbar** sind (BOTSCHAFT ZPO, 7309; aus dem Schrifttum statt vieler BSK BGG-AMSTUTZ/ARNOLD, Art. 47 N 4). Dies bedeutet, dass auch das prozessleitende Gericht an die Frist gebunden ist und keine Erstreckungen gewähren darf, selbst wenn eine solche nach den gesamten Umständen als angemessen erschiene. Die aus Gründen der Rechtssicherheit und Rechtsgleichheit eindeutig bestimmten Zeiträume sollen nicht ermessensweise abgeändert werden können. 1

Die ZPO enthält in Übereinstimmung mit dem BGG entgegen dem bisherigen § 189 Abs. 2 GVG/ZH keine Bestimmung, wonach gesetzliche Fristen im Falle des Todes oder des Verlusts der Handlungsfähigkeit einer Partei oder ihres Vertreters erstreckt werden können. Tod oder Verlust der Handlungsfähigkeit dürften aber regelmässig Wiederherstellungsgründe i.S.v. Art. 148 darstellen. 2

Unvollständige Rechtsschriften sind nach Ablauf gesetzlicher Fristen nicht mehr ergänzbar, weil dazu eine Erstreckung der Frist notwendig wäre, welche das Gesetz gerade ausschliesst (HAUSER/SCHWERI, § 195 N 21). 3

Nachfristansetzungen zur Behebung von Mängeln **gemäss Art. 132 Abs. 1 und 2** stellen keine Erstreckung gesetzlicher Fristen dar (BSK BGG-AMSTUTZ/ARNOLD, Art. 47 N 5): Solche Nachfristansetzungen dienen nicht der Vervollständigung fehlender oder ungenügender Begründungen mangelhafter Eingaben. Vielmehr soll verhindert werden, dass aufgrund unbeabsichtigter Formmängel auf Eingaben nicht eingetreten werden kann, was mit dem Grundsatz des Verbots des überspitzten Formalismus nicht vereinbar wäre. 4

II. Erstreckung gerichtlicher Fristen aus zureichenden Gründen (Abs. 2)

5 **Gerichtlich angesetzte Fristen sind erstreckbar**, sofern zureichende Gründe bestehen und das Gesuch vor Fristablauf gestellt wird (GULDENER, ZPR, 266). Zu den gerichtlich angesetzten Fristen zählen neben den Fristen zur Einreichung gerichtlicher Eingaben auch die Zahlungsfristen, welche als gerichtliche Fristen ebenfalls der Erstreckung zugänglich sind.

6 Voraussetzung der Fristerstreckung ist vorweg ein entsprechendes **Gesuch**. Dieses ist – wenngleich nicht ausdrücklich festgehalten – **schriftlich oder elektronisch** in den Formen des Art. 130 **einzureichen** (vgl. BSK BGG-AMSTUTZ/ARNOLD, Art. 47 N 6 unter Rekurs auf die entsprechende Rechtslage unter dem OG), wobei es sich rechtfertigt, im Falle eigentlicher Notfälle vom Erfordernis der Schriftlichkeit abzusehen (vgl. OTTOMANN, 230; zu Recht grosszügig auch BÜHLER/EDELMANN/KILLER, § 86 N 3). Das Gesuch ist sodann vor Ablauf der Frist einzureichen; ein Eintreffen vor Fristablauf ist hingegen nicht erforderlich (BSK BGG-AMSTUTZ-ARNOLD, a.a.O.). Die Fristwahrung erfolgt durch Befolgung der in Art. 143 aufgestellten Regeln.

7 Dem Fristerstreckungsgesuch kommt grundsätzlich **aufschiebende Wirkung** in dem Sinne zu, dass die Frist zur Vornahme der Handlung vor dem Entscheid nicht auslaufen kann (HAUSER/SCHWERI, § 195 N 32; **a.M.** offenbar BSK BGG-AMSTUTZ/ARNOLD, Art. 47 N 6). Wird das Gesuch abgelehnt, so ist der gesuchstellenden Partei eine kurze Nachfrist zur Vornahme der geforderten Handlung anzusetzen (BÜHLER/EDELMANN/KILLER, § 86 N 8). Etwas anderes gilt nur dann, wenn die angegebenen Gründe nicht ernsthaft in Betracht fallen, was praktisch nie der Fall sein dürfte (vgl. HAUSER/SCHWERI, § 195 N 45). Stellt eine Partei während laufender Zahlungsfrist ein Gesuch um Gewährung der unentgeltlichen Rechtspflege (Art. 117 ff.), so ist zunächst über dieses Gesuch zu entscheiden und im Falle der Abweisung neuerlich Frist zur Leistung der Zahlung anzusetzen (FRANK/STRÄULI/MESSMER, § 79 N 9; HAUSER/SCHWERI, § 195 N 33).

8 Die ZPO verlangt für die Bewilligung eines Fristerstreckungsgesuchs «**zureichende Gründe**». Dies bedeutet, dass das Gericht bei der Entscheidfindung nach Recht und Billigkeit, d.h. entsprechend den durch Art. 4 ZGB vorgezeichneten Grenzen vorgehen soll (HAUSER/SCHWERI, § 195 N 25). Vom Gericht wird eine auf die konkreten Umstände des Einzelfalls zugeschnittene Lösung erwartet. Um eine entsprechende Lösung zu finden, ist eine Begründung des Erstreckungsgesuchs unabdingbar. Die massgebenden Umstände müssen genau, wenn auch in gedrängter Form, angegeben werden. Die angegebenen Gründe müssen stichhaltig sein und nach der allgemeinen Erfahrung geeignet erscheinen, die rechtzeitige Vornahme der fristgebundenen Handlung zu verhindern (vgl. HAUSER/SCHWERI, a.a.O.; WALDER/GROB, ZPR, § 33 N 8). Die Intensität der Gründe muss allerdings nicht derart sein, dass sie auch eine Wiederherstellung der Frist rechtfertigten, vielmehr ist bei der Bewilligung grundsätzlich grosszügig vorzugehen (BSK BGG-AMSTUTZ/ARNOLD, Art. 47 N 7; WALDER/GROB, a.a.O.).

9 Die vorgebrachten Gründe sind für das Gericht meist nicht sofort auf ihre Stichhaltigkeit hin überprüfbar und nähere Abklärungen verbieten sich vielfach aus Zeitgründen und/oder zufolge fehlender Kapazitäten. Aus diesen Gründen muss es genügen, wenn das **Gesuch von der gesuchstellenden Partei glaubhaft** dargelegt wird. Erscheint dem Gericht das Gesuch als zu wenig glaubhaft, gebietet der Grundsatz des rechtlichen Gehörs, dass das Gesuch nicht ohne weiteres zurückgewiesen darf. Vielmehr ist die gesuchstellende Partei aufzufordern, die dargelegten Gründe zu belegen, z.B. durch Arztzeugnisse, Marschbefehle und dgl. (vgl. HAUSER/SCHWERI, § 195 N 26).

Hinsichtlich der zur Gewährung der Fristerstreckung ausreichenden Gründe hat sich im zürcherischen Prozessrecht eine **Kasuistik** entwickelt, welche auch unter Geltung eidgenössischen Rechts angewendet werden kann und welche sich wie folgt zusammenfassen lässt (vgl. HAUSER/SCHWERI, § 195 N 28 ff.):

- Fristerstreckungsgesuche während laufenden und Erfolg versprechenden Vergleichsgesprächen sind grosszügig zu bewilligen.
- Die Zustimmung der Gegenpartei bildet einen zureichenden Grund für die Bewilligung von Fristerstreckungsgesuchen.
- Dagegen stellt selbstverschuldete zeitliche Bedrängnis keinen Grund für die Gewährung von Fristerstreckungsgesuchen dar (vgl. auch ZR 1996 Nr. 75; FRANK/STRÄULI/MESSMER, § 194 GVG N 2).
- Fristerstreckungsgesuche zur Beibringung von Zeugen brauchen nicht bewilligt zu werden, sofern die bisherigen Bemühungen zur Ermittlung der Zeugen nicht hinreichend dargetan werden.
- Die Frist für den Widerruf von Vergleichen kann – da eine privatrechtliche und keine gerichtliche Frist vorliegt – nicht vom Gericht, sondern nur von der Gegenpartei erstreckt werden.

Die gesuchstellende Partei soll im Regelfall die Erstreckung bis zu jenem Zeitpunkt verlangen, in dem sie unter den zum Zeitpunkt der Gesuchstellung bekannten Umständen in der Lage ist, die gerichtlich geforderte Handlung vorzunehmen (HAUSER/SCHWERI, § 195 N 27).

Beim **Entscheid über die Bewilligung von Fristerstreckungsgesuchen** handelt es sich um einen prozessleitenden Entscheid. Dieser liegt im pflichtgemässen Ermessen des Gerichts, welches darüber ohne Vernehmlassung der Gegenpartei entscheidet. Hinsichtlich der Anzahl und der Dauer der Fristerstreckungen setzt die ZPO dem Gericht keine Schranken (vgl. auch OTTOMANN, 228, zum bisherigen zürcherischen Recht). Indessen ist das Gericht bei der Entscheidfindung nicht vollkommen frei. Nebst den Interessen der gesuchstellenden Partei ist auch das Bestreben nach einer beförderlichen Prozesserledigung angemessen zu berücksichtigen (HAUSER/SCHWERI, § 195 N 40).

Wird die Notwendigkeit einer Fristerstreckung anerkannt, so ist sie zu bewilligen. Eine dem Einzelfall angepasste Lösung bietet dabei eine bessere Gewähr für die angemessene zeitliche Förderung des Prozesses als schematisch bemessene Fristen, die auf den mutmasslichen Zeitaufwand keine Rücksicht nehmen (HAUSER/SCHWERI, § 195 N 38).

Im Übrigen soll auch unter der eidgenössischen ZPO als Grundsatz dienen, dass Fristerstreckungen nur zurückhaltend und nur im Falle sachlicher Rechtfertigung gewährt werden sollen. Insbesondere letztmalige Fristerstreckungen haben als wirklich letztmalig zu gelten und sollen nur insoweit noch einmal erstreckt werden können, als dies durch schwerwiegende Gründe geboten erscheint oder die Zustimmung der Gegenpartei vorliegt (HAUSER/SCHWERI, § 195 N 27 und 39).

Im Falle der Gutheissung steht der Gegenpartei mangels Beschwer kein **Rechtsmittel** zur Verfügung (BÜHLER/EDELMANN/KILLER, § 86 N 9; OTTOMANN, 231). Im Falle der Ablehnung ist eine Anfechtung im Rahmen des gegen den Endentscheid zulässigen Rechtsmittels gegeben. Hingegen ist die selbständige Anfechtung der verweigerten Fristerstreckung in aller Regel ausgeschlossen, da für solche Entscheide kein Beschwerderecht vorgesehen ist und kaum Gründe denkbar sind, welche zu einem nicht wiedergutzumachenden Nachteil führen (Art. 319; BOTSCHAFT ZPO 2006, 7377; BÜHLER/EDELMANN/KILLER, a.a.O. N 11).

Art. 145

Stillstand der Fristen

¹ **Gesetzliche und gerichtliche Fristen stehen still:**
a. vom siebten Tag vor Ostern bis und mit dem siebten Tag nach Ostern;
b. vom 15. Juli bis und mit dem 15. August;
c. vom 18. Dezember bis und mit dem 2. Januar.

² **Dieser Fristenstillstand gilt nicht für:**
a. das Schlichtungsverfahren;
b. das summarische Verfahren.

³ **Die Parteien sind auf die Ausnahmen nach Absatz 2 hinzuweisen.**

⁴ **Vorbehalten bleiben die Bestimmungen des SchKG über die Betreibungsferien und den Rechtsstillstand.**

Suspension des délais

¹ Les délais légaux et les délais fixés judiciairement ne courent pas:
a. du septième jour avant Pâques au septième jour qui suit Pâques inclus;
b. du 15 juillet au 15 août inclus;
c. du 18 décembre au 2 janvier inclus.

² La suspension des délais ne s'applique pas:
a. à la procédure de conciliation;
b. à la procédure sommaire.

³ Les parties sont rendues attentives aux exceptions prévues à l'al. 2.

⁴ Les dispositions de la LP sur les féries et la suspension des poursuites sont réservées.

Sospensione dei termini

¹ I termini stabiliti dalla legge o dal giudice sono sospesi:
a. dal settimo giorno precedente la Pasqua al settimo giorno successivo alla Pasqua incluso;
b. dal 15 luglio al 15 agosto incluso;
c. dal 18 dicembre al 2 gennaio incluso.

² Questa sospensione dei termini non vale per:
a. la procedura di conciliazione;
b. la procedura sommaria.

³ Le parti sono rese attente alle eccezioni di cui al capoverso 2.

⁴ Sono fatte salve le disposizioni della LEF sulle ferie e sospensioni.

Inhaltsübersicht

	Note
I. Vorbemerkung	1
II. Fristenstillstand während der Gerichtsferien (Abs. 1)	2
III. Nichtgeltung des Fristenstillstands für das Schlichtungs- und das summarische Verfahren (Abs. 2 und 3)	5
IV. Vorbehalt des SchKG (Abs. 4)	9

I. Vorbemerkung

1 Art. 145 war im Gesetzgebungsverfahren die einzige Bestimmung im Bereich der Art. 142–146, welche zu Diskussionen Anlass gab. Der Entwurf sah nämlich vor, dass nicht nur im Schlichtungs- und summarischen Verfahren, sondern auch im vereinfachten

Verfahren kein Fristenstillstand herrsche (vgl. E-Art. 143 Abs. 2 lit. b). Der Nationalrat beschloss dagegen auf Antrag seiner Kommission, dass auch im vereinfachten Verfahren Fristenstillstand gelten solle (AmtlBull NR 2008, 945) und hielt daran entgegen dem gegenteiligen Beschluss des Ständerates (AmtlBull StR 2008, 725) fest (AmtlBull NR 2008, 1626). Schliesslich lenkte der Ständerat ein, wobei der Berichterstatter der Kommission festhielt, dass das Interesse vornehmlich kleinerer Anwaltskanzleien am Stillstand von Fristen stärker als der Wunsch nach Beschleunigung vereinfachter Verfahren gewichtet werde (AmtlBull StR 2008, 883, Votum Janiak).

II. Fristenstillstand während der Gerichtsferien (Abs. 1)

Gemäss Art. 145 Abs. 1 stehen gesetzliche und gerichtliche Fristen vom siebten Tage vor bis siebten Tage nach Ostern (gemeint ist der Ostermontag), vom 15. Juli bis und mit dem 15. August sowie vom 18. Dezember bis und mit dem 2. Januar still. Bewusst wurden die Gerichtsferien übereinstimmend mit dem BGG (Art. 46 Abs. 1; vgl. BOTSCHAFT ZPO, 7309) und dem VwVG (Art. 22a Abs. 1) festgesetzt und die Betreibungsferien gemäss Art. 56 Abs. 1 lit. b SchKG der ZPO angepasst.

Gerichtliche Zustellungen sind auch während der Gerichtsferien zulässig (FRANK/ STRÄULI/MESSMER, § 191 GVG N 2; MERZ, § 67 N 3). **Gerichtsferien hindern den Beginn einer Frist nicht, beeinflussen aber den Lauf der einmal begonnenen Frist** (BSK BGG-AMSTUTZ-ARNOLD, Art. 46 N 5). Entweder wird nämlich der Beginn einer an sich während der Ferien beginnenden Frist gehemmt oder eine bereits vor den Ferien begonnene Frist um die Dauer der Frist verlängert (der vielfach verwendete Terminus «Unterbrechung» ist zu vermeiden, da er zu Missverständnissen verleitet). In beiden Konstellationen ist der erste Tag nach dem Ende der Ferien zählender Tag (vgl. auch ZR 1996 Nr. 39; ferner FRANK/STRÄULI/MESSMER, a.a.O.). Ist dieser ein Samstag, Sonntag oder vom Gerichtsort anerkannter Feiertag, so greift Art. 142 Abs. 3.

Die oben erwähnten Grundsätze seien an folgenden **Beispielen** illustriert (nach BSK BGG-AMSTUTZ-ARNOLD, Art. 46 N 6):

Verlängerung des Fristenlaufs:

– Ein fristauslösender Sachverhalt wird am 2. Dezember eröffnet; die Frist beträgt 30 Tage. Die Frist beginnt am 3. Dezember zu laufen (Art. 142 Abs. 1). Der Fristenlauf wird nach einer Dauer von 15 Tagen vom 18. Dezember bis und mit 2. Januar unterbrochen und wird am 3. Januar fortgesetzt. Die Frist endet demnach am 17. Januar um Mitternacht. Ist dieser Tag ein Samstag, Sonntag oder ein am Gerichtsort anerkannter Feiertag, so endet die Frist am nächstfolgenden Werktag (Art. 142 Abs. 3).

– Am achten Tag vor Ostern sind bereits 19 Tage einer Frist von 20 Tagen verstrichen. Das Fristende fällt aufgrund des Fristenstillstands auf den achten Tag nach Ostern, gegebenenfalls auf den nächsten Werktag.

– Der letzte Tag der Frist fällt auf den 17. Dezember, welcher auf einen Samstag fällt. Da der nächstfolgende Werktag (19. Dezember) in den Fristenstillstand vom 18. Dezember bis 2. Januar fällt, endet die Frist erst am 3. Januar (Dienstag).

Hemmung des Fristenlaufs:

– Eine fristauslösende Mitteilung mit einer Frist von 30 Tagen wird am vierten Tag vor Ostern eröffnet. Sie fällt damit in den Fristenstillstand gemäss Abs. 1 lit. a. Erster zählender Tag der Frist ist der achte Tag nach Ostern; vorher ist der Beginn des Fristenlaufs gehemmt. Die Frist endet damit am 37. Tag nach Ostern, allenfalls am nächstfolgenden Werktag.

– Eine fristauslösende Mitteilung wird der betroffenen Partei am 17. Dezember zugestellt. Aufgrund des Fristenstillstands vom 18. Dezember bis 2. Januar beginnt die Frist erst am 3. Januar zu laufen. Dabei ist unerheblich, ob es sich bei diesem Tag um einen Samstag oder Sonntag handelt, da dies für den Beginn einer Frist ohne Belang bleibt.

III. Nichtgeltung des Fristenstillstands für das Schlichtungs- und das summarische Verfahren (Abs. 2 und 3)

5   Aufgrund gesetzgeberischer Anordnung **gelten die Fristenstillstände gemäss Abs. 1 weder im Schlichtungsverfahren** (Art. 202 ff.) **noch im summarischen Verfahren** (Art. 252 ff.). Dagegen gelten die Stillstände, soweit das vereinfachte Verfahren (Art. 244 ff.) zur Anwendung gelangt. Der Vorschlag des Bundesrates, das vereinfachte Verfahren vom Fristenstillstand auszunehmen, wurde vom Parlament verworfen (vgl. N 1).

6   Die im Falle der Nichteinigung der Parteien im Schlichtungsverfahren ausgestellte **Klagebewilligung** berechtigt – vorbehaltlich der Streitigkeiten aus Miete und Pacht, landwirtschaftlicher Pacht sowie besonderer gesetzlicher Klagefristen – während dreier Monate zur Einreichung der Klage beim Gericht (Art. 209 Abs. 3). Diese Frist wird durch den Fristenstillstand unterbrochen bzw. die Frist zur Klageeinreichung beginnt erst nach Ablauf des Fristenstillstands zu laufen (so auch unter bisherigem zürcherischem Recht; vgl. HAUSER/SCHWERI, § 140 N 3 und FRANK/STRÄULI/MESSMER, § 101 N 5 und § 102 N 6). Der Grund dafür liegt darin, dass die Klagebewilligung – ähnlich wie die Weisung der zürcherischen ZPO – an das Schlichtungsverfahren anschliesst und nicht mehr als Teil desselben zu betrachten ist. Demgegenüber sah noch der Vorentwurf (VE-Art. 202 Abs. 3) vor, dass die Frist zur Einreichung der Klagebewilligung nicht stillstehen könne, was mit Gründen der Prozessbeschleunigung motiviert wurde (Bericht VE, 100). Dieser Vorschlag wurde indessen vom Bundesrat nicht übernommen und der Hinweis auf den fehlenden Stillstand der Einreichungsfrist gestrichen (E-Art. 206 Abs. 3; BOTSCHAFT ZPO, 7333).

7   Vorbehalten bleiben die bereits erwähnten Ausnahmen, namentlich im Bereich der Miete und Pacht (vgl. dazu Art. 274f Abs. 1 OR).

8   Gemäss Abs. 3 sind die Parteien auf die Ausnahmen nach Abs. 2 hinzuweisen. Daraus folgt, dass im Falle des **fehlenden oder eines fehlerhaften Hinweises den Parteien daraus keine Nachteile erwachsen dürfen,** mit anderen Worten die Frist stillsteht wie im ordentlichen oder vereinfachten Verfahren (BOTSCHAFT ZPO, 7309; vgl. auch FRANK/STRÄULI/MESSMER, Vor §§ 259 N 7; ZR 1977 Nr. 130). In diesen speziellen Fällen können sie sich auf den Fristenstillstand oder allenfalls den fehlerhaft angegebenen Fristenstillstand berufen. Die Rechtsprechung zum BGG und zu den bisherigen kantonalen Zivilprozessordnungen, welche die Folgen fehlerhafter Rechtsmittelbelehrungen teilweise den Parteien aufbürdet (vgl. etwa BGE 135 III 274 oder ZR 2009 Nr. 20, wonach sich die Parteien auf fehlerhafte Rechtsmittelbelehrungen nur dann verlassen dürfen, soweit dies nicht gegen Treu und Glauben verstösst, was bei rechtskundigen oder anwaltlich vertretenen Parteien regelmässig der Fall ist), sollte m.E. aufgrund des eindeutigen Gesetzeswortlauts im Falle des fehlenden Hinweises gemäss Abs. 3 nicht sinngemäss angewendet werden.

IV. Vorbehalt des SchKG (Abs. 4)

Trotz Angleichung der Betreibungsferien an die Gerichtsferien bestehen punktuell Unterschiede im Fristenrecht der ZPO und des SchKG (vgl. die Hinweise bei GASSER/RICKLI, Art. 145 N 6). So müssen die Betreibungsferien in gerichtlichen Betreibungshandlungen wie Rechtsöffnung oder Konkurseröffnung beachtet werden, obschon es sich hierbei um summarische Verfahren handelt (BOTSCHAFT ZPO, 7310).

9

Art. 146

Wirkungen des Stillstandes	¹ Bei Zustellung während des Stillstandes beginnt der Fristenlauf am ersten Tag nach Ende des Stillstandes.
	² Während des Stillstandes der Fristen finden keine Gerichtsverhandlungen statt, es sei denn, die Parteien seien einverstanden.
Effets de la suspension	¹ Lorsqu'un acte est notifié pendant la suspension d'un délai, le délai court à compter du jour qui suit la fin de la suspension.
	² Le tribunal ne tient pas d'audience durant la suspension d'un délai, à moins que les parties n'y consentent.
Effetti della sospensione dei termini	¹ In caso di notificazione durante la sospensione dei termini, il termine decorre dal primo giorno successivo a quello della fine della sospensione.
	² Durante la sospensione dei termini non si tengono udienze, eccetto che le parti vi acconsentano.

Inhaltsübersicht   Note

   I. Beginn des Fristenlaufs bei Zustellung während des Stillstands 1
  II. Keine Verhandlungen während Stillstand (Abs. 2) 4

I. Beginn des Fristenlaufs bei Zustellung während des Stillstands

Abs. 1 bestätigt den Grundsatz, dass während eines Fristenstillstands gemäss Art. 145 Abs. 1 keine Fristen zu laufen beginnen (vgl. zur abweichenden Regelung bzgl. der Betreibungsferien Art. 63 SchKG). Erfolgt bspw. die Zustellung einer gerichtlichen Verfügung mit einer Frist von 10 Tagen am 20. Dezember, so beginnt die Frist erst am 3. Januar zu laufen. Erfolgt die Zustellung am 15. Juli, so beginnt der Fristenlauf am 16. August.

1

Der Beginn des Fristenlaufs wird freilich nur insoweit gehemmt, als das betreffende Verfahren überhaupt vom Fristenstillstand betroffen wird. Handelt es sich hingegen um ein Schlichtungs- oder ein summarisches Verfahren gemäss Art. 145 Abs. 2, so gelangt Art. 146 gar nicht zur Anwendung. Etwas anderes gilt nur ausnahmsweise dann, wenn versäumt wurde, die Parteien darauf hinzuweisen, dass im betreffenden Verfahren kein Fristenstillstand gilt oder auf diesen Umstand in fehlerhafter Weise hingewiesen wurde (vgl. Art. 145 N 8).

2

Der Fristenlauf wird nur hinausgezögert, falls die Zustellung während eines Stillstands erfolgt. Ist der erste Tag der Frist dagegen ein Samstag, Sonntag oder ein am Gerichtsort anerkannter Feiertag, so beginnt die Frist zu laufen, denn diese Tage beeinflussen den Fristbeginn nicht.

3

Jurij Benn

II. Keine Verhandlungen während Stillstand (Abs. 2)

4   Abs. 2 hält fest, dass während der Fristenstillstände keine Verhandlungen stattfinden. Eine Selbstverständlichkeit stellt die ausdrücklich festgehaltene Möglichkeit dar, von diesem Grundsatz im Einvernehmen mit den Parteien abzuweichen.

2. Abschnitt: Säumnis und Wiederherstellung

Art. 147

Säumnis und Säumnisfolgen

¹ Eine Partei ist säumig, wenn sie eine Prozesshandlung nicht fristgerecht vornimmt oder zu einem Termin nicht erscheint.

² Das Verfahren wird ohne die versäumte Handlung weitergeführt, sofern das Gesetz nichts anderes bestimmt.

³ Das Gericht weist die Parteien auf die Säumnisfolgen hin.

Défaut et conséquences

¹ Une partie est défaillante lorsqu'elle omet d'accomplir un acte de procédure dans le délai prescrit ou ne se présente pas lorsqu'elle est citée à comparaître.

² La procédure suit son cours sans qu'il soit tenu compte du défaut, à moins que la loi n'en dispose autrement.

³ Le tribunal rend les parties attentives aux conséquences du défaut.

Inosservanza e sue conseguenze

¹ Vi è inosservanza di un termine quando una parte non compie tempestivamente un atto processuale oppure, benché citata, non compare.

² Salvo che la legge disponga altrimenti, la procedura continua il suo corso senza l'atto processuale così omesso.

³ Il giudice rende attente le parti alle conseguenze dell'inosservanza di un termine.

Inhaltsübersicht   Note

   I. Norminhalt und Normzweck   1
  II. Säumnis und deren Folgen auf das laufende Verfahren (Abs. 1 und 2)   3
      1. Säumnis   3
      2. Säumnisfolgen 14
 III. Gerichtlicher Hinweis auf die Säumnisfolgen (Abs. 3) 19

I. Norminhalt und Normzweck

1   Art. 147 enthält die Definition der Säumnis von Prozesshandlungen und legt deren Folgen für das laufende Verfahren fest. Die Bestimmung schreibt zudem vor, dass das Gericht verpflichtet ist, die Parteien vorgängig auf die Säumnisfolgen hinzuweisen.

2   Der Anwendungsbereich von Art. 147 bezieht sich auf fristgebundene Prozesshandlungen und Termine gemäss der ZPO. Er beschränkt sich somit auf Prozesshandlungen in **zivilrechtlichen Verfahren vor kantonalen gerichtlichen Instanzen**. Vorschriften bezüglich Säumnis und Säumnisfolgen in anderen Bundesgesetzen, wie etwa Art. 33 Abs. 3 SchKG, bleiben vorbehalten (BOTSCHAFT ZPO, 7310). Für die Säumnis und Säumnisfol-

gen im Verfahren vor dem Bundesgericht gelten die entsprechenden Vorschriften des BGG.

II. Säumnis und deren Folgen auf das laufende Verfahren (Abs. 1 und 2)

1. Säumnis

a) Grundsatz

Gemäss der Legaldefinition von Art. 147 Abs. 1 ist eine **Partei säumig, wenn sie eine Prozesshandlung nicht fristgerecht vornimmt oder zu einem Termin nicht erscheint**. Das Nichterscheinen zu einem (gerichtlich angesetzten) Termin wurde aufgrund der im Rahmen der Vernehmlassung gemachten Vorschläge ausdrücklich ins Gesetz aufgenommen (BOTSCHAFT ZPO, 7309). 3

b) Nichtbeachtung einer Frist

Säumnis tritt ein bei nicht fristgerechter Vornahme einer Prozesshandlung durch eine Partei. Konkret geht es hier um **Eingaben** (inkl. Beilagen) – in Papierform oder elektronischer Form – der Parteien i.S.v. Art. 130 ff. (z.B. schriftliche Replik i.S.v. Art. 225) oder **Zahlungen** (z.B. Kostenvorschuss i.S.v. Art. 98) der Parteien an das Gericht. Die Vorschriften betreffend Beginn und Berechnung sowie Wahrung von Fristen finden sich in Art. 142 ff. 4

Die Regelung über Beginn und Berechnung einer Frist gem. Art. 142 ist auf die entsprechenden Vorschriften der Bundesrechtspflege (Art. 44 und 45 BGG) abgestimmt (BOTSCHAFT ZPO, 7308). Der **Beginn des Fristenlaufs bedingt, dass das die Frist auslösende Ereignis (Entscheid oder fristansetzende Verfügung) der betreffenden Partei nach den Vorschriften von Art. 136 ff. ordnungsgemäss zugestellt oder eröffnet wurde**. Andernfalls gilt die Mitteilung einer fristansetzenden Verfügung oder eines Entscheids als nicht erfolgt und diese entfalten keine Rechtswirkungen (BGE 116 III 85, 87 E. 2 = Pra 1991 Nr. 48), was von Amtes wegen zu beachten ist (BGE 122 I 97, 98 ff. E. 3). Als Folge davon wird die in einer Verfügung angesetzte Frist nicht ausgelöst und ein Entscheid gilt nicht als i.S.v. Art. 239 eröffnet, weshalb die Rechtsmittelfristen (Art. 311 und 321 Abs. 1) nicht zu laufen beginnen (vgl. Art. 136 N 10 ff. und Art. 138 N 26). Entsprechend können weder Säumnis der fristbelasteten Partei i.S.v. Art. 147 Abs. 1 noch die Säumnisfolgen von Art. 147 Abs. 2 eintreten. 5

Die Einrede der Nichtigkeit der Zustellung ist aber rechtsmissbräuchlich und nicht statthaft, soweit der Adressat trotz der nicht ordnungsgemässen Zustellung von der per Verfügung angesetzten Frist oder aber vom Entscheid tatsächlich Kenntnis erhalten hat (nicht publiziertes Urteil des BGer vom 30.11.2007, 4A_367/2007, E. 3.2; BGE 132 I 249, 253 E. 6 = Pra 2007 Nr. 64). Auf die Rechtsfolgen der Nichtigkeit aufgrund mangelhafter Zustellung bzw. Eröffnung kann sich somit nur die Partei berufen, welche von der fristansetzenden Verfügung bzw. einem Entscheid tatsächlich keine Kenntnis erlangt hat und deshalb irregeführt worden ist und dadurch einen Nachteil erlitten hat (vgl. Art. 136 N 10 und Art. 138 N 27). Der irregeführten Partei muss auch die Möglichkeit offen stehen, gem. Art. 148 eine Wiederherstellung der Frist zu verlangen. 6

Die Regelungen zur Fristwahrung nach Art. 143 ff. entsprechen den allgemeinen Grundsätzen des geltenden Rechts sowie der Bundesrechtspflege (Art. 48 Abs. 1 BGG). Für schriftliche Eingaben gilt das sog. Expeditionsprinzip, wonach eine Parteieingabe innert Frist abzuschicken ist. Für elektronische Eingaben gilt hingegen das Eingangs- 7 prinzip, d.h. der Eingang der Eingabe muss vom Gericht innerhalb der Frist vom empfangenden Gericht bestätigt werden (BOTSCHAFT ZPO, 7308).

c) Nichtbeachtung eines Termins

8 Nichterscheinen zu einem gerichtlichen Termin, d.h. **Nichtbeachtung einer gerichtlichen Vorladung** zu einem Gerichtstermin, führt ebenfalls zur Säumnis der betreffenden Partei. Dem Nichterscheinen gleichzusetzen ist, wenn an Stelle der Partei eine zur Prozessvertretung nicht befugte Person erscheint (LEUCH/MARBACH/KELLERHALS/STERCHI, Art. 283 ZPO/BE N 1.a) oder die Partei zwar erscheint, sich aber in verhandlungsunfähigem Zustand (z.B. Trunkenheit) befindet oder sich weigert, eine Erklärung abzugeben und sich am Verfahren zu beteiligen (HAUSER/SCHWERI, § 197 N 2).

9 Anders als gewisse kantonale Zivilprozessgesetze (vgl. z.B. § 197 Abs. 1 GVG/ZH) sieht das Gesetz **keine Respektstunde** vor. Als Grundsatz tritt die Säumnis somit unverzüglich ein, wenn die Partei nicht pünktlich zu der in der Vorladung genannten Zeit erscheint. Um dem verfassungsmässigen Verbot des überspitzten Formalismus (BGE 120 V 413, 417 E. 4.b) sowie dem Verhältnismässigkeitsgebot Rechnung zu tragen, sollten die Gerichte aber kleinere Verspätungen der Parteien tolerieren. Trifft etwa die klagende Partei mit einer Verspätung von 15 Minuten zur Hauptverhandlung ein, so ist ihr trotzdem Gelegenheit zur mündlichen Replik zu geben.

10 Säumnis und die damit verbundenen Folgen treten nur ein, wenn die Partei **ordnungsgemäss zum gerichtlichen Termin vorgeladen** worden ist. Die Vorschriften bezüglich Form, Zeitpunkt und Zustellung der Vorladung finden sich in Art. 133 f. sowie Art. 136 ff.

11 Die Vorladung muss einmal die in Art. 133 genannten Angaben enthalten und gem. Art. 134 mindestens 10 Tage vor dem Erscheinungstermin versandt werden. Verfahrensrechtlich betrachtet stellt die Vorladung eine gerichtliche Prozesshandlung zur Gewährung des rechtlichen Gehörs dar (BGE 131 I 185, 187 E. 2.1). Aufgrund der formellen Rechtsnatur des Anspruchs auf rechtliches Gehör (BGE 132 V 387, 390 E. 5.1) führen Vorladungsmängel grundsätzlich zur Rechtsunwirksamkeit der betreffenden Vorladung (vgl. Art. 133 N 3). Soweit die Partei durch die fehlerhafte Vorladung in einen Irrtum versetzt wurde, muss dieser auch der Weg einer Wiederherstellung des Termins i.S.v. Art. 148 offen stehen (vgl. Art. 133 N 37).

12 Unter Vorbehalt der Wahrung der minimalen Vorladungsfrist von Art. 134 können Vorladungsmängel allerdings geheilt werden. Gestützt auf den verfahrensrechtlichen Grundsatz von Treu und Glauben (Art. 52) sind die Parteien zu einer raschen Geltendmachung von Vorladungsmängeln verpflichtet, soweit diese bei sofortiger Rüge noch rechtzeitig behoben werden können (vgl. dazu BGE 121 I 30, 40 E. 6a). Diesfalls kann ein Zuwarten mit der Rüge als rechtsmissbräuchlich qualifiziert werden, was in der Folge die Heilung der Vorladungsmängel begründet (vgl. Art. 133 N 36).

13 Die Säumnis der Partei bedingt sodann, wenn die **Vorladung gemäss den Vorschriften von Art. 136 ff. der betroffenen Partei ordnungsgemäss zugestellt** wurde. Es kann diesbezüglich auf die Ausführungen unter N 5 hiervor verwiesen werden.

2. Säumnisfolgen

a) Grundsatz

14 An die Nichtbeachtung einer Frist oder eines Termins wird als Grundsatz **Präklusivwirkung** geknüpft. Die säumige Partei ist mit der prozessualen Handlung, die sie bis zum Ablauf der Frist oder bis zum Termin hätte vornehmen sollen, ausgeschlossen und kann

diese Handlung nicht mehr nachträglich nachholen (STAEHELIN/STAEHELIN/GROLIMUND, § 17 N 11). In diesem Sinne hält Art. 147 Abs. 2 fest, dass das Verfahren – vorbehältlich der gesetzlich statuierten Ausnahmen (vgl. dazu N 15 ff. hiernach) – ohne die versäumte Prozesshandlung fortgesetzt wird. Mit dieser Rechtsfolge soll verhindert werden, dass eine säumige Partei das Verfahren zu Lasten der anderen Partei verzögern kann (BOTSCHAFT ZPO, 7309).

b) Ausnahmen und Relativierungen

Die strengen Säumnisfolgen werden in verschiedener Hinsicht abgemildert. So sieht das Gesetz einmal bezüglich bestimmter wichtiger Fristen und Termine **Ausnahmen von der allgemeinen Säumnisfolge** vor, indem die Ansetzung einer Nachfrist vorgeschrieben wird: 15

– Gestützt auf Art. 101 Abs. 3 ist einmal bei **Nichtleistung eines Kostenvorschusses oder einer Sicherheit für die Parteientschädigung** (Art. 98 und 99) der pflichtigen Partei eine Nachfrist (mit ausdrücklicher Androhung der Säumnisfolgen i.S.v. Art. 147 Abs. 3) anzusetzen. Diese Nachfrist kann erheblich kürzer sein als die erste Frist (BOTSCHAFT ZPO, 7295).

– Gemäss Art. 223 Abs. 1 muss sodann das Gericht im ordentlichen Verfahren bei **versäumter Klageantwort** der beklagten Partei eine kurze Nachfrist ansetzen. Nach unbenutzter Frist trifft das Gericht einen Endentscheid, sofern die Angelegenheit spruchreif ist. Andernfalls lädt es zur Hauptverhandlung vor (Art. 223 Abs. 2).

– In Anlehnung an die Bundesrechtspflege (Art. 42 Abs. 5 und 6 BGG) ist zur **Behebung von Formmängeln und anderen sofort erkennbaren und behebbaren Fehlern einer Eingabe**, wie z.B. fehlende Unterschrift oder fehlende Vollmacht, der betroffenen Partei eine Nachfrist zur Verbesserung anzusetzen (Art. 132 Abs. 1). Das Gleiche gilt für **unleserliche, ungebührliche, unverständliche oder weitschweifige Eingaben** (Art. 132 Abs. 2). Soweit eine Verbesserung innerhalb der angesetzten Nachfrist unterbleibt, gilt die Eingabe als nicht erfolgt (Art. 132 Abs. 1 und 2). Gestützt auf die Bestimmung von Art. 147 Abs. 3 ist bei der Ansetzung der Nachfrist auf diese Säumnisfolge hinzuweisen.

Abweichende Säumnisfolgen gelten im Falle des **Nichterscheinens der Parteien an der Schlichtungsverhandlung** i.S.v. Art. 203. Bleibt die klagende Partei der Schlichtungsverhandlung fern, so gilt das Schlichtungsgesuch als zurückgezogen und das Verfahren wird als gegenstandlos abgeschrieben (Art. 206 Abs. 1). Bei Säumnis der beklagten Partei verfährt die Schlichtungsbehörde, wie wenn keine Einigung der Parteien zu Stande gekommen wäre (Art. 206 Abs. 2). Bleiben schliesslich beide Parteien der Schlichtungsverhandlung fern, so wird das Verfahren als gegenstandslos abgeschrieben (Art. 206 Abs. 3). 16

Besondere Vorschriften gelten sodann im Falle der **Säumnis an der Hauptverhandlung im ordentlichen Verfahren**. Gemäss Art. 234 Abs. 1 hat das Gericht die Eingaben der säumigen Partei, welche nach Massgabe des Gesetzes eingereicht worden sind, zu berücksichtigen. Im Übrigen kann das Gericht seinen Entscheid unter Vorbehalt von Art. 153 (vgl. dazu N 18 nachfolgend) auf die Akten sowie die Vorbringen der anwesenden Partei abstellen. Soweit beide Parteien an der Hauptverhandlung ausbleiben, wird das Verfahren als gegenstandslos abgeschrieben und die Gerichtskosten je hälftig den Parteien auferlegt (Art. 234 Abs. 2). 17

18 Relativierungen der allgemeinen Säumnisfolgen nach Art. 147 Abs. 2 ergeben sich schliesslich aus anderen verfahrensrechtlichen Bestimmungen:

– Von wesentlicher Bedeutung ist einmal der **Untersuchungsgrundsatz** (Art. 55 Abs. 2). Soweit dieser auf das konkrete Verfahren Anwendung findet, ist das Gericht verpflichtet, von Amtes wegen Beweis zu erheben, um den Sachverhalt festzustellen (Art. 153 Abs. 1).

– Bei **erheblichen Zweifeln an der Richtigkeit einer nicht streitigen Tatsache** kann das Gericht gem. Art. 153 Abs. 2 – auch im Rahmen der Verhandlungsmaxime (Art. 55 Abs. 1) – von sich aus Beweis erheben. Diese Möglichkeit greift etwa, wenn eine Tatsache aufgrund Säumnis der anderen Partei unbestritten geblieben ist (BOTSCHAFT ZPO, 7313).

– Weiter ist in diesem Zusammenhang auf die **gerichtliche Fragepflicht** von Art. 56 hinzuweisen, wonach das Gericht bei unklaren, widersprüchlichen, unbestimmten oder offensichtlich unvollständigen Vorbringen der betreffenden Partei durch entsprechende Fragen Gelegenheit zur Klarstellung und zur Ergänzung zu geben hat. Im vereinfachten Verfahren hat das Gericht sodann durch geeignete Fragen auf die Ergänzung des Sachverhalts sowie die Bezeichnung der Beweismittel hinzuwirken (Art. 247 Abs. 1).

III. Gerichtlicher Hinweis auf die Säumnisfolgen (Abs. 3)

19 Nach Art. 147 Abs. 3 hat das Gericht bei der Ansetzung einer Frist oder eines Termins für eine bestimmte Prozesshandlung (z.B. Einreichung einer schriftlichen Replik oder Vorladung zu einer Verhandlung) die Parteien auf die Säumnisfolgen hinzuweisen. Bezüglich der Vorladung sowie der Mitwirkungspflichten ergibt sich eine entsprechende Aufklärungspflicht auch aus Art. 133 lit. f sowie Art. 161 Abs. 1.

20 Die Bestimmung von Art. 147 Abs. 3 ist nicht eine blosse Ordnungsvorschrift. Sie beruht auf dem Prinzip von Treu und Glauben (BOTSCHAFT ZPO, 7309) und ist damit Voraussetzung für den Eintritt der Präklusivwirkung. Die Gerichte sind damit verpflichtet, die Parteien auf die Präklusivwirkung hinzuweisen (STAEHELIN/STAEHELIN/GROLIMUND, § 17 N 11). **Im Unterlassungsfalle können Säumnis und deren Rechtsfolgen gem. Art. 147 nicht eintreten** und das Gericht hat im Falle der Nichtbeachtung einer Frist oder eines Termins eine neue Frist anzusetzen bzw. eine neue Vorladung auszustellen (HALDY, 66).

Art. 148

Wiederherstellung

¹ Das Gericht kann auf Gesuch einer säumigen Partei eine Nachfrist gewähren oder zu einem Termin erneut vorladen, wenn die Partei glaubhaft macht, dass sie kein oder nur ein leichtes Verschulden trifft.

² Das Gesuch ist innert zehn Tagen seit Wegfall des Säumnisgrundes einzureichen.

³ Ist ein Entscheid eröffnet worden, so kann die Wiederherstellung nur innerhalb von sechs Monaten seit Eintritt der Rechtskraft verlangt werden.

3. Kapitel: Fristen, Säumnis und Wiederherstellung **1 Art. 148**

Restitution ¹ Le tribunal peut accorder un délai supplémentaire ou citer les parties à une nouvelle audience lorsque la partie défaillante en fait la requête et rend vraisemblable que le défaut ne lui est pas imputable ou n'est imputable qu'à une faute légère.

² La requête est présentée dans les dix jours qui suivent celui où la cause du défaut a disparu.

³ Si une décision a été communiquée, la restitution ne peut être requise que dans les six mois qui suivent l'entrée en force de la décision.

Restituzione ¹ Ad istanza della parte che non ha osservato un termine, il giudice può concedere un termine suppletorio o fissarne uno nuovo se la parte rende verosimile di non aver colpa dell'inosservanza o di averne solo in lieve misura.

² La domanda deve essere presentata entro dieci giorni dalla cessazione del motivo dell'inosservanza.

³ Se vi è è già stata pronuncia del giudice, la restituzione del termine non può più essere domandata trascorsi sei mesi dal passaggio in giudicato.

Inhaltsübersicht Note
I. Norminhalt und Normzweck 1
II. Materielle Voraussetzungen der Wiederherstellung (Abs. 1 und 2) 5
   1. Gegenstand der Wiederherstellung 5
   2. Wiederherstellungsfall 7
   3. Säumnisgrund 9
   4. Kasuistik 19
   5. Wesentlichkeit der Wiederherstellung für den Ausgang des Verfahrens 32
   6. Wiederherstellung bei Einwilligung der Gegenpartei? 33
III. Formelle Voraussetzungen der Wiederherstellung (Abs. 3) 35
   1. Stellung eines Wiederherstellungsgesuch 35
   2. Form des Gesuchs 37
   3. Inhalt des Gesuchs 38
   4. Frist für Einreichung des Gesuchs 41
IV. Wiederherstellung nach Eröffnung des Entscheids (Abs. 3) 43
V. Zuständigkeit, Verfahren und Entscheid der Wiederherstellung 45

Literatur

J. BRÖNNIMANN, Die Schweizerische Zivilprozessordnung vom 19.12.2008 – ein Überblick, in: recht 2009/Heft 3, 79 ff.; B. CORBOZ/A. WURZBURGER/P. FERRARI/J.-M. FRÉSARD/F. AUBRY GIRARDIN, Commentaire de la LTF (Loi sur le Tribunal fédéral), Bern 2009; M. GULDENER, Wiederherstellung bei Verschulden von Hilfspersonen?, in: SJZ 55, 369 ff. (zit. Wiederherstellung); P. U. RITTER, die Wiederherstellung versäumter Fristen und Tagfahrten nach schweizerischem Zivilprozessrecht, Diss. Zürich, 1962.

I. Norminhalt und Normzweck

Art. 148 f. enthalten die Vorschriften bezüglich der Wiederherstellung einer versäumten **1** Frist oder eines gerichtlichen Termins. Art. 148 legt die Voraussetzungen für eine Wiederherstellung fest, während Art. 149 Vorschriften zum Verfahren der Wiederherstellung enthält.

2   Der Rechtsbehelf der **Wiederherstellung** – auch Wiedereinsetzung in den vorigen Stand *(restitutio in integrum)* genannt – ist ein **allgemeiner Rechtsgrundsatz** (BGE 117 Ia 297, 301 E. 3), welcher in verschiedenen Bundesgesetzen (vgl. z.B. Art. 33 Abs. 4 SchKG, Art. 50 BGG, Art. 24 VwVG und Art. 13 BZP) verankert ist. Sie bezweckt, die Gefahren des prozessualen Formalismus abzuschwächen und ein Missverhältnis zwischen dem Verschulden und einem prozessualen Versäumnis und den daran geknüpften Rechtsnachteilen zu vermeiden (HAUSER/SCHWERI, § 199 N 1).

3   Die Wiederherstellung von Fristen und Terminen gem. Art. 148 f. gilt für **zivilrechtliche Verfahren vor kantonalen gerichtlichen Instanzen**. Für die Wiederherstellung betreibungsrechtlicher Eingabefristen (insb. Klage- und Rechtsmittelfristen) sind allerdings – wie bisher – die Bestimmungen des SchKG (Art. 33 SchKG Abs. 4 SchKG) anwendbar (BOTSCHAFT ZPO, 7310). Im Verfahren vor Bundesgericht wiederum sind bezüglich der Wiederherstellung die Vorschriften von Art. 50 BGG massgebend. Dies ist insofern von praktischer Bedeutung, als die Wiederherstellung gemäss SchKG und BGG an strengere Voraussetzungen geknüpft ist als nach Art. 148 (vgl. N 10 hiernach).

4   Gemäss Wortlaut ist die Wiederherstellung von Fristen und Terminen nach Art. 148 Abs. 1 als Kann-Vorschrift ausgestaltet. Nach der hier vertretenen Meinung hat jedoch die säumige Partei bei Vorliegen der vom Gesetz verlangten materiellen und formellen Voraussetzungen (N 5 ff. und 34 ff. hiernach) einen **Anspruch auf Wiederherstellung** (vgl. dazu HAUSER/SCHWERI, § 199 N 8 f.; **a.M.** HALDY, 66).

II. Materielle Voraussetzungen der Wiederherstellung (Abs. 1 und 2)

1. Gegenstand der Wiederherstellung

5   Gegenstand der Wiederherstellung bilden gemäss dem ausdrücklichen Wortlaut von Art. 148 Abs. 1 **versäumte Fristen oder gerichtliche Termine**.

6   Unter Fristen sind sowohl **gesetzliche als auch richterliche Fristen** zu verstehen (BSK BGG-AMSTUTZ/ARNOLD, Art. 50 N 3). Gemäss bundesgerichtlicher Rechtsprechung können **nur prozessuale Fristen, nicht aber solche des materiellen Bundesrechts** wiederhergestellt werden (vgl. dazu BGE 101 II 86, 88 E. 2, wonach eine Wiederherstellung von bundeszivilrechtlichen Klagefristen gestützt auf die Wiederherstellungsnorm von Art. 35 OG ausgeschlossen wurde). Klagefristen des materiellen Bundesrechts (z.B. Art. 256c Abs. 1 und 2, Art. 263 Abs. 1, Art. 521 und 533 ZGB oder Art. 273 Abs. 1, Art. 706a Abs. 1 OR) können somit – unter Vorbehalt (materiellrechtlich) geregelter Sonderfälle (z.B. Art. 256c Abs. 3, Art. 263 Abs. 3 ZGB) – nicht wiederhergestellt werden (BÜHLER/EDELMANN/KILLER, § 98 ZPO/AG N 2 m.w.H.). Soweit aber das Bundeszivilrecht nur die Fristansetzung zur Klage vorsieht (wie z.B. für die Klage auf definitive Eintragung eines Bauhandwerkerpfandrechts nach Art. 837 Abs. 1 Ziff. 3 i.V.m. Art. 961 Abs. 3 ZGB), kann der kantonale Richter die von ihm bemessene Frist nach den Vorschriften von Art. 148 wiederherstellen (BÜHLER/EDELMANN/KILLER, § 98 ZPO/AG N 2; HAUSER/SCHWERI, § 199 N 3 je m.w.H.).

2. Wiederherstellungsfall

7   Die Wiederherstellung setzt einmal in grundsätzlicher Weise voraus, dass **eine Frist oder ein gerichtlicher Termin gegen den Willen der betreffenden Partei nicht eingehalten wurde**. Hat die Partei (oder ihr Vertreter) die Frist oder den Termin hingegen absichtlich, d.h. freiwillig und irrtumsfrei verstreichen lassen, ist eine Wiederherstellung nach Art. 148 ausgeschlossen (BSK BGG-AMSTUTZ/ARNOLD, Art. 50 N 4).

Ob eine Partei eine Frist absichtlich hat verstreichen lassen, hängt davon ab, ob ihre diesbezügliche Willensbildung fehlerfrei zu Stande gekommen ist. Befand sie sich diesbezüglich in einem wesentlichen Irrtum, so muss die Möglichkeit einer Fristwiederherstellung offen stehen (HAUSER/SCHWERI, § 199 N 3). Wird hingegen ein rechtzeitig eingereichtes Rechtsmittel irrtümlich zurückgezogen, so ist eine Wiederherstellung der Rechtsmittelfrist ausgeschlossen, da durch die Einreichung des Rechtsmittels erstellt ist, dass fristgemässes Handeln möglich war (POUDRET/SANDOZ-MONOD, Art. 35 N 2.2; ZR 57 Nr. 131).

3. Säumnisgrund

a) Unverschuldete bzw. nur leicht verschuldete Unmöglichkeit

Eine Wiederherstellung ist nur möglich, wenn die Wahrung einer Frist oder eines gerichtlichen Termins der säumigen Partei unmöglich war. Unmöglichkeit kann dabei sowohl durch **objektive als auch subjektive (auch psychische) Hinderungsgründe** ausgelöst werden (DONZALLAZ, Comm. LTF, Art. 50 N 1328; SCHWERI/HAUSER, § 199 N 24 je m.w.H.).

Die säumige Partei darf überdies **kein oder nur ein leichtes Verschulden** treffen (Art. 148 Abs. 1). Diese Regelung ist somit weniger streng als die entsprechenden Vorschriften in Art. 33 Abs. 4 SchKG (BSK SchKG I-NORDMANN, Art. 33 N 10 ff.) oder Art. 50 BGG (vgl. SEILER/WERDT/GÜNGERICH, Art. 50 N 3), wonach eine Wiederherstellung nur bei unverschuldeter Säumnis möglich ist. Dass eine Wiederherstellung auch bei leichtem Verschulden der säumigen Partei gewährt werden soll, war in den parlamentarischen Beratungen umstritten. Die Zulassung der Wiederherstellung bei leichtem Verschulden ist sachlich gerechtfertigt, zumal Versagen menschlich ist und nicht zu unverhältnismässig grossen Nachteilen führen sollte (HAUSER/SCHWERI, § 199 N 30).

Die Unterscheidung zwischen grobem und leichtem Verschulden ist gradueller Art und lässt sich nur aufgrund der konkreten Umstände des Einzelfalls beurteilen, wobei das Gericht über einen erheblichen Ermessensspielraum verfügt (RITTER, 32). Bei der Beurteilung des Verschuldens der säumigen Partei ist von einem **objektivierten Sorgfaltsmassstab** auszugehen. Massgebend ist, ob die Säumnis auch bei der von der säumigen Partei zu erwartenden Sorgfalt unter den gegebenen Umständen nicht hätte abgewendet werden können (BÜHLER/EDELMANN/KILLER, § 98 ZPO/AG N 2; HAUSER/SCHWERI, § 199 N 33 und 48; BGE 85 I 66, 70 E. 2b). Grobes Verschulden liegt vor, wenn die Säumnis aufgrund eines Verhaltens eintritt, welches in fremden Angelegenheiten pflichtwidrig wäre (MERZ, § 70 ZPO/TG N 5.b). Bei der Prüfung des Verschuldens müssen auch die persönlichen Verhältnisse der gesuchstellenden Partei berücksichtigt werden, wobei von einem Rechtsanwalt ein grösseres Mass an Sorgfalt erwartet werden kann (HAUSER/SCHWERI, § 199 N 30 und 34). Ein grobes Verschulden ist umso eher anzunehmen, je höher die Sorgfaltspflicht der Partei bzw. deren Vertreter zu veranschlagen ist. Die Sorgfaltspflicht ihrerseits ist auch abhängig von der Wichtigkeit der vorzunehmenden Handlung und sie verschärft sich mit dem Schwinden der hierfür noch zur Verfügung stehenden Zeitspanne (RITTER, 31; ZR 89 Nr. 100 E. 4).

Ein Wiederherstellungsgrund liegt nur vor, soweit der geltend gemachte Hinderungsgrund **kausal** für die Säumnis ist. Kausalität ist etwa zu verneinen, soweit ein Hindernis bloss in der ersten Zeit der Frist bestand, die verbleibende Zeit aber noch zur Fristwahrung hätte genutzt werden können. Die Parteien haben m.a.W. keinen Anspruch darauf, die volle Frist zur Wahrung der Parteirechte zur Verfügung zu haben (BSK BGG-AMSTUTZ/ARNOLD, Art. 50 N 9).

13 Bei Säumnis aller notwendigen Streitgenossen genügt es, wenn der Wiederherstellungsgrund in der Person eines einzigen Streitgenossen gegeben ist (BÜHLER/EDELMANN/ KILLER, § 98 ZPO/AG N 6; LEUCH/MARBACH/KELLERHALS/STERCHI, Art. 288 ZPO/BE N 1).

b) Anrechnung der Säumnis von Vertretern sowie Hilfspersonen

14 Hat die Partei einen Stellvertreter, wie namentlich einen Rechtsanwalt, mandatiert, so hat sie grundsätzlich dessen Versäumnisse zu verantworten bzw. sich anrechnen zu lassen (HAUSER/SCHWERI, § 199 N 60). Bei Vertretungsverhältnissen greift zwischen Partei und Vertreter eine **gegenseitige Verschuldenszurechnung** Platz. Soweit der Vertreter eine Frist oder einen Termin grobverschuldet verpasst hat, so kann Wiederherstellung nicht gewährt werden, auch wenn die Partei selber schuldlos ist. Umgekehrt schliessen grobverschuldete Versäumnisse der Partei, wie z.B. ungenügende Instruktion des Vertreters durch die Partei oder Nichtweiterleitung einer vor Mandatierung des Vertreters ordnungsgemäss an die Partei zugestellte Fristansetzung, eine Wiederherstellung trotz Schuldlosigkeit des Vertreters aus (BÜHLER/EDELMANN/KILLER, § 98 ZPO/AG N 11 m.w.H.).

15 Gemäss der bundesgerichtlichen Rechtsprechung zu Art. 35 OG haben sich die Partei bzw. deren Vertreter **Fehler einer Hilfsperson** in analoger Anwendung von Art. 101 OR anrechnen zu lassen, selbst wenn die Partei oder deren Vertreter keinerlei Verschulden trifft (BGE 114 Ib 67, 68 E. 2 und 3). Hilfsperson ist dabei nicht nur, wer gegenüber der Partei oder ihrem Rechtsvertreter weisungsgebunden ist, sondern jeder Erfüllungsgehilfe (Bank, Rechtsschutzversicherung, Kanzleipersonal etc.), selbst wenn kein ständiges Rechtsverhältnis besteht (DONZALLAZ, Comm. LTF, Art. 50 N 1343 ff. m.w.H.). Diese Praxis gilt auch unter Art. 50 BGG (BSK BGG-AMSTUTZ/ARNOLD, Art. 50 N 8).

16 Die vorgenannte, strenge Praxis des Bundesgerichts ist i.E. stossend und in der Lehre auch heftig kritisiert worden (vgl. LEUCH/MARBACH/KELLERHALS/STERCHI, Art. 288 ZPO/BE N 6.a; POUDRET/SANDOZ-MONOD, Art. 35 N 2.5 f. m.w.H.). Richtigerweise sollte sich die **Partei und deren Vertreter gegenüber Fehlern von Hilfspersonen exkulpieren** können, als sie nur für die sorgfältige Auswahl, Instruktion und Überwachung der Hilfsperson *(cura in eligendo, instruendo et custodiendo)* einstehen müssen (GULDENER, Wiederherstellung, 371; HAUSER/SCHWERI, § 199 N 65; STAEHELIN/ STAEHELIN/GROLIMUND, § 17 N 14; vgl. auch BÜHLER/EDELMANN/KILLER, § 98 ZPO/ AG N 13).

17 Voraussetzung für eine entsprechende Exkulpation ist, dass die in Frage stehende Handlung überhaupt an eine Hilfsperson delegiert werden darf. Als Grundsatz ist eine solche **Delegation nur für vorbereitende oder ausführende Handlungen zulässig**, für welche es keiner besonderen rechtlichen Kenntnisse bedarf und für die Gewähr besteht, dass die gehörig instruierte Hilfsperson im Normalfall zu deren Bewältigung in der Lage ist. In diesem Sinne dürfen sich Rechtsanwälte von rein büromässigen Obliegenheiten frei halten, um sich auf ihre eigentlichen Aufgaben (Beratung der Partei, Bearbeitung des Prozessstoffs, Vertretung der Partei vor Gericht etc.) konzentrieren zu können. Einfache Verrichtungen, welche keine besondere Geistesarbeit oder juristische Schulung verlangen (z.B. Ausfertigung von Eingaben, Vermerk über den Eingang einer Sendung sowie Aufgabe einer Eingabe bei der Post), dürfen deshalb vom Rechtsanwalt an sein Kanzleipersonal delegiert werden (HAUSER/SCHWERI, § 199 N 66). Ebenso ist es zulässig, für die Bezahlung eines Vorschusses etc. eine Bank zu beauftragen. Der Rechtsanwalt ist aber verpflichtet, sein Personal gehörig zu instruieren und zu kontrollieren. Je nach Aufgabe

ist dabei eine wiederholte Instruktion und Kontrolle erforderlich. Darüber hinaus hat er auch die Arbeitsabläufe in seiner Kanzlei gehörig zu organisieren (vgl. STAEHELIN/ STAEHELIN/GROLIMUND, § 17 N 14 m.w.H.).

Wurde eine Verrichtung zulässigerweise und an eine Hilfsperson delegiert, so muss sich die Partei bzw. deren Vertreter ein grobes Verschulden der Hilfsperson nur insoweit anrechnen lassen, soweit ihnen selbst ein Verschulden in Form der mangelhaften Auswahl, Instruktion oder Überwachung zur Last fällt. Ein leichtes Verschulden der Hilfsperson hat die Partei bzw. deren Vertreter hingegen nicht zu vertreten (HAUSER/SCHWERI, § 199 N 66). 18

4. Kasuistik

In der reichhaltigen kantonalen sowie bundesgerichtlichen Praxis haben sich gewisse Leitlinien bezüglich der Wiederherstellung von Fristen und gerichtlichen Terminen herausgebildet. Nachfolgend werden einige bedeutende Fallbeispiele aus der Rechtsprechung und Lehre kurz dargestellt. 19

a) Unfall und Krankheit

Ein **Unfall oder eine plötzliche Erkrankung** der Partei bzw. von deren Vertreter, kann eine Wiederherstellung rechtfertigen. Es gilt diesbezüglich aber zu differenzieren: 20

– Eine Wiederherstellung setzt voraus, dass die Partei bzw. deren Vertreter durch den Unfall oder die Krankheit effektiv davon abgehalten wird, selber innert Frist zu handeln oder eine Drittperson mit der Vornahme der Prozesshandlung zu betrauen (nicht publiziertes Urteil des BGer vom 2.11.2006, 6S.54/2006, E. 2.2.1; BGE 119 II 86, 87 E. 2a; 112 V 255 E. 2a). Sobald es für den Betroffenen objektiv und subjektiv zumutbar wird, selbst tätig zu werden oder die Interessenwahrung an einen Dritten zu übertragen, liegt kein die Wiederherstellung rechtfertigendes Hindernis mehr vor (BÜHLER/EDELMANN/KILLER, § 98 ZPO/AG N 8 f.). Für Rechtsanwälte gelten diesbezüglich strenge Anforderungen. Diese müssen sich nämlich so organisieren, dass Fristen oder Termine auch im Falle ihrer Verhinderung gewahrt bleiben (BGE 119 II 68, 87 E. 2a; 99 II 349, 352 E. 4).

– Von vorrangiger Bedeutung ist damit der **Zeitpunkt der Erkrankung bzw. des Unfalls**. Nur wenn diese am Ende einer Frist liegt bzw. sich mit dem Termin überschneidet, kann von Unzumutbarkeit eigenen Handelns oder der Beauftragung eines Dritten ausgegangen werden. Erkrankt die Partei bzw. deren Vertreter hingegen eine gewisse Zeit vor Fristablauf bzw. dem Termin, ist sie i.d.R. in der Lage, selber zu handeln oder die Dienste eines Dritten in Anspruch zu nehmen (CORBOZ/WURZBURGER/FERRARI/ FRÉSARD/AUBRY GIRARDIN, Art. 50 N 8; DONZALLAZ, Comm. LTF, Art. 50 N 1337 je m.w.H.; vgl. ferner RB 2000 Nr. 48).

– Sodann ist auch die **Schwere der Erkrankung bzw. des Unfalls** von Bedeutung. Eine blosse Erkältung oder eine geringfügige Beeinträchtigung (z.B. Immobilisierung des rechten Arms oder eine Grippe) stellen keine die Wiederherstellung rechtfertigende Hinderungsgründe dar (BGE 112 V 255 E. 2a).

Die bezüglich Unfall und Krankheit entwickelten Grundsätze gelten analog auch bei dem plötzlichem Tod eines Angehörigen der Partei bzw. von deren Vertreter (BÜHLER/EDELMANN/KILLER, § 98 ZPO/AG N 8 f.; CORBOZ/WURZBURGER/FERRARI/FRÉSARD/AUBRY GIRARDIN, Art. 50 N 9). 21

b) Militärdienst und andere Abwesenheiten

22 Nach einer älteren Rechtsprechung begründete der **obligatorische Militärdienst** generell einen Wiederherstellungsgrund (BGE 104 IV 209, 210 E. 3). Aufgrund neuerer Entscheide kann diese Praxis aber als überholt betrachtet werden (nicht publiziertes Urteil des BGer vom 30.8.1991, 2A.401/1990, E. 2 und 3). Der obligatorische Militärdienst ist kein unvoraussehbares Ereignis, welches eine Wiederherstellung rechtfertigen würde (CORBOZ/WURZBURGER/FERRARI/FRÉSARD/AUBRY GIRARDIN, Art. 50 N 12).

23 Die **Abwesenheit einer Partei** im Zeitpunkt einer (fiktiven) Zustellung kann eine Wiederherstellung rechtfertigen, soweit die Partei keine Kenntnis des hängigen Verfahrens hatte (BÜHLER/EDELMANN/KILLER, § 98 ZPO/AG N 8 m.H. auf BGE 78 I 124, 129 E. 1). Weiss die Partei hingegen vom laufenden Verfahren, so muss sie mit Zustellungen von Gerichtsverfügungen bzw. Vorladungen rechnen und ist deshalb verpflichtet, Vorkehrungen zu treffen, dass trotz ihrer Abwesenheit eine Zustellung der entsprechenden Unterlagen vollzogen und allfällige Fristen oder Termine eingehalten werden können (LEUCH/ MARBACH/KELLERHALS/STERCHI, Art. 288 ZPO/BE N 5.b; DONZALLAZ, Comm. LTF, Art. 50 N 1340 m.w.H.).

24 **Rechtsanwälte können sich i.d.R. nicht auf eine durch den Militärdienst oder anderweitig bedingte Abwesenheit berufen**, da sie sich so organisieren müssen, dass Fristen oder Termine auch im Falle ihrer Verhinderung bzw. Abwesenheit gewahrt bleiben (vgl. dazu DONZALLAZ, Comm. LTF, Art. 50 N 1337; HAUSER/SCHWERI, § 199 N 60; MERZ, § 70 ZPO/TG N 5.c).

c) Katastrophen und andere unvorhergesehene Ereignisse

25 Ein Wiederherstellungsgrund liegt vor, wenn eine Partei aufgrund einer **Naturkatastrophe** an der Wahrung einer Frist oder eines gerichtlichen Termins gehindert wurde (MERZ, § 70 ZPO/TG N 5.b). So wurde in der Praxis Fristwiederherstellung gewährt, in Fällen da eine Unwetterkatastrophe den Rechtsvertreter der säumigen Partei an der Fristwahrung hinderte (DONZALLAZ, Comm. LTF, Art. 50 N 1333; BSK BGG-AMSTUTZ/ ARNOLD, Art. 50 N 17 je m.w.H.).

26 Im Zusammenhang mit der **Benutzung privater Motorfahrzeuge** rechtfertigen Unglücksfälle, technische Pannen wie auch eigentliche Verkehrsstörungen, soweit diese nicht vorhersehbar sind, eine Wiederherstellung (BÜHLER/EDELMANN/KILLER, § 98 ZPO/ AG N 8; LEUCH/MARBACH/KELLERHALS/STERCHI, Art. 288 ZPO/BE N 6.b; RBOG 1995 Nr. 49 Ziff. 2 lit. c). Die gleichen Grundsätze müssen bei der **Benutzung von öffentlichen Verkehrsmitteln** gelten.

d) Unkenntnis und Irrtum

27 Als Grundregel gibt eine **blosse Unkenntnis von Rechtsregeln**, namentlich solcher verfahrensrechtlicher Natur, oder ein Irrtum über deren Tragweite keinen Anlass für eine Wiederherstellung (BSK BGG-AMSTUTZ/ARNOLD, Art. 50 N 19). Dies gilt in besonderem Mass für Rechtsanwälte, welche gehalten sind, sich über die anwendbaren Verfahrensvorschriften zu informieren (vgl. dazu ZR 107 Nr. 61 E. II.1.b; ZR 82 Nr. 50 E. 3; ZR 67 Nr. 45 E. IV).

28 Ein **Rechtsirrtum** kann hingegen u.U. eine Wiederherstellung rechtfertigen. Um dem Rechtsmissbrauch nicht Tür und Tor zu öffnen, ist es aber mit der Zulassung des Rechtsirrtums streng zu nehmen (HAUSER/SCHWERI, § 199 N 31 m.w.H.; MERZ, § 70 ZPO/TG N 5.c).

3. Kapitel: Fristen, Säumnis und Wiederherstellung 29–31 Art. 148

Eine Wiederherstellung einer Frist kann sich rechtfertigen, wenn eine Partei durch **un-** 29
richtige gerichtliche Auskünfte oder Belehrungen oder durch Verfahrensfehler in
einen Irrtum versetzt wurde, der sie an der rechtzeitigen Vornahme einer Rechtsvorkehr
hinderte. Hierzu Folgendes:

– Wiederherstellung wurde gewährt im Falle einer **mangelhaften Rechtsmittelbelehrung**, sofern sich der Betroffene nach den Umständen in guten Treuen darauf verlassen durfte und deswegen eine Rechtsmittelfrist verpasste (vgl. statt vieler BGE 135 III 374, 375 E. 1.2.2.1 m.w.H.). Auf die mangelhafte Rechtsmittelbelehrung nicht berufen kann sich aber, wer deren Unrichtigkeit erkannte oder aber bei gebührender Aufmerksamkeit hätte erkennen können (BGE 134 I 199, 202 E. 1.3.1). Soweit ein Rechtsanwalt die mangelhafte Rechtsmittelbelehrung durch blosse Prüfung der relevanten verfahrensrechtlichen Bestimmungen erkennen könnte, ist eine Wiederherstellung nach der bundesgerichtlichen Rechtsprechung nicht mehr statthaft (BGE 135 III 374, 375 E. 1.2.2.1 m.w.H.)

– Wiederherstellung wurde gewährt, da eine Rechtsvorkehr im Vertrauen auf publizierte Rechtsprechung erfolgte, die jedoch mit einer gegenteiligen, **nicht publizierten Praxis** nicht mehr übereinstimmte (BGE 99 II 349, 350 E. 2b; 96 II 262, 265 E. 1a).

– Wiederherstellung wurde sodann gewährt in Fällen von **unrichtigen Auskünften der zuständigen Behörden** bezüglich Möglichkeit sowie Fristenlauf von Rechtsmitteln (vgl. DONZALLAZ, Comm. LTF, Art. 50 N 1335; BGE 85 II 145, 147; ZR 108 Nr. 57 E. 2.2). Eine Auskunft einer nicht zuständigen Behörde vermag hingegen keine Wiederherstellung zu rechtfertigen (BGE 76 I 355, 358).

– Schliesslich wurde in verschiedenen Kantonen Wiederherstellung aufgrund von **gerichtlichen oder behördlichen Vorladungs-, Eröffnungs- und Zustellungsfehlern** gewährt (vgl. dazu BÜHLER/EDELMANN/KILLER, § 98 ZPO/AG N 13; HAUSER/SCHWERI, § 199 N 22 je m.w.H.). Richtig betrachtet liegt in diesen Fällen eigentlich gar keine Säumnis vor, da mangelhafte Zustellung bzw. Eröffnung keine Fristen oder Termine auszulösen vermögen (vgl. Art. 147 N 5 ff. und 10 ff. oben).

e) Versehen etc.

Versehen, Vergesslichkeit und ähnliche Gründe vermögen keine Wiederherstellung zu 30
rechtfertigen (vgl. HAUSER/SCHWERI, § 199 N 35).

Gerade **für Rechtsanwälte gelten diesbezüglich strenge Sorgfaltsmassstäbe**. Grosser 31
Geschäftsandrang oder Arbeitsüberlastung des Rechtsanwalts und dadurch verursachte
Versehen oder Vergesslichkeit werden nicht als Entschuldigungsgründe für eine Wiederherstellung anerkannt (HAUSER/SCHWERI, § 199 N 60; BGE 87 IV 147, 150 = Pra 50 Nr. 150). Der Rechtsanwalt muss seinen Kanzleibetrieb wie auch die Kommunikation mit seinem Klienten dergestalt organisieren, dass er – ganz aussergewöhnliche, unvorhersehbare Umstände vorbehalten – in der Lage ist, eine gehörige Instruktion sicherzustellen und die (frist- und termingerechte) Wahrnehmung der prozessualen Rechte seines Klienten wahrnehmen kann (vgl. statt vieler ZR 107 Nr. 61 E. II.1.b m.w.H.; vgl. dazu auch die Beispiele bei BSK BGG-AMSTUTZ/ARNOLD, Art. 50 N 21). Dazu gehört auch die sorgfältige Erfassung und Prüfung eingehender und mit eingeschriebener Post versandter Gerichtskorrespondenz (ZR 107 Nr. 57 E. 2 und 3). Als die Säumnis (*in casu* Verpassen einer Frist) entschuldbares Ereignis wurde die unmittelbar bevorstehende Geburt des Kindes des Rechtsanwalts qualifiziert (ZR 100 Nr. 8).

5. Wesentlichkeit der Wiederherstellung für den Ausgang des Verfahrens

32 Als weitere, im Gesetz nicht ausdrücklich genannte, Voraussetzung darf die Wiederherstellung der versäumten Prozesshandlung für den Ausgang des Verfahrens **nicht offensichtlich unerheblich** sein. Andernfalls fehlt es an einem Rechtsschutzinteresse der gesuchstellenden Partei (STAEHELIN/STAEHELIN/GROLIMUND, § 17 N 14). Diesbezüglich darf das Gericht aber keinen allzu strengen Prüfungsmassstab anwenden.

6. Wiederherstellung bei Einwilligung der Gegenpartei?

33 Im Gegensatz zu verschiedenen kantonalen Wiederherstellungsvorschriften (vgl. § 199 Abs. 1 GVG ZH; § 70 Abs. 2 ZPO TG), sieht das Gesetz nicht vor, dass eine Wiederherstellung einer Frist oder eines Termins – ungeachtet der materiellen Voraussetzungen – im Falle der Einwilligung der Gegenpartei gewährt werden muss.

34 Ausgehend vom Normzweck der Säumnis und deren Rechtsfolgen – Verhinderung von Verfahrensverzögerungen zu Lasten der Gegenpartei des Säumigen (BOTSCHAFT ZPO, 7309) – sprechen keine zwingenden Gründe gegen eine Wiederherstellung bei Einwilligung der Gegenpartei. Nach der hier vertretenen Ansicht ist deshalb eine **Wiederherstellung bei Einwilligung der Gegenpartei zu gewähren**, unbesehen davon, ob die diesbezüglichen materiellen Voraussetzungen (vgl. N 5 ff. hiervor) erfüllt sind. Bei einer Streitgenossenschaft muss die Einwilligung sämtlicher Streitgenossen gegeben sein (HAUSER/SCHWERI, § 199 N 79).

III. Formelle Voraussetzungen der Wiederherstellung (Abs. 3)

1. Stellung eines Wiederherstellungsgesuch

35 Wiederherstellung einer Frist oder eines Termins wird vom Gericht nicht von Amtes wegen, sondern **nur auf entsprechendes Gesuch** hin erteilt (Art. 148 Abs. 1). Das entsprechende Gesuch muss jedoch nicht ausdrücklich gestellt werden, sondern es genügt, wenn der Wille erklärt wird, die betreffende Prozesshandlung möge wegen der vorgebrachten Tatsachen als rechtzeitig angesehen werden oder wenn sich die Partei wegen der Verspätung entschuldigt (HAUSER/SCHWERI, § 199 N 84 m.w.H.). Ebenso wenig schadet eine unrichtige Bezeichnung des Gesuchs (RITTER, 49; vgl. auch BGE 93 II 213, 217 E. 3).

36 **Legitimiert** zur Stellung des Wiederherstellungsgesuchs ist nur die **säumige Prozesspartei**. Denn mit der Versäumung einer Frist oder eines gerichtlichen Termins geht nur ein ihr persönlich zustehendes Recht unter, nicht auch ein Recht ihres Vertreters (BSK BGG-AMSTUTZ/ARNOLD, Art. 50 N 13 m.w.H.; vgl. dazu auch BGE 87 I 223, 224 E. b). Im Falle einer notwendigen Streitgenossenschaft genügt es nach Art. 70 Abs. 2, wenn einer der Streitgenossen das (form- und fristgerechte) Wiederherstellungsgesuch einreicht (HALDY, 67).

2. Form des Gesuchs

37 Das Gesetz äussert sich nicht zur Form des Gesuchs um Wiederherstellung einer Frist oder eines gerichtlichen Termins. Aufgrund der Begründungspflicht (vgl. N 38 ff. nachfolgend) sowie der zu beachtenden Frist ist aber **Schriftform** zu verlangen (i.E. ebenso STAEHELIN/STAEHELIN/GROLIMUND, § 17 N 15). Dies entspricht auch der Praxis zur Wiederherstellung gem. Art. 50 BGG (CORBOZ/WURZBURGER/FERRARI/FRÉSARD/AUBRY GIRARDIN, Art. 50 N 16).

3. Inhalt des Gesuchs

Die **säumige Partei trägt die Beweislast** für den behaupteten Wiederherstellungsgrund (DONZALLAZ, Comm. LTF, Art. 50 N 1359). Nach dem Wortlaut von Art. 148 Abs. 1 genügt aber **Glaubhaftmachung** der materiellen Voraussetzungen der Wiederherstellung. Dieser gemilderte Beweismassstab trägt dem Umstand Rechnung, dass i.d.R. ein strikter Beweis des nicht oder nur leicht verschuldeten Hindernisses nicht erbracht werden kann. 38

Das Gesuch muss die **Gründe für die beantragte Wiederherstellung** benennen und diese soweit möglich durch entsprechende **Nachweise** belegen (HAUSER/SCHWERI, § 199 N 87; STAEHELIN/STAEHELIN/GROLIMUND, § 17 N 15). Die Beweismittel sind mit dem Wiederherstellungsgesuch einzureichen (BGE 119 II 86, 87 E. 2b). Soweit ein Wiederherstellungsgesuch mangelhaft begründet oder belegt ist, so hat das Gericht seine Fragepflicht (Art. 56) auszuüben und dem Gesuchsteller Gelegenheit zur Behebung dieser Mängel zu geben (HAUSER/SCHWERI, § 199 N 88; Beschluss des KassGer ZH AA090110 vom 28.10.2009 E. 3.c). 39

Im Gegensatz zu Art. 50 BGG sowie Art. 33 Abs. 4 SchKG ist nach Art. 148 Abs. 1 nicht verlangt, dass die säumige Partei zusammen mit dem Wiederherstellungsgesuch auch die versäumte Prozesshandlung nachholt (STAEHELIN/STAEHELIN/GROLIMUND, § 17 N 15). Vielmehr ist die **versäumte Prozesshandlung erst nach Gutheissung des Wiederherstellungsgesuchs innert der vom Gericht angesetzten Nachfrist nachzuholen** (BRÖNNIMANN, 86). 40
7

4. Frist für Einreichung des Gesuchs

Die Frist zur Einreichung des Gesuchs beträgt **10 Tage, gerechnet vom Wegfall des Säumnisgrundes** an (Art. 148 Abs. 2). Die Frist zur Stellung des Wiederherstellungsgesuchs beginnt in dem Zeitpunkt der Behebung des Hindernisses, das die säumige Partei daran gehindert hat, die Prozesshandlung rechtzeitig vorzunehmen (STAEHELIN/STAEHELIN/GROLIMUND, § 17 N 15). 41

Liegt kein eigentliches Hindernis vor, sondern nahm die Partei die Prozesshandlung vor, welche aber nicht zur Fristwahrung führte (z.B. verspätete Eingabe der schriftlichen Replik), so beginnt die Frist zur Einreichung des Wiederherstellungsgesuchs bereits dann, wenn die Partei davon wissen oder damit rechnen muss, die Frist versäumt zu haben (HAUSER/SCHWERI, § 199 N 90; ZR 99 Nr. 104 E. II.3.c). 42

IV. Wiederherstellung nach Eröffnung des Entscheids (Abs. 3)

Soweit die materiellen Voraussetzungen für eine Wiederherstellung erfüllt sind, kann diese auch nach Eröffnung eines Entscheids beantragt und bewilligt werden (Art. 128 Abs. 3). Dies gilt auch im Falle, da der Entscheid bereits in Rechtskraft erwachsen ist. Dies entspricht der bisherigen Rechtslage und Praxis sowohl der kantonalen Gerichte als auch des Bundesgerichts (vgl. dazu BSK BGG-AMSTUTZ/ARNOLD, Art. 50 N 15 m.w.H.; BGE 85 II 145, 147; RBOG 1970 Nr. 8 Abs. 1; ZR 52 Nr. 97). Die Rechtskraft eines Entscheids steht somit einer Wiederherstellung nicht entgegen. Dies gilt sogar dann, wenn der rechtskräftige Entscheid bereits vollstreckt wurde (LEUCH/MARBACH/KELLERHALS/STERCHI, Art. 288 ZPO/BE N 3.b). 43

Gemäss Art. 148 Abs. 3 kann allerdings die Wiederherstellung **nur innerhalb von 6 Monaten seit Eintritt der Rechtskraft des fraglichen Entscheids** verlangt werden. 44

Mit dieser zeitlichen Begrenzung wird dem Anliegen der Rechtssicherheit Rechnung getragen (STAEHELIN/STAEHELIN/GROLIMUND, § 17 N 15).

V. Zuständigkeit, Verfahren und Entscheid der Wiederherstellung

45 Auf die sachliche Zuständigkeit für das Wiederherstellungsgesuch, das entsprechende Verfahren, den Wiederherstellungsentscheid wie auch die möglichen Rechtsmittel wird in der Komm. zu Art. 149 eingegangen (vgl. Art. 149 N 4 ff.).

Art. 149

Verfahren der Wiederherstellung — Das Gericht gibt der Gegenpartei Gelegenheit zur Stellungnahme und entscheidet endgültig.

Procédure — Le tribunal donne à la partie adverse l'occasion de s'exprimer et statue définitivement sur la restitution.

Procedura di restituzione — Il giudice dà alla controparte l'opportunità di presentare le proprie osservazioni e decide definitivamente.

Inhaltsübersicht
                                                                         Note
I. Norminhalt und Normzweck 1
II. Sachliche Zuständigkeit 2
III. Verfahren und Entscheid der Wiederherstellung 4
   1. Schriftliches Verfahren und Gewährung des rechtlichen Gehörs 4
   2. Entscheid 7
IV. Rechtsmittel gegen den Wiederherstellungsentscheid 10
   1. Rechtsmittel auf kantonaler Ebene 10
   2. Beschwerde an das Bundesgericht 13

I. Norminhalt und Normzweck

1 Gemäss Überschrift regelt Art. 149 das Verfahren der Wiederherstellung. Tatsächlich legt diese Bestimmung aber nur punktuell **zwei verfahrensrechtliche Grundsätze des Wiederherstellungsverfahrens** fest. Einerseits ist der Gegenpartei Gelegenheit zur Stellungnahme zum Wiederherstellungsgesuch zu geben (vgl. N 6). Andererseits hält Art. 149 fest, dass der Wiederherstellungsentscheid selbst nicht unmittelbar mit einem Rechtsmittel angefochten werden kann (vgl. N 10).

II. Sachliche Zuständigkeit

2 Sachlich zuständig für die Behandlung des Wiederherstellungsgesuchs ist **diejenige Instanz, welche über die nachzuholende Prozesshandlung zu befinden hätte** (HAUSER/SCHWERI, § 199 N 95; LEUCH/MARBACH/KELLERHALS/STERCHI, Art. 289 ZPO/BE N 1; MERZ, § 70 ZPO/TG N 7).

3 Ein Wiederherstellungsgesuch bezüglich einer versäumten Prozesshandlung in einem hängigen Verfahren (z.B. Eingabe oder Verhandlungstermin) ist somit beim entsprechenden Gericht einzureichen. Wurde eine Rechtsmittelfrist oder aber eine angesetzte Klage-

frist verpasst, so ist das Wiederherstellungsgesuch an die Rechtsmittelinstanz bzw. das für die Klageanhebung bezeichnete Gericht zu wenden (vgl. dazu die Beispiele bei HAUSER/SCHWERI, § 199 N 96 f.).

III. Verfahren und Entscheid der Wiederherstellung

1. Schriftliches Verfahren und Gewährung des rechtlichen Gehörs

Im Grundsatz wird über das Wiederherstellungsgesuch **ohne mündliche Verhandlung** entschieden (RITTER, 59).

Das Gericht muss die geltend gemachten Wiederherstellungsgründe prüfen. Hierzu ist allenfalls ein **Beweisverfahren** durchzuführen und die vom Gesuchsteller angebotenen Beweise sind zu erheben (BÜHLER/EDELMANN/KILLER, § 99 ZPO/AG N 2; HAUSER/SCHWERI, § 199 N 98).

Art. 149 hält ausdrücklich fest, dass der Gegenpartei Gelegenheit zur Stellungnahme zum Wiederherstellungsgesuch einzuräumen ist. Dies ergibt sich schon aus dem Grundsatz des rechtlichen Gehörs (Art. 53).

2. Entscheid

Der Entscheid über ein Wiederherstellungsgesuch ist **prozessleitender Natur** (HAUSER/SCHWERI, § 199 N 105; MERZ, § 70 ZPO/TG N 12).

Wird die Wiederherstellung gewährt, so wird der Prozess in jene Lage zurückversetzt, in der er sich vor dem Eintritt der Säumnis befunden hat (HAUSER/SCHWERI, § 199 N 103). Konkret wird der säumigen Partei eine Nachfrist bzw. ein neuer Gerichtstermin angesetzt, innert welcher sie die versäumte Prozesshandlung nachholen kann (Art. 148 Abs. 1). Die nach der Säumnis ergangenen Entscheide des Gerichts, die durch die Wiederherstellung berührt werden, sind ohne weiteres aufgehoben. Das Gericht hat diese Entscheide bei der Wiederherstellung genau zu bezeichnen (STAEHELIN/STAEHELIN/GROLIMUND, § 17 N 16).

Die Kosten des Wiederherstellungsverfahrens hat unabhängig vom Ausgang grundsätzlich die gesuchstellende Partei zu tragen, da sie diese durch ihre – wenn auch nicht oder nur leicht verschuldete – Säumnis verursacht hat (HAUSER/SCHWERI, § 199 N 104).

IV. Rechtsmittel gegen den Wiederherstellungsentscheid

1. Rechtsmittel auf kantonaler Ebene

Der gutheissende oder abweisende Wiederherstellungsentscheid ist prozessleitender Natur (vgl. N 7 vorstehend). Gemäss ausdrücklicher Anordnung in Art. 149 **entscheidet das sachlich zuständige Gericht über das Wiederherstellungsgesuch endgültig.**

Entsprechend ist eine Beschwerde i.S.v. Art. 319 ff. gegen den **Wiederherstellungsentscheid** ausgeschlossen, womit dieser **nicht selbständig mit einem Rechtsmittel angefochten werden kann.** Vorbehalten bleibt eine mittelbare Anfechtung des Wiederherstellungsentscheids durch Berufung (Art. 308 ff.) oder Beschwerde (Art. 319 ff.) gegen den im betreffenden Verfahren ergangenen End- oder Zwischenentscheid (vgl. dazu STAEHELIN/STAEHELIN/GROLIMUND, § 26 N 13.h).

12 Angesichts der Tragweite der Wiederherstellung und deren Auswirkung auf das laufende Verfahren vermag der Ausschluss einer selbständigen Anfechtung des Wiederherstellungsentscheids sachlich nicht zu überzeugen. Aufgrund prozessökonomischer Überlegungen wäre eine selbständige Anfechtung des Wiederherstellungsentscheids mit Beschwerde i.S.v. Art. 319 ff. durchaus sinnvoll.

2. Beschwerde an das Bundesgericht

13 In bestimmten Fällen ist eine Anfechtung eines Wiederherstellungsentscheids gestützt auf eine **Beschwerde in Zivilsachen i.S.v. Art. 72 BGG** oder – soweit der erforderliche Streitwert gem. Art. 74 BGG nicht erreicht wird – eine **subsidiäre Verfassungsbeschwerde i.S.v. Art. 113 ff. BGG** möglich. Konkret geht es um **Wiederherstellungsentscheide kantonaler Gerichte i.S.v. Art. 75 Abs. 2 BGG** (d.h. obere kantonale Rechtsmittelinstanzen, einzige kantonale Instanzen gemäss Bundesgesetz, Handelsgerichte oder obere kantonale Gerichte, bei welchen mit Zustimmung aller Parteien eine Klage mit einem Streitwert von mindestens CHF 100 000 direkt eingereicht wurde).

14 Wiederherstellungsentscheide solcher Gerichte können einmal gestützt auf Art. 93 Abs. 3 BGG **mittelbar zusammen mit dem im betreffenden Verfahren ergangenen End- oder Teilentscheid** (Art. 90 und 91 BGG) mit Beschwerde angefochten werden, **soweit der Wiederherstellungsentscheid sich auf den Inhalt des End- oder Teilentscheids ausgewirkt hat**. Eine solche Auswirkung ist bezüglich Säumnisfolgen wohl oftmals gegeben.

15 Darüber hinaus sind Konstellationen denkbar, in welchen eine **selbständige Anfechtung** des Wiederherstellungsentscheids möglich ist:

– Weist etwa die kantonale Rechtsmittelinstanz ein Gesuch um Wiederherstellung der Berufungs- oder Beschwerdefrist (vgl. Art. 311 und 321) ab, so wird damit das entsprechende Verfahren endgültig abgeschlossen. Der abweisende Wiederherstellungsentscheid stellt m.E. einen (Prozess-)Endentscheid i.S.v. Art. 90 BGG dar und wäre somit der Beschwerde in Zivilsachen nach Art. 72 BGG bzw. einer subsidiären Verfassungsbeschwerde i.S.v. 113 ff. BGG zugänglich.

– Ein als (prozessleitender) Zwischenentscheid ergangener Wiederherstellungsentscheid ist selbständig mit Beschwerde in Zivilsachen nach Art. 72 BGG bzw. einer subsidiären Verfassungsbeschwerde i.S.v. 113 ff. BGG anfechtbar, soweit die Voraussetzungen von Art. 93 Abs. 1 BGG gegeben sind. Gestützt auf die restriktive Praxis des Bundesgerichts zu Art. 93 Abs. 1 lit. a BGG (vgl. BSK BGG-Uhlmann, Art. 93 N 4 f.) wird im Zusammenhang mit einem gutheissenden oder abweisenden Wiederherstellungsentscheid wohl kaum je ein nicht wieder gutzumachender Nachteil vorliegen. Hingegen kann im Falle eines gutheissenden Wiederherstellungsentscheids der Tatbestand von Art. 93 Abs. 1 lit. b BGG vorliegen. Zu denken ist insb. der Fall, da ein Gesuch um Wiederherstellung der Berufungsfrist vom oberen kantonalen Gericht geschützt wird. In diesem Fall könnte bei Gutheissung der vom Gesuchgegner gegen den Wiederherstellungsentscheid eingereichten Beschwerde das Rechtsmittelverfahren und damit ein bedeutender Aufwand an Zeit und Kosten erspart werden.

16 Die **Beschwerdelegitimation i.S.v. Art. 76 BGG** (vgl. dazu BSK BGG-Klett, Art. 76 N 4 f.) bzw. i.S.v. Art. 115 BGG (vgl. dazu BSK BGG-Biaggini, Art. 115 N 19 ff.) ist bezüglich des Gesuchstellers (bei Abweisung des Wiederherstellungsgesuchs) bzw. des Gesuchgegners (bei Gutheissung des Wiederherstellungsgesuchs) grundsätzlich zu bejahen.

Als Grund für eine Beschwerde in Zivilsachen i.S.v. Art. 72 BGG in Betracht kommt einmal eine **Verletzung von Bundesrecht** (Art. 95 lit. a BGG), zumal Art. 148 f. bundesrechtliche Vorschriften darstellen. Sodann kann auch eine **unrichtige Feststellung des Sachverhalts** i.S.v. Art. 97 BGG (vgl. dazu BSK BGG-SCHOTT, Art. 97 N 6 ff.) gerügt werden. Im Falle einer subsidiären Verfassungsbeschwerde nach Art. 113 ff. BGG kann einzig die **Verletzung von verfassungsmässigen Rechten** gerügt werden (Art. 116 BGG).

10. Titel: Beweis

1. Kapitel: Allgemeine Bestimmungen

Art. 150

Beweisgegenstand	**¹ Gegenstand des Beweises sind rechtserhebliche, streitige Tatsachen.** **² Beweisgegenstand können auch Übung, Ortsgebrauch und, bei vermögensrechtlichen Streitigkeiten, ausländisches Recht sein.**
Objet de la preuve	¹ La preuve a pour objet les faits pertinents et contestés. ² La preuve peut également porter sur l'usage, les usages locaux et, dans les litiges patrimoniaux, le droit étranger.
Oggetto della prova	¹ Oggetto della prova sono i fatti controversi, se giuridicamente rilevanti. ² Possono pure essere oggetto della prova l'uso e gli usi locali e, in caso di controversie patrimoniali, il diritto straniero.

Inhaltsübersicht   Note

    I. Allgemeines und Normzweck 1
   II. Abs. 1 2
       1. Tatsachenbehauptung 2
       2. Rechtserheblich 3
       3. Streitig 4
       4. Beweisen 5
  III. Abs. 2 6
       1. Allgemeines 6
       2. Übung und Ortsgebrauch 7
       3. Bei vermögensrechtlichen Streitigkeiten nach ausländischem Recht 8
       4. Gewohnheitsrecht 9

Literatur

R. BENDER, Die häufigsten Fehler bei der Beurteilung von Zeugenaussagen, SJZ 81 (1985) Nr. 4, 53 f.; I. BERGER-STEINER, Das Beweismass im Privatrecht, Diss., Bern 2008 (zit. Diss); DIES., Beweismass und Privatrecht, ZBJV 2008, 269 (zit. ZBJV 2008); J. BRÖNNIMANN, Beweisanspruch und antizipierte Beweiswürdigung, in: FS Vogel, Freiburg 1991; A. BÜHLER, Die Beweiswürdigung von Gerichtsgutachten im Zivilprozess, Jusletter 14.5.2007 (zit. Beweiswürdigung); M. FERRARI, Erkennisse aus der Aussagepsychologie, Plädoyer 4/09, 34–40; D. GASSER, Das ordentliche Verfahren, in: Fellmann/Weber (Hrsg.), Haftpflichtprozess (HAVE) 2009, Zürich 2009; H. HAUSHEER/ M. JAUN, Die Einleitungsartikel des ZGB, Bern 2003; P. HIGI, Von der Behauptungs- über die Beweislast zum Beweis, ZZZ 2006, 459 f.; M. KAUFMANN, Bewiesen? Gedanken zu Beweislast – Beweismass – Beweiswürdigung, AJP 2003, 1199 f.; M. KAUFMANN, Beweisführung und Beweislast, Tatsachenfeststellungen im schweizerischen Zivil-, Straf- und Verwaltungsprozess, Zürich, 2009; S. KOFMEL, Das Recht auf Beweis im Zivilverfahren, Diss., Bern 1992; CH. LEUENBERGER, Parteibefragung und Beweisaussage im Entwurf für eine schweizerische ZPO, in: FS Bühler, Zürich 2008 (zit. Parteibefragung); M. LEUPOLD, Der Weg zum Recht, in: FS Bühler, Zürich 2008; A. MARAZZI, Erranze alla scopertura del nuovo Codice di procedura civile svizzero, ZSR 2009,

323 f.; I. MEIER, Beweisrecht – ein Model Law, AJP 1998, 1155–1164 (zit. Beweisrecht); M. NONN, Die Beweiswürdigung im Zivilprozess, Diss., Basel 1996; P. OBERHAMMER, Antizipierte Beweiswürdigung: Verfahrensmangel als Prozessgrundsatz, in: FS für Hans Peter Walter, Bern 2005, 507–523; Y. RÜEDI, Materiell rechtswidrig beschaffte Beweismittel im Zivilprozess, Schriften zum Schweizerischen Zivilprozessrecht, Band 1, Zürich 2009; H. SCHMID, Der Beweis im Zivilprozess, Bern 2000; I. SCHILTER/H. C. VON DER CRONE, Beweisedition und Geheimnisschutz im Überprüfungsverfahren nach Art. 105 FusG, in: SZW 2008, 439 ff.; M. SCHWEIZER, Intuition, Statistik und Beweiswürdigung, «Justice – Justiz – Giustizia» 2006; K. SPÜHLER, Wann sind Grundsätze der Lebenserfahrung allgemeine Rechtssätze?, SJZ 1997 Nr. 20 (zit. Erfahrungssätze); U. STREIFF/A. VON KAENEL, Arbeitsvertrag, Praxiskommentar zu Art. 319–362 OR, 6.Aufl., Zürich, 2006; TH. SUTTER-SOMM, Das Beweisrecht des Vorentwurfs zur Schweizerischen Zivilprozessordnung, in: Schnyder (Hrsg.), Festgabe für Franz Hasenböhler, Zürich 2004, 11–24 (zit. Beweisrecht); TH. SUTTER-SOMM/F. HASENBÖHLER (Hrsg.), Die künftige schweizerische Zivilprozessordnung, Zürich, 2003; S. TRECHSEL/H. AFFOLTER-EIJSTEIN, Schweizerisches Strafgesetzbuch, Praxiskommentar, Zürich 2008; F. VOUILLOZ, La preuve dans le Code de procédure civil suisse (art. 150 à 193 CPC), AJP 2009, 830 f.; G. WALTER, Beweis und Beweislast im Haftpflichtprozess, in: Fellmann/Weber (Hrsg.), Haftpflichtprozess (HAVE) 2009, Zürich 2009, 47 f.

I. Allgemeines und Normzweck

Als Grundsatz für die Sammlung des Tatsachenstoffes gilt nach Art. 55 die **Verhandlungsmaxime**, wonach die Erstellung des Sachverhalts Sache der Parteien ist (auch Parteibetrieb genannt; BOTSCHAFT ZPO, 7245), während das Gericht nach Art. 57 das auf den Sachverhalt anwendbare Recht von Amtes wegen feststellt und anwendet. Die Erstellung des Sachverhalts kann grob in Sachverhaltsdarstellung und Beweisführung unterteilt werden. Art. 150 Abs. 1 zielt auf die Beantwortung der Frage, welche jeweilige Tatsachenbehauptung bzw. was zu beweisen ist. Er legt mit anderen Worten fest, was **beweisbedürftig** ist. Zu beweisen ist jeweils eine streitige, rechtserhebliche «Tatsache». Richtiger wäre, von Tatsachenbehauptungen zu sprechen, weil die «Tatsache» nicht gerichtlich festgestellt, sondern streitig ist. Erst nach der abgeschlossenen positiven Überzeugungsbildung des Gerichts kann von Tatsache im Sinne von Wahrheit gesprochen werden. Art. 150 regelt den Grundsatz (bzgl. der beweisbedürftigen Tatsachendarstellungen und der Gegenstände, die Tatsachendarstellungen gleichgestellt werden), Art. 151 die Ausnahmen. Ein Bestreiten einer Tatsachendarstellung hat substantiiert zu erfolgen (Art. 222 Abs. 2). Pauschale Bestreitungsklauseln genügen nicht. Die ZPO legt mit dem ordentlichen Verfahren die Leitlinie für alle Verfahren fest, wie Art. 219 zu entnehmen ist. Eine grosse Zahl von Verfahren dürfte sich jedoch in den besonderen Verfahrensarten abwickeln, sei dies wegen des geringen Streitwertes oder der Häufigkeit der Streitsache (familiäre Angelegenheiten wie Scheidung etc.; so auch GASSER, 13). Der Beweisgegenstand ändert sich dadurch nicht. Soweit nicht die reine Verhandlungsmaxime gilt, verschiebt sich nur die «Beweisführungslast» auf das Gericht und zwar desto mehr, je stärker die Untersuchungsmaxime gilt, sodass bei Anwendung der klassischen Untersuchungsmaxime der Sachverhalt gerichtlich zu erforschen sein kann, selbst wenn eine Sachverhaltsdarstellung oder eine Bestreitung der Parteien fehlt (s.a. Komm. zu Art. 153 und Art. 296).

II. Abs. 1

1. Tatsachenbehauptung

Zu beweisen sind grundsätzlich streitige, behauptete Tatsachen. Das Gesetz unterscheidet in diesem Zusammenhang nur zwischen rechtserheblichen (d.h. relevanten) und anderen Tatsachen. Weder die Unterscheidung der inneren von den äusseren noch der rechtsgestaltenden (rechtserzeugenden, -hemmenden, -vernichtenden bzw. -aufhebenden) Tatsachen noch der (echten und unechten) neuen gegenüber den bereits ins Verfahren eingeführten Tatsachen – jedenfalls soweit keine Ausschlusswirkung eingesetzt hat – spielt für die Frage des Beweisgegenstandes eine Rolle. Art. 150 erfasst alle Arten von rechtserheblichen Tatsachen (zu den natürlichen Vermutungen s. Art. 157 N 13), sofern sie nicht von Gesetzes wegen als Beweisgegenstand ausgeschlossen sind (s. etwa Art. 205 Abs. 1 oder Art. 216 Abs. 2 als Beispiele für unzulässige Beweisgegenstände bzw. Beweisthemen). Allgemein anerkannte Erfahrungssätze sind, soweit hier von Interesse, in Art. 151 geregelt. Andere Erfahrungssätze sind wie Tatsachendarstellungen zu handhaben. Eine Hilfstatsache ist ebenfalls zu behaupten. Sie gibt Aufschluss über den Wert eines Beweismittels und beschlägt damit einen Beweisgegenstand des formellen Rechts (GULDENER, ZPR, 320).

2. Rechtserheblich

3   Rechtserheblich ist eine Tatsache, wenn ihr Vorliegen oder Fehlen den Ausgangs des Verfahrens beeinflussen kann (BOTSCHAFT ZPO, 7311), was typischerweise für eine Tatsache zutrifft, die **Tatbestandsmerkmal** eines Rechtssatzes ist oder auf ein solches schliessen lässt (STAEHELIN/STAEHELIN/GROLIMUND, § 18 Rz 4). Ob eine Tatsachendarstellung rechtserheblich ist, beurteilt sich somit regelmässig nach der Norm, deren Anwendung geprüft wird.

3. Streitig

4   Die rechtserhebliche Tatsachenbehauptung wird erst durch Bestreitung beweisbedürftig (GULDENER, ZPR, 320). Streitig ist eine rechtserhebliche Tatsachenbehauptung, wenn die Äusserung der Gegenpartei die Wahrheit einer gegnerischen Tatsachenbehauptung in Frage stellt. Die Bestreitung hat substantiiert zu erfolgen (Art. 222 Abs. 2; STAEHELIN/STAEHELIN/GROLIMUND, § 18 Rz 5; BGE 117 II 113). Pauschalbestreitungen genügen somit nicht, auch wenn sie im Zweifelsfall Hilfestellung bei der Auslegung der Frage des Bestreitens bieten mögen. Substantiiert ist ein Bestreiten dann, wenn Gericht und die Gegenpartei erkennen können, welche einzelne rechtserhebliche Tatsachenbehauptung bestritten wird. Die Anforderungen an die Substantiierung der Bestreitung dürfen nicht auf eine Beweislastumkehr hinaus laufen. Deckt sich eine Tatsachendarstellung der beteiligten Parteien, so ist die Tatsache nicht streitig und damit formell wahr. Das Gericht hat dann bis auf den Fall von Art. 153 Abs. 2 die Tatsache infolge des Zugeständnisses als gegeben hinzunehmen. Gleiches gilt sinngemäss für die Anerkennung eines behaupteten Sachverhalts durch die Gegenpartei. Die Parteien bestimmen folglich durch Bestreitung und Zugeständnis (im Sinne von Wahrerklärung der Tatsachendarstellung der Gegenpartei) die Beweisbedürftigkeit von relevanten Tatsachenbehauptungen. Der Anspruch selber kann deswegen immer noch streitig sein. Unstreitig wird eine Tatsachenbehauptung, wenn das Gericht in dieser Frage entschieden hat. Besonderes gilt im Anwendungsbereich der Untersuchungsmaxime (s. Komm. zu Art. 153, 154 und Art. 296).

4. Beweisen

5   Beweisen (oder Beweis führen) heisst hier die Tätigkeit, welche darauf zielt, im vorgesehenen Rahmen eine Tatsachenbehauptung zur **Überzeugung** der jeweiligen Person oder Personenmehrheit zu bringen, die entscheidet (GULDENER, ZPR, 318). Dafür wiederum sind der erforderliche Grad für die Überzeugungsbildung, das Beweismass, sowie die Art der Beweiswürdigung, die in der ZPO grundsätzlich als freie Beweiswürdigung ausgestaltet ist, massgeblich (Art. 157). Die Tätigkeit des Beweisens bezweckt mit anderen Worten, eine beweisbedürftige Tatsachenbehauptung zur gerichtlich festgestellten Tat-

sache übergehen zu lassen. Beweisen hat dabei vor allem die Formen und Fristen des Beweisverfahrens zu wahren, bzw. den Regeln des Beweisverfahrens zu entsprechen (s.a. Art. 152), andernfalls kann eine Ausschlusswirkung einsetzen.

III. Abs. 2

1. Allgemeines

Abs. 2 der Bestimmung klärt beweisrechtliche Fragen im **Grenzbereich zwischen Tatsache und Recht** und für den Fall von vermögensrechtlichen Ansprüchen nach Art. 16 Abs. 1 IPRG.

6

2. Übung und Ortsgebrauch

Übung und Ortsgebrauch nach Art. 5 Abs. 2 ZGB sind Erscheinungen der Verkehrssitte, was gleichbedeutend ist mit den tatsächlichen Übungen, die den Geschäftsverkehr beherrschen, bzw. allgemein befolgten Verhaltensweisen in bestimmten Situationen (BK-LIVER, Art. 5 ZGB N 67; BSK ZGB I-SCHMID, Art. 5 N 30 f.). Die Verkehrssitte ist eine Tatsache. Sie ist im Streitfall zu behaupten und zu beweisen, wenn sie nur aufgrund einer Parteivereinbarung wirken soll (STAEHELIN/STAEHELIN/GROLIMUND, § 18 Rz 9; **a.M.** anscheinend BK-LIVER, Art. 5 ZGB N 103). Wenn das Gesetz indes auf die Übung oder den Ortsgebrauch verweist, muss der Richter Umstände ausserhalb des gesetzten Rechts beachten, was einen typischen Fall von mittelbarem Gesetzesrecht darstellt (BGE 90 II 92 E. 4). Die Übung bzw. der Ortsgebrauch stehen (bei gesetzlichem Verweis) zwischen Tatsache und Recht, werden aber aufgrund von Art. 150 Abs. 2 beweisrechtlich wie eine Tatsache behandelt und sind nachzuweisen (BOTSCHAFT ZPO, 7311; so schon BK-KUMMER, Art. 8 ZGB N 100 f.; differenzierend STAEHELIN/STAEHELIN/GROLIMUND, § 18 Rz 9 m.H. auf Auslegungsfragen; **a.M.** GASSER/RICKLI, Art. 150 N 4; BK-LIVER, Art. 5 ZGB N 103).

7

3. Bei vermögensrechtlichen Streitigkeiten nach ausländischem Recht

Art. 2 behält bezüglich des Anwendungsbereichs der ZPO Bestimmungen des Staatsvertragsrechts sowie des IPRG ausdrücklich vor. Die Feststellung des ausländischen Rechts wird im Fall von internationalen Sachverhalten betreffend vermögensrechtliche Ansprüche durch Art. 16 Abs. 1 IPRG geregelt. Das Gericht kann in diesem Fall einer Partei den «Nachweis» des ausländischen Rechts überbinden. Das IPRG lässt dabei offen, wie das ausländische Recht Eingang ins Verfahren findet (BGE 119 II 93 E. 2.c.bb), was die ZPO mit Art. 150 Abs. 2 klärt. Entgegen dem Grundsatz nach Art. 57, wonach das Gericht das Recht von Amtes wegen erstens feststellt und zweitens anwendet – kann demnach bei vermögensrechtlichen Ansprüchen auch ausländisches Recht «Beweisgegenstand» sein. Der **Nachweis des ausländischen Rechts** hat nach den Regeln und in den Formen des **Beweisverfahrens** zu erfolgen (BOTSCHAFT ZPO, 7311; STAEHELIN/STAEHELIN/GROLIMUND, § 18 Rz 14; s.a. BSK IPRG-MÄCHLER-ERNE/WOLF-METTIER, Art. 16 N 10). Der Nachweis des ausländischen Rechts dürfte zumeist in Form einer Urkunde bzw. eines Parteigutachtens ins Verfahren einfliessen (VOGEL/SPÜHLER, § 6 Rz 65a; BSK IPRG-MÄCHLER-ERNE/WOLF-METTIER, Art. 16 N 15), evtl. gar in einer Eingabe einer Partei (BGE 119 II 93 E.2.c/bb). Die Mitwirkung der Parteien in nicht vermögensrechtlichen Ansprüchen gemäss Art. 16 Abs. 1 IPRG muss nicht nach den Regeln und in den Formen des Beweisverfahrens erfolgen (Art. 150 Abs. 2 e contrario; STAEHELIN/ STAEHELIN/GROLIMUND, § 18 Rz 15). Art. 150 Abs. 2 gilt nicht generell für jeden Verweis auf ausländisches Recht. Bei Binnensachverhalten greift direkt die jeweilige Sach-

8

Art. 151

10. Titel: Beweis

norm des nationalen Privatrechts, die indes mittels materiellrechtlichem Verweis in einem Vertrag ausländisches Recht umfassen kann (dazu etwa BGE 132 III 285 E. 1). Der Inhalt dieses Vertrages ist Beweisgegenstand nach Art. 150 Abs. 1, während im Übrigen iura novit curia gilt.

4. Gewohnheitsrecht

9   Das Gesetz äussert sich nicht dazu, ob mit dem (praktisch unbedeutsamem) lückenfüllenden Gewohnheitsrecht nach Art. 1 Abs. 2 ZGB beweisrechtlich wie mit einer Tatsache umzugehen ist (Beispiele für Gewohnheitsrecht bei HAUSHEER/JAUN, Art. 1 ZGB N 35; zur Entstehung von Gewohnheitsrecht BGE 119 Ia 59 E. 4.b). Gewohnheitsrecht bildete nach einzelnen kantonalen Prozessordnungen teils grundsätzlich und teils unter gewissen Voraussetzungen Beweisgegenstand (§ 133 ZPO/ZH, Art. 169 ZPO/GL, Art. 90 Abs. 2 ZPO/SG, § 139 Abs. 2 ZPO/LU, ZPO/SZ). In der Praxis war über Gewohnheitsrecht Beweis abzunehmen (so SCHMID, 14 m.H. auf einerseits BK-KUMMER, Art. 8 ZGB N 101, [der auf BK-MEIER-HAYOZ, Art. 1 ZGB N 237 ff. verweist,] und andererseits MEIER, Beweisrecht, 1156; s.a. BSK ZGB I-SCHMID, Art. 8 N 2).

10 BK-MEIER-HAYOZ, Art. 1 ZGB N 241, will demgegenüber den Grundsatz der gerichtlichen Feststellung und Anwendung des Rechts von Amtes wegen (iura novit curia) angewendet haben (ebenso BSK ZGB I-HONSELL, Art. 1 N 22 und dort zitierte DESCHENAUX, SPR II, 104, und HAUSHEER/JAUN, Art. 1 ZGB N 41). Nach BK-MEIER-HAYOZ, Art. 1 ZGB N 241, kann der Richter das erforderliche Wissen des Rechts mittels Literatur, Urteilen, Expertisen aber auch Äusserungen der beteiligten Kreise sowie der mit dem Recht vertrauten Lokalbehörde ermitteln. Schweizerisches iura novit curia kann sich indes in nachweisbedürftiges und anderes Recht gliedern, wie sich anhand von Art. 16 IPRG zeigt. Insofern lässt der Hinweis auf «iura novit curia» (Art. 56) beide Lösungen zu, obwohl BK-MEIER-HAYOZ, Art. 1 ZGB N 241, fraglos die gerichtliche Feststellung angesprochen hat. Zumindest die überwiegende Lehre (zu Art. 1 ZGB) bejaht damit – wenn auch recht apodiktisch – die Feststellung und Anwendung des Gewohnheitsrechts von Amtes wegen. Ihr ist zuzustimmen. Liegen die Voraussetzungen für die Entstehung von **Gewohnheitsrecht** vor, so entsteht das Recht ohne weiteres. Es ist bei gegebenen Voraussetzungen nach Art. 56 **gerichtlich festzustellen und anzuwenden**.

Art. 151

Bekannte Tatsachen	**Offenkundige und gerichtsnotorische Tatsachen sowie allgemein anerkannte Erfahrungssätze bedürfen keines Beweises.**
Faits notoires	Les faits notoires ou notoirement connus du tribunal et les règles d'expérience généralement reconnues ne doivent pas être prouvés.
Fatti notori	I fatti di pubblica notorietà o comunque noti al giudice, come pure le nozioni di fatto della comune esperienza non devono essere provati.

Inhaltsübersicht   Note

   I. Allgemeines 1
  II. Offenkundige Tatsache 2
 III. Gerichtsnotorische Tatsache 3
  IV. Allgemein anerkannter Erfahrungssatz 4

1. Kapitel: Allgemeine Bestimmungen 1–3 **Art. 151**

Literatur

Vgl. die Literaturangaben zu Art. 150.

I. Allgemeines

Die Beweisführung zielt auf gerichtliche Überzeugungsbildung in streitigen Sachverhaltsfragen. Sie kann unterbleiben, wenn sie nutzlos ist, weil schon Gewissheit über die Verwirklichung eines Sachverhalts oder sichere Kenntnis von einem qualifizierten Erfahrungssatz besteht. Art. 151 handelt von Fällen, in denen sich eine Überzeugungsbildung und somit eine Beweisführung aus bestimmten Gründen erübrigt, was sich in der allfälligen Entscheidbegründung niederschlagen muss. Art. 150 legt mit dem Beweisgegenstand die Regel, Art. 151 die Ausnahme(n) fest. Von daher besteht ein wörtlicher, teleologischer und systematischer Bezug derart, dass Art. 151 klarerweise nur für rechtserhebliche Tatsachen gilt. 1

II. Offenkundige Tatsache

Wenn eine Gegebenheit etwa seit Jahrzehnten in der Schule als Bildungsgegenstand vermittelt wird oder allgemein vom Vorliegen einer Tatsache **sichere Kenntnis** besteht, wäre der Versuch, das Gericht vom Gegenteil zu überzeugen wollen, sinnlos. Jeder kennt die Tatsache. An ihrem Vorliegen herrscht **kein Zweifel**. Gemäss BOTSCHAFT ZPO, 7311, wird denn auch eine offenkundige Tatsache beschrieben als Tatsache, die alle kennen oder an der vernünftigerweise nicht gezweifelt werden kann, sowie ein Umstand, welcher der **allgemeinen sicheren Wahrnehmung zugänglich** ist. Bezüglich der allgemeinen sicheren Wahrnehmung gilt dies umso mehr dort, wo der Zugang weder zeitintensiv noch kostspielig bzw. sonst wie aufwändig ist, was insb. für den Zugriff via Internet gilt, solange jedenfalls die Quelle im Internet Gewähr für die Qualität der Information bietet (s.a. BGE 135 III 88 E. 4: Der Umrechnungskurs des Euro ist eine notorische Tatsache, die vom Betreibungsgläubiger weder behauptet noch bewiesen werden muss). Illustrativ ist auch BGE 128 III 4 E. 4.c/bb: «Die Beschwerdegegnerin stützt ihre Vorbringen unter anderem auf die Lohnstrukturerhebung 1998 des Bundesamtes für Statistik. Das ist im Verfahren der staatsrechtlichen Beschwerde zulässig, zumal Grundlage der Tatsachenfeststellung auch das Wissen des Gerichts über allgemein- oder gerichtsnotorische Tatsachen bildet; dazu können allgemein zugängliche Tatsachen gezählt werden, selbst wenn das Gericht sie ermitteln muss». Schwierig kann im Einzelfall die Beantwortung der Frage sein, welche Tatsache als eine offenkundige Tatsache gelten kann, sodass sich von daher rechtfertigt, im Zweifelsfall die Notorietät zu behaupten und gleichzeitig (für den Eventualfall der fehlenden Notorietät) Beweise anzubieten. 2

III. Gerichtsnotorische Tatsache

Gerichtsnotorisch ist eine Tatsache, wenn das Gericht sie aus seiner **richterlichen Tätigkeit** kennt. Hat ein Richter von einer Tatsache als Privatperson Kenntnis erlangt, müssen diese Kenntnisse unberücksichtigt bleiben oder auf anderem Weg in das Verfahren einfliessen, was allenfalls gegen die entsprechende Person einen Ausstandsgrund bilden kann (BOTSCHAFT ZPO, 7311; Art. 47 Abs. 1 lit. b). Weiter stellt sich im Fall des Kollegialgerichts die Frage, ob alle Richter eines Spruchkörpers wegen ihrer richterlichen Tätigkeit von einer Tatsache wissen müssen, damit sie zur notorischen wird. Das Kollegialgericht urteilt nach Art. 236 durch Mehrheitsentscheid – auch in den einzelnen Fragen. Weder besteht eine gesetzliche Grundlage, die einen Beschluss zur Frage der Notorietät aus- 3

Peter Guyan

schliesst, noch liegt ein sachlicher Grund für eine andere Vorgehensweise vor. Ein Beschluss der Mehrheit genügt somit in der Frage der Notorietät (s.a. GULDENER, ZPR, 161). Ein Richter darf nur auf Gerichtsnotorietät erkennen, wenn er selber die fragliche Tatsache unmittelbar in richterlicher Funktion (und nicht vom Hörensagen von anderen Richtern) wahrgenommen hat, weil die «amtliche Tätigkeit» (BOTSCHAFT ZPO, 7311) nur die eigene richterliche Tätigkeit abdeckt (eigene gerichtliche Vorkenntnisse [FRANK/STRÄULI/MESSMER, § 133 ZPO/ZH N 11]). Diese Lösung befriedigt vordergründig nicht, wenn ein Richter aus dem Spruchkörper glaubt, sichere Kenntnis von einem Umstand zu haben. Im Wissen um die menschlichen Erinnerungsschwächen, mit Blick auf die zumeist vorliegenden Beweisofferten und die (gerichtlichen) Erhebungsmöglichkeiten rechtfertigt sich die Forderung nach einer Mehrheit von Richtern mit Kenntnissen aus eigener richterlicher Tätigkeit, um eine gerichtsnotorische Tatsache feststellen zu können.

IV. Allgemein anerkannter Erfahrungssatz

4 Allgemein anerkannte Erfahrungssätze (etwa aus Wissenschaft, aus Handel oder des Lebens) bedürfen ebenfalls keines Beweises. Die Botschaft verweist in diesem Zusammenhang auf BGE 123 III 241, 120 II 97 und 117 II 256. Daraus geht hervor, dass der jeweilige allgemein anerkannte Erfahrungssatz einer Norm gleichkommen muss. **Normativen Charakter** trägt ein solcher Erfahrungssatz, wenn er aus den in anderen Fällen gemachten Erfahrungen gewonnen wird, in gleichgelagerten Fällen allgemeine Geltung für die Zukunft beanspruchen kann und er einen gewissen Abstraktionsgrad erreicht hat. Wenn die Rechtsprechung einen allgemein anerkannten Erfahrungssatz herausgearbeitet (und publiziert) hat, kann eine entsprechende Behauptung ohne Beweisangebote erfolgen bzw. der betroffene Erfahrungssatz sogar ohne ausdrückliche Behauptung (GULDENER, ZPR, 161) zugrunde gelegt werden (vgl. SPÜHLER, Erfahrungssätze, 393, für Beispiele). Ohne Präjudiz ist die Frage nach dem normativen Charakter teilweise schwer zu beantworten. Abzugrenzen ist der allgemein anerkannte Erfahrungssatz als Rechtssatz gegenüber der natürlichen Vermutung (STAEHELIN/STAEHELIN/GROLIMUND, § 18 N 11, § 18 N 57 f. m.Bsp. der natürlichen Vermutungen). Die natürliche (tatsächliche) Vermutung ist das Ergebnis einer Schlussfolgerung aus bewiesenen Tatsachen auf nicht bewiesene Tatsachen – somit Teil der Beweiswürdigung (Art. 157) –, wobei das Gericht den Schluss aufgrund der Lebenserfahrung zieht (VOGEL/SPÜHLER, § 10 Rz 50).

Art. 152

Recht auf Beweis	¹ Jede Partei hat das Recht, dass das Gericht die von ihr form- und fristgerecht angebotenen tauglichen Beweismittel abnimmt.
	² Rechtswidrig beschaffte Beweismittel werden nur berücksichtigt, wenn das Interesse an der Wahrheitsfindung überwiegt.
Droit à la preuve	¹ Toute partie a droit à ce que le tribunal administre les moyens de preuve adéquats proposés régulièrement et en temps utile.
	² Le tribunal ne prend en considération les moyens de preuve obtenus de manière illicite que si l'intérêt à la manifestation de la vérité est prépondérant.
Diritto alla prova	¹ Ogni parte può pretendere che il giudice assuma tutti i pertinenti mezzi di prova offerti tempestivamente e nelle forme prescritte.
	² Il giudice prende in considerazione mezzi di prova ottenuti illecitamente soltanto se l'interesse all'accertamento della verità prevale.

1. Kapitel: Allgemeine Bestimmungen

Inhaltsübersicht

	Note
I. Recht auf Beweis	1
II. Antrag	3
III. Formen und Fristen	4
IV. Zulässigkeit	5
V. Tauglichkeit	6
VI. Parteiliche Beweismittel	8
VII. Weitere Schranken	9
VIII. Rechtswidrig erlangte Beweismittel	10

Literatur

Vgl. die Literaturangaben zu Art. 150.

I. Recht auf Beweis

1 Das Recht auf Beweis ist vor Erlass der eidgenössischen ZPO mit teils unterschiedlichen Inhalten aus verschiedenen Bestimmungen abgeleitet worden; darunter verfassungsrechtlich aus Art. 29 Abs. 2 BV (bzw. aArt. 4 BV) und privatrechtlich aus Art. 8 ZGB (STAEHELIN/STAEHELIN/GROLIMUND, § 18 Rz 21). Art. 6 Ziff. 1 EMRK garantiert nur die gleiche Behandlung der Parteien bezüglich des Beweises (BGE 122 V 157 E. 2.b). Begründet werden kann das Recht auf Beweis auch mit der jeweiligen Norm, aus der ein Recht abgeleitet wird (KOFMEL, Diss., 5 m.H.). Das Recht auf Beweis (und Gegenbeweis) wird nunmehr im Anwendungsbereich der ZPO durch Art. 152 abschliessend geregelt. Es steht naturgemäss in einem Spannungsverhältnis zu den Beweisverboten.

2 Das Recht einer Partei auf gerichtliche Beweisabnahme, auch als **Beweisanspruch** bezeichnet, setzt einen Beweisgegenstand nach Art. 150 Abs. 1 voraus, was auch die systematische Stellung der Norm zum Recht auf Beweis nach der Norm über den Beweisgegenstand erklärt (HASENBÖHLER, in: Leuenberger, 27). Es erfordert überdies einen nach Zeit bzw. Prozessstadium und Form gehörigen, spezifizierten Beweisantrag sowie ein taugliches Beweismittel, das zudem einer Partei offenstehen muss. Dem Recht auf Beweisabnahme entsprechen die **Pflichten des Gerichts**, die zum Beweisgegenstand gehörig gestellten Anträge entgegen zu nehmen, die Anträge zu prüfen und bei positivem Prüfungsergebnis die entsprechenden Beweise abzunehmen (BGE 124 I 241 E. 2, sowie 117 II 262 E. 4.a).

II. Antrag

3 Art. 152 Abs. 1 über das Recht auf Beweis spricht in Umsetzung des Verhandlungsgrundsatzes vom Anbieten von Beweismitteln als Voraussetzung der Abnahme (vgl. Art. 55 Abs. 1: «Beweismittel anzugeben»; s.a. Art. 221 Abs. 1 lit. e: «Bezeichnung»). Anbieten erfolgt durch **Beweisantrag**. Ein Beweisantrag muss **inhaltlich so bestimmt oder bestimmbar** sein, dass ohne gerichtliches Dazutun Beweis abgenommen werden kann, denn grundsätzlich herrscht im Bereich der Verhandlungsmaxime Parteibetrieb. Der jeweilige Beweis muss demnach im Antrag bezeichnet werden, was bedeutet, dass er direkt oder indirekt individualisierbar bzw. spezifizierbar und lokalisierbar sein muss

(vgl. etwa die Verwendung des Begriffs in Art. 154 und etwa 180 Abs. 2 oder Art. 221 Abs. 1 lit. a). Nur so kann die entsprechende Beweisverfügung die Beweismittel genügend bezeichnen, damit auch die daraus fliessende Anordnung zur Abnahme vollstreckbar ist (s.a. Art. 167). Nur so kann eine Gegenpartei entsprechend opponieren. Genügt ein Angebot nicht, kann allenfalls die gerichtliche Fragepflicht einsetzen. Besonderes gilt im Bereich der Untersuchungsmaxime.

III. Formen und Fristen

4 Das Recht auf Beweisabnahme bedingt, dass der jeweilige Beweisantrag den Formen des anwendbaren Verfahrens genügt. In der Regel erfolgt der Antrag als Teil einer Eingabe (Art. 221 Abs. 1 lit. e i.V.m. Art. 219), ohne dass für die Antragsform besondere Regeln gelten, sodass die formellen **Anforderungen an die Eingabe** massgeblich sind. Gewisse Augenscheinsobjekte (Art. 181 Abs. 3) und Urkunden (Art. 221 Abs. 2 lit. c) sind zudem beizulegen – diesbezüglich gilt Verbal- und Realproduktion. Der Antrag hat demnach regelmässig entweder schriftlich (Papierform oder elektronisch – Art. 130) oder mündlich (Art. 244 Abs. 1 betreffend vereinfachtes Verfahren; 252 Abs. 2 betreffend summarisches Verfahren), kurzum ausdrücklich durch Verbalproduktion, seltener stillschweigend durch Realproduktion zu erfolgen. Stillschweigender Antrag liegt bspw. bei einer Klage ohne Begründung gemäss Art. 244 vor, weil nur die verfügbaren Urkunden, «welche als Beweismittel dienen sollen», beizulegen sind (Realproduktion ohne Verbalproduktion) – hier gilt für die Klage eine andere Form als für den Beweisantrag. Die jeweils zu beachtende Frist richtet sich insb. nach dem anwendbaren Verfahren, eventuell nach den allgemeinen Grundsätzen, was ebenso für die Säumnis gilt.

IV. Zulässigkeit

5 Damit ein Mittel als Beweismittel überhaupt zulässig ist, muss es – vorbehalten Art. 168 Abs. 2 – in den **Katalog von Art. 168 Abs. 1** in Verbindung mit der jeweiligen (mittelbaren), regelmässig weiten Definition des Beweismittels passen (Art. 169, 177, 181, 183 f., 190 bis und mit 192).

V. Tauglichkeit

6 Die Tauglichkeit gemäss Art. 152 Abs. 1 hängt vom Beweismittel und vom Beweisgegenstand ab. Tauglich ist ein Beweismittel bezogen auf einen Beweisgegenstand, wenn seine Abnahme (durch Würdigung des Ergebnisses der Beweisabnahme) zur Erkenntnis führen kann, ob eine Tatsachendarstellung wahr oder falsch ist. Objektiv tauglich ist ein Beweismittel somit, wenn es nach seiner Natur geeignet ist, Beweiskraft zu entfalten (BK-KUMMER, Art. 8 ZGB N 61). Subjektiv beweistauglich ist ein Beweismittel, wenn es bezogen auf das Gericht nach dessen Überzeugung in der Lage ist, Beweiskraft zu entfalten (KOFMEL, Diss., 257; LEUENBERGER/UFFER-TOBLER, Art. 101 ZPO/SG N 3 m.H.).

7 Das Beweismittel muss **nur objektiv**, d.h. aus allgemeiner Betrachtung heraus, **tauglich** sein. Objektive Tauglichkeit fehlt bei Unmöglichkeit, die z.B. vorliegt, wenn ein Augenschein einer Flüssigkeit als Beweismittel zum Beweisthema der genauen Zusammensetzung dieser Flüssigkeit angeboten ist. Art. 152 Abs. 1 verlangt keine subjektive Tauglichkeit (**a.M.** STAEHELIN/STAEHELIN/GROLIMUND, § 18 Rz 23). Die subjektive Untauglichkeit ist der antizipierten Beweiswürdigung zuzuordnen, weil sie bedeutet, dass das Gericht Beweismittel ablehnen darf, da es glaubt, dass sich an seiner Überzeugung nichts ändern wird (zu den begrifflichen Unschärfen im Zusammenhang mit der antizipierten Beweiswürdigung s. OBERHAMMER, 517 f.). Art. 152 Abs. 1 bietet keine Grund-

lage für eine antizipierte Beweiswürdigung, wie den Materialien zu entnehmen ist. Abs. 2 von Art. 147 VE-ZPO hatte folgende Berechtigung des Gerichts vorgesehen: «Das Gericht kann Beweismittel ablehnen, wenn es aufgrund des bisherigen Beweisergebnisses seine Überzeugung schon gebildet hat.» Dieser Absatz des Vorentwurfs wurde – gemäss BOTSCHAFT ZPO, 7312 – aufgrund der negativen Reaktionen zur antizipierten Beweiswürdigung gestrichen mit dem Hinweis, das Recht auf antizipierte Beweiswürdigung sei in der freien Beweiswürdigung verankert (BOTSCHAFT ZPO, 7312). Eine subjektive Untauglichkeit als Zulassungskriterium für einen Beweis wäre daher aus Art. 157 abzuleiten, nicht aber aus Art. 152. Verschiedene Grundlagen der antizipierten Beweiswürdigung – Art. 152 und Art. 157 – sind vor diesem Hintergrund nicht anzunehmen. Tauglichkeit nach Art. 152 Abs. 1 erfasst demnach nur die objektive Tauglichkeit (s.a. OBERHAMMER, 522). Dafür finden sich noch andere Gründe. Die BOTSCHAFT ZPO, 7312, verweist in diesem Zusammenhang auf BGE 122 III 219, 223 f., um zu betonen, dass die Parteien, für rechtserhebliche Sachvorbringen zum Beweis zugelassen werden, «[...] sofern das beantragte Beweismittel tauglich ist sowie form- und fristgereicht vorgebracht wird». BGE 122 III 219 f. betrifft primär Art. 8 ZGB. Das Recht auf Beweis ist indes gemäss BOTSCHAFT ZPO, 7312, ein Ausfluss des rechtlichen Gehörs, das auf Art. 29 Abs. 2 BV zurückzuführen ist, dem in der ZPO generell eine starke Stellung eingeräumt wird. Nur stellt Art. 29 Abs. 2 BV an die Ablehnung eines Antrages höhere Anforderungen als Art. 8 ZGB (KOFMEL, 144 m.H.; dazu BGE 124 I 208 E. 4.a); bezogen auf das rechtliche Gehör besteht das Ablehnungsrecht «[...] wenn die Beweisanträge ... offensichtlich untauglich sind»; noch deutlicher BGE 124 I 241 E. 2: «[...] seien offensichtlich untauglich, über die streitige Tatsache Beweis zu erbringen»; BSK ZGB I-SCHMID, Art. 8 N 12). Die Beweisanträge sind offensichtlich untauglich, wenn das Beweismittel offensichtlich untauglich ist, was nur für objektiv untaugliche Beweismittel leichthin feststellbar ist.

VI. Parteiliche Beweismittel

Ein Beweismittel muss einer Partei offen stehen. Die grundsätzliche Zulässigkeit eines Beweismittels ergibt sich – unter Vorbehalt von Art. 168 Abs. 2 – aus dem abschliessenden Beweismittelkatalog nach Art. 168 Abs. 1 in Verbindung mit den jeweiligen Bestimmungen zu den einzelnen Beweismitteln. Die Beweisaussage ist gemäss BOTSCHAFT ZPO, 7326 ein rein gerichtliches Beweismittel (Art. 192: «von Amtes wegen»). Anders als der Augenschein und das Gutachten kann die Beweisaussage nicht zum besseren gerichtlichen Verständnis des Sachverhalts verwendet werden, sondern «soll» zur Beseitigung letzter gerichtlicher Zweifel dienen und ist so als Besonderheit ein Beweismittel der materiellen Prozessleitung (BOTSCHAFT ZPO, 7323, 7324 und 7325). Den Parteien steht demnach kein Anspruch auf Abnahme einer beantragten Beweisaussage zu, selbst wenn dem Gericht just die letzte Gewissheit fehlt (nach LEUENBERGER, Parteibefragung, 62, hat das Gericht indes für den besonderen Fall der Beweisaussage als einziges Beweismittel als Ausfluss des Rechts auf Beweis diesen Beweis abzunehmen). Die Praxis bleibt mit Spannung abzuwarten.

VII. Weitere Schranken

Nebst den genannten zahlreichen Anforderungen an einen Beweisantrag und an ein Beweismittel kommen verschiedene weitere Möglichkeiten der Beschränkungen des Beweisrechts hinzu (s.a. Komm. zu Art. 150 N 2). Eine gerichtliche **Selektion** aus den beantragten Beweisen ist mit (der vorläufigen) Zustimmung der antragstellenden Partei – insofern keine Beschränkung vorliegt – zulässig (BOTSCHAFT ZPO, 7312). Inwiefern die Selektion gegen den Willen einer Partei zulässig ist, bestimmt der Grundsatz von Treu und Glauben (Art. 52), der eine missbräuchliche Prozessführung verbietet, wozu auch eine übermässig grosse Zahl von Beweisofferten gehört (statt vieler GULDENER, ZPR, 321) und schliesslich (gemäss BOTSCHAFT ZPO, 7312, und entgegen der hier vertretenen Meinung [N 6]) die freie Beweiswürdigung (Art. 157) mit dem Recht der antizipierten Beweiswürdigung. Das Recht auf Beweis wird sodann beschränkt, wenn die Interessen überwiegend gegen die Zulassung eines rechtswidrig erlangten Beweismittels sprechen (Art. 152 Abs. 2). Schliesslich stehen dem Recht auf Beweis auch die Wahrung schutzwürdiger Interessen (Art. 156; KOFMEL, Diss., 265 f.) oder eine diplomatische Immunität entgegen. Art. 160 Abs. 2 erlaubt dem Gericht, über die Mitwirkung einer unmündigen Person nach Ermessen zu entscheiden. Eine Beweismittelbeschränkung ist ebenfalls als Schranke zu betrachten (vgl. Art. 254; STAEHELIN/STAEHELIN/GROLIMUND, § 18 Rz 36).

VIII. Rechtswidrig erlangte Beweismittel

10 Die ZPO lässt (materiell) rechtswidrig erlangte Beweismittel gemäss Art. 152 Abs. 2 zu, wenn das **Interesse an der Wahrheitsfindung** überwiegt. Die Botschaft verweist auf die analoge Problematik im Strafprozess und Art. 141 StPO, was STAEHELIN/STAEHELIN/GROLIMUND, § 18 Rz 24, für den Zivilprozess zu Recht als nur beschränkt passend qualifizieren. Das Gesetz lässt offen, welche Interessen zu übertreffen sind, während die Botschaft konkretisiert, dass es sich um das **«Schutzinteresse des Rechtsgutes**, das bei der Beweismittelbeschaffung verletzt wurde» handelt (BOTSCHAFT ZPO, 7312). Die Norm vermittelt zwischen den Zielkonflikten der Einheit der Rechtsordnung (kein Recht durch Unrecht) und der Rechtsverwirklichung (RÜEDI, Rz 200 f.). Der Richter hat eine **Interessenabwägung** vorzunehmen (STAEHELIN/STAEHELIN/GROLIMUNd, § 18 Rz 24). Nach RÜEDI, Rz 208, ist eine Verletzung nicht nötig; vielmehr kann eine Beeinträchtigung genügen. Die Beschaffungshandlung muss die Berücksichtigung des fraglichen Mittels im Zivilprozess ermöglichen und auf diesen Erfolg ausgerichtet gewesen sein (RÜEDI, Rz 228).

11 Nach RÜEDI, Rz 321, ist für die Interessenabwägung unbeachtlich, auf welcher Hierarchiestufe die betroffene Norm verankert ist, welche Straffolgen die Entscheidung auslöst, wer das Beweismittel beschafft hat, ob ein Strafantrag vorliegt, ob das widerrechtlich beschaffte Beweismittel das einzige Beweismittel zum entsprechenden Beweisgegenstand ist oder mit welchem Zweck das Beweismittel beschafft worden ist.

12 Art. 152 Abs. 2 ist **von Amtes wegen** zu beachten, weil die Norm auch öffentliche Interessen verfolgt (RÜEDI, Rz 217 f.).

13 Das Interesse an der Wahrheitsfindung hängt vom **Verfahrensgrundsatz** (Art. 55) und vom **Streitwert** (Art. 91 f.) ab (RÜEDI, Rz 325 ff. m.H. auf die Verwendung der Begriffe in Art. 163 Abs. 2 und Art. 166 Abs. 1 lit. b und Abs. 2). Je mehr der Gerichtsbetrieb den Parteibetrieb bei der Stoffsammlung ersetzt, desto manifester wird ein öffentliches Interesse, während sich das private Parteiinteresse fraglos am Streitwert messen lässt. Zu unterscheiden sind die Verfahrensmaximen Verhandlungsgrundsatz und Untersuchungsgrundsatz, bei letzterem noch zwischen den Arten der beschränkten Untersuchungsmaxime und der klassischen (uneingeschränkten) Untersuchungsmaxime. Weiter ist im Anwendungsbereich der beschränkten Untersuchungsmaxime zu differenzieren zwischen Anordnungen der freiwilligen Gerichtsbarkeit und den weiteren Materien. Geringstes Gewicht kommt den Gegenständen im Bereich der Verhandlungsmaxime zu, denen die Objekte der freiwilligen Gerichtsbarkeit gleichgestellt werden, weil sich dabei das geringste öffentliche

Interesse zeigt. Die beschränkte Untersuchungsmaxime ist höher, die klassische Untersuchungsmaxime im Rahmen der Verfahrensgrundsätze am höchsten zu gewichten. In den Fällen der möglichen Bezifferung des Streitwerts gibt die höhere Summe das höhere Gewicht. Schwieriger zu gewichten sind die Fälle der nicht vermögensrechtlichen Streitigkeiten (STAEHELIN/STAEHELIN/GROLIMUND, § 15 Rz 4) sowie die Fälle, in denen der Streitwert nicht beziffert werden kann oder etwa eine Teilklage (Art. 86) zu beurteilen ist. Praktische Probleme bereiten die Prozesse, in denen unbezifferte Klagen auf Geldzahlung zulässig sind wie etwa die Stufenklage (Art. 85, VOGEL/SPÜHLER, § 7 Rz 5b f.).

Das **Schutzinteresse** hängt vom beeinträchtigten Rechtsgut, dem Rang bzw. dem Wert des beeinträchtigten Rechtsgutes, der Intensität der Beeinträchtigung sowie allfälligen Mitwirkungspflichten und -obliegenheiten bzw. Verweigerungsrechten ab (RÜEDI, Rz 339 ff.). Beim Rang kann als eine grobe Leitlinie die physische, psychische und seelische Integrität über materielle Werte gestellt werden (BOTSCHAFT ZPO, 7312). Somit steht die persönliche Integrität grundsätzlich über der Wahrheitsfindung, womit durch Gewalt oder Drohung beschaffte Beweismittel nicht verwertbar sind (vgl. auch Art. 140 StPO). Eine andere grobe Leitlinie stützt sich auf Art. 166. Wenn die Beschaffungshandlung ein Geheimnis nach Art. 166 verletzt, sind hohe Anforderungen an die Zulassung zu stellen, wobei sich die Anforderungen zusätzlich noch an der Rangfolge der Geheimnisse in Art. 166 orientieren. Das Schutzinteresse steigt demnach mit der Stärke des Verweigerungsrechts bzw. sinkt bei der Mitwirkungspflicht des Opfers der Beschaffungshandlung. Betreffend Intensität ist bei Eingriffen in die Persönlichkeitsrechte die Sphärentheorie (Geheimsphäre, Privatsphäre, öffentlicher Bereich) beachtlich. Je nachdem hat der Gesetzgeber ein Verhalten noch verpönt, was mit unter Anhaltspunkt für die Intensität sein kann (z.B. Art. 179 ff. StGB).

14

Beweismittel, welche sich ausschliesslich aufgrund einer unzulässigen Beweismittelbeschaffung (ohne überwiegendes Interesse) ergeben haben, sind ebenfalls nicht zulässig (RÜEDI, Rz 369 f.; vgl. Art. 141 Abs. 4 StPO; Botschaft StPO, BBl 2006 1183 f.). Dieser Zusammenhang wird **Fruit of the poisonous tree-Theorie** genannt bzw. als Fernwirkung bezeichnet. Nach RÜEDI, Rz 373, bewirkt die illegale Beschaffungshandlung auch die Möglichkeit für die Beschaffung des zweiten Beweismittels, was auch das zweite Beweismittel ausschliesst.

15

Art. 153

Beweiserhebung von Amtes wegen	[1] **Das Gericht erhebt von Amtes wegen Beweis, wenn der Sachverhalt von Amtes wegen festzustellen ist.** [2] **Es kann von Amtes wegen Beweis erheben, wenn an der Richtigkeit einer nicht streitigen Tatsache erhebliche Zweifel bestehen.**
Administration des preuves d'office	[1] Le tribunal administre les preuves d'office lorsque les faits doivent être établis d'office. [2] Il peut les administrer d'office lorsqu'il existe des motifs sérieux de douter de la véracité d'un fait non contesté.
Prove raccolte d'ufficio	[1] Il giudice provvede d'ufficio alla raccolta di prove nelle cause in cui i fatti devono essere accertati d'ufficio. [2] Il giudice può, d'ufficio, raccogliere prove qualora sussistano notevoli dubbi circa un fatto non controverso.

Art. 153 1, 2

Inhaltsübersicht   Note

   I. Allgemeines 1

  II. Abs. 1 3

 III. Abs. 2 10

Literatur

Vgl. die Literaturangaben zu Art. 150.

I. Allgemeines

1 Die Verhandlungsmaxime nach Art. 55 Abs. 1 auferlegt grundsätzlich den Parteien die Sammlung des Prozessstoffes, die im Wesentlichen aus Sachverhaltsdarstellung und **Beweisführung** besteht (STAEHELIN/STAEHELIN/GROLIMUND, § 10 Rz 15). Je nach Verfahren bzw. Gegenstand, vor allem im Bereich des vormaligen «sozialen» Zivilprozesses, bestehen Gründe, eine oder beide Teilaufgaben der **Stoffsammlung** zu **erleichtern** (BOTSCHAFT ZPO, 7313). Nach Art. 55 Abs. 2 besteht denn auch ein Vorbehalt zu Abs. 1 dahingehend, dass sowohl gesetzliche Bestimmungen über die Feststellung des Sachverhaltes als auch Bestimmungen über die Beweiserhebung von Amtes wegen vorbehalten bleiben. Art. 153 konkretisiert den Vorbehalt nach Art. 55 Abs. 2 betreffend Beweisführung in Abs. 1, nicht aber betreffend die Sachverhaltsdarstellung in Abs. 1 (dazu etwa Art. 56 betreffend Fragepflicht oder Art. 247 Abs. 1, Art. 273 Abs. 1 Satz 2 e contrario, Art. 296 Abs. 1; zur Fragepflicht s.a. VOGEL/SPÜHLER, § 6 Rz 37 f.). Die Beweisführungslast kann sich teilen (N 5 f.), während die Beweislast davon nicht berührt wird. Art. 153 lehnt sich vom Wortlaut her an Art. 55 über den Verhandlungs- und Untersuchungsgrundsatz an. Art. 55 muss indes auch die klassische Untersuchungsmaxime abdecken, wie sie in Art. 296 zutage tritt. Sachverhaltsfeststellung von Amtes wegen gemäss Art. 153 definiert demgegenüber nur eine beschränkte Untersuchungsmaxime, wie sich nicht so sehr aus dem Wortlaut, sondern vielmehr anhand der (historischen und grammatikalischen) Auslegung ergibt (Art. 102 Abs. 3; BOTSCHAFT ZPO, 7295; Art. 169 Abs. 2; BOTSCHAFT ZPO, 7320; Art. 296 und BOTSCHAFT ZPO, 7366). Die Erforschung des Sachverhalts gilt gemäss ZPO «nur» mit Bezug auf das Kindeswohl allgemein, sodass auf eine Regelung der klassischen Untersuchungsmaxime im allgemeinen Teil des Beweisrechts verzichtet wurde. Demnach bildet die beschränkte Untersuchungsmaxime den Standard und hält mit Art. 153 Abs. 1 das Gericht an, nötigenfalls die kooperierende Partei bei der Beweisführung zu unterstützen. Die beschränkte Untersuchungsmaxime durchbricht auch die Eventualmaxime (Art. 229 Abs. 3 i.V.m. Art. 219), sodass bis zur Urteilsberatung neue Tatsachen und Beweismittel zu berücksichtigen sind.

2 **Sprachlich** übernimmt das Gesetz bisherige Wendungen. «Von Amtes wegen» ist nicht bürgernah und wird auch nicht immer mit gleichem Gehalt verwendet (vgl. Art. 57 gegenüber Art. 181). «Beweis erheben» kommt in Art. 153 näher bei der Beweisführung zu liegen, während damit in anderen Bestimmungen die Beweisabnahme angesprochen ist. Sachverhaltsfeststellung von Amtes wegen bedeutet im Strafprozessrecht eine Sachverhaltsfeststellung durch die Behörde. Der Wendung wird im Zivilprozess ein anderer Gehalt verliehen, was teilweise damit begründet wird, dass einem Gericht kein Ermittlungsapparat zur Verfügung stehe (VOGEL/SPÜHLER, § 6 Rz 54). Die Begründung wird den Aufklärungsmöglichkeiten und den Interessenlagen nicht gerecht.

II. Abs. 1

Art. 153 Abs. 1 normiert, dass das Gericht von Amtes wegen Beweis erhebt, wenn der Sachverhalt von Amtes wegen festzustellen ist. Amtliche Sachverhaltsfeststellung ist also gemäss Wortlaut immer begleitet von amtlicher Beweiserhebung. Von Amtes wegen Beweis erhoben werden kann indes (v.a. zur Klärung des Sachverhalts bzw. dem besseren Verständnis – BOTSCHAFT ZPO, 7323 und 7324) auch ohne «Sachverhaltsfeststellung von Amtes wegen»; so durch Augenschein (Art. 181) und Gutachten (Art. 183). 3

Wenn der Sachverhalt von Amtes wegen festzustellen ist (s. etwa Art. 247, 255, 272, 277, 306), erhebt das Gericht von Amtes wegen Beweis. Art. 153 macht aufgrund der isolierten Betrachtung des Wortlauts sowie dem Hintergrund von Art. 55 und etwa mit Blick auf Art. 247 glauben, die befasste Instanz müsse von Gesetzes wegen gewissermassen Beweis führen (STAEHELIN/STAEHELIN/GROLIMUND, § 18 Rz 27). Daher könnte gefolgert werden, die Parteien seien von der Beweisführung befreit (ähnlich mit Blick auf Art. 243 des Entwurfs nunmehr Art. 247; HIGI, 462, Ziff. 2.2.3). In diese Richtung weist auch das umgangssprachliche Verständnis des Begriffs «Erhebung» als Synonym für «Untersuchung». Von daher könnte ein klassischer (umfassender) Untersuchungsgrundsatz vermutet werden. 4

Die Botschaft aber zeichnet entgegen dem Wortlaut eine **«abgeschwächte» (beschränkte) Untersuchungsmaxime**, bei der die **Parteien mitverantwortlich** für die Beweisführung sind; sie haben insb. die Beweise zu bezeichnen und die Kostenvorschüsse für Erhebungen zu leisten; die Verletzung dieser Lasten kann eine Verweigerung der «Beweisführung» begründen (BOTSCHAFT ZPO, 7313; Art. 102 Abs. 3 e contrario sowie BOTSCHAFT ZPO, 7245 und Art. 243 VE-ZPO). Das Gericht anderseits ist gemäss BOTSCHAFT ZPO, 7313, bei der Beweiserhebung infolge Sachverhaltsfeststellung von Amtes wegen nicht an die Parteianträge gebunden. 5

Eine vergleichbare Wortwahl betreffend die Sachverhaltsfeststellung war in verschiedenen Erlassen des Bundes, so in aArt. 343 Abs. 4 OR und in aArt. 274d Abs. 3 OR, dort allerdings mit gesetzlich erwähnter Mitwirkungslast, anzutreffen (KUKO OR-WALTER, Art. 274d N 7 f. m.H.; SUTTER-SOMM, Beweisrecht, § 4 Rz 330 mit weiteren gesetzlichen Beispielen). Die Rechtsprechung hat daraus eine stark abgeschwächte Untersuchungsmaxime abgeleitet (vgl. BGE 125 III 231 E. 4. a und 107 II 233 E. 2.b; STREIFF/VON KAENEL, Art. 343 OR N 14). Vor diesem Hintergrund und im Wissen um das Bestreben des Gesetzgebers zur Übernahme bewährter Instrumente muss umso mehr auf die **Weiterführung der «bisherigen» sozialen Untersuchungsmaxime** geschlossen werden (vgl. Art. 247 Abs. 2 auch i.V.m. Art. 243 Abs. 2; so auch STREIFF/VON KAENEL, Art. 343 OR N 14). 6

Halt findet die These des abgeschwächten, auf die Feststellung beschränkten Untersuchungsgrundsatzes zusätzlich bei einer Gegenüberstellung mit Art. 296, wonach das Gericht den Sachverhalt von Amtes wegen erforscht, womit die klassische Untersuchungsmaxime anwendbar ist (Art. 102 Abs. 3 Satz 2; BOTSCHAFT ZPO, 7313 und 7366; dazu auch aArt. 280 ZGB betreffend Kindesunterhalt; BSK ZGB I-BREITSCHMID, Art. 280 N 5 f; s.a. aArt. 145 Abs. 1 und aArt. 254 Ziff. 1 ZGB). Die Terminologie («erforscht») bildet ein deutliches **Abgrenzungsmerkmal** zwischen den beiden **Untersuchungsmaximen**. Die abgeschwächte Untersuchungsmaxime steht somit zwischen Verhandlungsmaxime und klassischer Untersuchungsmaxime, welche die umfassende gerichtliche Sachverhaltsfeststellung, allenfalls durch eigene gerichtliche Ermittlungen, selbst bei unterlassener Bezahlung des Kostenvorschusses verlangt (Art. 296 Abs. 1; Art. 102 Abs. 3; BOTSCHAFT ZPO, 7366 und 7367 m.H.). 7

8 Die BOTSCHAFT ZPO, 7313 begründet die abgeschwächte Untersuchungsmaxime (auch) mit der **Mitwirkungslast** nach **Art. 160 f.** Die Mitwirkungslasten und -pflichten beantworten direkt die Frage, wer sich im Zusammenhang mit der Beweisabnahme Eingriffe oder einen Verfahrenseinbezug, allenfalls eine Sanktion oder (mittelbar) einen Rechtsverlust gefallen lassen muss bzw. schafft die Grundlagen dazu. Art. 160 f. greifen, wenn die Frage nach der Beweisführung geklärt ist. Sie regeln folglich nicht, wer gewissermassen Beweis führen muss (BOTSCHAFT ZPO, 7316; s.a. Adressatenkreis).

9 Für die **Parteien** besteht demnach im Rahmen der abgeschwächten Untersuchungsmaxime die **Last der Mitwirkung**, insb. auch der Bezahlung der Kostenvorschüsse. Bei unterlassener Kooperation kann die Parteien eine Beweisführungslast wie unter der Verhandlungsmaxime treffen, bei unterlassener Vorschussleistung kann die Beweiserhebung gar unterbleiben (Art. 102 Abs. 3). Wenn das **Gericht** sachliche Anhaltspunkte hat, an der Vollständigkeit der Beweisangebote zu zweifeln, so hat es bei einer kooperativen Partei durch **Befragung** die Vollständigkeit der Angebote zu überprüfen; bei fehlenden Beweisen hat das Gericht sie aufzufordern, **Beweismittel zu nennen und beizubringen**. Diese jeweilige Fragepflicht gilt jedoch grundsätzlich nur bei nicht anwaltlich vertretenen Parteien (vgl. für die Auslegung BOTSCHAFT ZPO, 7348). Dem Grundsatz der Fairness ist bei gerichtlicher Mitwirkung die nötige Beachtung zu schenken (Art. 52). Das Gericht ist aber **nicht an die Beweisanträge der Parteien gebunden**. Dem Gericht stehen im Anwendungsbereich der beschränkten Untersuchungsmaxime alle Beweismittel zu Beweiszwecken offen (dazu auch Art. 254; Art. 272 i.V.m. Art. 271 i.V.m. Art. 254). Art. 153 Abs. 1 regelt im Bereich der beschränkten Untersuchungsmaxime Fragen der Beweisführung, nicht der Sachverhaltsdarstellung!

III. Abs. 2

10 Bei unstreitiger Sachverhaltsdarstellung ist dem Gericht nach der **Verhandlungsmaxime** die Möglichkeit der Überzeugungsbildung hinsichtlich der Wahrheit der Darstellung grundsätzlich entzogen (Art. 150 Abs. 1; GULDENER, ZPR, 160 Ziff. 2). Eine unstreitige Behauptung gilt in diesen Fällen als wahr. Unerheblich ist, aus welchem Grund der Sachverhalt unstreitig ist. Art. 153 Abs. 2 schafft die Grundlage für eine **Ausnahme**. Das Gericht soll nicht eine Behauptung als formell wahr hinnehmen müssen, wenn ein Umstand **erhebliche Zweifel** an der Richtigkeit bzw. Wahrheit des unstrittigen Sachverhalts zu begründen vermag. Der Umstand kann dabei in Beweismaterial, bekannten Tatsachen nach Art. 151, widersprüchlichen tatsächlichen Ausführungen, insb. auch dem Verhalten der behauptenden Partei, bestehen. Das Gesetz schränkt den Umstand, der den relevanten Zweifel weckt, nicht ein. Mit Art. 153 Abs. 2 wird etwa der Ausnützung der vorhersehbaren Abwesenheit einer Partei eine Schranke gesetzt (BOTSCHAFT ZPO, 7313). DOLGE, in: Spühler, CH-ZPO, 35, fordert, die Bestimmung dürfe nicht dazu herangezogen werden, nachlässiges Prozessieren zu kompensieren; eine abwesende Partei soll wegen unterlassener Bestreitung nicht besser gestellt werden als eine Partei, die nicht genügend bestritten hat. Allein darum geht es nicht. Vielmehr soll der Rechtsanwender nicht gezwungen sein, sein (geistiges) Auge vor Umständen zu verschliessen, die einer Darstellung den Boden unter den Füssen zu entziehen vermögen. Die Norm fördert die materielle Wahrheit aber nicht zwingend auf Kosten der raschen Prozesserledigung. Wenn die Bestimmung dazu führt, dass dem Rechtsschutzziel nachgelebt werden kann (und ein sich abzeichnendes tatsachenwidriges Urteil vermieden werden kann), ohne die Erreichung des Rechtsfriedensziels zu gefährden («sodass kein merklicher Zeitverlust zu gewärtigen ist») ist sie umso mehr am Platz.

1. Kapitel: Allgemeine Bestimmungen **Art. 154**

Ein Zweifel betreffend die Verwirklichung einer relevanten Sachverhaltsdarstellung muss erheblich sein. Der Zweifel bezieht sich auf eine geschätzte Wahrscheinlichkeit für eine behauptete Sachlage, ohne dass es sich um eine Würdigung nach Art. 157 handelt. Somit ist die Beurteilung der Sachlage nur eine grobe Abschätzung im Sinne einer **Plausibilitätskontrolle**. Ein Zweifel ist danach erheblich, wenn eine Sachbehauptung nicht mehr als sehr plausibel erscheint. Möglicherweise aber nicht notwendigerweise liegen sogar Beweise (v.a. Urkunden) im Recht, was in einem späten Verfahrensstadium umso wahrscheinlicher ist. Der erhebliche Zweifel fällt keiner zeitlichen Schranke zum Opfer, sodass er bis zum Entscheid jederzeit aufkeimen kann. Er muss in Bezug auf vorhandenes Material zum Beweisgegenstand Bestand haben können. 11

Somit kann das Gericht eine unstreitige Tatsache «**streitig machen**» und so einen neuen Beweisgegenstand festlegen. Die beweisbelastete Partei ist aufgrund ihres Beweisanspruchs zum Beweis zulassen, wenn sie Beweise beantragt hat – die Beweisgegnerin insb. auch, wenn die Bestreitung an der Substantiierung gescheitert ist. Das Gericht kann überdies von Amtes wegen Beweis erheben, womit dem Gericht die Möglichkeiten nach Art. 153 Abs. 1 eröffnet werden. 12

Art. 154

Beweisverfügung	Vor der Beweisabnahme werden die erforderlichen Beweisverfügungen getroffen. Darin werden insbesondere die zugelassenen Beweismittel bezeichnet und wird bestimmt, welcher Partei zu welchen Tatsachen der Haupt- oder der Gegenbeweis obliegt. Beweisverfügungen können jederzeit abgeändert oder ergänzt werden.
Ordonnances de preuves	Les ordonnances de preuves sont rendues avant l'administration des preuves. Elles désignent en particulier les moyens de preuve admis et déterminent pour chaque fait à quelle partie incombe la preuve ou la contre-preuve. Elles peuvent être modifiées ou complétées en tout temps.
Ordinanze sulle prove	Prima dell'assunzione delle prove sono emanate le necessarie ordinanze sulle prove. Nelle stesse sono segnatamente indicati i mezzi di prova ammessi ed è stabilito a quale parte incombe la prova o la controprova riguardo a dati fatti. Le ordinanze sulle prove possono essere modificate o completate in ogni tempo.

Inhaltsübersicht Note

I. Allgemeines 1
II. Inhalt 2
III. Weitere Gegenstände 5
IV. Selektion – Auswahl aus den beantragten Beweisen 6
V. Jederzeitige Abänderung 7
VI. Stufenweises Vorgehen 11
VII. Erforderlichkeit 12

Literatur

Vgl. die Literaturangaben zu Art. 150.

I. Allgemeines

1   Im bundesrätlichen Entwurf war eine eigene Bestimmung zur Beweisverfügung, anders als im VE-ZPO (Art. 218 und 219), nicht enthalten, auch wenn die Beweisverfügung in der Botschaft thematisiert wurde (z.B. BOTSCHAFT ZPO, 7341). Art. 154 fand erst im Laufe der parlamentarischen Beratungen Eingang ins Gesetz (NR, 12.6.2008). Das Gesetz verwendet den Begriff «Verfügung» sowohl für den Entscheid einer einzelnen Person als auch für den Entscheid eines Kollegiums. Mit der Beweisverfügung wird das **Beweisverfahren**, der Kern der Sachverhaltsfeststellung, gerichtlich **initiiert** (BOTSCHAFT ZPO, 7326) sowie **gesteuert** (GASSER/RICKLI, Art. 154 N 3), womit diese wesentliche Hilfsmittel für Verhandlungsleitung, Beratung und Entscheidbegründung sein kann. Zudem wird damit den Parteien vor allem die gerichtliche Sichtweise der relevanten (streitigen oder sonst feststellungsbedürftigen) Tatsachen (s.a. Art. 150 und 296) samt der jeweiligen, regelmässig antragsabhängigen Beweisführungslasten vermittelt und der Entscheid über die Zulassung der beantragten Beweismittel bzw. über die von Amtes wegen für relevant erklärten Beweismittel kommuniziert (GASSER, 19; SUTTER-SOMM, Beweisrecht, Rz 645). Die Beweisverfügung ist eine prozessleitende Verfügung (Art. 124 Abs. 1), welche keiner Begründung bedarf (BOTSCHAFT ZPO, 7341). Sie geht regelmässig einer Beweisabnahme voraus. Die Beweisverfügung ist beschränkt anfechtbar, weil prozessleitende Verfügungen nach Art. 319 nur mit Beschwerde angefochten werden können, wenn durch die Verfügung ein nicht leicht wiedergutzumachender Nachteil droht (LEUENBERGER, HAVE 2009, 37). Eine unrichtige Beweislastverteilung oder eine abgelehnte Zeugin kann erst mit dem Rechtsmittel gegen den Endentscheid gerügt werden (GASSER, 19; BOTSCHAFT ZPO, 7377). Für später entdeckte schwere Mängel eines Beweises ist die Revision vorgesehen (Art. 328). Zu trennen ist zwischen der Beweisverfügung einerseits und den Anordnungen zur Umsetzung der Beweisverfügung andererseits (zum Beispiel Erlass von Vorladungen von Zeugen [Art. 170 Abs. 1 i.V.m. Art. 133 f.]). Die Zuständigkeit für den Erlass der Beweisverfügung liegt beim Gericht, das diese Aufgabe an Gerichtsmitglieder delegieren kann.

II. Inhalt

2   Für den Erlass der Beweisverfügung ist der jeweilige **Beweisgegenstand** (Art. 150 Abs. 1) zu ermitteln und festzuhalten. Dazu kann nach der (deutschen) Relationstechnik vorgegangen werden. In Bezug auf den jeweiligen Beweisgegenstand sind darauf die angebotenen Beweisanträge (Haupt- und Gegenbeweise) auf Zulässigkeit (Art. 168 Abs. 1) – soweit nicht der Freibeweis zulässig ist – Tauglichkeit (Art. 152 Abs. 1) und parteilicher Verfügbarkeit der jeweiligen Beweismittel (s. Komm. zu Art. 192) zu prüfen, soweit die Anträge form- und fristgerecht gestellt wurden. Fällt das jeweilige Ergebnis aller Prüfungen positiv aus, ist das **Beweismittel** erheblich bzw. relevant. Unter den relevanten Beweismitteln wird allenfalls bestimmt, welche erhoben werden, womit eine Selektion getroffen werden kann (vgl. N 6). Als Ergebnis können die zugelassenen Beweise in der Beweisverfügung bezeichnet werden. Zudem muss zu jedem Beweisgegenstand die jeweilige **Beweisführungslast** bestimmt und bezeichnet werden; m.a.W., welcher Partei zur entsprechenden Tatsache der Haupt- oder der Gegenbeweis obliegt (BK-KUMMER, Art. 8 ZGB N 112 und 219 ff. zur Kasuistik; GULDENER, ZPR, 418; BSK ZGB I-SCHMID, Art. 8 N 42 ff.; STAEHELIN/STAEHELIN/GROLIMUND, § 18 Rz 49 m.H.). Hauptbeweis ist der Beweis der Partei, welche die Beweislast nach Art. 8 ZGB trägt. Gegenbeweis ist der Beweis des Beweisgegners der Partei, welche den Hauptbeweis führt (GULDENER, ZPR, 327; VOGEL/SPÜHLER, § 10 Rz 21 f). Der «Beweis des Gegenteils» bezweckt die Widerlegung von gesetzlichen Vermutungen (s.a. Art. 157 N 13) und ist ein

1. Kapitel: Allgemeine Bestimmungen 3–6 **Art. 154**

Hauptbeweis. Gerichtliche Tatsachenfeststellungen können im Anwendungsbereich der **Untersuchungsmaxime** trotz fehlender Darstellung, Streitigkeit oder Anträge angezeigt sein (etwa Art. 296), weshalb entsprechend der Gegenstand der Feststellung und die Beweismittel dazu in die Verfügung aufzunehmen sind.

Die zu beweisenden oder sonst festzustellenden Tatsachen sind vorweg zu bestimmen. Festzulegen ist zudem, welche Partei mit dem Haupt- oder dem Gegenbeweis bzw. der jeweiligen Beweisführung belastet ist. In beiden Fällen ist nicht ausdrücklich vorgeschrieben, ob das Gericht gehalten ist, die jeweilige Tatsachenbehauptung in der Beweisverfügung ausdrücklich aufzuführen. Eine gesetzliche Bestimmung der **Methode** fehlt. Eine direkte Bestimmung durch **Sachverhaltsschilderung** und eine indirekte Bestimmung durch **Verweis** auf die genaue Stelle in den allfälligen Eingaben ist somit zulässig. Dem Gericht steht hier ein Spielraum offen, womit eine der Situation angepasste Verfügung erlassen werden kann. Zumal eine Beweisverfügung hilfreicher Leitfaden für Verhandlung, Beratungen und Begründung sein kann, rechtfertigt sich die umfassende Aufnahme von Gegenständen umso mehr, je anspruchsvoller ein Verfahren ist. 3

Ebenso sind in der Beweisverfügung im Sinne einer Individualisierung (Vorname, Name, Adresse, etc.) oder Spezifizierung (Schreiben der X an die Y vom Datum Z betreffend A) die **Beweismittel** zu nennen. «Bezeichnen» kann nicht anders verstanden werden als die genaue Nennung, wie sich in Bezug auf zahlreiche andere Verwendungen von «bezeichnen» (etwa Art. 180 Abs. 2, Art. 221 Abs. 1 lit. e, Art. 247 Abs. 1, Art. 362 Abs. 1 lit. b) dem Zweck der Beweisverfügung als Steuerungsmittel und dem Zweck der Vorbereitung der Beweisabnahme (insb. mit Bezug auf Wirkungen gegenüber Dritten – Art. 160 Abs. 1 lit. b) ergibt. Auch hier ist die Bestimmung durch Verweis denkbar. 4

III. Weitere Gegenstände

In die Beweisverfügung können noch weitere Gegenstände aufgenommen werden, soweit davon die Parteien betroffen sind. Für Anordnungen an Dritte ist die Beweisverfügung nicht vorgesehen und nicht geeignet. Insbesondere die von jeder Partei zu leistenden Kostenvorschüsse (Art. 102) können wie die entsprechende Rechtsmittelbelehrung (Art. 103) Eingang in die Beweisverfügung finden. Der Nachweis fremden Rechts kann im Falle von vermögensrechtlichen Ansprüchen gemäss Art. 16 Abs. 1 IPRG ebenfalls in der Beweisverfügung angeordnet werden (Art. 150 Abs. 2). Gleiches gilt sinngemäss für Übung und Ortsgebrauch. Widerrechtlich beschaffte Beweismittel können ausgeschieden werden, wenn das Interesse an der Wahrheitsfindung nicht überwiegt (Art. 152 Abs. 2). In die Beweisverfügung aufgenommen werden kann der Entscheid über die Ablehnung von Beweismitteln – etwa wegen fehlender objektiver Tauglichkeit. Allenfalls ist über Massnahmen zum Geheimnisschutz (Art. 156) zu entscheiden, so etwa, wenn körperliche Untersuchungen gutachterlich vorzunehmen sind. Der Entscheid über die Delegation der Beweisabnahme kann in die Beweisverfügung aufgenommen werden (Art. 155). Den Parteien kann Frist zur Stellungnahme zu Expertenvorschlägen angesetzt werden (Art. 183 Abs. 1 Satz 1; BOTSCHAFT ZPO, 7324). Der Entscheid über allfällige Beweiseinreden oder Einwendungen (etwa Art. 178 zur Echtheit einer Urkunde oder Art. 183 zur Person des Gutachters) kann ebenfalls in die Beweisverfügung einfliessen. 5

IV. Selektion – Auswahl aus den beantragten Beweisen

Eine Selektion unter den zugelassenen Beweisen ist möglich (s. Art. 152 N 10). Hier zeichnen sich Fragen infolge von **Delegationen** nach Art. 124 Abs. 2 und 155 Abs. 1 ab. Nach der hier vertretenen Auffassung ist eine antizipierte Beweiswürdigung gesetzlich nicht vorgesehen. Selbst wenn aber die Gegenmeinung vertreten werden sollte, dürfte 6 eine Delegation nicht antizipiert würdigen. Die Möglichkeit der **antizipierten Beweiswürdigung** würde sich diesfalls aus dem Recht auf freie Beweiswürdigung ableiten (BOTSCHAFT ZPO, 7312) und es wäre undenkbar, dass die Würdigung delegiert würde, denn sie ist Kernaufgabe des Spruchkörpers (Art. 157 i.V.m. Art. 236; BOTSCHAFT ZPO, 7343). Dass für die antizipierte Beweiswürdigung anderes gelten soll als für die freie Beweiswürdigung, wird nach der hier vertretenen Meinung in Abrede gestellt, weil sich dafür keine Grundlage findet.

V. Jederzeitige Abänderung

7 Eine Beweisverfügung kann jederzeit abgeändert oder ergänzt werden. Unklar ist, ob der Gesetzgeber der «Ergänzung» einen besonderen Gehalt zukommen lassen wollte. Eine Abänderung ist eine Neuerung gegenüber dem Bisherigen und umfasst so eine Ergänzung, sodass schon der alleinige Hinweis auf die Abänderungsmöglichkeit eine Erweiterung zugelassen hätte. Die Verdeutlichung schadet nicht.

8 Nach dem Gesetzeswortlaut sind **mehrere Beweisverfügungen** denkbar (Art. 154 Satz 1). Die (jederzeitige) Abänderungen bzw. Ergänzungen der Beweisverfügungen (Art. 154 Satz 3) sind als Beweisverfügungen zu qualifizieren. Dem Gericht steht so bspw. offen, auf Beweisofferten zurückzukommen, was bei der möglichen Vielfalt der Verfahrensabläufe und -entwicklungen geboten ist.

9 **Jederzeit** bedeutet insb., dass noch im Urteilsstadium auf die Beweisverfügung zurückgekommen werden kann, weil sich erweisen kann, dass das Gericht in einer Frage nicht entscheiden kann, obwohl dazu Beweisanträge gestellt worden sind (ein Anwendungsfall von Art. 153 Abs. 2) oder gar ungenügendes Beweismaterial (etwa ein unklares Gutachten; Art. 188 Abs. 2) vorliegt.

10 An der Hauptverhandlung werden nach den Parteivorträgen die Beweise abgenommen (Art. 231). Gemäss Botschaft ist es empfehlenswert, die Beweisverfügung vor der Hauptverhandlung schon zu erlassen und zuzustellen (BOTSCHAFT ZPO, 7341). So lässt sich die Verfügung an der Hauptverhandlung bereinigen, was die Gefahr einer Anfechtung reduziert. Beide Varianten – vorgängig zur bzw. anlässlich der Hauptverhandlung – sind demnach möglich. Beweisverfügungen vor der Verhandlung können auch im Falle von Instruktionsverhandlungen mit Beweisabnahmen angezeigt sein.

VI. Stufenweises Vorgehen

11 Zweckmässig kann ein stufenweises Vorgehen sein, indem etwa vorgängig der mit der (delegierten) Prozessleitung betraute Richter die «schnellen» Beweise mit mutmasslich hoher Beweiskraft abnimmt, soweit es für die Würdigung nicht besonders auf den persönlichen Eindruck ankommt. An der Hauptverhandlung können die übrigen Beweise abgenommen werden (Mischsystem; s. Art. 155 N 6).

VII. Erforderlichkeit

12 Grundsätzlich ist eine Beweisverfügung zu erlassen, damit die Parteien insb. von der gerichtlichen Sicht der streitigen oder sonst feststellungsbedürftigen Tatsachen, der entsprechenden Beweisführungslast und von den zugelassenen Beweismitteln Kenntnis nehmen können. Die Verfügung kann aufgrund von Art. 136 lit. b in **Schriftform** ergehen. Gestützt auf besondere Anforderungen von Verfahren und Art. 235 Abs. 1 lit. e sind auch mündliche Verfügungen zulässig. Wenn etwa die Beweisabnahme der Beweisverfügung unmittelbar folgen soll und ein Gebot der Beschleunigung oder der Einfachheit,

1. Kapitel: Allgemeine Bestimmungen Art. 155

insb. Mündlichkeit, das Verfahren bzw. den Verfahrensabschnitt charakterisiert, kann die Beweisverfügung **mündlich** ergehen (s.a. LEUENBERGER/UFFER-TOBLER, Art. 99 ZPO/ SG N 9a). Sie muss protokolliert werden (Art. 235 Abs. 1 lit. e). Mündliche Mitteilung ist z.B. im vereinfachten Verfahren, das wegen einfacher Sachlage rein mündlich abgewickelt und an einer Verhandlung erledigt werden kann (Art. 246 Abs. 1), denkbar.

Art. 154 bildet indes mit dem Wortlaut, wonach nur die «erforderlichen» Beweisverfügungen zu treffen sind, der Entstehungsgeschichte und dem Zweck der Beweisverfügung Ansatzpunkt für eine Auslegung, welche das Gericht davon befreit, Beweisverfügungen (in jedem Verfahren) vor jeder Abnahme zu erlassen. Als Besonderheit ist bspw. in verschiedenen Verfahren die Möglichkeit zu verzeichnen, von Seiten der Parteien (Art. 233) oder des Gerichts (Art. 256 Abs. 1, Art. 273 Abs. 1) auf die Durchführung einer Hauptverhandlung zu verzichten. Verzichte sind vor allem in Aktenprozessen wie Rechtsöffnungsverfahren möglich (BOTSCHAFT ZPO, 7351). Entfällt die Hauptverhandlung, so kann in deren Rahmen keine eigene Beweisverfügung erlassen werden. Vielmehr ist im Entscheid auf einzelne Aspekte wie unzulässige Beweismittel o.ä. einzugehen. Art. 154 ist nicht auf alle Beweisabnahmen zugeschnitten, was sich etwa mit Blick auf Art. 158 über die vorsorgliche Beweisführung im Falle von einer Beweissicherung vor Rechtshängigkeit manifestiert. Im **Einzelfall** ist daher jeweils die Anwendbarkeit von Art. 154 und die **Erforderlichkeit** einer Beweisverfügung zu **prüfen**. 13

Art. 155

Beweisabnahme

¹ **Die Beweisabnahme kann an eines oder mehrere der Gerichtsmitglieder delegiert werden.**

² **Aus wichtigen Gründen kann eine Partei die Beweisabnahme durch das urteilende Gericht verlangen.**

³ **Die Parteien haben das Recht, an der Beweisabnahme teilzunehmen.**

Administration des preuves

¹ L'administration des preuves peut être déléguée à un ou plusieurs membres du tribunal.

² Une partie peut requérir pour de justes motifs que les preuves soient administrées par le tribunal qui statue sur la cause.

³ Les parties ont le droit de participer à l'administration des preuves.

Assunzione delle prove

¹ L'assunzione delle prove può essere delegata a uno o più membri del tribunale.

² L'assunzione delle prove avviene tuttavia a cura dell'intero tribunale se una parte lo richiede per gravi motivi.

³ Le parti hanno il diritto di partecipare all'assunzione delle prove.

Inhaltsübersicht Note

  I. Allgemeines 1
 II. Unmittelbarkeitsprinzip 3
III. Delegation der Beweisabnahme 4
IV. Wichtige Gründe für die Unmittelbarkeit 7
 V. Teilnahmerecht 14

Peter Guyan

Literatur

Vgl. die Literaturangaben zu Art. 150 und Art. 169.

I. Allgemeines

1 Eine Beweisabnahme – ein gesetzlich nicht eigens definierter Begriff – ist die (gerichtliche) Handlung, welche ein als **Beweis** zugelassenes Mittel im vorgesehenen Rahmen **ins Recht überführt** (VOGEL/SPÜHLER, § 10 Rz 85 ff.). Für die schon bei den Akten liegenden und durch Verfügung für relevant erklärten Beweise erübrigen sich im Wesentlichen weitere gerichtliche Prozesshandlungen, was etwa für Urkunden oder Augenscheinobjekte zutrifft, die mit den Anträgen eingereicht worden sind (s.a. Art. 221 Abs. 2 lit. c i.V.m. Art. 219; differenziert Art. 56 Abs. 1 BGG; Art. 181 Abs. 3). Andere Beweise erfordern noch Abnahmehandlungen, wofür das Recht der Parteien auf Teilnahme bzw. Mitwirkung an der Beweisabnahme bedeutsam ist. Die Abnahme eines Beweises hängt von seiner Zugehörigkeit zu einer Art von Beweismittel gemäss Katalog in Art. 168 Abs. 1 ab, wenn nicht der Freibeweis zulässig ist. Für die einzelnen Beweismittelarten ist die Abnahme im sie betreffenden Gesetzesabschnitt geregelt.

2 Art. 155 regelt nicht so sehr die Abnahme, sondern die **Delegationsmöglichkeiten** der Abnahme. Er begründet in Abs. 1 die Berechtigung, die Abnahme mittels Delegation zu übertragen und so die Gelegenheit zu mittelbarer Abnahme, in Abs. 2 die Fälle der unmittelbaren Abnahme durch den Spruchkörper auf begründeten Antrag einer Partei (s. N 3). Die Delegation der Beweisabnahme kann auf Art. 155 basieren, kann sich indirekt indes auch auf Art. 124 stützen. Auf einen wesentlichen Nenner gebracht begründet Art. 155 die Befugnis der delegierten Beweisabnahme nach der Hauptverhandlung, während Art. 124 Abs. 2 via delegierte Prozessleitung an eine einzelne Person die Befugnis zur solchermassen delegierten Beweisabnahme vor der Hauptverhandlung im Rahmen von Instruktionsverhandlungen einräumt (BOTSCHAFT ZPO, 7340). Die kantonale Organisation der Gerichte kann zu anderen Anwendungen der genannten Bestimmungen führen.

II. Unmittelbarkeitsprinzip

3 Das **Unmittelbarkeitsprinzip** gilt als Grundsatz für die Beweisabnahme, wie sich insb. aus der Systematik des ordentlichen Verfahrens, Art. 124 Abs. 1 und Art. 155 und den Materialien ableiten lässt (BOTSCHAFT ZPO, 7313 und 7305 zu Art. 124). Unmittelbarkeit ist dabei die Anwesenheit aller Mitglieder des Spruchkörpers zur Sammlung eigener Wahrnehmungen bei der Beweisabnahme (GULDENER, ZPR, 416, STAEHELIN/STAEHELIN/GROLIMUND, § 18 Rz 140). Ihr steht die Mittelbarkeit gegenüber, bei welcher die Mitglieder des Gerichts ihre Kenntnisse aus den Protokollen schöpfen (GULDENER, ZPR, 417). Eine Partei verspricht sich im Falle eines Antrages gemäss Abs. 2 durch die Unmittelbarkeit ein besseres Ergebnis durch eine breitere Würdigungsbasis als im Falle einer mittelbaren Abnahme. Das Mehr an Information besteht im persönlichen Eindruck, der nicht nur von der befragten Person oder der betrachteten Sache, sondern auch von der würdigenden Person abhängt. Im Vordergrund stehen Personen. Wesentlich ist bei einer Person indes nicht so sehr ihre Glaubwürdigkeit, sondern vielmehr die Glaubhaftigkeit ihrer Aussage (HAUSER, 314 f.; BENDER, 56; BGE 128 I 81 E. 2). Statistische Erhebungen haben zudem gezeigt, wie schwierig die Beurteilung der Glaubwürdigkeit ist (BENDER, 57; FERRARI, 34 f.). Problematisch bei Unmittelbarkeit ist aufgrund der ein-

schlägigen Vorschriften zudem das Risiko der Verwertung nicht protokollierten Verhaltens wie Varianz der Sprechgeschwindigkeit, Tonlage, Pausen oder Körpersprachen, was namentlich die Begründbarkeit bzw. Nachvollziehbarkeit erschweren kann. Das Mehr (an Informationen) wird tendenziell **schlechter protokolliert**, weil nur das «Wesentliche» im Protokoll festzuhalten ist (Art. 235 Abs. 2; Art. 176 Abs. 1).

III. Delegation der Beweisabnahme

Zuständig für die Delegation ist der **Spruchkörper** – alle Personen, die über die Rechtsbegehren in der Hauptsache entscheiden. Als Delegierte kommen nur Mitglieder des Spruchkörpers in Frage – ein Gerichtsschreiber kann keine verwertbaren Erhebungen tätigen (BOTSCHAFT ZPO, 7313 und 7314). Die Delegationsmöglichkeit besteht offensichtlich nur bei Kollegialgerichten. Die Kantone regeln die sachliche Zuständigkeit (Art. 4 Abs. 1), womit sie über den Anwendungsbereich des Artikels mitbestimmen. Wenn im Delegationsentscheid die Befugnis zur Subdelegation eingeräumt wird, ist auch Subdelegation zulässig.

Die BOTSCHAFT ZPO, 7313, nennt als Gründe für eine Delegation exemplarisch **Zeit- und Kostengründe** (und erwähnt sodann das Kindeswohl als weiteren Delegationsgrund), womit die Geschäftslast des Gerichts zumindest indirekt Einfluss nimmt. Die zügige Vorbereitung und Durchführung des Verfahrens als Grundsätze der Prozessleitung (Art. 124 Abs. 1; Ausfluss aus Art. 29 Abs. 1 BV) können somit zusammen mit dem Grundsatz der Prozessökonomie (BOTSCHAFT ZPO, 7305; und dem Problem des Kostendrucks) und den zusätzlichen Aufzeichnungsmöglichkeiten nebst der Protokollierung (Art. 176 Abs. 2; 187 Abs. 2; Art. 193) eine Delegation begünstigen – umso mehr bei Kollegialgerichten mit nebenamtlichen Richtern in Kantonen, welche aufgrund der kantonalen ZPO für die Mehrzahl der Beweismittel nur die Abnahme durch ein einzelnes Gerichtsmitglied kannten. Die Verfahrensart kann eine Delegation favorisieren, wenn das Verfahren auf Schnelligkeit angelegt ist, was bspw. für das vereinfachte Verfahren gilt (Art. 246 Abs. 1). Eine delegierte Prozessleitung kann, wenn sie aus Gründen der Beschleunigung erfolgt ist, und sich ein Unterbruch der Hauptverhandlung zur Beweisabnahme abzeichnet, eine Delegation zur Beschleunigung begünstigen. Das in der Botschaft erwähnte Wohl des Kindes ist weniger Grund für eine Delegation nach Art. 155 als vielmehr Grund für eine Schutzmassnahme nach Art. 156, die immerhin in einer Abnahme durch eine Delegation bestehen kann.

Die Delegation der Beweisabnahme ist an eines oder mehrere Mitglieder des Gerichts möglich. Die Delegation ist auch nur bezogen auf einzelne Beweise möglich. Denn dem Gericht muss es in Hochhaltung des Unmittelbarkeitsprinzips und nach dem Grundsatz in maiore minus (wenn das Grosse erlaubt ist, dann auch das Kleine) erlaubt sein, nur einen Teil der Abnahme an eine Delegation zu übertragen und die übrigen Abnahmen selbst vorzunehmen. Die Delegation einzelner Beweisabnahmen lässt sich auch mit Blick auf Abs. 2 begründen – schliesslich ist offensichtlich, dass sich die wichtigen Gründe einer Partei nur auf einzelne Beweise beziehen können. Mittelbare und unmittelbare Abnahmen kommen so nebeneinander in einem **Mischsystem** vor (Bericht zum Vorentwurf, 77), was Flexibilität einräumt. Kommt es für die Würdigung des Beweises auf den persönlichen Eindruck an, ist tendenziell einer Abnahme vor dem Spruchkörper den Vorzug zu geben. Gleiches gilt sinngemäss, je knapper die Würdigungsbasis des Beweisgegenstandes sich präsentiert bzw. je entscheidender ein Beweis sein kann. Der Delegationsentscheid hat die übertragenen Aufgaben und Befugnisse zu nennen – selbst wenn er nicht zu begründen ist.

IV. Wichtige Gründe für die Unmittelbarkeit

7 Eine Partei wird dem Spruchkörper einen begründeten Antrag auf Abnahme eines Beweises durch den Spruchkörper stellen, wenn sie bei der Abnahme durch die Delegation ein ungünstigeres Ergebnis befürchtet. Einerseits kann die Abnahme eines Beweises je nach Zahl der abnehmenden Personen verschiedene Ergebnisse produzieren, auch wenn die Parteien im Einzelnen noch über Steuerungsmöglichkeiten wie Ergänzungsfragen verfügen. Andererseits besteht das Risiko, dass die Würdigung des Ergebnisses der Beweisabnahme anders ausfällt, weil die Basis der Würdigung einer Einvernahme bei persönlicher Anwesenheit grösser ist als bspw. bei Kenntnisnahme eines Protokolls, das noch auf das Wesentliche beschränkt ist (s.a. Art. 235 Abs. 2; Art. 176 Abs. 1). Eine sichere vorgängige Beurteilung der Frage, welche Art der Abnahme zu einem besseren Ergebnis führt, ist ein Ding der Unmöglichkeit – nur schon das Wahrnehmungsvermögen, das Erinnerungsvermögen, das Aussagevermögen, das Verhalten der befragten Person und der Inhalt der jeweiligen Protokollierung sind schwer abschätzbar bzw. nicht vorhersehbar; nicht immer ganz so schwer ist eine Aussage über die Würdigungsfähigkeit des Gerichts. Jedenfalls fürchtet eine Partei wohl einen Nachteil bzw. erhofft sich einen Vorteil, wenn sie einen Antrag auf unmittelbare Abnahme stellt. Sie hat ein **Recht auf Abnahme** durch den Spruchkörper, wenn ein wichtiger Grund vorliegt (BOTSCHAFT ZPO, 7313). Der gerichtliche Ermessensspielraum ist gross.

8 Das Gesetz spricht von wichtigen Gründen, wobei **ein Grund genügt**. Der Gesetzgeber wollte wohl nur zum Ausdruck bringen, dass nicht nur eine Art von Gründen eine Abnahme vor dem urteilenden Gericht zu rechtfertigen vermag. Offensichtlich ist, dass der Antrag einer Partei auf Abnahme durch das Kollegium sich nur auf einzelne Beweise richten kann (VE-ZPO, 77).

9 Ob ein Grund für eine unmittelbare Beweisabnahme wichtig sein kann, und wie wichtig er sein kann, hängt von der Art des Beweismittels (vgl. N 10), der Zahl und der voraussichtlichen Bedeutung der Beweismittel für einen Beweisgegenstand, der Beweisart (direkter oder indirekter Beweis), den Modalitäten beim Vollzug der Beweisverfügung (v.a. Ermächtigungen des Experten) und insb. der Protokollierung (insb. Art. 235 Abs. 2, Art. 176, 182 und 193) ab – dann aber auch vom Streitgegenstand. Je **entscheidender** ein **Beweismittel** ist, das der unmittelbaren Abnahme zugänglich ist, desto eher ist Unmittelbarkeit geboten. Schliesslich ist der wichtige Grund auch gegen die Gründe für eine Delegation (dazu N 5) abzuwägen, womit eine **Interessenabwägung** vorzunehmen ist.

10 Bei der Überführung von Urkunden ins Recht wird von deren Inhalt bei der Abnahme (nebst Prüfung, ob es sich um Einreichung der Urkunde gemäss Verfügung handelt) nicht Kenntnis genommen. Mit der Einreichung von Urkunden mit der Rechtsschrift (Art. 221 Abs. 2 lit. c) erübrigen sich demnach weitere Abnahmehandlungen. Anträge auf unmittelbare Abnahme von eingereichten Urkunden sind daher ausgeschlossen. Gleiches gilt sinngemäss für nachträgliche Produktionen von Urkunden, Urkundeneditionen und für schriftliche Auskünfte sowie eingereichte Augenscheinobjekte. Bei den Gutachten ist zu differenzieren, ob der Experte Abklärungen tätigt, die nach Wiederholung gemäss den Regeln des Beweisverfahrens rufen (Art. 186). Bei Wiederholung dieser Art manifestiert sich die Bedeutung eines Beweises, was Interesse an unmittelbarer Abnahme indiziert. Die mündliche Erstattung eines Gutachtens (Art. 187) ruft geradezu nach Unmittelbarkeit; allerdings ist diese Art der Erstattung nur bei sehr einfachen Verhältnissen zweckmässig. Zeugnis, Parteibefragung und Beweisaussage sind Beweise, bei denen durch unmittelbare Abnahme deutlich mehr Informationen gewonnen werden können, als gemeinhin schriftlich protokolliert werden, wobei das Mehr sekundär und schwierig zu

qualifizieren ist. Im Vordergrund steht das Zeugnis, ein notorischerweise schwieriges Beweismittel, das dennoch entscheidend sein kann. Denkbar ist auch eine bessere gerichtliche Ausschöpfung der Aufzeichnungsmöglichkeiten durch audiovisuelle Mittel als zumindest partielle Kompensation für fehlende Unmittelbarkeit. Gleiches gilt sinngemäss für den Augenschein – selbst wenn mit Blick auf Art. 181 Abs. 3 und die technischen Möglichkeiten, das Augenscheinobjekt sonst wie zu erfassen, die Abnahme und das Prinzip der Unmittelbarkeit in den Hintergrund rückt.

Einen Antrag im Voraus zu stellen, bereitet je nach dem deshalb Probleme, weil der begründete Antrag (wie beim Zeugnis) möglicherweise eine ungebührliche Nähe im Sinne einer Beeinflussung indizieren mag. Dem Beweis kann dadurch die Kraft genommen werden, die ihm durch Abnahme durch den Spruchkörper (wenigstens im Fall der beabsichtigten Steigerung der Kraft) gerade zufliessen soll. 11

Die Bedeutung eines Beweismittels kann sich erst im Verlauf eines Verfahrens offenbaren. Der Antrag auf Abnahme eines Beweises durch das urteilende Gericht kann solange gestellt werden, als der Beweis nicht abgenommen ist. Anderseits soll der Antrag aus naheliegenden Gründen vor einem Delegationsentscheid gestellt werden. Bei delegierter Prozessleitung (Art. 124 Abs. 2) mit angesetzter Instruktionsverhandlung samt Beweisabnahme ist einem Antrag tendenziell stattzugeben, wenn über die Frage der Abnahme dieses Beweises nicht bei unveränderter Sachlage schon im Delegationsentscheid nach Art. 155 befunden worden ist. 12

Im Vorentwurf war die Möglichkeit der **Wiederholung der delegierten Beweisabnahme** vor dem Spruchkörper ausdrücklich vorgesehen, während nun eine Wiederholung der Beweisabnahme vor dem Spruchkörper nicht mehr im Gesetz erwähnt wird (vgl. Art. 222 VE-ZPO; Bericht zum Vorentwurf, 109). Ausdrückliche Gründe für die Streichung lassen sich in der Botschaft nicht ausmachen. Die Bestimmung wurde in den Räten nicht diskutiert. Allgemeine Überlegungen führen zur Erkenntnis, dass eine fehlerfreie Abnahme, welche die Beweiskraft eines Beweismittels ausschöpft, für den selben Spruchkörper nicht wiederholt wird. Das Gesetz trägt besonderen Umständen Rechnung; so im Fall der Konfrontation als besonderer Wiederholung (Art. 171 Abs. 2), der erneuten Abnahme nach den Regeln des Beweisverfahrens nach gutachterlichen Erhebungen (Art. 186 Abs. 2), der generellen Pflicht zur Wiederholung bei wiederholbaren, fehlerhaften Abnahmen sowie der Wiederholung von wiederholbaren Beweisabnahme bei Verletzung von Ausstandsgründen (Art. 51 Abs. 2 e contrario; BOTSCHAFT ZPO, 7273). Durch gezielten Einsatz des Mischsystems bei der Abnahme besteht im Regelfall kein Bedarf nach Wiederholung der Beweisabnahme. Zudem können die audiovisuellen und weiteren Aufzeichnungsmöglichkeiten den allfälligen Bedarf hierfür noch mehr reduzieren (**a.M.** GASSER, 19). 13

V. Teilnahmerecht

Das **Recht** der Parteien, an der Abnahme der Beweise teilzunehmen, ist Ausfluss des verfassungsrechtlich verankerten, rechtlichen Gehörs (Art. 29 Abs. 2 BV; BOTSCHAFT ZPO, 7314). Art. 53 führt den Grundsatz des rechtlichen Gehörs ausdrücklich im Gesetz ein. In Art. 155 Abs. 3 wird ein Ausfluss des Grundsatzes auf Gesetzesstufe für alle Beweismittel festgelegt. Bei den einzelnen Beweismitteln finden sich für die Abnahme weitere Konkretisierungen wie etwa in Art. 173 und 176 Abs. 1 für den Zeugen. Für einzelne Beweismittel ist das Teilnahmerecht an der Beweisabnahme bedeutungslos, weil sich eine eigentliche Abnahme erübrigt, was insb. für Urkunden zutrifft, die mit der Rechtsschrift eingereicht werden (Art. 221 Abs. 2 lit. c). Dort ist das Recht auf Akteneinsicht 14 und Stellungnahme umso bedeutender (Art. 53). Im Einzelfall beschränkt sich das Recht nicht nur auf blosse Teilnahme, sondern erstreckt sich bei gegebenen Voraussetzungen auf die Mitwirkung in Form von **Einflussmöglichkeiten** (etwa Fragen an den Zeugen nach Art. 173 oder an den Experten nach Art. 185 Abs. 2).

Art. 156

Wahrung schutzwürdiger Interessen	Gefährdet die Beweisabnahme die schutzwürdigen Interessen einer Partei oder Dritter, wie insbesondere deren Geschäftsgeheimnisse, so trifft das Gericht die erforderlichen Massnahmen.
Sauvegarde d'intérêts dignes de protection	Le tribunal ordonne les mesures propres à éviter que l'administration des preuves ne porte atteinte à des intérêts dignes de protection des parties ou de tiers, notamment à des secrets d'affaires.
Tutela di interessi degni di protezione	Se l'assunzione delle prove rischia di pregiudicare interessi degni di protezione di una parte o di terzi, come in particolare segreti d'affari, il giudice prende i provvedimenti necessari a loro tutela.

Inhaltsübersicht

	Note
I. Allgemeines	1
II. Gegenstand des Schutzinteresses	2
III. Gefährdung durch die Abnahme	3
IV. Feststellung der Schutzwürdigkeit	4
V. Erforderliche Massnahme	5
VI. Einzelfragen – Abgrenzungen	8

Literatur

Vgl. die Literaturangaben zu Art. 150.

I. Allgemeines

1   Die Abnahme eines Beweises oder schon ein Beweisantrag kann zu einem **Risiko** für schutzwürdige Interessen führen. Die Ausflüsse des rechtlichen Gehörs, insb. das Recht auf Teilnahme und Mitwirkung bei der Abnahme der Beweise, dann aber auch das Akteneinsichtsrecht (Art. 29 Abs. 2 BV; Art. 53) können diese Interessen durch Offenlegung tangieren, sodass sich die Frage nach Schutzmassnahmen stellt (Art. 53 Abs. 2; SUTTER-SOMM, Beweisrecht, Rz 691; BGE 113 Ia 1 E. 4.a). Das Gericht hat in solchen Fällen eine **Interessenabwägung** zwischen dem Schutzinteresse und dem Interesse an der Teilnahme und Einsicht bzw. dem Beweisinteresse vorzunehmen (GULDENER, ZPR, 354; STAEHELIN/STAEHELIN/GROLIMUND, § 18 Rz 25; LEUENBERGER/UFFER-TOBLER, Art. 96 ZPO/SG N 4). Werden Schutzmassnahmen angeordnet, sind sie auf das erforderliche Mass zu beschränken (VOGEL/SPÜHLER, § 10 Rz 102 f.). Es gilt der Grundsatz der **Verhältnismässigkeit** (BOTSCHAFT ZPO, 7314; vgl. Art. 53 Abs. 2 – zur möglichen Stufenfolge siehe N 6). Je bedeutsamer der Beweis ist, desto eher ist den Parteien das Akteneinsichtsrecht bzw. das Recht auf Teilnahme an der Beweisabnahme zu gestatten. Eine gänzliche Geheimhaltung in besonderen Fällen ist m.E. gestützt auf den Wortlaut und den Zweck als

Grundlage für die Beschränkung der Ausflüsse des rechtlichen Gehörs nicht ausgeschlossen (gl.M. FRANK/STRÄULI/MESSMER, § 145 ZPO/ZH N 1; a.M. STAEHELIN/STAEHELIN/ GROLIMUND, § 18 Rz 26; SCHILTER/VON DER CRONE, 445). Die Massnahme muss gegebenenfalls von Amtes wegen angeordnet werden, was v.a. für den Schutz eines Kindes, das zur Aussage angehalten wird (Art. 160 Abs. 2), zutrifft – Kinder sind besonders beeinflussbar, was sie erhöhten Risiken aussetzt (FERRARI, 39). Auch im Anwendungsbereich von Dispositions- und Verhandlungsmaxime sind die Massnahmen gegebenenfalls von Amtes wegen zu treffen (deutlich die BOTSCHAFT ZPO, 7314: «befugt und verpflichtet»). Getroffene Massnahmen können sich zum Schutz Dritter gegen beide Parteien richten. Schutzwürdige Interessen sind im Entscheid nicht offen zu legen (LEUCH/MARBACH/ KELLERHALS/STERCHI, Art. 229 ZPO/BE N 6). Demgegenüber ist der Hinweis auf getroffene Schutzmassnahmen und die Art der Massnahme in den Entscheid aufzunehmen.

II. Gegenstand des Schutzinteresses

Die Wendung «schutzwürdige Interessen» verweist auf das gerichtliche **Ermessen** (s.a. Art. 59 Abs. 2 lit. a; Art. 158 Abs. 1 lit. b). Als Schutzobjekte kommen private und öffentlichen Interessen (s.a. Art. 53 Abs. 2) in Frage – beispielsweise:

– Geschäftsgeheimnisse (s.a. zum Begriff KUKO OR-PIETRUSZAK, Art. 321a N 24 f.);
– Gesundheit der zu befragenden Person (Art. 96 Abs. 2 ZPO/SG);
– Geheimhaltung der Identität einer Auskunftsperson (BSK BGG-GELZER, Art. 56 N 13 m.H. auf BGE 133 I 33);
– schützenswerte staatliche Interessen (BGE 92 I 259 E. 3.d); FRANK/STRÄULI/MESSMER, § 145 ZPO/ZH N 2);
– das Wohl des Kindes (Art. 96 Abs. 2 ZPO/SG);
– die Geheimsphäre bzw. Schutz der Persönlichkeit (BOTSCHAFT ZPO, 7314; BSK BGG-GELZER, Art. 56 N 11; BGE 97 II 97 E. 3 m.H.);
– die Buchhaltung von anderen Betrieben, welche der Experte heran gezogen hat (SPÜHLER/DOLGE/VOCK, Art. 56 BGG N 2).

III. Gefährdung durch die Abnahme

Der Gesetzgeber verlangt nur eine Gefährdung oder mit anderen Worten ein **Risiko**, was insb. bedeutet, dass keine realisierte Gefahr etwa im Sinne eines Schadens verlangt wird. Die Wendung «Gefährdet die **Beweisabnahme**» greift mit Blick auf den Zweck der Bestimmung zu kurz. Nicht in jedem Fall schafft erst die Beweisabnahme ein Risiko. Vielmehr kann die **Antragstellung** eine Gefahr schaffen (z.B. Bezeichnen von Zeugen, die einer massiven Gefahr ausgesetzt werden; FRANK/STRÄULI/MESSMER, § 145 ZPO/ZH N 6). Auch der Beweisantrag muss daher einer Schutzmassnahme zugänglich sein. Die Gefährdung durch die Beweisabnahme regelt somit den Hauptanwendungsfall, darf aber nicht als einziger Punkt für das Einsetzen von Schutzmassnahmen verstanden werden.

IV. Feststellung der Schutzwürdigkeit

Das Gericht oder eine Delegation hat für die Prüfung von Schutzmassnahmen von dem gefährdeten Interesse und der Gefährdung Kenntnis zu nehmen. Entsprechende Tatsachenbehauptungen sind gehörig zu **substantiieren**, andernfalls wird eine Interessenab-

Peter Guyan

wägung von Anfang an verunmöglicht (s.a. BGE 134 III 255 E. 2.5). Andererseits stellt sich die Frage nach dem Beweismass für die erfolgreiche Forderung nach Massnahmen – dem Beweismass für das prozessuale Recht. Nach SCHILTER/VON DER CRONE, a.a.O., 445, ist für einen prozessrechtlichen Geheimnisschutz ebenfalls der volle Beweis zu verlangen. Anders etwa der Entscheid des Kantonsgerichts Graubünden in PKG 1975 Nr. 69, der bei vergleichbarem Wortlaut einer entsprechenden Bestimmung ein Glaubhaftmachen genügen liess mit dem Argument, dass bei einem strengeren Beweismass das Geheimnis selbst offengelegt werden müsste. Das Gesetz reduziert das Beweismass in Art. 156 im Gegensatz zu anderen Bestimmungen nicht (Art. 158 Abs. 1 lit. b; Art. 163 Abs. 2), was mit dem Wortlaut zum Schluss führt, für die erfolgreiche Beanspruchung von Schutzmassnahmen sei der **volle Beweis** für die Gefährdung von schützenswerten Interessen zu verlangen. Somit ist von Interesse, inwiefern eine Partei an der Abnahme des Beweises für das schützenswerte Interesse und des Beweises für das Risiko teilnehmen kann. Das weitere Beweisverfahren bezüglich formeller Rechte ist nicht ausdrücklich geregelt. Die Lage präsentiert sich nicht wesentlich anders als bei materiellen Rechten, sodass entsprechende Mitwirkungs- und Teilnahmerechte zu fordern sind. Von daher ist für den Beweis des formellen Rechts eine Beweisabnahme mit den nötigen, tendenziell strengeren Schutzmassnahmen vorzunehmen, damit danach bezüglich des materiellen Anspruchs ein Beweis bei der Abnahme mit den entsprechenden, tendenziell geringeren Schutzmassnahmen versehen werden kann. Einige kantonale ZPO sahen (allerdings ausdrücklich) vor, dass das Gericht den Beweis abnimmt, um dann über die Schutzmassnahmen zu entscheiden, was nichts anderes als eine Anwendung der vorgeschlagenen Vorgehensweise darstellt (Art. 206 Abs. 2 ZPO/AG, Art. 171 Abs. 2 ZPO/GR). Das Gesetz bietet Spielraum.

V. Erforderliche Massnahme

5   Der Schutz kann je nach Gegenstand und Gefährdung (in sachlicher, zeitlicher, räumlicher und persönlicher Hinsicht) Verschiedenes erfordern, um dem Anspruch auf Verhältnismässigkeit zu genügen. Das Gericht ist in der Wahl der geeigneten Massnahme wenig eingeschränkt, wenn sie nur Wirkung entfalten kann und genügende, aber nicht unnötige Schranken setzt. Grundsätzlich können **alle Beweismittel** zur Offenbarung schützenswerter Interessen führen, sodass sie alle entsprechend dem Normzweck einer **Schutzmassnahme zugänglich** sein müssen. Die Massnahmen sind wie erwähnt nicht auf die Abnahme beschränkt. Das Argument lässt sich mit dem weiteren Beispiel des Protokolls einer Zeugeneinvernahme untermauern; gibt der Zeuge an der Einvernahme unter Ausschluss einer Partei ein Geheimnis preis, so erfordert das Protokoll ebenfalls Schutzmassnahmen.

6   Die Massnahmen lassen sich **hierarchisch gliedern**. Ausnahmsweise ist als Massnahme der Verzicht auf eine Abnahme angezeigt (vgl. Art. 97 Abs. 1 ZPO/SG; LEUENBERGER/ UFFER-TOBLER, Art. 97 ZPO/SG N 1). Im Wesentlichen kann dann eine erste Differenzierung danach vorgenommen werden, ob eine Teilnahme/Einsicht (Herausgabe) möglich ist. Ist sie nicht möglich, fragt sich, ob ein Bericht erstellt wird oder sonst wie ein Ergebnis vermittelt werden kann, der bzw. das einsehbar oder verfügbar ist (BGE 122 I 53) – ist sie möglich, kann sie beschränkt werden (BGE 79 I 88). Zusätzlich ist denkbar, nur Einsicht in die Urkunde oder das Augenscheinsobjekt zu gewähren und sie nicht herauszugeben. Zudem kann es noch opportun sein, nicht eine Partei, sondern nur deren Vertretung Einsicht zu gewähren (FRANK/STRÄULI/MESSMER, § 145 ZPO/ZH N 3a), eine Massnahme in persönlicher Hinsicht. Möglich ist die Begrenzung der Zahl der Personen, die der Abnahme beiwohnen, was zur Abnahme durch eine Delegation führen kann.

Schliesslich kann im Falle einer publikumsöffentlichen Abnahme das Publikum ausgeschlossen werden; der generelle Ausschluss der Öffentlichkeit ist demgegenüber in Art. 54 Abs. 3 und 4 geregelt. Wird die Frage nach Schutzmassnahmen verneint, rechtfertigt sich von daher keine Einschränkung. Wenn ein Beweis nicht nur Sachbezügliches enthält, darf die Einsicht auf den erheblichen Teil beschränkt werden.

In **zeitlicher Hinsicht** kann sich der Schutz auf die ganze Dauer des Verfahrens und möglicherweise darüber hinaus erstrecken. Immerhin kann ein Akteneinsichtsrecht auch ausserhalb eines hängigen Verfahrens bestehen (BGE 113 Ia 1 E. 4.a). Wenn ein Beweismittel, das mit Schutzmassnahmen versehen worden ist, nicht erstattet worden ist, kann eine dauerhafte Massnahme vorzukehren sein. 7

VI. Einzelfragen – Abgrenzungen

Im Falle von **Editionen** ist insb. zu trennen zwischen Herausgabe aufgrund des materiellen Rechts und aufgrund des formellen Rechts. Bei geltend gemachten materiellrechtlichen Herausgabeansprüchen ist der Formulierung des Dispositivs die nötige Aufmerksamkeit zu schenken, damit einer späteren Schutzmassnahme nicht der Wortlaut des Erst- oder Teilurteils entgegensteht (KassGer ZH, Beschluss Nr. AA080016 vom 1.12.2008, 7 f.). Es ist durch das Gericht eine so genannte **Schleuse** zu errichten, sodass es nach der Einreichung der Dokumente noch über Schutzmassnahmen entscheiden kann. 8

Art. 157

Freie Beweiswürdigung	Das Gericht bildet sich seine Überzeugung nach freier Würdigung der Beweise.
Libre appréciation des preuves	Le tribunal établit sa conviction par une libre appréciation des preuves administrées.
Libero apprezzamento delle prove	Il giudice fonda il proprio convincimento apprezzando liberamente le prove.

Inhaltsübersicht   Note

   I. Allgemeines 1
  II. Freie Würdigung und Überzeugung 2
 III. Verwertungsfreiheit 4
 IV. Beweismittelhierarchien 5
  V. Besonderheiten bei den einzelnen Beweismittelarten 6
 VI. Beweismass 7
VII. Beweiserleichterungen und Vermutungen 11
VIII. Antizipierte Beweiswürdigung 14

Literatur

Vgl. die Literaturangaben zu Art. 150.

I. Allgemeines

1 Das Beweisverfahren ist auf die Feststellung von Tatsachen ausgerichtet (Art. 150). Die **Feststellung von Tatsachen** erfolgt durch gerichtlichen Entscheid über das Vorliegen von behaupteten streitigen Tatsachen. Entschieden wird aufgrund der jeweiligen **richterlichen Überzeugung** (GULDENER, ZPR, 321; STAEHELIN/STAEHELIN/GROLIMUND, § 18 Rz 29; BÜHLER, in: Leuenberger, 72). Die Überzeugungsbildung hängt vom **Beweismass** und von der **Beweiskraft** der Beweismittel ab. Das Beweismass bestimmt sich nach materiellem Recht (etwa BGE 118 II 235 E. 3.c; BSK ZGB I-SCHMID, Art. 8 N 16; BERGER-STEINER, ZBJV 2008, 270). Durch die Beweiswürdigung wird die Beweiskraft eines Beweismittels aufgrund des Ergebnisses des Beweisverfahrens bemessen. Frei ist die Beweiswürdigung, wenn sie nicht Beweisregeln entsprechen muss. Der Grundsatz der freien Beweiswürdigung wird in Art. 157 gesetzlich verankert. Die zahlreichen bundesrechtlichen Bestimmungen über die freie Beweiswürdigung gehen in Art. 157 auf (vgl. z.B. Art. 139 und 254 ZGB, Art. 274d und 343 OR).

II. Freie Würdigung und Überzeugung

2 Frei ist die Beweiswürdigung, wenn sie nicht festen Regeln (v.a. über den Wert eines Beweises) folgen muss (BOTSCHAFT ZPO, 7310). Der Grad der Freiheit wird nicht allein durch die Formulierung des Grundsatzes, sondern vielmehr auch durch seine weitere Umsetzung im Gesetz erreicht. Die BOTSCHAFT ZPO, 7316 erwähnt den Ausschluss des sog. Zeugen vom Hörensagen (Art. 169) und die erhöhte «Beweiskraft öffentlicher Register und Urkunden» (Marginalie von Art. 179) als «feste Beweisregeln». Daneben bestehen indes noch weitere **Beweisregeln** (wie etwa der Numerus clausus der Beweismittel [Art. 168 Abs. 1] sowie der geringere Wert der Parteibefragung gegenüber der Beweisaussage; s.a Art. 205 Abs. 1 und Art. 216 Abs. 2 für unzulässige Beweisthemen).

3 Die freie Beweiswürdigung ist das Produkt eines psychischen Vorgangs und weist damit eine **subjektive Komponente** auf (GULDENER, Beweis, 5). Freie Beweiswürdigung bedeutet nicht Willkür, sondern Pflicht zu gewissenhafter Schlussfolgerung aufgrund des Ergebnisses des Beweisverfahrens (GULDENER, ZPR, 321). Die Schlussfolgerungen müssen in Einklang mit den Denkgesetzen, den Naturgesetzen sowie dem gesichertem Erfahrungswissen stehen, womit eine objektive Komponente einfliesst (GULDENER, ZPR, 322). Die subjektive richterliche Bemessung der Beweiskraft ist somit durch **objektive Kriterien** (nachvollziehbar) zu bilden. Aus der allfälligen Begründung des Urteils (Art. 239) muss hervorgehen, welche Überlegungen zu welchem Schluss geführt haben, was besonders bei sich widersprechenden Beweismitteln angezeigt ist. Die Würdigung ist nicht schon deshalb falsch, weil auch andere tatsächliche Feststellungen hätten getroffen werden können (GULDENER, Beweis, 6). Die isolierte Betrachtung von Beweisen genügt nicht. Vielmehr sind die **Beweise im Zusammenspiel** zu würdigen (BÜHLER, in: Leuenberger, 87). Massgebend ist der Einzelfall. Das Verhalten der Parteien im Prozess ist ebenfalls zu würdigen, was für die verweigerte Mitwirkung gesetzlich bestimmt ist (Art. 164), aber auch darüber hinaus gelten muss (SUTTER-SOMM/HASENBÖHLER, 41; LEUENBERGER, N 767; GULDENER, ZPR, 322; VOGEL/SPÜHLER, § 10 Rz 68). Die freie Würdigung eines Beweises endet mit der **Bestimmung** seiner **Beweiskraft**, die nach den drei häufigsten Beweisgraden abgestuft werden kann (s.a. Art. 179; N 7). Nach freier Würdigung aller Beweise zu einem Beweisgegenstand ist zu entscheiden, ob sich der streitige Sachverhalt verwirklicht hat.

III. Verwertungsfreiheit

Die Diskussion unter bisherigem Recht, ob die bundesrechtliche freie Beweiswürdigung nicht nur eine Würdigungs-, sondern eine Freiheit der Verwertung von Beweismitteln umfasst, und so kantonale Beweismittelverbote durchbricht, ist im Anwendungsbereich der neuen ZPO, mit welcher alle kantonalen Zivilprozessordnungen aufgehoben werden, hinfällig (BÜHLER, in: Leuenberger, 74.; BERGER-STEINER, Diss, 36; N 14). Im Übrigen findet die Freiheit der Beweiswürdigung ihre nächsten Grenzen jedenfalls im selben Erlass. Die freie Beweiswürdigung umfasst entsprechend **keine Verwertungsfreiheit**.

IV. Beweismittelhierarchien

Teil der freien Beweiswürdigung und Errungenschaft von modernen Zivilverfahrensrechten bildet die **Freiheit** des Gerichts, losgelöst von festen Regeln und insb. **von Bindungen an Hierarchien** unter den Beweismitteln würdigen zu können. Die ZPO stellt indes für den Beweiswert der Aussagen von Parteien eine Hierarchie auf. Die Parteibefragung kann zwar auf Antrag einer Partei erfolgen. Ihr muss aber schon aufgrund der Gegenüberstellung der Beweisaussage und deren Formalitäten ein geringerer Beweiswert zukommen (LEUENBERGER, Parteibefragung, 59; STAEHELIN/STAEHELIN/GROLIMUND, § 18 Rz 34; HIGI, 487 FN 43). Die Beweisaussage ist demgegenüber zwar vollwertig, aber ein rein gerichtliches Beweismittel (BOTSCHAFT ZPO, 7326; GASSER/RICKLI, Art. 192 N 3).

V. Besonderheiten bei den einzelnen Beweismittelarten

Bei der Würdigung der einzelnen Arten von Beweismitteln sind Eigenheiten zu beachten. Ein Zeugnis bzw. eine Aussage einer Person ist ein schwierig zu bewertendes Beweismittel. Vor allem Wahrnehmungs-, Erinnerungs- und Aussagefehler der aussagenden Person sind möglich. Die Würdigung von Zeugenaussagen kann somit auf Seiten des Gerichts hohe Ansprüche stellen, vor allem wenn etwa Detaillierung, Individualität, Verflechtung und Konstanz im Kerngeschehen zu beurteilen sind. Kenntnisse in Aussagepsychologie und entsprechende Erfahrungen sind von erheblichem Vorteil (FERRARI, 34 f.; LEUENBERGER/UFFER-TOBLER, Art. 101 ZPO/SG N 1.c.; BÜHLER, in: Leuenberger, 85). Dasselbe gilt sinngemäss bzw. angesichts der Motivations- und Interessenlage viel mehr noch bei Beweisaussage und Parteibefragung und kann bei Konfrontationen sehr anspruchsvoll werden. Die Würdigungskriterien für ein Gutachten sind insb. Vollständigkeit, Nachvollziehbarkeit und Schlüssigkeit (BÜHLER, Beweiswürdigung, passim). Das Gericht muss Abweichungen vom Gutachten begründen (STAEHELIN/STAEHELIN/GROLIMUND, § 18 Rz 127). Bei Gutachten zu hochtechnischen Fragen darf das Gericht nicht ohne Not vom Gutachten abweichen (K. SPÜHLER, Behauptungslast und Beweiswürdigung bei hochtechnischen Zusammenhängen, in: Leuenberger (Hrsg.), Der Beweis im Zivilprozess, Bern 2000, 100 m.H. auf BGE 118 Ia 146). Die Parteien werden danach trachten, ihre Experten, die sie in schwierigen Fällen nur schon für eine gehörige technische Sachverhaltsdarstellung beiziehen müssen, als sachverständige Zeugen befragen zu lassen (BÜHLER, Beweiswürdigung, Rz 28), weil Parteigutachten als Parteibehauptungen betrachtet werden (VOGEL/SPÜHLER, § 10 Rz 152). Die Urkunde bringt regelmässig vor allem die Frage nach der Echtheit (Art. 178; BOTSCHAFT ZPO, 7322), d.h. Richtigkeit der Urheberangaben und des Inhalts, mit sich. Beim Augenschein kann fraglich sein, inwiefern sein Gegenstand sich im Lauf der Zeit verändert hat, was sich am Beispiel eines Winterweges zeigt, der zur Winterzeit möglicherweise vereist gewesen ist (zum Ganzen, BÜHLER, in: Leuenberger, 79 f). Auch das Verhalten der Parteien kann bei der Würdigung mit einbezogen werden.

VI. Beweismass

7 Bei der Bildung der Überzeugung stellt sich die Frage, welches Mass sie erreichen muss, damit sie als erstellt gelten kann (differenzierend BERGER-STEINER, ZBJV 2008, 276). Im Wesentlichen finden nebst Sonderregelungen (z.B. Art. 34 ZGB «sicher») drei Beweismasse Anwendung: Der strenge oder volle Beweis der an Sicherheit grenzenden Wahrscheinlichkeit, der Beweis der hohen Wahrscheinlichkeit und der Beweis der einfachen Wahrscheinlichkeit (auch als Glaubhaftmachung bezeichnet). Der Begriff der überwiegenden Wahrscheinlichkeit für die hohe Wahrscheinlichkeit ist irreführend (WALTER, 53). **Grundsätzlich** ist der **strenge Beweis** zu erbringen.

8 Der **strenge Beweis** gilt als erbracht, wenn das Gericht nach objektiven Gesichtspunkten von der Richtigkeit einer Sachverhaltsdarstellung überzeugt ist. Absolute Gewissheit wird nicht verlangt. Vielmehr genügt, wenn das Gericht am Vorliegen der Tatsachenbehauptung keine ernsthaften Zweifel mehr hat oder allenfalls verbleibende Zweifel als leicht erscheinen (BGE 130 III 321 E. 3.2, BERGER-STEINER, ZBJV 2008, 292). Als Orientierungsgrösse kann eine numerische Wahrscheinlichkeit von 90% herangezogen werden.

9 Das Beweismass der **hohen Wahrscheinlichkeit** gilt als erbracht, wenn für die Richtigkeit einer Sachverhaltsdarstellung nach objektiven Gesichtspunkten derart gewichtige Gründe sprechen, dass andere denkbare Möglichkeiten vernünftigerweise nicht massgeblich in Betracht fallen (BGE 132 III 715 E. 3.1; BERGER-STEINER, ZBJV 2008, 297). Als Orientierungsgrösse kann eine numerische Wahrscheinlichkeit von 75% herangezogen werden.

10 Das Beweismass der einfachen Wahrscheinlichkeit (**Glaubhaftmachung**) ist erbracht, wenn für die Richtigkeit einer Sachverhaltsdarstellung nach objektiven Gesichtspunkten gewisse Anhaltspunkte eine gewisse Wahrscheinlichkeit zu begründen vermögen, wobei andere Möglichkeiten auch in Betracht fallen können (BGE 130 III 321 E. 3.3 m.H.; BERGER-STEINER, ZBJV 2008, 303). Der Richter braucht demnach nicht von der Richtigkeit der aufgestellten tatsächlichen Behauptungen überzeugt zu werden, vielmehr genügt es, wenn ihm aufgrund objektiver Anhaltspunkte der Eindruck einer gewissen Wahrscheinlichkeit für das Vorhandensein der in Frage kommenden Tatsache vermittelt wird, ohne dass er dabei den Vorbehalt preisgeben müsste, dass die Verhältnisse sich auch anders gestalten könnten (BGE 88 II 11 E. 5.2). Oder in der Kurzformel: Eine Behauptung ist glaubhaft, wenn der Richter von der Wahrheit nicht völlig überzeugt ist, sie aber überwiegend für wahr hält, obwohl nicht alle Zweifel beseitigt sind (BGE 120 II 393 E. 4c). Als Orientierungsgrösse kann eine numerische Wahrscheinlichkeit von mindestens 51% herangezogen werden.

VII. Beweiserleichterungen und Vermutungen

11 Ein berechtigter Anspruch kann an **Beweisschwierigkeiten** scheitern, die für eine Konstellation **typisch** sind. Eine Erleichterung des Beweises kann – aufgrund des Rechts oder der Rechtsprechung – bei solchen typischen Sachlagen durch **Reduktion des Beweismasses** bewirkt werden (BGE 128 III 271 E. 2b/aa mit Beispielen und Hinweisen; WALTER, 52 f.), wie folgende Fälle zeigen:

– Schadensbeweis bei ausservertraglicher Haftung (Art. 42 Abs. 2 OR);
– Nachweis bzw. Bestreitung der Vaterschaft (Art. 256b Abs. 2 ZGB);
– Beweis für den Wert einer Liegenschaft zu einem bestimmten Zeitpunkt (BGE 116 II 225 E. 3b, mit analoger Anwendung von Art. 42 Abs. 2 OR);

- Beweis für die Anzahl geleisteter Überstunden (BGer, 20.1.1997, 4C.381/1996 E. 4, mit analoger Anwendung von Art. 42 Abs. 2 OR);
- Beweis des Eintritt des Versicherungsfalles (BGer, 8.1.2001, 5C.79/2000 E. 1b/aa; [BGE 130 III 321]);
- Beweis des natürlichen bzw. hypothetischen Kausalzusammenhangs (BGE 107 II 269 E. 1b);
- Beweis der Anzahl bezogener Ferientage (BGE 128 III 271 E. 2a).

Eine hohe Wahrscheinlichkeit wird insb. dort als ausreichend betrachtet, wo ein **strikter Beweis** nicht nur im Einzelfall, sondern der Natur der Sache nach nicht möglich oder nicht zumutbar ist, vor allem, wenn die von der beweisbelasteten Partei behaupteten Tatsachen nur mittelbar durch Indizien bewiesen werden können, und insofern eine «**Beweisnot**» besteht (BGE 132 III 715 E. 3.1). *«Eine Beweisnot liegt aber nicht schon darin begründet, dass eine Tatsache, die ihrer Natur nach ohne weiteres dem unmittelbaren Beweis zugänglich wäre, nicht bewiesen werden kann, weil der beweisbelasteten Partei die Beweismittel fehlen. Blosse Beweisschwierigkeiten im konkreten Einzelfall können nicht zu einer Beweiserleichterung führen»* (BGE 130 III 321 E.3.2).

Ein **Indiz** ist eine Tatsache, die nicht Tatbestandsmerkmal ist, aber aus der nach den Erfahrungen des Lebens auf eine Tatsache geschlossen werden kann, die Tatbestandsmerkmal bildet (GULDENER, ZPR, 319; VOGEL/SPÜHLER, § 10 Rz 7). Ein Indiz ist somit ein mittelbarer Beweis. Diese Art des Beweises ist grundsätzlich zulässig, solange gesetzlich Tatbestandsmerkmale wie der Willen festlegt werden, die nur einem mittelbaren Beweis zugänglich sind. Die Beweiswürdigung von Indizien kann zu einer tatsächlichen Vermutung führen (N 13). **12**

Für gewisse Situationen hat der Gesetzgeber eine gesetzliche Prognose bezüglich des Vorhandenseins einer Tatsache angestellt; eine solche **Tatsachenvermutung** befreit vom Beweis für das Vorliegen der Tatsache, wenn die Basis der Vermutung bewiesen wird (z.B. Art. 9 ZGB). Noch weiter gehen Vermutungen, die aufgrund eines Umstandes auf ein Recht schliessen, die so genannten **Rechtsvermutungen** (etwa Art. 930 ZGB). Auf einer anderen Grundlage fusst die **tatsächliche Vermutung**. Sie ist das Ergebnis einer Beweiswürdigung von Indizien in Verbindung mit der allgemeinen Lebenserfahrung, was etwa am Beispiel der vermuteten Urteilsunfähigkeit bei Schwächezuständen gezeigt werden kann (VOGEL/SPÜHLER, § 10 Rz 50; STAEHELIN/STAEHELIN/GROLIMUND, § 18 Rz 57; GULDENER, ZPR, 322; Kasuistik bei BSK ZGB I-SCHMID, Art. 8 N 88). Die Vermutung kann durch den Gegenbeweis umgestossen werden. **13**

VIII. Antizipierte Beweiswürdigung

Die im Vorentwurf vorgesehene antizipierte Beweiswürdigung (in der Bestimmung zum Recht auf Beweis) war in der Vernehmlassung stark kritisiert worden (s. zum Ganzen OBERHAMMER, mit fundamentaler Kritik an der antizipierten Beweiswürdigung). Gemäss BOTSCHAFT ZPO, 7312, ist die Grundlage der antizipierten Beweiswürdigung daher nicht mehr in Art. 152 zum Recht auf Beweis verankert worden, sondern vielmehr in Art. 157 zur freien Beweiswürdigung zu suchen (dazu krit. MARAZZI, 364 FN 250). Art. 157 hat indes gegenüber dem Vorentwurf diesbezüglich keine Änderung erfahren. Der Gesetzeswortlaut lässt nicht auf eine entsprechende Befugnis schliessen, das Recht auf Beweis einzuschränken. Ein solcher Inhalt der freien Beweiswürdigung wäre ein unerwartetes Novum. Zudem weist die BOTSCHAFT ZPO, 7314 f., zur freien Beweiswürdigung nicht auf die «immanente» antizipierte Beweiswürdigung hin. Die freie Beweiswürdigung ge- **14** langt – auch entsprechend der systematischen Gliederung – als letzter Schritt der Sachverhaltsfeststellung zur Anwendung, während die antizipierte Beweiswürdigung die Verkürzung der Würdigungsbasis betrifft und so offensichtlich davor einsetzt (krit. auch MEIER, ZPO, 47). Soweit die antizipierte Beweiswürdigung aus einer (falsch verstandenen) Verwertungsfreiheit abgeleitet werden will, führt die treffende Umschreibung von BÜHLER zum richtigen Verständnis des Gegenstandes, der aus der freien Beweiswürdigung abgeleiteten Verwertungsfreiheit (BÜHLER, Beweiswürdigung, Rz 2): «Nichtbindung an Beweisverbote», was den Kern der Sache trifft. Beweismittelschranken werden aufgehoben, ohne dass neue errichtet werden. Mit Aufhebung der kantonalen Prozessordnungen ist die umstrittene Verwertungsfreiheit wie vorstehend ausgeführt ohne Anwendungsmöglichkeit (BERGER-STEINER, Diss, 36). Die **antizipierte Beweiswürdigung** bzw. das Recht dazu ist daher m.E. **nicht in der freien Beweiswürdigung enthalten** (a.M. GASSER/RICKLI, Art. 152 N 3, welche die Befugnis auch auf Art. 124 abstützen).

15 Soweit entgegen der hier vertretenen Meinung die antizipierte Beweiswürdigung aus der freien Beweiswürdigung abgeleitet werden wollte, würde sich das Problem stellen, dass nur der Spruchkörper antizipiert würdigen könnte. Beweismittelselektionen von Delegationen durch freie Beweiswürdigung wären gänzlich unzulässig, es sei denn, in der Delegation wollte auch eine Würdigungsbefugnis gesehen werden, was sich nicht halten liesse. Die Befugnis zur Selektion kann sich auf andere Grundlagen stützen (s. Art. 152 N 10).

Art. 158

Vorsorgliche Beweisführung	¹ **Das Gericht nimmt jederzeit Beweis ab, wenn:** a. **das Gesetz einen entsprechenden Anspruch gewährt; oder** b. **die gesuchstellende Partei eine Gefährdung der Beweismittel oder ein schutzwürdiges Interesse glaubhaft macht.** ² **Anzuwenden sind die Bestimmungen über die vorsorglichen Massnahmen.**
Preuve à futur	¹ Le tribunal administre les preuves en tout temps: a. lorsque la loi confère le droit d'en faire la demande; b. lorsque la mise en danger des preuves ou un intérêt digne de protection est rendu vraisemblable par le requérant. ² Les dispositions sur les mesures provisionnelles sont applicables.
Assunzione di prove a titolo cautelare	¹ Il giudice procede all'assunzione di prove a titolo cautelare qualora: a. la legge autorizzi una parte a richiederla; oppure b. la parte instante renda verosimile che i mezzi di prova siano esposti a pericolo o che sussista un interesse degno di protezione. ² Si applicano le disposizioni in materia di provvedimenti cautelari.

Inhaltsübersicht Note

I. Allgemeines 1
II. Gesetzlicher Anspruch 2
III. Gefährdung der Beweismittel 3
IV. Abklärung der Beweis- und Prozessaussichten 5
V. Glaubhaft machen 6
VI. Verfahren 7

Literatur

Vgl. die Literaturangaben zu Art. 150.

I. Allgemeines

Für die Fälle des gesetzlichen Anspruchs auf vorsorgliche Beweisführung sowie des gefährdeten Beweismittels und des Vorliegens von schutzwürdigen Interessen schafft Art. 158 die gesetzliche Grundlage für eine jederzeitige Beweisabnahme und gibt dazu noch den Verfahrensrahmen vor. Jederzeit bedeutet nicht nur vor dem Verfahren, sondern auch während des Verfahrens (GULDENER, ZPR, 576). Die Modalitäten einer Abnahme sind je nach Beweismittel in Art. 169 ff. festgelegt. Grundsätzlich werden Beweisabnahmen nicht wiederholt (s. Art. 155 N 13). Das Gesetz begründet für die vorsorgliche Beweisführung keine Ausnahme.

II. Gesetzlicher Anspruch

In **verschiedenen Bundesgesetzen** sind Grundlagen für Beweissicherungen festgelegt. Diese Bestimmungen werden mit dem Inkrafttreten der eidgenössische ZPO nicht aufgehoben. Zu den gesetzlichen Grundlagen gehören etwa Art. 204 Abs. 2 und 3 OR, Art. 367 Abs. 2 OR, Art. 427 Abs. 1 OR, Art. 59 Abs. 2 MschG und Art. 38 DesG (BOTSCHAFT ZPO, 7315). Art. 28c Abs. 1 Ziff. 2 ZGB, Art. 14 UWG, Art. 17 KG, Art. 65 URG, Art. 77 PatG, Art. 43 Sortenschutzgesetz, Art. 10 ToG und Art. 15 DSG sehen gesetzlich ebenfalls Möglichkeiten der Beweissicherung vor (LEUCH/MARBACH/KELLERHALS/STERCHI, Vor Art. 326 ZPO/BE N 2.a).

III. Gefährdung der Beweismittel

Ein Beweismittel ist gefährdet, wenn es später, wenn es greifbar sein sollte, voraussichtlich nicht mehr oder nicht mehr im gleichen Zustand abgenommen werden kann (VOGEL/SPÜHLER, § 10 Rz 92). Das Tatbestandsmerkmal ist erfüllt im Falle eines **drohenden Verlustes** eines Beweismittels (GULDENER, ZPR, 576); dem drohenden Verlust gleich zu setzen ist eine **drohende wesentliche Veränderung** eines Beweismittels, die sich durch entscheidende Reduktion der möglichen Beweiskraft charakterisiert. Eine Gefährdung liegt auch vor bei drohender Unmöglichkeit einer zeitgerechten Beweisabnahme (ein auswandernder Zeuge mit allenfalls unbekannter Destination). Fristen und Verfahrensarten können einen Einfluss ausüben. Eine blosse Möglichkeit eines **Risikoeintritts** genügt nicht. Zu fordern ist eine **Wahrscheinlichkeit** (FRANK/STRÄULI/MESSMER, § 135 ZPO/ZH N 5), die sich allerdings nicht generell beziffern lässt. Eine Bezifferung wäre zudem sinnlos, weil im Anwendungsfall ohnehin keine zuverlässigen Risikowerte für den Individualfall vorlägen. Die Wahrscheinlichkeit, an die mit Blick auf das schutzwürdige Interesse in lit. b keine überhöhten Anforderungen zu stellen sind, kann sich an den Beispielen aus Lehre und Praxis orientieren (N 4).

Als gefährdete Beweismittel gelten können z.B. eine sterbende oder schwer erkrankte Person (BOTSCHAFT ZPO, 7315; LEUENBERGER/UFFER-TOBLER, Art. 199 ZPO/SG N 2) oder eine Person, die mit unbekanntem Ziel auswandert (STAEHELIN/STAEHELIN/GROLIMUND, § 18 Rz 141; WALDER, ZPR, § 37 N 28), ein einstürzendes Haus (GULDENER, 577 N 14; BOTSCHAFT ZPO, 7315) oder der Unfallort auf der präparierten Skipiste oder ein umstrittener Werkmangel mit weiterem Schadenspotenzial (STAEHELIN/STAEHELIN/GROLIMUND, § 18 Rz 141) oder ein zerfallendes Dokument (HABSCHEID, ZPR, N 834).

Grundsätzlich besteht keine Beschränkung der Beweismittel, die bei gegebenen Voraussetzungen abgenommen werden können.

IV. Abklärung der Beweis- und Prozessaussichten

5   Ist eine vorsorgliche Beweisführung jederzeit ohne Voraussetzungen möglich, so ist damit ausserhalb eines Verfahrens und damit regelmässig mit weniger gewichtigen Kostenfolgen die Beweisbarkeit einer Tatsache überprüfbar (LEUCH/MARBACH/KELLERHALS/ STERCHI, Art. 222 ZPO/BE N 1). Damit sind die **Prozesschancen (kosten-)günstiger abschätzbar**. Auf diese Möglichkeit wird mit der Formulierung «schutzwürdiges Interesse» Bezug genommen; sie trägt dazu bei, aussichtslose Prozesse zu vermeiden und künftige Prozess zu vereinfachen (STAEHELIN/STAEHELIN/GROLIMUND, § 18 Rz 141). Als schutzwürdige Interessen gelten tatsächliche und rechtliche Interessen. Insofern hätte wohl auf das Tatbestandsmerkmal der Gefährdung der Beweismittel verzichtet werden können, ohne dass sich am Inhalt der Bestimmung etwas verändert hätte – davon ist sinnvollerweise abgesehen worden.

V. Glaubhaft machen

6   Mit Glaubhaftmachung ist das Beweismass angesprochen, der Grad der Überzeugung, der sich betreffend die Gefährdung eines Beweismittels oder des Vorliegens von schutzwürdigen Interessen beim Gericht einstellen muss, damit einem Antrag stattgegeben werden kann. In der Regel legen die gesetzlichen Bestimmungen i.S.v. Art. 158 Abs. 1 lit. a ebenfalls das Beweismass der Glaubhaftmachung fest. Dazu wird auf Art. 157 N 7 verwiesen.

VI. Verfahren

7   Die Verfahrensregeln über die **vorsorglichen Massnahmen** sind für die vorsorgliche Beweisführung gesetzlich direkt anwendbar erklärt worden (STAEHELIN/STAEHELIN/ GROLIMUND, § 18 Rz 143). Ein selektiverer Verweis wäre anwenderfreundlicher gewesen, da verschiedene Bestimmungen über die vorsorglichen Massnahmen keine Anwendung finden können.

8   Art. 13 bestimmt grundsätzlich die zwingende Zuständigkeit am Ort der Zuständigkeit der Hauptsache oder am Ort der Vollstreckung der Massnahme. Die sachliche Zuständigkeit wird durch das kantonale Recht geregelt (Art. 4 Abs. 1). Gestützt auf Art. 101 Abs. 2 kann die vorsorgliche Beweisführung vor der Leistung einer Sicherheit angeordnet werden.

9   Art. 261 über den «Grundsatz» (Voraussetzungen für den Erlass) und Art. 262 über die möglichen vorsorglichen Massnahmen sind nicht auf die vorsorgliche Beweisführung anwendbar. Der «Grundsatz» für die Beweisführung ist in Art. 158 Abs. 1 lit. a und b festgelegt. Der «Inhalt» richtet sich nach den Bestimmungen des Art. 169 f. und kennt im Fall des Freibeweises keine Schranken. Art. 263 über die Massnahmen vor Rechtshängigkeit passt wegen der Androhung des Dahinfallens der Massnahme nicht zur vorsorglichen Beweisführung, denn mit der Beweisabnahme kann regelmässig nichts mehr dahin fallen – Art. 263 ist denn auch auf die Massnahmen nach Art. 262 zugeschnitten. In seltenen Fällen kann eine vorsorgliche Beweisführung allenfalls Schaden verursachen, sodass Art. 264 über Sicherheitsleistung und Schadenersatz zur Anwendung kommen könnte – nur dürften die Tatbestandsmerkmale der Haftung nach Art. 264 Abs. 2 selten

erfüllt werden. In gewissen Fällen ist die superprovisorische Beweisabnahme (Art. 265) angezeigt, damit der Zweck der Beweisführung nicht etwa durch die Gegenpartei vereitelt werden kann. Aber grundsätzlich ist der Gegenpartei der gesuchstellenden Partei Gelegenheit zur Stellungnahme zu geben (BOTSCHAFT ZPO, 7315). Art. 266 über Massnahmen gegen Medien ist bezogen auf die vorsorgliche Beweisführung grundsätzlich ohne Anwendungsmöglichkeit. Die Vollstreckung nach Art. 267 geht in der Beweisabnahme auf. Art. 268 betreffend Abänderung und Aufhebung sowie Art. 269 betreffend Vorbehalt sind bezogen auf die vorsorgliche Beweisführung nicht anwendbar.

Art. 159

Organe einer juristischen Person **Ist eine juristische Person Partei, so werden ihre Organe im Beweisverfahren wie eine Partei behandelt.**

Organes d'une personne morale Lorsqu'une personne morale est partie au procès, ses organes sont traités comme une partie dans la procédure d'administration des preuves.

Organi di persone giuridiche Se una persona giuridica è parte, nella procedura probatoria i suoi organi sono trattati come una parte.

Literatur

Vgl. die Literaturangaben zu Art. 150.

Art. 159 bezweckt im Falle einer **juristischen Person**, die im Rahmen eines Zivilprozesses Partei ist, deren Organe im Beweisverfahren wie die Partei selbst zu behandeln. Die BOTSCHAFT ZPO (S. 7315) stellt klar, dass mit Blick auf die Einheit der Rechtsordnung der **materiell-rechtlichen Theorie** zum Durchbruch verholfen wird und so Handlungen der Organe der juristischen Person angerechnet werden (vgl. Art. 53 f. ZGB). Das Gesetz schränkt die Gleichstellung der Organe auf das Beweisverfahren ein. Die «Übertragung» von Parteirechten auf beliebige Organe wird mit der Wendung «werden [...] behandelt», verhindert. Von der Regelung sind demnach die Organe als Adressaten von Handlungen auf «Passivseite» betroffen. Ist eine Person Organ, kann sie im Rahmen einer Parteibefragung (Art. 191) oder einer Beweisaussage (Art. 192 Abs. 1) befragt werden. Überdies greifen die Mitwirkungsrechte und bestehen die Mitwirkungslasten wie bei einer Partei (BOTSCHAFT ZPO, 7316). Organe gelten im Beweisverfahren somit nicht als Dritte, die als Zeugen aussagen können (Art. 169). 1

Faktische Organe sind den **formellen Organen** gleichgestellt; Organ ist daher nicht nur, wer im richtigen Verfahren zur Erfüllung entsprechender gesellschaftlicher Aufgaben berufen wird (formelles Organ), sondern auch derjenige, der den Organen vorbehaltene Entscheide fällt oder die eigentlichen Geschäfte so führt und so die Willensbildung der Gesellschaft entscheidend mitbestimmt (faktisches Organ; BGE 124 III 418 = Pra 1999 Nr. 34). Schliesslich wird Organstellung auch im Fall angenommen, in welchem die Stellung des Organs Dritten durch Mitteilung oder konkludentes Verhalten (Anschein) eröffnet wurde (zum Ganzen BSK ZGB I-HUGUENIN, Art. 54/55 N 13; BGE 128 III 92 für faktische Organe in der AG; BGE 114 V 213 für weitere Beispiele). In den Fällen der erfolgten Mitteilung und des erweckten Anscheins handelt es sich nicht um ein Organ i.S.v. Art. 159, weil nur das Vertrauen eines Dritten in die Organstellung geschützt wird, was nichts Anderes heisst, als dass tatsächlich keine Organstellung besteht, was hier indes vorausgesetzt wird. 2

3 Die **Konkursverwaltung** und die **Liquidatoren** sind vollstreckungsrechtliche Organe und gemäss BOTSCHAFT ZPO, 7315, ebenfalls wie Parteien zu behandeln. Die Konkurs- und die Nachlassmasse haben keine Rechtspersönlichkeit; sie sind aber ungeachtet der Natur der betroffenen Person partei- und prozessfähig (s.a. Art. 240 und 319 Abs. 4 SchKG; BGE 115 II 160, 165; KUKO SchKG-WÜTHRICH/ROTHENBÜHLER, Art. 319 N 21). Die Botschaft ist angesichts des klaren Wortlauts des Gesetzes dahin zu verstehen, dass die erwähnten Organe des SchKG nur Fälle von juristischen Personen betreffen. Die Botschaft würde andernfalls die Möglichkeit schaffen, den Kreis der Organe i.S.v. Art. 159 zu erweitern, denn die nahezu identische Lage (betreffend Rechtspersönlichkeit, Partei- und Prozessfähigkeit) wie bei den erwähnten Massen des SchKG ist etwa bei der Kollektivgesellschaft und in weiteren Fällen anzutreffen.

2. Kapitel: Mitwirkungspflicht und Verweigerungsrecht

1. Abschnitt: Allgemeine Bestimmungen

Art. 160

Mitwirkungspflicht

¹ Die Parteien und Dritte sind zur Mitwirkung bei der Beweiserhebung verpflichtet. Insbesondere haben sie:
  a. als Partei, als Zeugin oder als Zeuge wahrheitsgemäss auszusagen;
  b. Urkunden herauszugeben; ausgenommen ist die anwaltliche Korrespondenz, soweit sie die berufsmässige Vertretung einer Partei oder einer Drittperson betrifft;
  c. einen Augenschein an Person oder Eigentum durch Sachverständige zu dulden.

² Über die Mitwirkungspflicht einer unmündigen Person entscheidet das Gericht nach seinem Ermessen. Es berücksichtigt dabei das Kindeswohl.

³ Dritte, die zur Mitwirkung verpflichtet sind, haben Anspruch auf eine angemessene Entschädigung.

Obligation de collaborer

¹ Les parties et les tiers sont tenus de collaborer à l'administration des preuves. Ils ont en particulier l'obligation:
  a. de faire une déposition conforme à la vérité en qualité de partie ou de témoin;
  b. de produire les documents requis, à l'exception de la correspondance d'avocat, dans la mesure où elle concerne la représentation à titre professionnel d'une partie ou d'un tiers;
  c. de tolérer un examen de leur personne ou une inspection de leurs biens par un expert.

² Le tribunal statue librement sur le devoir de collaborer des mineurs. Il tient compte du bien de l'enfant.

³ Les tiers qui ont l'obligation de collaborer ont droit à une indemnité équitable.

2. Kapitel: Mitwirkungspflicht und Verweigerungsrecht **Art. 160**

Obbligo di cooperazione

¹ Le parti e i terzi sono tenuti a cooperare all'assunzione delle prove. Devono in particolare:
a. in qualità di parte o testimone, dire la verità;
b. produrre documenti; è eccettuata la corrispondenza degli avvocati, per quanto relativa alla rappresentanza professionale di una parte o di terzi;
c. tollerare l'ispezione oculare della loro persona o dei loro beni da parte di un consulente tecnico.

² Il giudice decide secondo il proprio apprezzamento in merito all'obbligo di cooperazione dei minori. Prende in considerazione il bene del minore.

³ I terzi tenuti a cooperare hanno diritto a un adeguato indennizzo.

Inhaltsübersicht

Note

- I. Grundsätzliches zu Art. 160–167 1
    1. Systematik und Terminologie 1
    2. Allgemeiner Geltungsbereich 4
- II. Die Mitwirkungspflichten 7
    1. Grundsatz 7
    2. Rechtsnatur der Mitwirkungspflichten 8
    3. Herleitung 9
    4. Inhalt 10
    5. Keine Abhängigkeit von der Beweislast 31
    6. Weitere Mitwirkungspflichten 32
    7. Zeitpunkt 36
    8. Sachliche Zuständigkeit 37
    9. Örtliche Zuständigkeit 38
    10. Weigerung und Säumnis 39
    11. Formeller Entscheid 41
    12. Rechtsmittel 42
- III. Die Mitwirkungsverweigerungsrechte 44
    1. Allgemeines 44
    2. Keine Geltung im Abstammungsprozess 48
    3. Vertraglich übernommene Schweigepflichten 49
    4. Materiellrechtliche Offenbarungspflichten 50
    5. Der Verzicht auf die Mitwirkungsverweigerungsrechte 51
    6. Immunitäten 55
- IV. Mitwirkungsverweigerungsrechte und Mitwirkungsverweigerungspflichten ... 56
- V. Minderjährige 58
- VI. Juristische Personen 64
- VII. Materiellrechtliche Mitwirkungspflichten 65
- VIII. Anspruch auf angemessene Entschädigung (Abs. 3) 67
- IX. Internationale Verhältnisse 74

Literatur

G. AMMANN, Die Pflicht zur Edition von Urkunden und das Verfahren nach schweizerischem Zivilprozessrecht, Diss. Zürich 1931; C. BALTZER-BADER, Das Zeugnisverweigerungsrecht des Mediators und der Mediatorin im schweizerischen Zivilprozessrecht, in: «Im Namen des Obergerichts», FS zur Pensionierung von Magdalena Rutz, Liestal 2004, 41 ff.; P. BIRKENMAIER, Die

Ernst F. Schmid

Zeugnisfähigkeit in den schweizerischen Zivilprozessordnungen, Diss. Zürich 1966; M. BISCHOF, Zeugnisverweigerungsrecht der Sozialarbeiter und Psychologen im Zivilprozess mit Berücksichtigung des Strafprozesses, Diss. Zürich/Luzern 1979; L. DROESE, Die Akteneinsicht des Geschädigten in der Strafuntersuchung vor dem Hintergrund zivilprozessualer Informationsinteressen, Diss. Luzern 2008; A. ELAN VISSON, Droit à la production de pièces et discovery, Diss. Lausanne, Zürich 1997; L. GAILLARD, Le sort des preuves illicites dans le procès civil, Semaine Judiciaire 1998, 649 ff.; DERS., Preuve et droit à l'information, in: R. Trigo Trindade/N. Jeandin (Hrsg.), Unification de la procédure civile: présentation et critique de l'Avant-projet de Loi fédérale de procédure civile suisse, Genf 2004, 73 ff.; P. GUYAN, Beweisverfahren im ordentlichen Verfahren vor Bezirksgerichtsausschuss und Bezirksgericht, Nach der Zivilprozessordnung des Kantons Graubünden vom 1. Dezember 1985, Diss. Zürich 2000; F. HASENBÖHLER, Beweisrecht, vorsorgliche Massnahmen und Schutzschrift, in: Th. Sutter-Somm/F. Hasenböhler (Hrsg.), Die künftige schweizerische Zivilprozessordnung, Mitglieder der Expertenkommission erläutern den Vorentwurf (Zürich 2003), 26 ff.; DERS., Das Beweisrecht, ZZZ 2007, 379 ff.; P. HERZOG, Die Editionspflicht nach neuer zürcherischer Zivilprozessordnung, unter Berücksichtigung der Editionspflichten aufgrund des Bundesprivatrechtes, Diss. Zürich 1980; T. KELLER, Die Edition von Urkunden im zürcherischen Zivilprozess, Diss. Zürich, Winterthur 1963; S. KOFMEL EHRENZELLER, Das Recht auf Beweis im Zivilverfahren, Diss. Bern 1992; DIES., Das Recht auf Beweis im Zivilverfahren – ein Überblick unter besonderer Berücksichtigung der neuen Bundesverfassung, in: Leuenberger, 139 ff. (zit. Überblick); C. LEUENBERGER, Das Verhalten der Parteien im Prozess und die Folgen für das Urteil, ZZZ 2005 147 ff.; V. LIEBER, Die neuere kassationsgerichtliche Rechtsprechung zum Beweisrecht im Zivilverfahren, in: FS 125 Jahre Kassationsgericht des Kantons Zürich, Zürich 2000, 221 ff.; L. MARAZZI, Erranze alla scoperta del nuovo Codice di procedura civile svizzero, ZSR 2009 II 323 ff.; I. MEIER, Aktuelle Fragen zu den Beweismitteln im Zivilprozess, insbesondere am Beispiel der ZPO des Kantons Zürich, Manuskript eines Vortrags vom 30. August 2001, Stiftung für juristische Weiterbildung (zit. Aktuelle Fragen); R. MÜLLER, Der Ausforschungsbeweis, Eine Untersuchung zur Substanzierung des Beweisthemas und zur Mitwirkungspflicht der Parteien bei Beweisnot im Zivilprozess, Diss. Zürich 1991; G. NIGG, Das Beweisrecht bei internationalen Privatrechtsstreitigkeiten, Diss. St. Gallen 1999; DIES., Das Beweisrecht bei internationalen Privatrechtsstreitigkeiten: Ein Überblick, in: Leuenberger, 35 ff. (zit. Überblick); M. RANDACHER, Das Zeugnisverweigerungsrecht aus Berufsgeheimnis im Zivilprozess, Diss. Zürich 2002; Y. RÜEDI, Materiell rechtswidrig beschaffte Beweismittel im Zivilprozess, Diss. St. Gallen/Zürich 2009; K. SCHILLER, Schweiz. Anwaltsrecht, Zürich 2009; S. D. SEILER, Die Zeugnisverweigerungsgründe im Zivilprozess der Nordwestschweiz, insbesondere der Kantone Basel-Stadt, Baselland, Aargau und Solothurn, Diss. Basel 1984; K. SPÜHLER, Der Schutz der Persönlichkeitsrechte der juristischen und natürlichen Personen im Beweisverfahren gemäss dem Entwurf der Schweizerischen Zivilprozessordnung, in: Grundfragen der juristischen Person: FS für H. M. Riemer zum 65. Geburtstag, Bern 2007, 393 ff.; M. SPILLMANN, Das Beweisrecht in der zugerischen Zivilprozessordnung vom 3. Oktober 1940 und de lege ferenda, Diss. Zürich 1973; SPÜHLER/VOCK, Urkundenedition nach den Prozessordnungen der Kantone Zürich und Bern, SJZ 1999, 41 ff.; TH. SUTTER-SOMM, Das Beweisrecht des Vorentwurfs zur Schweizerischen Zivilprozessordnung, in: Th. Sutter-Somm/A. K. Schnyder: Festgabe für Franz Hasenböhler (Zürich 2004) (zit. FG Hasenböhler), 11 ff.; F. VOUILLOZ, La preuve dans le Code de procédure civile suisse, AJP 2009, 830 ff.; H. U. WALDER, Bemerkungen zum Beweisverbot bezüglich illegal beschaffter Beweismittel, SJZ 1993, 191 ff.

I. Grundsätzliches zu Art. 160–167

1. Systematik und Terminologie

1 Der **10. Titel** der ZPO über den Beweis enthält nach dem ersten Kapitel mit den Allgemeinen Bestimmungen (Art. 150 ff.) und vor dem dritten Kapitel über die einzelnen Beweismittel (Art. 168 ff.) ein zweites Kapitel, in dem die Mitwirkungspflichten und die Mitwirkungsverweigerungsrechte der Prozessparteien und von Dritten bei der Beweiserhebung grundsätzlich geregelt werden. Die Regelung erfolgt somit gesamthaft und nicht bei den einzelnen Beweismitteln, sozusagen «vor der Klammer» (SUTTER-SOMM, FG Hasenböhler, 16 f.).

Entsprechend ist nicht von der Pflicht, als Zeuge auszusagen, oder vom Zeugnisverweigerungsrecht die Rede, sondern allgemein von der **Mitwirkungspflicht** bei der Beweiserhebung und vom Recht auf **Verweigerung** dieser Mitwirkung. Im Gegensatz zu den früheren kantonalen Ordnungen (so regelte etwa Art. 236 ZPO/BE die Urkundenedition anders als Art. 263 ZPO/BE die Duldung des Augenscheins) will die Schweizerische ZPO z.T. also für die Mitwirkungspflichten und Mitwirkungsverweigerungsrechte bei den einzelnen Beweismitteln nicht unterschiedliche Regeln aufstellen. Das Konzept der allgemeinen Regelung der Mitwirkungspflichten und der Verweigerungsrechte in einem Abschnitt wurde von der ZPO/SG übernommen (vgl. dazu LEUENBERGER/UFFER-TOBLER, Vor Art. 123–133 ZPO/SG N 1).

Die Regelung der Mitwirkungsverweigerungsrechte der ZPO lehnt sich an die entsprechenden Vorschriften der **Strafprozessordnung** an (Art. 163 ff. StPO; vgl. BOTSCHAFT ZPO, 7317). Bei Auslegungsproblemen werden daher auch die entsprechenden Normen der StPO und die dazugehörige Lehre und Rechtsprechung zu beachten sein.

2. Allgemeiner Geltungsbereich

Die Mitwirkungspflichten und die Mitwirkungsverweigerungsrechte gelten grundsätzlich **für alle Verfahren** bzw. alle Verfahrensmaximen, auch für jene, die vom Untersuchungsgrundsatz (vgl. dazu Art. 55) beherrscht sind (BOTSCHAFT ZPO, 7316). Bei den vom Untersuchungsgrundsatz beherrschten Prozessen hat das Gericht zwar eine Mitverantwortung für die Erstellung des Sachverhaltes, doch müssen die Parteien aktiv werden, indem sie die erforderlichen Beweismittel bezeichnen (BOTSCHAFT ZPO, 7313).

Die Mitwirkungspflicht und die Mitwirkungsverweigerungsrechte gelten aber grundsätzlich auch für sämtliche in der ZPO vorgesehenen **Beweismittel**, nämlich das Zeugnis, die Urkunde, den Augenschein, das Gutachten, die schriftliche Auskunft, die Parteibefragung und die Beweisaussage.

Schliesslich gelten sie grundsätzlich für **natürliche und juristische Personen**, soweit nicht etwa klar ist, dass nur eine natürliche Person Zeuge sein kann.

II. Die Mitwirkungspflichten

1. Grundsatz

Die ZPO statuiert in Art. 160 Abs. 1 eine grundsätzliche Pflicht der Parteien und Dritten, an der Beweiserhebung mitzuwirken. Dabei wird stillschweigend vorausgesetzt, dass grundsätzlich jedermann fähig ist, Zeugnis abzulegen (**Zeugenfähigkeit** oder **Zeugnisfähigkeit**; vgl. zu den Minderjährigen nachfolgend N 58 ff.).

2. Rechtsnatur der Mitwirkungspflichten

Bei **Dritten** sind die Mitwirkungspflichten **echte Pflichten**, deren Verletzung Strafe oder zwangsweise Durchsetzung zur Folge haben kann (vgl. Komm. zu Art. 167). Für die **Parteien** ist die Mitwirkung eine sog. **prozessuale Last** oder **eine prozessuale Obliegenheit**, d.h. die (unberechtigte) Verweigerung der Mitwirkung führt lediglich zu einem Rechtsverlust, indem sie zur Folge hat, dass die Verweigerung bei der Beweiswürdigung berücksichtigt wird (vgl. Komm. zu Art. 164). Diesen Umstand bringt der Gesetzestext nicht umfassend zum Ausdruck, wenn er in Art. 160 (nur) von der Mitwirkungs*pflicht* der Parteien spricht.

3. Herleitung

9 Die Pflicht, im Beweisverfahren mitzuwirken, konnte bereits vor der Schweizerischen ZPO aus dem allgemeinen Gebot, sich im Prozess nach **Treu und Glauben** zu verhalten (vgl. dazu nun Art. 52), hergeleitet werden. Das Bundesgericht bejahte daher schon vor der Festschreibung der Mitwirkungspflicht in der Schweizerischen ZPO eine generelle Mitwirkungspflicht der Parteien (vgl. BGE 128 III 411, 413; BGer, 2.11.2005, 5P.200/2005, E. 4.1; ferner BGer, 31.1.2003, 4C.278/2002, E. 2.2; KassGer ZH, ZR 1996 Nr. 62, 192; ferner ZR 2002 Nr. 26, 99).

4. Inhalt

a) Allgemeines

10 Die Mitwirkung kann aus einem **Handeln**, einem **Unterlassen** oder einem **Dulden** bestehen. Nach der nicht abschliessenden Aufzählung von Art. 160 umfasst die Mitwirkungspflicht die wahrheitsgemässe Aussage als Partei, die wahrheitsgemässe Aussage als Zeuge, die Herausgabe von Urkunden und die Duldung von Untersuchungen durch Sachverständige an Personen und/oder Eigentum. Soweit es um die Zeugenaussage geht, wurde im bundesrätlichen Entwurf zur Präzisierung gegenüber dem Vorentwurf der Expertenkommission eingefügt, dass die Zeugen sowie Parteien *wahrheitsgemäss* auszusagen haben (BOTSCHAFT ZPO, 7316).

b) Beweisschwierigkeiten

11 Eine Mitwirkungspflicht bei der Abklärung des Sachverhalts besteht namentlich dann, wenn die beweisbelastete Partei wegen **Beweisschwierigkeiten** nicht selber den Beweis führen kann. Die Verweigerungshaltung kann dann im Rahmen der Beweiswürdigung berücksichtigt werden (vgl. BGer, 2.11.2005, 5P.200/2005, E. 4.3.1 m.H. auf BSK ZGB I-SCHMID, Art. 8 N 71). Dies stellt keine Umkehr der Beweislast dar (BGE 119 II 305, 306 E. 1b).

12 Soweit die Beweisabnahme die schutzwürdigen Interessen einer Partei oder von Dritten, wie insb. deren Geschäftsgeheimnisse, gefährdet, trifft das Gericht gemäss Art. 156 die erforderlichen Massnahmen. Diese können etwa die Beschränkung des Akteneinsichtsrechts, der Ausschluss der Parteiöffentlichkeit und die Teilabdeckung von Urkunden sein (vgl. BOTSCHAFT ZPO, 7314). Für diese **Schutzmassnahmen** vgl. die Komm. zu Art. 156. Soweit Schranken der Beweispflichten bestehen (vgl. dazu noch N 24 ff.), können diese Schranken als in der Mitwirkungspflicht immanent oder aber als Anwendungsfälle der Schutzmassnahmen gemäss Art. 156 verstanden werden. Gemäss STAEHELIN/STAEHELIN/GROLIMUND (§ 18 Rz 26) vermögen allerdings die Schutzmassnahmen gemäss Art. 156 nie eine gänzliche Verweigerung der gesetzlichen Mitwirkung (Edition von Akten, Partei- oder Zeugenaussagen) zu rechtfertigen.

13 Die Zeugnispflicht ist sodann durch den Grundsatz der **Verhältnismässigkeit** eingeschränkt: Krankheit oder andere überwiegende Interessen können zur Folge haben, dass die Beweiserhebung nicht oder in modifizierter Form zu erfolgen hat (STAEHELIN/STAEHELIN/GROLIMUND, § 18 Rz 67).

c) Speziell zum Erscheinen als Zeuge

14 Die Verweigerungsrechte entbinden die Partei bzw. Drittpartei nicht vom **Erscheinen** vor Gericht (VOGEL/SPÜHLER, 10. Kap. Rz 140; FRANK/STRÄULI/MESSMER, § 164 ZPO/ZH N 4c, Ergänzungsband § 158 ZPO/ZH N 1; GULDENER, ZPR, 346). Das Gericht kann

die Erscheinungspflicht des Zeugen, der sich vor- oder ausserprozessual auf sein Zeugnisverweigerungsrecht berufen hat, durchsetzen (vgl. KassGer ZH, ZR 1998 Nr. 4, 9 betr. StPO/ZH; FRANK/STRÄULI/MESSMER, § 164 ZPO/ZH N 4c). Steht hingegen das Mitwirkungsverweigerungsrecht des Dritten fest, so steht es im Ermessen des Gerichts, die betreffende Partei von der Erscheinungspflicht zu entbinden (FRANK/STRÄULI/MESSMER, § 164 ZPO/ZH N 4c; ähnlich auch OGer SH, ABSH 1989, 219 ff. für den früheren Schaffhauser Strafprozess).

Der Zeuge ist nicht dazu legitimiert, die Notwendigkeit einer Zeugenaussage in Frage zu stellen (KassGer ZH, ZR 1996 Nr. 78, 244 E. 5.7) (zur Editionspflicht vgl. N 29). Eine Erscheinungspflicht vor Gericht haben auch Persönlichkeiten des öffentlichen Lebens (KassGer ZH, ZR 1996 Nr. 78, 244 E. 8b). 15

d) Speziell zur Anwaltskorrespondenz (Abs. 1 lit. b)

Der Zusatz in lit. b nach dem Strichpunkt («ausgenommen ist die anwaltliche Korrespondenz, soweit sie die berufsmässige Vertretung einer Partei oder einer Drittperson betrifft») wurde auf Vorschlag der ständerätlichen Kommission zu Beginn der parlamentarischen Beratungen eingebracht. Berichterstatter Bonhôte bemerkte dazu, dass klargestellt werden müsse, dass anwaltliche Korrespondenz nicht nur dann geschützt sei, wenn sie in den Händen des Anwalts sei, sondern auch dann, wenn diese Korrespondenz anderswo liege: «C'est une protection liée à l'objet.» (AmtlBull StR 2007, 515). Sowohl der ständerätliche Berichterstatter wie Bundesrat Blocher bekräftigten, dass sich der Schutz der Anwaltskorrespondenz bereits aus allgemeinen Grundsätzen ergebe, nämlich dem Gebot eines fairen Verfahrens und demjenigen des Handelns nach Treu und Glauben nach Art. 52 (damals Art. 50) (AmtlBull StR 2007, 515). Auch wurde argumentiert, die Regelung müsse mit Art. 264 (damals Art. 263) StPO übereinstimmen. Nach lit. b dieser Bestimmung dürfen Unterlagen aus dem Verkehr der beschuldigten Person mit ihrer Verteidigung, ungeachtet des Ortes, wo sie sich befinden, nicht beschlagnahmt werden. Geschützt ist mithin die Kommunikation zwischen Anwalt und Klient, nicht der Anwalt als Berufsgeheimnisträger. 16

Es wird richtig sein, nicht nur die eigentliche Korrespondenz vom und an den Anwalt als geschützt zu betrachten, sondern ebenso sonstige **Unterlagen**, wie Aktennotizen und dergleichen, die eigens zum Zwecke der anwaltlichen Beratung des Klienten vom Klienten, Anwalt oder auch von Dritten erstellt worden sind. Art. 264 StPO spricht denn auch zutreffend nicht von «Korrespondenz», sondern von «Unterlagen». 17

Der Schutz muss sich sodann nicht nur auf den Bereich der Editionsverweigerung, sondern auf alle Beweismittel nach Art. 168 erstrecken. 18

Geschützt ist aber nur die **anwaltstypische Tätigkeit eines Anwalts**, nicht sonstige juristische Tätigkeiten. Damit entfallen namentlich auch die Tätigkeit des Anwalts als Verwaltungsrat (so BGE 101 Ib 245, 248 E. 2c; ferner BGE 114 III 105 ff. und 115 Ia 197 ff.), bei der Zurverfügungstellung von Offshore-Gesellschaften (BGE 135 III 410, 415 E. 3.4), aber auch beim Checkinkasso (so BGE 120 Ib 112, 119 E. 4), bei Tätigkeiten in der Vermögensverwaltung und der Anlageberatung (so BGE 112 Ib 606, 608 E.c.), letztere mit der Begründung, diese Tätigkeiten könnten auch von anderen Berufsgattungen ausgeübt werden. Soweit in der gleichen Anwaltskorrespondenz geschützte und nicht geschützte Informationen enthalten sind, sind die geschützten Informationen abzudecken (BGE 114 III 105, 110); der grosse Aufwand des Abdeckens rechtfertigt nicht eine gänzliche Verweigerung der Mitwirkung (BGE 114 III 105, 110). 19

20 Trotz vielfacher Kritik aus Wirtschaftskreisen ist bislang die Tätigkeit des unternehmensinternen Juristen gesetzlich nicht privilegiert. Der Bundesrat hat am 22.4.2009 den Vorentwurf für ein Bundesgesetz über die **Unternehmensjuristinnen und -juristen** (Unternehmensjuristengesetz, UJG) in die Vernehmlassung gegeben. Dieser sieht in Art. 12 ein Berufsgeheimnis der eingetragenen Unternehmensjuristen und deren (teilweisen) Einbezug in den Schutzbereich von Art. 321 StGB vor.

21 Mit MARAZZI (S. 367) wird es richtig sein, unter lit. b auch die Rechtsbeistände gemäss Art. 68 Abs. 2 lit. b–d zu subsumieren.

e) Speziell zur Urkundenedition

aa) Besitz

22 Die Mitwirkungspflicht bezieht sich auf Urkunden im **Besitz** der betreffenden Prozesspartei bzw. der Dritten (STAEHELIN/STAEHELIN/GROLIMUND, § 18 Rz 105 f.). Es wird richtig sein, die Mitwirkungspflicht auch auf Urkunden zu erstrecken, die eine Prozesspartei oder ein Dritter ohne weiteres beschaffen kann (so zum bisherigen kantonalen Recht etwa FRANK/STRÄULI/MESSMER, § 183 ZPO/ZH N 5 und SPÜHLER/VOCK, 43; anders für die Schweizerische ZPO KassGer ZH, ZR 2009 Nr. 3, 13 E. 1.4.c). In internationalen Schiedsverfahren hat sich die Editionspflicht für Urkunden eingebürgert, die «in the possession, custody or control» der betreffenden Person sind (vgl. Art. 3 Abs. 2 lit. c International Bar Association [IBA] Rules on The Taking of Evidence in International Commercial Arbitration vom 1.6.1999).

bb) Genügende Bezeichnung

23 Im Rahmen der Verhandlungsmaxime (vgl. Art. 55 Abs. 1) setzt die Edition grundsätzlich einen **Antrag** einer Partei voraus. Darin muss die zu edierende Urkunde **genügend bezeichnet** werden. Ob dieser Beweisantrag genügend umschrieben ist, entscheidet das Gericht nach seinem pflichtgemässen Ermessen (ähnlich ZR 1942 Nr. 87, 212 E. 5); ob die Beweisanträge genügend substantiiert sind, beurteilt sich nach den Umständen des Einzelfalls (I. MEIER, Aktuelle Fragen, 15, 35; R. MÜLLER, 123). Bei Unmöglichkeit oder Unzumutbarkeit genauerer Umschreibung muss auch ein allgemein gefasster Beweisantrag zulässig sein, wobei allerdings diesfalls im Interesse der betroffenen Partei vom Beweisführer ein deutlicher Nachweis der Unmöglichkeit bzw. Unzumutbarkeit genauerer Umschreibung verlangt werden muss und die Grundsätze der Verhältnismässigkeit zu beachten sind. Die vage Hoffnung, dass mit einem allgemein gefassten Antrag möglicherweise einschlägige Dokumente gefunden werden können, wird jedenfalls nicht genügen (ähnlich BGer, 11.7.2005, 1P.32/2005, E. 3.2 für die Rechtshilfe in Strafsachen). Für den Verpflichteten muss zweifelsfrei feststehen, welche Urkunden er einreichen muss (SPÜHLER/VOCK, 43).

cc) Schranken der Editionspflicht

24 Es entspricht wohl der herrschenden Auffassung, dass ein Editionsantrag durch das Beweiserfordernis gerechtfertigt sein muss und nicht auf eine **«Ausforschung»** der Gegenpartei oder Dritter herauslaufen darf (so SUTTER-SOMM, FG HASENBÖHLER, 16 f.; KassGer ZH, ZR 1996 Nr. 62) Ein allgemeiner Editionsantrag auf Vorlegung von Akten, die erst die Begründung des Prozessstandpunkts einer Partei ermöglichen sollen, ist unzulässig (vgl. OGer ZH, ZR 1961 Nr. 72). Eine Edition muss sich weiter grundsätzlich auf «verhältnismässig wenige und bestimmt zu bezeichnende Aktenstücke» beziehen (OGer

ZH, ZR 1951 Nr. 216; KassGer ZH, ZR 1996 Nr. 62, 161). Ein Antrag auf Vorlage der «gesamten Korrespondenz» oder der «sämtlichen Geschäftsbücher» ist unzulässig (KassGer ZH, ZR 1996 Nr. 62, 191). Hingegen ist nicht vorausgesetzt, dass die die Edition beantragende Partei den Inhalt der Urkunden genau kennt und diese mit ihrem Datum bezeichnen kann (KassGer ZH, ZR 1996 Nr. 62, 192).

Zusätzlich zu den Situationen, wo der zur Edition aufgeforderten Person ein Mitwirkungsverweigerungsrecht nach Art. 163, 165 und 166 zusteht, sind der Editionspflicht dort Schranken zu setzen, wo die prozessuale Wahrheitsfindung Persönlichkeitsrechte und namentlich die Geheimsphäre von Parteien oder andere legitime Interessen beeinträchtigt. Es hat im Einzelfall eine Interessenabwägung zu erfolgen, nämlich ob das Interesse an der Wahrheitsfindung oder die Geheimhaltungsinteressen bzw. der Persönlichkeitsschutz der betreffenden Person (OGer ZH, ZR 2000 Nr. 40, 108) oder allenfalls andere legitime Interessen vorgehen. Als solche legitimen Interessen werden in Literatur und Rechtsprechung die Wahrung der Anonymität von Informanten, der Schutz rein interner Akten oder die Rücksicht auf die Gesundheit der Betroffenen aufgezählt (vgl. SPÜHLER/VOCK, 43; FRANK/STRÄULI/MESSMER, Vor § 183 ff. ZPO/ZH N 11 mit Rechtsprechungshinweisen, die allerdings Strafprozesse beschlagen). 25

Einigkeit herrscht wohl darüber, dass **Selbstaufzeichnungen** einer natürlichen Person geheimnisgeschützt sind, nämlich Schriftstücke, die mit der Bestimmung abgefasst worden sind, dass sie nur dem Selbstaufzeichnenden bekannt sein sollen. So hat das Obergericht ZH in einem Scheidungsprozess den Antrag des Ehemannes, die Ehefrau habe ihr Tagebuch zu edieren, abgelehnt unter Hinweis auf den Persönlichkeitsschutz bzw. den Schutz der Geheimsphäre (OGer ZH, ZR 2000 Nr. 40). Das Gericht erwog dabei aber auch, dass die Edition entbehrlich war, weil dem Beweisführer andere Beweismittel (Zeugenbeweis) zur Verfügung standen. HERZOG (52 f.) und ein früherer Entscheid des Obergerichts ZH (ZR 1976 Nr. 77, 204 = SJZ 1977, 23 ff., 27) scheinen aber ein allgemeines Verbot des Beizugs von Tagebüchern zu bejahen. 26

In der Literatur werden den Selbstaufzeichnungen auch die vertraulichen schriftlichen Mitteilungen von natürlichen Personen gleichgestellt (vgl. die Hinweise in ZR 1976 Nr. 77 = SJZ 1977 23 ff., 27). Sodann sollen **persönliche Notizen** eines Arztes oder Anwalts im Berufshaftpflichtprozess der Edition nicht unterliegen (DROESE, 207 m.w.N.). 27

Als nicht editionspflichtige Interna gelten grundsätzlich auch die **Protokolle des Verwaltungsrates** und der Direktion einer AG (OGer ZH, ZR 1976 Nr. 77 = SJZ 1977 23 ff., 27; ferner HERZOG, 54; für die Geheimhaltungspflicht R. WENNINGER, Die aktienrechtliche Schweigepflicht, Diss. Zürich 1983, 150 f.); diese Protokolle halten das innere Zustandekommen der Willensbildung innerhalb des betreffenden Organs fest, die der Gegenpartei nicht offengelegt werden muss. Eine Offenlegungspflicht besteht nur, wenn es gerade um den Nachweis der Art der Mitwirkung des einzelnen Verwaltungsratsmitgliedes bei der Willensbildung und der Aufsichtstätigkeit in der Gesellschaft geht, vor allem in einem Verantwortlichkeitsprozess gegen ein Mitglied (vgl. P. BÖCKLI, Schweizer Aktienrecht, 4. Aufl., Zürich 2009, § 13 Rz 154 f. mit abweichenden Auffassungen in FN 389; HERZOG, 54 FN 137). Editionspflichtig sind demgegenüber etwa Tonbandaufnahmen, die eine Bank im Telefonverkehr mit ihrem Kunden, etwa im Wertschriftenhandel, erstellt (vgl. I. MEIER, Aktuelle Fragen, 7). Bejaht wurde ferner die Editionspflicht bezüglich eines bankinternen Schätzungsberichts über den Wert einer Liegenschaft, zumal keine Offenlegung von Geschäftsgeheimnissen in Frage stand (HGer ZH, ZR 1992 Nr. 4). 28

dd) Relevanz

29 Kann der zur Edition verpflichtete Dritte geltend machen, die Urkunde sei nicht i.S.v. Art. 150 (rechtserhebliche streitige Tatsache) **prozessrelevant**? Das OGer ZH verneinte die Frage (ZR 1981 Nr. 102, 246 E. 3), das KassGer ZH bejahte die Frage mit der Begründung, jedenfalls dann, wenn die Urkunde «offensichtlich ... in keinem irgendwie ersichtlichen Zusammenhang mit der Thematik des Prozesses stünde, habe der Dritte den Eingriff nicht hinzunehmen» (gleiche Entscheidpublikation, 247 f. E. 7b). Klar ist, dass dem Zeugen das Argument der fehlenden Relevanz nicht zur Verfügung steht (vgl. N 15).

ee) Speziell zur Duldung des Augenscheins

30 Der Augenschein dient der eigenen Sinneswahrnehmung des Gerichts (vgl. Art. 181 Abs. 1). Die Mitwirkungspflicht der Prozesspartei oder Dritter kann etwa darin bestehen, dass sie dem Gericht den Zugang auf ihr Grundstück oder den Zugang zu ihren Räumlichkeiten gewähren müssen. Soweit in der deutschen Fassung vom «Eigentum» (französisch «biens», italienisch «beni») der Parteien bzw. der Dritten die Rede ist, sind wohl die Sachen in ihrem Besitz oder Gewahrsam gemeint. Art. 181 Abs. 3 spricht von «Gegenstand». Jedenfalls ist klar, dass neben dem Augenschein an Personen sowohl bewegliche wie unbewegliche Sachen Augenscheinsobjekt sein können (FRANK/STRÄULI/MESSMER, § 169 ZPO/ZH N 7).

5. Keine Abhängigkeit von der Beweislast

31 Im Rahmen der parlamentarischen Beratung wurde von Nationalrat Carlo Sommaruga der Antrag gestellt, Art. 160 (damals Art. 161) um einen Abs. 2 mit folgendem Wortlaut zu ergänzen: «Das Gericht kann auch die nicht beweisbelastete Partei anweisen, eine für die Beendigung des Streites nützliche Urkunde herauszugeben. Bei ungerechtfertigter Weigerung kann die von der Gegenpartei behauptete Tatsache als erwiesen erachtet werden» (AmtlBull 2008, 946). Dem Antragsteller wurde entgegengehalten, Satz 1 dieses Antrags sei nicht nötig, weil er prozessual ohnehin gelte, auch gelte diese Regel nicht nur bei der Herausgabe von Urkunden (Nationalrat Müller und Bundesrätin Widmer-Schlumpf, AmtlBull 2008, 946). Bundesrätin Widmer-Schlumpf betonte auch, dass die Editionspflicht von der subjektiven Beweislast unabhängig sei, weshalb es allgemein anerkannt sei, dass das Gericht auch die nicht beweisbelastete Partei auffordern könne, Urkunden herauszugeben (AmtlBull 2008, 946). Kommissionssprecher Nidegger gab schliesslich zu bedenken, dass das Bank(kunden)geheimnis und die Berufsgeheimnisse einer Herausgabe entgegenstehen könnten (AmtlBull 2008, 947). Der Antrag wurde daraufhin zurückgezogen (AmtlBull 2008, 947).

6. Weitere Mitwirkungspflichten

32 Die Mitwirkungspflichten sind in Art. 160 **nicht abschliessend** (vgl. das Wort «insbesondere») aufgezählt.

33 Zu den weiteren Mitwirkungspflichten gehört die Pflicht zur Zurverfügungstellung von **Zeugennamen und -adressen**. Die Treu und Glauben widersprechende Weigerung einer Partei, Auskunft über eine Zeugenadresse zu geben, kann als prozessuales Verhalten der Partei in der Beweiswürdigung einbezogen werden (KassGer ZH, ZR 1966 Nr. 133 E. 6; ZR 1968 Nr. 54 = SJZ 1968; ZR 152 Nr. 101; OGer ZH, ZR 1974 Nr. 12). Besteht allerdings ein Zeugnisverweigerungsrecht, ist der Zeuge auch nicht verpflichtet, die Namen

und Adressen von anderen Zeugen anzugeben (denen kein Zeugnisverweigerungsrecht zusteht) (KassGer ZH, ZR 1968 Nr. 54 = SJZ 1968, 152 Nr. 101).

Zu den Mitwirkungspflichten der Parteien kann auch gehören, dass sie geheimhaltungspflichtige Dritte von deren Geheimhaltungspflicht **befreien**; weigert sich etwa eine Partei, einen Zeugen von der Geheimhaltungspflicht zu entbinden, so kann dies bei der Beweiswürdigung zu ihren Ungunsten berücksichtigt werden (FRANK/STRÄULI/MESSMER, § 159 ZPO/ZH N 23). 34

Ferner wird es analog Art. 165 StPO in bestimmten Fällen zulässig sein, dass das Gericht einen Zeugen verpflichtet, über die beabsichtigte oder die erfolgte Einvernahme und deren Gegenstand während einer bestimmten Frist **Stillschweigen** zu bewahren, nötigenfalls unter Hinweis auf die Strafandrohung von Art. 292 StGB. 35

7. Zeitpunkt

Die prozessualen Mitwirkungspflichten gemäss Art. 160 ff. gelten erst **im Prozess**. Die vorgängige Durchsetzung setzt einen materiellrechtlich begründeten Auskunfts- oder Editionsanspruch voraus (OGer ZH, ZR 1976 Nr. 77), der notfalls im ordentlichen oder summarischen Verfahren durchzusetzen ist, es sei denn, die Voraussetzungen für eine vorsorgliche Beweisführung nach Art. 158 seien erfüllt (vgl. SPÜHLER/VOCK, 42). Gemäss Art. 203 Abs. 1 lässt sich die Schlichtungsbehörde allfällige Urkunden für die Schlichtungsverhandlung vorlegen, im Übrigen sind die Urkunden mit den Rechtsschriften einzureichen (Art. 221 Abs. 2 lit. c für die Klage, Art. 222 Abs. 2 für die Klageantwort, Art. 229 für die Hauptverhandlung). 36

8. Sachliche Zuständigkeit

Sachlich zuständig für den Entscheid über die Mitwirkungspflichten und -verweigerungsrechte ist das urteilende Gericht, nicht eine allfällige Gerichtsdelegation nach Art. 155 Abs. 1 (vgl. FRANK/STRÄULI/MESSMER, § 163 ZPO/ZH N 2, § 164 ZPO/ZH N 5 und § 183 ZPO/ZH N 7; anders Art. 44 Abs. 4 BZP). 37

9. Örtliche Zuständigkeit

In nationalen Verhältnissen **örtlich** zuständig für den Entscheid über die Mitwirkungspflichten und -verweigerungsrechte ist das mit der Sache befasste Gericht. Beruft sich der in einem anderen Kanton als dem Prozesskanton wohnhafte Dritte auf ein Mitwirkungsverweigerungsrecht, ist nicht mehr das Gericht an seinem Wohnsitz darüber entscheidungsbefugt (anders noch KassGer ZH, ZR 1978 Nr. 84 = SJZ 1979, 79). Für die internationalen Verhältnisse vgl. N 74 ff. 38

10. Weigerung und Säumnis

Bei verweigerter Mitwirkung ist zunächst zu fragen, ob sie zu Recht oder zu Unrecht erfolgt. Die Rechtsfolgen sind unterschiedlich, vgl. die Komm. zu Art. 162 für die berechtigte Verweigerung und Art. 164 bzw. 167 für die unberechtigte Verweigerung. 39

Von der Mitwirkungsverweigerung kann die **Säumnis** unterschieden werden, d.h. das bewusste oder unbewusste Fernbleiben von der Beweiserhebung (STAEHELIN/STAEHELIN/GROLIMUND, Rz 64). Die Konsequenzen der Säumnis können die gleichen sein wie die der unberechtigten Verweigerung. Die Säumnisfolgen treten grundsätzlich schon beim ersten unentschuldigten Ausbleiben der betreffenden Partei ein (vgl. FRANK/STRÄULI/MESSMER, § 154 ZPO/ZH N 1, § 163 ZPO/ZH N 1). 40

11. Formeller Entscheid

41 Regelmässig werden die Vorladung zur Aussage als Partei oder Zeugin/Zeuge und der Entscheid über die Herausgabe von Urkunden in einem **formalisierten Entscheid** ergehen (vgl. dazu Art. 133 ff.). Ist die Mitwirkungspflicht bestritten, ist das rechtliche Gehör der betreffenden Partei zu wahren (für die Zeugenaussage FRANK/STRÄULI/MESSMER, § 164 ZPO/ZH N 5; für die Editionspflicht SPÜHLER/VOCK, 44; für die Anordnung einer Ordnungsstrafe bei unentschuldigtem oder ungenügend entschuldigtem Ausbleiben des Zeugen (OGer ZH, Beschluss vom 15.5.2008, UK080069). Gemäss Art. 174 Abs. 3 StPO hat der Zeuge bis zum Entscheid der Beschwerdeinstanz ein Zeugnisverweigerungsrecht. Gleiches dürfte für den Bereich des Zivilprozesses trotz Fehlens einer entsprechenden Norm gelten, und zwar für die Zeugenaussage wie die Edition von Urkunden.

12. Rechtsmittel

42 Die Partei kann einen strittigen Entscheid über ihre Mitwirkungspflicht bzw. ihr Mitwirkungsverweigerungsrecht erst mit dem Entscheid in der Sache anfechten.

43 Den Dritten steht die **Beschwerde** nach Art. 167 Abs. 3 offen (vgl. dazu Art. 167 N 4).

III. Die Mitwirkungsverweigerungsrechte

1. Allgemeines

44 Die Mitwirkungsverweigerungsrechte heben die Mitwirkungspflichten auf und stellen Einschränkungen des verfassungsrechtlichen Anspruchs des Rechts auf Beweis, sog. **Beweisverbote i.e.S.** dar (vgl. dazu etwa S. KOFMEL EHRENZELLER, Überblick, 150 f.). Sie sind in Art. 163, 165 und 166 niedergelegt. Sie sind für die Parteien und die Drittpersonen unterschiedlich geregelt, sowohl bezüglich der Voraussetzungen wie des Ausmasses des Verweigerungsrechts. Eine Prozesspartei kann die Mitwirkung nur aus den in Art. 163 genannten Gründen ablehnen; sie hat deshalb kein umfassendes Mitwirkungsverweigerungsrecht. Dritte haben demgegenüber ein umfassendes Verweigerungsrecht (Art. 165) oder ein beschränktes Verweigerungsrecht (Art. 166): Ein umfassendes Verweigerungsrecht haben die Dritten, die in einer bestimmten verwandtschaftlichen oder anderen sehr engen Beziehung zu einer Prozesspartei stehen. Von einem beschränkten Verweigerungsrecht ist die Rede, wenn es nur bestimmte Tatsachen oder Umstände (sensitive oder geheime Daten) betrifft (BOTSCHAFT ZPO, 7317).

45 Ein weiterer Unterschied zwischen den Parteien und den Dritten besteht darin, dass die Parteien kein Mitwirkungsverweigerungsrecht haben, um sich selbst zu schützen, vgl. Art. 163.

46 Die Mitwirkungsverweigerungsrechte sind **Rechte**, nicht Pflichten. Die betreffenden Personen können aussagen oder sonstwie an der Beweiserhebung mitwirken, sie müssen aber nicht (BOTSCHAFT ZPO, 7317). Soweit sie aussagen, hat das Gericht im Rahmen der Beweiswürdigung zu entscheiden, inwieweit auf die entsprechende Mitwirkung abzustellen ist (BOTSCHAFT ZPO, 7317), so z.B. auf die Zeugenaussage eines nahen Verwandten einer Partei.

47 Soweit sich die Parteien und Dritte über Schweigepflichten hinwegsetzen und aussagen bzw. in anderer Form mitwirken, ist das Beweismittel dennoch **gültig** (FRANK/STRÄULI/MESSMER, § 159 ZPO/ZH N 5, 24), anderseits schützt das Prozessrecht gegebenenfalls nicht vor einer Bestrafung wegen Verletzung von Art. 321 StGB (FRANK/STRÄULI/MESSMER, § 159 ZPO/ZH N 24).

2. Keine Geltung im Abstammungsprozess

Soweit es um die Aufklärung der **Abstammung** geht, können sich weder die Parteien noch Dritte auf Mitwirkungsverweigerungsrechte berufen, vgl. Art. 296 Abs. 2 und die dortige Kommentierung.

3. Vertraglich übernommene Schweigepflichten

Eine **vertraglich übernommene Schweigepflicht**, die nicht gleichzeitig auch eine gesetzlich vorgesehene Schweigepflicht umfasst, begründet kein Mitwirkungsverweigerungsrecht (offenbar a.M. LEUENBERGER, 156). Möglicherweise greift aber Art. 156 betreffend die Wahrung schutzwürdiger Interessen: Gefährdet die Beweisabnahme schutzwürdige Interessen einer Partei oder Dritter, insb. deren Geschäftsgeheimnisse, so trifft das Gericht die geeigneten und erforderlichen Massnahmen, indem es z.B. das Recht auf Einsicht in Akten mit Geschäftsgeheimnissen beschränkt und der Gegenpartei bzw. den Parteien nur einen Auszug zur Kenntnis bringt.

4. Materiellrechtliche Offenbarungspflichten

Es wird richtig sein, die Berufung auf Mitwirkungsverweigerungsrechte zu verweigern, soweit eine **materiellrechtliche Offenbarungspflicht** besteht. So hat etwa das Kassationsgericht Zürich die Berufung auf ein Editionsverweigerungsrecht bezüglich Urkunden, die aufgrund spezieller Vorschrift (in casu Art. 640 OR in der damaligen Fassung, jetzt Art. 43 Handelsregisterverordnung vom 17.10.2007, SR 221.411) beim Handelsregisteramt zu hinterlegen waren (in casu Gründungsurkunden einer AG) nicht zugelassen mit der Begründung, das Handelsregister sei öffentlich (Art. 930 OR) und diesen Urkunden mangle jeglicher Geheimnischarakter.

5. Der Verzicht auf die Mitwirkungsverweigerungsrechte

Ein **Verzicht** des Zeugen zum Voraus auf sein Zeugnisverweigerungsrecht ist ungültig (GULDENER, ZPR, 346).

Gemäss GULDENER (ZPR, 346) darf der Zeuge, der erklärt hat, auf sein Zeugnisverweigerungsrecht zu verzichten, die Beantwortung von Ergänzungsfragen nicht verweigern, und in einem strafprozessualen Fall hielt das Kassationsgericht ZH fest, dass ein Zeuge sich entweder zur Aussage entschliessen oder das Zeugnis verweigern könne; eine teilweise Berufung auf das Zeugnisverweigerungsrecht gebe es nicht (ZR 1967 Nr. 67, 125 = SJZ 1967, 122 Nr. 56). Diese Auffassung dürfte insofern überholt sein, als sich nach Art. 175 Abs. 1 StPO der Zeuge jederzeit auf sein Zeugnisverweigerungsrecht berufen kann oder den Verzicht darauf widerrufen kann. Diese Regel dürfte auch für den Bereich des Zivilprozesses gelten. – Gemäss Obergericht LU (LGVE 1976 I Nr. 313) ist die Erklärung eines Zeugen, er sei trotz des ihm zustehenden Zeugnisverweigerungsrechts zur Aussage bereit, nicht endgültig. Der Zeuge könne sich noch während der Einvernahme auf dieses Recht berufen.

Ebenso sollte m.E. die Regel von Art. 175 Abs. 2 StPO analog angewendet werden, dass Aussagen, die ein Zeuge nach Belehrung über das Zeugnisverweigerungsrecht gemacht hat, auch dann als Beweis verwertet werden können, wenn sich der Zeuge zu einem späteren Zeitpunkt auf das Zeugnisverweigerungsrecht beruft oder den Verzicht auf das Zeugnisverweigerungsrecht widerruft (mit gleichem Ergebnis GULDENER, ZPR, 346 und OGer LU, LGVE 1976 I Nr. 313).

54 Der Zeuge kann auch auf seinen Entscheid zurückkommen, das Zeugnis verweigern zu wollen (FRANK/STRÄULI/MESSMER, § 164 ZPO/ZH N 4c; GULDENER, ZPR, 346). Ebenso kann die Partei auf ihren Entscheid zurückkommen, einen Zeugen nicht von der Schweigepflicht zu entbinden (GULDENER, ZPR, 346). Im Sinne eines geordneten Prozessganges wird das Gericht allerdings darauf achten, dass dadurch keine wesentliche zeitliche Verzögerung in der Beweisabnahme entsteht.

6. Immunitäten

55 Mitwirkungsverweigerungsrechte können sich auch aus **diplomatischen und konsularischen Privilegien** ergeben (vgl. GULDENER, Internat., 3 f.). Massgeblich sind neben den Regeln des Völkergewohnheitsrechts namentlich das Wiener Übereinkommen über diplomatische Beziehungen vom 18.4.1961 (SR 0.191.01), dort insb. Art. 31 Ziff. 2 betr. Zeugnisverweigerungsrecht, und das Wiener Übereinkommen über konsularische Beziehungen vom 24.4.1963 (SR 0.191.02), dort insb. Art. 44 betr. Zeugnisverweigerungsrechte. Gemäss Art. IV Abschnitt 9 des Abkommens vom 11.6./1.7.1946 über die Vorrechte und Immunitäten der Organisation der Vereinten Nationen zwischen dem Schweizerischen Bundesrat und dem Generalsekretär der Vereinten Nationen (SR 0.192.120.1) gelten die den Diplomaten zustehenden Immunitäten auch für die Vertreter der Mitglieder der Organisation der Vereinten Nationen.

IV. Mitwirkungsverweigerungsrechte und Mitwirkungsverweigerungspflichten

56 Neben den in der ZPO geregelten Mitwirkungsverweigerungs*rechten* sind grundsätzlich auch die in anderen Gesetzen niedergelegten Mitwirkungsverweigerungs*pflichten* zu beachten, d.h. die in besonderen gesetzlichen Vorschriften enthaltenen Verbote, gewisse Aussagen zu machen bzw. sonst wie an der Beweiserhebung mitzuwirken. Im Vordergrund stehen die Berufsgeheimnispflichten gemäss Art. 321 StGB und das Bank(kunden)geheimnis gemäss Art. 47 Bankengesetz. Für diese konnte die Einführung der ZPO keinen Widerspruch zwischen Mitwirkungspflichten und Mitwirkungsverweigerungspflichten ergeben, da bereits Art. 321 Ziff. 3 StGB und Art. 47 Abs. 5 BankG die kantonalen und eidgenössischen Bestimmungen über die Zeugnispflicht vorbehalten. Die ZPO nimmt auf Art. 321 StGB aber auch ausdrücklich Rücksicht, indem die Geheimnisträger nach Art. 321 StGB in Art. 163 Abs. 1 lit. b ZPO von der Mitwirkungspflicht als Partei und in Art. 166 Abs. 1 lit. b ZPO von der Mitwirkungspflicht als Drittpartei ausgenommen werden.

57 Auf die sonstigen Mitwirkungsverweigerungspflichten in Art. 47 Abs. 5 BankG und den anderen gesetzlichen Erlassen nimmt die ZPO Rücksicht, indem sie im Einzelfall ein Mitwirkungsverweigerungsrecht der Partei nach Art. 163 Abs. 2 ZPO und der Drittpartei nach Art. 166 Abs. 2 ZPO statuiert, dann nämlich, wenn die betreffende Person glaubhaft machen kann, dass das Geheimhaltungsinteresse das Interesse an der Wahrheitsfindung überwiegt.

V. Minderjährige

58 Der Begriff «unmündige Person» wird mit dem Inkrafttreten der Änderung vom 19.12.2008 des ZGB (Erwachsenenschutz, Personenrecht und Kindesrecht) in «minderjährige Person» geändert (vgl. dazu Koordinationsbestimmungen im Anh. 2 Ziff. 3 und dazu die Komm. in Art. 403).

2. Kapitel: Mitwirkungspflicht und Verweigerungsrecht   59–65 **Art. 160**

Mit Bezug auf die Mitwirkung Minderjähriger soll das Gericht im Einzelfall über die   59
Zeugnisfähigkeit und die sonstige Mitwirkung entscheiden (BOTSCHAFT ZPO, 7316).

Die Schweizerische ZPO sieht keine Mindestaltersgrenze und keine anderen schemati-   60
schen Schranken vor (dies im Gegensatz etwa zu Art. 244 Ziff. 1 ZPO/BE [12 Jahre],
§ 160 Ziff. 3 ZPO/BL [14 Jahre], Art. 228 Ziff. 3 ZPO/TI [12 Jahre] und zu Art. 163
StPO [15 Jahre]). Die Schweizerische ZPO will nicht mit einer schematischen Grenze
das Recht zum Beweis beschneiden, anderseits aber auch nicht Minderjährige ab einem
bestimmten Alter generell der Mitwirkungspflicht unterstellen (BOTSCHAFT ZPO, 7316).
Bei seinem Entscheid soll das Gericht das **Kindeswohl** berücksichtigen, vgl. Art. 160
Abs. 2.

Dabei sollen alle Umstände der konkreten Situation berücksichtigt werden, so insb. das   61
Sinnes- und Denkvermögen der betreffenden Person, ihre Beziehung zu den Parteien, das
Beweisthema oder die mögliche Beeinträchtigung des physischen oder psychischen
Wohls. Der Hinweis auf die strafrechtlichen Folgen des falschen Zeugnisses (Art. 307
StGB) soll bei Minderjährigen nur gemacht werden, wenn sie älter als vierzehn Jahre
sind (Art. 168).

Das Gericht soll im Rahmen der Beweiswürdigung entscheiden, welchen Wert es einer   62
bestimmten Aussage beimisst.

Die ZPO enthält keine Vorschriften über die Ausübung der Mitwirkungsverweigerungs-   63
rechte der Unmündigen. Anerkannt ist, dass diese es selber ausüben können, soweit
sie urteilsfähig sind (FRANK/STRÄULI/MESSMER, § 164 ZPO/ZH N 4c, § 159 N 21;
OGer AG, AGVE 2000 75 ff. für den früheren Aargauer Strafprozess); soweit die Urteilsfähigkeit fehlt, entscheidet der gesetzliche Vertreter bzw. Beistand (FRANK/STRÄULI/
MESSMER, § 164 ZPO/ZH N 4c; KassGer ZH, ZR 1967 Nr. 67 = SJZ 1967, 122 Nr. 56;
OGer ZH, ZR 1976 Nr. 93, 248 E. a).

VI. Juristische Personen

Soweit eine juristische Person Partei ist, werden gemäss Art. 159 ihre **Organe** im Be-   64
weisverfahren **wie eine Partei** behandelt (diese Bestimmung begegnete im Gesetzgebungsverfahren erheblicher Kritik, BOTSCHAFT ZPO, 7314). Zu den Organen zählen auch
die faktischen Organe (BOTSCHAFT ZPO, 7314). Die Konkursverwaltung und die Liquidatoren sind ebenfalls wie Parteien zu behandeln (BOTSCHAFT ZPO, 7314). Die Organe
der juristischen Person, die Prozesspartei ist, können sich daher nur auf die Mitwirkungsverweigerungsrechte gemäss Art. 163 berufen; zum Schutz sind allenfalls Massnahmen nach Art. 156 geboten.

VII. Materiellrechtliche Mitwirkungspflichten

Aus dem materiellen Recht kann sich eine materiellrechtliche Auskunfts- und Editions-   65
pflicht ergeben, so z.B. Art. 170 Abs. 2 OR (Forderungsabtretung), Art. 322a Abs. 2 und 3
(Arbeitsvertrag), Art. 400 Abs. 1 OR (einfacher Auftrag), Art. 418k Abs. 2 OR (Agentur-
vertrag), Art. 503 Abs. 3 OR und Art. 505 Abs. 1 OR (Bürgschaft) oder eine allgemeine
Auskunftspflicht, so z.B. Art. 170 ZGB (Ehe), Art. 607 Abs. 3 ZGB, Art. 610 Abs. 2
ZGB (Erben). Art. 170 ZGB stipuliert eine materiellrechtliche Auskunftspflicht jedes
Ehegatten gegenüber dem anderen Ehegatten bezüglich Einkommen, Vermögen und
Schulden (vgl. BGE 132 III 291, 301 E. 4.2). Der Dritte ist erst aufgrund richterlicher
Anordnung auskunftspflichtig. Gemäss bisheriger Auffassung war die Auskunftspflicht

nicht durch die in den kantonalen Prozessordnungen enthaltenen Zeugnisverweigerungsrechte beschränkt (vgl. BSK ZGB I-SCHWANDER, Art. 170 N 23). Es wird richtig sein anzunehmen, dass den Parteien und Dritten nun auch die Mitwirkungsverweigerungsrechte gemäss ZPO nicht zur Verfügung stehen, mit Ausnahme des in Art. 170 Abs. 3 ZGB vorbehaltenen Berufsgeheimnisses der Rechtsanwälte, Notare, Ärzte, Geistlichen und ihrer Hilfspersonen.

66 Die vom Bundesgericht (BGE 93 II 60, 62 E. 2) nicht als materiell-, sondern prozessrechtlich verstandene Editionspflicht gemäss Art. 963 OR bezüglich Geschäftsbüchern, Geschäftskorrespondenz und Buchungsbelegen wurde durch die ZPO aufgehoben (Anh. 1 zur ZPO, Ziff. II.5). Gleich wie bei Art. 963 OR versteht das Bundesgericht den Auskunftsanspruch des Sonderprüfers nach Art. 697d Abs. 2 OR als prozessrechtlich (BGE 129 III 301, 304 E. 1.2.3). Diese Bestimmung wurde durch die ZPO-Einführung nicht aufgehoben.

VIII. Anspruch auf angemessene Entschädigung (Abs. 3)

67 Art. 160 Abs. 3 sieht einen Anspruch auf angemessene Entschädigung vor.

68 Zu unterscheiden ist zwischen dem Anspruch der Parteien und dem der Dritten. Die Parteien können ihren Aufwand (nur) im Rahmen der Parteientschädigung nach Art. 95 geltend machen (so BOTSCHAFT ZPO, 7316).

69 Gemäss der Botschaft ist bei der Entschädigung an die Dritten «zu denken ... an Ausagenersatz, an eine Vergütung für den Zeitaufwand oder eine Entschädigung für Verdienstausfall (BOTSCHAFT ZPO, 7316). Gemäss dem Bericht der Expertenkommission (S. 78 zu Art. 152) soll mit dem Begriff der Angemessenheit zum Ausdruck gebracht werden, dass im Einzelfall auch weitere Umstände berücksichtigt werden dürfen.

70 Ein Zeuge, der, wie etwa der Arzt oder Anwalt, seine Leistungen mit Honorarnoten in Rechnung stellt, wird für seine Zeugenaussage nicht seine üblichen Honoraransätze in Rechnung stellen können. Entsprechend hat es das Obergericht ZH (in: ZR 1987 Nr. 72) abgelehnt, einen Arzt für seine Zeugenaussage nach dem sog. Krankenkassentarif zu entschädigen.

71 Nach dem Gesetzeswortlaut haben nur die zur Mitwirkung verpflichteten Dritten einen Entschädigungsanspruch. Es wird jedoch richtig sein, auch dem Zeugen eine angemessene Entschädigung zuzubilligen, der der Zeugenvorladung nachkommt und sich vor Schranken auf das Mitwirkungsverweigerungsrecht beruft. Die Mitwirkungspflicht der Dritten besteht unabhängig davon, ob sie die Entschädigung als genügend bzw. ungenügend erachten (vgl. MARAZZI, 367).

72 Den Kantonen kommt wie bis anhin die Zuständigkeit zu (vgl. Art. 95 Abs. 2 lit. c und Art. 96), Tarife für die Entschädigung von Zeugen, Auskunftspersonen und Sachverständigen festzusetzen (für den Kanton Zürich vgl. Antrag des Regierungsrates für ein Gesetz über die Gerichts- und Behördenorganisation im Straf- und Zivilprozess [GOG], Amtsblatt des Kantons Zürich 2009, 1490 ff., § 74 lit. b).

73 Im Kanton Zürich gilt die Verordnung der obersten kantonalen Gerichte über die Entschädigung der Zeugen und Zeuginnen, Auskunftspersonen und Sachverständigen (Entschädigungsverordnung der obersten Gerichte) vom 11.6.2002 (kantonale Gesetzessammlung 211.12).

IX. Internationale Verhältnisse

Die Zeugnis- und sonstige Mitwirkungspflicht besteht als Bürgerpflicht nur gegenüber dem (Wohnsitz-)Staat (VOGEL/SPÜHLER, 10. Kap. Rz 132). Der sich im Staatsgebiet aufhaltende Ausländer hat einer Vorladung der Gerichte des betreffenden Staates Folge zu leisten (WALTER, Int. ZPR, § 6 III 3, 319). Der im Ausland wohnhafte Zeuge kann nicht zum Erscheinen vor einem Schweizer Gericht und der im Ausland wohnhafte Dritte kann nicht zur Edition von Urkunden durch das Schweizer Gericht verhalten werden (WALTER, Int. ZPR, § 12 Rz 27).

Im Beweisrecht gilt im Grundsatz und unter Vorbehalt von Staatsverträgen die **lex fori**: Jedes Gericht wendet auch in internationalen Sachverhalten sein eigenes Prozessrecht an (STAEHELIN/STAEHELIN/GROLIMUND, § 4 Rz 2; WALTER, Int. ZPR, § 6 III 1, 312).

Die lex fori bestimmt somit:

- die Zeugnisfähigkeit (WALTER, Int. ZPR, § 6 III 3, 319): Ein Ausländer kann sich nicht darauf berufen, dass er nach seinem Heimatrecht nicht als Zeuge aussagen darf oder kann oder muss (WALTER, Int. ZPR, § 6 III 3, 319);
- die Erscheinungspflicht des Zeugen (WALDER, IZPR, § 12 Rz 23 für die Rechtshilfe);
- die Mitwirkungspflicht des Zeugen (WALTER, Int. ZPR, § 6 III 3, 319; NIGG, Überblick, 45).
- die Verpflichtung zur Duldung des Augenscheins (WALTER, Int. ZPR, § 6 III 3, 320);
- die Beurteilung der Pflicht zur Edition von Privaturkunden (WALDER, IZPR, § 12 Rz 21 für die Rechtshilfe; WALTER, Int. ZPR, § 6 III 3, 320).

Für das Zeugnisverweigerungsrecht des Zeugen gilt: Hat der Zeuge ein Zeugnisverweigerungsrecht nach dem Recht des Prozessgerichts, aber nicht nach seinem Wohnsitzrecht, kann er sich nach wohl h.L. auf das Zeugnisverweigerungsrecht des Prozessgerichts berufen (vgl. WALTER, Int. ZPR, § 6 III 3, 320; wohl **a.M.** WALDER, IZPR, § 12 Rz 23, aber immerhin bejahend für den Fall, dass der Zeuge vor dem auswärtigen Gericht freiwillig erscheint, WALDER, IZPR, a.a.O., FN 32a). Hat der Zeuge ein Zeugnisverweigerungsrecht nach dem Recht seines Wohnsitzes, aber nicht nach dem Recht des Prozessgerichts, hat der Zeuge kein Zeugnisverweigerungsrecht bei einer Aussage vor dem Prozessgericht (**a.M.** NIGG, Überblick, 45). Er wird es deshalb allenfalls auf seine Einvernahme auf dem Rechtshilfeweg ankommen lassen wollen.

Gemäss Art. 11 des Übereinkommens vom 18.3.1970 über die Beweisaufnahme im Ausland in Zivil- oder Handelssachen (SR 0.274.132) kann sich ein rechtshilfeweise einvernommener Zeuge auf ein Recht zur Aussageverweigerung oder auf ein Aussageverbot berufen, das entweder nach dem Recht des ersuchten oder nach dem des ersuchenden Staates vorgesehen ist (vgl. WALTER, Int. ZPR, § 7 VI 2, 367).

Art. 161

Aufklärung

¹ Das Gericht klärt die Parteien und Dritte über die Mitwirkungspflicht, das Verweigerungsrecht und die Säumnisfolgen auf.

² Unterlässt es die Aufklärung über das Verweigerungsrecht, so darf es die erhobenen Beweise nicht berücksichtigen, es sei denn, die betroffene Person stimme zu oder die Verweigerung wäre unberechtigt gewesen.

Information

¹ Le tribunal rend les parties et les tiers attentifs à leur obligation de collaborer, à leur droit de refuser de collaborer et aux conséquences du défaut.

² Il ne peut tenir compte des preuves administrées si les parties ou les tiers n'ont pas été informés de leur droit de refuser de collaborer, à moins que la personne concernée n'y consente ou que son refus de collaborer n'ait été injustifié.

Informazione

¹ Il giudice informa le parti e i terzi sull'obbligo di cooperazione, sul diritto di rifiutarsi di cooperare e sulle conseguenze in caso di mancata cooperazione.

² Le prove assunte senza che le parti o i terzi siano stati informati sul diritto di rifiutarsi di cooperare non possono essere prese in considerazione, eccetto che l'interessato vi acconsenta o che il rifiuto non sarebbe stato legittimo.

Inhaltsübersicht

	Note
I. Allgemeines	1
II. Aufklärung	2
III. Folgen unterlassener Aufklärung	10

Literatur

Vgl. die Literaturhinweise zu Art. 160.

I. Allgemeines

1 Parteien und Dritte müssen vom Gericht über ihre Mitwirkungspflicht, die zulässigen Verweigerungsrechte und die Sanktionen aufgeklärt werden. Diese Aufklärung ist Grundvoraussetzung dafür, dass bei ungerechtfertigter Verweigerung der Mitwirkung die renitente Person mit Sanktionen oder anderen Nachteilen belegt werden kann. In diesem Sinne kann die Belehrung als «konstitutiv» für die Verwertung des betreffenden Beweismittels und für eine Verhängung von Strafen und anderen Nachteilen bezeichnet werden (so BOTSCHAFT ZPO, 7316).

II. Aufklärung

2 Der Gesetzeswortlaut scheint nahezulegen, dass die Belehrung selbst dann zu erfolgen hat, wenn das Gericht in seiner Meinung ein Verweigerungsrecht ausschliesst. Vernünftigerweise wird aber nur dann eine Belehrung zu erfolgen haben, wenn ein Mitwirkungs-

verweigerungsrecht überhaupt in Betracht kommen kann (so auch FRANK/STRÄULI/ MESSMER, § 164 N 3b und OGer ZH, ZR 1986 Nr. 78). Gemäss der Botschaft muss die Belehrung «klar und vollständig sein» (BOTSCHAFT ZPO, 7316). Dies dürfte die verkürzte Wiedergabe der Aussage im Bericht der Expertenkommission darstellen, wonach «die gerichtliche Orientierung so klar und vollständig sein muss, dass bei der betroffenen Person kein Missverständnis darüber entsteht, ob sie im konkreten Fall mitzuwirken hat oder nicht». Mit Blick auf die Mitwirkungsverweigerungsrechte wird es deshalb genügend sein, wenn das Gericht den Zeugen über die denkbaren (umfassenden bzw. beschränkten) Mitwirkungsverweigerungsrechte orientieren wird, ohne dass aber sämtliche gesetzlich vorgesehenen Mitwirkungsverweigerungsrechte aufgezählt werden müssten.

Die Belehrung kann formularmässig vor dem Termin erfolgen (FRANK/STRÄULI/ MESSMER, § 164 ZPO/ZH N 4c), doch wird der Richter sich diesfalls vor der Beweiserhebung vergewissern, dass die Belehrung verstanden worden ist. Bei Delegation der Beweisabnahme i.S.v. Art. 155 Abs. 1 wird eine Belehrung durch die Delegation genügend sein. **3**

Inhaltlich gehört zur Aufklärung des Zeugen, dass er vor der Einvernahme zur **Wahrheit** ermahnt wird und zudem, sofern er das 14. Altersjahr vollendet hat, auf die strafrechtlichen Folgen des falschen Zeugnisses (Art. 307 StGB) hingewiesen wird (vgl. Art. 171 Abs. 1). Gemäss Kantonsgerichtsausschuss Graubünden ist der blosse Hinweis auf die Strafbarkeit oder eine unvollständige Belehrung über die Straffolgen (in casu blosser Hinweis auf die Bestrafung mit Gefängnis ohne Nennung der angedrohten Höchststrafe) ungenügend (Praxis des KGer GR, PKG 1993 Nr. 25). **4**

Die Belehrungspflicht entfällt nicht bei entsprechender Rechtskenntnis des Mitwirkungspflichtigen (vgl. FRANK/STRÄULI/MESSMER, § 164 ZPO/ZH N 3b). Dass der Mitwirkungspflichtige seine Mitwirkungsrechte ohnehin kennt, heilt den Mangel der unterlassenen Belehrung nicht (FRANK/STRÄULI/MESSMER, § 164 ZPO/ZH N 3b m.w.N., u.a. die gegenteilige Auffassung des Bundesgerichts in BGE 86 I 86, 91 E. 2). **5**

Bei erneuter Befragung des gleichen Zeugen im nämlichen Verfahren bzw. in höherer Instanz war nach der bisherigen Zürcher Rechtsprechung zum Zivilprozess eine Wiederholung der Belehrung zwar empfehlenswert, aber nicht nötig (vgl. FRANK/STRÄULI/ MESSMER, § 157 ZPO/ZH N 3b; anders für den früheren Zürcher Strafprozess KassGer ZH, ZR 2001 Nr. 18). In Analogie zum Strafprozess ist nun aber wohl die Wiederholung der Belehrung nötig (vgl. Botschaft zur Vereinheitlichung des Strafprozessrechts vom 21.12.2005, S. 1207 zu Art. 177 Abs. 3 StPO), es sei denn, die Unterbrechung sei nur kurz (maximal ein paar Stunden; vgl. Art. 171 N 7). **6**

Soweit verschiedene Mitwirkungsverweigerungsrechte in Betracht kommen können, sind sie kumulativ zu erwähnen (FRANK/STRÄULI/MESSMER, § 164 ZPO/ZH N 3b). **7**

Die Belehrung in der Vernehmung ist zu protokollieren (ebenso für das frühere kantonale zürcherische Recht FRANK/STRÄULI/MESSMER, § 164 ZPO/ZH N 1). **8**

Nach erfolgter Belehrung muss der betreffenden Partei gegebenenfalls Gelegenheit gegeben werden darzulegen, aus welchen Gründen sie sich berechtigt glaubt, die Mitwirkung zu verweigern (FRANK/STRÄULI/MESSMER, § 164 N 5 m.V. auf BGE 91 I 200, 203 E. 2 und OGer ZH, SJZ 1956, 92 Nr. 46). **9**

III. Folgen unterlassener Aufklärung

10 Nach dem Gesetzeswortlaut dürfen die erhobenen Beweise nicht berücksichtigt werden, wenn das Gericht die Belehrung unterlässt, es sei denn, die betroffene Person gebe dafür ihre Zustimmung oder aber die Verweigerung der Mitwirkung wäre ungerechtfertigt gewesen.

11 Als «betroffene Person» ist wohl nur diejenige Person zu betrachten, die ohne Belehrung ausgesagt hat (so wohl auch MARAZZI, 368 FN 381), nicht auch eine der Parteien.

12 Eine Beweiserhebung ohne Belehrung ist durch Art. 161 Abs. 2 geregelt und nicht durch Art. 152 Abs. 2 (rechtswidrig beschaffte Beweismittel), d.h. eine Beweiserhebung ohne Belehrung kann nicht gültig sein, weil das Interesse an der Wahrheitsfindung den Schutz der Mitwirkungsverweigerungsrechte übersteigt (so wohl auch MARAZZI, 368). Ein im Rahmen der tatsächlich erfolgten Mitwirkung beschafftes Beweismittel kann aber rechtswidrig beschafft sein und unter die Regelung von Art. 152 Abs. 2 fallen.

Art. 162

Berechtigte Verweigerung der Mitwirkung	Verweigert eine Partei oder eine dritte Person die Mitwirkung berechtigterweise, so darf das Gericht daraus nicht auf die zu beweisende Tatsache schliessen.
Refus justifié de collaborer	Le tribunal ne peut inférer d'un refus légitime de collaborer d'une partie ou d'un tiers que le fait allégué est prouvé.
Legittimo rifiuto di cooperare	Dal legittimo rifiuto di cooperare di una parte o di un terzo il giudice non può evincere nulla quanto al fatto da provare.

Literatur

Vgl. die Literaturhinweise zu Art. 160.

1 Art. 162 regelt die berechtigte Verweigerung der Mitwirkung, und zwar sowohl die berechtigte Verweigerung der Prozessparteien wie die berechtigte Verweigerung von Dritten. Die Bestimmung steht damit im Gegensatz zu Art. 164, der die unberechtigte Verweigerung der Prozessparteien und Art. 167, der die unberechtigte Verweigerung von Dritten regelt, aber auch zu den Mitwirkungsverweigerungsrechten der Partei in Art. 163 und den allgemeinen und beschränkten Mitwirkungsverweigerungsrechten der Dritten in Art. 165 und 166.

2 Art. 162 bestimmt, dass die berechtigte Verweigerung der Mitwirkung dem Gericht verbietet, auf die zu beweisende Tatsache zu schliessen. Die Bestimmung gehört damit materiell zur Beweiswürdigung.

3 Für die Mitwirkungsverweigerungsrechte vgl. im Übrigen die Komm. zu Art. 160 N 44 ff.

2. Abschnitt: Verweigerungsrecht der Parteien

Art. 163

Verweigerungsrecht ¹ Eine Partei kann die Mitwirkung verweigern, wenn sie:
a. eine ihr im Sinne von Artikel 165 nahestehende Person der Gefahr strafrechtlicher Verfolgung oder zivilrechtlicher Verantwortlichkeit aussetzen würde;
b. sich wegen Verletzung eines Geheimnisses nach Artikel 321 des Strafgesetzbuchs (StGB) strafbar machen würde; ausgenommen sind die Revisorinnen und Revisoren; Artikel 166 Absatz 1 Buchstabe b dritter Teilsatz gilt sinngemäss.

² Die Trägerinnen und Träger anderer gesetzlich geschützter Geheimnisse können die Mitwirkung verweigern, wenn sie glaubhaft machen, dass das Geheimhaltungsinteresse das Interesse an der Wahrheitsfindung überwiegt.

Droit de refus ¹ Une partie peut refuser de collaborer:
a. lorsque l'administration des preuves pourrait exposer un de ses proches au sens de l'art. 165 à une poursuite pénale ou engager sa responsabilité civile;
b. lorsque la révélation d'un secret pourrait être punissable en vertu de l'art. 321 du code pénal (CP); les réviseurs sont exceptés; l'art. 166, al. 1, let. b, in fine, est applicable par analogie.

² Les dépositaires d'autres secrets protégés par la loi peuvent refuser de collaborer s'ils rendent vraisemblable que l'intérêt à garder le secret l'emporte sur l'intérêt à la manifestation de la vérité.

Diritto di rifiuto ¹ Una parte può rifiutarsi di cooperare qualora:
a. esponesse al rischio di essere sottoposta a un procedimento penale o di dover rispondere civilmente una persona a lei vicina ai sensi dell'articolo 165;
b. si rendesse colpevole di violazione di un segreto secondo l'articolo 321 del Codice penale (CP); sono eccettuati i revisori; l'articolo 166 capoverso 1 lettera b, terza frase, si applica per analogia.

² I depositari di altri segreti legalmente protetti possono rifiutarsi di cooperare qualora rendano verosimile che l'interesse al mantenimento del segreto prevale su quello all'accertamento della verità.

Inhaltsübersicht   Note

I. Einleitung 1
II. Kein Selbstschutz der Partei 5
III. Geltendmachung des Verweigerungsrechts 7
IV. Andere gesetzlich geschützte Geheimnisse, insb. das Bankgeheimnis (Abs. 2) .. 8

Literatur

Vgl. die Literaturhinweise zu Art. 160.

I. Einleitung

1 Art. 163 regelt das Verweigerungsrecht der Parteien, für das Verweigerungsrecht Dritter vgl. Art. 165 und 166.

2 Art. 163 Abs. 2 und Art. 166 Abs. 2 sind wörtlich identisch, allerdings nur in der deutschen Fassung. Die französische und italienische Fassung weichen in Art. 166 Abs. 2 von Art. 163 Abs. 2 ab, ohne dass allerdings ein inhaltlicher Unterschied gewollt wäre (vgl. MARAZZI, 368 FN 384).

3 Die Parteien können nach Art. 163 die Mitwirkung nur aus **zwei Gründen** verweigern, nämlich wenn sie in der Tatbestandsvariante von lit. a eine nahestehende Person der Gefahr der strafrechtlichen Verfolgung oder zivilrechtlichen Verantwortlichkeit aussetzen würden oder in der Tatbestandsvariante von lit. b, wenn sie mit der Aussage ein Berufsgeheimnis nach Art. 321 StGB verletzen würden.

4 Der Ausschluss der **Revisoren** in Art. 163 Abs. 1 lit. b wurde erst auf Vorschlag der ständerätlichen Kommission zu Beginn der parlamentarischen Beratungen eingebracht, ebenso wie der Abs. 2. Nach dem Entwurf des Bundesrates hätten die Banken und Effektenhändler als Geheimnisträger nur dann ein Verweigerungsrecht gehabt, wenn sie als Dritte am Prozess teilnehmen, nicht jedoch, wenn sie selber Partei sind (vgl. Bundesrat Blocher, AmtlBull 2007, 516).

II. Kein Selbstschutz der Partei

5 Die Parteien haben kein Mitwirkungsverweigerungsrecht, um sich selbst vor einer zivilrechtlichen Verantwortlichkeit und/oder strafrechtlichen Verfolgung zu schützen (BOTSCHAFT ZPO, 7317). Der Vorentwurf hatte in Art. 155 noch ein Mitwirkungsverweigerungsrecht vorgesehen, wenn eine Partei sich selbst der Gefahr einer strafrechtlichen Verfolgung ausgesetzt hätte. Diese Regelung wurde in der Vernehmlassung kritisiert (vgl. etwa MEIER/MÜRNER, Stolpersteine in der neuen Schweizerischen Zivilprozessordnung, SJZ 2003, 597 ff., 601) und in der Folge im bundesrechtlichen Entwurf gestrichen. Die Botschaft erwähnt dazu: «Wenn das Gericht aus einem betretenen, aber unberechtigten Schweigen einer Partei keine Rückschlüsse ziehen dürfte, so könnten insb. Verantwortlichkeits-, Haftpflicht- oder konkursrechtliche Anfechtungsprozesse nicht mehr erfolgreich geführt werden.» (BOTSCHAFT ZPO, 7317).

6 Soweit bei einer Aussage im Zivilprozess ein eigenes strafrechtliches Verhalten zur Diskussion steht, begegnet das fehlende Verweigerungsrecht allerdings einer gewissen Kritik in der Literatur: HASENBÖHLER (ZZZ, 384) frägt sich, ob die Regelung verfassungskonform sei, und STAEHELIN/STAEHELIN/GROLIMUND (§ 18 Rz 73) befürchten eine Aushöhlung des Rechts des Angeschuldigten auf Aussageverweigerung.

III. Geltendmachung des Verweigerungsrechts

7 Wer sich auf das Verweigerungsrecht nach Art. 163 berufen will, hat das Vorliegen der Voraussetzungen für die Verweigerung zu substantiieren, doch genügt **Glaubhaftmachung**, um das Verweigerungsrecht nicht materiell auszuhöhlen (BOTSCHAFT ZPO, 7318). Das Gericht kann wohl verlangen, dass die Ausübung dieses Mitwirkungsverweigerungsrechts vor den Schranken des Gerichts erfolgt, d.h. nötigenfalls vor Gericht die Erklärung betreffend Verweigerungsrecht abgegeben wird (vgl. oben Art. 160 N 14). Die ZPO sieht nicht vor, dass ein Entscheid des Gerichts über die Mitwirkungspflicht bzw. das Mitwirkungsverweigerungsrecht einer Partei selbständig angefochten werden könnte (für die Beschwerde des Dritten vgl. Art. 167 Abs. 3).

IV. Andere gesetzlich geschützte Geheimnisse, insb. das Bankgeheimnis (Abs. 2)

Dieser Absatz bringt, zusammen mit Art. 166 Abs. 2, eine **bundesrechtliche Vereinheitlichung** der bislang kantonal unterschiedlich geregelten Bedeutung des Bank(kunden)geheimnisses im Zivilprozess. Die neue Regelung gemäss Abs. 2 soll den Banken und Effektenhändlern ein Mitwirkungsverweigerungsrecht ermöglichen, um das Bank(kunden)geheimnis und das Berufsgeheimnis gemäss dem Börsengesetz zu wahren. Er gilt für die Situation, wo die Bank (oder der Effektenhändler) Prozesspartei ist, und die Bank (bzw. der Effektenhändler) z.B. aufgefordert ist, eine Aussage zu machen oder Unterlagen zu edieren, die auch Angaben über unbeteiligte Kunden enthalten. Zur Wahrung ihrer eigenen berechtigten Interessen ist die Bank nicht ans Bank(kunden)geheimnis gebunden, soweit dies zur Abwehr einer Klage des Kunden gegen sie oder zur Durchsetzung ihrer Klage gegen den Kunden nötig ist (vgl. KLEINER/SCHWOB/WINZELER, in: Bodmer/Kleiner/Lutz, Kommentar zum schweizerischen Bankengesetz, 17. Nachlieferung, Zürich 2006, Art. 47 N 318 ff.). Soweit in dieser Situation die Mitwirkung von Organen der Bank oder des Effektenhändlers in Frage kommt, gelten die Organe als Partei (Art. 159). Die Regelung in Art. 163 Abs. 2 ist so zu verstehen, dass das Gericht entscheidet, ob der Träger des Bank(kunden)geheimnisses oder eines anderen gesetzlich geschützten Geheimnisses die Mitwirkung verweigern darf oder nicht. Auch kann das Gericht Massnahmen zum Schutz des Bank(kunden)geheimnisses anordnen, indem es z.B. die relevanten Teile der Urkunde auswählt und nur diese der Gegenpartei zur Einsicht offenlegt (LEUENBERGER, 156 m.H. in FN 60 auf GVP/SG 1999 Nr. 64). Es steht also nicht im Belieben des betreffenden Geheimnisträgers, ob er die Mitwirkung verweigern will oder nicht bzw. es wird ihm der möglicherweise delikate Entscheid abgenommen, ob er aussagen will oder nicht. Vor seinem Entscheid muss das Gericht den Geheimnisträger anhören; dieser darf nur von der Mitwirkungspflicht entbunden werden, wenn er glaubhaft darlegen kann, dass das Geheimhaltungsinteresse das Interesse an der Wahrheitsfindung überwiegt. Die Regelung stimmt materiell überein mit Art. 173 Abs. 2 StPO. Wie bis anhin ist daher das Bank(kunden)geheimnis im Schweizerischen Zivilprozess somit nicht umfassend geschützt.

8

Verweigern die Parteien die Mitwirkung, ohne dass einer der genannten zwei Gründe vorliegt, können sie deswegen nicht zur Mitwirkung gezwungen werden, vielmehr würdigt das Gericht die unberechtigte Mitwirkungsverweigerung bei der Beweiswürdigung (vgl. Art. 164).

9

Art. 164

Unberechtigte Verweigerung	**Verweigert eine Partei die Mitwirkung unberechtigterweise, so berücksichtigt dies das Gericht bei der Beweiswürdigung.**
Refus injustifié	Si une partie refuse de collaborer sans motif valable, le tribunal en tient compte lors de l'appréciation des preuves.
Rifiuto indebito	Se una parte si rifiuta indebitamente di cooperare, il giudice ne tiene conto nell'apprezzamento delle prove.

Literatur

Vgl. die Literaturhinweise zu Art. 160.

Art. 165

1. Die Mitwirkung (vgl. dazu Art. 160 N 8) ist für die Partei eine prozessuale Last, d.h. unberechtigtes Verweigern der Mitwirkung hat für die opponierende oder gar renitente Partei weder Strafe noch Zwang zur Folge, sondern ihr passives Verhalten wird nur, aber immerhin, bei der Beweiswürdigung (zu ihrem Nachteil) berücksichtigt. Dies entspricht der bisherigen Rechtslage (vgl. etwa VOGEL/SPÜHLER, 10. Kap. Rz 117). Die einzige Ausnahme zu der Regel von Art. 164 ist in Art. 291 enthalten: «Zur Aufklärung der Abstammung haben Parteien und Dritte an Untersuchungen mitzuwirken, die nötig und ohne Gefahr für die Gesundheit sind. Die Bestimmungen über die Verweigerungsrechte der Parteien und von Dritten sind nicht anwendbar.»

2. Verweigert die beklagte Partei die Edition eines bestimmten Dokuments, obwohl feststeht, dass es in ihrem Besitz ist, wird regelmässig anzunehmen sein, dass es den von der klagenden Partei behaupteten Inhalt aufweist. Gleiches gilt bei einer Vernichtung oder Entäusserung von Dokumenten; es wird die tatsächliche Vermutung begründet, dass die Tatsachenbehauptung der Gegenpartei wahr ist (SUTTER-SOMM, ZPR, Rz 715).

3. Analog zu Art. 167 Abs. 1 lit. d wird auch eine Partei, die die Mitwirkung unberechtigt verweigert, für die dadurch entstandenen Prozesskosten ersatzpflichtig erklärt werden können.

3. Abschnitt: Verweigerungsrecht Dritter

Art. 165

Umfassendes Verweigerungsrecht

¹ **Jede Mitwirkung können verweigern:**
a. wer mit einer Partei verheiratet ist oder war oder eine faktische Lebensgemeinschaft führt;
b. wer mit einer Partei gemeinsame Kinder hat;
c. wer mit einer Partei in gerader Linie oder in der Seitenlinie bis und mit dem dritten Grad verwandt oder verschwägert ist;
d. die Pflegeeltern, die Pflegekinder und die Pflegegeschwister einer Partei;
e. die für eine Partei zur Vormundschaft, zur Beiratschaft oder zur Beistandschaft eingesetzte Person.

² **Die eingetragene Partnerschaft ist der Ehe gleichgestellt.**

³ **Die Stiefgeschwister sind den Geschwistern gleichgestellt.**

Droit de refus absolu

¹ Ont le droit de refuser de collaborer:
a. le conjoint d'une partie, son ex-conjoint ou la personne qui mène de fait une vie de couple avec elle;
b. la personne qui a des enfants communs avec une partie;
c. les parents et alliés en ligne directe d'une partie et, jusqu'au troisième degré, ses parents et alliés en ligne collatérale;
d. les parents nourriciers, les enfants recueillis et les enfants élevés comme frères et sœurs d'une partie;
e. la personne désignée comme tuteur, conseil légal ou curateur d'une partie.

² Le partenariat enregistré est assimilé au mariage.

³ Les demi-frères et les demi-sœurs sont assimilés aux frères et sœurs.

2. Kapitel: Mitwirkungspflicht und Verweigerungsrecht 1–3 **Art. 165**

Diritto assoluto di rifiuto

¹ Possono rifiutarsi di prestare qualsivoglia cooperazione:
a. il coniuge o ex coniuge e il convivente di fatto di una parte;
b. chi ha figli in comune con una parte;
c. chi è in rapporto di parentela o affinità in linea retta, o in linea collaterale fino al terzo grado incluso, con una parte;
d. i genitori affilianti, gli affiliati e i fratelli o sorelle affiliati di una parte;
e. il tutore, curatore o assistente di una parte.

² L'unione domestica registrata è equiparata al matrimonio.

³ I fratellastri e sorellastre sono equiparati ai fratelli e sorelle.

Inhaltsübersicht   Note

I. Einleitung 1
II. Gesetzgebung 3
III. Lit. a: Verheiratet oder faktische Lebensgemeinschaft 4
IV. Lit. c: In gerader Linie oder in der Seitenlinie bis und mit dem dritten Grad verwandt oder verschwägert 5
V. Lit. d: Pflegeeltern, Pflegekinder oder Pflegegeschwister 8
VI. Lit. e: Zur Vormundschaft, Beiratschaft oder Beistandschaft eingesetzte Person 10
VII. Abs. 2: Gleichstellung der eingetragenen Partnerschaft 11
VIII. Abs. 3: Gleichstellung der Stiefgeschwister 12

Literatur

Vgl. die Literaturhinweise zu Art. 160.

I. Einleitung

Art. 165 regelt das umfassende Mitwirkungsverweigerungsrecht der Drittpersonen, für das beschränkte Mitwirkungsverweigerungsrecht der Dritten vgl. Art. 166, für das Mitwirkungsverweigerungsrecht der Parteien vgl. Art. 163. Art. 165 gibt ein Mitwirkungsverweigerungsrecht aufgrund der in dieser Bestimmung umschriebenen persönlichen Beziehungen. Die Aufzählung ist abschliessend (BOTSCHAFT ZPO, 7318). 1

Durch das Verweigerungsrecht sollen **Loyalitäts- und Interessenkonflikte** vermieden sowie die Intimsphäre von Familie und Partnerschaft geschützt werden (BOTSCHAFT ZPO, 7317). Ist eine der in dieser Bestimmung aufgezählten persönlichen Beziehungen gegeben, braucht die Zeugnisverweigerung vom betreffenden Zeugen nicht weiter begründet zu werden (BOTSCHAFT ZPO, 7317). 2

II. Gesetzgebung

In der parlamentarischen Beratung wurden gegenüber dem bundesrätlichen Entwurf einige kleinere redaktionelle Änderungen vorgenommen, das Mitwirkungsverweigerungsrecht der Verwandten bzw. Verschwägerten gemäss lit. c beschränkt bis zum dritten Grad 3 und die Stiefgeschwister wurden den Geschwistern gleichgestellt (Berichterstatter Ständerat Bonhôte, AmtlBull 2007, 516) (vgl. dazu noch N 12).

III. Lit. a: Verheiratet oder faktische Lebensgemeinschaft

4 Die faktische Lebensgemeinschaft meint nicht jede Form des Zusammenlebens, sondern die ehe- bzw. partnerschaftsähnliche Beziehung, ohne dass eine Ehe oder eine eingetragene Partnerschaft vorliegt. Ein qualifiziertes Konkubinat im Sinne der altrechtlichen Rechtsprechung des Bundesgerichts zu Art. 153 Abs. 1 a.F. ZGB (vgl. etwa BGE 124 III 52, 54) ist nicht erforderlich (STAEHELIN/STAEHELIN/GROLIMUND, Rz 77). Dies bedeutet, dass nicht erforderlich ist, dass die Gemeinschaft schon fünf Jahre bestanden hat. Verlangt wird nur eine **auf Dauer ausgerichtete Lebensgemeinschaft** zweier Personen (ungleichen oder gleichen Geschlechts). Das Vorliegen einer faktischen Lebensgemeinschaft ist von der Person, die sich auf dieses Mitwirkungsverweigerungsrecht beruft, glaubhaft zu machen. **Indizien** sind ein gemeinsamer Haushalt und gemeinsame Kinder. Nicht als Lebensgemeinschaften gelten blosse Wohngemeinschaften. Anders als bei der Ehe und bei der eingetragenen Partnerschaft fällt das Verweigerungsrecht dahin, wenn die Lebensgemeinschaft aufgehoben wird. Der Gesetzgeber wollte mit dieser Regel möglichen Beweisschwierigkeiten aus dem Weg gehen (vgl. BOTSCHAFT ZPO, 7318).

IV. Lit. c: In gerader Linie oder in der Seitenlinie bis und mit dem dritten Grad verwandt oder verschwägert

5 Zwei Personen sind in **gerader Linie** miteinander verwandt, wenn die eine von der anderen abstammt, und zwar im ersten Grad Eltern und Kinder, im zweiten Grad Grosseltern und Enkel und im dritten Grad Urgrosseltern und Urenkel (vgl. Art. 20 ZGB und BSK ZGB I-BIGLER-EGGENBERGER, Art. 20 N 9). Abstammung meint Geburt oder Adoption (BSK ZGB I-BIGLER-EGGENBERGER, Art. 20 N 5).

6 In der **Seitenlinie** verwandt sind zwei Personen, die nicht in gerader Linie miteinander verwandt sind und von ein und derselben Drittperson abstammen. Voll- und halbbürtige Geschwister und Zwillinge sind einander im zweiten Grad (einen ersten Grad in der Seitenlinie gibt es nicht) und Neffe/Nichte und Onkel/Tante im dritten Grad verwandt (BSK ZGB I-BIGLER-EGGENBERGER, Art. 20 N 10).

7 Die Schwägerschaft ist das auf der Ehe beruhende rechtliche Verhältnis des Ehegatten zu den Verwandten der Ehegattin und umgekehrt, vgl. Art. 21 ZGB. Man ist in der geraden Linie oder in der Seitenlinie mit denjenigen Personen verschwägert, mit denen der Ehegatte bzw. die Ehegattin in der geraden Linie oder in der Seitenlinie verwandt ist (BSK ZGB I-BIGLER-EGGENBERGER, Art. 21 N 3). Bei Tod eines Ehegatten oder Scheidung der Ehe wird die Schwägerschaft nicht aufgelöst (Art. 21 ZGB und BSK ZGB I-BIGLER-EGGENBERGER, Art. 21 N 4).

V. Lit. d: Pflegeeltern, Pflegekinder oder Pflegegeschwister

8 Das Gesetz und die Botschaft enthalten keine Begriffsdefinition des **Pflegekindverhältnisses**. Gemäss Art. 316 ZGB bedarf die Aufnahme von Pflegekindern einer Bewilligung der zuständigen Behörde. Die Verordnung des Bundesrates über die Aufnahme

von Kindern zur Pflege und zur Adoption (PAVO) vom 19.10.1977 (SR 211.222.338) unterscheidet zwischen Familienpflege, Tagespflege und Heimpflege. Familienpflege liegt vor, wenn ein noch schulpflichtiges oder noch nicht 15 Jahre altes Kind für mehr als drei Monate oder unbestimmte Zeit engeltlich oder unentgeltlich in einem Haushalt aufgenommen wird. Tagespflege betreibt, wer Kinder unter zwölf Jahren gegen Entgelt regelmässig tagsüber in seinem Haushalt betreut. Heimpflege schliesslich umfasst auch die Krippen und Horte und meint professionell organisierte, mehrere Unmündige betreuende Institutionen. Gemäss Art. 300 ZGB (mit dem Randtitel «Pflegeeltern») vertreten Dritte, denen ein Kind zur Pflege anvertraut wird, die Eltern in der Ausübung der elterlichen Sorge, soweit es zur gehörigen Erfüllung ihrer Aufgabe angezeigt erscheint. Pflegeeltern i.S.v. Art. 300 ZGB ist «denkbar weit zu verstehen» und umfasst alle Personen, die die faktische Obhut über ein Kind ausüben, gleichgültig ob es sich um Verwandte oder Dritte, Einzelpersonen oder Heime, um Adoptions-, Monats- oder Tagespflege handelt (vgl. BSK ZGB I-SCHWENZER, Art. 300 N 2). Für die Anwendung von Art. 165 Abs. 1 lit. d wird es richtig sein, diese weite Begriffsbestimmung zu übernehmen.

Aufgrund des Gesetzestextes, der anders als bei der Ehe nicht auch das beendigte Verhältnis erwähnt, ist wohl anzunehmen, dass bei Beendigung des Pflegekindverhältnisses das Mitwirkungsverweigerungsrecht nach dieser Norm dahin fällt.

VI. Lit. e: Zur Vormundschaft, Beiratschaft oder Beistandschaft eingesetzte Person

Die Beistandschaft ist in Art. 392 ff. und Art. 417 ff. ZGB, die Beiratschaft in Art. 395 ZGB geregelt, die Vormundschaft insgesamt in den Art. 360 ff. ZGB. Mit Inkrafttreten der Änderung vom 19.12.2008 des ZGB (Erwachsenenschutz, Personenrecht und Kindesrecht) wird in lit. e die Beiratschaft gestrichen (vgl. dazu die Koordinationsbestimmungen im Anh. 2 Ziff. 3 und dazu die Komm. zu Art. 403).

VII. Abs. 2: Gleichstellung der eingetragenen Partnerschaft

Die **eingetragene Partnerschaft** ist im Sinne des Bundesgesetzes über die eingetragene Partnerschaft gleichgeschlechtlicher Paare (Partnerschaftsgesetz, PartG) vom 18.6.2004 (SR 211.231) zu verstehen. Sie wird in Art. 165 Abs. 2 ZPO der Ehe gleichgestellt. Aus dieser Gleichstellung folgt wohl, dass auch eine gerichtlich aufgelöste eingetragene Partnerschaft (vgl. dazu Art. 29 ff. PartG) ein Verweigerungsrecht gibt.

VIII. Abs. 3: Gleichstellung der Stiefgeschwister

Stiefgeschwister sind den Geschwistern gleichgestellt. Als Stiefgeschwister im Sinne dieser Bestimmung sind wohl nicht nur die halbbürtigen Geschwister zu betrachten, also die Verwandten, die einen Elternteil gemeinsam haben, sondern auch die in eine Ehe mitgebrachten Kinder (zu den Begriffen vgl. etwa C. BRÜCKNER, Das Personenrecht des ZGB, Zürich 2000, Rz 285), weil andernfalls diese Beziehung schon von lit. c erfasst wäre und weil generell Loyalitäts- und Interessenkonflikte in der Familie vermieden werden sollen (vgl. N 2).

Art. 166

Beschränktes Verweigerungsrecht

¹ Eine dritte Person kann die Mitwirkung verweigern:
a. zur Feststellung von Tatsachen, die sie oder eine ihr im Sinne von Artikel 165 nahestehende Person der Gefahr strafrechtlicher Verfolgung oder zivilrechtlicher Verantwortlichkeit aussetzen würde;
b. soweit sie sich wegen Verletzung eines Geheimnisses nach Artikel 321 StGB strafbar machen würde; ausgenommen sind die Revisorinnen und Revisoren; mit Ausnahme der Anwältinnen und Anwälte sowie der Geistlichen haben Dritte jedoch mitzuwirken, wenn sie einer Anzeigepflicht unterliegen oder wenn sie von der Geheimhaltungspflicht entbunden worden sind, es sei denn, sie machen glaubhaft, dass das Geheimhaltungsinteresse das Interesse an der Wahrheitsfindung überwiegt;
c. zur Feststellung von Tatsachen, die ihr als Beamtin oder Beamter im Sinne von Artikel 110 Absatz 3 StGB oder als Behördenmitglied in ihrer amtlichen Eigenschaft anvertraut worden sind oder die sie bei Ausübung ihres Amtes wahrgenommen hat; sie hat auszusagen, wenn sie einer Anzeigepflicht unterliegt oder wenn sie von ihrer vorgesetzten Behörde zur Aussage ermächtigt worden ist;
d. wenn sie als Ombudsperson, Mediatorin oder Mediator über Tatsachen aussagen müsste, die sie im Rahmen der betreffenden Tätigkeit wahrgenommen hat;
e. über die Identität der Autorin oder des Autors oder über Inhalt und Quellen ihrer Informationen, wenn sie sich beruflich oder als Hilfsperson mit der Veröffentlichung von Informationen im redaktionellen Teil eines periodisch erscheinenden Mediums befasst.

² Die Trägerinnen und Träger anderer gesetzlich geschützter Geheimnisse können die Mitwirkung verweigern, wenn sie glaubhaft machen, dass das Geheimhaltungsinteresse das Interesse an der Wahrheitsfindung überwiegt.

³ Vorbehalten bleiben die besonderen Bestimmungen des Sozialversicherungsrechts über die Datenbekanntgabe.

Droit de refus restreint

¹ Tout tiers peut refuser de collaborer:
a. à l'établissement de faits qui risquerait de l'exposer ou d'exposer un de ses proches au sens de l'art. 165 à une poursuite pénale ou d'engager sa responsabilité civile ou celle de ses proches;
b. dans la mesure où, de ce fait, la révélation d'un secret serait punissable en vertu de l'art. 321 CP; les réviseurs sont exceptés; à l'exception des avocats et des ecclésiastiques, le tiers soumis à une obligation de dénoncer ou délié de l'obligation de garder le secret a le devoir de collaborer, à moins qu'il ne rende vraisemblable que l'intérêt à garder le secret l'emporte sur l'intérêt à la manifestation de la vérité;
c. à l'établissement de faits qui lui ont été confiés en sa qualité officielle de fonctionnaire au sens de l'art. 110, al. 3, CP ou de membre d'une autorité, ou dont il a eu connaissance dans l'exercice de ses fonctions; il doit collaborer s'il est soumis à une obligation de dénoncer ou si l'autorité dont il relève l'y a habilité;

2. Kapitel: Mitwirkungspflicht und Verweigerungsrecht **Art. 166**

    d. lorsqu'il serait amené en tant qu'ombudsman ou de médiateur à révéler des faits dont il a eu connaissance dans l'exercice de ses fonctions;
    e. lorsqu'il serait amené, en tant que collaborateur ou auxiliaire participant à la publication d'informations dans la partie rédactionnelle d'un média à caractère périodique à révéler l'identité de l'auteur ou le contenu et les sources de ses informations.

² Les titulaires d'autres droits de garder le secret qui sont protégés par la loi peuvent refuser de collaborer s'ils rendent vraisemblable que l'intérêt à garder le secret l'emporte sur l'intérêt à la manifestation de la vérité.

³ Les dispositions spéciales du droit des assurances sociales concernant la communication de données sont réservées.

Diritto relativo di rifiuto

¹ Un terzo può rifiutarsi di cooperare:
    a. all'accertamento di fatti che potessero esporre lui stesso oppure una persona a lui vicina ai sensi dell'articolo 165 al rischio di essere sottoposto a un procedimento penale o di dover rispondere civilmente;
    b. nella misura in cui si rendesse colpevole della violazione di un segreto secondo l'articolo 321 CP; sono eccettuati i revisori; tranne gli avvocati e gli ecclesiastici, è tuttavia tenuto a cooperare il terzo che sottostà a un obbligo di denuncia o è stato liberato dal segreto, salvo che renda verosimile che l'interesse al mantenimento del segreto prevale su quello all'accertamento della verità;
    c. all'accertamento di fatti confidatigli nella sua qualità ufficiale o di cui è venuto a conoscenza nell'esercizio della sua funzione, se è un funzionario ai sensi dell'articolo 110 capoverso 3 CP o membro di un'autorità; egli è però tenuto a deporre se sottostà a un obbligo di denuncia o è stato autorizzato a deporre dall'autorità a lui preposta;
    d. quando fosse chiamato a deporre in merito a fatti di cui è venuto a conoscenza nell'ambito della sua attività di difensore civico o mediatore;
    e. all'accertamento dell'identità dell'autore o all'accertamento del contenuto e delle fonti delle sue proprie informazioni, se è una persona che si occupa professionalmente della pubblicazione di informazioni nella parte redazionale di un periodico oppure un suo ausiliare.

² I detentori di altri segreti protetti dalla legge possono rifiutarsi di cooperare se rendono verosimile che l'interesse al mantenimento del segreto prevale su quello all'accertamento della verità.

³ Sono fatte salve le disposizioni speciali concernenti la comunicazione di dati previste dalla legislazione in materia di assicurazioni sociali.

Inhaltsübersicht   Note

    I. Allgemeines 1
    II. Geltendmachung des Verweigerungsrecht 3
    III. Abs. 1 lit. a: Selbstschutz 4
    IV. Abs. 1 lit. b: Berufsgeheimnisträger 5
    V. Abs. 1 lit. c: Beamte 11
    VI. Abs. 1 lit. d: Vermittlungspersonen 12
    VII. Abs. 1 lit. e: Medienschaffende 13
    VIII. Abs. 2: Sonstige Geheimnisträger 16
    IX. Sozialversicherungsrecht (Abs. 3) 19
    X. Mitwirkung Dritter: Zusammenfassung für die einzelnen Berufe: 20

Ernst F. Schmid

Literatur

Vgl. die Literaturhinweise zu Art. 160.

I. Allgemeines

1   Art. 166 regelt das beschränkte Mitwirkungsverweigerungsrecht der Drittpersonen, für das umfassende Mitwirkungsverweigerungsrecht der Dritten vgl. Art. 165, für das Mitwirkungsverweigerungsrecht der Parteien vgl. Art. 163.

2   Auch das beschränkte Mitwirkungsverweigerungsrecht gemäss Art. 166 soll Dritten **Gewissens- und Interessenkonflikte** ersparen. Überdies sollen mit dem Verweigerungsrecht Institutionen, die beim Publikum besonderes **Vertrauen** geniessen, oder aber **öffentliche Interessen** geschützt werden.

II. Geltendmachung des Verweigerungsrecht

3   Im Bereich des beschränkten Verweigerungsrechts muss die Ablehnung der Mitwirkung näher begründet werden, wobei allerdings Glaubhaftmachen genügt.

III. Abs. 1 lit. a: Selbstschutz

4   Der Vorentwurf (Art. 157) hatte neben der Gefahr der strafrechtlichen Verfolgung die Gefahr einer schweren Beeinträchtigung der Ehre oder eines unmittelbaren Vermögensschadens erwähnt. Die Botschaft liess die Beeinträchtigung der Ehre weg und ersetzte die Gefahr des unmittelbaren Vermögensschadens durch die Gefahr der zivilrechtlichen Verantwortlichkeit. Die ersetzten Begriffe bräuchten nicht mehr erwähnt zu werden (so BOTSCHAFT ZPO, 7318).

IV. Abs. 1 lit. b: Berufsgeheimnisträger

5   Nur die in **Art. 321 StGB** ausdrücklich genannten Berufsgeheimnisträger haben das Verweigerungsrecht gemäss dieser Bestimmung. Für die übrigen Geheimnisträger gilt Abs. 2 von Art. 166 (BOTSCHAFT ZPO, 7318). In Art. 321 StGB sind aufgezählt: Geistliche, Rechtsanwälte, Verteidiger, Notare, nach Obligationenrecht zur Verschwiegenheit verpflichtete Revisoren, Ärzte, Zahnärzte, Apotheker, Hebammen sowie ihre Hilfspersonen und allenfalls die Studierenden. Von dieser Aufzählung ausgenommen werden die Revisoren. Deren Geheimhaltungspflicht ist in Art. 730b OR geregelt (sog. Revisionsgeheimnis) und Art. 47 Abs. 1 Bankengesetz; sie fallen unter Abs. 2, d.h. sie können grundsätzlich zur Mitwirkung gezwungen werden. Den Berufsgeheimnisträgern gemäss Art. 321 StGB gleichgestellt sind im Bereich der Betäubungsmittelgesetzgebung das Personal von zugelassenen Behandlungs- und Fürsorgestellen nach Massgabe von Art. 15 des Betäubungsmittelgesetzes vom 3.10.1951 (SR 812.121) und im Bereich der Schwangerschaftsberatung die Mitarbeiter der Beratungsstellen und die von diesen beigezogenen Drittpersonen gemäss Art. 2 des Bundesgesetzes über die Schwangerschaftsberatungsstellen vom 9.10.1981 (SR 857.5), vgl. dazu auch Art. 173 Abs. 1 lit. c und e StPO. Nicht in Art. 321 StGB aufgezählt sind u.a. die nichtärztlichen Psychotherapeuten und Psychologen (vgl. dazu aber N 18).

6   Werden diese Berufsgeheimnisträger von der Geheimhaltungspflicht entbunden oder besteht für sie eine Anzeigepflicht, so trifft sie grundsätzlich eine **Mitwirkungspflicht**.

Nur wenn der Berufsgeheimnisträger glaubhaft dartun kann, dass das Interesse an der Geheimhaltung schwerer wiegt als die Wahrheitsfindung, bleibt das Verweigerungsrecht trotz Befreiung von der Geheimhaltungspflicht oder trotz bestehender Anzeigepflicht bestehen. So braucht der Arzt die Diagnose einer tödlichen Krankheit trotz Entbindung vom Arztgeheimnis nicht offen zu legen, wenn zu befürchten ist, dass der Patient dadurch psychisch schwer belastet würde (BOTSCHAFT ZPO, 7319). An die Glaubhaftmachung sind keine hohen Anforderungen zu stellen, weil andernfalls die Gefahr einer teilweisen Preisgabe des Geheimnisses bestünde (BOTSCHAFT ZPO, 7319).

Die **Anwaltschaft und die Geistlichen** trifft in keinem Fall eine Mitwirkungspflicht; ihr Verweigerungsrecht hat einen absoluten Charakter, dies vor dem Hintergrund, dass diese Geheimnisträger ein ganz besonderes Vertrauen des Publikums geniessen (BOTSCHAFT ZPO, 7319 m.H. auf BGE 91 I 200 und 87 IV 105). «Niemand kann den Anwalt und die Anwältin zur Preisgabe von Vertraulichem zwingen, auch der Richter nicht.» (SCHILLER, Rz 402). Die Botschaft spricht von «gleichsam letzte[n] Refugien, die der betroffenen Person Schutz bieten» (BOTSCHAFT ZPO, 7319). 7

Art. 13 Abs. 1 Satz 2 BGFA verpflichtet den Anwalt selbst bei Entbindung vom Anwaltsgeheimnis nicht zur Preisgabe von Anvertrautem. Im Rahmen der StPO-Revision hatte der Bundesrat eine Aufhebung dieser Bestimmung beantragt, jedoch wurde im Parlament daran festgehalten, dass die Regelung des Anwaltsgesetzes und insb. von Art. 13 BGFA der grundsätzlichen Regelung von Art. 171 Abs. 2 lit. b StPO vorgehen, d.h. der Anwalt auch bei einer Entbindung vom Berufsgeheimnis nicht verpflichtet ist, als Zeuge auszusagen (Botschaft zur Vereinheitlichung des Strafprozessrechts vom 21.12.2005, BBl 2006 1203). 8

Was der Anwalt nicht preisgeben darf, darf er auch nicht auf eine richterliche oder behördliche Aufforderung hin herausgeben. Der Anwalt ist verpflichtet, sich solchen Editionsbefehlen zu widersetzen (SCHILLER, Rz 533). 9

Unter dem Schutz von Art. 321 StGB fallen auch die Inhaber eines ausländischen Anwaltspatents (vgl. TRECHSEL/VEST, in: S. TRECHSEL et al., Schweizerisches Strafgesetzbuch, Praxiskommentar, Zürich/St. Gallen 2008, Art. 321 N 5). 10

V. Abs. 1 lit. c: Beamte

Ein beschränktes Verweigerungsrecht steht ferner **Beamten** i.S.v. Art. 110 StGB sowie Behördemitgliedern zu (Abs. 1 lit. c). Diese Personen haben jedoch immer mitzuwirken, sobald sie von ihrer vorgesetzten Behörde zur Aussage ermächtigt worden sind oder wenn sie einer Anzeigepflicht unterliegen. Richter werden grundsätzlich nicht von ihrem Amtsgeheimnis entbunden bezüglich Äusserungen, die sie im Rahmen von Vergleichsverhandlungen machten (OGer ZH, ZR 1997 Nr. 35). Für die Edition amtlicher Akten durch Verwaltungsbehörden an Zivilgerichte gilt aufgrund des Grundsatzes der Gewaltentrennung, dass die Verwaltungsbehörde selbständig über die Vorlegung von Akten entscheidet, soweit nicht Privatrechtsgeschäfte des Gemeinwesens vorliegen oder eine Spezialregelung Platz greift. 11

VI. Abs. 1 lit. d: Vermittlungspersonen

Die an einem Verfahren vor einer Ombudsperson oder einem Mediationsverfahren beteiligten Ombuds- und Mediationspersonen sollen möglichst umfassend Einblick in die Probleme und Interessenlagen der Betroffenen erhalten und diese sollten nicht da- 12 mit rechnen müssen, dass das Offenbarte durch eine spätere Mitwirkung dieser Vermittlungspersonen im Prozess verwendet werden könnte (BOTSCHAFT ZPO, 7319). Soweit diese Behördenmitglieder sind, fallen sie bereits unter die Variante von lit. c (BOTSCHAFT ZPO, 7319). Der Vorentwurf sah unter diesem Titel noch die Mitglieder von **Schlichtungsbehörden** vor, diese fallen unter die Kategorie von lit. c (BOTSCHAFT ZPO, 7319).

VII. Abs. 1 lit. e: Medienschaffende

13   In Übereinstimmung mit dem neuen Medienstrafrecht, das ein Zeugnisverweigerungsrecht der Berufsjournalisten brachte (vgl. Art. 28a StGB), und Art. 172 Abs. 1 StPO enthält die Schweizerische ZPO ein (beschränktes) Zeugnisverweigerungsrecht der **Medienschaffenden** und ihrer Hilfspersonen. Diese müssen die Identität des Autors (Autorenschutz) und Inhalt und Quellen ihrer Informationen (Quellenschutz) nicht offenlegen.

14   Der «redaktionelle Teil» im Sinne dieser Bestimmung ist als Gegenstück zum Anzeigenteil bzw. der Werbung zu verstehen. Voraussetzung ist weiter, dass das Medium periodisch erscheint; dieses Erfordernis wird auch von den Radio- und Fernsehanbietern erfüllt (Botschaft über die Änderung des Schweizerischen Strafgesetzbuches und des Militärstrafgesetzes [Medienstraf- und Verfahrensrecht] vom 17.6.1996, BBl 1996 525 ff., 554).

15   Die ZPO unterlässt eine nähere Bestimmung des Begriffs der **Hilfsperson**. Gemäss Art. 172 StPO handelt es sich um eine Hilfsperson des Berufsjournalisten; der Text von Art. 166 Abs. 1 lit. e ZPO erwähnt dies nicht, doch dürfte keine inhaltliche Unterschiedlichkeit zu Art. 28a StGB und Art. 172 StPO gewollt sein.

VIII. Abs. 2: Sonstige Geheimnisträger

16   Abs. 2 ist ein **Auffangtatbestand** und soll alle gesetzlich geschützten Geheimnisse betreffen, die nicht bereits unter Abs. 1 subsumiert werden können. Diese Geheimnisträger sind grundsätzlich mitwirkungspflichtig, und ein Mitwirkungsverweigerungsrecht steht ihnen nur dann zu, wenn sie glaubhaft darlegen, dass das Geheimhaltungsinteresse das Interesse an der Wahrheitsfindung überwiegt (BOTSCHAFT ZPO, 7320). Unter Abs. 2 fällt die Pflicht zur Geheimhaltung gemäss Art. 47 BankG. Nach dieser Bestimmung (in der Fassung gemäss Anhang Ziff. 15 des Finanzmarktaufsichtsgesetzes vom 22.6.2007, in Kraft seit 1.1.2009, SR 956.1) macht sich strafbar, wer ein Geheimnis offenbart, das ihm in seiner Eigenschaft als Organ, Angestellter, Beauftragter oder Liquidator einer Bank, als Organ oder Angestellter einer Prüfgesellschaft anvertraut worden ist oder das er in dieser Eigenschaft wahrgenommen hat. Nach Art. 43 BEHG macht sich strafbar, wer ein Geheimnis offenbart, das ihm in seiner Eigenschaft als Organ, Angestellter, Beauftragter oder Liquidator einer Börse oder eines Effektenhändlers, als Organ oder Angestellter einer Prüfgesellschaft anvertraut worden ist oder das er in seiner dienstlichen Stellung wahrgenommen hat bzw. wer zu einer solchen Handlung verleitet. Die Revisionsstelle einer AG untersteht sodann dem Revisionsgeheimnis gemäss Art. 730b OR, und im Bereich der Kollektivanlagen die Prüfgesellschaft dem Prüfungsgeheimnis gemäss Art. 129 KAG.

17   Unter Abs. 2 fallen sodann die Verletzung der beruflichen Schweigepflicht gemäss Art. 35 DSG, die unbefugte Offenbarung eines Berufsgeheimnisses in der medizinischen

Forschung gemäss Art. 321bis StGB, die Verletzung des Post- und Fernmeldegeheimnisses gemäss Art. 321ter StGB, die Verletzung der für eine Beratungsstelle arbeitenden Personen gemäss Art. 11 OHG.

Unter die vorerwähnte Norm von Art. 35 DSG fallen u.a.: Psychologen, Psychotherapeuten, Sozialarbeiter, Pflegefachpersonal, Ernährungsberater und Erzieher (vgl. Botschaft zur Vereinheitlichung des Strafprozessrechts vom 21.12.2005, BBl 2006, 1085 ff., 1202).

IX. Sozialversicherungsrecht (Abs. 3)

Dritte, die sich auf eine besondere Bestimmung des Sozialversicherungsrechts über die Datenbekanntgabe berufen können, haben beschränkte Mitwirkungsverweigerungsrechte; einschlägig sind etwa Art. 50a AHVG und Art. 86a BVG.

X. Mitwirkung Dritter: Zusammenfassung für die einzelnen Berufe:

Zusammenfassend kann die Rechtslage für die einzelnen Berufe wie folgt dargestellt werden:

– Geistliche: Mitwirkungsverweigerungspflicht nach Art. 321 StGB, absolutes Mitwirkungsverweigerungsrecht nach Art. 166 Abs. 1 lit. b ZPO, auch bei Entbindung.

– Notare, Ärzte, Zahnärzte, Apotheker, Hebammen: Mitwirkungsverweigerungspflicht nach Art. 321 StGB, aufgehoben bei Entbindung oder Anzeigepflicht (Ausnahme: Glaubhaftmachung, dass Geheimhaltungsinteresse das Interesse an der Wahrheitsfindung überwiegt).

– Anwälte: Mitwirkungsverweigerungspflicht nach Art. 321 StGB, absolutes Mitwirkungsverweigerungsrecht nach Art. 166 Abs. 1 lit. b ZPO, auch bei Entbindung, ebenso Art. 13 Abs. 1 Satz 2 BGFA.

– Bank bzw. Bankangestellte: Mitwirkungsverweigerungsrecht nur nach Interessenabwägung nach Art. 166 Abs. 2 ZPO (für die Bank als Prozesspartei vgl. Art. 163 N 8).

– Revisoren: Kein Mitwirkungsverweigerungsrecht nach Art. 321 StGB aufgrund von Art. 166 Abs. 1 lit. b ZPO, evtl. Mitwirkungsverweigerungsrecht nach Interessenabwägung nach Art. 166 Abs. 2 ZPO.

– Beamte/Behördenmitglieder: Mitwirkungsverweigerungspflicht nach öffentlichem Recht, Mitwirkungsverweigerungsrecht nach Art. 166 Abs. 1 lit. c ZPO.

– Ombudspersonen/Mediatoren: Mitwirkungsverweigerungsrecht nach Art. 166 Abs. 1 lit. d ZPO.

– Medienschaffende: Mitwirkungsverweigerungsrecht nach Art. 166 Abs. 1 lit. e ZPO.

– Nichtärztliche Psychologen/nichtärztliche Psychotherapeuten/Sozialarbeiter/Pflegefachpersonal/Ernährungsberater/Erzieher: Mitwirkungsverweigerungsrecht nur nach Interessenabwägung nach Art. 166 Abs. 2 ZPO.

Art. 167

Unberechtigte Verweigerung

¹ **Verweigert die dritte Person die Mitwirkung unberechtigterweise, so kann das Gericht:**
a. eine Ordnungsbusse bis zu 1000 Franken anordnen;
b. die Strafdrohung nach Artikel 292 StGB aussprechen;
c. die zwangsweise Durchsetzung anordnen;
d. die Prozesskosten auferlegen, die durch die Verweigerung verursacht worden sind.

² **Säumnis der dritten Person hat die gleichen Folgen wie deren unberechtigte Verweigerung der Mitwirkung.**

³ **Die dritte Person kann die gerichtliche Anordnung mit Beschwerde anfechten.**

Refus injustifié

¹ Lorsqu'un tiers refuse de manière injustifiée de collaborer, le tribunal peut:
a. lui infliger une amende d'ordre de 1000 francs au plus;
b. le menacer de prendre les sanctions prévues à l'art. 292 CP;
c. ordonner la mise en œuvre de la force publique;
d. mettre les frais causés par le refus de collaborer à la charge du tiers.

² En cas de défaut, le tiers encourt les mêmes conséquences que s'il avait refusé de collaborer sans motif valable.

³ Le tiers peut interjeter un recours contre la décision du tribunal.

Rifiuto indebito

¹ Se il terzo si rifiuta indebitamente di cooperare, il giudice può:
a. infliggergli una multa disciplinare fino a 1000 franchi;
b. pronunciare la comminatoria penale secondo l'articolo 292 CP;
c. ordinare l'esecuzione coattiva;
d. addossargli le spese giudiziarie causate dal rifiuto.

² L'inosservanza di un termine o la mancata comparizione ha le stesse conseguenze del rifiuto indebito di cooperare.

³ Il terzo può impugnare la decisione del giudice mediante reclamo.

Literatur

Vgl. die Literaturhinweise bei Art. 160.

1 Die Drittpersonen trifft eine **echte Pflicht** zur Mitwirkung. Die ungerechtfertigte Missachtung dieser Pflicht zieht für die opponierende oder renitente Drittperson Strafe (Ordnungsbusse/Straffolgen gemäss Art. 292 StGB) oder direkte Zwangsmassnahmen nach sich. Im Gegensatz zu gewissen früheren kantonalen Regelungen sieht die Schweizerische ZPO keine Beugehaft vor. Die Entscheide betreffend die Durchsetzung der Mitwirkungspflicht Dritter unterliegen gemäss Art. 164 Abs. 3 der Beschwerde gemäss Art. 319 ff. und allenfalls der Beschwerde ans Bundesgericht (BOTSCHAFT ZPO, 7377).

2 Art. 167 gilt nicht nur bei der bewussten Weigerung, sondern auch bei der unbewussten **Säumnis** (STAEHELIN/STAEHELIN/GROLIMUND, § 18 Rz 82).

3 Der Sanktionenkatalog ist kumulativ zu verstehen (STAEHELIN/STAEHELIN/GROLIMUND, Rz 82). Der Verschuldensgrad wird einen Einfluss auf die Art und Höhe der Sanktion haben (STAEHELIN/STAEHELIN/GROLIMUND, Rz 82), auch wenn die Kosten- und Ent-

schädigungsfolgen unabhängig vom Verschulden festgelegt werden können (FRANK/ STRÄULI/MESSMER, § 163 ZPO/ZH N 1).

Entgegen der Formulierung von Abs. 3 kann das Beschwerderecht der dritten Person nicht erst dann zustehen, wenn eine Sanktion getroffen worden ist, vielmehr kann schon gegen den richterlichen Entscheid, der die Mitwirkungsverweigerung für unberechtigt hält, Beschwerde geführt werden (so auch MARAZZI 370 FN 402; **a.M.** aber möglicherweise die BOTSCHAFT ZPO, 7320, die nur von der Anfechtbarkeit der Sanktion spricht). M.E. hat der Dritte Anspruch auf einen **formellen Entscheid** über seine Mitwirkungspflicht und kann er diesen Entscheid mittels **Beschwerde** anfechten (vgl. Art. 160 N 43). 4

3. Kapitel: Beweismittel

1. Abschnitt: Zulässige Beweismittel

Art. 168

[1] **Als Beweismittel sind zulässig:**
a. Zeugnis;
b. Urkunde;
c. Augenschein;
d. Gutachten;
e. schriftliche Auskunft;
f. Parteibefragung und Beweisaussage.
[2] **Vorbehalten bleiben die Bestimmungen über Kinderbelange in familienrechtlichen Angelegenheiten.**

[1] Les moyens de preuve sont:
a. le témoignage;
b. les titres;
c. l'inspection;
d. l'expertise;
e. les renseignements écrits;
f. l'interrogatoire et la déposition de partie.

[2] Les dispositions régissant le sort des enfants dans les procédures relevant du droit de la famille sont réservées.

[1] Sono ammessi come mezzi di prova:
a. la testimonianza;
b. i documenti;
c. l'ispezione oculare;
d. la perizia;
e. le informazioni scritte;
f. l'interrogatorio e le deposizioni delle parti.

[2] Sono fatte salve le disposizioni concernenti gli interessi dei figli nelle cause del diritto di famiglia.

Art. 168 1, 2

Inhaltsübersicht Note

I. Allgemeines 1
II. Unzulässige Beweismittel 7
III. Zulässigkeit von Beweismitteln bei besonderen Verfahren 10
   1. Summarisches Verfahren 10
   2. Freibeweis bei Verfahren betreffend Kinderbelange in familienrechtlichen Angelegenheiten 11
IV. Zulassung eines Beweismittels im konkreten Streitfall 13
   1. Zusammenhang zwischen Behauptungs- und Beweisstadium des Prozesses .. 13
   2. Zeitpunkt der Einreichung oder Bezeichnung der Beweismittel 19
   3. Keine Zulassung offensichtlich untauglicher Beweismittel 22

Literatur

I. BERGER-STEINER, Das Beweismass im Privatrecht, Diss. Bern 2008; A. BÜHLER, Die Beweisaussage im Vorentwurf für eine Schweizerische Zivilprozessordnung, in: Forstmoser/Honsell/Wiegand (Hrsg.), Richterliche Rechtsfortbildung in Theorie und Praxis, Festschrift für Hans Peter Walter, Bern 2005, 459–469; A. DOLGE, Das neue Beweisverfahren, in: Spühler, CH-ZPO, 33–50 (zit. Beweisverfahren); F. HASENBÖHLER, Das Beweisrecht, ZZZ 2007, 379–394; P. HIGI, Von der Behauptungs- über die Beweislast zum Beweis, ZZZ 2006, 459–495; G. NIGG, Das Beweisrecht bei internationalen Privatrechtsstreitigkeiten, Diss. St. Gallen 1999; J.-M. REYMOND, Les Conditions de Recevabilite, la Litispendance et les Preuves, in: Lukic (Hrsg.), Le Projet de Code de Procédure Civile Fédérale, Lausanne 2007, 25–70; TH. SUTTER-SOMM, Das Beweisrecht des Vorentwurfs zur Schweizerischen Zivilprozessordnung, in: Sutter-Somm/Schnyder (Hrsg.), Festgabe für Franz Hasenböhler, Zürich 2004 (zit. Beweisrecht); F. VOUILLOZ, La preuve dans le Code de la procédure civile Suisse (art. 150 à 193 CPC), AJP 2009, 830–848; TH. WEIBEL, Zur Beweisaussage der Parteien im Zivilprozess, in: Noll/Olano (Hrsg.), «Im Namen des Obergerichts», Festschrift für Magdalena Rutz, Liestal 2004, 231–239.

I. Allgemeines

1   Art. 168 führt in einer **abschliessenden Aufzählung** (numerus clausus) im Sinne von Kategorien die **zulässigen Beweismittel** auf. Dadurch, dass im Kapitel über die Beweismittel (Art. 168–193) nicht nur einleitend die Beweismittel aufgezählt, sondern auch die Form der Beweiserhebung der einzelnen Beweismittel und damit die Mitwirkung der Parteien geregelt wird, ergibt sich ein geschlossenes System der Beweismittel, das der Rechtssicherheit und dem Gebot eines fairen Verfahrens dient (LEUENBERGER/UFFER-TOBLER, Vor Art. 103–122 ZPO/SG N 1; VOGEL/SPÜHLER, 10. Kap. Rz 95a; BOTSCHAFT ZPO, 7320). Der abschliessende Katalog zulässiger Beweismittel wird durch den breiten Begriff der Urkunde in Art. 177 relativiert (SUTTER-SOMM, Beweisrecht, 19). Das Prinzip der abschliessenden Aufzählung zulässiger Beweismittel wird als **Strengbeweis** bezeichnet, im Gegensatz zum **Freibeweis**, bei welchem der Richter nicht an die gesetzlich vorgesehenen Beweismittel und die hierfür vorgeschriebene Form der Beweisabnahme gebunden ist (BÜHLER, 459; HABSCHEID, Vor Rz 663). Nach Abs. 2 bleibt Raum für den Freibeweis bei Verfahren betreffend Kinderbelange in familierechtlichen Angelegenheiten. Die Beweismittel sind die «Instrumente», mit denen Beweis geführt wird (STAEHELIN/STAEHELIN/GROLIMUND, 283 § 18 Rz 85).

2   Aus dem **Recht auf Beweis** (Art. 152) lässt sich nicht ableiten, mit welchen Mitteln der Sachverhalt abzuklären ist (s. BGE 122 III 219 E. 3c zur Tragweite des Beweisanspruchs nach Art. 8 ZGB). Das Recht auf Beweis steht daher unter dem Vorbehalt, dass die Be-

weisführung mit den in Art. 168 aufgeführten Beweismitteln erfolgt und diese form- und fristgerecht bezeichnet werden (BGE 129 III 18 E. 2.6, 126 III 315 E. 4a, 122 III 219 E. 3c m.w.Nw.). «Beweismittel ist, was vom Gesetz als tauglich erklärt wird, einen Beweis zu liefern» (KUMMER, ZPR, 125).

Der **Indizienbeweis** bezieht sich nicht auf die Beweismittel, sondern auf die Art der Beweisführung und wird mit den gleichen Beweismitteln erbracht wie der direkte Beweis (GULDENER, ZPR, 328; MERZ, § 186 ZPO/TG N 1; WALDER/GROB, § 29 Rz 2). Aus Sicht des Gerichts bildet die mittelbare Beweisführung durch Indizien eine Frage der Beweiswürdigung (BSK ZGB I-SCHMID, Art. 8 N 85; KUMMER, ZPR, 124; LEUCH/MARBACH/KELLERHALS/STERCHI, Art. 212 ZPO/BE N 1). 3

Der Vorentwurf behandelte **private Gutachten** als Form des Beweises durch Gutachten (Art. 182 VE-ZPO). Dieser Vorschlag wurde nicht Gesetz. Privatgutachten sind damit weiterhin kein Beweismittel, sondern Parteibehauptungen (BGE 132 III 83 E. 3.4; BOTSCHAFT ZPO, 7325; DOLGE, Beweisverfahren, 43; MERZ, § 196 ZPO/TG N 5a; STAEHELIN/STAEHELIN/GROLIMUND, § 18 Rz 128; VOGEL/SPÜHLER, 10. Kap. Rz 152). 4

Die verschiedenen Beweismittel sind grundsätzlich gleichwertig (GULDENER, ZPR, 329; SUTTER-SOMM, Beweisrecht, 15). In Übereinstimmung mit dem Grundsatz der freien Beweiswürdigung (Art. 157) gibt es unter Vorbehalt der nachfolgenden Ausnahmen **keine Rangfolge** über den Wert eines Beweismittels (VOGEL/SPÜHLER, 10. Kap. Rz 66): 5

– Öffentlichen Registern und Urkunden kommt für die durch sie bezeugten Tatsachen erhöhte Beweiskraft zu (Art. 179).

– Die unter Strafandrohung abgenommene Beweisaussage (Art. 192) ist eine gegenüber der Parteibefragung (Art. 191) qualifizierte Form der Parteieinvernahme (s. Art. 192 N 2), weshalb ihr im Verhältnis zur Parteieinvernahme erhöhtes Gewicht zukommt (HIGI, 487 FN 43, mit dem Hinweis, dass diese Beweismittelhierarchie gegen das Verbot von Beweisregeln verstösst; STAEHELIN/STAEHELIN/GROLIMUND, § 18 Rz 34).

– Vereinzelt schreiben prozessuale oder materiellrechtliche Normen die Verwendung bestimmter Beweismittel vor, so Art. 287 Abs. 1 (Anhörung der Parteien bei der Scheidung auf gemeinsames Begehren), Art. 297 f. (Anhörung der Eltern und des Kindes, wenn in eherechtlichen Verfahren Anordnungen über ein Kind zu treffen sind), Art. 33 ZGB (Beweis für die Geburt oder den Tod einer Person wird in erster Linie durch Zivilstandsurkunden geführt), Art. 202 OR (Untersuchung durch einen Sachverständigen für die Mängelrüge beim Viehhandel). In diesen Fällen wird der Beweiswert anderer Beweismittel beschränkt (BERGER-STEINER, 33), indem diesen im Verhältnis zu den gesetzlich geforderten primären Beweismitteln bloss subsidiäre Bedeutung zukommt.

Im **internationalen Zivilprozessrecht** ist die Zulässigkeit von Beweismitteln nach dem Recht des angerufenen Gerichts (lex fori) zu beurteilen (VOGEL/SPÜHLER, 1. Kap. Rz 87; NIGG, 165 f., 175 f.). Der abschliessende Beweismittelkatalog ist damit auch bei internationalen Privatrechtsstreitigkeiten massgebend. 6

II. Unzulässige Beweismittel

Unzulässig ist die Beweisführung durch die Parteien oder sind Beweisabnahmen durch das Gericht, die den formellen und materiellen Anforderungen der einzelnen Beweismittel nicht genügen: 7

– Unter bestimmten Voraussetzungen stehen den Parteien und Dritten **Verweigerungsrechte bei der Beweiserhebung** zu (insb. ein Zeugnis- und Editionsverweigerungsrecht, Art. 163, 165 f.). Unterlässt das Gericht die Aufklärung über das Verweigerungsrecht, so dürfen die erhobenen Beweise ohne Zustimmung der betroffenen Person nicht berücksichtigt werden (Art. 161 Abs. 2).

- Gegenstand des Zeugnisses sind Tatsachen, die der Zeuge «unmittelbar wahrgenommen hat» (Art. 169). Die Bestimmung wird z.T. so verstanden, dass das **Zeugnis vom Hörensagen** damit ausgeschlossen ist (BOTSCHAFT ZPO, 7321; GASSER/RICKLI, Art. 169 N 3; STAEHELIN/STAEHELIN/GROLIMUND, § 18 Rz 36). Aufgrund des Wortlautes der Bestimmung ist dies nicht zwingend, da auch Indizien als unmittelbar wahrgenommene Tatsachen (die auf zu beweisende Tatbestandsmerkmale hinweisen) festgestellt und insofern Gegenstand des Beweises sein können. In den Materialien zum soweit hier wesentlich gleich lautenden Art. 160 VE-ZPO wurde festgehalten, der VE gehe vom direkten Zeugnis aus, ohne jedoch das indirekte Zeugnis auszuschliessen (Bericht zum Vorentwurf der Expertenkommission, 83; s.a. REYMOND, 63 f.; DOLGE, Beweisverfahren, 39). Mit Blick auf den Grundsatz der freien Beweiswürdigung erscheint der Ausschluss des Zeugnisses beim Indizienbeweis als unnötige Einschränkung (STAEHELIN/STAEHELIN/GROLIMUND, 265 § 18 Rz 36).

- Die Einvernahme eines Zeugen hat in dessen physischer Gegenwart zu erfolgen, sei es vor Gericht oder allenfalls am Aufenthaltsort (Art. 170 Abs. 1 und 3). Unzulässig wäre daher eine Zeugeneinvernahme mittels Videoübertragung oder per Telefon.

- Nimmt eine sachverständige Person im Rahmen der Ausführung des Gutachtensauftrags eigene Abklärungen ohne Zustimmung des Gerichts vor oder unterlässt sie die Offenlegung der eigenen Abklärungen (Art. 186 Abs. 1), ist das derart erstellte Gutachten als Beweismittel unzulässig.

- Wird bei der Entscheidfindung ergänzend oder anstelle eines Gutachtens auf das Fachwissen eines sachverständigen Richters abgestellt, ist dies offen zu legen und den Parteien Gelegenheit zur Stellungnahme einzuräumen (Art. 183 Abs. 3, welcher das Recht der Parteien auf Mitwirkung an der Beweiserhebung als Teilaspekt der Gewährleistung des rechtlichen Gehörs konkretisiert). Als Beweismittel nicht zulässig wäre demgegenüber, wenn das eigene Fachwissen des Gerichts lediglich auf informelle Weise im Rahmen der Urteilsberatung einfliesst (zur Problematik SCHWANDER, Handelsgericht, 87 f., mit dem Hinweis, dass bei arbeitsteiliger Tätigkeit von Fachrichtern unter Umständen die Gefahr droht, dass ein «Sachverstand vom Hörensagen» in den Prozess eingeführt wird, was mit den Grundsätzen über das Gutachten als Beweismittel nicht vereinbar wäre; zur Behandlung privaten Wissens des Richters über rechtserhebliche Tatsachen im Beweisverfahren s.a. KUMMER, ZPR, 123).

- Schriftliche Auskünfte sind als Beweismittel nur zulässig, wenn sie vom Gericht eingeholt werden (Art. 190). Unzulässig sind daher von einer Partei eingereichte, **zu Prozesszwecken erteilte schriftliche Auskünfte**, namentlich von Personen, die als Zeugen zu befragen sind (FRANK/STRÄULI/MESSMER, § 168 ZPO/ZH N 2; REYMOND, 64; VOUILLOZ, 840; Art. 111 Abs. 1 ZPO/SG). Solche schriftlichen Äusserungen (Affidavits, Witness Statements) dürfen mit Blick auf eine kohärente Regelung der Beweismittel auch nicht als Urkunden berücksichtig werden, selbst wenn sie vom Urkundenbegriff gemäss Art. 177 erfasst sind (FRANK/STRÄULI/MESSMER, Vor § 183 ff. ZPO/ZH N 3).

- Was die Parteien anlässlich der Instruktionsverhandlung im Rahmen der Erörterung des Streitgegenstandes oder der Ergänzung des Sachverhaltes vorbringen (Art. 226 Abs. 2), gehört formell zum Behauptungsstadium des Prozesses (BGer, 4P.191/2003 E. 1.6; BOTSCHAFT ZPO, 7326; FRANK/STRÄULI/MESSMER, Vor § 149 ZPO/ZH N 1;

KUMMER, ZPR, 129; LEUCH/MARBACH/KELLERHALS/STERCHI, Art. 273 ZPO/BE N 1a; STAEHELIN/STAEHELIN/GROLIMUND, § 18 Rz 135; VOGEL/SPÜHLER, 10. Kap. Rz 166; WALDER/GROB, § 29 Rz 9), kann aber je nach Ausübung der gerichtlichen Fragepflicht (Art. 56) materiell einer Parteibefragung gleichkommen. Ist dies der Fall, ist die Form der Parteibefragung zu beachten (Art. 191). Mit der Förmlichkeit der Beweismittel und mit der Verhandlungsmaxime nicht vereinbar wäre eine im Zusammenhang mit der freien Erörterung des Sachverhalts oder dem Versuch einer Einigung erfolgende informelle Parteibefragung ohne Beweisverfügung. Dem kann beim Verfahrensablauf der Instruktionsverhandlung durch eine möglichst klare Trennung zwischen Behauptungs- und Beweisverfahren Rechnung getragen werden, falls das Gericht an der Instruktionsverhandlung Beweise abnimmt (Art. 226 Abs. 3).

Rechtswidrig beschaffte Beweismittel sind nur zulässig, wenn bei einer Abwägung der Schwere der rechtswidrigen Beschaffungshandlung und dem Interesse der beweisführenden Partei an der Beweisbarkeit des Sachverhalts das Interesse an der Wahrheitsfindung überwiegt (Art. 152; DOLGE, Beweisverfahren, 36; FRANK/STRÄULI/MESSMER, Vor § 133 ff. ZPO/ZH N 6). **8**

Rechtsfolge bei Einreichung eines unzulässigen Beweismittels durch eine Partei oder bei Beweisabnahme in Missachtung der formellen Voraussetzungen eines Beweismittels durch das Gericht ist dessen Unbeachtlichkeit. Eine in unzulässiger Weise erfolgte Zeugeneinvernahme oder Parteibefragung bzw. Beweisaussage muss wiederholt werden. Wurde die Aufklärung über ein Verweigerungsrecht unterlassen, reicht für die Verwertbarkeit des Beweismittels die nachträgliche Zustimmung der betroffenen Person (Art. 161 Abs. 2). **9**

III. Zulässigkeit von Beweismitteln bei besonderen Verfahren

1. Summarisches Verfahren

Eine Beschränkung der Beweismittel gilt für das **summarische Verfahren**, in welchem der Beweis grundsätzlich durch Urkunden zu erbringen ist (Art. 254 Abs. 1). Andere Beweismittel sind nur unter den Voraussetzungen von Art. 254 Abs. 2 zulässig. In folgenden Verfahren in Schuldbetreibungs- und Konkurssachen, für welche das summarischen Verfahrens gilt (Art. 251 lit. a–c), ist einzig der Urkundenbeweis zulässig: Definitive Rechtsöffnung nach Art. 81 Abs. 1 SchKG mit Bezug auf den Nachweis der Tilgung, Stundung oder Verjährung; Aufhebung oder Einstellung der Betreibung nach Art. 85 SchKG und Bewilligung des Rechtsvorschlags in der Wechselbetreibung nach Art. 182 Ziff. 1 SchKG, jeweils mit Bezug auf den Nachweis der Tilgung oder Stundung der Forderung (BGer, 5P.8/2005 E. 3.1; BGE 125 III 149 E. 2b/aa). **10**

2. Freibeweis bei Verfahren betreffend Kinderbelange in familienrechtlichen Angelegenheiten

In Verfahren betreffend **Kinderbelange in familienrechtlichen Angelegenheiten** (Art. 295–304, d.h. namentlich Zuteilung der elterlichen Obhut oder Sorge, Fragen des persönlichen Verkehrs, Kindesschutzmassnahmen, Kinderunterhaltsklage) entfällt die Beschränkung auf die in Abs. 1 aufgezählten Kategorien von Beweismitteln. In diesen Verfahren bleibt Raum für den so genannten **Freibeweis** (BOTSCHAFT ZPO, 7321), was der bisherigen Praxis betreffend Kinderbelange in familienrechtlichen Prozessen entspricht (BSK ZGB I-SCHMID, Art. 8 N 77; FRANK/STRÄULI/MESSMER, Vor § 133 ff. ZPO/ZH N 5a; SUTTER-SOMM, Beweisrecht, 19). Für diese Verfahren gilt uneinge- **11** schränkt die Untersuchungsmaxime und die Offizialmaxime (Art. 296 Abs. 1 und 3). Im Interesse des Kindeswohles kann das Gericht nach eigenem Ermessen auf unübliche Art Beweise erheben (BGE 122 I 53 E. 4a). Zur Erforschung des Sachverhalts sind in den Schranken den Rechts alle denkbaren Beweismittel zulässig, wie ein unangemeldeter Augenschein in Abwesenheit der Parteien, formfreie Gespräche mit den Kindern und Betreuern oder Berichte von Sozialarbeitern (LEUENBERGER/UFFER-TOBLER, Vor Art. 103–122 ZPO/SG N 2b; VOGEL/SPÜHLER, 10. Kap. Rz 95a).

12 Sind Anordnungen über ein Kind zu treffen, wird die generelle Erweiterung des Beweismittelkatalogs in Abs. 2 konkretisiert durch die Regeln über die persönliche Anhörung der Eltern (Art. 297 Abs. 1) und über die **persönliche Anhörung des Kindes** (Art. 298). Die persönliche Anhörung des Kindes, die in eherechtlichen Verfahren bereits vor Inkrafttreten der ZPO als Beweismittel diente (BGE 131 III 553 E. 1.1), weicht in verschiedener Hinsicht von einer Zeugeneinvernahme und einer Parteibefragung ab. Anders als bei der Beweisabnahme im ordentlichen Verfahren ist die Anhörung nicht zwingend durch das Gericht (oder eine Gerichtsdelegation) vorzunehmen, sondern kann durch eine beauftragte Drittperson erfolgen (Art. 298 Abs. 1). Die Anhörung erfolgt in «geeigneter Form», d.h. *formfrei* (Art. 298 Abs. 1). Entsprechend kann auf Aufzeichnungen über die formfreie Anhörung abgestellt werden (BOTSCHAFT ZPO, 7320, wo verkürzt nicht die formfreie Anhörung des Kindes, sondern die Aufzeichnung der Befragung als in diesen Verfahren zulässiges Beweismittel bezeichnet wird).

IV. Zulassung eines Beweismittels im konkreten Streitfall

1. Zusammenhang zwischen Behauptungs- und Beweisstadium des Prozesses

13 Gegenstand des Beweises sind rechtserhebliche, streitige Tatsachen sowie Übung, Ortsgebrauch und bei vermögensrechtlichen Streitigkeiten – in Einklang mit Art. 16 Abs. 1 IPRG – ausländisches Recht (Art. 150). Ob eine Behauptung bestritten ist, ergibt sich aus dem Behauptungsstadium des Prozesses (MERZ, § 180 ZPO/TG N 4a). Selbst wo die **Zulässigkeit eines Beweismittels** als solches unproblematisch ist, besteht für die **Zulassung eines Beweismittels** im konkreten Streitfall ein enger Zusammenhang zwischen dem Behauptungs- und Beweisstadium des Prozesses. Im Vordergrund steht hier weniger die Frage mit welchen Mitteln, sondern wie und wann Beweis zu führen ist. Durch die Beweisführung sollen die Beweismittel wirksam gemacht werden (KUMMER, ZPR, 125).

14 Als Konsequenz der den Zivilprozess beherrschenden Verhandlungsmaxime (Art. 55 Abs. 1) braucht es im ordentlichen Verfahren für die Zulassung eines Beweismittels im konkreten Streitfall eine form- und fristgerechte Bezeichnung der einzelnen Beweismittel zu den behaupteten Tatsachen (Art. 221 Abs. 1 lit. e, Art. 222 Abs. 2). Zum Recht auf den Beweis gehört auch das Recht der Parteien, den Beweis so zu führen, wie ihnen das richtig erscheint, weshalb die **Wahl der Beweismittel** den Parteien zusteht (HIGI, 471). Unterliegt das Verfahren der Untersuchungsmaxime, erhebt das Gericht von Amtes wegen Beweis (Art. 153 Abs. 1). Ausnahmsweise kann auch in von der Verhandlungsmaxime beherrschten Verfahren von Amtes wegen Beweis erhoben werden, wenn an der Richtigkeit einer nicht streitigen Tatsache erhebliche Zweifel bestehen (Art. 153 Abs. 2).

15 Die inhaltlichen Anforderungen an eine ausreichende **Substantiierung** der Vorbringen der Parteien ergeben sich aus dem materiellen Bundesrecht (BGE 127 III 365 E. 2b). Die Substantiierung muss nicht nur die Anwendung des Bundesrechts auf den konkreten Sachverhalt erlauben, sondern überdies dessen **beweismässige Abklärung** ermöglichen (BGer, 5P.210/2005 E. 4.1; BGE 108 II 338 E. 3; MERZ, § 95 ZPO/TG N 3a; VOGEL/

SPÜHLER, 10. Kap. Rz 55). Eine Partei darf sich nicht mit allgemeinen Behauptungen begnügen in der Meinung, die Begründung ihres Prozessstandpunktes werde sich aus dem Beweisverfahren ergeben (ZR 2003 Nr. 15 E. 2.2; FRANK/STRÄULI/MESSMER, § 113 ZPO/ZH N 5; MERZ, § 180 ZPO/TG N 4b). Das Beweisverfahren ist nicht dazu bestimmt, ungenügende Sachdarstellungen zu vervollständigen (ZR 1968 Nr. 36 E. 5) bzw. den Prozessstoff erst zu sammeln (ZR 1967 Nr. 35).

Die Begründung muss grundsätzlich in der Rechtsschrift erfolgen. Beilagen dürfen im Allgemeinen nicht zum integrierten Bestandteil der Rechtsschrift erklärt werden. Sachverhaltselemente sind durch Verweis auf eingelegte Akten genügend behauptet, wenn der entsprechende Verweis in der Rechtsschrift spezifisch ein bestimmtes Aktenstück nennt und aus dem Verweis in der Rechtsschrift selbst klar wird, ob das Dokument in seiner Gesamtheit oder welche Teile des Aktenstückes als Parteibehauptung gelten sollen (Art. 180 Abs. 2; ZR 1998 Nr. 87, 1997 Nr. 12 E. 7a). Bei umfangreichen Beilagen hat die Partei somit darzutun, was sie aus welcher Stelle ableiten will.

Bei Editionsbegehren sind die zu edierenden Urkunden mit genügender Bestimmtheit zu bezeichnen. Der Editionsantrag muss i.d.R. die Gattung der Urkunde, die Angabe des Inhaltes der Urkunde (mindestens Stichworte), den Aussteller sowie die Zeit bzw. den ungefähren Zeitrahmen der Verfassung der Urkunde enthalten. Andernfalls liegt ein unzulässiger Ausforschungsbeweis vor (vgl. ZR 1961 Nr. 72 E. 3).

Aus der Gleichrangigkeit der einzelnen Beweismittel folgt, dass das Gericht die **Reihenfolge der Abnahme der Beweismittel** nach freiem Ermessen festlegen kann (Art. 154; WEIBEL, 236).

2. Zeitpunkt der Einreichung oder Bezeichnung der Beweismittel

Im ordentlichen Verfahren sind die einzelnen Beweismittel zu den behaupteten Tatsachen von den Parteien in der Klagebegründung bzw. der Klageantwort zu bezeichnen (Art. 221 Abs. 1 lit. e, Art. 222 Abs. 2). Hierbei handelt es sich um eine Ordnungsvorschrift. Neue Beweismittel können auch noch im zweiten Schriftenwechsel und an der Instruktionsverhandlung oder, falls weder ein zweiter Schriftenwechsel noch eine Instruktionsverhandlung stattgefunden haben, in den ersten Vorträgen an der Hauptverhandlung unbeschränkt vorgebracht werden (Art. 229 Abs. 2). Hat das Gericht den Sachverhalt von Amtes wegen abzuklären, berücksichtigt es neue Beweismittel bis zur Urteilsberatung (Art. 229 Abs. 3). Im vereinfachten Verfahren bezieht sich die erweiterte richterliche Fragepflicht auch auf die Bezeichnung der Beweismittel (Art. 247 Abs. 1), soweit dieses nicht ohnehin der Untersuchungsmaxime unterliegt (Art. 247 Abs. 2). Damit können im vereinfachten Verfahren neue Beweismittel grundsätzlich ebenfalls bis zur Urteilsberatung bezeichnet werden.

Urkunden, die als Beweismittel dienen sollen und die eine Partei in Händen hat, sind im ersten Schriftenwechsel durch sogenannte Realproduktion zu den Akten zu geben (Art. 221 Abs. 2 lit. c; GULDENER, ZPR, 330; WALDER/GROB, § 29 Rz 5). Auch hierbei handelt es sich um eine Ordnungsvorschrift. In gleicher Weise sind Augenscheinsobjekte, die ohne Nachteil vor Gericht gebracht werden können, einzureichen (Art. 181 Abs. 3). Andere Beweismittel (Zeugnis, Augenschein an nicht transportablen Objekten, Gutachten, schriftliche Auskunft, Parteibefragung und Beweisaussage) können naturgemäss nur in den Parteivorbringen bezeichnet werden (Verbalproduktion) (GULDENER, ZPR, 330; WALDER/GROB, § 29 Rz 5). Die im konkreten Fall zugelassenen Beweismittel werden in einer oder mehreren Beweisverfügungen bezeichnet, die bei Bedarf der Abänderung oder Ergänzung unterliegen (Art. 154).

21 Die von einer Partei eingereichten oder bezeichneten Beweismittel können auch von der Gegenpartei benutzt werden (**Gemeinsamkeit der Beweismittel**), soweit es sich um das gleiche Beweisthema handelt, d.h. aus Sicht der Gegenpartei insb. für den Gegenbeweis. Will die Gegenpartei das von der anderen Partei bezeichnete Beweismittel jedoch für zusätzliche Beweisthemen benutzen, braucht es aufgrund der Verhandlungsmaxime für die Berücksichtigung des entsprechenden Beweismittels eine form- und fristgerechte Anrufung auch durch die Gegenpartei. Ein Beweismittel ist bereits mit seiner Bezeichnung in den Rechtsschriften gemeinschaftlich, nicht etwa erst bei der Vorlegung von Urkunden oder der Erstattung eines Gutachtens (BÜHLER/EDELMANN/KILLER, § 203 ZPO/AG N 1). Gemäss ausdrücklicher Regelung in einzelnen kantonalen Prozessordnungen konnte eine Partei auf ein von ihr beantragtes Beweismittel nur mit Zustimmung der Gegenpartei verzichten (§ 203 ZPO/AG; Art. 92 Abs. 3 ZPO/SG; § 152 ZPO/SO; § 182 ZPO/TG). Da sich die Gegenpartei auf die Bezeichnung von Beweismitteln durch die andere Partei für die eigene Beweisführung verlassen können muss und zur Vermeidung von Überraschungen, ist dies auch ohne ausdrückliche Regelung sachgerecht.

3. Keine Zulassung offensichtlich untauglicher Beweismittel

22 Nach Art. 152 Abs. 1 bezieht sich das Recht auf Beweis auf die Abnahme der (form- und fristgerecht angebotenen) **tauglichen Beweismittel**. Ob ein Beweismittel tauglich ist oder nicht, zeigt regelmässig erst die Beweisabnahme. Vor allem bei Zeugenaussagen, Gutachten und bei einem Augenschein lässt sich i.d.R. nicht im Voraus feststellen, ob ein untaugliches Beweismittel vorliegt. Aufgrund einer antizipierten Beweiswürdigung sollte daher nur die offensichtliche Untauglichkeit eines Beweismittels, für eine streitige Tatsache Beweis zu erbringen, zu dessen Nichtzulassung führen (HIGI, 488 FN 72; s.a. GULDENER, ZPR, 320 f.), wie dies bisheriger Praxis entsprach (BGE 106 Ia 161 E. 2b).

2. Abschnitt: Zeugnis

Art. 169

Gegenstand	**Wer nicht Partei ist, kann über Tatsachen Zeugnis ablegen, die er oder sie unmittelbar wahrgenommen hat.**
Objet	Toute personne qui n'a pas la qualité de partie peut témoigner sur des faits dont elle a eu une perception directe.
Oggetto	Chi non è parte può testimoniare sui fatti che ha percepito in modo diretto.

Inhaltsübersicht Note

I. Gegenstand des Zeugnisses 1
II. Personenkreis 3

Literatur

ST. TRECHSEL/H. AFFOLTER-EIJSTEN, Schweizerisches Strafgesetzbuch, Praxiskommentar, Zürich 2008; F. ARNTZEN, Psychologie der Zeugenaussage, 4. Aufl., München, 2007; R. BENDER, Die häufigsten Fehler bei der Beurteilung von Zeugenaussagen, SJZ 81 (1985) Nr. 4, 53 f.; M. FERRARI,

Erkenntnisse aus der Aussagepsychologie, Plädoyer 4/09, 34 f.; D. GASSER, Das ordentliche Verfahren nach der Schweizerischen Zivilprozessordnung, HAVE 2009, 11 f.; R. HAUSER, Der Zeugenbeweis im Strafprozess mit Berücksichtigung des Zivilprozesses, Zürich, 1974; C. VON HOLZEN, Die Streitgenossenschaft im schweizerischen Zivilprozess, Diss., Basel 2006; S. KOFMEL, Das Recht auf Beweis im Zivilverfahren, Diss. Bern 1992; D. SCHWANDER, Der Zeugenbeweis: Grundzüge und Abgrenzungen, in SZZP 3/2006, 297 ff. (zit. Zeugenbeweis); I. SCHWANDER, Die Beteiligung Dritter am Prozess: Hauptintervention, Nebenintervention und Streitverkündung, in: ZZZ, 353 ff. (zit. Beteiligung Dritter); T. ZWEIDLER, Die Würdigung von Aussagen, ZBJV Bd. 132 (1996), 105 f.; vgl. ausserdem die Literaturhinweise zu Art. 150.

I. Gegenstand des Zeugnisses

Gegenstand des Zeugnisses sind Aussagen von natürlichen Personen über ihre eigenen, so genannten unmittelbaren Wahrnehmungen zu streitigen, relevanten Tatsachenbehauptungen (Art. 169 und Art. 172 lit. c). Über fremde Wahrnehmungen zu einem Beweisgegenstand kann kein Zeugnis abgelegt werden. Das Zeugnis vom Hörensagen ist ausgeschlossen, weil es sich um mittelbare Wahrnehmungen (Wahrnehmungen einer anderen Person, die davon berichtet), handelt (BOTSCHAFT ZPO, 7321). Wenn dem Zeugen von einer dritten Person über etwas berichtet worden ist, kann er über seine Wahrnehmung des Berichts Zeugnis ablegen, solange die Tatsache der Erfassung einer Mitteilung Beweisgegenstand ist (STAEHELIN/STAEHELIN/GROLIMUND, § 18 N 36). In zahlreichen Fällen kann ein Beweis ohnehin nicht direkt geführt werden – etwa dort, wo ein Wille Beweisgegenstand bildet, weshalb der Indizienbeweis als mittelbarer Beweis (s.a. Komm. zu Art. 157 N 12 f.) zulässig sein muss (VOGEL/SPÜHLER, § 10 N 20; STAEHELIN/STAEHELIN/GROLIMUND, § 18 N 17; BGE 98 II 231, 243 m.H.). 1

Als Wahrnehmungen kommen alle Sinneswahrnehmungen (sehen, hören, fühlen, riechen, schmecken) in Frage, für welche der Zeuge im entscheidenden Zeitpunkt die nötigen Fähigkeiten zur Wahrnehmung besessen hat (STAEHELIN/STAEHELIN/GROLIMUND, § 18 N 89). Der Zeuge hat – bis auf den Fall des sachverständigen Zeugen (Art. 175) – in der Sache primär seine Wahrnehmungen zu schildern. Sekundär kann er auch seine Empfindungen beschreiben, weil sie dazu beitragen können, die Fragen von Glaubwürdigkeit und Glaubhaftigkeit zu beurteilen (ARNTZEN, 27; FERRARI, 36). 2

II. Personenkreis

Art. 169 steckt den Kreis der möglichen Zeugen ab, indem er Parteien als Zeugen ausschliesst und alle anderen Personen grundsätzlich einschliesst. Nach Art. 159 gelten Organe von juristischen Personen im Beweisverfahren als Parteien, weshalb sie kein Zeugnis ablegen können (s.a. Komm. zu Art. 159 N 3; BOTSCHAFT ZPO, 7315). 3

Partei umfasst als Überbegriff Haupt- und Nebenpartei. Weil das Gesetz vom Wortlaut her (an anderer Stelle) zwischen Haupt- und Nebenparteien unterscheidet (vgl. etwa Art. 74, 106 Abs. 3 und die Systematik im 5. Titel des 1. Teils der ZPO), in Art. 169 aber auf eine Abgrenzung bzw. differenzierte Behandlung verzichtet, grenzt Art. 169 bestimmungsgemäss Haupt- und Nebenparteien als Zeugen aus. 4

Nebenparteien sind Personen, die in eigenem Namen an einem fremden Prozess teilnehmen und einer Hauptpartei helfen wollen oder können (VOGEL/SPÜHLER, § 5 N 65). Erfasst werden davon im Allgemeinen Nebenintervenienten und Streitberufene (BGE 130 III 571 E. 6; GULDENER, ZPR, 305; STAEHELIN/STAEHELIN/GROLIMUND, § 13 N 51; SUTTER-SOMM, ZPR, N 231 f.). Der 5. Titel des 1. Teils der ZPO handelt von den Parteien und der Beteiligung Dritter. Soweit von Belang werden dort Streitgenossenschaft, Inter- 5 vention, Streitverkündung sowie der Parteiwechsel geregelt. Die Parteistellung von notwendigen Streitgenossen als jeweilige Hauptpartei ist offensichtlich (Art. 70 f.; SUTTER-SOMM, ZPR, N 211 f.), denn sie verfolgen auf der aktiven oder der passiven Seite als Hauptpartei unmittelbar eigene, gleichgerichtete Interessen. Bei einfacher Streitgenossenschaft hat eine Partei im Verfahren der anderen Partei grundsätzlich keine Parteistellung, zumal schon die Interessen divergieren können (VON HOLZEN, 230 f.; FRANK/ STRÄULI/MESSMER, § 157 ZPO/ZH N 5a).

6 Art. 74 über die Nebenintervention räumt bei rechtlichem Interesse die Möglichkeit der Teilnahme als Nebenpartei zu Interventionszwecken ein, was den Nebenintervenienten als Zeugen ausschliesst (VOGEL/SPÜHLER, § 5 N 78)

7 Die Streitverkündung (Art. 78; s.a. zur Zuständigkeit Art. 16) kann für den Fall der Annahme zur Stellung als Nebenpartei führen (so die BOTSCHAFT ZPO, 7283), was sich aus Art. 79 ergibt, wonach die streitberufene Partei intervenieren oder anstelle der streitverkündenden Partei den Prozess führen kann. Intervenieren bedeutet einen Verweis auf Art. 74 (f.), der die Stellung als Nebenpartei begründet. Gleich wie der Nebenintervenient ist die streitverkündete Person bei Eintritt in den Prozess zur Intervention aufgrund ihrer Parteistellung als Zeuge ausgeschlossen (Art. 78 Abs. 1 lit. a). Lehnt sie indes den Eintritt ab, so kann sie Zeuge sein (VOGEL/SPÜHLER, § 10 N 128).

8 Tritt die streitverkündete Person bei, übernimmt sie den Streit und führt sie den Streit anstelle der Partei (Art. 78 Abs. 1 lit. b), so ist sie Prozessstandschafterin (BOTSCHAFT ZPO, 7284). Eine Prozessstandschafterin führt den Prozess anstelle der berechtigten oder verpflichteten Person, aber in eigenem Namen als Partei (VOGEL/SPÜHLER, § 5 N 37; SUTTER-SOMM, ZPR, N 500). Scheidet aber die verkündende Person als Partei aus, kann sie Zeugnis ablegen (Art. 169).

9 Mit der Hauptintervention greift der Intervenierende mit einer selbständigen Klage gegen beide Parteien in den Erstprozess ein, wobei das Gericht den Erstprozess sistieren oder die Verfahren vereinigen kann (Art. 73). Die Interessen des Hauptintervenienten decken sich nicht (ohne Weiteres) mit jenen einer Partei. Im Falle der Sistierung des Erstprozesses ist es daher zulässig, den Hauptintervenienten im späteren Erstprozess als Dritten zu behandeln. Selbst bei Verfahrensvereinigung (Art. 73 Abs. 2; vgl. auch Art. 125 lit. c) ist die Zulassung des Hauptintervenienten als Zeugen in der Sache der Erstprozessierenden möglich, weil eine Vereinigung von Verfahren hier nicht zur Begründung einer Parteistellung einer Partei des einen Verfahrens im «anderen» Verfahren (auf einer bestimmbaren Seite) führt. Der Verfahrensvereinigung ist diese Wirkung gesetzlich nicht zugedacht (SCHWANDER, Beteiligung Dritter, 364). Vielmehr soll sie der Prozessökonomie und der Vermeidung widersprechender Urteile dienen (s.a. Art. 125; «Zur Vereinfachung»; VON HOLZEN, 24–27) und weder für das eine noch das andere Ziel ist die Begründung einer Parteistellung im «anderen» Verfahren sachdienlich. Die freie Beweiswürdigung erlaubt ausserdem, auf Interessen von aussagenden Personen Rücksicht zu nehmen.

10 Die Streitverkündungsklage (Art. 81 f.) ist die Folgeklage, die aus prozessökonomischen Gründen im gleichen Verfahren erledigt werden kann (BOTSCHAFT ZPO, 7284; STAEHELIN/STAEHELIN/GROLIMUND, § 13 N 71). Der Streitverkündungsbeklagte ist als Zeuge im Erstprozess zuzulassen, weil es sich um eine separate Klage handelt, ohne dass die Klage die Stellung als Nebenpartei im Erstprozess begründet (BOTSCHAFT ZPO, 7283 und 7284; GASSER, HAVE 2009, 21). Wird die Streitverkündungsklage nicht zugelassen, so kann die dritte Person umso mehr Zeuge sein.

11 Ein Parteiwechsel kann Folge eine Abrede unter den Beteiligten oder aber Wirkung einer Rechtsnachfolge oder der Veräusserung des Streitgegenstandes sein. Die vormalige Partei

ist nicht mehr Partei und kommt daher als Zeugin in Frage. Eine Prozessstandschaft führt zum selben Ergebnis bezüglich der materiell berechtigten Person.

Sind die Parteien von den Dritten abgegrenzt, so kann eine ganze Reihe anderer Bestimmungen und Umstände ein Zeugnis Dritter verhindern, wie folgende Beispiele zeigen. Ein Mitglied der Schlichtungsbehörde wird als Zeuge über Aussagen der Parteien, die sie im Rahmen des Schlichtungsverfahrens von sich gegeben haben, ausgeschlossen (Art. 205 Abs. 1), was sinngemäss ebenfalls für den im Rahmen des gerichtlichen Verfahrens tätigen Mediator nach Art. 216 Abs. 2 gilt (anders als der Mediator gem. Art. 166 Abs. 1 lit. d, der die Aussage verweigern kann). Die jeweilige Person wird mittelbar als Zeugin ausgeschlossen, weil gewisse Sachverhalte nicht Gegenstand des Beweises bilden können. Daneben stehen einer Einvernahme als Zeuge eine Reihe von Verweigerungsrechten, die gegebenenfalls geltend gemacht werden können, entgegen (Art. 165 und 166). Über die Mitwirkungspflicht einer unmündigen Person entscheidet das Gericht nach seinem Ermessen, womit auch auf die Frage der Urteilsfähigkeit hinreichend Rücksicht genommen werden kann (Art. 160 Abs. 2). Auch eine Immunität kann eine Mitwirkung als Zeuge verhindern (z.B. Wiener Übereinkommen vom 18.4.1961 über diplomatische Beziehungen, SR 0.191.01, Art. 31 Ziff. 2; HAUSER, 86 f.). Liegt keine Vernehmungsfähigkeit vor, ist von einer Einvernahme zumindest temporär abzusehen.

Art. 170

Vorladung
¹ Zeuginnen und Zeugen werden vom Gericht vorgeladen.

² Das Gericht kann den Parteien gestatten, Zeuginnen oder Zeugen ohne Vorladung mitzubringen.

³ Die Befragung kann am Aufenthaltsort der Zeugin oder des Zeugen erfolgen. Die Parteien sind darüber rechtzeitig zu informieren.

Citation
¹ Les témoins sont cités à comparaître par le tribunal.

² Le tribunal peut autoriser les parties à amener des témoins sans qu'ils aient été cités à comparaître.

³ L'audition peut se dérouler au lieu de résidence du témoin. Les parties en sont informées en temps utile.

Citazione
¹ I testimoni sono citati dal giudice.

² Il giudice può permettere alle parti di presentarsi con testimoni che non sono stati citati.

³ La testimonianza può essere assunta nel luogo di dimora del testimone. Le parti ne sono tempestivamente informate.

Literatur

Vgl. die Literaturhinweise zu Art. 169.

Grundsätzlich werden Zeugen (Art. 169) vom Gericht vorgeladen, was aufgrund der (delegierbaren) gerichtlichen Zuständigkeit zur Prozessleitung (Art. 124 Abs. 1) zu erwarten ist, weil die Ladung von Zeugen zur Prozessleitung gehört (GULDENER, ZPR, 179). Die

Art. 170 2–4   10. Titel: Beweis

Vorladung erfolgt gem. Art. 133 f. Da gem. Art. 133 lit. b der Zeuge über die Prozesssache orientiert wird, reduziert sich die Gefahr, dass er die Frage des Gegenstandes der Einvernahme durch Kontaktaufnahme mit einer Partei klärt (FRANK/STRÄULI/MESSMER, § 162 ZPO/ZH N 1). Die Pflichten der Zeugen sind nicht nur in Art. 169 f., sondern insb. auch in Art. 160 über die Mitwirkungspflicht festgelegt (BOTSCHAFT ZPO, 7316; STAEHELIN/STAEHELIN/GROLIMUND, § 18 N 90). Die «Zeugnispflicht» umfasst nicht nur Aussagepflichten, sondern auch die Pflicht, vor Gericht zu erscheinen (vgl. zu den Mitwirkungspflichten und Säumnisfolgen Art. 160 Abs. 1 i.V.m. Art. 161 Abs. 1 i.V.m. Art. 167 Abs. 1; GULDENER, ZPR, 339; VOGEL/SPÜHLER, § 10 N 132). Als Bundesgesetz wirkt die ZPO nicht nur auf kantonalem Territorium (VOGEL/SPÜHLER, § 1 N 83; BGE 47 I 87, 96 f.). Hat eine Person aufgrund einer Vorladung ausserhalb ihres Wohnsitzkantons Zeugnis abzulegen, so trifft sie dazu gestützt auf Art. 160 Abs. 1 eine Pflicht.

2   Abs. 2 sieht eine Ausnahme vom Grundsatz der gerichtlichen Vorladung von Zeugen vor, indem das Gericht die Parteien ermächtigen kann, einen Zeugen ohne Vorladung mitzubringen. Das Mitnehmen eines Zeugen ohne Vorladung setzt voraus, dass das Zeugnis dieser Person als Beweis zugelassen worden ist. Die Bestimmung ist eine Ausnahmebestimmung zu Art. 134 zweiter Halbsatz.

3   Das Gericht wird ermächtigt, die Mitnahme eines zugelassenen Zeugen zu gestatten, nicht verpflichtet. Die Erlaubnis des Gerichts wird nicht nur einer, sondern jeweils allen Parteien erteilt. Die gerichtliche Erlaubnis ist angebracht, wenn trotz Zulassung einer Person zum Zeugnis nicht oder nicht innert tragbarem zeitlichem Rahmen mit einem Zeugnis gerechnet werden kann – wenn der konventionelle Weg der Zustellung der Zeugenvorladung nicht erfolgreich war (vgl. Art. 136 und 138 [eingeschriebene Post oder gegen Empfangsbestätigung]) bzw. die Publikation nicht Erfolg verspricht. Die Erlaubnis ist vor diesem Hintergrund umso angebrachter, je entscheidender das entsprechende Zeugnis ist. Das Problem des zeitlichen Rahmens stellt sich z.B. bei rechtshilfeweiser Einvernahme im Ausland, wenn aufgrund der Angaben im Rechtshilfeführer des Bundesamts für Justiz ‹http://www.rhf.admin.ch/› (zuletzt besucht am 10.8.2009) nicht mit einem Ergebnis innerhalb eines tragbaren zeitlichen Rahmens zu rechnen ist. Was tragbar ist, richtet sich nach der Verfahrensart. Immerhin ist denkbar, dass sich von Anfang an die Aussichtslosigkeit von gerichtlichen Zustellungsversuchen offenbart, so dass den Parteien ohne Zustellversuche gestattet wird, einen Zeugen ohne Vorladung mitzubringen. Das Gesetz formuliert keine Voraussetzungen für eine Erlaubnis, so dass Zweckmässigkeitsüberlegungen im Vordergrund stehen. Gemäss Botschaft soll sogar möglich sein, dass eine Person, deren Zeugnis angeboten wurde, «spontan» zur Aussage erscheint, wenn das Gericht dem nachträglich zustimme – auf die Vorladung, welche den Schutz des Zeugen bezweckt, soll verzichtet werden können (BOTSCHAFT ZPO, 7321). Zu beachten ist in jedem Fall das Teilnahme- und Mitwirkungsrecht der Parteien bei der Beweisabnahme (Art. 155 Abs. 3). Die Mitnahme des Zeugen durch eine Partei kann den Verdacht einer problematischen Nähe eines Zeugen zu einer Partei wecken, was umso mehr Gegenstand klärender Fragen bilden muss (Art. 172 lit. b). Mitgebracht wird der Zeuge an eine angesetzte Verhandlung in der Sache der Parteien.

4   Die Befragung am Aufenthaltsort des Zeugen ist angezeigt, wenn der Zeuge am Erscheinen vor Gericht (aus objektiven Gründen) verhindert ist (s.a. Art. 195 zu den Voraussetzungen der Beweisabnahmen auf dem Territorium anderer Kantone). Die rechtzeitige Information der Parteien ist essentiell, weil ihnen sonst der Anspruch auf das rechtliche Gehör unzulässigerweise beschnitten wird (Art. 155 Abs. 3).

Art. 171

Form der Einvernahme	¹ Die Zeugin oder der Zeuge wird vor der Einvernahme zur Wahrheit ermahnt; nach Vollendung des 14. Altersjahres wird die Zeugin oder der Zeuge zudem auf die strafrechtlichen Folgen des falschen Zeugnisses (Art. 307 StGB) hingewiesen. ² Das Gericht befragt jede Zeugin und jeden Zeugen einzeln und in Abwesenheit der andern; vorbehalten bleibt die Konfrontation. ³ Das Zeugnis ist frei abzulegen; das Gericht kann die Benützung schriftlicher Unterlagen zulassen. ⁴ Das Gericht schliesst Zeuginnen und Zeugen von der übrigen Verhandlung aus, solange sie nicht aus dem Zeugenstand entlassen sind.
Forme de l'audition	¹ Le témoin est préalablement exhorté à répondre conformément à la vérité; s'il a au moins quatorze ans, il est rendu attentif aux conséquences pénales du faux témoignage (art. 307 CP). ² Chaque témoin est interrogé hors la présence des autres témoins; la confrontation est réservée. ³ Le témoin doit s'exprimer librement; le tribunal peut l'autoriser à faire usage de documents écrits. ⁴ Le tribunal interdit aux témoins d'assister aux autres audiences, tant qu'ils gardent la qualité de témoin.
Forma dell'esame testimoniale	¹ Prima dell'audizione il testimone è esortato a dire la verità; se ha già compiuto i 14 anni, è inoltre reso attento alle conseguenze penali della falsa testimonianza (art. 307 CP). ² Il giudice esamina ogni testimone singolarmente, senza la presenza degli altri; è fatta salva la procedura del confronto. ³ Il testimone si esprime liberamente; il giudice può autorizzarlo a far uso di note scritte. ⁴ Il giudice non consente al testimone di presenziare ad altre udienze fintanto che non lo ritenga pienamente escusso.

Inhaltsübersicht

	Note
I. Allgemeines	1
II. Hinweise vor der Einvernahme	2
III. Einzelbefragung	4
IV. Freie Aussage als Regel – Benützung von Unterlagen als Ausnahme	5
V. Zeugenstand und Ausschluss von der Verhandlung	7

Literatur

Vgl. die Literaturhinweise zu Art. 169.

I. Allgemeines

1   Während Art. 172 den Inhalt der Einvernahme zum Gegenstand hat, widmet sich Art. 171 der Form und damit dem äusseren Gang der Einvernahme.

II. Hinweise vor der Einvernahme

2   Vor der Einvernahme ergehen verschiedene Hinweise an einen Zeugen. Der Zeuge ist verpflichtet, die Wahrheit zu sagen (Art. 160 Abs. 1 lit. a). Er wird zur Wahrheit ermahnt (Art. 171 Abs. 1). Er ist gegebenenfalls auf die strafrechtlichen Folgen des falschen Zeugnisses gemäss Art. 307 StGB aufmerksam zu machen (Art. 171 Abs. 1). Falsches Zeugnis ist bei Personen vor dem vollendeten 14. Lebensjahr nicht strafbar (s.a. BOTSCHAFT ZPO, 7321). Ein blosser Hinweis auf Art. 307 StGB genügt nicht, weil die sichere Kenntnis der Strafandrohung zu wahrheitsgetreuer Aussage anhalten soll (TRECHSEL/ AFFOLTER-EIJSTEIN, Art. 307 StGB N 9 m.H.). Die Verlesung von «Freiheitsstrafe bis zu fünf Jahren oder Geldstrafe» hinterlässt mehr Eindruck als eine vermutete Ordnungsbusse von CHF 100. In Art. 307 Abs. 2 StGB werden der Eid und das Handgelübde (Wahrheitsversprechen mit Handschlag [d.h. Händeschütteln]) erwähnt. Das Verlangen eines Eides ist verfassungswidrig (Art. 15 Abs. 4 BV; GULDENER, ZPR, 355 f., insb. 357; VOGEL/SPÜHLER, § 10 N 143). Ein Handgelübde wird in der ZPO nicht erwähnt. Das Gesetz begnügt sich mit der Ermahnung zur Wahrheit und hält nicht dazu an, ein Wahrheitsversprechen in Form eines Handgelübdes abzugeben und abzunehmen. Das Gelübde gehört somit nicht zu den Formalitäten, auch wenn es noch in Art. 307 StGB aufgeführt wird.

3   Der Zeuge ist über seine Pflichten und Rechte zu belehren (Art. 161 Abs. 1). Die Belehrung betreffend Mitwirkungspflicht (wahrheitsgemäss auszusagen – Art. 160 Abs. 1 lit. a), Verweigerungsrecht (Art. 163 f.) und Säumnis (Art. 147; indes zur Partei) muss vollständig und klar sein, weil sie «konstitutiv» wirkt (BOTSCHAFT ZPO, 7316). Aufgrund des Wortlauts von Art. 171 Abs. 1 ist offen, an welcher Stelle auf die Mitwirkungspflichten hinzuweisen ist. Die Wahrheitspflicht ist explizit genannter Teil der Belehrungen nach Art. 161 Abs. 1. Von daher ist die Abfolge Wahrheitspflicht, Verweigerungsrecht (Art. 165 und 166), Säumnisfolgen, Straffolgen vorgegeben. Säumnis liegt nach der Legaldefinition nur bei Nichterscheinen vor (Art. 147 Abs. 1; indes betreffend Parteien), nicht aber, wenn die Person sich der Einvernahme vor Abschluss entzieht, was demnach als unberechtigte Verweigerung zu qualifizieren ist. Insofern ist die Belehrung über die Säumnis in Gegenwart des Zeugen überflüssig; angebracht ist vielmehr der Hinweis auf die Folgen unberechtigter Verweigerung – immerhin sind die Folgen identisch (Art. 167 Abs. 2). Somit ist ein Zeuge auf die Pflicht, die Wahrheit zu sagen, auf die Verweigerungsrechte Art. 165 f.), die Folgen der ungerechtfertigten Verweigerung einer Aussage und auf die strafrechtlichen Folgen des falschen Zeugnisses aufmerksam zu machen. Werden die Formalitäten nach Art. 171 Abs. 1 nicht gewahrt, entsteht kein Zeugnis. Art. 161 Abs. 2 belegt die unterlassene Aufklärung über die Verweigerungsrechte – mit zwei Vorbehalten – mit einem Verwertungsverbot.

III. Einzelbefragung

4   Der Zeuge soll grundsätzlich unbeeinflusst aussagen, was erschwert oder verunmöglicht wird, wenn er die Aussagen anderer Zeugen wahrnimmt. Ein Zeuge ist daher unter Ausschluss der übrigen Zeugen einzuvernehmen. Der gesetzliche Vorbehalt betreffend Kon-

frontation wäre nicht zwingend anzubringen gewesen, weil die Spezialregel über die Konfrontation (nach Art. 174) vorgeht und Zeugen daher bei Gegenüberstellung in Anwesenheit eines anderen Zeugen befragt werden können.

IV. Freie Aussage als Regel – Benützung von Unterlagen als Ausnahme

Nicht selten hat ein Zeuge darauf hingewiesen, er habe vor der Einvernahme noch seine Agenda konsultiert, weil er nicht mehr gewusst habe, wann genau sich das Geschehnis ereignet habe. Schlimmster Fall ist die Zeugenaussage gestützt auf eine manipulierte Unterlage, die durch den Zeugen vorgängig mit Blick auf die Einvernahme (Art. 133) eingesehen wurde, ohne dass er auf die Einsichtnahme hinweist. 5

Grundsätzlich ist frei, d.h. ohne Gedächtnisstütze aus der Erinnerung, über eigene Wahrnehmungen Zeugnis abzulegen (Art. 171 Abs. 3 erster Halbsatz; BOTSCHAFT ZPO, 7321). Anlässlich der Einvernahme wird die Frage entschieden, ob für die Aussage die Benutzung von Unterlagen erfolgen kann (HAFTER, N 1909 f.). Wenn die Unterlagen aufgrund einer Plausibilitätskontrolle authentisch erscheinen, insb. die Urheberschaft sowie die Umstände und Zeitpunkt der Entstehung der Aufzeichnungen, die Art der Unterlage und der Zugang zu den Unterlagen keine begründeten Zweifel am Inhalt aufkeimen lassen, kann die Aussage gestützt auf sie erfolgen. Aufzeichnungen etc. werden im Laufe der Zeit weniger flüchtig als Erinnerungen. Im Falle der Erlaubnis der Verwendung von Unterlagen ist protokollarisch festzuhalten, um welche Unterlagen, es sich genau handelt (FRANK/STRÄULI/MESSMER, § 155 ZPO/ZH N 1). Wenn das Gericht mit den entsprechenden Befugnissen ausgestattet ist (z.B. aufgrund einer umfassenden Untersuchungsmaxime), kann die benützte Urkunde auch ins Recht genommen werden. Vorgängige Konsultation von Unterlagen etc. ist je nach Unterlage geeignet, der Aussage weniger Beweiskraft zukommen zu lassen. 6

V. Zeugenstand und Ausschluss von der Verhandlung

Der Zeugenstand ist gesetzlich nicht definiert. Der Status als Zeuge leitet sich von der Beweisabnahme des Zeugnisses dieser Person ab, die gemäss Art. 171 Abs. 4 zulässigerweise unterbrochen werden kann, ohne dass der Status verloren geht. Demnach müssen bei einer Weiterführung der Einvernahme die Hinweise an einen Zeugen, insb. die Aufklärung nach Art. 161 etc., nicht erneut vorgenommen werden – für den seltenen Fall der gerichtlich angeordneten längeren Unterbrüche ist die Wiederholung der Hinweise etc. wegen der Möglichkeiten der massgeblich veränderten Umstände zu empfehlen. Vom Unterbruch zu trennen ist insb. die Wiederholung der Einvernahme (s.a. Komm. zu Art. 155 N 13 und Art. 161 N 6). 7

Der gerichtliche Ausschluss des Zeugen von den übrigen Verhandlungen bildet eine Ausnahme von der Regel der publikumsöffentlichen Verhandlung (Art. 54 Abs. 1 ZPO; Art. 30 Abs. 3 BV). Der Ausschluss bezweckt die Verhinderung einer Beeinflussung des Zeugen (BOTSCHAFT ZPO, 7321). Gleichzeitig sollte aus denselben Gründen im Einflussbereich des Gerichts die Diskussion unter den Zeugen (etwa im Warteraum des Gerichts) verhindert werden. 8

Art. 172

Inhalt der Einvernahme	Das Gericht befragt die Zeuginnen und Zeugen über: a. ihre Personalien; b. ihre persönlichen Beziehungen zu den Parteien sowie über andere Umstände, die für die Glaubwürdigkeit der Aussage von Bedeutung sein können; c. ihre Wahrnehmungen zur Sache.
Contenu de l'audition	Le tribunal demande au témoin: a. de décliner son identité; b. de décrire ses relations personnelles avec les parties et d'autres circonstances de nature à influer sur la crédibilité de sa déposition; c. d'exposer les faits de la cause qu'il a constatés.
Contenuto dell'esame testimoniale	Il giudice interroga il testimone: a. sui suoi dati personali; b. sulle sue relazioni personali con le parti, come pure su altre circostanze che potrebbero avere rilevanza per la credibilità della sua deposizione; c. sui fatti di causa da lui constatati.

Inhaltsübersicht   Note

   I. Allgemeines 1
  II. Personalien 2
 III. Aussagen zu Glaubwürdigkeit und Glaubhaftigkeit 4
 IV. Wahrnehmungen zur Sache 6

Literatur

Vgl. die Literaturhinweise zu Art. 169.

I. Allgemeines

1 Die Befragung des Zeugen (Art. 169) ist Sache des Gerichts, gegebenenfalls seiner Delegation (Art. 124 Abs. 1 und Art. 155 Abs. 1; BOTSCHAFT ZPO, 7321) und im Bereich der Ergänzungsfragen unter Umständen auch der Parteien (Art. 173; s.a. Art. 155 Abs. 3; international kann Besonderes gelten, wie etwa Art. 15 f. HBÜ [70] zeigen). Das Ergebnis einer Einvernahme, die Aussage, hängt von der Qualität der Einvernahme ab. Das Umfeld der Einvernahme übt einen Einfluss auf die zu befragende Person aus – der positive Einfluss beginnt mit einer verständlichen und freundlichen Vorladung (Art. 170 Abs. 1 i.V.m. Art. 133). Die einvernehmende Person kann mit ihrer Art die Bemühungen des Zeugen zu wahrheitsgetreuer und vollständiger Aussage unterstützen. Mit einem Kontaktgespräch kann einem Zeugen die Nervosität genommen werden (zum Ganzen ZWEIDLER, 108). Insbesondere schaden Hinweise nicht, dass der Zeuge sagen soll und darf, wenn er etwas nicht weiss oder sich nicht daran erinnert oder es nur vom Hörensagen kennt, und er grundsätzlich nur über eigene Wahrnehmungen aussagen soll. Im Vordergrund steht nicht so sehr die Person bzw. deren Glaubwürdigkeit, sondern vielmehr die Aussage bzw. deren Glaubhaftigkeit (zum Begrifflichen s. N 4; HAUSER, 315; BENDER, 55).

II. Personalien

Der Begriff der «Personalien» ist in der ZPO und in zivilrechtlichen Erlassen, welche den Begriff verwenden, nicht definiert – ebenso wenig in der eidgenössischen StPO. Der Begriff ist mit Gehalt zu versehen, der sich primär nach dem Zweck bestimmt, der hauptsächlich auf Identifikation zielt. Zu den Personalien gehören daher Name, Vornamen, das Geburtsdatum und der Wohnort; dann aber auch der Heimatort oder die Staatsangehörigkeit. Die Staatsangehörigkeit kann für die Anwendung von Staatsverträgen bedeutsam sein. Die Angabe, ob die Person verheiratet oder nicht verheiratet ist oder in Partnerschaft gem. Partnerschaftsgesetz lebt, ist für die Prüfung von Verweigerungsrechten wichtig. Mit Blick auf die Verweigerungsrechte von verschiedenen Berufen oder dem Sachverstand einer Berufsgattung ist die entsprechende Angabe zu erfassen. Ein Teil der Angaben kann schon aufgrund der Aufklärungen nach Art. 161 fest stehen.

Die allfällige Verifikation der angegebenen Personalien erfolgt idealerweise anhand von Ausweisen. Die Pflicht einer Person zur Vorlage von Ausweisdokumenten ergibt sich aus der Grundsatznorm zur Mitwirkung nach Art. 160 Abs. 1 (s.a. Art. 141 Abs. 3 StPO). Immerhin können andere Umstände ebenfalls genügende Gewähr für die Identität bieten. Eine Person kann dem Gericht bekannt sein. Wenn beide Hauptparteien anwesend sind und ihnen der Zeuge persönlich bekannt ist, so bietet dies ebenfalls gewisse Gewähr für die Identität einer Person. Die Zustellung der Vorladung an eine angegebene und allenfalls verifizierte Adresse bildet zusammen mit der Anwesenheit einer Person (bei verlässlicher Zustellung) zumindest schon ein starkes Indiz dafür, dass sie ist, für wen sie sich ausgibt.

III. Aussagen zu Glaubwürdigkeit und Glaubhaftigkeit

In der Lehre und Rechtsprechung wurde bei der Bewertung der Fähigkeit und Eignung einer Person zu wahrheitsgetreuer Aussage von Glaubwürdigkeit, bei der Bemessung des Wertes einer Aussage von Glaubhaftigkeit gesprochen (HAUSER, 313; BGE 129 I 49 E. 5; 128 I 81 E. 2, je m.H.). Das Gesetz bricht mit dieser Differenzierung, indem es den Begriff der Glaubwürdigkeit für die Aussage verwendet.

Für die Würdigung einer Aussage ist auf Seite der befragten Person zu prüfen, inwiefern Motive bzw. Interessen, in welchem Ausmass vorhanden sein können, eine Aussage zu Gunsten oder zu Lasten einer Partei bzw. Person zu machen. Insbesondere der innere Bezug sowie Abhängigkeiten (wie Arbeitsverhältnisse) sind demnach zu ergründen.

IV. Wahrnehmungen zur Sache

Der Zeuge soll zuerst seine Wahrnehmungen zur Sache mit eigenen Worten zusammenhängend schildern und so seinen Bericht ablegen! Erst danach ist die Befragung durchzuführen und in deren Rahmen sind gezielte Fragen zu stellen (ZWEIDLER, 111 und 123 m.H.). Der Beweisgegenstand bestimmt die Fragen. Wenn die einzelne Frage thematisch eng gefasst ist, besteht die Gefahr, dass allenfalls am Wesentlichen vorbei Zeugnis abgelegt wird. Wenn die Frage thematisch weit gefasst ist, wird die Antwort allenfalls nicht verwertbar.

Zeugenfragethemen der Parteien können – auch in modifizierter Form – verwendet werden. Die vorgängige Einreichung von Fragethemen ist zwar nicht vorgesehen. Das Gericht stellt die Fragen. Denkbar ist die Zulassung in der Praxis, weil Fragethemen der betreffenden Partei sowie dem Gericht bis auf den Fall der Suggestivfragen jeweils die

Aufgabe erleichtern können und gesetzlich nicht ausgeschlossen sind. Vielmehr können (modifizierte) Zeugenfragethemen der Parteien Ergänzungsfragen und damit ein Suggestionsrisiko erübrigen.

Art. 173

Ergänzungsfragen	**Die Parteien können Ergänzungsfragen beantragen oder sie mit Bewilligung des Gerichts selbst stellen.**
Questions complémentaires	Les parties peuvent demander que des questions complémentaires soient posées au témoin ou les lui poser elles-mêmes avec l'assentiment du tribunal.
Domande completive	Le parti possono chiedere che siano poste al testimone domande completive o, con l'accordo del giudice, porgliele direttamente.

Inhaltsübersicht Note

   I. Allgemeines 1
  II. Verhinderung von Suggestivfragen 2
 III. Ergänzende direkte Zeugenbefragung durch eine Partei 3

Literatur

Vgl. die Literaturhinweise zu Art. 169.

I. Allgemeines

1 Art. 29 Abs. 2 BV räumt den Parteien einen Anspruch auf rechtliches Gehör ein, der mit gleichem Gehalt bezüglich Ergänzungsfragen in Art. 53 ZPO verankert ist (BOTSCHAFT ZPO, 7321; GASSER/RICKLI, Art. 53 N 1). Zum Gehalt von Art. 29 Abs. 2 BV gehört insb. das Recht, erhebliche Beweise beizubringen, Einsicht in die Akten zu nehmen, mit erheblichen Beweisanträgen gehört zu werden und an der Erhebung wesentlicher Beweise entweder mitzuwirken oder sich zumindest zum Beweisergebnis zu äussern, wenn dieses geeignet ist, den Entscheid zu beeinflussen (BGE 117 Ia 268, E. 4.b; so auch die in der Botschaft erwähnten BGE 124 I 241 sowie 121 V 150, die entgegen der BOTSCHAFT ZPO, 7314 nicht nur vom Recht der Parteien auf Teilnahme, sondern auf Mitwirkung sprechen). Anders als die Teilnahme bei der Beweiserhebung, die als Anwesenheit zu verstehen ist (KOFMEL, Diss., 264), beinhaltet das Mitwirkungsrecht das Recht auf Einflussnahme (BGer 4A_87/2007 E. 2.4). Denn der Anspruch auf rechtliches Gehör umfasst als Mitwirkungsrecht alle Befugnisse, mit welchem eine Partei in einem Verfahren ihren Standpunkt wirksam zur Geltung bringen kann (BGE 117 Ia 268 E. 4b). Das Ergebnis der Aussage steht bei der Zulassung des Zeugnisses zum Beweis nicht fest, sondern wird durch Fragen und Antworten noch bestimmt werden. Die Ergänzungsfragen sind damit das gesetzlich vorgesehene Mittel der Mitwirkung der Parteien bei der Einvernahme von Personen. Hat sich die befragte Person bezogen auf den Beweisgegenstand nicht umfassend und klar geäussert, ob sie Wahrnehmungen gemacht hat und gegebenenfalls welche, sind Ergänzungsfragen, als ergänzende Fragen zum Beweisthema, zuzulassen (BGer 4A_87/2007 E. 2.4; KOFMEL, Diss., 170), auch wenn das Gesetz nur von Antrag spricht. Antragsberechtigt sind die Parteien.

II. Verhinderung von Suggestivfragen

Im Rahmen einer Verhandlung (etwa Haupt- oder Instruktionsverhandlung) herrscht Mündlichkeit vor, was sich aus den Begriffen der Verhandlung und des Vortrages (vgl. etwa Art. 228 und 232) ergibt, und sich aus der Protokollierungspflicht (Art. 235) ableiten lässt. Im klassischen Fall, in dem an einer Zeugeneinvernahme die Parteien samt Vertreter sowie die zu befragende Person in einem Raum sitzen und eine Partei eine Ergänzungsfrage beantragen will, wurde die Frage bisher regelmässig mündlich beantragt. Wenn der Zeuge hört, welche Fragen eine Partei an den Zeugen gerichtet haben will, kann die Suggestion selbst bei nachträglicher Umformulierung des Gerichts wirken (FERRARI, 39). Diese Folge kann nur umgangen werden, wenn die Frage der Partei vom Zeugen nicht wahrgenommen werden kann. Das Gesetz legt auf die Verhinderung der Zeugenbeeinflussung Wert, was sich auch an anderer Stelle manifestiert (Art. 171 Abs. 3 und 4). Der Zweck der Antragstellung wird durch die Form des Antrages ausgehebelt. Die Regelung ist lückenhaft und dahin zu ergänzen, dass das Gericht die Form des Antrages bestimmen kann.

III. Ergänzende direkte Zeugenbefragung durch eine Partei

Mit Bewilligung des Gerichts kann eine Partei einen Zeugen selbst ergänzend befragen. Art. 173 erwähnt die Antragstellung betreffend einzelne Ergänzungsfragen, nicht aber betreffend die Bewilligung, von der Antragstellung für jede einzelne Frage befreit zu werden und folglich jede einzelne Frage selbst stellen zu können. Demnach kann das Gericht von sich aus oder auf Antrag die Bewilligung zur direkten ergänzenden Fragestellung unter Befreiung von jeweiliger Antragstellung erteilen (s.a. HAFTER, N 1904).

Diese Bewilligung stellt eine Ausnahme des Grundsatzes dar, wonach das Gericht die Zeugen befragt (BOTSCHAFT ZPO, 7321) und sollte deswegen und wegen des Risikos der Beeinflussung, v.a. durch Suggestivfragen, mit Bedacht erteilt werden. Der Zeuge antwortet dem Richter anders als der Partei (LEUCH/MARBACH/KELLERHALS/STERCHI, Art. 253 ZPO/BE N 3). Die Voraussetzung für die Erteilung (und Limitierung) einer Bewilligung, den Zeugen direkt zu befragen, sind nicht bestimmt. Die Bewilligung kann allenfalls erst nach einigen Ergänzungsfragen erteilt werden. Sie wird begünstigt, wenn die Fragen stellende Person etwa aus ihrer anwaltlichen Tätigkeit vor einem bestimmten Gericht eine gewisse Gewähr für Fragen ohne Suggestion bietet. Zudem kann zum Vornherein ein Themenbereich festgelegt werden oder durch eigene extensive Befragung der Missbrauchsspielraum minimiert werden. Auf die Bewilligung kann im Falle einer Suggestivfrage jederzeit zurückgekommen werden. Bei weiterer Auslegung von Art. 173 ist im Bereich der Ergänzungsfragen gar ein Kreuzverhör, die bewilligte, abwechselnde Befragung des Zeugen durch die Parteien, denkbar (so GASSER/RICKLI, Art. 172 N 3; international s.a. Bundesamt für Justiz, Die internationale Rechtshilfe in Zivilsachen, Wegleitung , 3. Aufl., Bern, 2003, 28 u. 32 f.). Einerseits befragt aber grundsätzlich das Gericht den Zeugen, wodurch der Raum für Ergänzungsfragen im Regelfall stark minimiert wird bzw. verschwinden sollte. Andererseits ist eine Beeinflussung des Zeugen zu vermeiden, was Zurückhaltung bei der Erteilung der Bewilligung zur direkten Befragung sowie nach Möglichkeit Prüfung auf minimales Risiko von Suggestion bedeutet. Ein Kreuzverhör bildet demnach die Ausnahme, auch wenn möglich scheint, dass sich die Praxis zunehmend dahin entwickeln könnte.

Art. 174

Konfrontation	Zeuginnen und Zeugen können einander und den Parteien gegenübergestellt werden.
Confrontation	Les témoins peuvent être confrontés entre eux et avec les parties.
Confronto	Il testimone può essere messo a confronto con altri testimoni e con le parti.

Literatur

Vgl. die Literaturhinweise zu Art. 169.

1 Die Konfrontation (Gegenüberstellung) dient i.d.R. der Klärung von Widersprüchen (BOTSCHAFT ZPO, 7321). Die Bedeutung der Konfrontation im Zivilprozess ist wesentlich geringer als im Strafprozess, in welchem der Angeschuldigte Anspruch auf Konfrontation bei Widersprüchen gegenüber seinen Aussagen hat (Art. 6 Ziff. 1 EMRK; BGE 125 I 127 E. 6c/cc). Die Würdigung widersprechender Aussagen ist anspruchsvoll (HAUSER, 312; s.a. HAFTER, N 1842 f., v.a. N 1844).

2 Wenn die Schilderung der Wahrnehmung einer Person die Schilderung der Wahrnehmung einer anderen Person logisch ausschliesst, dann besteht ein Widerspruch in den Aussagen, der durch Konfrontation geklärt werden kann. Ist ein Irrtum offensichtlich, rechtfertigt sich eine Konfrontation nicht. Die in der Botschaft erwähnte Prüfung der Standhaftigkeit ist eine Variante der Ausräumung eines Widerspruchs (BOTSCHAFT ZPO, 7321; nach GASSER/RICKLI, Art. 174 N 1, dient sie auch der Bemessung des Beweiswerts). Soweit HAUSER (293) noch die Wiedererkennung von Gegenständen als Anwendungsmöglichkeit der Konfrontation erwähnt, sieht die ZPO für letzteres zumindest partiell den Augenschein, zu dem Zeugen beigezogen werden können, vor (Art. 181 Abs. 2 und 3). Für die Wiedererkennung von Personen kann die Konfrontation zweckmässig sein.

3 Art. 174 kennt keine Schranken, wonach Personen, die schon aus dem Zeugenstand entlassen sind, nicht mehr einvernommen werden können, sondern bildet gegenteils Grundlage für eine neue Einvernahme. Insofern kann im Rahmen einer Instruktionsverhandlung eine Zeugeneinvernahme erfolgen und nach der Hauptverhandlung eine Konfrontationseinvernahme. Die Mitwirkungsrechte und -pflichten der gegenüber gestellten Personen werden durch die Gegenüberstellung nicht modifiziert.

4 Die Konfrontation erfordert Voraussicht. Personen, die zum selben Gegenstand aussagen, sind möglichst unmittelbar nacheinander einzuvernehmen, und nicht aus dem Zeugenstand zu entlassen, damit der Einvernahme allenfalls eine Konfrontation folgen kann. Der erste Zeuge hat demnach zu warten bis der letzte einvernommen ist. Andere Vorgehensweisen sind auch zulässig. Die Wartezeiten begründen Entschädigungspflichten (Art. 160 Abs. 3). Diskussionen unter (nochmals) zu befragenden Personen im Gerichtsgebäude sind wegen der Gefahr der Beeinflussung nach Möglichkeit zu vermeiden.

Art. 175

Zeugnis einer sachverständigen Person	Das Gericht kann einer sachverständigen Zeugin oder einem sachverständigen Zeugen auch Fragen zur Würdigung des Sachverhaltes stellen.
Témoignage-expertise	Lorsqu'un témoin possède des connaissances spéciales, le tribunal peut également l'interroger aux fins d'apprécier les faits de la cause.
Testimonianza peritale	A un testimone con conoscenze peritali il giudice può altresì porre domande atte ad apprezzare i fatti di causa.

Literatur

Vgl. die Literaturhinweise zu Art. 169.

Der sachverständige Zeuge vereinigt die Eigenschaften des Zeugen nach Art. 169 und des Sachverständigen nach Art. 183 f. in sich. Die Formalitäten nach Art. 171 Abs. 1 sind bei einem sachverständigen Zeugen durch entsprechende Erweiterung anzupassen. Mit Blick auf das Zeugnis ist die Person auf die Wahrheitspflicht, auf die Verweigerungsrechte, und die Folgen der ungerechtfertigten Verweigerung einer Aussage hinzuweisen. Die Straffolgen nach Art. 307 StGB sind für Zeugen und Sachverständige explizit zu nennen. Bezogen auf die Eigenschaft als Experte ist auf die Folgen der Verletzung des Amtsgeheimnisses nach Art. 320 StGB und zudem auf die Folgen der mangelhaften Auftragserfüllung hinzuweisen (Art. 184 Abs. 2). Im Hinblick auf die Anwendung von Fachkenntnissen sind die Ausstandsgründe für Gerichtspersonen zu beachten (Art. 183 Abs. 2 i.V.m. Art. 47; BOTSCHAFT ZPO, 7373), was insb. dort eine Aussage als sachverständige Person verhindert, wo eigene Interessen im Spiel stehen (Art. 47 Abs. 1 lit. a)! 1

Die praktische Bedeutung der sachverständigen Zeugen ist hoch, weil das fachmännische Urteil häufig genutzt werden kann, um von einem zeitraubenden und kostspieligen Gutachten Umgang zu nehmen. Das Gericht hat die Parteien rechtzeitig davon in Kenntnis zu setzen, dass es einen Zeugen als sachverständig betrachtet (STAEHELIN/STAEHELIN/GROLIMUND, § 18 N 96), oder, dass der Zeuge als sachverständiger Zeuge in Betracht fällt. 2

Insbesondere weil der Zeuge seinen Sachverstand allenfalls auch auf seine Wahrnehmungen anwenden soll («Würdigung»), sind grundsätzlich die Wahrnehmungen zuerst zu bezeugen. Diesbezüglich besteht nach Art. 173 die Möglichkeit, Ergänzungsfragen zu beantragen. Was die Aussagen als sachverständige Person betrifft sind die Regeln nach Art. 185 entsprechend anwendbar. Art. 185 Abs. 2 gelangt ebenfalls zur sinngemässen Anwendung, so dass die Parteien sich als Ausfluss des rechtlichen Gehörs zur Fragestellung äussern können und Gelegenheit zur Stellung von Änderungsanträgen und Ergänzungsanträgen bezüglich der Fragen erhalten. Eine Fristansetzung nach Art. 185 Abs. 3 erübrigt sich, weil der sachverständige Zeuge sein Gutachten anlässlich der Einvernahme erstattet. Der sachverständige Zeuge kann als Zeuge mit Bewilligung des Gerichts auch seine Unterlagen konsultieren (BOTSCHAFT ZPO, 7321); zusätzlich können ihm als Sachverständigem Akten zur Verfügung gestellt werden (Art. 185 Abs. 3 erster Halbsatz). 3

Der Entscheid über die Entschädigung des Sachverständigen ist – anders als jener betreffend die Entschädigung des Zeugen – anfechtbar (Art. 184 Abs. 3). Eine Person kann je nach kantonaler Lösung (Art. 96) in ihrer Eigenschaft als Zeuge anders entschädigt werden als in ihrer Eigenschaft als Sachverständiger. Die jeweilige Entschädigung als Zeuge (Art. 160 Abs. 3) und als Sachverständiger (Art. 184 Abs. 3) ist daher einzeln zu beziffern. 4

Art. 176

Protokoll	¹ **Die Aussagen werden in ihrem wesentlichen Inhalt zu Protokoll genommen und von der Zeugin oder dem Zeugen unterzeichnet. Zu Protokoll genommen werden auch abgelehnte Ergänzungsfragen der Parteien, wenn dies eine Partei verlangt.** ² **Die Aussagen können zusätzlich auf Tonband, auf Video oder mit anderen geeigneten technischen Hilfsmitteln aufgezeichnet werden.**
Procès-verbal	¹ L'essentiel des dépositions est consigné au procès-verbal, signé par le témoin. Les questions complémentaires des parties qui ont été rejetées sont également portées au procès-verbal sur requête d'une partie. ² Les dépositions peuvent de plus être enregistrées sur bandes magnétiques, vidéo ou par tout autre moyen technique approprié.
Verbale	¹ Le deposizioni sono verbalizzate nel loro contenuto essenziale e quindi firmate dal testimone. Se una parte lo chiede, sono messe a verbale anche le domande completive proposte dalle parti, ma non ammesse dal giudice. ² Le deposizioni possono inoltre essere registrate anche su supporto sonoro o video oppure mediante altri strumenti tecnici appropriati.

Inhaltsübersicht Note

   I. Protokoll 1

  II. Wesentlicher Inhalt 7

 III. Abgelehnte Ergänzungsfragen 8

 IV. Unterschrift 9

  V. Andere Aufzeichnungen 11

Literatur

Vgl. die Literaturhinweise zu Art. 169.

I. Protokoll

1 Die Protokollierung nach Art. 176 (die gerichtliche Beurkundung – GULDENER, ZPR, 256) handelt von der gerichtlichen Aufzeichnung der Aussagen von Personen (Art. 172) – hauptsächlich zu Beweis- und Beweiswürdigungszwecken und damit zur Feststellung von Tatsachen.

2 Soweit STAEHELIN/STAEHELIN/GROLIMUND (§ 18 N 95) dafür halten, dem Gerichtsschreiber obliege die Festlegung des protokollarischen Inhalts einer Aussage, wird deren Meinung nicht geteilt. Der Gesetzgeber wollte die Bestimmung des Inhalts des Zeugeneinvernahmeprotokolls durch das Gericht (BOTSCHAFT ZPO, 7314; keine Wortmeldungen in den Räten). Er hat die demokratische Legitimation eines Richters über jedes Fachwissen eines Gerichtsschreibers erhoben (s. N 7) – und damit seine Sicht der Grenze der organi-

satorischen Kompetenz der Kantone in dieser Frage abgesteckt (Art. 3). Der Inhalt des Protokolls ist in diesem legislatorischen Sinn gerichtlich zu bestimmen.

Der Gesetzgeber ist für die Protokollierung von der Beweisabnahme an der Hauptverhandlung ausgegangen, wie ein systematischer Blick auf Art. 231 (Beweisabnahme), der Wortlaut von Art. 235 (Verhandlung) und die Betonung des Unmittelbarkeitsprinzips in der BOTSCHAFT (ZPO, 7305 und 7313) zeigt. Erfolgt somit eine Protokollierung einer Zeugenaussage nach Art. 176 anlässlich der Beweisabnahme an der Hauptverhandlung und folglich im protokollarischen Rahmen von Art. 235 (Abs. 1), so deckt die Protokollierung die entsprechenden Formalitäten ab. 3

Erfolgt die Beweisabnahme wie etwa eine Zeugeneinvernahme ausserhalb einer «Verhandlung» nach Art. 235, z.B. anlässlich einer rechtshilfeweisen Einvernahme (Art. 196 und 195), so fehlen mangels einschlägiger gesetzlicher Grundlagen zentrale Elemente eines Protokolls sowie die Berichtigungsmöglichkeit. Eine allgemeine Regel zum Protokoll besteht nicht – anders etwa als in Art. 76 der eidgenössischen StPO. Art. 219 (i.V.m. Art. 235) hilft nicht, da die verschiedenen Verfahrensarten des 3. bis und mit 8. Titels des 2. Teils (ordentliches Verfahren, vereinfachtes Verfahren etc.) angesprochen sind, nicht aber die Verfahrensstadien (wie Behauptungsverfahren, Beweisverfahren, Urteilsverfahren) innerhalb eines dieser Verfahren. Das Gesetz weist betreffend diese Protokollierung und der Berichtigung (dazu Komm. zu Art. 235 N 29 ff.) eine jeweilige Lücke auf, die es durch analoge Anwendung von Art. 235 Abs. 1 und Art. 235 Abs. 3 zu schliessen gilt. Art. 235 Abs. 2 geht im Wesentlichen bereits in Art. 176 auf. Art. 235 Abs. 1 gebietet die Protokollierung wie folgt: 4

a. den Ort und die Zeit der Verhandlung,

b. die Zusammensetzung des Gerichts,

c. die Anwesenheit der Parteien und ihrer Vertretungen,

d. die Rechtsbegehren, Anträge und Prozesserklärungen der Parteien,

e. die Verfügungen des Gerichts, und

f. die Unterschrift der protokollführenden Person.

Damit können – zusammen mit den möglichen Elementen des Zeugeneinvernahmeprotokolls – auch ausserhalb einer Verhandlung u.a. folgende Elemente in ein Protokoll einfliessen: 5

– die Angaben nach Art. 235 Abs. 1;

– gegebenenfalls Hinweise auf ein Rechtshilfegesuch und Entscheid darüber (Art. 196 Abs. 1);

– die Ermahnung zur Wahrheit (Art. 171 Abs. 1, s.a. Art. 160 Abs. 1 lit. a);

– die Aufklärung über die Mitwirkungspflichten und Verweigerungsrechte (Art. 161) und die Folgen der ungerechtfertigten Verweigerung. Die Säumnisfolgen sind bei geladenen Zeugen (s. aber Art. 170 Abs. 2) schon in der Vorladung angedroht (Art. 133 lit. f);

– den Hinweis auf die strafrechtlichen Folgen des falschen Zeugnisses (Art. 171 Abs. 1);

– die Angaben und Aussagen des Zeugen (Art. 172); letztere zumindest nach ihrem wesentlichen Inhalt;

Art. 176 6–8

- daneben ist etwa auch besonderes Verhalten zu protokollieren (Art. 162 e contrario), weil es Würdigungsbasis bieten kann (HAUSER, 313), was umso mehr für die Fälle gilt, in denen das Unmittelbarkeitsprinzip nicht zum Tragen kommt;
- den Entscheid über Zulassung der Benutzung von Aufzeichnungen (Art. 171 Abs. 3) und Informationen zu den Aufzeichnungen;
- auf Antrag der Partei die Verfügung betreffend nicht zugelassener Ergänzungsfragen mit diesen Fragen (Art. 176 Abs. 1);
- den Entscheid über die Entlassung des Zeugen aus dem Zeugenstand bzw. die Unterbrechung (Art. 171 Abs. 4);
- den Entscheid über die Entschädigung des Zeugen (Art. 160 Abs. 3) und bezogen auf den sachverständigen Zeugen den Umfang des Zeugengeldes und der Entschädigung als Sachverständigen;
- Schlusszeitpunkt der «Verhandlung»;
- Entscheide zu Säumnisfolgen und ungerechtfertigter Verweigerung samt Rechtsmittelbelehrung (Art. 167 Abs. 2 und 3);
- Entscheide über die Kostenfolgen zu Lasten des ersuchenden Gerichts im Fall der Rechtshilfe (Art. 196 Abs. 3);

Die Formalitäten nach Art. 171 bilden Gültigkeitsvoraussetzung. Die Wahrung dieser Formen ist ins Protokoll aufzunehmen, damit ein Protokoll über die Verwertbarkeit eines Zeugnisses hinreichend Auskunft geben kann (s.a. HAUSER, 306). Wenn die gerichtliche Frage nicht leichthin aus den protokollierten Antworten des Zeugen gelesen werden können, sind die Fragen zweckmässigerweise auch ins Protokoll aufzunehmen. Da die Erkennbarkeit der Frage aus dem Protokoll im Voraus nicht leicht zu beantworten ist, sollte zu Gunsten des besseren Verständnisses die Frage grundsätzlich ins Protokoll aufgenommen werden; auch die Fragen der Schiedsrichter (Art. 375 Abs. 3). Zur Protokollberichtigung kann auf die Komm. zu Art. 235 N 29 f. verwiesen werden.

6   Das Gericht kann ein Protokoll in den Formen der Zustellung nach Art. 138 den betroffenen Personen zukommen lassen (BOTSCHAFT ZPO, 7307), was jedenfalls in den Fällen angezeigt ist, in welchen nebst dem Protokoll nicht eine Verfügung erlassen wird (Art. 235 Abs. 1 lit. e).

II. Wesentlicher Inhalt

7   Nur der wesentliche Inhalt muss als Minimalanforderung protokolliert werden. Eine wortwörtliche Aufzeichnung, ein Wortprotokoll, ist nicht notwendig, aber zulässig. Wesentlich ist, was den Ausgang des Verfahrens beeinflussen kann, was insb. für Aussagen gilt, die Tatbestandsmerkmale betreffen. Die Protokollierung setzt somit Kenntnisse über die Streitsache, die Tatsachenbehauptungen sowie die anwendbaren Bestimmungen voraus. Grundsätzlich soll die Protokollierung möglichst umfassend sein, damit nicht zwischen der Protokollierung des wesentlichen Inhalts und dem Lebensvorgang der Einvernahme das verloren geht, was für die Bemessung der Beweiskraft wichtig ist.

III. Abgelehnte Ergänzungsfragen

8   Nach dem Wortlaut des Gesetzes kann nicht nur die Partei, welche Antrag auf Ergänzungsfrage gestellt hat, verlangen, dass eine abgelehnte Ergänzungsfrage, zu Protokoll genommen wird, sondern jede Partei. Das Protokoll kann damit als Grundlage für die

spätere Anfechtung des Entscheides der verwehrten Zulassung der Ergänzungsfrage dienen (BOTSCHAFT ZPO, 7322). Es hat mit dem Rahmen nach Art. 235 den Charakter einer öffentlichen Urkunde (vgl. Komm. zu Art. 235 N 3).

IV. Unterschrift

Wer Zeugnis abgelegt hat, unterzeichnet bei Richtigbefund das Protokoll. Unterzeichnung bedeutet Unterschrift (Art. 14 Abs. 1 und 2bis OR; s.a. zur Auslegung BGE 86 III 3) bzw. eine Ersatzform (sinngemäss nach Art. 15 OR), wobei die öffentliche Beglaubigung der Ersatzform der Unterschrift nicht durch eine Notarin, sondern durch das Gericht vorzunehmen ist. 9

Die Unterzeichnung hat generell die zwei Funktionen Identifikation und Anerkennung. Die Identifikationsfunktion ist nach der Befragung des Gerichts zu den Personalien samt allfälliger Verifikation und Protokollierung (Art. 172 lit. a) zweitrangig. Im Vordergrund steht die Anerkennung. Unterschriftlich anerkannt wird die schriftlich fixierte Aussage. Die gesetzliche Formulierung ist ein wenig unscharf, weil die Unterschrift sich auf die Aussage bezieht und sich richtigerweise auf das Protokoll beziehen müsste. Nach dem Gesetzeswortlaut muss dem Zeugen vor seiner Unterzeichnung das Protokoll weder zur Kenntnis gebracht werden, noch muss er es zur Kenntnis genommen haben (anders etwa Art. 78 Abs. 5 StPO). Die Anerkennung der (allenfalls auf das Wesentliche reduzierten) protokollierten Aussage setzt indes deren Kenntnisnahme voraus – die ursprüngliche Aussage erfährt in beinahe jedem Fall eine Verarbeitung (von Dialekt zur Amtssprache), womit eine Prüfung nicht nur bei Protokollierung des wesentlichen Inhalts der Aussage angezeigt ist. Fällt das Ergebnis der Prüfung positiv aus, bildet die Anerkennung bis auf die Fälle von Renitenz die logische Folge. Verweigerung der Unterzeichnung indiziert mangelnde Protokollierung (durch Verfälschung der Aussage). Immerhin ist der Zeuge zur Wahrheit ermahnt und, wenn er das 14. Altersjahr vollendet hat, auf die möglichen strafrechtlichen Folgen hingewiesen worden (Art. 171 Abs. 1; vgl. etwa auch § 151 GVG-ZH). Die Wahrung der Formvorschrift (Unterschrift) ist Gültigkeits- und Strafbarkeitsvoraussetzung (**a.M.** GASSER/RICKLI, Art. 176 N 3). 10

V. Andere Aufzeichnungen

Das Gesetz eröffnet die Möglichkeit, nebst der Protokollierung die Aussagen zusätzlich auf andere Weise aufzuzeichnen (STAEHELIN/STAEHELIN/GROLIMUND, § 18 N 95). Zumal das Prinzip der Unmittelbarkeit insb. durch die delegierte Einvernahme oder etwa durch die rechtshilfeweise Einvernahme eine Schwächung erfährt, eröffnen zusätzliche Aufzeichnungen zumindest teilweise eine Kompensationsmöglichkeit. Bei der Wahl der zusätzlichen Aufzeichnungsmethode sollte – aus praktischen Gründen – dem Akteneinsichtsrecht genügend Beachtung geschenkt werden (BOTSCHAFT ZPO, 7322). 11

3. Abschnitt: Urkunde

Literatur zu Art. 177–180

U. GASSER/D. M. HÄUSERMANN, Beweisrechtliche Hindernisse bei der Digitalisierung von Unternehmensinformationen, AJP 2006, 305 ff.; P. HERZOG, Die Editionspflicht nach neuer zürcherischer Zivilprozessordnung unter Berücksichtigung der Editionspflichten aufgrund des Bundesprivatrechts, Diss. Zürich 1980; R. KEHL, Die gegenseitige Akten-Editionspflicht der Verwaltungsbehörden und der Zivilgerichte im schweizerischen Recht, Zürich 1955; TH. KELLER, Die Edition von Urkunden im zürcherischen Zivilprozess, Diss. Zürich 1963; P. OBERHAMMER, Die vollstreckbare öffentliche Urkunde im Vorentwurf einer eidgenössischen ZPO, in: FS Spühler, 247 ff.; P. SCHLUEP, Der Urkundenbeweis im aargauischen Zivilprozess, Diss. Zürich 1971; K. SCHREIBER, Die Urkunde im Zivilprozess, Berlin 1982; K. SPÜHLER/D. VOCK, Urkundenedition nach den Prozessordnungen der Kantone Zürich und Bern, SJZ 1999, 41 ff. (zit. SJZ 1999); D. STAEHELIN, Die vollstreckbare öffentliche Urkunde. Eine Ausländerin vor der Einbürgerung, in: FS Kellerhals, 205 ff.; C. VISINONI-MEYER, Die vollstreckbare öffentliche Urkunde im internationalen und nationalen Bereich, unter besonderer Berücksichtigung des Entwurfs der Schweizerischen Zivilprozessordnung, Diss. Zürich 2004.

Art. 177

Begriff	Als Urkunden gelten Dokumente wie Schriftstücke, Zeichnungen, Pläne, Fotos, Filme, Tonaufzeichnungen, elektronische Dateien und dergleichen, die geeignet sind, rechtserhebliche Tatsachen zu beweisen.
Définition	Les titres sont des documents, tels les écrits, les dessins, les plans, les photographies, les films, les enregistrements sonores, les fichiers électroniques et les données analogues propres à prouver des faits pertinents.
Definizione	Sono documenti gli atti come scritti, disegni, piani, fotografie, film, registrazioni sonore, archivi elettronici e simili, idonei a provare fatti giuridicamente rilevanti.

Inhaltsübersicht

	Note
I. Weiterer Urkundenbegriff	1
II. Arten von Urkunden	6
III. Bedeutung und Beweiswert	10

I. Weiterer Urkundenbegriff

1 Das Gesetz definiert die Urkunde einzig durch ihre **Beweiseignung**. Das Dokument muss **geeignet** sein, **rechtserhebliche Tatsachen zu beweisen**. Anders als beim strafrechtlichen Urkundenbegriff nach Art. 110 Ziff. 5 StGB ist eine Beweisbestimmung nicht erforderlich (BOTSCHAFT ZPO, 7322). Der zivilprozessuale Urkundenbegriff ist weiter als der strafrechtliche. Dies ist deshalb folgerichtig, weil die strafrechtliche Urkundendefinition der Beschränkung der Strafbarkeit dient (vgl. Art. 251 ff. StGB), während im Zivilprozess die Beweisführung mit allen tauglichen Beweismitteln ermöglicht werden soll (vgl. Art. 152).

Als Beispiele zählt das Gesetz selbst verschiedene Dokumente mit Urkundenqualität auf. Im Hinblick auf die rasche technische Entwicklung ist der Urkundenbegriff gemäss Botschaft bewusst **weit gefasst** (BOTSCHAFT ZPO, 7322). 2

Die Definition der Urkunde über ihre Beweiseignung ist jedoch keineswegs so klar und einfach, wie dies auf den ersten Blick erscheint. Unklar ist insb., was die Eignung eines Dokuments zum **Beweis rechtserheblicher Tatsachen** bedeuten soll. Würde eine **konkrete** Beweiseignung verlangt, würde dies zu einer **Einschränkung des Urkundenbegriffs** führen. Ein Dokument, welches nicht geeignet wäre, *im konkreten Fall* den Beweis rechtserheblicher Tatsachen zu erbringen, wäre keine Urkunde. Mit einer so verstandenen Urkundendefinition würden viele Dokumente bereits von Vornherein als Urkunden ausgeschlossen und der Beweiswürdigung vorgegriffen. Wenn die Beweiseignung dagegen **abstrakt** verstanden würde, enthielten die letzten beiden Satzteile keine zusätzlichen Kriterien und wären entbehrlich, da jedes Dokument irgendeine (wenn auch für den zu beurteilenden Fall nicht relevante) Tatsache beweisen kann. Erfasst wären dann alle Dokumente, die **aufgrund ihrer Natur zum Beweis irgendwelcher Tatsachen, die rechtlich erheblich sein könnten, geeignet** sind. Von rechtserheblichen Tatsachen sollte in diesem Zusammenhang eigentlich nicht gesprochen werden, wird doch die Rechtserheblichkeit üblicherweise auf den konkreten Fall bezogen (vgl. Art. 150 Abs. 1). 3

In **zahlreichen kantonalen Zivilprozessordnungen** war der Urkundenbegriff gesetzlich nicht definiert (z.B. ZH, SG, TG, SH, BE). Die Lehre umschrieb Urkunden regelmässig als Gegenstände, die der Aufzeichnung von **Gedanken** dienen oder **Dinge der Aussenwelt wiedergeben.** Dazu gehörten nach weitgehend einhelliger Meinung Schriftstücke, Zeichnungen, Pläne, Fotografien, Ton- und Bildaufnahmen sowie elektronische Dateien (GULDENER, 332 Rz I; FRANK/STRÄULI/MESSMER, Vor § 183 ff. ZPO/ZH N 2; LEUENBERGER/UFFER-TOBLER, Art. 103 ZPO/SG N 1a–c; MERZ, § 188 ZPO/TG N 1; DOLGE, 286; HERZOG, 10 f.; ähnlich HABSCHEID, Rz 680, KELLER, 3 ff.). Die Zivilprozessordnung des Kantons Luzern definierte Urkunden als Gegenstände, die eine Tatsache in Schrift, Bild, Plan oder in ähnlicher Weise kundtun. Elektronische Dateien wurden dagegen als Augenscheinsobjekte behandelt (STUDER/RÜEGG/EIHOLZER, § 149 ZPO/LU N 1). Ähnlich lautete die Bündner Zivilprozessordnung, die Urkunden als Gegenstände definierte, die zum Andenken an eine Begebenheit oder als Zeichen eines Rechtes durch menschliche Tätigkeit verfertigt worden sind (Art. 162 Abs. 1; s. INFANGER 201). Die **Beweiseignung** war bei all diesen Definitionen **nicht Begriffselement** der Urkunde. Lediglich die Zivilprozessordnung des Kantons Aargau kannte bereits eine Definition der Urkunde durch ihre Beweiseignung oder Beweisbestimmung. In der Praxis war klar, dass alle Dokumente oder Datenträger, deren Inhalt beweisrechtlich (theoretisch) relevant sein *könnte*, unter den Urkundenbegriff fielen. Dieser Urkundenbegriff unterschied sich daher nicht von demjenigen in den anderen Kantonen (s. BÜHLER/EDELMANN/KILLER, § 233 ZPO/AG N 1–2). 4

Aus der Botschaft und den Materialien lässt sich nicht entnehmen, dass eine Abkehr von den bisher allgemein üblichen Urkundendefinitionen beabsichtigt war (vgl. auch STAEHELIN/STAEHELIN/GROLIMUND, § 18 Rz 97). Die Bestimmung ist deshalb als missglückt anzusehen. Ob ein Dokument geeignet ist, rechtserhebliche Tatsachen zu beweisen, ist nur abstrakt und nicht bezogen auf den konkreten Fall zu beurteilen. Damit sind die letzten beiden Satzteile der Bestimmung (zur Beweiseignung) aber entbehrlich, da sie weder eine Einschränkung noch eine zusätzliche Voraussetzung für den Urkundenbegriff enthalten. Die Beweiseignung kann nicht eine Voraussetzung der Urkundendefinition sein, sondern ist das Ergebnis der (allenfalls auch antizipierten) Beweiswürdigung des Gerichts. Die Bestimmung ist mithin (berichtigend) so zu verstehen, dass Urkunden alle Dokumente, elektronischen Dateien und dergleichen sind, die **Tatsachen kundtun.** 5

II. Arten von Urkunden

6 Das Gesetz enthält eine **nicht abschliessende Aufzählung** von Urkunden. Dazu gehören die klassischen Urkunden, nämlich **Schriftstücke, Zeichnungen, Pläne** sowie die im Zuge der technischen Entwicklung ebenfalls bereits weitgehend als Urkunden anerkannten **Fotos, Filme, Tonaufzeichnungen, elektronische Dateien und dergleichen**. Damit steht auch fest, dass **elektronische Dateien** und dergleichen selbst Urkunden sind (und nicht etwa Augenscheinsobjekte), auch wenn es zu ihrer Sichtbarmachung entsprechender technischer Geräte bedarf. Die offene Formulierung des Gesetzes erlaubt es auch, neue Errungenschaften des technischen Fortschritts als Urkunden zu betrachten, wenn sie Tatsachen kundzutun vermögen. Die Urkundenqualität digitaler Urkunden wird auch nicht von der Einhaltung bestimmter Standards für die Glaubwürdigkeit oder Authentizität des Dokuments abhängig gemacht. Dies ist vielmehr eine Frage der Beweiswürdigung.

7 Auch **digitalisierte Dokumente** und **Kopien** sind als Urkunden zugelassen (vgl. Art. 957 Abs. 4 OR; Art. 180 Abs. 1). Dabei spielt es keine Rolle, ob es sich um genuin digitale Dateien oder bspw. um eingescannte Papierdokumente handelt (BOTSCHAFT ZPO, 7322). Vorbehalten bleibt bei Zweifeln an der Echtheit das Verlangen des Originals (s. Art. 180 Abs. 1). Zur Einreichung von Ausdrucken digitaler oder elektronischer Dateien s. Art. 180 N 9.

8 Vom Urkundenbegriff erfasst werden sowohl **öffentliche als auch private Urkunden** (BOTSCHAFT ZPO, 7322; s.a. GULDENER, 332 f. Rz I.2; STAEHELIN/STAEHELIN/GROLIMUND, § 18 Rz 102 f.). Sie unterscheiden sich durch die **ausstellende Person** sowie die erhöhte **Beweiskraft** öffentlicher Urkunden (s. Art. 179). **Öffentliche Urkunden** sind Schriftstücke, die von einer Amtsperson oder einer Urkundsperson in Ausübung ihres Amtes und in Beachtung der gesetzlich vorgeschriebenen Form ausgestellt worden sind (z.B. gerichtliches Urteil, öffentlich beurkundeter Vertrag, Grundbuchauszug, Auszug aus dem Zivilstandsregister). **Privaturkunden** sind dagegen von Privatpersonen ausgestellte Dokumente. Sie können rechtsgeschäftlicher oder rein privater Natur sein (z.B. Offerten, Verträge, Bestätigungsschreiben, Quittungen, Schuldanerkennungen, Briefe, E-Mails).

9 Nach dem **Inhalt der Urkunde** unterscheidet die Lehre zwischen Dispositiv- und Zeugnisurkunden (GULDENER, 332 Rz I.1; VOGEL/SPÜHLER, Kap. 10 Rz 108 f.; LEUENBERGER/UFFER-TOBLER, Art. 103 ZPO/SG N 2a; LEUCH/MARBACH/KELLERHALS/STERCHI, Art. 229 ZPO/BE N 1a). **Dispositivurkunden** verkörpern einen Rechtsakt, insb. eine Willenserklärung (z.B. Vertrag, Testament). **Zeugnisurkunden** enthalten dagegen Aufzeichnungen über das Wissen einer Person von Tatsachen. Dazu zählen z.B. Quittungen, die Geschäftsbuchhaltung, Arztzeugnisse, private Bestätigungsschreiben. Der Beweiswert der Zeugnisurkunden ist sehr unterschiedlich (s.a. N 12 f.). Die Unterscheidung der beiden Arten ist rechtlich bedeutungslos, da beide als Urkunden grundsätzlich zulässig sind und der freien richterlichen Beweiswürdigung unterliegen (STAEHELIN/STAEHELIN/GROLIMUND, § 18 Rz 104).

III. Bedeutung und Beweiswert

10 Den Urkunden kommt im Prozess massgebende **Bedeutung** zu, sind sie doch i.d.R. zuverlässiger als Zeugen. Im summarischen Verfahren sind die Urkunden sogar primäres Beweismittel (Art. 254).

11 Das Gesetz statuiert – mit Ausnahme von Art. 179 – keine festen Regeln über den **Beweiswert** von Urkunden. Vielmehr ergibt sich dieser jeweils aus der **freien Beweiswürdigung** des Gerichts (Art. 157). Das gilt auch für den Beweiswert elektronischer Urkunden. Sie sind grundsätzlich genauso glaubwürdig wie Papierdokumente. Sie geniessen die Qualität

eines Originals, wenn sie gewissen Standards entsprechen, insb. den handels- oder signaturrechtlichen Vorgaben (vgl. Art. 9 f. der Verordnung über die Führung und Aufbewahrung der Geschäftsbücher vom 24.4.2002 [Geschäftsbücherverordnung, GeBüV; SR 221.431]; Art. 14 Abs. 2 OR i.V.m. Art. 6 ff. des Bundesgesetzes über die elektronische Signatur vom 19.12.2003 [Signaturgesetz, ZertES; SR 943.03]). Die digitale Archivierung spielt in der Wirtschaft eine zunehmende Rolle und darf nicht zu einer beweisrechtlichen Benachteiligung führen (BOTSCHAFT ZPO, 7323). Im Übrigen kommt elektronischen Dateien meist nur die Qualität von Kopien zu, wobei bei Bedenken an der Echtheit diese von der Gegenpartei *substantiiert* zu bestreiten ist (s. Art. 180 Abs. 1 i.V.m. Art. 178).

Private Bestätigungsschreiben, in welchen Dritte zuhanden einer Prozesspartei ihre Wahrnehmungen festhalten, beweisen als Urkunde zwar die Tatsache dieser Äusserung. Als Beweismittel für die Richtigkeit dieser Wahrnehmung sind sie jedoch nicht geeignet und ersetzen eine formelle Zeugen- oder Parteiaussage nicht (VOGEL/SPÜHLER, Kap. 10 Rz 109; FRANK/STRÄULI/MESSMER, Vor § 183 ff. ZPO/ZH N 3). Sie sind als Beweismittel i.d.R. nicht tauglich und daher im Rahmen zulässiger antizipierter Beweiswürdigung auszuschliessen. Vorbehalten bleibt die Bedeutung von privaten Bestätigungsschreiben zur blossen Glaubhaftmachung rechtserheblicher Tatsachen im summarischen Verfahren. 12

Auch **Arztzeugnisse** beweisen grundsätzlich nur, dass die Erklärung von der ausstellenden Person abgegeben wurde. Aufgrund des Fachwissens der ausstellenden Person sowie der strafrechtlichen Sanktion (Art. 318 StGB) kann zunächst von der Richtigkeit eines Arztzeugnisses ausgegangen werden. Der Beweiswert wird jedoch erschüttert, wenn z.B. der Arzt den Patienten nicht untersucht und ausschliesslich auf dessen Aussagen abgestellt hat, bei telefonischen Diagnosen sowie bei widersprüchlichem Verhalten des Patienten während bescheinigter Arbeitsunfähigkeit. Bei Erschütterung des Beweiswerts kann das Gericht vom Arzt einen schriftlichen Bericht einholen (Art. 190 Abs. 2) oder ihn als Zeugen einvernehmen (M. REHBINDER, Die ärztliche Arbeitsunfähigkeitsbescheinigung, in: FS Vogel, 183 ff., 194 ff.; LEUENBERGER/UFFER-TOBLER, Art. 103 ZPO/SG N 2a; R. MÜLLER, Arztzeugnisse in arbeitsrechtlichen Streitigkeiten, AJP 2010, 169 ff.). Dazu ist der Arzt vom Arztgeheimnis zu entbinden. Verweigert eine Partei die Entbindung vom Arztgeheimnis, ist dies im Rahmen der Beweiswürdigung zu ihren Ungunsten zu berücksichtigen. 13

Art. 178

Echtheit	Die Partei, die sich auf eine Urkunde beruft, hat deren Echtheit zu beweisen, sofern die Echtheit von der andern Partei bestritten wird; die Bestreitung muss ausreichend begründet werden.
Authenticité	La partie qui invoque un titre doit en prouver l'authenticité si la partie adverse la conteste sur la base de motifs suffisants.
Autenticità	La parte che si prevale di un documento deve provarne l'autenticità, qualora la stessa sia contestata dalla controparte; la contestazione dev'essere sufficientemente motivata.

Inhaltsübersicht Note

I. Vermutung der Echtheit 1
II. Substantiierte Bestreitung der Echtheit 2
III. Beweislast und Echtheitsbeweis 4

I. Vermutung der Echtheit

1 Die Echtheit einer Urkunde wird – solange keine gegenteiligen Anhaltspunkte bestehen – nach Treu und Glauben vermutet. Wurde die Urkunde nur in Kopie eingereicht, hat **bei begründeten Zweifeln** an der Echtheit das Gericht oder eine Partei zunächst die **Einreichung des Originals** oder einer amtlich beglaubigten Kopie der Urkunde zu verlangen (Art. 180 Abs. 1).

II. Substantiierte Bestreitung der Echtheit

2 Die **Gegenpartei** der beweisführenden Partei kann die Echtheit einer privaten oder öffentlichen Urkunde **bestreiten**. Sie muss indessen **konkrete Umstände dartun**, die beim Gericht ernsthafte Zweifel an der Authentizität des Dokumentes (Inhalt oder Unterschrift) zu wecken vermögen. Nur wenn ihr dies gelingt, muss die beweisbelastete Partei den Echtheitsbeweis antreten. Das Gesetz verlangt eine besondere Substantiierung. Es kodifiziert damit die herrschende Lehre und Praxis. Eine pauschale Bestreitung der Echtheit genügt nicht. Ebenfalls unbeachtlich sind rein vorsorgliche Bestreitungen (BOTSCHAFT ZPO, 7322; VOGEL/SPÜHLER, Kap. 10 Rz 113; LEUCH/MARBACH/KELLERHALS/STERCHI, Art. 230 ZPO/BE N 1a; DOLGE, 290; KELLER, 52).

3 Die Bestimmung erwähnt im Gegensatz zu Art. 180 Abs. 1 nur die Gegenpartei, nicht auch das Gericht. Das ist m.E. inkonsequent. Während das Parlament in Art. 180 Abs. 1 «um der Klarheit willen» ausdrücklich die Kompetenz des Gerichtes, das Original einer Urkunde zu verlangen, aufgenommen hatte (s. Art. 180 N 8; AmtlBull StR 2007 516; AmtlBull NR 2008 947), wurde diese Ergänzung in Art. 178 ohne Begründung unterlassen. Dabei kann es sich nur um ein gesetzgeberisches Versehen handeln. Es kann dem **Gericht** nämlich nicht zugemutet werden, einen Prozess zu entscheiden, wenn es Zweifel an der Echtheit einer Urkunde hat. Missbräuchliche Prozessführung darf keinen Rechtsschutz finden. Mit einem gerechten Prozess nicht vereinbar wäre es aber, wenn ein Gericht auf mutmasslich gefälschte Urkunden abstellen – oder zur Klärung der Frage Strafanzeige erstatten – müsste. Im Sinne einer teleologischen Auslegung muss es dem Gericht daher möglich sein, der beweisführenden Partei den Beweis für die Echtheit einer Urkunde auch aufzuerlegen, wenn diese von der Gegenpartei nicht bestritten wird. Bei Verfahren mit Verhandlungsmaxime ist allerdings Zurückhaltung zu üben, um nicht eine Partei ungerechtfertigt zu begünstigen. Vorbehalten bleibt eine gerichtliche Strafanzeige wegen Verdachts auf ein Urkundendelikt (Art. 251 ff. StGB), Betrug (Art. 146 StGB) oder andere Delikte. Eine Anzeigepflicht kann sich aus dem kantonalen oder Bundesrecht ergeben (vgl. Art. 302 Abs. 2 StPO). Nötigenfalls hat das Gericht die «vorgesetzte Behörde» i.S.v. Art. 320 Ziff. 2 StGB um Entbindung vom Amtsgeheimnis zu ersuchen, um Strafanzeige zu erstatten.

III. Beweislast und Echtheitsbeweis

4 Die (objektive und subjektive) **Beweislast** für die Echtheit der Urkunde hat nach der allgemeinen Regel von Art. 8 ZGB die Partei zu tragen, die sich auf das Dokument beruft, d.h. die **beweisführende Partei** (BOTSCHAFT ZPO, 7322). Sie hat den Beweis zu erbringen, dass die Urkunde echt ist. Zum Echtheitsbeweis sind **alle Beweismittel** zugelassen. Namentlich kann die formelle Einvernahme der Parteien (Art. 191 f.), der dritten Person, welche die Urkunde ausgestellt hat, der ausstellenden Amts- oder Urkundsperson bei öffentlichen Urkunden (Art. 169) oder ein Gutachten zur Schriftvergleichung beantragt werden. Das Gericht würdigt alle Beweismittel, welche für oder gegen die Echtheit der Urkunde sprechen, frei (FRANK/STRÄULI/MESSMER, § 187 ZPO/ZH N 1). Es entscheidet mit (nicht anfechtbarem) prozessleitendem Entscheid oder i.d.R. im Endentscheid über die Echtheit der Urkunde. Im Falle des Scheiterns des Echtheitsbeweises trägt die beweisführende Partei die Folgen der Beweislosigkeit, d.h. die fragliche Urkunde gilt als unecht und ist damit nicht beachtlich.

In der Praxis wird die Frage der Echtheit einer Urkunde häufig im **Strafverfahren** geklärt, nachdem die Gegenpartei der beweisführenden Partei Strafanzeige erhoben hat. Handelt es sich um eine prozessentscheidende Urkunde, erscheint eine Sistierung des Zivilprozesses bis zum rechtskräftigen Abschluss des Strafverfahrens meist sinnvoll. 5

Art. 179

Beweiskraft öffentlicher Register und Urkunden	Öffentliche Register und öffentliche Urkunden erbringen für die durch sie bezeugten Tatsachen vollen Beweis, solange nicht die Unrichtigkeit ihres Inhalts nachgewiesen ist.
Force probante des registres publics et des titres authentiques	Les registres publics et les titres authentiques font foi des faits qu'ils attestent tant qu'il n'a pas été établi que leur contenu est inexact.
Forza probatoria dei registri e documenti pubblici	I registri pubblici e i documenti pubblici fanno piena prova dei fatti che attestano, finché non sia dimostrata l'inesattezza del loro contenuto.

Inhaltsübersicht   Note
   I. Beweisregel 1
  II. Öffentliche Register 2
 III. Öffentliche Urkunden 4
 IV. Erhöhte Beweiskraft 10
  V. Beweis der Unrichtigkeit 16

I. Beweisregel

Als Ausnahme vom Grundsatz der freien Beweiswürdigung (Art. 157) und in wörtlicher Übereinstimmung mit **Art. 9 Abs. 1 ZGB** wird öffentlichen Registern und Urkunden **erhöhte Beweiskraft** zuerkannt. Zu beachten ist indessen, dass die Regelung – anders als Art. 9 ZGB – aufgrund der Gesetzessystematik nicht nur für öffentliche Register und Urkunden des Bundesprivatrechts, sondern auch für jene des **kantonalen Rechts** gilt (BOTSCHAFT ZPO, 7323). Als solche fallen insb. das kantonale Anwaltsregister (Art. 5 BGFA) und das kantonale Grundbuch, soweit in einzelnen Kantonen oder Gebieten das eidgenössische Grundbuch noch nicht eingeführt ist (Art. 46, 48 SchlT ZGB; vgl. H. REY, Die Grundlagen des Sachenrechts und das Eigentum, Bd. I, 3. Aufl., Bern 2007, N 1524 f.) in Betracht. 1

II. Öffentliche Register

Öffentliche Register bezwecken die **Publizität von Tatsachen und Rechtsverhältnissen** (BSK ZGB I-SCHMID, Art. 9 N 9). Dazu gehören insb. das Personenstandsregister (Art. 39 ZGB), das Grundbuch (Art. 942 ZGB), das Handelsregister (Art. 927 OR), 2 immaterialgüterrechtliche Register (Art. 60 ff. PatG; Art. 37 ff. MSchG; Art. 24 ff. DesG; Art. 13 ff. ToG; Art. 32 ff. Sortenschutzgesetz), das Eigentumsvorbehaltsregister (Art. 715 ZGB), das Viehverschreibungsregister (Art. 885 ZGB), das Schiffsregister (Bundesgesetz über das Schiffsregister vom 28.9.1923, SR 747.11), das Betreibungsregister (Art. 8 SchKG; BGE 119 III 97, 98 E. 2) und das Anwaltsregister (Art. 5 BGFA). **Amtliche Registerauszüge** sind selber nicht Register, sondern **öffentliche Urkunden** (BSK ZGB I-Schmid, Art. 9 N 10).

3 Werden öffentliche Register aufgrund gesetzlicher Grundlage **elektronisch** geführt (Art. 39 ZGB i.V.m. Art. 15 ZStV, Art. 949a ZGB, Art. 15a HRegV), ergibt sich aus dem Gesetz, inwieweit den Registern bzw. Auszügen öffentlicher Glaube zukommt (Art. 47 f. ZStV; Art. 105 GBV; vgl. BSK ZGB I-Schmid, Art. 9 N 11). Die im Internet kostenfrei zugänglichen Informationen (z.B. ‹zefix.ch› für Handelsregistereinträge, GIS [Grundstückinformationssystem] für Grundstücke) erfüllen diese Anforderungen regelmässig nicht, weshalb ihnen keine erhöhte Beweiskraft zukommt.

III. Öffentliche Urkunden

4 Öffentliche Urkunden (titres authentiques) sind Schriftstücke, die Tatsachen oder Willenserklärungen festhalten und von einer zuständigen **Behörde** oder einer **Urkundsperson** in Ausübung ihrer öffentlichen Aufgabe im gesetzlich geregelten Verfahren ausgestellt worden sind (Staehelin/Staehelin/Grolimund, § 18 Rz 102; Leuch/Marbach/Kellerhals/Sterchi, Art. 233 ZPO/BE N 4; BSK ZGB I-Schmid, Art. 9 N 12 m.w.H.). Dazu zählen insb. **Auszüge aus amtlichen Registern** (s. N 2), **rechtskräftige Gerichtsurteile** sowie durch **öffentliche Beurkundung** verurkundete private Rechtsakte (vgl. Art. 55 SchlT ZGB; Art. 347 ZPO).

5 Die öffentliche Urkunde besteht nach herrschender Lehre aus einem ohne technische Hilfsmittel lesbaren **Schriftstück** oder einem Grundbuchplan. In einem Ton- oder elektronischen Datenträger könne sie sich nicht verkörpern (BSK ZGB I-Schmid, Art. 9 N 14 m.H.). Angesichts der technischen Entwicklung ist dieses Erfordernis für die Zukunft jedoch nicht mehr haltbar. Es wird **öffentliche Urkunden in elektronischer Form** geben. Entscheidend wird sein, dass die gesetzlichen Anforderungen an die elektronische Ausstellung der Urkunde, namentlich hinsichtlich Authentizität, erfüllt sind (vgl. Art. 48 Abs. 3 Ziff. 3 ZGB; Art. 139 ZPO; Art. 39 Abs. 2 und 60 Abs. 3 BGG; Art. 6 ff. ZertES).

6 Der **Inhalt der Urkunde** muss von einer am Beurkundungsakt mitwirkenden Amts- oder Urkundsperson **unterschriftlich als richtig bescheinigt** sein. Den Inhalt eines Rechtsgeschäfts hat die Urkundsperson den Parteien zur Kenntnis zu bringen und sich von diesen vorbehaltlos bestätigen zu lassen, dass der Urkundeninhalt ihrem wirklichen Willen entspreche. Den Beurkundungsakt hat die Urkundsperson ohne wesentliche Unterbrechung durchzuführen und die Urkunde abschliessend zu unterzeichnen (BSK ZGB I-Schmid, Art. 9 N 16 f.; BGE 125 III 131, 134 ff. E. 5).

7 Öffentliche Urkunden, die von einer **ausländischen Behörde oder Urkundsperson** errichtet wurden, stehen inländischen gleich, **soweit** sie in der Schweiz **anerkannt** werden (BSK ZGB I-Schmid, Art. 9 N 19; Walder, IZPR, 12 N 17 ff.; Frank/Sträuli/Messmer, Vor § 183 ff. ZPO/ZH N 12). Die Anerkennung richtet sich nach den von der Schweiz abgeschlossenen Staatsverträgen, insb. nach Art. 57 LugÜ II (vollstreckbare öffentliche Urkunden) und Art. 1 des Haager Übereinkommens über das auf die Form letztwilliger Verfügungen anzuwendende Recht vom 5.10.1961 (SR 0.211.312.1) sowie Art. 31 IPRG (betreffend Urkunden der freiwilligen Gerichtsbarkeit).

Unter **Art. 57 LugÜ II** fallen öffentliche Urkunden über eine Willenserklärung, die eine **Vollstreckungsklausel** enthalten. Dadurch unterwerfen sich die Parteien für einen Anspruch der sofortigen Zwangsvollstreckung ohne vorangehendes Erkenntnisverfahren (KROPHOLLER, Europ. ZPR, Art. 57 N 3; Dasser/Oberhammer-NAEGELI, Art. 50 N 12 f.; STAEHELIN, FS Kellerhals, 205 ff.; BSK ZGB I-SCHMID, Art. 9 N 20; VISINONI-MEIER, 21 ff.).

Eine entsprechende Bestimmung enthält nun – im Sinne einer Inländergleichbehandlung – **Art. 347 ZPO**. Die vollstreckbare öffentliche Urkunde muss nach den **kantonalen Beurkundungsvorschriften** (Art. 55 SchlT ZGB) beurkundet worden sein. Die Urkundsperson trifft eine Rechtsbelehrungspflicht: Sie hat die verpflichtete Person über die Konsequenzen der Unterwerfungserklärung aufzuklären (BOTSCHAFT ZPO, 7388; s. STAEHELIN, FS Kellerhals, 208 ff. OBERHAMMER, FS Spühler; 251 ff.).

IV. Erhöhte Beweiskraft

Öffentliche Register und öffentliche Urkunden erbringen nur für die durch sie **bezeugten Tatsachen** vollen Beweis. Nicht der gesamte Urkundeninhalt geniesst erhöhte Beweiskraft, sondern nur diejenigen Tatsachen, welche von der Urkundsperson entweder geprüft oder kraft eigener Wahrnehmung als richtig bescheinigt worden sind. Die Beurkundung bescheinigt insb. die Identität der Erklärenden, ihre Handlungs- und Urteilsfähigkeit und ihren Erklärungswillen (BOTSCHAFT ZPO, 7323; STAEHELIN/STAEHELIN/GROLIMUND, § 18 Rz 102; HALDY, 53; BGE 122 III 150 E. 2b; 118 II 32, 34 E. 3d; 110 II 1 ff. E. 3). Beim öffentlichen Testament gehört die Bestätigung der Testierfähigkeit seitens der Zeugen nicht zum beweiserhöhenden Urkundeninhalt. Sie ist lediglich Indiz für die Urteilsfähigkeit, die aufgrund der Lebenserfahrung ohnehin zu vermuten ist (BGE 124 III 5, 9 E. 1c; BSK ZGB I-SCHMID, Art. 9 N 24).

Auszüge aus **öffentlichen Registern** bescheinigen nur, was im Register eingetragen ist, nicht unbedingt den Bestand von Rechten. Bei den immaterialgüterrechtlichen Registern wird z.B. mit dem Auszug nur die Tatsache der Anmeldung, nicht die des Bestands des Rechts bewiesen. Der Grundbucheintrag begründet dagegen über diese Beweiskraft hinaus die Vermutung des Rechts selbst (Art. 937 ZGB; BGE 96 II 325, 330 f. E. 6b; BSK ZGB I-SCHMID, Art. 9 N 25).

Die erhöhte Beweiskraft beruht auf der die Parteien und die Urkundsperson treffenden **Wahrheitspflicht** (vgl. Art. 253 StGB, Falschbeurkundung; BSK ZGB I-SCHMID, Art. 9 N 23). Bei einer blossen Beglaubigung (einer Unterschrift, Kopie, Übersetzung) wird nur die Echtheit bescheinigt; der Urkundeninhalt wird deshalb nicht erhöhter Beweiskraft teilhaftig (BSK ZGB I-SCHMID, Art. 9 N 23).

Bei **ausländischen öffentlichen Urkunden** beurteilt sich die Frage nach der erhöhten Beweiskraft nach der lex fori, also nach schweizerischem Recht. Ist eine ausländische öffentliche Urkunde in der Schweiz aufgrund von Staatsverträgen oder des IPRG anzuerkennen (s. N 7), ist sie der erhöhten Beweiskraft für die durch sie bezeugten Tatsachen fähig. Massgebend ist, ob die ausländische öffentliche Urkunde nach dem ihre Errichtung beherrschenden ausländischen Recht die Voraussetzungen erfüllt, die das schweizerische Recht an eine öffentliche Urkunde stellt (s. N 4). Es kommt jedoch nicht darauf an, ob das ausländische Recht selber die Urkunde mit erhöhter Beweiskraft ausstattet (BSK ZGB I-SCHMID, Art. 9 N 34). Eine Überbeglaubigung der ausländischen Urkunde kann erforderlich werden, sofern die Gegenpartei die Befugnis der ausländischen Urkundsperson zur Ausstellung der Urkunde bestreitet.

Art. 180

14 Die erhöhte Beweiskraft gilt nur für echte öffentliche Urkunden. Wird die **Echtheit** einer Urkunde bestritten, ist nach Art. 180 Abs. 1 und 178 vorzugehen.

15 **Beurkundungsmängel** können das Entstehen einer öffentlichen Urkunde und damit die erhöhte Beweiskraft fraglich erscheinen lassen. Der Beweis der Beurkundung kann mit allen Beweismitteln geführt werden (BGE 112 II 23 ff. E. 4). Davon zu unterscheiden sind **Formmängel**, welche die Ungültigkeit des beurkundeten Grundgeschäfts bewirken. Hier ist im Einzelfall zu prüfen, ob und welchen Teilen der Urkunde allenfalls doch verstärkte Beweiskraft zukommt (BSK ZGB I-SCHMID, Art. 9 N 22; BK-KUMMER, Art. 9 ZGB N 52 ff.).

V. Beweis der Unrichtigkeit

16 Kann sich die beweisführende Partei auf eine öffentliche Urkunde berufen, steht der Gegenpartei die Möglichkeit offen, den **Gegenbeweis** zu erbringen, dass die in der öffentlichen Urkunde **bezeugten Tatsachen unrichtig** sind. Dieser Nachweis ist an keine besondere Form gebunden (vgl. Art. 9 Abs. 2 ZGB; BGE 107 II 119, 132 E. 4; STAEHELIN/STAEHELIN/GROLIMUND, § 18 Rz 102). Der Beweis der Unrichtigkeit der Urkunde kann **mit allen Beweismitteln** geführt werden, insb. mit Zeugenbeweis. Das Gericht würdigt die Beweise frei (BSK ZGB I-SCHMID, Art. 9 N 29; BK-KUMMER, Art. 9 ZGB N 64 ff.).

17 Gegen die öffentliche Urkunde ist lediglich **Gegenbeweis** zu führen und nicht (wie bei einer gesetzlichen Vermutung) der Hauptbeweis des Gegenteils zu erbringen. Es muss nicht der richtige Sachverhalt nachgewiesen, sondern nur die Beweiswirkung der Urkunde entkräftet werden (BSK ZGB I-SCHMID, Art. 9 N 30; HABSCHEID, Rz 682).

18 Unter Umständen hat die Gegenpartei, um den Beweis erbringen zu können, eine Grundbuchberichtigungsklage (Art. 975 ZGB) oder ein Strafverfahren wegen Falschbeurkundung (Art. 253 StGB) einzuleiten. Der hängige Zivilprozess ist nötigenfalls bis zum rechtskräftigen Abschluss des anderen Verfahrens zu sistieren.

Art. 180

Einreichung	¹ Die Urkunde kann in Kopie eingereicht werden. Das Gericht oder eine Partei kann die Einreichung des Originals oder einer amtlich beglaubigten Kopie verlangen, wenn begründete Zweifel an der Echtheit bestehen.
	² Bei umfangreichen Urkunden ist die für die Beweisführung erhebliche Stelle zu bezeichnen.
Production des titres	¹ Une copie du titre peut être produite à la place de l'original. Le tribunal ou les parties peuvent exiger la production de l'original ou d'une copie certifiée conforme lorsqu'il y a des raisons fondées de douter de l'authenticité du titre.
	² Lorsque des éléments d'un document volumineux sont invoqués à titre de preuve, ceux-ci doivent être signalés.
Produzione	¹ Il documento può essere prodotto in copia. Se vi è motivo di dubitare dell'autenticità, il giudice o una parte può esigere la produzione dell'originale o di una copia certificata autentica.
	² In presenza di un documento voluminoso deve essere specificato quale sua parte è rilevante per la causa.

Inhaltsübersicht

	Note
I. Editionspflicht der Parteien und Dritter	1
II. Kopie oder Original	7
III. Bezeichnung der erheblichen Stelle (Abs. 2)	12
IV. Übersetzung fremdsprachiger Urkunden	16

I. Editionspflicht der Parteien und Dritter

Parteien und Dritte sind grundsätzlich zur Herausgabe von Urkunden verpflichtet (Art. 160 Abs. 1 lit. b). Es handelt sich um eine **prozessrechtliche Pflicht**. Die Editionspflicht der Parteien und Dritter richtet sich nach den Bestimmungen über das Mitwirkungs- und das Verweigerungsrecht (Art. 160 ff.). Das Gericht klärt die Parteien und Dritte über die Mitwirkungspflicht, das Verweigerungsrecht und die Säumnisfolgen auf (Art. 161 ZPO). Zur **Wahrung schutzwürdiger Interessen** der Parteien oder Dritter trifft das Gericht die erforderlichen Massnahmen (Art. 156). Bei überwiegendem Geheimhaltungsinteresse ist die Partei oder ein Dritter zur Verweigerung berechtigt (Art. 163 Abs. 2, 166 Abs. 2 und 3). Zur Durchsetzung der Editionspflicht **im internationalen Verhältnis** ist der Rechtshilfeweg zu beschreiten. Zwischen den zahlreichen Vertragsstaaten zu beachten ist insb. das Haager Übereinkommen über die Beweisaufnahme im Ausland in Zivil- oder Handelssachen vom 18.3.1970 (HBewÜ, SR 0.274.132). 1

Bereits bei der Schlichtungsbehörde haben die Parteien alle wesentlichen Urkunden vorzulegen (Art. 203). Mit der Klage bzw. der Klageantwort haben die Parteien die sich **in ihrem Besitz befindlichen Urkunden einzureichen**; andere Urkunden sind wie die übrigen **Beweismittel zu bezeichnen** (Art. 221 Abs. 2 lit. c und d, 222 Abs. 2, 244 Abs. 3 lit. c). Dabei handelt es sich zunächst um eine Ordnungsvorschrift. Danach aber gilt es ernst. Im zweiten Schriftenwechsel, in der Instruktionsverhandlung oder – wenn solches nicht stattfindet – zu Beginn der Hauptverhandlung müssen die Parteien ihre weiteren Beweismittel einreichen oder bezeichnen. Mit den bis zu diesem Zeitpunkt nicht genannten Beweismitteln ist eine Partei ausgeschlossen, es sei denn, es lägen zu berücksichtigende Noven vor oder das Verfahren unterstehe der Untersuchungsmaxime (Art. 229). 2

Über die **Herausgabe amtlicher Akten** von Verwaltungs- oder Gerichtsbehörden entscheiden die **betroffenen Behörden** aufgrund der Gewaltenteilung **selbst**. Vorbehalten bleiben Privatrechtsstreitigkeiten mit dem Staat als Partei (STAEHELIN/STAEHELIN/GROLIMUND, § 18 Rz 109; FRANK/STRÄULI/MESSMER, § 184 ZPO/ZH N 9 ff.; GULDENER, 336 f. Rz 7; DOLGE, 289; OGer SH, Amtsbericht 1994 191 ff.). Ein schutzwürdiges Interesse des ersuchenden Gerichts und der Parteien an der Aktenherausgabe dürfte regelmässig vorliegen. Über das Editionsersuchen hinsichtlich amtlicher Akten entscheidet die zuständige Behörde in Anwendung der für sie geltenden **Rechtsgrundlagen** betreffend Amts- und Rechtshilfe sowie Datenschutz und in **Abwägung der Interessen** an der Ermittlung des wahren Sachverhalts im Zivilprozess einerseits und des Geheimhaltungsinteresses des Staates und betroffener Dritter andererseits (LEUCH/MARBACH/KELLERHALS/STERCHI, Art. 240 ZPO/BE N 1a; OGer SH, Amtsbericht 2006, 94 ff.). 3

Gegen die Herausgabe von **Akten über Verfahren zwischen denselben Parteien** spricht i.d.R. nichts. Dasselbe gilt für Akten eines Strafprozesses über denselben Sachverhalt mit denselben Parteien als beschuldigter Person und Privatklägerschaft. Zwischen Gerichts- und Verwaltungsbehörden ist es üblich, sich gegenseitig die für ein Verfahren erforderli- 4 chen Akten im Rahmen der **Rechts- bzw. Amtshilfe** auszuhändigen, wenn nicht überwiegende Geheimhaltungsinteressen oder Interessen Dritter entgegenstehen (DOLGE, 240; KEHL, 15, 49; KELLER, 29; HERZOG, 55 f.). Die Rechtsgrundlagen (über Akteneinsicht, Aktenherausgabe bzw. Amtshilfe) finden sich im kantonalen Recht. Die Herausgabe von Akten schweizerischer Zivilgerichte kann sich auf Art. 194 Abs. 1 stützen.

5   Die Persönlichkeitsrechte betroffener Dritter und überwiegende Geheimhaltungsinteressen der Behörde sind aber zu wahren. Der um Edition ersuchten **Behörde** steht es auch zu, **zum Schutze berechtigter Interessen geeignete Massnahmen** anzuordnen, welche das ersuchende Gericht binden. Allenfalls sind die Akten nur auszugsweise herauszugeben oder es ist nur ein Amtsbericht (Art. 190) über den wesentlichen Akteninhalt abzugeben (vgl. BGE 112 Ia 97 ff.; STAEHELIN/STAEHELIN/GROLIMUND, § 18 Rz 109; FRANK/STRÄULI/MESSMER, § 184 ZPO/ZH N 14 m.H.; KEHL, 128 f.; HERZOG, 65 ff.).

6   Von der prozessrechtlichen Editionspflicht zu unterscheiden ist die **materiellrechtliche Pflicht auf Auskunft und Rechenschaftsablegung** (Art. 170, 607 Abs. 3, 610 Abs. 2 ZGB, Art. 400 Abs. 1, 418k Abs. 2 OR; s. SPÜHLER/VOCK, SJZ 1999, 41 f.). Es bleibt dabei der Prozesstaktik der klagenden Partei überlassen, ob sie zunächst ein entsprechendes materiellrechtliches Rechtsbegehren (im summarischen Verfahren nach Art. 257) stellen und hernach Klage erheben will (sog. Stufenklage) oder direkt Klage erheben und dabei ein prozessrechtliches Herausgabebegehren stellen will. Ebenfalls möglich ist unter Umständen die Klageerhebung, verbunden mit einem Begehren auf Auskunft im Rahmen vorsorglicher Massnahmen (Art. 170, 607 Abs. 3, 610 Abs. 2 ZGB). Entscheidend für die Wahl des Vorgehens ist, wie weit der ungefähre Inhalt der Auskunft bereits bekannt bzw. die Antragstellung der Klage möglich ist (STAEHELIN/STAEHELIN/GROLIMUND, § 18 Rz 110). Sicherheitshalber wird in der Praxis oft gleichzeitig ein materiellrechtliches Begehren gestellt und Klage erhoben. Damit bleibt der Entscheid, welches Verfahren zuerst durchgeführt und welches allenfalls sistiert wird, aber den zuständigen Gerichten überlassen.

II. Kopie oder Original

7   Die Urkunde kann wahlweise im Original oder in Kopie eingereicht werden. Die **Gegenpartei** hat keinen unbedingten Anspruch auf Vorlage des Originals. Dieses ist nur bei **substantiierter Bestreitung der Echtheit** nachzureichen (s.a. Art. 178; BOTSCHAFT ZPO, 7323). Die Gegenpartei hat Tatsachen glaubhaft zu machen, welche Zweifel an der Echtheit der Urkunde zu erwecken vermögen.

8   Das **Gericht** kann die **Vorlage des Originals** auch von sich aus verlangen. Das Parlament hat diese Möglichkeit um der Klarheit willen explizit ins Gesetz aufgenommen (AmtlBull StR 2007 516 [Kommissionssprecher Bonhôte]; AmtlBull NR 2008 947). Entgegen der Botschaft kann das Gericht das Original daher nicht nur verlangen, wenn der Prozess der Untersuchungsmaxime unterliegt, sondern auch in Verfahren mit Verhandlungsmaxime. Doch wird sich das Gericht in solchen Fällen in Zurückhaltung üben müssen, um nicht eine Partei ungerechtfertigt zu begünstigen. Es ist dem Gericht aber auch nicht zumutbar, auf mutmasslich gefälschte Urkunden abzustellen und vor einem allenfalls drohenden Prozessbetrug die Augen zu verschliessen (s.a. Art. 178 N 3).

9   Die Zulassung von **Kopien** hat sich in der Praxis eingebürgert, denn sie schützt insb. vor Verlust oder Beschädigung des Originals. Dabei ist unerheblich, ob es sich um eine klassische Fotokopie, den Ausdruck eines zuvor eingescannten Papierdokumentes oder den Ausdruck einer elektronischen Datei (z.B. eines E-Mails) handelt. Der Beweiswert einer

Kopie unterliegt – gleich wie ein Original – der freien Beweiswürdigung. Zu beachten ist, dass elektronische Kopien sogar Originalqualität aufweisen können, namentlich wenn ihre Archivierung dem handelsrechtlichen Standard entspricht (vgl. Art. 962 f. OR; BOTSCHAFT ZPO, 7323).

Mit **elektronischen Eingaben** können die Urkunden wahlweise ebenfalls elektronisch oder in Papierform eingereicht werden (Art. 130; vgl. SPÜHLER/DOLGE/VOCK, Art. 42 N 6). In jedem Fall ist jedoch die entsprechende Frist einzuhalten (Art. 143 Abs. 1 und 2).

Art. 180 gilt **für alle Verfahren der ZPO**, somit auch für betreibungs- und konkursrechtliche Angelegenheiten. Entgegen den Bestimmungen des SchKG muss der Gläubiger im **Rechtsöffnungsverfahren** daher nicht das Original der Schuldanerkennung vorweisen (Art. 82 SchKG), sondern darf sich mit einer Kopie begnügen (BOTSCHAFT ZPO, 7323; vgl. auch MERZ, § 189 ZPO/TG N 1).

III. Bezeichnung der erheblichen Stelle (Abs. 2)

Die Urkunde muss grundsätzlich **vollständig** eingereicht werden und bei umfangreichen Urkunden sind die **Beweisstellen genau zu bezeichnen**. Bei sehr umfangreichen Dokumenten, wie einer ganzen Buchhaltung oder ausgedehnter Korrespondenz, ist es offensichtlich, dass die beweisführende Partei die relevanten Stellen näher bezeichnen muss (BOTSCHAFT ZPO, 7323).

Was **umfangreiche Urkunden** sind, beurteilt sich indessen nicht nach den konkreten Seitenzahlen, sondern nach einem **relativen Massstab**. Sobald in einem Dokument Nichtrelevantes Relevantes deutlich überwiegt, ist eine Bezeichnung angezeigt. Geht aus einem Dokument die zu beweisende Tatsache nicht direkt hervor, sondern verbirgt sie sich in einem einzelnen Satz eines längeren Briefes, ist eine Markierung erforderlich. Die Pflicht zur Bezeichnung der massgebenden Stellen folgt aus der **Substantiierungspflicht**. Es ist nicht Aufgabe des Gerichts herauszufinden, wo in umfangreichen Dokumenten eine bestimmte Behauptung belegt wird (STAEHELIN/STAEHELIN/GROLIMUND, § 18 Rz 101).

Auf Kopien sind die für die Beweisführung erheblichen Stellen üblicherweise zu **markieren**. Bei elektronischen Urkunden (Film-, Tonaufnahmen, elektronischen Dateien) sind die massgebenden Stellen genau anzugeben bzw. Ausdrucke der massgebenden Stellen beizulegen. Stellen, welche für den Prozess unerheblich sind, dürfen z.B. durch Abdeckung bzw. Schwärzung **unzugänglich gemacht** werden. Über die Unerheblichkeit hat im Streitfall das Gericht zu entscheiden (FRANK/STRÄULI/MESSMER, § 186 ZPO/ZH N 1 m.H.).

Abs. 2 ist eine **Ordnungsvorschrift**. Unterlässt es eine Partei, die massgebenden Stellen einer umfangreichen Urkunde mit deren Einreichung bereits genau zu bezeichnen, ist ihr eine **kurze Nachfrist zur Verbesserung** anzusetzen. Für den Säumnisfall ist ihr anzudrohen, dass die Urkunde als nicht eingereicht gelte (vgl. Art. 132 analog).

IV. Übersetzung fremdsprachiger Urkunden

Das Gesetz enthält keine Bestimmung über die Übersetzung fremdsprachiger Urkunden (vgl. demgegenüber Art. 54 Abs. 3 und 4 BGG). Es ergibt sich jedoch aus der Verfahrenssprache des Gerichts (Art. 129), dass fremdsprachige Urkunden grundsätzlich zusammen mit einer **Übersetzung in die Amtssprache** einzureichen sind. Die Amts-

Art. 181

sprache des Kantons oder Gerichtsbezirks ergibt sich aus dem **kantonalen Recht**. Sofern die Parteien und das Gericht der fremden Sprache genügend kundig sind, kann auf eine Übersetzung verzichtet werden (vgl. Art. 54 Abs. 3 BGG; GULDENER, 261 Rz 3; FRANK/STRÄULI/MESSMER, § 185 ZPO/ZH N 2). Eine **private Übersetzung** reicht i.d.R. aus, wenn sie nicht bestritten wird. Im Bestreitungsfall ist sie durch einen gerichtlichen Dolmetscher zu überprüfen (FRANK/STRÄULI/MESSMER, § 185 ZPO/ZH N 2). Das kantonale Recht kann eine beglaubigte Übersetzung vorschreiben.

17 Reicht eine Partei eine fremdsprachige Urkunde ohne Übersetzung ein, ist ihr auf Antrag der Gegenpartei oder von Amtes wegen eine **Nachfrist** zur Verbesserung anzusetzen. Ob die Auflage zur Übersetzung mit der Androhung verbunden werden kann, dass im Säumnisfall die Urkunde als nicht eingereicht gelte, ist aufgrund des Schweigens des Gesetzes und der bisherigen Praxis eher fraglich (vgl. FRANK/STRÄULI/MESSMER, § 185 ZPO/ZH N 2; s.a. BGE 102 Ia 35 ff. E. 1; SPÜHLER/DOLGE/VOCK, Art. 54 BGG N 7). Nötigenfalls ist daher die Übersetzung wesentlicher Dokumente **von Amtes wegen** anzuordnen (vgl. Art. 29 Abs. 2 BV, Art. 54 Abs. 4 BGG; FRANK/STRÄULI/MESSMER, § 185 ZPO/ZH N 2). Doch kann von der beweisführenden Partei ein **Beweiskostenvorschuss** für die gerichtliche Übersetzung verlangt werden (Art. 102). Vorbehalten bleiben Verfahren mit Untersuchungsgrundsatz (Art. 102 Abs. 3 Satz 2) und die Gewährung der unentgeltliche Rechtspflege an die beweisführende Partei (Art. 117 f.).

4. Abschnitt: Augenschein

Art. 181

Durchführung

¹ Das Gericht kann zur unmittelbaren Wahrnehmung von Tatsachen oder zum besseren Verständnis des Sachverhaltes auf Antrag einer Partei oder von Amtes wegen einen Augenschein durchführen.

² Es kann Zeuginnen und Zeugen sowie sachverständige Personen zum Augenschein beiziehen.

³ Kann der Gegenstand des Augenscheins ohne Nachteil vor Gericht gebracht werden, ist er einzureichen.

Exécution

¹ Le tribunal peut, à la demande d'une partie ou d'office, procéder à une inspection, aux fins de constater directement des faits ou d'acquérir une meilleure connaissance de la cause.

² Le tribunal peut citer des témoins ou des experts à l'inspection.

³ L'objet à inspecter est produit en procédure lorsqu'il peut être transporté au tribunal sans difficultés.

Modo di procedere

¹ Il giudice può, ad istanza di parte o d'ufficio, ordinare un'ispezione oculare per avere una diretta percezione dei fatti oppure per meglio comprendere le circostanze della causa.

² Il giudice può invitare testimoni o periti a presenziare all'ispezione.

³ L'ispezione si svolge in tribunale se l'oggetto da ispezionare può esservi portato senza inconvenienti.

Inhaltsübersicht

	Note
I. Funktion des Augenscheins	1
II. Objekte des Augenscheins	6
III. Duldungspflicht	8
IV. Teilnahmerecht der Parteien	9
V. Beizug von sachverständigen Personen oder Zeugen	11
VI. Delegation des Augenscheins	13

I. Funktion des Augenscheins

Zur Besichtigung von Gegenständen und Örtlichkeiten und zur Wahrnehmung von Tatsachen, deren Beschaffenheit für die Beurteilung des Rechtsstreits von Bedeutung ist, kann das Gericht von sich aus oder auf Parteiantrag einen Augenschein vornehmen. Der Augenschein ist eine **Beweiserhebung** zur unmittelbaren Feststellung umstrittener Tatsachen **durch die Sinneswahrnehmung des Gerichts**. Ausser einer Besichtigung kommen auch Wahrnehmungen von Lärm, Geruch, Geschmack, Wärme, Erschütterungen, Strahlungen und dergleichen in Betracht (VOGEL/SPÜHLER, Kap. 10 Rz 146; LEUENBERGER/UFFER-TOBLER, Art. 107 ZPO/SG N 1b). 1

Der Augenschein ist indessen nicht nur Beweismittel. Er kann dem Gericht **auch als Informationsmittel** dienen, etwa wenn zum besseren Verständnis der (allenfalls auch nicht streitigen) Parteivorbringen die genaue Kenntnis der tatsächlichen Umstände erforderlich erscheint. Deshalb sieht das Gesetz auch vor, dass das Gericht den Augenschein **von Amtes wegen** anordnen kann. 2

In Verfahren mit **Verhandlungsmaxime** obliegt es indessen grundsätzlich den Parteien dem Gericht den Sachverhalt darzulegen und Beweisanträge zu stellen, um es in die Lage zu versetzen, den strittigen Sachverhalt zu beurteilen. Das Gericht hat deshalb **Zurückhaltung** zu üben mit der amtswegigen Durchführung eines Augenscheins. Es hat sich insb. davor zu hüten, einer Partei, welche den Sachverhalt ungenügend dargelegt und keinen Augenschein beantragt hat, von Amtes wegen zu Hilfe zu eilen (STAEHELIN/STAEHELIN/GROLIMUND, § 18 Rz 111; noch restriktiver BOTSCHAFT ZPO, 7323). 3

Aufgrund seiner Doppelnatur als Informations- und Beweismittel erscheint der Augenschein bereits in einem frühen Prozessstadium sinnvoll. Nicht erst in der Hauptverhandlung (Art. 231), sondern bereits in der Instruktionsverhandlung (Art. 226 Abs. 3) und sogar bereits im Schlichtungsverfahren ist ein Augenschein zulässig (Art. 203 Abs. 1). 4

Dem Gericht oder einzelnen Gerichtsmitgliedern ist es nicht verwehrt, sich **informell** an einen öffentlich zugänglichen Ort zu begeben, um sich über den streitigen Sachverhalt ein besseres Bild machen zu können. Dient jedoch die Besichtigung der Feststellung **beweisbedürftiger Tatsachen**, so ist der **Augenschein** in den gesetzlich vorgeschriebenen Formen und unter Wahrung des Grundsatzes des rechtlichen Gehörs vorzunehmen (FRANK/STRÄULI/MESSMER, § 169 ZPO/ZH N 4). 5

II. Objekte des Augenscheins

Als Augenscheinsobjekte kommen v.a. **Grundstücke und bewegliche Sachen** in Betracht (vgl. Art. 160 Abs. 1 lit. c; VOGEL/SPÜHLER, Kap. 10 Rz 147). Je nach Mobilität des Objekts ist der Augenschein im Gerichtssaal oder am Ort der gelegenen Sache 6 vorzunehmen. Bewegliche Sachen sind dem Gericht nach Möglichkeit einzureichen (Abs. 3). Zum Urkundencharakter von Ton- und Filmaufnahmen s. Art. 177.

7 Auch der **menschliche Körper** kann Objekt eines Augenscheins sein, wenn es auf die gerichtliche Wahrnehmung von Tatsachen ankommt, z.B. die Schwere einer Gesichtsentstellung im Haftpflichtprozess (Art. 160 Abs. 1 lit. c; VOGEL/SPÜHLER, Kap. 10 Rz 147; BÜHLER/EDELMANN/KILLER, § 244 ZPO/AG N 1; **a.M.** STAEHELIN/STAEHELIN/GROLIMUND, § 18 Rz 112). Meist wird die betroffene Person gleichzeitig als Partei oder Zeugin zu befragen sein, was Abs. 2 ermöglicht. Wesentlich ist, dass die im Rahmen des Augenscheins getroffenen, rechtlich erheblichen Feststellungen dokumentiert werden (s. Art. 182). Ist der betroffenen Person eine Besichtigung im Rahmen eines gerichtlichen Augenscheins nicht zumutbar, ist sie durch eine sachverständige Person zu untersuchen (s. Art. 160 Abs. 1 lit. c; N 14).

III. Duldungspflicht

8 Die Pflicht zur Duldung eines Augenscheins ergibt sich aus den allgemeinen Bestimmungen über die Mitwirkungspflicht und das Verweigerungsrecht (Art. 160 ff.). **Parteien und Dritte** sind zur Mitwirkung an der Beweiserhebung verpflichtet. Insbesondere haben sie einen Augenschein an Person und Eigentum durch Sachverständige zu dulden (Art. 160 Abs. 1 lit. c). Die Aufzählung in lit. c ist insofern unvollständig, als ein Augenschein üblicherweise durch das Gericht vorgenommen wird, dieses aber gerade nicht genannt wird. Die Pflicht der Parteien und Dritter, einen gerichtlichen Augenschein zu dulden, muss sich deshalb (a maiore minus) auf die allgemeine Mitwirkungspflicht in Art. 160 Abs. 1 Satz 1 stützen.

IV. Teilnahmerecht der Parteien

9 Die Parteien haben grundsätzlich **Anspruch auf Teilnahme** am Augenschein. Dies folgt aus dem Recht auf Beweis (Art. 152) und dem Anspruch auf rechtliches Gehör (Art. 29 Abs. 2 BV; BOTSCHAFT ZPO, 7324; vgl. BGE 121 V 150, 152 f. E. 4). Zu kurzfristige Ladung, welche es einer Partei verunmöglicht, sich vertreten zu lassen, verletzt das rechtliche Gehör (BGE 112 Ia 5 ff.).

10 Ausnahmsweise kann das Teilnahmerecht der Parteien allerdings **eingeschränkt oder ausgeschlossen** werden, wenn schutzwürdige Interessen Dritter dies erfordern (Art. 156) oder wenn der Augenschein seinen Zweck nur erfüllen kann, wenn er unangemeldet durchgeführt wird. In solchen Fällen genügt es, wenn die betreffende Partei nachträglich zum Protokoll Stellung nehmen kann (vgl. BGE 116 Ia 94, 99 f. E. 3b m.H.).

V. Beizug von sachverständigen Personen oder Zeugen

11 Das Gericht kann zum Augenschein eine **sachverständige Person** beiziehen, namentlich wenn zur Wahrnehmung von Tatsachen besondere Fachkenntnisse erforderlich sind. Auch kann ein Augenschein mit einer mündlichen Experteninstruktion oder einem mündlichen Gutachten verbunden werden (s. Art. 185 Abs. 1, 187 Abs. 1). Wenn es die Umstände rechtfertigen, kann das Gericht die Wahrnehmung von Tatsachen im Rahmen eines Gutachtens ausnahmsweise einer sachverständigen Person übertragen, so insb. die ärztliche Untersuchung einer Person. Von einem Augenschein, d.h. einer Sinneswahrnehmung *des Gerichts* (Art. 181 Abs. 1), kann dann aber nicht mehr gesprochen werden (s. N 14; vgl. auch STAEHELIN/STAEHELIN/GROLIMUND, § 18 Rz 112; FRANK/STRÄULI/MESSMER, § 169 ZPO/ZH N 6).

Auch **Zeugen** können zu einem Augenschein beigezogen werden. Soweit sie nicht selbst Objekt des Augenscheins sind, erscheint ihr Beizug zum Augenschein allerdings nur sinnvoll, wenn sie insb. aufgrund schon früher gemachter Zeugenaussagen voraussichtlich etwas zur Aufklärung des strittigen Sachverhalts beitragen können. Bewegliche Augenscheinsobjekte können dem Zeugen im Rahmen der Zeugenbefragung vorgelegt werden. 12

VI. Delegation des Augenscheins

Die Durchführung des Augenscheins kann das Gericht – wie alle Beweisabnahmen – an eines oder mehrere **Gerichtsmitglieder delegieren** (Art. 155 Abs. 1). Darunter fallen m.E. nicht nur die mitwirkenden Richter eines Kollegialgerichts, sondern auch der Gerichtsschreiber. Beim Entscheid über die Delegation ist der **Bedeutung** des Augenscheins für den Ausgang des Prozesses und dem **Informationsbedürfnis** des Gerichts Rechnung zu tragen. Massgebend ist aber auch die **Art des Augenscheins**. Wo der Augenschein einer objektiven Tatsachenfeststellung dient, z.B. ob eine Treppe einen Handlauf aufweist oder nicht, ist eine Delegation an ein Gerichtsmitglied i.d.R. zweck- und verhältnismässig. Wenn es hingegen um Wahrnehmung subjektiver Eindrücke geht, z.B. Lärm- oder Geruchsimmissionen, soll möglichst jedes Gerichtsmitglied an der Beweiserhebung teilnehmen, um sich eine eigene Meinung bilden zu können (vgl. BÜHLER/EDELMANN/KILLER, § 244 ZPO/AG N 4). Der Augenschein muss in jedem Fall durch das gesamte Kollegialgericht vorgenommen werden, wenn eine Partei es verlangt und wichtige Gründe geltend macht (Art. 155 Abs. 2). 13

Die Delegation eines Augenscheins an **ausserhalb des Gerichts stehende Personen** (sachverständige Personen; andere Behörden, wie Polizei, Kinder- und Erwachsenenschutzbehörde) sieht das Gesetz im Gegensatz zu zahlreichen früheren Zivilprozessordnungen (z.B. Art. 56 Abs. 2 BZP; § 169 Abs. 1 Satz 2 ZPO/ZH; Art. 107 ZPO/SG; § 244 Abs. 4 ZPO/AG; Art. 264 ZPO/BE) nicht vor. Dies ist zu bedauern. Art. 160 Abs. 1 lit. c bestimmt zwar, dass Parteien und Dritte einen Augenschein durch Sachverständige zu dulden haben. Dies bedeutet jedoch noch nicht, dass das Gericht ohne gesetzliche Delegationsnorm einen gerichtlichen Augenschein an eine sachverständige Person delegieren kann. Denn der Augenschein verlangt eine Sinneswahrnehmung durch *das Gericht* (Art. 181). Ausnahmen bedürfen im System des numerus clausus der Beweismittel (Art. 168) einer klaren gesetzlichen Grundlage, welche indessen fehlt. Werden daher andere Personen als Gerichtsmitglieder mit Sinneswahrnehmungen an Augenscheinsobjekten betraut, was möglich und von Parteien und Dritten zu dulden ist (Art. 160 Abs. 1 lit. c), hat dies im Rahmen eines gerichtlichen **Gutachtens** (Art. 185) oder einer **schriftlichen Auskunft** (Art. 190) zu erfolgen. 14

Art. 182

Protokoll	Über den Augenschein ist Protokoll zu führen. Es wird gegebenenfalls mit Plänen, Zeichnungen, fotografischen und andern technischen Mitteln ergänzt.
Procès-verbal	L'inspection fait l'objet d'un procès-verbal. Celui-ci est accompagné, le cas échéant, de plans, de dessins, de photographies ou d'autres supports techniques de représentation.
Verbale	L'ispezione è verbalizzata. Se del caso il verbale è completato con piani, disegni, fotografie o altri supporti tecnici.

1 Das **Protokoll** des Augenscheins hat die **Wahrnehmungen des Gerichts** genau wiederzugeben. Zeichnungen, Fotografien, Filme und dergleichen können dem Protokoll als Ergänzung beifügt werden.

2 Das **Urteil** darf nur auf Ergebnisse des Augenscheins abstellen, die aus den **Akten** auch ersichtlich sind (BOTSCHAFT ZPO, 7324; vgl. BGE 106 Ia 73, 74 f. E. 2a).

5. Abschnitt: Gutachten

Literatur zu Art. 183–188

V. BALASS, Der Gerichtsexperte im Patentprozess aus der Sicht des technischen Sachverständigen, SMI 1985, 179 ff.; W. BÄR, Zum Beweiswert der DNA-Analyse, in: A. Donatsch/N. Schmid (Hrsg.), Strafrecht und Öffentlichkeit, FS für Jörg Rehberg zum 65. Geburtstag, Zürich 1996, 41 ff.; P.-Y. BOSSHARD, La «bonne» expertise judiciaire, SZZP 2009, 207 ff.; A. BRUNNER, Handelsrichter als Vermittler zwischen Wirtschaft und Recht, SJZ 2006, 428 ff.; E. BRUNNER, Der Gerichtsexperte im Patentprozess aus der Sicht des Richters, insbesondere das Verhältnis Richter und Sachverständiger, SMI 1985 171 ff. (zit. SMI 1985); DERS., Die Verwertung von Fachwissen im handelsgerichtlichen Prozess, SJZ 1992, 22 ff. (zit. SJZ 1992); A. BÜHLER, Erwartungen des Richters an den Sachverständigen, AJP 1999, 567 ff. (zit. AJP 1999); DERS., Gerichtsgutachter und Gerichtsgutachten im Zivilprozess, in: M. Heer/Ch. Schöbi (Hrsg.), Gericht und Expertise – La justice et l'expertise, Bern 2005, 11 ff. (zit. Expertise); DERS., Gerichts- und Privatgutachten im Immaterialgüterrechtsprozess, sic! 2007, 607 ff. (zit. sic! 2007); U. J. CAVELTI, Die Expertise im Bauprozess, in: A. Koller (Hrsg.), Bau- und Bauprozessrecht: Ausgewählte Fragen, St. Gallen 1996, 297 ff.; A. DONATSCH, Zur Unabhängigkeit und Unbefangenheit des Sachverständigen, in: V. Lieber/J. Rehberg/H. U. Walder/P. Wegmann (Hrsg.), Rechtsschutz, FS zum 70. Geburtstag von Guido von Castelberg, Zürich 1997, 37 ff.; F. J. HASENBÖHLER, Experte und Expertise im schweizerischen Patentrecht, Diss. Freiburg 1964; H. HAUSHEER, DNS-Analyse und Recht: Eine Auslegeordnung, ZBJV 1992, 493 ff.; R. HÜRLIMANN, Der Experte – Schlüsselfigur des Bauprozesses, in: P. Tercier/R. Hürlimann (Hrsg.), In Sachen Baurecht, FS zum 50. Geburtstag von Peter Gauch, Freiburg 1989, 129 ff. (zit. FS Gauch); DERS., Der Architekt als Experte, in: P. Gauch/P.Tercier (Hrsg.), Das Architektenrecht – Le droit d'architecte, 3. Aufl., Freiburg 1995, § 10 N 1415 ff. (zit. Architektenrecht); J. ULRICH, Der gerichtliche Sachverständige, 12. Aufl., Köln 2007; R. KLOPFER, Die Haftung des Zeugen und des gerichtlichen Sachverständigen im Zivil- und Strafprozess von Bund und Kanton Zürich, Diss. Zürich 1977; G. LANFRANCONI, Gericht und Expertise, in: M. Heer/Ch. Schöbi (Hrsg.), Gericht und Expertise – La justice et l'expertise, Bern 2005, 127 ff. (zit. Expertise); DERS., Die Zertifizierung von Gerichtsexperten – eine schweizerische Neuheit, in: M. Heer/Ch. Schöbi (Hrsg.), Gericht und Expertise – La justice et l'expertise, Bern 2005, 133 ff. (zit. Zertifizierung); F. MÜLLER/S. ZINGG, Der Beizug von Sachverständigen im Zivilprozess aus anwaltlicher Sicht, ZBJV 2009, 619 ff.; G. MÜLLER, Der Jurist als Experte, Überlegungen zu Funktion und Stellung des Rechtsgutachters, SJZ 1979, 169 ff. (zit. SJZ 1979); A. C. ORTHMANN, Die Haftung des gerichtlichen Sachverständigen im Zivilprozess in Deutschland, der Schweiz und den USA, Diss. Mainz 2005; M. PEDRAZZINI, Die Gerichtsexpertise im Patentrecht, SMI 1985, 153 ff. (zit. SMI 1985); P. SALADIN, Rechtsstaatliche Anforderungen an Gutachten, in: H. Merz/W. Schluep (Hrsg.), Recht und Wirtschaft heute, Festgabe zum 65. Geburtstag von Max Kummer, Bern 1980, 657 ff.; V. RÜEGG, Expertisen vor Gericht: Meister Zufall führt Regie, plädoyer 1992, 32 ff.; F. SCHNEIDER, Der technische Experte als Mitarbeiter für Richter und Anwälte, SJZ 1991, 151 ff.; D. SCHWANDER, Das Zürcher Handelsgericht und die branchenspezifische Zusammensetzung seines Spruchkörpers, Berlin 2009; E. SPIRIG, Zum psychiatrischen Gerichtsgutachten, ZSR 1990 I, 415 ff.; K. SPÜHLER, Behauptungslast und Beweiswürdigung bei hochtechnischen Zusammenhängen, in: Ch. Leuenberger (Hrsg.), Der Beweis im Zivilprozess, Bern 2000, 93 ff. (zit. Beweis); DERS., Prozessuale Probleme bei Prozessen mit wissenschaftlich und technisch komplexen Fragestellungen, in: J.-B. Ackermann/A. Donatsch/J. Rehberg (Hrsg.), Wirtschaft und Recht, FS für Niklaus Schmid zum 65. Geburtstag, Zürich 2001, 713 ff. (zit. FS Schmid); F. TARONI/P. MANGIN, L'expert et la preuve génétique ADN: le rapport analytique est-il encore suffisant?, SJZ 1998, 505 ff.

Art. 183

Grundsätze

¹ Das Gericht kann auf Antrag einer Partei oder von Amtes wegen bei einer oder mehreren sachverständigen Personen ein Gutachten einholen. Es hört vorgängig die Parteien an.

² Für eine sachverständige Person gelten die gleichen Ausstandsgründe wie für die Gerichtspersonen.

³ Eigenes Fachwissen hat das Gericht offen zu legen, damit die Parteien dazu Stellung nehmen können.

Principes

¹ Le tribunal peut, à la demande d'une partie ou d'office, demander une expertise à un ou plusieurs experts. Il entend préalablement les parties.

² Les motifs de récusation des magistrats et des fonctionnaires judiciaires sont applicables aux experts.

³ Lorsque le tribunal fait appel aux connaissances spéciales de l'un de ses membres, il en informe les parties pour qu'elles puissent se déterminer à ce sujet.

Principi

¹ Il giudice può, ad istanza di parte o d'ufficio, chiedere una o più perizie. Sente dapprima le parti.

² Ai periti si applicano i motivi di ricusazione previsti per chi opera in seno a un'autorità giudiziaria.

³ Qualora faccia capo a conoscenze specialistiche interne al tribunale, il giudice deve preventivamente informarne le parti e dar loro la possibilità di esprimersi.

Inhaltsübersicht Note

I. Das Gutachten 1
   1. Begriff und Wesen 1
   2. Gegenstand des Gutachtens 4
   3. Formelle und inhaltliche Anforderungen 7
   4. Freie richterliche Beweiswürdigung 15
   5. Abgrenzungen 17
II. Die sachverständige Person 20
   1. Unabhängigkeit (Abs. 2) 20
   2. Eignung 25
   3. Bestellung 28
III. Verfahrensrechte der Parteien 36
IV. Sachverständiges Gericht (Abs. 3) 39

I. Das Gutachten

1. Begriff und Wesen

Das Gutachten kann – wie der Augenschein – **Beweismittel** sein oder der **Klärung des Sachverhalts** dienen (BOTSCHAFT ZPO, 7324). Das Gutachten verschafft dem Gericht das **Fachwissen**, das es zur Wahrnehmung und/oder Beurteilung bestimmter rechtserheblicher Tatsachen benötigt.

2 Wenn dem Gericht die nötige Fähigkeit zur Wahrnehmung und Beurteilung erheblicher Tatsachen fehlt, muss es von sich aus eine sachverständige Person beiziehen können. Ein Gutachten kann daher nicht nur **auf Parteiantrag**, sondern auch **von Amtes wegen** eingeholt werden (vgl. BOTSCHAFT ZPO, 7324). Doch ist in Verfahren mit Verhandlungsmaxime **Zurückhaltung** angebracht, um nicht eine Partei, welche den Sachverhalt ungenügend substantiiert oder ein Gutachten nicht rechtzeitig beantragt hat, ungerechtfertigt zu bevorzugen. Die Parteien sind dazu **anzuhören** (Abs. 1 Satz 2).

3 Ist eine Begutachtung für die Entscheidung der Sache **nicht notwendig**, so kann ein entsprechender Parteiantrag ohne Verletzung von Bundesrecht abgelehnt werden (BGE 112 II 381, 384 E. 4). Ein Gutachten kann sich auch erübrigen, wenn das Gericht selbst oder eines seiner Mitglieder fachkundig ist. Die gerichtliche Fachkunde ist den Parteien jedoch offenzulegen, damit sie dazu Stellung nehmen können (s. N 39 ff.; FRANK/STRÄULI/MESSMER, § 171 ZPO/ZH N 9 ff. m.H.).

2. Gegenstand des Gutachtens

4 Als Gegenstand des Gutachtens kommt alles in Betracht, was Beweisthema sein kann und besondere Fachkunde voraussetzt. Die Aufgabe der sachverständigen Person kann somit darin bestehen, dem Gericht **Erfahrungssätze** eines bestimmten Fachgebiets mitzuteilen, aufgrund ihres Fachwissens selbst **Tatsachen festzustellen oder** Tatsachen aufgrund ihres Fachwissens und der Erfahrungssätze zu **beurteilen** (VOGEL/SPÜHLER, Kap. 10 Rz 151; FRANK/STRÄULI/MESSMER, Vor § 171 ZPO/ZH N 1; BÜHLER, AJP 1999, 573).

5 **Nicht** Sache der sachverständigen Person ist es, **Rechtsfragen** zu beantworten. Vorbehalten bleiben Rechtsgutachten zu **ausländischem Recht**, sofern das Gericht – in vermögensrechtlichen Streitigkeiten – den Parteien den Beweis dafür überbindet oder das ausländische Recht von Amtes wegen ermitteln muss. Als sachverständige Stellen kommen v.a. das **Schweizerische Institut für Rechtsvergleichung** in Lausanne, aber auch in- und ausländische Rechtssachverständige in Betracht (vgl. Art. 150 Abs. 2 ZPO, Art. 16 Abs. 1 IPRG; BSK IPRG-MÄCHLER-ERNE/WOLF-METTIER, Art. 16 N 6 ff., 13 ff.; BGE 124 I 49, 51 f. E. 3b; **a.M.** FRANK/STRÄULI/MESSMER, Vor § 171 ZPO/ZH N 2).

6 Die **Abgrenzung von Rechts- und Tatfragen** kann im Einzelfall schwierig sein. So ist z.B. die dem Bausachverständigen häufig unterbreitete Frage nach der Mangelhaftigkeit eines Bauwerks eine gemischte Tat- und Rechtsfrage. Für ihre Beantwortung sind die tatsächlichen (technischen) Eigenschaften eines Werks ebenso massgebend wie die Eigenschaften, welche das Werk nach dem konkreten Vertrag aufweisen sollte. Entsprechend verhält es sich bei der Beurteilung allfälliger Sorgfaltspflichtverletzungen von Ärzten. Die sachverständige Person darf die Beantwortung solch gemischter Tat- und Rechtsfragen nicht ablehnen. Die Rechtsfragen *abschliessend* zu beurteilen, ist aber Aufgabe des Gerichts (BÜHLER, AJP 1999, 574; DERS., Expertise, 50 f.; FRANK/STRÄULI/MESSMER, Vor § 171 ZPO/ZH N 3; vgl. BGE 130 I 337, 345 E. 5.4.1; 113 II 429, 431 f. E. 3a; 113 II 190, 200 f. E. II.1a).

3. Formelle und inhaltliche Anforderungen

7 Das Gutachten dient dazu, dem Gericht das für die Entscheidung über bestimmte Tatsachen erforderliche Fachwissen zu vermitteln. Diesem Anspruch muss das Gutachten in formeller wie materieller Hinsicht gerecht werden. Es erscheint schwierig, für die verschiedensten Inhalte der Gutachten die qualitativen Anforderungen in allgemeiner Weise

zu umschreiben. Da eine inhaltliche Kontrolle dem Gericht aufgrund des fehlenden Fachwissens nicht möglich ist, muss sich eine Beurteilung des Gutachtens auf **bestimmte formelle und materielle Kriterien** konzentrieren. Fehlende fachliche Kompetenz einer sachverständigen Person äussert sich regelmässig auch in formellen und materiellen Mängeln des Gutachtens, indem z.B. das Fachwissen und die gutachterlichen Feststellungen nicht klar und nachvollziehbar dargelegt werden, Quellenangaben fehlen, keine Begründung für die gutachterlichen Erkenntnisse abgegeben wird und das Gutachten einer Überprüfung durch eine andere Fachperson (Obergutachten, Privatgutachten) nicht standhält (vgl. SALADIN, 677). Allerdings kann auch eine an sich fachkundige Person mit den Anforderungen an ein schriftliches Gutachten überfordert sein, insb. wenn sie mit gerichtlichen Begutachtungen keine Erfahrung hat. Es empfiehlt sich daher, vor der Bestellung einer sachverständigen Person **Referenzen** zu verlangen und zu überprüfen. Eine Liste von Gerichtsexperten aus verschiedenen Fachgebieten findet sich auf der Website der Schweizerischen Kammer technischer und wissenschaftlicher Gerichtsexperten unter ‹www.swiss-experts.ch› (s. dazu LANFRANCONI, Zertifizierung, 133 ff.; s.a. RÜEGG, 31 f.).

Die sachverständige Person hat sich an **die im Gutachtensauftrag gestellten Fragen** zu halten. Eine Ausdehnung oder Einschränkung des Auftrags kann nicht von der sachverständigen Person allein, sondern nur mit Zustimmung des Gerichts (allenfalls nach Anhörung der Parteien) vorgenommen werden. Ungefragter Spekulationen über allfällige Schadensursachen, rechtlicher Würdigungen der ermittelten Tatsachen, Stellungnahmen zu den Parteistandpunkten und anderer nicht vom Auftrag umfasster Antworten hat sie sich zu enthalten. Verlässt die sachverständige Person den ihr vom Gutachtensauftrag und ihrem Fachwissen gesteckten Rahmen, so stellt sich in jedem Einzelfall die Frage, ob das Gutachten ohne die unbeachtlichen Ausführungen verwertbar bleibt, oder ob die sachverständige Person sich aufgrund ihrer ungefragten Aussagen selbst disqualifiziert hat bzw. als befangen erscheint.

8

Ein **ordnungsgemäss erstelltes Gutachten** muss in einem korrekten Verfahren – namentlich unter Beachtung der Ausstandsregeln, des Gleichbehandlungsgebots und der persönlichen Leistungspflicht – erstellt worden sein (s. Art. 184 N 5, 7). Es zeichnet sich in formeller Hinsicht durch einen klaren und systematischen Aufbau aus. Inhaltlich muss es vollständig, klar und schlüssig sein (s. dazu ausführlich BÜHLER, AJP 1999, 572 ff., DERS., Expertise, 58 ff.; vgl. auch BOSSHARD, 210; HÜRLIMANN, Architektenrecht, Rz 1479 ff.; DERS., FS Gauch, 145 f.; KLOPFER, 80 f.).

9

Der Aufbau eines Gutachtens hat sich am konkreten Gutachtensauftrag zu orientieren. **In systematischer Hinsicht** sollte ein Gutachten grundsätzlich folgende Angaben enthalten (s. BÜHLER, AJP 1999, 572 f.; DERS., Expertise, 58 ff.):

10

– Bezeichnung der Parteien und der Auftrag gebenden Behörde;

– Kurze Darstellung des Sachverhalts und des Gutachtensauftrags;

– Vollständige Wiedergabe der verwendeten *Akten,* der durchgeführten Untersuchungen, Besichtigungen und eigenen *Beweiserhebungen* sowie allfälliger weiterer Quellen (s.a. Art. 186 Abs. 1 Satz 2);

– Bezeichnung beigezogener (fachlicher) Hilfspersonen, Parteien oder Drittpersonen;

– Darstellung der *Grundlagen,* insb. der vorgegebenen Tatsachen (Anknüpfungstatsachen), der fachlichen Grundlagen und der gewählten Untersuchungsmethoden;

– Darstellung der eigenen *Befunde* mit genauer Angabe, wie diese ermittelt wurden, d.h. auf welche Quellen und Untersuchungsmethoden etc. sie sich abstützen;

– *Schlussfolgerungen (Erkenntnisse)* aus den erwähnten Grundlagen und den ermittelten Befunden, wobei die einzelnen Annahmen und Überlegungen sowie Unsicherheiten genau darzulegen und die Erkenntnisse zu begründen sind;

– *Beantwortung der Expertenfragen* als Quintessenz der vorangegangen Ausführungen;

– Allfällige *Beilagen* wie Fotos, Pläne, Skizzen, Berechnungen, Auswertungen etc., soweit diese nicht bereits in die anderen Teile des Gutachtens integriert sind.

11 **In materieller Hinsicht** muss das Gutachten vollständig, klar und schlüssig sein. **Vollständigkeit** bedeutet, dass nicht nur die gestellten Fragen vollständig zu beantworten sind. Die verwendeten Akten und übrigen Quellen müssen angegeben und die durchgeführten Beweiserhebungen sowie beigezogenen Hilfspersonen vollständig offengelegt werden (s. Art. 186 Abs. 1 Satz 2). Die Darlegung der Grundlagen und Befunde sowie die daraus gezogenen Schlussfolgerungen müssen vollständig sein. Bestehen zu einer Frage verschiedene Fachmeinungen, sind diese anzugeben. Die Beantwortung einzelner Expertenfragen darf nicht als blosse Behauptung ohne Grundlage und Begründung sozusagen im «luftleeren Raum» erfolgen (BÜHLER, AJP 1999, 573 m.H.; DERS., Expertise, 61 f.).

12 Das Gutachten muss **klar**, d.h. präzis, verständlich und widerspruchsfrei, sein. Aus dem Gutachten muss erkennbar sein, von welchen Grundlagen die sachverständige Person ausgegangen ist und wie bzw. aus welchen Quellen sie diese ermittelt hat. Die Quellen (Akten, Untersuchungen) und Hilfsmittel sind genau zu bezeichnen und allenfalls zu erläutern. Beilagen, Literaturhinweise, Quellen etc. müssen den einzelnen Ausführungen eindeutig zugeordnet werden. Aus dem Gutachten muss klar hervorgehen, auf welchem Weg und gestützt auf welche Methoden bzw. Fachkenntnisse die sachverständige Person ihre Befunde ermittelt und die Schlussfolgerungen gezogen hat. Das Gutachten sollte aus sich selbst heraus als Einheit verständlich sein und keine Widersprüche aufweisen. Da es Aufgabe der sachverständigen Person ist, dem Gericht die fehlende Fachkunde zu vermitteln, sollten ihre Ausführungen für das Gericht und die Parteien nachvollziehbar sein. Das bedeutet indessen nicht, dass das Gericht diese bis in jede technische Einzelheit verstehen müsste. Das Fachwissen ist möglichst einfach und verständlich – jedoch nicht vereinfachend – darzulegen. Die wichtigsten Fachbegriffe sind kurz zu erläutern, damit sich auch der technische Laie darunter etwas vorstellen kann. Der Umstand, dass der Experte technische Fragen und Zusammenhänge darzulegen hat, sollte ihn nicht hindern, sich einer allgemein verständlichen Sprache zu bedienen.

13 Die **Schlüssigkeit** ist für den Beweiswert eines Gutachtens ausschlaggebend. Die Schlussfolgerungen der sachverständigen Person müssen nach den Gesetzen der Logik anhand der Begründung überzeugend und widerspruchsfrei nachvollzogen werden können. Jeder Widerspruch zwischen den von der sachverständigen Person erörterten Grundlagen und Befunden zu den von ihr gezogenen Schlussfolgerungen weckt Zweifel an deren Richtigkeit. Ebenso können Widersprüche zum wissenschaftlichen Schrifttum oder zu den von anderen Fachleuten, namentlich auch von einem Privatgutachter, in einer entscheidwesentlichen Sachfrage vertretenen wissenschaftlichen Auffassungen ernsthafte Zweifel an der Schlüssigkeit der gutachterlichen Darlegungen begründen. Wo zu einer wissenschaftlichen Streitfrage unterschiedliche Auffassungen vertreten werden, hat die sachverständige Person darzulegen, warum sie auf die eine oder andere These abstellt (BÜHLER, AJP 1999, 573 m.H.; DERS., Expertise, 64).

14 Genügt ein Gutachten diesen Anforderungen nicht, ist nach Art. 188 Abs. 2 vorzugehen. Der sachverständigen Person sind Erläuterungs- und/oder Ergänzungsfragen zu

stellen. Ist das Gutachten unbrauchbar, ist ein Obergutachten anzuordnen (s. Art. 188 N 7 ff.).

4. Freie richterliche Beweiswürdigung

Das Gutachten unterliegt der freien richterlichen Beweiswürdigung (Art. 157). Das Gericht hat dabei zu prüfen, ob das Gutachten ordnungsgemäss erstellt wurde und in Aufbau und Inhalt vollständig, klar und schlüssig ist. Dabei kommt es insb. darauf an, ob die tatsächlichen Feststellungen mit den Akten übereinstimmen und die Schlussfolgerungen gehörig und überzeugend begründet sind (s. N 9 ff.; zu komplexen, naturwissenschaftlich-technischen Gutachten vgl. SPÜHLER, Beweis, 99 f.; ZR 1989 Nr. 5 E. V, 12 f.). Das Gericht darf das Ergebnis des Gutachtens nicht aus Gründen erweitern oder abändern, die sachfremd sind oder Kenntnisse erfordern, die es nicht besitzt. Von den gutachterlichen Schlussfolgerungen darf es nur aus triftigen Gründen abweichen, was im Endentscheid genau zu begründen ist (BGE 130 I 337, 345 f. E. 5.4.2; 118 Ia 144, 146 f. E. 1c, 2a; FRANK/STRÄULI/MESSMER, § 181 ZPO/ZH N 5 f.; LEUCH/MARBACH/KELLERHALS/STERCHI, Art. 270 ZPO/BE N 2a; BÜHLER, sic! 2007, 607 ff.). Auf ein unklares oder nicht schlüssiges Gutachten darf das Gericht nicht abstellen. Brachte auch eine Erläuterung bzw. Ergänzung keine Klarheit und Schlüssigkeit, ist nötigenfalls ein Obergutachten durch eine andere sachverständige Person in Auftrag zu geben (s. Art. 188 N 7 ff.; vgl. BGE 118 Ia 144, 146 E. 1c).

15

Gelegentlich fördert die sachverständige Person mit ihren Abklärungen und Feststellungen im Gutachten Tatsachen oder Urkunden zu Tage, welche von den Parteien im Behauptungsverfahren nicht (oder jedenfalls nicht substantiiert) vorgebracht worden sind. Es stellt sich dann die entscheidende Frage, ob auf solche Beweisergebnisse abgestellt werden darf. In Verfahren mit (uneingeschränkter oder sozialer) Untersuchungsmaxime kann als anerkannt gelten, dass auch Beweisergebnisse, welche über die Parteivorbringen hinausgehen (sog. **überschiessende Beweisergebnisse**), aufgrund der gerichtlichen Mitverantwortung bei der Sachverhaltsfeststellung zu berücksichtigen sind. In Verfahren mit Verhandlungsmaxime war die Praxis in den Kantonen bisher nicht einheitlich. Die Konzeption der Schweizerischen ZPO, insb. das Novenrecht und die starke Stellung des Gerichts im Instruktionsverfahren, spricht m.E. aber klar dafür, dass der **materiellen Wahrheit** gegenüber prozessualer Unsorgfalt im Zweifel **Vorrang** zukommt (vgl. Art. 226, 229). Die Verhandlungs- und Eventualmaxime dienen dazu, eine Ausuferung des Prozesses durch immer neue Angriffs- und Verteidigungsmittel zu verhindern und damit einen Rechtsschutz innert nützlicher Frist zu gewährleisten. Sie stehen damit in einem Spannungsverhältnis zur materiellen Wahrheit. Durch die Berücksichtigung nicht behaupteter, im Gutachten aber festgestellter Tatsachen tritt keine weitere Prozessverzögerung mehr ein, weshalb das Interesse an der materiellen Wahrheit gegenüber der mit der Verhandlungs- und Eventualmaxime verwirklichten Prozessbeschleunigung und der Eigenverantwortung der Parteien klar überwiegt (BÜHLER, Expertise, 70 ff. m.H.).

16

5. Abgrenzungen

Beweismittel ist nur das Gutachten einer gerichtlich bestellten sachverständigen Person. Das **Privatgutachten** ist ein Gutachten einer Fachperson, das eine Partei in Auftrag gegeben hat. Es kann Vergleichszwecken dienen. Wird das Privatgutachten dem Gericht eingereicht, kommt diesem nur die Bedeutung von **Parteivorbringen** zu (BOTSCHAFT ZPO, 7325; BGE 132 III 83, 87 ff. E. 3.4–3.6; BÜHLER, sic! 2007, 610; FRANK/STRÄULI/MESSMER, Vor § 171 ZPO/ZH N 4; GULDENER, ZPR, 349 Rz I). Dies bedeutet immerhin,

17

dass sein Inhalt von der Gegenpartei anerkannt werden kann, womit sich ein gerichtliches Gutachten allenfalls erübrigen kann. Ein Privatgutachten kann auch dazu dienen, erhebliche Zweifel an einem bereits vorliegenden gerichtlichen Gutachten zu erwecken und Anlass zu einem Obergutachten zu geben (s. Art. 187 N 7 ff.). Das Gericht hat sich in der Urteilsbegründung mit dem Parteigutachten jedenfalls auseinander zu setzen. Im Vorentwurf zur ZPO (Art. 182 VE-ZPO) war das Privatgutachten – entsprechend neueren Zivilprozessordnungen wie z.B. Art. 118 ZPO/SG und § 262 ZPO/AG – noch als Beweismittel, welches der richterlichen Beweiswürdigung unterliegen sollte, enthalten. Aufgrund der Kritik in der Vernehmlassung schlossen die Botschaft und der Gesetzgeber das Privatgutachten als Beweismittel bewusst aus (BOTSCHAFT ZPO, 7325).

18 Dagegen kann ein **Schiedsgutachten** die vom Schiedsgutachter festgestellten und beurteilten Tatsachen für die Parteien und das Gericht **verbindlich** ausser Streit stellen (s. Art. 189). Geben die **Parteien gemeinsam** bei einer neutralen sachverständigen Person ein Gutachten in Auftrag, sollten sie deshalb darauf achten, dass die Formen des Schiedsgutachtens eingehalten werden.

19 Ein in einem früheren Verfahren, insb. einem Straf- oder Verwaltungsverfahren, unter Beteiligung derselben Parteien eingeholtes Gutachten kann als Gutachten eingereicht oder beigezogen werden und unterliegt als solches der freien richterlichen Beweiswürdigung (BÜHLER, Expertise, 69 f.).

II. Die sachverständige Person

1. Unabhängigkeit (Abs. 2)

20 Im Hinblick auf die oft entscheidende Bedeutung eines Gutachtens im Prozess gelten für die Fachperson dieselben **Ausstandsgründe wie für Gerichtspersonen** (s. Art. 183 Abs. 1 i.V.m. Art. 47; BOTSCHAFT ZPO, 7324; s. dazu ausführlich BÜHLER, Expertise, 24 ff.; DERS. AJP 1999, 567 ff.). Der Anspruch auf Unabhängigkeit und Unparteilichkeit der sachverständigen Person ist verfassungs- und konventionsrechtlich garantiert. Er leitet sich sinngemäss aus der Garantie eines unabhängigen Gerichts gemäss Art. 30 Abs. 1 BV und der Garantie eines fairen Verfahrens nach Art. 6 Ziff. 1 EMRK ab (BGE 126 III 249, 253 E. 3c; 125 II 541, 544 f. E. 4a; 120 V 357, 365 E. 3a; anders noch BGE 116 Ia 135, 137 f. E. 2a–c; DONATSCH, 39 f., 46; BÜHLER, Expertise, 24; DERS., AJP 1999, 567 f.). Die sachverständige Person ist verpflichtet, dem Gericht allfällige **Ausstandsgründe offenzulegen**. Tut sie dies pflichtwidrig nicht, verletzt sie ihre Sorgfaltspflichten und muss mit dem Verlust des Entschädigungsanspruchs für die dennoch ausgeübte Gutachtertätigkeit rechnen (s. Art. 184 N 25; BÜHLER, AJP 1999, 568). Eine Partei, welche den Ausstand einer sachverständigen Person verlangen will, hat das Ausstandsgesuch **unverzüglich** nach Kenntnis des Ausstandsgrundes beim Gericht zu stellen, ansonsten Verzicht angenommen wird (vgl. Art. 49; BÜHLER, Expertise, 26).

21 Der allgemeine Ausstandsgrund der Befangenheit setzt wie bei Gerichtspersonen voraus, dass **objektive Umstände** (Tatsachen) vorliegen, welche den **Anschein der Befangenheit** zu begründen vermögen. Unmassgeblich sind sowohl das subjektive Empfinden der ablehnenden Partei als auch der Umstand, dass sich die abgelehnte sachverständige Person selbst nicht befangen fühlt. **Äusserungen** der sachverständigen Person über eine Partei, andere Sachverständige oder die Streitsache können den Anschein der Befangenheit begründen, wenn sie unsachlich sind oder sonst den Verdacht nahelegen, dass die sachverständige Person in ihrer Beurteilung gegenüber einer Partei oder der Sache nicht mehr unvoreingenommen ist (s. BGE 120 V 357, 364 f. E. 3a; DONATSCH, 47 ff.; BÜHLER, AJP 1999, 570 ff.; DERS., Expertise, 33 ff.).

Da das gerichtliche Gutachten auf die Urteilsfindung meist massgeblichen Einfluss 22
hat, kommt dem **Gebot der Gleichbehandlung** der Parteien durch die sachverständige Person besondere Bedeutung zu. Durch einseitige Kontakte mit einer Partei oder ihrem Rechtsvertreter setzt sich die sachverständige Person dem Verdacht der Parteilichkeit aus. Dasselbe gilt für die Einholung von Informationen bei nur einer Partei oder die einseitige Beschaffung von Untersuchungsmaterial von einer Partei ohne Beteiligung der Gegenpartei. Befangenheit ist auch anzunehmen, wenn ein Augenschein nur mit einer Partei durchgeführt wird, ohne der Gegenpartei Gelegenheit zur Teilnahme zu geben. Der Umstand, dass nur eine Partei vor Ort erreichbar ist und die andere Partei bspw. im Ausland wohnt, rechtfertigt keine Ungleichbehandlung (BÜHLER, AJP 1999, 571 m.H.; DERS., Expertise, 35 f.). Dass die sachverständige Person **in einem früheren Verfahren** einer Partei bereits einmal ein **Gutachten erstattet** hatte, stellt dagegen i.d.R. keinen Befangenheitsgrund dar, auch wenn das damalige Gutachten zuungunsten dieser Partei ausgefallen sein sollte (BÜHLER, AJP 1999, 572; DERS., Expertise, 37 f. m.H.).

Der Umstand, dass die sachverständige Person **geschäftliche Beziehungen** zu einer Par- 23
tei unterhielt oder unterhält, stellt nicht in jedem Fall einen Befangenheitsgrund dar (vgl. BGE 97 I 1, 4 f. E. 2a). Es kommt in diesem Zusammenhang vielmehr auf die im Einzelfall gegebene Art und Intensität der geschäftlichen Beziehungen sowie deren Zeitpunkt an. Ein vereinzeltes, abgeschlossenes und länger zurückliegendes Rechtsgeschäft zwischen der sachverständigen Person und einer Partei begründet noch keine Befangenheit. Hingegen trifft dies umso eher zu, **je enger und aktueller** eine Geschäftsbeziehung ist (vgl. BGE 125 II 541, 545 f. E. 4c). In gleicher Weise rechtfertigt der Umstand allein, dass die sachverständige Person ein ähnliches Unternehmen betreibt wie eine Partei und demgemäss ein potentielles oder vereinzelt aktuell gewordenes **Konkurrenzverhältnis** besteht, noch keinen Anschein der Befangenheit. Erforderlich ist, dass die von der sachverständigen Person und einer Partei bearbeiteten Märkte sich tatsächlich und aktuell überschneiden und sie **regelmässige oder häufige Konkurrenten** sind (DONATSCH, 49; BÜHLER, AJP 1999, 572 m.H.; DERS., Expertise, 36 f.).

Ist die sachverständige Person bekanntermassen **Anhängerin einer bestimmten Lehr-** 24
meinung, «Schule» oder Methode, schliesst sie dies als neutrale Gutachterin nicht von vornherein aus, es sei denn, der Prozessausgang werde damit unmittelbar präjudiziert. Bestehen in einem Wissensgebiet verschiedene Lehrmeinungen, von denen keine als vorherrschend gelten kann, sollten Gutachten von den verschiedenen Richtungen eingeholt werden, damit sich das Gericht für die eine oder andere Auffassung entscheiden kann (s. N 30; vgl. SJZ 1994, 273 ff. Nr. 35). Die Einholung mehrerer Gutachten ist indessen nicht notwendig, wenn eine einzelne sachverständige Person in der Lage ist, dem Gericht den Meinungsstreit objektiv darzulegen (BÜHLER, Expertise, 38 f.).

2. Eignung

Die sachverständige Person muss über ein besonderes **Fachwissen** verfügen, welches 25
dem Gericht für die Beurteilung der entsprechenden Tatfragen abgeht. Erkennt die sachverständige Person vor oder während der Auftragsausführung, dass die gestellte Aufgabe ihr Wissensgebiet übersteigt, hat sie dies dem Gericht mitzuteilen. Übernimmt sie die Gutachtenserstellung ohne die erforderlichen Fähigkeiten zu besitzen, verletzt sie ihre Sorgfaltspflichten (ZR 2001 Nr. 22 E. III.5). Die sachverständige Person muss aber nicht nur fachlich geeignet sein, sie muss auch in der Lage sein, ein **fachgerechtes gerichtliches Gutachten** zu erstellen (s. N 7 ff.; BOSSHARD, 211; SCHNEIDER, 153 f.). Verlangt sind Beherrschung und strikte Beachtung der «lex artis», Umsicht und Sorg-

falt in der Konzipierung und Durchführung des Gutachtens sowie **Gewissenhaftigkeit** in jeder Beziehung. Notwendig ist aber auch die Kenntnis der im entsprechenden Fachgebiet relevanten juristischen Begriffe (SALADIN, 671; HÜRLIMANN, Architektenrecht, Rz 1461; DERS., FS Gauch, 131 f.; BÜHLER, Expertise, 40). Die sachverständige Person muss zudem geeignet und in der Lage sein, das Gutachten **persönlich** zu erstellen. Nur mit Ermächtigung des Gerichts ist sie berechtigt, Hilfspersonen beizuziehen oder die Gutachtenserstellung gar zu delegieren (s. Art. 185 N 4 f.; ZR 2001 Nr. 22 E. III.2, 3).

26 Aus der Geltung der Ausstandsregeln für Gerichtspersonen (Art. 183 Abs. 2 i.V.m. Art. 47) und der Strafsanktion nach Art. 307 StGB leitet ein Teil der Lehre ab, dass grundsätzlich nur **natürliche Personen** als Gutachter bestellt werden können. Bei juristischen Personen oder Instituten ist demnach die verantwortliche Sachbearbeiterin als sachverständige Person zu bestellen (VOGEL/SPÜHLER, Kap. 10 Rz 155; BÜHLER/EDELMANN/KILLER, § 254 ZPO/AG N 1; HABSCHEID, Rz 671; BÜHLER, Expertise, 22 f.). Ist eine von der juristischen Person angestellte Person als sachverständige Person ernannt worden, hat sie das Gutachten grundsätzlich persönlich zu erstellen. Soll schliesslich eine andere Person das Gutachten ganz oder in massgeblicher Weise erstellen, muss das Gericht über einen Gutachterwechsel entscheiden.

27 Die heute herrschende Lehre und Praxis hält zwar im Grundsatz an der Ernennung natürlicher Personen fest, lässt aber ausnahmsweise die Bestellung von Amtsstellen, Instituten oder **juristischen Personen** als sachverständige Personen zu (STAEHELIN/STAEHELIN/GROLIMUND, § 18 Rz 123; FRANK/STRÄULI/MESSMER, § 172 ZPO/ZH N 2; LEUCH/MARBACH/KELLERHALS/STERCHI, Art. 266 ZPO/BE N 3; MERZ, § 199 ZPO/TG N 1; INFANGER, 211; DOLGE, 280; eher zurückhaltend LEUENBERGER/UFFER-TOBLER, Art. 113 ZPO/SG N 2). Diese Auffassung verdient m.E. schon deshalb Zustimmung, weil **arbeitsteilig organisierte Betriebe** immer weniger bereit oder in der Lage sind, im Voraus eine Person zu bezeichnen, welche die konkrete Begutachtung vornehmen wird. Ausserdem bürgt vielleicht gerade die juristische Person mit ihrer Infrastruktur für die **Qualität der Begutachtung**, so dass die das Gutachten ausführende, sachverständige Person v.a. wegen ihrer Zugehörigkeit zur juristischen Person und weniger aufgrund ihrer persönlichen Eigenschaften bestellt werden soll. Ist eine juristische Person oder ein Institut mit der Begutachtung betraut worden, ist die **Befangenheit** jedoch in zweierlei Hinsicht zu prüfen, nämlich einerseits betreffend die Beziehungen der juristischen Person selbst zu den Parteien und andererseits auch betreffend die für die juristische Person handelnden natürlichen Personen in ihrem Verhältnis zu den Parteien. Allerdings führt nicht jede vorprozessuale Rechtsbeziehung zwischen einer Partei und der juristischen Person bereits zu deren Befangenheit, insb. dann nicht, wenn diese länger zurückliegt, abgeschlossen ist und damals andere Personen oder Abteilungen mit der Sache betraut waren (s. N 20 ff., 23; vgl. BGE 125 II 541, 545 E. 4b). Bei der **Instruktion** ist dem Umstand, dass die konkrete, das Gutachten erstellende Person noch nicht bestimmt ist, Rechnung zu tragen. Aus dem Gutachten muss allerdings ersichtlich sein, welche sachverständige Person für dessen Inhalt **verantwortlich** zeichnet (s. Art. 185 N 4 ff.; FRANK/STRÄULI/MESSMER, § 172 ZPO/ZH N 2; SALADIN, 676; BÜHLER, Expertise, 22 f.).

3. Bestellung

28 Die sachverständige Person – auch als Gutachter oder Experte bezeichnet – wird vom Gericht bestellt. Sie muss fachlich geeignet und von den Parteien unabhängig sein. Sie wird quasi **Hilfsperson des Gerichts**, weshalb für sie die **Ausstandsregeln** für Gerichtspersonen gelten (s. N 20 ff.; Art. 183 Abs. 2 i.V.m. Art. 47 ff.; VOGEL/SPÜHLER, Kap. 10

Rz 154, HABSCHEID, Rz 670). Zudem ist sie an das **Amtsgeheimnis** gebunden (s. Art. 184 N 8; FRANK/STRÄULI/MESSMER, § 174 ZPO/ZH N 2; GULDENER, ZPR, 350 oben).

Die Parteien sind **vorgängig anzuhören**, denn sie sollen sich zur Person des Experten (Unabhängigkeit, Fachkompetenz) äussern können. Auch sollen sie dazu Stellung nehmen können, ob eine oder mehrere sachverständige Personen zu bestellen sind (Abs. 1; s. N 30; BOTSCHAFT ZPO, 7324). Aus dem Anhörungsrecht ergibt sich das Recht, Einwendungen gegen eine vorgeschlagene sachverständige Person erheben zu können, aber nicht zwingend ein Vorschlagsrecht der Parteien. Es steht dem Gericht grundsätzlich frei, ob es den Parteien eine sachverständige Person vorschlagen oder Vorschläge der Parteien einholen will, an welche es allerdings nicht gebunden ist. Wesentlich ist einzig, dass den Parteien vor Ernennung der sachverständigen Person Gelegenheit geboten wird, **Einwendungen** gegen die vorgeschlagene Person zu erheben, insb. wegen fehlender Unabhängigkeit oder mangelnder fachlicher Eignung (N 20 ff., 25; FRANK/STRÄULI/MESSMER, § 172 ZPO/ZH N 3). Der Vorteil eines gerichtlichen Vorschlags liegt darin, dass sich nicht eine Partei durch die Wahl der (von der Gegenpartei vorgeschlagenen) sachverständigen Person benachteiligt fühlen kann. Die Vertrauensbasis in die Unabhängigkeit der sachverständigen Person wird dadurch gestärkt. Allerdings kann umgekehrt das Gutachten einer von der Partei selbst vorgeschlagenen sachverständigen Person bei dieser auf höhere Akzeptanz stossen, als wenn sie keinen Einfluss auf die Wahl hatte. In weniger alltäglichen Fachgebieten fällt es dem Gericht aber schwer, eine geeignete sachverständige Person ausfindig zu machen, so dass es auf Vorschläge der Parteien meist angewiesen ist (MÜLLER/ZINGG, 626 ff.; BÜHLER, Expertise, 44 ff.). 29

Sind zur Beurteilung der umstrittenen Tatsachen Experten aus verschiedenen Fachgebieten notwendig, bestellt das Gericht **mehrere sachverständige Personen** und regelt, ob sie ihr Gutachten je **separat oder** – ausnahmsweise – **gemeinsam** erstellen sollen (Abs. 1; Art. 187 Abs. 3). Eine Begutachtung durch mehrere Sachverständige kann auch angezeigt sein, wenn eine Frage in der Wissenschaft kontrovers beantwortet wird oder wenn die Kompetenz der vorgeschlagenen sachverständigen Personen umstritten und durch das Gericht nur schwer im Voraus zu beurteilen ist (BOTSCHAFT ZPO, 7325; GULDENER, ZPR, 348 FN 4; LANFRANCONI, Expertise, 129). Durch die Bestellung mehrerer sachverständiger Personen erhöhen sich zwar die Kosten, doch wird die Vertrauensbasis der Parteien in die Begutachtung i.d.R. gestärkt. Dabei ist auch hinzunehmen, dass zwei fachgerecht erstellte Gutachten zu entgegengesetzten Schlüssen kommen können. Ergibt sich kein eindeutiges Beweisergebnis, hat das Gericht nach der Beweislast zu entscheiden (MÜLLER/ZINGG, 627, 643 f., 647; vgl. auch SJZ 1994 273 ff. Nr. 35). 30

Die **Ernennung der sachverständigen Person** ist ein **Ermessensentscheid** des Gerichts. Beim Entscheid zwischen verschiedenen fachlich geeigneten, unabhängigen Personen können auch andere sachliche Gründe den Ausschlag geben, wie Zeit, Weg, Kosten, Sprache der sachverständigen Person oder ihre (keinen Befangenheitsgrund bildende) Nähe zu einer Partei, dem Sachverhalt oder bestimmten Lehrmeinungen. Eine Pflicht zur Annahme eines Gutachtensauftrags besteht für Privatpersonen nicht; sie sind daher vor ihrer Bestellung vom Gericht stets **anzufragen**. Für amtliche Experten (z.B. Bezirksärzte, amtliche Grundstücksschätzer) und kantonale Anstalten (z.B. Kantonales Psychiatriezentrum, Kinder- und jugendpsychiatrischer Dienst, Kantonsspital) besteht demgegenüber aufgrund des kantonalen Rechts i.d.R. eine Annahmepflicht für innerkantonale Aufträge. 31

32 Das Gericht bestellt die sachverständige Person zu einem bestimmten Beweisthema **mit prozessleitendem Entscheid**. Dieser ist nicht selbständig anfechtbar, sondern erst mit dem Entscheid in der Hauptsache (**a.M.** hinsichtlich Ausstandsfragen BÜHLER, Expertise, 47). Gegen die ernannte Person können noch Einwendungen in Form eines Wiedererwägungsgesuchs oder Ausstandsgesuchs erhoben werden, wenn den Parteien dazu – entgegen Abs. 1 Satz 2 – vorgängig keine Gelegenheit eingeräumt worden war oder wenn erst nachträglich Grund dazu entstanden ist (FRANK/STRÄULI/MESSMER, § 172 ZPO/ZH N 2). Das Gericht **belehrt** die sachverständige Person über ihre Pflicht zur wahrheitsgemässen Gutachtenserstattung und weist sie auf die strafrechtlichen Folgen nach Art. 307 StGB bei Erstattung eines falschen Gutachtens hin. Von der sachverständigen Person beigezogene Hilfspersonen unterstehen derselben Strafbestimmung. Die Belehrung ist **Gültigkeitsvoraussetzung**. Ausserdem soll die sachverständige Person auf ihr Amtsgeheimnis und die Folgen bei Säumnis und mangelhafter Auftragsausführung hingewiesen werden (Art. 184 Abs. 2; s. Art. 184 N 6, 8, 21 f.).

33 **Aufgabe** der sachverständigen Person ist die auftragsgemässe **Erstattung des Gutachtens** (s. Art. 187). Das Rechtsverhältnis zwischen der sachverständigen Person und dem Gericht ist **öffentlich-rechtlicher Natur** und richtet sich nach den Art. 183 ff. ZPO. Subsidiär ist das Auftragsrecht nach Art. 394 ff. OR anwendbar (s. Art. 184 N 1 ff.). Inhalt und Umfang des Gutachtensauftrags werden im Einzelnen durch die **Instruktion** und die Fragen bestimmt, welche das Gericht der sachverständigen Person unterbreitet (s. Art. 185 N 1 ff.; HÜRLIMANN, Architektenrecht, Rz 1478; ZR 2001 Nr. 22 E. III.1a).

34 Soweit das Gericht den Parteien nicht bereits mit der Beweisverfügung einen ausreichenden **Kostenvorschuss** für die mutmasslichen Kosten des Gutachtens auferlegt hat, ist dieser spätestens mit der Bestellung der sachverständigen Person (und vor deren Instruktion) zu verlangen (Art. 102).

35 **Im internationalen Verhältnis** ist für die Bestellung einer sachverständigen Person der **Rechtshilfeweg** zu beschreiten. Soll mit der Begutachtung eine sachverständige Person im Ausland beauftragt werden, welche ihre Feststellungen und Abklärungen ebenfalls im Ausland zu treffen hat (z.B. eine Liegenschaftsschätzung in München), so muss die Instruktion und Belehrung durch die zuständige ausländische Gerichtsbehörde erfolgen. Anwendbar ist unter den zahlreichen Vertragsstaaten das **Haager Übereinkommen über die Beweisaufnahme** im Ausland in Zivil- oder Handelssachen vom 18.3.1970 (HBewÜ; SR 0.274.132). Das Rechtshilfeersuchen ist an die zentrale Behörde des ersuchten Staates zu richten, welche es der zuständigen Behörde zur Erledigung weiterleitet. In bilateralen Staatsverträgen ist teilweise der direkte Behördenverkehr vorgesehen, so z.B. mit Deutschland.

III. Verfahrensrechte der Parteien

36 Das Recht der Parteien, an Beweismassnahmen teilnehmen zu können, ist verfassungs- und konventionsrechtlich garantiert (Art. 29 Abs. 1 BV; Art. 6 Ziff. 1 EMRK; vgl. auch Art. 155 Abs. 3 ZPO). Aus der **Bundesverfassung** und der **EMRK** ergibt sich aber lediglich ein Minimalanspruch auf rechtliches Gehör. Verfassungsrechtlich garantiert ist namentlich der Anspruch auf eine unabhängige sachverständige Person und auf Gleichbehandlung sowie der Anspruch zum Beweisergebnis Stellung nehmen und Anträge auf Erläuterung, Ergänzung oder neue Begutachtung stellen zu können (BÜHLER, Expertise, 43; MÜLLER/ZINGG, 623 f.).

Es obliegt dem Gesetzgeber, den verfassungsrechtlichen Anspruch zu konkretisieren, wobei er über die Minimalgarantien hinausgehen kann. Da das Gutachten für den Prozessausgang meist von entscheidender Bedeutung ist, hat der **Gesetzgeber** den Parteien in der ZPO diesbezüglich grosszügige Mitwirkungs- und Anhörungsrechte eingeräumt. Nicht jede Verletzung eines gesetzlichen Gehörsanspruchs stellt jedoch zugleich eine Verfassungsverletzung dar.

Das Gesetz sieht bei der Gutachtenserstellung folgende **Mitwirkungs- und Anhörungsrechte der Parteien** vor:

– Anhörungsrecht, wenn das Gericht von Amtes wegen ein Gutachten einzuholen beabsichtigt (Art. 183 Abs. 1 Satz 2; s. N 2);

– Anhörungsrecht zur Person und Anzahl des oder der Sachverständigen (Art. 183 Abs. 1 Satz 2; s. N 29);

– Recht, zu Fachrichtervoten vor Urteilsfällung Stellung zu nehmen (Art. 183 Abs. 3; s. N 39 ff.);

– Anhörungsrecht zur gerichtlichen Fragestellung an die sachverständige Person (Art. 185 Abs. 2; s. Art. 185 N 2);

– Anspruch auf eine unabhängige und fachlich geeignete sachverständige Person (vgl. Art. 183 Abs. 2, Art. 184 Abs. 4 i.V.m. Art. 188; s. N 20 ff., 25);

– Anspruch auf Gleichbehandlung durch die sachverständige Person (vgl. Art. 183 Abs. 2, Art. 184 Abs. 4 i.V.m. Art. 188; s. N 22);

– Recht, Erläuterungs- und Ergänzungsfragen zum Gutachten zu beantragen (Art. 187 Abs. 3; s. Art. 187 N 7 f.);

– Recht, zum Gutachten (sowie zum übrigen Beweisergebnis) Stellung zu nehmen (Art. 232).

IV. Sachverständiges Gericht (Abs. 3)

Eigenen Sachverstand darf das Gericht nutzen. Dabei besteht allerdings die Gefahr, dass das sachverständige Gericht ein Gutachten als entbehrlich und den Fall als spruchreif ansieht, ohne dass die Parteien Gelegenheit hatten, sich zum Fachrichtervotum zu äussern (vgl. ZR 2009 Nr. 28 E. III.5 = SJZ 2009 194 f. Nr. 14). **Fachwissen einer sachverständigen Gerichtsperson** muss deshalb den Parteien umgehend und vor Urteilsfällung **offengelegt** werden, damit sie dazu **Stellung nehmen** und die Durchführung des Beweisverfahrens verlangen können (Abs. 3; BOTSCHAFT ZPO, 7324). Diese Regel hat für die **Handelsgerichte**, die aus branchenspezifischen Fachleuten (z.B. Architekten, Ingenieure, Ärzte, Baumeister, Banken- oder Versicherungsvertretern usw.) zusammengesetzt sind, besondere Bedeutung (BOTSCHAFT ZPO, 7324; s. E. BRUNNER, SJZ 1992, 22 ff.; A. BRUNNER, 432; krit. SCHWANDER, 77 ff., der sich für «richtige Sachverständige» statt «sachverständige Richter» ausspricht).

Gestützt auf den verfassungsmässigen Gehörsanspruch (Art. 29 Abs. 2 BV) besteht an sich kein Anspruch der Parteien zu einem Fachrichtervotum Stellung nehmen zu können, bevor es ins Urteil aufgenommen wird. Denn im Zivilprozess gibt es keinen Anspruch, zur gerichtlichen Sachverhaltsfeststellung und Rechtsanwendung – auch nicht einer über-

Art. 184

raschenden – vor der Urteilsfällung angehört zu werden (BÜHLER, sic! 2007, 613 m.H.; BGE 108 Ia 293, 295 E. 4c; zur Ausnahme bei der Anwendung ausländischen Rechts s. BGE 124 I 49, 52 ff. E. 3c–d; 119 II 93, 94 E. 2c/bb; zum Anhörungsrecht im Straf- und Verwaltungsprozess s. hingegen BGE 128 V 272, 278 E. 5b/bb m.H.; 126 I 19, 22 f. E. 2c). Das **Zürcher Kassationsgericht** hatte indessen in konstanter Praxis Fachrichtervoten von Handelsrichtern in Bezug auf die Gehörsrechte den gerichtlichen Gutachten gleichgestellt und den Parteien ein Äusserungsrecht zugestanden (ZR 1981 Nr. 46 = SJZ 1982 273 ff. Nr. 44; E. BRUNNER, SJZ 1992, 24 f. m.H.). Dieses etablierte und auch in der Lehre unbestrittene Recht der Parteien auf Stellungnahme zu Fachrichtervoten (FRANK/STRÄULI/MESSMER, § 171 ZPO/ZH N 10; BÜHLER/EDELMANN/KILLER, § 78 ZPO/AG N 11, § 253 ZPO/AG N 8; DOLGE, 250) wurde nun in Art. 183 Abs. 3 zu Recht ausdrücklich im Gesetz verankert.

41 Formell ist das **Fachvotum** kein Gutachten, sondern Bestandteil der richterlichen Sachverhaltsfeststellung (Beweiswürdigung) oder Rechtsanwendung. Inhaltlich vermittelt es dem Gericht aber gleich wie ein Gutachten das für das Verständnis und die Beurteilung eines technischen, naturwissenschaftlichen oder wirtschaftlichen Sachverhaltes notwendige Fachwissen (BÜHLER, sic! 2007, 613). Als **fachkundige Gerichtsperson** kommen nicht nur Richterinnen und Richter, sondern m.E. auch – aufgrund ihrer beratenden Stimme – die Gerichtsschreiberin oder der Gerichtschreiber in Betracht.

42 Gegenstand des Fachvotums können alle **Tat- und gemischten Tat- und Rechtsfragen** sein, die auch Gegenstand eines Gutachtens bilden können. So kann die Gerichtsperson aufgrund ihrer spezifischen Fachkunde Erfahrungssätze mitteilen oder streitige Tatsachen feststellen und/oder beurteilen (BÜHLER, sic! 2007, 613). Zurückhaltung ist allerdings angebracht, wo überdurchschnittliche, wissenschaftlich fundierte Facherfahrung erforderlich ist oder es sich um komplizierte, dem Durchschnittsfachmann nicht ohne weiteres geläufige Fachfragen handelt (FRANK/STRÄULI/MESSMER, § 171 ZPO/ZH N 10 m.H.; ZR 2009 Nr. 28 E. III.5 f. = SJZ 2009 194 f. Nr. 14).

43 Das Fachvotum muss mündlich oder schriftlich **in den Prozess eingeführt** und zu den Akten erhoben werden. Nur so kann das Gericht selbst und eine allfällige Rechtsmittelinstanz darauf abstellen (FRANK/STRÄULI/MESSMER, § 171 ZPO/ZH N 10; ZR 1981 Nr. 46 E. 2c = SJZ 1982 273 ff. Nr. 44). Den Parteien muss zudem Gelegenheit geboten werden, sich vor der Urteilsfällung dazu zu **äussern** und die Abnahme rechtzeitig beantragter Beweismittel (z.B. Gutachten, sachverständige Zeugen; vgl. Art. 221 f., 229) zu verlangen. Das Fachvotum ist den Parteien deshalb grundsätzlich vor Durchführung eines allfälligen (Teil-)Beweisverfahrens zur Stellungnahme zu unterbreiten.

Art. 184

Rechte und Pflichten der sachverständigen Person

¹ Die sachverständige Person ist zur Wahrheit verpflichtet und hat ihr Gutachten fristgerecht abzuliefern.

² Das Gericht weist sie auf die Strafbarkeit eines falschen Gutachtens nach Artikel 307 StGB und der Verletzung des Amtsgeheimnisses nach Artikel 320 StGB sowie auf die Folgen von Säumnis und mangelhafter Auftragserfüllung hin.

³ Die sachverständige Person hat Anspruch auf Entschädigung. Der gerichtliche Entscheid über die Entschädigung ist mit Beschwerde anfechtbar.

Droits et devoirs de l'expert	¹ L'expert est exhorté à répondre conformément à la vérité; il doit déposer son rapport dans le délai prescrit.
	² Le tribunal rend l'expert attentif aux conséquences pénales d'un faux rapport au sens de l'art. 307 CP et de la violation du secret de fonction au sens de l'art. 320 CP ainsi qu'aux conséquences d'un défaut ou d'une exécution lacunaire du mandat.
	³ L'expert a droit à une rémunération. La décision y relative peut faire l'objet d'un recours.
Diritti e doveri del perito	¹ Il perito è tenuto alla verità e deve presentare tempestivamente la propria perizia.
	² Il giudice rende attento il perito sulla punibilità di una falsa perizia in base all'articolo 307 CP e sulla punibilità della violazione del segreto d'ufficio in base all'articolo 320 CP, nonché sulle conseguenze dell'inosservanza dei termini assegnatigli e sulle conseguenze del carente adempimento del mandato.
	³ Il perito ha diritto d'essere remunerato. La decisione del giudice sulla remunerazione del perito è impugnabile mediante reclamo.

Inhaltsübersicht Note

I. Rechtsverhältnis zwischen Gericht und sachverständiger Person 1

II. Pflichten der sachverständigen Person 5
   1. Ablieferungspflicht (Abs. 1) 5
   2. Gutachterliche Verfahrenspflichten 7

III. Rechte der sachverständigen Person 9
   1. Entschädigungsanspruch (Abs. 3) 9
   2. Anspruch auf Instruktion und Unterstützung durch das Gericht 15
   3. Informationsanspruch? 18

IV. Rechtsfolgen bei Pflichtverletzungen 20
   1. Mögliche Pflichtverletzungen 20
   2. Bedeutung der gerichtlichen Hinweispflichten 21
   3. Rechtsfolgen bei Pflichtverletzung 23

I. Rechtsverhältnis zwischen Gericht und sachverständiger Person

Das Rechtsverhältnis zwischen dem Gericht und der sachverständigen Person ist ein **öffentlich-rechtliches Rechtsverhältnis**, das den Regeln der **Art. 183 ff. ZPO** untersteht. Ergänzend kann kantonales Ausführungsrecht zur Anwendung gelangen. **Als subsidiäres öffentliches Recht** sind die Bestimmungen des **Auftragsrechts** (Art. 394 ff. OR) anwendbar (BÜHLER, Expertise, 17 f.; STAEHELIN/STAEHELIN/GROLIMUND, § 18 Rz 121; SALADIN, 662; KLOPFER, 31). Nur ausnahmsweise, nämlich wenn ein objektiv messbares und überprüfbares Gutachtensergebnis versprochen wird, kommt subsidiär **Werkvertragsrecht** in Betracht (Art. 363 ff. OR; s. dazu BGE 127 III 328, 330 E. 2c; BÜHLER, Expertise, 17 f.). 1

Im Einzelnen ist die Rechtsnatur des Gutachtensauftrags kaum ergründet, was v.a. hinsichtlich der Rechtsfolgen bei nicht pflichtgemässer Auftragserfüllung Fragen aufwirft. Da der Gutachtensauftrag **vertragliche Elemente** enthält, würde dies für einen **verwaltungsrechtlichen Vertrag** sprechen. Allerdings deuten Ernennung, Instruktion, Androhung der Folgen bei Säumnis und mangelhafter Erfüllung sowie die Festsetzung 2 der Entschädigung in einer – auch für die Parteien – beschwerdefähigen Verfügung eher auf ein Subordinationsverhältnis hin, wie es **mitwirkungsbedürftigen Verfügungen** eigen ist (HÄFELIN/MÜLLER/UHLMANN, Rz 897 ff., 1053 f., 1066 ff.). Entsprechend modernen Tendenzen im Verwaltungsrecht wird die Erfüllung öffentlicher Aufgaben durch Private zunehmend durch verwaltungsrechtliche Verträge geregelt. M.E. ist eine vertragliche Ausgestaltung des Rechtsverhältnisses zwischen Gericht und sachverständiger Person durch das Gesetz nicht ausgeschlossen und würde es ermöglichen, die gegenseitigen Rechte und Pflichten zu konkretisieren und die Rechtsfolgen bei Pflichtverletzungen, welche im Gesetz nur lückenhaft umschrieben sind, klar zu regeln. Dem **Gericht** steht es – unter Vorbehalt des kantonalen Rechts – **frei**, wie es das Verhältnis zur sachverständigen Person innerhalb des gesetzlich vorgegebenen Rahmens regeln will. M.E. wären öffentlich-rechtliche Mustergutachterverträge mit einer klaren Regelung der gegenseitigen Rechte und Pflichten zeitgemäss und gegenüber Ernennungsverfügungen, welche das Rechtsverhältnis meist nur ungenügend regeln, eindeutig vorzuziehen.

3   Die Rechte und Pflichten der sachverständigen Person entsprechen bisherigem Prozessrecht (BOTSCHAFT ZPO, 7324). Die Aufzählung der **Rechte und Pflichten** der sachverständigen Person in Art. 184 ist allerdings **nicht abschliessend**. Falls die ZPO, das kantonale Ausführungsrecht sowie die Anordnungen im Einzelfall keine Regelung enthalten, kommt als subsidiäres öffentliches Recht das Obligationenrecht zur Anwendung. Zu beachten ist jedoch, dass das Rechtsverhältnis zwischen Gericht und sachverständiger Person immer zuerst aus sich selbst heraus unter Beachtung des öffentlich-rechtlichen Zwecks zu ergänzen ist. Die Bestimmungen des Obligationenrechts und insb. des Auftragsrechts sind nur subsidiär, und nur wenn sie dem öffentlichen Recht nicht widersprechen, anwendbar. Deshalb kann m.E. nicht unbesehen das Leistungsstörungsrecht des OR auf den gerichtlichen Gutachtervertrag angewendet werden. Auch das privatrechtlich zwingende Widerrufsrecht von Art. 404 OR steht dem öffentlich-rechtlichen Verhältnis, in welchem die sachverständige Person steht, klar entgegen und kann daher nicht als subsidiäres Ersatzrecht Anwendung finden. Die öffentlich-rechtlichen Bestimmungen der ZPO (insb. Art. 183 ff., aber auch Art. 108 und 128) sowie allfällige kantonale Ausführungsbestimmungen gehen vor (anders BÜHLER, Expertise, 82 ff.).

4   Entgegen der Marginalie enthält Abs. 2 v.a. Pflichten des Gerichts, welche im Übrigen in Art. 185 geregelt sind. Im Folgenden soll eine Übersicht über die Rechte und Pflichten der sachverständigen Person und die Folgen bei Pflichtverletzungen gegeben werden. Die Rechte und Pflichten des Gerichts werden in Art. 185 erörtert.

II. Pflichten der sachverständigen Person

1. Ablieferungspflicht (Abs. 1)

5   Hauptpflicht der sachverständigen Person ist die **auftragsgemässe Ablieferung des Gutachtens**. Inhalt und Umfang des Auftrags ergeben sich aus den Fragen des Gerichts und der Instruktion (vgl. Art. 185) sowie dem Gutachtervertrag bzw. der Ernennungsverfügung (s. N 2). Die sachverständige Person ist verpflichtet, das Gutachten **persönlich** zu erstellen, soweit sie nicht ermächtigt wurde, Hilfspersonen beizuziehen oder die Pflicht zur Gutachtenserstellung überhaupt zu delegieren (s. Art. 185 N 4 f.).

6   Abs. 1 spricht nur von der Wahrheitspflicht der sachverständigen Person und ihrer Pflicht zur fristgerechten Ablieferung des Gutachtens. Das Gutachten muss aber in erster Linie **fachgerecht und gewissenhaft** erstellt worden sein (SALADIN, 670). Es muss den for-

mellen und inhaltlichen Anforderungen, welche an ein gerichtliches Gutachten gestellt werden, genügen, d.h. es muss insb. vollständig, klar und schlüssig begründet sein (s. Art. 183 N 7 ff.). Das Gericht ist verpflichtet, die sachverständige Person über die Straffolgen eines falschen Gutachtens nach **Art. 307 StGB** zu belehren (Abs. 2), was **Gültigkeitsvoraussetzung** ist (s. N 16). Das Gutachten muss sodann **wahrheitsgemäss** sein und – sofern das Gericht eine Frist gesetzt hat – **fristgerecht** erstattet worden sein (Abs. 1). Das Gericht ist berechtigt, der sachverständigen Person eine Frist für die Erstellung des Gutachtens zu setzen (s. Art. 185).

2. Gutachterliche Verfahrenspflichten

Die sachverständige Person ist verpflichtet, die **Ausstandsregeln** gemäss Art. 183 Abs. 1 i.V.m. Art. 47 zu beachten und dem Gericht allfällige Ausstandsgründe von sich aus mitzuteilen (s. Art. 183 N 20). Ferner hat sie während der Durchführung der gutachterlichen Tätigkeit und im Verkehr mit den Parteien das rechtliche Gehör und das **Gleichbehandlungsgebot** zu beachten (s. Art. 183 N 22). Der Gutachtensauftrag umfasst auch die Pflicht der sachverständigen Person, allfällige **Erläuterungs- und Ergänzungsfragen** des Gerichts zu beantworten (s. Art. 187 N 4 ff.). 7

Die sachverständige Person unterliegt zudem der **Geheimhaltungspflicht nach Art. 320 StGB**. Als Hilfsperson des Gerichts ist sie an das Amtsgeheimnis (Art. 320 StGB) gebunden. Dies gilt unabhängig davon, ob sie explizit darauf hingewiesen wurde. Der in Abs. 2 vorgesehene Hinweis durch das Gericht dient lediglich Informationszwecken. Zur **Entbindung** vom Amtsgeheimnis einer sachverständigen Person gemäss Art. 320 Ziff. 2 StGB Dritten gegenüber dürfte als «vorgesetzte Behörde» das Gericht zuständig sein, das den Auftrag erteilt hat (FRANK/STRÄULI/MESSMER, § 174 ZPO/ZH N 2). 8

III. Rechte der sachverständigen Person

1. Entschädigungsanspruch (Abs. 3)

Die sachverständige Person hat Anspruch auf eine angemessene **Entschädigung** (Auslagenersatz sowie eine Vergütung für ihre Arbeit; BOTSCHAFT ZPO, 7324). Nach welchen Grundsätzen die Entschädigung zu erfolgen hat, kann das **kantonale Recht** bestimmen (STAEHELIN/STAEHELIN/GROLIMUND, § 18 Rz 122). Die Erteilung des Gutachtenauftrags kann von einem verbindlichen Kostenvoranschlag abhängig gemacht werden. Häufig wird insb. im Hinblick auf den Beweiskostenvorschuss der Parteien (Art. 102) eine ungefähre Kostenschätzung verlangt. Es empfiehlt sich, die Bemessung der Entschädigung (im Vertrag oder der Ernennungsverfügung) explizit zu regeln. 9

Falls nichts anderes gesetzlich geregelt ist oder zwischen Gericht und sachverständiger Person vereinbart wurde, bemisst sich die Entschädigung **nach Aufwand** zu einem für die Tätigkeit **angemessenen Stundenansatz** zuzüglich Auslagenersatz (vgl. subsidiär Art. 394 Abs. 3, Art. 402 Abs. 1 OR). Unnötiger oder unverhältnismässiger Aufwand ist grundsätzlich nicht zu vergüten (ZR 2001 Nr. 22 E. III.6; ZR 1992 Nr. 47). In der Praxis basiert die Honorierung meist auf der Rechnungsstellung der sachverständigen Person. Für die Beurteilung der Angemessenheit sind Richtlinien von Fachverbänden zu berücksichtigen (vgl. auch FRANK/STRÄULI/MESSMER, § 171 ZPO/ZH N 16a; BÜHLER, Expertise, 74 f., 77 ff.; HÜRLIMANN, Architektenrecht, Rz 1509 f.). **Akontozahlungen** sind nur geschuldet, wenn sie vereinbart sind (BÜHLER, Expertise, 80). 10

Der Entschädigungsanspruch entsteht grundsätzlich erst **nach gehörigem Abschluss** des Auftrags. Dazu gehört auch die Beantwortung allfälliger **Erläuterungs- und** 11

Ergänzungsfragen. Denn erst nach allfälligen Erläuterungen oder Ergänzungen ist das Gericht in der Lage, zu entscheiden, ob der Auftrag ordnungsgemäss erfüllt wurde (s. Art. 188 Abs. 2) und kann den beschwerdefähigen Entscheid über die Entschädigung erlassen (s. Abs. 3 Satz 2; **a.M.** BÜHLER, Expertise, 81 f.). Ob die sachverständige Person für Erläuterung und Ergänzung eine **zusätzliche Entschädigung** fordern kann, richtet sich nach dem zur Anwendung gelangenden Abrechnungsmodus (verbindlicher Kostenvoranschlag, kantonaler Tarif oder Entschädigung nach Aufwand). Ferner ist entscheidend, ob durch die Mangelhaftigkeit des Gutachtens (Art. 188 Abs. 2) unnötiger Aufwand verursacht wird, der bei auftragsgemässer Erfüllung (z.B. klarer Ausdrucksweise, vollständigen Angaben etc.) nicht entstanden wäre (vgl. subsidiär Art. 398 Abs. 2 OR). Werden dagegen zusätzliche Abklärungen notwendig oder trifft die sachverständige Person kein Vorwurf (s. Art. 187 N 5), ist sie für ihren zusätzlichen Aufwand zu entschädigen.

12   Bei Pflichtverletzungen der sachverständigen Person kommt eine **Reduktion oder der Verlust des Entschädigungsanspruchs** in Frage, je nach dem ob und in welchem Umfang das Gutachten unbrauchbar, d.h. als Beweismittel nicht verwertbar, ist (s. N 24 f.; ZR 2001 Nr. 22 E. IV.4).

13   Wurde aufgrund von Pflichtverletzungen zusätzlicher Aufwand des Gerichts, der Parteien oder einer anderen sachverständigen Person notwendig, ist es aufgrund der gesetzlichen Lage unklar, ob solche Aufwendungen der sachverständigen Person in Rechnung gestellt oder mit ihrem Entschädigungsanspruch verrechnet werden können. Nach dem Vorentwurf hatte die sachverständige Person explizit jene **Mehrkosten** zu tragen, die infolge Säumnis oder Mängel des Gutachtens entstehen (Art. 181 Abs. 3 VE-ZPO). Diese Konsequenz ist nach der Botschaft jedoch bereits im allgemeinen Verursacherprinzip enthalten (Art. 108), weshalb sie im Gesetz nicht mehr ausdrücklich erwähnt werden musste (BOTSCHAFT ZPO, 7325). Dies ist insofern zu relativieren, als Art. 108 nur **Prozesskosten** umfasst (Art. 95) und Prozesskosten Dritten nur zurückhaltend auferlegt werden. Zudem müsste die sachverständige Person auf diese nicht offensichtlichen Folgen wohl auch nach Abs. 2 explizit **hingewiesen** werden.

14   Die Höhe der Entschädigung wird vom Gericht mit **beschwerdefähiger Verfügung** festgesetzt. Gegen diesen Entscheid steht der **sachverständigen Person** und – entsprechend den Forderungen der Vernehmlassungsteilnehmer – auch den **Parteien** die Beschwerde offen (BOTSCHAFT ZPO, 7324). Gegen den Entscheid der oberen kantonalen Instanz steht bei entsprechendem Streitwert die Beschwerde in Zivilsachen ans Bundesgericht zur Verfügung, andernfalls die subsidiäre Verfassungsbeschwerde (Art. 72 Abs. 2 lit. b i.V.m. Art. 74 Abs. 2, Art. 113 ff. BGG).

2. Anspruch auf Instruktion und Unterstützung durch das Gericht

15   Die sachverständige Person kann ihren Gutachtensauftrag nur erfüllen, wenn sie instruiert worden ist. Das bedeutet, dass ihr die zu beantwortenden **Gutachterfragen** präzis und möglichst schriftlich vom Gericht gestellt worden sind und sie, soweit nötig, die **Gerichtsakten** zur Einsicht erhalten hat (s. Art. 185). Allenfalls muss sie auch **ermächtigt** worden sein, eigene **Abklärungen** (wie Augenschein, Befragungen) durchzuführen. Verweigern eine Partei oder eine Drittperson ungerechtfertigt ihre Mitwirkung, ist die sachverständige Person zur zwangsweisen Durchsetzung i.S.v. Art. 164 und 167 auf die Hilfe des Gerichts angewiesen (s. Art. 186 N 5). Ist die sachverständige Person ausnahmsweise nicht zur persönlichen Gutachtenserstattung verpflichtet oder auf die Mithilfe von Sachverständigen aus anderen Fachgebieten angewiesen,

muss das Gericht sie zudem für berechtigt erklären, **Hilfspersonen** beizuziehen oder gar die Gutachtenserstellung zu **delegieren** (z.B. bei juristischen Personen; s. Art. 185 N 4 f.).

Ein ordnungsgemässes und damit verwertbares Gutachten setzt voraus, dass die sachverständige Person über die Pflicht zur wahrheitsgemässen Gutachtenserstattung und die Straffolgen nach **Art. 307 StGB** bei falschem Gutachten vor Durchführung ihrer Tätigkeit **belehrt** worden ist (s. N 6; statt vieler FRANK/STRÄULI/MESSMER, § 174 ZPO/ZH N 1; **a.M.** BÜHLER, Expertise, 52 f.). Erfolgt die Belehrung erst nach Ablieferung des Gutachtens, ist dieses nur verwertbar, wenn die sachverständige Person es nach der Belehrung bestätigt (LEUENBERGER/UFFER-TOBLER, Art. 114 ZPO/SG N 3b).

Kommt das Gericht seinen Instruktionspflichten (s. Art. 185) nicht rechtzeitig nach, bleibt der sachverständigen Person nichts anderes übrig, als das Gericht zu erinnern und nötigenfalls eine Fristverlängerung für die Gutachtenserstattung zu verlangen. Gegebenenfalls muss sie um Entlassung aus dem Gutachtensauftrag ersuchen. Sie kann den Auftrag aber nicht wegen Verzögerungen des Gerichts von sich aus niederlegen. Das zwingende Widerrufsrecht gemäss Art. 404 OR widerspricht der öffentlich-rechtlichen Natur des Gutachtervertrages und kann daher nicht als subsidiäres öffentliches Recht Anwendung finden (s. N 3; **a.M.** BÜHLER, Expertise, 20, 96, 97 ff.).

3. Informationsanspruch?

Häufig wünschen sachverständige Personen als Feedback auf ihr Gutachten eine **Urteilskopie**. Ein genereller Informationsanspruch besteht indessen kaum. Zwar ist die sachverständige Person auch ans Amtsgeheimnis gebunden, doch rechtfertigt dies grundsätzlich keine weiteren Informationen über den Prozessverlauf nach Gutachtenserstattung. Die Frage entscheidet sich nach dem kantonalen Recht über die Akteneinsicht und letztlich nach Art. 320 Ziff. 2 StGB. Mit Ermächtigung der «vorgesetzten Behörde» kann der sachverständigen Person auf ihr Gesuch ein Urteil zugestellt werden.

Beim Entscheid über die Urteilsherausgabe ist das **Informationsbedürfnis** der sachverständigen Person gegenüber den **Geheimhaltungsinteressen** der betroffenen Parteien **abzuwägen**. Je mehr die sachverständige Person bereits aufgrund der eingesehenen Akten Kenntnis vom Prozessstoff hat, d.h. je zentraler ihr Gutachten für den Prozessausgang war, desto eher ist ein Informationsanspruch zu bejahen. *Beispiele:* Ein Liegenschaftenschätzer kann das Scheidungsurteil der Parteien nicht erhalten. Dagegen wird ein forensischer Psychiater, welcher die Testierfähigkeit einer Erblasserin beurteilt hatte, auf Wunsch das Urteil über die Ungültigkeit des Testaments eher bekommen.

IV. Rechtsfolgen bei Pflichtverletzungen

1. Mögliche Pflichtverletzungen

In Betracht kommt nicht nur eine Verletzung der Ablieferungspflicht, welche im Wesentlichen in Art. 188 geregelt ist. Möglich sind auch Verletzungen der gutachterlichen Ausstands-, Verfahrens- und Geheimhaltungspflichten (s. N 7 f.). Die Rechtsfolgen dabei sind häufig nicht klar. Das Gesetz differenziert grundsätzlich nicht, ob die Pflichtverletzungen verschuldet sind oder nicht. Kommt jedoch subsidiär Auftragsrecht zur Anwendung, besteht nur bei verschuldeten Pflichtverletzungen eine Haftung, wobei das Verschulden vermutet wird (Art. 97 i.V.m. Art. 398 OR).

2. Bedeutung der gerichtlichen Hinweispflichten

21 Da das Gesetz keine explizite Regelung enthält, sind v.a. die Auswirkungen pflichtwidrigen Verhaltens auf den **Entschädigungsanspruch** nicht klar. Es gibt zwei Möglichkeiten, dieser Unsicherheit zu begegnen, entweder durch Legiferierung des kantonalen Gesetzgebers oder durch konkrete Regelungen im Einzelfall, im verwaltungsrechtlichen Vertrag oder in der Ernennungsverfügung. Allerdings darf diese Regelung dem Gesetz nicht widersprechen.

22 Das Gericht hat die sachverständige Person auf die Folgen von Säumnis und mangelhafter Auftragserfüllung **hinzuweisen** (Abs. 2). Ein Hinweis macht aber nur Sinn, wenn er konkret und verständlich ist. Da die Rechtsfolgen bei Pflichtverletzungen der sachverständigen Person im Gesetz nicht klar umschrieben sind (vgl. Art. 188), kommt dem Hinweis als **Inhalt des verwaltungsrechtlichen Vertrags bzw. der Ernennungsverfügung** besondere Bedeutung zu. Denkbar ist es, die entsprechenden Bestimmungen des Obligationenrechts und insb. des Auftragsrechts (Art. 97 ff. und 394 ff. OR) explizit für anwendbar zu erklären, soweit diese für einzelne Punkte angemessen erscheinen. Sie erlangen dann als subsidiäres öffentliches Recht für den Gutachtensauftrag Geltung. Möglich ist auch, für den Fall verspäteter Ablieferung Ordnungsbussen oder den entschädigungslosen Widerruf des Auftrags anzudrohen (N 23 ff.). Ist ein Gutachten wegen unverbesserlicher Mängel unverwertbar, ist keine Entschädigung geschuldet (s. N 25). Um den richtigen Hinweis anbringen zu können, ist es erforderlich, die verschiedenen Rechtsfolgen bei Pflichtverletzungen genauer zu betrachten.

3. Rechtsfolgen bei Pflichtverletzung

a) Widerruf des Auftrags

23 Zeigt sich während der Auftragsausführung, dass die sachverständige Person – aus fachlichen, persönlichen oder Befangenheitsgründen – offensichtlich **nicht in der Lage** ist, den Auftrag ordnungsgemäss zu erfüllen, muss das Gericht den Auftrag widerrufen. Das kann aus von der sachverständigen Person unverschuldeten Gründen (z.B. Krankheit) oder bei Verschulden (z.B. Verletzung der Ausstandsregeln oder des Gleichbehandlungsgebots) der Fall sein. Das Widerrufsrecht ergibt sich aus dem behördlichen Recht zum Widerruf einer Verfügung, wenn die gesetzlichen Voraussetzungen nicht oder nicht mehr gegeben sind und kein Vertrauensschutz besteht (s. HÄFELIN/MÜLLER/UHLMANN, Rz 997 ff., 1032 ff.). Bei **Fristversäumnis** sieht Art. 188 Abs. 1 diese Rechtsfolge ausdrücklich vor (s. dazu Art. 188 N 2 ff.), bei Schlechterfüllung nach Art. 188 Abs. 2 dagegen nicht, da nach Ablieferung des Gutachtens ein Widerruf nicht mehr nötig ist (vgl. ZR 2001 Nr. 22 E. IV.4a).

24 Der Widerruf des Auftrags erfolgt ex tunc und ist **entschädigungslos.** Ein Honorar ist nur geschuldet, wenn der Gutachter gleichwohl ein brauchbares Teilergebnis abliefert (FRANK/STRÄULI/MESSMER, § 179 ZPO/ZH N 1). Diese Folge gilt m.E. grundsätzlich auch bei unverschuldeter Unmöglichkeit der Ablieferungspflicht (z.B. Krankheit oder Tod der sachverständigen Person). Ist die Unmöglichkeit der Auftragserfüllung dagegen nicht aus Gründen eingetreten, die in der Sphäre der sachverständigen Person liegen (z.B. Untergang der zu begutachtenden Sache oder Prozesserledigung ohne Anspruchsprüfung), kommt aufgrund des Vertrauensschutzes nur eine Aufhebung des Auftrags ex nunc mit entsprechender Entschädigungsfolge in Betracht. Der Entscheid über die Entschädigung ist der sachverständigen Person und den Parteien mit **beschwerdefähiger Verfügung** zu eröffnen (Art. 184 Abs. 3).

b) Verlust des Entschädigungsanspruchs

Liefert die sachverständige Person ein Gutachten ab, das aufgrund unverbesserlicher 25
Mängel (insb. wegen Missachtung der Ausstandsregeln, der Verfahrensgrundsätze, der persönlichen Leistungspflicht oder wegen fehlender Fachkunde) als Beweismittel **nicht verwertbar** ist, ist der Auftrag nicht ordnungsgemäss erfüllt worden. Zuweilen steht die Unverwertbarkeit erst nach einer Erläuterung oder Ergänzung des Gutachtens fest. Da das Gesetz die Rechtsfolgen in Bezug auf die Entschädigung nicht regelt, bleiben diese – unter Vorbehalt der kantonalen Ausführungsgesetzgebung – der Regelung im Einzelfall überlassen. Subsidiär dürfte Art. 97 i.V.m. Art. 398 OR sinngemäss zur Anwendung gelangen. Bei Ablieferung eines unverwertbaren mangelhaften Gutachtens besteht deshalb **kein Entschädigungsanspruch** (s. Art. 188 Abs. 2; vgl. LEUENBERGER/UFFER-TOBLER, Art. 116 ZPO/SG N 6b; BÜHLER, Expertise, 19 f., 82 f., 85; ZR 2001 Nr. 22 E. IV.4a). Liegt ein verwertbares Teilergebnis vor, ist dafür eine (Teil-)Entschädigung auszurichten. Über die Entschädigung ist mit beschwerdefähiger Verfügung zu entscheiden (Art. 184 Abs. 3).

c) Ordnungsbusse

Mit Ordnungsbusse kann belegt werden, wer im Verfahren vor Gericht den Anstand ver- 26
letzt oder den Geschäftsgang stört (Art. 128). Liefert eine sachverständige Person das Gutachten nicht oder stark verspätet ab oder gibt sie die ihr anvertrauten Gerichtsakten nicht zurück, ist eine Bestrafung mit Ordnungsbusse denkbar, wenn ihr dies vorher für den Säumnisfall **in Aussicht gestellt** worden ist. Allerdings sollte eine Disziplinierung einer sachverständigen Person auf schwerwiegende Fälle beschränkt bleiben (s.a. Art. 188 N 5; BÜHLER, Expertise, 96; LEUENBERGER/UFFER-TOBLER, Art. 114 ZPO/SG N 5; HÜRLIMANN, Architektenrecht, Rz 1628). Es sollte deshalb bei Auftragserteilung höchstens angedroht werden, dass eine Ordnungsbusse bei Fristversäumnis verhängt werden *kann*. Ordnungsbusse kann aber auch erst in einem Mahnschreiben mit Nachfristansetzung angedroht werden. Eine allfällige Ordnungsbusse ist der sachverständigen Person mit **beschwerdefähigem Entscheid** zu eröffnen (Art. 128 Abs. 4).

d) Auflage unnötiger Prozesskosten

Der sachverständigen Person können von ihr unnötig verursachte *Prozess*kosten auferlegt 27
werden (Art. 108 i.V.m. Art. 95). Darunter fallen Mehrkosten, die infolge Säumnis oder Mangelhaftigkeit des Gutachtens entstehen, insb. die Kosten des Entscheids über den Widerruf des Auftrags, die Unbrauchbarkeit eines Gutachtens oder die Auflage einer Ordnungsbusse (s. N 13; ZR 2001 Nr. 22 E. V).

e) Strafanzeige

Besteht gegen die sachverständige Person der Verdacht auf strafbare Handlungen i.S.v. 28
Art. 307 StGB (falsches Gutachten) oder **Art. 320 StGB** (Amtsgeheimnisverletzung) oder andere Delikte in Zusammenhang mit dem Gutachtensauftrag, können das Gericht oder die Parteien bei der zuständigen Strafverfolgungsbehörde Anzeige erstatten. Die Anzeigepflicht des Gerichts muss sich aus dem kantonalen Recht ergeben (vgl. Art. 302 Abs. 2 StPO). Nötigenfalls hat das Gericht die «vorgesetzte Behörde» um Entbindung vom Amtsgeheimnis zu ersuchen, um Strafanzeige erstatten zu können.

f) Schadenersatz

Für Schaden, den die sachverständige Person den Parteien oder Dritten verursacht hat, 29
kommt nur eine ausservertragliche Haftungsgrundlage in Betracht, da zwischen ihnen

kein vertragliches Verhältnis besteht. Da es sich bei der Gutachtertätigkeit um eine «amtliche Verrichtung» i.S.v. Art. 61 Abs. 1 OR handelt, ist jeweils zu prüfen, ob ein Anspruch aus Staatshaftung besteht. In den Kantonen ist die Unterstellung der sachverständigen Person unter die Normen der **öffentlich-rechtlichen Haftungsgesetze** nur zum Teil statuiert. Einzelne kantonale Haftungsgesetze schliessen sie durch qualifiziertes Schweigen aus. Nach der Regel von **Art. 61 Abs. 1 OR** haften sachverständige Personen in diesen Kantonen für Schaden nach Massgabe der Art. 41 ff. OR, also nur für verschuldete Rechtswidrigkeit (SALADIN, 663; vgl. FRANK/STRÄULI/MESSMER, § 179 ZPO/ZH N 2; HÜRLIMANN, Architektenrecht, Rz 1607 ff.; KLOPFER, 19 ff., 31).

30 Schwierigkeiten kann die Frage bereiten, in welchen Konstellationen die sachverständige Person **widerrechtlich** Schaden zufügt. Richtschnur für richtiges Expertenhandeln ist die explizit oder implizit statuierte Pflicht, die gestellten Frage lege artis, d.h. unter Einbezug aller relevanten Aspekte der einschlägigen Disziplinen, nach dem Stand der jeweiligen wissenschaftlichen Erkenntnisse und mit aller Sorgfalt zu beantworten. Wird diese Pflicht grob verletzt, so liegt darin Widerrechtlichkeit. Die Konkretisierung dieser allgemeinen Verpflichtungen ist heikel und kann zu spezifischen Schwierigkeiten führen (SALADIN, 664; HÜRLIMANN, Architektenrecht, Rz 1603 f.).

31 Wenn verschiedene Personen am Gutachten mitgewirkt haben, trägt die **Verantwortung** auch in haftungsrechtlicher Hinsicht, wer den Gutachtensauftrag angenommen und das Gutachten unterzeichnet hat (SALADIN, 664).

Art. 185

Auftrag	¹ Das Gericht instruiert die sachverständige Person und stellt ihr die abzuklärenden Fragen schriftlich oder mündlich in der Verhandlung. ² Es gibt den Parteien Gelegenheit, sich zur Fragestellung zu äussern und Änderungs- oder Ergänzungsanträge zu stellen. ³ Es stellt der sachverständigen Person die notwendigen Akten zur Verfügung und bestimmt eine Frist für die Erstattung des Gutachtens.
Mandat	¹ Le tribunal instruit l'expert et lui soumet, par écrit ou de vive voix à l'audience, les questions soumises à expertise. ² Il donne aux parties l'occasion de s'exprimer sur les questions soumises à expertise et de proposer qu'elles soient modifiées ou complétées. ³ Le tribunal tient à la disposition de l'expert les actes dont celui-ci a besoin et lui fixe un délai pour déposer son rapport.
Mandato	¹ Il giudice dà al perito le istruzioni necessarie e gli illustra, per scritto o nel corso dell'udienza, i quesiti sottopostigli. ² Dà modo alle parti di esprimersi sui quesiti sottoposti al perito e di proporre modifiche od aggiunte. ³ Mette a disposizione del perito gli atti necessari e gli assegna un termine per la presentazione della perizia.

Inhaltsübersicht

	Note
I. Instruktion der sachverständigen Person	1
II. Regelung der Auftragsmodalitäten	8

I. Instruktion der sachverständigen Person

Das **Gericht erläutert** der sachverständigen Person ihre **Aufgabe** und **stellt** ihr die zu beantwortenden **Fragen** (Abs. 1). Die Formulierung der Gutachterfragen ist Sache des Gerichts. Häufig und sinnvollerweise sind diese begleitet von einer kurzen Einleitung mit Schilderung des umstrittenen Sachverhalts, welcher durch das Gutachten geklärt werden soll. Die Gutachterfragen sind sorgfältig, klar und verständlich zu formulieren, damit die sachverständige Person ihre Aufgabe richtig erfüllen kann. Die Instruktion kann auf schriftlichem Wege erfolgen oder in einer mündlichen Verhandlung – oft verbunden mit einem Augenschein. Um der Klarheit willen sollten die Fragen der sachverständigen Person auch bei einer mündlichen Verhandlung i.d.R. schriftlich abgegeben werden. Besondere Schwierigkeiten kann die Instruktion dem Gericht bei technisch-naturwissenschaftlichen Zusammenhängen bereiten. Allenfalls empfiehlt es sich, die Fragestellung zusammen mit der sachverständigen Person und den Parteien in einer mündlichen Experteninstruktion zu erarbeiten (vgl. LANFRANCONI, Expertise, 128 f.; SPÜHLER, Beweis, 95; BÜHLER, Expertise, 49; s.a. BGE 125 II 385, 392 f. E. 6a–c). 1

Den **Parteien** ist Gelegenheit zu geben, sich zur Fragestellung an die sachverständige Person zu äussern und **Änderungs- oder Ergänzungsanträge** zu stellen (Abs. 2; vgl. BOTSCHAFT ZPO, 7324). Diese gesetzliche Ausprägung des rechtlichen Gehörs geht über den verfassungsrechtlichen Anspruch von Art. 29 Abs. 2 BV und zahlreiche bisherige Prozessgesetze hinaus. Damit wird der grossen Bedeutung, welche einem Gutachten für den Prozessausgang häufig zukommt, Rechnung getragen. Auch können dadurch allenfalls nachträgliche Ergänzungsfragen (Art. 187 Abs. 4) vermieden werden. Den Parteien ist der Fragekatalog (mit den allfälligen einleitenden Sachverhaltsschilderungen) grundsätzlich vor der Instruktion der sachverständigen Person zur Stellungnahme zu unterbreiten. In dringlichen Fällen oder in mündlichen Verfahren kann die Stellungnahme der Parteien zu den Gutachterfragen gleichzeitig mit der Instruktion der sachverständigen Person durchgeführt werden, wobei allfällige zusätzliche oder geänderte Fragen der sachverständigen Person umgehend nachträglich zu unterbreiten sind. Die Abänderungs- oder Ergänzungsanträge haben die Parteien **kurz zu begründen**. Das Gericht entscheidet darüber nach Ermessen. Der Entscheid ist nicht selbständig anfechtbar (BÜHLER, Expertise, 51). 2

Der sachverständigen Person ist Einsicht in die **Akten** zu gewähren, soweit dies zur Ausführung ihres Auftrags erforderlich ist (Abs. 3). Allenfalls ist sie zu **ermächtigen**, eigene **Abklärungen** vorzunehmen (s. Art. 186 Abs. 1). 3

Die sachverständige Person hat den Auftrag **persönlich** auszuführen. Doch kann sie berechtigt erklärt werden, für ihre Abklärungen **Hilfspersonen** beizuziehen. Für untergeordnete Tätigkeiten, wie Schreib- und Kopierarbeiten, bedarf es keiner ausdrücklichen Ermächtigung des Gerichts. Eine gerichtliche Ermächtigung braucht nur der Beizug von fachlichen Hilfspersonen (Art. 184 N 15). Die sachverständige Person kann die Untersuchung aber nicht vollständig oder zu einem wesentlichen Teil durch andere Personen durchführen lassen. Eine andere Fachperson kann sie nur für eine Frage von **untergeordneter Bedeutung** beiziehen. Die eigentliche geistige Tätigkeit muss von ihr selbst persönlich erbracht werden. Das bedeutet, die wesentlichen Untersuchungshandlungen 4 bzw. Tatsachenfeststellungen hat die vom Gericht ernannte sachverständige Person persönlich vorzunehmen und die Schlussfolgerungen daraus selbst zu ziehen. Im Gutachten ist zudem genau **offenzulegen,** für welche Abklärungen, Tätigkeiten und Auskünfte welche Personen beigezogen wurden (SALADIN, 675; BÜHLER, Expertise, 55; HÜRLIMANN, Architektenrecht, Rz 1466; ZR 2001 Nr. 22 E. III.1b, 3).

5   Wird ausnahmsweise eine **Delegation** des Auftrags ausdrücklich erlaubt (v.a. bei juristischen Personen), muss gewährleistet sein, dass die tatsächlich auftragsausführenden Personen instruiert und über die Gutachterpflichten belehrt werden. Im Gutachten muss zudem die tatsächlich explorierende Person erwähnt werden und dieses auch unterzeichnen. Eine Mitunterzeichnung der primär beauftragten Person ist möglich, wenn die Begutachtung unter ihrer Oberverantwortung erfolgte (SALADIN, 675 f.).

6   Zur ordnungsgemässen Instruktion der sachverständigen Person gehört auch der Hinweis auf ihre Pflicht zur wahrheitsgemässen Gutachtenserstattung sowie die explizite **Belehrung** über die Straffolgen nach **Art. 307 StGB** (s. Art. 184 Abs. 2). Dies ist **Gültigkeitserfordernis** für das Gutachten sowie Voraussetzung für eine Bestrafung nach Art. 307 StGB (s. Art. 184 N 16; FRANK/STRÄULI/MESSMER, § 174 ZPO/ZH N 1; LEUENBERGER/ UFFER-TOBLER, Art. 114 ZPO/SG N 3b; **a.M.** BÜHLER, Expertise, 52 f.). Dagegen ist der Hinweis auf das Amtsgeheimnis nach **Art. 320 StGB** blosse Ordnungsvorschrift, welche der Information der sachverständigen Person dient (s. Art. 184 N 8; FRANK/STRÄULI/ MESSMER, § 174 ZPO/ZH N 2).

7   Wurde als sachverständige Person ein Institut oder eine **juristische Person** bestellt, so ist die schriftliche Instruktion an die Institutsleitung bzw. eine andere Person mit Organstellung (z.B. die Leitung des forensischen Dienstes) zu richten mit der Auflage, die konkret auftragsausführende Person auf die entsprechenden Gutachterpflichten und die Straffolgen hinzuweisen.

II. Regelung der Auftragsmodalitäten

8   Das Gericht hat im Rahmen der Prozessleitung (Art. 124) dafür zu sorgen, dass das Verfahren durch die Expertise nicht ungebührlich verzögert wird. Deshalb sieht das Gesetz vor, dass der sachverständigen Person eine **Frist** für die Erstattung des Gutachtens zu setzen ist (Abs. 3). Dabei ist der Komplexität des Auftrags Rechnung zu tragen (BOTSCHAFT ZPO, 7324). Ausserdem empfiehlt es sich, den Ablieferungstermin mit der sachverständigen Person vorher abzusprechen. Ebenfalls bereits mit der Instruktion ist der sachverständigen Person mitzuteilen, ob sie das Gutachten **mündlich oder schriftlich** zu erstatten hat (vgl. Art. 187 Abs. 1). Zur Entschädigung s. Art. 184 N 9 ff.

9   Die sachverständige Person ist auch auf die **Folgen von Säumnis und mangelhafter Auftragserfüllung** hinzuweisen (Art. 184 Abs. 2). Da sich die Rechtsfolgen nicht klar aus dem Gesetz ergeben, sind diese Angaben für den Auftragsinhalt wesentlich. Die Folgen mangelhafter Auftragserfüllung und Säumnis sollten deshalb – im Vertrag oder der Ernennungsverfügung – möglichst klar aufgezeigt werden, insb auch in Bezug auf die Entschädigung und eine allfällige Ordnungsbusse (s. Art. 184 N 20 ff.).

Art. 186

Abklärungen der sachverständigen Person

¹ Die sachverständige Person kann mit Zustimmung des Gerichts eigene Abklärungen vornehmen. Sie hat sie im Gutachten offenzulegen.

² Das Gericht kann auf Antrag einer Partei oder von Amtes wegen die Abklärungen nach den Regeln des Beweisverfahrens nochmals vornehmen.

Investigations de l'expert

¹ L'expert peut, avec l'autorisation du tribunal, procéder personnellement à des investigations. Il en expose les résultats dans son rapport.

² Le tribunal peut, à la demande d'une partie ou d'office, ordonner que les investigations de l'expert soient effectuées une nouvelle fois selon les dispositions applicables à l'administration des preuves.

Accertamenti del perito

¹ Il perito può, con l'accordo del giudice, eseguire propri accertamenti. Essi devono essere specificati nella perizia.

² Ad istanza di parte o d'ufficio, il giudice può ordinare che gli accertamenti del perito siano rieseguiti secondo la procedura per l'assunzione delle prove.

Inhaltsübersicht

	Note
I. Formlose Beweiserhebungen durch die sachverständige Person	1
II. Mitwirkungspflichten der Parteien und Dritter	3
III. Formelle Beweisabnahme durch das Gericht	6

I. Formlose Beweiserhebungen durch die sachverständige Person

Oft ist die sachverständige Person darauf angewiesen, selber **Abklärungen** zu treffen, um sich ein Bild vom Sachverhalt zu machen (z.B. Gespräche mit Angestellten einer Partei, Augenschein, Beizug von Plänen etc.). Da jedoch die Darlegung des Prozessstoffes grundsätzlich Sache der Parteien und die Beweisabnahme Sache des Gerichts ist, bedarf es für Beweiserhebungen durch die sachverständige Person einer **Ermächtigung** des Gerichts. Damit dem Gericht die Führung des Verfahrens nicht entgleitet, muss sich die Ermächtigung auf bestimmte konkrete Abklärungen (Besichtigungen, Untersuchungen, Befragungen von Personen) beziehen und darf nicht in pauschaler Weise erteilt werden. Die Ermächtigung kann mit dem Auftrag oder im Verlauf der Auftragsausführung auf Gesuch der sachverständigen Person vom Gericht erteilt werden. Auch eine nachträgliche Genehmigung kommt in Betracht. Die gutachterlichen Abklärungen müssen im Gutachten **offengelegt** werden. Nur so wird das Gutachten seinem Anspruch nach Vollständigkeit, Klarheit und Schlüssigkeit gerecht. Es sind insb. die befragten Personen anzugeben, der wesentliche Inhalt ihrer Aussagen protokollarisch festzuhalten, die durchgeführten Besichtigungen und Untersuchungen darzustellen usw. (s. Art. 183 N 7 ff.; BOTSCHAFT ZPO, 7324; BGer, 4P.172/2003, E. 2.7). 1

Die Abklärungen der sachverständigen Person erfolgen **formlos** (BGer, P.172/2003, E. 2.7; VOGEL/SPÜHLER, Kap. 10 Rz 157). Die sachverständige Person hat bei ihren Abklärungen aber die **Teilnahmerechte der Parteien** und das **Gleichbehandlungsgebot** zu beachten (s. Art. 183 N 22; BÜHLER, Expertise, 56). Aufgrund der Natur der Abklärungen 2 kann sich allerdings ein Ausschluss der Parteien aufdrängen (z.B. bei körperlichen Untersuchungen, kurzen telefonischen Abklärungen). Der Inhalt solcher Abklärungen ist aber im Gutachten offenzulegen. Die Befragung von Auskunftspersonen durch die sachverständige Person darf deren **Recht auf Mitwirkungsverweigerung** nicht unterlaufen. Die sachverständige Person sollte die von ihr zu befragenden Auskunftspersonen daher m.E. auf ein allfälliges Mitwirkungsverweigerungsrecht hinweisen, auch wenn sie dazu aufgrund der Formlosigkeit der Befragungen nicht verpflichtet ist. Es macht aber keinen Sinn, im Gutachten auf Aussagen abzustellen, die sich in einer formellen Zeugeneinvernahme nicht würden bestätigen lassen. Denn die Befragung einer verweigerungsberechtigten Person ohne entsprechenden Hinweis muss vom Gericht unter Hinweis auf das Verweigerungsrecht wiederholt werden, wenn deren Aussagen für das Gutachten wesentlich waren (vgl. FRANK/STRÄULI/MESSMER, § 176 ZPO/ZH N 1, 5; LEUENBERGER/ UFFER-TOBLER, Art. 114 ZPO/SG N 6c).

II. Mitwirkungspflichten der Parteien und Dritter

3 Dritte trifft gegenüber der sachverständigen Person m.E. keine **Aussagepflicht**. Sie sind nur verpflichtet, als Zeugen vor Gericht auszusagen (Art. 160 Abs. 1 lit. a). Doch kann durch die direkte Auskunftserteilung allenfalls eine gerichtliche Zeugenbefragung vermieden werden. Für die Parteien dürfte sich die Pflicht zur Mitwirkung bei den gutachterlichen Abklärungen allerdings aus Art. 160 ergeben.

4 Die Pflicht der Parteien und Dritter zur Duldung eines **Augenscheins an Person oder Eigentum** durch die sachverständige Person ist in Art. 160 lit. c ausdrücklich vorgesehen. Darunter fallen insb. körperliche Untersuchungen und Besichtigungen von Liegenschaften und Gegenständen. Nicht als Augenschein bezeichnet werden können die Abnahme von Blut und Wangenschleimhautabstrichen (WSA). Die Pflicht zur Duldung solcher Beweismassnahmen besteht nur bei **Abstammungsgutachten** (Art. 296), welche mittels DNA-Analyse vorgenommen werden (BGE 112 Ia 248 ff.; HAUSHEER, 508 ff.). Bei diesen Untersuchungen besteht zudem kein Verweigerungsrecht (Art. 296 Abs. 2 Satz 2).

5 **Verweigert eine Partei oder eine Drittperson ihre Mitwirkung** bei den gutachterlichen Abklärungen **ungerechtfertigt**, ist die sachverständige Person auf die Unterstützung durch das Gericht angewiesen. Der sachverständigen Person selbst stehen keine Möglichkeiten zur Verfügung, um die Mitwirkung zu erzwingen. Das **Gericht** kann die erforderlichen Beweise entweder in den Formen des Beweisverfahrens erheben (Zeugenbefragungen, Urkundenedition) oder die Mitwirkung der unbefugt sich weigernden Person bei den gutachterlichen Abklärungen mit den **Androhungen nach Art. 164 bzw. 167** erzwingen. Die Mitwirkungspflicht Dritter kann – sofern dies verhältnismässig ist – zwangsweise durchgesetzt werden (Art. 167), bei einer Partei ist die ungerechtfertigte Weigerung im Rahmen der Beweiswürdigung zu ihren Lasten zu berücksichtigen (Art. 164).

III. Formelle Beweisabnahme durch das Gericht

6 Erteilt das Gericht die Ermächtigung zu gutachterlichen Abklärungen nicht oder verweigert eine Drittperson ihre Mitwirkung berechtigterweise, sind die für das Gutachten notwendigen **Beweiserhebungen vom Gericht** nach den Regeln des Beweisverfahrens vorzunehmen. Die sachverständige Person wird ihr Gutachten daher erst nach Vorliegen dieser Beweiserhebungen erstatten können.

7 Das Gericht kann **auf Antrag** einer Partei oder **von Amtes wegen** auch Abklärungen der sachverständigen Person in den Formen des Beweisverfahrens **wiederholen**. Das kommt

3. Kapitel: Beweismittel **Art. 187**

v.a. in Betracht, wenn Mitwirkungsverweigerungsrechte einer Person unterlaufen wurden (s. N 2), aber auch wenn eine Person mit wesentlichen Ausführungen im Gutachten angeblich falsch zitiert wurde. Eine Wiederholung der gutachterlichen Abklärungen in den Formen des Beweisverfahrens ist aber nur nötig, wenn die fraglichen Abklärungen für die Schlussfolgerungen des Gutachtens wesentlich sind. Allenfalls können sich nach den gerichtlichen Beweiserhebungen Ergänzungs- oder Erläuterungsfragen an die sachverständige Person ergeben (s. Art. 187 Abs. 4).

Art. 187

Erstattung des Gutachtens

[1] Das Gericht kann mündliche oder schriftliche Erstattung des Gutachtens anordnen. Es kann überdies anordnen, dass die sachverständige Person ihr schriftliches Gutachten in der Verhandlung erläutert.

[2] Über ein mündliches Gutachten ist sinngemäss nach Artikel 176 Protokoll zu führen.

[3] Sind mehrere sachverständige Personen beauftragt, so erstattet jede von ihnen ein Gutachten, sofern das Gericht nichts anderes anordnet.

[4] Das Gericht gibt den Parteien Gelegenheit, eine Erläuterung des Gutachtens oder Ergänzungsfragen zu beantragen.

Rapport de l'expert

[1] Le tribunal peut ordonner que le rapport de l'expert soit déposé par écrit ou présenté oralement. L'expert peut en outre être cité à l'audience pour commenter son rapport écrit.

[2] Le rapport de l'expert présenté oralement est consigné au procès-verbal; l'art. 176 est applicable par analogie.

[3] Lorsque plusieurs experts sont mandatés, chacun fournit un rapport séparé à moins que le tribunal n'en décide autrement.

[4] Le tribunal donne aux parties l'occasion de demander des explications ou de poser des questions complémentaires.

Presentazione della perizia

[1] Il giudice può ordinare la presentazione di una perizia orale o scritta. Può inoltre far obbligo al perito di illustrare nel corso di un'udienza la perizia scritta.

[2] La perizia orale è verbalizzata in applicazione analogica dell'articolo 176.

[3] Se sono stati nominati più periti, ciascuno di essi presenta una propria perizia, salvo che il giudice disponga altrimenti.

[4] Il giudice dà modo alle parti di chiedere la delucidazione o un completamento della perizia.

Inhaltsübersicht Note

I. Erstattung des Gutachtens 1

II. Erläuterung und Ergänzung 4
    1. Allgemeines 4
    2. Recht der Parteien auf Erläuterungs- und Ergänzungsanträge 7
    3. Erläuterung und Ergänzungsgutachten 9

I. Erstattung des Gutachtens

1   Es liegt grundsätzlich im Ermessen des Gerichts, ob es die **mündliche oder schriftliche** Erstattung des Gutachtens anordnen will (Art. 187 Abs. 1). Dies ist der sachverständigen Person bereits mit dem Auftrag bekanntzugeben (Art. 185 N 8). In der Regel hat die sachverständige Person ihr Gutachten schriftlich zu erstatten. Doch kann – namentlich in einfachen Fällen – das Gutachten auch mündlich in der Verhandlung oder anlässlich eines Augenscheins mit Experteninstruktion erstattet werden (vgl. BOTSCHAFT ZPO, 7325; FRANK/STRÄULI/MESSMER, § 178 ZPO/ZH N 1).

2   Das mündliche Gutachten ist zu **protokollieren** (Abs. 2). Im Protokoll müssen die für ein Gutachten wesentlichen Punkte enthalten sein. Insbesondere sollten daraus im Wesentlichen die von der sachverständigen Person vorgetragenen Grundlagen und Befunde hervorgehen sowie die Schlussfolgerungen und deren Begründung. Das Protokoll kann mit Filmen, Fotos, Zeichnungen, Plänen etc. ergänzt werden. Allenfalls ist das Protokoll der sachverständigen Person zur Durchsicht und Bestätigung vorzulegen.

3   Wurden **mehrere sachverständige Personen** beauftragt, so erstattet jede ihr eigenes Gutachten (Abs. 3). Das kommt insb. dann vor, wenn die Begutachtung mehrere Fachgebiete betrifft oder eine Frage in der Wissenschaft kontrovers beantwortet wird. Das Gericht kann jedoch auch ein konsolidiertes Gutachten anfordern (BOTSCHAFT ZPO, 7325; s. Art. 183 N 30).

II. Erläuterung und Ergänzung

1. Allgemeines

4   Die gesetzlichen Bestimmungen über die Erläuterung und Ergänzung verteilen sich auf die Art. 187 Abs. 1 Satz 2 und Abs. 4 sowie Art. 188 Abs. 2. Die Beantwortung von Erläuterungs- und/oder Ergänzungsfragen gehört zu einer **gehörigen Auftragserfüllung** der sachverständigen Person (s. Art. 184 N 7). Eine Erläuterung und/oder Ergänzung kann auf **Parteiantrag oder von Amtes wegen** angeordnet werden (vgl. Art. 187 Abs. 1 Satz 2; Art. 188 Abs. 2).

5   Ist ein Gutachten **unvollständig, unklar oder nicht gehörig begründet**, kann das Gericht das Gutachten ergänzen und erläutern lassen (Art. 188 Abs. 2). Allerdings setzt nicht jede Erläuterung oder Ergänzung ein objektiv mangelhaftes Gutachten voraus. Vielmehr können sich **Verständigungsschwierigkeiten** aufgrund des spezifischen wissenschaftlich-technischen Fachgebiets ergeben. Auch können sich den Parteien durch die Antworten der sachverständigen Person **neue Fragen** aufdrängen. Die Erläuterung und/oder Ergänzung ist daher nicht in jedem Fall ein Vorwurf an die sachverständige Person, ein mangelhaftes Gutachten erstellt zu haben (vgl. auch BÜHLER, Expertise, 65).

6   Unter **Erläuterung** wird die Präzisierung bzw. Erklärung eines unklaren, nicht in allen Punkten verständlichen oder nicht schlüssig begründeten Gutachtens bezeichnet. Eine **Ergänzung** ist dagegen nötig, wenn das Gutachten unvollständig ist oder neue Fragen sich ergeben haben. In der Praxis ist eine klare Abgrenzung zwischen Erläuterungs- und Ergänzungsfragen häufig nicht möglich.

2. Recht der Parteien auf Erläuterungs- und Ergänzungsanträge

7   Abs. 4 räumt den Parteien das Recht ein, eine Erläuterung des Gutachtens zu verlangen und Ergänzungsfragen zu beantragen. Das Recht der Parteien, sich zum Gutachten zu äussern und Erläuterungs- und Ergänzungsanträge zu stellen, fliesst aus ihrem Anspruch

auf **rechtliches Gehör** (Art. 29 Abs. 2 BV; Art. 53 Abs. 1 ZPO). Auch zu einem Gutachten über ausländisches Recht sind die Parteien vor Urteilsfällung anzuhören (BGE 124 I 49, 52 ff. E. 3c–d; s. Art. 183 N 5).

Die **Anträge auf Erläuterung und Ergänzung** zielen auf gerichtliche Anordnungen gemäss Art. 187 Abs. 1 Satz 2 oder Art. 188 Abs. 2. Die Parteien können auch Einwendungen gegen die sachverständige Person erheben, welche erst im Gutachten zum Ausdruck kommen (z.B. fehlende fachliche Eignung, Befangenheit, Verletzung wesentlicher Verfahrensgrundsätze) und eine neue Begutachtung durch eine andere Person (sog. **Obergutachten**) beantragen (s. Art. 188 Abs. 2 a.E.). Die Anträge sind kurz zu **begründen** (vgl. FRANK/STRÄULI/MESSMER, § 180 ZPO/ZH N 1). Eine Beweiswürdigung des Gutachtens hat aber nicht zu erfolgen, wenn das Gericht die Parteien dazu nicht gleichzeitig i.S.v. Art. 232 Abs. 2 auffordert. 8

3. Erläuterung und Ergänzungsgutachten

Das Gericht prüft **von Amtes wegen,** ob das Gutachten Mängel aufweist bzw. der Erläuterung oder Ergänzung bedarf, selbst wenn die Parteien auf entsprechende Anträge verzichten. Über die von den Parteien gestellten Anträge entscheidet das Gericht und bestimmt, welche **Erläuterungs- bzw. Ergänzungsfragen** der sachverständigen Person gestellt werden. Die Ablehnung solcher Anträge begründet es grundsätzlich erst im Endentscheid. 9

Das Gericht bestimmt auch, ob die Erläuterungs- und Ergänzungsfragen von der sachverständigen Person **schriftlich oder mündlich** in der Instruktions- oder Hauptverhandlung zu beantworten sind. Zu den entsprechenden erläuternden bzw. ergänzenden Ausführungen der sachverständigen Person sind die Parteien i.S.v. Art. 187 Abs. 2 **nochmals anzuhören**. Das Gericht kann von den Parteien nötigenfalls einen weiteren Kostenvorschuss verlangen (Art. 102; FRANK/STRÄULI/MESSMER § 181 ZPO/ZH N 1; LEUENBERGER/UFFER-TOBLER, Art. 116 ZPO/SG N 6b). 10

Das Gericht kann eine **mündliche Erläuterung** des schriftlichen Gutachtens in der Verhandlung bereits mit Auftragserteilung oder erst nach Vorliegen des Gutachtens anordnen (Abs. 1 Satz 2). Dies kommt namentlich bei für das Gericht schwer verständlichen wissenschaftlich-technischen Zusammenhängen in Frage oder wenn Mängel vorliegen, welche mündlich voraussichtlich besser geklärt werden können als auf schriftlichem Wege. M.E. kommt nicht nur eine mündliche Erläuterung, sondern auch eine **mündliche Ergänzung** des Gutachtens in Betracht. Der Wortlaut in Art. 187 Abs. 1 Satz 2 ist zu eng. Es gibt keine Gründe, weshalb eine Ergänzung ausgeschlossen sein sollte, zumal Erläuterungs- und Ergänzungsfragen häufig nicht klar getrennt werden können. Über die mündliche Erläuterung und Ergänzung ist genauso **Protokoll** zu führen wie über ein mündliches Gutachten (s. Abs. 2; N 2). Der Vorteil einer mündlichen Erläuterung und Ergänzung liegt darin, dass sie **meist schneller** ist, als ein umständlicher Schriftenwechsel mit den Parteien und der sachverständigen Person über Erläuterungs- und Ergänzungsanträge und entsprechende Gutachterfragen, erneutem rechtlichen Gehör der Parteien und allenfalls nochmaligen Erläuterungs- und Ergänzungsfragen (vgl. auch BÜHLER, Expertise, 65 f.). 11

Art. 188

Säumnis und Mängel

¹ Erstattet die sachverständige Person das Gutachten nicht fristgemäss, so kann das Gericht den Auftrag widerrufen und eine andere sachverständige Person beauftragen.

² Das Gericht kann ein unvollständiges, unklares oder nicht gehörig begründetes Gutachten auf Antrag einer Partei oder von Amtes wegen ergänzen und erläutern lassen oder eine andere sachverständige Person beiziehen.

Retard et négligence

¹ Le tribunal peut révoquer l'expert et pourvoir à son remplacement lorsque celui-ci n'a pas déposé son rapport dans le délai prescrit.

² Il peut, à la demande d'une partie ou d'office, faire compléter ou expliquer un rapport lacunaire, peu clair ou insuffisamment motivé, ou faire appel à un autre expert.

Ritardi e carenze

¹ Se il perito non presenta la perizia nel termine assegnatogli, il giudice può revocargli il mandato e nominare un nuovo perito.

² Il giudice può, ad istanza di parte o d'ufficio, ordinare il completamento o la delucidazione di una perizia incompleta, poco chiara o non sufficientemente motivata oppure può far capo a un nuovo perito.

Inhaltsübersicht   Note

   I. Allgemeines 1

  II. Säumnis (Abs. 1) 2

 III. Mangelhaftes Gutachten (Abs. 2) 7

I. Allgemeines

1 Art. 188 befasst sich nur mit der nicht gehörigen Erfüllung des Gutachtensauftrags in zeitlicher und inhaltlicher Hinsicht. Von dieser Bestimmung **nicht erfasst** werden die **Verletzung anderer vertraglicher Pflichten**, wie der Ausstandsregeln, der Verfahrensgrundsätze und der Geheimhaltungspflicht. Ebenfalls nicht geregelt sind die Fälle unverschuldeter nachträglicher **Unmöglichkeit**, z.B. infolge Krankheit oder Tod der sachverständigen Person (s. dazu Art. 184 N 20 ff.).

II. Säumnis (Abs. 1)

2 Säumnis liegt vor, wenn die sachverständige Person ihr Gutachten **nicht zum festgesetzten Termin** abliefert und keine Fristverlängerung gewährt wurde (Art. 185 Abs. 3 i.V.m. Art. 184 Abs. 1).

3 Als **Rechtsfolge** bei Säumnis sieht Abs. 1 vor, dass das Gericht den Auftrag **widerrufen kann**. Diese Folge ist fakultativ und gibt dem Gericht im Einzelfall Ermessen. Massgebend wird dabei sein, ob innert vernünftiger Nachfrist mit dem Gutachten gerechnet werden kann. Das Gericht wird sich überlegen müssen, ob eine andere sachverständige Person ein gleichwertiges Gutachten schneller liefern könnte als die bisher bestellte. Die Bestimmung wird daher **nur in krassen Fällen** zum Tragen kommen, etwa wenn die sachverständige Person im Zeitpunkt der Abgabe des Gutachtens mit den Arbeiten noch nicht einmal oder gerade erst begonnen hat.

Der Widerruf ist nach dem Sinn des Gesetzes grundsätzlich **entschädigungslos** (s. Art. 184 N 23 f.). Wurde indessen ein brauchbares Teilergebnis geliefert, ist ein Entschädigungsanspruch für die geleistete Arbeit denkbar (FRANK/STRÄULI/MESSMER, § 179 ZPO/ZH N 1). Ein (entschädigungsloser) Widerruf setzt zudem voraus, dass diese Folge der sachverständigen Person für den Fall der Säumnis mit der Auftragserteilung oder allenfalls später (z.B. bei Gewähren einer Fristverlängerung) **in Aussicht gestellt** worden war (Art. 184 Abs. 2). Da mit dem Widerruf auch über die **Entschädigung** der sachverständigen Person zu entscheiden ist, ist ihr und den Parteien dies mit **beschwerdefähiger Verfügung** zu eröffnen. 4

Eine **Ordnungsbusse** ist in Art. 188 nicht vorgesehen. Sie ist aber ein probates Mittel, um eine pflichtvergessene sachverständige Person, welche den Verfahrensgang behindert, zu disziplinieren (Art. 128). Die Lehre hält diese denn auch für zulässig (LEUENBERGER/UFFER-TOBLER, Art. 114 ZPO/SG N 5; BÜHLER, Expertise, 96). Doch muss sie auf schwerwiegende Fälle beschränkt bleiben, z.B. die Nichterledigung des Auftrags trotz langem Zuwarten. Da sich diese Folge nicht direkt aus dem Gesetz ergibt und Art. 184 Abs. 2 einen Hinweis des Gerichts auf die Säumnisfolgen vorschreibt, kann eine Ordnungsbusse nur verhängt werden, wenn sie der sachverständigen Person bei Auftragserteilung oder später **angedroht** worden ist. Die Ordnungsbusse muss mit **beschwerdefähiger Verfügung** eröffnet werden (Art. 128 Abs. 4). 5

Unnötige Prozesskosten des Gerichts und der Parteien, die infolge Säumnis des Gutachtens entstanden sind, können der sachverständigen Person unter Umständen gestützt auf Art. 108 auferlegt werden (BOTSCHAFT ZPO, 7325; s. Art. 184 N 27). Die sachverständige Person haftet den Parteien überdies für **Schaden**, den sie durch die Säumnis verursacht hat (s. Art. 184 N 29 ff.). 6

III. Mangelhaftes Gutachten (Abs. 2)

Das Gericht prüft **von Amtes wegen**, ob das Gutachten vollständig, klar und schlüssig begründet ist (s. Art. 187 N 9). Entspricht das Gutachten nicht den Anforderungen, die an ein solches gestellt werden (s. dazu Art. 183 N 7 ff.), oder kam es aufgrund von Pflichtverletzungen der sachverständigen Person nicht ordnungsgemäss zustande, ist es **mangelhaft** (ZR 2001 Nr. 22 E. IV). Nicht wesentlich ist, aus welchen Gründen das Gutachten mangelhaft ist. 7

Mängel sind möglichst durch **Verbesserung** – auf dem Wege der Erläuterung und Ergänzung – zu beheben (s. dazu Art. 187 N 4 ff.). Soweit eine Verbesserung aufgrund der Schwere der Mängel nicht von vornherein ausgeschlossen ist, ist der sachverständigen Person Gelegenheit zur Erläuterung/Ergänzung des Gutachtens zu geben. 8

Das Gericht kann auf Parteiantrag oder von Amtes wegen ein neues Gutachten von einer anderen sachverständigen Person (sog. **Obergutachten**) einholen, wenn eine Erläuterung bzw. Ergänzung die Mängel des Gutachtens nicht zu beseitigen vermochte oder wenn eine Verbesserung von vornherein keinen Erfolg verspricht. Dies ist insb. dann der Fall, wenn das Gutachten in formeller und materieller Hinsicht grobe Mängel aufweist, welche offenbaren, dass der Gutachter nicht befähigt ist, ein ordnungsgemässes Gutachten zu erstellen. Aber auch ein fachgerecht erscheinendes Gutachten kann Anlass zu einer Oberbegutachtung geben, sofern nicht verbesserbare Verfahrensfehler begangen wurden, sich erst nachträglich ein Befangenheitsgrund herausstellt oder aufgrund eines eingereichten Privatgutachtens sich ernsthafte Zweifel an den gutachterlichen Fähigkeiten bzw. Schlussfolgerungen aufdrängen (FRANK/STRÄULI/MESSMER, § 181 ZPO/ZH N 4 9

Art. 189

m.H.; BÜHLER, Expertise, 67 f.; ZR 2001 Nr. 22 E. IV.2, 3; zur Ablehnung eines Obergutachtens s. BGE 114 II 200, 201 E. 2b).

10 Ist das Gutachten der sachverständigen Person aufgrund nicht behebbarer Mängel **unbrauchbar** und ein Obergutachten anzuordnen, hat sie ihren Auftrag grundsätzlich nicht gehörig erfüllt und deshalb **keinen Anspruch auf Entschädigung** (s. Art. 184 N 25; vgl. LEUENBERGER/UFFER-TOBLER, Art. 116 ZPO/SG N 6a). Auf diese Folge sollte die sachverständige Person mit der Auftragserteilung **hingewiesen** werden (s. Art. 184 Abs. 2; Art. 184 N 22). Der Entscheid über die Entschädigung ist beschwerdefähig (Art. 184 Abs. 3).

11 Vorbehalten bleiben die Auflage allfälliger **unnötiger Prozesskosten** an die sachverständige Person sowie **Schadenersatzansprüche** der Parteien, falls ihnen durch die mangelhafte Auftragserfüllung ein Schaden verursacht wurde (s. dazu Art. 184 N 27, 29 ff.).

Art. 189

Schiedsgutachten

¹ Die Parteien können vereinbaren, über streitige Tatsachen ein Schiedsgutachten einzuholen.

² Für die Form der Vereinbarung gilt Artikel 17 Absatz 2.

³ Das Schiedsgutachten bindet das Gericht hinsichtlich der darin festgestellten Tatsachen, wenn:
a. die Parteien über das Rechtsverhältnis frei verfügen können;
b. gegen die beauftragte Person kein Ausstandsgrund vorlag; und
c. das Schiedsgutachten ohne Bevorzugung einer Partei erstellt wurde und nicht offensichtlich unrichtig ist.

Expertise-arbitrage

¹ Les parties peuvent convenir que des faits contestés soient établis par un expert-arbitre.

² La forme de la convention est régie par l'art. 17, al. 2.

³ Le tribunal est lié par les faits constatés dans le rapport lorsque les conditions suivantes sont réunies:
a. le litige est à la libre disposition des parties;
b. aucun motif de récusation n'était opposable à l'expert-arbitre;
c. le rapport a été établi avec impartialité et n'est entaché d'aucune erreur manifeste.

Perizia di un arbitratore

¹ Le parti possono convenire di far allestire da un arbitratore una perizia su fatti controversi.

² Per la forma dell'accordo fa stato l'articolo 17 capoverso 2.

³ La perizia dell'arbitratore vincola il giudice riguardo ai fatti ivi accertati se:
a. le parti possono disporre liberamente circa il rapporto giuridico;
b. nei confronti dell'arbitratore non erano dati motivi di ricusazione; e
c. la perizia è stata allestita in modo imparziale e non è manifestamente errata.

Art. 189

Inhaltsübersicht   Note

  I. Begriff und Wesen 1

 II. Rechtsnatur 5

III. Schiedsgutachtensvereinbarung 10
     1. Inhalt und Gegenstand (Abs. 1) 10
     2. Form (Abs. 2) 17
     3. Freie Verfügbarkeit des Rechtsverhältnisses 21
     4. Anwendbares Recht 26

 IV. Schiedsgutachtervertrag 28
     1. Rechtsverhältnis zwischen Schiedsgutachter und Parteien 28
     2. Bestellung des Schiedsgutachters 34

  V. Wirkung des Schiedsgutachtens (Abs. 3) 38

 VI. Unverbindlichkeit des Schiedsgutachtens (Abs. 3) 46
     1. Anfechtungsgründe und Beweislast 46
     2. Fehlendes Schiedsgutachten 49
     3. Verletzung der Ausstandsregeln (lit. b) 50
     4. Verletzung des Gleichbehandlungsgebots (lit. c) 52
     5. Offensichtliche Unrichtigkeit (lit. c) 53

VII. Abgrenzungen 55
     1. Allgemeines 55
     2. Abgrenzung zum Gutachten 56
     3. Abgrenzung zum Schiedsspruch 58

Literatur

A. BACHMANN, Der Schiedsgutachter, Diss. Zürich 1948; TH. GUHL/A. KOLLER/A. K. SCHNYDER/J. N. DRUEY, Das Schweizerische Obligationenrecht, 9. Aufl., Zürich 2000; W. J. HABSCHEID, Zur Frage der rechtsstaatlichen Ausgestaltung des Schiedsgutachtenverfahrens, in: Ius et Commercium, FS für F. Laufke zum 70. Geburtstag, hrsg. von der Juristischen Fakultät der Bayerischen Julius-Maximilians-Universität zu Würzburg, Würzburg 1971, 303 ff. (zit. FS Laufke); DERS., Das Schiedsgutachten als Mittel der Streitentscheidung und der Streitvorbeugung, Eine rechtsvergleichende Untersuchung, in: W.H. Rechberger/R. Welser (Hrsg.), FS für W. Kralik, Verfahrensrecht – Privatrecht, Wien 1986, 189 ff. (zit. FS Kralik); DERS., Das Schiedsgutachten, Ein Grenzgebiet zwischen materiellem Recht und Prozessrecht, in: Das deutsche Privatrecht in der Mitte des 20. Jahrhunderts, FS für H. Lehmann zum 80. Geburtstag, hrsg. in Gemeinschaft mit den Mitarbeitern von H.C. Nipperdey, Berlin 1956, Bd. 2, 789 ff. (zit. FS Lehmann); O. HAGENBÜCHLE, Das Schiedsgutachten im schweizerischen Recht, Diss. Zürich 1951; R. HÜRLIMANN, Der Experte – Schlüsselfigur des Bauprozesses, in: A. Tercier/R. Hürlimann (Hrsg.), In Sachen Baurecht, FS zum 50. Geburtstag von Peter Gauch, Freiburg 1989, 129 ff. (zit. FS Gauch); DERS., Das Schiedsgutachten als Weg zur aussergerichtlichen Beilegung von Baustreitigkeiten, Baurecht 1992, 108 ff. (zit. BR 1992); DERS., Der Architekt als Experte, in: P. Gauch/P. Tercier (Hrsg.), Das Architektenrecht – Le droit d'architecte, 3. Aufl., Freiburg 1995, § 10 Rz 1453 ff. (zit. Architektenrecht); P. JOLIDON, Réflexions sur l'expertise-arbitrage en droit suisse, in: Mélanges P. Engel, Lausanne 1989, 157 ff.; D. LANDRY, Nature et conditions de conclusion du contrat d'expertise-arbitrage; validité dans le domaine du droit, SJZ 1987, 305 ff.; B. MEYER, Der Schiedsgutachtervertrag, München 1995; J. F. POUDRET, Expertise et droit d'être entendue dans l'arbitrage international, in: Etudes de Droit International en l' Honneur de P. Lalive, Basel/Frankfurt a.M. 1993, 607 ff.; J. THORENS, L'expertise-arbitrage en droit suisse et en droit allemand, SJ 1968, 601 ff.; W. WENGER, Zum obligationenrechtlichen Schiedsverfahren im schweizerischen Recht, Diss. Basel 1968.

I. Begriff und Wesen

1 Das Schiedsgutachten bezweckt die **verbindliche Feststellung rechtserheblicher Tatsachen** durch eine fachkundige Drittperson. Damit können die Parteien eines Rechtsverhältnisses bestimmte Tatsachen für einen allfälligen künftigen oder bereits hängigen Prozess **ausser Streit stellen** (BOTSCHAFT ZPO, 7325). Die im Schiedsgutachten festgestellten Tatsachen sind auch für das Gericht verbindlich und seiner Beweiswürdigung entzogen. Das Schiedsgutachten kann die Parteien deshalb davon abhalten, einen Prozess überhaupt zu führen. Es dient der **Prozessvermeidung** oder jedenfalls der Prozessvereinfachung, indem bestimmte Tatsachen definitiv ausser Streit gestellt werden (STAEHELIN/STAEHELIN/GROLIMUND, § 18 Rz 129; FRANK/STRÄULI/MESSMER, § 258 ZPO/ZH N 2).

2 Ein Schiedsgutachten können die Parteien **jederzeit vereinbaren**. Der Vorteil des Schiedsgutachtens liegt darin, dass die Parteien ein solches bereits bei Abschluss eines Vertrages (für künftige Streitigkeiten über bestimmte Tatsachen) oder nach Entstehen eines Rechtsstreits vereinbaren können und dieses in einem (allfälligen) nachfolgenden Prozess auch für das Gericht verbindlich ist. Damit ein Schiedsgutachten in einem hängigen Prozess noch Verwendung finden kann, ist dies grundsätzlich **im Behauptungsverfahren vorzubringen**. Vorbehalten bleibt eine Noveneingabe nach Art. 229 (s. N 43; **a.M.** BOTSCHAFT ZPO, 7325: bis zum Schluss des Beweisverfahrens).

3 Das Schiedsgutachten ist ein **eigenständiges Institut**. Bisher kannten die Kantone Zürich und St. Gallen eine entsprechende gesetzliche Regelung (§ 258 ZPO/ZH; Art. 119 ZPO/SG; vgl. auch § 157 Abs. 2 ZPO/BS). Vom Bundesgericht wurde das Schiedsgutachten als Institut des ungeschriebenen Bundeszivilrechts entwickelt (BGE 129 III 535, 537 E. 2; 67 II 146, 148 E. 2). Durch die gesetzliche Regelung erhält das Schiedsgutachten klare Konturen, indem die Voraussetzungen, welche erfüllt sein müssen, damit die gewünschten Rechtswirkungen eintreten, gesetzlich definiert sind. Die gesetzliche Regelung weicht jedoch in mancher Hinsicht (insb. hinsichtlich Inhalt und Form, s. N 12 ff. und 17 ff.) von der bisherigen Definition ab. Die systematische Einordnung des Schiedsgutachtens im 5. Abschnitt über das Gutachten ist indessen irreführend, da es gerade **kein Beweismittel** ist (**a.M.** BOTSCHAFT ZPO, 7325). Seine Wirkung reicht darüber hinaus. Es setzt bestimmte Tatsachen verbindlich ausser Streit und schliessen das Gericht als Beurteilungsinstanz aus (s. dazu N 43 f.).

4 **Terminologisch** ist die Schiedsgutachtensvereinbarung zwischen den Parteien und der Schiedsgutachtervertrag der Parteien mit dem Schiedsgutachter klar auseinander zu halten, auch wenn Schiedsgutachtensvereinbarung und Schiedsgutachtervertrag – v.a. bei Vereinbarungen nach Entstehen eines Rechtsstreits – in einem Vertrag vereint sein können. In der **Schiedsgutachtensvereinbarung** einigen sich die Parteien darüber, bestimmte zwischen ihnen streitige Tatsachen, durch einen Schiedsgutachter verbindlich feststellen zu lassen (s. N 10 ff.). Dies kann als Vertragsklausel bereits vor Entstehen eines Rechtsstreits statuiert werden oder danach als Schiedsgutachtensvertrag zur ausserprozessualen Beilegung eines Streitpunkts. Die Parteien beauftragen sodann den **Schiedsgutachter** gemeinsam in einem **Schiedsgutachtervertrag**. Der Vertrag mit dem Schiedsgutachter untersteht den Regeln des Auftragsrechts (s. N 28 ff.). Das **Schiedsgutachten** ist die geschuldete Leistung des Schiedsgutachters (s. N 30). Sind die gesetzlichen Voraussetzungen von Art. 189 eingehalten, bindet es sowohl die Parteien als auch ein allfälliges Gericht (staatliches Gericht oder Schiedsgericht). Die Abgrenzungen zum Schiedsspruch und einem gewöhnlichen Parteigutachten können im Einzelfall schwierig sein (s. N 55 ff.).

II. Rechtsnatur

Die **Rechtsnatur des Schiedsgutachtens** ist in der Lehre **umstritten**. Die Botschaft sieht darin ein prozessuales Institut (BOTSCHAFT ZPO, 7325). Die herrschende Lehre und Praxis rechnete es – gestützt auf die bundesgerichtliche Rechtsprechung – dem ungeschriebenen Bundesprivatrecht zu (FRANK/STRÄULI/MESSMER, § 258 ZPO/ZH N 1; BERGER/KELLERHALS, Rz 139; BGE 129 III 535, 537 f. E. 2; 67 II 146, 148 E. 2; ZR 1995 Nr. 100 E. 1).

Die **Schiedsgutachtensvereinbarung**, d.h. die Vereinbarung zwischen den Parteien über die Einholung eines Schiedsgutachtens, ist nach h.L. und Praxis **rein materiellrechtlicher Natur**. Terminologisch anders als hier ist in diesem Zusammenhang allerdings teilweise von Schiedsgutachtervertrag oder Schiedsmannvertrag die Rede (BGE 129 III 535, 537 E. 2; 67 II 146, 148 E. 2; WENGER, 155 m.H.; THORENS, 604 ff., 608 m.H.; JOLIDON, 165 ff. m.H.; HÜRLIMANN, Architektenrecht, Rz 1457; DERS., FS Gauch, 144; GUHL/KOLLER/SCHNYDER/DRUEY, § 40 N 28). **Andere Lehrmeinungen** rechnen die Schiedsgutachtensvereinbarung dem Prozessrecht zu, da sie darin einen Beweisvertrag zwischen den Parteien sehen oder das Aussersstreitsetzen von Tatsachen durch den Schiedsgutachter als richterliche Tätigkeit betrachten (GULDENER, ZPR, 598 FN 16a; BACHMANN, 57 ff.; HAGENBÜCHLE, 73 ff.; FRANK/STRÄULI/MESSMER, § 258 ZPO/ZH N 2). Nach HABSCHEID (Rz 844 a.E.; DERS., FS Lehmann, 809 f., 811) ist die Schiedsgutachtensvereinbarung ein gemischt privat- und prozessrechtlicher Vertrag, dessen Schwerpunkt auf der prozessualen Seite liege. Schiedsgutachtensvereinbarung und Schiedsgutachten gehörten insoweit dem Prozessrecht an, als sie die freie richterliche Beweiswürdigung sowie die freie Schadensschätzung einschränkten. Man könne die Schiedsgutachtensvereinbarung daher als Beweisvertrag oder Beweismittelvertrag bezeichnen (HABSCHEID, FS Lehmann, 811). Diesen Meinungen kann nicht gefolgt werden. Sie verkennen, dass durch das Schiedsgutachten ein Prozess häufig vermieden wird und es dem Schiedsgutachter – im Gegensatz zum Schiedsrichter – an hoheitlicher Befugnis zur Streitentscheidung fehlt. Der Schiedsgutachter übt daher gerade keine richterliche Tätigkeit aus. Die Schiedsgutachtensvereinbarung ist deshalb ein **privatrechtlicher Vertrag**, mit dem die Parteien die verbindliche private Streitbeilegung einer tatsächlichen Frage vereinbaren. Dem privatrechtlichen Vertrag kommen allerdings insofern **prozessrechtliche Wirkungen** zu, als ein ordnungsgemäss zustande gekommenes Schiedsgutachten die strittige Tatsache nicht nur zwischen den Parteien, sondern auch für ein allfälliges Gericht ausser Streit stellt. Darin liegt allerdings kein Beweisvertrag, da die betreffenden Tatsachen rechtlich gar nicht mehr umstritten sind und deshalb weder einem Beweisverfahren noch der richterlichen Beweiswürdigung unterliegen.

Der **Schiedsgutachtervertrag**, d.h. der Vertrag zwischen den Parteien und dem Schiedsgutachter, ist nach herrschender Auffassung ein rein **privatrechtlicher Vertrag**, welcher überwiegend dem Auftragsrecht untersteht (s. N 28; ZR 1974 Nr. 17 E. 3; BK-FELLMANN, Art. 394 OR N 165; vgl. auch HÜRLIMANN, Architektenrecht, Rz 1458).

Eine undifferenzierte Zuordnung zum materiellen Recht oder zum Prozessecht wird dem Institut des **Schiedsgutachtens** folglich nicht gerecht (BERGER/KELLERHALS, Rz 139 FN 5; ähnlich LEUENBERGER/UFFER-TOBLER, Art. 119 ZPO/SG N 1). Sowohl die Schiedsgutachtensvereinbarung als auch der Schiedsgutachtervertrag sind materiellrechtliche Verträge. Die Wirkungen des Schiedsgutachtens im Prozess sind jedoch prozessrechtlicher Natur. Nur diese Wirkungen werden denn auch in Art. 189 geregelt. Das Schiedsgutachten ist deshalb ein **privatrechtliches Institut mit prozessrechtlichen Wirkungen**.

9 Unbestritten ist, dass das Institut des Schiedsgutachtens **nicht unter die Bestimmungen der Schiedsgerichtsbarkeit** der Art. 353 ff. ZPO oder des 12. Kapitels des IPRG fällt (BERGER/KELLERHALS, Rz 139; BSK IPRG-HOCHSTRASSER/BLESSING, Vor Art. 176 N 294; BGer, 4P.199/2003, E. 3.3; 117 Ia 365 ff. = Pra 1992 Nr. 153 E. 5a). Allerdings kann sich eine **analoge Anwendung** der Bestimmungen über die Schiedsgerichtsbarkeit im Einzelfall als sinnvoll erweisen, z.B. zur Auslegung der Schiedsgutachtensvereinbarung, bei der Mitwirkungsverweigerung einer Partei zur Bestellung des Schiedsgutachters oder zur Beurteilung allfälliger Mängel des Schiedsgutachtens (vgl. BERGER/KELLERHALS, Rz 139; HABSCHEID, FS Kralik, 202).

III. Schiedsgutachtensvereinbarung

1. Inhalt und Gegenstand (Abs. 1)

10 Mit der Schiedsgutachtensvereinbarung (Schiedsgutachtensabrede) verständigen sich die Parteien darauf, bestimmte **rechtlich erhebliche Tatsachen**, die zwischen ihnen streitig sind oder streitig werden können, durch eine Drittperson (Gutachter, Schätzer, Schiedsrichter) in einem Schiedsgutachten **verbindlich feststellen zu lassen** (vgl. BOTSCHAFT ZPO, 7325). Die Bezeichnung der Drittperson als Schiedsgutachter ist nicht entscheidend. Massgebend ist der Wille der Parteien. Dieser ist, soweit er umstritten ist, durch Auslegung der Vereinbarung zu ermitteln. Im Einzelfall kann die Abgrenzung des Schiedsgutachters zu einem Schiedsrichter oder einem gewöhnlichen Gutachter Schwierigkeiten bereiten (s. dazu N 55 ff.).

11 **Beispiele:** Ein Schiedsgutachten kann eingeholt werden über den Wert eines Unternehmens, den Wert eines Aktienpakets, die Instandstellungskosten eines Leasingfahrzeugs, den Verkehrswert einer Liegenschaft, die Geologie eines Baugrunds, die Dauerhaftigkeit eines verwendeten Baustoffs, die Leistungskapazität einer Maschine, die Qualität gelieferter Ware (vgl. BERGER/KELLERHALS, Rz 141; HÜRLIMANN, BR 1992, 109; FRANK/STRÄULI/MESSMER, § 258 ZPO/ZH N 2, 3).

12 Nach bisher verbreiteter Auffassung konnte ein Schiedsgutachten nicht nur über bestimmte Tatsachen, sondern auch zu einzelnen **Rechtsfragen** eingeholt werden (BGE 129 III 535, 537 E. 2; 117 Ia 365 ff. = Pra 1992 Nr. 153 E. 5b; 107 Ia 318 ff. = Pra 1982 Nr. 146 E. 5a; ZR 1995 Nr. 100 E. 1; BERGER/KELLERHALS, Rz 138, 141; FRANK/STRÄULI/MESSMER, § 258 ZPO/ZH N 2; HÜRLIMANN, BR 1992, 108 N 3 f.). Der Wortlaut von Art. 189 Abs. 1 erwähnt indessen nur streitige *Tatsachen*. Der Botschaft und den Materialien lassen sich keine Aussagen in Bezug auf Rechtsfragen entnehmen.

13 Die gesetzliche Regelung des Schiedsgutachtens geht der bisherigen bundesgerichtlichen Rechtsprechung in jedem Fall vor. Der *Wortlaut* von Art. 189 Abs. 1 ist klar und unmissverständlich. Der Sinn des Schiedsgutachtens ist es jedoch, eine zwischen den Parteien bestehende Streitfrage verbindlich zu klären. Dabei kann es sich durchaus auch um eine umstrittene Rechtsfrage handeln. Da das Schiedsgutachten der aussergerichtlichen Streiterledigung dient, würde sich eine möglichst weitgehende Inhaltsfreiheit rechtfertigen (vgl. auch FRANK/STRÄULI/MESSMER, § 258 ZPO/ZH N 2). Die vom Gesetzgeber gewählte (unzutreffende) *systematische Einordnung* des Schiedsgutachtens im Beweisrecht unter dem Abschnitt Gutachten spricht hingegen dafür, dass er das Schiedsgutachten auf die gleichen Themen beschränken wollte wie das gerichtliche Gutachten. Dieses bezweckt den Beweis streitiger Tatsachen, für deren Feststellung und Beurteilung dem Gericht das nötige Fachwissen fehlt. Rechtsfragen können nur ausnahmsweise Gegenstand des Beweises und damit eines Gutachtens sein (Art. 150 Abs. 2 ZPO; Art. 16 Abs. 1 Satz 3 IPRG; s. Art. 183 N 4 ff.). Das Schiedsgutachten soll offensichtlich nicht dazu dienen, bestimmte Rechtsfragen für das Gericht verbindlich zu beantworten. Das Rechtsanwendungsmonopol liegt beim Gericht («*Iura novit curia*»). Eine Bindung des Gerichts an die verbindlichen Rechtsauffassungen eines Schiedsgutachters wäre damit – zumindest ohne klare gesetzliche Grundlage – nicht vereinbar. Die Nichterwähnung streitiger Rechtsfragen ist deshalb als **qualifiziertes Schweigen** des Gesetzgebers zu interpretieren.

Zwar können die Parteien auch über eine Rechtsfrage ein «Schiedsgutachten» in Auftrag geben. Dieses hat aber lediglich die Wirkung eines Privatgutachtens, welches als Basis für einen Vergleich dienen kann. Doch ist ein Gericht daran nicht i.S.v. Abs. 3 gebunden. Ein reines Rechtsgutachten kann grundsätzlich nie die Wirkungen eines Schiedsgutachtens haben (s. aber N 15). Anders verhält es sich m.E., wenn mit Tatsachenfeststellungen **verbundene Rechtsfragen von untergeordneter Bedeutung** zu beurteilen sind. In diesem beschränkten Umfang kann der Schiedsgutachter auch rechtliche Tatbestandselemente – wie Schaden oder Vertragsverletzung – verbindlich beurteilen (sog. gemischte Tat- und Rechtsfragen, s. dazu Art. 183 N 6; FRANK/STRÄULI/MESSMER, § 258 ZPO/ZH N 2; HAGENBÜCHLE, 65, 84; ZR 1995 Nr. 100 E. 1). **Beispiele**: Hat der Schiedsgutachter festzustellen, ob eine Wand schief ist und ob dies innerhalb der Toleranz liegt oder einen Mangel darstellt und wie hoch ggf. der Schaden ist, hat er rechtlich implizit auch zu entscheiden, ob eine einzelne Vertragsverletzung bzw. ein Schaden besteht. Dagegen ist die Beurteilung des Verschuldens meist ein überwiegend rechtlicher Tatbestand, welcher grundsätzlich vom Gericht oder einem Schiedsgericht zu entscheiden ist. Eine Verletzung berufsspezifischer Sorgfaltsregeln kommt für eine schiedsgutachterliche Beurteilung aber in Betracht (s. dazu N 55 ff.).

14

Bei der Anwendung **ausländischen Rechts** ist zu differenzieren. Soweit das Gericht gemäss **Art. 16 Abs. 1 Satz 3 IPRG**, d.h. bei vermögensrechtlichen Ansprüchen, befugt ist, den Parteien den Nachweis für das ausländische Recht aufzulegen, ist es häufig auf ein Rechtsgutachten zum ausländischen Recht angewiesen (s. Art. 150 Abs. 2; vgl. auch Art. 183 N 5; BSK IPRG-MÄCHLER-ERNE/WOLF-METTIER, Art. 16 N 13 ff.). Es sollte m.E. daher möglich sein, dass die Parteien solche Rechtsfragen mittels Schiedsgutachten verbindlich ausser Streit stellen. Bei nicht vermögensrechtlichen Ansprüchen ist dies aber ausgeschlossen.

15

Es empfiehlt sich, die Schiedsgutachtensvereinbarung **sorgfältig abzufassen**. Es sollte darin klar zum Ausdruck kommen, dass die Parteien zur Feststellung bzw. Beurteilung bestimmter **genau umschriebener** (bereits streitiger oder allenfalls künftig streitiger) **Tatsachen** einen **Schiedsgutachter** (und nicht etwa einen Schiedsrichter oder lediglich einen Experten) einsetzen wollen. Nützlich kann es sein, eine Regelung für den Fall zu treffen, dass eine Partei sich entgegen der vertraglichen Verpflichtung später weigert, bei der Bestellung des Schiedsgutachters mitzuwirken. Um in solchen Fällen nicht schon zur Bestellung des Schiedsgutachters das Gericht anrufen zu müssen, kann bspw. eine Handelskammer oder ein Fachverband bezeichnet werden, welcher **ersatzweise den Schiedsgutachter bestimmt** (vgl. BERGER/KELLERHALS, Rz 142). Ist die Person des Schiedsgutachters bereits bekannt, ist sie namentlich zu bezeichnen. Sinnvoll ist es auch, wenn sich die Parteien bereits in der Schiedsgutachtensvereinbarung einigen, in welchem Verhältnis sie die **Kosten** des Schiedsgutachters tragen werden.

16

2. Form (Abs. 2)

Da die Schiedsgutachtensvereinbarung für die Parteien insofern **weitreichende Konsequenzen** hat, als die verbindliche Feststellung bestimmter Tatsachen der gerichtlichen Beurteilung entzogen wird, ist es angebracht, eine **förmliche Parteivereinbarung** zu

17

verlangen. Dies entgegen bisheriger Praxis, wonach Schiedsgutachtensvereinbarungen formlos gültig waren (FRANK/STRÄULI/MESSMER, § 258 ZPO/ZH N 4; ZR 1995 Nr. 100 E. 1; EGVSZ 2003, 23 ff., KGer SZ [Nr. KG 331/02 ZK], Urteil vom 24.6.2003, E. 4b). Die ausdrückliche Schiedsgutachtensvereinbarung dient sowohl der Klarheit als auch dem Beweis. Die Parteien müssen sich der Bedeutung ihrer Vereinbarung bewusst werden und die vom Schiedsgutachten erfassten Tatsachen umschreiben.

18 Das Gesetz verweist für die **Form der Vereinbarung** auf Art. 17 Abs. 2 (Gerichtsstandsvereinbarung), welcher die **Schriftform** oder eine andere Form, welche den **Nachweis durch Text** ermöglicht, verlangt. Dieses Erfordernis entspricht im Übrigen auch den Anforderungen an eine Schiedsvereinbarung (Art. 358 ZPO; s.a. Art. 178 Abs. 1 IPRG). Schriftform meint grundsätzlich einfache Schriftlichkeit i.S.v. Art. 13 ff. OR. Um der technischen Entwicklung Rechnung zu tragen, werden aber auch andere Formen erfasst, die den Nachweis durch Text ermöglichen, z.B. elektronische Dateien, wie E-Mails, Scans etc. **Auf das Unterschriftserfordernis** (gemäss Art. 13 f. OR) ist damit **verzichtet** worden (VOGEL/SPÜHLER, Kap. 4 Rz 79a; BSK IPRG-GROLIMUND, Art. 5 N 20 ff.). Ob diese Vereinfachung nur für die anderen Übermittlungsformen gilt oder auch für schriftliche Dokumente, ist in der Lehre umstritten (ablehnend BSK IPRG-GROLIMUND, Art. 5 N 23; befürwortend BERGER/KELLERHALS, Rz 396 m.H.; s.a. Art. 17 N 27 f.; vgl. auch Art. 358 N 8).

19 Wesentlich ist, dass die **Vereinbarung mittels Urkunden nachgewiesen** werden kann. Die Vereinbarung muss nicht in einem einzigen Dokument enthalten sein, sondern kann sich auch aus mehreren Dokumenten, insb. einem Briefwechsel der Parteien, ergeben. Entscheidend ist aber die **Beidseitigkeit der Erklärungen**; einseitige Deklarationen ohne ausdrückliche Zustimmung der anderen Partei genügen nicht (BGer, 4P.199/2003, E. 3.3; vgl. auch BGE 119 II 391, 394 f. E. 3a; 118 II 395, 397 f. E. 3; BSK IPRG-GROLIMUND, Art. 5 N 21; s. Art. 17 N 26 ff.; vgl. auch Art. 358 N 11 ff.).

20 Einseitig angeordnet werden kann eine Schiedsgutachtensklausel m.E. jedoch in einer **letztwilligen Verfügung**, z.B. zur Bestimmung des Werts eines Unternehmens, eines Aktienpakets, eines Kunstwerks oder des Nachlasses an sich. Die Schiedsgutachtensklausel stellt eine Auflage oder Bedingung i.S.v. Art. 482 ZGB dar, welche den Pflichtteil der gesetzlichen Erben nicht tangieren darf (vgl. Art. 522 ff. ZGB; BERGER/KELLERHALS, Rz 451 f.).

3. Freie Verfügbarkeit des Rechtsverhältnisses

21 Ein Schiedsgutachten ist nur möglich in Angelegenheiten, die der **freien Parteidisposition** unterliegen. Die Disponibilität des Rechtsverhältnisses ist m.E. Begriffselement des Schiedsgutachtens an sich und nicht nur Voraussetzung seiner gerichtlichen Anerkennung i.S.v. Abs. 3 lit. a. Nur wenn die freie Verfügbarkeit gegeben ist, ist die Sache überhaupt schiedsgutachtensfähig (FRANK/STRÄULI/MESSMER, § 258 ZPO/ZH N 4; BERGER/KELLERHALS, Rz 140; HÜRLIMANN, BR 1992, 109). Es kann dazu sinngemäss auf die Ausführungen zur Schiedsfähigkeit verwiesen werden (vgl. Art. 354 N 7 ff. und 23 ff.). Zwingende Gerichtsstände schliessen die Disponibilität eines Rechtsverhältnisses nicht aus (vgl. BERGER/KELLERHALS, Rz 237).

22 Abs. 3 lit. a verlangt, dass die Parteien über das *Rechtsverhältnis* frei verfügen können. Diese Umschreibung beschränkt die Möglichkeiten eines Schiedsgutachtens indessen unnötig und steht zu Art. 354, welcher auf die Verfügbarkeit der *Ansprüche* abstellt, in unverständlicher Diskrepanz. Es macht wenig Sinn, wenn zur Beurteilung eines umstrittenen Anspruchs zwar ein Schiedsgericht eingesetzt werden könnte, ein Schiedsgutachten

zu einzelnen Tatsachen aber ausgeschlossen wäre, weil zwar der Anspruch, nicht aber das Rechtsverhältnis als solches disponibel ist. Der Unterschied ist durchaus relevant. So sind v.a. statusrechtliche Rechtsverhältnisse (v.a. Ehe, Kindesverhältnis) nicht frei verfügbar, einzelne Ansprüche (Ehegüterrecht, Ehegattenunterhalt, Mündigenunterhalt) dagegen schon. Richtigerweise ist Abs. 3 lit. a entsprechend Art. 354 in dem Sinne berichtigend auszulegen, dass nur der Anspruch und nicht das Rechtsverhältnis als solches frei verfügbar sein muss.

In **familienrechtlichen und statusrechtlichen Angelegenheiten** fehlt es an der Disponibilität des Rechtsverhältnisses und weitgehend auch der einzelnen Ansprüche (z.B. Ehescheidung, Feststellung oder Aberkennung des Kindesverhältnisses, Kinderunterhalt etc.). Weder statusrechtliche Fragen, wie das Vorliegen von Scheidungsgründen oder das Bestehen eines Kindesverhältnisses, noch die damit verbundenen, der Offizialmaxime unterliegenden Ansprüche (v.a. Kinderunterhalt, persönlicher Verkehr und Vorsorgeausgleich bei der Ehescheidung) können einem Schiedsgutachter überlassen werden. Unklar ist angesichts des Wortlauts («Rechtsverhältnis»), ob die der Parteidisposition unterliegenden Fragen des nachehelichen Unterhalts und des ehelichen Güterrechts schiedsgutachtensfähig sind. Wird die freie Verfügbarkeit jedoch richtigerweise auf Ansprüche beschränkt (s. N 22), ist es den Parteien möglich, im Rahmen einer güterrechtlichen Auseinandersetzung einzelne Fragen verbindlich an einen Schiedsgutachter zu delegieren, z.B. die Schätzung des Werts eines Unternehmens, eines Kunstwerks oder einer Liegenschaft. 23

Frei verfügbar sind Ansprüche aus Persönlichkeitsverletzungen (Art. 28 ff. ZGB), dinglichen und erbrechtlichen Rechtsverhältnissen. Auch Ansprüche aus obligationenrechtlichen und anderen vermögensrechtlichen Rechtsverhältnissen unterliegen der freien Parteidisposition. Fraglich erscheint angesichts des Ausschlusses von frei wählbaren Schiedsgerichten in Art. 361 Abs. 4 ZPO (vgl. aArt. 274c OR), ob bei der **Miete und Pacht von Wohnräumen** einzelne tatsächliche Fragen im Streitfall an einen Schiedsgutachter delegiert werden können. M.E. ist dies aufgrund der Konzeption des Mietrechts (Mieterschutz, Schlichtungsbehörden als umfassende Fachbehörden) zu verneinen. Bei der Geschäftsmiete und -pacht sind Schiedsgutachten dagegen möglich (vgl. Art. 354 N 28, 38; Art. 361 N 39 ff.). 24

Bei den **SchKG-Klagen** ist zu differenzieren. Materiellrechtliche SchKG-Klagen (z.B. Aberkennungsklagen) unterliegen als vermögensrechtliche Ansprüche der freien Verfügbarkeit der Parteien. Dagegen sind die betreibungsrechtlichen Klagen (z.B. Rechtsöffnung) und die betreibungsrechtlichen Klagen mit Reflexwirkung auf das materielle Recht (z.B. Widerspruchsklagen, Kollokationsklagen, Anfechtungsklagen) vollstreckungsrechtlicher Natur. Ein Schiedsgutachten kann gerichtliche Tatsachenfeststellungen im Erkenntnisverfahren, nicht aber im Vollstreckungsverfahren ersetzen. Aufgrund des **staatlichen Vollstreckungsmonopols** können umstrittene Tatsachen für das Vollstreckungsverfahren nicht verbindlich ausser Streit gestellt werden. Das schliesst m.E. jedoch nicht aus, dass die Parteien im Vollstreckungsverfahren zur Klärung streitiger Tatsachen in Bezug auf materiellrechtliche Vorfragen von Reflexklagen ein verbindliches Schiedsgutachten einholen können (vgl. Art. 354 N 34, 43; ähnlich zur Schiedsfähigkeit BERGER/KELLERHALS, Rz 223 ff.). 25

4. Anwendbares Recht

Das Zustandekommen und die Gültigkeit der Schiedsgutachtensvereinbarung beurteilen sich nach **Art. 1 ff. OR**. Anwendbar sind auch die Bestimmungen über Willensmängel gemäss Art. 21 ff. OR (vgl. BGE 129 III 535, 538 E. 2.1; 67 II 146, 148 E. 3; vgl. auch 26

FRANK/STRÄULI/MESSMER, § 258 ZPO/ZH N 4). Die für die Bindungswirkung des Gerichts erforderlichen inhaltlichen und formellen Voraussetzungen ergeben sich aus **Art. 189 ZPO**.

27 **Im internationalen Verhältnis** untersteht die Schiedsgutachtensvereinbarung dem von den Parteien gewählten Recht oder dem Recht des Staates, mit dem sie am engsten zusammenhängt. Eine Schiedsgutachtensklausel untersteht dem Recht des Hauptvertrages (Art. 116 f. IPRG; vgl. FRANK/STRÄULI/MESSMER, § 258 ZPO/ZH N 5). Die Mindestanforderungen an ein (ausländisches) Schiedsgutachten sowie dessen Wirkungen beurteilen sich in einem schweizerischen Zivilprozess indessen nach der lex fori, d.h. nach Art. 189. Darin zeigt sich die prozessuale Seite der Schiedsgutachtens.

IV. Schiedsgutachtervertrag

1. Rechtsverhältnis zwischen Schiedsgutachter und Parteien

28 Mit dem Schiedsgutachtervertrag beauftragen die Parteien eines Rechtsverhältnisses eine sachverständige Person damit, verbindlich bestimmte tatsächliche Feststellungen zu treffen und/oder die Beurteilung von Tatsachen vorzunehmen (vgl. BGE 129 III 535, 537 E. 2; 117 Ia 365 E. 5 und 6). Die Beziehungen zwischen dem Schiedsgutachter und den Parteien unterstehen dem **Auftragsrecht** i.S.v. Art. 394 ff. OR (BK-FELLMANN, Art. 394 OR N 165; BERGER/KELLERHALS, Rz 142; FRANK/STRÄULI/MESSMER, § 258 ZPO/ZH N 5; ZR 1995 Nr. 100 E. 1). Ausnahmsweise, nämlich wenn ein messbares und überprüfbares Gutachtensergebnis versprochen wird, kommt **Werkvertragsrecht** zur Anwendung (s. Art. 184 N 1; BGE 127 III 328, 330 E. 2c; vgl. HÜRLIMANN, Architektenrecht, Rz 1458). Die Parteien beauftragen den Schiedsgutachter gemeinsam. Auch ein Mandatsentzug muss gemeinsam erfolgen (BERGER/KELLERHALS, Rz 142). LANDRY geht davon aus, dass die Parteien eine einfache Gesellschaft bilden (LANDRY, SJZ 1987, 306; offengelassen JOLIDON, 168).

29 Der **Schiedsgutachter** darf den Auftrag nur annehmen, wenn er **unabhängig** ist (vgl. Abs. 3 lit. b). Dazu kann sinngemäss auf die Regeln über die Unabhängigkeit von gerichtlichen Gutachtern (Art. 183 Abs. 2 i.V.m. Art. 47 f.; Art. 183 N 20 ff.) bzw. Schiedsrichtern (Art. 367 f.) verwiesen werden (s.a. N 50 f.; vgl. BERGER/KELLERHALS, Rz 143). Der Schiedsgutachter muss zudem über die **fachliche Eignung** verfügen, ein Schiedsgutachten fachgerecht zu erstellen. Hinsichtlich der Anforderungen an ein ordnungsgemässes Schiedsgutachten gelten die Ausführungen zum gerichtlichen Gutachten sinngemäss (Art. 183 N 25). Zudem hat er, wenn nichts anderes vereinbart wurde, die gutachterliche Leistung **persönlich** zu erbringen (vgl. Art. 183 N 25).

30 Der Schiedsgutachter ist **verpflichtet**, den Parteien das **Schiedsgutachten** auftragsgemäss abzuliefern. Er ist zudem verpflichtet, dieses in einem rechtsstaatlich korrekten Verfahren zu erstellen. Dabei hat er insb. das Gebot der **Gleichbehandlung** der Parteien und des **rechtlichen Gehörs** einzuhalten (s.a. N 52; vgl. Art. 183 N 22). Mit der Verletzung dieser Grundsätze handelt der Schiedsgutachter willkürlich, was im Auftragsrecht – je nach Schwere der Verfahrensverstösse – als positive Vertragsverletzung oder als Nichterfüllung gelten kann (ZR 1995 Nr. 100 E. 1).

31 Das Schiedsgutachten kann je nach Auftrag der Parteien **mündlich oder schriftlich** erstattet werden, wobei Schriftlichkeit die Regel ist. Bei einem mündlichen Gutachten ist zu Beweiszwecken für eine hinreichende Protokollierung zu sorgen. Zur Auftragserfüllung gehört auch die Pflicht, allfällige sich aufgrund des Schiedsgutachtens stellende **Erläuterungs- und Ergänzungsfragen der Parteien** zu beantworten, da das Schiedsgutachten andernfalls für die Parteien wertlos sein kann (vgl. Art. 184 N 7).

Die **Pflicht der Parteien** ist es, den Schiedsgutachter zu **entschädigen**. Haben sich die Parteien nicht bereits in der Schiedsgutachtensvereinbarung über die Kostentragung verständigt, sollten sie sich darüber spätestens mit der Mandatserteilung an den Schiedsgutachter einigen und diesem die Rechnungsadresse bekanntgeben. Für das Schiedsgutachten nicht entscheidend ist, welche Partei die Kosten trägt. Möglich ist die Kostenübernahme durch die am stärksten interessierte Partei, eine hälftige Kostenteilung oder eine Kostenverteilung nach Ergebnis des Schiedsgutachtens. Ist die Kostentragung ausnahmsweise ungeregelt geblieben, entspricht dem gemeinsamen Auftrag die hälftige Kostenteilung, wobei beide Parteien dem Beauftragten je für den gesamten Betrag haften.

Neben der Entschädigungspflicht können sich aus der Schiedsgutachtensvereinbarung und dem Auftrag an den Schiedsgutachter auch **Mitwirkungs- oder Duldungspflichten der Parteien** ergeben, z.B. die Pflicht, bestimmte Urkunden dem Schiedsgutachter auszuhändigen und einen Augenschein zu dulden. Die Art. 160 ff. sind nicht anwendbar, weshalb es sich empfiehlt, solche Pflichten vertraglich explizit zu regeln. Dritte treffen keine Mitwirkungs- oder Duldungspflichten.

2. Bestellung des Schiedsgutachters

Soweit die Parteien den Schiedsgutachter nicht bereits in der Schiedsgutachtensvereinbarung bezeichnet haben, haben sie bei seiner Bestellung mitzuwirken. Dasselbe gilt, wenn der von ihnen ursprünglich bezeichnete Schiedsgutachter das Mandat ablehnt oder nicht mehr ausüben kann. Die Parteien haben sich auf die Person des Schiedsgutachters zu einigen und diesen **gemeinsam zu beauftragen**. Dieser muss fachlich geeignet und von den Parteien unabhängig sein (s. N 29). Ein Schiedsgutachter kann von einer Partei sowohl wegen Anscheins der Befangenheit als auch wegen fehlender fachlicher Eignung abgelehnt werden (Art. 183 Abs. 2 i.V.m. Art. 47; Art. 367 Abs. 1 lit. a analog; s.a. N 50 f., 53 f.).

Die Bestellung des Schiedsgutachters kann **formlos** erfolgen, z.B. indem dieser zum gemeinsamen Augenschein eingeladen wird. Abs. 2 ist auf den Vertrag mit dem Schiedsgutachter nicht anwendbar, sondern betrifft lediglich die Vereinbarung unter den Parteien. Doch empfiehlt sich aus Gründen der Klarheit und des Beweises eine schriftliche Auftragserteilung mit bestimmter Fragestellung. Die Parteien sind zudem gut beraten, wenn sie klar festhalten, dass die von ihnen beauftragte Person als Schiedsgutachter (und nicht etwa als Schiedsrichter oder lediglich als Experte) tätig sein soll. Ausserdem empfiehlt es sich, den **Auftrag möglichst präzis zu formulieren**, die dem Experten eingeräumten Befugnisse und das von ihm zu befolgende Vorgehen genau festlegen (s. dazu BSK IPRG-HOCHSTRASSER/BLESSING, Vor Art. 176 N 297; BERGER/KELLERHALS, Rz 142; HÜRLIMANN, BR 1992, 110).

Stellen sich verschiedene Fachfragen können auch **mehrere Schiedsgutachter** bezeichnet werden. In der Regel ist eine natürliche Person zu bestimmen, doch ist es – wie bei gerichtlichen Sachverständigen (Art. 183 N 26 f.) – auch möglich, eine **juristische Person** oder eine öffentlich-rechtliche Institution zu beauftragen, z.B. die Empa (Eidgenössische Materialprüfungs- und Forschungsanstalt) oder eine Treuhandgesellschaft (s. N 51; ZR 1995 Nr. 100 E. 3; a.M. FRANK/STRÄULI/MESSMER, § 258 ZPO/ZH N 6 lit. a).

Kommt eine Partei ihren Pflichten bei der Bestellung des Schiedsgutachters nicht nach und wurde auch keine Auffanglösung vereinbart (s. N 16), kann gegen die renitente Partei beim **Einzelrichter im summarischen Verfahren** nach Art. 257 geklagt werden auf Auftragserteilung an den von der klagenden Partei namentlich bezeichneten oder einen vom Gericht zu bestimmenden Schiedsgutachter (vgl. BGE 129 III 535, 536; FRANK/STRÄULI/MESSMER, § 258 ZPO/ZH N 7; BERGER/KELLERHALS Rz 142). Art. 356 ist nicht anwendbar.

V. Wirkung des Schiedsgutachtens (Abs. 3)

38 Die Wirkung des Schiedsgutachtens besteht darin, dass die damit festgestellten Tatsachen (und allenfalls untergeordneten Rechtsfragen) für die Parteien und in einem späteren gerichtlichen oder schiedsgerichtlichen Verfahren auch für das Gericht **verbindlich** sind; d.h. das Gericht darf zu den beurteilten Tatsachen kein Beweisverfahren mehr durchführen und die schiedsgutachterlichen Feststellungen und Beurteilungen auch nicht im Rahmen der Beweiswürdigung selbst würdigen (BOTSCHAFT ZPO, 7325; BERGER/KELLERHALS, Rz 145; HÜRLIMANN, Architektenrecht, Rz 1491, DERS., BR 1992, 109; FRANK/STRÄULI/MESSMER, § 258 ZPO/ZH N 5; BGE 129 III 535, 538 E. 2.1). Auch eine Erläuterung oder Ergänzung des Schiedsgutachtens im gerichtlichen Verfahren kommt nicht in Betracht. Dies ist nötigenfalls Sache der Parteien (vgl. N 31).

39 Eine Schiedsgutachtensklausel für die Schadensermittlung **schliesst die Zuständigkeit des Gerichts** für die Entscheidung über das Schadensquantitativ **aus**. Dies führt, wenn eine vor Gericht hängige Klage dem Grundsatz nach begründet ist, zur Verurteilung der beklagten Partei, den im Schiedsgutachtenverfahren zu ermittelnden Betrag zu bezahlen. Möglich ist auch eine Sistierung des Zivilprozesses bis zum Vorliegen des Schiedsgutachtens, falls damit keine unzumutbare Verzögerung verbunden ist (FRANK/STRÄULI/MESSMER, § 258 ZPO/ZH N 5 m.H.; BSK IPRG-HOCHSTRASSER/BLESSING, Vor Art. 176 N 298).

40 Die Bindungswirkung erfasst nur Tat- und allenfalls untergeordnete Rechtsfragen, die **vom Schiedsgutachtensauftrag umfasst** sind. Geht der Schiedsgutachter mit seinen Äusserungen über die Fragestellung hinaus, besteht diesbezüglich keine Bindungswirkung, sondern nur eine (unverbindliche) gutachterliche Meinungsäusserung (ZR 1994 Nr. 34 E. 4.7; BACHMANN, 100 f.; HÜRLIMANN, BR 1992, 110).

41 Gegen das Schiedsgutachten stehen **keine Rechtsmittel** zur Verfügung. Die Unverbindlichkeit des Schiedsgutachtens muss auf dem Klageweg oder einredeweise geltend gemacht werden. Die Parteien können dabei lediglich die sich aus Abs. 3 ergebenden Einwendungen gegen das Schiedsgutachten erheben, nämlich offensichtliche Unrichtigkeit oder Verletzung elementarer Verfahrensgrundsätze (s. dazu N 46 ff.; BGE 129 III 535, 538 E. 2.1; 117 Ia 365 ff. = Pra 1992 Nr. 153 E. 7; ZR 1995 Nr. 100 E. 1; BERGER/KELLERHALS, Rz 146). Nach Treu und Glauben hat eine Partei, die ein Schiedsgutachten nicht gegen sich gelten lassen will, dieses innert angemessener Frist unter Einleitung rechtlicher Schritte anzufechten (OGer LU, I. Kammer [Nr. 11 07 70] Urteil vom 4.12.2007, E. 3.3).

42 Da das Schiedsgutachten nicht auf einem richterlichen Entscheid beruht, kann es **nicht unmittelbar vollstreckt** werden. Es stellt **keinen Rechtsöffnungstitel** dar. Verweigert die unterlegene Partei die Bezahlung oder sonstige Erfüllung, so muss die anspruchsberechtigte Partei ihre Ansprüche klageweise beim zuständigen Gericht durchsetzen (BERGER/KELLERHALS, Rz 146; HÜRLIMANN, BR 1992, 110).

43 Damit das Schiedsgutachten **im Prozess** Verwendung finden kann, ist es **im Behauptungsverfahren** in tatsächlicher Hinsicht vorzubringen und, sofern es bereits vorliegt, einzureichen (Art. 221 f., 229). Denn Tatsachen, welche mittels Schiedsgutachten fest-

gestellt und beurteilt wurden, sind ausser Streit, so dass darüber kein Beweisverfahren mehr durchzuführen ist, es sei denn, das Schiedsgutachten würde i.S.v. Abs. 3 lit. a–c entkräftet. Wird ein Schiedsgutachten von den Parteien indessen erst nach dem Schriftenwechsel oder gar erst im Beweisverfahren in Auftrag gegeben, muss eine sofortige **Noveneingabe** nach Art. 229 noch bis zum Schluss des Beweisverfahrens zulässig sein. Nicht möglich ist es, ein Schiedsgutachten (taktisch) bis zum Schluss des Beweisverfahrens zurückzuhalten und – je nach Beweisergebnis – erst dann einzureichen (ungenau BOTSCHAFT ZPO, 7325). Wird während hängigem Beweisverfahren ein Schiedsgutachten zu einer bisher umstrittenen Frage rechtzeitig eingereicht, wird das Beweisverfahren in diesem Punkt gegenstandslos. Es sind daher auch keine weiteren Beweismittel (Zeugen, Urkunden) zu den im Schiedsgutachten beurteilten Tatsachenfragen mehr abzunehmen. Die Frage ist im Sinne des Schiedsgutachtens zu entscheiden. Sie ist ausser Streit.

Die **Wirkung** des Schiedsgutachtens ist **höher** als die eines gerichtlichen Gutachtens, weil es nicht der richterlichen Beweiswürdigung unterliegt, sondern die fraglichen Tatsachen verbindlich feststellt. Das **Gericht** ist für die Beurteilung dieser Tatfragen **ausgeschlossen.** Auch in einem zweiten Prozess zwischen denselben Parteien über dieselben Tatsachen bleibt das Schiedsgutachten verbindlich. 44

In internationalen Verhältnissen beurteilen sich die Wirkungen eines (ausländischen) Schiedsgutachtens nach der **lex fori**, d.h. nach Art. 189. Das gilt auch für die Mindestanforderungen betreffend Inhalt, Form und Disponibilität des Anspruchs, die für den Eintritt der prozessrechtlichen Wirkungen des Schiedsgutachtens erfüllt sein müssen (s. N 27). 45

VI. Unverbindlichkeit des Schiedsgutachtens (Abs. 3)

1. Anfechtungsgründe und Beweislast

Nach bisheriger Lehre und Praxis konnte das Schiedsgutachten nur angefochten werden, wenn in einem gewöhnlichen Prozess der Nachweis erbracht wurde, dass es auf **schweren Verfahrensfehlern** beruht oder **schwere inhaltliche Mängel** aufweist (FRANK/STRÄULI/MESSMER, § 258 ZPO/ZH N 6; BERGER/KELLERHALS, Rz 146; BGE 129 III 535, 538 E. 2.1; 117 Ia 365 ff. = Pra 1992 Nr. 153 E.7; BGE 71 II 294, 295; 67 II 146, 148 E. 3; ZR 1995 Nr. 100 E. 1; ZR 1994 Nr. 34 E. 4.7). 46

Daran hat die gesetzliche Regelung in Art. 189 nichts geändert. Das Schiedsgutachten muss gewisse **rechtsstaatliche Mindestanforderungen** erfüllen, wenn es das Gericht binden soll: Die begutachtende Person muss neutral und *unabhängig* sein, das Verfahren muss das *rechtliche Gehör* und das Gleichbehandlungsgebot der Parteien wahren und das Ergebnis darf *nicht offensichtlich falsch* sein (BOTSCHAFT ZPO, 7325; s.a. FRANK/STRÄULI/MESSMER, § 258 ZPO/ZH N 6; BERGER/KELLERHALS, Rz 146; BGE 129 III 535, 538 E. 2.1). Sind diese Anforderungen von Abs. 3 lit. b und c nicht erfüllt, ist das Schiedsgutachten unverbindlich. Dies bedeutet, dass weder die Parteien noch das Gericht an die Feststellungen des Schiedsgutachtens gebunden sind. 47

Die Behauptungs- und **Beweislast** für das Vorliegen eines Schiedsgutachtens liegt bei derjenigen Partei, die sich darauf beruft (Art. 8 ZGB). Der Gegenpartei, welche dies bestreitet, steht der Gegenbeweis offen. Sie kann vorbringen, dass überhaupt kein Schiedsgutachten vereinbart wurde bzw. die Voraussetzungen von Art. 189 (insb. hinsichtlich Tatfragen, Formvorschriften und Verfügbarkeit des Anspruchs) nicht erfüllt sind. Zudem 48 kann sie Einwendungen gegen das Schiedsgutachten erheben, indem sie bestimmte grobe Mängel des Verfahrens oder des Inhalts nachweist. Gelingt ihr der Beweis, ist das Schiedsgutachten unverbindlich (vgl. FRANK/STRÄULI/MESSMER, § 258 ZPO/ZH N 6). Für die Einwendungen (i.S.v. Abs. 3 lit. b und c) ist sie hauptbeweispflichtig.

2. Fehlendes Schiedsgutachten

49 Die Bindungswirkung tritt nur ein, wenn ein Schiedsgutachten vorliegt, welches die Voraussetzungen von Art. 189 Abs. 1 und 2 sowie 3 lit. a erfüllt (s. N 10 ff., 17 ff., 21 ff.). Fehlt es an einer förmlichen Parteivereinbarung, werden vorwiegend Rechtsfragen behandelt oder ist der umstrittene Anspruch nicht disponibel, liegt kein Schiedsgutachten i.S.v. Art. 189 vor. Damit kann auch die Bindungswirkung nicht eintreten. Es liegt eigentlich nur ein Privatgutachten vor (s. N 56; Art. 183 N 17).

3. Verletzung der Ausstandsregeln (lit. b)

50 Für Schiedsgutachter gelten sinngemäss die **Ausstandsgründe für gerichtliche Gutachter bzw. Gerichtspersonen** (Art. 183 Abs. 2 i.V.m. Art. 47) sowie die **Ablehnungsgründe für Schiedsrichter** nach Art. 367 f. (s. N 29; Art. 183 N 20 ff.). Als Ablehnungsgrund kommt deshalb bspw. auch in Frage, wenn einer Partei bei der Ernennung des Schiedsgutachters eine Vorzugsstellung zukam (vgl. Art. 368). Ein Ausstandsgesuch ist **unverzüglich** nach Kenntnis des Grundes und ausdrücklich zu stellen. Andernfalls ist Verzicht auf Ablehnung anzunehmen (vgl. Art. 49; BGE 124 I 121, 123 E. 2; 118 Ia 282, 284 E. 3a; FRANK/STRÄULI/MESSMER, § 258 ZPO/ZH N 6 lit. a; BACHMANN, 79).

51 **Anschein der Befangenheit** oder Parteilichkeit liegt vor, wenn vom Standpunkt der betroffenen Partei aus betrachtet ausreichend **objektive Gründe** vorliegen, die auch in den Augen eines vernünftigen Menschen geeignet sind, Misstrauen an der Unparteilichkeit zu wecken (ZR 1995 Nr. 100 E. 5b; FRANK/STRÄULI/MESSMER, § 258 ZPO/ZH N 6 lit. a). Inwiefern eine Ungleichbehandlung der Parteien im Verfahren einen Befangenheitsgrund darzustellen vermag, braucht nicht untersucht zu werden, weil darin ein selbständiger Anfechtungsgrund liegt (lit. c). Ist eine **juristische Person** mit dem Schiedsgutachten beauftragt worden, ist die Befangenheit in zweierlei Hinsicht zu prüfen, nämlich einerseits betreffend die Beziehungen der juristischen Person selbst zu einer der Parteien und andererseits betreffend die für die juristische Person handelnden natürlichen Personen in ihrem Verhältnis zu den Auftraggebern. Das macht die Erstattung eines Schiedsgutachtens für eine juristische Person schwieriger als für eine natürliche Person, und zwar umso schwieriger, je grösser sie ist und je unüberblickbarer demzufolge mögliche Interessenkollisionen werden (ZR 1995 Nr. 100 E. 5b).

4. Verletzung des Gleichbehandlungsgebots (lit. c)

52 Das Verfahren zur Erstellung des Schiedsgutachtens muss rechtsstaatlichen Anforderungen genügen, damit die Bindungswirkung eintreten kann. Der Schiedsgutachter hat die Parteien gleich zu behandeln und ihnen **in gleicher Weise rechtliches Gehör** zu gewähren. Dabei ist zu beachten, dass das Schiedsgutachtensverfahren ein weitgehend formloses Verfahren ist. Beide Parteien müssen aber Gelegenheit haben, an den Gutachter Fragen zu richten und an einem allfälligen Augenschein anwesend zu sein. Wurde einer Partei keine Möglichkeit geboten, ihren Standpunkt zu vertreten und zu gegnerischen Vorbringen Stellung zu nehmen, ist der Gehörsanspruch und das Gleichbehandlungsgebot verletzt (vgl. FRANK/STRÄULI/MESSMER, § 258 ZPO/ZH N 6 lit. a; ZR 1995

Nr. 100 E. 1; EGVSZ 2003 23 ff.; KGer SZ [Nr. KG 331/02 ZK], Urteil vom 24.6.2003, E. 4b).

5. Offensichtliche Unrichtigkeit (lit. c)

Inhaltlich genügt nicht jede Unrichtigkeit des Schiedsgutachtens, um dessen Unverbindlichkeit zu bewirken. Vielmehr ist eine offenkundige, d.h. für jede sachverständige Person bei sorgfältiger Prüfung sofort **in die Augen springende Abweichung von der wirklichen Sachlage** erforderlich. Die beschwerte Partei muss nachweisen, dass das Schiedsgutachten offensichtlich ungerecht, willkürlich, unsorgfältig, fehlerhaft ist, in hohem Grade der Billigkeit widerspricht, auf falscher tatsächlicher Grundlage beruht oder unter Einfluss von Willensmängeln zustande gekommen ist (BGE 129 III 535, 538 E. 2.1; 117 Ia 365 ff. = Pra 1992 Nr. 153 E. 7; 67 II 146, 148 E. 3; 71 II 294, 295; ZR 1995 Nr. 100 E. 1; ZR 1994 Nr. 34 E. 4.7; EGVSZ 2003 23 ff.; KGer SZ [Nr. KG 331/02 ZK], Urteil vom 24.6.2003, E. 4c; FRANK/STRÄULI/MESSMER, § 258 ZPO/ZH N 6 lit. b; BERGER/KELLERHALS, Rz 146). Ausgeschlossen ist die Anfechtung, wenn beim Gericht nur Zweifel an der Richtigkeit des Gutachtens hervorgerufen werden können, nicht aber die Überzeugung, dass ein offenkundiger grober Irrtum begangen worden sei (BGE 129 III 535, 539 E. 2.2; 67 II 146, 148 E. 3; ZR 1995 Nr. 100 E. 1; ZR 1994 Nr. 34 E. 4.7). Das wird meist dann der Fall sein, wenn eine genaue Feststellung eines Schadens nicht mehr möglich ist und der Schiedsgutachter nach freiem Ermessen schätzen musste (BGE 129 III 535, 539, E. 2.2 m.H.; 71 II 294, 295). 53

Massgebend ist nicht der Vergleich des Schiedsgutachtens mit einem anderen Gutachten zum gleichen Thema, sondern der Vergleich des Schiedsgutachtens mit dem objektiv ermittelten Sachverhalt (BGE 129 III 535, 538, E. 2.2 m.H.). Ein Vergleich zwischen Schiedsgutachten und gerichtlichem Gutachten kann jedoch ein Indiz für grobe Fehler des Schiedsgutachters bilden. Dabei ist je nach Lehrmeinung eine Abweichung von 15–25% erforderlich, um das Schiedsgutachten als offensichtlich falsch zu betrachten (BGE 129 III 535, 537 ff. E. 2 und 2.2 m.H.). 54

VII. Abgrenzungen

1. Allgemeines

Der Schiedsgutachter ist einerseits zu unterscheiden von einem Schiedsrichter und andererseits von einem privat oder gerichtlich beauftragten Gutachter. In der Praxis ist es nicht immer einfach, die Unterscheidung zwischen Schiedsgutachten, Schiedsspruch und Expertise vorzunehmen, zumal die von den Parteien verwendeten Formulierungen in der Schieds*gutachtens*vereinbarung oder in der Schieds*gerichts*vereinbarung oft missverständlich sind. Entscheidend ist stets der **Wille der Vertragsparteien** und der Inhalt der Schiedsgutachtervereinbarung und des Schiedsgutachtervertrages unter Einbezug sämtlicher Umstände. Auch ist von Bedeutung, wie der Beauftragte den ihm erteilten Auftrag verstanden und ausgeführt hat (BGE 117 Ia 365 ff. = Pra 1992 Nr. 153 E. 5b; BGE 107 Ia 318 ff. = Pra 1982 Nr. 146 E. 5a; ZR 1974 Nr. 17 E. 1; FRANK/STRÄULI/MESSMER, § 258 ZPO/ZH N 3; HÜRLIMANN, BR 1992, 109 f.; BSK IPRG-HOCHSTRASSER/BLESSING, Vor Art. 176 N 295). 55

2. Abgrenzung zum Gutachten

Das Schiedsgutachten unterscheidet sich deutlich vom **Gutachten**, das von einer Partei oder einem Gericht in Auftrag gegeben wird. Das gerichtliche Gutachten ist **Beweismittel**, welches der freien richterlichen **Beweiswürdigung** unterliegt. Dagegen hat ein privat 56 angeordnetes Gutachten blosse **Beratungsfunktion**. Anders als der Schiedsgutachter vermag der Gutachter umstrittene Sachverhaltselemente **nicht ausser Streit zu stellen**. Sein Gutachten kann durch Gegen- oder Obergutachten umgestossen werden. Es hat keinen Entscheidungscharakter, auch wenn es in zahlreichen Fällen als aussagekräftige Basis für Vergleichsgespräche dient und das gerichtliche Gutachten oft als hauptsächliches Beweismittel in die richterliche Entscheidfindung einfliesst (BERGER/KELLERHALS, Rz 148; HÜRLIMANN, BR 1992, 110).

57 Demgegenüber erledigt das **Schiedsgutachten** die auftragsgemäss beantworteten Tat- und untergeordnete Rechtsfragen **endgültig und verbindlich**, sofern es nicht offensichtlich unrichtig ist bzw. unter Verletzung elementarer Verfahrensvorschriften zustande gekommen ist (BGE 117 Ia 365 ff. = Pra 1992 Nr. 153 E. 7; HÜRLIMANN, BR 1992, 110). Im Unterschied zum (gerichtlichen oder aussergerichtlichen) Gutachten kann das Schiedsgutachten nicht durch Gegen- und Oberexpertise entkräftet oder zusammen mit anderen Beweismitteln gewürdigt werden.

3. Abgrenzung zum Schiedsspruch

58 Das **Schiedsgutachten** ist darauf beschränkt, einzelne Fragen tatsächlicher (und allenfalls untergeordneter rechtlicher) Natur aus dem Gesamtkomplex eines Rechtsstreits verbindlich zu beantworten. Es stellt nur einen **Teilaspekt ausser Streit** (BERGER/KELLERHALS, Rz 147). Ein **einfaches informelles Verfahren** ohne Schriftenwechsel und ohne Begehren auf Verpflichtung einer Partei sowie der Umstand, dass der Beauftragte nicht auch über die Kosten und Entschädigungen zu entscheiden hat, lassen auf ein Schiedsgutachten schliessen (vgl. BGE 117 Ia 365 ff. = Pra 1992 Nr. 153 E. 5b; BGE 107 I a 318 ff. = Pra 1982 Nr. 146 E. 5 a und b). Gegen das Schiedsgutachten besteht kein Rechtsmittel und es ist nicht unmittelbar vollstreckbar (BERGER/KELLERHALS, Rz 147; HABSCHEID, FS Kralik, 199).

59 Demgegenüber beurteilt der **Schiedsrichter** mit hoheitlicher Befugnis einen Rechtsstreit in tatsächlicher und rechtlicher Hinsicht **umfassend**. Das Verfahren richtet sich nach einer **Verfahrensordnung** (ZPO oder Schiedsordnung) und die Parteien erhalten Gelegenheit, ihre Standpunkte darzulegen. Der **Schiedsspruch** erledigt den Streit endgültig und stellt einen **rechtskräftigen Entscheid** dar, der aufgrund der zur Anwendung gelangenden Schiedsrechtsordnung in beschränktem Umfang anfechtbar ist (Art. 389 ff. ZPO für nationale bzw. Art. 190 ff. IPRG für internationale Verfahren). Der Schiedsspruch ist zudem vollstreckbar. Er gilt nach Art. 80 SchKG als gerichtliches Urteil und berechtigt (allenfalls nach Vorlage der Rechtskraftsbescheinigung) zur definitiven Rechtsöffnung (BGE 117 Ia 365 ff. = Pra 1992 Nr. 153 E. 6; HÜRLIMANN, BR 1992, 110; BERGER/KELLERHALS, Rz 147). Wird ein als Schiedsrichter bestellter Experte nicht vertragsgerecht gewählt, ist sein Entscheid weder Schiedsspruch noch Schiedsgutachten, sondern unverbindliche Meinungsäusserung eines Experten im Sinne eines Privatgutachtens (vgl. FRANK/STRÄULI/MESSMER, § 258 ZPO/ZH N 3 m.H.).

60 Das **Bundesgericht** hat die Praxis zur Unterscheidung des Schiedsgutachtens vom Schiedsspruch im grundlegenden BGE 117 Ia 365 ff. wie folgt zusammengefasst (Pra 1992 Nr. 153 E. 6 [Originaltext ital.]):

> Demnach kann «auf das Vorliegen eines *Schiedsgutachtens* geschlossen werden, wenn nur Sachverhaltsfragen geklärt werden müssen; wenn über Teilfragen entschieden werden muss; wenn die Parteien im Rahmen eines ordentlichen Verfahrens sich auf ein Gutachten einigen und sich verpflichten, dieses als verbindlich anzuerkennen; wenn in einem eine Gesellschaft betreffenden Streit der tatsächliche Wert des Gesellschaftsvermögens festgestellt werden muss (vgl. allerdings den von JOLIDON, [Commentaire du Concordat suisse de l'arbitrage, Bern 1984], S. 64, zit.

Entsch. des KGer VD, BGE 107 Ia 247 = Pra 1982 Nr. 42 sowie der unveröff. BGE vom 24.4.1980 i.S. B., in welchem in einem analogen Fall ausdrücklich das Vorliegen eines Schiedsspruchs angenommen wurde); wenn der Verkaufswert eines Handelsunternehmens verbindlich festgestellt werden muss; wenn der Inhalt eines Nachlasses festgestellt und dessen Wert geschätzt werden muss; wenn die Auflage der Verfahrenskosten im voraus geregelt worden ist; wenn der Experte vorgängig den Parteien einen Entwurf vorlegen und die endgültige Fassung des Gutachtens unter Berücksichtigung ihrer Stellungnahmen ausarbeiten muss; wenn ein Dritter mit der Ergänzung oder Abänderung eines Vertrages beauftragt wird.

Die Einsetzung eines eigentlichen *Schiedsgerichtes* wurde hingegen dann angenommen, wenn eine ZPO oder das Konkordat als anwendbar erklärt wird; wenn der Entscheid die Parteien angibt und die Darstellung der streitigen Fragen sowie ein Dispositiv enthält; wenn die Parteien den Entscheid als Titel für die Aufhebung des Rechtsvorschlages anerkennen; wenn es darum geht, eine die Auslegung einer Bestimmung eines Kaufvertrages betreffende Rechtsfrage zu entscheiden; wenn der Entscheid den Streit definitiv erledigt; wenn die Wirkung der Rechtskraft eines Urteils angestrebt wird; wenn die gegenseitigen Ansprüche der Parteien definitiv festgestellt werden.»

Weitere **Beispiele** finden sich bei FRANK/STRÄULI/MESSMER, § 258 ZPO/ZH N 3.

6. Abschnitt: Schriftliche Auskunft

Art. 190

[1] Das Gericht kann Amtsstellen um schriftliche Auskunft ersuchen.

[2] Es kann von Privatpersonen schriftliche Auskünfte einholen, wenn eine Zeugenbefragung nicht erforderlich erscheint.

[1] Le tribunal peut requérir des renseignements écrits de services officiels.

[2] Il peut requérir des renseignements écrits de personnes dont la comparution à titre de témoin ne semble pas nécessaire.

[1] Il giudice può raccogliere informazioni scritte presso pubblici uffici.

[2] Può raccogliere informazioni scritte anche presso privati, se un esame testimoniale non appare necessario.

Inhaltsübersicht	Note
I. Allgemeines	1
II. Amtsstellen und Privatpersonen	3

Literatur

A. BÜHLER, Die Beweisaussage im Vorentwurf für eine Schweizerische Zivilprozessordnung, in: Forstmoser/Honsell/Wiegand (Hrsg.), Richterliche Rechtsfortbildung in Theorie und Praxis, Festschrift für Hans Peter Walter, Bern 2005, 459–469; A. DOLGE, Das neue Beweisverfahren, in: Spühler, CH-ZPO, 33–50 (zit. Beweisverfahren); F. HASENBÖHLER, Das Beweisrecht, ZZZ 2007, 379–394; J.-M. REYMOND, Les Conditions de Recevabilite, la Litispendance et les Preuves, in: Lukic (Hrsg.), Le Projet de Code de Procédure Civile Fédérale, Lausanne 2007, 25–70; TH. SUTTER-SOMM, Das Beweisrecht des Vorentwurfs zur Schweizerischen Zivilprozessordnung, in: Sutter-Somm/Schnyder (Hrsg.), Festgabe für Franz Hasenböhler, Zürich 2004 (zit. Beweisrecht); F. VOUILLOZ, La preuve dans le Code de la procédure civile Suisse (art. 150 à 193 CPC), AJP 2009, 830–848.

I. Allgemeines

1 Die schriftliche Auskunft enthält Elemente des Urkundenbeweises, des Zeugenbeweises und des Gutachtens (BOTSCHAFT ZPO, 7325; DOLGE, Beweisverfahren, 44; VOUILLOZ, 847; HASENBÖHLER, 391). Sie ist aber weder Zeugnis und noch Urkunde (KUMMER, ZPR, 126). Die schriftliche Auskunft wird ausschliesslich vom Gericht eingeholt. Eine als Zeuge vorgeladene Person kann daher nicht nach eigenem Belieben die mündliche Aussage durch eine schriftliche Auskunft ersetzen (FRANK/STRÄULI/MESSMER, § 168 ZPO/ZH N 2). Auch von einer Partei eingereichte, **zu Prozesszwecken erteilte schriftliche Auskünfte**, namentlich von Personen, die als Zeugen zu befragen sind (Affidavits, Witness Statements), sind als Beweismittel **unzulässig** (FRANK/STRÄULI/MESSMER, § 168 ZPO/ZH N 2; REYMOND, 64; VOUILLOZ, 840). Solche schriftlichen Äusserungen dürfen mit Blick auf eine kohärente Regelung der Beweismittel auch nicht als Urkunden berücksichtigt werden, selbst wenn sie vom Urkundenbegriff gemäss Art. 177 erfasst sind (FRANK/STRÄULI/MESSMER, Vor § 183 ff. ZPO/ZH N 3).

2 Im Anwendungsbereich der Verhandlungsmaxime setzt die Einholung einer schriftlichen Auskunft einen **Parteiantrag** voraus (DOLGE, Beweisverfahren, 44), wobei der Antrag auf Einvernahme eines Zeugen auch für die Einholung einer schriftlichen Auskunft genügt (GASSER/RICKLI, Art. 190 N 4; STAEHELIN/STAEHELIN/GROLIMUND, § 18 Rz 133).

II. Amtsstellen und Privatpersonen

3 Schriftliche Auskünfte können gemäss Abs. 1 in erster Linie bei **Amtsstellen** eingeholt werden. Dafür sprechen praktische Gründe und die Annahme, dass von einer neutralen Amtsstelle auch ohne förmliche Zeugeneinvernahme ein objektiver Bericht erstattet wird (BÜHLER/EDELMANN/KILLER, § 232 N 1).

4 Bei **Privatpersonen** sind schriftliche Auskünfte nur mit Zurückhaltung einzuholen (BÜHLER/EDELMANN/KILLER, § 232 ZPO/AG N 1). Art. 185 Abs. 2 VE-ZPO sah die Möglichkeit der Einholung von schriftlichen Auskünften bei Privatpersonen für den Fall vor, dass die Zeugenbefragung «unverhältnismässig» erscheint. Demgegenüber setzt Abs. 2 für die Einholung einer schriftlichen Auskunft voraus, dass eine Zeugenbefragung nicht erforderlich erscheint. Alleine der Umstand, dass die schriftliche Auskunft viel zweckmässiger wäre als eine aufwendige Zeugeneinvernahme, dürfte für deren Anordnung nicht genügen (so aber BOTSCHAFT ZPO, 7326; HASENBÖHLER, 391). Denn die allenfalls grössere Zweckmässigkeit einer schriftlichen Auskunft bedeutet nicht ohne weiteres, dass eine Zeugenaussage nicht erforderlich erscheint. Je wichtiger die zu beweisende Tatsache und die Möglichkeit ist, Ergänzungsfragen zu stellen oder Erläuterungen zu verlangen, desto weniger wird eine schriftliche Auskunft einer adäquaten Beweiserhebung gerecht (BÜHLER/EDELMANN/KILLER, § 232 ZPO/AG N 1; KGer SZ, 6.7.1987, EGV-SZ 1987, 87). Da bei einer schriftlichen Auskunft die Glaubwürdigkeit des Ausstellers durch das Gericht und die Parteien nicht in gleicher Weise wie bei einer Zeugenbefragung überprüft werden kann und die Möglichkeit zum Stellen von Ergänzungsfragen entfällt, dürfte die schriftliche Auskunft von Privatpersonen an Stelle einer Zeugenbefragung nur in Frage kommen, wenn an der Richtigkeit der Auskunft keine ernsthaften Zweifel bestehen (GVP SG 2007 Nr. 81; REYMOND, 69). In Frage kommen etwa Lohnauskünfte des Arbeitgebers, Arztzeugnisse oder Bestätigungen von Banken über Guthaben und Schulden (DOLGE, Beweisverfahren, 44; LEUENBERGER/UFFER-TOBLER, Art. 111 ZPO/SG N 3a; STAEHELIN/STAEHELIN/GROLIMUND, § 18 Rz 133). Zur Abklärung des Gesundheitszustandes einer Partei bildet eine schriftliche Auskunft kein genügendes Beweismittel, wenn der Ermittlung des Gesundheitszustandes für den Ausgang des Verfahrens zentrale Bedeutung zukommt (KassGer ZH, 28.8.2002, SJZ 2003, 157).

Unter den vorstehend erwähnten Voraussetzungen kann die schriftliche Auskunft an Stelle des persönlichen Erscheinens vor Gericht treten (BÜHLER/EDELMANN/KILLER, § 232 ZPO/AG N 1). Art. 185 Abs. 4 VE-ZPO hielt fest, dass die schriftliche Auskunft eine **nachträgliche Zeugenbefragung** nicht ausschliesse. Das gilt auch ohne diesen expliziten Vorbehalt (BOTSCHAFT ZPO, 7326), insb. wenn Zweifel an der Richtigkeit der Auskunft bestehen (STAEHELIN/STAEHELIN/GROLIMUND, § 18 Rz 134; STUDER/RÜEGG/EIHOLZER, § 174 N 2 am Ende). Es gibt keine gesetzliche Vermutung, dass die Person, von der das Gericht eine schriftliche Auskunft einholt, generell glaubwürdig wäre. Die Parteien haben daher einen Anspruch auf Überprüfung der Glaubwürdigkeit der Auskunftsperson durch eine nachträgliche Zeugeneinvernahme, falls sie eine solche beantragen (GVP SG 2007 Nr. 81). Die schriftliche Auskunft kann jedoch beweiskräftig sein, auch wenn die Aussage nicht zusätzlich durch eine Zeugenbefragung bestätigt wird (**a.M.** VOUILLOZ, 847). Andernfalls würde die schriftliche Auskunft ihren Hauptvorteil und Anwendungsbereich, nämlich an die Stelle von Zeugenaussagen zu treten, verlieren.

Da die schriftliche Auskunft keine Zeugeneinvernahme ist, erfolgt das Ersuchen um Erteilung einer schriftlichen Auskunft ohne Ermahnung zur Wahrheit (BÜHLER/EDELMANN/KILLER, § 232 ZPO/AG N 2). Das Gericht kann aber darauf hinweisen, dass die schriftliche Auskunft allenfalls durch eine Zeugeneinvernahme unter Strafandrohung bestätigt werden müsse (FRANK/STRÄULI/MESSMER, § 168 ZPO/ZH N 3; LEUENBERGER/UFFER-TOBLER, Art. 111 ZPO/SG N 3b). Eine falsche Auskunftserteilung ist nicht nach Art. 307 StGB strafbar, kann aber allenfalls den Tatbestand der Falschbeurkundung (Art. 251 StGB) oder den Spezialtatbestand des falschen ärztlichen Zeugnisses (Art. 318 StGB) erfüllen (BÜHLER/EDELMANN/KILLER, § 232 ZPO/AG N 2; FRANK/STRÄULI/MESSMER, § 168 ZPO/ZH N 3; LEUENBERGER/UFFER-TOBLER, Art. 111 ZPO/SG N 3b).

Die zur schriftlichen Auskunft aufgeforderte Person ist an die ihr obliegenden Geheimhaltungspflichten gebunden. Eine ärztliche schriftliche Auskunft setzt daher die Entbindung vom Berufsgeheimnis voraus und die schriftliche Auskunft einer Amtsstelle die Ermächtigung der vorgesetzten Behörde (Art. 166 Abs. 1 lit. b und c; BÜHLER/EDELMANN/KILLER, § 232 ZPO/AG N 3). Bei Einholung einer schriftlichen Auskunft bei einer Amtstelle kann das Gericht auch die Ermächtigung der zuständigen Stelle zur Entbindung vom Amtsgeheimnis beantragen (LEUENBERGER/UFFER-TOBLER, Art. 111 ZPO/SG N 2b). Besteht ein Berufsgeheimnis, soll eine schriftliche Auskunft nur eingeholt werden, wenn die betreffende Person von der Geheimhaltungspflicht entbunden wurde. Auf die Entbindung vom Berufsgeheimnis ist in der Anfrage ausdrücklich hinzuweisen (ZR 1962 Nr. 177; LEUENBERGER/UFFER-TOBLER, Art. 111 ZPO/SG N 3c).

Art. 185 Abs. 3 VE-ZPO sah eine ausdrückliche Bestimmung vor, dass das Gericht die Parteien über die schriftliche Auskunft zu informieren und ihnen Gelegenheit zur Stellungnahme zu geben habe. Das gilt infolge des Anspruchs auf rechtliches Gehör auch ohne ausdrückliche Regelung. Damit erhalten die Parteien auch Gelegenheit, sich dazu zu äussern, ob die betreffende Person vom Gericht als Zeuge einzuvernehmen ist (SUTTER-SOMM, Beweisrecht, 16).

7. Abschnitt: Parteibefragung und Beweisaussage

Art. 191

Parteibefragung	¹ Das Gericht kann eine oder beide Parteien zu den rechtserheblichen Tatsachen befragen. ² Die Parteien werden vor der Befragung zur Wahrheit ermahnt und darauf hingewiesen, dass sie mit einer Ordnungsbusse bis zu 2000 Franken und im Wiederholungsfall bis zu 5000 Franken bestraft werden können, wenn sie mutwillig leugnen.
Interrogatoire des parties	¹ Le tribunal peut auditionner les deux parties ou l'une d'entre elles sur les faits de la cause. ² Les parties sont exhortées à répondre conformément à la vérité; le tribunal les rend attentives au fait qu'en cas de mensonge délibéré, elles peuvent être punies d'une amende disciplinaire de 2000 francs au plus et, en cas de récidive, de 5000 francs au plus.
Interrogatorio delle parti	¹ Il giudice può interrogare una o entrambe le parti sui fatti giuridicamente rilevanti. ² Prima dell'interrogatorio la parte è esortata a dire la verità e avvertita che in caso di dichiarazione deliberatamente mendace potrà essere punita con una multa disciplinare fino a 2000 franchi e, in caso di recidiva, fino a 5000 franchi.

Inhaltsübersicht Note

I. Verhältnis zwischen Parteibefragung und Beweisaussage 1
II. Gemeinsame Gesichtspunkte für Parteibefragung und Beweisaussage 4
   1. Vollwertige Beweismittel 4
   2. Persönlicher Anwendungsbereich 9
   3. Vorladung und Ort der Befragung 13
III. Durchführung der Parteibefragung 14

Literatur

Vgl. die Literaturhinweise zu Art. 190 sowie R. HAUSER, Zur Beweisaussage im Zivilprozess, in: Merz/Schluep (Hrsg.), Recht und Wirtschaft heute, Festgabe zum 65. Geburtstag von Max Kummer, Bern 1980, 617–631; TH. SUTTER-SOMM, Parteianhörung und Parteivernehmung am Ende des 20. Jahrhunderts aus schweizerischer Sicht, Zeitschrift für Zivilprozess, Bd. 113 (2000), 327–345 (zit. Parteianhörung); TH. WEIBEL, Zur Beweisaussage der Parteien im Zivilprozess, in: Noll/Olano (Hrsg.), «Im Namen des Obergerichts», Festschrift für Magdalena Rutz, Liestal 2004, 231–239.

I. Verhältnis zwischen Parteibefragung und Beweisaussage

1   Für die Parteiaussage als Beweismittel gibt es die zwei Formen der Parteibefragung (Art. 191) und der Beweisaussage (Art. 192), wobei die Parteibefragung das weniger formelle Beweismittel ist (BOTSCHAFT ZPO, 7326; HASENBÖHLER, 392; STAEHELIN/STAEHELIN/GROLIMUND, § 18 Rz 136). Die Parteibefragung ist ein selbständiges, von der allfälligen Anordnung der Beweisaussage unabhängiges Beweismittel. Dies wird dadurch

verdeutlicht, dass die Parteibefragung – anders als in einem Teil der früheren kantonalen Zivilprozessordnungen – nicht mit dem Hinweis verbunden werden muss, dass die befragte Partei zur Beweisaussage nach Art. 192 unter Strafandrohung verpflichtet werden kann. Die Parteibefragung bildet jedoch, falls das Gericht eine Beweisaussage anordnet, deren Vorstufe: Es ist sachgerecht und entspricht der Gesetzessystematik, dass zunächst mittels Parteibefragung zu entscheiden ist, über welche prozessentscheidenden Tatsachen allenfalls eine Beweisaussage anzuordnen ist. Die Beweisaussage setzt eine vorausgegangene Parteibefragung derselben Partei voraus (FRANK/STRÄULI/MESSMER, § 149 ZPO/ZH N 2; VOGEL/SPÜHLER, 10. Kap. Rz 172).

Die Parteien können beantragen, dass sie selber und/oder die Gegenpartei der Parteibefragung unterstellt werden (BOTSCHAFT ZPO, 7326; STAEHELIN/STAEHELIN/GROLIMUND, § 18 Rz 136). Die Beweisaussage kann demgegenüber nur von Amtes wegen angeordnet werden (BOTSCHAFT ZPO, 7326). 2

Dass die Parteibefragung nur auf Antrag erfolgen können soll, die Beweisaussage hingegen von Amtes wegen angeordnet wird, scheint nicht folgerichtig. In einem Fall, der die Beweisaussage nach Art. 201 ZPO/GR betraf, entschied das Bundesgericht, dass eine vorgängige Parteibefragung beider Parteien unerlässlich ist, wenn nur eine der Parteien zur Beweisaussage verpflichtet wird, weil nur dadurch entschieden werden kann, welche Partei als glaubwürdiger erscheint (BGE 112 II 369 E. 2a). Nach dieser Rechtsprechung, die auch für die Beweisaussage nach Art. 192 sachgerecht erscheint, muss das Gericht zumindest dann auch ohne Parteiantrag zuerst eine Parteibefragung beider Parteien durchführen, wenn nur eine Partei zur Beweisaussage verpflichtet wird. Letztlich setzt aber auch der Entscheid, ob nach pflichtgemässem Ermessen die Beweisaussage einer oder beider Parteien angeordnet werden soll, eine vorgängige Parteibefragung beider Parteien voraus (vgl. FRANK/STRÄULI/MESSMER, § 150 ZPO/ZH N 2, 6; vgl. auch LEUENBERGER/UFFER-TOBLER, Art. 120 ZPO/SG N 1a, wonach, wenn nur die Einvernahme einer Partei beantragt wird, jedoch Tatsachen streitig sind, die beide Parteien unmittelbar wahrgenommen haben, die nicht beantragte Partei von Amtes wegen zu befragen ist). Die Aussage bloss einer Partei kann ohne Anhörung auch der anderen Partei schwer zu bewerten sein (WEIBEL, 237). Aus der Befugnis des Gerichts, eine oder beide Parteien von Amtes wegen zur Beweisaussage verpflichten zu können, lässt sich ableiten, dass auch die **Parteibefragung von Amtes wegen** erfolgen kann. Es wäre im Übrigen systemwidrig, wenn das Gericht zwar die Beweisaussage als qualifizierte Form der Parteiaussage von Amtes wegen anordnen könnte, nicht hingegen die Parteibefragung, welche deren Vorstufe bildet (N 1). Zwischen der informativen Parteibefragung im Rahmen des Behauptungsstadiums des Prozesses und der Beweisaussage, welche beide von Amtes wegen erfolgen können, erscheint die Parteibefragung als Zwischenschritt. Für die Möglichkeit der Parteibefragung von Amtes wegen spricht auch dieser Umstand. 3

II. Gemeinsame Gesichtspunkte für Parteibefragung und Beweisaussage

1. Vollwertige Beweismittel

Im Gegensatz zu zahlreichen früheren kantonalen Zivilprozessordnungen sind die Parteibefragung und die Beweisaussage im Verhältnis zu den anderen Beweismitteln keine subsidiären Beweismittel. Sie kommen nicht erst zum Zug, wenn alle anderen Beweismittel abgenommen worden sind und zu keinem schlüssigen Beweisergebnis geführt haben (BÜHLER, 463; BOTSCHAFT ZPO, 7326). Aufgrund ihrer Gleichrangigkeit mit an- 4 deren Beweismitteln sind die Parteibefragung und die Beweisaussage *vollwertige Beweismittel* (DOLGE, Beweisverfahren, 44), unterliegen aber wie alle anderen Beweismittel der freien Beweiswürdigung.

5 Der Behandlung als vollwertiges Beweismittel entsprechend entscheidet das Gericht nach Ermessen, in welchem Zeitpunkt des Beweisverfahrens die Parteibefragung oder die Beweisaussage abgenommen werden (SUTTER-SOMM, Parteianhörung, 340; WEIBEL, 236). Falls das Gericht dies für zweckmässig erachtet, kann die Parteibefragung oder die Beweisaussage vor Abnahme der übrigen Beweismittel erfolgen oder die Parteibefragung kann zu Beginn des Beweisverfahrens und die Beweisaussage nach der Abnahme weiterer Beweismittel erfolgen.

6 Die Behandlung der Parteibefragung und der Beweisaussage als vollwertige Beweismittel dient der Herstellung eines prozessualen Gleichgewichts, wenn in einem Verfahren auf der Gegenseite ein am Prozessausgang wie eine Partei interessierter Zeuge auftritt (FRANK/STRÄULI/MESSMER, § 150 ZPO/ZH N 5; HAUSER, 626; WEIBEL, 236). Auch die Möglichkeit, dass im Rahmen von Konfrontationseinvernahmen Zeugen den Parteien gegenübergestellt werden können (Art. 174), setzt eine Behandlung der Beweisaussage als vollwertiges Beweismittel voraus (DOLGE, Beweisverfahren, 45).

7 Innere Tatsachen (was eine Partei gewusst, was sie gewollt hat) lassen sich unmittelbar nur durch die Parteiaussage beweisen (KUMMER, ZPR, 121; BGE 134 III 452 E. 4.1 mit Bezug auf die Schädigungsabsicht des Schuldners bei der Absichtsanfechtung nach Art. 288 SchKG). Die Parteibefragung und die Beweisaussage entsprechen allgemein da einem Bedürfnis, wo ausreichende andere Beweismittel fehlen, weil nur die Parteien die zu beweisenden Tatsachen kennen, was insbesondere in Ehe- und Familienangelegenheiten und bei streitigen mündlichen Vereinbarungen der Fall sein kann (BÜHLER, 467; HAUSER, 625; WEIBEL, 233).

8 Sowohl bei der Parteibefragung als auch bei der Beweisaussage ist ausdrücklich vorgesehen, dass eine oder beide Parteien befragt bzw. zur Beweisaussage verpflichtet werden können. Die Gleichstellung der Parteien gebietet es, beide Parteien zu den gleichen streitigen Tatsachen zu befragen (WEIBEL, 237). Bei der Parteibefragung gehört die **Befragung beider Parteien** geradezu zum Wesen dieses Beweismittels, soweit beide Parteien über die streitigen Tatsachen aussagen können (BÜHLER/EDELMANN/KILLER, § 267 ZPO/AG N 2; dass grundsätzlich beide Parteien zu befragen sind, bejahen auch LEUCH/MARBACH/KELLERHALS/STERCHI, Art. 273 ZPO/BE N 2). Werden beide Parteien zur Beweisaussage verpflichtet, hat dies den Vorteil, dass das Gericht nicht bereits bei der Anordnung der Beweisaussage entscheiden muss, welche Partei glaubwürdiger erscheint (BÜHLER/EDELMANN/KILLER, § 268 ZPO/AG N 3; LEUENBERGER/UFFER-TOBLER, Art. 120 ZPO/SG N 1a; SUTTER-SOMM, Parteianhörung, 341 f.). Bei der Parteibefragung und der Beweisaussage können sowohl Aussagen zu Gunsten wie zu Lasten der aussagenden Partei berücksichtigt werden. In den Materialien und einem Teil der Lehre wird die Auffassung vertreten, dass Aussagen zu eigenen Gunsten bei der Parteibefragung meistens nur eine geringe Beweiskraft zukomme und einer Bekräftigung durch zusätzliche Beweismittel bedürfen (BOTSCHAFT ZPO, 7326; VOUILLOZ, 848). Eine derartige Einschränkung des Beweiswertes ergibt sich nicht aus dem Gesetz (STAEHELIN/STAEHELIN/GROLIMUND, § 18 Rz 136).

2. *Persönlicher Anwendungsbereich*

9 Ist eine **juristische Person** Partei, so werden ihre Organe im Beweisverfahren wie eine Partei behandelt (Art. 159). Unter den Organbegriff fallen die formellen Exekutivorgane (Verwaltungsräte, Direktoren und andere geschäftsführende Personen) (LEUCH/MARBACH/

KELLERHALS/STERCHI, Art. 243 ZPO/BE N 2b; LEUENBERGER/UFFER-TOBLER, Art. 121 ZPO/SG N 1c). Bei Prokuristen kommt es auf die Umstände des konkreten Falles an, ob sie als Partei oder als Zeuge zu befragen sind (BÜHLER/EDELMANN/KILLER, § 268 ZPO/AG N 3). Auch **faktische Organe** sind als Partei zu behandeln (BOTSCHAFT ZPO, 7315; BÜHLER/EDELMANN/KILLER, § 268 ZPO/AG N 3; LEUENBERGER/UFFER-TOBLER, Art. 121 ZPO/SG N 1c). Mitarbeiter einer juristischen Person, denen keine Organzustellung zukommt, sind als Zeugen zu befragen. Ist die Eigenschaft als faktisches Organ streitig, ist zu entscheiden, ob die entsprechende Person als Zeuge oder als Partei zu befragen ist. Dieser Umstand sollte nicht überbewertet werden, da bei der Beweiswürdigung der Rolle der befragten Person Rechnung zu tragen ist, unabhängig davon, ob sie als Zeuge oder Partei aussagt. Dass die Organe einer juristischen Person als Partei und nicht als Zeuge zu befragen sind, hat in erster Linie Auswirkungen auf das Zeugnisverweigerungsrecht bzw. die Kooperationsobliegenheit der Parteien (BOTSCHAFT ZPO, 7315).

In Prozessen von **Kollektiv- und Kommanditgesellschaften** sind die Gesellschafter der Parteibefragung bzw. Parteiaussage zu unterstellen (BÜHLER, 468; FRANK/STRÄULI/MESSMER, § 151 ZPO/ZH N 4, wobei nach der ZPO/ZH nur der unbeschränkt haftende Gesellschafter als Partei befragt wurde; LEUCH/MARBACH/KELLERHALS/STERCHI, Art. 243 ZPO/BE N 2b; LEUENBERGER/UFFER-TOBLER, Art. 121 ZPO/SG N 1b). In gleicher Weise sind die Organe von als parteifähig betrachteten Sondervermögen, d.h. die **Konkursverwaltung**, der **Liquidator** beim Nachlassvertrag mit Vermögensabtretung (BOTSCHAFT ZPO, 7315; LEUENBERGER/UFFER-TOBLER, Art. 121 ZPO/SG N 1d; VOUILLOZ, 847; WALDER/GROB, § 29 Rz 22) und der **Erbschaftsverwalter** bei der amtlichen Nachlassliquidation, als Parteien zu befragen. Auch die ehemaligen Organe sind als Partei zu befragen. Ist eine **Gemeinde** Partei, sind die Mitglieder der Exekutive und der Gemeindeschreiber als Partei zu befragen (BÜHLER/EDELMANN/KILLER, § 264 ZPO/AG N 3). 10

Bei der Nebenintervention und der Streitverkündung ist die **intervenierende Person** und die **streitberufene Person** als Partei und nicht als Zeuge zu befragen (HABSCHEID, Rz 692). Solange das Interventionsgesuch nicht gutgeheissen wurde oder die streitberufene Person ihren Eintritt in den Prozess nicht erklärt hat, ist sie jedoch als Zeuge zu befragen (BÜHLER/EDELMANN/KILLER, § 216 ZPO/AG N 2; FRANK/STRÄULI/MESSMER, § 151 ZPO/ZH N 7; LEUCH/MARBACH/KELLERHALS/STERCHI, Art. 243 ZPO/BE N 2b; VOGEL/SPÜHLER, 10. Kap. Rz 128). 11

Ist eine Partei **prozessunfähig**, kann sie befragt werden, soweit sie *urteilsfähig* ist (Art. 63 Abs. 1 BZP; FRANK/STRÄULI/MESSMER, § 151 ZPO/ZH N 2; HABSCHEID, Rz 692). Ist eine Partei nicht urteilsfähig, kann nicht an ihrer Stelle der gesetzliche Vertreter als Partei befragt werden. Der gesetzliche Vertreter ist selbst nicht Partei und als Zeuge zu befragen, selbst wenn er den Prozess selber führt (FRANK/STRÄULI/MESSMER, § 151 ZPO/ZH N 3; WALDER/GROB, § 29 Rz 21; anders Art. 63 Abs. 1 BZP). 12

3. Vorladung und Ort der Befragung

Die **Vorladung** zur Parteibefragung und zur Beweisaussage erfolgt durch das Gericht analog Art. 170 Abs. 1 betreffend die Vorladung von Zeugen. Ist eine Partei infolge Alters, Krankheit oder aus anderen ernsthaften Gründen verhindert, persönlich vor Gericht zu erscheinen, kann sie in analoger Anwendung von Art. 170 Abs. 3 am Aufenthaltsort befragt werden (so früher etwa Art. 278 Abs. 1 ZPO/BE; § 158 Abs. 2 ZPO/LU; § 159 ZPO/SO; § 153 ZPO/ZH). 13

III. Durchführung der Parteibefragung

14 Die Parteibefragung nach Art. 191 ist von der informativen Parteibefragung im Rahmen der Ausübung der gerichtlichen Fragepflicht nach Art. 56 zu unterscheiden (VOGEL/ SPÜHLER, 10. Kap. Rz 166). Was die Parteien anlässlich der informativen Parteibefragung vorbringen, gehört zum Behauptungsstadium des Prozesses (BOTSCHAFT ZPO, 7326; FRANK/STRÄULI/MESSMER, Vor § 149 ZPO/ZH N 1; KUMMER, ZPR, 129; STAEHELIN/STAEHELIN/GROLIMUND, § 18 Rz 135; VOGEL/SPÜHLER, 10. Kap. Rz 166; WALDER/ GROB, § 29 Rz 9). In Verfahren, die von der Verhandlungsmaxime beherrscht werden, ist die Parteibefragung – wie die übrigen Beweismittel – auf den von den Parteien im Behauptungsstadium des Prozesses vorgebrachten Prozessstoff beschränkt. Falls nicht die Untersuchungsmaxime gilt, darf durch die Parteibefragung kein neuer Prozessstoff beigebracht werden. Die Verhandlungsmaxime schliesst jedoch nicht aus, dass der Richter zur Verifizierung des von den Parteien behaupteten Sachverhalts sich bei der Befragung nicht nur an die Parteibehauptungen hält, sondern selbständig nach Indizien forscht und entsprechende Fragen stellt, deren Ergebnis bei der Beweiswürdigung berücksichtigt werden kann (BÜHLER/EDELMANN/KILLER, § 267 ZPO/AG N 6; GULDENER, ZPR, 163).

15 Die Ermahnung zur Wahrheit wird mit dem Hinweis auf die Möglichkeit disziplinarischer Ahndung bei mutwilligem Leugnen verbunden (Abs. 2). Mutwillig handelt eine Partei, die in leichtfertiger Weise unrichtige Tatsachen behauptet (FRANK/STRÄULI/ MESSMER, § 50 ZPO/ZH N 17). Eine disziplinarische Ahndung setzt damit im Vergleich zur Bestrafung wegen falscher Beweisaussage eine qualifizierte Verletzung der Wahrheitspflicht voraus.

16 Die Parteibefragung muss nicht mit dem Hinweis verbunden werden, dass die befragte Partei zur Beweisaussage nach Art. 192 unter Strafandrohung verpflichtet werden kann. Der Gesetzeswortlaut steht einem solchen Hinweis aber auch nicht entgegen. Nach LEUCH/MARBACH/KELLERHALS/STERCHI, Art. 274 ZPO/BE N 1a liegt im anlässlich der Parteibefragung angebrachten Hinweis auf die Möglichkeit, die Partei zur Beweisaussage zu verpflichten, die praktisch grösste Bedeutung der selten angeordneten Beweisaussage.

17 Für die Parteibefragung gelten die **Verweigerungsrechte** nach Art. 163. Die Partei ist hierüber aufzuklären (Art. 161). Die Belehrung über die Verweigerungsrechte – oder die nachträgliche Genehmigung bei unterlassener Aufklärung – ist Gültigkeitsvoraussetzung für die Verwendung der Parteibefragung als Beweismittel (Art. 161 Abs. 2). Die ungerechtfertigte Verweigerung der Mitwirkung hat keine Ordnungsbusse zur Folge, wird aber vom Gericht bei der Beweiswürdigung berücksichtigt (Art. 164). Da die Mitwirkung der Parteien nicht erzwungen wird, unterliegen die Parteien keiner Aussagepflicht, sondern nur einer Aussagelast (HABSCHEID, Rz 695; KUMMER, ZPR, 90, 129).

18 Die Befragung erfolgt mündlich durch das Gericht. Die Bestimmung lässt offen, ob die befragte Person schriftliche Unterlagen benützen darf. Dem Wesen der Mündlichkeit entsprechend sollte dies die Ausnahme sein, die analog der Regelung beim Zeugnis (Art. 171 Abs. 3) der Bewilligung des Gerichts bedarf (so früher § 155 Abs. 3 ZPO/ZH). Insbesondere ist das Ablesen vorbereiteter Notizen (die möglicherweise von einem Dritten stammen) unstatthaft (vgl. FRANK/STRÄULI/MESSMER, § 155 ZPO/ZH N 1).

19 Nicht ausdrücklich geregelt ist, ob die Parteien entweder **Ergänzungsfragen** beantragen oder mit Bewilligung des Gerichts selbst stellen können. Diese Möglichkeit folgt aus dem übergeordneten Grundsatz des Anspruchs auf rechtliches Gehör und auf Mitwirkung bei der Beweiserhebung. Eine Partei kann Fragen an sich selbst beantragen (BÜHLER/ EDELMANN/KILLER, § 263 ZPO/AG N 2) oder durch ihren Vertreter stellen lassen (WALDER/GROB, § 29 Rz 23; FRANK/STRÄULI/MESSMER, § 155 ZPO/ZH N 2; LEUEN-

BERGER/UFFER-TOBLER, Art. 122 ZPO/SG N 2b). Suggestivfragen sind nach dem Gebot des Handelns nach Treu und Glauben (Art. 52) zu unterlassen (FRANK/STRÄULI/ MESSMER, § 155 ZPO/ZH N 2).

Erscheint eine Partei unentschuldigt nicht zur Befragung, kann die erschienene Gegenpartei gleichwohl befragt werden (so früher § 265 Abs. 1 ZPO/AG). 20

Art. 192

Beweisaussage	[1] Das Gericht kann eine oder beide Parteien von Amtes wegen zur Beweisaussage unter Strafdrohung verpflichten. [2] Die Parteien werden vor der Beweisaussage zur Wahrheit ermahnt und auf die Straffolgen einer Falschaussage hingewiesen (Art. 306 StGB).
Déposition des parties	[1] Le tribunal peut d'office, sous menace de sanctions pénales, contraindre les deux parties ou l'une d'entre elles à faire une déposition. [2] Les parties sont exhortées au préalable à répondre conformément à la vérité; le tribunal les rend attentives aux conséquences d'une fausse déclaration (art. 306 CP).
Deposizioni delle parti	[1] Il giudice può, d'ufficio e con comminatoria di pena, obbligare a deporre una o entrambe le parti. [2] Prima della deposizione, la parte è esortata a dire la verità e resa attenta alle conseguenze penali di una falsa dichiarazione in giudizio (art. 306 CP).

Inhaltsübersicht   Note
  I. Allgemeines 1
 II. Durchführung der Beweisaussage 6

Literatur

Vgl. die Literaturhinweise zu Art. 191.

I. Allgemeines

Bei keinem anderen Beweismittel war die Rechtszersplitterung in den kantonalen Zivilprozessordnungen grösser als bei der Beweisaussage (BÜHLER, 459 f.; ausführlich SUTTER-SOMM, Parteianhörung, 330–338). In den Kantonen, deren Zivilprozessordnungen die Parteiaussage unter der Strafandrohung von Art. 306 StGB kannten, wurde von dieser nur selten Gebrauch gemacht (Nachweise bei WEIBEL, 232 f.). 1

Die Beweisaussage ist eine qualifizierte Form der **Parteibefragung** (BOTSCHAFT ZPO, 7326; HASENBÖHLER, 392). Auf die Parteibefragung kann, muss aber nicht die Beweisaussage folgen. Falls das Gericht eine oder beide Parteien zur Beweisaussage verpflichtet, bildet die Parteibefragung deren Vorstufe (s. Art. 191 N 1). Die Bedeutung der Beweisaussage liegt in ihrer besonderen, überzeugungsbildenden Wirkung, die ihr infolge der Strafandrohung wegen falscher Beweisaussage zukommen kann (LEUCH/MARBACH/ KELLERHALS/STERCHI, Art. 279 ZPO/BE N 1a). 2

Die Beweisaussage kann nur von Amtes wegen angeordnet werden. Die Anordnung bezieht sich sowohl darauf, ob eine oder beide Parteien zur Beweisaussage verpflichtet 3 werden, wie auch auf den genauen Gegenstand der Beweisaussage. Auch in Verfahren, in denen die Verhandlungsmaxime gilt, ist ein Antrag auf Anordnung der Beweisaussage nicht erforderlich (**a.M.** STAEHELIN/STAEHELIN/GROLIMUND, § 18 Rz 137). Wird gleichwohl ein entsprechender Beweisantrag gestellt, hat eine Partei weder Anspruch, selber zur Beweisaussage zugelassen zu werden, noch kann sie erwirken, dass die Gegenseite zur Beweisaussage verpflichtet wird. Ein Teil der Lehre leitet aus dem Recht auf Beweis einen derartigen Anspruch ab, falls der Antrag auf Anordnung der Beweisaussage form- und fristgerecht erfolgt und die Beweisaussage als taugliches Beweismittel erscheint (REYMOND, 70; VOUILLOZ, 848). Das Gericht entscheidet über die Anordnung der Beweisaussage nach pflichtgemässem Ermessen (vgl. FRANK/STRÄULI/MESSMER, § 150 ZPO/ZH N 3).

4   Da nur die Beweisaussage (nicht aber die Parteibefragung) einer mit dem falschen Zeugnis vergleichbaren Strafandrohung unterliegt, sollte die **Konfrontation von Zeugen und Parteien** in der Form der Beweisaussage erfolgen (GULDENER, ZPR, 353; REYMOND, 65).

5   Für die gemeinsamen Gesichtspunkte von Parteibefragung und Beweisaussage (vollwertiges Beweismittel, Befragung beider Parteien, Handhabung bei juristischen Personen) s. Art. 190 N 4–13.

II. Durchführung der Beweisaussage

6   Die Befragung erfolgt mündlich durch das Gericht. Das Gericht hat die befragte Partei zur **Beweisaussage** über *bestimmte Tatsachen oder Beweissätze* anzuhalten (so früher ausdrücklich § 268 Abs. 1 ZPO/AG; § 150 Abs. 1 ZPO/ZH). Die Beweisaussage setzt damit eine spezifische Beweisverfügung (Art. 154) voraus (FRANK/STRÄULI/MESSMER, § 150 ZPO/ZH N 10). Eine genaue Umschreibung des Gegenstands der Beweisaussage entspricht dem Wesen dieses Beweismittels. Mit Blick darauf, dass die Beweisaussage nur von Amtes wegen angeordnet werden kann, haben die Parteien keinen Anspruch auf eine Zulassung von Ergänzungsfragen.

7   Die **Ermahnung zur Wahrheit** wird mit dem **Hinweis auf die Straffolgen** einer **Falschaussage** verbunden (Abs. 2). Die Ermahnung zur Wahrheit soll positiv auf den Wahrheitswillen einwirken, während die Strafandrohung für den Fall der Falschaussage negativ von der Lüge abschrecken soll (WALDER/GROB, § 29 Rz 13). Die vorgängige richterliche Ermahnung zur Wahrheit und der Hinweis auf die Straffolgen einer falschen Beweisaussage sind Voraussetzungen für die Strafbarkeit (Art. 306 StGB). Der Hinweis auf die Wahrheitspflicht und auf die Strafbarkeit von Falschaussagen ist aber auch Gültigkeitsvoraussetzung für die Beachtung als Beweismittel (BÜHLER, 462).

8   Die Beweisaussage kann nicht zusätzlich mit Eid oder Handgelübde bekräftigt werden, womit in der ZPO keine Grundlage für die Anwendung einer qualifizierten Strafdrohung nach Art. 306 Abs. 2 StGB besteht.

9   Für die Beweisaussage gelten die **Verweigerungsrechte** nach Art. 163, worüber die Partei aufzuklären ist (Art. 161). Die *Belehrung* über die Verweigerungsrechte – oder die nachträgliche Genehmigung bei unterlassener Aufklärung – ist Gültigkeitsvoraussetzung für die Verwendung der Beweisaussage als Beweismittel (Art. 161 Abs. 2). Durch Schweigen kann sich eine Partei nicht strafbar machen (FRANK/STRÄULI/MESSMER, § 154 ZPO/ZH N 2a; GASSER/RICKLI, Art. 193 N 1; WEIBEL, 238). Eine ungerechtfertigte Verweigerung der Mitwirkung wird aber vom Gericht bei der Beweiswürdigung berücksichtigt (Art. 164).

Art. 193

Protokoll	**Für das Protokoll der Parteibefragung und der Beweisaussage gilt Artikel 176 sinngemäss.**
Procès-verbal	L'art. 176 s'applique par analogie à la verbalisation de l'interrogatoire et de la déposition des parties.
Verbale	Alla verbalizzazione dell'interrogatorio e delle deposizioni delle parti si applica per analogia l'articolo 176.

Inhaltsübersicht

Note

I. Allgemeines 1
II. Form 2
III. Inhalt 3

Literatur

Vgl. die Literaturhinweise zu Art. 190.

I. Allgemeines

Die Protokollierung der Parteibefragung und der Beweisaussage erfolgt sinngemäss nach den Regeln für die Protokollierung von Zeugeneinvernahmen (Art. 176). 1

II. Form

Es braucht ein **schriftliches Protokoll**. Wird die Parteibefragung oder Beweisaussage auf Tonband, Video oder in anderer Weise aufgenommen, ergänzen diese Aufnahmen das Protokoll, vermögen es aber nicht zu ersetzen (STAEHELIN/STAEHELIN/GROLIMUND, § 18 Rz 95). Die Partei und die protokollführende Person haben das Protokoll zu unterzeichen (Art. 176 Abs. 1; Art. 235 Abs. 1 lit. f). 2

III. Inhalt

Die Aussagen werden in ihrem wesentlichen Inhalt protokolliert. Dem Protokoll muss zu entnehmen sein, was die Partei mit Bezug auf relevante Tatsachen ausgesagt hat (DOLGE, Beweisverfahren, 40). Ein Wortprotokoll ist nicht vorgesehen (STAEHELIN/STAEHELIN/GROLIMUND, § 18 Rz 95), aber auch nicht ausgeschlossen (REYMOND, 65). Kommt es bei bestimmten Aussagen auf den genauen Wortlaut an, kann eine Partei oder ihr Vertreter die wörtliche Protokollierung solcher Aussagen beantragen. 3

Die Bestimmung stellt keine unterschiedlichen Anforderungen an die Protokollierung der Parteibefragung und der Beweisaussage. Insbesondere die Beweisaussage gebietet eine genaue Protokollierung, da das Protokoll aufgrund der Strafandrohung von grosser Tragweite sein kann. Bei der Beweisaussage drängt sich auch eine genaue **Protokollierung der Fragen** auf, insbesondere wenn eine Frage nur mit ja oder nein beantwortet werden kann (BÜHLER/EDELMANN/KILLER, § 269 ZPO/AG N 1). Allgemein sollten im Interesse der Beweiswürdigung die Fragen ebenfalls protokolliert werden (FRANK/STRÄULI/MESSMER, § 155 ZPO/ZH N 3). 4

5   Die Parteien können namentlich beantragen, dass **abgelehnte Ergänzungsfragen** protokolliert werden (Art. 176 Abs. 1). Damit kann gegebenenfalls die Grundlage gelegt werden für eine spätere Überprüfung, ob die abgelehnte Ergänzungsfrage zu Recht oder zu Unrecht nicht zugelassen wurde.

6   Eine ordnungsgemässe Protokollierung hält zudem Ort und Zeit der Parteibefragung, die Zusammensetzung des Gerichts sowie die Anwesenheit der Parteien und ihrer Vertreter fest (Art. 235 Abs. 1 lit. a–c).

11. Titel: Rechtshilfe zwischen schweizerischen Gerichten

Art. 194

Grundsatz

¹ **Die Gerichte sind gegenseitig zur Rechtshilfe verpflichtet.**
² **Sie verkehren direkt miteinander.**

Principe

¹ Les tribunaux ont l'obligation de s'entraider.
² Ils correspondent directement entre eux.

Principio

¹ I tribunali sono tenuti a prestarsi assistenza giudiziaria.
² Essi comunicano direttamente tra loro.

Art. 195

Direkte Prozesshandlungen in einem andern Kanton

Jedes Gericht kann die erforderlichen Prozesshandlungen auch in einem anderen Kanton direkt und selber vornehmen; es kann insbesondere Sitzungen abhalten und Beweis erheben.

Actes de procédure accomplis directement dans un autre canton

Un tribunal peut accomplir les actes de procédure nécessaires directement dans un autre canton; il peut notamment y tenir audience et y administrer des preuves.

Atti processuali eseguiti direttamente in un altro Cantone

Ogni tribunale può esperire anche da sé i necessari atti processuali in un altro Cantone; può in particolare tenere udienze e assumere prove.

Art. 196

Rechtshilfe

¹ **Das Gericht kann um Rechtshilfe ersuchen. Das Rechtshilfegesuch kann in der Amtssprache des ersuchenden oder des ersuchten Gerichts abgefasst werden.**

² **Das ersuchte Gericht informiert das ersuchende Gericht und die Parteien über Ort und Zeit der Prozesshandlung.**

³ **Das ersuchte Gericht kann für seine Auslagen Ersatz verlangen.**

Entraide

¹ Le tribunal peut demander l'entraide. La requête est établie dans la langue officielle du tribunal requérant ou du tribunal requis.
² Le tribunal requis informe le tribunal requérant ainsi que les parties sur le lieu et le jour où l'acte de procédure requis est accompli.
³ Le tribunal requis peut exiger le remboursement de ses frais.

Assistenza giudiziaria

¹ Ogni tribunale può chiedere assistenza giudiziaria. La rogatoria può essere formulata nella lingua ufficiale del tribunale richiedente o richiesto.
² Il tribunale richiesto comunica al tribunale richiedente e alle parti dove e quando verrà eseguito l'atto processuale richiesto.
³ Il tribunale richiesto può farsi rimborsare le spese.

Inhaltsübersicht

Note

I. Allgemeines 1

II. Anwendungsbereich 2
    1. Inner- und interkantonale Rechtshilfe 2
    2. Direkte Prozesshandlungen in einem anderen Kanton (Art. 195) 5
    3. Rechtshilfe (Art. 196) 8

III. Übergangsrecht 12

IV. Internationales Recht 13
    1. Allgemeines 13
    2. Zustellung 14
    3. Beweiserhebung 18

Literatur

R. FRANK, Die Bedeutung des Rechtshilfekonkordats in Zivilsachen, SJZ 1989, 114 ff.

I. Allgemeines

1   Gemäss Art. 44 Abs. 2 BV sind die Kantone gegenseitig zur Rechtshilfe verpflichtet. Bis zum Inkrafttreten der eidg. Zivilprozessordnung regelte **das Konkordat über die Gewährung gegenseitiger Rechtshilfe in Zivilsachen** die entsprechenden Einzelheiten. Diesem waren bis zuletzt alle Kantone beigetreten. Die Art. 194–196 entsprechen grundsätzlich der bewährten Konkordatsregelung und bringen darüber hinaus weitere Vereinfachungen mit sich (vgl. N 5).

II. Anwendungsbereich

1. Inner- und interkantonale Rechtshilfe

2   Während das Konkordat nur die interkantonale Rechtshilfe betraf, regeln die Art. 194–196 sowohl die inner- als auch interkantonale Rechtshilfe (Bericht VE-ZPO, 92; BOTSCHAFT ZPO, 7327).

3   Wie bereits unter der Geltung des Konkordats (Art. 1) verkehren die Gerichte **direkt miteinander** (Art. 194 Abs. 2). Rechtshilfegesuche können so direkt vom einen zum anderen Gericht übermittelt werden, ohne die Vermittlung einer übergeordneten Stelle in Anspruch nehmen zu müssen. Zur Form und Sprache vgl. N 8.

4   Damit die Gerichte Prozesshandlungen auch ausserhalb ihres territorialen Zuständigkeitsbereichs vornehmen können, stellt das Gesetz **zwei verschiedene Möglichkeiten** zur Verfügung: Entweder nimmt das Gericht die erforderliche Prozesshandlung direkt selbst vor (Art. 195), oder es stellt beim zuständigen auswärtigen Gericht ein Rechtshilfegesuch (Art. 196).

2. Direkte Prozesshandlungen in einem anderen Kanton (Art. 195)

5   Gemäss Art. 195 kann jedes Gericht die erforderlichen Prozesshandlungen auch in einem anderen Kanton direkt und selber vornehmen. Eines vorgängigen Rechtshilfegesuches bedarf es dazu nicht. Die Behörden des anderen Kantons brauchen über die Prozesshand-

lungen in ihrem Hoheitsgebiet nicht einmal informiert zu werden (anders noch Art. 8 Abs. 2 des Konkordats). Zwar hatte der Vorentwurf zur ZPO noch eine entsprechende Informationspflicht gegenüber dem oberen Gericht des anderen Kantons vorgesehen, doch wurde diese Regelung in der Vernehmlassung als nicht mehr zeitgemäss kritisiert und deshalb fallengelassen (BOTSCHAFT ZPO, 7327).

Welche auswärtigen Prozesshandlungen im konkreten Fall erforderlich sind, entscheidet das urteilende Gericht selbst. Das Gesetz nennt ausdrücklich Sitzungen und Beweiserhebungen, macht aber durch die Formulierung («insbesondere») klar, dass auch die Vornahme anderer Prozesshandlungen nicht ausgeschlossen ist. Zu denken ist etwa an Zustellungen, sofern sie nicht ohnehin durch die Post erfolgen (vgl. Art. 138). Die Beweiserhebung kann sämtliche nach Art. 168 zulässigen Beweismittel betreffen, auch wenn in der Praxis Zeugeneinvernahmen, Augenscheine und Parteibefragungen im Vordergrund stehen dürften. 6

Die auswärtigen Prozesshandlungen werden in der Amtssprache des urteilenden Gerichts vorgenommen (vgl. Art. 129). Mit der Vereinheitlichung des Zivilprozessrechts stellt sich die Frage des anwendbaren Rechts auch im interkantonalen Verhältnis nicht mehr. 7

3. Rechtshilfe (Art. 196)

Nebst der Vornahme von Prozesshandlungen in einem anderen Kanton sieht Art. 196 als zweite – und in der Praxis meist bevorzugte – Möglichkeit den **klassischen Rechtshilfeweg** vor. Dazu wird direkt beim zuständigen auswärtigen Gericht ein entsprechendes Rechtshilfegesuch gestellt, welches in der *Amtssprache des ersuchenden oder ersuchten Gerichts* abgefasst werden kann (Art. 196 Abs. 1). Ob das Rechtshilfeersuchen besonderen Formvorschriften genügen muss, sagt das Gesetz nicht. Aus Art. 196 Abs. 1 ist immerhin zu schliessen, dass das Gesetz von Schriftlichkeit ausgeht (vgl. auch Art. 1 Abs. 1 des Konkordats). 8

Das ersuchte Gericht **informiert** das ersuchende Gericht und die Parteien über Ort und Zeit der Prozesshandlung (Art. 196 Abs. 2). Zweck dieser Bestimmung ist v.a. die Wahrung der Teilnahmerechte der Prozessbeteiligten (vgl. FRANK, 116 [zu Art. 3 des Konkordats]), was bedeutet, dass die Information rechtzeitig im Voraus erfolgen muss. 9

Die Prozesshandlung wird in der **Amtssprache des ersuchten Gerichts** vorgenommen (vgl. Art. 129). Das ersuchte Gericht kann *keine Gebühren* erheben, jedoch für seine **Auslagen** (z.B. Übersetzungskosten, Zeugenentschädigungen) vom ersuchenden Gericht **Ersatz** verlangen (Art. 196 Abs. 3; vgl. auch Art. 95 Abs. 2 und Art. 160 Abs. 3; HAUSER/SCHWERI, Art. 117 GVG/ZH N 22). 10

Gemäss Art. 2 des Rechtshilfekonkordats hatte das ersuchte Gericht sein eigenes kantonales (Prozess-)Recht anzuwenden. Dies führte immer wieder zu **Schwierigkeiten bei der Beweiserhebung** oder auch **Beweiswürdigung**, wenn die vom ersuchten Gericht nach seinem eigenen Recht vorgenommene Prozesshandlung nicht den Bestimmungen der Prozessordnung des ersuchenden Gerichts entsprach, z.B. sich der rechtshilfeweise vorgeladene Zeuge auf Zeugnisverweigerungsrechte berief, die nicht in beiden Prozessordnungen enthalten waren oder das Prozessrecht des ersuchten Kantons weitergehende Zeugnisausschlussgründe als das Recht des ersuchenden Kantons vorsah (vgl. FRANK, 117 f.). Mit der **Vereinheitlichung des Zivilprozessrechts** sind diese Schwierigkeiten **weggefallen** (vgl. aber N 12). 11

III. Übergangsrecht

12 Gemäss Art. 404 Abs. 1 gilt für Verfahren, die bei Inkrafttreten der eidgenössischen Zivilprozessordnung rechtshängig sind, das **bisherige Verfahrensrecht** bis zum Abschluss vor der betroffenen Instanz. Für die interkantonale Rechtshilfe wird daher das *Rechtshilfekonkordat* noch während einer *beschränkten Zeit* von Bedeutung bleiben.

IV. Internationales Recht

1. Allgemeines

13 Im Bereich der internationalen Rechtshilfe in Zivilsachen sind verschiedene **multilaterale und bilaterale Übereinkommen** zu beachten, so insbesondere:

- das *Haager Übereinkommen betreffend Zivilprozessrecht* vom 1.3.1954 (HUe54 [SR 0.274.12]);
- das *Haager Übereinkommen über die Zustellung gerichtlicher und aussergerichtlicher Schriftstücke im Ausland in Zivil- und Handelssachen* vom 15.11.1965 (HZUe65 [SR 0.274.131]);
- das *Haager Übereinkommen über die Beweisaufnahme im Ausland in Zivil- oder Handelssachen* vom 18.3.1970 (HBewUe70 [SR 0.274.132]).

Daneben enthält neu auch das **IPRG** einige Grundsätze zur internationalen Rechtshilfe (Art. 11–11c IPRG).

2. Zustellung

a) Rechtsquellen

14 Sowohl bei Zustellungen in die Schweiz als auch aus der Schweiz ist zunächst zu prüfen, ob zwischen der Schweiz und dem anderen Staat ein **spezielles bilaterales Abkommen** besteht, welches die Zustellung regelt (vgl. die Übereinkommen in SR 0.274). Ist dies der Fall, geht ein solches spezielles Abkommen anderen Abkommen, insbes. auch dem **HUe54** und dem **HZUe65**, vor (Art. 1 Abs. 4 HUe54 und Art. 25 HZUe65). Besteht kein bilaterales Abkommen und ist der andere Staat Vertragsstaat sowohl des HUe54 als auch des HZUe65, hat das HZUe65 als neueres Übereinkommen Vorrang vor den Bestimmungen des HUe54 (Art. 22 HZue65; WALTER, IZPR, 335). Andernfalls gilt dasjenige der beiden Übereinkommen, welches der ausländische Staat ratifiziert hat. Ist der ausländische Staat weder Vertragsstaat des einen noch des anderen Übereinkommens, finden sich weitere Bestimmungen im IPRG (vgl. N 17). Sind in einem konkreten Fall Zustellungen ins Ausland vorzunehmen, leistet der *länderspezifische Rechtshilfeführer des Bundesamtes für Justiz* (‹www.rhf.admin.ch/rhf/de/home/rhf/index/laenderindex.html›) wertvolle Dienste.

b) Zustellung nach HUe54

15 Zustellungen nach dem HUe54 sind grundsätzlich auf dem **diplomatischen Weg** vorzunehmen (Art. 1 HUe54). Zu weiteren Übermittlungswegen vgl. WALTER, IZPR, 339 ff. Die Zustellung selbst erfolgt durch *Übergabe des Schriftstückes an den Empfänger*, wobei zunächst eine einfache, *formlose Übergabe* versucht wird (Art. 2 HUe54). Widersetzt sich der Empfänger einer solchen formlosen Zustellung, kommt es zu einer *förmlichen Zustellung* nach den innerstaatlichen Vorschriften des *ersuchten* Staates (Art. 3 Abs. 1

HUe54). Die Zustellung darf vom ersuchten Staat nur in engen Grenzen abgelehnt werden (vgl. näher WALTER, 342 f.).

c) Zustellung nach HZUe65

Als Vereinfachung gegenüber dem HUe54 sieht das HZUe65 anstelle des diplomatischen Weges die Zustellung durch sog. **Zentralbehörden** vor (Art. 2 HZUe65). Daneben bestehen *alternative Zustellungswege* (unmittelbarer Behördenverkehr, direkte diplomatische Zustellung, direkter Postverkehr etc.; Art. 8–10 HZUe65). Diesbezüglich hat die Schweiz jedoch verschiedene *Vorbehalte* angebracht (näher STAEHELIN/STAEHELIN/GROLIMUND, § 19 N 16 f.). Eine weitere Vereinfachung gegenüber dem HUe54 besteht in der Einführung eines *Musterformulars*. Wie beim HUe54 kann die Zustellung zunächst *formlos* durch einfache Übergabe versucht werden. Ist dies nicht möglich, erfolgt eine *förmliche Zustellung* nach den Regeln des *ersuchten Staates*. Die Zustellung nach einer *besonderen*, von der ersuchenden Stelle gewünschten *Form* ist möglich, sofern diese mit dem Recht des ersuchten Staates vereinbar ist (zum Ganzen WALTER, IZPR, 355 ff.; STAEHELIN/STAEHELIN/GROLIMUND, § 19 N 15 ff).

d) IPRG

Gemäss Art. 11a Abs. 1 IPRG werden Rechtshilfehandlungen, die in der Schweiz durchzuführen sind, nach **schweizerischem Recht**, d.h. der eidgenössischen Zivilprozessordnung, vorgenommen. Auf Begehren der ausländischen Behörde können auch *ausländische Verfahrensformen* angewendet oder berücksichtigt werden, wenn es für die Durchsetzung eines Rechtsanspruchs im Ausland *notwendig* ist und *nicht wichtige Gründe* auf Seiten der Betroffenen entgegenstehen (Art. 11a Abs. 2 IPRG). Im Übrigen findet auf *Rechtshilfeersuchen* um Zustellung in die Schweiz und aus der Schweiz das *HUe54* entsprechend Anwendung (Art. 11a Abs. 4 IPRG).

3. Beweiserhebung

a) Rechtsquellen

Bei der **grenzüberschreitenden Beweiserhebung** sind das *HBewUe70* sowie das *HUe54* zu beachten, wobei das jüngere Übereinkommen dem älteren vorgeht. Ist der ausländische Staat weder Vertragsstaat des einen noch des anderen Übereinkommens und bestehen keine speziellen bilateralen Übereinkommen, finden sich weitere Vorschriften im IPRG. Wertvolle Dienste zur Beweiserhebung im Ausland leistet auch hier der *länderspezifische Rechtshilfeführer des Bundesamtes für Justiz* (vgl. N 14).

b) Beweiserhebung nach HBewUe70

Das Rechtshilfeersuchen ist an die **Zentralbehörd**e des Empfängerstaates zu richten, welche dieses nach einer formellen und inhaltlichen Prüfung an die zuständige richterliche Behörde leitet. Die Beweisaufnahme wird alsdann nach den *Vorschriften des ersuchten Staates* durchgeführt, sofern die ersuchende Behörde *nicht* eine *besondere Form* verlangt (Art. 9 Abs. 1 und 2 HBewUe70). Die Verweigerung der Rechtshilfe kommt nur aus besonderen *ordre-public-Gründen* in Betracht (Art. 12 HBewUe70; vgl. dazu ZR 2008, 178 ff.). Das Übereinkommen lässt die Beweiserhebung auch durch diplomatische oder konsularische Vertreter und durch einen gerichtlich bestellten Beauftragten (commissioner) zu (Art. 15 ff. HBewUe70). Zu den Teilnahmerechten der Parteien, Parteivertreter und des Prozessgerichts vgl. Art. 7 f. HBewUe70; WALTER, IZPR, 366.

c) Beweiserhebung nach HUe54

20 Das Rechtshilfeersuchen ist auf dem **diplomatischen Weg** zu übermitteln. Die Beweiserhebung wird nach dem Recht des ersuchten Staates durchgeführt, doch kann auf die Verfahrensvorschriften des ausländischen Prozessrechts Rücksicht genommen werden (Art. 14 Abs. 1 und 2 HUe54).

d) IPRG

21 Gemäss Art. 11a Abs. 1 IPRG werden Rechtshilfehandlungen, die in der Schweiz durchzuführen sind, nach **schweizerischem Recht**, d.h. nach der eidg. Zivilprozessordnung, vorgenommen. Die schweizerischen Gerichte oder Behörden können *Urkunden* nach einer Form des *ausländischen Rechts* ausstellen oder einem Gesuchsteller die *eidesstattliche Erklärung* abnehmen, wenn eine Form nach schweizerischem Recht im Ausland nicht anerkannt wird und deshalb ein schützenswerter Rechtsanspruch dort nicht durchgesetzt werden könnte (Art. 11a Abs. 3 IPRG). Im Übrigen findet auf *Rechtshilfeersuchen* um Beweiserhebung in die Schweiz und aus der Schweiz das *HUe54* entsprechend Anwendung (Art. 11a Abs. 4 IPRG).

2. Teil: Besondere Bestimmungen

1. Titel: Schlichtungsversuch

1. Kapitel: Geltungsbereich und Schlichtungsbehörde

Art. 197

Grundsatz — **Dem Entscheidverfahren geht ein Schlichtungsversuch vor einer Schlichtungsbehörde voraus.**

Principe — La procédure au fond est précédée d'une tentative de conciliation devant une autorité de conciliation.

Principio — La procedura decisionale è preceduta da un tentativo di conciliazione davanti a un'autorità di conciliazione.

Art. 198

Ausnahmen — **Das Schlichtungsverfahren entfällt:**
a. im summarischen Verfahren;
b. bei Klagen über den Personenstand;
c. im Scheidungsverfahren;
d. im Verfahren zur Auflösung der eingetragenen Partnerschaft;
e. bei folgenden Klagen aus dem SchKG:
  1. Aberkennungsklage (Art. 83 Abs. 2 SchKG),
  2. Feststellungsklage (Art. 85*a* SchKG),
  3. Widerspruchsklage (Art. 106–109 SchKG),
  4. Anschlussklage (Art. 111 SchKG),
  5. Aussonderungs- und Admassierungsklage (Art. 242 SchKG),
  6. Kollokationsklage (Art. 148 und 250 SchKG),
  7. Klage auf Feststellung neuen Vermögens (Art. 265*a* SchKG),
  8. Klage auf Rückschaffung von Retentionsgegenständen (Art. 284 SchKG);
f. bei Streitigkeiten, für die nach den Artikeln 5 und 6 dieses Gesetzes eine einzige kantonale Instanz zuständig ist;
g. bei der Hauptintervention, der Widerklage und der Streitverkündungsklage;
h. wenn das Gericht Frist für eine Klage gesetzt hat.

Exceptions — La procédure de conciliation n'a pas lieu:
a. dans la procédure sommaire;
b. dans les procès d'état civil;
c. dans la procédure de divorce;
d. dans les procédures concernant la dissolution du partenariat enregistré;

Art. 198

    e. en cas d'actions relevant de la LP:
     1. en libération de dette (art. 83, al. 2 LP),
     2. en constatation (art. 85*a* LP),
     3. en revendication (art. 106 à 109 LP),
     4. en participation (art. 111 LP),
     5. en revendication de tiers ou de la masse des créanciers (art. 242 LP),
     6. en contestation de l'état de collocation (art. 148 et 250 LP),
     7. en constatation de retour à meilleure fortune (art. 265*a* LP),
     8. en réintégration des biens soumis au droit de rétention (art. 284 LP);
    f. dans les litiges qui sont de la compétence d'une instance cantonale unique en vertu des art. 5 et 6;
    g. en cas d'intervention principale, de demande reconventionnelle ou d'appel en cause;
    h. lorsque le tribunal a fixé un délai pour le dépôt de la demande.

Eccezioni   La procedura di conciliazione non ha luogo:
    a. nella procedura sommaria;
    b. nelle cause sullo stato delle persone;
    c. nelle cause di divorzio;
    d. nelle cause di scioglimento dell'unione domestica registrata;
    e. nelle seguenti cause rette dalla LEF
     1. azione di disconoscimento del debito (art. 83 cpv. 2 LEF),
     2. azione d'accertamento (art. 85*a* LEF),
     3. azione di rivendicazione (art. 106–109 LEF),
     4. azione di partecipazione (art. 111 LEF),
     5. azione di rivendicazione di terzi e di rivendicazione della massa (art. 242 LEF),
     6. azione di contestazione della graduatoria (art. 148 e 250 LEF),
     7. azione d'accertamento del ritorno a miglior fortuna (art. 265*a* LEF),
     8. azione di reintegrazione di oggetti vincolati al diritto di ritenzione (art. 284 LEF);
    f. nelle controversie per cui gli articoli 5 e 6 del presente Codice prevedono il giudizio in istanza cantonale unica;
    g. in caso di intervento principale, di domanda riconvenzionale e di azione di chiamata in causa;
    h. allorché il giudice ha impartito un termine per proporre azione.

Inhaltsübersicht

    Note

I. Norminhalt und Normzweck 1

II. Anwendungsbereich 6
  1. Begriffliches 6
  2. Organisation 9
  3. Ausnahmen 11

Literatur

U. P. CAVELTI, Schlichtungsverfahren, in: Y. Hangartner (Hrsg.), Das st. gallische Zivilprozessrecht, St. Gallen 1991, 153 ff.; H. ENDERLI, Das Sühneverfahren im Schweizerrecht, Diss. Zürich 1903; V. ENGELER, Der Einzelrichter in den schweizerischen Zivilprozessrechten, Diss. Zürich 1929; FISCHER, Vom Friedensrichteramt zur Schlichtungsbehörde, Zürich 2008; K. FRANK, Gerichtswesen und Prozessverlauf, Zürich 1980; GUBSER, Begründung und Ausbau des Vermittleramtes im Kanton St. Gallen, Diss. Zürich 1939; R. JÖRGER, Der Leitschein im bündnerischen Zivilprozess, Diss. Zürich 1960; LIMBURG, Prozessvorbeugung durch das Friedensrichteramt, Diss. Zürich 1925; P. LOOSLI, Die unbezifferte Forderungsklage, Diss. Zürich 1977; G. LORENZ, Die Entwicklung des Vermittleramtes im Kanton Graubünden, Diss. Zürich 1943; I. MEIER, Mediation und Schlichtung in der Schweiz, unter besonderer Berücksichtigung der gesetzlichen Rahmenbedingungen für Mediation, in: Veröffentlichungen des schweizerischen Instituts für Rechtsvergleichung, 44/1, Zürich/Basel/Genf 2002, 295 ff.; H. P. SALZGEBER, Die richterliche Prozessleitung und die Stellung des Gerichtspräsidenten in Zivilsachen nach bündnerischem Recht, Diss. Zürich 1964; P. SCHNYDER, Der Friedensrichter im schweizerischen Zivilprozessrecht, Diss. Zürich 1985; S. SCHULLER, Die Berechnung des Streitwertes, Diss. Zürich 1974; TH. SUTTER-SOMM, Zivilrechtspflege im Einzelarbeitsvertragsrecht (Art. 343 OR), in: BJM 1986, 121 ff.

I. Norminhalt und Normzweck

Die ZPO folgt dem **Grundsatz**: Zuerst schlichten, dann richten. In Art. 197 wird dieser Grundsatz aufgenommen, wonach jedem Entscheidverfahren ein Schlichtungsversuch vorauszugehen hat. Dieser Grundsatz erfährt verschiedene **Ausnahmen**, welche in Art. 198 (lit. a–h) **abschliessend** aufgezählt sind. In den Fällen, in welchen das Schlichtungsverfahren obligatorisch ist, stellt dessen Durchführung eine Prozessvoraussetzung dar, die mit der Klagebewilligung laut Art. 209 bewiesen wird. Dabei kann aber nicht nur von einer Pflicht, sondern auch von einem Recht gesprochen werden. Die Parteien sollen im Schlichtungsverfahren die Möglichkeit erhalten, den Rechtsstreit in einem frühen Zeitpunkt beizulegen, und werden dadurch bis zu einem gewissen Grad vor einem aussichtslosen oder aber prozessual falsch eingeleiteten Verfahren geschützt.

Das Schlichtungsverfahren ist nur eine von insgesamt drei Möglichkeiten, um den Prozess zu beginnen. Die weiteren Möglichkeiten sind die **Mediation** und die **direkte Klageeinleitung**. Alle drei Startmöglichkeiten wirken gleichermassen fristwahrend und begründen die Rechtshängigkeit (Art. 60).

Auf Antrag sämtlicher Parteien im Schlichtungsgesuch oder an der Schlichtungsverhandlung tritt an die Stelle des Schlichtungsverfahrens eine **Mediation** (Art. 213 Abs. 1 und 2). Die Mediation i.S.v. Art. 213 ff. kann daher nur über die Schlichtungsbehörde (oder später im Prozess über das Gericht) in Gang gesetzt werden. Die Schlichtungsbehörde darf jedoch eine Mediation weder vorschreiben noch eine Partei benachteiligen, wenn diese einer Mediation nicht zustimmt (vgl. Vor Art. 213–218 N 14 m.w.H.).

Ob das Schlichtungsobligatorium die Gerichte entlastet, wird sich zeigen. Im Vergleich zu den kantonalen Regelungen zum Schlichtungsverfahren stehen der Schlichtungsbehörde auch richterliche Kompetenzen zu, welche zusammen mit der gesetzlich normierten Vertraulichkeit die Qualität steigern werden. Die Qualität und das Engagement der Schlichtungsbehörden werden entscheidend sein, ob es zu der angestrebten **Entlastung der Gerichte** kommen wird.

Die Kantone sind in der **Ausgestaltung der Schlichtungsbehörden** frei. Sie bestimmen auch, ob die Schlichtungsverhandlung von einer Einzelperson oder von einem Kollegium durchgeführt wird. Nur bei den paritätischen Schlichtungsbehörden sind die Kantone an die Vorgaben gemäss Art. 200 gebunden.

II. Anwendungsbereich

1. Begriffliches

Das Schlichtungsobligatorium gilt nur dann, wenn ein Entscheidverfahren durchgeführt werden soll. Unter Entscheidverfahren ist der eigentliche förmliche Prozess, das **Erkenntnisverfahren**, zu verstehen.

7 Das **Vollstreckungsverfahren** fällt daher nicht unter das Schlichtungsobligatorium. Das ergibt sich bereits aus dem Umstand, dass das Vollstreckungsverfahren ein summarisches Verfahren ist, welches unter den Ausnahmekatalog fällt (vgl. Art. 339 Abs. 2 und Art. 198 lit. a).

8 Die kantonale **Terminologie** war bislang sehr unterschiedlich. In Zusammenhang mit dem Schlichtungsverfahren war von Aussöhnungsversuch, Sühneverfahren, Vermittlungsverfahren, Versöhnungsversuch usw. die Rede.

2. Organisation

9 Mit Blick auf Art. 3 ist die Organisation der Schlichtungsbehörde Sache der Kantone. Für die Schlichtung muss **keine gerichtliche Behörde** eingesetzt werden. Somit müssen keine Miet- oder Gleichstellungsgerichte eingeführt werden (BOTSCHAFT ZPO, 7328).

10 Die Schlichtung kann vor dem Friedensrichter, dem Vermittler oder einem erstinstanzlichen Richter stattfinden. **Mietämter und Schlichtungsstellen** nach dem Gleichstellungsgesetz, die der kantonalen Verwaltung oder Gemeindeverwaltung angegliedert sind, sind als Schlichtungsstellen genügend, sofern sie in der Sache und personell von der Verwaltung unabhängig sind.

3. Ausnahmen

11 Der Grundsatz vorgängiger Schlichtung kennt – wie das bisherige Prozessrecht – wesentliche Ausnahmen, in denen **direkt mittels Klage oder Gesuch** an das entscheidende Gericht zu gelangen ist. Die Aufzählung ist abschliessend.

12 In den die Ausnahmen betreffenden Fällen ist die Durchführung eines **freiwilligen förmlichen Vermittlungsverfahrens unzulässig**. Selbstverständlich können aber auch in diesen Fällen die Parteien oder das urteilende Gericht Schlichtungstätigkeiten anhand nehmen. Nur in den Fällen nach Art. 199 ist die Durchführung des Schlichtungsverfahrens einseitig (Abs. 2) oder zweiseitig (Abs. 1) freiwillig.

13 Das Schlichtungsverfahren entfällt in folgenden Fällen:

a) Summarische Verfahren

14 Dem summarischen Verfahren hat **kein selbstständiger Schlichtungsversuch** voranzugehen. Dies deshalb, weil bei summarischen Verfahren der Akzent auf besonderer Beschleunigung liegt. Ein zusätzlicher Schlichtungstermin könnte den Verfahrenszweck (z.B. beim vorsorglichen Rechtsschutz oder bei der Konkurseröffnung ohne vorgängige Betreibung) sogar vereiteln (BOTSCHAFT ZPO, 7328).

15 Das **summarische Verfahren ist anwendbar** in den von der ZPO bestimmten Fällen, für den Rechtsschutz in klaren Fällen, für das gerichtliche Verbot, für die vorsorglichen Massnahmen und für die Angelegenheiten der freiwilligen Gerichtsbarkeit (vgl. Art. 248). Das summarische Verfahren gilt insb. für die Angelegenheiten nach Art. 249 ff.

16 Darüber hinaus wird in **folgenden Fällen ein Summarverfahren** durchgeführt:

– Verfahren um Bewilligung der unentgeltlichen Rechtspflege (Art. 119 Abs. 3);

– eherechtliche Verfahren (Art. 271);

– Verfahren betr. Entscheide nach dem Haager Übereinkommen vom 25.10.1980 über die zivilrechtlichen Aspekte internationaler Kindesentführung und nach dem Europäischen Übereinkommen vom 20.5.1980 über die Anerkennung und Vollstreckung von Entscheidungen über das Sorgerecht für Kinder und die Wiederherstellung des Sorgerechts (Art. 302 Abs. 1 lit. a);

– Verfahren betr. die Leistung eines besonderen Beitrags bei nicht vorgesehenen ausserordentlichen Bedürfnissen des Kindes (Art. 286 Abs. 3 ZGB und Art. 302 Abs. 1 lit. b ZPO);

– Verfahren betr. die Anweisung an die Schuldner und die Sicherstellung des Kinderunterhalts ausserhalb eines Prozesses über die Unterhaltspflicht der Eltern (Art. 291 und 292 ZGB sowie Art. 302 Abs. 1 lit. c ZPO);

– Verfahren bei eingetragener Partnerschaft (Art. 305).

Sodann ist auf die Koordination mit der Änderung vom 19.12.2008 des ZGB (Erwachsenenschutz, Personenrecht und Kindesrecht) hinzuweisen, wonach auch das Verfahren betr. Fristansetzung zur Genehmigung von Rechtsgeschäften einer minderjährigen Person oder einer Person unter umfassender Beistandschaft (Art. 19a ZGB) zu den Summarverfahren zählt.

b) Klagen über den Personenstand

Bei **Klagen über den Personenstand** ist ein separater Schlichtungsversuch nicht sinnvoll, weil der Prozess grundsätzlich nicht einvernehmlich erledigt werden kann (Gestaltungsurteile; vgl. GULDENER, IZPR, 211 f.). Zu den Personenstandsklagen zählen beispielsweise die Feststellung von Geburt, Tod, Abstammung und Zivilstand. Dazu gehören auch die Scheidungsklage und die Klage auf Auflösung der eingetragenen Partnerschaft. Diese beiden Klagen sind aber zusätzlich als Ausnahmen vom Schlichtungsobligatorium in lit. c und d von Art. 198 erwähnt.

17

c) Scheidungsverfahren und Verfahren zur Auflösung der eingetragenen Partnerschaft

Bei der **Ehescheidung** und im **Verfahren zur Auflösung der eingetragenen Partnerschaft** (lit. c und d) werden ebenfalls keine Schlichtungsverfahren durchgeführt. In Bezug auf die Scheidung auf gemeinsames Begehren entspricht dies bisherigem Recht (BOTSCHAFT ZPO, 7329). Immerhin kann es beim streitigen Scheidungsverfahren zu einer speziellen Einigungsverhandlung vor dem urteilenden Gericht kommen (vgl. Art. 285 f.).

18

d) SchKG-Klagen

Für **SchKG-Klagen**, die nach geltendem Recht im **beschleunigten Verfahren** zu beurteilen sind (vgl. Art. 25 Ziff. 1 SchKG und Ziff. 17 des Anhangs der Schweizerischen ZPO) entfällt das Schlichtungsverfahren. Neu werden in diesem Katalog die Aussonderungs- und die Admassierungsklage (Art. 242 SchKG) aufgenommen; denn sie betreffen – wie die Widerspruchsklage der Spezialexekution (Art. 106 ff. SchKG) – die Zusammensetzung des Vollstreckungssubstrats (BOTSCHAFT ZPO, 7329). Damit wird der besonderen Dringlichkeit Rechnung getragen, damit die Prozesse binnen sechs Monaten seit Anhebung der Klage durch Hauptsurteil der letzten kantonalen Instanz erledigt werden können.

19

Art. 199

e) Streitigkeiten, für die nach den Art. 5 und 6 eine einzige kantonale Instanz zuständig ist

20 Die Streitigkeiten, die das **einzige kantonale Gericht** (Art. 5 und 6) zu beurteilen hat, unterliegen ebenfalls nicht dem Schlichtungsobligatorium. Bei diesen Klagen wird ein Fachwissen seitens des Gerichts vorausgesetzt. Diese Voraussetzung kann bei einer nichtspezialisierten Schlichtungsbehörde nicht verlangt werden.

21 Wird ein einziges **kantonales Gericht prorogiert**, ist gleichwohl ein Schlichtungsverfahren durchzuführen.

f) Hauptintervention, Widerklage und Streitverkündungsklage

22 Schliesslich entfällt die Schlichtung bei besonderen Verfahrensgestaltungen wie **Hauptintervention**, **Widerklage** und **Streitverkündungsklage**. Ein nachträglicher separater Schlichtungsversuch würde hier das Verfahren nur verzögern.

g) Gerichtlich angesetzte Klagefrist

23 Ist die Klage in der Hauptsache noch nicht rechtshängig, so setzt das Gericht gestützt auf Art. 263 der gesuchstellenden Partei eine **Frist zur Einreichung der Klage**, mit der Androhung, die angeordnete Massnahme falle bei ungenutztem Ablauf der Frist ohne Weiteres dahin. Sodann setzt das Gericht eine Klagefrist an, wenn ungewiss ist, ob im Zusammenhang mit dem Erlass vorsorglicher Massnahmen eine Schadenersatzklage erhoben wird (Art. 264 Abs. 3 und Art. 374 Abs. 5).

24 Die gerichtliche Klagefristansetzung kann sich auch aus anderen Gesetzen als der ZPO ergeben (vgl. Art. 315 Abs. 1 SchKG; Art. 961 Abs. 3 ZGB). Entscheidend ist immer, dass die Klagefrist in einer **gerichtlichen Verfügung oder in einem Entscheid** angesetzt wurde. Ein wichtiger Anwendungsfall ist die gerichtlich angesetzte Frist zur Einreichung der Klage auf definitive Eintragung eines Bauhandwerkerpfandrechts. Gesetzliche Klagefristen, welche nicht vom Gericht angesetzt werden müssen und entsprechend auch ohne gerichtliche Ansetzung gelten, führen nicht zur Entbindung vom Schlichtungsverfahren.

25 Mit dieser Bestimmung wird das **Schlichtungsobligatorium** stark geschwächt, weil ein Schlichtungsverfahren immer auch dann entfällt, wenn der Erlass vorsorglicher Massnahmen anbegehrt wurde, was auch vor Rechtshängigkeit möglich ist. In diesen Fällen hat das für die vorsorglichen Massnahmen angerufen Gericht eine Klagefrist anzusetzen, womit das Schlichtungsverfahren entfällt. Das gilt jedoch nur dann, wenn Massnahmen angeordnet wurden. Wird das Massnahmengesuch abgewiesen, ist auch keine Frist anzusetzen und daher ein Schlichtungsverfahren erforderlich.

Art. 199

Verzicht auf das Schlichtungsverfahren

¹ Bei vermögensrechtlichen Streitigkeiten mit einem Streitwert von mindestens 100 000 Franken können die Parteien gemeinsam auf die Durchführung des Schlichtungsverfahrens verzichten.

² Die klagende Partei kann einseitig auf das Schlichtungsverfahren verzichten, wenn:
a. die beklagte Partei Sitz oder Wohnsitz im Ausland hat;
b. der Aufenthaltsort der beklagten Partei unbekannt ist;
c. in Streitigkeiten nach dem Gleichstellungsgesetz vom 24. März 1995.

1. Kapitel: Geltungsbereich und Schlichtungsbehörde   1–3   Art. 199

Renonciation à la procédure de conciliation
¹ Dans les litiges patrimoniaux d'une valeur litigieuse de 100 000 francs au moins, les parties peuvent renoncer à la procédure de conciliation d'un commun accord.

² Le demandeur peut décider unilatéralement de renoncer à la procédure de conciliation:
a. lorsque le domicile ou le siège du défendeur se trouve à l'étranger;
b. lorsque le lieu de résidence du défendeur est inconnu;
c. dans les litiges relevant de la loi du 24 mars 1995 sur l'égalité.

Rinuncia delle parti
¹ Nelle controversie patrimoniali con un valore litigioso non inferiore a 100 000 franchi le parti possono convenire di rinunciare alla procedura di conciliazione.

² L'attore può inoltre rinunciare unilateralmente alla procedura di conciliazione:
a. in caso di domicilio o sede all'estero del convenuto;
b. quando il convenuto è di ignota dimora;
c. nelle controversie secondo la legge federale del 24 marzo 1995 sulla parità dei sessi.

Inhaltsübersicht   Note
  I. Norminhalt und Normzweck 1
 II. Gemeinsamer Verzicht 3
III. Einseitiger Verzicht 6
 IV. Ausschluss eines Verzichts 9

Literatur

Vgl. die Literaturhinweise zu Art. 197/198.

I. Norminhalt und Normzweck

Mit der eingeräumten Möglichkeit, auf ein **Vermittlungsverfahren** verzichten zu können, kann das Klageverfahren beschleunigt werden. Das Gesetz unterscheidet zwischen gemeinsamem und einseitigem Verzicht.   1

Der Verzicht ist von den Parteien zu erklären. Das Verzichtsrecht steht nur den **Hauptparteien** und nicht auch am Prozess beteiligten Dritten zu (wie Nebenintervenient oder streitberufene Person). Der Hauptintervenient hat seine Klage ohnehin ohne vorgängiges Schlichtungsverfahren einzuleiten.   2

II. Gemeinsamer Verzicht

Bei vermögensrechtlichen Streitigkeiten können die **Parteien** erst ab einem Streitwert von mindestens CHF 100 000 auf den Schlichtungsversuch **gemeinsam verzichten** (Abs. 1). Sind die Voraussetzungen erfüllt, so ist die Durchführung eines Schlichtungsverfahrens freiwillig. Der Streitwert bemisst sich nach Art. 91 ff. Lautet das Rechtsbegehren nicht auf eine bestimmte Geldsumme, so setzt gestützt auf Art. 91 Abs. 2 das Gericht den Streitwert fest, sofern sich die Parteien darüber nicht einigen oder ihre Angaben offensichtlich unrichtig sind. Besteht in diesem Sinne die Möglichkeit, dass das Gericht den Streitwert festlegt und ist dieser nicht klar höher als CHF 100 000, so wird der vor-   3 sichtige Kläger im Zweifelsfall besser nicht auf ein Schlichtungsverfahren verzichten, ansonsten er Gefahr läuft, dass auf die Klage nicht eingetreten wird, weil eine Prozessvoraussetzung (Durchführung des Schlichtungsverfahrens) nicht gegeben ist.

4 Der Verzicht muss ausserdem gemeinsam, aber nicht gleichzeitig erfolgen. Dies kann in Form einer **ausdrücklichen Erklärung** oder **auch konkludent** erfolgen, indem die Gegenpartei sich der direkten Klageeinreichung nicht widersetzt (BOTSCHAFT ZPO, 7329). Lässt sich die Beklagtschaft vorbehaltlos auf die ohne vorgängiges Schlichtungsverfahren eingereichte Klage ein, ist auf ein gemeinsamer Verzicht zu schliessen.

5 Die ausdrückliche Erklärung ist sodann an **keine bestimmte Form** gebunden. Sie kann auf verschiedenen Dokumenten oder zu Protokoll abgegeben werden. Aus der Erklärung muss aber ausdrücklich entnommen werden können, dass auf die Durchführung des Schlichtungsverfahrens verzichtet wird. Der Verzicht ist eine Erklärung gegenüber dem Gericht (vgl. Art. 221 Abs. 2 lit. b), weshalb die im Vorfeld schriftlich oder mündlich abgegebene Erklärung jederzeit bis zur Rechtshängigkeit zurückgezogen werden kann.

III. Einseitiger Verzicht

6 Der einseitige Verzicht ist in drei Fällen möglich (Abs. 2): Die beiden ersten (lit. a und b) sind gewissermassen pathologische Fälle: **ausländisches Domizil einer Partei**, wobei ein momentaner Aufenthalt im Ausland nicht genügt, und **unbekannter Aufenthalt der beklagten Partei**. Wenn die Zeit für die sorgfältige Erstellung einer Klage fehlt, so kann sich mit Blick auf eine möglichst rasche Begründung der Rechtshängigkeit der Streitsachen ein Schlichtungsgesuch empfehlen (BOTSCHAFT ZPO, 7330).

7 Der dritte Fall übernimmt geltendes Recht. Bei **Streitigkeiten nach dem Gleichstellungsgesetz** ist ein vorgängiger Schlichtungsversuch grundsätzlich freiwillig (lit. c; vgl. Art. 11 GlG, der aufgehoben wurde). Entsprechend wird der klagenden Partei eine einseitige Verzichtsmöglichkeit eingeräumt.

8 Die Möglichkeit des einseitigen Verzichts hat zur Folge, dass die Durchführung eines **Schlichtungsverfahrens freiwillig** ist. Es liegt mithin im alleinigen Ermessen der Klägerschaft, zu entscheiden, ob ein Schlichtungsverfahren in Gang gesetzt werden soll.

IV. Ausschluss eines Verzichts

9 Bei **nicht vermögensrechtlichen Streitigkeiten** ist ein gemeinsamer Verzicht ausgeschlossen. Als nicht vermögensrechtlich sind im Allgemeinen Streitigkeiten über Rechte zu betrachten, die ihrer Natur nach nicht in Geld geschätzt werden können. Es muss sich um Rechte handeln, die weder zum Vermögen einer Person gehören noch mit einem vermögensrechtlichen Rechtsverhältnis eng verbunden sind (vgl. GULDENER, IZPR, 109). Dass die genaue Berechnung des Streitwertes nicht möglich oder dessen Schätzung schwierig ist, genügt aber nicht, um eine Streitsache als eine solche nicht vermögensrechtlicher Natur erscheinen zu lassen. Massgebend ist, ob mit der Klage letztlich ein wirtschaftlicher Zweck verfolgt wird (BGE 108 II 77 E. 1a m.w.N.).

10 Paradebeispiel einer nichtvermögensrechtlichen Streitigkeit gelten nach der bundesgerichtlichen Rechtsprechung **Streitigkeiten betr. die Mitgliedschaft bei einem Verein**, weil das persönlichkeitsrechtliche Element dabei im Vordergrund steht (BGE 82 II 296 f.). Dabei wird jedoch vorausgesetzt, dass strikte am Erfordernis des Fehlens eines wirtschaftlichen Zweckes i.S.v. Art. 60 Abs. 1 ZGB festgehalten wird.

Ein Verzicht ist sodann nur bei Streitigkeiten möglich. Bei Angelegenheiten der **freiwilligen Gerichtsbarkeit** (vgl. Art. 248) ist ein Verzicht nicht nur ausgeschlossen, sondern auch nutzlos, weil diese Angelegenheiten im summarischen Verfahren behandelt werden und somit unter die Ausnahme gemäss Art. 198 lit. a fällt.

11

Art. 200

Paritätische Schlichtungsbehörden

[1] **Bei Streitigkeiten aus Miete und Pacht von Wohn- und Geschäftsräumen besteht die Schlichtungsbehörde aus einer vorsitzenden Person und einer paritätischen Vertretung.**

[2] **Bei Streitigkeiten nach dem Gleichstellungsgesetz vom 24. März 1995 besteht die Schlichtungsbehörde aus einer vorsitzenden Person und einer paritätischen Vertretung der Arbeitgeber- und Arbeitnehmerseite und des öffentlichen und privaten Bereichs; die Geschlechter müssen paritätisch vertreten sein.**

Autorités paritaires de conciliation

[1] Dans les litiges relatifs aux baux à loyer ou à ferme d'habitations ou de locaux commerciaux, l'autorité de conciliation se compose d'un président et de représentants siégeant paritairement.

[2] Dans les litiges relevant de la loi du 24 mars 1995 sur l'égalité, l'autorité de conciliation se compose d'un président et d'une représentation paritaire d'employeurs et d'employés des secteurs privé et public, l'ensemble des représentants étant constitué d'un nombre égal d'hommes et de femmes.

Autorità paritetiche di conciliazione

[1] Nelle controversie in materia di locazione e affitto di abitazioni e di locali commerciali l'autorità di conciliazione è composta di un presidente e di una rappresentanza paritetica.

[2] Nelle controversie secondo la legge federale del 24 marzo 1995 sulla parità dei sessi l'autorità di conciliazione è composta di un presidente e di una rappresentanza paritetica di datori di lavoro e lavoratori, del settore pubblico e privato; ambo i sessi vi devono essere pariteticamente rappresentati.

Inhaltsübersicht   Note

I. Norminhalt und Normzweck 1

II. Miet- und Pachtrecht 2

III. Gleichstellungsgesetz 3

IV. Rechtsauskunftstelle einer Behörde 4

Literatur

Vgl. die Literaturhinweise zu Art. 197/198.

I. Norminhalt und Normzweck

Die **Kantone** sind bezüglich der Organisation ihrer Schlichtungsbehörden frei, soweit die ZPO nicht anderes bestimmt (Art. 3). Art. 200 statuiert zwei **Ausnahmen**:

1

Art. 201

II. Miet- und Pachtrecht

2   Bereits das bisherige **Miet- und Pachtrecht** verpflichtete die Kantone, paritätische Schlichtungsbehörden einzusetzen. Die entsprechende Bestimmung (Art. 274a OR) wurde aufgehoben. In der Praxis hat sich die Parität bewährt.

III. Gleichstellungsgesetz

3   Auch für die Schlichtungsstelle nach dem **Gleichstellungsgesetz** verlangt der Entwurf Parität (Abs. 2). Bislang waren die Verhältnisse in den Kantonen unterschiedlich. Das Paritätserfordernis wird nun neu bundesrechtlich vorgeschrieben, wobei eine sog. **doppelte Parität** (BOTSCHAFT ZPO, 7330), d.h. eine Parität der Sozialpartner und der Geschlechter, gewährleistet sein muss.

IV. Rechtsauskunftstelle einer Behörde

4   Die Schlichtungsstellen nach Miet- und Pachtrecht bzw. nach Gleichstellungsgesetz sind auch **Rechtsberatungsstellen** (Art. 201 Abs. 2).

5   Das **Verfahren vor der paritätischen Schlichtungsbehörde** weicht vom gewöhnlichen Schlichtungsverfahren auch darin ab, als zwingend ein Kollegium zuständig ist.

Art. 201

Aufgaben der Schlichtungsbehörde	¹ Die Schlichtungsbehörde versucht in formloser Verhandlung, die Parteien zu versöhnen. Dient es der Beilegung des Streites, so können in einen Vergleich auch ausserhalb des Verfahrens liegende Streitfragen zwischen den Parteien einbezogen werden. ² In den Angelegenheiten nach Artikel 200 ist die Schlichtungsbehörde auch Rechtsberatungsstelle.
Tâches de l'autorité de conciliation	¹ L'autorité de conciliation tente de trouver un accord entre les parties de manière informelle. Une transaction peut porter sur des questions litigieuses qui ne sont pas comprises dans l'objet du litige dans la mesure où cela contribue à sa résolution. ² Les autorités paritaires de conciliation donnent également des conseils juridiques aux parties dans les domaines mentionnées à l'art. 200.
Compiti dell'autorità di conciliazione	¹ L'autorità di conciliazione cerca, in un'udienza senza formalità, di conciliare le parti. Se serve alla composizione della lite, nel tentativo di conciliazione possono essere incluse anche questioni litigiose estranee alla causa. ² Nelle controversie di cui all'articolo 200 l'autorità di conciliazione presta anche consulenza giuridica.

Inhaltsübersicht Note

I. Norminhalt und Normzweck 1

II. Durchführung 3

III. Rechtsberatung 6

IV. Ausstand 8

1. Kapitel: Geltungsbereich und Schlichtungsbehörde   1–8   Art. 201

Literatur

Vgl. die Literaturhinweise zu Art. 197/198.

I. Norminhalt und Normzweck

In Art. 201 wird der Sinn und Zweck des **Schlichtungsverfahrens** programmatisch umschrieben. Die Schlichtungsbehörde soll primär schlichten, kann aber auch selber richten (Art. 212), beraten (Art. 201) oder Urteilsvorschläge unterbreiten (Art. 210). 1

Das Schlichtungsverfahren hat zum Ziel, einerseits die Parteien davon abzuhalten, offenbar unbegründete Klagen zu erheben oder begründete Rechtsbegehren zu bestreiten, und andererseits den Rechtsfrieden möglichst schnell wiederherzustellen, bevor sich die Parteien vor den Schranken des Gerichts das Leben gegenseitig noch schwerer machen. Dies entspricht der **klassischen Schlichtungstätigkeit**. 2

II. Durchführung

Die Schlichtungstätigkeit ist **weitgehend formlos** (vgl. Art. 203 Abs. 2 und Art. 208 Abs. 1) und findet im Rahmen einer mündlichen Aussprache statt, an welcher die Parteien beizuwohnen haben. Die Schlichtungsbehörde ist – unter Beachtung der allgemeinen rechtsstaatlichen Grundsätze – frei in ihrem Vorgehen (BOTSCHAFT ZPO, 7330). Vgl. dazu Art. 202 N 1. 3

Auch externe Fragen können einbezogen werden, um die Suche nach einer nachhaltigen Lösung zu erleichtern, wenn es der Beilegung des Streites dient. An den **Einbezug externer Fragen** sollten keine allzu hohen Anforderungen gestellt werden. Im Zweifelsfall sollten die externen Fragen behandelt werden. Davon ist aber immer Abstand zu nehmen, wenn die externen Fragen zu einer Verschleppung des Verfahrens führen könnten. 4

Ein Schlichtungsverfahren erreicht sein Ziel lediglich dann, wenn die Schlichtungsbehörden mit **Fachpersonen** besetzt sind und es sich diese nicht einfach machen, indem sie die Parteien zu Vergleichen drängen oder serienmässig das Scheitern der Verhandlung feststellen und die Klagebewilligung erteilen. Vielmehr haben sie die Parteien – soweit möglich – über die Rechtslage aufzuklären und zu entsprechendem Verhalten zu bewegen (BOTSCHAFT ZPO, 7330). 5

III. Rechtsberatung

Die Schlichtungsstellen nach **Miet- und Pachtrecht** bzw. nach **Gleichstellungsgesetz** haben auch Rechtsberatungen durchzuführen. Die praktisch sehr wichtige **Rechtsberatungsfunktion** wird vom bisherigen Recht übernommen. Die vorgesehene Rechtsberatung ist nur dann wirkungsvoll, wenn sie von Fachpersonen durchgeführt wird. 6

Diese besondere Beratung kann **losgelöst von einem konkreten Schlichtungsversuch** stattfinden, beispielsweise um abzuklären, ob sich die Einleitung eines Verfahrens überhaupt lohnt (BOTSCHAFT ZPO, 7330). Den Kantonen steht es frei, auch für andere Materien Rechtsberatungs- und Anlaufstellen zu organisieren (BOTSCHAFT ZPO, 7330). So bieten etwa kantonale Arbeitsgerichte ebenfalls unentgeltliche Rechtsberatung an. 7

IV. Ausstand

Wenn eine Schlichtungsbehörde in einem konkreten Fall als Rechtsberatungsstelle tätig war, so hat die damit betraute Person bei einem daran anschliessenden Schlichtungsverfahren in der gleichen Sache in den **Ausstand** zu treten. Ein späteres Schlichtungs- 8

Art. 202

verfahren zwischen den Parteien darf somit nicht durch dieselben Personen durchgeführt werden (Art. 47 Abs. 1 lit. b; vgl. Begleitbericht, 97; **a.M.** STAEHELIN/STAEHELIN/GROLIMUND, § 20 N 4). Dies ergibt sich einerseits daraus, dass Mitglieder der Schlichtungsbehörden ebenfalls den Ausstandregeln gemäss Art. 47 ff. unterworfen sind (STAEHELIN/STAEHELIN/GROLIMUND, § 20 N 4), jedoch nicht unter den Ausnahmekatalog von Art. 47 Abs. 2 fallen. Die Beachtung der Ausstandregeln ist für ein erfolgreiches Schlichtungsverfahren absolut entscheidend.

2. Kapitel: Schlichtungsverfahren

Art. 202

Einleitung

[1] Das Verfahren wird durch das Schlichtungsgesuch eingeleitet. Dieses kann in den Formen nach Artikel 130 eingereicht oder mündlich bei der Schlichtungsbehörde zu Protokoll gegeben werden.

[2] Im Schlichtungsgesuch sind die Gegenpartei, das Rechtsbegehren und der Streitgegenstand zu bezeichnen.

[3] Die Schlichtungsbehörde stellt der Gegenpartei das Schlichtungsgesuch unverzüglich zu und lädt gleichzeitig die Parteien zur Vermittlung vor.

[4] In den Angelegenheiten nach Artikel 200 kann sie, soweit ein Urteilsvorschlag nach Artikel 210 oder ein Entscheid nach Artikel 212 in Frage kommt, ausnahmsweise einen Schriftenwechsel durchführen.

Introduction

[1] La procédure est introduite par la requête de conciliation. Celle-ci peut être déposée dans la forme prévue à l'art. 130 ou dictée au procès-verbal à l'autorité de conciliation.

[2] La requête de conciliation contient la désignation de la partie adverse, les conclusions et la description de l'objet du litige.

[3] L'autorité de conciliation notifie sans retard la requête à la partie adverse et cite simultanément les parties à l'audience.

[4] Elle peut ordonner à titre exceptionnel un échange d'écritures préalable, si une proposition de jugement au sens de l'art. 210 ou une décision au sens de l'art. 212 est envisagée dans les litiges visés à l'art. 200.

Promozione

[1] La procedura di conciliazione è promossa mediante istanza. L'istanza può essere proposta nelle forme previste dall'articolo 130 oppure oralmente mediante dichiarazione a verbale presso l'autorità di conciliazione.

[2] Nell'istanza devono essere indicati la controparte, la domanda e l'oggetto litigioso.

[3] L'autorità di conciliazione notifica senza indugio l'istanza alla controparte e nel contempo cita le parti all'udienza di conciliazione.

[4] Nelle controversie di cui all'articolo 200, qualora entri in linea di conto una proposta di giudizio ai sensi dell'articolo 210 o una sua decisione nel merito secondo l'articolo 212, l'autorità di conciliazione può eccezionalmente disporre che si proceda a uno scambio di scritti.

2. Kapitel: Schlichtungsverfahren 1, 2 **Art. 202**

Inhaltsübersicht Note
I. Norminhalt und Normzweck 1
II. Schlichtungsgesuch 2
III. Zuständigkeitsprüfung 10
  1. Örtliche Zuständigkeit 11
  2. Sachliche Zuständigkeit 20
  3. Funktionale Zuständigkeit 22
  4. Organisatorische Zuständigkeit 25
IV. Vorkehren der Schlichtungsbehörde 26
V. Wirkung des Schlichtungsgesuchs 33

Literatur
Vgl. die Literaturhinweise zu Art. 197/198.

I. Norminhalt und Normzweck

In den Art. 202 ff. wird das eigentliche Schlichtungsverfahren geregelt. Art. 202 befasst 1
sich zunächst mit der **Einleitung des Schlichtungsverfahrens** und damit auch des Prozesses.

Das Schlichtungsverfahren ist ein **formloses, prinzipiell mündliches und kostenpflichtiges** Verfahren, welches spätestens nach 12 Monaten abzuschliessen ist. Es findet **kein eigentliches Beweisverfahren** statt. Das Verfahren ist **vertraulich und daher grundsätzlich nicht öffentlich**. Die Parteien haben i.d.R. **persönlich zu erscheinen**. Im Überblick gelten folgende Verfahrensgrundsätze:

– Schlichtungsobligatorium mit Ausnahmen;
– mündliches, schriftliches oder elektronisches Schlichtungsgesuch;
– Eintritt der Rechtshängigkeit mit Einreichung des Schlichtungsgesuchs;
– ausnahmsweise Durchführung eines Schriftenwechsels;
– Vorladung der Parteien innert zwei Monaten (Ordnungsfrist);
– Verfahrensdauer beträgt 12 Monate (Ordnungsfrist);
– Verhandlung ist grundsätzlich nicht öffentlich und vertraulich;
– Parteien haben grundsätzlich persönlichen zu erscheinen;
– Beizug von Rechtsvertretern und Begleitpersonen ist zulässig;
– Protokoll wird nur im Hinblick auf einen Urteilsvorschlag resp. Entscheid geführt;
– Beweismittelbeschränkung und kein eigentliches Beweisverfahren;
– Schlichtungskosten trägt grundsätzlich die klagende Partei;
– keine Parteientschädigung.

II. Schlichtungsgesuch

Das Schlichtungsverfahren wird durch ein **Gesuch** eingeleitet. Dieses kann in den For- 2
men nach Art. 130 eingereicht (postalisch oder persönliche Übergabe) oder mündlich bei
der Schlichtungsbehörde zu Protokoll gegeben werden. Das schriftliche Gesuch kann

somit in Papierform oder elektronisch eingereicht werden, wobei es zu unterzeichnen bzw. mit elektronischer Signatur zu versehen ist. Der Bundesrat kann für das Schlichtungsgesuch ein Formular zur Verfügung stellen (Art. 400 Abs. 2). Das mündliche Gesuch ist persönlich bei der Schlichtungsbehörde zu stellen. Das Gesuch kann nicht fernmündlich gestellt werden, wie dies dem Gesetzestext entnommen werden kann («*bei* der Schlichtungsbehörde»).

3   Wird das Schlichtungsgesuch schriftlich gestellt, so hat es die **Angaben** zur Gegenpartei mit Wohnsitz bzw. Sitz, das Rechtsbegehren und die Umschreibung des Streitgegenstandes zu enthalten (Art. 202 Abs. 2). Selbstverständlich hat das Gesuch auch die Angaben der Klägerschaft mit Wohnsitz bzw. Sitz zu enthalten; das Gesuch muss überdies von der Klägerschaft rechtsgenügend unterzeichnet sein (Art. 130 Abs. 1).

4   Die **Nennung des Rechtsbegehrens** und die **Umschreibung des Streitgegenstandes** haben zum Zeitpunkt der Einreichung des Schlichtungsgesuchs einzig den Zweck, zu verifizieren, welche Streitsache rechtshängig gemacht wurde. Das Rechtsbegehren kann bis zum Abschluss des Schlichtungsverfahrens jederzeit abgeändert werden (vgl. Art. 227), wobei bei neuen Ansprüchen die Rechtshängigkeit erst mit der Geltendmachung im Verfahren eintritt. Das Schlichtungsgesuch, d.h. v.a. das Rechtsbegehren und die Umschreibung des Streitgegenstandes, muss daher alle notwendigen Elemente enthalten, damit der **Streit individualisiert** werden kann. Es ist aber weder eine umfassende Darlegung des Sachverhalts noch eine rechtliche Beurteilung erforderlich.

5   Bei **juristischen Personen** sind zudem ein Auszugs aus dem Handelsregister oder bei nicht eingetragenen Personen die Statuten beizulegen. Wird die Klägerschaft anwaltschaftlich vertreten, ist eine rechtsgültige Vollmacht beizuschliessen.

6   Alle Anlagen können in Kopie eingereicht werden (Art. 180 Abs. 1). Das Gesuch muss nicht zwingend datiert sein, denn entscheidend ist einzig das **Datum der Einleitung** des Schlichtungsverfahrens, welches sich danach bestimmt, wann das Gesuch der Post (Poststempel auf Zustellcouvert) oder der Schlichtungsbehörde (Eingangsstempel auf schriftlichem Gesuch) übergeben wurde. Die Schlichtungsbehörde hat daher das Zustellcouvert zu den Akten zu nehmen und das Datum sowohl des Poststempels als auch des Eingangs auf dem Gesuch zu vermerken. Bei mündlichem Gesuch ist der Zeitpunkt der Erklärung der gesuchstellenden Partei zu protokollieren.

7   Das Gesuch ist in **genügender Anzahl** einzureichen (Art. 131), da die Gegenseite gestützt auf Art. 202 Abs. 3 mit einem Exemplar bedient wird. Werden zu wenige Exemplare eingereicht, so kann der Klägerschaft eine Nachfrist angesetzt werden unter Androhung der Säumnisfolgen, dass im Unterlassungsfall die notwendigen Kopien auf Kosten der Klägerschaft erstellt werden (Art. 131 sinngemäss).

8   Genügt das schriftliche Gesuch diesen Anforderungen nicht, ist der Klägerschaft eine kurze **Nachfrist** zur Verbesserung anzusetzen unter Androhung der Säumnisfolgen, dass im Unterlassungsfall das Gesuch als nicht erfolgt gelte (Art. 132 Abs. 1 sinngemäss).

9   Das zu Protokoll erklärte Gesuch hat die gleichen Angaben zu enthalten wie das schriftliche Gesuch. Die **Protokollerklärung** ist von der Schlichtungsbehörde zu unterzeichnen. Die Unterschrift der Klägerschaft ist nicht erforderlich, aber durchaus sinnvoll. Der Erklärende hat sich gegenüber der Schlichtungsbehörde zu legitimieren (Ausweis, Identitätskarte, Auszug aus dem Handelsregister, Vollmacht etc.), damit klar ist, wer (und allenfalls für wen) die Protokollerklärung abgegeben hat. Im Protokoll ist zu erwähnen, dass sich der Erklärende legitimiert hat.

III. Zuständigkeitsprüfung

Bei der Zuständigkeitsprüfung ist zwischen der **örtlichen, sachlichen, funktionellen und organisatorischen Zuständigkeit** zu unterscheiden.

1. Örtliche Zuständigkeit

a) Allgemeines

Die örtliche Zuständigkeit richtete sich nach Art. 9 ff. Im Vorentwurf wurde davon ausgegangen, dass die Schlichtungsbehörde eine gerichtliche Behörde sein müsse (Begleitbericht, 94 unten). Art. 191 des Vorentwurfs spricht von «**gerichtlicher Schlichtungsbehörde**». Entsprechend waren die Schlichtungsbehörden unter dem Begriff «Gericht» eingeschlossen, wonach dieses laut Art. 59 Abs. 1 nur auf eine Klage oder ein Gesuch hin eintritt, sofern die Prozessvoraussetzungen erfüllt sind. Die Ausgestaltung der Schlichtungsbehörde als gerichtliche Behörde wurde im Vernehmlassungsverfahren zum Teil begrüsst (z.B. ASLOCA, MV), zum Teil jedoch abgelehnt (z.B. BS, ZG, MietZG). Dies führte letztlich dazu, dass das Wort «gerichtlicher» gestrichen wurde, der Schlichtungsbehörde jedoch nach wie vor **gerichtliche Funktionen** zugestanden werden (Abnahme von Beweisen nach Art. 203 Abs. 2, Unterbreitung eines Urteilsvorschlags nach Art. 210 f. und Entscheidkompetenz bis zu einem Streitwert von CHF 2000 nach Art. 212). Genauso wenig wie das Gericht in den Bestimmungen zum ordentlichen Verfahren (Art. 219 ff.), zum vereinfachten Verfahren (Art. 243 ff.), zum summarischen Verfahren (Art. 248 ff.) oder zu besonderen eherechtlichen Verfahren (Art. 271 ff.) verpflichtet wird, seine Zuständigkeit zu prüfen, fehlt eine solche Bestimmung auch im Schlichtungsverfahren. Für alle diese Verfahren sind aber die Verfahrensgrundsätze und Prozessvoraussetzungen (3. Titel; Art. 52 ff.) relevant. Somit hat auch die Schlichtungsbehörde grundsätzlich die Prozessvoraussetzungen zu prüfen.

b) Schlichtungsbehörde mit gerichtlicher Funktion

Die Pflicht zur **Prüfung der Prozessvoraussetzungen** gilt uneingeschränkt für Fälle, in welchen die Schlichtungsbehörde selber mit gerichtlicher Funktion entscheidet, sei es mittels Urteilsvorschlag oder Entscheid nach Art. 212, weil jede Person, deren Sache in einem gerichtlichen Verfahren beurteilt werden muss, Anspruch auf das örtlich zuständige Gericht hat (Art. 30 Abs. 1 BV; «ratione personae, loci, temporis et materiae» [BGE 129 V 198]). Zudem kann die indirekte Zuständigkeit im ausländischen Exequaturverfahren zur Diskussion gestellt werden, weshalb es wichtig ist, dass die örtlich zuständige Schlichtungsbehörde die gerichtlichen Funktionen ausübt. Endlich ist auch nicht einzusehen, weshalb einzig wegen des niedrigen Streitwerts die Verfahrensgrundsätze und Prozessvoraussetzungen im Erkenntnisverfahren vor Schlichtungsbehörde nicht gelten sollen. Zu Recht fehlt es an einer Bestimmung, wonach Erkenntnisverfahren mit einem Streitwert bis CHF 2000 in einem summarischen Verfahren abgehalten werden müssen.

c) Schlichtungsbehörde als reine Schlichtungsstelle

Die Schlichtungsbehörde als **reine Schlichtungsstelle** ist mit eingeschränkten Befugnissen ausgestattet und kann kein eigentliches Beweisverfahren durchführen. Dies ist auch nicht erforderlich, hat die reine Schlichtungsstelle auch kein Erkenntnisverfahren zu leiten. Bereits dieser Umstand verdeutlicht, dass eine umfassende Prüfung der örtlichen Zuständigkeit nicht möglich ist. Die Prüfung der örtlichen Zuständigkeit ist auch nicht erforderlich, weil dies das nachgelagerte Gericht übernehmen kann und sich die Schlichtungsbehörde auf ihre Schlichtungstätigkeit konzentrieren soll. Im Schlichtungsverfahren ist daher eine Prüfung der örtlichen Zuständigkeit weder immer möglich noch erforderlich (GestG-Komm.-INFANGER, Art. 34 N 7).

14 Gleichwohl hat sich die Schlichtungsbehörde **Gedanken zur örtlichen Zuständigkeit** zu machen, obschon es ihr grundsätzlich verwehrt ist, wegen örtlicher Unzuständigkeit einen Nichteintretensentscheid zu fällen (vgl. BÜHLER/EDELMANN/KILLER, Art. 139 ZPO/AG N 1; CAVELTI, 158). Daran ändert auch die höchstrichterliche Rechtsprechung (BGE 102 Ia 188) nichts, wonach der Richter von Verfassungs wegen verpflichtet ist, die auf Art. 30 Abs. 2 BV gestützte Einrede der örtlichen Unzuständigkeit jeweils zuerst zu entscheiden, und zwar bevor er das Verfahren in der Sache fortsetzt, da die Schlichtungsbehörde als Schlichtungsstelle «bloss» vermittelt und nicht richtet.

15 Hält sich die Schlichtungsbehörde für örtlich unzuständig, sollte sie immerhin die Parteien darüber informieren. Erhebt der Beklagte die **Unzuständigkeitseinrede**, kann die Schlichtungsbehörde eine Vernehmlassung beim Kläger einholen (vgl. PKG 1994 [24] 80), da es sich um ein formloses Verfahren handelt (Art. 201 Abs. 1; vgl. PKG 1994 [24] 80).

16 Ist die Klägerschaft trotz Unzuständigkeitseinrede oder Bedenken der Schlichtungsbehörde gewillt, die Schlichtungsverhandlung durchzuführen, so ist diesem Wunsch zu entsprechen (SALZGEBER, 94), stehen doch die Schlichtungsbemühungen im Vordergrund. Der Schlichtungsbehörde fehlt grundsätzlich die **Kompetenz**, abschliessend über die örtliche Zuständigkeit zu befinden. Die Klägerschaft trägt dann das Risiko, dass das Gericht nach Prüfung der örtlichen Zuständigkeit auf die Klage nicht eintritt. Die Durchführung einer Schlichtungsverhandlung vor der örtlich unzuständigen Schlichtungsbehörde ist ungültig und die Klage kann trotz Klagebescheinigung nicht prosequiert werden (PKG 1997 Nr. 12, 59 f.); denn die primäre Aufgabe der Schlichtungsbehörde besteht nicht im Ausstellen von Klagebescheinigungen, sondern im Vermitteln (JÖRGER, 24). Ausnahmsweise und nur in ganz klaren Fällen kann die Schlichtungsbehörde (auch zum Schutz der klagenden Partei) zufolge fehlender Zuständigkeit auf das Gesuch nicht eintreten.

17 **Zieht die Klägerschaft das Schlichtungsgesuch zurück**, ist das Verfahren unter Kostenfolgen abzuschreiben (vgl. Art. 207 Abs. 1). Im Fall einer örtlichen Unzuständigkeit findet keine amtswegige Überweisung statt (BOTSCHAFT ZPO, 7277), selbst wenn die Parteien damit einverstanden sind.

18 Der Beklagtschaft steht es auch ohne Einrede der Unzuständigkeit im Schlichtungsverfahren zu, später vor dem Gericht die örtliche Unzuständigkeit zu bestreiten. Das deckt sich mit der Tatsache, dass Einlassung vor der Schlichtungsbehörde nicht möglich ist. Daraus kann wiederum geschlossen werden, dass die örtliche Zuständigkeit nicht geprüft werden muss, weil vor der Schlichtungsstelle die örtliche Zuständigkeit zufolge Einlassung nicht fixiert werden kann (vgl. dazu BGE 52 I 134 oben).

2. Sachliche Zuständigkeit

19 Die sachliche Zuständigkeit ist von der Schlichtungsbehörde immer **von Amtes wegen** zu prüfen. Die Schlichtungsbehörde hat sich die Frage zu stellen, ob dem Gesuch grundsätzlich nachgekommen werden kann. Die Schlichtungsbehörde ist **sachlich zuständig**, wenn sie angerufen wird, um ein Schlichtungsverfahren (normales oder paritätisches) durchzuführen, um im Erkenntnisverfahren bei einem Streitwert bis maximal CHF 2000 zu urteilen oder um als Rechtberatungsstelle zu amten. Den Kantonen steht es frei, den Schlichtungsbehörden noch weitere Aufgaben zu übertragen.

Wird die Schlichtungsbehörde aus **einem anderen Grund** angerufen, der nicht durch die sachliche Zuständigkeit gedeckt ist, darf sie darauf nicht eintreten. Das Verfahren ist ebenfalls kostenfällig abzuschreiben (Art. 207 Abs. 1 lit. a). 20

3. Funktionelle Zuständigkeit

Die Frage der funktionellen Zuständigkeit stellt sich erst, wenn die Schlichtungsbehörde von der Streitsache her grundsätzlich gestützt auf ihre sachliche Zuständigkeit in irgendeiner Form handeln könnte. Die Schlichtungsbehörde hat aber weiter abzuklären, in welcher Funktion sie tätig werden muss. Die Behörde kann als **Schlichtungsstelle, paritätische Schlichtungsstelle oder Rechtsauskunftsstelle** rogiert werden. 21

Wird die Schlichtungsbehörde in einem Forderungsstreit aus Auftrag um Erteilung einer Rechtsauskunft angerufen, dann wäre sie zwar sachlich zuständig, in einer solchen Forderungsstreitsache zu schlichten. Sie kann aber nur bei **Streitigkeiten aus Miete und Pacht von Wohn- und Geschäftsräumen bzw. nach dem Gleichstellungsgesetz** Rechtsauskünfte erteilen. In der Funktion als Rechtsauskunftsstelle ist sie daher funktionell unzuständig. Ebenfalls funktionell unzuständig wäre die Schlichtungsstelle dann, wenn sie angegangen würde, eine Streitigkeit um eine Forderung im Betrage von CHF 6000 im Erkenntnisverfahren zu entscheiden. 22

In Fällen von funktioneller Unzuständigkeit hat die Schlichtungsbehörde die **Klägerschaft darauf aufmerksam zu machen** mit der gleichzeitig gestellten Frage, ob die Schlichtungsbehörde ein der Funktion der Streitsache entsprechendes Verfahren eröffnen soll, d.h. anstatt Rechtsauskunft zu erteilen oder ein Erkenntnisverfahren zu eröffnen zur Schlichtungsverhandlung zu laden. 23

4. Organisatorische Zuständigkeit

Die organisatorische Zuständigkeit beschlägt die Frage, ob innerhalb des Kantons die **richtige Schlichtungsbehörde** angerufen wurde. Der Sitz der jeweiligen Schlichtungsbehörde und der geografische Umfang des Schlichtungssprengels sind eine Frage der organisatorischen Ausgestaltung und damit Sache der Kantone (Art. 4 Abs. 1). Die Kantone haben daher auch zu bestimmen, welche Schlichtungsbehörde innerhalb des Kantons zuständig ist. Dabei steht es den Kantonen frei, für ihr Hoheitsgebiet einen oder mehrere Sprengel zu bestimmen. Bestehen mehrere Sprengel, so haben die Kantone zu bestimmen, ob die Durchführung der Schlichtung in einem unzuständigen, aber immerhin im entsprechenden Kanton liegenden Schlichtungssprengel dazu führen soll, dass das angerufen Gericht auf die Klage nicht eintritt, weil die Klagebewilligung nach kantonalem Recht von der unzuständigen Schlichtungsbehörde ausgestellt wurde. Die ZPO verlangt lediglich, dass ein Schlichtungsverfahren durchgeführt wird und mit der Klage die Klagebewilligung eingereicht werden muss. Es ist den Kantonen jedoch zu empfehlen, die organisatorische Zuständigkeit der Schlichtungssprengel zwingend festzulegen verbunden mit der Anordnung, dass Klagebewilligungen von organisatorisch unzuständigen oder ausserkantonalen Schlichtungsbehörden nichtig sind (in diesem Sinne PKG 1997 Nr. 12, 59 f.). 24

IV. Vorkehren der Schlichtungsbehörde

Nach Prüfung der Zuständigkeit stellt die Schlichtungsbehörde das Schlichtungsgesuch unverzüglich der Gegenseite zu und lädt gleichzeitig die Parteien zur Vermittlung vor. Aus organisatorischen Überlegungen ist es ratsam, den Vermittlungstermin vorab mit den Parteianwälten abzusprechen, um Verschiebungsgesuchen zuvorzukommen. Mit der Vorladung ist den Parteien der **Eingang des Schlichtungsgesuchs und damit die Rechts-** 25

hängigkeit zu bestätigen (Art. 62 Abs. 2). Es ist daher bereits in der Vorladung das Datum der Einleitung des Schlichtungsverfahrens (Datum Poststempel) zu nennen.

26 Die **Zustellung an die Parteien** hat aus Beweisgründen per Einschreiben zu erfolgen. Die Vorladung darf erst dann einem Vertreter zugestellt werden, wenn die Vollmacht bereits vorliegt. Liegt die Vollmacht vor, ist die vertretene Partei gleichwohl separat vorzuladen. Wohnt die Beklagtschaft im Ausland, sind für die Zustellung die einschlägigen Staatsverträge für die Zustellung zu berücksichtigen. Die ausländischen Parteien sollten aufgefordert werden, ein Zustellungsdomizil in der Schweiz zu bezeichnen (Art. 140), weil eine Zustellung ins Ausland lange dauern und kompliziert sein kann – v.a. dann, wenn kein internationales Übereinkommen anwendbar ist.

27 Die Schlichtungsbehörde hat die Parteien nicht nur unverzüglich vorzuladen, sondern den Termin auch **innert zwei Monaten seit Eingang** des Gesuchs oder nach Abschluss des Schriftenwechsels abzuhalten (Art. 203 Abs. 1). Dabei handelt es sich um eine **Ordnungsfrist**.

28 In den Angelegenheiten nach Art. 200, also bei Streitigkeiten aus Miete und Pacht von Wohn- und Geschäftsräumen und nach Gleichstellungsgesetz, kann nur die paritätische Schlichtungsbehörde ausnahmsweise einen **Schriftenwechsel** durchführen, wenn ein Urteilsvorschlag nach Art. 210 oder ein Entscheid nach Art. 212 in Frage kommt. Die Anordnung eines Schriftenwechsels drängt sich nur bei **komplexen Fällen** auf, damit sich die paritätische Schlichtungsbehörde mit Blick auf einen Urteilsvorschlag gehörig vorbereiten kann. Grundsätzlich kommt es jedoch direkt zur mündlichen Verhandlung. Die paritätische Schlichtungsbehörde kann keinen Schriftenwechsel anordnen, wenn sie als Rechtsberatungsstelle fungiert (Art. 200 i.V.m. Art. 201 Abs. 2 und Art. 202 Abs. 4), denn diese besondere Beratung kann losgelöst von einem konkreten Schlichtungsversuch stattfinden, beispielsweise um abzuklären, ob sich die Einleitung eines Verfahrens überhaupt lohnt.

29 Der Schriftenwechsel wird bei der gesuchstellenden Partei eröffnet. Enthält das Gesuch bereits eine in tatsächlicher und rechtlicher Hinsicht umfassende Begründung und wird das Gesuch als schriftliche Eingabe i.S.v. Art. 202 Abs. 4 bezeichnet, so kann ein solches Gesuch bereits der Gegenseite zur Vernehmlassung zugestellt werden. Ein **doppelter Schriftenwechsel** findet nicht statt; widerklageweise geltend gemachte Forderungen können gestellt werden, womit der Klägerschaft die Möglichkeit einzuräumen ist, eine Widerklageantwort einzureichen.

30 Es gelten keine gesetzlichen Fristen. Art. 142 ff. finden grundsätzlich Anwendung. Die Schlichtungsbehörde ist bei der **Ansetzung der Frist** frei. Sie hat aber darauf zu achten, dass den Parteien nicht unterschiedlich lange Fristen angesetzt werden, und dem Umfang der Klageschrift und der Komplexität der Streitsache Rechnung zu tragen.

31 Als behördlich angesetzte Frist kann sie erstreckt werden (analog Art. 144 Abs. 2). Eine weitere **Fristerstreckung** ist zulässig, solange die erteilte Fristerstreckung nicht als einmalig oder letztmalig bezeichnet wird. Ein Ausschluss der Fristerstreckung bei erstmaliger Fristansetzung ist unzulässig, weil dadurch die grundsätzliche Möglichkeit der Fristerstreckung (vgl. Art. 144 Abs. 2) unter antizipierter Würdigung allfälliger zureichender Gründe ausgeschlossen wird.

V. Wirkung des Schlichtungsgesuchs

32 Durch die Stellung des Schlichtungsgesuchs wird die Klage rechtshängig i.S.v. Art. 62 ff. Die Rechtshängigkeit zieht u.a. die in Art. 64 genannten und weitere **Wirkungen** nach sich (vgl. Art. 64 N 16 ff.).

Art. 203

Verhandlung

¹ Die Verhandlung hat innert zwei Monaten seit Eingang des Gesuchs oder nach Abschluss des Schriftenwechsels stattzufinden.

² Die Schlichtungsbehörde lässt sich allfällige Urkunden vorlegen und kann einen Augenschein durchführen. Soweit ein Urteilsvorschlag nach Artikel 210 oder ein Entscheid nach Artikel 212 in Frage kommt, kann sie auch die übrigen Beweismittel abnehmen, wenn dies das Verfahren nicht wesentlich verzögert.

³ Die Verhandlung ist nicht öffentlich. In den Angelegenheiten nach Artikel 200 kann die Schlichtungsbehörde die Öffentlichkeit ganz oder teilweise zulassen, wenn ein öffentliches Interesse besteht.

⁴ Mit Zustimmung der Parteien kann die Schlichtungsbehörde weitere Verhandlungen durchführen. Das Verfahren ist spätestens nach zwölf Monaten abzuschliessen.

Audience

¹ L'audience a lieu dans les deux mois qui suivent la réception de la requête ou la fin de l'échange d'écritures.

² L'autorité de conciliation prend en considération les documents qui lui sont présentés; elle peut procéder à une inspection. Elle peut également administrer les autres preuves qui lui sont offertes si une proposition de jugement au sens de l'art. 210 ou une décision au sens de l'art. 212 est envisagée, à condition que la procédure ne s'en trouve pas substantiellement retardée.

³ L'audience n'est pas publique. Dans les affaires au sens de l'art. 200, l'autorité de conciliation peut autoriser partiellement ou complètement la publicité des débats si un intérêt public le justifie.

⁴ L'autorité de conciliation peut, avec l'accord des parties, tenir des audiences supplémentaires. La procédure ne peut excéder douze mois.

Udienza

¹ L'udienza di conciliazione ha luogo entro due mesi dal ricevimento dell'istanza o dalla chiusura dello scambio di scritti.

² L'autorità di conciliazione prende visione degli eventuali documenti e può procedere a un'ispezione oculare. Se entra in linea di conto una proposta di giudizio ai sensi dell'articolo 210 o una sua decisione nel merito secondo l'articolo 212, può avvalersi anche degli altri mezzi di prova, sempre che il procedimento non ne risulti eccessivamente ritardato.

³ L'udienza non è pubblica. Se sussiste un interesse pubblico, nelle controversie secondo l'articolo 200 l'autorità di conciliazione può tuttavia, in tutto o in parte, disporre altrimenti.

⁴ Con l'accordo delle parti, l'autorità di conciliazione può tenere più udienze. La procedura dev'essere però chiusa entro 12 mesi.

Inhaltsübersicht Note

I. Norminhalt und Normzweck 1
II. Ansetzung der Vermittlungstagfahrt 2
III. Beweisabnahme 4
    1. Allgemeines 4
    2. Reines Schlichtungsverfahren 5
    3. Verfahren mit Urteilsvorschlag und Entscheidverfahren 9
IV. Öffentlichkeit 12
V. Weitere Tagfahrten und Verfahrensdauer 19

Literatur

Vgl. die Literaturhinweise zu Art. 197/198.

I. Norminhalt und Normzweck

1 Art. 203 ff. regelt den Ablauf der Verhandlung, also den **Verlauf der Vermittlungstagfahrt**.

II. Ansetzung der Vermittlungstagfahrt

2 Die Verhandlung hat **innert zwei Monaten** seit Eingang des Gesuchs oder nach Abschluss des Schriftenwechsels stattzufinden. Die Schlichtungsbehörde hat die Parteien nicht nur unverzüglich vorzuladen, sondern den Termin auch innert nützlicher Frist abzuhalten.

3 Bei der Frist nach Art. 203 Abs. 1 handelt es sich um eine **Ordnungsfrist**. Die Nichteinhaltung dieser Frist hat weder Auswirkungen auf die Rechtshängigkeit noch kann eine Beschwerde wegen Rechtsverzögerung i.S.v. Art. 319 lit. c geführt werden. Die Zweimonatsfrist ist eine Richtlinie, welche nach Möglichkeit von der Schlichtungsbehörde eingehalten werden sollte.

III. Beweisabnahme

1. Allgemeines

4 Die Schlichtungsbehörde lässt sich allfällige Urkunden vorlegen und kann auch einen Augenschein durchführen. Dennoch findet vor der Schlichtungsbehörde **kein eigentliches Beweisverfahren** statt, weil die Beweisabnahme eine typische richterliche Tätigkeit ist (BOTSCHAFT ZPO, 7331). Die Urkunden und der Augenschein können aber dazu beitragen, dass die Schlichtungsbehörde die Prozesschancen gewichten kann. Diese Einschätzung ist für die Parteien umso wertvoller, je umfassender die Schlichtungsbehörde dokumentiert wurde.

2. Reines Schlichtungsverfahren

5 Eine Verpflichtung, Urkunden vorlegen zu müssen, besteht im reinen Schlichtungsverfahren nicht. Eine solche **Verpflichtung** wäre auch aus prozesstaktischen Gründen verfehlt. Ebenso wenig hat eine Partei Anspruch darauf, dass die Gegenpartei sämtliche Urkunden auf den Tisch legt.

Die Formulierung, «lässt sich vorlegen», ist vielmehr eine Anweisung an die Schlichtungsstelle, nach Urkunden zu fragen und diese auch zu studieren. Selbstverständlich ist ein solches Studium auf die **einschlägigen Urkunden** beschränkt. Die Schlichtungsbehörde kann nicht mehrere Bundesordner durchgehen. Die gut vorbereitete Partei wird daher bei Vorhandensein eines umfangreichen Urkundenmaterials eine Auswahl einschlägiger Urkunden zusammenstellen. Die vorgelegten Urkunden dürfen nicht zu den Akten genommen werden. 6

Ein **Augenschein** ist mit grosser Zurückhaltung durchzuführen. Die Durchführung ist dann geboten, wenn die Schlichtungsstelle ohne Kenntnis des Augenscheinobjekts oder -subjekts schlicht ausser Stande ist, zu schlichten. Aus reiner Neugierde darf kein Augenschein angeordnet werden. 7

Die Schlichtungsbehörde kann sich somit Urkunden vorlegen lassen und nach eigenem Ermessen einen Augenschein durchführen, um sich von der Angelegenheit ein Bild zu machen. Sie hat sich aber immer daran zu erinnern, dass geschlichtet und nicht gerichtet wird und dass nur Urkunden einzusehen und Augenscheine vorzunehmen sind betr. **rechtserheblichen und strittigen Tatsachen**. 8

3. Verfahren mit Urteilsvorschlag und Entscheidverfahren

Im Verfahren mit Urteilsvorschlag und ganz besonders im Entscheidverfahren findet eine **Beweisabnahme** statt. Dies steht im Interesse der materiellen Wahrheit. Zuvor ist aber keine Beweisverfügung zu erlassen. Die Beweisabnahme erfolgt unmittelbar an der Verhandlung. 9

Die Schlichtungsstelle kann Urkunden und Augenscheine als **Beweismittel** abnehmen. Die Urkunden hat er in solchen Fällen zu den Akten zu nehmen. Sie kann aber auch die übrigen Beweismittel abnehmen, wenn dies das Verfahren nicht wesentlich verzögert. Diese erweiterten Möglichkeiten sind v.a. für die paritätischen Schlichtungsbehörden gedacht (Miete und Pacht, Gleichstellung). 10

Grundsätzlich jedoch ist bei der **Beweisführung** grösste Zurückhaltung geboten, soll das Verfahren formlos und einfach bleiben. Werden jedoch Beweismittel abgenommen, so hat dies sinngemäss nach den Beweisbestimmungen (10. Titel: Beweis) zu erfolgen. 11

IV. Öffentlichkeit

Damit sich die Parteien frei äussern können, sind die Verhandlungen **nicht öffentlich** (Art. 200 Abs. 3). Ausser dem Vertreter der Schlichtungsbehörde und den Parteien können der Vermittlungsverhandlung ein Rechtsbeistand oder eine Vertrauensperson beiwohnen. Die Vertretungsbefugnis des berufsmässigen Rechtsbeistandes richtet sich nach Art. 68. Ansonsten kommt grundsätzlich eine beliebige Vertrauensperson der vertretenen Partei in Frage. Es braucht sich somit nicht um einen Rechtsanwalt oder eine Rechtsanwältin zu handeln, solange die Vertrauensperson das Mandat nicht berufsmässig ausübt (BOTSCHAFT ZPO, 7279). 12

Aus der etwas engen Formulierung, die Parteien können sich von *einem* **Rechtsbeistand** oder *einer* **Vertrauensperson** begleiten lassen (Art. 204 Abs. 2), könnte geschlossen werden, dass nur *eine* Person die Partei begleiten darf. M.E. sind alle mit dem Fall mandatierten Rechtsbeistände zuzulassen; denn es kommt nicht selten vor, dass sich eine Partei von zwei Rechtsanwälten oder von einem Rechtsanwalt und dessen Substitut vertreten lässt. Können sich diese mittels Vollmacht legitimieren, so dürfen sie auch an der Verhandlung beiwohnen. Allerdings hat sich eine Partei zu entscheiden, ob sie sich von 13 einem Rechtsbeistand oder einer anderen Vertrauensperson begleiten lassen will. Beides geht – laut Gesetzeswortlaut – nicht, es sei denn, die Parteien erklären sich damit für einverstanden.

14 Nur vor den **paritätischen Schlichtungsbehörden** wird dieser Grundsatz gelockert, wonach die Öffentlichkeit ganz oder teilweise zugelassen wird, wenn ein öffentliches Interesse besteht. Im Grundsatz sind aber auch diese Verhandlungen nicht öffentlich. Die Schlichtungsbehörde kann die Öffentlichkeit fallweise zulassen.

15 Die in der Botschaft vertretene Meinung, ein **öffentliches Interesse**, welches die Öffentlichkeit rechtfertigt, bestehe darin, die Praxis dieser Spezialbehörden (paritätischen Schlichtungsbehörden) zu kennen (BOTSCHAFT ZPO, 7337), kann nicht geteilt werden. Die Praxis kann auch in anderer Form kundgetan werden und lässt sich nicht von einem Einzelfall ablesen, weshalb die Anerkennung eines solchen öffentlichen Interesses dazu führen würde, dass sämtliche Schlichtungsverhandlungen öffentlich sein müssten, denn nur so kann aus einer Fülle von Fällen auf eine gesicherte Praxis geschlossen werden.

16 In verschiedenen Kantonen war bislang die **Öffentlichkeit der Mietschlichtungsverhandlungen** sogar grundsätzlich vorgeschrieben. Diese Vorschriften sind nicht mehr gültig, weil laut Art. 203 Abs. 3 eine Zulassung der Öffentlichkeit nur als Ausnahme vom Grundsatz zu verstehen ist.

17 Wenn im konkreten Fall die Öffentlichkeit zugelassen wird, dann hat die Schlichtungsbehörde zu entscheiden, ob die **Zulassung ganz oder teilweise** sein soll. Eine teilweise Zulassung rechtfertigt sich m.E. nur dann, wenn die Örtlichkeiten eine Beschränkung erforderlich machen.

18 Wird vom **Grundsatz der Nichtöffentlichkeit** im Einzelfall abgewichen, sind die Parteien vorab zu vernehmen. Auf die privaten Interessen ist Rücksicht zu nehmen. Diese sind dem öffentlichen Interesse gegenüber zu stellen, wobei der Grundsatz im Auge behalten werden muss. Weicht die paritätische Schlichtungsbehörde vom Grundsatz der Nichtöffentlichkeit ab, so hat sie dies im Streitfall zu begründen. Im Einverständnis mit den Parteien kann die Öffentlichkeit (ganz oder teilweise) zugelassen werden.

V. Weitere Tagfahrten und Verfahrensdauer

19 Auf Wunsch der Parteien kann die Schlichtungsbehörde **mehrere Termine** abhalten (Art. 203 Abs. 4). Die Schlichtungsbehörde muss diesem Wunsch indes nicht nachkommen, wenn objektive Umstände dafür sprechen, dass ein Vergleich nicht möglich ist (Gestaltungsurteile), oder wenn den Parteien (oder auch nur einer) der Wille, einen Vergleich suchen zu wollen, offensichtlich fehlt.

20 Nach einem Jahr ist das Verfahren jedoch abzuschliessen. Dabei handelt es sich ebenfalls um eine **Ordnungsfrist**. Während dieser Zeit kann es die Behörde auch lediglich pendent halten, um den Parteien in der Zwischenzeit private Vergleichsverhandlungen zu ermöglichen. Das Protokoll kann aber auch nur für eine angemessene Zeit offen gehalten werden. Den zwischenzeitlich erzielten Vergleich können sie alsdann von der Schlichtungsbehörde genehmigen lassen (Art. 208). Kommt kein Vergleich zustande oder ist eine Partei der Meinung, dass kein Vergleich möglich ist, kann von jeder Partei jederzeit die **Aus- und Zustellung der Klagebewilligung** verlangt werden, sofern eine Vermittlungstagfahrt bereits stattgefunden hat.

21 Eine weitere Tagfahrt ist etwa dann angezeigt, wenn im Entscheidverfahren die Gegenpartei den Gegenbeweis antreten will und hierfür noch Zeit benötigt. Das **Recht auf Beweis** ist auf jeden Fall zu beachten.

Art. 204

Persönliches Erscheinen

[1] Die Parteien müssen persönlich zur Schlichtungsverhandlung erscheinen.

[2] Sie können sich von einer Rechtsbeiständin, einem Rechtsbeistand oder einer Vertrauensperson begleiten lassen.

[3] Nicht persönlich erscheinen muss und sich vertreten lassen kann, wer:
a. ausserkantonalen oder ausländischen Wohnsitz hat;
b. wegen Krankheit, Alter oder anderen wichtigen Gründen verhindert ist;
c. in Streitigkeiten nach Artikel 243 als Arbeitgeber beziehungsweise als Versicherer eine angestellte Person oder als Vermieter die Liegenschaftsverwaltung delegiert, sofern diese zum Abschluss eines Vergleichs schriftlich ermächtigt sind.

[4] Die Gegenpartei ist über die Vertretung vorgängig zu orientieren.

Comparution personnelle

[1] Les parties doivent comparaître en personne à l'audience de conciliation.

[2] Elles peuvent se faire assister d'un conseil juridique ou d'une personne de confiance.

[3] Sont dispensées de comparaître personnellement et peuvent se faire représenter:
a. la personne qui a son domicile en dehors du canton ou à l'étranger;
b. la personne empêchée de comparaître pour cause de maladie, d'âge ou en raison d'autres justes motifs;
c. dans les litiges au sens de l'art. 243, l'employeur ou l'assureur qui délègue un employé et le bailleur qui délègue le gérant de l'immeuble, à la condition que ceux-ci soient habilités, par écrit, à transiger.

[4] La partie adverse est informée à l'avance de la représentation.

Comparizione personale

[1] Le parti devono comparire personalmente all'udienza di conciliazione.

[2] Possono farsi assistere da patrocinatori o da persone di fiducia.

[3] Non è tenuto a comparire personalmente e può farsi rappresentare:
a. chi è domiciliato fuori Cantone o all'estero;
b. chi è impedito a seguito di malattia, età avanzata o per altri motivi gravi;
c. nelle controversie secondo l'articolo 243, il datore di lavoro o assicuratore che delega un suo dipendente oppure il locatore che delega l'amministratore dell'immobile, a condizione che tali delegati siano stati autorizzati per scritto a concludere una transazione.

[4] La controparte dev'essere previamente informata della rappresentanza.

Inhaltsübersicht   Note

   I. Grundsatz 1

  II. Ausnahme 3

 III. Vertretung und Begleitung 5

 IV. Vorgängige Orientierung 8

Literatur

Vgl. die Literaturhinweise zu Art. 197/198.

I. Grundsatz

1 Die Parteien müssen persönlich zur Schlichtungsverhandlung erscheinen. Eine Schlichtungsverhandlung ist meist dann am aussichtsreichsten, wenn die **Parteien persönlich** anwesend sind. Nur so kann eine wirkliche Versöhnung stattfinden (Art. 201 Abs. 1).

2 **Juristische Personen** treten durch ihre Organe und prozessunfähige natürliche Personen durch ihre gesetzlichen Vertreter auf. Sie haben sich rechtsgenügend zu legitimieren (vgl. dazu im Einzelnen Art. 68 N 1 ff.).

II. Ausnahme

3 Das Gesetz sieht aber **Ausnahmen** vor. Nicht persönlich erscheinen muss und sich vertreten lassen kann, wer:

– ausserkantonalen oder ausländischen Wohnsitz hat;
– wegen Krankheit, Alter oder anderen wichtigen Gründen verhindert ist;
– in Streitigkeiten nach Art. 243 als Arbeitgeber bzw. als Versicherer eine angestellte Person oder als Vermieter die Liegenschaftsverwaltung delegiert, sofern diese zum Abschluss eines Vergleichs schriftlich ermächtigt sind.

4 Die **Verhinderungsgründe** wegen Krankheit, Alter oder anderen wichtigen Gründen sind zumindest glaubhaft zu machen (z.B. unter Vorlage eines Arztzeugnisses). Zu den wichtigen Gründen zählen Militärdienst oder eine unaufschiebbare Abwesenheit.

III. Vertretung und Begleitung

a) Vertretung

5 Als **berufsmässige Vertreter** kommen die in Art. 68 Abs. 2 lit. a, b und d genannten Parteivertreter in Frage. Ansonsten kann grundsätzlich eine beliebige Vertrauensperson die Vertretung übernehmen. Es braucht sich somit nicht um einen Rechtsanwalt oder eine Rechtsanwältin zu handeln, solange die Vertrauensperson das Mandat nicht berufsmässig ausübt (BOTSCHAFT ZPO, 7279).

6 In der Botschaft wird die Meinung kundgetan, dass die Vertretung immer zum Vergleichsabschluss bevollmächtigt sein müsse (BOTSCHAFT ZPO, 7332). Eine solche Verpflichtung kann dem Gesetzestext nur bei Streitigkeiten nach Art. 243 entnommen werden, wenn als Arbeitgeber beziehungsweise als Versicherer eine angestellte Person oder als Vermieter die Liegenschaftsverwaltung die Vertretung übernimmt. Eine generelle **Ermächtigung zum Abschluss eines Vergleichs** geht aus dem Gesetz nicht hervor und ist auch nicht sinnvoll, weil sogar eine mit einer solchen Vollmacht ausgestattete Vertretung in der Regel mit der Mandantschaft Rücksprache nehmen wird, bevor ein Vergleich abgeschlossen wird. Daher kann das Protokoll auch offen gehalten werden, um ein Vergleichsvorschlag prüfen zu können.

b) Begleitung

7 Aus der etwas engen Formulierung, die Parteien können sich von *einem* Rechtsbeistand oder *einer* Vertrauensperson begleiten lassen (Art. 204 Abs. 2), könnte geschlossen werden, dass nur *eine* Person die Partei begleiten darf. M.E. sind alle mit dem Fall manda-

tierten Rechtsbeistände zuzulassen; denn es kommt nicht selten vor, dass sich eine Partei von zwei Rechtsanwälten oder von einem Rechtsanwalt und dessen Substitut vertreten lässt. Können sich diese mittels Vollmacht legitimieren, so dürfen sie auch an der Verhandlung beiwohnen. Allerdings hat sich eine Partei zu entscheiden, ob sie sich vom Rechtsbeistand oder einer anderen Vertrauensperson begleiten lassen will. Beides geht – laut Gesetzeswortlaut – nicht, es sei denn, die Parteien erklären sich damit einverstanden.

IV. Vorgängige Orientierung

Die Gegenpartei ist über die **Vertretung** vorgängig zu orientieren. Weder das Gesetz noch die Botschaft gibt eine Angaben darüber, wer orientieren soll. Im Vorentwurf war die entsprechende Bestimmung noch nicht enthalten. Im Vernehmlassungsverfahren wurde lediglich darauf hingewiesen, dass aus Gründen der Waffengleichheit einer Partei ebenfalls zu erlauben sei, sich vertreten zu lassen, wenn die Gegenpartei vertreten ist. Dies wird jedoch auch ohne vorgängige Orientierung gewährleistet. Abs. 4 von Art. 204 wurde erst im vom Bundesrat verabschiedeten Entwurf aufgenommen. 8

Orientierungsadressat ist die Gegenpartei oder sind die Gegenparteien. Unter Gegenpartei sind die klagende und beklagte Partei zu verstehen. Beide sind vorab über die Vertretung zu orientieren. 9

Als **Orientierungsadressent** kommt die Schlichtungsbehörde oder die Partei in Frage. Da sich die Bestimmung unter dem Titel Schlichtungsverfahren (2. Kapitel) befindet und die Verfahrenshoheit bei der Schlichtungsbehörde befindet, hat m.E. diese die Gegenparteien über die Vertretung zu orientieren. In der Regel kann die Vertretung ohnehin bereits dem Schlichtungsgesuch entnommen werden, welches die Schlichtungsbehörde der Gegenpartei zuzustellen hat (Art. 202 Abs. 3). Bei dieser Bestimmung (Abs. 4) handelt es sich zudem um eine lex imperfecta. 10

Art. 205

Vertraulichkeit des Verfahrens	[1] **Aussagen der Parteien dürfen weder protokolliert noch später im Entscheidverfahren verwendet werden.** [2] **Vorbehalten ist die Verwendung der Aussagen im Falle eines Urteilsvorschlages oder Entscheides der Schlichtungsbehörde.**
Confidentialité de la procédure	[1] Les dépositions des parties ne doivent ni figurer au procès-verbal de conciliation ni être prises en compte par la suite, durant la procédure au fond. [2] La prise en compte des dépositions dans une proposition de jugement ou une décision de l'autorité de conciliation est réservée.
Natura confidenziale della procedura	[1] Le dichiarazioni delle parti non possono essere verbalizzate, né utilizzate nella susseguente procedura decisionale. [2] È eccettuato il caso di proposta di giudizio o di decisione nel merito dell'autorità di conciliazione.

Inhaltsübersicht   Note

   I. Norminhalt und Normzweck 1

  II. Schlichtungsverfahren 3

 III. Entscheidverfahren 8

Literatur

Vgl. die Literaturhinweise zu Art. 197/198.

I. Norminhalt und Normzweck

1 Die **Vertraulichkeit des Verfahrens** soll sicherstellen, dass sich die Parteien in einem offenen Gespräch annähern können. Entsprechend dürfen die Aussagen der Parteien weder protokolliert noch im späteren Entscheidverfahren verwendet werden.

2 Abs. 1 enthält den **Grundsatz**. Abs. 2 stipuliert die **Ausnahme** davon.

II. Schlichtungsverfahren

3 Im eigentlichen Schlichtungsverfahren dürfen die Aussagen der Parteien weder protokolliert noch später im Erkenntnisverfahren verwendet werden. Unter Aussagen sind Ausführungen der Parteien anlässlich der Vermittlungsverhandlung zu verstehen. In diesem Sinne besteht somit ein **Verwertungsverbot**.

4 Dieses **Protokollierungsverbot** richtet sich an die Schlichtungsbehörde und ist auf die Aussagen der Parteien beschränkt, weshalb über alle anderen Punkte durchaus ein Protokoll zu führen ist. Das Protokoll dient der Schlichtungsbehörde, um später daraus die notwendigen Angaben für die Ausstellung der Klagebewilligung (Art. 209 Abs. 2) oder die Ausfertigung des Urteilsvorschlages bzw. des Entscheids (Art. 210 ff.) herauslesen zu können. So entsprechen die zu protokollierenden Punkte der Aufzählung in Art. 209 Abs. 2, welche mit den Angaben der anlässlich der Vermittlungstagfahrt anwesenden Personen zu ergänzen ist. Beim Protokoll handelt es sich um eine öffentliche Urkunde i.S.v. Art. 9 Abs. 1 ZGB.

5 Den Parteien steht es selbstverständlich zu, Notizen zu machen. Allerdings dürfen anlässlich der Vermittlungstagfahrt gemachte **Äusserungen oder Zusagen** später nicht verwendet werden, ausser sie wurden oder werden ausserhalb der Schlichtungsverhandlung in anderem Zusammenhang gemacht. Die in der Verhandlung gemachten Zugeständnisse und Vergleichsvorschläge sind somit für den Prozess sowohl als ungeschehen als auch unpräjudizierlich zu betrachten, und niemand darf diesbezüglich als Zeuge aufgerufen oder darüber richterlich befragt werden. Dabei gilt es jedoch zu beachten, dass dies effektiv nur für die in der Schlichtungsverhandlung erfolgten Zugeständnisse und Vergleichsvorschläge gilt («Aussagen»).

6 Ebenso wenig kann die Schlichtungsbehörde von anlässlich der Schlichtungsverhandlung vorgelegten Urkunden Kopien anfertigen oder gar Kopien der Gegenpartei aushändigen. Beides ist nur zulässig, wenn die Partei, welche die Urkunden präsentiert, damit einverstanden ist, ansonsten die **Vertraulichkeit** gefährdet wird. Dies würde dazu führen, dass Urkunden, welche allenfalls dafür geeignet sind, einen Vergleichsabschluss zu begünstigen, nicht vorgelegt werden. Erlangt eine Partei erst an der Vermittlungstagfahrt davon Kenntnis, dass eine Urkunde, ein Zeuge oder ein anderes Beweismittel vorhanden ist, und ist das Anbieten dieses Beweises nicht aus anderen Gründen naheliegend, so dürfen diese Beweismittel auch im späteren Erkenntnisverfahren nicht offeriert werden. Auch ein Urteilsvorschlag darf im nachfolgenden Erkenntnisverfahren nicht verwendet werden.

7 Von Gesetzes wegen hat dieser **Grundsatz der Verfahrensvertraulichkeit** für Vergleichsverhandlungen in der Zeit, in der das Protokoll offengehalten wird, **keine Gültigkeit**. In diesem Sinne stellen auch Anwaltskorrespondenzen über Vergleichsbemühungen vor und nach der Schlichtungsverhandlung grundsätzlich zum Beweis taugliche Urkunden dar (vgl. PKG 1991 Nr. 29, 112, und 1990 Nr. 5, 29).

III. Entscheidverfahren

Eine **Ausnahme vom Grundsatz der Verfahrensvertraulichkeit** besteht – notgedrungen – für die Kurzbegründung eines Urteilsvorschlags oder Entscheids der Schlichtungsbehörde. Insofern steht es auch der Schlichtungsbehörde zu, anlässlich der Schlichtungsverhandlung Notizen von den Aussagen der Parteien zu machen. Diese Notizen dürfen jedoch nicht Eingang ins Protokoll finden und sind nach Abschluss des Schlichtungsverfahrens zu vernichten. Diese Notizen dienen als Gedankenstütze somit lediglich einer allfälligen Kurzbegründung eines Urteilsvorschlages oder Entscheids.

8

Wird ein Urteilsvorschlag abgelehnt, so hat die Schlichtungsbehörde dafür zu sorgen, dass er nicht ins Erkenntnisverfahren gelangt. Die Parteien sind auch darauf hinzuweisen, dass für den Fall der **Ablehnung des Urteilsvorschlages** dieser im Erkenntnisverfahren nicht verwendet werden darf, ansonsten der Grundsatz der Verfahrensvertraulichkeit leicht ausgehöhlt würde.

9

Art. 206

Säumnis

¹ **Bei Säumnis der klagenden Partei gilt das Schlichtungsgesuch als zurückgezogen; das Verfahren wird als gegenstandslos abgeschrieben.**

² **Bei Säumnis der beklagten Partei verfährt die Schlichtungsbehörde, wie wenn keine Einigung zu Stande gekommen wäre (Art. 209–212).**

³ **Bei Säumnis beider Parteien wird das Verfahren als gegenstandslos abgeschrieben.**

Défaut

¹ En cas de défaut du demandeur, la requête est considérée comme retirée; la procédure devient sans objet et l'affaire est rayée du rôle.

² Lorsque le défendeur fait défaut, l'autorité de conciliation procède comme si la procédure n'avait pas abouti à un accord (art. 209 à 212).

³ En cas de défaut des deux parties, la procédure devient sans objet et l'affaire est rayée du rôle.

Mancata comparizione delle parti

¹ Se l'attore ingiustificatamente non compare, l'istanza di conciliazione è considerata ritirata e la causa è stralciata dal ruolo in quanto priva d'oggetto.

² Se il convenuto ingiustificatamente non compare, l'autorità di conciliazione procede come in caso di mancata conciliazione (art. 209–212).

³ Se entrambe le parti ingiustificatamente non compaiono, la causa è stralciata dal ruolo in quanto priva d'oggetto.

Inhaltsübersicht

	Note
I. Norminhalt und Normzweck	1
II. Voraussetzungen	4
III. Folgen bei Säumnis der Klägerschaft	9
IV. Folgen bei Säumnis der Beklagtschaft	13

Literatur

Vgl. die Literaturhinweise zu Art. 197/198.

I. Norminhalt und Normzweck

1 Bei Säumnis einer Partei ist **keine Schlichtung** möglich. Je nachdem, wer fehlt, wird das Verfahren abgeschrieben oder die Klagebewilligung erteilt. Bei Säumnis der beklagten Partei kommt auch ein Urteilsvorschlag (Art. 210 ff.) bzw. ein Entscheid (Art. 212) in Frage.

2 Art. 206 regelt die **gesetzlichen Säumnisfolgen**. Unter welchen Voraussetzungen eine Partei säumig wird, kann dem Gesetzeswortlaut nicht entnommen werden.

3 Die Säumnisfolgen gelten auch bei Verfahren vor der **paritätischen Schlichtungsbehörde**.

II. Voraussetzungen

4 Eine Partei hat die Säumnisfolgen nur dann zu tragen, wenn die **Säumnisvoraussetzungen** gegeben sind.

5 Grundvoraussetzung, damit Säumnisfolgen ausgesprochen werden können, ist die ordentlich vorgenommene **Vorladung** der Parteien. Die Hauptverantwortung für die ordnungsgemässe Zustellung obliegt der Schlichtungsbehörde (vgl. PKG 1988, Nr. 31, 121 f.). Erscheint eine Partei aufgrund einer falschen oder verspäteten Zustellung der Vorladung, die die Schlichtungsbehörde zu verantworten hat, nicht zur Schlichtungsverhandlung, so können keine Säumnisfolgen ausgelöst werden. Die gerichtlichen Kosten sind von der Kasse der Schlichtungsbehörde zu übernehmen; eine Parteientschädigung wird keine zugesprochen (Art. 113 Abs. 1).

6 Bevor die Säumnisfolgen greifen, ist eine **Respektstunde** abzuwarten. M.E. ist zur Vermeidung eines überspitzten Formalismus ein Zuwarten von einer **viertel Stunde** angebracht. Eine Partei wird daher erst säumig, wenn sie binnen einer viertel Stunde nach der festgesetzten Zeit ohne Entschuldigung nicht erscheint oder die Beteiligung an der Verhandlung ablehnt.

7 Die Parteien müssen sodann **unentschuldigt der Schlichtungsverhandlung fernbleiben**. In welchen Fällen von einem unentschuldbaren Fernbleiben ausgegangen werden kann, wird die Praxis erarbeiten müssen. Als entschuldbar wäre eine kurzfristige Erkrankungen anzusehen, welche eine rechtzeitige Abgabe einer Entschuldigung nicht mehr zuliess. Hat das von einer Partei verwendete private oder öffentliche Verkehrsmittel eine Panne oder gerät in Stau, so liegt kein entschuldbares Ausbleiben vor; in diesen Fällen hat die Partei aber die Möglichkeit, ihre Verspätung fernmündlich der Schlichtungsbehörde anzuzeigen, um eine Verlängerung der Respektstunde oder um einen Verschub der Verhandlung zu bitten.

8 Nicht erforderlich ist, dass die Säumnisfolgen auf der Vorladung zur Schlichtungsverhandlung angedroht werden. Denn es handelt sich um **gesetzliche Säumnisfolgen**, die als bekannt vorausgesetzt werden dürfen. Gleichwohl wäre ein Hinweis auf der Vorladung sinnvoll v.a. für Parteien, die nicht anwaltschaftlich vertreten sind.

III. Folgen bei Säumnis der Klägerschaft

9 Bei unentschuldigtem **Ausbleiben der Klägerschaft** wird angenommen, sie habe das Schlichtungsgesuch zurückgezogen. Das Verfahren wird als gegenstandslos abgeschrieben, womit das Schlichtungsverfahren beendet ist. Dabei handelt es sich aber nicht um einen Klagerückzug.

Durch das Einleiten und den darauf folgenden Rückzug eines Schlichtungsverfahrens werden die Verjährungsfristen unterbrochen (Art. 135 Ziff. 2 OR). Demgegenüber läuft die Klägerschaft bei einem Klagerückzug zufolge Versäumnis Gefahr, bei Verwirkungsfristen einen materiellen Rechtsverlust zu erleiden. Aus diesem Grund ist die Klägerschaft auch berechtigt, die Abschreibungsverfügung mit dem gesetzlich fingierten **Klagerückzug anzufechten**, um den Vorladungstermin für die Schlichtungsverhandlung wiederherzustellen, sollten die Säumnisvoraussetzungen nicht gegeben sein.

10

Obgleich laut Art. 113 Abs. 1 im Schlichtungsverfahren keine **Parteientschädigungen** gesprochen werden, sollte m.E. in Fällen, in welchen eine Partei grundlos eingeklagt wird, ausnahmsweise eine Parteientschädigung zugesprochen werden. Denn diesfalls würde es sich um unnötige Prozesskosten handeln, welche diejenige Partei zu bezahlen hat, welche sie verursacht hat (Art. 108 sinngemäss). Weitere Ausnahmen sind von der Praxis herauszubilden.

11

Die **Kosten des Schlichtungsverfahrens** werden der klagenden Partei auferlegt (Art. 207 Abs. 1 lit. b).

12

IV. Folgen bei Säumnis der Beklagtschaft

Bei unentschuldigtem **Ausbleiben der Beklagtschaft** verfährt die Schlichtungsbehörde, wie wenn keine Einigung zu Stande gekommen ist. Es kommt auch ein Urteilsvorschlag (Art. 210 ff.) bzw. ein Entscheid (Art. 212) in Frage.

13

Eine **Parteientschädigung** kann diesfalls auch ausnahmsweise nicht zugesprochen werden, weil die Klägerschaft das Verfahren mit Prosequierung der Klage fortsetzen kann. Die **Kosten des Schlichtungsverfahrens** werden der klagenden Partei auferlegt, wenn die Klagebewilligung erteilt wird, oder zur Hauptsache geschlagen, wenn die Klage eingereicht wird. Wird ein Urteilsvorschlag unterbreitet, sind ebenfalls keine Prozesskosten zu bestimmen und zu verlegen, weil der Urteilsvorschlag für Fälle gedacht ist, in denen trotz gewisser Vergleichsbereitschaft noch keine Einigung erzielt werden konnte. Der Urteilsvorschlag würde seine Wirkung gänzlich verfehlen, wenn nun auch noch Prozesskosten verlegt würden, da sich diese i.d.R. vergleichshindernd auswirken. Nur wenn ein Entscheid gefällt wird, sind auch die Prozesskosten zu verlegen, weil die Schlichtungsbehörde nach gescheiterter Schlichtung als echte erste Entscheidinstanz amtet (BOTSCHAFT ZPO, 7334).

14

Die säumige Beklagtschaft kann den Termin für die Schlichtungsverhandlung nicht wieder herstellen lassen, weil sie daran kaum ein Interesse haben kann. Ein solches Interesse für die **Wiederherstellung des Schlichtungstermins** wäre allenfalls gegeben, wenn die Beklagtschaft an der Schlichtungsverhandlung Widerklage erheben müsste und durch das Säumnis daran gehindert wäre. Die Widerklage ist jedoch erst mit der Klageantwort zu erheben (Art. 224).

15

Die Säumnis der Beklagtschaft ist nicht an **weitere Sanktionen** geknüpft. Es könnte daher die Meinung aufkommen, dass die Teilnahme freiwillig ist. Da die ZPO von einem Schlichtungsobligatorium ausgeht, ist m.E. der Verfahrensdisziplin mit Ordnungsbussen zum Durchbruch zu verhelfen (Art. 128 Abs. 1).

16

Art. 207

Kosten des Schlichtungsverfahrens

¹ **Die Kosten des Schlichtungsverfahrens werden der klagenden Partei auferlegt:**
a. wenn sie das Schlichtungsgesuch zurückzieht;
b. wenn das Verfahren wegen Säumnis abgeschrieben wird;
c. bei Erteilung der Klagebewilligung.

² **Bei Einreichung der Klage werden die Kosten zur Hauptsache geschlagen.**

Frais de la procédure de conciliation

¹ Les frais de la procédure de conciliation sont mis à la charge du demandeur:
a. lorsqu'il retire sa requête;
b. lorsque l'affaire est rayée du rôle en raison d'un défaut;
c. lorsqu'une autorisation de procéder est délivrée.

² Lorsque la demande est déposée, les frais de la procédure de conciliation suivent le sort de la cause.

Spese della procedura di conciliazione

¹ Le spese della procedura di conciliazione sono addossate all'attore:
a. se l'attore ritira l'istanza di conciliazione;
b. se la causa è stralciata dal ruolo per mancata comparizione;
c. in caso di rilascio dell'autorizzazione ad agire.

² Con l'inoltro della causa le spese sono rinviate al giudizio di merito.

Inhaltsübersicht

	Note
I. Norminhalt und Normzweck	1
II. Grundsatz	3
III. Ausnahmen	5
IV. Rechtsmittel	8

Literatur

Vgl. die Literaturhinweise zu Art. 197/198.

I. Norminhalt und Normzweck

1 Grundsätzlich wird im Schlichtungsverfahren nur über **Schlichtungskosten** abgerechnet. Art. 207 regelt nur die Verlegung der Verfahrenskosten, nicht aber der Parteikosten.

2 **Keine Gerichtskosten** werden gesprochen in folgenden Streitigkeiten (vgl. Art. 113 Abs. 2):

– nach dem Gleichstellungsgesetz vom 24.3.1995;

– nach dem Behindertengleichstellungsgesetz vom 13.12.2002;

– aus Miete und Pacht von Wohn- und Geschäftsräumen sowie aus landwirtschaftlicher Pacht;

– aus dem Arbeitsverhältnis sowie nach dem Arbeitsvermittlungsgesetz vom 6.10.1989 bis zu einem Streitwert von CHF 30 000;

- nach dem Mitwirkungsgesetz vom 17.12.1993;
- aus Zusatzversicherungen zur sozialen Krankenversicherung nach dem Bundesgesetz vom 18.3.1994 über die Krankenversicherung.

Das Schlichtungsverfahren ist somit immer dann kostenlos, wenn auch später im Entscheidverfahren keine Kosten gesprochen werden dürfen (Art. 113 Abs. 2 lit. a, b, d–f). Es wäre widersinnig, das Schlichtungsverfahren eines kostenlosen Prozesses kostenpflichtig zu erklären. Kostenlos bleibt zudem die **miet- und pachtrechtliche Schlichtung** (Art. 113 Abs. 2 lit. c), wobei der Mietprozess vor dem entscheidenden Gericht – entsprechend dem geltenden Recht – kostenpflichtig ist.

II. Grundsatz

Die **Kosten des Schlichtungsverfahrens** werden der klagenden Partei auferlegt:

- wenn sie das Schlichtungsgesuch zurückzieht,
- wenn das Verfahren wegen Säumnis abgeschrieben wird, oder
- bei Erteilung der Klagebewilligung.

Grundsätzlich ist daher die **klagende Partei kostenpflichtig**.

III. Ausnahmen

Wenn es jedoch zum Prozess kommt, werden die **Kosten zur Hauptsache geschlagen** und zusammen mit den übrigen Prozesskosten verteilt. Die Schlichtungskosten hat je nach Ausgang des Prozesses auch die beklagtische Partei zu tragen.

Bei einer erfolgreichen Schlichtung bestimmen die Parteien selber über die **Kostenverteilung** (Art. 108).

Zu beachten ist, dass im Schlichtungsverfahren **keine Parteientschädigungen** zu sprechen sind (Art. 113). Jede Partei trägt ihre Parteikosten selber, da bei der Schlichtung im Interesse der Parteien versucht wird, den förmlichen Prozess zu vermeiden und eine gütliche Einigung herbeizuführen. Daher ist es sachgerecht, dass jede Partei ihren Aufwand selber trägt. Die Entschädigung eines unentgeltlichen Rechtsbeistandes durch den Kanton bleibt vorbehalten (Art. 113 Abs. 1). Die Parteien sind frei, in einem Vergleich eine andere Regelung zu treffen (vgl. die Erläuterungen zu Art. 109). Grundsätzlich wird im Schlichtungsverfahren aber nur über Gerichtskosten abgerechnet (Art. 204).

IV. Rechtsmittel

Der Kostenentscheid ist selbständig nur mit **Beschwerde** (Art. 319 ff.) anfechtbar (Art. 110).

3. Kapitel: Einigung und Klagebewilligung

Art. 208

Einigung der Parteien

¹ Kommt es zu einer Einigung, so nimmt die Schlichtungsbehörde einen Vergleich, eine Klageanerkennung oder einen vorbehaltlosen Klagerückzug zu Protokoll und lässt die Parteien dieses unterzeichnen. Jede Partei erhält ein Exemplar des Protokolls.

² Ein Vergleich, eine Klageanerkennung oder ein vorbehaltloser Klagerückzug haben die Wirkung eines rechtskräftigen Entscheids.

Conciliation

¹ Lorsque la tentative de conciliation aboutit, l'autorité de conciliation consigne une transaction, un acquiescement ou un désistement d'action inconditionnel au procès-verbal, qui est ensuite soumis à la signature des parties. Chaque partie reçoit une copie du procès-verbal.

² La transaction, l'acquiescement ou le désistement d'action ont les effets d'une décision entrée en force.

Avvenuta conciliazione

¹ Se si giunge a un'intesa, l'autorità di conciliazione verbalizza la transazione, l'acquiescenza o la desistenza incondizionata e le parti sottoscrivono il verbale. Ogni parte riceve un esemplare del verbale.

² La transazione, l'acquiescenza o la desistenza incondizionata hanno l'effetto di una decisione passata in giudicato.

Inhaltsübersicht Note

I. Norminhalt 1
II. Einigungsmöglichkeiten 2
   1. Allgemeines 2
   2. Vergleich 6
   3. Klagerückzug 11
   4. Klageanerkennung 15
III. Rechte Dritter im Prozess 18
   1. Streitverkündungsklage und Streitverkündung 19
   2. Haupt- und Nebenintervention 20
   3. Notwendige und einfache Streitgenossenschaft ... 21
IV. Rechtsmittel 22

Literatur

Vgl. die Literaturhinweise zu Art. 197/198.

I. Norminhalt

1 Art. 208 regelt einerseits das **formelle Vorgehen**, wenn sich die Parteien einigen konnten (Abs. 1). Anderseits wird stipuliert, welche **Wirkung einer Einigung** zukommt (Abs. 2).

II. Einigungsmöglichkeiten

1. Allgemeines

Eine **Einigung** liegt vor, wenn sich die Parteien vergleichen, die Beklagtschaft eine Klage anerkennt oder die Klägerschaft die Klage vorbehaltlos zurückzieht. Auch Teileinigungen sind möglich.

In allen Fällen nimmt die Schlichtungsbehörde den Vergleich, die Klageanerkennung oder den vorbehaltlosen **Klagerückzug zu Protokoll** und lässt die Parteien dieses unterzeichnen. Dieses Vorgehen ist auch erforderlich, wenn der Vergleich, der Klagerückzug oder die Klageanerkennung schriftlich erfolgt. Die Einhaltung dieser Formvorschrift ist **Gültigkeitsvoraussetzung**.

Jede Partei erhält ein **Exemplar des Protokolls**. Das Protokoll ist daher in genügender **Anzahl** auszufertigen: Für jede Partei und für die Schlichtungsbehörde ein Exemplar im Original.

Eine **Widerklage** kann auch während des Schlichtungsverfahrens erhoben werden. Daher können sich die Parteien auch über die Widerklage einigen. Auch hierfür ist ein von den Parteien zu unterzeichnendes Protokoll auszufertigen.

2. Vergleich

Ein Vergleich kann nur geschlossen und zu Protokoll genommen werden, wenn die Parteien über den **Streitgegenstand** frei verfügen können. Der Vergleich kann mündlich oder schriftlich zu Protokoll erklärt werden.

In einen Vergleich können auch **ausserhalb des Verfahrens liegende Streitfragen** zwischen den Parteien einbezogen werden (Art. 201 Abs. 1), sofern es der Beilegung des Streites dient.

Bei nicht persönlich handelnden Parteien ist darauf zu achten, dass die Stellvertreter zum Abschluss eines Vergleichs bevollmächtigt sind. Die **Vergleichsabschlussvollmacht** hat grundsätzlich schriftlich vorzuliegen.

Die **Kosten** werden nach Massgabe des Vergleichs getragen (Art. 109 Abs. 1). Fehlt eine Kostenregelung oder ist diese einseitig zulasten einer Partei, welcher die unentgeltliche Prozessführung bewilligt wurde, werden die Kosten nach Art. 106 ff. verlegt. Weil im Schlichtungsverfahren **keine Parteientschädigungen** zugesprochen werden, muss im Vergleich in dieser Hinsicht nichts vereinbart sein; den Parteien steht es jedoch zu, eine Parteientschädigung im Vergleich aufzunehmen.

Der Vergleich bzw. dessen Erledigungsentscheid hat die **Wirkungen eines rechtskräftigen Entscheids**. Wenn zwischen den Parteien verschiedene Streitgegenstände zu beurteilen oder noch zu beurteilen sind, so ist der vergleichshalber erledigte **Streitgegenstand** genau zu umschreiben.

3. Klagerückzug

Ein Klagerückzug ist immer möglich. Er kann **mündlich oder schriftlich zu Protokoll** erklärt werden. Wird die Klage nur **teilweise zurückgezogen** (z.B. ein Teil der eingeklagten Forderung), ist hierüber kein Vergleich zu schliessen, denn die Klage kann einfach in reduziertem Umfang prosequiert werden.

Der Klagerückzug kann im Schlichtungsverfahren immer vorbehaltlos oder eben **unter Vorbehalt** erfolgen. Dem vorbehaltlosen Klagerückzug kommt die Wirkung eines rechtskräftigen Entscheids gleich und kann bei erneuter Einbringung der Einwand der res iudicata entgegen gehalten werden.

13 Die Wirkung eines rechtskräftigen Entscheids kommt dem Klagerückzug dann nicht zu, wenn die Klage unter **Vorbehalt der Wiedereinbringung** zurückgezogen wurde. Wird eine Klage nur deshalb rechtshängig gemacht, weil eine Frist unterbrochen werden muss, so ist darauf zu achten, dass der Rückzug unter dem Vorbehalt der Wiedereinbringung erfolgt. Der Vorbehalt ist in der Abschreibungsverfügung aufzunehmen.

14 Die Kosten hat die klagende Partei zu tragen (Art. 106 Abs. 1). Eine **ausseramtliche Entschädigung** darf nicht zugesprochen werden (Art. 113 Abs. 1).

4. Klageanerkennung

15 Eine Klageanerkennung ist nur möglich und kann zu Protokoll genommen werden, wenn die Parteien über den **Streitgegenstand frei disponieren** können.

16 Wird die Klage nur **teilweise anerkannt** (z.B. ein Teil der eingeklagten Forderung), ist hierüber ein Vergleich zu schliessen, sofern die Teilklageanerkennung nicht einen eigenständigen Streitgegenstand betrifft (objektive Klagenhäufung nach Art. 90: die Herausgabe eines Gegenstandes wird anerkannt, nicht aber die Forderung).

17 Die Kosten hat die Beklagtschaft zu tragen (Art. 106 Abs. 1). Eine **ausseramtliche Entschädigung** darf nicht zugesprochen werden (Art. 113 Abs. 1).

III. Rechte Dritter im Prozess

18 Die Rechte der **am Verfahren beteiligten Dritter** sind u.U. zu beachten, soweit diese im Schlichtungsverfahren überhaupt schon zugelassen sind.

1. Streitverkündungsklage und Streitverkündung

19 Im Schlichtungsverfahren ist die **Streitverkündungsklage unzulässig** (Art. 82 Abs. 1 e contrario). Demgegenüber ist die **Streitverkündung möglich**. Die streitberufene Partei hat zumindest formell die Einigung ohne Interventionsmöglichkeiten zu akzeptieren.

2. Haupt- und Nebenintervention

20 Eine Hauptintervention ist im **Schlichtungsverfahren ausgeschlossen** (Art. 73 Abs. 1). **Zulässig ist die Nebenintervention**; Handlungen der intervenierenden Partei, welche mit jenen der Hauptpartei im Widerspruch stehen, sind jedoch unbeachtlich (Art. 76 Abs. 2).

3. Notwendige und einfache Streitgenossenschaft

21 Der **notwendige Streitgenosse** gehört zur Partei, weshalb sein Handeln bei einer Einigung zwingend erforderlich ist. Der **einfache Streitgenosse** muss bei einer Einigung nicht berücksichtigt werden, weil jeder Streitgenosse den Prozess unabhängig von den anderen Streitgenossen führen kann (Art. 71 Abs. 3).

IV. Rechtsmittel

22 Ein Vergleich, ein Klagerückzug oder eine Klageanerkennung kann mit Revision angefochten werden. Die Anfechtungsmöglichkeit mit **Revision** entspricht einer modernen Tendenz im Prozessrecht (BOTSCHAFT ZPO, 7380). Als Revisionsgrund kommen vorab Willensmängel in Frage (Art. 21 ff. OR).

3. Kapitel: Einigung und Klagebewilligung   Art. 209

Art. 209

Klagebewilligung

¹ Kommt es zu keiner Einigung, so hält die Schlichtungsbehörde dies im Protokoll fest und erteilt die Klagebewilligung:
a. bei der Anfechtung von Miet- und Pachtzinserhöhungen: dem Vermieter oder Verpächter;
b. in den übrigen Fällen: der klagenden Partei.

² Die Klagebewilligung enthält:
a. die Namen und Adressen der Parteien und allfälliger Vertretungen;
b. das Rechtsbegehren der klagenden Partei mit Streitgegenstand und eine allfällige Widerklage;
c. das Datum der Einleitung des Schlichtungsverfahrens;
d. die Verfügung über die Kosten des Schlichtungsverfahrens;
e. das Datum der Klagebewilligung;
f. die Unterschrift der Schlichtungsbehörde.

³ Nach Eröffnung berechtigt die Klagebewilligung während dreier Monate zur Einreichung der Klage beim Gericht.

⁴ In Streitigkeiten aus Miete und Pacht von Wohn- und Geschäftsräumen sowie aus landwirtschaftlicher Pacht beträgt die Klagefrist 30 Tage. Vorbehalten bleiben weitere besondere gesetzliche und gerichtliche Klagefristen.

Autorisation de procéder

¹ Lorsque la tentative de conciliation n'aboutit pas, l'autorité de conciliation consigne l'échec au procès-verbal et délivre l'autorisation de procéder:
a. au bailleur en cas de contestation d'une augmentation du loyer ou du fermage;
b. au demandeur dans les autres cas.

² L'autorisation de procéder contient:
a. les noms et les adresses des parties et, le cas échéant, de leurs représentants;
b. les conclusions du demandeur, la description de l'objet du litige et les conclusions reconventionnelles éventuelles;
c. la date de l'introduction de la procédure de conciliation;
d. la décision sur les frais de la procédure de conciliation;
e. la date de l'autorisation de procéder;
f. la signature de l'autorité de conciliation.

³ Le demandeur est en droit de porter l'action devant le tribunal dans un délai de trois mois à compter de la délivrance de l'autorisation de procéder.

⁴ Le délai est de 30 jours dans les litiges relatifs aux baux à loyer ou à ferme d'habitations ou de locaux commerciaux et aux baux à ferme agricoles. Les autres délais d'action légaux ou judiciaires prévus dans les dispositions spéciales sont réservés.

Autorizzazione ad agire

¹ Se non si giunge a un'intesa, l'autorità di conciliazione verbalizza la mancata conciliazione e rilascia l'autorizzazione ad agire:
a. in caso di contestazione dell'aumento della pigione o del fitto, al locatore;
b. negli altri casi, all'attore.

² L'autorizzazione ad agire contiene:
a. il nome e l'indirizzo delle parti e dei loro eventuali rappresentanti;
b. la domanda dell'attore con l'oggetto litigioso e l'eventuale domanda riconvenzionale;

Dominik Infanger

c. la data d'inizio della procedura di conciliazione;
d. la decisione sulle spese della procedura di conciliazione;
e. la data dell'autorizzazione ad agire;
f. la firma dell'autorità di conciliazione.

³ L'autorizzazione ad agire permette di inoltrare la causa al tribunale entro tre mesi dalla notificazione.

⁴ Nelle controversie in materia di locazione e affitto di abitazioni e di locali commerciali come pure di affitto agricolo il termine di inoltro della causa è di 30 giorni. Sono fatti salvi gli altri termini speciali d'azione previsti dalla legge o dal giudice.

Inhaltsübersicht Note

I. Norminhalt und Normzweck 1
II. Fehlende Einigung 3
III. Erteilung der Klagebewilligung 5
   1. Klägerrolle 5
   2. Inhalt der Klagebewilligung 6
   3. Mitteilungsempfänger 17
   4. Unrichtige oder unvollständige Klagebewilligung 18
IV. Prosequierungsfrist 21
   1. Gewöhnliche Prosequierungsfrist 21
   2. Spezielle Prosequierungsfrist 23
   3. Versäumte Prosequierungsfrist 26

Literatur

Vgl. die Literaturhinweise zu Art. 197/198.

I. Norminhalt und Normzweck

1 Art. 209 Abs. 1 regelt das **formelle Vorgehen** für den Fall, dass sich die Parteien nicht einigen konnten, und wem die Klagebewilligung zu erteilen ist. Art. 209 Abs. 2 bestimmt den **Inhalt der Klagebewilligung**. Art. 209 Abs. 3 und 4 stipulieren die allgemeine und die besondere **Prosequierungsfrist**.

2 Die **Klagebewilligung** ermächtigt die klagende Partei, an das urteilende Gericht zu gelangen. Dieses Recht ist befristet. Mit der Befristung wird verhindert, dass die beklagte Partei auf unbestimmte Zeit im Ungewissen bleibt, ob sie mit einer Fortsetzung des Verfahrens zu rechnen hat oder nicht. Eine gültige Klagebewilligung ist Prozessvoraussetzung.

II. Fehlende Einigung

3 Die Parteien haben sich dann nicht einigen können, wenn weder ein Vergleich, eine Klageanerkennung noch ein Klagerückzug vorliegen. In der Regel wird an der Vermittlungstagfahrt deutlich kommuniziert, wenn sich **die Parteien nicht einigen können oder wollen**. Diesfalls hat sich die Schlichtungsbehörde damit abzufinden und die Klagebewilligung auszustellen.

In diesem Fall ist die **Nichteinigung im Protokoll festzuhalten**. Das Protokoll darf aber nur die Nichteinigung und nicht auch noch weitere Bemerkungen dazu enthalten. Die Gründe dafür, dass sich die Parteien nicht einigen konnten, sind nicht zu protokollieren.

III. Erteilung der Klagebewilligung

1. Klägerrolle

Diejenige Partei, welche die Klagebewilligung erteilt wird, hat die Klage zu prosequieren (Obliegenheit), wenn die Klage weiter verfolgt werden soll. Dies ist im Normalfall diejenige Partei, welche das Schlichtungsbegehren gestellt hat. Demgegenüber wird die **Klägerrolle** bei der Anfechtung von **Miet- und Pachtzinserhöhungen** umgekehrt, da die Klagebewilligung immer dem Vermieter oder Verpächter erteilt wird.

2. Inhalt der Klagebewilligung

a) Zwingende Angaben

Die Klagebewilligung hat **zwingend folgende Angaben** zu enthalten:

– Namen und Adressen der Parteien und allfälliger Vertretungen;

– Rechtsbegehren der klagenden Partei mit Streitgegenstand und eine allfällige Widerklage;

– Datum der Einleitung des Schlichtungsverfahrens;

– Verfügung über die Kosten des Schlichtungsverfahrens;

– Datum der Klagebewilligung;

– Unterschrift der Schlichtungsbehörde.

b) Parteien und Vertretung

Sollten die **Namen der Parteien**, die Parteien an sich (Art. 83) oder die Vertretung bis zum Abschluss des Schlichtungsverfahrens nicht geändert haben, so entsprechen diese Angaben denjenigen auf dem Schlichtungsgesuch. Sie sind zwingend unverändert zu übernehmen. Es geht aber nicht an, im Schlichtungsverfahren die Parteien zur Komplementierung einer Gesamthandschaft zu ergänzen.

c) Rechtsbegehren mit Streitgegenstand und Widerklage

Das Rechtsbegehren kann bis zum Schluss des Schlichtungsverfahrens abgeändert werden (Art. 227). Soweit eine objektive Klagenhäufung zulässig ist, können auch neue Rechtsbegehren hinzukommen. Dies ist der Fall, wenn die gleiche sachliche Zuständigkeit und die gleiche Verfahrensart gegeben sind. Ein sachlicher Zusammenhang der mehreren Begehren wird nur vorausgesetzt, wenn das angerufene Gericht nicht für alle Begehren örtlich zuständig ist (Art. 15 Abs. 2). Sind diese Voraussetzungen nicht gegeben, hat die klagende Partei für das zusätzliche Rechtsbegehren ein eigenes Schlichtungsgesuch zu stellen. Die Schlichtungsbehörde hat im Zweifelsfall **sämtliche Rechtsbegehren** in der Klagebewilligung aufzunehmen. Das nachgelagerte Gericht wird dann prüfen müssen, ob die Klage für jedes einzelne Rechtsbegehren korrekt eingeleitet wurde. Sind die Voraussetzungen für die Zulassung einer objektiven Klagenhäufung nicht gegeben, so darf das Gericht auf das zusätzliche Rechtsbegehren nicht eintreten, weil es nicht vermittelt wurde.

9   Der Streitgegenstand ist kurz zu umschreiben. Die Umschreibung des Streitgegenstandes enthält die Umschreibung laut Schlichtungsgesuch ergänzt um den im Laufe des Verfahrens ergänzten Streitgegenstand. **Der Streitgegenstand muss objektiv individualisiert werden können.** Wurde der Streitgegenstand verändert, so ist dies zu vermerken, versehen mit dem Hinweis auf den Veränderungsgrund wie Teilrückzug, Teilanerkennung, Teileinigung oder Erweiterung des Streitgegenstandes.

10 Für die **Widerklage** sind das Rechtsbegehren und der Streitgegenstand separat wie bei der Hauptklage aufzuführen.

d) Datum der Einleitung des Schlichtungsverfahrens

11 Das Datum der Einleitung des Schlichtungsbegehrens entspricht dem **Poststempel** auf dem Briefumschlag, wenn das Schlichtungsgesuch per Post der Schlichtungsbehörde zugestellt wurde.

12 Wurde das schriftliche Schlichtungsgesuch der Schlichtungsbehörde persönlich übergeben, ist der **Eingang mit Datum und Stempel** auf dem Gesuch zu vermerken. Diesfalls entspricht das Eingangsdatum dem Datum der Einleitung des Schlichtungsbegehrens.

13 Wurde das Schlichtungsgesuch mündlich gestellt, ist dies im Protokoll zu vermerken. Das **Datum der Erklärung** entspricht dem Einleitungsdatum des Schlichtungsbegehrens.

e) Kostenverfügung

14 Die Kostenverfügung ist **summarisch zu begründen**, weil sie angefochten werden kann. Es reicht aber aus, darauf hinzuweisen, dass die Klagebewilligung erteilt wurde, weshalb die Kosten des Schlichtungsverfahrens gestützt auf Art. 207 Abs. 1 lit. c der klagenden Partei auferlegt werden. Zudem ist zu erwähnen, dass bei Einreichung der Klage die Kosten zur Hauptsache geschlagen werden (Art. 207 Abs. 2).

15 In den Fällen, in welchen keine Kosten erhoben werden, ist mit entsprechendem **Hinweis auf Art. 113 Abs. 2** eine Anmerkung in der Klagebewilligung zu machen.

f) Datum und Unterschrift

16 Die Klagebewilligung ist mit Datum zu versehen und zu unterzeichnen. Wer zur Unterzeichnung berechtigt ist, ist eine organisatorische Frage, welche das jeweilige kantonale Recht beantwortet. Jedenfalls muss die Klagebewilligung eine Unterschrift tragen. Ohne Unterschrift ist die **Klagebewilligung ungültig** und die Prosequierungsfrist wird nicht ausgelöst. Die Unterschrift ist somit ein **Gültigkeitserfordernis**. Das Fehlen des Datums führt dahingegen nicht zur Ungültigkeit, weil die Prosequierungsfrist mit Eingang beim Empfänger ausgelöst wird und dieser Zeitpunkt unabhängig vom Datum auf der Klagebewilligung ermittelt werden kann.

3. Mitteilungsempfänger

17 Die Klagebewilligung wird zunächst derjenigen Partei zugestellt, welche die Klagebewilligung prosequieren muss, um die Klage fortzuführen. Aber nicht nur die **Klägerschaft**, auch die **Gegenpartei** hat m.E. ein Interesse daran, zu erfahren, ob die Klage weiterverfolgt wird. Ihr ist daher eine Kopie der Klagebewilligung zuzustellen.

4. Unrichtige oder unvollständige Klagebewilligung

Ist die Klagebewilligung in formeller Hinsicht **offensichtlich unrichtig oder unvollständig**, so wird diese vom Gericht, bei welchem sie eingereicht wird, an die Schlichtungsstelle zur Verbesserung zurückgewiesen. Dieses Vorgehen rechtfertigt sich deshalb, weil der Klägerschaft eine Verwirkungsfrist (Prosequierungsfrist) läuft und sie daher nicht dem allenfalls auch schleppenden Gang des Verbesserungsverfahrens ausgesetzt werden soll.

Fehlerhafte Bezeichnung der Vertreter, mangelhafte Angaben über den Erfolg bzw. Misserfolg der Verhandlung oder die Nichterwähnung, dass eine Partei ausgeblieben ist, beschlagen nur eine **Ordnungsvorschrift** und führen nicht zu einer Zurückweisung oder gar zur Ungültigkeit des Klagebewilligung (vgl. PKG 1990, Nr. 12, 57). Zum Fehlen der Unterschrift oder des Datums vgl. N 16.

Stellt die Schlichtungsbehörde **statt der Abschreibungsverfügung zufolge Vergleichs eine Klagebewilligung** aus und zu, so ist diese Verfügung in Wiedererwägung zu ziehen. Allenfalls ist auch eine Beschwerde gemäss Art. 319 ff. zu führen.

IV. Prosequierungsfrist

1. Gewöhnliche Prosequierungsfrist

Normalerweise beträgt die Prosequierungsfrist **drei Monate**. Mit der Ausstellung der Klagebewilligung endet das Schlichtungsverfahren. Daher sind bei der Prosequierungsfrist die **Gerichtsferien** nach Art. 145 Abs. 1 zu berücksichtigen. Die Prosequierungsfrist ist aber nicht erstreckbar, da sie eine gesetzliche Frist (Art. 144 Abs. 1), und mithin eine **Verwirkungsfrist ist**.

Die **Frist beginnt** am folgenden Tag, nachdem die Mitteilung eröffnet wurde, d.h. der Partei zur Kenntnis gebracht wurde, zu laufen. Sie endet im letzten Monat an dem Tag, der dieselbe Zahl trägt wie der Tag, an dem die Frist zu laufen begann (Art. 142 Abs. 2). Fehlt der Tag, so endet die Frist laut Art. 142 Abs. 2 am letzten Tag des Monats. Die Klagebewilligung ist zusammen mit der Klageschrift beim zuständigen Gericht einzureichen.

2. Spezielle Prosequierungsfrist

Ausnahmsweise beträgt die **Prosequierungsfrist weniger als drei Monate**. Dies ist zunächst der Fall in Streitigkeiten aus Miete und Pacht von Wohn- und Geschäftsräumen sowie aus landwirtschaftlicher Pacht. In diesen Fällen beträgt die Prosequierungsfrist 30 Tage.

Als weitere spezielle Prosequierungsfristen bleiben **gesetzliche und gerichtliche Klagefristen** vorbehalten. Laut Botschaft sei an die Aberkennungsklage (Art. 83 Abs. 2 SchKG), die Arrestprosekutionsklage (Art. 279 SchKG) oder an die Klage zur Prosequierung einer vorsorglichen Massnahme vor Rechtshängigkeit (Art. 263) zu denken (BOTSCHAFT ZPO, 7333). In diesem Zusammenhang ist zu beachten, dass diese Klagen mit Ausnahme der Arrestprosequierungsklage direkt beim Gericht eingeleitet werden müssen (Art. 198 lit. e Ziff. 1).

Die **Frist beginnt** am folgenden Tag, nachdem die Mitteilung eröffnet wurde, d.h. der Partei zur Kenntnis gebracht wurde, zu laufen. Sie endet nach Ablauf von 30 Tagen. Die

Art. 210

Gerichtsferien finden Anwendung. Die Frist ist nicht erstreckbar. Die Klagebewilligung ist zusammen mit der Klageschrift beim zuständigen Gericht einzureichen.

3. Versäumte Prosequierungsfrist

26 Nach drei Monaten bzw. 30 Tagen oder laut spezieller Klagefrist erlischt die Bewilligung, wodurch auch die **Rechtshängigkeit (oder eben auch die vorsorgliche Massnahme)** entfällt. Die klagende Partei muss ein erneutes Schlichtungsgesuch einreichen, wenn sie auf die Streitsache zurückkommen will.

27 Ist die Originalklagebewilligung beim Kläger nicht angekommen und in der Folge verloren gegangen, so dass eine zweite gleichlautende Klagebewilligung aus- und zugestellt werden muss, beginnt die Prosequierungsfrist mit der **Kenntnisnahme der zweiten Klagebewilligung** (PKG 1990 Nr. 12, 54 f.).

28 Die Nichteinreichung der Klagebewilligung führt nicht zu einer **res iudicata**. Denn es liegt kein eigentlicher Klagerückzug i.S.v. Art. 208 Abs. 2 vor, weil keine Erklärung abgegeben wird. Sodann ist mit der Ausstellung der Klagebewilligung das Schlichtungsverfahren beendet, weshalb Art. 208 Abs. 2 ohnehin nicht greifen kann. Ferner ist während laufender Prosequierungsfrist das gerichtliche Verfahren der nächstfolgende Schritt. Vor Gericht kann die Klage ohne Rechtsverlust bis vor Zustellung der Klageschrift an die Gegenpartei zurückgezogen werden (Art. 65).

29 Mit dem unbenutzten Verstreichen der Prosequierungsfrist wird auch die **Kostenverfügung** wirksam. Zu diesem Zeitpunkt ist die Beschwerdefrist aber bereits abgelaufen. Da die Partei, welcher die Klagebewilligung ausgestellt wurde, erst zu diesem Zeitpunkt durch eine Kostenverfügung beschwert ist, dürfte m.E. die Beschwerdefrist erst am Tag nach Ablauf der Prosequierungsfrist anfangen zu laufen. Wurde die Klage prosequiert, so wäre eine Kostenverfügung durch das erkennende Gericht zu überprüfen.

4. Kapitel: Urteilsvorschlag und Entscheid

Art. 210

Urteilsvorschlag

¹ Die Schlichtungsbehörde kann den Parteien einen Urteilsvorschlag unterbreiten in:
a. Streitigkeiten nach dem Gleichstellungsgesetz vom 24. März 1995;
b. Streitigkeiten aus Miete und Pacht von Wohn- und Geschäftsräumen sowie aus landwirtschaftlicher Pacht, sofern die Hinterlegung von Miet- und Pachtzinsen, der Schutz vor missbräuchlichen Miet- und Pachtzinsen, der Kündigungsschutz oder die Erstreckung des Miet- und Pachtverhältnisses betroffen ist;
c. den übrigen vermögensrechtlichen Streitigkeiten bis zu einem Streitwert von 5000 Franken.

² Der Urteilsvorschlag kann eine kurze Begründung enthalten; im Übrigen gilt Artikel 238 sinngemäss.

4. Kapitel: Urteilsvorschlag und Entscheid 1–3 Art. 210

Proposition de jugement	¹ L'autorité de conciliation peut soumettre aux parties une proposition de jugement: a. dans les litiges relevant de la loi du 24 mars 1995 sur l'égalité; b. dans les litiges relatifs aux baux à loyer ou à ferme d'habitations ou de locaux commerciaux et aux baux à ferme agricoles en ce qui concerne la consignation du loyer ou du fermage, la protection contre les loyers ou les fermages abusifs, la protection contre les congés ou la prolongation du bail à loyer ou à ferme; c. dans les autres litiges patrimoniaux dont la valeur litigieuse ne dépasse pas 5000 francs. ² La proposition de jugement peut contenir une brève motivation; au surplus, l'art. 238 est applicable par analogie.
Proposta di giudizio	¹ L'autorità di conciliazione può sottoporre alle parti una proposta di giudizio: a. nelle controversie secondo la legge federale del 24 marzo 1995 sulla parità dei sessi; b. nelle controversie in materia di locazione e affitto di abitazioni e di locali commerciali come pure di affitto agricolo, se vertenti sul deposito di pigioni o fitti, sulla protezione da pigioni o fitti abusivi, sulla protezione dalla disdetta o sulla protrazione del rapporto di locazione o d'affitto; c. nelle altre controversie patrimoniali fino a un valore litigioso di 5000 franchi. ² La proposta di giudizio può contenere una breve motivazione; per il resto si applica per analogia l'articolo 238.

Inhaltsübersicht Note

I. Norminhalt und Normzweck 1

II. Anwendungsbereich 3

III. Urteilsvorschlag 5

Literatur

Vgl. die Literaturhinweise zu Art. 197/198.

I. Norminhalt und Normzweck

Der **Urteilsvorschlag** nimmt eine Mittelstellung ein zwischen einem behördlichen Vergleichsvorschlag und einem Entscheid. Vergleichsvorschlag ist er insoweit, als ihn jede Partei frei ablehnen kann. Bei Stillschweigen der Parteien hingegen reift er zum rechtskräftigen und vollstreckbaren Entscheid. 1

Er ist namentlich für Fälle gedacht, in denen – trotz gewisser Vergleichsbereitschaft der Parteien – eine Einigung nicht zustande kommen will, und ist ein sinnvolles **Zusatzinstrument vorprozessualer Streiterledigung**. 2

II. Anwendungsbereich

Nicht jede Zivilsache darf durch Urteilsvorschlag abgeschlossen werden, denn die Haupttätigkeit der Schlichtungsbehörde soll das klassische Schlichten bleiben: 3

– Unbeschränkt zulässig ist er nur auf dem Gebiet des Gleichstellungsrechts (lit. a), was einem praktischen Bedürfnis dieser spezialisierten Schlichtungsstellen entspricht.

- Wie bisher nur in beschränktem Rahmen zulässig ist er dagegen im Miet- und Pachtrecht (lit. b). Der weitergehende Vorschlag des Vorentwurfs wurde in der Vernehmlassung abgelehnt.

- Schliesslich ist der Urteilsvorschlag möglich für alle vermögensrechtlichen Streitigkeiten bis zu einem Streitwert von CHF 5000 (lit. c). Der Streitwert bemisst sich nach Art. 91 ff. Bei nichtvermögensrechtlichen Streitigkeiten (beispielsweise der Ausschluss aus einem kulturellen Verein oder die Verletzung von Persönlichkeitsrechten, wenn gleichzeitig keine geldwerten Reparationsansprüche geltend gemacht werden) kann die Schlichtungsbehörde keinen Urteilsvorschlag unterbreiten.

4 Ob ein Urteilsvorschlag unterbreitet wird, liegt in allen möglichen Anwendungsfällen im **pflichtgemässen Ermessen** der Schlichtungsbehörde. Darin ist eine Abkehr von der bisherigen Praxis zu erblicken, weil bislang die Schlichtungsbehörden in den Fällen nach lit. b zwingend einen Entscheid haben fällen müssen (vgl. aArt. 259i und aArt. 274 Abs. 4 OR). Demgegenüber wurde das Instrument des Urteilsvorschlages auf dem Gebiet des Gleichstellungsrechts neu eingeführt (vgl. aArt. 11 und 12 GlG).

III. Urteilsvorschlag

5 Grundsätzlich ist der Urteilsvorschlag wie ein **Entscheid** abzufassen und zu eröffnen (Art. 210 Abs. 2). Er braucht aber nicht begründet zu werden, und zwar selbst dann nicht, wenn die Parteien dies verlangen sollten; denn es bedarf keines Rechtsmittels, um ihn abzulehnen. Vielmehr genügt als Ablehnung eine fristgerechte einseitige Parteierklärung an die Schlichtungsbehörde (Art. 211). Diese Erklärung braucht nicht begründet zu werden, weshalb der Entscheid **keine Begründung** enthalten muss. Die einseitige Parteierklärung hat einzig die Erteilung der Klagebewilligung zur Folge, wodurch die klagende Partei nun befugt ist, ihre Klage dem erstinstanzlichen Gericht zu unterbreiten.

6 Der **Inhalt des Urteilsvorschlages** richtet sich sinngemäss nach Art. 238 (gesetzlicher Verweise). Er hat entsprechend folgenden Inhalt aufzuweisen:

- die Bezeichnung und die Zusammensetzung der Schlichtungsbehörde;
- den Ort und das Datum des Urteilsvorschlages;
- die Bezeichnung der Parteien und ihrer Vertretung;
- das Dispositiv (Urteilsformel);
- die Angabe der Personen und Behörden, denen der Entscheid mitzuteilen ist;
- Hinweise auf Art. 211 Abs. 1–3 (vgl. Art. 211 Abs. 4);
- gegebenenfalls die Entscheidgründe;
- die Unterschrift der Schlichtungsbehörde.

7 Da gegen den Urteilsvorschlag kein Rechtsmittel ergriffen werden kann, kann auch **keine Rechtsmittelbelehrung** im Dispositiv aufgenommen werden.

8 Es ist sodann darauf hinzuweisen, dass der Urteilsvorschlag **nicht für den gerichtlichen Gebrauch bestimmt** ist, sollte der Vorschlag ausgeschlagen werden. Nur so kann auch die Vertraulichkeit des Schlichtungsverfahrens gewahrt werden.

4. Kapitel: Urteilsvorschlag und Entscheid — **Art. 211**

Der Urteilsvorschlag kann auch bereits anlässlich der Schlichtungsverhandlung mündlich eröffnet werden. Die **20tägige Ablehnungsfrist** beginnt aber – aus Gründen der Rechtssicherheit – erst mit der schriftlichen Zustellung des Urteilsvorschlages an zu laufen.   9

Wird der Urteilsvorschlag **bereits nach mündlicher Eröffnung abgelehnt**, muss der Vorschlag nicht mehr schriftlich eröffnet werden.   10

Gibt eine Partei bereits zu Beginn der Schlichtungsverhandlung zu erkennen, dass sie einen Urteilsvorschlag ablehnen würde, bleibt es der Schlichtungsbehörde unbenommen, gleichwohl einen Urteilsvorschlag zu unterbreiten. Die **antizipierte Ablehnung** durch eine Partei ist diesfalls nicht ausreichend. Die Ablehnung muss immer auf einen konkreten Urteilsvorschlag hin erfolgen, ansonsten das Institut des Urteilsvorschlages gänzlich aus den Angeln gehoben würde.   11

Art. 211

Wirkungen

¹ Der Urteilsvorschlag gilt als angenommen und hat die Wirkungen eines rechtskräftigen Entscheids, wenn ihn keine Partei innert 20 Tagen seit der schriftlichen Eröffnung ablehnt. Die Ablehnung bedarf keiner Begründung.

² Nach Eingang der Ablehnung stellt die Schlichtungsbehörde die Klagebewilligung zu:
a. in den Angelegenheiten nach Artikel 210 Absatz 1 Buchstabe b: der ablehnenden Partei;
b. in den übrigen Fällen: der klagenden Partei.

³ Wird die Klage in den Angelegenheiten nach Artikel 210 Absatz 1 Buchstabe b nicht rechtzeitig eingereicht, so gilt der Urteilsvorschlag als anerkannt und er hat die Wirkungen eines rechtskräftigen Entscheides.

⁴ Die Parteien sind im Urteilsvorschlag auf die Wirkungen nach den Absätzen 1–3 hinzuweisen.

Effets

¹ La proposition de jugement est acceptée et déploie les effets d'une décision entrée en force lorsqu'aucune des parties ne s'y oppose dans un délai de 20 jours à compter du jour où elle a été communiquée par écrit aux parties. L'opposition ne doit pas être motivée.

² Après la réception de l'opposition, l'autorité de conciliation délivre l'autorisation de procéder:
a. à la partie qui s'oppose à la proposition dans les litiges visés à l'art. 210, al. 1, let. b;
b. au demandeur dans les autres cas.

³ Si, pour les cas prévus à l'art. 210, al. 1, let. b, l'action n'est pas intentée dans les délais, la proposition de jugement est considérée comme reconnue et déploie les effets d'une décision entrée en force.

⁴ Les parties sont informées des effets prévus aux al. 1 à 3 dans la proposition de jugement.

Effetti	¹ Se nessuna delle parti la rifiuta entro 20 giorni dalla comunicazione scritta, la proposta di giudizio è considerata accettata e ha l'effetto di una decisione passata in giudicato. Il rifiuto non abbisogna d'essere motivato.
² Preso atto del rifiuto, l'autorità di conciliazione rilascia l'autorizzazione ad agire:
a. nelle controversie di cui all'articolo 210 capoverso 1 lettera b, alla parte che ha rifiutato la proposta di giudizio;
b. negli altri casi, all'attore.
³ Nelle controversie di cui all'articolo 210 capoverso 1 lettera b, se l'azione non è promossa tempestivamente la proposta di giudizio è considerata accettata e ha l'effetto di una decisione passata in giudicato.
⁴ Nella proposta di giudizio le parti sono rese attente alle conseguenze di cui ai capoversi 1–3.

Inhaltsübersicht

	Note
I. Norminhalt und Normzweck	1
II. Wirkung des Urteilsvorschlages	2
III. Ablehnungserklärung	4
IV. Folgen der Ablehnung	8

Literatur

Vgl. die Literaturhinweise zu Art. 197/198.

I. Norminhalt und Normzweck

1 Art. 211 regelt die **Wirkung**, welche einem **Urteilsvorschlag** zukommen kann, wenn er nicht abgelehnt wird. Im Weiteren wird festgelegt, wie die Schlichtungsbehörde nach der Ablehnung des Urteilsvorschlages zu verfahren hat.

II. Wirkung des Urteilsvorschlages

2 Dem Urteilsvorschlag, der nicht abgelehnt wurde, kommt die Wirkung eines **rechtskräftigen Entscheids** zu. Es liegt ein **definitiver Rechtsöffnungstitel** i.S.v. Art. 83 Abs. 2 SchKG vor.

3 Der Entscheid ist in Rechtskraft erwachsen und kann mit **keinem ordentlichen Rechtsmittel** angefochten werden. Vorbehalte bleibt die Revision (Art. 328 ff.).

III. Ablehnungserklärung

4 Der Urteilsvorschlag kann von beiden Parteien **binnen zwanzig Tagen** seit schriftlicher Eröffnung **ohne Begründung** abgelehnt werden. Die **Gerichtsferien** gelten nicht, weil das Schlichtungsverfahren noch im Gange ist (Art. 145 Abs. 2 lit. a). Die Frist ist eingehalten, wenn die Voraussetzungen nach Art. 143 erfüllt sind.

5 Die Ablehnungserklärung ist **an keine Form gebunden**. Aus der Erklärung muss lediglich hervorgehen, dass die Partei den Vorschlag nicht akzeptieren wird. Dies kann auch konkludent erfolgen. Die Erklärung muss aber **an die Schlichtungsbehörde gerichtet**

sein. Nicht ausreichend wäre das Zerreissen des Urteilsvorschlages im stillen Kämmerlein oder eine Erklärung gegenüber der Gegenpartei oder dem erkennenden Gericht.

Die Erklärung ist **bedingungsfeindlich**. Sie kann aber bis zur Ausstellung der Klagebewilligung **zurückgenommen** werden, was dem Schlichtungsgedanken entspricht. Später kann eine Erklärung nicht mehr beispielsweise wegen Irrtums zurückgezogen werden. In den Angelegenheiten nach Art. 210 Abs. 1 lit. b kann die Ablehnung des Urteilsvorschlages aber überdacht und der Vorschlag angenommen werden, wenn die Klage nach Ausstellen der Klagebewilligung nicht prosequiert wird. Diesfalls erwächst gleichwohl der Urteilsvorschlag in Rechtskraft. 6

Wird eine Erklärung irrtümlich nicht abgegeben, so kann der an und für sich rechtskräftige Entscheid nur noch mittels Revision angefochten werden (Art. 328 ff.). Ein **ordentliches Rechtsmittel** ist ausgeschlossen. 7

IV. Folgen der Ablehnung

Die **Ablehnung des Urteilsvorschlages** hat zur Folge, dass die Schlichtungsbehörde die Klagebewilligung aus- und zustellt. Die Zustellung erfolgt in den Angelegenheiten nach Art. 210 Abs. 1 lit. b an die ablehnende Partei und in den übrigen Fällen an die klagende Partei. 8

In den Angelegenheiten nach Art. 210 Abs. 1 lit. b wird die **Klägerrolle** neu zugewiesen. Art. 209 Abs. 1 lit. a gilt nicht mehr. 9

Mit dem Eingang der Klagebewilligungen beginnt die **Prosequierungsfrist** nach Art. 209 Abs. 3 und 4 zu laufen. Der Urteilsvorschlag darf nicht mit der Klageschrift eingereicht werden. Ebenso wenig darf in den Rechtsschriften darauf Bezug genommen werden. 10

Wird die Klagebewilligung nicht fristgerecht eingereicht, gilt die Klage als zurückgezogen. Nur in den Angelegenheiten nach Art. 210 Abs. 1 lit. b gilt bei **Nichtprosequierung** der Klage der Urteilsvorschlag als anerkannt und hat dieser die Wirkung eines rechtskräftigen Entscheids. 11

Art. 212

Entscheid	**¹ Vermögensrechtliche Streitigkeiten bis zu einem Streitwert von 2000 Franken kann die Schlichtungsbehörde entscheiden, sofern die klagende Partei einen entsprechenden Antrag stellt.** **² Das Verfahren ist mündlich.**
Décision	¹ L'autorité de conciliation peut, sur requête du demandeur, statuer au fond dans les litiges patrimoniaux dont la valeur litigieuse ne dépasse pas 2000 francs. ² La procédure est orale.
Decisione	¹ Se l'attore ne fa richiesta, l'autorità di conciliazione può giudicare essa stessa le controversie patrimoniali con un valore litigioso fino a 2000 franchi. ² La procedura è orale.

Art. 212

Inhaltsübersicht

	Note
I. Norminhalt und Normzweck	1
II. Entscheidungsvoraussetzungen	2
III. Verfahren	6

Literatur

Vgl. die Literaturhinweise zu Art. 197/198.

I. Norminhalt und Normzweck

1 Für kleinere vermögensrechtliche Streitigkeiten sahen etliche Kantone bereits früher eine Entscheidkompetenz der Schlichtungsbehörde vor. Der maximale Streitwert für diesen sog. Abspruch war jedoch höchst unterschiedlich und bewegte sich zwischen CHF 300 und 2000 (BOTSCHAFT ZPO, 7334). Der Entwurf setzt die Streitwertgrenze auf CHF 2000 fest. Bis zu dieser Streitwertgrenze amtet die Schlichtungsbehörde nach gescheiterter Schlichtung als **echte erste Entscheidinstanz**. Damit sollen die Gerichte von Bagatellsachen verschont und die Parteien vor hohen amtlichen und ausseramtlichen Kosten geschützt werden.

II. Entscheidungsvoraussetzungen

2 Damit die Schlichtungsbehörde als Entscheidinstanz amten kann, ist vorab ein **Antrag der klagenden Partei** erforderlich. Dieser Antrag ist an keine Form gebunden, ist aber bei Vorliegen im Protokoll aufzunehmen. Dieser Antrag kann bis zum Entscheid der Schlichtungsbehörde darüber, ob sie in der Sache entscheiden will, zurückgezogen werden.

3 Ohne einen solchen Antrag darf die Schlichtungsbehörde nicht entscheiden, sondern hat entweder die Klagebewilligung zu erteilen oder bloss einen Urteilsvorschlag zu unterbreiten. Solange die klagende Partei keinen Antrag auf Entscheid stellt, kann sie ihr Schlichtungsgesuch gefahrlos zurückziehen – danach bewirkt ein **Rückzug Abstandsfolge** (Art. 65). Darauf hat die Schlichtungsbehörde hinzuweisen.

4 Der Antrag **zwingt die Schlichtungsbehörde nicht** zum Entscheid (Kann-Vorschrift). Vielmehr wird sie ihren Richterspruch auf Fälle beschränken, die bereits am ersten Termin spruchreif sind. Hat sich die Schlichtungsbehörde einmal entschieden, in der Sache einen Entscheid fällen zu wollen, dann muss sie auch entscheiden, auch wenn sich der Fall später als schwierig erweist.

5 Die Schlichtungsbehörde kann nur einen Entscheid fällen, wenn eine **vermögensrechtliche Streitigkeit** bis zu einem Streitwert von CHF 2000 vorliegt. Der Streitwert bemisst sich nach Art. 91 ff. Nichtvermögensrechtliche Streitigkeiten (bspw. der Ausschluss aus einem kulturellen Verein oder die Verletzung von Persönlichkeitsrechten, wenn gleichzeitig keine geldwerten Reparationsansprüche geltend gemacht werden) können von der Schlichtungsbehörde nicht entschieden werden.

III. Verfahren

6 Das Verfahren ist **mündlich**. Daher ist über die Verhandlung ein Protokoll zu führen (Art. 235). Das schliesst jedoch nicht aus, dass die Streitsache bereits mit dem Schlichtungsgesuch in tatsächlicher und rechtlicher Hinsicht substantiiert dargelegt wird, verbunden mit dem Antrag, dass die Schlichtungsbehörde einen Entscheid fällen soll. Auch das **substantiierte Schlichtungsgesuch** ist jedoch umgehend der Gegenpartei zuzustel-

len (Art. 202 Abs. 3). Dies führt aber gleichwohl nicht dazu, dass die Beklagtschaft seitens der Schlichtungsbehörde aufgefordert wird, ihrerseits schriftlich Stellung zu nehmen. Freilich kann die beklagte Partei eine schriftliche Stellungnahme abgeben.

Der Antrag kann **jederzeit im Verlauf des Schlichtungsverfahrens** gestellt werden. Die Gegenpartei ist immer umgehend darüber zu informieren, wenn ein Antrag auf Entscheidung gestellt wurde, damit sie sich gebührend auf die Verhandlung vorbereiten kann. Dies ist v.a. dann relevant, wenn der Antrag nicht im Schlichtungsgesuch gestellt worden ist. 7

Da kein Anspruch auf Entscheidung besteht, hat die **beklagtische Partei durchaus ein Interesse** daran, ihre Meinung zum Antrag auf Entscheidung kundtun zu dürfen. Ist für den konkreten Streitfall ein umfangreiches Beweisverfahren erforderlich, auf welches der Beklagte angewiesen ist, um den Gegenbeweis oder den Beweis des Gegenteils zu erbringen, so hat er ein Interesse daran, dass die Schlichtungsbehörde den Fall nicht entscheidet, weil das Erkenntnisverfahren vor der Schlichtungsbehörde für einfache Fälle gedacht ist. Die Gegenseite nicht zu Wort kommen zu lassen, käme einer Gehörsverletzung gleich. 8

Die **Stellungnahme der Gegenseite** zum Antrag auf Entscheidung ist für die Schlichtungsbehörde auch eine wertvolle Stütze. Erst durch die gegnerische Stellungnahme kann die Schlichtungsbehörde auch abschätzen, ob ein einfacher Fall vorliegt. Dies kann ausgeschlossen werden, wenn die Gegenseite auf nicht sofort verfügbare Beweismittel abstellen muss. 9

Beide **Parteien haben an der Verhandlung teilzunehmen**, weil das Verfahren mündlich durchgeführt wird. Anlässlich der mündlichen Verhandlung haben die Parteien ihre Positionen zu vertreten. Das gilt auch dann, wenn Rechtsschriften vorliegen. 10

Aufwändige Beweisverfahren über mehrere Termine gehören nicht vor die Schlichtungsbehörde, zumal das Verfahren rein mündlich ist (Abs. 2). Entsprechend wird auch **keine Beweisverfügung** erlassen. Die Beweise werden, sofern sie denn sofort verfügbar sind, umgehend abgenommen und in der Urteilsberatung gewürdigt. Auch die Abnahme eines Zeugenbeweises ist vorstellbar, wenn der Zeuge an der ersten Schlichtungstagfahrt sofort zur Verfügung steht. Die Schlichtungsbehörde sollte es vermeiden, Zeugen selber aufzubieten. Sie kann aber Zeugen anhören (unter Wahrung der korrekten Form), wenn eine Partei diese anbietet und sogleich auch an die Verhandlung mitbringt. Dies sollte allerdings die Ausnahme darstellen. 11

Im **Zweifelsfall** sollte die Schlichtungsbehörde nicht entscheiden. Die Schlichtungsbehörde hat dann nicht zu entscheiden, wenn entweder die tatsächlichen Verhältnisse zu kompliziert sind, als dass sie an einem Termin geklärt werden könnten, das Beweisverfahren zu umfangreich ist, die Beweise nicht sofort abgenommen werden können, die Beweiswürdigung zu aufwendig ist oder die rechtlichen Fragen zu kompliziert sind. **Nur bei einfachen Verhältnissen** soll die Schlichtungsbehörde selber entscheiden. Ist der Streitfall in tatsächlicher oder rechtlicher Hinsicht illiquide, so muss die Schlichtungsbehörde einen Entscheid ablehnen. 12

Wenn die Schlichtungsbehörde dem Antrag auf Entscheidung stattgibt, dann ist das allenfalls laufende **Schlichtungsverfahren formell zu schliessen**. Der Schluss des Schlichtungsverfahrens ist im Protokoll festzuhalten. Das Entscheidverfahren ist formell – mündlich oder schriftlich – zu eröffnen. 13

Der Entscheid der Schlichtungsbehörde unterliegt der **Beschwerde** (Art. 319 ff.). Dabei kann auch geltend gemacht werden, dass die Schlichtungsbehörde den Antrag auf Entscheidung gutgeheissen hat, womit das Recht auf Beweis verletzt worden sei. 14

2. Titel: Mediation

Vorbemerkungen zu Art. 213–218

Inhaltsübersicht

	Note
I. Die historische Entwicklung der Mediation	
1. Im Ausland	1
2. In der Schweiz	5

Literatur

I. BIERI, CONCILIATION ET MÉDIATION – CONCEPTS EN PAGAILLE DANS UNE PROCÉDURE EN CHANTIER, ANWALTSREVUE 2003, 354 FF.; F. BOHNET, Les défenses en procédure civile suisse, ZSR 2009 II, S. 185–323; C. BONO-HÖRLER, FAMILIENMEDIATION IM BEREICHE VON EHETRENNUNG UND EHESCHEIDUNG, DISS. ZÜRICH 1999; P. BÖSCH, GERICHT UND MEDIATION, PARTNER ODER KONKURRENTEN?, DIE SCHWEIZERISCHE RICHTERZEITUNG 2006/2; S. BREIDENBACH, Mediation, Struktur, Chancen und Risiken von Vermittlung im Konflikt, Köln 1995; D. BROWN-BERSET, La médiation commerciale, le géant s'éveille, ZSR 2002, 319 ff.; M. CHENOU/J. A. MIRIMANOFF, La médiation civile ou métajudiciaire, pour une nouvelle synergie et contre la confusion des genres, SemJud 2003, 271–316; S. DEKKER, Wirtschaftsmediation, kooperatives Konfliktmanagement als Erfolgskonzept, in: Wirtschaftsrecht in Bewegung, Festgabe zum 65. Geburtstag von Peter Forstmoser, Zürich 2008, 557 ff.; J. DUSS-VON WERDT, Einführung in die Mediation, Heidelberg 2008; H. EIHOLZER, Die Streitbeilegungsabrede, Ein Beitrag zu alternativen Formen der Streitbeilegung, namentlich zur Mediation, Diss. Freiburg 1998; E. W. FIECHTER, Médiation – pourquoi faire intervenir un tiers neutre, Anwaltsrevue 2006, 195 ff; P. S. GELZER, Die richterliche Genehmigung von in Mediationen erzielten Vereinbarungen nach der Schweizerischen Zivilprozessordnung, Anwaltsrevue 2009, 119–122 (zit. Anwaltsrevue 2009); DERS., Vorschläge zur Regelung des Schlichtungs- und Mediationsverfahrens in der neuen Schweizerischen Zivilprozessordnung und im Obligationenrecht, Jusletter 6. November 2006 (zit. Jusletter 2006); GEMME-SCHWEIZ, SCHWEIZERISCHE RICHTERVEREINIGUNG FÜR MEDIATION UND SCHLICHTUNG, Mediation in Zivilsachen in der Schweiz, Kantonale Mediationspraxis und Änderungsanträge zum Entwurf der Schweizerischen Zivilprozessordnung, Freiburg 2006; M. JAKOB, Prüfung und Genehmigung der Scheidungskonvention durch das Gericht, AJP 2009, 169–190; M. L. GOETZ, «Anwaltliche Mediation» – eine originär anwaltliche Tätigkeit?, AJP 2005, 281 ff.; CH. GUY-ECABERT, Le règlement amiable de conflits dans le projet de Code de procedure civile suisse, une avance à conserver! SZZP 2007, 199 ff.; E. HABSCHEID, Die aussergerichtliche Vermittlung (Mediation) als Rechtsverhältnis, AJP 2001, 938 ff.; P. KOBEL/H. RÜEDI, Zehn Fragen zu den Richtlinien SAV für die Mediation, Anwaltsrevue 2005, 445 ff.; P. KREPPER, Unentgeltliche Mediation für geldwerte Konfliktlösungen, AJP 2000, 803 ff.; P. LIATOWITSCH, Die Bedeutung des Rechts in der Mediation oder: wie viel Recht erträgt die Mediation?, Anwaltsrevue 2000, 4 ff.; DERS., Anwaltsberuf und Mediation, in: W. Fellmann (Hrsg.), Schweizerisches Anwaltsrecht, Bern 1998, 443 ff.; L. MARAZZI, Erranze alla scoperta del nuovo Codice di procedura civile svizzero, ZSR 2009, 323–437; I. MEIER unter Mitarb. von D. MÜRNER, Mediation und Möglichkeiten ihrer Förderung durch den Gesetzgeber, unter der besonderen Berücksichtigung der neuen eidgenössischen Zivilprozessordnung, Recht 2004, 1 ff.; DERS., Mediation und Schlichtung in der Schweiz, Unter besonderer Berücksichtigung der gesetzlichen Rahmenbedingungen für Mediation, Veröffentlichungen des Schweizerischen Instituts für Rechtsvergleichung, 44/I, Zürich/Basel/Genf 2002, 295 ff.; J. A. MIRIMANOFF, Une nouvelle culture – La gestion des conflits, AJP 2009, 157–168 (zit. AJP 2009); J. A. MIRIMANOFF/S. VIGNERON-MAGGIO-APRILE, La nouvelle conciliation judiciaire, in: La gestion des conflits, manuel pour les praticiens, Lausanne 2008, 75–96 (zit. Gestion); DIES., Pour une libre circulation des différends civils et commerciaux – Réflections sur les nouveaux réseaux de la justice plurielle: le cas suisse dans le contexte européen, ZSR 2007, 21–46 (zit. ZSR 2007); E. MÜLLER, Mediation als anwaltliches Betätigungsfeld, Anwaltsrevue 2005, 226 ff.; S. MONBARON, La sanction de l'inexécution des clauses de médiation et conciliation en Suisse et en France, in: SZZP 2008, 425 ff.; D. MÜRNER, Gerichtsnahe Zivilmediation, Unter besonderer Berücksichtigung des Vorentwurfs für eine Schweizerische Zivilprozessordnung, Diss. Zürich 2005; E. MERTENS SENN, Vermittlung im Sühneverfahren vor dem Hintergrund der Mediation, eine Untersuchung des friedensrichterlichen Streitbeilegungskonzepts in schweizerischer Theorie und Praxis, Diss. Luzern 2007; A. PEKAR LEMPEREUR/JACQUES SALZER/A. COLSON, Méthode de Médiation, Paris 2008; P. ZIEGLER, 200 Jahre Friedensrichter im Kanton Zürich, in: Verband der Friedensrichter und Friedensrichterinnen des Kantons Zürich (Hrsg.), 1803–2003; J. T. PETER, Mediation in der eidgenössischen ZPO, Anwaltsrevue 2004, 42–45 (zit. Anwaltsrevue 2004); DERS., Mediation: Ein Verfahren zur Überwindung von Einigungshindernissen, AJP 2000, 18 ff. (zit. AJP 2000); T. PFISTERER, Einigung und Mediation – Übersicht über die aktuelle Bundesgesetzgebung, AJP 2008, 3 ff. (zit. AJP 2008); DERS., Unterwegs zur Einigung mit Mediation in der schweizerischen ZPO?, SJZ 2007, 541–550 (zit. SJZ 2007); M. ROTH, Der Anwalt als Berater und Begleiter seines Klienten in einer Mediation – Chance und Bedrohung, Anwaltsrevue 2004, 39 ff.; A. C. SALBERG/B. SAMBETH GLASNER, La médiation, in: Gestion des conflits, manuel pour les praticiens, Lausanne, 2008, 57–73; J. G. SCHÜTZ, Mediation und Schiedsgerichtsbarkeit in der Schweizerischen Zivilprozessordnung, Diss. Bern, 2009; H. U. ZISWILER, Inhalt und Bedeutung von Regeln zur Mediation in der Schweizerischen Zivilprozessordnung, in: Weg zum Recht, Festschrift für Alfred Bühler, Zürich, 2008, 267–292.

I. Die historische Entwicklung der Mediation

1. Im Ausland

Seit Ende der 1960er Jahren werden hauptsächlich in den USA aber auch in Kanada und Australien unter der Bezeichnung «Alternative Dispute Resolution» (ADR) zur Streitbereinigung durch Entscheide staatlicher Gerichte alternative Verfahren besprochen und angewendet (MERTENS SENN, 8; MÜRNER, 13 f.). Zu diesen Verfahren gehören die Mediation (mediation) und die Vermittlung (conciliation), bei welchen neutrale und unabhängige Drittpersonen (Mediations- oder Vermittlungspersonen) ohne Entscheidkompetenz die Parteien dabei unterstützen, eine einvernehmliche Lösung ihres Konflikts zu erreichen (MÜRNER, 4 f.; BREIDENBACH, 4, 137 ff.; vgl. auch Art. 1 Abs. 3 des UNCITRAL-Mustergesetzes zur Schlichtung internationaler Handelsstreitigkeiten, 2002). Diese weite Definition der Mediation erfasst sowohl gerichtliche als auch aussergerichtliche Mediationen. Bei der **gerichtlichen Mediation** werden als Mediationspersonen Richter tätig, die nicht für ein Gerichtsverfahren in der betreffenden Streitsache zuständig sind (vgl. Art. 3 lit. a der Richtlinie 2008/52/EG des Europäischen Parlaments und des Rates vom 21.5.2008 über bestimmte Aspekte der Mediation in Zivil- und Handelssachen). So bieten z.T. personell und räumlich speziell ausgestattete Gerichte namentlich in den USA, Australien, Norwegen, Argentinien, Singapur, Portugal und Deutschland den Parteien neben dem Entscheidverfahren auch gerichtliche Mediationsverfahren an (vgl. MERTENS SENN, 8 f.). Solche Gerichte werden in den USA als **Multi-Door-Courthouses** bezeichnet (vgl. Botschaft ZPO, 7252 f.). Dabei ist zu beachten, dass gerichtliche Mediationen in den USA z.T. Sühneverhandlungen vor einem Friedensrichter in der Schweiz entsprechen (MEIER/MÜRNER, 4). Bei der **aussergerichtlichen Mediation** werden die Mediationspersonen als von den Parteien beauftragte und von ihnen meist auch ausgewählte Privatpersonen tätig (vgl. MERTENS SENN, 27).

Bezüglich der Art der Hilfeleistung der Mediationsperson wird zwischen interessen- und rechtsbasierter Mediation unterschieden. Bei der **interessenbasierten bzw. -orientierten Mediation** (interest-based or facilitative mediation) unterstützt die Mediationsperson die Parteien dabei, zunächst ihre gegenseitigen **aktuellen und künftigen Interessen** und Bedürfnisse zu erkennen und zu verstehen (sog. Perspektivenwechsel) und danach **kreative Lösungen** zu entwickeln, welche diese Interessen optimal befriedigen (MERTENS SENN, 18 f.; MÜRNER, 5 f.). Grundlage einer solchen Mediation ist die Methode des sachgerechten Verhandelns des «Harvard Negotiation Project», das sich mit der Entwicklung und Verbesserung von Verhandlungsmethoden beschäftigt (MERTENS SENN, 18 f.).

Bei der **rechtsorientierten Mediation** (rights-based/settlement mediation) nimmt die Mediationsperson gestützt auf eine rechtliche Bewertung der umstrittenen Positionen eine Einschätzung der wahrscheinlichen richterlichen Entscheidung vor und wirkt auf dieser Basis – namentlich durch das Unterbreiten von Lösungsvorschlägen – auf eine Einigung hin (MÜRNER, 6; BREIDENBACH, 13 ff.; MERTENS SENN, 17 f.; vgl. auch Botschaft ZPO, 7252 f.). Dieses Vorgehen entspricht nach traditionellem schweizerischem Verständnis der Aufgabe von Schlichtungsbehörden, die die Parteien – soweit möglich – über die Rechtslage aufzuklären und zu entsprechendem Verhalten zu bewegen haben (so Botschaft ZPO, 7330; vgl. auch MÜRNER, 6).

3   Zu den international anerkannten Prinzipien der Mediation gehört die **Vertraulichkeit**. In verschiedenen Staaten wurden daher Bestimmungen erlassen, die verbieten, dass die im Rahmen der Mediation erfolgten Aussagen der Parteien bzw. der Mediationspersonen in einem späteren Gerichtsverfahren verwendet werden dürfen (vgl. Art. 9 f. des UNCITRAL-Mustergesetzes zur Schlichtung internationaler Handelsstreitigkeiten, 2002).

4   Die **Freiwilligkeit** stellt kein international anerkanntes Prinzip der Mediation dar, weil namentlich in den USA zwingend vorgeschriebene Mediationen vorgesehen sind (MERTENS SENN, 25).

2. In der Schweiz

a) Vor dem Inkrafttreten der Schweizerischen ZPO

5   In der Schweiz hat die Schlichtung durch Friedensrichter (juges de paix) eine lange Tradition, die auf die von Napoleon aufgezwungene Helvetische Verfassung von 1798 und die Mediationsakte von 1803 zurückgeführt werden kann (vgl. ZIEGLER, 13 ff.; BOHNET, 258 f.). Entsprechend verlangten die meisten kantonalen Zivilprozessordnungen, dass vor der Einleitung eines Gerichtsverfahrens ein Schlichtungsversuch vor einem Friedensrichter oder einer Schlichtungsbehörde stattzufinden habe (Botschaft ZPO, 7328). Solche Schlichtungsverfahren können ausgehend von einem weiten Mediationsbegriff als gerichtliche rechtsorientierte Mediationen bezeichnet werden, soweit der Schlichtungsbehörde oder dem Friedensrichter keine Entscheidbefugnis zukommt (vgl. N 1 und 2; MÜRNER, 6).

6   Die aussergerichtliche Mediation hat in der Schweiz seit den 1980er Jahren zunächst im Bereich der Familienstreitigkeiten und später auch betreffend die übrigen Zivilrechtsstreitigkeiten Bedeutung erlangt (MERTENS SENN, 11 f.; MÜRNER, 17 f.). Entsprechend sahen die Kantone Neuenburg und Waadt vor, dass Einigungsverhandlungen in Eheschutz- und Scheidungsangelegenheiten an eine Mediationsperson delegiert werden können (vgl. Art. 365 Abs. 4 ZPO/NE und Art. 371m Abs. 2 ZPO/VD). Weiter wurde anfangs 2000 Art. 139 Abs. 3 ZGB in Kraft gesetzt, der für Familienmediatorinnen und -mediatoren ein Zeugnis- und Auskunftsverweigerungsrecht vorsieht. In den Jahren 2001 und 2004 haben die Kantone Glarus und Genf in ihre Zivilprozessordnungen allgemeine Regelungen betreffend die aussergerichtliche Mediation eingeführt und darin namentlich die Möglichkeit der richterlichen Genehmigung von in Mediationen erzielten Vereinbarungen vorgesehen. Seit dem 1.1.2007 wird für das Verwaltungsverfahren die Mediation und das Zeugnisverweigerungsrecht des Mediators in Art. 33b und 16 Abs. 1bis VwVG geregelt.

b) In der ZPO

Der von einer Expertenkommission erarbeitete Vorentwurf zur ZPO sah – abgesehen von vereinzelten Bestimmungen betreffend den Ausstand und das Zeugnisverweigerungsrecht von Mediatorinnen und Mediatoren und die Sistierung des Verfahrens zur Durchführung einer Mediation – keine Regelung der Mediation vor (vgl. ZISWILER, 274 f.). Im Vernehmlassungsverfahren wurde die fehlende Regelung der Mediation in der ZPO von verschiedenen Kantonen, Universitäten und Mediationsverbänden kritisiert (Vernehmlassungen, 81–91; ZISWILER, 275 f.). Dieser Kritik trug der Bundesrat Rechnung, indem er im Entwurf der ZPO einen sechs Artikel umfassenden Titel mit der Überschrift «Mediation» einfügte (Art. 210–215 E-ZPO). Damit wollte der Bundesrat die Mediation nicht abschliessend regeln, jedoch das Verhältnis zum gerichtlichen Verfahren klären, damit sie ihre Aufgabe – nachhaltige Konfliktlösung auch zur Entlastung der Gerichte – erfüllen kann (Botschaft ZPO, 7335). Die im Entwurf zur ZPO vorgeschlagene Regelung der Mediation hat der Ständerat nur kapp (mit Stichentscheid des Präsidenten) und der Nationalrat deutlich angenommen, wobei allein in Art. 213 Abs. 1 eine redaktionelle Änderung vorgenommen wurde. Damit hat die Mehrheit des Parlaments dem Konzept der Mediationsregelung des Bundesrats zugestimmt.

Die ZPO enthält keine **Definition der Mediation**. In der Botschaft wird jedoch zusammengefasst ausgeführt, die Mediation sei ein aussergerichtliches Verfahren; sie bedeute im Wesentlichen Vermittlung durch eine neutrale und unabhängige Drittperson, der keinerlei Entscheidbefugnisse zukomme (Botschaft ZPO, 7335). Diese Umschreibung entspricht der in der Schweiz üblichen Definition der Mediation, die die gerichtliche Mediation nicht einschliesst (vgl. ZISWILER, 268; MERTENS SENN, 23 f.; GELZER, Jusletter 2006, Rz 3, je mit Hinweisen). Demnach ist gemäss der ZPO zwischen der **aussergerichtlichen Mediation** und dem **staatlichen Schlichtungsverfahren** zu unterscheiden, wobei die Parteien zwischen diesen beiden Verfahren wählen können (Art. 213 Abs. 1). Die ZPO regelt ohnehin nur gewisse Eckpunkte der Mediation. Die persönlichen und fachlichen Anforderungen an den Mediator, aber auch die Deontologie erfahren keine Regelung (GASSER/RICKLI, Art. 213 N 1).

Die Voraussetzung der **Unabhängigkeit der Mediationspersonen** entspricht im Wesentlichen der von Gerichtspersonen verlangten **Unbefangenheit**. Damit kann nicht Mediationsperson sein, wer als Gerichtsperson gemäss Art. 47 Abs. 1 in Ausstand treten müsste. Dies trifft namentlich zu, wenn die fragliche Person in der Sache ein persönliches Interesse hat oder mit einer Partei oder einem ihrer Vertreter verheiratet, nahe verwandt oder verschwägert ist (Art. 47 Abs. 1 lit. a, d und e).

Die **Neutralität** der Mediationsperson wird auch als Un- oder Allparteilichkeit bezeichnet. Sie bedeutet, dass die Mediationsperson die gleiche Nähe und Distanz zu den einzelnen Parteien und ihren Interessen und Positionen wahren soll, was eine Beratung der Parteien bezüglich der Regelung des Konflikts und das Unterbreiten von Lösungsvorschlägen grundsätzlich ausschliesst (MÜRNER, 7, 9; BREIDENBACH, 170 ff.; STAEHELIN/STAEHELIN/GROLIMUND, § 20 Rz 44; SCHÜTZ, 93). Dieser Grundsatz entspricht der **interessenorientierten Mediation** (vgl. N 2), bei der die Mediationsperson den Parteien als «Geburtshelfer» (médiateur-accoucheur) bei der «Geburt» bzw. Entwicklung ihrer eigenen Konfliktlösung hilft, ohne auf deren Ausgestaltung Einfluss zu nehmen (vgl. PEKAR LEMPEREUR/SALZER/COLSON, 20 f.). Die Parteien können jedoch auch eine **rechtsorientierte** Mediation wünschen und die Mediationsperson auffordern, gestützt auf ihre Beurteilung der Sach- und Rechtslage Lösungsvorschläge zu unterbreiten (PEKAR LEMPEREUR/SALZER/COLSON, 20 f., sprechen insoweit von einem «médiateur-aviseur»). Dabei verliert die Mediationsperson durch ihre Stellungnahme in der Sache ihre Neutralität, weshalb diese keine unabdingbare Voraussetzung einer Mediation ist.

11 Die Voraussetzung der **fehlenden Entscheidkompetenz** schliesst Personen als Mediatoren aus, denen betreffend die Streitsache als Richter oder Schiedsrichter Entscheidbefugnisse zukommen. Damit liegt keine Mediation im Sinne der ZPO vor, wenn die Parteien in sog. «Mediation/Arbitration-Klauseln» vereinbaren, dass die gleiche Drittperson in einer Streitigkeit zunächst als «Mediatorin» bzw. Vermittlerin und im Falle des Scheiterns der «Mediation» bzw. Vermittlung als Schiedsrichterin tätig sein soll. Dies schliesst jedoch nicht aus, dass die Parteien *nach* erfolgloser Beendigung einer Mediation die Mediationsperson als Schiedsrichterin einsetzen. Als staatlicher Richter hat eine Person, die als Mediatorin in der gleichen Sache tätig war, in Ausstand zu treten (Art. 47 Abs. 1 lit. b). Die fehlende Entscheidkompetenz des Mediators bedeutet zudem, dass die Parteien ihren Konflikt selbst einer Lösung zuführen (**Parteiautonomie**). Der Mediator hat keine Macht, den Parteien eine Lösung aufzuzwingen (SCHÜTZ, 91).

12 Die ZPO verlangt – anders als das österreichische und liechtensteinische Recht und die Genfer ZPO – nicht, dass die Mediationspersonen bestimmte **fachliche und persönliche Anforderungen** erfüllen müssen. Damit können die Parteien bei der Wahl der Mediationspersonen, frei bestimmen, welche Anforderungen diese betreffend Ausbildung und Erfahrung zu genügen haben (vgl. MERTENS SENN, 27). Jedoch stehen Mediationspersonen mit vom Schweizerischen Anwaltsverband oder von Mediationsorganisationen wie z.B. der Schweizerischen Kammer für Wirtschaftsmediation **anerkannten Mediationsausbildungen** im Vordergrund, wenn das Gesetz von Mediation spricht (Botschaft ZPO, 7335 f.; vgl. auch MEIER/MÜRNER, 1, die bei einer Mediation «sachkundige» unabhängige Dritte verlangen; ebenso DEKKER, 572, der eine qualifizierte Ausbildung zum Mediator als unerlässlich erachtet; gl.M. GUY-ECABERT, 207 f.; SCHÜTZ, 94 f.). Dies hat namentlich bezüglich der unentgeltlichen Mediation (Art. 218 Abs. 1) zu gelten, da zu verlangen ist, dass vom Staat bezahlte Mediationspersonen über eine angemessene Mediationsausbildung verfügen (GELZER, Jusletter 2006, Rz 13; vgl. auch ZISWILER, 288).

13 Weiter schreibt die ZPO entsprechend dem international anerkannten Grundsatz vor (vgl. N 3), dass die Mediation **vertraulich** ist und die Aussagen der Parteien im gerichtlichen Verfahren nicht verwendet werden dürfen (Art. 216).

14 Schliesslich geht die ZPO von der **Freiwilligkeit** der Mediation aus (Botschaft ZPO, 7337, welche die Freiwilligkeit als Kernelement der Mediation bezeichnet; MERTENS SENN, 25; SCHÜTZ, 89 f.). Entsprechend tritt nur dann eine Mediation an die Stelle des Schlichtungsverfahrens, wenn dies **sämtliche Parteien** beantragen (Art. 213 Abs. 1). Im Rahmen des Entscheidverfahrens kann nur auf **gemeinsamen Antrag** der Parteien eine Mediation durchgeführt werden (Art. 214 Abs. 2). Zwar können Gerichte und Schlichtungsbehörden den Parteien eine Mediation empfehlen (Art. 214 Abs. 1; Botschaft ZPO, 7336). Wenn in eherechtlichen Verfahren Anordnungen über ein Kind zu treffen sind, kann das Gericht die Eltern sogar zu einem Mediationsversuch auffordern (Art. 297 Abs. 2). Weder eine Schlichtungsbehörde noch ein Gericht dürfen jedoch eine Mediation vorschreiben oder eine Partei benachteiligen, weil sie einer Mediation nicht zustimmt (PFISTERER, AJP 2008, 12 f.; DERS., SJZ 2007, 546; ZISWILER, 291; **a.M.** BGer vom 9.12.2009, 5A_457/2009, E. 4, in der die Anordnung von Mediationsgesprächen als Massnahme des Kindesschutzes gemäss Art. 307 Abs. 3 ZGB zugelassen wurde, ohne auf die ZPO Bezug zu nehmen). Die Freiwilligkeit der Mediation bedeutet auch, dass jede Partei jederzeit einseitig auf die Fortsetzung der Mediation verzichten kann (Botschaft ZPO, 7336; MÜRNER, 9).

15 Dagegen verbietet die Freiwilligkeit der Mediation nicht, dass sich die Parteien in einer **obligatorischen Mediationsklausel** in einem Vertrag dazu verpflichten, vor der Einleitung eines Gerichtsverfahrens betreffend Streitigkeiten im Zusammenhang mit diesem Vertrag in einer Mediation bzw. einer Mediationssitzung zu versuchen, eine gütliche Einigung zu finden (vgl. BOHNET, 262; BGer vom 6.6.2007, 4A_18/2007, E. 4.3.1). Die Parteien können bei der Verletzung einer solchen Klausel eine Konventionalstrafe vereinbaren oder allenfalls Schadenersatz verlangen (MONBARON, 433; SALBERG/SAMBETH GLASNER, 61; vgl. bezüglich der prozessualen Folgen der Missachtung einer Mediationsklausel Art. 213 N 8 ff.).

Art. 213

Mediation statt Schlichtungsverfahren

[1] Auf Antrag sämtlicher Parteien tritt eine Mediation an die Stelle des Schlichtungsverfahrens.

[2] Der Antrag ist im Schlichtungsgesuch oder an der Schlichtungsverhandlung zu stellen.

[3] Teilt eine Partei der Schlichtungsbehörde das Scheitern der Mediation mit, so wird die Klagebewilligung ausgestellt.

Médiation remplaçant la procédure de conciliation

[1] Si toutes les parties en font la demande, la procédure de conciliation est remplacée par une médiation.

[2] La demande est déposée dans la requête de conciliation ou à l'audience.

[3] L'autorité de conciliation délivre l'autorisation de procéder lorsqu'une partie lui communique l'échec de la médiation.

Mediazione quale alternativa al tentativo di conciliazione

[1] Su richiesta di tutte le parti, al tentativo di conciliazione è sostituita una mediazione.

[2] La richiesta dev'essere formulata nell'istanza di conciliazione o nell'udienza di conciliazione.

[3] Se una parte le comunica il fallimento della mediazione, l'autorità di conciliazione rilascia l'autorizzazione ad agire.

Inhaltsübersicht

	Note
I. Norminhalt und Normzweck	1
II. Anwendungsbereich	4
III. Die Durchführung einer Mediation an Stelle der Schlichtungsverhandlung	7
1. Voraussetzungen	7
2. Rechtsfolgen der Ersetzung der Schlichtungsverhandlung durch eine Mediation	17

Literatur und Materialien

Vgl. die Hinweise bei den Vorbem. zu Art. 213–218.

I. Norminhalt und Normzweck

Art. 213 regelt das **Verhältnis der Mediation zum obligatorischen Schlichtungsverfahren** gemäss Art. 197. Unter dem gesetzlich nicht definierten **Begriff der Mediation** ist eine aussergerichtliche Vermittlung durch neutrale und unabhängige und i.d.R. qualifizierte Drittperson zu verstehen (vgl. Vor Art. 213–218 N 8 f.).

2   Im Vernehmlassungsverfahren zum Vorentwurf der ZPO wurde von verschiedenen Kantonen, Mediationsverbänden und der Universität Zürich die Gleichstellung von Schlichtungsverfahren und Mediation vorgeschlagen (Vernehmlassungen, 14). Der Bundesrat hat diesem Vorschlag insoweit entsprochen, als er in Art. 210 E-ZPO vorsah, dass auf gemeinsamen Antrag der Parteien eine Mediation an die Stelle des Schlichtungsverfahrens tritt. Diese Regelung hat der Gesetzgeber im Wesentlichen in Art. 213 übernommen. Damit wird den Parteien die Möglichkeit eingeräumt, zwischen dem Schlichtungsverfahren und der Mediation zu wählen, was dem so genannten **Wahlmodell** entspricht (MERTENS SENN, 223). Mit der Übernahme dieses Modells wird die Mediation als grundsätzlich **gleichwertige Alternative** des Schlichtungsverfahrens anerkannt (BOTSCHAFT ZPO, 7336; PFISTERER, SJZ 2007, 545; GASSER/RICKLI, Art. 213 N 2). Zu beachten ist jedoch, dass entgegen dem Wortlaut von Art. 213 Abs. 1 die Mediation nur an **Stelle der Schlichtungsverhandlung**, nicht jedoch gänzlich an Stelle des obligatorischen Schlichtungsverfahrens tritt, weil ein solches eingeleitet werden muss, darin der Antrag auf Durchführung einer Mediation gestellt und es erst mit dem Abschreibebeschluss bei Rückzug des Schlichtungsgesuchs zufolge Einigung in der Mediation oder der Ausstellung der Klagebewilligung bei der Mitteilung des Scheiterns der Mediation abgeschlossen wird (Art. 213 Abs. 3). Auf formaler Ebene wird damit das Schlichtungsverfahren gegenüber der Mediation priorisiert (MERTENS SENN, 225).

3   **Zweck** der Wahlmöglichkeit gemäss Art. 213 ist es, den Parteien zu erlauben, das zur gütlichen Bereinigung ihrer Streitigkeit am **besten geeignete Verfahren** und die damit betrauten **Vermittlungspersonen mit den gewünschten Sprach- und Fachkenntnissen** selbst bestimmen zu können (vgl. PETER, Anwaltsrevue 2004, 44). Allgemein kann gesagt werden, dass sich die Mediation als i.d.R. *interessenorientiertes Verfahren* besonders für Streitigkeiten eignet, wenn die Konfliktparteien weiterhin wirtschaftliche oder persönlichen Kontakt pflegen möchten oder müssen (STAEHELIN/STAEHELIN/GROLIMUND, § 20 N 44; MONBARON, 428; PEKAR LEMPEREUR/SALZER/COLSON, 40 ff.). Indes ist dies nicht Voraussetzung. Auch wenn die Parteien nach der Lösung ihres Konflikts getrennte Wege gehen wollen, kann eine Mediation sinnvoll sein, namentlich zur Vermeidung der Kosten und Aufwendungen für ein Gerichtsverfahren mit ungewissem Ausgang, oder wenn die Streitigkeit emotionelle, internationale oder interkulturelle Aspekte aufweist (MONBARON, 428). Die i.d.R. *rechtsorientierte Schlichtung* ist bei Streitigkeiten sachgerecht, bei denen es den Parteien in erster Linie um die Klärung der rechtlichen Lage und der Prozessaussichten geht (vgl. MONBARON, 429).

II. Anwendungsbereich

4   Art. 213 betrifft den **Ersatz der Schlichtungsverhandlung** durch eine Mediation und setzt damit ein grundsätzlich obligatorisches Schlichtungsverfahren voraus (vgl. Art. 197). Entfällt ein solches nach Art. 198 oder wird darauf gemäss Art. 199 verzichtet, besteht auch keine Wahlmöglichkeit gemäss Art. 213 (STAEHELIN/STAEHELIN/GROLIMUND, § 20 N 51; BOHNET, 261). Die Parteien können jedoch, auch wenn ein Schlichtungsverfahren entfällt, vor oder nach der Einleitung eines gerichtlichen Verfahrens (Art. 214) eine Mediation durchführen (BOTSCHAFT ZPO, 7329).

5   Kommt der Schlichtungsbehörde **die Funktion eines Gerichts** zu, weil sie bei Streitigkeiten bis zu einem Streitwert von CHF 2000 auf Antrag der klagenden Partei zu entscheiden hat (vgl. Art. 212), findet Art. 213 keine Anwendung. Vielmehr müssen die Parteien hier nach Art. 214 Abs. 2 und 3 die **Sistierung** des Schlichtungs- bzw. Entscheidverfahrens zur Durchführung einer Mediation verlangen.

Fraglich ist, ob die Parteien die blosse Sistierung des Schlichtungsverfahrens zur Durchführung einer Mediation auch verlangen können, wenn der Schlichtungsbehörde *keine Entscheidkompetenz* zukommt. Dies ist zuzulassen, da die Parteien die Mediation selbst organisieren und bezahlen müssen (Art. 215 und 218) und diese damit für die Schlichtungsbehörde zu keinem Mehraufwand führt. Die Parteien haben bei der blossen Sistierung des Schlichtungsverfahrens dessen *maximale Dauer von 12 Monaten* nach Art. 203 Abs. 4 **nicht zu beachten**, da die Mediation jederzeit von einer Partei abgebrochen werden kann (so auch STAEHELIN/STAEHELIN/GROLIMUND, § 20 N 52). Mit andern Worten gilt hier Art. 214 Abs. 3 analog. Das Schlichtungsverfahren bleibt bis zum Widerruf einer Partei sistiert. Die Schlichtungsbehörde kann sich selbstverständlich nach Ablauf eines Jahres bei den Parteien nach dem Stand der Mediation erkundigen.

III. Die Durchführung einer Mediation an Stelle der Schlichtungsverhandlung

1. Voraussetzungen

a) Antrag sämtlicher Partien (Abs. 1)

Art. 210 Abs. 1 des Entwurfs der ZPO verlangte für die Ersetzung des Schlichtungsverfahrens durch eine Mediation einen **gemeinsamen Antrag** der Parteien. In der Botschaft wird dazu ausgeführt, die Gemeinsamkeit des Antrags betone die **Freiwilligkeit** der Mediation (BOTSCHAFT ZPO, 7336 f.). Anders als der Entwurf setzt Art. 213 Abs. 1 nicht mehr einen gemeinsamen Antrag, sondern einen **Antrag sämtlicher Parteien (toutes les parties)** voraus (SCHÜTZ, 199). Aus dieser Anforderung ergibt sich, auch wenn kein gemeinsamer Antrag mehr verlangt wird, dass der Gesetzgeber am Grundsatz der Freiwilligkeit der Mediation festhalten wollte und diese keiner Partei aufgezwungen werden kann. Demnach dürfen weder Schlichtungsbehörden noch Gericht eine Mediation vorschreiben oder eine Partei benachteiligen, weil sie einer Mediation nicht zustimmt (PFISTERER, SJZ 2007, 546). **Inhaltlich** muss der Antrag zum Ausdruck bringen, dass die Parteien das Schlichtungsverfahren durch eine Mediation ersetzen wollen (vgl. N 14). Ein blosser Sistierungsantrag genügt dazu nicht.

Das Gesetz besagt nicht ausdrücklich, ob sich die Parteien bereits vor Einleitung eines Schlichtungsverfahrens, z.B. in einer **vertraglichen Mediationsklausel**, verpflichten können, in einem künftigen Schlichtungsverfahren den Antrag zu stellen, dieses Verfahren durch eine Mediation zu ersetzen. In der Lehre wird die Meinung vertreten, die kantonalen Zivilprozessordnungen würden eine Mediation als Klagevoraussetzung nicht vorsehen, weshalb eine obligatorische Mediationsklausel für die angerufenen Gerichte unverbindlich sei (z.B. MONBARON, 256). Das Bundesgericht hat offengelassen, ob eine obligatorische Mediationsklausel im Rahmen eines internationalen Schiedsverfahrens rechtswirksam ist (BGer 4A_18/2007, E. 4.3.1). Der Gesetzgeber ist grundsätzlich von der *Freiwilligkeit der Mediation* ausgegangen (vgl. Vor Art. 213–218 N 14). Angesichts dessen stellt bei Vorliegen einer Mediationsabrede die Durchführung der Mediation **keine Prozessvoraussetzung** dar (differenzierter SCHÜTZ, 184 ff.). Der Gesetzgeber hat – anders als bei Schiedsvereinbarungen in Art. 61 – auch nicht vorgesehen, dass das Gericht bei Missachtung einer Mediationsvereinbarung, das angerufene staatliche Gericht seine Zuständigkeit ablehnt, es sei denn die beklagte Partei habe sich vorbehaltlos auf das Verfahren eingelassen. Die Prozessvoraussetzungen sind in der ZPO vielmehr abschliessend geregelt. Nach SCHÜTZ, 186, ist hingegen die Mediationsabrede von Amtes wegen zu betrachten.

9 Andererseits ist zu berücksichtigen, dass eine Mediationsklausel so ausgestaltet sein kann, dass sie **ausdrücklich eine obligatorische Mediation vor Anrufung eines Gerichts** vorsieht. In diesen Fällen muss auch die Schlichtungsbehörde die Durchführung der Mediation abwarten, wenn sich der Beklagte gegen die Durchführung des Schlichtungsversuchs zur Wehr setzt (vgl. BOHNET, 262; MONBARON, 427). Bei einer Mediationsklausel handelt es sich immerhin um den Teil einer vertraglichen Vereinbarung, die nicht ohne weiteres bei Seite geschoben werden kann (vgl. zu den Folgen der Verletzung einer Mediationsabrede SCHÜTZ, 193 ff.). Die Mediationsklausel ist demnach für die Schlichtungsbehörde nicht à prori unbeachtlich (weitergehend SCHÜTZ, 183 ff.). Vielmehr muss bei obligatorischer Mediation die Schlichtungsbehörde schon aus Praktikabilitätsüberlegungen bei der klagenden Partei nachfragen, ob sie denn nicht tatsächlich eine Mediation vorziehe. Nur bei abschlägigem Bescheid kann die Schlichtungsbehörde zum Schlichtungsversuch vorladen. Wenn allerdings die klagende Partei gleichwohl eine Mediation vorzieht, so wird die Schlichtungsbehörde bei der beklagten Partei nachfragen, ob auch diese eine Mediation wünscht. Anders sieht es indes aus, wenn in der Mediationsklausel die Mediation lediglich fakultativ vorgesehen ist. Reicht eine Partei dessen ungeachtet ein Gesuch um Durchführung der Schlichtung ein, so muss zum Schlichtungsversuch vorgeladen werden. Die Schlichtungsbehörde wird demnach in praktischer Hinsicht bei Vorliegen einer Mediationsvereinbarung *bei der klagenden Partei immer nachfragen müssen*, ob die Mediationsabrede weiterhin Gültigkeit hat. Entscheidend ist, dass die Parteien mit dem Ersatz der Schlichtung durch eine Mediation zumindest im Zeitpunkt der Antragstellung einverstanden sein müssen. Eine Mediationsabrede erfüllt grundsätzlich diese Voraussetzung.

10 Die Parteien können bei der Verletzung einer Mediationsklausel eine **Konventionalstrafe** vereinbaren oder allenfalls Schadenersatz verlangen (MONBARON, 433; SALBERG/SAMBETH GLASNER, 61). Da die kantonalen Prozessordnungen, die die Prozess- oder Eintretensvoraussetzungen abschliessend regeln, bei der Verletzung einer Mediationsvereinbarung keine prozessuale Sanktion vorsahen, war eine Mediationsvereinbarung jedoch prozessual nicht durchsetzbar (MONBARON, 433; SALBERG/SAMBETH GLASNER, 61; vgl. auch EIHOLZER, 185; Urteil des KassGer ZH vom 15.3.1999, publ. in: ZR 2000, 86 ff.).

11 Anders ist dagegen bei **Schiedsverfahren** zu entscheiden, weil die Parteien diese Verfahren gemäss Art. 273 Abs. 1 lit. a ZPO bzw. Art. 182 Abs. 1 IPRG selber regeln und damit eine **versuchte Mediation als negative Prozessvoraussetzung** vorsehen können (vgl. auch EIHOLZER, 60 Rz 226; offen gelassen in: BGer vom 6.6.2007, 4A_18/2007, E. 4.3.1; a.M. SALBERG/SAMBETH GLASNER, 61). Entsprechend werden in der Praxis häufig sog. Mediation-Arbitration (Med/Arb)-Klauseln vereinbart (MIRIMANOFF/VIGNERON-MAGGIO-APRILE, ZSR 2007 I, 43).

12 Die Berufung auf die Missachtung einer Mediationsklausel ist in jedem Fall unbeachtlich, wenn sie **gegen Treu und Glauben** verstösst. Dies trifft zu, wenn die beklagte Partei sich **vorbehaltlos auf das Verfahren eingelassen** (vgl. Art. 61 lit. b; BGer vom 6.6.2007, 4A_18/2007, E. 4.3.3.1; BOHNET, 263; MONBARON, 431) oder vor der Klageeinreichung die Mitwirkung an einer Mediation verweigerte oder an einer Mediationssitzung säumig war (vgl. Art. 206 Abs. 2). Das Bundesgericht ging davon aus, nach erfolglosen Vergleichsverhandlungen sei eine Berufung auf eine Mediationsklausel ebenfalls missbräuchlich, weil diesfalls eine Mediation kaum Aussicht auf Erfolg habe (BGer vom 6.6.2007, 4A_18/2007, E. 4.3.3.2). Dies Auffassung ist jedoch abzulehnen, weil Mediationen erfahrungsgemäss häufig auch dann erfolgreich sind, wenn die Parteien in Vergleichsverhandlungen ohne Unterstützung einer Mediationsperson keine Einigung finden konnten (so auch MONBARON, 431 ff.).

b) Zeitpunkt des Antrages (Abs. 2)

Gemäss Art. 213 Abs. 2 ist der Antrag im Schlichtungsgesuch oder an der Schlichtungsverhandlung zu stellen. Der Antrag kann somit bereits bei der Einleitung des Schlichtungsverfahrens oder während der ganzen Dauer des Schlichtungsverfahrens **jederzeit** gestellt werden. Grundsätzlich ist davon auszugehen, dass die Parteien zu Beginn der Schlichtungsverhandlung über die mögliche Ersetzung des Schlichtungsverfahrens durch eine Mediation sprechen und allenfalls einen entsprechenden Antrag stellen. Das Gesetz schliesst jedoch nicht aus, dass die Parteien auch im späteren Verlauf der Schlichtungsverhandlung – etwa auf Empfehlung der Schlichtungsbehörde – noch den Antrag auf Durchführung einer Mediation stellen können (BOTSCHAFT ZPO, 7336; GASSER/RICKLI, Art. 213 N 3).

c) Form des Antrags

In formeller Hinsicht reicht eine **ausreichend bestimmbare Willenserklärung** sämtlicher Parteien, wonach sie die Mediation einem Schlichtungsversuch vorziehen (SCHÜTZ, 199 f.). Dem Grundsatz der Parteiautonomie folgend dürfen an diese Willenserklärung keine allzu hohen Anforderungen gestellt werden. Es genügt, wenn aufgrund einer *Auslegung nach Treu und Glauben* festgestellt werden kann, dass die Parteien ihre Konflikte mittels einer Mediation lösen wollten. Art. 213 besagt nicht, wie der Antrag zu stellen ist, weshalb auf die allgemeinen Formvorschriften im Schlichtungsverfahren abzustellen ist. Der Antrag kann somit schriftlich in den Formen nach Art. 130 eingereicht oder mündlich bei der Schlichtungsbehörde zu Protokoll gegeben werden (Art. 202 Abs. 1). Nicht erforderlich ist, dass die Parteien ihren Willen, das Schlichtungsverfahren mit einer Mediation zu ersetzen, ausdrücklich gegenüber der Schlichtungsbehörde erklären. Schriftlichkeit oder andere qualifizierte Formvorschriften sind im Gesetz nicht vorgesehen. Ebenfalls nicht erforderlich ist ein ausdrücklicher Verzicht auf den Schlichtungsversuch.

Anders als Art. 210 Abs. 1 E-ZPO verlangt Art. 213 Abs. 1 nicht mehr einen gemeinsamen Antrag der Parteien, sondern nur noch einen **Antrag sämtlicher Parteien (toutes les parties)**. Ein schriftlicher Antrag ist somit **nicht von allen Parteien gemeinsam zu unterzeichnen** (anders der Genehmigungsantrag nach Art. 217). Vielmehr genügt, wenn eine Partei den Ersatz der Schlichtungsverhandlung durch eine Mediation bei der Schlichtungsbehörde entweder schriftlich oder mündlich beantragt, und die anderen Parteien diesem Antrag ebenfalls schriftlich oder mündlich zustimmen. Die das Schlichtungsverfahren einleitende Partei kann daher – selbst wenn die Parteien vorgängig keine Mediation vereinbart haben – ihrem Schlichtungsgesuch den Antrag auf Ersatz des Schlichtungsverfahrens durch eine Mediation stellen und die Gegenpartei auffordern, diesem Antrag innert einer bestimmten Frist zuzustimmen. Wird innert dieser Frist der Schlichtungsbehörde diese Zustimmung nicht mitgeteilt, hat sie eine Schlichtungsverhandlung einzuberufen.

d) Begründung und Überprüfung des Antrags?

Der Antrag ist **nicht zu begründen**, da die Parteien nach freiem Ermessen zwischen dem Schlichtungsverfahren und der Mediation wählen können. Entsprechend ist die Schlichtungsbehörde nicht berechtigt, die sachliche Rechtfertigung des Antrags zu überprüfen (**a.M.** BOHNET, 261, der annimmt, der Antrag könne abgelehnt werden, wenn die Schlichtungsbehörde davon überzeugt sei, er diene bloss der Umgehung der Bestimmungen über die obligatorische Schlichtungsverhandlung). Eine Überprüfung des Antrags wäre sachfremd und ist überdies im Gesetz nicht vorgesehen.

2. Rechtsfolgen der Ersetzung der Schlichtungsverhandlung durch eine Mediation

a) Während der Durchführung der Mediation

17 Mit der Einleitung des Schlichtungsverfahrens wird – auch bei der Ersetzung der Schlichtungsverhandlung durch eine Mediation – das Verfahren **rechtshängig** (vgl. Art. 62) und die **Verjährung** gemäss Art. 135 Abs. 2 und Art. 138 Abs. 1 OR in der mit der Einführung der ZPO revidierten Fassung **unterbrochen und bis zum Abschluss des Verfahrens gehemmt** (BOTSCHAFT ZPO, 7327). Diese Hemmung dauert auch während der Durchführung der Mediation weiter, weil das eingeleitete Schlichtungsverfahren erst mit der Abschreibung zufolge Einigung in der Mediation oder der Ausstellung der Klagebewilligung im Falle des Scheiterns der Mediation beendet wird (vgl. N 23). Mit der gleichzeitigen Einleitung des Schlichtungsverfahrens werden auch allfällige **Verwirkungsfristen** gewahrt.

18 Die **Organisation und Durchführung der Mediation** ist Sache der Parteien (Art. 215), weshalb ihnen obliegt, sich auf eine Mediationsperson sowie die Modalitäten ihrer Durchführung zu einigen, wobei ihnen die Schlichtungsbehörde der Wahl der Mediationsperson behilflich sein kann (BOTSCHAFT ZPO, 7336). Zu Folge der in Art. 216 vorgesehenen Unabhängigkeit der Mediation von der Schlichtungsbehörde hat diese jedoch insoweit **kein Weisungsrecht** (BOTSCHAFT ZPO, 7337; Art. 216 N 4). Hingegen haben die Parteien zu beachten, dass eine Mediation im Sinne der ZPO voraussetzt, dass die Mediationspersonen von den Parteien unabhängig sind (vgl. BOHNET, 261).

b) Wenn eine Vereinbarung über eine Mediationssitzung nicht zustande kommt

19 Gemäss Art. 213 Abs. 3 stellt die Schlichtungsbehörde die Klagebewilligung aus, wenn ihr eine Partei das Scheitern der Mediation mitteilt. In der Lehre wird die Meinung vertreten, ein Scheitern der Mediation sei bereits zu bejahen, wenn sie ganz zu Beginn vor der Durchführung einer Verhandlung scheitere (STAEHELIN/STAEHELIN/GROLIMUND, § 20 N 53). Zu beachten ist jedoch, dass in der Botschaft ausgeführt wird, jede Partei könne als Konsequenz der Freiwilligkeit jederzeit einseitig auf die Fortsetzung der Mediation verzichten, es genüge, dass die Schlichtungsbehörde entsprechend orientiert werde. Alsdann werde der klagenden Partei die Klagebewilligung erteilt (vgl. BOTSCHAFT ZPO, 7336). Damit wird als Voraussetzung der Klagebewilligung grundsätzlich eine begonnene und erfolglos abgebrochene Mediation verlangt. Dies erscheint als sachgerecht, weil die Mediation nur als gleichwertige Alternative zur Schlichtungsverhandlung betrachtet werden kann, wenn die entsprechenden Grundsätze über die Durchführung einer solchen Verhandlung auch bei der Mediation beachtet werden. Entsprechend hat an die Stelle der Vorladung zu einem Schlichtungsversuch eine vereinbarte Sitzung mit einer oder mehreren von den Parteien unabhängigen Mediationspersonen zu treten. Finden die Parteien insoweit keine Einigung, hat die Mediation gar nicht begonnen. Jede Partei kann diesfalls der Schiedsbehörde das Nichtzustandekommen der Mediation mitteilen, worauf die Schlichtungsbehörde die Parteien zur Vermittlung vorzuladen hat (vgl. Art. 202 Abs. 3).

c) Bei Säumnis einer Partei

20 Können sich die Parteien über eine Mediationsperson und einen **ersten Mediationstermin** und -ort einigen, bleibt jedoch die **klagende Partei** an diesem Termin säumig, so hat unter analoger Anwendung von Art. 206 Abs. 1 das Schlichtungsgesuch als zurückgezogen zu gelten. Weist die beklagte Partei ein solches Säumnis der klagenden Partei gegenüber der Schlichtungsbehörde nach, so hat diese das Verfahren als gegenstandslos ab-

zuschreiben. In praktischer Hinsicht wird die Schlichtungsbehörde allerdings vor dem Abschreibungsbeschluss bei der klagenden Partei um die Gründe für ihr Säumnis nachfragen. Entscheidend ist indes, dass die klagende Partei mit ihrem Säumnis manifestiert, dass sie ihr Interesse an der Durchsetzung des eingeklagten Anspruchs verloren hat.

Bleibt die **beklagte Partei** am ersten Mediationstermin säumig, ist unter analoger Anwendung von Art. 206 Abs. 2 zu verfahren, wie wenn keine Einigung zustande gekommen wäre. Die klagende Partei kann diesfalls bei der Schlichtungsbehörde die Ausstellung der Klagebewilligung verlangen (Art. 209 f. bzw. Art. 213 Abs. 3). 21

Da die Vertraulichkeit der Mediation sich auf Aussagen der Parteien in der Mediation bezieht (Art. 216 Abs. 2), fällt die An- bzw. Abwesenheit der Parteien an den Mediationssitzungen nicht darunter. Die Mediationspersonen dürfen daher Säumnisse der Parteien oder den Beginn einer Mediation gegenüber der Schlichtungsbehörde sowohl schriftlich als auch als Zeugen bestätigen. 22

d) Bei Scheitern der Mediation (Abs. 3)

Wird eine Mediationssitzung begonnen, kann als Konsequenz der Freiwilligkeit der Mediation jede Partei auf ihre Fortsetzung oder auf weitere Sitzungen verzichten (BOTSCHAFT ZPO, 7336). Diese Verzichtserklärung ist an **keine besondere Form** geknüpft und kann auch durch konkludente Handlungen, wie das unentschuldigte Verlassen der Sitzung, erfolgen. 23

Das Scheitern der Mediation ist der Schlichtungsbehörde von einer Partei entweder **schriftlich oder mündlich mitzuteilen** (vgl. Art. 202 Abs. 1 und 2). Daraufhin hat die Schlichtungsbehörde – wie nach einem gescheiterten Schlichtungsversuch – grundsätzlich die **Klagebewilligung** ohne Durchführung einer Schlichtungsverhandlung zu erteilen, wobei auch ein Urteilsvorschlag oder ein Entscheid nicht in Frage kommt (BOTSCHAFT ZPO, 7336; MARAZZI, 391 f.; a.M. STAEHELIN/STAEHELIN/GROLIMUND, § 20 N 53, welche jedoch von einer blossen Sistierung des Schlichtungsverfahrens ausgehen). Im Falle gegebener Entscheidkompetenz der Schlichtungsbehörde (Art. 212), nimmt diese das Verfahren wieder auf und setzt es fort. Da die Mediation von der Schlichtungsbehörde unabhängig und vertraulich ist (Art. 216), darf diese keine Angaben über die Modalitäten der Durchführung der Mediation verlangen. 24

Art. 213 Abs. 3 besagt nicht, ob die Schlichtungsbehörde die Mitteilung über das Scheitern der Mediation prüfen und abklären muss, ob die Parteien überhaupt eine solche begonnen haben. In der Lehre wird dies zum Teil verneint (STAEHELIN/STAEHELIN/GROLIMUND, § 20 N 53). Um zu verhindern, dass die Bestimmungen über das obligatorische Schlichtungsverfahren durch fingierte Mediationen umgangen werden, sollte jedoch die Schlichtungsbehörde prüfen können, ob eine Mediation im Sinne der ZPO stattgefunden hat (vgl. PFISTERER, Einigung, 549, der anführt, die Behörden entscheiden, ob eine genügende Mediation vorliege, die eine Klagebewilligung rechtfertigt; vgl. ferner BOHNET, 261; GELZER, Genehmigung, 212). Dazu kann die Schlichtungsbehörde von den Parteien die Bestätigung der begonnenen Mediation durch die beigezogene Mediationsperson(en) verlangen, was auch eine *prima vista Prüfung ihrer Unabhängigkeit* erlaubt (vgl. Vor Art. 213–218 N 9). Ist diese zu offensichtlich zu verneinen, hat keine Mediation i.S.v. Art. 213 stattgefunden, weshalb die Schlichtungsbehörde die Klagebewilligung zu verweigern und die Parteien aufzufordern hat, eine Mediation mit einer unabhängigen Mediationsperson oder eine Schlichtungsverhandlung durchzuführen (vgl. BOHNET, 261). 25

Art. 214

26 Die Nennung der Mediationsperson hat zudem den Vorteil, dass für künftige Gerichtsverfahren aktenkundig wird, welche Person als Mediatorin oder Mediator ein **beschränktes Zeugnisverweigerungsrecht** hat (Art. 166 N 12) und für welche Person ein **Ausstandsgrund** vorliegt (Art. 47 Abs. 1 lit. b und Art. 367 Abs. 1 lit. c; s. Art. 47 N 30). Da die Mediation von der Schlichtungsbehörde unabhängig und vertraulich ist (Art. 216), darf diese jedoch keine Angaben über die Modalitäten der Durchführung der Mediation verlangen.

e) Bei Einigung der Parteien in der Mediation

27 Haben die Parteien im Rahmen der Mediation eine Einigung gefunden, können die Parteien bei der Schlichtungsbehörde die Genehmigung der in der Mediation erzielten Vereinbarung beantragen (Art. 217). Wird die Genehmigung erteilt, kommt der Vereinbarung die Wirkung eines rechtskräftigen Entscheids zu. Das Schlichtungsverfahren ist danach zufolge **Einigung als gegenstandslos** abzuschreiben (vgl. Art. 206 Abs. 1). Wird die Genehmigung verweigert, können die Parteien immerhin die Mediation fortsetzen, bis sie eine genehmigungsfähige Lösung gefunden haben. Jede Partei kann jedoch auf die Fortsetzung der Mediation verzichten und der Schlichtungsbehörde das Scheitern der Mediation mitteilen, worauf diese die Klagebewilligung auszustellen hat. Da die Genehmigung der Vereinbarung freiwillig ist, können die Parteien darauf verzichten und der Schlichtungsbehörde bloss ihre Einigung mitteilen, worauf das Schlichtungsverfahren – gleich wie nach der Genehmigung der Vereinbarung – als gegenstandslos abzuschreiben ist. Wichtig ist, der Schlichtungsbehörde *immer die Einigung als Grund des Rückzug des Schlichtungsgesuchs* und nicht allein den Rückzug des Schlichtungsgesuchs mitzuteilen, um eine Verwechslung mit einem **vorbehaltlosen Klagerückzug gemäss Art. 208 Abs. 1** zu verhindern, der einen definitiven Forderungsverzicht bedeutet. In keinem Fall ist der Schlichtungsbehörde ein Klagerückzug, d.h. eine Einigung, mit der die Klage zurückgezogen wird, zu melden.

28 Verzichten die Parteien auf die Genehmigung ihrer Vereinbarung, können sie diese in der Form einer **öffentlichen vollstreckbaren Urkunde** errichten, die bei Anerkennung in der Urkunde die **direkte Vollstreckbarkeit** der Vereinbarung erlaubt (Art. 347 lit. a), dieser jedoch keine Rechtskraftwirkung verschafft (vgl. Art. 347 N 5 ff.).

Art. 214

Mediation im Entscheidverfahren

¹ **Das Gericht kann den Parteien jederzeit eine Mediation empfehlen.**

² **Die Parteien können dem Gericht jederzeit gemeinsam eine Mediation beantragen.**

³ **Das gerichtliche Verfahren bleibt bis zum Widerruf des Antrages durch eine Partei oder bis zur Mitteilung der Beendigung der Mediation sistiert.**

Médiation pendant la procédure au fond

¹ Le tribunal peut conseiller en tout temps aux parties de procéder à une médiation.

² Les parties peuvent déposer en tout temps une requête commune visant à ouvrir une procédure de médiation.

³ La procédure judiciaire reste suspendue jusqu'à la révocation de la requête par une partie ou jusqu'à la communication de la fin de la médiation.

2. Titel: Mediation   1–4   Art. 214

Mediazione nella procedura decisionale

¹ Il giudice può raccomandare in ogni tempo alle parti di ricorrere a una mediazione.

² Le parti, di comune accordo, possono chiedere in ogni tempo al giudice di consentire loro una mediazione.

³ La procedura giudiziale rimane sospesa fintanto che una parte non revochi la richiesta di mediazione o fintanto che non venga comunicata la fine della mediazione.

Inhaltsübersicht   Note

   I. Norminhalt und Normzweck 1

  II. Anwendungsbereich 3

 III. Die Mediation während der Rechtshängigkeit eines staatlichen Gerichtsverfahrens 6
    1. Empfehlung des Gerichts (Abs. 1) 7
    2. Gemeinsamer Antrag der Parteien (Abs. 2) 11

 IV. Rechtsfolge: Sistierung (Abs. 3) 12

Literatur und Materialien

Vgl. die Hinweise bei den Vorbem. zu Art. 213–218.

I. Norminhalt und Normzweck

Anders als Art. 213 regelt Art. 214 das **Verhältnis der Mediation zum Gerichtsverfahren**. Eine Mediation kann nicht bloss vor Einleitung eines Gerichtsverfahrens, sondern auch noch *während der Rechtshängigkeit eines Gerichtsverfahrens* stattfinden. Art. 214 regelt die Voraussetzungen und Rechtsfolgen einer gerichtlichen Empfehlung einer Mediation und der Durchführung einer solchen während eines hängigen Gerichtsverfahrens.   1

Nach Art. 214 kann der Richter den Parteien jederzeit eine **Mediation empfehlen**. Dieses Vorschlagsrecht des Richters ermöglicht eine fallbezogene Reaktion, ohne dass er seiner Pflicht zur Rechtfindung nicht Genüge tun würde. Immerhin soll der Richter die Parteien nicht in eine Mediation zwingen (PETER, Anwaltsrevue 2004, 45). Andererseits können die Parteien gemäss Art. 214 dem Gericht **jederzeit eine Mediation beantragen**, wie dies schon Art. 160 ZPO/GL vorgesehen hat. Damit soll den Parteien ermöglicht werden, auch noch während eines hängigen Gerichtsverfahrens eine Mediation durchzuführen.   2

II. Anwendungsbereich

Voraussetzung für die Anwendung von Art. 214 ist die **Rechtshängigkeit eines staatlichen Gerichtsverfahrens** (vgl. Art. 62). Ohne rechtshängiges Gerichtsverfahren bleibt für die Anwendung von Art. 214 kein Raum. Besagter Art. 160 ZPO/GL sah schon vor, dass im Einverständnis oder auf Antrag der Parteien konnten Dritte mit der Durchführung von Vergleichsverhandlungen betraut werden konnten, die durch besonderen Sachverstand oder auf eine andere Weise einen Beitrag zum Abschluss eines Vergleichs leisten konnten.   3

Nicht Gegenstand der Regelungen von Art. 214 ist das Verhältnis zwischen Mediation und **Schiedsverfahren**. Einschlägige Regeln finden sich auch nicht in den Bestimmun-   4 gen über das Schiedswesen (Art. 353 ff.). Vielmehr können die Parteien das Schiedsverfahren und damit dessen *Verhältnis zur Mediation* gemäss Art. 273 Abs. 1 lit. a ZPO bzw. Art. 182 Abs. 1 IPRG *selbst regeln*. Damit bestimmt sich nach der von den Parteien gewählten Schiedsordnung, ob das Schiedsgericht ihnen eine Mediation empfehlen und das Verfahren während der Durchführung einer solchen sistiert werden kann. Fehlt eine entsprechende Regelung, kann zur Lückenfüllung Art. 214 analog angewendet werden, zumal eine gleiche Interessenlage vorliegt (vgl. MIRIMANOFF/VIGNERON-MAGIO-APRILE, ZSR 2007, 43).

5 Da unter dem gesetzlich nicht definierten **Begriff der Mediation** eine aussergerichtliche Vermittlung durch neutrale und unabhängige und i.d.R. qualifizierte Drittperson zu verstehen ist (vgl. Vor Art. 213–218 N 8 f.), betrifft Art. 214 weder gerichtliche Vergleichsverhandlungen mit mediativem Ansatz noch so genannte gerichtsinterne bzw. gerichtliche Mediation, die die ZPO nicht vorsieht (vgl. Vor Art. 213–218 N 1 und 2). Nach der hier vertretenen Auffassung handelt es sich bei Mediationen, die gerichtsintern im Rahmen eines hängigen Gerichtsverfahrens vorgenommen wurden, **nicht um Mediationen** im Sinne dieser Bestimmungen.

III. Die Mediation während der Rechtshängigkeit eines staatlichen Gerichtsverfahrens

6 Während der Rechtshängigkeit eines staatlichen Gerichtsverfahrens kann es nach Art. 214 in **zwei Fällen** zu einer Mediation kommen: Entweder wird die Mediation durch das Gericht empfohlen oder die Parteien stellen einen gemeinsamen Antrag:

1. Empfehlung des Gerichts (Abs. 1)

7 Dem Gericht steht nach Art. 214 **jederzeit** die Möglichkeit zu, den Parteien eine **Mediation zu empfehlen**. In zeitlicher Hinsicht ist das Gericht nicht gebunden. *In jedem Verfahrensstadium*, mithin selbst nach Erlass eines Urteils, aber vor dessen Verkündigung, kann die Empfehlung zur Mediation erfolgen (so auch SCHÜTZ, 201).

8 Das Gericht kann den Parteien eine **Mediation nur empfehlen**. Die Empfehlung ist *nicht bindend* (STAEHELIN/STAEHELIN/GROLIMUND, § 20 N 54). Bei *kindesrechtlichen Angelegenheiten* darf das Gericht die Parteien immerhin zur Mediation auffordern (Art. 297 Abs. 2; nach SCHÜTZ, 210, ist die Empfehlung bindend). Da die Mediation freiwillig ist, kann das Gericht die Partien jedoch **nicht zu einer Mediation zwingen**, weshalb ihre Durchführung auch nach einer gerichtlichen Empfehlung oder Aufforderung **die Zustimmung aller Parteien bedarf**. Diese Zustimmung ist kann anlässlich einer Gerichtsverhandlung mündlich mitgeteilt werden. Ansonsten ist eine schriftliche Eingabe gemäss Art. 130 erforderlich.

9 Dem Gericht steht auch **kein Weisungsrecht** hinsichtlich der Ausgestaltung der Mediation oder der Bestellung des Mediators zu. Dies ist Sache der Parteien (Art. 215).

10 Das Gericht wird eine Mediation empfehlen, wenn es für möglich hält, dass diese Aussicht auf Erfolg hat oder wenn es zum Ergebnis kommt, dass die Parteien in einer Mediation eine für sie befriedigendere Konfliktlösung finden könnten, als im Gerichtsverfahren. An weitere Voraussetzungen ist die Empfehlung nicht gebunden. Die Empfehlung dient demnach den Parteien mitunter zur Klärung der Frage, ob und wieweit sich die Parteien auf ein Einigungsverfahren mit Mediation einlassen sollen (PFISTERER, SJZ 2007, 546). Das Gericht darf zu diesem Zweck sogar zu einer *eigenen Informationsverhandlung* vorladen (Art. 226; PFISTERER, SJZ 2007, 546; SCHÜTZ, 202). Anlässlich

dieser Informationsverhandlung wird das Gericht die Komplexität des Verfahrens würdigen, die Themen, die Gegenstand einer Mediation sein sollen, erörtern und organisatorische Fragen der Mediation (Dauer, Wahl des Mediators etc.) besprechen (PFISTERER, SJZ 2007, 547). Kaum zulässig dürfte die konkrete Empfehlung eines Mediators sein (SCHÜTZ, 202).

2. Gemeinsamer Antrag der Parteien (Abs. 2)

Eine Mediation findet sodann – ohne richterliche Empfehlung – statt, wenn ein **gemeinsamer Antrag sämtlicher Parteien** vorliegt. Dieser Antrag kann anlässlich einer Gerichtssitzung mündlich zu Protokoll gegeben oder ansonsten dem Gericht gemäss Art. 130 schriftlich eingereicht werden. **11**

IV. Rechtsfolge: Sistierung (Abs. 3)

Haben die Parteien die Empfehlung des Gerichts zur Mediation angenommen oder liegt ein gemeinsamer Antrag der Parteien vor, so muss das Gericht das Verfahren **zwingend sistieren**. Diesbezüglich steht dem Gericht *kein Ermessen* zu. Die Sistierung rechtfertigt sich angesichts der Chance und des Willens der Parteien, das Verfahren auf dem Boden der Eigenverantwortlichkeit zu erledigen. **12**

Die Folgen der Sistierung sind die üblichen (vgl. Art. 126 N 16 f. und 20). Die Sistierung ändert nichts an der Rechtshängigkeit. Sie bleibt erhalten (STAEHELIN/STAEHELIN/GROLIMUND, § 20 N 54). **13**

Bereits angeordnete *vorsorgliche Massnahmen* behalten grundsätzlich ihre Gültigkeit. Das Gericht kann während der Sistierung sogar zusätzliche vorsorgliche Massnahmen anordnen (BOTSCHAFT ZPO, 7336; STAEHELIN/STAEHELIN/GROLIMUND, § 20 N 54; GASSER/RICKLI, Art. 214 N 2). Derartige Anordnungen sind namentlich im Bereich des Minderjährigenschutzes denkbar (so auch Art. 71G Abs. 2 ZPO/GE). **14**

Haben die Parteien die Mediation **abgebrochen oder ist eine solche nicht zustande gekommen**, kann jede Partei den Sistierungsantrag widerrufen (STAEHELIN/STAEHELIN/GROLIMUND, § 20 N 54). Da die Mediation freiwillig ist und von jeder Partei jederzeit abgebrochen werden kann, kann der Widerruf grundsätzlich jederzeit erklärt werden. Diese Erklärung ist dem Gericht gemäss Art. 130 *schriftlich einzureichen oder mündlich zu Protokoll* zu geben. Die Sistierung des Verfahrens ist in der Folge aufzuheben. Die **Mitteilung des Scheiterns** einer Mediation erfolgt **durch eine Partei**, nicht aber durch den Mediator. Da die Mediation während eines Gerichtsverfahrens nicht an Stelle einer Schlichtungsverhandlung tritt, hat das Gericht – anders als bei Mediationen gemäss Art. 213 (vgl. Art. 213 N 25) – nicht zu prüfen, ob eine Mediation stattgefunden hat. **15**

Haben die Parteien in der Mediation eine Einigung gefunden, so teilt dies die klagende Partei dem Gericht mit, worauf dieses das Verfahren als gegenstandslos abschreibt. Die Parteien können indes gemäss Art. 217 gemeinsam die **Genehmigung der in der Mediation erzielten Vereinbarung** beantragen. **16**

Art. 215

Organisation und Durchführung der Mediation	**Organisation und Durchführung der Mediation ist Sache der Parteien.**
Organisation et déroulement de la médiation	Les parties se chargent de l'organisation et du déroulement de la médiation.
Organizzazione e attuazione della mediazione	L'organizzazione e l'attuazione della mediazione competono alle parti.

Inhaltsübersicht Note

I. Norminhalt und Normzweck 1
II. Anwendungsbereich 2
III. Die Organisation und Durchführung der Mediation 3

Literatur und Materialien

Vgl. die Hinweise bei den Vorbem. zu Art. 213–218.

I. Norminhalt und Normzweck

1 Gegenstand von Art. 215 ist die **Organisation und Durchführung** der Mediation. Art. 215 grenzt die Aufgaben des Schlichters bzw. des Gerichts von denjenigen der Parteien ab. Hier zeigt sich, dass der Gesetzgeber eben nur die **Schnittstellen** zwischen Mediation und Gerichtsverfahren regeln wollte. Das Verfahren unterliegt der **Parteiautonomie** (GASSER/RICKLI, Art. 215 N 1).

II. Anwendungsbereich

2 Art. 215 gilt sowohl für die **freiwillig von den Parteien initiierte Mediation** (Art. 213 Abs. 1 bzw. Art. 214 Abs. 2) wie auch für die von Gericht oder Schlichtungsbehörde **empfohlene Mediation** (Art. 214 Abs. 1). Im Zusammenhang mit eherechtlichen Verfahren kann das Gericht die Eltern zu einem Mediationsversuch auffordern (Art. 297 Abs. 2). Indes bleibt auch hier die Durchführung und Organisation der Mediation Sache der Parteien.

III. Die Organisation und Durchführung der Mediation

3 Die Organisation und Durchführung der Mediation ist nach Art. 215 **ausschliesslich Sache der Parteien**. Schlichtungsbehörde wie auch Gericht können die Parteien immerhin unterstützen, indem sie ihnen Listen von Mediatoren zur Verfügung stellen oder geeignete Anlaufstellen bezeichnen. Diese **Verpflichtung zur Selbstorganisation** umfasst die Wahl des Mediators bzw. der Mediatoren, allenfalls die Wahl eines Mediationsproviders, die Wahl der Örtlichkeit, an der die Mediation stattfinden soll, die Bestimmung des Zeitpunkts und alle weiteren organisatorischen Fragen. Üblicherweise werden die Einzelheiten der Mediation in einem **Mediationsvertrag** zwischen Mediator und Parteien festgelegt.

2. Titel: Mediation

Art. 215 besagt ausserdem – wenn auch nicht ausdrücklich –, dass andererseits weder Gericht noch Schlichtungsbehörde den Parteien Vorschriften über die konkrete Ausgestaltung der Mediation oder die Wahl des Mediators machen. Den Behörden steht **keinerlei Weisungsrecht** zu. Die Mediation als Verfahren darf somit auch nicht vom Gericht oder von der Schlichtungsbehörde überprüft oder gar hinterfragt werden. Die *Verantwortung für die Durchführung der Mediation liegt vielmehr beim Mediator* selbst.   4

Der Umstand, dass die Parteien die Mediation selbst organisieren und durchführen müssen, kann zu einem **Hindernis für die Parteien** bei der Wahl der Mediation werden. Angesichts dessen dürfen die Behörden die Parteien immerhin über die Mediation informieren (SCHÜTZ, 202). Ein derartiges Informationsrecht des Richters sieht beispielsweise Art. 71C ZPO/GE heute schon vor.   5

Ausfluss aus Art. 215 ist, dass die Parteien die Kosten für die Mediation selbst tragen (vgl. Art. 218).   6

Wie eine **Mediation abzulaufen** hat, lässt sich immerhin den jeweiligen Richtlinien der bekannteren Mediationsorganisationen entnehmen. Einschlägig ist bspw. die Richtlinie SAV für die Mediation vom 25.1.2005 des Schweizer Anwaltsverbandes. Zur Erleichterung der Parteien bieten einige **Institutionen** die Organisation einer Mediation an. Es sind dies insbesondere die Schweizerische Kammer für Wirtschaftsmediation (‹www.skwm.ch›) oder der Swiss Chambers' Court of Arbitration and Mediation (‹www.sccam.org›).   7

Das Gesetz regelt nicht, wie zu verfahren ist, wenn sich die Parteien über die **Ernennung des Mediators** oder andere organisatorische Fragen nicht einigen können (vgl. hingegen dazu Art. 362 für das Schiedsverfahren; dagegen Art. 71C Abs. 3 ZPO/GE: Bestimmung des Mediators durch den Richter bei gemeinsamem Antrag der Parteien). Hier liegt eine **echte Lücke** vor. Entweder sehen die Parteien für diesen Fall eine *parteiautonome Regelung* ihres Konflikts vor oder es steht kein Instrument für die Lösung des Konflikts zur Verfügung. Die genannten institutionellen Mediationsverfahren sehen in diesen Fällen die Bestimmung des Mediators durch eine unabhängige Drittperson sowie die Regelung von minimalen organisatorischen Fragen vor.   8

Art. 216

Verhältnis zum gerichtlichen Verfahren	¹ **Die Mediation ist von der Schlichtungsbehörde und vom Gericht unabhängig und vertraulich.** ² **Die Aussagen der Parteien dürfen im gerichtlichen Verfahren nicht verwendet werden.**
Relation avec la procédure judiciaire	¹ La médiation est confidentielle et indépendante de l'autorité de conciliation et du tribunal. ² Les déclarations des parties ne peuvent être prises en compte dans la procédure judiciaire.
Relazione con il procedimento giudiziale	¹ La mediazione è indipendente dal procedimento dinanzi all'autorità di conciliazione e dinanzi al giudice e ha natura confidenziale. ² Le dichiarazioni fatte dalle parti in sede di mediazione non possono essere utilizzate nel procedimento giudiziale.

Inhaltsübersicht

	Note
I. Norminhalt und Normzweck	1
II. Anwendungsbereich	2
III. Unabhängigkeit der Mediation und des Mediators	3
IV. Vertraulichkeit der Mediation	7
V. Verwertungsverbot (Abs. 2)	11
VI. Weitere Konsequenzen	15
VII. Fehlende Sanktionen	18

Literatur und Materialien

Vgl. die Hinweise bei den Vorbem. zu Art. 213–218.

I. Norminhalt und Normzweck

1 Art. 216 regelt – wie die Marginalie vermerkt – das **Verhältnis der Mediation zum gerichtlichen Verfahren**. Es geht hier um die Stellung der Mediation wie auch des Mediators zum Richter und umgekehrt. Besagter Artikel bestimmt nicht nur *die Unabhängigkeit des Mediators/der Mediation* von Richter/Schlichter, sondern auch die *Vertraulichkeit des Mediationsverfahrens*. Dieser Bestimmung kommt daher besondere Bedeutung zu.

II. Anwendungsbereich

2 Art. 216 findet auf jede Mediation Anwendung, die nach den Regeln von Art. 213 oder 214 eingeleitet wurde. Angesichts der Wichtigkeit der Unabhängigkeit und der Vertraulichkeit der Mediation bleibt für eine Ausnahme kein Raum.

III. Unabhängigkeit der Mediation und des Mediators

3 Zunächst statuiert Art. 216 die **Unabhängigkeit der Mediation** von Gericht und Schlichtungsbehörde. Diese Unabhängigkeit ist von der allgemeinen Unabhängigkeit bzw. Unparteilichkeit des Mediators zu unterscheiden (vgl. Vor Art. 213–218 N 9 f.).

4 Weder Gericht noch Schlichtungsbehörde dürfen dem Mediator irgendwelche Weisungen erteilen. Die Unabhängigkeit geht sogar so weit, dass selbst administrative **Weisungen ausgeschlossen** sind. Die Verantwortung für die Durchführung der Mediation liegt beim Mediator und den Parteien. Der Mediator ist sodann weder gegenüber dem Gericht noch gegenüber der Schlichtungsbehörde rechenschaftspflichtig (GASSER/RICKLI, Art. 216 N 1; SCHÜTZ, 203).

5 Im Gegenzug bedeutet Art. 216 konsequenterweise, dass weder Schlichter noch Richter als Mediator auftreten dürfen. Das Erfordernis der Unabhängigkeit hat zur Folge, dass eine **Doppelrolle als Schlichter bzw. Richter und Mediator unvereinbar** ist. Dies bedeutet nicht, dass Schlichter und Richter nicht als Vermittler tätig sein dürfen. Ihnen bleibt lediglich die spezifische Tätigkeit als Mediator nach den Regeln einer Mediation verwehrt.

Die Unabhängigkeit von Mediation/Mediator und Richter ist systemkonform. Richter und Mediator arbeiten in ihrem jeweiligen Aufgabenbereich. Ihre Methoden zur Lösung der Konflikte sind unterschiedlich. Eine Einmischung und Kontrolle ist nicht opportun.

IV. Vertraulichkeit der Mediation

Kernelement einer Mediation ist deren Vertraulichkeit (vgl. dazu Vor Art. 213–218 N 13). Vertraulichkeit ist essentielle Voraussetzung einer Mediation. Eine Mediation gelingt nur dann, wenn unter den Parteien Offenheit besteht. Der Mediator erlangt daher Kenntnis von Tatsachen aus der innersten Privatsphäre der Parteien. Die Parteien ihrerseits möchten ihren Konflikt in einem möglichst geschützten Rahmen lösen. Die Vertraulichkeit der Mediation wird durch Art. 216 sichergestellt.

Die Vertraulichkeit bezieht sich auf Tatsachen, die der Mediator und die Gegenpartei **im Rahmen der Mediation** erfahren haben. Die Verpflichtung zur Vertraulichkeit besteht **nach Beendigung** des Mandats fort. Die Vertraulichkeit betrifft nicht nur den *Mediator* selbst, sondern auch *Hilfspersonen* des Mediators (z.B. Sekretariat) oder *Personen in Ausbildung* unter Anleitung des Mediators.

Die Vertraulichkeit ist eine **absolute**. Sie ist durch keinen Vorbehalt (z.B. übergeordnetes Interesse) eingeschränkt und kann von den Parteien nicht wegbedungen werden.

Die Vertraulichkeit gegenüber dem Gericht bedingt, dass der Mediator beispielsweise keine Auskunft über den Verlauf, das Verhalten der Parteien oder andere Punkte der Mediation geben darf. Immerhin ist der Mediator berechtigt, dem zuständigen Gericht die **Parteien, Beginn und Ende der Mediation** mitzuteilen.

V. Verwertungsverbot (Abs. 2)

Abs. 2 statuiert ein **Verwertungsverbot**. Derartige Verwertungsverbote wurden bislang in Mediationsvereinbarungen aufgenommen, jedoch als unverbindlich betrachtet (FRANK/STRÄULI/MESSMER, Vor § 133 ff. ZPO/ZH N 11; MÜRNER, 102). Nach dem Wortlaut dieses Absatzes dürfen die Aussagen der Parteien im gerichtlichen Verfahren nicht verwertet werden. Eine derartige Ausdehnung des Verwertungsverbots war indes nicht im Sinne des Gesetzgebers. Das Mediationsverfahren darf den Anspruch auf *Rechtsschutz einer Partei* nicht gefährden. Die Parteien trifft überdies *Mitwirkungspflichten* im Verfahren (Art. 160 ff.). Vertraulich können nur diejenigen Aussagen und Unterlagen sein, die von einer Partei als vertraulich qualifiziert wurden, **der anderen Partei vor der Mediation nicht bekannt** waren und die auch sonst nicht öffentlich bekannt waren. Mit anderen Worten sind diejenigen Tatsachen vom Verwertungsverbot umfasst, die eine Partei nur im Rahmen einer Mediation erfahren hätte (so schon MEIER/MÜRNER, 7). Die Vertraulichkeit bezieht sich demnach auf die Mediationsgespräche sowie sämtliche Informationen, die im Zusammenhang mit der entsprechenden Mediation stehen. Von der Vertraulichkeit erfasst sind auch sämtliche Unterlagen (Protokolle, etc.), die im Rahmen einer Mediation erstellt werden.

Das Verwertungsverbot umfasst auch die von einer Partei geäusserten **Zugeständnisse**, deren Kompromissbereitschaft und allfällig diskutierte Lösungsvorschläge (MÜRNER, 102).

Zufolge Verwertungsverbots darf ein Richter die fraglichen Tatsachen seiner Entscheidfindung nicht zugrunde legen. Sie sind **unbeachtlich und dürfen nicht verwertet** wer-

zurückweisen (STAEHELIN/STAEHELIN/GROLIMUND, § 20 N 49; SCHÜTZ, 205). Da es für die Mediation keine Protokollpflicht gibt, ist der Nachweis, was vertraulich i.S.v. Art. 216 ist und was nicht, von grösster Bedeutung. Diejenige Partei, die sich auf das Verwertungsverbot stützt, ist für die Vertraulichkeit beweispflichtig.

14 Ungeachtet dieses Verwertungsverbots besteht die Gefahr, dass es von einer Partei missachtet wird. In der Praxis wird der Mediator indes die Vertraulichkeit durch andere Massnahmen wie Einzelsitzungen (sog. caucus) sichern.

VI. Weitere Konsequenzen

15 Der Grundsatz der Vertraulichkeit und Unabhängigkeit der Mediation führt zu **weiteren Konsequenzen**, die nicht in Art. 216, sondern an anderer Stelle geregelt sind:

16 So muss eine Gerichtsperson in den **Ausstand** treten, wenn sie in gleicher Sache als Mediator tätig war (Art. 47 Abs. 1 lit. c). Der Richter verliert demnach die Unabhängigkeit bei vorheriger Tätigkeit als Mediator. Umgekehrt ist auch der Mediator zur Unabhängigkeit verpflichtet (Vor Art. 213–218 N 9).

17 Dem Mediator steht sodann ein **beschränktes Zeugnisverweigerungsrecht** zu. Er kann die Aussage über Tatsachen, die er in seiner Eigenschaft als Mediator wahrgenommen hat, verweigern (Art. 166 Abs. 1 lit. d). In der Praxis wird sich der Mediator immer auf sein Zeugnisverweigerungsrecht berufen. Die Ethikregeln der gängigen Mediationsvereinigungen sehen vor, dass der Mediator in diesen Fällen die Aussage verweigern soll.

VII. Fehlende Sanktionen

18 Art. 216 sieht weder bei Verletzung der Unabhängigkeit noch bei Verletzung der Vertraulichkeit Sanktionen gegenüber dem Mediator oder einer Partei vor. Stellt eine Partei fest, dass der Mediator entweder nicht unabhängig ist oder seine Pflicht zur Vertraulichkeit verletzt hat, wird sie in letzter Konsequenz die **Mediation abbrechen** (zur Freiwilligkeit der Mediation vgl. Vor Art. 213–218 N 14).

Art. 217

Genehmigung einer Vereinbarung	**Die Parteien können gemeinsam die Genehmigung der in der Mediation erzielten Vereinbarung beantragen. Die genehmigte Vereinbarung hat die Wirkung eines rechtskräftigen Entscheids.**
Ratification de l'accord	Les parties peuvent demander la ratification de l'accord conclu dans le cadre de la médiation. L'accord ratifié a les effets d'une décision entrée en force.
Approvazione dell'accordo delle parti	Le parti possono congiuntamente chiedere al giudice di approvare l'accordo raggiunto in sede di mediazione. L'accordo approvato ha l'effetto di una decisione passata in giudicato.

Inhaltsübersicht

	Note
I. Entstehungsgeschichte und Normzweck	1
II. Anwendungsbereich	3
III. Zuständigkeit und Kompetenz der Genehmigungsbehörde	8
IV. Voraussetzungen der Genehmigung	10
1. Formelle Voraussetzungen	10
2. Inhaltliche Voraussetzungen	14
3. Voraussetzung der freien Willensbildung?	17
V. Folgen des Fehlens von Genehmigungsvoraussetzungen	18
VI. Anfechtung von Genehmigungsentscheiden?	20

Literatur

Vgl. die Literaturhinweise bei den Vorbem. zu Art. 213–218.

I. Entstehungsgeschichte und Normzweck

Im Vernehmlassungsverfahren zum Vorentwurf der ZPO wurde namentlich von der Universität Zürich unter Berufung auf entsprechende Regelungen in der Glarner und der Genfer ZPO die Möglichkeit der Parteien gefordert, einen aussergerichtlichen Mediationsvergleich durch gerichtliche Anerkennung (fr. homologation) in einen gerichtlichen Vergleich umwandeln zu lassen (Vernehmlassungen, 14, 90 f.; ZISWILER, 277). Dieser Forderung entsprechend hat der Bundesrat in Art. 214 E-ZPO die Genehmigung von in Mediationen getroffenen Vereinbarungen vorgesehen. Diese Regelung hat der Gesetzgeber unverändert in Art. 217 übernommen. 1

Mit der Genehmigung gemäss Art. 217 erhält die Vereinbarung die Wirkung eines rechtskräftigen Entscheids. Die genehmigte Vereinbarung verschafft damit den Parteien einen **vollstreckbaren Titel** mit der Rechtskraftwirkung einer **abgeurteilten Sache** (vgl. Botschaft ZPO, 7337). Damit sind neue gerichtliche Verfahren bezüglich der in der genehmigten Vereinbarung geregelten Ansprüche ausgeschlossen. Die Genehmigung bezweckt demnach, die **Vollstreckbarkeit** der in Mediationen getroffenen Vereinbarung zu erleichtern und **Rechtssicherheit bzw. -frieden** zu schaffen, damit die Mediation ihre Aufgabe der nachhaltigen Konfliktlösung auch zur Entlastung der Gerichte erfüllen kann (vgl. Botschaft ZPO, 7335). 2

II. Anwendungsbereich

Die Genehmigung gemäss Art. 217 setzt voraus, dass die Vereinbarung in einer **Mediation** erzielt wurde. Unter diesem gesetzlich nicht definierten Begriff ist im Wesentlichen eine aussergerichtliche Vermittlung durch eine neutrale und unabhängige und i.d.R. qualifizierte Drittperson zu verstehen (vgl. Vor Art. 213–218 N 8 ff.). 3

Gemäss der Botschaft spielt es bezüglich der Genehmigung keine Rolle, ob die einvernehmliche Lösung im Rahmen eines Schlichtungs- oder Entscheidverfahrens erzielt werden konnte (Botschaft ZPO, 7337). Daraus ist abzuleiten, der Gesetzgeber sei entsprechend dem systematischen Zusammenhang von Art. 217 davon ausgegangen, die Genehmigung setze eine Mediation voraus, die gemäss Art. 213 oder Art. 214 **im Rahmen eines Schlichtungs- oder Gerichtsverfahrens** durchgeführt wurde (DEKKER, 571; 4

MARAZZI, 392, der darauf hinweist, dass im italienischen Gesetzestext die Bezeichnung «guidice» zu eng ist; anders noch: GELZER, Anwaltsrevue 2009, 119 f.).

5 Die Parteien können jedoch auch bei Mediationen ausserhalb eines Schlichtungs- oder Gerichtsverfahrens ein berechtigtes Bedürfnis haben, die erzielte Vereinbarung zur Erleichterung ihrer Vollstreckung und Schaffung von Rechtssicherheit genehmigen zu lassen (DEKKER, 571). Entsprechend sah die Genfer Zivilprozessordnung (loi de procédure civile, LPC) in Art. 71 D auch für Vereinbarungen, die in Mediationen vor der Einleitung eines Schlichtungs- oder Gerichtsverfahrens getroffen wurden, die Möglichkeit der Genehmigung durch die zuständige Schlichtungsbehörde vor. Es ist daher zu bedauern, dass die ZPO keine entsprechende Regelung enthält (vgl. Vernehmlassungen, 90). Die Parteien werden damit gezwungen, zur Genehmigung ihrer Vereinbarung bezüglich der darin geregelten Ansprüche (pro forma) ein Schlichtungs- oder Gerichtsverfahren einzuleiten, darin um Durchführung einer Mediation und anschliessend um Genehmigung der Vereinbarung zu ersuchen (DEKKER, 571).

6 Wollen die Parteien nur die Vollstreckbarkeit der Vereinbarung erleichtern, so können sie diese in der Form einer **öffentlichen vollstreckbaren Urkunde** errichten, soweit sie nicht Leistungen betrifft, welche aus sozialpolitischen Gründen nicht in eine solche Urkunde aufgenommen werden dürfen (vgl. Art. 348). Damit wird die Vereinbarung wie ein Entscheid vollstreckbar (Art. 347). Ihr kommt jedoch keine Rechtskraftwirkung zu, weshalb ein gerichtliches Verfahren bzw. eine negative Feststellungsklage betreffend die darin anerkannte Leistungspflicht nicht ausgeschlossen ist (Art. 352).

7 Die Genehmigung gemäss Art. 217 ist **freiwillig** und setzt damit eine grundsätzlich bereits als Vertrag rechtsgültige Vereinbarung voraus. **Vereinbarungen über die Scheidungsfolgen** sind dagegen nach **Art. 140 ZGB** erst rechtsgültig, wenn das mit der Scheidungsklage befasste Gericht sie genehmigt hat. Solche **obligatorischen Genehmigungen** fallen nicht in den Anwendungsbereich von Art. 217, sondern von Art. 279 f.

III. Zuständigkeit und Kompetenz der Genehmigungsbehörde

8 Genehmigungsbehörde ist je nachdem, ob die Mediation im Rahmen eines Schlichtungs- oder eines Gerichtsverfahrens erzielt wurde, entweder die **befasste Schlichtungsbehörde** oder das **befasste Gericht** (Botschaft ZPO, 7337; STAEHELIN/STAEHELIN/GROLIMUND, § 20 N 55; MARAZZI, 392). Dies ist sachgerecht, weil die befasste Schlichtungsbehörde oder das befasste Gericht auch einen ohne Mediation erzielten Vergleich protokolliert und dem unterzeichneten Protokoll ebenfalls die Wirkung eines rechtskräftigen Entscheids zukommt (Art. 208 Abs. 1 und 2 und Art. 241 Abs. 1 und 2). Demnach spielt es bezüglich der Genehmigung letztlich keine Rolle, ob die Vereinbarung in einer Mediation erzielt wurde oder nicht.

9 Allgemein gilt, dass sich Schlichtungsbehörden und Gerichte nur in ihrem **örtlichen und sachlichen Zuständigkeitsbereich** und gemäss der Dispositionsmaxime nur im Rahmen der gestellten Rechtsbegehren mit einer Streitigkeit befassen dürfen. Jedoch darf die Schlichtungsbehörde gemäss **Art. 201 Abs. 1** in einem Vergleich auch **ausserhalb des Verfahrens liegende Streitfragen** zwischen den Parteien einbeziehen, wenn es der Beilegung des Streites dient. Damit wird der Schlichtungsbehörde zur Ermöglichung einer **umfassenden Streitbereinigung** bezüglich der Protokollierung von Vergleichen eine sachliche Kompetenzerweiterung zuerkannt. Da nicht nur bei der Protokollierung von Vergleichen, sondern auch bezüglich der Genehmigung von in Mediationen erzielten Vereinbarungen ein Interesse an einer umfassenden Konfliktbereinigung besteht, ist die

Kompetenzerweiterung gemäss Art. 201 Abs. 1 analog auch bezüglich der Genehmigung gemäss Art. 217 anzuwenden. Dies unabhängig davon, ob eine Schlichtungsbehörde oder ein Gericht Genehmigungsbehörde ist. Aus sozialpolitischen Gründen bleiben jedoch zwingende Bestimmungen über den Gerichtsstand vorbehalten (vgl. Art. 9; GELZER, Anwaltsrevue 2009, 120).

IV. Voraussetzungen der Genehmigung

1. Formelle Voraussetzungen

Gemäss Art. 217 haben die Parteien das Genehmigungsgesuch **gemeinsam** zu stellen, weshalb ein einseitiger Antrag nicht genügt (Botschaft ZPO, 7337). Abgesehen davon, ist mangels einer Regelung der Formfragen in Art. 217 insoweit auf die Bestimmungen in den jeweiligen Verfahren abzustellen. Danach ist im Verfahren vor **Gericht** das Gesuch **schriftlich** in Papierform und von den Parteien unterzeichnet oder mit elektronischer Übermittlung und anerkannter elektronischer Signatur einzureichen (Art. 130). Im Verfahren vor der **Schlichtungsbehörde** können die Parteien das Genehmigungsgesuch entweder gemeinsam **mündlich** zu Protokoll geben oder **schriftlich** einreichen (vgl. Art. 202 Abs. 1). 10

Dem Gesuch ist die schriftliche und von allen Parteien **unterzeichnete Vereinbarung** beizulegen, soweit diese der Schlichtungsbehörde nicht ebenfalls mündlich zu Protokoll gegeben wird. 11

Art. 217 besagt nicht, welche Angaben die Vereinbarung bzw. das Genehmigungsgesuch zu enthalten haben. Aus dem Zweck der Ermöglichung der Vollstreckung ergibt sich jedoch, dass die Vereinbarung die **geschuldeten Leistungen klar und genügend bestimmt** umschreiben muss (vgl. Art. 140 Abs. 2 ZGB, Art. 279 Abs. 1 und Art. 347 lit. c; GELZER, Anwaltsrevue 2009, 121). Weiter ist zur Bestimmung der Rechtskraftwirkung und der Prüfung der rechtlichen Zulässigkeit (vgl. N 14) zu verlangen, dass in der Vereinbarung der **Rechtsgrund der geschuldeten Leistung** genannt und der **Streitgegenstand** umschrieben wird, wobei insoweit allenfalls auf die Sachverhaltsdarstellung im Schlichtungsgesuch (vgl. Art. 202 Abs. 2) oder in der Klage (Art. 221 Abs. 1) verwiesen werden kann, wenn die entsprechenden Tatsachenbehauptungen von der beklagten Partei anerkannt werden. 12

Art. 217 sieht für die Stellung des Gesuchs keine Frist oder zeitliche Begrenzung vor. Art. 203 Abs. 4, wonach das Schlichtungsverfahren spätestens nach 12 Monaten abzuschliessen ist, gilt nicht im Falle der Durchführung einer Mediation, weil diese jederzeit von einer Partei abgebrochen werden kann (STAEHELIN/STAEHELIN/GROLIMUND, § 20 Rz 53). 13

2. Inhaltliche Voraussetzungen

Art. 217 besagt nicht, welchen inhaltlichen Anforderungen die Vereinbarung zu genügen hat. Gemäss Botschaft hat die Genehmigungsbehörde einzig zu prüfen, ob die Vereinbarung offensichtlich unangemessen ist oder gegen zwingendes Recht verstösst (Botschaft ZPO, 7337). Die Prüfung der Angemessenheit einer Vereinbarung stellt jedoch einen Eingriff in die Vertrags- bzw. Dispositionsfreiheit der Parteien dar, der nur zulässig ist, wenn er sozialpolitisch begründet und gesetzlich vorgesehen ist. Diese Voraussetzungen sind bezüglich der Angemessenheitsprüfung bei Vereinbarungen über die Scheidungsfolgen gemäss Art. 140 Abs. 2 ZGB und Art. 279 Abs. 1 gegeben. Bei der Genehmigung nach Art. 217 hat jedoch die Genehmigungsbehörde mangels einer entsprechenden ge- 14 setzlichen Regelung inhaltlich grundsätzlich allein zu prüfen, ob die **Vereinbarung rechtlich zulässig** ist (vgl. STAEHELIN/STAEHELIN/GROLIMUND, § 20 N 55; PFISTERER, AJP 2008, 11 FN 11). Die rechtliche Zulässigkeit ist zu verneinen, wenn die Vereinbarung **zwingendem schweizerischem Recht widerspricht** (Art. 19 OR), einen **unmöglichen** Inhalt hat oder **gegen die guten Sitten** verstösst (Art. 20 Abs. 1 OR; JAKOB, 175).

15   Untersteht die Vereinbarung **ausländischem Recht**, so liegt eine mit der **Anerkennung ausländischer Entscheide** vergleichbare Situation vor, weshalb bezüglich der Genehmigung von Vereinbarungen die entsprechenden Bestimmungen analog anzuwenden sind. Art. 27 Abs. 1 IPRG schliesst die Anerkennung ausländischer Entscheide nur aus, wenn die Anerkennung mit dem **schweizerischen Ordre public** offensichtlich unvereinbar wäre (vgl. auch Art. 27 Nr. 1 LugÜ, der die Anerkennung von Entscheiden verbietet, wenn sie der öffentlichen Ordnung des Staates widersprechen, in dem die Anerkennung geltend gemacht wird). Nach der Rechtsprechung des Bundesgerichts ist der materielle Ordre public verletzt, wenn das einheimische Rechtsgefühl durch die Anerkennung und Vollstreckung des ausländischen Entscheids in unerträglicher Weise verletzt würde, weil dadurch grundlegende Prinzipien der schweizerischen Rechtsordnung missachtet werden (BGE 131 III 182 E. 4.1; vgl. auch BGE 132 III 389 E. 2.2.3).

16   Art. 140 Abs. 2 ZGB und Art. 279 Abs. 1 verlangen, dass Vereinbarungen über Scheidungsfolgen **vollständig** sind, d.h. sämtliche im Rahmen einer Scheidung zu regelnden Belange erfassen (BSK ZGB I-GLOOR, Art. 140 N 10). Denkbar wäre, in analoger Anwendung dieser Regelung bei der Genehmigung nach Art. 217 zu verlangen, dass die Vereinbarung **alle im Schlichtungs- bzw. im Klagebegehren geltend gemachten Ansprüche** ausdrücklich regelt. Dies ist jedoch nicht erforderlich, da mangels eines entsprechenden Vorbehalts anzunehmen ist, die klagende Partei habe mit der Zustimmung zu einer Vereinbarung, welche gewisse ursprünglich geltend gemachte Forderungen nicht erwähnt, konkludent darauf verzichtet.

3. Voraussetzung der freien Willensbildung?

17   Anders als bei der Genehmigung einer Scheidungsvereinbarung gemäss Art. 140 Abs. 2 ZGB und Art. 279 Abs. 1 hat die Genehmigungsbehörde bei der Genehmigung gemäss Art. 217 nicht zu prüfen, ob die Parteien die Vereinbarung aus **freiem Willen und nach reiflicher Überlegung** geschlossen haben. Eine solche Prüfung wäre auch gar nicht möglich, da die Mediation von der Schlichtungsbehörde und vom Gericht unabhängig und vertraulich ist (Art. 216).

V. Folgen des Fehlens von Genehmigungsvoraussetzungen

18   Weist das Gesuch oder die Vereinbarung **formelle Mängel**, wie z.B. eine fehlende Unterschrift oder Vollmacht auf, kann die Genehmigungsbehörde eine gerichtliche **Nachfrist zur Verbesserung** stellen (Art. 132 Abs. 1). Gleiches hat für teilweise unleserliche, unverständliche oder unklare Eingaben zu gelten (vgl. Art. 132 Abs. 2). Erfolgt innert Frist keine Verbesserung, gilt die Eingabe bzw. das Gesuch als nicht erfolgt (Art. 132 Abs. 1).

19   Ist die unterbreitete Vereinbarung wegen ihres **Inhalts unzulässig**, hat die Genehmigungsbehörde die **Genehmigung** unter Angabe der Gründe **zu verweigern**. Eine Teilgenehmigung kommt höchstens ausnahmsweise in Frage, wenn angenommen werden kann, die Parteien hätten die Vereinbarung auch ohne den nicht genehmigungsfähigen Teil abgeschlossen (vgl. Art. 20 Abs. 2 OR; BSK ZGB I-GLOOR, Art. 140 N 15).

Nach der Genehmigungsverweigerung haben die Parteien zu entscheiden, ob sie zur Erarbeitung einer genehmigungsfähigen Vereinbarung die Mediation weiterführen oder diese als gescheitert betrachten wollen. Teilt eine Partei der Schlichtungsbehörde oder dem Gericht das Scheitern der Mediation mit, hat die Schlichtungsbehörde die Klagebewilligung auszustellen bzw. das Gericht das Entscheidverfahren fortzusetzen (vgl. Botschaft ZPO, 7337, welche bei der Genehmigungsverweigerung ohne entsprechende Mitteilung der Parteien vom Scheitern der Mediation ausgeht).

VI. Anfechtung von Genehmigungsentscheiden?

Die **Erteilung der Genehmigung** können die Parteien mangels Beschwer nicht mit Rechtsmitteln anfechten. Hingegen kann eine Partei – gleich wie bei einem gerichtlichen Vergleich – die Revision des Genehmigungsentscheids mit der Begründung verlangen, die genehmigte Vereinbarung sei unwirksam (vgl. Art. 328 Abs. 1 lit. c). Die Unwirksamkeit kann sich daraus ergeben, dass eine Partei beim Abschluss der Vereinbarung einem wesentlichen Willensmangel gemäss Art. 21 ff. OR unterlag (Botschaft ZPO, 7380; vgl. auch STAEHELIN/STAEHELIN/GROLIMUND, § 26 Rz 13 lit. i und Rz 31 lit. c; BGE 132 III 737 E. 1.3). Das Revisionsgesuch ist innert 90 Tagen seit Entdeckung des Revisionsgrundes schriftlich und begründet einzureichen (Art. 329 Abs. 1).

Mit **Berufung** können erstinstanzliche **End- und Zwischenentscheide** und Entscheide über **vorsorgliche Massnahmen** angefochten werden (Art. 308 Abs. 1). Da ein negativer Genehmigungsentscheid das eingeleitete Gerichts- oder Schlichtungsverfahren nicht beendet, ist er **kein Endentscheid** (Art. 236 Abs. 1). Fraglich ist dagegen, ob ein negativer Genehmigungsentscheid als Zwischenentscheid qualifiziert werden kann. Das Gericht kann einen Zwischenentscheid treffen, wenn durch abweichende Beurteilung sofort ein Endentscheid herbeigeführt und so ein bedeutender Zeit- oder Kostenaufwand gespart werden kann (Art. 237 Abs. 1). Dies kann bei einem Zwischenentscheid über die Zuständigkeit des Gerichts oder die Verjährung der eingeklagten Forderung zutreffen. Der Zwischenentscheid ist selbständig anzufechten; eine spätere Anfechtung mit dem Endentscheid ist ausgeschlossen (Art. 237 Abs. 2). Mit einem Zwischenentscheid wird demnach im Interesse einer möglichen Verfahrensabkürzung vorweg ein **Teilaspekt des Rechtsbegehrens** bzw. eine **prozessuale oder materiellrechtliche Vorfrage** abschliessend geklärt (vgl. Botschaft ZPO, 7343; STAEHELIN/STAEHELIN/GROLIMUND, § 26 Rz 9). Dies trifft auf den Genehmigungsentscheid nicht zu, weil er sich nicht auf das ursprünglich gestellte Rechtsbegehren, sondern auf eine gütliche Einigung und damit auf die Prozesserledigung ohne Entscheid bezieht (vgl. Art. 241; STAEHELIN/STAEHELIN/GROLIMUND, § 26 Rz 13 lit. i und Rz 31 lit. c). Der Genehmigungsentscheid ist daher nicht als Zwischenentscheid zu qualifizieren. Er stellt auch keine vorsorgliche Massnahme dar und kann demnach nicht mit Berufung angefochten werden.

Gemäss Art. 319 sind mit **Beschwerde** anfechtbar, (a) nicht berufungsfähige erstinstanzliche Entscheide, Zwischenentscheide und Entscheide über vorsorgliche Massnahmen; (b) andere erstinstanzliche Entscheide und prozessleitende Verfügungen: (1.) in den **vom Gesetz bestimmten Fällen**, (2.) wenn durch sie ein **nicht leicht wiedergutzumachender Nachteil** droht. Dabei spielt es keine Rolle, ob ein Entscheid der streitigen oder der freiwilligen Gerichtsbarkeit zuzuordnen ist (STAEHELIN/STAEHELIN/GROLIMUND, § 26 Rz 31 lit. a).

Wie bereits dargelegt, sind Genehmigungsentscheide weder End- oder Zwischenentscheide noch vorsorgliche Massnahmen i.S.v. Art. 308 (vgl. N 21). Gemäss der Botschaft sind unter **«anderen erstinstanzlichen Entscheiden»** (i.S.v. Art. 219 lit. b) im Laufe eines Prozesses zu treffende Anordnungen zu zählen, welche prozessleitende Verfügungen aber auch andere Entscheide über rein verfahrensrechtliche Zwischenfragen sein können (vgl. Botschaft ZPO, 7376). Diese weite Definition der «anderen erstinstanzlichen Entscheide» erfasst auch Genehmigungsentscheide gemäss Art. 217. Da deren Anfechtung gesetzlich nicht speziell geregelt ist, können sie nur mit Beschwerde angefochten werden, wenn durch sie ein **nicht leicht wiedergutzumachender Nachteil** (un préjudice *difficilement* réparable) droht (Art. 319 lit. b Ziff. 2). Ein solcher Nachteil setzt – anders als der nicht wiedergutzumachende Nachteil gemäss Art. 93 Abs. 1 lit. a BGG bzw. Art. 87 Abs. 2 OG (vgl. BGE 133 IV 288 E. 3.1) – keinen rechtlichen Nachteil voraus. Vielmehr genügt ein bloss **tatsächlicher Nachteil** (STAEHELIN/STAEHELIN/ GROLIMUND, § 26 Rz 31 lit. b; vgl. auch Botschaft ZPO, 7354; **a.M.** Art. 319 N 7). Ein solcher ist zu bejahen, wenn bei der Genehmigungsverweigerung das Schlichtungs- bzw. das Gerichtsverfahren weitergeführt werden muss (vgl. N 19) und dadurch namentlich aufgrund eines zu erwartenden umfangreichen Beweisverfahrens ein bedeutender Zeit- und Kostenaufwand entsteht. Liegt ein nicht leicht wiedergutzumachender Nachteil vor, so kann der negative Genehmigungsentscheid mit Beschwerde angefochten werden, sofern die Genehmigungsbehörde nicht als einzige kantonale Instanz entschieden hat (vgl. Art. 5 f.).

Da nach dem negativen Genehmigungsentscheid jede Partei der Schlichtungsbehörde oder dem Gericht das Scheitern der Mediation mitteilen und die Weiterführung des entsprechenden Verfahrens verlangen kann (vgl. N 19), setzt die Anfechtung des Genehmigungsentscheids voraus, dass die Parteien bis zum Rechtsmittelentscheid auf die **Weiterführung des hängigen Schlichtungs- oder Gerichtsverfahrens verzichten**.

Art. 218

Kosten der Mediation

¹ Die Parteien tragen die Kosten der Mediation.

² In kindesrechtlichen Angelegenheiten nicht vermögensrechtlicher Art haben die Parteien Anspruch auf eine unentgeltliche Mediation, wenn:
a. ihnen die erforderlichen Mittel fehlen; und
b. das Gericht die Durchführung einer Mediation empfiehlt.

³ Das kantonale Recht kann weitere Kostenerleichterungen vorsehen.

Frais de la médiation

¹ Les frais de la médiation sont à la charge des parties.

² Dans les affaires concernant le droit des enfants qui ne sont pas de nature patrimoniales, les parties ont droit à la gratuité de la médiation aux conditions suivantes:
a. elles ne disposent pas des moyens nécessaires;
b. le tribunal recommande le recours à la médiation.

³ Le droit cantonal peut prévoir des dispenses de frais supplémentaires.

Spese della mediazione

¹ Le spese della mediazione sono a carico delle parti.

² Nelle cause non patrimoniali in materia di filiazione le parti hanno diritto alla gratuità della mediazione se:
a. non dispongono dei mezzi necessari; e
b. la mediazione è raccomandata dal giudice.

³ Il diritto cantonale può prevedere altre agevolazioni in materia di spese.

Inhaltsübersicht

	Note
I. Norminhalt und Normzweck	1
II. Anwendungsbereich	2
III. Grundsatz: Kostentragung durch die Parteien (Abs. 1)	3
IV. Ausnahme: Kindesrechtliche Angelegenheiten (Abs. 2)	7
V. Vorbehalt des kantonalen Rechts (Abs. 3)	14

Literatur

Vgl. die Literaturhinweise bei den Vorbem. zu Art. 213–218.

I. Norminhalt und Normzweck

Art. 218 beantwortet die Frage, wer die **Kosten der Mediation** trägt. Während die Höhe der Kosten für das staatliche Verfahren in jeweiligen Gebührenordnungen geregelt ist, fehlen entsprechende Regelungen für die Mediation. Im Rahmen der Mediation werden die Kosten auch nicht nach dem Obsiegen verteilt (vgl. Art. 106 Abs. 1). Die Regelung der Tragung der Kosten unterliegt vielmehr der **Parteiautonomie**. 1

II. Anwendungsbereich

Art. 218 findet Anwendung auf alle Mediationen, die nach Art. 213 und 214 eingeleitet wurden, sofern nicht die **Ausnahme nach Abs. 2** anwendbar ist (vgl. N 7 ff.). 2

III. Grundsatz: Kostentragung durch die Parteien (Abs. 1)

Die Parteien tragen **sämtliche Kosten** der Mediation. Grundsätzlich besteht kein Anspruch auf eine unentgeltliche Mediation. Diese Regelung ist Ausfluss der Organisationsautonomie der Parteien (Art. 213; SCHÜTZ, 202). 3

Die Parteien werden sich daher **vor der Durchführung** der Mediation auf die Tragung der Kosten einigen. Grundsätzlich sind die Parteien bei ihrer Vereinbarung frei. Üblich und sinnvoll ist die **hälftige Aufteilung der Kosten**. Eine hälftige Aufteilung der Kosten ist im Hinblick auf die Vermeidung eines Machtungleichgewichts unter den Mediationsparteien geboten. Andernfalls besteht die Gefahr, dass diejenigen Partei, die den grösseren Teil der Kosten trägt, entsprechend Einfluss auf die Mediation nimmt. 4

Nicht im Sinne der Mediation wäre es, die Tragung der Kosten vom Ausgang der Mediation abhängig zu machen. Dadurch wäre der Mediationsprozess gefährdet. 5

Die Kostentragung durch die Parteien erwirkt ausserdem Druck auf den Mediator zu einem kompetitiven Verhalten. Er wird eine qualitativ hochstehende Leistung erbringen müssen, um auf dem Markt bestehen zu können. 6

IV. Ausnahme: Kindesrechtliche Angelegenheiten (Abs. 2)

Abs. 2 sieht für **kindesrechtliche Angelegenheiten** eine Ausnahme vor. In diesen Fällen ist ein Anspruch auf unentgeltliche Mediation denkbar. Diese Regelung korreliert mit Art. 297 (SCHÜTZ, 202). 7

8 Unter den Begriff kindesrechtliche Angelegenheiten fallen sämtliche **Kindesbelange, die nicht rein vermögensrechtlicher Natur** sind. Dazu gehören insb. die Zuteilung der elterlichen Sorge, die Regelung des Besuchsrechts, die Anordnung von Kindesschutzmassnahmen sowie deren Anpassungen an veränderte Verhältnisse.

9 Der Gesetzgeber wollte diese Konflikte privilegieren, da hier die Kommunikation unter den Parteien besonders erforderlich sei. Er wollte vor allem möglichen Kindsentführungen entgegenwirken bzw. Rückführungen von Kindern erleichtern (BOTSCHAFT ZPO, 7337 f.).

10 Das Gesetz nennt **zwei Voraussetzungen für die Gewährung der unentgeltlichen Mediation**:

11 Zunächst einmal müssen die Parteien **mittellos** im prozessualen Sinn sein. Es gelten hier die gleichen Regeln wie im Falle der unentgeltlichen Rechtspflege (Art. 117 N 7 ff.).

12 Sodann muss das Gericht die **Mediation empfohlen** haben (STAEHELIN/STAEHELIN/GROLIMUND, § 20 N 48; vgl. dazu Art. 214 N 7 ff.). Die Empfehlung ist auch hier nicht an eine bestimmte Form gebunden. Gegenstand der Empfehlung ist einzig die Mediation, nicht aber der Mediator. Die Organisation und Durchführung der Mediation verbleibt noch immer bei den Parteien. Hier hat sich das Gericht zurückzuhalten (Art. 215 N 4).

13 Das mit der Sache befasste Gericht wird einen entsprechenden Beschluss über die Gewährung der unentgeltlichen Mediation fassen. Der Mediator wird dem Gericht für seine Bemühungen Rechnung stellen und das Gericht wird diese Kosten in die Kostenrechnung seines Entscheids aufnehmen. Die Kostenbefreiung ist demnach auch hier **nicht endgültig** und steht unter dem Nachforderungsrecht des Kantons. Es gelten die Regeln der unentgeltlichen Rechtspflege (STAEHELIN/STAEHELIN/GROLIMUND, § 20 N 48; Art. 123 N 1 ff.; GASSER/RICKLI, Art. 218 N 3; SCHÜTZ, 202).

V. Vorbehalt des kantonalen Rechts (Abs. 3)

14 Die Kantone sind frei, im Rahmen ihrer Ausführungsgesetze, **weitere Erleichterungen** zu erlassen. Denkbar sind derartige Erleichterungen insb. *in zusätzlichen Angelegenheiten* des Familienrechts (z.B. § 89a ZPO/ZH) oder in Verfahren, in denen der soziale Zivilprozess durchgesetzt werden soll (z.B. arbeitsrechtliche oder mietrechtliche Streitigkeiten). Zulässig ist ausserdem eine kantonale Regelung, wonach die Gerichte in Fällen, in denen die Parteien eine Einigung mittels eines Mediationsverfahrens erzielen, die *Prozesskosten* tiefer ansetzen können.

3. Titel: Ordentliches Verfahren

1. Kapitel: Geltungsbereich

Art. 219

Die Bestimmungen dieses Titels gelten für das ordentliche Verfahren sowie sinngemäss für sämtliche anderen Verfahren, soweit das Gesetz nichts anderes bestimmt.

Les dispositions du présent titre s'appliquent à la procédure ordinaire et, par analogie, aux autres procédures, sauf disposition contraire de la loi.

Salvo che la legge disponga altrimenti, le disposizioni del presente titolo si applicano alla procedura ordinaria, nonché, per analogia, a tutte le altre procedure.

Inhaltsübersicht   Note

   I. Norminhalt und Normzweck 1
  II. Allgemeines 2
     1. Prämissen des Grundverfahrens 2
     2. Die Dispositions- und Verhandlungsmaxime im Überblick 3
 III. Geltungsbereich 5
 IV. Überblick über die weiteren Verfahrensarten 9
     1. Das vereinfachte Verfahren 9
     2. Das summarische Verfahren 10
     3. Das besondere Summarverfahren 11
     4. Besondere eherechtliche Verfahren 12
     5. Kinderbelange in familienrechtlichen Angelegenheiten 13

I. Norminhalt und Normzweck

Die Vorschriften über das **ordentliche Verfahren**, welches das **Grundverfahren** der schweizerischen ZPO darstellt, sind gemäss Art. 219 als **subsidiäre Vorschriften** auf alle anderen Verfahren der ZPO anwendbar, sofern sich aus dem Gesetz oder aus der Natur des besonderen Verfahrens nichts anderes ergibt (BOTSCHAFT ZPO, 7338).   **1**

II. Allgemeines

1. Prämissen des Grundverfahrens

Das ordentliche Verfahren der ZPO entspricht dem klassischen Bild des Zivilprozesses. Es gilt die **Dispositionsmaxime** (Art. 58), welche das prozessuale Gegenstück der Privatautonomie darstellt (VOGEL/SPÜHLER, 6. Kap. Rz 7). Das Verfahren selbst wird im Wesentlichen von der **Verhandlungsmaxime** (Art. 55) beherrscht, welche allerdings durch die richterliche Fragepflicht gemildert werden kann (BOTSCHAFT ZPO, 7275). Das   **2**

Gericht seinerseits beschränkt sich im Grundsatze auf die formelle Prozessführung, welche klar strukturiert ist. Nach erfolgtem Schriftenwechsel, wobei der einfache Schriftenwechsel die Regel sein soll (Art. 221–225), ist eine Instruktionsverhandlung vorgesehen. Erachtet es das Gericht als angebracht, kann es nicht nur nach erfolgtem Schriftenwechsel, sondern zu jedem beliebigen Zeitpunkt eine Instruktionsverhandlung anordnen (Art. 226; Art. 226 N 4). Das 3. Kapitel über das ordentliche Verfahren enthält Vorschriften bezüglich der Hauptverhandlung. Den Abschluss findet das ordentliche Verfahren mit der Entscheidfällung durch das Gericht (Art. 236–240), bei Abschluss eines Vergleiches, bei Klageanerkennung oder -rückzug wird das Verfahren abgeschrieben (Art. 241–242).

2. Die Dispositions- und Verhandlungsmaxime im Überblick

3 Die **Dispositionsmaxime** vereint die Grundsätze, dass der Private bestimmt, ob und wann er eine Klage anheben will und was Prozessgegenstand ist, d.h. in welchem Umfang er seine Rechte geltend machen will. Zudem haben es die Parteien in der Hand darüber zu befinden, ob und wann ein Prozess auch ohne Anspruchsprüfung durch das Gericht, nämlich durch Vergleich, Anerkennung oder Rückzug der Klage, beendigt werden soll (VOGEL/SPÜHLER, 6. Kap. Rz 10; SUTTER-SOMM, ZPR, Rz 272, 279). Ausfluss der Dispositionsmaxime ist unter anderem, dass der Richter nur auf Initiative einer Partei handelt und das Gericht der klagenden Partei nicht mehr oder etwas anderes zusprechen darf, als sie verlangt (Bindung an das Rechtsbegehren), aber auch nicht weniger, als die beklagte Partei anerkennt (STAEHELIN/STAEHELIN/GROLIMUND, § 10 Rz 4; SUTTER-SOMM, ZPR, Rz 278; VOGEL/SPÜHLER, 6. Kap. Rz 9).

4 Ausfluss der **Verhandlungsmaxime** ist, dass es Sache der Parteien ist, dem Gericht das Tatsächliche des Streites substantiiert darzulegen. Sie ist das auf die Tatsachensammlung bezogene Gegenstück der Dispositionsmaxime. Die Parteien trifft die Obliegenheit der Behauptungs- und Begründungslast und für die behaupteten Tatsachen Beweis zu erbringen. Im Geltungsbereich der Verhandlungsmaxime darf das Gericht sein Urteil nur auf die von den Parteien behaupteten Tatsachen stützen und es darf den Sachverhalt nicht von Amtes wegen erforschen. So hält denn Art. 55 Abs. 1 fest, dass die Parteien dem Gericht die Tatsachen, auf die sie ihre Begehren stützen, darzulegen und die Beweismittel anzugeben haben (STAEHELIN/STAEHELIN/GROLIMUND, § 10 Rz 15, 17, 18; VOGEL/SPÜHLER, 6. Kap. Rz 19).

III. Geltungsbereich

5 Der **Vorentwurf** sah das ordentliche Verfahren für alle vermögensrechtliche Streitigkeiten mit einem Streitwert von mehr als CHF 20 000 vor (Art. 237 VE-ZPO). Dies wurde im Vernehmlassungsverfahren weitgehend als zu tief bemängelt, weshalb die Streitwertgrenze auf CHF 30 000 erhöht wurde. Das **ordentliche Verfahren** findet mithin bei vermögensrechtlichen Streitigkeiten mit einem Streitwert von mehr als **CHF 30 000** Anwendung (Art. 243 Abs. 1). Ebenso in Streitigkeiten, welche gemäss Art. 5 in die Zuständigkeit eines **einzigen kantonalen Gerichts** fallen, so

   a. Streitigkeiten im Zusammenhang mit geistigem Eigentum einschliesslich der Streitigkeiten betreffend Nichtigkeit, Inhaberschaft, Lizenzierung, Übertragung und Verletzung solcher Rechte;

   b. kartellrechtliche Streitigkeiten;

   c. Streitigkeiten über den Gebrauch einer Firma;

d. Streitigkeiten nach dem Bundesgesetz vom 19.12.1986 über den unlauteren Wettbewerb, sofern der Streitwert mehr als CHF 30 000 beträgt oder sofern der Bund sein Klagerecht ausübt;

e. Streitigkeiten nach dem Kernenergiehaftpflichtgesetz vom 18.3.1983;

f. Klagen gegen den Bund;

g. die Einsetzung eines Sonderprüfers nach Art. 697b OR;

h. Streitigkeiten nach dem Bundesgesetz vom 23.6.2006 über die kollektiven Kapitalanlagen und nach dem Börsengesetz vom 24.3.1995.

Mit dem Inkrafttreten des neuen Kernenergiehaftpflichtgesetzes (KHG) vom 13.6.2008 wird Art. 5 Abs. 1 lit. e insofern abgeändert, als nicht mehr auf das KHG vom 18.3.1983, sondern auf dasjenige vom 13.6.2008 verwiesen wird (s. Ziff. 1 des Anhanges 2 zur ZPO).

Weiter findet das ordentliche Verfahren Anwendung, sofern ein **Handelsgericht** als einzige kantonale Instanz über handelsrechtliche Streitigkeiten entscheidet (Art. 6) oder eine einzige kantonale Instanz für **Streitigkeiten aus Zusatzversicherungen zur sozialen Krankenversicherung** nach dem Bundesgesetz vom 18.3.1994 über die Krankenversicherung zuständig ist (Art. 7).

Überdies unterliegen **nichtvermögensrechtliche Streitigkeiten**, welche nicht dem **vereinfachten Verfahren** zugewiesen sind, dem ordentlichen Verfahren.

IV. Überblick über die weiteren Verfahrensarten

1. Das vereinfachte Verfahren

Das **vereinfachte Verfahren** ist auf «kleinere» Fälle anwendbar. Es gilt für **vermögensrechtliche Streitigkeiten** bis zu einem Streitwert von **CHF 30 000** (Art. 243 Abs. 1). Weitere Anwendungsfälle finden sich ungeachtet einer Streitwertgrenze in Art. 243 Abs. 2 aufgelistet. Das vereinfachte Verfahren unterscheidet sich vom ordentlichen Verfahren im Wesentlichen dadurch, dass keine Klage in Form einer Rechtsschrift eingereicht werden muss, und sie sogar mündlich anhängig gemacht werden kann. Inhaltlich muss das Klagebegehren (mündlich oder schriftlich) die Angabe der Parteien, das Rechtsbegehren resp. den Streitgegenstand sowie den Streitwert enthalten. Mündlichkeit des Verfahrens ist die Regel und die Mitwirkung des Gerichts wird verstärkt. Sah der Entwurf des Bundesrates im vereinfachten Verfahren noch die Untersuchungsmaxime vor (BOTSCHAFT ZPO, 7345–7348), entschied sich das Parlament dagegen und es gilt grundsätzlich die Verhandlungsmaxime, welche durch die richterliche Fragepflicht abgeschwächt wird (Art. 247 Abs. 1). Die Untersuchungsmaxime gilt nur noch in den in Art. 247 Abs. 2 aufgelisteten Streitigkeiten, so vor allem in Miet-, Pacht- und arbeitsrechtlichen Streitigkeiten bis zu einem Streitwert von CHF 30 000.

2. Das summarische Verfahren

Der Geltungsbereich des **summarischen Verfahrens** ist ausserordentlich weit und wird in Art. 248–251 umschrieben. Die Anwendbarkeit kann sich aber auch aus anderen Bundesgesetzen heraus ergeben. Dieses Verfahren kennzeichnet sich durch **grosse Flexibilität** aus, es kann **schriftlich oder mündlich** sein und es gibt eine **Beweismittelbeschränkung**, zugelassen sind grundsätzlich nur liquide Beweismittel.

3. Das besondere Summarverfahren

11   Das **besondere Summarverfahren** findet Anwendung beim **Rechtsschutz in klaren Fällen** sowie beim **Erlass eines gerichtlichen Verbots** als besondere Form des Schutzes von Grundeigentum. Dieses Verfahren ist der bundesrechtliche Nachfolger des in etlichen Kantonen bekannten Befehlsverfahrens (BOTSCHAFT ZPO, 7351–7353).

4. Besondere eherechtliche Verfahren

12   Die Art. 271–273 regeln, welche **eherechtlichen Angelegenheiten** dem summarischen Verfahren zugeordnet werden. Im Unterschied zum gewöhnlichen Summarverfahren findet in eherechtlichen Angelegenheiten grundsätzlich und i.d.R. eine **mündliche Verhandlung** statt (Art. 273 Abs. 1). Wichtigstes Anwendungsgebiet wird auch unter der ZPO das Verfahren zum **Schutz der ehelichen Gemeinschaft** sein. Das Kapitel über das Scheidungsverfahren ist in vier Abschnitte gegliedert und enthält im ersten Abschnitt allgemeine Bestimmungen (Art. 274–284), im 2. Abschnitt wird das Verfahren bei Scheidung auf gemeinsames Begehren (Art. 285–289), im 3. Abschnitt das streitige Verfahren (Art. 290–293) und im 4. Abschnitt die Eheungültigkeits- oder -nichtigkeitsklage geregelt (Art. 294).

5. Kinderbelange in familienrechtlichen Angelegenheiten

13   Treten **familienrechtliche Verfahren** in **Kinderbelangen** als selbstständige Prozesse in Erscheinung (bspw. selbständige Unterhaltsklagen, Klagen betreffend Feststellung oder Anfechtung des Kindesverhältnisses etc.), so verweist Art. 295 diese in das **vereinfachte Verfahren**, wobei die uneingeschränkte Untersuchungs- und Offizialmaxime gilt (Art. 296 Abs. 1).

14   Weiter finden sich unter diesem Titel der ZPO Vorschriften, welche in eherechtlichen Verfahren zwischen den Eltern des Kindes, soweit es sich um Kinderbelange handelt, Anwendung finden (Art. 297–301).

2. Kapitel: Schriftenwechsel und Vorbereitung der Hauptverhandlung

Art. 220

Einleitung	**Das ordentliche Verfahren wird mit Einreichung der Klage eingeleitet.**
Introduction	La procédure ordinaire est introduite par le dépôt de la demande.
Apertura del procedimento	La procedura ordinaria si apre con il deposito della petizione.

Inhaltsübersicht   Note

   I. Einleitung des ordentlichen Verfahrens (Überblick)   1
  II. Einreichung der Klage   4
 III. Prüfung und Vorgehen des Gerichts   5

Literatur

P. ILG, Heilung fehlerhafter Klageeinreichung, Diss. Zürich 1968; H. STRÄULI, Fehlerhafte Prozesshandlungen der Parteien und ihre Heilung im zürcherischen Zivilprozess, Diss. Zürich 1966; TH. SUTTER-SOMM, Die Verfahrensgrundsätze und die Prozessvoraussetzungen, ZZZ 2007, 301 ff.; O. VOGEL, Eintritt der Rechtshängigkeit mit Klageanhebung oder Die Verpflanzung eines Instituts, recht 2000, 109 ff. (zit. recht 2000); DERS., Die Gefahr der Klageverwirkung, recht 1986, 60 ff. (zit. recht 1986).

I. Einleitung des ordentlichen Verfahrens (Überblick)

Das zweite Kapitel des im dritten Titel geregelten ordentlichen Verfahrens ist dem «Schriftenwechsel und der Vorbereitung der Hauptverhandlung» gewidmet (Art. 220–227). Das ordentliche Verfahren entspricht dem hergebrachten schriftlichen Zivilprozess der kantonalen Rechtsordnungen. Es ist von der Verhandlungsmaxime beherrscht, doch wird dem Gericht eine verhältnismässig starke Stellung in der Prozessleitung eingeräumt. Grundlage bildet der Schriftenwechsel. Die Klage ist in schriftlicher Form einzureichen, worauf sie der beklagten Partei zur Erstattung der Klageantwort zugestellt wird. Dient es der Vereinfachung des Verfahrens, so kann das Gericht anordnen, dass die schriftliche Antwort auf einzelne Punkte zu beschränken ist (Art. 222 Abs. 3). Vom Grundsatz der Schriftlichkeit kann aber nicht abgewichen werden. Weder kann die Klage (wie im vereinfachten Verfahren, Art. 244) mündlich zu Protokoll gegeben werden noch darf die beklagte Partei zur Antwort in die mündliche Hauptverhandlung verwiesen werden.

Einmaliger Schriftenwechsel bildet die Regel, von der abgewichen werden darf, wenn es die Verhältnisse erfordern (Art. 225). Der Schriftenwechsel bildet nicht die abschliessende Gestaltung von Angriff und Verteidigung der Parteien. Die Ausgestaltung des Novenrechts lässt erkennen, dass die Parteien zumindest eine zweite Gelegenheit erhalten, ihre Sachdarstellung zu berichtigen oder zu ergänzen. Vor der Hauptverhandlung ist dies möglich anlässlich einer Instruktionsverhandlung (Art. 226) oder – ausnahmsweise – in einem zweiten Schriftenwechsel. Wenn weder das eine noch das andere angeordnet wird, sind Sachvorbringen zu Beginn der Hauptverhandlung unbeschränkt zulässig (Art. 229 Abs. 2). Wird der Schriftenwechsel nicht fortgesetzt, hängt es allein von der Prozessleitung des Gerichts ab, ob Ergänzungen und Berichtigungen an einer vorbereitenden Instruktions- oder der Hauptverhandlung möglich sind.

Während der Einleitungsphase darf das in der Rechtsschrift enthaltene Klagefundament nicht frei geändert werden, sondern nur unter den Voraussetzungen der Klageänderung gemäss Art. 227. Es darf vorausgesetzt werden, dass die Parteien an ihren Anträgen und an der Begründung, wie in den Rechtsschriften formuliert, grundsätzlich festhalten. Dem Schriftenwechsel kommt bei Säumnis an der Hauptverhandlung (Art. 234) und bei Verzicht auf die Hauptverhandlung (Art. 233) erhöhte Bedeutung zu.

II. Einreichung der Klage

Die Einleitung des ordentlichen Verfahrens beginnt mit Einreichung der Klage beim erkennenden Gericht. Die **prozessualen Wirkungen** der Klageeinreichung sind verschieden, je nachdem, ob dem Erkenntnisverfahren ein Schlichtungsversuch vorausgegangen ist oder nicht (vgl. Art. 197/199). Der Grund dafür liegt in der Konzeption der Rechtshängigkeit, die – der Klageanhebung zur Wahrung einer bundesrechtlichen Verjährungs- oder Verwirkungsfrist nachgebildet (BGE 130 III 515 E. 3; 118 II 479 E. 3; 110 II 389 E. 2, je m.w.H.) – mit der ersten prozesseinleitenden oder -vorbereitenden Handlung eintritt (Art. 62; BOTSCHAFT ZPO, 7277). Im Fall der direkten Klage *bewirkt* die Einreichung der Klageschrift unmittelbar die Rechtshängigkeit. Der Einreichung gleichgestellt ist die Übergabe an die Post bzw. eine schweizerische diplomatische oder konsularische Vertretung sowie die Bestätigung des gerichtlichen Informationssystems bei elektronischer Übermittlung (Art. 143 Abs. 1 und 2). Auf dieses Datum hin wird die Klage fixiert, und es treten die Wirkungen der Rechtshängigkeit gemäss Art. 64 Abs. 1 (Sperrwirkung und perpetuatio fori) und Abs. 2 (Wahrung einer Frist des Zivil- oder Schuldbetreibungsrechts) ein. Der Eingang der Klage ist beiden Parteien von Amtes wegen zu bestätigen (Art. 62 Abs. 2). Im anderen Fall dagegen, nach Durchführung eines obligatorischen oder fakultativen Schlichtungsverfahrens, ist das Verfahren bereits mit Einreichung des Schlichtungsgesuchs rechtshängig geworden (Art. 62 Abs. 1, 1. Variante). Durch die nachfolgende Klageeinreichung wird die prozessuale Rechtslage nicht unmittelbar geändert. Es handelt sich daher nicht um eine Bewirkungs-, sondern eine Erwirkungshandlung. Der Vorgang besteht faktisch darin, dass die Klage (samt Klagebewilligung, Art. 221 Abs. 2 lit. b) dem Gericht übergeben, übersandt oder übermittelt wird. Rechtlich kommt ihm insoweit Bedeutung zu, als die klagende Partei in bestimmter Form ein gerichtliches Urteil *erwirken* will. Wie bei der direkten Klage setzt die Fortführungslast i.S.v. Art. 65 erst mit der Zustellung der Klage an die Gegenpartei ein. Zur Rechtshängigkeit im Einzelnen, auch im internationalen Verhältnis, s. die Komm. zu Art. 62/64.

III. Prüfung und Vorgehen des Gerichts

5   Nach Eingang der Klage beginnt die formelle Prozessleitung des Gerichts. Bei Kollegialgerichten wird sie dem sog. Instruktionsrichter als delegiertes Gerichtsmitglied übertragen (Art. 124 Abs. 1 und 2). Im Anfangsstadium des Prozesses hat er zu prüfen, ob die Eingabe den formellen Anforderungen genügt (Art. 129 ff.; Art. 221) und die Prozessvoraussetzungen erfüllt sind (Art. 59 Abs. 1). Sind im Normalfall die Voraussetzungen auf eine erste Prüfung hin erfüllt, ist die Klage der Gegenpartei unter Fristansetzung zur Klageantwort zuzustellen (Art. 222). Ist die prozessuale Zulässigkeit der Klage zweifelhaft, kann eine Beschränkung der Antwort verfügt werden (Art. 222 Abs. 3; BOTSCHAFT ZPO, 7276). Einzig bei **formellen Mängeln**, wie fehlender Unterschrift oder Vollmacht, kann die Klage mit prozessleitender Verfügung zurückgewiesen und eine Nachfrist zur Verbesserung angesetzt werden (Art. 132), bei deren Erfüllung das Datum der ursprünglichen Eingabe erhalten bleibt (STAEHELIN/STAEHELIN/GROLIMUND, § 12 Rz 4). Im Übrigen gilt der Grundsatz, dass bei **Fehlen von Prozessvoraussetzungen** auf die Klage nicht einzutreten ist (Art. 59 Abs. 1 e contrario), sofern sie nicht schon vorher «angebrachtermassen» zurückgezogen worden ist (vgl. Art. 63). Den Nichteintretensentscheid fällt das Gesamtgericht (nicht der Instruktionsrichter), da es sich um einen Endentscheid handelt. Zum Vorgehen bei fehlenden Prozessvoraussetzungen und formell fehlerhafter Eingabe im Allgemeinen s. die Komm. Art. 60 und 132.

6   Eine **ordnungsgemässe Klageeinreichung** setzt voraus, dass gegebenenfalls die Klagebewilligung oder eine Erklärung über den Verzicht des Schlichtungsverfahrens eingereicht wird (Art. 221 Abs. 2 lit. b). Das Absolvieren eines grundsätzlich obligatorischen Schlichtungsverfahrens ist, obschon in Art. 59 nicht speziell erwähnt, eine von Amtes wegen zu prüfende Prozessvoraussetzung (Art. 60; SUTTER-SOMM, ZZZ 2007, 317). Die Prüfung hat sich darauf zu beziehen, ob zwischen den Prozessparteien über den Streitgegenstand, wie in der Klageschrift umschrieben, ein Schlichtungsversuch stattgefunden hat und eine gültige Klagebewilligung vorgelegt wird (vgl. LEUCH/MARBACH/KELLERHALS/STERCHI, Art. 161 ZPO/BE N 2). Das weitere Vorgehen des Gerichts hängt da-

von ab, wie der prozessuale Mangel betreffend das Schlichtungsverfahren zu qualifizieren ist:

- Wird die Klage bei fakultativem Schlichtungsverfahren (Art. 199) **ohne Verzichtserklärung** eingereicht, liegt ein verbesserungsfähiger Mangel i.S.v. Art. 132 vor. Kann die klagende Partei auf den Schlichtungsversuch einseitig verzichten (Art. 199 Abs. 2), ist ihr (nach formloser Aufforderung) Frist anzusetzen, um die fehlende Erklärung nachzureichen. Wenn nur gemeinsamer Verzicht möglich ist (Art. 199 Abs. 1), ist nach Vorliegen einer Verzichtserklärung der klagenden Partei die Klage der Gegenpartei zuzustellen. Die Gegenpartei kann ihren Verzicht konkludent erklären, indem sie sich der direkten Klageeinreichung nicht widersetzt (BOTSCHAFT ZPO, 7329), womit der prozessuale Mangel geheilt wird. Bei Widersetzung oder nicht fristgerecht beigebrachter Erklärung der klagenden Partei ist auf die Klage nicht einzutreten. 7

- Wird die Klage bei obligatorischem Schlichtungsverfahren (Art. 197) **ohne Klagebewilligung** eingereicht, ist entweder die Eingabe mangelhaft (Art. 132) oder der Mangel betrifft die Prozesseinleitung. Durch Fristansetzung ist der klagenden Partei zunächst Gelegenheit zu geben, eine Klagebewilligung nachträglich beizubringen für den Fall, dass diese als Beilage vergessen ging. Äussert sie die Auffassung, es bedürfe keiner Bewilligung, kann die Klage, beschränkt auf die Frage der Zulässigkeit der direkten Einreichung, zur Beantwortung zugestellt werden. Ergibt sich indessen (aufgrund der Klage selbst oder einer Stellungnahme), dass der Prozess entgegen Art. 197 direkt beim Gericht eingeleitet wurde, ist auf die Klage infolge fehlender Prozessvoraussetzung (Durchführung des obligatorischen Schlichtungsversuchs bzw. funktionelle Zuständigkeit des Gerichts) nicht einzutreten. Einen verbesserlichen Mangel i.S.v. Art. 132 wird man verneinen müssen. Diese Bestimmung dient der Nachbesserung eines Formmangels oder eines sonstigen sofort behebbaren Fehlers und bezweckt die Heilung einer mangelhaften *Eingabe* (BOTSCHAFT ZPO, 7277), was auf den in Verletzung von Art. 197 unterbliebenen Schlichtungsversuch kaum zutrifft. Auch eine Überweisung an die zuständige Schlichtungsbehörde wird nicht in Betracht kommen, weil das Gesetz kein allgemeines Institut der Prozessüberweisung kennt (vorbehältlich Art. 127, 224 Abs. 2, Art. 227 Abs. 2 und Art. 281 Abs. 3) und die damit verbundene Zusatzbelastung der Gerichte vermieden werden soll (BOTSCHAFT ZPO, 7277). Vielmehr ist es Sache der klagenden Partei, die Eingabe innert Monatsfrist bei der zuständigen Schlichtungsbehörde neu einzureichen (Art. 63), um die Wirkungen der Rechtshängigkeit zu wahren. 8

- Bei (einfacher) **Streitgenossenschaft** setzt die ordnungsgemässe Einleitung der Klage voraus, dass alle Streitgenossen in den Schlichtungsversuch einbezogen wurden. Die Möglichkeit zur friedlichen Streitbeilegung muss einem jeden Streitgenossen (auf Seiten der Beklagten) gewahrt bleiben bzw. der Versuch einer Einigung von jedem einzelnen (auf Seiten der Kläger) wahrgenommen werden. Fehlt es an der Klagebewilligung für einen Kläger bzw. gegen einen Beklagten bei der *einfachen* Streitgenossenschaft, ist die Klage hinsichtlich der in den Schlichtungsversuch nicht einbezogenen Personen mangelhaft. Verneint man einen verbesserlichen Mangel i.S.v. Art. 132 (N 8), ist darauf nicht einzutreten, während das Verfahren hinsichtlich der bewilligten Klage fortzusetzen ist oder sistiert werden kann (Art. 126). Wird nach Durchführung des Schlichtungsverfahrens eine neue selbständige Klage eingereicht, können die Verfahren vereinigt werden (Art. 125 lit. c). Ein solches Vorgehen ist hingegen bei materiell *notwendiger* Streitgenossenschaft, bei der alle gemeinsam klagen oder ins Recht gefasst werden müssen, nicht möglich. Häufig besteht auch keine Aussicht, dass ein neuerlicher Schlichtungsversuch unter Einbezug aller notwendigen 9

Streitgenossen zu einer gütlichen Einigung führt. Im Sinne einer Minimierung von Prozessverlusten sollte es daher zulässig sein, die Klage an die Hand zu nehmen und zuzustellen, wenn wenigstens eine Klagebewilligung hinsichtlich der am Schlichtungsversuch Einbezogenen vorliegt (vgl. LEUCH/MARBACH/KELLERHALS/STERCHI, Art. 161 ZPO/BE N 2; vgl. auch FRANK/STRÄULI/MESSMER, § 108 ZPO/ZH N 19 und Art. 39 ZPO/ZH N 4). Durch das Einbeziehen eines weiteren notwendigen Streitgenossen in die Klageschrift wird weder ein geänderter noch ein neuer Anspruch i.S.v. Art. 227 erhoben (GULDENER, ZPR, 298 f.).

10 – Bei einer Änderung der bewilligten Klage in der Klageschrift sind die Zulässigkeitsvoraussetzungen der **Klageänderung** gemäss Art. 227 zu prüfen. Übersteigt der Streitwert der geänderten Klage die Zuständigkeit des Gerichts, ist sie an das sachlich zuständige Gericht zu überweisen (Art. 227 Abs. 2). Ansonsten ist auf eine zulässige Erweiterung der Klage einzutreten und diese zur Beantwortung zuzustellen. Wenn die Zulässigkeit der Änderung davon abhängt, ob die Gegenpartei zustimmt (Art. 227 Abs. 1 lit. b), hat ein entsprechender Hinweis durch das Gericht zu erfolgen. Kann die Klageänderung in eher seltenen Fällen nicht zugelassen werden, mangelt es der (neuen) Klage an der Durchführung eines Schlichtungsversuches und darauf ist nicht einzutreten, wenn man einen verbesserlichen Mangel i.S.v. Art. 132 verneint (N 8). Das Verfahren ist in Bezug auf die ursprüngliche, bewilligte Klage fortzusetzen (Art. 227 N 25).

11 – Die **Klagebewilligung** ist während dreier Monate gültig (Art. 209 Abs. 3). Wenn sie im Zeitpunkt der Einreichung der Klage **verfallen** ist, ergeht ohne weiteres ein Nichteintretensentscheid. Zu beachten ist, dass die Dreimonatsfrist nicht gilt, soweit eine kürzere Klagefrist besteht, wie bei der Anerkennungsklage, der Arrestprosekutionsklage (Art. 279 SchKG) oder der Klage zur Prosequierung einer vorsorglichen Massnahme (Art. 263). Hier muss die klagende Partei die Klage innert dieser kürzeren Frist und nicht innert dreier Monate gemäss Art. 209 Abs. 3 beim Gericht einreichen (BOTSCHAFT ZPO, 7333; STAEHELIN/STAEHELIN/GROLIMUND, § 12 Rz 22; BGer, 29.5.2009, SJZ 2009, 402 ff.).

Art. 221

Klage

¹ **Die Klage enthält:**
a. die Bezeichnung der Parteien und allfälliger Vertreterinnen und Vertreter;
b. das Rechtsbegehren;
c. die Angabe des Streitwerts;
d. die Tatsachenbehauptungen;
e. die Bezeichnung der einzelnen Beweismittel zu den behaupteten Tatsachen;
f. das Datum und die Unterschrift.

² **Mit der Klage sind folgende Beilagen einzureichen:**
a. eine Vollmacht bei Vertretung;
b. gegebenenfalls die Klagebewilligung oder die Erklärung, dass auf das Schlichtungsverfahren verzichtet werde;
c. die verfügbaren Urkunden, welche als Beweismittel dienen sollen;
d. ein Verzeichnis der Beweismittel.

³ **Die Klage kann eine rechtliche Begründung enthalten.**

2. Kapitel: Schriftenwechsel und Vorbereitung der Hauptverhandlung **Art. 221**

Demande ¹ La demande contient:
a. la désignation des parties et, le cas échéant, celle de leur représentant;
b. les conclusions;
c. l'indication de la valeur litigieuse;
d. les allégations de fait;
e. l'indication, pour chaque allégation, des moyens de preuves proposés;
f. la date et la signature.

² Sont joints à la demande:
a. le cas échéant, la procuration du représentant;
b. le cas échéant, l'autorisation de procéder ou la déclaration de renonciation à la procédure de conciliation;
c. les titres disponibles invoqués comme moyen de preuve;
d. un bordereau des preuves invoquées.

³ La demande peut contenir une motivation juridique.

Petizione ¹ La petizione contiene:
a. la designazione delle parti e dei loro eventuali rappresentanti;
b. la domanda;
c. l'indicazione del valore litigioso;
d. l'esposizione dei fatti;
e. l'indicazione dei singoli mezzi di prova con riferimento ai fatt esposti;
f. la data e la firma.

² Alla petizione devono essere allegati:
a. la procura, se vi è un rappresentante;
b. se del caso l'autorizzazione ad agire o la dichiarazione di rinuncia alla procedura di conciliazione;
c. i documenti a disposizione, invocati come mezzi di prova;
d. l'elenco dei mezzi di prova.

³ La petizione può contenere una motivazione giuridica.

Inhaltsübersicht

Note

I. Allgemeines 1

II. Inhalt der Klagebegründung 2
   1. Bezeichnung der Parteien und allfälliger Vertreter 3
   2. Rechtsbegehren 4
   3. Angabe des Streitwertes 11
   4. Tatsachenbehauptungen 15
   5. Bezeichnung der Beweismittel 21
   6. Datum und Unterschrift 26

III. Beilagen 28
   1. Vollmacht 28
   2. Klagebewilligung 31
   3. Urkunden 34
   4. Verzeichnis der Beweismittel 39

IV. Rechtliche Ausführungen 41

V. Mangelhafte Klage 42

Sylvia Frei / Daniel Willisegger

Art. 221 1–5

Literatur

A. AESCHLIMANN, Überspitzter Formalismus, Herausforderung für den Richter, recht 1987, 28 ff.; H. P. BATZ, Zu den Gültigkeitserfordernissen von Verwaltungsgerichtsbeschwerden, insbesondere mit Bezug auf die Begründungspflicht, ZBJV 1999, 545 ff.; A. DOLGE, Elektronischer Rechtsverkehr zwischen Bundesgericht und Parteien, AJP 2007, 299 ff.; O. VOGEL, Die Stufenklage und die dienende Funktion des Zivilprozessrechts, recht 1992, 58 f. (zit. recht 1992).

I. Allgemeines

1   Das ordentliche Verfahren vor dem urteilenden Gericht wird mit der Einreichung der **schriftlichen Klage** durch den Kläger eingeleitet, wobei die Klage als **Rechtsschrift** abzufassen ist (BOTSCHAFT ZPO, 7338; STAEHELIN/STAEHELIN/GROLIMUND, § 21 Rz 2). Als Rechtsschrift gelten alle Eingaben, die explizit zuhanden des Gerichts verfasst wurden. Gemäss Art. 130 haben die Eingaben der Parteien in **Papierform** oder **elektronisch** zu erfolgen. Wird die Rechtsschrift dem Gericht in Papierform übermittelt, richtet sich die Anzahl der dem Gericht einzureichenden Rechtsschriften nach der Anzahl der Verfahrensbeteiligten. Die Eingaben sind in je einem Exemplar für das Gericht und für jede Gegenpartei einzureichen (Art. 131).

II. Inhalt der Klagebegründung

2   In Abs. 1 werden die für die Klageschrift notwendigen Elemente vorgeschrieben und Abs. 2 äussert sich zu den mit der Klageschrift einzureichenden Beilagen.

1. Bezeichnung der Parteien und allfälliger Vertreter

3   Verlangt wird **die Bezeichnung der Parteien und allfälliger Vertreter**. Die Parteien sind genau zu bezeichnen, mit vollständigem Namen und Adresse, welche bei juristischen Personen dem Handelsregister zu entnehmen ist. Bei den Parteivertretern ist ebenfalls eine Bezeichnung derselben mit Name und Adresse erforderlich (SUTTER-SOMM, ZPR, Rz 556).

2. Rechtsbegehren

4   Im **Rechtsbegehren** wird der **Umfang des Streites** umschrieben, d.h. was der Kläger seitens des Gerichts zugesprochen erhalten will. Es gilt der Grundsatz, dass das Rechtsbegehren so bestimmt und präzis abgefasst sein muss, dass sich mit hinreichender Deutlichkeit erkennen lässt, was die klagende Partei anstrebt, und dass das Rechtsbegehren bei Gutheissung der Klage ohne weiteres zum richterlichen Urteil erhoben werden kann. Überdies soll der Vollstreckungsbehörde ohne Lektüre des Urteils klar sein, was Gegenstand der Vollstreckung bildet (FRANK/STRÄULI/MESSMER, § 100 ZPO/ZH N 6; STAEHELIN/STAEHELIN/GROLIMUND, § 14 Rz 3; SUTTER-SOMM, ZPR, Rz 558; VOGEL/SPÜHLER, 7. Kap. Rz 4, 5).

5   Das Rechtsbegehren muss bestimmt sein: bei der **Leistungsklage**, mit welcher die Bezahlung eines Geldbetrages gefordert wird, ist der **Geldbetrag** grundsätzlich zu **beziffern** (Art. 84 Abs. 2). Bei Geltung der Dispositionsmaxime, welche dem Richter verbietet, einer Partei mehr als verlangt zuzusprechen, hat die Partei, soweit sie den Forderungsbetrag verzinst haben will, dies in der Regel im Rechtsbegehren festzuhalten, so auch den Beginn des Zinsenlaufes und die Höhe des Zinssatzes. Fehlt eine Angabe bezüglich der Höhe des Zinssatzes, beträgt er gemäss Art. 104 Abs. 1 OR grundsätzlich

5% (SUTTER-SOMM, ZPR, Rz 570). Allerdings sind Verzugszinsen lediglich Nebenpunkte, weshalb sie auch zu einem späteren Zeitpunkt uneingeschränkt geltend gemacht werden können. Sie stellen keine Klageänderung dar und unterliegen daher nicht den Schranken, welche das Gesetz für eine Klageänderung vorsieht (Art. 227 N 9; Art. 230 N 8).

Ausnahmsweise ist gemäss Art. 85 Abs. 1 auch ein **unbeziffertes Rechtsbegehren** zugelassen, soweit die klagende Partei aufgrund besonderer Umstände zu Beginn des Prozesses nicht in der Lage ist, die Höhe ihres Anspruches zu beziffern. Dies kann aus verschiedenen Gründen nicht möglich sein, so, weil erst das Beweisverfahren die Grundlage der Bezifferung des Anspruches schafft, oder, wenn der Kläger zur Bezifferung seiner Forderung auf die Rechnungslegung oder Auskunftserteilung durch den Beklagten angewiesen ist. Im ersten Fall kann der Kläger die Bezifferung nach Abschluss des Beweisverfahrens nachholen (Art. 85 Abs. 2) und im zweiten Fall kann der Kläger vorerst eine unbezifferte Forderungsklage, verbunden mit dem Begehren um Rechnungslegung oder Auskunftserteilung durch den Beklagten, anheben. Nach Erfüllung der Rechnungslegung und Auskunftserteilung durch den Beklagten ist die Bezifferung durch den Kläger nachzuholen (Art. 85 Abs. 2). **Hauptanspruch** ist die verlangte **Geldleistung** und **Hilfsanspruch** die **vorgängige Auskunftserteilung** durch die beklagte Partei (sog. Stufenklage: BOTSCHAFT ZPO, 7287; BGE 131 III 243 E. 5.1; 116 II 215 E.4; GULDENER, ZPR, 193; STAEHELIN/STAEHELIN/GROLIMUND, § 14 Rz 4–6; SUTTER-SOMM, ZPR, Rz 567; VOGEL, recht 1992; VOGEL/SPÜHLER, 7. Kap. Rz 6). Typische Beispiele sind u.a. Teilungs- und Herabsetzungsklagen (BGE 121 III 249 E. 2.b) oder Klagen mit Bezug auf Ausgleichungsansprüche, wie auch beispielsweise im Scheidungsprozess bezüglich der Ansprüche aus Güterrecht (FRANK/STRÄULI/MESSMER, § 61 ZPO/ZH, N 25b; § 113 ZPO/ZH N 11). Gemäss Botschaft ZPO soll das Gericht aus verfahrensökonomischen Gründen den Prozess i.S.v. Art. 125 vorerst auf die Frage der Rechnungslegung und/oder Auskunftserteilung beschränken können. Allerdings muss die vorgängige Auskunftserteilung nicht zwingend zum Gegenstand eines eigenen Rechtsbegehrens gemacht werden. Vielmehr ist es auch möglich, ein unbeziffertes Leistungsbegehren zu stellen und die zur Auskunftserteilung notwendigen Unterlagen im Rahmen des Beweisverfahrens edieren zu lassen (BOTSCHAFT ZPO, 7287). Ein unbeziffertes Rechtsbegehren ist gemäss materiellem Bundesrecht überdies in Fällen möglich, in denen die Festsetzung des zu leistenden Betrages im richterlichen Ermessen liegt, oder bei Ansprüchen auf Ersatz eines ziffernmässig nicht nachweisbaren Schaden, so beispielsweise gemäss Art. 42 Abs. 2 OR, Art. 73 Abs. PatG (BGE 114 II 253 E. 2.a; anstelle vieler: FRANK/STRÄULI/MESSMER, § 113 ZPO/ZH, N 11; STAEHELIN/STAEHELIN/GROLIMUND, § 14 Rz 7 m.H.). In jedem Fall muss aber beim unbezifferten Rechtsbegehren ein Mindest- oder Höchstbetrag genannt werden, da die Höhe des Streitwertes für die sachliche Zuständigkeit des Gerichts und die Verfahrensart massgebend ist.

Das Rechtsbegehren resp. die Hauptklage, darf nicht von einer Bedingung abhängig gemacht werden. Die **Eventualmaxime** lässt dagegen zu, dass dem Hauptbegehren ein oder mehrere **Eventualbegehren**, für den Fall der Abweisung des Hauptbegehrens, beigefügt werden können. Es kommt erst zur Beurteilung des oder der Eventualbegehren, wenn das Gericht das Hauptbegehren abweist. Insofern tritt die gleiche Situation ein wie bei der Klageänderung, nämlich die nachträgliche Beurteilung von Punkten, die im ursprünglichen Rechtsbegehren nicht enthalten waren (FRANK/STRÄULI/MESSMER, § 58 ZPO/ZH N 1; STAEHELIN/STAEHELIN/GROLIMUND, § 10 Rz 43 und 44; SUTTER-SOMM, ZPR, Rz 572, VOGEL/SPÜHLER, 7. Kap. Rz 7). Einzelne frühere kantonale Zivilprozessordnungen enthielten den Grundsatz, dass mit dem Eventualbegehren nicht mehr verlangt werden darf, als mit dem Hauptbegehren. Die ZPO kennt keine solche Regelung und lässt eine Klageänderung in einem weiten Bereich zu, weshalb hier die Meinung vertreten wird, dass unter den Voraussetzungen der Zulässigkeit der Klageänderung Eventualbegehren mit einem höheren Streitwert zulässig sein müssen (gl.M. STAEHELIN/STAEHELIN/GROLIMUND, § 10 Rz 44).

8   Aus der **Dispositionsmaxime** folgt der Grundsatz, dass die Parteien und das Gericht ab einem gewissen Zeitpunkt an die **Rechtsbegehren gebunden** sind. Dies erfordert von den Parteien, insb. von der klagenden Partei, eine äusserst sorgfältige Formulierung des Rechtsbegehrens. Eine Änderung des Rechtsbegehrens, womit z.B. die Klagesumme erhöht wird oder etwas anderes, als vorher verlangt wird, stellt eine Klageänderung dar und ist nur bis zu einem bestimmten Zeitpunkt und hernach nur noch unter erschwerten Bedingungen zulässig (s. Komm. zu Art. 227 und 230).

9   Ist ein **Rechtsbegehren** unklar, widersprüchlich, unvollständig oder unbestimmt, so unterliegt dieses der **Auslegung** nach **Treu und Glauben**. Zulässig ist auch, die Klagebegründung zur Auslegung beizuziehen (BSK BGG-MERZ, Art. 42 N 18; VOGEL/SPÜHLER, 7. Kap. Rz 8). Sinn und Zweck eines unklaren, unvollständigen oder unbestimmten Rechtsbegehrens kann durch den Richter auch durch das Stellen von Fragen eruiert werden. Sah der Vorentwurf der Expertenkommission nur ein richterliches Fragerecht vor (Art. 51 VE-ZPO), so statuiert Art. 56 nun eine gerichtliche Fragepflicht. Diese schwächt die reine Dispositionsmaxime in dem Sinne ab, als durch die Ausübung der richterlichen Fragepflicht offensichtliche oder grobe Fehler vermieden werden können.

10 Die gehörige **Bezifferung des Rechtsbegehrens**, sofern der vermögensrechtliche Anspruch von Anfang an beziffert werden muss, ist eine **Prozessvoraussetzung** (FRANK/STRÄULI/MESSMER, § 108 ZPO/ZH N 11), welche das Gericht von Amtes wegen prüft (Art. 60). Allerdings lässt sich der ZPO nicht entnehmen, in welchem Verfahrensstadium die Prozessvoraussetzungen erfüllt sein müssen. In den Fällen, wo das Rechtsbegehren von Anfang an beziffert sein muss, ist gemäss der hier vertretenen Meinung und soweit dies zur Abklärung der anzuwendenden Verfahrensart (vereinfachtes oder ordentliches Verfahren, Schnittstellenbereich) erforderlich ist, nach Eingang der Klage unverzüglich zu prüfen, ob das Rechtsbegehren eine gehörige Bezifferung enthält. Fehlt es an einer gehörigen Bezifferung und ist auch durch Auslegung des Rechtsbegehrens resp. aus der Klagebegründung heraus, die geforderte Geldleistung nicht ersichtlich, so handelt es sich um ein unklares Rechtsbegehren und der klagenden Partei muss i.S.v. Art. 132 Abs. 1 und 2 eine Nachfrist zur Verbesserung des Mangels angesetzt werden (BSK BGG-MERZ, Art. 42 N 103; FRANK/STRÄULI/MESSMER, § 106 ZPO/ZH N 2). Ausserhalb des Schnittstellenbereiches kann auch zu einem späteren Zeitpunkt, z.B. anlässlich der Instruktionsverhandlung, mittels Ausübung der richterlichen Fragepflicht die geforderte Geldmenge eruiert werden.

3. Angabe des Streitwertes

11 Der **Streitwert** entspricht dem in **Geld ausgedrückten Wert**, um den gestritten wird. Bestimmt wird er durch das klägerische Rechtsbegehren zur Zeit der Klageeinreichung. Er ist in verschiedener Hinsicht von unmittelbarer Bedeutung, so hängt davon die **sachliche Zuständigkeit** (Art. 4), die **Verfahrensart** (ordentliches oder vereinfachtes Verfahren, Art. 219 ff., 243 ff.), wie aber auch die **Kostenfreiheit** des Verfahrens in gewissen Streitigkeiten (so z.B. Art. 114 lit. c, arbeitsrechtliche Streitigkeiten bis zu einem Streitwert von CHF 30 000), ab. Von Bedeutung kann der Streitwert zudem bei der Frage der Zulässigkeit eines Rechtsmittels sein, so ist bspw. eine Berufung in vermögensrechtlichen Streitigkeiten gegen erstinstanzliche End- oder Zwischenentscheide sowie erstin-

stanzliche Entscheide über vorsorgliche Massnahmen erst ab einem Streitwert von mindestens CHF 10 000 gegeben (Art. 308). Einen Streitwert haben nur vermögensrechtliche Streitigkeiten, weshalb nur für sie die Angabe des Streitwertes in der Klage verlangt werden kann. Was eine vermögensrechtliche Streitigkeit ist, ist weder in der ZPO noch im BGG oder weiteren Verfahrensgesetzen geregelt. Die Praxis zu Art. 44 ff. OG war für die Auslegung des Begriffs der vermögensrechtlichen Streitigkeit verantwortlich. Daran hat man sich zu orientieren. Von einer vermögensrechtlichen Streitigkeit kann immer dann gesprochen werden, wenn die Streitigkeit mit einem Vermögensinteresse verbunden ist, d.h. massgeblich ist, ob sich der Rechtsgrund des streitigen Anspruches letztlich aus Vermögensrecht ableitet, d.h. mit der Klage ein wirtschaftlicher Zweck verfolgt wird (BSK BGG-RUDIN, Art. 51 N 8, 11–12; STAEHELIN/STAEHELIN/GROLIMUND, § 15 N 1, 2).

Als **vermögensrechtliche Streitigkeiten** gelten vor dem Hintergrund der vorstehenden Ausführungen alle Klagen, welche die Bezahlung einer **bestimmten Geldleistung** fordern, ungeachtet der Anspruchsgrundlage, die sich aus Vertrag, unerlaubter Handlung oder aus Gesetz etc. ergeben kann. Auch Streitigkeiten im Zusammenhang mit der Erstreckung eines Mietverhältnisses, der Ausstellung eines Arbeitszeugnisses, aus Aktienrecht (so etwa Anfechtung eines GV-Beschlusses), aus UWG oder der Löschung eines Eintrages im Handelsregister gelten als vermögensrechtliche Streitigkeiten; BSK BGG-RUDIN, Art. 51 N 13).

Als **nicht vermögensrechtliche Streitigkeiten** gelten insb. Klagen aus dem **Personen- und Familienrecht**; so fallen darunter etwa auch Scheidungsprozesse, selbst wenn damit regelmässig finanzielle Nebenfolgen zu regeln sind. Wie schon unter der Herrschaft des Bundesrechtspflegegesetzes gelten dagegen familienrechtliche Klagen, so insb. Unterhaltsklagen und Scheidungsprozesse, in denen einzig noch Rentenansprüche oder weitere Nebenfolgen finanzieller Art strittig sind, als vermögensrechtliche Streitigkeiten (BGE 116 II 493 E. 2a; BGer vom 11.5.2007, 5A_108/2007, E. 1.2 m.H.).

Zur Streitwertberechnung s. Komm. zu Art. 91 ff.

4. Tatsachenbehauptungen

Aus Ausfluss der Verhandlungsmaxime trifft die klagende Partei im ordentlichen Verfahren mit der Einreichung der Klage die sog. **Behauptungslast**. Es liegt an ihr, dem Gericht das Prozessmaterial zu beschaffen. In formeller Hinsicht gilt, dass die Klage allgemein die Darstellung der rechtserheblichen Tatsachen enthalten muss, die rechtsbegründenden (ev. auch -aufhebenden) Tatsachen (und deren Beweis) sind vom Kläger zu behaupten, er hat das Klagefundament zu liefern. Die klagende Partei trifft nicht nur die Behauptungs-, sondern auch die **Substantiierungslast**. Die Tatsachen können daher nicht nur in ihren Grundzügen dargelegt, sondern müssen substantiiert werden. Sie müssen so umfassend, detailliert und klar dargelegt werden, dass die Gegenpartei dazu Stellung nehmen und darüber Beweis abgenommen werden kann (BGer vom 25.8.2006, 4C.166/2006, E. 3.; VOGEL/SPÜHLER, 10. Kap. Rz 54, 55). Allgemeine, globale Behauptungen genügen daher nicht und ungenügende Sachdarstellungen können nicht durch ein Begehren auf Aktenvorlage ersetzt werden. Allerdings gibt es Fälle, wo eine Partei nicht in der Lage ist, den wirklichen und vollständigen Sachverhalt selbst zu ermitteln und auf die Aktenvorlage durch die andere Partei zwecks Vervollständigung ihrer Sachdarstellung angewiesen ist, so beispielsweise der Erbe im Teilungsprozess hinsichtlich aller zum Nachlass gehörenden Vermögenswerte oder ein Ehegatte im Scheidungsprozess bezüglich der güterrechtlichen Auseinandersetzung (FRANK/STRÄULI/MESSMER, § 113 ZPO/ZH N 11). Generell ist festzuhalten, dass kein allzu strenger Massstab, welcher die

Durchsetzung des materiellen Rechts übermässig einschränken würde, an die Behauptungs- und Substantiierungslast gestellt werden darf. Dies würde einer Verweigerung des rechtlichen Gehörs gleichkommen. So muss es genügen, wenn diejenigen Tatsachen vorgebracht werden, die für die Anwendung der in Betracht fallenden Rechtssätze unmittelbar von Bedeutung sind, d.h. Tatbestandsmerkmale bilden (FRANK/STRÄULI/MESSMER, § 113 ZPO/ZH N 6).

16 Die **Tatsachen** müssen in der **Rechtsschrift** selbst dargelegt resp. behauptet werden. Tatsachen, die sich lediglich aus einer Beilage zu einer Rechtsschrift ergeben, sind vom Richter – soweit die Verhandlungsmaxime das Verfahren beherrscht – nicht zu beachten. Selbst mit einem allgemeinen Verweis in der Rechtsschrift auf eine Beilage oder mit der allgemeinen Erklärung, dass eingereichte Akten als integrierender Bestandteil der Rechtschrift gelten, wird der Behauptungslast nicht genügend nachgekommen (SJZ 1996, 68 Nr. 11; KassGer ZH, 29.9.1997, ZR 1998 Nr. 87; Art. 234 N 14, 15).

17 Die **Behauptungs- und Substantiierungslast** trifft die klagende Partei nicht nur hinsichtlich des Hauptbegehrens. Auch ein allfälliger **Eventualanspruch** ist bereits zu diesem Zeitpunkt gehörig zu begründen und zu substanziieren (FRANK/STRÄULI/MESSMER, § 13 ZPO/ZH N 15). Diese prozessualen Lasten treffen nicht nur den Leistungskläger, sondern ebenso die klagende Partei einer positiven oder negativen Feststellungsklage. Auch hier sind sämtliche klagebegründenden oder -hindernden Sachverhaltselemente in den Prozess einzubringen. Einem Feststellungskläger ist es ebenso wie einem Leistungskläger aus Gründen der Identität des Anspruches verwehrt, in einem zweiten Prozess das Bestehen oder Nicht-Bestehens eines Anspruches oder einer Schuld auf andere klagehindernde und im ersten Prozess nicht vorgebrachten Sachverhalte oder Untergangsgründe, abzustützen (GULDENER, ZPR, 198; WALDER/GROB, § 26 Rz 78–80).

18 Von der Behauptungslast nicht mitumfasst sind Tatsachen, welche notorisch (der Allgemeinheit bekannt) oder gerichtsnotorisch (dem Gericht allgemein bekannt) sind, aus der Lebenserfahrung sich ergebende oder gesetzliche Tatsachenvermutungen (BGE 120 II 97 E. 2.b; 117 II 256 E. 2.b), Indizien oder Hilfstatsachen (Art. 151; BOTSCHAFT ZPO, 7311, 7312). Dies darf vom Gericht bei der Beweiswürdigung ohne Behauptung seitens einer Partei mitberücksichtigt werden (anstelle vieler: FRANK/STRÄULI/MESSMER, § 113 ZPO/ZH N 12 m.H.).

19 Die **Behauptungs- und Substantiierungslast** sind keine **Rechtspflichten** der klagenden Partei, sondern lediglich **Obliegenheiten**, prozessuale Lasten. Die Nichterfüllung einer oder beider Obliegenheiten stellt daher keine Rechtsverletzung dar, sondern zieht prozessuale Folgen für die betreffende Partei nach sich, indem nicht oder ungenügend behauptete Tatsachen im Prozess keine Berücksichtigung finden (BGer, 5P.210/2005 E 4.1; FRANK/STRÄULI/MESSMER, § 113 ZPO/ZH N 2; STAEHELIN/STAEHELIN/GROLIMUND, § 10 Rz 15, 16).

20 Die genannten **prozessualen Obliegenheiten** treffen die Parteien lediglich in den Verfahren, die von der **Verhandlungsmaxime** beherrscht werden. Gilt die Untersuchungsmaxime, hat das Gericht den Sachverhalt von Amtes wegen abzuklären bzw. zu erforschen. Die Parteien haben weder umfassende Tatsachenbehauptungen noch deren genügende Substantiierung in den Prozess einzubringen.

5. Bezeichnung der Beweismittel

21 Die ZPO bezeichnet die zugelassenen und anerkannten **Beweismittel abschliessend**, es gilt ein **numerus clausus** der Beweismittel (Zeugnis, Urkunde, Augenschein, Gutachten, schriftliche Auskunft, Parteibefragung und Beweisaussage). Es sind daher keine weiteren

Beweismittel zugelassen. Davon ausgenommen sind dagegen Prozesse in **Kinderbelangen**, wo gemäss Botschaft der **Freibeweis** gilt, d.h. es besteht kein numerus clausus der Beweismittel (Art. 168; BOTSCHAFT ZPO, 7320; STAEHELIN/STAEHELIN/GROLIMUND, § 18 Rz 86; SUTTER-SOMM, ZPR, Rz 695).

Die klagende Partei hat in ihrer ersten Rechtsschrift die **Beweismittel** einzeln zu bezeichnen, mit welchen sie die von ihr behaupteten Tatsachen beweisen will. Die Beweismittel müssen den Tatsachenbehauptungen, welche durch sie bewiesen werden sollen, zugeordnet werden, d.h. in der Rechtsschrift ist grundsätzlich jede einzelne **Behauptung** unmittelbar mit dem zugehörigen **Beweisantrag** zu versehen (STAEHELIN/STAEHELIN/GROLIMUND, § 18 Rz 101). Bei dieser Vorschrift handelt es sich nicht um eine blosse Ordnungsvorschrift, sondern stellt eine (weitere) prozessuale Last dar, bei deren Nichtbefolgung die vom Gesetz hierfür vorgesehenen prozessualen Folgen zum Tragen kommen. So ist die Nennung weiterer Beweismittel zu einem späteren Zeitpunkt teilweise nur noch unter erschwerten Bedingungen möglich. Die uneingeschränkte Nennung weiterer Beweismittel wird an der Hauptverhandlung zugelassen, sofern weder ein zweiter Schriftenwechsel noch vorgängig zur Hauptverhandlung eine Instruktionsverhandlung stattgefunden hat (Art. 229 Abs. 2). Findet ein zweiter Schriftenwechsel statt, was nicht die Regel sein soll, oder ordnet der Richter vor Durchführung der Hauptverhandlung eine Instruktionsverhandlung an, so ist die klagende Partei mit der Nennung neuer Beweismittel an der Hauptverhandlung grundsätzlich ausgeschlossen resp. sie werden nur noch unter erschwerten Bedingungen berücksichtigt (Art. 229 Abs. 1). 22

Die einzelnen Beweismittel sind genau zu bezeichnen: so müssen die Urkunden, welche als Beweismittel angerufen und ins Recht gelegt werden, mit genügender Bestimmtheit angegeben werden. Dies gilt insb. in denjenigen Fällen, in denen sich die Urkunden nicht im Gewahrsam der klagenden Partei befinden. Es muss ohne Schwierigkeit ermittelt werden können, um welche Urkunden es sich handelt (FRANK/STRÄULI/MESSMER, § 183 ZPO/ZH N 4 mit Bezug auf den Beweisabnahmebeschluss). Ist dies nicht möglich, fragt es sich, ob das Gericht eine Nachfrist, um das Versäumte nachzuholen, anzusetzen hat, was bei einer nicht anwaltlich und rechtsunkundigen Partei gemacht werden muss. Will die klagende Partei die Gegenpartei oder Dritte zur **Herausgabe** einzelner **Urkunden** durch das Gericht verpflichten lassen, genügt es nicht, wenn sie lediglich die Urkunden bezeichnet und allenfalls angibt, in wessen Gewahrsam sie sich befinden, sie hat nachgerade explizit oder sinngemäss ein **Editionsbegehren** zu stellen, ansonsten grundsätzlich nicht von einem genügenden Beweisantrag ausgegangen werden kann. 23

Beantragt die klagende Partei die Einvernahme einer Person als Zeugen, so hat sie die Person so genau zu bezeichnen, dass sie eindeutig identifiziert werden kann. Darunter gehört die Angabe von Name, Vorname und – sofern bekannt – die Angabe ihres Wohn- oder Aufenthaltsortes. Möglich ist auch, sofern nur der Name bekannt ist, die Person durch Angabe ihrer beruflichen Tätigkeit oder ihres Arbeitgebers zweifelsfrei zu identifizieren. Ob das Gericht bei fehlenden Angaben zur einwandfreien Identifikation einer Person der klagenden Partei eine Nachfrist zur Nachreichung der fehlenden Personendaten in jedem Fall anzusetzen hat, wird die Praxis zeigen. Bei einer nicht anwaltlich vertretenen und rechtsunkundigen Partei ist gemäss der hier vertretenen Meinung eine Nachfrist anzusetzen (s. N 23). 24

Wird die Einholung eines **Gutachtens** eines Sachverständigen als Beweismittel beantragt, hat die klagende Partei einzelne **Tatsachen** oder **Indizien** geltend zu machen, die dartun, dass die zu beweisende Tatsache erheblich und insb. ohne Beizug eines Sachverständigen nicht abgeklärt werden kann (FRANK/STRÄULI/MESSMER, § 113 ZPO/ZH N 5 25 m.V.). Gleichsam ist darzulegen, weshalb eine behauptete Tatsache nur mittels Durchführung eines **Augenscheins** zu beweisen ist, wobei auch hier ein Antrag auf Vornahme des Augenscheins gestellt werden muss.

6. Datum und Unterschrift

26 Als reine **Formvorschrift** ist das Erfordernis nach **Datum** und **Unterschrift** auf der Rechtsschrift zu qualifizieren, wobei das Erfordernis der Angabe des Datums klar ist und zu keinen weiteren Ausführungen Anlass gibt. Dagegen wirft das Erfordernis der Unterschrift einige Fragen auf. Gefordert wird bei der schriftlichen Eingabe eine **eigenhändige Unterschrift** durch die Partei oder durch ihren bevollmächtigten Vertreter (SPÜHLER/DOLGE/VOCK, Art. 42 BGG N 7). Demnach genügt weder eine Fotokopie einer Unterschrift noch ein Stempel oder gar eine in Maschinenschrift angebrachte Unterschrift (BGE 86 III 3 f.; 112 Ia 173 E. 1). Bei der **elektronischen Übermittlung** muss die Eingabe eine elektronische **Signatur** des Absenders enthalten (Art. 130 Abs. 2), deren Details im Bundesgesetz über die Zertifizierungsdienste im Bereich der elektronischen Signatur vom 19.12.2003 (ZertES, SR 943.03) sowie in der diesbezüglichen Verordnung vom 3.12.2004 (VZertES, SR 943.032) geregelt werden. Bewusst nicht geregelt wird in der ZPO, ob auch Fax-Eingaben dem Unterschriftserfordernis gerecht werden. Gemäss Botschaft hat dies die Praxis zu entscheiden (BOTSCHAFT ZPO, 7306). Das Bundesgericht hat bis heute mit Blick auf das Unterschriftserfordernis die Möglichkeit der Einreichung einer Rechtsschrift per Fax verneint (zum BGG: BGer, II. ZA vom 12.2.2007; zum OG: BGE 121 II 252; BSK BGG-MERZ, Art. 42 N 35). Die Möglichkeit einer Heilung bezüglich der fehlenden Unterschrift durch Nachreichen der Rechtsschrift mit Originalunterschrift nach Ablauf der Beschwerde- oder Vernehmlassungsfrist, lehnt das Bundesgericht mit der nämlichen Begründung ab, was bereits zu Kritik geführt hat (vgl. die Kritik bezüglich der bundesgerichtlichen Rechtsprechung: BATZ, ZBJV 1999, 546; AESCHLIMANN, 32). Bereits der VE (Art. 123 VE), wie auch die jetzige Zivilprozessordnung sieht die Heilung des Mangels einer fehlenden Unterschrift bezüglich der schriftlich oder elektronisch übermittelten Rechtsschrift explizit vor (Art. 132 Abs. 1; Art. 220 N 5).

27 Bezüglich des **Ortes** der **Unterschrift** verlangt die bundesgerichtliche Rechtsprechung neuerdings, dass diese auf der Rechtsschrift selber, i.d.R. am Schluss, geleistet wird (BGer, 25.1.2005, 6P.150/2004 E.1; anders noch in der nicht publizierten E. 1a von BGE 123 I 145, I. ÖRA, 9.4.1997, 1P.117/1997; BSK BGG-MERZ, Art. 42 N 36). Gerechtfertigt ist diese Praxis des Bundesgerichts damit, dass so allenfalls mehr Gewissheit geschaffen wird, ob die Partei wirklich die betreffende Rechtsschrift einreichen wollte. Ob sich diese Rechtsauffassung allerdings halten und durchsetzen wird, ist fraglich.

III. Beilagen

1. Vollmacht

28 Lässt sich eine Partei im ordentlichen Verfahren vor Gericht vertreten, so hat sich der **Prozessvertreter** mittels einer **schriftlichen Prozessvollmacht** zur Vertretung zu legitimieren (Art. 68 Abs. 3; BOTSCHAFT ZPO, 7280). Im ordentlichen Verfahren, in welchem die Klagebegründung dem Gericht schriftlich eingereicht wird und Art. 222 Abs. 2 lit. a explizit das Beilegen einer Vollmacht fordert, ist eine schriftliche Vollmacht einzureichen. Ob die Vollmacht im Original eingereicht werden muss oder ob eine Kopie derselben genügt, wird die Praxis zeigen. Das Bundesgericht fordert regelmässig die Einreichung der Originalvollmacht. In den Verfahren, in denen dem Gericht keine schriftliche

Klagebegründung eingereicht werden muss, muss es genügen, wenn zu Beginn der mündlichen Verhandlung bei Anwesenheit des Vertreters die Vollmachtserteilung seitens der klagenden Partei zu Protokoll gegeben wird.

Die **Vollmacht** wird durch die **Partei selbst** ausgestellt, so auch von der **beschränkt** **prozessfähigen Partei** im Rahmen ihrer Handlungsfähigkeit. Bei einer **handlungsunfähigen** Person ist die Vollmacht von derjenigen Person zu unterzeichnen, welche nach **Zivilrecht** zur Prozessführung für die betreffende Partei berechtigt ist, so bei natürlichen Personen durch deren **gesetzlichen Vertreter** bei juristischen Personen vom **vertretungsberechtigten Organ** (Art. 55, 69 ZGB; Art. 718, 899 OR), vom Prokuristen (ZK-OSER/SCHÖNENBERGER, Art. 459 OR N 3) und dem zur Vertretung befugten Gesellschafter (Art. 563, 603 OR; zum Ganzen: FRANK/STRÄULI/MESSMER, § 34 ZPO/ZH N 5). 29

Der Grundsatz, dass das Gericht das Vorliegen einer genügenden Vollmacht von Amtes wegen zu prüfen hat, gilt nicht nur im Verfahren vor Bundesgericht (BSK BGG-MERZ, Art. 40 N 41), sondern muss auch in den erstinstanzlichen Verfahren gelten. Fehlt im ordentlichen Verfahren die Vollmacht als Beilage zur schriftlichen Klagebegründung, so ist der klagenden Partei i.S.v. Art. 132 Abs. 1 seitens des Gerichts eine Nachfrist zur Einreichung derselben anzusetzen. 30

2. Klagebewilligung

Bereits der Vorentwurf enthielt den Grundsatz, dass dem Entscheidverfahren ein Schlichtungsversuch voranzugehen hat, wovon es aber Ausnahmen gab. Der bundesrätliche Entwurf schränkte gegenüber dem Vorentwurf die Ausnahmen ein. Die ZPO übernahm mit zwei Ergänzungen, Ausschluss des Schlichtungsverfahrens im Bereich des SchKG bei der Aberkennungsklage (Art. 83 Abs. 2 SchKG) und in den Fällen, in welchen ein Gericht Frist zur Klageeinreichung ansetzt, die Regelungen im bundesrätlichen Entwurf. Ist ein Schlichtungsverfahren vorgeschrieben und hat es stattgefunden, ohne dass sich die Parteien haben einigen können, ist der Klagebegründung die Klagebewilligung beizulegen. 31

In denjenigen Fällen, in denen auf die Durchführung eines **Schlichtungsverfahrens** verzichtet werden kann, ist der Klagebegründung gemäss Wortlaut von Art. 221 Abs. 2 lit. b eine Erklärung, wonach auf die Durchführung eines Schlichtungsverfahrens verzichtet wird, beizulegen. Die Botschaft hält dafür, dass dies in Form einer ausdrücklichen Erklärung beider Parteien oder konkludent, indem sich die beklagte Partei der direkten Klageeinreichung nicht widersetze, erfolgen könne (BOTSCHAFT ZPO, 7329). Entgegen dem klaren Wortlaut der Bestimmung müsste somit der Klagebegründung keine schriftliche Erklärung beigelegt werden. Die Praxis wird aufzuzeichnen haben, ob sich die in der Botschaft vertretene Meinung wird durchsetzen können oder ob nicht nach dem Wortlaut des Gesetzes zu verfahren ist (im Übrigen s. Art. 220 N 6–11. Kann in den in Art. 199 Abs. 2 aufgezählten Fällen einseitig auf die Durchführung eines Schlichtungsverfahrens verzichtet werden, ist keine Verzichtserklärung beizulegen, sondern es muss der Hinweis in der Rechtsschrift genügen, wonach einseitig auf die Durchführung eines Schlichtungsverfahrens verzichtet werden kann und auch verzichtet wurde. 32

Wie zu verfahren ist, sofern die Durchführung eines **Schlichtungsverfahrens** unterbleibt, obwohl die Durchführung desselben **zwingend** ist und die Klagebegründung direkt beim Gericht eingereicht worden ist, kann weder dem Vorentwurf und dem Bericht dazu noch der Botschaft und dem bundesrätlichen Entwurf noch der Zivilprozessordnung entnommen werden. Geht man von der hier vertretenen Meinung aus, dass zur gehörigen Einleitung eines Prozesses auch die Durchführung des von Gesetzes wegen vorgesehe- 33 nen Schlichtungsverfahrens gehört, die Durchführung desselben in diesem Fall eine **Prozessvoraussetzung** darstellt (so auch SUTTER-SOMM, ZPR, Rz 491), so kann bei Umgehung des Schlichtungsverfahrens und direkter Klageeinleitung auf die Klage nicht eingetreten werden (Art. 220 N 8). Gleich zu verfahren ist, sofern die Klagebewilligung bei Einreichung der Klage verfallen ist, die dreimonatige Frist (oder in Ausnahmefällen auch eine kürzere Frist) zur Einreichung der Klage seit Ausstellen der Klagebewilligung abgelaufen ist (Art. 220 N 11).

3. Urkunden

34 Bereits der Vorentwurf forderte die Einreichung der **verfügbaren Urkunden**, welche als **Beweis** dienen sollen, mit der **Klagebegründung** (Art. 210 Abs. 2 lit. c. VE-ZPO), was im bundesrätlichen Entwurf übernommen wurde (Art. 218 Abs. 2 lit. c E-ZPO), in den Räten zu keinerlei Diskussion führte und in Art. 221 Abs. 2 lit. c ZPO geltendes Recht ist. Diese Vorschrift dient der förderlichen Durchführung von Prozessen. Im Vernehmlassungsverfahren warf diese Vorschrift verschiedentlich Fragen auf, so u.a. wie zu verfahren sei, sofern einzelne Beilagen sehr umfangreich seien oder es sich um mehrere Beilagen handle.

35 Die Regelung von Abs. 2 lit. d stellt keine reine **Ordnungsvorschrift** dar, sondern ist eine **prozessuale Last**. Die Einhaltung dieser Last kann seitens des Gerichtes nicht erzwungen werden. Kommt die klagende Partei ihrer Obliegenheit jedoch nicht nach, hat sie die aus diesem Versäumnis heraus resultierenden prozessualen Folgen zu tragen.

36 Die klagende Partei hat sämtliche Urkunden, welche sich in ihren Händen befinden oder von ihr aussergerichtlich beschafft werden können, zusammen mit der Rechtsschrift dem Gericht einzureichen. Gefordert wird die Einreichung von Urkunden. Der **Urkundenbegriff** wird im Zivilprozessrecht weit gefasst und deckt sich nicht mit der strafrechtlichen Urkundendefinition. Die Urkunde ist eine Sache, die der Aufzeichnung von Gedanken dient (Schriftstücke, Pläne, Verträge, Quittungen, Briefe etc.) oder Dinge der Aussenwelt wiedergibt (Fotografien, Schallaufnahmen usw.). Bei Bild- und Tonaufnahmen stellt sich die Frage der Verwertbarkeit. Im Rahmen des Persönlichkeitsschutzes kann die Verwendung beweistauglicher Bild- und Tonaufnahmen unzulässig sein, wenn sie widerrechtlich erlangt wurden (BSK BGG-MERZ, Art. 42 N 26; BERGER/GÜNGERICH, Rz 766; FRANK/STRÄULI/MESSMER, § 140 ZPO/ZH 6–8; Vor § 183 ff. N 2). **Elektronische Datenträger** sind **Urkunden**. Digitalisierte Dokumente sind gleichermassen zum Beweis zugelassen, wie herkömmliche Datenträger, wobei es keine Rolle spielt, ob es sich um eine genuin digitale Datei oder beispielsweise um ein eingescanntes Papierdokument handelt. Gefordert wird die Eignung des Dokumentes, eine rechtserhebliche Tatsache beweisen zu können (Art. 177; BOTSCHAFT ZPO, 7322).

37 Gemäss Art. 180 Abs. 1 ZPO müssen die Urkunden nicht im Original, sondern können in Kopie beigelegt werden.

38 Gegenstände, welche ein **Augenscheinobjekt** sein und ohne Nachteil vor Gericht gebracht werden können, sind nach Art. 181 Abs. 3 ZPO dem Gericht einzureichen. Die zürcherische Zivilprozessordnung kannte in § 169 Abs. 2 eine nämliche Vorschrift und forderte die Einreichung des Gegenstandes «wie eine Urkunde». Der Zeitpunkt der Einreichung des Augenscheinobjektes zuhanden des Gerichts wird in der ZPO nicht bestimmt. Es stellt sich daher die Frage, ob Gegenstände, welche Augenscheinobjekte darstellen und ohne Nachteil vor Gericht gebracht werden können und sich bei der Klageeinreichung im Zugriffsbereiche der klagenden Partei befinden, wie Urkunden mit der

Klageschrift einzureichen sind. Aus prozessökonomischer Sicht müsste dies bejaht werden. Es wird sich zeigen, ob die Praxis dies so fordern wird.

4. Verzeichnis der Beweismittel

Bereits die Expertenkommission verlangte in ihrem Vorentwurf die Einreichung eines Verzeichnisses der Beweismittel, forderte zusätzlich aber noch die Zuordnung der einzelnen Beweismittel zu den in der Klage angeführten Tatsachen. Letzteres stiess im Vernehmlassungsverfahren auf vehemente Kritik. Begründet wurde sie damit, dass bereits in der Klagebegründung selbst eine Zuordnung der einzelnen Beweismittel zu den behaupteten Tatsachen gefordert wird, weshalb eine nochmalige Zuordnung überflüssig sei. Dieser Kritik trug der Bundesrat Rechnung und korrigierte den Entwurf in dem Sinne, dass nur noch ein Beweismittelverzeichnis der Klage beigelegt werden muss (Art. 218 Abs. 2 lit. d E-ZPO). Dies wurde so in Art. 221 Abs. 2 lit. d übernommen. 39

Im **Verzeichnis** ist jede **Urkunde**, welche der Klage beigelegt wurde, einzeln aufzuführen. Geht man davon aus, dass auch ein dem Gericht einzureichendes Augenscheinobjekt mit der Klage einzureichen ist, ist dieser Gegenstand im Verzeichnis ebenfalls zu nennen. Nach dem Wortlaut des Gesetzes müssen im Verzeichnis der Beweismittel nicht nur die dem Gericht eingereichten Urkunden und Augenscheinobjekte aufgelistet werden, sondern es sind alle in der Klagebegründung bezeichneten Beweismittel aufzuführen. 40

IV. Rechtliche Ausführungen

Neben den **Tatsachenbehauptungen** lässt die ZPO im Sinne einer Kann-Vorschrift in der Rechtschrift auch **rechtliche Ausführungen** zu, was zu begrüssen ist. Die Parteien haben häufig ein Interesse daran, dem Gericht ihren Rechtsstandpunkt darzulegen, sich zur rechtlichen Subsumtion der von ihnen vorgetragenen Tatsachen zu äussern. Der Richter ist an die rechtlichen Ausführungen der Parteien allerdings nicht gebunden, wendet er doch das Recht von Amtes wegen an (iura novit curia, Art. 57). 41

V. Mangelhafte Klage

Wie bei der Einreichung der mangelhaften Klagebegründung seitens des Gerichtes reagiert werden muss, regeln die Art. 130–132 (vgl. Komm. zu Art. 130–132; Art. 220 N 5; Art. 222 N 1). 42

Art. 222

Klageantwort

¹ **Das Gericht stellt die Klage der beklagten Partei zu und setzt ihr gleichzeitig eine Frist zur schriftlichen Klageantwort.**

² **Für die Klageantwort gilt Artikel 221 sinngemäss. Die beklagte Partei hat darzulegen, welche Tatsachenbehauptungen der klagenden Partei im Einzelnen anerkannt oder bestritten werden.**

³ **Das Gericht kann die beklagte Partei auffordern, die Klageantwort auf einzelne Fragen oder einzelne Rechtsbegehren zu beschränken (Art. 125).**

⁴ **Es stellt die Klageantwort der klagenden Partei zu.**

Réponse

¹ Le tribunal notifie la demande au défendeur et lui fixe un délai pour déposer une réponse écrite.

² L'art. 221 s'applique par analogie à la réponse. Le défendeur y expose quels faits allégués dans la demande sont reconnus ou contestés.

³ Le tribunal peut décider de limiter la réponse à des questions ou à des conclusions déterminées (art. 125).

⁴ Il notifie la réponse au demandeur.

Risposta

¹ Il giudice notifica la petizione al convenuto e gli assegna nel contempo un termine per presentare la risposta scritta.

² Alla risposta si applica per analogia l'articolo 221. Il convenuto deve specificare quali fatti, così come esposti dall'attore, riconosce o contesta.

³ Il giudice può ingiungere al convenuto di limitare la risposta a singole questioni o a singole conclusioni (art. 125).

⁴ Il giudice notifica la risposta all'attore.

Inhaltsübersicht Note

I. Zustellung der Klage an die beklagte Partei 1
  1. Zustellung 1
  2. Fristansetzung 2
II. Inhalt der Klageantwort 6
  1. Rechtsbegehren 7
  2. Vorbringen der beklagten Partei 9
  3. Beweiseinwendungen 11
  4. Weitere Erfordernisse an die Klageantwort 12
III. Beschränkung der Klageantwort 13
  1. Beschränkung auf einzelne Fragen 14
  2. Beschränkung auf einzelne Rechtsbegehren 15
IV. Zustellung der Klageantwort an die klagende Partei 16
V. Mangelhafte Klageantwort 17

I. Zustellung der Klage an die beklagte Partei

1. Zustellung

1 Steht dem Eintreten auf die Klage nichts entgegen und wird sie auch nicht zur Verbesserung an die klagende Partei zurückgewiesen, ist ein Exemplar der **Klage** der beklagten Partei zuzustellen. Zusammen mit der Klagebegründung ist auch das **Verzeichnis der Beweismittel** zuzustellen. Ob auch gleichzeitig die durch die klagende Partei eingereichten Urkunden, welche als Beweismittel dienen, der beklagten Partei zu übermitteln sind, lässt sich der ZPO oder der Botschaft hiezu nicht entnehmen.

2. Fristansetzung

2 Gleichzeitig mit der **Zustellung der Klage** wird der beklagten Partei **Frist** zur **Einreichung der Klageantwort** angesetzt, was in der vom Gesetz vorgeschriebenen Form zu erfolgen hat (Art. 136 ff.). Es handelt sich dabei um eine **richterliche Frist**. Die Dauer der Frist ist im Gesetz nicht unveränderlich festgelegt, sondern wird vom Richter nach

seinem pflichtgemässen Ermessen bestimmt (HAUSER/SCHWERI, Vor §§ 189 ff. N 15). Sie kann aus zureichenden Gründen erstreckt werden (Art. 144 Abs. 2). Diese Norm wurde bezüglich der Fristerstreckung mit der bundesrechtlichen Norm von Art. 47 BGG harmonisiert (BOTSCHAFT ZPO, 7309). Das Gesetz lässt daher in Anlehnung an Art. 47 BGG Raum für eine, aber auch mehrere Fristerstreckungen (BSK BGG-AMSTUTZ/ ARNOLD, Art. 47 N 2). Eine Fristerstreckung auf unbestimmte Zeit fällt ausser Betracht (BSK BGG-AMSTUTZ/ARNOLD, Art. 48 N 8; HAUSER/SCHWERI, § 195 N 27). Zu den **Formerfordernissen** und zum **Zeitpunkt** der Einreichung des Fristerstreckungsgesuches äussern sich die Art. 142 ff.

Die **Bemessung** der Frist liegt im **pflichtgemässen Ermessen** des Richters. Sie ist unter Würdigung des Einzelfalls zu bestimmen, wobei die Art, der Umfang und die Dringlichkeit des Prozesses zu berücksichtigen sind. Ebenso hängt die Bemessung der Frist von der vorzunehmenden Prozesshandlung, von voraussichtlichen Schwierigkeiten bei der Instruktion und der Beschaffung des Prozessstoffes ab. Von entscheidender Bedeutung muss dabei immer auch der Umfang der Rechtsschrift der klagenden Partei sein (BSK BGG-AMSTUTZ/ARNOLD, Art. 47 N 2, 8; HAUSER/SCHWERI, § 190 N 2, 4). 3

Die Fristansetzung durch den Richter hat nach dem Prinzip von Treu und Glauben gleichzeitig auf die Säumnisfolgen einer verpassten Frist hinzuweisen (BOTSCHAFT ZPO, 7309; Art. 147 Abs. 3). 4

Zur Wiederherstellung einer versäumten Frist resp. zum Stillstand der Fristen s. die Komm. zu Art. 145, 148 und 149. 5

II. Inhalt der Klageantwort

Bezüglich des Inhaltes der Klageantwort kann grundsätzlich auf die Komm. von Art. 221 verwiesen werden. 6

1. Rechtsbegehren

Das **Rechtsbegehren** in der **Klageantwort** bezieht sich auf dasjenige in der **Klagebegründung**. Es kann in der Regel nur **Nichteintreten** oder **Abweisung** (ganz oder teilweise) **der Klage** unter Kostenfolge begehrt werden. Ausnahmen davon gibt es, sofern die beklagte Partei *Widerklage* erhebt oder wenn eine *doppelseitige Klage* (actio duplex) vorliegt. Von einer doppelseitigen Klage spricht man, wenn nach der Natur des streitigen Rechtsverhältnisses auch der oder die Beklagten Anträge auf Zusprechung ihres Anteiles stellen können, ohne dass eine Widerklage zu erheben ist (so z.B. güterrechtliche Auseinandersetzung im Scheidungsprozess, Erbteilungsklagen, Aufhebung von gemeinschaftlichem Eigentum etc. (FRANK/STRÄULI/MESSMER, § 100 ZPO/ZH N 7a; STAEHELIN/ STAEHELIN/GROLIMUND, § 14 Rz 31; SUTTER-SOMM, ZPR, Rz 550, 606; VOGEL/SPÜHLER, 7. Kap. Rz 48). 7

Wie dem Kläger steht es auch dem Beklagten frei, neben dem Hauptbegehren ein oder mehrere Eventualbegehren zu stellen. So kann im Hauptbegehren beantragt werden, auf die Klage sei nicht einzutreten und im Eventualbegehren die Klage sei vollumfänglich oder teilweise abzuweisen. 8

2. Vorbringen der beklagten Partei

Die beklagte Partei hat in ihrer **Klageantwort** die Möglichkeit darzulegen, wie sich aus ihrer Sicht der Sachverhalt darstellt. Auch die beklagte Partei trifft die Last, alles, was ihr 9 bezüglich des Tatsächlichen wesentlich erscheint, zu behaupten und detailliert auszuführen. Tatsächliche **Behauptungen**, **Bestreitungen** und **Einreden** umfassen sämtliche **Angriffs- und Verteidigungsmittel** (FRANK/STRÄULI/MESSMER, § 114 ZPO/ZH N 1a; SUTTER-SOMM, ZPR, Rz 609).

10 Die beklagte Partei trifft – neben der Darlegung des Sachverhaltes, wie er sich aus ihrer Sicht zugetragen hat – die **Bestreitungslast**, wobei eine globale Bestreitung der Sachdarstellung der klagenden Partei gemäss unangefochtener Rechtsprechung nicht genügt. Bei detailliert vorgetragenen Tatsachenbehauptungen durch die klagende Partei darf von der beklagten Partei erwartet werden, dass sie ebenfalls detailliert angibt, welche klägerischen Ausführungen sie bestreitet oder allenfalls anerkennt. So verlangte denn der Ständerat zur Präzisierung von Art. 219 Abs. 2 E-ZPO den Einschub, dass die beklagte Partei darzulegen habe, welche Tatsachenbehauptungen der klagenden Partei *im Einzelnen* anerkannt oder bestritten werden. Auch der Zweitrat stimmte dieser Ergänzung zu (Amtl Bull StR 2007 529; AmtlBull NR 2008 965; BGE 117 II 113 E. 2.; BGer, 2.3.2009, 5A_822/2008 E. 4.2; Bericht Expertenkommission zum Vorentwurf, 105; BOTSCHAFT ZPO, 7311, 7339; FRANK/STRÄULI/MESSMER, § 113 ZPO/ZH N 8; SUTTER-SOMM, ZPR, Rz 583, 611).

3. Beweiseinwendungen

11 Die beklagte Partei hat sich in ihrer Klageantwort weiter über die **Zulässigkeit** einzelner von der klagenden Partei angerufenen (und beigelegten) **Beweismitteln** zu äussern. So etwa bezüglich allfällig rechtswidrig erlangter Beweismittel oder bspw. wenn ein Mitglied eines Organs einer juristischen Person, welche Partei ist, als Zeugen angeboten wird, obwohl gemäss Art. 159 das Organ nur als Partei befragt werden kann. Zur Beweistauglichkeit eines Beweismittels hat sich die beklagte Partei (noch) nicht zu äussern, handelt es sich hierbei im Allgemeinen um eine Frage der Beweiswürdigung (FRANK/STRÄULI/MESSMER, § 139 ZPO/ZH N 2). Die Würdigung der Beweise durch die Parteien erfolgt in der Regel in ihren Schlussvorträgen in der Hauptverhandlung (Art. 232).

4. Weitere Erfordernisse an die Klageantwort

12 Mit Bezug auf die Bezeichnung und Zuordnung der Beweismittel, Datum und Unterschrift, wie auch zu den einzureichenden Beilagen und allfälligen rechtlichen Ausführungen gilt das zur Klagebegründung Ausgeführte sinngemäss auch für die Klageantwort.

III. Beschränkung der Klageantwort

13 Der Vorentwurf der Expertenkommission sah vor, dass die beklagte Partei die Möglichkeit haben sollte, zunächst **Einwendungen** gegen die **Fortführung des Prozesses** zu erheben, d.h. das **Fehlen von Prozessvoraussetzungen** geltend zu machen. Ebenso erlaubte der Vorentwurf der beklagten Partei, dem Gericht eine Beschränkung des Verfahrens auf Eintretensfragen zu beantragen (Art. 115 und 211 Abs. 2 VE-ZPO). Der bundesrätliche Entwurf modifizierte die Möglichkeit der Einschränkung des Prozesses auf einzelne Fragen oder Rechtsbegehren dahingehend, dass die Kompetenz zur Einschränkung des Prozesses dem Gericht als Ausfluss seiner Prozessleitungsbefugnis zustehen soll (Art. 219 Abs. 3 E-ZPO; BOTSCHAFT ZPO, 7339). Die Entscheidung der Beschränkung des Prozessthemas ist mithin unter geltendem Recht Sache der Prozessleitung (Art. 223 N 6).

1. Beschränkung auf einzelne Fragen

Art. 222 Abs. 3 verweist in diesem Zusammenhang auf Art. 125. Gemäss Botschaft soll es sich hierbei (bei zwingenden Gerichtsständen) vor allem um Fragen betreffend der **örtlichen Zuständigkeit** oder der **Verjährung** handeln (BOTSCHAFT ZPO, 7339). Ganz allgemein ist dafür zu halten, dass es sich generell um Fragen handeln muss, welche Prozessvoraussetzungen betreffen. Dagegen erscheint fraglich, ob es nicht dem materiellen Bundesrecht widerspricht, den Prozess vorerst auf die Frage der Verjährung zu beschränken. Geschieht dies auf Antrag der beklagten Partei, ist gegen eine solche Beschränkung nichts einzuwenden, weil sinngemäss davon ausgegangen werden kann, dass die beklagte Partei damit die Einrede der Verjährung erhebt. Geschieht eine solche Beschränkung dagegen ohne entsprechenden Antrag der beklagten Partei, sondern seitens des Gerichtes, wird Art. 142 OR verletzt, welcher die Berücksichtigung der Verjährung von Amtes wegen untersagt (BGE 101 Ib 348; anderer Meinung: VOGEL/SPÜHLER, 6. Kap. Rz 35). Im Übrigen s. die Komm. zu Art. 125.

2. Beschränkung auf einzelne Rechtsbegehren

Die Beschränkung auf einzelne Rechtsbegehren kommt dann in Frage, wenn die klagende Partei ein Hauptbegehren und ein oder mehrere Eventualbegehren gestellt hat. Ebenso kann sich eine Einschränkung bei der objektiven Klagenhäufung aufdrängen. Im Weiteren wird auf die Komm. zu Art. 125 verwiesen.

IV. Zustellung der Klageantwort an die klagende Partei

Nach Eingang der Klageantwort wird diese mitsamt dem Verzeichnis der Beweismittel der klagenden Partei zugestellt. Bleibt es beim einfachen Schriftenwechsel, so geschieht dies zur blossen Kenntnisnahme. Wird ausnahmsweise ein zweiter Schriftenwechsel angeordnet, geschieht dies unter Ansetzung einer Frist zur Erstattung der Replik.

V. Mangelhafte Klageantwort

Unter den gleichen Voraussetzungen, wie auch die Klagebegründung, kann das Gericht die Klageantwort der klagenden Partei unter Ansetzung einer Frist zur Verbesserung zurückweisen.

Werden seitens der beklagten Partei in der Klageschrift vorgebrachte Tatsachenbehauptungen nicht einzeln und in substantiierter Weise bestritten, führt dies nicht zu einer Rückweisung zwecks Verbesserung der Klageantwort (Art. 223 N 7). Allerdings dürfen zu wenig substantiiert bestrittene Tatschen nicht ohne weiteres als zugestanden gelten. Vielmehr ist es Sache des Richters und Ausfluss seiner Fürsorgepflicht, durch geeignete Vorkehren, so eventuell anlässlich einer Instruktionsverhandlung, die Ergänzung der ungenügenden Parteivorbringen zu bewirken (FRANK/STRÄULI/MESSMER, § 113 ZPO/ZH N 14). Dies darf allerdings in den Verfahren, in denen die Verhandlungsmaxime gilt, nicht dazu führen, dass der Richter den Parteien das Sammeln des Prozessstoffes abnimmt.

Art. 223

Versäumte Klageantwort	¹ Bei versäumter Klageantwort setzt das Gericht der beklagten Partei eine kurze Nachfrist. ² Nach unbenutzter Frist trifft das Gericht einen Endentscheid, sofern die Angelegenheit spruchreif ist. Andernfalls lädt es zur Hauptverhandlung vor.
Défaut de réponse	¹ Si la réponse n'est pas déposée dans le délai imparti, le tribunal fixe au défendeur un bref délai supplémentaire. ² Si la réponse n'est pas déposée à l'échéance du délai, le tribunal rend la décision finale si la cause est en état d'être jugée. Sinon, la cause est citée aux débats principaux.
Mancata presentazione della risposta	¹ Se il convenuto non presenta la risposta nel termine, il giudice gli assegna un breve termine suppletorio. ² Se il termine suppletorio scade infruttuosamente, il giudice emana una decisione finale, sempre che la causa sia matura per il giudizio. Altrimenti, cita le parti al dibattimento.

Inhaltsübersicht Note

I. Allgemeines 1
II. Versäumte Klageantwort (Abs. 1) 4
    1. Erstmalige Säumnis 4
    2. Nachfrist als Säumnisfolge 8
III. Fortgesetzte Säumnis in der Klageantwort (Abs. 2) 11
    1. Zweimalige Säumnis 11
    2. Säumnisfolgen 12
IV. Besondere Verfahren 15

Literatur

F. HASENBÖHLER, Säumnis und Säumnisfolgen im basellandschaftlichen Zivilprozess, BJM 1973, 1 ff.; CH. LEUENBERGER, Das Verhalten der Parteien im Prozess und die Folgen für das Urteil, ZZZ 2005, 147 ff.; F. MATTMANN, Die Anspruchs- und Klagerechtsverwirkung aus prozessualen Gründen in schweizerischen Zivilprozessgesetzen, Diss. Freiburg 1963; TH. MÜLLER, Gesetzliche und prozessuale Parteipflichten. Eine Untersuchung unter besonderer Berücksichtigung der ZPO des Kantons Zug (insbesondere § 59 ZPO), Diss. Zürich 2001; R. OTTOMANN, Erstreckung von Fristen, Verschiebung von Tagfahrten, in: FS Vogel, Freiburg 1991, 217 ff.; M. VASSALLI, Die Unterlassung von Prozesshandlungen durch die Parteien im zürcherischen Zivilprozessrecht, Diss. Zürich 1963; O. VOGEL, Kein Rechtsverlust mehr durch prozessuale Säumnis (BGE 118 II 479 und Pra 82 Nr. 74), recht 1993, 182 ff.

I. Allgemeines

1 Art. 223 enthält für die versäumte Klageantwort eine **Ausnahme** von der Grundregel im allgemeinen Teil (Art. 147; BOTSCHAFT ZPO, 7309). Nach der Grundregel nimmt der Prozess ungehindert seinen Fortgang und die versäumte Prozesshandlung kann nicht mehr nachgeholt werden; diese Handlung ist verwirkt. Auf die Fortsetzung des Verfah-

rens wirkt sich Säumnis – unter Vorbehalt der Wiederherstellung (Art. 148) – jedoch nicht aus (Art. 147 Abs. 2: sog. Fortsetzungsgrundsatz). Von dieser allgemeinen Säumnisregel weicht Art. 223 in zweifacher Hinsicht ab: Einerseits bleibt erstmalige Säumnis insoweit wirkungslos, als der beklagten Partei eine kurze Nachfrist anzusetzen ist, um die Klageantwort nachzuholen (Abs. 1). Fortgesetzte Säumnis bewirkt andererseits eine Straffung des Verfahrens, indem unmittelbar ein Endentscheid ergeht oder – subsidiär – zur Hauptverhandlung vorzuladen ist (Abs. 2). Die Folgen fortgesetzter Säumnis in der Antworterstattung reichen über jene der Grundregel hinaus, da die Prozessleitung durch das Gericht beschränkt und die Anordnung einer Instruktionsverhandlung ausgeschlossen wird.

Art. 223 **bezweckt**, dass der ordentliche Prozess auf der Grundlage kontradiktorischer Parteibehauptungen geführt werden kann. Zur Begründung, weshalb die Präklusivwirkung ausnahmsweise erst bei zweimaliger Säumnis eintritt, wird in der Botschaft auf die Bedeutung der Klageantwort als «ganz entscheidende Parteiäusserung» hingewiesen (BOTSCHAFT ZPO, 7339). Deshalb ist die beklagte Partei bei erstmaliger Säumnis nochmals anzuhalten, zum kontradiktorischen Verfahren durch Einreichung einer Rechtsschrift beizutragen. Gestärkt wird der Grundsatz der Schriftlichkeit, wonach die Parteistandpunkte dem Gericht vorgängig der Hauptverhandlung schriftlich zu unterbreiten sind. Die damit verbundene Verzögerung wird in Kauf genommen (BOTSCHAFT ZPO, 7339). Um eine Prozessverschleppung zu vermeiden, greift Art. 223 bei fortgesetzter Säumnis in die Gestaltung der Prozessleitung ein. 2

Art. 223 erfasst einzig den besonderen Tatbestand der versäumten Klageantwort. Die Vorschrift **gilt nicht bei Säumnis im zweiten Schriftenwechsel**, wenn die Klagepartei trotz Fristansetzung keine Replik erstattet oder die beklagte Partei mit Erstattung der Duplik säumig ist. Für die Folgen solcher Versäumnis gilt die Grundregel (Art. 147). Eine Gleichstellung mit der versäumten Klageantwort ist gesetzlich nicht vorgesehen und auch nicht angebracht. Weder das Ansetzen einer Nachfrist gemäss Art. 223 Abs. 1 noch die Rechtsfolgen von Art. 223 Abs. 2 sind für diese Säumnistatbestände passend. Die Durchführung einer Instruktionsverhandlung kann auch sinnvoll sein, wenn es beim einfachen Schriftenwechsel bleibt, weil die Replikfrist versäumt worden ist (LEUCH/MARBACH/KELLERHALS/STERCHI, Art. 176 ZPO/BE N 4). – Zur sinngemässen Anwendung von Art. 223 in den besonderen Verfahren s. N 15 ff. 3

II. Versäumte Klageantwort (Abs. 1)

1. Erstmalige Säumnis

Gemäss Art. 223 Abs. 1 ist die Klageantwort versäumt, wenn sie nicht fristgerecht erstattet wird (entsprechend der Legaldefinition der Säumnis in Art. 147 Abs. 1). **Voraussetzung** ist, dass die beklagte Partei in den gesetzlichen Formen aufgefordert wurde, die Klageantwort innert Frist zu erstatten. Als prozessleitende Verfügung hat die Aufforderung den Zustellvorschriften von Art. 136 ff. zu genügen (Art. 136 lit. b). Eine schwerwiegende Verletzung dieser Vorschriften kann die Nichtigkeit der (ersten oder zweiten) Fristansetzung und des darauf ergangenen Säumnisurteils zur Folge haben (vgl. BGE 129 I 361 E. 2 m.H.; vgl. ferner HASENBÖHLER, 16). 4

Die **erste Aufforderung** zur Klageantwort ist ohne Androhung von Säumnisfolgen zu erlassen, da erstmalige Säumnis noch keine Verwirkung nach sich zieht. Ein Hinweis auf die Säumnisfolgen, wie allgemein in Art. 147 Abs. 3 vorgesehen, hat zu unterbleiben oder darf höchstens in der Weise erfolgen, dass bei fortgesetzter Säumnis die Folgen ge- 5 mäss Art. 223 Abs. 2 eintreten werden. Das bedeutet nicht, dass erstes Versäumen keine Säumnis wäre, sondern nur, dass keine Säumnisfolgen mit Präklusivwirkung daran geknüpft werden dürfen. Eine unzulässige Säumnisandrohung in der ersten Fristansetzung wäre zwar unbeachtlich, die Aufforderung zur Antworterstattung aber nicht nichtig; sie bliebe unverändert in Kraft.

6 Als **Klageantwort** gilt die einlässliche Verteidigung und die beschränkte Antwort gemäss Art. 222 Abs. 3, sofern die Beschränkung verfügt war, nicht aber bloss ein Gesuch um unentgeltliche Rechtspflege usw. (LEUCH/MARBACH/KELLERHALS/STERCHI, Art. 189 ZPO/BE N 2). Bei unaufgeforderter Beschränkung auf einzelne Punkte (z.B. fehlende Prozessvoraussetzungen) ist die Klageantwort im Sinne des Gesetzes versäumt, denn die Beschränkung des Prozessthemas ist Sache der Prozessleitung des Gerichts und nicht der Parteien. Der beklagten Partei ist deshalb peremptorisch Nachfrist zur Erstattung einer (vollständigen) schriftlichen Klageantwort anzusetzen (Art. 223 Abs. 1). Andernfalls könnte sie sich an einer mündlichen Verhandlung erstmals und uneingeschränkt zur Sache äussern, womit der Zweck der gesetzlichen Vorschrift (N 2) verfehlt würde.

7 Eine innert Frist eingereichte Klageantwort, die den formellen Erfordernissen der Rechtsschrift nicht genügt (Art. 222 Abs. 2 i.V.m. Art. 221; Art. 129 ff.), ist nicht versäumt, sondern **mangelhaft**. Zur Verbesserung der Formmängel ist der beklagten Partei eine Nachfrist gemäss Art. 132 anzusetzen. Kommt sie dieser Aufforderung nicht nach, gilt die Eingabe als «nicht erfolgt» (Art. 132 Abs. 1) und ist das Verfahren an der Hauptverhandlung fortzusetzen. Für ein unmittelbares Säumnisurteil enthält die Bestimmung keine Grundlage, vor allem wenn der Mangel nur Teile der Rechtsschrift betrifft (z.B. fehlende Urkunde). Die Nachbesserungsfrist (Art. 132) darf deshalb nicht unter Androhung der Säumnisfolgen gemäss Art. 223 ergehen, es sei denn, dass die mangelhafte Klageantwort zugleich verspätet eingereicht wurde (N 10).

2. Nachfrist als Säumnisfolge

8 Bei erstmaliger Säumnis in der Antwort hat das Gericht eine kurze Nachfrist anzusetzen (Art. 223 Abs. 1). Die Fristansetzung hat in den gesetzlichen Formen über die gerichtliche Zustellung (Art. 136 ff.) zu erfolgen (N 4), und die beklagte Partei ist nunmehr auf die Säumnisfolgen gemäss Art. 223 Abs. 2 (Fortsetzung des Verfahrens durch Säumnisurteil bei spruchreifer Angelegenheit oder Vorladung zur Hauptverhandlung) hinzuweisen (Art. 147 Abs. 3). Die **Androhung eines Urteils** im Falle erneuter Säumnis genügt. Denn darin liegt die schwerere Sanktion für die beklagte Partei, und das Gericht braucht sich im Zeitpunkt der Fristansetzung nicht festzulegen, ob die Angelegenheit spruchreif ist oder nicht. Androhung und Ausfällung einer disziplinarischen Ordnungsbusse (Art. 128) ist nicht statthaft. Die Erstattung der Klageantwort ist keine Pflicht, sondern eine prozessuale Last, die auch nicht mittelbar erzwungen werden kann (KUMMER, ZPR, 90; vgl. auch MÜLLER, 58 ff. und 127 ff.).

9 Die **Dauer** der anzusetzenden Nachfrist liegt im Ermessen des Gerichts. Bei der Fristansetzung ist dem Umfang der klägerischen Rechtsschrift, dem Schwierigkeitsgrad der sich stellenden Tat- und Rechtsfragen sowie der Komplexität des Verfahrens Rechnung zu tragen. Die Nachfrist ist jedenfalls kürzer als die erste Frist zur Antworterstattung zu bemessen. Da es sich um eine richterlich angesetzte und nicht um eine gesetzlich bestimmte Frist handelt, kann sie aus zureichenden Gründen erstreckt werden, wenn das Gesuch vor Fristablauf gestellt wird (Art. 144 Abs. 2). An Bewilligung und Dauer der Fristerstreckung ist allerdings ein strenger Massstab anzulegen, soll doch das Verfahren durch Säumnis der Partei grundsätzlich nicht aufgehalten werden.

Das Ansetzen einer Nachfrist erübrigt sich, wenn die Klageantwort nicht fristgerecht, aber noch vor Erlass einer Nachfristverfügung beim Gericht eingeht. Das Verfahren ist normal fortzusetzen. Weist die Eingabe formelle Mängel auf, ist sie gemäss Art. 132 zur Nachbesserung zurückzuweisen. Da die Klageantwort zugleich verspätet ist, kommt in Betracht, die Nachfrist unter Androhung eines Säumnisurteils für den Unterlassungsfall gemäss Art. 223 (statt Art. 132) anzusetzen. Angesichts der Tragweite dieser Sanktion ist eine solche Nachfristverfügung allerdings nur angebracht, wenn das verspätete Einreichen mit einem Nichteinreichen gleichgesetzt werden muss, weil die Eingabe nicht nur teilweise, sondern als Ganzes mangelhaft ist (z.B. insgesamt unleserliche oder ungebührliche Klageantwort).

III. Fortgesetzte Säumnis in der Klageantwort (Abs. 2)

1. Zweimalige Säumnis

Gemäss Art. 223 Abs. 2 ist die beklagte Partei zum zweiten Mal säumig und mit der Klageantwort ausgeschlossen, wenn sie die **Nachfrist** trotz gehöriger Fristansetzung (N 8) **unbenutzt verstreichen** lässt. Eine mangelhafte Klageantwort kann nur verbessert werden (Art. 132), wenn sie innert der Nachfrist eingereicht wurde. Nach Ablauf der Frist ist die Klageantwort verwirkt und eine verspätet eingereichte Eingabe aus den Akten zu weisen.

2. Säumnisfolgen

Bei zweimaliger Säumnis darf das Verfahren nur in der Weise fortgesetzt werden, dass entweder ein Endentscheid ergeht oder direkt zur Hauptverhandlung vorgeladen wird (Art. 223 Abs. 2). Unzulässig ist Fortsetzung durch Anordnung einer Instruktionsverhandlung oder gar Fristansetzung zur «Replik». Als Grundlage der Verfahrensfortsetzung nach Art. 223 Abs. 2 dient die Klageschrift. Die darin vorgebrachten Tatsachenbehauptungen sind (formell) unbestritten geblieben, denn in der Klageantwort wäre darzutun gewesen, welche Behauptungen im Einzelnen anerkannt oder bestritten werden (Art. 222 Abs. 2 Satz 2). Zweimalige Säumnis in der Antwort bedeutet jedoch nicht Anerkennung der klägerischen Behauptungen. Dies ergibt sich aus Art. 153 Abs. 2 (und dem entsprechenden Vorbehalt in Art. 224), wonach eine Beweisabnahme über unbestritten gebliebene Behauptungen möglich bleibt (VOGEL/SPÜHLER, Kap. 12 Rz 64; LEUCH/MARBACH/ KELLERHALS/STERCHI, Art. 283 ZPO/BE N 4; LEUENBERGER, 151 f.).

Gemäss Art. 223 Abs. 2 trifft das Gericht einen **Endentscheid**, wenn die Angelegenheit spruchreif ist. Hierzu muss die Klage soweit geklärt sein, dass darauf mangels Prozessvoraussetzungen nicht eingetreten oder sie durch Sachurteil erledigt werden kann. Der Prozess darf nicht wegen Klageanerkennung oder wegen Gegenstandslosigkeit «aus anderen Gründen» (Art. 241/242) abgeschrieben werden (FRANK/STRÄULI/MESSMER, § 131 ZPO/ZH N 2). Steht dem Eintreten auf die Klage nichts entgegen, bedeutet Spruchreife, dass der Klagegrund im Hinblick auf die anwendbaren Rechtsnormen hinreichend substantiiert ist und – darüber hinaus – dass das Gericht an der Richtigkeit der klägerischen Tatsachenbehauptungen keine erheblichen Zweifel hat (Art. 153 Abs. 2). Unter den gegebenen Voraussetzungen ist, wenn es die klägerische Sachdarstellung erlaubt, nach dem Klagebegehren zu erkennen, andernfalls ist die Klage abzuweisen. Dabei hat das Gericht auch rechtshemmende, rechtshindernde und rechtsaufhebende Tatsachen zu berücksichtigen, soweit sie in der Klage selbst angeführt sind. Andere Tatsachen, die aus den Akten ersichtlich sind, dürfen nur insoweit berücksichtigt werden, als es für das Vorhandensein der von Amtes wegen zu prüfenden Prozessvoraussetzungen von Bedeutung ist (Art. 60; FRANK/STRÄULI/MESSMER, § 131 ZPO/ZH N 2). Dem Gericht ist es im ordentlichen Prozess verwehrt, eine ungenügend substantiierte Klage unter Rückgriff auf die Akten (z.B. Beilagen zur Klageschrift; Protokoll einer allfälligen Instruktionsverhandlung) zu ergänzen und gestützt darauf gutzuheissen. Abweisung der Klage mangels Substantiierung kommt ohne eine Verhandlung i.d.R. ebenfalls nicht in Betracht. Die klagende Partei hat von ihrem Recht zu neuen Vorbringen noch nicht Gebrauch machen können (vgl. Art. 229 Abs. 2) und das Gericht seine Fragepflicht nicht ausgeübt (Art. 56), es sei denn, ausnahmsweise habe bereits vor Aufforderung zur Klageantwort eine Instruktionsverhandlung stattgefunden. Zur Hauptsache fehlt es daher an der erforderlichen Spruchreife, wenn das Klagebegehren oder die Begründung der Klage (noch) unklar, unbestimmt oder offensichtlich unvollständig ist (Art. 56) oder dem Gericht die Klagebegründung in erheblichem Mass als unglaubhaft erscheint und es darüber Beweis erheben will (Art. 153 Abs. 2). Ferner kann es an der Spruchreife fehlen, wenn das Gericht einen von der klagenden Partei nicht in Betracht gezogenen Rechtssatz heranzieht und die Klage deshalb nicht schützt. Die tatsächliche und rechtliche Würdigung des Gerichts darf die Parteien nicht überraschen (BOTSCHAFT ZPO, 7250; ROSENBERG/SCHWAB/GOTTWALD, § 77 Rz 23 ff.; VOGEL/SPÜHLER, Kap. 6 Rz 42).

14 Bei fehlender Spruchreife («andernfalls») ist das Verfahren an der **Hauptverhandlung** fortzusetzen. Beide Parteien sind vorzuladen. Die *klagende Partei* wird durch die vorgängige Säumnis der Gegenpartei in ihren Rechten nicht eingeschränkt. Zu Beginn der Verhandlung hat sie daher Gelegenheit, neue Tatsachen und Beweismittel unbeschränkt vorzubringen oder eine Klageänderung vorzunehmen (Art. 229 Abs. 2; Art. 230). Tut sie dies, muss die *beklagte Partei* umfassend zu den neuen Vorbringen Stellung nehmen und Beweismittel bezeichnen können, was der Grundsatz des rechtlichen Gehörs verlangt (Art. 53; FRANK/STRÄULI/MESSMER, § 131 ZPO/ZH N 1a). Im Übrigen aber ist die Verteidigung der beklagten Partei durch Art. 229 Abs. 1 beschränkt; auf Art. 229 Abs. 2 kann sie sich (im Gegensatz zur klagenden Partei) nicht berufen. Das ergibt sich als unmittelbare Folge der Antwortsäumnis und gebietet der Zweck von Art. 223, der verlangt, dass die Parteistandpunkte vorgängig in den Rechtsschriften darzulegen sind (N 2). Die Verteidigung ist deshalb nur noch möglich, soweit es die Weiterführung des Verfahrens an der Hauptverhandlung erlaubt (Art. 229 Abs. 1 und 3; Art. 231, 232). Zulässig sind *echte Noven*, die nach Ablauf der Nachfrist zur Klageantwort entstanden oder gefunden worden sind (Art. 229 Abs. 1 lit. a). Eine später erworbene Gegenforderung kann die beklagte Partei somit zur Verrechnung bringen, eine Widerklage aber nicht mehr erheben (vgl. Art. 224 Abs. 1). *Unechte Noven*, die bereits vor Fristablauf vorhanden waren, sind nur zulässig, wenn sie trotz zumutbarer Sorgfalt auch in der Klageantwort nicht hätten vorgebracht werden können (Art. 229 Abs. 1 lit. b). Der Sorgfaltsmassstab bezieht sich auf die Tatsachen- und Beweismittelproduktion. Die beklagte Partei wird nicht zugelassen mit dem Nachweis, sie habe die Verteidigungsmittel nicht früher produzieren können, weil sie an der Antwortsäumnis kein oder nur ein leichtes Verschulden treffe; dies ist nur auf dem Wege der Wiederherstellung zu prüfen (Art. 148; vgl. GULDENER, ZPR, 273; FRANK/STRÄULI/MESSMER, § 131 ZPO/ZH N 1a). Wird das Vorbringen unechter Noven i.S.v. Art. 229 Abs. 1 lit. b nicht gestattet, ist die beklagte Partei mit selbständigen Schutzbehauptungen in den ersten Parteivorträgen ausgeschlossen. Sie bleibt darauf beschränkt, sich über die Richtigkeit der klägerischen Behauptungen auszusprechen und Rechtserörterungen vorzutragen (LEUCH/MARBACH/KELLERHALS/STERCHI, Art. 189 ZPO/BE N 4). Ferner ist sie befugt, an der Beweisabnahme teilzunehmen (Art. 231), den Schlussvortrag (Art. 232) zu halten und zur Kostenfrage Stellung zu nehmen (LEUCH/MARBACH/KELLERHALS/STERCHI, Art. 189 ZPO/BE N 4; FRANK/STRÄULI/MESSMER,

Art. 131 ZPO/ZH N 1a). – Bei Säumnis der klagenden und/oder der beklagten Partei an der Hauptverhandlung gilt Art. 234.

IV. Besondere Verfahren

Art. 223 ist ausserhalb des ordentlichen Verfahrens sinngemäss anwendbar, soweit das Gesetz nichts anderes bestimmt (Art. 219). Eine sinngemässe Anwendung kommt nur dort in Betracht, wo das Verfahren vom Grundsatz der Schriftlichkeit erfasst, kontradiktorisch geführt wird und die beklagte Partei mit einer schriftlichen Eingabe säumig bleibt. Im **Scheidungsverfahren** kann das in folgenden Konstellationen zutreffen: nach Einleitung eines Annexverfahrens über streitig gebliebene Scheidungsfolgen (Art. 288 Abs. 2), in einem separaten Verfahren über die güterrechtliche Auseinandersetzung (Art. 283 Abs. 2), im Klageverfahren nach unbestätigt gebliebenem Scheidungswillen oder nach gescheiterter Einigungsverhandlung, sofern die Klagebegründung fristgerecht eingereicht wurde und der beklagte Ehegatte mit der Antwortschrift säumig bleibt (Art. 288 Abs. 3 und 291 Abs. 3), sowie im streitigen Abänderungsverfahren (Art. 284 Abs. 3). 15

Art. 223 ist im **vereinfachten Verfahren** anwendbar, wenn die beklagte Partei aufgefordert wird, zur Klage mit Begründung auf schriftlichem Weg Stellung zu nehmen (Art. 245 Abs. 2), oder wenn nachträglich ein förmlicher Schriftenwechsel angeordnet wird (Art. 246 Abs. 2). Enthält die vereinfachte Klage keine Begründung, werden die Parteien zur mündlichen (Haupt-)Verhandlung vorgeladen (Art. 245 Abs. 1). Bleibt die (beklagte) Partei am Verhandlungstermin aus, gilt sinngemäss Art. 234 («Säumnis an der Hauptverhandlung»); Art. 223 ist nicht anwendbar. 16

Im **Summarverfahren** kommen die Regeln des ordentlichen Verfahrens ergänzend zur Anwendung, aber nur insofern, als dies mit dem Wesen des Summarverfahrens vereinbar ist (BOTSCHAFT ZPO, 7350). Wohl ist eine «sinngemässe» Anwendbarkeit von Art. 223 denkbar, wenn die Gegenpartei schriftlich zur Stellungnahme aufgefordert wird und damit säumig bleibt. Zumindest für die typischen Summarangelegenheiten («eigentliches Summarverfahren») ist jedoch wesentlich, dass das Gericht rasch zu einem Entscheid kommt, weshalb das Ansetzen einer Nachfrist und die damit verbundene Verfahrensverzögerung nicht gerechtfertigt sind. Vorzuziehen ist daher die Anwendung der Grundregel (Art. 147), was einen sofortigen Entscheid erlaubt, wenn die Gegenpartei das Gesuch nicht auf erste Aufforderung hin beantwortet. Der Gesuchsgegner ist auf diese Säumnisfolge hinzuweisen (Art. 147 Abs. 3). 17

Art. 224

Widerklage

¹ **Die beklagte Partei kann in der Klageantwort Widerklage erheben, wenn der geltend gemachte Anspruch nach der gleichen Verfahrensart wie die Hauptklage zu beurteilen ist.**

² **Übersteigt der Streitwert der Widerklage die sachliche Zuständigkeit des Gerichts, so hat dieses beide Klagen dem Gericht mit der höheren sachlichen Zuständigkeit zu überweisen.**

³ **Wird Widerklage erhoben, so setzt das Gericht der klagenden Partei eine Frist zur schriftlichen Antwort. Widerklage auf Widerklage ist unzulässig.**

Demande reconventionnelle	¹ Le défendeur peut déposer une demande reconventionnelle dans sa réponse si la prétention qu'il invoque est soumise à la même procédure que la demande principale. ² Lorsque la valeur litigieuse de la demande reconventionnelle dépasse la compétence matérielle du tribunal, les deux demandes sont transmises au tribunal compétent. ³ Si une demande reconventionnelle est introduite, le tribunal fixe un délai au demandeur pour déposer une réponse écrite. La demande reconventionnelle ne peut faire l'objet d'une demande reconventionnelle émanant du demandeur initial.
Domanda riconvenzionale	¹ Nella risposta, il convenuto può proporre una domanda riconvenzionale se la pretesa addotta è giudicabile secondo la procedura applicabile all'azione principale. ² Se il valore litigioso della domanda riconvenzionale eccede la competenza per materia del giudice adito, questi rimette l'azione principale e la domanda riconvenzionale al giudice competente per il maggior valore. ³ Se il convenuto propone domanda riconvenzionale, il giudice assegna all'attore un termine per presentare una risposta scritta. L'attore non può però rispondere con una sua propria domanda riconvenzionale.

Inhaltsübersicht

	Note
I. Allgemeines	1
II. Voraussetzungen der Widerklage	3
III. Widerklageantwort etc.	9

I. Allgemeines

1 Die **Widerklage** ist die von der beklagten Partei im hängigen Prozess gegen die klagende Partei erhobene Klage. Sie stellt das **prozessuale Gegenstück** der **Klage des Klägers** dar. Die beklagte Partei muss sich nicht damit begnügen, zur Klage Stellung zu nehmen und Nichteintreten oder Abweisung der Klage zu beantragen, sondern kann ihrerseits **selbständige Gegenansprüche** gegen den Kläger stellen. Eine Widerklage liegt demnach nur vor, wenn sie gegenüber der Klage einen selbständigen Anspruch, nicht bloss eine Einrede (z.B. die der Verrechnung), zum Gegenstand hat. Es handelt sich hierbei um eine von der Hauptklage unabhängige Klage mit einem selbständigen Anspruch, weshalb sie bestehen bleibt, selbst wenn die Klage zurückgezogen wird oder auf sie nicht eingetreten wird (BOTSCHAFT ZPO, 7339; BERGER/GÜNGERICH, Rz 722; FRANK/STRÄULI/MESSMER, § 60 ZPO/ZH N 1, 2; STAEHELIN/STAEHELIN/GROLIMUND, § 14 Rz 31, 32). Das Bundesgericht definiert die Widerklage als «selbständige Klage im Rahmen eines andern Prozesses […]. Sie ist weder Angriffs- noch Verteidigungsmittel, sondern Klage wie die Vorklage, ein gegen den Angriff geführter Gegenangriff, mit welchem die Beklagtenseite ein selbständiges Ziel verfolgt, indem sie einen von der Vorklage nicht erfassten, unabhängigen Anspruch ins Recht legt […]» (BGE 123 III 35 E. 3.c; KUMMER, ZPR, 116). Dank Klage und Widerklage können Ansprüche und Gegenansprüche der Parteien in einem einzigen Prozess behandelt werden, was der Prozessökonomie dient. Die Widerklage kann nur von der beklagten Partei und nur gegen die klägerische Partei im Hauptprozess erhoben werden (FRANK/STRÄULI/MESSMER, § 60 ZPO/ZH N 6, 8).

2 Die Widerklage kann auch als **Eventualwiderklage**, für den Fall, dass die Hauptklage gutgeheissen wird, erhoben werden (FRANK/STRÄULI/MESSMER, § 60 ZPO/ZH N 15; VOGEL/SPÜHLER, 7. Kap. Rz 51; WALDER/GROB, § 11 Rz 10).

II. Voraussetzungen der Widerklage

Die Widerklage kann nur rechtshängig werden, sofern die Hauptklage rechtshängig ist (STAEHELIN/STAEHELIN/GROLIMUND, § 14 Rz 31; VOGEL/SPÜHLER, 7. Kap. Rz 60). Sie ist mit der Klageantwort zu erheben und zu begründen. Inhaltlich hat sie den Vorgaben an die Klage zu entsprechen (Art. 221). Eine spätere Erhebung einer Widerklage ist ausgeschlossen. **3**

Die **Widerklage** ist in **allen Verfahrensarten** zulässig, doch wird gefordert, dass für beide Klagen (Haupt- und Widerklage) die **gleiche Verfahrensart** vorgeschrieben ist. Entsprechend müssen also Haupt- und Widerklage entweder dem ordentlichen oder dem vereinfachten Verfahren unterstehen. Gilt beispielsweise für die Hauptklage das vereinfachte, für die Widerklage dagegen das ordentliche Verfahren, kann keine Widerklage erhoben werden (BOTSCHAFT ZPO, 7339). Die Widerklage ist auch im **Summarverfahren** zulässig, sofern auch der widerklageweise erhobene Anspruch im summarischen Verfahren zu beurteilen ist (BOTSCHAFT ZPO, 7350). **4**

Die ZPO verlangt in der Regel nicht, dass die Haupt- und Widerklage der **gleichen sachlichen Zuständigkeit** unterstehen. Die Höhe des **Streitwertes** der Hauptklage spielt daher für die **Zulässigkeit** der Widerklage keine Rolle. Übersteigt der Streitwert der Widerklage die sachliche Zuständigkeit des Gerichts, hat das angerufene Gericht einen Überweisungsentscheid zu fassen und beide Klagen dem Gericht mit der **umfassenderen Spruchkompetenz** zu überweisen, dies, sofern der Kläger dadurch keine Instanz verliert (BOTSCHAFT ZPO, 7340). Der Überweisungsentscheid ist ein **Zwischenentscheid** und ist schriftlich und «selbständig zu eröffnen». Im Überweisungsentscheid ist auch über die bis dahin angefallenen Kosten und deren Auferlegung sowie über Entschädigungsfolgen zu befinden. Der Überweisungsentscheid ist nicht nur innerkantonal, sondern auch vor Bundesgericht anfechtbar (BGE 132 III 178 E. 1; BSK BGG-UHLMANN, Art. 92 N 4, 5, 6, 7; Art. 227 N 28). **5**

Abweichendes gilt in den Fällen, in denen das **Handelsgericht** oder nur **eine einzige kantonale Instanz** vorgesehen ist (Art. 5 und 6). In diesen Fällen muss auch die Widerklage der **gleichen sachlichen Zuständigkeit** unterliegen. So darf in einem Prozess, der bei einem unteren kantonalen Gericht hängig ist, keine Widerklage erhoben werden, die in die sachliche Zuständigkeit des Handelsgerichts oder der einzigen kantonalen Instanz fällt (BOTSCHAFT ZPO, 7340). **6**

Als weitere Voraussetzung verlangte der Vorentwurf für die Zulässigkeit der Widerklage in jedem Fall **Konnexität** zwischen **Klage und Widerklage** (Art. 80 VE-ZPO). Der bundesrätliche Entwurf milderte diesbezüglich die Vorgaben des Vorentwurfes, indem die Haupt- und Widerklage nur in Ausnahmefällen konnex sein müssen. **7**

Konnexität zwischen **Haupt- und Widerklage** wird explizit verlangt, sofern sich der Widerkläger auf den besonderen **Widerklagegerichtsstand** nach Art. 14 abstützen muss, d.h. wenn er sich nicht auf eine andere, zusätzliche Gerichtsstandsnorm gemäss Art. 10 ff. oder auf eine Gerichtsstandvereinbarung (Art. 17) berufen kann. Ein sachlicher Zusammenhang zwischen Haupt- und Widerklage liegt vor, sofern beide Klagen auf dem **gleichen sachlichen** oder **rechtlichen Grund** beruhen, sich insbesondere auf denselben Vertrag stützen oder ihnen derselbe Lebenssachverhalt zugrunde liegt. Die blosse Verrechenbarkeit der Ansprüche genügt nicht, ebenso wenig, dass es sich um gleichartige Klagen handelt, oder dass lediglich Gründe der Prozessökonomie für ihre gemeinsame Beurteilung sprechen. Konnexität liegt gemäss Rechtsprechung vor, wenn die beidseitigen Ansprüche das **gleiche Rechtsgeschäft** betreffen (Forderung auf Verzugszins für die **8**

verspätete Bezahlung der Kaufpreisforderung und Widerklage auf Rückforderung eines Teils des Kaufpreises wegen Minderung; Klage auf Herausgabe der bei einer Bank hinterlegten Summe und Widerklage auf Zahlung des Werklohnes, wobei sich beide Forderungen auf denselben Werkvertrag stützten), oder aus dem **gleichen Tatbestand** abgeleitet werden. Hinreichend ist ausserdem, dass die beiden Ansprüche Ausfluss eines **gemeinsamen Rechtsverhältnisses** sind oder doch eine **enge rechtliche Beziehung** zueinander haben. Dies wird bejaht bei einer Forderungsklage nach dahingefallenem Arrest und der Widerklage auf Schadenersatz aus demselben, als ungerechtfertigt behauptetem Arrest oder bei Ansprüchen aus verschiedenen Verträgen, die nach dem Willen der Parteien eine Einheit bilden sollten (BGE 129 III 230 E. 3., E. 3.1; Art. 227 N 11–18; s. Komm. zu Art. 14).

III. Widerklageantwort etc.

9   Nach Eingang der Klageantwort und der Widerklage durch die beklagte Partei wird dem Kläger die Widerklage (inkl. Beweismittelverzeichnis) zugestellt und ihm **Frist zur Beantwortung** derselben angesetzt. Diese Frist ist **erstreckbar**, handelt es sich um eine **richterliche** und nicht um eine gesetzliche. Bezüglich der Bemessung der Frist, des Fristerstreckungsgesuchs etc. wird auf die Ausführungen zu Art. 222 N 2–5 und die Komm. der Art. 142 ff. verwiesen.

10 Das Erheben einer Widerklage gegen die Widerklage (Wider-Widerklage) verbietet das Gesetz ausdrücklich (Art. 224 Abs. 3).

11 Die Durchführung eines zweiten Schriftenwechsels mit Bezug auf die Widerklage und Widerklageantwort liegt im pflichtgemässen Ermessen des Gerichts und soll nur in Ausnahmefällen angeordnet werden (Art. 225 N 4).

Art. 225

Zweiter Schriftenwechsel	**Erfordern es die Verhältnisse, so kann das Gericht einen zweiten Schriftenwechsel anordnen.**
Deuxième échange d'écritures	Le tribunal ordonne un second échange d'écritures, lorsque les circonstances le justifient.
Secondo scambio di scritti	Se le circostanze lo richiedono, il giudice può ordinare un secondo scambio di scritti.

1   Die Anordnung eines zweiten Schriftenwechsels i.S.v. Art. 225 – zwecks schriftlicher Replik und Duplik – hat die **Ausnahme** zu bleiben (BOTSCHAFT ZPO, 7340). Grundsätzlich steht den Parteien im ordentlichen Prozess eine einzige Rechtsschrift zur Verfügung, um das Streitverhältnis darzustellen. Das noch im Vorentwurf verfolgte Prinzip des doppelten Schriftenwechsels (Art. 214 VE) wurde in der Vernehmlassung als zu schwerfällig kritisiert und aufgegeben (BOTSCHAFT ZPO, a.a.O.). Art. 225 geht von der Erfahrung aus, dass – abgesehen von komplizierten Streitverhältnissen – Replik und Duplik kaum Neues enthalten und ein zweiter Schriftenwechsel daher i.d.R. entbehrlich ist. Wird der Schriftenwechsel nicht fortgesetzt, haben die Parteien das unbeschränkte Recht, ihre Rechtsschriften mündlich an einer Instruktionsverhandlung (Art. 226) oder, wenn eine solche nicht stattfindet, an der Hauptverhandlung durch neue Sachvorbringen zu ergänzen (Art. 229 Abs. 2) oder eine Klageänderung gemäss Art. 227/230 vorzunehmen.

2 Unter den in Art. 225 angesprochenen **Verhältnissen** ist die Lage des Prozesses nach Einreichung der Klageantwort zu verstehen. Die Fortsetzung des Schriftenwechsels wird für «komplexe Fälle» vorgesehen (BOTSCHAFT ZPO, 7340). Eine zusätzliche Rechtsschrift kann in komplizierten Abrechnungsprozessen, bei umfangreichem Aktenmaterial oder schwierigen Rechtsfragen angezeigt sein. Darüber hinaus ist allgemein als massgebend zu bezeichnen, ob die Klageantwort neue Gesichtspunkte enthält, welche eine schriftliche Erwiderung durch die klagende Partei erfordern (z.B. Erhebung der Verrechnungseinrede bei komplizierter Verrechnungslage). Erscheint eine mündliche Entgegnung am Termin mit kürzender Protokollaufnahme als wenig(er) geeignet, soll ein zweiter Schriftenwechsel angeordnet werden. Der Komplexität der Verhältnisse ist insoweit auch in Bezug auf die Form des Parteivortrages bzw. der Aktenaufnahme Rechnung zu tragen.

3 **Verzichtet die klagende Partei** auf die Replik oder **versäumt** sie diese, entfällt die Duplik (so noch ausdrücklich Art. 214 Abs. 1 VE für den Verzicht), worauf die Parteien zur mündlichen Instruktions- oder Hauptverhandlung vorzuladen sind. Bei nicht fristgerecht eingereichter Replik verliert die säumige Klagepartei (nicht aber die beklagte Partei) das Recht, zu Beginn der Hauptverhandlung neue Tatsachen und Beweismittel unbeschränkt vorzubringen (Art. 229 Abs. 2).

4 Wird in der Klageantwort **Widerklage** erhoben, hat die klagende Partei das Recht zur schriftlichen Antwort gestützt auf Art. 224 Abs. 3. Soweit erforderlich, kann ein zweiter vollständiger Schriftenwechsel damit verbunden werden (Art. 225). Auf Replik und Widerklageantwort folgen Duplik und Widerklagereplik sowie Widerklageduplik.

5 Die Parteien haben keinen Anspruch darauf, Replik und Duplik schriftlich zu führen. Die Anordnung eines zweiten Schriftenwechsels wird in das **Ermessen des Gerichts** bzw. des Instruktionsrichters gestellt («kann anordnen»), und die Parteien haben auf die konkrete Ausgestaltung der richterlichen Prozessleitung keinen Einfluss. Ein dritter Schriftenwechsel (Triplik und Quadruplik) ist ausgeschlossen. Das schriftliche Verfahren darf nicht weitergeführt werden, um den Parteien eine Fortsetzung von Angriff und Verteidigung nach Belieben durch schriftliche Eingaben zu ermöglichen.

Art. 226

Instruktions- verhandlung	¹ **Das Gericht kann jederzeit Instruktionsverhandlungen durchführen.** ² **Die Instruktionsverhandlung dient der freien Erörterung des Streitgegenstandes, der Ergänzung des Sachverhaltes, dem Versuch einer Einigung und der Vorbereitung der Hauptverhandlung.** ³ **Das Gericht kann Beweise abnehmen.**
Débats d'instruction	¹ Le tribunal peut ordonner des débats d'instruction en tout état de la cause. ² Les débats d'instruction servent à déterminer de manière informelle l'objet du litige, à compléter l'état de fait, à trouver un accord entre les parties et à préparer les débats principaux. ³ Le tribunal peut administrer des preuves.
Udienza istruttoria	¹ Il giudice può in ogni tempo procedere a udienze istruttorie. ² L'udienza istruttoria serve a esporre liberamente l'oggetto litigioso, a completare i fatti, a tentare un'intesa fra le parti e a preparare il dibattimento. ³ Il giudice può procedere all'assunzione di prove.

Inhaltsübersicht

Note

I. Allgemeines 1
II. Anordnung und Durchführung (Abs. 1) 3
III. Funktionen der Instruktionsverhandlung (Abs. 2) 7
   1. Freie Erörterung des Streitgegenstandes 7
   2. Ergänzung des Sachverhalts 9
   3. Versuch einer Einigung 12
   4. Vorbereitung der Hauptverhandlung 14
IV. Beweisabnahme (Abs. 3) 15

Literatur

A. BRUNNER, Zur Strategie von Vergleichsverhandlungen, in: FS 125 Jahre Kassationsgericht, Zürich 2000, 159 ff.; A. DOLGE, Das neue Beweisverfahren, in: Spühler, CH-ZPO, 33 ff.; U. EGLI, Vergleichsdruck im Zivilprozess, eine rechtstatsächliche Untersuchung, Zürich 1995; M. NEESE, Der Vergleich, Zürich 1999; CH. LEUENBERGER, Das Verhalten der Parteien im Prozess und die Folgen für das Urteil, ZZZ 2005, 147 ff. (zit. Verhalten); DERS., Die Zusammenarbeit von Richter und Gerichtsschreiber, ZBl 1986, 97 ff. (zit. Zusammenarbeit).

I. Allgemeines

1 Die Instruktionsverhandlung hat ähnliche Funktionen wie die «Referentenaudienzen» bisherigen Rechts (BOTSCHAFT ZPO, 7340) und ist damit ein **Instrument der richterlichen Prozessleitung** (Art. 124); sie dient insb. der Ausübung der gerichtlichen Fragepflicht (Art. 56). Die Instruktionsverhandlung wirkt für Kollegialgerichte insoweit entlastend, als sie nicht vom gesamten Gericht, sondern einem delegierten Gerichtsmitglied (sog. Instruktionsrichter) geführt wird (Art. 124 Abs. 2; BOTSCHAFT ZPO, 7340). Allgemein bezweckt die Instruktion des Prozesses eine Vorbereitung oder Vereinfachung des Hauptverfahrens und eine beförderliche Prozesserledigung. Im Vergleich zum Vorentwurf (Art. 217 VE-ZPO) sind die Zwecke der Instruktionsverhandlung in der gesetzlichen Fassung leicht erweitert und präzisiert worden. Damit einher ging eine Anpassung der Überschrift: Art. 226 trägt nunmehr die Marginalie «Instruktionsverhandlung» (statt «Vorbereitungsverhandlung» wie vormals Art. 217 VE). Darin kommt die starke Stellung des Instruktionsrichters zum Ausdruck, was auf ein Anliegen in der Vernehmlassung zurückgeht (Zusammenstellung der Vernehmlassungen, 579 ff.). Hingegen wurde die dort geäusserte Kritik an der Möglichkeit zur Beweisabnahme im Instruktionsverfahren nicht berücksichtigt; diese ist Gesetz geworden (Art. 226 Abs. 3). Die Norm wurde in den eidgenössischen Räten ohne Diskussion verabschiedet.

2 Die Durchführung einer Instruktionsverhandlung ist in erster Linie für das ordentliche Verfahren gedacht (Art. 226). Die Bestimmung ist in sämtlichen anderen Verfahrensarten (im vereinfachten, im summarischen und in den besonderen familienrechtlichen Verfahren) sinngemäss **anwendbar**, da das Gesetz nichts anderes bestimmt (Art. 219). Für das vereinfachte Verfahren wird ausdrücklich noch erwähnt, dass eine Instruktionsverhandlung durchgeführt werden kann, wenn es die Verhältnisse erfordern (Art. 246 Abs. 2). Eine Prozessinstruktion im summarischen Verfahren wird im Allgemeinen nicht in Betracht kommen. Das Gericht kann in allen Verfahrensarten und jederzeit versuchen, eine Einigung zwischen den Parteien herbeizuführen (Art. 124 Abs. 3).

II. Anordnung und Durchführung (Abs. 1)

Zuständig zur Anordnung und Durchführung einer Instruktionsverhandlung ist das Gericht (Kollegialgericht oder Einzelrichter). Bei Kollegialgerichten wird sie in der Praxis regelmässig vom sog. Instruktionsrichter geführt, der als delegiertes Mitglied mit der Prozessleitung und einer allfälligen Beweisabnahme beauftragt ist (Art. 124 Abs. 2; Art. 155 Abs. 1). Dessen Bezeichnung (Instruktionsrichter, Referent, Präsident) ergibt sich weiterhin aus dem kantonalen Organisationsrecht (Art. 3), ebenso der Umfang, in welchem der Gerichtsschreiber an der Prozessleitung, Vorbereitung und Durchführung der Verhandlung mitwirkt (s. dazu LEUENBERGER, Zusammenarbeit, 97 ff.). Beweiserhebungen (Art. 226 Abs. 3) dürfen dagegen von Bundesrechts wegen nur durch ein erkennendes Mitglied des Spruchkörpers vorgenommen werden. Der Vorschlag, dass die Beweisabnahme an den Gerichtsschreiber delegiert werden könne, wurde ausdrücklich verworfen (BOTSCHAFT ZPO, 7314). Für eine Delegationsgrundlage im kantonalen Recht bleibt insoweit kein Raum.

Eine Instruktionsverhandlung kann «**jederzeit**» angeordnet werden. In der Regel ist mit der Durchführung einer mündlichen Instruktion jedoch bis nach Abschluss des *(ersten) Schriftenwechsels* zuzuwarten, denn im ordentlichen Verfahren obliegt es den Parteien, die Grundlagen des Prozesses durch ihre Rechtsschriften beizubringen. Ausnahmsweise kann eine Instruktionsverhandlung schon vor der Aufforderung zur Klageantwort (prozessökonomisch) sinnvoll erscheinen, wobei die Klageschrift der Gegenpartei vorgängig zuzustellen ist. Ein solches Vorgehen mag angezeigt sein, wenn auf die Klage aller Voraussicht nach wegen mangelnder Prozessvoraussetzung nicht eingetreten werden kann; steht hingegen ein Prozesshindernis in Frage (Unzuständigkeit bei nicht zwingenden Gerichtsständen), ist eine – allenfalls beschränkte (Art. 222 Abs. 3) – Klageantwort einzuholen, weil die Zuständigkeit nachträglich durch Einlassung begründet werden kann (Art. 18). Ganz ausnahmsweise wird auch in Frage kommen, auf die Klage hin sofort eine Instruktionsverhandlung anzuordnen, wenn es für die Erstattung der Klageantwort unabdingbar ist (z.B. bei rudimentärer Begründung der Klageschrift; so LEUCH/MARBACH/KELLERHALS/STERCHI, Art. 164 ZPO/BE N 2).

Nach Durchführung eines *zweiten Schriftenwechsels* (Art. 225) ist die Anordnung einer ersten oder weiteren Instruktionsverhandlung immer noch möglich und zulässig (das Gesetz spricht von Verhandlungen in der Mehrzahl). Mehrere Termine sind aber mit einer gewissen Zurückhaltung anzusetzen, ist doch zu beachten, dass sie nicht der Vorwegnahme, sondern der Vorbereitung der Hauptverhandlung dienen sollen. Mit Eröffnung des Hauptverfahrens hat die Instruktion ihren vorbereitenden Zweck erreicht; danach kommt nur noch der Versuch einer Einigung in Betracht (Art. 124 Abs. 3).

Der Instruktionsrichter wird in der **Vorladung zum Instruktionstermin** oftmals das persönliche Erscheinen der Parteien anordnen (Art. 68 Abs. 4). Dies kann er mit Androhung von Ordnungsbusse verbinden, denn das Ausbleiben einer zum Erscheinen verpflichteten Partei stellt regelmässig eine Störung des Geschäftsganges dar (Art. 128 Abs. 1; LEUENBERGER, Verhalten, 147; FRANK/STRÄULI/MESSMER, § 129 ZPO/ZH N 1). Dabei hat er auf die Säumnisfolgen hinzuweisen, soweit er die Parteien nicht ausschliesslich zur Teilnahme an einer Vergleichsverhandlung lädt (N 11 und 13).

III. Funktionen der Instruktionsverhandlung (Abs. 2)

1. Freie Erörterung des Streitgegenstandes

Die Instruktionsverhandlung hat vorab zum Zweck, den Streitgegenstand in freier mündlicher Verhandlung mit den Parteien zu erörtern, soweit die Rechtsschriften darüber nicht hinreichend unterrichten. Eine entsprechende Formulierung kannten die Berner ZPO und die BZP, an denen sich bereits der Vorentwurf stark orientierte (DOLGE, 45). Die Streitgegenstandserörterung dient der Entlastung des Hauptverfahrens durch Klärung des Streitfalles und zugleich der Erfüllung der gerichtlichen Fragepflicht (Art. 56). Der Instruktionsrichter soll den **Prozessstoff** so weit verarbeiten, dass der Prozess zur Entscheidungsreife kommt und wo immer möglich in einer einzigen Hauptverhandlung zum Abschluss gebracht werden kann (KUMMER, ZPR, 174). Das geschieht durch Klärung, was zwischen den Parteien im Einzelnen eigentlich streitig ist, durch Veranlassung von Ergänzungen und durch Vereinfachung des Prozessstoffes, um eine unnötige Beweisführung zu vermeiden (vgl. LEUCH/MARBACH/KELLERHALS/STERCHI, Art. 176 ZPO/BE N 3a). Hierzu erörtert der Instruktionsrichter den Streitgegenstand zusammen mit den Parteien und ihren Vertretern. Durch Befragung klärt er, was unklar, unbestimmt oder widersprüchlich ist, und er fordert auf, *offensichtlich* unvollständige Sachvorbringen zu ergänzen (Art. 56). Der Fragepflicht zugänglich sind unter Vorbehalt der Klageänderung (Art. 227) auch unklare, unbestimmte und lückenhafte Rechtsbegehren, und auf solche weist er hin (KUMMER, ZPR, 174; LEUCH/MARBACH/KELLERHALS/STERCHI, Art. 176 ZPO/BE N 3a; FRANK/STRÄULI/MESSMER, § 54 ZPO/ZH N 16). Es ist nicht zu verkennen, dass durch die Befragung des Instruktionsrichters – je nach Richterpersönlichkeit – in unterschiedlichem Mass Elemente der Untersuchungsmaxime in Prozesse mit Verhandlungsmaxime gelangen können (kritisch DOLGE, 49). Die Gefahr ist allerdings untrennbar verbunden mit der Absicht des Gesetzgebers, dem Instruktionsrichter eine starke Stellung einzuräumen (N 1), zumal Art. 56 nicht bloss ein Fragerecht (wie Art. 51 VE), sondern eine eigentliche Fragepflicht vorsieht. Erfolgen im Rahmen der Ausübung der richterlichen Fragepflicht Zugeständnisse einer Partei oder werden seitens einer Partei Behauptungen zurückgenommen, so ist die Partei darauf zu behaften, wie wenn dies im Rahmen des Schriftenwechsels oder der Parteivorträge geschehen wäre.

8 Der Streitgegenstand umfasst auch das mit der Klage (stillschweigend) erhobene Eintretensbegehren (HABSCHEID, Rz 389, 392; GULDENER, ZPR,, 197 FN 32). Mit Blick auf den Gehörsanspruch (Art. 53) kann die Erörterung der **Prozessvoraussetzungen** bedeutsam werden, wenn sich die Parteien darüber im Schriftenwechsel nicht (ausreichend) ausgelassen haben. Unter Umständen kann sich empfehlen, das Vorliegen positiver Prozessvoraussetzungen bzw. das Fehlen negativer Prozessvoraussetzungen an einer mündlichen Instruktionsverhandlung abzuklären.

2. Ergänzung des Sachverhalts

9 Die Instruktionsverhandlung bietet eine (in aller Regel) letzte Gelegenheit zur unbeschränkten Ergänzung der im Schriftenwechsel vorgetragenen Angriffs- und Verteidigungsmittel. Das Recht der Parteien, Tatsachen und Beweisanträge in den Prozess einzubringen, ist nicht bloss Korrelat zur Ausübung der gerichtlichen Fragepflicht. Wie sich aus Art. 229 ergibt, sollen neue Sachvorbringen vor dem Instruktionsrichter funktionell die gleiche Bedeutung haben wie im Rahmen eines fortgesetzten Schriftenwechsels oder der ersten Parteivorträge an der Hauptverhandlung, wenn keine Instruktionsverhandlung stattgefunden hat (Art. 229 Abs. 2). **Gleichwertigkeit** ist aber nur gegeben, wenn die Parteien Angriff und Verteidigung (auch) von sich aus und nicht nur auf Befragung hin ergänzen können. Daher ist ihnen am Instruktionstermin eine selbständige Gelegenheit zu geben, um ihre Parteibehauptungen und Beweisanträge zu vervollständigen sowie eine Änderung der Klage bzw. Widerklage nach Art. 227 vorzunehmen.

10 Wird eine Instruktionsverhandlung ausnahmsweise **vor Einholung der Klageantwort** veranlasst (N 4), ist die beklagte Partei nachträglich zur schriftlichen Antwort aufzufordern (Art. 222), wenn der Prozess weitergeführt wird. Die beklagte Partei darf damit nicht ins mündliche Hauptverfahren verwiesen werden. Denn der Gleichbehandlungs-

grundsatz gebietet, dass beide Parteien sich durch schriftliche Eingabe Gehör verschaffen können, was namentlich im Hinblick auf ein allfälliges Rechtsmittelverfahren von Bedeutung sein kann (KUMMER, ZPR, 75). Das Gesetz sieht keine Bestimmung vor, die zuliesse, dass die Antwort anstelle einer Rechtsschrift mündlich an der Hauptverhandlung erfolgt. Von der nachträglichen Einholung der Klageantwort gemäss Art. 222 kann deshalb nicht abgesehen werden.

Wenn eine Partei am Instruktionstermin ausbleibt, wird das Verfahren ohne die versäumte Handlung weitergeführt (Art. 147 Abs. 2). An der Hauptverhandlung kann sich die Partei nicht auf Art. 229 Abs. 2 berufen, denn die Instruktionsverhandlung hat im Sinne dieser Bestimmung «stattgefunden», wenn auch in Abwesenheit der **säumigen** Partei. Eine Ergänzung ihrer Rechtsschrift kann sie nur noch vornehmen, soweit es die Weiterführung des Verfahrens an der Hauptverhandlung erlaubt, d.h. unter den eingeschränkten Voraussetzungen des Novenrechts (Art. 229 Abs. 1). Auf diese Säumnisfolgen ist deshalb in der Vorladung zur Instruktionsverhandlung hinzuweisen (Art. 147 Abs. 3; Art. 133 lit. f). **11**

3. Versuch einer Einigung

Der Instruktionsrichter kann den Verhandlungstermin nutzen, um auf eine gütliche **Einigung der Parteien** hinzuwirken, nachdem er den Sachverhalt ergänzen liess und weitere Abklärungen getroffen hat. Er kann auch eigens zu einer Vergleichsverhandlung vorladen, wenn ihm das Zustandekommen eines Vergleichs naheliegend erscheint. Dazu wird er das persönliche Erscheinen der Parteien anordnen (Art. 68 Abs. 4). Die Vergleichsverhandlung ist inhaltlich nicht auf den eingeklagten Streitgegenstand beschränkt. In den gerichtlichen Vergleich können auch ausserhalb des Prozesses liegende Streitfragen zwischen den Parteien einbezogen werden, wenn es der Beilegung des Prozesses dient (Art. 73 BZP; FRANK/STRÄULI/MESSMER, § 188 ZPO/ZH N 18). Die Vergleichsgespräche dienen bloss dem **Versuch** einer Einigung unter richterlicher Mitwirkung. Zum Vergleich soll der Richter nicht drängen und insb. mit Äusserungen über die Prozesschancen zurückhaltend sein. Ein den Parteien unterbreiteter Vorschlag soll im Grossen und Ganzen der Rechtslage entsprechen und so gewissermassen ein Urteilssurrogat bilden (LEUCH/MARBACH/KELLERHALS/STERCHI, Art. 176 ZPO/BE N 3c). **12**

Die Vergleichsverhandlung unterscheidet sich von ihrem Zweck her wesentlich von den übrigen Instruktionsmassnahmen. Sie dient zwar ebenfalls der beförderlichen Beilegung des Streites, doch geschieht dies durch gegenseitige Annäherung und Verständigung der Parteien, was **nicht erzwungen** werden kann. Deshalb trifft die am Termin ausbleibende Partei keine Säumnisfolgen, wenn sie ausschliesslich zu einer Vergleichsverhandlung vorgeladen worden ist. Allerdings hat die Partei, die nicht gewillt ist, Vergleichsgespräche zu führen, dem Gericht dies vorgängig mitzuteilen, andernfalls sie kostenpflichtig werden kann (Art. 108; FRANK/STRÄULI/MESSMER, § 118 ZPO/ZH N 3; LEUENBERGER, Verhalten, 148). Gleiches gilt, soweit zur eigentlichen Instruktion des Prozesses vorgeladen wird, die Partei aber nicht willens ist, die über den Sachverhalt einzig wirklich orientierte Person zur Verhandlung zu entsenden (FRANK/STRÄULI/MESSMER, § 118 ZPO/ZH N 3). **13**

4. Vorbereitung der Hauptverhandlung

An der Instruktionsverhandlung können sodann Fragen der formellen Prozessleitung geklärt und alle Massnahmen getroffen werden, die zur **Vorbereitung und Vereinfachung** des Hauptverfahrens dienen. So kann eine Verhandlung veranlasst werden im Hinblick auf die Festsetzung des Streitwerts (Art. 91 Abs. 2), zur vorläufigen Beschränkung des Prozessthemas (Art. 125 lit. a), für die Grundlagen vorsorglicher Massnah- **14** men (Art. 261) oder zur Vorbereitung der Beweisverfügung bzw. Beweisabnahme (Art. 154; 226 Abs. 3; 231), indem z.b. versucht wird, über die Person des Experten eines gerichtlichen Gutachtens eine Einigung zu erzielen (STAEHELIN/STAEHELIN/ GROLIMUND, § 21 Rz 7). Wenn der Experte feststeht und der Tatbestandskomplex, zu dem er sich äussern soll, zuverlässig erstellt und eingegrenzt ist, kann der Instruktionsrichter das Gutachten sogleich in Auftrag geben (Art. 185 ff.). Alsdann vollzieht er eine Beweisabnahme nach Art. 226 Abs. 3.

IV. Beweisabnahme (Abs. 3)

15   Art. 226 Abs. 3 enthält eine Ermächtigung, schon vor der Hauptverhandlung Beweise abzunehmen. Wie bei den Instruktionskompetenzen lässt sich der **Zweck** nur in der **Prozessbeschleunigung** sehen. Mit Anordnung und Vollzug von Beweisvorkehren muss nicht bis zur Hauptverhandlung zugewartet werden, wenn sie ebenso gut vorgängig getroffen werden können und zur konzentrierten Durchführung der Hauptverhandlung beitragen. Allerdings kann es nicht darum gehen, die Beweisführung vollständig in das Instruktionsverfahren vorzuverlegen, denn «die Beweise» nimmt das Gericht an der Hauptverhandlung ab (Art. 231). Das gilt in besonderem Masse für Beweise, bei deren Würdigung es auf den persönlichen Eindruck ankommt, wie dies namentlich auf Zeugen- und Parteiaussagen, ein mündlich erstattetes Gutachten oder u.U. einen Augenschein zutrifft. Nach dem Unmittelbarkeitsprinzip hat die Abnahme solcher Beweise grundsätzlich vor dem erkennenden Gericht zu erfolgen (s. GULDENER, ZPR , 416). In der bundesrätlichen Botschaft heisst es denn auch nur, dass sich eine Instruktionsverhandlung für eine **erste Beweisabnahme** empfehlen könne (BOTSCHAFT, 7340).

16   Aus Wortlaut («das Gericht») und Systematik geht hervor, dass sich die Kompetenz des Instruktionsrichters nicht schon aus der Ermächtigungsnorm (Art. 226 Abs. 3), sondern aus der allgemeinen Bestimmung über die Beweisabnahme und deren Delegation herleitet (Art. 155). Die in Art. 155 Abs. 2 niedergelegte **Schranke der Delegationsmöglichkeit** ist deshalb auch vom Instruktionsrichter zu beachten. Die Beweisabnahme bleibt stets dem erkennenden Gericht vorbehalten, wenn es eine Partei aus wichtigen Gründen verlangt, d.h. ein überwiegendes Interesse daran hat (Art. 155 Abs. 2; BOTSCHAFT ZPO, 7313). Auf entsprechenden Antrag hin hat der Instruktionsrichter mithin eine Interessenabwägung vorzunehmen. Er hat den (prozessökonomischen) Nutzen einer vorgezogenen Beweisabnahme gegen das Interesse der Partei, die eine Abnahme vor dem erkennenden Gericht verlangt, abzuwägen. Je mehr das Beweismittel für eine Abnahme nach dem Unmittelbarkeitsprinzip spricht und je grösser seine Bedeutung für den Prozessausgang ist, desto gewichtiger erscheint das Parteiinteresse. Dabei ist zu berücksichtigen, dass eine erfolgte Beweisabnahme an der Hauptverhandlung grundsätzlich nicht wiederholt wird (Art. 231 N 3).

17   Im Übrigen liegt die vorgezogene **Beweisabnahme im Ermessen** des Gerichts bzw. des Instruktionsrichters. Eine Beschränkung in dem Sinn, dass der Instruktionsrichter nur bestimmte der in Art. 168 vorgesehenen Beweismittel abnehmen könnte, enthält das Gesetz nicht, doch soll sich sein Ermessensentscheid am Leitgedanken der Prozessbeschleunigung orientieren. In Betracht kommen daher: Beweiserhebungen, die sich gezielt auf bestimmte Fragen beschränken, um ein weitläufiges Beweisverfahren an der Hauptverhandlung zu vermeiden; Beweisabnahmen bei Dringlichkeit (auch als vorsorgliche Beweisführung, Art. 158); und vor allem Massnahmen mit dem Ziel, vorgängig zur Hauptverhandlung schriftliches Beweismaterial zu beschaffen und abzunehmen. So kann der Instruktionsrichter schriftliche Auskünfte einholen (Art. 190), Urkunden, die sich im Gewahrsam der Gegenpartei oder Dritten befinden, herausverlangen (Art. 177–180) oder

ein schriftliches Gutachten vom Experten (nach dem Expertenbestellverfahren) erstellen lassen (Art. 183–188).

Die Beweisabnahme setzt nach Art. 154 den **Erlass einer Beweisverfügung** voraus. Diese allgemeine Vorschrift wird auch zu beachten sein, wenn die Beweise schon im Instruktionsverfahren abgenommen werden sollen. In der Beweisverfügung ist insb. bekannt zu geben, welche Partei für welche der beweisbedürftigen Tatsachen mit welchen Beweismitteln zugelassen wird (Art. 154). Die Beweisverfügung ist eine unentbehrliche Grundlage für eine gezielte Beweisabnahme, die den Prozess auf einen Endentscheid auszurichten vermag. Vor der Instruktionsverhandlung ist es dem Richter allerdings nicht möglich, eine den ganzen Prozessstoff umfassende Verfügung zu treffen. Dazu ist er frühestens in der Lage, nachdem die Parteien ihre Tatsachenbehauptungen und Beweismittel vervollständigt haben. Es besteht indes die Möglichkeit, dass er die Beweisverfügung aufgrund der Rechtsschriften vorbereitet, am Instruktionstermin ergänzt und – wie an der Hauptverhandlung (Art. 231 N 2) – zusammen mit den Parteien bereinigt. Die (allenfalls bereinigte) Beweisverfügung ist als prozessleitende Verfügung in das Protokoll aufzunehmen (Art. 235 Abs. 1 lit. e) und den Parteien mittels Protokollauszug am Termin zu übergeben oder später auf dem Wege der Zustellung zu eröffnen (zur beschränkten Anfechtbarkeit s. Art. 231 N 2). Hernach kann der Instruktionsrichter die Beweise vor und im Hinblick auf die Hauptverhandlung abnehmen, was er in dem Masse tun soll, wie es der Vereinfachung des Verfahrens dient und das Unmittelbarkeitsprinzip nicht eine Abnahme durch das erkennende Gericht erheischt. Im Interesse der Prozessbeschleunigung dürfte auch zulässig sein, eine (vorerst) beschränkte Beweisverfügung zu treffen, um unmittelbar am Instruktionstermin selbst zur Beweisabnahme zu schreiten, z.B. durch Anordnung einer Parteibefragung oder eines Augenscheins. Die Form der Beweisabnahme richtet sich nach den Vorschriften über die einzelnen Beweismittel (Art. 169–193).

18

Die Beweisabnahme ist von den Massnahmen der Prozessinstruktion **abzugrenzen**. Ergänzende Sachvorbringen der Parteien, auch auf richterliche Frage hin, bilden Elemente des Behauptungsstadiums, im Unterschied zur Parteibefragung (Art. 191) und zur Beweisaussage (Art. 192), die Beweismittel sind (KUMMER, ZPR, 174). Werden die Parteiaussagen nicht oder nicht vorschriftsgemäss in ein förmliches Beweismittel gekleidet, kommt ihnen keine andere Bedeutung als jene einer Parteibehauptung zu (BOTSCHAFT ZPO, 7326) mit der Folge, dass darüber allenfalls an der Hauptverhandlung Beweis zu führen ist.

19

Art. 227

Klageänderung

¹ Eine Klageänderung ist zulässig, wenn der geänderte oder neue Anspruch nach der gleichen Verfahrensart zu beurteilen ist und:
   a. mit dem bisherigen Anspruch in einem sachlichen Zusammenhang steht; oder
   b. die Gegenpartei zustimmt.

² Übersteigt der Streitwert der geänderten Klage die sachliche Zuständigkeit des Gerichts, so hat dieses den Prozess an das Gericht mit der höheren sachlichen Zuständigkeit zu überweisen.

³ Eine Beschränkung der Klage ist jederzeit zulässig; das angerufene Gericht bleibt zuständig.

Art. 227

3. Titel: Ordentliches Verfahren

Modification de la demande

[1] La demande peut être modifiée si la prétention nouvelle ou modifiée relève de la même procédure et que l'une des conditions suivantes est remplie:
a. la prétention nouvelle ou modifiée présente un lien de connexité avec la dernière prétention;
b. la partie adverse consent à la modification de la demande.

[2] Lorsque la valeur litigieuse de la demande modifiée dépasse la compétence matérielle du tribunal, celui-ci la transmet au tribunal compétent.

[3] La demande peut être restreinte en tout état de la cause; le tribunal saisi reste compétent.

Mutazione dell'azione in corso di causa

[1] La mutazione dell'azione è ammissibile se la nuova o ulteriore pretesa deve essere giudicata secondo la stessa procedura e:
a. ha un nesso materiale con la pretesa precedente; o
b. la controparte vi acconsente.

[2] Se il valore litigioso dopo la mutazione dell'azione eccede la sua competenza per materia, il giudice adito rimette la causa al giudice competente per il maggior valore.

[3] Una limitazione dell'azione è sempre ammissibile; in tal caso, rimane competente il giudice adito.

Inhaltsübersicht

	Note
I. Grundlagen	1
1. Normzweck	1
2. Zum Streitgegenstandsbegriff	2
II. Klageänderung (Abs. 1)	6
1. Begriff	6
2. Zulässigkeit	11
3. Verfahren	23
III. Überweisung (Abs. 2)	27
IV. Beschränkung der Klage (Abs. 3)	30

Literatur

O. HAUS, Der Streitgegenstand im schweizerischen Zivilprozess, Diss. Zürich 1981; G. LEUCH, Klageänderung, ZBJV 1919, 13 ff.; CH. ROHNER, Klageänderung, AJP 2001, 7 ff.; TH. SOLIVA, Die Klageänderung nach zürcherischem Zivilprozessrecht, Diss. Zürich 1992; TH. SUTTER-SOMM, Die Verfahrensgrundsätze und die Prozessvoraussetzungen, ZZZ 2007, 301 ff.; G. VON ARX, Der Streitgegenstand im schweizerischen Zivilprozess, Diss. Basel 2007; G. WALTER, Der Streitgegenstand, recht 1990, 33 ff.

I. Grundlagen

1. Normzweck

1 Das Institut der Klageänderung (Art. 227/230) relativiert den Grundsatz, dass die Klage nach ihrer Einreichung bei Gericht fixiert ist. In gewissen Schranken wird dem Kläger erlaubt, seine Klage an die Veränderung tatsächlicher Verhältnisse anzupassen oder eine bessere Einsicht in das Streitverhältnis auszuwerten. Der rechtshängige Prozess soll nicht auf der Grundlage von falschen oder ungenügenden Tatsachen zu Ende geführt werden müssen; ein Verbot der Klageänderung liefe einem effizienten Rechtsschutz zuwider. Demgegenüber verlangen die Eventualmaxime sowie der Schutz des Beklagten, der sich

auf ein bestimmtes Rechtsbegehren eingestellt hat, dass die Klageänderung nicht schrankenlos zulässig ist. Die Regelung der Klageänderung dient somit einerseits der **Prozessökonomie** und der **materiellen Wahrheitsfindung**, andererseits der **Rechtssicherheit** und dem **Schutz der beklagten Partei** (von ARX, 95 f.; FRANK/STRÄULI/MESSMER, § 61 ZPO/ZH N 1; KUMMER, ZPR, 113). Um diesem Spannungsverhältnis gerecht zu werden, lässt das Gesetz eine Klageänderung bis zu Beginn der Hauptverhandlung mit der nötigen Grosszügigkeit zu (Art. 227), danach nur noch unter den erschwerten Voraussetzungen des Novenrechts (Art. 230).

2. Zum Streitgegenstandsbegriff

Klageänderung meint Änderung des Streitgegenstandes. Ob überhaupt eine streitgegenstandsverändernde Klage vorliegt, entscheidet sich – ebenso wie Fragen der materiellen Rechtskraft, der Rechtshängigkeit (Art. 64) oder des Klagerückzugs (Art. 65) – an der **Identität des Streitgegenstandes**. Dazu bestehen verschiedene Lehrmeinungen (HABSCHEID, Rz 375 ff.; VOGEL/SPÜHLER, Kap. 8 Rz 7 ff.). Nach der Theorie des Lebensvorganges wird die Klage durch das Rechtsbegehren und den ihm zugrunde liegenden Lebenssachverhalt (Klagefundament bzw. -grund) identifiziert. Dieser zweigliedrig verstandene Streitgegenstandsbegriff ist in Lehre und Praxis vorherrschend, soweit ein nichtindividualisiertes Rechtsbegehren (z.B. Klage auf Bezahlung einer Geldsumme) im Streit liegt. Im Streit um individualisierte Rechtsbegehren (z.B. Klage auf Zusprechung von Eigentum oder auf Bestehen oder Nichtbestehen eines Rechtsverhältnisses) bedarf es des Lebenssachverhalts zur Identifizierung dagegen nicht. Der Streitgegenstand hängt hier allein vom Rechtsbegehren ab (KUMMER, Klagerecht, 72 ff.; GULDENER, ZPR, 197 ff.; VOGEL/SPÜHLER, Kap. 8 Rz 8; **a.A.** HABSCHEID, Rz 388; BGE 97 II 390 E. 4; 112 II 268 E. I/2b; 116 II 738 E. 2 und 3; 123 III 16 E. 2a; 128 III 284 E. 3; anders BGE 98 II 150 E. 3 im Sinne eines umfassenden Rechtsschutzes bei der Einrede der abgeurteilten Sache).

Das Gesetz enthält keine Definition des «Streitgegenstandes», wiewohl es den Terminus an verschiedenen Stellen verwendet (Art. 64, 65, 202 Abs. 2, 209 Abs. 2 lit. b, usw.). Für die Klageänderung (Art. 227/230) lässt sich entstehungsgeschichtlich ausmachen, dass das Gesetz einem **zweigliedrigen Streitgegenstandsbegriff** im Sinne der herrschenden Lehre und Rechtsprechung folgt (N 2; vgl. auch BOTSCHAFT ZPO, 7278). Gemäss dem Bericht zum Vorentwurf besteht eine Klageänderung in einer Änderung des Rechtsbegehrens oder in einer Änderung des Klagefundamentes (Bericht, 107). Diese Formulierung definiert den Streitgegenstand zweigliedrig, indem sie den dem Rechtsbegehren zugrunde liegenden Lebenssachverhalt als zweites, wesentliches Element umfasst. In der Entstehungsgeschichte wurde sodann mehrfach der enge Zusammenhang zwischen Klageänderung und Novenrecht betont (BOTSCHAFT, 7341; AmtlBull StR 2008 728; AmtlBull NR 2008 1629). Eine Koordination der beiden Fragen erfolgt gesetzessystematisch durch Art. 230 für Klageänderungen nach Beginn der Hauptverhandlung. Eine solche Systematik impliziert, dass Änderungen des Sachverhalts sowohl unter dem Gesichtspunkt der Klageänderung als auch unter jenem der Eventualmaxime erfasst werden, der Streitgegenstand mithin zweigliedrig aufgefasst wird (ROHNER, AJP 2001, 15 Ziff. 43). Daraus ergibt sich, dass Noven – neben den allgemeinen Schranken (Art. 229) – den Zulässigkeitsvoraussetzungen der Klageänderung unterworfen werden (Art. 230), soweit sie streitgegenstandsverändernd sind; zugleich aber auch, dass der Kläger vor Beginn der Hauptverhandlung über den Klagegrund ebenfalls nicht frei verfügen kann (Art. 227).

Als **massgebender Zeitpunkt** zur Bestimmung der Identität des Streitgegenstandes gilt spätestens und im Normalfall die Einreichung der Klage bei Gericht. Die Klageeinreichung begründet die Rechtshängigkeit, wenn vorgängig kein Schlichtungsversuch durchgeführt wurde (Art. 62 Abs. 1, zweite Variante; vgl. Art. 197/198). Hat ein solcher stattgefunden, ist zwar das Verfahren bereits mit Einreichung des Schlichtungsgesuches rechtshängig geworden (Art. 62 Abs. 1, erste Variante). Die Klageänderung betrifft jedoch das Erkenntnisverfahren, und Art. 227 erwähnt das «angerufene Gericht» (Abs. 3). Dass im Schlichtungsgesuch die Gegenpartei, das Rechtsbegehren und der Streitgegenstand zu bezeichnen sind (Art. 202 Abs. 2), will nicht besagen, dass der Streitgegenstand bereits identifiziert wird, sondern nur, dass der Streit überhaupt individualisiert werden kann (BOTSCHAFT ZPO, 7331). Die Fixation des Streitgegenstandes wird bei den Wirkungen der Rechtshängigkeit – im Unterschied etwa zur Sperrwirkung der Litispendenz und zur Festlegung des Gerichtsstandes (Art. 64 Abs. 1 lit. a und b) – gerade nicht genannt. Auch in der Sache ist es nicht gerechtfertigt, wenn eine Änderung des Streitgegenstandes im Schlichtungsverfahren nur unter den Voraussetzungen von Art. 227 möglich wäre. An die Formulierung des Schlichtungsgesuchs dürfen keine hohen Anforderungen gestellt werden (BOTSCHAFT ZPO, 7331). Zudem werden die Verteidigungsrechte des Beklagten nicht wesentlich verkürzt. Entscheidend ist, dass er zu den Änderungen Stellung nehmen kann und ihm die Möglichkeit zu einer friedlichen Streitbeilegung gegeben wird (BÜHLER/EDELMANN/KILLER, § 185 ZPO/AG N 2). Das Rechtsbegehren der klagenden Partei bzw. der Streitgegenstand wird daher erst mit Ausstellung der Klagebewilligung auf seinen Wortlaut fixiert (Art. 209 Abs. 2 lit. b). Normalerweise wird das Rechtsbegehren der bewilligten Klage für die Eingabe ans Gericht in unveränderter Form übernommen. Wenn allerdings eine Veränderung erfolgt, ist zu prüfen, ob dies eine Klageänderung darstellt, und wenn ja, ob sie zulässig ist oder nicht (BÜHLER/EDELMANN/KILLER, § 185 ZPO/AG N 2). Zum Vorgehen bei Nichtzulassung der Klageänderung s. N 25 und Art. 220 N 10.

5   Die **Klage** wird in objektiver Hinsicht durch den Streitgegenstand, in **subjektiver Hinsicht** durch die Personen der Parteien identifiziert. Die Bestimmungen über den Parteiwechsel (Art. 83) gehen den Regeln der Klageänderung als leges speciales vor (STAEHELIN/STAEHLIN/GROLIMUND, § 14 Rz 44). Die nachträgliche Einbeziehung eines weiteren notwendigen Streitgenossen auf Seiten der klagenden oder beklagten Partei stellt keine Klageänderung dar. Die Identität der Klage bleibt gewahrt (GULDENER, ZPR, 298 f.). Bei der einfachen Streitgenossenschaft werden zwar in der Klage mehrere Ansprüche gehäuft (subjektive Klagehäufung). Klageänderung meint jedoch Änderung des Streitgegenstandes zwischen den identischen Parteien oder ihren Rechtsnachfolgern, womit funktionelle Parteiidentität gegeben ist (HABSCHEID, Rz 380 FN 19). Nach dieser Begriffsbildung ist die nachträgliche Einbeziehung eines einfachen Streitgenossen nicht den Regeln über die Klageänderung zu unterstellen. Der rechtshängige Prozess kann gemäss Art. 126 indes sistiert und später mit einer selbständig eingereichten Klage gegen einen weiteren Streitgenossen vereinigt werden (Art. 125 lit. c).

II. Klageänderung (Abs. 1)

1. Begriff

6   Unter **Klageänderung** i.S.v. Art. 227 ist jede inhaltliche Änderung der Klage zu verstehen, durch die sie ihre objektive Identität einbüsst. Dem zweigliedrigen Streitgegenstandsbegriff entsprechend tritt eine Klageänderung ein, wenn der Kläger sein Rechtsbegehren **und/oder** das zugrunde liegende Klagefundament derart abändert, dass ein neuer Streitgegenstand vorliegt (N 2 f.; GULDENER, ZPR, 199 ff., 235; HABSCHEID, Rz 415; ROSENBERG/SCHWAB/GOTTWALD, § 98 Rz 9 f.).

Klageänderung mittels Änderung des **Rechtsbegehrens** erfolgt, wenn der Kläger mehr oder anderes als im ursprünglichen Rechtsbegehren verlangt. Das Gesetz unterscheidet zwei Erscheinungsformen: (1) Wird das Rechtsbegehren nachträglich ergänzt oder erweitert, indem der Klage ein neues Begehren als Haupt- oder Eventualbegehren beigestellt wird, schlägt sich die Klageänderung in einem «*geänderten Anspruch*» nieder (Klageerweiterung). Eine solche Klageerweiterung erfolgt z.B. dadurch, dass der eingeklagte Anspruch bzw. die Klagesumme erhöht, eine weitere verfallene Hauptforderung in die Klage miteinbezogen oder die Klage durch Aufnahme eines eventuellen Begehrens ergänzt wird (LEUCH/MARBACH/KELLERHALS/STERCHI, Art. 94 ZPO/BE N 5). (2) Wird das Rechtsbegehren der ursprünglichen Klage ersetzt und an dessen Stelle eine neue Rechtsfolge begehrt, wird mit der Klageänderung ein «*neuer Anspruch*» erhoben (Klageänderung im engeren Sinn). 7

Klageänderung erfolgt durch Änderung des **Klagefundamentes bzw. -grundes**, wenn der Kläger zur Begründung seiner Klage den Sachverhalt auswechselt. In diesem Fall macht er ebenfalls einen «*neuen Anspruch*» geltend. Als Klagegrund ist der Lebensvorgang zu betrachten, d.h. der ganze Komplex von Tatsachen, der nach natürlicher Betrachtungsweise und der Verkehrsauffassung ein einheitliches Geschehen darstellt (GULDENER, ZPR, 201; HABSCHEID, Rz 387). Der Lebensvorgang bzw. Klagegrund wird häufig durch ein bestimmtes Rechtsverhältnis umrissen und dadurch begrenzt (z.B. Vertrag); wird die Klage aus einem Ereignis hergeleitet, ist dieses selber der Klagegrund (LEUCH/MARBACH/KELLERHALS/STERCHI, Art. 94 ZPO/BE N 3). Geht der Kläger dazu über, die Klage aus einem anderen Lebensvorgang herzuleiten, bedingt dies oft, aber nicht notwendigerweise eine Anpassung des ursprünglichen Rechtsbegehrens. 8

In folgenden Fällen wird der Streitgegenstand nicht in relevanter Weise geändert und liegt daher **keine Klageänderung** vor (s. LEUENBERGER/UFFER-TOBLER, § 72 ZPO/SG N 3 lit. b; FRANK/STRÄULI/MESSMER, § 61 ZPO/ZH N 2): 9

– wenn die Klage im Schriftenwechsel oder an einer Instruktionsverhandlung auf zusätzliche Tatsachen aus dem gleichen Lebensvorgang gestützt wird;

– wenn das Rechtsbegehren bloss anders formuliert oder verdeutlicht wird oder wenn offensichtliche Rechnungs- und Schreibfehler berichtigt werden. Zwecks Verdeutlichung darf das äussere Gewand der Klage jederzeit angepasst werden;

– wenn der Antrag auf Aufrechnung von periodischen Leistungen lautete und die seit Klageeinreichung fällig gewordenen Raten berücksichtigt werden;

– wenn das Rechtsbegehren nachträglich eingeschränkt wird (Art. 227 Abs. 3; N 29 ff.);

– wenn das Hauptbegehren zugunsten eines von Anfang an gestellten Eventualbegehrens zurückgezogen wird;

– wenn das Rechtsbegehren einer unbezifferten Forderungsklage nachträglich beziffert wird (Art. 85);

– wenn nachträglich ein (notwendiger) Streitgenosse in den Prozess einbezogen werden soll (N 5);

– wenn lediglich Nebenpunkte wie Verzugszinsen, Parteikosten oder die Aufhebung des Betreibungsvorschlags nachgebracht werden (**a.A.** LEUCH/MARBACH/KELLERHALS/ STERCHI, Art. 94 ZPO/BE N 5; GULDENER, ZPR, 236, geht bei Verzugszinsen von einer per se zulässigen Klageänderung aus). Das nachträgliche Vorbringen weitergehender Nebenbegehren (z.B. Begehren um Urteilspublikation) ist dagegen als Klageänderung zu betrachten. Da solche Nebenbegehren in einem engen Zusammenhang zum Hauptbegehren stehen, sind sie als Klageänderung meist zulässig. In der Hauptverhandlung unterstehen sie indessen der zusätzlichen Schranke des Novenrechts (Art. 230 Abs. 1 lit. b), was zum Schutze des Beklagten gerechtfertigt erscheint. Aus Art. 91 zur Streitwertberechnung lässt sich nichts anderes ableiten, da der Streitwert mit dem Streitgegenstand nicht ohne weiteres gleichgesetzt werden darf (vgl. VON ARX, 104).

10 Die **Klage bleibt unverändert**, wenn der Kläger lediglich einen anderen Rechtsgrund für den eingeklagten Streitgegenstand vorbringt oder dessen Bewertung ändert. So kann der Kläger nachträglich ohne Erhöhung der Klagesumme und gestützt auf den gleichen Lebensvorgang neben Schadenersatz Genugtuung verlangen; die gleiche Forderung, die er wegen Nichterfüllung erhoben hat, später mit ungerechtfertigter Bereicherung oder unerlaubter Handlung (Täuschung) begründen, wenn sich der Vertrag als rechtsungültig herausstellt; oder die Berechnungsweise seines Schadenersatzes ändern, indem er den Schaden statt nach Art. 99 ff. nach Art. 191 Abs. 2 und 3 OR berechnet oder statt des konkreten Schadens den abstrakten Schaden nachweist (FRANK/STRÄULI/MESSMER; § 61 ZPO/ZH N 13; VON ARX, 107). Das Gericht hat die Klage unter allen rechtlichen Gesichtspunkten zu prüfen und ist an eine unrichtige rechtliche Begründung der Parteien nicht gebunden. Immerhin beschränkt sich die richterliche Kognition auf den eingeklagten Streitgegenstand, weil das Gericht im Anwendungsbereich der Dispositionsmaxime nicht mehr oder anderes als verlangt zusprechen darf (Art. 58 Abs. 1).

2. Zulässigkeit

a) Sachlicher Zusammenhang oder Zustimmung der Gegenpartei

11 Ohne Zustimmung der Gegenpartei ist eine Klageänderung nur zulässig, wenn zwischen der ursprünglichen und der geänderten Klage ein **sachlicher Zusammenhang** besteht. Das Erfordernis des sachlichen Zusammenhangs (Konnexität) gilt auch für den Gerichtsstand der Widerklage (Art. 14 Abs. 1), die anfängliche objektive Klagehäufung (Art. 15 Abs. 2; Art. 90) und die Überweisung zusammenhängender Verfahren (Art. 127). Bei der Klageänderung ist von deren Sinn und Zweck auszugehen, eine rasche und effiziente gesamthafte Erledigung zusammenhängender Streitsachen zu ermöglichen, ohne die Verteidigung des Beklagten ungebührlich zu erschweren (N 1). Der vorausgesetzte Sachzusammenhang ist gegeben, wenn der geänderte oder neue Anspruch aus dem gleichen oder einem benachbarten Lebensvorgang entstanden ist (Bericht zum Vorentwurf, 107; FRANK/STRÄULI/MESSMER, § 61 ZPO/ZH N 11; VON ARX, 107). Die Klageänderung ist vor der Hauptverhandlung unabhängig davon zulässig, ob die sie veranlassende Tatsache bereits bei Einreichung der Klage gegeben war oder erst seither eingetreten ist (nach Beginn der Hauptverhandlung gilt Art. 230; s. dort N 5–7).

12 In Anlehnung an BGE 129 III 230 E. 3 (zur Konnexität beim Widerklagegerichtsstand) ist das Konnexitätserfordernis auch für die Zulässigkeit der Klageänderung in einer **dreistufigen Abfolge** zu untersuchen. Betreffen die Ansprüche den gleichen (identischen) Lebensvorgang, sind sie namentlich Ausfluss desselben Vertrags oder Rechtsverhältnisses, hat das Erfordernis darüber hinaus keine weitergehende Bedeutung (1). Werden die Ansprüche aus verschiedenen Lebensvorgängen abgeleitet, ist zu fragen, ob die geänderte Klage immerhin auf einem gleichartigen (konnexen) Tatbestand beruht (2). Trifft das auch nicht mehr zu, bleibt schliesslich die Frage, ob eine Klageänderung allenfalls allein deshalb zuzulassen ist, weil zwischen den Ansprüchen ein enger rechtlicher Zusammenhang besteht (3); offen gelassen für die Widerklage in BGE 129 III 230 E. 3). Im Einzelnen:

13 (1) **Ansprüche sind ohne weiteres konnex**, wenn sie dem gleichen Rechtsverhältnis, d.h. dem gleichen Lebensvorgang, entstammen, oder das gleiche Objekt betreffen (FRANK/

STRÄULI/MESSMER, § 61 ZPO/ZH N 6; s.a. LEUCH/MARBACH/KELLERHALS/STERCHI, Art. 94 ZPO/BE N 5; LEUENBERGER/UFFER-TOBLER, § 72 ZPO/SG N 5a; BÜHLER/EDELMANN/KILLER, § 185 ZPO/AG N 8/9). Da der Klagegrund hier unverändert bleibt, erfolgt die Klageänderung nur durch das Stellen neuer Anträge. Alsdann besagt Konnexität nichts anderes, als dass das geänderte Rechtsbegehren in einem tatsächlichen Zusammenhang zum ursprünglichen (mehr oder minder richtig und vollständig) behaupteten Klagegrund steht.

Beispiele für eine zulässige Klageerweiterung («geänderter Anspruch»):

- Ausdehnung der Klage auf in der Zwischenzeit fällig gewordene Teilleistungen wie Lohn, Miet- oder Kapitalzinsen oder Teillieferung;
- Erhöhung des Schadenersatzanspruches, der im Laufe des Prozesses grösser geworden ist;
- Einbezug eines zusätzlichen Konventionalstrafanspruchs wegen erneuter Widerhandlung gegen das Konkurrenzverbot;
- Erweiterung der Klage auf zusätzliche (kumulative) Ansprüche: Neben Verzugszinsen wird Schadenersatz für den entstandenen Schaden verlangt (Art. 106 OR), neben Schadenersatz auch Genugtuung begehrt, ausser der Forderung – binnen der Prosequierungsfrist – ein Pfand- oder Retentionsrecht geltend gemacht; neben Feststellung der Widerrechtlichkeit wird zusätzlich auf Unterlassung oder Beseitigung des rechtswidrigen Zustandes oder auf Schadenersatz geklagt.

Beispiele für eine zulässige Klageänderung im engeren Sinn («neuer Anspruch»):

- Austausch der Feststellungsklage durch eine Leistungsklage (z.B. Rückforderung des inzwischen im Betreibungsverfahren Bezahlten, vgl. BGer, 5P.241/2004, E. 3.1). Zum umgekehrten Fall s. N 30;
- Umwandlung der Feststellungsklage in eine Gestaltungsklage (z.B. an Stelle der Feststellung, dass die einfache Gesellschaft durch Kündigung aufgelöst sei, wird deren Auflösung aus wichtigem Grund verlangt [Art. 545 Abs. 1 Ziff. 7 und Abs. 2 OR]; WALDER/GROB, § 27 N 18);
- Ersetzung des Unterlassungs- durch ein Beseitigungsbegehren (Art. 28a Abs. Ziff. 1 und 3 ZGB), wenn die Wiederholungsgefahr einer erneuten Persönlichkeitsverletzung im Laufe des Prozesses wegfällt (BGE 95 II 481 E. 11);
- an Stelle der Vertragserfüllung wird nach Eintritt der Unmöglichkeit Schadenersatz wegen Nichterfüllung (Art. 97 OR) oder Rückgabe der Gegenleistung (Art. 119 Abs. 2 OR) verlangt;
- an Stelle des Anspruchs auf Herausgabe einer widerrechtlich entzogenen Sache wird ein Schadenersatzanspruch erhoben (Art. 927 ZGB);
- statt Minderung des Kaufpreises wird Wandlung des Kaufes (oder umgekehrt) verlangt (Art. 205 OR);
- an Stelle eines dinglichen wird ein obligatorisches Recht auf Benutzung eines fremden Grundstückes geltend gemacht;
- infolge dinglicher Surrogation wird statt der Sache A die Sache B verlangt.

16 (2) **Ansprüche sind noch konnex**, wenn sie aus verschiedenen, aber benachbarten Lebensvorgängen hergeleitet werden. Das Konnexitätserfordernis eröffnet hier einen gewissen Entscheidungsspielraum, wiewohl der Kläger unter der gegebenen Voraussetzung einen Anspruch darauf hat, mit der Klageänderung zugelassen zu werden. Hilfsweise hat in die Beurteilung einzufliessen, inwieweit sich die Änderung auf die Rechtsstellung des Beklagten auswirkt, und insbesondere, ob der bisherige Prozessstoff für die geänderte Klage verwertbar bleibt. Denn je mehr die Maxime der Prozessökonomie gebietet, die Klageänderung zuzulassen, umso näher liegt die Annahme, dass die Ansprüche aus verschiedenen Lebensvorgängen eben doch in enger sachlicher Beziehung zueinander stehen (weitergehend VON ARX, 111 f.). Es darf aber kein völlig neuer Tatbestand in den Prozess eingeführt werden, welcher seinen eigenen Anspruch erzeugt, der sich mit dem aus dem ersten Sachverhalt abgeleiteten Anspruch nicht berührt. Der Kläger kann daher nicht an Stelle des Vertrages 1 einen Vertrag 2 oder statt einer unerlaubten Handlung A eine Handlung B vorbringen – weder zur Begründung des gleichen noch zur Begründung eines neuen Rechtsbegehrens (FRANK/STRÄULI/MESSMER, § 61 ZPO/ZH N 11; LEUCH/MARBACH/KELLERHALS/STERCHI, Art. 94 ZPO/BE N 3 je m.w.H.).

17 *Beispiele* für eine zulässige Klageänderung aufgrund konnexer Lebensvorgänge:

- Hat ein Dritter eine verbürgte Hauptschuld bezahlt, so kann er einen Solidarbürgen A gestützt auf die Zession der verbürgten Forderung belangen und später im Eventualstandpunkt den weiteren Sachverhalt vorbringen, er sei Zessionar des Solidarbürgen B und mache dessen Anspruch aus einem Ausscheidungsvertrag unter mehreren Mitbürgen geltend (vgl. BGE 95 II 242 E. 3);
- Beruft sich der Beklagte gegen eine Erbschaftsklage auf einen Sondertitel (Kauf, Schenkung), so kann der Kläger nachträglich die Spezialklage erheben;
- Im Rahmen des allgemeinen Klagebegehrens auf Feststellung und Teilung des Nachlasses können im Laufe des Prozesses weitere Begehren auf Schuldentilgung, Testamentsanfechtung, Herabsetzung usw. gestellt werden;
- Nach einer Klage auf Ungültigerklärung eines Testamentes kann das Begehren gestellt werden, den Beklagten erbunwürdig zu erklären (vgl. BGE 132 III 305, 315).

18 (3) **Konnexität fehlt** nach der hier vertretenen Auffassung, wenn eine bloss enge rechtliche Beziehung besteht, ohne dass sich die Ansprüche im ursprünglich eingeklagten Sachverhalt berühren. Vorausgesetzt ist ein *sachlicher* Zusammenhang. Dass die Parteien anderweitig (z.B. durch regelmässige Geschäftsbeziehungen oder einen Rahmenvertrag) verbunden sind, genügt für sich allein nicht, um die Klage nachträglich aus einem anderen Vertrag zu begründen. Damit würde die Rechtsstellung des Beklagten über Gebühr beeinträchtigt, und es bestünde die Gefahr einer Verfahrensverschleppung, was sich mit dem Zweck der Klageänderung nicht verträgt. Ohne minimale Übereinstimmung zum bisher eingebrachten Prozessstoff kann eine Klageänderung daher nicht gegen den Willen der Gegenpartei zugelassen werden. Davon ist die Konstellation zu unterscheiden, dass der Sachzusammenhang im objektiven Recht selbst hergestellt wird (z.B. bei dinglicher Surrogation).

19 Mit **Zustimmung der Gegenpartei** ist jede beliebige Änderung der Klage möglich, sofern der geänderte oder neue Anspruch nach der gleichen Verfahrensart zu beurteilen ist. Die Einwilligung ersetzt das Erfordernis des sachlichen Zusammenhangs und stellt insoweit eine alternative Voraussetzung für die Zulässigkeit der Klageänderung dar. Willigt die Gegenpartei ein, erübrigt sich die Frage, ob die geänderte Klage sich noch auf einen benachbarten Lebensvorgang stützt oder ob ein völlig neuer Tatbestand gesetzt wird.

b) Gleiche Verfahrensart

Der geänderte oder neue Anspruch muss in jedem Fall, auch wenn die Gegenpartei in die Klageänderung einwilligt, nach der gleichen Verfahrensart (insbes. ordentliches, vereinfachtes oder summarisches Verfahren) wie der ursprüngliche zu beurteilen sein. Die Voraussetzung der gleichen Verfahrensart kann namentlich Bedeutung erlangen, wenn der eine Anspruch als Streitigkeit i.S.v. Art. 243 Abs. 2 dem vereinfachten Verfahren zugewiesen wird. Die Verfahrensart ist grundsätzlich für beide Ansprüche (vor und nach der Klageänderung) separat zu bestimmen. Richtet sich die Verfahrensart indessen nach der Streitwertgrenze (Art. 243 Abs. 1), ist auf die gesamte, nachträglich erhöhte Klagesumme abzustellen. 20

c) Zuständigkeit

Ausser den in Art. 227 Abs. 1 genannten müssen für die Klageänderung auch die übrigen Prozessvoraussetzungen gegeben sein. Die **örtliche** Zuständigkeit muss auch für die neue Klage bestehen, denn der Grundsatz der *perpetuatio fori* (Art. 64 Abs. 1 lit. b) gilt nur für die ursprüngliche Klage (FRANK/STRÄULI/MESSMER, § 61 ZPO/ZH N 15; LEUCH/MARBACH/KELLERHALS/STERCHI, Art. 94 ZPO/BE N 6 lit. c; **a.A.** BÜHLER/ EDELMANN/KILLER, § 185 ZPO/AG N 11). An einem Gerichtsstand kann es fehlen, wenn der Kläger statt eines dinglichen Rechts neu ein obligatorisches Recht auf Benutzung eines fremden Grundstückes geltend macht, oder wenn der Beklagte vor der Klageänderung den Wohnsitz wechselt (Art. 30 Abs. 2 BV). Allenfalls lässt sich die geänderte Klage auf den Gerichtsstand der (anfänglichen) objektiven Klagenhäufung stützen (Art. 15 Abs. 2 analog). Ferner kann die Zulassung einer neuen Klage auch daran scheitern, dass eine identische Klage bereits andernorts rechtshängig ist und es an der Prozessvoraussetzung des Rechtsschutzinteresses fehlt (Art. 64 Abs. 1 lit. a und d; BÜHLER/EDELMANN/ KILLER, § 185 ZPO/AG N 16). 21

Die **sachliche** Zuständigkeit steht einer Klageänderung nicht entgegen, soweit sich die Zuständigkeit nach dem Streitwert richtet. Wenn der Streitwert der geänderten Klage den Zuständigkeitsbereich des angerufenen Gerichts übersteigt, erfolgt eine Überweisung (Abs. 2); vermindert sich der Streitwert infolge der Klageänderung, bleibt das angerufene Gericht sachlich zuständig (Abs. 3). Diese Bestimmungen sind jedoch nicht anwendbar, wenn ein neuer Klagegrund gesetzt wird und die sachliche Zuständigkeit von der Natur der Klage abhängt (z.B. Arbeitsgericht, Mietgericht, Handelsgericht, oberes Gericht als einzige kantonale Instanz nach Art. 5). Untersteht die neue Klage nicht mehr der ordentlichen Gerichtsbarkeit, sondern der Sondergerichtsbarkeit (oder umgekehrt), ist die Klageänderung unzulässig. Die sachliche Zuständigkeitsordnung ist grundsätzlich zwingender Natur. 22

3. Verfahren

Im **ordentlichen** Verfahren ist eine Klageänderung an sich während des ganzen erstinstanzlichen Verfahrens möglich. *Vor* Beginn der Hauptverhandlung wird die Klageänderung gemäss Art. 227 vollzogen bzw. um deren Zulassung in der Klageschrift ersucht (Änderung der Klage, für welche die Bewilligung erteilt worden ist), im Rahmen eines zweiten Schriftenwechsels oder an einer Instruktionsverhandlung. *Nach* Beginn der Hauptverhandlung – sowie im Berufungsverfahren (Art. 317 Abs. 2) – kann eine Klageänderung jedoch nur noch unter den einschränkenden Voraussetzungen des Novenrechts geltend gemacht werden (Art. 230). 23

24 In sämtlichen **anderen** Verfahrensarten (im vereinfachten, summarischen und in den besonderen familienrechtlichen Verfahren) gilt die Vorschrift über die Klageänderung sinngemäss, soweit das Gesetz nichts anderes bestimmt (Art. 219). Im *vereinfachten* Verfahren kommt Art. 227 zur Anwendung, wenn die Klage vor der mündlichen (Haupt-)Verhandlung geändert wird. Das gilt unabhängig davon, ob die vereinfachte Klage mit oder ohne schriftliche Begründung erhoben wurde (Art. 245 Abs. 1 und 2). Auch mit Einreichung einer begründunglosen Klage wird der Streitgegenstand – wenigstens in Bezug auf das Rechtsbegehren – fixiert. Erfolgt dann eine Klageänderung, z.B. in einem förmlichen Schriftenwechsel oder anlässlich einer Instruktionsverhandlung (Art. 246 Abs. 2), sind die gesetzlichen Änderungsschranken zu beachten. Soweit die Verhandlungsmaxime gilt (Art. 247 Abs. 1), kann die Zulässigkeit einer Klageänderung nach Beginn der (Haupt-)Verhandlung der zusätzlichen Schranke des Novenrechts unterliegen (s. dazu Art. 230 N 11). Im *summarischen* Verfahren ist eine Änderung des Gesuchs unter den Voraussetzungen von Art. 227 bei sinngemässer Anwendung zuzulassen, wenn sie vor Erlass des schriftlichen Entscheids noch berücksichtigt werden kann. Eine damit allfällig verbundene Weiterung des Verfahrens lässt sich zumindest in jenen Fällen rechtfertigen, in denen die Streitsache endgültig beurteilt wird und der Summarentscheid in materielle Rechtskraft erwachsen kann (FRANK/STRÄULI/MESSMER, § 61 ZPO/ZH N 19), wie etwa der Entscheid über das Einsichtsrecht der Gläubiger einer Aktiengesellschaft (Art. 250 lit. c Ziff. 7; Art. 697h Abs. 2 OR; BGE 120 II 354) oder die Ausweisung von Mietern in klaren Fällen (Art. 257). In den *besonderen familienrechtlichen* Verfahren gelten, von den summarischen Angelegenheiten abgesehen, teils die Vorschriften des vereinfachten Verfahrens (Art. 295), teils kommen jene des ordentlichen Verfahrens ergänzend zur Anwendung (BOTSCHAFT ZPO, 7359; so namentlich für die Scheidungsklage). Die *selbständige Unterhaltsklage* des Kindes wird in das vereinfachte Verfahren verwiesen (Art. 295). Da ausnahmsweise die Offizialmaxime gilt (Art. 296 Abs. 3 i.V.m. 58 Abs. 2), ist es der klagenden Partei unbenommen, eine Eingabe an das Gericht im Sinne einer Klageänderung zu richten (SUTTER-SOMM, 314). Eine Änderung der *Scheidungsklage* im Bereich der vermögensrechtlichen Scheidungsfolgen beurteilt sich vor Beginn der Hauptverhandlung gemäss Art. 227; danach gilt Art. 230. Besondere Vorschriften bestehen für die Umwandlung der Scheidungs- in eine Trennungsklage (Art. 293) und umgekehrt (Art. 294 Abs. 2), welche bis zu Beginn der Urteilsberatung zulässig ist.

25 Die Zulässigkeit der Klageänderung ist als **Prozessvoraussetzung** von Amtes wegen zu prüfen. Wird die Zulässigkeit verneint, ist auf die geänderte Klage nicht einzutreten und die ursprüngliche Klage zu beurteilen, sofern der Kläger sie nicht ohnehin mit der Klageänderung zurückziehen wollte. Trifft das zu, ist das Verfahren über die ursprüngliche Klage infolge Rückzugs nach Art. 241 abzuschreiben (HABSCHEID, Rz 419; BÜHLER/EDELMANN/KILLER, § 185 ZPO/AG N 16). Wird die Zulässigkeit bejaht, hat das Gericht über den «geänderten» oder «neuen Anspruch» (N 7/8) ein Urteil auszufällen. Macht der Kläger einen neuen Anspruch geltend, bedeutet dies Rückzug der ursprünglichen Klage (LEUCH/MARBACH/KELLERHALS/STERCHI, Art. 94 ZPO/BE N 6c; BÜHLER/EDELMANN/KILLER, § 185 ZPO/AG N 16). Der Gegenpartei ist in jedem Fall Gelegenheit zu geben, sich zur Zulässigkeit der Klageänderung zu äussern, auch im Hinblick darauf, dass ein Klagerückzug nicht in materielle Rechtskraft erwächst, wenn ihm die Gegenpartei zustimmt (Art. 65 in fine).

26 Über Zulassung oder Ablehnung der Klageänderung wird grundsätzlich im **Endentscheid** befunden. Die Voraussetzungen für einen selbständigen Zwischenentscheid i.S.v. Art. 237 über die Zulassung der geänderten Klage sind im Normalfall nicht gegeben (SOLIVA, 115 f.; BÜHLER/EDELMANN/KILLER, § 185 ZPO/AG N 17). Über die Nichtzulassung ergeht ein (Teil-)Endentscheid, weil in Bezug auf die geänderte Klage ein Nichteintreten erfolgt.

III. Überweisung (Abs. 2)

Übersteigt der Streitwert der geänderten Klage die sachliche Zuständigkeit des angerufenen Gerichts, so erfolgt – wie bei der Widerklage (Art. 224 Abs. 2) – eine **Überweisung** an das sachlich zuständige Gericht (Art. 227 Abs. 2). Für die Berechnung des Streitwertes gelten die Grundsätze von Art. 91 ff. (Art. 4 Abs. 2). Wegen fehlender sachlicher Zuständigkeit darf mithin nicht eine Klageerweiterung i.S.v. Art. 227 Abs. 2 abgelehnt und ein Nichteintretensentscheid ausgefällt werden. 27

Das angerufene Gericht fasst einen Überweisungsentscheid, wobei es sich um einen **Zwischenentscheid** über die sachliche Zuständigkeit handelt, der innerkantonal und vor Bundesgericht anfechtbar ist (vgl. BGE 132 III 178 E. 1). Im Zwischenentscheid sind auch die (bisherigen) Kosten- und Entschädigungsfolgen zu regeln (BOTSCHAFT ZPO, 7296). Das Verfahren vor dem überweisenden Gericht wird mit der Überweisung zwar endgültig abgeschlossen, ein zusätzlicher Nichteintretensentscheid hat deshalb aber nicht zu ergehen. Die Prozessüberweisung ist von Amtes wegen vorzunehmen und setzt die Rechtshängigkeit stillschweigend fort. 28

Keine Prozessüberweisung erfolgt, wenn die sachliche Zuständigkeit wegen Änderung der Klagenatur (ohne Erhöhung der Klagesumme) entfällt. Art. 227 Abs. 2 ist nicht anwendbar (N 22). Da das Gesetz kein allgemeines Institut der Prozessüberweisung kennt, um die damit verbundene Zusatzbelastung der Gerichte zu vermeiden (BOTSCHAFT ZPO, 7277), ist in diesem Fall auf die neue Klage nicht einzutreten. 29

IV. Beschränkung der Klage (Abs. 3)

Eine Beschränkung des Rechtsbegehrens stellt keine Klageänderung dar, sondern einen teilweisen **Klagerückzug** (GULDENER, ZPR, 245; LEUCH/MARBACH/KELLERHALS/STERCHI, Art. 94 ZPO/BE N 9; FRANK/STRÄULI/MESSMER, § 107 ZPO/ZH N 7), weshalb die Klagebeschränkung jederzeit, d.h. bis zu Beginn der Urteilsberatung, zulässig ist. Die (örtliche und sachliche) Zuständigkeit des angerufenen Gerichts bleibt stets gewahrt (Art. 227 Abs. 3). 30

Die Klagebeschränkung erfolgt durch **Rückzug** einzelner Begehren oder durch **Reduktion** eines Leistungsbegehrens, das in zeitlicher oder quantitativer Hinsicht beschränkt wird. Dass sie jederzeit zulässig ist, liegt auch darin begründet, dass die Beschränkung sich auf die Rechtsstellung des Beklagten entlastend auswirkt. Erfolgt sie ohne seine Zustimmung, erwächst der teilweise Klagerückzug in materielle Rechtskraft (Art. 65 in fine). 31

Als Klagebeschränkung wird ferner der **Übergang** vom stärkeren **zum schwächeren Recht** betrachtet. So, wenn der Kläger im Widerspruchsprozess anstelle des zunächst beanspruchten Eigentums ein Pfandrecht geltend macht (BGE 84 I 221; 84 III 159 E. 5) oder wenn er statt der Leistungsklage die Feststellung begehrt, dass ein Anspruch auf die eingeklagte Leistung besteht (GULDENER, ZPR, 235 FN 29; FRANK/STRÄULI/MESSMER, § 107 ZPO/ZH N 7; **a.A.** LEUCH/MARBACH/KELLERHALS/STERCHI; Art. 94 ZPO/BE N 2b). Voraussetzung ist jedenfalls, dass es sich tatsächlich um ein «Weniger» handelt, das im ursprünglichen Rechtsbegehren mitenthalten war. Verlangt der Kläger statt der Ablösung der Dienstbarkeit (Art. 736 ZGB) deren Verlegung (Art. 742 ZGB), so macht 32 er kein Minus, sondern ein Aliud geltend (ZK-LIVER, Art. 736 ZGB N 193/197). Der Übergang von der Scheidungs- in die mindere Trennungsklage ist jederzeit zulässig (Art. 293), was gemäss ausdrücklicher Vorschrift auch in umgekehrter Richtung gilt (Art. 294 Abs. 2).

3. Kapitel: Hauptverhandlung

Art. 228

Erste Parteivorträge	¹ Nach der Eröffnung der Hauptverhandlung stellen die Parteien ihre Anträge und begründen sie.
	² Das Gericht gibt ihnen Gelegenheit zu Replik und Duplik.
Premières plaidoiries	¹ Les parties présentent leurs conclusions et les motivent une fois les débats principaux ouverts.
	² Le tribunal leur donne l'occasion de répliquer et de dupliquer.
Prime arringhe	¹ Aperto il dibattimento, le parti espongono le loro pretese e le motivano.
	² Il giudice dà loro l'opportunità di replicare e duplicare.

Inhaltsübersicht Note

I. Allgemeines 1

II. Parteivorträge 3

Literatur

CH. LEUENBERGER, Das ordentliche Verfahren, ZZZ 2007, 327 ff.

I. Allgemeines

1 Unter **Verhandlung** wird derjenige **Zeitpunkt** verstanden, zu dem die Parteien (oder ein Dritter) zur **Vornahme prozessualer Handlungen vor Gericht** erscheinen sollen (HAUSER/SCHWERI, Vor §§ 189 ff. N 10).

2 Die **Durchführung** der Hauptverhandlung ist, sofern die Parteien nicht gemeinsam auf die Durchführung derselben **verzichten** (Art. 233), insoweit obligatorisch, als bei **unentschuldigtem Ausbleiben beider Parteien** nicht aufgrund der Akten entschieden werden darf, sondern das **Verfahren** als **gegenstandslos abgeschrieben** werden muss (Art. 234 Abs. 2; BOTSCHAFT ZPO, 7342).

II. Parteivorträge

3 Den Parteien steht die Möglichkeit zu, ihre **Anträge** an der Hauptverhandlung zu stellen und diese zu **begründen**. Dies geschieht in **mündlichen Vorträgen**, welche zu Beginn der Verhandlung gehalten werden. **Inhaltlich** haben sich die Vorträge an den **Vorgaben** mit Blick auf die **schriftliche Klagebegründung** und **-antwort** zu orientieren. Die Par-

3. Kapitel: Hauptverhandlung   **Art. 229**

teien können sich nochmals zur Sache äussern, ihre Behauptungen aufstellen und begründen (**Behauptungsphase**). Zur Zulässigkeit **neuer Tatsachen** und **Beweismittel** in den Parteivorträgen oder einer **Klageänderung** äussern sich Art. 229 und 230 (s. diesbezügliche Komm.).

Den Parteien muss es freigestellt bleiben, ihre **mündlich** gemachten **Ausführungen** dem Gericht in **schriftlicher Form** einzureichen. Dies kann den mündlichen Vortrag **nicht ersetzen**. Ebensowenig kann gemäss der hier vertretenen Meinung das in der schriftlichen Fassung Festgehaltene das mündlich Ausgeführte ergänzen. Stimmt der Inhalt des mündlichen Vortrages mit demjenigen in den Plädoyernotizen nicht überein, wird nur das mündlich Vorgetragene zu berücksichtigen sein. Bei inhaltlicher Übereinstimmung des Vortrages und der Notizen ist das Vorgetragene nicht zu protokollieren, da es in den Schriftsätzen enthalten ist. Der Gerichtsschreiber hat sich daher zu vergewissern, ob das Vorgetragene mit den Notizen übereinstimmt, damit nicht einzelne mündliche Vorbringen fehlen oder Ausführungen, welche nur in den Notizen enthalten sind, Eingang in den Prozessstoff finden (Art. 235 N 24; BSK BGG-GELZER, Art. 71 N 6; FRANK/STRÄULI/MESSMER, § 121 ZPO/ZH N 7; HAUSER/SCHWERI, § 150 N 1; LEUENBERGER, 335 f.). Praxisgemäss ist auf den abgegeben Plädoyernotizen zu vermerken, ob diese vor oder nach dem Plädoyer abgegeben wurden.   4

Beiden Parteien steht das Recht auf je **zwei Parteivorträge** zu. Dabei handelt es sich mit Blick auf das Gericht nicht um eine **Kann-Vorschrift**, sondern dass **Gericht** ist **verpflichtet**, den Parteien nach den beiden ersten Vorträgen noch die Möglichkeit des Replizierens und Duplizierens zu geben. Dagegen steht es den Parteien frei, auf ihre **zweiten Vorträge** zu **verzichten.**   5

Bleibt eine der Parteien der Verhandlung fern, hat das Gericht der anwesenden Partei jedenfalls die Möglichkeit einzuräumen, ihre Anträge zu stellen und zu begründen. Dies muss bei uneingeschränktem und beim eingeschränkten Novenrecht, aber auch wegen einer allfälligen Möglichkeit die Klage zu ändern, gelten.   6

Art. 229

Neue Tatsachen und Beweismittel

¹ In der Hauptverhandlung werden neue Tatsachen und Beweismittel nur noch berücksichtigt, wenn sie ohne Verzug vorgebracht werden und:
    a. erst nach Abschluss des Schriftenwechsels oder nach der letzten Instruktionsverhandlung entstanden oder gefunden worden sind (echte Noven); oder
    b. bereits vor Abschluss des Schriftenwechsels oder vor der letzten Instruktionsverhandlung vorhanden waren, aber trotz zumutbarer Sorgfalt nicht vorher vorgebracht werden konnten (unechte Noven).

² Hat weder ein zweiter Schriftenwechsel noch eine Instruktionsverhandlung stattgefunden, so können neue Tatsachen und Beweismittel zu Beginn der Hauptverhandlung unbeschränkt vorgebracht werden.

³ Hat das Gericht den Sachverhalt von Amtes wegen abzuklären, so berücksichtigt es neue Tatsachen und Beweismittel bis zur Urteilsberatung.

Art. 229

Faits et moyens de preuve nouveaux

¹ Les faits et moyens de preuve nouveaux ne sont admis aux débats principaux que s'ils sont invoqués sans retard et qu'ils remplissent l'une des conditions suivantes:
a. ils sont postérieurs à l'échange d'écritures ou à la dernière audience d'instruction ou ont été découverts postérieurement (novas proprement dits);
b. ils existaient avant la clôture de l'échange d'écritures ou la dernière audience d'instruction mais ne pouvaient être invoqués antérieurement bien que la partie qui s'en prévaut ait fait preuve de la diligence requise (novas improprement dits).

² S'il n'y a pas eu de second échange d'écritures ni de débats d'instruction, les faits et moyens de preuves nouveaux sont admis à l'ouverture des débats principaux.

³ Lorsqu'il doit établir les faits d'office, le tribunal admet des faits et moyens de preuve nouveaux jusqu'aux délibérations.

Nuovi fatti e nuovi mezzi di prova

¹ Nel dibattimento nuovi fatti e nuovi mezzi di prova sono considerati soltanto se vengono immediatamente addotti e:
a. sono sorti o sono stati scoperti soltanto dopo la chiusura dello scambio di scritti o dopo l'ultima udienza di istruzione della causa; oppure
b. sussistevano già prima della chiusura dello scambio di scritti o prima dell'ultima udienza di istruzione della causa, ma non era possibile addurli nemmeno con la diligenza ragionevolmente esigibile tenuto conto delle circostanze.

² Se non vi sono stati né un secondo scambio di scritti né un'udienza di istruzione della causa, nuovi fatti e nuovi mezzi di prova possono essere addotti all'inizio del dibattimento, senza alcuna limitazione.

³ Quando deve chiarire d'ufficio i fatti, il giudice considera i nuovi fatti e i nuovi mezzi di prova fino alla deliberazione della sentenza.

Inhaltsübersicht   Note

I. Allgemeines   1
II. Neue Tatsachen und Beweismittel   3
    1. Tatsachen   3
    2. Beweismittel   4
    3. Neue Tatsachen und Beweismittel   5
III. Echte und unechte Noven   7
IV. Ausgestaltung des Novenrechts   8
    1. Allgemeines   8
    2. Zulässigkeit von echten Noven gemäss Art. 229 Abs. 1 lit. a ..   10
    3. Zulässigkeit von unechten Noven gemäss Art. 229 Abs. 1 lit. b   12
    4. Zulässigkeit von Noven gemäss Art. 229 Abs. 2   14
    5. Zulässigkeit von Noven gemäss Art. 229 Abs. 3   17
V. Vorgehen seitens des Gerichts bei Geltendmachung von Noven   18

I. Allgemeines

1 Die **Eventualmaxime** dient vorab einer raschen Prozesserledigung. Sie regelt die Frage, bis zu welchem Zeitpunkt des Prozesses das Gericht von den Parteien vorgebrachte **neue Tatsachen und Beweismittel** bei der Urteilsfindung berücksichtigen muss. Dem Postulat

3. Kapitel: Hauptverhandlung   2–7 **Art. 229**

der Verfahrensbeschleunigung steht dasjenige der materiellen Wahrheitsfindung gegenüber. Art. 229 regelt, bis zu welchem Zeitpunkt und unter welchen Voraussetzungen das Vorbringen von neuen Tatsachen und die Nennung neuer Beweismittel möglich und zulässig ist.

Art. 229 ist als subsidiäre Vorschrift auf alle anderen Verfahren der ZPO anwendbar, sofern sich aus dem Gesetz oder aus der Natur des besonderen Verfahrens nichts anderes ergibt.   2

II. Neue Tatsachen und Beweismittel

1. Tatsachen

Tatsachen sind in erster Linie Behauptungen, Bestreitungen und Einreden **tatsächlicher Natur** und umfassen sämtliche Angriffs- und Verteidigungsmittel, die geeignet sind, den verfolgten Rechtsstandpunkt zu stützen. Tatsachen oder Sachverhalte können sich auf die Vergangenheit, Gegenwart oder Zukunft beziehen, es kann sich um innere oder äussere Sachverhalte, um kausale, finale, kontemporale oder auch hypothetische handeln. Negativ umschrieben fallen gemäss konstanter Praxis Vorbringen **rechtlicher Natur** oder Standpunkte, Auffassungen und Einreden nicht unter das Novenverbot (BSK BGG-MEYER, Art. 99 N 19, 23; FRANK/STRÄULI/MESSMER, § 114 ZPO/ZH N 1a).   3

2. Beweismittel

Ebenso sind dem Novenbegriff alle im Gesetz genannten Beweismittel zugänglich, welche geeignet sind, Tatsachen zu beweisen (BSK BGG-MEYER, Art. 99 N 21).   4

3. Neue Tatsachen und Beweismittel

Die Beurteilung, ob eine Tatsache neu ist, hat mittels Vergleich des Aktenmaterials und des «Vorbringens» zu geschehen. Eine Tatsache ist neu, wenn sie bis anhin weder vorgetragen noch sonstwie in prozessual zulässiger Weise Eingang in die Akten gefunden hat (z.B. in den Rechtsschriften der Parteien, durch Aktenbeizug, durch Zeugenaussagen, Parteibefragungen etc.). Die Lehre und Rechtsprechung verlangt nicht Kongruenz bezüglich der Sachdarstellung. Ebensowenig gelten sachbezogene Präzisierungen eines bereits im früheren Verfahrensstadium vertretenen Standpunktes als neu (BSK BGG-MEYER, Art. 99 N 20).   5

Ein eingereichtes Beweismittel ist neu, sofern es einen oder mehrere neue Sachverhalte enthält, aber auch, wenn es sich auf bereits in den Prozess eingeführte Sachverhalte bezieht, aber noch nicht angerufen oder eingereicht worden ist (BSK BGG-MEYER, Art. 99 N 22).   6

III. Echte und unechte Noven

Echte Noven sind für den Prozess bedeutsame Tatsachen, die sich erst **nach Ablauf** der für die Behauptungen, Bestreitungen und Einreden **vorgesehenen Verfahrensphase** ereignet haben oder welche die behauptungspflichtige Partei erst hernach festzustellen vermochte, oder Beweismittel, die trotz angemessener Tätigkeit nicht in den dafür vorgesehenen Rechtsschriften oder anlässlich der Instruktionsverhandlung eingereicht oder genau bezeichnet werden konnten. Unechte Noven sind demgegenüber Tatsachen oder   7

Beweismittel, die schon vor jenen Zeitpunkten existierten bzw. der betreffenden Partei zugänglich waren, die aber aus Nachlässigkeit oder absichtlich nicht rechtzeitig in den Prozess eingeführt wurden (FRANK/STRÄULI/MESSMER, § 115 ZPO/ZH N 4).

IV. Ausgestaltung des Novenrechts

1. Allgemeines

8   Das **Novenrecht** stellt in jedem Prozessrecht das **Kernthema** dar. Es ist daher nicht verwunderlich, dass dies auch einer der umstrittensten Punkte der Zivilprozessordnung war. Der Vorentwurf der Expertenkommission liess neue Tatsachen und Beweismittel uneingeschränkt nur während des Schriftenwechsels zu, nachher nur noch unter der Voraussetzung, dass durch die Ausübung des richterlichen Fragerechts neue Tatsachen und Beweismittel veranlasst wurden oder sofern ein Novum durch Urkunden sofort beweisbar war (Art. 215 VE-ZPO). Diese Regelung wurde in den Vernehmlassungen als zu restriktiv kritisiert. Der bundesrätliche Entwurf sah ein uneingeschränktes Novenrecht bis zu den Parteivorträgen in der Hauptverhandlung vor (Art. 225 Abs. 1 E-ZPO), was in den Räten als zu weitgehend kritisiert wurde.

9   Der Ständerat wollte **Noven** nur im der Hauptverhandlung vorangehenden **vorbereitenden Verfahren**, während des Schriftenwechsels und an der Instruktionsverhandlung, unbeschränkt zulassen (AmtlBull StR 2007 530). Der Nationalrat schloss sich der bundesrätlichen Vorlage an (AmtlBull NR 2008 965). Nachdem der Ständerat an der zweiten Beratung an seinem Vorschlag festhielt (AmtlBull StR 2008 729), legte der Nationalrat im Sinne eines Kompromisses die heutige Fassung von Art. 229 vor (AmtlBull NR 2008 1631 f.), welche dann auch im Ständerat Zustimmung fand (AmtlBull StR 2008 884).

2. Zulässigkeit von echten Noven gemäss Art. 229 Abs. 1 lit. a

10   Die ZPO lässt die Berücksichtigung von Noven, welche erst an der Hauptverhandlung vorgebracht werden, unter den kumulativen Voraussetzungen zu, dass es sich um **echte Noven** (welche erst nach Abschluss des Schriftenwechsels oder nach der letzten Instruktionsverhandlung entstanden oder gefunden worden sind) handelt und diese **ohne Verzug** (sans retard, immediatamente addotti) vorgebracht werden (Art. 229 Abs. 1 lit. a). Die Botschaft führte aus, dass die Noven zur Vermeidung dilatorischen Verhaltens sofort vorzubringen seien (BOTSCHAFT ZPO, 7341). Der Nationalrat wählte in seiner Kompromisslösung zum Novenrecht gemäss Abs. 1 von Art. 229 bezüglich des Zeitpunktes der Einbringung der echten und der unechten Noven die Worte «ohne Verzug». Dies kann nach dem klaren Wortlaut (in allen drei Sprachen) nur so ausgelegt werden, dass die Parteien die echten Noven zu Beginn der Hauptverhandlung je in ihren **ersten Parteivorträgen** vorzubringen haben. In den zweiten Parteivorträgen sind Noven nicht mehr zu hören resp. sie finden durch das Gericht bei der Urteilsfindung keine Berücksichtigung.

11   Die in den Prozess neu eingebrachten Tatsachenbehauptungen sind zu substanziieren, möglichst vollständig und in bestimmter Weise vorzutragen. Es genügt z.B. ausserhalb der Geltung der Untersuchungsmaxime nicht, auf die richterliche Fragepflicht zwecks Erforschung des Sachverhalts zu verweisen. Ebenso sind neue Beweismittel einzeln und genau zu bezeichnen, eine allgemeine Beweisofferte oder die Verweisung auf eine beigebrachte Urkunde genügt nicht. Zudem ist zu verlangen, dass sich die Partei zur rechtlichen Bedeutung der neuen Vorbringen äussert (FRANK/STRÄULI/MESSMER, § 267 ZPO/ZH N 5).

3. Zulässigkeit von unechten Noven gemäss Art. 229 Abs. 1 lit. b

Unechte Noven (welche bereits vor Abschluss des Schriftenwechsels oder vor der letzten Instruktionsverhandlung vorhanden waren) werden durch das Gericht unter den kumulativen Bedingungen berücksichtigt, dass sie in der Hauptverhandlung «ohne Verzug» (demnach je im ersten Parteivortrag, s. N 9) vorgebracht werden und, dass sie trotz zumutbarer Sorgfalt nicht vorher haben vorgebracht werden können (Art. 229 Abs. 1 lit. b). Die Zulässigkeit von unechten Noven hängt mithin davon ab, ob eine Partei die Tatsache unverschuldeterweise nicht hat früher in den Prozess einbringen oder sich unverschuldeterweise nicht früher auf das Beweismittel hat berufen können. Absichtliche oder fahrlässige Säumnis einer Partei verdient keinen Schutz. Die Zulassung neuer Tatsachen oder Beweismittel setzt demnach voraus, dass die betreffende Partei ohne ihr Verschulden daran gehindert war, die Vorbringen rechtzeitig in das Verfahren einzubringen. Sie ist nicht von der gebotenen Sorgfalt in der Prozessführung befreit, noch wird ihr die Möglichkeit gegeben, in einer Art Überraschungstaktik entscheidende Sachbehauptungen, Einwände oder Beweismittel erst in der Hauptverhandlung in den Prozess einfliessen zu lassen. Die Partei darf sich keinem Vorwurf aussetzen, ihrer Behauptungs- und Beweislast nur mangelhaft nachgekommen zu sein. Zweifel an der Richtigkeit der gegnerischen Tatsachenbehauptungen müssen durch zumutbare Nachforschungen abzuklären versucht werden bzw. der Nachweis seitens der Gegenpartei verlangt werden. Zur sorgfältigen Prozessführung gehört eine gewisse Anspannung der Erinnerung, wie aber auch eine genügende und richtige Instruktion des Anwaltes durch den Klienten (FRANK/STRÄULI/MESSMER, § 115 ZPO/ZH N 10, § 293 ZPO/ZH N 7). Neue Tatsachen oder Beweismittel sind mithin nur zulässig, wenn es der Partei trotz aller Umsicht nicht möglich war, sich rechtzeitig darauf zu berufen, mithin die verspätete Kenntnis entschuldbar ist.

Bezüglich der Substantiierungspflicht gilt das Gleiche wie unter N 10 ausgeführt.

4. Zulässigkeit von Noven gemäss Art. 229 Abs. 2

Hat vor der mündlichen Hauptverhandlung weder ein **zweiter Schriftenwechsel** noch eine **Instruktionsverhandlung** stattgefunden, ist das Vorbringen neuer Tatsachen und Beweismittel an der Hauptverhandlung **uneingeschränkt** zulässig (Art. 229 Abs. 2).

Diese Bestimmung dürfte in der Regel auch auf das **vereinfachte Verfahren** anwendbar sein, wird dieses doch in den meisten Fällen von der **Verhandlungsmaxime** beherrscht (Art. 247 Abs. 1). Im vereinfachten Verfahren muss keine Klage in Form einer Rechtsschrift eingereicht werden (Art. 244). Enthält die Klage keine Begründung, enthält sie demnach weder Tatsachenbehauptungen noch werden Beweismittel genannt, wird direkt zur Hauptverhandlung vorgeladen. Enthält die Klage dagegen eine Begründung, wird sie der beklagten Partei vor der Hauptverhandlung zur Stellungnahme zugestellt und nach erfolgter Stellungnahme zur Hauptverhandlung vorgeladen (Art. 245). In beiden Fällen findet vor der Hauptverhandlung kein zweiter Schriftenwechsel und in der Regel auch keine Instruktionsverhandlung statt, weshalb gemäss Abs. 2 von Art. 229 an der Hauptverhandlung das uneingeschränkte Novenrecht gilt.

Das Gesetz nennt als Zeitpunkt des Vorbringens von neuen Tatsachen oder der Nennung neuer Beweismittel «zu Beginn der Hauptverhandlung». Die Hauptverhandlung gliedert sich in drei Phasen: erste Parteivorträge (Art. 228), Beweisabnahme (Art. 231) und Schlussvorträge (Art. 232). Die Hauptverhandlung beginnt mit den ersten Parteivorträgen, wobei jeder Partei zwei Vorträge zustehen (Art. 228). Die Botschaft will Noven in dieser ersten Phase der Hauptverhandlung, welche noch Behauptungsphase ist, zulassen, sowohl in den ersten wie auch in den zweiten Parteivorträgen (BOTSCHAFT ZPO, 7340).

Ebenso votierte der Nationalrat in seiner Debatte und hielt dafür, unter der Voraussetzung, dass kein zweiter Schriftenwechsel und auch keine Instruktionsverhandlung stattgefunden habe, seien Noven zu Beginn der Hauptverhandlung (au début) noch unbeschränkt zuzulassen, also in den Parteivorträgen, wovon jeder Partei je zwei zustehen (AmtlBull NR 2008 1630 f.). Den Parteien ist daher von Gesetzes wegen die Möglichkeit gegeben, im Falle von Abs. 2 Noven bis zum Abschluss der ersten Parteivorträge in den Prozess einzubringen und diese sind vom Gericht bei der Urteilsfällung zu berücksichtigen.

5. Zulässigkeit von Noven gemäss Art. 229 Abs. 3

17 Mit dem **Untersuchungsgrundsatz** und der **Offizialmaxime** verträgt sich das Verbot des Vorbringens von neuen Tatsachen und Beweismitteln in einem laufenden Prozess nicht (BSK BGG-MEYER, Art. 99 N 6). Daher hält Abs. 3 von Art. 229 fest, dass in Prozessen, welche von der Untersuchungsmaxime beherrscht werden, neue Tatsachen und Beweismittel durch das Gericht bis zur Urteilsberatung zu berücksichtigen sind. Dieses uneingeschränkte Novenrecht gilt z.B. in den besonderen eherechtlichen Verfahren bezüglich der Kinderbelange, bei selbstständigen, familienrechtlichen Prozessen in Kinderbelangen, welche dem vereinfachten Verfahren zugewiesen werden (Art. 295, 296 Abs. 1) und im vereinfachten Verfahren, welche gemäss Art. 247 Abs. 2 vom Untersuchungsgrundsatz beherrscht werden.

V. Vorgehen seitens des Gerichts bei Geltendmachung von Noven

18 Zu nachträglichen Vorbringen ist der Gegenpartei Gelegenheit zur Stellungnahme einzuräumen. Über die Zulassung resp. deren Berücksichtigung bei der Entscheidfällung, hat das Gericht im Endentscheid zu befinden, es bedarf keines Zwischenentscheides. In jedem Fall hat das Gericht die Eingaben oder die Urkunden zu den Akten zu nehmen oder das neu Vorgebrachte zu protokollieren, da möglicherweise die Oberinstanz auf entsprechende Rüge hin die Zulässigkeit der Noven anders beurteilt (FRANK/STRÄULI/MESSMER, § 115 ZPO/ZH N 6).

Art. 230

Klageänderung

¹ Eine Klageänderung ist in der Hauptverhandlung nur noch zulässig, wenn:
a. die Voraussetzungen nach Artikel 227 Absatz 1 gegeben sind; und
b. sie zudem auf neuen Tatsachen und Beweismitteln beruht.

² Artikel 227 Absätze 2 und 3 ist anwendbar.

Modification de la demande

¹ La demande ne peut être modifiée aux débats principaux que si:
a. les conditions fixées à l'art. 227, al. 1, sont remplies;
b. la modification repose sur des faits ou des moyens de preuve nouveaux.

² L'art. 227, al. 2 et 3, est applicable.

Mutazione dell'azione durante il dibattimento

¹ Durante il dibattimento, la mutazione dell'azione è ancora ammissibile se:
a. sono date le premesse di cui all'articolo 227 capoverso 1; e
b. la mutazione è inoltre fondata su nuovi fatti e su nuovi mezzi di prova.

² L'articolo 227 capoversi 2 e 3 è applicabile.

Inhaltsübersicht

Note

I. Grundlagen 1
II. Voraussetzungen 2
III. Anwendungsbereich 11

Literatur

G. VON ARX, Der Streitgegenstand im schweizerischen Zivilprozess, Diss. Basel 2007; A. BÜHLER, Das Novenrecht im neuen aargauischen Zivilprozessrecht, Zürich 1986; O. HAUS, Der Streitgegenstand im schweizerischen Zivilprozess, Diss. Zürich 1981; G. LEUCH, Klageänderung, ZBJV 1919, 13 ff.; CH. ROHNER, Klageänderung, AJP 2001, 7 ff.; TH. SOLIVA, Die Klageänderung nach zürcherischem Zivilprozessrecht, Diss. Zürich 1992; TH. SUTTER-SOMM, Die Verfahrensgrundsätze und die Prozessvoraussetzungen, ZZZ 2007, 301 ff.; G. WALTER, Der Streitgegenstand, recht 1990, 33 ff.

I. Grundlagen

Klageänderung (Art. 227/230) meint Änderung des Streitgegenstandes zwischen den identischen Parteien oder ihren Rechtsnachfolgern und schafft eine Ausnahme vom Grundsatz, dass die Klage mit Einreichung bei Gericht fixiert wird. Eine Klageänderung erfolgt durch Änderung des Rechtsbegehrens und/oder des Klagegrundes. Für die weiteren begrifflichen Grundlagen und die Bedeutung der Klageänderung wird auf die Komm. zu Art. 227 verwiesen (s. dort N 1–10).

II. Voraussetzungen

Gemäss Art. 230 setzt eine Klageänderung nach Beginn der Hauptverhandlung **kumulativ** voraus, dass ihre Zulässigkeit nach Art. 227 Abs. 1 gegeben ist (Art. 230 Abs. 1 lit. a) und dass sie («zudem») auf neuen Tatsachen oder Beweismitteln beruht (Art. 230 Abs. 1 lit. b). Das Gesetz schafft damit eine Verbindung zwischen der Frage, ob und bis zu welchem Zeitpunkt neue Rechtsbegehren gestellt werden können (sog. Verbot der Klageänderung), und der Frage, bis wann spätestens die relevanten Tatsachen und dazugehörigen Beweismittel in den Prozess einzubringen sind (sog. Novenverbot). Der Zusammenhang der beiden Fragen wurde in der Entstehungsgeschichte stets betont (BOTSCHAFT ZPO, 7341; AmtlBull StR 2008 728; AmtlBull NR 2008 1629). Ab Beginn der Hauptverhandlung ist eine Klageänderung grundsätzlich ausgeschlossen, es sei denn, dass die zusätzlichen Voraussetzungen des Novenrechts erfüllt sind (STAEHLIN/STAEHLIN/GROLIMUND, § 14 Rz 44).

Die beiden – gesondert zu prüfenden – Zulässigkeitsvoraussetzungen stehen in einer **Wechselwirkung** zueinander (VON ARX, 108 f.). Klageänderung mittels Abänderung des Rechtsbegehrens wird regelmässig durch bestimmte Tatsachen veranlasst. Nicht selten wird es allerdings vorkommen, dass eine Klageänderung gemäss Art. 227 zulässig wäre, da der geänderte oder neue Anspruch in einem sachlichen Zusammenhang zum bisherigen steht, die Änderung in der Hauptverhandlung aber abgelehnt werden muss, weil sie auf einem unzulässigen Novum beruht (Art. 230 Abs. 1 lit. b). Dem Novenverbot unterstehen hier – im Unterschied zur Klageänderung vor Beginn der Hauptverhandlung (Art. 227 N 2) – auch Klagen mit individualisiertem Rechtsbegehren. Umgekehrt ist denkbar, dass in der Hauptverhandlung eine Klageänderung nur deshalb abzulehnen ist, weil das an sich zulässige Novum den ursprünglich eingeklagten Streitgegenstand in unzulässiger Weise verändern würde (Art. 230 Abs. 1 lit. a). Das Novenrecht darf nicht dazu dienen, die Fixierung des Streitgegenstandes durch Einbringung neuer Tatsachen aufzuheben (BÜHLER, 59).

4 Nach der **ersten Voraussetzung** (Art. 230 Abs. 1 **lit. a**) ist eine Klageänderung möglich, sofern der geänderte oder neue Anspruch nach der gleichen Verfahrensart zu beurteilen ist und (vorbehältlich der Einwilligung der Gegenpartei) mit dem bisherigen Anspruch in einem sachlichen Zusammenhang steht (Art. 227 Abs. 1). Der Sachzusammenhang (Konnexität) ist gegeben, wenn die Ansprüche aus dem gleichen oder einem benachbarten Lebensvorgang entstanden sind. Am erforderlichen Zusammenhang fehlt es, wenn der Kläger ein völlig neues Rechtsbegehren stellt, das keinerlei Bezug zur bisherigen Prozessführung aufweist und dessen Ergebnis unverwertbar machen würde. Ebenso fehlt es daran, wenn der Kläger zur Begründung des gleichen oder eines neuen Begehrens dazu übergeht, die Klage aus einem völlig neuen Klagegrund herzuleiten (im Einzelnen und zu den weiteren Prozessvoraussetzungen s. Komm. zu Art. 227 N 11–22).

5 Nach der **zweiten Voraussetzung** (Art. 230 Abs. 1 **lit. b**) muss das neue Rechtsbegehren zudem auf neuen Tatsachen oder (nicht: und) Beweismitteln beruhen. Die Bestimmung ist als Verweis auf Art. 229 aufzufassen. Dies erklärt das redaktionelle Versehen, wonach es im deutschen und italienischen Gesetzestext «und» statt «oder» heisst (richtig dagegen die französische Fassung). Eine zulässige neue Tatsache, die z.B. anerkannt und deshalb nicht beweisbedürftig ist, muss auch ohne ein neues Beweismittel zur Klageänderung berechtigen. Die zweite Voraussetzung ist ohne weiteres erfüllt, wenn eine Tatsache Anlass zur Klageänderung bildet, die seit Abschluss des Schriftenwechsels oder der letzten Instruktionsverhandlung entstanden ist (Art. 229 Abs. 1 lit. a: *echte Noven*). Sie ist auch gegeben, wenn der Kläger das neue Rechtsbegehren mit neuen Tatsachen oder Beweismitteln zu begründen vermag, die bereits vorhanden waren, aber trotz zumutbarer Sorgfalt nicht vorher vorgebracht werden konnten (Art. 229 Abs. 1 lit. b: *unechte Noven*). Dass die Klageänderung durch das gerichtliche Verfahren selbst – z.B. im Schriftenwechsel – veranlasst worden ist (so der Wortlaut von Art. 138 Abs. 1 aZGB), ist keine Voraussetzung. Damit wären neue Anträge gestützt auf unechte Noven, die bereits vor Einreichung der Klage bestanden hatten, praktisch ausgeschlossen, was dem Sinn der Bestimmung von Art. 230 Abs. lit. b (i.V.m. Art. 229 Abs. 1 lit. b) widerspräche. Nach dem insoweit klaren Wortlaut genügt vielmehr, dass die Klageänderung auf zulässigen (echten oder unechten) Noven *beruht* bzw. *darauf zurückgeführt werden kann*. Dasselbe gilt gemäss Art. 317 Abs. 2 lit. b für eine Klageänderung im Berufungsverfahren (im Scheidungsprozess sind somit neue Anträge vor der oberen Instanz in einem weitergehenden Umfang zulässig als bislang durch den bundesrechtlichen Minimalstandard von Art. 138 Abs. 1 aZGB garantiert; s. dazu BGE 131 III 189 E. 2).

6 Wenn die Voraussetzungen des Novenrechts an sich nicht erfüllt sind, stellt sich die Frage, ob eine Klageänderung gleichwohl möglich ist, wenn ihr die **Gegenpartei zustimmt** (so Art. 226 Abs. 2 des Entwurfs). Art. 230 sieht solches zwar nicht mehr ausdrücklich vor und auch die Systematik könnte den Schluss nahelegen, die Frage zu verneinen, da die Zustimmung grundsätzlich nur den fehlenden sachlichen Zusammenhang zur ursprünglichen Klage zu ersetzen vermag (Art. 227 Abs. 1 lit. a oder b; STAEHLIN/STAEHLIN/GROLIMUND, § 14 Rz 44). Indessen besteht kein Grund, die Klageänderung allein deshalb zu verweigern, weil sie auf unzulässigen Noven beruht. Auch ausserhalb der Untersuchungsmaxime soll das Gericht bestrebt sein, ein Urteil zu fällen, das dem wahren und vollständigen Sachverhalt entspricht (LEUCH/MARBACH/KELLERHALS/STERCHI, § 94 ZPO/BE N 4). Erklärt sich die Gegenpartei mit der Berücksichtigung der

(unzulässigen) Noven einverstanden, sollte eine darauf gestützte Klageänderung nur dann abgelehnt werden, wenn sie die Urteilsfindung erheblich erschweren würde.

Die zusätzliche Einschränkung des **Novenrechts gilt** logischerweise **nicht**, wenn zu Beginn der Hauptverhandlung unbeschränkt neue Tatsachen vorgebracht werden können. Im ordentlichen Verfahren ist dies gemäss Art. 229 Abs. 2 der Fall, wenn weder ein zweiter Schriftenwechsel noch eine Instruktionsverhandlung stattgefunden hat. Alsdann untersteht die Zulässigkeit der Klageänderung einzig der Voraussetzung von Art. 230 Abs. 1 lit. a bzw. dem Verweis auf Art. 227 Abs. 1. In den besonderen Verfahrensarten entfällt die Einschränkung des Novenrechts, soweit gemäss Art. 229 Abs. 3 die Untersuchungsmaxime gilt (unten N 11). 7

Die Klageänderung erfolgt **in der Hauptverhandlung**. Grundsätzlich wird sie mündlich mit der Antragstellung und Klagebegründung anlässlich der ersten Parteivorträge gemäss Art. 228 (allenfalls auch in der Replik bzw. Widerklagereplik) vorgebracht. Eine beabsichtigte Klageänderung kann vorgängig durch schriftliche Eingabe dem Gericht und der Gegenpartei zur Orientierung mitgeteilt werden (LEUCH/MARBACH/KELLERHALS/STERCHI, Art. 94 ZPO/BE Ziff. 6a). Noch im mündlichen Schlussvortrag bzw. in der schriftlichen Schlusseingabe kann um Klageänderung ersucht werden (Art. 232), vorausgesetzt, dass die neuen Tatsachen oder Beweismittel «ohne Verzug» vorgebracht worden sind (Art. 230 Abs. 1 i.V.m. Art. 229 Abs. 1). Das schliesst neue Rechtsbegehren im Schlussvortrag regelmässig aus, wenn der Kläger sie nur mit unechten Noven zu begründen vermag. Vorbehalten bleibt das Nachbringen von blossen Nebenpunkten wie Verzugszinsen, Parteikosten oder die Aufhebung des Betreibungsvorschlages, die nicht streitgegenstandsverändernd sind (Art. 230 N 9). Eine Beschränkung der Klage stellt keine Klageänderung dar, sondern einen teilweisen Rückzug und ist deshalb jederzeit, d.h. bis zur Urteilsberatung, zulässig (Art. 230 Abs. 3 i.V.m. Art. 227 Abs. 3; s. dort N 30–32). 8

Die Gegenpartei muss zur Klageänderung Stellung nehmen können. Das gilt auch für den Fall der **Säumnis**, weshalb die Hauptverhandlung gegebenenfalls zur Gewährung des rechtlichen Gehörs zu vertagen ist (FRANK/STRÄULI/MESSMER, § 131 ZPO/ZH N 5; BÜHLER/EDELMANN/KILLER, § 185 ZPO/AG N 15). Zum weiteren Verfahren s. Art. 227 N 25–26. 9

Art. 230 Abs. 2 erklärt die Bestimmung über die **Prozessüberweisung** (Art. 227 Abs. 2) ausdrücklich für anwendbar. Wenn das angerufene Gericht zur Beurteilung der geänderten Klage infolge Streitwerterhöhung sachlich nicht mehr zuständig ist, muss der Prozess an das Gericht mit der höheren sachlichen Zuständigkeit überwiesen werden (anders bei Veränderung der Klagenatur: Art. 227 N 22 und 29). Dass dies auch für eine Erweiterung der Klage während der Hauptverhandlung gelten soll, liegt nicht im Interesse einer ökonomischen Streiterledigung. Die Vorschrift ist jedoch unmissverständlich. Unter Umständen muss daher ein weit fortgeschrittener Prozess – auch nach vollständiger Beweisabnahme und nur zur Urteilsfällung – an das Gericht mit der höheren Spruchkompetenz überwiesen werden. 10

III. Anwendungsbereich

Art. 230 gilt in erster Linie für das durch Dispositions- und Verhandlungsmaxime geprägte **ordentliche Verfahren**. Die Bestimmung ist in sämtlichen anderen Verfahrensarten sinngemäss anwendbar, soweit das Gesetz nichts anderes bestimmt (Art. 219). Im *vereinfachten Verfahren* gilt – im Anwendungsbereich von Art. 247 Abs. 2 – als «Neben- 11 effekt» der Untersuchungsmaxime ein offenes Novenrecht (BOTSCHAFT ZPO, 7348); das Gericht hat neue Tatsachen und Beweismittel bis zur Urteilsfällung zu berücksichtigen (Art. 247 Abs. 2 i.V.m. Art. 229 Abs. 3). Die Zulässigkeit einer Klageänderung an der (Haupt-)Verhandlung unterliegt deshalb einzig Art. 230 Abs. 1 lit. a bzw. der Schranke von Art. 227 Abs. 1. Wegen Unzulässigkeit der sie veranlassenden Noven darf die Klageänderung mithin nicht abgelehnt werden. Hingegen gilt im Anwendungsbereich von Art. 247 Abs. 1, z.B. bei einer gewöhnlichen vermögensrechtlichen Streitigkeit bis zu einem Streitwert von CHF 30 000, grundsätzlich die Verhandlungsmaxime, so dass zusätzlich die Einschränkung des Novenrechts zu beachten ist (SUTTER-SOMM, ZZZ 2007, 314). Nach Durchführung eines Schriftenwechsels und einer Instruktionsverhandlung ist eine Klageänderung an der (Haupt-)Verhandlung also nur noch zulässig, wenn sie sich auf zulässige Noven zu stützen vermag (Art. 230 Abs. 1 lit. b i.V.m. 229 Abs. 1 und 2 i.V.m. 219; vgl. SUTTER-SOMM, ZZZ 2007, 313 f.). Im *summarischen Verfahren* ist auf Gesuchsänderungen an einer mündlichen Verhandlung Art. 230 «sinngemäss» (ohne Einschränkung des Novenrechts) anzuwenden. Ein im Vergleich zum ursprünglichen Gesuch erweitertes Rechtsbegehren beurteilt sich daher nach Art. 230 Abs. 1 lit. a i.V.m. Art. 227. Im *Scheidungsverfahren* sind die güterrechtliche Auseinandersetzung und der nacheheliche Unterhalt der Verhandlungsmaxime unterworfen, wobei immerhin das Gericht auf fehlende Unterlagen, die zur Beurteilung der vermögensrechtlichen Scheidungsfolgen erforderlich sind, hinzuweisen hat (Art. 277 Abs. 1 und 2). Für alle anderen Bereiche gilt die Untersuchungsmaxime (Art. 277 Abs. 3). Soweit im Klageverfahren die Verhandlungsmaxime Platz greift, untersteht eine Klageänderung beiden Zulässigkeitsschranken von Art. 230 (Abs. 1 lit. a und b), wenn es zur mündlichen Hauptverhandlung kommt – im Annexverfahren über die streitig gebliebenen vermögensrechtlichen Scheidungsfolgen (Art. 288 Abs. 2), in einem Separatverfahren über die güterrechtliche Auseinandersetzung (Art. 283 Abs. 2) oder im streitigen Abänderungsverfahren (Art. 284 Abs. 3). An einer vorgängigen Einigungsverhandlung (Art. 291) gelten die Einschränkungen des Novenrechts indes noch nicht, sondern erst, wenn die Parteien nach Vorliegen einer schriftlich begründeten Klage und Klageantwort zur mündlichen Hauptverhandlung vorgeladen werden. Zu beachten sind sodann die Sondervorschriften betreffend Umwandlung der Scheidung- in eine Trennungsklage (Art. 293) und umgekehrt (Art. 294 Abs. 2), welche bis zu Beginn der Urteilsberatung zulässig ist. In Kinderbelangen gilt ohnehin uneingeschränkt die Untersuchungs- und Offizialmaxime (Art. 296).

Art. 231

Beweisabnahme **Nach den Parteivorträgen nimmt das Gericht die Beweise ab.**

Administration des preuves — Le tribunal administre les preuves après les premières plaidoiries.

Assunzione delle prove — Terminate le arringhe, il giudice assume le prove.

Literatur

Vgl. die Literaturangaben zu Art. 150; ferner A. DOLGE, Das neue Beweisverfahren, in: K. Spühler, CH-ZPO, 33 ff.

Die Beweisabnahme erfolgt nach dem **Unmittelbarkeitsprinzip** durch das erkennende   1
Gericht (BOTSCHAFT ZPO, 7313). Von dieser Regel ist ein Abweichen nach den
Grundsätzen der Delegation der Beweisabnahme zulässig (Art. 155): Die Beweise können durch eines oder mehrere der Gerichtsmitglieder (nicht aber den Gerichtsschreiber; BOTSCHAFT ZPO, 7314) abgenommen werden, sei es im Rahmen der Hauptverhandlung, sei es anlässlich einer vorgängigen Instruktion (Art. 226 Abs. 3). Eine delegierte Beweisabnahme muss sachlich begründet sein, denn der Grundsatz der Unmittelbarkeit ist «der Lebensnerv der Beweiswürdigung» (KUMMER, ZPR, 83). Kommt es für die Würdigung des Beweises auf den persönlichen Eindruck an, wie dies namentlich für Parteibefragung und Beweisaussage, die Zeugeneinvernahme oder u.U. den Augenschein zutrifft, soll die Beweisabnahme grundsätzlich durch das erkennende Gericht in voller Besetzung stattfinden (GULDENER, ZPR, 416; LEUCH/MARBACH/KELLERHALS/STERCHI, Art. 199 ZPO/ BE N 1). Die Gründe für eine (zulässige) *Delegation* der Beweisabnahme werden allerdings gemäss Art. 155 Abs. 1 dem Ermessen des Gerichts anheim gestellt und sind weit zu fassen. Die Zulässigkeit kann sich aufgrund spezieller Gesetzesvorschrift ergeben, z.B. für die Kinderanhörung in familienrechtlichen Verfahren (Art. 298), oder in der Sache selbst begründet liegen, z.B. bei einer (handelsgerichtlichen) Beweisabnahme, die Fachkenntnisse erfordert; eine delegierte Beweisabnahme kann aber auch allein durch prozessökonomische Überlegungen gerechtfertigt sein, z.B. bei zeit- und kostenaufwändigen Erhebungen vor Ort und Stelle (BOTSCHAFT ZPO, 7313; LEUCH/MARBACH/ KELLERHALS/STERCHI, Art. 199 ZPO/BE N 2). *Schranke der Delegationsmöglichkeit* bildet Art. 155 Abs. 2. Danach ist die Beweisabnahme stets durch das erkennende Gericht vorzunehmen, wenn es eine Partei aus wichtigen (BOTSCHAFT ZPO, 7313: aus «überwiegenden») Gründen verlangt. Bei Vorliegen eines Parteiantrages ist mithin eine Interessenabwägung erforderlich. Das Gericht hat die (objektiven) Delegationsgründe einerseits und andererseits die Bedeutung einer unmittelbaren Beweisabnahme, wie beantragt, gegeneinander abzuwägen. Dabei hat es dem (subjektiven) Interesse des Beweisführers umso grösseres Gewicht beizumessen, je mehr das Beweismittel für eine Abnahme nach dem Unmittelbarkeitsprinzip spricht und je grösser dessen Bedeutung für den Prozessausgang ist. Bezüglich mittelbarer Beweiserhebung auf dem Rechtshilfeweg s. Art. 196.

Die Beweisabnahme setzt nach Art. 154 voraus, dass das Gericht vorgängig die **Beweis-**   2
verfügung erlässt (Beweisanordnung). Darin wird insb. bekannt gegeben, welche Partei für welche beweisbedürftige Tatsache mit welchen Beweismitteln zugelassen wird (Art. 154). Auch über Einwendungen gegen die rechtliche Zulässigkeit von Beweismitteln, insb. von rechtswidrig beschaffften (Art. 152 Abs. 2), sowie über Anträge auf Schutzmassnahmen (Art. 156) ist zweckmässigerweise in der Beweisverfügung zu entscheiden (vgl. LEUCH/MARBACH/KELLERHALS/STERCHI, Art. 197 ZPO/BE N 2b; zum Inhalt der Beweisverfügung im Einzelnen s. die Kommentierung zu Art. 154). Zuständig zum Erlass der Beweisverfügung ist das erkennende Gericht, wobei sie in der Praxis durch den Instruktionsrichter vorbereitet wird. Häufig empfiehlt es sich, die Beweisverfügung den Parteien vorgängig zuzustellen; andernfalls muss sie unmittelbar an der Hauptverhandlung getroffen werden (BOTSCHAFT ZPO, 7341). Ein Erlass am Verhandlungstermin ist nur geeignet bei überschaubaren Verhältnissen, wenn mit einer umfangreichen Beweisabnahme nicht zu rechnen ist, oder u.U. bei einer vorläufigen Beschränkung derselben (N 4). Als prozessleitende Verfügung kann die Beweisverfügung jederzeit abgeändert oder ergänzt werden (Art. 154). Ein Zurückkommen drängt sich auf, wenn die Parteien am Termin neue (zulässige) Beweisofferten oder Tatsachen vorgebracht haben oder wenn das Gericht gedenkt, den gleichen Tatbestand unter einem bisher nicht in Betracht gezogenen Rechtssatz zu prüfen, der die Beweislastverteilung ändert. An der

Hauptverhandlung kann eine Bereinigung der Beweisverfügung mit den Parteien erfolgen, nicht zuletzt, um unnötige Beschwerden zu vermeiden. Die (allenfalls) bereinigte Fassung der Verfügung ist ins Protokoll aufzunehmen (Art. 235 Abs. 1 lit. e; LEUCH/MARBACH/KELLERHALS/STERCHI, Art. 197 ZPO/BE N 2c). Unter den Voraussetzungen von Art. 319 ff. kann die Beweisverfügung selbständig mit Beschwerde angefochten werden, wenn durch sie ein nicht leicht wiedergutzumachender Nachteil droht (Art. 319 lit. b Satz 2). Eine Beschwerde kommt bei Verfahrensfehlern oder wegen einer drohenden Verletzung von Persönlichkeitsrechten, namentlich der Geheimsphäre, in Betracht. Die Voraussetzung des nicht leicht wiedergutzumachenden Nachteils schliesst jedoch eine selbständige Anfechtung der Beweisverfügung aus, soweit bloss ihre materielle Begründetheit (z.B. die Beweislastverteilung oder die Ablehnung eines Beweisantrages) gerügt wird. Denn die Beweisverfügung braucht als prozessleitende Verfügung nicht begründet zu werden und ist ohne Rechtskraftwirkung (BOTSCHAFT ZPO, 7342 und 7377; WALDER/GROB, § 39).

3   Die Beweisabnahme findet unmittelbar **im Anschluss an die ersten Parteivorträge** statt, soweit sie nicht schon im Rahmen einer vorsorglichen Beweisabnahme (Art. 158) oder durch den Instruktionsrichter (Art. 226 Abs. 3) erfolgte (BOTSCHAFT ZPO, 7341). Eine frühere, ordnungsgemäss vorgenommene Beweisabnahme braucht das erkennende Gericht nicht zu wiederholen. Ob es nach dem Unmittelbarkeitsprinzip – wie in Art. 222, zweiter Halbsatz VE-ZPO vorgesehen – eine Wiederholung der Beweisabnahme anordnen *kann*, ist offen und lässt sich aufgrund der Entstehungsgeschichte nicht mit Gewissheit beantworten. Wohl ist die besagte Bestimmung nicht (ausdrücklich) in das Gesetz überführt worden, doch schweigt sich die Botschaft darüber aus, ob die Bestimmung absichtlich und gegebenenfalls aus welchen Gründen sie gestrichen wurde. Art. 231 kommt jedenfalls nicht die Bedeutung zu, dass das Gericht an frühere Beweisabnahmen durch den Instruktionsrichter gebunden wäre, ebenso wenig wie es an die eigene Beweisverfügung gebunden ist. Das Gericht kann daher abgenommene Beweise als unerheblich bezeichnen oder weitere, ergänzende Beweisabnahmen anordnen (GULDENER, ZPR, 419), z.B. durch nachträgliche Anordnung einer mündlichen Erläuterung des Gutachtens (Art. 187 Abs. 1) oder indem es beschliesst, einen bereits einvernommenen Zeugen mit anderen und den Parteien zu konfrontieren (Art. 174). Das spricht dafür, eine erneute Einvernahme von Zeugen (auch ohne Konfrontation) in begründeten Fällen zuzulassen. Erscheint dem Gericht eine Beweisabnahme nach dem Unmittelbarkeitsprinzip – nach umfassender Abwägung aller auf dem Spiel stehenden Interessen (N 1) – nachträglich als begründet, muss u.E. eine wiederholte Abnahme möglich sein. Die Parteien haben jedoch keinen Anspruch darauf, soweit die Beweisabnahme ordnungsgemäss durchgeführt wurde. Ist sie mit irgendwelchen Fehlern behaftet, muss die Abnahme ohnehin und notwendigerweise wiederholt werden. Im Übrigen richtet sich der **Umfang** der Beweisabnahme – vorbehältlich Art. 153 (Beweiserhebung von Amtes wegen) – nach dem Recht der Parteien auf Beweis (Art. 152 Abs. 1). Ist das angerufene Beweismittel seiner Natur nach überhaupt nicht geeignet, den erforderlichen Beweis zu erbringen, oder vermöchte es am bereits feststehenden Beweisergebnis zweifellos nichts mehr zu ändern, so kann die Beweisabnahme abgelehnt werden (BGE 122 III 219 E. 3c; FRANK/STRÄULI/MESSMER, § 140 ZPO/ZH N 4 m.w.H.). Nach allgemeiner Auffassung handelt es sich dabei nicht um eine Frage der Beweisabnahme, sondern der (antizipierten) Beweiswürdigung (BOTSCHAFT ZPO, 7312; s. Art. 157).

4   Der **Ablauf** der Beweisabnahme folgt der Gliederung der Beweisverfügung, die das «Beweisprogramm» enthält. Erweist sich eine Tatsache während des Prozesses als hinreichend geklärt, wird das Gericht auf die Abnahme zusätzlicher Beweismittel verzichten. Wenn sich umgekehrt eine Tatsache erst später als erheblich herausstellt, ist darüber

nachträglich Beweis zu führen. Gemäss Art. 125 Abs. 1 lit. a kann das Verfahren auf einzelne (prozessuale oder materielle) Fragen, z.B. Prozessvoraussetzungen oder gesondert zu prüfende Anspruchsvoraussetzungen, oder einzelne Rechtsbegehren beschränkt werden. Auch ohne eine derartige Verfahrensbeschränkung ist es als Ausfluss der richterlichen Prozessleitung (Art. 124) und im Sinne eines effizienten Verfahrens als zulässig zu betrachten, die Beweisabnahme zweckmässig zu unterteilen und abzustufen (FRANK/STRÄULI/MESSMER, § 134 ZPO/ZH N 2; anders LEUCH/MARBACH/KELLERHALS/ STERCHI, Art. 197 ZPO/BE N 2c). So kann es gerechtfertigt sein, die Beweiserhebung über eine Eventualbegründung oder die Höhe einer grundsätzlich bestrittenen Forderung bis zur Klärung des Hauptpunktes zurückzustellen (FRANK/STRÄULI/MESSMER, § 134 ZPO/ZH N 2).

Die **Form** der Beweisabnahme richtet sich nach den allgemeinen Beweisverfahrensvorschriften, insb. den Vorschriften über die einzelnen Beweismittel (Art. 169–193). Die Beweisabnahme hat – unter Beachtung der Mitwirkungs- und Verweigerungsrechte der Parteien und Dritter (Art. 160–167) – durch das Gericht zu erfolgen, nicht durch die Parteien oder ihre Vertreter. Diese können immerhin selbständige Ergänzungsfragen an die Zeugen richten, wenn es das Gericht bewilligt (Art. 173). Das Gericht ist zudem verpflichtet, die erforderlichen Schutzmassnahmen zur Wahrung der Persönlichkeitsrechte und namentlich der Geheimsphäre der Beteiligten zu treffen (Art. 156).

5

Art. 232

Schlussvorträge	**¹ Nach Abschluss der Beweisabnahme können die Parteien zum Beweisergebnis und zur Sache Stellung nehmen. Die klagende Partei plädiert zuerst. Das Gericht gibt Gelegenheit zu einem zweiten Vortrag.** **² Die Parteien können gemeinsam auf die mündlichen Schlussvorträge verzichten und beantragen, schriftliche Parteivorträge einzureichen. Das Gericht setzt ihnen dazu eine Frist.**
Plaidoiries finales	¹ Au terme de l'administration des preuves, les parties peuvent se prononcer sur les résultats de l'administration des preuves et sur la cause. Le demandeur plaide en premier. Le tribunal donne l'occasion aux parties de plaider une seconde fois. ² Les parties peuvent renoncer d'un commun accord aux plaidoiries orales et requérir le dépôt de plaidoiries écrites. Le tribunal leur fixe un délai à cet effet.
Arringhe finali	¹ Chiusa l'assunzione delle prove, alle parti è data facoltà di esprimersi sulle risultanze probatorie e sul merito della lite. L'attore si esprime per primo. Il giudice dà alle parti la possibilità di esprimersi una seconda volta. ² Le parti possono, di comune accordo, rinunciare alle arringhe finali e proporre di presentare una memoria scritta conclusiva. In tal caso, il giudice assegna loro un termine per farlo.

Inhaltsübersicht	Note
I. Allgemeines	1
II. Form und Zweck	2

I. Allgemeines

1 Im Rahmen der Hauptverhandlung folgen im ordentlichen Verfahren in der Regel auf die Parteivorträge die Beweisabnahmen durch das Gericht, sofern dies nicht bereits vollumfänglich zu einem früheren Zeitpunkt geschehen ist. Die Hauptverhandlung schliesst mit den **Schlussvorträgen** der Parteien. Art. 232 ist sinngemäss auch in allen anderen Verfahren anwendbar. So findet auch im vereinfachten Verfahren und in eherechtlichen Verfahren die Beweisabnahme in der Regel an der mündlichen Hauptverhandlung im Anschluss an die mündlichen Parteivorträge statt. Im summarischen Verfahren kann das Gericht auf eine mündliche Verhandlung verzichten, soweit aufgrund der Akten entschieden werden kann und sofern sich aus dem Gesetz nichts anderes ergibt (Art. 256 Abs. 1), eine sinngemässe Geltung von Art. 232 entfällt. So auch in den besonderen Summarverfahren. Allerdings muss den Parteien bei Wegfall der Schlussvorträge bei durchgeführtem Beweisverfahren in jedem Fall in geeigneter Form die Möglichkeit zur Stellungnahme zum Beweisergebnis eingeräumt werden, ansonsten der Gehörsanspruch der Parteien verletzt ist (N 2).

II. Form und Zweck

2 In den **Schlussvorträgen** können sich die Parteien noch einmal zur **Sache** äussern. Aus dem Grundsatz des rechtlichen Gehörs ergibt sich der Anspruch der Parteien auf Stellungnahme zu den **Beweisergebnissen**, wozu die Schlussvorträge dienen. Soweit das Gericht in seinem Entscheid auf ein Beweismittel abstellen will, gilt der Anspruch auf eine Stellungnahme uneingeschränkt und umfasst sämtliche Beweismittel, nicht nur Zeugenbefragungen etc., sondern ebenso Einlegerakten der Gegenpartei, beigezogene Akten, Amtsberichte, Gutachten und weitere. Bei einer vorerst **unbezifferten Forderungsklage** dienen die Schlussvorträge überdies dazu, die **Forderung zu beziffern**, was nach Abschluss des Beweisverfahrens zu geschehen hat (Art. 85 Abs. 2).

3 Grundsätzlich erfolgen die **Schlussvorträge mündlich**, wobei jeder Partei die Möglichkeit von **zwei Vorträgen** einzuräumen ist. Der erste Vortrag steht der klagenden Partei zu. In Art. 223 Abs. 3 VE-ZPO wurde den Parteien die Möglichkeit eingeräumt, dem Gericht zu Beginn ihres Schlussvortrages **Notizen** einzureichen, welche bei Übereinstimmung mit dem **mündlich Vorgetragenen** an die **Stelle des Protokolls** hätten treten können. Der bundesrätliche Entwurf sah dies nicht mehr vor und in der Botschaft wurde festgehalten, dass bei mündlich gehaltenen Schlussvorträgen die Abgabe zusätzlicher Plädoyernotizen unzulässig sei (BOTSCHAFT ZPO, 7342). Die Möglichkeit der Abgabe von Plädoyernotizen kann gemäss der hier vertretenen Meinung den Parteien nicht verwehrt werden. Vielmehr sind die Plädoyernotizen zu den Akten zu nehmen. Soweit sie sich mit den mündlichen Ausführungen decken, finden sie Eingang in den Prozessstoff (s. Art. 228 N 3; Art. 235 N 24). Praxisgemäss ist auf den abgegeben Plädoyernotizen zu vermerken, ob diese vor oder nach dem Plädoyer abgegeben wurden.

4 Das Gesetz gibt den Parteien die Möglichkeit, auf **mündliche Schlussvorträge zu verzichten**, was einen **gemeinsamen Parteiantrag** voraussetzt. Die Schlussvorträge werden schriftlich abgefasst und dem Gericht eingereicht. Das **Gericht** hat einem Antrag auf Verzicht auf mündliche Schlussvorträge und Einreichen von schriftlichen Parteivorträgen in jedem Fall **stattzugeben** und wird zuerst der klagenden Partei **Frist** zur Einreichung des ersten schriftlichen Parteivortrages ansetzen. Diese Frist stellt eine richterliche Frist dar und ist daher auf entsprechendes Gesuch hin erstreckbar. Auch bei schriftlich abgefassten Schlussvorträgen steht beiden Parteien das Recht auf zwei Eingaben zu (BOTSCHAFT ZPO, 7342).

Jeder Partei einzeln steht es zu, gänzlich auf einen (oder auf beide) Schlussvortrag zu verzichten, sei er mündlich vorzutragen oder schriftlich einzureichen. 5

Art. 233

Verzicht auf die Hauptverhandlung

Die Parteien können gemeinsam auf die Durchführung der Hauptverhandlung verzichten.

Renonciation aux débats principaux

Les parties peuvent, d'un commun accord, renoncer aux débats principaux.

Rinuncia al dibattimento

Le parti possono, di comune accordo, rinunciare al dibattimento.

Inhaltsübersicht Note

I. Allgemeines 1
II. Voraussetzungen 2
III. Anwendungsfälle 3
IV. Bindung des Gerichts 4

I. Allgemeines

Art. 233 gibt den Parteien die Möglichkeit, auf die **Durchführung** einer **Hauptverhandlung zu verzichten.** 1

II. Voraussetzungen

Die Parteien können nur gemeinsam auf die Durchführung einer Hauptverhandlung verzichten, was ein entsprechender **Antrag beider Parteien** an das Gericht voraussetzt (BOTSCHAFT ZPO, 7342). 2

III. Anwendungsfälle

Ein Verzicht auf eine Hauptverhandlung ist in den Fällen denkbar, in welchen **keine Beweisführung** notwendig ist, oder in denen durch das Gericht bereits anlässlich einer der Hauptverhandlung vorangegangenen **Instruktionsverhandlung Beweise abgenommen** wurden. 3

IV. Bindung des Gerichts

Grundsätzlich ist das Gericht an den **gemeinsamen Antrag** der Parteien auf Verzicht der Hauptverhandlung **gebunden** und hat diesem stattzugeben. Die **Bindungswirkung findet ihre Schranken** in Prozessen, welche von der **Offizialmaxime**, so z.B. bei **familienrechtlichen Prozessen bezüglich der Kinderbelange**, beherrscht werden. Erachtet das Gericht zur Erforschung des Sachverhaltes die Durchführung einer Hauptverhandlung als notwendig, so darf es dennoch zur Hauptverhandlung vorladen (Art. 296 Abs. 3; BOTSCHAFT ZPO, 7342, 7366 f.). 4

Art. 234

Säumnis an der Hauptverhandlung

¹ Bei Säumnis einer Partei berücksichtigt das Gericht die Eingaben, die nach Massgabe dieses Gesetzes eingereicht worden sind. Im Übrigen kann es seinem Entscheid unter Vorbehalt von Artikel 153 die Akten sowie die Vorbringen der anwesenden Partei zu Grunde legen.

² Bei Säumnis beider Parteien wird das Verfahren als gegenstandslos abgeschrieben. Die Gerichtskosten werden den Parteien je zur Hälfte auferlegt.

Défaut à l'audience des débats principaux

¹ En cas de défaut d'une partie, le tribunal statue sur la base des actes qui ont, le cas échéant, été accomplis conformément aux dispositions de la présente loi. Il se base au surplus, sous réserve de l'art. 153, sur les actes de la partie comparante et sur le dossier.

² En cas de défaut des deux parties, la procédure devient sans objet et est rayée du rôle. Les frais judiciaires sont répartis également entre les parties.

Mancata comparizione al dibattimento

¹ Se una parte ingiustificatamente non compare, il giudice prende in considerazione gli atti scritti inoltrati in conformità del presente Codice. Per il resto, fatto salvo l'articolo 153, può porre alla base della sua decisione gli atti e le allegazioni della parte comparsa.

² Se entrambe le parti ingiustificatamente non compaiono, la causa è stralciata dal ruolo in quanto priva d'oggetto. Le spese processuali sono addossate per metà a ciascuna delle parti.

Inhaltsübersicht

	Note
I. Allgemeines	1
II. Säumnis an der Hauptverhandlung	3
III. Säumnisfolgen	10
1. Bei Säumnis einer Partei (Abs. 1)	10
2. Bei Säumnis beider Parteien (Abs. 2)	17
IV. Besondere Verfahren	21

Literatur

F. HASENBÖHLER, Säumnis und Säumnisfolgen im basellandschaftlichen Zivilprozess, BJM 1973, 1 ff.; CH. LEUENBERGER, Das Verhalten der Parteien im Prozess und die Folgen für das Urteil, ZZZ 2005, 147 ff.; F. MATTMANN, Die Anspruchs- und Klagerechtsverwirkung aus prozessualen Gründen in schweizerischen Zivilprozessgesetzen, Diss. Freiburg 1963; TH. MÜLLER, Gesetzliche und prozessuale Parteipflichten. Eine Untersuchung unter besonderer Berücksichtigung der ZPO des Kantons Zug (insbesondere § 59 ZPO), Diss. Zürich 2001; R. OTTOMANN, Erstreckung von Fristen, Verschiebung von Tagfahrten, in: FS Vogel, Freiburg 1991, 217 ff.; M. VASSALLI, Die Unterlassung von Prozesshandlungen durch die Parteien im zürcherischen Zivilprozessrecht, Diss. Zürich 1963; O. VOGEL, Kein Rechtsverlust mehr durch prozessuale Säumnis, recht 1993, 182 ff.

I. Allgemeines

1 Art. 234 **konkretisiert** für die Hauptverhandlung weitgehend **die allgemeine Säumnisregel** (Art. 147). Die Grundregel stellt sicher, dass der Prozess ungehindert seinen Fortgang nimmt und auch gegen den Willen des Säumigen zum Abschluss gebracht werden

kann. Unter Vorbehalt der Wiederherstellung (Art. 148) darf Nichterscheinen am Verhandlungstermin das Verfahren nicht zulasten der erschienenen Partei verzögern (BOTSCHAFT ZPO, 7309 und 7341). Der Termin wird nicht vertagt. Für die Hauptverhandlung ordnet Art. 234 differenzierte Säumnisfolgen an. Säumnis einer Partei (der klagenden oder beklagten Partei) hat zur Folge, dass das Verfahren zunächst am Termin ohne die säumige Partei weitergeführt wird (Art. 234 Abs. 1; Art. 147 Abs. 2). Bei Säumnis beider Parteien kommt das Verfahren dagegen sofort zum Abschluss und ist als gegenstandslos abzuschreiben (Art. 234 Abs. 2). Diese dem Vorentwurf (Art. 225 VE) noch unbekannte, strenge Säumnisfolge weicht von der Grundregel insofern ab, als sie einen gerichtlichen Entscheid in der Sache ausschliesst.

Aus der Marginalie («Säumnis an der Hauptverhandlung») und der Systematik geht hervor, dass Art. 234 einzig die Säumnis an einem Termin der Hauptverhandlung, inkl. eines allfälligen Fortsetzungstermins, regelt. **Nicht anwendbar** ist Art. 234, wenn eine oder beide Parteien an einem vorgängigen Instruktionstermin ausbleiben. Hier kommt die Grundregel von Art. 147 zur Anwendung. Die allgemeine Vorschrift gilt auch für nicht fristgerecht vorgenommene Prozesshandlungen, die ausserhalb des mündlichen Termins erfolgen (z.B. Einreichung der schriftlichen Schlussvorträge, Art. 232 Abs. 2), soweit nicht eine andere Sondervorschrift vorgeht (z.B. Leistung des Kostenvorschusses für Beweiserhebungen, Art. 102 Abs. 3). – Zur Anwendbarkeit von Art. 234 in den besonderen Verfahren s. N 21 ff.

II. Säumnis an der Hauptverhandlung

Säumnis an der Hauptverhandlung ist gemäss der **Legaldefinition** in Art. 147 Abs. 1 (BOTSCHAFT ZPO, 7309) gegeben, wenn mindestens eine der Parteien zu einem Termin nicht (rechtzeitig) erscheint (Art. 147 Abs. 1). Die Definition setzt – stillschweigend – voraus, dass zum Erscheinungstermin in den gesetzlichen Formen vorgeladen wurde (Art. 133 ff.) und die Vorladung einen Hinweis auf die drohenden Säumnisfolgen enthält (Art. 147 Abs. 3; Art. 133 lit. f). Säumig ist demnach, wer trotz gehöriger Vorladung an einem Termin der Hauptverhandlung ausbleibt; unverschuldetes Ausbleiben schliesst Säumnis dagegen nicht schon aus.

Die **Vorladung zur Hauptverhandlung** hat in den Formen der gerichtlichen Vorladung und deren Zustellung nach Art. 133 ff. zu erfolgen und muss mindestens zehn Tage vor dem Erscheinungstermin versandt worden sein, sofern das Gesetz nichts anderes bestimmt (Art. 134). Die Missachtung der gesetzlichen Formen schliesst Säumnis grundsätzlich aus. Wenn die Partei dem Verfahrensfehler jedoch keine Beachtung schenkt und (rechtzeitig) zum Termin erscheint und verhandelt, so kann sie nachträglich nicht mehr einwenden, sie sei unrichtig vorgeladen worden. Widerspruchsloses Verhandeln am Termin heilt jeden Mangel der Vorladung und Zustellung (HASENBÖHLER, 13 f.). Im Übrigen steht gegen die fehlerhafte Vorladung die Beschwerde zur Verfügung, soweit dadurch ein nicht leicht wiedergutzumachender Nachteil droht (Art. 319 lit. b Ziff. 2). Ein schwerwiegender Verstoss gegen die Vorschriften über die gerichtliche Vorladung bzw. Zustellung kann die Nichtigkeit des darauf ergangenen Urteils nach sich ziehen (BGE 129 I 361 E. 2 m.H.).

Das Gericht hat die Parteien auf die Säumnisfolgen hinzuweisen (Art. 147 Abs. 3). Die **Androhung** der gesetzlichen **Säumnisfolgen** gemäss Art. 234 muss in der Vorladung zur Hauptverhandlung erfolgen (Art. 133 lit. f). Die Bestimmung von Art. 147 Abs. 3 beruht auf dem Prinzip von Treu und Glauben (BOTSCHAFT ZPO, 7309). Sie ist nicht bloss Ordnungs-, sondern Gültigkeitsvorschrift. Das hat zunächst die Bedeutung, dass es dem

Gericht nicht gestattet ist, eine erste Vorladung ohne Androhung der Säumnisfolgen und damit ohne Präklusivwirkung zu erlassen (STAEHELIN/STAEHELIN/GROLIMUND, § 17 Rz 11). Aus der Gültigkeitsvorschrift folgt sodann, dass der Säumnistatbestand und dessen Folgen nicht eintreten können, wenn die Vorladung keinerlei Hinweis auf die Säumnisfolgen (insb. jene gemäss Abs. 2) enthält. Die Partei, welche nach Treu und Glauben mit der Ausschlusswirkung nicht rechnen konnte und musste, kann Wiedereinsetzung in den früheren Prozessstand verlangen, ohne dass die Voraussetzungen der Wiederherstellung gemäss Art. 148 zu prüfen wären. Gegen einen bereits ergangenen Säumnisentscheid wird die Partei wegen Verletzung von Art. 147 Abs. 3 ein Rechtsmittel einlegen müssen. Das Wiederherstellungsgesuch steht nicht zur Verfügung. Es ist nur gegeben, wenn die betroffene Partei nicht die Gültigkeit der Vorladung anficht, sondern geltend machen will, es treffe sie kein oder nur leichtes Verschulden am Ausbleiben an der Hauptverhandlung (Art. 148 Abs. 1).

6   Unverschuldetes Nichterscheinen an der Hauptverhandlung schliesst Säumnis nicht aus. Liegen zureichende (**Entschuldigungs-**)Gründe vor – wie insb. eine ärztlich bescheinigte Krankheit –, hat die betroffene Partei *vor* dem Erscheinungstermin ein Verschiebungsgesuch zu stellen (Art. 135 lit. b). Zur Vermeidung eines unnötigen Wiederherstellungsverfahrens muss freilich, je nach Hinderungsgrund (z.B. Verkehrsstau auf dem Wege zur Verhandlung), auch ein sehr kurzfristig gestelltes Gesuch gutgeheissen werden. Daraufhin ist die Vorladung den Parteien abzunehmen und der Termin zu verschieben. Stattdessen kann die Partei auch um Dispens ersuchen, soweit das persönliche Erscheinen nicht richterlich angeordnet (Art. 68 Abs. 4), sondern gesetzlich vorgeschrieben ist (Art. 273 Abs. 2, 278). Ohne vorgängige Entschuldigung der ausbleibenden Partei ist das Säumnisverfahren indessen stets durchzuführen und kommt es zum Entscheid, denn Säumnis soll das Verfahren grundsätzlich nicht aufhalten (BOTSCHAFT ZPO, 7342). Wer dem Verhandlungstermin unentschuldigt ferngeblieben ist, ist auf ein Gesuch um Wiederherstellung (Art. 148) oder ein Rechtsmittelverfahren (mit Instanzenverlust) angewiesen.

7   Erscheint die Partei – oder ihr Prozessvertreter (N 9) – zu dem in der Vorladung angesetzten Zeitpunkt unentschuldigt nicht bzw. verspätet, ist sie säumig und mit den verpassten Handlungen bereits ausgeschlossen. Das Gesetz sieht **keine** Zeitspanne vor, während der die Verhandlung aus Respektgründen vor der säumigen Partei nicht begonnen werden dürfte (sog. **Respektstunde**), obschon dies in der Vernehmlassung kritisiert worden war (Zusammenstellung der Vernehmlassungen, 599). Nichtverhandeln am Termin ist dem Ausbleiben bzw. Nichterscheinen gleichgestellt (LEUCH/MARBACH/KELLERHALS/STERCHI, Art. 283 ZPO/BE N 1a; HASENBÖHLER, 19; s.a. FRANK/STRÄULI/MESSMER, § 129 ZPO/ZH N 2a).

8   Das Erscheinen eines notwendigen Streitgenossen hindert die Säumnis der übrigen Streitgenossen (Art. 70 Abs. 2). Bei einfacher Streitgenossenschaft wird die Säumnis nur gehindert, wenn der anwesende Streitgenosse als gemeinsamer Vertreter bezeichnet worden ist (Art. 72). Ohne gemeinsame Vertretung führt der einfache Streitgenosse den Prozess unabhängig von den anderen (Art. 71 Abs. 3), so dass er säumig wird, wenn er ausbleibt. Säumnis der Hauptpartei wird durch das Erscheinen einer Nebenpartei – des Nebenintervenienten (Art. 76 Abs. 1) oder Litisdenunziaten (Art. 79 Abs. 1 lit. a) – gehindert, weil die Nebenpartei für jene im Prozess handeln kann.

9   Das Erscheinen einer zur **Prozessvertretung befugten Person** schliesst die Säumnis der Partei aus, auch wenn sie persönlich vorgeladen wurde (Art. 68 Abs. 4; FRANK/STRÄULI/MESSMER, § 129 ZPO/ZH N 2a; LEUCH/MARBACH/KELLERHALS/STERCHI, Art. 283 ZPO/BE N 1a), nicht hingegen, wenn die Partei zum persönlichen Erscheinen gesetzlich verpflichtet gewesen wäre (Art. 273 Abs. 2, 278). Die Befugnis zur gewillkürten Partei-

3. Kapitel: Hauptverhandlung   10–13 **Art. 234**

vertretung richtet sich nach Art. 68. Eine nicht anwaltlich vertretene Gesellschaft oder juristische Person ist an der Hauptverhandlung genügend vertreten, wenn die erscheinende Person nach den zivilrechtlichen Bestimmungen für sie rechtsgültig handeln kann. Zu beachten sind die gesetzlich zulässigen Beschränkungen der Vertretungs- und Zeichnungsbefugnis (z.B. OR 460 für die Prokura). Wenn ein zur Prozessführung nicht befugter Vertreter an Stelle der ausgebliebenen Partei erscheint, ist diese säumig (LEUCH/MARBACH/KELLERHALS/STERCHI, Art. 283 ZPO/BE N 1a; anders FRANK/STRÄULI/MESSMER, § 129 ZPO/ZH N 2b).

III. Säumnisfolgen

1. Bei Säumnis einer Partei (Abs. 1)

Säumnis einer Partei hat gemäss Art. 234 Abs. 1 – in Übereinstimmung mit der allgemeinen Säumnisordnung (Art. 147 Abs. 2) – zunächst keine andere Folge, als dass die Hauptverhandlung ohne die säumige Partei durchgeführt wird. Im Wortlaut der Bestimmung kommt dies dadurch zum Ausdruck, dass die «Vorbringen der anwesenden Partei» zu berücksichtigen sind (N 12). Der Termin wird nicht vertagt, das **Verfahren** somit normal **fortgesetzt**. Weder darf Verwirkung des eingeklagten Anspruches oder Klagerückzug (bei Säumnis des Klägers) angenommen werden noch gilt die Klage (bei Säumnis des Beklagten) als anerkannt. Auch bedeutet Säumnis nicht Anerkennung der von der Gegenpartei behaupteten Tatsachen, wie der Vorbehalt von Art. 153 verdeutlicht. 10

Die säumige Partei trifft der prozessuale Nachteil, dass sie das Versäumte (vorbehältlich Wiederherstellung, Art. 148) nicht mehr nachholen kann; **versäumte Prozesshandlungen sind verwirkt**. So ist die Partei bei verspätetem Erscheinen mit neuen Tatsachen oder Beweismitteln regelmässig ausgeschlossen, weil diese «ohne Verzug» (Art. 229 Abs. 1) bzw. unmittelbar zu Beginn der Hauptverhandlung (Art. 229 Abs. 2) vorgebracht werden müssen. Der säumige Kläger bzw. Widerkläger verliert damit auch die Befugnis zur Klageänderung, da eine solche nur noch möglich ist, wenn sie sich auf zulässige Noven zu stützen vermag (Art. 230). Vom weiteren Gang des Verfahrens ist die säumige Partei, die verspätet oder erst zu einem Fortsetzungstermin erscheint, indessen nicht ausgeschlossen. Nach den ersten Parteivorträgen (Art. 228) kann sie an noch nicht erledigten Beweisabnahmen teilnehmen oder den Schlussvortrag halten (LEUCH/MARBACH/KELLERHALS/STERCHI, Art. 283 ZPO/BE N 1b; s.a. LEUENBERGER/UFFER-TOBLER, Art. 61 ZPO/SG N 1a). Die Säumnisfolgen sind **von Amtes wegen** zu beachten. 11

Der Entscheid i.S.v. Art. 234 Abs. 1 ist regelmässig ein Endentscheid (Prozess- oder Sachurteil). **Grundlage eines jeden Säumnisurteils** bilden sämtliche Vorbringen, die entsprechend dem bisherigen Verfahrensverlauf ordnungsgemäss in den Prozess Eingang gefunden haben, also auch jene der abwesenden Partei (BOTSCHAFT ZPO, 7342). Schriftlich vorgebrachte Tatsachenbehauptungen und -bestreitungen, Einreden und Anträge der Parteien berücksichtigt das Gericht allerdings nur insoweit, als sie in einer **Eingabe nach Massgabe des Gesetzes**, mithin form- und fristgerecht, vorgebracht wurden. Unberücksichtigt bleiben deshalb nicht rechtzeitig eingereichte oder nicht ordnungsgemäss abgefasste Eingaben sowie unverlangte Zuschriften, die einer Partei dem Gericht zugestellt hat, statt zu erscheinen (LEUCH/MARBACH/KELLERHALS/STERCHI, Art. 283 ZPO/BE N 4). 12

Neben den schriftlichen Eingaben kann das Gericht seinem Entscheid, unter Vorbehalt von Art. 153, die übrigen Akten und die **Vorbringen der anwesenden Partei** zugrunde 13 legen. Die Kann-Formulierung (in der deutschen und italienischen Fassung) ist missverständlich. Die französische Fassung («Il [le tribunal] se base au surplus, sous réserve de l'art. 153, sur les actes de la partie comparante et sur le dossier») bringt besser zum Ausdruck, dass die anwesende Partei durch die Säumnis der Gegenpartei in ihren Rechten nicht eingeschränkt wird und zum mündlichen Vortrag an der Hauptverhandlung stets zuzulassen ist. Die Partei stellt und begründet ihre Anträge (Art. 228 Abs. 1), ist zu neuen Sachvorbringen nach Massgabe von Art. 229 berechtigt und kann eine Änderung der Klage bzw. Widerklage gemäss Art. 230 vornehmen. Bei Klageänderungen ist die Hauptverhandlung allerdings zur Wahrung des rechtlichen Gehörs zu vertagen (Art. 230 N 9). Hat keine Instruktionsverhandlung und kein zweiter Schriftenwechsel stattgefunden, ist die anwesende Partei gemäss Art. 229 Abs. 2 berechtigt, neue Tatsachen und Beweismittel unbeschränkt vorzubringen (die beklagte Partei nur, sofern sie zuvor die Klageantwort nicht zweimal versäumt hatte; Art. 223 N 14). Zulässige Vorbringen der anwesenden klagenden oder beklagten Partei muss das Gericht seinem Entscheid zugrunde legen. Die Wendung «kann» hat ihren Sinn nur als Bezugnahme auf Art. 153, der vorbehalten bleibt und eine Beweiserhebung über (neue) unbestritten gebliebenen Vorbringen ermöglicht (N 16). Will die anwesende Partei das bisher Vorgebrachte weder ergänzen noch berichtigen, fragt sich, ob das Gericht ihr den mündlichen Parteivortrag erlassen oder die Partei selbst unter Verweis auf die eingereichte Rechtsschrift darauf verzichten kann. Wegen der Geltung des Unmittelbarkeitsprinzips an der Hauptverhandlung und des Vorbehaltes von Art. 153 muss die Frage – zumindest dem Grundsatz nach – verneint werden.

14 Was die **Akten** als Entscheidgrundlage anbelangt, ist die Kann-Bestimmung (des deutschen und italienischen Gesetzestextes) für den ordentlichen Prozess ebenfalls zu relativieren. Im Anwendungsbereich der **Verhandlungsmaxime** *darf das Gericht nicht* den Prozessstoff aufgrund der Akten zusammentragen, ergänzen und gestützt darauf entscheiden. Die Partei, die im schriftlichen Vorverfahren ihrer Behauptungs- und Substantiierungslast nicht oder ungenügend nachgekommen ist und am Termin ausbleibt, kann nicht besser gestellt sein als jene, die zur Hauptverhandlung erscheint. Die Wendung «kann» bezieht sich wiederum auf den Vorbehalt von Art. 153. Wenn und soweit das Gericht von Amtes wegen befugt ist, über erheblich zweifelhafte Tatsachen Beweis zu erheben (Art. 153 Abs. 2), braucht es dies nicht zu tun, wenn sich die Zweifel bereits anhand der Akten eindeutig ausräumen lassen. Andererseits gibt es aktenkundige Tatsachen, die das *Gericht berücksichtigen muss*. So sind dem gerichtlichen Entscheid auch jene Parteierklärungen (Anträge und tatsächliche Vorbringen) zugrunde zu legen, die an einer vorgängigen Instruktionsverhandlung ordnungsgemäss zu Protokoll gegeben wurden. Die aus den Akten ersichtlichen Tatsachen berücksichtigt das Gericht ferner insoweit, als es für das Vorhandensein der von Amtes wegen zu prüfenden Prozessvoraussetzungen von Bedeutung ist (Art. 60).

15 Gilt die **Untersuchungsmaxime**, hat das Gericht auch bei Fehlen entsprechender Parteibehauptung die Tatsachen zu berücksichtigen, die sich aus den Akten ergeben. Das Gesetz unterscheidet jedoch zwischen der klassischen Untersuchungsmaxime (Art. 296 in Kinderbelangen) und der sozialen oder beschränkten Untersuchungsmaxime (BOTSCHAFT ZPO, 7348). Im Anwendungsbereich der beschränkten Untersuchungsmaxime – z.B. im vereinfachten Verfahren (Art. 247 Abs. 2), in eherechtlichen Verfahren (Art. 272, 277 Abs. 3) oder in Verfahren der Konkurs- und Nachlassgerichtsbarkeit (Art. 255 lit. a) – erforscht das Gericht den Sachverhalt nicht von Amtes wegen. Es ist grundsätzlich Sache der Parteien, an der Sachverhaltsfeststellung aktiv mitzuwirken und den Prozessstoff zu sammeln. Die staatliche Fürsorge für die Stoffsammlung besteht im Wesentlichen nur in einer Mithilfe, indem das Gericht darauf hinwirkt, dass die Parteien ungenügende An-

gaben zum Sachverhalt ergänzen und vorhandene Beweismittel bezeichnen (so ausdrücklich Art. 243 Abs. 1 E-ZPO noch zur Untersuchungsmaxime; BOTSCHAFT ZPO, 7348; STAEHELIN/STAEHELIN/GROLIMUND, § 10 Rz 25, 27 ff.; BGE 133 III 607 nicht publ. E. 6.2; BGer, 5C.20/2007 m.w.H.). Bei Säumnis an der Hauptverhandlung findet die Mithilfe gewissermassen eine Fortsetzung in Art. 234 und erlaubt dem Gericht, auf die Akten abzustellen (Art. 234 ist in den besonderen Verfahren sinngemäss anwendbar; N 21 ff.). Da die säumige Partei der ihr obliegenden Mitwirkungspflicht durch Ausbleiben am Termin nicht nachkommt, wird allerdings das Ausmass der gerichtsseitigen Untersuchung gering bleiben. Zugunsten der säumigen Partei wird das Gericht die Akten als zusätzliche Entscheidgrundlage nur heranziehen, wenn es im Einzelfall aufgrund der gesamten Umstände geboten ist, namentlich aufgrund eines Ungleichgewichtes einer nicht anwaltlich vertretenen, wirtschaftlich schwächeren oder weniger sachkundigen Partei (vgl. BOTSCHAFT ZPO, 7348). Trifft das zu, kann das Gericht vermutete Widersprüche zur Aktenlage (auch ohne erhebliche Zweifel an der Darstellung der Gegenpartei) abklären und, soweit nötig, Beweis von Amtes wegen erheben (Art. 153 Abs. 1).

Die **Beweiserhebung von Amtes wegen** (Art. 153) bleibt vorbehalten. Der Vorbehalt macht deutlich, dass formal unbestritten gebliebene Tatsachen nicht ohne weiteres als erwahrt gelten. Er bezieht sich sowohl auf den Anwendungsbereich der (beschränkten) Untersuchungsmaxime (Art. 153 Abs. 1) wie auch auf jenen der Verhandlungsmaxime (Art. 153 Abs. 2). Gemäss Art. 153 Abs. 2 setzt ein Abweichen von der Verhandlungsmaxime voraus, dass an der Richtigkeit der fraglichen Tatsachen erhebliche Zweifel bestehen. Diese allgemeine Bestimmung hat für das Säumnisverfahren besondere Bedeutung, weil es zu verhindern gilt, dass die anwesende Partei die Säumnis der Gegenpartei wider Treu und Glauben ausnützt (Bericht zum Vorentwurf der Expertenkommission, 76; FRANK/STRÄULI/MESSMER, § 131 ZPO/ZH N 3). Ein solch treuwidriges Prozessverhalten kann vorliegen, wenn der Kläger an der Hauptverhandlung neue Tatsachen einführt, die im Widerspruch zu seinen eigenen Eingaben stehen. Hält er im Wesentlichen aber an seiner Sachdarstellung fest, bietet das prozessuale Verhalten keinen Anlass, an der Richtigkeit seiner Darstellung ernsthaft zu zweifeln. Der Umstand, dass der Beklagte säumig ist – ev. zum dritten Mal in Folge, nachdem er die Klageantwort zuvor zweimal versäumt hatte (Art. 223) – genügt jedenfalls für sich allein nicht, um das Verfahren durch Beweiserhebung fortzusetzen. Der Beklagte hat keinen Anspruch auf Durchführung eines Beweisverfahrens (FRANK/STRÄULI/MESSMER, § 131 ZPO/ZH N 3). 16

2. Bei Säumnis beider Parteien (Abs. 2)

Säumnis beider Partei bewirkt gemäss Art. 234 Abs. 2, dass das **Verfahren als gegenstandslos abzuschreiben** ist. Ein gerichtlicher Entscheid über den eingeklagten Anspruch oder ein Nichteintretensentscheid ist nicht mehr möglich. Beim Abschreibungsbeschluss handelt es sich um einen Anwendungsfall von Art. 242 («Gegenstandslosigkeit aus anderen Gründen»). Nach allgemein üblicher Begriffsbildung tritt Gegenstandslosigkeit nur ein, wenn der Streitgegenstand unabhängig vom Willen der Parteien wegfällt (VOGEL/SPÜHLER, Kap. § 37 Rz 100b; GULDENER, ZPR, 204). Das Gesetz scheint von einem weiteren Begriff auszugehen. Es sieht keine Prüfung vor, ob die Parteien durch ihr unentschuldigtes Nichterscheinen den Prozess aufgeben wollten oder nicht. Gemäss Botschaft treten die Säumnisfolgen sofort ein; der Termin fällt dahin (BOTSCHAFT ZPO, 7342). Eine Verschiebung der Verhandlung von Amtes wegen scheidet damit aus. Das Gericht kann die Parteien nur noch auf begründetes Gesuch um Wiederherstellung zu einem erneuten Termin vorladen (Art. 148 Abs. 1). Die (vorschnelle) Abschreibung des Prozesses kann unter Umständen allerdings eine ungerechtfertigte Härte darstellen, zu- 17 mal es keine Respektstunde abzuwarten gilt. Ihre Grenze findet die strenge gesetzliche Säumnisfolge am Verbot des überspitzten Formalismus.

18 Der Prozess endet mit dem formellen Abschreibungsbeschluss. Die Wirkungen der Rechtshängigkeit fallen damit dahin. Zur Anspruchsverfolgung hat die klagende Partei (vorbehältlich gewährter Wiederherstellung) einen neuen Prozess einzuleiten. Der Abschreibung kommt **keine materielle Rechtskraft** zu. Im Ergebnis verhält es sich gleich, wie wenn die beklagte Partei dem Rückzug der Klage beim zuständigen Gericht zustimmt (vgl. Art. 65 in fine).

19 Die Gegenstandslosigkeit infolge beidseitiger Säumnis (Art. 234 Abs. 2) ist **abzugrenzen vom Verzicht der Parteien** auf Durchführung der Hauptverhandlung (Art. 233). Gemeinsamer Verzicht führt zu einem Entscheid über den eingeklagten Anspruch nach Massgabe des bisherigen Verfahrensstands; eine allenfalls bereits zugestellte Vorladung ist den Parteien abzunehmen. Einseitiger Verzicht ist unbeachtlich. Zur Hauptverhandlung sind deshalb beide Parteien vorzuladen, wobei Nichterscheinen auch für die den Verzicht erklärende Partei Säumnisfolgen nach sich zieht und das Verfahren gegebenenfalls nach Art. 234 Abs. 2 als gegenstandslos abzuschreiben ist.

20 Die **Gerichtskosten** sind im Abschreibungsbeschluss den Parteien je zur Hälfte aufzuerlegen (Art. 234 Abs. 2 Satz 2). Die Kostenverlegung erfolgt somit nicht nach der Sachlage vor Eintritt der Gegenstandslosigkeit, sondern nach der zu gleichen Teilen erfolgten Verursachung derselben. Nach den allgemeinen Verteilungsgrundsätzen (Art. 106) werden keine Prozessentschädigungen zugesprochen bzw. diese wettgeschlagen. Der unentgeltliche Rechtsbeistand, der die Gegenstandslosigkeit hälftig verursacht hat, läuft Gefahr, dass sein Anspruch auf angemessene Entschädigung gekürzt wird (Art. 122 Abs. 1 lit. a, Art. 108). Gegen den Abschreibungsbeschluss steht nur die Beschwerde (Art. 319), nicht aber die Berufung (Art. 308) zur Verfügung.

IV. Besondere Verfahren

21 Art. 234 ist ausserhalb des ordentlichen Verfahrens sinngemäss anwendbar, soweit das Gesetz nichts anderes bestimmt (Art. 219). Eine Anwendung der Norm setzt ihrem Sinn nach voraus, dass es zu einer mündlichen, kontradiktorischen (Haupt-)Verhandlung kommt und zumindest eine Partei am Gerichtstermin ausbleibt. Zur Bedeutung der Akten bei Säumnis in den von der Untersuchungsmaxime beherrschten Verfahren s. N 15.

22 Im **vereinfachten Verfahren** kommt Art. 234 zur Anwendung, wenn die Parteien zum ersten und im Regelfall einzigen Termin der (Haupt-)Verhandlung vorgeladen werden (vgl. Art. 246 Abs. 1). Ein Säumnisurteil hat wohl selbst dann zu ergehen, wenn das Gericht nach Einreichung einer begründungslosen Klage direkt zur (Haupt-)Verhandlung lädt (Art. 245 Abs. 1) und nur die klagende Partei ausbleibt (HASENBÖHLER, 19). Die Rechtsprechung des Bundesgerichts zu den bundesrechtwidrigen Säumnisfolgen steht dem nicht entgegen (BGE 118 II 479; s. VOGEL, recht 1993, 182 ff.; VOGEL/SPÜHLER Kap. 12 Rz 58). Indessen fragt sich, ob ein Säumnisurteil, das über eine völlig unsubstantiierte Klage ergangen ist, eine abgeurteilte Sache darstellt. Zumindest bei Klagen mit nicht-individualisiertem Rechtsbegehren (z.B. Bezahlung einer bestimmten Geldsumme) dürfte ein Folgeprozess zulässig sein, da kein identischer Streitgegenstand vorliegt, wenn und soweit der Klagegrund nicht Gegenstand des ersten Prozesses war (vgl. BGE 123 III 20 E. 2). – Nach Einreichung einer Klage mit Begründung ist der beklagten Partei zunächst Frist zur schriftlichen Stellungnahme anzusetzen (Art. 245 Abs. 2); wird die Stellungnahme versäumt, gelangt nicht Art. 234, sondern die Bestimmung betreffend

versäumte Klageantwort zur Anwendung (Art. 223). Für die übrigen Säumnistatbestände gelten entweder Sondervorschriften (z.B. 102 Abs. 3 betreffend Nichtleistung des Kostenvorschusses) oder die Grundregel von Art. 147 (z.B. bei Säumnis an einer Instruktionsverhandlung).

Im **Summarverfahren** kommen die Regeln des ordentlichen Verfahrens ergänzend zur Anwendung, wenn dies mit dem Wesen des Summarverfahrens vereinbar ist (BOTSCHAFT ZPO, 7350). Eine auch nur sinngemässe Anwendung von Art. 234 ist ausgeschlossen, wenn das Gericht in Angelegenheiten der freiwilligen Gerichtsbarkeit u. dgl. auf einseitiges schriftliches Vorbringen entscheidet, und fällt ausser Betracht, wenn gemäss Art. 253 die Gegenpartei zur schriftlichen Stellungnahme aufgefordert wird (s. dazu Art. 223 N 17). Wird gemäss derselben Bestimmung zur mündlichen Verhandlung vorgeladen, ist Art. 234 anwendbar. Das gilt zunächst dort, wo das Gesetz die Durchführung einer Verhandlung verlangt und einen Entscheid aufgrund der Akten ausschliesst (Art. 256 Abs. 1 e contrario), wie z.B. im Eheschutzverfahren (Art. 273 Abs. 1). Bleibt einer der Ehegatten am Termin aus, fällt das Gericht einen Entscheid aufgrund der Vorbringen des anderen und der Akten; bleiben beide aus, so ist das Verfahren als gegenstandslos abzuschreiben (Art. 234 Abs. 1 und 2 i.V.m. Art. 219). Entsprechendes gilt aber auch, wenn das Gericht – obgleich ein Aktenentscheid an sich zulässig wäre (Art. 256 Abs. 1), z.B. im Rechtsöffnungsverfahren – eine mündliche Verhandlung anordnet. Zwar dient die Verhandlung in erster Linie der mündlichen (statt schriftlichen) Stellungnahme der Gegenpartei (Art. 253). Kommt das Gericht jedoch zum Schluss, dass zur Beurteilung des Gesuchs eine mündliche Parteiverhandlung erforderlich ist, ist auch der Gesuchsteller säumig, wenn er ausbleibt. Bei beidseitiger Säumnis bleibt sein Gesuch unbeurteilt, denn infolge Gegenstandslosigkeit des Verfahrens ist ein Aktenentscheid nicht mehr möglich (Art. 234 Abs. 2 i.V.m. Art. 219).

Im nicht-streitigen **Scheidungsverfahren** findet eine mündliche Parteiverhandlung in Form der *Anhörung* statt, wobei sich die Durchführung nach den Bestimmungen des ZGB richtet (Art. 287 Abs. 2). Eine Anwendung von Art. 234 ist jedoch nur beschränkt (auf den Fall beidseitiger Säumnis) möglich: Liegt ein gemeinsames Scheidungsbegehren mit umfassender oder teilweiser Einigung über die Scheidungsfolgen vor, hat das Gericht die Ehegatten getrennt und zusammen anzuhören (Art. 111 Abs. 1 ZGB). Das Erfordernis der gemeinsamen Anhörung schliesst einen Säumnisentscheid nach Art. 234 Abs. 1 aus, wenn einer der beiden Ehegatten nicht erscheint. Für diesen Fall ist dem Gesetz, auch bei «sinngemässer» Anwendung von Art. 234, keine Regelung zu entnehmen. In Anlehnung an Art. 288 Abs. 3 kann den Ehegatten – zumindest dem erschienenen Ehegatten – allenfalls Frist zur Einreichung der Scheidungsklage angesetzt werden. Das Verfahren bleibt damit wie bei der Nichtbestätigung des Scheidungswillens innert Bedenkfrist rechtshängig und allfällige vorsorgliche Massnahmen bleiben in Kraft (Art. 288 Abs. 3). Wenn beide Ehegatten nicht zum Anhörungstermin erscheinen, ist eine Anwendung von Art. 234 Abs. 2 möglich und das Verfahren ist als gegenstandslos abzuschreiben. – Im streitigen Scheidungsverfahren gelangt Art. 234 zur Anwendung bei Säumnis an der *Einigungsverhandlung* (Art. 291) oder einer späteren *Hauptverhandlung*, auch im Rahmen eines Annexverfahrens über streitig gebliebene Scheidungsfolgen (Art. 288 Abs. 2), eines Separatverfahrens über die güterrechtliche Auseinandersetzung (Art. 283 Abs. 2) oder eines Abänderungsverfahrens (Art. 284 Abs. 3). Hingegen geht Art. 291 Abs. 3 bei einseitiger Säumnis am vorgängigen Einigungstermin als besondere Vorschrift vor (Art. 219). Danach hat das Gericht der klagenden Partei, wenn die Klage ohne schriftliche Begründung eingereicht wurde, zunächst Frist anzusetzen, um eine schriftliche Klagebegründung nachzureichen. Bei beidseitiger Säumnis ist das Verfahren nach Art. 234 Abs. 2 als gegenstandslos abzuschreiben.

Art. 235

4. Kapitel: Protokoll

Art. 235

¹ Das Gericht führt über jede Verhandlung Protokoll. Dieses enthält insbesondere:
a. den Ort und die Zeit der Verhandlung;
b. die Zusammensetzung des Gerichts;
c. die Anwesenheit der Parteien und ihrer Vertretungen;
d. die Rechtsbegehren, Anträge und Prozesserklärungen der Parteien;
e. die Verfügungen des Gerichts;
f. die Unterschrift der protokollführenden Person.

² Ausführungen tatsächlicher Natur sind dem wesentlichen Inhalt nach zu protokollieren, soweit sie nicht in den Schriftsätzen der Parteien enthalten sind. Sie können zusätzlich auf Tonband, auf Video oder mit anderen geeigneten technischen Hilfsmitteln aufgezeichnet werden.

³ Über Gesuche um Protokollberichtigung entscheidet das Gericht.

¹ Le tribunal tient un procès-verbal de toutes les audiences. Sont indiqués en particulier:
a. le lieu et la date de l'audience;
b. la composition du tribunal;
c. la présence des parties et des personnes qui les représentent à l'audience;
d. les conclusions prises, les requêtes déposées et les actes effectués par les parties à l'audience;
e. les ordonnances du tribunal;
f. la signature du préposé au procès-verbal.

² Les allégués des parties qui ne se trouvent pas dans leurs actes écrits sont consignés dans leur substance. Ils peuvent au surplus être enregistrés sur bandes magnétiques, vidéo ou par tout autre moyen technique approprié.

³ Le tribunal statue sur les requêtes de rectification du procès-verbal.

¹ Di ogni udienza è tenuto un verbale. Vi figurano in particolare:
a. il luogo, la data e l'ora dell'udienza;
b. la composizione del tribunale;
c. le parti presenti all'udienza e i loro rappresentanti;
d. le conclusioni, istanze e dichiarazioni processuali delle parti;
e. le decisioni del tribunale;
f. la firma del verbalizzante.

² Le indicazioni concernenti i fatti sono verbalizzate nel loro contenuto essenziale, sempre che non figurino già negli atti scritti delle parti. Possono inoltre essere registrate anche su supporto sonoro o video oppure mediante altri appropriati strumenti tecnici.

³ Sulle richieste di rettifica del verbale decide il giudice.

Inhaltsübersicht

	Note
I. Allgemeines	1
II. Protokollführungspflicht	5
1. Grundsatz	5
2. Besondere Fälle	7
III. Protokoll und Protokollierung	11
1. Protokollinhalt	11
2. Umfang der Protokollierung	22
3. Form der Protokollierung	26
IV. Protokollberichtigung	29
1. Zulässigkeit	29
2. Gesuch um Protokollberichtigung	32

Literatur

CH. LEUENBERGER, Das ordentliche Verfahren, ZZZ 2007, 327 ff.; M. LUTZ, Die Verwendung von Tonbandgeräten im Zivilprozess, SJZ 1966, 101 ff.; M. PFENNINGER, Die Protokollierung in der Hauptverhandlung, SJZ 1952, 149 ff.

I. Allgemeines

Das Gesetz widmet dem Protokoll in Art. 235 in einem eigenen vierten Kapitel des dritten Titels (ordentliches Verfahren) eine einzige Bestimmung. **Gegenstand der Regelung** sind die Protokollführungspflicht (Ingress), Inhalt des Protokolls (Abs. 1), Umfang und Form der Protokollierung (Abs. 2) sowie das Gesuch um Protokollberichtigung (Abs. 3). Die Protokollregelung hat einen allgemeinen Anwendungsbereich. Art. 235 gilt für sämtliche Verfahrensarten, soweit das Gesetz nichts anderes bestimmt (Art. 219). Für die Protokollierung von Beweiserhebungen finden (zusätzlich) die Bestimmungen über das Beweisprotokoll Anwendung, die teils gleichlautende, teils ergänzende Vorschriften enthalten (s. Art. 176, 182, 187 Abs. 2, 193 und die dortige Kommentierung). Den allgemein gültigen Vorschriften von Art. 235 unterstehen auch die Beweisprotokolle.

Für jeden Zivilprozess vor kantonalen Instanzen (Art. 1 lit. a–c) ist gesondert ein Protokoll anzulegen. Im Protokoll werden die **wesentlichen Vorgänge des Prozesses** festgehalten (BOTSCHAFT ZPO, 7342). Neben dem Rubrum, das die beteiligten Parteien und den Gegenstand des Streites bezeichnet, enthält das Protokoll einerseits eine chronologische Wiedergabe des Prozessgeschehens (Gerichtsverhandlungen, Anträge der Parteien, Verfügungen des Gerichts) und andererseits das inhaltliche Ergebnis der Verhandlung (wesentlicher Inhalt der Parteiausführungen und der Beweiserhebungen). Dem Protokoll kommt grundlegende Bedeutung zu, da es den Prozessstoff enthält, über den zu entscheiden ist.

Gerichtsprotokolle sind **öffentliche Urkunden** (Art. 9 ZGB), die öffentlichen Glauben geniessen und vom Protokollführer in Ausübung seines Amtes in der gesetzlich verlangten Form abgefasst werden. Dem ordnungsgemäss erstellten Protokoll kommt positive und negative Beweiskraft in dem Sinn zu, dass die darin beurkundeten Vorgänge und Förmlichkeiten als geschehen, die nicht beurkundeten als unterlassen gelten und anzunehmen ist, der Protokollinhalt gebe das Geschehene richtig wieder (HAUSER/SCHWERI, § 154 Rz 1). Vorbehalten bleibt der Beweis der Unrichtigkeit (KUMMER, ZPR, 91).

4 Die Anforderungen an die Protokollführung und das Protokoll ergeben sich grundsätzlich aus Bundesrecht. Vorbehalten bleiben Protokollvorschriften, welche die Gerichtsorganisation beschlagen, da diese Sache der Kantone bleibt (Art. 3). **Kantonales Recht** bestimmt weiterhin, wer «protokollführende Person» (Art. 235 Abs. 1 lit. f) ist und die Eintragungen im Protokoll als Urkundsperson vornimmt. Auch weitere Vorschriften, bspw. über Ordnung und Aufbewahrung der Protokolle (wie der Akten überhaupt), gehören zum kantonalen Gerichtsorganisationsrecht.

II. Protokollführungspflicht

1. Grundsatz

5 Art. 235 (Ingress) enthält die Pflicht des Gerichts, über jede Verhandlung Protokoll zu führen. Die Pflicht zur Protokollführung über entscheidwesentliche Verhandlungen, Abklärungen und Beweiserhebungen ergibt sich bereits aus Verfassungsrecht (Art. 29 Abs. 2 BV). Diese Pflicht wird teils unmittelbar aus dem Grundgedanken des rechtlichen Gehörs (Art. 53 Abs. 1), teils mittelbar aus dem Akteneinsichtsrecht als Teilgehalt des Anspruches auf **rechtliches Gehör** (Art. 53 Abs. 2) abgeleitet in der Meinung, dass vom Akteneinsichtsrecht nur dann ordnungsgemäss Gebrauch gemacht werden kann, wenn über alle rechtlich relevanten Vorkommnisse Akten erstellt worden sind (BGE 124 V 389 E. 3 m.H.; ferner HAUSER/SCHWERI, § 141 Rz 2). Handnotizen eines Instruktionsrichters machen das Protokoll nicht entbehrlich (HAUSER/SCHWERI, a.a.O.). Wenn für die Entscheidfindung wesentliche Punkte im Protokoll nicht festgehalten werden, stellt dies eine Verletzung des rechtlichen Gehörs dar (BGE 124 V 389; 130 II 473 E. 4.3).

6 Die Protokollführungspflicht des Gerichts besteht für sämtliche Verhandlungen (inkl. Beweiserhebungen, N 1), für die Hauptverhandlung ebenso wie für die Instruktionsverhandlung (BOTSCHAFT ZPO, 7342). Von der Protokollierung kann auch in den besonderen Verfahrensarten (im vereinfachten, summarischen und in den besonderen familienrechtlichen Verfahren) nicht abgesehen werden, soweit das Gesetz nichts anderes vorsieht (Art. 219).

2. Besondere Fälle

7 Die Schlichtungsbehörde führt ihr eigenes Protokoll. Es beschränkt sich auf den formellen, äusseren Gang des **Schlichtungsverfahrens**. Um Vertraulichkeit zu gewähren und den Zweck der Aussöhnung nicht zu gefährden, dürfen die Aussagen der Parteien weder protokolliert noch später im gerichtlichen Verfahren verwendet werden (Art. 205 Abs. 1). Eine förmliche Protokollierung ist auch mit Blick auf einen Urteilsvorschlag oder Entscheid der Schlichtungsbehörde nicht zulässig, da Art. 205 Abs. 2 für diesen Fall ausdrücklich nur die Verwendung der Aussagen vorbehält. Der Schlichtungsbeamte ist hier auf seine Erinnerung und auf (vertrauliche) Handnotizen angewiesen.

8 **Vergleichsverhandlungen**, die am Termin einer Instruktions- oder Hauptverhandlung geführt werden, verfolgen einen ähnlichen Zweck wie der Schlichtungsversuch. Sie dienen dem Versuch einer Einigung (Art. 226 Abs. 2; 124 Abs. 3). Weil dabei keine neuen Tatsachen in den Prozess eingeführt werden, kann auf die Protokollierung der eigentlichen Vergleichsverhandlungen verzichtet werden (BOTSCHAFT ZPO, 7343). Es genügt, das Ergebnis festzuhalten (allenfalls auch ein abgelehnter Vergleichsvorschlag) und, wenn ein Vergleich zustande kommt, das Protokoll durch die Parteien unterzeichnen zu lassen (Art. 241 Abs. 1). Die Pflicht zur Protokollierung besteht indessen uneingeschränkt, soweit die Instruktionsverhandlung der Ergänzung des Sachverhalts und nicht (allein) der Einigung der Parteien dient (vgl. Art. 226 Abs. 2).

Über die **Kinderanhörung** in familienrechtlichen Verfahren wird kein formelles Protokoll erstellt. Als Protokoll genügt ein nachträglich angefertigter Bericht, der überdies nur die für den Entscheid wesentlichen Ergebnisse schriftlich festzuhalten hat (Art. 298 Abs. 2; BGE 122 I 53). Diese Bestimmung geht als lex specialis der Protokollpflicht gemäss Art. 235 vor.

Die Ordnung der **Schiedsgerichtsbarkeit** (im dritten Teil des Gesetzes) sieht keine Protokollpflicht vor, ebenso wenig wie das frühere interkantonale Konkordat über die Schiedsgerichtsbarkeit und das IPRG. Eine solche Pflicht ergibt sich auch nicht aufgrund von Art. 219 (im zweiten Teil des Gesetzes). Ob und inwieweit ein Protokoll zu erstellen ist, hängt in erster Linie von der Wahl der schiedsgerichtlichen Verfahrensordnung ab (Art. 373). Ein Protokoll muss allerdings erstellbar sein, da es im Beschwerdeverfahren Bedeutung haben kann. Es ist zulässig, im Schiedsgerichtsverfahren vorerst nur Tonband- oder Videoaufnahmen anzufertigen. Wird der Schiedsspruch nicht angefochten, so bleibt es dabei; wird er angefochten, so muss anhand des Tonbands oder Videos für die Beschwerdeinstanz ein Protokoll erstellt werden (FRANK/STRÄULI/MESSMER, § 141 ff. ZPO/ZH N 8; HAUSER/SCHWERI, § 141 Rz 11).

III. Protokoll und Protokollierung

1. Protokollinhalt

Gemäss Art. 235 Abs. 1 hat das Protokoll, das die Grundlagen der Entscheidung liefert, insb. folgende Angaben zu enthalten:

a) Ort und Zeit der Verhandlung

Ort und Zeit der Verhandlung (Art. 235 Abs. 1 lit. a) dienen der genauen Bestimmung der Gerichtsverhandlung. Der **Verhandlungsort** ist wichtig, wenn nicht am Sitz des Gerichts verhandelt wird. Findet die Verhandlung ausserhalb des Gerichtssaals statt, weil es die Art der Verhandlung mitbringt (z.B. Augenschein) oder sachliche Gründe es gebieten (z.B. Invalidität, die ein Erscheinen im Gerichtssaal verunmöglicht), ist der Verhandlungsort stets zu protokollieren. Mit «**Zeit der Verhandlung**» sind das Datum des Gerichtstermins sowie Beginn und Ende der Verhandlung gemeint. Wenn es das materielle Recht etwa in Bezug auf ein öffentliches Register verlangt, ist auch die Uhrzeit des Entscheids zu protokollieren (z.B. Konkurseröffnung). Zur Bestimmung in zeitlicher Hinsicht gehört ferner ein Hinweis, in welchem Prozessstadium die Verhandlung durchgeführt wird, d.h. ob eine Instruktions-, Haupt- oder Fortsetzungsverhandlung stattfindet.

b) Zusammensetzung des Gerichts

Zusammensetzung des Gerichts (Art. 235 Abs. 1 lit. b) meint den für den konkreten Streitfall zuständigen Spruchkörper (Einzelrichter oder Kollegialgericht). Beim Kollegialgericht sind die Mitglieder des Gerichts zu nennen, soweit sie an der Verhandlung tatsächlich **mitwirken**, allenfalls nur das delegierte Gerichtsmitglied bzw. der Instruktionsrichter (Art. 124 Abs. 2). Die Angaben über die Gerichtszusammensetzung dienen der Überprüfung, ob die Vorschriften über den Ausstand von Gerichtspersonen gemäss Art. 47 eingehalten wurden. Aus demselben Grund ist auch der mitwirkende Gerichtsschreiber aufzuführen, der unter anderem gerade wegen der Protokollführung beigezogen wird.

c) Anwesenheit der Parteien und ihrer Vertretungen

14 Auf Seiten der Parteien ist im Protokoll festzuhalten, wer und in welcher Funktion am Gerichtstermin anwesend ist (Art. 235 Abs. 1 lit. c). Die **Parteien** sind zur Teilnahme an der Verhandlung nicht verpflichtet, ausser das Gericht habe ihr persönliches Erscheinen angeordnet (Art. 68 Abs. 1 und 4) oder die Erscheinungspflicht ergebe sich aus dem Gesetz (Art. 273 Abs. 2; 268). Bleibt eine Partei unentschuldigt am Verhandlungstermin aus, obwohl sie zum persönlichen Erscheinen verpflichtet gewesen wäre, ist mit Blick auf die Säumnisfolgen das Nichterscheinen oder ein verspätetes Erscheinen der Partei zu protokollieren. Der Eintrag im Protokoll schafft eine klare Grundlage für ein Säumnisurteil (Art. 234 Abs. 1) und die prozessualen Nachteile, welche die säumige Partei zu gewärtigen hat (Art. 164).

15 Im Protokoll ist die Anwesenheit von Personen festzuhalten, welche im Namen einer Partei für oder an deren Stelle als Prozessvertreter handeln. Der Ausdruck «**Vertretungen**» ist in einem weiten Sinn zu verstehen und umfasst die gesetzliche Vertretung (Art. 67 Abs. 2), die vertragliche Vertretung (Art. 68) sowie bei juristischen Personen und Gesellschaften die sog. Organvertretung. Der Protokolleintrag dient der Überprüfung, ob die anwesende Person zur Prozessvertretung befugt ist, und der Zurechnung der Prozesshandlungen. Aus dem Protokoll muss deshalb klar ersichtlich sein, welche Partei sich durch welche Person im Prozess vertreten lässt, ob der Prozessvertreter allenfalls mehrere Parteien vertritt (z.B. bei der Streitgenossenschaft, Art. 72) oder zusätzlich im eigenen Namen handelt (z.B. bei der Vaterschaftsklage, Art. 261 ZGB).

d) Rechtsbegehren, Anträge und Prozesserklärungen der Parteien

16 Rechtsbegehren, Anträge und Prozesserklärungen der Parteien (Art. 235 Abs. 1 lit. d) sind im vollen, genauen Wortlaut ins Protokoll aufzunehmen (BOTSCHAFT ZPO, 7342: «**wortwörtlich**»); tatsächliche Ausführungen der Parteien jedoch nur insoweit, als sie zum wesentlichen Inhalt des Rechtsstreits gehören und nicht in den Schriftsätzen enthalten sind (Art. 235 Abs. 2; N 22–25).

17 Das **Rechtsbegehren** der klagenden Partei umfasst die Anträge zur Sache (Sachanträge), welche auf die materielle Erledigung des Prozesses gerichtet sind. In der Regel wird das Rechtsbegehren in einer schriftlichen Eingabe bzw. der Klageschrift formuliert. Die Klage im vereinfachten Verfahren (Art. 244 Abs. 1) bzw. das Gesuch im summarischen Verfahren (Art. 252 Abs. 2) kann aber auch mündlich auf der Gerichtskanzlei zu Protokoll gegeben werden. Das Rechtsbegehren ist im vollen Wortlaut zu protokollieren, da die klagende Partei unter Vorbehalt der Klageänderung (Art. 227/230) an das einmal gestellte Begehren gebunden ist. Weicht sie vom Begehren ab, indem sie neue, abgeänderte oder reduzierte Anträge stellt, sind diese stets wörtlich zu protokollieren. Zu den **Anträgen** gehört im Weiteren das Antwortbegehren der beklagten Partei. Es ist protokollarisch gleich wie das Klagebegehren zu behandeln, auch wenn es keine solche Bindungswirkung entfaltet, denn das Protokoll hat die Parteianträge allgemein klar und genau zu dokumentieren. Auch prozessuale Anträge der Parteien (Gesuch um Erlass vorsorglicher Massnahmen, Sistierungsgesuch, Ablehnungsgesuch, neue Beweisanträge usw.) sind im genauen Wortlaut ins Protokoll aufzunehmen.

18 **Prozesserklärungen** sind qualifizierte Erklärungen der Parteien (BOTSCHAFT ZPO, 7342). Es handelt sich um Vergleiche, Klagerückzüge und Klageanerkennungen, die im genauen Wortlaut wiederzugeben und zu unterzeichnen sind, weil sie für die Parteien bindenden Charakter haben. Solche Erklärungen bewirken den Eintritt der materiellen Rechtskraft und führen unmittelbar zur Erledigung des Prozesses, der gegenstandslos

wird und der guten Ordnung halber abzuschreiben ist (Art. 241 Abs. 2 und 3; BOTSCHAFT ZPO, 7345). Wegen der materiellen und prozessualen Wirkung sind die Vergleiche, Klagerückzüge und -anerkennungen nicht nur genau zu protokollieren, sondern ist das Protokoll ist überdies von den Parteien zu unterzeichnen (Art. 241 Abs. 1). Für die einseitigen Dispositionsakten (Klagerückzug und Klageanerkennung) genügt grundsätzlich die Unterschrift der rückziehenden bzw. anerkennenden Partei (STAEHELIN/STAEHELIN/GROLIMUND, § 23 Rz 19). Wird die Klage jedoch bei dem für den Entscheid zuständigen Gericht zurückgezogen, hängt die materielle Rechtskraft davon ab, ob die beklagte Partei dem Klagerückzug zustimmt oder nicht (Art. 65 in fine). Im Hinblick darauf ist protokollarisch festzuhalten, ob der Rückzug mit oder ohne Zustimmung erfolgt. Die beklagte Partei kann dabei ihre Zustimmung insb. durch Unterzeichnung des Protokolls erklären.

e) Verfügungen des Gerichts

Zu den wesentlichen Vorgängen des Prozesses, die das Protokoll zu dokumentieren hat, gehört grundsätzlich jeder Gerichtsentscheid (im Dispositiv). Die Begründung des Entscheids gehört nicht ins Protokoll. Von einer Protokollaufnahme kann abgesehen werden, wenn eine Ausfertigung des Entscheids zu den Akten erhoben wird (GULDENER, ZPR, 256 FN 87). Das Gesetz lässt dies für Zwischen- und Endentscheide genügen. Art. 235 Abs. 1 lit. e schreibt (im Sinne einer Minimalanforderung) nur vor, dass das Protokoll die **prozessleitenden Verfügungen** wiederzugeben hat (BOTSCHAFT ZPO, 7342). In Bezug auf prozessleitende Verfügungen, die das Gericht nicht zu begründen braucht, muss die Aktenvollständigkeit (zumindest auch) durch das Protokoll gewährleistet sein. Der Wiedergabe aller Gerichtsentscheide im Dispositiv, um eine möglichst vollständige Dokumentation des Prozesses im Protokoll zu erreichen, steht Art. 235 Abs. 1 nicht entgegen, da die Vorschrift den Protokollinhalt nur beispielhaft anführt.

f) Unterschrift der protokollführenden Person

Wer als protokollführende Person i.S.v. Art. 235 Abs. 1 lit. f das Protokoll führt und als Urkundsperson unterzeichnet, bestimmt sich nach Massgabe des kantonalen Rechts (Art. 3). Es ist zumeist der Gerichtsschreiber, allenfalls ein Kanzleiangestellter unter Aufsicht einer Gerichtsperson. Der Protokollführer hat durch eigenhändige Unterschrift zu bestätigen, dass die Protokollierung vollständig und wahrheitsgetreu erfolgte. Die Beurkundungen im vorschriftsgemäss erstellten Protokoll gelten solange als richtig, als nicht ihre Unrichtigkeit dargetan ist (GULDENER, ZPR, 257). Wird das Protokoll nicht vorschriftsgemäss unterzeichnet, ist es nicht in der gesetzlich verlangten Form abgefasst und bildet keinen Beweis für die darin enthaltenen Beurkundungen (HAUSER/SCHWERI, § 149 Rz 6 m.H. auf die Praxis). Die Unterzeichnung des Protokolls durch den Protokollführer ist eine zwingende Vorschrift, von deren Beachtung die Gültigkeit und Verbindlichkeit der gerichtlichen Handlung abhängt. Da Gerichtsprotokolle öffentliche Urkunden sind, kann von dieser Vorschrift auch mit Zustimmung der Parteien nicht abgewichen werden (HAUSER/SCHWERI, § 149 Rz 6). Der Formmangel einer fehlenden Unterschrift macht protokollierte Beweis- oder Zeugenaussagen ungültig und der Mangel kann in einem solchen Fall nur durch nochmalige Einvernahme in der gesetzlichen Form geheilt werden (HAUSER/SCHWERI, § 149 Rz 6 und 9).

g) Weiterer Protokollinhalt

Der in Art. 235 Abs. 1 lit. a–f («insbesondere») angeführte Protokollinhalt ist nicht abschliessend. Über die zu Beweiszwecken erfolgenden Einvernahmen der Parteien

(Art. 191–193), über Zeugeneinvernahmen (Art. 176), mündlich erstattete Gutachten (Art. 187 Abs. 2) und Augenscheine (Art. 182) ist ein **Beweisprotokoll** zu erstellen und in chronologischer Abfolge ins Protokoll aufzunehmen. Weiter ergibt sich eine Pflicht zur Protokollaufnahme indirekt aus der Bestimmung von Art. 183 Abs. 3, die eine Offenlegung verlangt, wenn das Gericht auf **eigenes Fachwissen** abstellen will. Sachkundige Aussagen eines Gerichtsmitglieds, die anstelle von Ausführungen eines Sachverständigen treten, sind – wie bei mündlicher Erstattung eines Gutachtens (Art. 187 Abs. 2 i.V.m. Art. 176) – zu protokollieren und den Parteien zur Stellungnahme (mittels Protokollauszug) bekanntzugeben (Art. 183 Abs. 3).

2. Umfang der Protokollierung

22 Gemäss Art. 235 Abs. 2 sind die inhaltlichen Ausführungen der Parteien und ihrer Vertreter an der Verhandlung nicht umfassend zu Protokoll zu nehmen. Eine Entlastung des Protokollführers erfolgt damit in dreifacher Hinsicht. Erstens braucht er die Ausführungen nur dem wesentlichen Inhalt nach zu protokollieren, zweitens nur solche, die nicht bereits in den Schriftsätzen enthalten sind, und drittens kann sich die Protokollierung auf Ausführungen tatsächlicher Natur beschränken (Art. 235 Abs. 2 Satz 1). Das Gesetz schreibt somit **kein wörtliches Protokoll** vor. Ein solches kann auch nicht verlangt werden, wenn zur Unterstützung der Protokollierung technische Hilfsmittel verwendet werden (und selbst für das Beweisprotokoll wird kein Wortprotokoll verlangt; Art. 176, 187 Abs. 2, 193; BOTSCHAFT ZPO, 7322). Eine Protokollierung im vollen Wortlaut ist i.d.R. auch nicht notwendig, denn die wörtliche Wiedergabe aller gesprochenen Worte würde zu unnötiger Weitschweifigkeit führen und die Arbeit des Gerichts erheblich erschweren (HAUSER/SCHWERI, § 146 Rz 1). Besteht kein Anspruch auf wörtliche Protokollierung, lässt sich eine solche auch nicht auf dem Wege der Protokollberichtigung erzwingen (HAUSER/SCHWERI, § 146 Rz 1). Vorbehalten bleibt Art. 235 Abs. 1 lit. d: Rechtsbegehren, Anträge und Prozesserklärungen der Parteien sind wortgetreu zu Protokoll zu nehmen (N 15–17).

23 Parteivorbringen sind **dem wesentlichen Inhalt nach** zu protokollieren ohne Rücksicht darauf, ob sie erheblich oder unerheblich erscheinen (LEUCH/MARBACH/KELLERHALS/STERCHI, Art. 129 ZPO/BE N 1a). Wesentlich sind solche Aussagen, die zur Sache gehören und keine Wiederholungen darstellen. Die Erfassung des wesentlichen Aussageinhalts erfordert eine grosse Geschicklichkeit in der Protokollierung (HAUSER/SCHWERI, § 143 Rz 1; PFENNINGER, SJZ 1952, 155). Das Protokoll hat stets Gewähr dafür zu bieten, dass die wesentlichen Vorbringen richtig, ohne Verzerrungen und ihrem Sinngehalt nach vollständig aufgezeichnet werden.

24 Parteivorbringen sind ins Protokoll aufzunehmen, soweit sie **nicht bereits in den Akten** enthalten sind (z.B. in Rechtsschriften, Beilagen, Beweisprotokollen; BOTSCHAFT ZPO, 7343). An einer Instruktionsverhandlung sind insb. Ergänzungen zum Sachverhalt im Protokoll festzuhalten. Wird der Sachverhalt auf richterliche Befragung hin ergänzt, empfiehlt es sich, auch die Fragen wiederzugeben, weil es dem besseren Verständnis der Antworten dient. Eigentliche Vergleichsverhandlungen müssen nicht mitgeschrieben werden (BOTSCHAFT ZPO, 7343; N 8). An der Hauptverhandlung kann von einer Protokollierung abgesehen werden, soweit sich die ersten Parteivorträge in einem Verlesen der eingereichten Rechtsschriften (im ordentlichen Verfahren) erschöpfen. Der Beurkundungspflicht wird mit einer protokollarischen Notiz Genüge getan, wonach die Rechtsschriften unverändert verlesen wurden. Der Protokollführer hat sich aber zu vergewissern, dass das Vorgetragene mit der schriftlichen Eingabe übereinstimmt, damit nicht einzelne Vorbringen fehlen. Von einem Mitschreiben der mündlichen Schlussvorträge

könnte nie abgesehen werden, wenn das Einreichen von Plädoyernotizen unzulässig wäre (so die BOTSCHAFT ZPO, 7342). Das überzeugt jedoch nicht. Weil es beiden Parteien gleichermassen freisteht, Notizen zu den Akten zu reichen, ist ein Verzicht nur einer Partei auch unter dem Gesichtspunkt der Rechtsgleichheit unbedenklich, solange ihre Stellungnahme zum Beweisergebnis hinreichend protokolliert wird. Entsprechendes hat allgemein für mündliche Vorträge zu gelten, denen keine Rechtsschrift zurunde liegt (ausserhalb des ordentlichen Verfahrens). Obwohl – im Gegensatz zum Vorentwurf (Art. 223 Abs. 3 VE) – eine ausdrückliche gesetzliche Bestimmung fehlt, muss es weiterhin möglich sein, Plädoyernotizen einzureichen. Diese können Teil des Verhandlungsprotokolls bilden, wenn die Übereinstimmung mit dem mündlich Vorgebrachten bestätigt und allfällige Änderungen, Ergänzungen und Weglassungen durch den Protokollführer beglaubigt werden (gl.M. LEUENBERGER, 335 f.). Praxisgemäss ist auf den abgegeben Plädoyernotizen zu vermerken, ob diese vor oder nach dem Plädoyer abgegeben wurden.

Ausführungen zur Rechtslage müssen **nicht** mitgeschrieben werden (BOTSCHAFT ZPO, 7342; anders noch der Expertenbericht, der eine Protokollierung der rechtlichen Argumentation in den Grundzügen vorsah, 110 f.). Rechtliche Erwägungen des Gerichts während der Verhandlung, die Urteilsberatung und eine mündliche Begründung bei Eröffnung des Entscheids gehören nicht ins Protokoll. Das schliesst nicht aus, dass sich ein Mitglied des Gerichts oder der Gerichtsschreiber für die Redaktion des Entscheides Notizen über den Gang der Beratung macht. Die Prozessparteien und Dritte haben indessen kein Recht auf Einsicht in derartige Beratungsnotizen (HAUSER/SCHWERI, § 141 Rz 5). 25

3. Form der Protokollierung

Gemäss Art. 235 Abs. 2 wird ein **Protokoll in Schriftform** verlangt; technische Aufzeichnungen allein genügen nicht (Art. 235 Abs. 2 Satz 2; N 27). Die Ausführungen der Parteien an der Verhandlung werden in herkömmlicher Art von Hand protokolliert, indem sich der Protokollführer Notizen macht. Das handschriftliche, allenfalls stenographisch abgefasste Protokoll bildet die Grundform (sog. Handprotokoll). Als wesentliche Grundlage des Prozesses und insb. der Entscheidfindung muss das Protokoll für die Parteien und die Richter (aller Instanzen) deutlich lesbar sein. Wird der Entscheid begründet oder ist eine schriftliche Begründung nachzuliefern (vgl. Art. 239), reichen Handnotizen für eine zuverlässige Überprüfung des Protokollierten nicht aus. Deshalb ist in solchen Fällen zu verlangen, dass der Protokollführer anhand seiner Notizen – und allenfalls mit Hilfe technischer Aufzeichnungen – eine maschinengeschriebene Reinschrift erstellt und unterzeichnet (vgl. LEUENBERGER/UFFER-TOBLER, Art. 100 ZPO/SG N 4a; HAUSER/SCHWERI, § 143 Rz 2). 26

Aufzeichnungen mittels technischer Hilfsmittel (Tonband, Videokamera, Minidisc) stellen keine selbständige Protokollierungsform dar. Gerichte und Parteien sind auf ein handliches Protokoll angewiesen, um damit arbeiten zu können. Im Unterschied zum Entwurf, der «auch» technische Aufzeichnungen genügen liess und lediglich verlangte, dass der Zugang zum Aufgezeichneten gewährleistet bleibt (Art. 231 Abs. 2 VE; BOTSCHAFT ZPO, 7322 und 7342), sieht das Gesetz keine solche Formfreiheit in der Protokollierung vor. Der Wortlaut besagt unmissverständlich, dass die Ausführungen «zusätzlich» auf Tonband, Video oder mit anderen technischen Hilfsmitteln aufgezeichnet werden können (Art. 235 Abs. 2 Satz 2). Technische Aufzeichnungen können das schriftliche Protokoll somit nicht ersetzen, sondern sind Hilfsmittel für dessen Erstellung, was in den eidgenössischen Räten klargestellt wurde (Votum Inderkum, AmtlBull StR 2007 27

530). Dies schliesst nicht aus, dass der Protokollführer an der Verhandlung die Aussagen z.B. direkt in ein Aufnahmegerät diktiert und hernach vom Diktat eine Abschrift erstellt (LEUENBERGER/UFFER-TOBLER, Art. 100 ZPO/SG N 4b). Eine solche Art der Protokollierung kommt praktisch jedoch nur für Beweisprotokolle, insb. Zeugeneinvernahmen (Art. 176), in Betracht. Die Verwendung technischer Hilfsmittel für die Protokollierung der Hauptverhandlung entlastet den Protokollführer dagegen nicht. Er kommt nicht umhin, die Ausführungen der Parteien mitzuschreiben und das Protokoll nachher aufgrund seiner Notizen und den Tonband- bzw. Videoaufzeichnungen zu erstellen, wenn es zu einem begründeten Entscheid kommt. Die Aufzeichnungen dienen alsdann bloss zur Unterstützung des Handprotokolls. Über den Einsatz technischer Hilfsmittel entscheidet das Gericht oder allenfalls die protokollführende Person allein, wenn das kantonale Recht ihm Selbständigkeit in der Protokollführung einräumt. Die an der Verhandlung anwesenden Personen sind darauf hinzuweisen, dass ein Aufnahmegerät verwendet wird; ihre Einwilligung ist nicht erforderlich (LEUENBERGER/UFFER-TOBLER, Art. 100 ZPO/SG N 4b; a.A. HAUSER/SCHWERI, § 149 Rz 4).

28   Das Protokoll wird in der Verfahrenssprache, d.h. in der jeweiligen **Amtssprache** des zuständigen Kantons (Art. 129), erstellt. Es ist zulässig, einzelne Dialektausdrücke (Mundart) oder ein Ausdruck in fremder Sprache ins Protokoll aufzunehmen, weil sie die Aussage treffender (da wörtlich) wiedergeben (LEUENBERGER/UFFER-TOBLER, Art. 100 ZPO/SG N 4a). Wird für eine fremdsprachige Partei ein Übersetzer beigezogen, ist grundsätzlich die Übersetzung zu protokollieren.

IV. Protokollberichtigung

1. Zulässigkeit

29   Das ordnungsmäss erstellte Protokoll bildet Beweis für die Richtigkeit seines Inhalts. Deshalb darf nach seiner Erstellung nichts mehr daran geändert werden. Von diesem Grundsatz gibt es zwei Ausnahmen (GULDENER, ZPR, 258; HAUSER/SCHWERI, § 154 Rz 1 ff.):

30   – **Offenkundige Versehen** in der Protokollierung (Schreib- und Rechnungsfehler, irrige Bezeichnung der Parteien usw.) dürfen formlos berichtigt werden. Das Protokoll ist aber so zu führen, dass auch nicht der blosse Verdacht einer unzulässigen Veränderung entstehen kann. Veränderungen sind daher von der Urkundsperson (Protokollführer) besonders zu beglaubigen, und es darf nichts unleserlich gemacht werden.

31   – Änderungen, die sich auf den **materiellen oder wesentlichen Inhalt** des Protokolls beziehen, sind nur im Rahmen eines förmlichen Protokollberichtigungsverfahrens zulässig (Art. 235 Abs. 3).

2. Gesuch um Protokollberichtigung

a) Allgemeines zum Verfahren

32   Das Gesuch um Protokollberichtigung ist ein Rechtsbehelf, mit welchem die Protokollführung bzw. Richtigkeit und Vollständigkeit des Protokolls angefochten werden kann. Das Protokollberichtigungsgesuch hat das Ergebnis des Protokolls, d.h. eine **unwahre oder unvollständige Beurkundung** (nicht aber die beurkundeten Tatsachen selbst) zum Gegenstand. Im Bestreitungsfall ist das Handprotokoll der Urkundsperson, auf welches abgestellt werden muss, massgebend. Massgebend können auch allfällige Notizen des

Gerichts sowie technische Aufzeichnungen (Tonband- und Videoaufnahmen) sein. Auf die Erinnerung der Parteien kommt es nicht an (HAUSER/SCHWERI, § 154 Rz 2).

Zuständig zur Behandlung des Gesuchs ist jene Gerichtsstelle, über deren Verfahren das Protokoll Aufschluss gibt. Es ist nicht zulässig, stattdessen der Rechtsmittelinstanz den Beweis für die Unrichtigkeit des erstinstanzlichen Protokolls anzubieten. Die obere Instanz kann nicht aufgrund eigener Wahrnehmungen beurteilen, ob das Protokoll richtig und vollständig geführt sei, weshalb ihr darüber kein Entscheidungsrecht zusteht. Auf ein vor der oberen Instanz gestelltes Gesuch um Berichtigung des erstinstanzlichen Protokolls ist mangels Zuständigkeit nicht einzutreten (HAUSER/SCHWERI, § 154 Rz 8).

Das Verfahren um Protokollberichtigung ist teilweise vergleichbar mit jenem der Berichtigung oder Erläuterung eines Entscheids (Art. 334). Soweit es nicht um die Berichtigung von offensichtlichen Missschreibungen geht, ist der Gegenpartei vor der Protokollberichtigung zwingend das rechtliche Gehör zu gewähren (GULDENER, ZPR, 258), was das Gesetz für die Berichtigung eines Entscheiddispositivs ausdrücklich verlangt (Art. 334 Abs. 2 i.V.m. Art. 330). Das Protokollberichtigungsgesuch ist wie das Gesuch um Berichtigung oder Erläuterung kein eigentliches Rechtsmittel, sondern ein **Rechtsbehelf** und dient nicht der Abänderung des Entscheids. Während die Erwägungen des gerichtlichen Entscheids allenfalls auch der Erläuterung unterliegen, sind Protokolle einer Erläuterung naturgemäss nicht zugänglich.

b) Legitimation

Zu einem Protokollberichtigungsgesuch sind in erster Linie die Parteien berechtigt, doch ist der Kreis der Legitimierten **nicht** von vornherein auf sie **beschränkt**. Auch Zeugen oder Sachverständige können legitimiert sein. Durch Unterzeichnung des Protokolls bestätigen sie allerdings die Richtigkeit der protokollierten Aussagen, weshalb Inhalt und Umfang der Aussagen in der Folge nicht mehr diskutiert werden müssen (Art. 176; HAUSER/SCHWERI, § 154 Rz 6). Ein Gesuch um Protokollberichtigung kann ferner von Amtes wegen von einem Mitglied des Gerichts gestellt werden, wenn es der Meinung ist, das Protokoll sei falsch oder lückenhaft (HAUSER/SCHWERI, § 154 Rz 7). Ein solches Vorgehen muss jedenfalls möglich sein, wenn das kantonale Recht von der Selbständigkeit des Protokollführers in der Beurkundung ausgeht und das Protokoll den Parteien zugestellt wurde.

c) Frist und Form

Die Protokollberichtigung ist an **keine Frist** gebunden. Das Gesuch muss aber nach Entdeckung des unrichtigen Protokolleintrages so bald als möglich gestellt werden. Die ungebührliche Verzögerung kann, je nach den Umständen des Falls, gegen Treu und Glauben verstossen (Art. 52) und die Verwirkung des Rechtsbehelfes zur Folge haben (HAUSER/SCHWERI, § 154 11). Davon abgesehen ist das Gesuch auch nach Zustellung des Protokolls zur Unterzeichnung einer Prozesserklärung (Art. 241 Abs. 1; LEUCH/MARBACH/KELLERHALS/STERCHI, Art. 131 ZPO/BE N 1) und sogar nach Eröffnung des gerichtlichen Entscheids zulässig (Art. 239; HAUSER/SCHWERI, § 154 Rz 11). Die Partei wird unter Umständen allerdings gut daran tun, wenn sie vorher Einblick in das Protokoll nimmt bzw. verlangt, dass ihr ein Protokollauszug zugestellt wird. Wird das (fristungebundene) Gesuch nämlich erst nach der Entscheidverkündung gestellt und gutgeheissen, so kann das Gericht seinen Entscheid materiell nicht mehr in Wiedererwägung ziehen (WALDER/GROB, § 26 Rz 11: «Lata sententia iudex desinit iudex esse»). Eine

Abänderung des gerichtlichen Entscheids kann die Partei, welche einen Widerspruch zum berichtigten Protokoll geltend machen will, nur noch auf dem Rechtsmittelweg innert der gesetzlich vorgesehenen Frist erreichen (vgl. HAUSER/SCHWERI, § 154 Rz 11; s.a. N 42).

37 Im Protokollberichtigungsgesuch ist **genau anzugeben**, welche Stellen des Protokolls der Gesuchsteller als unrichtig beanstandet oder inwiefern das Protokoll unvollständig sein soll (Art. 334 Abs. 1 analog). Ein Gesuch, das sich darin erschöpft, die Protokollführung in allgemeiner Weise zu kritisieren, stellt eine mangelhafte Eingabe dar und gilt bei unterbliebener Verbesserung des Mangels innert Frist als nicht erfolgt (Art. 132 Abs. 1).

d) Protokollberichtigungsentscheid und Rechtsmittel dagegen

38 Das Gericht, dessen Protokoll angefochten wird, hat über das Protokollberichtigungsgesuch nach Anhörung der Parteien zu entscheiden. Der Entscheid ergeht in Form einer **prozessleitenden Verfügung** (BOTSCHAFT ZPO, 7343). Schreibfehler, Rechnungsirrtümer und irrige Bezeichnung der Parteien dürfen ohne förmliche Verfügung korrigiert werden (Art. 334 Abs. 2 Satz 2 analog).

39 Der Entscheid über ein Protokollberichtigungsgesuch kann vor dem Endentscheid gesondert oder mit diesem zusammen angefochten werden:

40 – Wird ein Protokollberichtigungsentscheid **während des laufenden Verfahrens** gesondert angefochten, so steht dagegen die Beschwerde gemäss Art. 319 ff. zur Verfügung, wenn durch ihn ein nicht leicht wiedergutzumachender Nachteil droht (Art. 319 lit. b Ziff. 2). Die Kognition der Beschwerdeinstanz ist beschränkt. Wenn sich das erstinstanzliche Gericht, das die Verhandlung durchführte, in seinem Entscheid aus eigenem Wissen darüber ausspricht, ob das Protokoll richtig geführt worden sei oder nicht, kann sich die Beschwerdeinstanz über diese Feststellung nicht hinwegsetzen (HAUSER/SCHWERI, § 154 Rz 15). Der Beschwerdegrund der offensichtlich unrichtigen Feststellung des Sachverhalts (Art. 320 lit. a) ist aufgrund der Natur des Protokollberichtigungsverfahrens ausgeschlossen. Zulässig ist einzig der Beschwerdegrund der unrichtigen Rechtsanwendung (Art. 320 lit. b). Ist das Gericht z.B. aus rechtlichen Gründen auf gewisse Fragen nicht eingetreten oder begeht es irgendwelche Formfehler, ist eine Überprüfung durch die Beschwerdeinstanz möglich (HAUSER/SCHWERI, § 154 Rz 15).

41 – Wird der Protokollberichtigungsentscheid **zusammen mit dem darauf beruhenden Endentscheid** angefochten, so kann im Rahmen des Hauptrechtsmittels (Berufung oder Beschwerde) eine Verletzung der gesetzlichen Protokollvorschriften geltend gemacht werden. Die Führung eines ordnungsgemässen Protokolls stellt eine wesentliche Grundlage des Prozesses und insb. der Urteilsfällung dar (vgl. FRANK/STRÄULI/MESSMER, § 281 ZPO/ZH N 28).

42 Ein Protokollberichtigungsentscheid, der erst nach der Entscheidverkündung ergangen ist (N 34), muss ebenfalls innert der Frist des Hauptrechtsmittels gegen den Endentscheid angefochten werden, wenn dieser wegen Verletzung der gesetzlichen Protokollvorschriften abgeändert werden soll. Mit Ablauf der Rechtsmittelfrist ist der gerichtliche Entscheid spätestens in formelle und materielle Rechtskraft erwachsen. Dessen Abänderung kann nur noch auf dem Weg der Revision verlangt werden. Als echtes Novum stellt ein berichtigtes Protokoll jedoch für sich allein keinen zulässigen Revisionsgrund dar (Art. 328 Abs. 1 lit. a, 2. Halbsatz), und Verfahrensfehler können nicht mit Revision, sondern nur mit dem Hauptrechtsmittel gerügt werden (Botschaft ZPO, 7380).

5. Kapitel: Entscheid

Vorbemerkungen zu Art. 236–242*

Inhaltsübersicht Note

I. Entscheidbegriff 1
   1. Regelungsgegenstand der Art. 236–242 1
   2. Bezeichnung des Entscheids 2
   3. Entscheidexistenz 3

II. Urteilswirkungen 13
   1. Allgemeines 13
   2. Materielle Rechtskraft 21

Literatur

F. BALMER, Erläuterungen zum Entwurf eines Bundesgesetzes betreffend die Anpassung der kantonalen Zivilprozessverfahren an das Bundeszivilrecht, ZSR 1969 II 293 ff.; M. BEGLINGER, Rechtskraft und Rechtskraftdurchbrechung im Zivilprozess, ZBJV 1997, 589 ff.; S. BERTI, Neue Gedanken zum Streit- oder Prozessgegenstand, SZZP 2008, 193 ff. (zit. SZZP 2008); DERS., Zur Rechtskraft der negativen Prozessurteile, in: Haldy (Hrsg.), FS Poudret, Lausanne 1999, 3 ff. (zit. FS Poudret); A. BLOMEYER, Rechtskrafterstreckung infolge zivilrechtlicher Abhängigkeit, ZZP 1962, 1 ff.; M. DAUM, in: Auer/Müller/Schindler (Hrsg.), Kommentar zum Bundesgesetz über das Verwaltungsverfahren (VwVG), Zürich 2008; C. FRAEFEL, Anmerkung zu BGer 5A_673/2008, ZZZ 2008/09, 406 ff.; V. FURRER, Die Kollokationsklagen nach schweizerischem Recht, Diss. Zürich 1979; T. GÖKSU, Bemerkungen zu BGE 133 III 393, AJP 2007, 1169 ff.; P. GROZ, Die materielle Rechtskraft von Entscheiden betreffend Vollstreckbarkeit ausländischer Urteil auf Geldleistung, AJP 2006, 683 ff.; F. GYGI, Verwaltungsrecht, Bern 1986; W. HABSCHEID, Die Staatenimmunität im Erkenntnis- und Vollstreckungsverfahren, in: Habscheid et al. (Hrsg.), FS Giger, Zürich 1989, 213 ff. (zit. FS Giger); DERS., Die Rechtskraft nach schweizerischem Zivilprozessrecht, SJZ 1978, 201 ff. (zit. Rechtskraft); M. IMBODEN, Der nichtige Staatsakt, Habil. Zürich 1944; I. JENT-SØRENSEN, Materielle Rechtskraft und materielle Gerechtigkeit: Das Spannungsfeld zwischen Verbindlichkeit und Abänderbarkeit, SJZ 2004, 533 ff.; O. JAUERNIG, Das fehlerhafte Zivilurteil, Habil. Frankfurt 1958; A. KILLER, Res iudicata im Rahmen der aargauischen Zivilprozessordnung, in: Aargauischer Juristenverein (Hrsg.), FS Eichenberger, Aarau 1990, 105 ff.; B. KNAPP, Grundlagen des Verwaltungsrechts, Basel 1992; H. KNECHT, Die Abänderungsklagen, Diss. Zürich 1954; I. KREN KOSTKIEWICZ, Staatenimmunität im Erkenntnis- und im Vollstreckungsverfahren nach schweizerischem Recht, Habil. Bern 1998; P. MOOR, Droit administratif, Bd. 2, 2. Aufl., Bern 2002; P. OBERHAMMER, Abtretung, Informationsrisiko und Zivilprozess, in: Stürner et al. (Hrsg.), FS Leipold, Tübingen 2009, 101 ff. (zit. FS Leipold); DERS., Rechtsöffnung gegen den Gesellschafter einer Kollektivgesellschaft aus Rechtsöffnungstiteln gegen die Gesellschaft? Zugleich ein nebensächlicher Beitrag zur Rechtssubjektivität der Kollektivgesellschaft, in: Breitschmid et al. (Hrsg.), FS Riemer, Bern 2007, 243 ff. (zit. FS Riemer); DERS., Zivilprozessgesetzgebung: Content follows method, in: Honsell et al. (Hrsg.), FS Kramer, Basel 2004, 1025 ff. (zit. FS Kramer); DERS., Objektive Grenzen der materiellen Rechtskraft: Bindung und Präklusion, JBl 2000, 205 ff. (zit. Rechtskraft); DERS., Vertrag mit Schutzwirkung zugunsten Dritter und Rechtskrafterstreckung, JBl 2000, 58 ff. (zit. Vertrag mit Schutzwirkung zugunsten Dritter); DERS., Die Offene Handelsgesellschaft im Zivilprozess, Habil. Wien 1998, 56 ff. (zit. Offene Handelsgesellschaft); F. RAPP, Urteilswirkungen gegenüber Dritten, in: Hasenböhler/A. K. Schnyder (Hrsg.), Zivilprozessrecht, Arbeitsrecht, Entwicklungen im kantonalen, nationalen und internationalen Recht (Kolloquium zu Ehren Prof. Adrian Staehelin), Zürich 1997, 31 ff.; W. RECHBERGER, Die fehlerhafte Exekution, Habil. Wien 1978; E. ROTH-GROSSER, Das Wesen der materiellen Rechtskraft und ihre subjektiven

---

* Ich danke meinen Assistenten Christian Fraefel, Dr. Urs Hoffmann-Nowotny und Philipp Weber für die Unterstützung bei der Recherche.

Grenzen, Diss. Zürich 1981; D. SCHWANDER, Die objektive Reichweite der materiellen Rechtskraft – Ausgewählte Probleme, Diss. Zürich 2002 (zit. Rechtskraft); D. SPICHTY, Gegenstand, Rechtsnatur und Rechtskraftwirkung des Kollokationsplanes im Konkurs, Diss. Basel 1979; TH. SUTTER-SOMM, Rechtspolitische Grundsatzfragen des Zivilprozessrechts, ZZZ 2005, 3 ff.; P. TSCHANNEN/ U. ZIMMERLI, Allgemeines Verwaltungsrecht, 2. Aufl., Bern 2005; O. VOGEL, Auf dem Wege zur Rechtseinheit bei Rechtshängigkeit und materieller Rechtskraft, recht 1989, 129 ff.; H. WALDER, Zur Bedeutung des Begriffs absolut nichtiger Urteile im Lichte der schweizerischen Gesetzgebung und Rechtslehre, in: Lindacher et al. (Hrsg.), FS Habscheid, Bielefeld 1989, 333 ff. (zit. FS Habscheid); F. WALTHER, Die Nichtigkeit im schweizerischen Zivilprozessrecht, SZZP 2005, 207 ff.

I. Entscheidbegriff

1. Regelungsgegenstand der Art. 236–242

1   Die Art. 236–240 regeln unter der Überschrift «Entscheid» einige Aspekte, welche den **End- und Zwischenentscheid** betreffen (vgl. dazu Art. 236 N 1 ff.). Auch bei der im daran anschliessenden 6. Kapitel geregelten «Beendigung des Verfahrens ohne Entscheid» (Art. 241 und 242) kommt es zum Erlass eines Entscheids, nämlich der Abschreibung des Verfahrens nach Art. 241 Abs. 3 oder Art. 242 (vgl. zur Bedeutung dieses Abschreibungsentscheids Art. 241 N 10 ff.; Art. 242 N 13 ff.). Die Art. 236 ff. enthalten durchaus nicht alle Regelungen, die den End- bzw. Zwischenentscheid betreffen. Solche finden sich vielmehr im ganzen Gesetz, z.T. ist – wie insb. bei der Rechtskraft (N 27 f.) – eine Regelung unterblieben. Neben den von Art. 236 ff. erfassten Entscheiden kennt die ZPO – wie schon das Rechtsmittelrecht zeigt – auch noch Entscheide über vorsorgliche Massnahmen (vgl. Art. 308 Abs. 1 lit. b) sowie «andere erstinstanzliche Entscheide und prozessleitende Verfügungen» (vgl. Art. 319 lit. b).

2. Bezeichnung des Entscheids

2   Zur Übersichtlichkeit trägt es in diesem Zusammenhang nicht gerade bei, dass der Gesetzgeber die **konkrete Bezeichnung des Entscheids der kantonalen Praxis** bzw. dem kantonalen Gerichtsverfassungsrechts-Gesetzgeber **überlassen** hat (Art. 238 N 6). Ein als «Verfügung» bezeichneter Entscheid muss daher nicht unbedingt eine prozessleitende Verfügung i.S.v. Art. 246 sein; dieser Umstand kann auch daraus resultieren, dass es sich im Kanton Zürich – Zürcher Tradition folgend – um einen Entscheid einer Einzelperson handelt, welcher keinen Sachentscheid enthält und daher als «Verfügung» zu bezeichnen ist (vgl. § 137 des Entwurfs eines Zürcher GOG) – ein durchaus seltsames Resultat von Kodifikationsbemühungen, welche das Zivilprozessrecht vereinheitlichen sollten (vgl. dazu krit. auch Art. 239 N 6 und 9).

3. Entscheidexistenz

a) Fragestellung

3   Ein beliebtes Thema prozessdogmatischer Auseinandersetzungen ist auch die Frage, wann überhaupt ein Entscheid vorliegt. Hier geht es um die Problematik, welche Tatbestandsvoraussetzungen zumindest erfüllt sein müssen, damit von der Existenz eines Entscheides ausgegangen werden kann, bzw. ob Fehler eines Entscheids dazu zu führen vermögen, dass dieser nicht bloss anfechtbar («vernichtbar»), sondern sogar **«absolut nichtig»** ist. Ist Letzteres der Fall, spricht man auch von einem **«Nichturteil»** oder **«Scheinurteil»** (vgl. zur Problematik aus schweizerischer, zivilprozessualer Sicht etwas eingehender WALDER, FS Habscheid, 335 ff.; wer sich mit der Frage näher beschäftigen möchte, kann auch an JAUERNIG, passim und RECHBERGER, passim nicht vorbeigehen).

b) Noch kein Entscheid

In diesem Zusammenhang werden in der schweizerischen und ausländischen Diskussion zahlreiche mehr oder (häufig eher) weniger praxisrelevante Probleme diskutiert. Klarheit besteht jedenfalls darüber, dass **noch nicht von der Existenz eines Urteils ausgegangen werden kann, solange dieses noch keiner Partei eröffnet worden ist** (BGE 122 I 97 = Pra 1996 Nr. 209; 130 IV 101 E. 2; 130 III 125 E. 3; BGer, 5P.128/2006, E. 2; vgl. auch Art. 239 N 1 ff. zur Art und Weise der Eröffnung des Entscheids). Solange die Eröffnung noch nicht erfolgt ist, liegt nur ein *Urteilsentwurf* vor (KassGer ZH v. 16.7.2008, AA070117), der – auch nach erfolgter interner Beschlussfassung (vgl. dazu Art. 236 N 7 f.) – noch jederzeit durch einen abweichenden Mehrheitsbeschluss des Gerichts ersetzt werden kann (vgl. STAEHELIN/STAEHELIN/GROLIMUND, § 23 Rz 8). Nach Eröffnung des Entscheids an eine Partei ist das Gericht an diesen gebunden, kann ihn also (schon vor Eintritt der formellen Rechtskraft) nicht mehr abändern (GULDENER, ZPR, 362 f.). 4

c) Kein Entscheid mehr

Sobald der Entscheid auch nur einer Partei eröffnet wurde, wird er als solcher existent. Die Entscheidexistenz kann allerdings nachträglich wieder beseitigt werden, insb. auf dem *Rechtsmittelweg*. Denkbar ist aber auch, dass sich das Ausserkrafttreten eines Entscheids lediglich indirekt aus dem weiteren Verfahrensgang ergibt, so etwa, wenn die Parteien *im Berufungsverfahren* einen gerichtlichen *Vergleich* schliessen, wodurch natürlich nicht nur das Verfahren gegenstandslos, sondern insb. auch der erstinstanzliche Entscheid unwirksam wird. 5

Ist ein *Entscheid verloren gegangen* und kann sein Inhalt auch nicht mehr zuverlässig ermittelt werden, so wird er als inexistent angesehen, womit eine neue Klage in derselben Sache zulässig wird (vgl. BEGLINGER, 613 f. m.N.). 6

d) Fehlerhafte Entscheide

Ob es neben den eben erwähnten Fällen eines noch nicht oder nicht mehr existenten Entscheids Fälle gibt, in denen trotz Vorliegens einer den Anschein eines Entscheids erweckenden Enuntiation von einem **Nichtentscheid (Scheinentscheid)** auszugehen ist, ist dagegen hauptsächlicher Gegenstand der erwähnten akademischen Kontroversen. Diese Diskussion ist z.T. subtil und von teilweise eher geringer praktischer Relevanz. Sie kann daher hier nicht in allen Facetten nachgezeichnet werden. 7

Anerkannt scheint zunächst auch, dass – sehr vorsichtig formuliert – ein Nichtentscheid vorliegt, wenn der Scheinentscheid **von jemandem erlassen wurde, dem keinerlei rechtsprechende Befugnis zukommt**. Schon hier ist jedoch strittig, wann dieser Fall im Einzelnen gegeben ist: Ein klassisches Lehrbuchbeispiel stellt etwa der Fall dar, dass ein *Urteil vom Gerichtsschreiber* erlassen wird (vgl. HABSCHEID, ZPR, Rz 456). Allerdings hat das Kassationsgericht Zürich 1998 entschieden, es liege auch ein Entscheid vor, wenn ein *Entscheidantrag*, der weder an einer Sitzung noch durch Zirkulation bei den beteiligten Richtern zum Beschluss erhoben wurde, versehentlich durch die Gerichtskanzlei in der Form eines Beschlusses ausgefertigt und durch einen zur Unterzeichnung von Entscheiden zuständigen Kanzleibeamten unterzeichnet und *den Parteien mitgeteilt wurde* (KassGer ZH, ZR 2000 Nr. 19). Dieser Entscheid trifft jedoch im Ergebnis insofern zu, als in casu der Antrag der mit dem Fall betrauten Referentin ausgefertigt und den Parteien zugestellt wurde. Daher handelte es sich um einen Entscheid, an dem immerhin *eine* Richterin beteiligt war, was im Ergebnis auf einen *Besetzungsmangel* hinausläuft; ein solcher vermag die Existenz des Entscheids jedoch nicht zu verhindern (WALDER, FS Habscheid, 8

343). Würde aber z.B. der blosse *Entwurf eines juristischen Sekretärs* an die Parteien zugestellt, so läge m.E. ein glatter Fall eines Nichtentscheids vor.

9   Schwieriger zu beurteilen sind dagegen jene Fälle, in welchen **Personen entscheiden, die an sich zur Fällung von Entscheiden berechtigt sind, wenn auch nicht gerade zur Entscheidung im konkreten Fall.** In diesem Zusammenhang werden z.T. relativ weitgehende absolute Nichtigkeitsfolgen angenommen, so etwa, wenn ein *sachlich unzuständiges Sondergericht* entschieden hat (z.B. Scheidung einer Ehe durch das Handelsgericht – so etwa GULDENER, ZPR, 78 FN 1 – oder ein Arbeitsgericht – so etwa VOGEL/SPÜHLER, 9. Kap. Rz 25; BGE 129 I 361 E. 2.1; BGer, 5P.128/2006, E. 2; WALTHER, 217; BÜHLER/EDELMANN/KILLER, Vor §§ 10–22 ZPO/AG N 19; IMBODEN, 110; LEUENBERGER/UFFER-TOBLER, Vor Art. 5–21 ZPO/SG N 3; **a.A.** zutreffend HABSCHEID, ZPR, Rz 459 m.H. auf BGE 63 III 57 E. 1; wohl auch LEUCH/MARBACH/KELLERHALS/STERCHI, Art. 90 ZPO/BE N 2.a; BERGER/GÜNGERICH, Rz 1166). Ebenso soll ein Nichtentscheid vorliegen, wenn ein Gericht über eine Angelegenheit entschieden hat, welche eigentlich *Sache der Verwaltungsbehörden* ist (OGer ZH, ZBl 1967, 404 ff. E. 3; GULDENER, ZPR, 78 FN 1; BÜHLER/EDELMANN/KILLER, § 9 ZPO/AG N 31; LEUCH/MARBACH/KELLERHALS/STERCHI, Art. 90 ZPO/BE N 2.a, 360 N 2.a; HÄFELIN/MÜLLER/UHLMANN, Rz 961 ff.; IMBODEN/RHINOW, Bd. 1, 242; Auer/Müller/Schindler-DAUM, Art. 7 N 16; IMBODEN, 111 f.; vgl. auch BGE 33 I 393); auch dies ist m.E. unzutreffend. In diesen Zusammenhang gehört auch die Diskussion, ob trotz *Mangels der Gerichtsbarkeit*, also entgegen einer kraft Völkerrechts bestehenden Immunität erlassene Entscheide absolut nichtig sind (vgl. dazu WALDER, FS Habscheid, 338 f.; die Nichtigkeit bejahend LEUCH/MARBACH/KELLERHALS/STERCHI, Art. 90 ZPO/BE N 2.a; IMBODEN, 106 f.; WALDER, IZPR, § 2 Rz 7b; GULDENER, IZPR, 34 FN 24; gegen Nichtigkeit in solchen Fällen zutreffend HABSCHEID, ZPR, Rz 459; DERS., FS Giger, 220 f.; KREN KOSTKIEWICZ, 515 m.w.Nw.; GEIMER, Rz 528 ff.).

10   Neben solchen prozessualen Mängeln wird auch diskutiert, ob und inwiefern **besonders schwerwiegende inhaltliche Entscheidmängel** zur absoluten Nichtigkeit von Entscheiden führen können (vgl. HABSCHEID, ZPR, Rz 458; WALDER, FS Habscheid, 340 f.). Das Bundesgericht vertritt in BGE 129 I 361 sogar die Auffassung, **besonders schwerwiegende Verletzungen des rechtlichen Gehörs** können zur absoluten Nichtigkeit eines Entscheids führen; in casu hatte es der in seinem Anspruch auf rechtliches Gehör Verletzte unterlassen, gegen den ihm zugestellten Entscheid Rechtsmittel einzulegen.

11   In diesen – und anderen, hier aus Platzgründen nicht einmal erwähnten – Fällen wird deutlich, dass es in der Schweiz an einer auch nur annähernd systematisch befriedigenden Lehre über das Nichturteil fehlt. In wesentlichem Unterschied dazu existiert freilich in der *Verwaltungsrechtslehre* eine umfassende Dogmatik über die Nichtigkeit von Verfügungen (vgl. dazu nur HÄFELIN/MÜLLER/UHLMANN, Rz 955 ff.; IMBODEN/RHINOW, Bd. 1, 236 ff.; MOOR, 305 ff.; TSCHANNEN/ZIMMERLI, § 31 Rz 16 ff.; GYGI, 306 f.; KNAPP, Rz 1192 ff.). Im Verwaltungsrecht ist anerkannt, dass eine Verfügung dann absolut nichtig ist, wenn sie einen *besonders schweren Mangel* aufweist, dieser *Mangel offensichtlich oder zumindest leicht erkennbar* ist und die *Nichtigkeit die Rechtssicherheit nicht ernsthaft gefährdet*. M.E. bestehen jedoch grosse Zweifel, ob diese Grundsätze auf das Zivilprozessrecht übertragen werden können (**a.A.** offenbar BGE 129 I 361 E. 2.1). M.E. wäre im Zivilprozessrecht vielmehr ein wesentlich **zurückhaltenderer Zugang** angezeigt, nicht nur, aber auch und gerade weil hier von vornherein immer ein Gericht entscheidet. Zu denken ist aber auch an den Umstand, dass durch die Annahme einer absoluten Nichtigkeit u.U. auch die Entscheidung der Parteien, einen Entscheid nicht anzufechten, ignoriert wird, obwohl diese im Rahmen von Privatautonomie und Dispositionsgrundsatz eigentlich zu respektieren wäre.

Daher sollte man m.E. von der Entscheidexistenz ausgehen, sobald ein (wenn auch unrichtig besetztes) Zivilgericht einen Entscheid gefällt und den Parteien eröffnet hat. Dabei kann es freilich vorkommen, dass solche Entscheide im Ergebnis wegen gravierender inhaltlicher Mängel praktisch *wirkungslos* sind, etwa, wenn sie gegen eine nicht existierende Partei erlassen wurden oder wenn ein nicht existentes Rechtsverhältnis gestaltet wurde; derlei zeigt sich aber ohnedies, sobald sich jemand auf die angeblich eingetretenen Rechtsfolgen beruft. Bei all dem darf nicht verkannt werden, dass in praxi nicht die in der Literatur z.T. verwendeten absonderlichen Extremfälle, sondern Abgrenzungsprobleme relevant sind, bei welchen die sachliche Zuständigkeit, die Immunität, die Abgrenzung zwischen Ziviljustiz und Verwaltungsbehörden und dgl. gerade problematisch war. Der hier vertretene Standpunkt folgt jenem von RECHBERGER, 53 ff.

II. Urteilswirkungen

1. Allgemeines

Die Lehre von den Urteilswirkungen ist ein – wahrscheinlich sogar das – *Herzstück der gesamten Prozessrechtsdogmatik*. Sie entspricht in manchem funktional der Rechtsgeschäftslehre im Vertragsrecht, wenn und weil es da wie dort um die von den Parteien angestrebte und von der Rechtsordnung verbürgte Bindung als Resultat ihres rechtlichen Handelns geht (dazu näher im Zusammenhang mit der Rechtskraft N 21 ff.). Insbesondere wird der von der Rechtsordnung durch den Prozess verwirklichte *Rechtsfrieden* durch die Urteilswirkungen hergestellt. Diese sind daher Gegenstand vielfältiger literarischer Erörterungen und äussern ihre praktische Relevanz in einer Vielzahl von Entscheiden. Hier kann der Zielsetzung und umfänglichen Beschränkung des vorliegenden Kommentars entsprechend nur ein *Überblick* gegeben werden.

Ebenso wie bei den Klagearten hat sich bei den darauf aufbauenden Formen urteilsmässiger Rechtsverwirklichung ein *traditioneller Kanon von Rechtsschutzformen* herausgebildet. Es hat nicht an Versuchen gefehlt, diesen in Frage zu stellen; ganz herrschend ist jedoch heute die Auffassung, dass Urteilen **materielle Rechtskraft** (N 21 ff.), **Vollstreckbarkeit** (N 19), **Gestaltungs-** (N 15 f.) und **Tatbestandswirkung** (N 17) zukommen kann. Während von diesen Wirkungen jedenfalls jedem Sachentscheid (zur materiellen Rechtskraft von Nichteintretensentscheiden N 30) zumindest auch materielle Rechtskraft zukommt, kommt Vollstreckbarkeit nur Leistungsurteilen und die Gestaltungswirkung nur Gestaltungsurteilen zu; die Tatbestandswirkung ist schliesslich ein privatrechtlicher Sonderfall.

Die **Gestaltungswirkung** (vgl. dazu Art. 87 N 4 ff.) ist jene (i.d.R.) *materiellrechtliche Rechtsänderung, welche mit Rechtskraft des eine Gestaltungsklage gutheissenden Entscheids eintritt*. Worin diese Wirkung besteht, ist mithin eine *blosse Frage des materiellen Rechts*; das Prozessrecht schafft lediglich die Voraussetzungen für die *rechtskräftige Feststellung des Gestaltungsgrundes, welcher den Rechtskraftgegenstand des Gestaltungsurteils bildet* (während die Abweisung einer Gestaltungsklage feststellt, dass der relevierte Gestaltungsgrund nicht vorlag), sagt aber nichts über die Gestaltungswirkung selbst.

Insbesondere ist dem Prozessrecht nicht zu entnehmen, welche subjektiven Grenzen die Gestaltungswirkung hat (vgl. dazu auch Art. 87 N 5 f.). Ob eine bestimmte privatrechtliche Rechtsänderung von einer bestimmten Person zu beachten ist, ist Frage des Adressatenkreises der zugrunde liegenden materiell-rechtlichen Normen. Ob und inwiefern jemand die Verwirklichung dieser Normen noch behaupten bzw. in Frage stellen kann, ist zwar in der Tat eine Frage des Prozessrechts, betrifft hier jedoch nicht die Gestaltungswirkung, sondern eben die *materielle Rechtskraft des Gestaltungsurteils* und hier mithin *deren* subjektive Grenzen. Unrichtig ist insb. die tradierte Formel, Gestaltungsurteilen komme eine inter omnes, also gegenüber jedermann wirkende Gestaltungswirkung zu (vgl. auch dazu Art. 87 N 4).

17   Ebenfalls eine Wirkung des materiellen Rechts ist die **Tatbestandswirkung**. Auch bei dieser handelt es sich um eine *aufgrund des Urteils eintretende privatrechtliche Rechtsänderung*. Im Unterschied zur Gestaltungswirkung handelt es sich jedoch nicht um die mit der Klage begehrte und im Dispositiv des Urteils ausgesprochene, sondern um eine *«reflexartig» eintretende Wirkung*; man spricht daher auch von einer *«Reflexwirkung»* oder *«zivilrechtlichen Nebenwirkung»* eines Urteils. Ein typisches Beispiel bietet etwa Art. 137 Abs. 2 OR: Die Auswirkungen der urteilsmässigen Feststellung einer Forderung auf die Verjährung treten zwar gerade durch das Urteil ein, womit dieses mittels Tatbestandswirkung eine privatrechtliche Rechtsänderung bewirkt; diese ist jedoch (anders als die Gestaltungswirkung) nicht etwa die im Dispositiv ausgesprochene, vom Kläger begehrte Rechtsfolge, sondern lediglich ein Reflex des Urteils. Von Tatbestandswirkung spricht man nämlich dann und deshalb, wenn eine privatrechtliche Norm auf der Existenz eines Urteils aufbaut, das Urteil also Teil des privatrechtlichen Tatbestandes ist.

18   Gestaltungs- und Tatbestandswirkung gehören daher als *Wirkungen des Privatrechts* nicht in den hier näher zu behandelnden Zusammenhang prozessrechtlicher Urteilswirkungen. Freilich ist zu beachten, dass Urteile in besonderen Fällen auch *prozessuale Gestaltungswirkung* haben können, und zwar bei prozessualen Gestaltungsklagen, vgl. dazu Art. 87 N 3; auch von einer Tatbestandswirkung des Prozessrechts kann insofern gesprochen werden, als natürlich eine Vielzahl prozessualer Rechtsnormen auf der Existenz eines Urteils aufbauen, welche insofern Tatbestandsmerkmal dieser Normen ist.

19   Worin die **Vollstreckbarkeit** eines Urteils liegt, ergibt sich aus den anwendbaren Vorschriften des *Schuldbetreibungs-, Konkurs- und Realvollstreckungsrechts*. Auch bei der Vollstreckbarkeit handelt es sich um eine *prozessrechtliche Urteilswirkung*, verkörpert sie doch die Durchsetzbarkeit des Urteilsbefehls durch staatlichen Zwang; auf die Diskussion, ob und inwiefern die Zwangsvollstreckung (auch) einen privatrechtlichen Vollstreckungsgegenstand haben kann, ist an dieser Stelle nicht einzugehen.

20   Die **«formelle Rechtskraft»** ist keine Entscheidwirkung, sondern eine *Eigenschaft des Entscheids*. Mit diesem Begriff bezeichnet man den Umstand, dass ein Entscheid **mit ordentlichen Rechtsmitteln nicht mehr bekämpfbar ist**. Wann die formelle Rechtskraft eines Entscheids eintritt, ist daher in jeder Rechtsordnung letztlich eine *Frage des Rechtsmittelrechts*. Vor diesem Hintergrund ist die begriffliche Unterscheidung zwischen «formeller» und «materieller» Rechtskraft für den Unkundigen gewiss nicht sehr einleuchtend, vor allem, weil – wie eben erwähnt – die «formelle Rechtskraft» gar keine «Kraft» ist, weil sie nicht zu den Urteilswirkungen zählt. Als *«materiell»* bezeichnet man die eigentliche Rechtskraftwirkung (N 21) in dem Sinne, dass sie die inhaltlichen Wirkungen des Entscheids als Hoheitsakt verkörpert; manchmal wird daher auch von «*sachlicher* Rechtskraftwirkung» gesprochen.

2. Materielle Rechtskraft

a) Grundsätzliches

21   Die materielle Rechtskraft des Zivilurteils **verkörpert die Verbindlichkeit des Entscheids** und schafft damit den vom Prozessrecht bezweckten Rechtsfrieden. Was rechtskräftig entschieden ist, darf von den Parteien – vorbehaltlich ausserordentlicher Rechtsbehelfe, wie insb. der Revision (vgl. Art. 328 N 1 ff., 26) – nicht mehr in Frage gestellt

werden. Zunächst folgt die materielle Rechtskraft natürlich aus der *Spruchgewalt des Gerichts*, also seiner Befugnis, über die streitigen Rechte und Pflichten urteilsmässig zu befinden. Näher besehen resultiert sie allerdings zumindest auch aus der *Gewährung des rechtlichen Gehörs* im Prozess. Die Gehörgewährung ist der Weg, die Rechtskraft das Ziel. So gesehen kann das ganze Erkenntnisverfahrensrecht wie folgt zusammengefasst werden: «In deiner Sache wird dir Gehör gewährt; wurdest du aber gehört, so wird dir künftig dazu kein Gehör mehr gewährt.» Aus diesem Zusammenhang von rechtlichem Gehör zu einem konkreten Streitgegenstand und materieller Rechtskraft ergeben sich letztlich auch die subjektiven, objektiven und zeitlichen Rechtskraftgrenzen. Subjektiv ist die materielle Rechtskraft grundsätzlich auf jene beschränkt, welche gehört wurden, also die Prozessparteien im formellen Sinne (vgl. dazu N 47 ff.). Objektiv bezieht sich die materielle Rechtskraft auf das, wozu die Parteien gehört wurden, also auf den Streitgegenstand des Prozesses (s.u. N 41 ff.). Zeitlich bezieht sich die materielle Rechtskraft auf den entscheidmassgebenden Zeitpunkt, also auf alle Fakten, zu welchen im Prozess Gehör gewährt werden konnte (s.u. N 55 ff.). Umgekehrt folgen letztlich auch alle Relativierungen der materiellen Rechtskraftwirkungen aus diesem Zusammenhang zwischen rechtlichem Gehör und Rechtskraft. Dies wird insb. deutlich beim Revisionsgrund des Art. 328 Abs. 1 lit. a: Zunächst müssen zwar aus Gründen der Rechtssicherheit objektiv vom Streitgegenstand des Verfahrens (vgl. Vor Art. 84–90 N 7 ff.) erfasste Tatsachen qua Rechtskraft als Angriffs- oder Verteidigungsmittel präkludiert werden; eine endgültige Präklusion von objektiv zum Streitgegenstand gehörenden Tatsachen, welche eine Partei im früheren Prozess jedoch nicht geltend machen konnte, würde jedoch schlicht das rechtliche Gehör entziehen, weil sie diese Tatsachen zunächst auch bei gehöriger Sorgfalt gar nicht hätte geltend machen können, dann aber qua Rechtskraft von ihrer Geltendmachung ausgeschlossen wäre. Daher erlaubt Art. 328 Abs. 1 lit. a hier eine Rechtskraftdurchbrechung durch Revision (weil eine ipso iure eintretende Rechtskraftrelativierung wegen des dabei zu prüfenden Sorgfaltsmassstabes zu erheblicher Rechtsunsicherheit führen würde), vgl. Art. 328 N 36 ff. Im Ergebnis bestätigt dies jedoch den Zusammenhang zwischen materieller Rechtskraft und rechtlichem Gehör in Deutlichkeit.

Die **aufeinander bezogene Wahrnehmung des rechtlichen Gehörs durch die Parteien** (treffend spricht das französische Recht hier vom «*principe contradictoire*») ist insofern das funktionale Pendant zu den korrespondierenden Willenserklärungen der Rechtsgeschäftslehre, als hier wie dort die Selbstbindung der Parteien Voraussetzung für spätere heteronome Rechtsbestimmung durch eigenes Handeln (oder Unterlassen) darstellt: Durch ihr privatrechtsgeschäftliches (oder sonstiges privatrechtlich relevantes) Handeln verpflichten sich die Parteien freiwillig selbst, was Grundlage davon ist, dass sie später ohne ihre Zustimmung zur Erbringung des auf dieser Grundlage Geschuldeten verhalten werden können; durch die Ausübung (oder auch Nichtausübung) des rechtlichen Gehörs im Prozess schaffen die Parteien ebenso durch freiwilliges Handeln die Voraussetzungen für die Schaffung eines Entscheids, der dann Grundlage für das Duldenmüssen der späteren Verbindlichkeit dieses Entscheids, insb. seiner Vollstreckung darstellt. Insofern entspricht das rechtliche Gehör im Prozessrecht der Privatautonomie des Privatrechts, und die Rechtskraft als Resultat der darauf bezogenen Betätigung einer rechtsgeschäftlichen Bindung. Hier wie dort geht es um das Grundprinzip liberal-demokratischer Rechtsstaatlichkeit, d.h. Legitimation von Bindungen durch Partizipation der Betroffenen.

Lange Zeit war strittig, ob und inwiefern es sich bei der materiellen Rechtskraft um eine *Wirkung des Privat- oder des Prozessrechts* handelt. Diese Frage wurde vor Inkrafttreten der ZPO noch mit jener der bundeszivilrechtlichen Provenienz der Prinzipien des Rechtskraftrechts vermengt (vgl. etwa BEGLINGER, 594 ff.) – nach richtiger Auffassung war die Rechtskraft auch aus diesem Blickwinkel freilich schon vor Inkrafttreten der

ZPO ein Institut des Prozessrechts (vgl. VOGEL, recht 1989, 133 f.); dieser Gesichtspunkt ist heute naturgemäss gegenstandslos. In früheren Epochen (und noch heute in ausländischen Rechtsordnungen) dominierte ein Deutungsschema, wonach – unabhängig von der Klageart, mithin insb. auch bei Feststellungs- und Leistungsklagen – das Urteil die Rechtslage mit privatrechtlicher Wirkung neu schaffe; dies bezeichnete man im deutschen Rechtskreis als materiellrechtliche Rechtskrafttheorie. Demgegenüber hat sich im 20. Jh. (auch) in der Schweiz die Sichtweise durchgesetzt, wonach der materiellen Rechtskraft lediglich **prozessual-deklaratorische Funktion** zukommt. Mithin stellt die materielle Rechtskraft mit öffentlich-rechtlicher, also prozessualer Wirkung hoheitlich und verbindlich fest, dass die Rechtslage so ist wie im Dispositiv ausgesprochen. Ist das Urteil unrichtig, so ändert dies nichts an der (davon abweichenden, «wahren») privatrechtlichen Rechtslage, doch können die von den subjektiven Grenzen der materiellen Rechtskraft erfassten Parteien die «wahre» Rechtslage nicht mehr geltend machen.

24 Ob die materiellrechtliche oder die prozessuale Theorie der materiellen Rechtskraft «richtig» ist, kann schlechterdings nicht gesagt werden. Es hat sich aber zu Recht die Auffassung durchgesetzt, dass die **prozessuale Rechtskrafttheorie** *die Verhältnisse besser erklärt* (vgl. HABSCHEID, ZPR, Rz 475). Dies zeigt sich etwa überall dort, wo aufgrund der subjektiven Rechtskraftgrenzen (s.u. N 47 ff.) Dritte, deren Rechtsverhältnisse aus privatrechtlicher Perspektive an dem urteilsmässig Festgestellten anknüpfen, von der materiellen Rechtskraft nicht erfasst sind – so ist die Feststellung absoluter Rechte mit Wirkung bloss inter partes (s.u. N 51) besser mit der Vorstellung einer bloss deklaratorsichen Funktion der Rechtskraft vereinbar. Auch die Idee, gerade dem falschen Leistungsurteil komme eine besondere, weil einen neuen Anspruch schaffende Qualität zu, hat Irritationen hervorgerufen. Die Einordnung der Sperrwirkung der materiellen Rechtskraft (s.u. N 33 ff.) als Prozesshindernis (Art. 59 Abs. 2 lit. e) lässt sich ebenfalls besser mit einem prozessualen Charakter der materiellen Rechtskraft erklären. Eine privatrechtliche Deutung würde hier auch bei identischen Streitgegenständen eher ein blosses Abweichungsverbot zur Folge haben, wodurch z.B. wie in älteren Rechtsordnungen die materiell rechtskräftige Entscheidung einen neuen Anspruchsgrund kreieren würde, der dann mit «actio iudicati» geltend gemacht werden könnte, nicht aber ein Prozesshindernis. Dies entspricht jedoch nicht dem geltenden schweizerischen Recht.

25 Zu beachten ist, dass diese – weitgehend akademische – Diskussion über die prozessuale oder materiell-rechtliche Rechtskrafttheorie nichts mit der Unterscheidung zwischen «materieller» und «formeller» Rechtskraft (s.o. N 20) zu tun hat.

26 **Abzulehnen** ist jede **Relativierung der Rechtskraftwirkung** von Entscheiden unter Hinweis darauf, dass diese *unrichtig* seien (vgl. zu einem Beispielsfall Art. 88 N 31). Gerade die Rechtskraft auch des (angeblich) unrichtigen Entscheids ist von besonderer Relevanz, weil Rechtsfrieden durch Rechtskraft nur dann geschaffen werden kann, wenn und weil die Richtigkeit eines rechtskräftigen Entscheids nicht mehr in Frage gestellt werden kann (vgl. GULDENER, ZPR, 361). Jede Relativierung der Rechtskraft unter Hinweis auf die Fehlerhaftigkeit des Entscheids läuft letztlich auf die (partielle) Annahme eines Nichtentscheids wegen inhaltlicher Fehlerhaftigkeit hinaus (s.o. N 10); solches ist indes aus Sicht der gebotenen Rechtssicherheit jedoch sehr problematisch. Das System der Privatrechtsbewährung im Zivilprozess beruht vielmehr gerade darauf, dass häufig auch Fehlentscheide rechtskräftig werden; Recht ist dann, was rechtskräftig entschieden wurde. Dies gilt auch für *arglistig erwirkte Fehlentscheide* (vgl. schon GULDENER, ZPR, 387); freilich kann die Rechtskraft in solchen Fällen u.U. nach Art. 328 Abs. 1 ZPO mit Revision beseitigt werden (was umgekehrt zeigt, dass eine sonstige Relativierung der Rechtskraft wegen Arglist ausgeschlossen ist); vgl. auch BGE 127 III 496 E. 3. Zu Recht

wurde die deutsche Rechtsprechung, wonach die materielle Rechtskraft nach § 826 BGB (sittenwidrige vorsätzliche Schädigung; vgl. für die Schweiz Art. 41 Abs. 2 OR) ausgehebelt werden kann, in der Schweiz nicht rezipiert (gegen eine solche Rezeption auch BEGLINGER, 623 ff.; wohl auch JENT-SØRENSEN, 535 ff.).

b) Schweigen des Gesetzgebers

Der Gesetzgeber der ZPO hat es unterlassen, die materielle Rechtskraft gesetzlich zu regeln. Der Vorentwurf enthielt noch eine triviale Definition der formellen Rechtskraft, welche dann nach einiger Kritik gestrichen wurde. Der Umstand, dass die materielle Rechtskraft im Gesetz nicht geregelt wurde, ist eine bemerkenswerte Fehlleistung des Gesetzgebers (vgl. krit. schon OBERHAMMER, FS Kramer, 1032 ff.); dies ist auch vor dem Hintergrund zu sehen, dass die Einsicht, dass die materielle Rechtkraft ein Kern des rechtspolitischen Gestaltungsanliegens einer schweizweiten Prozessrechtvereinheitlichung sein müsse, schon vor langer Zeit formuliert worden war (vgl. nur BALMER, 411 ff.). Dazu wird bemerkt, eine Regelung der materiellen Rechtskraft hätte vorausgesetzt, dass man den Streitgegenstandsbegriff gesetzlich regle, was jedoch bekanntlich unmöglich sei (so SUTTER-SOMM, ZZZ 2005, 9 ff.). Dies betrifft zum einen nur die Problematik der Rechtskraftgrenzen (vgl. N 40 ff.), und hier fast ausschliesslich die Frage der objektiven Grenzen der materiellen Rechtskraft (s.u. N 41 ff.), zum anderen hätte die schlichte Lektüre kantonaler und ausländischer Zivilprozessordnungen gezeigt, dass hier durchaus sinnvolle Regelungen möglich sind. So führt etwa auch – um bei dem Beispiel der in der Tat schwierigen objektiven Rechtskraftgrenzen anzuknüpfen – die blosse Aussage, die materielle Rechtskraft beziehe sich auf «Anspruch» oder «Streitgegenstand» oder «Dispositiv», schon zu einer deutlichen Klärung bezüglich der objektiven Rechtskraftgrenzen beigetragen. Da eine solche in der ZPO nicht erfolgt ist, kann nur gehofft werden, dass die Rechtsprechung auch in Zukunft bei den hierzulande herrschenden Traditionen anknüpft. Immerhin liegt ein Bestand bundesgerichtlicher Rechtsprechung zum früheren ungeschriebenen, aus dem Bundesprivatrecht entwickelten Zivilprozessrecht des Bundes vor, welcher die materielle Rechtskraft zum Gegenstand hat. Dennoch, genauer: gerade deshalb ist es ein wesentliches Versagen der Kodifikation, dass sie in einem derart zentralen Aspekten nicht etwa (so gut als eben möglich) Rechtsklarheit durch Gesetzesrecht schafft, sondern den Rechtsanwender letztlich mit dem früheren, naturgemäss unübersichtlichen case law allein lässt. Auch ist durchaus nicht sichergestellt, dass dieses case law in Zukunft unverändert bleibt. Die Rechtsprechung könnte sich ja jederzeit entscheiden, die bis dato entwickelten Grundsätze bezüglich der materiellen Rechtskraft zu ändern; gerade im Bereich des Rechtskraftrechts bestehen – wie insb. die Rechtsvergleichung zeigt – sehr breite Gestaltungsspielräume, womit nicht ausgeschlossen ist, dass die künftige Rechtsprechung eines Tages zu ganz anderen Ergebnissen gelangt als den bei Inkrafttreten der ZPO vorgefundenen; zugleich kann aber natürlich niemand ernsthaft eine «Versteinerung» des alten case law wollen, weil auch und gerade hier zwar Beständigkeit im Grundsätzlichen, aber Beweglichkeit im Detail geboten ist. Gerade hierin hätte der Nutzen gesetzlicher Regelung auf grundsätzlicher Ebene bestanden.

Nota bene: Hier wird nicht einer Regelung aller und jeder Aspekte des Rechtskraftrechts im Gesetz das Wort geredet; eine solche wäre in der Tat unsinnig. Man hätte sogar diskutieren können, einzelne Aspekte bewusst ungeregelt zu lassen, um der Entwicklung von Rechtsprechung und Lehre nicht vorzugreifen. So hat sich etwa der deutsche Gesetzgeber des Jahres 1877 für eine Regelung der objektiven *und* subjektiven Rechtskraftgrenzen entschieden (vgl. insb. §§ 322 und 325 der deutschen ZPO), während der österreichische Gesetzgeber des Jahres 1895 der Auffassung war, nur die objektiven Grenzen seien zu regeln (vgl. § 411 der österreichischen ZPO), weil die Zeit für eine Regelung der subjektiven Rechtskraftgrenzen als noch nicht reif angesehen wurde. Schon der Umstand, dass Gesetzgeber der Nachbarländer schon im 19. Jh. zu derartig differenzierten Leistungen und Überlegungen bezüglich des Regelungsgegenstandes «Rechtskraft» fähig waren, zeigt zur Genüge, dass die Schaffung einiger praktisch wichtiger «Leitplanken» zu Beginn der 21. Jh. ohne weiteres im Bereich des Möglichen gewesen wäre. Das Rechtskraftrecht ist freilich keine ganz einfache Materie. Vielleicht ist daher die Nichtregelung des Rechtskraftrechts im Vergleich dazu, was womöglich herausgekommen wäre, doch die langfristig bessere Lösung. Immerhin verfügt das Bundesgericht hier traditionell über ein gutes Judiz im Einzelfall. Darauf muss auch in Zukunft gehofft werden.

c) Beschränkung auf den Entscheidgegenstand

29   Die materielle Rechtskraft bezieht sich auf den Entscheidgegenstand; dieser entspricht dem mit der Klage festgelegten **Streitgegenstand** des Verfahrens (vgl. Vor Art 84–90 N 7 ff.). Dieser Zusammenhang erweist sich einerseits deutlich bei den Rechtskraftgrenzen (s.u. N 40 ff.); er wird aber auch deutlich, wenn zu beurteilen ist, ob andere Entscheide als Sachentscheide rechtskraftfähig sind.

30   Strittig ist, ob und inwiefern nicht nur Sachenentscheiden, sondern auch Prozess-, insb. **Nichteintretensentscheiden** materielle Rechtskraftwirkung zukommen kann. Dies ist m.E. eindeutig zu bejahen (BGE 134 III 467 E. 3.2; 115 II 187 E. 3a; HABSCHEID, ZPR, Rz 482; STAEHELIN/STAEHELIN/GROLIMUND, § 24 Rz 10; eingehend BERTI, FS Poudret, 3 ff.), wobei allerdings zu beachten ist, dass die materielle Rechtskraftwirkung des Nichteintretensentscheids sich (natürlich) nur auf den relevanten Nichteintretensgrund und nicht etwa auf den geltend gemachten privatrechtlichen Anspruch bezieht. «Anspruchsbezogene» materielle Rechtskraft kommt daher naturgemäss nur Sachentscheiden zu.

31   Entsprechend verhält es sich bei Entscheiden des **summarischen Verfahrens**; auch hier ist darauf abzustellen, was Gegenstand der Entscheidung ist: soll endgültig über ein privatrechtliches Recht oder Rechtsverhältnis entschieden werden, so bezieht sich die Rechtskraft hier auch darauf (HABSCHEID, ZPR, Rz 481; vgl. BGer, 5C.276/2005, E. 1.1: Anspruch auf Auskunftserteilung durch einen Willensvollstrecker). Dies ist jedoch durchaus nicht immer der Fall: So ist etwa die materielle Erbberechtigung nicht Gegenstand des Erbscheinverfahrens und daher dort auch nicht von der Rechtskraft erfasst (BGE 128 III 318 E. 2.2.1; vgl. auch BGer, 5A.162/2007, E. 5.2). Anders verhält es sich auch, wenn bloss provisorische Entscheide getroffen werden sollen (z.B. vorsorgliche Massnahmen, provisorische Rechtsöffnung); hier bezieht sich die Rechtskraft nur auf die Voraussetzungen für einen solchen Entscheid, womit zwar durchaus nicht über das zugrunde liegende materiellrechtliche Recht oder Rechtsverhältnis rechtskräftig entschieden wurde, wohl aber über den begehrten provisorischen Rechtsschutz, weshalb etwa ein neuerlicher Antrag auf Erlass derselben vorsorglichen Massnahme aufgrund unveränderten Sachverhalts an der Sperrwirkung (vgl. N 33 ff.) eines früheren Entscheids in idem scheitert (vgl. dazu treffend STAEHELIN/STAEHELIN/GROLIMUND, § 24 Rz 9). Zur Rechtskraft von SchKG-Beschwerdeentscheiden BGer, 5A.597/2008 und 5A.745/2008, E. 3.3.4.; zur Rechtskraft eines Exequaturentscheids GROZ, 683 ff.

d) Wirkungsweisen der materiellen Rechtskraft

aa) Allgemeines

32   Die materielle Rechtskraft hat sicherzustellen, dass der durch einen Entscheid geschaffene Rechtsfrieden nicht wieder in Frage gestellt werden kann; es geht um die **Verbindlichkeit des Urteils**. Diese kann in verschiedenen Konstellationen in Frage gestellt wer-

den, weshalb die materielle Rechtskraft auch verschiedene Wirkungsweisen hat. In der traditionellen schweizerischen Diskussion wird die Einmaligkeitswirkung der materiellen Rechtskraft (s.u. N 33 ff., 44 ff.) stark in den Vordergrund gestellt, was bisweilen den Blick auf ihre anderen Wirkungsweisen verstellt.

bb) Sperrwirkung

Die materielle Rechtskraft **verhindert** zunächst, dass **derselbe Streitgegenstand nochmals zum Gegenstand einer Klage erhoben wird** («*ne bis in idem*»); dies bezeichnet man als die **Einmaligkeits-** oder **Sperrwirkung** der materiellen Rechtskraft; dass die «Sache» noch nicht rechtskräftig entschieden ist, stellt daher eine Prozessvoraussetzung dar (Art. 59 Abs. 2 lit. e). 33

Identisch ist in diesem Zusammenhang nicht nur dasselbe auf denselben Lebenssachverhalt gestützte Begehren, sondern auch sein **kontradiktorisches Gegenteil** (vgl. BGE 123 III 16 E. 2; 121 III 474 E. 4.a). Dabei handelt es sich um Fälle, in welchen die Bejahung oder Verneinung eines Begehrens sein Gegenteil in jeder Hinsicht ausschliesst. Wird etwa die Feststellungsklage des A gegen B, jener (also A) sei Eigentümer einer Sache X, rechtskräftig entschieden, so wäre eine (negative) Feststellungsklage des B gegen A, dieser (also A) sei nicht Eigentümer der Sache X, unzulässig (nicht jedoch eine Klage auf Feststellung, dass B Eigentümer sei – aus der Verneinung des Eigentums des A folgt mitnichten, dass B Eigentümer ist, denkbar ist aber auch ein Eigentum des C; dies ist auch vor dem Hintergrund zu sehen, dass etwaige Aussagen der Urteilsmotive über das Eigentum des B wegen der Beschränkung der Rechtskraft auf das Dispositiv nicht der Rechtskraft teilhaft werden – s.u. N 41 ff.). Abzulehnen ist die stets bestehende Tendenz, aus der Rechtsfigur des kontradiktorischen Gegenteils – die nur einem logisch richtigen Verständnis des im Dispositiv Gesagten entspringt – ein argumentatives Vehikel für eine intuitive Erweiterung der objektiven Rechtskraftgrenzen zu machen. 34

Die Rechtsprechung betont stets, dass die für den Eintritt der Sperrwirkung erforderliche **Anspruchsidentität** nicht grammatikalisch, sondern inhaltlich zu verstehen sei (BGE 121 III 474 E. 4.a u.v.a.); damit wird eine Selbstverständlichkeit betont, was stets den Verdacht nahe legt, dass damit etwas anders gemeint ist, als gesagt wird. Festzuhalten ist, dass zwar insb. die Rechtsbegehren (der Lebenssachverhalt kann wohl von vornherein nicht in einem «grammatikalischen» Sinne identisch sein) sich deshalb nicht wörtlich entsprechen müssen, weil das Prozesshindernis der abgeurteilten Sache auch dann besteht, wenn das kontradiktorische Gegenteil begehrt wird oder der Folgeprozess eine Teilmenge des schon zuvor Begehrten zum Gegenstand hat. Mitnichten sollte jedoch die Rede von der «inhaltlichen» Identität als Einfallspforte für eine unausgesprochene Erweiterung der objektiven Rechtskraftgrenzen unter Hinweis darauf missbraucht werden, im Vorprozess sei «in Wahrheit» doch über mehr entschieden worden als den durch Rechtsbegehren und Lebenssachverhalt konstituierten Streitgegenstand. 35

cc) Bindungswirkung

Während sich die Einmaligkeitswirkung der materiellen Rechtskraft (s.o. N 33 ff.) dann erweist, wenn Vor- und Folgeprozess denselben Streitgegenstand haben (Identität der Hauptfragen beider Prozesse), zeigt sich die **Bindungswirkung** der materiellen Rechtskraft (**Feststellungs-**, **Präjudizialitätswirkung**) dann, **wenn die Hauptfrage des Vorprozesses zur Vorfrage des Folgeprozesses wird** (vgl. BGer, 4C.130/2003, E. 1.3). Das verstiesse gegen die Verbindlichkeit des Vorentscheids und damit gegen dessen materielle Rechtskraft, wollte es im Folgeprozess die dort relevante Vorfrage unter Missachtung der 36 darüber erfolgten materiell rechtskräftigen Entscheidung als Hauptfrage des Vorprozesses beurteilen.

37 In Betracht kommt hier jedoch nicht «ne bis in idem», weil der Folgeprozess einen anderen Streitgegenstand als der Vorprozess hat und daher insofern zulässig ist. Die materielle Rechtskraft äussert sich hier in einer **inhaltlichen Bindung** des Gerichts im Folgeprozess, welches die bereits rechtskräftig entschiedene Vorfrage nicht mehr selbst beurteilen darf, sondern die Entscheidung des Gerichts im Vorprozess ohne jede weitere Prüfung als bindend zugrunde zu legen hat (vgl. BGer, 4A_209/2007, E. 2.2.2; 4C.203/2004, E. 3.5.1; 4C.248/2003, E. 2.1; 4C.130/2003, E. 1.3). Entsprechendes gilt für alle anderen Behörden.

dd) Präklusionswirkung

38 Jedenfalls der Übersichtlichkeit dient es, wenn man zudem die Präklusionswirkung der materiellen Rechtskraft als eigene Wirkungsweise dieses Instituts anerkennt: Hier geht es um Fälle, in welchen das materiell rechtskräftige Ergebnis des Vorprozesses, mithin **das vom Kläger oder Beklagten ersiegte Rechtsschutzziel durch die Geltendmachung eines von jenem des Vorprozesses abweichenden Begehrens konterkariert werden soll, welchem jedoch Angriffs- bzw. Verteidigungsmittel zugrunde liegen, die zum Streitgegenstand des Vorprozesses gehört hätten** (vgl. BGE 115 II 187 E. 3.b). Unter den zahlreichen Beispielen, die hier denkbar sind, sei hier nur eines herausgegriffen: Der Schuldner macht mit Klage nach Art. 85 SchKG geltend, die Betreibung sei aufzuheben, weil er die betriebene Schuld bereits vor dem entscheidungsmassgeblichen Zeitpunkt im Forderungsprozess getilgt habe. Die Klage nach Art. 85 SchKG ist hier schon deshalb zulässig, weil ihr ein anderes Begehren als der Forderungsklage zugrunde liegt (einmal Verurteilung des Schuldners zur Zahlung, das andere Mal Aufhebung der Betreibung). Der Schuldner wird jedoch mit dem Einwand der Zahlung vor dem entscheidungsmassgeblichen Zeitpunkt im Forderungsprozess nicht gehört, weil dieses Verteidigungsmittel durch die materielle Rechtskraft des die Forderungsklage gutheissenden Entscheids präkludiert wird (vgl. dazu GULDENER, ZPR, 379 ff.; HABSCHEID, ZPR, Rz 495).

39 Man kann diese Fälle auch als **Unterfälle der Bindungswirkung** deuten (im Vorprozess sei eben – um beim Bsp. zu bleiben – bindend festgestellt worden, dass die streitgegenständliche Forderung besteht, weshalb dies auch im Prozess nach Art. 85 SchKG nicht mehr in Frage gestellt werden dürfe), doch macht die Annahme einer eigenen Präklusionswirkung zumindest wesentlich deutlicher, *dass die materielle Rechtskraft auch zu einer prozessualen Präklusion privatrechtlicher Einwendungen* (im Beispiel: die Erfüllung der Schuld) *führt*.

e) Rechtskraftgrenzen

aa) Allgemeines

40 Die materielle Rechtskraft ist in objektiver, subjektiver und zeitlicher Hinsicht begrenzt. Alle drei Aspekte folgen unmittelbar aus dem Streitgegenstandsbegriff, dessen Implikationen sich hier verdeutlichen. Grundlage der folgenden Ausführungen sind – in Ermangelung positivierter Rechtsgrundsätze – bewährte Lehre und Überlieferung, namentlich die Rechtsprechung des Bundesgerichts (s.o. N 27).

bb) Objektive Grenzen

41 Die **objektiven (sachlichen) Grenzen der materiellen Rechtskraft** bestimmen den Gegenstand der Rechtskraftwirkung. Dieser wird mit zwei unterschiedlichen Formulierun-

gen abgegrenzt, welche im Grunde dasselbe meinen: Zum einen wird in Einklang mit der Dogmatik des gesamten deutschen Rechtskreises bemerkt, die materielle Rechtskraft beschränke sich auf den geltend gemachten (prozessualen) **Anspruch**, mithin den **Streitgegenstand** (treffend HABSCHEID, ZPR, Rz 492 ff.; vgl. auch GULDENER, ZPR, 367 f.; BGE 125 III 8 E. 3; 123 III 16 E. 2; 121 III 474 E. 4.a). Zum anderen wird hervorgehoben, Gegenstand der materiellen Rechtskraft seien nur die Feststellungen im **Dispositiv**. Damit wird wohl an die Begrifflichkeit des französischen Rechts angeknüpft, was freilich durchaus nicht nur eine Westschweizer Tradition ist, sondern auch der traditionellen Sprechweise in der deutschsprachigen Schweiz entspricht (vgl. nur § 191 Abs. 1 ZPO/ZH). Auch in den anderen deutschsprachigen Rechtsordnungen findet sich zwar gelegentlich der Hinweis auf die Beschränkung der materiellen Rechtskraft auf den «Urteilstenor» (dies ist der Begriff, welcher in den anderen deutschsprachigen Ländern für das Urteilsdispositiv verwendet wird), doch wird dieser Aussage kaum die Dignität einer Rechtsregel zuerkannt, es handelt sich eher um eine juristische Faustformel. Zu beachten ist in diesem Zusammenhang, dass zwar der Begriff «Dispositiv» und die Aussage, die materielle Rechtskraft habe die Feststellungen des Urteilsdispositivs zum Gegenstand, recht deutlich französischer Provenienz sind, jedoch die daran anknüpfende französische Rechtskraftdogmatik in der Schweiz nicht rezipiert wurde (vgl. auch HABSCHEID, ZPR, Rz 489). Vielmehr entsprechen der Meinungsstand zu den objektiven Rechtskraftgrenzen und insb. die einschlägige Rechtsprechung des Bundesgerichts in der Schweiz traditionell dem, was in diesem Zusammenhang etwa auch in Deutschland und Österreich vertreten wird. Mithin ist die *Aussage, die materielle Rechtskraft beschränke sich auf das «Dispositiv», nur eine andere façon de parler für die Beschränkung der Rechtskraft auf den prozessualen Anspruch (Streitgegenstand)*. Zur Bestimmung des Streitgegenstandes vgl. Vor Art 84–90 N 9 ff.; zur Denkfigur des «kontradiktorischen Gegenteils» s.o. N 34 f.

Mit der Aussage, die Rechtskraft beschränke sich auf das Urteilsdispositiv, wird insb. deutlich gemacht, dass sie keineswegs **Entscheidungsgründe**, also insb. **Vorfragen, bedingende Rechtsverhältnisse** oder gar **Fakten** zum Gegenstand haben kann (BGE 121 III 474 E. 4.a; BGer, 5C.91/2004, E. 4.1; BGer, 4C.130/2003, E. 1.3; GULDENER, ZPR, 365 ff.; KUMMER, Klagerecht, 113 ff.). Wird also z.B. eine *Forderungsklage* gutgeheissen, so steht zwischen den Parteien rechtskräftig fest, dass die Forderung besteht – nicht aber, dass der der Forderung zugrunde liegende Vertrag besteht, dass er geschlossen wurde, dass die Parteien dabei bestimmte Erklärungen abgegeben haben und dgl. Auch im *Patentverletzungsprozess* wird die (Nicht-)Existenz des Schutzrechts nicht rechtskräftig festgestellt, sondern stellt nur eine Vorfrage dar (BGE 121 III 474 E. 4.b). Damit ist die Formel, die materielle Rechtskraft beschränke sich auf das Urteilsdispositiv, insb. für die Bestimmung der objektiven Grenzen der *Bindungswirkung* der materiellen Rechtskraft (s.o. N 36 f.) wertvoll. Auch bei dieser wird man bisweilen freilich nicht umhinkönnen, die Feststellungen des Dispositivs durch Ermittlung des streitgegenstandsrelevanten Lebenssachverhalts zu ermitteln, um individualisieren zu können, auf welcher Grundlage denn welche Forderung festgestellt wurde. Die *Urteilsmotive* können daher zur *Auslegung des Dispositivs* herangezogen werden (BGE 123 III 16 E. 2; 93 II 40 E. 4; BGer, 5C.242/2003, E. 2.1; 4C.314/2004, E. 1.3), was insb. bei Nichteintreten und Klageabweisung (BGE 121 III 474 E. 4.a) relevant ist. Dabei handelt es sich jedoch mitnichten um eine Erweiterung der objektiven Rechtskraftgrenzen auf die Urteilsgründe (treffend HABSCHEID, ZPR, Rz 489, 498), sondern ganz im Gegenteil um eine Beschränkung der Rechtskraft auf die relevanten Gründe – nur insofern trifft es daher zu, dies als «relative Rechtskraftwirkung der Gründe» zu bezeichnen. 42

Obwohl darüber nicht im Dispositiv befunden wird, ist anerkannt, dass bei der im Prozess erklärten **Verrechnung** auch über die Gegenforderung rechtskräftig entschieden 43 wird (vgl. STAEHELIN/STAEHELIN/GROLIMUND, § 24 Rz 14; GULDENER, ZPR, 368 ff.; KUMMER, Klagerecht, 116; FRANK/STRÄULI/MESSMER, § 191 ZPO/ZH N 14; LEUCH/ MARBACH/KELLERHALS/STERCHI, Art. 192 ZPO/BE N 12.c/aa; VOGEL/SPÜHLER, 8. Kap. Rz 73; WALDER/GROB, § 26 Rz 23 ff.; so bereits BGE 23 I 774 E. 5 in fine). Voraussetzung ist, dass die Verrechnung entscheidungsrelevant wurde, was dann nicht der Fall ist, wenn das Gericht bei der Eventualverrechnung schon das Bestehen der Hauptforderung verneint hat. Die ZPO ordnet auch dies nicht ausdrücklich an (vgl. im Unterschied dazu z.B. Art. 71 Abs. 2 BZP; § 322 Abs. 2 der deutschen ZPO oder § 411 der österreichischen ZPO). Im Grunde dürfte es sich um einen Ausfluss des (hierin mit einer prozessualen Rechtsfolge bewehrten) Verbots widersprüchlichen Verhaltens handeln, welches dem Gläubiger der Gegenforderung verwehrt, die Forderung zunächst compensando als prozessuales Verteidigungsmittel einzusetzen und sie danach selbständig geltend zu machen. Die hier bestehende Interessenlage würde zwar nur erfordern, dass eine solche Rechtskraftwirkung nur bei erfolgreicher Geltendmachung der Verrechnung eintritt, doch liegt schon aus Gründen der Prozessökonomie, aber auch der prozessualen Waffengleichheit nahe, auch die Verneinung der Gegenforderung in Rechtskraft erwachsen zu lassen (ähnlich KUMMER, Klagerecht, 118; HABSCHEID, ZPR, Rz 497). Bezog sich die Verrechnung nur auf einen *Teil der Gegenforderung*, so gilt das zur Rechtskraft bei der Teilklage Gesagte (Art. 86 N 8 ff.) entsprechend (BGer, 4C.233/2000, E. 3). Wurde die Verrechnung im Prozess dagegen *nicht erklärt*, so ist die *spätere Geltendmachung einer (potentiellen) «Gegenforderung»* mit selbständiger Klage nicht durch die Rechtskraft des Urteils über die (potentielle) «Hauptforderung» präkludiert. Privatrechtlich kommt es erst mit der Verrechnungserklärung zum Untergang der Forderungen, was eigentlich nahe legen würde, dass auch aufgrund einer nach dem entscheidungsmassgeblichen Zeitpunkt erklärten Verrechnung mit einer vor diesem Zeitpunkt bereits verrechenbaren Gegenforderung gegen die Betreibung der Hauptforderung im definitiven Rechtsöffnungsverfahren (oder nach Art. 85 oder 85a SchKG) Erfüllung eingewandt werden könnte; die h.M. lässt dies jedoch nicht zu und erlaubt eine Verrechnung als betreibungsrechtliches Verteidigungsmittel in solchen Fällen nur, wenn die Gegenforderung der Hauptforderung erst nach dem enstcheidungsmassgeblichen Zeitpunkt im Prozess über diese erstmals verrechenbar gegenüberstand (vgl. nur BSK SchKG I-D. STAEHELIN, Art. 81 N 10 ff.).

44 Bei der **Einmaligkeitswirkung der materiellen Rechtskraft** (s.o. N 33 ff.) bringt die Beschränkung der materiellen Rechtskraft auf das Dispositiv lediglich Selbstverständliches zum Ausdruck, nämlich dass andere, **nicht im Dispositiv entschiedene**, später mit neuer Klage geltend gemachte **Begehren** (z.B. Feststellungsbegehren in Bezug auf bedingende Rechtsverhältnisse) selbstverständlich zulässig bleiben. Bei der Bestimmung der objektiven Grenzen der Einmaligkeitswirkung ist ein Abstellen auf den streitgegenstandskonstitutiven Lebenssachverhalt i.d.R. unverzichtbar: Ob identische Rechtsbegehren vorliegen, kann regelmässig auf einen Blick geklärt werden; *problematisch ist hier normalerweise allenfalls die Frage, ob die zweite Klage auch auf dem identischen Lebenssachverhalt gründet*; nur wenn der Streitgegenstand identisch ist – also Rechtsbegehren *und* Rechtsbegehren – gilt ja «ne bis in idem».

45 Von besonderer Relevanz ist das Abstellen auf den Streitgegenstand und hier insb. auf den einheitlichen Lebenssachverhalt für die Bestimmung der **Präklusionswirkung** der materiellen Rechtskraft; die Frage, ob bestimmte Angriffs- und Verteidigungsmittel für künftige Prozesse präkludiert sind, kann nur beantwortet werden, indem geprüft wird, *ob die zugrunde liegenden anspruchs- oder einwendungsbegründenden Tatsachen in den Rahmen des durch die Klage abgesteckten Lebenssachverhalts gehören* (vgl. Vor Art. 84–90 N 9 ff.). Insbesondere ist in diesem Zusammenhang hervorzuheben, dass die materielle Rechtskraft durchaus nicht nur solche Angriffs- und Verteidigungsmittel präkludiert,

welche im zugrunde liegenden Prozess tatsächlich geltend gemacht und/oder vom Gericht beachtet wurden, sondern sich gerade auch auf solche Tatbestandsmerkmale bezieht, welche angesichts des durch die Klage bestimmten Streitgegenstands von sorgfältig prozessierenden Parteien geltend zu machen gewesen wären, aber *nicht geltend gemacht wurden* (vgl. BGE 125 III 241 E. 1; 115 II 187 E. 3.b; STAEHELIN/STAEHELIN/ GROLIMUND § 24 Rz 13; BERTI, SZZP 2008, 197; vgl. Vor Art. 84–90 N 11). Will eine Partei geltend machen, dass sie bestimmte, zum Lebenssachverhalt des Verfahrens zählende Angriffs- oder Verteidigungsmittel trotz sorgfältiger Prozessführung nicht geltend machen konnte, so kann sie dies nicht einfach gegen die materielle Rechtskraft des Entscheids einwenden, sondern muss eine *Revision* gegen den Entscheid auf Grundlage von Art. 328 Abs. 1 lit. a anstrengen.

Insgesamt sind die objektiven Rechtskraftgrenzen im schweizerischen Recht daher – der Tradition des kontinentaleuropäischen Rechts im Allgemeinen und insb. des deutschen Rechtskreises im Besonderen entsprechend – sehr **eng** gefasst. Immer wieder regt sich dagegen (nicht nur hierzulande) letztlich **intuitiv begründeter Widerstand**; dieser beruht im Grunde genommen jeweils auf den Gedanken, dass durch erweiterte objektive Rechtskraftgrenzen zusammengehörende Rechtsfragen widerspruchsfrei beurteilt werden könnten und dass es doch nicht angehe, (Vorfrage-)Entscheidungen, welche schon einmal von einem Gericht getroffen worden seien, durch Nichtaufnahme in den Bereich des von der objektiven Rechtskraft Erfassten in allen Folgeprozessen neuerlich zur Disposition zu stellen. Vor diesem Hintergrund wird dann die enge objektive Rechtskraftbegrenzung gerade des deutschen Rechtskreises, wie sie auch das schweizerische Recht traditionell vorsieht, bisweilen auch als formalistisch und engherzig diffamiert. Daran knüpfen immer wieder Versuche an, Formeln für erweiterte objektive Rechtskraftgrenzen zu entwickeln, welche diesem vermeintlichen Gerechtigkeitsdefizit abhelfen sollen (vgl. zuletzt etwa aus schweizerischer Sicht SCHWANDER, Rechtskraft, 30 ff., wo v.a. einschlägige deutsche Diskussionen der Vergangenheit gespiegelt und wiederholt werden; typisch etwa schon GULDENER, ZPR, 370 f.). *Gegen erweiterte objektive Rechtskraftgrenzen* spricht zunächst der Umstand, dass die traditionellen engen objektiven Rechtskraftgrenzen in einer grossen Zahl von Fällen relativ klar und einfach bestimmt werden können, während die im Laufe der Rechtsentwicklung immer wieder versuchten Erweiterungen der objektiven Rechtskraftgrenzen zu ganz erheblichen *Abgrenzungsproblemen* führen. Zu beachten ist insb. auch, dass die Ausrichtung der objektiven Rechtskraftgrenzen am prozessualen Streitgegenstand die *Sorgfaltslasten* der Parteien sachgerecht ausgestaltet: Die Rechtskraftwirkung des Entscheids betrifft dann nicht etwa alle möglichen Nebenfragen und spätere Prozesssituationen, in welchen einzelne Urteilsmotive isoliert eine im Vorprozess niemals erahnte Bedeutung erlangen, sondern genau und gerade das Rechtsschutzziel des Vorprozesses, auf welches die Parteien Angriff und Verteidigung ausgerichtet hatten. Was am Urteil in welchen Konstellationen daher dann als verbindlich angesehen werden wird, ist bei einem solchen engen Verständnis der objektiven Rechtskraftgrenzen gut vorhersehbar; wollte man dagegen einer Lösung das Wort reden, in welcher weit darüber hinaus alles mögliche andere rechtskräftig entschieden wird, bloss weil sich das Gericht damit auch beschäftigt hat (oder beschäftigen hätte sollen) und/oder weil irgendein diffuser Sachzusammenhang zwischen den Prozessen besteht, dann geraten die Parteien in Situationen, in welchen sie mit durchaus *überraschenden Bindungen* konfrontiert sind. Dies hätte wiederum Rückwirkungen auf das Prozessverhalten der Parteien: Hält sich die Rechtskraftwirkung eng im Zusammenhang des konkreten Streitgegenstandes, werden Parteien umso eher bereit sein, einzelne Vorfragen für den konkreten Zusammenhang ausser Streit zu stellen; besteht die Gefahr, dass einzelne bedingende Rechtsverhältnisse oder gar Fakten später dann in ganz anderem Zusammenhang als endgültig entschieden behandelt werden, wird die *Streitbereitschaft der Parteien schon aus Vorsichtsgründen* erheblich steigen. Mit all dem im Zusammenhang steht der prozessuale *Dispositionsgrundsatz*, der es verbietet, den Parteien Entscheidungen aufzudrängen, die sie gar nicht verlangt haben (ähnlich KUMMER, Klagerecht, 123). Aus dem vermeintlichen Gerechtigkeitswert und der vermeintlichen prozessökonomischen Wohltat einer umfassenden Streiterledigung durch weite objektive Rechtskraftgrenzen wird daher im Ergebnis letztlich Plage. M.E. spricht alles dafür, an den im Unterschied dazu übersichtlichen und die Parteien nicht übermässig belastenden engen objektiven Rechtskraftgrenzen im Sinne der bisherigen schweizerischen Rechtstradition festzuhalten (vgl. zu all dem eingehend aus meiner Sicht OBERHAMMER, Rechtskraft, 205 ff.). Diese Doktrin kann zwar dann und wann Einzelfälle kreieren, in denen man – zu Recht oder zu Unrecht – den Kopf darüber schütteln mag, dass eine Frage nun schon zum zweiten Mal vor Gerichten streitig ist, und auch der Umstand, dass Entscheide im Verhältnis ihrer Vorfragebeurteilungen durchaus logische Widersprüche aufweisen können, mag irritieren; *insgesamt* handelt es sich jedoch um ein wesentlich sachgerechteres System einer *dem Verhältnismässigkeitsprinzip entsprechenden Schaffung von Rechtsfrieden*. Schliesslich hindern gerade zu weite objektive Rechtskraftgrenzen die Gerichte auch daran, als falsch Erkanntes immerhin für die Zukunft, d.h. für andere, nicht ausreichend eng verwandte Fälle zu revidieren (dazu treffend HABSCHEID, Rechtskraft, 205). Dem sollte nicht aufgrund eines übertriebenen Bedürfnisses nach einer widerspruchsfreien Rechtswirklichkeit und/oder einer Verherrlichung richterlicher Spruchgewalt eine mystifizierende Rede nach Art der «Einheit des rechtlichen Staatswillens» entgegengesetzt werden.

cc) Subjektive Grenzen

47 **Subjektiv beschränkt sich die Rechtskraft** grundsätzlich **auf die Prozessparteien im formellen Sinne** (dazu ausführlich ROTH-GROSSER, 38 ff.). Zu den Entscheidungswirkungen auf *Nebenintervenienten* und *Streitberufene* vgl. Art. 77 N 4 ff. und Art. 80 N 1 ff. Diese Beschränkung der materiellen Rechtskraft auf die Prozessparteien folgt schon aus dem durch Verfassung und EMRK geschützten *Recht auf rechtliches Gehör* – nur die Prozessparteien erhielten rechtliches Gehör zum Streitgegenstand, nur sie sind durch das Prozessergebnis gebunden (vgl. zum Zusammenhang zwischen Rechtskraft und rechtlichem Gehör schon ausführlich N 21 ff.).

48 Jede **Rechtskrafterstreckung auf Dritte** muss sich vor diesem Hintergrund an den Vorgaben von BV und EMRK messen lassen. Vor diesem Hintergrund jedenfalls zulässig ist eine Rechtskrafterstreckung zunächst in Fällen der *Gesamtrechtsnachfolge*; der Universalsukzessor tritt eben auch in die prozessuale Rechtsstellung seiner Vorgängerin ein, womit ihm der Einwand genommen ist, gerade er habe kein rechtliches Gehör erlangt. Schon weniger selbstverständlich ist die Rechtskrafterstreckung im Falle der *Einzelrechtsnachfolge*. Schon bei dieser zeigt sich, dass das Anknüpfen einer Rechtskrafterstreckung an die privatrechtlichen Verhältnisse nicht einfach darauf beruhen kann, dass die Prozessrechtslage sozusagen als Annex zur Privatrechtslage anzusehen ist. Dass die materielle Rechtskraft sich auch auf den Einzelrechtsnachfolger bezüglich des Streitgegenstandes bezieht (vgl. schon GULDENER, ZPR, 372), also jene Person, welche in die die Aktiv- bzw. Passivlegitimation vermittelnde Position eingetreten ist (mithin nicht der Erwerber lediglich kraft guten Glaubens – vgl. HABSCHEID, ZPR, Rz 508), folgt eigentlich aus einem interessenjuristischen Ansatz: Dass – um den wichtigsten Beispielsfall zu nennen – der Zessionar einer Forderung, die vom Zedenten erfolglos eingeklagt worden ist, nicht nochmals Klage bezüglich derselben Forderung gegen den Schuldner erheben kann, ergibt sich aus einer Interessenanalyse (eingehend KUMMER, Klagerecht, 200 ff.) und nicht daraus, dass die Rechtskraft des Urteils sozusagen ein «Nebenrecht» zur For-

derung ist, welches automatisch mit dieser übergeben muss. Solche und ähnliche Überlegungen führen letztlich dazu, dass sich die Rechtskraft stets auf den Einzelrechtsnachfolger bezüglich des Streitgegenstandes erstrecken muss (vgl. BGE 105 II 273 E. 3.a; BGer, 5P.302/2005, E. 4.2; GULDENER, ZPR, 373; HABSCHEID, ZPR, Rz 508; ausführlich KUMMER, Klagerecht, 202 f.).

Die ZPO legt leider nicht offen, welcher **Zeitpunkt für die Rechtskrafterstreckung infolge Rechtsnachfolge relevant** ist: In Betracht kommt der Zeitpunkt der Rechtshängigkeit bzw. der (spätere) entscheidungsmassgebende Zeitpunkt: Vor Inkrafttreten der ZPO konnte unter Hinweis auf Art. 21 Abs. 2 Satz 2 BZP erwogen werden, ob dem schweizerischen Zivilprozessrecht – so wie etwa auch dem deutschen (vgl. § 265 der deutschen ZPO) oder österreichischen (vgl. § 234 der österreichischen ZPO) Zivilprozessrecht – der Gedanke zugrunde lag, dass bei einer Veräusserung des Streitgegenstandes bei Nichteintritt des Erwerbers in den Prozess im Wege des Parteiwechsels von einer (letztlich zur Rechtskrafterstreckung führenden) Prozessstandschaft des Veräusserers für den Erwerber auszugehen war (vgl. dazu etwa HABSCHEID, ZPR, Rz 510 f.). Die ZPO hat diesen Gedanken nicht aufgegriffen. Es ist daher zu vermuten, dass sie davon ausgeht, dass die materielle Rechtskraft sich bei Rechtsnachfolgetatbeständen nach Rechtshängigkeit, aber vor dem entscheidungsrelevanten Zeitpunkt nur dann auf den Rechtsnachfolger bezieht, wenn dieser *in den Prozess eingetreten* ist. Bei der *Gesamtrechtsnachfolge* tritt der Rechtsnachfolger ipso iure in den Prozess ein, womit sich nur die Frage stellt, ob ihm auch ausreichend rechtliches Gehör gewährt wurde; bei der *Einzelrechtsnachfolge* kommt es dagegen darauf an, ob der Rechtsnachfolger nach Art. 83 Abs. 1 in den Prozess eingetreten ist; dann wirkt die Rechtskraft schon nach der allgemeinen Grundregel gegen ihn als Partei im formellen Sinne. Ist dies nicht der Fall, so ist das Verfahren mangels Eintritts des Rechtsnachfolgers als gegenstandslos abzuschreiben (Art. 242 N 4). Wurde die Einzelrechtsnachfolge während des anhängigen Prozesses übersehen und daher der Prozess einfach mit dem Rechtsvorgänger fortgeführt, so ist die Rechtslage wohl nicht anders, als ob sich die Rechtsnachfolge schon vor Rechtshängigkeit vollzogen hat. Das Urteil erging daher für oder wider eine privatrechtlich gesehen falsche Partei; diese – falsche – Partei kann dies jedoch wegen der eingetretenen Rechtskraft nicht mehr einwenden, während der Entscheid dem wahren Berechtigten oder Verpflichteten gleichgültig sein kann. Dies kann freilich Folgeprobleme ergeben, wenn etwa eine Abtretung nicht offengelegt wurde und der Entscheid daher zugunsten des Zedenten ergangen ist. Der Schuldner kann sich dann Betreibungsversuchen von zwei Parteien ausgesetzt sehen, und zwar z.B. zum einen denjenigen des Zedenten (der sich immerhin auf ein rechtskräftiges Urteil berufen kann, welches seine Gläubigerstellung schützt), zum anderen jenen des Zessionars (der sich darauf berufen kann, der «wahre» Gläubiger zu sein). Hier wird häufig eine Hinterlegung helfen (vgl. zu all dem im Detail OBERHAMMER, FS Leipold, 101 ff.). Eine Rechtskrafterstreckung ultra partes findet vor diesem Hintergrund also nur bei Gesamt- oder Einzelrechtsnachfolge *nach dem entscheidungserheblichen Zeitpunkt* statt, also nach jenem Zeitpunkt, zu dem die Rechtsnachfolge noch im Prozess geltend gemacht werden konnte. In diesen Fällen erstreckt sich die Rechtskraft dann ipso iure auf den Einzel- oder Gesamtrechtsnachfolger.

Bei der Annahme **über die Rechtsnachfolgekonstellationen hinausgehender Fälle einer Rechtskrafterstreckung** ist gerade aufgrund des oben hervorgehobenen Zusammenhangs zwischen Rechtskraft und rechtlichem Gehör Zurückhaltung geboten. Nicht selten suggerieren privatrechtliche Zusammenhänge, eine allseitige Bindung an Prozessergebnisse, die auch Dritte erfasst, welche nicht als Partei am Prozess beteiligt waren, sei wertungsmässig angemessen; dann stellt sich jedoch heraus, dass sich eine solche Bindung im Hinblick auf die grundrechtlich garantierte Gewährung von rechtlichem Gehör nicht rechtfertigen lässt. So wurde etwa in Deutschland vor einigen Jahrzehnten intensiv einer «*Rechtskrafterstreckung infolge zivilrechtlicher Abhängigkeit*» das Wort geredet (vgl. dazu Stein/Jonas-LEIPOLD, § 325 N 87 ff.; ROSENBERG/SCHWAB/GOTTWALD, § 155 Rz 23 ff.; grundlegend BLOMEYER, 1 ff.); einer solchen Sichtweise folgte unausgesprochen in der Schweiz wohl auch GULDENER, ZPR, 374 ff.; ähnlich KILLER, 118 ff.; sehr problematisch insofern auch BGer, 5C.253/2000, E. 3). Zum Teil werden dabei in der Schweiz spät deutsche Lehrmeinungen diskutiert, die sich in ihrem Herkunftsland zu Recht auch nicht ansatzweise durchsetzen konnten (typisch z.B. RAPP, 38). Man könnte es z.B. intuitiv als nahe liegend empfinden, dass der *akzessorisch Haftende*, etwa der Bürge, wegen seiner «untergeordneten Stellung» von der Rechtskraft des gegen den Hauptschuldner erstrittenen Urteils erfasst sein soll. Freilich verbietet gerade sein Anspruch auf rechtliches Gehör in Deutlichkeit, den Bürgen an die Gutheissung der Hauptforderung im Verhältnis zwischen Gläubiger und Hauptschuldner zu binden, wenn und weil dadurch das Recht des Bürgen auf rechtliches Gehör verletzt würde (vgl. treffend KUMMER, Klagerecht, 214; vgl. auch BGE 57 II 518 E. 1). Auch der materiellrechtlich «Untergeordnete» hat grundsätzlich einen eigenen Anspruch auf rechtliches Gehör (dies verkannte insb. GULDENER, ZPR, 374 ff.). Dieser Einwand trifft jedoch nicht zu, wenn die *Klage des Gläubigers gegen den Hauptschuldner abgewiesen* wurde; mit gutem Grund wird daher in diesem Zusammenhang vertreten, die materielle Rechtskraft des Urteils im Verhältnis zwischen Gläubiger und Hauptschuldner sei bei einer etwaigen Klage des Gläubigers gegen den Bürgen qua Bindungswirkung zu beachten; der Bürge kann daher dem Gläubiger die Abweisung der Klage des Gläubigers gegen den Hauptschuldner entgegenhalten (vgl. GULDENER, ZPR, 374; KUMMER, Klagerecht, 214; STAEHELIN/STAEHELIN/GROLIMUND, § 24 Rz 15). Man kann wohl allgemein davon ausgehen, dass *Entscheide zwischen den legitimi contradictores* – also den nach materiellem Recht wertungsmässig «richtigen» Streitparteien für ein bestimmtes Rechtsverhältnis – auch Rechtskraft *zu* Gunsten «abhängiger» Drittbetroffener zu wirken vermag. Solche Fälle sind auch in anderen Fällen als der akzessorischen Haftung denkbar, etwa beim Vertrag zugunsten Dritter (dazu aus Sicht des Verf.: OBERHAMMER, Vertrag mit Schutzwirkung zugunsten Dritter, 58 ff. m.Nw.).

51 Ein **Scheinproblem** stellt die Frage dar, ob die Feststellung von absoluten Rechten absolute oder relative Wirkung habe (dies breit zelebrierend KUMMER, Klagerecht, 147 ff.): Auch die Feststellung absoluter Rechte wirkt nur inter partes; die Frage einer Bindung Dritter an die Feststellung der inter partes bestehenden Rechtslage (dazu nicht ohne Paradoxie KUMMER, Klagerecht, 147 ff.) stellt eigentlich nur ein Rechtsnachfolgeproblem dar.

52 Ob es weitere, allgemeine Prinzipien gibt, aus denen eine **Rechtskrafterstreckungsformel** abgeleitet werden kann, ist zweifelhaft. M.E. kann von einer Fallgruppe gesprochen werden, welche ich als «*Rechtskrafterstreckung infolge prozessualer Repräsentation*» bezeichnet habe. Hierher gehört etwa die Erstreckung der Rechtskraft eines von einem Überweisungsgläubiger i.S.v. Art. 131 Abs. 2 SchKG erwirkten Entscheids gegen den Gläubiger der Forderung oder auch die Rechtskraftwirkung des vom Gesellschaftsgläubiger gegen eine *Kollektivgesellschaft* erwirkten Urteils gegenüber dem haftenden Gesellschafter (vgl. dazu OBERHAMMER, FS Riemer, 262). Voraussetzungen, weil aus Sicht der gebotenen Gehörgewährung Zulässigkeitsschranken, einer solchen Rechtskrafterstreckung kraft prozessualer Repräsentation sind erstens die *Notwendigkeit der Repräsentation* (anstelle eigener Prozessführung des Betroffenen) zur Rechtsverwirklichung, zweitens die (insb. durch ausreichende Verständigung – vgl. dazu auch u. N 54) konkrete Möglichkeit zu *kontrollierender Intervention* im Prozess insb. zur Verhinderung von Kollusion zwischen den Parteien und drittens und zuletzt die Möglichkeit, die missbräuch-

liche prozessuale Repräsentation durch *Rechtsmissbrauchseinwand* nach Vorbild der Regeln über den Missbrauch der Vertretungsmacht auch nachträglich noch relevieren zu können (vgl. dazu OBERHAMMER, Offene Handelsgesellschaft, 56 ff.). (Davon zu unterscheiden ist der Zusammenhang zwischen Prozessstandschaft und Rechtskraft: Das Vorliegen einer Prozessstandschaft sagt nichts über die subjektiven Rechtskraftgrenzen aus; allerdings findet meistens eine Rechtskrafterstreckung auf den Sachlegitimierten statt, wenn diesem die Prozesslegitimation entzogen wurde, was keine notwendige Folge der Prozessstandschaft ist; dies ergibt sich jedoch auch dann nicht «aus der Prozessstandschaft» sondern jeweils aus anderen Umständen der konkreten Konstellation; ist dies der Fall, dann liegt ein Fall der Rechtskrafterstreckung kraft prozessualer Repräsentation vor.)

Der Gesetzgeber hat die Möglichkeit, durch **positivgesetzliche Rechtskrafterstreckungsnormen** den Wirkungskreis von Urteilen zu erweitern(vgl. etwa Art. 649a ZGB; Art. 706 Abs. 5, Art. 891 Abs. 3 OR; Art. 105 Abs. 2 FusG). Die Anordnung einer Rechtskrafterstreckung durch den Privatrechtsgesetzgeber beweist freilich noch nicht, dass die gewählte Lösung den Anforderungen von Art. 29 Abs. 2 BV und Art. 6 Abs. 1 EMRK genügt. 53

Gerade weil das schweizerische Recht kein Normenkontrollverfahren gegen verfassungswidriges Bundesrecht vorsieht, ist es umso wichtiger, bei positivgesetzlich angeordneten Rechtskrafterstreckungsnormen ggf. auch praeter legem **alle Möglichkeiten zur Gehörgewährung an die betroffenen Dritten** auszuschöpfen. Ist vor diesem Hintergrund eine Rechtskrafterstreckung auf Dritte vorgesehen, welche im anhängigen Prozess kein ausreichendes rechtliches Gehör erlangt haben und bei denen eine Rechtskrafterstreckung auch nach den oben (N 50 ff.) dargelegten Grundsätzen nicht zulässig erscheint, ist m.E. unmittelbar aus Art. 29 Abs. 2 BV und Art. 6 Abs. 1 EMRK eine vom Gericht von Amtes wegen wahrzunehmende *Pflicht zur Verständigung dieser Dritten* vom Prozess anzunehmen. In Betracht kommt insb. eine *amtswegige Ladung (Beiladung)* dieser Dritten, insb. mit dem Zweck, eine Nebenintervention zu ermöglichen; bei einem unbekannten Personenkreis kann auch an eine *öffentliche Bekanntmachung* in geeigneten Medien gedacht werden. Eine solche vermag zwar aus dem Blickwinkel der Gehörgewährung nicht zu genügen, wenn die betroffenen Dritten nicht kraft materiellen Rechts eine Obliegenheit zur Kenntnisnahme von solchen Publikationen trifft, ist jedoch angesichts positivgesetzlicher Rechtskrafterstreckungen auf Dritte, die sonst womöglich nichts vom Prozess erfahren, jedenfalls besser als nichts. 54

dd) Zeitliche Grenzen

Aus der Beschränkung der materiellen Rechtskraft auf den Streitgegenstand ergeben sich schliesslich auch die **zeitlichen Grenzen der materiellen Rechtskraft**. Mit diesem vielleicht etwas missverständlichen Begriff ist gemeint, dass sich die materielle Rechtskraft *nur auf solche Tatsachen bezieht, welche zum entscheidungsmassgebenden Zeitpunkt* im Prozess – also zu dem Zeitpunkt, zu dem letztmalig noch Tatsachenvorbringen erstattet werden konnte – *bereits existiert* hatten (vgl. HABSCHEID, ZPR, Rz 515; STAEHELIN/STAEHELIN/GROLIMUND, § 24 Rz 18 f.). Nachträgliche Sachverhaltsveränderungen sind – naturgemäss – von der materiellen Rechtskraft nicht erfasst (BGer, 4A.209/2007, E. 2.2.1). 55

Während die Partei, welche zum entscheidungsmassgebenden Zeitpunkt bereits existente, aber (ohne ihr Verschulden) nicht vorgebrachte Tatsachen nachträglich gegen die materiell rechtskräftige Entscheidung nur noch mit Revision geltend machen kann, sofern diese Tatsachen zum einheitlichen Lebenssachverhalt des Streitgegenstandes des Prozesses gezählt haben (s.o. N 34 ff., 44 ff.), sind erst nach diesem Zeitpunkt entstandene Tat- 56 sachen – im Einklang mit der Terminologie im Bereich der Eventualmaxime könnte von echten Noven, mit Rückgriff auf die gemeinrechtliche Terminologie von nova producta gesprochen werden – *von der materiellen Rechtskraft nicht mehr erfasst* und können daher von der daran interessierten Partei jederzeit ohne weiteres geltend gemacht werden, insb. durch neue Klage. Dies zeigt sich insb. bei den Verteidigungsmitteln des Schuldners im Betreibungsrecht (vgl. insb. Art. 81 Abs. 1, Art. 85 und 85a SchKG). Dort hat das Bundesgericht freilich verkannt, dass die Beschränkungen der Verteidigungsmöglichkeiten des Schuldners gegen den rechtskräftig titulierten Gläubiger unmittelbar aus den zeitlichen Rechtskraftgrenzen resultieren, und mit Blick auf Art. 81 Abs. 1 SchKG in verfehlter Wortlautinterpretation ausgesprochen, es gehe dort tatsächlich um den Zeitpunkt des Erlasses des Urteils (BGer, 5A_673/2008, E. 2.3; vgl. dazu zutreffend die Kritik von FRAEFEL, 407 ff.).

57 Bei **auf künftige Fakten abstellenden Entscheiden**, insbesondere, aber nicht nur bei der Verurteilung zur Leistung von Unterhalt, sieht das Privatrecht *bei geänderten Verhältnissen Abänderungsverfahren* vor (vgl. Art. 129, 134, 286 ZGB; Art. 46 Abs. 2 OR). Eine einheitliche Regelung der Abänderungsklage (dazu KNECHT, 1 ff.; JENT-SØRENSEN, 537 f.; GÖKSU, 1171) in der ZPO wäre wünschenswert gewesen.

f) Prozessuale Wahrnehmung der Rechtskraft

58 Manche kantonalen Rechtsordnungen sahen noch vor, dass die materielle Rechtskraft nur aufgrund einer Einrede zu berücksichtigen sei (vgl. HABSCHEID, ZPR, Rz 488). Das Bundesgericht hat in BGE 112 II 268 E. 1.a demgegenüber klar ausgesprochen, dass materielle Rechtskraft **von Amtes wegen zu berücksichtigen** ist (vgl. dazu VOGEL, 135 ff.). Für die Sperrwirkung der materiellen Rechtskraft ergibt sich dies nun schon aus Art. 59 Abs. 2 lit. e und wird wohl auch darüber hinaus gelten.

59 Die ZPO enthält keine ausdrückliche Vorschrift über die Rechtsfolgen der **Verletzung der materiellen Rechtskraft** eines Entscheids. Dies kann dann der Fall sein, wenn unter *Ignorierung der Einmaligkeitswirkung* der materiellen Rechtskraft ein zweites Mal «in idem» entschieden wurde, ist aber auch als *Verletzung der Bindungs- oder Präklusionswirkung* durch einen sich inhaltlich unter Eingriff in diese Wirkungen über einen früheren Entscheid hinwegsetzenden Entscheid denkbar. Insbesondere ist keine *Revision* wegen Eingriffs in die Rechtskraft eines früheren Entscheids vorgesehen (wie dies etwa im deutschen und österreichischen Recht der Fall ist). Wollte man bei Rechtskraftkonflikten dem früheren Entscheid Vorrang einräumen, so liefe dies darauf hinaus, dass man den späteren, in die Rechtskraft des früheren Entscheids eingreifenden Entscheid als Nichturteil (s.o. N 3 ff.) behandelt. Dies ist v.a. – aber nicht nur – dann problematisch, wenn strittig war oder wenigstens sein könnte, ob mit dem späteren Entscheid in die Rechtskraft des früheren eingegriffen wurde. Dem späteren Entscheid kann – ausdrücklich oder implicite – eine Aussage entnommen werden, dass er sich selbst auch insofern für richtig hält. Mangels Existenz eines besonderen Rechtsbehelfes nach Art einer Revision und mangels ausreichender Anhaltspunkte dafür, dass ein in die Rechtskraft des früheren Entscheids eingreifendes Urteil als Nichturteil anzusehen ist, ist es hier m.E. richtig, nach Art einer «lex-posterior-Regel» *den jeweils später gefällten Entscheid gelten zu lassen*. Dies kann (aber muss nicht!) im Ergebnis unrichtig sein, wenn dieser in die Rechtskraft des früheren Entscheids tatsächlich eingegriffen hat; aber immerhin ist auch dieser spätere Entscheid rechtskräftig, und seine Unrichtigkeit kann gerade aufgrund der materiellen Rechtskraft nicht mehr geltend gemacht werden. Im internationalen Zivilprozessrecht und in der Schiedsgerichtsbarkeit wird eine Verletzung der Rechtskraft als *Verstoss gegen den prozessualen ordre public* angesehen (BGE 128 III 191 E. 4.a).

Art. 236

Endentscheid

¹ Ist das Verfahren spruchreif, so wird es durch Sach- oder Nichteintretensentscheid beendet.

² Das Gericht urteilt durch Mehrheitsentscheid.

³ Auf Antrag der obsiegenden Partei ordnet es Vollstreckungsmassnahmen an.

Décision finale

¹ Lorsque la cause est en état d'être jugée, le tribunal met fin au procès par une décision d'irrecevabilité ou par une décision au fond.

² Le tribunal statue à la majorité.

³ Il ordonne des mesures d'exécution sur requête de la partie qui a eu gain de cause.

Decisione finale

¹ Se la causa è matura per il giudizio, la procedura si conclude con una decisione di merito o con una decisione di non entrata nel merito.

² Il tribunale statuisce a maggioranza.

³ Ad istanza della parte vincente, vengono ordinate misure d'esecuzione.

Inhaltsübersicht

	Note
I. Endentscheid	1
II. Teilentscheid	3
III. Spruchreife	6
IV. Beschlussfassung im Kollegium	7
V. Anordnung von Vollstreckungsmassnahmen im Entscheid	9

Literatur

C. KÖLZ, Die Zwangsvollstreckung von Unterlassungspflichten im schweizerischen Zivilprozessrecht, Diss. Zürich 2007; M. SCHUBARTH, Öffentliche Urteilsberatung, in: Donatsch/Schmid (Hrsg.), Strafrecht und Öffentlichkeit, FS Rehberg, Zürich 1996, 303 ff.; H. WIPRÄCHTIGER, Bundesgericht und Öffentlichkeit, Zum Verhältnis von Medien und Justiz, in: Mieth/Pahud de Mortanges (Hrsg.), Recht – Ethik – Religion, FG Nay, Luzern 2002, 11 ff.; F. ZELLER, Gerichtsöffentlichkeit als Quelle der Medienberichterstattung, medialex 1/2003, 15 ff.

I. Endentscheid

Art. 236 enthält einige Einzelbestimmungen über den Endentscheid. In Einklang mit Art. 90 BGG versteht das Gesetz darunter jeden Entscheid, welcher **über einen Rechtsschutzantrag abschliessend entscheidet**, sei es, dass ein *Sachentscheid* gefällt wird (Gutheissung oder Abweisung der Klage als begründet bzw. unbegründet), sei es, dass ein *Nichteintretensentscheid* (negativer Prozessentscheid mangels Vorliegens einer Prozessvoraussetzung) ergeht: Ist die Klage unzulässig, so hat ein Nichteintretensentscheid zu ergehen; ist sie zulässig, aber unbegründet, so ist sie abzuweisen; ist sie zulässig und begründet, so ist sie gutzuheissen. Neben diesen Erledigungsformen kennt das Gesetz noch in Art. 241 Abs. 3 und Art. 242 die *Abschreibung eines Verfahrens*.

Neben den Endentscheiden (und den zu diesen zählenden **Teilentscheiden**, vgl. unten N 3 ff.) kennt das Gesetz noch **Zwischenentscheide** (Art. 237) sowie – ausweislich von

Art. 236 3–7   3. Titel. Ordentliches Verfahren

Art. 319 lit. b «*andere Entscheide und prozessleitende Verfügungen*». Die Unterscheidung zwischen «anderen Entscheiden und prozessleitenden Verfügungen» ist wegen der dort erfolgenden rechtsmittelrechtlichen Gleichbehandlung beider Entscheidungsformen irrelevant. Im Kern geht es dort um all jene Entscheide, welche keine abschliessende Entscheidung über den mit der Klage gestellten Rechtsschutzantrag zum Gegenstand haben.

II. Teilentscheid

3   Neben dem in Art. 236 genannten Endentscheid kennt das Gesetz seinem Wortlaut nach nur noch den Zwischenentscheid nach Art. 237 – vgl. dazu dort; zu diesen Zwischenentscheiden gehören auch die nach bisheriger kantonaler Praxis als «*Vorentscheid*» bezeichneten Fälle. Die Möglichkeit der Erlassung eines *Teilentscheids* wird dagegen in der ZPO nicht erwähnt, weil der Gesetzgeber der Auffassung war, die Zulässigkeit von Teilentscheiden ergebe sich ohnedies daraus, dass es sich bei diesen um einen Endentscheid handle (BOTSCHAFT ZPO, 7344). Sorgfältiger war der Gesetzgeber des BGG, welcher eine ausdrückliche Bestimmung geschaffen hat (vgl. Art. 91 BGG).

4   Freilich trifft es in der Tat zu, dass ein Teilentscheid über einen Teil der gestellten Rechtsbegehren bzw. nur für oder gegen einen **Teil der Streitgenossen** erlassen werden kann und einen Endentscheid bezüglich des betroffenen Rechtsbegehrens bzw. der betroffenen Streitgenossen darstellt. Schon der Umstand, dass das Gesetz den Teilentscheid als Unterfall des Endentscheids gar nicht erwähnt, zeigt, dass es diesen *dem Endentscheid in jeder Hinsicht gleichstellt*. Zum Unterschied zwischen Teil- und Zwischenentscheid vgl. Art. 237 N 8. Ob ein Endentscheid nach Art. 90 BGG vorliegt, ist nach den Kriterien des BGG und nicht anhand von Art. 236 ZPO zu beurteilen.

5   Ob das Gericht bei mehreren Streitgenossen bzw. mehreren Rechtsbegehren Teilentscheide erlässt, steht in seinem **Ermessen**, dessen Übung am Grundsatz der *Prozessökonomie* auszurichten ist (FRANK/STRÄULI/MESSMER, § 189 ZPO/ZH N 2 ff.; BÜHLER/EDELMANN/KILLER, § 273 ZPO/AG N 2; HABSCHEID, ZPR, Rz 780).

III. Spruchreife

6   **Spruchreife** liegt dann vor, wenn der massgebende Sachverhalt so weit abgeklärt ist, dass unter Anwendung der in Betracht kommenden Rechtsnormen über das Rechtsbegehren entschieden werden kann (vgl. nur GULDENER, ZPR, 360). Es handelt sich also um eine Frage der *Beweiswürdigung* und darauf aufbauend der *rechtlichen Beurteilung*. Insbesondere kann auch dadurch Spruchreife eintreten, dass alle angebotenen bzw. vom Gericht allenfalls von Amtes wegen abzunehmenden Beweise erschöpft sind, ohne dass das Gericht zu einer Überzeugung von der Wahrheit bzw. Unwahrheit des Parteivorbringens der objektiv beweisbelasteten Partei gelangt ist; in dieser Situation der Beweislosigkeit des vom Beweis belasteten behaupteten Sachverhalts («non liquet-Situation») besteht dann insofern Spruchreife, als das Gericht nur noch eine Beweislastentscheidung treffen kann.

IV. Beschlussfassung im Kollegium

7   Die Beschlussfassung innerhalb eines Kollegialgerichts unterliegt mit Ausnahme der Regelung des Abs. 2 weiterhin *kantonalem Recht*. Vgl. auch Art. 54 Abs. 2, wonach die Öffentlichkeit der Urteilsberatung nach kantonalem Recht zu beurteilen ist. Von Bundesrechts wegen gilt das *Öffentlichkeitsprinzip für die Urteilsberatungen* eines Gerichts

nicht allgemein (vgl. EVGer, H 186/04, E. 2.1; BSK BGG-HEIMGARTNER/WIPRÄCHTIGER, Art. 59 N 23, 41; SCHUBARTH, 303 ff.; WIPRÄCHTIGER, 13 f.; ZELLER, 22 f.). Die öffentliche Urteilsberatung stellt m.E. eine herausragende Errungenschaft schweizerischer Rechtsstaatlichkeitstradition dar und sollte nicht aus Trägheit oder einem allzu technokratischen Prozessverständnis zurückgedrängt werden.

Von den im Zusammenhang mit der Entscheidungsfindung im Kollegialgericht denkbaren Fragen regelt Abs. 2 nur die trivialste, nämlich dass das Gericht durch **Mehrheitsentscheid** zu entscheiden hat. Bei der Abstimmung im Kollegium gilt *Stimmzwang* (BOTSCHAFT ZPO, 7343). Dem kantonalen Gerichtsverfassungsrecht bleibt es vorbehalten, alle weiteren Fragen im Detail zu regeln; unbedingt erforderlich ist eine solche Regelung – abgesehen von der Frage, ob die Urteilsberatung öffentlich ist – jedoch nicht. Der konkrete *Ablauf der Beratungen* kann getrost der Gerichtspraxis überlassen werden. Sofern die Urteilsberatung nicht öffentlich stattfindet, kann sie auf mündlichem oder schriftlichem Wege (Zirkulationsweg) erfolgen. Erfreulich wäre eine Bestimmung gewesen, wonach eine mündliche Urteilsberatung stattzufinden hat, wenn sich keine Einstimmigkeit ergibt (vgl. i.d.S. Art. 58 Abs. 1 lit. b BGG). So sieht etwa § 136 des Entwurfs eines neuen Zürcher GOG ausdrücklich eine mündliche Urteilsberatung vor, wenn ein Mitglied des Gerichts oder der juristische Sekretär dies verlangt oder wenn keine Einstimmigkeit besteht. 8

V. Anordnung von Vollstreckungsmassnahmen im Entscheid

Eine Anordnung von Vollstreckungsmassnahmen i.S.v. Abs. 3 erlaubt eine **direkte (Natural-)Vollstreckung nach Art. 337**; andere Vollstreckungsmassnahmen müssen mit eigenem Vollstreckungsgesuch nach Art. 338 beim Vollstreckungsgericht beantragt werden. Die Botschaft führt als Beispiel die Ansetzung einer *Frist zur Herausgabe* einer widerrechtlich vorenthaltenen Sache, verbunden mit dem Auftrag an die Polizei zur zwangsweisen Wegnahme, falls der Beklagte dem Urteil nicht nachlebt, an (BOTSCHAFT ZPO, 7343). Beantragt der Kläger keine Vollstreckungsmassnahmen nach Abs. 3, so steht ihm die Möglichkeit dazu jedenfalls *nachträglich* im Rahmen eines Vollstreckungsgesuchs nach Art. 338 offen; Nichtbeantragung von Vollstreckungsmassnahmen präkludiert daher den Kläger im Hinblick auf eine solche nachträgliche Antragstellung in keiner Weise. 9

Von besonderer Bedeutung ist in diesem Zusammenhang die **Androhung von Strafen nach Art. 292 StGB** im Urteil. Hier wurde nach früherem Recht überwiegend vertreten, diese könne auch *von Amtes wegen* erfolgen, weil die Strafandrohung notwendiger Bestandteil des Unterlassungsurteils sei (vgl. dazu KÖLZ, Rz 145 ff. m.w.N.). Unklar ist, ob Abs. 3 diese Frage klären sollte. Der Gesetzgeber erkannte dieses Problem anscheinend nicht (vgl. dazu KÖLZ, Rz 151). Nimmt man wegen des zivilprozessualen Dispositionsgrundsatzes (Art. 58 Abs. 1) und mangels der Erwähnung amtswegiger Anordnung von Vollstreckungsmassnahmen in Abs. 3 an, eine amtswegige Strafandrohung wäre unzulässig, müsste das Gericht, wenn einmal keine Strafandrohung beantragt wird, gewiss im Rahmen seiner Fragepflicht (Art. 56) darauf hinweisen, ja es wird sogar vertreten, die Auslegung einer Unterlassungsklage könne schon ergeben, dass ein Antrag auf Strafandrohung gestellt wird, auch wenn dies nicht ausdrücklich geschah (KÖLZ, Rz 151). Vor diesem Hintergrund erscheint es durchaus etwas formalistisch, in diesen Fällen einen ausdrücklichen Strafantrag zu verlangen; m.E. sollte daher auch weiterhin einfach die amtswegige Androhung einer Strafe nach Art. 292 StGB möglich sein – schon die Unterlassungsklage selbst verlangt ein Rechtsschutzinteresse, das sich an einer Begehungs- oder Wiederholungsgefahr ausrichtet (vgl. Art. 84 N 9 f.). Einen Antrag auf Verurteilung zur Unterlassung wird das Gericht daher (wenn man so möchte: jedenfalls nach Be- 10 fragung des Klägers nach Art. 56) so verstehen dürfen, dass vollwertiger Rechtsschutz gegen den Beklagten verlangt wird, was auch eine Strafandrohung nach Art. 292 StGB inkludiert. Für diese besteht zum urteilsrelevanten Zeitpunkt stets Spruchreife, wenn die Unterlassungsklage gutgeheissen wurde.

Art. 237

Zwischenentscheid

¹ Das Gericht kann einen Zwischenentscheid treffen, wenn durch abweichende oberinstanzliche Beurteilung sofort ein Endentscheid herbeigeführt und so ein bedeutender Zeit- oder Kostenaufwand gespart werden kann.

² Der Zwischenentscheid ist selbstständig anzufechten; eine spätere Anfechtung zusammen mit dem Endentscheid ist ausgeschlossen.

Décision incidente

¹ Le tribunal peut rendre une décision incidente lorsque l'instance de recours pourrait prendre une décision contraire qui mettrait fin au procès et permettrait de réaliser une économie de temps ou de frais appréciable.

² La décision incidente est sujette à recours immédiat; elle ne peut être attaquée ultérieurement dans le recours contre la décision finale.

Decisione incidentale

¹ Il giudice può emanare una decisione incidentale quando un diverso giudizio dell'autorità giudiziaria superiore potrebbe portare immediatamente all'emanazione di una decisione finale e con ciò si potrebbe conseguire un importante risparmio di tempo o di spese.

² La decisione incidentale è impugnabile in modo indipendente; una sua successiva impugnazione con la decisione finale è esclusa.

Inhaltsübersicht

Note

I. Zweck 1
II. Voraussetzungen der Erlassung eines Zwischenentscheids 2
III. Nur innerprozessuale Bedeutung 6

Literatur

A. BLOCH, Die Prüfung der örtlichen Zuständigkeit von Amtes wegen und die Folgen bei örtlicher Unzuständigkeit gemäss Art. 34 GestG, Diss. Zürich 2003.

I. Zweck

1 Das **Instrument des Zwischenentscheids** gibt dem Gericht die Möglichkeit, das *Verfahren* zum einen *zu strukturieren*, zum anderen *rascher Klarheit über streitentscheidende Aspekte* des Prozesses auf dem *Rechtsmittelweg* zu erlangen. Letzteres ist nach Art. 237 Abs. 1 sogar Voraussetzung der Erlassung eines Zwischenentscheids.

II. Voraussetzungen der Erlassung eines Zwischenentscheids

2 Das Gericht hat nach *Art. 125 lit. a* die Möglichkeit, den Prozess zunächst auf einzelne Fragen zu *beschränken*. Auf dieser Grundlage, aber *auch unabhängig davon*, darf es einen Zwischenentscheid nach Art. 237 fällen, wenn es der Auffassung ist, dass durch eine

von seiner Beurteilung abweichende oberinstanzliche Beurteilung sofort ein Endentscheid herbeigeführt werden kann.

Ein solcher Zwischenentscheid kann sowohl **prozessrechtliche** als auch **materiellrechtliche Fragen** erfassen: Ein typisches Beispiel ist etwa die Erlassung eines Entscheids, mit welchem das *Vorliegen einer strittigen Prozessvoraussetzung* bejaht wird. Kommt das oberinstanzliche Gericht zum Ergebnis, dass die Prozessvoraussetzung nicht vorliegt, liegt sogleich Spruchreife für einen Nichteintretensentscheid vor. (Umgekehrt liegt natürlich kein Zwischenentscheid, sondern vielmehr ein Endentscheid vor, wenn das erstinstanzliche Gericht zur Auffassung gelangt, das Vorliegen einer Prozessvoraussetzung sei zu verneinen). Desgleichen kann das Gericht auch über alle materiellrechtlichen Vorfragen Zwischenentscheide fällen, wenn es sich dabei wie beschrieben verspricht, dass eine abweichende oberinstanzliche Entscheidung sofort zur Spruchreife führt. Die Botschaft führt hier als Beispiel die *Verjährung* des geltend gemachten Anspruchs an (BOTSCHAFT ZPO, 7343). Denkbar ist auch die Fällung eines Zwischenentscheids über *bedingende Rechtsverhältnisse* (etwas das Zustandekommen des zugrunde liegenden Vertrages), über das *Bestehen der Hauptforderung*, wenn der Schuldner sich mittels einer Verrechnungseinrede verteidigt oder über die *Entstehung des Anspruchs dem Grunde nach,* wenn das Gericht zuerst Klarheit darüber erlangen möchte, bevor es auf ein aufwendiges Beweisverfahren über die Anspruchshöhe eintritt. 3

In **keinem** dieser Fälle hat eine der Parteien **Anspruch auf die Fällung eines Zwischenentscheids** (FRANK/STRÄULI/MESSMER, § 189 ZPO/ZH N 9a; LEUCH/MARBACH/KELLERHALS/STERCHI, Art. 196 ZPO/BE N 2.b). Insbesondere hat der die Zuständigkeit des Gerichts bestreitende Beklagte nach der ZPO nicht das Recht, die *Einlassung auf die Hauptsache* zu verweigern, solange noch kein Zwischenentscheid über seine Prozesseinrede gefällt worden ist, wie dies früher etwa nach der Zürcher ZPO möglich war (§ 111 Abs. 1 Satz 2 ZPO/ZH). Allerdings hat das Bundesgericht in einem älteren Entscheid (noch unter der Geltung von Art. 59 aBV) ausgesprochen, es bestehe ein verfassungsrechtliches Recht darauf, dass eine Unzuständigkeitseinrede vom angerufenen Richter vor dem Eintreten auf die Hauptsache gesondert geprüft und durch Zwischenentscheid entschieden werde (BGE 102 Ia 188 E. 3). M.E. ist diese Rechtsprechung aber heute als *überholt* anzusehen (Müller/Wirth-ORELLI, Art. 34 GestG N 37; BLOCH, 51; **a.A.** GestG-Komm.-INFANGER, Art. 34 N 8; DONZALLAZ, Comm., Art. 34 GestG N 10). 4

Die Fällung eines Zwischenentscheids steht damit allein **im gerichtlichen Ermessen** (BÜHLER/EDELMANN/KILLER, § 274 ZPO/AG N 7). Dieses hat zu prüfen, ob mit dem Zwischenentscheid (wegen der damit verbundenen Möglichkeit einer abweichenden Entscheidung durch die Oberinstanz) ein *bedeutender Zeit- oder Kostenaufwand gespart* werden kann. Dabei ist insb. ins Kalkül zu ziehen, welchen Umfang das Verfahren über die übrigen, d.h. vom Zwischenentscheid nicht erfassten Rechtsfragen noch hätte; ist dieser «Rest» des Verfahrens einfach und rasch zu erledigen, hätte die Erlassung eines Zwischenentscheids durchaus keine besondere positive, sondern eher eine negative prozessökonomische Wirkung. Wenn dagegen etwa schon die Zuständigkeit strittig ist, kann ein die Zuständigkeit bejahender Zwischenentscheid die prozessökonomisch vorteilhafte Folge haben, dass bei einer abweichenden Entscheidung der Oberinstanz bald klar ist, dass ein womöglich aufwendiges Verfahren in der Hauptsache nicht mehr erforderlich ist. Im Rahmen seiner Ermessensübung wird das Gericht u.U. auch in Erwägung ziehen, wie *plausibel* ein Parteivorbringen ist: Ist die Bestreitung der gerichtlichen Zuständigkeit durch den Beklagten z.B. offenbar haltlos, kann sich das Gericht vorbehalten, diese Frage erst im Endentscheid zu beurteilen, anstatt durch Fällung eines Zwischenentscheids sinnlosen Aufwand zu treiben. Die Ermessensübung durch das Gericht unterliegt hier 5

Art. 238

jedoch keiner Kontrolle auf dem Rechtsmittelweg, d.h. die ermessensfehlerhafte Fällung eines der Prozessökonomie nicht dienlichen Zwischenentscheids ist ebenso wenig ein Grund für dessen Anfechtung wie die Nichtfällung eines Zwischenentscheids einen Fall von Rechtsverzögerung (Art. 319 lit. c) darstellt.

III. Nur innerprozessuale Bedeutung

6   Das Gericht **entscheidet von Amtes wegen** darüber, ob es einen Zwischenentscheid fällen möchte. Dabei ist der Zusammenhang zum zivilprozessualen **Dispositionsgrundsatz** zu beachten: Der Streit- und damit Urteilsgegenstand wird durch den Kläger festgelegt (vgl. Vor Art. 84–90 N 2 f.). – Nur darüber hat das Gericht letztlich mit Rechtskraftwirkung zu entscheiden. Mit dem Zwischenentscheid *wird nicht über den Streitgegenstand selbst entschieden* (sonst würde es sich um einen Endentscheid, ggf. in Form eines Teilentscheids handeln), sondern ein Element aus einem Streitgegenstand herausgelöst, welches als solches nicht Gegenstand des klägerischen Rechtsschutzbegehrens war und in manchen Fällen auch gar nicht sein konnte, wie z.B. die Entstehung eines Anspruchs dem Grunde nach.

7   Aus diesen Gründen kommt dem Zwischenentscheid auch nur innerprozessuale Bedeutung zu: Der Zwischenentscheid (des Erstgerichts bzw. dessen Bestätigung oder Abänderung durch die Rechtsmittelinstanzen) ist im fortgesetzten Verfahren verbindlich, auf seinen Gegenstand darf also nicht mehr zurückgekommen werden; für **andere, parallel oder später stattfindende Prozesse** ist er jedoch **in keiner Weise relevant**. Dem Zwischenentscheid kommt also **keine materielle Rechtskraftwirkung** zu (BGE 128 III 191 E. 4.a; OGer ZH, ZR 1990 Nr. 112).

8   Möchte eine der beiden Parteien, dass etwa ein *präjudizielles Rechtsverhältnis für alle Zukunft verbindlich* festgestellt wird (soll also z.B. aus Anlass einer Klage auf Erbringung einer vertraglichen Leistung die strittige Existenz bzw. Nichtexistenz des zugrunde liegenden Vertrages festgestellt werden), dann steht den Parteien die Erhebung eines Feststellungsbegehrens offen, wobei der Kläger dieses in objektiver Klagenhäufung (Art. 90) mit einem Leistungsbegehren, der Beklagte dagegen mit einer (negativen) Feststellungswiderklage stellen kann. Auf Grundlage solcher Anträge ist dann allerdings nicht mit Zwischen-, sondern vielmehr mit (**End-** oder) **Teilentscheid** zu entscheiden, weil es sich dann um den Endentscheid über ein Teil-Rechtsbegehren handelt.

Art. 238

Inhalt   Ein Entscheid enthält:
a. die Bezeichnung und die Zusammensetzung des Gerichts;
b. den Ort und das Datum des Entscheids;
c. die Bezeichnung der Parteien und ihrer Vertretung;
d. das Dispositiv (Urteilsformel);
e. die Angabe der Personen und Behörden, denen der Entscheid mitzuteilen ist;
f. eine Rechtsmittelbelehrung, sofern die Parteien auf die Rechtsmittel nicht verzichtet haben;
g. gegebenenfalls die Entscheidgründe;
h. die Unterschrift des Gerichts.

5. Kapitel: Entscheid 1–5 **Art. 238**

Contenu   La décision contient:
a. la désignation et la composition du tribunal;
b. le lieu et la date de son prononcé;
c. la désignation des parties et des personnes qui les représentent;
d. le dispositif;
e. l'indication des personnes et des autorités auxquelles elle est communiquée;
f. l'indication des voies de recours si les parties n'ont pas renoncé à recourir;
g. le cas échéant, les considérants;
h. la signature du tribunal.

Contenuto   La decisione contiene:
a. la designazione e la composizione del tribunale;
b. il luogo e la data in cui è pronunciata;
c. la designazione delle parti e dei loro rappresentanti;
d. il dispositivo;
e. l'indicazione delle persone e autorità cui la decisione deve essere comunicata;
f. l'indicazione dei mezzi di impugnazione, se le parti non hanno rinunciato all'impugnazione medesima;
g. se del caso, i motivi su cui si fonda;
h. la firma del tribunale.

Inhaltsübersicht   Note

I. Allgemeines 1
II. Dispositiv 7

I. Allgemeines

Art. 238 enthält eine **Übersicht der notwendigen Urteilselemente**. Lit. a–c entsprechen dem, was nach bisheriger kantonaler Praxis als *Rubrum* bezeichnet wurde. Kernstück des Urteils ist das *Dispositiv* (lit. d). Systematisch überzeugend ist die Unterscheidung zwischen dem Dispositiv auf der einen Seite und den *Angaben nach lit. e–g*, welche nach bisheriger kantonaler Praxis bisweilen als Teil des Dispositivs bezeichnet wurden, was allerdings etwas irreführend war.   1

Die **Unterschrift** des Gerichts (lit. h) ist *Gültigkeitserfordernis*. Wer zu unterschreiben hat, richtet sich nach kantonalem Gerichtsverfassungsrecht, es müssen nicht notwendig der bzw. alle Richter sein, denkbar ist auch eine Unterschrift bloss des juristischen Sekretärs (vgl. so bspw. § 138 Entwurf GOG/ZH).   2

Die **Bezeichnung des Gerichts** hat nicht nur die *Institution* selbst, sondern auch die beteiligten Personen, also die *Richter* und auch den *juristischen Sekretär* zu umfassen; dies ist gerade im Hinblick auf die Geltendmachung etwaiger Ausstandsgründe von Bedeutung.   3

Als **Datum** des Entscheids ist jenes der *Beschlussfassung* innerhalb des Gerichts, im Zirkularwege also der Abgabe des Votums des letzten beteiligten Richters, und nicht etwa der spätere Zeitpunkt der Unterzeichnung des Urteils anzugeben.   4

Die **Rechtsmittelbelehrung** hat m.E. auch auf die Notwendigkeit der *Beantragung einer Begründung* i.S.v. Art. 239 Abs. 2 hinzuweisen, weil deren Versäumung als Verzicht auf die Anfechtung des Entscheides mit Berufung oder Beschwerde gewertet wird. Zur Be-   5 gründungspflicht vgl. die Komm. zu Art. 239. Vgl. zur Rechtsmittelbelehrung auch Art. 112 Abs. 1 lit. d BGG.

6 Die ZPO schweigt über die **Bezeichnung des Entscheids**. Im Gesetz ist zwar von «Entscheid» und «Endentscheid» die Rede, daneben werden noch «prozessleitende Verfügungen» (Art. 319 lit. b) erwähnt. Unscharf bemerkt die Botschaft, die kantonalen Bezeichnungen seien vielfältig, künftig werde «es genügen, einfach und verkürzend von ‹Entscheid› zu sprechen» (BOTSCHAFT ZPO, 7343; analog französisch ‹décision›, italienisch ‹decisione›). Diese vorsichtige Formulierung ist insofern zutreffend, als die ZPO an keiner Stelle ausdrücklich anordnet, dass die Enuntiationen des Gerichts als «Entscheid» zu bezeichnen seien. Daher wird angenommen, dass auch weiterhin an **traditionellen kantonalen Bezeichnungen** festgehalten werden kann (vgl. etwa STAEHELIN/STAEHELIN/GROLIMUND, § 23 Rz 1; vgl. auch den die bisherige Zürcher Praxis fortführenden § 137 des Entwurfs eines GOG/ZH, der einen Sachentscheid durch «Urteil» vorsieht, während alle übrigen Entscheide als «Beschluss» von Kollegialbehörden bzw. als «Verfügung» von Einzelpersonen gefällt werden). Die aus derlei resultierende folkloristische Vielfalt mag den kantonalen Justizeliten – ebenso wie das krampfhafte Festhalten am kantonalen Gerichtsverfassungsrecht insgesamt – als Ausdruck von Föderalismus und regionaler Identität gelten; tatsächlich bilden diese divergierenden Kurialstile, welche ganz und gar technische Fragen betreffen, in keiner Weise die Identität des jeweiligen kantonalen Souveräns ab (welcher Zürcher Bürger kennt schon den Unterschied zwischen Beschluss und Verfügung?), führen aber zu beträchtlicher Unübersichtlichkeit.

II. Dispositiv

7 Das Dispositiv (die Urteilsformel) ist der **Kern des Urteils als Staatsakt**. Die darin enthaltene Anordnung ist Gegenstand der materiellen Rechtskraft (vgl. Vor Art. 236–240 N 41). Im Dispositiv ist über das gesamte Rechtsbegehren des Klägers (und eine etwaige Widerklage des Beklagten) zu entscheiden. Es hat sich in einer Bejahung (Gutheissung) oder Verneinung (Nichteintreten oder Abweisung) aller gestellten Rechtsbegehren zu erschöpfen und hat nicht weniger, aber auch nicht mehr und nichts anderes zu enthalten; dies folgt aus dem zivilprozessualen **Dispositionsgrundsatz** (Art. 58 Abs. 1).

8 Irreführend ist die Praxis, im Urteil die Formel «**im Sinne der Motive**» aufzunehmen, wenn die Entscheidung nicht umfassend und unmissverständlich in knapper Form festgehalten werden kann (dafür aber etwa LEUCH/MARBACH/KELLERHALS/STERCHI, Art. 204 ZPO/BE N 4a; BERGER/GÜNGERICH, Rz 826). In der Tat *beschränken* insb. bei Nichteintreten und Abweisung *die Motive den objektiven Rechtskraftumfang* (vgl. Vor Art. 236–242 N 42); dies ergibt sich jedoch aus dem Gesetz und mitnichten aus einer Anordnung des Dispositivs, welches auf die Gründe verweist. Eine solche Verweisung führt nur zu dem Missverständnis, dass dadurch womöglich die objektiven Rechtskraftgrenzen in irgendeiner Hinsicht auf die Motive erweitert werden, was jedoch unzulässig wäre. Entsprechendes gilt für die *Abweisung* von (z.B. vor Fälligkeit des geltend gemachten Anspruchs spruchreifen) Klagen «*zurzeit*» (vgl. Art. 84 N 11 f.); auch hier ergibt sich eigentlich der Gegenstand der Rechtskraft aus dem Dispositiv im Verein mit den Entscheidungsgründen. Allerdings handelt es sich dabei immerhin um einen klaren und dem Unkundigen richtige Aufschlüsse über den Rechtskraftgegenstand gebenden Hinweis, weshalb er nützlich sein mag, während die Formel «im Sinne der Gründe» vollkommen unscharf ist und daher Anlass zum Streit über den Rechtskraftgegenstand geben kann.

9 Ebenso wie bei der Formulierung des Rechtsbegehrens (vgl. Vor Art. 84–90 N 3) herrschen bei jener des Dispositivs **unterschiedliche kantonale Übungen** («der Beklagte wird verpflichtet …», «der Beklagte wird verurteilt …», «die Klage wird gutgeheissen

...» etc.). Die ZPO macht hier keine Vorgaben, und es ist mittelfristig wohl auch kaum zu erwarten, dass sich solche – zulässigen – kantonalen Übungen vereinheitlichen werden.

Art. 239

Eröffnung und Begründung

¹ Das Gericht kann seinen Entscheid ohne schriftliche Begründung eröffnen:
a. in der Hauptverhandlung durch Übergabe des schriftlichen Dispositivs an die Parteien mit kurzer mündlicher Begründung;
b. durch Zustellung des Dispositivs an die Parteien.

² Eine schriftliche Begründung ist nachzuliefern, wenn eine Partei dies innert zehn Tagen seit der Eröffnung des Entscheides verlangt. Wird keine Begründung verlangt, so gilt dies als Verzicht auf die Anfechtung des Entscheides mit Berufung oder Beschwerde.

³ Vorbehalten bleiben die Bestimmungen des Bundesgerichtsgesetzes vom 17. Juni 2005 über die Eröffnung von Entscheiden, die an das Bundesgericht weitergezogen werden können.

Communication aux parties et motivation

¹ Le tribunal peut communiquer la décision aux parties sans motivation écrite:
a. à l'audience, par la remise du dispositif écrit accompagné d'une motivation orale sommaire;
b. en notifiant le dispositif écrit.

² Une motivation écrite est remise aux parties, si l'une d'elles le demande dans un délai de dix jours à compter de la communication de la décision. Si la motivation n'est pas demandée, les parties sont considérées avoir renoncé à l'appel ou au recours.

³ Les dispositions de la loi fédérale du 17 juin 2005 sur le Tribunal fédéral concernant la notification des décisions pouvant faire l'objet d'un recours devant le Tribunal fédéral sont réservées.

Notificazione e motivazione

¹ Il giudice può notificare la sua decisione senza motivazione scritta:
a. al dibattimento, consegnando alle parti il dispositivo scritto, con una breve motivazione orale;
b. recapitando il dispositivo alle parti.

² La motivazione scritta è fatta pervenire in un secondo tempo se una parte lo chiede entro dieci giorni dalla comunicazione della decisione. L'omessa richiesta di motivazione si ha per rinuncia all'impugnazione della decisione mediante appello o reclamo.

³ Sono fatte salve le disposizioni della legge del 17 giugno 2005 sul Tribunale federale concernenti la notificazione di decisioni che possono essere impugnate davanti al Tribunale federale.

Inhaltsübersicht   Note

  I. Allgemeines 1
 II. Schriftliche Begründung 5
    1. Fälle 5
    2. Inhaltliche Anforderungen 11

Literatur

A. BERNHARD, Die Entscheidungsbegründung im schweizerischen zivilgerichtlichen Verfahren, Diss. Zürich 1983; J. BRÖNNIMANN, Die Schweizerische Zivilprozessordnung vom 19.12.2008 – ein Überblick, recht 2009, 79 ff.; F. FERRAND, Das französische Privatrecht und die Europäische Menschenrechtskonvention, RabelsZ 1999, 665 ff.; H. NAGEL/P. GOTTWALD, Internationales Zivilprozessrecht, 6. Aufl., Köln 2007.

I. Allgemeines

1 Die **Eröffnung des Entscheids** ist **Voraussetzung für dessen Rechtswirkungen**; solange er noch nicht eröffnet wurde, ist er im Verhältnis zu bzw. zwischen den Parteien als inexistent («nichtig») anzusehen (BGE 122 I 97 E. 3; 129 I 361 E. 2). Die Pflicht zur Eröffnung des Entscheids ergibt sich unmittelbar aus dem Anspruch auf rechtliches Gehör nach Art. 29 Abs. 2 BV bzw. Art. 6 Abs. 1 EMRK (BGE 133 I 201 E. 2.1). Das Wort «kann» in Abs. 1 bezieht sich natürlich nicht etwa auf die Eröffnung – diese ist selbstverständlich zwingend vorgesehen – sondern auf die Unterlassung einer schriftlichen Begründung (vgl. N 5 ff.).

2 Nach Abs. 1 bestehen zwei Möglichkeiten der Eröffnung des Entscheids, und zwar die **«Übergabe des schriftlichen Dispositivs» in der Hauptverhandlung** (Abs. 1 lit. a) oder die **Zustellung «des Dispositivs»** an die Parteien. Es liegt im **freien Ermessen des Gerichts**, welcher Weg gewählt wird.

3 Kommt es zur Übergabe des schriftlichen Dispositivs an die Parteien in der Hauptverhandlung, so hat eine **kurze mündliche Begründung** zu erfolgen; dies dient wohl der Wahrung der Solemnität des Vorgangs, bei welchem eben nicht bloss kommentarlos ein Stück Papier überreicht werden soll; nicht recht konsequent ist freilich, dass eine solche Kurzbegründung bei der Zustellung des «schriftlichen Dispositivs» unterbleiben kann; auch hier wäre sie zur Unterrichtung der Parteien sehr nützlich und würde dem Gericht u.U. in manchem Fall ersparen, eine schriftliche Begründung nach Abs. 2 «nachzuliefern».

4 Abs. 1 spricht von der Eröffnung «des Entscheids» durch Übergabe des «schriftlichen Dispositivs» bzw. Zustellung «des Dispositivs». Nimmt man dies wörtlich, könnte man meinen, das Gericht habe den Parteien lediglich den blossen Text der Urteilsformel (Art. 238 lit. d) zu übergeben bzw. zuzustellen. Das dürfte aber wohl kaum gemeint sein. Da Art. 238 den zwingenden Inhalt eines Entscheids regelt, ist vielmehr davon auszugehen, dass ein **Schriftstück mit dem Inhalt nach Art. 238** zu übergeben bzw. zuzustellen ist. Richtig müsste es daher in Abs. 1 heissen «**des schriftlichen Entscheids**».

II. Schriftliche Begründung

1. Fälle

a) Allgemeines

5 Eine schriftliche Begründung muss nur dann erfolgen, **wenn eine Partei** dies innert zehn Tagen seit Eröffnung des Entscheids **verlangt** (Art. 239 Abs. 2). Das Gericht ist jedoch befugt, den Entscheid schon von vornherein **von Amtes wegen** schriftlich zu begründen (HALDY, 62; BRÖNNIMANN, 90).

b) Begründung von Amtes wegen

Nach der Botschaft liegt etwa eine **amtswegige Begründung** des Entscheids im summarischen Verfahren nahe, weil dort die Begründung ohnedies sehr knapp gehalten werden kann (BOTSCHAFT ZPO, 7344). Dies trifft wohl ganz allgemein *bei einfachen Fällen* zu. Aber auch umgekehrt kann es bei *sehr komplizierten Fällen*, die vom Referenten ohnedies ein hohes Mass an Vorarbeiten fordern, gelegentlich einen nicht mehr besonders ins Gewicht fallenden Mehraufwand machen, auch noch eine Entscheidungsbegründung vorzunehmen. 6

Das Gericht sollte jedenfalls dann eine **Urteilsbegründung von Amtes wegen** vornehmen, wenn der Entscheid *ohne Motive unklar* bliebe. Dies ist insb. bei Nichteintretensentscheiden und v.a. bei Sachabweisungen der Fall, kann aber auch bei sehr komplexen zugrunde liegenden Sachverhalten und Rechtsbegehren (insb. bei Gestaltungs- und Feststellungsklagen) ratsam sein. Zumindest in solchen Fällen wäre zu erwägen, ob sich das Ermessen des Gerichts nicht in verfassungs- und konventionskonformer (vgl. N 11) Auslegung zu einer Begründungspflicht von Amtes wegen zu verdichten vermag. 7

c) Begründung auf Parteiantrag

Das Gesetz sieht den **Antrag** der Partei nach Abs. 2 **auf schriftliche Entscheidbegründung** ganz im rechtsmittelrechtlichen Zusammenhang; in der Tat ist die Anfechtung des Entscheids ein ganz zentraler Massstab für die gebotene Begründungsqualität (s.u. N 12). Wird nicht fristgerecht ein Antrag nach Abs. 2 gestellt, so gilt dies nach dessen ausdrücklicher Anordnung als ein *Verzicht auf die Anfechtung des Entscheids mit Berufung oder Beschwerde*. Darauf ist m.E. in der Rechtsmittelbelehrung (Art. 238 lit. f) ausdrücklich hinzuweisen (vgl. Art. 238 N 5). 8

Die **Anfechtung des Entscheids** ist jedoch mitnichten das einzig denkbare Motiv dafür, eine Entscheidbegründung zu beantragen. Zunächst wird dies jedenfalls ratsam sein bei *Entscheiden, deren genauer Inhalt nicht ohne Kenntnis der Motive feststellbar* ist, also insb. – wie bereits oben (N 7) hervorgehoben – bei Nichteintretensentscheiden und abweisenden Entscheiden, aber auch bei komplexeren Sachverhalten bzw. Rechtsbegehren, insb. bei Feststellungs- und Gestaltungsklagen. Zu beachten ist insb. auch, dass nicht begründete Entscheide bei der *Anerkennung oder Vollstreckung im Ausland* für unliebsame Irritationen sorgen können: Nahe liegt der Einwand, das Fehlen einer Begründung verstosse gegen den ordre public (vgl. etwa zur französischen Praxis bezüglich nicht begründeter Säumnisentscheide KROPHOLLER, EuZPR, Art. 34 N 15; NAGEL/GOTTWALD, § 11 Rz 31); jedenfalls können aber von jener Partei, welche die Anerkennung und Vollstreckung im Ausland verhindern möchte, alle möglichen Einwände gegen den Entscheid erhoben werden, deren Berechtigung mangels Begründung dann nicht anhand des Entscheidinhalts überprüft werden kann. Daher ist jedenfalls in komplexeren und besonders strittigen internationalen Rechtssachen gerade der obsiegenden Partei jedenfalls zu raten, eine Entscheidbegründung zu beantragen. 9

d) Begründungspflicht nach BGG

Bei Entscheiden, die der Beschwerde an das Bundesgericht unterliegen, ergibt sich die **Begründungspflicht** nicht aus Abs. 2 (vgl. den Vorbehalt des Abs. 3), sondern aus Art. 112 BGG (sowie indirekt auch Art. 318 Abs. 2 und Art. 327 Abs. 5). Art. 112 Abs. 2 BGG stellt lediglich auf kantonale Vorschriften ab, welche eine Eröffnung des Entscheids ohne Begründung vorsehen; Art. 239 Abs. 2 ZPO ist nicht als solche (kantonale) Vorschrift anzusehen, weshalb letztinstanzliche kantonale Entscheide stets zu begründen 10 sind (so auch HOFMANN/LÜSCHER, 150; entgegen unklarer BOTSCHAFT ZPO, 7344, hat dies auch für Entscheide einziger kantonaler Instanzen gem. Art. 5–7 zu gelten). Eine Anpassung von Art. 112 Abs. 2 BGG an Art. 239 Abs. 2 ZPO läge daher nahe.

2. Inhaltliche Anforderungen

11 Die Pflicht zur Entscheidungsbegründung (auf Antrag einer Partei) folgt aus dem in BV und EMRK verankerten **Anspruch auf rechtliches Gehör** (BGE 133 III 439 E. 3.3; 130 II 530 E. 4.3; 119 Ia 264 E. 4; vgl. dazu ausführlich BERNHARD, 10 ff. m.w.Nw.). Geschuldet ist nämlich nicht nur eine Äusserungsmöglichkeit, sondern auch und gerade, dass die Parteiäusserungen nachweislich, mithin ausweislich der Entscheidbegründung *gehört* wurden. Wenn und weil die ZPO eine Entscheidbegründung jedenfalls auf Parteiantrag vorsieht, entspricht sie hierin wohl noch BV und EMRK; eine besondere rechtskulturelle Errungenschaft stellt der Umstand, dass Entscheide ohne entsprechenden Parteiantrag überhaupt ohne Begründung erlassen werden können, freilich durchaus nicht dar (vgl. auch N 9 zu den möglichen Problemen bei der Vollstreckung nicht begründeter Entscheide im Ausland).

12 Die Pflicht zur ordnungsgemässen Entscheidbegründung besteht auch dann, wenn das Gericht der Auffassung ist, die Gründe für die Fällung eines bestimmten Entscheids seien *offensichtlich* (BGer, 5P.144/2003, E. 2.2 = SZZP 2005, 64). Jedenfalls ist der Entscheid so zu begründen, dass die Parteien ihn **sachgerecht anfechten können** (BGE 133 III 439 E. 3.3; 121 I 54 E. 2; 119 Ia 264 E. 4d; 117 Ib 481 E. 6). Daher müssen zumindest kurz die *tatsächlichen und rechtlichen Grundlagen der Entscheidung* angegeben werden (BGE 121 I 54 E. 2; 119 Ia 264 E. 4; 117 I 481, E. 6); die Anfechtung der Entscheidung muss «en connaissance de cause» möglich sein (BGE 121 I 54 E. 2).

13 Der Anspruch auf rechtliches Gehör gebietet jedoch nicht, dass sich das Gericht mit dem Vorbringen der Parteien und allen rechtlichen Argumenten detailliert beschäftigt; der Entscheid kann sich auf die **wesentlichen Gesichtspunkte** beschränken (BGE 133 III 439 E. 3.3; 130 II 530 E. 4.3; 121 I 54 E. 2). Wenn die Rechtsprechung hier auf die «wesentlichen Gesichtspunkte» abstellt, so ist das so zu verstehen, dass ein Vorbringen oder ein rechtliches Argument der Parteien umso eher ausführlich gewürdigt werden muss, als es für die Entscheidungsfindung des Gerichts von erheblicher Bedeutung war; dagegen können offensichtlich unhaltbare Behauptungen oder rechtliche Argumente sehr knapp abgehandelt werden. Verfehlt ist m.E. jedoch die Rechtsprechung, wonach nur die erheblichen Gesichtspunkte überhaupt erwähnt werden müssen. M.E. ist hier zwischen zwei Aspekten zu unterscheiden: Auf der einen Seite trifft es natürlich zu, dass – wie eben erwähnt – offensichtlich unhaltbare Behauptungen und Argumente keiner eingehenden Diskussion bedürfen und insb. nicht Punkt für Punkt ausdrücklich widerlegt werden müssen (vgl. nur BGE 133 III 439 E. 3.3; 130 II 530 E. 4.3). Davon zu unterscheiden ist m.E. der Aspekt, dass einem Entscheid schon von Verfassungs wegen zu entnehmen sein muss, dass das Gericht die Behauptungen und Argumente der Parteien wenigstens zur Kenntnis genommen hat. Lässt ein Entscheid eine Behauptung oder ein Argument gänzlich unerwähnt, so ist für die Partei nicht feststellbar, ob das Gericht diese Behauptung oder dieses Argument für so unbedeutend gehalten hat, dass eine Erwähnung unterbleiben durfte, oder ob diese Behauptung oder dieses Argument schlicht übersehen wurde. Damit verletzt ein solcher Entscheid aber den Anspruch auf rechtliches Gehör; vgl. auch den Entscheid des EGMR im Fall Higgins et al./Frankreich (EGMR, Reports 1998-I, Nr. 62, 44 ff.; vgl. dazu FERRAND, 677 ff.).

14 Wesentliche **Elemente der Entscheidungsbegründung** sind der *Sachverhalt*, welchen das Gericht aufgrund der Beweisergebnisse oder der Anwendung von Beweislastregeln

seinem Entscheid zugrunde gelegt hat, die *Begründung, wie das Gericht zur erforderlichen Wahrheitsüberzeugung bezüglich des Sachverhalts* gelangt ist (insb. Beweiswürdigung, Geständnisse etc.) und schliesslich die *rechtliche Beurteilung* auf Grundlage der so festgestellten Tatsachen (BERNHARD, 106 ff.). Wie bereits oben (N 11) angeführt, gebietet m.E. schon der Anspruch auf rechtliches Gehör, dass auch das Parteivorbringen einschliesslich der beantragten Beweismittel sowie alle gestellten Anträge im Entscheid zusammenfassend wiedergegeben werden, weil ansonsten nicht feststellbar ist, ob auf einzelne Aspekte bewusst oder versehentlich nicht eingegangen wird. Dieser Aspekt verdient in der Praxis m.E. grössere Aufmerksamkeit, nicht zuletzt dient eine sorgfältige Wiedergabe des Prozessgeschehens und der Parteistandpunkte auch der Selbstdisziplinierung des Gerichts und der Kontrolle, ob der Fall tatsächlich in allen Einzelheiten richtig erfasst wurde.

Art. 240

Mitteilung und Veröffentlichung des Entscheides	Sieht das Gesetz es vor oder dient es der Vollstreckung, so wird der Entscheid Behörden und betroffenen Dritten mitgeteilt oder veröffentlicht.
Communication et publication de la décision	Lorsque la loi le prévoit ou que l'exécution de la décision le commande, la décision est également publiée ou communiquée aux autorités et aux tiers concernés.
Comunicazione e pubblicazione della decisione	Se la legge lo prevede o ai fini dell'esecuzione, la decisione è comunicata ad autorità e terzi interessati oppure pubblicata.

Inhaltsübersicht Note

I. Regelungsgegenstand 1
II. «Dritte» 2
III. Beispiele 3

I. Regelungsgegenstand

Die Bestimmung erinnert daran, dass in bestimmten Fällen eine **Mitteilung des Entscheids** an **Behörden** oder **betroffene Dritte** oder eine **Publikation** des Entscheids vorgesehen ist. Voraussetzung dafür ist nach Art. 240, dass dies vom Gesetz vorgesehen ist oder der Vollstreckung dient. Letzteres ist dann der Fall, wenn das Dispositiv eine Publikation des Entscheids vorsieht (vgl. etwa Art. 28a Abs. 2 ZGB). Nicht ganz klar ist, ob die Bestimmung eine selbständige Rechtsgrundlage für die Publikation des Urteils oder die Verständigung von Behörden oder Dritten darstellt; weil hier auf (andere) zusätzliche Bestimmungen verwiesen wird, und weil eine Vollstreckung voraussetzt, dass ein Anspruch auf Urteilspublikation bestand, wird dies eher zu verneinen sein. Insofern stellt Art. 240 eher einen «**Merkposten**» für die in anderen Gesetzen vorgesehenen Möglichkeiten von Publikation bzw. Verständigung dar. Diese müssen sich freilich nicht unbedingt aus dem Wortlaut dieser anderen Gesetze ergeben, sondern können diesen allenfalls (nach allgemeinen Grundsätzen) im Wege der Auslegung entnommen werden.

Art. 241

II. «Dritte»

2 Der Umstand, dass einer dritten Person oder Behörde das Urteil zuzustellen ist, führt **nicht zu einer Erstreckung von Urteilswirkungen** (insb. der Rechtskraft) auf diese Dritten, weil solche Mitteilungen – das Gesetz spricht hier (anders als in Art. 239) auch nicht von «Eröffnung» – in der Regel bloss informatorische Funktion haben werden. Auch wenn hier von «betroffenen Dritten» die Rede ist, setzt dies nicht voraus, dass diese von der Rechtskraft des Entscheids erfasst sein müssen, und stellt umgekehrt auch keine Grundlage für eine Rechtskrafterstreckung dar. Erteilt das Gericht unzulässigerweise im Wege einer «Mitteilung an Dritte» zu Vollstreckungszwecken Aufträge an diese Dritten, welche in deren Rechtssphäre eingreifen, so können sich diese dagegen nach Art. 346 zur Wehr setzen.

III. Beispiele

3 Die Rechtsordnung sieht eine Reihe einschlägiger Fälle vor. Typisch sind etwa Mitteilungspflichten im Zivilstandswesen (vgl. Art. 42 ZGB; Art. 40 ZStV), im Personen- und Gesellschaftsrecht (vgl. etwa Art. 79, 89 ZGB; Art. 565 Abs. 2, Art. 574 Abs. 2 und 3, Art. 583 Abs. 2 und 3, Art. 731b, 740, 821a Abs. 2, Art. 939, 941a Abs. 1, Art. 956 Abs. 2 OR; Art. 105 FusG), im Betreibungs- und Konkursrecht (vgl. etwa Art. 109, 176, 342 SchKG; Art. 158, 160, 161 HRegV) oder im Immaterialgüterrecht (vgl. etwa Art. 70a PatG; Art. 54 MSchG). Pflichten zur Urteilsveröffentlichung ergeben sich etwa im Personenrecht (vgl. Art. 28a Abs. 2, Art. 375, 435 ZGB), im Immaterialgüterrecht (vgl. z.B. Art. 70 PatG) und vielfach im Handels- und Wertpapierrecht (vgl. etwa Art. 725a Abs. 3, Art. 984, 986, 1077 OR; Art. 870, 871 ZGB).

6. Kapitel: Beendigung des Verfahrens ohne Entscheid

Art. 241

Vergleich, Klageanerkennung, Klagerückzug

[1] Wird ein Vergleich, eine Klageanerkennung oder ein Klagerückzug dem Gericht zu Protokoll gegeben, so haben die Parteien das Protokoll zu unterzeichnen.

[2] Ein Vergleich, eine Klageanerkennung oder ein Klagerückzug hat die Wirkung eines rechtskräftigen Entscheides.

[3] Das Gericht schreibt das Verfahren ab.

Transaction, acquiescement et désistement d'action

[1] Toute transaction, tout acquiescement et tout désistement d'action consignés au procès-verbal par le tribunal doivent être signés par les parties.

[2] Une transaction, un acquiescement ou un désistement d'action a les effets d'une décision entrée en force.

[3] Le tribunal raye l'affaire du rôle.

Transazione, acquiescenza e desistenza

[1] In caso di transazione, acquiescenza o desistenza, le parti devono firmare il relativo verbale.

[2] La transazione, l'acquiescenza e la desistenza hanno l'effetto di una decisione passata in giudicato.

[3] Il giudice stralcia la causa dal ruolo.

Inhaltsübersicht

Note

I. Allgemeines 1

II. Privat- und Prozessrecht 5
   1. Allgemeines 5
   2. Vergleich 6
   3. Klageanerkennung und Klagerückzug 15

III. Rechtskraft (Abs. 2) 18
   1. Parteihandlung oder Erledigungsentscheid als Quelle der Rechtskraft? 18
   2. Rechtskraftgegenstand 26

IV. Verfügbarkeit des Streitgegenstandes 34

V. Wirksamkeitsvoraussetzungen 40

Literatur

A. ATTESLÄNDER-DÜRRENMATT, Der Prozessvergleich im internationalen Verhältnis, Diss. Bern 2005; A. BÜHLER, Von der Prozesserledigung durch Parteierklärung (Vergleich, Anerkennung, Rückzug) nach Aargauischem Zivilprozessrecht, in: Eichenberger (Hrsg.), FS Eichenberger, Aarau 1990, 49 ff.; W. FELLMANN, Der gerichtliche Vergleich, in: Koller (Hrsg.), Haftpflicht- und Versicherungsrechtstagung 2001, St. Gallen 2001, 65 ff.; P. GAUCH, Der aussergerichtliche Vergleich, in: Forstmoser/Tercier/Zäch (Hrsg.), FG Schluep, Freiburg 1991, 88 ff.; F. GILLARD, La transaction judiciaire en procédure civile, Diss. Lausanne 2003; C. LEUENBERGER, Die neue Schweizerische ZPO – Die Rechtsmittel, Anwaltsrevue 2008, 331 ff.; H. SCHULTZ, Der gerichtliche Vergleich, Diss. Bern 1939; P. TERCIER, Les contrats spéciaux, 4. Aufl., Zürich 2009; O. VOGEL, Prozessvergleich und Willensmängel, recht 1987, 99 ff.; A. TUHR/A. ESCHER, Allgemeiner Teil des Schweizerischen Obligationenrechts, 3. Aufl., Zürich 1974.

I. Allgemeines

Art. 241 regelt die **Prozessbeendigung durch Vergleich, Klageanerkennung oder Klagerückzug.** Abs. 1 hat die Form dieser Parteiprozesshandlungen zum Gegenstand, Abs. 2 ihre Wirkungen und Abs. 3 ordnet schliesslich an, dass das Verfahren aufgrund dieser prozessbeendigenden Dispositionen abzuschreiben ist.   1

Nach Abs. 1 sind Vergleich, Klageanerkennung oder Klagerückzug dem Gericht zu Protokoll zu geben; die Parteien haben das Protokoll zu unterzeichnen. Mit der Einhaltung dieser prozessrechtlichen **Form** sind die genannten Prozesshandlungen wirksam; damit wird aber auch jede Form erfüllt, welche das Privatrecht für zugrunde liegende privatrechtliche Rechtsgeschäfte verlangt, also etwa jene einer öffentlichen Beurkundung (vgl. BGE 99 II 359 E. 3a). Im Übrigen hängt die Funktion des Protokolls nach Abs. 1 davon ab, ob man die Wirkungen von Vergleich, Klageanerkennung oder Klagerückzug diesen Parteiprozesshandlungen selbst oder erst dem Erledigungsentscheid nach Abs. 3 zumisst (vgl. N 18 ff.). Da Klagerückzug und -anerkennung nicht der Zustimmung des Prozessgegners bedürfen (vgl. N 16), ist es ein inhaltlich eigentlich verfehlter Formalismus, wenn das Gesetz auch hier die Unterschrift beider Parteien auf dem Protokoll verlangt. Wie wohl schon die Formulierung des Abs. 1 («Wird ein ...») zeigt, sind diese Parteiprozesshandlungen auch in anderen Formen wirksam; insb. sind Klagenanerkennung und –verzicht auch in Form von Rechtsschriften an das Gericht wirksam; auch ein Vergleich durch korrespondierende Rechtsschriften der Parteien ist m.E. wirksam.   2

3 Ein wesentlicher Unterschied zwischen dem Vergleich auf der einen und Klagerückzug und Klageanerkennung auf der anderen Seite liegt darin, dass sich die beiden letzteren beiden Dispositionsakte jeweils auf den **konkreten Streitgegenstand** beziehen, während der Vergleich diesen – im Sinne einer abschliessenden Regelung – zwar mit umfassen muss, aber auch über diesen hinausgehen kann. Nicht selten kommt es aus Anlass eines konkreten Prozesses zu einer Bereinigung darüber hinausgehender oder aller Konflikte zwischen den Parteien oder im Rahmen eines Vergleichs zur Vereinbarung eines vom ursprünglichen Vertrag oder Klagegegenstand abweichenden Leistungsaustauschs. Zum Erfordernis einer Zuständigkeit für alle Vergleichspunkte s.u. N 42.

4 Vergleich, Klageanerkennung und Klagerückzug können sich auch lediglich auf einen **Teil des Streitgegenstandes** beziehen. Denkbar ist auch eine Einigung etwa nur über die Begründetheit oder nur über die Höhe des Anspruchs (vgl. GULDENER, ZPR, 393 f.). Ein praktisch wichtiges Gestaltungsmittel ist der Vergleich unter einem **Ratifikationsvorbehalt** (*Genehmigungs-* oder *Widerrufsvorbehalt*), welcher insb. dazu eingesetzt werden kann, den Schuldner aus dem Vergleich zu fristgerechter Leistung bei sonstigem Widerruf (bzw. Nichtgenehmigung) des Vergleichs zu verhalten.

II. Privat- und Prozessrecht

1. Allgemeines

5 Gemeinhin wird gesagt, dass Vergleich, Klageanerkennung und Klagerückzug sowohl eine **privatrechtliche** als auch eine **prozessrechtliche Seite** haben. Dies suggeriert beim Vergleich schon die Existenz eines Innominatkontrakts gleichen Namens (vgl. dazu SCHLUEP, SPR VII/2, 943 ff.; ZK-SCHÖNLE, Vor Art. 184 OR N 30 f.; TERCIER, Rz 7111; VOGEL, recht 1987, 100; GAUCH/SCHLUEP/SCHMID/REY, Rz 750). In der Tat wird einhellig davon ausgegangen, dass dem gerichtlichen **Vergleich** ein privatrechtlicher Vergleichsvertrag zugrunde liegen müsse (BGE 124 II 8 E. 3.b; 110 II 44 E. 4; BÜHLER, 51; TERCIER, Rz 7111). In diesem Zusammenhang wird von einer «*Doppelnatur*» des gerichtlichen Vergleichs gesprochen (BÜHLER, 51; KUMMER, ZPR, 149; VOGEL, recht 1987, 100; FELLMANN, 71 ff.; GAUCH, 5), ohne dass die schweizerische Literatur dabei Notiz von der traditionellen deutschen (und österreichischen) Diskussion zur Frage nimmt, ob solchen **doppelfunktionellen Parteiprozesshandlungen** (wenn es sich denn überhaupt um solche handelt, und nicht bloss privatrechtliche oder prozessuale «Rechtsnatur» anzunehmen ist) Doppelnatur zukommt oder ob vielmehr eine der anderen hier vertretenen Deutungen des Verhältnisses von Privat- und Prozessrecht zutrifft (vgl. dazu nur ROSENBERG/SCHWAB/GOTTWALD § 129 Rz 29 ff. m.w.Nw.; vgl. aus schweizerischer Sicht ATTESLANDER-DÜRRENMATT, 17 ff.) Vor diesem Hintergrund ist nicht zu vermuten, dass die hierzulande von einer «Doppelnatur» oder dgl. Sprechenden ein bestimmtes dogmatisches Konzept i.S. dieser Diskussion vor Augen haben. Im Kern geht es dabei um die Frage, welche Wirkungen prozessuale und materiellrechtliche Mängel eines Vergleichs aufweisen. Eine Rezeption dieser Theorien in der Schweiz dürfte allerdings kaum praktischen Nutzen bringen. Daher wird die einschlägige Rechtslage im Folgenden auch ohne Zuhilfenahme solcher Deutungsschemata diskutiert.

2. Vergleich

a) Revision als Rechtsbehelf

6 Im schweizerischen Recht zeigt sich die Frage des Zusammenhangs zwischen Parteiprozesshandlung und privatrechtlichem Rechtsgeschäft im Rahmen des gerichtlichen Vergleichs am deutlichsten bei der **Geltendmachung von Willensmängeln**. Hier wird vertreten, die Möglichkeit, etwa einen Irrtum beim Vergleichsschluss geltend zu machen (vgl. zu den besonderen Problemen der Anfechtung eines Vergleichs wegen Irrtums BSK OR I-Schwenzer, Art. 23 N 16; BK-Schmidlin, Art. 23/24 OR N 365), resultiere aus der privatrechtlichen Seite des Vergleichs (BGE 110 II 44 E. 4 = Pra 1984 Nr. 150; BGE 124 II 8 E. 3.b; 130 III 49 E. 1.2; 132 III 737 E. 1.3). (Zwingend ist dieser eher begriffsjuristische Gedankengang freilich nicht, weil auch nichts gegen die Anwendung der allgemeinen Rechtsgeschäftslehre einschliesslich der Möglichkeit der Geltendmachung von Willensmängeln spräche, wenn man den Vergleich als reines Prozessrechtsgeschäft qualifizieren würde.) Allerdings wird die Form der Geltendmachung der privatrechtlichen Unwirksamkeit eines gerichtlichen Vergleichs nach BGE 110 II 44 E. 4c = Pra 1984 Nr. 150 dem Prozessrecht unterstellt, wobei der Umstand, dass dabei Fristen nach früherem kantonalem Zivilprozessrecht zu wahren waren, als unproblematisch angesehen wurde.

Nach Inkrafttreten der schweizerischen ZPO stellt sich diese Frage anders; zu prüfen ist nunmehr, ob die ZPO selbst – die nun ebenso wie die Bestimmungen, aufgrund derer der Vergleich als privatrechtlich unwirksam angesehen werden könnte, Bundesrecht ist – eine besondere Form der **Geltendmachung privatrechtlicher Vergleichsmängel** vorsieht. In der Tat ordnet Art. 328 Abs. 1 lit. c an, dass die Unwirksamkeit von Klageanerkennung, Klagerückzug oder gerichtlichem Vergleich mit Revision geltend gemacht werden kann. Der Gesetzeswortlaut nimmt hier nicht ausdrücklich auf privatrechtliche Mängel Bezug. Freilich bemerkt schon die Botschaft, dass hier insb. an privatrechtliche Willensmängel gedacht werde (Botschaft ZPO, 7380). Dagegen enthält das Gesetz keine ausdrückliche Vorschrift, wonach der Erledigungsentscheid nach Abs. 3 wegen Vorliegens eines privatrechtlichen Mangels von Vergleich, Klagerückzug oder Klageanerkennung angefochten werden könnte. Damit scheint die Revision das einzige Fehlerkalkül für die Geltendmachung privatrechtlicher Vergleichsmängel darzustellen. Dies dürfte auch den Intentionen des Gesetzgebers entsprechen (Leuenberger, 337). 7

Im Ergebnis kann damit **die privatrechtliche Unwirksamkeit eines gerichtlichen Vergleichs nur mit Revision geltend gemacht werden**, also indem man (zumindest auch) die prozessuale Wirksamkeit des Vergleichs bekämpft. Liegt daher ein Grund für die materiellrechtliche Unwirksamkeit des Vergleichs vor, so bestehen nur zwei Möglichkeiten: Entweder ist er unerheblich, weil keine Revision geltend gemacht wird oder eine Revision erfolglos blieb; oder er wird wegen Gutheissung der Revision relevant, womit aber auch die prozessuale Seite des Vergleichs hinwegfällt. Dies ist auch im Zusammenhang mit der in Abs. 2 angeordneten Rechtskraftwirkung des Vergleichs zu verstehen (einer Wirkung, die – jedenfalls aus Perspektive des deutschen Rechtskreises – eine Besonderheit des schweizerischen Rechts darstellen): Die Frage, ob in dieser Konstellation der Vergleich zwar materiellrechtlich unwirksam, aber prozessual wirksam ist, stellt sich hier insofern nur theoretisch, als wegen der materiellen Rechtskraftwirkung des Vergleichs jedenfalls von den von ihr erfassten Parteien auch die materiellrechtliche Unwirksamkeit des Vergleichs gar nicht mehr geltend gemacht werden kann. 8

Bei **prozessualen Mängeln des Vergleichs** (z.B. fehlende Unterschrift nach Abs. 1) liegt gar kein Prozessvergleich vor; insb. wäre es verfehlt, von der Partei, die das mangelnde Vorliegen der prozessrechtlichen Voraussetzungen eines Vergleichs geltend machen will, zu verlangen, dass sie den – aus Sicht des Prozessrechts gar nicht zustande gekommenen – Vergleich mit Revision nach Art. 328 Abs. 1 lit. c anficht. Damit stellt sich die Frage, ob die «Unwirksamkeit des Vergleichs», von welcher dort die Rede ist, womöglich nur eine privatrechtliche ist (vgl. i.d.S. früher § 239 Abs. 2 ZPO/ZH). Bei all dem darf freilich die Bedeutung des Abschreibungsentscheids nach Abs. 3 nicht verkannt werden: 9

b) Bedeutung der Abschreibung nach Abs. 3

10 Eine besondere Rolle kommt in diesem Zusammenhang der vom Gesetzgeber wenig reflektierten **Abschreibung des Verfahrens** nach Abs. 3 zu. Bei dieser handelt es sich zwar wohl nur um einen deklaratorischen Entscheid, der nur feststellt, dass das Verfahren beendigt ist (vgl. auch BOTSCHAFT ZPO, 7345, wonach das Verfahren in solchen Fällen «der guten Ordnung halber abgeschrieben» wird; vgl. unten N 19), doch hat m.E. dieser Entscheid durchaus praktische Bedeutung: Richtigerweise *dürfte das Gericht das Verfahren aufgrund eines prozessual nicht wirksam zustande gekommenen Vergleichs gar nicht abschreiben*; tut es dies dennoch, so bekundet es seine eigene Meinung, dass der Vergleich wirksam zustande gekommen ist.

11 Solange ein solcher Erledigungsentscheid (noch) nicht ergangen ist, kann das Gericht jederzeit durch Verweigerung der Abschreibung des Verfahrens seine Meinung kundtun, dass gar kein Vergleich geschlossen wurde. Daher kann in dieser Situation auch jede Partei noch einfach im anhängigen, mangels Vorliegens eines **prozessual wirksamen Vergleichs** nicht beendigten Verfahren geltend machen, dass der Vergleich an einem prozessualen Mangel leidet; das Gericht hat dann, wenn dies zutrifft, das Verfahren einfach ohne Berücksichtigung des (unwirksamen) Vergleichs **fortzusetzen** und gerade keinen Abschreibungsentscheid nach Abs. 3 zu fällen.

12 Wurde dagegen schon (zu Unrecht) **trotz Vorliegens eines prozessual unwirksamen Vergleichs ein Erledigungsentscheid nach Abs. 3 gefällt**, so hat das Gericht im konkreten Verfahren seinen Rechtsstandpunkt kundgetan, dass ein prozessual wirksamer Vergleich vorliegt; in diesem Fall sieht das Prozessrecht keinen Antrag auf Wiedererwägung vor, weshalb in diesem Fall auch bei formellen Mängeln des Vergleichs eine Revision geltend gemacht werden muss (in diese Richtung auch STAEHELIN/STAEHELIN/GROLIMUND, § 23 Rz 23).

13 Fehlt eine **materiellrechtliche Wirksamkeitsvoraussetzung** für das Zustandekommen des Vergleichs, so ist hinsichtlich ihrer Wahrnehmung zu differenzieren: Handelt es sich um einen Aspekt, der vom Gericht von Amtes wegen wahrzunehmen ist, so hat das Gericht keinen Erledigungsentscheid zu fällen, weil es zwar die Parteierklärungen zu Protokoll genommen hat, diese jedoch nicht als Vergleich i.S.v. Art. 241 anzusehen ist. Handelt es sich dagegen um Unwirksamkeitsgründe, welche nur über Anfechtung, Einrede oder dgl. zu berücksichtigen sind, so hat das Gericht, wenn eine solche Erklärung nicht abgegeben wird, nach Protokollierung des Vergleichs einen Erledigungsentscheid zu fällen (vgl. N 40); dies hindert die Parteien jedoch nicht, den Vergleich zu einem späteren Zeitpunkt mit Revision anzufechten.

c) Prozessual unwirksamer, aber materiell wirksamer Vergleich?

14 Im Falle der **prozessualen Vergleichsunwirksamkeit** stellt sich die (praktisch freilich nicht überragend relevante) Frage, ob ein **dennoch materiell mangelfreier Vergleich** vom Gericht im Rahmen eines Sachentscheids (oder durch Abschreibung wegen Gegenstandslosigkeit – vgl. Art 242 N 4) *wie ein aussergerichtlicher Vergleich* zu berücksichtigen ist. M.E. handelt es sich dabei um eine Auslegungsfrage im Einzelfall. Es ist (regelmässig unter Berücksichtigung des hypothetischen Parteiwillens) zu prüfen, ob die Parteien eine Restgeltung des materiellrechtlichen Vergleichsvertrages auch dann gewollt hätten, wenn ihnen bekannt gewesen wäre, dass der Vergleich keine prozessuale Wirksamkeit entfaltet, also nicht zur sofortigen Prozessbeendigung und einem rechtskräftigen Entscheidungssurrogat führt. Im Regelfall wird ein solcher Restgeltungswille zu verneinen sein, weil es den Parteien des privatrechtlichen Vergleichsvertrages gerade auf die

Beilegung der prozessualen Auseinandersetzung ankommt; wird dieser Zweck verfehlt, so ist im Zweifel m.E. davon auszugehen, dass die Parteien dem Vergleichsvertrag auch keine sonstigen Wirkungen beilegen wollten. Kommt man im Einzelfall zum gegenteiligen Ergebnis, dass der materiellrechtliche Vergleichsvertrag trotz prozessualer Unwirksamkeit des Vergleichs isolierte Geltung haben soll, so hat das Gericht den Vergleich im Rahmen seines Sachentscheids zu berücksichtigen, d.h. die Klage im Umfang der res transacta abzuweisen bzw. gutzuheissen.

3. *Klageanerkennung und Klagerückzug*

Im Grundsatz entsprechend verhält es sich bei **Klageanerkennung und Klagerückzug**. Der Unterschied liegt hier freilich darin, dass das materielle Recht jedenfalls *keinen «Klagerückzugsvertrag»* vorsieht und auch eine *schlichte Gleichsetzung der Klageanerkennung mit einem privatrechtlichen Schuldbekenntnis verfehlt wäre*. In der Tat ist bei Klagerückzug und Klageanerkennung strittig, ob es dabei – wie beim Vergleich – um doppelfunktionelle Parteiprozesshandlungen oder vielmehr um reine Prozessrechtsgeschäfte handelt (für Letzteres GAUCH/SCHLUEP/SCHMID/REY, Rz 3139; SCHWENZER, Rz 79.07; ZK-AEPLI, Art. 115 OR N 25; VON TUHR/ESCHER, 176; **a.A.** BÜHLER, 51; VOGEL/SPÜHLER, 9. Kap. Rz 59; WALDER/GROB, § 25 Rz 11; BÜHLER/EDELMANN/KILLER, § 285 ZPO/AG N 1). Wie bereits GULDENER treffend hervorgehoben hat, verhält es sich vielmehr so, dass Klageanerkennung und Klagerückzug in der Regel ein Rechtsgeschäft des materiellen Rechts zugrunde liegen wird, wobei aber ganz unterschiedliche Konstellationen in Betracht kommen. Wer eine Forderungsklage zurückzieht, wird damit i.d.R. wohl auch erklären, auf die Forderung zu verzichten – die Rechtsordnung stellt aber auf ein solches privatrechtliches Rechtsgeschäft nicht ab, sondern lässt die Sperrwirkung des Klagerückzugs (Art. 65) unabhängig vom Vorliegen eines solchen privatrechtlichen Rechtsgeschäfts eintreten. Dagegen wird man bei Klagen über absolute Rechte schwer genau entsprechende Rechtsgeschäfte finden: Wer etwa eine Feststellungsklage bezüglich des Eigentums an einer bestimmten Sache zurückzieht, «verzichtet» ja nicht auf sein Eigentum, und es kann auch schwerlich eine Übereignung an den Gegner für den Fall, dass dieser noch nicht Eigentümer ist, unterstellt werden (GULDENER, ZPR, 400 f.). All das zeigt, dass es hier auf das Vorliegen eines solchen zugrunde liegenden materiellrechtlichen Rechtsgeschäfts nicht ankommt. M.a.W. löst die vom Gericht ordnungsgemäss protokollierte, von den Parteien unterschriebene Erklärung eines Klagerückzugs oder einer Klageanerkennung die damit verbundenen Rechtsfolgen aus, ohne dass es auf die Existenz eines zugrunde liegenden materiellrechtlichen Rechtsgeschäfts ankommt. Auch das Bundesgericht hat ausgesprochen, dass dem Klagerückzug (in casu ging es noch um die Rechtskraft eines Erledigungsentscheids aufgrund eines Klagerückzugs) materielle Rechtskraft ungeachtet der Frage zukommt, ob mit dem Rückzug auf den materiellen Anspruch verzichtet oder bloss das prozessuale Klagerecht fallen gelassen wurde (BGer, 4P.94/2002, E. 3).

Daher sind Klageanerkennung und Klagerückzug keine doppelfunktionellen Parteiprozesshandlungen, mag auch in vielen Fällen eine privatrechtliche Vereinbarung im Hintergrund stehen. Es handelt sich vielmehr bloss um **einseitige Parteiprozesshandlungen.** (Da ihre Wirksamkeit demnach nicht von einer Zustimmung des Prozessgegners abhängt, ist es nicht besonders überzeugend, wenn Abs. 1 auch hier die Unterschrift beider Parteien auf dem Protokoll verlangt.) Dies hindert jedoch bei nicht-begriffsjuristischer Sichtweise die Geltendmachung etwa von Willensmängeln gegen Klageanerkennung und Klagerückzug mitnichten, weil die etwa dem Irrtumsrecht zugrunde liegenden Wertungen bei solchen Erklärungen ohne weiteres auch Anwendung finden können. Dabei handelt es sich im Grunde um eine entsprechende Anwendung der privatrechtlichen Rechtsgeschäftslehre auf Prozessrechtsgeschäfte.

17 Solange das Gericht den Prozess *noch nicht abgeschrieben* hat (Abs. 3), kann daher die **Unwirksamkeit von Klagerückzug oder Klageanerkennung** (wie beim Vergleich – vgl. N 11) noch im anhängigen Prozess geltend gemacht werden, um eine Abschreibung zu verhindern und eine Fortführung des Prozesses zu erreichen; sobald das Gericht durch die Abschreibung nach Abs. 3 seine Auffassung bekundet hat, der Prozess sei beendet, muss auch hier mit Revision vorgegangen werden, um rechtsgeschäftliche Mängel von Klageanerkennung oder Klagerückzug geltend zu machen.

III. Rechtskraft (Abs. 2)

1. Parteihandlung oder Erledigungsentscheid als Quelle der Rechtskraft?

18 Vergleich, Klageanerkennung und Klagerückzug kommt nach Abs. 2 **«die Wirkung eines rechtskräftigen Entscheides»** zu (zu diesen Wirkungen vgl. allgemein Vor Art. 236–242 N 13 ff.). In diesem Zusammenhang ist nicht ganz klar, ob das Gesetz diese Wirkung *unmittelbar diesen prozessualen Rechtsgeschäften* zuerkennen möchte oder erst dem auf dieser Grundlage ergangenen *Erledigungsentscheid nach Abs. 3* materielle Rechtskraft (und Vollstreckbarkeit) zuerkennen will.

19 Vor Inkrafttreten der ZPO waren dem *kantonalen Zivilprozessrecht beide Modelle* bekannt (vgl. etwa BÜHLER, 52 f.; FELLMANN, 73 f.), weshalb von der ZPO eine etwas klarere Entscheidung für das eine oder andere Modell zu erwarten gewesen wäre. Der Bericht zum Vorentwurf bezeichnet den Erledigungsentscheid bei Vergleich, Rückzug oder Anerkennung noch als Sachentscheid (Bericht VE-ZPO, 111), nimmt also offenbar an, erst dem Erledigungsentscheid und nicht schon der Protokollierung von Klageanerkennung, Klagerückzug oder Vergleich komme Rechtskraftwirkung und Vollstreckbarkeit zu. Die Botschaft bemerkt dagegen, Vergleich, Klageanerkennung oder Klagerückzug beenden den Prozess unmittelbar; die Abschreibung als gegenstandslos erfolge nur noch «*der guten Ordnung halber*». Die Dispositionsakte hätten als Urteilssurrogate Rechtskraftwirkung (BOTSCHAFT ZPO, 7345).

20 In der Tat entspricht diese Auffassung der Botschaft, welche schon der (Protokollierung und Unterschrift von) Klageanerkennung, Klagerückzug und Vergleich Rechtskraftwirkung und Vollstreckbarkeit zukommt, der Gesetzessystematik wesentlich besser: Das 6. Kapitel trägt die Überschrift «*Beendigung des Verfahrens ohne Entscheid*», womit jedenfalls die Beendigungswirkung dieser Dispositionshandlungen offenbar schon ihnen selbst und nicht erst dem (diesbezüglich nur noch deklaratorische Funktion erfüllenden) Erledigungsentscheid zukommt. Auch der Aufbau von Art. 241 weist hier systematisch in diese Richtung: Zunächst wird in Abs. 2 die Wirkung von Vergleich, Klageanerkennung und Klagerückzug geregelt; erst darauf aufbauend wird angeordnet, das Gericht habe das Verfahren abzuschreiben.

21 Die – freilich in manchen Kantonen schon vor Inkrafttreten der schweizerischen ZPO herrschende – Meinung, den Parteidispositionshandlungen selbst komme Rechtskraftwirkung und Vollstreckbarkeit zu, ist freilich insofern irritierend, als jedenfalls die Rechtskraft eigentlich nur einer *staatlichen Entscheidung* und nicht einem protokollierten Rechtsgeschäft zukommen kann (so treffend schon GULDENER, ZPR, 397 f.). Insofern überzeugend hat der Gesetzgeber auch den vollstreckbaren öffentlichen Urkunden nach Art. 347 ff. nur Vollstreckbarkeit, nicht aber Rechtskraftwirkung zuerkannt. Besonders problematisch erschiene es, einer blossen Parteivereinbarung wie dem Vergleich

nicht nur die Einmaligkeitswirkung der materiellen Rechtskraft (Sperrwirkung, «ne bis in idem»), sondern sogar deren Bindungs- bzw. Präjudizialitätswirkung zuzuerkennen; letztere ist doch sehr deutlich Ausfluss der hoheitlichen Entscheidungstätigkeit eines Gerichts, mag diese auch auf zulässigen Dispositionen der Parteien beruhen.

Die Problematik wird freilich durch Abs. 3 entschärft: Der – vom Gesetzgeber wenig reflektierte – *Erledigungsentscheid* nach Abs. 3 bekundet (wie bereits oben hervorgehoben; vgl. N 10) die Auffassung des Gerichts, es liege eine wirksame Parteidisposition (Vergleich, Klagerückzug, Klageanerkennung) vor. *Erlässt das Gericht keinen Erledigungsentscheid*, sondern führt es das Verfahren fort, so ist klar, dass nach Auffassung des Gerichts (ggf. obwohl Parteierklärungen zu Protokoll genommen und unterschrieben wurden), welche den äusseren Anschein eines Vergleichs, einer Klageanerkennung oder eines Klagerückzugs erwecken) keine Prozesserledigung durch Parteidisposition erfolgt ist und daher auch kein Rechtskraft und Vollstreckbarkeit geniessendes Urteilssurrogat vorliegt. Eine solche Situation kann z.B. eintreten, wenn das Gericht der Auffassung ist, dass eine Partei noch vor Fällung eines Erledigungsentscheids wirksam einen Willensmangel geltend gemacht hat oder sich die Parteidisposition auf einen nicht verfügbaren Gegenstand bezogen hat. Wollte sich in einem solchen Fall eine Partei auf Rechtskraft oder Vollstreckbarkeit von Vergleich, Klageanerkennung oder Klagerückzug berufen, so könnte ihr der Gegner gleich unter Hinweis auf das Nichtvorliegen eines Erledigungsentscheids nach Abs. 3 entgegenhalten, dass nach Auffassung des (dafür zuständigen) Prozessgerichts keine wirksame Prozesserledigung durch Parteierklärung und damit auch kein rechtskräftiges und vollstreckbares Urteilssurrogat vorlag. 22

Mag daher also – rein technisch-praktisch gesehen – **das gerichtliche**, von den Parteien unterschriebene **Protokoll** etwa **der definitive Rechtsöffnungstitel sein** und mag die **Parteiprozesshandlung** daher selbst der **eigentlich Rechtskraft wirkende Akt** sein, so liegen diese Wirkungen doch insgesamt nur dann vor, wenn dies auch durch einen **Erledigungsentscheid nach Abs. 3** bekundet wird. Treffend weist denn auch LEUENBERGER, 337 darauf hin, Klageanerkennung, Klagerückzug und Vergleich können «*zusammen mit dem entsprechenden Abschreibungsbeschluss*» als Entscheidsurrogate betrachtet werden. 23

Insofern hat der Gesetzgeber, wohl ohne dies zu bemerken, eine im Ergebnis doch vernünftige Lösung geschaffen, wenn und weil hier ohne gerichtlichen Entscheid nach Abs. 3 nicht von einem rechtskräftigen und vollstreckbaren Urteilssurrogat ausgegangen werden kann. All dies zeigt freilich, dass es wesentlich zweckmässiger gewesen wäre, diese Wirkungen (wie es etwa der früheren Zürcher Lösung entsprach) gleich erst dem Erledigungsentscheid zuzuerkennen und zu verlangen, dass in diesem mit einem entsprechenden Dispositiv Klarheit über den Gegenstand von Rechtskraft und Vollstreckbarkeit geschaffen wird. Die schweizerische ZPO hat sich freilich recht deutlich für die gegenteilige Lösung entschieden, was aber – wie eben ausgeführt – im Ergebnis letztlich nichts ändert. 24

Tatsächliche Rechtsnachteile kann diese Lösung allerdings – abgesehen von ihrer Unübersichtlichkeit – dann bringen, wenn sich eine Partei *im Ausland auf die Rechtskraft des Vergleichs etc. berufen* will. Hätte bei einer Lösung mit einem Urteilsdispositiv im Erledigungsentscheid noch eine gewisse Hoffnung (allerdings durchaus keine Sicherheit) bestanden, dass dessen Rechtskraftwirkung im Ausland anerkannt wird, so ist dies beim Vergleich etc. angesichts der Tatsache, dass für die Anerkennung der Rechtskraft (nicht nur, aber auch im LugÜ – vgl. etwa ATTESLANDER-DÜRRENMATT, 135 ff.; vgl. etwa auch § 328 Abs. 1 Satz 1 der deutschen ZPO) regelmässig eine *Entscheidung* verlangt wird und ein Vergleich oder dgl. nicht ausreicht, regelmässig nicht zu erwarten. 25

2. Rechtskraftgegenstand

a) Klageanerkennung

26 Anerkannt ist, dass die Klageanerkennung bzw. ein Erledigungsentscheid auf Grundlage einer Klageanerkennung, nach heutigem Recht: die Klageanerkennung in Verbindung mit dem Erledigungsentscheid nach Abs. 3, **dieselben Wirkungen hat wie eine Gutheissung der Klage durch Sachentscheid.**

27 Dies ist m.E. auch sachlich gerechtfertigt, weil sich die Klageanerkennung auf den geltend gemachten prozessualen Anspruch bezieht und damit die *Basis für die sofortige Gutheissung* der Klage schaffen würde, was die ZPO auf abgekürztem (und daher etwas unklarem) Weg durchführt, indem sie der protokollierten und unterschriebenen Klageanerkennung in Verbindung mit dem Erledigungsentscheid Rechtskraftwirkung zuweist.

b) Klagerückzug

28 Beim Klagerückzug ist der Verweis auf die Wirkung eines rechtskräftigen Urteils insofern irritierend, als schon **Art. 65 eine ausdrückliche Regelung über die «Folgen des Klagerückzugs»** enthält. Nach dieser Bestimmung hat der Klagerückzug (beim zum Entscheid zuständigen Gericht) zur Folge, dass dieselbe Partei über denselben Streitgegenstand keinen zweiten Prozess mehr führen kann (sofern das Gericht die Klage der beklagten Partei bereits zugestellt hat und diese dem Rückzug nicht zustimmt). Vgl. dazu dort.

29 Die Zuerkennung einer Rechtskraftwirkung an den Klagerückzug, welche vollinhaltlich der Rechtskraft eines klageabweisenden Entscheids entspräche, ginge jedoch über diese Wirkung hinaus: Art. 65 ordnet (aus Perspektive des Rechtskraftrechts formuliert) nur eine **Einmaligkeitswirkung** (*Sperrwirkung, «ne bis in idem»*) an, jedoch **mitnichten eine inhaltliche Bindungswirkung**. Wird etwa eine Klage auf Feststellung, dass zwischen dem Kläger und dem Beklagten ein Mietvertrag besteht, zurückgezogen, so hätte dies nach Art. 65 jedenfalls nur zur Folge, dass dieselbe Klage inter partes nicht nochmals eingebracht werden kann; keineswegs folgt daraus aber, dass dadurch etwa in einem späteren Prozess, in welchem der angebliche Vermieter gegen den angeblichen Mieter auf Mietzinszahlung klagt, verbindlich festgestellt ist, dass zwischen den Parteien kein Mietvertrag besteht. Würde man nun tatsächlich dem Klagerückzug die volle Rechtskraftwirkung eines klageabweisenden Entscheids zuerkennen, so hätte dies jedoch genau diese Folge. M.E. kann der Klagerückzug jedoch nicht mehr zur Folge haben, als **dass der Prozess beendigt wird und eine identische Klage künftig nicht mehr beurteilt werden darf**, weil ihr das Prozesshindernis nach Art. 65 entgegensteht.

30 Damit wird aber den Parteiinteressen im Fall des Klagerückzugs vollauf entsprochen: Der Wille des Klägers, den Prozess nicht zu führen, wird respektiert; der Beklagte wird von nochmaliger Inanspruchnahme mit derselben Sache geschützt. M.E. wäre es hier durchaus nicht sachgerecht, über die Sperrwirkung des Art. 65 hinaus auch noch eine inhaltliche Verbindlichkeit im Sinne einer rechtskräftigen Abweisung zu unterstellen. Mit Blick auf den Klagerückzug stellt die Anordnung einer Rechtskraftwirkung in Abs. 2 daher m.E. lediglich eine (freilich irreführende) Wiederholung der Anordnung des Art. 65 dar.

c) Vergleich

31 Entsprechendes muss m.E. auch für die «Rechtskraft des Vergleichs» gelten: Protokollierter Vergleich und Erledigungsentscheid bewirken, dass **die ursprünglich erhobene**

Klage nicht nochmals erhoben werden kann («ne bis in idem»). Zudem bekundet der **Abschreibungsbeschluss** nach Abs. 3 rechtskräftig, dass die Parteien nach Auffassung des Gerichts einen prozessual und materiellrechtlich wirksamen Vergleich geschlossen haben, weshalb *Vergleichsmängel nur noch mit Revision geltend gemacht werden können* (vgl. N 12 f.). Dies hat zur Folge, dass die Vergleichswirksamkeit insb. auch *in der Vollstreckung nicht mehr in Frage gestellt* werden kann.

Weder praktisch noch rechtssystematisch liegt jedoch eine darüber hinaus gehende Rechtskraftwirkung des Vergleichs nahe. Dies hat insb. zur Folge, dass die Parteien **keinen blossen «Feststellungsvergleich»** schliessen können, also einen Vergleich darüber, dass irgendein Recht oder Rechtsverhältnis als rechtskräftig festgestellt gelten solle; sofern sich die Parteien freilich privatrechtlich z.B. über die Vertragsexistenz vergleichen können, sie dies getan haben und das Gericht das Verfahren auf solcher Grundlage (zu Recht oder zu Unrecht) abgeschrieben hat, kann die privatrechtliche Unwirksamkeit dieser Einigung nach Erlassung des Abschreibungsbeschlusses aufgrund eines solchen Vergleichs nur noch mit Revision geltend gemacht werden, was praktisch auf ein ähnliches Ergebnis hinausläuft. Ist das Gericht jedoch der Auffassung, dass es an einer privatrechtlichen Einigung über das Recht oder Rechtsverhältnis fehlt – weil diese z.B. nicht gewollt ist oder die Parteien dazu nicht befugt sind – dann ist es nicht zulässig, eine isolierte «Einigung über die rechtskräftige Feststellung» zu protokollieren und das Verfahren auf dieser Grundlage abzuschreiben.

Vor allem führt der Vergleich zu **keiner präjudiziellen Abweisung oder Gutheissung der ursprünglich vom Kläger erhobenen Rechtsbegehren** nach Massgabe des Vergleichs: Über das ursprüngliche Rechtsbegehren wird vielmehr nicht entschieden, was zwar wegen des Vergleichs zur Folge hat, dass – wie zuvor erwähnt – eine neuerliche Einklagung (bei unverändertem Sachverhalt) unzulässig ist, jedoch eben keinen bindenden Entscheid über den ursprünglichen Verfahrensgegenstand zur Folge hat. Hat der Kläger z.B. ursprünglich auf Feststellung des Bestehens eines Vertrages zwischen den Parteien geklagt, und haben sich die Parteien dann nur darauf verglichen, der Kläger solle CHF 1000 vom Beklagten erhalten, so ist eine neuerliche, gleich lautende Feststellungsklage bei unverändertem Sachverhalt unzulässig; mitnichten liegt aber irgendeine rechtskräftige präjudizielle Aussage über die Vertragsexistenz vor – allenfalls kann geprüft werden, ob die Parteien mit ihrer Einigung über die Zahlung sich stillschweigend über die Existenz des Vertrags einigen wollten, was dann aber ausschliesslich privatrechtliche Folgen hätte.

IV. Verfügbarkeit des Streitgegenstandes

Voraussetzung der Parteidispositionen über den Streitgegenstand durch Vergleich, Klageanerkennung oder Klagerückzug ist grundsätzlich die **Verfügbarkeit des Streitgegenstands** (vgl. dazu HABSCHEID, ZPR, Rz 537; GULDENER, ZPR, 148; STAEHELIN/STAEHELIN/GROLIMUND, § 10 Rz 4; VOGEL/SPÜHLER, 9. Kap. Rz 58). Die Frage, wann eine solche vorliegt, ist allerdings nicht einfach zu beantworten. Die Rechtslage unterscheidet sich hier in verschiedenen materiellrechtlichen Konstellationen, weshalb es kein einfaches «Patentrezept» für die hier erforderliche Verfügbarkeit gibt.

Zunächst ist zu beachten, dass die Verfügbarkeit des Streitgegenstandes nach **Rechtshängigkeit** tendenziell zunimmt: Auch dort, wo dies nicht ausdrücklich angeordnet wird, wird es sich häufig so verhalten, dass Rechtspositionen, die zu einem früheren Zeitpunkt – etwa aus Anlass des ursprünglichen Vertragsschlusses beider Parteien – noch nicht verfügbar waren, im Prozess verfügbar werden, weil hier insb. die spezifische Drucksituation bei Ungleichgewichtslagen im Rahmen eines Vertragsschlusses wegfällt. Daher kann auch nicht einfach gesagt werden, dass zwingend-rechtliche Anspruchsgrundlagen einer Disposition durch Vergleich, Klageanerkennung oder Klagerückzug unzugänglich sind. Zu prüfen ist, ob durch Vergleich, Klageanerkennung oder Klagerückzug selbst von der Rechtsordnung verpönte Dispositionen bewirkt werden.

36 Beim **Vergleich** kommt es damit auf die materiellrechtliche Wirksamkeit der konkreten inhaltlichen Ausgestaltung des Vergleichsvertrags an. Bei Klageanerkennung und Klagerückzug sind die Verhältnisse komplexer, weil hier – anders als beim Vergleich – kein genau entsprechendes materiellrechtliches Rechtsgeschäft im Hintergrund stehen muss (vgl. oben N 15). M.E. kommt es auch gar nicht auf die Wirksamkeit im Hintergrund stehender materiellrechtlicher Vereinbarungen an, sondern vielmehr darauf, ob die durch (wirksam erklärte) Klageanerkennung oder (wirksam erklärten) Klagerückzug hergestellte Situation von der Rechtsordnung gebilligt wird.

37 Die Rechtslage bei der **Klageanerkennung**, welche zu einer der Gutheissung der Klage entsprechenden Situation führt, entspricht hier im Wesentlichen jener beim Vergleich, weil – im Ergebnis – der einzige Unterschied zum Vergleich hier insofern darin liegt, dass es zu keinem gegenseitigen Nachgeben, sondern vielmehr nur zum Nachgeben des Beklagten gekommen ist. Insofern ist hier also zu prüfen, ob die damit zwar nicht notwendig verbundene materiellrechtliche Disposition, die aber durch die auf Grundlage des Klageanerkenntnisses eintretende Rechtskraft geschaffene, funktional vollauf entsprechende Situation nach materiellem Recht durch die Parteidisposition herbeigeführt werden können soll.

38 Anders verhält es sich jedoch beim **Klagerückzug**: Dieser bewirkt nach m.E. richtiger Auffassung lediglich die Unzulässigkeit einer neuerlichen Klage über denselben Streitgegenstand (s.o. N 28 f.) und schafft damit lediglich eine Situation, also ob der Kläger entschieden hätte, niemals Klage zu erheben. Aufgrund der uneingeschränkten Geltung des Dispositionsgrundsatzes für die Verfahreneinleitung im schweizerischen Zivilprozessrecht steht die Verfahreneinleitung aber immer im Dafürhalten des Klägers, woraus zwar natürlich nicht ohne weiteres auf die Zulässigkeit eines pactum de non petendo oder dgl. geschlossen werden kann, was aber doch die Annahme nahe legt, dass der Kläger regelmässig befugt sein wird, die Klage (endgültig – vgl. Art. 65) zurückzunehmen.

39 Dementsprechend kann die *Zulässigkeit von Vergleich, Klageanerkennung oder Klagerückzug* auch *beim selben Streitgegenstand unterschiedlich zu beurteilen* sein: So ist etwa ein Klagerückzug etwa auch bei Klage auf Feststellung oder Anfechtung des Kindesverhältnisses zulässig, während bei diesen Verfahrensgegenständen ein Vergleich aufgrund der zugrunde liegenden privatrechtlichen Rechtslage nicht in Betracht kommt. Dies würde grundsätzlich auch eine Klageanerkennung ausschliessen, doch kann bei der Klage auf Feststellung der Vaterschaft Art. 260 Abs. 3 ZGB entnommen werden, dass hier eine Klageanerkennung – als Form der Anerkennung der Vaterschaft – möglich ist.

V. Wirksamkeitsvoraussetzungen

40 Neben der quaestio mixta der Verfügbarkeit des Streitgegenstandes stellt sich **aus rechtsgeschäftlicher Sicht** naturgemäss auch die Frage des *wirksamen Zustandekommens des Vergleichs* bzw. *der wirksamen Erklärung von Klagerückzug und -anerkennung* (Handlungsfähigkeit, Vorliegen eines Konsenses etc.). Bei *Willensmängeln* kommt es darauf an, ob man der Anfechtungs- oder Ungültigkeitstheorie folgt: Legt man – m.E. richtig – die Anfechtungstheorie zugrunde, so hat das Gericht den Erledigungsentscheid zu fällen, sofern der Willensmangel von der betroffenen Partei nicht geltend gemacht

6. Kapitel: Beendigung des Verfahrens ohne Entscheid — Art. 242

wird; folgt man der wohl noch immer herrschenden Ungültigkeitstheorie (vgl. zu alldem BSK OR I-SCHWENZER, Art. 23 N 8 m.w.Nw.), so hat das Gericht einen aufgrund der Aktenlage feststehenden Willensmangel auch von Amtes wegen zu berücksichtigen.

Grundsätzlich bestehen dabei **keine Nachforschungsobliegenheiten des Gerichts**, doch ist m.E. zu beachten, dass die Protokollierung des Vergleichs ein Akt der öffentlichen Beurkundung ist, bei welchem auch inhaltlich zumindest eine gewisse Anlehnung an den zu Art. 55 SchlT ZGB entwickelten Prinzipien von einer Belehrungspflicht über die Rechtsfolgen insb. bei anwaltlich nicht vertretenen Parteien auszugehen sein wird, also sozusagen von einer *verdichteten richterlichen Fragepflicht*. — 41

Prozessuale Gültigkeitserfordernisse des Dispositionsakts sind zunächst allgemeine Voraussetzungen, insb. die *Partei- und Prozessfähigkeit* der Parteien. Zum *Klagerückzug vor dem unzuständigen Gericht* vgl. Art. 65 N 5. Eine *Klageanerkennung vor dem an sich unzuständigen Gericht* ist jedenfalls insofern zulässig, als sich der Beklagte zulässigerweise auf das Verfahren eingelassen hat oder – spätestens – durch die Klageanerkennung (bei der es sich um eine Äusserung zur Sache handelt) einlässt (vgl. Art. 18). Beim *Vergleich*, der über den ursprünglich den Verfahrensgegenstand bildenden Streit hinausgehen kann (s.o. N 2), ist nach h.M. eine *Zuständigkeit* des Gerichts nicht erforderlich (vgl. GULDENER, ZPR, 394; ATTESLANDER-DÜRRENMATT, 35; SCHULTZ, 71 ff.). Dies gilt m.E. auch nur insofern, als die Parteien in der Lage wären, wenigstens nach Entstehen des Streits eine Gerichtsstandsvereinbarung über den Vergleichsgegenstand zu treffen oder die Zuständigkeit des Gerichts zumindest durch rügelose Einlassung (Art. 18) zu begründen (vgl. in diesem Sinn auch Müller/Wirth-WIRTH, Art. 10 GestG N 24; GILLARD, 143). Gerade angesichts der Rechtskraftwirkung des gerichtlichen Vergleichs (s.o. N 31 ff.) kommt ein solcher vor dem unheilbar unzuständigen Gericht m.E. nicht in Betracht (**a.A.** offenbar ATTESLANDER-DÜRRENMATT, 37 und 50; einschränkender GILLARD, 142). — 42

Art. 242

Gegenstands-losigkeit aus anderen Gründen	**Endet das Verfahren aus anderen Gründen ohne Entscheid, so wird es abgeschrieben.**
Procédure devenue sans objet pour d'autres raisons	Si la procédure prend fin pour d'autres raisons sans avoir fait l'objet d'une décision, elle est rayée du rôle.
Causa divenuta priva d'oggetto per altri motivi	La causa è parimenti stralciata dal ruolo se il procedimento termina per altri motivi senza decisione del giudice.

Inhaltsübersicht Note

I. Regelungsgegenstand 1
II. Fälle der Gegenstandslosigkeit 2
    1. Meinungsstand 2
    2. Abgrenzung zwischen Endentscheid (Art. 236 Abs. 1) und Abschreibung
        wegen Gegenstandslosigkeit 5
III. Rechtsfolgen der Abschreibung 13

Literatur

F. ADDOR, Die Gegenstandslosigkeit des Rechtsstreits, Diss. Bern 1997; J. BRÖNNIMANN, Die Schweizerische Zivilprozessordnung vom 19.12.2008 – ein Überblick, recht 2009, 79 ff.; P. REETZ, Anmerkung zu BGer 5A_590/2007, Baurecht 2009, 66 f.; D. RÜETSCHI, Der neue Gerichtsstand für die Stimmrechtssuspendierungsklage – Was bringt die Schweizerische Zivilprozessordnung, REPRAX 3/2009, 34 ff.

I. Regelungsgegenstand

1   Die Bestimmung erlaubt dem Gericht, das **Verfahren als gegenstandslos abzuschreiben**, enthält jedoch *keine Aussage darüber, wann dies der Fall* ist. Sie geht dabei davon aus, dass das Verfahren bei Eintritt bestimmter Umstände ipso iure endet; auf die Prozessbeendigung kann sich freilich keine Partei berufen, solange der Abschreibungsbeschluss noch nicht gefällt ist. Solange dies noch nicht der Fall ist, kann insb. unter Berufung darauf, dass keine Gegenstandslosigkeit eingetreten ist, die Fortsetzung des Verfahrens begehrt werden. Ausdrücklich angeordnet wird die Abschreibung als Gegenstandslos im Fall der *Säumnis beider Parteien* gem. Art. 234 Abs. 2, bei *Säumnis im Schlichtungsverfahren* gem. Art. 206 Abs. 1 und 3 sowie bei *Nichteinhaltung der Klagefrist nach gescheiterter Einigungsverhandlung bei der Scheidungsklage* gem. Art. 291 Abs. 3.

II. Fälle der Gegenstandslosigkeit

1. Meinungsstand

2   Schon zum früheren Recht haben *Rechtsprechung und Lehre ein heterogenes Bündel von Konstellationen als Fälle der Gegenstandslosigkeit anerkannt*. Darauf baut ausweislich der Botschaft auch Art. 242 auf (BOTSCHAFT ZPO, 7345).

3   Als **allgemeine Grundsätze** wurden insb. formuliert, dass ein Fall der Gegenstandslosigkeit vorliegt, wenn der eingeklagte *Anspruch aus einem vom Willen des Anspruchsberechtigten unabhängigen Grund erlischt* (BGE 91 II 146 E. 1; GULDENER, ZPR, 204), wenn *keine Partei mehr ein schutzwürdiges Interesse am Rechtsschutz* hat (ADDOR, 155), wenn *der Prozess «nichts Streitiges mehr aufweist»* (KUMMER, ZPR, 148; BERGER/GÜNGERICH, Rz 883) bzw. wenn es *unmöglich sei, im Sinne der Rechtsbegehren der klagenden Partei zu urteilen* (LEUCH/MARBACH/KELLERHALS/STERCHI, Art. 206 ZPO/BE N 2a).

4   Unter diese ebenso unscharfen wie vielfältigen Begründungsansätze wurden von Rechtsprechung und Lehre bisher etwa folgende **Fälle** subsumiert: *Wegfall des Feststellungsinteresses* (BGE 109 II 165 E. 2; 116 II 351 E. 3); *Rückzug des Rechtsvorschlags während eines anhängigen Prozesses zur Beseitigung desselben* (BGE 110 III 13 E. 3); *Löschung der beklagten Aktiengesellschaft* im Handelsregister im Gefolge einer Einstellung des Konkurses mangels Aktiven (HGer ZH, ZR 1976 Nr. 89); *Abschluss eines aussergerichtlichen Vergleichs* (BGer, 5A_590/2007, E. 3; REETZ, 67; BRÖNNIMANN, 90); *Veräusserung des Streitgegenstandes ohne Eintritt des Erwerbers in einen Prozess* (RÜETSCHI, 46 f.; ADDOR, 102 ff.; KUMMER, ZPR, 148); *Tod einer Partei in einem Prozess über unvererbliche Ansprüche* (BGer, I 545/04, E. 3; KUMMER, 148), insb. *Tod eines Ehegatten im Scheidungsverfahren* (BGE 93 II 151 E. 3; 91 II 81 E. 4; 76 II 252; STAEHELIN/STAEHELIN/GROLIMUND, § 23 Rz 32); *Dahinfall der Betreibung bzw. Konkurseröffnung im Widerspruchsprozess* (BGE 99 III 12 E. 1); *Rückzug der Betreibung während des Prozesses über eine negative Feststellungsklage nach Art. 85a SchKG* (BGE 127 III 41 E. 4);

Konfusion (OGer ZH, ZR 1948 Nr. 92; VOGEL/SPÜHLER, 7. Kap. Rz 100b); *Nichtigerklärung eines Patentes während des Patentverletzungsprozesses* (BGE 109 II 165 E. 3); und allgemein bei der *Erfüllung des Anspruchs durch den Beklagten* (ADDOR, 68 ff.; KUMMER, ZPR, 148; FRANK/STRÄULI/MESSMER, § 188 ZPO/ZH N 11a).

2. Abgrenzung zwischen Endentscheid (Art. 236 Abs. 1) und Abschreibung wegen Gegenstandslosigkeit

Als «gegenstandslos» werden Prozesse also aus ganz unterschiedlichen rechtlichen Gründen angesehen: Auf der einen Seite steht der **Wegfall von Prozessvoraussetzungen** (etwa Feststellungsinteresse, Parteifähigkeit), auf der anderen Seite der **Wegfall materiellrechtlicher Tatbestandselemente** (z.B. Erfüllung, Wegfall der Sachlegitimation wegen Veräusserung des Streitgegenstandes, Wegfall des Schutzrechts im Verletzungsprozess, Unmöglichkeit der Leistung). Diese Kasuistik ist weitgehend unreflektiert, und es ist vollends unklar, wo die Grenze zwischen den Fällen der Klageabweisung bzw. des Nichteintretens auf der einen und der Abschreibung als gegenstandslos auf der anderen Seite verläuft. Der Meinungsstand hat sich hier weitgehend intuitiv entwickelt, und leider trägt auch die ZPO hier nichts zur Aufklärung bei. 5

Gemeinsames Merkmal aller einschlägigen Fälle ist es, dass die Gegenstandslosigkeit jeweils **nach Eintritt der Rechtshängigkeit** eintreten muss, während die Verwirklichung entsprechender Gründe zu einem Zeitpunkt davor zum Nichteintreten bzw. zur Abweisung der Klage führt (STAEHELIN/STAEHELIN/GROLIMUND, § 23 Rz 33). 6

Bei den meisten Fällen geht es hier wohl darum, dass ein *Nichteintreten auf die Klage oder deren Abweisung intuitiv schlecht zur Situation «passt», für welche «der Kläger nichts kann»;* dies gilt auch und gerade für die Entscheidung über die *Kosten*. Dabei ist freilich zu beachten, dass – unabhängig davon, ob es zu einer Abschreibung oder einem Endentscheid kommt – der Umstand, dass der Kläger für den Eintritt bestimmter Konstellationen «nichts kann», ohnedies beim Kostenentscheid berücksichtigt werden darf (beachte Art. 107 Abs. 1 lit. b). Freilich ist auch die umgekehrte Situation erfasst, dass der Beklagte für die Gegenstandslosigkeit des Verfahrens nach Eintritt der Rechtshängigkeit «nichts kann», etwa wenn der Scheidungskläger gestorben ist. Insgesamt wird hier durch den Abschreibungsentscheid mit Blick auf Art. 107 Abs. 1 lit. e (vgl. freilich etwa die abweichende Regelung von Art. 234 Abs. 2) die Grundlage geschaffen, um das Verfahren zu beenden und eine Kostenentscheidung nach Ermessen zu fällen. Die anderen deutschsprachigen Rechtsordnungen kennen übrigens eine solche Abschreibung nicht, haben aber mehr oder weniger praeter legem Instrumente geschaffen, welche ähnlichen Zwecken verpflichtet sind (vgl. das Institut der Erledigungserklärung im deutschen und der Klageeinschränkung auf Kosten im österreichischen Recht). 7

Verfehlt wäre eine Ablehnung der Abschreibung in bestimmten einschlägigen Konstellationen unter Hinweis darauf, es handle sich in Wahrheit um Fälle, in welchen Sach- bzw. Prozessentscheidungen zu treffen seien (so aber VOGEL/SPÜHLER, 7. Kap. Rz 100c). *Nicht nur einzelne Fällen der Gegenstandslosigkeit sind «eigentlich» Konstellationen, in denen die Zulässigkeit oder Begründetheit der Klage nachträglich wegfällt, sondern vielmehr alle!* Die Prozesserledigung durch Abschreibung als gegenstandslos ist hier schlicht im Verhältnis zur Fällung eines Nichteintretensentscheides oder einer Klageabweisung die *lex specialis*, bei welcher bedauerlicherweise aber eben eine extrem unscharfe Grenze zur Erledigungsform «Endentscheid» bestehen. 8

Im Kern wird m.E. jeweils zu prüfen sein, ob eine Situation besteht, in der – auf dem Hintergrund der einschlägigen materiell- oder prozessrechtlichen Wertungen – **«eigent-** 9 lich» ein Nichteintretens- oder Abweisungsentscheid zu fällen wäre, aber «eigentlich» nicht von einem Obsiegen des Beklagten gesprochen werden sollte (weil er etwa nach Rechtshängigkeit die eingeklagte Forderung beglichen hat und dgl.). Ist dies der Fall, dann drängt sich als Konsequenz daraus auch eine Abweichung vom allgemeinen Prinzip des Art. 106 Abs. 1 für die Kostenentscheidung auf.

10 Verfehlt ist daher etwa BGE 109 II 165 E. 3, wonach ein Patentverletzungsprozess als gegenstandslos abzuschreiben ist, wenn das Patent (nach Rechtshängigkeit) für nichtig erklärt worden ist. Hier hat sich einfach der Kläger auf ein Schutzrecht berufen, das ihm nach der weiteren Entwicklung des Falles im entscheidungsmassgebenden Zeitpunkt nicht zustand, was gewiss nur sein Sphäre betrifft; die richtige Reaktion auf diesen Vorgang ist m.E. die Abweisung der Klage und nicht die Abschreibung als gegenstandslos, weil es eben der Sachlage gerecht wird, dass der Kläger «den Prozess verliert».

11 Zentraler Unterschied zwischen der Abweisung bzw. dem Nichteintreten und dem Erledigungsentscheid ist zum einen der Umstand, dass mangels Endentscheid auch **keine Berufung** zulässig ist, zum anderen, dass kein rechtskräftiger Entscheid über den Streitgegenstand ergeht (s.u. N 14). Ob eine Anfechtung des Erledigungsentscheids mit **Beschwerde** in Betracht kommt, ist zweifelhaft. Denkbar ist zwar eine Subsumtion unter Art. 319 lit. b Ziff. 2 (so STAEHELIN/STAEHELIN/GROLIMUND § 23 Rz 34), doch könnte der Umstand, dass der Abschreibungsbeschluss nach Art. 241 Abs. 3 nur mit Revision nach Art. 328 lit. c anfechtbar ist, Zweifel daran wecken. Da ein offenkundiges Interesse an der Anfechtung mit Beschwerde besteht, weil ansonsten ein evidentes Rechtsschutzdefizit in Fällen bestünde, in denen insb. keine Gegenstandslosigkeit vorlag, ist die Beschwerde m.E. als zulässig anzusehen. Denkbar ist auch eine Beschwerde nur im Kostenpunkt.

12 All dies legt dringend nahe, eine Prozesserledigung durch Abschreibung wegen Gegenstandslosigkeit nur dort vorzunehmen, **wo tatsächlich zwischen den Parteien «nichts Streitiges» mehr besteht**. Daher kommt etwa eine Abschreibung als gegenstandslos wegen Befriedigung des Klägers durch den Beklagten nur dort in Betracht, wo zwischen den Parteien Einigkeit darüber besteht, dass die streitgegenständliche Forderung bestand und durch die Zahlung des Beklagten befriedigt wurde. Besteht diesbezüglich Unklarheit, so hat das Gericht im Rahmen seiner Fragepflicht (Art. 56) entsprechend ausdrückliche Parteierklärungen einzuholen. Bestreitet der Kläger dabei, dass der Anspruch befriedigt wurde, oder bestreitet der Beklagte, dass er tatsächlich bestand, so muss (unter kostenrechtlicher Berücksichtigung der als Grund für eine Gegenstandslosigkeit in Betracht kommenden Fakten) ein Sachentscheid gefällt werden, weil ansonsten Rechtsmittel ungerechtfertigterweise abgeschnitten würden bzw. die Gefahr einer Kondiktion des irrtümlich Gezahlten bestünde.

III. Rechtsfolgen der Abschreibung

13 Der Abschreibungsentscheid stellt – ebenso wie jener nach Art. 241 Abs. 3 (vgl. N 10) – lediglich fest, dass nach Auffassung des Gerichts die Voraussetzungen für die Erledigung eingetreten sind. Hierzu wird gesagt, die **Rechtskraft** eines solchen Entscheides sei umfangmässig auf die materielle Feststellung begrenzt, dass der Rechtsstreit gegenstandslos geworden ist (so ADDOR, 247); werde die eingeklagte Forderung im Laufe des Prozesses erfüllt, so handle es sich beim Abschreibungsentscheid sogar um ein Sachurteil, das in materielle Rechtskraft erwächst (ZR 1991 Nr. 68).

Tatsächlich handelt es sich bei der Frage, ob z.B. die eingeklagte Forderung durch Zahlung untergegangen ist, um die materiellrechtliche Beurteilung des Streitgegenstandes – «eigentlich» wäre die Klage in diesem Fall einfach abzuweisen (s.o. N 9). Allerdings stellt diese materiellrechtliche Frage nur die **Vorfrage** für die Fällung des Abschreibungsentscheids dar und ist als solche nicht von der materiellen Rechtskraft des Abschreibungsentscheids erfasst. Dieser stellt nur fest, dass die Voraussetzungen für die Prozessbeendigung vorlagen, eine inhaltliche Bindung im Hinblick auf den Untergang des Anspruchs oder das Vorliegen eines anderen Gegenstandslosigkeitsgrundes wäre eine Bindung an privatrechtliche Vorfragen einer prozessualen Entscheidung, die hier ebenso verfehlt wäre wie etwa bei einem Nichteintretensentscheid, bei welchem materiellrechtliche Vorfragen zu beurteilen sind. Dies zeigt umso deutlicher, dass in Fällen, in welchen der Grund für Gegenstandslosigkeit zwischen den Parteien strittig ist, kein Abschreibungsentscheid gefällt werden darf (vgl. N 12).

4. Titel: Vereinfachtes Verfahren

Vorbemerkungen zu Art. 243–247

Inhaltsübersicht

	Note
I. Einleitung	1
II. Das ordentliche Verfahren als Grundverfahren	3
III. Kinderbelange in familienrechtlichen Angelegenheiten	6
IV. Betreibungsrechtliche Streitigkeiten mit materiellrechtlichem Hintergrund	8
V. Würdigung	11

Literatur

J. BRÖNNIMANN, Kantonales Konsumentenverfahren, in: Brunner/Rehbinder/Stauder (Hrsg.), Jahrbuch des schweizerischen Konsumentenrechts 1999, Bern 2000, 17 ff.; DERS., Gedanken zur Untersuchungsmaxime, ZBJV 1990, 329 ff.; W. PORTMANN, Arbeitsvertrag und Zivilprozess: Streitigkeiten aus Arbeitsverträgen im Lichte des Vorentwurfs für eine schweizerische Zivilprozessordnung, in: Gauchs Welt, Festschrift für Peter Gauch, Zürich 2004, 539 ff.

I. Einleitung

1 Das **vereinfachte Verfahren** ist der Nachfolger des bisherigen **einfachen und raschen Verfahrens**, wie es von Bundesrechts wegen früher insb. im Kinderunterhaltsrecht (Art. 280 aZGB), Mietrecht (Art. 274d Abs. 1 aOR), Arbeitsrecht (Art. 343 Abs. 2 aOR) und teilweise im Konsumentenrecht (Art. 97 Abs. 3 BV) vorgeschrieben war. Das neue vereinfachte Verfahren gemäss Art. 243–247 beansprucht ein viel breiteres Anwendungsfeld. Es gilt **generell** bei vermögensrechtlichen Streitigkeiten bis zu einem Streitwert von CHF 30 000 (Art. 243 Abs. 1) sowie unabhängig vom Streitwert **für die vom Gesetz aufgelisteten Angelegenheiten** (Art. 243 Abs. 2 lit. a–f). Mit der generellen Einführung des vereinfachten Verfahrens werden die bisherigen bundesrechtlichen Verfahrensbestimmungen aufgehoben (Art. 280 aZGB in Anhang 1 Ziff. II/3, Art. 274d Abs. 1 und Art. 343 Abs. 2 aOR in Anhang 1 Ziff. II/5) oder verlieren ihre Bedeutung (Art. 97 Abs. 3 BV).

2 Das vereinfachte Verfahren (Art. 243–247) ist eine der im «Besonderen Teil» geregelten Verfahrensarten. Es unterscheidet sich vom **ordentlichen Verfahren** (Art. 219–242) durch *vereinfachte Formalien* (vereinfachte Klage mit vorherrschender Mündlichkeit des Verfahrens, Art. 244), *kürzere Verfahrensdauer* (Bestreben der Verfahrenserledigung am ersten Termin, Art. 246) und *verstärkte Mitwirkung des Gerichts bei der Feststellung des Sachverhaltes* (gemässigte Untersuchungsmaxime, Art. 247) sowie *gewisse Kostenerleichterungen* (Art. 113 f.). Im Unterschied zum **summarischen Verfahren** (Art. 248 ff.) handelt es sich beim vereinfachten Verfahren – genau gleich wie beim ordentlichen Verfahren – um ein *einlässliches Verfahren*. Das vereinfachte Verfahren kennt keine Beweisbeschränkungen, und es führt regelmässig zu einem Endentscheid mit unbeschränkter materieller Rechtskraft. Ähnlich wie im Summarverfahren ist die Raschheit des Verfahrens ein wichtiges Ziel des vereinfachten Verfahrens.

II. Das ordentliche Verfahren als Grundverfahren

Der Gesetzgeber hat das vereinfachte Verfahren nicht integral selbständig und abschliessend geregelt. Vielmehr sind auch der «1. Titel: Allgemeine Bestimmungen» (N 4) sowie die Bestimmungen zum ordentlichen Verfahren als «Grundverfahren» zu beachten (Art. 219; N 5).

Der «**1. Titel: Allgemeine Bestimmungen**» (Art. 1–196) gilt auch im vereinfachten Verfahren. Allerdings sind im Rahmen der «Allgemeinen Bestimmungen» verschiedene Sonderregelungen für das vereinfachte Verfahren vorgesehen. Die Besonderheiten für das vereinfachte Verfahren sind im Zusammenhang zu sehen mit dem Bestreben nach *Raschheit des Verfahrens* (kürzere Verfahrensdauer durch Verzicht auf Streitverkündungsklage [Art. 81 Abs. 3]) und *Laienfreundlichkeit des Verfahrens* (verstärkte Mitwirkung des Gerichts durch die gemässigte Untersuchungsmaxime i.S.v. Art. 247 [Art. 58 Abs. 2], vereinfachte Formalien durch teilweise Durchbrechung des Anwaltsmonopols [Art. 68 Abs. 2] und Kostenerleichterungen in gewissen Angelegenheiten des vereinfachten Verfahrens [Art. 113 f.]).

Zu beachten sind auch die **Bestimmungen zum ordentlichen Verfahren** als Grundverfahren, soweit für das vereinfachte Verfahren nichts Abweichendes gilt (Art. 219). Solche Abweichungen können sich direkt *aus dem Gesetz* (Art. 243–247) oder *aus der Natur des vereinfachten Verfahrens* ergeben (BOTSCHAFT ZPO, 7338).

III. Kinderbelange in familienrechtlichen Angelegenheiten

Vor dem Inkrafttreten der eidgenössischen Zivilprozessordnung sah das Gesetz für die Feststellung und Anfechtung des Kindesverhältnisses ein *ordentliches Verfahren mit Offizialmaxime* (aArt. 254 ZGB) und für den Unterhaltsprozess ein *einfaches und rasches Verfahren ebenfalls gepaart mit Offizialmaxime* vor (aArt. 280 ZGB). Dahinter steht als rechtspolitisches Anliegen der Schutz des Kindeswohls. Nach den Bestimmungen der ZPO ist über die Kinderbelange beim Vorliegen einer selbständigen Klage im vereinfachten Verfahren zu befinden (Art. 295). Allerdings werden diese Verfahren als spezielle vereinfachte Verfahren eigens in einem separaten Titel in Art. 295–304 (*Kinderbelange in familienrechtlichen Angelegenheiten*) geregelt. Entsprechend wurden Art. 254 und 280 aZGB mit dem Inkrafttreten der ZPO obsolet und gestrichen (Anhang 1, Ziff. II/3).

Das speziell geregelte vereinfachte Verfahren in Bezug auf Kinderbelange in familienrechtlichen Angelegenheiten ist in doppelter Hinsicht ein «qualifiziertes» vereinfachtes Verfahren. Einerseits wird die Verhandlungsmaxime im Verfahren über Kinderbelange durch die **uneingeschränkte Untersuchungsmaxime** verdrängt, wonach das Gericht den Sachverhalt von Amtes wegen *erforscht* (Art. 296 Abs. 1). Demgegenüber gilt in den übrigen Angelegenheiten des vereinfachten Verfahrens die **gemässigte Untersuchungsmaxime**, die vom Richter eine *Mitwirkung* bei der Feststellung des Sachverhaltes verlangt (Art. 247; Art. 247 N 11 ff.). Andererseits ist in den vereinfachten Verfahren bezüglich Kinderbelangen keine Bindung des Richters an die Parteianträge vorgesehen (Art. 296 Abs. 3), so dass diesbezüglich die **Offizialmaxime** gilt. Im Gegensatz dazu darf das Gericht in den übrigen Angelegenheiten des vereinfachten Verfahrens nicht mehr als das Verlangte und nicht weniger als das Zugestandene zusprechen (Art. 58 Abs. 1), womit uneingeschränkt die **Dispositionsmaxime** zu beachten ist (Art. 247 N 21 f.). Das speziell geregelte vereinfachte Verfahren betreffend Kinderbelange in familienrechtlichen Angelegenheiten ist somit eine qualifizierte Verfahrensform mit uneingeschränkter Untersuchungsmaxime (Art. 296 Abs. 1) gepaart mit dem Offizialprinzip (Art. 296 Abs. 3).

IV. Betreibungsrechtliche Streitigkeiten mit materiellrechtlichem Hintergrund

8   Die betreibungsrechtlichen Streitigkeiten mit materiellrechtlichem Hintergrund unterstanden bislang nach bundesrechtlicher Regelung dem sog. «beschleunigten Verfahren» (Art. 25 aSchKG). Es handelt sich dabei grösstenteils um betreibungsrechtliche Klagen mit materiellrechtlichem Hintergrund wie die Feststellungsklage auf Nichtbestehen einer Schuld (Art. 85a SchKG), die Widerspruchsklage (Art. 106–109 SchKG), die Anschlussklage (Art. 111 SchKG), die Aussonderungs- und Admassierungsklage (Art. 242 SchKG), die Kollokationsklage (Art. 148 und 250 SchKG), die Klage (des Schuldners) auf Bestreitung oder (des Gläubigers) auf Feststellung neuen Vermögens (Art. 265a Abs. 4 SchKG) und die Klage auf Rückschaffung von Retentionsgegenständen (Art. 284 SchKG).

9   Unter der Geltung der eidgenössischen ZPO richtet sich die Verfahrensart grundsätzlich nach dem **Streitwert**. Dem vereinfachten Verfahren unterstehen die betreibungsrechtlichen Streitigkeiten bis zu einem Streitwert von CHF 30 000 (Art. 243 Abs. 1). Bei einem Streitwert von mehr als CHF 30 000 ist für die betreibungsrechtlichen Klagen mit materiellrechtlichem Hintergrund neu das ordentliche Verfahren massgebend. Da die ZPO das altrechtliche «beschleunigte Verfahren» nicht mehr kennt, sondern die entsprechenden Klagen je nach Streitwert im ordentlichen oder vereinfachten Verfahren zu beurteilen sind, wird Art. 25 Ziff. 1 aSchKG gestrichen und die Bestimmungen betreffend die einzelnen Klagen entsprechend angepasst (Anhang 1 Ziff. II/17).

10 In zwei Punkten bleibt jedoch der Gedanke des altrechtlichen beschleunigten Verfahrens für die betreibungsrechtlichen Klagen mit materiellem Hintergrund auch unter der Geltung der neuen ZPO erhalten. Einerseits sind diese Klagen wie bis anhin ohne vorherige Anrufung der Schlichtungsbehörde **direkt beim Gericht** anhängig zu machen (Art. 198 lit. e Ziff. 2–8), und zwar unabhängig davon, ob die betreffende Klage im vereinfachten (Streitwert bis CHF 30 000) oder ordentlichen Verfahren (Streitwert ab CHF 30 000) zu beurteilen ist. Andrerseits steht den Kantonen im Rahmen ihrer Autonomie in Bezug auf die Gerichtsorganisation die Möglichkeit offen, dass wie bis anhin der **Einzelrichter** für die Beurteilung von betreibungsrechtlichen Klagen mit materiellrechtlichem Hintergrund zuständig ist, und zwar ebenfalls unabhängig davon, ob der Streitwert unter CHF 30 000 liegt und damit das vereinfachte Verfahren zur Anwendung kommt oder über CHF 30 000 liegt und damit das ordentliche Verfahren massgebend ist (von dieser Kompetenz macht z.B. der Kanton Zürich Gebrauch [§ 22 lit. b E-GOG]).

V. Würdigung

11 Im erstinstanzlichen Gerichtsverfahren ist das vereinfachte Verfahren von grosser praktischer Bedeutung. Aufgrund der allgemeinen Geltung für vermögensrechtliche Streitigkeiten bis zu einem Streitwert von CHF 30 000 (Art. 243 Abs. 1) und der streitwertunabhängigen Geltung für die vom Gesetz aufgezählten Angelegenheiten (Art. 243 Abs. 2) deckt das vereinfachte Verfahren ein **breites Anwendungsfeld** ab. Dies setzt ein flexibles Verfahren voraus, das dem Richter grosse Freiheiten bei der Prozessleitung verschafft. Innerhalb der vom Gesetz gesetzten Grenzen hat sich das Gericht von den Leitlinien des vereinfachten Verfahrens leiten zu lassen. Die wichtigsten Grundsätze des vereinfachten Verfahrens sind die *Verfahrensbeschleunigung* (Verfahrenserledigung möglichst am ersten Termin, Art. 246 Abs. 1) sowie die *Laientauglichkeit des Verfahrens* mit Formerleichterungen (Art. 244), weitgehender Mündlichkeit (Art. 245) und richterlicher Hilfestellung bei der Feststellung des Sachverhaltes (Art. 247).

4. Titel: Vereinfachtes Verfahren   Art. 243

Art. 243

Geltungsbereich
¹ Das vereinfachte Verfahren gilt für vermögensrechtliche Streitigkeiten bis zu einem Streitwert von 30 000 Franken.

² Es gilt ohne Rücksicht auf den Streitwert für Streitigkeiten:
a. nach dem Gleichstellungsgesetz vom 24. März 1995;
b. wegen Gewalt, Drohung oder Nachstellungen nach Artikel 28*b* ZGB;
c. aus Miete und Pacht von Wohn- und Geschäftsräumen sowie aus landwirtschaftlicher Pacht, sofern die Hinterlegung von Miet- und Pachtzinsen, der Schutz vor missbräuchlichen Miet- und Pachtzinsen, der Kündigungsschutz oder die Erstreckung des Miet- oder Pachtverhältnisses betroffen ist;
d. zur Durchsetzung des Auskunftsrechts nach dem Bundesgesetz vom 19. Juni 1992 über den Datenschutz;
e. nach dem Mitwirkungsgesetz vom 17. Dezember 1993;
f. aus Zusatzversicherungen zur sozialen Krankenversicherung nach dem Bundesgesetz vom 18. März 1994 über die Krankenversicherung.

³ Es findet keine Anwendung in Streitigkeiten vor der einzigen kantonalen Instanz nach den Artikeln 5 und 8 und vor dem Handelsgericht nach Artikel 6.

Champ d'application
¹ La procédure simplifiée s'applique aux affaires patrimoniales dont la valeur litigieuse ne dépasse pas 30 000 francs.

² Elle s'applique quelle que soit la valeur litigieuse:
a. aux litiges relevant de la loi du 24 mars 1995 sur l'égalité;
b. aux litiges portant sur des violences, des menaces ou du harcèlement au sens de l'art. 28*b* CC;
c. aux litiges portant sur des baux à loyer ou à ferme d'habitations et de locaux commerciaux et sur des baux à ferme agricoles en ce qui concerne la consignation du loyer ou du fermage, la protection contre les loyers ou les fermages abusifs, la protection contre les congés ou la prolongation du bail à loyer ou à ferme;
d. aux litiges portant sur le droit d'accès aux données prévu par la loi fédérale du 19 juin 1992 sur la protection des données;
e. aux litiges relevant de la loi du 17 décembre 1993 sur la participation;
f. aux litiges portant sur des assurances complémentaires à l'assurance-maladie sociale au sens de la loi fédérale du 18 mars 1994 sur l'assurance-maladie.

³ La procédure simplifiée ne s'applique pas aux litiges pour lesquels sont compétents une instance cantonale unique au sens des art. 5 et 8 ou le tribunal de commerce au sens de l'art. 6.

Campo d'applicazione
¹ La procedura semplificata si applica nelle controversie patrimoniali fino a un valore litigioso di 30 000 franchi.

² Senza riguardo al valore litigioso, la procedura semplificata si applica nelle controversie:
a. secondo la legge federale del 24 marzo 1995 sulla parità dei sessi;
b. per violenze, minacce o insidie secondo l'articolo 28*b* CC;
c. in materia di locazione e affitto di abitazioni e di locali commerciali come pure di affitto agricolo, se vertenti sul deposito di pigioni o fitti, sulla protezione da pigioni o fitti abusivi, sulla protezione dalla disdetta o sulla protrazione del rapporto di locazione o d'affitto;

Art. 243

      d. intese a dare esecuzione al diritto d'informazione secondo la legge federale del 19 giugno 1992 sulla protezione dei dati;
      e. secondo la legge del 17 dicembre 1993 sulla partecipazione;
      f. derivanti da assicurazioni complementari all'assicurazione sociale contro le malattie secondo la legge federale del 18 marzo 1994 sull'assicurazione malattie.

³ La procedura semplificata non si applica nelle controversie giudicate in istanza cantonale unica secondo gli articoli 5 e 8 o deferite al tribunale commerciale secondo l'articolo 6.

Inhaltsübersicht

	Note
I. Einleitung	1
II. Vermögensrechtliche Streitigkeiten bis zu einem Streitwert von CHF 30 000 (Abs. 1)	2
1. Begriff der vermögensrechtlichen Streitigkeit	2
2. Streitwert bis CHF 30 000	6
3. Wegfall der Sonderregelung für arbeitsrechtliche Streitigkeiten bis CHF 30 000	9
4. Keine spezielle Regelung für «Konsumentenstreitigkeiten»	11
5. Sonderfall der betreibungsrechtlichen Streitigkeiten mit zivilrechtlichem Hintergrund	12
III. Streitigkeiten ohne Rücksicht auf den Streitwert (Abs. 2)	14
1. Allgemeines	14
2. Streitigkeiten nach dem Gleichstellungsgesetz	15
3. Streitigkeiten wegen Gewalt, Drohung oder Nachstellungen nach Art. 28b ZGB	16
4. Streitigkeiten aus Miete und Pacht von Wohn- und Geschäftsräumen sowie aus landwirtschaftlicher Pacht	17
5. Streitigkeiten zur Durchsetzung des Auskunftsrechts nach dem Bundesgesetz vom 19.6.1992 über den Datenschutz	20
6. Streitigkeiten nach dem Mitwirkungsgesetz vom 17.12.1993	21
7. Streitigkeiten aus Zusatzversicherungen zur sozialen Krankenversicherung nach dem Bundesgesetz vom 18.3.1994 über die Krankenversicherung	22
IV. Keine Anwendung in Streitigkeiten vor der einzigen kantonalen Instanz oder vor dem Handelsgericht (Abs. 3)	23

Literatur

Zum Begriff der «vermögensrechtlichen Streitigkeit» sei auf die Literatur und Kommentare zu Art. 51 BGG und Art. 44 aOG verwiesen; zu den gemäss Art. 243 Abs. 2 ohne Rücksicht auf den Streitwert dem vereinfachten Verfahren unterstehenden Streitigkeiten sei auf die entsprechende Literatur und Kommentare verwiesen; vgl. ausserdem die Literaturhinweise bei den Vorbem. zu Art. 243–247.

I. Einleitung

Art. 243 regelt den Geltungsbereich des vereinfachten Verfahrens. Einerseits unterstehen **vermögensrechtliche Streitigkeiten bis zu einem Streitwert von CHF 30 000** dem vereinfachten Verfahren (Abs. 1); für vermögensrechtliche Streitigkeiten über CHF 30 000 ist das ordentliche Verfahren als Grundverfahren massgebend. Andererseits ist das vereinfachte Verfahren **ohne Rücksicht auf den Streitwert** für die im Gesetz aufgelisteten Fälle massgebend (Abs. 2); für die nicht vermögensrechtlichen Streitigkeiten, für die nicht speziell das vereinfachte Verfahren vorgesehen ist, gilt das ordentliche Verfahren als Grundverfahren.

II. Vermögensrechtliche Streitigkeiten bis zu einem Streitwert von CHF 30 000 (Abs. 1)

1. Begriff der vermögensrechtlichen Streitigkeit

Der Begriff der **vermögensrechtlichen Streitigkeiten** («affaires patrimoniales», «controversie patrimoniali») ist aus dem BGG (Art. 51) und dem früheren OG (Art. 44) bekannt. Allerdings wird der Begriff weder in den erwähnten Erlassen noch in der ZPO definiert.

Ob ein Streitgegenstand vermögensrechtlich ist oder nicht, liegt nicht immer auf der Hand. Nach der Rechtsprechung ist in Zweifelsfällen ausschlaggebend, ob «letztlich und überwiegend vermögenswerte Interessen verfolgt werden» (BGE 118 II 528, 531E. 2c; 116 II 379, 380 E. 2a). Wenn eine **Geldforderung** geltend gemacht wird, liegt stets eine vermögensrechtliche Streitigkeit vor. Wenn **kein geldwerter Anspruch** eingeklagt wird oder wenn der Streitwert schwierig zu ermitteln oder zu schätzen ist, bedeutet dies nicht, es liege keine vermögensrechtliche Streitsache vor. Massgebend ist, ob der Rechtsgrund des streitigen Anspruchs letztlich im Vermögensrecht zu finden ist.

Schwierigkeiten bereiten in der Praxis insb. jene Fälle, die **sowohl vermögensrechtliche als auch nicht vermögensrechtliche Aspekte** aufweisen. In solchen Grenzfällen ist darauf abzustellen, ob das **vermögenswerte** oder **ideelle Interesse** des Klägers überwiegt (BGE 108 II 77, 78 E. 1a [die Anfechtung eines Beschlusses der Stockwerkeigentümergemeinschaft ist eine vermögensrechtliche Streitigkeit], BGE 82 II 292, 296 E. 1 [bei Streitigkeiten um eine Mitgliedschaft in einem Verein handelt es sich um eine nicht vermögensrechtliche Angelegenheit, ausser wenn der Mitgliedschaft rein finanzielle Interessen zugrunde liegen], BGE 80 II 71, 75 E. 1 [Streitigkeiten um eine Mitgliedschaft in einer Genossenschaft sind nicht vermögensrechtlicher Natur, ausser wenn rein finanzielle Interessen vorliegen]). Im Einzelnen kann für die Auslegung des Begriffs auf die in diesem Zusammenhang ergangene Rechtsprechung und Literatur abgestellt werden (POUDRET/SANDOZ-MONOD, Art. 44 OG N 1.2; BSK BGG-RUDIN, Art. 51 N 8 ff.; MESSMER/IMBODEN, N 57 f.). An den angegebenen Stellen finden sich auch zahlreiche Hinweise auf die Kasuistik.

Die praktisch bedeutsamen **eherechtlichen Verfahren** sowie die **Verfahren betreffend Kinderbelange** in familienrechtlichen Angelegenheiten gelten auch dann als *nicht vermögensrechtliche Streitigkeiten*, wenn sie geldwerte Streitpunkte wie zum Beispiel Unterhalt umfassen (BGE 116 II 493 E. 2a [Scheidungsprozess]). Diesbezüglich sieht die ZPO jedoch ohnehin besondere Verfahrensvorschriften vor (Art. 271–294 [eherechtliche Verfahren], Art. 295–304 [Kinderbelange in familienrechtlichen Angelegenheiten] und Art. 305–307 [Verfahren bei eingetragener Partnerschaft]).

2. Streitwert bis CHF 30 000

6 Der Vorentwurf der Expertenkommission sah die Geltung des vereinfachten Verfahrens für bestimmte Sachbereiche (Art. 237 lit. a–f VE-ZPO) sowie generell für alle vermögensrechtlichen Streitigkeiten bis zu einem Streitwert von CHF 20 000 vor (Art. 237 lit. g VE-ZPO). Diese Streitwertgrenze wurde in der Vernehmlassung als zu tief kritisiert. In der Folge wurde die Streitwertgrenze angehoben. Bis zu einem Streitwert von CHF 30 000 ist nun das vereinfachte Verfahren vorgesehen. Beträgt der Streitwert exakt CHF 30 000 oder liegt er darüber, ist das ordentliche Verfahren massgebend.

7 Der Streitwert ist in der vereinfachten Klage «wenn nötig» anzugeben (Art. 244 Abs. 1 lit. d). Die Streitwertangabe ist entbehrlich in den Angelegenheiten, die **unabhängig vom Streitwert** dem vereinfachten Verfahren unterstehen (Art. 243 Abs. 2). Steht hingegen eine **andere vermögensrechtliche Streitigkeit** in Frage, auf die das vereinfachte Verfahren anwendbar ist (Art. 243 Abs. 1), ist die Angabe des Streitwertes unerlässlich. Wenn die Klage mündlich bei Gericht zu Protokoll gegeben wird, ist der Kläger wenn nötig nach dem Streitwert zu fragen.

8 Für die Berechnung des Streitwertes kann auf Art. 91 ff. und die dortige Komm. verwiesen werden.

3. Wegfall der Sonderregelung für arbeitsrechtliche Streitigkeiten bis CHF 30 000

9 Für **arbeitsrechtliche Streitigkeiten** galt vor dem Inkrafttreten der eidgenössischen ZPO bis zu einem Streitwert von CHF 30 000 von Bundesrechts wegen das «einfache und rasche Verfahren» (Art. 343 aOR). Mit dem Inkrafttreten des ZPO wird Art. 343 aOR obsolet. Arbeitsrechtliche Streitigkeiten bis zu einem Streitwert von CHF 30 000 unterstehen fortan in ihrer Eigenschaft als vermögensrechtliche Streitigkeiten gemäss Art. 243 Abs. 1 dem vereinfachten Verfahren. Bei arbeitsrechtlichen Streitigkeiten über CHF 30 000 ist das ordentliche Verfahren anwendbar. Damit ändert sich mit dem Inkrafttreten der ZPO im Ergebnis nichts. Zwar entfällt die bundesrechtliche Spezialbestimmung (Art. 343 aOR), doch greift nun die allgemeine Bestimmung für vermögensrechtliche Streitigkeiten bis CHF 30 000 Platz (Art. 243 Abs. 1).

10 Streitigkeiten, die nach der bisherigen Praxis unter Art. 343 aOR fielen, gelten auch unter der Herrschaft der ZPO als vermögensrechtliche Streitigkeiten. Dies gilt etwa für Grenzfälle wie Streitigkeiten um ein Arbeitszeugnis (BGE 116 II 379, 380 E. 2b).

4. Keine spezielle Regelung für «Konsumentenstreitigkeiten»

11 Für die örtliche Zuständigkeit sieht das Gesetz eine Sonderregelung für Konsumentenverträge vor (Art. 32). Demgegenüber ist für die Bestimmung der Verfahrensart bei **Konsumentenstreitigkeiten** keine besondere Regelung erforderlich. Nachdem die ZPO generell für alle vermögensrechtlichen Streitigkeiten bis zu einem Streitwert von CHF 30 000 das vereinfachte Verfahren vorschreibt, werden auch Konsumentenstreitigkeiten davon erfasst. Damit ist die verfassungsrechtliche Vorgabe der Schaffung eines einfachen und raschen Verfahrens für Konsumentenstreitigkeiten erfüllt (Art. 97 Abs. 3 BV). Im Übrigen unterstehen Konsumentenstreitigkeiten nicht mehr wie früher lediglich bis zu einem Streitwert von CHF 20 000 (so Art. 1 der früheren Verordnung vom 7.3.2003 über die Streitwertgrenze in Verfahren des Konsumentenschutzes und des unlauteren Wettbewerbes), sondern neu bis zu einem Streitwert von CHF 30 000 dem vereinfachten Verfahren (Art. 243 Abs. 1). Mit der Anhebung der Streitwertgrenze wird der Schutzbereich für Konsumentenstreitigkeiten entsprechend ausgedehnt.

5. Sonderfall der betreibungsrechtlichen Streitigkeiten mit zivilrechtlichem Hintergrund

Für die **betreibungsrechtlichen Klagen mit zivilrechtlichem Hintergrund** war bis zum Inkrafttreten der eidgenössischen ZPO von Bundesrechts wegen das *beschleunigte Verfahren* vorgesehen (Art. 25 Ziff. 1 aSchKG). Bei diesen Klagen, die «altrechtlich» im beschleunigten Verfahren zu behandeln waren, handelt es sich um die Feststellungsklage auf Nichtbestehen einer Schuld (Art. 85a SchKG), die Widerspruchsklage (Art. 106–109 SchKG), die Anschlussklage (Art. 111 SchKG), die Aussonderungs- und Admassierungsklage (Art. 242 SchKG), die Kollokationsklage (Art. 148 und 250 SchKG), die Klage auf Rückschaffung von Retentionsgegenständen (Art. 284 SchKG) und die Klage (des Schuldners) auf Bestreitung oder des (Gläubigers) auf Feststellung neuen Vermögens (Art. 265a Abs. 4 SchKG). 12

Gemeinsam mit dem «vereinfachten Verfahren» der ZPO ist dem altrechtlichen «beschleunigten Verfahren» die **Verfahrensbeschleunigung**. Hingegen sind diese Verfahren nicht Teil des «sozialen Zivilprozesses», weshalb im Unterschied zum damaligen «einfachen und raschen Verfahren» und heutigen «vereinfachten Verfahren» grundsätzlich keine verstärkte Mitwirkung des Richters bei der Feststellung des Sachverhalts vorgesehen ist (BSK SchKG I-ENGLER, Art. 25 N 7). Die betreibungsrechtlichen Klagen mit zivilrechtlichem Hintergrund werden daher von der ZPO wie «gewöhnliche» vermögensrechtlichen Streitigkeiten behandelt. Bei einem Streitwert bis zu CHF 30 000 ist das vereinfachte Verfahren massgebend (Art. 243 Abs. 1). Übersteigt der Streitwert CHF 30 000, ist die Angelegenheit im ordentlichen Verfahren zu behandeln (Vor Art. 243 N 8 ff.). 13

III. Streitigkeiten ohne Rücksicht auf den Streitwert (Abs. 2)

1. Allgemeines

Das Gesetz zählt **besonders sensible Materien des sozialen Privatrechts** in Art. 243 Abs. 2 eigens auf, die ohne Rücksicht auf den Streitwert dem vereinfachten Verfahren zugewiesen werden. Diese Aufzählung ist *abschliessend* (BOTSCHAFT ZPO, 7346). Die Auflistung von Art. 243 Abs. 2 enthält vermögensrechtliche und nicht vermögensrechtliche Streitigkeiten. Soweit es sich um *vermögensrechtliche Angelegenheiten* handelt, ist das vereinfachte Verfahren auch bei einem Streitwert von mehr als CHF 30 000 massgebend. Diese Materien sind unabhängig vom Streitwert dem vereinfachten Verfahren unterstellt. Wenn eine *nicht vermögensrechtliche Streitigkeit* zu beurteilen ist, die nicht unter die abschliessende Aufzählung von Art. 243 Abs. 2 fällt, ist das ordentliche Verfahren als Grundverfahren massgebend. 14

2. Streitigkeiten nach dem Gleichstellungsgesetz

Gemäss Art. 243 Abs. 2 lit. a findet auf **Streitigkeiten nach dem Gleichstellungsgesetz** (Bundesgesetz über die Gleichstellung von Mann und Frau, SR 151.1) das vereinfachte Verfahren Anwendung. Das Gleichstellungsgesetz bezweckt die Förderung der tatsächlichen Gleichstellung von Frau und Mann (Art. 1 GlG). Wer von einer Diskriminierung betroffen ist, kann die vom Gesetz genannten Ansprüche geltend machen (Art. 5 GlG). Dabei handelt es sich sowohl um vermögensrechtliche als auch um nicht vermögensrechtliche Ansprüche. Für Streitigkeiten über Diskriminierungen im Erwerbsleben sah das Gesetz bereits vor der Geltung der ZPO die Anwendbarkeit des «einfachen und raschen Verfahrens» gemäss Art. 343 aOR vor, und zwar unabhängig vom Streitwert (Art. 12 Abs. 2 aGlG). Mit dem Inkrafttreten der ZPO wurden Art. 12 Abs. 2 aGlG – 15 genau gleich wie Art. 343 aOR – obsolet und deshalb gestrichen (Anhang 1 Ziff. II/1 und Ziff II/5).

3. Streitigkeiten wegen Gewalt, Drohung oder Nachstellungen nach Art. 28b ZGB

16 Gemäss Art. 243 Abs. 2 lit. b findet das vereinfachte Verfahren Anwendung auf **Streitigkeiten wegen Gewalt, Drohung oder Nachstellung** nach Art. 28b ZGB. Die zeitliche Dringlichkeit des Erlasses von Schutzmassnahmen bei häuslicher Gewalt und «Stalking» sowie sozialpolitische Überlegungen rechtfertigen es, diese Verfahren den Regeln des vereinfachten Verfahrens zu unterstellen. Diese Bestimmungen zum Schutz gegen häusliche Gewalt und «Stalking» haben bislang keine allzu grosse praktische Bedeutung erlangt. Namentlich bei häuslicher Gewalt im Rahmen von bestehenden oder aufgelösten familiären oder partnerschaftlichen Beziehungen gilt z.B. im Kanton Zürich das Gewaltschutzgesetz (LS 351), welches ein sofortiges Eingriffen der Polizei mit zeitlich begrenzter Schutzmassnahme und gerichtlich angeordneter Verlängerung erlaubt.

4. Streitigkeiten aus Miete und Pacht von Wohn- und Geschäftsräumen sowie aus landwirtschaftlicher Pacht

17 Gemäss Art. 243 Abs. 2 lit. c gilt für die meisten **miet- und pachtrechtlichen Streitigkeiten** das vereinfachte Verfahren. Freilich sind zwei Präzisierungen anzubringen.

18 Nur wenn sich die Streitigkeit auf die Miete von Wohn- und Geschäfts**räumen** bzw. auf eine landwirtschaftliche Pacht bezieht, sieht das Gesetz unabhängig vom Streitwert das vereinfachte Verfahren vor. Betrifft die Miete jedoch andere Gegenstände als Wohn- und Geschäftsräume bzw. eine landwirtschaftliche Pacht, ist das vereinfachte Verfahren nur bis zu einem Streitwert von CHF 30 000 massgebend (Art. 243 Abs. 1). Streitigkeiten mit höherem Streitwert unterstehen dem ordentlichen Verfahren (Art. 219 ff.). Dies gilt sowohl für die Miete von beweglichen (Fahrnis) als auch von unbeweglichen Sachen (Miete von nicht überbauten Grundstücken).

19 Einschränkungen ergeben sich auch in Bezug auf die **Art der Streitigkeit**, für welche ungeachtet des Streitwertes das vereinfachte Verfahren gilt. Der bundesrätliche Entwurf wollte die streitwertunabhängige Geltung des vereinfachten Verfahrens auf den *Schutz vor missbräuchlichen Miet- und Pachtzinsen* sowie den *Kündigungsschutz* beschränken (Art. 239 Abs. 2 lit. c E-ZPO). Auf Vorschlag der vorberatenden Kommission des Nationalrates wurde die streitwertunabhängige Anwendbarkeit des vereinfachten Verfahrens auf Streitigkeiten betreffend *Hinterlegung von Miet- und Pachtzinsen, Schutz vor missbräuchlichen Miet- und Pachtzinsen, Kündigungsschutz* sowie *Erstreckung des Miet- und Pachtverhältnisses* ausgedehnt (AmtlBull NR 2008 967). Umgekehrt gilt insb. für Forderungsstreitigkeiten aus Miet- und Pachtverhältnissen das vereinfachte Verfahren nur dann, wenn der Streitwert CHF 30 000 nicht übersteigt (Art. 243 Abs. 1). Übersteigt der Streitwert CHF 30 000, ist das ordentliche Verfahren massgebend (Art. 220 ff.). Bei der Geltendmachung der Mängelrechte durch den Mieter (Art. 259a OR) kann die Verfahrensart davon abhängen, ob die Mängelrechte im Zusammenhang mit einer Mietzinshinterlegung geltend gemacht werden. Werden die Mängelrechte im Rahmen eines Hinterlegungsverfahrens geltend gemacht (Art. 259g ff.), ist streitwertunabhängig das vereinfachte Verfahren massgebend (Art. 243 Abs. 2 lit. c). Werden die Mängelrechte jedoch unabhängig eines Hinterlegungsverfahrens geltend gemacht, liegt ein Forderungsprozess vor, für welchen nur bis zu einem Streitwert von CHF 30 000 das vereinfachte Verfahren anwendbar ist. Über Forderungsstreitigkeiten mit einem höheren Streitwert ist im ordentlichen Verfahren zu entscheiden (Art. 220 ff.).

5. Streitigkeiten zur Durchsetzung des Auskunftsrechts nach dem Bundesgesetz vom 19.6.1992 über den Datenschutz

Gemäss Art. 243 Abs. 2 lit. d findet das vereinfachte Verfahren Anwendung auf **Streitigkeiten aus dem Datenschutzgesetz** (Bundesgesetz über den Datenschutz, SR 235.1). Das Datenschutzgesetz bezweckt den Schutz der Persönlichkeit und der Grundrechte von Personen, über die Daten bearbeitet werden (Art. 1 DSG). Das Gesetz statuiert ein spezielles Auskunftsrecht, wonach jede Person vom Inhaber einer Datensammlung Auskunft darüber verlangen kann, ob Daten über sie bearbeitet wurden (Art. 8 DSG). Über Klagen zur Durchsetzung dieses Auskunftsrechts entscheidet das Gericht im vereinfachten Verfahren (Art. 15 Abs. 4 DSG). Damit wird inhaltlich die bisherige Regelung übernommen, wonach der Richter über Klagen zur Durchsetzung des Auskunftsrechts in einem «einfachen und raschen Verfahren» entscheidet (Art. 15 Abs. 4 aDSG). Art. 15 Abs. 4 DSG wurde entsprechend redaktionell angepasst (Anhang 1 Ziff. II/14).

20

6. Streitigkeiten nach dem Mitwirkungsgesetz vom 17.12.1993

Gemäss Art. 243 Abs. 2 lit. e kommt auf **Streitigkeiten nach dem Mitwirkungsgesetz** (Bundesgesetz über die Information und Mitsprache der Arbeitnehmerinnen und Arbeitnehmer in Betrieben, SR 822.14) das vereinfachte Verfahren zur Anwendung. Das Mitwirkungsgesetz sieht eine Arbeitnehmervertretung vor (Art. 5 ff.), welcher die vom Gesetz umschriebenen Mitwirkungsrechte zusteht (Art. 9 f.). Für Streitigkeiten, die sich aus dem Mitwirkungsgesetz oder aus einer vertraglichen Mitwirkungsordnung ergeben, war ein einfaches, rasches und unentgeltliches Verfahren vorgesehen, in welchem der Sachverhalt von Amtes wegen festgestellt wird (Art. 15 Abs. 3 aMitwirkungsgesetz). Seit dem Inkrafttreten der ZPO gelten diesbezüglich die Regeln des vereinfachten Verfahrens (Art. 243 ff.). Die bisherige bundesrechtliche Verfahrensvorschrift (Art. 15 Abs. 3 aMitwirkungsgesetz) wurde obsolet und gestrichen (Anhang 1 Ziff. II/27).

21

7. Streitigkeiten aus Zusatzversicherungen zur sozialen Krankenversicherung nach dem Bundesgesetz vom 18.3.1994 über die Krankenversicherung

Gemäss Art. 243 Abs. 2 lit. f sieht das Gesetz das vereinfachte Verfahren auch für **Streitigkeiten aus Zusatzversicherungen zur sozialen Krankenversicherung** vor. Vor dem Inkrafttreten der ZPO bestimmte Art. 85 Abs. 2 VAG (Bundesgesetz betreffend die Aufsicht über Versicherungsunternehmen, SR 961.01), dass die Kantone für Streitigkeiten aus Zusatzversicherungen zur sozialen Krankenversicherung ein einfaches und rasches Verfahren vorsehen, in dem das Gericht den Sachverhalt von Amtes wegen feststellt und die Beweise nach freiem Ermessen würdigt. Anstelle dieser Bestimmung gilt seit dem Inkrafttreten der ZPO Art. 243 Abs. 2 lit. f, wonach diese Streitigkeiten unabhängig vom Streitwert dem vereinfachten Verfahren unterstehen. Wie unter dem bisherigen «einfachen und raschen» Verfahren (Art. 85 Abs. 3 aVAG) sind die erwähnten Verfahren auch unter der Geltung der ZPO kostenfrei (Art. 113 lit. f und Art. 114 lit. e). Mit dem Inkrafttreten der ZPO wurden Art. 85 Abs. 2 und 3 aVAG gestrichen (Anhang 1 Ziff. II/31).

22

IV. Keine Anwendung in Streitigkeiten vor der einzigen kantonalen Instanz oder vor dem Handelsgericht (Abs. 3)

Art. 243 Abs. 3 regelt schliesslich den Spezialfall, dass das vereinfachte Verfahren keine Anwendung findet auf **Streitigkeiten vor den einzigen kantonalen Instanzen** gemäss Art. 5 und 8 bzw. vor dem Handelsgericht gemäss Art. 6. Diese Streitigkeiten sind meist

23

relativ komplex, so dass das vereinfachte Verfahren für solche Fälle ungeeignet ist. Hinzu kommt, dass solche Streitigkeiten kaum je Fälle des «sozialen Privatrechts» betreffen, auf welche die Bestimmungen des vereinfachten Verfahrens zugeschnitten sind.

Art. 244

Vereinfachte Klage

¹ Die Klage kann in den Formen nach Artikel 130 eingereicht oder mündlich bei Gericht zu Protokoll gegeben werden. Sie enthält:
a. die Bezeichnung der Parteien;
b. das Rechtsbegehren;
c. die Bezeichnung des Streitgegenstandes;
d. wenn nötig die Angabe des Streitwertes;
e. das Datum und die Unterschrift.

² Eine Begründung der Klage ist nicht erforderlich.

³ Als Beilagen sind einzureichen:
a. eine Vollmacht bei Vertretung;
b. die Klagebewilligung oder die Erklärung, dass auf das Schlichtungsverfahren verzichtet werde;
c. die verfügbaren Urkunden, welche als Beweismittel dienen sollen.

Demande simplifiée

¹ La demande peut être déposée dans les formes prescrites à l'art. 130 ou dictée au procès-verbal au tribunal. Elle contient:
a. la désignation des parties;
b. les conclusions;
c. la description de l'objet du litige;
d. si nécessaire, l'indication de la valeur litigieuse;
e. la date et la signature.

² Une motivation n'est pas nécessaire.

³ Sont joints à la demande, le cas échéant:
a. la procuration du représentant;
b. l'autorisation de procéder ou la déclaration de renonciation à la procédure de conciliation;
c. les titres disponibles présentés comme moyens de preuve.

Azione semplificata

¹ L'azione può essere proposta nelle forme di cui all'articolo 130 oppure oralmente mediante dichiarazione a verbale presso il tribunale. La petizione contiene:
a. la designazione delle parti;
b. la domanda;
c. la designazione dell'oggetto litigioso;
d. se necessario, l'indicazione del valore litigioso;
e. la data e la firma.

² Una motivazione non è necessaria.

³ Vanno allegati:
a. la procura, se vi è un rappresentante;
b. l'autorizzazione ad agire o la dichiarazione di rinuncia alla procedura di conciliazione;
c. i documenti a disposizione, invocati come mezzi di prova.

4. Titel: Vereinfachtes Verfahren   1–5 **Art. 244**

Inhaltsübersicht   Note

   I. Einleitung 1

  II. Durchführung eines Schlichtungsverfahrens und Rechtshängigkeit 3
     1. Grundsätzliche Erforderlichkeit eines Schlichtungsversuchs 3
     2. Rechtshängigkeit 6

 III. Form und Inhalt der vereinfachten Klage» 8
     1. Form der vereinfachten Klage 9
     2. Inhalt der vereinfachten Klage 12

 IV. Beilagen der vereinfachten Klage 16

Literatur

Vgl. die Literaturhinweise bei den Vorbem. zu Art. 243–247.

I. Einleitung

Art. 244 umschreibt die **Form** und den **Inhalt** der «vereinfachten Klage». Damit regelt Art. 244 die Frage der *Einleitung des Verfahrens*. Die *Durchführung des Verfahrens* bildet Gegenstand der Komm. zu Art. 245 und 246.   **1**

Die Bestimmungen zum vereinfachten Verfahren regeln das Verfahren nicht abschliessend. Auch im Anwendungsbereich des vereinfachten Verfahrens sind die Bestimmungen des ordentlichen Verfahrens ergänzend zu berücksichtigen, soweit sich aus dem Gesetz (Art. 243–247) oder dem Wesen des vereinfachten Verfahrens nichts anderes ergibt (BOTSCHAFT ZPO, 7338).   **2**

II. Durchführung eines Schlichtungsverfahrens und Rechtshängigkeit

1. Grundsätzliche Erforderlichkeit eines Schlichtungsversuchs

Wie im ordentlichen Verfahren ist auch im vereinfachten Verfahren grundsätzlich ein vorangehendes **Schlichtungsverfahren** erforderlich. Die Art. 197 ff. gelten gleichermassen für das ordentliche wie für das vereinfachte Verfahren. Nur für das summarische Verfahren sieht das Gesetz vor, dass das Schlichtungsverfahren entfällt (Art. 198 lit. a).   **3**

Freilich gibt es Fälle, in denen das Schlichtungsverfahren auch im vereinfachten Verfahren ausgeschlossen oder fakultativ ist. **Ausgeschlossen** ist ein vorausgehendes Schlichtungsverfahren für die materiell-rechtlichen Klagen des SchKG (Art. 198 lit. e Ziff. 2–8). Einerseits sind diese Fälle juristisch anspruchsvoll, und andrerseits steht die beschleunigte Verfahrensführung im Vordergrund (früher waren diese Klagen im sog. «beschleunigten Verfahren» nach Art. 25 Ziff. 2 aSchKG zu behandeln), weshalb die Durchführung eines Schlichtungsversuchs entbehrlich ist. Ferner ist die Durchführung eines Schlichtungsverfahrens **fakultativ**, und die klagende Partei kann gemäss Art. 199 Abs. 2 auf ein Schlichtungsverfahren verzichten, wenn die beklagte Partei ihren Sitz oder Wohnsitz im Ausland hat (lit. a), wenn der Aufenthaltsort der beklagten Partei unbekannt ist (lit. b) und bei Streitigkeiten nach dem Gleichstellungsgesetz vom 24.3.1995 (lit. c).   **4**

In zwei Fällen im Anwendungsbereich des vereinfachten Verfahrens sieht das Gesetz ausdrücklich eine **paritätische Schlichtungsbehörde** vor. Dies ist einerseits der Fall bei Streitigkeiten aus Miete und Pacht von Wohn- und Geschäftsräumen sowie aus landwirt-   **5** schaftlicher Pacht (Art. 200 Abs. 1). Andrerseits ist eine paritätische Schlichtungsbehörde bei Streitigkeiten nach dem Gleichstellungsgesetz vorgesehen (Art. 200 Abs. 2), wenn die klagende Partei nicht einseitig überhaupt auf die Durchführung eines Schlichtungsverfahrens verzichtet hat (Art. 199 Abs. 2 lit. c).

2. Rechtshängigkeit

6 Wo die vorgängige Durchführung eines Schlichtungsverfahrens obligatorisch oder möglich ist, begründet die Einreichung eines Schlichtungsgesuchs die **Rechtshängigkeit** (Art. 62 Abs. 1). Damit hat sich der Gesetzgeber für einen möglichst frühen Zeitpunkt der Rechtshängigkeit entschieden. Dies entspricht modernem Prozessrecht, weil rasch Klarheit über den Gerichtsstand geschaffen und unerwünschtem «forum running» entgegen gewirkt wird (BOTSCHAFT ZPO, 7277).

7 Wo kein Schlichtungsverfahren statt findet – sei es, dass ein Schlichtungsverfahren ausgeschlossen ist, sei es, dass der Kläger auf einen fakultativen Schlichtungsversuch verzichtet (N 4) –, wird das Verfahren direkt durch Einreichung der vereinfachten Klage rechtshängig gemacht (Art. 62 Abs. 1).

III. Form und Inhalt der vereinfachten Klage»

8 Das vereinfachte Verfahren wird durch die «vereinfachte Klage» («demande simplifiée», «azione semplificata») eingeleitet, wie sie in Art. 244 umschrieben wird. Art. 244 ist im Kontext von Art. 221 zu sehen, welche die Form für Klage im ordentlichen Verfahren umschreibt.

1. Form der vereinfachten Klage

9 Gemäss Art. 244 kann die Klage entweder in der **Form von Art. 130** eingereicht (schriftlich oder elektronisch) bzw. **mündlich bei Gericht zu Protokoll** gegeben werden. Anders als im ordentlichen Verfahren, wo eine Rechtsschrift im eigentlichen Sinn (schriftlich oder in elektronischer Form) verlangt wird (Art. 220 i.V.m. Art. 130), ist im vereinfachten Verfahren die Klageeinleitung mit einer Rechtsschrift möglich, aber nicht erforderlich. Vielmehr reicht wie schon beim Schlichtungsgesuch (Art. 202 Abs. 1) eine von der klagenden Partei bei Gericht zu Protokoll gegebene mündliche Erklärung. Damit sind an die Form der vereinfachten Klage weniger hohe Anforderungen als im ordentlichen Verfahren gestellt. Dies ist ein wichtiger Aspekt der **Laienfreundlichkeit** des vereinfachten Verfahrens.

10 Wenn sich die klagende Partei für eine Eingabe in der **Form von Art. 130** entscheidet, muss die Klage dem Gericht entweder in Papierform oder elektronisch eingereicht werden, wobei in beiden Fällen die Eingabe zu unterzeichnen (Art. 130 Abs. 1) und in genügender Anzahl einzureichen ist (Art. 131). Eine mittels *Fax* eingereichte Klage gilt nicht als schriftliche Eingabe (BGE 121 II 252 f.). Im Einzelnen ergeben sich die Anforderungen an die Eingaben aus den Art. 130–132. Der Bundesrat stellt ein laientaugliches Formular zur Verfügung, mit dem die Klage eingereicht werden kann (Art. 400 Abs. 2). Für die elektronische Eingabe ist die Verordnung des Bundesrates über die elektronische Übermittlung im Rahmen von Zivil- und Strafprozessen sowie von Schuldbetreibungs- und Konkursverfahren zu beachten. Dabei ist die elektronische Eingabe auf die vom Gericht verwendete anerkannte Plattform zu senden (Art. 3 der Verordnung) und das Format PDF zu verwenden (Art. 5 Abs. 1 der Verordnung). Eine Klage mittels *Fax* gilt daher

insb. auch nicht als elektronische Eingabe. Für Einzelheiten zur elektronischen Übermittlung wird auf die Komm. der Art. 130–132 sowie auf den «Erläuternden Bericht des Bundesamtes für Justiz zur Verordnung über die elektronische Übermittlung im Rahmen von Zivil- und Strafprozessen sowie von Schuldbetreibungs- und Konkursverfahren» verwiesen.

Wird die Klage **mündlich** eingeleitet, muss sie bei Gericht zu Protokoll gegeben werden. Dies bedeutet zweierlei. Einerseits muss die klagende Partei persönlich *bei Gericht* vorsprechen. Eine Vertretung ist möglich, wobei sich der Vertreter durch eine Vollmacht ausweisen muss (Art. 244 Abs. 3 lit. a). Eine telefonische Einreichung ist im Gesetz nicht vorgesehen und würde den gesetzlichen Erfordernissen nicht genügen, wonach die Klage mündlich «bei Gericht» zu Protokoll zu geben ist. Andrerseits hat das Gericht die Klage nicht nur formlos entgegenzunehmen, sondern in einem *Protokoll* aufzunehmen. 11

2. Inhalt der vereinfachten Klage

Nicht nur in der Form, sondern auch im **Inhalt** sind an die vereinfachte Klage weniger hohe Anforderungen gestellt als an die Klage im ordentlichen Verfahren. Die vereinfachte Klage muss nur die *Parteien* (Art. 244 Abs. 1 lit. a), das *Rechtsbegehren* (Art. 244 Abs. 1 lit. b), die *Bezeichnung des Streitgegenstandes* (Art. 244 Abs. 1 lit. c), wenn nötig – d.h. bei vermögensrechtlichen Streitigkeiten mit einem Streitwert bis zu CHF 30 000 (Art. 243 Abs. 1) – die *Höhe des Streitwertes* (Art. 244 Abs. 1 lit. d) sowie das *Datum und die Unterschrift* (Art. 244 Abs. 1 lit. e) enthalten. 12

Zu Diskussionen Anlass gab in der parlamentarischen Beratung, ob die vereinfachte Klage eine **Begründung** enthalten muss. Im Gegensatz zur bundesrätlichen Vorlage, die keine Begründungspflicht vorsah (Art. 240 Abs. 1 E-ZPO), verlangte eine Minderheit im Ständerat, dass in Ergänzung zum bundesrätlichen Entwurf die Klage «eine kurze Begründung» und «die Bezeichnung der Beweismittel» beinhalten müsse. Die Minderheit machte im Wesentlichen geltend, die klagende Partei habe die Option, eine vollständige und begründete Klage einzureichen oder die Klage mündlich zu Protokoll zu geben. Dies verschaffe ihr die Möglichkeit, sich zum Gericht zu begeben und sich dort durch das Gerichtspersonal oder einen Gerichtsschreiber die Klagebegründung ausarbeiten zu lassen. Die Minderheit verlangte daher eine Beschränkung des Gerichts auf seine Tätigkeit als rechtsanwendende Behörde und sah die Unvoreingenommenheit des Gerichts in Gefahr, wenn es der klagenden Partei bei der Ausarbeitung der zu Protokoll gegebenen Klagebegründung behilflich sei (AmtlBull StR 2007 531 f., Votum SR Hans Hess). Dagegen hielt der Bundesrat und mit ihm die Mehrheit des Ständerates fest, dass Formerleichterungen und Mündlichkeit zentrale Elemente des vereinfachten Verfahrens seien. Die angestrebte Kostengünstigkeit des Verfahrens verlange, dass ein Laie das Verfahren selbständig ohne Beizug eines Anwaltes führen könne. Auch die Partei, welche die Klage mündlich einreiche, habe jedoch auf jeden Fall den **Streitgegenstand zu definieren** und die **verfügbaren Urkunden** beizulegen, die als Beweismittel dienten (AmtlBull StR 2007 532, Votum BR Blocher). In den Beratungen des Nationalrates wurde der Mehrheitsbeschluss des Ständerates diskussionslos angenommen (AmtlBull NR 2008 967). 13

Damit hat sich das ursprüngliche Konzept durchgesetzt, wonach die vereinfachte Klage im Unterschied zur Klage im ordentlichen Verfahren **keine Begründung** enthalten muss (Art. 244 Abs. 2). Weder tatsächliche noch rechtliche Ausführungen sind notwendig. Ebenfalls nicht erforderlich ist, dass zu den behaupteten Tatsachen die angerufenen Be- 14 weismittel im Einzelnen bezeichnet werden. Inhaltlich ist die Klage im vereinfachten Verfahren somit weniger anspruchsvoll. Damit wird das Ziel verfolgt, auch nicht rechtskundigen Parteien das selbständige Prozessieren zu ermöglichen.

15   Freilich hat die klagende Partei ungeachtet davon, ob sie die Klage in den Formen nach Art. 130 einreicht (N 10) oder mündlich bei Gericht zu Protokoll gibt (N 11), jedenfalls den **Streitgegenstand zu bezeichnen** (Art. 244 Abs. 1 lit. c) und die **verfügbaren Urkunden vorzulegen**, die als Beweismittel dienen sollen (Art. 244 Abs. 3 lit. c). Das Gericht muss sich bei der Einreichung einer mündlichen Klage zu Protokoll darauf beschränken, dafür zu sorgen, dass die Klage in eine Form gebracht wird, die es der Gegenpartei ermöglicht, sich im Hinblick auf die Hauptverhandlung darauf vorzubereiten, was gegen sie vorgebracht wird. Hingegen ist es nicht Sache des Gerichts, für die klagende Partei, die ihre Klage mündlich zu Protokoll gibt, eine Klagebegründung auszuarbeiten. Vielmehr müssen **beide Parteien** im Rahmen der Hauptverhandlung entsprechend den Schwierigkeiten des Falles und ihrer intellektuellen Fähigkeiten nach Massgabe von Art. 247 bei der Feststellung des Sachverhaltes und Bezeichnung der Beweismittel unterstützt werden (Art. 247 N 16 ff.). Mit diesem Vorgehen ist die **Gleichbehandlung der Parteien** als grundsätzliche Voraussetzung jedes rechtsstaatlichen Gerichtsverfahrens gewährleistet.

IV. Beilagen der vereinfachten Klage

16   Als **Beilagen** sind wie bei der Klage im ordentlichen Verfahren eine Vollmacht bei Vertretung (Art. 244 Abs. 3 lit. a), eine allfällige Klagebewilligung bzw. die Erklärung bezüglich Verzicht auf das Schlichtungsverfahren (Art. 244 Abs. 3 lit. b) und als Beweismittel die verfügbaren Urkunden einzureichen (Art. 244 Abs. 3 lit. c). Diese Beilagen sind entweder zusammen mit der schriftlichen Klage in den Formen nach Art. 130 einzureichen oder dem Gericht zu übergeben, wenn die Klage mündlich zu Protokoll gegeben wird.

Art. 245

Vorladung zur Verhandlung und Stellungnahme	¹ **Enthält die Klage keine Begründung, so stellt das Gericht sie der beklagten Partei zu und lädt die Parteien zugleich zur Verhandlung vor.** ² **Enthält die Klage eine Begründung, so setzt das Gericht der beklagten Partei zunächst eine Frist zur schriftlichen Stellungnahme.**
Citation à l'audience et déterminations de la partie adverse	¹ Si la demande n'est pas motivée, le tribunal la notifie au défendeur et cite les parties aux débats. ² Si la demande est motivée, le tribunal fixe un délai au défendeur pour se prononcer par écrit.
Citazione al dibattimento e osservazioni del convenuto	¹ Se la petizione non contiene una motivazione, il giudice la notifica al convenuto e nel contempo cita le parti al dibattimento. ² Se la petizione contiene una motivazione, il giudice assegna dapprima al convenuto un termine per presentare per scritto le proprie osservazioni.

Inhaltsübersicht

Note

   I. Einleitung 1

  II. Prüfung der Prozessvoraussetzungen; Aufklärung über die Prozesskosten sowie Bevorschussung der Prozesskosten und Sicherheitsleistung für die Parteientschädigung 3
     1. Prüfung der Prozessvoraussetzungen 3
     2. Aufklärung über die Prozesskosten 6
     3. Insbesondere Kostenvorschuss für Prozesskosten, Sicherheit für die Parteientschädigung 7

 III. Durchführung der Verhandlung: Vorladung zu einer mündlichen Verhandlung oder Fristansetzung für eine schriftliche Stellungnahme 10
     1. Das Vorliegen einer Begründung als entscheidendes Kriterium 10
     2. Vorladung zur mündlichen Verhandlung, wenn die vereinfachte Klage keine Begründung enthält (Art. 245 Abs. 1) 12
     3. Zunächst Fristansetzung zur schriftlichen Stellungnahme, wenn die Klage eine Begründung enthält (Art. 245 Abs. 2) 16

 IV. Die Möglichkeit einer Widerklage 21

Literatur

Vgl. die Literaturhinweise bei den Vorbem. zu Art. 243–247.

I. Einleitung

Während Art. 244 die **Einleitung des Verfahrens** durch «vereinfachte Klage» regelt, hat Art. 245 unter der Marginale «Vorladung zur Verhandlung und Stellungnahme» zusammen mit Art. 246 die **Durchführung des Verfahrens** zum Gegenstand. Die Bestimmungen zum vereinfachten Verfahren regeln das Verfahren jedoch nicht abschliessend. Auch im Anwendungsbereich des vereinfachten Verfahrens sind sowohl die allgemeinen Bestimmungen als auch die Bestimmungen des ordentlichen Verfahrens ergänzend zu berücksichtigen, soweit sich aus dem Gesetz (Art. 243–247) oder dem Wesen des vereinfachten Verfahrens nichts anderes ergibt (Botschaft ZPO, 7338). **1**

Wie in jedem Verfahren sind zunächst die **Prozessvoraussetzungen** zu prüfen (nachfolgend N 3 ff.). Sodann hängt der Verlauf des Verfahrens entscheidend davon ab, ob die Klage eine Begründung enthält. Wenn die vereinfachte Klage ohne Begründung erhoben wird, werden die Parteien zu einer *mündlichen Verhandlung vorgeladen* (Art. 245 Abs. 1). Ist die Klage jedoch mit einer Begründung versehen, wird sie der beklagten Partei zur *schriftlichen Stellungnahme* zugestellt (Art. 245 Abs. 2; N 10 ff.). **2**

II. Prüfung der Prozessvoraussetzungen; Aufklärung über die Prozesskosten sowie Bevorschussung der Prozesskosten und Sicherheitsleistung für die Parteientschädigung

1. Prüfung der Prozessvoraussetzungen

Gemäss Art. 60 prüft das Gericht von Amtes wegen die **Prozessvoraussetzungen**. Wenn die Prozessvoraussetzungen erfüllt sind, tritt das Gericht gemäss Art. 59 Abs. 1 auf die Klage (im ordentlichen oder vereinfachten Verfahren) bzw. auf das Gesuch (im summari- **3** schen Verfahren) ein. Die Prozessvoraussetzungen sind beispielhaft in Art. 59 Abs. 2 aufgezählt. Für Einzelheiten kann auf die dortige Komm. verwiesen werden.

4   Wenn die Klage **in den Formen nach Art. 130** eingereicht wird, hat der Richter nach Eingang des Verfahrens die Prozessvoraussetzungen zu prüfen. Praxisgemäss wird die Zulässigkeit der Klage zu Beginn des Prozesses geprüft. Falls nötig können die Prozessvoraussetzungen aber jederzeit im Verfahren bis zum Endentscheid überprüft werden (BOTSCHAFT ZPO, 7276).

5   Wenn die klagende Partei ihre Klage **mündlich bei Gericht zu Protokoll** gibt, informiert die Gerichtskanzlei, wenn das vereinfachte Verfahren nicht zur Verfügung steht, weil bei vermögensrechtlichen Streitigkeiten der Streitwert von CHF 30 000 überschritten ist und auch keine Streitigkeit vorliegt, für die unabhängig vom Streitwert das vereinfachte Verfahren vorgesehen ist. Letztlich ist es jedoch Sache des Richters, das Vorliegen der Prozessvoraussetzungen zu prüfen.

2. Aufklärung über die Prozesskosten

6   Gemäss Art. 97 klärt das Gericht die nicht anwaltlich vertretene Partei über die **mutmassliche Höhe der Prozesskosten** sowie über die unentgeltliche Rechtspflege auf. Diese Bestimmung erhält in dem als «laientauglich» ausgestalteten vereinfachten Verfahren besondere Bedeutung. Wenn die Klage *mündlich bei Gericht zu Protokoll* gegeben wird, kann bereits die Gerichtskanzlei die klagende Partei über die mutmassliche Höhe der Kautionierung (Art. 98 ff.) und der Prozesskosten (Art. 104 ff.) in Kenntnis setzen, damit diese gegebenenfalls von der Einreichung einer Klage absehen kann. Letztlich ist es jedoch nach dem Wortlaut des Gesetzes Sache des Gerichtes, die nicht anwaltlich vertretenen Parteien über die mutmasslichen Prozesskosten und die Möglichkeit der unentgeltlichen Rechtspflege aufzuklären (Art. 97). Wird die Klage *in den Formen von Art. 130* eingereicht, hat der Richter die nicht anwaltlich vertretenen Parteien zu Beginn der Verhandlung entsprechend zu orientieren.

3. Insbesondere Kostenvorschuss für Prozesskosten, Sicherheit für die Parteientschädigung

7   Für alle Verfahren – und damit auch für das vereinfachte Verfahren – kann das Gericht von der klagenden Partei die **Bevorschussung der mutmasslichen Prozesskosten** verlangen (Art. 98). Ob eine Bevorschussung geleistet wurde, ist vorab als Prozessvoraussetzung zu prüfen (Art. 59 Abs. 2 lit. f). Die mutmasslichen Prozesskosten sind bis zur **vollständigen Höhe** zu bevorschussen (BOTSCHAFT ZPO, 7293). Obwohl das Gesetz eine Kann-Vorschrift enthält, ist im Hinblick auf das Inkassorisiko in aller Regel von der Möglichkeit der Kautionierung Gebrauch zu machen. Insbesondere besteht kein Anlass, bei der Handhabung der Kann-Vorschrift für das vereinfachte Verfahren einen besonderen Massstab anzusetzen. Wie die systematische Auslegung im Vergleich zur Sicherheitsleistung für Parteientschädigungen gemäss Art. 99 zeigt, wollte der Gesetzgeber für alle Verfahrensarten – und damit auch für das vereinfachte Verfahren – die Möglichkeit einer Bevorschussung bis zur vollständigen Höhe der mutmasslichen Prozesskosten einführen. Dies gilt insb. unabhängig davon, ob es sich beim Streitgegenstand um eine vermögensrechtliche Streitigkeit bis zu einem Streitwert bis CHF 30 000 gemäss Art. 243 Abs. 1 oder eine streitwertunabhängig dem vereinfachten Verfahren unterstehende Streitigkeit handelt (Art. 243 Abs. 2). Freilich ist zu beachten, dass bei den meisten Streitigkeiten gemäss Art. 243 Abs. 2 für das gerichtliche Entscheidverfahren keine Gerichtskosten erhoben werden (Art. 114), sodass die Möglichkeit einer Kautionierung selbstverständlich entfällt.

Nebst der Kautionierung für Verfahrenskosten sieht das Gesetz auch **Sicherheitsleistungen für die Parteientschädigung** vor, sofern ein gesetzlicher Kautionierungsgrund vorliegt (Art. 99 Abs. 1). Auch der Eingang der Sicherheitsleistung für die Parteientschädigung ist als Prozessvoraussetzungen vorweg zu prüfen (Art. 59 Abs. 2 lit. f). Im Unterschied zur Bevorschussung der mutmasslichen Prozesskosten gilt nicht für alle Verfahrensarten eine Pflicht zur Sicherheitsleistung für eine Parteientschädigung. Vielmehr müssen im vereinfachten Verfahren nur bei vermögensrechtlichen Streitigkeiten (Art. 243 Abs. 1) Sicherheiten für die Parteientschädigung geleistet werden. Für die streitwertunabhängig dem vereinfachten Verfahren unterstehenden Angelegenheiten (Art. 243 Abs. 2) sind keine Sicherheiten zu leisten (Art. 99 Abs. 3 lit. a).

Die **Modalitäten des Kostenvorschusses und der Sicherheitsleistung** (Art der Sicherheit, Frist zur Leistung der Sicherheit, Rechtsmittel etc.) sind für alle Verfahrensarten identisch geregelt. Diesbezüglich kann auf die Komm. der entsprechenden Artikel verwiesen werden.

III. Durchführung der Verhandlung: Vorladung zu einer mündlichen Verhandlung oder Fristansetzung für eine schriftliche Stellungnahme

1. Das Vorliegen einer Begründung als entscheidendes Kriterium

Die Durchführung des Verfahrens hängt entscheidend davon ab, ob die vereinfachte Klage in *inhaltlicher Hinsicht* eine **Begründung** enthält. Es ist eines der besonderen Kennzeichen des («laientauglichen») vereinfachten Verfahrens, dass die Klage eine Begründung enthalten kann, aber nicht enthalten muss (Art. 244 Abs. 2). Demgegenüber ist für die Durchführung der Verhandlung nicht entscheidend, ob die vereinfachte Klage in *formaler Hinsicht* in den Formen von Art. 130 erhoben oder mündlich bei Gericht zu Protokoll gegeben wurde. Die in den Formen von Art. 130 erhobene vereinfachte Klage kann eine Begründung enthalten oder nicht; je nachdem wird eine Frist für eine schriftliche Stellungnahme angesetzt oder zu einer mündlichen Verhandlung vorgeladen. Und selbst bei der mündlich bei Gericht zu Protokoll gegebenen Klage ist vom Gesetzeswortlaut her nicht kategorisch ausgeschlossen, dass die mündlich erhobene Klage mit einer Begründung bei Gericht zu Protokoll gegeben wird. Diese Situation wird in der Praxis jedoch kaum vorkommen.

Wenn aber das Vorliegen einer Begründung das entscheidende Kriterium für die Durchführung des Verfahrens ist, stellt sich die Frage, was unter einer «Begründung» i.S.v. Art. 245 zu verstehen ist. In **inhaltlicher Hinsicht** ist erforderlich, dass die Tatsachenbehauptungen vorgebracht und die einzelnen Beweismittel zu den behaupteten Tatsachen bezeichnet werden (Art. 221 Abs. 1 lit. d und e analog). Hingegen ist eine rechtliche Begründung entbehrlich (Art. 221 Abs. 3 analog), weil ohnehin allgemein der Grundsatz der Rechtsanwendung von Amtes wegen gilt (Art. 57). In **qualitativer Hinsicht** enthält eine vereinfachte Klage nur dann eine Begründung i.S.v.Art. 245, wenn *substantiierte Tatsachenbehauptungen* aufgestellt werden. Dies bedeutet, dass die rechtserheblichen Tatsachen nicht nur in den Grundzügen, sondern so umfassend und klar dargelegt werden, dass darüber Beweis abgenommen werden kann (VOGEL/SPÜHLER, 264 f. Rz 55). Nach Sinn und Zweck des Gesetzes ist es nur dann sinnvoll, der beklagten Partei nach Art. 245 Abs. 2 eine Frist zur schriftlichen Stellungnahme anzusetzen, wenn die klagende Partei ihre Darstellungen so klar und umfassend dargelegt hat, dass die beklagte Partei in geeigneter Form schriftlich dazu Stellung nehmen kann. Andernfalls müsste der klagenden Partei Frist zur Verbesserung der Begründung angesetzt werden, was mit dem

Bestreben der Verkürzung der Verfahrensdauer (vgl. Art. 246 Abs. 1) nicht zu vereinbaren wäre. Dass in qualitativer Hinsicht an das Vorliegen einer substantiierten Begründung hohe Anforderungen zu stellen sind, widerspricht im Übrigen nicht dem Ziel, das vereinfachte Verfahren auch Laien zugänglich zu machen. Das Gesetz verschafft der klagenden Partei keinen Anspruch auf Durchführung eines schriftlichen Verfahrens, sondern auf richterliche Hilfestellung bei der Feststellung des Sachverhaltes (Art. 247), die auch im Rahmen einer mündlichen Verhandlung geleistet werden kann.

2. Vorladung zur mündlichen Verhandlung, wenn die vereinfachte Klage keine Begründung enthält (Art. 245 Abs. 1)

12 Wenn die vereinfachte Klage **keine Begründung** enthält, stellt der Richter die Klage der beklagten Partei zur Kenntnis zu und lädt die Parteien zugleich zur Verhandlung vor (Art. 245 Abs. 1). Die Zustellung der Klage und die Vorladung zur Verhandlung haben nach dem Wortlaut des Gesetzes gleichzeitig zu erfolgen. Für die gerichtliche Vorladung (Art. 133 ff.) und die gerichtliche Zustellung (Art. 136 ff.) gelten die allgemeinen Bestimmungen. Die Zustellung der Klage und sofortige Vorladung zur Verhandlung ist auch dann angezeigt, wenn die vereinfachte Klage zwar eine Begründung enthält, diese aber nicht genügend substantiierte Tatsachenbehauptungen aufweist. Es wurde bereits darauf hingewiesen, dass es dem Bestreben nach verkürzter Verfahrensdauer und damit dem Wesen des vereinfachten Verfahrens widersprechen würde, wenn der klagenden Partei bei nicht genügend substantiierter Begründung eine Frist zur nachträglichen Verbesserung der Begründung angesetzt werden müsste (N 11).

13 Anlässlich der mündlichen Verhandlung erhält zunächst die klagende Partei Gelegenheit, im Rahmen der Klagebegründung das Tatsächliche zu behaupten und die zugehörigen Beweismittel zu bezeichnen. Dabei wird sie vom Gericht bei der Feststellung des Sachverhalts und Bezeichnung der Beweismittel nach Massgabe von Art. 247 unterstützt. Es folgen Replik und Duplik. Auf diese Weise läuft das Behauptungsverfahren vollständig mündlich ab.

14 Die Durchführung des Verfahrens hängt damit entscheidend davon ab, welche Option die klagende Partei wählt. Entscheidet sie sich für eine *Klage ohne Begründung*, hat sie grundsätzlich Anspruch auf die Durchführung einer mündlichen Verhandlung. Wird die Klage jedoch mit einer *substantiierten Begründung* versehen, wird das Verfahren mit der schriftlichen Stellungnahme der Gegenpartei fortgesetzt. Wenn die Klage ohne Begründung eingereicht wird, ist das Verfahren grundsätzlich mündlich durchzuführen. Allerdings können auch im Anwendungsbereich des vereinfachten Verfahrens Fälle auftreten, die in tatsächlicher und/oder rechtlicher Hinsicht komplexe Fragen aufwerfen. In solchen Fällen hat der Richter die Möglichkeit, im Rahmen von prozessleitenden Verfügungen einen Schriftenwechsel für Klage und Klageantwort – evtl. auch nach Durchführung einer ersten mündlichen Verhandlung für Replik und Duplik – anzuordnen, wenn es die Verhältnisse erfordern (Art. 246 Abs. 2). Das schriftliche Verfahren darf jedoch nur mit grosser Zurückhaltung angeordnet werden, namentlich wenn Laien am Verfahren beteiligt sind (Art. 246 N 12 ff.).

15 Da die Parteien bei einer Klage ohne Begründung anlässlich einer mündlichen Verhandlung die Tatsachenbehauptungen bzw. die Bestreitungen vortragen müssen, sind sie – bzw. ihr Vertreter (Art. 68) – verpflichtet, zur Verhandlung zu erscheinen. Wenn eine Partei oder beide Parteien trotz gültiger Vorladung nicht erscheinen, sind sie säumig (Art. 147 Abs. 1). Die **Säumnisfolgen** ergeben sich sinngemäss aus den Bestimmungen zum ordentlichen Verfahren (Art. 219). Bei *Säumnis beider Parteien* bzw. *der klagenden*

Partei wird das Verfahren als gegenstandslos abgeschrieben (analog Art. 234 Abs. 2). Bei *Säumnis der beklagten Partei* entscheidet das Gericht aufgrund der Akten, wobei die Ausführungen der anwesenden Partei berücksichtigt und die Beweise ggf. von Amtes wegen erhoben werden (analog Art. 234 Abs. 1 i.V.m. Art. 153). Die Säumnisfolgen sind in der Vorladung anzudrohen.

3. Zunächst Fristansetzung zur schriftlichen Stellungnahme, wenn die Klage eine Begründung enthält (Art. 245 Abs. 2).

Wenn die vereinfachte Klage **eine Begründung** enthält (d.h. substantiierte Behauptung der Tatsachen und Bezeichnung der einzelnen Beweismittel zu den behaupteten Tatsachen [N 11]), beginnt das vereinfachte Verfahren grundsätzlich wie das ordentliche Verfahren (BOTSCHAFT ZPO, 7348). Das Gericht stellt die Klage der beklagten Partei zu und setzt dieser zunächst eine Frist an zur schriftlichen Stellungnahme (Art. 245 Abs. 2). Mit dem Begriff «zunächst» bringt der Gesetzgeber zum Ausdruck, dass bei dieser Form des vereinfachten Verfahrens zunächst der erste Schriftenwechsel stattfindet und dann entweder ein weiterer Schriftenwechsel durchgeführt oder zu einer Verhandlung/Instruktionsverhandlung vorgeladen wird.

a) Schriftliche Stellungnahme als Teil des Schriftenwechsels

Wenn die vereinfachte Klage eine Begründung enthält, wird zunächst Frist zur Einreichung einer «schriftlichen Stellungnahme» angesetzt. Anders als im ordentlichen Verfahren wird nicht eine «schriftliche Klageantwort» (Art. 222 Abs. 1), sondern eine «schriftliche Stellungnahme» verlangt (Art. 245 Abs. 2). Die in der Botschaft vertretene Auffassung, der beklagten Partei werde Frist zur «schriftlichen (und substantiierten) Klageantwort gesetzt», findet weder im Entwurfstext (Art. 241 Abs. 2 E) noch im Gesetzestext (Art. 245 Abs. 2) eine Stütze. Auch auf der Seite der beklagten Partei muss das Verfahren laienfreundlich ausgestaltet sein. Deshalb ist die beklagte Partei nicht verpflichtet, eine «schriftliche Klageantwort» einzureichen, die den Anforderungen von Art. 222 entspricht, sondern kann sich mit der Einreichung einer «schriftliche Stellungnahme» begnügen. Die Anforderungen daran dürfen nicht zu hoch gesteckt werden. Insbesondere kann im Unterschied zur schriftlichen Klageantwort gemäss Art. 222 nicht verlangt werden, dass in der schriftlichen Stellungnahme gemäss Art. 245 Abs. 1 im Einzelnen darzulegen ist, welche Tatsachenbehauptungen anerkannt und bestritten werden.

Auch bei Streitigkeiten, die dem vereinfachten Verfahren unterstellt sind, kann die Situation auftreten, dass die klagende Partei rechtskundig vertreten ist und eine vollständig begründete Klage einreicht. Diese Situation kann die nicht rechtskundig vertretene beklagte Partei, die sich nun mit der Pflicht konfrontiert sieht, eine schriftliche Stellungnahme einzureichen, vor grosse Schwierigkeiten stellen. Im Unterschied zur klagenden Partei hat die beklagte Partei zunächst keine Möglichkeit, ihre Stellungnahme zur begründeten Klage mündlich abzugeben. Das Gesetz hält unmissverständlich fest, dass die beklagte Partei zu einer begründeten Klage schriftlich Stellung nehmen muss. Es ist daher nachvollziehbar, dass in der parlamentarischen Beratung eine Minderheit des Ständerates eine Ungleichbehandlung der Prozessparteien darin erblickte, dass die klagende Partei zwischen den Optionen einer Klage in den Formen von Art. 130 *mit Begründung* und einer mündlichen Klage *ohne Begründung* wählen könne, während die beklagte Partei bei Vorliegen einer begründeten Klage zwingend eine schriftliche Stellungnahme abgeben müsse und nicht die Möglichkeit einer mündlichen Stellungnahme habe (AmtlBull StR 2007, 531). Wenn sich nach der Durchführung des Schriftenwechsels herausstellen sollte, dass die beklagte Partei mit der Erstattung einer schriftlichen Stellungnahme überfordert ist, muss das Gericht die Parteien zu einer **mündlichen (Instruktions-)Verhandlung** vorladen (Art. 246 Abs. 2). Genau gleich wie die klagende Partei für die *Behauptung* der Tatsachen hat die beklagte Partei für die *Bestreitungen* nach Massgabe der gesetzlichen Vorschriften Anspruch auf richterliche Hilfestellung (Art. 247).

19 Wenn die beklagte Partei trotz gültiger Fristansetzung die schriftliche Stellungnahme nicht fristgerecht einreicht, ist sie säumig (Art. 147 Abs. 1). Die **Säumnisfolgen** ergeben sich sinngemäss aus den Bestimmungen zum ordentlichen Verfahren (Art. 219). Zunächst ist der beklagten Partei bei versäumter Einreichung der schriftlichen Stellungnahme eine *kurze Nachfrist* anzusetzen (Art. 223 Abs. 1). Geht auch innert der Nachfrist keine schriftliche Stellungnahme ein, trifft das Gericht den Endentscheid, wenn die Sache spruchreif ist (analog Art. 223 Abs. 2 Satz 1); andernfalls lädt das Gericht zur Verhandlung vor (analog Art. 223 Abs. 2 Satz 2). Diese Säumnisfolgen sind in der Nachfristansetzung anzudrohen. Diese aus dem ordentlichen Verfahren übernommenen Säumnisfolgen mögen für das vereinfachte Verfahren, das auch nicht rechtskundigen Parteien ein selbständiges Prozessieren ermöglichen soll, streng erscheinen. Umgekehrt ist aber auch einem Laien zuzumuten, zumindest eine rudimentäre schriftliche Stellungnahme einzureichen. Im Übrigen wird die Strenge der Säumnisfolgen in doppelter Hinsicht gemildert. Wenn die Sache spruchreif ist, muss der Richter in denjenigen Fälle, in denen er den Sachverhalt von Amtes wegen festzustellen hat, auch die Beweise von Amtes wegen erheben (Art. 247 Abs. 2 i.V.m. Art. 153 Abs. 1) bzw. in den übrigen Fällen des vereinfachten Verfahrens bei Zweifel an der Richtigkeit der behaupteten Tatsachen die Beweise ebenfalls von Amtes erheben (Art. 247 Abs. 1 i.V.m. Art. 153 Abs. 2). Wenn die Sache nicht spruchreif ist, muss ohnehin zu einer Verhandlung vorgeladen werden. Bei erneuter Säumnis an der Verhandlung gilt Art. 234 analog (N 15).

b) Verhandlung im Anschluss an die schriftliche Stellungnahme

20 Das Gesetz bestimmt, dass beim Vorliegen einer begründeten Klage der beklagten Partei zunächst eine Frist zur schriftlichen Stellungnahme angesetzt wird. Mit der Formulierung «zunächst» bringt das Gesetz zum Ausdruck, dass nach Vorliegen der schriftlichen Stellungnahme in aller Regel das Urteil nicht sogleich gefällt werden kann. Vielmehr hat das Gericht nach Vorliegen der schriftlichen Stellungnahme durch «prozessleitende Verfügungen» das Verfahren möglichst schnell zur Spruchreife zu bringen (Art. 246). Die Einzelheiten dazu ergeben sich aus der dortigen Komm.

IV. Die Möglichkeit einer Widerklage

21 Wie im ordentlichen Verfahren kann die beklagte Partei mit der schriftlichen oder mündlichen Stellungnahme eine **Widerklage** erheben, wenn der widerklageweise geltend gemachte Anspruch nach der gleichen Verfahrensart wie die Hauptklage zu beurteilen ist (Art. 219 i.V.m. Art. 224 Abs. 1).

Art. 246

Prozessleitende Verfügungen

¹ Das Gericht trifft die notwendigen Verfügungen, damit die Streitsache möglichst am ersten Termin erledigt werden kann.

² Erfordern es die Verhältnisse, so kann das Gericht einen Schriftenwechsel anordnen und Instruktionsverhandlungen durchführen.

Décisions d'instruction

¹ Le tribunal décide des mesures à prendre pour que la cause puisse être liquidée autant que possible lors de la première audience.

² Si les circonstances l'exigent, le tribunal peut ordonner un échange d'écritures et tenir des audiences d'instruction.

Disposizioni ordinatorie processuali

¹ Il giudice prende le disposizioni necessarie affinché la causa possa essere evasa se possibile alla prima udienza.

² Se le circostanze lo richiedono, il giudice può ordinare uno scambio di scritti e procedere a udienze istruttorie.

Inhaltsübersicht

	Note
I. Einleitung	1
II. Prozessleitende Verfügungen	3
1. Sinn und Zweck der prozessleitenden Verfügungen	3
2. Prozessleitende Verfügungen bei Klage ohne Begründung (Art. 245 Abs. 1)	9
3. Prozessleitende Verfügungen bei Klage mit Begründung (Art. 245 Abs. 2)	16
4. Würdigung	21
III. Weiterer Verlauf des vereinfachten Verfahrens: Entscheid und Rechtsmittel	22

Literatur

Vgl. die Literaturhinweise bei den Vorbem. zu Art. 243–247.

I. Einleitung

Während Art. 244 die **Einleitung des Verfahrens** durch «vereinfachte Klage» regelt, hat Art. 245 unter der Marginale «Vorladung zur Verhandlung und Stellungnahme» zusammen mit Art. 246 mit dem Randtitel «Prozessleitende Verfügungen» die **Durchführung des Verfahrens** zum Gegenstand. Die Bestimmungen zum vereinfachten Verfahren regeln das Verfahren jedoch nicht abschliessend. Zu beachten sind auch die Bestimmungen zum ordentlichen Verfahren als Grundverfahren, soweit für das vereinfachte Verfahren nichts Abweichendes gilt (Art. 219). Solche Abweichungen können sich direkt aus dem Gesetz (Art. 243–247) oder aus der Natur des vereinfachten Verfahrens ergeben (BOTSCHAFT ZPO, 7338). 1

Das Anwendungsfeld des vereinfachten Verfahrens ist ausserordentlich weit. Mit Blick darauf muss das Verfahren flexibel geregelt sein. Entsprechend offen ist die Formulierung des Gesetzes. So hat das Gericht die *«notwendigen Verfügungen»* für eine speditive Durchführung des Verfahrens zu treffen (Art. 246 Abs. 1), und wenn *«es die Verhältnisse erfordern»*, kann ein Schriftenwechsel angeordnet und eine Instruktionsverhandlung durchgeführt werden (Art. 246 Abs. 2). Mit dieser Formulierung verschafft das Gesetz 2 dem Gericht bei der Prozessleitung grosses Ermessen. Dabei hat sich der Richter stets von den Grundsätzen des vereinfachten Verfahrens leiten zu lassen, nämlich vom Grundsatz der **Verfahrensbeschleunigung** und von der Idee der **Laientauglichkeit** des vereinfachten Verfahrens durch vereinfachte Formen, weitgehende Mündlichkeit und Hilfestellung bei der Feststellung des Sachverhaltes.

II. Prozessleitende Verfügungen

1. Sinn und Zweck der prozessleitenden Verfügungen

a) Verfahrensbeschleunigung

3   Die in Art. 244 vorgesehene Formerleichterung und die Mündlichkeit des Verfahrens bezwecken unter anderem eine **Verfahrensbeschleunigung**. Art. 246 Abs. 1 greift dieses Ziel auf und sieht vor, dass die notwendigen (prozessleitenden) Verfügungen zu treffen sind, damit die Streitsache *«möglichst am ersten Termin»* erledigt werden kann. Dieses hochgesteckte Ziel kann nur erreicht werden, wenn die tatsächlichen und rechtlichen Verhältnisse überblickbar sind (BOTSCHAFT ZPO, 7348).

4   Unabhängig von der Zielsetzung der Prozesserledigung am ersten Termin ist die Verfahrensbeschleunigung bei allen prozessleitenden Verfügungen mit zu bedenken. Von besonderer Bedeutung für die Beschleunigung des Verfahrens sind die **Fristen** (Art. 142 ff.). Im Interesse der Raschheit des Verfahrens rechtfertigen sich verkürzte Fristen (N 5) und einer gewissen Strenge bei Verschiebungsgesuchen bzw. Fristerstreckungen (N 6).

5   Während die *Dauer* der gesetzlichen Fristen bestimmt ist, werden die gerichtlichen Fristen vom Richter festgesetzt, wobei sich in der Praxis i.d.R. Usanzen bilden (z.B. 20 Tage für eine Eingabe ans Gericht). Im Hinblick auf die Verwirklichung des Beschleunigungsgebots ist es zulässig, kürzere Fristen anzusetzen (CHK-EMMEL, Art. 343 aOR N 4). Massgebende Kriterien für die angemessene Dauer der Frist sind die Dringlichkeit der Streitsache und die Schwierigkeit der Eingabe. Nicht massgebend ist hingegen die Arbeitsbelastung einer Partei oder dessen Rechtsvertreters. Diesen Umständen ist mit Fristerstreckung Rechnung zu tragen.

6   Unter dem Gesichtspunkt der Verfahrensbeschleunigung sind auch *Verschiebungsgesuche* (Art. 135) und *Fristerstreckungen* (Art. 144) von Bedeutung. Ein Erscheinungstermin kann nur aus zureichenden Gründen (von Amtes wegen oder auf Ersuchen einer Partei) verschoben werden (Art. 135), und gerichtliche Fristen können nur aus zureichenden Gründen erstreckt werden, wenn vor Fristablauf darum ersucht wird (Art. 142 Abs. 2), während die gesetzlichen Fristen naturgemäss nicht erstreckt werden können (Art. 142 Abs. 1). Um dem Beschleunigungsgebot Rechnung zu tragen, dürfen an die «zureichenden Gründe» höhere Anforderungen gestellt werden (CHK-EMMEL, Art. 343 OR N 4).

7   Während der **Gerichtsferien** stehen die Fristen auch im vereinfachten Verfahren still (Art. 145). Ursprünglich sah zwar der Entwurf für das vereinfachte Verfahren eine Ausnahme des Fristenstillstandes während den Gerichtsferien vor (Art. 143 Abs. 2 lit. b E). Dies wurde im Ständerat jedoch kritisiert (AmtlBull StR 2007 514), und der Nationalrat sprach sich für einen Fristenstillstand während der Gerichtsferien auch im Anwendungsbereich des vereinfachten Verfahrens aus (AmtlBull NR 2008 945).

b) Unterstützung der Parteien bei der Feststellung des Sachverhaltes (Art. 247)

8   Nebst der Verfahrensbeschleunigung ist auch die Hilfestellung im Zusammenhang mit der Feststellung des Sachverhaltes ein zentrales Anliegen des vereinfachten Verfahrens.

Mit den prozessleitenden Verfügungen gemäss Art. 246 ist dem Umstand Rechnung zu tragen, dass sich das Gericht an der Feststellung des Sachverhaltes beteiligt. Art. 247 regelt die Art der Hilfestellung.

2. Prozessleitende Verfügungen bei Klage ohne Begründung (Art. 245 Abs. 1)

a) Grundsätzlich vollständig mündliches Verfahren

Wenn die vereinfachte Klage **keine Begründung** enthält, stellt das Gericht die Klage der beklagten Partei zur Kenntnis zu und lädt die Parteien zugleich zur Verhandlung vor (Art. 245 Abs. 1). Anlässlich der mündlichen Verhandlung hat die klagende Partei zunächst im Rahmen der Klagebegründung Gelegenheit, ihre Tatsachenbehauptungen vorzutragen und die Beweismittel zu bezeichnen. Dabei wird sie vom Richter bei der Feststellung des Sachverhalts und Bezeichnung der Beweismittel nach Massgabe von Art. 247 unterstützt. Anschliessend erstattet die beklagte Partei die mündliche Klageantwort, wobei auch sie gleichermassen nach Art. 247 bei ihren Bestreitungen unterstützt wird. Es folgen Replik und Duplik. Auf diese Weise läuft das Behauptungsverfahren vollständig mündlich ab. 9

Wenn die tatsächlichen Verhältnisse unbestritten oder mit den als Klagebeilage einzureichenden verfügbaren Urkunden (Art. 244 Abs. 3 lit. c) sofort bewiesen werden können und wenn die rechtlichen Verhältnisse überschaubar sind, ist die vom Gesetz angestrebte Verfahrenserledigung am ersten Termin (Art. 246 Abs. 1) realistisch. 10

Auch im vereinfachten Verfahren können jedoch Fälle zu beurteilen sein, die in tatsächlicher und/oder rechtlicher Hinsicht schwierige Probleme aufwerfen. In solchen Verfahren ist es kaum möglich, der gesetzlichen Zielsetzung der Verfahrenserledigung am ersten Termin (Art. 246 Abs. 1) zu entsprechen. Insbesondere wenn sich ein **Beweisverfahren** abzeichnet, das die Prüfung der verfügbaren Urkunden sprengt, wird ein weiterer Termin abzuhalten sein (BOTSCHAFT ZPO, 7348). In solchen aufwändigeren Fällen hat das Gericht darauf hinzuwirken, dass die Parteien an der *ersten Verhandlung* (Art. 245 Abs. 1) entsprechend den Vorgaben von Art. 221 Abs. 1 lit. d und e ihre Tatsachenbehauptungen aufstellen und die einzelnen Beweismittel zu den behaupteten Tatsachen bezeichnen; dabei stellt der Richter die notwendigen Fragen, damit die Parteien ungenügende Angaben zum Sachverhalt ergänzen und die Beweismittel bezeichnen (Art. 247 Abs. 1), sofern der Sachverhalt nicht ohnehin von Amtes wegen festgestellt wird (Art. 247 Abs. 2). Anlässlich der *zweiten Verhandlung* erhalten die Parteien Gelegenheit zu Replik und Duplik. Vor einer allfälligen Beweisabnahme trifft das Gericht die erforderliche *Beweisverfügungen* (Art. 154 f. und 231), worin es festhält, welche Partei welche Tatsachen zu beweisen hat und ob die Gegenpartei zum Gegenbeweis zuzulassen ist und mit welchen Mitteln der Beweis zu erbringen ist (BOTSCHAFT ZPO, 7341). 11

b) Ausnahmsweise Durchführung eines Schriftenwechsels

Das Gericht kann einen **Schriftenwechsel** anordnen oder eine Instruktionsverhandlung durchführen, *wenn es die Verhältnisse erfordern* (Art. 246 Abs. 2). Sind diese Voraussetzungen gegeben, kann der Richter im Rahmen einer prozessleitenden Verfügung den Schriftenwechsel in der Art anordnen, dass das Verfahren mit einer schriftlichen Klagebegründung und Klageantwort beginnt. Wenn sich erst nach der Verhandlung herausstellt, dass die Verhältnisse einen Schriftenwechsel erfordern, kann auch für die Replik und Duplik das schriftliche Verfahren angeordnet werden. Mit diesen Variationen kann der Prozessablauf auf die Bedürfnisse des Einzelfalls zugeschnitten werden. Dies ist mit 12

Blick auf das weite Anwendungsfeld des vereinfachten Verfahrens unerlässlich (BOTSCHAFT ZPO, 7348).

13 Ob die konkreten Verhältnisse die Durchführung eines Schriftenwechsels erfordern, hängt von den Umständen des Einzelfalles ob. Dabei ist stets zu bedenken, dass das vereinfachte Verfahren laienfreundlich ausgestaltet ist. Formerleichterungen und weitgehende Mündlichkeit des Verfahrens, das auch Laien zugänglich sein soll, sind Kerngedanken des vereinfachten Verfahrens. Mit der Anordnung eines Schriftenwechsels nähert sich das vereinfachte Verfahren dem schriftlichen Verfahren an. Dies kann die nicht rechtskundige Prozesspartei leicht überfordern. In den parlamentarischen Beratungen im Ständerat wurde die Einführung einer Begründungspflicht eingehend diskutiert und schlussendlich insb. mit dem Hinweis auf die Einfachheit des Verfahrens, die auch dem rechtsunkundigen Bürger ohne rechtliche Vertretung ein selbständiges Prozessieren erlauben soll, verworfen (AmtlBull StR 2007 531 f.; diskussionslos übernommen vom Nationalrat in AmtlBull NR 2008 967). An diesen klar geäusserten Willen des Gesetzgebers ist der Richter insofern gebunden, als die Anordnung eines Schriftenwechsels nur bei Vorliegen spezieller Verhältnisse in Frage kommt. Die Durchführung eines Schriftenwechsel ist unproblematisch, wenn *beide Parteien anwaltlich* vertreten sind. Diesfalls darf in tatsächlich und/oder rechtlich komplizierten Fällen ohne weiteres ein Schriftenwechsel angeordnet werden. Wenn jedoch *nur eine oder gar keine Partei anwaltlich vertreten* ist, wird durch die Anordnung des Schriftenwechsels die Laientauglichkeit leicht in Frage gestellt. Es darf deshalb nur **mit grosser Zurückhaltung** ein Schriftenwechsel angeordnet werden. Ein Schriftenwechsel kann sich beispielsweise bei zwar aufwändigen, aber nicht komplizierten Abrechnungsprozessen eignen. Besteht jedoch die Gefahr, dass eine nicht vertretene Partei mit einem Schriftenwechsel überfordert sein könnte, ist die Durchführung einer **Instruktionsverhandlung** angebracht.

14 Wenn eine Partei im Rahmen des mit prozessleitender Verfügung angeordneten Schriftenwechsels trotz gültiger Fristansetzung die schriftliche Eingabe nicht fristgerecht einreicht, ist sie säumig (Art. 147 Abs. 1). Die **Säumnisfolgen**, die in der Frist- bzw. Nachfristansetzung anzudrohen sind, ergeben sich sinngemäss aus den Bestimmungen zum ordentlichen Verfahren (Art. 219). Wenn die *klagende Partei* mit der Einreichung der schriftlichen Klagebegründung säumig ist, ist ihr eine kurze Nachfrist anzusetzen (analog Art. 223 Abs. 1). Trifft auch innerhalb der Nachfrist keine Klagebegründung ein, wird das Verfahren als gegenstandslos abgeschrieben (analog Art. 234 Abs. 2). Wenn die beklagte Partei mit der Einreichung der Stellungnahme säumig ist, wird ihr ebenfalls zunächst eine kurze Nachfrist angesetzt (analog Art. 223 Abs. 1). Geht innert der Nachfrist keine schriftliche Stellungnahme ein, trifft das Gericht den Endentscheid, wenn die Sache spruchreif ist (analog Art. 223 Abs. 2 Satz 1), wobei die Ausführungen der klagenden Partei berücksichtigt und die Beweise ggf. von Amtes wegen erhoben werden (analog Art. 234 Abs. 1 i.V.m. Art. 153). Andernfalls lädt das Gericht zur Verhandlung vor (analog Art. 223 Abs. 2 Satz 2).

c) Ausnahmsweise Durchführung einer Instruktionsverhandlung

15 Das Gericht hat auch die Möglichkeit der Durchführung einer **Instruktionsverhandlung**, wenn es die Verhältnisse erfordern. Die Instruktionsverhandlung dient der freien Erörterung des Streitgegenstandes, der Ergänzung des Sachverhaltes und dem Versuch einer Einigung (Art. 226). Die Durchführung einer Instruktionsverhandlung ist weniger problematisch als die Anordnung eines Schriftenwechsels. Die Instruktionsverhandlung ist eine mündliche Verhandlung. Als solche ist sie auch für nicht anwaltlich vertretene Parteien geeignet.

3. Prozessleitende Verfügungen bei Klage mit Begründung (Art. 245 Abs. 2)

a) Beginn als schriftliches Verfahren

Wenn die vereinfachte Klage **eine Begründung enthält** (mit substantiierten Tatsachenbehauptungen und Bezeichnung der Beweismittel), beginnt das vereinfachte Verfahren grundsätzlich wie das ordentliche (BOTSCHAFT ZPO, 7348). Das Gericht stellt die Klage der beklagten Partei zu und setzt dieser zunächst eine Frist an zur schriftlichen Stellungnahme (Art. 245 Abs. 2). Die schriftliche Stellungnahme ist dann Teil des Schriftenwechsels, mit welchem das Verfahren eingeleitet wird. Es wurde bereits darauf hingewiesen, dass die klagende Partei frei zwischen den Optionen der mündlichen Klage ohne Begründung und der schriftlichen Klage mit Begründung wählen kann, während die beklagte Partei keine entsprechenden Wahlmöglichkeiten hat, sondern bei einer schriftlichen Klage mit Begründung jedenfalls zur Einreichung einer «schriftlichen Stellungnahme» gezwungen ist. Darin ist nicht nur eine Ungleichbehandlung der Parteien zu sehen, sondern die beklagte Partei kann auch vor ernsthaften Problemen stehen, wenn sie mit einer von einem Anwalt verfassten schriftlichen Klage konfrontiert wird und selbst nicht rechtskundig vertreten ist (Art. 245 N 18). 16

b) Die «schriftliche Stellungnahme» hat die Qualität einer schriftlichen Klageantwort i.S.v. Art. 222

Eine Klage mit (substantiierter) Begründung kann die beklagte Partei mit einer schriftlichen Stellungnahme beantworten, in welcher im Einzelnen dargelegt wird, welche Tatsachenbehauptungen der klagenden Partei anerkannt oder bestritten werden. In diesem Fall hat die schriftliche Stellungnahme die **Qualität einer schriftlichen Klageantwort** i.S.v. Art. 222. Diese Konstellation wird dann vorliegen, wenn beide Parteien anwaltlich vertreten sind. Unter Umständen vermag auch eine nicht rechtskundig vertretene Partei eine Stellungnahme einzureichen, welche die Qualität einer schriftlichen Klageantwort i.S.v. Art. 222 erreicht. 17

Nach Vorliegen der schriftlichen Stellungnahme in der Form einer Klageantwort i.S.v. Art. 222 hat das Gericht im Rahmen von prozessleitenden Verfügungen über das weitere Vorgehen zu bestimmen. Massgebend ist der Einzelfall. Denkbar ist, die Parteien zu einer *mündlichen Verhandlung mit Replik und Duplik* vorzuladen, gegebenenfalls mit anschliessender Beweisabnahme (Art. 154 f. und 231), was voraussetzen würde, dass vorgängig die Beweisverfügung erginge, worin das Gericht bekanntgibt, welche Partei welche Tatsachen zu beweisen hat und ob die Gegenpartei zum Gegenbeweis zuzulassen ist und mit welchen Mitteln der Beweis zu erbringen ist (BOTSCHAFT ZPO, 7341). Unter Umständen könnte nach Eingang der schriftlichen Stellungnahme die *Durchführung einer Instruktionsverhandlung* angezeigt sein. Dies gäbe Gelegenheit zur freien Erörterung des Streitgegenstandes, zur Ergänzung des Sachverhaltes und vor allen zum Versuch, zwischen den Parteien eine Einigung zu erzielen (Art. 226). Selbst die *Durchführung eines zweiten Schriftenwechsels* ist nicht ausgeschlossen, doch müssen triftige Gründe dafür sprechen, weil dadurch wesentliche Merkmale des vereinfachten Verfahrens wie Verfahrensbeschleunigung und Mündlichkeit des Verfahrens in Frage gestellt werden. 18

c) Die «schriftliche Stellungnahme» hat nicht die Qualität einer schriftlichen Klageantwort von Art. 222

Wie bereits erwähnt muss die «schriftliche Stellungnahme» **nicht die Qualität einer Klageantwort** i.S.v. Art. 222 erreichen. Da das vereinfachte Verfahren auch Laien zu- 19 gänglich sein muss, dürfen an die schriftliche Stellungnahme keine allzu hohen Anforderungen gestellt werden (Art. 245 N 17 f.).

20 Wenn sich nach Vorliegen der schriftlichen Stellungnahme herausstellt, dass die (nicht rechtskundig vertretene) Partei Mühe bekundet, ihre Verteidigungsmittel in geeigneter Weise vorzutragen, eignet sich die *Durchführung einer Instruktionsverhandlung*, um den Streitgegenstand frei zu erörtern, den Sachverhalt zu ergänzen (richterliche Hilfestellung bei der Feststellung des Sachverhaltes gemäss Art. 247) und allenfalls eine Einigung anzustreben (Art. 226). Denkbar ist aber auch, die Parteien zu einer *mündlichen Verhandlung mit Replik und Duplik* vorzuladen, gegebenenfalls mit anschliessender Beweisabnahme (Art. 231). Dies bedingt, dass vorgängig die Beweisverfügung ergeht, worin das Gericht bekannt gibt, welche Partei welche Tatsachen zu beweisen hat und ob die Gegenpartei zum Gegenbeweis zuzulassen ist und mit welchen Mitteln der Beweis zu erbringen ist (BOTSCHAFT ZPO, 7341). Demgegenüber fällt die *Durchführung eines zweiten Schriftenwechsels* ausser Betracht, wenn die schriftliche Stellungnahme nicht die Qualität einer Klageantwort i.S.v. Art. 222 erreicht. Ein solches Vorgehen würde sowohl gegen den Grundsatz der Verfahrensbeschleunigung und auch gegen den Grundgedanken der Laientauglichkeit mit weitgehender Mündlichkeit des Verfahrens verbunden mit richterlicher Hilfestellung bei der Feststellung des Sachverhaltes verstossen.

4. Würdigung

21 Bei der Verfahrensleitung sind die Grundgedanken des vereinfachten Verfahrens stets im Auge zu behalten, nämlich **Verfahrensbeschleunigung** und **Laientauglichkeit** mit vereinfachten Formen, weitgehender Mündlichkeit und Hilfestellung bei der Feststellung des Sachverhaltes. Bei komplizierten tatsächlichen und/oder rechtlichen Verhältnissen erweist sich die *Durchführung einer Instruktionsverhandlung* als geeignetes Instrument, welches mit den genannten Grundsätzen in Einklang steht. Hingegen kann die *Durchführung eines Schriftenwechsels* eine Prozesspartei, die nicht anwaltlich vertreten ist, schnell überfordern und die Laientauglichkeit des Verfahrens in Frage stellen. Der Schriftenwechsel sollte daher grundsätzlich auf Fälle beschränkt bleiben, in denen beide Parteien rechtskundig vertreten sind.

III. Weiterer Verlauf des vereinfachten Verfahrens: Entscheid und Rechtsmittel

22 In Bezug auf den **Entscheid** gelten die Regeln des ordentlichen Verfahrens (Art. 219 i.V.m. Art. 236 ff.). Das Gericht kann den Entscheid *ohne schriftliche Begründung* eröffnen durch Übergabe des schriftlichen Dispositivs mit kurzer mündlicher Begründung an der Verhandlung oder durch Zustellung des Dispositivs an die Parteien (Art. 239 Abs. 1). Eine *Begründung* ist nachzuliefern, wenn eine Partei innert zehn Tagen seit der Eröffnung eine solche verlangt oder wenn eine Partei ein Rechtsmittel erhebt (Art. 239 Abs. 2).

23 Die **Rechtsmittel** gegen einen Entscheid im vereinfachten Verfahren richten sich nach den allgemeinen Bestimmungen. Grundsätzlich ist die *Berufung* gegeben (Art. 308 Abs. 1), wobei in vermögensrechtlichen Streitigkeiten bei Bagatellfällen (der zuletzt aufrecht erhaltene Streitwert liegt unter CHF 10 000) eine Berufung ausgeschlossen ist (Art. 308 Abs. 2) und nur eine *Beschwerde* zur Verfügung steht (Art. 319 ff.).

Art. 247

Feststellung des Sachverhaltes

¹ Das Gericht wirkt durch entsprechende Fragen darauf hin, dass die Parteien ungenügende Angaben zum Sachverhalt ergänzen und die Beweismittel bezeichnen.

² Das Gericht stellt den Sachverhalt von Amtes wegen fest:
  a. in den Angelegenheiten nach Artikel 243 Absatz 2;
  b. bis zu einem Streitwert von 30 000 Franken:
      1. in den übrigen Streitigkeiten aus Miete und Pacht von Wohn- und Geschäftsräumen sowie aus landwirtschaftlicher Pacht,
      2. in den übrigen arbeitsrechtlichen Streitigkeiten.

Etablissement des faits

¹ Le tribunal amène les parties, par des questions appropriées, à compléter les allégations insuffisantes et à désigner les moyens de preuve.

² Le tribunal établit les faits d'office:
  a. dans les affaires visées à l'art. 243, al. 2;
  b. lorsque la valeur litigieuse ne dépasse pas 30 000 francs:
      1. dans les autres litiges portant sur des baux à loyer et à ferme d'habitations et de locaux commerciaux et sur des baux à ferme agricoles,
      2. dans les autres litiges portant sur un contrat de travail.

Accertamento dei fatti

¹ Con pertinenti domande il giudice fa in modo che le parti completino le allegazioni fattuali insufficienti e indichino i mezzi di prova.

² Il giudice accerta d'ufficio i fatti:
  a. nelle controversie di cui all'articolo 243 capoverso 2;
  b. fino a un valore litigioso di 30 000 franchi:
      1. nelle altre controversie in materia di locazione e affitto di abitazioni e di locali commerciali come pure di affitto agricolo,
      2. nella altre controversie in materia di diritto del lavoro.

Inhaltsübersicht

	Note
I. Einleitung	1
II. Rechtspolitische Rechtfertigung der Untersuchungsmaxime: Untersuchungsmaxime im öffentlichen Interesse bzw. im Interesse Dritter und die Untersuchungsmaxime aus sozialpolitischen Gründen	3
III. Die gemässigte (soziale) Untersuchungsmaxime gemäss Art. 247	5
1. Allgemeines	5
2. Bundesrätlicher Entwurf und parlamentarische Beratung	6
3. Unterschied zwischen Art. 247 Abs. 1 und 2	8
4. Inhalt der richterlichen Mitwirkung	11
IV. Bindung an die Parteibehauptungen (Dispositionsmaxime)	21
V. Novenrecht	23

Literatur

Vgl. die Literaturhinweise bei den Vorbem. zu Art. 243–247.

I. Einleitung

1 Das vereinfachte Verfahren ist eine besondere Form des ordentlichen Verfahrens. Wie im ordentlichen Verfahren gilt auch im vereinfachten Verfahren grundsätzlich die **Verhandlungsmaxime** (Art. 55 Abs. 1). Das Gericht beschränkt sich im Wesentlichen auf die formelle Prozessleitung. Das vereinfachte Verfahren unterscheidet sich vom ordentlichen Verfahren jedoch darin, dass der Richter bei der Feststellung des Sachverhaltes in verstärktem Ausmass mitwirkt. Die Verhandlungsmaxime wird teilweise durch die **Untersuchungsmaxime** durchbrochen (Art. 55 Abs. 2 i.V.m. Art. 247).

2 Die in Art. 247 vorgesehene Untersuchungsmaxime gehört – nebst den vereinfachten Formen (Art. 244 f.) und der Verfahrensbeschleunigung (Art. 246) – zu den charakteristischen Merkmalen des vereinfachten Verfahrens und ist wichtiger Teil eines laienfreundlichen Prozesses.

II. Rechtspolitische Rechtfertigung der Untersuchungsmaxime: Untersuchungsmaxime im öffentlichen Interesse bzw. im Interesse Dritter und die Untersuchungsmaxime aus sozialpolitischen Gründen

3 Das Gesetz sieht unterschiedliche Formen der Untersuchungsmaxime vor. Bei der **unbeschränkten Untersuchungsmaxime** hat das Gericht den Sachverhalt zu «erforschen». Diese umfassende Untersuchungsmaxime ist insb. in Fällen vorgesehen, in denen das Gericht den Sachverhalt *im öffentlichen Interesse* oder *im Interesse Dritter* erforschen muss. Sie ist i.d.R. gepaart mit der Offizialmaxime, wonach die Parteien nicht über den Streitgegenstand verfügen können und das Gericht nicht an die Parteianträge gebunden ist. Typisch ist die klassische (unbeschränkte) Untersuchungsmaxime gepaart mit der Offizialmaxime für Verfahren betreffend Kinderbelange (früher Art. 254 aZGB betreffend Feststellung und Anfechtung des Kindesverhältnis sowie Art. 280 aZGB betreffend Unterhaltspflicht der Eltern gegenüber dem unmündigen Kind [beide aufgehoben in Anhang 1 Ziff. II/3]; heute Art. 296).

4 Von der unbeschränkten Untersuchungsmaxime zu unterscheiden ist die hier interessierende **gemässigte (soziale) Untersuchungsmaxime**. Danach beschränkt sich das Gericht darauf, bei der Feststellung des Sachverhaltes und der Beweiserhebung «mitzuwirken». Grundsätzlich ist es Sache der Parteien, das Tatsächliche vorzutragen und die Beweismittel zu nennen, doch hat das Gericht durch Belehrungen und Befragungen der Parteien darauf hinzuwirken, dass der relevante Sachverhalt vorgetragen bzw. ergänzt wird. Die rechtspolitische Überlegung besteht darin, der (sozial) schwächeren Prozesspartei die Durchsetzung ihrer Ansprüche bzw. Abwehr gegnerischer Begehren zu erleichtern und ihr die Prozessführung ohne anwaltliche Vertretung mit entsprechendem Kostenrisiko zu ermöglichen. Im Unterschied zur unbeschränkten Untersuchungsmaxime, die mit der Offizialmaxime verbunden ist, ist das Offizialprinzip bei der gemässigten (sozialen) Untersuchungsmaxime irrelevant. Das Gericht ist an die Dispositionsmaxime gebunden und kann nicht mehr oder anderes als verlangt bzw. nicht weniger als anerkannt zusprechen (N 21 f.). Unter der Geltung des früheren Rechts zählten das Miet- und Pachtrecht (Art. 274d Abs. 3 i.V.m. Art. 301 aOR [aufgehoben in Anhang 1 Ziff. I/5]), das Arbeits- und Gleichstellungsrechts (Art. 343 Abs. 4 aOR i.V.m. Art. 12 Abs. 2 GlG [aufgehoben in Anhang 1 Ziff. I/1 bzw. I/5]) sowie teilweise das Konsumentenschutzrecht (Art. 97 Abs. 3 BV) zu den wichtigsten Anwendungsfällen der gemässigten (sozialen) Untersuchungsmaxime. Art. 247 hat diese Tradition für die genannten Angelegenheiten übernommen und auf den gesamten Geltungsbereich des vereinfachten Verfahrens ausgedehnt.

III. Die gemässigte (soziale) Untersuchungsmaxime gemäss Art. 247

1. Allgemeines

Der **Untersuchungsgrundsatz** («maxime inquisitoire», «principo inquisitorio») verpflichtet das Gericht, den Sachverhalt von Amtes festzustellen und die Beweise von Amtes wegen zu erheben (Art. 55 Abs. 2). Dieser Grundsatz ist Ausnahme und Gegenstück zur **Verhandlungsmaxime** («maxime des débats», «principio dispositivo»; Art. 55 Abs. 1). Es geht also um die Frage, wie die Tatsachen festgestellt und die Beweise erhoben werden.

2. Bundesrätlicher Entwurf und parlamentarische Beratung

Der **bundesrätliche Entwurf** sah in Art. 243 Abs. 1 E-ZPO vor, dass das Gericht «*den Sachverhalt von Amtes wegen feststellt, indem es darauf hinwirkt, dass die Parteien ungenügende Angaben zum Sachverhalt ergänzen und vorhandene Beweismittel bezeichnen*». Dies wurde in der Botschaft als «Untersuchungsmaxime in abgeschwächter Form» bezeichnet, da die Parteien bei der Feststellung des Sachverhaltes aktiv mitzuwirken hätten, dass aber das Gericht die Parteien durch geeignete Fragen unterstütze, damit die nötigen Angaben zum Sachverhalt gemacht und die entsprechenden Beweismittel effektiv bezeichnet würden (BOTSCHAFT ZPO, 7348).

In der parlamentarischen Beratung gab die Formulierung von Art. 247 Anlass zu grösseren Diskussionen. Der **Ständerat** störte sich an der Formulierung von Art. 243 Abs. 1 E-ZPO, wonach das «*Gericht den Sachverhalt von Amtes wegen feststellt, indem* [...]». Die (beschränkte) Untersuchungsmaxime sei auf die Fälle des sozialen Privatrechts gemäss Art. 243 Abs. 2 zu beschränken (Art. 247 Abs. 2), und für gewöhnliche vermögensrechtliche Streitigkeiten bis zu einem Streitwert von CHF 30 000, die im vereinfachten Verfahren abgewickelt würden, habe weiterhin die Verhandlungsmaxime zu gelten, allerdings durchbrochen durch eine verstärkte richterliche Fragepflicht (Art. 247 Abs. 1); rechtspolitisch sei die Feststellung wichtig, dass die Verhandlungsmaxime auch im vereinfachten Verfahren als Grundsatz gelte (AmtlBull StR 2007 532 [Votum SR Inderkum]). Der Bundesrat erklärte sich mit der Formulierung der Ständeratskommission einverstanden, weil es im Ergebnis auf dasselbe hinauslaufe, ob eine beschränkte Untersuchungsmaxime gelte oder eine verstärkte Fragepflicht vom Richter verlangt werde, und mit beiden Formulierungen der laienfreundliche Charakter des vereinfachten Verfahrens aufrechterhalten werden könne (AmtlBull StR 2007 532 [Votum BR Blocher]). Der **Nationalrat** übernahm die Anpassungen des Ständerates in Art. 247 Abs. 1 für vermögensrechtliche Streitigkeiten bis zu einem Streitwert von CHF 30 000 unverändert und schloss sich – mit geringfügiger redaktioneller Änderung – der Neufassung von Art. 247 Abs. 2 an, wonach der Sachverhalt in den unabhängig vom Streitwert dem vereinfachten Verfahren unterstehenden Streitigkeiten sowie in miet- und pachtrechtlichen (Art. 247 Abs. 2 lit. b Ziff. 1) sowie arbeitsrechtlichen Streitigkeiten bis zu einem Streitwert von CHF 30 000 (Art. 247 Abs. 2 lit. b Ziff. 2) von Amtes wegen festgestellt wird (AmtlBull N 2008 967 f.). Hingegen lehnte der Nationalrat einen Antrag der Ratsminderheit ab, dass das Gericht in bestimmten Angelegenheiten ohne Bindung an die Parteianträge entscheide. Die Ratsmehrheit und der Bundesrat wiesen darauf hin, dass die von der Minderheit vorgeschlagene Einführung der Offizialmaxime ein Fremdkörper im Zivilprozessrecht sei und ein genügender Sozialschutz durch die Untersuchungsmaxime gewährleistet sei (AmtlBull N 2008 967 f. [Votum BR Widmer-Schlumpf und Votum NR Lüscher]).

3. Unterschied zwischen Art. 247 Abs. 1 und 2

8 Nach dem Gesetzestext hat das Gericht bei vermögensrechtlichen Streitigkeiten bis zu einem Streitwert von CHF 30 000 (Art. 243 Abs. 1) **durch Fragen darauf hinzuwirken**, dass die Parteien ungenügende Angaben zum Sachverhalt ergänzen und vorhandene Beweismittel bezeichnen (Art. 247 Abs. 1). Demgegenüber hat das Gericht bei Streitigkeiten, die streitwertunabhängig dem vereinfachten Verfahren unterstehen (Art. 243 Abs. 2), **den Sachverhalt von Amtes wegen festzustellen**; ferner ist der Sachverhalt von Amtes wegen festzustellen bei miet- und pachtrechtlichen sowie arbeitsrechtlichen Streitigkeiten bis zu einem Streitwert von CHF 30 000 (Art. 247 Abs. 2 lit. b Ziff. 1 und 2).

9 Im *Anwendungsbereich von Art. 247 Abs. 1* gilt aufgrund der parlamentarischen Beratung die Verhandlungsmaxime, allerdings durchbrochen durch eine verstärkte richterliche Fragepflicht. Da die Laientauglichkeit ein wesentliches Merkmal des vereinfachten Verfahrens ist, muss die gerichtliche Hilfestellung durch Fragen und Erläuterungen wesentlich weiter gehen als die allgemeine gerichtliche Fragepflicht gemäss Art. 56. Auch im *Anwendungsbereich von Art. 247 Abs. 2*, wo das Gericht den Sachverhalt von Amtes wegen feststellt, bleibt es nach wie vor Sache der Parteien, das Wesentliche des Sachverhaltes vorzutragen. Das Gericht hat bei der Sachverhaltsfeststellung mitzuwirken, anders als bei der unbeschränkten Untersuchungsmaxime den Sachverhalt jedoch nicht zu «erforschen».

10 Wie schon in der parlamentarischen Beratung im Ständerat klar wurde (N 7), läuft es in der praktischen Handhabung grundsätzlich auf das Gleiche hinaus, ob die Verhandlungsmaxime mit verstärkter richterlicher Fragepflicht gilt (Art. 247 Abs. 1) oder der Sachverhalt von Amtes wegen festgestellt wird (Art. 247 Abs. 2). In beiden Fällen ist eine gerichtliche Mitwirkung vorgesehen, die über die klassische Verhandlungsmaxime hinausgeht. Und in beiden Fällen ist es dem Gericht untersagt, den Sachverhalt ungeachtet der Parteivorbringen zu «erforschen» (so Art. 296), sondern die Parteien haben die wesentlichen Behauptungen und Bestreitungen selbst vorzubringen und die Beweismittel zu nennen, und das Gericht hat lediglich bei der Sachverhaltsfeststellung mitzuwirken. Unterschiede in der praktischen Anwendung Art. 247 Abs. 1 (durch Fragestellung auf Sachverhaltsergänzung hinwirken) und Art. 247 Abs. 2 (Sachverhaltsfeststellung von Amtes wegen) können sich allerdings beim Ausmass der richterlichen Hilfestellung ergeben.

4. Inhalt der richterlichen Mitwirkung

a) Mitwirkungspflicht der Parteien und keine gerichtliche Erforschung des Sachverhalts

11 Wie im ordentlichen Verfahren haben die Parteien bei der Feststellung des Sachverhaltes aktiv mitzuwirken und die allenfalls zu erhebenden Beweise zu bezeichnen. Grundsätzlich ist es also Sache der Parteien, den Prozessstoff *selbst* vorzutragen. Es ist nicht die Aufgabe des Gerichtes, den Sachverhalt und die Beweismittel *an Stelle der Parteien* zu erforschen. Die gerichtliche Untersuchungspflicht ersetzt die Mitwirkungspflicht der Parteien nicht. Insbesondere darf das Gericht keine Sachverhaltselemente erheben, für die sich in den Parteidarstellungen keine Anhaltspunkte finden.

12 Im **Anwendungsbereich von Art. 247 Abs. 1** (vermögensrechtliche Streitigkeiten bis zu einem Streitwert von CHF 30 000) hat das Gericht darauf hinzuwirken, dass «*ungenügende Angaben*» zum Sachverhalt ergänzt werden. Es ist jedoch nicht Sache des Gerichtes, «fehlende Angaben» anstelle der Parteien zu erheben. Ferner hat das Gericht darauf hinzuwirken, dass die Parteien die Beweismittel bezeichnen. Der Richter ist nach dem

Gesetzeswortlaut nicht nur berechtigt, ungenügende Beweisanträge zu ergänzen, sondern auch durch Fragen die geeigneten Beweismittel in Erfahrung zu bringen.

Auch im **Geltungsbereich von Art. 247 Abs. 2** bleibt es grundsätzlich Sache der Parteien, das Tatsächliche des Streites vorzutragen und die Beweismittel zu nennen. Die beschränkte – und in diesem Fall auch sozialpolitisch motivierte – Untersuchungsmaxime entbindet die Parteien keineswegs von der Pflicht, bei der Sachverhaltsermittlung und Beweiserhebung mitzuwirken. Vielmehr hat die Rechtsprechung zu den früheren Art. 274d Abs. 3 aOR und 343 Abs. 3 aOR, die als Vorbild für Art. 247 Abs. 2 dienten, wiederholt klar unterstrichen, dass der Richter zwar verpflichtet ist, die Parteien über den erheblichen Sachverhalt und allfällige Beweismittel zu befragen, dass die Parteien die wesentlichen Behauptungen jedoch selbst vorbringen müssen und die gerichtliche Untersuchungspflicht die Mitwirkung der Parteien nicht vollständig ersetzt. Die richterliche Frage- und Beweiserhebungspflicht kann somit keine Sachverhaltselemente betreffen, für die sich in den Parteidarstellungen keine Anhaltspunkte finden (zu Art. 274d Abs. 3 aOR: BGE 125 III 231, 238 f. E. 4a m.w.H.; ähnlich BGE 122 III 20, 25 E. 4d; zu Art. 343 Abs. 4 aOR: BGE 122 II 385, 394 E. 3c/cc; 126 III 395 E. 1a). Auch in der Literatur wird betont, dass es grundsätzlich Sache der Parteien bleibt, das Tatsächliche des Streites vorzutragen und die Beweismittel zu nennen, und der Richter sich nur ergänzend an der Sammlung des Prozessstoffes beteiligt (VOGEL/SPÜHLER, 172 f. Rz 54 f.; STAEHELIN/STAEHELIN/GROLIMUND, 121 Rz 27; KATHRIN KLETT, Richterliche Prüfungspflicht und Beweiserleichterung, AJP 2001, 1294). Auch im Geltungsbereich der sozialen Untersuchungsmaxime hat das Gericht bei der Sachverhaltsermittlung lediglich «mitzuwirken» (Art. 247). Darin liegt ein wesentlicher Unterschied zu Verfahren, in denen die unbeschränkte Untersuchungsmaxime gilt und das Gericht den Sachverhalt unabhängig von den Ausführungen der Parteien «erforscht» (Art. 296).

Ausfluss des gemässigten Untersuchungsgrundsatzes ist auch die Pflicht des Gerichtes, die Parteien «bei Bedarf» über die mutmassliche **Höhe der Prozesskosten** sowie über die **unentgeltliche Rechtspflege** aufzuklären (Art. 95). Ein solcher «Bedarf» liegt dann vor, wenn eine Partei den Prozess im vereinfachten Verfahren selber führt. Auch ein Laie soll das Kostenrisiko abschätzen können und über die Möglichkeit der unentgeltlichen Rechtspflege in Kenntnis gesetzt werden. Keine gerichtliche Aufklärungspflicht besteht jedoch, wenn die Parteien anwaltlich vertreten sind (BOTSCHAFT ZPO, 7293).

b) Mittel der Mitwirkung

Das Mittel der Mitwirkung besteht darin, durch **Befragung der Parteien** darauf hinzuwirken, dass diese den prozessrelevanten Sachverhalt vortragen und das Vorgebrachte ergänzen (Art. 247 Abs. 1). Das Gericht darf keine eigenen Erhebungen anstellen (z.B. sich selbst auf die Suche nach Beweismitteln machen), sondern hat mit Fragen an die Parteien darauf hinzuwirken, dass ungenügende Sachdarstellungen ergänzt und geeignete Beweismittel genannt werden. Die verstärkte richterliche Fragepflicht bezieht sich einerseits auf die Ergänzung von Sachbehauptungen, die zwar vorgebracht, aber ungenügend behauptet worden sind. Andererseits können mit richterlicher Befragung Beweismittel in Erfahrung gebracht werden, die eine Prozesspartei nicht bezeichnet hat.

c) Ausmass der richterlichen Hilfestellung

Das Ausmass der richterlichen Hilfestellung durch Wahrnehmung der Fragepflicht hängt von den Besonderheiten des Einzelfalls ab. Massgebende Kriterien sind die **intellektuellen Fähigkeiten der Parteien** (N 17), die **Schwierigkeit der Materie** (N 18) und eine allfällige **anwaltliche Vertretung** (N 19) (BOTSCHAFT ZPO, 7348). Das Ausmass der

Hilfestellung kann auch durch **soziales Machtgefälle** zwischen den Prozessparteien (Vermieter/Mieter, Arbeitgeber/Arbeitnehmer etc.) in dem Sinn beeinflusst werden, dass dort die richterliche Hilfestellung weiter geht (N 20).

17 Das vereinfachte Verfahren soll laienfreundlich sein. Wenn das Verfahren aber auch für nicht rechtskundige Parteien zugänglich sein muss, führt dies dazu, dass die betreffende Partei mit der Pflicht, das Tatsächliche vorzutragen und die Beweismittel zu nennen (Verhandlungsmaxime), überfordert sein kann. Das Ausmass der richterlichen Hilfestellung hängt damit von den **intellektuellen Fähigkeiten jeder einzelnen Partei** ab. Wenn sich im Prozess zwei Laien gegenüber stehen, ist es denkbar, dass eine Partei grösserer Unterstützung bei der Ergänzung ihrer Sachdarstellungen oder Bestreitungen bzw. bei der Nennung der Beweismittel bedarf als die Gegenpartei.

18 Ein weiteres Kriterium für das Ausmass der richterlichen Hilfestellung ist die **Schwierigkeit der Materie**. Auch im vereinfachten Verfahren können komplexe Sachverhalte zu beurteilen sein. In solchen Fällen muss die gerichtliche Mitwirkung weiter gehen als bei Sachverhalten, die auch von Laien einfach erschlossen werden können.

19 Das Ausmass der richterlichen Hilfestellung hängt auch davon ab, ob **Anwälten** am Verfahren beteiligt sind. Ist *nur eine Partei anwaltlich vertreten*, kann dies zu einem Machtgefälle zwischen den Prozessparteien führen, das durch verstärkte richterliche Mitwirkung auszugleichen ist. Besondere Bedeutung erhält die richterliche Fragepflicht, wenn das Verfahren seitens des anwaltlich vertretenen Klägers schriftlich mit einer begründeten Klage eingeleitet wird und sich die nicht vertretene beklagte Partei mit der Pflicht zur Einreichung einer schriftlichen Stellungnahme konfrontiert sieht. In dieser Konstellation wird es oft nötig sein, der beklagten Partei im Rahmen einer Instruktionsverhandlung durch Ausübung der richterlichen Fragepflicht Gelegenheit zur Ergänzung ihrer Bestreitungen und Nennung der (Gegen-)Beweismittel zu geben (Art. 246 N 20). Wenn sich hingegen *zwei anwaltlich vertretene Parteien* gegenüber stehen, soll und darf sich das Gericht mit der Fragepflicht zurückhalten wie im ordentlichen Verfahren (BOTSCHAFT ZPO, 7348).

20 Schliesslich ist ein **soziales Machtgefälle zwischen den Prozessparteien** (Vermieter/Mieter; Arbeitgeber/Arbeitnehmer etc.) durch verstärkte richterliche Hilfestellung auszugleichen. Die gemässigte – oder eben «soziale» – Untersuchungsmaxime bezweckt, die wirtschaftlich schwächere Partei zu unterstützen und so ein Gleichgewicht mit der wirtschaftlich stärkeren – und häufig auch mit mehr Sachkunde ausgestatteten – Partei herzustellen (STAEHELIN/STAEHELIN/GROLIMUND, 121 Rz 27).

IV. Bindung an die Parteibehauptungen (Dispositionsmaxime)

21 Wie im ordentlichen Verfahren ist auch im vereinfachten Verfahren die **Dispositionsmaxime** konsequent zu beachten. Die klagende Partei bestimmt alleine, ob und mit welchem Antrag Klage erhoben bzw. eine erhobene Klage zurückgezogen wird, und die beklagte Partei entscheidet alleine über eine allfällige Anerkennung der gegnerischen Begehren. Daraus folgt, dass das Gericht nicht mehr und nichts anderes zusprechen darf, als sie verlangt, und nicht weniger, als die Gegenpartei anerkennt (Art. 58 Abs. 1). Der Streitgegenstand wird von den Parteien definiert, und der Richter ist an die Anträge der Parteien gebunden (BGE 122 III 20, 25 E. 4d [für das Mietrecht]). Für den Offizialgrundsatz, wonach das Gericht nicht an die Parteianträge gebunden ist (Art. 58 Abs. 2), besteht somit kein Raum. In der parlamentarischen Beratung im Nationalrat regte zwar eine Minderheit an, dass das Gericht in bestimmten Angelegenheiten des sozialen Privatrechts ohne Bin-

dung an die Parteianträge entscheide, weil nur so ein ausreichender Sozialschutz gewährleistet sei. Der Bundesrat und die Ratsmehrheit lehnten diesen Antrag jedoch mit dem Hinweis ab, dass die Offizialmaxime ein Fremdkörper im Zivilprozessrecht und ein genügender Sozialschutz durch die Untersuchungsmaxime gewährleistet sei (AmtlBull N 2008 967 f. [Votum BR Widmer-Schlumpf und Votum NR Lüscher]).

Nur in **Verfahren betreffend Kinderbelange** in familienrechtlichen Angelegenheiten, die ebenfalls dem vereinfachten Verfahren unterstehen (Art. 295), stellt das Gericht nicht nur den Sachverhalt von Amtes wegen fest (Art. 296 Abs. 1 [Untersuchungsmaxime]), sondern ist auch nicht an die Parteianträge gebunden (Art. 296 Abs. 3 [Offizialmaxime]). Dies erlaubt dem Gericht, mehr oder anderes zuzusprechen als verlangt wird bzw. weniger zuzusprechen, als anerkannt wird (N 3). 22

V. Novenrecht

Der Entwurf des Bundesrates sah in Art. 243 Abs. 2 E-ZPO vor, dass das Gericht im vereinfachten Verfahren neue Tatsachen und Beweismittel bis zur Urteilsberatung berücksichtigt. Nach der parlamentarischen Beratung (AmtlBull N 2008 967 f.) wird das Novenrecht für das vereinfachte Verfahren nicht mehr eigens geregelt, sondern es gilt das **Novenrecht des ordentlichen Verfahrens**. Im Geltungsbereich von Art. 247 Abs. 1 ist das Novenrecht gemäss Art. 229 Abs. 1 und 2 zu beachten. Und im Anwendungsbereich von Art. 247 Abs. 2, wo die Sachverhaltsfeststellung von Amtes wegen vorgesehen ist, gilt gewissermassen als Nebeneffekt ein offenes Novenrecht, wonach neue Tatsachen und Beweismittel bis zur Urteilsberatung zu berücksichtigen sind (Art. 229 Abs. 3). Dies ist allerdings kein Freipass für dilatorisches Prozessieren, weil der betreffenden Prozesspartei bei verspätetem Vorbringen gestützt auf Art. 108 die damit verbundenen Mehrkosten auferlegt werden (BOTSCHAFT ZPO, 7348 f.). 23

5. Titel: Summarisches Verfahren

1. Kapitel: Geltungsbereich

Vorbemerkungen zu Art. 248–256

Inhaltsübersicht Note

I. Einleitung 1
II. Das ordentliche Verfahren als Grundverfahren 3
III. Die Arten des Summarverfahrens 6
   1. Das typische und das atypische Summarverfahren 6
   2. Summarverfahren kraft Bundesprozessrecht und kraft kantonalen Rechts 8
   3. Streitige Parteiverfahren und freiwillige Gerichtsbarkeit 10
IV. Würdigung 11

I. Einleitung

1 Das Gesetz unterscheidet das ordentliche Verfahren (Art. 219 ff., [Besondere Bestimmungen, 3. Titel]), das vereinfachte Verfahren (Art. 243 ff., [Besondere Bestimmungen, 4. Titel]) und das summarische Verfahren (Art. 248 ff., [Besondere Bestimmungen, 5. Titel]). Das ordentliche und das vereinfachte Verfahren führen immer zu endgültigen Streitentscheiden, d.h. zu Endentscheiden. Demgegenüber erlaubt das summarische Verfahren ein schnelles richterliches Eingreifen, das nicht zwingend zu einer endgültigen Entscheidung über die materielle Rechtslage führen muss (Vorläufigkeit), in manchen Fällen jedoch genau gleich wie im ordentlichen und vereinfachten Verfahren führen kann (Endgültigkeit). Die Raschheit des Verfahrens zeigt sich insb. in verkürzten Fristen, teilweise auch in Beweisbeschränkungen (Beweismittelbeschränkung [Beweisführung i.d.R. mit Urkunden] und Beweismassbeschränkung [teilweise ist kein strikter Beweis erforderlich, sondern es reicht glaubhaft machen]).

2 Das Anwendungsfeld des summarischen Verfahrens ist ausserordentlich breit. Das Summarverfahren ist namentlich vorgesehen für Angelegenheiten, die nur vorläufig geregelt werden müssen (z.B. vorsorgliche Massnahmen), für das Einparteienverfahren (z.B. freiwillige Gerichtsbarkeit) und generell für Verfahren, in denen eine rasche Entscheidung wichtiger ist als die abschliessende Untersuchung der materiellen Wahrheit (STAEHELIN/STAEHELIN/GROLIMUND, 348 Rz 25). Ein Überblick über die Angelegenheiten, für welche die Bestimmungen des summarischen Verfahrens massgebend sind, enthält Art. 248. Sodann zählt das Gesetz in einer beispielhaften, nicht abschliessenden Auflistung die wichtigsten Summarverfahren des **Zivilgesetzbuches** (Art. 249), des **Obligationenrechts** (Art. 250) und des **SchKG** (Art. 251) auf. Hingegen verzichtet das Gesetz auf eine Zusammenstellung der Summarverfahren, die in **Spezialgesetzen des Bundesprivatrechts** vorgesehen sind (BOTSCHAFT ZPO, 7349). Diesbezüglich begnügt sich das Gesetz mit dem Hinweis, dass das summarische Verfahren in den vom Gesetz bestimmten Fällen anwendbar ist (Art. 248 lit. a).

II. Das ordentliche Verfahren als Grundverfahren

Der Gesetzgeber hat das summarische Verfahren nicht integral selbständig und abschliessend geregelt. Vielmehr sind auch der «1. Titel: Allgemeine Bestimmungen» (N 4) sowie die Bestimmungen zum ordentlichen Verfahren als «Grundverfahren» zu berücksichtigen (Art. 219; N 5). 3

Der «**1. Titel: Allgemeine Bestimmungen**» (Art. 1–196) gilt auch im summarischen Verfahren. Freilich sind im Rahmen der «Allgemeinen Bestimmungen» verschiedene Sonderregelungen für das Summarverfahren vorgesehen. Die Besonderheiten für das summarische Verfahren sind zu sehen im Zusammenhang mit dem Bestreben nach *vereinfachten Formalien* (Einschränkungen des Anwaltsmonopols [Art. 68 Abs. 2]) und einer *kürzeren Verfahrensdauer* (keine Streitverkündungsklage [Art. 81 Abs. 3], kein Fristenstillstand während der Gerichtsferien [Art. 145 Abs. 2 lit. b], kein Schlichtungsverfahren [Art. 198 lit. a.] etc.). 4

Zu beachten sind auch die **Bestimmungen zum ordentlichen Verfahren** als Grundverfahren, soweit für das summarische Verfahren nichts Abweichendes gilt (Art. 219). Solche Abweichungen können sich direkt *aus dem Gesetz* (Art. 252 ff.) oder *aus der Natur des summarischen Verfahrens* ergeben, wobei die besonderen Eigenschaften des Summarverfahrens (Beweisbeschränkungen, Verfahrensbeschleunigung wegen zeitlicher Dringlichkeit etc.) zu beachten sind (BOTSCHAFT ZPO, 7350). 5

III. Die Arten des Summarverfahrens

1. Das typische und das atypische Summarverfahren

Das **typische Summarverfahren** ist grundsätzlich durch Beweisbeschränkungen gekennzeichnet. Dies äussert sich einerseits in einer *Beweismittelbeschränkung*, wonach der Beweis grundsätzlich mit Urkunden zu erbringen ist (Art. 254 Abs. 1). Andererseits zeigt sich die Beweisbeschränkung in einer *Beweismassbeschränkung*, wonach die Behauptungen bzw. Bestreitungen nicht strikt nachzuweisen, sondern nur glaubhaft zu machen sind. Diese Beweisbeschränkung führt dazu, dass solche im typischen Summarverfahren ergangenen Entscheide nicht endgültiger Natur sind, sondern die endgültige Beurteilung einem nachfolgenden Verfahren mit vollen Beweismöglichkeiten vorbehalten bleibt (VOGEL/SPÜHLER, 343 Rz 160 ff.; BÜHLER/EDELMANN/KILLER, Vor §§ 289–316 ZPO/AG N 4). Namentlich die vorsorglichen Massnahmen ergehen in einem typischen Summarverfahren. 6

Demgegenüber kennt das **atypische Summarverfahren** keine Beweisbeschränkungen. Einerseits müssen alle Beweismittel abgenommen werden (keine Beweismittelbeschränkung) (Art. 254 Abs. 2). Und andererseits ist der strikte Beweis zu erbringen; Glaubhaftmachen genügt nicht (keine Beweismassbeschränkung). Die Kognition des Richters ist umfassend und das Verfahren führt demgemäss zu einem materiell rechtskräftigen Endentscheid. Der summarische Charakter des Verfahrens erschöpft sich in diesen Fällen in der Verfahrensbeschleunigung (VOGEL/SPÜHLER, 343 f. Rz 164 ff.; BÜHLER/EDELMANN/KILLER, Vor §§ 289–316 ZPO/AG N 4). 7

2. Summarverfahren kraft Bundesprozessrecht und kraft kantonalen Rechts

Erlasse des **Bundesprivatrechts** sehen in zahlreichen Fällen ausdrücklich oder implizit das summarische Verfahren vor. Die wichtigsten Anwendungsfälle werden vom Bundesprozessrecht nun aufgegriffen, indem die ZPO die wichtigsten Summarverfahren des 8

Art. 248 5. Titel: Summarisches Verfahren

Zivilgesetzbuchs (Art. 249), des Obligationenrechts (Art. 250) und des Schuldbetreibungs- und Konkursrechts (Art. 251) aufführt. Es wurde schon ausgeführt, dass die Aufzählung in den Art. 249–251 nicht abschliessend ist und dass auf eine Aufzählung der in Spezialgesetzen des Bundesprivatrechts vorgesehenen Summarverfahren gänzlich verzichtet wird (N 2).

9   Das Bundesprivatrecht sieht in verschiedenen Fällen – namentlich in nichtstreitigen Angelegenheiten des Erbrechts – vor, dass «*die zuständige Behörde*» bestimmte Anordnungen zu treffen hat (Art. 490 ZGB, Art. 551 ff. ZGB etc.). In diesen Fällen ist es **Sache der Kantone**, ein Gericht oder eine Verwaltungsbehörde als «zuständige Behörde» zu bezeichnen (Art. 54 Abs. 2 SchlT ZGB). Der Kanton Zürich bezeichnet beispielsweise das Einzelgericht als zuständige Behörde für erbrechtliche (§ 128 E-GOG) und obligationenrechtliche Geschäfte (§ 131 E-GOG), für welche das Bundesprivatrecht eine «zuständige Behörde» bezeichnet.

3. Streitige Parteiverfahren und freiwillige Gerichtsbarkeit

10   Dem summarischen Verfahren unterstehen sowohl **kontradiktorische (streitige) Parteiverfahren** als auch Angelegenheiten der **freiwilligen Gerichtsbarkeit**, in denen regelmässig nur eine Partei auftritt (vgl. im Einzelnen Art. 248 N 11 ff.).

IV. Würdigung

11   Das Summarverfahren ist im Gerichtsalltag von grosser Bedeutung und deckt ein breites Anwendungsfeld ab. Dies setzt ein flexibles Verfahren voraus, das dem Gericht grosse Freiheiten bei der Prozessleitung lässt. Innerhalb der vom Gesetz definierten Grenzen hat sich der Richter von den Leitlinien des Summarverfahrens leiten zu lassen. Die wichtigsten Grundsätze des summarischen Verfahrens sind die **Verfahrensbeschleunigung im Hinblick auf ein rasches richterliches Eingreifen** und die oft anzutreffenden **Beweisbeschränkungen** (Art. 254).

Art. 248

Grundsatz	**Das summarische Verfahren ist anwendbar:** **a. in den vom Gesetz bestimmten Fällen;** **b. für den Rechtsschutz in klaren Fällen;** **c. für das gerichtliche Verbot;** **d. für die vorsorglichen Massnahmen;** **e. für die Angelegenheiten der freiwilligen Gerichtsbarkeit.**
Principe	La procédure sommaire s'applique: a. aux cas prévus par la loi; b. aux cas clairs; c. à la mise à ban; d. aux mesures provisionnelles; e. à la juridiction gracieuse.
In generale	La procedura sommaria è applicabile: a. nei casi stabiliti dalle legge; b. alla tutela giurisdizionale nei casi manifesti; c. per i divieti giudiziali; d. per i provvedimenti cautelari; e. in materia di volontaria giurisdizione.

Inhaltsübersicht

	Note
I. Einleitung	1
II. Die Anwendungsbereiche des summarischen Verfahrens im Überblick	3
1. Die vom Gesetz bestimmten Fälle (Art. 248 lit. a)	3
2. Rechtsschutz in klaren Fällen (lit. b)	4
3. Gerichtliches Verbot (lit. c)	7
4. Vorsorgliche Massnahmen (lit. d)	9
5. Angelegenheiten der freiwilligen Gerichtsbarkeit (lit. e)	11

I. Einleitung

Das summarische Verfahren ist im Gerichtsalltag von grosser Bedeutung, und der Anwendungsbereich des Summarverfahrens ist ausserordentlich breit. Dies bringt der Gesetzgeber damit zum Ausdruck, dass er der Regelung des Geltungsbereichs des summarischen Verfahrens ein eigenes Kapitel widmet, das die Anwendbarkeit des summarischen Verfahrens zunächst **im Grundsatz** umschreibt (Art. 248) und anschliessend die dem Summarverfahren unterstehenden Angelegenheiten des **Zivilgesetzbuchs** (Art. 249), **Obligationenrechts** (Art. 250) und **Schuldbetreibungs- und Konkursrechts** (Art. 251) einzeln auflistet.

Allerdings kann sich die Anwendbarkeit des Summarverfahrens auch aus **anderen Bundesgesetzen** ergeben (BOTSCHAFT ZPO, 7349). Aufgrund des breiten Geltungsbereichs ist dem Gesetz somit keine abschliessende Aufzählung zu entnehmen. Vielmehr beschränkt sich die ZPO darauf, die wichtigsten Anwendungsfälle aufzuzählen.

II. Die Anwendungsbereiche des summarischen Verfahrens im Überblick

1. Die vom Gesetz bestimmten Fälle (Art. 248 lit. a)

Das summarische Verfahren ist zunächst anwendbar auf die **vom Gesetz bestimmten Fälle** (Art. 248 lit. a). Damit sind die von der ZPO aufgezählten Angelegenheiten des Zivilgesetzbuchs (Art. 249), des Obligationenrechts (Art. 250) und des Schuldbetreibungs- und Konkursgesetzes (Art. 251) gemeint. Diese Auflistung entspricht weitgehend den Angelegenheiten, die bisherigen nach den kantonalen Zivilprozessordnungen (z.B. §§ 213, 215 und 219 ZPO/ZH) – bzw. den kantonalen Einführungsgesetzen (z.B. Art. 2 EG ZGB/BE) – dem summarischen Verfahren zugewiesen waren.

2. Rechtsschutz in klaren Fällen (lit. b)

Traditionell zählt der **«Rechtsschutz in klaren Fällen»** zu den Angelegenheiten des summarischen Verfahrens. Schon bisher sahen verschiedene kantonale Prozessordnungen bei liquiden Verhältnissen ein *«Befehlsverfahren»* im summarischen Verfahren vor (z.B. § 222 Ziff. 2 ZPO/ZH). Der Bedeutung des «Rechtsschutzes in klaren Fällen» entsprechend regelt der Gesetzgeber diesen Anwendungsfall des summarischen Verfahrens im 3. Kapitel unter Art. 257 separat.

Was unter «Rechtsschutz in klaren Fällen» zu verstehen ist, wird in Art. 257 ZPO ausgeführt. Wie nach den bisherigen kantonalen Prozessgesetzen ist der Rechtsschutz in klaren Fällen vorgesehen in Streitigkeiten, denen ein **liquider Sachverhalt** (unbestrittener oder sofort beweisbarer Sachverhalt) und eine **klare Rechtslage** zugrunde liegen (Art. 257 Abs. 1). Die klaren Verhältnisse erlauben eine rasche Durchführung des Verfahrens, weshalb diese Angelegenheiten dem summarischen Verfahren unterstehen (BOTSCHAFT ZPO, 7349).

6 Beim Rechtsschutz in klaren Fällen handelt es sich um ein atypisches summarisches Verfahren. Typisch für das Summarverfahren ist zwar, dass insofern eine Beweisbeschränkung hinsichtlich der zulässigen Beweismittel vorgesehen, als **nur liquide Beweismittel** zugelassen sind. Das Gericht wird sich bei strittigem Sachverhalt insb. auf *Urkunden* beschränken, die klar beweisbildend sind; allenfalls ist auch ein *Augenschein* an Objekten denkbar, die an die Gerichtsverhandlung mitgebracht werden (BOTSCHAFT ZPO, 7352). Grundsätzlich ausgeschlossen sind jedoch *Zeugen*, *Expertisen* und *Parteibefragungen*. Atypisch ist hingegen, dass hinsichtlich der Beweiskognition keine Beweisbeschränkung vorliegt. Vielmehr werden bei strittigen Verhältnissen **evidente Beweismittel** verlangt, die den Sachverhalt sofort nachweisen. Im Anwendungsbereich des Rechtsschutzes in klaren Fällen ergeht ein Endentscheid, der materiell rechtskräftig wird.

3. Gerichtliches Verbot (lit. c)

7 Als typischer Anwendungsfall des summarischen Verfahrens erwähnt Art. 248 sodann das «**Gerichtliche Verbot**», wonach eine an einem Grundstück dinglich berechtigte Person beim Gericht den Erlass eines allgemeinen Verbots beantragen kann. Auch dieser Anwendungsfall des Summarverfahrens ist von grosser praktischer Bedeutung, weshalb das «Gerichtliche Verbot» im 4. Kapitel unter den Art. 258 ff. eigens geregelt ist.

8 Mit dem gerichtlichen Verbot soll einem an einem Grundstück dinglich Berechtigten im Einparteienverfahren Rechtsschutz gegen Besitzesstörungen verschafft werden (Art. 258 Abs. 1). Dabei hat die gesuchstellende Person ihr dingliches Recht mit Urkunden zu beweisen und eine bestehende oder drohende Störung glaubhaft zu machen (Art. 258 Abs. 2).

4. Vorsorgliche Massnahmen (lit. d)

9 Zu den wichtigsten Anwendungsfällen des Summarverfahrens zählen die **vorsorglichen Massnahmen**, die im Übrigen auch die Charakteristik des Summarverfahrens beispielhaft aufzeigen. Einerseits ist in aller Regel eine *Beweisbeschränkung* hinsichtlich der Beweismittel auf liquide Beweismittel und hinsichtlich der Beweiskognition auf Glaubhaftmachung vorgesehen. Andererseits führen vorsorgliche Massnahmen zu *keinem Endentscheid* mit unbeschränkter materieller Rechtskraft. Der praktischen Bedeutung entsprechend regelt das Gesetz die vorsorglichen Massnahmen (zusammen mit der Schutzschrift) im 5. Kapitel unter den Art. 261–269.

10 Vorsorgliche Massnahmen, die im *kontradiktorischen Verfahren* erlassenen werden, setzen voraus, dass der geltend gemachte Anspruch bzw. dessen Verletzung sowie das Drohen eines nicht leicht wiedergutzumachenden Nachteils glaubhaft gemacht wird (Art. 261 Abs. 1). Im Falle besonderer Dringlichkeit können *superprovisorische Anordnungen* sofort und ohne Anhörung der Gegenpartei – d.h. auf einseitiges Vorbringen – angeordnet werden (Art. 265).

5. Angelegenheiten der freiwilligen Gerichtsbarkeit (lit. e)

a) Begriff der «freiwilligen Gerichtsbarkeit»

11 Schliesslich unterstellt das Gesetz im Sinn einer Generalklausel die Fälle der «**Freiwilligen Gerichtsbarkeit**» («juridiction gracieuse», «voluntaria giurisdizione») dem summarischen Verfahren. Die freiwillige Gerichtsbarkeit – auch bekannt unter der Bezeichnung

«nicht streitige Rechtssache» – erstreckt sich auf einen breiten Anwendungsbereich. Der Begriff der «freiwilligen Gerichtsbarkeit» ist zwar ein geläufiger Begriff des Zivilprozessrechts, doch ist eine exakte Begriffsumschreibung kaum möglich (BOTSCHAFT ZPO, 7258). Die «freiwillige Gerichtsbarkeit» lässt sich am ehesten umschreiben als *hoheitliches Verfahren vor einem Gerichts oder einer Verwaltungsbehörde*, das die Rechtsverwirklichung auf dem *Gebiet des Privatrechts* zum Inhalt hat und an welchem *nur eine Person* anzuhören ist (VOGEL/SPÜHLER, 45 Rz 48; BÜHLER/EDELMANN/KILLER, § 297 ZPO/AG N 1; STAEHELIN/STAEHELIN/GROLIMUND, 54 Rz 1 f.).

b) Sachliche Zuständigkeit von Gericht oder Verwaltungsbehörde

Nicht alle Angelegenheiten der «freiwilligen Gerichtsbarkeit» fallen in den sachlichen Zuständigkeitsbereich der Gerichte. Die Frage, ob ein Gericht oder eine Verwaltungsbehörde sachlich zuständig ist, hängt vom massgebenden eidgenössischen oder kantonalen Recht ab. Von Bundesrechts wegen wird häufig das **Gericht** als sachlich zuständig bezeichnet (z.B. Verschollenerklärung [Art. 35 ff. ZGB], Bereinigung des Zivilstandsregisters [Art. 42 ZGB], Kraftloserklärung von Wertpapieren [Art. 870 f. ZGB, Art. 971 OR] etc.). Zum Teil ist aber auch von der **Verwaltungsbehörde** (Regierung für Namensänderung [Art. 30 ZGB], Zivilstandsamt für Namensänderung nach Scheidung [Art. 119 ZGB] etc.) die Rede. Wenn das Bundesrecht von der **«zuständigen Behörde»** spricht (insb. behördliche Tätigkeit in Erbschaftssachen [z.B. Art. 551 ff. ZGB]), ist es Sache der Kantone, Gerichts- oder Verwaltungsbehörden für sachlich zuständig zu erklären (Art. 54 SchlT ZGB). Nur die nichtstreitigen Angelegenheiten, über die ein Gericht zu befinden hat, fallen unter die ZPO (BOTSCHAFT ZPO, 7257). 12

Die Generalklausel gemäss Art. 248 lit. e scheint auf den ersten Blick entbehrlich, weil eine Vielzahl von Anwendungsfällen der freiwilligen Gerichtsbarkeit, für welche das Gericht sachlich zuständig ist, ausdrücklich in den Auflistungen der Art. 249 und 250 aufgeführt ist und schon aus diesem Grund dem summarischen Verfahren untersteht. Art. 248 lit. e erhält aber dort eine eigene Bedeutung, wo die sachliche Zuständigkeit (Gericht oder Verwaltung) vom kantonalen Recht abhängt und das kantonale Recht eine gerichtliche Zuständigkeit vorsieht. In diesen Fällen ist von Bundesrechts wegen gemäss Art. 248 lit. e das Summarverfahren vorgesehen. 13

c) Verfahrensgrundsätze für die Anwendungsfälle der «freiwilligen Gerichtsbarkeit»

Obwohl die freiwillige Gerichtsbarkeit traditionell – nach weit verbreiteter bisheriger Regelung – dem summarischen Verfahren untersteht, liegt doch ein **atypisches Summarverfahren** vor, weil keine generellen Beweisbeschränkungen gelten. Einerseits ist *keine Beweismittelbeschränkung* (nur liquide Beweismittel) vorgesehen, da das Gesetz die Untersuchungsmaxime anordnet (Art. 255 lit. a) und somit sämtliche Beweise zur Verfügung stehen (Art. 254 Abs. 2 lit. c). Anderseits gibt es *keine generelle Einschränkung der gerichtlichen Kognition* (Glaubhaftigkeit bei vorsorglichen Massnahmen), sondern es gilt grundsätzlich der Regelbeweis der vollen Überzeugung (Art. 255 N 7). 14

Art. 249

Zivilgesetzbuch

Das summarische Verfahren gilt insbesondere für folgende Angelegenheiten:
a. Personenrecht:
   1. Anspruch auf Gegendarstellung (Art. 28*l* ZGB),
   2. Verschollenerklärung (Art. 35–38 ZGB),
   3. Bereinigung einer Eintragung im Zivilstandsregister (Art. 42 ZGB);
b. Familienrecht: Fristansetzung zur Genehmigung von Rechtsgeschäften eines Unmündigen oder Entmündigten (Art. 410 ZGB);
c. Erbrecht:
   1. Entgegennahme eines mündlichen Testamentes (Art. 507 ZGB),
   2. Sicherstellung bei Beerbung einer verschollenen Person (Art. 546 ZGB),
   3. Verschiebung der Erbteilung und Sicherung der Ansprüche der Miterbinnen und Miterben gegenüber zahlungsunfähigen Erben (Art. 604 Abs. 2 und 3 ZGB);
d. Sachenrecht:
   1. Massnahmen zur Erhaltung des Wertes und der Gebrauchsfähigkeit der Sache bei Miteigentum (Art. 647 Abs. 2 Ziff. 1 ZGB),
   2. Eintragung dinglicher Rechte an Grundstücken bei ausserordentlicher Ersitzung (Art. 662 ZGB),
   3. Aufhebung der Einsprache gegen die Verfügungen über ein Stockwerk (Art. 712*c* Abs. 3 ZGB),
   4. Ernennung und Abberufung des Verwalters bei Stockwerkeigentum (Art. 712*q* und 712*r* ZGB),
   5. vorläufige Eintragung gesetzlicher Grundpfandrechte (Art. 712*i*, 779*d*, 779*k* und 837–839 ZGB),
   6. Fristansetzung zur Sicherstellung bei Nutzniessung und Entzug des Besitzes (Art. 760 und 762 ZGB),
   7. Anordnung der Schuldenliquidation des Nutzniessungsvermögens (Art. 766 ZGB),
   8. Massnahmen zu Gunsten des Pfandgläubigers zur Sicherung des Grundpfands (Art. 808 Abs. 1 und 2 sowie Art. 809–811 ZGB),
   9. Anordnung über die Stellvertretung bei Schuldbrief (Art. 860 Abs. 3 ZGB),
   10. Kraftloserklärung von Schuldbrief (Art. 870 und 871 ZGB),
   11. Vormerkung von Verfügungsbeschränkungen und vorläufigen Eintragungen im Streitfall (Art. 960 Abs. 1 Ziff. 1, 961 Abs. 1 Ziff. 1 und 966 Abs. 2 ZGB).

Code civil

La procédure sommaire s'applique notamment dans les affaires suivantes:
a. droit des personnes:
   1. exercice du droit de réponse (art. 28*l* CC),
   2. déclaration d'absence (art. 35 à 38 CC),
   3. modification d'une inscription dans les registres de l'état civil (art. 42 CC);

b. droit de la famille: fixation d'un délai pour la ratification des actes du pupille (art. 410 CC);
c. droit des successions:
   1. consignation d'un testament oral (art. 507 CC),
   2. dépôt de sûretés en cas de succession d'une personne déclarée absente (art. 546 CC),
   3. sursis au partage et mesures conservatoires visant à protéger les droits des cohéritiers d'un insolvable (art. 604, al. 2 et 3, CC);
d. droits réels:
   1. actes d'administration nécessaires au maintien de la valeur et de l'utilité de la chose en copropriété (art. 647, al. 2, ch. 1, CC),
   2. inscription de droits réels immobiliers acquis par prescription extraordinaire (art. 662 CC),
   3. annulation de l'opposition des copropriétaires aux décisions relatives à un étage (art. 712c, al. 3, CC),
   4. nomination et révocation de l'administrateur de la propriété par étages (art. 712q et 712r CC),
   5. inscription provisoire d'hypothèques légales (art. 712i, 779d, 779k et 837 à 839 CC),
   6. fixation à l'usufruitier d'un délai pour la fourniture des sûretés et retrait de la possession (art. 760 et 762 CC),
   7. ordre de liquidation des dettes grevant des biens sujets à usufruit (art. 766 CC),
   8. mesures en faveur du créancier gagiste (art. 808, al. 1 et 2, et 809 à 811 CC),
   9. mesures relatives aux fonctions du fondé de pouvoir constitué à la création de la cédule hypothécaire (art. 860, al. 3, CC),
   10. annulation de la cédule hypothécaire (art. 870 et 871 CC),
   11. annotation de restrictions au droit d'aliéner et inscriptions provisoires en cas de contestation (art. 960, al. 1, ch. 1, 961, al. 1, ch. 1, et 966, al. 2, CC).

Codice civile

La procedura sommaria si applica segnatamente nelle seguenti questioni:
a. diritto delle persone:
   1. diritto di risposta (art. 28*l* CC),
   2. dichiarazione di scomparsa (art. 35–38 CC),
   3. rettificazione di un'iscrizione nel registro dello stato civile (art. 42 CC);
b. diritto di famiglia: fissazione di un termine per la ratifica di un negozio giuridico di un minorenne o interdetto (art. 410 CC);
c. diritto successorio:
   1. ricezione di un testamento orale (art. 507 CC),
   2. richiesta di garanzie in caso di successione di una persona scomparsa (art. 546 CC),
   3. sospensione della divisione dell'eredità e provvedimenti conservativi a salvaguardia dei diritti dei coeredi di un erede insolvente (art. 604 cpv. 2 e 3 CC);
d. diritti reali:
   1. provvedimenti per il mantenimento del valore e dell'idoneità all'uso della cosa in comproprietà (art. 647 cpv. 2 n. 1 CC),
   2. iscrizione di diritti reali su fondi in caso di prescrizione straordinaria (art. 662 CC),
   3. contestazione dell'opposizione ad atti di disposizione concernenti un piano o una porzione di un piano (art. 712c cpv. 3 CC),
   4. nomina e revoca dell'amministratore nella proprietà per piani (art. 712q e 712r CC),
   5. iscrizione provvisoria di un'ipoteca legale (art. 712i, 779d, 779k e 837–839 CC),
   6. fissazione del termine per la prestazione di garanzie in caso di usufrutto e revoca del possesso (art. 760 e 762 CC),

7. domanda di liquidazione della sostanza oggetto di usufrutto (art. 766 CC),
8. provvedimenti a garanzia dei creditori garantiti da pegno immobiliare (art. 808 cpv. 1 e 2 come pure 809–811 CC),
9. designazione del rappresentante di cartelle ipotecarie (art. 860 cpv. 3 CC),
10. annullamento di cartelle ipotecarie (art. 870 e 871 CC),
11. annotazione di restrizioni della facoltà di disporre e iscrizioni provvisorie, se contenziose (art. 960 cpv. 1 n. 1, 961 cpv. 1 n: 1 e 966 cpv. 2 CC).

Inhaltsübersicht Note

I. Einleitung 1
II. Keine abschliessende Aufzählung 5
III. Die Angelegenheiten des Zivilgesetzbuchs im Einzelnen 6
   1. Personenrecht 6
   2. Familienrecht 9
   3. Erbrecht 11
   4. Sachenrecht 15
IV. Beschlossene Normänderung 26

Literatur

In Bezug auf die Bestimmungen des Zivilgesetzbuchs, für die das Gesetz das summarische Verfahren vorsieht, wird auf die entsprechenden Kommentare und Lehrbücher verwiesen.

I. Einleitung

1 Art. 249 enthält einen **Katalog der wichtigsten Summarsachen des Zivilgesetzbuchs**. Oft wurden diese Angelegenheiten schon bisher unter der Geltung der kantonalen Prozessordnungen (z.B. § 215 ZPO/ZH) – bzw. der kantonalen Einführungsgesetze (z.B. Art. 2 EGZGB/BE) – dem summarischen Verfahren zugewiesen. Dabei handelt es sich teils um *nicht streitige Rechtssachen der freiwilligen Gerichtsbarkeit*, teils um *streitige Angelegenheiten* (VOGEL/SPÜHLER, 343 f. Rz 166).

2 Der Sache nach umfasst Art. 249 rechtsgestaltende Anordnungen verschiedenster Art, für die das ordentliche Verfahren zu zeitraubend oder zu aufwändig ist oder mangels Gegenpartei wie bei der freiwilligen Gerichtsbarkeit nicht in Frage kommt (FRANK/STRÄULI/MESSMER, § 215 ZPO/ZH N 1a). Diesbezüglich sieht das Gesetz **zwingend** die Anwendbarkeit des summarischen Verfahrens vor. Die in kantonalen Prozessordnungen zum Teil vorgesehene Möglichkeit, die einzeln aufgezählten Angelegenheiten des summarischen Verfahrens bei Illiquidität ins ordentliche Verfahren zu verweisen (vgl. z.B. § 221 ZPO/ZH), sieht die eidgenössische ZPO nicht mehr vor.

3 Das summarische Verfahren kennt – im Unterschied zu den einlässlichen Verfahren – eine **Beweisbeschränkung**. Grundsätzlich sind im summarischen Verfahren nur liquide (sofort verfügbare) Beweismittel zulässig. Es gilt also eine *Beweismittelbeschränkung*. Zulässiges Beweismittel ist insb. die Urkunde (Art. 254 Abs. 1). Andere Beweismittel sind nur zulässig, wenn sie die Verfahren nicht wesentlich verzögern (Art. 254 Abs. 2 lit. a), wenn es der Verfahrenszweck erfordert (Art. 254 Abs. 2 lit. b) oder wenn das Ge-

richt den Sachverhalt von Amtes wegen feststellt (Art. 254 Abs. 2 lit. c). Hingegen gilt keine generelle *Beweismassbeschränkung*. Vielmehr muss auch im summarischen Verfahren der volle Beweis erbracht werden. Nur dort, wo das Gesetz oder seine Auslegung anordnet, dass ein Anspruch oder eine Einwendung nur glaubhaft gemacht werden muss, sind die Anforderungen an das Beweismass reduziert (STAEHELIN/STAEHELIN/GROLIMUND, 354 f. Rz 45).

Die **örtliche Zuständigkeit** richtet sich nach den allgemeinen Bestimmungen der ZPO (Art. 9 ff.). In **sachlicher Hinsicht** ist es weiterhin Sache der Kantone, den zuständigen Richter zu bestimmen (Art. 4 ff.). Regelmässig ist ein Einzelrichter sachlich zuständig (z.B. § 22 lit. c E GOG/ZH).

II. Keine abschliessende Aufzählung

Das Gesetz enthält eine Auflistung der Angelegenheiten des Zivilgesetzbuches, die dem summarischen Verfahren unterstehen. Die Aufzählung ist jedoch nicht abschliessend. Dies bringt der Gesetzgeber mit dem Hinweis «insbesondere» zum Ausdruck.

III. Die Angelegenheiten des Zivilgesetzbuchs im Einzelnen

1. Personenrecht

Gemäss Art. 249 lit. a Ziff. 1 ist das Summarverfahren massgebend für die **Durchsetzung des Anspruchs auf Gegendarstellung** gemäss Art. 28l ZGB. Es handelt sich um ein Verfahren, das rasch entschieden werden muss und deshalb dem summarischen Verfahren untersteht. Die frühere bundesrechtliche Verfahrenbestimmung, wonach das Gericht unverzüglich aufgrund der verfügbaren Beweismittel entscheidet (Art. 28l Abs. 3 aZGB), ist durch die Bestimmungen der ZPO zum Verfahren (Art. 252 ff.) ersetzt und als obsolet gestrichen worden. Das gleiche gilt für den Ausschluss der Suspensivwirkung gemäss Art. 28l Abs. 4 aZGB (Anhang 1 Ziff. I/3). Das Verfahren führt zu einem rechtskräftigen Endentscheid (BGE 112 II 193, 195 f. E. 1; BÜHLER/EDELMANN/KILLER, § 300 ZPO/AG N 5).

Gemäss Art. 249 lit. a Ziff. 2 ist für die gerichtliche **Verschollenerklärung** (Art. 35–38 ZGB) das summarische Verfahren massgebend. Die Verschollenerklärung ist ein typischer Anwendungsfall der freiwilligen Gerichtsbarkeit (Art. 248 lit. e). Es gilt der Untersuchungsgrundsatz (Art. 255 lit. b) und der Richter entscheidet ohne Beweismittelbeschränkung (Art. 254 lit. c). Allerdings liegt es in der Natur der Sache, dass ein strikter Beweis für den Tod nicht möglich ist (CHK-BREITSCHMID, Art. 36–37 ZGB N 1).

Gemäss Art. 249 lit. a Ziff. 3 ist das summarische Verfahren vorgesehen, wenn die **Bereinigung einer Eintragung im Zivilstandsregister** *strittig* ist (Art. 42 ZGB). Während die *strittige* Bereinigung im gerichtlichen (Summar-)Verfahren zu behandeln ist, ist für die Bereinigung von *unstrittigen* Eintragungen die kantonale Aufsichtsbehörde im Verwaltungsverfahren sachlich zuständig (Art. 41 ZGB). Von der (strittigen oder nicht strittigen) *Bereinigung einer bestehenden Eintragung* (Art. 41 f. ZGB) ist die Klage auf *Feststellung der Personalien bei fehlender Eintragung* zu unterscheiden. Bei der Klage auf Feststellung der Personalien handelt es sich nach der Rechtsprechung um eine Statusklage besonderer Art, vergleichbar einer Feststellungsklage (BGE 119 II 264, 269 f. E. 6). Wie bei der Bereinigung einer Eintragung (Art. 41 f. ZGB) handelt es sich auch bei der Feststellung der Personalien um eine Angelegenheit der freiwilligen Gerichtsbarkeit (BGE 131 III 201, 203 E. 1.2). Auch diesbezüglich hat das Gericht im summarischen Verfahren zu entscheiden (Art. 248 lit. e). Speziell zu beachten sind die Art. 254 ff.

2. Familienrecht

9   Die summarischen Verfahren des **Eherechts** (Art. 271 [Eheschutz]), des **Kindsrechts** (Art. 302 Abs. 1 lit. a [Entscheide nach dem Haager Kindesentführungsübereinkommen], lit. b [Leistung eines besonderen Beitrags bei nicht vorgesehenen ausserordentlichen Bedürfnisse des Kindes gemäss Art. 286 Abs. 3 ZGB] und lit. c [bei Anweisungen an den Schuldner und Sicherstellungen gemäss Art. 291 und 292 ZGB]) sowie der **eingetragenen Partnerschaften** (Art. 305) sind speziell geregelt. Für diese wichtigsten Bereiche des summarischen Verfahrens in familienrechtlichen Angelegenheiten ist auf die dortige Komm. zu verweisen.

10 Im Bereich des Familienrechts ist gemäss Art. 249 lit. b das summarische Verfahren vorgesehen, wenn der Richter **Frist zur Genehmigung eines Rechtsgeschäftes eines Unmündigen oder Entmündigten** anzusetzen hat (Art. 410 ZGB). Ohne Genehmigung seitens des gesetzlichen Vertreters bleibt das von einem urteilsfähigen Unmündigen oder Entmündigten abgeschlossene Geschäft in der Schwebe (Art. 19 Abs. 1 und Art. 305 Abs. 1 ZGB), weshalb der Richter schnell, d.h. im summarischen Verfahren zu entscheiden hat.

3. Erbrecht

11 Für praktisch wichtige Angelegenheiten der *freiwilligen Gerichtsbarkeit* in Erbschaftssachen sieht das Bundesrecht die sachliche Zuständigkeit der «zuständigen Behörden» vor (vgl. insb. **Art. 551 ff. ZGB betreffend Sicherungsmassregeln**, aber auch zahlreiche weitere Bestimmungen). Wenn das Bundesrecht von der «zuständigen Behörde» spricht, ist es Sache der Kantone, entweder Gerichts- oder Verwaltungsbehörden für sachlich zuständig zu erklären (Art. 54 SchlT ZGB). Soweit die Kantone ein Gericht als «zuständige Behörde» bezeichnen (z.B. im Kanton Zürich § 128 E GOG [Gesetz über die Gerichts- und Behördenorganisation im Straf- und Zivilprozess]), sind für das gerichtliche Verfahren die Regeln des Summarverfahrens massgebend (Art. 248 lit. e). Soweit gemäss kantonalem Recht Verwaltungsbehörden als «zuständige Behörden» tätig werden, ist das massgebende Verwaltungsverfahren zu beachten (Art. 248 N 13).

12 Gemäss Art. 249 lit. c Ziff. 1 ist für die gerichtliche **Entgegennahme eines mündlichen Testaments** (Art. 507 ZGB) das summarische Verfahren vorgesehen. Ein Nottestament ist gemäss Art. 507 ZGB unverzüglich beim Gericht niederzulegen (Abs. 1) oder zu Protokoll zu geben (Abs. 2). Als Angelegenheit der *freiwilligen Gerichtsbarkeit* ist das Summarverfahren massgebend. Für Angelegenheiten der freiwilligen Gerichtsbarkeit sind die Art. 254 ff. speziell zu beachten.

13 Gemäss Art. 249 lit. c Ziff. 2 ist für die gerichtlich anzuordnende **Sicherstellung bei Beerbung einer verschollenen Person** (Art. 546 ZGB) das summarische Verfahren vorgesehen. Wie die Verschollenerklärung handelt es sich auch bei der Anordnung einer Sicherstellung bei der Beerbung der verschollenen Person um eine Angelegenheit der *freiwilligen Gerichtsbarkeit* (N 7). Für Angelegenheiten der freiwilligen Gerichtsbarkeit sind die Art. 254 ff. speziell zu beachten.

Gemäss Art. 249 lit. c Ziff. 3 ist für die **Verschiebung der Erbteilung und Sicherung** 14
der Ansprüche der Miterben gegenüber zahlungsunfähigen Erben (Art. 604 Abs. 2
und 3 ZGB) das Summarverfahren vorgeschrieben. Art. 604 Abs. 3 spricht von «vorsorglichen Massregeln». Das Verfahren richtet sich nach den Sonderbestimmungen zu den
vorsorglichen Massnahmen (Art. 261 ff.).

4. Sachenrecht

Gemäss Art. 249 lit. d Ziff. 1 ist für die gerichtlich anzuordnenden **Massnahmen zur** 15
Erhaltung der Sache bei Miteigentum (Art. 647 Abs. 2 Ziff. 1 ZGB) dass summarische
Verfahren vorgesehen. Nur wenn die Miteigentümergemeinschaft der Durchführung der
notwendigen Verwaltungshandlung nicht zustimmt, kann der unterliegende Miteigentümer den Richter anrufen. Da das Verfahren rasch entschieden werden muss, ist das summarische Verfahren vorgesehen (BGE 97 II 320, 322 E. 2).

Gemäss Art. 249 lit. d Ziff. 2 ist für die gerichtliche **Eintragung dinglicher Rechte an** 16
Grundstücken bei ausserordentlicher Ersitzung (Art. 662 ZGB) das summarische
Verfahren vorgeschrieben. Auch hier liegt ein Anwendungsfall der freiwilligen Gerichtsbarkeit vor, wenn kein Einspruch erhoben bzw. der erfolgte Einspruch abgewiesen wird
(BGE 113 II 24 f.). Über den Einspruch selbst ist im ordentlichen Verfahren zu entscheiden (STAEHELIN/STAEHELIN/GROLIMUND, 349 Rz 28).

Gemäss Art. 249 lit. d Ziff. 3 ist für die gerichtliche **Aufhebung der Einsprache gegen** 17
die Verfügungen über ein Stockwerk (Art. 712c Abs. 3 ZGB) das summarische Verfahren vorgeschrieben. Um Doppelspurigkeiten mit Art. 249 lit. d Ziff. 3 zu vermeiden,
wurde der in der alten Fassung von Art. 712c Abs. 3 ZGB enthaltene Hinweis auf
die Massgeblichkeit des summarischen Verfahrens gestrichen (Anhang 1 Ziff. II/3). Das
Gesetz sieht das summarische Verfahren vor, weil über die Wirksamkeit der Einsprache
der Stockwerkeigentümer gegen die Verfügungen eines anderen Stockwerkeigentümers
schnell entschieden werden muss.

Gemäss Art. 249 lit. d Ziff. 4 ist für die **Ernennung und Abberufung des Verwalters** 18
bei Stockwerkeigentum (Art. 712q und 712r ZGB) das summarische Verfahren vorgesehen. Die Ernennung oder Abwahl des Verwalters fällt grundsätzlich in die Kompetenz
der Stockwerkeigentümerversammlung. Wenn die Ernennung oder Abwahl des Verwalters umstritten ist, hat das Gericht im summarischen Verfahren darüber zu befinden
(BGE 131 III 297, 298 E. 2.3.2). Die gerichtliche Ernennung bzw. Abberufung des Verwalters ist ein Verfahren, das rasch entschieden werden muss und deshalb den Regeln des
Summarverfahrens untersteht.

Gemäss Art. 249 lit. d Ziff. 5 ist für die **vorläufige Eintragung gesetzlicher Grund-** 19
pfandrechte (Art. 712i, 779d, 779k und 837–839 ZGB) das summarische Verfahren vorgesehen. Diese Bestimmung bezieht sich auf das gesetzliche Pfandrecht für die Beiträge
der Stockwerkeigentümer (Art. 712i ZGB), für die Heimfallentschädigung des bisherigen
Bauberechtigten (Art. 779d ZGB) und für Baurechtszinse (Art. 779k ZGB) sowie für
Bauhandwerkerforderungen (Art. 839 ZGB). Als *«vorläufige Eintragungen»* handelt es
sich um vorsorgliche Massnahmen. Die definitive Eintragung ist dem Richter im ordentlichen Verfahren vorbehalten.

Gemäss Art. 249 lit. d Ziff. 6 ist für die gerichtliche **Fristsetzung zur Sicherstellung** 20
bei Nutzniessung und Entzug des Besitzes (Art. 760 und 762 ZGB) das Summarverfahren vorgeschrieben. In diesem Fall verlangt die Dringlichkeit der Angelegenheit eine
gerichtliche Behandlung im summarischen Verfahren.

21 Gemäss Art. 249 lit. d Ziff. 7 ist für die gerichtliche **Anordnung der Schuldenliquidation des Nutzniessungsvermögens** (Art. 766 ZGB) das summarische Verfahren vorgesehen. Dieser seltene Fall bezieht sich auf die Nutzniessung an einem durch Schulden belasteten Vermögen, wobei der Nutzniesser vom Eigentümer die Tilgung der Schulden (durch Verwertung von Nutzniessungsgegenständen) verlangen kann, mit der Folge, dass sich die Nutzniessung nach der Schuldentilgung nur noch auf den verbleibenden Überschuss bezieht.

22 Gemäss Art. 249 lit. d Ziff. 8 ist für **Massnahmen zugunsten des Pfandgläubigers zur Sicherung des Grundpfands** (Art. 808 Abs. 1 und 2 sowie Art. 809–811 ZGB) das summarische Verfahren vorgeschrieben. Die entsprechenden Massnahmen müssen rasch angeordnet werden. Das summarische Verfahren ermöglicht die nötige Schnelligkeit.

23 Gemäss Art. 249 lit. d Ziff. 9 ist für die **Anordnung über die Stellvertretung bei Schuldbrief** (Art. 860 Abs. 3 ZGB) das Summarverfahren vorgesehen.

24 Gemäss Art. 249 lit. d Ziff. 10 ist für die **Kraftloserklärung von Schuldbriefen** (Art. 870 und 871 ZGB) das summarische Verfahren vorgesehen. Als klassischer Anwendungsfall der *freiwilligen Gerichtsbarkeit* ist die Sache im summarischen Verfahren zu entscheiden (Art. 248 lit. e). Für den Fall, dass ein Schuldbrief verloren gegangen oder körperlich vernichtet worden ist, wird das Wertpapier kraftlos erklärt. Dabei hat der Gesuchsteller den Besitz und den Verlust des Wertpapiers glaubhaft zu machen (Art. 981 Abs. 3 OR). Wenn der Richter die Darstellung des Gesuchstellers als glaubhaft erachtet, fordert er durch dreimalige Publikation im SHAB den unbekannten Inhaber auf, das Wertpapier innerhalb bestimmter Frist vorzulegen; anderenfalls wird die Kraftloserklärung ausgesprochen (Art. 983 OR i.V.m. Art. 870 f. ZGB). Die Bestimmungen des materiellen Bundesrechts sehen insofern eine *Beweisbeschränkung* vor, als der Verlust des Wertpapiers lediglich glaubhaft zu machen ist (Art. 254 N 11). Umgekehrt ergibt sich aus den Verfahrensbestimmungen zum summarischen Verfahren, dass für die Kraftloserklärung von Schuldbriefen als Anwendungsfall der freiwilligen Gerichtsbarkeit *alle Beweismittel* zugelassen sind (Art. 254 Abs. 2 lit. c) und dass der *Sachverhalt von Amtes wegen festgestellt* wird (Art. 255 lit. b); insb. kann das Gericht auch einen Grundbuchauszug samt Bericht des Grundbuchamtes über das Schicksal der Urkunde beiziehen.

25 Gemäss Art. 249 lit. d Ziff. 11 ist für die **Vormerkung von Verfügungsbeschränkungen und vorläufigen Eintragungen im Streitfall** (Art. 960 Abs. 1 Ziff. 1, 961 Abs. 1 Ziff. 1 und 966 Abs. 2 ZGB) das Summarverfahren vorgesehen. Gemäss Art. 961 Abs. 3 ZGB entscheidet der Richter über das Begehren, nachdem der Gesuchsteller sein Begehren glaubhaft gemacht hat, und bewilligt die Vormerkung, indem er deren Wirkung zeitlich und sachlich genau feststellt und nötigenfalls zur Geltendmachung der Ansprüche eine Frist ansetzt (in der revidierten Fassung gemäss Anhang 1 Ziff. II/3). In der Sache handelt es sich um eine vorsorgliche Massnahme, für welche die speziellen Verfahrensbestimmungen gemäss Art. 261 ff. zu beachten sind.

IV. Beschlossene Normänderung

26 Mit Datum vom 19.12.2008 wurde das ZGB im Bereich des Erwachsenenschutzes, Personen- und Kindesrechts geändert (SR 210; BBl 2009 141). Mit dem Inkrafttreten dieser Gesetzesänderung wird der aktuelle Art. 410 ZGB gestrichen und an dessen Stelle Art. 19a ZGB eingefügt. Dadurch ändert sich auch Art. 249 lit. a und b wie folgt (vgl. die Koordinationsbestimmungen gemäss Anhang 2 Ziff. 3):

1. Kapitel: Geltungsbereich   **Art. 250**

«Das summarische Verfahren gilt insbesondere für folgende Angelegenheiten:

a. Personenrecht

 1. Fristansetzung zur Genehmigung von Rechtsgeschäften einer minderjährigen Person oder einer Person unter umfassender Beistandschaft (Art. 19a ZGB),

 2. Anspruch auf Gegendarstellung (Art. 28l ZGB),

 3. Verschollenerklärung (Art. 35–38 ZGB),

 4. Bereinigung einer Eintragung im Zivilstandsregister (Art. 42 ZGB).

b. Aufgehoben»

Der Zeitpunkt des Inkrafttretens der Gesetzesänderung ist noch nicht bestimmt.

Art. 250

Obligationenrecht   Das summarische Verfahren gilt insbesondere für folgende Angelegenheiten:

a. Allgemeiner Teil:
 1. gerichtliche Hinterlegung einer erloschenen Vollmacht (Art. 36 Abs. 1 OR),
 2. Ansetzung einer angemessenen Frist zur Sicherstellung (Art. 83 Abs. 2 OR),
 3. Hinterlegung und Verkauf der geschuldeten Sache bei Gläubigerverzug (Art. 92 Abs. 2 und 93 Abs. 2 OR),
 4. Ermächtigung zur Ersatzvornahme (Art. 98 OR),
 5. Ansetzung einer Frist zur Vertragserfüllung (Art. 107 Abs. 1 OR),
 6. Hinterlegung eines streitigen Betrages (Art. 168 Abs. 1 OR);

b. Einzelne Vertragsverhältnisse:
 1. Bezeichnung einer sachverständigen Person zur Nachprüfung des Geschäftsergebnisses oder der Provisionsabrechnung (Art. 322*a* Abs. 2 und 322*c* Abs. 2 OR),
 2. Ansetzung einer Frist zur Sicherheitsleistung bei Lohngefährdung (Art. 337*a* OR),
 3. Ansetzung einer Frist bei vertragswidriger Ausführung eines Werkes (Art. 366 Abs. 2 OR),
 4. Bezeichnung einer sachverständigen Person zur Prüfung eines Werkes (Art. 367 OR),
 5. Ansetzung einer Frist zur Herstellung der neuen Auflage eines literarischen oder künstlerischen Werkes (Art. 383 Abs. 3 OR),
 6. Herausgabe der beim Sequester hinterlegten Sache (Art. 480 OR),
 7. Beurteilung der Pfanddeckung bei Solidarbürgschaft (Art. 496 Abs. 2 OR),
 8. Einstellung der Betreibung gegen den Bürgen bei Leistung von Realsicherheit (Art. 501 Abs. 2 OR),
 9. Sicherstellung durch den Hauptschuldner und Befreiung von der Bürgschaft (Art. 506 OR);

Stephan Mazan 1159

c. Gesellschaftsrecht:
  1. vorläufiger Entzug der Vertretungsbefugnis (Art. 565 Abs. 2, 603 und 767 Abs. 1 OR),
  2. Bezeichnung der gemeinsamen Vertretung (Art. 690 Abs. 1, 764 Abs. 2, 792 Ziff. 1 und 847 Abs. 4 OR),
  3. Bestimmung, Abberufung und Ersetzung von Liquidatoren (Art. 583 Abs. 2, 619, 740, 741, 770, 826 Abs. 2 und 913 OR),
  4. Verkauf zu einem Gesamtübernahmepreis und Art der Veräusserung von Grundstücken (Art. 585 Abs. 3 und 619 OR),
  5. Bezeichnung der sachverständigen Person zur Prüfung der Gewinn- und Verlustrechnung und der Bilanz der Kommanditgesellschaft (Art. 600 Abs. 3 OR),
  6. Ansetzung einer Frist bei ungenügender Anzahl von Mitgliedern oder bei Fehlen von notwendigen Organen (Art. 731*b*, 819 und 908 OR),
  7. Anordnung der Auskunftserteilung an Aktionäre und Gläubiger einer Aktiengesellschaft, an Mitglieder einer Gesellschaft mit beschränkter Haftung und an Genossenschafter (Art. 697 Abs. 4, 697*h* Abs. 2, 802 Abs. 4 und 857 Abs. 3 OR),
  8. Sonderprüfung bei der Aktiengesellschaft (Art. 697*a*–697*g* OR),
  9. Einberufung der Generalversammlung einer Aktiengesellschaft oder einer Genossenschaft, Traktandierung eines Verhandlungsgegenstandes und Einberufung der Gesellschafterversammlung einer Gesellschaft mit beschränkter Haftung (Art. 699 Abs. 4, 805 Abs. 5 Ziff. 2 und 881 Abs. 3 OR),
  10. Bezeichnung einer Vertretung der Gesellschaft oder der Genossenschaft bei Anfechtung von Generalversammlungsbeschlüssen durch die Verwaltung (Art. 706*a* Abs. 2, 808*c* und 891 Abs. 1 OR),
  11. Ernennung und Abberufung der Revisionsstelle (Art. 731*b* OR),
  12. Hinterlegung von Forderungsbeiträgen bei der Liquidation (Art. 744, 770, 826 Abs. 2 und 913 OR);
  13. Abberufung der Verwaltung und Kontrollstelle der Genossenschaft (Art. 890 Abs. 2 OR);
d. Wertpapierrecht
  1. Kraftloserklärung von Wertpapieren (Art. 981 OR),
  2. Verbot der Bezahlung eines Wechsels und Hinterlegung des Wechselbetrages (Art. 1072 OR),
  3. Erlöschen einer Vollmacht, welche die Gläubigerversammlung bei Anleihensobligationen einer Vertretung erteilt hat (Art. 1162 Abs. 4 OR),
  4. Einberufung einer Gläubigerversammlung auf Gesuch der Anleihensgläubiger (Art. 1165 Abs. 3 und 4 OR).

1. Kapitel: Geltungsbereich **Art. 250**

Code des obligations La procédure sommaire s'applique notamment dans les affaires suivantes:
  a. partie générale:
    1. dépôt en justice d'une procuration éteinte (art. 36, al. 1, CO),
    2. fixation d'un délai convenable pour la fourniture de sûretés (art. 83, al. 2, CO),
    3. consignation et vente de la chose due en cas de demeure du créancier (art. 92, al. 2, et 93, al. 2, CO),
    4. autorisation de l'exécution par un tiers (art. 98 CO),
    5. fixation d'un délai en cas d'inexécution d'un contrat (art. 107, al. 1, CO),
    6. consignation du montant d'une créance dont la propriété est contestée (art. 168, al. 1, CO);
  b. partie spéciale:
    1. désignation de l'expert chargé de calculer la participation ou la provision du travailleur (art. 322a, al. 2, et 322c, al. 2, CO),
    2. fixation d'un délai pour la garantie des prétentions découlant des rapports de travail (art. 337a CO),
    3. fixation d'un délai en cas d'exécution imparfaite d'un contrat d'entreprise (art. 366, al. 2, CO),
    4. désignation d'un expert pour examen de l'ouvrage (art. 367 CO),
    5. fixation d'un délai pour la publication d'une édition nouvelle d'une œuvre littéraire ou artistique (art. 383, al. 3, CO),
    6. restitution de l'objet d'un séquestre (art. 480 CO),
    7. couverture par gage d'une créance garantie par cautionnement solidaire (art. 496, al. 2, CO),
    8. suspension de la poursuite contre la caution moyennant sûretés (art. 501, al. 2, CO),
    9. fourniture de sûretés par le débiteur et libération de la caution (art. 506 CO);
  c. droit des sociétés:
    1. retrait provisoire du pouvoir de représenter la société (art. 565, al. 2, 603 et 767, al. 1, CO),
    2. désignation d'un représentant commun (art. 690, al. 1, 764, al. 2, 792, ch. 1, et 847, al. 4, CO),
    3. désignation, révocation et remplacement de liquidateurs (art. 583, al. 2, 619, 740, 741, 770, 826, al. 2, et 913 CO),
    4. vente en bloc et mode adopté pour l'aliénation d'immeubles (art. 585, al. 3, et 619 CO),
    5. désignation d'un expert aux fins de contrôler l'exactitude du compte de pertes et profits et du bilan de la société en commandite (art. 600, al. 3, CO),
    6. fixation d'un délai lorsque le nombre des membres est insuffisant ou que des organes requis font défaut (art. 731b, 819 et 908 CO),
    7. obligation de renseigner les actionnaires et les créanciers d'une société anonyme, les associés de la société à responsabilité limitée et les membres de la société coopérative (art. 697, al. 4, 697h, al. 2, 802, al. 4, et 857, al. 3, CO),
    8. contrôle spécial de la société anonyme (art. 697a à 697g CO),
    9. convocation de l'assemblée générale de la société anonyme ou de la société coopérative et inscription d'un objet à l'ordre du jour et convocation de l'assemblée générale de la société à responsabilité limitée (art. 699, al. 4, 805, al. 5, ch. 2, et 881, al. 3, CO),
    10. désignation d'un représentant de la société en cas d'action en annulation d'une décision de l'assemblée générale intentée par son administration (art. 706a, al. 2, 808c et 891, al. 1, CO),
    11. désignation et révocation de l'organe de révision (art. 731b CO),
    12. consignation du montant de créances en cas de liquidation (art. 744, 770, 826, al. 2, et 913 CO),
    13. révocation des administrateurs et des contrôleurs de la société coopérative (art. 890, al. 2, CO);

Stephan Mazan

Art. 250

   d. papiers-valeurs:
      1. annulation de papiers-valeurs (art. 981 CO),
      2. interdiction de payer une lettre de change et consignation du montant de la lettre de change (art. 1072 CO),
      3. extinction des pouvoirs conférés par l'assemblée des créanciers au représentant de la communauté d'un emprunt par obligations (art. 1162, al. 4, CO),
      4. convocation de l'assemblée générale des créanciers à la demande des créanciers (art. 1165, al. 3 et 4, CO).

Codice delle obbligazioni

La procedura sommaria si applica segnatamente nelle seguenti questioni:
   a. parte generale:
      1. deposito giudiziale, dopo la cessazione del mandato, di un titolo comprovante il mandato (art. 36 cpv. 1 CO),
      2. assegnazione di un congruo termine per la prestazione della garanzia (art. 83 cpv. 2 CO),
      3. deposito e vendita della cosa dovuta in caso di mora del creditore (art. 92 cpv. 2 e 93 cpv. 2 CO),
      4. autorizzazione a eseguire la prestazione a spese del debitore (art. 98 CO),
      5. fissazione del termine per l'adempimento del contratto (art. 107 cpv. 1 CO),
      6. deposito dell'importo contestato in caso di cessione (art. 168 cpv. 1 CO);
   b. singoli contratti:
      1. designazione di un perito per l'esame del risultato d'esercizio o del conteggio delle provvigioni (art. 322a cpv. 2 e 322c cpv. 2 CO),
      2. fissazione del termine per prestare garanzia in caso di insolvenza del datore di lavoro (art. 337a CO),
      3. fissazione del termine in caso di esecuzione di un'opera non conforme al contratto (art. 366 cpv. 2 CO),
      4. designazione di un perito per la verificazione dell'opera (art. 367 CO),
      5. fissazione del termine per pubblicare la nuova edizione di un'opera letteraria o artistica (art. 383 cpv. 3 CO),
      6. restituzione della cosa depositata in caso di sequestro (art. 480 CO),
      7. giudizio sulla copertura del debito oggetto di fideiussione solidale tramite i diritti di pegno (art. 496 cpv. 2 CO),
      8. sospensione degli atti esecutivi contro il fideiussore in caso di prestazione di garanzie reali (art. 501 cpv. 2 CO),
      9. garanzie del debitore principale e liberazione dalla fideiussione (art. 506 CO);
   c. diritto societario:
      1. revoca provvisoria della facoltà di rappresentanza (art. 565 cpv. 2, 603 e 767 cpv. 1 CO),
      2. designazione di un rappresentante comune (art. 690 cpv. 1, 764 cpv. 2, 792 n. 1 e 847 cpv. 4 CO),
      3. nomina, revoca e sostituzione di liquidatori (art. 583 cpv. 2, 619, 740, 741, 770, 826 cpv. 2 e 913 CO),
      4. vendita in blocco e modalità di vendita di immobili (art. 585 cpv. 3 e 619 CO),
      5. designazione di un perito per l'esame del conto dei profitti e delle perdite e del bilancio di una società in accomandita (art. 600 cpv. 3 CO),
      6. fissazione del termine in caso di numero insufficiente di membri o mancanza di organi (art. 731b, 819 e 908 CO),
      7. fornitura di ragguagli ad azionisti e creditori di una società anonima, a soci di una società a garanzia limitata e a soci di una società cooperativa (art. 697 cpv. 4, 697h cpv. 2, 802 cpv. 4 e 857 cpv. 3 CO),
      8. verifica speciale della società anonima (art. 697a–697g CO),

1. Kapitel: Geltungsbereich　　　　　　　　　　　　　　　　　　　1, 2　**Art. 250**

   9. convocazione dell'assemblea generale di una società anonima o di una società cooperativa, iscrizione di un oggetto all'ordine del giorno e convocazione dell'assemblea dei soci di una società a garanzia limitata (art. 699 cpv. 4, 805 cpv. 5 n. 2 e 881 cpv. 3 CO),
  10. designazione di un rappresentante della società in caso di contestazione delle deliberazioni assembleari da parte dell'amministrazione (art. 706*a* cpv. 2, 808*c* e 891 cpv. 1 CO),
  11. nomina e revoca dell'ufficio di revisione (art. 731*b* CO),
  12. deposito degli importi dovuti in caso di liquidazione (art. 744, 770, 826 cpv. 2 e 913 CO),
  13. revoca dell'amministrazione e dell'ufficio di revisione di una società cooperativa (art. 890 cpv. 2 CO);
 d. titoli di credito
  1. ammortamento di titoli (art. 981 CO),
  2. divieto del pagamento di una cambiale e deposito della somma della cambiale (art. 1072 CO),
  3. estinzione della procura conferita a un rappresentante dell'assemblea degli obbligazionisti in materia di prestiti in obbligazioni (art. 1162 cpv. 4 CO),
  4. convocazione dell'assemblea degli obbligazionisti su istanza degli obbligazionisti medesimi (art. 1165 cpv. 3 e 4 CO).

Inhaltsübersicht

                            Note

 I. Einleitung 1
 II. Keine abschliessende Aufzählung 5
 III. Die Angelegenheiten des Obligationenrechts im Einzelnen 6
  1. Allgemeiner Teil 6
  2. Einzelne Vertragsverhältnisse 12
  3. Gesellschaftsrecht 21
  4. Wertpapierrecht 34

Literatur

In Bezug auf die Bestimmungen des Obligationenrechts, für die das Gesetz das summarische Verfahren vorsieht, wird auf die entsprechenden Kommentare und Lehrbücher verwiesen.

I. Einleitung

Art. 250 enthält einen **Katalog der wichtigsten Summarsachen des Obligationenrechts**. Oft wurden diese Angelegenheiten schon bisher unter der Geltung der kantonalen Prozessordnungen (z.B. § 219 ZPO/ZH) – bzw. der kantonalen Einführungsgesetze (z.B. Art. 2 EGZGB/BE) – dem summarischen Verfahren zugewiesen. Vereinzelt handelt es sich um Angelegenheiten der freiwilligen Gerichtsbarkeit, meist geht es jedoch um Strittiges (VOGEL/SPÜHLER, 343 f. Rz 166). **1**

Der Sache nach umfasst Art. 250 rechtsgestaltende Anordnungen verschiedenster Art, für die das ordentliche Verfahren entweder zu zeitraubend oder zu aufwändig ist oder mangels Gegenpartei wie bei der freiwilligen Gerichtsbarkeit nicht in Frage kommt (FRANK/STRÄULI/MESSMER, § 215 ZPO/ZH N 1a). Das summarische Verfahren kommt zur Anwendung, wenn eine Angelegenheit vom Gericht bloss vorläufig geregelt werden soll, im Einparteien-Verfahren oder wenn sonst Gründe vorliegen, die einen raschen Entscheid wichtiger erscheinen lassen als eine abschliessende Untersuchung der materiellen Wahr- **2**

Art. 250 3–7   5. Titel: Summarisches Verfahren

heit (STAEHELIN/STAEHELIN/GROLIMUND, 348 Rz 25). Für die im Gesetz aufgelisteten Angelegenheiten ist **zwingend** die Anwendbarkeit des summarischen Verfahrens vorgeschrieben. Die in kantonalen Prozessordnungen zum Teil vorgesehene Möglichkeit, die einzeln aufgezählten Angelegenheiten des summarischen Verfahrens bei Illiquidität ins ordentliche Verfahren zu verweisen (vgl. z.B. § 221 ZPO/ZH), sieht die eidg. ZPO nicht vor.

3   Das summarische Verfahren kennt – im Unterschied zu den einlässlichen Verfahren – eine **Beweisbeschränkung**. Es gilt insofern eine *Beweismittelbeschränkung*, als nur auf liquide (sofort abnehmbare) Beweismittel abgestellt wird; zulässiges Beweismittel ist insb. die Urkunde (Art. 254 Abs. 1). Andere Beweismittel sind nur zulässig, wenn sie alternativ das Verfahren nicht wesentlich verzögern (Art. 254 Abs. 2 lit. a), wenn es der Verfahrenszweck erfordert (Art. 254 Abs. 2 lit. b) oder wenn das Gericht den Sachverhalt von Amtes wegen feststellt (Art. 254 Abs. 2 lit. c). Hingegen gilt keine generelle *Beweismassbeschränkung*. Vielmehr muss auch im summarischen Verfahren der volle Beweis erbracht werden. Nur dort, wo das Gesetz oder seine Auslegung anordnet, dass ein Anspruch oder eine Einwendung nur glaubhaft gemacht werden muss, sind die Anforderungen an das Beweismass reduziert (STAEHELIN/STAEHELIN/GROLIMUND, 354 f. Rz 45).

4   Die **örtliche Zuständigkeit** richtet sich nach den allgemeinen Bestimmungen der ZPO (Art. 9 ff.). In **sachlicher Hinsicht** ist es weiterhin Sache der Kantone, das zuständige Gericht zu bestimmen (Art. 4 ff.). Regelmässig ist ein Einzelrichter sachlich zuständig (z.B. § 22 lit. c E GOG/ZH).

II. Keine abschliessende Aufzählung

5   Genau gleich wie bei der Aufzählung der Angelegenheiten des Zivilgesetzbuches, die dem summarischen Verfahren unterstehen, sieht das Gesetz keine abschliessende Aufzählung vor. Obwohl ein detaillierter Katalog ins Gesetz aufgenommen wurde, der zum Teil auch Angelegenheiten von geringer praktischer Bedeutung im Gerichtsalltag umfasst, wäre angesichts des weiten Geltungsbereichs des summarischen Verfahrens eine abschliessende Aufzählung wenig praktikabel. Der Gesetzgeber bringt mit dem Hinweis «insbesondere» zum Ausdruck, dass Art. 250 keine abschliessende Aufzählung enthält.

III. Die Angelegenheiten des Obligationenrechts im Einzelnen

1. Allgemeiner Teil

6   Gemäss Art. 250 lit. a Ziff. 1 ist das summarische Verfahren massgebend für die **gerichtliche Hinterlegung einer erloschenen Vollmacht** (Art. 36 Abs. 1 OR). Nach Erlöschen einer Vollmacht ist der Bevollmächtigte zur Herausgabe der Vollmachtsurkunde verpflichtet. Der Bevollmächtigte kann seiner Herausgabepflicht durch Rückgabe der Vollmachtsurkunde oder durch deren gerichtliche Hinterlegung nachkommen. Entscheidet sich der Bevollmächtigte für gerichtliche Hinterlegung, ist darüber im summarischen Verfahren zu entscheiden. Das Verfahren muss rasch entschieden werden, weshalb das Summarverfahren vorgesehen ist. Davon zu unterscheiden ist der Fall, dass der Vollmachtgeber bei Rückgabeverweigerung durch den Bevollmächtigten die Urkunde aus dem Grundverhältnis zurückverlangt. Dieser Prozess untersteht dem ordentlichen Verfahren.

7   Gemäss Art. 250 lit. a Ziff. 2 ist für die gerichtliche **Ansetzung einer angemessenen Frist zur Sicherstellung** (Art. 83 Abs. 2 OR) das summarische Verfahren vorgesehen. Diejenige Partei, die bei einem vollkommen zweiseitigen Vertrag ihren Anspruch durch

die Verschlechterung der Vermögenslage der Gegenpartei gefährdet sieht, kann selbst eine angemessene Frist zur Sicherstellung ansetzen oder vom Gericht ansetzen lassen. Die behördliche Mitwirkung bei der Fristansetzung ist fakultativ und insb. dann sinnvoll, wenn Gewähr bestehen soll, dass eine *angemessene Frist* angesetzt wird (vgl. auch N 10, 13 und 14).

Gemäss Art. 250 lit. a Ziff. 3 ist für die **Hinterlegung und den Verkauf der geschulde-** **8** **ten Sache bei Gläubigerverzug** (Art. 92 Abs. 2 und Art. 93 Abs. 2 OR) das summarische Verfahren vorgesehen. Für die *Hinterlegung* kann der Schuldner das Gericht zur Bestimmung des Hinterlegungsortes anrufen, doch steht ihm auch ohne richterliche Bewilligung die Hinterlegung in einem Lagerhaus zur Verfügung (Art. 92 Abs. 2 OR). Für den *Selbsthilfeverkauf* muss der Schuldner nach vorgängiger Androhung die Bewilligung des Gerichts einholen (Art. 93 Abs. 2 OR). Wenn die Voraussetzungen für die Hinterlegung oder den Selbsthilfeverkauf glaubhaft gemacht werden, muss der Richter die Hinterlegungsstelle bezeichnen oder den Selbsthilfeverkauf gestatten. Dabei müssen die Voraussetzungen nur glaubhaft gemacht werden. Ob einer solchen Hinterlegung befreiende Wirkung zukommt, entscheidet erst der Richter im ordentlichen Verfahren, falls der angebliche Gläubiger trotz der Hinterlegung den Schuldner auf Erfüllung belangt (BGE 105 II 273, 276 E. 2 m.H.). Die Hinterlegung zählt zur *freiwilligen Gerichtsbarkeit* (CHK-MERCIER, Art. 92 OR N 22 und Art. 93 OR N 8; BK-WEBER, Art. 92 OR N 91 f. und Art. 93 OR N 30), so dass die Art. 254 ff. speziell zu beachten sind.

Gemäss Art. 250 lit. a Ziff. 4 ist das Summarverfahren vorgesehen für die gerichtliche **9** **Ermächtigung zur Ersatzvornahme** (Art. 98 OR). Wenn der Gläubiger bei Ausbleiben der (richtigen) Vertragserfüllung durch den Schuldner vom Gericht die Ermächtigung zur Ersatzvernahme (Art. 98 Abs. 1) oder zur Beseitigung des rechtswidrigen Zustandes (Art. 98 Abs. 3) verlangt, ist darüber im summarischen Verfahren zu entscheiden. Dieses Verfahren muss rasch entschieden werden, weshalb die Verfahrensbestimmungen des Summarverfahrens massgebend sind.

Gemäss Art. 250 lit. a Ziff. 5 ist im summarischen Verfahren über die gerichtliche **Anset-** **10** **zung einer Frist zur Vertragserfüllung** im summarischen Verfahren zu entscheiden. Bei Schuldnerverzug kann der Gläubiger dem Schuldner entweder selbst eine angemessene Nachfrist zur Erfüllung ansetzen oder durch «die zuständige Behörde» ansetzen lassen (Art. 107 Abs. 1 OR). In der Regel wird der Gläubiger von sich aus eine angemessene Frist für die nachträglich Erfüllung ansetzen und dafür nicht das Gericht in Anspruch nehmen, weshalb sich die praktische Bedeutung dieser Bestimmung in Grenzen hält (BSK OR I-WIEGAND, Art. 107 N 8).

Gemäss Art. 250 lit. a Ziff. 6 ist für die gerichtliche **Hinterlegung eines streitigen Be-** **11** **trages** (Art. 168 Abs. 1 OR) das summarische Verfahren vorgesehen. Wenn im Zusammenhang mit einer strittigen Abtretung einer Forderung ein Prätendentenstreit vorliegt, kann dem Schuldner nicht zugemutet werden, auf eigene Gefahr zu entscheiden, wem die Forderung zusteht. In dieser Situation hat der Schuldner die Möglichkeit, sich die Hinterlegung gerichtlich bewilligen zu lassen und sich dadurch zu befreien (BGE 105 II 273, 276 E. 2 m.H.). Es liegt die gleiche Konstellation vor wie bei der Hinterlegung nach Art. 92 Abs. 2 OR (N 8).

2. Einzelne Vertragsverhältnisse

Gemäss Art. 250 lit. b Ziff. 1 sieht das Gesetz das summarische Verfahren für die **12** gerichtliche **Bezeichnung einer sachverständigen Person zur Nachprüfung des Geschäftsergebnisses oder der Provisionsabrechnung** vor (Art. 322a Abs. 2 und

Art. 322c Abs. 2 OR). Im Zusammenhang mit Ansprüchen des Arbeitnehmers auf einen Anteil am Geschäftsergebnis oder auf Provision hat der Arbeitnehmer bzw. an dessen Stelle ein Sachverständiger einen Anspruch auf Einsicht in die Geschäftsbücher. Wenn sich die Parteien nicht auf einen Sachverständigen einigen können, ist es Sache des Gerichtes, im summarischen Verfahren den Sachverständigen zu ernennen. Zu beachten ist dabei, dass der gerichtlich eingesetzte Sachverständige nur Informant bzw. Vertrauensmann ist und keineswegs sachverständige Person (Gutachter) im Sinn eines Beweismittels gemäss Art. 183 ff. (FRANK/STRÄULI/MESSMER, § 219 ZPO/ZH N 7; vgl. auch N 15 und 25).

13   Gemäss Art. 250 lib. b Ziff. 2 sieht das Gesetz für die gerichtliche **Ansetzung einer Frist zur Sicherheitsleistung bei Lohngefährdung** (Art. 337a OR) das summarische Verfahren vor. Wenn der Arbeitgeber zahlungsunfähig wird, kann der Arbeitnehmer das Arbeitsverhältnis fristlos auflösen, sofern ihm für seine Forderungen aus dem Arbeitsverhältnis nicht innert angemessener Frist Sicherheit geleistet wird (Art. 337a OR). Der Arbeitnehmer kann diese Frist selbst ansetzen oder gerichtlich ansetzen lassen, d.h. die behördliche Mitwirkung ist fakultativ (vgl. auch N 7, 10 und 14).

14   Gemäss Art. 250 lit. b Ziff. 3 ist das summarische Verfahren vorgesehen für die **Ansetzung einer Frist bei vertragswidriger Ausführung eines Werkes** (Art. 366 Abs. 2 OR). Wenn sich während der Ausführung eines Werkes eine mangelhafte oder sonst vertragswidrige Erstellung durch Verschulden des Unternehmers bestimmt voraussehen lässt, so kann ihm der Besteller eine angemessene Frist ansetzen oder gerichtlich ansetzen lassen mit der Androhung der Ersatzvornahme im Unterlassungsfall, d.h. die behördliche Mitwirkung ist fakultativ (vgl. auch N 7, 10 und 13).

15   Gemäss Art. 250 lit. b Ziff. 4 ist für die **Bezeichnung einer sachverständigen Person zur Prüfung eines Werkes** (Art. 367 Abs. 2 OR) das summarische Verfahren vorgesehen. Art. 367 Abs. 2 OR gibt jedem Vertragspartner (d.h. dem Besteller und dem Unternehmer) das Recht, eine Beurkundung des Befundes durch die zuständige Behörde bzw. die Bezeichnung einer sachverständigen Person durch das Gericht zu verlangen. Zu beachten ist dabei, dass der gerichtlich eingesetzte Sachverständige nur Informant bzw. Vertrauensmann – und nicht Gutachter (Art. 183 ff.) – ist (vgl. auch N 12 und 25).

16   Gemäss Art. 250 lit. b Ziff. 5 ist das summarische Verfahren vorgesehen für die **Ansetzung einer Frist zur Herstellung der neuen Auflage eines literarischen oder künstlerischen Werkes** (Art. 383 Abs. 3 OR). Wenn der Verleger die Rechte für mehrere oder alle Auflagen hat, ist er verpflichtet, solche zu veranstalten, wenn die letzte Auflage vergriffen ist. Unterlässt der Verleger die Herstellung einer neuen Auflage, gerät er in Verzug. Der Verlagsgeber kann ihm eine Frist zur Herstellung einer neuen Auflage gerichtlich anzusetzen lassen. Im Unterschied zu anderen Fällen, in denen der Betroffene eine Frist selbst ansetzen oder gerichtlich ansetzen lassen kann (z.B. N 7, 10, 13 und 14), ist im Fall von Art. 383 Abs. 3 OR eine gerichtliche Fristansetzung obligatorisch (CHK-STREULI-YOUSSEF, Art. 383 OR N 5).

17   Gemäss Art. 250 lit. b Ziff. 6 ist für die **Herausgabe der beim Sequester hinterlegten Sache** (Art. 480 OR) das summarische Verfahren massgebend. Die Sequestration ist ein Sonderfall einer gemeinsamen Hinterlegung. Mit der Hinterlegung wird der Zweck verfolgt, die Sache bis zur Beilegung einer Streitigkeit oder bis zur Klärung der rechtlichen Verhältnisse der Verfügung eines Nichtberechtigten zu entziehen. Dem Sequester ist es nur erlaubt, die Sache bei Einigkeit unter allen Hinterlegern oder auf richterliches Geheiss herauszugeben. Das entsprechende Gerichtsverfahren untersteht dem summarischen Verfahren.

Gemäss Art. 250 lit. b Ziff. 7 ist das Summarverfahren vorgesehen für die **Beurteilung** **18** **der Pfanddeckung bei Solidarbürgschaft** (Art. 496 Abs. 2 OR). Wenn Solidarbürgschaft vereinbart ist, kann der Gläubiger den Solidarbürgen vor dem Hauptschuldner und vor der Verwertung der *Grundpfänder* belangen (Art. 496 Abs. 1 OR). Vor der Verwertung von *Faustpfand- und Forderungspfandrechten* kann der Solidarbürge nur belangt werden, wenn diese Sicherheiten nach dem Ermessen des Richters voraussichtlich keine Deckung bieten. Dem Solidarbürgen steht die Einrede der vorausgehenden Verwertung der Faust- und Forderungspfandrechte zu (Art. 496 Abs. 2 OR). Für diese richterliche Einschätzung ist das Summarverfahren vorgesehen.

Gemäss Art. 250 lit. b Ziff. 8 ist für die richterliche **Einstellung der Betreibung gegen** **19** **den Bürgen bei Leistung von Realsicherheit** (Art. 501 Abs. 2 OR) das summarische Verfahren vorgesehen. Unabhängig von der Art der Bürgschaft und vom Stadium der Betreibung kann der vom Gläubiger betriebene Bürge vom Richter die Einstellung der Betreibung verlangen, wenn er bis zur Höhe der Bürgschaftssumme Realsicherheit leistet (Art. 501 Abs. 2 OR). Über die Einstellung der Betreibung hat das Gericht im summarischen Verfahren zu entscheiden.

Gemäss Art. 250 lit. b Ziff. 9 ist für die **Sicherstellung durch den Hauptschuldner und** **20** **Befreiung von der Bürgschaft** (Art. 506 OR) das summarische Verfahren vorgesehen. Der Bürge kann vom Richter verlangen, dass der Hauptschuldner zur Sicherstellung (durch Real- oder Personalsicherheiten) oder bei fälliger Hauptschuld zur Befreiung von der Bürgschaft (durch Zahlung an den Gläubiger oder durch Verrechnung) verpflichtet wird, wenn ein Tatbestand von Art. 506 Ziff. 1–3 OR gegeben ist. Auch dieses Verfahren untersteht den Regeln des Summarverfahrens.

3. Gesellschaftsrecht

Gemäss Art. 250 lit. c Ziff. 1 ist über den **vorläufigen Entzug der Vertretungsbefugnis** **21** (Art. 565 Abs. 2, Art. 603 und 767 Abs. 1 OR) im summarischen Verfahren zu entscheiden. Bei der Kollektiv- und Kommanditgesellschaft sowie bei der Kommandit-AG kann einem Gesellschafter oder einem Mitglied der Verwaltung die Vertretungsbefugnis *vorläufig* gerichtlich entzogen werden, wenn das Vorliegen von wichtigen Gründen glaubhaft gemacht wird und wenn Gefahr im Verzug liegt. Es handelt sich um vorsorgliche Massnahmen (BÜHLER/EDELMANN/KILLER, § 300 ZPO/AG N 2; BSK OR II-PESTALOZZI/HETTICH, Art. 565 N 9). Über den definitiven Entzug aus wichtigem Grund entscheidet der Richter im ordentlichen Verfahren.

Gemäss Art. 250 lit. c Ziff. 2 ist das Summarverfahren vorgesehen für die **Bezeichnung** **22** **der gemeinsamen Vertretung** bei gemeinschaftlicher Berechtigung an einem Mitgliedschaftsrecht (Art. 690 Abs. 1, Art. 764 Abs. 2, Art. 792 Ziff. 1 und Art. 847 Abs. 4 OR). Diese Bestimmungen betreffen den Fall, dass mehreren Gesellschaftern die Gesellschaftsrechte gemeinschaftlich zustehen und diese nur durch einen gemeinsamen Vertreter ausgeübt werden können. Eine richterliche Mitwirkung ist nicht erforderlich, wenn sich die Beteiligten auf einen Vertreter einigen. Nur im Fall der Nichteinigung hat das Gericht zu entscheiden (CHK-GIRSBERGER/GABRIEL, Art. 690 OR N 5).

Gemäss Art. 250 lit. c Ziff. 3 ist für die **Bestimmung, Abberufung und Ersetzung von** **23** **Liquidatoren** (Art. 583 Abs. 2, Art. 619, 740, 741, 770, 826 Abs. 2 und Art. 913 OR) das Summarverfahren vorgesehen. Über die Abberufung bzw. Ersetzung von Liquidatoren aus wichtigen Gründen bei der Kollektiv- und Kommanditgesellschaft (Art. 583 Abs. 2 und 619 OR), der AG (Art. 741 OR), der Kommandit-AG (Art. 770 OR), der GmbH (Art. 826 Abs. 2 OR) und der Genossenschaft (Art. 913 OR) entscheidet der Einzelrichter im summarischen Verfahren. Desgleichen ist im summarischen Verfahren über die Bestimmung des Liquidators zu entscheiden, wenn die Gesellschaft durch richterliches Urteil aufgelöst wird (Art. 740 OR).

24 Gemäss Art. 250 lit. c Ziff. 4 sind die Klagen eines Gesellschafters gegen den **Verkauf zu einem Gesamtübernahmepreis** oder gegen die **Art der Veräusserung von Grundstücken** (Art. 585 Abs. 3 und Art. 619 OR) im summarischen Verfahren zu beurteilen.

25 Gemäss Art. 250 lit. c Ziff. 5 sieht das Gesetz für die Bezeichnung der **sachverständigen Person zur Prüfung der Gewinn- und Verlustrechnung und der Bilanz der Kommanditgesellschaft** (Art. 600 Abs. 3 OR) das summarische Verfahren vor. Diese Bestimmung ist vergleichbar mit der Bezeichnung einer sachverständigen Person zur *Nachprüfung des Geschäftsergebnisses oder der Provisionsabrechnung* (Art. 322a Abs. 2 und Art. 322c Abs. 2 OR; vgl. N 12) oder zur *Prüfung eines Werkes* (Art. 367 Abs. 2 OR; vgl. N 15). In diesen Fällen ist der gerichtlich eingesetzte Sachverständige nur Informant bzw. Vertrauensmann und nicht sachverständige Person (Gutachter) im Sinn eines Beweismittels gemäss Art. 183 ff. (N 12 und 15).

26 Gemäss Art. 250 lit. c Ziff. 6 wird im summarischen Verfahren entschieden über die **Ansetzung einer Frist bei ungenügender Anzahl von Mitgliedern oder bei Fehlen von notwendigen Organen** (Art. 731b, 819 und 908 OR). Bei Mängeln in der Organisation der Gesellschaft kann ein Gesellschafter, ein Gläubiger oder der Handelsregisterführer dem Richter beantragen, die erforderlichen – im Gesetz beispielhaft genannten – Massnahmen zu ergreifen (BSK OR II-Watter/Wieser, Art. 731b N 8 ff.).

27 Gemäss Art. 250 lit. c Ziff. 7 ist für die **Anordnung der Auskunftserteilung an Aktionäre und Gläubiger einer AG, an Mitglieder einer GmbH und an Genossenschafter** (Art. 697 Abs. 4, 697h Abs. 2, 800 Abs. 4 und 857 Abs. 3 OR) das summarische Verfahren vorgesehen. Mit dieser «Informationsklage» kann die Bereitstellung oder Übermittlung von Informationen verlangt werden (BSK OR II-Weber, Art. 697 N 20 und Art. 697h N 8).

28 Gemäss Art. 250 lit. c Ziff. 8 ist für die richterliche Anordnung einer **Sonderprüfung bei der Aktiengesellschaft** (Art. 697a–697g OR) das summarische Verfahren vorgesehen (Art. 250 lit. c Ziff. 8). Diese Streitsache untersteht dem summarischen Verfahren, weil sie schnell entschieden werden muss. Die Voraussetzungen für die Einsetzung eines Sonderprüfers, welche von der Generalversammlung verweigert wurde, müssen nur glaubhaft gemacht werden (Art. 697b Abs. 2 OR).

29 Gemäss Art. 250 lit. c Ziff. 9 entscheidet der Richter im summarischen Verfahren über die **Einberufung einer Generalversammlung einer AG oder einer Genossenschaft, die Traktandierung eines Verhandlungsgegenstandes und die Einberufung einer Generalversammlung einer GmbH** (Art. 699 Abs. 4, 805 Abs. 5 Ziff. 2 und Art. 881 Abs. 3 OR). Auch hier geht es um eine Angelegenheit, die schnell entschieden werden muss und aus diesem Grund dem summarischen Verfahren untersteht.

30 Gemäss Art. 250 lit. c Ziff. 10 ist das summarische Verfahren vorgesehen für die **Bezeichnung einer Vertretung der Gesellschaft oder der Genossenschaft bei der Anfechtung von GV-Beschlüssen durch die Verwaltung** (Art. 706a Abs. 2, Art. 808c und 891 Abs. 1 OR). Wenn die Verwaltung gegen die Gesellschaft auf Anfechtung eines Versammlungsbeschlusses klagt, hat das Gericht der beklagten Gesellschaft einen Vertreter zu bezeichnen, der die Gesellschaft im Verfahren vertritt. Dabei handelt es sich lediglich um einen Zwischenentscheid, der einen Einfluss auf das Verfahren hat, und als sol-

cher dem summarischen Verfahren untersteht (STAEHELIN/STAEHELIN/GROLIMUND, 351 Rz 34).

Gemäss Art. 250 lit. c Ziff. 11 ist für die **Ernennung und Abberufung der Revisionsstelle** (Art. 731b OR) das summarische Verfahren vorgesehen. Diese Bestimmung ist im Zusammenhang mit Art. 250 lit. c Ziff. 6 zu lesen, wo für die Fristansetzung bei ungenügender Anzahl von Mitgliedern oder bei Fehlen von notwendigen Organen gemäss Art. 731b OR das summarische Verfahren vorgesehen ist (N 26).

Gemäss Art. 250 lit. c Ziff. 12 ist das Summarverfahren vorgesehen für die **Hinterlegung von Forderungsbeiträgen bei der Liquidation** einer AG (Art. 744 OR), einer Kommandit-AG (Art. 770 OR), einer GmbH (Art. 826 Abs. 2 OR) und einer Genossenschaft (Art. 913 OR). Bekannte Gläubiger, die *ihre Ansprüche angemeldet haben*, sind auszubezahlen. Für bekannte Gläubiger, welche *die Anmeldung ihrer Ansprüche unterlassen haben*, ist die Hinterlegung anzuordnen. Die Vermögensaussonderung der hinterlegungspflichtigen Ansprüche erlaubt die Liquidation und Verteilung des Überschusses an die Aktionäre (BSK OR II-STÄUBLI, Art. 744 N 1).

Gemäss Art. 250 lit. c Ziff. 13 hat der Richter im summarischen Verfahren über die **Abberufung der Verwaltung und Kontrollstelle der Genossenschaft** (Art. 890 Abs. 2 OR) zu befinden. Auch hier handelt es sich um ein Verfahren, das rasch entschieden werden muss und daher dem summarischen Verfahren untersteht.

4. Wertpapierrecht

Gemäss Art. 250 lit. d Ziff. 1 ist für die **Kraftloserklärung von Wertpapieren** durch das Gericht (Art. 981 OR) das summarische Verfahren vorgesehen. Diesbezüglich handelt es sich um einen der typischen Anwendungsfälle der freiwilligen (nichtstreitigen) Gerichtsbarkeit (Art. 249 N 24).

Gemäss Art. 250 lit. d Ziff. 2 ist für das gerichtliche **Verbot der Bezahlung eines Wechsels** und die gerichtliche **Hinterlegung des Wechselbetrages** (Art. 1072 OR) das summarische Verfahren vorgesehen. Bei diesen Angelegenheiten handelt es sich um vorsorgliche Massnahmen (vgl. Randtitel von Art. 1072 OR), die in dieser Eigenschaft dem summarischen Verfahren unterstehen.

Gemäss Art. 250 lit. d Ziff. 3 ist das summarische Verfahren vorgesehen für richterliche Anordnungen beim **Erlöschen einer von der Gläubigerversammlung bei Anleihensobligationen erteilten Vollmacht** (Art. 1162 Abs. 4 OR). Diese Angelegenheiten sind schnell zu entscheiden, weshalb sie dem summarischen Verfahren unterstehen.

Gemäss Art. 250 lit. d Ziff. 4 ist das Summarverfahren vorgesehen, wenn der Richter gestützt auf Art. 1165 Abs. 3 und 4 OR über ein **Gesuch der Anleihensgläubiger auf Einberufung einer Gläubigerversammlung** zu befinden hat. Auch über diese Angelegenheit ist schnell zu entscheiden, weshalb das summarische Verfahren vorgesehen ist.

Art. 251

Bundesgesetz vom 11. April 1889 über Schuldbetreibung und Konkurs

Das summarische Verfahren gilt insbesondere für folgende Angelegenheiten:
a. **Entscheide, die vom Rechtsöffnungs-, Konkurs-, Arrest- und Nachlassgericht getroffen werden;**
b. **Bewilligung des nachträglichen Rechtsvorschlages (Art. 77 Abs. 3 SchKG) und des Rechtsvorschlages in der Wechselbetreibung (Art. 181 SchKG);**
c. **Aufhebung oder Einstellung der Betreibung (Art. 85 SchKG);**
d. **Entscheid über das Vorliegen neuen Vermögens (Art. 265a Abs. 1–3 SchKG);**
e. **Anordnung der Gütertrennung (Art. 68b SchKG).**

Loi fédérale du 11 avril 1889 sur la poursuite pour dettes et la faillite

La procédure sommaire s'applique notamment dans les affaires suivantes:
a. décisions rendues en matière de mainlevée d'opposition, de faillite, de séquestre et de concordat;
b. admission de l'opposition tardive (art. 77, al. 3, LP) et de l'opposition dans la procédure pour effets de change (art. 181 LP);
c. annulation ou suspension de la poursuite (art. 85 LP);
d. décision relative au retour à meilleure fortune (art. 265a, al. 1 à 3, LP);
e. prononcé de séparation des biens (art. 68b LP).

Legge federale dell'11 aprile 1889 sulla esecuzione e sul fallimento

La procedura sommaria si applica segnatamente nelle seguenti questioni:
a. decisioni del giudice preposto al rigetto dell'opposizione, al fallimento, al sequestro e al concordato;
b. autorizzazione dell'opposizione tardiva (art. 77 cpv. 3 LEF) e dell'opposizione nell'esecuzione cambiaria (art. 181 LEF);
c. annullamento o sospensione dell'esecuzione (art. 85 LEF);
d. decisione d'accertamento del ritorno a miglior fortuna (art. 265a cpv. 1–3 LEF);
e. pronuncia della separazione dei beni (art. 68b LEF).

Inhaltsübersicht

	Note
I. Einleitung	1
II. Keine abschliessende Aufzählung	5
III. Die Summarsachen des SchKG im Einzelnen	6
1. Entscheide des Rechtsöffnungs-, Konkurs-, Arrest- und Nachlassgerichts (lit. a)	6
2. Bewilligung des nachträglichen Rechtsvorschlags (Art. 77 Abs. 3 SchKG) und des Rechtsvorschlags in der Wechselbetreibung (Art. 181 SchKG) (lit. b)	10
3. Aufhebung oder Einstellung der Betreibung (Art. 85 SchKG) (lit. c)	12
4. Entscheid über das Vorliegen neuen Vermögens (Art. 265a Abs. 1–3 SchKG) (lit. d)	13
5. Anordnung der Gütertrennung (Art. 68b SchKG) (lit. e)	15

Literatur

In Bezug auf die Bestimmungen des SchKG, für die das Gesetz das summarische Verfahren vorsieht, wird auf die entsprechenden Kommentare und Lehrbücher verwiesen.

I. Einleitung

Der Vorentwurf enthielt keine Aufzählung der Angelegenheiten des SchKG, die dem summarischen Verfahren unterstehen. In der Vernehmlassung wurde das Anliegen geäussert, auch die **wichtigsten Summarsachen des SchKG** im Gesetz aufzulisten. Art. 251 übernimmt im Wesentlichen die Aufzählung des früheren Art. 25 Ziff. 2 aSchKG, gemäss welcher Bestimmung den Kantonen vorgeschrieben wurde, für die betreffenden Angelegenheiten ein summarisches Verfahren vorzusehen. Art. 25 aSchKG wurde mit dem Inkrafttreten der eidgenössischen ZPO obsolet und gestrichen (Anhang 1 Ziff. II/17).

Bei der Aufzählung in Art. 251 SchKG handelt es sich um **rein betreibungsrechtliche Streitigkeiten**. Sie betreffen im Wesentlichen Entscheidungen im Zusammenhang mit einem *Rechtsvorschlag* und Entscheide des *Konkurs-, Nachlass- und Arrestrichters*. Die **betreibungsrechtliche Klagen mit zivilrechtlichem Hintergrund** des SchKG, für die seinerzeit das «beschleunigte Verfahren» vorgesehen war (Art. 25 Ziff. 1 aSchKG), unterstehen seit dem Inkrafttreten der ZPO je nach Streitwert entweder dem vereinfachten (bis CHF 30 000) oder ordentlichen Verfahren (ab CHF 30 000; Vor Art. 243 ff. N 8 ff. und Art. 243 N 13 f.).

Das summarische Verfahren kennt – im Unterschied zu den einlässlichen Verfahren – eine **Beweisbeschränkung**. Es gilt insofern eine *Beweismittelbeschränkung*, als der Beweis grundsätzlich durch Urkunde (liquides Beweismittel) zu erbringen ist (Art. 254 Abs. 1). Andere Beweismittel sind nur zulässig, wenn sie das Verfahren nicht wesentlich verzögern (Art. 254 Abs. 2 lit. a), wenn es der Verfahrenszweck erfordert (Art. 254 Abs. 2 lit. b) oder wenn das Gericht den Sachverhalt von Amtes wegen feststellt (Art. 254 Abs. 2 lit. c). Diese zuletzt genannte Relativierung der Beweismittelbeschränkung ist in den Summarverfahren des SchKG von besonderer Bedeutung, weil für die Entscheide des Konkurs- und Nachlassgerichts der *Untersuchungsgrundsatz* gilt (Art. 255 lit. a) und als Folge davon auch andere Beweismittel als die Urkunde zulässig sind (Art. 254 Abs. 2 lit. c; N 7 und 9). Grundsätzlich muss auch im summarischen Verfahren der volle Beweis erbracht werden. Es gibt also keine generelle *Beweismassbeschränkung*. Freilich sind im SchKG die Anwendungsfälle zahlreich, in denen das Gesetz die Glaubhaftmachung eines Anspruchs (z.B. die Voraussetzung für den Arrest gemäss Art. 272 SchKG) oder einer Einwendung (z.B. Einwendungen des Schuldners im provisorischen Rechtsöffnungsverfahren gemäss Art. 82 Abs. 2 SchKG) genügen lässt.

Die **örtliche Zuständigkeit** richtet sich nach den Bestimmungen des SchKG (Art. 46). In **sachlicher Hinsicht** ist es weiterhin Sache der Kantone, den zuständigen Richter zu bestimmen (Art. 4 ff.). Regelmässig ist ein Einzelrichter sachlich zuständig (z.B. § 22 lit. c E GOG/ZH).

II. Keine abschliessende Aufzählung

Die Auflistung der Summarsachen des SchKG ist nicht abschliessend. Mit der Übernahme der Aufzählung von Art. 25 Ziff. 2 aSchKG hat der Gesetzgeber im Vergleich mit detaillierten Aufzählungen, die in kantonalen Prozessordnungen zu finden waren (zB. § 213 ZPO/ZH), nur eine rudimentäre Regelung getroffen. Der nicht abschliessende Charakter der Aufzählung wird mit dem Hinweis «insbesondere» zum Ausdruck gebracht.

III. Die Summarsachen des SchKG im Einzelnen

1. Entscheide des Rechtsöffnungs-, Konkurs-, Arrest- und Nachlassgerichts (lit. a)

a) Entscheide des Rechtsöffnungsrichters

6 Wichtiger Anwendungsfall des summarischen Verfahrens im SchKG ist die Bewilligung der definitiven (Art. 80 f. SchKG) und provisorischen **Rechtsöffnung** (Art. 82 f. SchKG). Dabei ist das Verfahren weitgehend durch das SchKG geregelt (Art. 80–84 SchKG, wobei Art. 80 und 81 mit dem Inkrafttreten der ZPO geringfügig geändert wurden [Anhang 1 Ziff. II/17]). Bei der *definitiven Rechtsöffnung* muss der klagende Gläubiger für den Rechtsöffnungstitel den Urkundenbeweis erbringen; der beklagte Schuldner muss im Fall von Art. 81 Abs. 1 SchKG ebenfalls den Urkundenbeweis führen, während im Fall von Art. 81 Abs. 2 und 3 allenfalls weitere Beweismittel zulässig sind (Art. 254 Abs. 2 lit. a). Bei der *provisorischen Rechtsöffnung* hat der klagende Gläubiger wiederum den Urkundenbeweis zu erbringen (Art. 82 Abs. 1 SchKG), während der beklagte Schuldner seine Einwendungen nur glaubhaft machen muss (Art. 82 Abs. 2 SchKG).

b) Entscheide des Konkursrichters

7 Auf **sämtliche konkursrichterlichen Entscheide** ist das summarische Verfahren anwendbar. Das Gesetz verzichtet auf eine detaillierte Auflistung der Entscheide, die der Konkursrichter zu fällen hat. Die Geschäfte des Konkursrichters betreffen insb.

- die Konkurseröffnung im Rahmen der Betreibung auf Konkurs (166 ff. und 188 f. SchKG);
- die Konkurseröffnung ohne vorgängige Betreibung (Art. 190 ff. SchKG);
- die Anerkennung eines ausländischen Konkursdekrets (Art. 166 ff. IPRG);
- den Widerruf des Konkurses (Art. 195 SchKG) und als Sonderfall dazu auch die Einstellung einer Verlassenschaftsliquidation (Art. 196 SchKG);
- die Einstellung des Konkurses (Art. 230 SchKG), allenfalls Anordnung des summarischen Konkursverfahrens (Art. 231 SchKG);
- das Schlusserkenntnis im Konkursverfahren (Art. 268 SchKG) etc.

In Verfahren des Konkursrichters gilt der *Untersuchungsgrundsatz* (Art. 255 lit. a), weshalb keine Beweismittelbeschränkung vorgesehen ist, sondern alle Beweismittel zulässig sind (Art. 254 Abs. 2 lit. c).

c) Entscheide des Arrestrichters

8 Der **Arrestrichter** hat im summarischen Verfahren insb. folgende Aufgaben:

- die Bewilligung des Arrest (Art. 272 SchKG);
- die Auferlegung oder Änderung der Arrestkaution (Art. 273 SchKG);
- die Behandlung einer Einsprache gegen den Arrestbefehl (Art. 278 SchKG) etc.

Bei der Arrestbewilligung gilt insoweit eine Beweisbeschränkung, als der Arrestgläubiger die Voraussetzungen für die Arrestbewilligung im Sinn einer *Beweismassbeschränkung* nur glaubhaft machen muss (Art. 272 SchKG) und im Sinn einer *Beweismittelbeschränkung* nur sofort verfügbare (liquide) Beweismittel zulässig sind (BSK SchKG III-STOFFEL, Art. 272 N 46).

d) Entscheide des Nachlassrichters

Der **Nachlassrichter** hat seine Entscheide im summarischen Verfahren zu treffen. Das Gesetz verzichtet auf eine detaillierte Auflistung der Entscheide des Nachlassrichters; es begnügt sich mit einer Generalklausel. Im Wesentlichen geht es um 9

– die Bewilligung und Durchführung sowie den Widerruf der Nachlassstundung und des Nachlassvertrages (Art. 293 ff. SchKG);
– die Durchführung einer einvernehmlichen privaten Schuldenbereinigung (Art. 333 ff. SchKG);
– die Bewilligung und Durchführung sowie den Widerruf der Notstundung (Art. 337 ff. SchKG);
– die Anerkennung einer von der zuständigen ausländischen Behörde ausgesprochenen Genehmigung eines Nachlassvertrages oder eines ähnlichen Verfahrens (Art. 175 IPRG).

In Verfahren des Nachlassrichters gilt der *Untersuchungsgrundsatz* (Art. 255 lit. a), weshalb keine Beweismittelbeschränkung vorgesehen ist, sondern alle Beweismittel zulässig sind (Art. 254 Abs. 2 lit. c).

2. Bewilligung des nachträglichen Rechtsvorschlags (Art. 77 Abs. 3 SchKG) und des Rechtsvorschlags in der Wechselbetreibung (Art. 181 SchKG) (lit. b)

Gemäss Art. 251 lit. b entscheidet das Gericht im summarischen Verfahren über die **Bewilligung des nachträglichen Rechtsvorschlag** aufgrund eines Gläubigerwechsels im Verlauf des Betreibungsverfahrens (Art. 77 Abs. 1 und 3 SchKG). Bei der Bewilligung des nachträglichen Rechtsvorschlages gilt insofern eine *Beweisbeschränkung*, als der Schuldner die Einreden gegen den neuen Gläubiger nur glaubhaft machen muss (Art. 77 Abs. 2 SchKG). 10

Gemäss Art. 251 lit. b entscheidet der Richter im summarischen Verfahren über den **Rechtsvorschlag in der Wechselbetreibung** (Art. 181 SchKG). Das Gericht «lädt die Parteien vor», so dass zwingend eine mündliche Verhandlung durchzuführen ist (BSK SchKG II-BAUER, Art. 181 N 8). Dabei gilt insofern eine *Beweisbeschränkung*, als nur auf die sofort verfügbaren (liquiden) Beweismittel abgestellt wird (BSK SchKG II-BAUER, Art. 181 N 11). 11

3. Aufhebung oder Einstellung der Betreibung (Art. 85 SchKG) (lit. c)

Gemäss Art. 251 lit. c hat der Richter im summarischen Verfahren über das Gesuch des Betriebenen auf **Aufhebung** (bei Tilgung der Schuld) oder **Einstellung der Betreibung** (bei Stundung der Schuld) gemäss Art. 85 SchKG zu entscheiden. Es gilt insofern eine *Beweisbeschränkung*, als der Betriebene den Beweis nur mit Urkunde führen kann. 12

4. Entscheid über das Vorliegen neuen Vermögens (Art. 265a Abs. 1–3 SchKG) (lit. d)

Wenn der Betriebene Rechtsvorschlag erhebt mit der Begründung, er sei seit der Konkurseröffnung **nicht zu neuem Vermögen** gekommen, so hat das Gericht gemäss Art. 251 lit. d im **summarischen Verfahren** über die Bewilligung des Rechtsvorschlags nach der Anhörung der Parteien zu entscheiden (Art. 265a Abs. 1 SchKG). Der Rechtsvorschlag mangels neuen Vermögens wird bewilligt, wenn der betriebene Schuldner auf- 13

Art. 252 5. Titel: Summarisches Verfahren

grund einer Darlegung seiner Einkommens- und Vermögensverhältnisse glaubhaft macht, dass er nicht zu neuem Vermögen gekommen ist (Art. 265a Abs. 2 SchKG). Es ist insofern eine *Beweisbeschränkung* zu beachten, als der Betriebene seine Einkommens- und Vermögensverhältnisse nur glaubhaft machen muss. Wenn der Rechtsvorschlag nicht bewilligt wird, stellt das Gericht den Umfang des neuen Vermögens fest (Art. 265a Abs. 3 SchKG).

14 Wenn eine der Parteien mit dem Entscheid des Richters im summarischen Verfahren über das Vorliegen neuen Vermögens nicht einverstanden ist, kann der *Schuldner* Klage auf Bestreitung und der *Gläubiger* Klage auf Feststellung neuen Vermögens erheben (Art. 265a Abs. 4 SchKG). Diese Klagen unterstehen bis zu einem Streitwert von CHF 30 000 dem **vereinfachten** und bei einem Streitwert ab CHF 30 000 dem **ordentlichen Verfahren** (Vor Art. 243 ff. N 8 ff. und Art. 243 N 13).

5. Anordnung der Gütertrennung (Art. 68b SchKG) (lit. e)

15 Wenn ein in Gütergemeinschaft lebender Ehegatte betrieben wird, kann die Aufsichtsbehörde beim Richter die **Anordnung der Gütertrennung** verlangen. Gemäss Art. 251 lit. e entscheidet der Richter im summarischen Verfahren über die Anordnung der Gütertrennung.

2. Kapitel: Verfahren und Entscheid

Art. 252

Gesuch	¹ **Das Verfahren wird durch ein Gesuch eingeleitet.** ² **Das Gesuch ist in den Formen nach Artikel 130 zu stellen; in einfachen oder dringenden Fällen kann es mündlich beim Gericht zu Protokoll gegeben werden.**
Requête	¹ La procédure est introduite par une requête. ² La requête doit être déposée dans les formes prescrites à l'art. 130; dans les cas simples ou urgents, elle peut être dictée au procès-verbal au tribunal.
Istanza	¹ La procedura è introdotta mediante istanza. ² L'istanza si propone nelle forme di cui all'articolo 130; in casi semplici o urgenti può essere proposta oralmente mediante dichiarazione a verbale presso il tribunale.

Inhaltsübersicht Note

I. Einleitung 1
II. Rechtshängigkeit durch Einreichung des Gesuchs; kein Schlichtungsverfahren 2
III. Einleitung des summarischen Verfahrens durch ein Gesuch (Abs. 1) 3
IV. Form und Inhalt des Gesuchs (Abs. 2) 4
    1. Form des Gesuchs 4
    2. Inhalt des Gesuchs 9

I. Einleitung

Die Art. 252–256 gelten grundsätzlich für alle Summarsachen (BOTSCHAFT ZPO, 7350). Allerdings wird das summarische Verfahren durch die genannten Artikel nicht abschliessend geregelt. Vielmehr sind auch der «1. Titel: Allgemeine Bestimmungen» sowie die Bestimmungen zum ordentlichen Verfahren als «Grundverfahren» zu berücksichtigen, soweit für das summarische Verfahren nichts Abweichendes gilt (Art. 219). Solche Abweichungen können sich direkt *aus dem Gesetz* (Art. 252 ff.) oder *aus der Natur des summarischen Verfahrens* ergeben, wobei die besonderen Eigenschaften des Summarverfahrens (Beweisbeschränkungen, Verfahrensbeschleunigung wegen zeitlicher Dringlichkeit etc.) zu beachten sind (BOTSCHAFT ZPO, 7350; Vor Art. 248 ff. N 3 ff.).

II. Rechtshängigkeit durch Einreichung des Gesuchs; kein Schlichtungsverfahren

Das Gesetz schliesst die Durchführung eines Schlichtungsverfahrens aus (Art. 198 lit. a). Der Akzent des summarischen Verfahrens liegt auf der **Verfahrensbeschleunigung**, weshalb sich ein Schlichtungsverfahren erübrigt (BOTSCHAFT ZPO, 7328). Da das Schlichtungsverfahren im summarischen Verfahren entfällt, begründet die Einreichung des Gesuchs die Rechtshängigkeit (Art. 60 Abs. 1). Zur Wirkung der Rechtshängigkeit vgl. Komm. zu Art. 60 ff.

III. Einleitung des summarischen Verfahrens durch ein Gesuch (Abs. 1)

Während das ordentliche und vereinfachte Verfahren mit der Einreichung der *Klage* eingeleitet wird (Art. 220 und 244), wird das summarische Verfahren durch ein **Gesuch** («requête», «istanza») eingeleitet (Art. 252 Abs. 1). Das Gesetz folgt der weit verbreiteten Praxis, die Eingabe als Gesuch und nicht als Klage zu bezeichnen (BOTSCHAFT ZPO, 7350).

IV. Form und Inhalt des Gesuchs (Abs. 2)

1. Form des Gesuchs

Das Gesetz verlangt grundsätzlich, dass das **Gesuch in den Formen nach Art. 130** gestellt wird. Verlangt ist eine Rechtsschrift im eigentlichen Sinn, die dem Gericht in Papierform oder elektronisch einzureichen ist (Art. 252 Abs. 2 Halbsatz 1). Sowohl bei der Eingabe in Papierform als auch bei der elektronischen Eingabe muss das Gesuch unterzeichnet (Art. 130 Abs. 1) und in genügender Anzahl eingereicht werden (Art. 131). Ein mittels *Fax* eingereichtes Gesuch gilt nicht als schriftliche Eingabe (BGE 121 II 252 f.). Im Einzelnen ergeben sich die Anforderungen an die Eingaben aus den Art. 130–132. Der Bundesrat stellt ein laientaugliches Formular zur Verfügung, mit dem das Gesuch eingereicht werden kann (Art. 400 Abs. 2). Für die elektronische Eingabe ist die Verordnung des Bundesrates über die elektronische Übermittlung im Rahmen von Zivil- und Strafprozessen sowie von Schulbetreibungs- und Konkursverfahren zu beachten. Dabei ist die elektronische Eingabe auf die vom Gericht verwendete anerkannte Plattform zu senden (Art. 3 der Verordnung) und das Format PDF zu verwenden (Art. 5 Abs. 1 der Verordnung). Ein Gesuch mittels Fax gilt daher insb. auch nicht als elektronische Eingabe. Für Einzelheiten zur elektronischen Übermittlung wird auf die Komm. der Art. 130 ff. sowie auf den «Erläuternden Bericht des Bundesamtes für Justiz zur Verordnung über die elektronische Übermittlung im Rahmen von Zivil- und Strafprozessen sowie von Schuldbetreibungs- und Konkursverfahren» verwiesen.

5   Die Möglichkeit, das **Gesuch mündlich beim Gericht zu Protokoll zu geben**, ist nur in Ausnahmefällen vorgesehen, nämlich in einfachen oder dringenden Fällen (Art. 252 Abs. 2 Halbsatz 2). Der *bundesrätliche Entwurf* sah noch die Möglichkeit vor, das Gesuch genau gleich wie die vereinfachte Klage (vgl. Art. 244) nach der freien Wahl des Gesuchstellers in den Formen von Art. 130 (Einreichung des Gesuchs in Papierform bzw. elektronisch) oder mündlich bei Gericht zu Protokoll zu geben. In der *parlamentarischen Beratung im Ständerat* wurde die freie Wahl des Gesuchstellers kritisiert, das Gesuch im summarischen Verfahren wie die vereinfachte Klage mündlich einzureichen. Vielmehr verlangte die Kommission, dass das Gesuch grundsätzlich wie im ordentlichen Verfahren in Papierform oder elektronisch einzureichen sei und nur ausnahmsweise in einfachen oder dringenden Fällen zu gestatten sei, das Gesuch mündlich bei Gericht zu Protokoll zu geben (AmtlBull StR 2007 534, Votum SR Inderkum). Der Bundesrat erklärte sich mit der Einschränkung der Möglichkeit eines mündlichen Gesuchs auf einfache oder dringende Fälle einverstanden (AmtlBull StR 2007 534, Votum BR Blocher), und auch der Nationalrat billigte diese Änderung des Ständerates (AmtlBull N 2008 970).

6   Da in der parlamentarischen Beratung klar gemacht wurde, dass die mündliche Verfahrenseinleitung nur als Ausnahme für einfache oder dringliche Fälle vorzusehen ist, sind an diese alternativen Voraussetzungen hohe Anforderungen zu stellen. Als **«einfache Fälle»** gelten Verfahren, die in tatsächlicher Hinsicht klar (liquid) und in rechtlicher Hinsicht unkompliziert sind. Dies äussert sich darin, dass sich das betreffende Gesuch äusserst knapp begründen lässt. Ist eine kurze Begründung nicht möglich, kann nicht von einem «einfachen Fall» ausgegangen werden. Ein **«dringender Fall»** kann vorliegen, wenn sofortiger Rechtsschutz beansprucht wird und keine Zeit für eine Eingabe in den Formen von Art. 130 zur Verfügung steht.

7   Ist die gesuchstellende Partei *anwaltlich* vertreten, wird die Voraussetzung für eine mündliche Verfahrenseinleitung kaum je erfüllt sein. In «einfachen Fällen» kann der Anwalt das Gesuch sehr kurz halten und in den Formen von Art. 130 einreichen. Und in «dringenden Fällen» führt die elektronische Eingabe – bzw. express versandte postalische Eingabe – zu keinen Verzögerungen, so dass ein mündliches Vorsprechen bei Gericht nicht erforderlich ist. Die Möglichkeit, das Gesuch mündlich bei Gericht zu Protokoll zu geben, wird sich daher auf *nicht rechtskundig vertretene Parteien* beschränken und etwa dann aktuell werden, wenn der Gesuchsteller in einer dringenden Angelegenheit keine Zeit hat, einen Anwalt beizuziehen. Wie im vereinfachten Verfahren wird dadurch ermöglicht, das Verfahren laienfreundlich zu gestalten und zusätzlich zu beschleunigen (BOTSCHAFT ZPO, 7350).

8   Wenn das Gesuch ausnahmsweise mündlich eingereicht werden kann, muss es bei Gericht zu Protokoll gegeben werden. Die gesuchstellende Partei hat sich persönlich auf die Gerichtskanzlei zu begeben, um das Gesuch mündlich zu Protokoll zu geben. Eine telefonische Einreichung ist im Gesetz nicht vorgesehen und würde den gesetzlichen Erfordernissen, wonach das Gesuch mündlich «bei Gericht» zu Protokoll zu geben ist, nicht genügen. Das Gericht seinerseits hat das Gesuch nicht nur formlos entgegenzunehmen, sondern in einem Protokoll aufzunehmen.

2. Inhalt des Gesuchs

9   In Bezug auf den Inhalt des Gesuchs sind **die Vorgaben des ordentlichen Verfahrens** massgebend (Art. 219 i.V.m. Art. 221), weil das Gesetz für das summarische Verfahren keine abweichenden Anforderungen vorsieht. Das Gesuch muss die Bezeichnung der

Parteien und allfälliger Vertreterinnen und Vertreter (Art. 221 Abs. 1 lit. a), das *Rechtsbegehren* (Art. 221 Abs. 1 lit. b), die Angabe des *Streitwertes* (Art. 221 Abs. 1 lit. c), die *Tatsachenbehauptungen* (Art. 221 Abs. 1 lit. d), die *Bezeichnung der einzelnen Beweismittel* zu den Tatsachenbehauptungen (Art. 221 Abs. 1 lit. e) sowie das *Datum und die Unterschrift* (Art. 221 Abs. 1 lit. f) enthalten.

Besonders zu beachten ist, dass das Gesetz im summarischen Verfahren – anders als im vereinfachten Verfahren – eine **Tatsachenbegründung** verlangt (Art. 221 Abs. 1 lit. d). Die in einigen Kantonen praktizierte Regelung, wonach die Einreichung eines unbegründeten Rechtsbegehrens genügt und die Tatsachen und Beweismittel erst anlässlich der folgenden mündlichen Verhandlung vorgebracht werden müssen, ist in der ZPO grundsätzlich nicht vorgesehen (STAEHELIN/STAEHELIN/GROLIMUND, 353 Rz 41). Auch dann, wenn eine mündliche Verhandlung vom Gericht angeordnet wird (Art. 253) oder vom Gesetz vorgesehen ist (Art. 256 Abs. 1), müssen die wesentlichen Tatsachenbegründungen im Gesuch enthalten sein. Eine **rechtliche Begründung** ist hingegen wie im ordentlichen und vereinfachten Verfahren nicht erforderlich, aber möglich (Art. 221 Abs. 3). 10

Ferner sind die vom Gesetz genannten **Beilagen** einzureichen. Zu den erforderlichen Beilagen zählen die *Vollmacht bei Vertretung* (Art. 221 Abs. 2 lit. a), die *verfügbaren Urkunden, die als Beweismittel dienen sollen* (Art. 221 Abs. 2 lit. c) und ein *Verzeichnis der Beweismittel* (Art. 221 Abs. 2 lit. d). Eine Klagebewilligung muss nicht eingereicht werden (Art. 221 Abs. 2 lit. b), weil im summarischen Verfahren das Schlichtungsverfahren entfällt (Art. 198 lit. a). Von grosser praktischer Bedeutung ist die Pflicht, als Beilage die verfügbaren Urkunden einzureichen, welche als Beweismittel dienen (Art. 221 Abs. 2 lit. c), da der Beweis im summarischen Verfahren in erster Linie durch Urkunden zu erbringen ist (Art. 254 Abs. 1). 11

Art. 253

Stellungnahme	**Erscheint das Gesuch nicht offensichtlich unzulässig oder offensichtlich unbegründet, so gibt das Gericht der Gegenpartei Gelegenheit, mündlich oder schriftlich Stellung zu nehmen.**
Réponse	Lorsque la requête ne paraît pas manifestement irrecevable ou infondée, le tribunal donne à la partie adverse l'occasion de se déterminer oralement ou par écrit.
Osservazioni della controparte	Se l'istanza non risulta inammissibile o infondata, il giudice dà modo alla controparte di presentare oralmente o per scritto le proprie osservazioni.

Inhaltsübersicht Note

I. Einleitung	1
II. Prozessleitung	2
1. Prüfung der Prozessvoraussetzungen	2
2. Aufklärung über die Prozesskosten	4
3. Kostenvorschuss für Prozesskosten, Sicherheitsleistung für Parteientschädigung	5
4. Verfahrensbeschleunigung	9

III. Durchführung des Summarverfahrens: Mündliche oder schriftliche Stellungnahme 11
   1. Sofortiger Entscheid bei offensichtlich unzulässigem oder offensichtlich unbegründetem Gesuch 12
   2. Mündliche oder schriftliche Stellungnahme 13

IV. Die Möglichkeit einer Widerklage 20

I. Einleitung

1 Während Art. 252 die **Einleitung des Verfahrens** durch das «Gesuch» zum Gegenstand hat, regelt Art. 253 unter der Marginale «Stellungnahme» die **Durchführung des Verfahrens**, allerdings nicht abschliessend. Vielmehr sind auch der «1. Titel: Allgemeine Bestimmungen» sowie die Bestimmungen zum ordentlichen Verfahren als «Grundverfahren» zu berücksichtigen, soweit für das summarische Verfahren nichts Abweichendes gilt (Art. 219). Solche Abweichungen können sich direkt *aus dem Gesetz* (Art. 252 ff.) oder *aus der Natur des summarischen Verfahrens* ergeben, wobei die besonderen Eigenschaften des Summarverfahrens (Beweisbeschränkungen, Verfahrensbeschleunigung wegen zeitlicher Dringlichkeit etc.) zu beachten sind (BOTSCHAFT ZPO, 7350; Vor Art. 248 ff. N 3 ff.).

II. Prozessleitung

1. Prüfung der Prozessvoraussetzungen

2 Gemäss Art. 60 prüft das Gericht von Amtes wegen die **Prozessvoraussetzungen**. Wenn die Prozessvoraussetzungen erfüllt sind, tritt das Gericht gemäss Art. 59 Abs. 1 auf die Klage (im ordentlichen oder vereinfachten Verfahren) bzw. das Gesuch (im summarischen Verfahren) ein. Die Prozessvoraussetzungen sind beispielhaft in Art. 59 Abs. 2 aufgezählt. Für Einzelheiten kann auf die dortige Komm. verwiesen werden.

3 Wenn das Gesuch **in den Formen von Art. 130** eingereicht wird, hat das Gericht nach Eingang des Verfahrens die Prozessvoraussetzungen zu prüfen. Praxisgemäss wird die Zulässigkeit eines Gesuchs *zu Beginn des Prozesses* geprüft. Falls nötig können die Prozessvoraussetzungen aber *jederzeit im Verfahren* bis zum Endentscheid überprüft werden (BOTSCHAFT ZPO, 7276). Wenn das Gesuch in einem einfachen oder dringenden Fall ausnahmsweise **mündlich bei Gericht zu Protokoll** gegeben wird, kann die Gerichtskanzlei auf fehlende Prozessvoraussetzungen hinweisen. Letztlich ist es jedoch Sache des Richters, das Vorliegen der Prozessvoraussetzungen zu prüfen.

2. Aufklärung über die Prozesskosten

4 Gemäss Art. 97 klärt das Gericht die nicht anwaltlich vertretene Partei über die mutmassliche **Höhe der Prozesskosten** sowie über die **unentgeltliche Rechtspflege** auf. Diese Bestimmung gilt für alle Verfahrensarten und damit auch für das Summarverfahren. Da das Gesuch im summarischen Verfahren grundsätzlich in den Formen von Art. 130 zu stellen ist, wird die gesuchstellende Partei nach Eingang des Gesuchs beim Gericht entsprechend aufgeklärt. Dies kann zusammen mit der Bevorschussung der Prozesskosten geschehen (N 5 ff.).

3. Kostenvorschuss für Prozesskosten, Sicherheitsleistung für Parteientschädigung

Als Prozessvoraussetzung ist zu prüfen, ob der Vorschuss für die Prozesskosten und eine allfällige Sicherheitsleistung für die Parteientschädigung geleistet wurde (Art. 59 Abs. 2 lit. f). **5**

Gemäss Art. 98 kann das Gericht von der «klagenden Partei» einen **Vorschuss bis zur Höhe der mutmasslichen Gerichtskosten** verlangen. Unter den Begriff «klagende Partei» fällt auch die gesuchstellende Partei im summarischen Verfahren. Wie die systematische Auslegung im Vergleich zur Sicherheitsleistung für Parteientschädigungen gemäss Art. 99 zeigt, wo die gesuchstellende Partei von der Sicherstellungspflicht bezüglich der Parteientschädigung grundsätzlich befreit ist (Art. 99 Abs. 3 lit. c), sieht das Gesetz ausnahmslos für alle Verfahrensarten – und damit auch für das Summarverfahren – die Möglichkeit einer Bevorschussung der Prozesskosten vor. Dabei sind die mutmasslichen Prozesskosten bis zur *vollständigen Höhe* zu bevorschussen (BOTSCHAFT ZPO, 7293). Obwohl es sich bei Art. 98 um eine Kann-Vorschrift handelt, ist im Hinblick auf das Inkassorisiko in aller Regel von der Möglichkeit der Kautionierung Gebrauch zu machen. **6**

Nebst der Kautionierung für Verfahrenskosten sieht das Gesetz auch **Sicherheitsleistungen für die Parteientschädigung** vor, sofern ein gesetzlicher Kautionierungsgrund vorliegt (Art. 99 Abs. 1). Im Unterschied zur Bevorschussung der mutmasslichen Prozesskosten gilt diese Bestimmung jedoch nicht für alle Verfahrensarten. Vielmehr ist im Summarverfahren grundsätzlich keine Sicherheit für die Parteientschädigung zu leisten. Ausgenommen davon sind die Fälle des Rechtsschutzes in klaren Fällen gemäss Art. 257 (Art. 99 Abs. 3 lit. c). **7**

Die Modalitäten des Kostenvorschusses und der Sicherheitsleistung (Art der Sicherheit, Frist zur Leistung der Sicherheit, Rechtsmittel etc.) sind für alle Verfahrensarten identisch geregelt. Diesbezüglich kann auf die Komm. der entsprechenden Artikel verwiesen werden. **8**

4. Verfahrensbeschleunigung

Die **Raschheit des Verfahrens** ist eine wesentliche Charakteristik des summarischen Verfahrens. Das *Gesetz* fördert die Verfahrensbeschleunigung durch verschiedene Massnahmen. Zu nennen sind der Ausschluss der Streitverkündungsklage (Art. 81 Abs. 3), das Entfallen eines Schlichtungsverfahrens (Art. 198 lit. a) und das Weiterlaufen der Fristen während der Gerichtsferien (Art. 145 Abs. 2 lit. b). Ferner wird auch mit der Beweismittelbeschränkung (weitgehende Beschränkung der Beweismittel auf Urkunden gemäss Art. 254 Abs. 1) eine Beschleunigung des Verfahrens erreicht. **9**

Auch der *Richter* hat im Rahmen der prozessleitenden Anordnungen der Raschheit des Verfahrens Rechnung zu tragen. Im Vordergrund stehen dabei verkürzte Fristen und eine gewisse Strenge bei Verschiebungsgesuchen bzw. Fristerstreckungen. In Bezug auf die *Dauer der Fristen* sind die gesetzlichen Fristen vorgegeben, während das Gericht bei den gerichtlichen Fristen im Interesse der Verfahrensbeschleunigung kürzere Fristen ansetzen kann. Massgebende Kriterien sind die Dringlichkeit der Streitsache und die Schwierigkeit der Eingabe. Nicht massgebend ist hingegen die Arbeitsbelastung einer Partei oder dessen Rechtsvertreters. Diesen Umständen ist mit Fristerstreckung Rechnung zu tragen. In Bezug auf *Verschiebungsgesuche (Art. 135) und Fristerstreckungen (Art. 144)* ist es zulässig, an die «zureichenden Gründe» für eine Verschiebung bzw. Erstreckung höhere Anforderungen zu stellen. **10**

III. Durchführung des Summarverfahrens: Mündliche oder schriftliche Stellungnahme

11 In Bezug auf die **Durchführung des summarischen Verfahrens** stellt das Gesetz nur rudimentäre Grundsätze auf und überlässt die Durchführung des Verfahrens im Einzelfall weitgehend dem Ermessen des Gerichts. Die offene Regelung erlaubt es der richterlichen Prozessleitung, den sehr unterschiedlichen Verhältnissen im Einzelfall Rechnung zu tragen. Es ist offensichtlich, dass sich Angelegenheiten wie das Gerichtliche Verbot (Art. 258 ff.) und Eheschutzverfahren (Art. 271), Angelegenheiten der freiwilligen Gerichtsbarkeit (Art. 248 lit. e) und Rechtsschutz in klaren Fällen (Art. 257) fundamental unterscheiden, obwohl sie alle dem summarischen Verfahren unterstehen. Detaillierte Verfahrensregelungen, die sich für alle summarischen Verfahren in ihren unterschiedlichsten Ausprägungen eignen, sind nicht möglich. Vielmehr ist es Sache des Richters, die geeigneten prozessleitenden Anordnungen zu treffen, die dem Einzelfall gerecht werden.

1. Sofortiger Entscheid bei offensichtlich unzulässigem oder offensichtlich unbegründetem Gesuch

12 Art. 253 sieht vor, dass über das Gesuch sofort – ohne Einholung einer Stellungnahme – entschieden werden kann, wenn das Gesuch **offensichtlich unzulässig** oder **offensichtlich unbegründet** erscheint. Ein Gesuch hat dann als *offensichtlich unzulässig* zu gelten, wenn es an einer Prozessvoraussetzung fehlt oder wenn für die beantragte Sache das Summarverfahren gar nicht zur Verfügung steht (BOTSCHAFT ZPO, 7350; Bericht VE-ZPO, 125). In diesem Fall ist auf das Gesuch nicht einzutreten. *Offensichtlich unbegründet* ist ein Gesuch, wenn es materiell nicht begründet ist, weil der Anspruch nicht einmal glaubhaft gemacht worden ist (Bericht VE-ZPO, 125 f.). In diesem Fall ist das Gesuch abzuweisen.

2. Mündliche oder schriftliche Stellungnahme

13 Wenn das Gesuch nicht offensichtlich unzulässig oder offensichtlich unbegründet erscheint, erhält die Gegenpartei Gelegenheit zur **Stellungnahme**. Das Gericht entscheidet durch prozessleitende Verfügung, ob eine mündliche oder schriftliche Stellungnahme zu erstatten ist, sofern das Gesetz nicht zwingend eine mündliche Verhandlung vorschreibt (Art. 256 Abs. 1). Diese offene Regelung entspricht der Regelung im Rechtsöffnungsverfahren (Art. 84 Abs. 2 SchKG). Massgebend für den Entscheid, ob eine mündliche oder schriftliche Stellungnahme einzuholen ist, sind die Verhältnisse des Einzelfalles.

a) Schriftliche Stellungnahme: Fristansetzung zur schriftlichen Stellungnahme

14 Wenn nicht eine mündliche Verhandlung gesetzlich vorgeschrieben ist (insb. Art. 256 Abs. 1 i.V.m. Art. 273 Abs. 1 [eherechtliche Angelegenheiten im summarischen Verfahren]), entscheidet das Gericht entsprechend den Verhältnissen im Einzelfall, ob das Verfahren schriftlich als Aktenprozess oder mit mündlicher Verhandlung geführt wird.

15 Wenn sich der Richter für einen **Aktenprozess** entscheidet, stellt er das Gesuch der Gegenpartei zu und setzt ihr eine angemessene Frist zur schriftlichen Stellungnahme an (Art. 253). Grundsätzlich ist das summarische Verfahren mit der Erstattung der Stellungnahme abgeschlossen. In der bundesrätlichen Botschaft wird ausdrücklich festgehalten, dass ein zweiter oder gar mehrfacher Schriftenwechsel nicht stattfindet, weil eine breite Schriftlichkeit dem Wesen des Summarverfahrens zuwiderlaufe (BOTSCHAFT ZPO, 7350). In der Literatur wird zu Recht darauf hingewiesen, dass dies in einem Spannungs-

verhältnis zum *verfassungsrechtlich garantierten Gehörsanspruch* steht. Zwar ist der Grundsatz des rechtlichen Gehörs durch die Natur des summarischen Verfahrens beschränkt, doch darf das Gericht auch im summarischen Verfahren nicht aufgrund von Parteivorbringen entscheiden, zu der sich die Gegenpartei nicht äussern konnte (BGE 106 Ia 4 ff.). Namentlich wenn die Gegenpartei Einwendungen oder Einreden vorbringt, zu welchen sich der Gesuchsteller im Gesuch nicht äusserte und auch nicht äussern musste, ist ein zweiter Schriftenwechsel anzuordnen (STAEHELIN/STAEHELIN/GROLIMUND, 354 Rz 43). Wenn die Stellungnahme der Gegenpartei der gesuchstellenden Partei ohne förmliche Aufforderung zur Replik zugestellt wird, aber auch ohne ausdrücklich zu erklären, der Schriftenwechsel sei geschlossen, so hat die gesuchstellende Partei von sich aus eine Replik einzureichen, andernfalls angenommen wird, sie verzichte darauf (BGE 132 I 42, 46 f., insb. E. 3.2.2 und 3.3.3).

Die **Säumnisfolgen** für den Fall, dass der Gesuchsgegner die schriftliche Stellungnahme nicht einreicht, werden vom Gesetz nicht ausdrücklich geregelt. Sinngemäss anwendbar sind die Bestimmungen des ordentlichen Verfahrens (Art. 219). Danach ist dem Gesuchsgegner eine kurze Nachfrist zur Einreichung der schriftlichen Stellungnahme anzusetzen (Art. 223 Abs. 1 analog). Nach unbenutztem Ablauf der Frist fällt das Gericht den Entscheid, wenn die Sache spruchreif ist; sonst lädt es zu einer mündlichen Verhandlung vor (Art. 223 Abs. 2 analog). 16

b) Mündliche Stellungnahme: Vorladung zu einer mündlichen Verhandlung

Eine mündliche Verhandlung ist nur dort vorgeschrieben, wo es das Gesetz ausdrücklich verlangt (Art. 256 Abs. 1), insb. in eherechtlichen Angelegenheiten des summarischen Verfahrens (Art. 273 Abs. 1). In allen anderen Fällen entscheidet das Gericht, ob das Summarverfahren als Aktenprozess oder mit **mündlicher Verhandlung** durchgeführt wird. 17

Wenn die Durchführung einer mündlichen Verhandlung gesetzlich vorgesehen oder vom Gericht angeordnet wird, stellt der Richter das Gesuch der Gegenpartei zu und lädt beide Parteien zugleich zur Verhandlung vor (Art. 245 Abs. 1 analog). Anlässlich der Verhandlung hat die Gegenpartei Gelegenheit, mündlich zum Gesuch Stellung zu nehmen. Wie erwähnt ist eine Replik und Duplik gesetzlich zwar nicht vorgesehen, doch ist zur Wahrung des rechtlichen Gehörs das Recht auf Replik und Duplik zu gewähren (N 15). Dies ist an der mündlichen Verhandlung denn auch ohne grössere zeitliche Verzögerung möglich. 18

Auch für den Fall, dass eine mündliche Verhandlung angeordnet wurde, sind die **Säumnisfolgen** in den Bestimmungen zum Summarverfahren nicht geregelt. Sinngemäss anwendbar sind die Bestimmungen zum ordentlichen Verfahren (Art. 219). Wenn *im mündlichen Verfahren* eine oder beide Parteien nicht zur Verhandlung erscheint, berücksichtigt das Gericht das nach Massgabe des Gesetzes eingereichte Gesuch und kann seinem Entscheid unter Vorbehalt von Art. 153 die Akten sowie die Vorbringen der anwesenden Partei zugrunde legen (Art. 234 Abs. 1 analog). Die im ordentlichen Verfahren vorgesehene Möglichkeit, bei Säumnis beider Parteien das Verfahren als gegenstandslos abzuschreiben (Art. 234 Abs. 2), lässt sich mit den Grundsätzen des summarischen Verfahrens nur schlecht vereinbaren. Da der Gesuchsteller grundsätzlich verpflichtet – aber auch berechtigt – ist, sein Gesuch schriftlich einzureichen (Art. 252 Abs. 2), kann an sein unentschuldigtes Ausbleiben an der Verhandlung nicht die strenge Rechtsfolge der Gegenstandslosigkeit des Verfahrens geknüpft werden. Vielmehr ist aufgrund der Akten zu entscheiden (Art. 234 Abs. 1 analog). 19

IV. Die Möglichkeit einer Widerklage

20 Im Gesetzgebungsprozess war die **Möglichkeit einer Widerklage** im summarischen Verfahren umstritten. Der Vorentwurf schloss die Widerklage ausdrücklich aus (Art. 263 VE-ZPO), was in der Vernehmlassung kritisiert wurde (BOTSCHAFT ZPO, 7350). Schon im Entwurf des Bundesrates und nun auch in der Schlussfassung ist kein Ausschluss der Widerklage im summarischen Verfahren mehr vorgesehen. Widerklage ist nach den subsidiär geltenden Bestimmungen des ordentlichen Verfahrens auch im summarischen Verfahren zulässig, sofern für sie die gleiche Verfahrensart vorgesehen ist (Art. 224). Als Beispiel wird in der Botschaft der Fall von Gegenanträgen im summarischen Eheschutzverfahren genannt (BOTSCHAFT ZPO, 7350).

Art. 254

Beweismittel	¹ Beweis ist durch Urkunden zu erbringen. ² Andere Beweismittel sind nur zulässig, wenn: a. sie das Verfahren nicht wesentlich verzögern; b. es der Verfahrenszweck erfordert; oder c. das Gericht den Sachverhalt von Amtes wegen festzustellen hat.
Moyens de preuve	¹ La preuve est rapportée par titres. ² D'autres moyens de preuve sont admissibles dans les cas suivants: a. leur administration ne retarde pas sensiblement la procédure; b. le but de la procédure l'exige; c. le tribunal établit les faits d'office.
Mezzi di prova	¹ La prova dev'essere addotta mediante documenti. ² Sono ammessi altri mezzi di prova soltanto se: a. non ritardano considerevolmente il corso della procedura; b. lo scopo del procedimento lo richiede; oppure c. il giudice deve accertare d'ufficio i fatti.

Inhaltsübersicht Note

I. Einleitung 1

II. Beweismittelbeschränkung 2
    1. Urkunden als liquide Beweismittel (Abs. 1) 2
    2. Zulässigkeit weiterer Beweismittel (Abs. 2) 5

III. Beweismass 9

I. Einleitung

1 Ein wichtiges Kennzeichen des summarischen Verfahrens sind Beweisbeschränkungen. Dabei ist in erster Linie an die **Beweismittelbeschränkung** zu denken, wonach nur sofort verfügbare (liquide) Beweismittel zulässig sind; dies sind insb. Urkunden (N 2 ff.). Denkbar ist aber auch eine **Beweismassbeschränkung**, indem an die Beweisstrenge weniger hohe Anforderungen gestellt wird. Freilich gibt es keine generelle Beweismassbeschränkung. Grundsätzlich muss auch im summarischen Verfahren der *volle Beweis*

erbracht werden. Nur dort, wo es das Gesetz oder seine Auslegung vorschreibt, genügt blosse *Glaubhaftmachung* (N 10 f.).

II. Beweismittelbeschränkung

1. Urkunden als liquide Beweismittel (Abs. 1)

Das summarische Verfahren ist ein rasches Verfahren. Die Raschheit des Verfahrens lässt keine ausgedehnten Beweisverfahren zu. Daher sind im Summarverfahren nur *sofort verfügbare (liquide) Beweismittel* zulässig, die ohne Verzug abgenommen werden können (BOTSCHAFT ZPO, 7350). Die **Urkunde** als Beweismittel hat diese Eigenschaft. Das Gesetz schreibt daher vor, dass der Beweis durch Urkunde zu erbringen ist (Art. 254 Abs. 1).

Gemäss Art. 221 Abs. 2 lit. c, welche Bestimmung im summarischen Verfahren sinngemäss anwendbar ist (Art. 219), sind die Urkunden dem Gesuch beizulegen (Art. 252 N 10). Da es mit Ausnahme von gesetzlich geregelten Spezialfällen (insb. Art. 273 Abs. 1 [Summarverfahren in eherechtlichen Angelegenheiten]) im Ermessen des Gerichtes steht, ob aufgrund der Akten entschieden oder eine mündliche Verhandlung durchgeführt wird, riskiert der Gesuchsteller, mit Urkunden, die er nicht dem Gesuch beilegt, ausgeschlossen zu werden.

Die Beschränkung der Beweismittel auf Urkunden gilt nicht uneingeschränkt. Auch im summarischen Verfahren geht es um die Verwirklichung des Rechts, so dass unter Umständen weitere Beweismittel zugelassen werden können, sofern dadurch die Eigenheiten des summarischen Verfahrens nicht in Frage gestellt werden. So erlaubt das Gesetz andere Beweismittel, wenn sie alternativ das Verfahren nicht wesentlich verzögern (Art. 254 Abs. 2 lit. a), wenn es der Verfahrenszweck erfordert (Art. 254 Abs. 2 lit. b) und wenn das Gericht den Sachverhalt von Amtes wegen feststellt (Art. 254 Abs. 2 lit. c).

2. Zulässigkeit weiterer Beweismittel (Abs. 2)

a) Wenn sie das Verfahren nicht wesentlich verzögern (lit. a)

Eine wichtige Charakteristik des summarischen Verfahrens ist dessen Raschheit. Die Raschheit des Verfahrens wird nicht in Frage gestellt, wenn nebst der Urkunde als sofort verfügbares Beweismittel zusätzliche Beweismittel zugelassen werden, die **«das Verfahren nicht wesentlich verzögern»** (Art. 254 Abs. 2 lit. a).

Nebst der Urkunde stehen die *Zeugenbefragung* (Art. 166 ff.) und der *Augenschein* (Art. 178 ff.) im Vordergrund. Diese Beweismittel können im Rahmen einer vom Gericht angeordneten mündlichen Verhandlung abgenommen werden, ohne dass dadurch wesentliche Verfahrensverzögerungen resultieren (BOTSCHAFT ZPO, 7350). Gleiches gilt für die *Parteibefragung* und *Beweisaussage* (Art. 191 ff.), und auch *schriftliche Auskünfte* bei Amtsstellen oder Privaten (Art. 190) führen kaum zu wesentlichen Verfahrensverzögerungen. Dagegen fällt das *Gutachten* als Beweismittel (Art. 180 ff.) ausser Betracht (vgl. aber N 8). Der Zeitbedarf für die Suche und Instruktion eines Experten und die Erstellung des Gutachtens lässt sich mit der Raschheit des summarischen Verfahrens nicht in Einklang bringen.

b) Wenn es der Verfahrenszweck erfordert (lit. b)

Sodann sind zusätzliche Beweismittel zur Urkunde dann zugelassen, **«wenn es der Verfahrenszweck erfordert»** (Art. 250 Abs. 2 lit. b). In gewissen Streitigkeit, für die das

Gesetz zwingend das Summarverfahren vorsieht (Art. 249–251), kann es vorkommen, dass keine Urkunden zur Beweisführung zur Verfügung stehen oder mit den vorhandenen Urkunden der Beweis nicht geführt werden kann. In diesen Fällen erfordert der Verfahrenszweck die Abnahme weiterer Beweismittel. Die Botschaft nennt als Beispiel die *Ernennung und Abberufung des Verwalters bei Stockwerkeigentum* gemäss Art. 712q und 712r ZGB, über welche Angelegenheit im Streitfall der Richter im summarischen Verfahren entscheidet (Art. 249 lit. d Ziff. 4). In solchen Fällen kann eine Zeugeneinvernahmen erforderlich sein (BOTSCHAFT ZPO, 7350), aber auch andere Beweismittel können sich in vergleichbaren Fällen aufgrund des Verfahrenszweckes aufdrängen (N 6).

c) Wenn das Gericht den Sachverhalt von Amtes wegen festzustellen hat (lit. c)

8 Schliesslich sind weitere Beweismittel in denjenigen Fällen zugelassen, in denen das Gericht **«den Sachverhalt von Amtes wegen feststellt»**. Der Untersuchungsgrundsatz gilt in den vom Gesetz genannten Fällen. Zu erwähnen ist dabei Art. 255, wo für bestimmte Angelegenheiten generell die Untersuchungsmaxime vorgesehen ist. Der Untersuchungsgrundsatz gilt jedoch auch in vielen Bereichen des Familienrechts (Art. 273, 276 etc.). Eine Beweismittelbeschränkung lässt sich mit dem Untersuchungsgrundsatz nicht vereinbaren. Auch hier steht zwar der Urkundenbeweis im Vordergrund. Es sind aber auch andere Beweismittel zulässig. Sogar ein Gutachten (z.B. zur Abklärung von strittigen Kinderbelangen) kann trotz des Zeitbedarfs erforderlich sein, weil die sorgfältige Abklärung der Streitsache Vorrang vor der Raschheit des Verfahrens hat

III. Beweismass

9 Grundsätzlich muss auch im summarischen Verfahren der **strikte Beweis** erbracht werden (Art. 249 N 3 und Art. 250 N 3; STAEHELIN/STAEHELIN/GROLIMUND, 354 f. Rz 45). Der strikte Beweis ist bei voller Überzeugung des Richters erbracht (VOGEL/SPÜHLER, 256 Rz 24)

10 Nur dort, wo das Gesetz oder seine Auslegung anordnet, dass ein Anspruch oder eine Einwendung nur glaubhaft zu machen ist, sind die Anforderungen an die Beweisstrenge reduziert. Glaubhaft gemacht ist eine Behauptung, wenn das Gericht von ihrer Wahrheit nicht völlig überzeugt ist, sie aber überwiegend für wahr hält, obwohl nicht alle Zweifel beseitigt sind (BGE 120 II 393, 397 f. E. 4c m.H.; VOGEL/SPÜHLER, 256 Rz 26). Das Bundesprozessrecht beschränkt das Beweismass insb. bei vorsorglichen Massnahmen auf Glaubhaftmachung (Art. 261). Daneben sehen auch das materielle Privatrecht (Art. 961 ZGB [vorläufige Eintragung behaupteter dinglicher Rechte], Art. 870 Abs. 2 ZGB i.V.m. Art. 981 OR [Kraftloserklärung eines Schuldbriefs], Art. 981 OR [Kraftloserklärung eines Inhaberpapiers] etc.) und das Schuldbetreibungs- und Konkursrecht (Art. 82 Abs. 2 SchKG [Einwendungen des Schuldners gegen provisorische Rechtsöffnung], Art. 272 SchKG [Arrestbewilligung] etc.) Beispiele vor, in denen Glaubhaftmachung ausreicht.

Art. 255

Untersuchungsgrundsatz

Das Gericht stellt den Sachverhalt von Amtes wegen fest:
a. wenn es als Konkurs- oder Nachlassgericht zu entscheiden hat;
b. bei Anordnungen der freiwilligen Gerichtsbarkeit.

Maxime inquisitoire

Le tribunal établit les faits d'office:
a. en matière de faillite et de concordat;
b. dans les procédures relevant de la juridiction gracieuse.

Principio inquisitorio

Il giudice accerta d'ufficio i fatti:
a. se statuisce in veste di giudice del fallimento o del concordato;
b. in caso di provvedimenti di volontaria giurisdizione.

Inhaltsübersicht

	Note
I. Einleitung; Grundsätzliche Geltung der Verhandlungsmaxime	1
II. Anwendungsbereich des Untersuchungsgrundsatzes	3
1. Entscheide des Konkurs- oder Nachlassgerichts (Art. 255 lit. a)	3
2. Anordnungen der freiwilligen Gerichtsbarkeit (Art. 255 lit. b)	4
III. Geltung des gemässigten Untersuchungsgrundsatzes	5

I. Einleitung; Grundsätzliche Geltung der Verhandlungsmaxime

Im summarischen Verfahren ist grundsätzlich die **Verhandlungsmaxime** zu beachten. Gemäss Art. 55 Abs. 1, welche Bestimmung auch auf Summarverfahren anwendbar ist, haben die Parteien dem Gericht die Tatsachen, auf die sie ihr Begehren stützen, darzulegen und die Beweismittel anzugeben. 1

Der Untersuchungsgrundsatz ist für das summarische Verfahren eigentlich untypisch (BOTSCHAFT ZPO, 7350). In Abweichung von der grundsätzlichen Geltung der Verhandlungsmaxime sieht das Gesetz jedoch für zwei Fälle den **Untersuchungsgrundsatz** vor (Art. 55 Abs. 2), nämlich wenn das Gericht als Konkurs- oder Nachlassgericht zu entscheiden hat (Art. 255 lit. a) oder Anordnungen der freiwilligen Gerichtsbarkeit zu treffen hat (Art. 255 lit. b). 2

II. Anwendungsbereich des Untersuchungsgrundsatzes

1. Entscheide des Konkurs- oder Nachlassgerichts (Art. 255 lit. a)

Zunächst gilt **für die Verfahren des Konkurs- und Nachlassgerichts** der Untersuchungsgrundsatz. Damit sind die Fälle gemeint, für welche Art. 251 lit. a das summarische Verfahren vorschreibt (Art. 251 N 7 und 9). Grund für die Feststellung des Sachverhaltes von Amtes wegen ist der Umstand, dass es sich bei den Entscheiden des Konkurs- und Nachlassgerichtes um folgenschwere Massnahmen gegenüber dem Schuldner handelt, die auch Wirkungen gegenüber den am Verfahren nicht beteiligten Drittgläubigern haben (STAEHELIN/STAEHELIN/GROLIMUND, 355 Rz 46). 3

2. Anordnungen der freiwilligen Gerichtsbarkeit (Art. 255 lit. b)

4 Weiter gilt der Untersuchungsgrundsatz, wenn das Gericht **Anordnungen der freiwilligen Gerichtsbarkeit** zu treffen hat (zum Begriff der freiwilligen Gerichtsbarkeit Art. 248 N 11). Der Grund für die Geltung der Untersuchungsmaxime im Bereich der freiwilligen Gerichtsbarkeit ist darin zu sehen, dass das Gericht auf einseitiges Vorbringen des Gesuchstellers zu entscheiden und die Untersuchungsmaxime das Fehlen einer Gegenpartei auszugleichen hat (BOTSCHAFT ZPO, 7350 f.). Ohnehin steht die freiwillige Gerichtsbarkeit den Verwaltungsverfahren nahe, wo die Behörden den Sachverhalt grundsätzlich von Amtes wegen festzustellen haben (STAEHELIN/STAEHELIN/GROLIMUND, 355 Rz 46).

III. Geltung des gemässigten Untersuchungsgrundsatzes

5 Das Gesetz beschränkt sich darauf festzuhalten, dass «*das Gericht den Sachverhalt von Amtes wegen feststellt*». Es äussert sich nicht dazu, ob die **unbeschränkte Untersuchungsmaxime** (verbunden mit dem Offizialprinzip) gilt, die dem Gericht aufgibt, den Sachverhalt ohne Bindung an die Parteianträge zu «erforschen», oder ob das Gericht lediglich im Sinn einer **gemässigten Untersuchungsmaxime** bei der Ermittlung des Sachverhaltes und der Beweiserhebung «mitwirkt» (zur Unterscheidung Art. 247 N 3 f.).

6 Auch hier gilt, dass das Gericht den Sachverhalt nur unter Mitwirkung der Parteien von Amtes wegen festzustellen, jedoch nicht zu erforschen hat. Grundsätzlich ist es Sache der Parteien, das Tatsächliche vorzutragen und die Beweismittel zu nennen, doch hat das Gericht durch Belehrungen und Befragungen der Parteien darauf hinzuwirken, dass der relevante Sachverhalt vorgetragen bzw. ergänzt wird (STAEHELIN/STAEHELIN/GROLIMUND, 355 Rz 46).

7 Die Geltung des gemässigten Untersuchungsgrundsatzes hat im Übrigen zur Folge, dass **keine Beweisbeschränkungen** gelten (Art. 254 N 8 und 10). Einerseits sind *sämtliche Beweismittel* zugelassen (Art. 254 Abs. 2 lit. c; keine Beweismittelbeschränkung), und andererseits muss der *strikte Beweis* erbracht werden (keine Beweismassbeschränkung).

Art. 256

Entscheid

¹ **Das Gericht kann auf die Durchführung einer Verhandlung verzichten und aufgrund der Akten entscheiden, sofern das Gesetz nichts anderes bestimmt.**

² **Erweist sich eine Anordnung der freiwilligen Gerichtsbarkeit im Nachhinein als unrichtig, so kann sie von Amtes wegen oder auf Antrag aufgehoben oder abgeändert werden, es sei denn, das Gesetz oder die Rechtssicherheit ständen entgegen.**

Décision

¹ Le tribunal peut renoncer aux débats et statuer sur pièces, à moins que la loi n'en dispose autrement.

² Une décision prise dans une procédure relevant de la juridiction gracieuse qui s'avère ultérieurement être incorrecte peut être, d'office ou sur requête, annulée ou modifiée, à moins que la loi ou la sécurité du droit ne s'y opposent.

Decisione   ¹ Il giudice può rinunciare a tenere udienza e decidere in base agli atti, sempre che la legge non disponga altrimenti.

² Il provvedimento di volontaria giurisdizione che si riveli errato può essere revocato o modificato d'ufficio o ad istanza di parte, eccetto che la legge o la certezza del diritto vi si oppongano.

Inhaltsübersicht   Note

  I. Einleitung 1
 II. Mündliches oder schriftliches Verfahren (Abs. 1) 2
     1. Durchführung einer mündlichen Verhandlung mit anschliessendem Entscheid 3
     2. Nach Durchführung des Schriftenwechsels Entscheid aufgrund der Akten 4
     3. Eröffnung des im mündlichen Verfahren oder im Aktenprozess gefällten Entscheides 6
III. Rechtsmittel; Aufhebung oder Abänderung von Anordnungen der freiwilligen Gerichtsbarkeit (Abs. 2) 8

I. Einleitung

Art. 256 hat den **Entscheid** im summarischen Verfahren zum Gegenstand. Der Entscheid wird entweder nach Durchführung einer *mündlichen Verhandlung* (N 3) oder nach Abschluss des *Schriftenwechsels* gefällt (N 4 f.). Die Eröffnung des Entscheides richtet sich nach den Bestimmungen des ordentlichen Verfahrens (Art. 219 i.V.m. Art. 236 ff.; N 6 f.). 1

II. Mündliches oder schriftliches Verfahren (Abs. 1)

Gemäss Art. 256 Abs. 1 kann das Gericht auf die Durchführung einer Verhandlung verzichten und aufgrund der Akten entscheiden, sofern das Gesetz nichts anderes bestimmt. Diese offene Regelung erlaubt es der richterlichen Prozessleitung, den sehr unterschiedlichen Verhältnissen im Einzelfall Rechnung zu tragen (Art. 253 N 11 ff.). 2

1. Durchführung einer mündlichen Verhandlung mit anschliessendem Entscheid

Wenn die Durchführung einer **mündlichen Verhandlung** *gesetzlich vorgesehen* ist (z.B. Art. 273 Abs. 1 [eherechtliche Angelegenheiten des summarischen Verfahrens], Art. 181 SchKG [Bewilligung des Rechtsvorschlags in der Wechselbetreibung] etc.) oder *vom Gericht angeordnet* wird, stellt der Richter der Gegenpartei das Gesuch zu und lädt beide Parteien zugleich zur Verhandlung vor (Art. 245 Abs. 1 analog). Anlässlich der Verhandlung hat die Gegenpartei Gelegenheit, mündlich zum Gesuch Stellung zu nehmen. Replik und Duplik sind zwar gesetzlich nicht vorgesehen, doch ist zur Wahrung des rechtlichen Gehörs i.d.R. das Recht auf Replik und Duplik zu gewähren (Art. 253 N 15, 18). Anschliessend ist der Entscheid zu fällen. 3

2. Nach Durchführung des Schriftenwechsels Entscheid aufgrund der Akten

Wenn das schriftliche (in den Formen von Art. 130 gestellte) Gesuch gemäss Art. 253 offensichtlich unzulässig oder offensichtlich unbegründet ist (Art. 253 N 12), entscheidet das Gericht sogleich aufgrund der Akten. 4

5   In allen anderen Fällen wird der **Schriftenwechsel** durchgeführt, wenn nicht eine mündliche Verhandlung vorgeschrieben ist oder angeordnet wird (N 3). Wenn ein Aktenprozess durchgeführt wird, stellt der Richter das Gesuch der Gegenpartei zu und setzt ihr eine angemessene Frist zur schriftlichen Stellungnahme an (Art. 253). Die Stellungnahme ist dem Gesuchsteller zuzustellen, worauf das Gericht entweder die Durchführung der Replik und Duplik anordnet oder aufgrund der Akten entscheidet, wenn der Gesuchsteller zur Stellungnahme nicht repliziert (Art. 253 N 15).

3. Eröffnung des im mündlichen Verfahren oder im Aktenprozess gefällten Entscheides

6   Für die **Eröffnung des Entscheides** gelten die Regeln des ordentlichen Verfahrens (Art. 219). Das Gericht kann seinen Entscheid ohne schriftliche Begründung durch Übergabe des schriftlichen Dispositivs mit kurzer mündlicher Begründung an der Verhandlung oder durch Zustellung des Dispositivs an die Parteien eröffnen (Art. 239 Abs. 1). Eine Begründung ist nachzureichen, wenn eine Partei innert zehn Tagen seit der Eröffnung eine solche verlangt oder wenn eine Partei ein Rechtsmittel erhebt (Art. 239 Abs. 2).

7   Obwohl der Entscheid im summarischen Verfahren genau gleich wie im ordentlichen und vereinfachten Verfahren unbegründet zugestellt werden kann, drängt sich diesbezüglich eine gewisse Zurückhaltung auf. Wenn zunächst ein unbegründeter Entscheid zugestellt wird und die Begründung erst an die Hand genommen wird, wenn innert 10 Tagen seitens einer Partei eine Begründung verlangt wird, kann dies zu Verfahrensverzögerungen führen, die mit der Raschheit des summarischen Verfahrens nicht in Einklang stehen. Hinzu kommt, dass die schriftliche Begründung knapper als im ordentlichen Verfahren ausfallen darf und daher oft keinen allzu grossen Aufwand verursacht (BOTSCHAFT ZPO, 7344 und 7351).

III. Rechtsmittel; Aufhebung oder Abänderung von Anordnungen der freiwilligen Gerichtsbarkeit (Abs. 2)

8   Die **Rechtsmittel** gegen einen Summarentscheid richten sich nach den allgemeinen Bestimmungen. Grundsätzlich ist die Berufung gegeben (Art. 308 Abs. 1), wobei an Stelle der 30tägigen Berufungsfrist (Art. 311) eine Berufungsfrist von zehn Tagen vorgesehen ist (Art. 314 Abs. 1). In gewissen Angelegenheiten des summarischen Verfahrens steht die Berufung jedoch nicht zur Verfügung (vgl. Art. 309).

9   Eine Besonderheit gilt für die freiwillige Gerichtsbarkeit. Wenn sich eine Anordnung der freiwilligen Gerichtsbarkeit im Nachhinein als unrichtig erweist, kann sie auch ausserhalb eines förmlichen Rechtsmittelverfahrens korrigiert werden, sofern die Rechtssicherheit es erlaubt und keine gesetzliche Vorschrift entgegensteht. Diese erleichterte Korrekturmöglichkeit entspricht einem praktischen Bedürfnis (z.B. Korrektur eines fehlerhaften Erbscheins). Die Möglichkeit des sog. **«Widerrufs»** erinnert an das Verwaltungsrecht, welchem die freiwillige Gerichtsbarkeit ohnehin nahe steht.

3. Kapitel: Rechtsschutz in klaren Fällen

Art. 257

¹ Das Gericht gewährt Rechtsschutz im summarischen Verfahren, wenn:
a. der Sachverhalt unbestritten oder sofort beweisbar ist; und
b. die Rechtslage klar ist.

² Ausgeschlossen ist dieser Rechtsschutz, wenn die Angelegenheit dem Offizialgrundsatz unterliegt.

³ Kann dieser Rechtsschutz nicht gewährt werden, so tritt das Gericht auf das Gesuch nicht ein.

¹ Le tribunal admet l'application de la procédure sommaire lorsque les conditions suivantes sont remplies:
a. l'état de fait n'est pas litigieux ou est susceptible d'être immédiatement prouvé;
b. la situation juridique est claire.

² Cette procédure est exclue lorsque l'affaire est soumise à la maxime d'office.

³ Le tribunal n'entre pas en matière sur la requête lorsque cette procédure ne peut pas être appliquée.

¹ Il giudice accorda tutela giurisdizionale in procedura sommaria se:
a. i fatti sono incontestati o immediatamente comprovabili; e
b. la situazione giuridica è chiara.

² La tutela giurisdizionale in procedura sommaria è esclusa se la causa è retta dal principio della non vincolatività delle conclusioni delle parti.

³ Se non sono date le condizioni per ottenere la tutela giurisdizionale in procedura sommaria, il giudice non entra nel merito.

Inhaltsübersicht   Note

I. Wesen und Zweck 1

II. Kantonalrechtliche Vorläufer 4

III. Voraussetzungen 8

IV. Beweismittel und Beweismass 13

V. Ansprüche 16

VI. Verfahren 19
   1. Art des Verfahrens 19
   2. Ablauf des Verfahrens 21
   3. Ausgang des Verfahrens und Rechtskraftwirkung 24

VII. Verhältnis zum Rechtsöffnungsverfahren nach SchKG 29

Art. 257

Literatur

S. BERTI, Besondere Verfahrensarten gemäss dem bundesrätlichen Entwurf für eine schweizerische Zivilprozessordnung, in: ZZZ 2007, 339 ff.; F. BOHNET, La procédure sommaire selon le Code de procédure civile suisse, in: RJJ 2008, 264 ff.; F. HOHL, La réalisation du droit et les procédures rapides, Freiburg 1994; M. LEUPOLD, Der Rechtsschutz in klaren Fällen nach der neuen Schweizerischen Zivilprozessordnung, in: M. Leupold/D. Rüetschi/D. Stauber/M. Vetter (Hrsg.), Der Weg zum Recht, Festschrift für Alfred Bühler, Zürich 2008, 65 ff.; V. LIEBER, Handhabung und Verletzung «klaren Rechts», Bemerkungen zu § 222 Ziff. 2 und § 281 Ziff. 3 der zürcherischen Zivilprozessordnung, in: I. Meier/H. Riemer/P. Weimar (Hrsg.), Recht und Rechtsdurchsetzung, Festschrift für Hans Ulrich Walder zum 65. Geburtstag, Zürich 1994, 213 ff.; I. MEIER, Rechtsschutz im summarischen Verfahren als Alternative zum ordentlichen Zivilprozess im schweizerischen Recht, Köln 1997 (zit. Alternative); H. SCHMID, «Klares Recht» als Prozessvoraussetzung im zürcherischen Befehlsverfahren, in: I. Schwander/W. A. Stoffel (Hrsg.), Beiträge zum schweizerischen und internationalen Zivilprozessrecht, Festschrift für Oskar Vogel, Freiburg, 1991, 109 ff.

I. Wesen und Zweck

1 Ist der **Sachverhalt unbestritten oder sofort beweisbar und** ist die **Rechtslage klar**, steht es der klagenden Partei frei, den Rechtsschutz in klaren Fällen zu beanspruchen und damit einen Entscheid im summarischen Verfahren zu verlangen, anstatt ein ordentliches oder ggf. ein vereinfachtes Verfahren einzuleiten oder ggf. um provisorische Rechtsöffnung zu ersuchen.

2 Die klagende Partei hat damit im klaren Fall die Möglichkeit, **rasch(er)**, d.h. ohne ein ordentliches (oder vereinfachtes) Verfahren durchlaufen zu müssen, einen rechtskräftigen und vollstreckbaren Entscheid zu erwirken. Der Vorentwurf sprach denn auch noch vom «schnellen Rechtsschutz in klaren Fällen». Die klagende Partei hat die Wahl, ob sie den raschen Rechtsschutz beanspruchen will. Dabei sollte sie allerdings das Risiko abwägen, dass das Gericht das Vorliegen der Voraussetzungen für den Rechtsschutz in klaren Fällen verneint, und sie in der Folge doch – zusätzlich – ein ordentliches (bzw. ein vereinfachtes oder ein Rechtsöffnungs-)Verfahren einleiten muss und die Durchsetzung ihres Anspruchs alsdann insgesamt länger dauert und aufwendiger ist, ohne dass sie die verlorene Zeit und die Kosten ihres Unterliegens wieder einholen könnte. Der angestrebte «kurze Prozess» wäre dann ins Gegenteil verkehrt. Die klagende Partei wird den Rechtsschutz in klaren Fällen wählen, wenn sie unwiderlegbare Beweise (primär Urkunden) in den Händen hält oder annehmen kann, die beklagte Partei werde nicht bestreiten.

3 Der Rechtsschutz in klaren Fällen ist ein **verkürztes** (da summarisches, insb. mit Beschränkung der Beweismittel verbundenes) **Erkenntnisverfahren**; es handelt sich nicht um ein Vollstreckungsverfahren. Die klagende Partei muss ihren Anspruch (mit eingeschränkten Beweismitteln) beweisen, nicht bloss glaubhaft machen, und der Entscheid zu Gunsten der klagenden Partei ist endgültig; beides jeweils im Unterschied zu vorsorglichen Massnahmen.

II. Kantonalrechtliche Vorläufer

4 Die Regelung des Rechtsschutzes in klaren Fällen gem. Art. 257 basiert zum Teil auf entsprechenden früheren kantonalrechtlichen Regelungen. Sie enthält aber auch teilweise wesentliche Neuerungen und Abweichungen gegenüber den bisherigen kantonalen Regelungen bzw. der bisherigen kantonalen Praxis.

5 Herkömmlich bezeichnet man im schweizerischen Zivilprozessrecht als Rechtsschutz in klaren Fällen summarische Verfahren zur Erlangung eines rechtskräftigen oder wenigs-

tens vollstreckbaren Sachurteils bei unbestrittenem oder sofort beweisbarem Sachverhalt und bei klarer Rechtslage (vgl. MEIER, Alternative, 43).

Das Institut des Rechtsschutzes in klaren Fällen stammte ursprünglich aus der zürcherischen Gerichtspraxis des frühen 19. Jahrhunderts und wurde im «Gesetz betreffend die Zürcherische Rechtspflege» von 1866 erstmals kodifiziert (vgl. LEUPOLD, 67; SCHMID, 111 f.). In den kantonalen Zivilprozessrechten war der Rechtsschutz in klaren Fällen in 13 (deutschschweizerischen) Prozessordnungen ausdrücklich vorgesehen, so in AI, AR, GL, LU, NW, OW, SG, SH, SO, SZ, TG, UR und ZH. Die Zuger Zivilprozessordnung sodann sah gemäss ihrem Wortlaut zwar keinen solchen Rechtsschutz in klaren Fällen vor, doch war ein entsprechendes Verfahren durch Richterrecht in der Praxis geschaffen worden (vgl. LEUPOLD, 66 und FN 4 und MEIER, Alternative, 49). In den übrigen kantonalen Zivilprozessordnungen wie auch in der Bundeszivilprozessordnung waren keine spezifischen Summarverfahren zum Rechtsschutz in klaren Fällen vorgesehen (vgl. auch die Übersicht bei VOGEL/SPÜHLER, 12. Kap. N 174). Soweit in kantonalen Prozessordnungen vorgesehen, war der Rechtsschutz in klaren Fällen meist ein Teil des sog. Befehlsverfahrens und eine Art des summarischen Verfahrens. 6

Die Botschaft bezeichnet den Rechtsschutz in klaren Fällen gem. Art. 257 denn auch als den bundesrechtlichen Nachfolger der entsprechenden kantonalen Institute des sog. Befehlsverfahrens, welche als effizient bezeichnet werden (vgl. BOTSCHAFT ZPO, 7351). In den Kantonen, wo der Rechtsschutz in klaren Fällen bereits vorgesehen war, soll er offenbar in rund 10% der Zivilrechtsstreitigkeiten zur Anwendung gelangt sein und von diesen Streitigkeiten sollen mehr als 65% auf irgend eine Weise ohne ordentliches Verfahren erledigt worden sein (vgl. MEIER, Alternative, 222). Art. 257 hat gegenüber dem Entwurf gemäss Botschaft (dort Art. 253) keine Änderungen erfahren, wohl aber gegenüber dem Vorentwurf (Art. 266 und 267 E-ZPO). 7

III. Voraussetzungen

Der Rechtsschutz in klaren Fällen gem. Art. 257 sieht folgende Voraussetzungen vor: 8

– Der **Sachverhalt** muss **liquid**, d.h. die anspruchsbegründenden Tatsachen müssen **unbestritten oder sofort beweisbar** sein (Art. 257 Abs. 1 lit. a); und – kumulativ –

– die **Rechtslage** muss **klar** sein (Art. 257 Abs. 1 lit. b).

Die Gegenpartei ist gem. Art. 253 stets anzuhören (ausser das Gesuch erscheine als offensichtlich unzulässig oder offensichtlich unbegründet). Die Liquidität des Sachverhalts und die Klarheit der Rechtslage müssen somit **den Vorbringen der Gegenpartei standhalten**. Es ist dabei erkannt, dass diese Voraussetzung in den beiden oben angeführten Voraussetzungen logisch bereits mit enthalten ist. Das Aufstellen der eben genannten weiteren Voraussetzung wird aber damit gerechtfertigt, dass damit klargestellt werde, dass im Rechtsschutz in klaren Fällen nicht auf einseitiges Vorbringen hin verfügt werden könne, auch wenn die Sach- und Rechtslage scheinbar noch so klar wären (vgl. SCHMID, 112; LEUPOLD, 68 m.H. auf HOHL). Ob die Voraussetzungen des liquiden Sachverhalts und des klaren Rechts gegeben sind, wird sich zumeist erst im Laufe des konkreten Verfahrens herausstellen. Beide Voraussetzungen sind in diesem Sinne keine besonderen Prozessvoraussetzungen. Vielmehr ist die Prüfung der behaupteten Ansprüche in tatsächlicher und rechtlicher Hinsicht eingeschränkt. Sind die Voraussetzungen nicht erfüllt, so ergeht ein Nichteintretensentscheid. In diesem Sinne sind der liquide Sachverhalt und das klare Recht Voraussetzung eines Sachurteils bzw. **Sachbeurteilungsvoraussetzung** (vgl. BERTI, 344). 9

10 Ein **unbestrittener Sachverhalt** liegt vor, wenn die beklagte Partei die Behauptungen der klagenden Partei gar nicht bzw. nicht genügend substantiiert bestreitet. Schwieriger zu bestimmen ist das Erfordernis des **sofort beweisbaren Sachverhalts**. Hierzu findet sich in der Botschaft wie in der Literatur die Auffassung, die Einwände der beklagten Partei müssten glaubhaft vorgebracht werden, währenddem haltlose Behauptungen nicht genügten, wobei oft eine Analogie zu Art. 82 Abs. 2 SchKG gezogen wird (vgl. BOTSCHAFT ZPO, 7352; RICKLI/GASSER, Art. 257 N 7; STAEHELIN/STAEHELIN/GROLIMUND, § 21 Rz 54). Gegen diese Auffassung wird eingewendet, es genüge, wenn die beklagte Partei ihre Einwendungen (wenn auch immerhin substantiiert) behauptet, denn eine Gutheissung des Gesuchs setze voraus, dass die klagende Partei die strittigen rechtsrelevanten Tatsachen – mit den zulässigen, eingeschränkten Beweismitteln – voll beweisen kann (vgl. MEIER, Zivilprozessrecht, 375). Die zweitgenannte Auffassung erscheint als überzeugend, die erstere hingegen als unzutreffend bzw. verkürzend. Es steht fest, dass die klagende Partei die (bestrittenen) anspruchsbegründenden Tatsachen voll zu beweisen hat, wenn auch mit eingeschränkten Beweismitteln (vgl. zu Beweismass und Beweismitteln unten). Dies ist somit der relevante Massstab, nicht hingegen, ob die beklagte Partei ihre Einwendungen glaubhaft gemacht hat oder nicht. Art. 82 Abs. 2 SchKG schreibt demgegenüber das Glaubhaftmachen etwaiger Einwendungen ausdrücklich vor (und es bleibt dem Schuldner im Falle der Gewährung der provisorischen Rechtsöffnung die Aberkennungsklage). Das Aufstellen des Erfordernisses des Glaubhaftmachens der Einwendungen im Verfahren des Rechtsschutzes in klaren Fällen hat hingegen keine gesetzliche Grundlage. Man mag sich im Übrigen allerdings fragen, wieso der Gesetzgeber von sofort *beweisbar* spricht, anstatt (klarer) vorzuschreiben, dass die Tatsachen für eine Gutheissung des Gesuchs sofort *bewiesen* werden müssen. Lässt man einfaches Behaupten von Einwendungen genügen, so schränkt sich das praktische Anwendungsfeld des Rechtsschutzes in klaren Fällen ein. Insbesondere die anwaltlich vertretene Partei dürfte in vielen Fällen in der Lage sein, die Klarheit des Sachverhalts zu beseitigen. Die beklagte Partei hat es insofern in der Hand, den Rechsschutz in klaren Fällen durch Einwendungen und Einreden, namentlich solche, die zeitraubender Abklärungen bedürfen, zu verunmöglichen. Behauptet nämlich die beklagte Partei Einreden oder Einwendungen, und können diese bzw. deren tatsächliche Voraussetzungen nicht mit den eingeschränkten Beweismitteln nicht entkräftet werden, fehlt es am liquiden Sachverhalt. Immerhin vermögen unsubstantiierte bzw. offenkundig haltlose Schutz-Behauptungen der beklagten Partei den Rechtsschutz nicht aufzuhalten.

11 Gemäss Botschaft ist die **Rechtslage** nur **klar**, wenn sich die Rechtsfolge im Rahmen bewährter Lehre und Rechtsprechung ohne weiteres ergibt (vgl. BOTSCHAFT ZPO, 7352). In den Worten des Bundesgerichts (zu § 222 Ziff. 2 ZPO/ZH): «*Klares Recht setzt voraus, dass über die Bedeutung einer Rechtsvorschrift kein begründeter Zweifel bestehen kann [...]. Wohl ist klares Recht nicht auf Fälle beschränkt, wo bereits der Gesetzeswortlaut die genaue Bedeutung einer Vorschrift ergibt. Zumindest muss aber eine Auslegung nach bewährter Lehre und Überlieferung zu einem eindeutigen Ergebnis führen.*» (vgl. BGE 118 II 304, m.H. auf STRÄULI/MESSMER, GULDENER u.a.). Auch die Lehre verlangt i.d.R. für das Vorliegen klaren Rechts, dass sich die beantragte Rechtsfolge aus dem Wortlaut des Gesetzes oder aus gefestigter Ansicht in Lehre und/oder Praxis ergibt (vgl. LEUPOLD, 68). Demgegenüber liegt jeweils dort, wo richterliches Ermessen mit Bezug auf den Tatbestand oder die Rechtsfolge eine wesentliche Rolle spielt, kein klares Recht vor. Tatbestandselemente wie «Treu und Glauben», «wichtige Gründe» oder «die guten Sitten» stehen i.d.R. dem Rechtsschutz in klaren Fällen entgegen (vgl. MEIER, Alternative, 88 ff.; LEUPOLD, 68; für Anwendungsfälle zum klaren Recht nach § 222 Ziff. 2 ZPO/ZH vgl. auch SCHMID, 118 ff.). Das Erfordernis des klaren Sachverhalts folgt daraus, dass der Sachverhalt im gewollten schnellen Verfahren nicht näher bzw. zeitraubend abgeklärt werden kann. Warum aber das Erfordernis des klaren Rechts aufgestellt bzw. dieses Erfordernis in die ZPO übernommen wurde, ist nicht ohne weiteres nachvollziehbar. Die Voraussetzung des klaren Rechts für den raschen Rechtsschutz wird denn auch mit guten Gründen kritisiert (vgl. namentlich SCHMID, 113 ff., 124 und LIEBER, 214 ff.

Ausgeschlossen ist der Rechtsschutz in klaren Fällen für jene Streitgegenstände, über die die Parteien nicht frei verfügen können (Art. 257 Abs. 2), also z.B. in Kinderbelangen nach Art. 295 ff., Art. 296 Abs. 3. 12

IV. Beweismittel und Beweismass

Die im Verfahren des Rechtsschutzes in klaren Fällen zulässigen **Beweismittel** sind gem. Art. 254 **beschränkt**. Beweis ist demnach primär durch **Urkunden** zu erbringen (Art. 254 Abs. 1). Andere Beweismittel sind gem. Art. 254 Abs. 2 nur zulässig, wenn sie das Verfahren nicht wesentlich verzögern (lit. a), es der Verfahrenszweck erfordert (lit. b) oder das Gericht den Sachverhalt von Amtes wegen festzustellen hat (lit. c). Gemäss Botschaft sollen Zeugen, Expertisen sowie auch Parteibefragungen grundsätzlich ausser Betracht fallen, und es soll sich das Gericht auch bei Durchführung einer mündlichen Verhandlung auf Urkunden beschränken, da die Sache im Zweifel im ordentlichen Prozess auszutragen ist (vgl. BOTSCHAFT ZPO, 7352). Massstab der Beschränkung der Beweismittel ist aber Art. 254, die Botschaft ist zu einschränkend gefasst. Wenn das Verfahren nicht wesentlich verzögert wird, sind somit durchaus auch andere Beweismittel als Urkunden zulässig. So sind z.B. Aussagen von Zeugen (Zeugnis), die direkt zur (i.d.R. angezeigten) Verhandlung mitgebracht werden (vgl. Art. 170 Abs. 2) möglich. 13

Trotz dieser Beweismittelbeschränkung führt das Verfahren bei Gutheissung des Gesuchs zu einem definitiven, materiell rechtskräftigen Entscheid (vgl. N 24). Dies im Widerspruch zur früheren Auffassung, wonach in Verfahren, die zu Urteilen mit voller materieller Rechtskraft führen, alle Beweismittel abgenommen werden müssen (vgl. LEUPOLD, 70 f. m.H. auf VOGEL/SPÜHLER, 12. Kap. N 164a und das Bundesgericht, welches festgehalten hatte, mit bloss glaubhaft gemachten Tatsachen und eingeschränkten Beweismitteln dürfe sich der Richter nur bei Urteilen begnügen, welche die materielle Rechtskraft nicht endgültig festlegen, vgl. BGE 117 II 554, 559; 118 II 302, 305). 14

Eine blosse Glaubhaftmachung der anspruchsbegründenen Tatsachen genügt nicht, vielmehr ist der **volle Beweis** zu erbringen. Dies folgt aus der Rechtskraftwirkung eines Entscheids auf Gewährung des Rechtsschutzes. Darin besteht kein Widerspruch zur Beschränkung der Beweismittel. Kann der volle Beweis mit den zur Verfügung stehenden, eben eingeschränkten Beweismitteln nicht erbracht werden, ist der Rechtsschutz nicht zu gewähren, und ein Nichteintretensentscheid zu fällen. 15

V. Ansprüche

Das Verfahren des Rechtsschutzes in klaren Fällen gem. Art. 257 steht *grundsätzlich* für sämtliche Anspruchsarten zur Verfügung. Dies im Unterschied zu den bisherigen Regelungen des Rechtsschutzes in klaren Fällen gemäss kantonalen Zivilprozessordnungen, die Klagen auf Geldleistung sowie Feststellungs- und Gestaltungsklagen regelmässig ausgenommen haben (vgl. MEIER, Alternative, 61 ff.; SCHMID, 110; MEIER, Zivilprozessrecht, 372 f.). Mithin können nicht nur Realansprüche, sondern auch Ansprüche auf 16

Geld- und Sicherheitsleistung geltend gemacht werden, und neben Ansprüchen auf Leistung auch solche auf Gestaltung und Feststellung eines Rechts oder Rechtsverhältnisses. Der Rechtsschutz in klaren Fällen steht im Grundsatz für alle Ansprüche, über welche die Parteien frei verfügen dürfen, zur Verfügung (Art. 257 Abs. 2).

17 Insbesondere steht das Verfahren **auch für Geldforderungen** offen, denn es soll auch einem Geldgläubiger in liquiden Fällen möglich sein, rasch zur Beseitigung des Rechtsvorschlags bzw. zu einem definitiven Rechtsöffnungstitel zu kommen (vgl. N 29 f.). Die Botschaft bezeichnet den Rechtsschutz in klaren Fällen von seiner Funktion her ausdrücklich als ein Instrument des Gläubigerschutzes (vgl. BOTSCHAFT ZPO, 7352).

18 Praktisch wird der Rechtsschutz in klaren Fällen z.B. bei der Herausgabe beweglicher Sachen (z.B. Leasinggegenstände, Arbeitsgeräte nach Auflösung eines Arbeitsverhältnisses). Mögliche Anwendungsfälle können auch Akteneditions- oder Einsichtsbegehren sein. Weiter steht das Verfahren zur Verfügung zur Erlangung des Besitzschutzes gegen Entzug (Art. 927 ZGB) oder gegen Störung des Besitzes durch verbotene Eigenmacht (Art. 928 ZGB). Im Miet- und Pachtrecht von Immobilien steht das Verfahrung zur Verfügung zur Ausweisung von Mietern und Pächtern nach ausserordentlicher Kündigung, bei welcher eine Erstreckung ausgeschlossen ist (vgl. Art. 272a OR), d.h. bei Zahlungsverzug (Art. 257d OR), Konkurs (Art. 266h OR), bei schwerer Verletzung der Pflicht des Mieters zu Sorgfalt und Rücksichtnahme (Art. 257f Abs. 3 und 4 OR) und bei Zwischennutzungen (Art. 272a Abs. 1 lit. d OR; vgl. BOTSCHAFT ZPO, 7352; STAEHELIN/STAEHELIN/GROLIMUND, § 21 N 56; MEIER, Zivilprozessrecht, 357 f.). Für praktische Anwendungsfälle unter § 222 Ziff. 2 ZPO/ZH vgl. FRANK/STRÄULI/MESSMER, Art. 222 N 13 ff.

VI. Verfahren

1. Art des Verfahrens

19 Der Rechtsschutz in klaren Fällen gem. Art. 257 definiert sich als ein summarisches **Erkenntnisverfahren** (vgl. Art. 248 lit. b) und unterliegt grundsätzlich den allgemeinen Regeln für summarische Verfahren gem. Art. 252–256. Auch wenn einem Entscheid auf Gutheissung des Gesuchs um Gewährung des Rechtsschutzes in klaren Fällen volle materielle Rechtskraft zukommt, so qualifiziert sich das Verfahren doch als ein sog. **echtes bzw. typisches Summarverfahren**, da die für Summarverfahren typische Beweismittelbeschränkung gilt (vgl. LEUPOLD, 69 m.H.).

20 Das Einreichen eines Begehrens um Rechtsschutz in klaren Fällen bewirkt **Rechtshängigkeit**, auch gegenüber einem ordentlichen Verfahren. Nicht ausgeschlossen ist hingegen ein Gesuch um vorsorgliche Massnahmen, welche jederzeit zusätzlich verlangt werden können.

2. Ablauf des Verfahrens

21 Das Verfahren bestimmt sich nach Art. 252 ff. Es wird mithin durch ein schriftliches oder mündlich beim Gericht zu Protokoll gegebenes Gesuch eingeleitet (Art. 252). Ein Schlichtungsverfahren entfällt (Art. 198 lit. a). Erscheint das Gesuch nicht als offensichtlich unzulässig oder offensichtlich unbegründet, so gibt das Gericht der Gegenpartei Gelegenheit, mündlich oder schriftlich Stellung zu nehmen (Art. 253). Das Gericht kann auf die Durchführung einer Verhandlung verzichten und auf Grund der Akten entscheiden (Art. 256 Abs. 1).

Diese allgemeinen Verfahrensvorschriften sind mit Blick auf die mit dem Rechtsschutz in klaren Fällen ggf. verbundene materielle Rechtskraftwirkung auszulegen. Zur Sicherstellung der Gewährung des rechtlichen Gehörs dürfte es in aller Regel angezeigt sein, eine **mündliche Verhandlung** durchzuführen. Anlässlich einer solchen Verhandlung kann die klagende Partei insb. auch ihre Vorbringen mit Blick auf die Stellungnahme der Gegenpartei ergänzen oder präzisieren (vgl. LEUPOLD, 72 m.H. auf MEIER, Alternative).

Ausgeschlossen ist jedenfalls ein Entscheid auf bloss einseitiges Vorbringen der klagenden Partei hin. Es sind zwingend stets beide Parteien anzuhören (ausser das Gesuch erscheine als offensichtlich unzulässig oder offensichtlich unbegründet, Art. 253). Auch wenn das Verfahren auf Gewährung raschen Rechtsschutzes ausgerichtet ist, so ist keine Dringlichkeit gegeben, die den Anspruch auf rechtliches Gehör ausschliessen würde. Läge eine solche Dringlichkeit vor, so wäre es an der klagenden Partei, an Stelle des Gesuchs um Gewährung des Rechtsschutzes in klaren Fällen um vorsorglichen Rechtsschutz zu ersuchen.

3. Ausgang des Verfahrens und Rechtskraftwirkung

Wird das Gesuch um Gewährung des Rechtsschutzes in klaren Fällen **gutgeheissen**, so kommt diesem Entscheid **volle materielle Rechtskraft** zu. Der für gut befundene Anspruch ist somit nicht etwa nur vorläufig vollstreckbar. Es ergeht mithin ein Sachentscheid, welcher den geltend gemachten Anspruch materiell bejaht und eine *res iudicata* schafft. Es besteht somit – im Unterschied zur provisorischen Rechtsöffnung – keine Möglichkeit der unterlegenen beklagten Partei, die Sache in ein ordentliches Verfahren weiterzuziehen; sie kann nur ein Rechtsmittel gegen den Entscheid ergreifen. Die Regelung bricht somit mit dem früheren Dogma, dass einem Summarentscheid keine volle Rechtskraftwirkung zukommen könne (vgl. BOTSCHAFT ZPO, 7352; N 14).

Richtet sich der gutheissende Entscheid auf eine Geldleistung, so berechtigt er zur definitiven Rechtsöffnung i.S.v. Art. 80 SchKG bzw. kann mit einem gutheissenden Entscheid der Rechtsvorschlag im Sinne einer Anerkennungsklage gem. Art. 79 SchKG beseitigt werden. Richtet sich der Entscheid auf eine Nicht-Geldleistung, bestimmt sich die Vollstreckung nach Art. 335 ff. Eine Gutheissung eines Anspruchs im raschen Rechtsschutz bringt allerdings wenig ohne rasche Vollstreckungsmassnahmen. Dennoch sieht Art. 257 (im Unterschied zu Art. 267 betr. vorsorgliche Massnahmen) nicht vor, dass das Gericht die erforderlichen **Vollstreckungsmassnahmen** von Amtes wegen trifft. Gemäss Art. 236 Abs. 3 (welcher aufgrund des allgemeinen Verweises von Art. 219 anwendbar ist) kann das Gericht **auf Antrag** der obsiegenden Partei Vollstreckungsmassnahmen anordnen (vgl. auch Art. 337).

Fehlt es hingegen an den Voraussetzungen für den Rechtsschutz in klaren Fällen, d.h. ist der Sachverhalt nicht liquid und/oder die Rechtslage nicht klar (was sich, wie oben erwähnt, im Laufe des Verfahrens herausstellt), kann also das Gericht das Gesuch **nicht gutheissen**, so **tritt** es **nicht** darauf **ein** und fällt dabei einen blossen Prozessentscheid. Es kommt mithin nicht etwa zu einer materiellen Verneinung des geltend gemachten Anspruchs. Eine Abweisung eines Gesuchs auf Rechtsschutz in klaren Fällen mit materieller Rechtskraftwirkung wäre eine unbillige Konsequenz (vgl. BOTSCHAFT ZPO, 7352) für die klagende Partei. Ein Nichteintretensentscheid steht einem späteren Prozess im ordentlichen (bzw. ggf. vereinfachten) Verfahren nicht im Wege. Ebenso ist es der klagenden Partei unbenommen, ggf. ein neues Gesuch um Rechtsschutz in klaren Fällen (z.B. mit anderen, besseren Beweismitteln) einzureichen. Betreffend Rechtsöffnung vgl. N 29 f. Eine automatische Überweisung in ein anderes Verfahren erfolgt nicht.

27 Erweist sich der Sachverhalt als liquide und die Rechtslage als klar, aber entgegen dem Bestreben der klagenden Partei in dem Sinne, dass der Anspruch vom Gericht zu verneinen wäre, so ergeht dennoch ein blosser prozessualer Nichteintretensentscheid. Damit kommt es **nicht zu einer vorschnellen definitiven Vernichtung** des geltend gemachten Anspruchs, vielmehr bleibt der klagenden Partei der Weg des ordentlichen bzw. vereinfachten Verfahrens weiterhin offen. Insofern spielt es für den Ausgang des Verfahrens keine Rolle, ob der Rechtsschutz deshalb nicht gewährt werden kann, weil die Voraussetzungen des liquiden Sachverhalts und der klaren Rechtslage nicht gegeben sind oder ob die Anspruchsgrundlagen bei liquidem Sachverhalt und klarer Rechtslage offensichtlich nicht bestehen. Eine materielle Abweisung des Gesuchs kommt nicht in Frage, selbst dann nicht, wenn die beklagte Partei den vollen und liquiden Gegenbeweis erbrächte, dass der behauptete Anspruch nicht besteht, also z.B. eine Quittung als Beleg der Zahlung der behaupteten Forderung vorlegt (**a.M.** GASSER/RICKLI, Art. 257 N 8). Dies ergibt sich aus dem Wortlaut von Art. 257 Abs. 3 (im französischen Text klarer als im deutschen) und folgt auch aus einem Vergleich mit Art. 267 Abs. 3 VE-ZPO, unter dessen Wortlaut eine materielle Abweisung volle Rechtskraftwirkung gehabt hätte; vgl. auch Bericht VE-ZPO, 128).

28 Wird der Rechtsschutz in klaren Fällen nicht gewährt, und macht die klagende Partei ihren Anspruch im ordentlichen Verfahren innert einem Monat geltend, so bleibt die **Rechtshängigkeit** gewahrt (Art. 63 Abs. 2, Rückbezug der Rechtshängigkeit; vgl. BOTSCHAFT ZPO, 7352).

VII. Verhältnis zum Rechtsöffnungsverfahren nach SchKG

29 Wie oben erwähnt, steht das Verfahren des Rechsschutzes in klaren Fällen auch zur Durchsetzung von Geldforderungen zur Verfügung. Verfügt die klagende Partei über eine Schuldanerkennung i.S.v. Art. 82 Abs. 1 SchKG, so hat sie die Wahl, den Rechtsschutz in klaren Fällen oder provisorische Rechtsöffnung zu verlangen. Dringt die klagende Partei im Rechtsschutz in klaren Fällen nicht durch, so kann sie immer noch provisorische Rechtsöffnung verlangen. Wurde provisorische Rechtsöffnung nicht gewährt, so kann die klagende Partei nach wie vor um Rechtsschutz in klaren Fällen ersuchen. Die Sinnhaftigkeit einzelner solcher Kombinationen sei hier dahingestellt; es ist Sache der klagenden Partei, die jeweiligen Chancen und Risiken der einzelnen Verfahrensarten abzuschätzen.

30 In der Vernehmlassung waren dabei noch teilweise Bedenken hinsichtlich der Abgrenzung zum Rechtsöffnungsverfahren nach SchKG vorgebracht worden. Dem lässt sich zwar entgegen halten, dass das Rechtsöffnungsverfahren rein betreibungsrechtlicher Natur ist und seine Wirkungen sich ausschliesslich auf die hängige Betreibung erstrecken. Insbesondere sagt ein Rechtsöffnungsentscheid über den materiellen Bestand der Betreibungsforderung nichts aus. Eine provisorische Rechtsöffnung setzt voraus, dass ein provisorischer Rechtsöffnungstitel i.S.v. Art. 82 Abs. 1 SchKG, also eine öffentlich beurkundete oder unterschriftlich bekräftigte Schuldanerkennung vorliegt, und dass dieser Titel nicht durch sofort glaubhaft gemachte Einwendungen widerlegt wird (Art. 82 Abs. 2 SchKG). Des Weiteren führt das provisorische Rechtsöffnungsverfahren lediglich zu einer provisorischen Entscheidung, die die Fortsetzung der Betreibung erst erlaubt, wenn der Schuldner nicht innert 20 Tagen die Aberkennungsklage erhebt. Es bestehen daher keine Abgrenzungsprobleme, weder gegenüber dem Rechtsöffnungsverfahren noch gegenüber einem ordentlichen Verfahren. Damit ist aber zur Sinnhaftigkeit eines Vorgehens nach Art. 257 zur Durchsetzung einer Geldforderung noch nichts gesagt. Es ist Sache des Gläubigers, einzuschätzen, auf welchem Weg er voraussichtlich

am schnellsten zu seinem Recht kommt, ob er also zunächst eine Betreibung mit provisorischer Rechtsöffnung durchlaufen will, das Verfahren nach Art. 257 wählt oder gleich ein ordentliches Verfahren einleitet.

4. Kapitel: Gerichtliches Verbot

Art. 258

Grundsatz

[1] Wer an einem Grundstück dinglich berechtigt ist, kann beim Gericht beantragen, dass jede Besitzesstörung zu unterlassen ist und eine Widerhandlung auf Antrag mit einer Busse bis zu 2000 Franken bestraft wird. Das Verbot kann befristet oder unbefristet sein.

[2] Die gesuchstellende Person hat ihr dingliches Recht mit Urkunden zu beweisen und eine bestehende oder drohende Störung glaubhaft zu machen.

Principe

[1] Le titulaire d'un droit réel sur un immeuble peut exiger du tribunal qu'il interdise tout trouble de la possession et que, en cas de récidive, l'auteur soit, sur dénonciation, puni d'une amende de 2000 francs au plus. L'interdiction peut être temporaire ou de durée indéterminée.

[2] Le requérant doit apporter la preuve par titres de son droit réel et rendre vraisemblable l'existence ou l'imminence d'un trouble.

Principio

[1] Il titolare di un diritto reale su un fondo può chiedere al giudice di vietare ogni turbativa del possesso e, su querela, di infliggere ai contravventori una multa fino a 2000 franchi. Il divieto può essere emanato a tempo determinato o indeterminato.

[2] Il richiedente deve documentare il suo diritto reale e rendere verosimile la turbativa in atto o imminente.

Inhaltsübersicht   Note

I. Begriff und Normzweck 1
II. Gegenstand und Ausgestaltung des Verbots 3
   1. Allgemeinheit des Verbots 3
   2. Möglicher Inhalt des Verbots 4
   3. Dauer des Verbots: befristet oder unbefristet 7
III. Verfahren zur Erlangung des Verbots 8
   1. Freiwillige Gerichtsbarkeit 8
   2. Gerichtsstand, Verfahrensart und Untersuchungsgrundsatz 10
   3. Zur Gesuchstellung legitimiert: «dinglich Berechtigte» 13
   4. Dingliche Berechtigung «mit Urkunden zu beweisen» 18
   5. Glaubhaftmachung einer bestehenden oder drohenden Störung 20
IV. Vorzusehende Sanktion 21
V. Widerhandlung gegen das Verbot als Antragsdelikt 24

Literatur

I. MEIER/D. MÜRNER, Stolpersteine in der neuen schweizerischen Zivilprozessordnung, in: SJZ 99 (2003), 602.

I. Begriff und Normzweck

1 Das gerichtliche Verbot stellt eine besondere Form des strafrechtlichen Schutzes von Grundeigentum dar, der zum zivilrechtlichen Besitzesschutz nach Art. 928 ff. ZGB hinzutritt (sog. «strafrechtlicher Besitzesschutz»; vgl. BK-STARK, 1984, Vor Art. 926–929 ZGB N 115; MEIER, Rechtsschutz, 120). Die ursprüngliche Bezeichnung «Besitzesschutz unter Strafandrohung» in Art. 271 VE-ZPO wurde, gestützt auf die Anregung im Rahmen der Vernehmlassung, in «**Gerichtliches Verbot**» umbenannt, um so eine Verwechslung mit dem zivilrechtlichen Besitzesschutz zu vermeiden (Zusammenstellung der Vernehmlassungen, 679). Das gerichtliche Verbot ist ein Fremdkörper im Zivilprozessrecht. Es handelt sich um eine antizipierte allgemeine Vollstreckungsandrohung für den Fall der Erfüllung eines bestimmten Tatbestandes und gleicht daher eher einer verwaltungsrechtlichen Anordnung (BGE 94 II 352, zit. in: STAEHELIN/STAEHELIN/GROLIMUND, § 21 N 59).

2 Der Rechtsschutz bei Störungen allgemeiner Verbote zum Zwecke des Besitzesschutzes an Grundeigentum richtet sich grundsätzlich an einen **unbestimmten Adressatenkreis** und ist im **Einparteienverfahren** i.d.R. **ohne Anhörung möglicher Betroffener** geltend zu machen («freiwillige Gerichtsbarkeit», vgl. N 7). Eine konkrete Besitzesstörung durch bestimmte Personen (z.B. nachbarliche Immissionen) ist gemäss Botschaft hiervon nicht erfasst und ist in einem streitigen Verfahren zu klären, bei klaren Verhältnissen über den Rechtsschutz nach Art. 253 (BOTSCHAFT ZPO, 7352). Ursprünglich sah der Vorentwurf vor, dass sich das Verbot auch gegen bestimmte Personen richten könne. Nachdem dies in der Vernehmlassung und Lehre kritisiert worden war, wurde das Verbot auf die Allgemeinheit beschränkt (vgl. Zusammenstellung der Vernehmlassungen, 679, sowie MEIER/MÜRNER, 602, die auf die unerwünschte Pönalisierung des Zusammenlebens unter Nachbarn hinweisen).

II. Gegenstand und Ausgestaltung des Verbots

1. Allgemeinheit des Verbots

3 Der unbestimmte Adressatenkreis ist nicht gleichbedeutend mit «jedermann». Ausnahmen sind möglich. So kann z.B. ein allgemeines Verbot die Bewohner einer bestimmten Liegenschaft oder Mieter privater Parkplätze von einem Verbot ausnehmen (STRÄULI/MESSMER/FRANK, § 115 ZPO/ZH N 1 m.H. auf ZR 76 Nr. 67) oder aber sich auf eine bestimmte Personengruppe beschränken (z.B. das Fussballspielen für Schüler des Schulhauses X).

2. Möglicher Inhalt des Verbots

4 Das Verbot kann jede denkbare Störung untersagen, z.B. «Betreten verboten», «Rauchen verboten», «Parkverbot», «Fussballspielen verboten» (**bestimmte** Besitzstörungen). Die Störung darf auch abstrakt formuliert sein, z.B. «jede Störung verboten» (BOTSCHAFT ZPO, 7353), was aber zu Auslegungsschwierigkeiten führen kann (**unbestimmte** Besitzstörung).

Inhalt des Verbotes kann ausschliesslich der sog. strafrechtliche Besitzschutz sein (vgl. 5
N 1). Der Angriff auf andere Rechtsgüter als die tatsächlich bestehenden Herrschaftsverhältnisse über eine Sache kann damit **nicht** abgewehrt werden. Eigentliche Benutzerordnungen sind damit untersagt (vgl. hierzu die Beispiele in: ZR 98 [1999] E. II, 208).

Die genaue Diktion der Untersagungsverfügung wird durch den Richter auf Antrag des 6
Gesuchstellers festgelegt. Aus Gründen der Praktikabilität ist es unter Umständen ratsam, diese im gegenseitigen Einvernehmen festzulegen, da einerseits unmögliche, unsittliche, unvernünftige oder widerrechtliche Verfügungen zu unterlassen sind, andererseits ein Verfahren der freiwilligen Gerichtsbarkeit vorliegt, welches ausschliesslich auf Antrag des Gesuchstellers in Gang gesetzt wird, aber auch jederzeit wieder zurückgezogen werden kann.

3. Dauer des Verbots: befristet oder unbefristet

Das Verbot kann gem. Abs. 1 Satz 2 **befristet** oder **unbefristet** ausgesprochen werden. 7
So kann sich das Amtsverbot auf die Dauer eines bestimmten Anlasses (z.B. des WEF in Davos vom … bis …) beschränken. Eine Befristung kann ferner für eine bestimmte Zeitdauer (etwa «vom 1. Januar bis 20. Februar jeden Jahres») oder für bestimmte Tageszeiten (etwa «von 0600 Uhr bis 1200 Uhr») vorgesehen werden.

III. Verfahren zur Erlangung des Verbots

1. Freiwillige Gerichtsbarkeit

Das Gesuch an den Richter um Erlass des gerichtlichen Verbots ist ein Einparteienverfahren, 8
mithin der freiwilligen Gerichtsbarkeit zuzuordnen. Mögliche Betroffene – auch wenn der Adressatenkreis des Verbotes beschränkt ist – sind **nicht** zu hören, da es sich beim Verbot um den Schutz absoluter Rechte (namentlich dinglicher Rechte) handelt, die – im Gegensatz zu den relativen Rechten – grundsätzlich gegenüber jedermann gelten.

Im Bereich der sich im Privateigentum befindlichen, für Motorfahrzeuge oder Fahrräder 9
offenen Strassen, Wege und Parkplätze («öffentliche Strasse» nach Art. 1 Abs. 1 SVG) dürfen gemäss Art. 5 Abs. 3 SVG nur die vom Bundesrat vorgesehenen Signale und Markierungen verwendet und nur von den zuständigen Behörden oder mit deren Ermächtigung angebracht werden (vgl. hierzu Art. 113 Abs. 3 sowie Art. 104 Abs. 5 lit. b der Signalisationsverordnung vom 5.9.1979 [SSV; SR 741.21]). Der Verbotsrichter hat somit bei einer öffentlichen Strasse das Signal (und deren Örtlichkeit) in Abstimmung mit der Behörde, die nach kantonalem Recht für die Anordnung, Anbringung und Entfernung von Signalen und Markierungen zuständig ist, abzustimmen. Weisungen der genannten Behörde sind einzuhalten (vgl. hierzu ZR 72, Nr. 2).

2. Gerichtsstand, Verfahrensart und Untersuchungsgrundsatz

Gemäss Art. 29 Abs. 4 ist für Angelegenheiten der freiwilligen Gerichtsbarkeit, die sich 10
auf Rechte an Grundstücken beziehen, das **Gericht an dem Ort zwingend zuständig, an dem das Grundstück im Grundbuch aufgenommen ist oder aufzunehmen wäre** (vgl. hierzu Art. 29 N 27 f.).

Das Verfahren um Erlass eines gerichtlichen Verbots nach Art. 258 ist gem. Art. 248 lit. c 11
summarisch zu führen (vgl. zum Summarverfahren die Komm. zu Art. 252–256).

Gem. Art. 255 lit. b stellt das Gericht bei Anordnungen der freiwilligen Gerichtsbar- 12
keit den Sachverhalt von Amtes wegen fest (Untersuchungsgrundsatz; vgl. Komm. zu Art. 255). Der **Untersuchungsgrundsatz** wird durch Art. 258 Abs. 2 insofern **einge-**

schränkt, als es der gesuchstellenden Partei obliegt, das dingliche Recht «mit Urkunden» zu beweisen und eine bestehende oder drohende Störung glaubhaft zu machen.

3. Zur Gesuchstellung legitimiert: «dinglich Berechtigte»

13 Das Gesuch um Aussprechung eines Verbots kann beantragen, «wer an einem Grundstück dinglich berechtigt» ist (auch «Verbotsnehmer» genannt), womit obligatorisch Berechtigte (wie z.B. der Mieter oder Pächter) ausgeschlossen sind. Somit ist vorab der **Grundeigentümer** zur Gesuchstellung legitimiert. Keine Legitimation hat der Grundpfandgläubiger (vgl. STAEHELIN/STAEHELIN/GROLIMUND, § 21 N 60).

14 Bei Gesamteigentum reicht es, wenn ein **Gesamteigentümer** den entsprechenden Antrag stellt (vgl. hierzu ZR 76 [1977], 171 m.H. darauf, dass bei Mitbesitz der Besitzesschutz gegen Dritte jedem einzelnen Gesamtbesitzer allein zusteht). Gleiches gilt für das **Miteigentum** (a.a.O.).

15 Bei Vorliegen einer Dienstbarkeit ist der **Dienstbarkeitsberechtigte** berechtigt, das entsprechende Verbot zu verlangen, mithin nicht der Dienstbarkeitsbelastete.

16 **Öffentlich-rechtliche Körperschaften** können für ihr Finanz- und Verwaltungsvermögen die Aussprechung von gerichtlichen Verboten nach Art. 258 beantragen (vgl. explizit für das Finanzvermögen BGE 39 I 43, zit. in: PKG 1977 Nr. 3, E. 1, m.w.H.). Im Bereich **öffentlicher Sachen im Gemeingebrauch** kann die öffentlich-rechtliche Körperschaft den Gemeingebrauch indes **nicht** durch ein Verbot nach Art. 258 untersagen lassen. Will die genannte Körperschaft den Gemeingebrauch aufheben oder einschränken, muss sie auf öffentlich-rechtlichem Wege vorgehen. Soll der Gemeingebrauch an öffentlichen Strassen durch sog. «funktionelle Verkehrsanordnungen» i.S.v. Art. 3 Abs. 4 SVG (etwa Parkierungsvorschriften; vgl. SCHAFFHAUSER, Grundriss des Schweizerischen Strassenverkehrsrechts, Band I, 2. Aufl, Bern 2002, Rz 37 ff.) beschränkt werden, sind dabei die massgeblichen Vorschriften des Bundesrechts zu beachten (vgl. IMBODEN/RHINOW, Bd. II, Nr. 115 B. III. b; BGE 98 IV 260 u. 264). Das Gemeinwesen darf die öffentlichrechtlichen Vorschriften nicht umgehen, indem es beim Zivilrichter ein Verbot zu erwirken versucht (vgl. zum Ganzen SOG 1988, 39 ff.). Zu welcher Vermögenskategorie die im Eigentum der öffentlich-rechtlichen Körperschaft stehenden Grundstücke gehören, bestimmt sich ausschliesslich nach den einschlägigen Vorschriften des öffentlichen Rechts (vgl. Urteil des Bezirksgerichts Liestal vom 27.4.1972, in: VPB 43/I, 102) und ist vorfrageweise durch den Zivilrichter zu prüfen, indes nicht im Dispositiv der Verbotsanordnung festzuhalten (vgl. BGE 102 Ib 369, zit. in: SOG 1988, 42).

17 Gleiches (keine Anwendung von Art. 258 auf die öffentlich-rechtliche Körperschaft) gilt für **öffentlich-rechtliche Wegrechte auf Privatgrundstücken**. Diesbezügliche Beschränkungen sind auf dem Wege des öffentlichen Rechts zu erwirken. Wird die Widmung des entsprechenden öffentlich-rechtlichen Wegerechts «gestört» (wird z.B. auf einem öffentlich-rechtlichen Fusswegrecht auf privatem Grund immer wieder geritten oder gefahren), so kann (nur) der private Grundeigentümer entsprechende Verbote beantragen, zumal der Grundeigentümer auch in diesem Falle verbotene Eigenmacht nicht zu dulden hat (vgl. so EGV-SZ 1984, 101 ff.).

4. Dingliche Berechtigung «mit Urkunden zu beweisen»

18 Die dingliche Berechtigung ist durch das **Beweismittel der Urkunde** zu beweisen. Dies ist in aller Regel mittels Grundbuchauszügen zu tun. Ausnahmsweise – vorab dort, wo das eidgenössische Grundbuch nicht eingeführt worden ist – ist dies mit Auszügen aus Kauf- und Pfandprotokollen oder Lasten- und Servitutenregister zu bewerkstelligen.

«Mit Urkunden zu beweisen» lässt auf eine **Beweismittelbeschränkung** schliessen. Ist die Beweisführung mittels Urkunden aus objektiven Gründen indes nicht möglich – wenn z.B. das betreffende Grundbuchamt in einer Überschwemmung «untergegangen ist» –, muss der Beweis auch durch andere Beweismittel geführt werden können.

5. Glaubhaftmachung einer bestehenden oder drohenden Störung

Ferner hat die gesuchstellende Person glaubhaft zu machen, dass eine Besitzesstörung entweder bereits besteht oder droht (Abs. 2). Blosse Glaubhaftmachung hinsichtlich einer bestehenden oder drohenden Störung genügt deshalb, weil es sich bei solchen Massnahmen um eine Form des Besitzesschutzes handelt (FRANK/STRÄULI/MESSMER, § 225 ZPO/ZH N 2). An die Glaubhaftmachung sind **keine hohen Anforderungen** zu stellen. Eine Beweismittelbeschränkung – wie im Rahmen des Beweises der dinglichen Berechtigung – besteht nicht, so dass sämtliche Beweismittel (insb. der Zeugenbeweis) in den Schranken von Art. 254 Abs. 2 (insb. lit. c) für die Glaubhaftmachung zugelassen sind.

IV. Vorzusehende Sanktion

Das Verbot hat genau zu umschreiben, welche Tätigkeiten auf welchem Gebiet bzw. in welchen Räumen zu welchen Zeiten durch welche Personen zu unterlassen sind (zum möglichen Inhalt vgl. auch N 4 ff.). Für den Fall, dass dagegen verstossen wird, ist anzuordnen, welche Sanktion der Richter auf entsprechenden Antrag hin aussprechen darf. Das Gesetz sieht vor, dass der Richter bei Aussprechung der Verbotsnorm eine Strafe mit einer Busse von bis zu CHF 2000 vorsehen kann. Die ursprünglich vorgesehene Obergrenze von bis zu CHF 5000 wurde im Rahmen der Vernehmlassung als zu hoch kritisiert. Die früheren kantonalen Regelungen beinhalteten denn auch Busshöhen von wenigen Hundert Franken.

Möglich im Rahmen der Aussprechung der Sanktion ist eine «Staffelung» der Busse für den «erstmaligen Fall» und für den «Wiederholungsfall». So kann bspw. «eine Busse bis zu CHF 500, im Wiederholungsfalle bis zu CHF 2000» ausgesprochen werden. Die Busse ist stets mit «bis zu» auszusprechen, zumal dem Strafrichter ein Strafrahmen zur Verfügung stehen muss, worin er aufgrund der Würdigung aller Umstände (insb. des Verschuldens) das konkrete Strafmass bestimmen können muss.

Die jeweiligen maximalen Busshöhen können durch den Gesuchsteller beantragt werden. Die Festlegung der maximalen Busshöhen (für den erstmaligen und allenfalls für den Wiederholungsfall) liegt im ausschliesslichen Ermessen des anordnenden Richters, welcher zu berücksichtigen hat, welche Höchstbusse einen abschreckenden Effekt zeitigen kann.

V. Widerhandlung gegen das Verbot als Antragsdelikt

Eine Bestrafung einer Person, welche gegen das Verbot verstossen hat, kann gemäss dem Gesetzeswortlaut ausschliesslich **auf Antrag** erfolgen. Die Diktion des Verbotes sollte vorteilhafterweise den Hinweis «auf Antrag» beinhalten. Antragsberechtigt ist vorab der **dinglich Berechtigte** sowie sein Einzel- oder Gesamtrechtsnachfolger. Bestehen bezüglich des bzw. der mit der Verbotsnorm belegten Raumes oder Fläche ein beschränktes dingliches Recht (z.B. ein Fusswegrecht), ist (ausschliesslich) der **Inhaber des beschränkten dinglichen Rechts** antragsberechtigt. Bestehen an der entsprechenden Fläche oder am entsprechenden Raum **obligatorische Nutzungsrechte** (wie z.B. Leihe,

Miete oder Pacht), muss (ausschliesslich) der Inhaber des obligatorischen Rechts (wie z.B. der Leihnehmer, Mieter oder Pächter) antragsberechtigt sein. Bei einer obligatorischen Berechtigung fallen somit einerseits die Legitimation zur Gesuchstellung für die Errichtung der Verbotsnorm sowie andererseits die Antragsberechtigung zur Bestrafung für den Fall der Widerhandlung hiergegen auseinander.

25 Altrechtliche, vorab auf kantonalen Zivilprozessrechten fussende Verbote waren mitunter als **Offizialdelikte** ausgestaltet (vgl. so ZR 87 [1988] 311 ff. E. 2b). Durch die Ablösung der kantonalen Rechte mit der eidgenössischen Zivilprozessordnung kann es nicht angehen, dass vor dem 1.1.2011 erlassene Verbote von Amtes wegen zu verfolgen wären, während nach dem Inkrafttreten der ZPO diese **nur auf entsprechenden Antrag** hin bestraft werden können. Aus diesem Grunde «wandeln» sich nach hier vertretener Auffassung **sämtliche Verbote**, welche gemäss altem kantonalen Recht als Offizialdelikte ausgestaltet waren, **am 1.1.2011 in Antragsdelikte um**. Vor dem 1.1.2011 ohne Antrag des Berechtigten eröffnete Strafverfahren bedürfen indes keiner separaten Antragstellung als objektive Strafbarkeitsvoraussetzung für die Bestrafung; die entsprechenden Fälle sind mithin zu Ende zu führen.

26 Das richterliche Verbot nach Art. 258 ergeht freilich stets unter **Erlaubnisvorbehalt**. Hat also jemand die Erlaubnis erhalten (u.U. stillschweigend, konkludent oder gar nachträglich), die verbotene Handlung zu verrichten (z.B. den Durchgang trotz Verbot zu benutzen), so gilt er nicht als Unberechtigter und kann nicht bestraft werden. Wegen Missachtung eines gerichtlichen Verbots wird niemand gegen den Willen des Berechtigten bestraft (vgl. dazu ZR 87 [1988] 311 ff., E. 2b).

27 Für die **Modalitäten der Antragstellung** (Verzicht, Antragsfrist etc.) sind – sofern diese auf das gerichtliche Verbot angewendet werden können – die Modalitäten nach **Art. 30 ff. StGB** anzuwenden.

Art. 259

Bekanntmachung	Das Verbot ist öffentlich bekannt zu machen und auf dem Grundstück an gut sichtbarer Stelle anzubringen.
Avis	La mise à ban est publiée et placée de manière bien visible sur l'immeuble.
Pubblicazione	Il divieto deve essere reso di pubblico dominio ed essere apposto sul fondo in un luogo ben visibile.

1 Das Verbot ist, da es auf ein einseitiges Gesuch hin erlassen wird, im gesamten Text öffentlich bekannt zu machen und auf dem Grundstück an gut sichtbarer Stelle anzubringen (sog. doppelte Publizität). Der Verbotsinhalt ist in klarer und unmissverständlicher Weise Dritten gegenüber wiederzugeben. Die gesetzeskonforme öffentliche Bekanntmachung und Anbringung der Hinweistafel/n an gut sichtbarer bzw. mehreren sichtbaren Stellen sind **objektive Strafbarkeitsvoraussetzungen**. Die Anbringung der Hinweistafel/n ist Sache des Gesuchstellers.

2 Das Erfordernis der öffentlichen Bekanntmachung wird durch **Publikation im kantonalen Amtsblatt** erfüllt. Eine blosse Publikation in einem Gemeinde-, Bezirks- oder Regionalamtsblatt dürfte nur dann ausreichend sein, wenn sich der allgemeine Adressatenkreis des Verbots auf das Territorium des entsprechenden Sprengels beschränkt (z.B. ein

Fussballspielverbot zu Lasten der Schülerschaft eines angrenzenden Schulhauses). Im Übrigen muss angesichts der heutigen Mobilität gefordert werden, dass die Veröffentlichung im kantonalen Amtsblatt erfolgt.

Das richterliche Verbot sowie die Sanktion für den Fall der Widerhandlung gegen das Verbot sind neben der Veröffentlichung und der Anbringung von örtlichen Hinweistafeln an gut sichtbarer Stelle **unzweideutig zu formulieren**, damit für den Fall der Widerhandlung die Erfüllung der objektiven und subjektiven Tatbestandselemente überprüft werden kann. Am 28.3./18.4.1991 hatte das Obergericht des Kantons Solothurn – in kritischer Neubeurteilung von BGE 94 I 205 – entschieden, dass Übertretungen eines Parkierverbotes auf privatem Grund nur bestraft werden können, wenn bekannt gemacht ist, **dass es sich** auch **um ein vom Richter erlassenes Verbot handelt**. Das blosse Aufstellen von symbolisierenden Zeichen, wie sie etwa für den Strassenverkehr in der Signalisationsverordnung vom 5.9.1979 (SSV; SR 741.21) vorgesehen sind, genügen nicht (vgl. SOG 1991, 59 ff.).

Art. 260

Einsprache

¹ Wer das Verbot nicht anerkennen will, hat innert 30 Tagen seit dessen Bekanntmachung und Anbringung auf dem Grundstück beim Gericht Einsprache zu erheben. Die Einsprache bedarf keiner Begründung.

² Die Einsprache macht das Verbot gegenüber der einsprechenden Person unwirksam. Zur Durchsetzung des Verbotes ist beim Gericht Klage einzureichen.

Opposition

¹ La mise à ban peut être contestée par le dépôt d'une opposition au tribunal dans les 30 jours à compter du jour où l'avis est publié et placé sur l'immeuble. L'opposition ne doit pas être motivée.

² L'opposition rend la mise à ban caduque envers la personne qui s'est opposée. Pour faire valider la mise à ban, le requérant doit intenter une action devant le tribunal.

Opposizione

¹ Contro il divieto può essere interposta opposizione al giudice entro 30 giorni dalla pubblicazione e dall'apposizione del divieto sul fondo. Non è necessario ch'essa sia motivata.

² L'opposizione rende inefficace il divieto nei confronti dell'opponente. La convalida del divieto nei confronti dell'opponente si propone mediante azione.

Inhaltsübersicht Note

I. Frist, Form, Legitimation, Inhalt der Einsprache und deren Folgen 1

II. Klageverfahren gegen den Einsprecher 6

I. Frist, Form, Legitimation, Inhalt der Einsprache und deren Folgen

Wer das Verbot nicht anerkennen will, hat innert 30 Tagen seit der öffentlichen Bekanntmachung und der Anbringung des Verbots beim Gericht, welches das Verbot erlassen hat, Einsprache zu führen. Wird keine Einsprache erhoben, erwächst das Verbot **nicht** in materielle Rechtskraft (vgl. PKG 1988 Nr. 24 E. 2a). Die Einsprachefrist von 30 Tagen hat somit nicht etwa die Bedeutung, dass nach unbenutztem Ablauf dieser Frist dem Amtsverbot entgegenstehende Rechte verwirkt wären (vgl. PKG 1974 Nr. 18). In einem allfälligen Strafverfahren darf der beschuldigte Störer die Rechtmässigkeit des Verbotes gleichwohl bestreiten, so dass sie vom Gericht vorfrageweise zu prüfen ist (vgl. GASSER/RICKLI, Art. 260 N 5).

2 Die Einsprachefrist beginnt nach dem Wortlaut von Art. 260 erst dann, wenn die öffentliche Bekanntmachung zum einen **und** das Verbot mit örtlichen Hinweistafeln angebracht worden ist, was mitunter einerseits zu Beweisschwierigkeiten und andererseits dazu führen kann, dass die **Frist gar nicht zu laufen begonnen hat**, wenn die Bekanntmachung bereits seit Monaten publiziert worden ist, indes die Hinweistafel/n – aus welchen Gründen auch immer – nicht angebracht worden sind. Jeder, der rechtsgültig eine Einsprache führen möchte, hat sich somit immer wieder nach Ablauf von je 29 Tagen nach Publikation zu vergewissern, ob eine Hinweistafel angebracht worden ist, will er fristgerecht Einsprache erheben. Die vorgesehene Gesetzeslösung sollte anlässlich einer nächsten Revision hin zu mehr Rechtssicherheit dahingehend korrigiert werden, dass die Einsprachefrist innert 30 Tagen seit der öffentlichen Bekanntmachung zu erfolgen hat.

3 Die Einsprache ist **schriftlich oder mündlich beim das Verbot publizierenden Gericht** zu erheben. **Legitimiert** zur Einsprache ist jedermann.

4 Die Einsprache braucht **nicht begründet** werden. Die blosse Willenserklärung, mit dem Verbot nicht einverstanden zu sein, genügt, um die Wirkung der Einsprache nach Art. 260 zu zeitigen.

5 Die Einsprache hat nach Abs. 2 der Norm zur automatischen Folge, dass das **Verbot gegenüber der einsprechenden Person keine Wirkung entfaltet**, mithin wie ein Rechtsvorschlag wirkt (vgl. diesen Vergleich in BOTSCHAFT ZPO, 7353). Die erfolgte Einsprache ist durch das Gericht unverzüglich dem Gesuchsteller weiter zu leiten; das Gericht braucht sich über die Gültigkeit der Einsprache (Rechtzeitigkeit, Form, etc.) nicht zu äussern. Es obliegt dem Gesuchsteller zu beurteilen, ob der Einsprecher seine Einsprache frist- und formgerecht eingereicht hat.

II. Klageverfahren gegen den Einsprecher

6 Kommt der Gesuchsteller zum Schluss, dass die Einsprache frist- und formgerecht beim zuständigen Richter eingereicht worden ist, kann er dies so bewenden lassen, mithin in Kauf nehmen, dass er gegen den Einsprecher das Verbot nicht durchsetzen kann. Will er aber, dass das Verbot auch gegen den Einsprecher rechtsbeständig (freilich unter Vorbehalt der Vorprüfung durch den Strafrichter) gelten soll, hat er beim Gericht gegen diesen in einem Zweiparteienverfahren eine «Klage» zu führen, mithin zu begehren, dass es dem Einsprecher unter Sanktionsdrohung untersagt werde, die verbotene Tätigkeit auf dem bestimmten Gebiet in der bestimmten Zeit zu verrichten. Drängt der Kläger gegen den Einsprecher rechtskräftig durch, kann der Einsprecher im späteren Strafverfahren gegen ihn die Rechtmässigkeit des Verbotes **nicht** mehr in Frage stellen.

7 Zuständig für diese Klage ist nach Art. 29 Abs. 2 entweder das **Gericht am Ort der gelegenen Sache** oder aber am **Wohnsitz des Einsprechers**. Vorteilhafterweise ist die Klage freilich am Ort der gelegenen Sache anzubringen, zumal sich das angerufene Gericht bereits mit dem Verbotsverfahren beschäftigt hat. Die Klage ist an **keine Frist** gebunden; Gleiches gilt für die Klage eines (potentiellen) Störers (gegen den damaligen Gesuchsteller) um Aufhebung des Verbotes.

Auf das Klageverfahren ist Art. 248 lit. c nicht anwendbar, da sich diese Norm auf das Verfahren nach Art. 258 f. bezieht; ferner spricht Art. 260 von «Klage», während im Summarverfahren von «Gesuch» gesprochen wird (vgl. Art. 252 Abs. 1). Durch die Klage wird ein **Zweiparteienverfahren** eingeleitet, welches in klaren Fällen nach Art. 257 im Summarverfahren geführt werden kann. Andernfalls ist das ordentliche bzw. vereinfachte Verfahren anzuwenden (vgl. so auch STAEHELIN/STAEHELIN/GROLIMUND, § 21 N 61). 8

5. Kapitel: Vorsorgliche Massnahmen und Schutzschrift

1. Abschnitt: Vorsorgliche Massnahmen

Vorbemerkungen zu Art. 261–269

Inhaltsübersicht

	Note
I. Allgemeines	1
1. Definition	1
2. Zweck	2
3. Superprovisorische vorsorgliche Massnahmen	3
4. Prosequierung	4
5. Charakteristik von Art. 261–269	5
II. Internationale Verhältnisse	9
1. Anwendbare Normen	9
2. Zulässigkeit	13
3. Zuständigkeit	14
4. Anwendbares Recht	20
5. Weiteres	22
6. Vollstreckung schweizerischer Massnahmeentscheide im Ausland	24
7. Anerkennung und Vollstreckung ausländischer Massnahmeentscheide in der Schweiz	25
III. Zum Anwendungsbereich von Art. 261–269	26
1. Andere Regelungen von vorsorglichen Massnahmen in der ZPO	26
2. Andere vorsorgliche Massnahmen des Bundeszivilrechts	38
3. Vorsorgliche Massnahmen in nicht zivilprozessualen Verfahren	50
4. Abgrenzung der vorsorglichen Massnahmen von anderen Instituten	55
IV. Verfahrensfragen	58
1. Zuständigkeit	58
2. Summarisches Verfahren	73
3. Rechtshängigkeit	75
4. Ausstand	77
5. Gerichtskosten und Parteientschädigung	79
6. Unentgeltliche Rechtspflege	84

Vor Art. 261–269

Literatur

Allgemeine Literatur

D. ALDER, Der einstweilige Rechtsschutz im Immaterialgüterrecht, Diss. Bern 1993; K. AMELUNG, Die Einwilligung in die Beeinträchtigung eines Grundrechtsgutes. Eine Untersuchung im Grenzbereich von Grundrechts- und Strafrechtsdogmatik, Berlin 1981; P. ARENS, Verfügungsanspruch und Interessabwägung beim Erlass vorsorglicher Massnahmen, in: Ficker u.a. (Hrsg.), FS von Caemmerer, Tübingen 1978, 75 ff.; G. BATLINER, Sicherungsbot und Amtsbefehl, «Die einstweilige Verfügung» nach liechtensteinischem Recht, Diss. Freiburg 1957; M. BAUMANN, Das Versäumnisverfahren im summarischen Verfahren, Diss. Zürich 1957; F. BAUR, Arrest und einstweilige Verfügung in ihrem heutigen Anwendungsbereich, in: Der Betriebs-Berater 1964, 607–615 (zit. Arrest); DERS., Rechtsnachfolge in Verfahren und Massnahmen des einstweiligen Rechtsschutzes, in: FS Schiedermair, München 1976, 19 ff. (zit. Rechtsnachtfolge); DERS., Studien zum einstweiligen Rechtsschutz, Tübingen 1967 (zit. Studien); B. J. BENKEL, Die Verfahrensbeteiligung Dritter, Diss. Köln u.a. 1996; W. BERNEKE, Die einstweilige Verfügung in Wettbewerbssachen, 2. neubearb. Aufl., München 2003; ST. V. BERTI, Besondere Verfahrensarten gemäss dem bundesrätlichen Entwurf für eine schweizerische Zivilprozessordnung, ZZZ 2007, 339 ff. (zit. Verfahrensarten); DERS., Vorsorgliche Massnahmen im Schweizerischen Zivilprozess, ZSR, N.F. Bd. 116 (1997), Halbbd. 2, H. 2, 171–251 (zit. Massnahmen); Y. BIDERBOST, Rechtsmittelbelehrung bei superprovisorischen Verfügungen im Vormundschaftswesen, in: ZVW 2006, 67–74; J. BLOMEYER, Die Unterscheidung von Zulässigkeit und Begründetheit bei der Klage und beim Antrag auf Anordnung eines Arrestes oder einer einstweiligen Verfügung, ZZP 1968, 20 ff. (zit. Unterscheidung); DERS., Arrest und einstweilige Verfügung, ZZP 1952, 52 ff. (zit. Arrest); H.-G. BORCK, Grenzen richterlicher Formulierungshilfe bei Unterlassungsverfügungen, Wettbewerb in Recht und Praxis 1977, 457 ff.; DERS., Wieso erledigt die Unterwerfungserklärung den Unterlassungsanspruch?, Wettbewerb in Recht und Praxis 1974, 372 ff. (zit. Unterlassungsanspruch); DERS., Zur Glaubhaftmachung des Unterlassungsanspruches, Wettbewerb in Recht und Praxis 1978, 776 ff. (zit. Glaubhaftmachung); DERS., Prinzipielles Befriedigungsverbot und obligatorische mündliche Verhandlung?, Wettbewerb in Recht und Praxis 1972, 238 ff. (zit. Befriedigungsverbot); E. A. BRANDENBERG, Das summarische Verfahren in der zugerischen Zivilprozessordnung, Diss. Zürich 1966; R. BRÄNDLI, Die Bevorschussung der Kosten einer Ersatzvornahme – insbesondere zur Frage des einstweiligen Rechtsschutzes, Jusletter, 13.6.2005; P. BREITSCHMID, Zulässigkeit «Schulischer Namensänderungen»? – Grenzen vorsorglicher Massnahmen bei Namensänderungen, ZZW 1996, 41–46; A. BREMER, Vorsorgliche Massnahmen im schweizerischen Immaterialgüterrecht, SJZ 1982, 157; A. BRINER/MARIO M. PEDRAZZINI, Vorsorgliche Massnahmen im Immaterialgüterrecht, SJZ 1983, 160 f.; A. BRINER, Vorsorgliche Massnahmen im schweizerischen Immaterialgüterrecht. Ein Überblick über die neuere Entwicklung, SJZ 1982, 157 ff.; EU. BRUNNER, Voraussetzungen für den Erlass vorsorglicher Massnahmen im gewerblichen Rechtsschutz, SMI 1989, 9–25; A. BUCHER, Natürliche Personen und Persönlichkeitsschutz, 4. Aufl., Basel 2009 (zit. Natürliche Personen); A. BUDDE, Bindungswirkung von Vorentscheidungen auf das spätere arbeitsgerichtliche Urteilsverfahren, Diss. Münster 2000; P. BÜLOW, Zur prozessrechtlichen Stellung des Antragsgegners im Beschlussverfahren von Arrest und Einstweiliger Verfügung, ZZP 1985, 274 ff.; F. BYRDE, Vorsorgliche Massnahmen im Mietrecht: Eine Untersuchung der neueren Rechtsprechung, Mietrechtspraxis 2006, 157 ff., 231 ff.; SP. CHIESA, Die vorsorglichen Massnahmen im gewerblichen Rechtsschutz gemäss der Tessiner Prozessordnung, SMI 1989, 27 ff.; F. COHN, Kann der rechtskräftig abgelehnte Antrag auf Anordnung eines Arrestes oder Erlass einer einstweiligen Verfügung aufgrund desselben Sachverhalts unter besserer Glaubhaftmachung erneut gestellt werden?, JW 1915, 1338 ff., 1421 ff.; CRÜCKEBERG, Vorläufiger Rechtsschutz, 2. Aufl., Bonn 2001; G. CUNIBERTI, Les mesures conservatoires portant sur des biens situés à l'étranger, Paris 2000, 313 ff.; M. CZITRON, Die vorsorglichen Massnahmen während des Scheidungsprozesses unter Berücksichtigung des am 1. Januar 1988 in Kraft getretenen neuen Eherechts, des in Revision begriffenen Scheidungsrechts sowie des Prozessrechts und der Praxis im Kanton Zürich, St. Gallen 1995; R. DAMM, Einstweiliger Rechtsschutz im Gesellschaftsrecht, ZHR 1990, 413–442; L. DAVID, Anmerkungen zu «Schutzschrift I und II», SMI 1984, 267 ff.; DERS., Der Rechtsschutz im Immaterialgüterrecht, in: von Büren/David (Hrsg.), Schweizerisches Immaterialgüter- und Wettbewerbsrecht, Bd. I/2, 2. Aufl., Basel/Frankfurt a.M. 1998 (zit. DAVID, SIWR); DERS., Rechtsschutz bei superprovisorischen Verfügungen, in: V. Lieber u.a., Rechtsschutz, FS zum 70. Geburtstag von G. v. Castelberg, Zürich 1997, 19–36 (zit. Superprovisorische Verfügungen); DERS., Schutzschrift gegen urheberrechtliche vorsorgliche Massnahmen, BV 57, AJP 1993, 734 ff.; ST. DECKERS, Die Präklusionswirkung rechtskräftiger Entscheidungen im Kündigungsschutzprozess, Diss. Köln 1999; H. DESCHENAUX/P.-H. STEINAUER, Personnes physiques et tutuelle, 4. Aufl., Bern 2001; M. DIETRICH, Vorsorgliche Massnahmen nach Gerichtsstandsgesetz, in: Das Gerichtsstandsgesetz, Bern 2001, 109–155; P. DIGGELMANN, Unterlassungsbegehren im Immaterialgüterrecht, SJZ 1992, 26–29; K.-J. DINSTÜHLER, Rechtsnachfolge und einstweiliger Rechtsschutz, Diss. Bielefeld 1995; H.-J. DOSE, Einstweiliger Rechtsschutz in Familiensachen, 2000; R. DUMESNIL DE ROCHEMONT, Die Notwendigkeit eines bestimmten Antrages bei der Unterlassungsverfügung im Wettbewerbsprozess und die Bindung des Gerichtes an einen solchen Antrag: 308 Abs. 1 ZPO contra 938 Abs. 1 ZPO?, Diss. Frankfurt a.M. u.a. 1993; H. DUNKL/MÖLLER/FELDMEIER, Handbuch des vorläufigen Rechtsschutzes, 3. überarb. Aufl., München 1999; EBERT, Einstweiliger Rechtsschutz in Familiensachen, Bonn 2002; M.-TH. EBMEIER/S. SCHÖNE, Der einstweilige Rechtsschutz, Handbuch zu Arrest und einstweiliger Verfügung, Düsseldorf 1997; A. EDELMANN, Zur Bedeutung des Bundesrechts im Zivilprozessrecht, untersucht insb. anhand der neuen aargauischen Zivilprozessordnung, Diss. Zürich 1990; P. ENDERS/ U. BÖRSTINGHAUS, Einstweiliger Rechtsschutz, Recklinghausen 2003; ENGELSCHALL, Änderung der Verfahrensvorschriften bei Erwirkung einstweiliger Verfügungen?, GRUR 1972, 103 ff.; CH. ENGLERT, Materiellrechtlich begründete Voraussetzungen zum Erlass vorsorglicher Massnahmen gemäss Art. 77 PatG, SJZ 1970, 369 ff.; M. ERNST, Beschleunigtes und summarisches Verfahren nach bündnerischem Zivilprozessrecht, Bern 1963; R. ERNST, Die vorsorglichen Massnahmen im Wettbewerbs- und Immaterialgüterrecht, Diss. Zürich 1992 R. FRANK, Das «einfache und rasche Verfahren» und seine Abarten, SJZ 1988, 21 ff.; DERS., Die Gefährdung zivilrechtlicher Ansprüche durch kantonales Prozessrecht, SJZ 1967, 249 ff.; K. FRICKER, Die vorsorglichen Massnahmen im Vaterschaftsprozess nach Art. 282–284 ZGB, Diss. Nussbaumen 1978; R. FRIEDHOFEN, Einstweilige Verfügungen gegen Gesellschafterbeschlüsse, Diss. Bonn 1997; G. FUCHS, Die Darlegungs- und Glaubhaftmachungslast im zivilprozessualen Eilverfahren, Diss. Bonn 1993; L. GAILLARD, Mesure provisionnelle et effet suspensif: note sur l'art. 333 LPC, SJ II, Doctrine, 2001, 3, 67–80; A. GANSLMAYER, Die einstweilige Verfügung im Zivilverfahren, Stuttgart u.a. 1991; TH. GEISER/ PH. GREMPER, Zürcher Kommentar zum Partnerschaftsgesetz, Zürich 2007; D. GESSLER, Vorsorgliche Massnahmen bei strittigen Kaufverträgen, in: Neues zum Gesellschafts- und Wirtschaftsrecht: zum 50. Geburtstag von P. Forstmoser, hrsg. von W. R. Schluep, Zürich 1993; S. GIACOMINI, Merksätze zum zivilprozessualen Massnahmeverfahren, ZZZ 2005, 475 ff.; H. GIESSLER, Richterliche Vorausprüfungs- und Begründungspflicht bei Entscheidungen des einstweiligen Rechtsschutzes, FamRZ 1999, 695 (zit. FamRZ 1999); DERS., Vorläufiger Rechtsschutz in Ehe-, Familien- und Kindschaftssachen, 3., völlig überarb. Aufl., München 2000 (zit. Rechtsschutz); I. GLEUSSNER, Die Vollziehung von Arrest und einstweiliger Verfügung in ihren zeitlichen Grenzen, Diss. Berlin 1999; A. GLOGE, Die Darlegung und Sachverhaltsuntersuchung im einstweiligen Rechtsschutzverfahren, Eine rechtsvergleichende Studie zum deutschen und englischen Zivilprozess, Diss. Hannover 1991; A. GLOOR, Vorsorgliche Massnahmen im Spannungsfeld von Bundesrecht und kantonalem Zivilprozessrecht, Diss. Zürich 1982; U. GOTTWALD, Einstweiliger Rechtsschutz in Verfahren nach der ZPO, Kommentierung der 916–945 ZPO; mit Antragsmustern für die Rechtspraxis, Freiburg i.Br. u.a. 1998; P. GRANER, Die einstweiligen Verfügungen nach bernischem Zivilprozess, Diss. Bern 1932; A. GROB, Vorsorgliche Massnahmen bei Persönlichkeitsverletzungen, unter besonderer Berücksichtigung der materiellen Voraussetzungen (Art. 28c ZGB), Diss. Basel 1989; CH. GUTMANN, Die Haftung des Gesuchstellers für ungerechtfertigte vorsorgliche Massnahmen, Diss. Basel 2006; W. J. HABSCHEID, Die Rechtskraft nach schweizerischem Zivilprozessrecht, SJZ 1978, 201 ff., 219 ff.; DERS., Les mesures provisionnelles en procédure civile: droit allemand et suisse, in: Tarzia (Hrsg.), Les mesures provisoires en procédures civile, Actes du colloque international de Milan 1984, Mailand 1985, 33 ff.; J. HALDY, Le for des mesures provisionnelles, in: J. Haldy/J.-M. Rapp/ Ph. Ferrari (Hrsg.), Etudes de procédure et d'arbitrage en l'honneur de J.-F. Poudret, Lausanne 1999, 69–78; D. HARTMANN, Einstweiliger Rechtsschutz zur Sicherung der Beteiligungsrechte des Betriebsrates, Diss. Osnabrück 1996; F. HASENBÖHLER, Die provisorische Verfügung nach basellandschaftlichem Zivilprozessrecht, BJM 1976, 1 ff. (zit. BJM 1976); DERS., Verfügungsbeschränkungen zum Schutze eines Ehegatten, BJM 1986, 57 (zit. BJM 1986); H. HAUSHEER/R.E. AEBI-MÜLLER, Das Personenrecht des Schweizerischen Zivilgesetzbuches, Bern 2005; F. HEGGLI, Das summarische Verfahren nach luzernischem Zivilprozessrecht, Diss. Zürich 1957; J. HEISEKE, «Zweite» einstweilige Verfügung in Wettbewerbssachen, Wettbewerb in Recht und Praxis 1968, 5 ff.; G. HENSCH, Rechtsvergleichende Betrachtungen der beiden Zivilprozessordnungen der Kantone Zürich und Luzern, Diss. Zürich 1991; E. HENSELER, Zur Frage der zeitlichen Dauer von Unterhaltsbeiträgen an die Ehefrau im Verfahren nach Art. 145 ZGB, SJZ 1981, 365 ff.; B. HIRTZ,

Vor Art. 261–269

Darlegungs- und Glaubhaftmachungslast im einstweiligen Rechtsschutz, NJW 1986, 110 ff.; W. HOBBELING, Die Rechtstypen der zivilprozessualen einstweiligen Verfügung. Eine Untersuchung zur Unterscheidung und Abgrenzung der zivilprozessualen Verfügungsrechtsgrundlagen 935 und 940 ZPO sowie zur Einordnung der sog. Leistungsverfügung, Diss. Münster 1974; W. HOCHULI, Verfügungsbeschränkung und Kanzleisperre, ZBGR 1967, 129 ff.; G. HOESL, Die Anordnung einer einstweiligen Verfügung in Pressesachen, Diss. Würzburg 1973; K. HOFSTETTER, Der einstweilige Rechtsschutz im Luzerner Zivilprozess, ZBJV 1983, 393 ff.; F. HOHL, La réalisation du droit et les procédures rapides, Fribourg 1994 (zit. Réalisation); DERS., L'exécution anticipée «provisoire» des droits privés, AJP 1992, 576 ff. (zit. AJP 1992); DERS., Procédure civile, 2 Bde., Bern 2001/2002 (zit. Procédure); R. HÖHNE, Rechtshängigkeit und Rechtskraft bei Arrest und einstweiliger Verfügung, Diss. Freiburg i.Br. 1975; H. HUBER-ZIMMERMANN, Die einstweiligen Verfügungen nach solothurnischem Zivilprozessrecht, Diss. Bern 1980; G. HUGUENIN-DUMITTAN, Behauptungslast, Substantiierungspflicht und Beweislast, Diss. Zürich 1980; M. W. HUTH, Die vorsorglichen Verfügungen nach baselstädtischem Zivilprozessrecht, Diss. Basel 1974; D. IRMEN, Die Zurückweisung verspäteten Vorbringens im einstweiligen Verfügungs- und Arrestverfahren, Diss. Köln 1990; P. JACCARD, Les mesures provisionnelles, Diss. Lausanne 1925; W. JELINEK, Zwangsvollstreckung zur Erwirkung von Unterlassungen, Wien 1974; A. JERMANN, Kommentar zu Art. 38 N 1 ff., in: R. Staub/A.L. Celli (Hrsg.), Designrecht, Kommentar zum Bundesgesetz über den Schutz von Design, Zürich 2003; U. JORK, Die Durchsetzbarkeit mitgliedschaftlicher Stimmrechtsschranken und vertraglicher Stimmbindungen im Personengesellschaftsrecht mit Hilfe einstweiligen Rechtsschutzes, Diss. Aachen 1998; R. L. JOX, Die Bindung an Gerichtsentscheidungen über präjudizielle Rechtsverhältnisse, dargestellt am Beispiel des § 116 AFG, Diss. Köln u.a. 1991; R. KEHL, Das «summarische rechtliche Gehör», SJZ 1978, 49 ff.; I. KELLENDORFER, Die Richtervorlage im Eilverfahren, Diss. Regensburg 1998; F. KELLERHALS, Neuerungen im Vollstreckungsrecht der bernischen Zivilprozessordnung, in: Sonderband ZBJV 1996, 75 ff.; H. KIENER, Die formelle Rechtskraft des Elfmeterpfiffs, Eine Annäherung an die Praxis bei vorsorglichen Massnahmen, in: Droit et sport, Fribourg 1997, 109–147; R. KLAKA, Die einstweilige Verfügung in der Praxis, GRUR 1979, 593 ff.; M. KOCHER, Güterrechtliche Sicherstellung im Massnahmeverfahren (Art. 145 ZGB und 322 ZPO BE), Voraussetzungen, Anordnung und Durchführung der vorsorglichen Sicherstellung von Vermögensbestandteilen im ehescheidungsrechtlichen Präliminarverfahren gemäss Art. 145 Abs. 2, unter besonderer Berücksichtigung des (revidierten) bernischen Zivilprozessrechts, Bern 1996; S. KOFMEL EHRENZELLER, Das Recht auf Beweis im Zivilverfahren, Bern 1992 (zit. Recht auf Beweis); DIES., Verfahrensbeschleunigung und vorsorglicher Massnahmen, in: Rapports suisse présentés au XVème Congrès international de droit comparé, Zürich 1998, 271–304 (zit. Verfahrensbeschleunigung); J. KOHLER, Das Verfügungsverbot gemäss 938 Abs. 2 ZPO im Liegenschaftsrecht. Eine Untersuchung zum System der Immobiliarrechtssicherung, Köln u.a. 1984 (zit. Verfügungsverbot); DERS., Feststellende einstweilige Verfügungen?, ZZP 1990, 184 ff. (zit. ZZP 1990); A. KONECNY, Der Anwendungsbereich der einstweiligen Verfügung, Wien 1992; B. KÖNIG, Einstweilige Verfügungen im Zivilverfahren, Wien 1994; M. H. KORINTH, Einstweiliger Rechtsschutz im Arbeitsgerichtsverfahren, Kommentierung der Art. 916–945 ZPO; mit Antrags- und Klagemustern für die Arbeitsrechtspraxis, Berlin 2000; P. KRÜGER, Das Privatgutachten im Verfahren der einstweiligen Verfügung, Wettbewerb in Recht und Praxis 1991, 66 ff.; M. KUMMER, Das Klagerecht und die materielle Rechtskraft im schweizerischen Recht, Bern 1954; P. KUMMER, Wiedereinsetzung in den vorigen Stand: alle Prozessarten, München 2003; M. KÜNG, Vorgehens- und Abwehrstrategien beim privatrechtlichen Einspruch, Seminar Einstweiliger Rechtsschutz im Firmen- und Handelsregisterrecht, Europa Institut Zürich, 16.9.1997; M. KUSTER, Die Handelsregistersperre nach revidierter Handelsregisterverordnung, GesKR 4/2009, 554–562; D. LEIPOLD, Grundlagen des einstweiligen Rechtsschutzes im zivil-, verfassungs-, und verwaltungsgerichtlichen Verfahren, Habil. München 1971 (zit. Grundlagen); DERS., Strukturfragen des einstweiligen Rechtsschutzes, ZZP 1977, 258 ff. (zit. ZZP 1977); D. LENGAUER, Zivilprozessuale Probleme bei der gerichtlichen Verfolgung von publikumswirksamen Wettbewerbsverstössen, Zürich 1995; M. LEUPOLD, Die Nachteilsprognose als Voraussetzung des vorsorglichen Rechtsschutzes, sic! 2000, 265–274 (zit. Nachteilsprognose); DERS., Die Schutzschrift – Grundsätzliches und prozessuale Fragen, AJP 1998, 1076 ff. (zit. AJP 1998); V. LIEBER, Handhabung und Verletzung «klaren Rechts» – Bemerkungen zu § 222 Ziff. 2 und 281 Ziff. 3 der zürcherischen Zivilprozessordnung, in: I. Meier u.a. (Hrsg.), Recht und Rechtsdurchsetzung, FS für H. U. WALDER zum 65. Geburtstag, Zürich 1994, 213 ff.; S. LITTBARSKI, Einstweiliger Rechtsschutz im Gesellschaftsrecht, Habil. München 1996; U. LUCKSCHEITER, Der einstweilige Rechtsschutz gegen Streiks, Diss. Konstanz 1989; A. LÜNN, Der Einbezug von Dritten in vorsorgliche Massnahmen und

5. Kapitel: Vorsorgliche Massnahmen und Schutzschrift Vor Art. 261–269

in die Zwangsvollstreckung nach kantonalem Recht, Diss. Zürich 1986; M. LUSTENBERGER/ M. RITSCHER, Die Schutzschrift – zulässiges Verteidigungsmittel oder verpönte Einflussnahme?, AJP 1997, 515 ff.; A. LÜTHI, Der Einbezug von Dritten in vorsorgliche Massnahmen und in die Zwangsvollstreckung nach kantonalem Recht, Diss. Zürich 1986; M. J. LUTZ, Die vorsorgliche Massnahme, in: Kernprobleme des Patentrechts, Bern 1988, 321 ff. (zit. Vorsorgliche Massnahme); R. LUTZ, Einstweiliger Rechtsschutz bei Gesellschafterstreit in der GmbH, Der Betriebs-Berater 2000, 833; J. MÄDRICH, Das Verhältnis der Rechtsbehelfe des Antragsgegners im einstweiligen Verfügungsverfahren, Diss. Köln u.a. 1980; P. MARTIN, Probleme des Rechtsschutzes, ZSR 1988 II 1 ff.; J. MATILE, Les mesures ordonnant l'exécution et la garantie d'obligation de «donner», JdT 1957 III 98 ff.; G. F. MATTHEY, Probleme bei der Vollziehung von Arrest und einstweiliger Verfügung gemäss 929 Absatz 2 ZPO, Diss. Bonn 1999; I. MEIER, Einstweiliger Rechtsschutz im Aktienrecht, in: I. Meier u.a. (Hrsg.), Recht und Rechtsdurchsetzung, FS für H. U. Walder zum 65. Geburtstag, Zürich 1994, 67 ff. (zit. Rechtsschutz); DERS., Elemente eines effektiven Rechtsschutzes in einer neuen schweizerischen Zivilprozessordnung, in: A. Donatsch u.a. (Hrsg.), FS 125 Jahre Kassationsgericht des Kantons Zürich, Zürich 2000, 249–266 (zit. Elemente); DERS., Grundfragen der Vereinheitlichung des Zivilprozessrechts – insbesondere gezeigt am Beispiel der Realvollstreckung, in: Helvetisches Zivilprozessrecht: Symposium zum 75. Geburtstag von W. J. HABSCHEID, Basel 1999, 47–60 (zit. Grundfragen); DERS., Rechtsschutz im summarischen Verfahren als Alternative zum ordentlichen Zivilprozess im schweizerischen Recht, Beiträge zur Strukturanalyse der Rechtspflege, Köln 1997 (zit. Alternative); DERS., Swiss Civil Justice: With an Emphasis on the laws of the Canton of Zurich, in: Civil Justice in Crisis, Comparative Perspectives of Civil Procedure, ed. by A. Zuckermann A.S., Oxford 1999, 464 ff. (zit. Swiss Civil Justice); DERS., Vorentwurf für eine Schweizerische Zivilprozessordnung – Überblick mit Kritik und Änderungsvorschlägen, Zürich 2003 (zit. Vorentwurf); R. MEIER, Das summarische Verfahren nach schaffhauserischem Recht, Diss. Zürich 1948; CH. P. MEISTER, Vorsorgliche Massnahme bei immobiliarsachenrechtlichen Streitigkeiten, Diss. Zürich 1977; F. J. MENG, Die vorsorgliche Verfügung nach aargauischer Zivilprozess- und Handelsgerichtsordnung, Diss. Basel 1971; K. E. MEYER, Entscheidungen in Verfahren betreffend Arrest und Einstweilige Verfügung und Rechtskraft im Verfahren zur Hauptsache, JR 1951, 584 ff.; MEYER-WILD, Vorsorgliche Massnahmen zum Schutz gegen unzulässigen Wettbewerb, SJZ 1933/34, 177 ff.; H. P. MING, Die vorsorglichen Massnahmen im gewerblichen Rechtsschutz und Urheberrecht, Diss. Zürich 1969; M. MINNEROP, Materielles Recht und einstweiliger Rechtsschutz, Diss. Köln u.a. 1973; B. MORBACH, Einstweiliger Rechtsschutz in Zivilsachen, Eine rechtsvergleichende Untersuchung, Frankfurt a.M. 1988; B. K. MÜLLER/R. OERTLI, Urheberrechtsgesetz (URG) – Bundesgesetz über das Urheberrecht und verwandte Schutzrechte, Bern 2006; J. MÜLLER, Zur einstweiligen Verfügung im Immaterialgüterrecht, ZBJV 1983, 30 ff.; W. MÜNZBERG, Einstweilige Verfügung auf Herausgabe gepfändeter Sachen bei verbotener Eigenmacht?, in: FS für E. Schneider, Herrn 1997, 223 ff. G. NAUER, Das summarische Verfahren nach schwyzerischem Zivilprozessrecht, Diss. Zürich 1985; F. NICKLISCH, Verbandsmacht und einstweiliger Rechtsschutz, Berlin 1974; J. NINK, Die Kostenentscheidung nach 93 ZPO im Urteilsverfahren des einstweiligen Rechtsschutzes, Diss. Giessen 1990; TH. NUSSBAUMER, Ausgewählte Rechtsbehelfe der Glarner Zivilprozessordnung, Diss. Zürich 1980; D. ORLANDO, Beweislast und Glaubhaftmachung im vorsorglichen Rechtsschutz, Gedanken zu einem Entscheid des Bundesgerichts, SJZ 1994, 89–93; M. PEDRAZZINI, Der Rechtsschutz der betroffenen Personen gegenüber privaten Bearbeitern (Klagen, vorsorgliche Massnahmen, Gerichtsstand), in: R. J. Schweizer (Hrsg.), Das neue Datenschutzgesetz des Bundes, Zürich 1993, 87 ff. (zit. Rechtsschutz); DERS., Vorsorgliche Massnahmen im Immaterialgüterrecht, SJZ 1983, 160 ff. (zit. Vorsorgliche Massnahmen); V. PELET, Mesures provisionnelles: Droit fédéral ou cantonal?, Réglementation fédérale des mesures provisionnelles et procédure civile contentieuse, Diss. Lausanne 1987; H. PETER, Les mesures provisionnelles dans la poursuite pour dettes et la faillite, in: Mesures provisionnelles judiciaires et administratives, Lugano-Vezia 1999, 65–85; K. PIEHLER, Einstweiliger Rechtsschutz und materielles Recht. Eine rechtsvergleichende Studie zum einstweiligen Rechtsschutz im Wettbewerbsrecht, Arbeitskampfrecht und Patentrecht in der Bundesrepublik und den USA, Diss. Frankfurt a.M. 1980; G. PIQUEREZ, Les mesures provisoires en procédure civile, administrative et pénale: la procédure pénale, ZSR N.F. Bd. 116 (1997), Halbbd. 2, H. 1, 1–133; W. REINERT, Das summarische Verfahren nach solothurnischem Recht, Diss. Bern 1951; H. REISER, Zur Zuständigkeit für Massnahmen des einstweiligen Rechtsschutzes im Anwendungsbereich des IPR-Gesetzes (zum Entscheid der Genfer Cour de justice civile vom 8.2.1990), Mitteilungen aus dem Institut für zivilgerichtliches Verfahren in Zürich, Nr. 13, Dezember 1991, 9 ff.; J.-M. REYMOND, Mesures provisionnelles injustifiées ou effet suspensif en cas de recours infondé: quelle responsabilité?, in:

Rapp/Jaccard (Hrsg.), Le Droit en action, Lausanne 1996, 385 ff.; H. M. RIEMER, Zur Frage der Zulässigkeit von Grundbuchsperren, ZBGR 1976, 65 ff.; H. ROHMEYER, Geschichte und Rechtsnatur der einstweiligen Anordnung im Zivilprozess, Berlin 1967; CH. ROHNER, Probleme des Rechtsschutzes, ZSR 1988/2, 215 ff.; D. ROSENTHAL/Y. JÖHRI, Handkommentar zum Datenschutzgesetz sowie weiteren, ausgewählten Bestimmungen, Zürich 2008; M. ROTH, Das summarische Verfahren in der Zivilprozessordnung des Kantons Aargau vom 18. Dezember 1984, Diss. Bern 1993; D. P. RUBLI, Vorsorgliche Massnahmen, in: C. Bertschinger/Th. Geiser/P. Münch (Hrsg.), Handbücher für die Anwaltspraxis, Bd. VI: Schweizerisches und Europäisches Patentrecht, Basel u.a. 2002, 737 ff.; D. RÜETSCHI, Die Verwirkung des Anspruchs auf vorsorglichen Rechtsschutz durch Zeitablauf, sic! 2002, 416 ff.; F. M. RUTSCHI, Vorsorgliche Massnahmen zum Schutz schweizerischer Unternehmen im Falle von internationalen Konflikten, in: Jahrbuch des Handelsregisters, hrsg. von der Registergilde Zürich, Zürich 1993, 106–111; I. SÄNGER, Einstweiliger Rechtsschutz und materiellrechtliche Selbsterfüllung, Möglichkeiten der kurzfristigen Verwirklichung von Ansprüchen auf Vornahme vertretbarer Handlungen, zugleich ein Beitrag zum Spannungsverhältnis von Prozessrecht und materiellem Recht, Habil. Tübingen 1998; M. SARBACH, Die richterliche Aufklärungs- und Fragepflicht im schweizerischen Zivilprozessrecht, Bern 2003; P. SCHÄDLER, Vorsorgliche Massnahmen und einstweilige Anordnungen im Kartellverwaltungsverfahren der Schweiz und der Europäischen Gemeinschaft, Bestandesaufnahme, Kritik und Vorschläge de lege ferenda, Basel 2002; H. SCHAEFER, Der einstweilige Rechtsschutz im Arbeitsrecht. Eine Darstellung der wichtigsten Anwendungsgebiete im arbeitsgerichtlichen Urteils- und Beschlussverfahren sowie im Arbeitskampf, Berlin 1996; U. SCHENKER, Die vorsorgliche Massnahme im Lauterkeits- und Kartellrecht, Diss. Zürich 1985; E. SCHILKEN, Die Befriedigungsverfügung, Zulässigkeit und Stellung im System des einstweiligen Rechtsschutzes, Diss. Berlin 1976 (zit. Befriedigungsverfügung); DERS., Die Vorschläge der Kommission für ein europäisches Zivilprozessgesetzbuch – einstweiliger und summarischer Rechtsschutz und Vollstreckung, Zeitschrift für Zivilprozess 1996, 315–336 (zit. Vorschläge); H. SCHLÄFLI, Die Sicherstellung gefährdeter Beweise nach schweizerischem Zivilprozessrecht, Diss. Zürich 1947; P. SCHLOSSER, Einstweiliger Rechtsschutz und materielles Zwischenrecht – ein Gegensatz?, in: W. Gerhardt u.a. (Hrsg.), FS W. Henckel, Berlin/New York 1995, 737 ff.; H. SCHMID, «Klares Recht» als Prozessvoraussetzung im zürcherischen Befehlsverfahren, in: I. Schwander/W. A. Stoffel (Hrsg.): Beiträge zum schweizerischen und internationalen Zivilprozessrecht, FS für O. Vogel, Freiburg 1991, 109 ff.; H. SCHMITT, Die Einrede des Schiedsvertrages im Verfahren des einstweiligen Rechtsschutzes, Diss. Giessen 1987; M. SCHMITZ, Inhalt und Umfang des Schadensersatzanspruches nach 945 ZPO, Diss. Osnabrück 1989; H. J. SCHNEIDER, Das summarische Verfahren nach sanktgallischem Zivilprozessrecht, Diss. Basel 1979; H. SCHULTE, Untersuchung über das Erkenntnisverfahren bei Arrest und einstweiliger Verfügung, Gelnhausen 1929; W. SCHUSCHKE/W.-D. WALKER, Arrest und Einstweilige Verfügung, 916–945 ZPO, 2., völlig neubearb. Aufl., Köln u.a. 1999; A. SCHWONBERG, Die einstweilige Verfügung des Arbeitgebers in Mitbestimmungsangelegenheiten im Rechtsschutzsystem der Betriebsverfassung, Diss. Berlin 1997; G. SCYBOZ/A. BRANCONI, La reconnaissance et l'exécution des jugements étrangers dans la jurisprudence récente du tribunal fédéral, FZR 1993, 215 ff.; H. SORMANI, Die einstweilige Verfügung in der Zivilprozessordnung des Kantons Luzern, Diss. Bern, Schwarzenbach 1947; K. SPÜHLER, Die vorsorgliche Massnahme als Weichenstellung für den Hauptprozess, in: K. Spühler (Hrsg.), Vorsorgliche Massnahmen aus internationaler Sicht, Zürich 2000, 1–9 (zit. Vorsorgliche Massnahmen); P. A. STACH, Vorsorgliche Massnahmen nach Bundesrecht und st. gallischem Zivilprozessrecht, Diss. St. Gallen 1991; W. STAMM, Das Institut der vorsorglichen Massnahme im zürcherischen Zivilprozessrecht, Diss. Zürich 1943; E. STEINER, Vorsorgliche Verfügungen gegen den unlauteren Wettbewerb, SJZ 1933/34, 26 f.; E. STENBERG, Produktehaftpflichtrecht: Prozessvorsorgemassnahmen bei Personenschäden in den USA, SJZ 1989, 201 ff.; D. STOLL, Rechtsschutz des in einen Arrest einbezogenen Dritten, Diss. Zürich 1987; TH. STOLZ, Einstweiliger Rechtsschutz und Schadensersatzpflicht, Der Schadensatzanspruch nach § 945 der Zivilprozessordnung, Diss. Köln u.a. 1989; H. STRÄULI, Kantonalrechtliche Grundbuchsperre als vorsorgliche Massnahme im Zivilprozess, ZSR NF 1971 I 417 ff.; M. STREULI-YOUSSEF, Zur Dringlichkeit bei vorsorglichen Massnahmen, in: 125 Jahre Kassationsgericht des Kantons Zürich, Zürich 2000, 301–311; R. STÜRNER, Der einstweilige Rechtsschutz in Europa, in: FS K. Geiss, 2000, 199 ff.; DERS., Der schweizerische Zivilprozess und die europäische Prozesskultur, in: Mitteilungen aus dem Institut für zivilgerichtliches Verfahren in Zürich, Nr. 16, 5 ff.; TH. SUTTER-SOMM/F. HASENBÖHLER (Hrsg.), Die künftige schweizerische Zivilprozessordnung – Mitglieder der Expertenkommission erläutern den Vorentwurf, Zürich 2003 (darin 25–49: F. HASENBÖHLER, Beweisrecht, vorsorgliche Massnahmen und Schutzschrift); TH. SUTTER-SOMM/

F. KOBEL, Familienrecht, Zürich 2009; D. TAPPY, Quelques aspects de la procédure de mesure provisionnelle, spécialement en matière matrimoniale, JdT 1994 III 34 ff.; O. TEPLITZKY, Ist die den Verfügungsanspruch verneinende summarische Entscheidung im Schadenersatzprozess nach § 945 ZPO bindend?, DRiZ 1985, 179 ff. (zit. Verfügungsanspruch); DERS., Streitfragen beim Arrest und bei der einstweiligen Verfügung, DRiZ 1982, 41 ff. (zit. Streitfragen); DERS., Zu Meinungsdifferenzen über Urteilswirkungen im Verfahren der wettbewerblichen einstweiligen Verfügung, Wettbewerb in Recht und Praxis 1986, 149 ff.; F. THOMANN, Vorsorgliche Massnahmen im neuen Kartellgesetz, in: R. Zäch (Hrsg.), Kartellrecht auf neuer Grundlage, Bern und Stuttgart 1989, 119 ff.; R. TINNER, Das rechtliche Gehör, ZSR 1964 II 295 ff.; P. TROLLER, Die einstweilige Verfügung im Immaterialgüterrecht, in: Richter und Verfahrensrecht, 150 Jahre Obergericht Luzern, Festgabe, ZBJV 1991, 305–335; K. UEBE, Die Vorwegnahme der Entscheidung durch einstweilige Verfügung, Diss. Freiburg i.Br. 1972; C. ULRICH, Interkantonale Rechtshilfe für vorsorgliche Massnahmen, Diss. Zürich 1954; G.-A. ULRICH, Die Aufbrauchsfrist in Verfahren der einstweiligen Verfügung, GRUR 1991, 26 ff. (zit. GRUR 1991); DERS., Die Beweislast in Verfahren des Arrestes und der einstweiligen Verfügung, GRUR 1985, 201 ff. (zit. GRUR 1985); H. VAN ELS, Das Kind im einstweiligen Rechtsschutz im Familienrecht, Bielefeld 2000; O. VOGEL, Besonderheiten des Immaterialgüterrechtsprozesses im Lichte der neueren Rechtsprechung, SMI 1993, 27 ff. (zit. SMI 1993); DERS., Probleme des vorsorglichen Rechtsschutzes, SJZ 1980, 89–100 (zit. Probleme); ST. VOGG, Einstweilige Feststellungsverfügung, NJW 1993, 1357 ff. (zit. NJW 1993); DERS., Einstweiliger Rechtsschutz und vorläufige Vollstreckbarkeit, Gemeinsamkeiten und Wertungswidersprüche, Diss. Berlin 1991 (zit. Rechtsschutz); A. VOLKEN, Nichtigkeitsklage gegen Entscheide über vorsorgliche Massnahmen oder prozessleitende Verfügungen und Kausalhaftung des Gesuchstellers für den entstandenen Schaden (gemäss der neuen Zivilprozessordnung), Sierre 1998; G. VOM HOLTZ, Die Erzwingung von Willenserklärungen im einstweiligen Rechtsschutz, Diss. Frankfurt a.M. u.a. 1995; R. VON BÜREN/EU. MARBACH/P. DUCREY, Immaterialgüter- und Wettbewerbsrecht, 3. Aufl., Bern 2008; R. VON GOETZE, Zurückweisung eines Antrages auf Erlass einer einstweiligen Verfügung durch Beschluss ohne mündliche Verhandlung?, WPR 1978, 433 ff.; F. VON STEIGER, Vorsorgliche Verfügungen in Handelsregistersachen, SJZ 1972, 121 ff.; H. U. WALDER, Die Offizialmaxime, Zürich 1973 (zit. Offizialmaxime); W.-D. WALKER, Der einstweilige Rechtsschutz im Zivilprozess und im arbeitsgerichtlichen Verfahren, Habil. Tübingen 1993; G. WALTER, Vorläufiger Rechtsschutz in der Schweiz, in: Heldrich/Uchida (Hrsg.), FS für H. Nakamura zum 70. Geburtstag am 2.3.1996, Tokyo 1996, 657–683; W. P. WALTER, Die Darlegungs- und Glaubhaftmachungslast in den Verfahren von Arrest und einstweiliger Verfügung nach 916 ff ZPO, Frankfurt a.M. u.a. 1992; G. WEBER, Die Verdrängung des Hauptsacheverfahrens durch den einstweiligen Rechtsschutz in Deutschland und Frankreich, eine rechtsvergleichende Untersuchung zur Stellung des einstweiligen Rechtsschutzes im Zivilprozess beider Länder, Diss. Köln 1993; P. WEGMANN, Gedanken zur Bedeutung der aufschiebenden Wirkung in Zivilsachen, in: Rechtsschutz, FS zum 70. Geburtstag von G. v. Castelberg, hrsg. von V. Lieber u.a., Zürich 1997, 281–302; K. WELLER, Vorläufiger Rechtsschutz in Ehe- und Familiensachen, Diss. Regensburg 1987; B. WERNER, Rechtskraft und Innenbindung zivilprozessualer Beschlüsse im Erkenntnis- und summarischen Verfahren, Köln 1983; CH. WILLI, Die Schutzrechtsverwarnung als immaterialgüterrechtliches Rechtsinstitut, AJP 1999, 1377–1386; M. ZIEGLER, «Sofort und ohne Anhörung der Gegenpartei...» (Aspekte des Superprovisoriums, unter besonderer Berücksichtigung des schwyzerischen Zivilprozesses), SJZ 1990, 320 ff.; W. ZIEGLER, Die vorsorgliche Massnahme in der Zivilprozessgesetzgebung der schweizerischen Kantone, Diss. Zürich 1944; D. ZOBL, Grundbuchrecht, 2., ergänzte und nachgeführte Aufl., Zürich 2004; A. ZURBUCHEN, La procédure d'interdiction, Diss. Lausanne 1991; J. J. ZÜRCHER, Der Einzelrichter am Handelsgericht des Kantons Zürich: einstweiliger und definitiver Rechtsschutz für immaterialgüter- und wettbewerbsrechtliche Ansprüche im summarischen Verfahren, Diss. Zürich 1998; vgl. auch die weiteren Literaturverweise zu Art. 261–269.

Literatur zu den Internationalen Verhältnissen

D. ACOCELLA, IPRG, Lugano-Übereinkommen und die kantonalen Prozessordnungen, MIZV 1993 (Nr. 17), 1 ff.; CH. ALBRECHT, Das EuGVÜ und der einstweilige Rechtsschutz in England und in der Bundesrepublik Deutschland, Heidelberg 1991; DERS., Art. 24 EuGVÜ und die Entwicklung des einstweiligen Rechtsschutzes in England seit 1988, IPRax 1992, 184 ff. (zit. IPRax 1992); American Law Institute (ALI)/UNIDROIT, Principles and Rules of Transnational Civil Procedure, Discussion Draft No. 4, April 18, 2003; A. ATTESLANDER-DÜRRENMATT, Sicherungsmittel «à discretion»? Zur Umsetzung von Art. 39 LugÜ in der Schweiz, AJP 2001, 180–197; A. BÄUMER, Die ausländische Rechtshängigkeit und ihre Auswirkungen auf das internationale Zivilverfahrensrecht, Diss. Köln u.a. 1999; S. BESSON, Arbitrage international et mesures provisoires, Etude de droit comparé, Zürich 1998; L. COLLINS, Provisional and protective measures in international litigation, in: Recueil des cours de l'Académie de droit international, 1992, tome III, 112 ff.; DERS., Provisional Measures, the Conflict of Laws and the Brussels Convention, in: Yb.Europ.L. 1981, 249; Y. DONZALLAZ, Les mesures provisoires et conservatoires dans les conventions de Bruxelles et de Lugano: Etat des lieux après les ACJCE Mietz et Van Uden, AJP 2000, 956 ff.; A. EILERS, Massnahmen des einstweiligen Rechtsschutzes im europäischen Zivilrechtsverkehr, Internationale Zuständigkeit, Anerkennung und Vollstreckung, Diss. Bielefeld 1991; L. GAILLARD, Les mesures provisionnelles en droit international privé, SJ 1993, 141 ff.; R. GASSMANN, Arrest im internationalen Rechtsverkehr, Zürich 1998; R. GEIMER, Internationales Zivilprozessrecht, 4., neubearb. und erw. Aufl., Köln 2001; B. GRAHAM-SIEGENTHALER, Neuere Entwicklungen im internationalen Kreditsicherungsrecht, Das UNIDROIT/ICAO-Übereinkommen über internationale Sicherungsrechte an mobilen Ausrüstungsgegenständen, AJP 2004, 291–309; S. GRONSTEDT, Grenzüberschreitender einstweiliger Rechtsschutz, Frankfurt a.M. u.a. 1994; ST. GRUNDMANN, Anerkennung und Vollstreckung ausländischer einstweiliger Massnahmen nach IPRG und Lugano-Übereinkommen, Diss. Basel 1996; R. HAUSMANN, Zur Anerkennung und Vollstreckung von Massnahmen des einstweiligen Rechtsschutzes im Rahmen des EG-Gerichtsstandes- und Vollstreckungsübereinkommens, IPRax 1981, 79 ff.; B.-R. HEISS, Einstweiliger Rechtsschutz im europäischen Zivilrechtsverkehr (Art. 24 EuGVÜ), Diss. Berlin 1987; B. HESS, Die begrenzte Freizügigkeit einstweiliger Massnahmen im Binnenmarkt II – weitere Klarstellungen des Europäischen Gerichtshofs, IPRax 2000, 370 ff.; B. HESS/G. VOLLKOMMER, Die begrenzte Freizügigkeit einstweiliger Massnahmen nach Art. 24 EuGVÜ, IPRax 1999, 220 ff.; TH. INGENHOVEN, Grenzüberschreitender Rechtsschutz durch englische Gerichte, Frankfurt a.M. u.a. 2001; M. JAMETTI GREINER, Überblick zum Lugano-Übereinkommen über die gerichtliche Zuständigkeit und die Vollstreckung gerichtlicher Entscheidungen in Zivil- und Handelssachen, ZBJV 1992, 42 ff. (zit. LugÜ); DIES., Der vorsorgliche Rechtsschutz im internationalen Verhältnis, ZBJV 1994, 649–677; DIES., Grundsätzliche Probleme des vorsorglichen Rechtsschutzes aus internationaler Sicht, in: K. Spühler (Hrsg.), Vorsorgliche Massnahmen aus internationaler Sicht, Zürich 2000, 11–34; C. KESSEDJIAN, Note sur les mesures provisoires et conservatoires en droit international privé et droit comparé, Document préliminaire d'octobre 1998 à l'intention de la Commission spéciale de novembre 1998 sur la question de la compétence, et la reconnaissance et de l'exécution des jugements étrangers en matière civile et commerciale, Bureau Permanent de la Conférence, La Haye; DERS., Mesures provisoires et conservatoires à propos d'une résolution adoptée par l'Association de droit international, Journal du droit international 1997, 107 ff.; L. KILLIAS, Internationale Zuständigkeit für Klagen zwischen Gesellschaftern einer einfachen Gesellschaft, EuZ 2004, 26–32; A.-K. KOBERG, Zivilprozessuale Besonderheiten bei Sachverhalten mit Auslandsberührung, Diss. St. Gallen 1992; H. KOCH, Grenzüberschreitender einstweiliger Rechtsschutz, in: Herausforderungen des internationalen Zivilprozessrechts, Tübingen 1994, 85 ff.; DERS., Neuere Probleme der internationalen Zwangsvollstreckung einschliesslich des einstweiligen Rechtsschutzes, in: Materielles Recht und Prozessrecht und die Auswirkungen der Unterscheidung im Recht der internationalen Zwangsvollstreckung, 1992, 171; S. KOFMEL EHRENZELLER, Vorläufiger Rechtsschutz im internationalen Verhältnis: Regeln der International Law Association (ILA) anlässlich der Helsinki-Konferenz vom August 1996, SZIER 1998, 177 ff.; DIES., Der vorläufige Rechtsschutz im internationalen Verhältnis, Grundlagen, Habil. Bern/Tübingen 2005 (zit. Grundlagen); J. KREN KOSTKIEWICZ, Vorsorgliche Massnahmen im schweizerischen IPRG: direkte Zuständigkeit, anwendbares Recht sowie Anerkennung und Vollstreckung», in: Mélanges H.-R. Schüpbach, Basel 2000, 289–308; S. KUBIS, Internationale Zuständigkeit bei Persönlichkeits- und Immaterialgüterrechtsverletzungen, Diss. Bielefeld 1999; D. LEIPOLD, Lex fori, Souveränität, Discovery, Grundfragen des internationalen Zivilprozessrechts [Vortrag 14.11.1988], Heidelberg 1989; S. A. MÄDER, Die Anwendung des Lugano-Überreinkommens im gewerblichen Rechtsschutz, Bern 1999; A. MARMISSE/M. WILDERSPIN, Le régime jurisprudentiel des mesures provisoires à la lumière des arrêts Van Uden et Mietz, Revue critique de droit international privé 1999, 669 ff.; I. MEIER, Anordnungen des einstweiligen Rechtsschutzes bei internationalen Streitigkeiten, Mitteilungen aus dem Institut für zivilgerichtliches Verfahren in Zürich, Nr. 20, August 1995, 5–25; DERS., Vorsorgliche Massnahmen und Arrest nach dem Lugano-Übereinkommen, in: I. Schwander (Hrsg.), Das Lugano-Übereinkommen, 157 ff. (zit. LugÜ); P. MENNICKE, Vollziehung einer Unterlassungsverfügung durch Zustellung in einem anderen Vertragsstaat des EuGVÜ, IPRax 2001, 202; O. MERKT, Les mesures provisoires en droit international privé, Zürich 1993; B. MÜLLER, Anerkennung und Vollstreckung ausländischer Entscheidungen im Bereich des Schuldrechts, Diss. St. Gallen 1994; L. PALSSON, Interim Relief under the Brussels and Lugano Conventions, in: Private Law in the International Arena, in: Liber amicorum Siehr, 2000, 621 ff.; G. C. PETROCHILOS, Arbitration and interim measures: in the twilight of the Brussels Convention, LMCLQ 2000, 99; TH. PFEIFFER, Internationale Zuständigkeit und prozessuale Gerechtigkeit, Die internationale Zuständigkeit im Zivilprozess zwischen effektivem Rechtsschutz und nationaler Zuständigkeitspolitik, Habil. Frankfurt a.M. 1994; G. PFENNIG, Die internationale Zustellung in Zivil- und Handelssachen, Diss. Köln u.a. 1988; N. PIÉRARD/PH. HOUMAN, Recognition and enforcement of foreign interim measure in Switzerland, International Litigation News, July 1996, 29 ff.; H. REISER, Zur Zuständigkeit für Massnahmen des einstweiligen Rechtsschutzes im Anwendungsbereich des IPR-Gesetzes (zum Entscheid der Genfer Cour de justice civile vom 8.2.1990, SJ 1990, 196), Mitteilungen aus dem Institut für zivilgerichtliches Verfahren in Zürich 1991, H. 13, 9; M. ROHNER, Die örtliche und internationale Zuständigkeit kraft Sachzusammenhangs, Diss. Bonn 1991; H. ROTH, Der vorsorgliche Rechtsschutz im internationalen Sportrecht, in: U. Scherrer (Hrsg.), Einstweiliger Rechtsschutz im internationalen Sport, Preliminary remedies in international Sports Law, Zürich 1999, 11–42; H. SCHACK, Internationales Zivilverfahrensrecht, Ein Studienbuch, 3., neubearb. und erw. Aufl., München 2002; U. SCHERRER (Hrsg.), Einstweiliger Rechtsschutz im Internationalen Sport, Preliminary Remedies in International Sports Law, Zürich 1999; P. SCHLOSSER, Materielles Recht und Prozessrecht und die Auswirkungen der Unterscheidung im Recht der internationalen Zwangsvollstreckung, Bielefeld 1992; A. SCHMUTZ, Massnahmen des vorsorglichen Rechtsschutzes im Lugano-Übereinkommen aus schweizerischer Sicht, Diss. Bern 1993, Aachen 1995; R. A. SCHÜTZE, Zur Ausländersicherheit im einstweiligen Verfügungsverfahren, IPRax 1986, 350 f.; I. SCHWANDER, Ausländische Rechtshängigkeit nach IPR-Gesetz und Lugano-Übereinkommen, in: FS für O. Vogel, Freiburg 1991, 395 ff.; I. SCHWANDER (Hrsg.), Das Lugano-Übereinkommen, St. Gallen 1990; DERS., Bemerkungen zum Rundschreiben des Bundesamtes für Justiz vom 18.10.1991 betreffend Lugano-Übereinkommen, AJP 1992, 97; TH. SPRECHER, Praktische Aspekte bei vorsorglichen Massnahmen im internationalen Zivilprozessrecht, in: K. Spühler (Hrsg.), Internationales Zivilprozess- und Verfahrensrecht IV, Zürich 2005, 1–24; K. SPÜHLER (Hrsg.), Vorsorgliche Massnahmen aus internationaler Sicht, Zürich 2000; A. STADLER, Erlass und Freizügigkeit einstweiliger Massnahmen im Anwendungsbereich des EuGVÜ, Deutsche Juristenzeitung 1999, 1089 ff.; TH. STÄHELI, Persönlichkeitsverletzungen im IPR, Diss. Basel 1990; V. STEIN-HOBOHM, Der einstweilige Rechtsschutz im Recht der Bundesrepublik Deutschland und im Recht des Staates New York. Ein rechtsvergleichender Beitrag zu den Problemen des einstweiligen Rechtsschutzes, Diss. Mainz 1985; P. DE VAREILLES-SOMMIÈRES, La compétence internationale des tribunaux français en matière de mesures provisoires, Rev.crit. 1996, 397 ff.; G. VON SEGESSER/CH. KURTH, Interim Measures, in: G. Kaufmann-Kohler/B. Stucki (Hrsg.), International Arbitration in Switzerland – A Handbook for Practitioners, Zürich u.a. 2004, 64 ff.; N. VOSER, Recognition and enforcement of foreign interim measures in Switzerland, International Litigation News, January 1997, 27–29; H. U. WALDER, Anerkennung und Vollstreckung von Entscheidungen, in: I. Schwander (Hrsg.), Das Lugano-Übereinkommen, 135–155; DERS., Grundfragen der Anerkennung und Vollstreckung ausländischer Urteile, ZZP 1990, 322 ff.; H. U. WALDER/I. MEIER, Vorsorgliche Massnahmen ausländischer Gerichte unter dem neuen IPR-Gesetz, SJZ 1987, 238 ff.; G. WALTER, Die internationale Zuständigkeit schweizerischer Gerichte für «vorsorgliche Massnahmen» – oder Art. 10 IPRG und seine Geheimnisse, AJP 1992, 61–65 (zit. Internationale Zuständigkeit); DERS., Internationales Zivilprozessrecht der Schweiz, 4., neu überarbeitete Aufl., unter Mitarbeit von F.M.R. WALTHER, Bern 2007 (zit. Internationales Zivilprozessrecht); DERS., Vorsorgliche Massnahmen bei fehlender Hauptsachezuständigkeit, in: K. Spühler (Hrsg.), Vorsorgliche Massnahmen aus internationaler Sicht, Zürich 2000, 121–140; DERS., Zur Sicherungsvollstreckung gemäss Art. 39 des Lugano-Übereinkommens, ZBJV 1992, 90 ff.; M. WIRTH, Interim or Preventive Measures in Support of International Arbitration in Switzerland, ASA Bulletin 2000, 37 ff.; A. N. WISE, Provisional legal relief in sports cases, in: U. Scherrer (Hrsg.), Einstweiliger Rechtsschutz im internationalen Sport, Preliminary remedies in international Sports Law, Zürich 1999, 87–93; CH. WOLF, Konturen eines europäischen Systems des einstweiligen Rechtsschutzes, EWS 2000, 11 ff.; G. ZEILER, Europäisches Sicherungsverfahren: Die Regelungen der Europäischen Gerichtsstands- und Vollstreckungsübereinkommen über einstweilige Massnahmen, Österreichische Juristische Blätter 1996, 635 ff.

Literatur zur Freezing Injunction insbesondere

M. BERNET, Die Vollstreckbarerklärung englischer Freezing Orders in der Schweiz. Einige Bemerkungen zu BGE 129 III 626 (Urteil des Bundesgerichts vom 30.7.2003 i.S. Uzan gegen Motorola Credit Corporation), Jusletter, 19.1.2004; M. BERNET, Englische Freezing (Mareva) Orders – Praktische Fragen der Anerkennung und Vollstreckung in der Schweiz, in: K. Spühler (Hrsg.), Internationales Zivilprozess- und Verfahrensrecht, Zürich 2001, 51–100 (zit. BERNET); ST.V. BERTI, Englische Anti-suit Injunctions im europäischen Zivilprozessrecht – A Flourishing Species or a Dying Breed?, in: Liber discipulorum et amicorum: Festschrift für K. Siehr zum 65. Geburtstag, Zürich 2001, 33; DERS, Translating the «Mareva» – The enforcement of an English Freezing Order in Zurich, in: «nur, aber immerhin», Festgabe für A.K. Schnyder zum 50. Geburtstag, Zürich 2002, 11 ff.; A. BLOCH/M. HESS, Discussion of the protective measure available under Swiss law (attachment and provisional protective measure) with particular regard to the recognition and enforcement of an English Mareva («freezing») injunction in Switzerland, SZW 1999, 166–180; L. COLLINS, The Territorial Reach of Mareva Injunctions, L.Q. Rev. 1989, 262; L. COLLINS, Provisional and Protective Measures in International Litigation, Recueil Des Cours, Collected Courses of the Hague Academy of International Law 1992 III, Dordrecht u.a. 1993, 9; F. DASSER, Englische Freezing Injunction vor dem schweizerischen Vollstreckungsrichter, Anmerkungen zu BGE 129 III 626 (4P.86/2003) vom 30.7.2003, Jusletter, 19.1.2004; Y. DONZALLAZ, Commentaire de l'arrêt du 30.7.2003 de la Ière Cour civile du Tribunal fédéral (4P.86/2003); ATF 129 III 626, AJP 2004, 204–207; F. GERHARD, La compétence du juge d'appui pour prononcer des mesures provisoires extraterritoriales, A propos du prononcé d'une *worldwide Mareva injunction* anglaise à l'appui d'une procédure au fond en Suisse et de la jurisprudence *van Uden* de la Cour de Justice des Communautés européennes, SZIER 1999, 97 ff.; CH. HEINZE, Internationaler einstweiliger Rechtsschutz, Möglichkeiten und Grenzen am Beispiel der freezing injunction des englischen Rechts, RIW 2003, 922–929; G. HOGAN, The Judgments Convention and Mareva Injunctions in the United Kingdom and Ireland, in: Europ. L. Rev. 1989, 191; M. MAACK, Englische antisuit injunctions im europäischen Zivilrechtsverkehr, Diss. Berlin 1999; Dasser/Oberhammer-STAEHELIN, Art. 31 LugÜ N 16; D. STOLL, Die britische Mareva Injunction als Gegenstand eines Vollstreckungsbegehrens unter dem Lugano-Übereinkommen, SJZ 1996, 104 ff.; P. STRAUB, Englische Mareva Injunctions und Anton Piller Orders, SZIER 1992, 525 ff.; TH. WEIBEL, Enforcement of English Freezing Orders («Mareva Injunctions») in Switzerland, Basel 2005.

Literatur zum Schiedsverfahren

A. BÖSCH, Einstweiliger Rechtsschutz in der internationalen Handelsschiedsgerichtsbarkeit, Frankfurt a.M. 1989; ST. BANDEL, Einstweiliger Rechtsschutz im Schiedsverfahren, Zulässigkeit und Wirkungen schiedsrichterlicher und gerichtlicher einstweiliger Massnahmen gemäss den Bestimmungen des SchiedsVfG, München 2000 (Münchener Universitätsschriften, Reihe der Juristischen Fakultät, Bd. 152); G. BRINKMANN, Schiedsgerichtsbarkeit und Massnahmen des einstweiligen Rechtsschutzes, Berlin 1977; W. J. HABSCHEID, Einstweiliger Rechtsschutz durch Schiedsgerichte nach dem schweizerischen Gesetz über das Internationale Privatrecht (IPRG) vom 1. Januar 1989, Zürich 1993; H. HANISCH, Einstweiliger Rechtsschutz durch Schiedsgerichte nach dem schweizerischen Gesetz über das internationale Privatrecht (IPRG), IPRaX 1989, 134 f.; S. JEONG-HA, Einstweilige Massnahmen in der Schiedsgerichtsbarkeit, 1991; F. KNOEPFLER, Les mesures provisoires et l'arbitrage international, in: A. Kellerhals (Hrsg.), Schiedsgerichtsbarkeit, Zürich 1997, 307 ff.; K. MATSUURA, Schiedsgericht und einstweiliger Rechtsschutz, in: P. Gottwald/H. Prütting (Hrsg.), FS für K. H. Schwab zum 70. Geburtstag, München 1990, 321 ff.; D. SANGIORGIO, Vorsorglicher Rechtsschutz in internationalen Schiedsgerichtsverfahren nach schweizerischem Recht, Aachen 1997; P. SCHLOSSER, Einstweiliger Rechtsschutz durch staatliche Gerichte im Dienste der Schiedsgerichtsbarkeit, ZZP 1986, 241–270; R. A. SCHÜTZE, Einstweiliger Rechtsschutz im Schiedsverfahren, in: Neues deutsches Schiedsverfahrensrecht – Neue DIS-Schiedsordnung, in: DIS – Mat. IV (1998), 67–80 = Der Betriebs-Berater 1998, 1650–1653.

Literatur zum Verwaltungsverfahren

CH. AUER/M. MÜLLER/B. SCHINDLER (Hrsg.), Kommentar zum Bundesgesetz über das Verwaltungsverfahren (VwVG), Zürich 2008; H. BOOS, Die einstweilige Anordnung im Verwaltungsprozess, Diss. München 1970; J. ECKERT, Die einstweilige Anordnung im Verfahren der verwaltungsgerichtlichen Normenkontrolle nach 47 VwGO, Diss. München 1972; K. FINKELNBURG/ K. P. JANK, Vorläufiger Rechtsschutz im Verwaltungsstreitverfahren, 4., völlig neubearb. Aufl., München 1998; F. GYGI, Aufschiebende Wirkung und vorsorgliche Massnahmen in der Verwaltungsrechtspflege, ZBl 1976, 1 ff.; I. HÄNER, Vorsorgliche Massnahmen im Verwaltungsverfahren und Verwaltungsprozess, ZSR, N.F. 1997, Halbbd. 2, 255–420; M. IBLER, Rechtspflegender Rechtsschutz im Verwaltungsrecht. Zur Kontrolldichte bei wertenden Behördenentscheidungen vom Preussischen Oberverwaltungsgericht bis zum modernen Gerichtsschutz im Prüfungsrecht, Habil. Tübingen 1999; H.-G. KESSLER, Zum zulässigen Inhalt einstweiliger Anordnungen im Verwaltungsprozess, Diss. Frankfurt a.M. 1972; H. CH. KOPF, Der vorläufige Rechtsschutz bei der baurechtlichen Nachbarklage, Diss. München 1967; C. KRÄMER, Vorläufiger Rechtsschutz in VwGO-Verfahren, Berlin 1998; ST. LEHR, Einstweiliger Rechtsschutz und Europäische Union. Nationaler einstweiliger Verwaltungsrechtsschutz im Widerstreit von Gemeinschaftsrecht und nationalem Verfassungsrecht, Berlin 1995; J. LIMBERGER, Probleme des vorläufigen Rechtsschutzes bei Grossprojekten. Die regelmässige Anordnung der sofortigen Vollziehung durch die Verwaltungsbehörden und die Prüfung der Erfolgsaussichten des Rechtsbehelfs in der Entscheidung nach § 80 Abs. 5 VwGO, Diss. Berlin 1985; Y.-M. LIN, Das deutsche Modell des vorläufigen Rechtsschutzes bei der polizeilichen Gefahrenabwehr, Diss. Tübingen 2000; W. MARTENS, Suspensiveffekt, Sofortvollzug und vorläufiger gerichtlicher Rechtsschutz bei atomrechtlichen Genehmigungen, Köln u.a. 1983 (Recht – Technik – Wirtschaft; 30); TH. MERKLI, Vorsorgliche Massnahmen und die aufschiebende Wirkung bei Beschwerden in öffentlich-rechtlichen Angelegenheiten und subsidären Verfassungsbeschwerden, ZBl 2008, 416 ff.; M.-F. SCHÄFER, Vorsorgliche Massnahmen des EDÖB, Digma 2009, 78 ff.; CH. SCHAUB, Der vorläufige Rechtsschutz im Anwendungsbereich des Umweltschutzes, Zürich 1990; F. SCHOCH, Vorläufiger Rechtsschutz und Risikoverteilung im Verwaltungsrecht, Habil. Heidelberg 1988; J. SCHUY, Vorläufiger Rechtsschutz bei atomrechtlichen Genehmigungsverfahren, Diss. Baden-Baden 1986; M. WEBER, Vorläufiger Rechtsschutz bei subventionsrechtlichen Konkurrentenklagen im Verwaltungsprozessrecht der Bundesrepublik Deutschland und im Prozessrecht der Europäischen Gemeinschaften, Diss. Frankfurt a.M. u.a. 1990; L. WECKERLE, Vorbeugender Rechtsschutz im Verwaltungsprozess, Diss. München 1967; W. WIESELER, Der vorläufige Rechtsschutz gegen Verwaltungsakte, Diss. Berlin 1967; CH. WÜTERICH, Wirkungen des Suspensiveffekts auf die Strafbewehrung und andere Folgen des Verwaltungsaktes, Diss. Bonn 1985; A. ZIEGLER, Die vorsorgliche Emissionsbegrenzung nach dem Umweltschutzgesetz, Zürich 1996; G. ZOLLIKOFER, Aufschiebende Wirkung und vorsorgliche Massnahmen im Verwaltungsrechtspflegegesetz des Bundes und des Kantons Aargau, Diss. Zürich 1981.

I. Allgemeines

1. Definition

Vorsorgliche Massnahmen sind materielle Anordnungen des Gerichts, mit denen einer Partei vor oder während des ordentlichen Prozesses **vorläufiger Rechtsschutz** gewährt wird (VOGEL/SPÜHLER, § 61 Rz 190). Es geht also um den provisorischen richterlichen Schutz einer Rechtsposition zur Abwehr von Nachteilen (vgl. die Definition bei MEIER, Rechtsschutz, 7). Neben den vorsorglichen Massnahmen gehört auch der *Arrest* zum einstweiligen Rechtsschutz. Die Begriffe *vorsorglich, einstweilig, vorläufig* sowie *Massnahme* und *Verfügung* werden meist synonym verwendet (vgl. BERTI, Massnahmen, 178; HESS-BLUMER, 3 ff.).

2. Zweck

«Prozess gewonnen, Ergebnis zerronnen!» (STUDER/RÜEGG/EIHOLZER, § 227 Rz 1) Bis der (angeblich) Anspruchsberechtigte ein rechtskräftiges, vollstreckbares Urteil erlangt, können Monate oder gar Jahre verstreichen. In dieser Zeit ist seine Position gefährdet: Die Gegenpartei kann den Streitgegenstand verändern oder den Wert der eingeklagten Ansprüche durch ihr Verhalten beschädigen. Zweck und Aufgabe von vorsorglichen Massnahmen ist es daher, vor oder während der Rechtshängigkeit eines Hauptprozesses vorläufigen Rechtsschutz zu gewähren, um die **künftige Umsetzung des Prozessergebnisses zu gewährleisten**. «Vorsorglicher Rechtsschutz ist ein unverzichtbares Instrument für eine zeitgerechte Rechtsverwirklichung: Er schützt die betreffende Partei vor Nachteilen, die einzutreten drohen, bevor das Gericht – nach einem möglicherweise langen Prozess – ‹endgültigen› Rechtsschutz gewähren kann.» (BOTSCHAFT ZPO, 7353). Der Anspruchsberechtigte muss dagegen geschützt werden können,

– dass der Streitgegenstand während des Prozesses seinem späteren Zugriff entzogen wird (Sicherungsmassnahmen),

– dass das angestrebte Prozessziel durch den Zeitablauf während der Prozessdauer ganz oder teilweise illusorisch gemacht wird (Leistungsmassnahmen),

– dass Rechte und Pflichten innerhalb eines Dauerrechtsverhältnisses während der Prozessdauer ungeregelt der Willkür und der Selbsthilfe der Parteien anheimgestellt bleiben (Regelungsmassnahmen).

Der Anspruchsberechtigte soll schon vor dem rechtskräftigen Urteil, nötigenfalls schon vor der Klageeinreichung, vorläufigen Rechtsschutz erhalten, sei es durch *Aufrechterhaltung des derzeitigen Rechtszustands bzw. des tatsächlichen Zustandes der Streitsache*, sei es durch *Sicherung der zukünftigen Vollstreckung*, allenfalls gar durch *vorläufige Vollstreckung* eines Unterlassungs- oder Beseitigungsanspruchs.

Die vorsorgliche Massnahme kann grundsätzlich gegen jede mögliche faktische oder rechtliche Veränderung begehrt werden, durch welche der Erfolg eines gewonnenen Prozesses gefährdet werden könnte. Im weitesten Sinne ist Zweck der vorsorglichen Massnahme die **Vermeidung eines nicht leicht wiedergutzumachenden Nachteils**, besonders durch Veränderung des bestehenden Zustands. Ausserdem dienen die vorsorglichen Massnahmen der Regelung bestimmter, vom Prozess nur mittelbar berührter Rechtsverhältnisse für die Dauer des Prozesses im Sinne einer *vorläufigen Friedensordnung*.

Dabei dürfen die *Interessen der Gegenpartei* nicht ausser Auge fallen – der einstweilige Rechtsschutz muss danach trachten, die Rechtspositionen beider Parteien als gleichwertig zu betrachten (vgl. MEIER, Vorentwurf, 77).

3. Superprovisorische vorsorgliche Massnahmen

3   Grundsätzlich ordnet der Richter die vorsorgliche Massnahme nach Anhörung der Parteien, d.h. nach Anhörung auch der Gegenpartei an. Davon kann im Einzelfall abgewichen werden. Wie die vorsorgliche Massnahme ist auch die **superprovisorisch** angeordnete Massnahme eine Anordnung im Rahmen des einstweiligen Rechtsschutzes. Sie meint die *ohne vorgängige Anhörung der Gegenpartei* angeordnete Massnahme und wird auch «ex-parte-Verfügung» genannt. Wörtlich bedeutet superprovisorisch «übervorläufig». Stellt schon die vorsorgliche Massnahme ein Provisorium dar, ist das Superprovisorium in seiner Einstweiligkeit noch gesteigert. Es wird angeordnet, noch bevor der Richter auch nur über das Provisorium entschieden hat (vgl. Art. 265).

Das Superprovisorium ist die zeitlich erste Anordnung des Gerichts. Ihr folgt eine zweite Entscheidung, nämlich diejenige über das Provisorium. Diese zweite Entscheidung äussert sich darüber, ob die superprovisorische Massnahme aufzuheben, zu bestätigen oder allenfalls abzuändern sei. Das Superprovisorium stellt daher nur einen *«Vorentscheid innerhalb des Massnahmeverfahrens»* (BERTI, Massnahmen, 220) dar.

4. Prosequierung

In der Regel folgt der Anordnung von vorsorglichen Massnahmen ein (ordentliches) Hauptsacheverfahren, das **Prosequierungsverfahren** (lat. *prosecutio*, Begleitung, zu: *prosequi*, folgen), das mit einem Urteil als «Definitivum» endet (vgl. Art. 263).

5. Charakteristik von Art. 261–269

a) Bundesrechtliche Regelung

Die eher unfruchtbar diskutierte, kontrovers beurteilte alte Frage, ob der vorsorgliche Rechtsschutz *auf kantonalem oder auf Bundesrecht* (oder auf beidem) beruhe – die Lehre neigte dazu, ihn für die Ansprüche aus Bundesprivatrecht bundesrechtlich zu begründen, das Bundesgericht vertrat demgegenüber die Auffassung, dass zumindest die Massnahmen zur blossen Aufrechterhaltung eines bestehenden Zustandes dem kantonalen Recht zuzuordnen seien (BGE 104 II 179) –, hat sich mit der bundesrechtlichen Vereinheitlichung des Prozessrechts erledigt.

b) Keine materiellen Neuerungen

Die Regelungen von Art. 261–269 enthalten keine materiellen Neuerungen, sondern bilden den bisherigen Standard von Bundesrecht und kantonalem Recht ab (MEIER, Vorentwurf, 77). Materiell lehnt sich die Gesetzgebung an die einschlägigen Bestimmungen des *Persönlichkeitsschutzes* an (Art. 28c ff. ZGB; BOTSCHAFT ZPO, 7353).

c) Grosse Rolle der Praxis

Die Expertenkommission ging richtigerweise davon aus, dass sich das Gebiet der vorsorglichen Massnahmen, «erfahrungsgemäss ebenso breitgefächert wie vielschichtig» (Bericht, 130), gesetzgeberisch nicht umfassend regeln lässt. Von einem abschliessenden Katalog vorsorglicher Massnahmen wurde deshalb abgesehen. Die Expertenkommission schlug vielmehr eine sowohl knappe wie flexibel gestaltete gesetzliche Normierung vor, «damit das Gericht, welches der Sache näher steht als der Gesetzgeber, über einen möglichst grossen Spielraum verfügt» (Bericht, 130). Man wollte dem Richter ein **erhebliches Ermessen** sichern, Einzelfallgerechtigkeit, keine Einschränkung in der Sache. Damit liess der Gesetzgeber auch die Möglichkeit der Weiterentwicklung des Massnahmerechts durch die Praxis zu.

Die schon bisher bedeutende Rolle der Praxis bei den vorsorglichen Massnahmen rechtfertigt es, auf zahlreiche publizierte Gerichtsentscheide zu verweisen. Es versteht sich dabei von selbst, dass diese Entscheide, weil sie nach Massgabe anderen Rechts, eben unter der Herrschaft der früheren kantonalen Prozessordnungen ergingen, im vorliegenden Zusammenhang unter entsprechendem Vorbehalt stehen.

II. Internationale Verhältnisse

1. Anwendbare Normen

Nach Art. 2 bleiben bei **internationalen Verhältnissen** die Bestimmungen des Staatsvertragsrechts und die Bestimmungen des IPRG vorbehalten. Zum Vorliegen von internationalen Verhältnissen vgl. Art. 1 IPRG.

Art. 24 LugÜ (vgl. JAMETTI GREINER, LugÜ, 42, 46 ff.) umschreibt den einstweiligen Rechtsschutz im Hinblick auf die direkte Zuständigkeit mit «Einstweilige Massnahmen einschliesslich solcher, die auf Sicherung gerichtet sind». Sie können «auch dann beantragt werden, wenn für die Entscheidung in der Hauptsache das Gericht eines andern Vertragsstaates aufgrund dieses Übereinkommens zuständig ist». Diese Begriffsbestimmung kann allen Fragen des einstweiligen Rechtsschutzes zum LugÜ zugrunde gelegt werden. Er umfasst alle *Arten von Verfügungen*, d.h. sog. Leistungsverfügungen, Regelungsverfügungen, aber auch Sicherungsverfügungen wie Arrest, Verfügungsverbote etc. (MEIER, LugÜ, 159; SCHMUTZ, passim; Dasser/Oberhammer-KOFMEL EHRENZELLER, Art. 24 LugÜ N 7).

Grundsätzlich fallen alle Verfahren über vorsorgliche Massnahmen unter das LugÜ, soweit es inhaltlich um eine Zivilsache i.S.v. Art. 1 LugÜ geht (EuGH Rs. 120/79, de Cavel/de Cavel [II], Slg. 1980, 731, Leitsatz 3; Rs. C-391/95, van Uden/Deco-Line, Slg. 1998 I 7091 N 34). *Ausgenommen* sind hingegen die vom LugÜ ausgeschlossenen Rechtsbereiche (Art. 1 Abs. 2 LugÜ), also insb. einstweiliger Rechtsschutz im ehelichen Güterrecht, im Erbrecht, Konkursrecht und Schiedsgerichtswesen (MEIER, LugÜ, 160). Weil nicht dem *vorläufigen Rechtsschutz im Blick auf den Hauptprozess* dienend, fallen Eheschutzmassnahmen (Art. 172 ff. ZGB) oder Anordnungen des Besitzesschutzes (Art. 926 ff. ZGB) nicht unter Art. 24 LugÜ (vgl. im einzelnen MEIER, LugÜ, 161 ff.). Insoweit ist im internationalen Verhältnis das IPRG massgebend, anderweitige Staatsverträge allenfalls vorbehalten.

11 Schweizerische Gerichte oder Behörden sind grundsätzlich zur Anordnung von vorsorglichen Massnahmen nach Massgabe von **Art. 10 IPRG** zuständig; vgl. auch Art. 62 und 183 IPRG.

12 Für die Anwendung von Art. 10 IPRG und Art. 24 LugÜ lassen sich aufgrund der allerdings teilweise kontroversen Literatur (vgl. u.a. WALTER, Internationale Zuständigkeit; IPRG-Komm.-VOLKEN, Art. 10; MEIER, LugÜ, 166 f.; WALDER, IZPR, 229 ff.; LEUCH/MARBACH/KELLERHALS/STERCHI, Vor Art. 326 ZPO/BE N 5.a) folgende Regeln aufstellen (VOGEL/SPÜHLER, § 61 Rz 217d ff.):

2. Zulässigkeit

13 Nach Art. 10 IPRG und Art. 24 LugÜ sind vorsorgliche Massnahmen sowohl *vor* Anhebung des Hauptprozesses als auch *während der Hängigkeit* des Hauptprozesses im Ausland zulässig. Die Rechtshängigkeit der Hauptklage steht dem nicht entgegen (Dasser/Oberhammer-DASSER, Art. 21 LugÜ N 23 ff.).

In Anknüpfung an ZR 1987 Nr. 76 (vgl. auch ZR 1990 Nr. 4), ergangen unter dem durch das IPRG aufgehobenen NAG, sind vorsorgliche Massnahmen hinsichtlich *in der Schweiz gelegener Nachlasswerte eines im Ausland verstorbenen Staatsangehörigen* auch unter dem neuen Recht zulässig, *sofern* die an sich zuständige Behörde sich mit den in der Schweiz befindlichen Teilen des Nachlasses nicht befasst (Art. 88 IPRG*)*. Die Regelung betrifft Immobilien und Mobilien.

Internationale Kindsentführung: Wurde dem schweizerischen Scheidungs- bzw. Massnahmerichter das widerrechtliche Verbringen oder Zurückhalten des Kindes i.S.v. Art. 3 Übereinkommen vom 25.10.1980 über die zivilrechtlichen Aspekte internationaler Kindesentführung (HEntfÜ; SR 0.211.230.02) *mitgeteilt, fehlt ihm die Kompetenz,* vorsorgliche Massnahmen betr. das Sorgerecht anzuordnen (Art. 16 HEntfÜ). Gestellte Massnahmebegehren sind bis zur rechtskräftigen Erledigung des Verfahrens betr. Rückführung gemäss dem erwähnten Haager Übereinkommen *zu sistieren* (ZR 96 Nr. 54).

Die Aufrechterhaltung von **Sicherungsmassnahmen,** die in der Schweiz im Zusammenhang mit der *Anerkennung eines ausländischen Urteils betr. eine* **Erbschaftsklage** angeordnet wurden, ist gerechtfertigt, wenn die *Erbansprüche der gesuchstellenden Partei* nicht von vornherein als unbegründet erscheinen. Zu diesem Zweck muss der schweizerische Richter nach dem *anwendbaren fremden Recht* die in der Schweiz bereits anerkannten ausländischen Entscheide und Urkunden dahin *überprüfen,* ob die gesuchstellende Partei nicht von der Erbschaft rechtsgültig ausgeschlossen wurde (BGE 122 III 213 E. 3, 4).

3. Zuständigkeit

Art. 10 IPRG und Art. 24 LugÜ legen nur die *internationale* Zuständigkeit fest. Für die *örtliche Zuständigkeit* ist auf die *nationalen* Zuständigkeitsregeln abzustellen. 14

a) Bei Hauptsachezuständigkeit

Sind schweizerische Gerichte, gestützt auf einen Staatsvertrag, für die Hauptsache international zuständig, so ergibt sich daraus ohne weiteres, dass sie auch zur Anordnung vorsorglicher Massnahmen im Hinblick auf ein künftiges Hauptsacheverfahren international zuständig sein müssen (MERKT, 109; WALTER, Internationales Zivilprozessrecht, 465; SPÜHLER/MEYER, 76 ff. Dieser Schluss ergibt sich a maiore ad minus insb. aus Art. 24 LugÜ). 15

Nach der (neuen) Bestimmung von Art. 10 IPRG sind (für alle von ihm erfassten Zivil- und Handelssachen) die schweizerischen Gerichte oder Behörden zur Anordnung von vorsorglichen Massnahmen zuständig, wenn sie für die Entscheidung *in der Sache selbst zuständig* sind (lit. a); vgl. auch Art. 62 für den Scheidungs- und Trennungsprozess (BGE 116 II 97) und 183 IPRG. 16

b) Bei fehlender Hauptsachezuständigkeit

Die Zuständigkeit eines Schweizer Gerichts zur Anordnung von Massnahmen des vorsorglichen Rechtsschutzes kann aber trotz Fehlens schweizerischer Zuständigkeit zur Beurteilung der Hauptsache gegeben sein: 17

– Nach Art. 10 lit. b IPRG sind zur Anordnung von vorsorglichen Massnahmen auch jene schweizerischen Gerichte und Behörden am Ort zuständig, an dem die vorsorgliche Massnahme **vollstreckt** werden soll.

– *Vor* dem Hauptprozess bzw. *ausserhalb* des Hauptprozesses sieht Art. 24 LugÜ (im Geltungsbereich der von ihm geregelten Zivil- und Handelssachen) die Zuständigkeit der Gerichte eines Vertragsstaats zur Anordnung der in dessen Recht «vorgesehenen einstweiligen Massnahmen» auch dann vor, «wenn für die Entscheidung in der Hauptsache das Gericht eines anderen Vertragsstaats aufgrund dieses Übereinkommens zuständig ist» (Art. 24 LugÜ).

c) Gerichtsstandsvereinbarung

Trotz einer **Gerichtsstandsvereinbarung** muss es möglich bleiben, an einem anderen als dem prorogierten Gericht um einstweiligen Rechtsschutz nachzusuchen, wenn dieses andere Gericht allein in der Lage ist, eine sofort vollstreckbare Massnahme rechtzeitig anzuordnen (BGE 125 III 454). 18

d) Besondere Gerichtsstände

19 Besondere Gerichtsstände für Massnahmebegehren ausserhalb eines Hauptprozesses bestehen für

– *Eheschutz-* und ehegüterrechtliche Massnahmen am Wohnsitz oder gewöhnlichen Aufenthalt jedes Ehegatten (Art. 46, 51 lit. c IPRG), sowie

– im *Erbrecht:* sichernde Massnahmen über in der Schweiz gelegenes Vermögen eines Erblassers mit letztem Wohnsitz im Ausland (Art. 89 IPRG; vgl. SPÜHLER/MEYER, 77).

Nach Art. 62 IPRG kann das schweizerische Gericht, bei dem eine *Scheidungs- oder Trennungsklage* hängig ist, vorsorgliche Massnahmen treffen, sofern seine Unzuständigkeit zur Beurteilung der Klage nicht offensichtlich ist oder nicht rechtskräftig festgestellt wurde. Zur Zuständigkeit schweizerischer Gerichte zur Anordnung vorsorglicher Massnahmen bei ausländischer Rechtshängigkeit einer Scheidungsklage vgl. SZZP 2008, 688, BGer 5A.677/2007.

Art. 62 Abs. 3 IPRG enthält einen *Vorbehalt* hinsichtlich der Bestimmungen des IPRG über die Unterhaltspflicht der Ehegatten (Art. 49), die Wirkungen des Kindesverhältnisses (Art. 82, 83) und den Minderjährigenschutz (Art. 85). Art. 85 Abs. 3 IPRG begründet die Zuständigkeit der schweizerischen Gerichte und Behörden zum Erlass *von Massnahmen zum Schutze Minderjähriger in dringenden Fällen* (BGE 118 II 184 E. 4).

Die Tatsache, dass Art. 64 IPRG die Zuständigkeit und das anwendbare Recht für vorsorgliche Massnahmen im Rahmen einer Klage auf *Ergänzung oder Änderung eines Scheidungsurteils* im Unterschied zur Scheidungs- oder Trennungsklage (Art. 62 IPRG) nicht speziell regelt, schliesst nicht aus, dass auch im Rahmen einer solchen Klage vorsorgliche Massnahmen angeordnet werden können (BGE 116 II 97).

Zum Verhältnis der «gewöhnlichen» Regeln des einstweiligen Rechtsschutzes im internationalen Bereich zu den speziellen Zuständigkeiten (Eherecht, Erbrecht, Gesellschaftsrecht, Konkursrecht, internationale Schiedsgerichtsbarkeit) s. REISER.

4. Anwendbares Recht

20 Schweizerische Gerichte sprechen vorsorgliche Massnahmen stets *nach schweizerischem Verfahrensrecht* aus, da es sich hiebei um ein prozessrechtliches Institut handelt (STÄHELI, 119 mit Verweisungen). Im Einzelnen ist zu unterscheiden (VOGEL/SPÜHLER, § 61 Rz 217g):

– Die **lex fori** gilt sowohl für die **allgemeinen Voraussetzungen**, also insb. die sog. *Nachteilsprognose* und das Beweismass (Glaubhaftmachung), als auch für den *Inhalt der vorsorglichen Massnahmen* (vgl. Art. 24 LugÜ: «Die in dem Recht eines Vertragsstaats vorgesehenen einstweiligen Massnahmen»). Dazu sollten auch die *Beweissicherungsmassnahmen* gehören, weil die besondere Dringlichkeit dies gebietet (VOGEL/SPÜHLER, § 61 Rz 217g). Auch die Anordnung einer *Sicherheitsleistung* und der *Schadenersatzanspruch* richten sich nach Art. 264 als der *lex fori*.

– Für die Beurteilung der **Hauptsacheprognose** gilt die **lex causae**. Bei *Scheidungs- und Trennungsklagen* sowie bei den *Klagen auf Ergänzung und Änderung eines Scheidungsurteils* (BGE 116 II 97 ff.) unterstehen vorsorgliche Massnahmen dem Grundsatz nach *immer* schweizerischem Recht (Art. 62 Abs. 2 IPRG), von einzelnen Sonderanknüpfungen abgesehen (vgl. IPRG-Komm.-BOPP, Art. 62 N 13 ff.).

Der durch **Medienberichterstattung** in seiner Persönlichkeit Verletzte hat nach Art. 139 IPRG eine Rechtswahl: In Betracht kommen das Recht des Staates, in dem der Verletzte seinen gewöhnlichen Aufenthalt hat, und andererseits das Recht des Erfolgsorts, je sofern das Medienunternehmen mit dem Eintritt des Erfolgs in diesen Staaten rechnen musste. Ferner kann der Geschädigte das Recht des Urhebers der Verletzung wählen. 21

5. Weiteres

Zu den *Voraussetzungen* für die Anordnung vorsorglicher Massnahmen, zum *Katalog der in Betracht fallenden Massnahmen* und zu den *Rechtsmitteln* im internationalen Verhältnis vgl. auch WALDER, IZPR, §13 Rz 18 ff. 22

Zur *extraterritorialen Wirkung* von vorsorglichen Massnahmen vgl. KOFMEL EHRENZELLER, Grundlagen, 77 ff.; Dasser/Oberhammer-KOFMEL EHRENZELLER, Art. 24 LugÜ N 29 ff. 23

6. Vollstreckung schweizerischer Massnahmeentscheide im Ausland

Ob in der Schweiz angeordnete vorsorgliche Massnahmen **im Ausland vollstreckt** werden, richtet sich nach dem Recht des betreffenden Staates und den Staatsverträgen (LEUCH/MARBACH/KELLERHALS/STERCHI, Art. 326 ZPO/BE N 5.c). Für den Anwendungsbereich des LugÜ vgl. MEIER, LugÜ, 177 f., wonach internationale Vollstreckung möglich ist, wenn die Gegenpartei angehört wurde, somit nicht für Superprovisorien. 24

7. Anerkennung und Vollstreckung ausländischer Massnahmeentscheide in der Schweiz

Unter derselben Voraussetzung (Gegenpartei wurde angehört) werden **Entscheide** über vorsorgliche Massnahmen **aus Staaten, die dem LugÜ angeschlossen sind**, in der Schweiz vollstreckt (vgl. JAMETTI GREINER, LugÜ, 65 unten und 68 oben; Dasser/Oberhammer-STAEHELIN, Art. 31 LugÜ N 16; Dasser/Oberhammer-KOFMEL EHRENZELLER, Art. 24 LugÜ N 33 ff.). Nach BGE 125 III 457 sind vorsorgliche Massnahmen gemäss Art. 24 LugÜ als Leistungsmassnahmen unter folgenden Voraussetzungen anzuerkennen: a) sachlich erforderlich, b) zeitlich dringend, c) Unmöglichkeit rechtzeitigen Handelns des Hauptsachengerichts, d) Erhaltung des praktischen Wertes der im Hauptverfahren geltend zu machenden Ansprüche, e) Sicherheitsleistung des Antragstellers. 25

Ausserhalb des Anwendungsbereichs des LugÜ und bilateraler Staatsverträge stellt sich hinsichtlich der Vollstreckung ausländischer Massnahmeentscheide in der Schweiz die Frage, ob die Art. 25 ff. IPRG anwendbar sind. Die Doktrin bejaht dies (F. KELLERHALS, 584; WALDER, IZPR, 140 Rz 95; vgl. auch STÄHELI, 134; KOFMEL EHRENZELLER, Grundlagen, 86 ff.). Betr. vorsorgliche Massnahmen im Bereich des *unlauteren Wettbewerbs* (Art. 136 Abs. 1 IPRG) vgl. SJZ 1992, 206 (33). Zur Vollstreckung einer englischen *freezing injunction* (vgl. dazu Art. 262 N 30) vgl. u.a. BERNET, 73 ff.

III. Zum Anwendungsbereich von Art. 261–269

1. Andere Regelungen von vorsorglichen Massnahmen in der ZPO

Die ZPO enthält neben den Art. 261–269 noch verschiedene andere Regelungen von vorsorglichen Massnahmen. 26

a) Vorsorgliche Beweisführung

27 Nach Art. 158 Abs. 2 sind die Bestimmungen über die vorsorglichen Massnahmen auch bei der **vorsorglichen Beweisführung** anzuwenden (vgl. dazu S. KOFMEL, Recht auf Beweis, 275 ff.; ZR 1971 Nr. 128 B; ZR 1978 Nr. 50 = SJZ 1978, 377 Nr. 75; Art. 28c Abs. 2 aZGB; LEUENBERGER/UFFER-TOBLER, Art. 199 ZPO/SG N 1.a; GULDENER, ZPR, 576 f.; BERTI, Massnahmen, 181 f.; JERMANN, Art. 38 DesG N 35). Danach nimmt das Gericht jederzeit – vor Beginn des Beweisverfahrens oder des Prozesses überhaupt – Beweis ab, wenn das Gesetz einen entsprechenden Anspruch gewährt oder wenn die gesuchstellende Partei eine Gefährdung der Beweismittel oder ein schutzwürdiges Interesse glaubhaft macht. Gesuche um vorsorgliche Beweisführung zielen nur auf die *Erhebung von Beweisen* ab, nicht auf die *Würdigung* derselben und die Beurteilung eines Rechtsstreites (BGE 96 II 269). – Zur *Abgrenzung* der vorsorglichen Beweisabnahme vom *amtlichen Befund*: ZR 1980 Nr. 96.

28 **Zweck der Beweissicherung** ist die Vermeidung eines nachträglichen Beweisnotstands, welcher durch Entfernen und Zerstören von Beweismaterial zum Nachteil der gesuchstellenden Partei eintreten könnte (ALDER, 142; ZÜRCHER, 107; JERMANN, Art. 38 DesG N 35). Es soll verhindert werden, dass sie in einem (allfälligen) Prozess ihrer Beweispflicht nicht nachkommen kann.

Neben der eigentlichen Beweismittelsicherung darf auch die *prozessverhütende Wirkung* der vorsorglichen Beweisabnahme in Betracht gezogen werden (Max. XII Nr. 369).

Die vorsorgliche Beweisaufnahme kann ferner auch der *Erfüllung einer bundesrechtlichen Informationspflicht* dienen (z.B. bezüglich der Auskunftspflicht der Erben gemäss Art. 610 Abs. 2 ZGB; LGVE 1986 I Nr. 23).

29 Gefährdet können Beweise sein z.B. durch

– die Erkrankung eines Zeugen;

– die bevorstehende Abreise eines Zeugen ins Ausland;

– die Abnahme des Erinnerungsvermögens (LGVE 1986 I Nr. 23);

– die drohende Veränderung eines Objekts, z.B. eines Bauwerks.

30 Zur Sicherstellung gefährdeter Beweise kann die vorsorgliche Abnahme von Beweisen verlangt werden (BJM 1977, 33 f.; SJZ 1951, 279 f.; BGE 111 II 30), z.B.

– Zeugenabhörung;

– Augenschein; Einsicht in die Quelle einer potenziellen Verletzung (vgl. ZBJV 2005, 199 f., wo es um die [i.c. abgelehnte] Herausgabe von Adresslisten ging);

– Durchführung einer Expertise (z.B. Art. 367 Abs. 2 OR; ärztliche Gutachten zur Vermeidung von Prozessen; vgl. HABERTHÜR, 1105). Häufig ist die Anordnung einer Expertise über behauptete Baumängel, deren Feststellung vor Beginn der Sanierungsarbeiten verlangt wird. Das Gutachten hat sich i.d.R. auf die Beschreibung des Zustands zu beschränken; nur ausnahmsweise kann es sich auf die Feststellung der Schadensursachen erstrecken (dazu LGVE 1991 I Nr. 23 und LGVE 1986 I Nr. 24).

31 Beweissicherung kann im Rahmen *bereits rechtshängiger Prozesse* verlangt werden, aber auch *vor Einleitung eines Prozesses*, u.U. noch bevor klar ist, wer in einem Prozess Gegenpartei wäre.

An die **Glaubhaftmachung** sind keine hohen Anforderungen zu stellen. Es geht hier einzig um die vorsorgliche Feststellung von **Tatsachen** und nicht um den vorläufigen Schutz des behaupteten Rechts (BGE 98 Ia 666 ff.; STAEHELIN/STAEHELIN/GROLIMUND, 380; GUTMANN, 6), weshalb – im Gegensatz zu den vorsorglichen Massnahmen – auch kein Verfügungsanspruch glaubhaft gemacht werden muss, also nicht die wahrscheinliche Begründetheit des Hauptbegehrens, sondern *nur der drohende Verlust des Beweismittels* (VOGEL/SPÜHLER, § 61 Rz 202). Beweiserheblichkeit und Tauglichkeit der angerufenen Beweismittel sind nur ausnahmsweise zu prüfen, so bei Hängigkeit des Prozesses (Max. XII Nr. 156). 32

Verschiedentlich gewährt das *Bundesrecht* einen Anspruch auf rasche Tatbestandsfeststellung ausser Prozess, ohne dass eine Beweisgefährdung erforderlich ist; vgl. Art. 38 lit. a DesG, Art. 65 lit. a URG; Art. 59 lit. a MSchG; Art. 43 lit. a SortG. 33

Im Bereich des *Persönlichkeitsschutzes* und des *Markenrechts* ist es willkürlich, ohne *ausdrückliche gesetzliche Grundlage* Massnahmen zur Beweissicherung **gegenüber einem Dritten** anzuordnen, der in keiner Weise an der behaupteten Verletzung des Rechts des Gesuchstellers mitgewirkt hat, auch wenn dieser den Verletzer noch nicht kennt (BGE 122 III 353). 34

b) Unterhalts- und Vaterschaftsklage

Zu vorsorglichen Massnahmen bei der Unterhalts- und Vaterschaftsklage vgl. Art. 303. 35

c) Schiedsverfahren

Auf Antrag einer Partei kann das staatliche Gericht auch in **Schiedsverfahren** vorsorgliche Massnahmen einschliesslich solcher für die Sicherung von Beweismitteln anordnen (Art. 374 Abs. 1). 36

In *internationalen* Schiedsverfahren, für die Art. 176 ff. IPRG anwendbar (und die nicht nach Art. 176 Abs. 2 IPRG ausgeschlossen worden) sind, kann gemäss Art. 183 IPRG auch **das Schiedsgericht selbst** vorsorgliche oder sichernde Massnahmen anordnen, sofern die Parteien nichts anderes vereinbart haben (WALDER, IZPR, § 13 Rz 36). 37

2. Andere vorsorgliche Massnahmen des Bundeszivilrechts

Es gibt zahlreiche andere vorsorgliche Massnahmen des Bundeszivilrechts (vgl. KILLER, § 200 ZPO/AG N 5; SUTTER-SOMM, ZPR, Rz 892). Die nachfolgende Auflistung ist nicht abschliessend. 38

Ob jeweils ein *summarisches Verfahren* zur Anwendung gelangt, ist im Einzelfall zu prüfen. Das Bundesrecht sieht es nicht für alle Fälle der Sicherstellung vor. So kann z.B. der Sicherstellungsanspruch des Eigentümers gegenüber dem Nutzniesser nach Art. 760 Abs. 1 ZGB nicht mit blossem Glaubhaftmachen im summarischen Verfahren erwirkt werden (SUTTER-SOMM, ZPR, Rz 892 i.f.); vgl. die Listen der Fälle, in denen das summarische Verfahren angewendet wird (Art. 249 [ZGB], 250 [OR], 251 [SchKG]). 39

a) ZGB

Vgl. auch SUTTER-SOMM/ KOBEL, Rz 212 ff.; GEISER/GREMPER, Art. 35 PatG N 12 ff.

aa) Personenrecht

40 Die vorsorglichen Massnahmen im *Persönlichkeitsrecht* (Art. 28c–f aZGB) und im *Gegendarstellungsrecht* (Art. 28l Abs. 3 aZGB) wurden aufgehoben, wobei die Gegendarstellung als solche keine vorsorgliche Massnahme ist (vgl. BGE 112 II 193, 195 f.). An die Art. 28c–f aZGB lehnten sich nicht nur die vorsorglichen Massnahmen gemäss ZPO an, sie waren auch in anderen Bereichen des Bundesrechts anwendbar (z.B. im Urheber- oder im Markenrecht).

bb) Familienrecht

41 **Eherecht**: Vorsorgliche Massnahmen im Scheidungsrecht: Art. 137 aZGB wurde aufgehoben. Ob Eheschutzmassnahmen nach Art. 172 ff. ZGB zu den vorsorglichen Massnahmen zählen, ist umstritten (vgl. BGE 127 II 474; 133 III 393, 396 f.) – Der Richter kann auf Begehren eines oder beider Ehegatten hin auch vorsorgliche Massnahmen treffen, wenn *der gemeinsame Haushalt weitergeführt* wird. Es ist auch zulässig, gestützt auf Art. *178 ZGB* eine *Verfügungssperre* über das Vermögen des unterhaltspflichtigen Ehegatten zu verhängen, wenn der *Unterhalt der Ehefrau oder der Kinder gefährdet* ist und nicht anders sichergestellt werden kann. Die Verfügungsbeschränkung ist nur so weit zulässig, als sie zur Sicherstellung des gebührenden Unterhalts der Familie notwendig ist (ZR 93 Nr. 18 mit zahlreichen Hinweisen). – *Zuviel bezahlte Unterhaltsbeiträge* kann der pflichtige Ehegatte nur bei Vorliegen ganz besonderer Gründe rückwirkend über das Datum seines Änderungsbegehrens hinaus zurückverlangen (BGE 111 II 103). – Dem Schutzgedanken von Art. 169 ZGB (Familienwohnung) ist Rechnung zu tragen. Art. 169 Abs. 2 ZGB verlangt triftige Gründe, um den Richter zu veranlassen, anstelle des betroffenen Ehegatten die Zustimmung zur Veräusserung der Familienwohnung zu erteilen. Zwei Jahre Trennung der Ehegatten und die Belastung des Budgets genügen jedenfalls nicht (Pra 1989 Nrn. 110, 111). – Zum Verhältnis vorsorglicher Massnahmen betr. Zuweisung der Wohnung für die Dauer des Scheidungsprozesses und der testamentarischen Enterbung zum Anspruch des *überlebenden Ehegatten,* die bisherige eheliche Wohnung i.S.v. Art. 612a ZGB zugewiesen zu erhalten: SJZ 1991, 24 Nr. 4. – Das schweizerische Scheidungsgericht, das vorsorgliche Massnahmen zum Schutz güterrechtlicher Ansprüche einer Partei angeordnet hat, kann – wenn rechtskräftig feststeht, dass ein *ausländisches Gericht die Scheidung schon ausgesprochen* hat – diese Massnahme nicht bis zum Abschluss des ausländischen (separaten) Prozesses über die güterrechtliche Auseinandersetzung ausdehnen (ZR 90 Nr. 7). – In einem Prozess *auf Änderung eines Scheidungsurteils* können vorsorgliche Massnahmen getroffen werden; sie müssen aber die Ausnahme bilden, da ein rechtskräftiges Urteil vorliegt (ZR 89 Nr. 72). Insbesondere erlauben es nur spezielle Umstände ausnahmsweise, schon mittels vorsorglicher Massnahmen die zugesprochene *Entschädigungsrente aufzuheben oder zu kürzen* (BGE 118 II 228). Das ist etwa der Fall, wenn der Rentenschuldner wegen seiner wirtschaftlichen Lage während des Abänderungsprozesses nicht mehr zur Zahlung angehalten werden kann. Dabei sind die Interessen der Gläubigerin zu prüfen, die bis zum Endentscheid betr. Abänderung grundsätzlich schützenswert sind und jenen des Rentenschuldners vorgehen (BGE 89 II 15; BGE 118 II 228 mit einer Zusammenfassung von Rechtsprechung und Lehre). – Während der Dauer des Scheidungsverfahrens entfällt der *Unterhaltsanspruch,* wenn seine Geltendmachung *rechtsmissbräuchlich* ist. Das ist namentlich dann der Fall, wenn die unterhaltsberechtigte Ehegattin in vollem Umfang von ihrem *Konkubinatspartner* unterstützt wird. Entscheidend ist der *Unterhaltsbedarf* des unterhaltsberechtigten Ehegatten (BGE 118 II 225 E. 2c). – Zur *Leistungsfähigkeit* des Ehemanns, der seine bzw. mehrere Gesellschaften beherrscht: ZR 1991 Nr. 52. – *Ergänzungsleistungen zu AHV/IV-Renten* sind als Fürsorgeleistungen im Verhältnis zur Unterhaltspflicht subsidiär. Die

Möglichkeit des unterhaltsberechtigten Ehegatten zum Bezug solcher Leistungen ändert daher nichts an der Unterhaltspflicht des andern Gatten (ZR 90 Nr. 53). – Der Schutz des geldmässigen Unterhaltsanspruchs obliegt ausserhalb des Scheidungs- und Trennungsrechts im Streitfall dem *Eheschutzrichter* (Art. 173 ZGB), und er hat auf die *individuellen Verhältnisse* und berechtigten Bedürfnisse Rücksicht zu nehmen. Der Schutz geht nach Rechtshängigkeit des Scheidungs- oder Trennungsprozesses in die Zuständigkeit des damit befassten Richters über. Der Eheschutzrichter bleibt zur Behandlung der vordem bei ihm gestellten Begehren grundsätzlich noch insoweit befugt und verpflichtet, als die verlangten Massregeln auf den *Zeitraum vor Anhängigmachung der Scheidungsklage* zurückwirken (Unterhaltsansprüche ausgenommen) und nicht wegen der Scheidungsklage gegenstandslos werden. Trifft dies nicht zu, so überweist der Eheschutzrichter das Begehren dem *ordentlichen Richter* zur Behandlung im Massnahmeverfahren. Abgesehen von den angeführten Fällen ist auch dann zu überweisen, wenn die Rückwirkung nur eine kurze vor der Anrufung des Scheidungsrichters liegende Zeitspanne betrifft (bezogen auf das Rekursverfahren: wenn sich in einem solchen Fall der Rekursentscheid nicht ohne erhebliche Weiterungen ausfällen lässt; ZR 1988 Nr. 115). – Der *betreibungsrechtliche Notbedarf* ist bloss Anhaltspunkt für die Festsetzung des Unterhaltsbeitrags. Bei dessen Berechnung ist die Steuerlast zu berücksichtigen und sind unter Umständen wirtschaftlich verkraftbare Versicherungsprämien einzuberechnen (Pra 1989 Nr. 109). – Über den Notbedarf hinausgehende Beträge sind *nicht zwangsläufig hälftig* auf die Ehegatten aufzuteilen. Die Wahrung des bisherigen Lebensstandards ist ausschlaggebend. Beispiel für die Berechnung der Freibeträge von Mann und Frau: Pra 1990 Nr. 61. – Zur *missbräuchlichen Geltendmachung* von persönlichen Unterhaltsbeiträgen im Hinblick auf eine vertraglich geregelte eheähnliche Gemeinschaft (Konkubinat): ZR 1991 Nr. 39. – Unabhängig davon, ob die Eheleute getrennt oder zusammen leben, können *rückwirkend für ein Jahr* Unterhaltsbeiträge verlangt werden. Art. 173 Abs. 3 ZGB ist sinngemäss auf Art. 145 aZGB anzuwenden, wobei sich die rückwirkende Jahresfrist nach dem Zeitpunkt der Einreichung der Scheidungsklage richtet (BGE 115 III 201 = Pra 1989 Nr. 269; Rückwirkung als Ausnahme unter altem Eherecht: SJZ 1985, 183 Nr. 34; BK-BÜHLER/SPÜHLER, Art. 145 aZGB N 125). – Der in einem *rechtskräftigen Trennungsurteil* festgesetzte Unterhaltsbeitrag kann in einem nachfolgenden Scheidungsprozess nur dann mit einer vorsorglichen Massnahme abgeändert werden, wenn die anbegehrte vorsorgliche Neuregelung aufgrund veränderter Verhältnisse als zwingend erforderlich erscheint (SJZ 1990, 12 Nr. 1). – Im Verfahren um Anordnung vorsorglicher Massnahmen ist die *Verwaltung und Nutzung von Vermögenswerten* der Ehegatten zu regeln und die Verfügung darüber zu beschränken, soweit die *Gefährdung eines güterrechtlichen Anspruchs* glaubhaft gemacht worden ist; hingegen darf in einem Massnahmeentscheid nicht über Ansprüche befunden werden, deren Beurteilung einem ordentlichen Verfahren vorbehalten ist (BGE 119 II 193 E. 3a). – Der *Eheschutzrichter* ist zur Anordnung vorsorglicher Massnahmen befugt, jedoch nur dann, wenn ein nicht leicht wiedergutzumachender Nachteil droht (FRANK/STRÄULI/MESSMER, § 110 ZPO/ZH N 23). – Art. 178 Abs. 3 ZGB sieht vor, dass der *Eheschutzrichter*, wenn es «die Sicherung der wirtschaftlichen Grundlagen der Familie oder die Erfüllung einer vermögensrechtlichen Verpflichtung aus der ehelichen Gemeinschaft erfordert» (Art. 178 Abs. 1 ZGB), einem Ehegatten untersagen kann, über ein Grundstück zu verfügen, wobei er dies von Amtes wegen im Grundbuch «anmerken» lässt. Es handelt sich hiebei um den *Entzug der alleinigen Verfügungsbefugnis* des Eigentümers über sein Grundstück in dem Sinn, dass er für Verfügungen über das Grundstück die Zustimmung des Ehegatten braucht (J. SCHMID, Neues Eherecht und Grundbuchführung, ZBGR 1987, 299; zum Gegenstand und der Wirkung der Verfügungsbeschränkung auch TH. GEISER, ZBGR 1987, 22 ff.). – Die *Zahlungsanweisung* wurde nach Art. 177 ZGB (BGE 134 III 667) vom Geschlecht des verpflichteten und berechtigten Ehegatten unabhängig gemacht. Angeknüpft wird an die vereinbarte oder übungsgemäss (stillschweigend) zugewiesene finanzielle Unterhaltspflicht.

42 **Kindesrecht**: Vorsorgliche Massregeln in Unterhaltssachen (Art. 281 ff. ZGB) und bei Unterstützungsleistungen (Art. 329 Abs. 3 ZGB); Sicherstellung künftiger Unterhaltsbeiträge durch die Eltern (Art. 292 ZGB); Kindesschutzmassnahmen (Art. 307 ff. ZGB) in einem rechtshängigen familienrechtlichen Prozess (Art. 315a Abs. 1 ZGB); vorläufige Kindesschutzmassnahmen der Vormundschaftsbehörde im eherechtlichen Verfahren (Art. 315 Abs. 3 Ziff. 2 ZGB); Inventar über das Kindesvermögen (Art. 318 Abs. 2 ZGB; BGer, 21.6.2007, 5A.169/2007 E. 3). Schutzmassnahmen im Interesse der Kinder können und müssen u.U. auch im Blick auf den *Einfluss Dritter* (Freund der Mutter) getroffen werden (SJZ 1991, 378 Nr. 60). Zur Anordnung von Kindesschutzmassnahmen ist gemäss Art. 307 ff. ZGB die Vormundschaftsbehörde und nicht der Eheschutzrichter zuständig (ZR 79 Nr. 112). – Schutz des Kindesvermögens in einem rechtshängigen familienrechtlichen Prozess (Art. 324 Abs. 3 ZGB); Massregeln der vorläufigen Fürsorge durch die Vormundschaftsbehörde (Art. 386 ZGB); vorläufige Verfügungen des Vormunds in dringenden Fällen (Art. 421 Ziff. 8 ZGB); vorläufige Massregeln der Vormundschaftsbehörde gegenüber dem Vormund (Art. 448 ZGB).

cc) Erbrecht

43 Das Erbrecht kennt verschiedene Sicherungsmassnahmen. Die Expertenkommission war der Ansicht, eine Herauslösung und Verpflanzung in die ZPO brächte keinen praktischen Gewinn, und beliess die Sicherungsmassnahmen im materiellen Recht, weil sie eng mit dem Erbgang verbunden sind (Bericht, 134). Dies wurde so beibehalten; vgl. den Vorbehalt in Art. 269 lit. b.

dd) Sachenrecht

44 Vorsorgliche Massnahmen betr. die Aufhebung von Miteigentum an Tieren im häuslichen Bereich (Art. 651a Abs. 3 ZGB). Vgl. zum Besitzesschutz des Sachenrechts Art. 926 ff. ZGB (wobei umstritten ist, inwieweit es sich um vorsorgliche Massnahmen handelt, vgl. BGE 113 II 243); Verfügungsbeschränkungen und vorläufige Eintragungen zur Sicherung behaupteter dinglicher Rechte durch Vormerkung im Grundbuch (Art. 960 und 961 ZGB), insb. die vorläufige Eintragung eines Bauhandwerkerpfandrechts (Art. 837 Abs. 1 Ziff. 3 ZGB); vgl. Art. 262 N 32 f., sowie Art. 79 Abs. 1 lit. a BZP.

b) OR

45 Auch das Obligationenrecht sieht eine Vielzahl von vorsorglichen Massnahmen vor: bei der Anfechtung missbräuchlicher Forderungen des Vermieters (Art. 270e lit. b OR) und bei anderen mietrechtlichen Streitigkeiten (Art. 274f Abs. 2 OR) betr. Wohn- und Geschäftsräume, jedoch nicht die *Erstreckung* von Miete und Pacht (Art. 272 ff. und Art. 300 OR; vgl. BSK BGG-SCHOTT, Art. 98 N 11). Art. 274f Abs. 2 OR regelt als reine Verfahrensvorschrift die *sachliche und funktionelle Zuständigkeit* des Richters zur Anordnung vorsorglicher Massnahmen in *Abgrenzung zur Schlichtungsbehörde*. Die Norm befasst sich hingegen nicht mit den Voraussetzungen für die Anordnung vorsorglicher Massnahmen (AJP 1998, 1517). Diese ergeben sich demnach aus der ZPO. – Vorläufiger Entzug der Vertretungsbefugnis des Kollektivgesellschafters (Art. 565 Abs. 2 OR), worauf im Recht der Kommanditgesellschaft (Art. 603 OR), der Kommandit-AG (Art. 767 Abs. 1 OR) und der GmbH (Art. 814 Abs. 2 OR) verwiesen wird; vorsorgliche Massnahmen bei der Klage auf Auflösung einer Kollektivgesellschaft (Art. 574 Abs. 3 OR);

c) Immaterialgüterrecht

Auch im Immaterialgüterrecht sind vorsorgliche Massnahmen spezialgesetzlich geregelt. Im VE war in Art. 282 noch vorgesehen gewesen: «Bei immaterial- und wettbewerbsrechtlichen Streitigkeiten kann das Gericht ausnahmsweise von vorsorglichen Massnahmen absehen, wenn die andere Partei angemessene Sicherheit anbietet und dadurch ein billiger Interessensausgleich gewährleistet werden kann.» Diese Bestimmung lehnte sich an Art. 79 Abs. 2 PatG an und sollte auf das gesamte Immaterialgüter- und Wettbewerbsrecht ausgedehnt werden (Bericht, 134). Im definitiven Gesetz fiel diese Bestimmung fort, weil sie nach Art. 261 Abs. 2 allgemein gilt. Dafür wurden in die immaterialgüterrechtlichen Gesetze neue Bestimmungen zu den vorsorglichen Massnahmen aufgenommen: vgl. Art. 59 MSchG; Art. 38 DesG; Art. 77 ff. PatG (vgl. den Vorbehalt in Art. 269 lit. c); Art. 43 SortG; Art. 65 URG. Im Urheberrecht sind superprovisorische Massnahmen vor allem im Zusammenhang mit Theateraufführungen, Filmpremieren, Messen und Ausstellungen denkbar (vgl. MÜLLER/OERTLI, Art. 15 URG N 20). Nach Art. 10 des BG vom 9.10.1992 über den Schutz von Topographien und von Halbleitererzeugnissen (SR 231.2) richtet sich der zivilrechtliche Schutz der Topographie nach Art. 61–66 URG.

46

d) Wettbewerbsrecht

Vgl. Art. 14 UWG. (Die kartellrechtliche Bestimmung von Art. 17 aKG wurde aufgehoben. Nach ZR 98 Nr. 38 E. III 7 verlangt die Anordnung von vorsorglichen Massnahmen im *Kartellrecht* von der Rechtslage her (relevanter Markt, Marktbeherrschung usw.) eine *entsprechende Rechtsverletzung, Dringlichkeit, Nachteilsträchtigkeit*.)

47

e) SchKG

Vgl. z.B. Art. 85a Abs. 2 (wonach die Betreibung vorläufig eingestellt wird, wenn die Feststellungsklage als «sehr wahrscheinlich» begründet» erscheint), 183 und 293 SchKG; zum Vorrang der sichernden Massnahmen des SchKG bei der Vollstreckung von **Geldforderungen** vgl. Art. 269 lit. a (sowie auch Art. 262 lit. e).

48

f) Weitere Gesetze

Vgl. auch

49

- Art. 11 Abs. 3 des **BG vom 24.3.1995 über die Gleichstellung von Frau und Mann** (GlG, SR 151.1; provisorische Wiedereinstellung der Arbeitnehmerin oder des Arbeitnehmers aufgrund des Gleichstellungsgesetzes bei Arbeitsverhältnissen nach OR);
- Art. 15 BG über den Datenschutz (DSG, SR 235.1; vgl. M.-F. SCHÄFER, Vorsorgliche Massnahmen des EDÖB, DIGMA 2009, 78–79);
- Art. 43 BG über den Schutz von Pflanzenzüchtungen (SortG, SR 232.16).

3. Vorsorgliche Massnahmen in nicht zivilprozessualen Verfahren

a) Verwaltungsrecht

Zu den vorsorglichen Massnahmen im *streitigen* Verwaltungsverfahren vgl. Art. 55 f. VwVG.

50

51 Vorsorgliche Massnahmen im *nichtstreitigen* Verwaltungsverfahren sind im VwVG nicht geregelt (vgl. P. HAUSER/A. MATTLE, Öffentliches Prozessrecht, Zürich 2007, 56 ff.). Sie haben den Zweck sicherzustellen, dass die in Aussicht genommene Verfügung nicht bereits vorgängig durch die Veränderung rechtlicher oder tatsächlicher Umstände wirkungslos wird. Es kann sich etwa um provisorische Lärmschutzmassnahmen handeln (BGer, 20.2.2007, 1C.283/2007). Sie lassen sich in *sichernde* und *gestaltende* Massnahmen unterteilen. Zu den Voraussetzungen vgl. BGE 116 Ia 180; VPB 2001, 27. Teilweise finden sich zu ihnen aber Vorschriften in Spezialgesetzen, z.B. Art. 107 Abs. 2 lit. a Asylgesetz (SR 142.31); Art. 26 Abs. 1 Regierungs- und Verwaltungsorganisationsgesetz (SR 172.010); Art. 26 Bundespersonalgesetz (SR 172.220.1); Art. 23 BG über den Erwerb von Grundstücken durch Personen im Ausland (SR 211.412.41); Art. 10 BG zum Schutz von Namen und Zeichen der Organisation der Vereinten Nationen und anderer zwischenstaatlicher Organisationen (SR 232.23); Art. 11 BG betreffend den Schutz des Zeichens und des Namens des Roten Kreuzes (SR 232.22); Art. 10 Abs. 3 BG über die Zusammenarbeit mit dem Internationalen Strafgerichtshof (SR 351.6); Art. 16 BG über den Natur- und Heimatschutz (SR 451); Art. 19 der Unfalluntersuchungsverordnung (VUU, SR 742.161); Art. 13j Abs. 2 V über die Adressierungselemente im Fernmeldebereich (AEFV, SR 784.104); Art. 96 Strahlenschutzverordnung (StSV, SR 814.501); Art. 30 und 56 BG über Lebensmittel und Gebrauchsgegenstände (Lebensmittelgesetz, LMG) vom 9.10.1992 (SR 817.0); Art. 65 Abs. 3 BG über Transplantation von Organen, Geweben und Zellen (SR 810.21); Art. 62 Abs. 2 V über die Unfallverhütung, VUV, SR 832.30); Art. 41 Abs. 6 Pflanzenschutzverordnung (PSV, SR 916.20); Art. 50 Spielbankengesetz (SR 935.52); Art. 4 Abs. 3 Güterkontrollverordnung (GKV, SR 946.202.1). Vorsorgliche Massnahmen können aber auch ohne explizite spezialgesetzliche Grundlage ergriffen werden.

52 Art. 102 Abs. 1 BV meint mit «vorsorglichen Massnahmen» solche für die Landesversorgung. Auch in manchen Gesetzen bezieht sich die Formulierung «vorsorgliche Massnahmen» auf *faktische* Vorkehren. So bezieht sich Art. 26 BG über die Krankenversicherung (KVG, SR 832.10) auf vorsorgliche medizinische Massnahmen, und Art. 43a Abs. 1 BG über die gebrannten Wasser (Alkoholgesetz, SR 680) regelt die Unterstützung von Organisationen und Institutionen, «die sich der Bekämpfung des Alkoholismus durch vorsorgliche Massnahmen widmen».

b) Strafprozessrecht

53 Von den zivilprozessualen vorsorglichen Massnahmen sind auch die *strafprozessualen vorläufigen Zwangsmassnahmen* im **Strafprozess** abzuheben (wie die *Sicherungsbeschlagnahmung*, die im Gegensatz zur endgültigen materiellrechtlichen Einziehung steht; BGer, 16.4.2009, 1B.252/2008; vgl. BGE 133 I 270 E. 1.2.2).

54 Eine laufende Strafuntersuchung vermag die Anordnung einer zivilprozessualen vorsorglichen Massnahme nicht auszuschliessen (SJZ 1951, 363 Nr. 134).

4. Abgrenzung der vorsorglichen Massnahmen von anderen Instituten

a) Aufschiebende Wirkung

55 Keine vorsorgliche Massnahme i.S.v. Art. 261–269 ist die Erteilung der *aufschiebenden Wirkung* durch die Rechtsmittelinstanz (vgl. Art. 315, 325, 331; FRANK/STRÄULI/MESSMER, § 110 ZPO/ZH N 55; vgl. aber Art. 46 BGG, der von «Verfahren betreffend aufschiebende Wirkung und *andere* vorsorgliche Massnahmen» spricht).

b) Definitive Verfügungen

Nicht unter die vorsorglichen Massnahmen (im engern Sinn) fallen alle richterlichen Entscheidungen, mit welchen über einen streitigen Anspruch **definitiv entschieden** wird, auch wenn ihnen ein sichernder oder regelnder Charakter zukommt und oft nur summarisch, ohne erschöpfende Abklärung des Sachverhalts, entschieden wird (STAEHELIN/ STAEHELIN/GROLIMUND, 378).

Dazu gehören z.B. die Auflösung einer Gesellschaft (Art. 545 Ziff. 7 OR), die Gewährung von Einsicht in die Geschäftsbücher (Art. 322a Abs. 2, Art. 322c Abs. 2 OR), die Ausweisung (Exmission) des Mieters oder Pächters (Art 274g OR), die Beschränkung der Verfügungsbefugnis auf Begehren eines Ehegatten (Art. 178 ZGB) und die Anordnung der Gütertrennung (Art. 185 ZGB). Zu den definitiven Verfügungen gehören auch Entscheide über *Besitzesschutzklagen* nach Art. 927 und 928 ZGB. Sie dienen nur dem gerichtlichen Schutz vor Beeinträchtigung des Besitzes durch verbotene Eigenmacht, und über diesen Schutz wird im Besitzschutzprozess endgültig entschieden (BGE 113 II 243 ff.; 94 II 353). Häufig kann dasselbe Ziel auch durch eine vorsorgliche Massnahme erreicht werden.

c) Rechtsschutz in klaren Fällen

Zum Rechtsschutz in klaren Fällen vgl. Art. 257. Es handelt sich dabei um ein spezielles summarisches Verfahren, das dem Kläger bei liquiden Verhältnissen als schnellere Alternative zum ordentlichen Verfahren zur Verfügung steht (SUTTER-SOMM, ZPR, Rz 916 ff.). Unterschiede:

- Beim Rechtsschutz in klaren Fällen ist *voller Beweis* zu erbringen, dafür ist der Entscheid bereits der *vollen Rechtskraft* zugänglich.
- Beim Gesuch um Anordnung einer vorsorglichen Massnahme genügt *Glaubhaftmachen*, dafür muss die angeordnete vorsorgliche Massnahme dann im *Hauptprozess* bestätigt werden, damit sie umfassende Rechtskraft erreicht.

IV. Verfahrensfragen

1. Zuständigkeit

a) Glaubhaftmachung und Prüfung der Zuständigkeit

Die Zuständigkeit ist lediglich glaubhaft zu machen. An die Glaubhaftmachung dürfen keine strengen Massstäbe angelegt werden (GULDENER, ZPR, 583 FN 42; SJZ 1948, 227 Nr. 70).

Ist die örtliche oder sachliche Zuständigkeit des angerufenen Gerichts bestritten, so hat es sich mit einer summarischen Prüfung derselben zu begnügen und nur bei offensichtlicher Unzuständigkeit das Gesuch von der Hand zu weisen; so insb. im Scheidungsprozess (BGE 83 II 495; 64 II 397; vgl. auch ZR 1974 Nr. 110 = SJZ 1975, 297 Nr. 133 betr. Eheschutzverfahren).

b) Örtliche Zuständigkeit

aa) Grundsatz

Gemäss Art. 13 ist, soweit die ZPO nichts anderes bestimmt, für die Anordnung vorsorglicher Massnahmen das Gericht am Ort zwingend zuständig (Art. 9), an dem die **Zuständigkeit für die Hauptsache gegeben** ist (lit. a) oder die **Massnahme vollstreckt** werden soll (lit. b). Diese Bestimmung wurde von Art. 33 aGestG übernommen. Der Gerichtsstand untersteht demnach gemäss lit. a den für den streitigen Hauptanspruch geltenden Grundsätzen. Auch wenn der ordentliche Prozess bereits rechtshängig ist, kann anderswo **alternativ** vom Gericht am Vollstreckungsort eine vorsorgliche Massnahme verlangt werden (vgl. AmtlBull StR 1999, 895). Besondere Bedeutung kommt dem Ort der gelegenen Sache zu, wenn eine Realexekution in Frage steht; vgl. auch Art. 104 und 126 BGG für Verfahren vor Bundesgericht.

bb) Besondere Festlegungen

61 Nach Art. 23 Abs. 1 ist für die Anordnung **eherechtlicher** vorsorglicher Massnahmen das Gericht am Wohnsitz einer Partei zwingend zuständig.

62 Nach Art. 24 ist für die Anordnung vorsorglicher Massnahmen im Zusammenhang mit einer **eingetragenen Partnerschaft** das Gericht am Wohnsitz einer Partei zwingend zuständig.

63 Für **Schadenersatzklagen** wegen ungerechtfertigter vorsorglicher Massnahmen ist gemäss Art. 37 das Gericht am Wohnsitz oder Sitz der beklagten Partei oder an dem Ort, an dem die vorsorgliche Massnahme angeordnet wurde, zuständig.

64 Das für **Scheidungsverfahren** zuständige Gericht ist auch für die Anordnung der nötigen vorsorglichen Massnahmen zuständig (Art. 276 Abs. 1). Im Scheidungsverfahren auf gemeinsames Begehren weist das Gericht das gemeinsame Scheidungsbegehren ab, wenn der Scheidungswille innerhalb von zwei Monaten seit Ablauf der Bedenkfrist nicht bestätigt wird, und setzt gleichzeitig jedem Ehegatten eine Frist zur Einreichung einer Scheidungsklage. Allfällige vorsorgliche Massnahmen gelten während dieser Frist weiter (Art. 288 Abs. 3).

cc) Zuständigkeit vor Rechtshängigkeit des Hauptprozesses

65 Vor Rechtshängigkeit des Hauptprozesses ist zur Anordnung einer vorsorglichen Massnahme dasjenige Gericht zuständig, das auch für die Hauptsache örtlich zuständig wäre (Art. 13 lit. a) oder das die Massnahme vollstrecken soll (Art. 13 lit. b). Solange also der ordentliche Prozess *nicht beim ordentlichen Richter* anhängig ist, ist die Anordnung vorsorglicher Massnahmen Sache des *Massnahmerichters*.

66 Ein durch den Massnahmerichter superprovisorisch sofort in Kraft gesetztes Verbot bleibt, wenn der ordentliche Prozess eingeleitet wurde und sich die Rechtsmittelinstanz deswegen als nicht mehr zuständig betrachtet, auch nach Überweisung an das erstinstanzliche ordentliche Gericht rechtswirksam, solange dessen Entscheid über die vorsorgliche Massnahme nicht ergangen ist (OGer ZH, 1.2.1991/SV9042U).

dd) Zuständigkeit nach Rechtshängigkeit des Hauptprozesses

67 Die *sachliche* Zuständigkeit des erkennenden Richters im ordentlichen Verfahren erstreckt sich auch auf Anordnungen, die als selbständige Begehren in den Zuständigkeitsbereich des summarischen Richters gehören (ZR 64 Nr. 164 E. 2; 51 Nr. 144).

ee) Zuständigkeit nach Erledigung des Hauptprozesses

68 *Nach Erledigung des Hauptprozesses* ist dasselbe (Hauptsachen-)Gericht zur Anordnung einer vorsorglichen Massnahme zuständig (SJZ 1986, 98 Nr. 14; ZR 1970 Nr. 2).

c) Sachliche Zuständigkeit

aa) Grundsatz

Die Kantone bleiben grundsätzlich frei, das Hauptsachegericht oder einen Einzelrichter für die Behandlung der vorsorglichen Massnahmen zu bestimmen.

bb) Einzige kantonale Instanz

Art. 5 legt fest, dass das kantonale Recht für bestimmte Streitigkeiten eine einzige kantonale Zuständigkeit bestimmen soll. Diese Instanz ist nach Art. 5 Abs. 2 auch für die Anordnung vorsorglicher Massnahmen vor Eintritt der Rechtshängigkeit einer Klage zuständig.

cc) Handelsgericht

Gemäss Art. 6 können die Kantone ein Handelsgericht als einzige kantonale Instanz für handelsgerichtliche Streitigkeiten bezeichnen. Das Handelsgericht ist im Rahmen seiner Zuständigkeit auch für die Anordnung vorsorglicher Massnahmen vor Eintritt der Rechtshängigkeit zuständig (Art. 6 Abs. 5).

dd) Bundesgericht

In den vom Bundesgericht als einziger Instanz zu beurteilenden Streitsachen ist dieses selber zur Anordnung vorsorglicher Verfügungen nach Massgabe von Art. 79 ff. BZP zuständig.

2. Summarisches Verfahren

Da die Dringlichkeit der Sache einen raschen Entscheid verlangt, ist für die vorsorgliche Massnahme das summarische Verfahren nach Art. 252–256 anwendbar (Art. 248 lit. d). Dessen Regeln sind allerdings nur anwendbar, «soweit im Kontext nichts Besonderes – wie z.B. die Möglichkeit des sog. Superprovisoriums […] – vorgesehen ist» (BOTSCHAFT ZPO, 7353).

Die *allgemeinen Verfahrensgrundsätze* (Art. 52–58) sind im Massnahmeverfahren nur einzuhalten, soweit dieses keine Besonderheiten verlangt (z.B. Einschränkung des rechtlichen Gehörs nach Art. 53 und der Öffentlichkeit des Verfahrens nach Art. 54 im superprovisorischen Verfahren). Auch die *allgemeinen Prozessvoraussetzungen* gemäss Art. 59–61 gelten grundsätzlich für vorsorgliche Massnahmen. – Zu *Schiedsvereinbarungen* betr. vorsorgliche Massnahmen vgl. Art. 61.

3. Rechtshängigkeit

Die Frage, ob durch ein Begehren auf Anordnung einer vorsorglichen Massnahme eine bundesrechtliche Verjährungs- oder Verwirkungsfrist gewahrt wird, beurteilt sich nach Art. 62. Danach begründet die Einreichung eines Gesuchs um vorsorgliche Massnahmen Rechtshängigkeit. Allerdings führt der (neue) Wortlaut von Art. 135 Ziff. 2 und 138 OR das «Massnahmengesuch» nicht explizit auf; erwähnt werden nur das Schlichtungsgesuch, die Klage und die Einrede. Als Klageanhebung gilt indes jede prozesseinleitende oder vorbereitende Handlung, mit welcher der Gläubiger zum ersten Mal in der gesetzlich vorgeschriebenen Form den Schutz des Richters anruft (BGE 118 II 487 E. 3; 114 II 336). Auf die Verfahrensart kommt es nicht an (BSK OR I-DÄPPEN, Art. 135 N 7 f.), so dass auch Gesuche um vorsorgliche Massnahmen im Summarverfahren darunterfallen.

76　Nach BGE 110 III 387 kann die Frist zur Einreichung einer Klage nur dann gewahrt werden, wenn das während der Frist eingereichte Gesuch um Anordnung vorsorglicher Massnahmen mit dem nach Ablauf der Frist eingereichten Klagebegehren im Hauptprozess *identisch* ist (vgl. dazu die Kritik von VOGEL, ZBJV 1986, 493 f.).

4. Ausstand

77　Art. 47, der den Ausstand regelt, hält in Abs. 2 lit. d fest, dass die Mitwirkung bei der Anordnung vorsorglicher Massnahmen für sich allein noch keinen Ausstandsgrund im Hauptverfahren bedeutet. Zur bisherigen Praxis, wonach der Erlass einer Massnahme die selbständige Beurteilung der Zuständigkeitsfrage im Hauptprozess nicht ausschliesst, vgl. GULDENER, ZPR, 583; BK-BÜHLER/SPÜHLER, Art. 144 aZGB N 9.

78　Nach der Gerichtspraxis ist es zudem zulässig, dass derselbe Richter, der bereits das Superprovisorium bewilligt hat, auch den Bestätigungsentscheid fällt. Ohne besondere Umstände liegt kein Ausstands- oder Ablehnungsgrund vor. Derselbe Richter kann also im superprovisorischen, provisorischen und im Hauptverfahren urteilen.

5. Gerichtskosten und Parteientschädigung

a) Grundsatz

79　Die allgemeinen Grundsätze betr. Gerichtskosten und Parteientschädigung gelten auch für das Massnahmeverfahren (Art. 83 Abs. 2, 99 ff.).

b) Sicherheitsleistung

80　Das Gericht kann gemäss Art. 95 ff. von der klagenden Partei einen Vorschuss für die mutmasslichen Gerichtskosten sowie eine Sicherheit für die Parteientschädigung verlangen. Es setzt der klagenden Partei eine Frist zur Leistung des Vorschusses und der Sicherheit, kann aber nach Art. 101 Abs. 2 vorsorgliche Massnahmen schon vor Leistung der Sicherheit anordnen. Die Sicherheit für die Gerichtskosten und die Parteientschädigung im Hauptprozess gemäss Art. 59 Abs. 1 lit. f und 98 ist von der Sicherheitsleistung der gesuchstellenden Partei im Massnahmeverfahren gemäss Art. 264 abzuheben.

c) Zeitpunkt der Festsetzung

aa) Vor Rechtshängigkeit des Hauptsacheverfahrens

81　Im Entscheid über vorsorgliche Massnahmen, mit dem das Verfahren abgeschlossen wird, ist grundsätzlich immer über die Kosten zu befinden (Art. 95 ff.; LGVE 1990 I Nr. 22).

82　Auch im Rechtsmittelverfahren dürfen die Kosten eines Massnahmeverfahrens vor Rechtshängigkeit der Hauptsache ungeachtet des Ausgangs des Verfahrens *einstweilen dem Rechtsmittelkläger auferlegt* werden, unter *Vorbehalt der definitiven Regelung* der Kosten- und Entschädigungsfolgen durch Entscheid des Gerichts im ordentlichen Verfahren (ZR 79 Nr. 74).

bb) Nach Rechtshängigkeit des Hauptsacheverfahrens

83　Nach Art. 104 Abs. 3 kann das Gericht über die Prozesskosten vorsorglicher Massnahmen aber auch erst zusammen mit der Hauptsache entscheiden, wenn diese bei Abschluss des Massnahmeverfahrens schon hängig ist.

5. Kapitel: Vorsorgliche Massnahmen und Schutzschrift **Art. 261**

6. Unentgeltliche Rechtspflege

Auch für ein Massnahmeverfahren, das vor Rechtshängigkeit des Hauptsacheprozesses durchgeführt wird, kann unentgeltliche Rechtspflege beantragt und gewährt werden (Art. 117 ff.; für internationale Verhältnisse vgl. den neuen Art. 11c IPRG). 84

Art. 261

Grundsatz	¹ Das Gericht trifft die notwendigen vorsorglichen Massnahmen, wenn die gesuchstellende Partei glaubhaft macht, dass: a. ein ihr zustehender Anspruch verletzt ist oder eine Verletzung zu befürchten ist; und b. ihr aus der Verletzung ein nicht leicht wieder gutzumachender Nachteil droht. ² Leistet die Gegenpartei angemessene Sicherheit, so kann das Gericht von vorsorglichen Massnahmen absehen.
Principe	¹ Le tribunal ordonne les mesures provisionnelles nécessaires lorsque le requérant rend vraisemblable qu'une prétention dont il est titulaire remplit les conditions suivantes: a. elle est l'objet d'une atteinte ou risque de l'être; b. cette atteinte risque de lui causer un préjudice difficilement réparable. ² Le tribunal peut renoncer à ordonner des mesures provisionnelles lorsque la partie adverse fournit des sûretés appropriées.
Principio	¹ Il giudice ordina i necessari provvedimenti cautelari quando l'instante rende verosimile che: a. un suo diritto è leso o è minacciato di esserlo; e b. la lesione è tale da arrecargli un pregiudizio difficilmente riparabile. ² Se la controparte presta adeguata garanzia, il giudice può prescindere dal prendere provvedimenti cautelari.

Inhaltsübersicht Note

I. Die Parteien 1
II. Das Gesuch 3
   1. Terminologie 3
   2. Gesuch oder Handeln von Amtes wegen 4
   3. Form und Inhalt des Gesuchs 6
   4. Anträge 8
   5. Voraussetzungen 10
   6. Verfügungsanspruch 15
   7. Verfügungsgrund 16
   8. Dringlichkeit 39
   9. Glaubhaftmachen 50
III. Das Verfahren 67
   1. Kein Schlichtungsverfahren 67
   2. Keine Anhörung der Gegenpartei bei Nichteintreten oder sofortiger Abweisung 68

    3. Mitwirkung der Gegenpartei 71
    4. Prüfen des Gesuchs 74
IV. Die Massnahme 86
    1. Treffen der Massnahme 86
    2. Absehen und Aufheben von vorsorglichen Massnahmen bei Sicherheits-
       leistung durch die Gegenpartei 103
    3. Notwendigkeit der Massnahme 112
    4. Inhalt der Massnahme 113
    5. Vollstreckung 114
V. Rechtsmittel 115
    1. Berufung 115
    2. Beschwerde 116
    3. Bundesrechtliche Rechtsmittel 117

Literatur

Vgl. die Literaturhinweise bei den Vorbem. zu Art. 261–269 und zu Art. 262–269.

I. Die Parteien

1   Im Gegensatz zum ordentlichen Verfahren (Klägerin, Beklagte) werden die Parteien als *«gesuchstellende Partei»* und *«Gegenpartei»* bezeichnet. Wie im ordentlichen Zivilprozess müssen die Parteien *partei-, prozess- und postulationsfähig* sein (Art. 66 ff.; BERTI, Massnahmen, 217). Die gesuchstellende Partei muss aktiv-, die Gegenpartei passivlegitimiert sein. Es sind auch *Streitgenossenschaften* denkbar (Art. 15 Abs. 1, 70 ff.; vgl. ZÜRCHER, 29 ff.).

2   Das Gesuch muss gegen Personen gerichtet werden, die *an der Verletzung mitwirken*, nicht gegen Dritte (BGE 122 III 353 ff.). Es kann natürlich auch gegen **mehrere Parteien** gerichtet sein. Der Umstand, dass die vorsorgliche Massnahme nur gegenüber einer von mehreren an der Verletzung beteiligten Personen beantragt wird und die vorsorgliche Massnahme daher nicht verhindern kann, dass die Verletzung sich auf anderen Wegen oder durch andere Personen weiter verbreitet, ist kein Grund zur Ablehnung des Gesuchs. Es genügt, dass die ins Recht gefasste Person an der Verletzung beteiligt ist, auch wenn sie dabei nur eine sekundäre Rolle spielt (BGer, 28.10.2003, 5P.308/2003; SJ 2004 I, 250). Zu Massnahmen gegen *periodisch erscheinende Medien* vgl. Art. 266.

II. Das Gesuch

1. Terminologie

3   Das Gesetz spricht in Art. 264 Abs. 2 und 252 von einem «Gesuch». Gemäss Art. 62 grenzt sich das Gesuch vom *Schlichtungsgesuch*, der *Klage* und dem *gemeinsamen Scheidungsbegehren* ab.

2. Gesuch oder Handeln von Amtes wegen

4   Grundsätzlich gilt die **Dispositionsmaxime** (was sich indirekt aus Art. 255 ergibt, vgl. auch Art. 277 Abs. 1). Danach setzt die Anordnung einer vorsorglichen Massnahme ein entsprechendes **Gesuch** der interessierten Partei voraus (Art. 252). Allerdings gilt die Dispositionsmaxime im vorsorglichen Massnahmeverfahren nicht in selber Weise wie im ordentlichen Verfahren.

Für einzelne Verfahren kann ausdrücklich der Untersuchungsgrundsatz vorgesehen sein (Art. 272). Wo die **Offizialmaxime** gilt, kann bzw. muss das Gericht eine vorsorgliche Massnahme auch von sich aus anordnen und ist weder von Parteianträgen abhängig noch an solche gebunden (BOTSCHAFT ZPO, 7353; Vernehmlassung, 684; vgl. Art. 58; Art. 104 und 126 BGG für Verfahren vor Bundesgericht; FRANK/STRÄULI/MESSMER, § 110 ZPO/ZH N 25; GULDENER, ZPR, 562 FN 8 c; WALDER, Offizialmaxime, 37; ZR 1941 Nr. 129 lit. e; 1948 Nr. 73; 1951 Nr. 18); vgl. z.B. Art. 85a Abs. 2 SchKG, wonach der vorsorgliche Rechtsschutz von Amtes wegen zu erfolgen hat. 5

3. Form und Inhalt des Gesuchs

Das Gesuch ist nach der Verweisung von Art. 252 Abs. 2 in den Formen gemäss Art. 130 einzureichen (vgl. auch Art. 81 BZP). Grundsätzlich ist es **schriftlich** zu stellen. In **einfachen** oder **dringenden** Fällen kann es beim Gericht **mündlich** zu Protokoll gegeben werden (ZR 34 Nr. 166). Von anwaltlich vertretenden Parteien darf grundsätzlich ein schriftliches Gesuch erwartet werden (ZÜRCHER, 116 f.). **Familienrechtliche Streitigkeiten** können aus zeitlichen wie andern Gründen (wenn etwa eine Partei unbeholfen ist) mündlich anhängig gemacht werden. Das mündliche Gesuch dürfte vor allem im Eheschutzverfahren nach Art. 175 ff. ZGB eine gewisse Rolle spielen (Max. XII Nr. 305). Beim persönlichen Kontakt mit dem Richter ist darauf zu achten, dass *kein Befangenheitsgrund* gesetzt wird (vgl. ZR 1997 Nr. 8). 6

Das schriftliche Gesuch hat die dafür vorgeschriebenen formellen Anforderungen zu erfüllen; dies gilt auch hinsichtlich der Parteibezeichnungen. Art. 221 enthält eine Aufzählung über den notwendigen Inhalt einer Klage. Diese Angaben müssen auch im Gesuch um vorsorgliche Massnahmen enthalten sein, mit Ausnahme der Klagebewilligung gemäss Art. 221 Abs. 2 lit. b. 7

4. Anträge

Mit der Dispositionsmaxime verbunden ist die Pflicht, die Rechtsbegehren hinreichend zu spezifizieren. Diese Pflicht gilt aber wie erwähnt im vorsorglichen Massnahmeverfahren nur eingeschränkt. Die gesuchstellende Partei muss nicht konkrete Massnahmen beantragen; es genügt die Angabe des angestrebten Rechtsschutzziels. Es kann daher einfach die Anordnung «geeigneter Massnahmen» verlangt werden (VOGEL/SPÜHLER, § 61 Rz 217; GÜNGERICH, 128; BERTI, Massnahmen, 218; **a.M.** bzw. krit. ZÜRCHER 120 m.H). 8

Dessen ungeachtet ist die **Stellung von Anträgen** in aller Regel zu empfehlen, denn die gesuchstellende Partei weiss meist besser als der Richter, welche Massnahmen ihr nützen könnten, und darf sich auch nicht auf Ergänzungen im Rahmen der richterlichen Fragepflicht (Art. 56) verlassen. Wenn Anträge gestellt werden, muss ihre Formulierung nach der landläufigen Forderung von einer Qualität sein, die es erlaubt, sie bei Gutheissung des Dispositivs zum Urteil zu erheben und zum Gegenstand des Dispositivs zu machen (FRANK/STRÄULI/MESSMER, § 100 ZPO/ZH N 6). Das Begehren muss **bestimmt** sein, d.h. es muss konkret und klar zum Ausdruck bringen, was die gesuchstellende Partei will (BGE 97 II 92; 84 II 450 E. 6; vgl. 116 II 215 E. 4a; 88 II 209 E. III.2; ZÜRCHER, 119 ff.). Dabei ist zu bedenken, dass das Massnahmebegehren stets durch den Hauptanspruch gedeckt sein muss und nicht über diesen hinausgehen darf. 9

Eine **Klagenhäufung** gemäss Art. 90 ist möglich, eine **Änderung** von Anträgen unter den Voraussetzungen von Art. 227 und 230 zulässig.

5. Voraussetzungen

10 Im Verfahren um vorsorgliche Massnahmen sind zwei sich notwendigerweise ergebende Fragen zu prüfen (BGE 104 Ia 413), nämlich die Frage nach dem Vorliegen der behaupteten materiellrechtlichen und den Verfügungsgrund auslösenden Tatsachen und sodann jene, ob sich daraus der geltend gemachte Anspruch ergibt. Die gesuchstellende Partei muss demnach darlegen können, dass folgende Voraussetzungen (vgl. franz: «conditions») gegeben sind:

- ein zivilrechtlicher Anspruch, der sog. **Verfügungsanspruch** (vgl. BERTI, Massnahmen, 199; ERNST, 58 ff.; GRUNDMANN, 17 f.; HASENBÖHLER, 17 ff., der den Verfügungsanspruch unter dem Titel «Rechtswidrigkeit» behandelt; LEUENBERGER/UFFER-TOBLER, Art. 198 ZPO/SG N 5.b; VOGEL, Probleme, 96);

- die Verletzung oder die zu befürchtende Verletzung des Anspruchs sowie ein daraus drohender nicht leicht wiedergutzumachender Nachteil: der sog. **Verfügungsgrund** (vgl. BERTI, Massnahmen, 190 ff.; DAVID, SIWR, 179 f.; HASENBÖHLER, 13 ff.; LEUENBERGER/UFFER-TOBLER, Art. 198 ZPO/SG N 5.a; VOGEL, Probleme, 951; ZÜRCHER, 101 ff.). Der Nachteil muss «aus der Verletzung» drohen (Abs. 1 lit. b), d.h. **adäquat kausal** durch die Verletzung bewirkt worden sein bzw. er müsste durch die drohende Verletzung bewirkt werden; sowie

- **Dringlichkeit**.

Diese Voraussetzungen müssen **kumulativ** vorliegen.

11 Im einzelnen unterscheiden sich die Voraussetzungen für die Anordnung vorsorglicher Massnahmen zum Teil nach der Art der geforderten Massnahmen (VOGEL/SPÜHLER, § 61 Rz 208). So ist die Herstellung einer vorläufigen Friedensordnung durch *Regelungsmassnahmen* im **Scheidungsprozess** und bei anderen Auseinandersetzungen über Dauerrechtsverhältnisse selbst dann erforderlich, wenn das **Hauptbegehren** wahrscheinlich unbegründet ist. Anders gesagt: Im Scheidungsprozess ist die wahrscheinliche Begründetheit des Hauptbegehrens zur Anordnung von vorsorglichen Massnahmen nicht erforderlich. Während des Scheidungsprozesses sind z.B. die Kinderunterhaltsbeiträge zu regeln, wobei die mutmassliche Begründetheit des Scheidungsbegehrens gleichgültig ist.

12 Sowohl bei der Frage, ob ein Anspruch im Hauptprozess geschützt würde (**Hauptsachenprognose**), wie bei jener, ob eine Verletzung zu befürchten sei, als auch bei der Frage, ob daraus der gesuchstellenden Partei ein nicht leicht wiedergutzumachender Nachteil drohe, handelt es sich um *Prognosen*, die naturgemäss mit Unsicherheiten behaftet sind.

13 *Keine Voraussetzungen* i.S.v. Art. 261 für die Anordnung von vorsorglichen Massnahmen sind

- die *Sicherheitsleistung* gemäss Art. 264. Erst wenn die Voraussetzungen nach Art. 261 gegeben sind, können vorsorgliche Massnahmen angeordnet werden, und erst dann kann der Richter eine Sicherheitsleistung zur Bedingung ihrer Anordnung machen;

- eine vorgängige *Kautionsleistung für den ordentlichen Prozess* (vgl. Art. 59 Abs. 2 lit. f, 98 ff.);

- die **Abmahnung** oder **Verwarnung** der Gegenpartei vor Einreichung des Gesuchs (BGE 114 II 368 E. 2a; ZÜRCHER, 112 ff.; JERMANN, Art. 38 DesG N 33). Ihrer bedarf es nicht. Immerhin können sie allenfalls das Gesuch selbst unnötig machen, wenn die Gegenpartei einlenkt.

Die Voraussetzungen für die Anordnung von vorsorglichen Massnahmen müssen auch *nach der Anordnung* stets gegeben bleiben. Tun sie dies nicht mehr, fallen die Massnahmen aber nicht ohne weiteres dahin, sondern müssen förmlich aufgehoben werden (Art. 268).

Die gesuchstellende Partei trifft nach Treu und Glauben (Art. 52) die Pflicht, dem zuständigen Gericht zu melden, wenn die Voraussetzungen nicht mehr gegeben sind. Aus der Verletzung dieser Pflicht kann ein Schadenersatzanspruch der Gegenpartei erwachsen.

6. *Verfügungsanspruch*

Entsprechend ihrem Zweck setzt die vorsorgliche Massnahme einen **zivilrechtlichen Anspruch** der gesuchstellenden Partei voraus, für den sie vorläufigen Rechtsschutzes bedarf (z.B. ZR 1983, Nr. 94, 239; BJM 1962, 165 f.). Verfügungsanspruch kann grundsätzlich **jede subjektive Berechtigung des Zivilrechts** sein, die auf eine positive oder negative (BJM 1962, 993 f.) Leistung (Tun, Unterlassen oder Dulden), Gestaltung und Feststellung gerichtet ist (KOFMEL EHRENZELLER, Grundlagen, 37). Gestaltungs- und Feststellungsklagen kennen zwar keine Vollstreckung, ihr Ziel – Veränderung der Rechtslage oder Feststellung einer umstrittenen Rechtslage – kann jedoch durch Handlungen oder Unterlassungen der Gegenpartei gefährdet werden, weshalb auch hier ein schützenswertes Interesse an der Anordnung von vorsorglichen Massnahmen besteht (STAEHELIN/STAEHELIN/GROLIMUND, 380). Die gesuchstellende Partei muss daher ihren **Verfügungsanspruch**, die **Begründetheit ihres materiellen Hauptbegehrens** glaubhaft machen (z.B. ihren Anspruch auf Lieferung einer gekauften Sache, welche die Gegenpartei vertragswidrig einem Dritten im Ausland verschaffen will; BOTSCHAFT ZPO, 7354).

7. *Verfügungsgrund*

Zum andern hat die gesuchstellende Partei den **Verfügungsgrund** glaubhaft zu machen, nämlich dass bei Zuwarten bis zum Urteil im Hauptprozess durch eine bereits *bestehende Verletzung* oder eine *Gefährdung* des materiellen Anspruchs dieser so, wie er lautet (d.h. die Realvollstreckung), vereitelt würde oder seine gehörige Befriedigung wesentlich erschwert wäre, oder dass ihr ungeachtet der Möglichkeit nachträglichen Vollzugs ein nicht leicht zu ersetzender Schaden oder anderer Nachteil droht (BOTSCHAFT ZPO, 7354; vgl. Vernehmlassung, 682).

Der Verfügungsgrund besteht in einer **Gefährdung der Rechtsstellung der gesuchstellenden Partei infolge der Prozessdauer.** In der Gesetzessprache wird er auch ausserhalb der ZPO meist umschrieben mit *drohender, nicht leicht wiedergutzumachender Nachteil*, der durch die anzuordnende vorsorgliche Massnahme abgewendet werden soll. Er drückt das Interesse der gesuchstellenden Partei an der Anordnung einer vorsorglichen Massnahme aus und übernimmt daher eine ähnliche Funktion wie das **Rechtsschutzinteresse** im ordentlichen Verfahren, welches sicherstellen soll, dass Gerichte nicht ungerechtfertigt in Anspruch genommen werden.

Das Rechtsschutzinteresse ist nach heutiger Auffassung eine Prozessvoraussetzung, bei deren Fehlen auf eine Klage nicht eingetreten werden darf (vgl. Art. 59 Abs. 1 und 2 lit. a). Es liesse sich daher vertreten, den Verfügungsgrund nicht als Begründetheitsvoraussetzung zu betrachten, sondern von dessen Vorliegen abhängig zu machen, ob die Begründetheit überhaupt geprüft werden darf (GÜNGERICH, 124). Ob das Vorliegen eines Verfügungsgrunds eine *materielle Voraussetzung* für die Anordnung einer vorsorglichen Massnahme ist und daher eine Frage der Begründetheit, oder aber eine Prozessvoraussetzung, ist denn auch nicht unumstritten (vgl. BERTI, Massnahmen, 190 FN 59; IPRG-Komm.-BERTI, Art. 10 N 8). Diese dogmatische Frage ist aber ohne praktische Relevanz. In der Praxis werden Verfügungsgrund und Verfügungsanspruch ganz überwiegend als gleichwertige (materielle) Begründetheitsvoraussetzungen behandelt.

18 Erhöhte Anforderungen an den Verfügungsgrund gelten für den Fall, dass die Rechtsverletzung **durch periodisch erscheinende Medien** erfolgt oder droht (vgl. Art. 266), v.a. im Bereich des *Persönlichkeitsschutzes*.

19 In einigen Spezialfällen vorsorglicher Massnahmen besteht ein **Verfügungsgrund ex lege** und muss von der gesuchstellenden Partei nicht weiter glaubhaft gemacht werden, so im Fall von Art. 961 Abs. 1 Ziff. 1 ZGB. Hier ist es möglich, grundbuchliche Vormerkungen zu erwirken, ohne dass im Einzelfall ein drohender Nachteil darzutun ist. Der Gesetzgeber geht davon aus, dass die grundsätzliche Gefahr des Erwerbs eines gutgläubigen Dritten als solche genügt.

a) Verletzung des Anspruchs oder Befürchtung der Verletzung des Anspruchs durch die Gegenpartei

20 Die Gegenpartei muss den Anspruch der gesuchstellenden Partei durch ihr Verhalten (Tun oder Unterlassen) bereits verletzt haben oder – alternativ – zu verletzen drohen. Diese Gefahr muss «**drohen**», d.h. mit ihrem Eintritt muss mit einer gewissen Wahrscheinlichkeit gerechnet werden. Erforderlich ist «periculum in mora» (Gefahr in Verzug; vgl. KOFMEL EHRENZELLER, Grundlagen, 288). Die Befürchtung hängt nicht von den subjektiven Vorstellungen der gesuchstellenden Partei ab, sondern muss *nach objektivierten Massstäben* gegeben sein (BERTI, Massnahmen, 197). Ist dies nicht der Fall, ist die Voraussetzung von vornherein nicht gegeben, da aus der Nichtverletzung des Anspruchs auch kein Nachteil erwachsen kann.

21 **Geschehene Verletzungen** schaffen eine Vermutung für *weitere Verletzungshandlungen* (BGE 116 II 357 E. 2a; 109 II 346; 102 II 122; 97 II 108). Gelegentlich wird argumentiert, bei **fehlender Begehungs- oder Wiederholungsgefahr** bestehe *kein Rechtsschutzinteresse*, was zum Nichteintreten führt (BGE 116 II 357 E. 2a; 109 II 346 E. 3; zur Wiederholungsgefahr bei Persönlichkeitsverletzungen vgl. BGer, 5A_228/2009; sic 12/2009, 888–892). Auch hier aber ist der Einzelfall zu prüfen.

Stellt die Gegenpartei ihr rechtswidriges Tun im Verlaufe des Massnahmeverfahrens zwar ein, anerkennt jedoch die geschehenen Rechtsverletzungen nicht als solche, wird das Verfahren nicht gegenstandslos. Die konkreten Umstände können aber dazu führen, die Wiederholungsgefahr als nicht mehr glaubhaft gemacht anzusehen (ZR 96 Nr. 4).

22 Wenn sich die Gegenpartei anspruchskonform verhält und auch keinerlei gegenteilige Absichten bekundet, so *fehlt* der gesuchstellenden Partei das erforderliche *Rechtsschutzinteresse* für die Anordnung einer vorsorglichen Massnahme, ebenso wenn die Gegenpartei sich auf *Rechtfertigungsgründe* wie Notwehr, Notstand, Wahrung berechtigter Interessen oder Einwilligung des Verletzten berufen kann (BGE 97 II 97 ff., insb. 103 ff.).

b) Vereitelungsgefahr

Im Falle der **Vereitelungsgefahr** – d.h. der Gefahr, dass die Vollstreckung des Anspruchs ohne vorsorgliche Massnahme vereitelt oder wesentlich erschwert würde – ist der Verfügungsgrund stets gegeben, ohne dass zusätzlich ein weiterer Nachteil glaubhaft gemacht werden müsste. Die vorsorglichen Massnahmen sind selbst bei nachträglich möglichem Schadens- und Nachteilsausgleich anzuordnen, weil der materielle Anspruch bei Zuwarten so, wie er lautet, nicht oder nicht mehr gehörig vollstreckt werden könnte. 23

Beispiele von Vereitelungsgefahr (nach LEUCH/MARBACH/KELLERHALS/STERCHI, Art. 326 ZPO/BE N 8c): 24

– gegen den die Erfüllung des Kaufvertrags verweigernden *Verkäufer* zwecks Verhinderung des Weiterverkaufs an Dritte;

– gegen den Verletzer eines vertraglichen oder gesetzlichen *Konkurrenzverbots* (wobei jedoch im Falle der Verletzung eines solchen durch einen früheren Arbeitnehmer der gesuchstellenden Partei die Glaubhaftmachung einer erheblichen Schädigungsmöglichkeit zur Substantiierung des materiellrechtlichen Anspruchs gehört, vgl. Art. 340 Abs. 2 OR und ZBJV 1983, 248);

– gegen den *Mieter*, der sich ohne vertragliche Berechtigung weigert, die gemieteten Räume Kaufs- oder Mietinteressenten zu zeigen oder dem Vermieter zwecks Instandhaltung Zutritt zu geben;

– gegen den *Vermieter*, der den Mieter am Umzugstermin nicht in das Mietobjekt einlässt;

– gegen die *Erben*, zu deren Gunsten ausgeschlagen worden ist, wenn die Ausschlagung gemäss Art. 578 ZGB angefochten wird, zwecks Verhinderung der Erbteilung, durch welche die Anfechtung der Ausschlagung illusorisch würde.

c) Nicht leicht wiedergutzumachender Nachteil

Die gesuchstellende Partei hat ferner glaubhaft zu machen, dass ihr durch das rechtswidrige Verhalten der Gegenpartei ein *nicht leicht wiedergutzumachender Nachteil* droht, der nur durch eine vorsorgliche Massnahme abgewendet werden kann. Gemeint ist immer ein Nachteil, der *in der Zukunft* droht, nicht ein Nachteil, der schon in der Vergangenheit eingetreten ist, wobei die Nichtwiedergutmachung eines schon eingetretenen Nachteils diesen i.d.R. perpetuiert. 25

Der Streitgegenstand ist unverändert zu erhalten. Das Gesetz sagt dies nicht ausdrücklich, sondern knüpft den Schutz an die Voraussetzung eines nicht leicht wiedergutzumachenden Nachteils an. Es gehört zu den Prämissen eines sachgerechten gerichtlichen Verfahrens, dass diesem wo immer möglich von Beginn an bis zur Urteilsfällung ein unveränderter Streitgegenstand zugrunde liegt. Erforderlich ist die Annahme, der Gegenstand eines bereits eingeklagten oder noch einzuklagenden Anspruchs erfahre durch das Verhalten der Gegenpartei eine Bestandesminderung. Zu denken ist etwa an die *faktische Veränderung* oder Zerstörung von Fahrnis oder Grundeigentum, aber auch an die *rechtliche Veränderung* des Streitgegenstands (z.B. Abtretung des Anspruchs nach Art. 164 OR), die Bestellung eines Fahrnispfands (Art. 884 ZGB) oder die Veräusserung des Grundeigentums (Art. 657 ZGB). 26

Beispiele von Fällen, in denen auch bei Zuwarten bis zum Urteil im Hauptprozess *keine* Vereitelung oder wesentliche Erschwerung des Vollzugs zu befürchten ist und die Ge- 27

Art. 261   28

währung einer vorsorglichen Massnahme somit von der *Glaubhaftmachung anderer Nachteile* abhängt:

- gegen die widerrechtliche Benützung einer eingetragenen Firma (Art. 956 OR);
- gegen Namensanmassung i.S.v. Art. 29 Abs. 2 ZGB;
- gegen den Pächter zur Verhütung von Misswirtschaft (ZBJV 1919, 355);
- zur Sicherung der Rechte von Gesellschaftern, Aktionären oder Genossenschaftern nach Anhebung einer Klage auf Auflösung der Gesellschaft aus wichtigen Gründen (Art. 545 Ziff. 7, 574 Abs. 3, 619, 736 Ziff. 4, 821 Abs. 3 OR);
- zwecks Durchsetzung des Anspruchs auf Rechenschaftsablegung i.S.v. Art. 321b oder 400 OR;
- zur Durchsetzung des Rechts des nicht geschäftsführenden Gesellschafters auf Einsicht in die Geschäftsbücher und -papiere (Art. 541, 557 OR; ZBJV 1956, 482; 1959, 408); hierher gehört auch das Gesuch um Ermächtigung i.S.v. Art. 981 OR, die als vorsorgliche Massnahme zu verlangen ist.

aa) Nachteil

28   Das Gesetz spricht nicht von *Schaden*, sondern von «Nachteil» und verwendet damit den umfassenderen Begriff. Es fällt **jeder Nachteil** in Betracht (BOTSCHAFT ZPO, 7354; VOGEL, Vorsorglicher Rechtsschutz, 95 f., mit Beispielen; STACH, 119 f.). Er muss allerdings, wie indirekt aus Art. 266 lit. a hervorgeht, wo ein «besonders schwerer Nachteil» gefordert wird, eine gewisse Schwere haben. Es kann sich handeln um

- Vermögensschaden, einen drohenden **finanziellen** Nachteil (BGE 116 Ia 447), z.B. drohende Zahlungsunfähigkeit der Gegenpartei im Falle des Unterliegens im Prozess (BGE 94 I 11 E. 8; vgl. Vernehmlassung, 682; zur Bedeutung der späteren Einbringlichkeit der Ersatzforderung mangels Bonität des Verletzers siehe SJZ 1983, 62 Nr. 9; vgl. dazu aber Art. 261 N 34 und 269 N 9);
- einen durch den **Zeitablauf** – die Prozessdauer – begründeten Nachteil;
- einen **immateriellen** Nachteil (BGE 116 Ia 447; BJM 1956, 188 f.; ZR 1978 Nr. 53), dem namentlich bei der Verletzung von Persönlichkeitsrechten Bedeutung zukommt (Art. 28 Abs. 1 ZGB);
- einen **schwer abschätzbaren, bezifferbaren oder beweisbaren** Nachteil (LGVE 1981 I Nr. 29, Max. X Nr. 277), z.B. bei Nachahmung eines gewerblich geschützten Verfahrens oder Erzeugnisses (LEUCH/MARBACH/KELLERHALS/STERCHI, Art. 326 ZPO/BE N 8.b; FRANK/STRÄULI/MESSMER, § 110 ZPO/ZH N 17; Bericht, 131) oder bei Marktverwirrung (KILLER, § 294 ZPO/AG N 3b);
- die Erschwerung der Vollstreckung;
- den Umstand, dass bei einem Gegenstand der Wiederherstellungswert den Marktwert übersteigt (vgl. FRANK/STRÄULI/MESSMER, § 110 ZPO/ZH N 8);
- das Interesse an einer Realerfüllung per Lastwagen statt per Bahn (HABERTHÜR, 1116);
- die Beeinträchtigung der Ausübung absoluter Rechte (z.B. Störung des Eigentums). Ob die Störung zuletzt mit Geld entschädigt werden kann, spielt keine Rolle.

Es genügt

- die **Gefährdung oder Verzögerung der Vollstreckung** eines Anspruchs, der primär auf Realerfüllung (z.B. Übertragung der Kaufsache etc.) und nicht auf Schadenersatz geht; denn der rein ökonomische spätere Ausgleich begründet keinen vollwertigen Ersatz;
- nicht nur ein unersetzlicher, sondern **jeder erhebliche**, ja im Falle nicht leichter Ersetzbarkeit sogar ein **geringer Schaden**. Blosse Unzukömmlichkeit genügt freilich nicht.

Der nicht leicht wiedergutzumachende Nachteil muss **rechtlicher Natur** sein (vgl. SPÜHLER/VOCK, Rechtsmittel, 138 f.). 29

Bei vorsorglichen Verfügungen zum Schutz des von verbotener Eigenmacht betroffenen oder bedrohten *Besitzers einer Sache* ergibt sich der drohende Nachteil ohne weiteres aus der Tatsache der Besitzesstörung, weshalb er von der gesuchstellenden Partei auch nicht glaubhaft gemacht werden muss (BJM 1987, 329).

Zum Begriff des nicht leicht ersetzbaren Nachteils im *Patentrecht*: BGE 106 II 69 f. E. 5b und c., im Zusammenhang mit einem *Ausweisungsbefehl*: ZR 1986 Nr. 38; bei *Boykott* (und der Möglichkeit, drohende Nachteile durch andere Mittel als vorsorgliche Massnahmen abzuwenden): SJZ 1983, 62 Nr. 9.

In Art. 93 Abs. 1 lit. a BGG stellt der «nicht wiedergutzumachende Nachteil» eine formell-prozessuale Voraussetzung der Beschwerde dar (in Bezug auf Art. 87 aOG: BGE 116 Ia 446 f.; KILLER, § 302 ZPO/AG N 9).

Der Nachteil ist mit dem blossen Nachweis der (drohenden) *Verletzung* des Anspruchs noch nicht rechtsgenügend dargetan (vgl. KassGer SG, sic! «Pulverbeschichtungsanlage H»; ALDER, 86 m.H.; DAVID, SIWR, 179). 30

Nach einem Teil der Lehre sind *beide Parteien* einzubeziehen, und es ist in einer sog. **Nachteilsprognose** abzuwägen, was überwiegt (VOGEL/SPÜHLER, § 61 Rz 210; BERTI, Massnahmen, 225; KILLER, § 302 ZPO/AG N 12): 31

- ob es der *Nachteil der gesuchstellenden Partei* ist, der dann droht, wenn sie (nach der *Nichtanordnung* der vorsorglichen Massnahme) den Hauptprozess gewinnt, diesen Prozessgewinn aber wegen der Ablehnung der vorsorglichen Massnahme nicht durchsetzen kann,
- oder ob es der *Nachteil der Gegenpartei* ist, den diese (nach der *Anordnung* der vorsorglichen Massnahme) für den Fall ihres Obsiegens im Hauptprozess dadurch erleidet, dass sie während der Prozessdauer wegen der vorsorglichen Massnahme in der Ausübung ihrer Rechte eingeschränkt ist.

MEIER, Rechtsschutz, 217 ff., will die Glaubhaftmachung der Hauptsachenprognose mathematisch erfassen und in Beziehung zur Nachteilsprognose setzen.

Die wohl überwiegende Lehre wendet sich gegen eine solche Methode, weil ihr die gesetzliche Grundlage fehle (BGE 106 II 66 E. 5b; ZÜRCHER, 247; ALDER, 107; VON BÜREN/MARBACH/DUCREY, Rz 1024). Ausserdem würde sie zu einer unnötigen Komplizierung und Ausweitung des Massnahmeverfahrens führen, wobei die schwierige Interessenabwägung durch den Richter weder der Rechtssicherheit noch dem Zweck vorsorglicher Massnahmen dienten (ALDER, 108; BRUNNER, 20 f.; ZÜRCHER, 247 f.). Nach dieser Doktrin hat die gesuchstellende Partei Anspruch auf wirksamen Schutz ihrer Ansprüche, so dass bei Vorliegen der gesetzlichen Voraussetzungen der Richter die Anordnung vor- 32 sorglicher Massnahmen nicht deswegen ablehnen dürfe, weil sie die Gegenpartei schwer schädigen könnten (BGE 94 I 10 f.; ZÜRCHER, 246 ff.; DAVID, SIWR, 189; GULDENER, ZPR, 578).

33 Diese Diskussion ist insofern nicht praktischer Natur, als das Gericht jedenfalls im Rahmen der Prüfung der *Ausgestaltung der Massnahme* in Anwendung des *Verhältnismässigkeitsprinzips* (vgl. Art. 262 N 47 ff. und Art. 266 N 34 ff.) – unter Berücksichtigung einer allfälligen Sicherheitsleistung – eine Interessenabwägung vorzunehmen hat (so auch JERMANN, Art. 38 DesG N 23; KILLER, § 302 ZPO/AG N 12).

bb) Nicht leicht wieder gutzumachen

34 Der Nachteil muss **nicht leicht (oder gar nicht) wieder gutzumachen** und aus der Welt zu schaffen sein. Nicht leicht wieder gutzumachen ist ein Nachteil, der glaubhafterweise später **nicht mehr ermittelt, bemessen oder ersetzt** werden kann (DAVID, SIWR, 180; ZÜRCHER, 101). Dies ist z.B. der Fall,

– wenn die Gegenpartei mit der *Verletzung absoluter Schutzrechte* (Nachahmung des Rubik-Spielwürfels, BGE 108 II 71; Nachahmung und Verunstaltung einer Corbusier-Skulptur, BGE 114 II 369) nach Belieben fortfährt. Der Nachteil könnte auch durch einen der gesuchstellenden Partei günstigen Endentscheid nicht mehr behoben werden;

– wenn der Nachteil *durch Geldleistung nicht oder nur unvollständig aufgewogen* wird, z.B. weil er mit Geldleistung inkommensurabel ist, etwa beim Verlust einer Sache mit Affektionswert oder ohne Marktwert (KILLER, § 302 ZPO/AG N 11);

– bei der Schwierigkeit, den Schaden nachzuweisen, z.B. bei *Verlust der Kundschaft, Marktverwirrung, Rufschädigung, Vertuschungsgefahr, Verwässerung eines Kennzeichens* (VON BÜREN/MARBACH/DUCREY, Rz 1022);

– nach der Praxis, wenn bei der Gegenpartei *mangelnde Zahlungsfähigkeit* zu befürchten oder die Vollstreckung finanzieller Ansprüche zweifelhaft ist (BGE 108 II 228 ff.; 94 I 12 E. 8; vgl. aber Art. 261 N 34 und Art. 269 N 9);

– wenn der finanzielle Schaden später nur schwer nachgewiesen oder eingefordert werden kann. Diese Voraussetzung fehlt nach der Praxis regelmässig bei bezifferbaren Vermögenseinbussen (VON BÜREN/MARBACH/DUCREY, Rz 1022). Allerdings greift das Argument, Geldschaden (Schaden, der in Geld entsteht oder sich doch durch Geld restlos wettmachen lässt) sei leicht ersetzbar (vgl. BGE 108 II 228 E. 2b, c), oft zu kurz. Abgesehen von den möglichen Solvenzproblemen der Gegenpartei ist der Schadensnachweis meist nicht einfach. Angesichts der notorischen Substantiierungs- und Beweisschwierigkeiten bei Schadenersatzprozessen (z.B. Nachweis strittiger Gewinnmargen, strittige Umsatzentwicklungen oder des Marktverwirrungsschadens, vgl. sic! 1999, 49 f.; 2000, 27; ALDER, 88 m.H.) und des damit verbundenen Zeit- und Geldbedarfs sollten finanzielle Beeinträchtigungen grundsätzlich als nicht leicht wiedergutzumachender Nachteil anerkannt werden (JERMANN, Art. 38 DesG N 30; ZÜRCHER, 104, in Bezug auf immaterialgüterrechtliche Schutzrechte; BERTI, Massnahmen, 198; LEUPOLD, Nachteilprognose, 270, will zumindest dann einen nicht leicht wiedergutzumachenden Nachteil annehmen, wenn auch die Möglichkeit der richterlichen Schadensschätzung gemäss Art. 42 Abs. 2 OR voraussichtlich keine den Interessen des Verletzten entsprechende Reparation verspricht). Schadenersatzprozesse sind meist mühsam zu führen und mit enormen Kosten an Zeit, Nerven und Energie verbunden, so dass die gesuchstellende Partei nicht nur befürchten muss, dass sie einen Teil des Schadens selbst tragen muss, sondern auch, dass ihr noch weitere Nachteile erwachsen, die sie unter keinem Titel ersetzt bekommt. Insofern ist schon der Zwang, einen Schadenersatzprozess zu führen, ein Nachteil (ZÜRCHER, 104 f.).

Die Durchführung einer *Generalversammlung unter Ausschluss einzelner Personen*, deren Mitgliedschaft umstritten ist, bildet für diese keinen nicht leicht wiedergutzumachenden Nachteil, auch nicht im Hinblick auf die allfällige Notwendigkeit eines Anfechtungsprozesses (ZR 85 Nr. 105). 35

In BGE 108 II 228 stellte das BGer fest, dass dann, wenn mit der vorsorglichen Massnahme nicht allein der bisherige Zustand sichergestellt, sondern bereits eine **vorläufige Vollstreckung** des Anspruchs erfolge, die Parteiinteressen abzuwägen und an die Unersetzlichkeit des Nachteils (bzw. die Schwere seiner Wiedergutmachbarkeit) grössere Anforderungen zu stellen seien. 36

Der befürchtete Nachteil muss **kraft objektiver Anhaltspunkte wahrscheinlich** sein, ohne dass eine Fehleinschätzung völlig auszuschliessen wäre (BGE 103 II 287; 99 II 344; Bericht, 131). 37

Die Anordnung vorsorglicher Massnahmen ist grundsätzlich nicht gerechtfertigt, wenn das Hauptbegehren des Klägers unbegründet oder wenig aussichtsreich ist. Es ist daher eine **Hauptsachenprognose** zu treffen oder – wie der Tessiner Richter sagt – festzustellen, ob die Hauptsache den «fumus boni iuris» habe (Rep 108 [1975] 254; vgl. KOFMEL EHRENZELLER, Grundlagen, 287 f.). Die Voraussetzung einer guten Hauptsachenprognose wird im Gesetz nicht ausdrücklich genannt, aber als **in der Glaubhaftmachung des drohenden Nachteils enthalten** betrachtet. Es geht um die *wahrscheinliche Begründetheit des Hauptbegehrens*. Die gesuchstellende Partei hat glaubhaft darzutun, dass ihre Klage *Aussicht auf Erfolg* hat. Eine günstige Hauptsachenprognose bildet Voraussetzung für die Anordnung von vorsorglichen Massnahmen (GULDENER, ZPR, 574; ZÜRCHER, 254, 264; vgl. auch Art. 28c aZGB). Sie ist die Garantin dafür, dass die Gefahr der Schädigung durch einstweiligen Rechtsschutz minimiert wird (MEIER, Rechtsschutz, 218 f.). 38

8. Dringlichkeit

Grundvoraussetzung für die Anordnung vorsorglicher Massnahmen ist die **Dringlichkeit** (Bericht, 131; BOTSCHAFT ZPO, 7354; ZÜRCHER, 87 ff.). Dies wird im Gesetz nicht explizit gesagt, ergibt sich aber zum einen indirekt aus Art. 265, wo «besondere» Dringlichkeit verlangt wird. Es folgt sodann ohne weiteres aus dem Umstand, dass der der gesuchstellenden Partei drohende Nachteil erheblich und schwer ersetzbar sein muss. Gemäss Bundesgericht ist Dringlichkeit ein unbestimmter Gesetzesbegriff, der nicht abstrakt, sondern nur einzelfallweise (und, wie zu ergänzen ist, in Bezug auf vorsorgliche Massnahmen) beurteilt werden muss (SZZP 2005, 141; BGer 4P.263/2004). Es genügt Dringlichkeit im **relativen** Sinn, die sich einzig an der Dauer des ordentlichen Verfahrens misst (Mitt. 1983/2, 148). Die Ersetzbarkeit des Nachteils durch Geld ändert nichts an der Dringlichkeit, wenn der Anspruch der gesuchstellenden Partei auf Realerfüllung gerichtet ist. Lässt sich dasselbe Ziel hingegen durch das richterliche Endurteil erreichen, so fehlt es an der Dringlichkeit. 39

Elemente der Dringlichkeit können die **Begehungs**- bzw. **Wiederholungsgefahr** sein (ZÜRCHER, 92). 40

Abgesehen vom Bereich des Gegendarstellungsrechts (BGE 116 II 1) bewirkt ein gewisses **Zuwarten** im Zusammenhang mit dem Persönlichkeitsschutz, auch mit Begehren um vorsorgliche Massnahmen, unter Vorbehalt des Rechtsmissbrauchs, keinen Rechtsverlust. Es erscheint als legitim, ein gerichtliches Verfahren erst einzuleiten, wenn das gegnerische Verhalten einen nennenswerten Erfolg zeitigt (ZR 85 Nr. 54 E. 7b). Grundsätzlich 41

Art. 261 42–45

geht der Anspruch auf Anordnung einer vorsorglichen Massnahme nicht durch Zeitablauf unter (SZZP 2005, 141; BGer, 1.2.2005, 4P.263/2004), zumal die Dringlichkeit i.d.R. durch den Zeitablauf noch verstärkt wird.

42 Es gibt aber Fälle, in denen Lehre und Praxis ein **offensichtliches Hinauszögern der Gesuchseinreichung** als Indiz dafür nehmen, dass für die gesuchstellende Partei das Erfordernis der Dringlichkeit nicht (mehr) gegeben ist (vgl. Art. 28d Abs. 2 i.f. ZGB: BYRDE, 178). Im Vordergrund stehen die Fallgruppen der Rechtsmissbräuchlichkeit und des fehlenden Rechtsschutzinteresses.

43 a) **Rechtsmissbräuchlichkeit**: Offensichtliches Zuwarten bzw. bewusstes Hinauszögern kann einen *Rechtsmissbrauch* (Art. 2 Abs. 2 ZGB) darstellen, welcher keinen rechtlichen Schutz verdient, wenn nämlich die *eingetretene Dringlichkeit durch das offensichtliche Zuwarten erst geschaffen* worden ist (vgl. RÜETSCHI, Verwirkung; zur Klagerechtsverwirkung BGer, 10.2.2005, 5C.247/2004 E. 3). Die Praxis wendet die Ausschlussklausel des offensichtlichen Hinauszögerns zu Recht zurückhaltend an (BSK ZGB I-MEILI, Art. 28e N 4; vgl. BGer, 3.10.2000, Medialex 2001, 35 ff., wonach kein offensichtliches Hinauszögern vorliegt, wenn nur wenige Tage, wovon drei auf einen Sonn- und Feiertag fallen, verstreichen).

Verwirkung wegen offensichtlicher Verzögerung ist *im superprovisorischen Verfahren* dann anzunehmen, wenn die gesuchstellende Partei so lange mit der Gesuchseinreichung zugewartet hat, als die Anhörung der Gegenpartei im schlechtesten Fall gedauert hätte (DAVID, Superprovisorische Verfügungen, 22 f.).

Die gesuchstellende Partei, die vor Einleitung des Massnahmegesuchs eine Zeitspanne verstreichen liess, die voraussichtlich *für die Durchführung des ordentlichen Prozesses gereicht* hätte, kann sich u.U. nach Treu und Glauben nicht mehr auf die Dringlichkeit berufen (ZR 95 Nr. 98 E. VI, mit der Begründung, dass es nicht im Belieben einer Partei stehen dürfe, durch Zuwarten mit der Beschreitung des ordentlichen Rechtswegs der andern Partei dessen Vorteile zu nehmen; gl.M. VON BÜREN/MARBACH/DUCREY, Rz 1026). Nach ZÜRCHER, 88 f., wurde in der einzelrichterlichen Praxis des HGer ZH eine Dauer von ordentlichen Immaterialgüterprozessen unter Einschluss des Rechtsmittelwegs von zwei bis drei Jahren angenommen.

44 *Kein Rechtsmissbrauch* liegt in aller Regel dort vor (vgl. ALDER, 84 f. m.H.), wo die gesuchstellende Partei

– eine *Vergleichslösung* gesucht (Pdt TBx VD, B. et cons. c. S.A. vom 24.9.2002; BYRDE, 178) oder

– der Gegenpartei eine *letzte Frist gesetzt* hat, oder

– wo sie *zeitintensive Abklärungen* des Sachverhalts oder der Rechtslage hat vornehmen müssen.

45 b) **Verlorenes Rechtsschutzinteresse**: In zahlreichen Kantonen haben sich eigentliche «Verwirkungs»-Fristen «eingebürgert». Nach zürcherischer Praxis etwa ist «Verwirkung» im Allgemeinen nach ca. dreimonatigem Zuwarten anzunehmen (Angabe gemäss DAVID, SIWR, 179; s. ferner die Zusammenstellung der diesbezüglichen Praxis des Einzelrichters am HGer der Kantons Zürich bei ZÜRCHER, 186 ff.). Eine länger zuwartende gesuchstellende Partei riskiert daher, dass ihr Begehren um Anordnung einer vorsorglichen Massnahme wegen fehlender Dringlichkeit und daher fehlendem, d.h. eingebüsstem rechtlichem Interesse an sofortigem Rechtsschutz abgewiesen wird (vgl. ZBJV 1943, 263 E. 2 a.E.; BGer, 5P.342/2000: «Finanzchef Grasshoppers» betr. ein ehrverletzendes Buch, das bereits seit Tagen im Handel war).

Nach einem Entscheid des BGer (vgl. DAVID, SIWR, 179 ff. und den dort angeführten, 46
nicht amtlich publizierten Entscheid des BGer [Schweizerische Mitteilungen über gewerblichen Rechtsschutz und Urheberrecht 1983/2149]) misst sich die Dringlichkeit an der *Dauer des Hauptprozesses*. Eine in ihren Rechten verletzte Partei kann daher grundsätzlich vorsorgliche Massnahmen in Anspruch nehmen, solange der Hauptprozess andauert.

Bei widerrechtlichem Entzug oder widerrechtlicher Vorenthaltung des *Besitzes* ist der 47
Anspruch auf Wiederherstellung des rechtmässigen Zustandes – vorbehältlich Verwirkung und Verjährung gemäss Art. 929 ZGB – zeitlich nicht befristet (ZBJV 1983, 366). Muss mit einer längeren Dauer des Hauptprozesses gerechnet werden, können sich auch bei längerem Zuwarten des Berechtigten für die weitere Zukunft unerwünschte Konsequenzen ergeben, die nur bei sofortigem Eingreifen verhindert werden können.

Ein nicht sofort gestelltes *Ausweisungsgesuch* kann nicht wegen fehlender Dringlichkeit 48
abgewiesen werden (ZBJV 1983, 366). Lässt das Verhalten des Mieters mit Sicherheit darauf schliessen, dass er über den Zeitpunkt der Beendigung des Mietverhältnisses hinaus in den gemieteten Räumen zu bleiben gewillt ist, ohne ein entsprechendes Recht zu behaupten, kann das Gesuch um Ausweisung auf den Zeitpunkt des Ablaufs des Mietvertrages schon während des Laufes der Kündigungsfrist gestellt werden (ZBJV 1959, 358).

Einem Begehren fehlt die Dringlichkeit, wenn die streitige Nutzung des Nachbar- 49
grundstücks bereits baurechtlich (wenn auch nur einstweilen) unterbunden worden ist (ZR 2008 Nr. 41 E. 4–7).

9. Glaubhaftmachen

a) Grund und Definition

Während im ordentlichen Verfahren das Beweisverfahren (vgl. Art. 150 ff.) zum Ent- 50
scheid führt, erfolgt der Entscheid über vorsorgliche Massnahmen immer nur mit einem summarisch-eingeschränkten Beweisverfahren. Vor Einleitung oder im Anfangsstadium des Prozesses können die genannten Voraussetzungen nicht strikte bewiesen, sondern nur glaubhaft gemacht werden. Da der Rechtsschutz schnell gewährt werden soll, ist die *Beweisstrenge reduziert* (BGer, 29.11.2004, 4P.201/2004 E. 4.1 ff.). Dies gilt nicht nur für vorhauptprozessuale vorsorgliche Massnahmen, sondern auch für solche nach Rechtshängigkeit des Hauptprozesses.

Das **Glaubhaftmachen** ist der «Königsbegriff des Massnahmeverfahrens» (ZÜRCHER, 51
54; um so erstaunlicher, dass er im VE noch fehlte; vgl. auch MEIER, Vorentwurf, 77 ff.). Er gehört auch sonst zum vorsorglichen Rechtsschutz; so muss die *Arrestforderung* glaubhaft gemacht werden, und auch der Einspracherichter entscheidet nach dem Beweismass der Glaubhaftmachung (SZZP 2007, 436; BGer 5P.341/2006; vgl. auch Art. 961 Abs. 3 ZGB; Art. 77 Abs. 2 PatG; Art. 43 Abs. 1 SortG).

In Lehre und Rechtsprechung findet sich eine Vielzahl von Umschreibungen. «Glaub- 52
haftmachen» bedeutet (vgl. ZÜRCHER, 54 ff.; BERTI, Massnahmen, 221 f.; BRUNNER, 19 ff.; DAVID, SIWR, 187 ff.; ERNST, 49 ff.; ORLANDO, 89 ff.; TROLLER, Einstweilige Verfügung, 311 ff.; VOGEL, Probleme, 96 ff.; MERZ, § 176 ZPO/TG N 2b; VOGEL/SPÜHLER, § 10 Rz 26):

– den Nachweis der Wahrscheinlichkeit für den Bestand des behaupteten Rechtsanspruchs (HABSCHEID, N 635; vgl. franz.: «rend vraisemblable», ital.: «rende verosimile»);

- mehr als Behaupten, weniger als Beweisen (ZR 1978 Nr. 9);
- einen *«prima facie»*-Beweis (ZR 1978 Nr. 9);
- die Vermittlung des Eindrucks einer gewissen Wahrscheinlichkeit des Vorhandenseins der in Frage stehenden Tatsachen (BGer, 20.12.1996, 4C.452.1996, sic! 1997, 38 ff.; GULDENER, ZPR, 323 FN 27; ALDER, 102);
- das Aufstellen von Behauptungen in einer Art und Weise, die das Gericht aufgrund summarischer Kognition zum Schluss kommen lässt, es sei von ihrer Wahrheit nicht völlig überzeugt, halte sie aber überwiegend für wahr, obwohl nicht alle Zweifel beseitigt sind und das Gericht noch mit der Möglichkeit rechnet, dass sich eine Tatsache nicht verwirklicht haben könnte (BGE 132 III 140; 144 E. 4.1.2; 120 II 393 E. 4c, 398; 118 II 378; 108 II 72 E. 2a; 104 Ia 408 E. 4, 413; 103 II 287; 99 II 344; 88 I 14; ZR 1990 Nr. 54; 1978 Nr. 114; GVP/ZG 1997/98, 184 E. 2; 2004, 206 E. 1; GULDENER, ZPR, 323 FN 27; ALDER, 102);
- die Leistung des *Wahrscheinlichkeitsbeweises* (BGE 103 II 287; 120 II 398: Es ist zur Glaubhaftmachung einer Behauptung «nicht die volle Überzeugung des Gerichts» notwendig, «sondern es genügt, wenn eine gewisse Wahrscheinlichkeit dafür spricht».). Während im Hauptprozess der Kläger den Richter vom Vorhandensein der Tatsachen, die dem geltend gemachten Anspruch zugrunde liegen, mit dem Grad der Sicherheit überzeugen muss (Art. 8 ZGB; BGE 128 III 275 E. 2b/aa), hat sich der Massnahmerichter mit dem Grad der Wahrscheinlichkeit zu begnügen (BGE 118 II 381; BYRDE, 172); Glaubhaftmachen bedeutet, beim Richter die Auffassung zu wecken, dass die gesuchsbegründenden Tatsachen, so wie sie vorgetragen werden, wahrscheinlich bestehen (BGE 104 Ia 413; LGVE 1990 I Nr. 28);
- das Hervorrufen der richterlichen Überzeugung, wonach sich der geltend gemachte Anspruch als einigermassen aussichtsreich oder doch zum mindesten vertretbar erweist (BGer, 20.12.1996, 4C.452.1996, sic! 1997, 38 ff.; BGE 120 II 393 E. 4c; DAVID, SIWR, 188).

53 Ungenügend ist eine bloss unbestimmte oder entfernte Möglichkeit eines rechtswidrigen Verhaltens (BGE 99 II 346 E. 2b; GULDENER, ZPR, 323 FN 27; FRANK/STRÄULI/MESSMER, § 110 ZPO/ZH N 6; RBOG TG 1998 Nr. 28 Ziff. 2 lit. b Abs. 2).

b) Inhalt des Glaubhaftmachens

54 Die gesuchstellende Partei muss den Richter von der Wahrscheinlichkeit des behaupteten **Sachverhalts** überzeugen und glaubhaft machen, dass ihr ein Nachteil erwächst, wenn keine Massnahme angeordnet wird. Glaubhaft gemacht werden muss, dass alle Voraussetzungen zur Anordnung einer vorsorglichen Massnahme gegeben sind:

- die *Prozessvoraussetzungen* (Zuständigkeit etc.; vgl. M. Müller/Wirth-DIETRICH, Art. 33 GestG N 71 ff.);
- der *Verfügungsanspruch*: z.B. dass die Gegenpartei eine gesetzeswidrige Handlung begangen hat oder vorzunehmen beabsichtigt. Nach Art. 574 OR sind z.B. die wichtigen Gründe für die sofortige Auflösung der Gesellschaft glaubhaft zu machen (ZR 51 Nr. 80; 58 Nr. 69), oder dass ein Generalversammlungsbeschluss gegen Gesetz oder Statuten verstösst (ZR 53 Nr. 49; 80 Nr. 43). Bei der Nachteilprognose hat die Sicherungsmassnahmen i.S.v. Art. 178 ZGB verlangende Ehefrau glaubhaft darzulegen, dass eine ernsthafte und aktuelle Gefährdung vorliegt. «Die Gefährdung muss aufgrund objektiver Anhaltspunkte als wahrscheinlich erscheinen, und zwar in nächster Zukunft» (BGE 118 II 381);

- der *Verfügungsgrund*: Die gesuchstellende Partei muss glaubhaft machen, dass ihr der *eingeklagte Anspruch* gegenüber der Gegenpartei zusteht, d.h. dass ihre Klage Aussicht auf Erfolg hat (BGE 97 I 487; 100 Ia 22 E. 4; ZR 1966 Nr. 122);

- *Dringlichkeit*.

Glaubhaft zu machen sind (vgl. KILLER, § 302 ZPO/AG N 14): **55**

- beim *Besitzesschutz*: Besitz der gesuchstellenden Partei und die unmittelbar bevorstehende oder bereits eingetretene Störung oder Entziehung dieses Besitzes;

- bei der *Aufrechterhaltung des tatsächlichen Zustands*: dieser Zustand selbst im Zeitpunkt des Gesuchs, die Gefahr oder doch erhebliche Möglichkeit einer Veränderung durch die Gegenpartei und die dadurch bewirkte Beeinträchtigung der Rechtsstellung der gesuchstellenden Partei;

- bei der *Abwehr des drohenden Nachteils*: die kurz bevorstehende oder bereits vorgenommene Handlung der Gegenpartei, oder, wenn die Gegenpartei zu einem Tun verpflichtet werden soll, die Dringlichkeit dieses Tuns und die zu befürchtende Unterlassung seitens der Gegenpartei, sodann in beiden Fällen die Umstände, die bei der befürchteten Handlung oder Unterlassung Nachteile für die gesuchstellende Partei bewirken, und inwiefern sie nicht leicht wieder gutzumachen sind.

Es gibt Anwendungen von vorsorglichen Massnahmen, in denen ein Verfügungsanspruch **56**
nicht glaubhaft gemacht werden muss, nämlich mitunter bei den sog. Regelungsmassnahmen (vgl. Art. 262 N 10). So können auch dann vorsorgliche Massnahmen (etwa die Festsetzung von Unterhaltsbeiträgen) während des *Ehescheidungsverfahrens* angeordnet werden, wenn die Begründetheit der Scheidungsklage nicht glaubhaft gemacht ist (vgl. N 11).

Bei der Vormerkung der vorläufigen Eintragung eines *Bauhandwerkerpfandrechts* (Art. 837 Abs. 1 Ziff. 3 ZGB) kommen vorsorgliche Massnahmen oft vor, weil der Gläubiger die Eintragung des Pfandrechts im Grundbuch innert maximal dreier Monate nach Vollendung der Arbeit erwirken muss (Art. 839 Abs. 2 ZGB). Die Praxis stellt hier nur sehr geringe Anforderungen an die Glaubhaftmachung des Verfügungsanspruchs. Die vorläufige Eintragung darf nur dann verweigert werden, wenn der Bestand des Pfandrechts als ausgeschlossen erscheint oder höchst unwahrscheinlich ist (BSK ZGB II-HOFSTETTER, Art. 839/40 N 37). Im Zweifel muss der Richter das Gesuch um Vormerkung der vorläufigen Eintragung bewilligen (vgl. BGE 102 Ia 86; 86 I 270).

Das Glaubhaftmachen beschränkt sich aus dogmatischer Sicht auf die **tatbeständliche** **57**
Seite des geltend gemachten Rechts (BERTI, Massnahmen, 221 ff.; KOFMEL EHRENZELLER, Grundlagen, 37; VOGEL/SPÜHLER, § 61 Rz 213; vgl. Art. 150 Abs. 1: «Gegenstand des Beweises sind rechtserhebliche, streitige Tatsachen.»; Art. 81 Abs. 2 BZP: «Die begründenden Tatsachen sind glaubhaft zu machen.»).

Die **Rechtsanwendung** erfolgt hingegen wie im ordentlichen Prozess von Amtes wegen (Art. 57; vgl. Art. 221 Abs. 3, wonach die Klage [bzw. das Gesuch] eine rechtliche Begründung enthalten «kann», nicht muss). Die Rechtslage ist demnach **nicht** Gegenstand des Glaubhaftmachens (gl. KILLER, § 302 ZPO/AG N 15, wonach die Rechtslage nur *anzuführen* ist, und BERTI, Massnahmen, 223, wonach Rechtsfragen Gegenstand eines Plädoyers rechtlicher Argumente sind; **a.M.**: Von der Notwendigkeit eines Glaubhaftmachens der rechtlichen Begründetheit gehen hingegen aus: ERNST, 52; HASENBÖHLER, 34; WALTER, Internationale Zuständigkeit, 65 [jedenfalls für Fälle, die nach ausländischem Recht zu beurteilen sind]). Da keine Pflicht der Parteien besteht, rechtliche Ausführungen zu machen, geht es diesbezüglich von vornherein nicht um die Frage der Glaubhaftmachung, sondern um die Frage, wie eingehend die richterliche Rechtsprüfung zu erfolgen hat; vgl. ZÜRCHER, 82, sowie N 81 ff.

c) Glaubhaftmachungslast

58 Die **Last des Glaubhaftmachens** entspricht der Beweislast im ordentlichen Prozess und trifft gemäss Art. 8 ZGB grundsätzlich die gesuchstellende Partei. Sie muss demnach die anspruchsbegründenden Behauptungen glaubhaft machen, die Gegenpartei ihre Einwendungen, z.B. Rechtfertigungsgründe. Die Grundsätze für das Glaubhaftmachen gelten für beide Parteien (BGE 103 II 290 E. 2).

59 Eine *Sicherheitsleistung* der gesuchstellenden Partei (Abs. 2) entbindet nicht vom Erfordernis der Glaubhaftmachung (ZR 77 Nr. 9 E. 6).

d) Glaubhaftmachungsmittel

60 In aller Regel genügt zur Glaubhaftmachung das blosse Behaupten eines Sachverhalts nicht, es bedarf vielmehr der *Materialisierung* (FRANK/STRÄULI/MESSMER, Vor §§ 204 ff. ZPO/ZH N 1). In der Praxis bedeutet dies, dass man von der gesuchstellenden Partei erwartet, dass sie Mittel beibringt, wenn durch diese eine Tatsache glaubhaft gemacht werden kann. Da kein strikter Beweis nötig und möglich ist, sollte man statt von Beweismitteln eher von **Glaubhaftmachungsmitteln** sprechen.

61 Umfassende Erhebungen sind von der Natur der Sache her ausgeschlossen. Grundsätzlich ist die Glaubhaftmachung daher durch **Urkunden** zu erbringen (Art. 254 Abs. 1; vgl. Art. 177 ff.). Deshalb wird das Glaubhaftmachungsverfahren regelmässig zu einem reinen **Urkundenprozess**.

62 Die Beschränkung des Beweismasses auf Glaubhaftmachung impliziert indes **keine förmliche Beschränkung der Glaubhaftmachungsmittel**. Auch die anderen Mittel sind zulässig, allerdings nur, wenn sie das Verfahren *nicht wesentlich verzögern*, wenn es der *Verfahrenszweck erfordert* oder wenn das Gericht den *Sachverhalt von Amtes wegen festzustellen* hat (Art. 254 Abs. 2). Insofern tritt Art. 8 ZGB *grundsätzlich ausser Funktion* (BGE 118 II 376; vgl. ergänzend auch GULDENER, ZPR, 323 FN 28). Wer also solche anderen Mittel beibringt bzw. beantragt, muss auch begründen, weshalb eine der in Art. 254 Abs. 2 genannten Voraussetzungen erfüllt ist. Solche weiteren Glaubhaftmachungsmittel können nach Art. 168 Abs. 1 sein (vgl. ZÜRCHER, 74 ff.):

– **Zeugnis** (vgl. Art. 169 ff.);

– **Augenschein** (vgl. Art. 181 f.);

– **Gutachten** (vgl. Art. 183 ff.). In **Patentprozessen** werden oft **Kurzgutachten** eingesetzt (BGE 103 II 290 f.; RB 1974 Nr. 20; ZR 1978 Nr. 48 E. 4; F. H. THOMANN, Die Expertise im patentrechtlichen Massnahmeverfahren, in: «Im Namen des Obergerichts», FS zur Pensionierung von Frau Dr. M. RUTH, Liestal 2004, 221 ff.). Wird im Massnahmeverfahren ein solches Kurzgutachten eingeholt, kann dies nicht den Sinn haben, bezüglich prozessentscheidender Fragen (Gültigkeit, Verletzung usw.) eine gleich umfassende Abklärung wie im Hauptverfahren vorzunehmen (ZR 1990 Nr. 54). Parteigutachten kommt nicht die Bedeutung von Beweismitteln, sondern von blossen Parteivorbringen zu (BGE 132 III 83 E. 3.4). Wo bezüglich Schutzmassnahmen die Wahrscheinlichkeit als Beweismass genügt und die Massnahmen relativ einfach abgeändert werden können, kann die Beweisabnahme beschränkt werden, und es kann deshalb ohne Verletzung des Beweisführungsanspruchs auf die Anordnung einer Expertise verzichtet werden, wenn dem Gericht andere Beweise vorliegen (betr. Eheschutzmassnahmen; SZZP 2006, 198; BGer 5P.252.2005);

- **schriftliche Auskunft** (vgl. Art. 190). Solche Auskünfte werden im summarischen Verfahren oft als Zeugenbescheinigungen eingereicht (LGVE 1989 I Nr. 25; 1982 I Nr. 46);

- **Parteibefragung** (vgl. Art. 191 f.);

- **Beweisaussage** (vgl. Art. 192 f.).

Editionsbegehren spielen im Massnahmeverfahren eine geringe Rolle.

Glaubhaftmachungsmittel sind unaufgefordert und sofort, d.h. möglichst **mit dem Gesuch** einzureichen. Unter den Voraussetzungen von Art. 229 ist es allerdings auch zulässig, bis zum Entscheid erst später beschaffte Mittel nachzutragen.

Ohne Materialisierung stellt der Richter meist bzw. von Gesetzes wegen ab

- auf *Unbestrittenes* (ZÜRCHER, 64 f.);

- auf allgemein bekannte bzw. *«offenkundige» Tatsachen* (Art. 151; vgl. BGE 98 II 214 E. 4a; FRANK/STRÄULI/MESSMER, § 133 ZPO/ZH N 11; ZÜRCHER, 57 f.)

- auf *gerichtsnotorische Tatsachen* (Art. 151; ZÜRCHER, 61 f.);

- auf *Schlüsse gemäss allgemeiner Lebenserfahrung* (Art. 151: «allgemein anerkannte Erfahrungssätze»; BGE 117 II 256; 115 II 305; GULDENER, ZPR, 161; ZÜRCHER, 59 ff.), worunter auch *natürliche Vermutungen* fallen (BGE 117 II 256; 116 II 357 E. 2a);

- auf *gesetzliche Vermutungen* (z.B. Art. 3 Abs. 1 ZGB; BGE 116 II 1; ZÜRCHER, 62 ff.).

e) Grad des Glaubhaftmachens

In Literatur und Judikatur wird verschiedentlich gefordert, in bestimmten Fällen seien **erhöhte Anforderungen** an das Glaubhaftmachen (bzw. an die Prüfung der Rechtslage) zu stellen (BGE 108 II 231 E. 2c; ZR 1991 Nr. 83 E. 6; 1996 Nr. 80). So wird gesagt:

- Der jeweilige Grad der Glaubhaftmachung beurteilt sich nach dem Einzelfall, wobei *Eingriffstiefe und Dauer der beantragten Massnahme* einerseits und die *Überzeugungskraft (Qualität) der gegnerischen Argumente* andererseits die jeweiligen Anforderungen bestimmen (vgl. LGVE 1990 I Nr. 43; 1993 I Nr. 34).

- Erhöhte Anforderungen sind zu stellen, wenn die in Frage stehenden *Massnahmen für die Gegenpartei besonders einschneidend* wären (GRUNDMANN, 18; HASENBÖHLER, 35; LUTZ, Vorsorgliche Massnahme, 328 f.; GÜNGERICH, 123).

- Der nicht leicht wiedergutzumachende Nachteil ist *nicht immer leicht glaubhaft zu machen*, weshalb an diese Voraussetzung *kein strenger Massstab* angelegt werden darf (FRANK/STRÄULI/MESSMER, § 110 ZPO/ZH N 24).

- An die Voraussetzungen des nicht leicht wiedergutzumachenden Nachteils und der Hauptsachenprognose sind erhöhte Anforderungen zu stellen, wenn die *auf ein Tun gerichtete Leistungsmassnahme* einen besonders schwerwiegenden Eingriff in die Rechtsstellung der Gegenpartei darstellt.

- Wird für die vorsorglichen Massnahmen dasselbe gefordert wie in den Anträgen in der Hauptsache, so ist eine «hohe Wahrscheinlichkeit» zu fordern, wenn die Massnahme die Bewilligung der *vorzeitigen Erfüllung des Hauptanspruchs* mit dauerhafter oder endgültiger Wirkung zur Folge hat (HOHL, Réalisation, Rz 221 ff.; HOHL, Procédure, Rz 2867 ff.; BERTI, Massnahmen, 222 N 91).

- Die Anforderungen, die an den Verfügungsgrund gestellt werden, *hängen von der verlangten Massnahme ab*. Wird mit ihr die *Erbringung einer positiven Leistung* verlangt, kann sie einen schweren Eingriff in die Rechtsstellung der Gegenpartei bedeuten. Dadurch ist diese potenziell erhöht beeinträchtigt, weshalb der der gesuchstellenden Partei drohende Nachteil schwerer wiegen muss und an die Begründetheit des Verfügungsanspruchs höhere Anforderungen zu stellen sind (KOFMEL EHRENZELLER, Grundlagen, 41).

- Läuft die vorsorgliche Massnahme auf eine (teilweise) vorläufige Vollstreckung hinaus, ist namentlich der Rechtstitel besonders zu prüfen.

- Je mehr die Auswirkungen der verlangten Massnahmen die *Interessen der Gegenpartei oder von Dritten beeinträchtigen* können, desto strenger muss sich der Richter in der Beurteilung der Wahrscheinlichkeit der von der gesuchstellenden Partei vorgebrachten Tatsachen zeigen (SJ 1975, 254; 1977, 589; BYRDE, 173).

- Die Anordnung von vorsorglichen Massnahmen *von Amtes wegen* bedarf einer über die blosse Glaubhaftmachung hinausgehende Anspruchsprüfung (so in Bezug auf Art. 85a Abs. 2 SchKG LEUCH/MARBACH/KELLERHALS/STERCHI, Vor Art. 326 ZPO/BE N 2.c).

66 Zu Recht hat sich ZÜRCHER, 69 ff., gegen solche *Abstufungen* – es sind fast immer partielle Verschärfungen, im Fall des Bauhandwerkerpfandrechts (vgl. vorne N 56) aber eine starke Ermässigung – *der Intensität des Glaubhaftmachens* kritisch gerichtet. Sie sind abzulehnen, weil sie *keine gesetzliche Grundlage* finden – es wird ja stets ein und dieselbe Gesetzesbestimmung angewendet – und weil sie das *Prinzip der Gleichbehandlung der Parteien*, jenes der gleich langen Spiesse, *verletzen*. Insbesondere auch darf ein schwerer Eingriff in die Rechtsposition der Gegenpartei nicht zu einer qualifizierten Glaubhaftmachungsnotwendigkeit führen. Wäre es richtig, dass sich der Richter in der Beurteilung der Wahrscheinlichkeit der von der gesuchstellenden Partei vorgebrachten Tatsachen um so strenger zeigen muss, je mehr die Auswirkungen der verlangten Massnahmen die Interessen der Gegenpartei oder von Dritten beeinträchtigen können, so würde dies bedeuten, dass die Einschätzung der Wirkung der Massnahme einen Einfluss auf die Beurteilung hat, ob überhaupt die Voraussetzung zur Anordnung der Massnahme vorliegt. Die Anforderungen an den Grad des Nachweises der Wahrscheinlichkeit hängen so direkt von der Schwere und Endgültigkeit der Massnahme ab. Tatsächlich aber muss die Voraussetzung unabhängig davon beurteilt und die Frage der Auswirkung im Rahmen der *Wahl der Massnahme* und ihrer Verhältnismässigkeit berücksichtigt werden.

III. Das Verfahren

1. Kein Schlichtungsverfahren

67 **Nicht** vorgesehen ist im summarischen Verfahren die vorgängige Durchführung eines **Schlichtungsverfahrens** (Art. 198 lit. a).

2. Keine Anhörung der Gegenpartei bei Nichteintreten oder sofortiger Abweisung

Fehlt es an einer Prozessvoraussetzung und ist der Mangel nicht behebbar bzw. nach entsprechender Aufforderung von der gesuchstellenden Partei nicht behoben worden, ist also das Gesuch «offensichtlich unzulässig» (Art. 253), so kann ohne weiteres ein **Nichteintretensentscheid** ergehen, ohne dass die Gegenpartei überhaupt noch angehört werden muss. Letzteres gilt auch, wenn der Richter bereits in der Lage ist, das Gesuch aus materiellrechtlichen Gründen, nämlich wenn es «offensichtlich unbegründet» ist (Art. 253), abzuweisen. Der Verzicht auf die Anhörung der Gegenpartei ist aber eine Ausnahme; i.d.R. wird der Richter ohne Anhörung der Gegenpartei noch nicht abschliessend über die Glaubhaftmachung entscheiden können. 68

Es besteht **kein** Recht des Einzelnen darauf, dass der der Justizgewährungspflicht unterworfene Staat **dieselbe Sache gleichzeitig an zwei verschiedenen Orten beurteilt**. Die gesuchstellende Partei hat bei mehreren örtlich zuständigen Gerichten auch mehrere Spielfelder, in die sie ihren Ball werfen kann, aber sie hat nur *einen* Ball. Sie kann nicht mehrere Gesuche einreichen, in der Hoffnung, dass wenigstens *eines* sein Ziel erreicht, sondern muss sich für *eines* der zuständigen Gerichte entscheiden. 69

Wenn bei mehreren örtlich zuständigen Gerichten **mehrere identische Massnahmebegehren gegen dieselbe Gegenpartei** gestellt werden, wenn also Identität von Parteien und Ansprüchen (BGE 115 II 187; 112 II 268; FRANK/STRÄULI/MESSMER, § 191 ZPO/ZH N 5 ff.; vgl. auch Art. 65) vorliegt, sollte der später angerufene Richter auf das Begehren wegen Litispendenz (vgl. Art. 64 lit. a) nicht eintreten oder, wenn er Kenntnis von dem früher eingereichten Verfahren erhält, auf seinen Entscheid zurückkommen und einen Nichteintretensentscheid fällen (ZÜRCHER, 156 ff.). Das Gebot, nach Treu und Glauben zu handeln (Art. 52), beinhaltet auch die Pflicht, die Richter über die Einreichung mehrerer identischer Gesuche zu informieren. Besteht Unklarheit, ob es sich um identische oder nur um sachlich zusammenhängende Gesuche handelt, ist nach Art. 127 zu verfahren (Überweisung des Verfahrens durch ein später angerufenes Gericht an das zuerst angerufene Gericht, wenn dieses mit der Übernahme einverstanden ist).

Zulässig sind hingegen **mehrere** (zeitgleiche oder zeitlich verschobene) gleichlautende Massnahmebegehren **gegen verschiedene Gegenparteien** bei verschiedenen örtlich zuständigen Gerichten. Hier besteht jeweils keine Litispendenz, so dass die Richter auf das Gesuch einzutreten haben. Sie können aber, um einander widersprechende Entscheide zu vermeiden, nach Art. 127 vorgehen. 70

3. Mitwirkung der Gegenpartei

Die Gegenpartei muss zu sämtlichen Anträgen der gesuchstellenden Partei Stellung nehmen können, wobei sie natürlich eigene, neue Elemente vortragen kann (sie trifft in Bezug auf die «Beweiserhebung» sogar eine Mitwirkungspflicht, Art. 160). Auch von ihr kann lediglich der «Wahrscheinlichkeitsbeweis» des Glaubhaftmachens hinsichtlich der behaupteten anspruchshindernden Tatsachen gefordert werden, was aus dem Gebot der Rechtsgleichheit folgt (BGE 103 II 287 zu Art. 67 Abs. 1 aPatG). Sie kann nicht nur Verfügungsanspruch, Verfügungsgrund und Dringlichkeit bestreiten, sondern auch das Vorliegen von *Rechtfertigungsgründen* geltend machen. Bei der Beurteilung des Schutzumfangs eines Patents (Art. 77 PatG) hat die Gegenpartei glaubhaft zu machen, das Patent der gesuchstellenden Partei sei ungültig (BGE 132 III 83 E. 3.2). 71

Eigene Anträge kann die Gegenpartei insb. bezüglich der **Sicherstellung** für den Fall der Gutheissung des Gesuchs einbringen (vgl. Art. 28d Abs. 3 ZGB; Art. 264 N 13). Will 72 sie eigene materielle Anträge (im Sinne einer **Widerklage**, vgl. Art. 14) stellen, bleibt es ihr unbenommen, dies mittels *separater Eingabe* und selbständigem Gesuch zu tun. Widerklagen sollten allerdings auch im Summarverfahren zugelassen werden können (so die frühere Praxis in einzelnen Kantonen, etwa in ZH [FRANK/STRÄULI/MESSMER, § 204 ZPO/ZH N 1b; ZÜRCHER, 107], AG [BÜHLER/EDELMANN/KILLER, § 292 ZPO/AG N 6] und SG [LEUENBERGER/UFFER-TOBLER, Art. 201 ZPO/SG N 2]).

73 Die Gegenpartei kann gegebenenfalls *den Streit verkünden* (Art. 78 ff.; ZÜRCHER, 107).

4. Prüfen des Gesuchs

a) Tatsachenprüfung

74 Damit ein Anspruch auf vorsorgliche Massnahmen bejaht werden kann, müssen die Voraussetzungen als gegeben erachtet werden; fehlt hingegen eine Voraussetzung, führt dies zur Abweisung des Massnahmegesuchs (BGE 116 Ia 446).

75 Das Gericht hat einzubeziehen, was die Gegenpartei zur Entkräftung der glaubhaft gemachten Tatsachen vorbringt und ihrerseits glaubhaft macht (LEUENBERGER/UFFER-TOBLER, Art. 198 ZPO/SG N 6; vgl. BGE 117 II 374, wonach im Zusammenhang mit Art. 282 ZGB die pauschale Behauptung des Mehrverkehrs nicht genügt, die Glaubhaftigkeit der Vaterschaft zu widerlegen), und die beidseitigen Vorbringen gegeneinander abzuwägen. Wenn sie sich die Waage halten, ist die vorsorgliche Massnahme nicht anzuordnen (GÜNGERICH, 122; unklar KILLER, § 302 ZPO/AG N 6, wonach in diesem Fall «der bestehende Zustand aufrecht zu erhalten» sei; vgl. auch Art. 265 N 16).

76 In der **Säumnis der Gegenpartei** darf auch im Summarverfahren **keine Anerkennung** der Behauptungen der gesuchstellenden Partei erblickt werden, deren Glaubhaftmachung unerlässlich bleibt.

77 Ob sich das Gericht zu Recht hat überzeugen lassen oder zu Unrecht die Glaubhaftmachung des behaupteten Sachverhalts verneint hat, ist eine Frage der Beweiswürdigung. Lediglich Folge unrichtiger Beweiswürdigung ist die Verletzung des anwendbaren Beweismasses (BGE 130 III 321 E. 5, 327; 131 III 360 E. 5.1, 364; SZZP 2007, 437; BGer 5P.391/2006 und 5P.394/2006).

Der Richter **würdigt die Glaubhaftmachungsmittel frei** (Art. 157). Er verfügt bei der Prüfung des Gesuchs und der Frage, ob die Voraussetzungen glaubhaft gemacht worden sind, über einen *grossen Ermessensspielraum* (was in den Beratungen der eidgenössischen Räte zu Art. 28c aZGB hervorgehoben worden ist, vgl. AmtlBull StR 1983, 143 f., AmtlBull NR 1983, 1389).

Bei internationalen Konflikten darf auf die bereits *in ausländischen Parallelverfahren erstellten Gutachten* zurückgegriffen werden, welche ebenfalls frei zu würdigen sind (BGer, 4P.200/2006 «Remington II»).

78 Es ist willkürlich, ohne Beizug eines unabhängigen gerichtlichen Sachverständigen auf eine bestrittene Parteibehauptung abzustellen, wenn der Massnahmerichter nicht über die notwendige Sachkunde verfügt (BGE 132 III 83).

79 Das Glaubhaftmachen durch die Parteien und das Prüfen durch den Richter sind zwei Seiten einer Medaille. Wie beim Glaubhaftmachen (und z.T. vermischt mit diesem, vgl. N 65 f.) werden auch bei der Prüfung durch den Richter **unterschiedliche Massstäbe der Prüfungstiefe** postuliert: Nach LEUENBERGER/UFFER-TOBLER, Art. 198 ZPO/SG N 5, sind die Anforderungen je nach verlangter Massnahme unterschiedlich hoch; so ist

bei *Leistungsmassnahmen*, die zu einer *vorläufigen Vollstreckung* führen, eine besonders sorgfältige Prüfung der Voraussetzungen nötig (vgl. BGE 108 II 231 E. 2c; ZR 1981 Nr. 43; kritisiert von WALDER/GROB, § 32 Anm. 33). Je mehr ein Entscheid die definitive Regelung faktisch präjudizieren kann, desto gründlicher müssen die tatsächlichen Verhältnisse vorher abgeklärt werden (ZR 55 Nr. 184; SJZ 1957, 184 Nr. 83; BARDE, Le Procès en divorce, ZSR 1955 II, 463a, 470a). Die Prüfung muss um so eingehender sein, je schwerwiegender in die Rechtsstellung der Gegenpartei eingegriffen werden soll (KILLER, § 302 ZPO/AG N 15).

b) Rechtsprüfung

Ob sich aufgrund der als glaubhaft erscheinenden Tatsachenbehauptungen der geltend gemachte Anspruch ergibt, kann nicht unter dem Blickwinkel blosser Glaubhaftmachung geprüft werden. Hinsichtlich des Verfügungsgrundes hat vielmehr eine **Rechtsprüfung** zu erfolgen (LEUCH/MARBACH/KELLERHALS/STERCHI, Art. 326 ZPO/BE N 3.a). Auch im Summarverfahren gilt der Grundsatz «iura novit curia»: Der Richter hat das Recht von Amtes wegen anzuwenden (Art. 57; JERMANN, Art. 38 DesG N 34 m.H.). Dem Massnahmerichter obliegt eine vorläufige Rechtsprüfung (vgl. BGE 104 Ia 413; 88 I 14/15; 69 II 126 f.; ZR 1980 Nr. 115 E. 1; 1969 Nr. 105 E. 2; 1956 Nr. 13). 80

Gemäss BGE 120 II 397 hat die gesuchstellende Partei ihr Recht als «wahrscheinlich» erscheinen zu lassen. Der Begriff der Wahrscheinlichkeit ist in diesem Zusammenhang aber nicht angebracht. Eine Rechtsfrage ist nicht wahrscheinlich, sondern kann nur mehr oder weniger vertieft geprüft werden (BGE 107 Ia 408, 413; BYRDE, FN 55). 81

Genau darüber besteht Uneinigkeit: Über die **Intensität der Prüfung der Rechtsfragen** gehen die Meinungen auseinander. Es ist umstritten, ob der Richter sich nicht nur hinsichtlich des Sachverhalts, sondern auch bei den Rechtsfragen auf eine summarische Prüfung beschränken darf bzw. wie eingehend die richterliche Rechtsprüfung zu erfolgen hat. 82

Nach dem Bundesgericht ist lediglich zu prüfen, ob sich der Anspruch nach einer summarischen Prüfung der Rechtsfragen *nicht als aussichtslos* erweise (BGE 108 II 72; 117 II 131). Ähnlich erachtet VOGEL, Probleme, 97, eine Prima-facie-Prüfung als genügend. Nach LEUENBERGER/UFFER-TOBLER, Art. 198 ZPO/SG N 6, ist die rechtliche Begründetheit vom Gericht «zumindest summarisch», nach VOGEL/SPÜHLER, § 61 Rz 213 (unter Hinweis auf BGE 104 Ia 413) «nur mehr oder weniger eingehend» zu prüfen. Schon in BGE 88 I 15 wurde festgestellt, die Praxis neige bei schwierigen Rechtsfragen dazu, diese nur summarisch zu prüfen, wenn eine umfassende Überprüfung dem raschen Entscheid entgegenstünde. 83

Die Rechtsfindung erfolgt wohl unter zeitlich limitierten Bedingungen. Aber Vorläufigkeit der Massnahme impliziert nicht Flüchtigkeit der Prüfung ihrer Anordnung. Nach dem wohl überwiegenden Teil der Lehre muss das Gericht deshalb die rechtliche Begründetheit des Verfügungsanspruchs *mit aller den Umständen nach möglichen Sorgfalt* vornehmen (KOFMEL EHRENZELLER, Grundlagen, 38; BRUNNER, 20; BERTI, Massnahmen, 225 N 96; KUMMER, ZPR, 269; HOHL, Réalisation, Rz 552; ORLANDO, 91; ferner G. LEUCH, Die Zivilprozessordnung für den Kanton Bern, 3. A., Bern 1956, Art. 326 N 3; vgl. LEUCH/MARBACH/KELLERHALS/STERCHI, Art. 326 ZPO/BE N 3.a [«so gut als möglich»] und DAVID, SIWR, 188 [Prüfung, ob Vorbringen «einigermassen aussichtsreich oder zumindest vertretbar» sind]). Danach ist es nicht zulässig, eine so wenig strenge Voraussetzung aufzustellen, wenn es sich um eine (Sicherungs-) Massnahme handelt, die schwerwiegende Auswirkungen auf die Gegenpartei haben kann. Eine wenig eingehende Prüfung führt zu einer ungerechtfertigten Ungleichbehandlung der Gegenpartei. Auch 84 das Gleichbehandlungsgebot verlangt deshalb nach einer *möglichst umfassenden Rechtsprüfung* (ALDER, 118 ff.; ZÜRCHER, 86 m.H.; JERMANN, Art. 38 DesG N 34). In BGE 120 II 398 hat das Bundesgericht demgegenüber festgehalten, dass diese Praxis der Aussichtslosigkeitsprüfung nicht auf die Glaubhaftmachung einer Gesetzes- oder Statutenverletzung bei Einsetzung eines Sonderprüfers (Art. 697b Abs. 2 OR) übertragen werden kann und hierfür notwendig sei, dass «sich die rechtlichen Vorbringen [...] bei summarischer Prüfung als einigermassen aussichtsreich oder doch zum mindesten als vertretbar erweisen» (in Anlehnung an DAVID, SIWR, 188).

Jedenfalls für Streitigkeiten, die schweizerischem Recht unterstehen, wird heute in der Lehre überwiegend vertreten, dass die Prüfung der rechtlichen Begründetheit umfassender zu erfolgen habe als diejenige der anspruchsbegründenden Tatsachen (GÜNGERICH, 123). Die gesuchstellende Partei hat sich deshalb zu vergegenwärtigen, dass die rechtlichen Ausführungen nicht nur unter dem Gesichtswinkel der Wahrscheinlichkeit gewürdigt werden. Sie hat vielmehr eingehend zu begründen, weshalb ihr ein materieller Anspruch zusteht, und muss befürchten, dass der Richter bei erheblichen Zweifeln an ihrer rechtlicher Begründetheit keine Massnahme anordnen wird.

85 In internationalen Verhältnissen hat die gesuchstellende Partei in Bezug auf den geltend gemachten Anspruch auch das **ausländische Recht** nachzuweisen: Art. 16 Abs. 1 IPRG, wonach das anwendbare Recht von Amtes wegen festzustellen ist, findet im summarischen Verfahren *keine Anwendung* (BGer, 5P.355/2004 E. 4.2). Die beim vorsorglichen Rechtsschutz gebotene Raschheit des Entscheids schliesst eine oft zeitraubende amtliche Nachforschung und abschliessende Feststellung fremden Rechts durch das Gericht aus, weshalb der Nachweis ihnen günstigen ausländischen Rechts im Massnahmeverfahren den Parteien obliegt. Dabei muss Glaubhaftmachung analog der für Tatsachenbehauptungen geltenden Grundsätze genügen, ansonst die Gefahr vorschnellen Ausweichens auf schweizerisches Recht besteht (Art. 16 Abs. 2 IPRG; vgl. WALTER, Internationales Zivilprozessrecht, 65 D/2; LEUCH/MARBACH/KELLERHALS/STERCHI, Art. 326 ZPO/BE N 3.b). Nur in besonders dringenden Fällen kann, wenn der Inhalt des ausländischen Rechts nicht feststellbar ist, vorerst ersatzweise das Schweizer Recht angewendet werden (Art. 16 Abs. 2 IPRG; BGer, 12.3.2001, 5C.98/2000 E. 2c; STAEHELIN/STAEHELIN/GROLIMUND, 392).

IV. Die Massnahme

1. Treffen der Massnahme

86 Nach Prüfung des Gesuchs und Anhörung der Gegenpartei muss das Gericht den Entscheid fällen, **begründen** (vgl. Art. 239 und 265 N 28) und **eröffnen**.

a) Zeitpunkt

87 Der Entscheid muss angesichts der Dringlichkeit **sofort** getroffen werden. Auch wenn es zweckmässig wäre, darf nicht einfach das Ergebnis des Beweisverfahrens im Hauptprozess abgewartet werden, bevor über das Massnahmebegehren entschieden wird (ZR 43 Nr. 13).

b) Charakter

88 Der vor Rechtshängigkeit des Hauptverfahrens getroffene Entscheid des Massnahmerichters stellt eine *Erledigungsverfügung* dar. Der im Laufe des Hauptverfahrens ergehende Massnahmeentscheid ist *prozessleitender Natur* (Art. 124).

c) Anerkennung

Da das Massnahmeverfahren stets eine richterliche Anordnung bezweckt, kann es im Falle der **Anerkennung** eines Gesuchs nicht einfach durch Abschreibung erledigt werden (ZR 76 Nr. 57 = SJZ 1977, 309 Nr. 89; vgl. ZÜRCHER, 295 f.).

d) Gesuchsrückzug und Neuerhebung

Ob der **Rückzug** eines Gesuchs um vorsorgliche Massnahmen dieselben Wirkungen zeitigt wie bei einem Klagerückzug (Art. 65, 241 Abs. 2), ist unklar (zur beschränkten materiellen Rechtskraft von vorsorglichen Massnahmen vgl. Art. 268 N 5 ff.). Nach BÜRGI/SCHLÄPFER/HOTZ/PAROLARI, § 112 ZPO/TG N 9, ist die Neuerhebung des Anspruchs ausgeschlossen, und es steht ihr die Einrede der abgeurteilten Sache (res iudicata) entgegen.

Analog Art. 65 ist ein **zweites Gesuch** immerhin zulässig, wenn der Rückzug des (ersten) Gesuchs erfolgt ist, nachdem das Gericht der Gegenpartei zugestellt und diese dem Rückzug zugestimmt hat.

Eine **Neuerhebung** sollte auch zulässig sein nach einem Rückzug des Gesuchs,

– *bevor* der Richter entschieden hat;

– nach einem *abweisenden Entscheid über die superprovisorische Anordnung* von vorsorglichen Massnahmen oder einem *Nichteintretensentscheid*, ohne dass das Gesuch der Gegenpartei zugestellt wird (vgl. Art. 265 N 29);

– nach einem *gutheissenden Entscheid über die superprovisorische Anordnung* von vorsorglichen Massnahmen, bevor er vollstreckt wird.

Ohne weiteres möglich ist ein zweites Gesuch nach einem Gesuchsrückzug

– unter dem *Vorbehalt der Wiedereinbringung*, wenn es um die *Verbesserung fehlerhafter Gesuchseinleitung* geht (vgl. ZÜRCHER, 296; Art. 63), wenn z.B. eine Prozessvoraussetzung, etwa die örtliche Zuständigkeit, fehlt (ZÜRCHER, 162 FN 408);

– unter den Bedingungen von Art. 268.

e) Gegenstandslosigkeit

Ein Gesuch um vorsorgliche Massnahmen wird gegenstandslos, wenn der Anspruch **durch Erfüllung erloschen** ist. Damit – oder bei **Vergleich ohne sofortige Erfüllung** – wird das Verfahren beendet. Die gesuchstellende Partei erhält durch die richterliche Erledigungserklärung einen Vollstreckungstitel. Geht es um eine Unterlassungspflicht, ist in der Erledigungsverfügung von Amtes wegen auf die Straffolgen bei Verletzung hinzuweisen, ausser wenn eine Wiederholung der Verletzung nach den Umständen als ausgeschlossen erscheint; vgl. ZÜRCHER, 297 f.

f) Parteivereinbarung

Parteivereinbarungen im Massnahmeverfahren bedürfen der richterlichen Genehmigung (ZR 47 Nr. 72, 73; SJZ 1971, 261 Nr. 125 E. 2; 1972, 59 Nr. 23). Anders als bei Scheidungsvereinbarungen begnügt sich die Praxis hier mit der Genehmigung, ohne einzelne Anordnungen in das Beschlussdispositiv zu übernehmen; vgl. ZÜRCHER, 290 ff.

g) Gutheissung

96 Bei der Frage, ob eine vorsorgliche Massnahme anzuordnen sei, wollen GRUNDMANN, 18 und MEIER, Rechtsschutz, 217 ff., die *mögliche Benachteiligung der Gegenpartei* berücksichtigen. Auch nach KILLER, § 294 ZPO/AG N 3c, muss der Richter nach pflichtgemässem Ermessen die *Schwere des Eingriffs in die Rechtssphäre der Gegenpartei* berücksichtigen. Je einschneidender dieser Eingriff sei, desto grössere Zurückhaltung sei geboten, und je geringer umgekehrt die Beeinträchtigung für die Gegenpartei, desto eher werde der Richter geneigt sein, eine vorsorgliche Massnahme anzuordnen. Ausserdem sei auch die *Möglichkeit der Schädigung Dritter* in die Beurteilung einzubeziehen, sei es, dass Dritte mit einer der Parteien in vertraglicher Beziehung steht und sich die vorsorgliche Massnahme auf diese Beziehung auswirkt, sei es, dass sich aus der vorsorglichen Massnahme Reflexwirkungen auf Dritte ergeben, welche diese beeinträchtigen oder begünstigen (vgl. ZÜRCHER, 332 ff.).

97 Nach dem *Bundesgericht* besteht hingegen richtigerweise, wenn die gesetzlichen Voraussetzungen erfüllt sind, ein **Rechtsanspruch** auf die Anordnung von vorsorglichen Massnahmen, und zwar *unabhängig davon, ob und wie schwer die Massnahme die Gegenpartei trifft* (vgl. für das Patentrecht BGE 94 I 10 f.; betr. Willkür bei Verweigerung im Urheberrecht BGE 114 II 368). Überwiegend wird auch in der *Lehre* vertreten, dass bei Vorliegen der Voraussetzungen der Richter eine vorsorgliche Massnahme anzuordnen hat und diesbezüglich kein Ermessen besteht. Daher ist für die Frage, ob eine vorsorgliche Massnahme anzuordnen sei, auch eine schwerwiegende Einschränkung der Gegenpartei irrelevant. Deren Interessen wird zum einen durch die Pflicht der gesuchstellenden Partei zur *Sicherheitsleistung* (vgl. nachfolgend N 103 ff.) Rechnung getragen (BGE 106 II 69 f.; 94 I 10 f.; BRINER, 159; BRUNNER, 20; LUTZ, Vorsorgliche Massnahme, 328; LEUCH/MARBACH/KELLERHALS/STERCHI, Art. 326 ZPO/BE N 2.a). Richterliches Ermessen kann ausserdem bei der *Ausgestaltung* der jeweiligen vorsorglichen Massnahme eine Rolle spielen, wenn also zu entscheiden ist, welche von mehreren möglichen vorsorglichen Massnahmen angeordnet werden soll (vgl. Art. 262). Wo es um die Aufrechterhaltung eines tatsächlichen oder rechtlichen Zustands geht, liegt eine vorsorgliche Massnahme im übrigen nicht selten auch im Interesse der Gegenpartei, da so für sie die Notwendigkeit entfällt, später allenfalls den früheren Zustand wiederherstellen zu müssen (vgl. KILLER, § 294 ZPO/AG N 3c).

h) Abweisung und Neuanbringung

98 Erweist sich das Massnahmebegehren als unbegründet, so ist es dem Massnahmerichter nicht verwehrt, es *ohne Weiterungen sofort abzuweisen* (ZR 94 Nr. 92).

99 Es ist *unzulässig*, mit dem Hinweis auf die Möglichkeit der gesuchstellenden Partei, sich einstweilen freiwillig dem Willen des Boykottierenden zu unterwerfen und so finanzielle Nachteile zu vermeiden, die Anordnung *vorsorglicher Massnahmen abzulehnen* (SJZ 1983, 62 Nr. 9).

100 Ist die Anordnung einer vorsorglichen Massnahme abgelehnt worden, kann das Gesuch unter den Voraussetzungen von Art. 268 jederzeit **neu angebracht** werden (vgl. auch Art. 268 N 7 ff.), also

- einerseits *aufgrund seither veränderter Umstände* (echte Noven; vgl. SUTTER-SOMM, ZPR, Rz 914; ALDER, 165 ff.; JERMANN, Art. 38 DesG N 51; LEUENBERGER/TOBLER-UFFER, Art. 214 N 3.b; KILLER, § 30 ZPO/AG N 2.c). Auch bei im übrigen unveränderter Sachlage ist Neuanbringung zudem möglich, wenn erhebliche *Beweismittel* oder neue erhebliche Tatsachen erst nach dem Entscheid bekanntgeworden sind (LEUCH/MARBACH/KELLERHALS/STERCHI, Art. 326 ZPO/BE N 4.d) und auch bei der erforderlichen Sorgfalt nicht vorher hätten beigebracht werden können (unechte Noven; vgl. HGer ZH, SMI 1984, 64 f.; ALDER, 166 f.; JERMANN, Art. 38 DesG N 51). Bei der Prüfung der Entschuldbarkeit der früheren Nicht-Vorbringung soll nach BERTI, Massnahmen, 230, auch geprüft werden, ob die Unterlassung «mit dem Streben [...] nach Erlass einer Massnahme kompatibel» ist;

– andererseits, wenn sich die Abweisung nachträglich als *ungerechtfertigt* erweist.

Die **Neuanbringung ist hingegen nicht zulässig** bei lediglich verbesserter Begründung (KILLER, § 307 ZPO/AG N 2b; a.M. DAVID, SIWR, 186, der bei Abweisung eines Gesuchs eine jederzeitige Erneuerung mit ergänzter Begründung zulassen will). Das muss auch gelten, wenn die gesuchstellende Partei

101

– an ein anderes örtlich zuständiges Gericht gelangt, was vor Anhängigmachen des Hauptprozesses möglich ist, sowie im internationalen Verhältnis;

– ohne Veränderung der Umstände, *ein verändertes Begehren mit derselben Zielsetzung* einreicht, indem sie z.B. nach abgewiesenem Begehren auf Beschlagnahme der Ware ein Begehren um Erlass eines Veräusserungsverbots stellt, da es im Ermessen des Richters steht, welche Massnahme er im Rahmen der gestellten Begehren bzw. des Hauptbegehrens anordnen will, und er ohnehin die verschiedenen möglichen und verhältnismässigen Massnahmen ins Auge zu fassen und aus ihnen die geeignetste und schonendste zu wählen hat. Ausserdem kann die gesuchstellende Partei einen abweisenden Entscheid via *Rechtsmittel* überprüfen lassen. Dies steht allerdings unter Vorbehalt der *Eignung der Massnahme*; erweist sie sie sich als ungeeignet bzw. nicht hinreichend, muss ein neuer Antrag möglich sein (vgl. Art. 268 N 21);

– ein *Wiedererwägungsgesuch* stellt (KILLER, § 307 ZPO/AG N 2.b; a.M. BERTI, Massnahmen, 229), unter Vorbehalt einer krass unzutreffenden Würdigung bei der Abweisung (vgl. Art. 268 N 19) oder der Anwendung eines falschen materiellen Rechts (vgl. Art. 268 N 20).

Möglich ist selbstverständlich jederzeit ein **weiteres Gesuch** (mit oder ohne verbesserte Begründung) gegen eine **andere Gegenpartei** oder ein Gesuch, in dem ein **anderer Anspruch**, d.h. ein Begehren mit anderer Zielsetzung geltend gemacht wird.

102

2. Absehen und Aufheben von vorsorglichen Massnahmen bei Sicherheitsleistung durch die Gegenpartei

Nach Absatz 2 kann **die Gegenpartei** eine vorsorgliche Massnahme abwenden, wenn sie angemessene **Sicherheit** leistet. Dies folgt aus dem *Verhältnismässigkeitsprinzip*, das beim vorsorglichen Rechtsschutz durchwegs zu beachten ist (BOTSCHAFT ZPO, 7354; so schon ZR 1930 Nr. 113; vgl. Art. 262 N 47 ff.). Diese Sicherheitsleistung ist zu unterscheiden von jenen nach Art. 264 und – im Rahmen von superprovisorischen Massnahmen – von 265 Abs. 3, die das Gericht *der gesuchstellenden Partei* auferlegt.

103

Nach dem Wortlaut von Abs. 2 «kann» das Gericht von vorsorglichen Massnahmen «absehen», wenn die Gegenpartei angemessene Sicherheit leistet. Tatsächlich aber und auch im Lichte der Botschaft ZPO (7354) ist Abs. 2 so auszulegen, dass das Gericht in diesem Fall von vorsorglichen Massnahmen absehen **muss**. Das Gericht ist es ja, das zu beurteilen hat, ob eine Sicherheit «angemessen» ist. Ist dies seiner Ansicht nach der Fall, entfallen das Rechtsschutzinteresse der gesuchstellenden Partei und der Grund für die Anord-

104

nung von vorsorglichen Massnahmen. Das Ermessen des Richters ist demnach nicht beschränkt, es bezieht sich aber nicht auf die Frage, ob er, wenn angemessene Sicherheit geleistet wird, von vorsorglichen Massnahmen absehen darf, sondern darauf, ob die geleistete Sicherheit angemessen ist.

105 Eine Sicherheitsleistung enthebt den Richter nicht von der vorgängigen Prüfung der Frage, ob die Voraussetzungen für vorsorgliche Massnahmen gegeben seien (BGE 106 II 68 f. E. 5a; 103 II 293 E. 5), denn nur wenn diese Voraussetzungen erfüllt sind, kann es überhaupt zu einer Sicherheitsleistung kommen.

106 Im Fall des Bauhandwerkerpfandrechts kann der Grundeigentümer durch Sicherheitsleistung die (vorläufige) Eintragung eines Bauhandwerkerpfandrechts *von sich aus* verhindern (Art. 839 Abs. 3 ZGB; vgl. auch Art. 277 SchKG, wonach eine Sicherheitsleistung dem Arrestschuldner die freie Verfügung über die Arrestgegenstände erlaubt).

107 Wird die Sicherheit erst **nachträglich geleistet,** kann die schon angeordnete vorsorgliche Massnahme *aufgehoben* werden (BOTSCHAFT ZPO, 7354)

Dies muss auch nach der Anordnung *superprovisorischer* vorsorglicher Massnahmen gelten, wo eine vorgängliche Sicherheitsleistung durch die Gegenpartei naturgemäss nicht erfolgen kann: Auch sie müssen nach der Sicherstellung im Bestätigungsverfahren oder im Hauptprozess jederzeit aufgehoben werden können (MEIER, Vorentwurf, 80).

108 Die Sicherheit muss **tatsächlich geleistet** werden; das blosse *Angebot* oder die *Anerkennung einer Verpflichtung zu deren Leistung* genügen nicht (BGE 94 I 14).

109 Über **Art und Umfang der Sicherheitsleistung** entscheidet der Richter nach Ermessen. Sie müssen «angemessen» sein. Dies beurteilt sich nach der Möglichkeit des Nachteils, den die gesuchstellende Partei bei Ausbleiben der sich nachträglich als begründet erweisenden vorsorglichen Massnahme erleiden würde. Es sind analoge Gesichtspunkte massgebend wie bei der Abschätzung des Nachteils der Gegenpartei, wenn die vorsorgliche Massnahme angeordnet wird.

110 Es kann Fälle geben, in denen die Leistung **«angemessener» Sicherheit gar nicht möglich** ist, z.B. dort, wo ein Nachteil überhaupt nicht wieder gutzumachen wäre. In diesen Fällen ist die Voraussetzung nicht gegeben, die Gegenpartei kann «angemessene» Sicherheit schlechthin nicht leisten und auf diese Weise die Anordnung einer vorsorglichen Massnahme nicht abwenden. Mit dem Bundesgericht ist festzuhalten, dass eine Sicherheitsleistung durch die Gegenpartei **nur selten die notwendige Gewähr für die volle Wiedergutmachung des Schadens** bietet, den die vorsorgliche Massnahme abzuwenden sucht (BGE 103 II 294). Deshalb ist Angemessenheit der Sicherheitsleistung zurückhaltend anzunehmen.

111 Im Regelfall hat das Gericht der Gegenpartei seine Vorstellung darüber bekannt zu geben, was es als «angemessene Sicherheit» empfindet. Es hat ihr eine angemessene Frist zu setzen, innert der sie den Nachweis der Leistung dieser Sicherheit zu erbringen hat. Erfolgt diese Leistung nicht innert Frist, sind die vorsorglichen Massnahmen anzuordnen; folgt sie verspätet doch noch, können die vorsorglichen Massnahmen dann allenfalls aufgehoben werden.

3. Notwendigkeit der Massnahme

112 Die vorsorgliche Massnahme muss zur Abwehr des Nachteils **notwendig** sein (vgl. auch CHK-FREIBURGHAUS, Art. 137 ZGB N 3). Nach dem Bericht, 131, ist mit Notwendigkeit gemeint, «dass sie **in zeitlicher und sachlicher Hinsicht als geeignet** erscheint. Über-

dies muss sie auch **verhältnismässig** sein»; vgl. zur Eignung Art. 262 N 37 f., zur Verhältnismässigkeit Art. 262 N 47 ff.

4. Inhalt der Massnahme

Zum Inhalt der Massnahme vgl. Art. 262. **113**

5. Vollstreckung

Gemäss Art. 267 hat das Gericht auch die erforderlichen Vollstreckungsmassnahmen anzuordnen. **114**

V. Rechtsmittel

1. Berufung

Gutheissung wie Abweisung eines Gesuchs um Anordnung vorsorglicher Massnahmen können für die davon jeweils betroffene Partei einschneidende Wirkungen haben. Im Hinblick darauf muss die Möglichkeit einer Anfechtung des Entscheids mit einem Rechtsmittel gegeben sein (Bericht, 133 f.). Deshalb sieht Art. 308 Abs. 1 lit. b vor, dass gegen Entscheide, die von einem unteren kantonalen Gericht ausgehen, die **Berufung** offensteht. Die Frist zur Einreichung der Berufung und zur Berufungsantwort beträgt je zehn Tage (Art. 314). **115**

Die Berufung gegen Entscheide über vorsorgliche Massnahmen hat *keine aufschiebende Wirkung* (Art. 315 Abs. 4 lit. b), was dem Bedürfnis nach sofortigem Rechtsschutz entspricht (vgl. auch Art. 80 Abs. 2 Satz 2 BZP). Hingegen kann nach Art. 315 Abs. 5 die **Vollstreckung** vorsorglicher Massnahmen **ausnahmsweise aufgeschoben** werden, wenn «der betroffenen Partei» – d.h. i.d.R. *der Gegenpartei* – «ein nicht leicht wiedergutzumachender Nachteil droht». Von dieser Ausnahme wird wohl nur selten Gebrauch gemacht werden dürfen, da vorsorgliche Massnahmen ja gerade einen nicht leicht wiedergutzumachenden Nachteil *der gesuchstellenden Partei* vermeiden wollen und dieses Ziel regelmässig nur mit sofortiger Vollstreckung erreicht wird.

2. Beschwerde

Entscheide über vorsorgliche Massnahmen, die von einem unteren kantonalen Gericht ausgehen, sind zudem mit **Beschwerde** gemäss Art. 319 ff. anfechtbar (Art. 319 lit. a). **116**

3. Bundesrechtliche Rechtsmittel

Hat ein **oberes kantonales Gericht** oder eine **Rechtsmittelinstanz** den Entscheid getroffen, so ist nur noch der **Weiterzug ans Bundesgericht** möglich. Kein kantonales Rechtsmittel steht sodann für Entscheide über *superprovisorische* vorsorgliche Massnahmen zur Verfügung (vgl. Art. 265 N 32 f.). **117**

Vorsorgliche Massnahmen werden als Objekt einer Beschwerde an das BGer grundsätzlich nicht speziell geregelt. Sie sind entsprechend dem Sachgebiet des Hauptsacheentscheids mit den drei Einheitsbeschwerden, also bei zivilprozessualen vorsorglichen Massnahmen mit der **Beschwerde in Zivilsachen** nach Art. 72 ff. BGG anfechtbar, wenn die allgemeinen Beschwerdevoraussetzungen, insb. die Art. 90 ff. betr. zulässige Anfechtungsobjekte gegeben sind (BSK BGG-Schott, Art. 98 N 5; BGer, 1A.39/2003 E. 1.2): **118**

– Vorsorgliche Massnahmen, die ein Verfahren abschliessen, sind als **Endentscheid** (vgl. N 121) gemäss Art. 90 BGG grundsätzlich ohne weiteres anfechtbar.

– Vorsorgliche Massnahmen, die in Form eines **selbständig eröffneten Zwischenentscheids** angeordnet werden (als solche sind alle Entscheide anzusehen, die im Lauf des Verfahrens getroffen werden und nicht als Endentscheide zu betrachten sind; vgl. FRANK/STRÄULI/MESSMER, Vor §§ 238–258 ZPO/ZH N 78), sind nach Art. 93 Abs. 1 lit. a BGG nur selbständig anfechtbar, wenn ein *nicht wiedergutzumachender Nachteil droht* (vgl. BSK BGG-UHLMANN, Art. 93 N 2 ff.; SZZP 2008, 652; BGE 134 I 83). Ist dies nicht der Fall, kann die vorsorgliche Massnahme aber noch durch Beschwerde gegen den Endentscheid gemäss Art. 93 Abs. 2 BGG angefochten werden, sofern sie sich auf dessen Inhalt ausgewirkt hat. Die Voraussetzung des nicht wiedergutzumachenden Nachteils entspricht jener von Art. 87 Abs. 2 aOG, so dass auf die frühere einschlägige Rechtsprechung zurückgegriffen werden kann (BOTSCHAFT Bundesrechtspflege, 4333 f.). Der Nachteil muss rechtlicher Natur sein (vgl. SPÜHLER/DOLGE/VOCK, Art. 93 BGG N 4). Bei vorsorglichen Massnahmen sind an dieses Erfordernis keine hohen Anforderungen zu stellen, da sie i.d.R. auch nicht mit dem Endentscheid angefochten werden können.

119 Zur Beschwerde in Zivilsachen nach Art. 76 BGG primär **legitimiert** ist, wer am vorinstanzlichen Verfahren teilgenommen hat oder keine Möglichkeit zur Teilnahme hatte und ferner *ein rechtlich geschütztes Interesse* an der Aufhebung oder Änderung der angefochtenen Massnahme hat. Die **Frist** richtet sich nach Art. 100 BGG.

120 Die Beschwerde gegen eine vorsorgliche Massnahme (z.B. *Eheschutzentscheide*: BGE 133 III 393 E. 5; als prozessuale vorsorgliche Massnahme gehören auch die Gewährung oder der Entzug der *aufschiebenden Wirkung* dazu; BOTSCHAFT Bundesrechtspflege, 4336; BSK BGG-SCHOTT, Art. 98 N 14) ist gemäss Art. 98 BGG **nur wegen Verletzung verfassungsmässiger Rechte zulässig** (BGer, 23.6.2009, 1B.11/2009). Die Berufung auf die Beschwerdegründe der Art. 95–97 BGG ist dagegen ausgeschlossen. Ebensowenig ist Art. 105 BGG betr. den massgebenden *Sachverhalt* anwendbar. In analoger Anwendung von Art. 118 legt das BGer vielmehr den Sachverhalt zugrunde, den die Vorinstanz festgestellt hat, und berichtigt oder ergänzt die Sachverhaltsfeststellung nur, wenn diese auf der Verletzung eines verfassungsmässigen Rechts beruht. Der Grundsatz der Rechtsanwendung von Amtes wegen nach Art. 106 Abs. 1 BGG gilt nur beschränkt (BSK BGG-SCHOTT, Art. 98 N 8).

Die Einschränkung der zulässigen Beschwerdegründe auf die Verletzung verfassungsmässiger Rechte wird vom Gesetzgeber damit begründet (vgl. BOTSCHAFT Bundesrechtspflege, 4336 f.),

– dass sich das BGer nicht mehrmals mit identischen Fragen in derselben Angelegenheit befassen müsse;

– dass die Behörde, welche die vorsorgliche Massnahme angeordnet hat, ebenfalls nur eine beschränkte Prüfung der Sach- und Rechtslage vorgenommen habe;

– dass das BGer auf diese Weise von weniger wichtigen Aufgaben entlastet werde (ein Ziel, dem auch die Praxis des BGer selbst mit ständigem Eifer zudient).

Vor dieser *ratio legis* ist die Beschränkung der Kognition gemäss Art. 98 BGG jedenfalls nur sinnvoll und zulässig, wo eine spätere Überprüfung der Anordnung durch das BGer unter dem Rügespektrum der Art. 95–97 gewährleistet ist (BSK BGG-SCHOTT, Art. 98 N 9 m.H.).

5. Kapitel: Vorsorgliche Massnahmen und Schutzschrift   121   **Art. 261**

In praktischer Hinsicht stehen bei der Anfechtung von vorsorglichen Massnahmen vor Bundesgericht regelmässig die Rügen der Verletzung des **Willkürverbots** (Art. 9 BV) und der allgemeinen **Verfahrensgarantien** (Art. 29 BV) im Vordergrund. Vor den Vorinstanzen kann demgegenüber regelmässig das **Fehlen der gesetzlichen Voraussetzungen** der angefochtenen Massnahme gerügt werden. Eine *Änderung* der rechtlichen Begründung vor Bundesgericht ist jedoch nicht zulässig (vgl. BSK BGG-MEYER, Art. 99 N 3 ff.), was schon bei der Begründung der vorgängigen Rechtsmittel zu beachten ist.

Gemäss Botschaft ist ein **Endentscheid** i.S.v. Art. 90 BGG gegeben, wenn die entsprechenden Massnahmen «losgelöst von einem Hauptverfahren angeordnet werden» (BOTSCHAFT Bundesrechtspflege, 4331 f., bezüglich Schutzmassnahmen). Entscheidend ist, ob die Massnahmen *prosequiert* werden, ob ihnen also ein **Hauptverfahren folgen muss**. Dies ist nicht notwendig bei Ehe- und Besitzesschutz, wohl aber beim Bauhandwerkerpfandrecht (BSK BGG-UHLMANN, Art. 90 N 12 m.H.). Kann über die Massnahme selbständig entschieden werden, liegt ein Endentscheid vor.   121

Ein Endentscheid setzt voraus, dass der kantonale Richter über den streitigen Anspruch entweder *materiell entschieden* oder die Beurteilung aus einem Grund abgelehnt hat, der es dem Kläger *endgültig verbietet, ihn gegen den Beklagten nochmals geltend zu machen*. Das gilt für Entscheide im summarischen Verfahren, wenn die eine oder die andere Voraussetzung erfüllt ist, insb. wenn ihnen *materielle Rechtskraft* zukommt (MESSMER/IMBODEN, Rz 65 f. m.H.). Das setzt einerseits voraus, dass die Anordnung nicht auf blosser *Glaubhaftmachung* beruhen darf, die Abweisung des Gesuchs also nicht die Folge einer *Beweismittelbeschränkung* ist. Der Begriff des Endentscheids setzt eine vollständige *Abklärung des Sachverhalts* voraus (BGE 104 II 219 E. 2c; 93 II 285 E. 2). Dem entspricht, dass *kein Endentscheid* im erwähnten Sinn gegeben ist, wenn der Richter bloss um *vorläufigen Rechtsschutz* angegangen wird und die von ihm verlangten Massnahmen als solche auch nicht zum Gegenstand eines ordentlichen Prozesses gemacht werden können.

Grundsätzlich liegt **kein Endentscheid** i.S.v. Art. 90 BGG vor (zu Art. 48 aOG: BGE 97 II 187; 96 II 427; 94 II 109; 86 II 294; MESSMER/IMBODEN Rz 90, 129 Anm. 4, Rz 139). Ein Endentscheid wurde hingegen *bejaht* für ZH im *Befehlsverfahren* (BGE 109 II 27 E. 1; 106 II 96 E. 1b) und im *Ausweisungsverfahren* (BGE 103 II 251 E. 1b). Auf eine endgültige Entscheidung wird häufig auch ohne materielle Rechtskraft aus der *faktischen Wirkung eines Befehls* geschlossen (BGE 101 II 362 E. 1; 100 II 287 E. 1), bei *Verschiebung der Teilung* gemäss Art. 621bis aZGB (BGE 84 II 77 E. 1), bei Anordnung der *Urkundenedition* (BGE 82 II 562 E. 3). Anders bei *Abweisung von Befehlsbegehren*, wenn das Begehren im ordentlichen Verfahren erneut gestellt werden kann (BGE 102 II 62 E. 3 mit Hinweisen, im Gegensatz zu BGE 90 II 369; MESSMER/IMBODEN, Rz 91 Anm. 14). Auch der Entscheid, der vorsorgliche Massnahmen während des Scheidungsverfahrens anordnet, ist ein Endentscheid i.S.v. Art. 90 BGG (BGE 134 III 426). Der ablehnende Entscheid über die *Hinterlegung* ist ein Endentscheid, keine vorsorgliche Massnahme i.S.v. Art. 98 BGG. Das BGer prüft daher mit freier Kognition, ob die Verweigerung der Hinterlegung Bundesrecht verletze. Die Frage, ob anders zu entscheiden wäre, wenn die Hinterlegung bewilligt worden wäre, wurde offengelassen (SZZP 2008, 687; BGE 134 III 348). Der Entscheid, der vorsorgliche Massnahmen zugunsten eines mündigen Kindes anordnet, ist hingegen ein Zwischenentscheid i.S.v. Art. 93 BGG (BGE 135 III 238 E. 2). Vorsorgliche Massnahmen *während des Scheidungsverfahrens* i.S.v. Art. 137 aZGB und auch solche während eines Prozesses auf Änderung des Scheidungsurteils nach Art. 129 ZGB (anders noch: SZZP 2006, 197, 5P.101/2005) sind Endentscheide (BGer, 20.4.2007, 5A.9/2007 E. 1.2).

Art. 262

Inhalt	Eine vorsorgliche Massnahme kann jede gerichtliche Anordnung sein, die geeignet ist, den drohenden Nachteil abzuwenden, insbesondere: a. ein Verbot; b. eine Anordnung zur Beseitigung eines rechtswidrigen Zustands; c. eine Anweisung an eine Registerbehörde oder eine dritte Person; d. eine Sachleistung; e. die Leistung einer Geldzahlung in den vom Gesetz bestimmten Fällen.
Objet	Le tribunal peut ordonner toute mesure provisionnelle propre à prévenir ou à faire cesser le préjudice, notamment les mesures suivantes: a. interdiction; b. ordre de cessation d'un état de fait illicite; c. ordre donné à une autorité qui tient un registre ou à un tiers; d. fourniture d'une prestation en nature; e. versement d'une prestation en argent, lorsque la loi le prévoit.
Contenuto	Il provvedimento cautelare può consistere in qualsivoglia disposizione giudiziale atta a evitare il pregiudizio incombente, segnatamente può consistere in: a. un divieto; b. un ordine giudiziale di eliminare uno stato di fatto contrario al diritto; c. un'istruzione all'autorità dei registri o a un terzo; d. una prestazione in natura; e. un pagamento in denaro nei casi determinati dalla legge.

Inhaltsübersicht

	Note
I. Norminhalt	1
II. Systematik	2
1. Sicherungsmassnahmen	3
2. Leistungsmassnahmen	4
3. Regelungsmassnahmen	10
4. Beweissicherungsmassnahmen	11
5. Feststellungmassnahmen	12
III. Im Gesetz genannte Beispiele von gerichtlichen Anordnungen	13
1. Verbot	15
2. Anordnung zur Beseitigung eines rechtswidrigen Zustands	16
3. Anweisung an eine Registerbehörde	17
4. Anweisung an eine dritte Person	22
5. Sachleistung	26
6. Anordnung zur Leistung einer Geldzahlung in den vom Gesetz bestimmten Fällen	27
IV. Weitere Beispiele	32
1. Zum Besitzesschutz insbesondere	32
2. Andere Fälle	35

V. Keine Unzulässigkeit der Massnahme 36
VI. Eignung, den drohenden Nachteil abzuwenden 37
VII. Ausgestaltung der Massnahmen 39
VIII. Verhältnismässigkeit der Massnahmen 47
IX. Befristung der Massnahmen 52
X. Androhungen 53

Literatur

O. JAUERNIG, Der zulässige Inhalt einstweiliger Verfügungen, ZZP 1966, 322 ff.; vgl. auch die Literaturhinweise bei den Vorbem. zu Art. 261–269 und jene zu Art. 263–269.

I. Norminhalt

Art. 262 nennt beispielhaft Formen möglicher vorsorglichen Massnahmen. In Betracht kommen nicht nur zustands*erhaltende*, sondern auch zustands*ändernde* vorsorgliche Massnahmen. 1

II. Systematik

Vorsorgliche Massnahmen wollen einen bestehenden Zustand erhalten, Besitzansprüche verwirklichen oder die Vollstreckung sicherstellen. Lehre (vgl. u.a. VOGEL, Probleme, 90; VOGEL/SPÜHLER, § 61 Rz 192 ff.; KILLER, § 300 ZPO/AG N 4.1; WALDER/GROB, § 32 Rz 2 ff.; BERGER/GÜNGERICH, Rz 985; SUTTER-SOMM, ZPR, Rz 888 ff.; GUTMANN, 3 ff.; BOHNET, Art. 120 ZPO/NE N 4 ff.; KOFMEL EHRENZELLER, Grundlagen, 24 ff., 277 ff.) und Praxis teilen die vorsorglichen Massnahmen meist ein in die Trias 2

– *Sicherungsmassnahmen* (z.B. ein Verbot, das Streitobjekt zu verändern oder zu veräussern);
– *Leistungsmassnahmen* (z.B. der gerichtliche Befehl, eine bestimmte Störung sofort zu unterlassen); und
– *Regelungsmassnahmen* (z.B. Ordnung des Getrenntlebens für die Dauer einer Ehescheidung).

Auch andere Aufteilungen sind denkbar. So führt BERTI, Massnahmen, 179 f., neben Sicherungs- und Regelungsmassnahmen auch *Befriedigungs-, Erhaltungs- und Festlegungsmassnahmen* an. Eine scharfe Trennung zwischen diesen Massnahmekategorien ist nicht möglich, aber auch entbehrlich. Manche Massnahmen lassen sich mehreren Kategorien zuordnen. Vorsorgliche Massnahmen etwa, die ein Konkurrenzverbot durchsetzen, enthalten sowohl für Sicherungsmassnahmen wie für Leistungsmassnahmen charakteristische Elemente (BGE 133 III 473, 476).

1. Sicherungsmassnahmen

Sicherungsmassnahmen dienen der Rechtsverwirklichung bzw. Realerfüllung eines gefährdeten Anspruchs. Sie sollen im weitesten Sinne einen nicht leicht wiedergutzumachenden Nachteil besonders durch Veränderung des bestehenden Zustands während der Prozessdauer oder schon vor der Rechtshängigkeit eines Prozesses vermeiden und die 3

Vollstreckung des streitigen Anspruchs bzw. des Hauptsacheentscheids sicherstellen (Max. XII Nr. 378; Max. XI Nr. 41), z.B. durch

- das Verbot, den Streitgegenstand tatsächlich oder rechtlich zu verändern, über ihn zu verfügen (z.b. BJM 1972, 258 ff.; 1971, 140 ff.) oder die streitige Forderung abzutreten (Art. 168 Abs. 2 OR). Macht die gesuchstellende Partei einen dinglichen, obligatorischen oder erbrechtlichen Anspruch auf eine bestimmte Sache oder ein Immobiliargüterrecht geltend, so ist die praktisch wichtigste Massnahme die Anordnung eines *Veräusserungsverbots*;

- das Verbot an die Aktiengesellschaft, den angefochtenen Generalversammlungsbeschluss zu vollziehen;

- das Gebot, den Streitgegenstand ordnungsgemäss zu unterhalten;

- die Anordnung von *Sicherstellung* (Bürgschaft, Pfandrecht; Art. 598 Abs. 2 ZGB; Art. 604 Abs. 3 ZGB);

- die Anordnung der gerichtlichen Hinterlegung bis zum Abschluss des Prozesses (z.B. HABERTHÜR, 1136 N 6), auch der Hinterlegung einer strittigen Forderung (Art. 168 Abs. 3 OR, nicht zu verwechseln mit der in Art. 259g ff. OR vorgesehenen Hinterlegung des Mietzinses);

- die Beschlagnahmung oder Versiegelung einer Sache. Gepfändete, im Widerspruchsverfahren streitige Gegenstände können *amtlich verwahrt* werden (ZR 35 Nr. 163);

- das an den Mieter gerichtete Verbot, seiner Sorgfaltspflicht gegenüber dem Vermieter oder den Nachbarn zuwiderzuhandeln (Art. 257f OR) oder Arbeiten zur Erneuerung oder Änderung der Mietsache in Angriff zu nehmen oder weiterzuführen (Art. 260 OR);

- bei Grundstücken die Vormerkung einer Verfügungsbeschränkung im Grundbuch nach Art. 960 Abs. 1 Ziff. 1 ZGB (z.B. BJM 1962, 165 f.) und die vorläufige Eintragung im Grundbuch gemäss Art. 961 Abs. 1 Ziff. 1, 966 Abs. 2 ZGB oder eine Grundbuchsperre (Art. 80 GBV).

Weiter unterschieden werden gelegentlich *Stilllegemassnahmen* (z.B. Verbot der Veräusserung des Streitgegenstands) und *Vorsorgemassnahmen,* z.B. Massnahmen zur Sicherung des Verbotes, ohne Zustimmung des andern Ehegatten über Vermögenswerte zu verfügen (Art. 178 Abs. 2 und 3 ZGB); Anordnung der Sicherstellung von Unterhaltsleistungen im Scheidungsprozess (Art. 132 Abs. 2 ZGB) und bei der Erbschaftsklage (Art. 598 Abs. 2 ZGB; vgl. BGE 122 III 216), Anordnung der Hinterlegung im Prätendentenstreit (Art. 168 Abs. 3 OR); Zahlungsverbot bei Kraftloserklärungen (Art. 982, 1072 OR).

2. Leistungsmassnahmen

4   Früher herrschte die Meinung vor, dass die Sicherung der Vollstreckung in der Wirkung nicht auf die *vorzeitige Vollstreckung* selber hinauslaufen dürfe (vgl. ZR 1981 Nr. 43; 1980 Nr. 115), weil eine Verurteilung aufgrund eines nicht bewiesenen, sondern nur glaubhaft gemachten Anspruchs dem materiellen Recht widersprechen würde (BGE 63 II 67; ZR 1928 Nr. 193; 1942 Nr. 131; 1948 Nr. 79). Diese Auffassung lässt sich in ihrer Absolutheit nur schon deshalb nicht vertreten, weil einzelne Leistungsmassnahmen bundesrechtlich vorgegeben sind (vgl. z.B. im Immaterialgüterrecht Art. 62 URG; vgl. dazu MEIER, Vorentwurf, 77, 79; MEIER, Rechtsschutz, 151 ff.). Leistungs-

massnahmen sind aber auch zulässig, wenn sie im Bundesrecht nicht ausdrücklich vorgesehen sind. Sie dienen insb. dazu, drohenden Schaden zu verhüten oder bereits eingetretenen Schaden möglichst einzudämmen.

Bei Klagen auf Beseitigung eines rechtswidrigen Zustands oder auf Unterlassung schliessen vorsorgliche Massnahmen die vorläufige Vollstreckung des streitigen Anspruchs während der Prozessdauer mit ein. Dies ist in Einzelfällen erforderlich, um die Klagen nicht illusorisch werden zu lassen (vgl. BGE 95 II 501, wo eine Unterlassungsklage wegen dahingefallener Aktualität abgewiesen werden musste). Bis zum Ergehen des Hauptsacheurteils ist der geltend gemachte Anspruch einstweilen zu erfüllen.

Die Möglichkeit vorläufiger Vollstreckung muss vor allem dann gegeben sein, wenn der eingeklagte Anspruch *durch die Prozessdauer unterzugehen droht*, wie z.B.

- der Unterlassungsanspruch zufolge *Wegfalls der Wiederholungsgefahr* (BGE 95 II 501);
- der Anspruch auf Unterlassung der verbotenen Konkurrenztätigkeit durch *Ablauf der Dauer des Konkurrenzverbots;*
- wenn sich die spätere Vollstreckung des Urteils *für den Kläger kontraproduktiv* auswirken würde, wie z.B. die Urteilspublikation im Persönlichkeitsschutz, welche die Persönlichkeitsverletzung ins Gedächtnis der Öffentlichkeit zurückruft.

a) Leistungsansprüche kommen vor allem für **Ansprüche auf Unterlassung** in Frage (**negative Leistung**), durch Verbot und Beschlagnahme der zu rechtswidrigen Handlungen dienenden Gegenstände (BGE 56 II 318; ZR 1958 Nr. 71; 1961 Nr. 67; 1968 Nr. 41; 1970 Nr. 103), z.B.:

- bei Persönlichkeitsverletzungen (vgl. Art. 266);
- im Mietrecht (sehr häufig, z.B. Übergabe der gemieteten Räumlichkeiten durch den Vermieter an den Mieter, Art. 258 Abs. 1 OR; Beseitigung von Mängeln an der gemieteten Sache durch den Vermieter, Art. 259a Abs. 1 lit. a OR; Rückgabe der Mietsache am Ende der Miete an den Vermieter, Art. 267a OR);
- im gewerblichen Rechtsschutz (Art. 77 PatG, Art. 59 MSchG [vgl. dazu LGVE 1988 I Nr. 35], Art. 65 URG; BGE 124 III 72). Lautet das Hauptsachebegehren auf Unterlassung der Verwendung einer Marke, so ist es regelmässig erforderlich, dass auch bis zum Ergehen des Hauptsacheentscheids die Handlung nicht stattfindet, weil andernfalls erheblicher Schaden und Marktverwirrung zu befürchten sind;
- im Wettbewerbsrecht (Art. 9 UWG);
- bei Verstössen gegen ein vereinbartes Konkurrenzverbot mit schriftlicher Vereinbarung der Realexekution (Art. 340b Abs. 3 OR; BJM 1990, 90 ff., BGE 103 II 120 ff.; BGE 131 III 473; ZR 1972 Nr. 105; 1977 Nr. 16; 1980 Nr. 14 E. 4e; LGVE 1990 I Nr. 16);
- bei *Besitzesschutzklagen* nach Art. 928 Abs. 2 ZGB (ZK-HOMBERGER, Art. 927 ZGB N 21; BK-STARK, Vor Art. 926–929 ZGB N 107);
- bei widerrechtlicher Benützung einer eingetragenen Firma (Art. 956 Abs. 2 OR; BGE 63 II 399; ZR 1948 Nr. 57);
- bei der *Anfechtung von Vereinsbeschlüssen,* insb. betr. Neuwahl des Vorstands, die Suspendierung des Vorstands und die Verbeiständung des Vereins (ZR 83 Nr. 128).

6 Der Massnahmeentscheid muss hinsichtlich Unterlassungsansprüchen ein *genügend bestimmtes Verhalten umschreiben*, das verboten werden soll. Das schliesst Dispositivbestimmungen nicht aus, die noch einen beschränkten Ermessensspielraum offenlassen (ZR 85 Nr. 54 E. 8; BGE 78 II 289; vgl. auch den St. Galler Entscheid in SJZ 1977, 110 Nr. 40). Zu den Anforderungen an die Fassung eines Unterlassungsbefehls betr. Sicherung der Erfüllung einer aufschiebend bedingten mietvertraglichen Verpflichtung (Rücktritt vom Mietvertrag, falls eine baupolizeiliche Bewilligung nicht erteilt wird): ZR 1984 Nr. 84.

7 b) Vorsorgliche Verfügungen sind aber beschränkt auch zulässig für Ansprüche auf **positive Leistung**, z.B.:

– auf Beseitigung von Persönlichkeitsverletzungen durch *Publikation von Richtigstellungen oder Gegendarstellungen* (BGE 107 Ia 283; SJZ 1978, 194; vgl. das Gegendarstellungsrecht in Art. 28g ff. ZGB, das indes nicht zu den vorsorglichen Massnahmen zählt);

– auf *provisorische Wiedereinstellung* der Arbeitnehmerin oder des Arbeitnehmers im Kündigungsschutzprozess nach *Gleichstellungsgesetz*, «wenn es wahrscheinlich erscheint, dass die Voraussetzungen für die Aufhebung der Kündigung erfüllt sind» (Art. 10 Abs. 3 GlG). Es besteht grundsätzlich aber kein Anspruch des Arbeitnehmers auf tatsächliche Weiterbeschäftigung während des Feststellungsprozesses betr. Ungültigkeit einer Kündigung (ZR 79 Nr. 115);

– bei *Lieferverpflichtungen* (BGE 133 III 360 ff. E. 9.2.1). In BGE 125 III 451 E. 3c (JdT 2000 I 163, zusammengefasst in SJ 2000 122), der die Erfüllung einer Lieferpflichtung aus einem Vertriebsvertrag betraf, hielt das Bundesgericht fest, dass die vorläufige Vollstreckung einer Pflicht zur Erfüllung einer Leistung vom BGer nicht ausgeschlossen sei und dass diese sich darüber hinaus sogar als unentbehrlich erweisen könne, wenn die Nichtvollstreckung zur Quelle eines Schadens (z.B. des Verlusts der Kundschaft) werden könnte, den das (spätere) Obsiegen nicht wiedergutmachen könnte;

– vorläufige *Erfüllung eines Lizenzvertrags* (BGE 133 III 360 E. 9.2.1);

– vorläufige *Besitzeinweisung* oder vorläufige Eintragung eines behaupteten dinglichen Rechts nach Art. 961 Abs. 1 Ziff. 1 ZGB.

8 Leistungsmassnahmen stellen nach allgemeinem Verständnis einen schwerwiegenden Eingriff in die Rechte der Gegenpartei dar (ZR 85 Nr. 38). Was daraus folgt, wird aber unterschiedlich beurteilt:

– Verschiedentlich wird *besondere Zurückhaltung* gefordert oder dargetan, Leistungsmassnahmen seien *nur in Ausnahmefällen zulässig*. Auch werden an sofort vollstreckbare Leistungsmassnahmen, welche die Rechtslage des Adressaten besonders schwer treffen und oft nicht rückgängig gemacht werden können, «erhöhte Anforderungen» gestellt (SZZP 2006, 196; BGE 131 III 473). Das alles sind allerdings in ihrer Allgemeinheit keine praktikablen Vorgaben.

– Im Hinblick auf die Folgen, welche die vorläufige Vollstreckung einer Leistungspflicht mit sich bringen kann, stellt die Rechtsprechung strengere Bedingungen *an die rechtliche Begründung* des behaupteten Anspruchs: Er muss in einem Mass glaubhaft gemacht sein, dass die Gegenpartei fast keine Erfolgschance im Hauptprozess haben darf.

- Andere Stimmen weisen dem Gewicht der jeweils auf dem Spiel stehenden Interessen eine besondere Bedeutung zu und verlangen vom Gericht, eine entsprechende *Interessenabwägung* vorzunehmen.
- Schliesslich werden erhöhte Anforderungen an die Erfordernisse der *Dringlichkeit* und *Verhältnismässigkeit* gestellt.

Vgl. zu den Abstufungen beim Glaubhaftmachen Art. 261 N 65 f., 79.

Nach herrschender Auffassung kann die *vorläufige Leistung von Geld*, von den gesetzlichen Ausnahmen abgesehen (vgl. N 27 ff.), nicht Gegenstand einer Leistungsmassnahme sein (BGE 113 II 465 E. 2 = Pra 1989 Nr. 260; BGE 79 II 288; 74 II 51; ZR 2001 Nr. 65; vgl. dazu auch Art. 269 N 2 ff.). 9

3. Regelungsmassnahmen

Regelungsmassnahmen bezwecken die Festlegung eines *modus vivendi* bei einem Dauerrechtsverhältnis (vgl. STACH, 41 ff., mit Beispielen aus dem Vereinsrecht und dem Nachbarrecht). Sie sollen für die Prozessdauer eine provisorische Ordnung, eine *vorläufige Friedensordnung*, schaffen, 10

- so bei **Ehescheidungs- oder -trennungsprozessen**. Art. 276 legt fest, dass – wenn die Klage angebracht ist – der Richter die für die Dauer des Prozesses nötigen vorsorglichen Massregeln trifft, wie namentlich in Bezug auf die Wohnung und den Unterhalt der Ehefrau, die güterrechtlichen Verhältnisse und die Versorgung der Kinder: Regelung des Getrenntlebens, Zuweisung der Wohnung, Kinderzuteilung, Besuchsrecht, Unterhaltsbeiträge im Eheprozess, indem etwa für die Dauer des Scheidungsprozesses einstweilen vom einen Ehegatten an den anderen zu bezahlende Unterhaltsbeiträge festgesetzt werden. Für die Befugnisse des Richters, der nach den Bestimmungen über die Ehescheidung die Elternrechte und die persönlichen Beziehungen der Eltern zu den Kindern zu gestalten hat, gilt Art. 315a ZGB. Dabei ist zu beachten, dass die vorsorglichen Massnahmen eine besondere Funktion haben: Sie wollen einen Modus vivendi für die Prozessdauer schaffen, denn nicht aus prozessualen, sondern aus menschlichen Gründen haben die Ehegatten während des Prozesses das Recht, getrennt zu leben. Deshalb muss ihnen der Richter, wenn sie sich nicht einigen, auch sagen können, zu welchen Bedingungen dies geschehen soll (vgl. etwa ZR 1980 Nr. 112). – Vielfach ergehen gleichzeitig weitere vorsorgliche Massnahmen, etwa zur Sicherung güterrechtlicher Ansprüche, die reine Vollstreckungssicherung bilden (vgl. SJZ 1976, 277 Nr. 83). Nach BGE 118 II 378 ff. findet Art. 178 ZGB bei der Anordnung vorsorglicher Massnahmen im Scheidungsverfahren sinngemässe Anwendung und dient er auch der Sicherung güterrechtlicher Ansprüche (vgl. dazu SZZP 2006, 71 f.; STAEHELIN/STAEHELIN/GROLIMUND, 384 f.). Der Richter darf hier nicht einen strikten Beweis dafür verlangen, dass eine ernsthafte und aktuelle Gefährdung vorliege, sondern er hat sich dabei mit der blossen Glaubhaftmachung einer Gefährdung zu begnügen;
- im **Erbrecht** (ZR 2008 Nr. 26);
- im **Sachenrecht**. Beispiel einer Regelungsmassnahme im Immissionsprozess: ZR 1985 Nr. 102;
- im **Mietrecht**. Beispiel: Regelung des Wohnverhältnisses während des mietrechtlichen Verfahrens (Art. 270e lit. b OR; Art. 274f Abs. 2 OR [z.B. Verfügungen betr. Umbau- und Renovationsarbeiten am Mietobjekt]);

– im **Vereins-** und **Gesellschaftsrecht** (ZR 1986 Nr. 105 E. II/1; vgl. auch KILLER, § 300 ZPO/AG N 2c); Entzug der Vertretungsbefugnis gegenüber dem Kollektivgesellschafter (Art. 565 Abs. 2 OR). Über die Erhaltung des tatsächlichen Zustands hinaus geht auch die vorläufige Ordnung eines streitigen Rechtsverhältnisses vor dem *Prozess auf Auflösung einer Gesellschaft* (GULDENER, ZPR, 576), so bei Klagen auf Auflösung einer *Kollektivgesellschaft* (Art. 574 Abs. 3 OR), einer *Aktiengesellschaft* (Art. 736 OR; allgemein für Aktionärsklagen VOCK, 181 ff.) oder einer *Genossenschaft* (Art. 831 Abs. 2 OR).

4. Beweissicherungsmassnahmen

11 **Beweissicherungsmassnahmen** werden zwar meist zu den vorsorglichen Massnahmen gezählt, unterscheiden sich von diesen aber insofern, als nur der drohende Verlust des Beweismittels glaubhaft zu machen ist, dagegen nicht die wahrscheinliche Begründetheit des Hauptbegehrens; vgl. Vor Art. 261–269 N 27 ff.

5. Feststellungsmassnahmen

12 Entgegen einer früheren Praxis (vgl. SJZ 1975, 75) tendiert die neuere Praxis dahin, vorsorgliche **Feststellungsbegehren abzuweisen** (vgl. zu dieser Frage auch SJZ 1959, 281 Nr. 117; SJ 1987, 143 [verneinend]; ZR 1988, 26 [offengelassen]). So besteht kein Anspruch darauf, die Widerrechtlichkeit einer Persönlichkeitsverletzung durch vorsorgliche Massnahmen feststellen zu lassen (ZR 87 Nr. 90; SJZ 1991, 320 Nr. 47). Hingegen ist ihre Prüfung als Voraussetzung eines einstweiligen persönlichkeitsrechtlichen Verbots-, Beseitigungs- oder Leistungsanspruchs unerlässlich (R. FRANK, Persönlichkeitsschutz heute, Zürich 1983, Rz 194 ff.).

III. Im Gesetz genannte Beispiele von gerichtlichen Anordnungen

13 Das Gesetz nennt in lit. a–e *beispielartig* (vgl. «insbesondere» – ein Begriff, der regelmässig angibt, dass kein qualifiziertes Schweigen des Gesetzgebers vorliegt) einzelne Massnahmen, zählt also die dem Richter zur Verfügung stehenden vorsorglichen Massnahmen **nicht abschliessend** auf (BOTSCHAFT ZPO, 7355; auch der Massnahmekatalog von Art. 28c Abs. 2 aZGB war nicht abschliessend: SZZ 3, 2007, 468; BGer 4P.293/2006. Eine Aufstellung von vorsorglichen Massnahmen im Bundeszivilrecht findet sich bei BERTI, Massnahmen, 200 ff.). Es gibt keinen *numerus clausus* zulässiger vorsorglicher Massnahmen. Der Vielfalt von möglichen Massnahmen trägt Art. 262 vielmehr mit einer *Generalklausel* Rechnung: *Jede* gerichtliche Anordnung, die geeignet ist, den drohenden Nachteil abzuwenden, kann vorsorgliche Massnahme sein (LEUENBERGER/UFFER-TOBLER, Art. 198 ZPO/SG N 4.b). Der sachlich einzig sinnvolle Verzicht auf eine inhaltliche Festlegung lässt auch die Möglichkeit für Weiterentwicklungen durch die Praxis zu.

14 Die gerichtliche Anordnung ist eine **Verfügung** i.S.v. Art. 124 und 136 lit. b. Vorsorgliche Massnahmen, die von *anderen Behörden* ausgehen, die keine Gerichte sind, können sich nicht auf Art. 262 stützen und bedürfen einer anderen Rechtsgrundlage.

Als «Anordnung» gelten «Verbote», «Anordnungen», «Anweisungen», «Sachleistung», «Leistung einer Geldzahlung». Das ist sprachlich ungenau: Die Sachleistung gemäss lit. d und die Leistung einer Geldzahlung gemäss lit. e sind nicht die Anordnungen selbst, sondern ihr Inhalt und nicht vom Gericht, sondern von der Gegenpartei zu erbringen. Die Anordnung besteht nicht in der Sachleistung, sondern in der Verpflichtung der Gegenpartei zu einer Sachleistung bzw. zur Leistung einer Geldzahlung.

5. Kapitel: Vorsorgliche Massnahmen und Schutzschrift   15–18 **Art. 262**

1. Verbot

Es kann sich um ein **gerichtliches Verbot** handeln (lit. a). Verbote sollen (wie Befehle) ein bestimmtes Verhalten herbeiführen. Beispiele: das Verbot   15

- der Veränderung des Streitgegenstands;
- über bestimmte Sachen und Rechte zu verfügen, insb. den Streitgegenstand zu veräussern;
- der widerrechtlichen Benützung einer eingetragenen Firma (BGE 63 II 399);
- des Ausübens einer Konkurrenztätigkeit;
- Behauptungen aufzustellen;
- ein Produkt zu vertreiben;
- ein Buch zu publizieren, das die Persönlichkeit verletzt, oder Passagen daraus (ZR 83 Nr. 18; Rep. giur. 1983, 271);
- der Annäherung zum Schutz von Personen, die (innerhalb und ausserhalb von ehelichen Beziehungen) von Gewalt betroffen, belästigt oder beleidigt werden;
- der Herstellung und des Vertriebs einer Gedenkmedaille, auf welcher *eigenmächtig ein Kunstwerk wiedergegeben* wurde (BGE 114 II 368);
- getroffene Beschlüsse auszuführen (an die Aktiengesellschaft bei *Anfechtung eines Generalversammlungsbeschlusses*, Art. 706 OR; SJZ 1950, 43 Nr. 17; ZR 1948 Nr. 4; 1969 Nr. 105), oder das Verbot, den angefochtenen Beschluss im Handelsregister einzutragen (ZR 1954 Nr. 49; 1956 Nr. 72).
- Das **vorsorglich angeordnete Auszahlungsverbot** an die Garantin einer **Bankgarantie** ist dann zulässig, wenn glaubhaft gemacht wird, dass der Garantiebegünstigte die Garantie *klar rechtsmissbräuchlich* (und nicht nur unberechtigterweise) in Anspruch nimmt (ZR 97 Nr. 92).

2. Anordnung zur Beseitigung eines rechtswidrigen Zustands

Das Gericht kann die **sofortige Beseitigung eines rechtswidrigen Zustandes** anordnen   16
(lit. b). Beispiele: Beschlagnahme von Objekten, die zu rechtswidrigen Handlungen dienen (Plagiate und Falsifikate), vor allem auf dem Gebiet des gewerblichen Rechtsschutzes (BGE 56 II 318; Art. 77 Abs. 1 PatG [solange Patentschutz besteht, BGE 114 II 435], Art. 59 MSchG), zur Sicherung des Streitgegenstandes im Prozess in Ehesachen (ZR 41 Nr. 99), in der Erbteilung (ZR 38 Nr. 13; BGE 88 I 13).

3. Anweisung an eine Registerbehörde

Das Gericht kann **eine Registerbehörde anweisen, bestimmte Vorkehren zu treffen**   17
(lit. c).

a) Grundbuch

Richterliche Anweisungen mit Bezug auf das Grundbuch sind von besonderer Bedeutung. In Betracht kommen vor allem   18

- die **Vormerkung einer Verfügungsbeschränkung** gemäss Art. 960 Abs. 1 Ziff. 1 ZGB, welche zwar keine eigentliche Sperre des Registers bedeutet und die Verfügung nicht verunmöglicht, aber die Verfügungsbeschränkung gegenüber jedem später erworbenen Recht wirksam werden lässt (Art. 960 Abs. 2, 966 ZGB);

– die **vorläufige Eintragung im Grundbuch** zur Sicherung behaupteter dinglicher Rechte (Art. 961 Abs. 1 Ziff. 1 ZGB), wozu gemäss Art. 22 Abs. 4 GBV auch die praktisch überaus bedeutsame vorläufige Eintragung des **Bauhandwerkerpfandrechts** (Art. 837 ff. ZGB) zählt (BGE 83 III 142 f.);

– die Anmerkung einer kantonalrechtlichen **Grundbuch- oder Kanzleisperre** (Art. 32 GBV; § 29 der Zürcher Grundbuchverordnung, LS 252; ZR 1950 Nr. 192; 1970 Nr. 135; 1971 Nr. 44; SJZ 1964, 347 Nr. 242), welche die Verfügung verunmöglicht, in einer allfälligen Zwangsverwertung jedoch dem Berechtigten kein besseres Recht gegenüber dem Erwerber verschafft. Die Grundbuch- oder Kanzleisperre ist in Form einer *Anmerkung im Grundbuch* einzutragen (BGE 111 II 45 ff.). Adressat der Sperre ist neben der Gegenpartei auch das Grundbuchamt, das angewiesen wird, keine Grundbuchanmeldungen mehr entgegenzunehmen und zu vollziehen. Die kantonalrechtliche Sperre kann die dingliche Verfügungsfreiheit in Bezug auf das Grundbuch nicht ändern, sondern nur ergänzenden Schutz bieten (vgl. dazu auch BGE 111 II 42 ff.; H. DESCHENAUX, Schweizerisches Privatrecht, Bd. V/3,1: Sachenrecht, Teilbd. 3, Das Grundbuch – Erste Abteilung, Basel 1988, 390 ff.). Sie kann nur dann im Grundbuch eingetragen werden, wenn das kantonale Recht einen entsprechenden Anmerkungstatbestand vorsieht (BGE 111 II 42). Soweit das Bundesrecht den einstweiligen Rechtsschutz in Bezug auf grundbuchliche Verfügungen geregelt hat, müssen auf kantonalem Recht beruhende Massnahmen zurückstehen (LGVE 1992 I Nr. 36; weiter zur Grundbuchsperre LGVE 1983 I Nr. 6; Max. XII Nr. 466 und Nr. 239). Der Kanzleisperre kommt gemäss heute vorherrschender Lehre positive Rechtskraft i.S.v. Art. 970 Abs. 4 ZGB zu (ZOBL, Rz 349 m.H.), was bedeutet, dass die angemerkte Kanzleisperre im Sinne einer Fiktion als bekannt gilt, was den gutgläubigen Erwerb dinglicher Rechte am Grundstück ausschliesst.

Einer Grundbuchsperre entspricht die bundesrechtliche Bestimmung von Art. 178 Abs. 3 ZGB. Sie sieht vor, dass der Richter einem Ehegatten verbieten kann, über ein Grundstück zu verfügen; er muss ein solches Verbot im Grundbuch anmerken lassen (LGVE 1993 I Nr. 5; ZOBL, Rz 350). Die Grundbuchsperre ist gestützt auf Art. 178 Abs. 2 ZGB auch im Rahmen vorsorglicher Anordnungen im Scheidungsprozess zulässig (BGE 118 II 378 ff.). Zu weiteren Fällen, die einer Kanzleisperre gleichkommen, wie Art. 137 SchKG oder Art. 841 Abs. 3 ZGB, vgl. ZOBL, Rz 353 ff.

19 Das Gericht kann der Gegenpartei *die Mitwirkung* bei der Eigentumsübertragung unter der Androhung befehlen, dass sonst das Grundbuchamt vom Richter zur Eintragung angewiesen wird (ZR 54 Nr. 91); die direkte Anweisung ist jedoch einfacher (GULDENER, ZPR, 588).

b) Zivilstandsregister

20 Beispiel: Sperrung der Bekanntgabe von Personendaten (Art. 46 ZStV).

c) Handelsregister

21 Beispiel: Vorläufige Untersagung einer Eintragung (Registersperre, Art. 162 f. HRegV [SR 221.411]; ZR 1948 Nr. 57; 1954 Nr. 49; 1956 Nr. 72; LGVE 1990 I Nr. 19; vgl. KUSTER, 554 ff.).

4. Anweisung an eine dritte Person

Die vorsorgliche Massnahme richtet sich immer gegen die Gegenpartei. Es kann aber auch eine an sich unbeteiligte private, natürliche oder juristische **Drittperson** in die Verfügung einbezogen werden, sofern deren Rechtsstellung dadurch nicht beeinträchtigt wird (ZR 1929, 147; ZBJV 1942, 319; GULDENER, ZPR, 579 FN 28). Dieses Anliegen entspricht bisheriger Praxis und wurde auch in der Vernehmlassung geäussert (vgl. Vernehmlassung, 689). Beispiele:

- Anweisungen an Dritte, die den Streitgegenstand aufgrund eines obligatorischen oder dinglichen Rechts besitzen (ZR 16 Nr. 129; 26 Nr. 187; 28 Nr. 69; 49 Nr. 19);
- Zahlungsverbot (BGE 79 II 288), so an einen Drittschuldner im Prätendentenstreit über eine Forderung (Art. 168 Abs. 3 OR);
- Zahlungsanweisung an den Schuldner einer Prozesspartei (Art. 177 ZGB);
- bei unlauterem Wettbewerb Auflagen an einen Dritten, der ohne bewusstes Zusammenwirken fremden Wettbewerb fördert (ZR 67 Nr. 41);
- Verbot für eine Bank, die von der gesuchstellenden Partei beanspruchten Wertschriften der Gegenpartei herauszugeben (BJM 1971, 140 ff.);
- Gebot an eine Bank, ein bestimmtes Konto zu sperren.

Diesen Drittpersonen steht die Möglichkeit zu, gegen eine solche Anweisung i.S.v. Art. 308 *Berufung* zu erheben (vgl. Vernehmlassung, 688).

Wird durch die vorsorgliche Massnahme **in die Rechtsposition des Dritten eingegriffen** – indem sich die gesuchstellende Partei zum Beispiel vorsorglich den Besitz an von ihr beanspruchten Wertschriften verschaffen will –, muss sie ihr Gesuch *gegen den Dritten*, hier also *gegen die Bank*, als Gegenpartei richten. Sie begehrt nunmehr die vorläufige Vollstreckung ihres gegen die Bank gerichteten Herausgabeanspruchs. Will sie einer Bank vorsorglich verbieten lassen, Zahlungen an einen Dritten aufgrund einer Bankgarantie vorzunehmen, hat sie ihr Gesuch *sowohl* gegen die Bank *wie* gegen den Dritten zu richten, denn sie greift in die Rechtsstellung beider ein (STAEHELIN/STAEHELIN/GROLIMUND, 385).

Von der Anweisung an Dritte abzuheben ist die **Beauftragung** einer Drittperson (die damit einverstanden sein muss) mit der **Wahrung von Parteiinteressen**.

- Gemeint ist namentlich die *Bestellung eines gemeinsamen Vertreters* für Personen, welche wegen Meinungsverschiedenheiten ein ihnen gemeinsam zustehendes Recht nicht mehr ausüben können, also z.B. einer Art Treuhänder für die Ausübung gemeinschaftlichen Eigentums oder für die Abwicklung gemeinsamer Geschäfte (GULDENER, ZPR, 580 FN 30).
- Ähnliche Funktion haben die besonderen Zuständigkeiten für die Bestellung einer *Vertretung der Erbengemeinschaft* (Art. 602 Abs. 3 ZGB; ZR 2008 Nr. 26), für die *Einsetzung neuer Liquidatoren*, der Entzug der Geschäftsführung gegenüber einem Gesellschafter und die Bestellung eines Treuhänders zur Sicherung des Gesellschaftsvermögens und zwecks Weiterführung des Geschäftsbetriebes bei Klage auf Auflösung einer Kollektivgesellschaft (Art. 574 Abs. 3 OR; ZR 1952 Nr. 80; 1959 Nr. 69; vgl. ferner ZR 1941 Nr. 21 lit. a).

Entsprechend ist die Beauftragung des Dritten nicht auf die *Verhinderung von Verfügungen* beschränkt, sondern kann *aktive Vornahme* der damit notwendig werdenden Hand-

5. Sachleistung

26 Das Gericht kann die Gegenpartei verpflichten, eine **Sachleistung** zu erbringen, z.B. zur Wiedererlangung widerrechtlich entzogenen oder vorenthaltenen Besitzes.

6. Anordnung zur Leistung einer Geldzahlung in den vom Gesetz bestimmten Fällen

27 Grundsätzlich besteht im Rahmen des Massnahmeverfahrens keine Möglichkeit der Verurteilung zu einer vorsorglichen **Geldzahlung**. Solche «Akonto-Zahlungen» setzen die Gegenpartei – sollte die Schuldpflicht letztlich verneint werden – für die Rückforderung einem ungerechtfertigten Inkassorisiko aus. Nach dem Bericht, 131 f., sind vorsorgliche Geldzahlungen aber auch grundsätzlich unnötig, da die ZPO einem angeblichen Geldgläubiger andere Möglichkeiten biete, zeitgerecht Befriedigung zu erhalten (vgl. insb. Art. 257, Rechtsschutz in klaren Fällen). Zur **Kritik** an diesem Grundsatz vgl. Art. 269 N 9.

28 Von diesem Grundsatz bestehen **Ausnahmen**: Gemäss lit. e kann das Gericht doch «in den vom Gesetz bestimmten Fällen» die Leistung einer Geldzahlung anordnen. Zu denken ist an

- einen *Vaterschaftsprozess*, der mit einer Unterhaltsklage kombiniert wird (Art. 303). Hier kann der Beklagte bereits für die Dauer des Prozesses zu vorläufigen Unterhaltszahlungen verpflichtet werden. Diese Regelung entspricht den aus diesem Grund aufgehobenen früheren Art. 282 ff. aZGB;

- Art. 329 ZGB (familienrechtliche Unterstützungspflicht);

- die Verpflichtung des Ehemanns zur Zahlung von Unterhaltsbeiträgen an die Ehefrau nach Eintritt der Teilrechtskraft des Scheidungsurteils im Scheidungspunkt (und damit nach Wegfall der ehelichen Unterhaltspflicht gemäss Art. 163 ZGB); Grundlage ist hier der noch strittige Anspruch auf eine Rente nach Art. 125 ff. ZGB und die Gefahr, «dass die geschiedene Ehefrau in der Zwischenzeit unter Umständen der wirtschaftlichen Not preisgegeben wäre» (BGE 111 II 312, vgl. ZBJV 1987, 267 f.; jetzt Art. 137 Abs. 2 ZGB).

- Dazu gehört nach Art. 302 lit. c auch die Anweisung an die Schuldner eines unterhaltsberechtigten Ehegatten (Art. 132 Abs. 1 ZGB und 291 f. ZGB).

- Vorläufige Abschlagszahlungen an die (geschädigte) klagende Partei sind sodann in Streitigkeiten nach *Kernenergiehaftpflichtgesetz* möglich (Art. 28 KHG, SR 732.44).

- Auch Art. 56h VE über die Revision und Vereinheitlichung des Haftpflichtrechts sieht die Möglichkeit von vorläufigen Geldleistungen vor.

29 In *anderen europäischen Rechten* sind Leistungsmassnahmen zur vorläufigen Vollstreckung von Ansprüchen auf Geldzahlung z.T. leichter zu erhalten (VOGEL/SPÜHLER, § 61 Rz 201a): So hatte sich der EuGH in zwei Fällen mit Massnahmen zu befassen, durch welche *niederländische* Gerichte zugunsten niederländischer Gläubiger die vorläufige Erbringung einer vertraglichen Geldleistung gegen Beklagte mit Wohnsitz in Deutschland angeordnet hatten. Er erkannte, dass es sich dabei nur dann um eine einstweilige Massnahme i.S.v. Art. 24 EuGVÜ und damit um einen gemäss dem III. Titel des Übereinkommens vollstreckbaren Entscheid handle, wenn die Rückzahlung des zugesprochenen Betrags an den Antragsgegner für den Fall gewährleistet ist, dass der Antragsteller in der Hauptsache nicht obsiegt, und die angeordnete Massnahme nur bestimmte Vermögensgegenstände des Antragsgegners betrifft, die sich im örtlichen Zuständigkeitsbereich des angerufenen Gerichts befanden oder befinden müssten. Der EuGH gelangte so zu einem Vollstreckungsverbot für solche Massnahmen, soweit nicht eine andere (z.B. eine Hauptsachen-)Zuständigkeit gegeben ist (EuGH 17.11.1998 i.S. van Uden/Deco-Line [Rs. C-391/95], Slg. 1998 I 7139; EuGH 27.4.1999 i.S. Mietz/Intership [Rs. C-99/96]).

Das englische Recht stellt für den Schutz des Gläubigers einer Geldforderung aus einem Schaden, der wegen der ordentlichen Dauer des Verfahrens eintritt, in dem über diese Forderung zu urteilen ist, die sog. **freezing injunction** zur Verfügung. Sie wurde bekannt unter dem Namen **Mareva injunction**, wie sie bis zur Reform des englischen Zivilprozessrechts im April 1999 bezeichnet wurde (vgl. KOFMEL EHRENZELLER, Grundlagen, 162 ff.; ALBRECHT, IPRax 1992, 184 ff.). Die *freezing injunction* ist eine «in personam» wirkende Entscheidung, mit der der Gegenpartei untersagt wird, über ihre Vermögensgegenstände zu verfügen. 30

Von der vorläufigen *Zahlung* zu unterscheiden ist die *vorsorgliche Sicherung* streitiger Geldforderungen. Sie untersteht auch künftig den Normen und Massnahmen des **SchKG** (Arrest nach Art. 271 ff. SchKG, Retentionsverzeichnis usw.; vgl. Art. 269 lit. a; Bericht, 131 f.). Bei der vorsorglichen Sicherung besteht das erwähnte Inkassorisiko des Schuldners für den Fall seines späteren Obsiegens nicht. 31

IV. Weitere Beispiele

1. Zum Besitzesschutz insbesondere

Die vorsorgliche Massnahme dient 32

– sowohl der raschen Verwirklichung des **Besitzesschutzanspruchs**, d.h. des Schutzanspruchs bei durch verbotene Eigenmacht erfolgten Entzugs (Art. 927 ZGB) oder bei ebenso erfolgter Störung (Art. 928 ZGB) des Besitzes (Schutz des Besitzes an sich ohne Bezug auf das Recht, *possessorischer Schutz*),

– als auch der raschen Verwirklichung des Schutzes aufgrund des Rechts zur **Wiedererlangung** eines widerrechtlich vorenthaltenen oder auch entzogenen Besitzes (*petitorischer Anspruch*, vertraglicher Rückgabeanspruch oder Vindikation; ZBJV 1927, 74; vgl. KILLER, § 302 ZPO/AG N 2 ff.).

Der Besitzesschutzanspruch steht dem selbständigen wie dem unselbständigen Besitzer zu, bei Grundstücken gemäss Art. 937 Abs. 2 ZGB demjenigen, der die tatsächliche Gewalt darüber hat. Das entspricht der Umschreibung des Besitzesbegriffs in Art. 919 Abs. 1 ZGB, weshalb sich keine Abweichung gegenüber den Voraussetzungen des possessorischen Schutzes bei Fahrnis ergibt (vgl. BK-STARK, Art. 937 ZGB N 32). Gemäss Art. 920 Abs. 1 ZGB sind *beide* Besitzer, wenn jemand die Sache einem andern zu beschränktem dinglichem oder persönlichem Recht überträgt, somit z.B. auch der Eigentümer, der eine Liegenschaft vermietet oder verpachtet hat. Auch *mittelbare*, durch eine andere Person vermittelte Gewaltausübung bedeutet Besitz und gibt die daraus fliessenden Rechte (ZK-HOMBERGER, Art. 920 ZGB N 4; BK-STARK, Vor Art. 926–929 ZGB N 6). Somit schliesst Art. 937 Abs. 2 ZGB Besitzesschutzansprüche einer als Eigentümer oder Nutzniesser einer vermieteten oder verpachteten Liegenschaft im Grundbuch eingetragenen Person gegen Dritte wegen Besitzesstörung nicht aus, sofern die Störung nicht nur den unmittelbaren Besitz des (zur Geltendmachung des Besitzesschutzanspruchs ebenfalls legitimierten) Mieters oder Pächters, sondern auch den mittelbaren Besitz des Eigentümers verletzt (vgl. ZK-HOMBERGER, Art. 937 ZGB N 14–16; LEUCH/MARBACH/ KELLERHALS/STERCHI, Art. 326 ZPO/BE N 7.b). Die Eigentumsvermutung nach Art. 930 ZGB schliesst die Anordnung vorsorglicher Massnahmen zulasten des Besitzers nicht aus (BGE 88 I 15). Die von der Gegenpartei erhobene Einrede des Besitzverlustes hat, wenn sie von der gesuchstellenden Partei bestritten wird, nicht ohne weiteres die Ablehnung des Gesuchs zur Folge (ZR 38 Nr. 57, 41; Nr. 99, 296).

Bei widerrechtlicher Vorenthaltung des Besitzes durch jemanden, der seinen Besitz von der gesuchstellenden Partei ursprünglich rechtmässig erworben hat, geht es nie um den possessorischen, sondern immer um den petitorischen Anspruch. So erfolgt die Ausweisung von Mietern und Pächtern nicht aufgrund des Besitzesschutzes (vgl. ZK-HOMBERGER, Art. 927 ZGB N 22; BK-STARK, Vor Art. 926–929 ZGB N 60).

Der possessorische Schutz verwirkt gemäss Art. 929 Abs. 1 ZGB und verjährt gemäss Art. 929 Abs. 2 ZGB. Ist der Besitzesschutzanspruch verwirkt oder verjährt, steht die vorsorgliche Massnahme zur raschen Durchsetzung des glaubhaft gemachten *Vindikationsanspruchs* (der auch dem *Nutzniesser* zusteht; ZK-LIVER, Vor Art. 730–744 ZGB N 76) zur Verfügung.

33 Beispiele von vorsorglichen Massnahmen zur Verwirklichung des Besitzesschutzes (nach LEUCH/MARBACH/KELLERHALS/STERCHI, Art. 326 ZPO/BE N 7.b/c):

- gegen den Dieb oder denjenigen, der dem Besitzer eine Sache unter Behauptung eines eigenen Rechts wegnimmt (beachte aber Art. 927 Abs. 2 ZGB), auf Rückgabe;
- gegen den Unbefugten, der das Haus betreten will oder an die gesuchstellende Partei adressierte Briefe öffnet;
- gegen den Nachbarn, der einen Überbau errichtet;
- gegen den Exproprianten, der vor erfolgter Besitzeinweisung zu bauen beginnt;
- gegen den Eigentümer des mit einer Wegdienstbarkeit belasteten Grundstücks, der den Weg versperrt oder sonstwie die bisherige Rechtsausübung beeinträchtigt;
- gegen den Dienstbarkeitsberechtigten, der sein Wegrecht ausdehnt;
- gegen den Eigentümer eines mit einer Baubeschränkung belasteten Grundstücks, der mit den Arbeiten für einen mit der Beschränkung nicht zu vereinbarenden Bau beginnen will;
- gegen den Verursacher übermässiger materieller oder ideeller, auch erst drohender Immissionen i.S.v. Art. 684 ZGB;
- gegen den Vermieter, der die vom Mieter tatsächlich bewohnten Räume betritt;
- gegen den Arbeitnehmer, der nach rechtsgültiger Auflösung des Arbeitsvertragsverhältnisses aus wichtigem Grund die bisherigen Arbeitsräume betritt;
- gegen den Kommissionär, der das Kommissionsgut nach Widerruf des Auftrags, den Unternehmer, der den Stoff nach berechtigtem Rücktritt vom Werkvertrag, den Arbeitnehmer, der nach seiner Entlassung die Werkzeuge, überhaupt gegen denjenigen, dem die Sache anvertraut war und der sie nach Eintritt des Rückgabegrundes weiter behält, obwohl ihm kein Retentionsrecht zusteht. Bei Bestehen eines solchen lässt sich die Rückgabe durch Hinterlegung des retentionsgeschützten, glaubhaft zu machenden Forderungsbetrags oder des niedrigeren Werts des retinierten Objektes erlangen.

Die Besitzesschutzklage ist eine vorsorgliche Massnahme, die nur wegen Verletzung 34
verfassungsmässiger Rechte angefochten werden kann (Art. 74 Abs. 1 lit. b und 98
BGG); die Beschwerde in Zivilsachen ist zulässig, sofern der erforderliche Streitwert
erreicht ist (BGE 133 III 638; SZZP 2008, 569).

2. Andere Fälle

– Die *Siegelung des Nachlasses* im Prozess über die Ungültigerklärung einer letztwilli- 35
gen Verfügung (ZR 28 Nr. 184);
– Massnahmen, die allgemein die bei Beginn eines Prozesses *bestehende Rechtslage vor
Änderungen schützen* sollen, wenn die Verwirklichung des dem Urteil im Hauptpro-
zess entsprechenden Rechtszustandes nur so in zweckmässiger Weise sichergestellt
werden kann (ZR 77 Nr. 50 E. 1 c), wie die vorläufige Einstellung der Betreibung
(Art. 77 Abs. 3 SchKG), die Aufnahme des Güterverzeichnisses (Art. 162, 170, 183
SchKG; FRITZSCHE/WALDER, I § 20 Rz 19) oder der Aufschub der Konkurseröffnung
(Art. 725a OR). Ebenso bei Einleitung des *Entmündigungsverfahrens* zur Sicherung
des Vermögens der zu entmündigenden Person (ZK-EGGER, Art. 386 ZGB N 24;
ZR 1925 Nr. 185; BGE 57 II 7).
– Auf ein Begehren um *Herausgabe von Unterlagen* kann der gesuchstellenden Partei
auch bloss ein Einsichtsrecht daran eingeräumt werden, sofern mit dieser Massnahme
ihre Rechte gesichert sind (BGE 119 II 193 E. 3b).

V. Keine Unzulässigkeit der Massnahme

Die angeordneten vorsorglichen Massnahmen dürfen **nicht unzulässig** sein. Unzulässig- 36
keit kann sich aus dem materiellen Bundesrecht ergeben (FRANK/STRÄULI/MESSMER,
§ 110 ZPO/ZH N 7). Beispiele:

– Der Mieter, für dessen Mietverhältnis vertraglich keine Vormerkung vereinbart ist,
kann nicht die Anordnung einer Grundbuchsperre zur Sicherung seines obligatorischen Anspruchs auf Überbindung des Mietvertrags an den Käufer erwirken;
– ebensowenig der Bauhandwerker nach Ablauf der Frist für die Eintragung eines gesetzlichen Pfandrechts (Art. 839 Abs. 2 ZGB), zwecks Sicherung seiner Werklohnfor-
derung.
– Der Richter ist nicht befugt, durch vorsorgliche Massnahmen einem Miterben, dessen
Erbrecht bestritten ist, den Verbrauch von Nachlassvermögen zu gestatten (ZR 47
Nr. 79).
– Unzulässig ist auch die *Zusprechung dinglicher Rechte*, da es sich um *Gestaltungsur-
teile* handelt, die dem Charakter von vorsorglichen Massnahmen widersprechen
(Art. 665, 963 ZGB).

VI. Eignung, den drohenden Nachteil abzuwenden

Art und Umfang der vorsorglichen Massnahme richten sich nach dem Inhalt des streiti- 37
gen subjektiven Rechts. (Nach BYRDE, 174 müssen die glaubhaft gemachten Tatsachen
geeignet sein, die beantragte Massnahme zu rechtfertigen. Das rechtliche Erfordernis der
Eignung bezieht sich aber nicht auf die Tatsachen, sondern auf die Massnahmen.) Die
Massnahme muss **in zeitlicher und sachlicher Hinsicht «geeignet»** sein, den drohenden
Nachteil abzuwenden (oder, soweit er schon eingetreten ist, zu beenden, vgl. franz. «à

prévenir ou à faire cesser le préjudice»). Damit ist der «nicht leicht wiedergutzumachende Nachteil» i.S.v. Art. 261 Abs. 1 lit. b gemeint. Lässt sich der Nachteil nicht *ganz* abwenden, so muss es für die Anordnung einer vorsorglichen Massnahme genügen, dass diese geeignet ist, den drohenden Nachteil wenigstens *teilweise* abzuwenden.

38 *Fehlt* die Eignung, ist die vorsorgliche Massnahme nicht nur überflüssig, sondern meist auch schädlich und darf nicht angeordnet werden. *Verliert* die angeordnete vorsorgliche Massnahme im Laufe ihres Bestehens ihre Eignung, ist nach Art. 268 vorzugehen.

VII. Ausgestaltung der Massnahmen

39 Im vorsorglichen Massnahmeverfahren kommt dem Richter ein *breites Ermessen* zu. Er ist nicht an Parteianträge gebunden (ZR 33 Nr. 7 E. 4 a.E.; VOGEL/SPÜHLER, § 61 Rz 217), sondern kann zur Erreichung des von der gesuchstellenden Partei angestrebten Zwecks auch *andere als die beantragten Massnahmen* anordnen (vgl. BERTI, Massnahmen, 218 f.; FRANK/STRÄULI/MESSMER, Art. 110 ZPO/ZH N 26).

40 Nach BAUR, 52, hat der Inhalt der vorsorglichen Massnahme, soweit er die *Sicherung einer künftigen Vollstreckung* bezweckt, gegenüber dem Inhalt des späteren Urteils ein *minus* und *aliud* zu sein (vgl. auch NUSSBAUMER, 217).

41 Ohne weiteres darf der Richter *mildere*, weniger einschneidende Massnahmen erlassen (*in maiore minus*; ZÜRCHER, 258), sich z.B. mit einem Verfügungsverbot begnügen, wenn die gesuchstellende Partei die gerichtliche Hinterlegung der von ihr beanspruchten Sache beantragt.

42 VOGEL, Probleme, 98 f., erachtet es auch als zulässig, über die anbegehrte Massnahme *hinauszugehen*. Es fragt sich dabei, ob eine Verletzung der Dispositionsmaxime und des Grundsatz *ne ultra petita* (nicht mehr als gefordert) vorliegt. Allerdings kommt es auch vor, dass die gesuchstellende Partei überhaupt auf die Beantragung genau definierter Massnahmen *verzichtet* und dem Richter nur die Zielrichtung bekannt gibt, sich im Übrigen aber damit begnügt, «geeignete Massnahmen» zu verlangen, was in Anbetracht des dem Richter gesetzlich eingeräumten Ermessensspielraumes zulässig ist (GÜNGERICH, 128; BERTI, Massnahmen, 218; KILLER, § 302 ZPO/AG N 16; kritisch ZÜRCHER 120 m.w.H; vgl. auch N 8). Deshalb darf der Richter auch *nicht beantragte* Massnahmen anordnen, wenn sie notwendig und verhältnismässig sind. Muss die gesuchstellende Partei befürchten, dass der Richter von der Anordnung einer weitergehenden vorsorglichen Massnahme nur deshalb Abstand nimmt, weil er den Vorwurf der Verletzung der – hier allerdings ohnehin gelockerten und nicht *sensu stricto* anzuwendenden – Dispositionsmaxime fürchtet, müsste sie ihre Anträge ergänzen mit dem «Generalantrag» «... oder jede andere dem Gericht geeignet erscheinende Massnahme».

43 Als vorsorgliche Massnahme im Sinne einer antizipierten Vollstreckung kann alles angeordnet werden, was Gegenstand eines Urteils im Hauptprozess sein könnte, jedoch *nicht mehr*: Vorsorgliche Massnahmen dürfen der gesuchstellenden Partei nicht mehr zusprechen, als ihr *bei Obsiegen im Hauptprozess überhaupt zugesprochen* werden kann (Max. XII [1977] Nr. 378; ZR 1944 Nr. 52; 1945 Nr. 114; 1953 Nr. 140), denn aus dem Hauptanspruch leitet sich der Anspruch auf vorsorgliche Massnahmen ab (BGE 123 III 1 ff.). So kann eine Massnahme (von vornherein) nicht auf Feststellung lauten, wenn ein Feststellungsantrag im Hauptverfahren unzulässig wäre (vgl. TBL 35/1999 vom 7.1.1999; BYRDE, FN 59).

44 Es können auch *mehrere Massnahmen* angeordnet und miteinander verbunden werden.

Bei einem *Unterlassungsbegehren,* dessen Formulierung häufig nicht ohne weiteres möglich ist, soll der Richter nur zu *redaktionellen Abweichungen vom Begehren* berechtigt sein. Entscheidend ist dabei, dass die beschwerte Partei genügend genau weiss, was sie zu unterlassen hat (ZR 85 Nr. 54 E. 8; 86 Nr. 127 = SJZ 1988, 199 Nr. 32). 45

Das Gericht muss die angeordneten Massnahmen so genau wie möglich beschreiben; die Umschreibung des gebotenen oder verbotenen Verhaltens darf nicht der Vollstreckungsbehörde überlassen werden (STAEHELIN/STAEHELIN/GROLIMUND, 382). Die Massnahmen müssen so formuliert sein, dass die gesuchstellende Partei bei Missachtung der Anordnung ohne weitere richterliche Massnahme den gutgeheissenen Anspruch vollstrecken lassen kann (Max. X Nr. 351). 46

VIII. Verhältnismässigkeit der Massnahmen

Da die vorsorgliche Verfügung regelmässig zu einem Eingriff in die Rechte der Gegenpartei vor der definitiven Abklärung des behaupteten Anspruchs führt, muss der Richter beim Entscheid, ob eine vorsorgliche Massnahme anzuordnen ist und welcher Inhalt ihr zukommen soll, eine Abwägung der einander entgegengesetzten Interessen der gesuchstellenden Partei und der Gegenpartei vornehmen. Es gilt, Missverhältnisse beim Schutz der in Frage stehenden Rechtsgüter zu vermeiden. Die **Verhältnismässigkeit** beurteilt sich im Einzelfall. Die angeordnete Massnahme darf nicht weiter gehen, als zum vorläufigen Schutz des glaubhaft gemachten Anspruchs nötig ist (BGE 94 I 10; Bericht, 131 f.; NUSSBAUMER, 217). Die angeordnete Massnahme muss in einem vernünftigen Verhältnis zur Verhinderung des drohenden Nachteils stehen. Je dringlicher das Anliegen der gesuchstellenden Partei ist, um so eher rechtfertigt sich ein Eingriff in die Rechte der Gegenpartei. Zur Wahrung der Verhältnismässigkeit kann sich eine Reduktion der Massnahme gegenüber dem Antrag ergeben; dies schliesst umgekehrt nicht aus, dass auch eine vorsorgliche Massnahme, die über den Antrag hinausgeht, die Verhältnismässigkeit wahrt. Vgl. auch Art. 266 N 34 ff. 47

Die Verhältnismässigkeit fehlt von vornherein, wenn die verlangte Massnahme *objektiv ungeeignet* ist, den Nachteil zu beseitigen (HGer ZH «Lacoste Krokodil», SMI 1984, 291; VON BÜREN/MARBACH/DUCREY, Rz 1023, die von einem «massnahmespezifischen Rechtsschutzinteresse» sprechen, nehmen hier ein fehlendes Interesse am sofortigen Rechtsschutz an. Es kann sich dabei aber nicht um das Rechtsschutzinteresse der gesuchstellenden Partei an der Anordnung von vorsorglichen Massnahmen überhaupt handeln. Ist eine Massnahme objektiv ungeeignet, oder gehen die beantragten Massnahmen über das hinaus, was zur Verhinderung des drohenden Nachteils erforderlich ist, so hat das Gericht im ersten Fall eine andere, geeignete Massnahme anzuordnen und im zweiten die gewählte Massnahme auf das erforderliche Mass zu beschränken.). 48

Es ist auch eine Frage der Verhältnismässigkeit, inwiefern *eine vorsorgliche Massnahme überhaupt* gerechtfertigt ist, wenn der gesuchstellenden Partei zur Erreichung ihrer Ziele noch *andere Rechtsbehelfe* zur Verfügung stehen (BJM 1965, 185 ff. insb. 188 f.). Gibt es weniger einschneidende Vorkehren rechtlicher Natur, gehen diese der Anordnung einer vorsorglichen Massnahme vor (DAVID, SIWR, 184 f.; ZÜRCHER, 256; ALDER, 130; JERMANN, Art. 38 DesG N 33); insofern sind vorsorgliche Massnahmen *subsidiär.* Wie erwähnt (Art. 261 N 13) trifft die gesuchstellende Partei indessen keine Pflicht bzw. Obliegenheit, die Gegenpartei vorprozessual *abzumahnen* oder zu *verwarnen.* 49

Sind zwei vorsorgliche Massnahmen in gleicher Weise geeignet, den drohenden Nachteil abzuwenden, ist der *milderen Alternative* den Vorzug zu geben. Beispiel: Keine Grund- 50 buchsperre ist anzuordnen, wenn die vorläufige Eintragung einer Dienstbarkeit nach Art. 961 ZGB genügt (ZR 33 Nr. 7).

51 Die Massnahme muss *ursprünglich* verhältnismässig sein und *es auch bleiben*. Bei einer später eintretenden Unverhältnismässigkeit ist die Massnahme i.S.v. Art. 268 zu ändern oder aufzuheben.

IX. Befristung der Massnahmen

52 Vorsorgliche Massnahmen dürfen nicht zeitlich unbegrenzt erlassen werden, sondern sind ihrem Wesen nach zu befristen (ZÜRCHER, 259). Sie sind i.d.R. *an die Dauer eines hängigen Hauptsacheverfahrens geknüpft* oder werden gemäss Art. 263 mit der *Auflage zur Prosequierung im ordentlichen Verfahren* (unter der Androhung des sonstigen Dahinfallens) verbunden (ZR 98 Nr. 13). Allenfalls ist es sinnvoll und oft notwendig, davon unabhängig ihre Geltung zu befristen. Allgemein sind vorsorgliche Massnahmen auf so lange Zeit zu erlassen, als ihre Nutzlosigkeit nicht feststeht (Max. X Nr. 671). Ihre Gültigkeitsdauer ist auf einen bestimmten *Endtermin* zu beschränken (so in manchen Fällen, in denen keine Frist nach Art. 263 gesetzt wird, z.B. wenn ungewiss ist, wem die Klägerrolle zufallen soll [vgl. Art. 263 N 16], oder wenn die Anordnung einer Verfügungsbeschränkung nur für eine kurze Zeit beantragt wird).

X. Androhungen

53 Von Art. 262 nicht ausdrücklich erwähnt ist die Kompetenz bzw. Pflicht des Gerichts, von Amtes wegen (ZÜRCHER, 135) als Vollstreckungsmassnahme die Zuwiderhandlung gegen die angeordneten Massnahmen mit **Androhungen** zu versehen.

54 Für die zwangsweise Durchsetzung der Verpflichtung zu einem Tun, Unterlassen oder Dulden stehen nach Art. 343 grundsätzlich zur Verfügung:

– eine **Strafdrohung** nach Art. 292 StGB (Haft oder Busse; Max. X Nr. 275). Sie steht bei vorsorglichen Massnahmen im Vordergrund. Ob ein strafbarer Verstoss gegen ein richterliches Verbot i.S.v. Art. 292 StGB vorliegt, hat nicht das Zivilgericht zu prüfen, sondern die zuständige Strafuntersuchungsbehörde (BGer, 1B_250/2008; sic! 9/2009, 626 f.);

– eine **Ordnungsbusse** bis zu CHF 5000;

– eine Ordnungsbusse bis zu CHF 1000 *für jeden Tag der Nichterfüllung*. Die **Tagesbusse (Astreinte)** ist für jeden Verletzungstag geschuldet. Ihre praktische Bedeutung ist (bislang) gering (ZÜRCHER, 274 f.);

– eine **Zwangsmassnahme** wie Wegnahme einer beweglichen Sache oder Räumung eines Grundstücks durch polizeilichen Vollzug; oder

– eine **Ersatzvornahme** (vgl. auch Art. 250 Ziff. 4 ZPO; Art. 98 OR).

55 Es können auch **mehrere Androhungen** miteinander verbunden werden. Angedroht werden kann für den Fall von **(weiteren) Verletzungshandlungen** auch die **Anordnung schärferer Massnahmen**, so etwa statt der Inventarisierung die Beschlagnahme im Immaterialgüterrecht.

Art. 263

Massnahmen vor Rechtshängigkeit	Ist die Klage in der Hauptsache noch nicht rechtshängig, so setzt das Gericht der gesuchstellenden Partei eine Frist zur Einreichung der Klage, mit der Androhung, die angeordnete Massnahme falle bei ungenutztem Ablauf der Frist ohne Weiteres dahin.
Mesures avant litispendance	Si l'action au fond n'est pas encore pendante, le tribunal impartit au requérant un délai pour le dépôt de la demande, sous peine de caducité des mesures ordonnées.
Provvedimenti cautelari prima della pendenza della causa	Se la causa di merito non è ancora pendente, il giudice assegna all'instante un termine per promuoverla, con la comminatoria che il provvedimento cautelare decadrà in caso di inosservanza del termine.

Inhaltsübersicht

	Note
I. Norminhalt und Normzweck	1
II. Voraussetzung: Keine Rechtshängigkeit	5
III. Rechtsfolge: Fristansetzung	8
1. Fristansetzung	8
2. Unterlassung der Fristansetzung	13
3. Absehen von der Fristansetzung	14
4. Länge der Frist	18
IV. Androhung	21
V. Rechtsfolge bei fehlender Fristwahrung: Dahinfallen der vorsorglichen Massnahmen	23
VI. Fristwahrung	33
1. Voraussetzung: Fristgemässe Rechtshängigkeit des Hauptsacheprozesses	33
2. Rechtsfolge: Übergang der Zuständigkeit	35
3. Entscheid über die Weitergeltung der vorsorglichen Massnahmen	39

Literatur

Vgl. die Literaturhinweise bei den Vorbem. zu Art. 261–269 und jene zu Art. 261–262 und 264–269.

I. Norminhalt und Normzweck

Im Hinblick auf raschen Rechtsschutz müssen vorsorgliche Massnahmen schon vor Rechtshängigkeit des Hauptverfahrens möglich sein. Dringt die gesuchstellende Partei mit ihrem Antrag durch, so kann sie erfahrungsgemäss das Interesse an der Einleitung des Hauptprozesses verlieren. Sie hat, was sie will, und ist deshalb häufig an der Einleitung des Hauptprozesses nicht interessiert, wenn deren Unterlassung nicht den Verlust der erreichten Massnahme zur Folge hätte. Die unterlegene, durch die vorsorgliche Massnahme belastete Gegenpartei hingegen ist an definitiver Klärung der Rechtslage regelmässig interessiert.

Die **Prosequierungslast** ist eine Folge des lediglich provisorischen Charakters der vorsorglichen Massnahme (KOFMEL EHRENZELLER, Grundlagen, 55). Diese entscheidet den Rechtsstreit nicht endgültig. Die definitive Klärung der materiellrechtlichen Fragen, die **Klage in der Sache**, gehört unabdingbar zum Institut der vorsorglichen Massnahme (vgl. auch Art. 279 SchKG). Es ist deshalb unerlässlich, dass die gesuchstellende Partei ihre Position im ordentlichen Verfahren verteidigt. Sie darf sich mit der provisorischen Klärung der Rechtslage nicht zufriedengeben, sondern muss den endgültigen Rechtsschutz suchen (Bericht, 132; BOTSCHAFT ZPO, 7355 f.). Der ordentliche Prozess sieht umfassendere Rechtsschutzgarantien und ein wesentliches Beweisverfahren vor.

Damit die vorsorgliche Massnahme auch tatsächlich nur provisorisch bleibt und nicht unbeschränkt andauert, wird – falls die vorsorgliche Massnahme nicht ohnehin befristet wird und der Hauptprozess noch nicht hängig ist – der gesuchstellenden Partei Frist zur Anhebung des Hauptprozesses angesetzt, unter der Androhung, dass im Falle des unbenutzten Ablaufs die vorsorglichen Massnahmen dahinfallen.

2 Terminologisch unterscheidet man **selbständige** (auch superprovisorische) vorsorgliche Massnahmen, die der Massnahmerichter durch *Erledigungsverfügung* vor Rechtshängigkeit des Prozesses in der Hauptsache trifft, und **unselbständige** vorsorgliche Massnahmen, die der Hauptsacherichter im Hauptsacheprozess selbst erlässt.

3 Gewisse vorsorgliche Massnahmen kommen faktisch *überhaupt nur vor rechtshängigem Hauptprozess* vor. So kann z.B. die Frist zur Eintragung eines Bauhandwerkerpfandrechts (Art. 837 Abs. 1 Ziff. 3 ZGB) gegen den Widerstand des Grundeigentümers nicht im ordentlichen Prozess innert der gesetzlichen Verwirkungsfrist von drei Monaten (Art. 839 Abs. 2 und 3 ZGB) erstritten werden. Diese Frist kann nur eingehalten werden, indem durch vorsorgliche Massnahmen die sog. vorläufige Eintragung vom Gericht bewilligt wird (vgl. Art. 960 Abs. 1 Ziff. 1 und 2 ZGB; SUTTER-SOMM, ZPR, Rz 895).

Andererseits sind manche vorsorglichen Massnahmen *erst bei rechtshängigem Hauptprozess möglich* (vgl. etwa Art. 598 Abs. 2 ZGB [BGE 122 III 213]; Art. 574 Abs. 3, 625 Abs. 2, 643 Abs. 3, 831 Abs. 2 OR; LEUCH/MARBACH/KELLERHALS/STERCHI, Vor Art. 326 ZPO/BE N 2.b) oder zuvor nur *vom Gesetz abschliessend aufgezählte Massnahmen* zulässig (vgl. Art. 172 Abs. 3 und 176 ZGB; SUTTER-SOMM, ZPR, Rz 895).

4 Eine *Sicherheitsleistung* der gesuchstellenden Partei gemäss Art. 264 hebt die Notwendigkeit der Überprüfung der angeordneten vorsorglichen Massnahme im ordentlichen Prozess nicht auf.

II. Voraussetzung: Keine Rechtshängigkeit

5 Voraussetzung für die Anwendung von Art. 263 ist, dass die Klage in der Hauptsache bei Anordnung der vorsorglichen Massnahmen noch nicht rechtshängig ist; andernfalls entfällt die Ansetzung einer Klagefrist natürlich (BJM 1976, 44 Anm. 120; BJM 1958, 243; WEIBEL/RUTZ, 324).

6 Der Zeitpunkt der Rechtshängigkeit des Hauptsacheprozesses bestimmt sich nach Art. 62 f. Das Einreichen eines Gesuchs um vorsorgliche Massnahmen macht den Hauptsachenprozess noch nicht rechtshängig.

7 Eine weitere Voraussetzung für eine Prosequierung ist selbstverständlich, dass vorsorgliche Massnahmen angeordnet worden sind und die gesuchstellende Partei mit ihrem Gesuch *ganz oder teilweise durchgedrungen* ist; ein abgewiesenes Gesuch verlangt und

erlaubt keine Prosequierungsfrist (vgl. Vernehmlassung, 690), sofern der das Gesuch abweisende Richter nicht von sich aus vorsorgliche Massnahmen anordnet (vgl. N 12).

III. Rechtsfolge: Fristansetzung

1. Fristansetzung

Sind diese Voraussetzungen gegeben, hat das Gericht von Amtes wegen der gesuchstellenden Partei eine Frist (**Prosequierungsfrist** oder **Rechtsverfolgungsfrist**) zur Einreichung des Hauptsacheprozesses zu setzen (vgl. auch BGE 88 I 16; ZR 1948 Nr. 57 und 90; Art. 82 Abs. 1 BZP, wonach die Fristansetzung dem Gericht freigestellt ist). 8

Die Klagefrist ist *auch bei Leistungsmassnahmen* zu setzen, die zur vorläufigen Vollstreckung des behaupteten Anspruchs führen, z.B. bei der vorsorglichen Besitzeinweisung; denn erst das Urteil im Prosequierungsprozess stellt verbindlich fest, ob der vorläufige Rechtsschutz für einen rechtmässigen Anspruch gewahrt worden ist (HASENBÖHLER, 43 f.; STAEHELIN/STAEHELIN/GROLIMUND, 389). Dies aber nur unter der Voraussetzung, dass die Leistungsmassnahme rückgängig gemacht werden könnte, wenn sich der Anspruch dann als unberechtigt erwiese. Stellt sich der Anspruch als unberechtigt heraus, so ist die Leistungsmassnahme rückgängig zu machen. Die gesuchstellende Partei hat somit die aufgrund einer vorsorglichen Besitzeinweisung empfangene Sache der Gegenpartei zurückzuerstatten. 9

Auch Art. 961 Abs. 3 ZGB verlangt nach Vormerkung einer vorläufigen Eintragung im Grundbuch die Ansetzung einer nicht näher bezeichneten Frist zur gerichtlichen Geltendmachung der Ansprüche. 10

Die Frist ist zugleich mit der Anordnung der vorsorglichen Massnahme anzusetzen. Aus der Fristansetzung zur Anhebung der Hauptklage muss *klar und zweifelsfrei ergeben, was der Kläger vorzukehren hat* (ZR 78 Nr. 49). 11

Wird das Massnahmegesuch zwar abgewiesen, ordnet der Richter aber von sich aus bestimmte vorsorgliche Massnahmen an, so muss, wenn eine Prosequierung erfolgen soll, aus der Verfügung ersichtlich sein, wer nun klagen und was für Rechtsbegehren gestellt werden sollen (HABERTHÜR, 1128). 12

2. Unterlassung der Fristansetzung

Unterlassung der Fristansetzung macht die vorsorgliche Massnahme nicht unwirksam, wobei die Gegenpartei nachträgliche Behebung des Mangels fordern kann (vgl. ZBJV 1964, 35, ferner 331). Zudem steht es ihr frei, ihrerseits durch (Rückforderungs-, Feststellungs-, Schadenersatz- etc.) Klage die entsprechende endgültige Entscheidung herbeizuführen (LEUCH/MARBACH/KELLERHALS/STERCHI, Art. 330 ZPO/BE N 1.a). Solange das Gericht keine Frist ansetzt und die angeordnete Massnahme auch nicht befristet hat, bleibt diese aufrecht erhalten. 13

3. Absehen von der Fristansetzung

Nach dem VE hätte das Gericht bei immaterialgüter- und wettbewerbsrechtlichen Streitigkeiten von der Fristansetzung absehen können, sofern als vorsorgliche Massnahme eine sog. *Einziehung* angeordnet wird (Art. 277 Abs. 2 VE). Diese Bestimmung zielte im Wesentlichen auf die Beschlagnahme von Piratengut (Plagiate, Falsifikate). In solchen Fällen kann die Einleitung eines Prozesses ein sinnloser Aufwand sein, namentlich wenn 14 davon auszugehen ist, dass sich die Gegenpartei gar nicht stellen wird. Die gesuchstellende Partei braucht jedoch kein ordentliches Verfahren anzustrengen, sondern kann mit dem «Rechtsschutz in klaren Fällen» (Art. 257) die endgültige Vernichtung der Imitate verlangen. Deshalb wurde darauf verzichtet, diese Sonderbestimmung für das Immaterialgüterrecht in die ZPO aufzunehmen (BOTSCHAFT ZPO, 7355 f.)

15 In der Vernehmlassung, 682 f., 690 f., wurde darauf hingewiesen, dass es Fälle gibt, in denen eine Prosequierung nicht verhältnismässig oder nicht sinnvoll ist. Zum Beispiel ist sie dort nicht immer sinnvoll, wo die vorsorgliche Massnahme eine antizipierte Vollstreckung bewirkt, die nicht mehr rückgängig gemacht werden kann, weshalb dann die Gegenpartei nur noch Schadenersatz fordern kann. In der Vernehmlassung wurde deshalb gefordert, dem Gericht ein entsprechendes Ermessen einzuräumen, so dass es von der Ansetzung einer Frist absehen kann, ihm also nur eine *Berechtigung* einzuräumen, keine Pflicht aufzuerlegen (entsprechend z.B. Art. 332 Abs. 2 aZPO BE).

16 Dem ist zuzustimmen. Die Fristansetzung **soll unterbleiben können**, wenn sie sinnlos oder unnötig ist (vgl. LEUCH/MARBACH/KELLERHALS/STERCHI, Art. 330 ZPO/BE N 1.a/b). Das trifft – abgesehen von den Fällen des *Nichteintretens*, der *Abweisung* oder des *Rückzugs* des Massnahmegesuchs, wenn also keine Massnahmen angeordnet werden – etwa zu, wenn

– der geltend gemachte Anspruch nicht bloss als glaubhaft erscheint, sondern *zweifelsfrei besteht* (vgl. ZBJV 1941, 511; LEUENBERGER/UFFER-TOBLER, Art. 213 ZPO/SG N 1.b);

– die Gegenpartei den behaupteten Anspruch *vorbehaltlos anerkannt hat* (BJM 1982, 166; 1976, 44; BJM 1967, 301; vgl. KILLER, § 305 ZPO/AG N 1a: «[...] wenn abzusehen ist, dass es bei dem durch die vorsorgliche Verfügung bewirkten Zustand bleiben wird, weil sich der Gesuchsgegner damit abfindet», da die Parteien «nicht grundlos zum Prozessieren veranlasst werden» sollen), wobei im Einzelfall entschieden werden muss, ob eine solche vorbehaltlose Anerkennung vorliegt, wenn sich die Gegenpartei *nicht geäussert* hat (STAEHELIN/STAEHELIN/GROLIMUND, 390). Offenbar nimmt die Botschaft an, dass auch bei Nichtäusserung der Gegenpartei ein Prosequierungsverfahren durchzuführen ist, wobei aber die gesuchstellende Partei den Rechtsschutz in klaren Fällen (Art. 257) verlangen kann (BOTSCHAFT ZPO, 7355 f.). Nach HABERTHÜR, 1129, wird eine Prosequierungsklage gegenstandslos, wenn sich die Gegenpartei verfügten Sicherungsmassnahmen sofort unterzieht. Dieser Schluss ist in seiner Allgemeinheit aber sicher nicht zulässig;

– die vorsorgliche Massnahme *von vornherein befristet* ist und dahinfällt, bevor sie ein Hauptsacherichter überhaupt aufheben könnte. Dies kann dort der Fall sein, wo es der gesuchstellenden Partei lediglich darum gegangen ist, das Verbot einer Handlung zu erlangen, die nur zu einem bestimmten Zeitpunkt oder in einem bestimmten kurzen Zeitabschnitt erfolgen konnte;

– die *Klägerrolle* nach der gegebenen Situation ausnahmsweise (und nicht bloss zur Geltendmachung eines Schadenersatzanspruches) *der Gegenpartei überlassen* werden darf, so beim Besitzesschutz und bei Herausgabeverfügungen (Rolle des Vindikationsklägers). Art. 212 aZPO SG verlangte, dass die Klägerrolle der gesuchstellenden Partei *zumutbar* sein müsse; ähnlich KILLER, § 305 ZPO/AG N 1b: wo es um Aufrechterhaltung eines tatsächlichen Zustands geht, weil hier der Gegenpartei zuzumuten sei, dass sie ihrerseits den Prozess um ihr behauptetes besseres Recht anhebe (vgl. auch LEUENBERGER/UFFER-TOBLER, Art. 212 ZPO/SG N 1.b; STACH, 148 f.);

- die Verfügung eine *nicht rückgängig zu machende antizipierte Vollstreckung bewirkt*, so dass die Fristansetzung sinnlos wäre und der Gegenpartei einzig die Möglichkeit einer Schadenersatzforderung verbleibt (so bei einem für die Dauer einer kurzen Warenmesse gestützt auf UWG oder Immaterialgüterrecht erlassenen Verbot). In einem solchen Falle ist von der gesuchstellenden Partei bei bloss glaubhaft gemachtem Anspruch Sicherheit zu verlangen, anderseits der Gegenpartei Frist zur Anhebung der Schadenersatzklage zu setzen unter Hinweis auf die Freigabe der Sicherheit bei Säumnis (vgl. Art. 264; BGE 88 I 16; BGer, 29.11.2004, 4P.201/2004 E. 4.2; KILLER, § 305 ZPO/AG N 1.c; HABERTHÜR, 1129; a.M. STAEHELIN/STAEHELIN/GROLIMUND, 389, wonach auch dort Frist zu setzen sei, wo keine Rückgängigmachung möglich ist, z.B. bei einer vorsorglich gebotenen Unterlassung. Dann bilde das Urteil im Prosequierungsprozess immerhin Grundlage für die Schadenersatzklage der Gegenpartei nach Art. 264 Abs. 2 wegen ungerechtfertigter vorsorglicher Verfügung, und es werde entschieden, ob der gesuchstellenden Partei eine von ihr geleistete Sicherheit zurückzuerstatten ist);
- wo die Parteien *an einer endgültigen Entscheidung offensichtlich nicht mehr interessiert* sind (vgl. KILLER, § 305 ZPO/AG N 1b). So gibt es nach Erlass von *immaterialgüterrechtlichen* vorsorglichen Massnahmen erfahrungsgemäss praktisch keine Prosequierungsklagen;
- wo eine Prosequierungsklage sinnlos wäre, weil die gesuchstellende Partei mit der vorsorglichen Massnahme de facto nicht erreicht hat, was sie angestrengt hat, und dies auch mit der Prosequierungsklage nicht mehr erreichen kann, z.B. weil sich eine Verletzung, unabhängig davon, dass sie durch die vorsorgliche Massnahme verboten worden ist, in unkontrollierbarer Weise via Internet verbreitet (vgl. CRAMER, recht 2007, 126; BUCHER, Natürliche Personen, Rz 647).
- Eine *Ausnahme* besteht auch im Falle der *Kindesentführung* bei Rückführungsvorkehren gemäss dem *Haager Übereinkommen vom 25.10.1980 über die zivilrechtlichen Aspekte internationaler Kindesentführungen* (SR 0.211.230.02): Es handelt sich hierbei um vorsorgliche Massnahmen zur Wiederherstellung des «status quo ante» (Rückgabe des Kindes, Ermöglichung des Besuchsrechts), die keiner Fristansetzung zur Klage bedürfen (ZR 88 Nr. 24; im selben Sinn BGE 120 II 222).
- Der *Besitzesschutz* nach Art. 927 und 928 ZGB steht in keiner Beziehung zum Hauptprozess. Die Prosequierung ist weder notwendig noch überhaupt möglich (BGE 113 II 243; 94 II 348; GUTMANN, 7) – über Bewahrung oder Wiederherstellung des bisherigen Zustands ergeht ein definitiver Entscheid.

Das Absehen von der Fristansetzung erfolgt *von Amtes wegen*; es bleibt den Parteien aber unbenommen, entsprechende *Anträge* zu stellen. **17**

4. Länge der Frist

Die Frist zur Anhebung des Hauptprozesses ist in Würdigung der Umstände nach richterlichem Ermessen zu bestimmen. Sie muss aus Gründen der Verhältnismässigkeit angemessen sein (ZR 78 Nr. 49). Je schwerwiegender die Anordnung die Rechtsstellung der Gegenpartei berührt, desto kürzer ist die Frist zu bemessen. Da es sich um eine richterliche Frist handelt, hat die gesuchstellende Partei grundsätzlich die Möglichkeit von Fristerstreckungsgesuchen. **18**

Das Bundesrecht sah für die Prosequierungsfrist von einzelnen vorsorglichen Massnahmen *Maximalfristen* (vgl. BGE 103 II 71) vor, so Art. 28e Abs. 2 aZGB: maximal 30 Tage, und Art. 77 Abs. 4 aPatG: maximal 60 Tage. Diese Bestimmungen können für die künftige Praxis weiterhin als Richtschnur dienen. **19**

20 Erscheint dem Massnahmerichter die Frist von drei Monaten für die Einreichung der Klagebewilligung (Art. 209 Abs. 3) zu lang, kann er dafür eine *kürzere Frist* vorschreiben oder *durch Ansetzung einer kurzen Klagefrist das Schlichtungsverfahren nach Art. 202 ff. überhaupt ausschliessen* (vgl. FRANK/STRÄULI/MESSMER, § 228 ZPO/ZH N 2). Ob das eine oder andere gemeint ist, sollte aus der richterlichen Fristansetzung klar hervorgehen (ZR 78 Nr. 49).

IV. Androhung

21 Das Gericht hat die Fristansetzung stets mit der Androhung zu verbinden, dass bei unbenutztem Ablauf der gesetzten Frist die Massnahme dahinfällt. Die **Androhung ist notwendig**, weil sonst zu befürchten ist, dass die obsiegende gesuchstellende Partei die Einleitung des Hauptprozesses unterlässt.

22 Der Massnahmerichter muss zugleich mit der Fristansetzung auch festlegen, *wer die Einhaltung der Frist überprüft*. Dies wird i.d.R. der Massnahmerichter selbst sein, zumal dort, wo die Zuständigkeit so geregelt ist, dass er zum Hauptsacherichter wird. Er kann damit aber auch ein von der vorsorglichen Massnahme betroffenes Grundbuchamt damit beauftragen. Den Nachweis der Fristwahrung muss die mit der Prosequierung belastete Partei, i.d.R. also die gesuchstellende Partei, erbringen.

V. Rechtsfolge bei fehlender Fristwahrung: Dahinfallen der vorsorglichen Massnahmen

23 Massgebend dafür, unter welchen Voraussetzungen die Klageerhebung als erfolgt gilt, ist Art. 62 ff. Ist sie nach diesen Bestimmungen gültig, aber gemäss der Fristansetzung verspätet, fallen lediglich die vorsorglichen Massnahmen, nicht aber natürlich der ordentliche Prozess dahin.

24 Wird die Frist **nicht** gewahrt, **fallen** die vorsorglichen Massnahmen androhungsgemäss **dahin**, und zwar **ohne weiteres**, d.h. ohne dass es noch einer richterlichen Aufhebungsverfügung des Massnahme- oder des Hauptsacherichters bedürfte (anders Art. 83 Abs. 3 BZP). Trotzdem ist es der Klarheit wegen angezeigt, das Dahinfallen im Hauptsacheurteil oder – bei Rückzug oder Vergleich – in der Erledigungsverfügung festzuhalten.

25 Ist eine Anordnung *Dritten gegenüber* ergangen, so hat der Richter diese vom Wegfall der Massnahme zu benachrichtigen, soweit er nicht z.B. dem Grundbuchamt selbst die Fristprüfung übertragen hat.

26 Im Fall der vorläufigen Eintragung eines Bauhandwerkerpfandrechts ohne richterliche Befristung der Vormerkung hat der belastete Grundeigentümer bei Ablauf der Klagefrist einen Anspruch auf Löschung der Vormerkung im Grundbuch.

27 **Weitere Gründe** für das Dahinfallen der vorsorglichen Massnahmen neben der Missachtung der Prosequierungsfrist können sein:
 – Ablauf der Befristung der vorsorglichen Massnahme (vgl. Art. 262 N 52);
 – rechtskräftige Beendigung des Hauptprozesses (vgl. ZR 1941 Nr. 102; SJZ 1972, 256 Nr. 159), weil die vorsorglichen Massnahmen dann vom «endgültigen» Rechtsschutz abgelöst werden. Nur der **Endentscheid** in der Hauptsache und der den Prozess beendende **Klagerückzug** oder **Vergleich** bewirken den Hinfall der vorsorglichen Massnahme, nicht auch die Rückweisung der Klage wegen fehlender Prozessvoraussetzungen (LEUCH/MARBACH/KELLERHALS/STERCHI, Art. 330 ZPO/BE N 4). Zur begrenzten Weitergeltung von vorsorglichen Massnahmen nach Beendigung des Hauptprozesses

vgl. Art. 268 N 33 ff. Da die Zuständigkeit zur Anordnung von vorsorglichen Massnahmen «für die Dauer des Prozesses» gegeben ist, erlischt sie bei Teilrechtskraft des Scheidungsurteils im Scheidungspunkt nicht vollständig. – Massnahmebegehren, die vor rechtskräftiger Erledigung des Prozesses gestellt wurden, sind noch zu behandeln, soweit sie durch den Prozessausgang nicht gegenstandslos geworden sind (ZR 69 Nr. 2 = SJZ 1970, 182 Nr. 88);
– fehlende Sicherheitsleistung der gesuchstellenden Partei (Art. 264 Abs. 1);
– Verzicht der gesuchstellenden Partei (BJM 1976, 55).

Der Hinfall der vorsorglichen Massnahmen wirkt *ex nunc*. 28

Der *Kostenentscheid* fällt *nicht* dahin. 29

Mit dem Dahinfallen der vorsorglichen Massnahme wird auch eine von der Gegenpartei geleistete *Sicherheit* (Art. 261 Abs. 2) frei. 30

Ob mit dem Dahinfallen der vorsorglichen Massnahme ein *definitiver Rechtsverlust* verbunden ist, hängt vom betreffenden Recht ab (vgl. SUTTER-SOMM, ZPR, Rz 897 ff.). Grundsätzlich bewirkt das Dahinfallen einer vorsorglichen Massnahme nicht den Verlust des materiellen Rechts (BÜRGI/SCHLÄPFER/HOTZ/PAROLARI, § 167 ZPO/TG N 3). 31

Fallen die vorsorglichen Massnahmen dahin, kann die gesuchstellende Partei dasselbe Gesuch gegen dieselbe Gegenpartei (vor dem Massnahmerichter oder vor dem Hauptsacherichter) nicht erneut stellen, sonst würde sich Fristansetzung und Androhung als sinnlos erweisen; insofern erwächst das Dahinfallen in materielle Rechtskraft. Zulässig ist es hingegen, dass die gesuchstellende Partei, wenn sich die Umstände i.S.v. Art. 268 Abs. 1 geändert haben, ein neues Begehren stellt (MEIER, Vorentwurf, 80; vgl. Art. 268 N 8). 32

VI. Fristwahrung

1. Voraussetzung: Fristgemässe Rechtshängigkeit des Hauptsacheprozesses

Die Frist ist gewahrt, wenn *die Klage in der Hauptsache innert Frist rechtshängig gemacht* worden ist (Art. 62). Das Gesetz sieht für die Prosequierungsklage keinen besonderen *Gerichtsstand* vor. Die Klage muss denselben Anspruch zum Gegenstand haben wie das Gesuch bzw. jenen Anspruch umfassen. Aufzunehmen sind demnach mindestens die angeordneten vorsorglichen Massnahmen; sie können im Antrag aber auch *erweitert* und *ergänzt* werden (JERMANN, Art. 38 DesG N 50; DAVID, SIWR, 193). 33

Zuständig zu einer allfälligen *Wiederherstellung* der Frist nach Art. 263 ist der ordentliche Richter, und zwar auch dann, wenn die Klagefrist im Rahmen eines Rechtsmittelverfahrens von der Rechtsmittelinstanz neu angesetzt worden ist (ZR 1986 Nr. 25). 34

2. Rechtsfolge: Übergang der Zuständigkeit

Mit Anhängigmachung des ordentlichen Prozesses entfällt grundsätzlich die Zuständigkeit des Massnahmerichters zur Anordnung vorsorglicher Massnahmen und **geht auf den ordentlichen Richter über**. Demzufolge bleibt auch kein Raum mehr für pendente Rechtsmittelentscheide im summarischen Verfahren (SJZ 1980, 48 Nr. 4) und die Zuständigkeit der *Rechtsmittelinstanzen* entfällt, wenn der ordentliche Prozess erst nach Ausfällung des Entscheides des Massnahmerichters anhängig gemacht wurde. Eine Ausnahme gilt insofern, als es um die Anfechtung solcher Massnahmen geht, die in die Zeit vor Anhängigmachung des ordentlichen Prozesses zurückwirken und auf diese Periode beschränkt sind; ebenso, wenn es um die Anfechtung der Nebenfolgen des vorhauptprozessualen Massnahmeverfahrens geht (ZR 1985 Nr. 71 E. 4b, 4c, 5). 35

Art. 264

36 Der für die Hauptklage zuständige Richter ist trotz *Unzuständigkeit hinsichtlich der Widerklage* befugt, diese einstweilen schützenden vorsorglichen Massnahmen zu treffen, sofern sie mit der Hauptklage eng zusammenhängen (ZR 89 Nr. 120 E. C I).

37 Ist eine Berufung gegen einen Entscheid *in der Sache selbst* pendent, so ist für Anordnung, Änderung oder Aufhebung von vorsorglichen Massnahmen während des kantonalen Berufungsverfahrens der Berufungsrichter zuständig. Ausnahmen sind dann angebracht, wenn sofort gehandelt werden muss und die Berufungsinstanz dazu nicht in der Lage ist, weil z.B. das erstinstanzliche Urteil noch nicht begründet ist (ZR 1979 Nr. 16 E. III).

38 Sind Massnahmen- und Hauptsacherichter nicht identisch, sind die Akten des Massnahmeverfahrens dem Hauptsachenrichter zu überweisen.

3. Entscheid über die Weitergeltung der vorsorglichen Massnahmen

39 Wird die Klagefrist gewahrt, gilt die (unbefristete) vorsorgliche Massnahme vorerst weiter. Über ihren weiteren Bestand während *des ordentlichen Prozesses* hat der Hauptsacherichter zu entscheiden. Trifft er darüber keine Entscheidung, bleibt die vorsorgliche Massnahme für die Dauer des ordentlichen Prozesses gültig.

40 Der ordentliche Richter ist *weder tatsächlich noch rechtlich an den Massnahmeentscheid gebunden*. In einzelnen Fällen ist allerdings eine gewisse *präjudizielle Wirkung* der vorsorglichen Massnahmen in der Praxis nicht zu verkennen (vgl. LEUENBERGER/TOBLER-UFFER, Art. 215 N 5). Diese ist möglicherweise sachlich auch dadurch erklärbar, dass der Hauptsacherichter rechtlich und de facto eine andere Lage antrifft als der Massnahmerichter, nämlich eine solche mit bereits angeordneten und vollstreckten vorsorglichen Massnahmen, die ihrerseits Wirkungen erzeugt haben, was er (auch ohne G. JELLINEKS berühmtes Wort von der «normativen Kraft des Faktischen» bemühen zu müssen) bei seiner Ermessensausübung berücksichtigen wird. (Dies gilt analog auch für den Bestätigungsentscheid nach der Anordnung eines Superprovisoriums.)

41 Dem Urteil des ordentlichen Richters wird i.d.R. auch die vorerst die gesuchstellende Partei treffende *Kosten- und Entschädigungsregelung* für das Massnahmeverfahren vorzubehalten sein.

42 Damit die vorsorgliche Massnahme **die rechtskräftige Erledigung des ordentlichen Prozesses überdauert**, bedarf es besonderer gerichtlicher Anordnung. Eine solche ist auch schon im Massnahmeentscheid des Massnahmerichters möglich (gilt dann aber nur, wenn sie vom später zuständigen Hauptsacherichter nicht aufgehoben wird).

Art. 264

Sicherheitsleistung und Schadenersatz

[1] Ist ein Schaden für die Gegenpartei zu befürchten, so kann das Gericht die Anordnung vorsorglicher Massnahmen von der Leistung einer Sicherheit durch die gesuchstellende Partei abhängig machen.

[2] Die gesuchstellende Partei haftet für den aus einer ungerechtfertigten vorsorglichen Massnahme erwachsenen Schaden. Beweist sie jedoch, dass sie ihr Gesuch in guten Treuen gestellt hat, so kann das Gericht die Ersatzpflicht herabsetzen oder gänzlich von ihr entbinden.

5. Kapitel: Vorsorgliche Massnahmen und Schutzschrift   **Art. 264**

³ Eine geleistete Sicherheit ist freizugeben, wenn feststeht, dass keine Schadenersatzklage erhoben wird; bei Ungewissheit setzt das Gericht eine Frist zur Klage.

Sûretés et dommages-intérêts

¹ Le tribunal peut astreindre le requérant à fournir des sûretés si les mesures provisionnelles risquent de causer un dommage à la partie adverse.

² Le requérant répond du dommage causé par des mesures provisionnelles injustifiées. S'il prouve qu'il les a demandées de bonne foi, le tribunal peut réduire les dommages-intérêts ou n'en point allouer.

³ Les sûretés sont libérées dès qu'il est établi qu'aucune action en dommages-intérêts ne sera intentée; en cas d'incertitude, le tribunal impartit un délai pour l'introduction de cette action.

Garanzia e risarcimento del danno

¹ Se vi è da temere un danno per la controparte, il giudice può subordinare l'emanazione di provvedimenti cautelari alla prestazione di una garanzia a carico dell'instante.

² L'instante risponde del danno causato a seguito di un provvedimento cautelare ingiustificato. Ove risulti però che l'istanza era stata promossa in buona fede, il giudice può ridurre o escludere il risarcimento.

³ La garanzia è liberata a favore dell'instante se è accertato che non è promossa alcuna azione di risarcimento del danno; se vi è incertezza in proposito, il giudice assegna un termine per inoltrare la causa.

Inhaltsübersicht   Note

I. Norminhalt und Normzweck 1
II. Sicherheitsleistung der gesuchstellenden Partei 5
   1. Voraussetzung: Befürchtung eines Schadens 7
   2. Antrag oder Handeln von Amtes wegen 13
   3. Rechtsfolge: Möglichkeit des Gerichts, die Anordnung von vorsorglichen
      Massnahmen von einer Sicherheitsleistung abhängig zu machen 17
   4. Zeitpunkt der Festsetzung der Sicherheitsleistung 21
   5. Art und Höhe der Sicherheitsleistung 27
   6. Anordnung und Erbringung der Sicherheitsleistung 31
   7. Dauer der Sicherheitsleistung 34
   8. Änderung oder Aufhebung der Sicherheitsleistung 35
III. Schadenersatz 36
   1. Allgemeines 36
   2. Haftung gegenüber Dritten 42
   3. Schadenersatzprozess nach Art. 264 Abs. 2 44
   4. Klage aus unerlaubter Handlung oder Vertrag 60
IV. Freigabe der Sicherheitsleistung 62
   1. Feststehen, dass keine Schadenersatzklage erhoben wird 63
   2. Freigabe der Sicherheitsleistung 67

Literatur

CH. GUTMANN, Die Haftung des Gesuchstellers für ungerechtfertigte vorsorgliche Massnahmen, Diss. Basel 2006; J. HONEGGER, Schadenersatz und Baueinsprache, Diss. Zürich 1970; D. RÜETSCHI, Haftung für unbegründete vorsorgliche Massnahme – von der Risikoverteilung im Verfahren um vorsorglichen Rechtsschutz – Zugleich eine Würdigung von Art. 278 des Expertenentwurfs ZPO, in: Risiko und Recht, Festgabe zum Schweizerischen Juristentag 2004, Bern 2004,

667–682; A. TROLLER, Die Schadenersatzpflicht wegen unbegründeter vorsorglicher Massnahme, SJZ 1947, 22 ff.; vgl. auch die Literaturhinweise bei den Vorbem. zu Art. 261–269 und jene zu Art. 261–263 und 265–269.

I. Norminhalt und Normzweck

1 Vorsorgliche Massnahmen ergehen im summarischen Verfahren nach blosser Glaubhaftmachung, evtl. sogar ohne Anhörung der Gegenpartei. Sie können daher verhältnismässig leicht dem wirklichen Recht zuwiderlaufen und dadurch die Gegenpartei empfindlich treffen: Entgegen der bei Anordnung der vorsorglichen Massnahme vorgenommenen Hauptsachenprognose erweisen sich der von der gesuchstellenden Partei geltend gemachte Anspruch im Hauptprozess als nicht existent und die vorsorgliche Massnahme als ungerechtfertigt. Es stellt sich daher die Frage, wer das Risiko zu tragen hat, wenn dem Gegner durch eine ungerechtfertigte Massnahme Schaden zugefügt wird. Das Gesetz trägt dieser Lage in doppelter Weise Rechnung: indem es eine Sicherheitsleistung verlangen kann und indem die gesuchstellende Partei der Gegenpartei für den Schaden haftet, der durch eine ungerechtfertigte Massnahme entsteht (BOTSCHAFT ZPO, 7356).

2 In der Regel trägt die zu Unrecht eingeklagte Partei das Insolvenzrisiko des Klägers. Die Sicherheitsleistung nach Art. 264 ist insofern ein atypisches Element in der Rechtsordnung. Die Sicherheit soll einen allfälligen Schaden abdecken, der der Gegenpartei infolge der richterlichen Massnahmen entstehen kann; sie sichert also *die Vollstreckung einer erfolgreich durchgesetzten Schadenersatzforderung* der mit der Massnahme belasteten Gegenpartei. Ausserdem fungiert sie als *Abschreckung* bzw. als «Prüfstein», indem sie die gesuchstellende Partei davon abhalten kann, leichtfertig ein unbegründetes Gesuch auf Erlass vorsorglicher Massnahmen einzureichen (RÜETSCHI, Haftung, 677).

3 Die Schadenersatzpflicht der gesuchstellenden Partei «dient der *Kompensation* der verfahrensbeschleunigenden Besonderheiten des Massnahmeverfahrens bzw. *der verfahrensrechtlichen Benachteiligung des Gesuchsgegners*» (KOFMEL EHRENZELLER, Grundlagen, 64). Sie ist auch im Bundeszivilprozess vorgesehen (Art. 84 BZP).

4 Soweit das Bundesrecht *ausserhalb der ZPO* vorsorgliche Massnahmen ordnet, äussert es sich meist auch über die Sicherstellungspflicht (vgl. Art. 28d Abs. 3 ZGB; dazu ZR 1968 Nr. 41; BGE 94 I 14; Art. 82 Abs. 2 BZP). Die Sicherheitsleistung ist insb. im Immaterialgüterrecht, wo vorsorgliche Massnahmen mit dem Hauptbegehren übereinstimmen können, von erheblicher Bedeutung. Zur Haftung für **Arrestschaden** sowie zur Möglichkeit der Verpflichtung zu einer Sicherheitsleistung vgl. Art. 273 SchKG.

II. Sicherheitsleistung der gesuchstellenden Partei

5 Das Gericht kann bei einer möglichen Schädigung der Gegenpartei die vorsorgliche Massnahme von einer **Sicherheitsleistung der gesuchstellenden Partei** abhängig machen (Abs. 1; BGE 125 III 458). Diese ist zu unterscheiden von der Sicherheitsleistung *der Gegenpartei* nach Art. 261 Abs. 2.

6 Die Sicherstellung entbindet die gesuchstellende Partei weder von der Glaubhaftmachung der Voraussetzungen der verlangten Massnahme nach Art. 261 (ZR 77 Nr. 9) noch hebt sie das Recht der Gegenpartei zur Anhörung auf.

1. Voraussetzung: Befürchtung eines Schadens

7 Voraussetzung für die Festsetzung einer Sicherheitsleistung ist, dass die Gegenpartei oder ein Dritter durch die Anordnung einer vorsorglichen Massnahme einen Schaden zu befürchten haben.

5. Kapitel: Vorsorgliche Massnahmen und Schutzschrift   8–14 **Art. 264**

Das Gesetz spricht von «**Schaden**», nicht von «Nachteil» (wie in Art. 261 Abs. 1 lit. b). **8**
Es ergibt sich insofern eine Asymmetrie: Während die gesuchstellende Partei im Rahmen von Art. 261 nicht nur Schaden, sondern grundsätzlich auch jeden anderen Nachteil geltend machen kann, darf dies die Gegenpartei nur bei (Vermögens-)Schaden tun. Dies ist aber konsequent, weil die Gegenpartei im späteren Schadenersatzprozess auch nur in Geld bezifferbaren Schaden (vgl. Art. 41 OR) und nicht andere Nachteile einklagen kann.

Der Schaden ist inhaltlich nicht näher bestimmt. Als Schaden versteht man die Differenz **9**
zwischen dem jetzigen Vermögensstand und dem hypothetischen Stand, den das betroffene Vermögen ohne das schädigende Ereignis hätte (BGE 129 III 332; 129 III 23). Als *positiven Schaden* bezeichnet man eine Veringerung des Vermögens durch Abnahme der Aktiven oder Erhöhung der Passiven. Der *negative Schaden* besteht demgegenüber in einer ausgebliebenen Vermehrung des Vermögens, durch Erhöhung der Aktiven oder Verminderung der Passiven (BGE 122 III 221; 98 II 36 f.).

Zu den typischen Schadensfällen gehören (vgl. GUTMANN, 150 ff.): die *Verfahrenskosten, Verzögerungsschaden, entgangener Gewinn* (z.B. wenn der Gegenpartei z.B. im Rahmen der vorsorglichen Massnahme verboten worden ist, ein bestimmtes Produkt zu verkaufen), *Reputationsschaden, Aufwand zur Schadensminderung*. Anrechnen lassen muss sich der Schadenersatzkläger dabei die allfälligen **Vorteile**, die ihm das schädigende Ereignis gebracht hat.

Die **Befürchtung** eines Schadens muss **objektiviert** sein. Mit dem Eintritt des Schadens **10**
muss mit einer gewissen objektiven Wahrscheinlichkeit gerechnet werden, sonst ist die Voraussetzung nicht gegeben.

Das Gesetz äussert sich nicht dazu, *wer* den Nachweis zu erbringen hat, dass die Voraus- **11**
setzung erfüllt ist. Von der Interessenlage her wird es selbstverständlich die **Gegenpartei** (bzw. ein allfällig betroffener Dritter) sein.

Das Gesetz schweigt auch darüber, *wie* der Nachweis des befürchteten Schadens sowie **12**
dessen Art und Höhe zu erbringen ist. Dabei kann es sich wiederum nur um ein *Glaubhaftmachen* (vgl. Art. 261 N 50 ff.) handeln.

2. Antrag oder Handeln von Amtes wegen

Die Botschaft geht davon aus, dass die Gegenpartei einen *Antrag auf Sicherheitsleistung* **13**
stellt (BOTSCHAFT ZPO, 7356). Das Gesetz fordert dies hingegen nicht explizit. Aufgrund des Wortlauts des ersten Halbsatzes von Abs. 1 kann angenommen werden, dass das Gericht auch *von sich aus* die Voraussetzung als erfüllt betrachten kann.

– Dies ist selbstverständlich beim *Superprovisorium* der Fall und zweckmässig, wo die Gegenpartei gar nicht in die Lage versetzt wird, dazu Stellung zu nehmen (Art. 265; BJM 1976, 41 f.). Dabei muss das Gericht auch beurteilen, in welcher Höhe der Schaden für die Gegenpartei zu befürchten ist. Es kann auch die gesuchstellende Partei anhalten, zu dieser Frage Stellung zu nehmen.

– *Ausserhalb des Superprovisoriums* darf das Gericht hingegen die Sicherheitsleistung nicht von Amtes wegen verfügen, sondern nur, wenn sie von der Gegenpartei beantragt worden ist (BOTSCHAFT ZPO, 7356; STAEHELIN/STAEHELIN/GROLIMUND, 390).

Auch ein durch die Anordnung von vorsorglichen Massnahmen betroffener *Dritter* muss **14**
einen solchen Antrag stellen können, und zwar – entgegen dem Wortlaut von Abs. 1 (der nur vom Schaden der Gegenpartei spricht) – auch zugunsten des Dritten selbst, also wenn ein Schaden für ihn zu befürchten ist.

Thomas Sprecher

15 Die Gegenpartei muss ihren *Schadenersatzanspruch soweit möglich substanziieren* (Schaden, Quantitativ, Kausalzusammenhang, zeitliche Verhältnisse). Der Antrag ist zu *begründen*, indem die Befürchtung des Schadens glaubhaft zu machen ist.

16 Der Antrag soll sich sodann über die *Art und Höhe der verlangten Sicherheitsleistung* äussern und ihre *Angemessenheit* darlegen. Es muss aber auch genügen, wenn die Leistung einer *angemessenen* Sicherheit beantragt wird.

3. Rechtsfolge: Möglichkeit des Gerichts, die Anordnung von vorsorglichen Massnahmen von einer Sicherheitsleistung abhängig zu machen

17 Ist die Voraussetzung gegeben (und ausserhalb des Superprovisoriums eine Sicherheitsleistung beantragt), **kann** das Gericht die Anordnung von vorsorglichen Massnahmen von einer Sicherheitsleistung der gesuchstellenden Partei abhängig machen. Dem Gericht steht diesbezüglich ein Ermessen zu. Es kann auf die Anordnung einer Sicherheitsleistung selbst dann verzichten, wenn die Voraussetzung erfüllt ist. Der Gesetzgeber hat auf die obligatorische Einholung einer Sicherheit verzichtet. **A.M.** JERMANN, Art. 38 DesG N 46, der (in Bezug auf Art. 38 aDesG und unter Verweisung auf ZÜRCHER, 205) die Auffassung vertritt, es bestehe eine Sicherstellungs*pflicht*. Trotz der Formulierung als Kann-Vorschrift habe der Richter gemäss dem Grundsatz der rechtsgleichen Behandlung bei Vorliegen eines entsprechenden Parteiantrags stets eine Sicherstellung zu verlangen, sobald Massnahmen angeordnet werden und glaubhafterweise dadurch die Entstehung eines Schadens in bestimmter Höhe bewirkt wird. Dem ist entgegenzuhalten, dass es durchaus Fälle gibt, in denen eine Sicherstellung trotz Vorliegens der Voraussetzung nicht angebracht sind. Soll etwa die vorsorgliche Massnahme *Gewalt, Drohungen* oder *Nachstellungen* ein Ende setzen, dürfen keine Sicherheiten verlangt werden (BUCHER, Natürliche Personen, Rz 639). Dies gilt auch im Fall sicheren Bestehens des Anspruchs. Deshalb ist das Absehen des Gesetzgebers von einer Sicherstellungs*pflicht* zugunsten des richterlichen Ermessens sachgerecht.

18 Die Sicherheitsleistung ist aufzuerlegen

– vorbehältlich des Falls unzweifelhaft sicheren Bestehens des Anspruchs auch dann, wenn die vorsorgliche Massnahme eine nicht rückgängig zu machende antizipierte Vollstreckung bewirkt;

– unabhängig von der *Solvenz* der gesuchstellenden Partei (HABERTHÜR, 1124; STAEHELIN/STAEHELIN/GROLIMUND, 391).

– da es sich nicht um eine Prozesskaution handelt: auch wo *unentgeltliche Prozessführung* gewährt wurde.

19 Die Anordnung einer Sicherheitsleistung präjudiziert die Frage nicht, ob und in welchem Umfang der Verletzte allenfalls den durch eine ungerechtfertigte vorsorgliche Massnahme verursachten Schaden zu ersetzen hat (JERMANN, Art. 38 DesG N 46).

20 Sofern der Richter sie anordnet, stellt die Sicherheitsleistung eine (Suspensiv-, allenfalls Resolutiv-)*Bedingung* für die Anordnung der vorsorglichen Massnahme dar.

4. Zeitpunkt der Festsetzung der Sicherheitsleistung

21 Verlangt wird i.d.R. eine **vorherige** Sicherheitsleistung. Das bedeutet grundsätzlich, dass die vorsorgliche Massnahme erst angeordnet wird, wenn die gesuchstellende Partei die Sicherheit nach entsprechender (meist telefonischer) Aufforderung geleistet hat.

22 Ausnahmsweise kann die verlangte Massnahme sofort eröffnet und in Kraft gesetzt werden unter Ansetzung einer kurzen Frist zur **nachträglichen** Leistung der Sicherheit und

Androhung, dass die vorsorgliche Massnahme bei nicht rechtzeitiger Leistung ohne weiteres dahinfalle. Ein solches Vorgehen kommt aber nur in Frage, wenn der begehrte vorläufige Rechtsschutz zeitlich äusserst dringend ist, die gesuchstellende Partei jedoch zur Bereitstellung der Sicherheit aus objektiven Gründen, z.B. wegen (zufolge des Wochenendes oder von Feiertagen) geschlossener Banken oder wegen Domizils im Ausland, einige Tage benötigt.

Von der sofortigen Eröffnung einer Verfügung in dem Sinne, dass sie *erst nach Leistung der Sicherheit innert gesetzter Frist in Kraft trete*, sollte i.d.R. und insb. bei Superprovisorien abgesehen werden, weil dies geeignet sein kann, die Gegenpartei zu provozieren, das zu Verbietende noch rasch zu tun (LEUCH/MARBACH/KELLERHALS/STERCHI, Art. 329 ZPO/BE N 1.d). 23

Der Richter kann auch von Anfang an eine *in zeitlich genau festgelegten Etappen vorzunehmende Erhöhung der Sicherheit* anordnen und die Fortdauer der Massnahme von fristgerechter Erfüllung abhängig machen, sofern sich der befürchtete Schaden der Gegenpartei durch Zeitablauf erhöht (LEUCH/MARBACH/KELLERHALS/STERCHI, Art. 329 ZPO/BE N 1.c; RÜETSCHI, Haftung, 678). 24

Wird die über die Festsetzung einer (schon zu Verfahrensbeginn beantragten) Sicherheitsleistung ausnahmsweise erst zu einem *späteren Zeitpunkt* als der Anordnung der vorsorglichen Massnahme entschieden, muss das Verfügungsdispositiv einen Zusatz erhalten, wonach die Auflage der Sicherheitsleistung vorbehalten bleibt (HABERTHÜR, 1123). 25

Auch das *Weiterbestehen* einer bereits angeordneten vorsorglichen Massnahme kann von einer (nachträglichen) Sicherheitsleistung abhängig gemacht werden. In der Praxis wurde grundsätzlich bejaht, dass die Gegenpartei *jederzeit nachträglich um Sicherheitsleistung nachsuchen* kann. Allerdings musste sie sich hierfür zum Teil auf echte oder unechte Noven berufen können, insb. auf *neuen* drohenden Schaden (BJM 1963, 70). 26

5. Art und Höhe der Sicherheitsleistung

Das Gesetz äussert sich nicht zur **Art** und **Höhe** der Sicherheitsleistung. Neben der Gegenpartei kann sich auch die gesuchstellende Partei selbst in ihrem Gesuch zu einer allfälligen Sicherheitsleistung äussern oder solche sogar mit dem Gesuch schon beibringen. Art und Höhe der Sicherheitsleistung zu bestimmen, liegt indes im Ermessen des Gerichts, sie ist in freier Würdigung festzulegen. Jede von ihm als geeignet und genügend erachtete Sicherheit ist zulässig. 27

a) Art der Sicherheitsleistung

In Frage kommen vor allem: 28

- die **gerichtliche Hinterlegung** von Sachen oder **andere Real- oder Personalsicherheiten** (Anlage eines Geldbetrags auf einem Sperrkonto, Bestellung von Pfandrechten, marktgängige Wertpapiere). Auch eine **Barkaution**, die bei der Gerichtskasse hinterlegt wird, ist möglich, sollte jedoch schon des Sicherheitsrisikos beim Transport wegen nicht gefordert werden, da es öfters um erhebliche Summen geht.

- Von **Bankgarantien** ist zu verlangen, dass sie unwiderruflich, unbedingt und ohne Befristung ausgestellt werden (BJM 1972, 266 ff.; 1964, 308). Zudem kann sich eine Gerichtsstandsklausel aufdrängen. Es muss Gewähr dafür bestehen, dass die Garantiegeberin in der Lage ist, die in Frage stehende Summe erforderlichenfalls ohne weiteres auszuzahlen. In aller Regel kommt nur eine in der Schweiz domizilierte Bank in Frage. Ausnahmsweise kann die Garantie einer ausländischen Bank genügen, sofern diese als zuverlässig und potent bekannt, und sofern ausserdem die Vollstreckung eines aufgrund der in solchem Falle stets zu verlangenden Gerichtsstandsklausel in der Schweiz gegen sie ergangenen Urteils im betreffenden Staat rechtlich gesichert ist (LEUCH/MARBACH/KELLERHALS/STERCHI, Art. 329 ZPO/BE N 1.c).

– Zur Sicherheitsleistung bei *Anfechtung von Vereinsbeschlüssen* im Rahmen vorsorglicher Massnahmen (Suspendierung des Vorstands, Verbeiständung des Vereins): ZR 1984 Nr. 128.

b) Höhe der Sicherheitsleistung

29 Die Höhe der Sicherheitsleistung muss **verhältnismässig**, d.h. im Vergleich zum befürchteten Schaden der Gegenpartei oder Dritter angemessen sein. ALDER, 172, will grundsätzlich auf den *Streitwert* abstellen. Dies entspricht aber nur dem Interesse der gesuchstellenden Partei im Hauptsacheprozess, nicht jenem der Gegenpartei im Schadenersatzprozess (vgl. JERMANN, Art. 38 DesG N 47; ZÜRCHER, 280). Abzustellen ist vielmehr auf die **mutmassliche Höhe des Schadens der Gegenpartei**, auch wenn es sich um einen hohen Schaden handeln kann. Die Sicherheitsleistung muss so bemessen sein, dass sie den zu erwartenden Schaden der Gegenpartei einschliesslich der Prozesskosten im vorsorglichen Massnahmeverfahren voll deckt (BJM 1976, 42; vgl. auch ZR 1948 Nr. 4; 1968 Nr. 41). Keine Sicherheit darf unter diesem Titel hingegen für die *Parteientschädigung* des Prosequierungsprozesses gefordert werden, da eine solche nur unter den Voraussetzungen von Art. 99 auferlegt werden darf (Pra 2003, 181; STAEHELIN/STAEHELIN/GROLIMUND, 390 f.; **a.M.** BGE 113 III 101 zum Arrest).

30 Das Gericht muss eine *Schätzung* vornehmen. Dafür ist eine Prognose über die voraussichtliche Dauer des Hauptprozesses erforderlich (vgl. BGE 113 III 94, 102 f.; RÜETSCHI, Haftung, 678). Bei der Bemessung ist grundsätzlich auf das abzustellen, was nach den Ausführungen der Parteien glaubhaft ist und dem glaubhaft gemachten Verletzungsumfang entspricht (JERMANN, Art. 38 DesG N 552). Üblicherweise werden in kleineren (immaterialgüterrechtlichen) Fällen Beträge von CHF 10 000–50 000 und in mittleren Fällen CHF 50 000–100 000 verlangt, während Beträge von bis zu CHF 300 000 und mehr grossen Fällen vorbehalten sind (ZÜRCHER, 280).

6. Anordnung und Erbringung der Sicherheitsleistung

31 Die Anordnung der Sicherheitsleistung ist mit der Ansetzung einer angemessenen, erstreckbaren Frist für die gesuchstellende Partei zu verbinden, innert derer die Sicherheitsleistung – blosses *Anerbieten* genügt nicht (BGE 103 II 293; ZR 1978 Nr. 9 zu Art. 79 aPatG) – und ihr Nachweis erbracht werden müssen.

32 Es handelt sich nicht um eine Sicherstellungspflicht, welche vom Richter durchgesetzt werden könnte. Vielmehr ist, wenn der Nachweis der Leistungserbringung nicht innert Frist erfolgt, von der vorsorglichen Massnahme abzusehen (bzw. fällt diese, wenn sie schon angeordnet ist, ohne weiteres dahin).

33 Es steht wie erwähnt im Ermessen des Gerichts, ob es die Anordnung einer vorsorglichen Massnahme von der Leistung einer Sicherheit abhängig machen will. Hat es dies indes getan, ist es an die eigene Verfügung gebunden und *muss* die vorsorgliche Massnahme anordnen, wenn die gesuchstellende Partei innert der gesetzten Frist den Nachweis über die Leistung der angeordneten Sicherheit erbracht hat (und die anderen Voraussetzungen gegeben sind).

7. Dauer der Sicherheitsleistung

Die Sicherheit muss grundsätzlich während der ganzen Dauer der vorsorglichen Massnahme bzw. während des Vorliegens ihrer Voraussetzung bestehen bleiben und darf erst nach Massgabe von Abs. 3 freigegeben werden (vgl. N 62 ff.). 34

8. Änderung oder Aufhebung der Sicherheitsleistung

Das Gericht kann die angeordnete Sicherheit jederzeit (nachträglich) **vermindern, erhöhen oder in anderer Weise ändern**, wenn sich der befürchtete Schaden entsprechend verändert (vgl. in Bezug auf die Sicherheitsleistung von Art. 273 Abs. 1 SchKG BGE 112 III 112 ff.). Dazu kann es etwa durch die zufolge veränderter Umstände nötig gewordene Ausdehnung und Verschärfung der vorsorglichen Massnahme kommen oder durch eine erhebliche Verzögerung des Hauptsacheverfahrens. Unter dieser Voraussetzung sind die Gegenpartei oder allfällige Dritte frei, im Laufe des Verfahrens entsprechenden Antrag zu stellen. Da auch die Gegenpartei und die Dritten, soweit sie nach Art. 52 am Verfahren beteiligt werden, an ein Verhalten nach Treu und Glauben gebunden sind, kann von ihnen verlangt werden, dass sie dem Gericht melden, wenn sie Gründe zur Annahme haben, dass doch kein Schaden entstehen wird oder ein geringerer als der ursprünglich befürchtete, damit die Sicherheitsleistung entsprechend angepasst oder aufgehoben werden kann. Ist inzwischen der Prozess beim *ordentlichen Richter* anhängig, so ist dieser für derartige nachträgliche Anordnungen zuständig. 35

III. Schadenersatz

1. Allgemeines

Die gesuchstellende Partei **haftet** für den Schaden, der durch eine ungerechtfertigte vorsorgliche Massnahme verursacht wird (Abs. 2). 36

Dieselbe Haftung und Schadenersatzpflicht bestehen dort, wo zunächst eine **superprovisorische Massnahme** nach Art. 265 angeordnet, die eigentliche vorsorgliche Massnahme dann aber abgelehnt wurde und der Gegenpartei durch die superprovisorische Massnahme ein Schaden erwachsen ist (BezGer Winterthur, SMI 1982, 175; ALDER 175, FN 687; JERMANN, Art. 38 DesG N 52). 37

Diese Haftung erwächst unabhängig davon, ob eine *Sicherheitsleistung* angeordnet ist oder ob sich die angeordnete Sicherheit als zu gering erweist. 38

Diese Haftung der gesuchstellenden Partei kann nicht gelten 39

- für vorsorgliche Massnahmen, die vom Gericht ex officio verfügt worden sind, oder
- wenn bei begründetem Anspruch Schaden durch eine nicht beantragte unangemessene, *über das Ziel hinausschiessende Massnahme* verursacht wurde.

Als haftungsbegründend gilt umgekehrt nicht nur die vollständig ungerechtfertigte Massnahme, sondern jede Anordnung, welche die Rechte der Gegenpartei in nicht erforderlicher Weise einschränkt (RÜETSCHI, Haftung, 671). 40

Es handelt sich bei Art. 264 Abs. 2 nicht um eine materiellrechtliche, sondern um eine **prozessuale Schadenersatzpflicht** (BGE 112 II 34; 93 II 184 oben; 88 II 276 ff.), vergleichbar der Haftung des Arrestgläubigers wegen ungerechtfertigter Arrestnahme (Art. 273 SchKG). Die Klage geht ausschliesslich auf Schadenersatz, **nicht** auf **Genugtuung**. 41

2. Haftung gegenüber Dritten

42 Die Haftung der gesuchstellenden Partei gemäss Art. 264 besteht zum einen gegenüber **der anderen Prozesspartei** bzw. **den anderen Prozessparteien**.

43 Im Bericht, 132 f., hiess es noch, eine allfällige Schadenersatzpflicht **gegenüber Dritten**, die Adressaten der Massnahme waren, richte sich nach dem materiellen Recht. Diese wurden also nicht privilegiert. Im VE lautete der Eingang von Abs. 2 demnach wie folgt: «Die gesuchstellende Partei haftet der andern [...]»; «der andern» wurde dann aber aufgrund eines Hinweises in der Vernehmlassung, 692, weggelassen. Daraus geht hervor, dass die Haftung gemäss Art. 264 **auch gegenüber Dritten besteht** (und diese nicht auf materielles Recht wie insb. Art. 41 OR zurückgreifen müssen; vgl. dazu GUTMANN, 163 ff.). Zum selben Resultat führt auch die Möglichkeit, dass aus demselben Sachverhalt sowohl die Gegenpartei wie ein Dritter geschädigt werden und sie auch gemeinsam die gesuchstellende Partei einklagen können. Es wäre nicht sachgerecht, wenn im selben Prozess gegen dieselbe Partei auf denselben Sachverhalt unterschiedliche Rechtsnormen angewandt würden. Eine solche Diskriminierung des Dritten gegenüber der Gegenpartei wäre schwer begründbar, zumal der Dritte ebenso unzulässigerweise Adressat der Massnahme sein oder in Mitleidenschaft gezogen werden kann, weil zu Unrecht in sein Eigentum oder in andere Rechte eingegriffen wird.

3. Schadenersatzprozess nach Art. 264 Abs. 2

44 Der Schadenersatzanspruch der anderen Prozesspartei oder von Dritten gegen die gesuchstellende Partei ist in einem **selbständigen Forderungsprozess** geltend zu machen. **Zuständig** ist nach Art. 37 wahlweise das Gericht, wo die vorsorgliche Massnahme angeordnet wurde, oder jenes am Wohnsitz oder Sitz der beklagten Partei.

45 Die Gegenpartei braucht die Fristansetzung nach Abs. 3 nicht abzuwarten. Sie kann vielmehr den Schadenersatzanspruch *widerklageweise* im Hauptprozess geltend machen, soweit dies hinsichtlich der Schadenshöhe schon möglich ist (ZR 64 Nr. 159).

46 Im Schadenersatzprozess analog anzuwenden sind die *Grundsätze von Art. 41 ff. OR* (vgl. STAEHELIN/STAEHELIN/GROLIMUND, 390). Die *Verjährungsfrist* von Art. 60 OR läuft i.d.R. frühestens ab Eintritt der Rechtskraft des Urteils im Hauptprozess, weil die Gegenpartei erst dann weiss, dass die vorsorgliche Massnahme ungerechtfertigt war. Wenn kein Hauptprozess folgt, beginnt die Frist frühestens mit Eintritt der formellen Rechtskraft der vorsorglichen Massnahme (KILLER, § 308 ZPO/AG N 3; RÜETSCHI, Haftung, 675).

47 Die Schadenersatzklage ist kein Vollstreckungsverfahren, sondern ein ordentliches zivilrechtliches Verfahren. In internationalen Verhältnissen findet daher das LugÜ Anwendung (Art. 1 und 16 Ziff. 5 LugÜ).

48 Die im Schadenersatzprozess als Klägerin auftretende Gegenpartei des Massnahmeverfahrens (oder ein allfälliger Dritter) muss beweisen, dass die vorsorgliche Massnahme ungerechtfertigt war, dass sie adäquat kausal zu einem Schaden geführt hat, sowie den Schaden selbst.

a) Schaden

49 Damit ein entsprechender Anspruch entsteht, muss die Gegenpartei durch die vorsorgliche Massnahme einen **Schaden** erlitten haben (BUCHER, Natürliche Personen, Rz 665;

ALDER, 180 ff.; RÜETSCHI, Haftung, 670). In diesem Zusammenhang ist anzumerken, dass auch im Massnahmenrecht die verletzte Gegenpartei eine **Schadenminderungs-** bzw. **-vermeidungspflicht** trifft.

b) Ungerechtfertigtheit der vorsorglichen Massnahme

aa) Zeitpunkt der Beurteilung

Grundsätzlich ist die Ungerechtfertigtheit im Zeitpunkt des **rechtskräftigen Hauptsachenentscheids** *ex post* zu beurteilen. Wird die Klage in der Sache definitiv **abgewiesen**, nimmt der mit der Schadenersatzklage befasste Richter ohne neue Überprüfung an, dass die Massnahme nicht begründet war. Auch bei einem **Vergleich** oder bei einem **Klagerückzug** kommt dem Erledigungsentscheid materielle Rechtskraft zu. Aus dem Klagerückzug ergibt sich ohne weiteres die Ungerechtfertigtheit der Massnahme. Wird die Prosequierungsklage hingegen definitiv **gutgeheissen**, kann die Gegenpartei nicht mehr auf Schadenersatz klagen (Botschaft zu Art. 28 ZGB, BBl 1982 II, 672).

Fällt die vorsorgliche Massnahme schon **vor dem Endentscheid in der Hauptsache** dahin, weil etwa die Klagefrist nach Art. 263 versäumt oder weil auf die Klage in der Hauptsache aus formellen Gründen nicht eingetreten wurde, hat der durch die Massnahme Geschädigte *im Schadenersatzprozess* die Ungerechtfertigtheit der Massnahme nachzuweisen (vgl. LEUCH/MARBACH/KELLERHALS/STERCHI, Art. 332 ZPO/ BE N 3.a ff.; KUMMER, ZPR, 275), und das Gericht, bei dem die Klage auf Schadenersatz erhoben wurde, muss die Frage nach der Rechtsmässigkeit der Massnahme selbst prüfen. Auch wenn es die gesuchstellende Partei überhaupt unterlässt, einen ordentlichen Hauptsacheprozess zu führen, hat der Richter im Schadenersatzprozess bei der Beurteilung der durch die Gegenpartei erhobenen Schadenersatzklage vorfrageweise zu prüfen, ob die angeordnete Massnahme gerechtfertigt war (Botschaft zu Art. 28 ZGB, BBl 1982 II 671; BGer, sic! 2001, 39; ALDER, 176 m.H.; FRANK/STRÄULI/MESSMER, § 230 ZPO/ ZH N 5).

Ist die Klage in der Sache eingereicht worden, liegt aber noch keine definitive Entscheidung vor, kann der Richter, der die Schadenersatzklage zu beurteilen hat, entweder *das Verfahren aussetzen*, um so einander widersprechende Urteile zu vermeiden, oder seine Zuständigkeit zur Beurteilung beider Klagen wegen des Sachzusammenhangs annehmen (Art. 15 Abs. 2; BUCHER, Natürliche Personen, Rz 650).

bb) Fehlen des Verfügungsanspruchs

Die Ungerechtfertigtheit der vorsorglichen Massnahme ergibt sich beim **Fehlen des Verfügungsanspruchs** im Sinne der Hauptsacheprognose.

cc) Fehlen des Verfügungsgrunds

Es ist umstritten, ob Ungerechtfertigtheit auch bei einem **mangelhaften Verfügungsgrund** angenommen werden kann. Aus einer materiellen Betrachtung ist dies zu verneinen (vgl. RÜETSCHI, Haftung, 671 f. m.H.).

dd) Widerrechtlichkeit

Von der Ungerechtfertigtheit der vorsorglichen Massnahme klar abzuheben ist die **Widerrechtlichkeit** i.S.v. Art. 41 Abs. 1 OR; eine solche wird nach Art. 264 *nicht vorausgesetzt* (vgl. RÜETSCHI, Haftung, 671).

c) Adäquater Kausalzusammenhang

56 Zwischen dem Schaden und dem spezifischen Fehler, welcher der Massnahme anhaftet, muss ein **adäquater Kausalzusammenhang** im Sinne der petrifizierten Rechtsprechung (BGE 129 V 405; 129 V 181) bestehen (GUTMANN, 170).

Solange ein Bau wegen des baupolizeilichen Verfahrens noch nicht begonnen werden darf, fehlt es am Kausalzusammenhang zwischen der richterlichen Bausperre und dem Schaden wegen Bauverzögerung; für *Verzögerung durch öffentlich-rechtliche Rechtsmittel* besteht keine Kausalhaftung (ZR 70 Nr. 45 = SJZ 1971, 175 Nr. 78; vgl. dazu HONEGGER, 77 und 82).

d) Einwendungen der gesuchstellenden Partei und Schadenersatzbeklagten

57 Die gesuchstellende Partei und Schadenersatzbeklagte kann sämtliche Einreden und Einwendungen geltend machen (Tilgung, Stundung, Verjährung, Verwirkung, Verzicht etc.). Sie kann der Gegenpartei und Schadenersatzklägerin hingegen nicht entgegenhalten, dass diese ein *mögliches Rechtsmittel* gegen die sich als ungerechtfertigt erweisende vorsorgliche Massnahme *nicht ergriffen* habe, da grundsätzlich das Urteil jeder Instanz gleich viel wert ist (LEUCH/MARBACH/KELLERHALS/STERCHI, Art. 332 ZPO/BE N 2.c).

58 Kann die gesuchstellende Partei dartun, dass sie ihr Gesuch **in guten Treuen** gestellt hat, so kann das Gericht, vor dem der Schadenersatzprozess geführt wird, die **Schadenersatzpflicht reduzieren** oder überhaupt davon **entbinden**. Mit «in guten Treuen» ist gemeint, dass die gesuchstellende Partei die Massnahmen aus Gründen beantragt hat, die das Gesuch – *aus damaliger Sicht* – als sachlich gerechtfertigt erscheinen liessen (Bericht, 132 f.). Für die Verneinung eines Verhaltens in guten Treuen bedarf es im vorliegenden Zusammenhang eines *offenkundigen Rechtsmissbrauchs, wissentlich ungerechter Prozessführung oder sonst eines böswilligen oder zumindest grobfahrlässigen Verhaltens* (ZR 70 Nr. 45 = SJZ 1971, 175 Nr. 78). Das deckt sich im Ergebnis mit der Rechtsprechung des Bundesgerichts, wonach ein Massnahmebegehren nicht als widerrechtlich erscheint, solange die gesuchstellende Partei dafür sachliche Gründe hatte, selbst wenn diese sich nachträglich als unzutreffend erweisen (BGE 88 II 280; 93 II 183). Das ungerechtfertigte Erheben eines Rechtsmittels wird vom Bundesgericht generell nur dann als Haftungstatbestand anerkannt, wenn Arglist oder grobe Fahrlässigkeit im Spiel waren (BGE 112 II 34; vgl. auch BGE 10, 575 f. aus dem Jahr 1884: «Wer einen Anspruch im Rechtswege verfolgt oder rechtliche Massnahmen zur Erhaltung oder Sicherstellung eines solchen trifft, handelt deshalb allein, weil sein Anspruch sich später als unbegründet herausstellt, gewiss nicht widerrechtlich; es ist ja vielmehr ein Recht des Bürgers, für Ansprüche, die er zu besitzen vermeint, den rechtlichen Schutz anzurufen und, im Bestreitungsfalle, auch den Spruch der Gerichte zu provoziren.»).

59 Es handelt sich demnach bei Art. 264 Abs. 2 um eine **gemilderte Kausalhaftung**. Der Gesetzgeber hat eine reine Kausalhaftung (Haftung ohne Exkulpationsmöglichkeit) bewusst abgelehnt, da eine solche für den vorsorglichen Rechtsschutz prohibitive Folgen hätte (BOTSCHAFT ZPO, 7356; vgl. auch BUCHER, Natürliche Personen, Rz 652). Dies ist insofern zu begrüssen, als das Erwirken einer ungerechtfertigten Massnahme für sich gesehen nicht als widerrechtlich beurteilt werden sollte. Andererseits müsste das Risiko nach den allgemeinen Grundsätzen der Risikozuweisung im Prozessrecht und insb. nach dem allgemeinen Verursacherprinzip von der gesuchstellenden Partei zu tragen sein, auch wenn sie in guten Treuen zu prozessieren begonnen hat (RÜETSCHI, Haftung, 680), zumal daraus noch nicht auf ein gegenteiliges Verhalten der Gegenpartei geschlossen werden darf.

4. Klage aus unerlaubter Handlung oder Vertrag

Neben der Klage nach Art. 264 steht **alternativ** auch die Klage aus **unerlaubter Handlung** nach Art. 41 ff. OR auf **Schadenersatz** und **Genugtuung** zur Verfügung (BGE 112 II 34; 93 II 183; 88 II 276 ff.; RÜETSCHI, Haftung, 676 f.), sofern die entsprechenden Haftungsvoraussetzungen vorliegen. Das *Verschulden* kann im absichtlichen oder fahrlässigen Herbeiführen einer ungerechtfertigten vorsorglichen Verfügung bestehen. Schwierig wird es im Allgemeinen sein, die *Widerrechtlichkeit* nach Art. 41 Abs. 1 OR zu beweisen; sie ergibt sich nicht bloss aus der Ungerechtfertigtheit der Massnahme (vgl. dazu RÜETSCHI, Haftung, 767). Mit den Art. 42 und 44 OR können *besondere Umstände* wie das Verschulden, die Schadenshöhe oder das Verhalten des Geschädigten berücksichtigt werden. Zum Ersatz eines durch vorsorgliche Massnahmen verursachten Schadens (gerichtliches Verbot, ein Lager zu verkaufen nach Auflösung eines Alleinvertriebsvertrags) nach Art. 42 Abs. 2 OR: SZZP 2005, 142; BGer 4C.22/2005. 60

Unter Umständen besteht auch ein alternativer Schadenersatzanspruch **aus Vertrag**. 61

IV. Freigabe der Sicherheitsleistung

Eine geleistete Sicherheit dient der Deckung eines möglichen Schadens der Gegenpartei. Sie darf daher erst freigegeben werden, wenn feststeht, dass diese keine Schadenersatzklage erhebt (Abs. 3). Der Wortlaut von Abs. 3 lässt – wie jener von Abs. 2 – offen, ob damit *auch Dritte erfasst* werden. Nach der Genese (vgl. vorne N 43) des Artikelwortlauts muss dies der Fall sein. 62

1. Feststehen, dass keine Schadenersatzklage erhoben wird

Das **Feststehen** kann sich aus den Umständen ergeben oder auch durch ausdrückliche Erklärung der Gegenpartei. Es muss dem Gericht freistehen, eine solche Erklärung bei dieser einzuholen. Keine Haftung besteht mehr, wenn die gesuchstellende Partei im Hauptsacheprozess obsiegt. Dann ist ihr die Sicherheit zurückzugeben, sobald das Urteil in der Sache Rechtskraft erlangt (Botschaft zu Art. 28 ZGB, BBl 1982 II, 672). 63

Von Gesetzes wegen hat das Gericht – der Massnahmerichter oder aber der ordentliche Richter bei Erledigung des Prozesses über den grundlegenden Anspruch – **bei Ungewissheit** die Pflicht, der Gegenpartei bzw. Dritten **Frist zur Klage zu setzen** (vgl. Art. 84 Abs. 3 BPZ). 64

Die **Länge** dieser Frist steht im Ermessen des Gerichts. Sie muss aus Gründen der Verhältnismässigkeit angemessen sein. Da es sich um eine richterliche Frist handelt, kann sie erstreckt werden. Wird die Klagefrist schon im Massnahmeentscheid selbst gesetzt, kann diese (im Gesetz erwähnte) Ungewissheit gar nicht erst entstehen. 65

Wird innert Frist der Schadenersatzprozess angehoben, entfällt eine Freigabe bis zum rechtskräftigen Entscheid in diesem Prozess. 66

2. Freigabe der Sicherheitsleistung

Steht fest, dass keine Schadenersatzklage erfolgen wird – sei es durch unbenutzten Ablauf der gesetzten Frist, sei es auf andere Weise –, muss das Gericht die Sicherheit freigeben; die Formulierung «ist freizugeben» zeigt, dass das Gericht hier kein Ermessen hat. 67

Die Freigabe der geleisteten Sicherheit muss auch deren **Erträgnisse** umfassen. 68

Art. 265

69 Der unbenutzte Ablauf der gesetzten Frist kann keine materiellrechtlichen Wirkungen äussern. Er bedeutet einzig, dass die Sicherheit freigegeben wird, lässt aber die Schadenersatzansprüche der Gegenpartei nicht verwirken (gl.M. LEUCH/MARBACH/KELLERHALS/ STERCHI, Art. 332 ZPO/BE N 6). Die Freigabe der Sicherheitsleistung hat auch keinen Einfluss auf den Bestand von vorsorglichen Massnahmen.

70 Die Freigabe der Sicherheitsleistung bedeutet nicht, dass das Gericht nicht zu einem späteren Zeitpunkt eine **neue Sicherheitsleistung** anordnen könnte, wenn die Voraussetzungen dafür wieder gegeben sind.

71 Die Sicherheitsleistung ist *keine Konventionalstrafe* (vgl. Vernehmlassung, 695). Im Falle des Obsiegens der Gegenpartei im Schadenersatzprozess ist sie inkl. ihrer Erträgnisse zur Deckung der der Gegenpartei oder einem Dritten rechtskräftig zugesprochenen Forderung inkl. Zinsen und Parteientschädigung zu verwenden; ein Überschuss ist hingegen freizugeben. Obsiegt im Schadenersatzprozess hingegen die gesuchstellende Partei oder zieht die Gegenpartei die Schadenersatzklage zurück, ist die Sicherheitsleistung inkl. ihrer Erträgnisse der gesuchstellenden Partei freizugeben.

Art. 265

Superprovisorische Massnahmen

[1] Bei besonderer Dringlichkeit, insbesondere bei Vereitelungsgefahr, kann das Gericht die vorsorgliche Massnahme sofort und ohne Anhörung der Gegenpartei anordnen.

[2] Mit der Anordnung lädt das Gericht die Parteien zu einer Verhandlung vor, die unverzüglich stattzufinden hat, oder setzt der Gegenpartei eine Frist zur schriftlichen Stellungnahme. Nach Anhörung der Gegenpartei entscheidet das Gericht unverzüglich über das Gesuch.

[3] **Das Gericht kann die gesuchstellende Partei von Amtes wegen zu einer vorgängigen Sicherheitsleistung verpflichten.**

Mesures superprovisionnelles

[1] En cas d'urgence particulière, notamment s'il y a risque d'entrave à leur exécution, le tribunal peut ordonner des mesures provisionnelles immédiatement, sans entendre la partie adverse.

[2] Le tribunal cite en même temps les parties à une audience qui doit avoir lieu sans délai ou impartit à la partie adverse un délai pour se prononcer par écrit. Après avoir entendu la partie adverse, le tribunal statue sur la requête sans délai.

[3] Avant d'ordonner des mesures provisionnelles, le tribunal peut ordonner d'office au requérant de fournir des sûretés.

Provvedimenti superprovvisionali

[1] In caso di particolare urgenza, segnatamente se il ritardo nel procedere rischia di render vano l'intervento, il giudice può ordinare il provvedimento cautelare immediatamente e senza sentire la controparte.

[2] Nel contempo, il giudice convoca le parti a un'udienza che deve aver luogo quanto prima oppure assegna alla controparte un termine per presentare per scritto le proprie osservazioni. Sentita la controparte, il giudice pronuncia senza indugio sull'istanza.

[3] Il giudice può, d'ufficio, obbligare l'istante a prestare preventivamente garanzia.

Inhaltsübersicht

Note

I. Norminhalt und Normzweck 1
II. Gesuch 5
III. Voraussetzung: Besondere Dringlichkeit 6
    1. Allgemeines 6
    2. Zeitmangel 10
    3. Notwendiger Überraschungseffekt 11
    4. Kein offensichtliches Hinauszögern 12
IV. Glaubhaftmachen 15
V. Sicherheitsleistung 18
VI. Prüfung und Entscheid über das Superprovisorium 24
    1. Prüfung 24
    2. Sofortiger Entscheid 27
    3. Begründung 28
    4. Nichteintreten und Rückzug nach Abweisung 29
    5. Gutheissung 30
VII. Kein Rechtsmittel 32
VIII. Anhörung der Gegenpartei: Bestätigungsverfahren 35
    1. Allgemeines 35
    2. Form der Anhörung 37
IX. Bestätigungsentscheid 41
X. Rechtsmittel 46

Literatur

ST. V. BERTI, «Der Erlass vorsorglicher Massnahmen ohne vorgängige Anhörung der Gegenpartei stellt eine äusserst einschneidende Massnahme dar», in: M. Kurer u.a. (Hrsg.), Binsenwahrheiten des Immaterialgüterrechts, FS für L. David zum 60. Geburtstag, Zürich 1996, 265 ff.; vgl. auch die Literaturhinweise bei den Vorbem. zu Art. 261–269 und jene zu Art. 261–264 und 266–269.

I. Norminhalt und Normzweck

Vorsorgliche Massnahmen werden i.d.R. erst nach *vorgängiger Anhörung der Gegenpartei* angeordnet (Art. 261; vgl. N 53). Bei akuter Gefahr kann dies die Massnahme jedoch ins Leere laufen lassen, denn eine gewarnte Gegenpartei kann ihr zuvorkommen. Deshalb muss der vorsorgliche Rechtsschutz bei besonderer Dringlichkeit *überfallartig* – d.h. **ohne vorgängige Anhörung des Gegners** – angeordnet und vollzogen werden können (Bericht, 133). Die erst nachträgliche Gewährung des rechtlichen Gehörs ergibt sich aus der Natur der Sache und widerspricht Art. 29 Abs. 2 BV («Die Parteien haben Anspruch auf rechtliches Gehör») nicht, da der verfassungsrechtliche Gehörsanspruch «nicht unbegrenzt» gilt (BGE 106 Ia 6 E. 2b/bb. Zur Anwendbarkeit von Art. 6 Ziff. 1 EMRK auf den einstweiligen Rechtsschutz vgl. BGE 129 I 103, 105 E. 2.1 105 m.H.; SZZP 2005, 35; BGer 5P.188/2004).

Die Botschaft zu Art. 28d ZGB hält dazu fest: «Da es jedoch nicht in allen Fällen möglich ist, vor der Anhörung vorsorglicher Massnahmen die Gegenpartei anzuhören, muss

1

2

dem Richter das Recht zugestanden werden, Massnahmen vorläufig auszusprechen, d.h. bevor sich die Gegenpartei äussern kann. Dieses Recht bedeutet einen schweren Eingriff in elementare Verfahrensgrundsätze. Es ist folglich wichtig, den Ausnahmecharakter deutlich zum Ausdruck zu bringen. Dem Richter muss es (absolut) unmöglich sein, die andere Partei anzuhören, bevor er seinen Entscheid fällt. Einem allgemeinen Grundsatz entsprechend muss die Anhörung aber nachher sobald als möglich nachgeholt werden, um abzuklären, ob die Massnahme gerechtfertigt ist» (BBl 1982 II 668 f.).

3   Die superprovisorischen vorsorglichen Massnahmen, «spitze Pfeile im Köcher eines jeden Prozessanwalts» (KAUFMANN, 3), sind zwar nach der Lehre auf «Notfälle» zu beschränken und dürfen nur bei Vorliegen qualifizierter Voraussetzungen angeordnet werden (GÜNGERICH, 56; HASENBÖHLER, 39), sind in der Praxis aber relativ häufig.

4   Andere superprovisorische vorsorgliche Massnahmeverfahren ausserhalb der ZPO (und des Bundeszivilprozesses, vgl. Art. 81 Abs. 3 Satz 2 BZP) sind

– das **Arrestbewilligungsverfahren** (Art. 272 SchKG; zum Einfluss auf das summarische Verfahren vgl. ZR 1980 Nr. 92 E. 3);

– das **Exequaturverfahren**: Nach Art. 34 Abs. 1 LugÜ erlässt das mit dem Antrag auf Vollstreckbarerklärung befasste Gericht «seine Entscheidung unverzüglich, ohne dass der Schuldner in diesem Abschnitt des Verfahrens Gelegenheit erhält, eine Erklärung abzugeben» (vgl. GÜNGERICH, 64 ff.).

II. Gesuch

5   Superprovisorische Massnahmen nach Art. 265 werden **nicht von Amtes wegen** angeordnet (umgekehrt bedeutet dies, dass von Amtes wegen angeordnete vorsorgliche Massnahmen nicht superprovisorisch angeordnet werden dürfen). Dazu ist im Rahmen des Gesuchs der gesuchstellenden Partei ein (**zusätzlicher**) **Antrag** erforderlich (es seien nicht nur vorsorgliche Massnahmen, sondern diese auch superprovisorisch anzuordnen). Die gesuchstellende Partei hat dabei glaubhaft zu machen, dass die Voraussetzungen – insb. jene der besonderen Dringlichkeit – vorliegen.

III. Voraussetzung: Besondere Dringlichkeit

1. Allgemeines

6   Qualifiziert vorausgesetzt ist **besondere Dringlichkeit** (Art. 28d Abs. 2 ZGB und Art. 77 Abs. 3 PatG sprechen von «dringender Gefahr»). Die Dringlichkeit muss also noch grösser sein als bei vorsorglichen Massnahmen überhaupt. Auch die besondere Dringlichkeit misst sich an der Gefahr, dass ein der gesuchstellenden Partei zustehender Anspruch verletzt wird und ihr aus der Verletzung ein nicht leicht wiedergutzumachender Nachteil droht.

7   Neben der besonderen Dringlichkeit müssen *alle anderen Voraussetzungen* für die Anordnung von vorsorglichen Massnahmen gemäss Art. 261 gegeben sein. Dies bedeutet aber nicht, dass superprovisorische vorsorgliche Massnahmen angeordnet werden *müssen*, wenn die Voraussetzungen gegeben sind. Das Gericht ist vielmehr – wie sich aus der «kann»-Formulierung ergibt – im Rahmen seines Ermessens frei, superprovisorische Massnahmen anzuordnen.

8   Es kommen in der Praxis nur Fälle in Betracht, wo es für die gesuchstellende Partei *unzumutbar ist, bis zur Anhörung der Gegenpartei zuzuwarten.* Wann diese ganz spezielle

Bedrohung der Rechtsposition der gesuchstellenden Partei angenommen wird, hängt von den konkreten Umständen und dem Ermessen des Richters ab. Es muss ein schlagartiges Eingreifen notwendig sein. *Anlass* dazu können im Bereich des Immaterialgüterrechts etwa sein (ZÜRCHER, 95 ff.): Fristansetzungen durch andere Behörden (z.B. nach Zollbeschlagnahmungen), bevorstehende Registereintragungen, Piraterie, Nacht- und-Nebel-Aktionen, wiederholte Verletzungen, bevorstehende Ausstellungen oder Messen, Festtage etc. Diesfalls kann einem (wahrscheinlich) Verletzten nur unverzüglicher Rechtsschutz helfen, der noch während der Dauer der Messe Wirkung entfaltet, etwa indem der Gegenpartei gerichtlich verboten wird, gewisse Waren auszustellen, die das Marken-, Muster-, Modell- oder Patentrecht verletzen (vgl. ZÜRCHER, 95 ff.).

Es sind zwei Fallgruppen zu unterscheiden: zum einen *Zeitmangel*, zum andern der *notwendige Überraschungseffekt*. Die meisten Fälle lassen sich einer dieser Gruppen oder sogar beiden zuordnen. 9

2. Zeitmangel

Der Begriff der besonderen Dringlichkeit legt nahe, dass der Faktor Zeit eine wichtige Rolle spielt. Die Anordnung der Massnahme eilt dermassen, dass **für die Anhörung der Gegenpartei keine Zeit** zur Verfügung steht. Das Verbot ist daher superprovisorisch zu erlassen, ansonsten es, weil zu spät ausgesprochen, unnütz wäre. 10

3. Notwendiger Überraschungseffekt

Sodann geht es um Konstellationen, in denen eine **Anhörung absolut unmöglich** ist (vgl. Botschaft zu Art. 28 ZGB, BBl 1982 II 669). Darunter sind auch diejenigen Fälle zu zählen, in denen eine **vorgängige Anhörung den Zweck der Anordnung vereiteln** könnte, selbst wenn sie nicht aus zeitlichen Gründen ausgeschlossen wäre. Die vorgängige Anhörung hat unweigerlich zur Folge, dass die Gegenpartei über das gegen sie eingeleitete Verfahren informiert wird. Dies kann Anlass für sie sein, Massnahmen zu treffen, um der drohenden gerichtlichen Anordnung zuvorzukommen, so dass der befürchtete Nachteil durch das Mittel, ihn zu verhindern, *gerade bewirkt* würde. So kann die Gegenpartei beispielsweise ihre Waren, die angeblich das Markenrecht der gesuchstellenden Partei verletzen, noch schnell abzustossen versuchen. Es muss daher die vorsorgliche Unterlassungsverfügung – u.U. verbunden mit der Anordnung einer Beschlagnahme – *ohne Vorwarnung* erfolgen. Bei dieser Gruppe kann zu der «sachlichen Dringlichkeit» (ZÜRCHER, 93) eine *zeitliche* hinzukommen. Wo dies hingegen nicht der Fall ist, kann die Massnahme durchaus hinausgeschoben werden. Die besondere Dringlichkeit besteht hier in der Form der **Vereitelungsgefahr**. Das Gesetz nennt diesen Begriff, der besonders im Immaterialgüterrecht verwendet wird (BOTSCHAFT ZPO, 7356), als ein Beispiel von besonderer Dringlichkeit. Gemeint ist die Gefahr, dass die Vollstreckung des Anspruchs zwischenzeitlich, d.h. bis zu seiner rechtskräftigen Feststellung, durch die Gegenpartei vereitelt wird (vgl. Art. 261 N 23 f.). Auch die Vereitelungsgefahr muss **besonders akut** sein, um eine superprovisorische Massnahme zu rechtfertigen (Bericht, 133). 11

4. Kein offensichtliches Hinauszögern

Zur Voraussetzung der besonderen Dringlichkeit gehört (nur!) *im Fall der zeitlichen Dringlichkeit*, dass das **Gesuch nicht offensichtlich hinausgezögert** worden ist (vgl. dazu Art. 261 N 42 ff.). 12

Im Falle der Vereitelungsgefahr kommt der Ausschluss von superprovisorischen Massnahmen bei offensichtlicher Hinauszögerung hingegen grundsätzlich nicht zum Tragen 13

(GÜNGERICH, 58), soweit diese nicht als rechtsmissbräuchlich angesehen werden muss. Entscheidend für die Wirksamkeit der angeordneten Massnahme ist die Ahnungslosigkeit der Gegenpartei. Der Richter hat in diesem Fall nicht zu prüfen, ob die gesuchstellende Partei ihr Gesuch nicht schon viel früher hätte stellen können. Die Situation der Gegenpartei verändert sich dadurch nämlich nicht. Auch wenn das Gesuch um Monate vorgezogen worden wäre, hätte man von der Anhörung der Gegenpartei absehen müssen, weil dies auch damals aus Gründen des Überraschungseffekts angezeigt gewesen wäre. Ist dies aber der Fall, so muss es der gesuchstellenden Partei freigestellt sein, nach ihren Möglichkeiten bzw. nach ihrem Ermessen den Zeitpunkt der Einreichung des Gesuchs zu wählen.

14 Eine Variante wäre auch, das Gesuch ohne Verzögerung zu stellen, aber die Anordnung von Massnahmen bzw. deren Vollstreckung erst für einen späteren Zeitpunkt zu beantragen. Dabei besteht allerdings die objektive «Gefahr», dass das Gericht dem Antrag nicht folgt und durch sofortige Anordnung des Superprovisoriums evtl. dessen Wirksamkeit schmälert.

IV. Glaubhaftmachen

15 Zum Glaubhaftmachen allgemein vgl. Art. 261 N 50 ff., zum Glaubhaftmachen im superprovisorischen Massnahmeverfahren vgl. SCHENKER, 140, zu den *Glaubhaftmachungsmitteln* im Verfahren um vorsorgliche Massnahmen vgl. Art. 261 N 60 ff.

16 Beim Superprovisorium muss die gesuchstellende Partei allenfalls damit rechnen, dass die Gegenpartei eine **Schutzschrift** nach Art. 270 eingereicht hat, in der sie den Verfügungsanspruch, den Verfügungsgrund oder die besondere Dringlichkeit bestreitet (vgl. GÜNGERICH, 122 ff.; HESS-BLUMER, 211 ff.). Der Schutzschrifteinreicher hat seinerseits seine Einreden und Einwendungen glaubhaft zu machen. Aus Gründen der Gleichbehandlung sind an die Glaubhaftmachung des Schutzschrifteinreichers – soweit die Schutzschrift zu beachten ist – ebenso hohe Anforderungen zu stellen wie an jene der gesuchstellenden Partei (vgl. BGE 103 II 290; BERTI, Massnahmen, 222; LUTZ, Vorsorgliche Massnahme, 333; GÜNGERICH, 122). Gelingt – je für sich betrachtet – jeder Partei die Glaubhaftmachung ihrer Behauptungen, so ist das Gesuch nach Würdigung beider Vorbringen abzuweisen (GÜNGERICH, 122; vgl. Art. 261 N 75). Der materiellrechtliche Anspruch der gesuchstellenden Partei ist nicht glaubhaft gemacht, wenn die Gegenpartei ihrerseits glaubhaft macht, dass dieser nicht besteht. Macht das Gesuch nicht alle Voraussetzungen glaubhaft, lassen aber – unbeabsichtigterweise – die Ausführungen in der Schutzschrift das Begehren als glaubhaft erscheinen, so ist das Begehren mindestens superprovisorisch gutzuheissen (HESS-BLUMER, 216 ff.).

17 Nach Treu und Glauben (Art. 52) trifft die gesuchstellende Partei die Pflicht, den relevanten Sachverhalt *vollständig* darzulegen. Mit BERTI, Massnahmen, 220, ist festzuhalten, dass es ein ihre Glaubwürdigkeit untergrabender Missbrauch des superprovisorischen Verfahrens ist, Tatsachen zu unterschlagen, von denen die gesuchstellende Partei annehmen muss, dass die Gegenpartei sie mit Sicherheit vorbringen würde bzw. wird und dass sie zuungunsten der gesuchstellenden Partei gewertet werden müssen (z.B. die privatrechtliche Vereinbarung zum *Verzicht auf vorsorgliche Massnahmen* oder eine *Gerichtsstandsvereinbarung* [die Derogationswirkung einer Gerichtsstandsvereinbarung i.S.v. Art. 17 LugÜ z.B. erstreckt sich grundsätzlich auch auf vorsorgliche Massnahmen, vgl. BGE 125 III 451, 453]).

V. Sicherheitsleistung

Nach Abs. 3 kann das Gericht die gesuchstellende Partei von Amtes wegen zu einer vorgängigen Sicherheitsleistung verpflichten. Diese Formulierung ist nicht von letzter Klarheit. Einerseits verpflichtet die Aussage «von Amtes wegen» das Gericht zu einer Tätigkeit, andererseits legt die «kann»-Formulierung diese Tätigkeit ins pflichtgemässe Ermessen des Gerichts. Dies muss so verstanden werden, dass das Gericht *ex officio* die Pflicht trifft zu prüfen, ob i.S.v. Art. 264 Abs. 1 eine Schädigung der Gegenpartei zu befürchten ist. Wenn dies zu bejahen ist, *muss* es den Vollzug der Massnahme von einer vorgängigen *Sicherheitsleistung* der gesuchstellenden Partei abhängig machen. Die Offizialmaxime gleicht die fehlende vorgängige Anhörung der Gegenpartei aus (vgl. auch Art. 273 Abs. 1 SchKG). Da es der Gegenpartei verwehrt ist, eine Sicherheitsleistung der gesuchstellenden Partei zu beantragen, muss hier das Gericht ihre Interessen berücksichtigen.

Die Sicherheit muss «**vorgängig**», d.h. vor dem Entscheid über das Gesuch geleistet sein. Die «**Verpflichtung**» zu einer Sicherheitsleistung meint dasselbe wie das «Abhängigmachen» von Art. 264 Abs. 1. Sie stellt eine (Suspensiv-)Bedingung für die Anordnung von superprovisorischen Massnahmen dar. Erfolgt die Sicherheitsleistung nicht, so darf das Gericht, das die gesuchstellende Partei zu einer solchen verpflichtet hat, keine superprovisorischen Massnahmen anordnen.

Mit dem Wortlaut von Abs. 3 nicht vereinbar wäre es, wenn die Sicherheitsleistung erst *nach* der superprovisorischen Anordnung erfolgen würde und die superprovisorische Anordnung mit der Androhung verbunden wäre, dass sie dahinfiele, wenn die Sicherheitsleistung nicht erbracht würde.

Die Verpflichtung wird auferlegt durch eine an die gesuchstellende Partei adressierte (meist telefonische) entsprechende **Aufforderung** des Gerichts.

Der **Inhalt** der Sicherheitsleistung (Art und Höhe) ist von Gesetzes wegen nicht bestimmt, sondern steht im Ermessen des Massnahmerichters. Es kann sich um *irgendeine geeignete* Sicherheit handeln (vgl. Art. 264 N 27 ff.). Dabei ist zu beachten, dass es eine Sicherheitsleistung sein muss, die aufgrund der besonderen Dringlichkeit *innert kürzester Zeit erbracht* werden kann. Es steht der gesuchstellenden Partei ihrerseits frei, schon mit dem Gesuch um Anordnung von superprovisorischen Massnahmen zu Art und Höhe der Sicherheitsleistung (Eventual-)Anträge zu machen.

Das Gesetz nennt keine **Frist**, innert derer die gesuchstellende Partei gegebenenfalls die Sicherheitsleistung erbringen muss. Es ist aber sinnvoll, diese Verpflichtung mit einer Frist zu verbinden, so dass nach deren Ablauf Klarheit darüber besteht, ob die Verpflichtung erfüllt ist. Diese Frist muss angemessen und bei einer gegebenen besonderen zeitlichen Dringlichkeit so kurz wie möglich sein.

Die gesuchstellende Partei muss innert Frist nicht nur die Sicherheit **leisten**, sondern auch den **Nachweis** darüber erbringen.

VI. Prüfung und Entscheid über das Superprovisorium

1. Prüfung

Das Gericht hat Gesuche um ein Superprovisorium umsichtig zu prüfen: Es darf nicht leichthin auf Glaubhaftigkeit der (qualifizierten) Gefährdung schliessen, sondern muss – nebst einer *plausiblen Darstellung der Fakten* – auch *Belege* verlangen (BOTSCHAFT

ZPO, 7356). Es muss, wenn es sich aufgrund einseitiger Darlegung eine Überzeugung bildet, von dieser Darlegung allenfalls einen gewissen Abzug machen, weil die Gegenpartei ja Argumente oder Glaubhaftmachungsmittel ins Feld führen könnte, die es nicht kennt (vgl. ERNST, 156). Es hat einen Vergleich vorzunehmen, nämlich die Situation im Falle superprovisorischer Anordnung zu vergleichen mit jener im Falle einer vorsorglichen Massnahme nach Anhörung der Gegenpartei. Dabei muss die mutmassliche Zeitspanne bis zu einem Entscheid mit vorgängiger Anhörung der Gegenpartei in die Überlegung einbezogen werden (GÜNGERICH, 56).

Die Anordnung einer superprovisorischen Massnahme ist dann angezeigt, wenn damit der voraussichtliche Schaden der gesuchstellenden Partei erheblich vermindert werden kann oder wenn ihr Anspruch durch ein kontradiktorisches Verfahren noch stärker gefährdet erscheint, als dies ohnehin schon der Fall ist (vgl. DAVID, Superprovisorische Verfügungen, 22; HASENBÖHLER, 36; SCHENKER, 139; STACH, 178; GÜNGERICH, 57).

25 Wenn eine *Schutzschrift vorliegt*, hat der Richter nach Eingang des Gesuchs im Rahmen von dessen Prüfung auch die schutzschriftlichen Ausführungen zu würdigen (GÜNGERICH, 158; HESS-BLUMER, 211 ff.). Im Verfahren mit Schutzschrift kommt es zu Elementen sowohl des einseitigen als auch des zweiseitigen Verfahrens:

– Über diejenige Vorbringen der gesuchstellenden Partei, auf die der Schutzschrifteinreicher eingeht, weil er mit ihnen gerechnet hat, kann der Richter wie in einem herkömmlichen Zwei-Parteien-Verfahren befinden. In Bezug auf diese Punkte spricht nichts gegen die Anwendbarkeit der Verhandlungsmaxime, wie sie gewöhnlich in den kontradiktorischen Zivilprozessen gilt.

– Anders verhält es sich indessen mit den Vorbringen der gesuchstellenden Partei, die in der Schutzschrift *unentgegnet* bleiben. Hier bleibt es bei der richterlichen Pflicht, die Sache kritisch zu prüfen und danach zu fragen, was die Gegenpartei in tatsächlicher Hinsicht hier entgegenhalten könnte und ob nicht eine andere Sachlage glaubhafter ist. Es hat die Untersuchungsmaxime Platz zu greifen, wie wenn keine Schutzschrift eingereicht worden wäre.

26 Die Gegenpartei wird in ihrer Schutzschrift regelmässig nicht nur Verfügungsgrund und Verfügungsanspruch der gesuchstellenden Partei bestreiten, sondern auch, dass die Voraussetzung der besonderen Dringlichkeit gegeben sei, und dies mit dem Antrag verbinden, es sei jedenfalls auf ein Superprovisorium zu verzichten und sie vor Erlass vorsorglicher Massnahmen anzuhören. Falls sie das Fehlen der besonderen Voraussetzungen für eine superprovisorische Anordnung glaubhaft macht, hat das Gericht vom einseitigen Verfahren abzusehen, und es ist der gesetzliche Regelfall des kontradiktorischen Verfahrens anzuordnen.

2. *Sofortiger Entscheid*

27 Prüfung und Entscheid haben «**sofort**» zu erfolgen. Gemeint ist: «sofort nach Einreichung des Gesuchs» (so in Art. 280 Abs. 1 VE).

3. *Begründung*

28 Der Entscheid wurde in der Praxis oft nicht begründet (Vernehmlassung, 694). Die **Abweisung** eines Gesuchs um Anordnung superprovisorischer Massnahmen muss aber begründet werden (BGer, 5P.144/2003 E. 2); mangelnde Begründung verletzt das rechtliche Gehör der gesuchstellenden Partei (SZZP 2005, 34; BGer 5P.144/2003). Die aus der verfassungsrechtlichen Norm (Anspruch auf rechtliches Gehör, Art. 29 Abs. 2 BV; vgl.

Art. 53 Abs. 1) abgeleiteten Minimalanforderungen an die Begründung von Entscheiden gelten auch für die **Gutheissung**, also die Anordnung von vorsorglichen Massnahmen (in casu Ungenügen der Begründung einer Verbotsverfügung, aus der nicht hervorgeht, welcher konkrete immaterialgüterrechtliche Schutzanspruch der gesuchstellenden Partei nach welchen Gesetzesbestimmungen glaublich beeinträchtigt sein soll; SZZP 2008, 652; BGE 134 I 83 E. 4); vgl. auch Art. 239.

4. Nichteintreten und Rückzug nach Abweisung

Wird auf das Gesuch **nicht eingetreten**, stellt sich die Frage, ob der Entscheid *der Gegenpartei mitgeteilt* werden soll. Sie stellt sich auch dann, wenn zwar auf das Gesuch eingetreten, aber das Gesuch um Anordnung eines Superprovisoriums **abgewiesen** wird und die gesuchstellende Partei in der Folge das Gesuch um Anordnung von vorsorglichen Massnahmen überhaupt **zurückzieht**. Es verhält sich hier zwar nicht genau reziprok zur Frage der Zustellung einer Schutzschrift an die präsumtiv gesuchstellende Partei (vgl. dazu HESS-BLUMER, 183 ff.). Dennoch sollte analog zu Art. 270 Abs. 2, wonach eine Schutzschrift der Gegenpartei nur mitgeteilt wird, wenn diese das entsprechende Verfahren einleitet, in diesen Fällen das erfolglose Gesuch der Gegenpartei umgekehrt nicht mitgeteilt werden. Es besteht weder ein gesetzlicher Anspruch der Gegenpartei auf Zustellung noch ein rechtliches Interesse, da in ihre Rechtssphäre nicht eingegriffen wird. Hingegen hat die gesuchstellende Partei meist ein berechtigtes Interesse daran, dass die Zustellung an die Gegenpartei unterbleibt.

5. Gutheissung

Der **Inhalt** von superprovisorischen Massnahmen bestimmt sich grundsätzlich nach Art. 262. Zur Zulässigkeit von Superprovisorien, wenn diese praktisch einen definitiven Zustand schaffen und einer antizipierten Vollstreckung gleichkommen, vgl. SZZP 2007, 386, 5P.335/2006.

Die Anordnung des Superprovisoriums ist stets nur **vorläufig** (so in Art. 280 Abs. 1 VE). Sie kann im Rahmen des Bestätigungsverfahrens bzw. nach Massgabe von Art. 268 jederzeit geändert werden.

VII. Kein Rechtsmittel

Gegen die Anordnung einer superprovisorischen Massnahme hat die Gegenpartei **kein Rechtsmittel**, insb. keine Einsprachemöglichkeit. Andererseits besteht auch für die gesuchstellende Partei im Falle des *Nichteintretens* oder einer *vollständigen oder teilweisen Abweisung* des Gesuchs kein Rechtsmittel. Zur Frage, ob der Verfügung in diesen Fällen eine Art «Rechtsbeständigkeit» zukommt bzw. unter welchen Umständen die gesuchstellende Partei ein zweites Gesuch einreichen kann, vgl. auch Art. 261 N 100 ff.

Damit steht gegen superprovisorische Massnahmeentscheide im Prinzip allein der Weiterzug ans Bundesgericht offen. Das Fehlen eines kantonalen Rechtsmittelverfahrens ist aber hinzunehmen. Durch den unverzüglichen Entscheid im Bestätigungsverfahren dürften Weiterzüge ans Bundesgericht in aller Regel gegenstandslos werden (vgl. Vernehmlassung, 694).

Wer befürchtet, dass gegen ihn demnächst eine superprovisorische Massnahme getroffen wird, braucht nicht tatenlos abzuwarten, ob sich die Drohung tatsächlich verwirklicht. Vielmehr kann er sich wie erwähnt mit einer **Schutzschrift** an das *zuständige Gericht* (bzw. die zuständigen Gerichte) wenden und die Gründe darlegen, die gegen die Massnahme oder zumindest gegen eine überfallartige Anordnung sprechen (Art. 270).

VIII. Anhörung der Gegenpartei: Bestätigungsverfahren

1. Allgemeines

35 Die verfahrensmässige Besonderheit des Superprovisoriums ist, dass es auf einseitiges Begehren und ohne Anhörung der Gegenpartei erfolgt. Dieser Umstand bedarf der *raschestmöglichen prozessualen Korrektur*. Gleichzeitig mit der Anordnung der Massnahme ordnet das Gericht deshalb die Anhörung der Gegenpartei an, in der diese ihre Sicht gegenüber dem Gericht vortragen kann (Abs. 2). Das rechtliche Gehör wird ihr also *nachträglich gewährt*.

36 Falls eine Schutzschrift dazu geführt hat, dass das Gesuch insgesamt abgewiesen worden ist, erübrigt sich das Bestätigungsverfahren. Ist hingegen ein Superprovisorium angeordnet worden, das – was der Normalfall sein wird – die Gegenpartei in irgendeiner Weise belastet, muss ihr das Bestätigungsverfahren gleichwohl offenstehen (GÜNGERICH, 158). Sie muss sich äussern können zu den Vorbringen der gesuchstellenden Partei und der Anordnung des Richters, die sie beide im Zeitpunkt der Abfassung der Schutzschrift noch nicht kennen konnte. Der Anspruch auf rechtliches Gehör nach Art. 53 erfordert, dass sie zu sämtlichen entscheidrelevanten Punkten Stellung nehmen kann. Dasselbe gilt analog für den Fall, dass nur der Antrag auf Erlass eines Superprovisoriums abgewiesen worden ist (und das Gesuch auf Anordnung vorsorglicher Massnahmen pendent bleibt).

2. Form der Anhörung

37 Die Anhörung der Gegenpartei kann nach Ermessen des Gerichts erfolgen entweder im Rahmen einer **mündlichen Verhandlung** (zur gerichtlichen Vorladung vgl. Art. 133 ff.) oder in einer **schriftlichen Stellungnahme**. Die gesuchstellende Partei kann hiezu schon im Rahmen ihres Gesuchs einen Antrag stellen. Der Gegenpartei muss es ihrerseits möglich sein, nach dem Entscheid über die Art ihrer Anhörung dem Gericht zu beantragen, auf den Entscheid zurückzukommen und die andere vom Gesetz vorgesehene Form festzusetzen.

38 In der Vernehmlassung wurde bemerkt, für die Bestätigung vorsorglicher Verfügungen erweise sich die Durchführung einer Verhandlung, an der beide Parteien gehört werden können, grundsätzlich als geeigneter als ein einfacher Schriftenwechsel. Dies gelte insb. in Fällen, in denen keine schriftliche Eingabe der gesuchstellenden Partei, sondern ein persönlicher Vortrag vor Gericht am Anfang des Verfahrens steht. Die Regel sollte eine Verhandlung sein (Vernehmlassung, 694). Der Gesetzgeber hat hier indes *keine Priorisierung* vorgenommen und die Form der Anhörung der Gegenpartei in die Hände der gerichtlichen Praxis gelegt.

39 Es muss dem Gericht auch möglich sein, nach Einholung einer schriftlichen Stellungnahme durch die Gegenpartei **zusätzlich** eine Verhandlung durchzuführen, wenn dies der Wahrheitsfindung dient und das Verfahren nicht ungebührlich verzögert.

40 Um den Besonderheiten des Einzelfalls Rechnung zu tragen, statuiert das Gesetz eine **Frist** zur Einreichung einer Stellungnahme. Da es sich um eine richterliche Frist handelt, besteht die Möglichkeit zur Erstreckung. Superprovisorisch dürfen die vorsorglichen Massnahmen regelmässig nur so kurz wie möglich wirksam bleiben. Deshalb sollte die gesetzte Frist **kurz** sein (so explizit in Abs. 2 des VE). Dasselbe muss gelten für die Frist

5. Kapitel: Vorsorgliche Massnahmen und Schutzschrift **Art. 266**

bis zur Durchführung der Verhandlung. Da diese Frist kaum länger sein dürfte als eine Rechtsmittelfrist, kann der Verzicht auf ein Rechtsmittel gegen das Superprovisorium auch aus diesem Grund hingenommen werden.

IX. Bestätigungsentscheid

Nach Ablauf der gesetzten Frist bzw. im Rahmen der Verhandlung entscheidet das Gericht – nunmehr in Kenntnis auch des Standpunkts der Gegenpartei – über die eigentliche vorsorgliche Massnahme. Reicht die Gegenpartei nicht fristgemäss eine schriftliche Stellungnahme ein, erscheint sie nicht zur Verhandlung oder verweigert sie die Mitwirkung bei der Beweiserhebung (bzw. der Erhebung von Glaubhaftmachungsmitteln), treffen sie die *Säumnis-* bzw. *Verweigerungsfolgen* (Art. 133 lit. f, 147, 162 ff.; vgl. auch Art. 261 N 76). Dasselbe gilt analog für die gesuchstellende Partei, die nach Einreichung ihres Gesuchs die weitere Mitwirkung verweigert. 41

Während nach dem Entscheid über das Superprovisorium die qualifizierte Voraussetzung der besonderen Dringlichkeit nicht mehr geprüft wird, sind hingegen die Voraussetzungen für die Anordnung oder den Fortbestand von vorsorglichen Massnahmen im Bestätigungsverfahren unter Anhörung der Gegenpartei nochmals zu prüfen. 42

Der Entscheid hat **unverzüglich** zu erfolgen. Es scheint keine semantische Differenz zwischen diesem Begriff (der auch in den Art. 49 Abs. 1, 202 Abs. 3, 265 Abs. 2, 363 Abs. 1, 367 Abs. 2, 368 Abs. 1 verwendet wird) zum (auch in den Art. 237 Abs. 1, 257 Abs. 1 lit. a, 303 Abs. 2 lit. b, 351 Abs. 1, 373 Abs. 6 gebrauchten) Begriff «**sofort**» zu bestehen. Beide meinen: ohne jede Verzögerung. 43

In dem «definitiven» Entscheid wird der superprovisorische Entscheid **materiell überprüft** und **formal ersetzt**. Er kann durch den Entscheid über die vorsorgliche Massnahme bestätigt, abgeändert oder aufgehoben werden. 44

Mit dem vorsorglichen Massnahmeentscheid fallen die Wirkungen des Superprovisoriums *ex tunc* dahin. 45

X. Rechtsmittel

Die «definitive» vorsorgliche Massnahme ist mit Berufung (Art. 308) oder Beschwerde (Art. 319) anfechtbar (vgl. Art. 261 N 115 ff.). Wird eine superprovisorische Massnahme durch den Entscheid des Massnahmerichters nach Anhörung der Gegenpartei nicht bestätigt und dieser Entscheid in der Folge angefochten, bleibt die superprovisorische Massnahme in Kraft. Sie fällt erst mit der formellen Rechtskraft des Entscheids über vorsorgliche Massnahmen dahin. 46

Art. 266

Massnahmen gegen Medien

Gegen periodisch erscheinende Medien darf das Gericht eine vorsorgliche Massnahme nur anordnen, wenn:
 a. die drohende Rechtsverletzung der gesuchstellenden Partei einen besonders schweren Nachteil verursachen kann;
 b. offensichtlich kein Rechtfertigungsgrund vorliegt; und
 c. die Massnahme nicht unverhältnismässig erscheint.

Art. 266

Mesures à l'encontre des médias	Le tribunal ne peut ordonner de mesures provisionnelles contre un média à caractère périodique qu'aux conditions suivantes: a. l'atteinte est imminente et propre à causer un préjudice particulièrement grave; b. l'atteinte n'est manifestement pas justifiée; c. la mesure ne paraît pas disproportionnée.
Misure nei confronti dei mass media	Nei confronti dei mass media periodici il giudice può ordinare un provvedimento cautelare soltanto se: a. l'incombente lesione dei diritti dell'instante è tale da potergli causare un pregiudizio particolarmente grave; b. manifestamente non vi è alcun motivo che giustifichi la lesione; e c. il provvedimento non appare sproporzionato.

Inhaltsübersicht Note

I. Norminhalt und Normzweck 1

II. Abgrenzungen 7
    1. Zur Beschwerde an die unabhängige Beschwerdeinstanz 7
    2. Zum strafrechtlichen Ehrenschutz 8
    3. Zu Rechtsbehelfen im Rahmen der Selbstregulation der Medien 9

III. Anwendungsumfang: Massnahmen gegen periodisch erscheinende Medien 10
    1. Medien 10
    2. Periodisches Erscheinen 20

IV. Weitere Voraussetzungen für die Anordnung vorsorglicher Massnahmen gegen periodisch erscheinende Medien 21
    1. Besonders schwerer Nachteil 22
    2. Offensichtliches Nichtvorliegen eines Rechtfertigungsgrunds 26
    3. Die Massnahme darf nicht unverhältnismässig erscheinen 34
    4. Glaubhaftmachung 38

V. Prüfen des Gesuchs 39

VI. Zum Inhalt von vorsorglichen Massnahmen gegen periodisch erscheinende Medien 42

Literatur

A. BÄNNINGER, Die Gegendarstellung in der Praxis, Zürich 1997; D. BARRELET, Mesures provisionnelles et présomption d'innocence, plädoyer 1994, 51 ff. (zit. Mesures provisionnelles); DERS., Droit de la communication, Bern 1998 (zit. Droit de la communication); P. BREITSCHMID, Persönlichkeitsschutz und Pressefreiheit aus Sicht eines Gerichtsjuristen: Vorsorgliche Massnahmen (Art. 28c ff. ZGB) als «Maulkorb» für Medienschaffende?, AJP 1995, 868–877 (auch in: Juristische Maulkörbe für die Medien? Persönlichkeitsschutz und unlauterer Wettbewerb, Hrsg. Nationale Schweizerische UNESCO-Kommission, Schlussbericht Bern 1995, 35–57); A. BUCHER, Natürliche Personen und Persönlichkeitsschutz, Rz 622 ff.; A. BUGNON, Les mesures provisionnelles de protection de la personnalité, in: P. Gauch/F. Werro/J. B. Zufferey (Hrsg.), Contributions en l'honneur de P. TERCIER pour ses cinquante ans, Fribourg 1993, 35 ff.; C. CRAMER, Rechtsschutz bei Persönlichkeitsverletzungen durch Medien, recht 2007, 123 ff. (zit. recht 2007); DERS., Persönlichkeitsschutz und Medienfreiheit, Vorschläge für eine Güterabwägung nach kontextbezogenen Fallgruppen, BJM 2008, 121–146 (zit. Persönlichkeitsschutz); TH. GEISER, Persönlichkeitsschutz: Pressezensur oder Schutz vor Medienmacht?, SJZ 1996, 73–84; GUNTERN, Anspruch auf Einsicht in Entwürfe für Medienpublikationen, Medialex 1997, 54; H. HAUSHEER/R. AEBI-MÜLLER, Persönlichkeitsschutz und Massenmedien, recht 2004, 129–150 (zit. Persönlichkeitsschutz); L.

MÜLLER, Einstweiliger Rechtsschutz gegen Internetinhalte nach schweizerischer Zivilprozessordnung – Rechtliche und technische Aspekte, in: J. Hänni/D. Kühne (Hrsg.), Brennpunkt Medienrecht, St. Gallen 2010; M. M. PEDRAZZINI/N. OBERHOLZER, Grundriss des Personenrechts, 4. Aufl. Bern 1993; F. RIKLIN, Vorsorgliche Massnahmen im privatrechtlichen Persönlichkeitsschutz gegenüber (periodisch erscheinenden) Medien gemäss Art. 28c–f aus der Sicht des Gesetzgebers, in: Muselières juridiques pour les médias?, Journée d'études de la Commission nationale suisse pour l'Unesco du 29 novembre 1994; P. SCHALTEGGER, Die Haftung der Presse aus unlauterem Wettbewerb, Zürich 1992, 145 ff.; P. TERCIER, Les mesures provisionnelles en droit des médias, Medialex 1995, 28 ff. (zit. Mesures); DERS., Le nouveau droit de la personnalité, Zürich 1984 (zit. Droit de la personnalité); vgl. auch die Literaturhinweise bei den Vorbem. zu Art. 261–269 und jene zu Art. 261–265 und 267–269.

I. Norminhalt und Normzweck

Die Sonderregelung für vorsorgliche Massnahmen gegen periodisch erscheinende Medien entspricht dem mit der Inkraftsetzung der ZPO aufgehobenen Art. 28c aZGB, der seinerseits einen Kompromiss einlässlicher parlamentarischer Beratungen darstellte (Bericht, 134; BOTSCHAFT ZPO, 7357; Botschaft zu Art. 28 ZGB, BBl 1982 II, 645, 667). Art. 266 *privilegiert die Medien* (AmtlBull StR 1983, 143, AmtlBull NR 1983, 1378). Er galt bisher in der Praxis auch für die Spezialgesetze, welche die Bestimmungen des ZGB für anwendbar erklärten (vgl. VON BÜREN/MARBACH/DUCREY, Rz 1028). 1

Die Sonderregelung für die Medien steht im Spannungsfeld zwischen der *Freiheit der Medien* und dem *Schutz der Persönlichkeit*. Sie soll dem Umstand Rechnung tragen, dass die betroffene Person gegenüber einem periodisch erscheinenden Medium die *Möglichkeit der Gegendarstellung* hat. Untergeordnete Verletzungen sollen mit diesem Mittel beseitigt werden können. Das Privileg bei den vorsorglichen Massnahmen kann umgekehrt nur beanspruchen, wer grundsätzlich auch Gegendarstellungen aufnehmen muss (GEISER, 81). 2

Die praktische Bedeutung von vorsorglichen Massnahmen gegen periodisch erscheinende Medien ist hoch. Bei einer drohenden Persönlichkeitsrechtsverletzung durch ein periodisch erscheinendes Medium hat der Betroffene ein hohes Interesse an schnellem Rechtsschutz (CRAMER, recht 2007, 128). Oft dienen ihm sogar überhaupt nur *vorsorgliche* Massnahmen, was sich daran zeigt, dass die Prosequierung häufig unterbleibt (BREITSCHMID, 875). Die zeitliche Distanz von der Persönlichkeitsverletzung bis zu einem nach Abschluss des ordentlichen Verfahrens veröffentlichten Urteil ist regelmässig zu gross (BREITSCHMID, 868 f.), und oft ist diese Veröffentlichung sogar unerwünscht, weil es den Schaden noch vergrössert. 3

Art. 266 ist seinem Rechtscharakter nach ein **Verbot**: Liegen die genannten drei Voraussetzungen nicht vor, darf das Gericht keine vorsorgliche Massnahme anordnen. Dies bedeutet umgekehrt aber nicht, dass es vorsorgliche Massnahmen anordnen *müsste*, wenn die genannten (und die weiteren) Voraussetzungen gegeben sind. 4

Die Sonderstellung der Medien beschränkt sich auf den Fall *antizipierter Vollstreckung von Unterlassungs- und Beseitigungsansprüchen*; bei allen anderen Anträgen, insb. im Fall vorsorglicher Beweissicherungsmassnahmen, kommt das Privileg nicht zum Tragen (von BÜREN/MARBACH/DUCREY, Rz 1030). Auch sonst räumt Art. 266 den Medien keine Narrenfreiheit ein. 5

Kritik: BUCHER, Natürliche Personen, Rz 623 ff., hält zu der Privilegierung der Medien fest: «Die von den Vertretern der Medien geäusserten Befürchtungen und die Opposition dieser Kreise gegen eine Revision von Art. 28 [ZGB] haben sich oft als übertrieben und 6 für den Schutz der individuellen Freiheit wenig aufgeschlossen erwiesen. [...] Erstaunen weckt überdies die Art und Weise, wie die Botschaft des Bundesrats den *Richter* charakterisiert, der missbräuchlichen Druckversuchen, welche zu einer Zensur der Medien führen sollen, nicht zu widerstehen in der Lage sei. In gewissen Fällen stehen in der Tat für die Medien gewichtige wirtschaftliche Interessen auf dem Spiel (was allerdings auch für das Individuum zutreffen kann); in solchen Fällen kann aber der Richter vom Gesuchsteller eine Sicherheitsleistung verlangen [...], so dass jemand, der das Risiko und die Folgen der Persönlichkeitsverletzung nicht sorgfältig abgeschätzt hat, die vorsorglichen Massnahmen nicht zugesprochen erhält oder überhaupt auf das Gesuch verzichtet. Ein wesentliches Argument zugunsten einer Regelung, welche die periodisch erscheinenden Medien [...] begünstigt, beruht auf der Feststellung, dass bei den Medien die Gefahr eines richterlichen Eingriffs und die Auswirkungen vorsorglicher Massnahmen besonders gross und schwerwiegend sind (Botschaft zu Art. 28 ZGB, BBl 1982, 667); das heisst aber auch, dass die Persönlichkeit durch die Medien besonders schwer bedroht wird! Im Grunde sollte mit Art. 28c Abs. 3 der Anwendung von Regelungen des kantonalen Prozessrechts ein Ende gesetzt werden, die es den Gerichten erlaubt haben, unverzüglich einzuschreiten, um die Persönlichkeit gegenüber den Medien zu schützen (vgl. BGE 107 Ia 282–285 [...]). [...] Von einem Zustand richterlicher Vorzensur, von dem in Medienkreisen gelegentlich die Rede ist, ist man weit entfernt [...].» Dieser Kritik ist vollumfänglich zuzustimmen. Davon zu sprechen, das vorsorgliche Verbot gegenüber Medien laufe auf eine «*private Vorzensur*» hinaus (so BSK ZGB I-MEILI, Art. 28c N 6, ähnlich HAUSHEER/AEBI-MÜLLER, Rz 14.88, und HAUSHEER/AEBI-MÜLLER, Persönlichkeitsschutz, 136: «vorzensurähnliche Wirkung»), ist schon deshalb unrichtig, als es kein Privater ist, der «zensierend» eingreift, sondern ein Richter (dazu zu Recht CRAMER, recht 2007, FN 59: «Der Zensurvorwurf wird [...] oft derart leichthin erhoben, dass der in Art. 17 Abs. 2 BV den Kerngehalt der Medienfreiheit umschreibende Zensurbegriff verwässert»). Unrichtig ist auch das oft vernommene Argument, dass eine Medienäusserung durch vorsorgliche Massnahmen *verunmöglicht* werde (so CRAMER, recht 2007, 128, BREITSCHMID, 869). Die Anordnung von vorsorglichen Massnahmen kann die Veröffentlichung von Mitteilungen lediglich *verzögern* und aufschieben, aber *nicht verhindern* – auch deshalb ist der Begriff der Zensur verfehlt. Über die Zulässigkeit der Medienäusserung entscheidet definitiv erst der Hauptsacherichter.

Wer den Massnahmerichter nicht für ein willenloses Werkzeug der gesuchstellenden Partei hält, sondern für jemanden, der durchaus in der Lage ist, in Gesuchen gegen Medien ebensosehr wie in allen anderen Fällen die beidseitigen Interessen abzuwägen, und wer die Privilegierung der Medien zu Lasten des Individuums weder für sachlich richtig noch für rechtlich notwendig hält, muss zum Schluss kommen, Art. 266 sei ersatzlos aufzuheben. Denn ist eine falsche Information einmal veröffentlicht, lässt sie sich im Zeitalter rasender elektronischer Verbreitung weder rechtlich noch faktisch aufhalten. Verschiedene Versuche, Art. 28c Abs. 3 ZGB *noch weiter* zugunsten der Stellung der Medien auszugestalten, sind in der Vergangenheit gescheitert (BUCHER, Natürliche Personen, Rz 625 i.f.). Es fragt sich aber vielmehr, ob de lege ferenda nicht vielmehr zugunsten des Persönlichkeitsschutzes *Einschränkungen der Medienfreiheit* am Platze wären (CRAMER, recht 2007, 131; vgl. dazu auch I. SCHWANDER, Wie müsste eine moderne Zivilprozessordnung aussehen (Thesen), ZZZ 2004, 3–20, 11: «In einem modernen Zivilprozess sollten Rechtsstaatlichkeit und Persönlichkeitsschutz fortwährend verbessert werden.»). Zu beachten ist dabei auch die strukturelle Asymmetrie: Das Medium ist stets in der Rolle des Angreifers, der das betroffene Individuum sich zu verteidigen nötigt. Das Persönlichkeitsrecht ist seiner Natur nach defensiv, ein Abwehrrecht (HAUSHEER/AEBI-MÜLLER, Persönlichkeitsschutz, 130). Art. 266 privilegiert demnach den – i.d.R.

auch wirtschaftlich überlegenen – Angreifer, indem er den Schutz des Angegriffenen einschränkt.

VON BÜREN/MARBACH/DUCREY, Rz 1029, kritisieren die Privilegierung der Medien unter einem weiteren Aspekt: «Wehrt sich der Betroffene [...] nicht gegen die Meinungsäusserung als solche, sondern gegen die *Modalitäten* von deren Verbreitung (z.B. mittels urheberrechtlich unzulässiger Plagiate) – und könnte die gleiche Aussage ohne weiteres auch anders vermittelt werden –, so ist diese Privilegierung der Medien kaum zu rechtfertigen und es ist grösste Zurückhaltung angezeigt. Denn die verfassungsmässige Meinungsäusserungsfreiheit gilt keineswegs unbeschränkt und beinhaltet keinen Freipass zur Rechtsverletzung.» Hinzu kommt schliesslich noch, dass sich – mindestens in der Vergangenheit – «auch renommierte Medienunternehmen bedenkenlos über die gerichtlichen Anordnungen hinweggesetzt» haben (so GEISER, 81, unter Verweisung auf BGE 118 II 370 f.). – Im *UWG* erfahren die Medien keine gesetzliche Sonderbehandlung.

II. Abgrenzungen

1. Zur Beschwerde an die unabhängige Beschwerdeinstanz

Gegen Programme von staatlich getragenen oder konzessionierten Anbietern von Radio- und Fernsehprogrammen sieht bereits Art. 93 Abs. 5 BV einen öffentlich-rechtlichen Rechtsbehelf, nämlich die Beschwerde an die *unabhängige Beschwerdeinstanz* (UBI) vor (Art. 93 Abs. 5 BV). Das Verfahren vor der UBI ist in Art. 86 ff. BG vom 24.3.2006 über Radio und Fernsehen (RTVG; SR 784.40) geregelt. Die UBI beurteilt als quasirichterliche Behörde (BGE 122 II 475) kostenlos die Beschwerden natürlicher Personen gegen *schweizerische Radio- und Fernsehsendungen*. Gegenstand des Verfahrens bildet ausschliesslich die Einhaltung rundfunkrechtlicher Regeln. Die UBI trifft einen Feststellungsentscheid. Für die Verletzung des Persönlichkeitsrechts bleiben die ordentlichen Gerichte zuständig (BGer, 22.8.2005, 2A.41/2005 E. 1.2; BGE 121 II 359, 362 f.; CRAMER, recht 2007, 123 f.); die UBI tritt auf Beschwerden nicht ein, soweit straf- oder zivilrechtliche Rechtsbehelfe offenstehen oder unbenutzt geblieben sind (Art. 96 Abs. 3 RTVG).

2. Zum strafrechtlichen Ehrenschutz

Die Art. 173 ff. StGB verfolgen und sanktionieren Ehrverletzungen. Dieser strafrechtliche Schutz hat aber einen engeren Anwendungsbereich als der zivilrechtliche und hängt vom Vorliegen anderer Voraussetzungen ab; unter anderem ist Vorsatz des Täters erforderlich. Obwohl strafrechtliche Ehrverletzungsverfahren i.d.R. im Sand verlaufen (vgl. CRAMER, recht 2007, 174 m.H.), werden sie in der Praxis oft gewählt, was mit Kostenfragen zusammenhängen mag. Ausserdem geht es vielen Opfern von persönlichkeitsverletzenden Medienäusserungen in erster Linie um die Wiedergutmachung immateriellen Schadens, indem das Verschulden des Täters festgestellt und dieser bestraft wird.

3. Zu Rechtsbehelfen im Rahmen der Selbstregulation der Medien

Die Branche hat 1978 einen sog. *Presserat* geschaffen, ein von einer privatrechtlichen Stiftung getragenes Gremium aus Journalisten und Publikumsvertretern. Dieser soll den «Journalistenkodex» (die aktuelle Fassung stammt von 1999), brancheninterne Richtlinien für die Medienberichterstattung, durchsetzen. Der Presserat bietet ein kostenloses Beschwerdeverfahren gegen Medienübergriffe an. Er fällt ebenfalls – wie die UBI – Feststellungsentscheide und publiziert sie im Internet integral und unter Namensnennung des Mediums als Beschwerdegegner («www.presserat.ch»). Darüber hinaus werden keine

Sanktionen getroffen. Auch dieses Verfahren wird, weil es relativ informell und kostenlos ist, oft gewählt. Im Gegensatz zum staatlichen Richter ist der vorwiegend aus Journalisten zusammengesetzte Presserat allerdings nicht unbedingt unabhängig. Andererseits kann es sein, dass die öffentliche Missbilligung einer journalistischen Leistung durch Berufskollegen bei den Betroffenen eine höhere Akzeptanz findet als eine solche durch einen branchenfremden Richter (CRAMER, recht 2007, 124; vgl. dazu auch P. STUDER, Was dürfen Richter und Journalisten voneinander erwarten, AJP 2005, 1446).

III. Anwendungsumfang: Massnahmen gegen periodisch erscheinende Medien

1. Medien

a) Allgemeines

10 Art. 266 bezieht sich auf vorsorgliche Massnahmen gegenüber **periodisch erscheinenden Medien**. Das Gesetz lässt bezüglich dieses Begriffs vieles offen. Die Rechtsprechung hat bis heute noch keine überzeugenden Kriterien der Abgrenzung entwickelt. Es handelt sich namentlich um **Presse** (Zeitungen, Buchdruck, Flugblätter, Tonbandkassetten, CD-ROM, DVD), **Radio** und **Fernsehen** (vgl. Art. 139 Abs. 1 IPRG) sowie Kino und Nachrichtenagenturen, auch soweit ihre Inhalte über neue Übertragungskanäle wie das Internet verbreitet werden.

11 Im Persönlichkeitsrecht gelten als **Medien** «les entreprises qui par le texte, l'image, le son ou une combinaison de ces procédés, diffusent des messages à un nombre incontrôlable de personnes» (TERCIER, Droit de la personnalité, Rz 1318 ff.). Ein Medium i.S.v. Art. 266 (sowie von Art. 28g Abs. 1 ZGB) liegt dann vor, wenn sich dieses an die Öffentlichkeit richtet oder der Öffentlichkeit zugänglich ist (BGE 113 II 369 E. 3a). Es umfasst jedes an die Öffentlichkeit gerichtete Kommunikationsmittel. Es handelt sich also um ein potenzielles oder tatsächliches Massenmedium. Es kann

– heute bereits bestehen (wie Presseagenturen oder das Telefon, insoweit es Informationen verbreitet) oder

– erst im Lauf der weiteren Entwicklung der Kommunikationstechnik entstehen.

12 Der Medienbegriff setzt zwei Elemente voraus:

– erstens ein Informationen verbreitendes Instrument, ein **Informationsübertragungsmittel** (nicht als Medien gelten deshalb *Vorträge* oder *öffentliche Ansprachen* über lokale Verstärkeranlagen);

– dieses muss zweitens (für einen bestimmten Preis oder auch kostenlos) jedermann zugänglich sein (**unbestimmter, offener Empfängerkreis**). Öffentlichkeit bedeutet, dass Personen zur Information Zugang haben, die nicht zu einem bestimmten Kreis von Adressaten gehören, wobei auch nur an Abonnenten versandte Zeitschriften oder Pay-TV-Kanäle Medien sein können (IPRG-Komm.-DASSER, Art. 139 N 6 f.). Man kann sich zwar auf deren Zahl abstützen (vgl. BGE 113 II 369 ff., 372), doch handelt es sich dabei nur um ein Indiz.

Wenn der Zugang zu einem Kommunikationsmittel an *Verpflichtungen* von einer gewissen Bedeutung gebunden ist, die mit der Informationsverbreitung in keinem direkten Zusammenhang stehen, handelt es sich nicht um ein Medium (z.B. Mitteilungsblätter oder Zirkularschreiben an die Mitglieder eines Vereins, einer politischen Partei oder einer Gewerkschaft etc.). Auch eine *Hauszeitung* oder eine für die internen Zwecke eines Unternehmens verteilte *Presseschau* sind keine Medien (BGE 113 II 373 f.). Grundsätzlich nicht als Veröffentlichung kann der Versand von gewöhnlichen *E-Mails* qualifiziert werden (R. WEBER, E-Commerce und Recht, Zürich 2001, 61). Als Medien gelten aber **digitale Newsletters**, die an einen grundsätzlich offenen Abonnentenkreis (über Mailing Lists) verschickt werden oder über einen passwortgeschützten Zugang abgerufen werden können (zu den *Online-Zeitschriften* vgl. B. DUTOIT, Droit internationale privé suisse, Commentaire de la loi fédérale du 18.12.1987, 4. A., Basel u.a. 2005, Art. 139 N 8bis, zu den *Mailing Lists* D. ROSENTHAL, Das auf unerlaubte Handlungen im Internet anwendbare Recht am Beispiel des Schweizer IPR, AJP 1997, 1340 ff., 1349). – Im Einzelnen kann die Grenzziehung schwierig sein.

Die *Natur* des Mediums (Printmedium, elektronisches Medium; kulturelle Sendung, wissenschaftliche Zeitschrift) ist ohne Bedeutung (vgl. dazu BUCHER, Natürliche Personen, Rz 668). **13**

Im Falle der Vorführung eines Films in einem Kino oder beim Verkauf eines Buchs stellen der **Film** und das **Buch**, deren **Inhalt bestimmt** ist, das Kommunikationsmittel dar, nicht aber das Kino oder die Buchhandlung (vgl. Botschaft zu Art. 28 ZGB, BBl 1982 II, 673; 1988 II 462). Bei periodisch erscheinenden Medien muss es sich um Kommunikationsorgane handeln, deren *Inhalt veränderlich* ist (vgl. dazu BUCHER, Natürliche Personen, Rz 665 ff.). **14**

Das Medium ist für die **redaktionellen Beiträge** verantwortlich; für den Inhalt von *Leserbriefen* und des *Inserateteils* übernehmen die Medien hingegen grundsätzlich keine Verantwortung (GEISER, 79; betr. Werbung vgl. GEISER, 80). Es kann sich daraus aber eine *wettbewerbsrechtliche* Haftung ergeben (vgl. M. M. PEDRAZZINI/F. A. PEDRAZZINI, Unlauterer Wettbewerb UWG, 2. Aufl., Bern 2002, Rz 17.08 ff). **15**

Weder dem Gesetz noch der Rechtsprechung oder Literatur ist die Voraussetzung der *Unabhängigkeit* des Mediums zu entnehmen (vgl. z.B. P. STUDER/R. MAYR VON BALDEGG, Medienrecht für die Praxis, Zürich 2000, 11 und 228). **16**

Mit Bezug auf das Gegendarstellungsrecht hat das Bundesgericht ausgeführt, der Gesetzgeber habe sein Augenmerk vor allem auf jene Informationsverbreitung grossen Stils gerichtet, die zur Meinungsbildung der Allgemeinheit beitragen will (BGE 113 II 369 E. 3b; vgl. BÄNNINGER, 144). Der Botschaft über die Änderung des ZGB vom 5.5.1982 ist zu entnehmen, dass die Ausnahmeregel nur auf jene Medien Anwendung finden soll, bei denen sie sich in besonderem Masse aufdrängt (BBl 1982, 667). Eine Persönlichkeitsverletzung wiege schwerer, wenn sie von Presse, Radio oder Fernsehen verbreitet werde, da der Äusserung eine *erhöhte Glaubwürdigkeit* zukomme und von Medien ganz allgemein ein hohes Mass an Sorgfalt und Verantwortungsbewusstsein erwartet werde (BBl 1982, 645). **17**

Die deutsche Lehre geht davon aus, dass periodisch erscheinende Texte einen *besonders nachhaltigen Eindruck auf die öffentliche Meinungsbildung* haben müssen (M. V. HINDEN, Persönlichkeitsverletzungen im Internet, Tübingen 1999, 48). Erst dadurch entstehe eine strukturelle Ungleichheit des Publizitätsgrades, die durch den Gegendarstellungsanspruch ausgeglichen werden soll. Online-Periodika wie Tageszeitungen, nicht aber eine schlichte Homepage seien erfasst. Möglich wäre es in diesem Licht, Art. 266 dahingehend teleologisch zu reduzieren, als dem periodisch erscheinenden Medium allgemein eine **erhöhte Glaubwürdigkeit** zukommen müsste.

b) Das Internet insbesondere

Aufgrund der bewusst offenen Formulierung des Gesetzgebers fällt grundsätzlich auch das **Internet** unter den Medienbegriff (BSK ZGB I-SCHWAIBOLD, Art. 28g N 3; BÄNNINGER, 159 f.; DESCHENAUX/STEINAUER, Rz 666 f.; BBl 1982, 673; IPRG-Komm.-DASSER, **18**

Art. 139 N 8, vgl. aber i.f., wonach dem Internet als solchem kein Medien-Charakter zugeschrieben werden könne, da nur einzelne Funktionen zugänglich sind). Es entspricht funktional den klassischen Printmedien.

19 In der Lehre wird teilweise postuliert, nur **nach journalistischen Kriterien überarbeitete Internetauftritte** seien unter den Begriff der periodisch erscheinenden Medien zu subsumieren (P. STUDER, Publikationsverbote und Grundrechte, in: M. A. Niggli (Hrsg.), FS für F. Riklin, Zürich u.a. 2007, 683 ff., 689, mit Bezug auf die Stellungnahme Nr. 36/2000 des Presserates vom 18.8.2000). Ein Absehen von begrenzenden Kriterien betr. den Begriff der periodisch aktualisierten Mitteilungen im Internet hätte zur Folge, dass beispielsweise jeder regelmässig aufbereitete Blog (im Internet einsehbares Tagebuch) die gesetzlichen Erfordernisse erfüllte (OGer ZH NL080214U vom 19.3.2009).

2. Periodisches Erscheinen

20 Als **periodisch** gilt ein Medium dann, wenn seine *Inhalte regelmässig aktualisiert* und erweitert werden und nicht eine blosse Archivfunktion erfüllen (P. NOBEL/R.WEBER, Medienrecht, 3. Aufl., Zürich 2007, 4. Kap., Rz 156) und *regelmässig an ein bestimmtes, mehr oder weniger gleich bleibendes Publikum gerichtet* sind (HAUSHEER/AEBI-MÜLLER, Personenrecht, Rz 15.31). Periodisch heisst: in mehr oder weniger regelmässigen Abständen. Um periodische Medien handelt es sich auch dann, wenn sie in unregelmässigen Abständen erscheinen; indessen muss die Verbreitung in einer gewissen Kontinuität und mindestens einmal im Jahr erfolgen. Das Kriterium der Periodizität bezieht sich auf das Publikationsorgan als solches, nicht auf den Rahmen, in dem die behauptete Verletzung erscheinen soll (Rubrik, Sendegefäss etc.). Die mehrmalige Veröffentlichung einer Erklärung oder eines Bildes als solche fällt nicht unter den Begriff eines periodisch erscheinenden Mediums.

IV. Weitere Voraussetzungen für die Anordnung vorsorglicher Massnahmen gegen periodisch erscheinende Medien

21 Die Voraussetzungen für die Anordnung von vorsorglichen Massnahmen oder von superprovisorischen Massnahmen gegen periodisch erscheinende Medien sind grundsätzlich dieselben wie bei vorsorgliche Massnahmen gegen andere Gegenparteien. **Zusätzlich** zu den allgemeinen Voraussetzungen (CRAMER, recht 2007, 129; HAUSHEER/AEBI-MÜLLER, Personenrecht, Rz 14.88 ff.) müssen die drei in Art. 266 lit. a–c genannten Voraussetzungen **kumulativ** gegeben sein.

1. Besonders schwerer Nachteil

22 Die «drohende Rechtsverletzung» der gesuchstellenden Partei muss einen «besonders schweren Nachteil» verursachen können. Art. 266 spricht von «*der* drohenden Rechtsverletzung». Der bestimmte Artikel (nicht *eine* drohende Rechtsverletzung) erweckt den Eindruck, dass der Begriff auf einen früher schon verwendeten verweise. Dies ist allerdings nicht der Fall. In Art. 261 Abs. 1 lit. a geht es um die *Befürchtung der Verletzung eines Anspruchs*. Gemeint ist aber wohl dasselbe, auch wenn dogmatisch zwischen Anspruch und Recht zu unterscheiden ist.

23 Was den «Nachteil» betrifft, wird auf Art. 261 Abs. 1 lit. b und Art. 261 N 28 ff. verwiesen. Der Nachteil muss hier «**besonders schwer**» sein. Die Rechtsverletzung kann in einer *Persönlichkeitsverletzung* bestehen (Verletzung der Ehre, der Privatsphäre, der wirtschaftlichen Persönlichkeit etc; vgl. HAUSHERR/AEBI-MÜLLER, Persönlichkeitsschutz,

137 ff.) oder *in anderen Verletzungen.* Die **Rechtsverletzung an sich** stellt noch nicht zwingend den «besonders schweren Nachteil» dar (und beweist auch noch keinen «nicht leicht wiedergutzumachenden Nachteil» i.S.v. Art. 261), sondern dieser ist *neben* der Verletzung darzulegen. Dessen ungeachtet *ist* faktisch oft die Verletzung der Nachteil.

Nach AmtlBull NR 1983, 1378 ist das *Ausmass der Verbreitung in den Medien* ein wesentlicher Faktor, der oft schon an sich bedeutet, dass der drohende Nachteil besonders schwer wiegt (BUCHER, Natürliche Personen, Rz 627; **a.M.** BSK ZGB I-MEILI, Art. 28c N 6, unter Hinweis auf SJ 1993, 205 ff., wonach sich der besonders schwere Nachteil aus dem verletzten Gut selbst und nicht aus der weiten Streuung des Mediums ergeben muss). Dieser qualifizierte Nachteil muss nach der allgemeinen Voraussetzung von Art. 261 «nicht leicht wieder gutzumachen» sein. 24

Oft ist bei Persönlichkeitsverletzungen der **Nachteil immaterieller Natur**. Es gibt aber keinen Grund und auch keine gesetzliche Handhabe, den Nachteil i.S.v. Art. 266 auf solche Formen einzuschränken und etwa **finanzielle Nachteile** auszuschliessen (TERCIER, Droit de la personnalité, Rz 122 f.), Dass der Persönlichkeitsschutz nicht zur Wahrung *reiner* Vermögensinteressen bestimmt ist (so BGE 110 II 411; ZR 1984, 316; BSK ZGB I-MEILI, Art. 28c N 3), ändert daran nichts. Zum einen sind vorsorgliche Massnahmen gegen periodisch erscheinende Medien gesetzlich nicht auf den Persönlichkeitsschutz beschränkt, vielmehr können **jegliche Rechtsansprüche** nach Art. 261 geschützt werden. Zum andern kann auch finanzieller Schaden nicht leicht wieder gutzumachen sein (vgl. Art. 261 N 28). Schliesslich kann der Nachteil in Vermögens- *und zugleich* auch *anderen* Interessen liegen – es sind in der Praxis selten ausschliesslich finanzielle Ansprüche betroffen. 25

2. Offensichtliches Nichtvorliegen eines Rechtfertigungsgrunds

Eine weitere Voraussetzung ist, dass für die drohende Rechtsverletzung der gesuchstellenden Partei «**offensichtlich kein Rechtfertigungsgrund**» des Mediums vorliegt. Es geht hier nicht um die Rechtsverletzung, die schon gemäss Art. 261 drohen muss, sondern um das offensichtliche Nichtvorliegen eines Grundes, der die Verletzung rechtfertigen würde. Auch im sonstigen Massnahmeverfahren darf nicht offensichtlich ein Rechtfertigungsgrund vorliegen, weil sonst der Anspruch der gesuchstellenden Partei nicht glaubhaft gemacht wäre. 26

Offensichtlich bedeutet: klar erkennbar, sehr deutlich. Der Begriff kommt in der ZPO häufig vor (vgl. Art. 56, 61 lit. b und c, 69, 91 Abs. 2, 189 Abs. 3 lit. c, 253, 279, 312 Abs. 1, 313 Abs. 2 lit. b, 320 lit. b, 322 Abs. 1, 330, 393 lit. e und f, 395 Abs. 4). Wenn der Richter nach Rechtfertigungsgründen suchen muss, liegen sie nicht «offensichtlich» vor. 27

Rechtfertigungsgründe können sein (vgl. BUCHER, Natürliche Personen, Rz 628): 28

– **Einwilligung** des Opfers bzw. der gesuchstellenden Partei;
– **Wahrung höherer Interessen** an der Veröffentlichung und Verbreitung, vor allem überwiegender *öffentlicher* Informationsinteressen i.S.v. Art. 28 Abs. 2 ZGB (CRAMER, Persönlichkeitsschutz, 131 ff.; zur öffentlichen Aufgabe der Medien vgl. BSK ZGB I-MEILI, Art. 28 N 50). Nach BGE 109 II 358 kommt zwar der Presse ein wichtiger Informationsauftrag im öffentlichen Interesse zu; damit sei aber «nicht auch erstellt, dass sich die Massenmedien mit Rücksicht auf ihren anerkannten Auftrag gegenüber der Öffentlichkeit auf einen umfassenden Rechtfertigungsgrund berufen können, der auch den Intim- und Privatbereich des einzelnen Bürgers einschliessen

würde». Dabei ist zu beachten, dass bei der Abwägung der sich gegenüberstehenden Interessen der besonders schwere Nachteil, wie ihn das Gesetz verlangt, das Gewicht des öffentlichen Interesses als geringer erscheinen lässt. Bei relativen bzw. absoluten Personen der Zeitgeschichte kommt (bei fehlender Einwilligung des Verletzten) dem Rechtfertigungsgrund des öffentlichen Interesses eine gewichtige Funktion zu (BGE 127 III 481 E. 2c/aa). Absolute Personen der Zeitgeschichte sind kraft ihrer Stellung, Funktion oder Leistung derart im Blickfeld der Öffentlichkeit, dass ein legitimes Informationsinteresse an ihrer Person und ihrer gesamten Teilnahme am öffentlichen Leben zu bejahen ist (DESCHENAUX/STEINAUER, Rz 561a. Einen Vorschlag zu kontextbezogenen Fallgruppen der jeweils involvierten Interessen – Berichterstattung im Rahmen des politischen Diskurses, über Tätigkeiten von öffentlichem Interesse, über Ereignisse in der Unterhaltungsbranche etc. – macht CRAMER, Persönlichkeitsschutz, 134 ff.);

- weitere Rechtfertigungsgründe wie **Notwehr** und **Notstand** (vgl. CRAMER, Persönlichkeitsschutz, 145).

29 Ob der konkret angeführte Grund zur Rechtfertigung einer Persönlichkeitsverletzung ausreicht, ergibt sich aus der Gegenüberstellung der Entfaltungsinteressen der Gegenpartei und der Integritätsinteressen der gesuchstellenden Partei. Es genügt nicht, dass irgendwelche Umstände vorliegen, die den Interessen der gesuchstellenden Partei an der Nichtverletzung entgegenstehen. Auch **Interessengleichwertigkeit reicht nicht**, um die Verletzung zu rechtfertigen (HAUSHEER/AEBI-MÜLLER, Persönlichkeitsschutz, 132). Generell handelt derjenige rechtmässig, der ein Interesse nachweisen kann, das gegenüber dem grundsätzlich schutzwürdigen Interesse der verletzten Person *höherwertig* ist. Das bedingt eine richterliche Abwägung der auf dem Spiel stehenden Interessen. Dabei sind sowohl die **Ziele** als auch die **Mittel** zu prüfen, derer sich das Medium bedient.

30 In der Praxis erweist es sich als schwierig, den Schutz des Einzelnen und die Interessen des Mediums an der öffentlichen Information bzw. des Interesses der Öffentlichkeit, informiert zu werden, gegeneinander abzuwägen (dazu eingehend HAUSHEER/AEBI-MÜLLER, Persönlichkeitsschutz, 139 ff. m.H.). Die Rechtfertigung kann nur so weit reichen, als tatsächlich ein *aktueller Informationsbedarf* der Öffentlichkeit besteht. *Falschinformationen* sind grundsätzlich immer rechtswidrig. Aber auch hinsichtlich einer zutreffenden Berichterstattung kann es an einem Informationsinteresse fehlen, wenn die Darstellung z.B. einen *weit in der Vergangenheit zurückliegenden Sachverhalt* betrifft, der für die gegenwärtige Stellung der betroffenen Person nicht (mehr) von Bedeutung ist (vgl. BGE 122 III 449 ff., 457). Soweit eine **anonymisierte Berichterstattung** das berechtigte Interesse der Öffentlichkeit zu befriedigen vermag, bleiben eine *Namensnennung* oder die *Veröffentlichung von Bildern*, auf der die betroffene Person zu erkennen ist, unzulässig.

31 Bei der Bestimmung des öffentlichen Interesses (vgl. dazu im Zusammenhang mit einer Gerichtsberichterstattung auch BGE 129 III 529) ist einzubeziehen, dass dem reinen *Unterhaltungsbedürfnis* der Adressaten in der Güterabwägung nur ein geringes Gewicht zukommt (vgl. H. HUBMANN, Das Persönlichkeitsrecht, 2. A., Köln u.a. 1967, 166: «Auf seiten der Presse sind folgende Intensitätsstufen des von ihr wahrgenommenen Interesses zu unterscheiden: Sensationslust, Unterhaltungsbedürfnis, Informationsinteresse und qualifiziertes Informationsinteresse. Diese Stufen stellen eine aufsteigende Skala der Schutzwürdigkeit dar.»). Das öffentliche Interesse ist zudem nicht zu verwechseln mit dem Interesse einer breiten Öffentlichkeit: «Not everything which interests the public should be published in the public interest.» (von den Befürwortern eines erhöhten Persönlichkeitsschutzes in England häufig verwendeter Ausspruch, zit. nach HAUSHEER/

AEBI-MÜLLER, Persönlichkeitsschutz, 140). Je schwerer ein Eingriff in die Persönlichkeit wiegt, desto gewichtiger muss der öffentliche Informationsbedarf sein. Der geplante Eingriff in die Persönlichkeit muss das schonendste Mittel sein, das konkret geltend gemachte berechtigte Interesse durchzusetzen (vgl. BGE 126 III 308).

Da es wohl noch nie ein Massenmedium gegeben hat, das bei Persönlichkeitsverletzungen nicht einen Informationsauftrag behauptet und vom Hochsitz eines sich selbst zugeschriebenen «Wächteramtes» aus den Rechtfertigungsgrund des überwiegenden öffentlichen Interesses geltend gemacht hätte, ist regelmässig zu prüfen, ob solche Vorbringen nicht nur ein erst nach der Verletzung «entdeckter» Vorwand sind (HAUSHEER/AEBI-MÜLLER, Persönlichkeitsschutz, 141, m.H.). Es geht einem – sogar innerhalb der eigenen Mediengruppe – in immer härterem Konkurrenzkampf stehenden Medienunternehmen in aller Regel nicht nur um Information in staatsbürgerlicher Fron, sondern auch – und eben recht oft hauptsächlich oder gar ausschliesslich – um manifeste *Eigeninteressen* insb. wirtschaftlicher Art, um Reichweite, Auflage und Einschaltquoten, aber auch um solche immaterieller Art wie die Reputation («Möglichst viele Primeurs!»). Dies gilt analog auch auf der Ebene der einzelnen Journalisten. Es handelt sich dabei jeweils nicht um öffentliche, sondern um **private Interessen** der Medien und ihrer Journalisten (vgl. CRAMER, Persönlichkeitsschutz, 142 f.), die von vornherein keinen Rechtfertigungsgrund darstellen. 32

Das Medium kann sich nicht unter Berufung auf eingehaltene *branchenübliche Sorgfalt* entlasten (HAUSHEER/AEBI-MÜLLER, Persönlichkeitsschutz, 141, unter Hinweis u.a. auf BGE 126 III 305). 33

3. Die Massnahme darf nicht unverhältnismässig erscheinen

Schliesslich darf die vorsorgliche Massnahme **nicht unverhältnismässig erscheinen**. Diese weitere Voraussetzung ist *überflüssig* und bedeutet keine zusätzliche Einschränkung, da *jede* vorsorgliche Massnahme, nicht nur jene gegen periodisch erscheinende Medien, verhältnismässig *sein* (und um so mehr «erscheinen») muss (vgl. Art. 262 N 47 ff.) – was überhaupt für alles richterliche, obrigkeitliche und verwaltungsmässige Handeln gilt (vgl. KILLER, § 302 ZPO/AG N 16). Die Voraussetzung der Verhältnismässigkeit darf schon gar nicht so ausgelegt werden, dass keine vorsorglichen Massnahmen gegen die Medien angeordnet werden dürften (vgl. Entscheid der Cour de justice des Kantons Genf, SJ 1986, 217; HAUSHEER/AEBI-MÜLLER, Personenrecht, Rz 14.91). 34

Der unverhältnismässige Charakter einer Massnahme kann sich nicht durch geringe Intensität der Verletzung erklären, denn die gesuchstellende Partei muss nach der ersten Voraussetzung einen besonders schweren Nachteil erleiden. Abgewogen werden müssen einerseits die besondere Schwere der Verletzung und anderseits die Folgen, die die vorsorgliche Massnahme für das Medium haben könnte (BUCHER, Natürliche Personen, Rz 639). Die Erwähnung des Grundsatzes der Verhältnismässigkeit hat hier einerseits *deklaratorischen*, anderseits *pädagogisch-disziplinierenden* Charakter: Er soll den Richter zur Mässigung bei der Wahl der konkreten Massnahme anhalten. Der Richter soll keine spektakuläre Anordnung treffen können, wie eine Einschaltsendung am Fernsehen oder den Unterbruch der Rotation einer Zeitung (vgl. AmtlBull NR 1983, 1380). 35

Im Rahmen der Verhältnismässigkeitsprüfung zu berücksichtigen sind wie immer auch die *wirtschaftlichen Interessen des Mediums*. Sie kann der Richter dadurch berücksichtigen, dass er die vorsorgliche Massnahme von der Erbringung einer Sicherheitsleistung (Art. 264) abhängig macht (Botschaft zu Art. 28 ZGB, BBl 1982 II, 668). 36

37 Über die Verhältnismässigkeit einer Massnahme lässt sich meist erst nach *sorgfältiger Prüfung aller Umstände* ein Urteil bilden (gl.M. BSK ZGB-I-MEILI, Art. 28c N 6; vgl. BGer, 12.9.2002, 5P.254/2002, zum Verbot des Aushangs eines Zeitungsartikels über ein sexuell missbrauchtes Kind, und BGer, 28.10.2003, SJ 2004 I 250, zum nur gegen eine Internetsite gerichteten Verbot der Weiterverbreitung einer über mehrere Sites verbreiteten Persönlichkeitsverletzung [i.c. Verhältnimässigkeit bejaht]). Es geht nicht an, dass Medien durch eine **voreilige Publikation** die Waage zu ihren Gunsten belasten können (CRAMER, recht 2007, 129; BREITSCHMID, 875).

4. Glaubhaftmachung

38 Die gesuchstellende Partei – bei der es sich wie generell bei vorsorglichen Massnahmen unbestrittenermassen sowohl um eine natürliche wie um eine juristische Person handeln kann (BGE 31 II 242, 246 f.) – muss glaubhaft machen, dass (auch) die drei in Art. 266 genannten Voraussetzungen gegeben sind (vgl. AmtlBull StR 1983, 143 f.; BUCHER, Natürliche Personen, Rz 630). Die «Glaubhaftmachungslast» für den Rechtfertigungsgrund bzw. die einen solchen Grund darstellenden Tatsachen liegt hingegen beim Urheber der Verletzung, also bei der Gegenpartei (HAUSHEER/AEBI-MÜLLER, Persönlichkeitsschutz, 132).

V. Prüfen des Gesuchs

39 Zur Prüfung des Gesuchs vgl. Art. 261 N 74 ff. Zum anwendbaren Recht in internationalen Sachverhalten vgl. Art. 139 IPRG und Vor Art. 261–269 N 20 f.

40 Wenn das Medium keine Rechtfertigungsgründe vorbringt und glaubhaft macht, hat der Richter davon auszugehen, dass es an Rechtfertigungsgründen offensichtlich fehlt, sofern solche nicht schon aus der Argumentation der gesuchstellenden Partei hervorgehen (BUCHER, Natürliche Personen, Rz 628).

41 Bei Superprovisorien kann das Medium, da nicht angehört, Rechtfertigungsgründe nicht vorbringen. In diesem Fall liegt es am Richter, von Amtes wegen zu prüfen, ob die Voraussetzung des offensichtlichen Nichtvorliegens von Rechtfertigungsgründen erfüllt ist.

VI. Zum Inhalt von vorsorglichen Massnahmen gegen periodisch erscheinende Medien

42 Art. 266 nennt keine Einschränkungen des Inhalts von vorsorglichen Massnahmen gegen periodisch erscheinende Medien. Unter den Voraussetzungen von Art. 262 sind daher grundsätzlich **alle geeigneten Massnahmen zulässig**.

43 Damit eine vorsorgliche Massnahme verlangt werden kann, muss jemand Kenntnis von einer bevorstehenden Persönlichkeitsverletzung haben. Der erste Schritt des Betroffenen ist deshalb, sich vor der Veröffentlichung den Text, den Film, die Fotografie etc. zu verschaffen. Viele Medienunternehmen weigern sich indes, den betroffenen Personen im voraus Einblick zu gewähren. Nach überwiegender Lehrmeinung müssen die Betroffenen zur Wahrnehmung ihrer Rechte einen solchen Einblick erzwingen können. Der Betroffene muss vom Gericht vorgängig die Anordnung verlangen können, einen ihn betreffenden Artikel oder eine Sendung oder Fotografie **vorvisionieren** zu können, damit er seinen Anspruch begründen kann (BUCHER, Natürliche Personen, Rz 631; TERCIER, Droit de la personnalité, Rz 557 ff.; PEDRAZZINI/OBERHOLZER, 174; GEISER, 82; TH. GEISER, Medialex 1996, 213 f.; Entscheid des Berner Richteramts III vom 13.5.1993 i.S. Schwei-

zerisches Rotes Kreuz/SRG; a.M., wegen des damit verbundenen Eingriffs in die Medienfreiheit BARRELET, Droit de la communication, Rz 1415; BARRELET, Mesures provisionelles, 53; RIKLIN, 6; GUNTERN, 54; ZR 1983, 59; BSK ZGB I-Meili, Art. 28e N 3). Nach F. RIKLIN, Schweizerisches Presserecht, Bern 1996, 220 f. m.H., muss der Antrag auf Vorvisionierung gutgeheissen werden, wenn die gesuchstellende Partei «durch Indizien glaubhaft» macht, «dass mit erheblicher Wahrscheinlichkeit eine widerrechtliche Publikation droht».

Gegenüber periodisch erscheinenden Medien können grundsätzlich auch **Berichtigungsbegehren** auf dem Weg vorsorglicher Massnahmen durchgesetzt werden (BGE 107 Ia 283 ff; SJZ 1979, 75; PEDRAZZINI/OBERHOLZER, 173; BUCHER, Natürliche Personen, Rz 632). BUCHER, Natürliche Personen, Rz 632, weist darauf hin, dass das praktische Interesse zwar «eher gering» sei, wenn der Betroffene über ein Gegendarstellungsrecht verfügt, dass aber eine vom Richter angeordnete Berichtigung eine grössere Wirkung auf das Publikum auszuüben vermag als eine Gegendarstellung des Verletzten (BGE 104 II 1 ff., 5). **44**

Auch das BGer hat die Richtigstellung einer Persönlichkeitsverletzung durch periodisch erscheinende Medien auf dem Weg vorsorglicher Massnahmen zugelassen, jedoch mit der Einschränkung, dass die **Voraussetzungen des Rechts auf Gegendarstellung nicht erfüllt** sein dürfen (BGE 118 II 372 ff.; vgl. 117 II 117 ff.). Vorsorgliche Massnahmen sind mit anderen Worten gegenüber den Vorschriften des Gegendarstellungsrechts *subsidiär* (vgl. den in AJP 1998, 335, Ziff. 2.1, zusammengefassten Tessiner Entscheid; vgl. aber BGer, 17.11.2005, 5P.259/2005 E. 6.6, unter Hinweis auf die abweichenden Meinungen von PEDRAZZINI/OBERHOLZER, 173, und BUCHER, Natürliche Personen, Rz 643). Nach einzelnen Autoren soll nämlich u.U. auch eine *simultane* Veröffentlichung einer Antwort des Verletzten als vorsorgliche Massnahme angeordnet werden können, wenn keine Gegendarstellung möglich ist (I. CHERPILLOD, Information et protection des intérêts personnels, ZSR 1999 II 87 ff., 184 m.H.; BUCHER, Natürliche Personen, Rz 632 i.f.; **a.M.** BARRELET, Droit de la communication, Rz 1413 m.H. auf einen Genfer Entscheid, wiedergegeben in SMI 1993, 192 [Gegendarstellung als gesetzlich konzipiertes Recht «a posteriori»]; BSK ZGB I-MEILI, Art. 28c N 4). Das Gegendarstellungsrecht kann in einem gewissen Masse das Ungenügen des durch Art. 266 eingeschränkten Schutzes kompensieren, wenn es sich um falsche oder unvollständige Behauptungen handelt, die eine Person betreffen. Es kann aber keine *Unterlassung* oder *Beseitigung einer Verletzung* erreichen. Die Gegendarstellung kommt in dieser Hinsicht nicht nur immer zu spät, sondern ist oft sogar geeignet, den bewirkten Schaden noch zu vergrössern, indem etwa Ereignisse aus dem Privatleben verbreitet werden, deren Veröffentlichung nicht im Allgemeininteresse steht (BUCHER, Natürliche Personen, Rz 631). Aus diesen Gründen ist die Subsidiarität von vorsorglichen Massnahmen gegenüber der Gegendarstellung nur anzunehmen, wo das Massnahmebegehren *nichts anderes als eine Gegendarstellung* bezweckt und bewirken will. Soweit dies nicht der Fall ist, bedeutet «Subsidiarität» eine Beschränkung des vorsorglichen Rechtsschutzes und ist nicht gerechtfertigt. Der selbständige privatrechtliche Anspruch auf Gegendarstellung wurde nicht just dafür geschaffen, den Persönlichkeitsschutz einzuschränken. Ein vorsorgliches Berichtigungsbegehren ist auch dann nicht abzuweisen, wenn nicht eine Berichtigung, sondern die *Beseitigung von Textstellen und Fotografien* oder ein *Verbot von Publikationen* beantragt wird, was auf dem Gegendarstellungsweg nicht erreicht werden kann (vgl. dazu BGer 5P.259/2005 E. 6.6).

Häufig richtet sich eine vorsorgliche Massnahme gegen den Abdruck eines Textes oder die Ausstrahlung einer Sendung. BREITSCHMID, 874, schlägt vor, einem inkriminierten **45**

Text ein Beiblatt oder einen Aufkleber beizugeben, woraus hervorgeht, dass ein Gericht im Rahmen einer summarischen Würdigung eine ungerechtfertigte Persönlichkeitsverletzung für glaubhaft gemacht erachtet. Die Eignung dieser Massnahme bzw. der Vorteil für das Opfer scheinen allerdings fraglich (dazu CRAMER, recht 2007, 129: «Vielmehr dürfte ein derartig gekennzeichneter Text zusätzliche Aufmerksamkeit erheischen. Überdies müsste die beigefügte Erklärung aufgrund der provisorischen Natur der Massnahme in einem verhaltenen Juristendeutsch gehalten sein, das den stilistischen Florettstichen oder auch Hammerschlägen des Medienerzeugnisses nicht gewachsen sein kann.»).

Art. 267

Vollstreckung — Das Gericht, das die vorsorgliche Massnahme anordnet, trifft auch die erforderlichen Vollstreckungsmassnahmen.

Exécution — Le tribunal qui a ordonné les mesures provisionnelles prend également les dispositions d'exécution qui s'imposent.

Esecuzione — Il giudice che ordina il provvedimento cautelare prende anche le necessarie misure d'esecuzione.

Inhaltsübersicht Note

I. Norminhalt und Normzweck 1

II. Vollstreckung 4

III. Inhalt 7

IV. Vollstreckung von Entscheiden in der Hauptsache 9

V. Berufung 10

Literatur

J. ADDICKS, Welche Anforderungen gibt es bei der Zustellung und Vollziehung von einstweiligen Verfügungen?, Monatsschrift für Deutsches Recht 1994, 225–230; J. AHRENS/K. SPÄTGENS, Einstweiliger Rechtsschutz und Vollstreckung in UWG-Sachen, Köln 2001; U. HAUBENSAK, Die Zwangsvollstreckung nach der zürcherischen Zivilprozessordnung, Diss. Zürich 1975; M. KUMMER, Die Vollstreckung des Unterlassungsurteils durch Strafzwang (StGB 292), ZStR 1977, 394 ff.; vgl. auch die Literaturhinweise bei den Vorbem. zu Art. 261–269 und jene zu Art. 261–266 und 268–269.

I. Norminhalt und Normzweck

1 Bei der Vollstreckung handelt es sich um die letzte Phase des Massnahmeverfahrens: Mit ihr wird die Durchsetzung der Massnahme erreicht. Sie ist daher von grosser Bedeutung.

Art. 267 ist eine *Kompetenznorm*: Er legt fest, dass der Massnahmerichter auch zur Festlegung der erforderlichen Vollstreckungsmassnahmen zuständig ist. Das Gericht kann die getroffene Massnahme entweder selbst vollstrecken oder aber vollstrecken lassen, z.B. ein Register anweisen, die Massnahme zu vollstrecken.

2 Es entspricht dem Sinn und Zweck vorsorglicher Massnahmen, dass sie wie Urteile vollstreckt werden können (SUTTER-SOMM, ZPR, Rz 906; KOFMEL EHRENZELLER, Grundla-

gen, 54; so wörtlich auch Art. 83 Abs. 1 BZP). Sie stellen einen Vollstreckungstitel nach Art. 80 Abs. 1 SchKG dar. (Dies gilt bei vorsorglichen Massnahmen, die *zu einer bestimmten Leistung verpflichten.* Vorsorgliche Massnahmen *mit rechtsgestaltendem Inhalt* weisen hingegen keinen vollstreckbaren Inhalt auf [KOFMEL EHRENZELLER, Grundlagen, 53]).

Weil vorsorglicher Rechtsschutz unverzüglich greifen muss, hat das anordnende Gericht die Möglichkeit, die getroffene Massnahme entweder **gerade selber zu vollstrecken oder sofort vollstrecken zu lassen** (Bericht, 133 f.; BOTSCHAFT ZPO, 7357). Es geht dabei nicht um die Vollstreckung eines allfälligen Hauptsacheurteils (z.B. Verurteilung zur Herausgabe einer bestimmten beweglichen Sache), sondern um jene der vorsorglichen Massnahme (z.B. Vollzug der Beschlagnahme dieser Sache).

II. Vollstreckung

Zur Vollstreckung bedarf es keines zusätzlichen Vollstreckungsgesuchs der interessierten Partei (Bericht, 133 f.; BOTSCHAFT ZPO, 7357).

Vorsorgliche Massnahmen sind **in der ganzen Schweiz** vollstreckbar (vgl. Art. 28e Abs. 1 ZGB; BERTI, Massnahmen, 235; ZÜRCHER, 276; DAVID, SIWR, 206; FRANK/STRÄULI/MESSMER, § 222 Ziff. 1 ZPO/ZH N 5). Soweit es sich um die Vollstreckung eines in einem Konkordatskanton ergangenen Massnahmeentscheides in einem anderen Konkordatskanton handelt, sind die Bestimmungen des Konkordates über die Vollstreckung von Zivilurteilen vom 10.3.1977 (SR 276) auch auf die Vollstreckung von vorsorglichen Massnahmen anwendbar (Art. 1 Abs. 2 des Konkordates). Zur Vollstreckung im **Ausland** vgl. Vor Art. 261–269 N 24.

Keiner Vollstreckung, sondern lediglich des **Vollzugs** bedürfen jene vorsorglichen Massnahmen, welche nicht die Gegenpartei zu einer bestimmten Leistung verpflichten, sondern einen *direkt an eine Behörde gerichteten Befehl* enthalten, wie z.B. die Vormerkung einer Verfügungsbeschränkung im Grundbuch oder die Beschlagnahme streitiger Sachen (KOFMEL EHRENZELLER, Grundlagen, 54).

III. Inhalt

Das Gesetz legt den **Inhalt** der Vollstreckungsmassnahmen nicht fest. Er bestimmt sich nach den angeordneten vorsorglichen Massnahmen. Die Vollstreckungsmassnahmen müssen zur Vollstreckung **erforderlich** sein und dürfen weder darüber hinausgehen noch hinter dem Notwendigen zurückbleiben.

Die Vollstreckung von vorsorglichen Massnahmen, die zur Leistung einer bestimmten **Geldsumme** verpflichten (z.B. vorläufige Unterhaltszahlung), richtet sich nach dem SchKG.

IV. Vollstreckung von Entscheiden in der Hauptsache

Zur Vollstreckung von Entscheiden in der Hauptsache vgl. Art. 236 Abs. 3 und 335 ff.

V. Berufung

Die Berufung gegen den Entscheid über die vorsorgliche Massnahme hat grundsätzlich *keine aufschiebende Wirkung* (Art. 315 Abs. 4 lit. b), was dem Bedürfnis nach sofortigem Rechtsschutz entspricht, und hindert deshalb die Vollstreckung nicht. Die Rechtsmittelinstanz kann aber aufschiebende Wirkung erteilen. Ausserdem kann die Vollstreckung vorsorglicher Massnahmen ausnahmsweise aufgeschoben werden, wenn der betroffenen Partei durch die Vollstreckung ein nicht leicht wiedergutzumachender Nachteil droht (Art. 315 Abs. 5; vgl. dazu Art. 261 N 115).

Art. 268

Änderung und Aufhebung

¹ Haben sich die Umstände geändert oder erweisen sich vorsorgliche Massnahmen nachträglich als ungerechtfertigt, so können sie geändert oder aufgehoben werden.

² Mit Rechtskraft des Entscheides in der Hauptsache fallen die Massnahmen von Gesetzes wegen dahin. Das Gericht kann die Weitergeltung anordnen, wenn es der Vollstreckung dient oder das Gesetz dies vorsieht.

Modification et révocation

¹ Les mesures provisionnelles peuvent être modifiées ou révoquées, s'il s'avère par la suite qu'elles sont injustifiées ou que les circonstances se sont modifiées.

² L'entrée en force de la décision sur le fond entraîne la caducité des mesures provisionnelles. Le tribunal peut ordonner leur maintien, s'il sert l'exécution de la décision ou si la loi le prévoit.

Modifica e soppressione

¹ I provvedimenti cautelari possono essere modificati o soppressi in caso di modifica delle circostanze o qualora si rivelino ingiustificati.

² Essi decadono per legge con il passaggio in giudicato della decisione di merito. Il giudice può disporre altrimenti ai fini dell'esecuzione o nel caso la legge lo preveda.

Inhaltsübersicht Note

I. Norminhalt und Normzweck 1
II. Zur Rechtskraft von vorsorglichen Massnahmen 3
III. Sachliche Zuständigkeit 10
IV. Voraussetzungen 14
   1. Änderung der Umstände 15
   2. Vorsorgliche Massnahmen erweisen sich nachträglich als ungerechtfertigt .. 17
   3. Krass unzutreffende Würdigung 19
   4. Anwendung unrichtigen Rechts 20
   5. Mangelnde Eignung der Massnahme 21
V. Antrag oder Handeln von Amtes wegen 22
VI. Prüfung und Rechtsfolgen 26
VII. Rechtsmittel 31
VIII. Wirkungen der Rechtskraft des Endentscheids in der Hauptsache 32
   1. Grundsatz: Dahinfallen der vorsorglichen Massnahme 32
   2. Anordnung der Weitergeltung der vorsorglichen Massnahme 33
   3. Kein automatisches Dahinfallen der Sicherheitsleistung 37

Literatur

M. O. KAUFMANN, Einstweiliger Rechtsschutz. Die Rechtskraft im einstweiligen Verfahren und das Verhältnis zum definitiven Rechtsschutz, Diss. Bern 1993; vgl. auch die Literaturhinweise bei den Vorbem. zu Art. 261–269 und jene zu Art. 261–267 und 269.

I. Norminhalt und Normzweck

Rechtssicherheit und Rechtsfriede erfordern es, dass der Entscheid über eine beantragte vorsorgliche Massnahme bei gleichbleibenden Umständen Bestand haben muss und sowohl für den Richter wie für die Parteien *grundsätzlich unabänderlich* ist (SJZ 64, 1968, 43; BJM 1956, 189). Indessen dienen vorsorgliche Massnahmen dem einstweiligen Rechtsschutz und bringen nur eine vorläufige Ordnung. Sie bieten wenig Gewähr für materielle Richtigkeit. Ausserdem können sich die tatsächlichen und rechtlichen Verhältnisse ändern. Dann muss der Richter einen neuen Entscheid fällen können, indem er die früher getroffene Verfügung den veränderten Verhältnissen anpasst, je nach Entwicklung der Sachlage ändert oder aufhebt (Bericht, 133; BOTSCHAFT ZPO, 7357). Art. 268 regelt die erleichterte Änderbarkeit als Beschränkung der ihnen ja grundsätzlich für spätere summarische Entscheide zukommenden materiellen Rechtskraft. Sämtliche vorsorglichen Massnahmen, also sowohl die im kontradiktorischen Verfahren verfügten wie – aufgrund ihres grösseren Risikos einer Ungerechtfertigtheit – erst recht die superprovisorischen, können aufgrund veränderter Sachlage oder aufgrund späterer besserer Erkenntnis angepasst werden. Sie tragen insofern eine *«clausula rebus sic stantibus»* in sich (GRUNDMANN, 22). 1

Die Möglichkeit des Massnahmerichters oder des Hauptsacherichters, für die Dauer ihrer jeweiligen Zuständigkeit eine von ihnen gefällte Entscheidung über die vorsorgliche Massnahme abzuändern oder aufzuheben, bedeutet eine Abweichung vom Prinzip, wonach der Richter an die von ihm erlassene Entscheidung gebunden ist (*lata sententia iudex desinit iudex esse*; vgl. KOFMEL EHRENZELLER, Grundlagen, 56 m.H.). Es fehlt, nach der Terminologie des deutschen Rechts, eine «innerprozessuale Bindungswirkung» (P. GRUNSKY, Zivilprozessrecht, 11. Aufl., München u.a. 2003, Rz 204). 2

II. Zur Rechtskraft von vorsorglichen Massnahmen

Entscheide über vorsorgliche Massnahmen, die nicht (mehr) mit einem ordentlichen Rechtsmittel angefochten werden können, werden **formell rechtskräftig** und damit vollstreckbar (KOFMEL EHRENZELLER, Grundlagen, 58; BERTI, Massnahmen, 229). Wieweit ein formell rechtskräftiger Massnahmeentscheid in einem späteren Prozess verbindlich ist, beurteilt sich nach seiner *materiellen* Rechtskraft. 3

Materielle Rechtskraft setzt – neben der *Identität der Prozessparteien* – *Anspruchsidentität* zwischen dem früheren Urteil und der neuen Klage voraus. Diese ist gegeben, wenn derselbe Anspruch aus demselben Entstehungsgrund erneut geltend gemacht wird, wobei es auf den Wortlaut des Rechtsbegehrens nicht ankommt (vgl. BÜRGI/SCHLÄPFER/HOTZ/PAROLARI, § 112 ZPO/TG N 7). 4

Ob und inwiefern vorsorgliche Massnahmen auch in **materielle Rechtskraft** erwachsen, ist umstritten (vgl. ZR 2001 Nr. 99). GULDENER, ZPR, 583, hat verneint, dass vorsorgliche Massnahmen überhaupt der materiellen Rechtsraft zugänglich seien, da sie keine Gewähr für materielle Richtigkeit böten. Auch nach KILLER, § 294 ZPO/AG N 5, wird die Anordnung vorsorglicher Massnahmen «nicht rechtskräftig». Nach BGE 127 III 5

496 ff. entfalten die sog. Regelungsverfahren im Scheidungsverfahren eine «relative Rechtskraftwirkung» («jouissent d'une autorité de la chose jugée relative»). SUTTER-SOMM, ZPR, Rz 914 f., spricht von einer «beschränkten Rechtskraftwirkung», da eine angeordnete vorsorgliche Massnahme nicht ohne Veränderung der Umstände geändert und ein abgewiesenes Gesuch um Anordnung vorsorglicher Massnahmen ebenfalls nicht ohne Veränderung der Umstände erneut gestellt werden darf. Da Änderungen nach Massgabe von Art. 268 möglich sind, kann nicht von einer abgeurteilten Sache bzw. von (voller) materieller Rechtskraft gesprochen werden. Auch LEUENBERGER/UFFER-TOBLER, Art. 214 ZPO/SG N 2, nehmen lediglich eine «beschränkte materielle Rechtskraft» an. Nach FRANK/STRÄULI/MESSMER, § 110 ZPO/ZH N 56 sind vorsorgliche Massnahmen der materiellen Rechtskraft fähig, wenn die gesuchstellende Partei ein (weiteres) Begehren stellt, das mit einem im selben Hauptverfahren erledigten Anspruch identisch ist: Die vorsorglichen Massnahmen sind Gegenstand eines separaten Verfahrens neben dem Hauptprozess und regeln die Beziehungen der Parteien in einem hängigen Gerichtsverfahren *für dessen Dauer*. Sie dienen nicht der Prozessförderung, sondern sind *Sachentscheide* (SJZ 1989, 265 Nr. 47).

6   Fest steht jedenfalls: Mit der Anordnung einer vorsorglichen Verfügung ist kein Entscheid über den ihr zugrunde liegenden Anspruch der gesuchstellenden Partei gefällt (BJM 1976, 52; SJZ 64, 1968, 43), denn über die Berechtigung des Anspruchs wird erst im Hauptprozess entschieden. *Gegenüber dem Hauptsacheverfahren ist der Entscheid über eine vorsorgliche Massnahme ohne jede Rechtskraftwirkung.* Der Hauptsachenrichter ist (in Bezug auf den Hauptsacheentscheid) an die tatsächlichen Annahmen und Rechtsauffassungen des Massnahmerichters und seinen Entscheid *nicht gebunden* (KOFMEL EHRENZELLER, Grundlagen, 59 m.H.), auch dann nicht, wenn die Rekursinstanz im Massnahmenverfahren entschieden hat, gleichgültig auch, ob die Massnahme vor oder nach Klageerhebung ergangen ist (ZR 60 Nr. 66; 53 Nr. 49), da vor diesem die Berechtigung des Anspruchs lediglich glaubhaft zu machen war. Glaubhaftmachen und umfassende Anspruchsprüfung schliessen sich aus; das summarische Verfahren tritt hinsichtlich der Beurteilungsdichte hinter diejenige des ordentlichen Prozesses zurück.

7   Wurde ein früheres Massnahmebegehren *abgelehnt*, sollte bei der Einreichung eines (neuen) Gesuchs mit identischem Begehren im Verfahren *derselben Erkenntnisstufe* materielle Rechtskraft angenommen werden, zumindest im Fall einer *Anerkennung* des Massnahmebegehrens, eines *Vergleichs* mit Bezug auf das Massnahmebegehren oder eines *vorbehaltlosen Rückzugs* (so ZÜRCHER, 161 ff.; ALDER, 165 f., nimmt grundsätzlich eine beschränkte Rechtskraft im Verfahren derselben Erkenntnisstufe an, ebenso HGer ZH, SMI, 1984, 75 «Nylondübel»; **a.M.** DAVID, SIWR, 186; KOFMEL EHRENZELLER, Grundlagen, 60).

8   Die Neuanbringung muss hingegen möglich sein nach Massgabe von Art. 268: Haben sich nach der Abweisung eines Gesuchs um vorsorgliche Massnahmen die Umstände i.S.v. Art. 268 geändert oder stellt sich die Abweisung als ungerechtfertigt heraus, so ist ein neues Gesuch zulässig (vgl. dazu ausführlicher Art. 261 N 100 ff.).

9   Die gesuchstellende Partei kann jederzeit

   – einen *neuen, materiell abweichenden Anspruch* geltend machen, unabhängig davon, ob der frühere Anspruch zum Erfolg führte;

   – denselben Anspruch gegen eine *andere Gegenpartei* richten.

III. Sachliche Zuständigkeit

Zuständig für die Änderung oder Aufhebung von vorsorglichen Massnahmen ist

- *vor Rechtshängigkeit des Hauptprozesses*: der Massnahmerichter, d.h. der Richter, der die Massnahme verfügt hat. Seine Kognitionsbefugnis in Bezug auf einen *vorausgegangenen Eheschutzentscheid* richtet sich nach Art. 179 ZGB;
- *nach Einreichung eines Rechtsmittels*: die *Rechtsmittelinstanz* (ZR 73 Nr. 68; 78 Nr. 16 E. III; vgl. Art. 104 und 126 BGG für Verfahren vor Bundesgericht), ausgenommen, wenn sofort gehandelt werden muss;
- *bei Rechtshängigkeit des Hauptprozesses*: der Hauptsacherichter. Grundsätzlich geht die Zuständigkeit zur Anordnung vorsorglicher Massnahmen mit Eintritt der *Rechtshängigkeit* vom Einzelrichter *auf den ordentlichen Richter über*. Nach allgemeiner Regel entfällt die *sachliche Zuständigkeit* des Massnahmerichters wegen nachträglich eintretenden Umständen nicht. Doch nimmt die ständige Rechtsprechung an, dass ein beim Massnahmerichter eingeleitetes oder im Rechtsmittelverfahren hängiges Massnahmeverfahren *dem ordentlichen Richter zu überweisen* ist, wenn der Prozess inzwischen bei diesem anhängig gemacht wurde (ZR 55 Nr. 72; 60 Nr. 67 und 68; 69 Nr. 30; 76 Nr. 95; 78 Nr. 22 = SJZ 1980; 48 Nr. 4; 88 Nr. 40).

Nach Erlass eines Endentscheids, der an das Bundesgericht weitergezogen wird, bleibt dasjenige kantonale Gericht zuständig, das den Prozess zuletzt behandelt hat (ZR 39 Nr. 33; BGE 61 II 224, 271; 91 II 255 E. 2; GULDENER, NB 69).

Nach einem vorausgegangenen *Trennungsurteil* erübrigen sich im nachfolgenden Scheidungsprozess vorsorgliche Massnahmen, soweit das Trennungsurteil eine entsprechende Regelung enthält (und diese bei ausländischem Urteil mit der schweizerischen Rechtsordnung vereinbar ist; ZR 34 Nr. 162; 52 Nr. 200; 66 Nr. 21; 123 Nr. 57). Sie bleibt auch während des Scheidungsprozesses und im Falle der Klageabweisung darüber hinaus rechtswirksam. Eine Änderung der im Trennungsurteil getroffenen Regelung hat im Verfahren auf Abänderung des Trennungsurteils und nicht durch den Massnahmerichter im Scheidungsprozess zu erfolgen (BGE 95 II 69 E. 2 lit. b und c; ZR 1974 Nr. 91; 1935 Nr. 162; SJZ 1951, 348 Nr. 122; 1976, 163 Nr. 49). Andererseits ist eine *Änderung eheschutzrichterlicher Massnahmen* durch den Scheidungsrichter im Rahmen vorsorglicher Massnahmen zulässig, wenn seit Erlass der Eheschutzmassnahmen die tatsächlichen Verhältnisse sich wesentlich und dauernd verändert haben oder wenn der Eheschutzrichter von unrichtigen tatsächlichen Voraussetzungen ausgegangen ist.

Wird der ordentliche Prozess erst nach Ausfällung des Entscheids durch den Massnahmerichter anhängig gemacht, entfällt grundsätzlich auch die Zuständigkeit der *Rechtsmittelinstanzen*, wenn ein Rechtsmittel gegen den Entscheid des Massnahmerichters eingereicht worden ist. *Ausnahmen* gelten dann,

- wenn es um die Anfechtung von Massnahmen geht, die in die Zeit vor Anhängigmachung des ordentlichen Prozesses zurückwirken und auf diese Periode beschränkt sind;
- wenn es um die Anfechtung der Nebenfolgen des vorhauptprozessualen Massnahmeverfahrens geht (ZR 84 Nr. 71; SJZ 1986, 163 Nr. 24).

Die Überweisung der Sache durch die Rechtsmittelinstanz an den ordentlichen Richter *bewirkt keine Vollstreckbarkeit* des angefochtenen Entscheids (ZPO/ZH /MESSMER, § 230 N 3b).

13 Ist gegen einen *prozessleitenden Entscheid* ein Rechtsmittel eingereicht, so bleibt der Prozess beim erkennenden Richter anhängig, und dieser ist weiterhin für die Anordnung vorsorglicher Massnahmen zuständig (GULDENER, NB 69).

IV. Voraussetzungen

14 Zur Änderung oder Aufhebung von vorsorglichen Massnahmen muss mindestens eine der beiden in Abs. 1 genannten **alternativen Voraussetzungen** vorliegen: *Änderung der Umstände* oder *nachträgliche Ungerechtfertigtheit der vorsorglichen Massnahme*. – Der VE enthielt noch keine Voraussetzungen.

1. Änderung der Umstände

15 Erste Voraussetzung ist, dass sich die «Umstände» nachträglich, d.h. nach dem Zeitpunkt der Anordnung der vorsorglichen Massnahme bzw. ihrer Prüfung, geändert haben. «**Umstände**» ist umfassend zu verstehen: Berücksichtigt werden können sämtliche tatsächlichen und rechtlichen Verhältnisse, die zum damaligen Zeitpunkt relevant waren bzw. später relevant geworden sind. Nachträglich veränderte Umstände, welche die Änderung oder Aufhebung einer Massnahme rechtfertigen, können sich aus tatsächlichen Veränderungen der Gefahrensituation oder aus anderen neuen Tatsachen ergeben. Beispiele:

– Die seinerzeit vorhandene Dringlichkeit ist entfallen;
– es muss ein noch viel höherer Schaden befürchtet werden;
– der Anspruch der gesuchstellenden Partei ist unterdessen untergegangen (der Schutz eines Immaterialgüterrechts abgelaufen);
– wesentliche Veränderung in den Einkommensverhältnissen eines unterhaltspflichtigen Ehegatten während des Scheidungsprozesses (LEUENBERGER/TOBLER-UFFER, Art. 214 ZPO/SG N 3.a).

16 Der Umstand, dass die Parteien eines Ehescheidungsprozesses vor erster Instanz rechtskräftig geschieden wurden, gibt nicht Anlass zur Änderung vorsorglicher Massnahmen während des Berufungsverfahrens betr. die gestützt auf Art. 125 ZGB geforderten Unterhaltsbeiträge (ZR 2007 Nr. 63).

2. Vorsorgliche Massnahmen erweisen sich nachträglich als ungerechtfertigt

17 Als zweite Voraussetzung nennt Abs. 1, dass sich vorsorgliche Massnahmen nachträglich als ungerechtfertigt erweisen. Das «**Erweisen**» kann sich aus den im Hauptprozess abgenommenen Beweisen, z.B. Zeugenaussagen oder Expertisen, ergeben, welche die umstrittenen Tatsachen erhellen und zu einer neuen Beurteilung des behaupteten Anspruchs der gesuchstellenden Partei führen. Auch Tatsachen sind von Belang, die bereits im Zeitpunkt der Anordnung der vorsorglichen Massnahme vorgelegen haben, jedoch dem Richter erst nachher zur Kenntnis gebracht wurden, so dass sich nachträglich, im Zeitpunkt des Bekanntwerdens dieser Tatsachen, die *ursprüngliche Ungerechtfertigtheit* der Anordnung herausstellt (vgl. ZR 1979 Nr. 125). Während es sich bei der ersten Voraussetzung um eine nachträgliche Änderung der Umstände handelt und also im Zeitpunkt des Änderungsantrags stets echte Noven vorliegen, kann es hier also auch um unechte Noven gehen. Hätte der Richter den späteren besseren Kenntnisstand gehabt, hätte er die Anordnung gar nicht oder jedenfalls nicht so vorgenommen, wie er es tatsächlich getan hat.

Zur **Ungerechtfertigtheit** einer vorsorglichen Massnahme vgl. Art. 264 N 50 ff. Als ungerechtfertigt erweist sich eine vorsorgliche Massnahme nicht schon dann, wenn sie später aufgehoben wird. Es wird vielmehr vorausgesetzt, dass der materielle Anspruch der gesuchstellenden Partei, zu deren Gunsten die Massnahme angeordnet worden ist, keinen Bestand hat (BGer, sic! 2001, 39; JERMANN, Art. 38 DesG N 52).

3. Krass unzutreffende Würdigung

Im Gesetz nicht ausdrücklich erwähnt ist die **unzutreffende (rechtliche) Würdigung**. Eine Wiedererwägung bloss aufgrund *abweichender Würdigung des bekannten Prozessstoffes* ist dem Richter nach herrschender Lehre und Praxis versagt (vgl. Art. 261 N 101). Auch der ordentliche Richter darf die vorsorglichen Massnahmen (jene des Massnahmerichters wie seine eigenen) grundsätzlich nur unter den genannten Voraussetzungen ändern oder aufheben.

Das Gericht muss aber vorsorgliche Massnahmen auch ändern oder aufheben können, wenn es sich herausstellt, dass im ersten Massnahmeentscheid zwar die tatsächlichen Verhältnisse korrekt festgestellt, aber *krass unzutreffend gewürdigt* wurden. Der Entscheid muss sich als *klar unzutreffend* erweisen (LEUENBERGER/UFFER-TOBLER, Art. 214 ZPO/SG N 3.a). Ein bereits einmal in vertretbarer Weise und also rechtmässig betätigtes Ermessen darf nicht ein zweites Mal ausgeübt werden.

4. Anwendung unrichtigen Rechts

Geändert und aufgehoben werden können müssen vorsorgliche Massnahmen auch, wenn sich herausstellt, dass auf sie bei ihrer Anordnung **unrichtiges Recht angewendet** worden ist und sich bei Anwendung des richtigen Rechts eine andere Folge ergeben würde.

5. Mangelnde Eignung der Massnahme

Das Gesetz lässt auch den Fall der **mangelnden Eignung der angeordneten Massnahme** unerwähnt. Erweist sich die Anordnung einer Massnahme *als solche* zwar als gerechtfertigt, genügt aber die konkrete Massnahme nicht, ist sie also *nicht geeignet*, dann muss sie durch eine andere, *geeignete Massnahme* ersetzt werden können, und zwar unabhängig davon, ob ein konkreter Fall unter die eine oder die andere im Gesetz genannte Voraussetzung fällt (man kann allerdings eine ungeeignete Massnahme als ungerechtfertigt betrachten, denn hätte der Richter im Zeitpunkt ihrer Anordnung gewusst, dass sie nicht taugt, hätte er sie nicht anordnen dürfen). Die gesuchstellende Partei, die eine Verschärfung oder Ergänzung der Massnahme beantragt, hat in diesem Fall lediglich glaubhaft zu machen, dass die angeordnete Massnahme *den angestrebten Zweck nicht erreicht* hat (gl.M. KILLER, § 307 ZPO/AG N 3). Grundsätzlich muss in solchen Fällen auch von Amtes wegen gehandelt werden können, wenn der Richter von der mangelnden Eignung der Massnahme erfährt.

V. Antrag oder Handeln von Amtes wegen

Beide Parteien können ein Änderungs- oder Aufhebungsgesuch stellen. Sie haben dann den **Nachweis** zu erbringen, dass eine der Voraussetzungen vorliegt.

Änderung und Aufhebung können vom Richter auch **ex officio**, ohne Parteiantrag, verfügt werden (so ausdrücklich Art. 83 Abs. 2 BZP; BERTI, Massnahmen, 233; KILLER, § 307 ZPO/AG N 4), wenn die Massnahmeinstanz von sich aus zu einer verbesserten Einsicht gelangt. Änderung und Aufhebung von Amtes wegen kommen in der Praxis freilich kaum vor, da das Gericht grundsätzlich nicht in der Lage ist, eine Wirkungskontrolle vorzunehmen.

24 Bei der Frage, ob eine vorsorgliche Massnahme aufzuheben sei, darf der Richter auf Einwendungen gegen die Zulässigkeit der vorsorglichen Massnahme, die schon bei deren Anordnung hätte geltend gemacht werden können, zufolge Verspätung grundsätzlich nicht mehr eintreten (HABERTHÜR, 1117).

25 Vorsorgliche Massnahmen können **jederzeit** geändert oder aufgehoben und entsprechende Anträge jederzeit und also auch **wiederholt** von derselben Partei oder gleichzeitig oder nacheinander von verschiedenen Parteien gestellt werden, und es können vorsorgliche Massnahmen wiederholt geändert werden, wenn jeweils die Voraussetzungen gegeben sind.

VI. Prüfung und Rechtsfolgen

26 Ob mindestens eine der Voraussetzungen vorliegt, ist **nach objektiviertem Massstab** zu prüfen (was sich auch aus der Formulierung «sich erweisen» ergibt).

27 Wenn dies der Fall ist, «**kann**» das Gericht die angeordnete vorsorgliche Massnahme ändern oder aufheben (vgl. auch BJM 1962, 77). Dies erfolgt durch **Verfügung**. Mit dem Verb «können» legt das Gesetz den Entscheid in das Ermessen des Richters. Dabei ist zu unterscheiden: Es ist eine Frage des richterlichen Ermessens, ob eine der Voraussetzungen gegeben ist, ob sich also die Umstände in einem Grad geändert haben, dass eine Änderung oder Aufhebung der vorsorglichen Massnahme notwendig ist, bzw. ob sich die seinerzeitige vorsorgliche Massnahme im Licht des aktuellen Wissens als ungerechtfertigt erweist. Ist diese Frage aber zu bejahen, besteht wohl kein Ermessen mehr, dann *müssen* die Änderung oder Aufhebung verfügt werden.

28 Richterliches Ermessen liegt im Fall der Änderung dann wiederum in der Ausgestaltung der neuen vorsorglichen Massnahme vor. Der Richter ist hier grundsätzlich frei, wie er im Rahmen von Art. 262 vorgehen will. Er hat dabei auch die Fakten zu berücksichtigen, welche die bisherige Anordnung von vorsorglichen Massnahmen geschaffen hat. Die geänderten neuen vorsorglichen Massnahmen müssen nicht zwingend *milder* sein und weniger weit gehen als die bisherigen; das Gesetz lässt Raum auch für eine *Verschärfung* oder *Ergänzung* der Massnahme.

29 Eine Änderung der vorsorglichen Massnahme kann auch Änderungen bei der Festsetzung der *Sicherheitsleistung* nach Art. 264 zur Folge haben.

30 Grundsätzlich gelten geänderte vorsorgliche Massnahmen ab dem **Zeitpunkt ihrer Anordnung**. Unter Umständen können sie aber auch auf den für die Entscheidung der ursprünglichen vorsorglichen Massnahme massgebenden Zeitpunkt **zurückwirken** (ZR 96 Nr. 116; BÜRGI/SCHLÄPFER/HOTZ/PAROLARI, § 168 ZPO/TG N 3), was gegebenenfalls in der Änderungsverfügung zum Ausdruck gebracht werden muss.

Die Änderung eines früheren Eheschutzentscheides fällt hingegen immer nur zukunftsgerichtet und *niemals rückwirkend* für die Zeit vor Anhängigmachung des Scheidungsverfahrens in Betracht (SJZ 1986, 99 Nr. 14).

VII. Rechtsmittel

31 Entscheide über Änderung oder Aufhebung von vorsorglichen Massnahmen sind als erstinstanzliche Entscheide mit *Berufung* und mit *Beschwerde* anfechtbar (Art. 308 Abs. 1 lit. b und 319 lit. a; vgl. auch Art. 261 N 115 ff.; Art. 83 Abs. 4 i.V.m. 80 Abs. 2 BZP).

Wird der Aufhebungs- oder Änderungsentscheid nicht angefochten oder dringt die Anfechtung nicht durch, tritt der Entscheid in formelle Rechtskraft.

VIII. Wirkungen der Rechtskraft des Endentscheids in der Hauptsache

1. Grundsatz: Dahinfallen der vorsorglichen Massnahme

Tritt der Entscheid *in der Hauptsache* in Rechtskraft, fallen die angeordneten vorsorglichen Massnahmen von Gesetzes wegen dahin, ohne dass es also noch einer gerichtlichen Aufhebungsverfügung bedürfte (Abs. 2 Satz 1). Gemeint ist ein **Endentscheid** gemäss Art. 236, nicht ein Zwischenentscheid gemäss Art. 237 (vgl. Vernehmlassung, 693). Trotz des Dahinfallens von Gesetzes wegen ist die (deklaratorische) Erwähnung des Dahinfallens im Hauptsachenentscheid zweckmässig. 32

2. Anordnung der Weitergeltung der vorsorglichen Massnahme

Der Grundsatz des automatischen Dahinfallens wird in Abs. 2 Satz 2 eingeschränkt. Danach kann das mit der Hauptsache befasste Gericht die Wirkung von Abs. 2 Satz 1 ausschliessen, indem es die (begrenzte) **Weitergeltung** der vorsorglichen Massnahme anordnet. Dies unter zwei **alternativen Voraussetzungen**: 33

a) Weitergeltung dient der Vollstreckung

Zum einen kann der Richter die Weitergeltung anordnen, wenn sie **der Vollstreckung dient** (Bericht, 133; BOTSCHAFT ZPO, 7357; BGE 78 II 309). Zu denken ist an eine Verfügungsbeschränkung (Art. 960 Abs. 1 Ziff. 1 ZGB), die vorläufige Eintragung (Art. 961 Abs. 1 Ziff. 1 ZGB) bis zur Eintragung des zugesprochenen Rechts (ZR 33 Nr. 7 E. 5) oder eine Grundbuchsperre (Art. 178 Abs. 3 ZGB), die bis zur Anpassung des Grundbuchs an das Urteil fortdauern muss. 34

b) Festlegung des Gesetzes

Ausnahmsweise können vorsorgliche Massnahmen *von Gesetzes wegen* das Hauptverfahren überdauern (vgl. CHK-FREIBURGHAUS, Art. 137 ZGB N 9). In diesem Fall ist der Richter im Gegensatz zum Wortlaut von Abs. 2 nicht frei. Wenn **das Gesetz die Weitergeltung vorsieht**, *muss* er die Weitergeltung anordnen. 35

Vgl. zum *Anwendungsbereich* vorsorglicher Massnahmen nach rechtskräftiger Scheidung bei Weiterführung des Prozesses über die Nebenfolgen BGE 120 II 1; ZR 1990 Nr. 63; VOGEL/SPÜHLER, § 61 Rz 217h. 36

3. Kein automatisches Dahinfallen der Sicherheitsleistung

Wird die vorsorgliche Massnahme – durch Hauptsachenentscheid gemäss Abs. 2, aber auch durch Aufhebungsverfügung gemäss Abs. 1 – aufgehoben, fällt nicht automatisch auch die Anordnung der Sicherheitsleistung gemäss Art. 264 dahin. Es kann ja durchaus sein, dass im Zeitpunkt der Aufhebung der vorsorglichen Massnahme ein Schaden, für den die Sicherheit haftet, bereits entstanden ist. Daher ist eine geleistete Sicherheit nur nach Massgabe von Art. 264 Abs. 3 freizugeben. 37

Art. 269

Vorbehalt	Vorbehalten bleiben die Bestimmungen: a. des SchKG über sichernde Massnahmen bei der Vollstreckung von Geldforderungen; b. des ZGB über die erbrechtlichen Sicherungsmassregeln; c. des Patentgesetzes vom 25. Juni 1954 über die Klage auf Lizenzerteilung.
Dispositions réservées	Sont réservées les dispositions: a. de la LP concernant les mesures conservatoires lors de l'exécution de créances pécuniaires; b. du CC concernant les mesures de sûreté en matière de successions; c. de la loi fédérale du 25 juin 1954 sur les brevets d'invention en cas d'action en octroi de licence.
Riserva	Sono fatte salve le disposizioni: a. della LEF, sulle misure conservative in caso di esecuzione di crediti pecuniari; b. del CC, sulle misure a tutela della successione; c. della legge del 25 giugno 1954 sui brevetti, in caso di azione per la concessione di una licenza.

Inhaltsübersicht

	Note
I. Norminhalt	1
II. Sichernde Massnahmen bei der Vollstreckung von Geldforderungen gemäss SchKG	2
III. Erbrechtliche Sicherungsmassregeln	10
IV. Patentrecht	12

Literatur

P. BREITSCHMID, Vorsorgliche Massnahmen im Erbrecht Art. 551–559 ZGB (Sicherungsmassregeln) und weitere Implikationen, Successio 2009, 102–115 (zit. Vorsorgliche Massnahmen); D. BÜHR, Verfahrensfragen der Vollstreckbarerklärung ausländischer Geldleistungs-Entscheidungen in der Schweiz nach dem System des Lugano-Übereinkommens, AJP 1993, 694 ff.; W. H. EGGER, Probleme des einstweiligen Rechtsschutzes bei auf erstes Verlangen zahlbaren Bankgarantien, SZW 1/90, 12–19; A. GÜNGERICH, Vorsorgliche Massnahmen in SchKG-Sachen, in: M. Jametti-Greiner/B. Berger/A. Güngerich (Hrsg.), Rechtsetzung und Rechtsdurchsetzung, Zivil- und schiedsverfahrensrechtliche Aspekte, FS für F. Kellerhals zum 65. Geburtstag, Bern 2004, 161–177; CH. LEUENBERGER, Lugano-Übereinkommen: Verfahren der Vollstreckbarerklärung ausländischer «Geld»-Urteile, AJP 1992, 965 ff.; I. MEIER, Vorschlag für ein effizientes Verfahren zur Vollstreckung von Urteilen auf Leistung von Geld oder Sicherheit, SJZ 1993, 282 ff.; B. REEB, Les mesures provisoires dans la procédure de poursuite, ZSR 1997 II 421–499; D. RÜETSCHI, Geldleistung als vorsorgliche Massnahme, Die Entwertung von Geldforderungen durch die Dauer des Zivilverfahrens und mögliche Lösungsansätze, Basel 2002; TH. SIEGENTHALER, Für eine vorläufige Vollstreckung nicht rechtskräftiger Urteile betreffend Geldforderungen – ein Diskussionsbeitrag, AJP 2000, 172 ff.; H. U. WALDER, Zur Vollstreckung von «Lugano-Urteilen» über Geldverpflichtungen in der Schweiz, MIZV 1991, 5 ff.; ST. WOLF, Die Sicherungsregeln, ZBJV 1999, 181–221; vgl. auch die Literaturhinweise bei den Vorbem. zu Art. 261–269 und jene zu Art. 261–268.

I. Norminhalt

Art. 269 schränkt den Anwendungsbereich von Art. 261 ff. ein, indem er drei alternative Vorbehalte macht: die Bestimmungen des SchKG über sichernde Massnahmen bei der Vollstreckung von Geldforderungen (lit. a), die Bestimmungen des ZGB über die erbrechtlichen Sicherungsmassregeln (lit. b), und schliesslich jene des Patentgesetzes vom 25.6.1954 über die Klage auf Lizenzerteilung (lit. c). Finden diese Bestimmungen Anwendung, sind vorsorgliche Massnahmen nach Art. 261 ff. ausgeschlossen.

II. Sichernde Massnahmen bei der Vollstreckung von Geldforderungen gemäss SchKG

Für die Sicherung von **Geldforderungen** bleibt wie bis anhin (BGE 108 II 182 E. 2a) das **SchKG** anwendbar, insb. also das **Arrestrecht**, wie lit. a zur Präzisierung ausdrücklich festhält (BOTSCHAFT ZPO, 7357; vgl. Art. 79 Abs. 2 BZP). Andere Sicherungsmittel des SchKG neben dem Arrest sind das **Güterverzeichnis** (Art. 162 ff. SchKG), die **provisorische Pfändung** (vgl. Art. 83, 281 SchKG) oder die **Aufnahme des Retentionsverzeichnisses** (Art. 283 SchKG). Das SchKG sieht vorsorgliche Massnahmen auch **nach einem Entscheid über die Konkurseröffnung** vor, der nach Art. 174 Abs. 1 SchKG innert 10 Tagen mit Beschwerde gemäss ZPO angefochten werden kann. Erteilt der Beschwerderichter der Beschwerde aufschiebende Wirkung, so hat er zum Schutz der Gläubiger die notwendigen vorsorglichen Massnahmen zu treffen (Art. 174 Abs. 3 SchKG). Unzulässig ist es auch, in einem laufenden Betreibungsverfahren weitere Betreibungsverfahren vorzunehmen, da das SchKG die Rechtsbehelfe abschliessend regelt (LEUENBERGER/UFFER-TOBLER, Art. 198 ZPO/SG N 3.a).

Nicht von Art. 269 lit. a betroffen sind

– vorsorgliche Massnahmen gemäss Art. 262 lit. e;

– andere, nicht auf die Vollstreckung von Geldforderungen bezogene vorsorgliche Massnahmen im Zusammenhang mit dem Betreibungs- und Konkursverfahren (z.B. Art. 183 und 293 SchKG).

Mit lit. a wird eine klare Regelung über das Verhältnis der vorsorglichen Massnahmen bei der Vollstreckung von Geldforderungen zum SchKG getroffen. Die vorsorgliche Sicherung streitiger Geldforderungen untersteht auch künftig den Normen und Massnahmen des SchKG. Bisher konnte dies aus der derogatorischen Kraft des Bundesrechts abgeleitet werden (vgl. Vernehmlassung, 683).

Jede auf Sicherung des Einzugs einer Geldforderung abzielende vorsorgliche Massnahme betrifft das Vollstreckungsverfahren und untersteht den Vorschriften des SchKG. Vorsorgliche Massnahmen dürfen nach der bundesgerichtlichen Rechtsprechung nicht auf einen «verkappten Arrest» zur Sicherung einer Geldforderung hinauslaufen. Der Richter kann daher nicht im Rahmen einer vorsorglichen Massnahme jemanden vorläufig zur Zahlung der geforderten Geldsumme ganz oder teilweise verpflichten oder beim Schuldner eingehende Zahlungen oder dessen Liegenschaften im Grundbuch sperren, um der gesuchstellenden Partei nach rechtskräftigem Entscheid die Zwangsvollstreckung gegen den Schuldner zu ermöglichen (BGE 79 II 288; 78 II 89; 85 II 196; 86 II 295 E. 2; ZR 1911 Nr. 56; 1912 Nr. 68; 1942 Nr. 131; 1978 Nr. 50; Max. XI Nr. 42; SJZ 1964, 347 Nr. 242; ZK-HOMBERGER, Art. 960 ZGB N 10; FRITZSCHE/WALDER, II § 56 Rz 17). Der Zivilrichter kann auch nicht durch vorsorgliche Verfügung an die Betreibungsbehörde den Fortgang einer Betreibung sistieren, wenn eine Klage über den Bestand des Rechtsverhältnisses erhoben wird, aufgrund dessen die Betreibung eingeleitet wurde (BGE 51

III 195; SJZ 1946, 27 Nr. 5; ZR 1916 Nr. 99; 1934 Nr. 58). Es kann nicht bei einer Klage auf Geldleistung verlangt werden, dass der Beklagte über den fraglichen Betrag nicht mehr verfüge, ihn oder andere Aktiven hinterlege oder gar bereits bezahle. Selbst **Lohnforderungen** können nicht vorsorglich zugesprochen werden (ZR 2001 Nr. 65). In einem arbeitsrechtlichen Prozess, in welchem der Arbeitnehmer gegen die Arbeitgeberin auf Zahlung von Lohn klagt, ist es unzulässig, die Arbeitgeberin im Rahmen vorsorglicher Massnahmen zur Zahlung eines Teils des Lohns (bzw. des Existenzminimums) zu verpflichten (ZR 96 Nr. 42).

5   Ausnahmsweise ist die vorläufige Vollstreckung von Geldforderungen zugelassen im Rahmen der *elterlichen Unterhaltspflicht* (ZR 1977 Nr. 29; SJZ 1990, 142 Nr. 29).

6   Zulässig sind ferner

   – die Anordnung der Herausgabe als Speziesschuld **individuell bestimmten Geldes** (BGE 86 II 291; LEUCH/MARBACH/KELLERHALS/STERCHI, Vor Art. 326 ZPO/BE N 6), wie z.B. in einem versiegelten Umschlag liegender Banknoten, in einem bestimmten Tresor aufbewahrter Goldvreneli, oder

   – Anordnungen betr. *Abtretung* oder *Anweisung* von Geldforderungen.

Das Begehren, es sei einer Bank vorsorglich zu verbieten, einer Bankgarantie oder einem Zahlungsversprechen nachzukommen, beinhaltet keinen auf Geld- oder Sicherheitsleistung gerichteten Anspruch (SOG 2001 Nr. 11; vgl. BGE 101 II 151). Der Gegenstand der vorsorglichen Massnahme entspricht jenem bei einem vorsorglichen Zahlungsverbot an den aus einem Wertpapier Verpflichteten nach Art. 982 und 1072 OR.

7   Wird dasselbe Guthaben *von zwei Prätendenten beansprucht*, kann der eine Ansprecher nicht durch eine vorsorgliche Verfügung ein Zahlungsverbot gegen die Bank erwirken, da die Verfügung nur der Sicherung seiner Geldforderung gegen die Bank dienen würde (BJM 1958, 68 ff.). Hingegen ist eine vorsorgliche Verfügung zulässig, womit der Bank verboten wird, über bei ihr liegende, von der gesuchstellenden Partei zu Eigentum beanspruchte Wertschriften zu verfügen, da hier die Sicherung eines bestrittenen dinglichen Rechts bezweckt wird (Beispiel in BJM 1971, 140 ff.).

8   Eine *Sicherstellung der Abfindungsforderung des ausscheidenden Kollektivgesellschafters* ist nur zu leisten, wenn eine solche zum vornherein vereinbart wurde. Andernfalls kann die Forderung nur durch Arrest sichergestellt werden (ZR 82 Nr. 70).

9   **Kritik**: Die Regelung von Art. 269 lit. a hat den Nachteil inhaltlicher Stagnation und der Perpetuierung der notorischen Schuldnerfreundlichkeit. Sie versagt vor der Problematik der zeitgerechten Sicherstellung einer Geldforderung. Denn die aktuellen Sicherungsmassnahmen des SchKG gewähren dem Gläubiger einer Geldforderung vor und während des Forderungsprozesses bei drohender Insolvenz (oder drohendem Untertauchen) des Schuldners nur einen geringen vorsorglichen Rechtsschutz:

   – Der *Arrest* ist auf wenige bestimmte Gründe beschränkt (Schuldnerflucht, ausländischer Wohnsitz des Schuldners etc., vgl. Art. 271 ff. SchKG).

   – *Definitive Rechtsöffnung* nach Art. 80 SchKG für Geldforderungen oder Sicherheitsleistung wird nur aufgrund eines rechtskräftigen Urteils gewährt (BGE 113 II 465 ff., insb. 469 f.; 74 II 51 E. 3; 63 II 67; BJM 1972, 140 f.; GULDENER, ZPR, 588).

   – Die *provisorische Pfändung* bedarf eines provisorischen Rechtsöffnungstitels (schriftliche oder öffentlich beurkundete Schuldanerkennung, Verlustschein, vgl. Art. 82 SchKG).

– Die *Aufnahme des Güterverzeichnisses* braucht ebenfalls einen provisorischen Rechtsöffnungstitel (Art. 83 Abs. 1 SchKG) oder die Zustellung der Konkursandrohung (Art. 163 SchKG), die nur bei Unterlassung oder gerichtlicher Aufhebung des Rechtsvorschlags des betriebenen Schuldners verlangt werden.

– Dazu kommen noch einige seltene Spezialfälle (*Wechselbetreibung, Notstundung*).

Insgesamt ist es einem Schuldner (zu) leicht gemacht, sein Vermögen «rechtzeitig» verschwinden zu lassen. Das Problem der zeitgerechten Sicherstellung einer Geldforderung gegenüber einem Schuldner, der sich ohne grosse Prozessaussicht durch alle Instanzen hindurch zur Wehr setzt, bleibt ungelöst. Es wäre daher sehr zu begrüssen, wenn – was in der Vernehmlassung wiederholt geäussert wurde (Vernehmlassung, 686 ff.) – entweder der Anwendungsbereich der Sicherungsmassnahmen des SchKG überprüft oder aber de lege ferenda geeignete zivilprozessuale Massnahmen geprüft würden, z.B. die Einführung von sachgerechten vorsorglichen Massnahmen wie die vorsorgliche Zusprechung der Geldleistung, die Hinterlegung der Forderungssumme und evtl. des Zinses (vgl. RÜETSCHI; BERTI, Massnahmen, 208) oder die vorläufige Vollstreckbarkeit des erstinstanzlichen Urteils. A.M. STAEHELIN/STAEHELIN/GROLIMUND, 390, wonach eine blosse Glaubhaftmachung des Geldanspruchs dazu führen würde, dass die Gegenpartei das Insolvenzrisiko der gesuchstellenden Partei zu tragen hätte. Ausserdem müssten dann viele Prozesse doppelt geführt werden, einmal im Massnahmeverfahren, dann im folgenden ordentlichen Prozess. – Dem ist zu entgegnen, dass durchaus Massnahmen angeordnet werden können, die das Insolvenzrisiko der gesuchstellenden Partei nicht auf die Gegenpartei verlegen (z.B. Hinterlegung). Das Argument der doppelten Prozessführung könnte gegen fast alle vorsorglichen Massnahmen gewendet werden, was es entwertet.

III. Erbrechtliche Sicherungsmassregeln

Vorbehalten bleiben sodann gemäss lit. b die **erbrechtlichen Sicherungsmassregeln** nach den Art. 551–559, 594 Abs. 2, Art. 598 Abs. 2, Art. 602 Abs. 3, Art. 604 Abs. 3 ZGB, wie die *Siegelung*, das *Sicherungsinventar* und die Anordnung der *Erbschaftsverwaltung,* die *Einsprache gegen die Ausstellung einer Erbenbescheinigung* (Art. 559 Abs. 1 ZGB; BGer, 16.7.2007, 5A.162/ 2007 E. 5.2) (vgl. dazu im Einzelnen BREITSCHMID, Vorsorgliche Massnahmen). Sie wurden als zu eng mit dem materiellen Erbgang verbunden angesehen, um in die ZPO überführt zu werden. Ausserdem werden nicht alle erbrechtlichen Massnahmen von *Gerichten* getroffen (Vernehmlassung, 696; BOTSCHAFT ZPO, 7357, vgl. auch Erläuterungen zu Art. 1, BOTSCHAFT ZPO, 7257). Es handelt sich dabei nach MEIER, Rechtsschutz, 65, zudem nicht um Massnahmen des einstweiligen Rechtsschutzes, sondern um sog. materielle Schutzrechte.

10

Das Erbrecht erwähnt im Zusammenhang mit der **Anfechtungsklage** (Art. 578 ZGB) keine besonderen Massregeln für die Dauer eines entsprechenden Prozesses. Wird trotzdem verlangt, dass die Erbschaft amtlich verwaltet wird, so fällt in Betracht, dass die Zahl der im ZGB genannten Fälle der amtlichen Erbschaftsverwaltung abschliessend ist und Art. 578 ZGB nicht umfasst. Es ist jedoch als zulässig zu betrachten, analog der Erbschaftsklage (Art. 598 ZGB) die amtliche Verwaltung der Erbschaft anzuordnen, als vorsorgliche Massnahme, sofern ein nicht leicht wiedergutzumachender Nachteil glaubhaft gemacht wird. Sie ist analog zur amtlichen Erbschaftsverwaltung nach Art. 554 ZGB durchzuführen. Die nicht in den Prozess einbezogenen Erben brauchen vor der Anordnung dieser Erbschaftsverwaltung *nicht angehört* zu werden (ZR 82 Nr. 34 = SJZ 1984, 28 Nr. 4 E.3).

11

Art. 270
5. Titel: Summarisches Verfahren

IV. Patentrecht

12 Lit. c schliesslich weist auf eine Spezialität des **Patentrechts** hin. Nach Art. 37 Abs. 1 des Patentgesetzes vom 25.6.1954 (SR 232.14) kann jeder, der ein Interesse nachweist, eine *richterliche Zwangslizenz* beanspruchen, wenn der Patentinhaber seine Erfindung im Inland nicht genügend ausgeführt hat und dies nicht zu rechtfertigen vermag. Ohne diese Zwangslizenz blieben Dritte von der Benutzung der Erfindung ausgeschlossen, und der Markt würde mit der entsprechenden Innovation nicht versorgt. Gemäss Art. 37 Abs. 3 PatG kann der Richter dem Kläger auf dessen Antrag unter gewissen Bedingungen schon nach Klageerhebung unter Vorbehalt des Endurteils die Lizenz einräumen. Vor einer solchen vorsorglichen Zusprechung einer Ausführungslizenz ist zwingend der Patentinhaber anzuhören.

2. Abschnitt: Schutzschrift

Art. 270

[1] Wer Grund zur Annahme hat, dass gegen ihn ohne vorgängige Anhörung die Anordnung einer superprovisorischen Massnahme, eines Arrests nach den Artikeln 271–281 SchKG oder einer anderen Massnahme beantragt wird, kann seinen Standpunkt vorsorglich in einer Schutzschrift darlegen.

[2] Die Schutzschrift wird der Gegenpartei nur mitgeteilt, wenn diese das entsprechende Verfahren einleitet.

[3] Die Schutzschrift ist 6 Monate nach Einreichung nicht mehr zu beachten.

[1] Quiconque a une raison de croire qu'une mesure superprovisionnelle, un séquestre au sens des art. 271 à 281 de la LP ou toute autre mesure sera requise contre lui sans audition peut se prononcer par anticipation en déposant un mémoire préventif.

[2] Le mémoire préventif est communiqué à l'autre partie uniquement si celle-ci introduit une procédure.

[3] Le mémoire est caduc six mois après son dépôt.

[1] Chi ha motivo di ritenere che, senza previa audizione, sarà oggetto di un provvedimento giudiziale quale segnatamente un provvedimento superprovvisionale o un sequestro secondo gli articoli 271–281 LEF può cautelativamente esporre il suo punto di vista in una memoria difensiva.

[2] La memoria difensiva è comunicata alla controparte soltanto se la relativa procedura è stata da lei promossa.

[3] La memoria difensiva diviene caduca dopo sei mesi.

Inhaltsübersicht

	Note
I. Allgemeines	1
1. Begriff	1
2. Historisches	3
II. Anwendungsbereich	6

III. Die Schutzschrift 11
  1. Form und Inhalt 11
  2. Hinterleger (mutmasslicher Gesuchsgegner) 13
  3. Gegenpartei (mutmasslicher Gesuchsteller) 17
  4. Adressat (zuständiges Gericht) 19
  5. Rechtsbegehren und Begründung 23
  6. Ergänzungen 26
IV. Information des mutmasslichen Gesuchstellers (Abs. 2) 27
  1. Zustellung 27
  2. Einsichtsrecht 28
V. Aufbewahrungsdauer (Abs. 3) 33
  1. Grundsatz 33
  2. Verlängerung 34
VI. Fortgang des Verfahrens 35
VII. Kosten 36

Literatur

ST. V. BERTI, Der Erlass vorsorglicher Massnahmen ohne vorgängige Anhörung der Gegenpartei stellt eine äusserst einschneidende Massnahme dar, in: Binsenwahrheiten des Immaterialgüterrechts, FS für Lucas David, Zürich 1996, 265 ff.; L. DAVID, Der Rechtsschutz im Immaterialgüterrecht, Schweizerisches Immaterialgüter- und Wettbewerbsrecht Band I/2, 2. Aufl., Basel 1998, 169 f.; DERS., Anmerkungen zur Verfügung des Einzelrichters am HGer ZH vom 3. Oktober 1983, SMI 1984, 267 ff.; DERS., Bemerkungen zum Urteil des BGer vom 3. Februar 1993 (1P.782/1991), AJP 1993, 736 ff.; P. HEINRICH, PatG/EPÜ, Zürich 1998, Rz 77.21; HEISEL, Ein Schutzschriftenregister für die Schweiz? In: Anwalts Revue 1/2008, 37 f.; HUBER, Zivilprozessrecht, Buttikon 1997, § 51 N 1 f.; M. ISLER/H. C. VON DER CRONE, Handelsregistersperre, in: SZW 2008, 222 ff.; M. LEUPOLD, Die Schutzschrift – Grundsätzliches und prozessuale Fragen, AJP 1998, 1076 ff.; M. LUSTENBERGER/TH. RITSCHER, Die Schutzschrift – zulässiges Verteidigungsmittel oder verpönte Einflussnahme? AJP 1997, 515 ff.; F. NYFFELER, Die Schutzschrift, SMI 1995, 83 ff.; D. PLÜSS, Die kantonale Praxis zur Schutzschrift – ein helvetischer Flickenteppich, in: M. Leupold/D. Rüetschi/D. Stauber/M. Vetter (Hrsg.), Der Weg zum Recht. Festschrift für Alfred Bühler, Zürich et al. 2008, 77 ff.; D. RUBLI, in: Chr. Bertschinger/P. Münch/Th. Geiser (Hrsg.), Schweizerisches und europäisches Patentrecht, Basel 2002, Rz 16.103 ff.; M. TUCHSCHMID, Zur aktuellen Gerichtspraxis betreffend Schutzschriften, in: Jusletter 28. Januar 2008; O. VOGEL, Die Rechtsprechung des Bundesgerichts zum Zivilprozessrecht im Jahre 1993, in: ZBJV Band 131, Bern 1995, 443 ff.; J. ZÜRCHER, Der Einzelrichter am Handelsgericht des Kantons Zürich, Zürich 1998, 327.

I. Allgemeines

1. Begriff

Das Handelsgericht Zürich hat die **Schutzschrift** in einem **wegleitenden Entscheid** aus dem Jahre 1997 (ZR 1997 Nr. 46) wie folgt umschrieben: 1

«Als Schutzschrift wird die Eingabe der möglichen beklagten Partei bezeichnet, welche in Erwartung eines gegen sie gerichteten Antrages auf Erlass einer superprovisorischen Verfügung dem Richter Gründe darlegt, die einer solchen Verfügung oder zumindest einem Verzicht auf vorherige Anhörung entgegenstehen. Oft wird auch oder lediglich darauf verwiesen, man sei innert kürzester Frist bereit, zur Verhandlung zu erscheinen.»

Dieses Verständnis liegt auch Art. 270 zugrunde. So dient die Schutzschrift gemäss Botschaft ZPO dazu, dem Gericht die Gründe darzulegen, die gegen eine befürchtete super- 2 provisorische Massnahme oder zumindest gegen eine überfallartige Anordnung einer solchen sprechen (BOTSCHAFT ZPO, 7357).

2. Historisches

3   Der Begriff **Schutzschrift** war den **kantonalen Zivilprozessordnungen fremd**. Er entstammt der deutschen Praxis, wo er in der Literatur erstmals in den 1960er-Jahren erschien (HESS-BLUMER, 21). Verwendet wurden Schutzschriften in Deutschland damals bereits seit einigen Jahrzehnten. So wurde in der DJZ bereits im Jahre 1932 darüber berichtet, dass sich eine eigentliche Übung herausgebildet habe, «dass der Antragsgegner, wenn ihm vom Antragsteller der Antrag angedroht wird oder er sonst von der Absicht erfährt, an das Gericht eine Eingabe richtet, in der er unter Angabe der Gründe und ihrer Glaubhaftmachung um Ablehnung des Antrags oder mündliche Verhandlung bittet» (DJZ 1932, Heft 5, 347 f.; vgl. HESS-BLUMER, 20 f.).

4   Schweizerischen Gerichten wurden Schutzschriften verbreitet erst in den 1980er-Jahren, vereinzelt bereits in den 1970er-Jahren oder sogar noch früher eingereicht (HESS-BLUMER, 31 f.). Die Gerichte waren sich lange Zeit nicht sicher, wie solche Eingaben einzuordnen waren. Stellten sie *unzulässige Beeinflussungsversuche* dar oder entsprachen sie einem legitimen, insb. durch das Recht auf Gewährung des rechtlichen Gehörs gedeckten Bedürfnis? Das Handelsgericht Zürich sprach sich im Jahre 1983 gegen die Zulässigkeit von Schutzschriften aus (ZR 1983 Nr. 121), kam aber im Jahre 1997 auf diesen Entscheid zurück (ZR 1997 Nr. 46) und nimmt Schutzschriften seither regelmässig entgegen. Das Bundesgericht äusserte in BGE 119 Ia 53 ebenfalls Bedenken und erachtete die Rückweisung einer Schutzschrift durch das Kantonsgericht Zug jedenfalls nicht als willkürlich. Im Jahre 2003 nahm das Bundesgericht dann selbst eine Schutzschrift entgegen (BGer 1A.39/2003), lehnte die Entgegennahme einer weiteren Schutzschrift aber nur ein Jahr später unter Hinweis auf die Gefahr der unzulässigen Beeinflussung wieder ab (BGer 1A.41/2004).

5   Während die meisten Schweizer Gerichte im Laufe der Zeit dazu übergingen, Schutzschriften entgegen zu nehmen (vgl. Übersicht bei TUCHSCHMID, Rz 6), verschiedene Autoren aufzeigten, dass die gegen die Schutzschrift geäusserten Bedenken zwar ernst zu nehmen sind, sie die **Verweigerung der Entgegennahme** aber nicht zu rechtfertigen vermögen (ausführlich insb. GÜNGERICH, 4. Kap., und HESS-BLUMER, 3. Abschnitt), und die Lehre sich praktisch einhellig für die Zulässigkeit dieses Instituts aussprach (krit. VOGEL, 446; VOGEL/SPÜHLER, 7 Rz 3a, und BERTI, 267 f.), vermochten sich ein paar wenige Gerichte diesem aus Sicht der Rechtsunterworfenen wichtigen Institut bis zuletzt nicht zu öffnen (vgl. Übersicht bei TUCHSCHMID, Rz 6).

II. Anwendungsbereich

6   Die Schutzschrift ist eine **antizipierte Stellungnahme** zu einem erst *erwarteten Antrag auf superprovisorischen Erlass einer Anordnung*. Sie kommt deshalb überall dort in Frage, wo das Gericht im durch den erwarteten Antrag ausgelösten Verfahren den Standpunkt beider Parteien berücksichtigen darf und muss. Dies ist bei zivilrechtlichen Streitigkeiten die Regel. In diesem Sinne ist der Anwendungsbereich der Schutzschrift weit.

7   Im Zentrum stehen **lauterkeits- und immaterialgüterrechtliche Streitigkeiten**, aber auch Streitigkeiten aus den Bereichen Persönlichkeitsschutz, Arbeitsrecht, Nachbarrecht, persönlicher Unterhalt und Bauhandwerkerpfandrecht (HESS-BLUMER, 35). Der Anwendungsbereich erfasst insb. auch die Arreste nach den Art. 271–281 SchKG (Abs. 1), und

eine Schutzschrift kann ebenso zur Verteidigung gegen andere im SchKG vorgesehene ex-parte Anordnungen hinterlegt werden (GÜNGERICH, 74), zur Verteidigung gegen die überraschende Gewährung der aufschiebenden Wirkung eines Rechtsmittels (BGer vom 12.3.2003, 1A.39/2003; GÜNGERICH, 73), oder zur Verteidigung gegen Beweissicherungsmassnahmen (**a.A.** GÜNGERICH, 75). Diese Aufzählung ist lediglich beispielhaft.

Wenig sinnvoll dürfte die Hinterlegung einer Schutzschrift bei Gericht im Falle einer **befürchteten Handelsregistersperre** sein (ISLER/VON DER CRONE, 231 ff.). Nach der Regelung von Art. 162 HRegV setzt vor dem Einzelrichter direkt ein kontradiktorisches summarisches Zweiparteienverfahren ein. Weil der Richter erst nach Anhörung auch der Gegenpartei entscheidet, dürfte eine Schutzschrift in der Regel entbehrlich sein. Auf die Frage, ob eine Schutzschrift beim Handelsregister deponiert werden kann, findet die ZPO keine Anwendung. 8

Die ursprünglich publizierte Fassung von Art. 270 enthielt in Abs. 1 ferner den Hinweis auf die Vollstreckbarerklärung nach den Art. 31–45 LugÜ. Dieser Verweis bezog sich auf das LugÜ 1988. Gemäss dem LugÜ 1988 hatte die Vollstreckbarerklärung zwar ohne Anhörung des Schuldners unverzüglich zu erfolgen (Art. 34 Abs. 1). Dies stand der Berücksichtigung einer Schutzschrift jedoch deswegen nicht entgegen, weil das Gericht der Vollstreckbarerklärung entgegenstehende Umstände von Amtes wegen prüfen und berücksichtigen musste und die Vollstreckbarerklärung auf einseitiges Vorbringen lediglich die Vorstufe eines kontradiktorischen Verfahrens war. 9

Mit Inkrafttreten des **LugÜ II** (1.1.2011) wird der Verweis auf das Exequaturverfahren in Art. 270 gestrichen (Art. 3 des Bundesbeschlusses über die Genehmigung und die Umsetzung des LugÜ II, BBl 2009 1836), weil «im Rahmen des revLugÜ [...] kein Anwendungsbereich für die Schutzschrift mehr [besteht], denn das revLugÜ verlangt – anders als noch das LugÜ –, dass Einwendungen gegen die Vollstreckbarerklärung erst im Rechtsbehelfsverfahren zu hören sind (Art. 41 revLugÜ)» (BOTSCHAFT LugÜ, 1824 f.). 10

III. Die Schutzschrift

1. Form und Inhalt

a) Formelles

Die Art. 130, 131 und 132 gelten auch für Schutzschriften. Das Handelsgericht Zürich hat den formellen Anforderungen nicht genügende Schutzschriften in der Vergangenheit nicht einfach zurückgewiesen, sondern dem Hinterleger Frist für die Behebung des Mangels angesetzt (ZR 1997 Nr. 46; dazu HESS-BLUMER, 173). 11

b) Inhalt

Die ZPO legt in den **Art. 221 und 222** den **notwendigen Inhalt** von Klage- und Klageantwortschriften fest. Diese Bestimmungen gelten sinngemäss für das Massnahmeverfahren (Art. 219), und sie machen auch für Schutzschriften Sinn. Auch eine Schutzschrift muss, damit sie überhaupt zielführend sein kann, die *Parteien* und ihre *Vertreter* benennen (N 13 ff. und 17 f.), ein *Rechtsbegehren* und die zur Begründung desselben erforderlichen *Tatsachenbehauptungen* enthalten (N 23 ff.), die einzelnen Beweismittel zu den behaupteten Tatsachen bezeichnen und als Beilagen enthalten sowie datiert und unterschrieben sein. 12

2. Hinterleger (mutmasslicher Gesuchsgegner)

13 Eine **Schutzschrift einreichen kann**, «wer befürchtet, dass gegen ihn demnächst eine superprovisorische Massnahme getroffen wird» (BOTSCHAFT ZPO, 7357). In der Praxis ist oftmals nicht zuverlässig vorhersehbar, gegen wen sich ein Antrag auf Erlass einer solchen Massnahme richten wird. Im Bereich des Immaterialgüterrechts bspw. kann es jedes in die Herstellung und den Vertrieb eines möglicherweise immaterialgüterrechtsverletzenden Produkts involvierte Unternehmen treffen. Es empfiehlt sich deshalb häufig, eine Schutzschrift nicht nur im Namen einer, bspw. der konkret abgemahnten, Person, sondern auch im Namen allfälliger weiterer mutmasslicher Gesuchsgegner zu hinterlegen.

14 Eine **Schutzschrift** ist **keine Klage**. Notwendige Streitgenossen (Art. 70) müssen eine Schutzschrift deshalb nicht gemeinsam hinterlegen. Die von einem Streitgenossen eingereichte Schutzschrift wirkt auch für die übrigen Streitgenossen (Art. 70 Abs. 2).

15 Gemäss dem Wortlaut von Art. 270 kann eine Schutzschrift nur im Hinblick auf ein *gegen den Hinterleger der Schutzschrift selbst gerichtetes Gesuch um Erlass einer superprovisorischen Anordnung* hinterlegt werden. Dies ist zu eng, namentlich im Hinblick auf Art. 76. Dieser Bestimmung zufolge kann die zur Nebenintervention berechtigte Person zur Unterstützung der Hauptpartei alle Prozesshandlungen vornehmen, die nach dem Stand des Verfahrens zulässig sind, insb. alle Angriffs- und Verteidigungsmittel geltend machen. Dies lässt sich zwanglos auf die Schutzschrift, ein Verteidigungsmittel, lesen. In der Literatur wird die Berechtigung des Nebenintervenienten zur Hinterlegung einer Schutzschrift bejaht (HESS-BLUMER, 170 f.), und das Handelsgericht Zürich bspw. hat vom prospektiven Nebenintervenienten eingereichte Schutzschriften vor dem Inkrafttreten der ZPO entgegengenommen. Dies ist interessengerecht und muss auch unter Art. 270 i.V.m. Art. 76 Abs. 1 gelten. Ein entsprechender Antrag in einer Schutzschrift kann bspw. wie folgt lauten:

«Für den Fall, dass eine superprovisorische Massnahme ausschliesslich gegen die mutmassliche Gesuchsgegnerin X beantragt wird, sei vom Verfahrensbeitritt der mutmasslichen Gesuchsgegnerin Y als Nebenintervenientin Vormerk zu nehmen und diese Schutzschrift als Stellungnahme der Nebenintervenientin zu berücksichtigen.»

16 In der Praxis gewinnt die Frage, ob eine Schutzschrift in Namen eines prospektiven Nebenintervenienten hinterlegt werden soll, vor allem dann Bedeutung, wenn nur ein Teil der in Frage kommenden Gesuchsgegner zur Hinterlegung einer Schutzschrift bereit ist. Diejenige Partei, die sich zur Hinterlegung einer Schutzschrift entschliesst, läuft in einer solchen Situation Gefahr, dass das Massnahmeverfahren tatsächlich gegen Parteien eingeleitet wird, die keine Schutzschrift hinterlegt haben, und dass gegen diese eine superprovisorische Massnahme angeordnet wird. Dies ist für den Hinterleger der Schutzschrift nachteilig, wenn ihn die superprovisorische Massnahme ebenfalls trifft. Zu denken ist bspw. an den Fall, dass ein Hersteller einen für ihn wichtigen Exklusivliefervertrag mit einem Detailhändler abschliesst, worauf hin ein Konkurrent des Herstellers dem Detailhändler gegenüber geltend macht, das betreffende Produkt verletze ihm gehörende Immaterialgüterrechte. In dieser Situation hat der Hersteller ein erhebliches, möglicherweise dasjenige des Detailhändlers überwiegendes Interesse daran, dass ein allfälliges Massnahmeverfahren zwischen seinem Konkurrenten und dem Detailhändler zugunsten des letzteren entschieden wird.

3. Gegenpartei (mutmasslicher Gesuchsteller)

17 In der Schutzschrift muss die **mutmassliche Gegenpartei**, also der mutmassliche Antragsteller, angegeben werden. Dies ist selbstverständlich, erweist sich aber häufig als

schwieriger als erwartet. Wer Inhaber eines möglicherweise verletzten Immaterialgüterrechts und damit als Schutzrechtsinhaber aktivlegitimiert ist, kann wegen der rein deklaratorischen Natur des Registereintrags unsicher sein, und zur Erhebung immaterialgüterrechtlicher Ansprüche berechtigt ist auch ein allfälliger ausschliesslicher Lizenznehmer (Art. 75 PatG; Art. 62 Abs. 3 URG; Art. 35 Abs. 4 DesG; Art. 55 Abs. 4 MSchG). In derartigen Fällen hat es sich bewährt, in der Schutzschrift alle als Schutzrechtsinhaber und ausschliessliche Lizenznehmer in Frage kommenden Personen als mögliche Gegenparteien zu nennen. Das Kantonsgericht Basel-Landschaft und das Zivilgericht Basel-Stadt akzeptierten unter der Hoheit der kantonalen Zivilprozessordnungen auch Schutzschriften, die sich gegen die nicht bekannte «exklusive Lizenznehmerin für das europäische Patent XY» richten. Auch dies ist situations- und interessengerecht und muss unter Art. 270 weiterhin gelten.

Ähnliche Schwierigkeiten können sich ausserhalb des Immaterialgüterrechts ergeben, bspw. im Bereich des Nachbarrechts. Aktivlegitimiert zur Geltendmachung der durch Art. 679 ZGB gewährten Ansprüche können mehrere Grundeigentümer, Inhaber dinglicher Nutzungsrechte, Mieter und Pächter sein, so dass auch in solchen Fällen zu überlegen ist, ob eine Schutzschrift gegen mehrere potentielle Antragsteller hinterlegt werden soll.

4. Adressat (zuständiges Gericht)

Ein Gericht muss eine Schutzschrift nur entgegennehmen, wenn es für die Behandlung des erwarteten Antrags auf Erlass einer superprovisorischen Anordnung örtlich und sachlich zuständig ist. Die **Einhaltung zwingender Zuständigkeiten** hat das angerufene Gericht von Amtes wegen zu prüfen.

Die *Schlichtungsbehörde* kommt als Adressat einer Schutzschrift *kaum in Frage*. Vorsorgliche Massnahmen werden im summarischen Verfahren angeordnet (Art. 248 lit. d), gemäss Art. 198 lit. a entfällt das Schlichtungsverfahren jedoch im summarischen Verfahren. Die Schlichtungsbehörde hat deshalb wohl keine Kompetenz zum Erlass vorsorglicher Massnahmen.

In vielen Fällen stehen für die erwartete gerichtliche Auseinandersetzung **mehrere Gerichtsstände zur Verfügung** (vgl. bspw. Art. 20, 23, 32, 40 ZPO). In solchen Situationen, in denen sich nicht vorhersehen lässt, an welches zuständige Gericht der mutmassliche Gesuchsteller gelangen wird, drängt es sich auf, bei jedem zuständigen Gericht eine Schutzschrift zu hinterlegen. Diese Taktik stösst dort an Grenzen, wo nicht nur ein paar wenige, sondern viele Gerichte zuständig sein könnten, wie z.B. in immaterialgüter- und lauterkeitsrechtlichen Angelegenheiten, wenn angeblich immaterialgüterrechtsverletzende Waren schweizweit vertrieben werden oder sich eine angeblich unlautere Handlung in der ganzen Schweiz auswirkt (Art. 13 i.V.m. Art. 36; im Patentrecht durch die Schaffung des für die Beurteilung u.a. von Verletzungsklagen ausschliesslich zuständigen Patentgerichts entschärft). In solchen Fällen muss der mutmassliche Gesuchsgegner abwägen zwischen einer teuren und administrativ aufwendigen, flächendeckenden Hinterlegung und dem mit einem selektiven Einreichen verbundenen Risiko.

In Deutschland wurde diesem Dilemma auf privater Basis mit der Einrichtung eines zentralen Schutzschriftenregisters (ZSR) begegnet. Mutmassliche Gesuchsgegner können ihre Schutzschriften in ein von der gemeinnützigen Europäischen EDV-Akademie des Rechts gGmbH unterhaltenes, zentrales System einspeisen. Verschiedene Gerichte haben sich vorerst auf freiwilliger Basis dazu verpflichtet, vor Erlass superprovisorischer Anordnungen online unter ‹www.schutzschriftenregister.de› Einsicht in das ZSR zu nehmen und eine dort abgelegte, ein konkret anhängig gemachtes Verfahren betreffende Schutzschrift zu beachten (vgl. dazu HEISEL, 38).

5. Rechtsbegehren und Begründung

23 Typischerweise enthalten **Schutzschriften mindestens zwei Rechtsbegehren**: das Ersuchen, einen bestimmten Antrag des mutmasslichen Gesuchstellers abzuweisen, und das Eventualbegehren, über einen solchen Antrag jedenfalls nicht ohne Anhörung des Schutzschrifthinterlegers zu entscheiden. Für beide Rechtsbegehren gilt, dass der erwartete Antrag inhaltlich so präzise spezifiziert werden muss, dass das Gericht die Schutzschrift einem eingegangenen Begehren um Erlass einer superprovisorischen Anordnung rasch und eindeutig zuordnen kann (HESS-BLUMER, 171). Dies geschieht optimaler weise dadurch, dass der Vertrag, das Immaterialgüterrecht oder der Lebenssachverhalt, auf den sich das mutmassliche Gesuch voraussichtlich stützen wird, in der Schutzschrift bereits in den Rechtsbegehren identifiziert oder kurz umschrieben wird.

24 Die **Anforderungen an den Inhalt**, namentlich hinsichtlich Substantiierung und Beweis, ergeben sich aus dem Zweck der Schutzschrift. Damit es gelingen kann, die Glaubhaftmachung durch den mutmasslichen Gesuchsteller zu erschüttern, sollten die für den eigenen Standpunkt sprechenden Tatsachenbehauptungen mit derselben Sorgfalt und demselben Grad an Substantiiertheit vorgetragen und mit Beweismitteln untermauert werden wie in einer ordentlichen Massnahmeantwort. Die Folge einer Nichtbeachtung dieses Grundsatzes ist nicht, dass die Schutzschrift vom Gericht zurückgewiesen (so aber HGer AG, in: AGVE 1997 Nr. 30; wie hier HGer ZH, in: ZR 1997 Nr. 46) oder zur Verbesserung retourniert wird – so weit reicht die gerichtliche Fragepflicht nach Art. 56 nicht – sondern dass die Schutzschrift möglicherweise ihren Zweck verfehlt (HESS-BLUMER, 175 f.).

25 Die Hinterlegung einer **klar ungenügend substantiierten Schutzschrift** kann sich *kontraproduktiv* auswirken. Obwohl der Richter aus der ungenügenden Substantiiertheit einer Schutzschrift nicht darauf schliessen darf, der Hinterleger anerkenne tatsächliche Ausführungen des Gesuchstellers, spricht es doch für die Glaubhaftigkeit des Standpunktes des Gesuchstellers, wenn es der aufmerksame Gesuchsgegner, der das superprovisorische Gesuch offensichtlich erwartet und deshalb die Schutzschrift eingereicht hat, unterlässt, insb. ihm bspw. aus vorprozessualer Korrespondenz bekannte oder sich vernünftigerweise aufdrängende Argumente des Gesuchstellers in ernsthafter Weise zu widerlegen zu versuchen (HESS-BLUMER, 175 f.).

6. Ergänzungen

26 Während der Aufbewahrungsdauer einer Schutzschrift können sich die tatsächlichen Verhältnisse ändern. Beispielsweise können sich aufgrund von Umstrukturierungen die Firmen der involvierten Parteien ändern, können sich auf den Standpunkt des Hinterlegers günstig auswirkende Urteile anderer Gerichte ergehen oder andere Umstände eintreten, die den Ausgang des erwarteten Massnahmeverfahrens beeinflussen könnten. Gemäss der Praxis verschiedener Gerichte vor Inkrafttreten der ZPO konnte der Hinterleger derartige neue Umstände mittels **Ergänzungseingaben zur Schutzschrift** einbringen. Daran ändert die ZPO nichts.

IV. Information des mutmasslichen Gesuchstellers (Abs. 2)

1. Zustellung

27 Eine der vor Inkrafttreten der ZPO am kontroversesten diskutierten und gehandhabten Fragen im Zusammenhang mit Schutzschriften, ob nämlich Schutzschriften dem präsumtiven Gesuchsteller vor Anhängigmachung des Antrags auf Erlass einer superprovisori-

schen Anordnung zuzustellen sind oder nicht, wird in Abs. 2 erfreulicherweise mit aller Deutlichkeit beantwortet: Die **Schutzschrift** wird der Gegenpartei **nur und erst zugestellt, wenn diese das entsprechende Verfahren einleitet**. Damit hat sich das Bedürfnis vieler Parteien, die mit der Hinterlegung einer Schutzschrift lediglich für den Fall des Eingangs eines superprovisorischen Antrags ihre Rechte wahren, aber nicht die Einleitung eines solchen Verfahrens provozieren und der Gegenpartei nicht unnötig Informationen offenlegen wollten, gegen die Praxis bspw. der Handelsgerichte Zürich (ZR 1997 Nr. 46), St. Gallen (GVP 2004 Nr. 59) und Aargau durchgesetzt.

2. Einsichtsrecht

Von der Frage, ob ein Gericht eine bei ihm eingehende Schutzschrift dem mutmasslichen Gesuchsteller von sich aus zuzustellen oder bekanntzugeben hat, ist die Frage zu unterscheiden, ob ein Gericht dem mutmasslichen Gesuchsteller **Einblick in die Schutzschrift** gewähren muss, wenn sich dieser nach vorhandenen Schutzschriften erkundigt. 28

In der Literatur werden zum Einsichtsrecht des Betroffenen unterschiedliche Standpunkte vertreten (gegen ein Einsichtsrecht GÜNGERICH, 145; dafür HESS-BLUMER, 191 ff.). 29

Das Gesetz beantwortet die Frage nicht eindeutig. Allerdings spricht der *Wortlaut von Art. 270 Abs. 2 eher gegen ein Einsichtsrecht* des präsumtiven Gesuchstellers. Die Schutzschrift wird der Gegenpartei vor Einleitung des Verfahrens nämlich nicht etwa «nicht zugestellt», sondern «nicht mitgeteilt». Dies lässt sich zwangslos so verstehen, dass eine Schutzschrift dem mutmasslichen Gesuchsteller auch auf sein Nachfragen hin nicht mitgeteilt – also nicht bekanntgegeben – werden darf. 30

Die Botschaft ZPO unterstützt diese Lesart. Zur Begründung von Abs. 2 wird ausgeführt, dass eine sofortige Mitteilung an den präsumtiven Gesuchsteller den Zweck der Schutzschrift vereiteln würde (BOTSCHAFT ZPO, 7358). Statt einer vorausschauenden Stellungnahme verkäme sie praktisch zu einer Checkliste für die gesuchstellende Partei, die die Argumente Punkt für Punkt entkräften könnte, ohne dass die bedrohte Partei nochmals Stellung nehmen dürfte. Diese Begründung trifft unabhängig davon zu, ob der mutmassliche Gesuchsteller vom Inhalt der Schutzschrift Kenntnis erlangt, weil sie ihm vom Gericht aus eigenem Antrieb oder auf Verlangen des Gesuchstellers mitgeteilt wird. 31

Aufgrund dieser Überlegungen ist davon auszugehen, dass es Abs. 2 den Gerichten verbietet, mutmasslichen Gesuchstellern den Inhalt hinterlegter Schutzschriften vor Einleitung des entsprechenden Verfahrens bekanntzugeben, mutmassliche Gesuchsteller **vor Verfahrenseinleitung also kein Recht auf Einsichtnahme** in eine Schutzschrift haben. 32

V. Aufbewahrungsdauer (Abs. 3)

1. Grundsatz

Gemäss Abs. 3 wird eine *Schutzschrift nach sechs Monaten unbeachtlich*. Positiv formuliert müssen Gerichte Schutzschriften also während sechs Monaten aufbewahren und im Falle der Einleitung des entsprechenden Verfahrens innerhalb dieser Frist beachten. Die Schutzschrift kann dem Hinterleger nach Ablauf dieser Frist ohne weiteres zurückgeschickt werden (BOTSCHAFT ZPO, 7358). Selbstverständlich ist es dem Hinterleger auch möglich, die Schutzschrift vor Ablauf von sechs Monaten zurückzuziehen oder bereits in der Schutzschrift eine kürzere Aufbewahrungsdauer zu beantragen. 33

2. Verlängerung

34 In der Praxis kommt es vor, dass der Hinterleger einer Schutzschrift auch noch nach sechs Monaten seit der Hinterlegung mit dem Erlass einer superprovisorischen Anordnung rechnen muss und deshalb ein berechtigtes Interesse an der **Verlängerung der Aufbewahrungsdauer** hat. Dies trifft bspw. für den Arzneimittelhersteller zu, der bei Swissmedic ein Zulassungsverfahren für ein möglicherweise ein Drittpatent verletzendes Präparat pendent hat und in Erwartung der baldigen Erteilung der Marktzulassung eine Schutzschrift hinterlegt. Der Inhaber des Drittpatents erfährt in der Regel durch die Veröffentlichung der Zulassungserteilung durch Swissmedic von der möglichen Patentverletzung, weshalb insb. ab diesem Zeitpunkt mit einem superprovisorischen Unterlassungsbegehren gerechnet werden muss. Verzögert sich das Erteilungsverfahren und die Zulassungserteilung über die sechs Monate nach Hinterlegung der Schutzschrift hinaus, behält die Schutzschrift ihre Aktualität. In derartigen Situationen muss es dem Hinterleger möglich sein, um Verlängerung der Aufbewahrungsdauer zu ersuchen. Dies entspricht der bisherigen Praxis bspw. des Kantonsgerichts Basel-Landschaft und des Zivilgerichts Basel-Stadt.

VI. Fortgang des Verfahrens

35 Die Schutzschrift ist ein **vorbeugendes Verteidigungsmittel**, nicht eine vorweggenommene Gesuchsantwort. Ordnet der Richter die beantragte superprovisorische Massnahme trotz Vorliegens einer Schutzschrift an, vermag diese also die Glaubhaftmachung der Anspruchsvoraussetzungen durch den Antragsteller nicht genügend zu erschüttern, stellt die Anordnung deshalb nicht den Massnahmeendentscheid dar. Vor Erlass eines zuungunsten des Antragsgegners lautenden Endentscheides ist diesem auf jeden Fall die Gelegenheit einzuräumen, sich zum Gesuch in Kenntnis des effektiven Vorbringens des Gesuchstellers zu äussern.

VII. Kosten

36 Vor Inkrafttreten der ZPO erhoben die meisten Gerichte für die Entgegennahme einer Schutzschrift eine **Gerichtsgebühr**, die je nach Gericht zwischen wenigen hundert Schweizerfranken und CHF 1000 betrug und die bei jeder Verlängerung der Aufbewahrungsdauer erneut fällig wurde.

37 Neu legt die ZPO für die gesamte Schweiz einheitlich fest, wofür Gerichtskosten erhoben werden. Gemäss Art. 95 Abs. 2 sind Gerichtskosten (a) die Pauschalen für das Schlichtungsverfahren, (b) die Pauschalen für den Entscheid, (c) die Kosten der Beweisführung, (d) die Kosten der Übersetzung und (e) die Kosten für die Vertretung des Kindes. *Pauschalen für die Entgegennahme und Aufbewahrung einer Schutzschrift werden nicht erwähnt.*

38 In der Praxis sind die Gerichte dazu übergegangen, für jede eingereichte Schutzschrift ein formelles Verfahren zu eröffnen. Im Verlauf eines solchen Verfahrens ergeht in der Regel ein Entscheid, in dem der Eingang der Schutzschrift und ihre Entgegennahme bestätigt werden. Weil also ein Entscheid ergeht und es zudem offensichtlich und unbestritten ist, dass die Entgegennahme und insb. die Aufbewahrung der Schutzschrift in einer Weise, die ihre spätere Wiederauffindung und Berücksichtigung gewährleistet, Kosten verursacht, lässt sich eine Kostenerhebung zwangslos durch Art. 95 Abs. 2 lit. b begründen und rechtfertigen.

6. Titel: Besondere eherechtliche Verfahren

1. Kapitel: Angelegenheiten des summarischen Verfahrens

Art. 271

Geltungsbereich Das summarische Verfahren ist unter Vorbehalt der Artikel 272 und 273 anwendbar für Massnahmen zum Schutz der ehelichen Gemeinschaft, insbesondere für:
a. die Massnahmen nach den Artikeln 172–179 ZGB;
b. die Ausdehnung der Vertretungsbefugnis eines Ehegatten für die eheliche Gemeinschaft (Art. 166 Abs. 2 Ziff. 1 ZGB);
c. die Ermächtigung eines Ehegatten zur Verfügung über die Wohnung der Familie (Art. 169 Abs. 2 ZGB);
d. die Auskunftspflicht der Ehegatten über Einkommen, Vermögen und Schulden (Art. 170 Abs. 2 ZGB);
e. die Anordnung der Gütertrennung und Wiederherstellung des früheren Güterstands (Art. 185, 187 Abs. 2, 189 und 191 ZGB);
f. die Verpflichtung eines Ehegatten zur Mitwirkung bei der Aufnahme eines Inventars (Art. 195*a* ZGB);
g. die Festsetzung von Zahlungsfristen und Sicherheitsleistungen zwischen Ehegatten ausserhalb eines Prozesses über die güterrechtliche Auseinandersetzung (Art. 203 Abs. 2, 218, 235 Abs. 2 und 250 Abs. 2 ZGB);
h. die Zustimmung eines Ehegatten zur Ausschlagung oder zur Annahme einer Erbschaft (Art. 230 Abs. 2 ZGB);
i. die Anweisung an die Schuldner und die Sicherstellung nachehelichen Unterhalts ausserhalb eines Prozesses über den nachehelichen Unterhalt (Art. 132 ZGB).

Champ d'application Sous réserve des art. 272 et 273, la procédure sommaire s'applique aux mesures protectrices de l'union conjugale, notamment:
a. aux mesures prévues aux art. 172 à 179 CC;
b. à l'extension de la faculté d'un époux de représenter l'union conjugale (art. 166, al. 2, ch. 1, CC);
c. à l'octroi à un époux du pouvoir de disposer du logement familial (art. 169, al. 2, CC);
d. à l'injonction adressée à l'un des conjoints de renseigner l'autre sur ses revenus, ses biens et ses dettes (art. 170, al. 2, CC);
e. au prononcé de la séparation de biens et au rétablissement du régime antérieur (art. 185, 187, al. 2, 189 et 191 CC);
f. à l'obligation des époux de collaborer à l'établissement d'un inventaire (art. 195*a* CC);
g. à la fixation de délais de paiement et à la fourniture de sûretés entre les époux hors procès concernant le régime matrimonial (art. 203, al. 2, 218, 235, al. 2 et 250, al. 2, CC);
h. au consentement d'un époux à la répudiation ou à l'acceptation d'une succession (art. 230, al. 2, CC);
i. à l'avis aux débiteurs et la fourniture de sûretés en garantie des contributions d'entretien après le divorce, hors procès (art. 132 CC).

Art. 271   1

Campo
d'applicazione

Fatti salvi gli articoli 272 e 273, la procedura sommaria è applicabile alle misure a tutela dell'unione coniugale, segnatamente a:
a. misure secondo gli articoli 172–179 CC;
b. estensione a un coniuge della facoltà di rappresentanza dell'unione coniugale (art. 166 cpv. 2 n. 1 CC);
c. autorizzazione a un coniuge a disporre dell'abitazione familiare (art. 169 cpv. 2 CC);
d. obbligo d'informazione dei coniugi sui rispettivi redditi, sostanza e debiti (art. 170 cpv. 2 CC);
e. pronuncia della separazione dei beni e ripristino del precedente regime dei beni (art. 185, 187 cpv. 2, 189 e 191 CC);
f. obbligo di un coniuge di concorrere alla compilazione dell'inventario (art. 195*a* CC);
g. fissazione di dilazioni di pagamento e prestazione di garanzie tra coniugi, al di fuori di un processo sulla liquidazione del regime dei beni (art. 203 cpv. 2, 218, 235 cpv. 2 e 250 cpv. 2 CC);
h. consenso di un coniuge alla rinuncia o all'accettazione di un'eredità (art. 230 cpv. 2 CC);
i. avviso ai debitori e garanzia dell'obbligo di mantenimento dopo il divorzio, al di fuori di un processo sull'obbligo di mantenimento dopo il divorzio (art. 132 CC).

Inhaltsübersicht

Note

I. Norminhalt und Normzweck 1

II. Anwendungsbereich 5
   1. Eheschutzmassnahmen (lit. a: Art. 172–179 ZGB) 5
   2. Ausdehnung der Vertretungsbefugnis (lit. b: Art. 166 Abs. 2 Ziff. 1 ZGB) 11
   3. Ermächtigung zur Verfügung über die Wohnung (lit. c: Art. 169 Abs. 2 ZGB) 12
   4. Auskunft über das Vermögen (lit. d: Art. 170 Abs. 2 ZGB) 14
   5. Anordnung der Gütertrennung (lit. e: Art. 185, 187 Abs. 2, Art. 189 und 191 ZGB) 16
   6. Aufnahme eines Inventars (lit. f: Art. 195a ZGB) 18
   7. Festsetzung von Zahlungsfristen (lit. g: Art. 203 Abs. 2 ZGB u.a.) 20
   8. Zustimmung zur Ausschlagung einer Erbschaft (lit. h: Art. 230 Abs. 2 ZGB) ... 22
   9. Anweisung an Schuldner (lit. i: Art. 132 ZGB) 24

III. Rechtsfolgen 26

Literatur

M. BAUMANN, Das Versäumnisverfahren im summarischen Verfahren nach zürcherischem Zivilprozessrecht, Winterthur 1958; E. BLANKENBURG/D. LEIPOLD/C. WOLLSCHLÄGER (Hrsg.), Neue Methoden im Zivilverfahren. Summarischer Rechtsschutz und Bagatellverfahren. Beiträge zur Strukturanalyse der Rechtspflege, Köln 1991; E. EICHENHOFER, Die Auswirkungen der Ehe auf Besitz und Eigentum der Eheleute, JZ 1988, 326–332; I. MEIER, Rechtsschutz im summarischen Verfahren als Alternative zum ordentlichen Zivilprozess im schweizerischen Recht, Köln 1997; W. OTT, Der Schutz der ehelichen Gemeinschaft im neuen Eherecht, in: P. Forstmoser/ A. Heini/H. Giger/W. R. Schluep (Hrsg.), FS für Max Keller, Zürich 1989, 71–85; R. WEBER, Der zivilrechtliche Schutz der Familienwohnung, AJP 2004, 30 ff.

I. Norminhalt und Normzweck

1   Gewisse eherechtliche Verfahren sind in einem flexiblen und schnellen **summarischen Verfahren** durchzuführen, für die – abgesehen von Art. 272 und 273 – die Vorschriften der Art. 248, 252 ff. gelten. In diesem summarischen Verfahren sollen die in Art. 271

genannten Fragen schnell und effizient erledigt werden. Bei diesen Fragen handelt es sich in aller Regel um Gesuche, mit denen ausserhalb eines streitigen Prozesses (vgl. Art. 271 lit. g und i) gewisse Massnahmen beantragt werden, welche die eheliche Gemeinschaft schützen sollen.

Die Aufzählung in Art. 271 ist **nicht abschliessend**. Art. 271 zählt nur beispielhaft die wichtigsten Massnahmen auf, für die «insbesondere» das summarische Verfahren vorgesehen ist. 2

Für das summarische Verfahren gelten die in Art. 252 ff. genannten Vorschriften mit **zwei Ausnahmen**, die Art. 271 vorbehält. Zum einen wird im eherechtlichen summarischen Verfahren – anders als nach Art. 255 – der Sachverhalt von Amtes wegen festgestellt. Zum andern ist das Verfahren unterschiedlich von Art. 256 geregelt. Grundsätzlich ist eine mündliche Verhandlung durchzuführen, die Parteien haben persönlich zu erscheinen und das Gericht muss versuchen, eine Einigung zwischen den Parteien herbeizuführen. 3

Das summarische Verfahren ist nicht etwa deswegen ausgeschlossen, weil **ausländisches Recht** anzuwenden ist. Denn auch das anwendbare ausländische Recht ist von Amtes wegen zu bestimmen und dessen Inhalt festzustellen (Art. 16 Abs. 1 IPRG). Das mag etwas länger dauern, ist jedoch kein Hindernis für ein summarisches Verfahren. 4

II. Anwendungsbereich

1. Eheschutzmassnahmen (lit. a: Art. 172–179 ZGB)

a) Allgemeiner Eheschutz

Allgemeiner Eheschutz (vgl. hierzu BK-HAUSHEER/REUSSER/GEISER, Art. 172 ZGB N 6 ff.) kann am Wohnsitz des Gesuchstellers oder des anderen Teils verlangt werden (Art. 23). Ist bereits ein Scheidungs- oder Trennungsprozess anhängig, ist das damit befasste Gericht für vorsorgliche Massnahmen sachlich zuständig. Hat jedoch ein Ehegatte *vor* der Rechtshängigkeit eines solchen Prozesses um Eheschutz nachgesucht, bleibt das befasste Gericht bis zum Zeitpunkt der Hängigmachung der Scheidungsklage zuständig (BGE 101 II 2). Danach jedoch kann nur das Scheidungsgericht, das durchaus unterschiedlich vom Eheschutzgericht sein kann, vorsorgliche Massnahmen anordnen. Eine Eheschutzmassnahme, die von einem zuständigen Eheschutzgericht vor der Anhängigkeit des Scheidungsverfahrens angeordnet wurde, bleibt jedoch auch *nach* Einreichung der Scheidungsklage solange in Kraft, als das Scheidungsgericht die Massnahme nicht durch eine eigene vorsorgliche Massnahme ersetzt (KassGer ZH, ZR 1973 Nr. 37). Bei besonderer Dringlichkeit können auch superprovisorische Massnahmen angeordnet werden (Art. 265 ZPO). 5

Art. 271 lit. a ZPO setzt voraus, dass schweizerisches Recht anwendbar ist. Das ist es in **Auslandsfällen** jedoch nur dann, wenn die Art. 48 f. IPRG auf schweizerisches Recht verweisen. Dies ist in vier Situationen der Fall, nämlich wenn die Eheleute im Inland wohnen (Art. 48 Abs. 1 IPRG), wenn die schweizerischen Heimatgerichte zuständig sind (Art. 47, 48 Abs. 3 IPRG), wenn der Unterhaltsberechtigte im Inland wohnt (Art. 49 IPRG i.V.m. Art. 4 Haager Übereinkommen) und wenn der Sachverhalt den engeren Zusammenhang mit der Schweiz hat (Art. 48 Abs. 2 IPRG). In all diesen Fällen sollte das zuständige inländische Eheschutzgericht tätig werden, und zwar ohne die schwierige Frage zu beantworten, ob das Ausland die inländische vorsorgliche Mass- 6 nahme anerkennen und vollstrecken wird. Diesem Umstand muss der gesuchstellende Ehegatte Rechnung tragen und bei seinem Gesuch erwägen. Denn schweizerische Entscheidungen eines Eheschutzgerichts werden, wenn der Gegner gehörig geladen war oder gar selbst erschienen ist oder durch einen Anwalt vertreten war, im Ausland anerkannt, weil die fehlende Endgültigkeit einer Entscheidung häufig kein Anerkennungshindernis ist (vgl. z.B. § 109 dt. FamFG). Ist ausländisches Recht massgebend, weil der Sachverhalt den engeren Zusammenhang mit ausländischem Recht hat, wendet das inländische Gericht ausländisches Recht an oder, wenn dies im summarischen Verfahren nicht schnell feststellbar ist, auch inländisches Recht als Ersatzrecht (vgl. Art. 16 Abs. 2 IPRG).

b) Unterhalt der Familie

7 Nach Art. 173 ZGB kann das Gericht auf Begehren eines Ehegatten die Geldbeiträge an den **Unterhalt der Familie** und des Haushalts für die Zukunft und für ein Jahr vor Einreichung des Begehrens festsetzen. Diese Eheschutzmassnahme bleibt solange in Kraft, bis das Eheschutzgericht oder das Scheidungsgericht sie aufhebt.

Haben sich die Ehegatten in einer Vereinbarung über den Ehegattenunterhalt während des Trennungsverfahrens geeinigt, so bedarf auch diese Vereinbarung der gerichtlichen Genehmigung (OGer LU, ZBJV 2007, 290; OTT, 77; **a.A.** BK-HAUSHEER/REUSSER/GEISER, Art. 175 ZGB N 6b). Denn auch in dieser Situation bedarf die Ehe des Schutzes vor Übervorteilung und deshalb der Kontrolle durch das Gericht.

Wenn der Schuldner seine Unterhaltspflicht gegenüber der Familie nicht erfüllt, kann das Gericht nach Art. 177 ZGB dessen Schuldner anweisen, ihre Zahlungen ganz oder teilweise direkt an den anderen Ehegatten zu leisten (vgl. OGer ZH, ZR 108 Nr. 58). Diese **Anweisung an Dritte** (Schuldner des Unterhaltsschuldners) ist nur dann wirksam, wenn der Schuldner in der Schweiz wohnt. Wohnt er im Ausland, kann diese Anweisung zur befreienden Leistung nur ein ausländischer Richter vornehmen.

c) Aufhebung des gemeinsamen Haushalts

8 Ist die Persönlichkeit eines Ehegatten, seine wirtschaftliche Sicherheit oder das Wohl der Familie durch das Zusammenleben ernstlich gefährdet oder ist das Zusammenleben sonst wie unmöglich, kann das Gericht nach Art. 175 ZGB den **gemeinsamen Haushalt aufheben**. Die Ehepartner können ihren Wohnsitz frei wählen (BGE 101 II 200). Dann kann das Gericht nach Art. 176 ZGB auf Begehren eines Ehegatten Unterhaltsbeiträge festsetzen, die Benützung der Wohnung und des Haushalts regeln und Gütertrennung anordnen, wenn es die Umstände rechtfertigen (Abs. 1). Auch eine Indexierung ist möglich, wenn mit einer längeren Dauer des Getrenntlebens zu rechnen ist (vgl. OGer ZH, ZR 74 Nr. 22). Unabhängig von einem Antrag hat das Gericht zu überlegen, ob **Kindesschutzmassnahmen** für unmündige Kinder notwendig sind (Abs. 3). So kann das Gericht das Kind der Obhut eines Elternteils unterstellen und das Besuchsrecht des anderen Teils regeln (OGer ZH, ZR 79 Nr. 112), insb. den besuchsberechtigten Elternteil zur Wahrnehmung des Besuchsrechts zu ermahnen (OGer ZH, ZR 72 Nr. 46). Die Abgrenzung zur Zuständigkeit der Vormundschaftsbehörde (vgl. Art. 275, 307 ff. ZGB) sind fliessend. Als allgemeine Regel gilt: Vorsorgliche Massnahmen, die in einem summarischen Verfahren bei Aufhebung des gemeinsamen Haushaltes vorläufig zu treffen sind, werden vom Eheschutzgericht verfügt; die bis zur Abänderung endgültigen Kindesschutzmassnahmen sind dagegen nach sorgfältiger Abklärung des Kindeswohls von der Vormundschaftsbehörde zu treffen.

d) Verbote

Das Eheschutzgericht kann einem Ehegatten auf Begehren des anderen Teils nach Art. 174 Abs. 1 ZGB verbieten, die **Vertretungsbefugnis** (Art. 166 ZGB) ganz oder teilweise auszuüben. Allerdings darf der Gesuchsteller ein solches Verbot nur selbst durch persönliche Mitteilung, nicht aber öffentlich bekannt machen. Dies kann bei Abwägung aller Umstände unter Beachtung der Verhältnismässigkeit nur das Gericht tun, und zwar mit Wirkung gegenüber gutgläubigen Dritten (Art. 174 Abs. 3 ZGB). Die **öffentliche Bekanntmachung** erfolgt primär in einem amtlichen Organ (vgl. Art. 375 Abs. 1 ZGB) und eventuell, unter Beachtung des Persönlichkeitsschutzes des betroffenen Ehegatten in einem anderen Organ (BK-HAUSHEER/REUSSER/GEISER, Art. 174 ZGB N 21). Vor der Entziehung kann das Eheschutzgericht den betroffenen Teil ermahnen und nach vergeblicher Ermahnung superprovisorische Massnahmen ergreifen (BK-HAUSHEER/REUSSER/GEISER, Art. 174 ZGB N 16). 9

Nach Art. 178 Abs. 1 ZGB kann das Eheschutzgericht auf Begehren eines Ehegatten dem anderen Teil gebieten, die **Verfügung über bestimmte Vermögenswerte** von dessen Zustimmung abhängig zu machen, gegebenenfalls die geeigneten sichernden Massnahmen zu ergreifen und notfalls eine Kanzleisperre anzuordnen (Art. 178 Abs. 3 ZGB). Hierbei ist sorgfältig die Verhältnismässigkeit und Zweckmässigkeit zu erwägen.

e) Abänderung von Massnahmen

Auch die **Abänderung von vorsorglichen Massnahmen** ist im summarischen Verfahren zu treffen. Nur wenn die Ehegatten das Zusammenleben wieder aufnehmen, fallen die für das Getrenntleben angeordneten Massnahmen (ausser die güterrechtlichen) automatisch dahin (Art. 179 Abs. 2 ZGB). Nach Einreichung eines Scheidungsgesuchs oder einer Scheidungsklage bleiben die vorsorglichen Massnahmen des Eheschutzgerichts solange bestehen, als sie das Scheidungsgericht nicht abändert oder aufhebt (LGVE 1989 I Nr. 4). Soweit die Abänderung nicht die Zeit vor Einreichung der Scheidung betrifft, überweist das Eheschutzgericht die Sache dem Scheidungsgericht (OGer ZH, ZR 87 Nr. 115). Für vorsorgliche Massnahmen im Scheidungsverfahren ist nur das Scheidungsgericht zuständig (AppGer SG, SJZ 1976, 79). 10

Bei der Abänderung sind lediglich erheblicher Veränderungen zu beachten, die wegen beachtlicher neuer Bedürfnisse (z.B. Ehegatte wird krank) oder wegen veränderter Zielsetzungen (z.B. Aufhebung des gemeinsamen Haushalts) entstehen. Allein die Korrektur einer unzweckmässigen Massnahme fällt nicht hierunter. Sie ist durch eine neue Massnahme zu ersetzen.

2. Ausdehnung der Vertretungsbefugnis (lit. b: Art. 166 Abs. 2 Ziff. 1 ZGB)

Ein Gericht kann die **ausserordentliche Vertretungsbefugnis** eines Ehegatten nach Art. 166 Abs. 2 Ziff. 1 ZGB ausdehnen, wenn er ein entsprechendes Interesse geltend macht wird und die erweiterte Vertretungsbefugnis sich auf ein bestimmtes Rechtsgeschäft (Reparatur) oder eine bestimmte Art von Rechtsgeschäften (Verträge mit Handwerkern) bezieht (BK-HAUSHEER/REUSSER/GEISER, Art. 166 ZGB N 73 ff.). Nur so lässt sich der gerichtliche Eingriff in die Autonomie der Ehegatten rechtfertigen. Kindesschutzmassnahmen (Alleinentscheid bei elterlicher Sorge) können nicht beantragt werden. Hierfür ist die Vormundschaftsbehörde sachlich zuständig. Die gerichtliche Ermächtigung kann verweigert (weil der Ehegatte allein handeln kann und Dritten dies auch genügt) oder teilweise oder ganz gewährt werden. Die Ermächtigung kann jederzeit für die Zukunft aufgehoben werden, sofern das Bedürfnis für sie nicht mehr besteht. 11

3. Ermächtigung zur Verfügung über die Wohnung (lit. c: Art. 169 Abs. 2 ZGB)

12 Nach Art. 169 Abs. 2 ZGB kann ein Gericht auf Antrag eines Ehegatten diesen ermächtigen, auch ohne Zustimmung des anderen Ehegatten über die **gemeinsame Wohnung** (nicht Ferienwohnungen) zu verfügen. Diese Regelung gilt nur dann, wenn ein Ehegatte allein die Verfügungsmacht hat, aber in deren Ausübung durch die Ehe (Art. 169 Abs. 1 ZGB) beschränkt wird. Antragberechtigt ist nur ein Ehegatte, nicht jedoch ein Dritter (BK-Hausheer/Reusser/Geiser, Art. 169 ZGB N 62). Voraussetzung der Ermächtigung ist, dass entweder die Zustimmung des Ehegatten nicht eingeholt werden kann und auch kein Vertreter für ihn bereit steht oder dass der andere Ehegatte die Zustimmung ohne triftige Gründe verweigert. Wird die Ermächtigung erteilt, kann der ermächtigte Ehegatte alleine handeln und über den Wohnraum allein verfügen.

13 In **Auslandsfällen** gilt das Statut der Ehewirkungen im Allgemeinen, das bei Ehegatten mit Wohnsitz in der Schweiz das schweizerische Recht ist (Art. 48 Abs. 1 IPRG). In diesem Fall gilt auch Art. 169 Abs. 2 ZGB. Ist dagegen ausländisches Recht auf die allgemeinen Ehewirkungen insgesamt (es gibt keine Beschränkung der Verweisung auf die Wohnungsfrage) anwendbar (Art. 48 Abs. 2 IPRG), ist zunächst zu prüfen, ob es im ausländischen Recht eine dem Art. 169 Abs. 2 ZGB entsprechende Vorschrift gibt. Art. 169 Abs. 2 ZGB ist ein Gegenstück zum Verbot von Art. 169 Abs. 1 ZGB. Wo es ein solches Verbot nicht gibt, ist auch eine Vorschrift nach Art. 169 Abs. 2 ZGB nicht nötig. So ist es z.B. in Deutschland, wo es über § 1353 Abs. 1, § 866 BGB nur einen Schutz als Mitbesitzer gibt (Eichenhofer, JZ 1988, 326 ff.). Hier erübrigt sich häufig eine gerichtliche Ermächtigung. Wird eine Ermächtigung erteilt und liegt das Wohngrundstück im Ausland, ist es Sache des Ermächtigten, die inländische Entscheidung im Ausland durchzusetzen. Das Gericht braucht sich um die Verwirklichung der Ermächtigung im Ausland nicht zu kümmern.

4. Auskunft über das Vermögen (lit. d: Art. 170 Abs. 2 ZGB)

14 Gemäss Art. 170 Abs. 1 ZGB kann jeder Ehegatte vom andern **Auskunft über dessen Einkommen,** Vermögen und Schulden verlangen. Tut er dies nicht, kann das Gericht auf Begehren des Auskunftsberechtigten den anderen Ehegatten und Dritte nach Art. 170 Abs. 2 ZGB verpflichten, die erforderlichen Auskünfte zu erteilen und die notwendigen Urkunden vorzulegen. Auch hierüber wird im summarischen Verfahren entschieden.

15 In **Auslandsfällen,** insb. wenn der um Auskunft gebetene Dritte im Ausland wohnt, richtet sich die Auskunftspflicht nach dem Statut der Ehewirkungen im Allgemeinen (Art. 48 IPRG). Bei Anwendung schweizerischen Rechts auf die im Inland wohnenden Ehegatten (Art. 48 Abs. 1 IPRG) ist Art. 271 anwendbar, und zwar auch dann, wenn dritte Personen im Ausland vielleicht die Auskunft deshalb verweigern, weil die schweizerische Entscheidung im Ausland nicht anerkannt wird. Ist ausländisches Recht anwendbar, muss nach dem anwendbaren ausländischen Recht geprüft werden, ob ein **Auskunftsanspruch** nach diesem Recht besteht. Das wird ausdrücklich zwar häufig nicht der Fall sein, sich aber mittelbar aus der Pflicht zur ehelichen Lebensgemeinschaft ergeben, so z.B. auch aus § 1353 BGB (Staudinger/Voppel, § 1353 BGB N 97).

5. Anordnung der Gütertrennung (lit. e: Art. 185, 187 Abs. 2, Art. 189 und 191 ZGB)

16 Wenn die Ehegatten im gesetzlichen **Güterstand der Errungenschaftsbeteiligung** oder im vertraglichen Güterstand der Gütergemeinschaft leben, kann das Gericht vielfach auf Begehren eines Ehegatten oder von Amtes wegen eingreifen, um die eheliche Interessen-

gemeinschaft oder um Gläubiger zu schützen (BSK ZGB I-HAUSHEER, Art. 185 N 1). Vorausgesetzt wird hierbei, dass normalerweise schweizerisches Recht auf den Güterstand der Ehegatten massgebend ist. In der Regel wird ein Gericht nur auf Begehren eines Ehegatten tätig, und zwar sowohl bei Anordnung des ausserordentlichen Güterstandes (Art. 185 ZGB) als auch bei Wiederherstellung des früheren Güterstands (Art. 187 Abs. 2 ZGB). Wird dagegen der Anteil am Gesamtgut von einem Gläubiger gepfändet, so kann die Aufsichtbehörde in Betreibungssachen die Anordnung der Gütertrennung beantragen (Art. 189 ZGB). Die Wiederherstellung der Gütergemeinschaft erfordert jedoch das Begehren eines Ehegatten (Art. 191 Abs. 1 ZGB).

In **Auslandsfällen**, bei denen gemäss Art. 52–55 IPRG ausländisches Güterrecht massgebend ist, muss geprüft werden, ob solche Eingriffe wie nach Art. 185 ff. ZGB auch nach ausländischem Recht möglich sind. Dies wird häufig nicht der Fall sein, vielmehr wird es wie nach §§ 1385 ff. BGB einen Anspruch auf **vorzeitigen Zugewinnausgleich** geben, der eingeklagt werden muss. Mit Rechtskraft dieses Urteils tritt dann Gütertrennung ein (§ 1388 BGB). Dies ist etwas anderes, und diese Klage ist im normalen Verfahren zu erheben. 17

6. Aufnahme eines Inventars (lit. f: Art. 195a ZGB)

Wer zu Beginn des Güterstandes kein **Inventar** errichtet, muss damit rechnen, dass sein gesamtes Vermögen als Endvermögen (Art. 200 Abs. 3 ZGB) bzw. als Gesamtgut (Art. 226 ZGB) gilt. Deshalb sollten Ehegatten ein Inventar errichten, in dem sie ihr Eigengut zu Beginn des Güterstandes festhalten. Die Mitwirkung hierbei kann jeder Ehegatte vom anderen Teil verlangen (Art. 195a Abs. 1 ZGB). 18

In **Auslandsfällen**, in denen ausländisches Recht anwendbar ist, trifft man häufig auf eine ähnlich formulierte Vorschrift wie Art. 195a ZGB. Das ist z.B. in Deutschland der Fall. Auch dort kann die Mitwirkung des anderen Ehegatten von jedem Ehegatten verlangt werden (§ 1377 Abs. 2 Satz 1 BGB). Wo allerdings – wie in Österreich – die Gütertrennung der gesetzliche Güterstand ist (§ 1237 ABGB), erübrigt sich – wenn man von einer Vermutung für Miteigentum absieht – meistens ein Inventar. 19

7. Festsetzung von Zahlungsfristen (lit. g: Art. 203 Abs. 2 ZGB u.a.)

Das Gericht kann einem verheirateten Schuldner **Zahlungsfristen** einräumen, wenn ihm die rechtzeitige Erfüllung gegenüber dem anderen Ehegatten ernsthafte Schwierigkeiten bereitet und dadurch die eheliche Gemeinschaft gefährdet wird (Art. 203 Abs. 2, 235 Abs. 2 und Art. 250 Abs. 2 ZGB). Das Gericht hat in diesen Fällen die Voraussetzungen sorgfältig zu prüfen und dann zu entscheiden (BSK ZGB I-HAUSHEER, Art. 203 N 5 ff.). 20

In **Auslandsfällen** muss man sich fragen, ob es sich bei diesen Vorschriften des ZGB wirklich um ehegüterrechtliche Bestimmungen handelt oder um Vorschriften, die generell für jede Ehe gelten. Diese Frage der **Qualifikation** stellt sich insb. im IPR; denn für das Ehegüterrecht mit seiner beschränkten Parteiautonomie gelten andere Verweisungsnormen als für die Ehewirkungen im Allgemeinen. Auffallend nämlich bei all diesen Vorschriften über Zahlungsfristen ist, dass sie immer gelten, welchem Güterstand die Eheleute auch angehören mögen, der Errungenschaftsbeteiligung (Art. 203 Abs. 2 ZGB), der Gütergemeinschaft (Art. 235 Abs. 2 ZGB) oder der Gütertrennung (Art. 250 Abs. 2 ZGB). Deshalb sollte man diese Einräumung der Zahlungsfristen als Ehewirkungen im Allgemeinen qualifizieren und nach Art. 48 IPRG anknüpfen, aber auch bei Wahl eines schweizerischen Güterstands nach Art. 52 f. IPRG. 21

8. Zustimmung zur Ausschlagung einer Erbschaft (lit. h: Art. 230 Abs. 2 ZGB)

22 Leben die Ehegatten im schweizerischen Güterstand der **Gütergemeinschaft**, so kann ein Ehegatte nach Art. 230 Abs. 1 ZGB nur mit Zustimmung des anderen eine **Erbschaft**, die ins Gesamtgut und nicht in das Eigengut fallen würde, ausschlagen oder eine überschuldete Erbschaft, selbst wenn sie ins Eigengut fällt, annehmen. Diese Vorschrift soll die Interessen des Gesamtgutes wahren und, bei der überschuldeten Erbschaft, den Bedachten vor der Übernahme von Eigenschulden schützen (BSK ZGB I-HAUSHERR, Art. 230 N 1 und 6). Wenn die Zustimmung nicht eingeholt werden kann oder wenn sie ohne triftigen Grund verweigert wird, kann ein Ehegatte das Gericht anrufen und um Entscheidung im summarischen Verfahren bitten.

23 In **Auslandsfällen,** in denen ausländisches Güterrecht anwendbar ist, könnte das Gericht dasselbe tun wie nach Art. 230 Abs. 2 ZGB, wenn das ausländische Güterrecht dies zuliesse. Dies dürfte auch dann der Fall sein, wenn das ausländische Recht generell die Zustimmung des anderen Ehegatten ersetzen kann (vgl. § 1430 BGB).

9. Anweisung an Schuldner (lit. i: Art. 132 ZGB)

24 Geht es nicht um einen Streit um nachehelichen Unterhalt, sondern um eine Massnahme bei Vernachlässigung der Unterhaltspflicht, kann das Gericht nach Art. 132 Abs. 1 ZGB die **Schuldner des Unterhaltsschuldners anweisen**, ihre Zahlungen ganz oder teilweise direkt an den Unterhaltsgläubiger zu leisten. Dies und die Leistung angemessener Sicherheit (Art. 132 Abs. 2 ZGB) kann im summarischen Verfahren verlangt werden.

25 Für **Auslandsfälle**, in denen ausländisches Unterhaltsrecht massgebend ist, fragt sich, ob Art. 132 ZGB deswegen anwendbar ist, weil es sich um Vollstreckungsrecht handelt (BGE 119 II 9, 13 f.; BSK ZBG I-BREITSCHMID, Art. 291 N 5) und als solches der lex fori untersteht. M.E. wird diese Qualifikation dem Art. 132 ZGB nicht gerecht (ebenso OGer ZH, ZR 108 Nr. 58; SANDOZ, BlSchK 1988, 87 ff.; GEISER, ZVW 1991, 10 f.). Wie immer dem sei, wird man wesentlich auf dasjenige Recht Rücksicht nehmen müssen, das auf das Verhältnis zwischen Schuldner und Drittschuldner anwendbar ist Wenn in Deutschland nach § 48 Sozialgesetzbuch I gewisse **Sozialleistungen** an Unterhaltsgläubiger des nach deutschem Recht Sozialleistungsberechtigten abgezweigt werden können, so dürfte es bei deutschen Behörden keine Rolle spielen, ob der Ehegatte in Konstanz oder Kreuzlingen wohnt. Umgekehrt kann Art. 132 ZGB angewandt werden, wenn der Unterhaltsgläubiger im Ausland wohnt, also ausländisches Recht auf den Unterhaltsanspruch massgebend ist, jedoch der Drittschuldner im Inland seinen gewöhnlichen Aufenthalt hat und nach schweizerischem Recht schuldet. Anwendbar ist also Art. 132 ZGB immer dann, wenn der Drittschuldner im Inland seinen gewöhnlichen Aufenthalt hat und schweizerisches Recht auf seine Schuld anwendbar ist. Andernfalls ist das ausländische Recht am ausländischen gewöhnlichen Aufenthalt des Drittschuldners anzuwenden. Eine volle analoge Anwendung von Art. 141 IPRG über einen **Direktanspruch** empfiehlt sich nicht, weil der Art. 132 ZGB ziemlich singulär ist.

III. Rechtsfolgen

26 Die in Art. 271 genannten Fragen sind im **summarischen Verfahren** zu behandeln und können nicht in ein ordentliches Verfahren begonnen oder übergeleitet werden. Lediglich Massnahmen, die während eines ordentlichen Verfahrens zu treffen sind, werden dem ordentlichen Gericht vorbehalten.

Art. 272

Untersuchungs-grundsatz	**Das Gericht stellt den Sachverhalt von Amtes wegen fest.**
Maxime inquisitoire	Le tribunal établit les faits d'office.
Principio inquisitorio	Il giudice accerta d'ufficio i fatti.

Inhaltsübersicht

Note

- I. Begriff des Untersuchungsgrundsatzes 1
- II. Einzelheiten 2
  - 1. Beginn des Verfahrens 2
  - 2. Feststellung des Sachverhalts 3
  - 3. Entscheidung 6
- III. Überprüfung 7

Literatur

Vgl. die Literaturhinweise vor Art. 271 sowie J. BRÖNNIMANN, Gedanken zur Untersuchungsmaxime, ZBJV 1990, 329–377; W. FELLMANN, Berührungspunkte zwischen Verhandlungs- und Untersuchungsmaxime und ihre Bedeutung für die Ausgestaltung des Zivilprozesses, in: Richter und Verfahrensrecht. 150 Jahre Obergericht Luzern, Bern 1991, 95–121; O. JAUERNIG, Verhandlungsmaxime, Inquisitionsmaxime und Streitgegenstand, Tübingen 1967; TH. SUTTER-SOMM, Der Vorentwurf zur Schweizerischen Zivilprozessordnung im Überblick. Neuerungen und Altbewährtes, BJM 2003, 185 ff., 191 ff.; H. U. WALDER, Die Offizialmaxime. Anwendungsbereich und Grenzen im schweizerischen Zivilprozessrecht, Zürich 1973; U. M. WUNDERLICH, Dispositionsmaxime, Verhandlungsmaxime und Untersuchungsmaxime der solothurnischen Zivilprozessordnung vom 11. September 1966, Zürich 1968.

I. Begriff des Untersuchungsgrundsatzes

Nach dem **Untersuchungsgrundsatz** des Art. 272 ist das Gericht – anders als im ordentlichen Verfahren mit der **Verhandlungsmaxime** – nicht an den von den Parteien vorgetragenen Sachverhalt gebunden, sondern hat von sich aus den Sachverhalt zu erforschen und entsprechend zu entscheiden. Es ist dem Prinzip der materiellen Wahrheit verpflichtet. Der Untersuchungsgrundsatz führt dazu, dass auch die **Eventualmaxime** insofern eingeschränkt wird, als das Gericht noch Tatsachen berücksichtigen kann, deren Vorliegen von den Parteien nicht rechtzeitig vorgebracht wurde. Inwieweit der **Dispositionsgrundsatz** vom Untersuchungsgrundsatz berührt wird, hängt von dem einzelnen Streitgegenstand ab. Wo das Gericht auf Begehren eines Ehegatten die Gütertrennung anordnet (vgl. Art. 271 lit. e), kann der Antragsteller sein Begehren zurückziehen und damit das Verfahren beenden. Wenn jedoch der Anteil eines Ehegatten am Gesamtgut gepfändet wird, muss das Gericht nach Art. 189 ZGB handeln, sobald die Aufsichtbehörde in Betreibungssachen dies verlangt.

1

Der Untersuchungsgrundsatz ist von der **Offizialmaxime** zu unterscheiden. Diese Maxime behandelt – im Gegensatz zur Dispositionsmaxime – die amtliche Verfügungsbefugnis über Anhebung, Inhalt und Abschluss eines Verfahrens (BRÖNNIMANN, 340).

II. Einzelheiten

1. Beginn des Verfahrens

2   In den meisten Fällen des Art. 271 wird ein **Begehren eines Ehegatten** vorausgesetzt. Zum Beispiel werden also nicht von Amtes wegen Eheschutzmassnahmen ergriffen. Soweit ein Ehegatte eine Eheschutzmassnahme verlangt, kann er dieses Begehren zurücknehmen und, sofern der Rückzug nach Überzeugung des Gerichts ernsthaft gemeint ist und nicht erzwungen ist, das Verfahren beenden. Insofern gilt auch hier der Dispositionsgrundsatz.

2. Feststellung des Sachverhalts

a) Parteivortrag

3   Das Gericht ist keine Staatsanwaltschaft mit eigenen Ermittlungsabteilungen. Deshalb wird das Gericht das **Begehren der klagenden Ehegatten** zum Ausgangspunkt seiner Feststellungen und Ermittlungen machen. Deshalb auch bildet das Begehren um Rechtsschutz den Ansatz für weitere Ermittlungen des Gerichts. Ist die Gegenpartei säumig, so darf das Gericht den Vortrag des Antragstellers nicht wie sonst als zugestanden annehmen, sondern muss den bis dahin ermittelten Sachverhalt objektiv würdigen.

b) Eigene Ermittlungen

4   Das Gericht hat alles zu tun um **festzustellen**, ob und gegebenenfalls welche Massnahme oder Entscheidung zu treffen ist. Das heisst, dass das Gericht (1) den Vortrag des Antragstellers (vgl. N 3), (2) den Vortrag des Antraggegners, (3) eigenes Wissen aus anderen Verfahren und (4) Auskünfte dritter Personen (z.B. Nachbarn, andere Unterhaltsberechtigte oder Behörden) zu berücksichtigen hat. Dieses Material ist vollständig zu sammeln und zu bewerten, und zwar ohne Rücksicht auf das Ergebnis, also ohne jeden favor matrimonii oder andere Ziele.

Der Antragsgegner, der nach Art. 273 Abs. 1 zu hören ist und in aller Regel persönlich zu erscheinen hat (Art. 273 Abs. 2), ist mit seinen Ausführungen genau so ernst zu nehmen wie der Antragsteller. Was er zu sagen hat, muss vom Gericht auch verwertet werden.

Aus **Vorprozessen** oder anderen Verfahren mag das Gericht eigene Kenntnisse bereits haben. Auch diese Kenntnisse können als Unterlagen für die Bewertung des Sachverhalts herangezogen werden.

Schliesslich kann das Gericht auch von Dritten **Auskünfte** einholen und zur Bewertung heranziehen.

c) Bewertung des Sachverhalts

5   Das Gericht hat den ermittelten Sachverhalt so zu würdigen und zu bewerten, wie es dies kraft eigener **Beweiswürdigung** auch sonst zu tun hat.

3. Entscheidung

6   Eine **Entscheidung**, die auf einem Verfahren beruht, das den Untersuchungsgrundsatz verletzt, ist wirksam, kann aber mit einem Rechtsmittel angefochten werden.

III. Überprüfung

7   Die Entscheidung ist mit der **Berufung** – bei einem Streitwert unter CHF 10 000 – mit der **Beschwerde** anfechtbar.

Art. 273

Verfahren	[1] Das Gericht führt eine mündliche Verhandlung durch. Es kann nur darauf verzichten, wenn der Sachverhalt aufgrund der Eingaben der Parteien klar oder unbestritten ist. [2] Die Parteien müssen persönlich erscheinen, sofern das Gericht sie nicht wegen Krankheit, Alter oder anderen wichtigen Gründen dispensiert. [3] Das Gericht versucht, zwischen den Parteien eine Einigung herbeizuführen.
Procédure	[1] Le tribunal tient une audience. Il ne peut y renoncer que s'il résulte des allégués des parties que l'état de fait est clair ou incontesté. [2] Les parties comparaissent personnellement, à moins que le tribunal ne les en dispense en raison de leur état de santé, de leur âge ou de tout autre juste motif. [3] Le tribunal tente de trouver un accord entre les parties.
Procedura	[1] Il giudice convoca le parti a un'udienza. Può rinunciarvi soltanto se i fatti sono chiari o non controversi in base agli atti scritti delle parti. [2] Le parti devono comparire personalmente, eccetto che il giudice le dispensi perché impedite da malattia, età avanzata o altri motivi gravi. [3] Il giudice cerca di indurre le parti a un'intesa.

Inhaltsübersicht

	Note
I. Mündliche Verhandlung	1
1. Grundsatz	1
2. Verzicht auf eine mündliche Verhandlung	2
II. Persönliches Erscheinen der Parteien	3
1. Grundsatz	3
2. Dispens vom persönlichen Erscheinen	4
III. Versuch einer Einigung	5

Literatur

Vgl. die Literaturhinweise vor Art. 271 sowie R. STÜRNER, Richterliche Vergleichsverhandlung und richterlicher Vergleich aus juristischer Sicht, in: I. Meier/M. Riemer/P. Weimar (Hrsg.), FS H. U. Walder, Zürich 1994, 273 ff.

I. Mündliche Verhandlung

1. Grundsatz

Auch im summarischen Verfahren ist grundsätzlich eine **mündliche Verhandlung** notwendig. Sie darf also ohne Grund nicht unterbleiben. In dieser mündlichen Verhandlung ist der streitige Sachverhalt mit den Parteien zu erörtern, eine Einigung der Parteien versuchen herzustellen (s. N 5) und – wenn diese Einigung nicht erfolgt – eine Entscheidung zu fällen. Im Übrigen gelten für das Verfahren die Art. 248 ff.   1

2. Verzicht auf eine mündliche Verhandlung

2   Auf eine mündliche Verhandlung kann dann **verzichtet** werden, wenn der Sachverhalt aufgrund der Eingaben der Parteien entweder klar oder unbestritten ist und eine Einigung der Parteien (s. N 4) keinen Erfolg verspricht. In einem solchen Fall ist das Ziel eines summarischen Verfahrens, einen Rechtsstreit schnell und einfach zu entscheiden, zu verwirklichen. Das **rechtliche Gehör** ist in diesem Fall dadurch gewahrt, dass beide Parteien durch ihre Eingaben zum Sachverhalt Stellung genommen haben.

II. Persönliches Erscheinen der Parteien

1. Grundsatz

3   Falls eine mündliche Verhandlung stattfindet und ein Verzicht auf sie nicht in Frage kommt, haben die **Parteien persönlich zu erscheinen**. Mit ihnen ist der streitige Sachverhalt zu erörtern, eine Einigung der Parteien anzustreben (s. N 5) und notfalls eine Entscheidung zu treffen.

2. Dispens vom persönlichen Erscheinen

4   Vom persönlichen Erscheinen einer Partei kann **dispensiert** werden, wenn diese Partei krank oder alt ist oder andere wichtige Gründe vorliegen, die ihr persönliches Erscheinen unzumutbar machen. Wann diese Gründe vorliegen, steht im pflichtgemässen Ermessen des Gerichts. Es hat zu entscheiden, ob die mündliche Verhandlung vertagt wird, bis die kranke Partei wieder gesund ist oder bis wichtige Gründe für ihre Abwesenheit ausgeräumt sind, oder ob sofort Dispens erteilt wird.

Als andere wichtige Gründe für einen Dispens kommen etwa folgende Gründe in Frage: **Abwesenheit** wegen notwendiger Reise ins *ferne* Ausland (z.B. aus dem *nahen* Ausland, etwa aus Konstanz, Evian, Como oder Dornbirn kann man anreisen); **Schwangerschaft**; Haft ohne Erscheinungsmöglichkeit; Ausschaffung einer ausländischen Partei.

III. Versuch einer Einigung

5   In jeder Phase des Verfahrens versucht das Gericht, die **Einigung** zwischen den Parteien herbeizuführen. Das Gericht erörtert mit den Parteien die Vor- und Nachteile einer Einigung und lädt sie ein, einem Vergleich zuzustimmen. Ob dies dem Gericht gelingt, hängt vom Geschick und von der Autorität der Gerichtsperson ab. Wenn die Parteien eine Einigung erzielen, kommt es zu einem gerichtlichen Vergleich, der die Wirkung eines rechtskräftigen Urteils hat (Art. 241 Abs. 2).

2. Kapitel: Scheidungsverfahren

Literatur

A. BÜHLER, Die Beweiswürdigung, in: Leuenberger (Hrsg.), Der Beweis im Zivilprozess/La preuve dans le procès civil, Bern 2000, 71 ff.; M. COURVOISIER, Voreheliche und eheliche Scheidungsfolgenvereinbarungen – Zulässigkeit und Gültigkeitsvoraussetzungen, Basel 2002; H. DESCHENAUX/ P. TERCIER/F. WERRO, Le mariage et le divorce, 4. Aufl., Bern 1995; H. HAUSHEER (Hrsg.), Vom alten zum neuen Scheidungsrecht, Bern 1989; H. HAUSHEER/D. STECK, Eheverträge und Scheidungsvereinbarungen – mehr Privatautonomie bei verstärkter Inhaltskontrolle ein dringendes Reformanliegen?, ZBJV 2008, 922 ff.; H. HINDERLING/D. STECK, Das schweizerische Ehescheidungsrecht, 4. Aufl., Zürich 1995; S. KOFMEL EHRENZELLER, Das Recht auf Beweis im Zivilverfahren – ein Überblick unter besonderer Berücksichtigung der neuen Bundesverfassung, in: Leuenberger (Hrsg.), Der Beweis im Zivilprozess/La preuve dans le procès civil, Bern 2000, 139 ff.; I. MEIER/M. SCHNELLER, Scheidungsverfahren nach revidiertem Recht, unter besonderer Berücksichtigung des Zürcher Zivilprozessrechts, Zürich 1999; J. MICHEL/P. NORDMANN/C. JACCOTTET TISSOT/J. CRETTAZ/T. THONNEY/E. RIVA, Le nouveau droit du divorce, Lausanne 2000; M. MÜLLER-CHEN, Auswirkungen des revidierten Scheidungsrechts auf das internationale Zivilverfahrensrecht, FamPra.ch 2001, 187 ff.; J.-F. PERRIN, Ehescheidung und Ehetrennung, Verfahrensrechtliche Fragen, SJK Nr. 794, Genf 2004; A. REICHMUTH PFAMMATTER, Zweitinstanzliches Novenrecht und neue Anträge in Ehesachen, EGVSZ 2003, 250 ff.; R. REUSSER, Die Scheidungsgründe und die Ehetrennung, in: Hausheer (Hrsg.), Vom alten zum neuen Scheidungsrecht, Bern 1999, 9 ff.; R. RHINER, Die Scheidungsvoraussetzungen nach revidiertem schweizerischem Recht (Art. 111–116 ZGB), Zürich 2001; I. SCHWANDER, Die Anwendung des neuen Scheidungsrechts in internationaler und intertemporaler Hinsicht, AJP 1999, 1647 ff.; I. SCHWENZER, FamKomm Scheidung, Zürich 2005 (zit. FamKomm-BEARBEITER/IN); K. SPÜHLER, Neues Scheidungsverfahren, Zürich 1999 und Supplement 2000; DERS., Verfahren, Zuständigkeiten, Rechtsmittel, in: Das neue Scheidungsrecht, Zürich 1999, 141 ff.; K. SPÜHLER/P. REETZ, Neues Scheidungsverfahren, in: Spühler/Reetz/Vock/Graham-Siegenthaler, Neuerungen im Zivilprozessrecht, Zürich 2000, 49 ff.; K. SPÜHLER/TH. SCHÜTT, Neues Scheidungsverfahrensrecht: zu den Artikeln 135, 136, 138–140 und 148 ZGB, AJP 1999, 1541 ff.; D. STECK, Gedanken zur Scheidungskonvention im neuen Scheidungsrecht, in: Donatsch/Fingerhuth/Lieber/Rehberg/Walder-Richli (Hrsg.), FS 125 Jahre Kassationsgericht des Kantons Zürich, Zürich 2000, 553 ff.; TH. SUTTER-SOMM, Neuerungen im Scheidungsverfahren, in: HAUSHEER (Hrsg.), Vom alten zum neuen Scheidungsrecht, Bern 1999, 217 ff.; R. VETTERLI, Die Anhörung der Ehegatten, FamPra.ch 2001, 59 ff.; O. VOGEL, Rechtshängigkeit und materielle Rechtskraft im internationalen Verhältnis, SJZ 1990, 77 ff.; DERS., Freibeweis in der Kinderzuteilung, in: H. M. Riemer/H. U. Walder/P. Weimar (Hrsg.), FS Cyril Hegnauer, Bern 1986, 609 ff.; DERS., Eintritt der Rechtshängigkeit mit Klageanhebung oder die Verpflanzung eines Instituts, recht 2000, 109 ff.

1. Abschnitt: Allgemeine Bestimmungen

Art. 274

Einleitung	Das Scheidungsverfahren wird durch Einreichung eines gemeinsamen Scheidungsbegehrens oder einer Scheidungsklage eingeleitet.
Introduction	La procédure de divorce est introduite par le dépôt d'une requête commune ou d'une demande unilatérale tendant au divorce.
Promovimento	La procedura di divorzio si promuove mediante richiesta comune di divorzio o mediante azione di divorzio.

Inhaltsübersicht Note

I. Einleitung des Verfahrens 1
  1. Einleitung 1
  2. Kein Schlichtungsverfahren 2

II. Rechtshängigkeit 3
  1. Beginn der Rechtshängigkeit 3
  2. Wirkungen der Rechtshängigkeit 5

I. Einleitung des Verfahrens

1. Einleitung

1 Mit Art. 274 folgt die ZPO dem ZGB, das zwischen einer **Scheidung auf gemeinsames Begehren** (Art. 111 ff. ZGB) und einer Scheidung auf Klage eines Ehegatten (Art. 114 ff. ZGB) unterscheidet. Deshalb bestimmt Art. 274, das ein Scheidungsverfahren entweder mit der Einreichung eines gemeinsamen Begehrens eingeleitet wird oder einer **Scheidungsklage**. Ein Schlichtungsverfahren entfällt nach Art. 198 lit. c (ebenso der frühere Art. 136 Abs. 1 aZGB für ein Sühneverfahren bei gemeinsamem Scheidungsbegehren).

2. Kein Schlichtungsverfahren

2 Ein **Schlichtungsverfahren** ist nach Art. 198 lit. c nicht erforderlich. Das sah bereits Art. 136 Abs. 1 aZGB für ein Sühneverfahren bei einem gemeinsamen Scheidungsbegehren vor. Nun entfällt ein Schlichtungsverfahren auch für die Scheidungsklage. Diese Regel ist deshalb sinnvoll, weil das Scheidungsgericht bei einer Scheidung auf Klage eines Ehegatten nach Art. 291 versuchen muss, eine Einigung der Parteien herbeizuführen (BOTSCHAFT ZPO, 7329).

II. Rechtshängigkeit

1. Beginn der Rechtshängigkeit

a) Inlandsfälle

3 Mit Einreichung des gemeinsamen Begehrens oder der Klage wird die Scheidung **rechthängig** (Art. 62 Abs. 1). Das gilt auch für eine **Widerklage**.

Frage bleibt, ob auch durch Einreichung eines gemeinsamen Begehrens oder einer Klage vor einem *unzuständigen* Gericht eine Scheidung rechtshängig werden kann. Diese Frage regelt nun Art. 63 mit seiner Rückwirkung auf die erste Einreichung, wenn die Einreichung beim *zuständigen* Gericht innert eines Monats seit dem Rückzug oder dem Nichteintretensentscheid des unzuständigen Gerichts erfolgt. Näheres s. Komm. zu Art. 63.

b) Auslandsfälle

4 Bei Scheidungsfällen mit **Auslandsberührung** wird die inländische Rechtshängigkeit nach Art. 9 Abs. 2 IPRG beurteilt. Das heisst, dass für die **Rechtshängigkeit** eines inländischen Verfahrens ebenfalls die Einreichung eines gemeinsamen Scheidungsbegehrens oder einer Klage genügt. Ist im Ausland vorher ein Verfahren rechtshängig geworden, so setzt das befasste schweizerische Gericht das Verfahren nach Art. 9 Abs. 1 IPRG aus, wenn zu erwarten ist, dass das ausländische Gericht in angemessner Frist eine Entscheidung fällt, die in der Schweiz nach Art. 65, 25 ff. IPRG anerkennbar ist. Ob ein Verfahren im Ausland binnen angemessener Frist beendet wird, lässt sich nur schwer sagen, da dies auch von der Schwierigkeit des Sachverhalts und dem Verhalten der Parteien abhängt. Kürzere Wartefristen sind nicht unangemessen (OGer ZH, ZR 89 Nr. 65: Einjahresfrist für Deutschland). Wird eine ausländische Entscheidung vorgelegt, die in der Schweiz anerkannt werden kann, so weist das schweizerische Gericht das Begehren oder die Klagen nach Art. 9 Abs. 3 IPRG zurück.

Art. 9 IPRG bzw. Art. 27 ff. LugÜ II gelten nur für den gleichen Streitgegenstand. Hat z.B. ein deutsches Gericht, bei dem ein Antrag auf Ehescheidung eingereicht ist, eine sog. **Folgesache** (§ 137 FamFG: **Versorgungsausgleich**, Unterhalt, Hausrat und Wohnung, Güterrecht), über die normalerweise im Verbund zu entscheiden ist, ausnahmsweise abgetrennt, so bleiben diese Folgesachen bei dem Scheidungsgericht anhängig. Sie werden nur in einem abgetrennten Verfahren unter Aufrechterhaltung des Verbundes verhandelt (§ 137 Abs. 5 FamFG). Kurz: Mit der Scheidungssache werden auch alle Folgesachen anhängig, einerlei ob über sie zugleich mit der Scheidung entschieden wird oder – ebenso wie etwa nach Art. 283 – in einem separaten Verfahren.

Die Art. 27 ff. LugÜ II sind in aller Regel nicht anwendbar, weil das LugÜ II nicht für Scheidungsverfahren, die **güterrechtliche Auseinandersetzung** und für den **Vorsorgeausgleich** gilt (Art. 1 Abs. 2 lit. a LugÜ II). Es kommt nur für den nachehelichen Unterhalt zur Anwendung, und zwar im Rahmen des Art. 5 Nr. 2 lit. b LugÜ II).

2. Wirkungen der Rechtshängigkeit

Die **Wirkungen der Rechtshängigkeit** regelt Art. 64. Sie sind vor allem dreifacher Art: (1) die Scheidungssache kann nicht anderweitig anhängig gemacht werden; (2) die örtliche Zuständigkeit bleibt erhalten, selbst wenn eine Partei nach der Rechtshängigkeit umzieht; es tritt eine **perpetuatio fori** ein; (3) Wahrung gesetzlicher Fristen, so dass z.B. die Auflösung des gesetzlichen Güterstandes auf die Einreichung des gemeinsamen Begehrens oder der Scheidungsklage zurückbezogen wird (Art. 204 Abs. 2 ZGB).

Art. 275

Aufhebung des gemeinsamen Haushalts

Jeder Ehegatte kann nach Eintritt der Rechtshängigkeit für die Dauer des Scheidungsverfahrens den gemeinsamen Haushalt aufheben.

Suspension de la vie commune

Chacun des époux a le droit, dès le début de la litispendance, de mettre fin à la vie commune pendant la durée du procès.

Sospensione della comunione domestica

Pendente la causa, ogni coniuge ha diritto di sospendere la comunione domestica per la durata della procedura di divorzio.

Jeder Ehegatte hat das Recht, nach **Rechtshängigkeit** des Scheidungsverfahrens den gemeinsamen Haushalt aufzuheben, und darf getrennt leben. Hierzu bedarf es weder einer Begründung noch einer gerichtlichen Bewilligung. So auch der wörtlich übereinstimmende Art. 137 Abs. 1 aZGB; ebenso BSK ZGB I-Gloor Art. 137 N 3.

Dieses Recht beginnt mit der **Rechtshängigkeit** des Scheidungsverfahrens (s. Art. 274 N 2), und zwar auch bei Rechtshängigkeit vor einem unzuständigen Gericht (BGE 83 II 491, 495), und endet mit Abschluss des Scheidungsverfahrens. Wird die Ehe rechtskräftig geschieden, so entfällt die Pflicht, einen gemeinsamen Haushalt zu führen, und wenn die Scheidung der Ehe abgelehnt wird, bestimmt Art. 175 ZGB, ob und wie lange ein Ehegatte berechtigt ist, den gemeinsamen Haushalt aufzuheben.

Art. 276

Vorsorgliche Massnahmen

¹ Das Gericht trifft die nötigen vorsorglichen Massnahmen. Die Bestimmungen über die Massnahmen zum Schutz der ehelichen Gemeinschaft sind sinngemäss anwendbar.

² Massnahmen, die das Eheschutzgericht angeordnet hat, dauern weiter. Für die Aufhebung oder die Änderung ist das Scheidungsgericht zuständig.

³ Das Gericht kann vorsorgliche Massnahmen auch dann anordnen, wenn die Ehe aufgelöst ist, das Verfahren über die Scheidungsfolgen aber andauert.

Mesures provisionnelles

¹ Le tribunal ordonne les mesures provisionnelles nécessaires. Les dispositions régissant la protection de l'union conjugale sont applicables par analogie.

² Les mesures ordonnées par le tribunal des mesures protectrices de l'union conjugale sont maintenues. Le tribunal du divorce est compétent pour prononcer leur modification ou leur révocation.

³ Le tribunal peut ordonner des mesures provisionnelles après la dissolution du mariage, tant que la procédure relative aux effets du divorce n'est pas close.

Provvedimenti cautelari

¹ Il giudice prende i necessari provvedimenti cautelari. Sono applicabili per analogia le disposizioni sulle misure a tutela dell'unione coniugale.

² Le misure disposte dal giudice competente per la tutela dell'unione coniugale permangono. Il giudice del divorzio ha però competenza per sopprimerle o modificarle.

³ Il giudice può ordinare provvedimenti cautelari anche dopo lo scioglimento del matrimonio, ove il processo relativo alle conseguenze del divorzio non fosse ancora terminato.

Inhaltsübersicht

	Note
I. Vorsorgliche Massnahmen	1
1. Zuständigkeit	1
2. Sinngemässe Anwendung der Eheschutzmassnahmen	2
II. Fortdauer von Eheschutzmassnahmen	10
1. Fortdauer	10
2. Aufhebung und Abänderung	11
III. Vorsorgliche Massnahmen im Verfahren über Scheidungsfolgen	12
IV. Auslandsfälle	13
1. Internationale Zuständigkeit	13
2. Anwendbares Recht	14
3. Ausländische vorsorgliche Massnahmen	15

Literatur

Vgl. die Literaturhinweise vor Art. 274 sowie ST. V. BERTI, Vorsorgliche Massnahmen im Schweizerischen Zivilprozess, ZSR 1997 II 171 ff.; M. CZITRON, Die vorsorglichen Massnahmen während des Scheidungsprozesses unter Berücksichtigung des am 1. Januar 1988 in Kraft getretenen neuen

Eherechts, des in Revision begriffenen Scheidungsrechts sowie des Prozessrechts und der Praxis im Kanton St. Gallen, St. Gallen 1995; R. REUSSER, Die Geltendmachung des Unterhaltsanspruchs des Scheidungskindes – eine unorthodoxe Meinung, in: H. M. Riemer/H. U. Walder/P. Weimar (Hrsg.), FS Hegnauer, Bern 1986, 407 ff.; R. WEBER, Schnittstellenprobleme zwischen Eheschutz und Scheidung, AJP 2004, 1043 ff.

I. Vorsorgliche Massnahmen

1. Zuständigkeit

Ab Einreichung des gemeinsamen Scheidungsbegehrens oder der Scheidungsklage ist das Scheidungsgericht für die Anordnung vorsorglicher Massnahmen **zuständig**. Nicht mehr das Eheschutzgericht ordnet sie mehr an. Die vor Rechtshängigkeit des Scheidungsverfahrens angeordneten vorsorglichen Massnahmen des Eheschutzgerichts bleiben jedoch wirksam, solange sie das Scheidungsgericht nicht aufhebt oder abändert (Abs. 2; s. N 11). 1

2. Sinngemässe Anwendung der Eheschutzmassnahmen

Die vorsorglichen Massnahmen werden auf Antrag einer Partei oder – bei Kindesschutzmassnahmen – von Amtes wegen angeordnet. Sie müssen notwendig sein, aber dürfen den **Verhältnismässigkeitsgrundsatz** nicht verletzen (BGE 123 III 1, 3). Einen *numerus clausus* von vorsorglichen Massnahmen im Scheidungsverfahren gibt es im Gegensatz zu den Eheschutzmassnahmen nicht (BOTSCHAFT ZPO, 7360). Die vorsorglichen Massnahmen enden automatisch mit dem Endurteil über den Gegenstand der Massnahme. Im Einzelnen sind etwa folgende vorsorgliche Massnahmen zu ergreifen. 2

a) Zuteilung von Wohnung und Hausrat

Da die Ehegatten bei Einleitung des Scheidungsverfahrens häufig getrennt leben, hat das Scheidungsgericht auf Antrag die bisher **gemeinsam genutzte Wohnung** samt **Inventar** einem der Ehegatten durch vorsorgliche Massnahme zuzuteilen. Dies kann das Gericht ohne Rücksicht auf die dingliche oder obligatorische Zuordnung tun und demjenigen Ehegatten die Wohnung zuweisen, der sie am nötigsten braucht. Bei dieser Entscheidung hat das Gericht alle Umstände (z.B. die beim Antragsteller lebenden Kinder, Gesundheit und finanzielle Möglichkeiten der Parteien) zu berücksichtigen (BKS ZGB I-GLOOR, Art. 137 N 9). 3

Die Zuteilung der Wohnung kann zeitlich befristet und dem dinglich Berechtigten die Veräusserung solange verboten werden. Nach Ablauf dieser Frist jedoch verliert die Wohnung ihre Eigenschaft als «**Wohnung der Familie**», und es kann über sie frei und ohne die Verfügungsbeschränkung des Art. 169 Abs. 1 ZGB verfügt werden (BGE 114 II 396, 401). Dasselbe gilt für jede Wohnung, die als Bleibe für beide Partner zur getrennten Nutzung aufgegeben wird, auch für eine **Ferienwohnung**, die von beiden Parteien bisher separat genutzt wird (BGE 119 II 193, 196).

Auch ein **Personenwagen** eines Ehegatten gehört heute zum Inventar. Er kann einem Ehegatten zur Benutzung zugewiesen werden. Ein Ehegatte kann jedoch nicht verpflichtet werden, von Dritten einen **Ersatzwagen** für den anderen Ehegatten zu verschaffen. Er kann lediglich verpflichtet werden, dafür einen erhöhten Unterhalt zu zahlen, damit sich der andere Teil einen Personenwagen, falls notwendig, beschaffen kann (BGE 114 II 18, 24 f.).

b) Unterhalt der Ehegatten

4   Das Gericht hat auf Antrag den **Unterhalt der Ehegatten** (zu den Kindern s. N 7–9) zu regeln. Dabei ist von folgenden Grundsätzen auszugehen:

(1) Auszugehen ist vom **Nettoeinkommen** der Ehegatten, das zwischen den Ehegatten geteilt wird; denn es gilt bis zur rechtskräftigen Scheidung immer noch das Eherecht mit seinem Art. 163 ZGB.

(2) Bei guten Verhältnissen hat die berechtigte Partei einen Anspruch darauf, dass der Unterhalt so festgelegt wird, dass sie ihren **bisherigen Lebensstandard** weiterführen kann (SUTTER/FREIBURGHAUS, Art. 137 N 34).

(3) Vermindert ein Ehegatte sein Einkommen, ohne dazu gezwungen zu sein, gilt ein höheres **hypothetisches Einkommen** (BGE 119 II 314, 317).

(4) Reicht das Einkommen nicht aus, kann der bisher nicht verdienende Ehegatte gezwungen sein, in zumutbarem Rahmen eine **Arbeit wieder aufzunehmen**. Dabei ist ihm eine angemessene Zeit der Einarbeitung zu gewähren (BGE 114 II 13, 17).

(5) Der Antrag eines Ehegatten auf vorsorgliche Massnahme ist **abzulehnen**, wenn

(a) dem anderen Teil nur das familienrechtliche **Existenzminimum** bleibt;

(b) der andere Teil weder sein eigenes Einkommen noch seinen Lebensunterhalt **beziffert** (BGE 119 II 193, 196).

(6) Die vorsorgliche Massnahme gilt grundsätzlich ab dem **Entscheid** über sie, kann aber auf ein Jahr vor Einreichung des Begehrens zurück bezogen werden (Art. 173 Abs. 3 ZGB, auf den Art. 276 Abs. 1 Satz 2 verweist). Liegt dieser Zeitpunkt vor Rechtshängigkeit des Scheidungsverfahrens, so hat das Gericht – wie das Eheschutzgericht – zu prüfen, ob die Voraussetzungen des Art. 173 ZGB vorliegen.

(7) Ist über die Ehescheidung bereits durch **Teilurteil** entschieden, ist eine vorsorgliche Massnahme über den Unterhalt dann zu verweigern, wenn mit grosser Wahrscheinlichkeit absehbar ist, dass der Antragsteller auch im Endurteil über den nachehelichen Unterhalt (Art. 125 ZGB) keinen Unterhalt verlangen kann (OGer ZH, ZR 100 Nr. 4).

c) Sicherung der güterrechtlichen Auseinandersetzung

5   Die **Auflösung des gesetzlichen Güterstands** wird bei Scheidung der Ehe auf den Zeitpunkt der Rechtshängigkeit des Scheidungsverfahrens zurückbezogen (Art. 236 Abs. 2 ZGB). Trotzdem kann der Anteil der Errungenschaft gefährdet sein, nämlich durch Verheimlichung oder Veräusserung von Vermögenswerten. Deshalb kann die Errichtung eines **Inventars** (Art. 195a ZGB) verlangt werden, weniger dagegen eine Verfügungsbeschränkung; denn die Auseinandersetzung der **Errungenschaftsbeteiligung** gibt nur einen Geldanspruch und dieser könnte durch Verschleuderung von Vermögenswerten gefährdet werden. Keinesfalls darf durch vorsorgliche Massnahmen der güterrechtlichen Auseinandersetzung vorgegriffen werden (BGE 119 II 193, 195).

d) Andere eherechtlichen Massnahmen

6   Das Gericht kann auf Antrag einer bedürftigen Partei die andere Partei verpflichten, einen **Prozesskostenvorschuss** als Teil der Beistandspflicht nach Art. 159 ZGB (BK-HAUSHEER/REUSSER/GEISER, Art. 159 ZGB N 38) oder als Teil der **Unterhaltspflicht** (Art. 163 ZGB) zu leisten. Selbst Anweisungen an den Schuldner nach Art. 177 ZGB

können auf Antrag angeordnet werden. Auch die Zustimmung eines Ehegatten nach Art. 169 Abs. 2 ZGB oder nach Art. 5 Abs. 3 FZG kann das Gericht durch einstweilige Anordnung ersetzen (OGer ZH, ZR 103 Nr. 28). Im Übrigen ist jede vorsorgliche Massnahme gestattet, die vorübergehend für das Ehescheidungsverfahren unangemessene Regelungen trifft.

e) Kindesschutz

Vorsorgliche **Kindesschutzmassnahmen** werden von Amtes wegen getroffen, wenn das Kindeswohl dies verlangt. Dass auch ohne Antrag eines Elternteils oder der Vormundschaftsbehörde eine solche Massnahme vom Gericht getroffen werden kann, versteht sich von selbst; denn das Kindeswohl steht hier auf dem Spiel. Selbst Parteivereinbarungen binden das Gericht nicht, sondern werden erst dann wirksam, wenn das Gericht sie genehmigt.

Während des Scheidungsverfahrens sollte das Gericht mit Kindesschutzmassnahmen vorsichtig sein und versuchen, die endgültige Entscheidung über die **Kindeszuteilung** nicht zu präjudizieren. Deshalb empfiehlt es sich, die **elterliche Obhut** über Kinder nur einem Ehegatten allein zu übertragen (vgl. Art. 310 ZGB) und nicht gleich die ganze elterliche Sorge gemäss Art. 311 ff. ZGB. Welche Massnahme im Einzelnen angemessen und notwendig ist, entscheidet das Gericht nach seinem pflichtgemässen Ermessen. Wird beiden Eltern die elterliche Obhut über die gemeinsamen Kinder vorsorglich entzogen, so ordnet das Gericht (nicht die Vormundschaftsbehörde) das Besuchsrecht der Eltern (OGer ZH, ZR 95 Nr. 53).

Auch der **Unterhalt für die Kinder** ist während des Scheidungsverfahrens zu regeln. Auch hierüber ist von Amtes wegen zu entscheiden. Die ZPO verweist hierbei auf die Art. 281 ff. ZGB. Dabei ist jedoch zu beachten, dass mündige Kinder ihren Unterhaltsanspruch nach Art. 277 Abs. 2 ZGB selbst geltend machen müssen, und dieser nicht im Scheidungsverfahren als vorsorgliche Massnahme festzusetzen ist. Das gilt selbst dann, wenn ein Unterhaltsanspruch vor Erreichen des Mündigkeitsalters festgesetzt wurde und nach Erreichen der Mündigkeit eine Änderung beantragt wird (KassGer ZH, ZR 100 Nr. 49). Mündige Kinder sind auch insofern nicht indirekt Beteiligte am Scheidungsverfahren ihrer Eltern.

Bei der **Bemessung des Unterhalts** sind der bisherige Lebensstandard und die Leistungsfähigkeit des unterhaltsverpflichteten Elternteils massgebend, dessen Existenzminimum nicht angetastet werden darf. Im Übrigen gilt auch hier Art. 282, d.h. der Unterhalt für jedes Kind muss separat festgelegt werden.

II. Fortdauer von Eheschutzmassnahmen

1. Fortdauer

Die vor dem Scheidungsverfahren angeordneten **Eheschutzmassnahmen** dauern weiter (Art. 276 Abs. 2 Satz 1), und zwar solange, bis das zuständige Scheidungsgericht während des gesamten Scheidungsverfahrens die Eheschutzmassnahme ausdrücklich durch eine vorsorgliche Massnahme ersetzt oder stillschweigend durch Endurteil über den Streitgegenstand der Eheschutzmassnahme entschieden hat. Das bedeutet also, dass die Eheschutzmassnahme weiter besteht, wenn entweder

– das Scheidungsgericht während des Scheidungsverfahrens die Eheschutzmassnahme nicht aufhebt und ersetzt,

Kurt Siehr

- das Scheidungsgericht zwar die Ehe durch Teilurteil scheidet, aber über Scheidungsfolgen, die auch Gegenstand der Eheschutzmassnahme sind, noch nicht befindet (BGE 120 II 1, 2 f.);
- das Scheidungsgericht im Endurteil die Eheschutzmassnahme aufrecht erhält, bis eine Partei Gelegenheit hat, die Vollsteckung zu betreiben (BGE 78 II 302, 309);
- die Scheidungsklage abgewiesen oder zurückgezogen wird.

Hilfsweise muss das Gericht die **vorsorglichen Massnahmen befristen** und anordnen, dass sie nicht über einen bestimmten Zeitpunkt hinaus gelten (KassGer ZH, ZR 98 Nr. 13). Denn vorsorgliche Massnahmen haben immer nur zeitlich beschränkte Wirkung.

2. Aufhebung und Abänderung

11 Mit der Rechtshängigkeit des Scheidungsverfahrens wird das Scheidungsgericht zuständig zu entscheiden, ob es eine vorher angeordnete **Eheschutzmassnahme bestätigen, aufheben oder abändern** möchte. Die gilt selbst dann, wenn Eheschutz- und Scheidungsgericht durch Verlegung des Wohnsitzes verschiedene sind und ein anderes Gericht die Massnahme einer anderen Instanz aufheben oder abändern will.

Die Zuständigkeit des Scheidungsgerichts bleibt sogar noch solange bestehen, bis ein Endurteil über die Scheidung und die Scheidungsfolgen vorliegt (Art. 276 Abs. 3).

Wird das Scheidungsbegehren zurückgezogen, hat aber das Scheidungsgericht vorher eine vorsorgliche Massnahme erlassen und damit eine Eheschutzmassnahme ersetzt, so lebt die ersetzte Eheschutzmassnahme nicht automatisch auf, sondern kann nur durch eine neue Eheschutzmassnahme ersetzt werden.

III. Vorsorgliche Massnahmen im Verfahren über Scheidungsfolgen

12 Der Art. 276 Abs. 3 stellt klar, dass das Scheidungsgericht solange für **vorsorgliche Massnahmen** zuständig bleibt, als noch nicht abschliessend über die Scheidungsfolgen entschieden worden ist. Die vorsorglichen Massnahmen fallen also nicht mit dem Teilurteil über die Scheidung dahin, sondern bleiben bis zum Endurteil über die Scheidungsfolgen bestehen.

IV. Auslandsfälle

1. Internationale Zuständigkeit

13 Ein für das Scheidungsverfahren nach Art. 59 f. IPRG **international zuständiges Gericht** ist normalerweise auch zuständig, die notwendigen vorsorglichen Massnahmen zu ergreifen. Das gilt auch für die Abänderung ausländischer Entscheide über Nebenfolgen nach Art. 64 Abs. 2 IPRG (BGE 116 II 97). Das ist nur dann anders, wenn Staatsverträge etwas anderes vorsehen.

Das ist z.B. bei dem **Haager Kindesschutzübereinkommen** (KSÜ) von 1996 der Fall. Hat das Kind seinen gewöhnlichen Aufenthalt im Ausland (bei einem Elternteil oder bei Verwandten/Freunden), so sind grundsätzlich die ausländischen Gerichte am gewöhnlichen Aufenthalt des Kindes für Kindesschutzmassnahmen – wozu auch Obhut- und **Sorgerechtsentscheidungen**, aber nicht Unterhaltsentscheidungen gehören – nach Art. 5 Abs. 1 KSÜ international zuständig. Ausnahmen bestehen nur dann, wenn

- das Kind ins Ausland entführt wurde und dort noch keinen gewöhnlichen Aufenthalt erworben hat (Art. 7 KSÜ);

- der Schutz einem inländischen Scheidungsgericht übertragen wurde (Art. 8 f. KSÜ);
- ein inländisches Scheidungsverfahren anhängig ist und die Voraussetzungen des Art. 10 Abs. 1 Nr. 1 und 2 KSÜ vorliegen;
- dringende Massnahmen in Bezug auf das Kind oder sein Vermögen zu treffen sind (Art. 11 KSÜ).

2. Anwendbares Recht

Die Art. 274 sind Prozessrecht, und nach einer ungeschriebenen Norm richtet sich ein **Verfahren** stets nach der **lex fori**. Das wäre einfach, wenn nicht die vorsorglichen Massnahmen in Auslandsfällen auf dem Hintergrund von Ehewirkungen zu fällen wären, die manchmal dem ausländischen Recht unterstehen. Diese **Nebenfolgen** einer Scheidung sind nach Art. 63 Abs. 2 und Art. 64 Abs. 2 IPRG nach den dort genannten Vorschriften zu entscheiden oder zu ergänzen.

- Auch in **Auslandsfällen** sind vorsorgliche Massnahmen bezüglich der **Wohnung** und des **Hausrates** notwendig. Sie sollten sich nur auf solche Gegenstände beziehen, die im Inland gelegen sind (vgl. eine solche Kollisionsnorm in Art. 17a EGBGB).
- Der **Unterhalt** richtet sich nach Art. 4 des **Haager Unterhaltsübereinkommens von 1973** nach dem Recht des Staates, in dem die Unterhaltsberechtigte seinen gewöhnlichen Aufenthalt hat. Erst der nacheheliche Unterhalt unterliegt Art. 8 desselben Übereinkommens. Hat z.B. der Kläger seinen gewöhnlichen Aufenthalt im Ausland und klagt am Wohnsitz des Beklagten in der Schweiz, so kann auch der ausländische Unterhalt auf Antrag des Klägers durch vorsorgliche Massnahmen nach Art. 276, 282 geregelt werden.
- Das **Ehegüterrecht** untersteht den Art. 52–55 IPRG. Hatten die Ehegatten bei Eheschliessung ihren Wohnsitz im Ausland und haben sie beim Wohnsitzwechsel in die Schweiz ihren bisherigen Güterstand beibehalten (Art. 54 Abs. 1 lit. a, 55 Abs. 1 Satz 2 IPRG), so untersteht ihr Güterrecht ausländischem Recht, und es muss geprüft werden, ob ausländisches Recht vorsorgliche Massnahmen erfordert. Das ist z.B. dann nicht der Fall, wenn die Ehegatten in gesetzlicher Gütertrennung leben.
- Bei den **übrigen Ehewirkungen** ist zu beachten, dass nicht jede ausländische Rechtsordnung den Ehegatten verbietet, über die Ehewohnung oder über die Barauszahlung der Austrittsleistung nach Art. 5 FZG zu verfügen. Hier sind vorsorgliche Massnahmen zur Ersetzung einer verweigerten Zustimmung überflüssig.
- **Kindesschutzmassnahmen** richten sich nach dem Recht des Staates, der für den Schutz des Kindes zuständig ist (Art. 15 KSÜ). Lebt das gemeinsame Kind nicht nur vorübergehend im Ausland, so sind im Zweifel ausländische Instanzen zuständig, für dessen Schutz zu sorgen. Das schweizerische Scheidungsgericht ist in diesen Fällen nur nach Art. 10 KSÜ zuständig.

3. Ausländische vorsorgliche Massnahmen

Haben zuständige **ausländische Instanzen** vorsorgliche Massnahmen getroffen, so sind diese unter den Voraussetzungen der Art. 25 ff., 65 IPRG anzuerkennen. Dasselbe gilt für ausländische Eheschutzmassnahmen. Werden sie anerkannt, so können sie von zuständigen schweizerischen Scheidungsgerichten abgeändert und ersetzt werden.

Art. 277

Feststellung des Sachverhalts

¹ **Für die güterrechtliche Auseinandersetzung und den nachehelichen Unterhalt gilt der Verhandlungsgrundsatz.**

² **Stellt das Gericht fest, dass für die Beurteilung von vermögensrechtlichen Scheidungsfolgen notwendige Urkunden fehlen, so fordert es die Parteien auf, diese nachzureichen.**

³ **Im Übrigen stellt das Gericht den Sachverhalt von Amtes wegen fest.**

Etablissement des faits

¹ La maxime des débats s'applique à la procédure concernant le régime matrimonial et les contributions d'entretien après le divorce.

² Si nécessaire, le tribunal requiert des parties la production des documents manquants pour statuer sur les conséquences patrimoniales du divorce.

³ Dans le reste de la procédure, le tribunal établit les faits d'office.

Accertamento dei fatti

¹ Per quanto riguarda la liquidazione del regime dei beni e gli alimenti da versare dopo il divorzio è applicabile il principio dispositivo.

² Tuttavia, se constata che per il giudizio delle conseguenze patrimoniali del divorzio mancano ancora i documenti necessari, il giudice ingiunge alle parti di esibirli.

³ Per il resto, il giudice accerta d'ufficio i fatti.

Inhaltsübersicht

	Note
I. Güterrecht und nachehelicher Unterhalt	1
1. Verhandlungsgrundsatz	1
2. Nachreichung von Urkunden	2
II. Andere Fragen: Amtsbetrieb	3
III. Auslandsfälle	4

I. Güterrecht und nachehelicher Unterhalt

1. Verhandlungsgrundsatz

1 Das **Güterrecht** und der **nacheheliche Unterhalt** sind nur zwei vermögensrechtliche Fragen, für die der **Verhandlungsgrundsatz** nach Abs. 1 gilt. Für andere vermögensrechtliche Fragen, insb. der beruflichen Vorsorge und den Kindesunterhalt gilt der Verhandlungsgrundsatz nicht. Über das Güterecht und den nachehelichen Unterhalt können die Ehegatten frei verfügen, so dass – von der gerichtlichen Genehmigung nach Art. 279 abgesehen – im Verfahren über diese Fragen derselbe Grundsatz gilt. Zum Verhandlungsgrundsatz siehe Art. 55.

2. Nachreichung von Urkunden

2 Art. 277 Abs. 2 gilt nur, obwohl er für alle vermögensrechtlichen Ansprüche der Scheidungsfolgen gilt – also auch für **Vorsorgeausgleich** und den **Kindesunterhalt** –, für das **Güterrecht** und den **nachehelichen Unterhalt**, für die der Verhandlungsgrundsatz nach Abs. 1 gilt; für alle anderen vermögensrechtlichen Fragen gilt der **Amtsbetrieb** und bei

2. Kapitel: Scheidungsverfahren — Art. 278, 279

diesem kann die Vorlage von Urkunden immer verlangt werden. Abs. 2 hätte wohl besser als Satz 2 von Abs. 1 geregelt werden sollen.

Gemäss Art. 277 Abs. 2 kann das Scheidungsgericht bei Fehlen notwendiger **Urkunden** für vermögensrechtliche Scheidungsfolgen diese von den Parteien nachfordern. Diese Vorschrift schwächt den Verhandlungsgrundsatz ab und gibt dem Gericht die Möglichkeit, den vollständigen Nachweis durch Urkunden zu verlangen. Dies gilt insb. für die Vorlage eines vorhandenen Inventars nach Art. 195a ZGB und andere Urkunden zur Berechnung des Vorschlags und den Nachweis der Einkommen der Ehegatten für die Berechnung des nachehelichen Unterhalts.

II. Andere Fragen: Amtsbetrieb

Für alle anderen Fragen, also auch für die restlichen vermögensrechtlichen Fragen (Vorsorgeausgleich, Kindesunterhalt) gilt nach Abs. 3 der **Amtsbetrieb**. Der Sachverhalt ist von Amtes wegen festzustellen. Hier gilt dasselbe wie bei Art. 272 und Art. 55 Abs. 2. 3

III. Auslandsfälle

Art. 277 ist eine rein prozessrechtliche Vorschrift, die als Teil der **lex fori** auch in **Auslandsfällen** zur Anwendung kommt. Sollte also ausländisches Recht, das für den Kindesunterhalt gilt, auch den Kindesunterhalt der freien Verfügung der Eltern und der Verhandlungsmaxime unterwerfen, so gilt für das inländische Scheidungsverfahren gleichwohl Art. 277 Abs. 3 mit dem Amtsbetrieb. 4

Art. 278

Persönliches Erscheinen	Die Parteien müssen persönlich zu den Verhandlungen erscheinen, sofern das Gericht sie nicht wegen Krankheit, Alter oder anderen wichtigen Gründen dispensiert.
Comparution personnelle	Les parties comparaissent en personne aux audiences, à moins que le tribunal ne les en dispense en raison de leur état de santé, de leur âge ou de tout autre juste motif.
Comparizione personale	Le parti devono comparire personalmente alle udienze, eccetto che il giudice le dispensi perché impedite da malattia, età avanzata o altri motivi gravi.

Hier gilt dasselbe wie bei Art. 273 Abs. 2 (vgl. Art. 273 N 3–4). 1

Art. 279

| Genehmigung der Vereinbarung | ¹ **Das Gericht genehmigt die Vereinbarung über die Scheidungsfolgen, wenn es sich davon überzeugt hat, dass die Ehegatten sie aus freiem Willen und nach reiflicher Überlegung geschlossen haben und sie klar, vollständig und nicht offensichtlich unangemessen ist; vorbehalten bleiben die Bestimmungen über die berufliche Vorsorge.**

² **Die Vereinbarung ist erst rechtsgültig, wenn das Gericht sie genehmigt hat. Sie ist in das Dispositiv des Entscheids aufzunehmen.** |

Art. 279

Ratification de la convention	[1] Le tribunal ratifie la convention sur les effets du divorce après s'être assuré que les époux l'ont conclue après mûre réflexion et de leur plein gré, qu'elle est claire et complète et qu'elle n'est pas manifestement inéquitable; les dispositions relatives à la prévoyance professionnelle sont réservées. [2] La convention n'est valable qu'une fois ratifiée par le tribunal. Elle doit figurer dans le dispositif de la décision.
Omologazione della convenzione	[1] Il giudice omologa la convenzione sulle conseguenze del divorzio quando si sia convinto che i coniugi l'abbiano conclusa di loro libera volontà e dopo matura riflessione e che la medesima sia chiara, completa e non manifestamente inadeguata; sono fatte salve le disposizioni in materia di previdenza professionale. [2] La convenzione è giuridicamente valida soltanto se omologata dal giudice. Essa deve figurare nel dispositivo della decisione.

Inhaltsübersicht

Note

- I. Vereinbarung über Scheidungsfolgen 1
  - 1. Vereinbarung 1
  - 2. Freier Wille und reifliche Überlegung 2
  - 3. Inhalt der Vereinbarung 3
  - 4. Vorbehalt der Bestimmungen über die berufliche Vorsorge 4
- II. Genehmigung durch das Gericht 5
  - 1. Genehmigung 5
  - 2. Aufnahme ins Dispositiv 6
- III. Auslandsfälle 7
  - 1. Internationale Zuständigkeit 7
  - 2. Anwendbares Recht 8
  - 3. Anerkennung ausländischer Vereinbarungen 9
  - 4. Ergänzung einer Entscheidung 10

Vgl. die Literaturhinweise vor Art. 274 sowie P. BREITSCHMID, Scheidungsplanung? Fragen um Scheidungskonventionen auf Vorrat, AJP 1999, 1606 ff.; M. COURVOISIER, Voreheliche und eheliche Scheidungsvereinbarungen – Zulässigkeit und Gültigkeitsvoraussetzungen, Basel 2002; DIETRICH/HEIERLI, Aushandeln und Kontrolle von Scheidungsvereinbarungen, in: Erste Schweizer Familienrechtstage 3./4.5.2002, Ergebnisse aus den Arbeitskreisen, FamPra.ch 2002, 730 ff.; R. FANKHAUSER, Ausarbeitung und Besonderheiten von Scheidungskonventionen, FamPra.ch 2004, 287 ff.; I. SCHWENZER, Vertragsfreiheit im Ehevermögens- und Scheidungsfolgenrecht, AcP 1996, 88 ff.; DIES., Richterliche Kontrolle von Unterhaltsvereinbarungen im Scheidungsverfahren, ZEuP 1997, 863 ff.; DIES., Grenzen der Vertragsfreiheit in Scheidungskonventionen und Eheverträgen, FamPra.ch 2005, 1 ff.; D. STECK, Gedanken zur Rechtsnatur der Scheidungskonvention im neuen Scheidungsrecht, in: Donatsch/Fingerhuth/Lieber/Rehberg/Walder-Richli (Hrsg.), FS 125 Jahre Kassationsgericht des Kantons Zürich, Zürich 2002, 553 ff.

I. Vereinbarung über Scheidungsfolgen

1. Vereinbarung

1 Diese Vorschrift, die sich an Art. 140 aZGB orientiert, ist sehr bedeutend; denn in den wohl meisten Scheidungsverfahren legen die Parteien eine **Scheidungskonvention** über Scheidungsfolgen dem Gericht zur Genehmigung vor. Diese Pflicht zur Vorlage besteht zunächst nur für Vereinbarungen über Scheidungsfolgen. Frage bleibt, ob diese Vorschrift auch analog auf Vereinbarungen über solche Fragen anwendbar ist, die allgemein durch

vorsorgliche Massnahmen getroffen werden. Dies ist deshalb zu bejahen, weil die Vereinbarung eine gerichtliche vorsorgliche Massnahme ersetzen oder vorbereiten will und deshalb bereits unter dem Vorbehalt der **gerichtlichen Genehmigung** steht (ebenso BSK ZGB I-GLOOR, Art. 140 N 1). Es bedarf hingegen keiner Genehmigung für eine Vereinbarung, die *nach* Rechtskraft des Scheidungsurteils getroffen oder zumindest von den Parteien bestätigt worden ist (BGE 127 III 357, 361 f. E. 3c). Nach der Scheidung sind die ehemaligen Partner freie Personen und können ohne den Schutz des Scheidungsgerichts agieren.

Eine ganz andere Frage ist, ob jede Vereinbarung, z.B. auch ein **Ehevertrag**, der lange vor einem Scheidungsverfahren geschlossen ist und für den Fall der Scheidung gewisse unterhaltsrechtliche Abmachungen enthält, der **gerichtlichen Genehmigung** bedarf. Diese Frage ist zu bejahen. Kommt es zu einem Scheidungsverfahren, ist also ein zuständiges Gericht gegeben, und legen die Ehegatten ihren Ehevertrag mit den unterhaltsrechtlichen Abmachungen für den Fall der Scheidung dem Scheidungsgericht vor, so sind diese Abmachungen nur dann gültig, wenn sie unter den Voraussetzungen des Art. 279 genehmigt werden (BGE 121 III 393, 394 f.; zum Ganzen vgl. FamKomm Scheidung-STECK, Vor Art. 196–220 ZGB N 10–12). Die güterrechtlichen Regelungen in einem Ehevertrag bleiben dagegen bestehen; denn der Gesetzgeber hatte bei der Revision des Eherechts von 1984/88 bewusst auf eine Genehmigung durch die Vormundschaftsbehörde und eine Nachprüfung im Scheidungsfall verzichtet (ebenso BGer, 4.12.2003, 5C.114/2003, ZBJV 2005, 572; hierzu HAUSHEER, ZBJV 2004, 876). Wer aber im Ehevertrag die Gütertrennung vereinbart und den Partner mit einem **minimalen nachehelichen Unterhalt** abspeist, muss diese Unterhaltsregelung dem Scheidungsgericht zur Genehmigung vorlegen.

2. Freier Wille und reifliche Überlegung

Die **Scheidungskonvention** kann nur genehmigt werden, wenn sie aus **freiem Willen** und nach **reiflicher Überlegung** geschlossen worden ist. Es erfolgt also nicht nur eine formale Überprüfung, sondern das Scheidungsgericht muss sich davon überzeugt haben, dass beide Parteien weder unter Druck gesetzt noch getäuscht wurden und sie die Vereinbarung und ihre Tragweite verstanden haben. Wer z.B. auf jeglichen Unterhalt verzichtet, um die elterliche Sorge für die gemeinsamen Kinder zu erhalten, hat sich diese Regelung wohl nicht gut überlegt; denn auf den Unterhalt der Kinder kann niemand verzichten. Eine **gerichtliche Genehmigung** einer solchen Vereinbarung ist deshalb nicht möglich.

3. Inhalt der Vereinbarung

Die Vereinbarung muss klar, vollständig und nicht offensichtlich unangemessen sein. Die Vereinbarung wird also inhaltlich nachgeprüft. An der notwendigen **Klarheit** fehlt es etwa, wenn beim Unterhalt nicht die in Art. 282 Abs. 1 angegebenen Daten genannt sind.

Vollständigkeit ist nur dann gegeben, wenn in einer Vereinbarung (nicht einer Teilvereinbarung) alle **Nebenfolgen** geregelt sind, also die Zuteilung der Wohnung und des Hausrats, güterrechtliche Auseinandersetzung, Unterhalt des Ehegatten und der Kinder, Vorsorgeausgleich und Kindeszuteilung. Wird dagegen eine Teilvereinbarung getroffen, muss das Scheidungsgericht über die Fragen entscheiden, über die keine Einigung erzielt werden konnte.

Offensichtlich unangemessen sind solche Vereinbarungen, die entweder gesetzeswidrig, unsittlich oder krass unbillig sind. **Gesetzeswidrig** ist z.B. eine Vereinbarung, die vollständig auf Zahlung von Unterhalt an die Kinder im Voraus verzichtet. **Unsittlich** ist sie nach Art. 21 OR dann, wenn ein Ehegatte auf einen nachehelichen Unterhaltsbeitrag ganz verzichtet, obwohl die andere Partei leistungsfähig ist und die Beträge leicht zahlen könnte. Diese Abwälzung der Gefahr der Bedürftigkeit auf **Sozialhilfe** und **Verwandtenunterstützung** verstösst gegen das Verbot der Übervorteilung. Inwieweit eine Vereinbarung darüber hinaus nachgeprüft werden darf, ist streitig (vgl. BSK ZGB I-GLOOR, Art. 140 N 12); denn Art. 279 Abs. 1 sagt nicht ausdrücklich, dass die Vereinbarung «angemessen» sein muss, sondern sie darf «nicht offensichtlich unangemessen» sein. Allgemeine Regeln lassen sich nicht aufstellen. Um jedoch den Begriff der Sittenwidrigkeit nicht zu strapazieren, sollte man eine Vereinbarung dann nicht genehmigen, wenn sie z.B. gegenüber einer unterlegenen Partei vollkommen unangemessen ist (BGE 121 III 393, 396; FamKomm Scheidung-LEUENBERGER/SCHWENZER, Art. 140 ZGB N 20). Insofern findet auch eine **Inhaltskontrolle** statt. Massstab für diese Inhaltskontrolle ist eine Gesamtbetrachtung aller Umstände und der Vereinbarung über alle Nebenfolgen der Scheidung (COURVOISIER, 302 ff., 326).

4. Vorbehalt der Bestimmungen über die berufliche Vorsorge

4   Nach Art. 279 Abs. 1 Halbsatz 2 werden die Regelungen über die **berufliche Vorsorge** vorbehalten. Sie werden in Art. 280 und 282 gesondert geregelt.

II. Genehmigung durch das Gericht

1. Genehmigung

5   Wenn alle Voraussetzungen des Art. 279 Abs. 1 gegeben sind, wird die Vereinbarung der Parteien genehmigt. Erst mit dieser **Genehmigung** wird die Vereinbarung gültig (Art. 279 Abs. 2 Satz 1). Fehlt eine Genehmigung oder wird sie nicht erteilt, ist die Vereinbarung ungültig und das Gericht muss über die Nebenfolgen der Scheidung entscheiden.

2. Aufnahme ins Dispositiv

6   Die Vereinbarung ist in das **Urteilsdispositiv** aufzunehmen, damit sie Teil der vollstreckbaren Entscheidung wird und als solche vollstreckt werden kann.

III. Auslandsfälle

1. Internationale Zuständigkeit

7   Immer dann, wenn ein schweizerisches Scheidungsgericht international zuständig ist, hat es auch die **internationale Zuständigkeit**, eine Vereinbarung der Ehegatten zu genehmigen. Dies folgt aus dem Grundsatz der **lex fori** für das Scheidungsverfahren, der nur von Staatsverträgen durchbrochen wird. So ist z.B. das schweizerische Gericht nicht zuständig, über die **elterliche Sorge** für ein gemeinsames Kind, das im Ausland lebt (abgesehen von Art. 10 KSÜ), zu entscheiden. Im Übrigen gilt: Wer sich in der Schweiz scheiden lässt, muss Vereinbarungen über Scheidungsfolgen vom Gericht genehmigen lassen. Das gilt auch dann, wenn die Vereinbarung im Ausland abgeschlossen worden ist.

2. Anwendbares Recht

8   Unterstehen z.B. die allgemeinen Ehewirkungen des Ehegatten oder ihr Güterrecht **ausländischem Recht**, so ist dieses Recht der Massstab, nach dem die Vereinbarung vom Gericht zu beurteilen ist. Lebt z.B. ein Ehegatte im Ausland und verlangt nachehelichen

2. Kapitel: Scheidungsverfahren **Art. 280**

Unterhalt, so ist eine **Unterhaltsvereinbarung** nur dann nicht unangemessen, wenn sie nach dem ausländischen Unterhaltsstatut gültig und fair ist.

Zum Ausgleich von **Vorsorgeleistungen** s. bei Art. 280 N 7–11.

Vereinbarungen über die **elterliche Sorge**, die Obhut über gemeinsame Kinder und über den persönlichen Verkehr mit einem Kind regelt sich – sofern zuständig – nach der schweizerischen lex fori.

3. Anerkennung ausländischer Vereinbarungen

Drei Stadien einer Vereinbarung sind zu unterscheiden: die Vereinbarung selbst (1), ihre Beurkundung (2) und ihre Genehmigung durch ein ständiges Gericht (3). (1) Eine schlichte **Vereinbarung** ist weder eine Entscheidung noch eine Urkunde. Sie kann deswegen nicht anerkannt, muss also vom inländischen Scheidungsgericht wie jede andere Vereinbarung genehmigt werden. (2) Eine **beurkundete Vereinbarung**, wie sie z.B. für eine Vereinbarung über den nachehelichen Unterhalt nach deutschem Recht notwendig ist (§ 1585e Satz 2 BGB), könnte nach Art. 31 IPRG als **Urkunde der freiwilligen Gerichtsbarkeit** anerkannt werden, bedarf jedoch nach inländischem Prozessrecht noch der gerichtlichen Genehmigung. Hierbei wird das inländische Scheidungsgericht von der Richtigkeit der Vereinbarung ausgehen dürfen; denn massgebend ist ausländisches Recht, und der Notar hat nach diesem Recht die Beurkundung mit Prüfungs- und Belehrungspflicht (§ 17 Beurkundungsgesetz) vorgenommen. (3) Eine **gerichtlich genehmigte Vereinbarung** dürfte kaum vorgelegt werden, da ein ausländisches Scheidungsgericht für die Genehmigung zuständig, ein Scheidungsverfahren aber im Inland anhängig ist. Eine solche Genehmigung wäre jedoch anzuerkennen, wenn die Voraussetzungen der Art. 25 ff. IPRG vorliegen. 9

In jedem Fall ist eine inländische Genehmigung oder eine anerkannte ausländische Genehmigung in das Dispositiv aufzunehmen.

4. Ergänzung einer Entscheidung

Ist eine ausländische Ehescheidung im Inland nach Art. 65, 25 ff. IPRG anzuerkennen, hat sie jedoch nicht über **Nebenfolgen** entschieden, für die eine Vereinbarung der Parteien vorliegt, so kann ein inländisches zuständiges Gericht diese Entscheidung nach Art. 64 Abs. 1, 59 f. IPRG **ergänzen** und dabei die Vereinbarung über die Nebenfolgen nach den in Art. 64 Abs. 2 IPRG genannten Vorschriften beurteilen. 10

Art. 280

Vereinbarung über die berufliche Vorsorge

¹ Das Gericht genehmigt eine Vereinbarung über die Teilung der Austrittsleistungen der beruflichen Vorsorge, wenn die Ehegatten:

a. sich über die Teilung sowie deren Durchführung geeinigt haben;

b. eine Bestätigung der beteiligten Einrichtungen der beruflichen Vorsorge über die Durchführbarkeit der getroffenen Regelung und die Höhe der Guthaben vorlegen; und

c. das Gericht sich davon überzeugt hat, dass die Vereinbarung dem Gesetz entspricht.

Art. 280

6. Titel: Besondere eherechtliche Verfahren

² **Das Gericht teilt den beteiligten Einrichtungen den rechtskräftigen Entscheid bezüglich der sie betreffenden Punkte unter Einschluss der nötigen Angaben für die Überweisung des vereinbarten Betrages mit. Der Entscheid ist für die Einrichtungen verbindlich.**

³ **Verzichtet ein Ehegatte in der Vereinbarung ganz oder teilweise auf seinen Anspruch, so prüft das Gericht von Amtes wegen, ob eine entsprechende Alters- und Invalidenvorsorge auf andere Weise gewährleistet ist.**

Convention de partage des prestations de sortie

¹ Le tribunal ratifie la convention de partage des prestations de sortie prévues par la prévoyance professionnelle aux conditions suivantes:
a. les époux se sont entendus sur le partage et les modalités de son exécution;
b. les institutions de prévoyance professionnelle concernées confirment le montant des prestations de sortie à partager et attestent que l'accord est réalisable;
c. le tribunal est convaincu que la convention est conforme à la loi.

² Le tribunal communique aux institutions de prévoyance professionnelle les dispositions de la décision entrée en force qui les concernent, y compris les indications nécessaires au transfert du montant prévu. La décision est contraignante pour les institutions de prévoyance.

³ Si la convention précise que l'un des époux renonce en tout ou en partie à son droit, le tribunal vérifie d'office qu'il bénéficie d'une prévoyance vieillesse et invalidité équivalente.

Convenzione relativa alla previdenza professionale

¹ Il giudice omologa la convenzione sulla divisione delle prestazioni d'uscita nell'ambito della previdenza professionale se:
a. i coniugi si sono accordati sulla divisione e sulle relative modalità d'esecuzione;
b. i coniugi producono un attestato degli istituti di previdenza interessati che confermi l'attualità della regolamentazione adottata e l'importo degli averi determinanti; e
c. il giudice si è convinto che la convenzione corrisponde alla legge.

² Il giudice comunica agli istituti di previdenza le disposizioni che li concernono della decisione passata in giudicato, comprese le indicazioni necessarie al trasferimento della somma concordata. La decisione è vincolante anche per essi.

³ Qualora, nella convenzione, uno dei coniugi rinunci totalmente o parzialmente al suo diritto, il giudice verifica d'ufficio se sia garantita in altro modo una corrispondente previdenza per la vecchiaia e per l'invalidità.

Inhaltsübersicht

Note

I. Vereinbarung über Teilung von Austrittsleistungen 1
 1. Austrittsleistungen 1
 2. Einigung der Parteien 2
 3. Bestätigung der beteiligten Einrichtungen 3
 4. Gesetzmässigkeit der Vereinbarung 4
II. Mitteilungen des Gerichts 5
III. Verzicht eines Ehegatten 6
IV. Auslandsfälle 7
 1. Inländisches Scheidungsverfahren 7
 2. Ausländisches Scheidungsverfahren 10

Literatur

Vgl. die Literaturhinweise vor Art. 274 sowie L. BOPP/P. GROLIMUND, Schweizerischer Vorsorgeausgleich bei ausländischen Scheidungsurteilen, FamPra.ch 2003, 497 ff.; A. BUCHER, Aspects internationaux du nouveau droit du divorce, SemJud 2001 II, 33 ff.; D. CANDRIAN, Scheidung und Trennung im internationalen Privatrecht der Schweiz, St. Gallen 1994; TH. GEISER, Berufliche Vorsorge im neuen Scheidungsrecht, in: Hausheer (Hrsg.), Vom alten zum neuen Scheidungsrecht, Bern 1999, 69 ff. (zit. Scheidungsrecht); DERS., Bemerkungen zum Verzicht auf den Versorgungsausgleich im neuen Scheidungsrecht, ZBJV 2000, 104 ff. (zit. ZBJV 2000); DERS., Übersicht über die Rechtsprechung zum Vorsorgeausgleich, AJP 2008, 431 ff. (zit. AJP 2008); M. GRÜTER/ D. SUMMERMATTER, Erstinstanzliche Erfahrungen mit dem Vorsorgeausgleich bei Scheidung, insbesondere nach Art. 124 ZGB, FamPra.ch 2002, 644 ff.; H. HAUSHEER, Die wesentlichen Neuerungen des neuen Scheidungsrechts, ZBJV 1999, 12 ff.; U. KIESER, Ehescheidung und Eintritt des Vorsorgefalles der beruflichen Vorsorge – Hinweise für die Praxis, AJP 2001, 155 ff.; J.-A. SCHNEIDER/CH. BRUCHEZ, La prévoyance professionelle et le divorce, in: Le nouveau droit du divorce, Lausanne 2000, 193 ff.; TH. SUTTER-SOMM, Aktuelle Verfahrensfragen im neuen Scheidungsrecht bei internationalen Verhältnissen, insbesondere bei der beruflichen Vorsorge, in: Spühler (Hrsg.), Aktuelle Probleme des nationalen und internationalen Zivilprozessrechts, Zürich 2000, 81 ff.; H. WALSER, Berufliche Vorsorge, in: Das neue Scheidungsrecht, Zürich 1999, 52 ff.; Bundesamt für Justiz, Die Teilung von Vorsorgeguthaben in der Schweiz im Zusammenhang mit ausländischen Scheidungsurteilen, ZBJV 2001, 493 ff.

I. Vereinbarung über Teilung von Austrittsleistungen

1. Austrittsleistungen

Gehört mindestens ein Ehegatte einer **Einrichtung der beruflichen Vorsorge** an und ist bei den Ehegatten noch kein **Vorsorgefall** eingetreten, so hat jeder Ehegatte nach Art. 122 ZGB Anspruch auf die Hälfte derjenigen **Austrittsleistungen** des anderen, die für die Ehedauer nach dem FZG zu ermitteln sind. Bei gegenseitigen Ansprüchen der Ehegatten ist der Differenzbetrag zu teilen. Art. 280 kodifiziert in überarbeiteter Form Art. 141 aZGB. Während die Absätze 2 und 3 in beiden Normen fast identisch sind, formuliert Art. 280 Abs. 1 klarer als bisher und gliedert die bisher in Art. 141 Abs. 1 aZGB genannten Voraussetzungen. Art. 280 ist gegenüber Art. 279 eine Spezialvorschrift, die sich aus dem Vorbehalt in Art. 279 Abs. 1 Halbsatz 2 ergibt. Eine Vereinbarung über die Teilung von Austrittsleistungen ist vom Gericht nach Art. 280 Abs. 1 Ingress zu genehmigen, wenn die folgenden drei Voraussetzungen vorliegen.

2. Einigung der Parteien

Die Ehegatten müssen sich nach Auffassung des Gerichts über die **Teilung** sowie deren Durchführung geeinigt haben. Das Gericht prüft also wie in Art. 279, ob die Parteien frei und reiflich überlegt diese wichtige **Nebenfolge** der Scheidung gewollt haben. Darüber, ob die Teilung sowie deren Durchführung möglich ist, haben die beteiligten Einrichtungen gemäss Art. 280 Abs. 1 lit. b zu prüfen und eventuell bestätigen.

3. Bestätigung der beteiligten Einrichtungen

Liegt einen **Einigung der Parteien** vor, ist sie den beteiligten **Einrichtungen der beruflichen Vorsorge** mit der Bitte zu übersenden, die Durchführbarkeit der getroffenen Regelung sowie die Höhe der Guthaben zu bestätigen. Diese haben nach Art. 22 ff. FZG zu prüfen, ob die Vereinbarung durchführbar ist. Ist sie das nicht, muss neu vereinbart werden. Wenn eine Bestätigung erfolgt, bescheinigt die Einrichtung dies.

Wenn das Gericht aufgrund dieser **Bestätigung** entscheidet, ist diese Entscheidung auch für die Einrichtung verbindlich. Dies sagt Art. 280 Abs. 2 Satz 2 ausdrücklich, ohne dass die Einrichtung hiermit Partei des Verfahrens wird. Weigert sie sich, könnte der Berechtigte gegen die Einrichtung den Weg der Zwangsvollstreckung betreiben; denn das Scheidungsurteil mit der Vereinbarung in seinem **Dispositiv** gibt einen Betreibungstitel gegen die Einrichtung, welche die Vereinbarung bestätigt hat (BGE 129 V 444, 448).

4. Gesetzmässigkeit der Vereinbarung

4 Das Gericht muss sich davon überzeugen, dass die **Vereinbarung dem Gesetz entspricht**. Es findet, anders als bei Art. 279, keine Überprüfung dahingehend statt, ob die Vereinbarung nicht offensichtlich unangemessen ist. Bei dieser Überprüfung der Gesetzmässigkeit hat sich das Gericht an Art. 122 ZGB und Art. 22 ff. FZG zu halten.

II. Mitteilungen des Gerichts

5 Das Gericht hat nach Art. 280 Abs. 2 Satz 1 den beteiligten Einrichtungen den rechtskräftigen Entscheid bezüglich derjenigen Punkte mitzuteilen, die sie betreffen, und fügt solche Angaben hinzu, die für die Überweisung des vereinbarten Betrages notwendig sind. Diese **Mitteilung** ist – anders als die Bestätigung nach Art. 280 Abs. 1 lit. b – eine reine **Ordnungsvorschrift**. Der Entscheid, der auf der Bestätigung beruht, ist in jedem Fall bindend für die Einrichtungen (Art. 280 Abs. 2 Satz 2).

III. Verzicht eines Ehegatten

6 Eine Vereinbarung über die berufliche Vorsorge kann auch einen ganzen oder teilweisen **Verzicht** eines Ehegatten auf seinen Anspruch enthalten. In diesem Fall hat das Gericht von Amtes wegen zu prüfen, ob für den verzichtenden Teil eine entsprechende **Alters- und Invalidenversicherung** auf andere Weise gewährleistet ist. Als solche kommen vor allem die AHV und die 3. Säule in Frage. Hierbei hat das Gericht von sich aus zu prüfen, ob nach menschlichem Ermessen für die Alters- und Invalidenversicherung des Verzichtenden gesorgt ist.

Äussern sich die Parteien zu den **Vorsorgeleistungen** nicht und ist deshalb zweifelhaft, ob hierin ein Verzicht zu sehen ist, sollte den Parteien eine Frist zur Äusserung gesetzt werden (vgl. OGer ZH, ZR 99 Nr. 47).

IV. Auslandsfälle

1. Inländisches Scheidungsverfahren

7 Ist im Inland ein Scheidungsverfahren anhängig, so bestimmt das **inländische IPR**, ob **Vorsorgeleistungen** zu teilen sind oder nicht. Eine andere Frage ist, welche Vorsorgeleistungen zu teilen sind und wie eine Vereinbarung über sie zu verwirklichen ist.

a) Statut des Vorsorgeausgleichs

8 Der **Vorsorgeausgleich** ist als **Scheidungsfolge** zu qualifizieren (vgl. FamKomm Scheidung-JAMETTI GREINER, Anh. IPR N 51 f.) und richtet sich deshalb nach schweizerischem Recht, sofern – wie meistens – die Scheidung nach schweizerischem Recht erfolgt (Art. 61 Abs. 1 IPRG). Nach diesem Recht sind Vorsorgeleistungen zu teilen, und zwar wo immer sie auch erbracht worden sind, im Inland oder im Ausland.

Ist ausländisches Recht ausnahmsweise nach Art. 61 Abs. 2 IPRG massgebend (deutsche Ehefrau in der Schweiz beantragt Scheidung im Inland von ihrem deutschen Ehemann in Deutschland, dessen IPR nicht zurückverweist: Art. 17 Abs. 1 i.V.m. Art. 14 Abs. 1 Nr. 1

EGBGB), so bestimmt ausländisches Recht, ob ein Ausgleich von Vorsorgeleistungen im Fall der Scheidung stattzufinden hat. Dies ist nach deutschem Recht zu bejahen (vgl. Art. 17 Abs. 3 EGBGB).

b) Vereinbarung über Vorsorgeausgleich

Sind **inländische Vorsorgeleistungen** zu teilen, so ist Art. 280 anwendbar und die **Bestätigung** der beteiligten inländischen Einrichtungen ist einzuholen, und das Gericht hat die Vereinbarung nach inländischem Recht auf ihre Gesetzmässigkeit zu überprüfen. Haben die Ehegatten während eines Auslandaufenthaltes bei **ausländischen Einrichtungen** der beruflichen Vorsorge Leistungen erbracht, so sind auch diese auszugleichen. In Deutschland entspricht der beruflichen Vorsorge die Vorsorge für unselbständig erwerbstätige Arbeitnehmer nach dem **Sozialgesetzbuch** Buch VI (SGB VI) und die betrieblichen Altervorsorge nach dem **Betriebsrentengesetz** (BetrAVG) von 1974 (BGBl. 1974 I, 3610; 2008 I, 2940). Nur diese Leistungen sind bei schweizerischem Scheidungsstatut zu teilen (vgl. § 2 Versorgungsausgleichsgesetz vom 3.4.2009 – VersAusglG); ein umfassender **Vorsorgungsausgleich** ist nicht durchzuführen, der auch die dritte Säule der privaten Versicherung umfasst. Über diesen *limitierten* Versorgungsausgleich können die Parteien eine beurkundete Vereinbarung nach §§ 6, 7 VersAusglG treffen, die vom schweizerischen Scheidungsgericht zu genehmigen ist.

Ist ausländisches Recht für die Scheidung massgebend (Art. 61 Abs. 2 IPRG), so ist auch ausländisches Recht auf die **Scheidungsfolgen** einschliesslich Vorsorgeausgleich anwendbar. Nach deutschem Recht findet dann ein *umfassender* Versorgungsausgleich statt, und zwar sowohl hinsichtlich aller deutschen **Anwartschaften** oder **Aussichten auf Versorgung**, als auch hinsichtlich der entsprechenden inländischen privaten Versorgungsrechte. Auch hierüber können die Parteien eine Vereinbarung nach § 6 VersAusglG abschliessen und beurkunden, sowie vom Gericht genehmigen lassen. Die in Art. 25b FZG genannten Normen garantieren die Nichtdiskriminierung von schweizerischen Bürgern. Kann trotzdem ein Ausgleich nicht erfolgen, ist der berechtigte Ehegatte nach Art. 124 ZGB zu entschädigen.

In beiden Fällen, sowohl bei einem **limitierten Versorgungsausgleich** bei anwendbarem schweizerischen Recht als auch bei **vollem Versorgungsausgleich** bei anwendbarem deutschen Recht empfiehlt es sich, diese Vereinbarung von einem deutschen Notar mit voller Prüfungs- und Belehrungspflicht (§ 17 **Beurkundungsgesetz**) beurkunden zu lassen, da er mit deutschem Recht bestens vertraut ist. Ob allerdings eine vom schweizerischen Gericht überprüfte und gebilligte Vereinbarung für ausländische Vorsorgeeinrichtungen bindend ist, mag zweifelhaft sein: denn die ausländischen Einrichtungen können immer geltend machen, dass sie mangels rechtlichen Gehörs während des Scheidungsverfahrens die ins Dispositiv aufgenommene Vereinbarung selbst dann nicht anerkennen, wenn sie diese bestätigt haben.

2. Ausländisches Scheidungsverfahren

a) Anerkennung und Rechtshängigkeit

Ob eine im **Ausland ausgesprochene Scheidung** im Inland anerkannt wird, ist nach Art. 65 und 25 ff. IPRG zu beurteilen. Hierbei geht es nur um die **Anerkennung** des Statusentscheids und nicht um die Anerkennung der Entscheidungen über die Nebenfolgen, die unter Umständen nach ganz anderen Normen, z.B. nach Art. 5 Nr. 2 LugÜ II für den Unterhaltsanspruch, zu beurteilen sind. Es kann also zu einer **Teilanerkennung** kommen, wenn gewisse Entscheidungen über Nebenfolgen nicht anerkannt werden (vgl. BGE 130 III 336, 339). Ist im Ausland ein Scheidungsverfahren **rechtshängig**, so ist nach Art. 9 IPRG zu verfahren, also ein inländisches Verfahren auszusetzen, wenn zu erwarten ist, dass das ausländische Gericht in angemessener Frist eine Entscheidung fällt, die im Inland anerkannt wird.

b) Vereinbarung über Vorsorgeausgleich

11   Nur insofern wird eine **Vereinbarung über Leistungen der beruflichen Vorsorge** im Inland erheblich werden, als sie inländische Einrichtungen zu einer Leistung verpflichten. Auch eine solche Vereinbarung kann anerkannt werden, wenn sie den Art. 25 ff. IPRG genügt; denn sie ist Teil des ausländischen Urteils oder eine gerichtlich genehmigte Vereinbarung. In den meisten Fällen wird jedoch die Vereinbarung deshalb keine Wirkungen gegenüber der inländischen Vorsorgeeinrichtung entfalten, weil diese entgegen Art. 280 Abs. 1 lit. b nicht um Bestätigung des Vereinbarung gebeten worden ist. Ist das aber der Fall, liegt keine die Einrichtung bindende Vereinbarung vor und das Gericht hat nach Art. 25a FZG die Teilung vorzunehmen (BGE 130 III 336, 342 f.). Dabei wird sich das Gericht eng an die Vereinbarung halten, soweit sie gesetzmässig ist.

c) Ergänzung

12   Für Klagen auf **Ergänzung eines ausländischen Urteils** sind die schweizerischen Gerichte nach Art. 64 Abs. 1 i.V.m. Art. 59 f. IPRG zuständig. Hat ein ausländisches Scheidungsurteil über die Austrittsleistungen der beruflichen Vorsorge, die bei einer schweizerischen **Einrichtung der beruflichen Vorsorge** angesammelt wurden, nicht entschieden, so hat insoweit schweizerisches Recht einen engeren Zusammenhang mit der Teilung der Austrittsleistungen und ist nach Art. 15 Abs. 1 IPRG anwendbar (BGE 131 III 289, 292; GEISER, AJP 2008, 441).

Art. 281

Fehlende Einigung über die Teilung der Austrittsleistungen

¹ Kommt keine Vereinbarung zustande, stehen jedoch die massgeblichen Austrittsleistungen fest, so entscheidet das Gericht nach den Vorschriften des ZGB über das Teilungsverhältnis (Art. 122 und 123 ZGB in Verbindung mit den Art. 22 und 22*a* des Freizügigkeitsgesetzes vom 17. Dez. 1993), legt den zu überweisenden Betrag fest und holt bei den beteiligten Einrichtungen der beruflichen Vorsorge unter Ansetzung einer Frist die Bestätigung über die Durchführbarkeit der in Aussicht genommenen Regelung ein.

² Artikel 280 Absatz 2 gilt sinngemäss.

³ In den übrigen Fällen überweist das Gericht bei Rechtskraft des Entscheides über das Teilungsverhältnis die Streitsache von Amtes wegen dem nach dem Freizügigkeitsgesetz vom 17. Dezember 1993 zuständigen Gericht und teilt diesem insbesondere mit:
   a. den Entscheid über das Teilungsverhältnis;
   b. das Datum der Eheschliessung und das Datum der Ehescheidung;
   c. die Einrichtungen der beruflichen Vorsorge, bei denen den Ehegatten voraussichtlich Guthaben zustehen;
   d. die Höhe der Guthaben der Ehegatten, die diese Einrichtungen gemeldet haben.

2. Kapitel: Scheidungsverfahren   **Art. 281**

Désaccord sur
le partage des
prestations de sortie

¹ En l'absence de convention et si le montant des prestations de sortie est fixé, le tribunal statue sur le partage conformément aux dispositions du CC (art. 122 et 123 CC, en relation avec les art. 22 et 22*a* de la loi du 17 déc. 1993 sur le libre passage), établit le montant à transférer et demande aux institutions de prévoyance professionnelle concernées, en leur fixant un délai à cet effet, une attestation du caractère réalisable du régime envisagé.

² L'art. 280, al. 2 est applicable par analogie.

³ Dans les autres cas, le tribunal, à l'entrée en force de la décision sur le partage, défère d'office l'affaire au tribunal compétent en vertu de la loi du 17 décembre 1993 sur le libre passage et lui communique en particulier:
  a. la décision relative au partage;
  b. la date du mariage et celle du divorce;
  c. le nom des institutions de prévoyance professionnelle auprès desquelles les conjoints ont vraisemblablement des avoirs;
  d. le montant des avoirs des époux déclarés par ces institutions.

Mancata intesa
sulla divisione delle
prestazioni d'uscita

¹ Se i coniugi non giungono a un'intesa, ma le prestazioni d'uscita determinanti sono certe, il giudice decide sul modo di ripartizione attenendosi alle disposizioni del CC (art. 122 e 123 CC in combinato disposto con gli art. 22 e 22*a* della legge del 17 dic. 1993 sul libero passaggio), stabilisce l'importo delle relative quote che dovranno essere versate e chiede agli istituti di previdenza professionale interessati di fargli pervenire entro un dato termine un attestato che confermi l'attuabilità della regolamentazione adottata.

² Si applica per analogia l'articolo 280 capoverso 2.

³ Negli altri casi, appena la decisione sul modo di ripartizione è passata in giudicato, il giudice rimette d'ufficio la causa al giudice competente secondo la legge del 17 dicembre 1993 sul libero passaggio comunicandogli in particolare:
  a. la decisione sul modo di ripartizione;
  b. la data del matrimonio e la data del divorzio;
  c. gli istituti di previdenza professionale presso i quali i coniugi probabilmente detengono averi;
  d. gli importi degli averi dei coniugi, dichiarati da questi istituti.

Inhaltsübersicht   Note

I. Austrittsleistungen stehen fest	1
1. Entscheidung über Austrittsleistungen	2
2. Sinngemässe Anwendung des Art. 180 Abs. 2	3
II. Austrittsleistungen stehen nicht fest	4
1. Überweisung an zuständiges Sozialversicherungsgericht	4
2. Mitteilungen an das Sozialversicherungsgericht	5
III. Auslandsfälle	6
1. Inländisches Scheidungsverfahren	6
2. Ausländisches Scheidungsverfahren	7

Literatur

Vgl. die Literaturhinweise bei Art. 274 und 280 sowie CH. ZÜND, Probleme im Zusammenhang mit der schriftlichen Zustimmung zur Barauszahlung der Austrittsleistung des nicht am Vorsorgeverhältnis beteiligten Ehegatten, SZS 2000, 426.

Art. 281

I. Austrittsleistungen stehen fest

1 Art. 281 gilt immer dann, wenn keine Vereinbarung über die berufliche Vorsorge nach Art. 280 zustande gekommen ist. In diesem Fall wird danach unterschieden, ob die **Austrittsleistungen** bereits feststehen oder ob sie dies nicht sind. Im ersten Fall gilt Art. 281 Abs. 1, im anderen Fall Art. 281 Abs. 3.

1. Entscheidung über Austrittsleistungen

2 Art. 281 Abs. 1 ist neu und im bisherigen Art. 142 ZGB nicht vorgesehen. Steht die **Austrittsleistung** bereits fest, hat über sie das Scheidungsgericht zu befinden, entscheidet über das **Teilungsverhältnis** nach den Art. 122 f. ZGB und Art. 22 und 22a FZG, legt den zu überweisenden Betrag fest und holt bei den beteiligten Einrichtungen der beruflichen Vorsorge unter Ansetzung einer Frist die Bestätigung darüber ein, ob die in Aussicht genommene Regelung durchführbar ist. Diese neue Vorschrift soll das Verfahren beschleunigen. Das Scheidungsgericht entscheidet über das Teilungsverhältnis und den zu überweisenden Betrag. Erst dann werden die beteiligten Einrichtungen der beruflichen Vorsorge unter Fristsetzung um Bestätigung der Durchführbarkeit der beabsichtigten Regelung gebeten.

2. Sinngemässe Anwendung des Art. 180 Abs. 2

3 Haben die beteiligten **Einrichtungen** die gerichtliche Regelung bestätigt und ist diese Entscheidung rechtkräftig geworden, so informiert sie das Gericht von der Entscheidung und teilt ihnen die sie betreffenden Punkte und die Angaben für die Überweisung des entschiedenen Betrags mit. Dann ist diese Entscheidung auch gegenüber diesen Einrichtungen bindend, und es kann gegen sie aus dem Urteil vollstreckt werden. Art. 280 Abs. 2 (s. dort N 5) über vereinbarte Beträge ist sinngemäss auch auf gerichtlich festgelegte Beträge anzuwenden, wenn die beteiligten Einrichtungen die Durchführbarkeit dieser Regelung vorher bestätigt haben.

II. Austrittsleistungen stehen nicht fest

1. Überweisung an zuständiges Sozialversicherungsgericht

4 Art. 281 Abs. 3 entspricht Art. 142 aZGB. Stehen die **Austrittsleistungen** nicht fest, so hat das Scheidungsgericht über das **Teilungsverhältnis** rechtskräftig zu entscheiden und den Rest (Austrittsleistung und der zu überweisende Betrag) dem nach dem FZG und BVG zuständigen Sozialversicherungsgericht (z.B. im Kanton Zürich: Sozialversicherungsgericht des Kantons Zürich in Winterthur nach § 2 Abs. 2 lit. a Gesetz über das Sozialversicherungsgericht von 1993, LS 212.81) zur endgültigen Entscheidung zu überlassen. Örtlich ständig ist das am Ort der Scheidung zuständige **Sozialversicherungsgericht** (Art. 25a Abs. 1 FZG). Gegen diese Entscheidungen kantonaler Sozialversicherungsgerichte gibt es die **Beschwerde** an das **Bundesgericht** (**Bundesversicherungsgericht** in Luzern) nach Art. 62 Abs. 1 ATSG, Art. 82 lit. a, 90 ff. BGG. In diesem Verfahren haben die Einrichtungen der beruflichen Vorsorge und die Ehegatten Parteistellung. Ein Vergleich der Parteien ist nur hinsichtlich der Austrittsleistungen möglich. Ein weitergehender Vergleich, der vom Scheidungsurteil abweicht, muss vom Scheidungsgericht genehmigt werden, und nicht vom Versicherungsgericht (BGE 132 V 337).

Diese Regelung betrifft **alle Einrichtungen der beruflichen Vorsorge**, nicht nur die **Vorsorgeeinrichtungen**, sondern bezieht sich auf alle Ansprüche aus den Säulen 2a (obligatorische berufliche Vorsorge) und 2b (freiwillige überobligatorische berufliche Vorsorge). So ausdrücklich BGE 130 V 111, 115 f., wo ein «**Splitting**» des Verfahrens hinsichtlich beider Teile der Säule 2 abgelehnt wird.

2. Mitteilungen an das Sozialversicherungsgericht

Das Scheidungsgericht hat dem **Sozialversicherungsgericht** diejenigen Fakten mitzuteilen, die das Scheidungsgericht bindend festgestellt hat und solche Angaben, die das Sozialversicherungsgericht für seine Entscheidung braucht. Bindend sind das rechtskräftig entschiedene **Teilungsverhältnis** und das rechtskräftig festgestellte **Heiratsdatum** sowie die **Ehedauer** (Art. 281 Abs. 3 lit. a und b). Nicht bindend dagegen sind die Angaben über diejenigen Einrichtungen, bei denen den Ehegatten voraussichtlich Guthaben zustehen (Art. 281 Abs. 3 lit. c), und die Angabe über die Höhe der Guthaben der Ehegatten, die diese Einrichtungen selbst gemeldet haben (Art. 281 Abs. 3 lit. d). Aufgrund dieser rechtskräftigen Feststellungen und dieser Mitteilungen hat das kantonale Sozialversicherungsgericht die Austrittsleistungen festzustellen und den Betrag festzulegen, den die beteiligten Einrichtungen zu zahlen haben.

Da das Scheidungsgericht nicht bindend für das Sozialversicherungsgericht darüber entscheiden kann, ob eine **Barauszahlung** nach Art. 5 Abs. 1 lit. a FZG zu Recht erfolgt ist, hat das befasste Sozialversicherungsgericht insoweit ein Feststellungsinteresse zu bejahen und eine entsprechende Klage zuzulassen (BGE 128 V 41, 48 f.).

III. Auslandsfälle

1. Inländisches Scheidungsverfahren

Ist *inländisches* Recht auf die inländische Scheidung anwendbar, so ergeben sich hinsichtlich **inländischer Einrichtungen der beruflichen Vorsorge** keine Probleme. Das ist dann anders, wenn die Ehegatten während der Ehe bei **ausländischen Versorgungseinrichtungen** Anrechte erworben haben. Hier ist eine Überweisung an ein ausländisches **Sozialversicherungsgericht** mangels internationaler Abreden nicht möglich. Hier ist, wenn nicht besondere internationale Abmachungen existieren, der berechtigte Ehegatte nach Art. 124 ZGB zu entschädigen.

Ist *ausländisches* Recht auf die inländische Scheidung nach Art. 61 Abs. 2 IPRG massgebend, so richtet sich auch der **Vorsorgeausgleich** nach demselben ausländischen Scheidungsstatut. Inländische Einrichtungen der beruflichen Vorsorge können dann gemäss Art. 281 Abs. 1 und 3 angefragt bzw. ihnen mitgeteilt werden, dass die Sache an das zuständige Sozialversicherungsgericht überwiesen worden ist. Hinsichtlich ausländischer Vorsorgeeinrichtungen könnte, wenn ein ausländischer Staat sich insoweit für zuständig erklärt (vgl. z.B. § 98 dt. FamFG), die Sache dem ausländischen Gericht überlassen werden und dieses Gericht als *forum melior conveniens* bezeichnet werden. Wenn dieser Weg nicht gangbar ist, sollte der berechtigte Ehegatte nach Art. 124 ZGB entschädigt werden.

2. Ausländisches Scheidungsverfahren

Ist im **Ausland** ein Scheidungsverfahren anhängig und ist ein Scheidungsurteil aller Wahrscheinlichkeit nach anzuerkennen, so interessieren inländische Instanzen nur die Guthaben bei inländischen Einrichtungen der beruflichen Vorsorge. Im Fall von Art. 281 Abs. 1 könnte die inländische Einrichtung die erbetene **Auskunft über die Durchführbarkeit** der beabsichtigten Regelung einholen und dürfte dann auch an sie gebunden

Art. 282

sein (Art. 281 Abs. 2 i.V.m. Art. 280 Abs. 2 Satz 2). Im Fall des Art. 281 Abs. 3 dagegen ist, wenn eine bindende Überweisung nicht möglich ist, den Parteien zu empfehlen, das Verfahren im Ausland mit den Angaben des Art. 281 Abs. 3 zu beenden, die Entscheidung im Inland anerkennen lassen und dann das zuständige **Sozialversicherungsgericht** zu bitten, über die Austrittsleistungen und den zu zahlenden Betrag zu entscheiden. Gerichtsstand ist in diesem Fall der Wohnsitz der beklagten inländischen Einrichtung oder der Ort des Betriebes, an dem der Versicherte angestellt war (Art. 73 Abs. 3 BVG).

Art. 282

Unterhaltsbeiträge

¹ **Werden durch Vereinbarung oder Entscheid Unterhaltsbeiträge festgelegt, so ist anzugeben:**
  a. **von welchem Einkommen und Vermögen jedes Ehegatten ausgegangen wird;**
  b. **wie viel für den Ehegatten und wie viel für jedes Kind bestimmt ist;**
  c. **welcher Betrag zur Deckung des gebührenden Unterhalts des berechtigten Ehegatten fehlt, wenn eine nachträgliche Erhöhung der Rente vorbehalten wird;**
  d. **ob und in welchem Ausmass die Rente den Veränderungen der Lebenskosten angepasst wird.**

² **Wird der Unterhaltsbeitrag für den Ehegatten angefochten, so kann die Rechtsmittelinstanz auch die nicht angefochtenen Unterhaltsbeiträge für die Kinder neu beurteilen.**

Contributions d'entretien

¹ La convention ou la décision qui fixent des contributions d'entretien doivent indiquer:
  a. les éléments du revenu et de la fortune de chaque époux pris en compte dans le calcul;
  b. les montants attribués au conjoint et à chaque enfant;
  c. le montant nécessaire pour assurer l'entretien convenable du crédirentier dans le cas où une augmentation ultérieure de la rente a été réservée;
  d. si et dans quelle mesure la rente doit être adaptée aux variations du coût de la vie.

² Lorsque le recours porte sur la contribution d'entretien allouée au conjoint, la juridiction de recours peut également réexaminer les contributions d'entretien allouées aux enfants, même si elles ne font pas l'objet du recours.

Contributi di mantenimento

¹ La convenzione o la decisione che fissa contributi di mantenimento deve menzionare:
  a. quali elementi del reddito e della sostanza di ciascun coniuge sono stati presi in considerazione per il calcolo;
  b. quale importo è assegnato al coniuge e a ciascun figlio;
  c. quale importo manca per coprire il debito mantenimento del coniuge avente diritto, qualora sia fatto salvo un successivo aumento della rendita;
  d. se e in quale misura la rendita deve essere adattata alle variazioni del costo della vita.

² Se è impugnato il contributo di mantenimento per il coniuge, l'autorità giudiziaria superiore può nuovamente statuire, ancorché non controversi, sui contributi di mantenimento dei figli.

2. Kapitel: Scheidungsverfahren 1–3 **Art. 282**

Inhaltsübersicht Note

I. Angaben über Unterhaltsbeiträge 1
   1. Einkommen und Vermögen der Ehegatten 2
   2. Unterhalt für Ehegatten und Kinder 3
   3. Fehlende Deckung eines gebührenden Unterhalts 4
   4. Anpassung an Veränderungen: Indexierung 5
II. Anfechtung eines Unterhaltsbeitrags 6
III. Auslandsfälle 7

Literatur

Vgl. die Literaturhinweise vor Art 274.

I. Angaben über Unterhaltsbeiträge

Sowohl eine Vereinbarung als auch ein Entscheid über **Unterhaltsbeiträge** kann später an veränderte Verhältnisse angepasst werden (Art. 128 f. ZGB). Um diese Anpassung zu erleichtern, verpflichtet Art. 282 Abs. 1 (bisher Art. 143 aZGB) die Parteien und das Gericht, ihre Berechnungsgrundlagen (auch z.B. die Dauer der Ehe und die Frage, inwieweit sie lebensprägend war) offen zu legen. Tut ein Entscheid das nicht, kann er um die fehlenden Angaben ergänzt werden. 1

Diese **Anpassung** an **veränderte Verhältnisse** führt nicht etwa zu einer **Korrektur** einer einmal gültigen Festsetzung. Eine einmal falsche Abgabe bleibt bestehen. War sie zu tief angegeben, so wird sich eine Erhöhung bald dann einstellen, sobald diese Unwahrheit herauskommt. Hatte sie ein Ehegatte dagegen zu hoch angesetzt, um schnell die Ehe zu beenden und eine neue einzugehen, wird er an dieser Angabe solange festgehalten, bis er nachweist, dass sich sein Einkommen erheblich verändert hat. Verändert wird auf der Grundlage der bisher geltenden Vereinbarung oder Entscheidung und der später eingetretenen Verhältnisse der Beteiligten, weil die Aktiven des verpflichteten Ehegatten oder die Bedürfnisse der Unterhaltsberechtigten sich geändert haben. Nur die Wirkungen werden angepasst, nicht dagegen die ursprüngliche Entscheidung.

1. Einkommen und Vermögen der Ehegatten

Berechnungsgrundlage des Unterhalts (sowohl des nachehelichen Unterhalts eines Ehegatten als auch der Kindesunterhalt) ist vor allem das Einkommen und Vermögen der Ehegatten, das der Bemessung der **Unterhaltsbeiträge** zugrunde gelegt wurde. Deshalb sind diese Angaben auch für eine zukünftige **Abänderung** unerlässlich. Einerlei ist es, ob der Brutto- oder Nettolohn angegeben wird, er muss als solcher nur benannt sein. 2

2. Unterhalt für Ehegatten und Kinder

Der **Unterhalt** ist für jede Person **getrennt** auszuweisen, einmal für den Ehegatten und dann für jedes der Kinder. Denn für jede dieser Personen ergeben sich unterschiedliche Massstäbe bei einer Abänderung. Bei diesen Angaben zum Unterhalt ist es für die spätere **Abänderung** hilfreich, wenn das Erstgericht angäbe, von welchem Bedarf es bei jedem Unterhaltsgläubiger ausgegangen ist. Dies erleichtert die spätere Beurteilung, wenn geltend gemacht wird, der Bedarf habe sich geändert. 3

3. Fehlende Deckung eines gebührenden Unterhalts

4 Kann aufgrund der **bestehenden Verhältnisse** nicht der gesamte Unterhalt gebührend gedeckt werden, reichen also die Einkommen und Vermögen der Beteiligten nicht aus, ist ebenfalls diese **fehlende Deckung** betragsmässig anzugeben, wenn eine spätere Erhöhung der Rente vorbehalten wird. Dann ist im Urteil anzugeben, dass zur Deckung des gebührenden Unterhalts ein bestimmter Betrag fehlt und zu zahlen ist, sofern sich in Zukunft die finanzielle Situation des Unterhaltsschuldners ändert.

4. Anpassung an Veränderungen: Indexierung

5 Normalerweise werden Unterhaltsurteile **indexiert**. Dies geschieht etwa folgendermassen (Beispiel des Bezirksgerichts Zürich): Die Unterhaltsbeiträge basieren auf dem **Landesindex der Konsumentenpreise** des Bundesamtes für Statistik, Stand Ende Mai 2008 von 101,8 Punkten (Basis Mai 2007 = 100 Punkte). Sie sind jeweils auf den 1.1. jedes Jahres, erstmals auf den 1.1.2009, dem Stand des Indexes per November 2008 anzupassen. Anzugeben ist also, ob seine Anpassung erfolgen soll und, wenn dies der Fall ist, nach welchem Index (z.B. Konsumentenindex) und wann (etwa jedes Jahr zum 1.1.) diese Anpassung zu erfolgen hat.

II. Anfechtung eines Unterhaltsbeitrags

6 Art. 282 Abs. 2 entspricht dem bisherigen Recht (Art. 148 Abs. 1 aZGB). Adressat dieser Vorschrift ist nicht – wie bei Art. 282 Abs. 1 – das Erstgericht, sondern das Gericht, das über das **Rechtsmittel** zu befinden hat, das gegen den Unterhaltsbeitrag des Ehegatten ergriffen wurde. Wird nämlich nur diese Entscheidung angefochten, so erwüchsen alle anderen Teile des Urteils über die Scheidung und deren Folgen in Rechtskraft. Das gerade soll aber vermieden werden, soweit es den **Kindesunterhalt** betrifft. Auch die Beiträge an die Kinder können mit der **Neufestsetzung** des Ehegattenunterhalts ebenfalls neu bestimmt werden, obwohl insofern keine Anfechtung erfolgt ist. In Durchbrechung der Rechtskraft können also auch die Beiträge an die Kinder neu festgesetzt werden, wenn die Beiträge an den Ehegatten angefochten worden sind. Bis zu einer rechtskräftigen Neufestsetzung allerdings bleiben die ursprünglichen Beiträge massgebend und können vollstreckt werden.

III. Auslandsfälle

7 Wenn der **Unterhaltsanspruch ausländischem Recht** unterliegt (z.B. der Unterhaltsberechtigte wohnt im Ausland), ist der Unterhaltsbeitrag nach ausländischem Recht zu bemessen und folglich auch nach ausländischem Recht zu indexieren. Nach deutschem Recht wird der Unterhalt durch gewisse Gerichtstabellen (z.B. **Düsseldorfer Tabelle**) dynamisiert, d.h. der Unterhalt (z.B. der **Mindestunterhalt** für ein Kind nach § 1612a BGB) wird nach der Tabelle berechnet und die Abänderung ihr unterstellt. Wird das Kind älter und ändert sich damit sein Mindestunterhalt, wird der Unterhaltstitel automatisch abgeändert. Nach § 245 FamRG sind deutsche Unterhaltstitel zur Vollstreckung im Ausland zu beziffern.

Art. 283

Einheit des Entscheids	¹ Das Gericht befindet im Entscheid über die Ehescheidung auch über deren Folgen. ² Die güterrechtliche Auseinandersetzung kann aus wichtigen Gründen in ein separates Verfahren verwiesen werden.
Décision unique	¹ Dans sa décision sur le divorce, le tribunal règle également les effets de celui-ci. ² Pour de justes motifs, les époux peuvent être renvoyés à faire trancher la liquidation de leur régime matrimonial dans une procédure séparée.
Unità della decisione	¹ Nella decisione di divorzio il giudice pronuncia anche sulle conseguenze del divorzio. ² Per motivi gravi, la liquidazione del regime dei beni può essere rinviata a un apposito procedimento.

Inhaltsübersicht Note

I. Einheit 1

II. Ausnahmen 2
   1. Güterrechtliche Auseinandersetzung 2
   2. Vorsorgeausgleich durch das Sozialversicherungsgericht 3

III. Auslandsfälle 4

I. Einheit

In Bestätigung der bundesgerichtlichen Rechtsprechung (vgl. BGE 113 II 98; 127 III 433, 435) hält Art. 283 fest, dass das Scheidungsgericht grundsätzlich **einheitlich** über die Scheidung und deren Folgen zu entscheiden hat. Das bedeutet freilich nicht, dass nur das gesamte Scheidungsurteil gesamthaft anfechtbar ist. Vielmehr kann ein **Rechtsmittel** auf einen oder mehrere Punkte des einheitlichen Scheidungsurteils beschränkt werden. Dann erwachsen die nicht angefochtenen Teile in Rechtskraft, während der angefochtene Teil vom Rechtsmittelgericht überprüft wird. 1

II. Ausnahmen

1. Güterrechtliche Auseinandersetzung

Kein Grundsatz ohne Ausnahme, so auch hier nach Art. 283 Abs. 2. Die streitige güterrechtliche Auseinandersetzung, die häufig sehr viel Zeit in Anspruch nimmt, kann abgespalten und in ein **separates Verfahren** verwiesen werden. Hierdurch wird die bisherige Praxis und Rechtsprechung bestätigt (BGE 105 II 223; 113 II 98). 2

2. Vorsorgeausgleich durch das Sozialversicherungsgericht

Doch nicht nur die **güterrechtliche Auseinandersetzung** kann in ein separates Verfahren verwiesen werden. Dasselbe gilt nach Art. 281 Abs. 3 auch für den Fall, dass die Parteien sich über die **berufliche Vorsorge** nicht geeinigt haben und die **Austrittsleistungen** 3

Art. 284

nicht von Scheidungsgericht bestimmt werden können. Dann überweist das Scheidungsgericht die Sache dem Sozialversicherungsgericht zur endgültigen Entscheidung über die zu überweisenden Beträge.

III. Auslandsfälle

4   Art. 283 richtet sich nur an **inländische Gerichte**. Haben ausländische Gerichte die Ehe geschieden, so wird dessen Entscheidung nach den Art. 25 ff., 65 IPRG anerkannt. Dass nicht über alle Scheidungsfolgen entschieden wurde, ist kein Verstoss gegen den **Ordre public** nach Art. 27 Abs. 1 IPRG. Vielmehr ist in solchen Fällen das ausländische Urteil nach Art. 64 IPRG zu ergänzen.

Art. 284

Änderung rechtskräftig entschiedener Scheidungsfolgen

¹ Die Voraussetzungen und die sachliche Zuständigkeit für eine Änderung des Entscheids richten sich nach den Artikeln 129 und 134 ZGB.

² Nicht streitige Änderungen können die Parteien in einfacher Schriftlichkeit vereinbaren; vorbehalten bleiben die Bestimmungen des ZGB betreffend Kinderbelange (Art. 134 Abs. 3 ZGB).

³ Für streitige Änderungsverfahren gelten die Vorschriften über die Scheidungsklage sinngemäss.

Modification des effets du divorce ayant force de chose jugée

¹ La modification de la décision est régie par les art. 129 et 134 CC s'agissant des conditions et de la compétence à raison de la matière.

² Les modifications qui ne sont pas contestées peuvent faire l'objet d'une convention écrite des parties; les dispositions du code civil concernant le sort des enfants sont réservées (art. 134, al. 3, CC).

³ La procédure de divorce sur requête unilatérale s'applique par analogie à la procédure contentieuse de modification.

Modifica delle conseguenze del divorzio stabilite con decisione passata in giudicato

¹ Le condizioni e la competenza per materia per una modifica della decisione sono rette dagli articoli 129 e 134 CC.

² Le modifiche incontestate possono essere oggetto di un semplice accordo scritto fra le parti; sono fatte salve le disposizioni del CC inerenti agli interessi dei figli (art. 134 cpv. 3 CC).

³ Al contenzioso si applicano per analogia le disposizioni sull'azione di divorzio.

Inhaltsübersicht   Note

I. Änderung von Entscheiden über Scheidungsfolgen   1
   1. Voraussetzungen der Änderung   1
   2. Zuständigkeit   2

II. Einverständliche Änderung   4
   1. Kinderbelange   4
   2. Übrige Fragen   5

III. Streitige Änderung	6
1. Zuständigkeit	7
2. Verfahren	8
IV. Auslandsfälle	9
1. Änderung eines inländischen Entscheids	9
2. Änderung ausländischer Entscheide	10

I. Änderung von Entscheiden über Scheidungsfolgen

1. Voraussetzungen der Änderung

Jeder Teil eines Scheidungsurteils kann mit einem **Rechtsmittel** korrigiert werden, jedoch nicht jeder Teil kann mit einer **Abänderungsklage** abgeändert werden. Abänderbar sind vielmehr nur diejenigen Scheidungsfolgen, die noch eine andauernde Beziehung zwischen den Parteien und ihren Kindern voraussetzen und diese Beziehung entsprechend für die Gegenwart und Zukunft regeln. Das sind die **Unterhaltsentscheide** und **Entscheide über Kinderbelange**. Die einmal abgeschlossene güterrechtliche Auseinandersetzung und Teilung der Austrittsleistungen der beruflichen Vorsorge sind und bleiben abgeschlossen. Sie können durch Rechtsmittel angefochten, aber nicht mehr abgeändert werden.

1

Wann eine Unterhaltsentscheidung und ein Entscheid über Kinderbelange abgeändert werden kann, sagen die Art. 129 und 134 ZGB, auf die in Art. 284 Abs. 1 verwiesen wird.

2. Zuständigkeit

a) Örtliche Zuständigkeit

Die **örtliche Zuständigkeit** beurteilt sich nach Art. 23 Abs. 1. Zuständig ist also die Instanz am **Wohnsitz** einer Partei. Art. 26 gilt in diesem Falle nicht; denn auch die Änderungsklage einer **unselbständigen Unterhaltsklage** bleibt unselbständig. Geklagt werden kann also am jetzigen Wohnsitz eine Ehegatten und – sofern ein Kind bereits mündig ist und Unterhalt bis zum Abschluss des Studiums vereinbart war – auch das Kind, das zwar keine Partei im prozessrechtlichen Sinne war, aber Inhaber eines vollstreckbaren Titel ist, über den es verfügen kann.

2

Normalerweise endet die gesetzliche Unterhaltspflicht mit **Mündigkeit des Kindes**. Will es einen Unterhalt bis zum Abschluss seiner Ausbildung nach Art. 277 Abs. 2 ZGB verlangen, muss es klagen. Dies ist keine Abänderung des ursprünglichen Unterhaltstitels, sondern eine **selbständige Unterhaltsklage**, die Art. 26 untersteht.

b) Sachliche Zuständigkeit

Für die **sachliche Zuständigkeit** in Kindessachen verweist Art. 284 Abs. 1 auf Art. 134 ZGB. Danach sind und bleiben auch **Vormundschaftsbehörden** sachlich zuständig, wenn die Eltern mit der Neuregelung einverstanden sind (Art. 134 Abs. 3 ZGB) oder wenn es um den persönlichen Verkehr (nicht die Neuverteilung der elterlichen Sorge) geht (Art. 134 Abs. 4 Halbsatz 2 ZGB).

3

II. Einverständliche Änderung

1. Kinderbelange

4 Haben sich die Parteien über die Neuregelung der elterlichen Sorge und neu festzusetzende Unterhaltsbeträge geeinigt, so verteilt die **Vormundschaftsbehörde** die **elterliche Sorge** neu und genehmigt den **Unterhaltsvertrag**. Diese Einschaltung der Vormundschaftsbehörde ist hier notwendig, um die Kindesbelange wahrzunehmen und zu überwachen.

2. Übrige Fragen

5 Alle übrigen Fragen, d.h. den **nachehelichen Unterhalt** eines Ehegatten können die Ehegatten in einfacher Schriftlichkeit vereinbaren (Art. 284 Abs. 2).

III. Streitige Änderung

6 Für streitige **Änderungsverfahren** gelten die Vorschriften über die Scheidungsklage sinngemäss. Das heisst für die Zuständigkeit und das Verfahren Folgendes.

1. Zuständigkeit

7 Für streitige **Änderungsverfahren** ist das Gericht am **Wohnsitz** einer Partei zwingend zuständig, und zwar am gegenwärtigen Wohnsitz des Klägers oder des Beklagten. Art. 23 Abs. 1 gilt in diesem Fall sinngemäss.

2. Verfahren

8 Für das **Verfahren** gelten die Art. 274–283 und 290–293 sinngemäss.

IV. Auslandsfälle

1. Änderung eines inländischen Entscheids

9 Ist ein inländischer Entscheid hinsichtlich des **Unterhalts** oder der **Kinderbelange** abzuändern, so liegt dann ein **Auslandsfall** vor, wenn sich diese **Änderung** nach ausländischem Recht richtet. Dies ist z.B. der Fall, wenn der Unterhaltsberechtigte oder das Kind im Ausland lebt und sich die Unterhaltspflicht oder die Kindesbelange gemäss Art. 4 Abs. 1 **Haager Unterhaltsstatut-Übereinkommen** oder nach Art. 15 KSÜ nach ausländischem Recht richtet. Dann ist nach ausländischem Recht im Vergleich mit dem inländischen Entscheid zu bestimmen, ob und inwieweit sich die Verhältnisse geändert haben und das Urteil insoweit anzupassen ist.

Wird ein inländischer Entscheid im Ausland angepasst, so ist diese **Anpassung** hinsichtlich des Unterhalts nach Art. 32 ff. LugÜ II anzuerkennen bzw. nach dem **Haager Unterhaltsvollstreckungs-Übereinkommen von 1973**. Hinsichtlich der Änderung bezüglich der Kinderbelange richtet sich die Anerkennung nach Art. 23 ff. KSÜ bzw. nach Art. 85 Abs. 1 und 4 IPRG.

2. Änderung ausländischer Entscheide

10 Inländische Gerichte können auch ausländische Entscheide abändern. Die internationale Zuständigkeit für eine solche **Abänderung** ergibt sich entweder aus Staatsverträgen oder aus Art. 64 Abs. 1 IPRG i.V.m. Art. 59 f. bzw. 85 IPRG. Das anwendbare Recht bestimmt

das IPRG oder vorgehende Staatsverträge, insb. das **Haager Unterhaltsstatut-Übereinkommen** und das **KSÜ**. Diese Abänderungsurteile werden im Ausland anerkannt, wenn sie die Anerkennungsvoraussetzungen von Staatsverträgen (LugÜ II bzw. KSÜ) erfüllen oder die des autonomen IPR.

2. Abschnitt: Scheidung auf gemeinsames Begehren

Art. 285

Eingabe bei umfassender Einigung

Die gemeinsame Eingabe der Ehegatten enthält:
a. die Namen und Adressen der Ehegatten sowie die Bezeichnung allfälliger Vertreterinnen und Vertreter;
b. das gemeinsame Scheidungsbegehren;
c. die vollständige Vereinbarung über die Scheidungsfolgen;
d. die gemeinsamen Anträge hinsichtlich der Kinder;
e. die erforderlichen Belege;
f. das Datum und die Unterschriften.

Requête en cas d'accord complet

La requête commune des époux contient:
a. les noms et adresses des époux et, le cas échéant, la désignation de leur représentant;
b. la demande commune de divorce;
c. la convention complète sur les effets du divorce;
d. les conclusions communes relatives aux enfants;
e. les pièces nécessaires;
f. la date et les signatures.

Istanza in caso di intesa totale

In caso d'intesa totale, l'istanza congiunta dei coniugi contiene:
a. i nomi e gli indirizzi dei coniugi, nonché la designazione dei loro eventuali rappresentanti;
b. la richiesta comune di divorzio;
c. la convenzione completa sulle conseguenze del divorzio;
d. le conclusioni comuni relative ai figli;
e. i documenti giustificativi;
f. la data e le firme.

Inhaltsübersicht Note

I. Scheidung auf gemeinsames Begehren 1

II. Inhalt der Eingabe bei umfassender Einigung 2

III. Auslandsfälle 3

Literatur

Vgl. die Literaturhinweise vor Art. 274 sowie V. BRÄM, Die Scheidung auf gemeinsames Begehren, die Wechsel der Verfahren (Art. 111–113, 116 ZGB) und die Anfechtung der Scheidung auf gemeinsames Begehren (149 ZGB), AJP 1999, 1511 ff. (zit.); DIES., Die Scheidung auf gemeinsames Begehren: Verfahrensrecht statt Zerrüttungs- und Verschuldensprinzip, in: Donatsch/Fingerhuth/Lieber/Rehberg/Walder-Richli (Hrsg.), FS 125 Jahre Kassationsgericht des Kantons Zürich, Zürich 2000, 485 ff. (zit.).

I. Scheidung auf gemeinsames Begehren

1 Seit der Scheidungsreform, die am 1.1.2000 in Kraft getreten ist, gibt es eine **Scheidung auf gemeinsames Begehren** (vgl. Art. 111–113 ZGB). Diese Form der Scheidung hat sich bewährt. Sie setzt in aller Regel eine umfassende Einigung der Ehegatten über die **Scheidungsfolgen** voraus. Wird diese gutgeheissen und bestätigen die Ehegatten nach einer Bedenkzeit von zwei Monaten ihren Scheidungswillen und ihre Einigung, so spricht das Gericht die Scheidung aus und genehmigt ihre Vereinbarung (Art. 111 Abs. 1 und 2 ZGB).

II. Inhalt der Eingabe bei umfassender Einigung

2 Art. 285 konkretisiert Art. 111 Abs. 1 ZGB. Er zählt die Angaben und Dokumente auf, die eine Eingabe bei umfassender Einigung (d.h. **vollständige Vereinbarung** über alle **Scheidungsfolgen**) der Ehegatten enthalten muss. Umfassende Scheidungskonventionen enthalten in aller Regel die in Art. 285 genannten Belege (Namen der Parteien, gemeinsames Scheidungsbegehren, vollständige Vereinbarung über die Scheidungsfolgen, Anträge hinsichtlich der Kinder), so dass ihrer Aufzählung in Art. 285 nichts hinzuzufügen ist.

III. Auslandsfälle

3 Haben inländische Gerichte nach dem IPRG oder **Staatsverträgen** auf die Scheidung selbst oder ihre Folgen ausländisches Recht anzuwenden, ist dieses zu beachten.

Ist nach Art. 61 Abs. 2 IPRG ausländisches Recht auf die Scheidung selbst anwendbar, ist zu prüfen, ob nach ausländischem Recht, wenn keine **Rückverweisung** auf schweizerisches Recht erfolgt, eine einverständliche Scheidung erlaubt ist; denn diese Art der Scheidung ist keine blosse Verfahrensfrage, die nach der **lex fori** zu entscheiden ist. Sie ist vielmehr materiellrechtlich zu qualifizieren und daher u.U. nach ausländischem Recht zu entscheiden. So wird z.B. nach deutschem Recht gemäss § 1566 BGB unwiderleglich vermutet, dass die Ehe gescheitert ist und deswegen zu scheiden ist, wenn die Ehegatten seit einem Jahr getrennt leben und beide Ehegatten die Scheidung beantragen. Dies ist allerdings keine **Scheidung auf gemeinsames Begehren** mit umfassender Einigung über die Scheidungsfolgen.

Ist auf gewisse Scheidungsfolgen ausländisches Recht massgebend, so ist – soweit überhaupt eine Gesetzmässigkeitskontrolle stattfindet – ausländisches Recht zu beachten. Hinsichtlich aller Fragen, die der freien Verfügung der Parteien unterstehen und deshalb der **Dispositionsmaxime** unterliegen, wird nur geprüft, ob die Vereinbarung auf freiem Willen und reiflicher Überlegung beruht. Nur für die **Kinderbelange** (einschliesslich des Unterhalts für die Kinder) gilt zwingendes Recht und die Offizialmaxime. Hier ist die Vereinbarung nach dem anwendbaren ausländischen Recht zu beurteilen.

Art. 286

Eingabe bei Teileinigung

¹ In der Eingabe haben die Ehegatten zu beantragen, dass das Gericht die Scheidungsfolgen beurteilt, über die sie sich nicht einig sind.

² Jeder Ehegatte kann begründete Anträge zu den streitigen Scheidungsfolgen stellen.

³ Im Übrigen gilt Artikel 285 sinngemäss.

Requête en cas d'accord partiel

¹ Les époux demandent au tribunal dans leur requête de régler les effets du divorce sur lesquels subsiste un désaccord.

² Chaque époux peut déposer des conclusions motivées sur les effets du divorce qui n'ont pas fait l'objet d'un accord.

³ Au surplus, l'art. 285 est applicable par analogie.

Istanza in caso di intesa parziale

¹ In caso d'intesa parziale, l'istanza congiunta dei coniugi contiene la dichiarazione di demandare al giudice la decisione sulle conseguenze del divorzio in merito alle quali sussiste disaccordo.

² Ciascun coniuge può proporre proprie conclusioni motivate circa le conseguenze del divorzio rimaste controverse.

³ Per il resto si applica per analogia l'articolo 285.

Inhaltsübersicht

	Note
I. Teileinigung	1
II. Offene Fragen	2
1. Anträge auf gerichtliche Beurteilung	2
2. Anträge der Parteien im Übrigen	3
3. Sinngemässe Anwendung des Art. 285	4
III. Auslandsfälle	5

I. Teileinigung

Art. 286 lehnt sich eng an Art. 112 ZGB an und bestimmt, was bei einer **Teileinigung** zu geschehen hat. Dann soll nicht etwa eine Scheidung auf gemeinsames Begehren vollkommen ausgeschlossen sein, sondern es soll versucht werden, die streitigen Scheidungsfolgen zu regeln, entweder einverständlich oder kontradiktorisch durch das Gericht.

II. Offene Fragen

1. Anträge auf gerichtliche Beurteilung

Die Parteien haben ihre **Teileinigung** dem Gericht vorzulegen (in der Form, wie sie Art. 285 vorschreibt) und das Gericht zu bitten, diejenigen offenen Fragen, über die sie sich nicht haben einigen können, zu entscheiden. Dies sagt bereits Art. 112 Abs. 1 ZGB, auf den verwiesen wird.

Art. 287

2. Anträge der Parteien im Übrigen

3   Was bisher der ausser Kraft getretene Art. 112 Abs. 3 aZGB sagte, bestimmt nun Art. 286 Abs. 2. Jeder Ehegatte kann zu den **offenen Scheidungsfolgen** Anträge stellen und sie begründen. Wann und wie das geschieht, ist einerlei; denn die **Scheidung auf gemeinsames Begehren** kennt keinen Kläger und Beklagten. Wichtig für das Gericht ist lediglich, dass alle Fakten auf den Tisch kommen, die für die Entscheidung über die streitigen Scheidungsfolgen notwendig sind. Das weitere Verfahren regeln die Art. 287 und 288.

3. Sinngemässe Anwendung des Art. 285

4   Art. 286 Abs. 3 bestätigt nur, was selbstverständlich ist, dass nämlich die Parteien alle **Informationen** über die nicht streitigen und streitigen Scheidungsfolgen dem Gericht mitteilen müssen und dementsprechend ihre Eingaben und Anträge zu gestalten haben.

III. Auslandsfälle

5   Für **Auslandsfälle** gilt dasselbe wie in Art. 285. Die streitigen Scheidungsfolgen sind eventuell nach ausländischem Recht zu entscheiden bzw. auf dessen Grundlage doch noch eine Einigung über sie zu erzielen.

Art. 287

Anhörung der Parteien	**Ist die Eingabe vollständig, so lädt das Gericht die Parteien zur Anhörung vor. Diese richtet sich nach den Bestimmungen des ZGB.**
Audition des parties	Si la requête est complète, le tribunal convoque les parties à une audition. Celle-ci est régie par le CC.
Audizione delle parti	Se l'istanza è completa, il giudice convoca le parti. L'audizione è retta dalle disposizioni del CC.

Das Gericht lädt die Parteien getrennt und zusammen vor, um sich zu vergewissern, dass der gemeinsame Scheidungswille und die **umfassende Einigung** auf freiem Willen und reiflicher Überlegung beruhen, so dass die Vereinbarung voraussichtlich genehmigt werden kann. Wie diese Anhörung erfolgt, steht in Art. 111 Abs. 1 ZGB, auf den in Art. 287 Satz 2 verwiesen wird. Art. 111 Abs. 3 aZGB über eine zweite **Anhörung** ist gestrichen worden; denn es liegt im Ermessen des Gerichts, ob es die Parteien einmal oder mehrmals vorladen und anhören will. Bleibt ein Ehegatte der Ladung unentschuldigt fern, so wird auf das gemeinsame Begehren nicht eingetreten (OGer ZH, ZR 104 Nr. 59).

Art. 288

Fortsetzung des Verfahrens und Entscheid

¹ Sind die Voraussetzungen für eine Scheidung auf gemeinsames Begehren erfüllt, so spricht das Gericht die Scheidung aus und genehmigt die Vereinbarung.

² Sind Scheidungsfolgen streitig geblieben, so wird das Verfahren in Bezug auf diese kontradiktorisch fortgesetzt. Das Gericht kann die Parteirollen verteilen.

³ Sind die Voraussetzungen für eine Scheidung auf gemeinsames Begehren nicht erfüllt, so weist das Gericht das gemeinsame Scheidungsbegehren ab und setzt gleichzeitig jedem Ehegatten eine Frist zur Einreichung einer Scheidungsklage. Das Verfahren bleibt während dieser Frist rechtshängig und allfällige vorsorgliche Massnahmen gelten weiter.

Suite de la procédure et décision

¹ Si les conditions du divorce sur requête commune sont remplies, le tribunal prononce le divorce et ratifie la convention.

² Si les effets du divorce sont contestés, la suite de la procédure les concernant est contradictoire. Les rôles de demandeur et de défendeur dans la procédure peuvent être attribués aux parties par le tribunal.

³ Si les conditions du divorce sur requête commune ne sont pas remplies, le tribunal rejette la requête commune de divorce et impartit à chaque époux un délai pour introduire une action en divorce. La litispendance et, le cas échéant, les mesures provisionnelles sont maintenues pendant ce délai.

Seguito della procedura e decisione

¹ Se le condizioni del divorzio su richiesta comune sono soddisfatte, il giudice pronuncia il divorzio e omologa la convenzione.

² Se le conseguenze del divorzio permangono controverse, la procedura prosegue in contraddittorio relativamente alle stesse. Il giudice può ripartire i ruoli di parte.

³ Se le condizioni del divorzio su richiesta comune non sono soddisfatte, il giudice respinge la richiesta comune di divorzio e nel contempo impartisce un termine a ogni coniuge per proporre azione di divorzio. Durante tale termine, la causa rimane pendente e i provvedimenti cautelari eventualmente disposti permangono validi.

Inhaltsübersicht   Note

I. Scheidung bei umfassender Einigung 1
   1. Anfängliche umfassende Einigung 1
   2. Spätere umfassende Einigung 3

II. Scheidung bei streitigen Scheidungsfolgen 4
   1. Annexverfahren 4
   2. Verteilung der Parteirollen 5
   3. Kontradiktorisches Verfahren 6
   4. Entscheid 7

III. Voraussetzungen einer Scheidung bestätigt auf gemeinsames Begehren nicht
erfüllt 8
  1. Abweisung der Scheidung auf gemeinsames Begehren 8
  2. Fristsetzung für Scheidungsklage 9
  3. Fortdauernde Rechtshängigkeit 10
  4. Fortdauer vorsorglicher Massnahmen 11

IV. Auslandsfälle 12

I. Scheidung bei umfassender Einigung

1. Anfängliche umfassende Einigung

a) Bestätigung nach Bedenkzeit

1 Sind die Voraussetzungen des Art. 111 ZGB erfüllt (gemeinsamer **Scheidungswille**, umfassende **Vereinbarung über alle Scheidungsfolgen**, Bestätigung des gemeinsamen Scheidungswillens nach zweimonatiger **Bedenkzeit**), so spricht das Gericht die Scheidung aus und genehmigt die Vereinbarung (Art. 288 Abs. 1). Bei einem Rechtsmittel ist Art. 289 zu beachten.

b) Widerruf vor Ablauf der Bedenkzeit

2 Eine **Scheidungskonvention** über gewisse Scheidungsfolgen kann vor Ablauf der **Bedenkzeit** und vor der endgültigen gerichtlichen **Genehmigung widerrufen** werden, und zwar – wie der Ausdruck «Bedenkzeit» ergibt – nicht nur wegen Willensmängeln, sondern weil man es sich in der Bedenkzeit anders überlegt hat. Dies gilt selbst dann, wenn gemeinsames Vermögen gemäss der Konvention veräussert worden ist (BGE 135 III 193). Eine Scheidungskonvention wird erst dann bindend, wenn nach Ablauf der Bedenkzeit das Gericht sie genehmigt und die Scheidung ausspricht. Bis zu diesem Zeitpunkt kann sie – aus welchem Grund auch immer, abgesehen von einem Rechtsmissbrauch – widerrufen werden.

2. Spätere umfassende Einigung

3 Was für eine anfängliche umfassende Einigung richtig ist, muss auch dann gelten, wenn die Parteien später aufgrund des gerichtlichen Verfahrens doch noch zu einer **Einigung** kommen (so auch BOTSCHAFT ZPO, 7364).

II. Scheidung bei streitigen Scheidungsfolgen

1. Annexverfahren

4 Können sich die Parteien auch nicht über alle **Scheidungsfolgen** einigen, so ist ein **Verfahren** über die streitigen Scheidungsfolgen notwendig. Dieses Verfahren ist insofern notwendig, als es unterschiedliche Meinungen der Parteien gibt, die nur in einem kontradiktorischen Verfahren gelöst werden können.

2. Verteilung der Parteirollen

5 Das Gericht kann – wenn es dies für nützlich hält – die **Parteirollen** verteilen, kann es aber auch lassen (Art. 288 Abs. 2 Satz 2). Sollten nach seiner Auffassung die Parteien als Kläger und Beklagter auftreten, wird das Gericht diese **Rollenverteilung** zunächst den Parteien selbst überlassen. Können sie sich nicht einigen, so entscheidet das Gericht. Das

Gericht sollte demjenigen die **Klägerstellung** einräumen, der von dem anderen Teil etwas verlangt, z.B. entweder Unterhalt oder die Zuteilung der elterlichen Sorge. Diese Entscheidung ist unanfechtbar.

3. Kontradiktorisches Verfahren

Sind die Scheidungsfolgen streitig geblieben, muss über sie nach Gesetz und Recht entschieden werden. Es findet insofern ein **kontradiktorisches Verfahren** statt (Art. 288 Abs. 2 Satz 1). Die Überleitung in ein solches streitiges Verfahren erfolgt formlos und ist den Parteien mitzuteilen. Für diese Verfahren kann das Gericht entscheiden, ob es die Rollen als Kläger und Beklagter verteilen will (s. N 4). **6**

4. Entscheid

Schliesslich spricht das Gericht die Scheidung aus, genehmigt die unstreitige **Teileinigung** und entscheidet die streitigen **Scheidungsfolgen**. Die Scheidung selbst kann – wenn auf einem gemeinsamen Scheidungswillen beruhend – nur wegen eines **Willensmangels** mit der Berufung angefochten werden (Art. 289). Für die Scheidungsfolgen gilt das normale Rechtsmittel. **7**

III. Voraussetzungen einer Scheidung bestätigt auf gemeinsames Begehren nicht erfüllt

1. Abweisung der Scheidung auf gemeinsames Begehren

Art. 288 Abs. 3 hat folgende Situation im Auge. Am Anfang stand eine Eingabe auf Scheidung auf gemeinsames Begehren. Dieser gemeinsame **Scheidungswille** wurde innerhalb der zweimonatigen **Bedenkzeit** von Art. 111 Abs. 2 ZGB nicht bestätigt und deshalb die Scheidung nicht ausgesprochen. Nun haben die Ehegatten noch einmal zwei Monate Zeit, sich die Sache zu überlegen. Bestätigen sie innerhalb dieser zweiten **Zweimonatsfrist** ihren gemeinsamen Scheidungswillen, kann – sofern die Scheidungsfolgen gesamthaft geregelt sind – die Scheidung auf gemeinsames Begehren ausgesprochen werden. Bestätigen die Ehegatten innerhalb der zweiten Zweimonatsfrist dagegen nicht ihren gemeinsamen Scheidungswillen, so ist nach Art. 288 Abs. 3 zu verfahren und die Scheidung auf gemeinsames Begehren abzuweisen. Nehmen beide Parteien ihren Antrag dagegen zurück, wird die Scheidung abgeschrieben. **8**

2. Fristsetzung für Scheidungsklage

Die **Abweisung** des Antrags auf Scheidung auf gemeinsames Begehren ist insofern nicht endgültig, als das Gericht den Parteien eine Frist zu setzen hat, binnen derer sie eine Scheidungsklage zur Fortsetzung des Verfahrens erheben können. Durch diese **Überleitung** in eine streitige Scheidung wird es den Parteien ermöglicht, kostengünstig das ursprünglich unstreitige Verfahren als streitiges Verfahren gleichsam fortzusetzen. Wird innerhalb dieser vom Gericht gesetzten Frist keine Klage erhoben, so entfallen dieser und andere Vorteile, und die Parteien können später nur noch neues Scheidungsverfahren einleiten. **9**

3. Fortdauernde Rechtshängigkeit

Nach Art. 288 Abs. 3 Satz 2 bleibt das Verfahren während der vom Gericht gesetzten Klagefrist **rechtshängig**. Das bedeutet, dass eine Scheidungsklage, die während dieser Frist erhoben wird, bereits mit Eingang der Eingabe um Scheidung auf gemeinsames **10**

Kurt Siehr

Art. 289

Begehren rechtshängig geworden ist. Das kann für viele Fragen von Bedeutung sein, so z.B. für die Beendigung der Errungenschaftsbeteiligung (Art. 204 Abs. 2 ZGB).

4. Fortdauer vorsorglicher Massnahmen

11 **Vorsorgliche Massnahmen**, die einmal getroffen worden sind, bleiben nach Abweisung des Antrags auf Scheidung auf gemeinsames Begehren bestehen und werden erst dann aufgehoben, wenn ein Gericht dies tut.

IV. Auslandsfälle

12 Wenn ein Ehegatte den Willen zur Scheidung auf gemeinsames Begehren aufgibt und sich ins **Ausland** begibt, können Probleme auftreten. Zum einen ist zu fragen, ob einer ausländischen Scheidungsklage innerhalb der gesetzten Frist die schweizerische **Rechtshängigkeit** entgegensteht. Dies ist zu verneinen; denn auch ein inländisches Scheidungsgericht wird durch die Rechtshängigkeit nicht gehindert, eine Scheidungsklage innerhalb der Frist, die das erste Gericht gesetzt hat, zuzulassen. Es handelt sich um die Fortsetzung desselben Verfahrens in anderer Form. Das sollte auch für eine Klage im Ausland dann gelten, wenn sie innerhalb der gesetzten Frist erfolgt.

Wenn im Ausland eine Scheidungsklage nach Ablauf der gesetzten Frist eingereicht wird, steht die **Rechtshängigkeit** des schweizerischen Verfahrens nicht mehr im Wege, da die Scheidung nach Ablauf dieser Frist abgeschrieben wird. Es kann also im Ausland die Scheidung beantragt werden, in den 27 Ländern der Europäischen Union nach Art. 3 **EuEheVO**.

Will ein Ehegatte eine Scheidung im Ausland aufgrund einer Klage im Ausland verhindern, muss er schnell reagieren und seinerseits eine **Scheidungsklage im Inland** einreichen. Denn dann kann wegen der Rechtshängigkeit im Inland eine Klage im Ausland normalerweise nicht durchgeführt werden.

Art. 289

Rechtsmittel	Die Scheidung der Ehe kann nur wegen Willensmängeln mit Berufung angefochten werden.
Appel	La décision de divorce ne peut faire l'objet que d'un appel pour vice du consentement.
Impugnazione	Il divorzio è impugnabile mediante appello soltanto per vizi della volontà.

Inhaltsübersicht Note

I. Rechtsmittel 1
   1. Berufung gegen Scheidung 1
   2. Rechtsmittel gegen Scheidungsfolgen 3
II. Wirkung des Rechtsmittels 4
   1. Abweisung 4
   2. Gutheissung 5
III. Rechtsmissbrauch 6

Literatur

Vgl. die Literaturhinweise bei Art. 274 sowie S. FREI, Ehedauer/Ehescheidung – im Spannungsfeld zu ausländerrechtlichen Vorschriften, in: Donatsch/Fingerhuth/Lieber/Rehberg/Walder-Richli (Hrsg.), FS 125 Jahre Kassationsgericht des Kantons Zürich, Zürich 2000, 509 ff.

I. Rechtsmittel

1. Berufung gegen Scheidung

a) Willensmängel

Um die **Scheidung auf gemeinsames Begehren** zu fördern, beschränkt Art. 289 – wie früher Art. 149 Abs. 1 aZGB (BSK ZGB I-STECK, Art. 149 N 1) – das Rechtsmittel der Berufung auf die Geltendmachung von **Willensmängeln**. Denn die Scheidung auf gemeinsames Begehren beruht, zumindest für die Scheidung, auf dem gemeinsam geäusserten Willen der Parteien. Mit der Berufung kann also geltend gemacht werden, dass die Rechtsmittelpartei

– sich **geirrt** habe (Art. 24 Abs. 1 OR);

– sich in einem wesentlichen **Grundlagenirrtum** befunden habe (Art. 24 Abs. 2 OR);

– **getäuscht** worden sei (Art. 28 OR);

– durch **Furchterregung** zur Scheidung gezwungen worden sei (Art. 29 OR);

– **übervorteilt** worden sei (Art. 21 OR; BSK ZGB I-STECK, Art. 149 N 14).

Mit all diesen Gründen kann die Scheidung angefochten werden und das Berufungsgericht muss überprüfen, ob ein solcher Willensmangel vorliegt.

b) Widerruf der Zustimmung zur Scheidung

Art. 149 Abs. 2 aZGB wurde aufgehoben, wonach die Zustimmung zur Scheidung auf gemeinsames Begehren mit der Begründung **widerrufen** werden kann, die andere Partei habe eine einverständlich geregelte Scheidungsfolge angefochten. Diese **Aufhebung** ist sicherlich in den Fällen gerechtfertigt, in denen der gemeinsame Scheidungswille unabhängig von den Scheidungsfolgen besteht und die Parteien nach Art. 288 Abs. 2 ein **kontradiktorisches Verfahren** über streitige Scheidungsfolgen verlangen. Wo jedoch eine umfassende Einigung nach Art. 285 vorliegt und eine Partei im Rechtsmittelverfahren eine dieser Scheidungsfolgen angreift (s. N 3), also einen Teil eines einverständlich geregelten Gesamtpakets in Frage stellt, kann die andere Partei mit der Berufung geltend machen, sie hätte – wenn dem Rechtsmittel stattgegeben werde und den Parteien eine Frist für eine Scheidungsklage gesetzt wird (Art. 288 Abs. 3; s. N 8) – der umfassenden Einigung ohne die angegriffene Regelung nie zugestimmt. Auch dies ist ein **Willensmangel**, der die Berufung rechtfertigt, und zwar ohne ausdrückliche Anhängigmachung der Zustimmung zur Scheidung von der einverständlich getroffenen Regelung der Scheidungsfolgen. Wer ganz sicher gehen will, sollte eine solche Klausel jedoch in die umfassende Einigung aufnehmen.

2. Rechtsmittel gegen Scheidungsfolgen

Art. 289 gilt nur für den **Statusentscheid** der Scheidung, nicht jedoch für die Entscheide über die **Scheidungsfolgen.** Die Scheidungsfolgen unterliegen den ordentlichen Rechtsmitteln der **Berufung** (Art. 308 ff.) und der zivilrechtlichen **Beschwerde** an das **Bun-**

desgericht (Art. 72 Abs. 1 BGG). Die Scheidungsfolgen werden also auf richtige Rechtsanwendung und richtige Feststellung des Sachverhalts voll überprüft.

II. Wirkung des Rechtsmittels

1. Abweisung

4 Wird die **Berufung** und eine allfällige **Anschlussberufung** gegen die Scheidung abgewiesen, so wird die Scheidung bestätigt und – sofern keine **Beschwerde** an das **Bundesgericht** erfolgt – erwächst in **Rechtskraft**. Rechtsmittel gegen Scheidungsfolgen haben keinen unmittelbaren Einfluss auf die Scheidung, es sei denn, die andere Partei legte Anschlussberufung wegen eines Willensmangels bei einer umfassenden Einigung über eine Scheidung auf gemeinsames Begehren ein (s. N 2).

2. Gutheissung

5 Wird die **Berufung** gegen das Scheidungsurteil gutgeheissen, entfällt damit die **Scheidung auf gemeinsames Begehren**, so wird gleichzeitig mit dem Berufungsurteil den Parteien eine Frist zur Erhebung einer **Scheidungsklage** (vgl. Art. 288 Abs. 3) gesetzt. Das ist nur dann anders, wenn nur die Scheidungsfolgen angegriffen werden und die Gegenpartei keine **Anschlussberufung** gegen die Scheidung erhebt (s. N 2).

III. Rechtsmissbrauch

6 Vom **Rechtsmissbrauch** ist der nicht wesentliche Irrtum zu unterscheiden. Wenn z.B. ein Ausländer die **Scheidung auf gemeinsames Begehren** beantragt und vor Ablauf von drei Jahren auch erhält, kann er m.E. die Scheidung nicht mit der Berufung anfechten, weil er der Scheidung zu früh zugestimmt hat und als Ausländer nach Art. 50 Abs. 1 lit. a AuG die Möglichkeit einer Verlängerung der **Aufenthaltsbewilligung** verliert. Das ist anders, wenn bei der Anfechtung von Scheidungsfolgen wegen Täuschung der Berufungsbeklagte seinerseits die Scheidung anficht und die ganze Scheidung auf gemeinsames Begehren zu Fall bringt. Ein solches Verhalten dürfte rechtsmissbräuchlich sein (ebenso AmtlBull NR 1998 1317; BSK ZGB I-STECK, Art. 149 N 47).

3. Abschnitt: Scheidungsklage

Art. 290

Einreichung der Klage

Die Scheidungsklage kann ohne schriftliche Begründung eingereicht werden. Sie enthält:
a. Namen und Adressen der Ehegatten sowie die Bezeichnung allfälliger Vertreterinnen und Vertreter;
b. das Rechtsbegehren, die Ehe sei zu scheiden sowie die Bezeichnung des Scheidungsgrunds (Art. 114 oder 115 ZGB);
c. die Rechtsbegehren hinsichtlich der vermögensrechtlichen Scheidungsfolgen;
d. die Rechtsbegehren hinsichtlich der Kinder;
e. die erforderlichen Belege;
f. das Datum und die Unterschriften.

Dépôt de la demande

La demande unilatérale de divorce peut être déposée sans motivation écrite. Elle contient:
a. les noms et adresses des époux et, le cas échéant, la désignation de leur représentant;
b. la conclusion consistant à demander la dissolution du mariage et l'énoncé du motif de divorce (art. 114 ou 115 CC);
c. les conclusions relatives aux effets patrimoniaux du divorce;
d. les conclusions relatives aux enfants;
e. les pièces nécessaires;
f. la date et les signatures.

Proposizione dell'azione

L'azione di divorzio può essere proposta anche con petizione non corredata di motivazione scritta. La petizione contiene:
a. i nomi e gli indirizzi dei coniugi, nonché la designazione dei loro eventuali rappresentanti;
b. la richiesta di divorzio e il motivo (art. 114 o 115 CC);
c. le conclusioni relative alle conseguenze patrimoniali del divorzio;
d. le conclusioni relative ai figli;
e. i documenti giustificativi;
f. la data e le firme.

Inhaltsübersicht   Note

I. Scheidungsklage 1

II. Inhalt der Klageschrift 2

III. Begründung 3

IV. Auslandsfälle 4

I. Scheidungsklage

Eine **Scheidungsklage** wird erhoben, wenn die Ehegatten sich auf keine **Scheidung auf gemeinsames Begehren** einigen können. Selbst wenn eine Scheidungsklage erhoben wurde, muss das Gericht, bevor eine schriftliche **Klagebegründung** nachzureichen ist, eine Einigung der Parteien anstreben (Art. 291 Abs. 3) und bei Einigung eine Fortsetzung nach den Vorschriften über die Scheidung auf gemeinsames Begehren anordnen (Art. 292   1

Art. 291

Abs. 1). Insofern kann man sagen, dass eine Scheidung auf gemeinsames Begehren den Vorrang geniesst, und zwar mit gutem Grund. Denn wenn eine Einigung über die Scheidung und die Scheidungsfolgen einverständlich geregelt worden ist, ist ein Leben nach der Scheidung für beide Teile leichter als bei einer streitigen Auseinandersetzung.

II. Inhalt der Klageschrift

2 Die **Klageschrift** enthält – bis auf die Angaben in Art. 290 lit. b und c – dieselben Punkte wie der Antrag einer Scheidung auf gemeinsames Begehren in Art. 285. Die Unterschiede erklären sich aus der Tatsache, dass die Ehegatten sich auf eine einverständliche Scheidung und die Scheidungsfolgen nicht einigen konnten. Eine Klage muss deshalb das **Scheidungsbegehren** sowie den **Scheidungsgrund** und das Rechtsbegehren hinsichtlich der vermögensrechtlichen **Scheidungsfolgen** enthalten, d.h. hinsichtlich der Austrittsleistungen, des Unterhalts und des Güterrechts. Dasselbe gilt für eine Gegenklage. Eine Begründung der Klage ist dagegen nicht erforderlich.

III. Begründung

3 Eine schriftliche Begründung ist für eine gültige **Klageschrift** nicht erforderlich. Sie ist erst dann einzureichen, wenn ein Scheidungsgrund nicht feststeht oder über ihn keine Einigung erzielt werden kann und das Gericht die klagende Partei auffordert, eine schriftliche **Klagebegründung** nachzureichen (Art. 291 Abs. 3).

IV. Auslandsfälle

4 Die allermeisten **Auslandsfälle** werden von schweizerischen Gerichten nach schweizerischem Recht geschieden (Art. 61 Abs. 1 IPRG). Nur ausnahmsweise kommt nach Art. 61 Abs. 2 IPRG ausländisches Recht zur Anwendung, und zwar auch nur dann, wenn keine **Rückverweisung** nach Art. 14 Abs. 2 IPRG zu beachten ist. In diesen seltenen Fällen wäre statt der in Art. 290 lit. b genannten schweizerischen Vorschriften die entsprechenden ausländischen Normen zu nennen. Das ist aber nicht erforderlich, denn in Scheidungssachen hat das Gericht von Amtes wegen das anwendbare Recht zu bestimmen und dessen Inhalt zu ermitteln (Art. 16 Abs. 1 Satz 1 IPRG).

Art. 291

Einigungsverhandlung

¹ Das Gericht lädt die Ehegatten zu einer Verhandlung vor und klärt ab, ob der Scheidungsgrund gegeben ist.

² Steht der Scheidungsgrund fest, so versucht das Gericht zwischen den Ehegatten eine Einigung über die Scheidungsfolgen herbeizuführen.

³ Steht der Scheidungsgrund nicht fest oder kommt keine Einigung zustande, so setzt das Gericht der klagenden Partei Frist, eine schriftliche Klagebegründung nachzureichen. Bei Nichteinhalten der Frist wird die Klage als gegenstandslos abgeschrieben.

2. Kapitel: Scheidungsverfahren   1 **Art. 291**

| Audience de conciliation | ¹ Le tribunal cite les parties aux débats et vérifie l'existence du motif de divorce.

² Si le motif de divorce est avéré, le tribunal tente de trouver un accord entre les époux sur les effets du divorce.

³ Si le motif de divorce n'est pas avéré ou qu'aucun accord n'est trouvé, le tribunal fixe un délai au demandeur pour déposer une motivation écrite. Si le délai n'est pas respecté, la demande est déclarée sans objet et rayée du rôle. |
|---|---|
| Udienza di conciliazione | ¹ Il giudice convoca le parti a un'udienza e accerta se sussista il motivo di divorzio.

² Se sussiste il motivo di divorzio, il giudice cerca di conseguire un'intesa fra i coniugi in merito alle conseguenze del divorzio.

³ Se non sussiste il motivo di divorzio o se l'intesa non è raggiunta, il giudice impartisce all'attore un termine per motivare per scritto l'azione. In caso di inosservanza del termine, la causa è stralciata dal ruolo in quanto priva di oggetto. |

Inhaltsübersicht   Note

  I. Streitiges Scheidungsverfahren 1
 II. Einigungsverhandlung 2
III. Scheidungsgrund steht fest (Abs. 2) 3
    1. Scheidungsgrund 3
    2. Scheidungsfolgen 4
 IV. Scheidungsgrund steht nicht fest (Abs. 3) 5
    1. Klagebegründung wird nachgereicht 5
    2. Nichteinhalten der Frist 6
  V. Auslandsfälle 7

I. Streitiges Scheidungsverfahren

Das **streitige Scheidungsverfahren** wird gegenüber den Art. 219 ff. vereinfacht: 1

– Ein **Schlichtungsverfahren** entfällt (Art. 198 lit. c).

– Eine Klagebegründung ist in einer **Klageschrift** nicht erforderlich.

– Zunächst soll in einer Verhandlung geklärt werden, ob der angegebene **Scheidungsgrund** gegeben ist.

– Steht der in der Klage angegebene Scheidungsgrund fest, soll das Gericht versuchen, eine **Einigung** der Parteien über die **Scheidungsfolgen** herbeizuführen. Ein Wechsel zur Scheidung auf gemeinsames Begehren findet nicht statt. Grund hierfür ist: Wer eine streitige Scheidung beantragt, soll sie – gemäss der Dispositionsmaxime – erhalten.

– Steht der Scheidungsgrund nicht fest, sind die Parteien jedoch mit der Scheidung einverstanden, so wird das Verfahren nach den Vorschriften über die **Scheidung auf gemeinsames Begehren** dann fortgesetzt, wenn die Parteien – im Falle des Art. 114 ZGB – noch nicht seit mindestens zwei Jahren getrennt gelebt haben. Dann nämlich kann nach Art. 288 verfahren werden und nach einer **Bedenkfrist** von zwei Monaten über noch streitige Scheidungsfolgen kontradiktorisch entschieden werden.

Kurt Siehr   1397

II. Einigungsverhandlung

2   In der ersten Verhandlung wird geklärt, ob der angegebene **Scheidungsgrund** gegeben ist und ob die Parteien bereit sind, sich darüber und über die **Scheidungsfolgen** zu einigen. Diese Verhandlung setzt noch keine Klagbegründung voraus, sondern soll in formloser Atmosphäre die Scheidungsklage mit den Parteien erörtert werden und eine Einigung zu klären versuchen.

III. Scheidungsgrund steht fest (Abs. 2)

1. Scheidungsgrund

3   Steht der **Scheidungsgrund** fest, so versucht das Gericht, eine Einigung der Parteien über die **Scheidungsfolgen** zu erreichen. Bei anwendbarem schweizerischen Recht kommen die Scheidungsgründe des zweijährigen Getrenntlebens in Frage (Art. 114 ZGB) und die Unzumutbarkeit (Art. 115 ZGB).

Der **Scheidungsgrund** steht dann fest, wenn der klagende Ehegatte diesen vorbringt und der andere Ehegatte dem nicht widerspricht oder sogar zustimmt oder wenn die Ehegatten mehr als zwei Jahre getrennt gelebt haben (BOTSCHAFT ZPO, 7365). Bei der Klage wegen zweijährigen **Getrenntlebens** allerdings muss das Gericht der Überzeugung sein, dass die Ehegatten mindestens zwei Jahre getrennt gelebt haben. Haben sie das nicht getan, ist jedoch der andere Ehegatte mit der Scheidung einverstanden, so wird das Verfahren nach den Vorschriften über die **Scheidung auf gemeinsames Begehren** fortgesetzt (Art. 292 Abs. 1).

2. Scheidungsfolgen

4   Sobald der **Scheidungsgrund** feststeht, versucht das Gericht, eine Einigung der Parteien über die Scheidungsfolgen herbeizuführen. Kommt eine vollständige Einigung zustande, so scheidet das Gericht die Ehe aus dem feststehenden Scheidungsgrund und genehmigt die einverständlich geregelten **Scheidungsfolgen**. Ein Wechsel zur Scheidung auf gemeinsames Begehren findet nicht statt (Art. 292 Abs. 2).

Kommt eine Einigung über **alle Scheidungsfolgen** nicht zustande, so scheidet das Gericht die Ehe aus dem feststehenden Scheidungsgrund, entscheidet ausserdem über die offen gebliebenen Scheidungsfolgen (solange bleiben vorsorgliche Massnahmen bestehen und werden nicht automatisch durch eine rechtskräftige Scheidung geändert; OGer ZH, ZR 106 Nr. 63) und genehmigt die allfällige **Teileinigung** über einzelne Scheidungsfolgen. Auch hier bleibt es bei einer **streitigen Scheidung** (Art. 292 Abs. 2).

IV. Scheidungsgrund steht nicht fest (Abs. 3)

1. Klagebegründung wird nachgereicht

5   Steht der **Scheidungsgrund** nach einer Verhandlung nicht fest oder kommt keine Einigung über die Scheidungsfolgen zustande, muss das Gericht entscheiden. Eine **Klagebegründung** muss deshalb nachgereicht und eine **Klagebeantwortung** abgewartet werden. Für die Nachreichung einer Klagebegründung wird eine Frist gesetzt, nach deren fruchtlosem Ablauf die Klage als gegenstandslos abgeschrieben wird (Art. 291 Abs. 3 Satz 1 und 2). Steht dagegen der Scheidungsgrund fest und sind nur die Scheidungsfolgen streitig, so gilt Art. 291 Abs. 2 (s. N 4).

2. Kapitel: Scheidungsverfahren Art. 292

2. Nichteinhalten der Frist

Die **Klagebegründung** ist innerhalb einer vom Gericht festgesetzten Frist nachzureichen. Wie diese Frist zu bemessen ist, sagt die ZPO nicht. Jedoch kann nach Art. 144 Abs. 2 die gerichtliche Frist aus zureichenden Gründen erstreckt werden, wenn das Gericht vor Fristablauf darum ersucht wird. 6

Wird die **Klagebegründung** innerhalb der vom Gericht gesetzten und vielleicht erstreckten Frist nicht nachgereicht, so wird die **Scheidungsklage** als gegenstandslos abgeschrieben. Es wird also nur über die **Gegenstandslosigkeit** und über die Kosten in einem **Prozessentscheid** entschieden, der nur endgültig über die Gegenstandslosigkeit rechtskräftig entscheidet. Ein Sachurteil ergeht nicht. Der Kläger könnte also sofort wieder Scheidungsklage erheben.

Wird die Klageantwort nicht fristgerecht eingereicht, so sind Art. 147 und 223 anwendbar mit der Massgabe, dass Art. 277 zu beachten ist.

V. Auslandsfälle

Art. 291 ist eine rein verfahrensrechtliche Vorschrift, die sich nach der schweizerischen **lex fori** richtet, also auch dann anzuwenden ist, wenn ausländisches Recht auf die Scheidung anwendbar sein sollte. 7

Art. 292

Wechsel zur Scheidung auf gemeinsames Begehren

¹ **Das Verfahren wird nach den Vorschriften über die Scheidung auf gemeinsames Begehren fortgesetzt, wenn die Ehegatten:**
a. bei Eintritt der Rechtshängigkeit noch nicht seit mindestens zwei Jahren getrennt gelebt haben; und
b. mit der Scheidung einverstanden sind.

² **Steht der geltend gemachte Scheidungsgrund fest, so findet kein Wechsel zur Scheidung auf gemeinsames Begehren statt.**

Transformation en divorce sur requête commune

¹ La suite de la procédure est régie par les dispositions relatives au divorce sur requête commune à condition que les époux:
a. aient vécu séparés pendant moins de deux ans au début de la litispendance;
b. aient accepté le divorce.

² Si le motif de divorce invoqué est avéré, la procédure ne se poursuit pas selon les dispositions sur le divorce sur requête commune.

Passaggio alla procedura del divorzio su richiesta comune

¹ La procedura è continuata secondo le norme sul divorzio su richiesta comune se i coniugi:
a. al verificarsi della pendenza della causa non sono ancora vissuti separati da almeno due anni; e
b. sono d'accordo di divorziare.

² Se il motivo addotto per il divorzio sussiste, non vi è passaggio alla procedura del divorzio su richiesta comune.

Kurt Siehr

Art. 292 1, 2

Inhaltsübersicht Note

I. Sinn der Vorschrift 1
II. Scheidungsgrund steht fest (Abs. 2) 2
III. Scheidungsgrund steht nicht fest (Abs. 1) 3
    1. Scheidung nach Art. 114 ZGB 3
    2. Scheidung nach Art. 115 ZGB 5
IV. Auslandfälle 7

I. Sinn der Vorschrift

1   Der Sinn der Vorschrift von Art. 292 ist nicht leicht zu erkennen. Er unterscheidet zum einen die Fälle, in denen der **Scheidungsgrund** feststeht (Art. 292 Abs. 2), sei es, dass die **Zweijahresfrist** von Art. 114 ZGB abgelaufen ist, sei es, dass die Fortsetzung der Ehe nach Art. 115 ZGB offensichtlich unzumutbar ist. Zum andern regelt er Fälle, bei denen der Scheidungsgrund noch nicht feststeht und bei denen ein Wechsel zur Scheidung auf gemeinsames Begehren stattfinden kann. Dabei wird offenbar unterstellt, dass in Fällen des Art. 115 ZGB der Scheidungsgrund nicht feststeht (BOTSCHAFT ZPO, 7365). Die bisherige Regelung in Art. 116 aZGB (s. BSK ZGB I-STECK, Art. 116 N 1–35) wird also in differenzierender Form übernommen.

Diese Regelung lässt sich damit erklären, dass bei Fehlen einer **Scheidung auf gemeinsames Begehren** und Feststehen eines besonderen Scheidungsgrundes – gemäss der **Dispositionsmaxime** – die Ehe streitig geschieden wird. Der Kläger bekommt, was er beantragt hat. Ein Wechsel zur Scheidung auf gemeinsames Begehren findet nicht statt; denn die zweimonatige Bedenkzeit des Art. 288 Abs. 2 wäre nutzlos. Steht dagegen der **Scheidungsgrund** nicht fest und könnte deshalb die Ehe noch nicht geschieden werden (deshalb die Voraussetzung des Art. 292 Abs. 1 lit. a: die Zweijahresfrist des Art. 114 ZGB ist bei Rechtshängigkeit der Klage noch nicht abgelaufen), so soll ein Wechsel zur Scheidung auf gemeinsames Begehren dann stattfinden, wenn die Ehegatten mit der Scheidung einverstanden sind (Art. 292 Abs. 1 lit. b). Denn dieses späte **Einverständnis** mit der Scheidung kommt einer gemeinsamen Eingabe zur Scheidung auf gemeinsames Begehren (Art. 285) gleich.

II. Scheidungsgrund steht fest (Abs. 2)

2   Steht ein **Scheidungsgrund** fest, so findet nach Art. 292 Abs. 2 kein Wechsel zur **Scheidung auf gemeinsames Begehren** statt, und zwar auch dann nicht, wenn die Ehegatten mit der Scheidung einverstanden sind. Das Gericht hat vielmehr die Ehe aus dem feststehenden Scheidungsgrund ohne Bedenkzeit zu scheiden und über die Scheidungsfolgen, soweit sich die Parteien über sie nicht einigen, **kontradiktorisch** zu entscheiden (Art. 291 Abs. 2).

Nach den Motiven (BOTSCHAFT ZPO, 7365) soll bei Scheidung aus Art. 115 ZGB deshalb kaum feststehen, weil das Gericht ohne Begründung der **Klage** und **Klageantwort** nicht beurteilen kann, ob die Fortsetzung der Ehe unzumutbar ist. In diesem Fall soll, falls die Ehegatten mit der Scheidung einverstanden sind, der Art. 292 Abs. 1 (= Art. 287 EZPO) gelten (so BOTSCHAFT ZPO, 7365) und zumindest entsprechend angewandt werden (s. N 5).

III. Scheidungsgrund steht nicht fest (Abs. 1)

1. Scheidung nach Art. 114 ZGB

a) Vor Ablauf von zwei Jahren

Wird aus Art. 114 ZGB geklagt, ist aber die dort erforderliche **Zweijahresfrist** bei Eintritt der **Rechtshängigkeit** noch nicht abgelaufen, kann die Ehe aus diesem Grund noch nicht geschieden und der **Scheidungsgrund** der zweijährigen Trennung noch nicht festgestellt werden. Sind beide Ehegatten gleichwohl mit der Scheidung einverstanden, so wird das Scheidungsverfahren nach den Vorschriften über die **Scheidung auf gemeinsames Begehren** fortgesetzt (Art. 292 Abs. 1). Das ist sinnvoll und richtig. 3

b) Nach Ablauf von zwei Jahren

Wird die Klage aus Art. 114 ZGB nach Ablauf von zwei Jahren des **Getrenntlebens** eingereicht, so steht der **Scheidungsgrund** fest, und nach Art. 292 Abs. 2 findet kein Wechsel in ein Verfahren der **Scheidung auf gemeinsames Begehren** statt. Hier kann sofort geschieden und über die Scheidungsfolgen befunden werden. Eine **Bedenkzeit** einzuräumen, ist selbst dann nicht angebracht, wenn der beklagte Ehegatte mit der Scheidung einverstanden ist. 4

2. Scheidung nach Art. 115 ZGB

a) Mit der Scheidung einverstanden

Steht der **Scheidungsgrund** des Art. 115 ZGB noch nicht fest (was ohne **Klagebegründung** und **Klageantwort** selten der Fall sein dürfte) und sind die Ehegatten mit der Ehescheidung einverstanden, so müsste auch dieses Verfahren als ein solches nach den Vorschriften über die **Scheidung auf gemeinsames Begehren** fortgesetzt werden. Das ist jedoch nach Art. 292 Abs. 1 nur dann möglich, wenn die Klage *vor* Ablauf der **Zweijahresfrist** eingereicht wird (Art. 292 Abs. 1 lit. a). Das aber kann nicht sein; denn die Zweijahresfrist hat mit der Unzumutbarkeit des Art. 115 ZGB nichts zu tun. Auch für diesen Fall sehen die Motive zu Recht einen Wechsel des Verfahrens vor, also auch dann, wenn die Scheidungsklage auf Art. 115 ZGB gestützt wird und die Klage *nach* Ablauf der Zweijahresfrist eingereicht wird, kann ein Wechsel zur Scheidung auf gemeinsames Begehren erfolgen, sobald sich die Ehegatten mit der Scheidung einverstanden erklärt haben. 5

b) Mit der Scheidung nicht einverstanden

Ist der beklagte Ehegatte mit der Scheidung nicht einverstanden, kann ein Wechsel zum Verfahren der **Scheidung auf gemeinsames Begehren** nicht erfolgen. Es ist streitig zu entscheiden. 6

IV. Auslandfälle

Ist ausnahmsweise ausländisches Recht anwendbar, so gilt auch der Art. 292. Die ausländischen **Scheidungsgründe** sind sinngemäss anzuwenden und bei Feststehen oder Nichtfeststehen dieser Gründe nach Art. 292 Abs. 2 oder 1 zu verfahren. 7

Art. 293

Klageänderung	Die Scheidungsklage kann bis zum Beginn der Urteilsberatung in eine Trennungsklage umgewandelt werden.
Modification de la demande	Le demandeur peut conclure à la séparation de corps en lieu et place du divorce tant que les délibérations n'ont pas commencé.
Mutazione dell'azione	L'azione di divorzio può essere mutata in azione di separazione fintanto che il giudice non abbia iniziato a deliberare.

1 Als Ausnahme von Art. 227 sieht Art. 293 vor, dass eine Scheidungsklage in eine **Trennungsklage** umgewandelt werden kann, also ohne Zustimmung der Gegenpartei (vgl. Art. 227 Abs. 1 lit. b). Die Klageänderung hat jedoch vor Beginn der **Urteilsberatung** zu erfolgen, also bevor das Gericht zur Beratung des Urteils schreitet.

4. Abschnitt: Eheungültigkeits- und Ehetrennungsklagen

Art. 294

[1] Das Verfahren bei Eheungültigkeits- und Ehetrennungsklagen richtet sich sinngemäss nach den Vorschriften über die Scheidungsklage.

[2] Eine Trennungsklage kann bis zum Beginn der Urteilsberatung in eine Scheidungsklage umgewandelt werden.

[1] La procédure de divorce sur demande unilatérale est applicable par analogie aux actions en séparation et en annulation du mariage.

[2] Une action en séparation peut être transformée en action en divorce tant que les délibérations n'ont pas commencé.

[1] Le disposizioni sulla procedura dell'azione di divorzio si applicano per analogia all'azione di nullità del matrimonio e a quella di separazione.

[2] L'azione di separazione può essere mutata in azione di divorzio fintanto che il giudice non abbia iniziato a deliberare.

Inhaltsübersicht

	Note
I. Verfahren	1
1. Eheungültigkeitsklage	1
2. Ehetrennungsklage	3
3. Widerklage	5
II. Klageänderung	6

I. Verfahren

1. Eheungültigkeitsklage

a) Klage

Eine Ehe kann ungültig sein, und zwar aus Gründen **unbefristeter Ungültigkeit** (Art. 105 ZGB) und aus **Gründen befristeter Ungültigkeit** (Art. 107 ZGB). Die Klage aus unbefristeter Ungültigkeit ist von Amtes wegen zu erheben, jedoch kann auch jedermann klagen, der ein Interesse an der Ungültigkeit hat (Art. 106 ZGB). Die Klage aus befristeter Ungültigkeit kann nur ein Ehegatte aus den in Art. 107 genanten Gründen befristet erheben. Die Wirkungen der Ungültigkeit richten sich nach Art. 109 ZGB.

b) Sinngemässe Anwendung der Vorschriften über die Scheidungsklage

Was der gestrichene Art. 110 aZGB sagte, beinhaltet Art. 293 Abs. 1. Die Vorschriften über die **Scheidungsklage** sind sinngemäss anzuwenden. Art. 293 Abs. 1 ist insofern genauer als Art. 110 aZGB, als es auf die Vorschriften über die Scheidungsklage zur sinngemässen Anwendung verweist. Es gelten keine Scheidungsgründe, sondern die in Art. 105 und 107 ZGB genannten Gründe. Dazu gehört heute auch die **Ungültigkeitserklärung** einer **Scheinehe** gemäss Art. 105 Ziff. 4 ZGB. Eine Scheidung wegen Unzumutbarkeit nach Art. 116 ZGB ist ausgeschlossen (BGE 121 III 149). Insofern ist der Entscheid des OGer ZH (ZR 97 Nr. 54) und dessen Berufung auf Art. 12 EMRK überholt.

Die Vorschriften über die Scheidung auf gemeinsames Begehren finden also keine Anwendung, obwohl eine befristete Ungültigkeitsklage durchaus der **Dispositionsmaxime** unterworfen ist. Zum Beispiel kann der betroffene Ehegatte absichtlich die Frist verstreichen lassen oder im Verfahren seinen Irrtum leugnen oder seine Täuschung in Abrede stellen.

Über die **Folgen einer Ungültigkeit** hat das Gericht zu entscheiden, es sei denn, die Ehegatten einigten sich über sie und das Gericht genehmigte diese Einigung (Art. 291). Über die Kinder, für die Art. 109 Abs. 2 und 3 ZGB gilt, hat das Gericht nach dem **Kindeswohl** zu entscheiden.

2. Ehetrennungsklage

a) Klage

Auf **Ehetrennung** kann unter denselben Voraussetzungen wie bei der Scheidung geklagt werden (Art. 117 Abs. 1 ZGB). Eine Ehetrennungsklage muss also in sinngemässer Anwendung des Art. 290 lit. b auch auf Art. 114 oder 115 ZGB gestützt werden. Eine Anwendung des Art. 115 ZGB mag selten sein (vgl. BSK ZBG I-STECK, Art. 117 N 6), jedoch ist nicht auszuschliessen, dass bspw. streng katholische Ehegatten bei Unzumutbarkeit der Fortsetzung der Ehe eine Ehetrennungsklage einer Scheidung vorziehen.

b) Sinngemässe Anwendung der Vorschriften über die Scheidungsklage

Diese Vorschrift ist für die **Ehetrennung** zu eng; denn auch eine gerichtliche **Trennung** kann auf gemeinsames Begehren hin erfolgen und eine Verweisung auf das Scheidungs*verfahren* wäre sinnvoller, wie es auch der gestrichene Art. 117 aZGB vorsah. Im Übrigen gelten die Vorschriften über die **Scheidungsfolgen** für die **Trennungsfolgen** sinngemäss. Zu erwähnen ist für das Güterrecht, dass mit der Trennung von Gesetzes wegen die **Gütertrennung** eintritt (Art. 118 Abs. 1 ZGB), dass also auch eine güterrechtliche Auseinandersetzung stattfindet.

3. Widerklage

5 Für eine **Widerklage** (Art. 224) gilt dasselbe wie für die Klage. Wird eine Widerklage auf Scheidung erhoben, so ist – nach Eingang der schriftlichen Antwort der klagenden Partei – erst über sie zu entscheiden; denn bei der Widerklage geht es um den weitergehenden Antrag.

II. Klageänderung

6 Entsprechend dem Art. 293 kann auch die **Trennungsklage** bis zum Beginn der Urteilsberatung in eine **Scheidungsklage** umgewandelt werden (Art. 294 Abs. 2). Diese **Klageänderung** setzt keine Zustimmung der Gegenpartei voraus.

7. Titel: Kinderbelange in familienrechtlichen Angelegenheiten

Vorbemerkungen zu Art. 295–304

Literatur

S. AESCHLIMANN, Heimlich eingeholte Abstammungsgutachten – Bedeutung und Handhabung im Abstammungsprozess in Deutschland und in der Schweiz, in: FamPra.ch 2005, 518 ff.; F. ARNTZEN, Elterliche Sorge und Umgang mit Kindern, 2. Aufl., München 1994; W. BÄR, DNA – Fingerprinting: Anwendungsbereich, Möglichkeiten und Grenzen, in: Schweizerisches Institut für Verwaltungskurse an der Hochschule St. Gallen (Hrsg.), Rechtsmedizinische Aspekte der Rechtspflege, St. Gallen, 1993; W. BÄR/A. KRATZER, Die Leistungsfähigkeit des DNA – Gutachtens in der Vaterschaftsbegutachtung, in: AJP/PJA 1992, 357 ff.; G. BIAGGINI, Wie sind Kinderrechte in der Schweiz geschützt? in: Gerber Jenni/Hausammann (Hrsg.), Die Rechte des Kindes. Das UNO-Übereinkommen und seine Auswirkungen auf die Schweiz, Basel u.a. 2001, 25 ff.; A. BRAUCHLI, Das Kindeswohl als Maxime des Rechts, Diss. Zürich 1982; J. BRÖNNIMANN, Verfassungsrechtliche Probleme des einfachen und raschen Verfahrens, ZSR 1989 I 351 ff.; DERS., Gedanken zur Untersuchungsmaxime, ZBJV 1990, 329 ff.; A. BÜCHLER, Aussergerichtliche Abstammungsgutachten, ZVW 2005, 32 ff.; G. DORSCH, Die Konvention der Vereinten Nationen über die Rechte des Kindes, Berlin 1994; R. FANKHAUSER, Übersicht über die familienrechtlichen Bestimmungen im neuen Entwurf zur Schweizerischen Zivilprozessordnung, FamPra.ch 2004, 42 ff.; R. FANKHAUSER/J. SCHREINER, Reformbedarf und Neuerungen hinsichtlich der Kinderbelange, in: Rumo-Jungo/Pichonnaz (Hrsg.), Scheidungsrecht. Aktuelle Probleme und Reformbedarf, Zürich u.a. 2008, 53 ff.; W. FELDER/D. BÜRGIN, Die kinderpsychiatrische Begutachtung bei strittiger Kinderzuteilung in Scheidungsverfahren, FamPra.ch 2000, 629 ff.; S. FREI, Sühnverfahren, summarisches, einfaches und ordentliches Verfahren nach der neuen Schweizerischen Zivilprozessordnung, in: K. Spühler (Hrsg.), Die neue Schweizerische Zivilprozessordnung, Basel u.a. 2003, 17 ff.; D. FREIBURGHAUS-ARQUINT, Der Einfluss des Übereinkommens auf die schweizerische Rechtsordnung: Das Beispiel des revidierten Scheidungsrechts, in: Gerber Jenni/Hausammann (Hrsg.), Die Rechte des Kindes. Das UNO-Übereinkommen und seine Auswirkungen auf die Schweiz, Basel u.a. 2001, 185 ff.; D. GASSER, Das vereinfachte Verfahren, in: Sutter/Hasenbühler (Hrsg.), Die künftige schweizerische Zivilprozessordnung, Zürich u.a. 2003, 73 ff.; J. GOLDSTEIN/A. FREUD/S. SOLNIT, Jenseits des Kindeswohls, 2. Aufl., Frankfurt a.M. 1991; C. HEGNAUER, Grundriss des Kindesrechts und des übrigen Verwandtschaftsrechts, 5. Aufl., Bern 1999 (zit. Grundriss); DERS.; Aussergerichtliches Abstammungsgutachten beim urteilsfähigen Kind, in: ZVW 1999, 81 ff. (zit. ZVW 1999); R. KLUSSMANN/B. STÖTZEL, Das Kind im Rechtsstreit der Erwachsenen, 2. Aufl., München 1995; M.-F. LÜCKER-BABEL, Inhalt, soziale und rechtliche Bedeutung und Auswirkung der UNO-Kinderrechtekonvention, in: Gerber Jenni/Hausammann (Hrsg.), Die Rechte des Kindes. Das UNO-Übereinkommen und seine Auswirkungen auf die Schweiz, Basel u.a. 2001, 9 ff.; M. MANDOFIA BERNEY, L'expertise en paternité sur demande privée, ZVW 1998, 129 ff.; R. REUSSER, Die Stellung der Kinder im neuen Scheidungsrecht, in: Hausheer (Hrsg.), Vom alten zum neuen Scheidungsrecht, Bern 1999, 175 ff.; A. RUMO-JUNGO, Reformbedürftiges Scheidungsrecht: ausgewählte Fragen, in: Rumo-Jungo/Pichonnaz (Hrsg.), Scheidungsrecht. Aktuelle Probleme und Reformbedarf, Zürich u.a. 2008, 1 ff.; J. SCHREINER/J. SCHWEIGHAUSER/A. STAUBLI, Das psychologische Gutachten in Kinderrechtsfragen, in: Schwenzer/Büchler (Hrsg.), Vierte Familien§Tage, Bern 2008, 127 ff.; I. SCHWENZER, Die UN-Kinderrechtskonvention und das schweizerische Kindesrecht, AJP 1994, 817 ff.; DIES. (Hrsg.), FamKomm Scheidung, Bern 2005; TH. SUTTER-SOMM, Schwerpunkte und Leitlinien des Vorentwurfs zur Schweizerischen Zivilprozessordnung, in: Sutter/Hasenbühler (Hrsg.), Die künftige schweizerische Zivilprozessordnung, Zürich u.a. 2003, 11 ff.; TH. SUTTER-SOMM/D. FREIBURGHAUS, Kommentar zum neuen Scheidungsrecht, Zürich 1999; O. VOGEL, Freibeweis in der Kinderzuteilung, in: FS für Cyril Hegnauer, Bern 1986, 609 ff.; S. WOLF, Die UNO-Konvention über die Rechte des Kindes und ihre Umsetzung in das schweizerische Kindesrecht, ZBJV 1998, 103 ff.

1 Der Grundsatz des **Kindeswohls** geniesst Verfassungsrang und gilt in der Schweiz als «oberste Maxime des Kindesrechts in einem umfassenden Sinn» (BGE 132 III 359,

372 f. E. 4.4.2; HEGNAUER, Grundriss, Rz 26.04a). Grundlage dafür ist das in Art. 11 Abs. 1 BV normierte soziale Grundrecht, wonach Kinder und Jugendliche Anspruch auf besonderen Schutz ihrer Unversehrtheit und auf Förderung ihrer Entwicklung haben (vgl. auch Art. 35 Abs. 1 und 2 BV sowie Art. 3 Abs. 1 UN-KRK). Die *Gesetzesbestimmungen des 7. Titels* konkretisieren diese Norm für den Bereich des Zivilprozessrechts (vgl. dazu N 4 ff.). Damit soll sichergestellt werden, dass bei der Rechtsanwendung die Situation von Kindern und Jugendlichen speziell berücksichtigt wird (BGE 126 II 377, 390 f. E. 5d; 129 III 250, 255 E. 3.4.2; SGK BV-REUSSER/LÜSCHER, Art. 11 Rz 13; Art. 295 N 1). Der Begriff der Kinderbelange ist hier weit gefasst und nicht auf Kinder (minderjährige Personen) beschränkt. Die allgemeinen Bestimmungen des 7. Titels (1. Kapitel: Art. 295 und 296) sind in bestimmten Konstellationen vielmehr auch auf volljährige Personen anwendbar (Art. 295 N 2, 4 f.).

2   Der 7. Titel gliedert sich in vier Kapitel:

– 1. Kapitel: Allgemeine Bestimmungen (Art. 295–296)

– 2. Kapitel: Eherechtliche Verfahren (Art. 297–301)

– 3. Kapitel: Angelegenheiten des summarischen Verfahrens (Art. 302)

– 4. Kapitel: Unterhalts- und Vaterschaftsklage (Art. 303–304)

3   In Art. 295 hält das Gesetz den Grundsatz fest, dass bei **Kinderbelangen in familienrechtlichen Streitigkeiten** das vereinfachte Verfahren zur Anwendung gelangt, sofern es sich um *selbständige Klagen* handelt (vgl. Marginale zu Art. 295; Art. 295 N 3 f.). Auf diese, sowie auf alle weiteren im 7. Titel geregelten Verfahren (Art. 297–304), ist stets auch Art. 296 anwendbar (vgl. Begleitbericht zum VE-ZPO 122; BOTSCHAFT ZPO, 7366; STAEHELIN/STAEHELIN/GROLIMUND, § 21 N 84). Im Übrigen sind die Kinderbelange in familienrechtlichen Angelegenheiten, die in den Kapiteln 2–4 geregelt sind, nach den für sie geltenden besonderen *Verfahrensbestimmungen* zu beurteilen (N 2). Bei den besonderen eherechtlichen Verfahren handelt es sich um Eheschutzverfahren (Art. 271 lit. a, Art. 272 f.), alle Scheidungsverfahren mit Einschluss der Abänderungs- und Ergänzungsklagen (Art. 274–293) sowie Eheungültigkeits- und Ehetrennungsklagen (Art. 294).

4   Der **Kindesschutz und das Vormundschaftsrecht** (künftig **Kindes- und Erwachsenenschutzrecht**, Art. 360 ff. nZGB) wurde aus dem Geltungsbereich der ZPO ausgeklammert. Daher finden die Bestimmungen des 7. Titels auf Kinderbelange, welche Gegenstand von Verfahren vor den vormundschaftlichen Behörden (künftig Kindes- und Erwachsenenschutzbehörden) sind, grundsätzlich *keine Anwendung* (vgl. dazu Art. 134, 265, 265a, 265d, 269c, 275, 275a, 287, 288, 298, 298a, 306–316, 318, 320, 322, 324, 325, 327a–327c, 405a und Art. 443–450e nZGB; Art. 8 f. Sterilisationsgesetz). Hier bleiben die Kantone im Rahmen des ZGB zuständig, das Verfahren zu regeln (Art. 1; BOTSCHAFT ZPO, 7257 f.; AmtlBull SR 2007, 503; vgl. aber auch Art. 450f nZGB). Inhaltlich bestehen indessen kaum Unterschiede (vgl. Art. 314 ff. und 446 ff. nZGB, je i.d.F. vom 19.12.2008, BBl 2009, 141 ff.).

5   Nicht zum Geltungsbereich der ZPO gehören zudem Verfahren, die in die Zuständigkeit der vom kantonalen Recht bezeichneten **Adoptionsbehörde** fallen (Art. 268 Abs. 1 ZGB), sofern das kantonale Recht hiefür eine Verwaltungsbehörde für sachlich zuständig erklärt. Ist hingegen ein Gericht sachlich zuständig, gilt Art. 248 lit. e, wonach für gerichtliche Anordnungen der freiwilligen Gerichtsbarkeit (Art. 1 lit. b) das summarische Verfahren anwendbar ist (BOTSCHAFT ZPO, 7257; BSK ZGB I-BREITSCHMID, Art. 268 N 3, 6; HEGNAUER, Grundriss, Rz 13.03). In diesem Falle gelangen die Vorschriften des 7. Titels sinngemäss zur Anwendung (vgl. auch N 3).

Nach Art. 54 Abs. 4 sind die familienrechtlichen Verfahren generell **nicht öffentlich**. Dieser Grundsatz gilt für alle Verfahren, die in den Anwendungsbereich des 7. Titels fallen (Art. 295–304; N 3).

6

Grundsätzlich hat auch den Verfahren, die von den Bestimmungen des 7. Titels (Art. 295–304) erfasst werden, ein **Schlichtungsversuch** vor einer Schlichtungsbehörde vorauszugehen (Art. 197; vgl. aber auch die Verzichtsmöglichkeit nach Art. 199; GASSER, 76). *Ausgenommen* hievon sind jedoch *Klagen über den Personenstand* (Art. 198 lit. b; z.B. über die Abstammung), die Eheschutzverfahren (Art. 198 lit. a, Art. 271 lit. a) und *alle Scheidungsverfahren* (N 3; Art. 198 lit. c: zur hier umstrittenen parlamentarischen Debatte vgl. Art. 195 lit. c E-ZPO, BOTSCHAFT ZPO, 7328 f. sowie AmtlBull SR 2007, 517 ff. und NR 2008, 947 ff.).

7

Die **Kostenvorschusspflicht** (Art. 98) gilt auch für die in den Art. 295–304 geregelten Verfahren. Aus Billigkeitsgründen darf das Gericht davon abweichen, so z.B. wenn «die klagende Partei nur wenig über dem Existenzminimum lebt, so dass die Voraussetzungen der unentgeltlichen Rechtspflege knapp nicht erfüllt sind» (BOTSCHAFT ZPO, 7293; vgl. dazu für das Verfahren vor Bundesgericht die ausdrückliche Regelung in Art. 62 Abs. 1 BGG). Zwei Minderheitsanträge, wonach der Vorschuss höchstens die Hälfte der mutmasslichen Gerichtskosten betragen dürfe bzw. den Parteien bei Scheidungen auf gemeinsames Verlangen und im Eheschutzverfahren keine Vorschüsse auferlegt werden dürften, wurden im Nationalrat abgelehnt (AmtlBull NR 2008, 651).

8

Hingegen ist im Eheschutzverfahren, im Scheidungsverfahren und in den vereinfachten Verfahren i.S.v. Art. 295 **keine Sicherheit für die Parteientschädigung** zu leisten (Art. 99 Abs. 3 lit. a–c; BOTSCHAFT ZPO, 7294; N 3; anders im Verfahren vor Bundesgericht, wo die Regelung von Art. 62 Abs. 1 und 2 BGG gilt; N 8).

9

1. Kapitel: Allgemeine Bestimmungen

Art. 295

Grundsatz	Für selbstständige Klagen gilt das vereinfachte Verfahren.
Principe	La procédure simplifiée s'applique aux procédures indépendantes.
Principio	Le azioni indipendenti si svolgono in procedura semplificata.

Inhaltsübersicht Note

I. Norminhalt und Normzweck 1

II. Anwendungsbereich und Voraussetzungen 5

III. Rechtsfolgen 10

IV. Änderungen gegenüber dem bisherigen Recht 11

Literatur

Vgl. die Literaturhinweise bei den Vorbem. zu Art. 295–304.

I. Norminhalt und Normzweck

1 Das **vereinfachte Verfahren** soll sowohl ökonomisch als auch sozial sein und den Prozess laienfreundlich machen. Es ist Ausdruck des *«sozialen Zivilprozesses»* und «spielt in Angelegenheiten, für die der ordentliche Prozess zu schwer wäre, wobei die besonderen Eigenschaften vor allem der sozial schwächeren Partei zu Gute kommen sollen» (BOTSCHAFT ZPO, 7345 f.; STAEHELIN/STAEHELIN/GROLIMUND, § 21 Rz 15; GASSER, 73, 85; FANKHAUSER, 49). Im vorliegenden Zusammenhang ist dabei in erster Linie auf die Interessen des Kindes besonders Rücksicht zu nehmen (vgl. auch BK-HEGNAUER, Art. 280 ZGB N 95). Beim vereinfachten Verfahren handelt es sich um eine besondere Ausgestaltung des ordentlichen Verfahrens (Art. 244–247; GASSER, 76; FREI, 26; vgl. zu den Vereinfachungen gegenüber dem ordentlichen Verfahren GASSER, 81 ff.; FREI, 27).

2 Der **Geltungsbereich** des vereinfachten Verfahrens (Art. 243) umfasst die zivilrechtlichen Streitigkeiten, für welche das bisherige Bundesrecht den Kantonen punktuell ein einfaches und rasches Verfahren vorschrieb (BOTSCHAFT ZPO, 7346; so z.B. nach Art. 280 Abs. 1 aZGB für die Unterhaltsklagen; vgl. ferner VOGEL/SPÜHLER, 2. Kap., Rz 26; LEUCH/MARBACH/KELLERHALS/STERCHI, Art. 299 N 4). Dieser Bereich wird durch Art. 295 erweitert (vgl. N 4 f.).

3 In Art. 237 lit. a–g VE-ZPO waren ursprünglich die Streitigkeiten aufgezählt worden, für welche das vereinfachte Verfahren gelten sollte. Es wurde in lit. f auch für «selbständige Klagen aus der Unterhaltspflicht der Eltern für ihr Kind» vorgesehen. Im Entwurf des Bundesrates wurde diese Kategorie unter Art. 239 E-ZPO nicht mehr aufgeführt, sondern neu als Teil der allgemeinen Bestimmungen (7. Titel, 1. Kapitel) in Art. 290 E-ZPO in geändertem, allgemeiner formuliertem Wortlaut verselbständigt. An dieser Systematik und am Wortlaut wurde in den parlamentarischen Beratungen nichts mehr geändert (AmtlBull SR 2007, 635; AmtlBull NR 2008, 969).

4 Das **vereinfachte Verfahren** (Art. 243–247) gilt bei Kinderbelangen in familienrechtlichen Angelegenheiten (Art. 295–304) nur für *selbständige Klagen* (N 5).

II. Anwendungsbereich und Voraussetzungen

5 **Selbständige Klagen** i.S.v. Art. 295 sind die *Unterhaltsklagen* nach Art. 276 ff. ZGB (BOTSCHAFT ZPO, 7347, 7366) sowie aufgrund der Verweisung in Art. 329 Abs. 3 ZGB auch die Verwandtenunterstützungsklagen (BSK ZGB I-KOLLER, Art. 328/329 N 32 f.), für welche nach bisherigem Recht bundesrechtlich ein rasches und einfaches Verfahren vorgeschrieben war (Art. 280 Abs. 1 ZGB; N 2). Zudem fallen nunmehr nach neuem Recht, anders als im bisherigen Recht, auch die *Klagen betr. Feststellung oder Anfechtung des Kindesverhältnisses* darunter (Art. 252 ff. ZGB; BOTSCHAFT ZPO, 7366; STAEHELIN/STAEHELIN/GROLIMUND, § 21 N 84). Dazu dürfte in gleicher Weise auch die *Adoptionsanfechtungsklage* (Art. 269 ff. ZGB) zu zählen sein (vgl. dazu bisher Art. 16 GestG und Müller/Wirth-NAEGELI, Art. 16 GestG N 2, 6, 8). Als selbständige Klage ist auch die mit der Vaterschaftsklage verbundene Unterhaltsklage zu qualifizieren, auf welche nach bisherigem Recht Art. 280 ZGB keine Anwendung fand (BK-HEGNAUER, Art. 280 ZGB N 95; für die vorsorglichen Massnahmen [Art. 303 f.] gilt das summarische Verfahren; Art. 303 N 15 ff.). Das vereinfachte Verfahren ist somit nach neuem Recht nicht nur auf *Leistungsklagen* (Art. 84) sondern auch auf *Statusgestaltungs-* (Art. 87) sowie auf *Statusfeststellungsklagen* (Art. 88) anwendbar.

6 Für selbständige Klagen gilt das vereinfachte Verfahren unabhängig vom **Streitwert**. Dies trifft in Abweichung von Art. 243 Abs. 1 insb. auch für Unterhaltsklagen mit einem CHF 30 000 übersteigenden Streitwert zu (BOTSCHAFT ZPO, 7347, 7366).

1. Kapitel: Allgemeine Bestimmungen	7–13 **Art. 295**

Die gerichtliche **Klage auf Abänderung** eines rechtskräftigen Scheidungs- oder Trennungsurteils (Art. 134 ZGB) ist auch dann keine selbständige Klage i.S.v. Art. 295, wenn sie ausschliesslich Kinderbelange zum Gegenstand hat. Hier gelten nach Art. 284 Abs. 2 und 3 ausdrücklich die Bestimmungen über das streitige Scheidungsverfahren sinngemäss (Art. 290 ff.; BOTSCHAFT ZPO, 7363). Die gleichen Überlegungen gelten sinngemäss für Abänderungen von Entscheidungen des Eheschutzgerichts (Art. 271 lit. a i.V.m. Art. 179 ZGB) und für Klagen auf Ergänzung des Scheidungsurteils.   7

Die **örtliche Zuständigkeit** richtet sich nach den allgemeinen Bestimmungen (Art. 9 ff., insb. Art. 25–27). Es besteht wie nach bisherigem Recht (Art. 16 f. GestG) die zwingende Zuständigkeit am Wohnsitz einer der Parteien.   8

Nach Art. 4 ist das vom kantonalen Recht bezeichnete Gericht **sachlich und funktional zuständig**.   9

III. Rechtsfolgen

Auf die **selbständigen Klagen** i.S.v. Art. 295 (N 5) sind die Bestimmungen des *vereinfachten Verfahrens* nach Art. 244–247 sowie Art. 296 anwendbar (vgl. die Kommentierung zu diesen Bestimmungen). Nach Art. 219 gelangen ausserdem *subsidiär* sinngemäss die Bestimmungen für das *ordentliche Verfahren* (Art. 219–227) zur Anwendung (AmtlBull SR 2007, 528).   10

IV. Änderungen gegenüber dem bisherigen Recht

Das einfache und rasche Verfahren war vom Bundesrecht vorgeschrieben, seine Konkretisierung jedoch dem kantonalen Recht vorbehalten worden. Es ist in den kantonalen Zivilprozessordnungen unterschiedlich umgesetzt worden (BSK ZGB I-BREITSCHMID, Art. 280 N 1; BRÖNNIMANN, ZSR 1989 I 362 ff.). Neu wird das **vereinfachte Verfahren** (N 1) bundesrechtlich geordnet. Es «definiert die Einfachheit und Raschheit für die ganze Schweiz einheitlich» (GASSER, 74) und ersetzt künftig das bisherige *einfache und rasche Verfahren*, sofern dieses Gegenstand des Zivilprozessrechts ist (STAEHELIN/STAEHELIN/GROLIMUND, § 21 Rz 15; VOGEL/SPÜHLER, 12. Kap., Rz 185).   11

Soweit das Bundesprivatrecht den Kantonen ein **einfaches und rasches Verfahren** vorgeschrieben hatte, werden die entsprechenden Gesetzesbestimmungen mit Bezug auf die Verfahren, die von der ZPO geregelt werden, *aufgehoben*. Dies betrifft im vorliegenden Zusammenhang namentlich Art. 280 Abs. 1 ZGB (Anhang 1 [Art. 402] II, 3), darüber hinaus aber auch andere Bereiche (vgl. Anhang 1 [Art. 402] II, 5 und 15). Entsprechend entfallen bezüglich all dieser Verfahren künftig die hierzu für die Umsetzung des Bundesrechts erlassenen zivilprozessualen Vorschriften der Kantone (z.B. § 22a Ziff. 2 und 3 GVG/ZH; § 53 Abs. 1, 2 Ziff. 1–5 und Abs. 3 sowie § 259 Abs. 2 ZPO/ZH).   12

Die Bestimmungen von Art. 314a Abs. 1 und Art. 405a Abs. 2 ZGB (betr. Anwendbarkeit des Verfahrens des FFE für Kinder), die auf Art. 397f Abs. 1 ZGB verweisen, wonach das Gesetz für das gerichtliche Verfahren ein einfaches und rasches Verfahren vorschreibt, werden von der ZPO nicht tangiert (vgl. Art. 1; BOTSCHAFT ZPO, 7257 f.; Vor Art. 295 N 3). Sie werden jedoch durch die Revision des ZGB betr. Erwachsenenschutz, Personenrecht und Kindesrecht (Änderung vom 19.12.2008, BBl 2009, 141 ff.) im ZGB durch neue Bestimmungen ersetzt. Die fürsorgerische Unterbringung erfährt materiell eine Neuregelung (Art. n426 ff. ZGB) und ersetzt die bisherigen Gesetzesbestimmungen   13 über den FFE (Art. 397a ff. ZGB). Für alle **Verfahren vor der Kindes- und Erwachsenenschutzbehörde** (Art. 443–449c nZGB) und vor der gerichtlichen Beschwerdeinstanz (Art. 450–450e nZGB) wird eine eigenständige, jedoch nur punktuelle und rudimentäre bundesrechtliche Verfahrensordnung geschaffen, so dass hier für weite Teile des Verfahrens das kantonale Recht vorbehalten bleibt. Immerhin sind aber nach Art. 450f ZGB subsidiär die Bestimmungen der ZPO sinngemäss anwendbar, soweit die Kantone nichts anderes bestimmen (vgl. dazu auch Art. 54 Abs. 3 SchlT ZGB und Botschaft zur Änderung des ZGB vom 28.6.2006, BBl 2006, 7088; Vor Art. 295 N 3).

14 In anderen Bereichen des Bundesrechts wird der **Begriff des einfachen und raschen Verfahrens** weiterhin verwendet, so z.B. beim *Schutz der Konsumenten und Konsumentinnen* (Art. 97 Abs. 3 BV), im *Sozialversicherungsrecht* (Art. 61 lit. a ATSG; U. KIESER, Schweizerisches Sozialversicherungsrecht, Zürich/St. Gallen, 2008, Rz 13.32) und im *Opferhilferecht* (Art. 16 Abs. 1 OHG).

Art. 296

Untersuchungs- und Offizialgrundsatz	¹ **Das Gericht erforscht den Sachverhalt von Amtes wegen.** ² **Zur Aufklärung der Abstammung haben Parteien und Dritte an Untersuchungen mitzuwirken, die nötig und ohne Gefahr für die Gesundheit sind. Die Bestimmungen über die Verweigerungsrechte der Parteien und von Dritten sind nicht anwendbar.** ³ **Das Gericht entscheidet ohne Bindung an die Parteianträge.**
Maxime inquisitoire et maxime d'office	¹ Le tribunal établit les faits d'office. ² Les parties et les tiers doivent se prêter aux examens nécessaires à l'établissement de la filiation et y collaborer, dans la mesure où leur santé n'est pas mise en danger. Les dispositions concernant le droit des parties et des tiers de ne pas collaborer ne sont pas applicables. ³ Le tribunal n'est pas lié par les conclusions des parties.
Principio inquisitorio e non vincolatività delle conclusioni delle parti	¹ Il giudice esamina d'ufficio i fatti. ² Le parti e i terzi sono tenuti a collaborare agli esami necessari all'accertamento della filiazione, sempre che non comportino rischi per la salute. Le disposizioni sui diritti delle parti e dei terzi di rifiutare la collaborazione non sono qui applicabili. ³ Il giudice statuisce senza essere vincolato dalle conclusioni delle parti.

Inhaltsübersicht   Note

I. Norminhalt und Normzweck 1

II. Anwendungsbereich und Voraussetzungen 4
    1. Allgemeines 4
    2. Untersuchungsgrundsatz (Abs. 1) 6
    3. Abs. 2 22
    4. Offizialgrundsatz (Abs. 3) 29

III. Rechtsfolgen 32
   1. Allgemeines 32
   2. Im erstinstanzlichen Verfahren 34
   3. Im zweitinstanzlichen Verfahren 38
   4. Im Verfahren vor Bundesgericht 43
IV. Änderungen gegenüber dem bisherigen Recht 50

Literatur

Vgl. die Literaturhinweise bei den Vorbem. zu Art. 295–304.

I. Norminhalt und Normzweck

Art. 296 knüpft an Art. 55 Abs. 2 und Art. 58 Abs. 2 an und regelt für den Bereich der Kinderbelange in familienrechtlichen Angelegenheiten zwei **Verfahrensgrundsätze** besonders. In Abs. 1 wird der *Untersuchungsgrundsatz* vorgeschrieben (N 7 ff.) und in Abs. 2 die daraus fliessende *Mitwirkungspflicht von Parteien und Dritten* bei der Untersuchung zur Aufklärung der Abstammung festgelegt (N 22 ff.). Gegenstand von Abs. 3 ist der *Offizialgrundsatz* (N 29 ff.). Zudem gilt selbstverständlich auch der in Art. 57 festgelegte allgemeine Grundsatz, dass das Gericht das Recht von Amtes wegen anzuwenden hat. 1

Die Abs. 1 und 3 entsprechen inhaltlich Art. 252 Abs. 1 und 2 VE-ZPO. Im bundesrätlichen Entwurf (Art. 291 E-ZPO) wurde noch Abs. 2 eingefügt. Art. 296 stimmt wörtlich mit Art. 291 E-ZPO überein. Beim französischen Text von Abs. 1 sprach sich der StR auf Antrag seiner Rechtskommission zunächst für eine Änderung aus («le tribunal *examine* les faits d'office» anstelle von «le tribunal *établit* les faits d'office»; AmtlBull StR 2007, 635). Der NR schloss sich diesem Beschluss an (AmtlBull NR 2008, 696). Nachdem aber in der französischen Redaktionskommission geltend gemacht worden war, dass «*examiner*» im allgemeinen Sprachgebrauch eine schwächere Bedeutung habe als «*établir*», setzte sich schliesslich doch die bundesrätliche Fassung durch (vgl. Art. 291 Abs. 1 E-ZPO und Art. 296 Abs. 1; N 10). 2

Art. 296 übernimmt die Regelung des bisher geltenden Rechts (BOTSCHAFT ZPO, 7366 f. m.H. auf Art. 133 und 145 ZGB; STAEHELIN/STAEHELIN/GROLIMUND, § 21 Rz 84). Wegleitend ist die Erkenntnis, dass in den familienrechtlichen Angelegenheiten für die Kinder ein «verstärktes Bedürfnis nach Schutz» und «ein erhöhtes Interesse an der materiellen Wahrheit besteht, deren Findung gefördert werden soll» (BGE 118 II 93, 94 E. 1a). Der Untersuchungs- und der Offizialgrundsatz kommt daher bei Kinderbelangen in allen familienrechtlichen Verfahren als allgemeiner Grundsatz zur Anwendung (BGer, 5C.207/2004, E. 2.1; 5C.269/2006, E. 2.2.3; 5A_388/2008, E.3; 5A_394/2008, E. 2.2; N 30). Sofern über Kinderbelange nicht im Rahmen eines Zivilprozesses, sondern im Verfahren vor der Kindesschutzbehörde (bisher Vormundschaftsbehörde) entschieden wird, ist gesetzliche Grundlage dafür Art. 446 nZGB (vgl. vor Art. 295 N 4). Bei der Anwendung von Art. 296 wird vorausgesetzt, dass eine Partei ein Verfahren angehoben hat. Im Gegensatz dazu kann die Kindesschutzbehörde von Amtes wegen ein Verfahren eröffnen (HEGNAUER, Grundriss, Rz 27.63). Im Übrigen bestehen aber inhaltlich keine Unterschiede. 3

II. Anwendungsbereich und Voraussetzungen

1. Allgemeines

4 Art. 296 ist grundsätzlich auch auf **Unterhaltsklagen des volljährigen Unterhaltsberechtigten** (Art. 277 Abs. 2 ZGB) anwendbar (Vor Art. 295 N 3 und Art. 295 N 5,10; krit. für das bisherige Recht, BGE 118 II 93, 94 f. E. 1a). Da der Untersuchungsgrundsatz auch zu Gunsten der unterhaltspflichtigen Person gilt (BGE 128 III 411, 414 E. 3.2.1), der mit Art. 296 angestrebte Schutz aber vorwiegend den Interessen des Kindes gilt, ist hier Zurückhaltung geboten (STAEHELIN/STAEHELIN/GROLIMUND, § 10 Rz 32; vgl. auch BK-HEGNAUER, Art. 279/280 ZGB N 112; N 25).

5 Ähnlich verhält es sich mit den **Klagen auf Verwandtenunterstützung** (Art. 329 Abs. 3 ZGB). Auch hier gelangt Art. 296 zur Anwendung (Vor Art. 295 N 3 und Art. 295 N 5, 10; STAEHELIN/STAEHELIN/GROLIMUND, § 10 Rz 33; vgl. auch BGE 133 III 507, 511 E. 5.4; BGer 5A_291/2009, E. 5).

2. Untersuchungsgrundsatz (Abs. 1)

6 Aus dogmatischer Sicht müssen die Begriffe der **Untersuchungsmaxime** (auch Offizialmaxime, Inquisitionsmaxime oder Untersuchungsgrundsatz genannt; N 7 ff.) und der **Offizialmaxime i.e.S.** (N 29 ff.) streng unterschieden werden (STAEHELIN/STAEHELIN/ GROLIMUND, § 10 Rz 24, 26; BRÖNNIMANN, ZBJV 1990, 340). In der Praxis fehlt indessen oft eine klare Abgrenzung, indem ohne Differenzierung einfach von Untersuchungs- und Offizialmaxime die Rede ist. Dies ist für den Bereich der Kinderbelange in familienrechtlichen Angelegenheiten insoweit unbedenklich, als hier beide Verfahrensgrundsätze in gleicher Weise zu beachten sind (anders als in der allgemeinen Bestimmung von Art. 55 und in den Art. 247 Abs. 2, Art. 255, 272, 277 Abs. 3, wo es um den Untersuchungsgrundsatz allein geht; zum Offizialgrundsatz vgl. Art. 58, ferner Art. 257 Abs. 2; N 30).

7 Der **Untersuchungsgrundsatz** (gleichbedeutend auch Untersuchungsmaxime) stellt die Ausnahme und das *Gegenstück zum Verhandlungsgrundsatz* dar (STAEHELIN/STAEHELIN/ GROLIMUND, § 10 Rz 24; vgl. Art. 55 und 277). Er bedeutet, dass das Gericht die Ermittlung des Sachverhalts und Beweiserhebung von Amtes wegen vorzunehmen hat und kommt in dieser Umschreibung in der ZPO mehrfach vor (vgl. Art. 55 Abs. 2, Art. 153, 247 Abs. 2, Art. 255, 272, 277 Abs. 3 und Art. 296 Abs. 1). Er gilt auch für Sachverhaltsfragen prozessualer Natur wie etwa die Anordnung einer Vertretung des Kindes (BOTSCHAFT ZPO, 7367; Art. 299 N 5 ff.).

8 In Lehre und Rechtsprechung wird unterschieden zwischen der abgeschwächten Form der sozialpolitisch begründeten **beschränkten Untersuchungsmaxime** (N 9) einerseits und der klassischen, sog. **uneingeschränkten Untersuchungsmaxime** (N 10 ff.) anderseits. Gegenstand von Art. 296 ist die uneingeschränkte Untersuchungsmaxime (zum Begriff vgl. N 10).

9 Bei der **beschränkten Untersuchungsmaxime** geht es darum, «die wirtschaftlich schwächere Partei zu schützen und die Gleichheit zwischen den Parteien herzustellen sowie das Verfahren zu beschleunigen» (BGE 125 III 231, 238 E. 4a; BOTSCHAFT ZPO, 7348, 7366; STAEHELIN/STAEHELIN/GROLIMUND, § 10 Rz 27, 34; vgl. dazu auch Art. 247 Abs. 1; BGE 122 III 20, 25 E. 4d). Die beschränkte Untersuchungsmaxime gilt namentlich für das Eheschutzverfahren (Art. 272; STAEHELIN/STAEHELIN/GROLIMUND, § 10 Rz 30). Im Scheidungsverfahren sind sowohl die Verhandlungsmaxime als auch die beschränkte und die unbeschränkte Untersuchungsmaxime nebeneinander anwendbar

(Art. 277 Abs. 1 und 3 sowie Art. 296 Abs. 1; STAEHELIN/STAEHELIN/GROLIMUND, § 10 Rz 31; N 10). Soweit aber in diesen Verfahren Kinderbelange zu beurteilen sind, gilt für diesen Bereich stets die uneingeschränkte Untersuchungsmaxime (BGE 129 III 417, 419 E. 2.1.1; BGer, 5C.271/2006, E. 3.5.4; Vor Art. 295 N 4; für Unterhaltsklagen von Volljährigen vgl. N 4).

Der **Begriff der uneingeschränkten Untersuchungsmaxime** in Art. 296 entspricht der aktuellen bundesgerichtlichen Rechtsprechung und h.L. (BGE 128 III 411 E. 3; 122 III 404, 408 E. 3d; 120 II 229, 231 E. 1c; BGer, 5C.271/2006, E. 3.5.4; STAEHELIN/ STAEHELIN/GROLIMUND, § 10 Rz 27; VOGEL/SPÜHLER, 6. Kap., Rz 54 ff., 12. Kap., Rz 80, 89 ff.; SUTTER/FREIBURGHAUS, Art. 145 ZGB N 8; BK-HEGNAUER, Art. 279/280 ZGB N 95 ff.). Dies wird im Gesetz selber hervorgehoben, indem in Übereinstimmung mit dem bisherigen Recht bewusst die Formulierung gewählt wurde, dass das Gericht den Sachverhalt *«von Amtes wegen erforscht»* (vgl. im bisherigen Recht Art. 145 Abs. 1, Art. 254 Ziff. 1, Art. 280 Abs. 2 ZGB), während im Unterschied dazu bei der beschränkten («abgeschwächten») Untersuchungsmaxime das Gericht weniger weit geht und den Sachverhalt lediglich von *«Amtes wegen feststellt»* (N 2), mit welcher Formulierung insbesondere auf die richterliche Fragepflicht hingewiesen wird (AmtlBull StR 2007, 635, Votum Inderkum). 10

In der Praxis bleibt allerdings die begriffliche Trennung zwischen der klassischen und der beschränkten Untersuchungsmaxime unscharf und ist ein Unterschied oft nur schwer auszumachen. Sind beide Parteien anwaltlich vertreten, stellt das Gericht auch bei Geltung der klassischen Untersuchungsmaxime in erster Linie auf die Vorbringen der Rechtsvertretungen ab und wird der Sachverhalt «nur bei offensichtlichen Lücken und Ungereimtheiten von Amtes wegen» ergänzt (STAEHELIN/STAEHELIN/GROLIMUND, § 10 Rz 27; N 10, 12). 11

Unter der Herrschaft der uneingeschränkten Untersuchungsmaxime ist das Gericht ohne Rücksicht auf Kostenüberlegungen (N 16) oder auf die Geschäftslast verpflichtet, alle notwendigen und geeigneten Abklärungen vorzunehmen, um den rechtlich relevanten Sachverhalt zu ermitteln. Auch hier bleibt jedoch das *Sammeln des Prozessstoffes* in erster Linie Sache der Parteien. Diese sind nach dem Grundsatz von Treu und Glauben zur **Mitwirkung** verpflichtet, weil sie i.d.R. den Prozessstoff am besten kennen (BGE 133 III 639, 640 E. 2; 133 III 507, 511 E. 5.4; 130 III 102, 106 f. E. 2.2; 130 I 180, 183 f. E. 3.2; 128 III 411, 413 E. 3.2.1; BGer, 5A_394/2008, E. 2.2; 5A_491/2007, E. 3.3; 5A_722/2007, E. 5.2; 5C.299/2001, E. 2b/aa; 5P.466/2001, E. 3c). Entscheidend ist aber, dass das Gericht auch dann von sich aus tätig werden muss, wenn kein Parteinantrag vorliegt (BGE 107 II 233, 236 E. 2c). Es ist von Amtes wegen verpflichtet, alle rechtserheblichen Umstände zu berücksichtigen, die sich im Laufe des Verfahrens ergaben, auch wenn die Parteien nicht ausdrücklich darauf Bezug genommen haben (BGE 128 III 411, 413 E. 3.2.1; BGer, 5A_722/2007, E. 5.2.). Es hat insb. durch *Befragung der Parteien* (Art. 297 N 5, 10) nachzuprüfen, ob ihre Vorbringen und Beweisangebote vollständig sind, sofern sachliche Gründe dafür bestehen, an der Vollständigkeit zu zweifeln (Art. 56; BGE 107 II 233, 236 E. 2b; N 15). Das Antragsrecht der Parteien wird durch den Untersuchungsgrundsatz nicht beschnitten. Ebensowenig wird dadurch die Bestellung eines unentgeltlichen Rechtsvertreters ausgeschlossen (BGE 130 I 180, 183 E. 3.2). 12

Auf Grund der **Mitwirkungspflicht** sind die Parteien auch nicht davon entbunden, eigene *Beweisanträge* zu stellen und *Beweismittel* einzureichen (BGE 133 III 507, 511 E. 5.4; 128 III 411, 413 E. 3.2.1; BGer, 5A_722/2007, E. 5.2). Eine Beweisführungslast, d.h. die Obliegenheit, Beweismittel zu nennen und Beweis zu führen, um den Nachteil 13

Art. 296 14–17   7. Titel: Kinderbelange in familienrechtlichen Angelegenheiten

der Beweislosigkeit abzuwenden, besteht jedoch bei der uneingeschränkten Untersuchungsmaxime nicht (BRÖNNIMANN, ZBJV 1990, 357 m.H. auf BK-KUMMER, Art. 8 ZGB N 31; zur Verletzung der Mitwirkungspflicht vgl. N 33). Im Vordergrund steht vielmehr die Pflicht des Gerichts, den Sachverhalt zu erforschen.

14   Das **Recht auf den Beweis**, das aus Art. 8 ZGB abgeleitet wird (vgl. dazu BGE 129 III 18, 24 f. E. 2.6; BSK ZGB I-SCHMID, Art. 8 N 6 ff.), gilt auch im Bereich der *Untersuchungsmaxime* (BGer, 247/2004, E. 6.2; 5A_160/2009, E. 3.2; SUTTER/FREIBURGHAUS, Art. 145 ZGB N 12).

15   Die uneingeschränkte Untersuchungsmaxime verlangt, dass die **Beweise von Amtes wegen** zu erheben und nach **freier Überzeugung zu würdigen** sind (vgl. bisher Art. 145 Abs. 1 und Art. 280 Abs. 2 ZGB). Das Gericht hat von sich aus alle Elemente in Betracht zu ziehen, die entscheidwesentlich sind, und unabhängig von den Anträgen der Parteien Beweise zu erheben (BGE 130 I 180, 183 f. E. 3.2; 109 II 291, 292 E. 2a; BGer, 5A_722/2007, E. 5.2; 5P.367/2006, E. 5.2; 5C.207/2004, E. 2.1.; vgl. auch ZVW 2009, 263 [Anspruch auf eine DNA-Analyse]). Es hat vor allem dort aktiv zu werden und den Sachverhalt besser abzuklären, wo noch Unsicherheiten und Unklarheiten bestehen, sei es, dass es von einer Partei auf solche – wirkliche oder vermeintliche – Fehler hingewiesen wird, sei es, dass es sie selbst feststellt (BGE 100 V 61, 63 E. 4). Dabei würdigt es die ihm bedeutsam erscheinenden Gegebenheiten frei (BGE 128 III 411, 413 E. 3.2.1; BGE 109 II 291, 292 E. 1; BGer, 5A_416/2008, E. 4; 5C.28/2004, E. 5.1; 5C.93/2003, E. 3.1 und 3.2; 5C.40/2003, E. 2.1.2).

16   Eine **Beweisabnahme** darf nicht deshalb unterbleiben, weil kein *Kostenvorschuss für die Beweiserhebungen* geleistet wurde (vgl. Art. 102 Abs. 3; BGer, 5C.319/2001, E. 2; BOTSCHAFT ZPO, 7295, 7366; nach der bundesgerichtlichen Rechtsprechung war dies bisher nicht a priori immer der Fall, vgl. dazu BGE 109 II 195, 198 E. 2/3 sowie BGer, 5C.73/2004; krit. dazu BRÖNNIMANN, ZBJV 1990, 358 f. m.H. auf abweichende Meinungen in Lehre und Rechtsprechung; vgl. auch N 28). Vor Bundesgericht besteht hingegen vorbehältlich der Gewährung der unentgeltlichen Rechtspflege grundsätzlich in allen Verfahren eine Vorschusspflicht für Barauslagen (vgl. Art. 63 f. BGG).

17   Die Pflicht des Gerichts zur **Beweisabnahme von Amtes** wegen ist indessen nicht schrankenlos (BGE 130 III 180, 183 f. E. 3.2; 128 III 411, 413 E.3.2.1; 5P.367/2006, E. 5.2). Dem Gericht steht dabei ein weites Ermessen zu. Entscheidend ist, ob das Wohl des Kindes weitere Abklärungen erfordert (BGE 114 II 200, 201 E. 3; 122 I 53, 55 E. 4a; BGer, 5A_65/2009, E. 4.3). Eine willkürfreie *antizipierte Beweiswürdigung* ist nicht ausgeschlossen (BGE 124 I 208, 211 E. 4a; BGer, 5A_42/2009, E. 3; 5A_160/2009, E. 3.2; 5C.207/2004, E. 2.1). Das Gericht kann deshalb auf die Aufnahme weiterer Beweise verzichten, wenn es über genügend Grundlagen für eine sachgerechte Entscheidung verfügt (BGE 130 III 734, 735 E. 2.2.3; 122 I 53, 55 E. 4a; BGer, 5C.299/2001, E. 2b/aa; 5C.71/2005, E. 4.2). Es kann mithin von weiteren beantragten Beweiserhebungen mit der Begründung absehen, es halte sie von vornherein nicht für geeignet, den entscheiderheblichen Sachverhalt zu klären, oder es habe seine Überzeugung bereits aus anderen Beweisen gewonnen und gehe davon aus, dass weitere Abklärungen am massgeblichen Beweisergebnis nichts mehr zu ändern vermöchten (BGE 130 II 425, 429 E. 2.1; BGer, 5C.247/2004, E. 6.2). Es gilt hier grundsätzlich das für das Bundesprivatrecht vorgeschriebene *Regelbeweismass*. Danach gilt ein Beweis als erbracht, wenn der Richter von der Richtigkeit einer Sachbehauptung überzeugt ist. Er muss nach objektiven Gesichtspunkten vom Vorliegen der Tatsache überzeugt sein. Die Verwirklichung der Tatsache braucht indessen nicht mit Sicherheit festzustehen, sondern es genügt, wenn allfällige Zweifel als unerheblich erscheinen. Nicht ausreichend ist dagegen, wenn bloss

eine überwiegende Wahrscheinlichkeit besteht, dass sich die behauptete Tatsache verwirklicht hat (BGE 132 III 715, 719 f. E. 3.1; 130 III 321, 324 E. 3.2; 128 III 271, 275 E. 2b/aa, m.w.H.; BSK ZGB I-SCHMID, Art. 8 N 17 f.; vgl. auch N 26).

Insbesondere liegt es im pflichtgemässen **Ermessen des Gerichts**, ob ein kinderpsychiatrisches oder kinderpsychologisches Gutachten einzuholen sei (BGE 112 II 381, 384 E. 4; BGer, 5C.319/2001, E. 2; 5C.22/2005, E. 2.2 [= FamPra.ch 2005, 950, 952]; 5C.269/2006, E. 2.2.3; 5C.271/2006, E. 3.5.5; 5A_92/2009, E. 4.2.2; 5A_160/2009, E. 3.2). In der Regel ist auf das Hilfsmittel des Gutachtens nur bei schwerwiegenden Problemfällen zurückzugreifen, und besteht namentlich gestützt auf die (bisherige) Rechtsprechung zu Art. 145 ZGB kein Anspruch auf eine Vielzahl von Gutachten und Obergutachten (BGE 114 II 200, 201 E. 2b; BGer, 5C.319/2001, E. 2; vgl. auch FamKomm Scheidung-SCHWEIGHAUSER, Art. 145 ZGB N 3, 7; SUTTER/FREIBURGHAUS, Art. 145 ZGB, N 9, 11 und 18). 18

Ein Gutachten muss hingegen eingeholt werden, wenn es als einziges taugliches Beweismittel erscheint (BGer, 5A_416/2008, E. 4; vgl. auch BSK ZGB I-BREITSCHMID, Art. 145 N 4). 19

In schwierigen **Verfahren über Kinderzuteilung** (Art. 133 f. ZGB) und **Regelung des persönlichen Verkehrs** (Art. 273 ff. ZGB) ist die Anordnung von Gutachten oft unerlässlich (FELDER/BÜRGIN, FamPra.ch 2000, 629 ff.; vgl. auch SCHREINER/SCHWEIGHAUSER/STAUBLI, 127 ff). Nach Art. 187 sind diese nach Anordnung des Gerichts schriftlich oder mündlich (diesfalls in Anwesenheit der Parteien) zu erstatten. In solchen Fällen kann die mündliche Erstattung des Gutachtens und eine damit verbundene Erläuterung im Rahmen einer Instruktionsverhandlung angezeigt sein (vgl. auch Art. 197 und 198).

Art. 168 regelt die nach dem Gesetz zulässigen Beweismittel. Nach Art. 168 Abs. 2 werden die Bestimmungen über Kinderbelange in familienrechtlichen Angelegenheiten ausdrücklich vorbehalten (STAEHELIN/STAEHELIN/GROLIMUND, § 18 Rz 85 f.). Damit wird zum Ausdruck gebracht, dass der in Abs. 1 statuierte numerus clausus der Beweismittel durchbrochen wird und die Aufzählung für diese Verfahren nicht abschliessend ist (BOTSCHAFT ZPO, 7320). Für diesen Bereich ist aus dem in Art. 296 verankerten Untersuchungsgrundsatz die Zulässigkeit des sog. **Freibeweises** abzuleiten (BOTSCHAFT ZPO, 7366). Danach soll das im Rahmen der Untersuchungsmaxime ermittelnde Gericht alle für den gegebenen Zweck erforderlichen und geeigneten Ermittlungsmethoden anwenden, ohne an das sonst für den Zivilprozess geltende Beweismittelsystem gebunden zu sein (VOGEL, 625; BSK ZGB I-SCHMID, Art. 8 N 77; SUTTER/FREIBURGHAUS, Art. 145 ZGB N 1, 16; FamKomm Scheidung-LEUENBERGER, Art. 139 ZGB N 4b; BGer, 5A_256/2007, E. 3.4). Das Gericht kann deshalb «nach eigenem Ermessen auch auf unübliche Art Beweise erheben und von sich aus Berichte einholen» (BGE 122 I 53, 55 E. 4a; BGer, 5A_42/2009, E. 3; 5P.44/2007, E. 2.2.2). In Frage kommen z.B. Amtsrichte, gegebenenfalls (in Abweichung zu Art. 157 Abs. 3) unangemeldete Augenscheine in Abwesenheit der Parteien und informelle Auskünfte von Bezugspersonen (vgl. dazu auch Art. 190; VOGEL, 619 ff.; BSK ZGB I-LEUENBERGER, Art. 139 N 8), wobei auch in diesen Fällen den Parteien zur nachträglichen Gewährung des rechtlichen Gehörs Gelegenheit zur Stellungnahme einzuräumen ist (Art. 232 Abs. 1). 20

Der Untersuchungsgrundsatz ändert nichts daran, dass **Beweislosigkeit** möglich bleibt. In diesem Fall muss nach den *Regeln der Beweislast* zum Nachteil einer Parteien entschieden werden (BGer, 5A_256/2007, E. 3.2). Ob Beweislosigkeit vorliegt, ergibt sich aus der vom Gericht gewonnenen Überzeugung nach freier Würdigung der Beweise (Art. 157; vgl. auch N 15). 21

Daniel Steck

3. Abs. 2

22 Die Bestimmung von Art. 296 Abs. 2 konkretisiert einen Teilbereich des Untersuchungsgrundsatzes (N 1) noch zusätzlich und gilt für alle Statusprozesse, in denen die **Abstammung** geklärt werden muss (Art. 256, 260a, 261 ZGB). Mit der Formulierung von Abs. 2 Satz 1 wird die bisherige Regelung von Art. 254 Ziff. 2 ZGB übernommen (BOTSCHAFT ZPO, 7367), wonach in diesem Rahmen für Parteien und Dritte eine *Mitwirkungs- und Duldungspflicht* besteht (N 24 f.). Sie steht grundsätzlich im Einklang mit der BV (BGE 128 II 259, 267 ff. E. 3.1–3.3). Mit Art. 296 Abs. 2 ist eine hinreichende gesetzliche Grundlage gegeben, um verhältnismässige Eingriffe in die persönliche Freiheit zu rechtfertigen, welche mit solchen Untersuchungen regelmässig verbunden sind (Art. 10 Abs. 2, Art. 13 Abs. 2 und Art. 36 BV; BGE 128 II 259, 269 ff. E. 3.2, 3.7 und 3.8; BGer, 5C.466/2001, E. 5c; TUOR/SCHNYDER/SCHMID/RUMO-JUNGO, § 39 Rz 18). Ein derartiger Eingriff ist dann verhältnismässig, wenn er zur Erreichung des Zieles, welches im öffentlichen Interesse vorgegeben ist, geeignet und erforderlich ist (BGE 128 III 259, 275 E. 3.6).

23 In Abs. 2 Satz 2 wird festgehalten, dass die allgemeinen Bestimmungen über die Verweigerungsrechte von Parteien und Dritten (Art. 163–166) nicht anwendbar sind (BOTSCHAFT ZPO, 7367; STAEHELIN/STAEHELIN/GROLIMUND, § 18 Rz 132). Dies gilt jedoch nicht generell für alle beweisrechtlichen Abklärungen, sondern einzig für Untersuchungen, die einen qualifizierten Eingriff in die Persönlichkeitsrechte und die körperliche Integrität erfordern. In welchen Fällen Parteien und Dritte die Mitwirkung an der Aufklärung und die Duldung von solchen Untersuchungen verweigern können, wird im Gesetz nicht näher ausgeführt. Allgemein gilt, dass eine **Verweigerung** dann als ungerechtfertigt betrachtet werden muss, wenn die Anordnung der Untersuchung bei Würdigung aller Umstände noch als verhältnismässig erscheint (N 22).

24 In Anlehnung an die bisherige Lehre und Rechtsprechung zu Art. 254 Ziff. 2 ZGB ist z.B. anzunehmen, dass die Blutentnahme nicht wegen Alters des Kindes oder aus konfessionellen Gründen verweigert werden darf (BGE 112 Ia 248, 249 E. 3; vgl. auch BGE 124 I 80, 81 f. E. 2c). Ebenso ist der sog. Wangenschleimhautabstrich (WSA) zu dulden, welcher zur **Feststellung der Vaterschaft** mittels *DNA-Analyse* durchgeführt wird (BGE 134 III 241, 247 E. 5.4.3; BGer, 5P.466/2001, E. 5c; vgl. auch BGE 128 II 259, 270 f. E. 3.4.1; N 26). Die Untersuchung hat sich nach Art. 31 Abs. 1 GUMG (SR 810.12) auf die Klärung der Abstammung zu beschränken.

25 Bei **unberechtigter Verweigerung** sind zur Durchsetzung der Mitwirkungs- und Duldungspflicht i.S.v. Art. 296 Abs. 2 nur *mittelbare Sanktionen* möglich. Anwendbar ist nicht mehr kantonales Recht, sondern es sind nunmehr die in der ZPO vorgesehenen prozessualen Möglichkeiten auszuschöpfen (Art. 164 bei Parteien und Art. 167 bei Dritten; N 34, 36). Auf Grund von Art. 10 BV ist Zwangsvollzug durch körperlichen Zwang mit der persönlichen Freiheit unvereinbar und deshalb abzulehnen (BGer, 5P.472/2000, E. 2a; HEGNAUER, Grundriss, Rz 15.14; BSK ZGB I-SCHWENZER, Art. 254 N 20; TUOR/SCHNYDER/SCHMID/RUMO-JUNGO, § 39 Rz 18; vgl. auch BGE 134 III 241, 247 E. 5.5 sowie BGer, 5P.444/2004, E. 3 [= FamPra.ch 2005, 943 f.]).

26 Bei **Abstammungsgutachten** genügt für den Beweis der Vaterschaft oder der Nichtvaterschaft als Ausnahme und in Abweichung vom Regelbeweismass eine an Sicherheit grenzende Wahrscheinlichkeit (BGE 130 III 321, 324 E. 3.2; 128 III 271, 275 E. 2b/aa m.w.H.; 101 II 13, 14 E. 1; BSK ZGB I-SCHMID, Art. 8 N 17 f.; N 15; vgl. auch BSK ZGB I-SCHWENZER, Art. 254 N 23). In der Praxis steht heute das *DNA-Gutachten* im Vordergrund. Es hat wegen seiner Überlegenheit die übrigen Gutachten weitgehend

verdrängt (OGer ZH, ZR 1992/93 Nr. 30; BSK ZGB I-SCHWENZER, Art. 254 N 17; HEGNAUER, Grundriss, Rz 15.07; BÄR/KRATZER, AJP 1992, 361). Zum naturwissenschaftlichen Abstammungsbeweis mittels den verschiedenen übrigen Gutachten vgl. BGE 104 II 299 ff.; 101 II 13 ff.; 98 II 262, 264 E. 2; 97 II 297 ff.; 97 II 193 ff.; 96 II 314 ff.; HEGNAUER, Grundriss, Rz 15.01 ff. sowie BSK ZGB I-SCHWENZER, Art. 254 N 6 ff.

In einem Zivilverfahren darf bei Parteien und Drittpersonen ein **DNA-Profil** nur auf Anordnung des Gerichts oder mit schriftlicher Zustimmung der betroffenen Person erstellt werden (Art. 32 Abs. 1 GUMG; betr. Durchführung vgl. Art. 8 Abs. 4 GUMG. – Wird die Abstammung ausserhalb eines behördlichen Verfahrens geklärt, ist Art. 34 GUMG anwendbar; vgl. dazu im Einzelnen BÜCHLER, ZVW 2005, 32 ff.; ferner MANDOFIA BERNEY, ZVW 1998, 129 ff. und HEGNAUER, ZVW 1999, 81 ff.). Heimlich eingeholte Abstammungsgutachten sind daher im Prozess nur unter den Voraussetzungen von Art. 152 Abs. 2 verwertbar (BOTSCHAFT ZPO, 7312; zur bundesgerichtlichen Rechtsprechung betr. Interessenabwägung als Grundlage für den Entscheid über die Verwertbarkeit eines rechtswidrig erlangten, aber nicht an sich verbotenen Beweismittels vgl. BGE 131 I 272 E. 3 und 4, 4.6; vgl. auch AESCHLIMANN, FamPra.ch 2005, 518 ff.). Mit dem Begriff der DNA (Desoxyribonucleic Acid) und der Verwendbarkeit des DNA-Gutachtens in Straf- und Zivilprozessen hat sich das Bundesgericht eingehend auseinandergesetzt (BGE 128 II 259, 265 ff. E. 2.1–2.4, mit zahlreichen Hinweisen auf das einschlägige Schrifttum; vgl. auch Art. 2 des DNA-Profil-Gesetzes, SR 363). 27

Die neuere Rechtsprechung folgt der Tendenz, dass sich der **Untersuchungsgrundsatz** nicht nur zugunsten des Kindes, sondern auch *zugunsten der Gegenpartei* auswirkt (BGE 128 III 411, 414 E. 3.2.1; 118 II 93, 94 E. 1a; BGer, 5C.73/2004, E. 2.2; noch offen gelassen in BGE 109 II 195, 197 f. E. 2). Dabei stellt sich die Frage, inwieweit die Anordnung eines Gutachtens von der Leistung eines Kostenvorschusses abhängig gemacht werden darf. Mit Bezug auf das Kind ist die Frage zu verneinen (vgl. N 16). Soweit jedoch mit dem Gutachten die Vaterschaftsvermutung widerlegt werden soll, erscheint die Kostenvorschusspflicht nicht als unzulässig, weil das öffentliche Interesse an der Begründung eines Kindesverhältnisses zum Vater stärker zu werten ist als dasjenige an der Verhinderung eines Urteils, das mit der wirklichen Abstammung nicht übereinstimmt (BGE 109 II 195, 198 E. 2; BGer, 5C.73/2004, E. 2.5; BOTSCHAFT ZPO, 7295; vgl. auch im gleichen Sinne BSK ZGB I-SCHWENZER, Art. 254 N 5 und HEGNAUER, Grundriss, Rz 14.11, je m.H. auf abweichende Lehrmeinungen). 28

4. Offizialgrundsatz (Abs. 3)

Nach dem Wortlaut von Art. 296 Abs. 3 entscheidet das Gericht ohne Bindung an Parteianträge. Damit knüpft das Gesetz an Art. 58 an, wo der **Offizialgrundsatz** (gleichbedeutend auch Offizialmaxime) als Ausnahme und *Gegensatz zum Dispositionsgrundsatz* (Art. 58 Abs. 1) definiert wird. Er ist «vor allem dort massgebend, wo den Parteien im öffentlichen Interesse oder im Interesse Dritter die Verfügung über den Streitgegenstand ganz oder teilweise entzogen ist» (STAEHELIN/STAEHELIN/GROLIMUND, § 10 Rz 6 f.; BRÖNNIMANN, ZBJV 1990, 340 f.). Schiedsabreden sind deshalb unzulässig (Art. 354). Mit der *Offizialmaxime i.e.S.* (N 6) wird zum Ausdruck gebracht, dass die Befugnis der Parteien, über den Streitgegenstand zu verfügen, «entweder als solche eingeschränkt oder dadurch relativiert» ist, «dass das Gericht nicht nur weniger, sondern auch etwas anderes zusprechen kann, als mit dem Rechtsbegehren verlangt wird» (VOGEL/SPÜHLER, 6. Kap., Rz 49). 29

30 Konkret bedeutet die **Offizialmaxime i.e.S.**, dass eine Anerkennung des Klagebegehrens ausgeschlossen ist und dass das Gericht in einem hängigen Prozess über Kinderbelange auch ohne Parteiantrag von Amtes wegen einen Entscheid treffen kann (VOGEL/SPÜHLER, 6. Kap., Rz 50 ff.; BGE 130 III 102, 106 E. 6.2; 128 III 411, 412 E. 3.1; 126 III 298, 303 E. 2a/bb; 122 III 404, 408 f. E. 3d; BGE 118 II 93, 94 E. 1a). Die Beschränkung der Parteidisposition hat ausserdem zur Folge, dass auf die Klage nicht zum Voraus verzichtet werden kann. Dagegen kann eine erhobene Klage zurückgezogen werden (HEGNAUER, Grundriss, Rz 14.09). Dementsprechend gelangt in diesen Verfahren das Verbot der *reformatio in peius* nicht zur Anwendung (BGE 129 III 417, 420 E. 2.1.1). Wenn aber der Ehegattenunterhalt Prozessgegenstand ist, ist insoweit das Verbot der reformatio in peius zu beachten, da hier der Verhandlungsgrundsatz massgebend ist (Art. 277 Abs. 1; BGE 119 II 201, 203 E. 1; vgl. auch N 40). Ausgeschlossen ist schliesslich auch der Rechtsschutz in klaren Fällen (Art. 257 Abs. 1 und 2).

31 Die Offizialmaxime i.e.S. und die Untersuchungsmaxime stehen in einem engen Zusammenhang (STAEHELIN/STAEHELIN/GROLIMUND, § 10 Rz 32; N 6). Voraussetzung für eine wirksame Anwendung der Offizialmaxime ist die Geltung der Untersuchungsmaxime (VOGEL, 611; vgl. auch BGE 122 III 404, 408 f. E. 3d).

III. Rechtsfolgen

1. Allgemeines

32 Die **Pflicht zur Beachtung der Untersuchungs- und Offizialmaxime** richtet sich an das Gericht. Art. 296 gelangt in allen Stadien des Verfahrens zur Anwendung (BGer, 5C.71/2005, E. 2; 5C.14/2005, E. 1.2.3; 5C.207/2004, E. 2.1; BSK ZGB I-BREITSCHMID, Art. 314/314a N 5) und gilt für alle Instanzen (BGer, 5C.269/2006, E. 2.2.3; 5A_394/2008, E. 2.2; für die Besonderheiten im Verfahren vor BGer vgl. N 43 ff.). Die Untersuchungs- und Offizialmaxime gehört zum *schweizerischen Ordre public* (BGE 126 III 298, 302 f. E. 2a/bb). Art. 296 ist auch bei internationalen Sachverhalten anwendbar (STAEHELIN/STAEHELIN/GROLIMUND, § 10 Rz 63).

33 Die **Missachtung** des Untersuchungs- und Offizialgrundsatzes stellt eine Verletzung von Bundesrecht dar, die eine unrichtige Feststellung des Sachverhalts zur Folge haben kann. Art. 296 setzt jedoch voraus, dass die Parteien ihrer Mitwirkungspflicht hinreichend nachgekommen sind. Eine Verletzung von Art. 296 kann deshalb nur dann mir Erfolg gerügt werden, wenn den Parteien die Unterlassung der Mitwirkung nicht vorgeworfen werden kann (BGer, 5A_256/2007, E. 3.3; 5A_722/2007, E. 5.2; 5A_394/2008, E. 2.2; N 12 f.). Die Mitwirkungspflicht der Partei stellt eine Obliegenheit dar; eine Partei die ihr nicht nachkommt, hat prozessuale Nachteile zu gewärtigen (N 34; vgl. dazu STAEHELIN/STAEHELIN/GROLIMUND, § 18 Rz 83). Die Rechtsfolgen der Säumnis einer Partei richten sich nach den Regeln, die für die betreffende Verfahrensart und das jeweilige Stadium des Verfahrens gelten.

2. Im erstinstanzlichen Verfahren

34 Bei **Säumnis der Parteien** im *vereinfachten Verfahren* (Art. 295 N 1 ff.) sind die Art. 147, 223 und 234 anwendbar. Im Anwendungsbereich von Art. 296 (N 4 ff.) ist jedoch der Sachverhalt von Amtes wegen zu erforschen. Das Gericht kann deshalb seinen Entscheid nicht einfach auf die vorhandenen Akten abstützen, sondern ist gegebenenfalls gehalten, auch über unbestritten gebliebene Tatsachen von Amtes wegen Beweise zu erheben (Art. 234 Abs. 1 m.H. auf Art. 153). Bei Säumnis beider Parteien an der Hauptverhandlung wird das Verfahren als gegenstandslos abgeschrieben (Art. 234 Abs. 2).

Entsprechendes gilt für die *eherechtlichen Verfahren*, soweit über Kinderbelange zu entscheiden ist (Art. 295 N 4). Die Bedeutung der **Mitwirkungspflicht** wird jedoch hier besonders dadurch hervorgehoben, dass die Parteien in diesen Verfahren von Gesetzes wegen zum persönlichen Erscheinen verpflichtet sind, wobei aus wichtigen Gründen ein Dispens durch das Gericht erfolgen kann (273 Abs. 2 und Art. 278). Das unentschuldigte Fernbleiben einer Partei von der Verhandlung erschwert die Erforschung des Sachverhalts durch das Gericht. Dies ist verstärkt der Fall, wenn das Gericht eine Parteibefragung (Art. 191) oder eine Beweisaussage (Art. 192) als notwendig erachtet (vgl. auch N 36).

Beim **Beweisverfahren** gelten für Mitwirkungspflicht und Verweigerungsrecht der Parteien die allgemeinen Bestimmungen (Art. 160–162, bzw. Art. 163–164; vgl. auch Art. 191 ff.). Danach kann die Mitwirkung bei der Beweiserhebung nur ablehnen, wer über ein entsprechendes Verweigerungsrecht verfügt (Art. 163; STAEHELIN/STAEHELIN/GROLIMUND, § 18 Rz 69). Verschuldete Säumnis einer zur Mitwirkung verpflichteten Partei ist als unberechtigte Verweigerung der Mitwirkung und damit als Verletzung der Mitwirkungspflicht zu qualifizieren, die nach Art. 164 vom Gericht bei der Beweiswürdigung zu berücksichtigen ist (STAEHELIN/STAEHELIN/GROLIMUND, § 18 Rz 82). Die Verletzung der Mitwirkungspflicht kann deshalb zur Folge haben, dass das Gericht die Überzeugung gewinnt und annimmt, die Behauptungen des die Mitwirkung verweigernden Ehegatten seien ganz oder teilweise falsch bzw. die Angaben des andern Ehegatten glaubhaft (BGE 118 II 27, 29 E. 3a [betreffend Auskunftsverweigerung]; BGer, 5P.170/2004, E. 1.2.1).

Die **Eventualmaxime** (Konzentrationsgrundsatz; VOGEL/SPÜHLER, 6. Kap., Rz 97 ff.) wird durch die Untersuchungs- und Offizialmaxime aufgehoben (Art. 229 Abs. 3). Neue Tatsachen und Beweismittel, sowohl echte als auch unechte *Noven*, müssen nach Art. 296 bis zur Urteilsberatung berücksichtigt werden (BOTSCHAFT ZPO, 7366 f.; vgl. auch STAEHELIN/STAEHELIN/GROLIMUND, § 21 Rz 9; BRÖNNIMANN, ZBJV 1990, 372; SUTTER/FREIBURGHAUS, Art. 138 ZGB N 9 und Art. 145 ZGB N 14 f.; BGE 131 III 91, 95 f. E. 5.2.2 betr. Rückweisungen; ZR 2001 Nr. 49). Entsprechend ist auch eine *Klageänderung* zuzulassen, sofern die Voraussetzungen von Art. 230 (i.V.m. Art. 227) erfüllt sind.

3. Im zweitinstanzlichen Verfahren

Nach Art. 315 Abs. 1 gilt der Grundsatz der **Teilrechtskraft**. Eine Berufung gegen erstinstanzliche Entscheide hemmt die Rechtskraft (und die Vollstreckbarkeit) nur im Umfang der Anträge (BOTSCHAFT ZPO, 7374; STAEHELIN/STAEHELIN/GROLIMUND, § 24 Rz 5; vgl. aber N 40). In der zweiten Instanz ist deshalb die Überprüfung einer Verletzung von Art. 296 nur möglich, wenn Kinderbelange Gegenstand des Berufungsverfahrens sind, was entsprechende Anträge der Prozessparteien voraussetzt. Ist dies der Fall, gilt jedoch der Untersuchungs- und Offizialgrundsatz wie im erstinstanzlichen Verfahren (vgl. N 34 ff.). Nach Art. 289 kann beim Verfahren der Scheidung auf gemeinsames Begehren (Art. 285 ff.) die Scheidung nur wegen Willensmängeln mit Berufung angefochten werden. Diese Bestimmung bezieht sich indessen nur auf den Scheidungspunkt, während für die Scheidungsfolgen das allgemeine Rechtsmittelsystem anwendbar ist (BOTSCHAFT ZPO, 7364). Mit Berufung anfechtbar sind auch erstinstanzliche Entscheide im Eheschutzverfahren und solche über vorsorgliche Massnahmen (Art. 308 Abs. 1 lit. a und b; BOTSCHAFT ZPO, 7371; STAEHELIN/STAEHELIN/GROLIMUND, § 21 Rz 48 und § 22 Rz 34).

39 In allen Fällen ist die Berufung nach Art. 311 Abs. 1 **schriftlich und begründet** einzureichen ist. Eine Anfechtung des Entscheids wegen Verletzung von Art. 296 setzt deshalb immer entsprechende Rügen voraus (BOTSCHAFT ZPO, 7373; BGer, 5C.207/2004, E. 2.1). Das Gleiche muss sinngemäss für Entscheide gelten, die nicht der Berufung sondern nur der Beschwerde unterliegen (Art. 321 Abs. 1; BOTSCHAFT ZPO, 7377).

40 Der Grundsatz, dass die Untersuchungs- und Offizialmaxime im zweitinstanzlichen Verfahren zufolge unterbliebener Anfechtung des erstinstanzlichen Entscheids nicht durchgesetzt werden kann (N 38), erfährt in Art. 282 Abs. 2 eine **Ausnahme**. Danach kann, wenn im Scheidungsverfahren der Unterhaltsbeitrag für den Ehegatten angefochten wird, die Rechtsmittelinstanz auch die nicht angefochtenen Unterhaltsbeiträge für die Kinder neu beurteilen. Nach dem Zweck von Art. 296 muss dies sinngemäss auch für Eheschutzverfahren gelten. Die Bestimmung von Art. 282 Abs. 2 deckt sich inhaltlich mit dem bisherigen Art. 148 Abs. 1 ZGB (BOTSCHAFT ZPO, 7362; vgl. auch FamKomm Scheidung-FANKHAUSER, Art. 148 ZGB N 6 ff; BSK ZGB I-STECK, 3. Aufl., Art. 148 N 18 ff.).

41 Die Verletzung der Untersuchungs- und Offizialmaxime kann im **Rechtsmittelverfahren** vor den kantonalen Gerichten unter zwei Gesichtspunkten mit Berufung (Art. 308 ff.) bzw. mit Beschwerde (Art. 319 ff.) angefochten werden. *Beschwerdegründe* sind die unrichtige Rechtsanwendung sowie die unrichtige Feststellung des Sachverhalts bei der Berufung (Art. 310 lit. a und b; N 33) bzw. die unrichtige Rechtsanwendung und die offensichtlich unrichtige Feststellung des Sachverhaltes bei der Beschwerde (Art. 320 lit. a und b; Art. 317 lit. b E-ZPO enthielt demgegenüber die Formulierung «willkürliche Feststellung des Sachverhalts»; mit der redaktionellen Änderung wurde eine Anpassung an Art. 97 Abs. 1 BGG angestrebt, vgl. BOTSCHAFT ZPO, 7377; AmtlBull StR 2007, 639; STAEHELIN/STAEHELIN/GROLIMUND, § 26 Rz 35 f.; zum Begriff der willkürlichen Sachverhaltsfeststellung vgl. BGE 129 I 173, 178 E. 3.1; 133 II 249, 252 E. 1.2.2; 133 III 393, 398 E. 7.1). Im Vordergrund dürfte in der Praxis der Beschwerdegrund der unrichtigen Rechtsanwendung stehen, der im Sinne dieser Bestimmungen umfassend zu verstehen ist (BOTSCHAFT ZPO, 7372). Eine Verletzung von Art. 296 ist insb. dann anzunehmen, wenn die tatsächliche Feststellung auf falscher Rechtsanwendung beruht (BOTSCHAFT ZPO, 7377).

42 Die Fassung von Art. 317 entspricht der vom StR beschlossenen Änderung von Art. 314 E-ZPO (AmtlBull StR 2007, 638 und 2008, 730), welcher schliesslich im Differenzbereinigungsverfahren auch der NR zugestimmt hat (AmtlBull NR 2008, 1634). Diese Änderung wirkt sich indessen auf die Untersuchungs- und Offizialmaxime nicht aus. Die **Eventualmaxime** (Art. 317 und 326) wird in der zweiten Instanz durch die Untersuchungs- und Offizialmaxime in analoger Weise wie im erstinstanzlichen Verfahren eingeschränkt. Auch hier müssen deshalb neue Tatsachen und Beweismittel, mithin echte und unechte *Noven*, bis zur Urteilsberatung berücksichtigt werden (BOTSCHAFT ZPO, 7375; BGE 133 III 507, 511 E. 5.4; N 35). Entsprechendes gilt für die Klageänderung (Art. 317 Abs. 2).

4. Im Verfahren vor Bundesgericht

43 Die ZPO regelt nur das Verfahren vor den kantonalen Zivilgerichten (Art. 1; BOTSCHAFT ZPO, 7257, 7410; STAEHELIN/STAEHELIN/GROLIMUND, § 3 Rz 9). Art. 296 ist deshalb in den **bundesgerichtlichen Rechtsmittelverfahren** nicht direkt anwendbar. Die Anfechtung von Entscheidungen der kantonalen Zivilgerichte beim Bundesgericht richtet sich nach den Vorschriften des BGG. Nur nach Massgabe dieser Bestimmungen wird gewährleistet, dass der in der ZPO in Art. 296 festgelegte Untersuchungs- und Offizialgrundsatz von den kantonalen Instanzen korrekt umgesetzt wird.

Die Missachtung des Untersuchungs- und Offizialgrundsatzes durch die kantonalen Gerichte stellt eine **Verletzung von Bundesrecht** dar (N 33), die beim Bundesgericht mittels Beschwerde in Zivilsachen bzw. gegebenenfalls mittels subsidiärer Verfassungsbeschwerde geltend gemacht werden kann. Für die Beschwerde in Zivilsachen gelten im Wesentlichen die nachstehend aufgeführten Regeln (N 45 ff.; für die subsidiäre Verfassungsbeschwerde vgl. Art. 113 ff., 116 f. BGG sowie BGE 133 III 393, 398 E. 7.1; 133 III 439, 444 f. E. 3.2; 133 III 585, 588 f. E. 4.1; BGer, 5A_160/2009, E. 1.3). 44

Das Bundesgericht wendet nach Art. 106 Abs. 1 BGG das **Recht von Amtes wegen** an (BGE 133 III 639 E. 2). Es ist weder an die in der Beschwerde geltend gemachten Argumente noch an die Erwägungen der Vorinstanz gebunden. Es prüft, unter Berücksichtigung der allgemeinen Begründungspflicht der Beschwerde (Art. 42 Abs. 1 und 2 BGG), grundsätzlich nur die *geltend gemachten Rügen*, sofern die rechtlichen Mängel nicht geradezu offensichtlich sind (BGE 133 II 249, 254 f. E. 1.4.1; BGer, 5A_416/2008, E. 2.1; 5A_322/2008, E. 1; 5C.71/2005, E. 2.1). Es darf jedoch, auch bei Rechten, über welche die Parteien nicht frei verfügen können, nicht über die Begehren der Parteien hinausgehen (Art. 107 Abs. 1 BGG; STAEHELIN/STAEHELIN/GROLIMUND, § 27 Rz 41). 45

Hinsichtlich der **Verletzung von Grundrechten** besteht eine *qualifizierte Rügepflicht*. Das Bundesgericht prüft eine solche Rüge nur insofern, als sie in der Beschwerde präzise vorgebracht und begründet worden ist (Art. 106 Abs. 2 BGG; BGE 133 II 249, 254 f. E. 1.4.2; 133 III 639, 640 E. 2; BGer, 5A_160/2009, E. 1.3). Es genügt deshalb nicht, einen von den tatsächlichen Feststellungen der Vorinstanz abweichenden Sachverhalt zu behaupten. Vielmehr ist in der Beschwerdeschrift darzulegen, inwiefern diese Feststellungen willkürlich bzw. unter Verletzung einer verfahrensrechtlichen Verfassungsvorschrift zustande gekommen sind. Andernfalls können Vorbringen mit Bezug auf einen Sachverhalt, der von den Feststellungen im angefochtenen Entscheid abweicht, nicht berücksichtigt werden (BGE 130 III 136, 140 E. 1.4). Vorbehalten bleiben offensichtliche Sachverhaltsmängel i.S.v. Art. 105 Abs. 2 BGG, die «dem Richter geradezu in die Augen springen» (133 II 249, 254 f. E. 1.4.3). 46

Nach Art. 105 Abs. 1 BGG legt das Bundesgericht seinem Urteil den **Sachverhalt** zugrunde, den die letzte kantonale Instanz festgestellt hat (BGE 133 II 249, 254 E. 1.4.3; 133 III 393, 398 E. 7.1; BGer, 293/2007, E. 2.2.2). Es kann diese Sachverhaltsfeststellung von Amtes wegen berichtigen oder ergänzen, wenn sie offensichtlich unrichtig ist oder auf einer Rechtsverletzung i.S.v. Art. 95 BGG beruht (Art. 105 Abs. 2 BGG; BGE 134 III 88, 89 E.4). Die Voraussetzungen für eine Sachverhaltsrüge nach Art. 97 Abs. 1 BGG und für eine Berichtigung des Sachverhalts von Amtes wegen nach Art. 105 Abs. 2 BGG stimmen im Wesentlichen überein (BGE 133 II 249, 254 f. E. 1.4.3). 47

Neue Tatsachen und Beweismittel dürfen vor Bundesgericht auch bei Verfahren, die vom Untersuchungs- und Offizialgrundsatz beherrscht sind, nur so weit vorgebracht werden, als erst der Entscheid der Vorinstanz dazu Anlass gibt (Art. 99 Abs. 1 BGG; BGer, 5A_160/2009, E. 4; 5A_582/2007, E. 1; 5A_293/2007, E. 2.2.2; BGE 120 II 229, 231 E. 1c). Neue Begehren sind unzulässig (Art. 99 Abs. 2 BGG; BGer 5A_457/2009 E. 1; vgl. auch BGer 5A_833/2008, E. 2.4., wo die Frage offengelassen wurde, ob bei Geltung der Offizialmaxime neue Begehren zulässig sind). Das Bundesgericht zieht selber grundsätzlich kein neues Gutachten bei (BGer, 5C.271/2006, E. 3.5.1 und 3.5.2). Soweit sich ergibt, dass der Untersuchungs- und Offizialgrundsatz durch die kantonalen Gerichte verletzt worden ist, wird das Bundesgericht i.d.R. nicht selbst einen Entscheid treffen, sondern den Fall an die Vorinstanz zur Neubeurteilung zurückweisen (BGE 118 II 91, 93 E. 2; vgl. auch Art. 107 Abs. 2 BGG). 48

49 Endentscheide in **Eheschutzsachen** (Art. 271 lit. a) sind Endentscheide i.S.v. Art. 90 BGG. Sie können Gegenstand einer Beschwerde in Zivilsachen sein (BGE 133 III 393, 395 f. E. 4) und werden vom BGer als *vorsorgliche Massnahmen* behandelt (BGE 135 III 238, 239 E. 2; 133 III 585, 587 E. 3.3; 133 III 393, 396 E. 5.1 und 5.2; BGer, 5A_160/2009, E. 1.3; 5A_348/2009, E. 1.2; 5A_797/2009, E. 1; 5A_853/2009, E. 1.2). Entscheide über vorsorgliche Massnahmen sind jedoch nur dann Endentscheide, wenn sie in einem eigenständigen Verfahren ergehen. Dies trifft für vorsorgliche Massnahmen im Ehescheidungsverfahren zu (BGE 134 III 426, 431 E. 2.2). Selbständig eröffnete Massnahmenentscheide, die vor oder während eines Hauptverfahrens erlassen werden und nur für die Dauer des Hauptverfahrens (bzw. unter der Bedingung, dass ein Hauptverfahren eingeleitet wird) Bestand haben, stellen dagegen Zwischenentscheide dar, die nur unter den Voraussetzungen von Art. 93 Abs. 1 BGG direkt anfechtbar sind (BGE 134 I 83, 86 E. 3.1; 133 III 629, 630 E. 2; BGer, 5A_800/2008, E. 1.1 und 1.4; 5A_175/2009, E. 1.1). Wird in Eheschutzsachen oder bei vorsorglichen Massnahmen die Verletzung von Art. 296 geltend gemacht, ist dies nach Art. 98 BGG nur mit der Rüge der Verletzung verfassungsmässiger Rechte (i.d.R. Verletzung des Willkürverbotes) zulässig (BGE 133 III 639, 640 E. 2; 133 III 585, 588 f. E. 4.1; 133 III 393, 396 f. E. 5.1 und 5.2; BGer, 5A_160/2009, E. 1.3 und 3.2; 5A_348/2009, E. 1.2; 5A_647/2009, E. 1.4; 5A_797/2009, E. 1; 5A_853/2009, E. 1.2).

IV. Änderungen gegenüber dem bisherigen Recht

50 In familienrechtlichen Angelegenheiten wurde im bisherigen Recht der Untersuchungs- und Offizialgrundsatz als prozessuale Bestimmung des Bundesrechts im ZGB verankert (vgl. Art. 145, 254 Ziff. 2 und Art. 280 Abs. 2 ZGB; N 3,10). Insofern war die den Kantonen nach Art. 64 Abs. 3 aBV zustehende Kompetenz zur Regelung des Zivilprozessrechts eingeschränkt (KNAPP, in: Kommentar BV, Art. 64 aBV Rz 62 ff., 77). Die Art. 145, 254 und 280 ZGB werden nunmehr durch die ZPO aufgehoben und durch Art. 296 ersetzt (Anhang 1 [Art. 402] II, 3; vgl. auch Art. 295 N 12). Die prozessualen Normen in den kantonalen Zivilprozessordnungen, welche bisher die bundesrechtlich vorgeschriebene Untersuchungs- und Offizialmaxime näher ausgeführt haben, werden mit Bezug auf Verfahren, deren Rechtshängigkeit nach Inkrafttreten der ZPO eintritt, hinfällig (Art. 404 Abs. 1; rev. Art. 54 Abs. 3 SchlT).

2. Kapitel: Eherechtliche Verfahren

Art. 297

Anhörung der Eltern und Mediation	[1] Sind Anordnungen über ein Kind zu treffen, so hört das Gericht die Eltern persönlich an. [2] Das Gericht kann die Eltern zu einem Mediationsversuch auffordern.
Audition des parents et médiation	[1] Le tribunal entend les parents personnellement pour régler le sort des enfants. [2] Il peut exhorter les parents à tenter une médiation.
Audizione dei genitori e mediazione	[1] Prima di prendere disposizioni riguardo ai figli, il giudice sente personalmente i genitori. [2] Il giudice può ingiungere ai genitori di tentare una mediazione.

2. Kapitel: Eherechtliche Verfahren **1 Art. 297**

Inhaltsübersicht Note

I. Norminhalt und Normzweck 1
II. Anwendungsbereich und Voraussetzungen 9
   1. Abs. 1 9
   2. Abs. 2 13
III. Rechtsfolgen 15
   1. Abs. 1 15
   2. Abs. 2 16
IV. Änderung gegenüber dem bisherigen Recht 19

Literatur

Ch. BALTZER-BADER, Die Anhörung des Kindes – praktisches Vorgehen, AJP 1999, 1574 ff.; G. BODENMANN, Folgen der Scheidung für die Kinder aus psychologischer Sicht, in: Rumo-Jungo/Pichonnaz (Hrsg.), Kind und Scheidung, Zürich u.a. 2006, 73 ff.; G. BODENMANN/A. RUMO-JUNGO, Die Anhörung von Kindern aus rechtlicher und psychologischer Sicht, FamPra.ch 2003, 22 ff.; C. BONO-HÖRLER, Familienmediation im Bereiche von Ehetrennung und Ehescheidung, Diss. Zürich 1999; V. BRÄM, Die Anhörung des Kindes aus rechtlicher Sicht, SJZ 1999, 309 ff.; DIES., Die Anhörung des Kindes im neuen Scheidungsrecht, AJP 1999, 1568 ff.; A. BÜCHLER/H. SIMONI, Kinder und Scheidung: Der Einfluss der Rechtspraxis auf familiale Übergänge, Zürich/Chur 2009; M. COTTIER/CH. HÄFELI, Das Kind als Rechtssubjekt im zivilrechtlichen Kindesschutz, in: I. Schwenzer/A. Büchler (Hrsg.), Vierte Schweizer Familien§Tage, Bern 2008, 109 ff.; W. FELDER, Die Meinung von Scheidungskindern zur Kindeszuteilung, Anhörung vor Gericht und Besuchsrechtsregelung – Befragung in Zürich, Zeitschrift für Kinder- und Jugendpsychiatrie 1989, 55 ff.; DERS., Die gemeinsame elterliche Sorge aus kinder- und jugendpsychiatrischer Sicht, in: Jusletter 15. Februar 2010; W. FELDER/H. NUFER, Die Anhörung des Kindes aus kinderpsychologischer Sicht, in: Hausheer (Hrsg.), Vom alten zum neuen Scheidungsrecht, Bern 1999 (zit. Anhörung des Kindes), 211 ff.; DIES., Richtlinien für die Anhörung des Kindes aus kinderpsychologischer/kinderpsychiatrischer Sicht gemäss Art. 12 der UNO-Konvention über die Rechte des Kindes, SJZ 1999, 318 ff.; A. RUMO-JUNGO, Gemeinsame elterliche Sorge geschiedener und unverheirateter Eltern, in: Jusletter 15. Februar 2010; D. STECK/W. FELDER, Zusammenwirken von Behörden und Experten bei der Anhörung von Kindern im familienrechtlichen Verfahren, FamPra.ch 2003, 43 ff.; G. HUG-BEELI, Das persönliche formlose Gespräch des Richters mit dem betroffenen Kinde im Eheprozess, ZVW 1992, 10 ff.; H. NUFER, Die Entwicklung des Kindes vom Vorschulalter bis zur Adoleszenz und die Bedeutung der Elternscheidung für das Kind, SJZ 1999, 312 ff.; DERS., Die Kommunikationssituation bei der Anhörung von Kindern, SJZ 1999, 317 ff.; B. ROELLI, Materiell- und prozessrechtliche Gesichtspunkte der Kinderzuteilung, FS Luzerner Obergericht (= ZBJV Bd. 127bis, Bern 1991), 225 ff.; A. RUMO-JUNGO, Die Anhörung des Kindes, AJP 1999, 1578 ff.; T. SCHÜTT, Die Anhörung des Kindes im Scheidungsverfahren, Diss. Zürich 2002; L. STAUB, Die Pflichtmediation als scheidungsbezogene Kindschutzmassnahme, ZBJV 2009, 404 ff.; DIES., Pflichtmediation im Kindesschutz – Möglichkeiten und Grenzen, ZVW 2008, 431 ff.; DIES., Pflichtmediation. Mythos und Wirklichkeit, ZVW 2006, 121 ff.; L. STAUB/Y. BIDERBOST, Besuchsrecht: Aktuelle Probleme und Lösungen, in: Rumo-Jungo/Pichonnaz (Hrsg.), Kind und Scheidung, Zürich u.a. 2006, 171 ff.; L. STAUB/W. FELDER, Probleme im Zusammenhang mit dem Besuchsrecht, in: Rumo-Jungo/Pichonnaz (Hrsg.), Kind und Scheidung, Zürich u.a. 2006, 117 ff.; DIES., Scheidung und Kindeswohl. Ein Leitfaden zur Bewältigung schwieriger Übergänge, Bern 2004; R. VETTERLI, Die Anhörung der Ehegatten, FamPra.ch 2001, 59 ff.; vgl. zudem die Literaturhinweise bei den Vorbem. zu Art. 295–304.

I. Norminhalt und Normzweck

Die gesetzliche Regelung im 6. Titel hievor (Art. 271–294) enthält nur punktuell Hinweise auf die Kinderbelange (Art. 282 Abs. 1 lit. b und Abs. 2, Art. 284 Abs. 2, Art. 285 lit. d und Art. 290 lit. d). Sie wird durch die hier zu erörternden Bestimmungen von Art. 297–   **1**

301 **generell ergänzt**. Diese Ergänzung gilt darüber hinaus subsidiär auch für die im summarischen Verfahren zu behandelnden Fälle internationaler Kindesentführungen (Art. 302 Abs. 1 lit. a und Abs. 2), soweit nicht davon abweichende besondere Verfahrensbestimmungen zur Anwendung gelangen (Art. 302 N 26 ff.). Eine analoge Behandlung drängt sich auf, weil sich diese Verfahren immer auf dem Hintergrund einer zivilrechtlichen Streitigkeit über die elterliche Sorge und den persönlichen Verkehr abspielen.

2   Art. 297 hat einen doppelten Inhalt. Einerseits wird das Gericht verpflichtet, bei Anordnungen über ein Kind **die Eltern persönlich anzuhören** (Abs. 1). Anderseits wird dem Gericht die Befugnis eingeräumt, die Eltern zu einem **Mediationsversuch** aufzufordern (Abs. 2).

3   Die Pflicht, bei Anordnungen über Kinder vorgängig die **Eltern und Kinder anzuhören**, sollte ursprünglich nach Art. 253 Abs. 1–2 VE-ZPO entsprechend der bisherigen Regelung von Art. 144 ZGB umschrieben und in Abs. 3 durch ein Anfechtungsrecht des urteilsfähigen Kindes bei Verweigerung der Anhörung ergänzt werden (vgl. Begleitbericht zum VE-ZPO, 122 f.). Im bundesrätlichen Entwurf blieb Abs. 1 unverändert, aber in Abs. 2 wurde die Bestimmung über die Mediation eingefügt (Art. 292 E-ZPO; BOTSCHAFT ZPO, 7367). Für die Anhörung des Kindes wurde eine eigene Bestimmung vorgesehen (Art. 293 E-ZPO). Diese Systematik wurde von den eidgenössischen Räten beibehalten (AmtlBull StR 2007, 635 f. und NR 2008, 969). Art. 292 E-ZPO ist in Art. 297 Gesetz geworden.

4   Die Formulierung in Abs. 1 erfuhr gegenüber Art. 144 Abs. 1 ZGB eine geringfügige redaktionelle Änderung (neu: Anordnungen «über ein Kind» gegenüber früher: Anordnungen «über Kinder»). Inhaltlich stimmt jedoch Abs. 1 mit dem bisherigen Art. 144 Abs. 1 ZGB überein (BOTSCHAFT ZPO, 7367; vgl. auch BGE 126 III 497, 498 E. 4a; FamKomm Scheidung-SCHWEIGHAUSER, Art. 144 ZGB N 1 m.w.H.; für das alte Recht BK-BÜHLER/SPÜHLER, Art. 156 ZGB N 46).

5   Die **Pflicht zur Anhörung der Eltern** dient einerseits der *Sachverhaltsfeststellung* und ist eine Konsequenz der uneingeschränkten Untersuchungsmaxime (N 10, 12). Anderseits wird damit ein *persönlichkeitsbezogenes Mitwirkungsrecht* der Eltern konkretisiert (FamKomm Scheidung-SCHWEIGHAUSER, Art. 144 ZGB N 1; BSK ZGB I-BREITSCHMID, Art. 144 N 1; STAEHELIN/STAEHELIN/GROLIMUND, § 21 Rz 87). Dadurch werden in einem besonders delikaten Bereich erhöhte Anforderungen an das rechtliche Gehör gestellt (Art. 29 Abs. 2 BV; BGE 126 I 19, 21 f. E. 2a; SGK BV-HOTZ, Art. 29 N 23 ff.; N 11). Die Pflicht zur Anhörung gehört zum schweizerischen ordre public (BGE 131 III 182, 185 ff. E. 4).

6   Im Zusammenhang mit der Scheidungsrechtsrevision von 1998/2000 war eine bundesrechtliche Bestimmung, wonach die Kantone die Grundlagen für eine Mediation in Scheidungssachen zu schaffen hätten, von den eidgenössischen Räten abgelehnt worden (Art. 151 E-ZGB; BOTSCHAFT Scheidungsrecht, BBl 1996 I 151 ff., 214; AmtlBull StR 1996, 771 und NR 1997, 2726 ff.). Im VE-ZPO von 2003 wurde deshalb «auf eine Implementierung der Mediation in das gerichtliche Verfahren verzichtet» (Begleitbericht zum VE-ZPO, Ziff. 3.2.5, 15). Aufgrund der Kritik im Vernehmlassungsverfahren, die Mediation habe zu wenig Beachtung gefunden (vgl. Zusammenstellung der Vernehmlassungen, 81 ff.), wurde in der Folge im bundesrätlichen Entwurf in den Art. 210–215 E-ZPO und in Art. 292 Abs. 2 E-ZPO eine besondere Regelung vorgesehen (BOTSCHAFT ZPO, 7335, 7367). Diese war in den parlamentarischen Beratungen umstritten. In beiden Räten wurden jedoch nach eingehenden Diskussionen Minderheitsanträge auf Streichung abgelehnt, und dem bundesrätlichen Entwurf in unwesentlich veränderter Form zugestimmt

(vgl. dazu AmtlBull StR 2007, 503, 523 ff., 635; NR 2008, 960 ff., 969 sowie die Komm. von Art. 213–218). Der bundesrätlichen Fassung von Art. 292 Abs. 2 E-ZPO stimmten schliesslich beide Räte diskussionslos zu. Sie ist in Art. 297 Abs. 2 Gesetz geworden.

Die ZPO klärt lediglich das Verhältnis der Mediation zum gerichtlichen Verfahren, damit diese «ihre Aufgabe – die nachhaltige Konfliktlösung auch zur Entlastung der Gerichte – erfüllen kann». Auf eine abschliessende Regelung wurde jedoch verzichtet, weil dies nicht Gegenstand einer Zivilprozessordnung sein kann (BOTSCHAFT ZPO, 7335). Wegen der besonderen Bedeutung der Familienmediation im Zusammenhang mit Kinderbelangen wurden die allgemeinen Bestimmungen über die Mediation (Art. 213–218) durch Art 297 Abs. 2 ergänzt (BOTSCHAFT ZPO, 7335, 7337, 7367; vgl. zur Bedeutung der Mediation in der familienrechtlichen Praxis ausführlich FamKomm Scheidung-LIATOWITSCH, Anhang Mediation, 1236 ff., m.H. auf das einschlägige Schrifttum, ferner die umfassende Untersuchung von BONO-HÖRLER). 7

Bei der **Regelung der Mediation** in der ZPO wird unterschieden zwischen «Mediation statt Schlichtungsverfahren», einer Alternative zum Schlichtungsversuch einerseits und «Mediation im Entscheidverfahren», einem Zwischenverfahren im Rahmen eines bereits laufenden Prozesses in der ersten oder zweiten Instanz anderseits (vgl. Art. 213 und 214; BOTSCHAFT ZPO, 7336). Art. 297 Abs. 2 knüpft an Art. 214 an. 8

II. Anwendungsbereich und Voraussetzungen

1. Absatz 1

Soweit **Anordnungen über Kinder** zu treffen sind, ist Abs. 1 ist auf den gesamten Bereich der *besonderen eherechtlichen Verfahren* (Art. 271–294) anwendbar, mithin im Eheschutzverfahren (Art. 271 lit. a), in allen Scheidungsverfahren (Art. 274 ff., 285 ff., 290 ff., einschliesslich vorsorgliche Massnahmen, Art. 276), in den Eheungültigkeits- und Ehetrennungsklagen sowie in allen entsprechenden Abänderungs- und Ergänzungsklagen (vor Art. 295 N 3; SUTTER/FREIBURGHAUS, Art. 144 N 6; vgl. auch N 1). 9

Die Anhörung der Eltern ist Teil der **Sachverhaltsfeststellung** (N 5; Art. 296 N 12 ff.). Sie ist Ausdruck des *Unmittelbarkeitsprinzips* (BSK ZGB I-BREITSCHMID, Art. 144 N 1) und daher im Rahmen einer mündlichen Verhandlung durch das Gericht selber vorzunehmen (TUOR/SCHNYDER/SCHMID/RUMO-JUNGO, § 25 Rz 40). Anzuhören sind die Eltern persönlich, nicht nur ihre Vertreter (STAEHELIN/STAEHELIN/GROLIMUND, § 21 Rz 87). Ist für die Beurteilung ein Gerichtskollegium zuständig, kann die Anhörung auch einem einzelnen Mitglied delegiert (SUTTER/FREIBURGHAUS, Art. 144 ZGB N 11) und im Rahmen einer Instruktionsverhandlung (Art. 226) durchgeführt werden. 10

Aus dem Grundsatz des Anspruchs auf rechtliches Gehör (Art. 53 Abs. 1) und in Übereinstimmung mit der Gesetzessystematik ist abzuleiten, dass die **Anhörung der Eltern** (als Prozessparteien und Inhaber der elterlichen Sorge, Art. 301 Abs. 1 ZGB) vor der Anhörung der Kinder stattzufinden hat (vgl. auch Art. 298 N 4). Dadurch kann das Gericht allenfalls wichtige Hinweise erhalten, wie bei der Anhörung der Kinder vorgegangen werden soll. Im Verfahren der Scheidung auf gemeinsames Begehren wird sie nach der Natur der Sache gleichzeitig im Rahmen der nach Art. 287 vorgeschriebenen Anhörung erfolgen (vgl. dazu im Einzelnen auch VETTERLI, FamPra.ch 2001, 59 ff. sowie BSK ZGB I-GLOOR, Art. 111 N 7 ff.). Ist in einem strittigen Scheidungsverfahren zunächst als vorsorgliche Massnahme (Art. 276) über die Obhutszuteilung über die Kinder zu entscheiden, kann sich später im Prozess im Hinblick auf die Regelung der elterlichen Sorge im Scheidungsfall die Notwendigkeit einer erneuten Anhörung ergeben. 11

Daniel Steck

12 Art. 297 Abs. 1 ist zwingender Natur und ergänzt die Art. 273 Abs. 2 und Art. 278, wonach die Parteien zum **persönlichen Erscheinen** verpflichtet sind (Art. 296 N 35). Sind *Dispensationsgründe* im Sinne dieser Bestimmungen gegeben, ist die Anhörung, wenn immer möglich, nachzuholen. Immerhin sind nach Ermessen des Gerichts aus wichtigen Gründen Ausnahmen möglich, z.B. bei länger dauerndem Aufenthalt im Ausland, unbekanntem Aufenthalt, Urteilsunfähigkeit, krankheitsbedingter Unmöglichkeit oder Unzumutbarkeit (SUTTER/FREIBURGHAUS, Art. 144 ZGB N 12 f.; Art. 296 N 35). Allenfalls ist die Anhörung in solchen Fällen umständehalber ausnahmsweise auch schriftlich durchzuführen (BGE 131 III 182, 185 ff. E. 4; TUOR/SCHNYDER/SCHMID/RUMO-JUNGO, § 25 Rz 40).

2. Absatz 2

13 Die allgemeine Regelung der **Mediation** in den Art. 214–218 ist auch auf die Kinderbelange in den eherechtlichen Verfahren (Art. 297 ff.) anwendbar. Zu beachten ist jedoch, dass die Bestimmung von Art. 297 Abs. 2 insofern weiter geht, als das Gericht hier die Eltern zu einem «Mediationsversuch auffordern» kann, während es nach Art. 214 Abs. 1 den Parteien lediglich «jederzeit eine Mediation empfehlen» kann. «Auffordern» bedeutet in diesem Zusammenhang «mit Nachdruck empfehlen» (Votum von StR Inderkum, AmtlBull StR 2007, 635 f.). Mit dieser Nuance in der Formulierung wird dem Umstand Rechnung getragen, dass sich erfahrungsgemäss eine Familienmediation oft am ehesten dafür eignet, eine dem Kindeswohl angemessene Lösung zu suchen und zu erarbeiten (vgl. auch BOTSCHAFT ZPO, 7337). Die Eltern können dem Gericht jederzeit gemeinsam eine Mediation beantragen (Art. 214 Abs. 2). Das Gericht kann jedoch auch die Mediation nach Art. 297 Abs. 2 nicht verbindlich anordnen. Diese bleibt vielmehr freiwillig und den Parteien anheimgestellt.

14 Durch die Verankerung der Mediation in der ZPO wird die freiwillige Mediation in der Schweiz aufgewertet (STAUB, ZBJV 2009, 418). Im bundesrätlichen Entwurf (BOTSCHAFT ZPO, 7336 f.) und in den parlamentarischen Beratungen wurde ausdrücklich auf die Freiwilligkeit der Mediation hingewiesen (AmtlBull StR 2007, 523 ff. und NR 2008, 960 ff.). Die Möglichkeit der **Pflichtmediation** war kein Thema. In Fachkreisen wird jedoch die Auffassung vertreten, die Möglichkeit der Pflichtmediation sei «als wirkungsvolle Verhaltensbeeinflussung unbestritten, weil sich die Eltern gezwungenermassen mit der Kritik an ihrem Verhalten ihren Kindern gegenüber auseinandersetzen müssen». Es sei deshalb wünschenswert, dass «in Zukunft die Pflichtmediation als zusätzliches Instrumentarium in den Katalog der Kindesschutzmassnahmen aufgenommen wird» (STAUB, ZBJV 2009, 404 ff., 418, m.w.H.; vgl. auch ZR 2004 Nr. 35 mit Komm. von STAUB, ZVW 2008, 431 ff.; ferner DIES., ZVW 2006, 121 ff.; N 18; für die Fälle internationaler Kindesentführungen vgl. Art. 302 N 27). In einem neueren Entscheid vom 9.12.2009 hat das Bundesgericht dieser Entwicklung Rechnung getragen und eine gestützt auf Art. 307 Abs. 3 ZGB angeordnete Pflichtmediation als zulässig erachtet (BGer 5A_457/2009, E. 4; vgl. auch N 17).

III. Rechtsfolgen

1. Abs. 1

15 Die Missachtung von Abs. 1 stellt eine **Verletzung von Bundesrecht** dar, die entsprechend auf dem Rechtsmittelweg anfechtbar ist (Art. 296 N 33, 41). Grundsätzlich können die Eltern nicht auf Anhörung verzichten (VETTERLI, FamPra.ch 2001, 59, 61 f.; zu den Fällen von Dispensation vgl. N 12). Im Säumnisfall oder bei Verweigerung der Aussage hat das Gericht nach den durch den Untersuchungs- und Offizialgrundsatz vorgegebenen gesetzlichen Regeln vorzugehen (Art. 296 N 35 f.).

2. Abs. 2

Wenn die Eltern der gerichtlichen Aufforderung Folge leisten, richtet sich das weitere Vorgehen grundsätzlich nach den Bestimmungen von Art. 214–218: Die **Organisation und Durchführung der Mediation** ist Sache der Eltern (Art. 215). Das Gericht kann ihnen jedoch bei der Suche von Mediatoren und Mediatorinnen behilflich sein. Das hängige gerichtliche Verfahren wird sistiert (Art. 214 Abs. 3); die Rechtshängigkeit des Prozesses bleibt erhalten. Das Verfahren kann auf Antrag einer Partei jederzeit wieder aufgenommen werden. Vorsorgliche Massnahmen bleiben in Kraft und können auch neu angeordnet werden (BOTSCHAFT ZPO, 7336). Die Mediation ist von der Schlichtungsbehörde und vom Gericht unabhängig und vertraulich (Art. 216 Abs. 1). Die Mediatoren und Mediatorinnen sind deshalb dem Gericht nicht rechenschaftspflichtig (BOTSCHAFT ZPO, 7337). Für Aussagen der Parteien im Mediationsverfahren besteht ein Verwertungsverbot (Art. 216 Abs. 2); entsprechend besteht für Mediatoren und Mediatorinnen ein beschränktes Verweigerungsrecht (Art. 166 Abs. 1 lit. d; Botschaft ZPO, 7337). Falls in der Mediation eine Einigung der Eltern über Kinderbelange zustande kommt, muss diese, um die Wirkung eines rechtskräftigen Entscheids erlangen zu können, wegen der geltenden Untersuchungs- und Offizialmaxime gerichtlich genehmigt werden (Art. 217; BOTSCHAFT ZPO, 7337; vgl. auch Art. 279; Art. 296 N 29 ff.). 16

Bei **Weigerung,** der gerichtlichen Aufforderung nachzukommen, oder bei Säumnis bleibt dies wegen der Freiwilligkeit der Mediation sanktionslos. Jede Partei kann deshalb auch einseitig auf eine Mediation verzichten (BOTSCHAFT ZPO, 7336; vgl. dazu auch N 14). Wenn das Gericht über die Kinderbelange entscheidet, darf den Parteien aus solchem Verhalten kein Nachteil erwachsen. Art. 164 ist nicht anwendbar (vgl. Art. 296 N 35 f.). Im Entscheid vom 9.12.2009 (vgl. N 14) hatte das Bundesgericht die Zulässigkeit der von den kantonalen Instanzen angedrohten Sanktion für den Fall der Verweigerung der Mitwirkung (Bestrafung wegen Ungehorsams nach Art. 292 StGB) mangels Anfechtung nicht zu beurteilen (BGer 5A_457/2009, E. 4). 17

Wegen der grossen Bedeutung der Aufrechterhaltung der Kommunikation zwischen den Parteien wird der allgemeine Grundsatz, wonach die Parteien die **Kosten der Mediation** zu tragen haben (Art. 218 Abs. 1), für *kindesrechtliche Angelegenheiten* nicht vermögensrechtlicher Art durchbrochen. Es geht dabei insb. um Streitigkeiten über die Zuteilung der elterlichen Sorge oder das Besuchsrecht (BOTSCHAFT ZPO, 7337), darüber hinaus aber generell auch um solche im Zusammenhang mit der Anordnung von Kindesschutzmassnahmen (Art. 307 ff. ZGB; vgl. auch Art. 302 N 26 ff.). Die Parteien haben nach Art. 218 Abs. 2 Anspruch auf eine unentgeltliche Mediation, wenn ihnen die erforderlichen Mittel fehlen (lit. a) und das Gericht die Durchführung einer Mediation empfiehlt (lit. b). Beim Kriterium der Mittellosigkeit wird auf die Grundsätze der unentgeltlichen Rechtspflege (Art. 117, 123) abgestellt, d.h. das Rechtsbegehren darf nicht aussichtslos sein (BOTSCHAFT ZPO, 7338). Dieser Anspruch auf unentgeltliche Mediation stellt ein bundesrechtliches Minimum dar. Nach Art. 218 Abs. 3 kann das kantonale Recht weitere Kostenerleichterungen vorsehen (BOTSCHAFT ZPO, 7338). 18

IV. Änderung gegenüber dem bisherigen Recht

Art. 297 Abs. 1 ersetzt den bisherigen Art. 144 Abs. 1 ZGB (Anhang 1 [Art. 402] II, 3; vgl. auch Art. 296 N 50). 19

Art. 298

Anhörung des Kindes	¹ Das Kind wird durch das Gericht oder durch eine beauftragte Drittperson in geeigneter Weise persönlich angehört, sofern sein Alter oder andere wichtige Gründe nicht dagegen sprechen. ² Im Protokoll der Anhörung werden nur die für den Entscheid wesentlichen Ergebnisse festgehalten. Die Eltern und die Beiständin oder der Beistand werden über diese Ergebnisse informiert. ³ Das urteilsfähige Kind kann die Verweigerung der Anhörung mit Beschwerde anfechten.
Audition de l'enfant	¹ Les enfants sont entendus personnellement et de manière appropriée par le tribunal ou un tiers nommé à cet effet, pour autant que leur âge ou d'autres justes motifs ne s'y opposent pas. ² Lors de l'audition, seules les informations nécessaires à la décision sont consignées au procès-verbal. Elles sont communiquées aux parents et au curateur. ³ L'enfant capable de discernement peut interjeter un recours contre le refus d'être entendu.
Audizione dei figli	¹ I figli sono personalmente e appropriatamente sentiti dal giudice o da un terzo incaricato, eccetto che la loro età o altri motivi gravi vi si oppongano. ² Nel verbale dell'audizione sono registrate soltanto le risultanze essenziali per la decisione. I genitori e il curatore vengono informati su tali risultanze. ³ Il figlio capace di discernimento può interporre reclamo contro la negata audizione.

Inhaltsübersicht

	Note
I. Norminhalt und Normzweck	1
II. Anwendungsbereich und Voraussetzungen	7
1. Absatz 1	7
2. Absatz 2	23
3. Absatz 3	25
III. Rechtsfolgen	30
IV. Internationales Recht	31
V. Änderung gegenüber dem bisherigen Recht	32

Literatur

Vgl. die Literaturhinweise bei den Vorbem. zu Art. 295–304 und zu Art. 297.

I. Norminhalt und Normzweck

1 Von den Auseinandersetzungen der Ehegatten in den eherechtlichen Verfahren (Art. 297 ff.) sind immer auch deren Kinder betroffen. Dabei besteht die Gefahr, dass die Interessen der Kinder nicht genügend berücksichtigt werden. Die im materiellen Recht

2. Kapitel: Eherechtliche Verfahren 2–5 Art. 298

verankerte **Maxime des Kindeswohls** (Art. 3 Abs. 1 UN-KRK; Art. 301 Abs. 1 ZGB; HEGNAUER, Grundriss, Rz 26.04a ff.; Vor Art. 295 N 1) gilt auch im *Verfahrensrecht*. Das Kind soll im Grundsatz in allen eherechtlichen Verfahren, von denen es berührt wird, nicht als Objekt im Prozess der Eltern, sondern als Subjekt wahrgenommen werden (vgl. dazu ausführlich BODENMANN/RUMO-JUNGO, FamPra.ch 2003, 22 ff.). Das Anhörungsrecht des Kindes wurde im Zusammenhang mit der Scheidungsrechtsrevision von 1998/ 2000 eingeführt (Art. 144 Abs. 2 ZGB). Nach anfänglicher Skepsis stösst es heute im Gerichtsalltag angeblich überwiegend auf Akzeptanz (BODENMANN/RUMO-JUNGO, FamPra.ch 2003, 23). Neueste Untersuchungen zeigen aber, dass nur ungefähr ein Drittel aller betroffenen Kinder im Ehescheidungsverfahren ihrer Eltern zu einer Anhörung eingeladen werden und insgesamt lediglich 10% tatsächlich angehört werden (BÜCHLER/ SIMONI, 117; vgl. auch COTTIER/HÄFELI 109 ff.).

Das Kind wird in das Verfahren einbezogen, indem ihm gewisse **Mitwirkungsrechte** 2 eingeräumt werden. Dies gilt auch dann, wenn ihm das materielle Recht keine Parteistellung einräumt (vgl. dazu Art. 300 N 3 ff. und Art. 301 N 15 ff.). Die Regelung von Art. 296 wird in Bezug auf die Verfahrensrechte des Kindes ergänzt, namentlich durch die Anhörung des Kindes (Art. 298), die Anordnung einer Vertretung des Kindes (Art. 299), die Kompetenzen der Vertretung (Art. 300) und die Eröffnung der Entscheide (Art. 301 lit. b).

Die **Anhörung des Kindes** hat grundsätzlich *in allen familienrechtlichen Verfahren* 3 zu erfolgen (Art. 297 N 1, 9; BOTSCHAFT ZPO, 7367; auch im Vollstreckungsverfahren betr. Ausübung des Besuchsrechts, BGer, 5A_388/2008, E. 3; zur bisherigen Praxis vgl. BGE 131 III 553 E. 1.1; 126 III 497, 498 E. 4b; BGer, 5A_355/2009, E. 3.1; 5A_352/2009, E. 2.3; 5A_43/2008, E. 4.1; 5A_536/2007, E. 2.2; 5A_117/2007, E. 4.2). Neu handelt es sich dabei nicht mehr um eine Materie des formellen Bundeszivilrechts, sondern um eine bundesrechtliche Vorschrift des Zivilprozessrechts. Die im Vorentwurf der Expertenkommission für die Anhörung des Kindes vorgesehene Bestimmung orientierte sich inhaltlich an Art. 144 Abs. 2 ZGB und wurde durch ein selbständiges Anfechtungsrecht des urteilsfähigen Kindes erweitert (Art. 253 Abs. 2 und 3 VE-ZPO; Begleitbericht zum VE-ZPO, 122 f.). Der bundesrätliche Entwurf überführte die beiden Absätze in einen eigenständigen Artikel und fügte dazwischen die Bestimmung über die Protokollierung ein (Art. 293 Abs. 1–3 E-ZPO; BOTSCHAFT ZPO, 7367; vgl. auch Art. 297 N 3). Diese Systematik wurde von den eidgenössischen Räten beibehalten. Am Wortlaut von Art. 293 E-ZPO wurde nichts geändert (AmtlBull StR 2007, 635 f. und NR 2008, 969). Die Fassung von Art. 293 Abs. 1–3 E-ZPO ist in Art. 298 Abs. 1–3 Gesetz geworden (vgl. auch die analoge Regelung für die Kindesschutzverfahren [Art. 314a Abs. 1–3 nZGB], die nicht unter die ZPO fallen; Vor Art. 295 N 4).

Art. 298 steht in einem engen Zusammenhang mit Art. 297 Abs. 1. Nach der Anhörung 4 der Eltern (Art. 297 N 11) ist im eherechtlichen Verfahren auch **das Kind anzuhören** (Abs. 1; N 7 ff.). Der Wortlaut dieser Bestimmung unterscheidet sich nur unwesentlich von der bisherigen Fassung in Art. 144 Abs. 2 ZGB (vgl. Art. 297 N 4). Der Unterschied ist rein redaktioneller Natur. Inhaltlich besteht Übereinstimmung (BOTSCHAFT ZPO, 7367).

Art. 298 erfüllt einen **doppelten Zweck**. Die Anhörung des Kindes dient einmal der 5 *Sachverhaltsfeststellung*, zu der auch Kinder beitragen können, die noch nicht urteilsfähig im Rechtssinne sind (Art. 296 N 10, 12; BGer, 5P.214/2005, E. 2.2.2; 5P.290/ 2001, E. 2b, bb; BRÄM, AJP 1999, 1568; STECK/FELDER, FamPra.ch 2003, 45). Insbesondere räumt aber das Gesetz dem Kind in den eherechtlichen Verfahren (Art. 297 ff.) ein *Mitwirkungsrecht* ein, wodurch ihm ein besonderer Anspruch auf rechtliches Gehör garantiert wird (BGer, 5A_117/2007, E. 3.2.3; STECK/FELDER, FamPra.ch 2003, 44; vgl. auch Art. 297 N 5). Das Recht auf Anhörung steht dem Kind aufgrund seiner Persönlichkeit zu und ist ein höchstpersönliches Recht (BGE 131 III 553 E. 1.1; SCHÜTT, 50 ff.; BRÄM, AJP 1999, 1568 f.). Die Bestimmung von Art. 298 «konkretisiert einerseits die aus Art. 12 (UN-)KRK fliessenden konventionsrechtlichen Garantien und setzt anderseits den Anspruch des Kindes auf rechtliches Gehör sowie den in diesem Bereich geltenden Untersuchungsgrundsatz um» (BGer, 5C.316/2006, E. 2; vgl. auch BGer, 6B_133/2007, E. 3.3.1). Art. 298 geht jedoch weiter und ist offener formuliert als Art. 12 UN-KRK, indem auch das urteilsunfähige Kind in seinen Anwendungsbereich fällt (BGE 131 III 553, 554 E. 1.1; vgl. auch BGer 5A_352/2009, E. 2.3). Das Gesetz geht vom generellen Grundsatz der Anhörung aus und umschreibt auch die Ausnahmen generell (BRÄM, AJP 1999, 1570; N 7, 9).

6   Über die Protokollierung der Anhörung und Information der Prozessbeteiligten (Abs. 2; N 23 f.) sowie über die Beschwerdemöglichkeit des urteilsfähigen Kindes bei Verweigerung der Anhörung (Abs. 3; N 25 ff.) enthielt das ZGB keine Vorschriften. Die verfahrensmässige Abwicklung erfolgte nach kantonalem Recht und war entsprechend der kantonalen Vielfalt uneinheitlich. Neu besteht eine bundesrechtliche Regelung. In Bezug auf die Protokollierung geht **Abs. 2 als lex specialis** der allgemeinen Norm von Art. 176 vor.

II. Anwendungsbereich und Voraussetzungen

1. Absatz 1

a) Allgemeines

7   Die Pflicht zur Anhörung des Kindes ist grundsätzlich **zwingend**, doch bleiben die vom Gesetz in einer Generalklausel statuierten Ausnahmen vorbehalten (N 14 ff.; BSK ZGB I-BREITSCHMID, Art. 144 N 2; BODENMANN/RUMO-JUNGO, FamPra.ch 2003, 25 f.). Nach der bundesgerichtlichen Rechtsprechung **setzt** die Anhörung des Kindes einen entsprechenden **Antrag** einer Verfahrenspartei **voraus**, soweit dieses seinen Anspruch nicht selbst wahrnehmen kann; (nur) in diesem Fall soll das Gericht zur Anhörung verpflichtet sein (BGer, 5A_43/2008, E. 4.1; vgl. auch BGE 131 III 553, 557 f. E. 1.2.4; BGer, 5C.209/2005, E. 3.1). Indessen stellt sich die Frage, ob das Gericht nicht ganz grundsätzlich eine Anhörung sowohl beim urteilsfähigen als auch beim urteilsunfähigen Kind von Amtes wegen zu prüfen hat, auch wenn kein entsprechender Antrag gestellt wurde. Nach der ratio legis muss das bejaht werden. Beim urteilsunfähigen Kind hat das Gericht jedoch in jedem Fall abzuklären, ob ein Ausnahmetatbestand vorliegt (N 14 ff.). Ein gemeinsamer Antrag der Eltern oder der Eltern und der Kindesvertretung, dass von einer Anhörung abzusehen sei, ist nach dem *Offizialgrundsatz* (Art. 296 Abs. 3; Art. 296 N 29 ff.) für das Gericht nicht bindend. Das Gericht wird in einem solchen Falle nach dem *Untersuchungsgrundsatz* von Amtes wegen zu prüfen haben, ob wichtige Gründe gegen eine Anhörung sprechen (Art. 296 Abs. 1; Art. 296 N 10).

8   Das Kind ist anzuhören, weil es durch das familienrechtliche Verfahren unmittelbar berührt wird. Art. 298 ist **in allen kantonalen Instanzen anwendbar**, jedoch nicht im Verfahren vor Bundesgericht (Art. 296 N 43 f.). Das Gericht darf die Anhörung nicht unterlassen, weil diese nach seiner Auffassung keinen entscheidenden Einfluss auf den Ausgang des Verfahrens haben könne (BGer, 5A_405/2007, E. 3.2; vgl. aber auch N 22, 26). Nach der ratio legis ist Art. 298 auch auf **nicht gemeinsame Kinder** der Prozessparteien anwendbar, etwa wenn zum Stiefelternteil eine intensive Beziehung besteht, die auf Wunsch des Kindes oder des Stiefelternteils fortbestehen soll, oder wenn eine Trennung

von Halbgeschwistern in Frage steht (vgl. dazu BGer, 5A_214/2008, E. 2.5; FamKomm Scheidung-SCHWEIGHAUSER, Art. 144 ZGB N 6).

b) Anhörung des Kindes durch das Gericht

Wie nach bisherigem Recht stehen nach dem Wortlaut von Abs. 1 die Anhörung durch das Gericht selbst und diejenige durch eine beauftragte Drittperson auf der gleichen Stufe. Nach der bundesgerichtlichen Rechtsprechung soll jedoch **das urteilende Gericht die Anhörung i.d.R. selbst vornehmen** und nicht systematisch an Dritte delegieren (BGE 133 III 553, 554 E. 4; 127 III 295, 297 E. 2a; BGer, 5A_350/2009, E. 3.2; 5A_46/2007, E. 2.1; 5P.345/2005, E. 2.1). Dafür spricht der Vorzug der *Unmittelbarkeit*. Das Gericht soll sich vom Kind, wenn immer möglich, ein eigenes Bild machen und mit ihm ein Gespräch führen (BGE 131 III 553, 557 E. 1.2.2; BRÄM, AJP 1999, 1569). Das fördert die Bildung eines sachgerechten Entscheids. Gleichzeitig wird dem Kind vermittelt, dass seine Bedürfnisse und Wünsche ernst genommen werden (FamKomm Scheidung-SCHWEIGHAUSER, Art. 144 ZGB N 7). 9

Die Anhörung setzt **nicht** voraus, dass das Kind i.S.v. Art. 16 ZGB **urteilsfähig** ist (BGE 131 III 553, 557 E. 1.2.2 m.w.H.; BGer, 5P.214/2005, E. 2.2.2). 10

c) Delegation der Anhörung des Kindes an eine Drittperson

Eine **Delegation der Anhörung an eine Drittperson** ist möglich und bei besonderen Verhältnissen angezeigt, z.B. bei kleinen Kindern (zum Alter des Kindes vgl. N 15) oder bei Vorliegen von spezifischen Belastungssituationen, um wiederholte Anhörungen zu vermeiden und dem Kind unzumutbare Belastungen zu ersparen (z.B. bei akuten Loyalitätskonflikten; vgl. FamKomm Scheidung-SCHWEIGHAUSER, Art. 144 ZGB N 9). Das Gericht entscheidet darüber nach freiem Ermessen, wobei die gesamten aus den Akten ersichtlichen Umstände zu würdigen sind (Art. 4 ZGB). Als zu beauftragende Drittpersonen kommen in solchen Fällen in erster Linie Fachpersonen in Frage (z.B. Sozialarbeiterinnen oder Sozialarbeiter mit entsprechenden Fachkenntnissen, Psychologinnen oder Psychologen, Kinderpsychiaterinnen oder Kinderpsychiater etc.; BGer, 5C.247/2004, E. 6.3.2). Fremdsprachige Kinder sollten durch eine Fachperson angehört werden, welche die Muttersprache des Kindes spricht (BRÄM, AJP 1999, 1571). In «gewöhnlichen Fällen» ist zur Entlastung der Richterinnen und Richter nach Massgabe der kantonalen Vorschriften über die Gerichtsorganisation allenfalls auch eine Delegation an gerichtsinterne Personen denkbar, welche mit der Bearbeitung des konkreten Falles befasst sind und über die erforderlichen Fähigkeiten verfügen. 11

Unter Umständen kann das Gericht auf eine selber durchgeführte Anhörung verzichten und bei seinem Entscheid auf die Ergebnisse der Anhörung durch Drittpersonen abstellen (z.B. Gutachten, die in einem anderen Verfahren in Auftrag gegeben wurden; BGE 127 III 295, 297 E. 2b; BGer, 5P.214/2005, E. 2.2.2; 5C.247/2004, E. 6.3.3; 5P.322/2003, E. 3.1 und 3.2; krit. BODENMANN/RUMO-JUNGO, FamPra.ch 2003, 29; vgl. auch BGE 124 II 361, 368 E. 3c in Bezug auf ein Verwaltungsverfahren). Ausschlaggebend muss aber sein, dass es sich bei der Drittperson um eine **unabhängige und qualifizierte Fachperson** handelt, dass das Kind zu den entscheidrelevanten Punkten befragt wird und dass das Ergebnis der Anhörung bei der Entscheidfindung aktuell ist (BGE 133 III 553, 554 f. E. 4). Umgekehrt lässt sich ein Anspruch auf (nochmalige) Anhörung durch eine Psychologin oder einen Psychologen weder aus Art. 12 UN-KRK noch aus Art. 298 ableiten, wenn zuvor die Kinder schon durch Fachpersonen befragt wurden (BGer, 5A_355/2009, E. 3.1). 12

13 Auszuschliessen ist die **Delegation der Anhörung** an die *Kindesvertretung* (vgl. dazu auch Art. 300 N 10; **a.M.** REUSSER, Rz 4.93; vgl. auch BGE 124 II 361, 368 E. 3.2). Eine Delegation an den *Erziehungsbeistand* (Art. 308 ZGB) ist ungenügend (BGE 133 III 553, 555 E. 5; BGer, 5P.276/2005, E. 3.2; anders noch BGer, 5C.166/2001, E. 4a [= FamPra.ch 2002, 177 f.]; 5C.19/2002, E. 2.1).

d) Die Ausnahmen von der Pflicht zur Anhörung

14 Die Anhörung des Kindes muss unterbleiben, sofern sein Alter oder andere wichtige Gründe dagegen sprechen. Bei dieser zum Schutz des Kindes erlassenen Ausnahmebestimmung handelt es sich um eine **Generalklausel**. Die Norm nennt keine konkrete Altersgrenze (N 15; BGE 131 III 553, 555 E. 1.2) und auch in Bezug auf «andere wichtige Gründe» (N 16 f.) fehlen gesetzliche Hinweise (BGE 131 III 553, 558 E. 1.3). Über die Zulässigkeit von Ausnahmen ist daher nach Art. 4 ZGB zu entscheiden, wobei der Entscheid nach objektiver Würdigung aller Umstände nach Recht und Billigkeit zu treffen ist. Wegleitend muss letztlich die Gewährleistung des Kindeswohls sein (vgl. auch BGer 5A_61/2008, E. 2.3 [=FamPra.ch 2008, 883]; 5A_352/2009: Danach muss sich der konventionsrechtliche Anhörungsanspruch des Kindes «vernünftigerweise» auf Verfahren beschränken, in denen «persönlichkeitsrelevante essentielle eigene Interessen des Kindes unmittelbar auf dem Spiel stehen»).

aa) Das Alter des Kindes

15 Das BGer hat sich in einem grundlegenden Entscheid differenziert, unter umfassender Würdigung der umfangreichen Literatur und der verschiedenen Lehrmeinungen mit der Frage auseinandergesetzt, ab welchem Alter die Kinder angehört werden müssen. Dabei ist es im Sinn einer **Richtlinie** davon ausgegangen, dass die Kindesanhörung **grundsätzlich ab dem vollendeten sechsten Altersjahr** möglich ist (BGE 131 III 553, 555 ff. E. 1.2.1–1.2.4). Je nach den konkreten Umständen kann sich jedoch auch die Anhörung eines «etwas jüngeren Kindes» aufdrängen, «etwa wenn von mehreren Geschwistern das jüngste kurz vor dem genannten Schwellenalter steht» (BGE 131 III 553, 557 E. 1.2.3; krit. BODENMANN/RUMO-JUNGO, FamPra.ch 2003, 26 ff., wonach für eine Anhörung bereits ab dem fünften Lebensjahr [und gegebenenfalls je nach Entwicklungsstand noch früher] plädiert wird; vgl. auch KLUSSMANN/STÖTZEL 96 ff.). Dabei wird vom Bundesgericht betont, dass dieses Schwellenalter für die Anhörung zu unterscheiden sei von der kinderpsychologischen Erkenntnis, dass formallogische Denkoperationen erst ab ungefähr 11 bis 13 Jahren möglich sind und auch die sprachliche Differenzierungs- und Abstraktionsfähigkeit erst ab ungefähr diesem Alter entwickelt ist (BGE 131 III 553, 556 f. E. 1.2.2). An dieser Rechtsprechung wurde seither festgehalten (BGer, 5C.209/2005, E. 3.1; 5A_117/2007, E. 4.2; 5A_308/2007, E. 2.3; 5A_536/2007, E. 2.2; 5A_43/2008, E. 4.1; 5A_53/2008, E. 2; 5A_350/2009, E. 3.2).

bb) Andere wichtige Gründe

16 Die Anordnung der Anhörung des Kindes muss für dieses **nach den gesamten Umständen zumutbar** sein. Unabhängig von der Frage des Alters ist deshalb davon abzusehen, wenn die Anhörung mit Rücksicht auf die physische oder psychische Gesundheit des Kindes eine übermässige Belastung und Gefährdung des Kindeswohls darstellen würde (vgl. dazu im Einzelnen BGE 131 III 553, 558 f. E. 1.3.1–1.3.3; 124 III 90, 93 f. E. 3c). Die Abklärungen durch Fachpersonen können gegebenenfalls Aufschluss darüber geben, ob eine gerichtliche Anhörung möglich ist. Kein wichtiger Grund ist der generelle Wunsch der Eltern, auf eine Anhörung zu verzichten (BRÄM, AJP 1999, 1571; N 7).

Verweigert das Kind die Mitwirkung, ist dies zu respektieren. Das Gericht hat jedoch nach Möglichkeit zu überprüfen, ob der geäusserte Verzicht dem Willen des Kindes entspricht. Dies ist insbesondere erforderlich, wenn Anzeichen dafür bestehen, dass die Eltern eine Anhörung verhindern möchten. Die Durchsetzung der gerichtlichen Anordnung mit Zwangsmitteln ist ausgeschlossen (FamKomm Scheidung-SCHWEIGHAUSER, Art. 144 ZGB N 21; SCHÜTT 72 ff.; N 25).

e) Durchführung der Anhörung

Die Anhörung des Kindes ist **altersgerecht** durchzuführen. Die Art und Weise ist deshalb vom Stand der Entwicklung des Kindes abhängig. Ziel der Anhörung ist, dem Gericht oder der beauftragten Fachperson eine persönliche Sicht des Kindes zu vermitteln. Seine Neigungen, Wünsche, Ängste, Bindungen und die Qualität seiner Beziehungen zu Eltern und Geschwistern sollen möglichst ungefiltert zum Ausdruck kommen. Das setzt auf Seiten der anhörenden Person ein behutsames Vorgehen, Einfühlungsvermögen und Flexibilität voraus. Eine inquisitorische Befragung, namentlich ein Ausfragen über die Eltern, ist zu vermeiden. Der Wunsch des Kindes, Fragen nicht beantworten zu müssen, ist zu respektieren. Die Anhörung ist vielmehr im Rahmen eines natürlichen *Gesprächs* durchzuführen, bei welchem das Kind auch über das Verfahren informiert wird, Fragen stellen kann und Gelegenheit erhält, eigene Wünsche zu artikulieren. Zu beachten sind auch äussere Umstände wie Vorgehen bei der Einladung, Ort der Befragung, Sitzordnung, allfällige Begleitung (vgl. dazu im Einzelnen BODENMANN/RUMO-JUNGO, FamPra.ch 2003, 31 ff.; FamKomm Scheidung-SCHWEIGHAUSER, Art. 144 ZGB N 11 ff.; BSK ZGB I-BREITSCHMID, Art. 144 N 6 ff.; BRÄM, AJP 1999, 1569 f., 1572 ff.; BALTZER-BADER, AJP 1999, 1574 ff.).

Das **Gespräch** dient nicht unmittelbar der gerichtlichen Entscheidfindung. Es darf insbesondere nicht geschehen, dass das Kind über seine Meinungsäusserung gleichsam die «Verantwortung für den Entscheid» übernehmen muss (BSK ZGB I-BREITSCHMID, Art. 144 N 8). Auf Wünsche des Kindes ist angemessen («soweit tunlich») Rücksicht zu nehmen (Art. 133 Abs. 2 und Art. 301 Abs. 2 ZGB; BGE 122 III 401, 402 f. E. 3b; BGer, 5A_171/2007, E. 2.3). Es geht darum, die Meinung des Kindes und die von ihm dafür angegebenen Gründe in die Entscheidung einzubeziehen. Den Wünschen des Kindes kommt dabei umso grössere Bedeutung zu, je reifer dieses ist (BGer, 5C.52/2005, E. 4.1). Mit Bezug auf die Zuteilung der elterlichen Sorge sind kleinere Kinder nicht nach konkreten Zuteilungswünschen zu fragen. Ab dem 12. Altersjahr kann ein Kind jedoch in der Regel direkt zu seinen Wünschen betr. elterliche Sorge und persönlichen Verkehr befragt werden (BGer, 5A_482/2007, E. 3.1; BODENMANN/RUMO-JUNGO, FamPra.ch 2003, 33 f.; SCHÜTT 203 ff.). Bei der Würdigung der Aussagen des Kindes sind die gesamten Gegebenheiten in Betracht zu ziehen (BODENMANN/RUMO-JUNGO, FamPra.ch 2003, 40; BSK ZGB I-BREITSCHMID, Art. 144 N 8).

Die Anhörung soll nicht vor einem Gerichtskollegium geschehen, sondern durch eine **Einzelrichterin oder einen Einzelrichter** vorgenommen werden (FamKomm Scheidung-SCHWEIGHAUSER, Art. 144 ZGB N 8; vgl. auch N 9, 11). Die Anwesenheit einer Gerichtsschreiberin oder eines Gerichtsschreibers ist nicht ausgeschlossen und manchmal sogar wünschbar (z.B. eine Frau bei Anhörung eines Mädchens durch einen Richter).

Grundsätzlich sollten die Kinder **nicht im Beisein ihrer Eltern und ihrer Rechtsvertreter sowie des Kindesvertreters** angehört werden. Die Eltern haben keinen Anspruch, vor der Anhörung mit den Kindern sprechen zu können (BGer, 5A_647/2008, E. 4.3.1). Ausnahmsweise kann jedoch die Anwesenheit der Eltern oder einer Erziehungsbeiständin oder eines Erziehungsbeistandes (Art. 308 ZGB) in besonderen Situationen im Interesse des Kindes bewilligt werden (BODENMANN/RUMO-JUNGO, FamPra.ch 2003, 39).

22 **Wiederholte Anhörungen** sollten möglichst vermieden werden. Idealerweise sollte die Anhörung erst kurz vor dem Zeitpunkt der Entscheidung erfolgen. Bei der Scheidung auf gemeinsames Begehren muss sie vor Ablauf der zweimonatigen Bedenkzeit (Art. 111 Abs. 2 ZGB) durchgeführt werden (FamKomm Scheidung-SCHWEIGHAUSER, Art. 144 ZGB N 16 ff.). Gegebenenfalls lässt sich eine zweimalige Anhörung aber nicht vermeiden, wenn z.B. zwischen dem Entscheid über vorsorgliche Massnahmen (Art. 276) und dem Scheidungsurteil eine lange Zeit verstrichen ist. Wurde das Kind in einem frühen Stadium des Prozesses durch eine Fachperson begutachtet und sind seither wesentliche Veränderungen eingetreten, hat das Gericht – abgesehen von der beweisrechtlich relevanten Frage, ob ein Ergänzungsgutachten erforderlich ist – auf Antrag einer Partei oder von Amtes wegen und gegebenenfalls nach Rücksprache mit der Fachperson darüber zu entscheiden, ob und in welcher Form eine neuerliche Anhörung stattfinden soll. Denkbar ist, dass die Anhörung in einem solchen Fall ausnahmsweise durch die Fachperson im Beisein einer Vertretung des Gerichts erfolgt (STECK/FELDER, FamPra.ch 2003, 50 f.).

2. Absatz 2

23 Im **Protokoll** der Anhörung sind nur die für den Endentscheid wesentlichen Ergebnisse festzuhalten. Damit wurde die bundesgerichtliche Rechtsprechung kodifiziert (BGE 122 I 53 ff.). Das Protokoll soll mit dem Kind besprochen werden. Soweit es das explizit wünscht, sind seine Aussagen nicht zu protokollieren. Es muss aber darauf aufmerksam gemacht werden, dass der Gerichtsentscheid nicht auf nicht protokollierte Aussagen abgestützt werden kann.

24 Die Eltern und die vom Gericht eingesetzte Kindesvertretung sind vom Gericht über das Ergebnis mündlich oder schriftlich zu **informieren**. Der Anspruch der Eltern auf rechtliches Gehör ist gewahrt, wenn ihnen das Ergebnis der Anhörung, nicht aber Einzelheiten des Gesprächsinhalts bekannt gegeben werden und sie vor dem Endentscheid dazu Stellung nehmen können (BGE 122 I 53, 55 E. 4a; BODENMANN/RUMO-JUNGO, FamPra.ch 2003, 39).

3. Absatz 3

25 Das **urteilsfähige Kind** hat einen unbedingten Anspruch auf Anhörung, der ihm auch von den Eltern nicht verwehrt werden kann (BODENMANN/RUMO-JUNGO, FamPra.ch 2003, 24). Es nimmt dieses Recht wahr, indem es selber einen Antrag stellt. Die *Verweigerung der Anhörung* kann es anfechten. Das setzt voraus, dass das Gericht über die Nichtanhörung einen förmlichen Entscheid fällt und diesen dem Kind mit Begründung eröffnet (Art. 301 N 15 ff.). In Bezug auf das Kind handelt es sich um einen nicht berufungsfähigen erstinstanzlichen Endentscheid, welcher der *Beschwerde* nach Art. 319 lit. a unterliegt. Sofern dem Kind die Postulationsfähigkeit fehlt, ist eine Kindesvertretung anzuordnen (Art. 299 N 7, 17). Hingegen gewährt das Gesetz dem urteilsfähigen Kind kein Rechtsmittel gegen die Anordnung der Anhörung. Lehnt das Kind die Mitwirkung ab, kann es das dem Gericht mitteilen, ohne dafür eine Sanktion befürchten zu müssen (N 17).

26 Die persönliche Anhörung muss **nicht in jeder Instanz** wiederholt werden. Vor der oberen kantonalen Instanz ist eine erneute Anhörung nur erforderlich, wenn sich die tatsäch-

lichen Verhältnisse seit der letzten Anhörung verändert haben (BGer, 5C.247/2004, E. 6.3.2; 5C.19/2002, E. 2.1; 5C.290/2001, E. 3b).

Bei **Gutheissung der Beschwerde** ist die Anhörung entweder als Folge einer Rückweisung (Art. 327 Abs. 3 lit. a) durch die erste Instanz nachzuholen oder gegebenenfalls in einem bereits hängigen Berufungsverfahren über die Hauptsache von der zweiten Instanz durchzuführen. 27

Wenn hingegen die kantonale Beschwerdeinstanz die **Nichtanordnung bestätigt**, ist in Bezug auf das Kind der Beschwerdeentscheid als Endentscheid i.S.v. Art. 90 BGG zu qualifizieren, sodass er vom Kind beim Bundesgericht mit der Beschwerde in Zivilsachen angefochten werden kann (Art. 72 Abs. 2 lit. b Ziff. 7 BGG). 28

Die **Verweigerung** kann auch darin bestehen, dass das Gericht die Anhörung des Kindes unterlässt und darüber keinen förmlichen Entscheid trifft. In diesem Falle liegt eine *Rechtsverzögerung, bzw. Rechtsverweigerung* vor, gegen welche die Beschwerdemöglichkeit nach Art. 319 lit. c gegeben ist (vgl. dazu auch Art. 299 N 18). 29

III. Rechtsfolgen

In Bezug auf das urteilsunfähige und das urteilsfähige Kind verstösst die Unterlassung der Anhörung, die nicht durch die Ausnahmetatbestände (N 14 ff.) gerechtfertigt werden kann, gleichzeitig auch gegen Art. 296 Abs. 1 und stellt eine **Verletzung von Bundesrecht** dar (Art. 296 N 32 ff.). Wurde bei einem *urteilsunfähigen Kind* eine Anhörung angeordnet, können sich die Eltern und gegebenenfalls die Kindesvertretung auf dem Rechtsmittelweg auf die Ausnahmetatbestände berufen. Wenn umgekehrt ein Antrag auf Anordnung der Anhörung abgewiesen wurde, kann geltend gemacht werden, dass keine Gründe für eine Ausnahme vorliegen. Hat das Gericht diesbezüglich einen prozessleitenden Entscheid erlassen (Art. 124), ist die Beschwerde nach Massgabe von Art. 319 lit. b Ziff. 2 zulässig. Andernfalls hat die Anfechtung im Rahmen der Berufung gegen den Endentscheid zu erfolgen. Da Art. 298 über die Garantien von Art. 12 UN-KRK hinausgeht (N 5), fällt die Konventionsrüge mit der Rüge der Verletzung von Art. 298 zusammen (BGer, 5P.214/2005, E. 2.1). 30

IV. Internationales Recht

Die Pflicht zur Anhörung beruht auf der Maxime des Kindeswohls und ist deshalb eine **Kindesschutzmassnahme besonderer Art** (N 1). Sofern das Kind im Ausland lebt, muss der durch das schweizerische Gericht wahrzunehmende Schutz durch staatsvertragliche Regelungen sichergestellt und gewährleistet werden (vgl. Art. 1 Abs. 1 lit. d und Art. 3 lit. d HKsÜ [SR 0.211.231.011]; ZK-SIEHR, Art. 85 IPRG N 23 f., 26; vgl. auch Art. 302 N 7 f.). Nach Art. 5 Abs. 1 HKsÜ obliegt diese Aufgabe der zuständigen Behörde am gewöhnlichen Aufenthalt des Kindes. Dabei kann nach Art. 29 ff. HKsÜ die Hilfe der Zentralen Behörden in Anspruch genommen werden. 31

V. Änderung gegenüber dem bisherigen Recht

Art. 298 ersetzt den bisherigen Art. 144 Abs. 2 ZGB (Anhang 1 [Art. 402] II, 3; Art. 297 N 19). 32

Art. 299

Anordnung einer Vertretung des Kindes

¹ Das Gericht ordnet wenn nötig die Vertretung des Kindes an und bezeichnet als Beiständin oder Beistand eine in fürsorgerischen und rechtlichen Fragen erfahrene Person.

² Es prüft die Anordnung der Vertretung insbesondere, wenn:
a. die Eltern bezüglich der Zuteilung der elterlichen Obhut oder Sorge oder bezüglich wichtiger Fragen des persönlichen Verkehrs unterschiedliche Anträge stellen;
b. die Vormundschaftsbehörde oder ein Elternteil eine Vertretung beantragen;
c. das Gericht aufgrund der Anhörung der Eltern oder des Kindes oder aus anderen Gründen:
   1. erhebliche Zweifel an der Angemessenheit der gemeinsamen Anträge der Eltern über die Zuteilung der elterlichen Obhut oder Sorge oder über den persönlichen Verkehr hat, oder
   2. den Erlass von Kindesschutzmassnahmen erwägt.

³ Stellt das urteilsfähige Kind Antrag auf eine Vertretung, so ist diese anzuordnen. Das Kind kann die Nichtanordnung mit Beschwerde anfechten.

Représentation de l'enfant

¹ Le tribunal ordonne si nécessaire la représentation de l'enfant et désigne un curateur expérimenté dans le domaine de l'assistance et en matière juridique.

² Le tribunal examine s'il doit instituer une curatelle, en particulier dans les cas suivants:
a. les parents déposent des conclusions différentes relatives à l'attribution de l'autorité parentale ou du droit de garde ou à des questions importantes concernant leurs relations personnelles avec l'enfant;
b. l'autorité tutélaire ou l'un des parents le requièrent;
c. le tribunal, sur la base de l'audition des parents ou de l'enfant ou pour d'autres raisons:
   1. doute sérieusement du bien-fondé des conclusions communes des parents concernant l'attribution de l'autorité parentale ou du droit de garde ou la façon dont les relations personnelles sont réglées,
   2. envisage d'ordonner une mesure de protection de l'enfant.

³ Sur demande de l'enfant capable de discernement, le tribunal désigne un représentant. L'enfant peut former un recours contre le rejet de sa demande.

Rappresentanza del figlio

¹ Se necessario, il giudice ordina che il figlio sia rappresentato da un curatore, esperto in questioni assistenziali e giuridiche.

² Il giudice esamina se occorra disporre una rappresentanza in particolare nei seguenti casi:
a. i genitori propongono conclusioni differenti in merito all'attribuzione della custodia o dell'autorità parentali o in merito a questioni importanti concernenti le relazioni personali;
b. l'autorità tutoria o un genitore la chiede;
c. l'audizione dei genitori o del figlio oppure altri motivi:
   1. fanno sorgere notevoli dubbi sull'adeguatezza delle conclusioni comuni dei genitori circa l'attribuzione della custodia o dell'autorità parentali o circa le relazioni personali, oppure
   2. inducono a prospettare misure di protezione del figlio.

³ La rappresentanza è ordinata in ogni caso se il figlio capace di discernimento la chiede. Il figlio può interporre reclamo contro il diniego di istituirla.

2. Kapitel: Eherechtliche Verfahren   1, 2   **Art. 299**

Inhaltsübersicht   Note

I. Norminhalt und Normzweck 1
II. Anwendungsbereich und Voraussetzungen 5
   1. Abs. 1 und 3 5
   2. Abs. 2 11
III. Rechtsfolgen 16
IV. Internationales Recht 21
V. Änderung gegenüber dem bisherigen Recht 22

Literatur

D. BÄHLER, Die Vertretung des Kindes im Scheidungsprozess, ZVW 2001, 187 ff.; M. COTTIER, Verfahrensvertretung des Kindes im Familienrecht der Schweiz: aktuelle Rechtslage und Reformbedarf, in: Blum/Cottier/Migliazza (Hrsg.), Anwalts des Kindes, Bern, 2008, 125 ff.; M. COTTIER/ CH. HÄFELI, Das Kind als Rechtssubjekt im zivilrechtlichen Kindesschutz, in: I. Schwenzer/ A. Büchler (Hrsg.), Vierte Schweizer Familien§Tage, Bern 2008, 109 ff.; C. HEGNAUER, Der Anwalt des Kindes, ZVW 1994, 181 ff.; DERS., Die Wahrung der Kindesinteressen im Scheidungsprozess, AJP 1994, 888 ff.; G. P. LEVANTE, Die Wahrung der Kindesinteressen im Scheidungsverfahren – die Vertretung des Kindes im Besonderen, Bern, 2000; L. SALGO, Der Anwalt des Kindes, Die Vertretung von Kindern in zivilrechtlichen Kindesschutzverfahren, 2. Aufl., 1996; J. SCHWEIGHAUSER, Die Vertretung der Kindesinteressen im Scheidungsverfahren – Anwalt des Kindes, Basel 1998; DERS., Kindesvertretung in Scheidungsverfahren – Probleme bei der Umsetzung von Art. 146/147 ZGB, in: Blum/Cottier/Migliazza (Hrsg.), Anwalts des Kindes, Bern 2008, 153 ff. (zit. Probleme bei der Umsetzung); J. SCHREINER/J. SCHWEIGHAUSER, Die Vertretung von Kindern in zivilrechtlichen Verfahren, FamPra.ch 2002, 524 ff.; D. STECK, Die Vertretung des Kindes im Prozess der Eltern, AJP 1999, 1558 ff.; DERS., Die Vertretung des Kindes (Art. 146f. ZGB) – erste praktische Erfahrungen, ZVW 2001, 102 ff.; M. STÖTZEL, Interessenvertretung – Wie erlebt sie das Kind?, in: Blum/Cottier/Migliazza (Hrsg.), Anwalt des Kindes, Bern 2008, 101 ff.; vgl. zudem die Literaturhinweise bei den Vorbem. zu Art. 295–304 und zu Art. 297.

I. Norminhalt und Normzweck

Art. 254 Abs. 1–5 VE-ZPO fasste den Inhalt der Art. 146 und 147 ZGB zusammen und 1
übernahm die bisherige Regelung unverändert (Begleitbericht zum VE-ZPO, 123). Im bundesrätlichen Entwurf wurde insofern eine Änderung vorgenommen, als die Zuständigkeit zur Bezeichnung der Kindesvertretung entgegen der bisherigen Regelung (Art. 147 Abs. 1 ZGB; Art. 254 Abs. 4 VE-ZPO) dem Gericht übertragen wurde (Art. 294 Abs. 1 E-ZPO; BOTSCHAFT ZPO, 7367). Die Auflistung der dem Beistand des Kindes zukommenden Kompetenzen (Art. 147 Abs. 2 ZGB; Art. 254 Abs. 5 VE-ZPO) erfolgte inhaltlich unverändert in Art. 295 E-ZPO (BOTSCHAFT ZPO, 7367; vgl. Art. 300 N 1 f.). Die eidgenössischen Räte stimmten der bundesrätlichen Fassung mit einer geringfügigen Änderung beim französischen Text zu (vgl. Art. 294 Abs. 1 E-ZPO: «un» curateur statt «comme» curateur; AmtlBull StR 2007, 636; NR 2008, 969 und StR 2008, 729). Art. 294 E-ZPO ist in dieser Fassung in Art. 299 Gesetz geworden.

In Art. 255 VE-ZPO war überdies vorgesehen worden, dass Anordnungen vormund- 2
schaftlicher Behörden über den persönlichen Verkehr (Art. 134 Abs. 4 ZGB) mit Rekurs anfechtbar seien (Begleitbericht zum VE-ZPO, 123; N 3). Diese Bestimmung wurde aber in der Folge obsolet, weil im Rahmen der Revision des ZGB (Änderung vom 19.12.2008, BBl 2009 141 ff., 174) Art. 134 Abs. 4 ZGB abgeändert wurde. Danach fallen künftig Verfahren vor der Kindesschutzbehörde, die nach Art. 134 Abs. 4 ZGB

zu beurteilen sind, nicht unter die ZPO; die entsprechenden Entscheide sind bei der gerichtlichen Beschwerdeinstanz nach Art. 450 ff. ZGB anfechtbar (vgl. auch Vor Art. 295 N 4).

3   Bei der in Art. 299 und 300 geregelten **Kindesvertretung** handelt es sich um eine besondere Art der gesetzlichen Vertretung. Die beiden Bestimmungen finden *auf alle eherechtlichen Verfahren Anwendung* (Art. 297 ff.; BOTSCHAFT ZPO, 7367; Art. 297 N 1), was durch extensive Auslegung von Art. 146 f. ZGB teilweise schon unter dem bisherigen Recht Praxis war (BÄHLER, ZVW 2001, 191; vgl. BGer, 5C.173/2001, E. 2a; 5P.139/2002, E. 2). Zweck der Kindesvertretung ist es, in diesen Verfahren die Rechte der handlungsunfähigen Kinder selbständig zu wahren (Art. 67 Abs. 2; vgl. dazu auch Art. 300 N 3 ff., 13). Sie kann deshalb als *Kindesschutzmassnahme sui generis* bezeichnet werden (STECK, AJP 1999, 1561), die verfahrensrechtlich begründet wird (vgl. auch BOTSCHAFT Scheidungsrecht, BBl 1996 I 148). Für die Kindesvertretung in den Verfahren betr. internationale Kindesentführungen gelten besondere Vorschriften (vgl. dazu Art. 302 N 32).

4   Art. 299 Abs. 1 schreibt vor, dass die **Anordnung der Kindesvertretung** durch das *Gericht* erfolgt, und regelt die persönlichen Anforderungen an den zu bezeichnenden Beistand (N 5 ff.). Abs. 2 bestimmt im Einzelnen die Voraussetzungen, für welche Fälle das Gericht die Anordnung der Vertretung zu prüfen hat (lit. a–c; N 11 ff.). Nach Abs. 3 wird dem urteilsfähigen Kind ein selbständiges Antragsrecht zuerkannt und für den Fall der Nichtanordnung ein Anfechtungsrecht eingeräumt (N 7, 17).

II. Anwendungsbereich und Voraussetzungen

1. Abs. 1 und 3

5   Abs. 1 lehnt sich inhaltlich an die bisherige Regelung in den Art. 146 Abs. 1 und Art. 147 Abs. 1 ZGB an. Übereinstimmung mit dem bisherigen Recht besteht insoweit als die Anordnung der Kindesvertretung weiterhin dem Gericht obliegt und dafür nur eine in fürsorgerischen und rechtlichen Fragen erfahrene Person in Frage kommt. Im Unterschied zu Art. 147 Abs. 1 ZGB entfällt jedoch diesbezüglich die sachliche und örtliche Zuständigkeit der Vormundschaftsbehörde und hat neuerdings **das Gericht diese Person zu ernennen** (BOTSCHAFT ZPO, 7367; zur Entstehungsgeschichte von Art. 146 f. ZGB und zu praktischen Auswirkungen des bisherigen Rechts vgl. STECK, AJP 1999, 1588 ff. und STECK, ZVW 2001, 102 ff.).

6   Während nach Art. 146 Abs. 1 ZGB eine Kindesvertretung aus wichtigen Gründen anzuordnen war, soll nach Art. 299 Abs. 1 eine Anordnung «wenn nötig» erfolgen. Es handelt sich dabei um eine **Generalklausel**, die vom Gericht i.S.v. Art. 4 ZGB zu konkretisieren ist. Das Gericht hat nach pflichtgemässem Ermessen zu entscheiden. Ein Unterschied zum bisherigen Recht ist kaum auszumachen (BOTSCHAFT ZPO, 7367). Aus der neuen Formulierung lässt sich allenfalls ableiten, dass die Bestimmung tendenziell weniger restriktiv angewendet werden sollte, als das bis anhin nach der Praxis zu Art. 146 ZGB der Fall war. Nach wie vor weist das Gesetz das Gericht aber nur an, in den in Abs. 2 aufgezählten Konstellationen die **Anordnung einer Kindesvertretung zu prüfen** (BÄHLER, ZVW 2001, 192; zur diesbezüglichen Kritik vgl. SCHWEIGHAUSER, Umsetzung, 153 ff.; N 11 ff.).

7   Stellt hingegen das **urteilsfähige Kind** Antrag auf eine Vertretung, ist diese *zwingend* in jedem Fall anzuordnen (BGer, 5C.210/2000, E. 2b; 5P.173/2001, E. 2a; BÄHLER, ZVW 2001, 192; vgl. auch N 17).

Die mit der Kindesvertretung beauftragte Person muss **qualifiziert** sein. Das Gesetz verlangt als Anforderung wie nach bisherigem Recht (Art. 147 Abs. 1 ZGB) *Erfahrung in fürsorgerischen und rechtlichen Fragen* (vgl. dazu FamKomm-SCHWEIGHAUSER, Art. 147 ZGB N 4 f.; BSK ZGB I-BREITSCHMID, Art. 146/147 N 8; STECK, AJP 1999, 1565; BÄHLER, ZVW 2001, 193 f.). Das bedeutet, dass die Person über menschliche Qualitäten und Lebenserfahrung (psychologische und soziale Kompetenz) verfügen soll. Sie muss fähig sein, sich das Vertrauen des Kindes zu erwerben. Gefordert ist deshalb Erfahrung im Umgang mit Kindern und Jugendlichen sowie in der Jugendhilfe. Die Kindesvertretung sollte auch offen sein für interdisziplinäre Anliegen in den Bereichen der Psychologie und der Sozialpädagogik. In rechtlicher Hinsicht sind Kenntnisse im Familienrecht (namentlich Ehe-, Scheidungs- und Kindesrecht) und im Prozessrecht unerlässlich. Ein juristischer Studienabschluss oder gar ein Anwaltspatent ist jedoch nicht verlangt (BÄHLER, ZVW 2001, 194).

8

Für diese Aufgabe kommen in erster Linie einerseits Sozialarbeiterinnen und Sozialarbeiter und anderseits interessierte Rechtsanwältinnen und Rechtsanwälte in Frage. In der Regel ist eine **Einzelperson** zu bestimmen. Darüber, ob für die Wahl eher die fürsorgerischen oder die juristischen Fähigkeiten ausschlaggebend sein sollen, bestehen unterschiedliche Auffassungen. Die Frage kann nicht generell beantwortet werden. Entscheidend sind die Umstände im konkreten Fall hinsichtlich der Bedürfnisse des Kindes und der rechtlichen Probleme, welche sich im Verfahren stellen (vgl. dazu STECK, ZVW 2001, 102 ff.; BÄHLER, ZVW 2001, 195). Auf Wünsche des urteilsfähigen Kindes ist analog Art. 381 ZGB (bzw. Art. 401 nZGB) Rücksicht zu nehmen, sofern die Voraussetzungen von Art. 299 Abs. 1 erfüllt sind (FamKomm Scheidung-SCHWEIGHAUSER, Art. 147 ZGB N 5; BÄHLER, ZVW 2001, 194). Geschwister können von der gleichen Person vertreten werden, doch dürfen keine Interessenkonflikte oder ausgeprägte Unverträglichkeiten bestehen (FamKomm Scheidung-SCHWEIGHAUSER, Art. 147 ZGB N 35 ff.; STECK, AJP 1999, 1566; BÄHLER, ZVW 2001, 195). Für besonders komplexe und schwierige Fälle kann gegebenenfalls eine duale Vertretung hilfreich sein, so dass beiden Anforderungen durch das Zusammenwirken von zwei Fachpersonen Rechnung getragen wird (*sog. Tandem-System*). Eine solche Lösung ist jedoch aufwändig und teuer und dürfte daher höchstens ausnahmsweise in Frage kommen (STECK, AJP 1999, 1565; FamKomm Scheidung-SCHWEIGHAUSER, Art. 147 ZGB N 5).

9

Das Gericht muss sich davon überzeugen, dass die für eine Kindervertretung in Betracht gezogenen Personen über die erforderlichen Fähigkeiten verfügen. Es ist deshalb wichtig, dass sie sich im Hinblick auf diese Aufgaben durch besondere Aus- und Fortbildungen das nötige Fachwissen erwerben und sich darüber ausweisen können (SCHWEIGHAUSER, Umsetzung, 159).

10

2. Abs. 2

Beim Entscheid, ob die Anordnung einer Kindesvertretung nötig ist, hat das Gericht einen grossen Ermessensspielraum (N 6). Die Beurteilung hat nach einem objektiven Massstab zu erfolgen, d.h. die Entscheidung ist unter Würdigung der gesamten Umstände nach Recht und Billigkeit zu treffen (Art. 4 ZGB). Richtlinie sind dabei das Kindeswohl (BÄHLER, ZVW 2001, 191) sowie in verfahrensrechtlicher Hinsicht Art. 296 Abs. 1.

11

Abs. 2 begründet keine generelle Pflicht, sondern gibt dem Gericht die Möglichkeit, nach seinem Ermessen eine Kindesvertretung anzuordnen (BGer, 5C.210/2000, E. 2b; 5P.173/2001, E. 2a; 5C.274/2001, E. 2.5.1 und 2.5.2; 5P.139/2002, E. 2; 5A_619/2007, E. 4.1; BÄHLER, ZVW 2001, 190 f.). Eine Pflicht besteht jedoch im Falle von Abs. 3 (N 7, 17). In den in lit. a–c aufgezählten Konstellationen muss das Gericht **prüfen**, ob ein konkre-

12

ter Anlass für eine Anordnung besteht (BGer, 5A_735/2007, E. 4.1; N 6) und darüber einen Entscheid fällen (N 17). Dabei besteht faktisch eine gewisse Vermutung (verstanden in einem untechnischen Sinn) dafür, dass in diesen Fällen die Kindesvertretung indiziert ist, so dass es eingehender Begründung bedarf, sie nicht anzuordnen (vgl. auch BSK ZGB I-BREITSCHMID, Art. 146/147 N 4, wo das als gesetzliche Vermutung eines wichtigen Grundes bezeichnet wird). Der Katalog von Abs. 2 lit. a–c ist nicht abschliessend.

a) Lit. a

13 Von Bedeutung ist hier, dass die Eltern unterschiedliche Anträge stellen. In diesem Falle besteht eine strittige Auseinandersetzung, von welcher das Kind betroffen ist und der es allenfalls hilflos ausgesetzt ist, so dass sich oft eine Vertretung aufdrängen muss. Allein der Umstand, dass die Frage der Kinderzuteilung heftig umstritten ist, genügt aber noch nicht (BGer, 5P.139/2002, E. 2). Im Unterschied zu Art. 146 Abs. 1 Ziff. 1 wird neben der elterlichen Sorge auch die Obhut erwähnt. Diese Ergänzung ist folgerichtig, weil die Bestimmungen über die Kindesvertretung nunmehr von Gesetzes wegen auch auf Eheschutzverfahren (Art. 271 lit. a) und vorsorgliche Massnahmen (Art. 276) anwendbar sind (N 3). Was die Wichtigkeit von Fragen des persönlichen Verkehrs betrifft gelten die gleichen Überlegungen (vgl. dazu Art. 300 lit. b; Art. 300 N 18).

b) Lit. b

14 Gegenüber Art. 146 Abs. 2 Ziff. 2 ZGB erfolgt eine Erweiterung, indem nebst dem Antrag der Vormundschaftsbehörde auch ein solcher eines Elternteils erwähnt wird. Dies war zum Teil schon unter dem bisherigen Recht anerkannt (BÄHLER, ZVW 2001, 190). Nach den Koordinationsbestimmungen wird der Ausdruck «Vormundschaftsbehörde» durch «Kindesschutzbehörde» ersetzt werden (Anhang 2 [Art. 403] Ziff. 3; vgl. Art. 403 N 4). Die Anträge, die von der Vormundschaftsbehörde bzw. dem Elternteil nach den allgemeinen Prozessvorschriften begründet werden müssen, geben Anlass zur gerichtlichen Prüfung der Anordnung einer Kindesvertretung.

c) Lit. c

15 Diesbezüglich liegt ein Auffangtatbestand vor (BSK ZGB I-BREITSCHMID, Art. 146/147 N 4). In erster Linie wird an das **Ergebnis der Anhörung** der Eltern (Art. 297 Abs. 1) und des Kindes (Art. 298 Abs. 1) angeknüpft. Daraus, aber unter Umständen auch aus anderen in Erfahrung gebrachten Tatsachen, können sich Hinweise auf eine mögliche Vertretungsbedürftigkeit des Kindes ergeben. Die Bestimmung wird konkretisiert, indem Anlass zur Prüfung der Anordnung einer Kindesvertretung namentlich dann besteht, wenn das Gericht bei Einigung der Eltern erhebliche Zweifel an der Angemessenheit ihrer Anträge über die Kinderbelange (unter Ausklammerung der Unterhaltsfragen, vgl. dazu Art. 300 N 19) hat (Ziff. 1) oder wenn es Kindesschutzmassnahmen (Art. 307 ff. ZGB) in Erwägung zieht (Ziff. 2). Durch eine Erziehungsbeistandschaft (Art. 308 ZGB) wird die Anordnung einer Kindesvertretung nicht entbehrlich (vgl. auch Art. 300 N 10). Auch die Einholung eines Gutachtens lässt die Kindesvertretung nicht zum vornherein überflüssig werden (BÄHLER, ZVW 2001, 192).

III. Rechtsfolgen

16 Generell stellt die **Nichtanordnung einer nötigen Kindesvertretung** (N 6 ff.) gleichzeitig eine Verletzung von Art. 296 Abs. 1 und damit eine *Verletzung von Bundesrecht* dar (Art. 296 N 32 ff.).

Nach Art. 299 Abs. 3 Satz 1 ist dem **Antrag des urteilsfähigen Kindes** auf Anordnung einer Kindesvertretung zwingend in jedem Fall stattzugeben (N 7). Der Antrag kann auch noch im zweitinstanzlichen Verfahren gestellt werden (vgl. dazu auch BGer, 5C.210/2000, E. 2b). Auf das Verfahren vor BGer ist die Bestimmung jedoch nicht anwendbar (Art. 296 N 43 f.). Ähnlich wie bei der Bestellung eines unentgeltlichen Rechtsvertreters (vgl. dazu STAEHELIN/STAEHELIN/GROLIMUND, § 16 Rz 62) muss dafür stets eine prozessleitende Verfügung (Art. 124) erlassen werden (anders noch im alten Recht BGer, 5C.210/2001, E. 2b). Damit wird die Kindesvertretung im Prozess konstituiert, so dass sie ihre Aufgaben wahrnehmen kann (Art. 300 lit. a–c). Das Kind hat deshalb Anspruch darauf, dass das Gericht über seinen Antrag förmlich entscheidet. Es kann die Nichtanordnung mit Beschwerde anfechten (Abs. 3 Satz 2). 17

Die **Nichtanordnung** kann darin liegen, dass ein Begehren des Kindes vom Gericht nicht ernst genommen wird und ein förmlicher Entscheid unterbleibt. Dann liegt eine *Rechtsverzögerung bzw. Rechtsverweigerung* vor (Art. 319 lit. c; BOTSCHAFT ZPO, 7377), gegen welche die Beschwerde auch ohne Vorliegen eines anfechtbaren Entscheids zulässig ist (STAEHELIN/STAEHELIN/GROLIMUND, § 26 Rz 38 ff.). 18

Eine **Nichtanordnung** liegt auch vor, wenn das Gericht einen *Antrag des Kindes abweist*, weil es sowohl die Urteilsfähigkeit als auch die Notwendigkeit der Vertretung (Art. 299 Abs. 1 und 2) verneint. In diesem Fall handelt es sich um einen nicht berufungsfähigen erstinstanzlichen Endentscheid (Art. 319 lit. a). Falls die Nichtanordnung von der kantonalen Beschwerdeinstanz bestätigt wird, hat dies zur Folge, dass das Kind, welches sich auf seine Urteilsfähigkeit beruft, dem aber die Postulationsfähigkeit fehlt (Art. 300 N 5), von der Möglichkeit ausgeschlossen wird, die ihm vom materiellen Recht gewährten Parteirechte wahrzunehmen (Art. 300 N 3 f.). Ein solcher Beschwerdeentscheid ist mit Bezug auf das Kind als Endentscheid i.S.v. Art. 90 BGG zu qualifizieren, sodass er beim Bundesgericht mit der Beschwerde in Zivilsachen anfechtbar ist (Art. 72 Abs. 2 lit. b Ziff. 7 BGG; BGer, 5A_183/2009, E. 1). 19

Denkbar ist auch, dass das urteilsfähige, über 14-jährige Kind einen ohne seine Mitwirkung gegen die Eltern ergangenen Endentscheid, von welchem es Kenntnis erlangt hat (Art. 301 lit. b), auf dem **Berufungsweg** anficht (BGer, 5P.290/2001, E. 2b/bb; vgl. Art. 300 N 16 und Art. 301 N 20). 20

IV. Internationales Recht

Die Anordnung der Kindesvertretung ist eine **Kindesschutzmassnahme besonderer Art** (N 3). Sofern das Kind im Ausland lebt, muss dieser durch das schweizerische Gericht angeordnete Schutz durch staatsvertragliche Regelungen sichergestellt und gewährleistet werden (vgl. Art. 1 Abs. 1 lit. d und Art. 3 lit. d HKsÜ [SR 0.211.231.011]; ZK IPRG-Siehr, Art. 85 N 23 f., 26; vgl. auch Art. 302 N 7 f.). Nach Art. 5 Abs. 1 HKsÜ obliegt diese Aufgabe der zuständigen Behörde am gewöhnlichen Aufenthalt des Kindes. Dabei kann nach Art. 29 ff. HKsÜ die Hilfe der Zentralen Behörden in Anspruch genommen werden. 21

V. Änderung gegenüber dem bisherigen Recht

Die Art. 146 und 147 ZGB werden durch die ZPO aufgehoben (Anhang 1 [Art. 402] II, 3). 22

Art. 300

Kompetenzen der Vertretung	Die Vertretung des Kindes kann Anträge stellen und Rechtsmittel einlegen, soweit es um folgende Angelegenheiten geht: a. die Zuteilung der elterlichen Obhut oder Sorge; b. wichtige Fragen des persönlichen Verkehrs; c. Kindesschutzmassnahmen.
Compétences du représentant	Le représentant de l'enfant peut déposer des conclusions et interjeter recours lorsqu'il s'agit: a. de décisions relatives à l'attribution de l'autorité parentale ou du droit de garde; b. de questions importantes concernant les relations personnelles; c. de mesures de protection de l'enfant.
Competenze del curatore	Il curatore del figlio può proporre conclusioni e presentare impugnazioni ove si tratti delle seguenti questioni: a. attribuzione della custodia o dell'autorità parentali; b. questioni importanti inerenti alle relazioni personali; c. misure di protezione del figlio.

Inhaltsübersicht

	Note
I. Norminhalt und Normzweck	1
II. Anwendungsbereich und Voraussetzungen	3
1. Allgemeines	3
2. Die Kompetenzen der Vertretung	16
III. Änderung gegenüber dem bisherigen Recht	20

Literatur

Vgl. die Literaturhinweise zu Art. 299.

I. Norminhalt und Normzweck

1 In Art. 300 regelt die ZPO die **Kompetenzen** der Kindesvertretung analog dem bisherigen Recht (Art. 147 Abs. 2 ZGB; BOTSCHAFT ZPO, 7367; Art. 299 N 5).

2 Die Bestimmung entspricht wörtlich der bundesrätlichen Fassung von Art. 295 E-ZPO, welcher die eidgenössischen Räte diskussionslos zugestimmt haben (AmtlBull StR 2007, 636 und NR 2008, 669; vgl. Art. 299 N 1,2). Gegenüber Art. 147 Abs. 2 ZGB wurde der Wortlaut leicht verändert (lit. b: «wichtige Fragen» statt «grundlegende Fragen»). Inhaltlich besteht jedoch Übereinstimmung mit der bisherigen Regelung.

II. Anwendungsbereich und Voraussetzungen

1. Allgemeines

a) Stellung des Kindes im eherechtlichen Verfahren

3 Generell setzt eine Prozessvertretung voraus, dass die vertretene Person aktiv- oder passivlegitimiert ist und dadurch im Prozess als **Partei** auftreten kann. Ob einer Person in einem konkreten Verfahren Parteistellung zukommt, beurteilt sich nach materiellem Recht (vgl. dazu BGer 5A_104/2009, E. 2.2).

In Bezug auf die eherechtlichen Verfahren (Art. 297 ff.) weist das materielle Recht dem **4**
Kind im **Abänderungsprozess (Art. 284)** eine *vorbehaltlose Parteistellung* zu. Nach
der mit der Revision des ZGB von 1998/2000 neu eingeführten Bestimmung von
Art. 134 Abs. 1 ZGB betr. Neuregelung der Zuteilung der elterlichen Sorge kann in
diesen Verfahren auch das Kind ein Begehren stellen (BOTSCHAFT Scheidungsrecht,
BBl 1996 I 132). Das Gleiche gilt in Bezug auf die Aufhebung der elterlichen Obhut
auch im Rahmen eines eherechtlichen Verfahrens vor dem Gericht (Art. 310 Abs. 2 ZGB
i.V.m. Art. 315a und b ZGB; COTTIER, 136 f.).

Ist das Kind urteilsunfähig, fehlt ihm die **Prozessfähigkeit** gänzlich, so dass eine gesetz- **5**
liche Vertretung unumgänglich ist (Art. 67 Abs. 2), sofern nicht die Vormundschaftsbe-
hörde (künftig Kindesschutzbehörde, BBl 2009, 171) klagt (BSK ZGB I-BREITSCHMID,
Art. 134 N 5). Ist das Kind dagegen urteilsfähig, kann es grundsätzlich im Rahmen von
Art. 67 Abs. 3 lit. a und b selbständig handeln. Oft wird aber die Postulationsfähigkeit
zweifelhaft und damit die Prozessfähigkeit fraglich sein (vgl. dazu BGE 132 I 1,5 E. 3.2;
STAEHELIN/STAEHELIN/GROLIMUND, § 13 Rz 14; VOGEL/SPÜHLER, 5. Kap., Rz 42). In der
Praxis dürfte deshalb die Anordnung einer Kindesvertretung meistens unausweichlich
sein (Art 67 Abs. 2; Art. 299 N 7, 17).

In den **übrigen eherechtlichen Verfahren** (Art. 297 ff.) besitzt das Kind grundsätzlich **6**
keine Parteistellung (vgl. COTTIER, 136). Diese kann ihm jedoch partiell eingeräumt
werden, indem das Gericht zur Wahrung seiner Rechte eine Kindesvertretung anordnet
(VOGEL/SPÜHLER, 5. Kap., Rz 31b; Art. 299 N 3).

Wenn das Kind Parteistellung hat, ist es **Hauptpartei**, die für die eigenen Interessen **7**
kämpft. Es befindet sich aber weder auf der Kläger- oder Beklagtenseite noch ist es
Nebenpartei. «Es steht nicht einer eigentlichen Gegenpartei gegenüber, tritt aber zum
Beispiel im Rechtsmittelverfahren als Gegenpartei der Eltern auf» (VOGEL/SPÜHLER,
5. Kap. Rz 31b).

b) Rechtsstellung der Kindesvertretung

Die Kindesvertretung ist eine vom Gericht angeordnete **gesetzliche Vertretung des** **8**
Kindes für die Führung des Prozesses (VOGEL/SPÜHLER, 5. Kap. Rz 111) und nach ihrem Zweck eine Kindesschutzmassnahme besonderer Art (Art. 299 N 3). Als solche ist
sie von einer Beistandschaft i.S.v. Art. 308 ZGB und von den Beistandschaften des Vor-
mundschaftsrechts i.S.v. Art. 392 ZGB (bzw. Art. 394 nZGB nach künftigem Kindes-
und Erwachsenenschutzrecht) zu unterscheiden. Ihre Rechtsstellung gleicht, was die
Stellung im Prozess, die Prozessführung und das Rechtsverhältnis zum vertretenen Kind
und zu den übrigen Parteien betrifft, derjenigen einer unentgeltlichen Rechtsvertretung
(Art. 118 Abs. 1 lit. c; FamKomm Scheidung-SCHWEIGHAUSER, Art. 147 ZGB N 8;
STECK, AJP 1999, 1561). Die Bestimmungen von Art. 117 ff. sind indessen nicht anwendbar. Ein wichtiger Unterschied besteht namentlich darin, dass die Anordnung einer
Kindesvertretung nicht wegen Aussichtslosigkeit der Begehren des Kindes (Art. 117
lit. b) verweigert oder aufgehoben werden kann.

Die **Dauer der Vertretung** ist durch die Länge des Verfahrens bestimmt. Sie beginnt mit **9**
der Anordnung durch das Gericht und bleibt durch alle Instanzen bestehen bis zum
rechtskräftigen Abschluss des Verfahrens über die Kinderbelange, welche zu ihrer Bestellung Anlass gegeben haben (FamKomm Scheidung-SCHWEIGHAUSER, Art. 147 ZGB
N 41; BSK ZGB I-BREITSCHMID, Art. 146/147 N 7). Ohne Einwilligung des Gerichts
kann die Kindesvertretung ihre Tätigkeit nicht auf andere Personen übertragen. Für eine

ausserordentliche Beendigung (Mandatsniederlegung, Mandatsentzug wegen Pflichtverletzungen oder offensichtlicher Unfähigkeit) ist die diesbezügliche Regelung über die unentgeltliche Rechtsvertretung sinngemäss heranzuziehen (vgl. dazu auch FamKomm Scheidung-SCHWEIGHAUSER, Art. 147 ZGB N 42 f.).

10 Die Kindesvertretung ist **unabhängig** (FamKomm Scheidung-SCHWEIGHAUSER, Art. 147 ZGB N 6; STECK, AJP 1999, 1565) und hat namentlich keine Weisungen irgendwelcher Art, weder von Seiten des Gerichts, noch von Verwaltungsbehörden oder den Eltern, entgegenzunehmen (STECK, ZVW 2001, 107). Eine von der Vormundschaftsbehörde (künftig Kindesschutzbehörde) eingesetzte Erziehungsbeistandschaft (Art. 308 ZGB) kann deshalb die Aufgaben der Kindesvertretung nicht übernehmen (**a.M.** BÄHLER, ZVW 2001, 195; ähnlich BSK ZGB I-BREITSCHMID, Art. 146/147 N 9). Diese Unabhängigkeit gilt es insbesondere auch gegenüber den Eltern durchzusetzen. Zwischen ihnen und den Kindern treten oft Interessenkollisionen auf, die eine Kindesvertretung zwingend erfordern. Da die Aufnahme der Instruktion gerade bei kleinen Kindern nicht ohne Kontakte mit den Eltern erfolgen kann, besteht die Gefahr von bewussten oder unbewussten Beeinflussungen, die zu vermeiden sind (vgl. auch FamKomm Scheidung-SCHWEIGHAUSER, Art. 147 ZGB N 32 ff.).

11 Die Kindesvertretung kann, muss aber nicht in einer berufsmässigen anwaltlichen Vertretung bestehen (Art. 68 Abs. 2 lit. a; vgl. Art. 299 N 8). Dies gilt auch für das Verfahren vor BGer (Art. 40 BGG; SPÜHLER/DOLGE/VOCK, Art. 40 BGG N 1).

12 Die Kindesvertretung ist i.S.v. Art. 321 StGB zur **Verschwiegenheit** verpflichtet. Ihr steht – auch wenn die Vertretung nicht Anwältinnen oder Anwälten übertragen wird – wie diesen ein *absolutes Verweigerungsrecht* zu (Art. 166 Abs. 2 lit. c; BOTSCHAFT ZPO, 7319; vgl. auch FamKomm Scheidung-SCHWEIGHAUSER, Art. 147 ZGB N 39 f.; SCHREINER/SCHWEIGHAUSER, FamPra.ch 2002, 538).

13 Das Institut der Kindesvertretung dient der **Verwirklichung des Kindeswohls** im eherechtlichen Verfahren (Art. 299 N 3, 11). Die Kindesvertretung hat deshalb bei der *Instruktion* ihre Tätigkeit auf dieses Ziel auszurichten und sich in rechtlicher und fachlicher Hinsicht am Kindeswohl zu orientieren. Indessen kann es nicht darum gehen, allein das objektive Kindeswohl im Auge zu behalten. Diese Pflicht obliegt nach Anhörung aller Beteiligten und Abwägung der gesamten Umstände in erster Linie dem Gericht, das dabei nach Art. 296 vorzugehen hat. Bei der Aufgabe der Kindesvertretung hingegen steht nach der hier vertretenen Auffassung die umfassende, sorgfältige und altersgerechte *Abklärung der subjektiven Meinung des Kindes* im Vordergrund. Diese gilt es im Verfahren einzubringen und den allenfalls divergierenden, nicht selten eigennützigen Vorbringen der Eltern gegenüberzustellen. Das Kind erhält auf diese Weise im Prozess eine Stimme durch eine unabhängige Vertretung (vgl. dazu ausführlich FamKomm Scheidung-SCHWEIGHAUSER, Art. 147 ZGB N 14 ff., 25 ff.; STECK, ZVW 2001, 107 f.; STECK, AJP 1999, 1563; vgl. auch SCHREINER/SCHWEIGHAUSER, Fampra.ch 2002, 528 ff.; SCHWEIGHAUSER, Umsetzung, 153 ff.; teilweise abweichend SUTTER/FREIBURGHAUS, Art. 146/147 ZGB N 46; LEVANTE, 166). Das soll nicht heissen, dass die Kindesvertretung die Meinung des Kindes in jedem Fall unreflektiert und gegen ihre Überzeugung zu übermitteln hat (BÄHLER, ZVW 2001, 191). Wie bei einer unentgeltlichen Rechtsvertretung, wo sich ähnliche Fragen stellen können, ist hier ein behutsames Vorgehen angebracht. Schwierigkeiten können auftreten, wenn das Kind das Gespräch verweigert. Gegebenenfalls muss dann eine neue Vertretung bestellt werden oder es bleibt nicht anderes übrig, als die Instruktion ohne Mitwirkung des Kindes allein aufgrund der Akten vorzunehmen (STECK, AJP 1999, 1563).

Wichtig ist, dass zwischen dem Kind und seiner Vertretung ein **Vertrauensverhältnis** aufgebaut werden kann (FamKomm Scheidung-SCHWEIGHAUSER, Art. 147 ZGB N 25 ff.; Art. 299 N 8). Dabei erfüllt die Kindesvertretung eine *«Übersetzungsfunktion»*, indem es darum geht, das Kind altersgerecht über die jeweils aktuellen Verfahrensschritte zu informieren und durch das Verfahren zu begleiten (BGer, 5A_619/2007, E. 4.2; FamKomm Scheidung-SCHWEIGHAUSER, Art. 147 ZGB N 23; BSK ZGB I-BREITSCHMID, Art. 146/147 N 5, 10; BÄHLER, ZVW 2001, 195). Dazu kommt eine *Kontroll- und Überwachungsfunktion*, womit gewährleistet werden soll, dass Anordnungen zum Schutz des Kindes auch umgesetzt werden (FamKomm Scheidung-SCHWEIGHAUSER, Art. 147 ZGB N 22). Schliesslich kann die Kindesvertretung dank ihrer unabhängigen Stellung bei günstigen Voraussetzungen und mit dem Einverständnis der Eltern im Interesse des Kindes auch eine *Vermittlungsfunktion* ausüben (FamKomm Scheidung-SCHWEIGHAUSER, Art. 147 ZGB N 24; BSK ZGB I-BREITSCHMID, Art. 146/147 N 10; SCHREINER/SCHWEIGHAUSER, FamPra.ch 2002, 538). 14

Nach Art. 147 Abs. 3 ZGB durften dem Kind wegen Anordnung einer Kindesvertretung weder Gerichts- noch Parteikosten auferlegt werden. Eine entsprechende Norm fehlt in der ZPO. Nach Art. 98 Abs. 1 lit. d VE-ZPO sollten für den Fall der Anordnung einer Kindesvertretung die Prozesskosten (d.h. Gerichtskosten und Parteikosten, Art. 86 VE-ZPO) nach Ermessen aufgeteilt werden, damit dem Gericht etwas mehr Spielraum gewährt werden könne (Begleitbericht zum VE-ZPO, 58; vgl. auch FamKomm Scheidung-SCHWEIGHAUSER, Art. 147 ZGB N 46; SUTTER/FREIBURGHAUS, Art. 146/147 ZGB N 59; BSK ZGB I-BREITSCHMID, Art. 146/147 N 3). Der bundesrätliche Entwurf hat diese Konzeption in Art. 93 Abs. 1 E-ZPO und Art. 105 Abs. 1 lit. c E-ZPO übernommen. Das Parlament ist ihr gefolgt (AmtlBull StR 2007, 510 ff. und NR 2008, 651 f.). Nach Art. 95 Abs. 2 lit. e werden die **Kosten für die Vertretung des Kindes** (Art. 299 und 300) den Gerichtskosten zugeordnet (BOTSCHAFT ZPO, 7292). Grundsätzlich werden die Prozesskosten (Gerichtskosten und Parteientschädigung, Art. 95 Abs. 1) nach den Verteilungsgrundsätzen von Art. 106 der unterliegenden Partei auferlegt, bzw. nach dem Ausgang des Verfahrens verteilt. Nach Art. 107 Abs. 1 lit. c kann das Gericht jedoch in den *familienrechtlichen Verfahren* von diesen Verteilungsgrundsätzen abweichen und die Prozesskosten nach Ermessen verteilen. Wenn die Anordnung einer Kindesvertretung als Kindesschutzmassnahme sui generis verstanden wird (Art. 299 N 3), kann für den Entscheid über die Verteilung der Kosten Art. 276 Abs. 1 ZGB sinngemäss herangezogen werden. 15

2. Die Kompetenzen der Vertretung

Nach dem Wortlaut von Art. 300 kann die Kindesvertretung in Übereinstimmung mit dem bisherigen Recht **Anträge stellen und Rechtsmittel einlegen** (Art. 147 Abs. 2 ZGB; BGer, 5A_619/2007, E. 4.1; 5A_735/2007, E. 4.1). Die Vertretungsmacht ist jedoch beschränkt auf die Zuteilung der elterlichen Obhut oder Sorge (lit. a), wichtige Fragen des persönlichen Verkehrs (lit. b) und Kindesschutzmassnahmen (lit. c). In diesem Rahmen kann die Kindesvertretung für das Kind alle prozessualen Rechte einer Partei ausüben. Dies betrifft namentlich den Anspruch auf rechtliches Gehör (Art. 53), die Teilnahme an mündlichen Verhandlungen (Art. 273, 276, 278) sowie die Einreichung von Rechtsschriften, soweit es um die Kinderbelange geht. 16

Ausgeschlossen sind folgende Aufgaben (STECK, AJP 1999, 1563): Die Kindesvertretung kann nicht für eine Gutachtertätigkeit im Sinne der beweisrechtlichen Bedeutung (Art. 183 ff.) eingesetzt werden. Ebenso wenig darf sie vom Gericht oder den Ehegatten 17

Art. 301

mit der Abklärung strittiger oder unklarer Sachverhalte beauftragt werden. Auch die Anhörung des Kindes (Art. 298 Abs. 1) darf ihr nicht delegiert werden (BSK ZGB I-BREITSCHMID, Art. 146/147 N 5; vgl. auch Art. 298 N 13).

18 Nach dem Wortlaut von lit. b bezieht sich die Tätigkeit der Kindesvertretung auf **«wichtige Fragen des persönlichen Verkehrs»**. Damit wird die gleiche Formulierung verwendet wie in Art. 299 Abs. 2 lit. a, wo eine der Voraussetzungen für die Anordnung einer Kindesvertretung geregelt wird (vgl. dazu Art. 299 N 13). Die Wichtigkeit ist dann zu bejahen, wenn das höchstpersönliche Recht des Kindes auf persönlichen Verkehr nach den kontroversen Anträgen der Eltern – im Verhältnis zu einem unter Berücksichtigung der Umstände üblichen Umfang – zum Schaden des Kindes entweder massiv eingeschränkt oder übermässig ausgedehnt werden müsste.

19 Die **Wahrung der Unterhaltsansprüche des Kindes** fehlt in der Aufzählung der Kompetenzen der Kindesvertretung. Dies war schon nach Art. 146/147 ZGB der Fall. Eine entsprechende Ausdehnung war mit der Begründung als unnötig beurteilt worden, die Wahrung der Kindesinteressen stelle in diesem Bereich «keine besonderen Probleme» (BOTSCHAFT Scheidungsrecht, BBl 1996 I 148; BÄHLER, ZVW 2001, 191; zur Kritik an dieser Regelung BSK ZGB I-BREITSCHMID, Art. 146/147 N 9; vgl. auch STECK, AJP 1999, 1562 m.H.). Mit Art. 299 und 300 hat sich an dieser Rechtslage nichts geändert.

III. Änderung gegenüber dem bisherigen Recht

20 Art. 147 ZGB wird durch die ZPO aufgehoben (Anhang 1 [Art. 402] II, 3; vgl. auch Art. 299 N 22).

Art. 301

Eröffnung des Entscheides	Ein Entscheid wird eröffnet: a. den Eltern; b. dem Kind, welches das 14. Altersjahr vollendet hat; c. gegebenenfalls der Beiständin oder dem Beistand, soweit es um die Zuteilung der elterlichen Obhut oder Sorge, um wichtige Fragen des persönlichen Verkehrs oder um Kindesschutzmassnahmen geht.
Communication de la décision	La décision est communiquée: a. aux père et mère; b. à l'enfant, s'il est âgé de quatorze ans au moins; c. le cas échéant, au curateur si la décision concerne l'attribution de l'autorité parentale ou du droit de garde, des questions importantes relatives aux relations personnelles ou des mesures de protection de l'enfant.
Comunicazione della decisione	La decisione è comunicata: a. ai genitori; b. al figlio, se ha già compiuto i 14 anni; c. all'eventuale curatore, per quanto si tratti dell'attribuzione della custodia o dell'autorità parentali, di questioni importanti inerenti alle relazioni personali o di misure di protezione del figlio.

2. Kapitel: Eherechtliche Verfahren   1–6 **Art. 301**

Inhaltsübersicht   Note

I. Norminhalt und Normzweck   1
II. Anwendungsbereich und Voraussetzungen   4
   1. Allgemeines   4
   2. Lit. a und c 12
   3. Lit. b 15
III. Rechtsfolgen 24
IV. Internationales Recht 27

Literatur

Vgl. die Literaturhinweise zu Art. 295–304, zu Art. 297 und 299.

I. Norminhalt und Normzweck

Eine entsprechende Bestimmung war im VE-ZPO nicht enthalten. Art. 301 entspricht   1
wörtlich der Fassung des bundesrätlichen Entwurfs in Art. 296 E-ZPO, welcher die
eidgenössischen Räte diskussionslos zugestimmt haben (AmtlBull StR 2007, 636 und
NR 2008, 669).

Art. 301 regelt die **Eröffnung des Entscheids** und ergänzt damit die allgemeinen Be-   2
stimmungen von Art. 236–240, insb. Art. 239 (N 4 ff.). Dies gilt jedoch nur für den
Bereich der *eherechtlichen Verfahren* (Eheschutzverfahren, Scheidungsverfahren inkl.
vorsorgliche Massnahmen und die entsprechenden Abänderungsverfahren und Ergänzungsklagen), welche Kinderbelange zum Gegenstand haben (Art. 297 ff.). Aus der Systematik des Gesetzes geht hervor, dass andere Klagen, auch wenn dort Kinderbelange zu
beurteilen sind (namentlich Unterhaltsklagen ohne eherechtlichen Bezug; Art. 279 ZGB;
Art. 295 N 4 f.) von Art. 301 nicht erfasst werden, vielmehr dort nur die allgemeinen
Bestimmungen zur Anwendung gelangen.

Art. 301 zählt **drei Kategorien von Personen** auf, denen der Entscheid zu eröffnen ist: 3
Die Eltern (lit. a; N 12 f.), das Kind, das das 14. Altersjahr vollendet hat (lit. b; N 15 ff.)
und den Beistand oder die Beiständin (lit. c; Art. 299 N 3 ff.; N 14).

II. Anwendungsbereich und Voraussetzungen

1. Allgemeines

Eröffnung bedeutet, dass der Entscheid den Parteien förmlich und offiziell mitgeteilt   4
wird. Die Eröffnung löst den Beginn der Rechtsmittelfristen aus (STAEHELIN/STAEHELIN/
GROLIMUND, § 23 Rz 8).

Die Eröffnung in diesem Sinne erfolgt nur **schriftlich** und setzt die Übergabe oder Zu-   5
stellung einer Entscheidurkunde voraus (vgl. dazu auch BOTSCHAFT ZPO, 7344). Nach
Art. 239 ist das *mit oder ohne schriftliche Begründung des Entscheids* möglich. Eröffnet
das Gericht seinen Entscheid ohne schriftliche Begründung, hat dies entweder in der
Hauptverhandlung durch Übergabe des schriftlichen Dispositivs an die Parteien zu
geschehen, verbunden mit kurzer mündlicher Begründung (Art. 239 Abs. 1 lit. a) oder
durch Zustellung des Dispositivs (Art. 136 lit. b, Art. 239 Abs. 1 lit. b).

Eine «**mündliche Eröffnung**» ohne gleichzeitige Übergabe des Dispositivs stellt keine   6
Eröffnung im juristisch-technischen Sinne dar. Sie vermag die Rechtsfolgen von Art. 239

Abs. 2 nicht auszulösen (N 7; vgl. aber N 20). In Art. 54 Abs. 1 Satz 1 wird zwar im Zusammenhang mit der Öffentlichkeit des Verfahrens der Ausdruck «mündliche Eröffnung des Urteils» verwendet. Dabei kann es aber nur um die Eröffnungsvariante gemäss Art. 239 Abs. 1 lit. a gehen, wobei allein die Information über den gefällten Entscheid im Sinne der mündlichen Kurzbegründung hervorgehoben, die Übergabe des Dispositivs dagegen ausgeblendet wird (vgl. auch STAEHELIN/STAEHELIN/GROLIMUND, § 23 Rz 8, wonach ein Entscheid erst von dem Zeitpunkt an existiert, da er den Parteien offiziell mitgeteilt wird).

7   Eine **schriftliche Begründung** ist vom Gericht nachzuliefern, wenn eine Partei dies innert 10 Tagen seit der Eröffnung des Entscheids verlangt (Art. 239 Abs. 2 Satz 1; N 5). Die Parteien sind nach Art. 238 lit. f darauf hinzuweisen. Wird keine Begründung verlangt, so gilt dies von Gesetzes wegen als *Verzicht auf die Anfechtung des Entscheids* mit Berufung oder Beschwerde (Art. 239 Abs. 2 Satz 2). Falls indessen eine (nicht anwaltlich vertretene) Partei innert der 10-tägigen Frist erklärt, ein Rechtsmittel ergreifen zu wollen, ohne zuvor die Begründung des Entscheids verlangt zu haben, darf nach Ablauf der Frist kein Verzicht angenommen werden, sondern ist die Situation vielmehr in Ausübung der gerichtlichen Fragepflicht (Art. 56) zu bereinigen und gegebenenfalls eine Begründung nachzuliefern (vgl. auch den bundesrätlichen Entwurf, Art. 235 Abs. 2 lit. b E-ZPO; BOTSCHAFT ZPO, 7344, welche Regelung im parlamentarischen Verfahren nicht übernommen wurde).

8   Möglich ist auch die **Zustellung des Entscheids mit schriftlicher Begründung**. Dann fallen Eröffnung und Begründung zusammen (STAEHELIN/STAEHELIN/GROLIMUND, § 23 Rz 9).

9   Die **Rechtsmittelinstanz** eröffnet ihren Entscheid immer mit einer schriftlichen Begründung (Art. 318 Abs. 2 und 327 Abs. 5). Für das Verfahren vor Bundesgericht gilt Art. 60 BGG und ist Art. 301 nicht anwendbar (vgl. auch Art. 296 N 43).

10 Für die Anwendung von Art. 301 gilt, dass nach Art. 54 Abs. 4 die **familienrechtlichen Verfahren generell nicht öffentlich** sind (vgl. auch vor Art. 295 N 3,6). Inwieweit die Urteilsberatung öffentlich ist, bestimmt sich nach kantonalem Recht (Art. 54 Abs. 2).

11 Nach der Gesetzessystematik umfasst der gesetzliche Begriff des **Entscheids** sowohl *Endentscheide* (Art. 236 Abs. 1 ZPO, Art. 90 BGG; mithin Sachentscheide und Nichteintretensentscheide), als auch *Zwischenentscheide* (Art. 237 Abs. 1 und 2). Ob der Begriff des Entscheids in Art. 301 in diesem umfassenden Sinne Anwendung findet, geht aus den Materialien nicht hervor. Es ist deshalb für die drei Personenkategorien (N 3) durch Auslegung zu ermitteln, inwieweit dies der Fall ist.

2. Lit. a und c

12 **Eltern** sind diejenigen Personen, zu welchen kraft Gesetz, Urteil oder Adoption ein Kindesverhältnis besteht (Art. 252 ZGB). Ihnen kommt in allen Verfahren, die von Art. 297 ff. erfasst werden (vor Art. 295 N 3), nach dem materiellen Recht (Art. 104 ff., 111 ff., 172 ff. ZGB) selbstverständlich die Sachlegitimation zu (STAEHELIN/STAEHELIN/GROLIMUND, § 13 Rz 20). In prozessrechtlicher Hinsicht sind die Eltern somit parteifähig, d.h. fähig, unter eigenem Namen als klagende oder beklagte Partei im Prozess aufzutreten (Art. 66; BOTSCHAFT ZPO, 7279; STAEHELIN/STAEHELIN/GROLIMUND, § 13 Rz 1). Sie sind ferner, sofern sie handlungsfähig sind, befugt, in eigenem Namen im Prozess rechtswirksam zu handeln (Art. 67 Abs. 1; STAEHELIN/STAEHELIN/GROLIMUND, § 13 Rz 7; für den Fall der Handlungsunfähigkeit gilt Art. 67 Abs. 1 und 2). Deshalb haben

die Eltern in all diesen Verfahren, ohne jede Einschränkung umfassende *Parteistellung*: Sie haben namentlich Anspruch auf rechtliches Gehör (Art. 53 Abs. 1 und 2). Es sind ihnen vom Gericht Urkunden (Art. 136 lit. a–c) zuzustellen, wobei bei einer Vertretung die Zustellung an diese erfolgt (Art. 137). Der Anspruch auf Zustellung sämtlicher Entscheide (Endentscheid und Zwischenentscheide) und auf gesetzeskonforme Eröffnung (N 4 ff.) ist darin eingeschlossen. Diese Regelung gilt auch in den Bereichen, für welche das summarische Verfahren vorgeschrieben ist (Art. 271 lit. a, Art. 276, 302 lit. a; N 2), sowie generell für alle Rechtsmittelverfahren. Für die überwiegende Zahl der Fälle hat deshalb Art. 301 lit. a deklaratorische Bedeutung.

Denkbar ist aber immerhin der **Sonderfall**, dass in einem eherechtlichen Verfahren Kinderbelange geregelt werden, an welchem nicht beide Eltern beteiligt sind (z.B. Besuchsrecht des Stiefelternteils: Ein am Eheverfahren als Partei beteiligter Ehegatte beansprucht in Bezug auf ein Kind der Gegenpartei ein Besuchsrecht; Art. 274a ZGB). Hier muss nach dem Wortlaut von Art. 301 lit. a der Entscheid auch dem nicht am Verfahren beteiligten anderen Elternteil eröffnet werden. Dabei ist hinreichend und unter dem Gesichtspunkt des Persönlichkeitsschutzes der Prozessparteien unabdingbar, dass die Eröffnung des Endentscheids sowohl hinsichtlich Dispositiv und schriftlicher Begründung jedenfalls nur im Auszug, beschränkt auf die Kinderbelange, erfolgt. Das bringt dem nicht am Prozess beteiligten Elternteil keine Parteistellung und auch keine Rechtsmittellegitimation. Die Lösung erscheint jedoch gerechtfertigt, weil er regelmässig indirekt durch den Entscheid auch betroffen ist und nach Art. 275a ZGB ein Informations- und Auskunftsrecht hat. Falls dieser Elternteil jedoch als Nebenpartei interveniert, erhält er in den Schranken von Art. 74 ff. die gleichen prozessualen Befugnisse wie eine Hauptpartei (BOTSCHAFT ZPO, 7282).

13

Die Kindesvertretung (lit. c) ist befugt, im Rahmen ihrer in Art. 300 lit. a–c festgelegten Kompetenzen selber Anträge zu stellen und Rechtsmittel einzulegen (Art. 300 N 16 ff.). In diesem begrenzten Umfang nimmt sie aktiv und ohne Einschränkungen am Verfahren teil. Für sie gelten deshalb sinngemäss die gleichen Grundsätze wie für die Eltern (N 12). Insbesondere hat die Kindesvertretung ein vollständiges Akteneinsichtsrecht (Art. 53 Abs. 2), weshalb schon aus rein praktischen Gründen kein Anlass besteht, ihr gegenüber den Anspruch auf Eröffnung des Entscheids auf die Punkte zu beschränken, in denen ihr ein Antragsrecht zusteht.

14

3. Lit. b

Die Bestimmung von lit. b konkretisiert die staatsvertragliche Norm von Art. 12 UN-KRK, welche direkt anwendbar ist (BGE 124 III 90, 91 ff. E. 3a). Danach ist dem Kind Gelegenheit zu geben, «in allen das Kind berührenden Gerichts- oder Verwaltungsverfahren entweder unmittelbar oder durch einen Vertreter oder eine geeignete Stelle im Einklang mit den innerstaatlichen Verfahrensvorschriften gehört zu werden» (Abs. 2). Im Unterschied zur Regelung in Art. 298 (Art. 298 N 10) setzt Art. 12 UN-KRK jedoch die Urteilsfähigkeit des Kindes voraus (BGE 131 III 553 E. 1.1; 120 Ia 369, 371 E. 1). Die ZPO orientiert sich in Art. 301 lit. b an dieser Vorgabe und bestimmt, dass der Entscheid dem **Kind zu eröffnen ist, welches das 14. Altersjahr vollendet hat**. Dabei wird wohl von der allgemeinen Erfahrung ausgegangen, dass mit Bezug auf Kinderbelange in eherechtlichen Belangen in diesem Alter die Urteilsfähigkeit i.d.R. zu bejahen ist. Soweit dies in einem konkreten Fall nicht zutrifft, ist indessen die Bestimmung von lit. b nach ihrem Wortlaut trotzdem anwendbar. Sie geht damit einerseits weiter als Art. 12 UN-KRK, andererseits weniger weit, weil die Eröffnung des Entscheids an urteilsfähige Kinder unter 14 Jahren davon nicht erfasst wird (N 20 f.).

15

16 Das Recht, das in Art. 12 UN-KRK dem Kind garantiert wird, ist ein **höchstpersönliches Recht** (BGE 131 III 553 E. 1.1; SCHÜTT 50 ff.). Darunter fällt nicht nur das Recht, im Verfahren angehört (Art. 298 N 5), sondern auch *über den Ausgang des Verfahrens informiert* zu werden.

17 Im Eheschutzverfahren (Art. 271 lit. a), im Verfahren betr. vorsorgliche Massnahmen (Art. 276) und in allen Scheidungsverfahren (Art. 274 ff., 285 ff. und 290 ff.) gewährt das materielle Recht dem Kind nur eine auf den Umfang von Art. 299 Abs. 1 und Art. 300 lit. a–c **beschränkte Parteistellung** besonderer Prägung (Art. 299 N 7, 17 und Art. 300 N 3 ff.).

18 Im **Abänderungsprozess** hingegen ist das Kind nach Art. 134 Abs. 1 ZGB aktivlegitimiert (Art. 300 N 4 f.). Zur Ausübung höchstpersönlicher Rechte sowie für notwendige Vorkehrungen bei Gefahr im Verzug kann das urteilsfähige Kind grundsätzlich selbständig handeln (Art. 67 Abs. 2 lit. a und b). In der Praxis ist die Anordnung einer Kindesvertretung jedoch in den meisten Fällen unausweichlich (Art. 300 N 5).

19 Sofern das Gericht für das urteilsfähige oder urteilsunfähige Kind eine **Kindesvertretung** angeordnet hat, ist dieser der Entscheid in allen Fällen zu eröffnen (N 14). Die Eröffnung zeitigt die gesetzlichen Wirkungen (Art. 239 Abs. 2); gleichzeitig ist darin aber auch eine für das Kind bestimmte Information enthalten (N 20 ff.). Die Information wird von der Kindesvertretung übernommen (Art. 137; N 12).

20 Besteht **keine Kindesvertretung** muss das Gericht das *über 14-jährige Kind* direkt über den Entscheid *informieren*. Dies gilt sowohl für das erstinstanzliche als auch für das zweitinstanzliche Verfahren. Das Gesetz enthält über die Modalitäten keine Vorschriften. Die Information sollte altersgerecht, in einer den konkreten Umständen angepassten Form, wenn möglich mündlich (in einem Gespräch) erfolgen. Zulässig ist allenfalls auch die schriftliche Information, doch sollte das Kind dann darauf aufmerksam gemacht werden, dass ihm auf Wunsch die Möglichkeit einer mündlichen Erläuterung offen steht. Einer Delegation dieser Aufgabe an eine dazu geeignete Person (z.B. Gerichtsschreiber oder Gerichtsschreiberin) oder an eine externe Stelle (z.B. Jugendsekretariat) steht nichts entgegen. Wesentlich ist, dass die beauftragte Person oder Stelle über die erforderlichen psychologischen und fachlichen Fähigkeiten verfügt. Die Information hat i.d.R. ohne Beisein der Eltern zu erfolgen, sofern das Kind nicht ausdrücklich deren Anwesenheit wünscht (vgl. auch Art. 298 N 21). Um eine Eröffnung im juristisch-technischen Sinn handelt es sich dabei nicht, denn dadurch wird keine Frist i.S.v. Art. 239 Abs. 2 ausgelöst (N 7). Das Kind sollte aber auf mögliche Anfechtungsmöglichkeiten (Art. 298 Abs. 3 und Art. 308 ff.) hingewiesen werden. Gegebenenfalls wird dann erst eine Kindesvertretung anzuordnen und der Entscheid dieser förmlich zu eröffnen sein (Art. 299 Abs. 2 lit. c; Art. 299 N 3, 7; vgl. auch BGer, 5P.290/2001, E. 2b/bb). Ein Verzicht des Kindes auf Information durch das Gericht muss analog zur Situation bei der Anhörung zulässig sein (vgl. dazu auch Art. 298 N 17). Lit. b ist auch anwendbar, wenn die Vormundschaftsbehörde (künftig Kindesschutzbehörde) als Klägerin auftritt.

21 **Fehlt eine Kindesvertretung** besteht für das Gericht keine gesetzliche Pflicht, das *Kind unter 14 Jahren* zu informieren. Das ist unter dem Gesichtspunkt von Art. 12 UN-KRK problematisch, sofern, was jedenfalls nicht von vornherein ausgeschlossen werden kann, das Kind urteilsfähig ist. Sollte das Gericht auf Grund der Akten in dieser Hinsicht Anhaltspunkte haben, wäre eine Information trotzdem in Erwägung zu ziehen (vgl. auch N 26).

22 Nach Art. 300 lit. b ist das gesetzlich nicht vertretene über 14-jährige Kind auch dann über den Ausgang eines Verfahrens zu informieren, wenn es nicht angehört wurde und auch sonst **am Verfahren nicht teilgenommen** hat. Für den Praktiker wird sich hier die Frage stellen, wie weit eine Pflicht zur Information geht. Nach dem Zweck der Bestimmung hat eine Information im Anschluss an den *Endentscheid* zu erfolgen. Das gilt jedenfalls in einem Scheidungsverfahren oder Abänderungsverfahren grundsätzlich vorbehaltlos. Ob hingegen diese Regelung auch auf alle Eheschutzverfahren und alle vorsorglichen Massnahmen (Art. 276) zwingend zur Anwendung gelangen muss, ist namentlich dann zu hinterfragen, wenn der getroffene Endentscheid (Art. 296 N 49) im Hinblick auf ein bevorstehendes Scheidungsverfahren voraussichtlich nur vorläufigen Charakter hat. Nach der hier vertretenen Auffassung ist es vertretbar, im Einzelfall nach richterlichem Ermessen dann von einer Information nach lit. b abzusehen, wenn keine besonders einschneidenden Kindesschutzmassnahmen (Art. 308 Abs. 2 und Art. 310 ZGB) angeordnet wurden und keine «wichtigen» Fragen des persönlichen Verkehrs (Art. 299 N 13; Art. 300 N 18) in Frage stehen.

Einem Elternteil steht die **Prozessführungsbefugnis** zu, um die Unterhaltsbeiträge für das Kind an dessen Stelle in eigenem Namen geltend zu machen (Prozessstandschaft: Rechtsträgerschaft und Aktivlegitimation fallen auseinander; STAEHELIN/STAEHELIN/GROLIMUND, § 13 Rz 26; vgl. dazu auch BGer 5A_104/2009, E. 2.2). Wenn der Kindesunterhalt über die Mündigkeit des Kindes hinaus festgelegt werden soll (Art. 133 Abs. 1 Satz 2 ZGB), muss das Kind, das während der Dauer des Verfahrens volljährig wird, der Prozessführung zustimmen (BGE 129 III 55, 59 E. 3.1.5). Daher ist in solchen Fällen der Entscheid dem mündigen Kind immer direkt förmlich zu eröffnen. 23

III. Rechtsfolgen

Art. 301 ist grundsätzlich **zwingend** (vgl. aber N 22). Die Missachtung dieser Vorschrift stellt eine Verletzung von Bundesrecht dar. 24

Unterbleibt eine gesetzeskonforme Eröffnung des Entscheids, wird die Frist gemäss Art. 239 Abs. 2 nicht ausgelöst (N 4, 7). Eine Anfechtung ist dann vorderhand ausgeschlossen und der Entscheid kann folglich auch **nicht in formelle Rechtskraft erwachsen**. Die Eröffnung muss nachgeholt werden. 25

Dient die vorgeschriebene Eröffnung allein der **Information** (N 20 ff.), ist sie im Unterlassungsfalle nachzuholen. Das Kind hat darauf Anspruch, auch wenn der Entscheid in Rechtskraft erwachsen ist. 26

IV. Internationales Recht

Die Eröffnung des Entscheids setzt eine gültige Zustellung voraus (N 5 ff.). Befindet sich eine **Person im Ausland**, hat die Zustellung grundsätzlich nach dem Haager Übereinkommen über die Zustellung gerichtlicher und aussergerichtlicher Schriftstücke im Ausland in Zivil- oder Handelssachen vom 15.11.1965 (SR 0.274.131) oder nach den bilateralen staatsvertraglichen Regelungen zu erfolgen (ZK-VOLKEN, Vor Art. 11 IPRG N 21 ff.). Hat das Kind seinen gewöhnlichen Aufenthalt im Ausland, ist die Eröffnung des Entscheids ihm gegenüber, soweit es sich um eine reine Information handelt (N 20 ff.), in einem weiteren Sinne als *Schutzmassnahme für das Kind* zu qualifizieren (Art. 1 Abs. 1 lit. d und Art. 3 lit. d HKsÜ; ZK-SIEHR, Art. 85 IPRG N 23 f., 26). Nach Art. 5 Abs. 1 HKsÜ obliegt diese Aufgabe der zuständigen Behörde am gewöhnlichen Aufenthalt des Kindes. Dabei kann nach Art. 29 ff. HKsÜ die Hilfe der Zentralen Behörden in Anspruch genommen werden. Für die Fälle internationaler Kindesentführungen stellt sich die Frage nicht, weil hier zwingend immer eine Kindesvertretung anzuordnen ist (Art. 302 N 32). 27

Art. 302   7. Titel: Kinderbelange in familienrechtlichen Angelegenheiten

3. Kapitel: Angelegenheiten des summarischen Verfahrens

Art. 302

Geltungsbereich	¹ Das summarische Verfahren ist insbesondere anwendbar für: a. Entscheide nach dem Haager Übereinkommen vom 25. Oktober 1980 über die zivilrechtlichen Aspekte internationaler Kindesentführung und nach dem Europäischen Übereinkommen vom 20. Mai 1980 über die Anerkennung und Vollstreckung von Entscheidungen über das Sorgerecht für Kinder und die Wiederherstellung des Sorgerechts; b. die Leistung eines besonderen Beitrags bei nicht vorgesehenen ausserordentlichen Bedürfnissen des Kindes (Art. 286 Abs. 3 ZGB); c. die Anweisung an die Schuldner und die Sicherstellung des Kinderunterhalts ausserhalb eines Prozesses über die Unterhaltspflicht der Eltern (Art. 291 und 292 ZGB). ² Die Bestimmungen des Bundesgesetzes vom 21. Dezember 2007 über internationale Kindesentführung und die Haager Übereinkommen zum Schutz von Kindern und Erwachsenen sind vorbehalten.
Champ d'application	¹ La procédure sommaire s'applique en particulier: a. aux décisions prises en application de la convention de La Haye du 25 octobre 1980 sur les aspects civils de l'enlèvement international d'enfants et de la convention européenne du 20 mai 1980 sur la reconnaissance et l'exécution des décisions en matière de garde des enfants et le rétablissement de la garde des enfants; b. au versement à l'enfant d'une contribution extraordinaire nécessaire pour couvrir des besoins extraordinaires et imprévus (art. 286, al. 3, CC); c. à l'avis aux débiteurs et à la fourniture de sûretés en garantie de l'entretien de l'enfant, hors procès relatif à l'obligation alimentaire des père et mère (art. 291 et 292 CC). ² Les dispositions de la loi fédérale du 21 décembre 2007 sur l'enlèvement international d'enfants et les Conventions de La Haye sur la protection des enfants et des adultes sont réservées.
Campo d'applicazione	¹ La procedura sommaria è applicabile segnatamente per: a. le decisioni previste dalla Convenzione dell'Aia del 25 ottobre 1980 sugli aspetti civili del rapimento internazionale dei minori e dalla Convenzione europea del 20 maggio 1980 sul riconoscimento e l'esecuzione delle decisioni in materia di affidamento di minori e sul ristabilimento dell'affidamento; b. il versamento di un contributo speciale per bisogni straordinari e imprevisti del figlio (art. 286 cpv. 3 CC); c. la diffida ai debitori e la prestazione di garanzie per il mantenimento del figlio, al di fuori di un processo concernente l'obbligo di mantenimento da parte dei genitori (art. 291 e 292 CC). ² Sono fatte salve le disposizioni della legge federale del 21 dicembre 2007 sul rapimento internazionale dei minori e sulle Convenzioni dell'Aia sulla protezione dei minori e degli adulti.

3. Kapitel: Angelegenheiten des summarischen Verfahrens 1, 2 **Art. 302**

Inhaltsübersicht   Note
I. Norminhalt und Normzweck 1
II. Anwendungsbereich und Voraussetzungen 6
   1. Absatz 1 6
   2. Absatz 2 26

Literatur

A. BUCHER, Kindesentführungen: Neuigkeiten in Gesetz und Praxis, in: Jusletter 15. Februar 2010; P. BREITSCHMID, Sicherstellung künftiger Unterhaltsbeiträge (Art. 292 ZGB), ZVW 1990, 1 ff.; A. BUCHER, Internationale Kindesentführungen heute, in: I. Schwenzer/A. Büchler (Hrsg.), Dritte Schweizer Familienrecht§Tage, Bern 2006, 103 ff.; Th. GEISER, Die Anweisung an die Schuldner und die Sicherstellung, ZVW 1991, 7 ff.; D. HÄRING, Neuerungen im Bereich internationaler Kindesentführung, FamPra.ch 2007, 256 ff.; Schweizerische Stiftung des internationalen Sozialdienstes (Hrsg.), Handbuch zum «Bundesgesetz über internationale Kindesentführung und die Haager Übereinkommen zum Schutz von Kindern und Erwachsenen» vom 21. Dezember 2007 (BG-KKE), 2008 (www.ssiss.ch); M. JAMETTI GREINER, Der vorsorgliche Rechtsschutz im internationalen Verhältnis, ZBJV 1994 649 ff.; DIES., Der neue internationale Kindesschutz in der Schweiz, FamPra.ch 2008, 277 ff.; N. RUSCA-CLERC, La Convention de La Haye sur l'enlèvement international dans l'intérêt des enfants, FamPra.ch 2004, 1 ff.; C. SCHMID, Neuere Entwicklungen im Bereich der internationalen Kindesentführungen, AJP 2002, 1325 ff.; I. SCHWANDER, Das Haager Kindesschutzübereinkommen von 1996 (HKsÜ), ZVW 2009, 1 ff.; R. WEBER, Anweisung an die Schuldner, Sicherstellung der Unterhaltsforderung und Verfügungsbeschränkung, AJP 2002, 235 ff.; vgl. auch die Literaturhinweise bei den Vorbem. zu Art. 295–304, zu Art. 297 und 299.

I. Norminhalt und Normzweck

Im VE-ZPO fehlte für die Fälle der internationalen Kindesentführungen eine prozessuale Norm. Die verfahrensmässige Behandlung der Ansprüche aus Art. 286 Abs. 3 und Art. 291 und 292 ZGB sollte im Rahmen der das ZGB betreffenden Angelegenheiten des summarischen Verfahrens erfolgen (Art. 259 Ziff. 13 und 14 VE-ZPO; Begleitbericht zum VE-ZPO, 125). In der Folge wurde im bundesrätlichen Entwurf (Art. 297 lit. a E-ZPO) das summarische Verfahren auch für Entscheide nach dem Haager Übereinkommen vom 25.10.1980 über die zivilrechtlichen Aspekte internationaler Kindesentführungen (HKÜ; SR 0.211.230.02) und dem Europäischen Übereinkommen vom 20.5.1989 über die Anerkennung und Vollstreckung von Entscheidungen über das Sorgerecht der Kinder und die Wiederherstellung des Sorgerechts (ESÜ; 02.230.230.01) vorgesehen. Die Tatbestände von Art. 259 Ziff. 13 und 14 VE-ZPO wurden als lit. b und c in Art. 297 E-ZPO integriert. In Art. 298 Abs. 1–5 E-ZPO wurden sodann – ausgehend vom Schlussbericht und den Vorschlägen der Eidgenössischen Expertenkommission über den Kindesschutz bei Kindesentführungen – die Besonderheiten dieses (summarischen) Verfahrens rudimentär geregelt (BOTSCHAFT ZPO, 7368). Der StR stimmte zunächst dem bundesrätlichen Entwurf zu (AmtlBull StR 2007, 636). Im NR obsiegte jedoch der Antrag auf Streichung von Art. 298 E-ZPO und Ergänzung von Art. 297 E-ZPO durch einen Abs. 2 (Aufnahme des entsprechenden Vorbehalts zu Gunsten der in Vorbereitung befindlichen neuen spezialgesetzlichen Regelung; AmtlBull NR 2008, 969; N 26 ff.), welcher Regelung schliesslich auch der StR zustimmte (AmtlBull StR 2008, 724 f., 730). Art. 302 Abs. 1 entspricht wörtlich der bundesrätlichen Fassung von Art. 297 E-ZPO.

Im bundesrätlichen Entwurf wurde für Gesuche nach den Bestimmungen des HKÜ und des ESÜ die **Zuständigkeit einer einzigen kantonalen Instanz** vorgesehen (Art. 5 Abs. 1 lit. h E-ZPO; BOTSCHAFT ZPO, 7260, 7368). Im Zusammenhang mit der Streichung von Art. 298 E-ZPO (N 1) wurde jedoch von einer solchen Regelung im Rahmen

1

2

der ZPO abgesehen und auch Art. 5 Abs. 1 lit. h E-ZPO gestrichen (vgl. dazu AmtlBull StR 2008, 724 ff., insb. Votum von Bundesrätin Widmer-Schlumpf, 725, 730; vgl. aber N 29, 34).

3   In Art. 302 wird an unterschiedliche Tatbestände angeknüpft, die alle materiellrechtlich dem Familienrecht zuzuordnen sind und Kinderbelange zum Gegenstand haben. Wegen ihrer besonderen Natur und zeitlichen Dringlichkeit schreibt das Bundesrecht vor, dass sie im **summarischen Verfahren** abzuwickeln sind (BOTSCHAFT ZPO, 7368).

4   Abs. 1 umfasst drei Kategorien (lit. a–c; N 6 ff.). Dadurch wird der **Geltungsbereich des summarischen Verfahrens** (Art. 248 ff., 271 ff.) erweitert und erfahren die Aufzählungen in den Art. 249 lit. b und Art. 271 eine entsprechende Ergänzung. Diese besondere Gesetzessystematik ist begründet, weil für Art. 302 das summarische Verfahren unter Einschluss von Art. 296 anwendbar ist, was bei den allgemeinen Bestimmungen des summarischen Verfahrens (Art. 255) und beim Eheschutzverfahren (Art. 272, soweit hier nicht Kinderbelange im Spiel sind), nicht der Fall ist (vgl. dazu insb. Art. 296 N 9, 10).

5   In Abs. 2 wird mit Bezug auf die **internationale Kindesentführung** auf die Regelungen im besonderen Bundesgesetz vom 21.12.2007 und in den Haager Übereinkommen zum Schutz von Kindern und Erwachsenen hingewiesen, welche vorbehalten werden (N 7 ff., 26 ff.).

II. Anwendungsbereich und Voraussetzungen

1. Absatz 1

a) Lit. a

6   Im bisherigen Recht war den Kantonen für die nach dem ESÜ und dem HKÜ zu beurteilenden Streitigkeiten keine bestimmte Verfahrensart vorgeschrieben worden (SCHMID, AJP 2002, 1337). Neu ist von Bundesrechts wegen die Anwendung des **summarischen Verfahrens** vorgeschrieben (Art. 302 Abs. 1 lit. a; N 2 f.). Anwendbar sind die Art. 252 ff., ergänzt durch Art. 296 und die in Abs. 2 vorbehaltenen Bestimmungen (N 4 f., 26 ff.).

7   Das **HKÜ** und das **ESÜ** sind für die Schweiz seit 1.1.1984 in Kraft. Sie sind alternativ anwendbar, soweit die Anwendungsvoraussetzungen für beide Konventionen erfüllt sind. In der Praxis hat sich das HKÜ gegenüber dem ESÜ faktisch durchgesetzt (JAMETTI GREINER, FamPra.ch 2008, 277 f.). Die neuere bundesgerichtliche Rechtsprechung zum HKÜ und die Tätigkeit der Behörden wurden von der Lehre und der Öffentlichkeit mit zum Teil heftiger Kritik bedacht. Dies löste u.a. verschiedene parlamentarische Vorstösse aus. Beanstandet wurde vor allem die mangelhafte kindesgerechte Ausgestaltung und die zu lange Dauer der Verfahren (A. BUCHER, 103 ff., 131; vgl. dazu auch zahlreiche krit. Urteilsbesprechungen von A. BUCHER, AJP 2005, 106 ff., 744 ff.; AJP 2007, 394 ff., 521 ff., 1585 ff.; AJP 2008, 127 ff., 478 ff.; AJP 2010, 385 ff.). Als Reaktion darauf setzte der Bundesrat im Jahre 2005 eine interdisziplinäre Expertenkommission ein, die einen Entwurf für ein BG über internationale Kindesentführungen vorlegte, welcher in der Folge überarbeitet wurde und schliesslich zum BG über internationale Kindesentführung und die Haager Übereinkommen zum Schutz von Kindern und Erwachsenen vom 21.12.2007 führte (BG-KKE; BBl 2008, 34 ff.; SR 211.222. 32), das am 1.7.2009 in Kraft getreten ist (AS 2009, 3083; JAMETTI GREINER, FamPra.ch 2007, 277 ff.; HÄRING, FamPra.ch 2007, 256 ff.).

8   Gleichzeitig mit dem Erlass des BG-KKE wurden mit dem Bundesbeschluss vom 21.12.2007 (BBl 2008, 33) das **Haager Kindesschutzübereinkommen von 1996**

(HKsÜ, SR 0.211.231.011) sowie das **Haager Erwachsenenschutzabkommen von 2000** (HEsÜ, SR 0.211.232.1) genehmigt und der Bundesrat zur Ratifikation ermächtigt.

Das **BG-KKE** hat zum Zweck, die vier Übereinkommen (HKÜ von 1980, ESÜ von 1980, HKsÜ von 1996 und HEsÜ von 2000) umzusetzen (vgl. dazu im Folgenden N 26 ff.).

b) Lit. b

Die Bestimmung von Art. 286 Abs. 3 ZGB wurde im Zusammenhang mit der Scheidungsrechtsrevision von 1998/2000 ins Gesetz eingefügt (BOTSCHAFT 95.079, BBl 1996 I 161 f.). Inhaltlich geht es dabei um **Abänderung einer früher festgesetzten Unterhaltspflicht** (Art. 286 Abs. 2 ZGB) im Sinne einer einmaligen oder einer meist zeitlich befristeten *nachträglichen Erhöhung* der Kinderunterhaltsbeiträge (zu den materiellen Voraussetzungen vgl. BGer, 5C.240/2002, E. 5.1 [=FamPra.ch, 2003, S.731]; 5C.173/2005, E. 2.3.3; 5A_210/2008, E. 5.4; BKS ZGB I-BREITSCHMID, Art. 286 N 15 ff.; FamKomm Scheidung-WULLSCHLEGER, Art. 286 ZGB N 17 ff.).

Art. 286 Abs. 3 ZGB ist bei **Angelegenheiten des Kindesunterhalts umfassend anwendbar**. Dies gilt nicht nur für Unterhaltsklagen (Art. 279 ZGB), sondern auf Grund der Verweisung in Art. 134 Abs. 2 ZGB ebenfalls für Scheidungsverfahren (inkl. Abänderung des Scheidungsurteils; vgl. BK-HEGNAUER, Art. 286 ZGB N 42; Art. 284), aber auch, weil Art. 296 beachtet werden muss (vor Art. 295 N 3), für die dem summarischen Verfahren unterstellten Eheschutzmassnahmen (Art. 271 lit. a, Art. 179 ZGB) und vorsorglichen Massnahmen (Art. 276; vgl. dazu auch BGer, 5C.240/2002, E. 5.1 [= FamPra.ch, 2003, 731] und 5A_210/2008, E. 5.4; im Ergebnis abweichend, jedoch mit Bezug auf eine ungleiche Rechtslage vor der Scheidungsrechtsrevision, BK-HEGNAUER, Art. 286 ZGB N 43).

Die Bestimmung von lit. b setzt grundsätzlich ein **selbständiges Begehren** voraus. Beim Entscheid über Ansprüche wegen nicht vorgesehenen ausserordentlichen Bedürfnissen des Kindes muss jedoch immer eine Gesamtbeurteilung stattfinden. Die Erhöhung des Unterhalts gegenüber der ursprünglichen Regelung muss der Leistungsfähigkeit der unterhaltsverpflichteten Partei angepasst sein. Es kommt deshalb oft vor, dass bei der Geltendmachung von Ansprüchen aus Art. 286 Abs. 3 ZGB wegen aussserordentlichen Bedürfnissen, über die neu im summarischen Verfahren entschieden werden muss, gleichzeitig auch die bestehende Regelung des ordentlichen Unterhalts (Art. 285 ZGB) überprüft oder in Frage gestellt wird (so z.B. in BGer, 5C.238/2002, E. 2.3; 5C.173/2005, E. 2.3.3; 5A_210/2008, E. 5.4). Dafür ist das summarische Verfahren nicht vorgesehen. Dieser Umstand führt deshalb zu *prozessualen Schwierigkeiten*. Eine Widerklage ist nach beiden Seiten hin ausgeschlossen (Art. 224 Abs. 1). Ebenso wenig besteht die Möglichkeit einer Klagenhäufung (Art. 90 lit. b). Das muss zum Schluss führen, dass die in lit. b vorgeschriebene Anwendbarkeit des summarischen Verfahrens auf die Fälle von selbständigen Begehren beschränkt ist. Wird dagegen das Begehren im Rahmen eines gewöhnlichen Abänderungsprozesses gestellt, was wegen der wichtigen Gesamtbeurteilung möglich sein muss, gelangt die für den konkreten Prozess geltende Verfahrensordnung zur Anwendung (vgl. z.B. den Sachverhalt in BGer, 5C.238/2002, E. 2.3), bei Scheidungssachen das dafür vorgesehene Verfahren (Art. 274 ff. 285 ff., 290 ff.) und bei selbständigen Klagen (Art. 295) das vereinfachte Verfahren (Art. 295 N 2, 5). Gegebenenfalls kann in solchen Fällen auf entsprechenden Antrag über das Begehren nach Art. 286 Abs. 3 ZGB vorweg analog zu Art. 303 Abs. 1 als vorsorgliche Massnahme entschieden werden (vgl. Art. 303 N 10 ff., 15 ff.).

Örtlich zuständig ist das Gericht am Wohnsitz einer Partei (Art. 23 und 26).

14 Die **sachliche und funktionelle Zuständigkeit** richtet sich nach kantonalem Recht (Art. 4 Abs. 1).

15 Erstinstanzliche Entscheide über Begehren nach Art. 286 Abs. 3 ZGB sind unter der Voraussetzung von Art. 308 Abs. 2 **berufungsfähig**, andernfalls ist die Beschwerdemöglichkeit gegeben (Art. 319 lit. a). Auseinandersetzungen über Unterhaltsbeiträge für Kinder sind vermögensrechtliche Streitigkeiten i.S.v. Art. 72 BGG (BGE 116 II 493, 495 E. 2b; BGer, 5C.173/2005, E. 1.1, entschieden je mit Bezug auf Art. 46 OG, was aber für das neue Recht auch gelten muss). Der Endentscheid der kantonalen Rechtsmittelinstanz (Art. 75 BGG) ist deshalb mit der Beschwerde in Zivilsachen beim BGer anfechtbar, sofern die Voraussetzungen von Art. 74 Abs. 1 lit. b (bzw. allenfalls Abs. 2 lit. a) BGG gegeben sind.

c) Lit. c

16 Das Familienrecht schützt in den Art. 132 Abs. 1 und 2, Art. 177, 291 und 292 ZGB die Unterhaltsansprüche der berechtigten Ehegatten und Kinder in besonderer Weise durch das **Institut der Anweisung an die Schuldner** und durch eine **gerichtlich angeordnete Sicherstellung**. Die entsprechenden Regelungen stimmen inhaltlich überein (BGer, 5P.138/2004, E.5.3; BKS ZGB I-BREITSCHMID, Art. 291 N 1). Mit Bezug auf die Unterhaltsansprüche der Kinder gelten für die materiellrechtlichen Voraussetzungen, die Rechtsfolgen und die Wirkungen weiterhin die Art. 291 und 292 ZGB (vgl. dazu ausführlich WEBER, AJP 2002, 236 ff., 242 ff.; BKS ZGB I-BREITSCHMID, Art. 291 N 4 ff. und 292 N 3 f.; BREITSCHMID, ZVW 1990, 1 ff.; GEISER, ZVW 1991, 7 ff.).

17 In prozessualer Hinsicht ist allen Begehren auf Anordnung solcher Massnahmen gemeinsam, dass die ZPO dafür das **summarische Verfahren** vorschreibt. Soweit ein Ehegatte für sich selber eine solche gerichtliche Anordnung beansprucht, ist dies in Art. 271 lit. a (bzw. Art. 276 Abs. 1) auf der Grundlage von Art. 177 ZGB geregelt. Für Fälle ausserhalb eines Prozesses über den nachehelichen Unterhalt gilt das Gleiche nach Art. 271 lit. i auf der Grundlage von Art. 132 ZGB. Mit Bezug auf den Kinderunterhalt (Art. 291 und 292 ZGB) erfolgt die entsprechende Regelung für alle Verfahren nach Art. 302 Abs. 1 lit. c, weil hier die Besonderheiten der Kinderbelange in familienrechtlichen Angelegenheiten ausschlaggebend sind und insb. Art. 296 das summarische Verfahren ergänzt (N 4).

18 Nach ihrer **Funktion** handelt es sich bei den gerichtlichen Anordnungen nach lit. c um *vorsorgliche Massnahmen in der Art von Sicherungsmassnahmen* (VOGEL/SPÜHLER, 12. Kap. Rz 191 ff.). Sie können auch im Rahmen der Verfahren nach Art. 271 lit. a und Art. 276 beantragt werden (BGer, 5A_95/2008, E. 1.3 und 3.2).

19 Bei der **Schuldneranweisung** nach Art. 291 ZGB besteht diese Anordnung darin, dass das Gericht einen konkret bestimmten Schuldner des Unterhaltsverpflichteten anweist, die Zahlungen ganz oder teilweise an den gesetzlichen Vertreter des Kindes zu leisten, wobei der Schuldner für den Fall der Missachtung das Risiko trägt, doppelt zahlen zu müssen (BK-HAUSHEER/REUSSER/GEISER, Art. 177 ZGB N 15; ZK-BRÄM/HASENBÖHLER, Art. 177 ZGB N 443, 47).

19a Die **Rechtsnatur der Schuldneranweisung** ist umstritten (vgl. dazu die ausführliche Darstellung in BGE 130 III 489 ff. m.H. zur kontroversen Lehre, ferner BGE 110 II 9 ff.). Nach der einen, vom BGer vertretenen Auffassung handelt es sich um eine *privilegierte Zwangsvollstreckungsmassnahme sui generis*, deren Vollzug sich nach den einschlägigen Regeln über den Pfändungsvollzug richtet (so BGE 134 III 667, 668 E. 1; 130 III 489, 492 E.1.3; 110 II 9, 15 f. E. 4; BGer, 5A_698/2009, E. 1; 5A_95/2008,

E. 1.1; 5P.414/2004, E. 3.3). Dagegen vertritt die Mehrheit der Lehre die Meinung, dass die Schuldneranweisung ein *besonderes familienrechtliches Institut des ZGB* zur erleichterten Durchsetzung von Unterhaltsansprüchen darstelle, welche als Zivilsache zu behandeln sei. Das Bundesgericht hat eingeräumt, dass auch diese von ihm abgelehnte These «wohl vertretbar» sei. Mit «Blick auf die Rechtssicherheit» hat es jedoch von einer Praxisänderung abgesehen (BGE 130 III 489, 491 f. E. 1.3). Angesichts von Art. 72 Abs. 2 lit. b BGG hat die Kontroverse inzwischen möglicherweise an praktischer Bedeutung verloren (vgl. auch N 24).

Mit der **Sicherstellung** (Art. 292 ZGB) wird erreicht, dass die Leistung künftig geschuldeter Unterhaltsbeiträge abgesichert ist. Voraussetzung dafür ist das Vorliegen eines in der Schweiz vollstreckbaren vorläufigen oder definitiven Unterhaltstitels. Der Unterhaltstitel als solcher begründet die Verpflichtung zur Sicherstellung nicht. Diese muss vielmehr ausdrücklich festgestellt werden (BK-HEGNAUER, Art. 292 ZGB N 6). Auch der Sicherstellungsentscheid wird nach der bundesgerichtlichen Rechtsprechung als *Vollstreckungsmassnahme* betrachtet (BGer, 5C.129/2001, E.4a [=FamPra.ch 2002, 148 ff.]).

Die **Sicherheit erfolgt auf Anordnung des Gerichts** durch Barhinterlage bei der kantonalen Depositenstelle oder durch eine gleichwertige Sicherheit (BK-HEGNAUER, Art. 292 ZGB N 12 ff.). Im Falle der Barhinterlegung wird die Sicherstellungspflicht durch *Betreibung auf Sicherheitsleistung* vollstreckt (Art. 38 SchKG; Art. 335 Abs. 2 ZPO). Der Verwertungserlös wird nicht dem Unterhaltsgläubiger ausbezahlt, sondern bei der kantonalen Depositenstelle hinterlegt. Bei Säumnis des Unterhaltsschuldners kann die Barhinterlage nur durch *Betreibung auf Pfandverwertung* in Anspruch genommen werden (vgl. dazu im Einzelnen BK-HEGNAUER, Art. 292 ZGB N 12 ff.; BREITSCHMID, ZVW 1990, 3 f.; GEISER, ZVW 1991, 15 f.; WEBER, AJP 2002, 243). Wurde die Sicherstellung anders als durch Geld angeordnet, erfolgt die Vollstreckung nach den Bestimmungen von Art. 335 ff.

Örtlich zuständig ist das **Gericht am Wohnsitz einer Partei** (Art. 23 und 26 sowie Art. 13 lit. a). Daran hat sich gegenüber dem bisherigen Recht nichts geändert (BGer, 5A_95/2008, E. 3.2; Müller/Wirth-NAEGELI, Art. 17 GestG N 12 ff.). Zudem besteht hier eine *alternative Zuständigkeit am Vollstreckungsort* (Art. 13 lit. b; BGer, 5A_95/2008, E. 3.2, 3.3; vgl. im Gegensatz dazu Art. 304 N 4).

Die **sachliche und funktionelle Zuständigkeit** richtet sich nach kantonalem Recht (Art. 4 Abs. 1). Die Gesuche nach Art. 291 und 292 ZGB werden meist im Rahmen des Prozesses gestellt, der die Regelung des Kinderunterhalts zum Gegenstand hat. Sie können aber – nach Erledigung des Unterhaltsprozesses – auch nachträglich in einem selbständigen Verfahren geltend gemacht werden. In beiden Fällen gelangen die Bestimmungen des summarischen Verfahrens zur Anwendung.

Betr. **Rechtsmittel** vor der kantonalen Instanz und vor Bundesgericht vgl. N 15 und Art. 303 N 25. Im kantonalen Rechtsmittelverfahren erlassene Entscheide betr. vorsorgliche Massnahmen (Endentscheide, Art. 90 Abs. 1 BGG; bzw. Zwischenentscheide, Art. 93 BGG) können an das Bundesgericht weitergezogen werden (Art. 72 Abs. 1 und Art. 74 Abs. 1 lit. b [bzw. allenfalls Abs. 2 lit. a], Art. 98 BGG; BGE 134 III 667, 668 E. 1; BGer 5A_698/2009, E. 1). Für die Fälle von Art. 302 Abs. 1 lit. c ist dies – in Abweichung zum früheren Recht (Art. 44 bzw. 46 OG, BGE 116 II 21, 23 E. 1a) – nach Art. 72 Abs. 2 lit. b BGG auch dann zulässig, wenn sie als Vollstreckungsmassnahmen qualifiziert werden (vgl. dazu BGer, 5A_95/2008, E. 1.1; Müller/Wirth-NAEGELI, Art. 17 GestG N 12). Zur Frage des Endentscheids vgl. Art. 296 N 49.

Betr. **internationales Recht** vgl. BGE 130 III 489, 492 ff. E. 2; WEBER, AJP 2002, 241, 243 sowie Art. 303 N 33 und Art. 304 N 7.

2. Absatz 2

26 Aufgrund des Vorbehalts in Abs. 2 werden die entsprechenden Bestimmungen der ZPO betr. das summarische Verfahren (N 6) durch das **BG-KKE** (N 9) in wesentlichen Punkten konkretisiert und ergänzt (vgl. dazu die BOTSCHAFT, BBl 2007, 2595 ff.; AmtlBull NR 2007, 1639 ff., 1958 ff., 2078; StR 2007, 1056 ff., 1212 f.).

27 Die Zentrale Behörde (Art. 1 ff.) kann nach Art. 4 BG-KKE ein **Vermittlungsverfahren oder eine Mediation** einleiten mit dem Ziel, die freiwillige Rückführung des Kindes zu erreichen oder eine gütliche Regelung der Angelegenheit herbeizuführen (Abs. 1). Sie veranlasst die betroffenen Personen in geeigneter Weise, am Vermittlungsverfahren oder an der Mediation teilzunehmen (Abs. 2).

28 Nach Art. 6 BG-KKE hat das mit dem Rückführungsgesuch befasste Gericht **Massnahmen zum Schutz des Kindes** zu treffen und soweit erforderlich den persönlichen Verkehr des Kindes mit den Eltern zu regeln (Abs. 1). Sobald das Rückführungsgesuch bei der Zentralen Behörde eingegangen ist, kann das zuständige Gericht auf Antrag der Zentralen Behörde oder einer der Parteien die Vertretung des Kindes, eine Beistandschaft oder andere Schutzmassnahmen auch dann anordnen, wenn das Gesuch bei diesem Gericht noch nicht eingereicht worden ist (Abs. 2).

29 **Örtlich und sachlich zuständig** für die Behandlung von Rückführungsgesuchen und die Massnahmen zum Schutz von Kindern ist als *einzige Instanz* das obere Gericht des Kantons, in dem sich das Kind im Zeitpunkt des Gesuchs aufhält (Art. 7 Abs. 1 BG-KKE). Das Gericht kann das Verfahren an das obere Gericht eines anderen Kantons abtreten, wenn die Parteien und das ersuchte Gericht dem zustimmen (Art. 7 Abs. 2 BG-KKE).

30 Nach bundesgerichtlicher Rechtsprechung stellt der Entscheid über die Rückführung eines Kindes nach dem HKÜ keine Zivilsache dar, sondern eine **Angelegenheit öffentlich-rechtlicher Natur**, weil es in einem solchen Verfahren um die Regelung der Rechtshilfe zwischen den Vertragsstaaten geht. Der Weiterzug an das Bundesgericht mit der Beschwerde in Zivilsachen ist jedoch aufgrund von Art. 72 Abs. 2 lit. b BGG möglich (BGE 133 III 584 f. E. 1.2; BGer 5A_105/2009, E. 1; 5A_721/2009, E. 1; 5A_764+778/2009, E. 1 [vgl. zu diesem Entscheid die ausführliche Besprechung von A. BUCHER, in: AJP 2010, 385 ff.]; 5A_25/2010, E. 1).

31 Soweit die Zentrale Behörde dies noch nicht veranlasst hat, leitet das Gericht ein **Vermittlungsverfahren oder eine Mediation** ein mit dem Ziel, die freiwillige Rückführung des Kindes zu erreichen oder eine gütliche Regelung der Angelegenheit herbeizuführen (Art. 8 Abs. 1 BG-KKE). Lässt sich im Vermittlungsverfahren oder in der Mediation keine Einigung erzielen, die den Rückzug des Rückführungsgesuchs zur Folge hat, so entscheidet das Gericht in einem **summarischen Verfahren** (Art. 8 Abs. 2 BG-KKE). Es hat die Zentrale Behörde über die wesentlichen Verfahrensschritte zu informieren (Art. 8 Abs. 3 BG-KKE).

32 In Art. 9 BG-KKE wird die Pflicht zur **Anhörung und Vertretung des Kindes** geregelt. wobei die Bestimmungen von Art. 297 ff. weitgehend wiederholt, zum Teil aber im Interesse des Kindeswohls verschärft werden. Nach Abs. 1 sind die Eltern «so weit als möglich» anzuhören (vgl. auch Art. 297 N 10 ff.). Für die *Anhörung des Kindes* übernimmt Abs. 2 inhaltlich die Fassung von Art. 298 Abs. 1 (Art. 298 N 7 ff.), aber mit dem deutlichen Unterschied, dass die zulässige Delegation der Anhörung (Art. 298 N 11 ff.) statt an die «beauftragte Drittperson» an eine «Fachperson» zu erfolgen hat. Was die **Vertretung des Kindes** betrifft, wird in Art. 9 Abs. 3 Satz 1 BG-KKE der Wortlaut von Art. 299 Abs. 1 übernommen, jedoch in Abweichung davon die *Anordnung der Vertretung zwin-*

gend vorgeschrieben. Die Vertretung des Kindes kann in Übereinstimmung mit Art. 300 Anträge stellen und Rechtsmittel einlegen (Abs. 3 Satz 2).

Art. 10 regelt die vom Gericht zu befolgende **internationale Zusammenarbeit**. 33

Der Entscheid über die Rückführung des Kindes ist, anders als nach Art. 236 Abs. 3, von 34 Amtes wegen mit **Vollstreckungsmassnahmen** zu verbinden und der Vollstreckungsbehörde sowie der Zentralen Behörde mitzuteilen (Art. 11 Abs. 1 BG-KKE). Der Rückführungsentscheid und die Vollstreckungsmassnahmen gelten für die ganze Schweiz (Art. 11 Abs. 2 BG-KKE). Für die Vollstreckung haben die Kantone eine *einzige Behörde* zu bezeichnen (Art. 12 Abs. 1 BG-KKE; BGer 5A_721/2009, E. 1). Diese hat das Kindeswohl zu berücksichtigen und auf den freiwilligen Vollzug hinzuwirken (Art. 12 Abs. 2 BG-KKE; zum bisherigen Recht, wonach Rückführungsentscheide nach kantonalem Rechts zu vollstrecken waren vgl. BGE 130 III 530, 532 ff. E. 1 und 2).

Nach Art. 13 Abs. 1 BG-KKE kann das Gericht auf Antrag den **Rückführungsentscheid** 35 **ändern**, wenn sich die einer Rückführung entgegenstehenden Umstände wesentlich geändert haben. Es entscheidet dann auch über die Einstellung der Vollstreckung (Abs. 2).

Art. 14 BG-KKE bestimmt, dass für die **Kosten** des Vermittlungsverfahrens und der Me- 36 diation sowie für die Gerichts- und Vollstreckungskosten in den Kantonen und – entgegen dem bisherigen Recht – auch auf Bundesebene die Art. 26 HKÜ und Art. 5 Abs. 3 ESÜ anwendbar sind (vgl. BGE 131 III 334, 344 E. 7 betr. die frühere Praxis bei der staatsrechtlichen Beschwerde; BGer 5A_721/2009, E. 4; 5A_141/2010). Grundsätzlich ist das Rückführungsverfahren kostenlos und die Verbeiständung unentgeltlich (BGer 5A_721/2009, E. 4; vgl. aber auch BGer 5A_105/2009, E. 4, wonach für den Fall, dass der ausländische Staat [i.c. die USA] vom Vorbehalt [Art. 26 Abs. 3 i.V.m. Art. 42 HKÜ] Gebrauch macht, so dass der Grundsatz der Gegenseitigkeit zur Anwendung gelangt).

Übergangsrechtlich gilt, dass die Bestimmungen des BG-KKE auch auf Rückführungs- 37 gesuche zur Anwendung gelangen, die beim Inkrafttreten (1.7.2009; N 7) bei kantonalen Instanzen bereits eingereicht worden sind (Art. 16 BG-KKE).

4. Kapitel: Unterhalts- und Vaterschaftsklage

Art. 303

Vorsorgliche Massnahmen

¹ Steht das Kindesverhältnis fest, so kann der Beklagte verpflichtet werden, angemessene Beiträge an den Unterhalt des Kindes zu hinterlegen oder vorläufig zu zahlen.

² Ist die Unterhaltsklage zusammen mit der Vaterschaftsklage eingereicht worden, so hat der Beklagte auf Gesuch der klagenden Partei:
a. die Entbindungskosten und angemessene Beiträge an den Unterhalt von Mutter und Kind zu hinterlegen, wenn die Vaterschaft glaubhaft gemacht ist;
b. angemessene Beiträge an den Unterhalt des Kindes zu zahlen, wenn die Vaterschaft zu vermuten ist und die Vermutung durch die sofort verfügbaren Beweismittel nicht umgestossen wird.

Art. 303 1, 2   7. Titel: Kinderbelange in familienrechtlichen Angelegenheiten

Mesures provisionnelles

¹ Si la filiation est établie, le défendeur peut être tenu de consigner ou d'avancer des contributions d'entretien équitables.

² Lorsque la demande d'aliments est introduite avec l'action en paternité, le défendeur doit, sur requête du demandeur:
a. consigner les frais d'accouchement et des contributions équitables pour l'entretien de la mère et de l'enfant, lorsque la paternité est vraisemblable;
b. contribuer de manière équitable à l'entretien de l'enfant, lorsque la paternité est présumée et que cette présomption n'est pas infirmée par les preuves immédiatement disponibles.

Provvedimenti cautelari

¹ Se il rapporto di filiazione è accertato, il convenuto può essere obbligato a depositare o a pagare provvisoriamente adeguati contributi per il mantenimento del figlio.

² Se l'azione di mantenimento è stata promossa assieme a quella di paternità, il convenuto, ad istanza dell'attore:
a. deve depositare la somma per le spese del parto e adeguati contributi per il mantenimento della madre e del figlio qualora la paternità sia resa verosimile;
b. deve pagare adeguati contributi per il mantenimento del figlio qualora la paternità sia presunta e la presunzione non sia infirmata dai mezzi di prova immediatamente disponibili.

Inhaltsübersicht   Note

I. Norminhalt und Normzweck 1
II. Anwendungsbereich und Voraussetzungen 7
   1. Materiellrechtliche Vorgaben 7
   2. Verfahren 14
   3. Vollstreckung 26
III. Internationales Recht 32
IV. Änderung gegenüber dem bisherigen Recht 33

Literatur

Vgl. die Literaturhinweise bei den Vorbem. zu Art. 295–304 und zu Art. 302.

I. Norminhalt und Normzweck

1 Der Expertenentwurf überschrieb diese Materie mit «Verfahren auf Feststellung und Anfechtung des Kindesverhältnisses» (Art. 256 f. VE-ZPO; Begleitbericht zum VE-ZPO, 123 f.). In der Systematik des bundesrätlichen Entwurfs wurde dies geändert und als Titel für das 4. Kapitel (Art. 299 und 300) die Bezeichnung «Vaterschaftsklage» vorgesehen. Laut Botschaft enthält das Kapitel (Art. 299 und 300 E-ZPO) ergänzende Bestimmungen zur Vaterschaftsklage (BOTSCHAFT ZPO, 7368). In den parlamentarischen Beratungen erfolgte richtigerweise die Erweiterung des Titels in **«Unterhalts- und Vaterschaftsklage»** (AmtlBull StR 2007, 636 und NR 2008, 969).

2 Mit Art. 256 VE-ZPO war zwecks Ermöglichung einer **objektiven Klagenhäufung** i.S.v. Art. 280 Abs. 3 ZGB eine eigenständige Norm vorgesehen worden, wonach die *Vaterschaftsklage und die Unterhaltsklage* verbunden werden können (Begleitbericht zum VE-ZPO, 123). Im bundesrätlichen Entwurf fehlte eine solche Bestimmung, doch wurde in Art. 300 Abs. 1 E-ZPO die weitere Zulässigkeit dieser Klagenhäufung vorausgesetzt, was im Gesetz schliesslich in Art. 303 Abs. 2 entsprechend seinen Niederschlag gefunden hat (N 5, 13 f.). Die generelle gesetzliche Regelung der Klagenhäufung wurde im Übrigen in Art. 88 E-ZPO vorgesehen und als Art. 90 ins Gesetz übernommen.

In Art. 257 VE-ZPO wurde der verkürzte Inhalt der Art. 281–284 ZGB in drei Absätzen zusammengefasst und davon ausgegangen, dass eine weitere gesetzliche Regelung der **vorsorglichen Massnahmen** i.S.v. Art. 281 und 284 entbehrlich sei, weil die entsprechenden Möglichkeiten bereits in den allgemeinen Bestimmungen (Art. 275 ff. VE-ZPO) enthalten seien (Begleitbericht zum VE-ZPO, 123). Der bundesrätliche Entwurf ist diesem Konzept teilweise gefolgt, indem Art. 299 Abs. 1 und 2 E-ZPO inhaltlich dem Art. 257 Abs. 1 und 2 VE-ZPO entsprach und Art. 300 E-ZPO (über die Zuständigkeit) wörtlich den Wortlaut von Art. 257 Abs. 3 VE-ZPO übernahm (vgl. dazu Art. 304 N 2). In den parlamentarischen Beratungen wurde Art. 299 E-ZPO auf Antrag der ständerätlichen Kommission neu gefasst und diskussionslos angenommen (AmtlBull StR 2007, 636). Der Nationalrat hat dieser Änderung zugestimmt (AmtlBull NR 2008, 969), so dass sie in Art. 303 Gesetz geworden ist.

Art. 303 Abs. 1 stimmt inhaltlich fast wörtlich der bisherigen Regelung von Art. 281 Abs. 2 ZGB überein, wonach bei feststehendem Kindesverhältnis der Beklagte verpflichtet werden kann, angemessene Beiträge an den Unterhalt des Kindes zu **hinterlegen oder vorläufig zu zahlen**.

Im Unterschied zu Abs. 1 regelt Abs. 2 die **Hinterlegung** (lit. a) und die **vorläufige Zahlung** (lit. b) für den Fall, dass die Unterhaltsklage und die Vaterschaftsklage zusammen eingereicht werden, ein Entscheid über das Kindesverhältnis mithin noch aussteht. Das Gesetz knüpft damit inhaltlich an Art. 282 und 283 ZGB an.

Der **Zweck von Art. 303** stimmt mit der bisherigen Regelung in den Art. 281–284 ZGB völlig überein: «Die existentielle Bedeutung des Unterhalts rechtfertigt die Verpflichtung des Beklagten, schon vor dem Urteil Beiträge zu hinterlegen, wenn ernsthaft mit der Gutheissung der Klage zu rechnen ist, und solche vorläufig zu zahlen, wenn sie höchst wahrscheinlich ist. Die vorläufige Zahlung erscheint als resolutiv bedingte Leistungsverpflichtung vor dem Urteil, die Hinterlegung als suspensiv bedingte Sicherung der Vollstreckung auf den Zeitpunkt des Urteils» (BK-HEGNAUER, Art. 281–284 ZGB N 7). Wegen des Instituts der Alimentenbevorschussung (Art. 293 Abs. 2 ZGB) sowie der generellen Verkürzung der Prozessdauer als Folge wirksamerer naturwissenschaftlicher Abstammungsgutachten (Art. 296 N 26 f.) ist die praktische Bedeutung der vorläufigen Zahlungen nur mehr gering (BSK ZGB I-BREITSCHMID, Art. 281 N 3 und Art. 282/283 N 6).

II. Anwendungsbereich und Voraussetzungen

1. Materiellrechtliche Vorgaben

a) Allgemeines

Während das bisherige Recht für den Bereich des Kindesunterhalts die gerichtliche Anordnung von vorsorglichen Massnahmen ausdrücklich in einer Gesetzesbestimmung (Art. 281 Abs. 1 ZGB) verankerte und damit eine bundesrechtliche Regelung vorschrieb, wird der Ausdruck «vorsorgliche Massnahme» im neuen Gesetzestext selber nicht mehr erwähnt. Die grundsätzliche Zulässigkeit von vorsorglichen Massnahmen ergibt sich aber klar aus der Gesetzessystematik (Marginale zu Art. 303: «vorsorgliche Massnahmen») und aus dem Zweck der Bestimmung (vgl. auch BOTSCHAFT ZPO, 7368). Die Notwendigkeit dafür besteht im neuen Recht ebenso wie im bisherigen Recht (vgl. N 5). Art. 303 entspricht in seiner Funktion der vorsorglichen Massnahme im Scheidungsverfahren in Art. 276 (BK-HEGNAUER, Art. 281–284 ZGB N 8; vgl. auch BGE 117 II 127, 132 E. 6; BGer, 5P.415/2004, E. 2).

8   Wie im bisherigen Recht (Art. 281–284 ZGB) enthält Art. 303 eine **abschliessende Regelung**. Zusätzliche vorsorgliche Massnahmen sind ausgeschlossen (BK-HEGNAUER, Art. 281–284 ZGB N 13).

9   Die Art. 303 f. ZPO finden gemäss Art. 329 Abs. 3 ZGB analoge Anwendung auf **Klagen über die Unterstützungspflicht** (vgl. Art. 295 N 5; BK-HEGNAUER, Art. 279/280 ZGB N 14).

b) Abs. 1

10 Die Bestimmung setzt voraus, dass ein **Kindesverhältnis rechtskräftig festgestellt** ist. Sie ist anwendbar bei **einfachen Unterhaltsklagen** der unmündigen Kinder gegen ihre Eltern nach Art. 279 ZGB, mithin dann, wenn die elterliche Unterhaltspflicht streitig ist und die Festlegung des Kindesunterhalts nicht durch das Eheschutzgericht (Art. 176 Abs. 3 ZGB; Art. 271 lit. a) oder das Scheidungsgericht (Art. 276) geregelt werden muss (BK-HEGNAUER, Art. 279/280 ZGB N 9 ff. und Art. 281–284 ZGB N 10 f.). Die eherechtlichen Verfahren fallen nicht unter die Unterhaltsklage nach Art. 279 ZGB, doch wird in der Lehre die Auffassung vertreten, die Massnahmen i.S.v. Art. 303 könnten dort analog angewendet werden (BK-HEGNAUER, Art. 281–284 ZGB N 14 f. m.w.H.). Besteht das Kindesverhältnis bei Erhebung der Klage noch nicht, so muss es spätestens bei deren Gutheissung feststehen oder gleichzeitig festgestellt werden (BK-HEGNAUER, Art. 279/280 ZGB N 15).

11 Abs. 1 gelangt ferner zur Anwendung bei der **Unterhaltsklage des mündigen Kindes** (Art. 277 Abs. 2 ZGB; BGE 117 II 127, 130 E. 3c; 135 III 238, 239 E. 2; BGer, 5P.184/2005, E. 1.3; BK-HEGNAUER, Art. 279/280 ZGB N 12 und Art. 281–284 ZGB N 10). Das Gleiche gilt für **Abänderungsbegehren** (Art. 286 Abs. 2 ZGB), und hier auch für solche, über die im Rahmen von eherechtlichen Verfahren (Art. 179 und Art. 134 ZGB, Art. 271 lit. a und Art. 284) zu entscheiden ist (BGer, 5P.415/2004, E. 2; BK-HEGNAUER, Art. 281–284 ZGB N 12 und Art. 286 ZGB N 42 ff., 96; vgl. auch N 12). Schliesslich ist Abs. 1 auch auf die **Klage des Gemeinwesens** anwendbar (Art. 289 Abs. 2 ZGB; BK-HEGNAUER, Art. 279/280 ZGB N 13 und Art. 281–284 ZGB N 10).

12 Die **Sachlegitimation** beurteilt sich nach den einschlägigen Bestimmungen des ZGB. *Aktivlegitimiert* ist das Unterhalt beanspruchende unmündige und mündige Kind (Art. 279, 277 Abs. 2 ZGB; BGE 117 II 127, 129 E. 3; BK-HEGNAUER, Art. 279/280 ZGB N 11 f. und Art. 281–284 ZGB N 18) sowie in den Fällen von Art. 289 Abs. 2 ZGB das Gemeinwesen (BK-HEGNAUER, Art. 281–284 ZGB N 19). Im Abänderungsprozess nach Art. 286 Abs. 2 ZGB ist auch der Unterhaltsverpflichtete zum Begehren legitimiert (BK-HEGNAUER, Art. 281–284 ZGB N 17 und Art. 286 ZGB N 98). *Passivlegitimiert* ist der für die Erfüllung der Unterhaltspflicht in Anspruch genommene Elternteil (Art. 279 ZGB; BK-HEGNAUER, Art. 279/280 ZGB N 11 f.), bzw. im Falle von Art. 289 Abs. 2 gegebenenfalls auch das Kind, wenn diesem zuzumuten ist, Unterhaltskosten ganz oder teilweise aus seinen Mitteln zu bestreiten (BK-HEGNAUER, Art. 279/280 ZGB N 34).

c) Abs. 2

Bei der **kombinierten Unterhalts- und Vaterschaftsklage** (N 2; BK-HEGNAUER, 13
Art. 279/280 ZGB N 55 ff. und Art. 281–284 ZGB N 28 ff.), besteht für die Anordnung
vorsorglicher Massnahmen eine andere Ausgangslage, indem ein Entscheid über das
Kindesverhältnis noch aussteht. Die Verpflichtung zur *Hinterlegung* der Entbindungskosten (Art. 295 Abs. 1 Ziff. 1 ZGB) sowie angemessener Unterhaltsbeiträge für Mutter und
Kind (Art. 276 ff. und Art. 295 Abs. 1 Ziff. 2 und 3 ZGB) wird davon abhängig gemacht,
dass die *Vaterschaft glaubhaft* gemacht ist (lit. a). Diese Bestimmung deckt sich inhaltlich mit dem bisherigen Art. 282 ZGB. Hingegen ist eine Verpflichtung zur *vorläufigen
Bezahlung* von angemessenen Beiträgen an den Unterhalt des Kindes dann zulässig,
wenn die *Vaterschaft zu vermuten ist* und die Vermutung durch die sofort verfügbaren
Beweismittel nicht umgestossen wird (lit. b). Diese Bestimmung lehnt sich an den bisherigen Art. 283 ZGB an, wobei der Wortlaut leicht verändert wurde (Art. 283 ZGB:
«… und wird die Vermutung durch die ohne Verzug verfügbaren Beweismittel nicht zerstört, …»). Ob die Vaterschaft zu vermuten ist, entscheidet sich nach Art. 262 ZGB.

Zur **Sachlegitimation** vgl. auch N 12. *Aktivlegitimiert* sind die Mutter und das Kind 14
(Art. 261 und Art. 295 ZGB), *passivlegitimiert* der als Vater in Anspruch genommene
Mann oder – wenn er gestorben ist – an seiner Stelle, nacheinander seine Nachkommen,
Eltern oder Geschwister oder bei deren Fehlen die zuständige Behörde des letzten Wohnsitzes (Art. 261 Abs. 2 ZGB) bzw. seine Erben (Art. 295 Abs. 1 ZGB).

2. Verfahren

Während sich das **Verfahren** in der Hauptsache nach den Bestimmungen des vereinfach- 15
ten Verfahrens richtet (Art. 295 N 5), gilt hier eine andere Regelung. Da *vorsorgliche
Massnahmen* zu beurteilen sind, gelangt grundsätzlich das *summarische Verfahren*
(Art. 248 lit. d und 252 ff.; BOTSCHAFT ZPO, 7349 ff.) zur Anwendung, indessen ergänzt
durch Art. 296 betr. den Untersuchungs- und Offizialgrundsatz (BGer, 5P.184/2005,
E. 3.1; Art. 296 N 3 ff.).

Art. 303 setzt grundsätzlich voraus, dass die klagende Partei ein **Gesuch** stellt (so aus- 16
drücklich in Art. 303 Abs. 2; vgl. auch BK-HEGNAUER, Art. 281–284 ZGB N 17). Allerdings kann sich ergeben, dass das Gericht in Beachtung des Offizialgrundsatzes notwendige Massnahmen von Amtes wegen anordnen muss (BOTSCHAFT ZPO, 7353). Es hat
nach den allgemeinen Grundsätzen analog zu Art. 276 Abs. 1 die «nötigen vorsorglichen
Massnahmen» zu treffen (vgl. dazu BGer, 5P.415/2004, E. 2), weshalb es im Rahmen der
Parteianträge «die zweckmässigsten und verhältnismässigsten Behelfe evaluieren muss»
(BSK ZGB I-BREITSCHMID, Art. 281 N 6).

Die klagende Partei muss ein **schutzwürdiges Interesse** an der verlangten Massnahme 17
haben. Dieses ist im Allgemeinen zu bejahen, «wenn der Beklagte von sich aus den vom
Kläger als angemessen erachteten Unterhalt nicht, nicht vollständig oder nicht regelmässig und pünktlich leistet» (BK-HEGNAUER, Art. 281–284 ZGB N 21). Das Gericht hat die
Aussichten der Klage nach der Aktenlage abzuschätzen (vgl. auch N 19 ff.). Auf Hinterlegung besteht nur Anspruch, wenn und soweit mit der Gutheissung der Klage zu rechnen
ist. Die vorläufige Zahlung kommt nur in Betracht, «soweit das Risiko einer Abweisung
in guten Treuen vernachlässigt werden kann» (BK-HEGNAUER, Art. 281–284 ZGB N 25).
Sie stellt eine Leistungsmassnahme dar, die nur zulässig ist, wenn die *Hauptsachenprognose* positiv ausfällt (BGer, 5P.184/2005, E. 3.2; zum Begriff der Hauptsachenprognose
vgl. VOGEL/SPÜHLER, 12. Kap., Rz 211). Hier rechtfertigt sich deshalb eine gewisse Zurückhaltung (BSK ZGB I-BREITSCHMID, Art. 282/283 N 5).

18 Damit das Gericht Massnahmen i.S.v. Art. 303 anordnen darf, müssen grundsätzlich die Voraussetzungen der gesetzlichen Bestimmungen über vorsorgliche Massnahmen (Art. 261 ff.) erfüllt sein. Insbesondere ist nach Art. 261 Abs. 1 lit. b erforderlich, dass der klagenden Partei **ein nicht leicht wieder gut zumachender Nachteil** droht, was abgesehen von Ausnahmefällen (bei besonders guten wirtschaftlichen Verhältnissen des Kindes im Vergleich zu einer eingeschränkten Leistungsfähigkeit des Beklagten) meistens der Fall ist (BSK ZGB I-BREITSCHMID, Art. 281 N 4). Eine Gefährdung des Anspruchs oder eine Notlage des Kindes ist nicht erforderlich (BGE 117 II 127, 131 E. 4).

19 Zudem muss im Rahmen der **Hauptsachenprognose** (N 17) das Hauptbegehren als begründet erscheinen, indem sowohl die Unterhaltspflicht als solche als auch die Höhe des Unterhalts glaubhaft gemacht werden (BSK ZGB I-BREITSCHMID, Art. 281 N 5). Glaubhaft ist der Anspruch, wenn für dessen Begründetheit eine gewisse Wahrscheinlichkeit spricht, auch wenn das Gericht noch mit der Möglichkeit rechnet, dass sie sich nicht verwirklicht haben könnte (BGE 120 II 393, 397 f. E. 4c; 130 III 321, 325 E. 3.3; BGer, 5P.184/2005, E. 1.3).

20 Für die **Hinterlegung** begnügt sich das Gesetz damit, dass die *Vaterschaft glaubhaft* gemacht werden muss (Art. 303 Abs. 2 lit. a). An diese Glaubhaftmachung dürfen nicht zu hohe Anforderungen gestellt werden. Die Vaterschaft ist glaubhaft, wenn aufgrund der gesamten konkreten Umstände mit der Möglichkeit einer Konzeption ernstlich zu rechnen ist, selbst bei Mehrverkehr oder Dirnentätigkeit der Mutter (BGE 117 II 374, 376 ff. E. 3,4; 109 II 199, 201 E. 2; HEGNAUER, Grundriss, Rz 21.11). Der Entscheid ist aufgrund der in einem summarischen Verfahren verfügbaren, liquiden Beweismittel zu treffen (Art. 254; BOTSCHAFT ZPO, 7350; ZR 1978 Nr. 130 = SJZ 1980, 139 Nr. 12).

21 Bei der kombinierten Unterhalts- und Vaterschaftsklage wird hingegen für den Fall der **vorläufigen Zahlung** (Art. 303 Abs. 2 lit. b; N 13) insofern ein strengerer Massstab angelegt als die Hauptsachenprognose (N 17) durch die besondere, im materiellen Recht festgelegte erhöhte Anforderung der *Vermutung der Vaterschaft* eine Konkretisierung erfährt. Die Vaterschaft ist hier nicht nur glaubhaft zu machen, sondern zu vermuten (Art. 262 ZGB), was bedeutet, dass die Beiwohnung nachgewiesen, bzw. zugestanden sein muss (BSK ZGB I-BREITSCHMID, Art. 282/283 N 2, 6).

22 Denkbar ist eine **kombinierte Massnahme**, derart dass für den Notbedarf die vorläufige Zahlung, im Übrigen jedoch für den vertretbaren, aber umstrittenen weiteren Bedarf die Hinterlegung angeordnet wird (BK-HEGNAUER, Art. 281–284 ZGB N 26; vgl. auch BSK ZGB I-BREITSCHMID, Art. 282/283 N 5). Die Höhe der Beiträge ist im Rahmen summarischer Beurteilung nach Art. 285 Abs. 1 ZGB festzulegen. Dabei können die Regeln die im bisherigen Recht zur vorsorglichen Festsetzung von Unterhaltsbeiträgen in eherechtlichen Verfahren (Praxis zu den bisherigen Art. 176 und 137 Abs. 2 ZGB) entwickelt worden sind, sinngemäss herangezogen werden (BK-HEGNAUER, Art. 281–284 ZGB N 15, 24; vgl. auch BSK ZGB I-BREITSCHMID, Art. 281 N 7). Betreffend Pflicht des Beklagten zur Leistung eines Prozesskostenvorschusses vgl. BK-HEGNAUER, Art. 281–284 ZGB N 27 m.H. auf BGE 117 II 127, 132 E. 6 (anders SJZ 1990, 267 Nr. 56; vgl. dazu auch BSK ZGB I-BREITSCHMID, Art. 281 N 6).

23 Die vorsorglichen Massnahmen nach Art. 303 werden für die **Dauer des Prozesses** verfügt, frühestens von der Erhebung der Klage an und spätestens bis zur rechtskräftigen Erledigung. Wird das Begehren erst im Lauf des Prozesses eingereicht, kann in Analogie zu BGE 115 II 204, 205 f. eine *Rückwirkung* auf den Zeitpunkt der Klage, längstens aber auf ein Jahr verlangt werden (BK-HEGNAUER, Art. 281–284 ZGB N 23 und Art. 286 ZGB N 93; BSK ZGB I-BREITSCHMID, Art. 281 N 8).

Die Anordnungen nach Art. 303 sind nach den allgemeinen Grundsätzen **abänderbar** (Art. 286 Abs. 1; BSK ZGB I-BREITSCHMID, Art. 281 N 9). 24

Die gestützt auf Art. 303 f. ergangenen erstinstanzlichen Entscheidungen sind nach Art. 308 Abs. 1 lit. b und Abs. 2 **berufungsfähig**. Die Frist zur Einreichung der Berufung und zur Berufungsantwort beträgt lediglich je 10 Tage; die Anschlussberufung ist unzulässig (Art. 314). Die Berufung hat keine aufschiebende Wirkung, doch kann die Vollstreckung ausnahmsweise aufgehoben werden, wenn der betroffenen Partei ein nicht leicht wiedergutzumachender Nachteil droht (Art. 315 Abs. 4 und 5). Ist die Berufungsfähigkeit nicht gegeben, kann der erstinstanzliche Entscheid mit Beschwerde angefochten werden (Art. 319 ff.). 25

Gegen Entscheide der kantonalen Berufungsinstanz ist nach Massgabe der Bestimmungen des BGG der **Weiterzug an das BGer** möglich (Art. 72 ff., 98 BGG). Der Entscheid, der vorsorgliche Massnahmen gestützt auf Art. 303 anordnet, ist ein *Zwischenentscheid* i. S. v. Art. 93 BGG (so entschieden für ein mündiges Kind in Anwendung von Art. 281 ZGB in BGE 135 III 238, 239 E. 2; vgl. auch BGer, 5A_270/2008, E. 2 f.). Im Verfahren vor Bundesgericht ist die Anordnung von vorsorglichen Massnahmen nach Art. 104 BGG möglich. 26

3. Vollstreckung

Das Gericht hat auch die erforderlichen **Vollstreckungsmassnahmen** anzuordnen (Art. 267). Ein separates Vollstreckungsgesuch der klagenden Partei ist nicht erforderlich (BOTSCHAFT ZPO, 7357). 27

Im Falle der **Hinterlegung** hat das Gericht die *Depositenstelle* zu bezeichnen. Denkbar ist ein Vorgehen analog zu Art. 24 SchKG. Die Depositenstelle wird beauftragt, auf den Namen des Beklagten ein Konto zu eröffnen, über das bis zur rechtskräftigen Erledigung des Prozesses allein das Gericht verfügt. Die klagende Partei hat Anspruch auf Information über die eingegangenen Beträge. Bei Säumnis des Beklagten ist es Sache der klagenden Partei, die Hinterlegung durch Betreibung auf Geldzahlung zu vollstrecken (BK-HEGNAUER, Art. 281–284 ZGB N 38 f.). 28

Wird die Klage ganz oder teilweise gutgeheissen, verfügt das Gericht von Amtes wegen die **Auszahlung der hinterlegten Beträge** samt Zinsen an die klagende Partei auf Anrechnung an deren Forderung. Im Fall der Abweisung der Klage verfügt das Gericht die **Rückzahlung** an den Beklagten (BK-HEGNAUER, Art. 281–284 ZGB N 40 f.). 29

Die **vorläufigen Zahlungen** sind wie die ordentlichen Unterhaltsbeiträge an die klagende Partei zu leisten und für den Unterhalt des Kindes bestimmt. Die *Vollstreckung* erfolgt durch die klagende Partei auf dem Betreibungsweg (BK-HEGNAUER, Art. 281–284 ZGB N 42). 30

Wird die Klage gutgeheissen, sind die vorläufigen Zahlungen auf die bis zum Urteil fälligen Unterhaltsbeiträge anzurechnen (BK-HEGNAUER, Art. 281–284 ZGB N 43). 31

Wird die Klage dagegen ganz oder teilweise abgewiesen, hat der Beklagte **Anspruch auf Rückerstattung** der geleisteten vorläufigen Zahlungen, bzw. der Differenz zwischen den vorläufigen Zahlungen und den nach dem Urteil geschuldeten geringeren Unterhaltsleistungen. Rechtsgrund für die Rückforderung ist die *ungerechtfertigte Bereicherung* (Art. 62 ff. OR; vgl. dazu und zu den praktisch geringen Erfolgsaussichten für eine solche Klage BK-HEGNAUER, Art. 281–284 ZGB N 44 f.). 32

III. Internationales Recht

33 Zur Zuständigkeit vgl. Art. 304 N 3 f. Vorsorgliche Massnahmen i.S.v. Art. 303 richten sich nach dem **Recht, das in der Hauptsache anwendbar** ist (BK-HEGNAUER, Art. 281– 284 ZGB N 54 m.H. auf JAMETTI GREINER, ZBJV 1994, 675). Die Vollstreckung ausländischer Anordnungen richtet sich nach den Bestimmungen des LugÜ (Art. 31 ff.) und des Haager Übereinkommens für die Anerkennung und Vollstreckung von Unterhaltsentscheidungen vom 2.10.1973 (UVÜ; SR 0.211.213.02; Art. 4 ff.). Das UVÜ tritt neben das LugÜ und bleibt von diesem unberührt (Art. 57 Abs. 1 LugÜ; vgl. im Einzelnen ZK-SIEHR, Art. 84 IPRG N 10, 26 und 36).

IV. Änderung gegenüber dem bisherigen Recht

34 Das Verfahren für vorsorgliche Massnahmen (Art. 303 f.) ist für alle kantonalen Instanzen vom Bundesrecht bestimmt. Die bisherigen zivilprozessualen Regelungen der Kantone finden vorbehältlich der übergangsrechtlichen Bestimmungen (Art. 404 f.) keine Anwendung mehr (Art. 296 N 50). Die bisherigen Art. 280–284 ZGB werden durch die ZPO aufgehoben (vgl. Anhang 1 [Art. 402] Ziff. II, 3).

Art. 304

Zuständigkeit	Über die Hinterlegung, die vorläufige Zahlung, die Auszahlung hinterlegter Beiträge und die Rückerstattung vorläufiger Zahlungen entscheidet das für die Beurteilung der Klage zuständige Gericht.
Compétence	Le tribunal compétent pour statuer sur l'action en paternité se prononce également sur la consignation, le paiement provisoire des contributions d'entretien, le versement des montants consignés et le remboursement des paiements provisoires.
Competenza	Il giudice competente per l'azione decide anche sul deposito, sul pagamento provvisorio, sul versamento dei contributi depositati e sulla restituzione dei pagamenti provvisori.

Inhaltsübersicht Note

I. Norminhalt und Normzweck 1
II. Anwendungsbereich und Voraussetzungen 3
III. Internationales Recht 7
IV. Änderung gegenüber dem bisherigen Recht 8

Literatur

Vgl. die Literaturhinweise bei den Vorbem. zu Art. 295–304 und zu Art. 302.

I. Norminhalt und Normzweck

1 Art. 304 ergänzt Art. 303 und regelt in inhaltlicher Übereinstimmung mit den bisherigen Bestimmungen von Art. 280 Abs. 3 und Art. 284 ZGB speziell die **Zuständigkeit** für vorsorgliche Massnahmen (Art. 303 N 6 ff.) mit Einschluss der entsprechenden Folgeverfahren (BOTSCHAFT ZPO, 7368; vgl. N 3 f.).

Die Regelung entspricht Art. 257 Abs. 3 VE-ZPO, die vom bundesrätlichen Entwurf in Art. 300 E-ZPO übernommen wurde (vgl. Art. 303 N 3). Die eidgenössische Räte haben ihr mit einer geringfügigen redaktionellen Änderung zugestimmt («Klage» anstelle von «Vaterschaftsklage»; AmtlBull StR 2007, 636 und NR 2008, 969). 2

II. Anwendungsbereich und Voraussetzungen

Die **Zuständigkeit für die Anordnung von vorsorglichen Massnahmen** in den Fällen von Art. 303 sowie für die entsprechenden Folgeverfahren (Verfahren über die Auszahlung hinterlegter Beträge und die Rückerstattung vorläufiger Zahlungen) liegt nach Art. 304 bei dem für die Beurteilung der Klage über die Hauptsache zuständigen Gericht. Dies gilt auch für die Abänderung solcher Massnahmen (Art. 303 N 24). Wurde die *Unterhaltsklage mit der Vaterschaftsklage verbunden* (Art. 303 N 13 ff.), ist die Zuständigkeit des für die Vaterschaftsklage zuständigen Gerichts gegeben (STAEHELIN/STAEHELIN/GROLIMUND, § 21 Rz 93; vgl. auch BK-HEGNAUER, Art. 281–284 ZGB N 46). Die örtliche Zuständigkeit der Klagen in der Hauptsache richtet sich nach den Bestimmungen von Art. 25–27. Für die Rückforderungsklage (Art. 303 N 32), die als selbständige Klage betrachtet wird (BK-HEGNAUER, Art. 281–284 ZGB N 49) besteht eine Ausnahme. Sie ist in Übereinstimmung mit der bisherigen Regelung (Art. 3 GestG) beim Gericht am Wohnsitz der ungerechtfertigt bereicherten Partei zu erheben (Art 10 Abs. 1 lit. a; BOTSCHAFT ZPO, 7262). 3

Diese Regelung entspricht mit Bezug auf die **örtliche Zuständigkeit** dem in Art. 13 lit. a festgelegten Grundsatz. Die Bestimmung ist zwingend. Für eine *alternative Zuständigkeit am Vollstreckungsort* (Art. 13 lit. b) bleibt nach Art. 304 kein Raum. Im Ergebnis ist am geltenden Recht (Art. 284 ZGB) festzuhalten, wonach in diesen Fällen Art. 33 GestG auch keine Anwendung fand (Müller/Wirth-NAEGELI, Art. 17 GestG N 11 und Müller/Wirth-DIETRICH, Art. 33 GestG N 56 f.; TUOR/SCHNYDER/SCHMID/RUMO-JUNGO, § 42 Rz 23). 4

Die **sachliche und funktionelle Zuständigkeit** richtet sich weiterhin nach kantonalem Recht (Art. 4 Abs. 1). Nach der Botschaft sind die Kantone frei, für die Beurteilung dieser Verfahren das Hauptsachegericht selbst oder einen Einzelrichter oder eine Einzelrichterin zu bestimmen (BOTSCHAFT ZPO, 7263). Unter dem geltenden Recht (Art. 284 ZGB) wurde mit guten Gründen die Auffassung vertreten, dass diese Aufgabe nicht einem mit der Hauptsache nicht befassten Richter zugewiesen werden dürfe, wohl aber, wegen der gebotenen Raschheit des Verfahrens, innerhalb des zuständigen Kollegiums einem Ausschuss oder einem Einzelrichter (vgl. BK-HEGNAUER, Art. 281–284 ZGB N 46; ähnlich BSK ZGB I-BREITSCHMID, Art. 284 N 1). Daran sollte festgehalten werden. 5

Zur **Vollstreckung** vgl. Art. 303 N 27 ff. 6

III. Internationales Recht

Entsprechend dem bisherigen Recht gilt Art. 304 auch bei **internationalen Sachverhalten**. Darüber hinaus ist jedoch das schweizerische Gericht zur Anordnung vorsorglicher Massnahmen auch zuständig, wenn es in der Hauptsache nicht selbst zu entscheiden hat (Art. 10 IPRG; Art. 24 LugÜ; BK-HEGNAUER, Art. 281–284 ZGB N 54 m.H. auf JAMETTI GREINER, ZBJV 1994, 662). Vgl. ferner Art. 303 N 33. 7

IV. Änderung gegenüber dem bisherigen Recht

Durch die Regelung der örtlichen Zuständigkeit für vorsorgliche Massnahmen i.S.v. Art. 303 und die entsprechenden Folgeverfahren (N 3) in Art. 304 sind die bisherigen Bestimmungen obsolet geworden. Das ganze GestG sowie Art. 284 ZGB werden durch die ZPO aufgehoben (vgl. Anhang 1 [Art. 402] Ziff. I und II, 3 sowie Art. 303 N 34). 8

8. Titel: Verfahren bei eingetragener Partnerschaft

1. Kapitel: Angelegenheiten des summarischen Verfahrens

Art. 305

Geltungsbereich Das summarische Verfahren ist anwendbar für:
a. die Festsetzung von Geldbeiträgen an den Unterhalt und Anweisung an die Schuldnerin oder den Schuldner (Art. 13 Abs. 2 und 3 des Partnerschaftsgesetzes vom 18. Juni 2004, PartG);
b. die Ermächtigung einer Partnerin oder eines Partners zur Verfügung über die gemeinsame Wohnung (Art. 14 Abs. 2 PartG);
c. die Ausdehnung oder den Entzug der Vertretungsbefugnis einer Partnerin oder eines Partners für die Gemeinschaft (Art. 15 Abs. 2 Bst. a und Abs. 4 PartG);
d. die Auskunftspflicht der Partnerin oder des Partners über Einkommen, Vermögen und Schulden (Art. 16 Abs. 2 PartG);
e. die Festlegung, Anpassung oder Aufhebung der Geldbeiträge und die Regelung der Benützung der Wohnung und des Hausrats (Art. 17 Abs. 2 und 4 PartG);
f. die Verpflichtung einer Partnerin oder eines Partners zur Mitwirkung bei der Aufnahme eines Inventars (Art. 20 Abs. 1 PartG);
g. die Beschränkung der Verfügungsbefugnis einer Partnerin oder eines Partners über bestimmte Vermögenswerte (Art. 22 Abs. 1 PartG);
h. die Einräumung von Fristen zur Begleichung von Schulden zwischen den Partnerinnen oder Partner (Art. 23 Abs. 1 PartG).

Champ d'application La procédure sommaire s'applique:
a. à la fixation des contributions pécuniaires dues pour l'entretien de la communauté et l'injonction aux débiteurs (art. 13, al. 2 et 3, de la loi du 18 juin 2004 sur le partenariat; LPart);
b. à l'octroi à un des partenaires du pouvoir de disposer du logement commun (art. 14, al. 2, LPart);
c. à l'extension ou au retrait du pouvoir d'un des partenaires de représenter la communauté (art. 15, al. 2, let. a, et 4, LPart);
d. à l'injonction adressée à l'un des partenaires de fournir à l'autre des renseignements sur ses revenus, ses biens et ses dettes (art. 16, al. 2, LPart);
e. à la fixation, la modification ou la suppression de la contribution pécuniaire et au règlement de l'utilisation du logement et du mobilier de ménage (art. 17, al. 2 et 4, LPart);
f. à l'obligation des partenaires de collaborer à l'établissement d'un inventaire (art. 20, al. 1, LPart);
g. à la restriction du pouvoir d'un des partenaires de disposer de certains biens (art. 22, al. 1, LPart);
h. à l'octroi de délais pour le remboursement de dettes entre les partenaires (art. 23, al. 1, LPart).

1. Kapitel: Angelegenheiten des summarischen Verfahrens   1   **Art. 305**

Campo
d'applicazione

La procedura sommaria è applicabile per:
a. la determinazione dei contributi pecuniari per il mantenimento e l'ordine ai debitori di un partner di fare i loro pagamenti all'altro (art. 13 cpv. 2 e 3 della legge del 18 giu. 2004 sull'unione domestica registrata, LUD);
b. l'autorizzazione a un partner a disporre dell'abitazione comune (art. 14 cpv. 2 LUD);
c. l'estensione o la privazione del potere di un partner di rappresentare l'unione domestica (art. 15 cpv. 2 lett. a e cpv. 4 LUD);
d. l'obbligo d'informazione dei partner sui rispettivi redditi, sostanza e debiti (art. 16 cpv. 2 LUD);
e. la determinazione, l'adeguamento o la soppressione dei contributi pecuniari e le misure riguardanti l'abitazione e le suppellettili domestiche (art. 17 cpv. 2 e 4 LUD);
f. l'obbligo di un partner di concorrere alla compilazione dell'inventario (art. 20 cpv. 1 LUD);
g. la limitazione del potere di disporre di un partner relativamente a determinati beni (art. 22 cpv. 1 LUD);
h. l'assegnazione di termini per la compensazione di debiti tra i partner (art. 23 cpv. 1 LUD).

Inhaltsübersicht

Note

I. Norminhalt und Normzweck 1
   1. Ausgangslage 1
   2. Grundzüge des Partnerschaftsgesetzes 3

II. Anwendungsbereich des Summarischen Verfahrens 6
   1. Abschliessende Aufzählung? 6
   2. Die Aufzählung nach ZPO 7
   3. Weitere Zuständigkeit im summarischen Verfahren nach PartG 24
   4. Weitere Zuständigkeit im summarischen Verfahren nach anderen Gesetzen ... 29

III. Rechtsfolge 30

Literatur

A. Büchler (Hrsg.), FamKomm, Eingetragene Partnerschaft, Bern 2007 (zit. FamKomm-BEARBEITER/IN); E. COPUR, Gleichgeschlechtliche Partnerschaft und Kindeswohl, Diss. St. Gallen 2008; H. DESCHENAUX/P.-H. STEINAUER/M. BADDELEY, Les effets du mariage, Berne 2000; TH. GEISER, Partnerschaftsgesetz und Notariat, AJP 2007, 1 ff.; PH. GREMPER, Vermögensrechtliche Wirkungen der eingetragenen Partnerschaft, Fampra 2004, 475 f.; K. HOCHL, Gleichheit – Verschiedenheit: die rechtliche Regelung gleichgeschlechtlicher Partnerschaften in der Schweiz im Vergleich zur Ehe, St. Gallen 2002; H.-U. STAUFFER, Berufliche Vorsorge, Zürich 2005; F. WERRO, Concubinage, mariage et démariage, Bern 2000.

I. Norminhalt und Normzweck

1. Ausgangslage

Am 18.6.2004 verabschiedete das Parlament das Bundesgesetz über die eingetragene   1
Partnerschaft gleichgeschlechtlicher Paare (Partnerschaftsgesetz, PartG, SR 211.231). Es ist am 1.1.2007 in Kraft getreten. Das Gesetz regelt die Eintragung gleichgeschlechtlicher Paare und die Rechtswirkungen dieses Eintrages, sowie die Auflösung der eingetragenen Partnerschaft (Art. 1 PartG). Mit diesem Gesetz wollte das Parlament Personen gleichen Geschlechts die Möglichkeit einräumen, ihrer Lebensgemeinschaft einen festen rechtlichen Rahmen zu geben (Art. 1 PartG), welcher sich ähnlich wie die Ehe gestaltet,

mit dieser aber nicht identisch ist. Das Institut der eingetragenen Partnerschaft wurde ausschliesslich **Gemeinschaften gleichen Geschlechts** geöffnet, denen die Ehe verwehrt bleibt. Das heterosexuelle Konkubinat wird davon nicht erfasst. Gegengeschlechtliche Paare haben die Möglichkeit zu heiraten. Gleichgeschlechtliche Paare haben diese Möglichkeit nicht; dafür ist ihnen nun das Institut der Eintragung eröffnet worden (GEISER, AJP 2007, 1, Rz 1.2.).

2 Wie die Ehe ist auch die eingetragene Partnerschaft eine **monogame**, auf **Dauer angelegte** Lebensgemeinschaft. Sie wird wie eine Ehe vor dem Zivilstandsamt geschlossen (Art. 5 ff. PartG) und kann nur durch Tod oder Gerichtsurteil aufgehoben werden (Art. 29 ff. PartG). Im Bestreben, ein nur eheähnliches, nicht aber mit der Ehe identisches Institut zu schaffen, hat der Gesetzgeber zum Teil Abweichungen vom Eherecht vorgesehen, welche sich allerdings kaum begründen lassen (vgl. dazu HOCHL, pass).

2. Grundzüge des Partnerschaftsgesetzes

3 Das Gesetz regelt nach einigen wenigen, **allgemeinen Grundsätzen** (Art. 1 und 2 PartG) die Voraussetzungen (Art. 3 und 4 PartG) und das Verfahren (Art. 5–8 PartG) der Eintragung einer gleichgeschlechtlichen Partnerschaft. Die Bestimmungen entsprechen weitgehend jenen der Eheschliessung, allerdings mit feinen Unterschieden. So sind bspw. für die Eintragung der Partnerschaft keine Zeugen nötig (Art. 5 PartG im Vergleich zu Art. 102 Abs. 1 ZGB). Sodann folgen die Bestimmungen über die **Ungültigkeit** der eingetragenen Partnerschaft, wobei analog zur Ehe zwischen der befristeten und der unbefristeten Ungültigkeit unterschieden wird (Art. 9 und 10 PartG). Wie bei der Eheungültigkeit erfolgt diese nicht rückwirkend, sondern löst die Partnerschaft erst mit Rechtskraft des Urteils auf (Art. 11 Abs. 1 PartG). Nur das Erbrecht entfällt rückwirkend (Art. 11 Abs. 1 PartG). Im Gesetz finden sich anschliessend Bestimmungen über die **allgemeinen Wirkungen** der Partnerschaft, welche dem Eherecht nachgebildet, aber sehr viel weniger ausführlich sind (Art. 12–17 PartG). Das Gesetz kennt auch hier eine Unterhaltsregel (Art. 13 PartG) und eine Bestimmung über den Schutz der gemeinsamen Wohnung (Art. 14 PartG) sowie ein Vertretungsrecht (Art. 15 PartG). Es besteht ein Auskunftsanspruch jedes Partners gegenüber dem anderen (Art. 15 PartG) und das Getrenntleben kann auch hier gerichtlich geregelt werden (Art. 17 PartG). Daran schliessen sodann die Bestimmungen über das Vermögensrecht an (Art. 18–25 PartG). Das PartG hält sodann ausdrücklich fest, dass eine Person, die in einer eingetragenen Partnerschaft lebt, **keine Ehe eingehen** kann (Art. 26 PartG) und dem anderen Partner in der Erfüllung der Elternpflichten gegenüber seinen Kindern beizustehen hat (Art. 27 PartG). Die eingetragenen Partner werden zudem ausdrücklich vom **Zugang zur Fortpflanzungsmedizin und zur Adoption ausgeschlossen** (Art. 28 PartG). Es folgen die Bestimmungen über die **gerichtliche Auflösung der** eingetragenen **Partnerschaft**, welche weitgehend dem Scheidungsrecht entsprechen (Art. 29–34 PartG). Wie bei einer Scheidung kann auch hier ein Unterhalt zugesprochen werden und die berufliche Vorsorge ist zu teilen. Schliesslich wird eine Vielzahl von bestehenden Gesetzesbestimmungen geändert, welche zu einer Gleichstellung führen. Namentlich haben eingetragene Partner ein gegenseitiges Erbrecht wie Ehegatten. Die Regelung bezüglich des Vermögensrechts ist in ihren Grundzügen sehr einfach. Als gesetzlicher Güterstand ist **materiell** eine **Gütertrennung** vorgesehen (GREMPER, 483). Die Eintragung der Partnerschaft hat keinen Einfluss auf die Eigentumsverhältnisse. Jeder Partner kann frei über sein Vermögen verfügen (Art. 18 Abs. 1 PartG) und haftet ausschliesslich mit seinem eigenen Vermögen (Art. 18 Abs. 2 PartG). Ähnlich wie bei der Gütertrennung können auch hier Fristen eingeräumt werden, wenn die Erfüllung einer Schuld gegenüber dem Partner Schwierigkeiten bereitet (Art. 23 PartG; Art. 250 ZGB) und bei Miteigentum besteht ein Zuweisungsanspruch

(Art. 24 PartG; Art. 251 ZGB). Aus den **allgemeinen güterrechtlichen Bestimmungen** und dem **Eheschutz** ist die Möglichkeit übernommen worden, eine Beschränkung der Verfügungsbefugnis zu erwirken (Art. 22 PartG), sowie die Regeln über das Inventar und die Vermögensverwaltung durch den anderen Partner (Art. 20 und 21 PartG).

Im Bestreben die Regelung der eingetragenen Partnerschaft deutlich von der Ehe zu unterscheiden, hat der Gesetzgeber im PartG **kein dem Eheschutz entsprechendes Rechtsinstitut vorgesehen**. Das kann aber nicht darüber hinweg täuschen, dass bei der eingetragenen Partnerschaft für eine Vielzahl von Fragen das gleiche Bedürfnis nach einem raschen und einfachen Verfahren für eine Streitbeilegung besteht wie bei einer Ehe. Insofern mussten die kantonalen Prozessordnungen ein dem Eheschutzverfahren analoges Verfahren für die eingetragene Partnerschaft vorsehen. Erforderlich war ein möglichst niederschwelliger Zugang zum Gericht, Mündlichkeit und weitgehende Formlosigkeit (ZK-FREIBURGHAUS, Art. 17 PartG N 42). Die Art. 305 und 306 erfüllen nunmehr diese Aufgabe innerhalb des eidgenössischen Rechts und ersetzen damit weitgehend das Fehlen eines zum Eheschutz analogen Instituts für die eingetragene Partnerschaft (BOTSCHAFT ZPO, 7369). 4

Der Gesetzestext entspricht wörtlich dem bundesrätlichen Entwurf. 5

II. Anwendungsbereich des Summarischen Verfahrens

1. Abschliessende Aufzählung?

Weder der Wortlaut des Gesetzes noch die Botschaft geben eine klare Antwort auf die Frage, ob die Aufzählung der im Zusammenhang mit dem Partnerschaftsgesetz dem summarischen Verfahren unterstehenden Entscheidungen abschliessend ist oder nicht. Der Gesetzgeber hat in Art. 305 alle jene Materien aufgeführt, welche im PartG ausdrücklich erwähnt werden und eines summarischen Verfahrens bedürfen. Insoweit kann die Regelung als abschliessend angesehen werden. Nicht als abschliessend kann aber die Aufzählung für jene Bereiche angesehen werden, welche entweder im PartG nur durch Verweis aufgenommen sind oder sich gar in anderen Gesetzen finden. 6

2. Die Aufzählung nach ZPO

a) Festsetzung der Unterhaltszahlungen und Anweisung an die Schuldner (Art. 13 Abs. 2 und 3 PartG)

Wie das Eherecht sorgen auch die eingetragenen Partner gemeinsam nach ihren Kräften für den gebührenden Unterhalt der Gemeinschaft (Art. 13 Abs. 1 PartG). Diese Unterhaltspflicht umfasst sowohl Geld- wie auch Sachleistungen (ZK-WOLF/GENNA, Art. 13 PartG N 61 ff.). **Gerichtlich können aber direkt nur die Geldleistungen** nicht auch die Sachleistungen **festgelegt werden**. Bezüglich der übrigen Unterhaltsleistungen und damit auch bezüglich der Aufgabenteilung unter den Partnern kann das Gericht wie bei den Ehegatten keine verbindliche Entscheidung treffen (BK-HAUSHEER/REUSSER/GEISER, Art. 173 ZGB N 7). Selbstverständlich hat die Festlegung der Geldbeiträge einen indirekten Einfluss auf die Aufgabenteilung, indem dadurch eine Partei genötigt – nicht aber gezwungen – werden kann, einer Erwerbstätigkeit nachzugehen und damit weniger Haushaltsarbeit leisten kann. 7

Die Unterhaltspflicht besteht während der gesamten Dauer der eingetragenen Partnerschaft. Sie beginnt mit der Eintragung und endet mit der Auflösung der eingetragenen Partnerschaft, sei es durch Tod oder durch gerichtliche Auflösung (ZK-WOLF/GENNA, 8

Art. 13 PartG N 25 ff.). Sie besteht somit auch, wenn die Parteien getrennt leben. Die Regelung des Getrenntlebens wird aber nicht durch Art. 305 lit. a sondern durch lit. e erfasst. Lit. a ist entsprechend einschränkend auszulegen; er betrifft nur die **Regelung des Unterhalts während des gemeinsamen Haushalts**.

9 Erfüllt ein Partner seine Unterhaltspflicht nicht, so kann unter gewissen Voraussetzungen das Gericht die Schuldner des Pflichtigen anweisen, nicht mehr an diesen, sondern an den Unterhaltsgläubiger zu leisten. Diese Regelung im Partnerschaftsgesetz ist analog zum entsprechenden Institut im Eheschutz (Art. 177 ZGB) ausgestaltet (ZK-WOLF/GENNA, Art. 13 PartG N 116). Wie dort ist auch hier die Rechtsnatur nicht geklärt. Das Bundesgericht bezeichnet diese Schuldneranweisung als «privilegierte Zwangsvollstreckungsmassnahme sui generis» (BGE 110 II 9 ff.). Es hält aber auch die Auffassung für vertretbar, dass es sich um ein Zivilsache handle (BGE 130 III 492; so auch BK-HAUSHEER/REUSSER/GEISER, Art. 177 ZGB N 19). Mit dem Entscheid über die Anweisung äussert sich das Gericht nicht auch über den Bestand der Forderung. Entsprechend ist der angewiesene Schuldner auch nicht Prozesspartei und das Urteil stellt ihm gegenüber auch keinen Rechtsöffnungstitel dar. Es bewirkt aber, dass er die Schuld – soweit sie tatsächlich besteht – grundsätzlich nur noch gegenüber dem durch die Anweisung Begünstigten und nicht mehr gegenüber seinem Gläubiger erfüllen kann. Die Regelung betrifft nicht nur die Anweisung während des Zusammenlebens, sondern auch nach einer Aufhebung des gemeinsamen Haushalts.

10 Entgegen dem zu engen Wortlaut von Art. 305 lit. a erfasst diese Norm nicht nur die erstmalige Festsetzung der Geldbeträge an den Unterhalt. Die Bestimmung kommt vielmehr auch für die **Abänderung oder Aufhebung** der entsprechenden Anordnung zur Anwendung. Das gilt auch bezüglich der Anweisung an die Schuldner.

b) Ermächtigung eines Partners zur Verfügung über die gemeinsame Wohnung (Art. 14 Abs. 2 PartG)

11 Analog zu Art. 169 ZGB sieht Art. 14 PartG vor, dass die Partner nur gemeinsam über die gemeinsame Wohnung verfügen können. Verweigert der Partner die Zustimmung ohne triftigen Grund oder kann sie nicht eingeholt werden, so kann das Gericht den einen Partner ermächtigen alleine zu Handeln.

c) Ausdehnung oder Entzug der Vertretungsbefugnis eines Partners (Art. 15 Abs. 2 lit. a und Abs. 4 PartG)

12 Wie im Eherecht (Art. 166 Abs. 2 Ziff. 1 ZGB) besteht auch bei einer eingetragenen Partnerschaft die Möglichkeit, sich vom Gericht dazu ermächtigen zu lassen, die Gemeinschaft für nicht laufende Bedürfnisse zu vertreten. Ebenso hat das Gericht die Möglichkeit, die Vertretungsbefugnis für die laufenden Bedürfnisse zu entziehen, wenn ein Partner diese missbraucht. Während das Eherecht die eine Anordnung, nämlich die Ausdehnung der Ermächtigung, bei der materiellen Regelung untergebracht hat und die andere, nämlich den Entzug der ordentlichen Vertretungsberechtigung, beim Eheschutz erwähnt, regelt das PartG beides im Zusammenhang mit der Vertretungsbefugnis.

13 Gemeint sind auch hier nicht nur die jeweilige Anordnung der Massnahme, sondern auch deren Aufhebung oder Abänderung soweit eine solche überhaupt möglich ist. Zudem wird auch die Anordnung der Veröffentlichung erfasst (ZK-WOLF/GENNA, Art. 15 PartG N 114).

d) Auskunftspflicht über Einkommen, Vermögen und Schulden (Art. 16 Abs. 2 PartG)

Wie das Eherecht sieht auch das PartG eine gegenseitige Verpflichtung vor, über Einkommen, Vermögen und Schulden Auskunft zu geben. Das Gericht kann den Partner oder auch Dritte verpflichten, bestimmte Auskünfte zu erteilen und Unterlagen vorzulegen. Das Auskunftsbegehren kann innerhalb eines Prozesses über Ansprüche aus dem PartG gestellt werden. Dann wird darüber auch im entsprechenden Verfahren entschieden. Das Begehren kann aber auch unabhängig von jeglichem übrigen Anspruch gestellt werden. Art. 305 lit. d betrifft nur diese selbständige Geltendmachung des Auskunftsanspruchs.

e) Regelung des Getrenntlebens (Art. 17 Abs. 2 und 4 PartG)

Wie Ehegatten (Art. 176 ZGB) können auch eingetragene Partner das Getrenntleben gerichtlich regeln lassen. Das Gesetz erwähnt ausdrücklich die Festsetzung der Geldbeiträge, welche die Parteien einander als **Unterhaltsleistungen** (vgl. ZK-FREIBURGHAUS, Art. 17 PartG N 15 ff.) schulden und die Benützung der Wohnung und des Hausrates. Fraglich erscheint, ob auch ein **Haustier** zum Hausrat gezählt werden kann. Die Lehre spricht sich wohl zu Recht für eine solche Zuteilungsmöglichkeit unabhängig von den Eigentumsverhältnissen aus (ZK-FREIBURGHAUS, Art. 17 PartG N 29; FamKomm-BÜCHLER/VETTERLI, Art. 17 PartG N 1). Andernfalls wäre eine Zuteilung nur bei gemeinschaftlichem Eigentum möglich (Art. 651a ZGB) und über die Zuweisung müsste im ordentlichen Verfahren entschieden werden.

Abweichend zu Art. 176 Abs. 1 Ziff. 3 ZGB sieht Art. 17 PartG nicht die Möglichkeit vor, **Gütertrennung anzuordnen**. Diese Möglichkeit ergibt sich aber aus dem Verweis auf Art. 185 ZGB in Art. 25 Abs. 4 PartG. Ebenso enthält das PartG keine Bestimmung über die Kinderbelange (vgl. zu beidem N 27 f.). Der Verweis in Art. 305 lit. e ZPO ist aber dahin zu verstehen, dass alle gerichtlichen Entscheidungen gemeint sind, welche auf Grund von Art. 17 PartG ergehen, unabhängig davon, ob die gerichtliche Zuständigkeit in dieser Bestimmung ausdrücklich genannt ist oder sich durch Interpretation ergibt.

Mit dem Verweis auf Abs. 4 von Art. 17 PartG wird klargestellt, dass nicht nur die Anordnung, sondern auch die **Abänderung** der entsprechenden Massnahmen erfasst werden.

f) Anordnung und Aufnahme eines Inventars (Art. 20 Abs. 1 PartG)

Jeder Partner einer eingetragenen Partnerschaft kann verlangen, dass der andere bei der Aufnahme eines Vermögensinventars mit öffentlicher Urkunde mitwirkt (Art. 20 Abs. 1 PartG). Die Bestimmung entspricht Art. 195a ZGB. Verweigert ein Partner die Mitwirkung oder können sich die Parteien nicht auf den Inhalt der öffentlichen Urkunde einigen, kann jeder das Gericht anrufen. Das gilt auch, wenn sich die Parteien nicht auf eine Urkundsperson einigen können (ZK-GREMPER, Art. 20 PartG N 14; zum Eherecht: DESCHENAUX/STEINAUER/BADDELEY, Rz 923). Das Gericht hat grundsätzlich drei Wege um die Errichtung des Inventars zu ermöglichen:

– Das Gericht kann sich darauf beschränken, die beklagte Partei mit Androhung von Ungehorsamsstrafe zur Mitwirkung zu verpflichten. Auf gleiche Weise kann das Gericht auch die Parteien zur Erteilung gewisser Auskünfte verpflichten (BK-HAUSHEER/REUSSER/GEISER, Art. 195a ZGB N 9).

– Das Gericht kann eine Urkundsperson bezeichnen, die dann das Inventar aufzunehmen hat (BSK ZGB I-HAUSHEER, Art. 195a N 10; BK-HAUSHEER/REUSSER/GEISER, Art. 195a ZGB N 9).

– Das Gericht kann aber auch selber das Inventar ganz oder teilweise errichten, indem es die entsprechenden Erhebungen tätigt und Feststellungen trifft (ZK-GREMPER, Art. 20 PartG N 15). Gegebenenfalls treten die Feststellungen des Gerichts an die Stelle der Parteierklärung (BK-HAUSHEER/REUSSER/GEISER, Art. 195a ZGB N 18). Das Dispositiv des Gerichts hat die gleiche Wirkung wie die öffentliche Urkunde.

g) Beschränkung der Verfügungsbefugnis (Art. 22 Abs. 1 PartG)

19 Gemäss Art. 22 Abs. 1 PartG kann ein Partner dem andern unter gewissen Voraussetzungen gerichtlich verbieten lassen, über bestimmte Vermögenswerte zu verfügen. Die Bestimmung ist Art. 178 ZGB nachgebildet. Das Gericht kann zudem sichernde Massnahmen erlassen. Namentlich kann es die Beschränkung der Verfügungsbefugnis im Grundbuch anmerken lassen, wie Art. 22 Abs. 2 PartG ausdrücklich festhält. Obgleich Art 305 lit. g ZPO nur auf Abs. 1 von Art. 22 PartG verweist, erfolgt die Anordnung der Anmerkung im gleichen Verfahren wie die Beschränkung der Verfügungsberechtigung.

20 Nicht ausdrücklich erwähnt wird, in welchem Verfahren das **Gericht die Zustimmung ersetzen** kann, wenn diese ungerechtfertigt verweigert wird. Der Verweis in Art. 305 lit. g ist aber dahin zu verstehen, dass auch hier das Gericht im summarischen Verfahren entscheidet.

h) Einräumung von Zahlungsfristen (Art. 23 Abs. 1 PartG)

21 Wie dargelegt (N 3) kann das Gericht einem Partner wie im Eherecht (Art. 250 Abs. 2 ZGB) Zahlungsfristen einräumen, wenn die Regelung einer Schuld zwischen den Parteien Schwierigkeiten bereitet. Erfasst werden über den Wortlaut hinaus nicht nur Geld-, sondern auch Sachleistungen (FamKomm-BÜCHLER/MATEFI, Art. 23 N 5; BK-HAUSHEER/REUSSER/GEISER, Art. 203 ZGB N 27). Die Zahlungsfrist endet in jedem Fall mit der Auflösung der eingetragenen Partnerschaft (ZK-GREMPER, Art. 23 PartG N 17; FamKomm-BÜCHLER/MATEFI, Art. 23 N 9; BK-HAUSHEER/REUSSER/GEISER, Art. 203 ZGB N 45). Nicht erfasst von Art. 305 ZPO werden die Zahlungsfristen, welche das Gericht in einer güterrechtlichen Auseinandersetzung einräumen kann (Art. 218 ZGB), falls die Parteien in einem Vermögensvertrag (Art. 25 PartG) die Errungenschaftsbeteiligung vereinbart haben. Diesfalls handelt es sich um einen ordentlichen Zivilprozess über die güterrechtliche Auseinandersetzung.

22 Das Gericht kann Sicherheiten anordnen. Die Anordnung einer Verzinsung ist nicht vorgesehen (FamKomm-BÜCHLER/MATEFI, Art. 23 N 11). Ob Zins geschuldet ist, hängt vielmehr von der Art der Forderung und dem dieser zu Grunde liegenden Rechtsverhältnis ab. Darüber ist aber in einem ordentlichen Zivilprozess zu entscheiden. Wenn allerdings dem Schuldner eine Verzinsung zuzumuten ist, kann der Gläubiger sie verlangen, weil dadurch das Opfer verringert wird, das ihm abverlangt wird. Dann ist das für die Stundung zuständige Gericht auch für das Festsetzen der Zinspflicht zuständig (BK-HAUSHEER/REUSSER/GEISER, Art. 203 ZGB N 52).

23 Der Verweis in Art. 305 lit. h bezieht sich nur auf jene Fälle, in denen die Stundung in einem selbständigen Verfahren verlangt wird. Es ist aber auch möglich, dass der Partner dieses Begehren im Prozess über die Forderung stellt. Dann handelt es sich um einen ordentlichen Zivilprozess (DESCHENAUX/STEINAUER/BADDELEY, Rz 1191).

3. Weitere Zuständigkeit im summarischen Verfahren nach PartG

24 Im Bestreben gewisse Unterschiede zum Eherecht zu schaffen, hat der Gesetzgeber im PartG gewisse Fragen nicht behandelt, welche im Eherecht eine Regelung gefunden ha-

ben. Gewisse Fragen sind auch nur mit einem Verweis auf das Eherecht geregelt. Soweit diese Rechtsfragen im Eherecht dem Eheschutz im weiteren Sinne zugänglich sind, fragt es sich, ob entsprechende gerichtliche Entscheidungen auch bei eingetragenen Partnerschaften möglich sind und in welchem Verfahren sie gegebenenfalls ergehen. Dabei kann aus der unterschiedlichen Formulierung des Ingresses nicht geschlossen werden, die Aufzählung in Art. 305 sei im Gegensatz zu jener in Art. 271 abschliessend.

Gemäss ausdrücklicher Gesetzesvorschrift kann das Eheschutzgericht nur die im Gesetz vorgesehenen Massnahmen treffen (Art. 172 Abs. 3 ZGB; BK-HAUSHEER/REUSSER/ GEISER, Art. 172 ZGB N 26; BGE 114 II 22). Mit Blick darauf, dass das PartG kein dem Eheschutz entsprechendes Rechtsinstitut kennt, sieht dieses Gesetz auch nicht eine ausdrückliche Beschränkung vor. Sie gilt aber dennoch, weil die Anordnung von Massnahmen grundsätzlich eine gesetzliche Grundlage benötigt. Das darf aber nicht darüber hinwegtäuschen, dass gewisse nicht ausdrücklich genannten Massnahmen auf dem Weg der Interpretation des PartG eine gesetzliche Grundlage finden können.

Weil das PartG insoweit Lücken aufweist, welche auf dem Weg der Interpretation zu füllen sind, gilt für die folgenden Massnahmen auch das summarische Verfahren, obgleich sie nicht ausdrücklich in Art. 305 aufgeführt sind:

– Das Gericht kann selbstverständlich in jedem Verfahren zwischen den Parteien vermitteln und diese ermahnen, wie dies bei Ehegatten gemäss Art. 172 Abs. 1 und 2 ZGB vorgesehen ist. Nicht möglich ist aber, bei eingetragenen Partnern ausschliesslich diese Massnahmen zum Verfahrensgegenstand zu erheben.

– Im Gegensatz zum Eherecht (Art. 172 Abs. 3 ZGB) enthält das PartG keinen Verweis auf die Bestimmungen über den Schutz der Persönlichkeit gegen Gewalt, Drohung oder Nachstellungen (Art. 28b ZGB). Das ist insofern auch nicht nötig, weil das PartG keine Einschränkung auf die im Gesetz vorgesehenen Massnahmen kennt und damit auch nicht den Zweifel aufkommen lassen kann, ob die in Art. 28b ZGB vorgesehenen Massnahmen auch zwischen eingetragenen Partnern ergriffen werden können (FamKomm-BÜCHLER/VETTERLI, Art. 17 PartG N 24). Wird eine entsprechende Massnahme in einem Verfahren auf Regelung des Getrenntlebens nach Art. 17 PartG verlangt, kann dass Gericht im summarischen Verfahren darüber entscheiden. Soweit mit der Klage ausschliesslich ein Anspruch nach Art. 28b ZGB geltend gemacht wird, greift das ordentliche Verfahren.

– Das PartG erklärt die Art. 126–137 ZGB ausdrücklich auch bei der eingetragenen Partnerschaft als anwendbar (Art. 34 Abs. 4 PartG). Damit können auch nach einer gerichtlichen Auflösung der Partnerschaft die Schuldner eines Partners angewiesen werden, direkt an den anderen Partner zu leisten (Art. 132 ZGB). Art. 272 lit. i sieht bei geschiedenen Ehegatten dafür ausdrücklich das summarische Verfahren vor. Art. 305 erwähnt diese Anordnung demgegenüber nicht. Dennoch ist auch hier das summarische Verfahren anwendbar. Es ist nicht einzusehen, warum hier etwas anderes gelten soll, nachdem für die Anweisung während der eingetragenen Partnerschaft ausdrücklich das summarische Verfahren vorgesehen ist (Art. 305 lit. a). Es handelt sich um ein gesetzgeberisches Versehen.

Das PartG schliesst die Partner ausdrücklich vom Zugang zur Adoption und zu den fortpflanzungsmedizinischen Verfahren aus (Art. 28 PartG). Entsprechend regelt das Gesetz auch nicht die Belange gemeinsamer Kinder. Es hält nur fest, was die gegenseitigen Pflichten der Partner bezüglich der nicht gemeinsamen Kinder sind (Art. 27 PartG). Mit dieser gesetzlichen Regelung kann aber nicht verhindert werden, dass in Ausnahmefällen die eingetragenen Partner dennoch gemeinsame Kinder haben. Wie schon die Botschaft des Bundesrates ausdrücklich ausführte, sind ausländische Adoptionen von eingetragenen Partnern in der Schweiz nach den allgemeinen Grundsätzen zu anerkennen (BBl 2003 I 1359; ZK-SCHWANDER, Art. 45 Abs. 3 IPRG/Art. 65a–d IPRG N 156; COPUR, 131). Überdies kann es in der Folge einer Geschlechtsumwandlung dazu kommen, dass Eltern eines Kindes eine eingetragene Partnerschaft eingehen. In allen diesen Fällen kann es notwendig werden, im Rahmen des Getrenntlebens die **Kinderbelange** zu regeln, wie dies Art. 176 Abs. 3 ZGB für Ehegatten vorsieht. Die Verfahrensökonomie gebietet es, dass die entsprechenden Anordnungen im gleichen Verfahren erfolgen können, in dem auch das Getrenntleben der eingetragenen Partner geregelt wird. Auch insofern erweist sich Art. 305 als unvollständig. Handelt es sich um eine selbständige Klage, gilt das vereinfachte Verfahren (Art. 295). Anwendbar sind zudem die Art. 297 ff. über die eherechtlichen Verfahren.

28 Art. 25 PartG sieht ausdrücklich vor, dass die eingetragenen Parteien einen Vermögensvertrag abschliessen können. Sie können insbesondere die Errungenschaftsbeteiligung vereinbaren. Die Tragweite dieser Bestimmung ist in der Lehre umstritten (Vgl. dazu ZK-GREMPER, Art. 25 PartG N 12 ff.; FamKomm-BÜCHLER/MATEFI, Art. 25 N 22 ff.). Ausdrücklich im Gesetz vorgesehen und damit unbestritten ist aber, dass im Falle der Vereinbarung einer Errungenschaftsbeteiligung gemäss Art. 185 ZGB die **Gütertrennung angeordnet werden kann**. Auch diese Anordnung, sowie die weiteren sich daraus ergebenden gerichtlichen Massnahmen, hat das Gericht – wie bei Ehegatten – bei eingetragenen Partnern im summarischen Verfahren zu treffen. Nicht im summarischen Verfahren ist demgegenüber die anschliessende güterrechtliche Auseinandersetzung vorzunehmen.

4. Weitere Zuständigkeit im summarischen Verfahren nach anderen Gesetzen

29 Auch ausserhalb des PartG finden sich Bestimmungen, welche die Rechtsverhältnisse zwischen eingetragenen Partnern betreffen und gerichtliche Massnahmen vorsehen. Zu denken ist insbesondere an die Bestimmungen über das gerichtliche Ersetzen von Zustimmungserfordernissen im Bereich der zweiten Säule (Art. 30c Abs. 5 BVG: Zustimmung zum Vorbezug für selbstgenutztes Wohneigentum; Art. 37 Abs. 5 BVG: Bezug von Kapital statt Rente; Art. 5 Abs. 3 FZG: Barauszahlung). Ob in diesen Fällen bei Ehegatten das Eheschutzgericht oder das Sozialversicherungsgericht nach Art. 73 BVG zuständig ist, regelt das Gesetz nicht ausdrücklich (vgl. BGE 125 V 169). Die Lehre geht mehrheitlich bei Ehegatten davon aus, dass es sich um einen sozialversicherungsrechtlichen Prozess handelt (s. insb. STAUFFER, Rz 645). Umso mehr ist auch im Zusammenhang mit einer eingetragenen Partnerschaft diesbezüglich die Anwendung des sozialversicherungsrechtlichen Verfahrens angemessen. Ob Zustimmungserfordernisse in anderen Gesetzen im zivilprozessualen Verfahren nach Art. 305 gerichtlich ersetzt werden können oder dafür andere Verfahren notwendig sind, sollte sich für die eingetragenen Partnerschaften regelmässig gleich entscheiden wie für Ehegatten. Insofern kann auf die Auslegung von Art. 271 verwiesen werden.

III. Rechtsfolge

30 Für jene Rechtsstreitigkeiten welche unter Art. 305 fallen, gilt als Rechtsfolge die Anwendbarkeit des summarischen Verfahrens bei eingetragener Partnerschaft. Was darunter zu verstehen ist, regelt Art. 306.

Art. 306

Verfahren	**Für das Verfahren gelten die Artikel 272 und 273 sinngemäss.**
Procédure	Les art. 272 et 273 s'appliquent par analogie à la procédure.
Procedura	Alla procedura si applicano per analogia gli articoli 272 e 273.

Inhaltsübersicht Note

I. Norminhalt und Normzweck 1
II. Analoge Anwendung 2
III. Zuständigkeit und Rechtsmittel 4

Literatur

Vgl. die Literaturhinweise zu Art. 305.

I. Norminhalt und Normzweck

Die Bestimmung umschreibt, was unter einem summarischen Verfahren bei eingetragener Partnerschaft zu verstehen ist. Dies geschieht allerdings ausschliesslich mit einem Verweis auf die entsprechenden Bestimmungen über das summarische Verfahren im Zusammenhang mit dem Eherecht. 1

II. Analoge Anwendung

Der Verweis umfasst alle Bestimmungen des summarischen Verfahrens im Bereich des Eherechts. Insofern sieht das Gesetz keinerlei Unterschiede zwischen dem Verfahren für Ehegatten und jenem für eingetragene Partner vor. Der einzige Unterschied besteht darin, dass diese Bestimmungen nur analog anwendbar sind. 2

Warum die Anwendung allerdings nur analog erfolgt und das Gesetz die Art. 272 und 273 nicht vorbehaltlos für anwendbar erklärt, ist allerdings nicht ersichtlich. Auch der Botschaft des Bundesrates ist dafür keine Begründung zu entnehmen (BOTSCHAFT ZPO, 7369): 3

– Eine Einschränkung bezüglich der Verpflichtung des Gerichts, den Sachverhalt von Amtes wegen festzustellen (Art. 272), ist nicht ersichtlich.

– Ebenso wenig ist ersichtlich, warum bei eingetragenen Partnern bezüglich des persönlichen Erscheinens etwas Abweichendes gegenüber den Ehegatten gelten soll (Art. 273 Abs. 1 und 2).

– Einzig bezüglich der Verpflichtung des Gerichts zu versuchen, eine Einigung zwischen den Parteien zu erzielen, besteht insofern eine kleine Differenz, als sich die Verpflichtung zur Vermittlung beim Eheschutz schon aus dem materiellen Recht ergibt (Art. 172 Abs. 1 ZGB), das PartG demgegenüber keine entsprechende Bestimmung kennt. Das Recht und die Pflicht des Gerichts, zu einer einvernehmlichen Lösung Hand zu bieten, besteht aber auch bei der eingetragenen Partnerschaft (vgl. Art. 305 N 26).

Thomas Geiser

III. Zuständigkeit und Rechtsmittel

4 Die **örtliche Zuständigkeit** richtet sich nach Art. 24. Haben die eingetragenen Partner in einem Vermögensvertrag nach Art. 25 PartG eine Gütergemeinschaft vereinbart (vgl. dazu ZK-GREMPER, Art. 25 PartG N 28 ff.; FamKomm-BÜCHLER/MATEFI, Art. 25 PartG N 52 ff.), kommt i.S. einer Lückenfüllung Art. 23 Abs. 2 zur Anwendung.

5 Die **Rechtsmittel** richten sich nach Art. 308 ff. Es besteht diesbezüglich keinerlei Unterschied gegenüber den entsprechenden eherechtlichen Verfahren. Die Berufung ist zulässig.

2. Kapitel: Auflösung und Ungültigkeit der eingetragenen Partnerschaft

Art. 307

Für das Verfahren zur Auflösung und zur Ungültigerklärung der eingetragenen Partnerschaft gelten die Bestimmungen über das Scheidungsverfahren sinngemäss.

Les dispositions relatives à la procédure de divorce s'appliquent par analogie à la dissolution et à l'annulation du partenariat enregistré.

Alla procedura di scioglimento e di annullamento dell'unione domestica registrata si applicano per analogia le disposizioni sulla procedura di divorzio.

Inhaltsübersicht Note

I. Norminhalt und Normzweck 1
II. Anwendungsbereich 2
III. Inhalt des Verweises 5
    1. Allgemeine Bestimmungen 6
    2. Gerichtliche Auflösung auf gemeinsames Begehren 14
    3. Auflösung auf Klage 18
    4. Ungültigkeits- und Trennungsklagen 20
IV. Kinderbelange 22
V. Zuständigkeit und Rechtsmittel 23

Literatur

Vgl. die Literaturhinweise zu Art. 305.

I. Norminhalt und Normzweck

1 Bezüglich des Verfahrens verwies bereits das PartG vollumfänglich auf das Scheidungsrecht. Die entsprechenden Bestimmungen wurden als sinngemäss anwendbar erklärt (aArt. 35 PartG). Mit dem Inkrafttreten der ZPO wird diese Bestimmung des PartG auf-

gehoben und durch Art. 307 ZPO ersetzt. Eine materielle Änderung ist damit nicht beabsichtigt.

II. Anwendungsbereich

Mit dem «Verfahren zur Auflösung» der eingetragenen Partnerschaft ist die **gerichtliche Auflösung** nach den Art. 29–34 PartG gemeint. Dieses Rechtsinstitut entspricht der Scheidung bei Ehegatten und ist auch dieser nachgebildet. 2

Art. 307 gelangt zudem bei einem **Verfahren zur Ungültigerklärung** der eingetragenen Partnerschaft zur Anwendung. Gemeint ist die Ungültigerklärung nach Art. 9 und 10 PartG. Nicht anwendbar ist das Scheidungsverfahren, wenn als Hauptfrage zu klären ist, ob überhaupt eine eingetragene Partnerschaft vorliegt. Dabei handelt es sich vielmehr um einen registerrechtlichen Streit um die Eintragung oder um die Frage der Anerkennung einer im Ausland begründeten Partnerschaft. 3

Mit der ausdrücklichen Erwähnung der Verfahren auf Ungültigerklärung ist die **Bestimmung präziser als aArt. 35 PartG**. Das Scheidungsverfahren war aber auch bisher bei der Ungültigerklärung anwendbar (vgl. ZK-GEISER, Art. 9 PartG N 53 ff.). 4

III. Inhalt des Verweises

Die Bestimmung verweist auf das Scheidungsverfahren und damit auf die Art. 274–294. Diese Bestimmungen werden zu Recht als «sinngemäss» anwendbar erklärt, weil das PartG gegenüber dem Scheidungsrecht kleine Abweichungen enthält, welche sich auch auf das Prozessrecht auswirken können. Überdies ist jeweils unter dem Ehegatten der eingetragene Partner zu verstehen. 5

1. Allgemeine Bestimmungen

Das **Verfahren** wird durch Einreichung eines gemeinsamen Begehrens oder eine Klage **eingeleitet** (Art. 274). Damit sind die Parteien dann auch **berechtigt, getrennt zu leben** (Art. 275), unabhängig davon, ob die Voraussetzungen nach Art. 17 PartG gegeben sind (ZK-FANKHAUSER, Art. 35 PartG N 12). 6

Das Gericht trifft sodann die **nötigen vorsorglichen Massnahmen**. Wie bisher (ZK-FANKHAUSER, Art. 35 PartG N 13) besteht diesbezüglich kein numerus clausus der zulässigen Anordnungen (BOTSCHAFT ZPO, 7360). Die in Art. 276 Abs. 2 vorgenommene Abgrenzung der Zuständigkeiten des Scheidungsgerichts und des Eheschutzgerichts grenzt bei der eingetragenen Partnerschaft das Verfahren nach Art. 307 gegenüber den Entscheidungen im summarischen Verfahren nach Art. 305 ab. Wie bei einer Scheidung können auch noch nach Auflösung der eingetragenen Partnerschaft Streitigkeiten über die Nebenfolgen andauern. Auch dann sind vorsorgliche Massnahmen noch möglich (Art. 276 Abs. 3). 7

Die **Feststellung des Sachverhalts** erfolgt bei der Auflösung der eingetragenen Partnerschaft nach den gleichen Grundsätzen wie bei einer Scheidung (Art. 277). Ebenso besteht bezüglich der Pflicht zum **persönlichen Erscheinen** keinerlei Unterschied zur Scheidung (Art. 278). 8

Der Verweis auf das Scheidungsrecht hat zur Folge, dass das Gericht die **Konvention** bei der eingetragenen Partnerschaft **mit der gleichen Gründlichkeit zu prüfen** hat, wie im Scheidungsrecht (Art. 279). Namentlich hat sich auch bei gleichgeschlechtlichen Paaren 9 das Gericht davon zu überzeugen, dass die Konvention dem wohlüberlegten und freien Willen der Parteien entspricht. Die Prüfungspflicht kann hier u.U. für das Gericht zu einem grösseren Aufwand führen, weil das PartG keine getrennte Anhörung der Parteien vorschreibt und keine Bedenkfrist mit Bestätigung des Scheidungswillens und der Konvention vorsieht.

10 Bezüglich des **Vorsorgeausgleichs** unterscheidet sich die Rechtslage nach PartG nicht von jener der Ehegatten. Entsprechend gelangen die Art. 280 und 281 uneingeschränkt zur Anwendung. Auch das materielle Recht verweist diesbezüglich uneingeschränkt auf das Scheidungsrecht (Art. 33 PartG).

11 Mit Art. 34 Abs. 1 bis 3 PartG besteht eine selbständige **Regelung für den Unterhalt nach Auflösung der eingetragenen Partnerschaft**. Die Voraussetzungen sind jedoch jenen des Scheidungsrechts nachgebildet (Art. 125 Abs. 1 und 2 ZGB; vgl. ZK-FREIBURGHAUS, Art. 34 PartG N 1). Zudem erklärt Art. 34 Abs. 4 PartG ausdrücklich die Art. 125 Abs. 3 und Art. 126–132 ZGB als sinngemäss anwendbar. Damit untersteht der nachpartnerschaftliche Unterhalt insbesondere bezüglich der Abänderbarkeit und der Durchsetzung den gleichen Regeln wie der Scheidungsunterhalt. Entsprechend rechtfertigt es sich, die gleichen Angaben in die Vereinbarung oder das Urteil aufzunehmen wie bei der Scheidung (Art. 282 Abs. 1). In aller Regel werden die eingetragenen Partner aber keine gemeinsamen Kinder haben (vgl. zu den Ausnahmen N 22 sowie Art. 305 N 27), so dass die Ausscheidung der Kinderalimente (Art. 282 Abs. 1 lit. b) kaum je notwendig sein wird und sich die Frage der Mitanfechtung der Kinderalimente nicht stellen wird (Art. 282 Abs. 2).

12 Wie bei der Scheidung gilt auch bei der gerichtlichen Auflösung der eingetragenen Partnerschaft der **Grundsatz der Einheit des Entscheides** (Art. 283). Das Gericht muss gleichzeitig über die Auflösung der eingetragenen Partnerschaft und die Folgen der Auflösung entscheiden. Nur die güterrechtliche Auseinandersetzung kann ausnahmsweise in ein separates Verfahren verwiesen werden. Gemeint ist damit die Regelung der Ansprüche aus den Art. 18–24 PartG sowie aus einem Vermögensvertrag nach Art. 25 PartG. Soweit es um andere vermögensrechtliche Rechtsverhältnisse zwischen den Parteien geht, kann allerdings sehr wohl ein selbständiger Prozess ausserhalb einer güterrechtlichen Auseinandersetzung (vgl. BGE 127 III 53) und damit auch ausserhalb des Verfahrens auf gerichtliche Auflösung der eingetragenen Partnerschaft erfolgen. Da die Umschreibung, was unter einem Vermögensvertrag i.S.v. Art. 25 PartG verstanden werden muss, wenig klar ist (vgl. dazu ZK-GREMPER, Art. 25 PartG N 25), kann es in der Praxis bei einer eingetragenen Partnerschaft erheblich grössere Schwierigkeiten als im Scheidungsrecht bereiten, zu bestimmen, welche vermögensrechtlichen Streitigkeiten unter den Grundsatz der Einheit des Scheidungsurteils fallen und damit von der Rechtskraft des Auflösungsurteils erfasst werden und welche nicht. Von daher empfiehlt es sich, in den Auflösungskonventionen klare Saldoklauseln zu formulieren bzw. ausdrücklich festzuhalten, über welche vermögensrechtlichen Ansprüche nicht entschieden wird.

13 Für die **Änderung rechtskräftig entschiedener Auflösungsfolgen** gilt Art. 284. Das materielle Recht weicht diesbezüglich nicht von den Regeln des Scheidungsrechts über den nachehelichen Unterhalt ab, auf die es ausdrücklich verweist (Art. 34 Abs. 4 PartG). Die Regelung bezüglich der Kinderbelange wird bei eingetragenen Partnern nur äusserst selten zur Anwendung gelangen (vgl. N 22 sowie Art. 305 N 27). Auch bezüglich der **Ergänzung eines unvollständigen Auflösungsurteils** gelten die gleichen Verfahrensregeln wie für die Ergänzung eines Scheidungsurteils.

2. Gerichtliche Auflösung auf gemeinsames Begehren

Wie bei der Ehe kennt auch das PartG als wichtigsten gerichtlichen Auflösungsgrund das **gemeinsame Begehren**. Das Gericht spricht die gerichtliche Auflösung der eingetragenen Partnerschaft aus (Art. 29 Abs. 2 PartG), wenn die Parteien ein gemeinsames Begehren stellen und eine Vereinbarung über die Auflösung vorliegt, welche genehmigt werden kann (Art. 29 Abs. 1 PartG). Mit der Vereinbarung können auch einzelne Punkte dem Gericht zur Entscheidung unterbreitet werden (Art. 29 Abs. 3 PartG). Es besteht – wie bei der Scheidung – somit die Möglichkeit einer vollständigen oder einer nur partiellen Einigung (Art. 111 und 112 ZGB). Insoweit besteht eine Gleichbehandlung mit der Ehe. In der Ausgestaltung der Auflösung auf gemeinsames Begehren unterscheidet sich aber die Regelung in zwei entscheidenden Punkten vom Scheidungsrecht: Die Parteien müssen nicht «getrennt und zusammen» vom Gericht angehört werden (Art. 111 Abs. 1 ZGB). Das Gericht ist vielmehr frei, wie es vorgehen will. Zudem bestand nie das Erfordernis einer Bedenkfrist mit der Notwendigkeit einer Bestätigung (Art. 111 Abs. 2 ZGB). Diese Differenzen haben auch entsprechende Auswirkungen auf das Verfahren. 14

Die Art. 285 und 286 gelten bei der eingetragenen Partnerschaft uneingeschränkt. Die Eingaben müssen die gleichen Angaben enthalten wie bei einer Scheidung. Soweit die Einigung keine vollständige ist, haben die Parteien Anträge zu stellen und diese zu begründen (Art. 286 Abs. 2). 15

Die Anhörung der Parteien erfolgt nach den Regeln des PartG und nicht nach den Regeln des ZGB. Insofern ist Art. 287 nur analog anwendbar. Mit dem Verweis in Art. 287 Abs. 2 ZPO auf das ZGB ist keine materielle Änderung der Regeln des PartG gewollt. 16

Das Gericht spricht auch bei der eingetragenen Partnerschaft die Auflösung aus und genehmigt die Vereinbarung, wenn die entsprechenden Voraussetzungen erfüllt sind (Art. 29 Abs. 2 PartG; Art. 288 Abs. 1 ZPO). Die Prüfung der Vereinbarung richtet sich nach Art. 279 ZPO (vgl. N 9). Bei einer Teileinigung ist das Verfahren – anders als bei einer Scheidung – kontradiktorisch weiterzuführen, ohne dass der Auflösungswille zuerst bestätigt werden muss (Art. 288 Abs. 2). Art. 288 Abs. 3 ist bei der eingetragenen Partnerschaft nicht anwendbar, weil es hier keine Bedenkfrist gibt. 17

3. Auflösung auf Klage

Auch das PartG sieht eine Auflösung auf einseitiges Begehren nach einer **Trennungszeit** vor. Während das Scheidungsrecht dafür eine Trennungszeit von 2 Jahren vorschreibt (Art. 114 ZGB), genügt bei der eingetragenen Partnerschaft eine einjährige Trennungszeit (Art. 30 PartG). Dass mit Blick auf die bloss einjährige Trennungszeit für eine Auflösung auf einseitiges Begehren auf die Möglichkeit einer Auflösung ohne vorgängige Trennung wegen **Unzumutbarkeit verzichtet** worden ist (Art. 115 ZGB), erscheint grundsätzlich konsequent. 18

Für die Einreichung der Klage gilt Art. 290, wobei der Auflösungsgrund nicht angegeben werden muss (Art. 290 lit. b), weil es bei der eingetragenen Partnerschaft nur einen gibt (vgl. N 18). Das Verfahren wird sodann gemäss Art. 291 durchgeführt. Art. 292 über den Wechsel zum Verfahren auf gemeinsames Begehren ist auch bei der eingetragenen Partnerschaft anwendbar. Dass kein entsprechender Wechsel stattfindet, wenn die Parteien bereits zwei Jahre getrennt leben (Art. 292 Abs. 2), ist bei den eingetragenen Partnern allerdings von erheblich geringerer Bedeutung als bei der Scheidung, weil keine Bedenkfrist besteht. Die Frage hat nur Bedeutung, soweit es um die Rechtsmittel geht (Art. 289). 19

4. Ungültigkeits- und Trennungsklagen

20　Für die Ungültigerklärung gelten die Regeln des Scheidungsverfahrens sinngemäss. Die eingetragene Partnerschaft kann allerdings nur auf Klage hin als ungültig erklärt werden. Die **Bestimmungen über die gerichtliche Auflösung auf gemeinsames Begehren** (Art. 29 PartG und Art. 285–289 ZPO) sind deshalb nicht anwendbar (ZK-GEISER, Art. 9 PartG N 54). Auch wenn beide Partner auf Ungültigkeit klagen, muss das Gericht das Vorliegen der entsprechenden Voraussetzungen von Amtes wegen prüfen. Eine Anerkennung der Ungültigkeitsklage gibt es nicht (zum Eherecht: WERRO, Rz 417). Besonderheiten können sich allerdings dadurch ergeben, dass nicht nur die Partner, sondern jedermann, der ein Interesse hat, auf Ungültigkeit nach Art. 9 PartG klagen kann. Überdies muss die nach kantonalem Recht zuständige Behörde eine solche Klage von Amtes wegen erheben (vgl. ZK-GEISER, Art. 9 PartG N 35 ff.). Dadurch kann es sich um einen Prozess mit mehr als zwei Parteien handeln. Am Prozess sind notwendigerweise immer beide eingetragenen Partner entweder auf der Kläger- oder der Beklagtenseite beteiligt. Ist ein Partner gestorben, so ist die Klage gegen den überlebenden Partner und die Erben des Verstorbenen zu richten (ZK-GEISER, Art. 9 PartG N 45; **a.M.** WERRO, Rz 421).

21　Die eingetragene Partnerschaft kennt nur eine gerichtliche Auflösung, **nicht aber eine gerichtliche Trennung** i.S. der Ehetrennung. Entsprechend ist Art. 293 und 294 Abs. 2 gänzlich und Art. 294 Abs. 1 teilweise für die eingetragenen Partnerschaften ohne Bedeutung. Vorgesehen ist demgegenüber auch bei der eingetragenen Partnerschaft eine Regelung des Getrenntlebens. Dies erfolgt aber im summarischen Verfahren (vgl. dazu Art. 307 N 15 ff.).

IV. Kinderbelange

22　Art. 307 verweist nicht auch auf die Bestimmungen über die Kinderbelange in familienrechtlichen Angelegenheiten. Das PartG schliesst ausdrücklich die Partner von der gemeinsamen Adoption und der Fortpflanzungsmedizin aus (Art. 28 PartG). Haben die Parteien entgegen diesen rechtlichen Vorgaben dennoch gemeinsame Kinder, was nach einer Geschlechtsumwandlung oder einer Adoption im Ausland ohne Weiteres möglich ist (BBl 2003 I 1359; ZK-SCHWANDER, Art. 45 Abs. 3 IPRG/Art. 65a–d IPRG N 156; COPUR, 131; Art. 305 N 27), muss sich das Auflösungsgericht dennoch um die Kinderbelange kümmern. Anwendbar sind dann die Art. 295 ff., insb. die Bestimmungen über das eherechtliche Verfahren (Art. 297 ff.).

V. Zuständigkeit und Rechtsmittel

23　Die **örtliche Zuständigkeit** richtet sich nach Art. 24. Die **Rechtsmittel** richten sich nach Art. 308 ff. Es besteht diesbezüglich keinerlei Unterschied gegenüber den entsprechenden eherechtlichen Verfahren. Die Berufung ist zulässig. Bei einer gerichtlichen Auflösung der eingetragenen Partnerschaft auf gemeinsames Begehren, kann die Auflösung selber indessen nur wegen Willensmängeln mit Berufung angefochten werden (Art. 289). Diese Einschränkung besteht nicht, soweit es um die Nebenfolgen geht, über die sich die Parteien nicht geeinigt haben.

9. Titel: Rechtsmittel

Vorbemerkungen zu Art. 308–334

Literatur zu Art. 308–334

C. BALTZER-BADER, Die Rechtsmittel, in: Sutter/Hasenböhler (Hrsg.). Die künftige Schweizerische Zivilprozessordnung, Zürich 2003, 87 ff.; H. DUBS, Beschränkung der Rechtsmittel, in: Mélanges Henri Grisel, Neuenburg 1985, 669 ff.; W. FELLMANN/S. WEBER, Haftpflichtpraxis, Taktik, Technik, Vergleich und Rechtsmittel, Zürich 2007; R. MENZEL, Der Verzicht auf Rechtsmittel, Diss. Zürich 1951; G. MESSMER/H. IMBODEN, Die eidgenössischen Rechtsmittel in Zivilsachen, Zürich 1992; P. REETZ, Das neue Bundesgerichtsgesetz unter besonderer Berücksichtigung der Beschwerde in Zivilsachen, SJZ 2007 1 ff.; K. SPÜHLER, Die neue Rechtsmittelordnung, 2003, 51 ff.; P. WEGMANN, Gedanken zur Bedeutung der aufschiebenden Wirkung in Zivilsachen, in: Festschrift Guido von Castelberg, Zürich 1997, 281 ff.

Rechtsmittel sind qualifizierte Rechtsbehelfe, die das Gesetz den Parteien zur Verfügung stellt, um gerichtliche Entscheide überprüfen und gegebenenfalls verbessern zu lassen (VOGEL/SPÜHLER, 13. Kap. N 14).

Der Vorentwurf hatte der Regelung der Rechtsmittel noch vier Bestimmungen vorausgestellt, die für alle Rechtsmittel gelten (Bericht zum VE, 135 ff.). In der Folge wurde darauf verzichtet.

Der Vorentwurf sah in den Art. 286–324 folgende Rechtsmittel vor: Appellation, Rekurs, Beschwerde, Revision, Erläuterung und Berichtigung. Die Notwendigkeit von Rechtsmitteln ergibt sich aus dem rechtsstaatlichen **Anspruch jeder Partei auf ein richtiges Urteil** (SUTTER, N 951). Daraus kann aber nur abgeleitet werden, dass eine genügende Rechtsmittelordnung zur Verfügung stehen muss. Deren Ausgestaltung ist Aufgabe des Gesetzgebers.

Die Rechtsmittel sind in den Kantonen sehr unterschiedlich ausgestaltet gewesen. Es besteht auch eine sehr **unterschiedliche Terminologie** (SUTTER, N 952). Die Botschaft des Bundesrates liess den Rekurs als eines der drei Hauptrechtsmittel fallen und beschränkt sich auf folgende Rechtsmittel (Art. 308 ff.): Berufung, Beschwerde, Revision, Erläuterung und Berichtigung (Bericht zum Vorentwurf der Expertenkommission, Juni 2003, 135 ff.). Die Vorlage des Bundesrates reduzierte die **Hauptrechtsmittel** auf deren zwei, die **Berufung** und die **Beschwerde**. Es wurde dabei einem Wunsch des Vernehmlassungsverfahrens nachgekommen (BOTSCHAFT ZPO, 7369).

Nachteilig ist, dass bei nur zwei Hauptrechtsmitteln, Berufung und Beschwerde, z.B. die Berufung, auch gegen Entscheide im summarischen Verfahren erhoben werden kann, gleicherweise auch gegen erstinstanzliche Entscheide über vorsorgliche Massnahmen (BOTSCHAFT ZPO, 7396). Dafür ist aber die Berufung eher zu schwerfällig und das Berufungsverfahren ist zeitlich länger und kostspieliger als das von der Expertenkommission vorgeschlagene Rekursverfahren. Dies liegt auch nicht im Sinne des summarischen Verfahrens (FRANK/STRÄULI/MESSMER, Vor § 204 ff. ZPO/ZH N 1). Es ist auch etwas eigenartig, wenn gegen erstinstanzliche Entscheide im summarischen Verfahren (Art. 314 Abs. 2) und über vorsorgliche Massnahmen (Art. 308 lit. b) die Berufung als primäres Hauptrechtsmittel zulässig ist. Dies widerspricht dem Beschleunigungsgebot. Die politischen Instanzen gingen dabei nicht von der Dreiteilung der Hauptrechtsmittel aus, so wie sie die meisten Kantone während Jahrzehnten hatten (VOGEL/SPÜHLER, 13. Kap. N 90 ff.; FRANK/STRÄULI/MESSMER, § 259 ff. ZPO/ZH). Der **Gesetzgeber beschränkte sich auf eine Zweiteilung ohne Rekurs**, die vor allem BE kannte (LEUCH/MARBACH/

KELLERHALS/STERCHI, Art. 333 ff. ZPO/BE). Diese blosse Zweiteilung wird am Besten aufgrund einiger Praxisjahre beurteilt. Schon heute darf aber gesagt werden, mit der Zweiteilung werde das erste Rechtsmittel, die Berufung, überlastet.

4   Die Rechtsmittelinstanz kann bei allen Rechtsmitteln ihre Vorinstanz um eine **Stellungnahme** ersuchen. Die erste Instanz hat die Pflicht, die Vernehmlassungen allen Verfahrensbeteiligten zur Kenntnis zu bringen (SPÜHLER, Die neue Rechtsmittelordnung der schweizerischen Zivilprozessordnung mit kritischen Bemerkungen in: SPÜHLER, CH-ZPO, 72 f.).

5   Mit den Art. 308 ff. gibt es nur noch bundesrechtliche Rechtsmittel, d.h. die kantonsinternen Rechtsmittel werden ausnahmslos durch das Bundesrecht geordnet (vgl. SUTTER, 205 ff.). Den **Kantonen** verbleibt im Wesentlichen nur die Regelung der **sachlichen Zuständigkeit**. Der Weiterzug gegen Entscheide der oberen kantonalen Instanz wird in Art. 72 ff. BGG geregelt.

6   Die **Rechtsmittel an kantonale Gerichte** sind somit **in der ZPO abschliessend** geordnet. Die einzige Norm, welche kantonale und bundesrechtliche Bedeutung hat, findet sich in Art. 100 Abs. 6 BGG; diese Norm hat nur Bedeutung für Kantone, welche eine dritte kantonale Instanz kennen (vgl. SPÜHLER/DOLGE/VOCK, Art. 100 BGG N 9). Das Zürcher Kassationsgericht, das jedoch Mitte 2012 aufgehoben wird, wäre ein Anwendungsbeispiel hievon, wobei nicht in der neuen ZPO, sondern nur im BGG eine solche Instanz als zulässig erklärt wird (vgl. Art. 100 Abs. 6 BGG). Für den Bereich der Zivilrechtspflege gilt dies allerdings nicht, da die ZPO im Gegensatz zum BGG eine dritte kantonale Instanz nicht vorsieht. Dritte kantonale Instanzen wie z.B. das Zürich Kassationsgericht sind nur noch übergangsrechtlich erlaubt.

7   Die Rechtsmittelordnung der neuen **schweizerischen Zivilprozessordnung hat kein spezifisches Vorbild**. Die Expertenkommission und etwas weniger der Bundesrat liessen sich von keiner kantonalen Rechtsmittelordnung als Vorbild leiten. Aus diesen Gründen wurde bei den Rechtsmitteln im vorliegenden Kommentar bewusst darauf verzichtet, auf die Details des bisherigen kantonalen Rechtsmittelrechts einzugehen. Sie bilden kaum eine Auslegungshilfe für das neue Recht. Davon sah auch die bisherige Literatur und Judikatur zum grössten Teil ab. Eine Ausnahme bildet das Werk von STAEHELIN/STAEHELIN/GROLIMUND.

8   Über den **Verzicht auf Rechtsmittel** enthält die ZPO (leider) keine Regelung analog dem BGG. Auf Grund der Dispositionsmaxime wird bei einem Rechtsmittel eine derartige Willenserklärung gegenüber der Gegenpartei oder dem Gericht als zulässig erachtet (BGE 131 III 173; STAEHELIN/STAEHELIN/GROLIMUND, N 426, nur für ordentliche Rechtsmittel). Im Bereich der Offizialmaxime ist hingegen ein Rechtsmittelverzicht vor dem Vorliegen eines begründeten Entscheides unbeachtlich (BGE 93 II 218 f.).

9   Der **Rückzug eines Rechtsmittels** ist in allen Fällen gültig bis zur Eröffnung des Entscheides in der Rechtsmittelinstanz. Vorbehalten bleiben Willensmängel (Art. 23 ff. OR) bei Verzicht auf Rückzug.

1. Kapitel: Berufung

1. Abschnitt: Anfechtbare Entscheide und Berufungsgründe

Art. 308

Anfechtbare Entscheide	¹ Mit Berufung sind anfechtbar: a. erstinstanzliche End- und Zwischenentscheide; b. erstinstanzliche Entscheide über vorsorgliche Massnahmen. ² In vermögensrechtlichen Angelegenheiten ist die Berufung nur zulässig, wenn der Streitwert der zuletzt aufrechterhaltenen Rechtsbegehren mindestens 10 000 Franken beträgt.
Décisions attaquables	¹ L'appel est recevable contre: a. les décisions finales et les décisions incidentes de première instance; b. les décisions de première instance sur les mesures provisionnelles. ² Dans les affaires patrimoniales, l'appel est recevable si la valeur litigieuse au dernier état des conclusions est de 10 000 francs au moins.
Appellabilità	¹ Sono impugnabili mediante appello: a. le decisioni finali e incidentali di prima istanza; b. le decisioni di prima istanza in materia di provvedimenti cautelari. ² Le decisioni pronunciate in controversie patrimoniali sono appellabili unicamente se il valore litigioso secondo l'ultima conclusione riconosciuta nella decisione è di almeno 10 000 franchi.

Inhaltsübersicht Note

I. Die Berufung als Hauptrechtsmittel 1

II. Gegenstand der Berufung 4

III. Streitwert 7

I. Die Berufung als Hauptrechtsmittel

In den Art. 308 ff. wird die **Berufung** als erstes Hauptrechtsmittel geregelt. Sie war das **primäre Rechtsmittel** in vielen Kantonen (SPÜHLER/VOCK, Rechtsmittel, 19). **1**

Mit der Berufung sind in erster Linie Entscheide eines **erstinstanzlichen Gerichtes** weiterzuziehen, unabhängig davon, ob es sich um End- oder Zwischenentscheide handelt. Die Unterscheidung End-/Zwischenentscheid ist somit für die Berufung ohne Bedeutung. **2**

Für die Anfechtung von Urteilen von **Binnenschiedsgerichten** vgl. Art. 389 ZPO und von **internationalen Schiedsgerichten** vgl. Art. 191 IPRG. **3**

II. Gegenstand der Berufung

4 Gemäss Materialien muss es sich in erster Linie um **Sach-Endentscheide** handeln (Protokoll Expertenkommission, 1244). Zu diesen zählen auch die Nichteintretensentscheide (BOTSCHAFT ZPO, 7371). Anfechtbar sind Entscheide, die in gleich welcher Verfahrensart ergangen sind. E contrario aus Art. 314 ergibt sich, dass auch im summarischen Verfahren ergangene Entscheide der Berufung unterliegen, nicht aber der Anschlussberufung (Art. 314 Abs. 2). Das gilt auch für ein familienrechtliches Verfahren (vgl. BBl 2003 7371).

5 Der Berufung unterliegen auch **Zwischenentscheide** (Art. 308 Abs. 1 lit. a). Dies gilt aber nur für Zwischenentscheide in der Sache. Darunter fallen Entscheide über die Verjährung (bejahend und verneinend), die Aktiv- und Passivlegitimation, die einzelnen Voraussetzungen von Schadenersatzansprüchen wie z.B. die Existenz und Höhe des Schadens und Entscheide über die Erbenstellung (SPÜHLER, Die neue Rechtsmittelordnung, 53). Unter den Begriff Zwischenentscheide fallen auch Teilentscheide. Sind diese nicht bloss prozessrechtlich, liegen berufungsfähige Teilentscheide vor. An sich ist dies dogmatisch nicht richtig, trotzdem ist der Gesetzgeber so vorgegangen. Rein prozessrechtliche Entscheide sind nicht berufungsfähig, so z.B. Fristansetzungen, Kautionsauflagen, Gewährung der unentgeltlichen Prozessführung, Beweisbeschlüsse usw.

6 Hervorzuheben ist auch, dass **vermögensrechtliche vorsorgliche Massnahmen** berufungsfähig sind (Art. 308 Abs. 1 lit. b), sofern sie einen Streitwert von CHF 10 000 übersteigen. Es handelt sich zwar um Zwischenentscheide, aber um solche von materiellem Inhalt. Die Berufungsfähigkeit von vorsorglichen Massnahmen kompliziert und verlängert die Verfahren, so z.B. in Immaterialgüterrechts-Prozessen, bei Kinderzuteilungen während der Dauer des Scheidungsverfahrens usw. Die Berufungsfähigkeit gilt für Sicherungs-, Regelungs- und Leistungsmassnahmen.

III. Streitwert

7 In **nicht-vermögensrechtlichen Fällen** besteht für die Berufung kein Streitwerterfordernis. Vermögensrechtliche Streitigkeiten sind hingegen nur berufungsfähig, wenn ihr Streitwert mindestens CHF 10 000 beträgt (Abs. 2). Dieser **Streitwert** muss unmittelbar vor dem Weiterzug vorhanden sein. Das gilt auch für vorsorgliche Massnahmen. Als nicht-vermögensrechtliche Streitigkeiten gelten solche, die ihrer Natur nach nicht in Geld umgesetzt werden können. Vgl. die Aufzählung bei STAEHELIN/STAEHELIN/GROLIMUND, § 15 N 4. **Nebenansprüche** wie Zinsen usw. fallen ausser Betracht.

8 Massgebend ist, ob mit der Klage letztlich ein wirtschaftlicher Zweck verfolgt wird (VOGEL/SPÜHLER, 11. Kap. N 139 f.). Der Streitwert berechnet sich nicht nach dem sog. Gravanem (vgl. BOTSCHAFT ZPO, 7371; SUTTER, N 990). Es gilt vielmehr derjenige Betrag, der im Zeitpunkt des erstinstanzlichen Urteils noch streitig war. Damit berechnet sich der Streitwert wie derjenige im Verfahren vor Bundesgericht (vgl. SPÜHLER/DOLGE/VOCK, Art. 91 BGG N 2). Die ZPO kennt somit den gleichen Streitwert-Begriff wie das BGG. Bei **Teil- und Zwischenentscheiden** (auch vorsorgliche Massnahmen) ist der Streitwert der Hauptsache massgeblich. Immer berufungsfähig sind die nicht-vermögensrechtlichen Zivilsachen, wie Status-Klagen, i.d.R. auch Persönlichkeitsverletzungen, Streitigkeiten über Namensrechte usw. (VOGEL/SPÜHLER, 13. Kap. N 137 ff.).

9 Die Streitwertgrenze gilt auch für **SchKG-Klagen**. Kein Streitwert bedarf es für SchKG-Beschwerden gemäss Art. 17 ff. SchKG (SPÜHLER/DOLGE/VOCK, Art. 74 BGG N 4).

Art. 309

Ausnahmen

Die Berufung ist unzulässig:
a. gegen Entscheide des Vollstreckungsgerichts;
b. in den folgenden Angelegenheiten des SchKG:
  1. Aufhebung des Rechtsstillstandes (Art. 57*d* SchKG),
  2. Bewilligung des nachträglichen Rechtsvorschlages (Art. 77 SchKG),
  3. Rechtsöffnung (Art. 80–84 SchKG),
  4. Aufhebung oder Einstellung der Betreibung (Art. 85 SchKG),
  5. Bewilligung des Rechtsvorschlages in der Wechselbetreibung (Art. 185 SchKG),
  6. Arrest (Art. 272 und 278 SchKG),
  7. Entscheide, die nach SchKG in die Zuständigkeit des Konkurs- oder des Nachlassgerichts fallen.

Exceptions

L'appel est irrecevable:
a. contre les décisions du tribunal de l'exécution;
b. dans les affaires suivantes relevant de la LP:
  1. la révocation de la suspension (art. 57*d* LP),
  2. la recevabilité d'une opposition tardive (art. 77 LP),
  3. la mainlevée (art. 80 à 84 LP),
  4. l'annulation ou la suspension de la poursuite (art. 85 LP),
  5. la recevabilité de l'opposition dans la poursuite pour effet de change (art. 185 LP),
  6. le séquestre (art. 272 et 278 LP),
  7. les décisions pour lesquelles le tribunal de la faillite ou du concordat est compétent en vertu de la LP.

Eccezioni

L'appello è improponibile:
a. contro le decisioni del giudice dell'esecuzione;
b. nelle seguenti pratiche a tenore della LEF:
  1. revoca della sospensione (art. 57*d* LEF),
  2. ammissione dell'opposizione tardiva (art. 77 LEF),
  3. rigetto dell'opposizione (art. 80–84 LEF),
  4. annullamento o sospensione dell'esecuzione (art. 85 LEF),
  5. ammissione dell'opposizione nell'esecuzione cambiaria (art. 185 LEF),
  6. sequestro (art. 272 e 278 LEF),
  7. decisioni che secondo la LEF sono di competenza del giudice dei fallimenti o dei concordati.

Inhaltsübersicht

	Note
I. Ausnahmen der Berufungsfähigkeit	1
II. Kostenentscheide und SchKG-Sachen	5

I. Ausnahmen der Berufungsfähigkeit

Diese Bestimmung nennt die **Ausnahmen von Art. 308** und ist entsprechend auszulegen. Nach dem Erlass der ZPO wurde Art. 308 geändert. Die ursprüngliche Ziff. 6 wurde zu Ziff. 7 und neu wurde als Ziff. 6 «Arrest (Art. 272 und 278)» eingefügt (BBl 2009 1825, 1836). Es handelt sich um eine Folge von LugÜ II (HOFMANN/LÜSCHER, 193).

Das Rechtsmittel der Berufung besteht nur gegen Entscheide, die im Erkenntnisverfahren und nicht im Vollstreckungsverfahren ergangen sind (Art. 335 ff.). Mit der Vollstreckung soll nicht das Erkenntnisverfahren neu aufgerollt werden können.

2 Eine Ausnahme von der Ausnahme bilden **Dritte**, die rechtlich von einem Vollstreckungsentscheid betroffen sind. Sie können diesen nicht mit Berufung, aber mit Beschwerde rügen (Art. 346). Anwendungsfälle sind z.B. Durchsuchungen bei Dritten, Auskunftserteilung sowie Herausgabe einer Urkunde bei Dritten (vgl. SUTTER, N 1020, 1032).

3 Die Berufung ist sodann in einer Reihe von **SchKG-Angelegenheiten** unzulässig. Die im Katalog zu lit. b Ziff. 1–7 aufgeführten betreibungsrechtlichen Streitigkeiten können ebenfalls nicht mit Berufung an die obere kantonale Instanz weitergezogen werden. Die abschliessend aufgeführten Fälle verlangen nämlich eine rasche Erledigung (BOTSCHAFT ZPO, 7371).

4 Für die provisorische (nicht aber für die definitive) Rechtsöffnung gilt dasselbe, da von Schuldnerseite alle Argumente mit der Aberkennungsklage (Art. 92 f. SchKG) vorgetragen werden können. Der Betriebene muss seine Einwendungen überdies nur glaubhaft machen (Art. 83 Abs. 2 SchKG). Die in lit. b Ziff. 1–6 aufgelisteten Fälle sind allgemein rasch zu entscheidende Streitigkeiten.

II. Kostenentscheide und SchKG-Sachen

5 Auch blosse Kostenentscheide sind nur beschwerdefähig, wenn sie allein angefochten werden (Art. 108).

6 **Nicht berufungsfähig** sind sodann die gemäss SchKG in die sachliche Zuständigkeit des Konkurs- oder Nachlassrichters fallenden Streitigkeiten, wie z.B. die Bewilligung des nachträglichen Rechtsvorschlages (Art. 77 SchKG), die Konkurseröffnung (Art. 171 SchKG), die Abweisung des Konkursbegehrens (Art. 172 SchKG), die Bewilligung der Nachlassstundung (Art. 295 SchKG), die Bestätigung oder Ablehnung des Nachlassvertrages (Art. 304 Abs. 2 i.V.m. Abs. 1 SchKG) über den Nachlassvertrag im Konkurs (Art. 332 Abs. 2 f. SchKG) usw.

Art. 310

Berufungsgründe	**Mit Berufung kann geltend gemacht werden:** **a. unrichtige Rechtsanwendung;** **b. unrichtige Feststellung des Sachverhaltes.**
Motifs	L'appel peut être formé pour: a. violation du droit; b. constatation inexacte des faits.
Motivi d'appello	Con l'appello possono essere censurati: a. l'errata applicazione del diritto; b. l'errato accertamento dei fatti.

Inhaltsübersicht

	Note
I. Vollkommenes Rechtsmittel	1
II. Ausländisches Recht	4

1. Kapitel: Berufung — Art. 311

I. Vollkommenes Rechtsmittel

Die **Berufung** ist ein **vollkommenes Rechtsmittel** (Näheres vgl. SPÜHLER/VOCK, Rechtsmittel, 4). Der ganze Prozessstoff des erstinstanzlichen Verfahrens kann überprüft werden (BOTSCHAFT ZPO, 7372). Das bedeutet volle Überprüfung des angefochtenen Entscheides in allen Rechts- und Sachfragen (STAEHELIN/STAEHELIN/GROLIMUND, § 26 N 5 ff.). Massgeblich für alle Rechtsfragen sind das gesamte Bundesrecht einschliesslich Verfassungs- und Völkerrecht sowie kantonales und ausländisches Recht. Die obere kantonale Instanz hat bei der Überprüfung des Sachverhaltes freie Kognition (SPÜHLER, Die neue Rechtsmittelordnung der schweizerischen Zivilprozessordnung, 54). Die Rechtsmittelinstanz hat den Entscheid einer unabhängigen neuen Beurteilung zu unterziehen (VOGEL/SPÜHLER, 13. Kap. N 33).

Unrichtige **Rechtsanwendung** (lit. a) umfasst die Anwendung als auch die Nichtanwendung sowohl von Bundesrecht sowie auch von kantonalem Recht. Gerügt werden können Verfahrensfehler und materielle Fehler der ersten Instanz, die Nichtanwendung entsprechender Bestimmungen mit eingeschlossen. Es spielt daher keine Rolle, welcher Stufe das verletzte Rechtsgut angehört.

Das falsch oder nicht angewendete Recht kann auch **öffentliches Recht** sein, sofern es für die Beurteilung einer Zivilsache vorfrageweise heranzuziehen ist (BOTSCHAFT ZPO, 7372).

II. Ausländisches Recht

Auch **ausländisches Recht** kann u.U. indirekt zum Bundesrecht gehören, so wenn in Verletzung von Bestimmungen des schweizerischen internationalen Privatrechts ausländisches Recht falsch oder nicht angewendet worden ist (SPÜHLER/VOCK, Rechtsmittel, 24). Vgl. auch Art. 96 BGG, wonach vermögensrechtliche Angelegenheiten ausgeschlossen sind (Art. 96 lit. b BGG).

Die Berufung ist ein **reformatorisches Rechtsmittel**. Eine Rückweisung an die erste Instanz ist zwar möglich, sollte aber die Ausnahme bilden.

2. Abschnitt: Berufung, Berufungsantwort und Anschlussberufung

Art. 311

Einreichen der Berufung

¹ Die Berufung ist bei der Rechtsmittelinstanz innert 30 Tagen seit Zustellung des begründeten Entscheides beziehungsweise seit der nachträglichen Zustellung der Entscheidbegründung (Art. 239) schriftlich und begründet einzureichen.

² Der angefochtene Entscheid ist beizulegen.

Instruction de l'appel

¹ L'appel, écrit et motivé, est introduit auprès de l'instance d'appel dans les 30 jours à compter de la notification de la décision motivée ou de la notification postérieure de la motivation (art. 239).

² La décision qui fait l'objet de l'appel est jointe au dossier.

Proposizione dell'appello	¹ L'appello, scritto e motivato, dev'essere proposto all'autorità giudiziaria superiore entro 30 giorni dalla notificazione della decisione impugnata motivata o dalla notificazione a posteriori della motivazione (art. 239). ² Dev'essergli allegata la decisione impugnata.

Inhaltsübersicht Note

   I. Berufungseinreichung 1

   II. Formalien 6

I. Berufungseinreichung

1 Die Bestimmung regelt die Art und Weise sowie die einzuhaltende Frist der Berufungseinreichung. Es handelt sich um einen der erheblichen Streitpunkte bei den parlamentarischen Beratungen. Die Expertenkommission schlug eine zweistufige Lösung vor (Art. 307 E-ZPO): Zuerst eine einfache, blosse **Berufungserklärung beim iudex a quo**, worauf die **Berufungsinstanz Frist zur nachträglichen Begründung** des Rechtsmittels ansetzt (BOTSCHAFT ZPO, 7372).

Diese Lösung konnte sich auf die bewährte bisherige Regelung in grossen Kantonen, vorab im Kanton Zürich stützen (§§ 261, 262 und 264 ZPO/ZH). Auch die Vorlage des Bundesrates sah eine Zweistufigkeit der Berufungseinreichung vor (BOTSCHAFT ZPO, 7372 f.).

2 Der **Ständerat** folgte diesem Vorschlag nicht. Er beschloss nur eine **einstufige Lösung** bei der Berufungseinreichung. Es läuft eine gesetzliche nicht erstreckbare Rechtsmittelfrist von 30 Tagen (Bundesrat 10 Tage) seit der Zustellung des begründeten Urteils bzw. der nachträglichen Zustellung der Urteilsbegründung (Art. 239 Abs. 2).

3 Wird von der ganz oder teilweise verlierenden Partei **keine Begründung** eingereicht, gilt dies als Verzicht auf die Anfechtung mit Berufung (Art. 239 Abs. 2). Die verspätete Einreichung der Berufungsschrift führt zum Nichteintreten auf die Berufung, allerdings vorbehältlich einer Wiederherstellung der Frist.

4 Die **zweistufige Lösung** wäre partei- und anwaltsfreundlicher, denn durch eine flexible Begründungsfrist könnte den einzelnen Fällen besser Rechnung getragen werden (BOTSCHAFT ZPO, 7372).

5 Es sind Fälle denkbar, wo ein **mehrere hundert Seiten umfassendes Urteil** vorliegt; dabei kann auch eine 30-tägige Berufungsfrist nicht genügen, um die Berufung hinreichend zu begründen. In extremen Fällen kann bei der Gesetzgebung gewordenen Lösung sogar von einer Verletzung des rechtlichen Gehörs gesprochen werden (Art. 29 und 30 BV).

Die Fassung der Expertenkommission und des Bundesrates hätte eine vollständige und sorgfältige Rechtsschrift erwarten lassen (BOTSCHAFT ZPO, 7373).

II. Formalien

6 Gemäss Abs. 2 ist der angefochtene Entscheid beizulegen. Dies ist eine reine **Ordnungsvorschrift**, welche die Verwechslungsgefahren bannt. Die Berufungsinstanz wird vom Berufungskläger ein Exemplar des Entscheides anfordern, dies unter einer geeigneten prozessualen Androhung (Auferlegung der zusätzlichen Kosten usw.).

Art. 312

Berufungsantwort ¹ Die Rechtsmittelinstanz stellt die Berufung der Gegenpartei zur schriftlichen Stellungnahme zu, es sei denn, die Berufung sei offensichtlich unzulässig oder offensichtlich unbegründet.

² Die Frist für die Berufungsantwort beträgt 30 Tage.

Réponse ¹ L'instance d'appel notifie l'appel à la partie adverse pour qu'elle se détermine par écrit, sauf si l'appel est manifestement irrecevable ou infondé.

² La réponse doit être déposée dans un délai de 30 jours.

Risposta all'appello ¹ L'autorità giudiziaria superiore notifica l'appello alla controparte invitandola a presentare per scritto le proprie osservazioni, eccetto che l'appello sia manifestamente improponibile o manifestamente infondato.

² Il termine di risposta è di 30 giorni.

Inhaltsübersicht Note

I. Berufungsantwort 1
II. Säumnis des Berufungsbeklagten 3
III. Offensichtlich unzulässige Begründung 4

I. Berufungsantwort

Auf eine Berufung (besser und klarer die «Berufungsbegründung» in der Fassung des Bundesrates, BOTSCHAFT ZPO, 7487) setzt die Rechtsmittelinstanz der **Gegenpartei** eine Frist zur schriftlichen Stellungnahme an. Genauer sollte es heissen «zur Berufungsantwort». Dabei wird die beklagte Partei auf die Frist von 30 Tagen (Fassung Ständerat) aufmerksam gemacht (Abs. 2). Eine gesetzliche Frist zur Berufungsantwort sorgt für die Gleichheit von Berufungskläger und Berufungsbeklagten; die Regelung als gesetzliche Frist ist aber starr und vermag bei grossen Prozessen nicht befriedigend zu funktionieren. 1

Gleichzeitig mit der Zustellung der Berufung zur Berufungsantwort ist die Berufungsbeklagte auf ihr Recht, **Anschlussberufung** zu erheben, hinzuweisen (Art. 313). Ebenso ist die beklagte Partei auf das **Novenrecht** hinzuweisen (Näheres dazu Art. 317). 2

II. Säumnis des Berufungsbeklagten

Erfolgt keine Berufungsantwort oder wird eine mangelhafte Berufungsantwort trotz gerichtlicher Aufforderung nicht verbessert eingereicht, so ist aufgrund **der Akten** zu entscheiden (ZR 78 NR 106). Zulässige Noven, die in der Berufungsbegründung vorgebracht werden, dürfen bei völliger Säumnis der Berufungsbeklagten im Bereich der Verhandlungsmaxime nur als anerkannt angenommen werden, wenn diese Rechtsfolge dem Berufungsbeklagten ausdrücklich angedroht worden ist (vgl. bisher für Zürich FRANK/STRÄULI/MESSMER, § 265 ZPO/ZH N 4). 3

III. Offensichtlich unzulässige Begründung

Auf die Einholung einer **Berufungsantwort** darf verzichtet werden, wenn die Vorprüfung ergibt, dass die Berufung offensichtlich unzulässig ist. Das ist z.B. der Fall, wenn 4

Karl Spühler

die Berufung klar verspätet ist oder der erforderliche Streitwert nicht erreicht wird (BOTSCHAFT ZPO, 7373).

5 Gleicherweise ist zu verfahren, wenn die **Berufung offensichtlich unzulässig** ist. Es genügt nicht, dass die Begründung unbegründet ist, die Berufung muss offensichtlich unzulässig sein. Mit anderen Worten heisst dies, dass das Rechtmittel mit der betreffenden Begründung geradezu aussichtslos sein muss. Dies darf nur in klaren Fällen bejaht werden. Der Grundsatz des rechtlichen Gehörs verlangt grosse Zurückhaltung.

Art. 313

Anschlussberufung

[1] Die Gegenpartei kann in der Berufungsantwort Anschlussberufung erheben.

[2] Die Anschlussberufung fällt dahin, wenn:
a. die Rechtsmittelinstanz nicht auf die Berufung eintritt;
b. die Berufung als offensichtlich unbegründet abgewiesen wird;
c. die Berufung vor Beginn der Urteilsberatung zurückgezogen wird.

Appel joint

[1] La partie adverse peut former un appel joint dans la réponse.

[2] L'appel joint devient caduc dans les cas suivants:
a. l'instance de recours déclare l'appel principal irrecevable;
b. l'appel principal est rejeté parce que manifestement infondé;
c. l'appel principal est retiré avant le début des délibérations.

Appello incidentale

[1] Nella risposta all'appello la controparte può appellare in via incidentale.

[2] L'appello incidentale decade se:
a. l'autorità giudiziaria superiore non entra nel merito dell'appello principale;
b. l'appello principale è respinto in quanto manifestamente infondato;
c. l'appello principale è ritirato prima che il giudice inizi a deliberare.

Inhaltsübersicht   Note

I. Anschlussberufung 1

II. Keine Bindung an Streitwert 3

III. Zweitberufung 4

I. Anschlussberufung

1 Die Gegenpartei des Berufungsklägers kann Anschlussberufung erheben (vgl. dazu allgemein SPÜHLER/VOCK, Rechtsmittel, 29 f.). Es handelt sich um eine **Option zum Gegenangriff** des Berufungsbeklagten. Als Folge einer Anschlussberufung kann sich eine reformatio in peius ergeben. Die Anschlussberufung entfaltet die stärkere Wirkung als die Widerklage.

2 Die Anschlussberufung ist abhängig von der Berufung (BOTSCHAFT ZPO, 7375). Wird die Berufung zurückgezogen – so etwa angesichts der Anschlussberufung – so fällt auch diese dahin. Dasselbe gilt, wenn sie offensichtlich unbegründet ist (STAEHELIN/STAEHELIN/GROLIMUND, § 26 N 6).

II. Keine Bindung an Streitwert

Die Anschlussberufung ist an **keine Streitwertgrenze** gebunden (STAEHELIN/STAEHELIN/GROLIMUND, § 26 N 8).   3

III. Zweitberufung

Der Berufungsbeklagte muss nicht bis zur Möglichkeit einer Anschlussberufung warten, er kann selbst innert Frist eine Berufung erheben, es liegt dann eine **Erst- und eine Zweitberufung** vor. Letztere darf nicht mit einer Anschlussberufung verwechselt werden. Die erstere ist während der Berufungsfrist zu erheben, die Anschlussberufung innert Frist nach Vorliegen der Berufung. Logischerweise kann auch Anschlussberufung erhoben werden, wenn die betreffende Partei auf Berufung verzichtet hat (STAEHELIN/STAEHELIN/GROLIMUND, § 26 N 8). Wird die Berufung als offensichtlich unbegründet abgewiesen, fällt auch die Anschlussberufung dahin.   4

Art. 314

Summarisches Verfahren	[1] Gegen einen im summarischen Verfahren ergangenen Entscheid beträgt die Frist zur Einreichung der Berufung und zur Berufungsantwort je zehn Tage. [2] **Die Anschlussberufung ist unzulässig.**
Procédure sommaire	[1] Si la décision a été rendue en procédure sommaire, le délai pour l'introduction de l'appel et le dépôt de la réponse est de dix jours. [2] L'appel joint est irrecevable.
Procedura sommaria	[1] Se è appellata una decisione pronunciata in procedura sommaria, il termine di appello e il termine di risposta sono entrambi di dieci giorni. [2] L'appello incidentale è improponibile.

Inhaltsübersicht Note

I. Berufung gegen Entscheide im summarischen Verfahren 1

II. Keine Anschlussberufung 3

I. Berufung gegen Entscheide im summarischen Verfahren

Diese Bestimmung ordnet den Fall, in dem der **erstinstanzliche Entscheid im summarischen Verfahren** ergangen ist. Vgl. dazu die Art. 248 ff., 271 ff.   1

Es ist davon auszugehen, dass diese Verfahren rasch und flexibel erfolgen müssen, was auch Grund für die Beweismittelbeschränkung ist (BOTSCHAFT ZPO, 7349). Deshalb betragen die Fristen für Berufung und Berufungsantwort somit nur je 10 Tage. Damit wird der besonderen Natur des summarischen Verfahrens Rechnung getragen, das v.a. eine **rasche Erledigung** des Verfahrens verlangt.   2

Art. 315

9. Titel: Rechtsmittel

II. Keine Anschlussberufung

3   Eine **Anschlussberufung** (Art. 313) gibt es im Bereich der Berufung gegen die erstinstanzlichen Entscheide **nicht**. Damit wird dem eigentlichen Wesen des summarischen Verfahrens entsprochen. Besonders deutlich und häufig tritt dies bei den vorsorglichen Massnahmen zutage, die oft nur Sinn machen, wenn das Verfahren übersichtlich bleibt und der Gesuchsteller rasch zu einem endgültigen Entscheid der Massnahmenstreitigkeit kommt. Besonders deutlich tritt dies bei vorsorglichen Massnahmen im Bereich des Immaterialgüter- und Wettbewerbsrechtes zutage.

3. Abschnitt: Wirkungen und Verfahren der Berufung

Art. 315

Aufschiebende Wirkung	¹ **Die Berufung hemmt die Rechtskraft und die Vollstreckbarkeit des angefochtenen Entscheids im Umfang der Anträge.** ² **Die Rechtsmittelinstanz kann die vorzeitige Vollstreckung bewilligen. Nötigenfalls ordnet sie sichernde Massnahmen oder die Leistung einer Sicherheit an.** ³ **Richtet sich die Berufung gegen einen Gestaltungsentscheid, so kann die aufschiebende Wirkung nicht entzogen werden.** ⁴ **Keine aufschiebende Wirkung hat die Berufung gegen Entscheide über:** **a. das Gegendarstellungsrecht;** **b. vorsorgliche Massnahmen.** ⁵ **Die Vollstreckung vorsorglicher Massnahmen kann ausnahmsweise aufgeschoben werden, wenn der betroffenen Partei ein nicht leicht wiedergutzumachender Nachteil droht.**
Effet suspensif	¹ L'appel suspend la force de chose jugée et le caractère exécutoire de la décision dans la mesure des conclusions prises en appel. ² L'instance d'appel peut autoriser l'exécution anticipée. Elle ordonne au besoin des mesures conservatoires ou la fourniture de sûretés. ³ L'effet suspensif ne peut pas être retiré dans les cas où l'appel porte sur une décision formatrice. ⁴ L'appel n'a pas d'effet suspensif lorsqu'il a pour objet des décisions portant sur: a. le droit de réponse; b. des mesures provisionnelles. ⁵ L'exécution des mesures provisionnelles peut exceptionnellement être suspendue si la partie concernée risque de subir un préjudice difficilement réparable.
Effetto sospensivo	¹ L'appello preclude, limitatamente alle conclusioni, l'efficacia e l'esecutività della decisione impugnata. ² L'autorità giudiziaria superiore può autorizzare l'esecuzione anticipata della decisione impugnata. Se del caso, ordina provvedimenti conservativi o la prestazione di garanzie.

³ L'effetto sospensivo non può essere tolto se è appellata una decisione costitutiva.

⁴ L'appello non ha effetto sospensivo se è appellata una decisione in materia di:
a. diritto di risposta;
b. provvedimenti cautelari.

⁵ L'esecuzione di provvedimenti cautelari può essere eccezionalmente sospesa se la parte interessata rischia di subire un pregiudizio difficilmente riparabile.

Inhaltsübersicht Note

I. Aufschiebende Wirkung 1
II. Gestaltungsentscheide 5

I. Aufschiebende Wirkung

Mit der bundesrätlichen Botschaft (BOTSCHAFT ZPO, 7375) wurde das Berufungsverfahren erheblich präzisiert. Dabei kommt der Berufungsinstanz in der **Verfahrensgestaltung** ein erhebliches Ermessen zu. Je nach dem Streitgegenstand kann sie ihr Verfahren mehr schriftlich oder mündlich ausgestalten. 1

Die Frage, ob ein Rechtsmittel **aufschiebende Wirkung hat**, ist oft für den Prozessausgang in der Hauptsache entscheidend (SPÜHLER/DOLGE/VOCK, Art. 103 N 1). Es ist deshalb folgerichtig, dass die Berufung als Hauptrechtsmittel von Gesetzes wegen aufschiebende Wirkung hat. Die Berufungsinstanz kann allerdings die vorzeitige Vollstreckung gewähren. Davon sollte nur **mit grosser Zurückhaltung Gebrauch gemacht werden** und stets eine Sicherheitsleistung verlangt werden. Eine Ausnahme davon ergibt sich regelmässig für die Fälle klaren materiellen Rechts (Art. 257); dies hängt mit deren besonderen Natur zusammen. 2

Dogmatisch bedeutet dies, dass die Berufung ad hoc zu einem ausserordentlichen Rechtsmittel wird (VOGEL/SPÜHLER, 13. Kap. N 36). Unproblematisch gilt dies für die Verfahren, in denen aufgrund der Berufungsanträge ein Teil des endgültigen erstinstanzlichen Urteils nicht mehr streitig ist (z.B. nur noch die Nebenfolgen der Scheidung). 3

Es gibt in Abs. 2 zwei Rechtsinstitute, nämlich das **Gegendarstellungsrecht** (Art. 28g–h ZGB) und die **vorsorglichen Massnahmen (Art. 261 ff.)**, bei denen die Berufung keine aufschiebende Wirkung haben kann. 4

II. Gestaltungsentscheide

Umgekehrt wird in Abs. 3 bestimmt, dass die Berufungsinstanz bei Gestaltungsentscheiden der Berufung die aufschiebende Wirkung nicht entziehen darf (Abs. 3); ist z.B. ein Berufungskläger von der ersten Instanz geschieden worden, würde er plötzlich wieder verheiratet, wenn die Berufungsinstanz dem erstinstanzlichen Scheidungsurteil die aufschiebende Wirkung entzöge. Ähnlich verhält es sich bei einem Urteil auf Auflösung einer einfachen Gesellschaft (Art. 530 ff. OR). 5

In Fällen, in denen die Berufungsinstanz den Rechtsmitteln **vorzeitige Vollstreckung** gewährt, kann sie gleichzeitig sichernde Massnahen oder eine Sicherheitsleistung verlangen (Abs. 2 Satz 2). Dabei darf sie aber nur nötigenfalls Gebrauch machen. Der Richter 6 muss die Interessen sorgfältig abwägen (vgl. auch Art 315 N 2). Beispiele: Anordnung der Hinterlegung, Intendentenstreit, Art. 168 Abs. 3 OR; Hinterlegung der Unterhaltsbeiträge im Unterhaltsprozess, Art. 282 ZGB. Auch eine nur teilweise Sicherung ist die Grundbuchsperre im Ehescheidungsprozess (vgl. im Übrigen VOGEL/SPÜHLER, 12. Kap. N 192 ff.).

7 Die Berufungsinstanz kann auch a maiore ad minus nur für einen Teil des erstinstanzlichen Urteils die vorzeitige Vollstreckung bewilligen. Entsprechend können sichernde Massnahmen nur im Zusammenhang mit dem Teil der vorzeitigen Vollstreckung bewilligt werden. Besonders zu beachten ist die Separatregelung bei den Urteilen über vorsorgliche Massnahmen i.S.v. Abs. 4 lit. b. Hätte hier ein Rechtsmittel aufschiebende Wirkung, wären die Massnahmen sinnlos. Die **Vollstreckung vorsorglicher Massnahmenentscheide** kann im Gegensatz zur allgemeinen Lösung i.S.v. Abs. 4 gestützt auf Abs. 5 aufgeschoben werden, wenn der betroffenen Partei ein nicht leicht wieder gutzumachender Nachteil droht. Der Nachteil muss kein rein rechtlicher sein. Es ist bei der Anwendung von Abs. 5 an Verletzungen der natürlichen oder der wirtschaftlichen Persönlichkeit zu denken. Die ganze Palette von Grundregeln und Ausnahmen des Art. 315 zeigt, dass der zweitinstanzliche Richter eine grosse Ermessensfreiheit besitzt. Diese muss respektiert werden, denn nur so kann der Einzelfall gerecht entschieden werden.

Art. 316

Verfahren vor der Rechtsmittelinstanz

¹ Die Rechtsmittelinstanz kann eine Verhandlung durchführen oder aufgrund der Akten entscheiden.

² Sie kann einen zweiten Schriftenwechsel anordnen.

³ Sie kann Beweise abnehmen.

Procédure devant l'instance d'appel

¹ L'instance d'appel peut ordonner des débats ou statuer sur pièces.

² Elle peut ordonner un deuxième échange d'écritures.

³ Elle peut administrer les preuves.

Procedura davanti all'autorità giudiziaria superiore

¹ L'autorità giudiziaria superiore può tenere udienza o decidere in base agli atti.

² Essa può ordinare un secondo scambio di scritti.

³ Può procedere all'assunzione di prove.

Inhaltsübersicht   Note

I. Verfahren vor Berufungsinstanz 1

II. Summarentscheide, Maximen, Rückweisung 4

I. Verfahren vor Berufungsinstanz

1 Das Verfahren vor Berufungsinstanz ist ein eigenständiges (BOTSCHAFT ZPO, 7374 f.). Die Berufungsinstanz hat ein erhebliches Ermessen bei formellen Aspekten und kann das Verfahren im konkreten Fall relativ frei festlegen. Der Gesetzgeber wollte der **Berufungsinstanz** im Sinne der Prozessökonomie eine **Verfahrensautonomie** gewähren (BOTSCHAFT ZPO, 7374 f.). Diese ist noch grösser als die betreffende Ordnung im bishe-

rigen liberalen zürcherischen Prozessrecht hatte (FRANK/STRÄULI/MESSMER, §§ 264–270 ZPO/ZH).

Für die **Kinderbelange, die eherechtlichen Verfahren, die Unterhalts- und Vaterschaftsklagen und das Verfahren bei eingetragener Partnerschaft** wurden im Gegensatz zu den bisherigen kantonalen Prozessordnungen keine speziellen Bestimmungen erlassen. Die erstinstanzlichen Bestimmungen dürften sinngemäss auch für das Rechtsmittelverfahren zur Anwendung gelangen. 2

Die Gestaltungsfreiheit der Berufungsinstanz beginnt nach dem ersten Schriftenwechsel, der Berufungsbegründung und der Berufungsantwort. In diesem Stadium des Berufungsverfahrens bestehen folgende drei Möglichkeiten: 3

– Anordnung eines **zweiten Schriftenwechsels** (Abs. 2). Dies ist nur bei grösseren Fällen sowie bei Noven des Berufungsbeklagten denkbar.
– Vorladung zu einer **mündlichen Berufungsverhandlung**. Eine solche ist für kleine Fälle geeignet oder für Verfahren, in denen Zeugen abgehört werden müssen (Abs. 3). Sie ist regelmässig im Berufungsverfahren anzuwenden.
– Entscheid **aufgrund der Akten** nach der Durchführung eines Schriftenwechsels (BOTSCHAFT ZPO, 7375).

II. Summarentscheide, Maximen, Rückweisung

Kaum richtig ist, wenn die Botschaft (BOTSCHAFT ZPO, 7375) ausführt, die Beurteilung von **Summarentscheiden** werde meist im **schriftlichen Verfahren** erfolgen können; das Gegenteil ist der Fall. Summarsachen sind zum grössten Teil – vorab aus prozessökonomischen Gründen – mündlich. Dies verlangt auch das Beschleunigungsgebot. 4

Unabhängig von der Verfahrensart, welche die Berufungsinstanz anordnet, müssen im nachfolgenden Berufungsverfahren die gleichen **Maximen** gelten, wie im erstinstanzlichen Verfahren. Analoges gilt auch für das Beweisverfahren (BOTSCHAFT ZPO, 7375). Die Berufungsinstanz kann Beweise abnehmen (vgl. Art. 168 ff.); sie kann aber auch auf Rückweisung an die Vorinstanz entscheiden. Diese hat dann das (ergänzende) Beweisverfahren durchzuführen. 5

Art. 317

Neue Tatsachen, neue Beweismittel und Klageänderung

¹ Neue Tatsachen und Beweismittel werden nur noch berücksichtigt, wenn sie:
a. ohne Verzug vorgebracht werden; und
b. trotz zumutbarer Sorgfalt nicht schon vor erster Instanz vorgebracht werden konnten.

² Eine Klageänderung ist nur noch zulässig, wenn:
a. die Voraussetzungen nach Artikel 227 Absatz 1 gegeben sind; und
b. sie zudem auf neuen Tatsachen und Beweismitteln beruht.

Faits et moyens de preuve nouveaux; modification de la demande

¹ Les faits et moyens de preuve nouveaux ne sont pris en compte qu'aux conditions suivantes:
a. ils sont invoqués ou produits sans retard;
b. ils ne pouvaient être invoqués ou produits devant la première instance bien que la partie qui s'en prévaut ait fait preuve de la diligence requise.

² La demande ne peut être modifiée que si:
a. les conditions fixées à l'art. 227, al. 1, sont remplies;
b. la modification repose sur des faits ou des moyens de preuve nouveaux.

Nuovi fatti, nuovi mezzi di prova e mutazione dell'azione

¹ Nuovi fatti e nuovi mezzi di prova sono considerati soltanto se:
a. vengono immediatamente addotti; e
b. dinanzi alla giurisdizione inferiore non era possibile addurli nemmeno con la diligenza ragionevolmente esigibile tenuto conto delle circostanze.

² Una mutazione dell'azione è ammissibile soltanto se:
a. sono date le premesse di cui all'articolo 227 capoverso 1; e
b. la mutazione è inoltre fondata su nuovi fatti e nuovi mezzi di prova.

Inhaltsübersicht Note

I. Noven 1
II. Klageänderung 8

I. Noven

1 Die Zulassung neuer Tatsachen und neuer Beweismittel im Berufungsverfahren kann in vielen Fällen für den Ausgang des Berufungsverfahrens massgeblich sein. **Neue Tatsachen** und **neue Beweismittel** werden auch als Noven bezeichnet. Das sog. Novenrecht war in den kantonalen Prozessordnungen sehr unterschiedlich geordnet (SPÜHLER/VOCK, Rechtsmittel, 31 ff.).

2 Werden echte Noven zugelassen, legt die betreffende Prozessordnung grosses Gewicht auf die **materielle Wahrheitsfindung**. Echte Noven sind solche Tatsachen, die erst nach dem erstinstanzlichen Entscheid eingetreten sind sowie die dafür angerufenen Beweismittel (VOGEL/SPÜHLER, § 63 N 43).

3 **Unechte Noven** sind Tatsachen, die sich schon vor dem erstinstanzlichen Entscheid verwirklicht haben, die aber aus Unsorgfalt oder Ungenauigkeit der betreffenden Partei nicht geltend gemacht worden sind (VOGEL/SPÜHLER, a.a.O., 13. Kap. N 43).

4 Die Novenregelung in Abs. 1 umfasst echte und unechte Noven und ist relativ einfach umschrieben, wobei zwei kumulative Voraussetzungen vorhanden sein müssen:
– Vorbringen der Noven ohne Verzug;
– Nichtvorbringen in der ersten Instanz trotz zumutbarer Sorgfalt.

5 Die Noven müssen **ohne Verzug**, d.h. möglichst sofort nach Bekanntwerden bzw. Entdeckung der Berufungsinstanz unterbreitet werden. Ohne Verzug heisst binnen einer oder zwei Wochen. Gleichzeitig muss die Prozesspartei beweisen, dass sie die Noven **trotz zumutbarer Sorgfalt** nicht kannte. Im Interesse der materiellen Wahrheitsfindung sollten an die Zumutbarkeit nicht zu strenge Voraussetzungen gelegt werden. Denn das hier geordnete Novenrecht ist im Vergleich zu bisherigen kantonalen Novenrechten relativ streng (vgl. §§ 267 i.V.m. §§ 115 und 138 ZPO/ZH, § 227 Abs. 2 ZPO/SG; § 225 Abs. 1 ZPO/LU; strenger aber § 237 Abs. 1 ZPO/BS).

6 Zum Novenrecht bei **Beschwerde an das Bundesgericht** vgl. Art. 99 BGG.

7 Da Art. 317 Abs. 1 nichts darüber sagt, ist zu schliessen, dass **rechtliche Noven** bei kantonalen Berufungen zulässig sind. Für die Zulassung von Noven rechtlicher Natur spricht der Umstand, dass hierüber eine Regelung fehlt. Unterliegt ein Prozess der Untersu-

chungsmaxime, sind Noven bis zur zweitinstanzlichen Urteilsberatung zulässig (BOTSCHAFT ZPO, 7375). Das rechtliche Novenrecht gilt für echte und unechte Noven (für das BGG vgl. SPÜHLER/DOLGE/VOCK, Art. 99 N 2 ff.).

II. Klageänderung

Abs. 2 handelt von der Klageänderung, diese bedeutet eine **inhaltliche Änderung der Klage**. Die Lösung, die von einem Verbot im Berufungsverfahren absieht, entspricht neueren Auffassungen, indem das materielle Rechtsschutz-Ziel höher gewichtet wird als das Interesse einer möglichst straffen und beschleunigten richterlichen Prozessführung (VOGEL/SPÜHLER, § 39 N 52 f.). Es dient der Prozessökonomie, dass ein ergänzter berichtigter Tatbestand im gleichen Verfahren beurteilt und die Durchführung eines zweiten Prozesses vermieden wird (FRANK/STRÄULI/MESSMER, § 61 N 1). 8

Zum Schutze der Gegenpartei vor Veränderungen des Streitgegenstandes genügen vorsorgliche Massnahmen (VOGEL/SPÜHLER, § 39 N 56). Grundsätzlich ist eine Klageänderung im Berufungsverfahren nicht mehr möglich. Sie ist jedoch als Ausnahme und deshalb restriktiv zulässig, wenn die **Voraussetzungen von Art. 227 Abs. 1** vorhanden sind: Erstens müssen die Voraussetzungen der erstinstanzlichen Klageänderung gegeben sein. Diese muss sich zweitens auf die Klage und Beweismittel gemäss Abs. 1 stützen (vgl. die Ausführungen vorstehend zu Abs. 1). 9

Die **Verfahrensart** muss trotz der Klageänderung die gleiche sein. Es muss zwischen bisherigem Vorbringen und den neuen Tatsachen und neuen Begehren ein Zusammenhang bestehen und die Gegenpartei muss der Klageänderung zustimmen. 10

Nicht ganz selten ist eine **unklare Parteibezeichnung** zu präzisieren; dies bedeutet keine Klageänderung (GULDENER, Zivilprozessrecht, 231). Das Gleiche gilt, wenn von Gesetzes wegen ein Rechtsnachfolger in die Stellung einer Partei nachrückt (FRANK/STRÄULI/MESSMER, § 61 ZPO/ZH N 8). 11

Zur erstinstanzlichen Klageänderung vgl. Art. 227. Die Bestimmung gilt sinngemäss auch für Klageänderungen in der zweiten Instanz. 12

Im Bereich der Untersuchungsmaxime gibt es, soweit Folge dieser Maxime, keine unzulässigen Klageänderungen. Das gilt aber nicht für Rechtsmittelbegehren. 13

Art. 318

Entscheid

¹ Die Rechtsmittelinstanz kann:
a. den angefochtenen Entscheid bestätigen;
b. neu entscheiden; oder
c. die Sache an die erste Instanz zurückweisen, wenn:
  1. ein wesentlicher Teil der Klage nicht beurteilt wurde, oder
  2. der Sachverhalt in wesentlichen Teilen zu vervollständigen ist.

² Die Rechtsmittelinstanz eröffnet ihren Entscheid mit einer schriftlichen Begründung.

³ Trifft die Rechtsmittelinstanz einen neuen Entscheid, so entscheidet sie auch über die Prozesskosten des erstinstanzlichen Verfahrens.

Art. 318 1–3
9. Titel: Rechtsmittel

Décision sur appel
¹ L'instance d'appel peut:
a. confirmer la décision attaquée;
b. statuer à nouveau;
c. renvoyer la cause à la première instance dans les cas suivants:
   1. un élément essentiel de la demande n'a pas été jugé,
   2. l'état de fait doit être complété sur des points essentiels.

² L'instance d'appel communique sa décision aux parties avec une motivation écrite.

³ Si l'instance d'appel statue à nouveau, elle se prononce sur les frais de la première instance.

Decisione
¹ L'autorità giudiziaria superiore può:
a. confermare il giudizio impugnato;
b. statuire essa stessa; oppure
c. rinviare la causa alla giurisdizione inferiore, se:
   1. non è stata giudicata una parte essenziale dell'azione, oppure
   2. i fatti devono essere completati in punti essenziali.

² L'autorità giudiziaria superiore notifica la sua decisione con motivazione scritta.

³ Se statuisce essa stessa, l'autorità giudiziaria superiore pronuncia anche sulle spese giudiziarie della procedura di prima istanza.

Inhaltsübersicht Note

I. Erledigungsarten 1

II. Bindung der ersten Instanz 3

III. Rückweisungsentscheid im Besonderen 4

IV. Mitteilung des Berufungsentscheides 5

V. Kosten 6

I. Erledigungsarten

1 Möglich ist die Bestätigung des erstinstanzlichen Entscheides (Abweisung der Berufung) oder eine neue Entscheidung sowie Aufhebung des erstinstanzlichen Entscheides und Rückweisung an die Vorinstanz. Dazu kommen die **übrigen Erledigungsarten**, d.h. der Rückzug der Berufung, die Anerkennung des Berufungsbegehrens und der Vergleich. Schreibt die Berufungsinstanz aus den genannten Gründen den Prozess als erledigt ab, hat der Abschreibungsbeschluss die Wirkung eines rechtskräftigen Entscheides (Art. 315 Abs. 2).

2 Nicht nur Parteierklärungen, sondern auch andere Gründe können das **Berufungsverfahren gegenstandslos** werden lassen. So z.B. der Untergang des Streitobjektes oder der Tod einer Ehescheidungspartei während des Verfahrens. Der Prozess wird dann als gegenstandslos geworden erledigt abgeschrieben, dies jedoch ohne Rechtskraft-Wirkung (vgl. BOTSCHAFT ZPO, 7367).

II. Bindung der ersten Instanz

3 Die erste Instanz ist an die Erwägungen und an das Dispositiv des Berufungsentscheides gebunden (und nicht nur an die Erwägungen, wie die Botschaft in BBl 2000 7376 unrichtig meint). Im **Rückweisungsdispositiv** können der ersten Instanz bestimmte Weisungen erteilt werden. Nach erfolgter Rückweisung hat die erste Instanz neu zu entscheiden. Ge-

gen den neuen Entscheid der ersten Instanz ist wiederum ein Rechtsmittel möglich, in der Regel die Berufung. Das Gesetz regelt nicht, ob die zweitmalige Berufung Rügen enthalten darf, die bereits im ersten Rechtsmittelzug vorgetragen worden sind. Das zweitmalige Vorbringen von schon im erstmaligen Instanzenzug vorgebrachten Rügen ist i.d.R. rechtsmissbräuchlich. Die Berufungsinstanz darf diesfalls deshalb darüber nicht ein zweites Mal befinden. Kein Rechtsmissbrauch dürfte vorliegen, wenn sich die Rechtsmittelinstanz im ersten Rechtsmittelzug nicht mit der Rüge auseinandergesetzt hat.

III. Rückweisungsentscheid im Besonderen

Die Berufungsinstanz ist nicht frei, das Verfahren an die erste Instanz zurückzuweisen. **Rückweisung** ist nur unter ganz genau bestimmten **Voraussetzungen** zulässig. Die Berufungsinstanz kann sich deshalb nicht entlasten, indem sie die Sache einfach an die Vorinstanz zurückweist (vgl. SPÜHLER/VOCK, 35). Die Voraussetzungen für die Rückweisung sind alternativ. Eine Rückweisung an die erste Instanz kann erfolgen, wenn diese einen wesentlichen Teil der Klage nicht beurteilt hat. Kleinere Lücken muss hingegen die Berufungsinstanz selbst auffüllen. Der wesentliche Teil bestimmt sich nicht einfach arithmetisch, sondern es bedarf einer materiellen Gewichtung. Eine Rückweisung darf auch erfolgen, wenn der Sachverhalt in wesentlichen Teilen zu vervollständigen ist. Es ist aber stets zu beachten, dass der Rückweisungsentscheid eine Ausnahme ist (BOTSCHAFT ZPO, 7376). 4

IV. Mitteilung des Berufungsentscheides

Die Rechtsmittelinstanz hat ihren Entscheid auch dann, wenn die Eröffnung schon mündlich erfolgt ist, **schriftlich mitzuteilen** und zu begründen. Dies u.a. im Hinblick auf einen eventuellen Weiterzug ans Bundesgericht. In Art. 112 Abs. 1 BGG ist aufgezählt, was der kantonale Rechtsmittelentscheid zu umfassen hat. 5

V. Kosten

Sofern die zweite Instanz in ihrem Entscheid vom erstinstanzlichen Urteil abweicht, hat sie auch über die **erstinstanzlichen Kosten** zu entscheiden. Das dient der Prozessökonomie, denn die erste Instanz muss nicht auch noch einmal separat über die (endlichen) Prozesskosten entscheiden. 6

2. Kapitel: Beschwerde

Art. 319

Anfechtungsobjekt Mit Beschwerde sind anfechtbar:
a. nicht berufungsfähige erstinstanzliche Endentscheide, Zwischenentscheide und Entscheide über vorsorgliche Massnahmen;
b. andere erstinstanzliche Entscheide und prozessleitende Verfügungen:
  1. in den vom Gesetz bestimmten Fällen,
  2. wenn durch sie ein nicht leicht wiedergutzumachender Nachteil droht;
c. Fälle von Rechtsverzögerung.

Objet du recours	Le recours est recevable contre:
	a. les décisions finales, incidentes et provisionnelles de première instance qui ne peuvent faire l'objet d'un appel;
	b. les autres décisions et ordonnances d'instruction de première instance:
	   1. dans les cas prévus par la loi;
	   2. lorsqu'elles peuvent causer un préjudice difficilement réparable;
	c. le retard injustifié du tribunal.

Ammissibilità del reclamo	Sono impugnabili mediante reclamo:
	a. le decisioni inappellabili di prima istanza finali, incidentali e in materia di provvedimenti cautelari;
	b. altre decisioni e disposizioni ordinatorie processuali di prima istanza:
	   1. nei casi stabiliti dalla legge,
	   2. quando vi è il rischio di un pregiudizio difficilmente riparabile;
	c. i casi di ritardata giustizia.

Inhaltsübersicht   Note

   I. Beschwerde, Beschwerdefähigkeit 1

  II. Primäres Rechtsmittel 5

 III. Beschwerde ohne Vorliegen eines erstinstanzliches Sachentscheides 6

 IV. Rechtsverzögerungsbeschwerde 8

I. Beschwerde, Beschwerdefähigkeit

1   Die **Beschwerde** ist im Verhältnis zur Berufung **subsidiär**; erreichen vermögensrechtliche Streitigkeiten den Streitwert für die Berufung (vgl. Art. 308 Abs. 2; CHF 10 000) nicht, ist zu prüfen, ob als Rechtsmittel die Beschwerde in Frage kommt.

2   Ein Anwendungsbeispiel von N 1 ist das gegen den **Arrest (Art. 272 und 278 SchKG)** zulässige Rechtsmittel. Als Folge von LugÜ II wurde neu Art. 309 lit. b Ziff. 6 eingefügt. Damit wurde der SchKG-bezogene Katalog von Ausnahmen der Berufung erweitert. Somit ist gegen einen abweisenden kantonalen Entscheid über den Arrestbefehl und gegen einen abweisenden kantonalen Einspracheentscheid über einen bewilligten Arrest nur die Beschwerde gegeben. Vorbehalten bleibt die besondere Regelung der LugÜ II-Beschwerde in Art. 327a (vgl. BBl 2009 1825). Damit ist Gleichheit bei den Rechtsmitteln gegen die Sicherung der Vollstreckung anderer Leistungen und Geldleistungen (Arrest) hergestellt.

3   **Keine Rolle** spielt dabei, ob die Angelegenheit der **streitigen oder der freiwilligen Gerichtsbarkeit** zuzurechnen ist; bei der letzteren kommt als Rechtsmittel primär die Beschwerde in Betracht (BOTSCHAFT ZPO, 7376).

4   **Beschwerdefähig** sind nicht nur die erstinstanzlichen Entscheide und Teilentscheide, sondern auch Zwischenentscheide und Entscheide über vorsorgliche Massnahmen, die nicht berufungsfähig sind.

II. Primäres Rechtsmittel

5   Die Beschwerde ist von Gesetzes wegen das primäre Rechtsmittel **bei prozessleitenden Verfügungen** (Teil des Begriffes Zwischenentscheid). Prozessleitende Anordnungen trifft der Richter zum formellen Ablauf und zur konkreten Verfahrensgestaltung (BOT-

SCHAFT ZPO, 7376). Die Botschaft spricht davon, dass die Beschwerde das primäre Rechtsmittel für sogenannte Inzidenzentscheide bilde. Dieser Begriff findet sich in der Botschaft, jedoch kaum mehr in einem der massgebenden Prozessrechtslehrbücher (LEUCH/MARBACH/KELLERHANS/STERCHI; SUTTER; STAEHELIN/STAEHELIN/GROLIMUND; VOGEL/SPÜHLER; BERGER/GÜNGERICH usw.). Die Beschwerde ist in den vom Gesetz bestimmten Fällen zulässig sowie alternativ, wenn ein nicht leicht wiedergutzumachender Nachteil droht.

III. Beschwerde ohne Vorliegen eines erstinstanzliches Sachentscheides

Fälle von lit. b Ziff. 1 sind im Gesetz vorgesehen bei Entscheiden über 6

– Ausstand (Art. 50 Abs. 2);

– Nebenintervention (Art. 75 Abs. 2);

– Streitverkündung (Art. 82 Abs. 4);

– Sicherheitsklagen (Art. 103);

– Verweigerung der unentgeltlichen Rechtspflege (Art. 121);

– Sistierung eines Verfahrens (Art. 126 Abs. 2);

– Klageüberweisung bei Konnexität (Art. 127 Abs. 2);

– Ordnungsbussen (Art. 128 Abs. 4);

– Mitwirkungspflicht Dritter (Art. 167 Abs. 3).

Da es sich um Anordnungen von besonderer Tragweite handelt, sollen die Betroffenen **sofort Beschwerde erheben können**. Sie können, brauchen aber nicht den Entscheid in der Sache abzuwarten (BOTSCHAFT ZPO, 7376).

Bei Beschwerden gemäss lit. b muss der **Nachteil – wie früher Art. 87 OG – ein rechtlicher und nicht bloss ein tatsächlicher sein.** 7

IV. Rechtsverzögerungsbeschwerde

Lit. c regelt das **Vorgehen bei Rechtsverzögerung** (BOTSCHAFT ZPO, 7377; vgl. auch Art. 29 Abs. 1 BV). Diese Form der Beschwerde ist primär (BOTSCHAFT ZPO, 7377). Das bedeutet, dass gegen alle unterinstanzlichen Rechtsverweigerungen eine Beschwerde an die zweite kantonale Instanz erhoben werden muss. 8

Der Anspruch auf **rechtliches Gehör** ist formeller Natur; es ist daher nicht zusätzlich ein materielles Interesse nachzuweisen (VOGEL/SPÜHLER, 6. Kap. N 85). **Materielle Rechtsverweigerung** liegt vor, wenn der Entscheid in der Sache willkürlich ist (VOGEL/SPÜHLER, 2. Kap. N 62, 62a). **Formelle Rechtsverweigerung** besteht dagegen in einer schweren Verletzung verfahrensrechtlicher Grundsätze (VOGEL/SPÜHLER, 2. Kap. N 360). 9

Weil **kein Beschwerdeobjekt** vorliegt, kann Rechtsverweigerungs- bzw. Rechtsverzögerungsbeschwerde jederzeit erhoben werden (SPÜHLER/DOLGE/VOCK, Art. 94 BGG N 1 BGG). Ergibt sich hingegen eine **Rechtsverzögerung** aus einem formellen Entscheid, so ist die Beschwerde innert Frist zu erheben (SPÜHLER/DOLGE/VOCK, Art. 94 BGG N 3). Vgl. auch SPÜHLER/VOCK, Rechtsmittel, 148, 152. 10

11 Das **Verbot der Rechtsverweigerung bzw. Rechtsverzögerung** gehört auch zu den Verfassungsgarantien von Art. 6 Abs. 1 EMRK. Es geht um das unrechtmässige Verweigern oder Verzögern einer (anfechtbaren) Entscheidung (STAEHELIN/STAEHELIN/GROLIMUND, § 26 N 38). Die Rechtsverzögerungs- bzw. Rechtsverweigerungsbeschwerde ist daher auch ohne Vorliegen eines anfechtbaren Entscheides zulässig (STAEHELIN/STAEHELIN/GROLIMUND, § 26 N 40).

12 Die Beschwerdeinstanz hat **freie Kognition**. Eine Pflichtverletzung einer internen Instanz sollte nur bejaht werden, wenn diese den ihr gesetzten Rahmen offensichtlich überschritten hat (STAEHELIN/STAEHELIN/GROLIMUND, § 26 N 39). Schon dies sollte die Partei zur Zurückhaltung bei der Beschwerdeerhebung veranlassen. Auch sollte bedacht werden, dass eine derartige Beschwerde, auch wenn sie berechtigt ist, sich psychologisch negativ auf den Hauptprozess auswirken kann.

Art. 320

Beschwerdegründe Mit der Beschwerde kann geltend gemacht werden:
a. **unrichtige Rechtsanwendung;**
b. **offensichtlich unrichtige Feststellung des Sachverhaltes.**

Motifs Le recours est recevable pour:
a. violation du droit;
b. constatation manifestement inexacte des faits.

Motivi di reclamo Con il reclamo possono essere censurati:
a. l'applicazione errata del diritto;
b. l'accertamento manifestamente errato dei fatti.

Inhaltsübersicht Note

I. Rügearten 1
II. Falsche Sachverhaltsfeststellung aufgrund unrichtiger Rechtsanwendung 3

I. Rügearten

1 Mit Beschwerde kann in rechtlicher Hinsicht dasselbe gerügt werden, wie bei der Berufung. Insofern ist sie ein **vollkommenes Rechtsmittel**. Zu den rechtlichen Rügen mit einer Beschwerde kann auf die Komm. zu Art. 310 N 2 f. verwiesen werden. Diesbezüglich geht die vorliegende Beschwerde weiter als die herkömmlichen kantonalen Nichtigkeitsbeschwerden und Nichtigkeitsklagen (vgl. z.B. § 281 ZPO/ZH; § 239 ZPO/SG; § 444 CP/VD).

2 In **tatsächlicher Hinsicht ist die Kognition eingeschränkter** als in Rechtsfragen und auch enger als die Kognition bei der Berufung in Sachverhaltsfragen. Analog wie bei den bisherigen kantonalen Beschwerden (z.B. § 281 Ziff. 2 ZPO/ZH) können mit der vorliegenden Beschwerde in tatsächlicher Hinsicht nur offensichtlich unrichtige Sachverhaltsfeststellungen geltend gemacht werden (vgl. Näheres nachstehende N 3). Es handelt sich um einen Verstoss gegen Art. 9 BV (vgl. dazu BGE 131/I 61 E. 2; 192/I 17 E. 5). In der Praxis findet nicht selten die Berufung bei aktenwidrigen Sachverhaltsfeststellungen Anwendung.

2. Kapitel: Beschwerde　　　　　　　　　　　　　　　　　　　　　　**Art. 321**

II. Falsche Sachverhaltsfeststellung aufgrund unrichtiger Rechtsanwendung

Wo jedoch eine **tatsächliche Feststellung** auf unrichtiger Rechtsanwendung beruht, greift der der vollen Kognition unterliegende Beschwerdegrund der falschen Rechtsanwendung. 　3

Reine **Willkürbeschwerden** werden deshalb eher selten sein (BOTSCHAFT ZPO, 7377). Vgl. auch Art. 97 BGG. 　4

Art. 321

Einreichen der Beschwerde

¹ Die Beschwerde ist bei der Rechtsmittelinstanz innert 30 Tagen seit der Zustellung des begründeten Entscheides oder seit der nachträglichen Zustellung der Entscheidbegründung (Art. 239) schriftlich und begründet einzureichen.

² Wird ein im summarischen Verfahren ergangener Entscheid oder eine prozessleitende Verfügung angefochten, so beträgt die Beschwerdefrist zehn Tage, sofern das Gesetz nichts anderes bestimmt.

³ Der angefochtene Entscheid oder die angefochtene prozessleitende Verfügung ist beizulegen, soweit die Partei sie in Händen hat.

⁴ Gegen Rechtsverzögerung kann jederzeit Beschwerde eingereicht werden.

Introduction du recours

¹ Le recours, écrit et motivé, est introduit auprès de l'instance de recours dans les 30 jours à compter de la notification de la décision motivée ou de la notification postérieure de la motivation (art. 239).

² Le délai est de dix jours pour les décisions prises en procédure sommaire et les ordonnances d'instruction, à moins que la loi n'en dispose autrement.

³ La décision ou l'ordonnance attaquée doit être jointe au dossier, pour autant qu'elle soit en mains du recourant.

⁴ Le recours pour retard injustifié peut être formé en tout temps.

Proposizione del reclamo

¹ Il reclamo, scritto e motivato, dev'essere proposto all'autorità giudiziaria superiore entro 30 giorni dalla notificazione della decisione impugnata motivata o dalla notificazione a posteriori della motivazione (art. 239).

² Se è impugnata una decisione pronunciata in procedura sommaria o una disposizione ordinatoria processuale, il termine di reclamo è di dieci giorni, salvo che la legge disponga altrimenti.

³ Se è in possesso della parte, la decisione o disposizione impugnata dev'essere allegata.

⁴ Il reclamo per ritardata giustizia è possibile in ogni tempo.

Inhaltsübersicht　　　　　　　　　　　　　　　　　　　　　　　　Note

  I. Beschwerdefrist 1

  II. Formelle Erfordernisse 4

Art. 322

I. Beschwerdefrist

1 Art. 321 Abs. 1 für die Beschwerde **entspricht** der Fassung von Art. 311 Abs. 1 bei der **Berufung**. Der Wortlaut der beiden Bestimmungen ist identisch, auch die Rechtsmittelfrist. Die **Beschwerdefrist** dauert aber nur 10 Tage, sofern eine Anordnung des summarischen Verfahrens oder eine prozessleitende Verfügung (unentgeltliche Prozessführung, unentgeltlicher Rechtsbeistand, Beweisverfügung usw.) angefochten wird. Damit will der Gesetzgeber auch der Flexibilität und Raschheit des Verfahrens Rechnung tragen (BOTSCHAFT ZPO, 7349).

2 Die Frist läuft von der Zustellung des Entscheides an, sofern dieser begründet ist; wurde hingegen einstweilen der **Entscheid nur im Dispositiv zugestellt**, so läuft die Frist erst von der nachträglichen Zustellung der Begründung an.

3 **Alle Fristen von Art. 321** sind **gesetzliche**. Zum Beginn des Fristenlaufs vgl. Art. 235 f. Nicht von einer Frist abhängig sind nach Abs. 4 sog. Rechtsverzögerungs- und Rechtsverweigerungsbeschwerden (Abs. 4). Rechtsverzögerungsbeschwerden dürfen nicht rechtsverzögernd begründet werden.

II. Formelle Erfordernisse

4 Zur formellen Anforderung an die **Beschwerdebegründung** vgl. die Ausführungen zu Art. 311. Die Beschwerde ist schriftlich mit Begründung und den erforderlichen Rechtsbegehren fristgemäss zu erheben (STAEHELIN/STAEHELIN/GROLIMUND, § 26 N 41).

5 Wird das Anfechtungsobjekt der Beschwerde nicht **schriftlich und begründet zugestellt**, genügt die blosse Erklärung (Anmeldung) der Beschwerde. Die Vorinstanz liefert der anfechtenden Partei die schriftliche Begründung nach (STAEHELIN/STAEHELIN/GROLIMUND, § 26 N 41).

6 Soweit vorhanden sind bei Beschwerdeerhebung der angefochtene Entscheid oder die angefochtene prozessuale Verfügung beizulegen. Es ist zu empfehlen – aber nicht obligatorisch – möglichst alle Unterlagen, insb. bei prozessleitenden Verfügungen, ins Recht zu legen.

7 **Rechtsverzögerungsbeschwerden** können jederzeit eingereicht werden. Der Beschwerdeführer darf aber selbst nicht verzögernd handeln.

Art. 322

Beschwerdeantwort	¹ Die Rechtsmittelinstanz stellt der Gegenpartei die Beschwerde zur schriftlichen Stellungnahme zu, es sei denn, die Beschwerde sei offensichtlich unzulässig oder offensichtlich unbegründet. ² Für die Beschwerdeantwort gilt die gleiche Frist wie für die Beschwerde.
Réponse	¹ L'instance de recours notifie le recours à la partie adverse pour qu'elle se détermine par écrit, sauf si le recours est manifestement irrecevable ou infondé. ² La réponse doit être déposée dans le même délai que le recours.
Risposta al reclamo	¹ Se il reclamo non risulta manifestamente inammissibile o manifestamente infondato, l'autorità giudiziaria superiore lo notifica alla controparte invitandola a presentare per scritto le proprie osservazioni. ² Il termine di risposta è uguale a quello di reclamo.

2. Kapitel: Beschwerde

Inhaltsübersicht

	Note
I. Beschwerdeantwort	1
II. Offensichtlich unzulässige und offensichtlich unbegründete Beschwerde	3
III. Zulässige Beschwerden	5

I. Beschwerdeantwort

Die Bestimmung bietet einen Schutz vor **Beschwerden trölerischer Art**. Offensichtlich unzulässige und offensichtlich unbegründete Beschwerden werden direkt erledigt und zwar ohne Fristansetzung zur Beantwortung. Insbesondere um das rechtliche Gehör nicht zu verletzen, müssen ganz eindeutige Verhältnisse vorliegen. Es muss eine qualifizierte Unzulässigkeit oder eine qualifizierte Unbegründetheit vorliegen. Die Hürde hiefür ist hoch anzusetzen. 1

Die Regelung im **Bundesgerichtsgesetz** (Art. 108 Abs. 1 lit. e BGG) ist eher weiter, indem gemäss Art. 108 Abs. 1 lit. e BGG auf querolatorische oder rechtsmissbräuchliche Beschwerden nicht eingetreten werden darf. 2

II. Offensichtlich unzulässige und offensichtlich unbegründete Beschwerde

Offensichtliche Unzulässigkeit der Beschwerde liegt z.B. vor bei Unzuständigkeit der zweiten Kantonalinstanz, bei Nichteinhaltung der Beschwerdefrist, bei Fehlen von Prozessvoraussetzungen (SPÜHLER/DOLGE/VOCK, Art. 108 N 1; vgl. auch SEILER/VON WERDT/GÜNGERICH, Art. 108 BGG N 12, zu weit). 3

Der Begriff «offensichtlich unbegründet» visiert die Sache bzw. die materielle Beschwerdebegründung an und nicht nur die Prozessvoraussetzungen. Mit der «offensichtlichen Unbegründetheit» sollte nur sehr zurückhaltend operiert werden. Werden «offensichtliche Unzulässigkeit» und «offensichtliche Unbegründetheit» bejaht, so kann die Beschwerde ohne kontradiktorisches Verfahren erledigt werden (BOTSCHAFT ZPO, 7378). 4

III. Zulässige Beschwerden

Werden die erwähnten beiden Gründe verneint (N 3 und 4), setzt das Gericht Frist zur Stellungnahme an. Bei der Festlegung der **Beschwerdeantwortsfrist** hat die Rechtsmittelinstanz die Waffengleichheit zu beachten, d.h. es müssen beide Parteien – Beschwerdeführer und Beschwerdegegner – möglichst gleich lange Fristen haben. 5

Art. 323

Anschluss- beschwerde	Eine Anschlussbeschwerde ist ausgeschlossen.
Recours joint	Le recours joint est irrecevable.
Reclamo incidentale	Il reclamo incidentale non è ammesso.

Eine **Anschlussbeschwerde-Möglichkeit** ist beim Rechtsmittel i.S.v. Art. 319 ff. nicht gegeben. Ein Anschluss-Rechtsmittel besteht nur bei der Berufung (vgl. Art. 313). 1

2 Die Botschaft führt als Grund für das **Fehlen der Anschlussbeschwerde** lediglich aus, eine Anschlussbeschwerde sei ausgeschlossen, weil die bisherigen kantonalen Nichtigkeitsbeschwerden dieses Institut ebenfalls nicht gekannt hätten (BOTSCHAFT ZPO, 7378). Die Bestimmung ist im Vergleich zum bisherigen kantonalen Recht etwas streng, kennen doch etwelche Kantone neben der Anschlussberufung einen Anschlussrekurs (vgl. z.B. § 278 ZPO/ZH; SPÜHLER/VOCK, Rechtsmittel, 50 f.). Der ausdrückliche Ausschluss der Anschlussbeschwerde in Art. 391 beseitigt den kleinsten Versuch, eine Gesetzeslücke anzunehmen. Vgl. das Problem bei der früheren staatsrechtlichen Beschwerde, BGE 122 I 253.

Art. 324

Stellungnahme der Vorinstanz — Die Rechtsmittelinstanz kann die Vorinstanz um eine Stellungnahme ersuchen.

Avis de l'instance précédente — L'instance de recours peut inviter l'instance précédente à donner son avis.

Osservazioni della giurisdizione inferiore — L'autorità giudiziaria superiore può chiedere alla giurisdizione inferiore di farle pervenire le sue osservazioni.

Inhaltsübersicht — Note

I. Kann-Vorschrift 1
II. Spezialfälle 2

I. Kann-Vorschrift

1 Das Rechtsmittelgericht kann bei der Vorinstanz eine **Stellungnahme** einholen. Es handelt sich um eine Kann-Vorschrift, die viel Ermessen einräumt. Unmissverständlich regelt das BGG diese Frage in Art. 102 Abs. 1 BGG (SPÜHLER/DOLGE/VOCK, Art. 102 N 2 ff.), wo es heisst, «soweit erforderlich» eine Stellungnahme eingeholt. Daraus ergibt sich, dass in bestimmten Fällen eine Stellungnahme bei der Vorinstanz einzuholen ist, wobei die Rechtsmittelinstanz über das Vorhandensein der Voraussetzungen entscheidet. Ausnahmsweise kann die Rechtsmittelinstanz von der Vorinstanz eine obligatorische Vernehmlassung beiziehen. Das war auch der Fall auf die Rüge hin, nicht alle Richter der Vorinstanz hätten einem Zirkularentscheid zugestimmt (vgl. SPÜHLER/VOCK, Rechtsmittel, 74 f.).

II. Spezialfälle

2 Die Botschaft (BOTSCHAFT ZPO, 7378) führt zutreffend aus, bei **Rechtsverzögerungsbeschwerden** dränge sich die Einholung einer Stellungnahme geradezu auf. Die Stellungnahme ist nicht nur der herbeiführenden Partei, wie die Botschaft (BOTSCHAFT ZPO, 7379), sondern zur Wahrung des rechtlichen Gehörs beiden Parteien zuzustellen. Auch im Übrigen irrt die Botschaft zu Art. 322, wenn sie ausführt, Stellungnahmen seien vor allem bei **prozessleitenden Verfügungen** einzuholen, weil diese nicht begründet würden. Es wird übersehen, dass derartige Verfügungen schon heute regelmässig, wenn auch teilweise knapp, begründet werden, so dass keine Stellungnahme einzuholen ist.

2. Kapitel: Beschwerde

Stellungnahmen der Vorinstanz sind vielmehr dann einzuholen, wenn es **in grossen komplexen Fällen** für die Sachverhaltsfeststellung notwendig erscheint oder wenn z.B. das vorinstanzliche Protokoll unklar ist. 3

Stellungnahmen dienen zur Behebung von Unklarheiten, Unvollständigkeiten oder der Ausübung der richterlichen Fragepflicht auch gegenüber der Vorinstanz und nicht nur gegenüber den Parteien (VOGEL/SPÜHLER, 6. Kap. N 38 ff.). 4

Art. 325

Aufschiebende Wirkung	¹ Die Beschwerde hemmt die Rechtskraft und die Vollstreckbarkeit des angefochtenen Entscheids nicht. ² Die Rechtsmittelinstanz kann die Vollstreckung aufschieben. Nötigenfalls ordnet sie sichernde Massnahmen oder die Leistung einer Sicherheit an.
Effet suspensif	¹ Le recours ne suspend pas la force de chose jugée et le caractère exécutoire de la décision attaquée. ² L'instance de recours peut suspendre le caractère exécutoire. Elle ordonne au besoin des mesures conservatoires ou la fourniture de sûretés.
Effetto sospensivo	¹ Il reclamo non preclude l'efficacia e l'esecutività della decisione impugnata. ² L'autorità giudiziaria superiore può rinviare l'esecuzione della decisione impugnata. Se del caso, ordina provvedimenti conservativi o la prestazione di garanzie.

Inhaltsübersicht

	Note
I. Keine Aufschiebende Wirkung	1
II. Vollstreckbarkeit und sichernde Massnahmen	5

I. Keine Aufschiebende Wirkung

Die Beschwerde hat **keine aufschiebende Wirkung**, anders als die Berufung. Das bedeutet, dass ein angefochtener Entscheid mit seiner Eröffnung rechtskräftig und vollstreckbar wird (BOTSCHAFT ZPO, 7378). Weitere Voraussetzung dazu bildet die rechtmässige Mitteilung des Entscheides. 1

Auch die **Vollstreckbarkeit** eines mit Beschwerde angefochtenen Entscheides ist mit der gesetzmässigen Eröffnung des Endentscheides gegeben. 2

Es gibt nun aber Fälle, in denen die **Beschwerdeinstanz die Vollstreckung** (nicht aber die Rechtskraft) **aufschieben** kann. Dazu bedarf es eines Parteiantrages. Die Rechtsmittelinstanz sollte dies auch ohne Antrag anordnen können. Sie hat dabei eine umfassende Abwägung der Interessen vorzunehmen. Die Gewährung der aufschiebenden Wirkung erfolgt rückwirkend ex tunc (BGE 127 III 571 f.). 3

In der Regel entscheidet die Beschwerdeinstanz **aufgrund der Akten**; sie kann aber auch eine Parteiverhandlung durchführen (Art. 325 Abs. 1 und 2; STAEHELIN/STAEHELIN/GROLIMUND, § 26 N 46). Ihr steht dabei grosses Ermessen zu. 4

Karl Spühler

II. Vollstreckbarkeit und sichernde Massnahmen

5 **Formelle Rechtskraft** ist nicht identisch mit der **Vollstreckbarkeit** des Entscheides (STAEHELIN/STAEHELIN/GROLIMUND, § 24 N 3).

6 Die Rechtsmittelinstanz kann die **Vollstreckung aufschieben**. Es wird bei der Anwendung von Abs. 2 nicht die formelle Rechtskraft, sondern nur die Vollstreckbarkeit gehemmt (STAEHELIN/STAEHELIN/GROLIMUND, § 28 N 6). Das Urteil wird nicht vollstreckbar (vgl. Art. 334 Abs. 1). Definitive Rechtsöffnung wird nach neuem Art. 80 Abs. 2 SchKG nur bei Vollstreckbarkeit gewährt.

7 Die Beschwerdeinstanz kann die **Vollstreckbarkeit** ohne Bedingungen und Auflagen **aufheben**. Dogmatisch richtig wäre die Vollstreckbarkeit aufzuheben und nicht wie in Abs. 1 die Vollstreckung (vgl. dazu STAEHELIN/STAEHELIN/GROLIMUND, § 24 N 3). Die Hemmung der Vollstreckbarkeit kann ohne Bedingungen und Auflagen erfolgen; das bildet die Regel. Nur dann und nur bei Notwendigkeit sowie unter Einhaltung des Verhältnismässigkeits-Grundsatzes können vom Richter sichernde Massnahmen und eine Sicherheitsleistung angeordnet werden (STAEHELIN/STAEHELIN/GROLIMUND, § 22 N 15).

8 Als **Sicherungsmassnahmen** kommen in Betracht:

– Das Verbot über den Streitgegenstand zu verfügen;
– Der Erlass einer Verfügungsbeschränkung im Grundbuch (Art. 960 Abs. 1 ZGB);
– Die Anweisung an eine Aktiengesellschaft, den angefochtenen Generalversammlungsbeschluss zu vollziehen;
– Die Anordnung der Hinterlegung einer Sache beim Gericht;
– Die Anordnung eines Zahlungsverbotes;
– Die Anweisung des Handelsregisteramtes eine Anmeldung nicht einzutragen;
– Sicherungsmassnahmen ohne Anhörung des Schuldners nach Art. 39 LugÜ.

Vgl. auch STAEHELIN/STAEHELIN/GROLIMUND § 22 N 14, 16 f.; § 28 N 35, 41.

Art. 326

Neue Anträge, neue Tatsachen und neue Beweismittel

¹ Neue Anträge, neue Tatsachenbehauptungen und neue Beweismittel sind ausgeschlossen.

² Besondere Bestimmungen des Gesetzes bleiben vorbehalten.

Conclusions, allégations de faits et preuves nouvelles

¹ Les conclusions, les allégations de faits et les preuves nouvelles sont irrecevables.

² Les dispositions spéciales de la loi sont réservées.

Nuove conclusioni, nuovi fatti e nuovi mezzi di prova

¹ Non sono ammesse né nuove conclusioni, né l'allegazione di nuovi fatti o la produzione di nuovi mezzi di prova.

² Sono fatte salve speciali disposizioni di legge.

Inhaltsübersicht

	Note
I. Ausschluss von Noven	1
II. Ausnahmen	3

I. Ausschluss von Noven

Neue Anträge und neue Beweismittel, d.h. **Noven, sind bei der Beschwerde ausgeschlossen**. Dies gilt auch für echte Noven. Unzulässig sind ferner neue Anträge. 1

Diese **(negative) Novenregelung** entspricht dem ausserordentlichen Charakter der Beschwerde, welche eher einer kantonalen Nichtigkeitsbeschwerde als einem kantonalen Rekurs gleicht. Die Beschwerde führt nach der Botschaft das erstinstanzliche Verfahren nicht weiter (BOTSCHAFT ZPO, 7379). Dies ist teilweise unrichtig; vgl. Art. 138 Abs. 1 ZGB für das Scheidungsverfahren. Der Novenausschluss gilt auch für Verfahren, die der Untersuchungsmaxime unterliegen (so BOTSCHAFT ZPO, 7379. Diese ist teilweise unrichtig; vgl. Art. 138 Abs. 1 ZGB betreffend Scheidungsverfahren). 2

II. Ausnahmen

Abs. 2 weist darauf hin, dass **Ausnahmen** bestehen, die in besonderen Bestimmungen des Gesetzes geregelt sind. Es geht dabei nicht nur um Bestimmungen der Zivilprozessordnung; ein Vorbehalt zugunsten der Zulässigkeit von Noven kann sich in allen Bundesgesetzen finden. So verweist die Botschaft in BBl 2006 7379 auf Art. 174 Abs. 1 SchKG (Weiterzug eines Entscheides des Konkursrichters; JAEGER/WALDER/KULL/KOTTMANN, Art. 174 SchKG N 14) sowie auf Art. 278 Abs. 3 SchKG (obere Instanz des Arrestrichters, neue Tatsachen erlaubt). 3

Neue rechtliche Vorbringen sind zulässig, wenn die letzte kantonale Instanz freie Kognition und das Recht von Amtes wegen anzuwenden hatte (SPÜHLER/VOCK, Rechtsmittel 150). Dies ergibt sich e contrario aus dem Wortlaut. 4

Art. 327

Verfahren und Entscheid

¹ Die Rechtsmittelinstanz verlangt bei der Vorinstanz die Akten.

² Sie kann aufgrund der Akten entscheiden.

³ Soweit sie die Beschwerde gutheisst:
a. hebt sie den Entscheid oder die prozessleitende Verfügung auf und weist die Sache an die Vorinstanz zurück; oder
b. entscheidet sie neu, wenn die Sache spruchreif ist.

⁴ Wird die Beschwerde wegen Rechtsverzögerung gutgeheissen, so kann die Rechtsmittelinstanz der Vorinstanz eine Frist zur Behandlung der Sache setzen.

⁵ Die Rechtsmittelinstanz eröffnet ihren Entscheid mit einer schriftlichen Begründung.

Procédure et décision

¹ L'instance de recours demande le dossier à l'instance précédente.

² Elle peut statuer sur pièces.

³ Si elle admet le recours, elle:
a. annule la décision ou l'ordonnance d'instruction et renvoie la cause à l'instance précédente; ou
b. rend une nouvelle décision, si la cause est en état d'être jugée.

⁴ Si l'instance de recours constate un retard injustifié, elle peut impartir à l'instance précédente un délai pour traiter la cause.

⁵ L'instance de recours communique sa décision aux parties avec une motivation écrite.

Art. 327 1–6　　　9. Titel: Rechtsmittel

Procedura e decisione

¹ L'autorità giudiziaria superiore si fa consegnare gli atti di causa dalla giurisdizione inferiore.

² Essa può decidere in base agli atti.

³ Se accoglie il reclamo, l'autorità giudiziaria superiore:
a. annulla la decisione o la disposizione ordinatoria processuale impugnata e rinvia la causa alla giurisdizione inferiore; oppure
b. statuisce essa stessa, se la causa è matura per il giudizio.

⁴ Se il reclamo è accolto per ritardata giustizia, l'autorità giudiziaria superiore può impartire alla giurisdizione inferiore un termine per la trattazione della causa.

⁵ L'autorità giudiziaria superiore notifica la sua decisione con motivazione scritta.

Inhaltsübersicht　　　　　　　　　　　　　　　　　　　　　　　Note

　I. Verfahren 1
　II. Rückweisung 6

I. Verfahren

1　Die Rechtsmittelinstanz kann, muss aber nicht aufgrund der **Akten** entscheiden. Die kantonalen Akten müssen durch die Vorinstanz vollständig und geordnet der Rechtsmittelinstanz geliefert werden. Der Rechtsmittelinstanz steht frei, eine **mündliche Parteiverhandlung** durchzuführen. Voraussetzung bildet die Zweckmässigkeit (BOTSCHAFT ZPO, 7379).

2　Dem Beschwerdegericht kommt bei der Festlegung des Verfahrens ein weites Ermessen zu. Ein mündliches Verfahren eignet sich vor allem bei **familienrechtlichen Prozessen**. Auch kann die Zusammensetzung des Gerichtes für ein mündliches Verfahren sprechen, vor allem, wenn in der oberen kantonalen Instanz auch noch Laienrichter tätig sind.

3　Für **Mündlichkeit** spricht sodann die Unmittelbarkeit der Darstellung, die rasche Aufklärung von Unklarheiten und die Ausübung der Fragepflicht des Richters (VOGEL/SPÜHLER, 6. Kap. N 112).

4　Abs. 3 lit. a regelt, dass die Beschwerden bei Gutheissung grundsätzlich ein kassatorisches Rechtsmittel bilden. Das bedeutet zuweilen: Aufhebung des angefochtenen Entscheides, Rückweisung der Sache an die Vorinstanz zur Neubeurteilung usw.

5　Ist die Sache spruchreif, kann die Beschwerdeinstanz auch selbst einen **Entscheid in der Sache** treffen (Abs. 3 lit. b; BOTSCHAFT ZPO, 7379). Die Botschaft nennt als Beispiele für dieses Vorgehen die betreibungsrechtlichen Sachen und die sog. Kostenbeschwerde. Diese Betrachtungsweise ist zu eng. Ein reformatorischer Entscheid erfolgt rascher und kostengünstiger, hat aber für die Vorinstanz keine sog. «erzieherische» Wirkung. Die kassatorische Wirkung liegt in der Aufhebung des erstinstanzlichen Entscheides (soweit nötig).

II. Rückweisung

6　Es erfolgt nur eine **Rückweisung an die Vorinstanz**, soweit nötig, d.h. soweit noch etwas zu entscheiden ist (VOGEL/SPÜHLER, 13. Kap. N 40). Es ist an Fälle zu denken, bei denen die Rückweisung an die Vorinstanz nicht genügt.

Der Rückweisungsbeschluss ist ein **Zwischenentscheid**, dem keine materielle Rechtskraft zukommt (FRANK/STRÄULI/MESSMER, § 270 ZPO/ZH N 7). 7

Die untere Instanz ist an die dem Rückweisungsentscheid zugrunde liegende Auffassung mit Bezug auf **Tat- und Rechtsfragen** gebunden. Logischerweise ist sodann auch die obere Instanz an ihren Rückweisungsentscheid gebunden, falls ein zweiter Weiterzug in derselben Sache erfolgt (VOGEL/SPÜHLER, 3. Kap. N 26, 26a m.H.; **a.M.** FRANK/STRÄULI/MESSMER, § 270 ZPO/ZH N 11). 8

Wenn in der Vorinstanz über die Sache aufgrund einer Rückweisung neu entschieden worden ist, liegt in der Mitwirkung derselben Richter für sich **keine unzulässige Vorbefassung** (FRANK/STRÄULI/MESSMER, § 270 ZPO/ZH N 9). 9

Gegen einen kantonalen Rückweisungsentscheid kann grundsätzlich **Zivilrechtsbeschwerde ans Bundesgericht** erhoben werden (SPÜHLER/DOLGE/VOCK, Art. 91 N 3), wenn der kantonale Rechtsmittelentscheid i.S.v. Art. 90 BGG das Verfahren abgeschlossen hat. 10

Die kantonale Rechtsmittelinstanz muss sich sowohl bei einem Sachentscheid als auch bei einem Rückweisungsentscheid an das Verbot der **reformatio in peius** halten (BOTSCHAFT ZPO, 7379; SUTTER, N 975 ff.). 11

Bei **Kassation** hat die untere Instanz die Sache aufgrund der ursprünglichen Parteianträge neu zu entscheiden (BOTSCHAFT ZPO, 7379). 12

Bei **Rechtsverzögerungsbeschwerden** werden im Falle der ganzen oder teilweisen Gutheissung konkrete Weisungen an die erste Instanz erlassen (Abs. 4). Die Weisung wird i.d.R. in einer Frist zur Behandlung durch die säumige Vorinstanz bestehen. 13

Letztlich fusst die Bestimmung auf Art. 6 Abs. 1 EMRK. Bisweilen wird auch Art. 29 Abs. 1 BV angerufen. Die Verletzung des Grundsatzes der **Beschleunigung** kann zur Staatshaftung führen (SUTTER, N 418). 14

Art. 327a

Vollstreckbar-Erklärung nach Lugano-Übereinkommen

¹ **Richtet sich die Beschwerde gegen einen Entscheid des Vollstreckungsgerichts nach den Artikeln 38–52 des Übereinkommens vom 30. Oktober 2007 über die gerichtliche Zuständigkeit, die Anerkennung und die Vollstreckung gerichtlicher Entscheidungen in Zivil- und Handelssachen, so prüft das Gericht die im Übereinkommen vorgesehenen Verweigerungsgründe mit voller Kognition.**

² **Die Beschwerde hat aufschiebende Wirkung. Sichernde Massnahmen, insbesondere der Arrest nach Artikel 271 Absatz 1 Ziffer 6 SchKG, sind vorbehalten.**

³ **Die Frist für die Beschwerde gegen die Vollstreckbarerklärung richtet sich nach Artikel 43 Absatz 5 des Übereinkommens.**

Déclaration d'exequatur selon la Convention de Lugano

¹ Lorsque le recours est dirigé contre une décision du tribunal de l'exécution au sens des art. 38 à 52 de la Convention du 30 octobre 2007 concernant la compétence judiciaire, la reconnaissance et l'exécution des décisions en matière civile et commerciale, le tribunal examine avec un plein pouvoir de cognition les motifs de refus prévus par la Convention.

² Le recours a un effet suspensif. Les mesures conservatoires, en particulier le séquestre visé à l'art. 271, al. 1, ch. 6, LP, sont réservées.

³ En cas de recours contre la déclaration d'exequatur, le délai est régi par l'art. 43, al. 5, de la Convention.

Dichiarazione di esecutività secondo la Convenzione di Lugano

¹ Se il reclamo riguarda una decisione del giudice dell'esecuzione secondo gli articoli 38–52 della Convenzione del 30 ottobre 2007 concernente la competenza giurisdizionale, il riconoscimento e l'esecuzione delle decisioni in materia civile e commerciale, il giudice esamina con piena cognizione i motivi di diniego previsti dalla Convenzione.

² Il reclamo ha effetto sospensivo. Sono fatti salvi provvedimenti conservativi, in particolare il sequestro secondo l'articolo 271 capoverso 1 numero 6 LEF.

³ Il termine di reclamo contro la dichiarazione di esecutività è retto dall'articolo 43 capoverso 5 della Convenzione.

Inhaltsübersicht Note

I. Zusammenhang zwischen LugÜ II und ZPO 1

II. Kognition 4

III. Aufschiebende Wirkung 8

IV. Beschwerdefrist 10

I. Zusammenhang zwischen LugÜ II und ZPO

1 Die Bestimmung wurde nachträglich in die ZPO eingefügt. Grund bildet das LugÜ II (HOFMANN/LÜSCHER, 202). Es handelt sich um den **Rechtsbehelf i.S.v. Art. 43 LugÜ II**. Dieser ist gemäss dem Anhang III des LugÜ II an das Kantonsgericht, gemeint ist gemäss künftiger Ratifikationserklärung das «obere kantonale Gericht», zu richten. Das Rechtsmittel ans obere kantonale Gericht stellt sicher, dass beidseitig das rechtliche Gehör gewährleistet ist (Art. 43 LugÜ II). Im Gegensatz zu bisher steht daher der Rechtsbehelf dem Vollstreckungskläger und dem Vollstreckungsbeklagten zur Verfügung.

2 Das Vollstreckungsgesuch des ausländischen Staates richtet sich an die erstinstanzliche Vollstreckungsbehörde gemäss Art. 39 LugÜ II. Diese wird im Anhang II zu LugÜ II näher bestimmt. Bei Entscheiden über Geldleistungen ist dies der «Rechtsöffnungsrichter», bei anderen Leistungen der «kantonale Vollstreckungsrichter». Gegen den Entscheid dieser **Vorinstanzen** richtet sich das Rechtsmittel von Art. 327a.

3 Rechtsbehelf von Art. 43 LugÜ II bildet im schweizerischen Recht die **Beschwerde** gemäss den Art. 319 ff. Diese ist aber nicht durchwegs mit dem LugÜ II konform. Art 327a stellt die Übereinstimmung zwischen LugÜ II und innerstaatlich schweizerischem Recht, im Wesentlichen mit der ZPO, sicher (BBl 2009 1813 ff.). Es handelt sich gegenüber der Beschwerde im Allgemeinen um die Modifikation der Kognition, der Vollstreckbarkeit des Exequaturentscheides und der Fristen.

II. Kognition

4 Abs. 2 hält fest, dass bei einer Beschwerde gegen das Vollstreckungsgericht die Rechtsmittelinstanz **volle Kognition** hat. Zu beachten ist nun aber, dass volle Kognition im Beschwerdeverfahren nicht schlechthin besteht, sondern dass sie die **im LugÜ II vorgesehenen Verweigerungsgründe beschränkt** ist.

Beispiele derartiger **Verweigerungsgründe** sind etwa: 5

– Offensichtliche Verletzung des ordre public (formeller und materieller);
– Fehlerhafte Zustellung des verfahrenseinleitenden Schriftstückes;
– Einrede der res iudicata im Vollstreckungsstaat;
– Einrede der res iudicata in einem anderen als im Vollstreckungsstaat.

Vgl. Art. 34 LugÜ II, BBl 2009 1807.

Mit Bezug auf alle übrigen Fragen einer Beschwerde gegen einen Vollstreckungsentscheid im LugÜ-Bereich gelten die **gewöhnlichen Regeln der Beschwerde**. 6

Davon ausgenommen sind **tatsächliche Rügen**. Gemäss Art. 320 lit. b ist die tatsächliche Überprüfung auf die offensichtlich unrichtige Feststellung des Sachverhaltes beschränkt. In LugÜ-Vollstreckungssachen können hingegen auch Tatsachen frei überprüft werden. Als Beispiel diene die Frage, ob das verfahrenseinleitende Schriftstück tatsächlich zugestellt worden ist (BBl 2009 1825). 7

III. Aufschiebende Wirkung

Gemäss Abs. 2 hat die **Beschwerde als Rechtsbehelf gemäss LugÜ II aufschiebende Wirkung**. Diese besteht von Amtes wegen. Die Vollstreckbarkeit des aufgrund des LugÜ II ergangenen Entscheides des Exequaturgerichtes ist somit gehemmt (BBl 2009 1826). Art. 327 derogiert Art. 325. Dieser gilt nur für die Beschwerde im allgemeinen, nicht aber für die Beschwerde gegen das Vollstreckungsgericht gemäss LugÜ II. 8

Abs. 2 Satz 2 macht für sichernde Massnahmen, die mit einem Vollstreckungsentscheid verbunden sind, einen Vorbehalt. Wesensgemäss können **Entscheide über Sicherungsmassnahmen keine aufschiebende Wirkung** haben. Sie haben die Aufgabe den zu vollstreckenden ausländischen Entscheid bis zur Rechtskraft des innerstaatlichen Vollstreckungsentscheides zu sichern. Dieser Vorbehalt bezieht sich sinngemäss nicht nur auf den Arrest (Art. 271 Abs. 1 Ziff. 6 SchKG). Das LugÜ II überlässt die Art der Sicherungsmassnahmen dem internen Recht (BBl 2009 1815). Rechtsgrundlage für solche Massnahmen bildet insb. Art. 340 (Neufassung nach Erlass der ZPO am 19.12.2008, BBl 2009 1777). In Frage kommen sodann auch Sicherungsmassnahmen gemäss SchKG. 9

IV. Beschwerdefrist

Abs. 3 enthält eine spezielle Regelung für die **Frist** zur Erhebung einer Beschwerde gegen die Vollstreckbarerklärung. Dabei wird die Frist nicht hier näher bestimmt, sondern es wird auf Art. 47 Abs. 5 LugÜ II verwiesen. Diese Fristbestimmung gilt jedoch nur für die Anfechtung eines erteilten Exequaturs, nicht aber gegen einen abweisenden Entscheid (BBl 2009 1826). 10

Die **Beschwerde gegen den Entscheid über die Vollstreckbarkeitserklärung** ist innerhalb eines Monats (Achtung: nicht 30 Tagen) einzureichen. Massgebend ist die Zustellung (vgl. Art. 42 LugÜ II betr. deren Form = Recht des Vollstreckungsstaates). Diese Frist gilt, wenn der **Entscheid über die Vollstreckbarkeit in der Schweiz** ergangen ist und der Schuldner seinen Wohnsitz ebenfalls in der Schweiz hat. 11

Ist die **Vollstreckbarkeitserklärung in einem anderen LugÜ-Staat als die Schweiz** ergangen und hat der Schuldner hier Wohnsitz, so beträgt die Beschwerdefrist zwei

Art. 328

Monate (Achtung. nicht 60 Tage). Fristbeginn ist der Tag, «an dem die Vollstreckbarerklärung ihm entweder in Person oder in seiner Wohnung» zugestellt worden ist. Art. 47 Ziff. 5 letzter Satz LugÜ schliesst eine Fristverlängerung wegen weiterer Entfernung aus.

12   Wird die **Vollstreckbarkeitserklärung verweigert**, so bestimmen sich die Fristen für die Beschwerde der unterlegenen Gesuchstellerschaft (i.d.R. Gläubiger) nicht nach Art. 43 Abs. 3 LugÜ. Massgeblich ist schweizerisches Recht (BBl 2009 1826). Die Beschwerdefrist folgt der ordentlichen Regelung für die Beschwerde, d.h. anwendbar ist Art. 321. Liegt ein Entscheid im ordentlichen Verfahren vor, beträgt die Frist 30 Tage, wurde erstinstanzlich im Summarverfahren entschieden beträgt sie nur 10 Tage. In der Regel dürfte letzteres vorliegen.

3. Kapitel: Revision

Art. 328

Revisionsgründe

¹ Eine Partei kann beim Gericht, welches als letzte Instanz in der Sache entschieden hat, die Revision des rechtskräftigen Entscheids verlangen, wenn:
a. sie nachträglich erhebliche Tatsachen erfährt oder entscheidende Beweismittel findet, die sie im früheren Verfahren nicht beibringen konnte; ausgeschlossen sind Tatsachen und Beweismittel, die erst nach dem Entscheid entstanden sind;
b. ein Strafverfahren ergeben hat, dass durch ein Verbrechen oder ein Vergehen zum Nachteil der betreffenden Partei auf den Entscheid eingewirkt wurde; eine Verurteilung durch das Strafgericht ist nicht erforderlich; ist das Strafverfahren nicht durchführbar, so kann der Beweis auf andere Weise erbracht werden;
c. geltend gemacht wird, dass die Klageanerkennung, der Klagerückzug oder der gerichtliche Vergleich unwirksam ist.

² Die Revision wegen Verletzung der Europäischen Menschenrechtskonvention vom 4. November 1950 (EMRK) kann verlangt werden, wenn:
a. der Europäische Gerichtshof für Menschenrechte in einem endgültigen Urteil festgestellt hat, dass die EMRK oder die Protokolle dazu verletzt worden sind;
b. eine Entschädigung nicht geeignet ist, die Folgen der Verletzung auszugleichen; und
c. die Revision notwendig ist, um die Verletzung zu beseitigen.

Motifs de révision

¹ Une partie peut demander la révision de la décision entrée en force au tribunal qui a statué en dernière instance:
a. lorsqu'elle découvre après coup des faits pertinents ou des moyens de preuve concluants qu'elle n'avait pu invoquer dans la procédure précédente, à l'exclusion des faits et moyens de preuve postérieurs à la décision;

3. Kapitel: Revision   **Art. 328**

   b. lorsqu'une procédure pénale établit que la décision a été influencée au préjudice du requérant par un crime ou un délit, même si aucune condamnation n'est intervenue; si l'action pénale n'est pas possible, la preuve peut être administrée d'une autre manière;
   c. lorsqu'elle fait valoir que le désistement d'action, l'acquiescement ou la transaction judiciaire n'est pas valable.

 ² La révision pour violation de la convention de sauvegarde des droits de l'homme et des libertés fondamentales du 4 novembre 1950 (CEDH) peut être demandée aux conditions suivantes:
   a. la Cour européenne des droits de l'homme a constaté, dans un arrêt définitif, une violation de la CEDH ou de ses protocoles;
   b. une indemnité n'est pas de nature à remédier aux effets de la violation;
   c. la révision est nécessaire pour remédier aux effets de la violation.

Motivi di revisione ¹ Una parte può chiedere al giudice che ha statuito sulla causa in ultima istanza la revisione della decisione passata in giudicato se:
   a. ha successivamente appreso fatti rilevanti o trovato mezzi di prova decisivi che non ha potuto allegare nella precedente procedura, esclusi i fatti e mezzi di prova sorti dopo la decisione;
   b. da un procedimento penale risulta che la decisione a lei sfavorevole è stata influenzata da un crimine o da un delitto; non occorre che sia stata pronunciata una condanna dal giudice penale; se il procedimento penale non può essere esperito, la prova può essere addotta in altro modo;
   c. fa valere che l'acquiescenza, la desistenza o la transazione giudiziaria è inefficace.

 ² La revisione può essere chiesta per violazione della Convenzione europea del 4 novembre 1950 per la salvaguardia dei diritti dell'uomo e delle libertà fondamentali (CEDU) se:
   a. la Corte europea dei diritti dell'uomo ha accertato in una sentenza definitiva che la CEDU o i suoi protocolli sono stati violati;
   b. un indennizzo è inadatto a compensare le conseguenze della violazione; e
   c. la revisione è necessaria per rimuovere la violazione.

Inhaltsübersicht

  Note

I. Vorbemerkung 1
 1. Der Zweck der Revision 1
 2. Die Revisionsrechtsmittel ausserhalb der ZPO 5

II. Anwendungsbereich und Charakteristika des Revisionsrechtsmittels der ZPO .. 8
 1. Anwendungsbereich 8
 2. Charakteristika 17

III. Revisionsfähige Entscheide 24

IV. Revisionsgründe 34
 1. Überblick 34
 2. Nachträgliche Entdeckung von Tatsachen und Beweismitteln
  (Art. 328 Abs. 1 lit. a) 36
 3. Einwirkung eines Verbrechens oder Vergehens auf den Entscheid
  (Art. 328 Abs. 1 lit. b) 52
 4. Zivilrechtliche Unwirksamkeit der Klageanerkennung, des Klagerückzugs
  und des gerichtlichen Vergleichs (Art. 328 Abs. 1 lit. c) 61
 5. Verletzung der Europäischen Menschenrechtskonvention (Art. 328 Abs. 2) .. 67

V. Revisionsinstanz 74

VI. Rechtsmittelvoraussetzungen 82
   1. Legitimation 82
   2. Beschwer 83
   3. Rechtsschutzinteresse 84
   4. Fristeinhaltung und Begründungserfordernis 85

VII. Übergangsrecht 86

Literatur

H. AEMISEGGER, Zur Umsetzung der EMRK in der Schweiz, Jusletter vom 20. Juli 2009; C. BALTZER-BADER, Die Rechtsmittel, in: Th. Sutter-Somm/F. Hasenböhler (Hrsg.), Die künftige schweizerische Zivilprozessordnung, Zürich 2003, 87 ff.; J. BRÖNNIMANN, Die Schweizerische Zivilprozessordnung vom 19.12.2008 – ein Überblick, recht 2009, 79 ff.; B. CORBOZ/A. WURZBURGER/P. FERRARI/J.-M. FRÉSARD/F. AUBRY GIRARDIN, Commentaire de la LTF, Bern 2009 (zit. LTF-Bearbeiter); A. HAEFLIGER, Die Europäische Menschenrechtskonvention und die Schweiz, Bern 2008; D. HOFMANN/C. LÜSCHER, Le Code de procédure civile, Bern 2009, 203 ff.; N. JEANDIN, Les voies de droit et l'execution des jugements, in: S. Lukic (Hrsg.), Le Projet de Code de Procédure Civile Fédérale, Lausanne 2008, 333 ff.; P. H. KORNICKER, Die zivilprozessuale Revision im Spannungsverhältnis zwischen Rechtsfrieden und Rechtsverwirklichung, Diss. Basel 1995; M. LANTER, Ausschöpfung des innerstaatlichen Instanzenzuges (Art. 35 Ziff. 1 EMRK), Diss. Zürich 2008; C. LEUENBERGER, Die neue Schweizerische ZPO – Die Rechtsmittel, Anwaltsrevue 2008, 332 ff.; DERS., Das Rechtsmittelverfahren nach der Schweizerischen Zivilprozessordnung, in: W. Fellmann/S. Weber (Hrsg.), Haftpflichtprozess 2009, Zürich 2009, 27 ff. (zit. Rechtsmittelverfahren); B. RUST, Die Revision im Zürcher Zivilprozess, Diss. Zürich 1981; H.-R. SCHÜPBACH, Les voies de recours *«extra ordinem judiciarum privatorum»* de l'avant-projet de code de procédure civile suisse (Juin 2003), SZZP 2005, 331 ff.; P. SCHWEIZER, Le recours en revision, spécialement en procédure civile neuchâteloise, Diss. Neuenburg, Bern 1985; C. SOLIVA, Das Rechtsmittel der Revision im bündnerischen Zivilprozess, Diss. Zürich 1959; K. SPÜHLER, Rechtsmittel, ZZZ 2007, 395 ff. (zit. Rechtsmittel); P. ZWEIFEL, Revision, Reinigung und Erläuterung nach st. gallischer Zivilprozessordnung, Diss. Freiburg 1952.

I. Vorbemerkung

1. Der Zweck der Revision

1   Das ausserordentliche Rechtsmittel der Revision (zuweilen auch als Wiederherstellung bezeichnet; s. GULDENER, ZPR, 529) war allen kantonalen Zivilprozessordnungen bekannt (BOTSCHAFT ZPO, 7379); unterschiedlich war indessen insb. die Ausgestaltung der einzelnen Revisionsgründe. Die Revision ist das rechtsstaatlich unerlässliche Korrektiv der mit der materiellen Rechtskraft einhergehenden, präjudizierenden Bindungswirkung eines gerichtlichen Entscheides. Es wäre weder sachgerecht noch billig, eine Prozesspartei (oder ihre Rechtsnachfolger) an ein an qualifizierten Mängeln leidendes Erkenntnis zu binden. Dieser Gedanke ist universeller Natur, so dass auch in anderen Rechtsordnungen Rechtsmittel anzutreffen sind, die darauf angelegt sind, die Bindungswirkung eines ergangenen Entscheids im Interesse der materiellen Wahrheit zu durchbrechen (vgl. z.B. die Wiederaufnahme der dZPO [§§ 578–591] oder Rule 60 der US Federal Rules of Civil Procedure [*Mistakes; Inadvertence; Excusable Neglect; Newly Discovered Evidence; Fraud, etc.*]).

2   Damit ist gesagt, dass der Zweck der Revision darin besteht, der **materiellen Wahrheit** zum Durchbruch zu verhelfen. Es geht m.a.W. darum, einen bereits erledigten Prozess auf verbesserter Grundlage nochmals durchzuführen (GULDENER, ZPR, 506, 529). Eine bereits im Zeitpunkt des Erstverfahrens fehlerhafte Urteilsgrundlage soll berichtigt wer-

den (ZWEIFEL, 19). Diesem Zweck dient die Revision, die gleichsam die letzte Chance ist, *«ein gerechtes Urteil zu schaffen»* (ANDRES zitiert nach ZWEIFEL, 6).

Die Durchbrechung der materiellen Rechtskraft kann im Interesse der Befriedungsfunktion des Zivilprozesses (KORNICKER, 6 f.) und der möglichst schonenden Beschränkung der Bindungswirkung von rechtskräftigen gerichtlichen Entscheiden nur bei Vorliegen von genau umschriebenen Tatbeständen erfolgen (vgl. Art. 328 Abs. 1 und 2). Auch in zeitlicher Hinsicht ist die Möglichkeit, einen Prozess nachträglich erneut aufzurollen, gemäss Art. 329 im Interesse des Rechtsfriedens beschränkt. Dies ist ein Gebot der Rechtssicherheit, wonach bspw. Gestaltungsurteile und vollstreckte Leistungsurteile nicht nach Jahrzehnten in Frage gestellt werden sollen, es sei denn, der Entscheid sei unter dem Einfluss eines Verbrechens oder Vergehens zustande gekommen (Art. 329 Abs. 2). Der Revision kommt Exklusivität zu, weil sie nach Verfahrensabschluss das ausschliesslich verfügbare Rechtsmittel ist, ein rechtskräftiges Urteil in Frage zu stellen. Dies kann auch nicht indirekt über eine materiellrechtliche Schadenersatzklage gestützt auf Art. 41 OR geschehen (KORNICKER, 12 f.). 3

Der Zielsetzung der Revision entsprechend kann nach hier vertretener Auffassung eine Partei vor Kenntnis des in Frage kommenden Revisionsgrundes auch ausserhalb des Bereichs der Offizialmaxime nicht wirksam auf ihr Recht verzichten, eine Revision einzulegen (STAEHELIN/STAEHELIN/GROLIMUND, § 25 Rz 14; GULDENER, ZPR, 501). Eine solche Verzichtsmöglichkeit würde den Zweck der Revision unterlaufen und mit Art. 27 Abs. 2 ZGB kollidieren. Anders verhält es sich nach Kenntnisnahme des implizierten Revisionsgrundes, in welchem Stadium die betroffene Partei in Kenntnis der Umstände abwägen kann, ob ein vertraglicher Verzicht auf die Revision opportun ist. 4

2. Die Revisionsrechtsmittel ausserhalb der ZPO

Die übrigen **Prozessgesetze des Bundes** regeln das Revisionsrechtsmittel in verschiedener Weise. Das BGG nimmt sich dessen für die Entscheide des Bundesgerichts in Art. 121–128 BGG an und enthält angesichts der nationalen Letztinstanzlichkeit der bundesgerichtlichen Entscheide einen im Vergleich zur ZPO umfangreicheren Katalog von Revisionsgründen. Während mit Verfahrensfehlern behaftete kantonale Entscheide mit den Hauptrechtsmitteln der ZPO korrigiert und letztlich beim Bundesgericht angefochten werden können, müssen bspw. bundesgerichtliche Urteile *infra petita* (Art. 121 lit. c BGG) vom Bundesgericht aufgehoben und die Sache neu beurteilt werden können (vgl. BGer, 4F_11/2008, E. 2.1). 5

Die Revisionsbestimmungen des BGG spielen auch in der **internationalen Schiedsgerichtsbarkeit** eine Rolle. Im Wege der Lückenfüllung erklärte das Bundesgericht zunächst die entsprechenden Bestimmungen des OG auf Entscheide von Schiedsgerichten, die nach dem zwölften Kapitel des IPRG konstituiert sind, für anwendbar. Seit dem Inkrafttreten des BGG sind nunmehr Entscheide von internationalen Schiedsgerichten nach Massgabe von Art. 123 Abs. 1 (vgl. BGer, 4P.102/2006, E. 1) und Art. 123 Abs. 2 lit. a BGG revisionsfähig, wobei Revisionsinstanz aus Praktikabilitätsgründen das Bundesgericht ist. Heisst es das Revisionsgesuch gut, ist es Sache des Schiedsgerichts, das den angefochtenen Entscheid erlassen hat, oder eines neu zu konstituierenden Spruchkörpers, den neuen Entscheid zu fällen (BGE 134 III 286 E. 2, 2.1–2.2; BGer, 4A_596/2008, E. 3.1). 6

Auch für Entscheide des Bundesverwaltungsgerichts verweist Art. 45 VGG auf die Revisionsbestimmungen des BGG; dasselbe gilt für die Entscheide der Beschwerdekammer des Bundesstrafgerichts (Art. 31 Abs. 1 SGG). Eine weitere Spielart der Revision findet sich schliesslich in Art. 66–68 VwVG, Art. 410–415 StPO und Art. 84–89 VStrR. 7

II. Anwendungsbereich und Charakteristika des Revisionsrechtsmittels der ZPO

1. Anwendungsbereich

8 Das in der ZPO in Art. 328–333 geregelte Revisionsverfahren ist auf revisionsfähige Entscheide **kantonaler gerichtlicher Instanzen in Zivilsachen** anwendbar, wobei unerheblich ist, ob es sich um einen erst- oder zweitinstanzlichen Entscheid handelt (LEUENBERGER, Anwaltsrevue, 337) oder ob ein Erkenntnis eines Einzel- oder Kollegialgerichts vorliegt.

9 Entscheide in Zivilsachen des **Bundesgerichts** sind gemäss den Bestimmungen von Art. 121–128 BGG revidierbar. Mit der im BGG geregelten Revision können bundesgerichtliche Rechtsmittelentscheide angefochten werden, die auf Beschwerde in Zivilsachen (Art. 72 ff. BGG) oder subsidiäre Verfassungsbeschwerde (Art. 113 ff. BGG) hin ergangen sind. Es stellt sich deshalb die Frage nach dem Anwendungsbereich der Revisionsrechtsmittel nach Massgabe der ZPO und des BGG.

10 Im BGG findet sich eine Bestimmung, die sich mit dieser Abgrenzungsfrage befasst. Gemäss Art. 125 BGG kann die Revision eines bundesgerichtlichen Entscheides, der den vorinstanzlichen kantonalen Entscheid bestätigt, nicht aus einem Grund verlangt werden, der bereits vor der Ausfällung des bundesgerichtlichen Entscheides entdeckt wurde und mit einem Revisionsgesuch bei der kantonalen Vorinstanz hätte geltend gemacht werden können. Ein Revisionsgrund gilt als bekannt, wenn derartige Kenntnis besteht, dass er geltend gemacht werden kann (BGer, 4P.120/2002, E. 1.2). Ist im kantonalen Verfahren ein revisionsfähiger Entscheid eines oberinstanzlichen Gerichts ergangen, kann die Verfahrenspartei, die einen Revisionsgrund entdeckt, somit nicht von der Einlegung einer ZPO-Revision absehen, nur weil ein Rechtsmittel an das Bundesgericht erhoben wurde.

11 Erlässt das Bundesgericht einen den vorinstanzlichen Entscheid bestätigenden Entscheid, so ist wegen Art. 125 BGG eine Revision nach den Bestimmungen des BGG ausgeschlossen, wenn eine Revision nach den Bestimmungen der ZPO hätte eingereicht werden können. Einer Prozesspartei ist deshalb zu empfehlen, im Falle der Entdeckung eines in Art. 328 ZPO erwähnten Revisionsgrundes ein Revisionsgesuch beim kantonalen Gericht einzureichen und um Sistierung des bundesgerichtlichen Beschwerdeverfahrens zu ersuchen. Zu beachten ist, dass die Stellung eines Revisionsgesuchs nach der ZPO keinen Einfluss auf den Lauf der Rechtsmittelfristen des BGG hat (BERGER/GÜNGERICH, Rz 1141). Die beschriebene Vorgehensweise gewährleistet, dass die Möglichkeit, eine Revision einzulegen, erhalten bleibt (BSK BGG-ESCHER, Art. 125 N 3; LTF-FERRARI, Art. 125 N 5; SEILER/VON WERDT/GÜNGERICH, Art. 125 BGG N 10; vgl. BGE 92 II 133 E. 2).

12 Sodann ist eine Revision nach den Bestimmungen der ZPO ausgeschlossen, wenn das **Bundesgericht** auf Beschwerde in Zivilsachen oder subsidiäre Verfassungsbeschwerde hin **neu entscheidet**. Das Bundesgericht kann reformatorisch selber einen neuen Entscheid fällen oder den kantonalen Entscheid aufheben und die Sache an die Vorinstanz zurückweisen (Art. 107 Abs. 2 BGG). In beiden Fällen wird der kantonale Entscheid durch das bundesgerichtliche Erkenntnis ersetzt, so dass gar kein kantonaler Entscheid mehr besteht, der revidiert werden könnte (BSK BGG-ESCHER, Art. 125 N 3; DONZALLAZ, LTF, Rz 4645; LTF-FERRARI, Art. 123 N 6). Folglich muss bei Entdeckung eines Revisionsgrundes **nach Abschluss des bundesgerichtlichen Verfahrens** das bundesgerichtliche Urteil revidiert werden, wenn das Bundesgericht **reformatorisch** in der Sache entschieden oder einen **Rückweisungsentscheid** gefällt hat (Art. 128 Abs. 2 BGG).

Als problematisch erscheint dabei, dass im bundesgerichtlichen Verfahren neue Tatsachen und Beweismittel nur unter engen Voraussetzungen vorgetragen werden können (Art. 99 Abs. 1, Art. 105 Abs. 1 BGG). Angesichts der Bindung des Bundesgerichts an den von der Vorinstanz festgestellten Sachverhalt ist unklar, ob dieser in einem Revisionsverfahren vor Bundesgericht mit nachträglich entdeckten Tatsachen ergänzt werden kann. Entsprechendes gilt für neuentdeckte Beweismittel und eine strafbare Handlung, die zum Nachteil des Revisionsklägers auf den kantonalen Entscheid einwirkte. Würde man die Revision des bundesgerichtlichen Entscheids wegen der Bindung an den vorinstanzlichen Sachverhalt verneinen, so stünde der Revisionskläger im Ergebnis ohne Revisionsrechtsmittel da, was nicht dem Zweck von Art. 105 Abs. 1 BGG entspricht. Es wird deshalb vorgeschlagen, dass bei Fehlen eines revisionsfähigen kantonalen Entscheids – d.h. Vorliegen eines bundesgerichtlichen Sach- oder Rückweisungsentscheids – das Bundesgericht auch auf Revisionsbegehren eintritt, die sich auf den vor der kantonalen Instanz etablierten Sachverhalt bzw. auf den kantonalen Entscheid beziehen (POUDRET/SANDOZ-MONOD, Art. 144 N 2; SEILER/VON WERDT/GÜNGERICH, Art. 123 BGG N 13; LTF-FERRARI, Art. 123 N 6; dies offenlassend BSK BGG-ESCHER, Art. 123 N 6; restriktiv bezüglich der staatsrechtlichen Beschwerde BGE 134 III 45 E. 2.2). Dafür spricht auch, dass im Falle der Gutheissung des Revisionsgesuchs das Bundesgericht die Sache zur Fällung des neuen Entscheids an die kantonale Vorinstanz zurückweisen kann (BSK BGG-ESCHER, Art. 128 N 2; LTF-FERRARI, Art. 128 N 4).

Im Falle einer **Beschwerdeabweisung** sowie bei **Nichteintreten** auf eine Beschwerde nach BGG bleibt der kantonale Entscheid bestehen, so dass letzterer nach Massgabe der ZPO in Revision zu ziehen ist, wenn nach Abschluss des bundesgerichtlichen Verfahrens ein Revisionsgrund entdeckt wird, der sich auf die vor der kantonalen Instanz vorgetragene tatsächliche Grundlage oder das Verfahren vor der kantonalen Instanz bezieht (vgl. BGE 134 III 45 E. 2.2: «...en effet, selon un principe général, la demande de révision, sur le fond, doit être formée devant l'autorité qui, en dernière instance, a statué au fond»; BGE 134 III 669 E. 2.2; GULDENER, ZPR, 532 FN 13). Dagegen ist der bundesgerichtliche Entscheid zu revidieren, wenn sich der Revisionsgrund auf die Frage des Nichteintretens des Bundesgerichts bezieht (LTF-FERRARI, Art. 123 N 7).

Entscheide von **Binnenschiedsgerichten** sind nach Massgabe der ZPO revisionsfähig, indessen nicht in Anwendung von Art. 328 ff., sondern gemäss Art. 396–399. Die in Art. 396 stipulierten Revisionsgründe stimmen mit jenen von Art. 328 überein. Die Kantone haben ein oberes Gericht zu bezeichnen, das für die Behandlung von Revisionsgesuchen gegen Schiedsentscheide zuständig ist, die von Schiedsgerichten mit Sitz im betreffenden Kanton erlassen wurden (Art. 356 Abs. 1 lit. a). Haben die Parteien für die Anwendbarkeit des zwölften Kapitels des IPRG optiert (Art. 353 Abs. 2), so richtet sich konsequenterweise auch die Revidierbarkeit eines unter den IPRG-Bestimmungen ergangenen Schiedsspruches nach dem von der bundesgerichtlichen Rechtsprechung entwickelten Regime (vgl. N 6).

Nicht um ein Revisionsverfahren handelt es sich schliesslich, wenn in einem Sachentscheid eine **Anpassung** oder **Änderung** von Berechnungsfaktoren oder anderen Determinanten durch das Gericht vorbehalten wurde (vgl. z.B. Art. 284). Ebenso liegt kein Tatbestand der Revision vor, wenn eine Norm des Bundeszivilrechts einer Partei eine Anpassungsbefugnis einräumt (STAEHELIN/STAEHELIN/GROLIMUND, § 26 Rz 49). Von der Revision abzugrenzen ist auch die **Wiederherstellung** (Art. 148), die daran anknüpft, dass eine Verfahrenspartei ohne Verschulden bzw. infolge leichten Verschuldens bspw. die Einlegung einer Berufung versäumte, was zum Eintritt der formellen Rechtskraft des Entscheids führte. Gemäss Art. 148 Abs. 3 kann die säumige Partei binnen sechs Monaten seit Rechtskrafteintritt die Wiederherstellung der Rechtsmittelfrist verlangen.

2. Charakteristika

17 Das Rechtsmittel der Revision ist, wie das bis anhin in den meisten Kantonen der Fall war, **nicht-devolutiv** (STAEHELIN/STAEHELIN/GROLIMUND, § 26 Rz 48). Gemäss Art. 328 Abs. 1 ist die Revision beim Gericht zu verlangen, das als letzte Instanz in der Sache entschieden hat (vgl. dazu N 74 ff.).

18 Die Revision ist in dem Sinne ein **unvollkommenes** Rechtsmittel, als mit ihr nur bestimmte, eng umschriebene tatsächliche oder rechtliche Mängel gerügt werden können. Im Gegensatz zum Berufungsverfahren nimmt das Revisionsgericht keine unbeschränkte Rechts- und Tatsachenüberprüfung vor.

19 Das als *ultima ratio* konzipierte Revisionsrechtsmittel soll wohl der materiellen Wahrheit den Weg bahnen, indessen vor Erlass eines die Revision gutheissenden Entscheides die aus dem Urteil begünstigte Partei nicht an der Vollstreckung hindern. Gemäss ausdrücklicher gesetzlicher Anordnung hemmt deshalb die Einreichung eines Revisionsgesuches die Rechtskraft und Vollstreckbarkeit eines kantonalen Entscheids grundsätzlich nicht (Art. 331 Abs. 1). Die Revision lässt sich somit als **ausserordentliches** Rechtsmittel klassieren (SPÜHLER, Rechtsmittel, 395 f.) und ist aufgrund ausdrücklicher gesetzlicher Anordnung **nicht-suspensiv**, weil sie mangels einer dahingehenden Anordnung die Vollstreckung nicht hemmt (Art. 331 Abs. 1).

20 Die Revision ist im Verhältnis zur **Berufung** (Art. 308 ff.) **subsidiär** (HOFMANN/LÜSCHER, 203). Solange diese zur Verfügung steht, tritt im Umfang der Anträge keine Rechtskraft ein (Art. 315 Abs. 1) und neue Tatsachen oder neue Beweismittel können gestützt auf Art. 317 Abs. 1 in das Verfahren eingeführt werden (STAEHELIN/STAEHELIN/GROLIMUND, § 26 Rz 51). Im Verfahren der **Beschwerde** (Art. 319 ff.), die grundsätzlich den Eintritt der Rechtskraft nicht hemmt (Art. 325 Abs. 1), besteht diese Möglichkeit nicht (Art. 326 Abs. 1). Angesichts dessen muss eine Prozesspartei, die einen Revisionsgrund entdeckt hat, trotz der gleichzeitig laufenden Rechtsmittelfrist zur Beschwerdeerhebung wegen eines Beschwerdegrunds fristgerecht eine Revision beim Erstinstanzgericht einlegen und um Sistierung des Beschwerdeverfahrens ersuchen. Wird das Revisionsbegehren gutgeheissen, würde der erstinstanzliche Entscheid (ganz oder teilweise) aufgehoben und es bestünde gegebenenfalls kein Anfechtungsobjekt mehr im Beschwerdeverfahren.

21 Diese Vorgehensweise erscheint als sehr umständlich angesichts der Tatsache, dass die Beschwerde für vermögensrechtliche Streitigkeiten mit einem Streitwert bis zu CHF 10 000 das Hauptrechtsmittel ist (Art. 308 Abs. 2, Art. 319 lit. a). Die Notwendigkeit, zwei Rechtsmittel einlegen zu müssen, ist gerade bei kleineren Streitwerten wenig sachgerecht. Deshalb wird hier dafür plädiert, Art. 326 Abs. 2 extensiv auszulegen, indem man die in Art. 328 Abs. 1 lit. a–b statuierten Revisionsgründe im Beschwerdeverfahren mit den in Art. 326 Abs. 2 erwähnten gesetzlich vorbehaltenen Novenrechten gleichstellt. Voraussetzung zur Einbringung von Noven wäre natürlich wie im Revisionsverfahren (N 50 f.), dass keine Verletzung der prozessualen Sorgfaltspflicht vorliegt.

22 Dieser Lösungsansatz würde in prozessökonomischer Weise ermöglichen, Revisionsgründe auch im Beschwerdeverfahren einzuführen. Ein weiterer Vorteil der hier favorisierten Lösung besteht darin, dass auch bei nicht berufungsfähigen Zwischenentscheiden,

die mit Beschwerde anfechtbar sind (Art. 319 lit. a), die Notwendigkeit entfiele, eine separate Revision einzulegen. Dies dient erheblich der Verfahrensökonomie und ist namentlich bei geringen Streitwerten sachgerecht. Lehnt man die vorgeschlagene extensive Interpretation von Art. 326 Abs. 2 ab, so bleibt dem Revisionskläger wie erwähnt nichts anderes übrig, als einen Antrag um Sistierung des Beschwerdeverfahrens einzureichen und die Revision beim Erstinstanzgericht einzureichen.

Schliesslich wirkt ein Revisionsgesuch bei Gutheissung **reformatorisch**, weil das Revisionsgericht (bzw. das Erstinstanzgericht [N 76]) in einem solchen Fall einen neuen Entscheid zu fällen hat (Art. 333 Abs. 1). 23

III. Revisionsfähige Entscheide

Gemäss Art. 328 Abs. 1 Ingress können Gegenstand eines Revisionsgesuchs Entscheide eines Gerichts sein, welches **als letzte Instanz in der Sache entschieden** hat. Dies kann ein **erst-** oder **zweitinstanzliches kantonales Gericht** sein. Sowohl die Erhebung der Berufung als auch der Beschwerde führen dazu, dass der Entscheid des Rechtsmittelgerichts den revisionsfähigen Entscheid darstellt, sofern die Rechtsmittelinstanz in der Sache selber entschieden hat (Art. 318 Abs. 1 lit. a–b; Art. 327 Abs. 3 lit. b; SCHÜPBACH, 338 für die Berufung; die Frage offenlassend JEANDIN, 355 f. FN 80). Hebt sie dagegen den angefochtenen Entscheid auf und weist die Sache zur Neubeurteilung an die Vorinstanz zurück, hat sie nicht als letzte Instanz in der Sache entschieden, sondern das unterinstanzliche Gericht angewiesen, einen neuen Sachentscheid zu fällen (gl.M. STAEHELIN/STAEHELIN/GROLIMUND, § 26 Rz 51). Wird ein solcher Folgeentscheid der Vorinstanz nicht mehr mit den Hauptrechtsmitteln angefochten, worauf ein Sachentscheid des Rechtsmittelgerichts ergehen könnte, so ist der vorinstanzliche, auf Rückweisung hin ergangene Sachentscheid der zu revidierende Entscheid. 24

Zur Abgrenzungsfrage, wann im Falle der Einlegung von Rechtsmitteln an das Bundesgericht eine Revision nach BGG erhoben werden muss, vgl. die Ausführungen in N 9 ff. 25

Weiter setzt das Gesetz voraus, dass nur **rechtskräftige Entscheide** revidiert werden können. Dies bedeutet zunächst, dass der zu revidierende Entscheid in **formelle Rechtskraft** erwachsen sein muss (BALTZER-BADER, 103), was nach tradierter Auffassung beinhaltet, dass kein ordentliches Rechtsmittel (Berufung) mehr gegen ihn zur Verfügung stehen darf (STAEHELIN/STAEHELIN/GROLIMUND, § 24 Rz 2). 26

Sodann liegt Revisionsfähigkeit wie unter den bisherigen kantonalen Verfahrensrechten nur dann vor, sofern der angefochtene Entscheid Verbindlichkeit im Sinne der **materiellen Rechtskraft** aufweist (zu ihrer Reichweite gemäss bundesgerichtlicher Praxis vgl. 5A_337/2008, E. 4.1). Geht ihm diese ab, ist es einer Partei freigestellt, denselben Streitgegenstand nochmals gerichtlich beurteilen zu lassen, weshalb es des «Notrechtsmittels» der Revision nicht bedarf. Dasselbe gilt, wenn eine Partei sich auf neue Tatsachen beruft, die **nach** dem Erstentscheid entstanden sind. Nur wenn trotz der **Ausschlusswirkung** der materiellen Rechtskraft ausnahmsweise ein fehlerhafter Entscheid korrigiert werden soll, bedarf die beschwerte Partei des Revisionsrechtsmittels (N 48). 27

Revisionsfähig sind im **ordentlichen** (Art. 219 ff.) wie auch im **vereinfachten Verfahren** (Art. 243 ff.) ergangene Entscheide. Auch in letzterem können rechtskraftfähige Entscheide ergehen. Desgleichen sind im **summarischen Verfahren** (Art. 248 ff.) ergangene Entscheide aufgrund ihrer materiellen Rechtskraftfähigkeit (STAEHELIN/STAEHELIN/GROLIMUND, § 24 Rz 9) grundsätzlich revidierbar. Dasselbe gilt für den Rechtsschutz in klaren Fällen (Art. 257). Fraglich ist demgegenüber, ob Entscheide über **vorsorgliche** 28

Massnahmen (Art. 261 ff.) revisionsfähig sind. Dazu ist zu bedenken, dass gemäss Art. 268 Abs. 1 vorsorgliche Massnahmen, die sich nachträglich als ungerechtfertigt erweisen, geändert oder aufgehoben werden können. Dies bedeutet, dass sie nicht materiell rechtskräftig werden und schliesst nach hier vertretener Auffassung aus, Massnahmenentscheide zum Gegenstand einer Revision zu machen (ebenso KORNICKER, 56). Die Revisionsgründe von Art. 328 Abs. 1 lassen sich vielmehr zwanglos unter die Entdeckung nachträglicher Ungerechtfertigkeit i.S.v. Art. 268 Abs. 1 subsumieren (ebenso wohl STAEHELIN/STAEHELIN/GROLIMUND, § 22 Rz 43 bezüglich neuer Beweismittel). Wurde ein Gesuch um vorsorgliche Massnahmen abgelehnt, steht es der beschwerten Partei frei, ein neues Gesuch einzureichen, welches sie mit Tatsachen und Beweismitteln untermauern kann, die im ersten Verfahren nicht berücksichtigt wurden. Entsprechendes gilt für Entscheide der **freiwilligen Gerichtsbarkeit**, die gemäss Art. 256 Abs. 2 bei Entdeckung nachträglicher Unrichtigkeit grundsätzlich von Amtes wegen oder auf Antrag hin aufgehoben oder abgeändert werden können.

29 Entgegen dem Wortlaut von Art. 328 Abs. 1 können nicht nur **Sachentscheide** revidiert werden, sondern auch **Prozessentscheide**, die bezüglich der im Zeitpunkt der Entscheidfällung fehlenden Prozessvoraussetzung in materielle Rechtskraft erwachsen (STAEHELIN/STAEHELIN/GROLIMUND, § 24 Rz 10; HABSCHEID, Rz 482; KORNICKER, 49 f.; BGE 115 II 187 E. 3.a). Diesbezüglich ist die Revidierbarkeit somit gegeben, nicht aber hinsichtlich der unbeurteilt gebliebenen Sachfragen, für welche keine Rechtskraftwirkung eintritt (vgl. BOTSCHAFT ZPO, 7345).

30 Gegenstand einer Revision bilden können **Endentscheide** (Art. 236 Abs. 1), d.h. solche Entscheide, die das Verfahren mit einem Sach- oder Prozessurteil beenden. Wird nur über einen Teil des Streitgegenstands befunden, liegt ein **Teilurteil** vor, das aufgrund seiner materiellen Rechtskraftfähigkeit ebenfalls revidierbar ist (SCHÜPBACH, 334; RUST, 51; vgl. BOTSCHAFT ZPO, 7344).

31 Der in Art. 237 geregelte **Zwischenentscheid** kann prozessualer Natur sein oder auch ein Sachurteil darstellen, indem er bspw. über die aufgeworfene Verjährungsfrage einen Entscheid trifft. In beiden Fällen ist hinsichtlich des von der materiellen Rechtskraft erfassten Entscheidgehalts die Einlegung einer Revision möglich. Auch **Kostenentscheide** werden materiell rechtskräftig, weshalb sie Gegenstand einer Revision sein können (BGE 111 Ia 154 E. 2).

32 Aus Art. 328 Abs. 1 lit. c und Art. 241 Abs. 2 folgt, dass auch **Erledigungsentscheide**, die auf einem **Parteiakt** (Klageanerkennung, Klagerückzug und Abschluss eines gerichtlichen Vergleichs) beruhen, revisionsfähig sind. Dies gilt ebenso für den gerichtlichen **Genehmigungsentscheid**, mit welchem ein Vergleich über die Scheidungsnebenfolgen sanktioniert wird (Art. 279; STAEHELIN/STAEHELIN/GROLIMUND, § 21 Rz 77).

33 **Prozessleitende Verfügungen** schliesslich sind wiedererwägungsfähig und erwachsen nicht in materielle Rechtskraft. Sie sind deshalb nicht revisionsfähig.

IV. Revisionsgründe

1. Überblick

34 Im Unterschied zu einzelnen kantonalen Verfahrensrechten beschränkt sich die Schweizerische ZPO in **abschliessender** Weise (BOTSCHAFT ZPO, 7380) auf die Zurverfügungstellung der sogenannten klassischen Revisionsgründe. So kann die materielle Rechtskraft eines Entscheids nur gestützt auf folgende Gründe durchbrochen werden:

– nachträgliche Entdeckung von unechten Nova (Art. 328 Abs. 1 lit. a);
– Einwirkung eines Verbrechens oder Vergehens auf den Entscheid (Art. 328 Abs. 1 lit. b);
– zivilrechtliche Unwirksamkeit einer verfahrensbeendigenden Prozesshandlung (Art. 328 Abs. 1 lit. c);
– Verletzung der Europäischen Menschenrechtskonvention (Art. 328 Abs. 2).

Demgegenüber können mit dem Revisionsrechtsmittel grundsätzlich **keine Verfahrensfehler** (z.B. die Nichtbehandlung von Anträgen oder die Verletzung des Rechts auf Beweis) gerügt werden (GASSER/RICKLI, Art. 328 ZPO N 6). Dafür stehen einzig die Rechtsmittel der Berufung und der Beschwerde zur Verfügung. Eine wichtige **Ausnahme** von diesem Grundsatz statuiert die ZPO allerdings für den Fall der **Mitwirkung einer zum Ausstand verpflichteten Gerichtsperson** (Art. 47–51). Wird ein derartiger Verfahrensmangel erst nach Abschluss des Verfahrens entdeckt, gelten gemäss Art. 51 Abs. 3 die Bestimmungen der Revision. Dies bedeutet folgendes: Wird der Mangel noch während des Laufs der Rechtsmittelfrist für die Berufung und/oder der Beschwerde entdeckt, ist aufgrund der Subsidiarität der Revision das entsprechende Hauptrechtsmittel zu ergreifen. Dass die Revision nicht zur Verfügung steht, folgt bei gegebener Berufungsfähigkeit auch daraus, dass noch gar kein rechtskräftiger Entscheid vorliegt (vgl. BOTSCHAFT ZPO, 7273). Erst nach Ablauf dieser Rechtsmittelfristen und im Falle, dass auch die Mitwirkung einer zum Ausstand verpflichteten Gerichtsperson nach deren Ablauf entdeckt wird, steht dann kraft Art. 51 Abs. 3 die Revision zu Gebote. Für die Zuständigkeit, Form- und Fristerfordernisse sowie das Verfahren sind die Vorgaben von Art. 329–333 massgebend.

2. Nachträgliche Entdeckung von Tatsachen und Beweismitteln
(Art. 328 Abs. 1 lit. a)

Dieser klassische Revisionsgrund war – teilweise mit Einschränkungen – bereits in sämtlichen kantonalen Prozessordnungen vorgesehen (VOGEL/SPÜHLER, § 64 Rz 98). Gemäss der Schweizerischen Zivilprozessordnung kann eine Partei die Revision eines Entscheides verlangen, wenn sie nachträglich **erhebliche Tatsachen** erfährt oder **entscheidende Beweismittel** findet, die sie im früheren Verfahren nicht beibringen konnte. Revisionsrelevant sind nur solche nachträglich entdeckten Tatsachen oder Beweismittel, die **im Zeitpunkt des Erstprozesses bereits existierten** (vgl. N 45 ff.; GULDENER, ZPR, 531 FN 5), indessen erst in einem Zeitpunkt entdeckt wurden, in dem sie nicht mehr mittels des Novenrechts (Art. 229 Abs. 1 lit. b und Abs. 2–3, Art. 317 Abs. 1, Art. 326 Abs. 2) in den Prozess eingeführt werden konnten.

a) Nachträgliche Entdeckung erheblicher Tatsachen

Nachträglich entdeckte **Tatsachen** berechtigen nur dann zur Revision, wenn sie **erheblich** sind. Damit drückt das Gesetz aus, dass von vornherein nur solche Tatsachen Grundlage einer erfolgreichen Revision bilden können, die bei zutreffender Rechtsanwendung (BGE 110 V 138 E. 2) zu einem für den Revisionskläger **günstigeren Entscheid** geführt hätten, sofern sie während des Prozesses hätten berücksichtigt werden können (STAEHELIN/STAEHELIN/GROLIMUND, § 26 Rz 55). Die nicht plädierte Tatsache muss somit ein Hauptthema des Prozesses betreffen und geeignet sein, das Prozessziel des Revisionsklägers herbeizuführen oder wenigstens einen für ihn weniger belastenden Entscheid zu bewirken. Die Beschränkung auf Tatsachen macht weiter klar, dass von vornherein nur Gegebenheiten zur Revision berechtigen, die zum Tatsachenvortrag der betreffenden Prozesspartei gehören, nicht aber Fragen der Tatsachen- und Beweiswürdigung oder rechtliche Würdigungen (RUST, 100).

b) Nachträgliche Entdeckung entscheidender Beweismittel

38 Als nachträglich entdecktes, **entscheidendes Beweismittel**, das zu einer Revision berechtigt, kommen mit Ausnahme der Parteibefragung und Beweisaussage sämtliche in Art. 168 genannten Beweismittel in Frage (Zeugen, Urkunden, Augenscheine, Gutachten und schriftliche Auskünfte). Beispielsweise kann ein nachträglich entdeckter Zeuge, der über wahrgenommene Tatsachen aussagen kann, als revisionsbegründendes Beweismittel angerufen werden. Auch ein Zeuge, der nach Verfahrensabschluss beschliesst, sein Zeugnisverweigerungsrecht nicht mehr zu beanspruchen, berechtigt grundsätzlich zur Revision (RUST, 116). Die Beweismittel der Parteibefragung (Art. 191) und Beweisaussage (Art. 192) taugen dagegen nicht als revisionsbegründende Beweismittel, weil sie unmittelbar dem Herrschafts- und Einflussbereich der betroffenen Prozesspartei entspringen und deshalb nicht gesagt werden kann, die betroffene Partei habe es ohne Verletzung der prozessualen Sorgfaltspflicht versäumt, sie in das Verfahren einzubringen (vgl. N 50 f.).

39 Ein nachträgliches Geständnis einer Partei oder eines Zeugen, nicht die Wahrheit ausgesagt zu haben, kann aufgrund des Ausschlusses nach Verfahrensabschluss entstandener Tatsachen und Beweismittel nicht berücksichtigt werden (N 45 ff.). Gegebenenfalls kann in einem solchen Fall der Revisionsgrund von Art. 328 Abs. 1 lit. b angerufen werden (vgl. N 52 ff.). Anders verhält es sich mit der nachträglichen Entdeckung einer im Zeitpunkt des Erstverfahrens bereits existierenden Urkunde, mit welcher die Aussage eines Zeugen widerlegt werden kann. Wie GULDENER (ZPR, 530) zu Recht ausführt, kann die Revision diesfalls auch gestützt auf den Revisionsgrund des neuen Beweismittels verlangt werden (ebenso RUST, 106); es besteht mithin keine Exklusivität des Revisionsgrundes der Einwirkung eines Verbrechens oder Vergehens (Art. 328 Abs. 1 lit. b). Letzterer zielt nicht darauf ab, den Anwendungsbereich von Art. 328 Abs. 1 lit. a einzuschränken.

40 Das Beweismittel muss **entscheidend** sein. Damit wird ausgedrückt, dass bspw. die Zeugenaussage geeignet sein muss, einen für den Revisionskläger **günstigeren Entscheid** herbeizuführen, sofern sie im Prozess hätte berücksichtigt werden können (BGE 110 V 138 E. 2). Um dies dem Revisionsgericht darzulegen, wird man deshalb im Revisionsgesuch einen Abriss des Inhalts der Zeugenaussage einreichen müssen.

41 Ein neues Beweismittel kann zum einen dazu dienen, eine neue Tatsache zu beweisen, die im Hauptverfahren nicht vorgebracht werden konnte, weil sie erst nachträglich entdeckt wurde. Insoweit wird die Revision dann mit einer neuen Tatsache wie auch mit einem neuen Beweismittel begründet. Zum anderen kann ein neues Beweismittel dazu dienen, eine bereits vorgetragene Tatsache zu beweisen, für die im Hauptverfahren der Beweis nicht erbracht werden konnte (BGer, 4F_1/2007, E. 7.1). Aufgrund des neuentdeckten Beweismittels tritt dann eine Gewichtsverschiebung ein, weil die bislang nicht bedeutende Tatsache nunmehr entscheidrelevant wird (SOLIVA, 40). Selbstverständlich muss das neue Beweismittel tatsächlich geeignet sein, den Beweis für die geltend gemachte Tatsache zu erbringen und insofern beweistauglich sein (KORNICKER, 90).

42 Eine Revision kann auch verlangt werden, wenn aufgrund eines neuentdeckten Beweismittels nachgewiesen werden kann, dass ein Beweismittel, auf das im Erstprozess abgestellt wurde, gefälscht ist (N 39). Demgegenüber geht es nicht an, lediglich die Beweiswürdigung zu kritisieren. So genügt es nicht, die Zuverlässigkeit einer Zeugenaussage mit neuen Beweismitteln attackieren zu wollen (RUST, 106; N 44).

Schliesslich kann mit einem nachträglich entdeckten Beweismittel auch eine Tatsache 43
bewiesen werden, die mangels Beweismöglichkeit im Erstverfahren bewusst nicht plädiert wurde. Von einer Prozesspartei kann nicht erwartet werden, auch Tatsachen vorzubringen, die sie mangels eines Beweismittels nicht beweisen kann (BERGER/GÜNGERICH, Rz 1135; RUST, 102). Es kann ihr daher bei nachträglicher Geltendmachung einer solchen Tatsache in einem Revisionsgesuch nicht vorgehalten werden, die prozessuale Sorgfaltspflicht verletzt zu haben. Vorausgesetzt ist freilich, dass ihr nicht vorgeworfen werden kann, sie hätte bei sorgfältiger Prozessführung das relevante Beweismittel früher entdecken können. Ebenfalls kann ein im Erstverfahren bereits bekanntes Beweismittel zur Revision berechtigen, wenn dessen Relevanz im Erstprozess noch nicht erkannt wurde und auch bei Anwendung durchschnittlicher Sorgfalt nicht erkannt werden musste (BGer, 4A_338/2009, E. 2.1.2; RUST, 128 f.).

Die **mangelhafte Würdigung von Beweismitteln** dagegen stellt keinen Revisionsgrund 44
dar. Ein solcher kann nur vorliegen, wenn entweder erhebliche Tatsachen nicht berücksichtigt wurden oder Tatsachen nicht bewiesen werden konnten. Ein Revisionsgrund liegt somit nur vor, wenn für den Entscheid wesentliche Tatsachen nicht bekannt waren oder unbewiesen blieben oder anders gewendet die **Sachverhaltsermittlung** im Gegensatz zur **Sachverhaltswürdigung** unvollständig war (BGer, 4P.102/2006, E. 2.1; 4P.120/2002, E. 1.3; BGE 110 V 138 E. 2).

c) Ausschluss von Tatsachen und Beweismitteln, die erst nach dem zu revidierenden Entscheid entstanden

Kraft ausdrücklicher gesetzlicher Anordnung können als Revisionsgrund nicht Tatsachen 45
und Beweismittel geltend gemacht werden, die erst **nach dem zu revidierenden Entscheid entstanden sind**. Mit dieser Klarstellung wird eine Frage geklärt, die in den kantonalen Rechtsprechungen und der Doktrin umstritten war.

Dass nachträglich entstandene Tatsachen nicht zur Revision berechtigen, entspricht dem 46
Zweck der Revision, die darauf angelegt ist, eine bereits im Zeitpunkt des Erstverfahrens bestehende Unvollständigkeit des Tatsachenfundaments zu korrigieren. Demgegenüber sind neuentstandene Tatsachen geeignet, den von der Rechtskraft des Ersturteils erfassten Streitgegenstand zu verändern, so dass eine Prozesspartei je nach Umständen nicht daran gehindert ist, einen neuen Prozess anzuheben (N 27). Schwieriger nachzuvollziehen ist hingegen der pauschale Ausschluss nachträglich entstandener Beweismittel.

Der gesetzliche Ausschluss bedeutet, dass nachträglich entstandene Urkunden (wie bspw. 47
ein nach Verfahrensabschluss erstelltes Vertragsdokument) oder ein nach Prozessabschluss abgelegtes Geständnis einer Partei oder eines Zeugen (vorbehältlich Art. 328 Abs. 1 lit. b) nicht zur Revision berechtigen (STAEHELIN/STAEHELIN/GROLIMUND, § 26 Rz 54). Nach dem Gesetzeswortlaut gilt dies gleichermassen für ein nach Verfahrensabschluss erstelltes Gutachten, und zwar unabhängig davon, ob es auf neuen wissenschaftlichen Methoden oder Erkenntnissen beruht, die zur Zeit des Prozesses noch nicht bekannt waren. Letzteres erscheint unbefriedigend (ebenso LEUENBERGER, Anwaltsrevue, 337 f.; GULDENER, ZPR, 531 FN 5) und kommt einer merkwürdigen Gleichgültigkeit gegenüber der Tatsache fortschreitender wissenschaftlicher Erkenntnis gleich, muss aber aufgrund der Gesetzeslage hingenommen werden.

Vorbehalten bleibt selbstverständlich die Einbringung nachträglich entstandener Tat- 48
sachen und Beweismittel in materiellrechtlich vorgesehenen Abänderungsverfahren (STAEHELIN/STAEHELIN/GROLIMUND, § 26 Rz 54). Wie erwähnt, muss stets auch geprüft werden, ob aufgrund nachträglich entstandener Tatsachen ein neuer Prozess angehoben

werden kann, weil dadurch im Vergleich zum Erstprozess ein anderer Streitgegenstand zur Debatte steht, der von der materiellen Rechtskraft des Ersturteils nicht erfasst ist (vgl. BGE 105 II 268 E. 2; BGer, 4C.314/2004, E. 1.5; 4A_145/2009, E. 1.3; N 27).

49 Nie zu einer Revision berechtigt eine nach Abschluss des Hauptverfahrens aufgetretene Rechtsprechungsänderung (BGer, 9F_7/2008, E. 2.2), ebensowenig eine Änderung der Rechtslage. Ausnahmsweise kann eine Änderung der Rechtslage indes relevant sein, wenn dadurch ein Zeugnisverweigerungsrecht eines Zeugen entfällt (DONZALLAZ, LTF, Rz 4711 m.H. auf BGer, 4C.111/2006, E. 2.5; krit. SCHWEIZER, SZZP 2007, 302 f.).

d) Keine Vernachlässigung der prozessualen Sorgfaltspflicht

50 Das Gesetz verlangt von den nachträglich entdeckten Tatsachen und Beweismitteln, dass sie im früheren Verfahren nicht beigebracht werden konnten. Die Botschaft hält zu dieser Voraussetzung lapidar fest, unsorgfältige Prozessführung werde nicht mit Revision belohnt; vielmehr müssten entschuldbare Gründe für die Nichtvorlegung von Tatsachen und Beweismitteln vorgelegen haben (BOTSCHAFT ZPO, 7380). Im Schrifttum wird davon gesprochen, dem Revisionskläger habe es objektiv unmöglich gewesen sein müssen, die Tatsache oder das Beweismittel im Erstverfahren einzubringen (STAEHELIN/STAEHELIN/GROLIMUND, § 26 Rz 54a).

51 Gewiss darf die Versäumnis des Revisionsklägers nicht auf Nachlässigkeit zurückzuführen sein, den Prozessstoff vollständig aufzuarbeiten. Indessen erscheint der Massstab der objektiven Unmöglichkeit als überaus rigid. Hier wird deshalb dafür plädiert, den Revisionskläger von der Geltendmachung des Revisionsgrundes von Art. 328 Abs. 1 lit. a nur dann auszuschliessen, wenn sein Verhalten als nachlässig eingestuft werden müsste, wobei es am Verhalten einer **durchschnittlich sorgfältigen Prozesspartei** zu messen ist (BALTZER-BADER, 104; RUST, 127). Ob eine Partei den Prozess nachlässig geführt hat, muss in Würdigung der konkreten Einzelfallumstände geprüft werden. Freilich muss sich das Verhalten der Prozesspartei an einem **objektiven Massstab** messen lassen, der wie gesagt mit dem Verhalten der durchschnittlich sorgfältigen Prozesspartei umschrieben wird. Unterdrückt bspw. die Gegenpartei eine relevante Urkunde, von welcher der Revisionskläger keine Kenntnis hat und auch keine haben musste, und entdeckt er diese erst nach Abschluss des Verfahrens, so kann ihm keine Nachlässigkeit angelastet werden (STAEHELIN/STAEHELIN/GROLIMUND, § 26 Rz 54a). Eine die Revision ausschliessende Unsorgfältigkeit liegt dagegen vor, wenn der Revisionskläger es unterlassen hat, im seiner Sphäre zuzurechnenden Bereich nach relevanten Tatsachen und Beweismitteln zu forschen (vgl. BGer, 4F_1/2007, E. 7.2, wo der Revisionskläger erst nach Verfahrensabschluss – und damit verspätet – in seinem Elternhaus vorhandene, ihm unbekannte Akten durchsah; ferner 4A_42/2008, E. 4.2 bezüglich eines Archivs im Herrschaftsbereich des Revisionsklägers). Einer Prozesspartei ist zuzumuten, bereits während des Hauptverfahrens die möglichen Nachforschungen über die Sach- und Beweismittellage durchzuführen (BGer, 4A_528/2007, E. 2.5.2.2). Befindet sich eine Urkunde im Besitz eines Dritten, sind die Möglichkeiten der Urkundenedition auszuschöpfen (KORNICKER, 92).

3. Einwirkung eines Verbrechens oder Vergehens auf den Entscheid (Art. 328 Abs. 1 lit. b)

52 Gemäss diesem allen kantonalen Zivilprozessordnungen bekannten Revisionsgrund kann ein Urteil aufgehoben werden, wenn sich nach Verfahrensabschluss herausstellt, dass durch ein **Verbrechen** oder ein **Vergehen** zum Nachteil der beschwerten Partei auf den

Entscheid eingewirkt wurde. Während ein **Kausalitätserfordernis** dahin besteht, dass sich das Verbrechen oder Vergehen nachteilhaft für den Revisionskläger ausgewirkt hat, ist weder die Durchführung eines Strafverfahrens noch eine Verurteilung durch ein Strafgericht zwingend erforderlich.

a) Vorliegen eines Verbrechens oder Vergehens

Dieser Revisionsgrund kann nur angerufen werden, wenn die Begehung eines Verbrechens (Freiheitsstrafe von mehr als drei Jahren) oder Vergehens (Freiheitsstrafe bis zu drei Jahren oder Geldstrafe) i.S.v. Art. 10 StGB nachgewiesen werden kann. Nicht zur Revision berechtigen die mit Busse zu ahndenden Übertretungen (Art. 103 StGB; GASSER/RICKLI, Art. 328 ZPO N 3) oder Verstösse gegen kantonale Strafbestimmungen. Insoweit altrechtliche Delikte zur Debatte stehen, ist ebenfalls massgebend, dass nur mit Zuchthaus bedrohte Verbrechen bzw. mit Gefängnis bedrohte Straftatbestände zur Revision berechtigen können, nicht aber Übertretungen (BSK BGG-ESCHER, Art. 123 N 3). 53

In Frage kommen werden bspw. die Tatbestände der falschen Beweisaussage (Art. 306 StGB), des falschen Zeugnisses, falschen Gutachtens und der falschen Übersetzung (Art. 307 StGB), falsches ärztliches Zeugnis (Art. 318 StGB), Urkundenfälschungsdelikte (Art. 251 ff. StGB), Betrug (Art. 146 StGB) oder die Bestechung von schweizerischen Amtsträgern (Art. 322ter StGB). 54

b) Das Erfordernis der Durchführung eines Strafverfahrens

Das Gesetz verlangt, es müsse sich in einem **Strafverfahren** ergeben haben, dass durch ein Verbrechen oder Vergehen auf den Entscheid eingewirkt worden sei. Vielfach wird dieses Erfordernis durch Erlass eines eine Sanktion aussprechenden Strafurteils erfüllt sein, was indessen keine zwingende Voraussetzung ist. Gemäss ausdrücklicher gesetzlicher Anordnung ist eine eigentliche Verurteilung durch ein Strafgericht nicht erforderlich. Es genügt, wenn die Strafverfolgungsbehörde oder das Strafgericht die Erfüllung des **objektiven Tatbestands** feststellt (LEUENBERGER, Anwaltsrevue, 338; RUST, 72), aber in Ermangelung des erforderlichen subjektiven Tatbestands die Strafverfolgung einstellt bzw. ein freisprechendes Urteil erlässt. Entsprechendes gilt für die in Art. 52 ff. StGB vorgesehene Strafbefreiung und Verfahrenseinstellung, die Abstandnahme von einer Bestrafung wegen Schuldunfähigkeit (STAEHELIN/STAEHELIN/GROLIMUND, § 26 Rz 57) oder Verfahrenseinstellung wegen Verfolgungsverjährung (BSK BGG-ESCHER, Art. 123 N 4; HABSCHEID, Rz 772). 55

Stellt die Strafverfolgungsbehörde die Strafuntersuchung wegen falschen Zeugnisses ein, weil der Zeuge lediglich aus Fahrlässigkeit eine Falschaussage machte und hält im Einstellungsbeschluss aber fest, dass sie den objektiven Tatbestand als erfüllt erachtet, so kann demnach dieser Einstellungsbeschluss Grundlage eines Revisionsgesuchs bilden (KassGer ZH, ZR 97 Nr. 5). 56

Hat sich eine Strafverfolgungsbehörde oder ein Strafgericht zur Frage des Vorliegens eines objektiven Tatbestands eines Verbrechens oder Vergehens ausgesprochen, so ist das Revisionsgericht daran gebunden und kann die beurteilte Frage der objektiven Tatbestandsmässigkeit nicht abweichend beurteilen (STAEHELIN/STAEHELIN/GROLIMUND, § 26 Rz 57; GULDENER, ZPR, 530 FN 4). Massgebend ist insoweit der letztinstanzliche Entscheid, in dem die objektive Tatbestandsmässigkeit zur Debatte stand. 57

Die Erfüllung des objektiven Tatbestands eines strafbaren Verhaltens kann auch durch eine **ausländische Behörde** festgestellt werden. Voraussetzung ist allerdings, dass das 58 strafbare Verhalten nach schweizerischem Verständnis ein Verbrechen oder Vergehen darstellen würde, wäre es in der Schweiz verübt worden. Das Bundesgericht verlangt zudem, dass im ausländischen Strafverfahren die in Art. 6 Abs. 2 und 3 EMRK sowie Art. 14 Abs. 2–7 UNO-Pakt II (SR 0.103.2) niedergelegten Verfahrensgarantien respektiert worden sein müssen (BGer, 4A_596/2008, E. 4.1).

59 Das Erfordernis der Durchführung eines Strafverfahrens gilt nicht absolut. Kann ein solches nicht durchgeführt werden, so kann gemäss gesetzlicher Anordnung der Beweis der strafbaren Handlung auf andere Weise erbracht werden. Dies trifft bspw. zu, wenn der Täter verstorben ist oder bei Auslandszuständigkeit die an sich zuständige Behörde kein Verfahren durchführt. Diesfalls muss das Revisionsgericht entscheiden, ob mindestens der objektive Tatbestand eines Verbrechens oder Vergehens erfüllt wurde (STAEHELIN/ STAEHELIN/GROLIMUND, § 26 Rz 57; vgl. BGer, 4A_596/2008, E. 4.1; KassGer ZH, ZR 103 Nr. 23).

c) Das Erfordernis der nachteiligen Auswirkung des Verbrechens oder Vergehens auf die Rechtsstellung des Revisionsklägers

60 Nicht jedes Verbrechen oder Vergehen im Umfeld des Erstverfahrens berechtigt zur Revision. Im Anschluss an die unter den kantonalen Rechten vorherrschende Tradition setzt eine strafbare Handlung nur dann einen Revisionsgrund, wenn sich das Verbrechen oder Vergehen **benachteiligend auf die Rechte des Revisionsklägers ausgewirkt** hat (STAEHELIN/STAEHELIN/GROLIMUND, § 26 Rz 56; BGer, 4A_596/2008, E. 4.1). Dies setzt voraus, dass sich die strafbare Handlung auf einen Sachverhaltskomplex bezog, der für die Urteilsfindung relevant war. Weiter muss ein Zusammenhang zur Rechtsstellung des Revisionsklägers bestehen, was bedeutet, dass ohne strafbare Handlung das Urteil für ihn günstiger ausgefallen wäre. Ein falsches Gutachten, das sich aufgrund der gerichtlichen Beweiswürdigung nicht gegen andere Beweismittel durchsetzen konnte, berechtigt deshalb nicht zur Revision.

4. Zivilrechtliche Unwirksamkeit der Klageanerkennung, des Klagerückzugs und des gerichtlichen Vergleichs (Art. 328 Abs. 1 lit. c)

61 Einzelne kantonale Prozessordnungen sahen vor, dass die Unwirksamkeit von verfahrensabschliessenden Prozesshandlungen der Parteien mit der Revision geltend gemacht werden konnte. Dieser Ansatz wird in der ZPO weitergeführt, indem die zivilrechtliche Unwirksamkeit von **Klageanerkennung**, **Klagerückzug** und des **gerichtlichen Vergleichs** ebenfalls mit der Revision vorgebracht werden kann.

62 Bei diesen Prozesshandlungen handelt es sich um Akte, die das Verfahren beenden und denen die Wirkung eines **rechtskräftigen Entscheides** zukommt (Art. 241 Abs. 2). Infolge ihrer materiellrechtlichen Wirkung (Anspruchsverlust, Verzicht auf Einwendungen und Einreden) untersteht ihre Wirksamkeit den zivilrechtlichen Regeln (STAEHELIN/ STAEHELIN/GROLIMUND, § 26 Rz 58). Formell wird das Verfahren dadurch beendet, dass das Gericht das Verfahren als gegenstandslos abschreibt (Art. 241 Abs. 3).

63 **Anfechtungsobjekt** des Revisionsbegehrens ist nach hier favorisierter Auffassung der **gerichtliche Abschreibungsbeschluss**, der das Verfahren formell beendete (BGE 114 II 189 E. 2; SPÜHLER, Rechtsmittel, 399). Selbstredend muss im Revisionsgesuch dargelegt werden, weshalb der ihm vorgelagerte Parteiakt zivilrechtlich unwirksam ist, mit der Folge, dass auch der Abschreibungsbeschluss über keine Grundlage verfügt.

64 Als Unwirksamkeitsgründe kommen Irrtum (Art. 23 ff. OR), Täuschung (Art. 28 OR), Furchterregung (Art. 29 f. OR) und Übervorteilung (Art. 21 OR; dazu kritisch HOFMANN/

LÜSCHER, 203 FN 365) in Betracht (BALTZER-BADER, 104). Zu den Besonderheiten der Anfechtung eines Vergleichs wegen Grundlagenirrtums vgl. BGer, 4A_554/2008, E. 3.3; BGE 130 III 49 E. 1.2: Ein streitiger Punkt, um dessentwillen die Parteien eine vergleichsweise Lösung anstrebten (*caput controversum*), kann nicht nachträglich wegen Grundlagenirrtums angefochten werden. Eine Anfechtung wird nur erfolgreich sein, wenn sie sich auf das *caput non controversum* bezieht, d.h. auf einen Sachverhaltsteil, den beide Parteien irrtümlich als gegeben voraussetzten (RUST, 138 f.). Entsprechendes gilt auch für die revisionsweise Anfechtung des auf einer Klageanerkennung oder einem Klagerückzug beruhenden gerichtlichen Abschreibungsbeschlusses (RUST, 151).

Als weitere Unwirksamkeitsgründe kommen Handlungsunfähigkeit und Dissens in Frage (FRANK/STRÄULI/MESSMER, § 293 N 12).

Ebenso ist Nichtigkeit i.S.v. Art. 20 OR, z.B. wegen Verstosses gegen Art. 27 ZGB, mit Revision geltend zu machen. Dies deshalb, weil die Prozesshandlung zu einem gerichtlichen Abschreibungsbeschluss führte, der einem rechtskräftigen Entscheid gleichgestellt ist. Daraus folgt, dass der Abschreibungsbeschluss nur in einem förmlichen Verfahren aufgehoben werden kann, selbst wenn geltend gemacht wird, der ihm vorgehende Dispositionsakt leide an amtswegig zu beachtender zivilrechtlicher Nichtigkeit. 65

Weil Klageanerkennung, Klagerückzug und gerichtlicher Vergleich **prozessuale Akte** mit materiellrechtlicher Wirkung sind, kommt es dem Prozessrecht zu, zu bestimmen, binnen welcher Fristen die Unwirksamkeit geltend gemacht werden kann (Art. 329). Die Prävalenz der prozessualen Fristen gegenüber jenen des materiellen Rechts (Art. 21, Art. 31 OR) war bereits für die kantonalen Prozessrechte anerkannt (BGE 110 II 44 E. 4c). 66

5. Verletzung der Europäischen Menschenrechtskonvention (Art. 328 Abs. 2)

a) Allgemeines

Als vierten Revisionsgrund enthält die ZPO den Tatbestand der Verletzung der Europäischen Menschenrechtskonvention vom 4.11.1950 und der einschlägigen Protokolle (EMRK, SR 0.101). Die Schweiz ist dem 6., 7. und 13. Zusatzprotokoll beigetreten (HAEFLIGER, 40 f.). 67

Dieser Revisionsgrund war bereits im OG (Art. 139a) enthalten und findet sich mit identischem Wortlaut auch im BGG (Art. 122). Auf den ersten Blick mutet die Inkorporierung dieses Revisionsgrunds in der ZPO erstaunlich an (gleichsinnig LEUENBERGER, Anwaltsrevue, 338). Gemäss Art. 35 Abs. 1 EMRK ist eine Individualbeschwerde an den Europäischen Gerichtshof für Menschenrechte nur nach Erschöpfung des innerstaatlichen Instanzenzugs möglich. Man würde deshalb davon ausgehen, dass in Zivilsachen ein Beschwerdeführer stets an das Bundesgericht zu gelangen habe, bevor eine Individualbeschwerde nach Strassburg eingelegt werden kann. Dies wiederum hätte zur Folge, dass bei Gutheissung der EMRK-Beschwerde das letztinstanzliche innerstaatliche Urteil den revisionsfähigen Entscheid darstellen würde, mithin der Entscheid des Bundesgerichts. Und genau für dieses Szenario wurde Art. 122 BGG erlassen, wonach ein Urteil des Bundesgerichts wegen Verletzung der EMRK revidiert werden kann (BSK BGG-ESCHER, Art. 122 N 2). 68

So gesehen entbehrt Art. 328 Abs. 2 nicht einer gewissen Redundanz, weil die Konstellation, in der ein **kantonaler Entscheid** in Zivilsachen wegen Verletzung der EMRK revidiert werden muss, praktisch nicht vorkommen wird. Einer Prozesspartei wird der Zugang an das Bundesgericht entweder mittels Beschwerde in Zivilsachen (Art. 72 ff. 69

BGG) oder subsidiärer Verfassungsbeschwerde (Art. 113 ff. BGG) offenstehen (AEMISEGGER, Rz 14 f.; SEILER/VON WERDT/GÜNGERICH, Art. 113 BGG N 6; vgl. LANTER, 210 ff.). Nur wenn ausnahmsweise der Zugang an das Bundesgericht nicht möglich wäre, müsste der Entscheid eines oberen kantonalen Gerichts revidiert werden (DONZALLAZ, LTF, Rz 4680; KORNICKER, 124).

b) Die Voraussetzungen im Einzelnen

70   Eine Revision eines kantonalen Entscheids wegen Verletzung der EMRK ist – wie bei Bundesgerichtsentscheiden (Art. 122 BGG) – nur möglich, sofern sämtliche der in Art. 328 Abs. 2 lit. a–c angeführten Voraussetzungen erfüllt sind.

71   Zunächst muss ein **endgültiges Urteil** des Europäischen Gerichtshofs für Menschenrechte vorliegen, in dem festgestellt wird, dass die EMRK oder die dazugehörigen Protokolle verletzt worden sind (Art. 328 Abs. 2 lit. a). Wann die Endgültigkeit eines Urteils des Europäischen Gerichtshofs für Menschenrechte eintritt, hängt davon ab, welche Kammer mit der Sache befasst ist. Während ein Urteil der Grossen Kammer sofort bei seinem Erlass endgültig ist (Art. 44 Abs. 1 EMRK), wird das Urteil einer Kammer endgültig, wenn die Parteien eine Verzichtserklärung abgeben, wonach sie keinen Antrag auf Verweisung der Rechtssache an die Grosse Kammer stellen werden. Weiter wird ein Kammerurteil endgültig, wenn nicht binnen drei Monaten seit dem Urteilsdatum ein Antrag auf Verweisung der Rechtssache an die Grosse Kammer eingegangen ist oder wenn der Ausschuss der Grossen Kammer den Antrag auf Verweisung abgelehnt hat (Art. 44 Abs. 2 EMRK).

72   Sodann kommt eine Revision nur in Frage, wenn eine **Entschädigung** nicht geeignet ist, die Folgen der Verletzung der EMRK auszugleichen (Art. 328 Abs. 2 lit. b; HAEFLIGER, 57 f.). Entscheidend ist, ob bei objektiver Betrachtung eine Entschädigung geeignet ist, die vom Beschwerdeführer infolge der EMRK-Verletzung erlittene Beeinträchtigung wiedergutzumachen. Dagegen kommt es nach hier vertretener Ansicht nicht darauf an, ob eine Entschädigung auch tatsächlich verlangt wurde oder ein solcher Antrag abgelehnt wurde (vgl. AEMISEGGER, Rz 20; **a.M.** BSK BGG-ESCHER, Art. 122 N 5; DONZALLAZ, LTF, Rz 4682). Es kann durchaus Fälle geben, in denen neben einer zugesprochenen Entschädigung auch eine Revision des innerstaatlichen Urteils notwendig ist, um die Folgen der EMRK-Verletzung auszugleichen (vgl. BGer, 2F_11/2008, E. 3.2; 2F_6/2009, E. 2.3). Indessen dient das Revisionsverfahren nicht dazu, die versäumte Einforderung einer Entschädigung nachzuholen (BSK BGG-ESCHER, Art. 122 N 5).

73   Die dritte Voraussetzung besteht darin, dass die Revision **notwendig** sein muss, um die Verletzung zu beseitigen (Art. 328 Abs. 2 lit. c). Damit wird ausgedrückt, dass sich die EMRK-Verletzung zum Nachteil des Revisionsklägers auf den innerstaatlichen Entscheid ausgewirkt haben muss (BSK BGG-ESCHER, Art. 122 N 6; BGer, 5F_6/2008, E. 2.2). Hat sich die EMRK-Verletzung mit anderen Worten im Ergebnis nicht zu Ungunsten des Revisionsklägers ausgewirkt, steht die Revision nicht zur Verfügung (LTF-FERRARI, Art. 122 N 13). Dies ist der Ausfluss des auch für Art. 328 Abs. 1 lit. a–b geltenden **Kausalitätserfordernisses**. So ist die Revision möglich, wenn trotz Feststellung der EMRK-Widrigkeit durch den Europäischen Gerichtshof für Menschenrechte die rechtswidrige Lage fortbesteht (BGer, 5F_6/2008, E. 2.2). Dies ist bspw. der Fall, wenn die Beweiserhebung und Beweiswürdigung nicht konventionskonform erfolgten, die folglich in einem neuen Verfahren zu wiederholen sind (BGE 120 V 150 E. 3a). Demgegenüber erachtet das Bundesgericht die Revision als grundsätzlich ausgeschlossen, wenn materielle Interessen auf dem Spiel stehen (BGer, 1F_1/2007, E. 3.2).

3. Kapitel: Revision   74–81 **Art. 328**

V. Revisionsinstanz

Zuständig in örtlicher und sachlicher Hinsicht ist das **kantonale Gericht**, das als letztes einen **revisionsfähigen Entscheid** gefällt hat (Art. 328 Abs. 1; BOTSCHAFT ZPO, 7380; N 8). Somit ist das Gesuch beim erstinstanzlichen Gericht einzureichen, sofern kein Berufungs- oder Beschwerdeverfahren stattfand. Denkbar ist auch, dass das Gesuch bei der Schlichtungsbehörde einzureichen ist, wenn diese einen rechtskräftigen Entscheid erlassen hat (Art. 208 Abs. 2, Art. 211 Abs. 1 und 3, Art. 212 Abs. 1; HOFMANN/ LÜSCHER, 204). Hat ein oberes kantonales Gericht als sachlich zuständige (einzige) Instanz einen erstinstanzlichen Entscheid erlassen, ist die Revision bei ihm einzureichen. 74

Wurde ein kantonales Rechtsmittelverfahren durchgeführt, ist zur Behandlung des Revisionsgesuches ausschliesslich die **kantonale Rechtsmittelinstanz** zuständig, sofern sie einen Entscheid in der Sache gefällt hat, sei es durch Abweisung der Berufung und Bestätigung des angefochtenen Entscheids im Berufungsentscheid oder durch Erlass eines reformatorischen Berufungsentscheids (Art. 318 Abs. 1 lit. a–b). Dasselbe gilt für das Beschwerdeverfahren: Weist das Rechtsmittelgericht die Beschwerde unter Bestätigung des angefochtenen Entscheides ab oder entscheidet es reformatorisch in der Sache neu (Art. 327 Abs. 3 lit. b), so ist es auch für die Revision zuständig. Für die Rechtsmittelabweisung ergibt sich dies jeweils daraus, dass der ablehnende Rechtsmittelentscheid den angefochtenen erstinstanzlichen Entscheid ersetzt. 75

STAEHELIN/STAEHELIN/GROLIMUND (§ 26 Rz 61) treten dafür ein, die kantonale Zweitinstanz solle nach Bewilligung der Revision die Sache an das erstinstanzliche Gericht zurückweisen, wenn der Revisionsgrund sich bereits im erstinstanzlichen Verfahren verwirklicht hatte. Tatsächlich ist es sachgerecht, den neuen Entscheid von der Erstinstanz fällen zu lassen, wodurch die Verfahrensparteien der kantonalen Rechtsmittelmöglichkeit nicht verlustig gehen. 76

Tritt das kantonale Rechtsmittelgericht aus einem prozessualen Grund auf das Rechtsmittel nicht ein, so ist die Revision beim erstinstanzlichen Gericht einzubringen, es sei denn, der geltend gemachte Revisionsgrund beziehe sich auf die Nichteintretensfrage (KORNICKER, 54; vgl. für die bundesgerichtlichen Rechtsmittel BGE 134 III 669 E. 2.2; 118 II 477 E. 1). 77

Wie bei der Revision von Bundesgerichtsurteilen (N 13) stellt sich im Zusammenhang mit kantonalen Beschwerdeentscheiden die Frage, ob es aufgrund des fehlenden Novenrechts der Beschwerde- und zugleich Revisionsinstanz in einem Revisionsverfahren verwehrt ist, neuentdeckte Tatsachen und Beweismittel zu berücksichtigen. Dies ist nach hier vertretener Ansicht zu verneinen. Dem für das Beschwerdeverfahren im Grundsatz geltenden Novenverbot kommt nicht der Zweck zu, eine aufgrund von Art. 328 gebotene Korrektur des Urteils zu unterbinden. Zudem kann die als Revisionsgericht amtende Beschwerdeinstanz nach Aufhebung ihres Entscheids die Sache zu neuem Entscheid an die Erstinstanz zurückweisen (Art. 327 Abs. 3 lit. a). 78

Bei einem Rückweisungsentscheid der Rechtsmittelinstanz ist das erstinstanzliche Gericht für die Behandlung des Revisionsgesuchs zuständig (N 24). 79

Die obere kantonale Instanz ist die sachlich zuständige Revisionsinstanz, wenn das Rechtsmittelverfahren vor ihr durch einen Klagerückzug oder eine Klageanerkennung als gegenstandslos beendet wurde (GULDENER, ZPR, 502). 80

Ein auf Art. 51 Abs. 3 gestütztes Revisionsgesuch ist ebenfalls beim Gericht einzureichen, das als letztes einen Entscheid gefällt hat. 81

VI. Rechtsmittelvoraussetzungen

1. Legitimation

82 Die Legitimation beantwortet die Frage, wer zur Einlegung einer Revision berechtigt ist (KORNICKER, 76). Zur Revisionsführung legitimiert sind die **Hauptparteien** des Erstverfahrens, das heisst die vormaligen Kläger und Beklagten. Bei einfacher Streitgenossenschaft kann jede Partei unabhängig von den anderen Streitgenossen eine Revision einlegen. Bei einer notwendigen Streitgenossenschaft müssen grundsätzlich alle Streitgenossen das Revisionsrechtsmittel einreichen. Aus Praktikabilitätsgründen genügt es, wenn der revisionswillige Streitgenosse für einen revisionsunwilligen Streitgenossen die Revision als Nebenintervenient einreicht (KORNICKER, 77; GULDENER, ZPR, 493 FN 61). Ebenso zur Revision legitimiert sind die **Nebenparteien** (Nebenintervenienten und Streitberufene), die sich am Erstverfahren beteiligt haben (STAEHELIN/STAEHELIN/GROLIMUND, § 26 Rz 50). Ein Nebenintervenient kann freilich nicht gegen den Willen der Hauptpartei Revision einlegen (BOTSCHAFT ZPO, 7282). Schliesslich können in Anwendung allgemeiner Grundsätze auch die Singular- und Universalsukzessoren einer Haupt- oder Nebenpartei ein Revisionsrechtsmittel erheben (KORNICKER, 79; SCHWEIZER, 131).

2. Beschwer

83 Weiter ist vorausgesetzt, dass der Revisionskläger **formell beschwert** ist, indem seine Anträge im Hauptverfahren vollständig oder teilweise abgewiesen wurden oder darauf nicht eingetreten wurde. Zudem muss der Revisionskläger durch das Hauptverfahren **materiell beschwert** sein, was bedeutet, dass seine Rechtsstellung im Hauptverfahren materiell beeinträchtigt worden sein muss (STAEHELIN/STAEHELIN/GROLIMUND, § 25 Rz 28 f.).

3. Rechtsschutzinteresse

84 Der Revisionskläger muss an der Durchführung des Revisionsverfahrens ein Rechtsschutzinteresse haben. Die erfolgreiche Einlegung einer Revision ist nur möglich, wenn durch die rechtskraftdurchbrechende Wiederaufnahme des Verfahrens dem Revisionskläger der anbegehrte materiellrechtliche Vorteil durch Erlass eines neuen Urteils noch verschafft werden kann (BGE 121 IV 317 E. 1a; 114 II 189 E. 2; GULDENER, ZPR, 494 ff.). Das Rechtsschutzinteresse fehlt deshalb, wenn aus rechtlichen oder tatsächlichen Gründen ausgeschlossen ist, dass die Rechtslage, die durch das zu revidierende Urteil geschaffen wurde, nachträglich im Sinne des Revisionsklägers geändert werden könnte (BGE 114 II 189 E. 2; BGer, 4A_596/2008, E. 3.5). So ist nach dem Tod des geschiedenen Ehegatten eine Revision des Urteils im Scheidungspunkt nicht mehr möglich (BGE 93 II 151 E. 5; krit. mit beachtlichen Argumenten KORNICKER, 66), ebenso bei zwischenzeitlich erfolgter Wiederverheiratung des Revisionsbeklagten (KORNICKER, 63 f.).

4. Fristeinhaltung und Begründungserfordernis

85 Vgl. dazu die Komm. zu Art. 329.

VII. Übergangsrecht

86 Es stellt sich die Frage, gestützt auf welche Bestimmungen kantonale Urteile zu revidieren sind, die vor dem 1.1.2011 ergingen. Art. 405 Abs. 2 nimmt sich dieser Frage an und ordnet an, dass unter den kantonalen Zivilprozessordnungen eröffnete Urteile nach

Massgabe der Bestimmungen der ZPO zu revidieren sind (HALDY, 93). Dies ist eine Ausnahme vom für die übrigen Rechtsmittel geltenden Grundsatz, wonach das Recht gilt, das bei der Eröffnung des Entscheides in Kraft ist (Art. 405 Abs. 1).

Art. 405 Abs. 2 hat somit zur Folge, dass ab dem Zeitpunkt des Inkrafttretens der ZPO am 1.1.2011 Revisionsverfahren stets in Anwendung von Art. 328 ff. zu erfolgen haben, und zwar unabhängig davon, ob der angefochtene kantonale Entscheid vor dem 1.1.2011 oder nach diesem Zeitpunkt noch unter Geltung eines kantonalen Verfahrensrechts eröffnet wurde.

Ist am 1.1.2011 ein unter kantonalem Recht begonnenes Revisionsverfahren anhängig, so ist es gestützt auf Art. 404 Abs. 1 in Anwendung der kantonalen Verfahrensbestimmungen zu Ende zu führen.

Art. 329

Revisionsgesuch und Revisionsfristen

¹ **Das Revisionsgesuch ist innert 90 Tagen seit Entdeckung des Revisionsgrundes schriftlich und begründet einzureichen.**

² **Nach Ablauf von zehn Jahren seit Eintritt der Rechtskraft des Entscheids kann die Revision nicht mehr verlangt werden, ausser im Falle von Artikel 328 Absatz 1 Buchstabe b.**

Délais et forme

¹ Le délai pour demander la révision est de 90 jours à compter de celui où le motif de révision est découvert; la demande est écrite et motivée.

² Le droit de demander la révision se périme par dix ans à compter de l'entrée en force de la décision, à l'exception des cas prévus à l'art. 328, al. 1, let. b.

Domanda e termini di revisione

¹ La domanda di revisione, scritta e motivata, dev'essere presentata entro 90 giorni dalla scoperta del motivo di revisione.

² Dopo dieci anni dal passaggio in giudicato della decisione, la revisione non può più essere domandata, salvo nel caso di cui all'articolo 328 capoverso 1 lettera b.

Inhaltsübersicht

	Note
I. Überblick	1
II. Die Revisionsfristen	3
III. Die Formerfordernisse	12

Literatur

Vgl. die Literaturhinweise zu Art. 328.

I. Überblick

Im Interesse der **Rechtssicherheit** und der Beständigkeit der Rechtskraftwirkung eines Entscheides kann die Revision nur innerhalb bestimmter **Fristen** verlangt werden. Nach Ablauf der in Art. 329 aufgestellten Fristen gewichtet das Gesetz die Unabänderlichkeit eines Entscheides höher, selbst wenn er auf einer fehlerhaften tatsächlichen Grundlage beruht oder die Revisionsgründe von Art. 328 Abs. 1 lit. c oder Art. 328 Abs. 2 vorliegen. Anders verhält es sich – rechtspolitisch begrüssenswert – mit dem Revisionsgrund des Verbrechens oder Vergehens (Art. 328 Abs. 1 lit. b), welche zum Nachteil einer Partei auf den Entscheid einwirkten. Diesbezüglich kann auch nach Ablauf der in Art. 329 Abs. 2 enthaltenen absoluten Frist die Revision verlangt werden.

2 Daneben enthält Art. 329 Abs. 1 die **formellen Anforderungen**, die ein Revisionsgesuch zu erfüllen hat: Es muss schriftlich abgefasst und mit einer Begründung versehen sein.

II. Die Revisionsfristen

3 Art. 329 stellt zwei Fristen auf, die ein Revisionskläger einzuhalten hat. Eine **relative**, 90-tägige, die ab Entdeckung eines Revisionsgrundes läuft (Art. 329 Abs. 1; STAEHELIN/STAEHELIN/GROLIMUND, § 26 Rz 62). Es handelt sich um eine **Verwirkungsfrist** mit der Folge, dass Nichteinhaltung der Frist zum Rechtsverlust führt. Auf ein verspätetes Revisionsgesuch kann mangels Fristwahrung nicht eingetreten werden.

4 Die relative Frist läuft ab **Entdeckung des Revisionsgrundes**. Gemäss Art. 142 Abs. 1 ist sie ab dem der Entdeckung des Revisionsgrundes folgenden Tag zu berechnen, und für ihr Ende ist Art. 142 Abs. 3 zu beachten. Sie ist nicht erstreckbar, hingegen findet die Stillstandsregelung Anwendung (Art. 145 Abs. 1, Art. 146 Abs. 1). Liegen mehrere Revisionsgründe vor, ist für jeden einzelnen eine separate Frist zu beachten.

5 Ein Revisionsgrund ist entdeckt, sobald der Revisionskläger von den tatbestandlichen Elementen, die den Revisionsgrund konstituieren, **sichere Kenntnis** hat (STAEHELIN/STAEHELIN/GROLIMUND, § 26 Rz 62). Bezüglich einer neuentdeckten Tatsache oder eines neuentdeckten Beweismittels ist dies der Zeitpunkt, in dem der Revisionskläger von deren Existenz derartige Kenntnis erlangt hat, dass jeglicher Zweifel hierüber ausgeschlossen ist. Beispielsweise muss er sichere Kenntnis darüber erlangt haben, dass ein Zeuge die revisionsbegründende Tatsache tatsächlich wahrgenommen hat und darüber Zeugnis ablegen kann. Blosse Mutmassungen sind nicht fristauslösend. Bei sicherer Kenntnis beginnt die Frist ungeachtet der Beweisbarkeit der neuentdeckten Tatsache zu laufen (BGer, 4C.111/2006, E. 1.1; BGE 95 II 283 E. 2b; **a.M.** RUST, 72).

6 Hinsichtlich des zur Revision berechtigenden Verbrechens oder Vergehens beginnt die Frist mit dem Abschluss des Strafverfahrens zu laufen (Urteil oder Verfahrenseinstellung; BOTSCHAFT ZPO, 7380). Wird kein Strafverfahren durchgeführt, so läuft die relative Frist ab dem Zeitpunkt, ab welchem der Revisionskläger dies mit Sicherheit erkennen konnte und musste. Für den Fristbeginn ist diesfalls weiter vorausgesetzt, dass der Revisionskläger von der Straftat und den sie beweisenden Umständen sichere Kenntnis erlangt hat (LTF-FERRARI, Art. 124 N 7).

7 Wird die zivilrechtliche Unwirksamkeit einer verfahrensabschliessenden Prozesshandlung geltend gemacht, so ist diese ebenfalls binnen 90 Tagen seit Entdeckung des Unwirksamkeitsgrundes geltend zu machen. Art. 21 bzw. Art. 31 OR haben im Kontext der Revision keine Geltung, sondern sind durch die prozessuale Sonderbestimmung des Art. 329 verdrängt (JEANDIN, 356 FN 81).

8 Mit Bezug auf den Revisionsgrund der EMRK-Verletzung (Art. 328 Abs. 2) läuft die relative Frist ab dem Zeitpunkt, ab welchem die Endgültigkeit des Urteils des Europäischen Gerichtshofs für Menschenrechte feststeht (vgl. Art. 124 Abs. 1 lit. c BGG; BGer, 2F_6/2009, E. 2.1). Ein von der Grossen Kammer erlassenes Urteil ist mit seiner Ausfäl-

lung endgültig (Art. 44 Abs. 1 EMRK), während das Urteil einer Kammer Endgültigkeit erlangt, wenn die Parteien eine Verzichtserklärung abgeben, die Rechtssache an die Grosse Kammer zu verweisen. Dasselbe tritt nach Ablauf von drei Monaten seit dem Urteilsdatum ein, wenn kein Antrag auf Verweisung an die Grosse Kammer eingeht oder wenn der Ausschuss der Grossen Kammer den Antrag auf Verweisung abgelehnt hat (Art. 44 Abs. 2 EMRK).

Hinsichtlich eines Urteils der Grossen Kammer ist dessen Verkündung oder Zustellung fristauslösend (Art. 77 Abs. 2 und 3 Verfahrensordnung des Europäischen Gerichtshofs für Menschenrechte [SR 0.101.2]), und zwar der der Verkündung oder Zustellung folgende Tag (Art. 142 Abs. 1). Bei Kammerurteilen beginnt die relative Frist am dem Eintritt der Endgültigkeit folgenden Tag zu laufen. 9

In Art. 329 Abs. 2 ist die **absolute zehnjährige Frist** statuiert, die ebenfalls eine **Verwirkungsfrist** ist (BOTSCHAFT ZPO, 7380). Grundsätzlich soll nach Ablauf von zehn Jahren seit **Eintritt der materiellen Rechtskraft** des angefochtenen Entscheids keine Revision mehr möglich sein. Fand kein Berufungsverfahren statt, läuft diese Frist somit ab Ablauf der Rechtsmittelfrist zur Einlegung der Berufung. 10

Die **Ausnahme** betrifft den Revisionsgrund von Art. 328 Abs. 1 lit. b. Die Einwirkung strafbaren Verhaltens auf die Urteilsfindung wird vom Gesetzgeber als derart gravierend eingestuft, dass die absolute Verwirkungsfrist gemäss Art. 329 Abs. 2 für diesen Revisionsgrund keine Geltung hat. 11

III. Die Formerfordernisse

Das Revisionsgesuch ist bei der Revisionsinstanz (dazu Art. 328 N 74 ff.) in **schriftlicher Form** einzureichen. Es muss **begründet** sein, was bedeutet, dass der Revisionskläger das Vorliegen sämtlicher Revisionsvoraussetzungen darzulegen hat. 12

Der Revisionskläger muss im Gesuch dartun, dass die folgenden Voraussetzungen erfüllt sind: 13

– die Legitimation des Revisionsklägers zur Erhebung einer Revision;

– die Beschwer des Revisionsklägers durch den angefochtenen Entscheid;

– das Rechtsschutzinteresse des Revisionsklägers an der Wiederaufnahme des Verfahrens;

– die Einreichung des Revisionsgesuchs binnen der relativen und absoluten Frist (abgesehen vom in Art. 328 Abs. 1 lit. b enthaltenen Revisionsgrund, wo nur die relative Frist einzuhalten ist). Die fristgerechte Einreichung des Revisionsgesuches ist nicht nur glaubhaft zu machen, sondern nachzuweisen (BALTZER-BADER, 105);

– das Vorliegen eines oder mehrerer Revisionsgründe;

– die Erheblichkeit des Revisionsgrundes: Der Revisionskläger muss darlegen, dass bei Berücksichtigung der neuentdeckten Tatsache oder des Beweismittels bei korrekter Rechtsanwendung der Entscheid für den Revisionskläger günstiger ausgefallen wäre. Analog muss bei Geltendmachung der Revisionsgründe von Art. 328 Abs. 1 lit. b und Art. 328 Abs. 2 dargetan werden, dass ohne strafbares Verhalten bzw. EMRK-Verletzung der angefochtene Entscheid für den Revisionskläger vorteilhafter ausgefallen wäre;

– das Gesuch muss einen Antrag enthalten, inwieweit der angefochtene Entscheid aufzuheben ist. Auch muss das Gesuch das Rechtsbegehren enthalten, wie das Gericht im Falle der Gesuchsgutheissung, d.h. der Aufhebung des angefochtenen Entscheids, zu entscheiden hat (Art. 333 Abs. 1; STAEHELIN/STAEHELIN/GROLIMUND, § 26 Rz 63; **a.M.** GASSER/RICKLI, Art. 329 ZPO N 1);

– schliesslich hat der Revisionskläger bei Geltendmachung des Revisionsgrundes von Art. 328 Abs. 1 lit. a aufzuzeigen, dass ihm das Nachschieben der neuentdeckten Tatsache oder des Beweismittels nicht als Verletzung durchschnittlicher Sorgfalt angelastet werden kann. Um nachzuweisen, weshalb er nicht imstande war, bereits im Erstverfahren die neuplädierte Tatsache oder das neuentdeckte Beweismittel anzurufen, muss dem Revisionskläger gestattet sein, die Abnahme von relevanten Beweismitteln zu beantragen.

14 Es empfiehlt sich, dem Gesuch eine Kopie des angefochtenen Entscheids beizulegen (vgl. Art. 311 Abs. 2, Art. 321 Abs. 3).

Art. 330

Stellungnahme der Gegenpartei	Das Gericht stellt das Revisionsgesuch der Gegenpartei zur Stellungnahme zu, es sei denn, das Gesuch sei offensichtlich unzulässig oder offensichtlich unbegründet.
Avis de la partie adverse	Le tribunal notifie la demande en révision à la partie adverse pour qu'elle se détermine, sauf si la demande est manifestement irrecevable ou infondée.
Osservazioni della controparte	Se la domanda di revisione non risulta manifestamente inammissibile o manifestamente infondata, il giudice la notifica alla controparte affinché presenti le sue osservazioni.

Inhaltsübersicht Note

I. Allgemeines 1
II. Absehen von der Einholung einer Stellungnahme der Gegenpartei 3

Literatur

Vgl. die Literaturhinweise zu Art. 328.

I. Allgemeines

1 Art. 330 ZPO wurde aufgrund der Vernehmlassungsergebnisse zum Zwecke der Klarstellung in das Gesetz aufgenommen (BOTSCHAFT ZPO, 7381). Das Recht der Gegenpartei, sich zum Revisionsgesuch zu äussern, folgt aus dem **Anspruch auf rechtliches Gehör** (Art. 53 Abs. 1 ZPO). Nach Eingang eines Revisionsgesuches stellt das Revisionsgericht das Gesuch der Gegenpartei zu und lädt sie ein, binnen der angesetzten Frist dazu Stellung zu nehmen.

2 Die Gegenpartei ist berechtigt, in ihrer Stellungnahme zur Entkräftung eines geltend gemachten Revisionsgrundes, der für sie ein Novum darstellt, ihrerseits neue Tatsachen und Beweismittel anzuführen (STAEHELIN/STAEHELIN/GROLIMUND, § 26 Rz 63). Gestützt auf

das allgemeine Replikrecht steht es daraufhin dem Revisionskläger frei, zur gegnerischen Stellungnahme eine Replik einzureichen (GASSER/RICKLI, Art. 330 ZPO).

II. Absehen von der Einholung einer Stellungnahme der Gegenpartei

Eine Stellungnahme der Gegenpartei zum Revisionsgesuch muss nicht in jedem Fall eingeholt werden. Zum einen kann das Gericht davon absehen, wenn das Revisionsgesuch offensichtlich unzulässig ist; zum anderen wenn es offensichtlich unbegründet ist. Dies ergibt sich aus dem allgemeinen Grundsatz, dass die Gegenpartei nicht angehört zu werden braucht, wenn das Gericht einen Entscheid zu ihren Gunsten zu treffen hat. 3

Das Erfordernis der **Offensichtlichkeit** macht freilich deutlich, dass von der Einladung der Gegenpartei zur Stellungnahme nur bei **klarer Sach- und Rechtslage** abgesehen werden kann. Mit dem Kriterium der **offensichtlichen Unzulässigkeit** zielt das Gesetz auf Revisionsgesuche, auf die mangels Vorliegens der formellen Erfordernisse von vornherein nicht eingetreten werden kann. Dies trifft etwa zu, wenn 4

- offensichtlich feststeht, dass die relative oder absolute Verwirkungsfrist (Art. 329 ZPO) nicht eingehalten wurde;
- dem Revisionskläger das Rechtsschutzinteresse abgeht, weil selbst bei Gutheissung des Revisionsgesuches und Wiederaufnahme des Verfahrens das Rechtsschutzziel nicht mehr erreichbar ist (BGE 121 IV 317 E. 1a; 114 II 189 E. 2);
- kein revisionsfähiger kantonaler Entscheid vorliegt, weil beispielsweise das Bundesgericht auf Beschwerde hin reformatorisch entschieden hat (Art. 328 ZPO N 12).

Mit der **offensichtlichen Unbegründetheit** sind nicht etwa solche Revisionsgesuche angesprochen, die lediglich eine mangelhafte formelle Begründung aufweisen, sondern solche, bei denen offensichtlich ist, dass sie materiell unbegründet sind. Dies folgt aus Art. 56 ZPO, wonach das Revisionsgericht bei unvollständigen Vorbringen einer Partei Gelegenheit zur Klarstellung und Ergänzung einzuräumen hat. 5

Die offensichtliche Unbegründetheit kann darin bestehen, dass der Revisionskläger sein Gesuch mit einem Umstand begründet, der vom Gesetz nicht als Revisionsgrund anerkannt ist, wie dies beispielsweise für erst nach Abschluss des Erstverfahrens entstandene Tatsachen und Beweismittel (Art. 328 Abs. 1 lit. a ZPO) oder die Rüge von Verfahrensfehlern zutrifft (Art. 328 ZPO N 35). Weiter ist ein Revisionsgesuch offensichtlich unbegründet, wenn klarerweise kein Kausalzusammenhang zwischen dem ins Feld geführten Revisionsgrund und dem Verfahrensausgang besteht, mit anderen Worten beispielsweise das neuentdeckte Beweismittel nur zum Beweis einer für den Verfahrensausgang unerheblichen Tatsache dient. Gleiches gilt, wenn aufgrund des Revisionsgesuches offensichtlich ist, dass der Revisionskläger im Erstverfahren der ihm obliegenden Sorgfaltspflicht nicht entsprochen hat und deshalb eine neuentdeckte Tatsache oder ein neuentdecktes Beweismittel im Revisionsverfahren nicht mehr berücksichtigt werden kann. 6

Die Verfahrensbestimmungen betreffend das Revisionsrechtsmittel (Art. 330–334 ZPO) sind Sonderbestimmungen, die den verfahrensrechtlichen Besonderheiten des Erstverfahrens vorgehen. So braucht das Revisionsverfahren selber beispielsweise nicht in einem «vereinfachten» Verfahren durchgeführt zu werden, auch wenn der zu revidierende Entscheid in einem derartigen Verfahren erlassen wurde (**a.M.** HOFMANN/LÜSCHER, 204). 7

Art. 331

Aufschiebende Wirkung	[1] Das Revisionsgesuch hemmt die Rechtskraft und die Vollstreckbarkeit des Entscheids nicht. [2] Das Gericht kann die Vollstreckung aufschieben. Nötigenfalls ordnet es sichernde Massnahmen oder die Leistung einer Sicherheit an.
Effet suspensif	[1] La demande en révision ne suspend pas la force de chose jugée et le caractère exécutoire de la décision. [2] Le tribunal peut suspendre le caractère exécutoire de la décision. Il ordonne au besoin des mesures conservatoires ou la fourniture de sûretés.
Effetto sospensivo	[1] La domanda di revisione non preclude l'efficacia e l'esecutività della decisione impugnata. [2] Il giudice può differire l'esecuzione della decisione impugnata. Se del caso ordina provvedimenti conservativi o la prestazione di garanzie.

Inhaltsübersicht

	Note
I. Grundsatz: Keine Hemmung der Vollstreckbarkeit durch Einreichung eines Revisionsgesuchs	1
II. Gewährung der aufschiebenden Wirkung	2

Literatur

P. VON SALIS, Probleme des Suspensiveffektes von Rechtsmitteln im Zivilprozess- und Schuldbetreibungs- und Konkursrecht, Diss. Zürich 1980; vgl. auch die Literaturhinweise zu Art. 328.

I. Grundsatz: Keine Hemmung der Vollstreckbarkeit durch Einreichung eines Revisionsgesuchs

1   Art. 331 Abs. 1 statuiert den Grundsatz, dass eine Revision, die ein **ausserordentliches Rechtsmittel** ist, die Rechtskraft und die Vollstreckbarkeit des angefochtenen Entscheides nicht hemmt. Die Einreichung eines Revisionsgesuches ändert somit nichts an der bestehenden formellen und damit einhergehenden materiellen Rechtskraft des zu revidierenden Entscheides. Als Folge davon bleibt auch dessen Vollstreckbarkeit unberührt. Vielfach wird die Vollstreckung des angefochtenen Entscheides ohnehin bereits stattgefunden haben.

II. Gewährung der aufschiebenden Wirkung

2   Der Revisionskläger kann im Revisionsgesuch beantragen, das Gericht solle die Vollstreckbarkeit aufschieben, sofern noch keine Vollstreckung stattgefunden hat. Bei der Beurteilung eines solchen Antrages wird das Gericht folgende Gesichtspunkte berücksichtigen:

- die **Erfolgsaussichten** der Revision (BOTSCHAFT ZPO, 7381). Im Regelfall wird das Gericht nach Einholung der Stellungnahme der Gegenpartei summarisch darüber zu befinden haben, ob das Revisionsgesuch als begründet erscheint. Es ist zu beurteilen,

3. Kapitel: Revision Art. 332

ob das Revisionsgesuch voraussichtlich gutzuheissen und ein neuer Entscheid zu fällen sein wird (Art. 333 Abs. 1).

– Das Gericht hat bei seiner Abwägung den geltend gemachten **Nachteil** zu berücksichtigen, den der **Revisionskläger** erleiden würde, würde das Gesuch um aufschiebende Wirkung abgewiesen (BOTSCHAFT ZPO, 7381; OGer ZH, ZR 97 Nr. 2).

– Schliesslich hat das Gericht auch den **Nachteil** zu würdigen, welcher dem **Revisionsbeklagten** entstünde, wenn die Vollstreckbarkeit aufgeschoben würde.

Bezüglich des letzten Entscheidungsgesichtspunkts fällt ins Gewicht, dass das Gericht bei Gewährung der aufschiebenden Wirkung sichernde Massnahmen oder die Leistung einer Sicherheit anordnen kann (Art. 331 Abs. 2), wodurch der potentielle Nachteil des Revisionsbeklagten aufgewogen werden kann. Das Gericht kann solches von Amtes wegen anordnen, anstatt den Antrag vollständig abzuweisen (*in maiore minus*; HOFMANN/ LÜSCHER, 204). 3

Sichernde Massnahmen können bspw. ein Verfügungsverbot beinhalten (Art. 325 N 8). Der Revisionskläger kann auch verpflichtet werden, für eine geschuldete Nichtgeldleistung beim Gericht eine Sicherheitsleistung zu hinterlegen, damit die spätere Vollstreckung gewährleistet bleibt (vgl. VON SALIS, 60). 4

Bei ausgewiesener zeitlicher Dringlichkeit kann der Revisionskläger das Gesuch um Erteilung der aufschiebenden Wirkung auch als **superprovisorisches Begehren** stellen. Nach Gutheissung eines solchen Gesuches, was mit der Anordnung sichernder Massnahmen oder der Leistung einer Sicherheit verbunden werden kann, wird das Gericht die Gegenpartei nachträglich zur Stellungnahme einladen und gegebenenfalls die aufschiebende Wirkung wieder entziehen (vgl. Art. 265 Abs. 2), zusätzliche sichernde Massnahmen oder die Leistung einer zusätzlichen Sicherheit anordnen. 5

Art. 332

Entscheid über das Revisionsgesuch **Der Entscheid über das Revisionsgesuch ist mit Beschwerde anfechtbar.**

Décision sur la demande en révision La décision sur la demande en révision peut faire l'objet d'un recours.

Decisione sulla domanda di revisione La decisione sulla domanda di revisione è impugnabile mediante reclamo.

Inhaltsübersicht Note

I. Anfechtbarkeit des erstinstanzlichen kantonalen Entscheides über die Zulässigkeit der Revision mit Beschwerde (Art. 319 ff.) 1

II. Anfechtbarkeit des oberinstanzlichen kantonalen Entscheides über die Zulässigkeit der Revision mit Beschwerde in Zivilsachen oder subsidiärer Verfassungsbeschwerde 2

III. Anfechtung des nach Aufhebung des zu revidierenden Entscheides ergangenen neuen Entscheides 4

Literatur

Vgl. die Literaturhinweise zu Art. 328.

I. Anfechtbarkeit des erstinstanzlichen kantonalen Entscheides über die Zulässigkeit der Revision mit Beschwerde (Art. 319 ff.)

1 Art. 332 ordnet an, dass der Entscheid über die Zulässigkeit des Revisionsgesuchs – das sog. *iudicium rescindens* – mit Beschwerde (Art. 319 ff.) angefochten werden kann, sofern er von einem erstinstanzlichen kantonalen Gericht erlassen wurde. Der Entscheid des Beschwerdegerichts, das die Rechtsanwendung der Vorinstanz prüfen und bei offensichtlich unrichtiger Sachverhaltsfeststellung eingreifen kann (Art. 320), ist nach Massgabe des BGG an das Bundesgericht weiterziehbar. Bestätigt das kantonale Rechtsmittelgericht einen erstinstanzlichen Nichteintretens- oder Abweisungsentscheid über das Revisionsgesuch, liegt ein verfahrensabschliessender Endentscheid i.S.v. Art. 90 BGG vor (BGE 134 I 86 E. 3.1). Bestätigt die Rechtsmittelinstanz dagegen einen gutheissenden erstinstanzlichen Revisionsentscheid oder entscheidet neu in diesem Sinne, so stellt ein solcher Entscheid einen Zwischenentscheid dar (BGE 133 III 629 E. 2.2), der unter den Voraussetzungen von Art. 93 Abs. 1 BGG an das Bundesgericht weitergezogen werden kann.

II. Anfechtbarkeit des oberinstanzlichen kantonalen Entscheides über die Zulässigkeit der Revision mit Beschwerde in Zivilsachen oder subsidiärer Verfassungsbeschwerde

2 Hat ein oberes kantonales Gericht über die Zulässigkeit der Revision entschieden, steht die in Art. 332 erwähnte Beschwerdemöglichkeit nicht zur Verfügung. Der Entscheid der kantonalen Instanz über die Zulässigkeit der Revision kann in einem solchen Fall mit Beschwerde in Zivilsachen (Art. 72 ff. BGG) oder subsidiärer Verfassungsbeschwerde (Art. 113 ff. BGG) beim Bundesgericht angefochten werden (BALTZER-BADER, 105). Je nachdem, ob ein verfahrensabschliessender Nichteintretens- oder Ablehnungsentscheid über das Revisionsgesuch vorliegt, handelt es sich wiederum um einen Endentscheid (Art. 90 BGG), andernfalls um einen Zwischenentscheid (Art. 93 Abs. 1 BGG; GASSER/RICKLI, Art. 332 ZPO N 2).

3 Die bundesrechtliche Natur der Schweizerischen ZPO ermöglicht nunmehr eine volle Rechtskontrolle durch das Bundesgericht im Verfahren der Beschwerde in Zivilsachen (LANTER, 248; JEANDIN, 356 FN 83).

III. Anfechtung des nach Aufhebung des zu revidierenden Entscheides ergangenen neuen Entscheides

4 In Art. 332 nicht erwähnt ist die Rechtsmittelmöglichkeit, die im Anschluss an den Erlass des neuen Entscheides – das sogenannte *iudicium rescissorium* – besteht. Dieser Entscheid ergeht bspw. auf der Grundlage eines neuen Tatsachenfundaments oder nach Würdigung neuer Beweismittel (Art. 328 Abs. 1 lit. a), weshalb für den in Frage stehenden Entscheid die gesetzlich vorgesehenen Rechtsmittelmöglichkeiten zur Verfügung stehen (BALTZER-BADER, 105; BRÖNNIMANN, 94; HALDY, 93; **a.M.** HOFMANN/LÜSCHER, 205, die lediglich von einer Beschwerdemöglichkeit ausgehen).

5 Entsprechendes gilt, wenn auf den revidierten Entscheid durch eine strafbare Handlung eingewirkt wurde (Art. 328 Abs. 1 lit. b) oder er auf einer für die Rechtsstellung des Re-

visionsklägers relevanten EMRK-Verletzung beruhte (Art. 328 Abs. 2). Der neue Entscheid, der frei von solchen Einflüssen zustande kam, kann mit den verfügbaren Rechtsmitteln angefochten werden. Im Falle des Revisionsgrundes von Art. 328 Abs. 1 lit. c kann selbstverständlich der am Ende des allfällig zu Ende geführten Verfahrens – z.B. bei Anfechtung des Klagerückzugs – ergehende neue Entscheid Gegenstand einer Rechtsmittelanfechtung sein.

Wurde nicht der ganze Entscheid des Erstverfahrens aufgehoben, sondern nur bezüglich eines Teiles ein neuer Entscheid erlassen, so ist das anwendbare Hauptrechtsmittel aufgrund des Streitwerts der im neuen Verfahren noch streitigen Fragen zu bestimmen (vgl. auch Art. 334 N 17, Art. 308 N 8). **6**

Art. 333

Neuer Entscheid in der Sache

¹ Heisst das Gericht das Revisionsgesuch gut, so hebt es seinen früheren Entscheid auf und entscheidet neu.

² Im neuen Entscheid entscheidet es auch über die Kosten des früheren Verfahrens.

³ Es eröffnet seinen Entscheid mit einer schriftlichen Begründung.

Nouvelle décision sur le fond

¹ Si le tribunal accepte la demande en révision, il annule la décision antérieure et statue à nouveau.

² Il statue également dans la nouvelle décision sur les frais de la procédure antérieure.

³ Il communique sa décision aux parties avec une motivation écrite.

Nuova decisione nel merito

¹ Se accoglie la domanda di revisione, il giudice annulla la sua precedente decisione e statuisce nuovamente.

² Nella nuova decisione il giudice decide anche sulle spese della precedente procedura.

³ Il giudice notifica la sua decisione con motivazione scritta.

Inhaltsübersicht

	Note
I. Zweiteilung des Revisionsverfahrens	1
II. Prozesskosten	5
III. Begründungspflicht	7

Literatur

Vgl. die Literaturhinweise zu Art. 328.

I. Zweiteilung des Revisionsverfahrens

Der Wortlaut von Art. 332 und 333 Abs. 1 sowie die BOTSCHAFT ZPO (7381) lassen erkennen, dass das Verfahren gemäss der ZPO in zwei formell unterscheidbare Abschnitte aufgegliedert ist. Zunächst entscheidet das Revisionsgericht über die **Zulässigkeit** und **1**

Begründetheit der Revision (SPÜHLER, CH-ZPO, 61; LEUENBERGER, Rechtsmittelverfahren, 43). Bejaht es diese, wird das Revisionsgesuch gutgeheissen und der angefochtene Entscheid mit Wirkung *ex tunc* aufgehoben (Art 333 Abs. 1 ZPO; RUST, 176). Der diesen Verfahrensabschnitt beschliessende Entscheid wird auch als *iudicium rescindens* bezeichnet (STAEHELIN/STAEHELIN/GROLIMUND, § 26 Rz 64). Mit der Aufhebung des angefochtenen Entscheids tritt die **Rechtshängigkeit** der in Frage stehenden Streitsache wieder ein.

2 Der Entscheid über die Zulässigkeit und Begründetheit der Revision ist aufgrund von Art. 332 mit Beschwerde anfechtbar. Waltete ein oberes kantonales Gericht als Revisionsinstanz, richtet sich die Rechtsmittelfähigkeit nach dem BGG (Art. 332 ZPO N 2).

3 Im nachfolgenden Verfahrensabschnitt, dessen abschliessenden Entscheid man als *iudicium rescissorium* zu bezeichnen pflegt (STAEHELIN/STAEHELIN/GROLIMUND, § 26 Rz 64), fällt das Gericht – gegebenenfalls nach Durchführung einer Beweisabnahme – einen neuen Entscheid in der Sache (Art. 333 Abs. 1 i.f.). Der Prozess wird im Zeitpunkt der Aufhebung wiederaufgenommen, so dass auf den in diesem Zeitpunkt vorliegenden Sachverhalt abgestellt werden kann (RUST, 177 f.). Dieser Verfahrensabschnitt untersteht den allgemeinen, auf die jeweilige Streitsache anwendbaren Verfahrensregeln der ZPO (GULDENER, ZPR, 535). Weil der Erstentscheid (ganz oder teilweise) aufgehoben wurde, können bezüglich des aufgehobenen Teils **Noven** vorgebracht werden.

4 Wurde das Revisionsgesuch bei einer kantonalen Rechtsmittelinstanz eingereicht, so steht es dieser frei, die Sache zur Durchführung des zum neuen Entscheid führenden Verfahrens an die Erstinstanz zurückzuweisen (STAEHELIN/STAEHELIN/GROLIMUND, § 26 Rz 64).

II. Prozesskosten

5 Art. 333 Abs. 2 gibt dem Gericht auf, auch über die Kosten des früheren Verfahrens neu zu entscheiden. Die Notwendigkeit, die im früheren Verfahren erfolgte Verlegung der Gerichtskosten und der Parteientschädigung (Art. 95) neu zu regeln, folgt bereits aus dem Umstand, dass mit Gutheissung des Revisionsgesuchs der zu revidierende Entscheid (ganz oder teilweise) aufgehoben wird, so dass auch dessen Kosten- und Entschädigungsanordnungen (mindestens teilweise) hinfällig sind. Bei der Neuverlegung der Prozesskosten kann das Gericht im Rahmen seiner Ermessensausübung (Art. 107) die Art des Revisionsgrundes berücksichtigen. So wird es bspw. sachgerecht sein, dem Revisionskläger keine Prozesskosten aufzuerlegen, wenn durch eine strafbare Handlung auf den früheren Entscheid eingewirkt worden war oder eine EMRK-Verletzung den Anlass zur Revision gab.

6 Die Prozesskosten des eigentlichen Revisionsverfahrens (einschliesslich des neuen Verfahrens) sind grundsätzlich nach Massgabe von Art. 106 zu verlegen (STAEHELIN/STAEHELIN/GROLIMUND, § 26 Rz 66), wobei dem Gericht offensteht, sich einer ermessensweisen Verlegung zu bedienen (Art. 107).

III. Begründungspflicht

7 Art. 333 Abs. 3 hält die Selbstverständlichkeit fest, dass das Revisionsgericht seinen Entscheid mit einer schriftlichen Begründung auszustatten hat. Die Pflicht, die wesentlichen Überlegungen anzugeben, die das Gericht zu seinem Entscheid bewogen haben, folgt bereits aus dem verfassungsrechtlichen Anspruch auf rechtliches Gehör (Art. 29 Abs. 2 BV; BGE 134 I 83 E. 4.1).

Art. 333 Abs. 3 steht unter der Überschrift «Neuer Entscheid in der Sache». Somit steht nach dieser Bestimmung das Gericht in der Pflicht, den neuen Entscheid in der Sache mit einer Begründung zu versehen (so auch STAEHELIN/STAEHELIN/GROLIMUND, § 26 Rz 65). Dieser Entscheid kann mit den verfügbaren Hauptrechtsmitteln der ZPO oder des BGG angefochten werden (Art. 332 N 4 f.). 8

Der Gehörsanspruch gebietet selbstverständlich auch, dass der vorangehende Zulässigkeitsentscheid begründet wird. Nur dadurch bleibt das Beschwerderecht der Parteien (Art. 332) gewährleistet. 9

4. Kapitel: Erläuterung und Berichtigung

Art. 334

[1] Ist das Dispositiv unklar, widersprüchlich oder unvollständig oder steht es mit der Begründung im Widerspruch, so nimmt das Gericht auf Gesuch einer Partei oder von Amtes wegen eine Erläuterung oder Berichtigung des Entscheids vor. Im Gesuch sind die beanstandeten Stellen und die gewünschten Änderungen anzugeben.

[2] Die Artikel 330 und 331 gelten sinngemäss. Bei der Berichtigung von Schreib- oder Rechnungsfehlern kann das Gericht auf eine Stellungnahme der Parteien verzichten.

[3] Ein Entscheid über das Erläuterungs- oder Berichtigungsgesuch ist mit Beschwerde anfechtbar.

[4] Der erläuterte oder berichtigte Entscheid wird den Parteien eröffnet.

[1] Si le dispositif de la décision est peu clair, contradictoire ou incomplet ou qu'il ne correspond pas à la motivation, le tribunal procède, sur requête ou d'office, à l'interprétation ou à la rectification de la décision. La requête indique les passages contestés ou les modifications demandées.

[2] Les art. 330 et 331 sont applicables par analogie. En cas d'erreurs d'écriture ou de calcul, le tribunal peut renoncer à demander aux parties de se déterminer.

[3] La décision d'interprétation ou de rectification peut faire l'objet d'un recours.

[4] La décision interprétée ou rectifiée est communiquée aux parties.

[1] Se il dispositivo è poco chiaro, ambiguo o incompleto oppure in contraddizione con i considerandi, il giudice, su domanda di una parte o d'ufficio, interpreta o rettifica la decisione. Nella domanda devono essere indicati i punti contestati e le modifiche auspicate.

[2] Gli articoli 330 e 331 si applicano per analogia. Se la rettifica concerne errori di scrittura o di calcolo il giudice può rinunciare a interpellare le parti.

[3] La decisione sulla domanda di interpretazione o di rettifica è impugnabile mediante reclamo.

[4] La decisione interpretata o rettificata è notificata alle parti.

Inhaltsübersicht   Note

I. Allgemeines 1
II. Die Erläuterung 3
   1. Unklarheit des Dispositivs 4
   2. Widersprüchlichkeit des Dispositivs 5
   3. Unvollständigkeit des Dispositivs 6
III. Die Berichtigung 7
IV. Erläuterbare und berichtigbare Entscheide 9
V. Verfahrensablauf und Prozesskosten 12
VI. Übergangsrecht 19

Literatur

Vgl. die Literaturhinweise zu Art. 328 sowie W. HAGGER, Die Erläuterung im schweizerischen Zivilprozessrecht unter besonderer Berücksichtigung des Kantons Zürich, Diss. Zürich 1982.

I. Allgemeines

1 Bei der Erläuterung und der Berichtigung handelt es sich nach herrschender Anschauung nicht um Rechtsmittel, sondern um **Rechtsbehelfe**. Sie dienen nicht der Abänderung eines Entscheides, sondern der inhaltlichen Klarstellung und Beseitigung von formellen Fehlern (SPÜHLER, CH-ZPO, 61). Das Bundesgericht leitet aus Art. 8 Abs. 1 BV einen verfassungsrechtlichen Anspruch auf die Verfügbarkeit der Erläuterung und der Berichtigung ab (BGE 130 V 320 E. 2.3, 3), welche Vorgabe in Art. 334 umgesetzt wurde (STAEHELIN/STAEHELIN/GROLIMUND, § 26 Rz 67).

2 Die **Erläuterung** dient dazu, Unklarheiten und formelle Widersprüche des Urteilsinhalts auszuräumen, indem das Gericht, das den Entscheid erlassen hat, im Sinne einer authentischen Interpretation darlegt, wie dieser zu verstehen ist (HAGGER, 4). Mit der **Berichtigung** wird bezweckt, rein formelle Fehler wie Schreib-, Kanzlei- oder Rechenfehler des Urteils zu beheben. Liegt zugleich ein Revisionsgrund vor, so ist die Revision im Regelfall vorherzubehandeln, weil sie zur Aufhebung des angefochtenen Entscheides führt (DONZALLAZ, LTF, Rz 4759).

II. Die Erläuterung

3 Mit dem in Art. 334 Abs. 1 normierten Rechtsbehelf der Erläuterung kann das Gericht Unklarheiten, Widersprüchlichkeiten oder Unvollständigkeiten des **Dispositivs** klarstellen und nachträglich Präzisierungen anbringen. Fehler in der Rechtsanwendung und Beweiswürdigung sowie gerichtliche Denkfehler (BALTZER-BADER, 106; GASSER/RICKLI, Art. 334 ZPO N 3) sind mit einem Hauptrechtsmittel zu rügen, auch wenn zugleich ein Berichtigungs- oder Erläuterungstatbestand vorliegt (SCHÜPBACH, 348 f.). Auch ist es nicht möglich, mit einem Erläuterungsbegehren durch Einbringung neuer Anträge den beurteilten Streitgegenstand in irgendeiner Weise zu erweitern (STAEHELIN/STAEHELIN/GROLIMUND, § 26 Rz 72).

1. Unklarheit des Dispositivs

4 Eine Erläuterung kann angezeigt sein, wenn das Dispositiv derart formuliert ist, dass es Anlass zu unterschiedlichen Interpretationen bietet (HAGGER, 75 f.). Dies kann bspw. der

Fall sein, wenn unklar ist, worauf das Gericht eingetreten ist oder was genau das Gericht zugesprochen hat (LEUENBERGER, Anwaltsrevue, 339).

2. Widersprüchlichkeit des Dispositivs

Mit der Erläuterung sind auch Widersprüche innerhalb des Dispositivs (POUDRET/ SANDOZ-MONOD, Art. 145 N 3.3) oder zwischen dem Dispositiv und den Erwägungen zu bereinigen (Art. 334 Abs. 1; STAEHELIN/STAEHELIN/GROLIMUND, § 26 Rz 69; HAGGER, 81). Die Urteilserwägungen können Gegenstand einer Erläuterung sein, soweit sie zur Auslegung des Dispositivs herangezogen werden müssen (BGE 110 V 222 E. 1; BGer, 4G_2/2009, E. 1.1; STAEHELIN/STAEHELIN/GROLIMUND, § 26 Rz 70).

3. Unvollständigkeit des Dispositivs

Eine solche liegt vor, wenn das Gericht es unterlassen hat, eine im Urteil entschiedene Frage im Dispositiv entsprechend wiederzugeben (POUDRET/SANDOZ-MONOD, Art. 145 N 3.1). So kann im Falle einer irrtümlich im Dispositiv nicht enthaltenen Zinszahlungspflicht oder unterlassenen Verlegung der Prozesskosten das Dispositiv nachträglich vervollständigt werden. Der Erstentscheid kann durch den Erläuterungsentscheid allerdings nicht materiell verändert werden; vielmehr wird das Dispositiv anhand des bereits gefassten Entscheids vervollständigt (HAGGER, 84 f.).

III. Die Berichtigung

Gemäss Art. 334 Abs. 1 kann das Gericht aus denselben Gründen, die zu einer Erläuterung Anlass geben, eine Berichtigung vornehmen. Letztere wird dann anzuwenden sein, wenn im **Urteilsdispositiv** Schreib- und Rechenfehler, Irrtümer in den Parteibezeichnungen oder ein Vertausch der klagenden und beklagten Partei (LEUENBERGER, Anwaltsrevue, 339) enthalten sind. Die Berichtigung soll auch dann der einschlägige Rechtsbehelf sein, wenn der schriftlich eröffnete Entscheid vom Ergebnis der mündlichen Urteilsberatung abweicht (STAEHELIN/STAEHELIN/GROLIMUND, § 26 Rz 68).

Die Berichtigung kann sich nur auf eine vom Gericht bereits entschiedene Frage beziehen, die im Urteilsdispositiv fehlerhaft ausgedrückt wird. Falsche Rechtsanwendung – wie etwa die Nichtbeurteilung eines Antrages (Entscheidung *infra petita*) – oder eine fehlerhafte Beweiswürdigung können dagegen nicht mit dem Rechtsbehelf der Berichtigung angegangen werden; vielmehr müssen bei solchen Mängeln die einschlägigen Rechtsmittel erhoben werden (BOTSCHAFT ZPO, 7382).

IV. Erläuterbare und berichtigbare Entscheide

Sämtliche Entscheide eines erstinstanzlichen oder oberen kantonalen Gerichts können Gegenstand einer Erläuterung oder einer Berichtigung darstellen: End- und Zwischenentscheide, prozessleitende Entscheide, Entscheide über vorsorgliche Massnahmen (STAEHELIN/STAEHELIN/GROLIMUND, § 26 Rz 70) und Prozessurteile, und zwar unabhängig von ihrer formellen Rechtskraft (BOTSCHAFT ZPO, 7381; LEUENBERGER, Anwaltsrevue, 339; GASSER/RICKLI, Art. 334 ZPO N 4). Dies bedeutet, dass auch während laufender Berufungsfrist eine Erläuterung oder Berichtigung möglich ist. Kein Ausschlussgrund ist ferner die bereits erfolgte Vollstreckung des zu erläuternden oder berichtigenden Entscheides (BOTSCHAFT ZPO, 7381 f.).

Nicht erläuterungsfähig ist ein auf einem Parteiakt (Klageanerkennung, Klagerückzug, Abschluss eines gerichtlichen Vergleichs) beruhender gerichtlicher Erledigungsentscheid.

Dagegen ist die gerichtliche Genehmigung der Vereinbarung über die Scheidungsnebenfolgen (Art. 279) einer Erläuterung zugänglich, weil sie konstitutive Wirkung aufweist (WALDER/GROB, § 39 Rz 23 FN 16).

11 Hat das erstinstanzliche kantonale Gericht aufgrund eines Rückweisungsentscheides bereits einen neuen Entscheid gefällt, so kann der umgesetzte Rückweisungsentscheid nicht mehr Gegenstand einer Erläuterung oder einer Berichtigung darstellen (STAEHELIN/STAEHELIN/GROLIMUND, § 26 Rz 70 m.H. auf Art. 129 Abs. 2 BGG; BGer, 4G_1/2009, E. 1.2).

V. Verfahrensablauf und Prozesskosten

12 Zuständig ist das Gericht, welches den zu erläuternden oder berichtigenden Entscheid gefällt hat (Art. 334 Abs. 1). Das Gericht wird entweder auf **Gesuch** einer Verfahrenspartei (Haupt- oder Nebenpartei [HAGGER, 88]) hin tätig oder nimmt **von Amtes wegen** eine Erläuterung bzw. Berichtigung vor (Art. 334 Abs. 1). Die Befähigung des Entscheidgerichts, von Amtes wegen erläuternd oder berichtigend tätig zu werden, wurde aufgrund der Vernehmlassungsergebnisse in das Gesetz eingefügt (BOTSCHAFT ZPO, 7382). Ob auch eine Vorinstanz legitimiert ist, bezüglich eines Rückweisungsentscheides ein Erläuterungsgesuch zu stellen, hat das Bundesgericht hinsichtlich Art. 129 BGG offengelassen (4G_1/2009, E. 1.1). Im Interesse der Verfahrensökonomie ist dies zu bejahen, weil dadurch ein etwaiges Rechtsmittelverfahren im Anschluss an den neuen Entscheid entbehrlich werden kann.

13 Das Erläuterungs- oder Berichtigungsgesuch einer Partei hat die beanstandeten Stellen und die anbegehrten Änderungen des Dispositivs anzugeben (Art. 334 Abs. 1 Satz 2; HOFMANN/LÜSCHER, 206). Das Klarstellungsbedürfnis ist plausibel darzulegen (vgl. BGer, 4C.86/2004, E. 1.4). Es besteht **keine formelle Frist** zur Einreichung eines derartigen Gesuches; allerdings ist es denkbar, dass mit zunehmendem Zeitablauf die gesuchstellende Partei Schwierigkeiten haben wird, ein Rechtsschutzinteresse darzulegen (STAEHELIN/STAEHELIN/GROLIMUND, § 26 Rz 73).

14 Art. 334 Abs. 2 erklärt Art. 330 für sinngemäss anwendbar. Demgemäss hat das Gericht ein Erläuterungs- oder Berichtigungsgesuch der Gegenpartei zur Stellungnahme zuzustellen, ausser im Falle von offensichtlich unzulässigen oder unbegründeten Gesuchen. Gemäss Art. 334 Abs. 2 Satz 2 kann das Gericht bei der von Amtes wegen initiierten Berichtigung von Schreib- oder Rechnungsfehlern auf eine Stellungnahme der Parteien verzichten (AmtlBull StR 2007, 639 f.). Es fragt sich, ob dies auch gilt, wenn ein solches Berichtigungsgesuch von einer Partei gestellt wurde. Dies ist nach hier vertretener Ansicht zu verneinen, weil einem Gesuch einer Verfahrenspartei aus Sicht der Gegenpartei die Objektivität abgeht, die von einem Gericht erwartet werden kann.

15 Aufgrund der Verweisung in Art. 334 Abs. 2 ist auch Art. 331 sinngemäss anwendbar. Somit hemmt ein Erläuterungs- oder Berichtigungsverfahren die Vollstreckbarkeit des betroffenen Entscheides nicht, es sei denn, das Gericht ordne auf Antrag einer Partei Gegenteiliges an (zu den Einzelheiten vgl. die Komm. zu Art. 331).

16 Art. 334 Abs. 3 bestimmt, dass der Entscheid über das Erläuterungs- oder Berichtigungsgesuch mit **Beschwerde** anfechtbar ist (krit. SPÜHLER, Rechtsmittel, 399). Die Selbständigkeit des Zulässigkeitsverfahrens spricht dafür, dass sowohl Nichteintretens-, ablehnende wie auch gutheissende Entscheide anfechtbar sind (vgl. auch HAGGER, 141). Dies gilt selbstredend nur für entsprechende Entscheide eines erstinstanzlichen Gerichts; zweitinstanzliche kantonale Entscheide sind nach Massgabe des BGG beim Bundesge-

richt anfechtbar. Bei einem amtswegig durchgeführten Berichtigungsverfahren wegen Schreib- oder Rechnungsfehler rechtfertigt es sich im Interesse der Verfahrenseffizienz, von einer Beschwerdemöglichkeit abzusehen (LEUENBERGER, Anwaltsrevue, 339; DERS., Rechtsmittelverfahren, 45). Die Parteien können den neu eröffneten berichtigten Entscheid mit dem anwendbaren Rechtsmittel anfechten.

Der erläuterte oder berichtigte Entscheid wird den Parteien nochmals eröffnet (Art. 334 Abs. 4). Die anwendbaren Rechtsmittelfristen beginnen ab Zustellung des korrigierten Entscheides neu zu laufen (vgl. BALTZER-BADER, 106; BRÖNNIMANN, 94; LEUENBERGER, Anwaltsrevue, 339). Indessen kann der nicht betroffene Teil des Ersturteils nicht nochmals angefochten werden (HAGGER, 134). Das in Frage kommende Rechtsmittel bestimmt sich nach der Streitwertdifferenz zwischen dem fehlerhaften und dem erläuterten bzw. berichtigten Entscheiddispositiv (STAEHELIN/STAEHELIN/GROLIMUND, § 26 Rz 76; BGE 117 II 508 E. 1a).

Stellt eine Verfahrenspartei ein Erläuterungs- oder Berichtigungsgesuch und wird darauf nicht eingetreten oder es abgewiesen, trägt die gesuchstellende Partei die Prozesskosten (Art. 106). Wird das Gesuch dagegen gutgeheisssen, ist es gerechtfertigt, die Prozesskosten auf die Gerichtskasse zu nehmen, weil die Mangelhaftigkeit des Dispositivs i.d.R. auf eine Nachlässigkeit des Gerichts zurückzuführen sein wird (BSK BGG-ESCHER, Art. 129 N 7).

VI. Übergangsrecht

Erläuterungs- und Berichtigungsverfahren, die am 1.1.2011 anhängig sind, werden gemäss Art. 404 Abs. 1 nach dem bis Ende 2010 geltenden kantonalen Verfahrensrecht zu Ende geführt.

Weil Art. 405 Abs. 1 sich ausschliesslich auf Rechtsmittel bezieht, nicht aber auf Rechtsbehelfe, sind auch Entscheide, die vor dem Inkrafttreten der ZPO ergangen sind, ab dem 1.1.2011 nach den Bestimmungen der ZPO zu erläutern bzw. zu berichtigen.

10. Titel: Vollstreckung

1. Kapitel: Vollstreckung von Entscheiden

Art. 335

Geltungsbereich

¹ Die Entscheide werden nach den Bestimmungen dieses Kapitels vollstreckt.

² Lautet der Entscheid auf eine Geldzahlung oder eine Sicherheitsleistung, so wird er nach den Bestimmungen des SchKG vollstreckt.

³ Die Anerkennung, Vollstreckbarerklärung und Vollstreckung ausländischer Entscheide richten sich nach diesem Kapitel, soweit weder ein Staatsvertrag noch das IPRG etwas anderes bestimmen.

Champ d'application

¹ Les décisions sont exécutées selon les dispositions du présent chapitre.

² Les décisions portant sur le versement d'une somme ou la fourniture de sûretés sont exécutées selon les dispositions de la LP.

³ La reconnaissance, la déclaration de force exécutoire et l'exécution des décisions étrangères sont régies par le présent chapitre, à moins qu'un traité international ou la LDIP n'en dispose autrement.

Campo d'applicazione

¹ Le decisioni sono eseguite secondo le disposizioni del presente capitolo.

² Se concernono pagamenti in denaro o la prestazione di garanzie, le decisioni sono eseguite secondo le disposizioni della LEF.

³ Il riconoscimento, la dichiarazione di esecutività e l'esecuzione di decisioni straniere sono regolati dal presente capitolo, eccetto che un trattato internazionale o la LDIP dispongano altrimenti.

Inhaltsübersicht Note

I. Normzweck und Grundlagen 1
II. Vollstreckung von Entscheiden (Abs. 1) 8
   1. Vollstreckung 8
   2. Entscheide 11
III. Geldzahlung und Sicherheitsleistung (Abs. 2) 24
IV. Entscheide mit rechtsrelevantem Auslandsbezug, IZPR (Abs. 3) .. 27
   1. Vorbehalt von Staatsvertragsrecht und IPRG 27
   2. Anwendbarkeit der ZPO 32
   3. Anerkennung und Vollstreckbarerklärung 34

Literatur

A. ATTESLANDER-DÜRRENMATT, Umsetzung von Art. 39 LugÜ in der Schweiz, AJP 2001, 180–197; ST. V. BERTI, Der gerichtliche Vergleich, in: W. Fellmann/S. Weber (Hrsg.), HAVE Haftpflichtprozess, Zürich 2007, 109–120 (zit. Vergleich); DERS., Besondere Verfahrensarten gemäss dem bundesrätlichen Entwurf für eine schweizerische Zivilprozessordnung, ZZZ 2007, 339–351 (zit. Verfahrensarten); DERS., Vorsorgliche Massnahmen im Zivilprozess, ZSR 1997 II 171–251 (zit. Massnahmen); B. BERTOSSA, Excécution forcée des obligations de faire, in: R. Trigo Trinidade/N. Jeandin (Hrsg.), Unification de la procédure civile, Journée en l'honneur du Professeur François Perret, Zürich 2004, 119–123; W. BIRCHMEIER, Handbuch des Bundesgesetzes über die Organisation der Bundesrechtspflege, Zürich 1950; A. EDELMANN, Zur Bedeutung des Bundesrechts im Zivilprozessrecht, Diss. Zürich 1990; D. GASSER, Die Vollstreckung nach der Schweizerischen ZPO, Anwaltsrevue 8/2008, 340–346; D. GESSLER, Scheidungsurteile als definitive Rechtsöffnungstitel, SJZ 1987, 249 ff.; P. GROZ, Die materielle Rechtskraft von Entscheiden betreffend Vollstreckbarerklärung ausländischer Urteile auf Geldleistung, AJP 2006, 683–687; J. HALDY, Exécution forcée des obligations de faire, in: Trigo Trinidad/Jeandin (Hrsg.), Unification de la procédure civile, Présentation et critique des l'Avant-projet de la Loi fédérale de procédure civile suisse, Genf 2004; F. HASENBÖHLER, Beweisrecht, vorsorgliche Massnahmen und Schutzschrift, in: Sutter-Somm/Hasenböhler (Hrsg.), Die künftige schweizerische Zivilprozessordnung, Zürich 2003; U. HAUBENSAK, Die Zwangsvollstreckung nach der zürcherischen Zivilprozessordnung, Diss. Zürich 1975; HOHL, Procédure civile, Bd. II, Organisation judiciaire, compétence, procédures et voies de recours, Bern 2002; F. HUNZIKER-BLUM, Beweisurkunden in der Amtssprache, in Landessprachen und in Fremdsprachen im Zivilprozess, SZZP 2009, 199–206; N. JEANDIN, Les voies de droit et l'exécution des jugements, in: S. Lukic (Hrsg.), Le projet de procédure civile fédérale, Lausanne 2008, 334–371; C. JERMINI/A. GAMBA, Exequatur and «Enforcement» of Foreign Protective Measures under Article 39 of the Lugano Convention in Switzerland – The Alternative of Cantonal Protective Measures, SZZP 2006, 443–457; CH. JOSI, Die Anerkennung und Vollstreckung der Schiedssprüche in der Schweiz, Diss. Bern 2005; F. KELLERHALS, Neuerungen im Vollstreckungsrecht der bernischen Zivilprozessordnung, ZBJV 132bis (1996) 75–125; S. KOFMEL EHRENZELLER, Die Realvollstreckung in Zivilsachen: aktuelle Fragen und Ausblick, ZZZ 2004, 217–229 (zit. Realvollstreckung); DIES., Die künftige Zwangsvollstreckung in Zivilsachen, recht 2004, 57–66 (zit. Zwangsvollstreckung); CH. KÖLZ, Die Zwangsvollstreckung von Unterlassungspflichten im schweizerischen Zivilprozessrecht, Diss. Zürich 2007; I. MEIER, Grundfragen der Vereinheitlichung des Zivilprozessrechts – insbesondere gezeigt am Bei spiel der Realvollstreckung, in: St. V. Berti (Hrsg.), Helvetisches Zivilprozessrecht, Symposium zum 75. Geburtstag von Walther J. Habscheid, Beiheft 31 der Bibliothek für Schweizerisches Recht, Basel 1999, 47–60 (zit. Grundfragen); P. PEYER, Vollstreckung unvertretbarer Handlungen und Unterlassungen, Diss. Zürich 2006; R. RODRIGUEZ, Sicherung und Vollstreckung nach revidiertem Lugano Übereinkommen, AJP 2009, 1550–1562; D. RÜETSCHI/D. STAUBER, Die Durchsetzung von Fremdwährungsforderungen in der Praxis, BlSchK 2006, 41–60; P. VON SALIS, Probleme des Suspensiveffekts von Rechtsmitteln im Zivilprozess- und Schuldbetreibungs- und Konkursrecht, Diss. Zürich 1980; K. SIEGRIST, Probleme aus dem Gebiete der Realexekution, Diss. Zürich 1958; K. SPÜHLER, Rechtskraftbescheinigung und internationale Vollstreckung – insbesondere bei Teilurteilen, in: K. Spühler (Hrsg.), Internationales Zivilprozess- und Verfahrensrecht, Bd. V., Zürich 2005 (zit. Rechtskraftbescheinigung); T. S. STOJAN, Die Anerkennung und Vollstreckung ausländischer Zivilurteile in Handelssachen, Diss. Zürich 1986; P. STÜCHELI, Die Rechtsöffnung, Diss. Zürich 2000; TH. SUTTER-SOMM, Die Verfahrensgrundsätze und die Prozessvoraussetzungen, ZZZ 2007, 301–326 (zit. Verfahrensgrundsätze); D. VOCK, Die Vollstreckung von Entscheiden nach dem Vorentwurf der Schweizerischen Zivilprozessordnung, in: M. Riemer/M. Kuhn/D. Vock/M. A. Gehri (Hrsg.), Schweizerisches und Internationales Zwangsvollstreckungsrecht, FS für Karl Spühler zum 70. Geburtstag, Zürich 2005, 433–443 (zit. Vollstreckung); G. WALTER, Zur Sicherungsvollstreckung gemäss Art. 39 des Lugano-Übereinkommens, ZBJV 1992, 90–101 (zit. Sicherungsvollstreckung); A. S. ZOLLER, Vorläufige Vollstreckbarkeit im Schweizer Zivilprozessrecht, Diss. Zürich 2008.

I. Normzweck und Grundlagen

Die Bestimmung umreisst den Geltungsbereich des ersten Kapitels des 10. Titels der ZPO, das der Vollstreckung von *Entscheiden* gewidmet ist (Art. 335–346). Die Vollstreckung von Entscheiden steht dabei im Gegensatz zu der im 2. Kapitel des gleichen Titels geregelten Vollstreckung öffentlicher Urkunden (Art. 347–352). Art. 335 grenzt die vollstreckungsrechtlichen Bestimmungen der ZPO gegen das SchKG ab und klärt deren Verhältnis zu den Vorschriften über Anerkennung, Vollstreckbarerklärung und Vollstreckung ausländischer Entscheide, die sich aus Staatsverträgen bzw. IPRG ergeben.

2   Vor Inkrafttreten der ZPO folgte der Vorrang des SchKG gegenüber kantonalem Vollstreckungsrecht bereits aus der derogatorischen Kraft des Bundesrechts (Art. 49 Abs. 1 BV; BGE 108 II 180 ff., 182). Mit Inkrafttreten der ZPO ergab sich neu die Notwendigkeit einer inhaltlichen Abgrenzung auf Stufe des Bundesrechts. Diese nimmt Art. 335 (in Abs. 2; vgl. N 24 ff.) vor (vgl. auch Art. 269 lit. a): Die ZPO setzt den aus dem bisherigen Recht bekannten vollstreckungsrechtlichen Dualismus fort und regelt einzig die **Realvollstreckung**, mithin die Vollstreckung von Entscheiden, die nicht auf Geldleistung lauten. Zwangsvollstreckungen, die auf Geldzahlung oder Sicherheitsleistung gerichtet sind, richten sich dagegen weiterhin nach dem SchKG und dessen Nebenerlassen. Kommt es im Rahmen der Vollstreckung nach SchKG zu gerichtlichen Zwischenverfahren (sog. Inzidenzprozesse), so gelangt die ZPO zur Anwendung (GASSER, 340, 345). Weder das SchKG noch die ZPO, sondern allein das anwendbare Sachrecht bestimmt, ob eine Verpflichtung real vollstreckt werden kann oder muss (vgl. insb. Art. 98 Abs. 1 und 3 OR).

3   Vor Inkrafttreten der ZPO war die Realvollstreckung primär eine Domäne des kantonalen Zivilprozessrechts. Die ZPO ersetzt im Bereich des Zivilrechts das kantonale Vollstreckungsrecht durch eine einheitliche bundesrechtliche Regelung; die Schweiz wird damit ein **einheitlich normierter Vollstreckungsraum** (BOTSCHAFT ZPO, 7383). Das kantonale Vollstreckungsrecht einschliesslich des Konkordats über die Vollstreckung von Zivilurteilen vom 10.3.1997 (KVZ) wird damit gegenstandslos (SUTTER-SOMM, ZPR, § 11 Rz 1146; GASSER/RICKLI, Art. 335 ZPO N 5). Da sich die Art. 335–346 eng an das bisherige kantonale Prozessrecht anlehnen (Begleitbericht VE-ZPO, 152), können Lehre und Rechtsprechung zu den aufgehobenen kantonalen Bestimmungen jedoch für die Auslegung von Art. 335 ff. herangezogen werden (VOCK, Vollstreckung, 434).

4   Entscheidungen schweizerischer Gerichte waren bereits vor Inkrafttreten der ZPO in der ganzen Schweiz vollstreckbar (zunächst Art. 122 Abs. 3 BV, seit Aufhebung dieser Bestimmung per 1.1.2007 ungeschriebenes Bundeszivilprozessrecht; vgl. dazu SGK BV-LEUENBERGER, Art. 122 N 21). Die ZPO vollendet die vollstreckungsrechtliche Integration, indem die interkantonale Vollstreckbarkeit nunmehr in jedem Fall ohne weiteres gewährleistet ist (GASSER, 340; GASSER/RICKLI, Art. 335 ZPO N 3): Die aus einem vollstreckbaren Schweizer Entscheid berechtigte Partei kann sich unmittelbar an jedes gem. Art. 339 zuständige Vollstreckungsgericht wenden, gleichgültig, ob der Entscheid im Vollstreckungskanton ergangen ist oder nicht. **Exequaturverfahren für ausserkantonale Entscheide** sind endgültig ausgeschlossen (SUTTER-SOMM, ZPR, § 11 Rz 1160). Weiterhin von Bedeutung ist dagegen die Unterscheidung zwischen inländischen und ausländischen Entscheiden (Abs. 3).

5   Nicht vereinheitlicht wird das Vollstreckungsrecht hinsichtlich bundesgerichtlicher Entscheide, die nicht im Rechtsmittelverfahren, sondern auf Klage hin im Rahmen eines **Direktprozesses nach Art. 120 BGG** ergangen sind; ihre Vollstreckung richtet sich nicht nach Art. 335 ff., sondern weiterhin nach Art. 74–78 BZP (Art. 70 Abs. 3 BGG; SPÜHLER/DOLGE/VOCK, Art. 70 BGG N 4.c). Der BZP ist durch die ZPO nicht verdrängt worden (BOTSCHAFT ZPO, 7222 und 7410; BSK BGG-TSCHÜMPERLIN, Art. 70 N 30). Hat das Bundesgericht aber als Rechtsmittelinstanz entschieden und eine Nicht-Geldleistung zugesprochen, so haben die Kantone diesen Entscheid in gleicher Weise zu vollstrecken wie den Spruch ihrer eigenen Gerichte (Art. 70 Abs. 1 BGG). Dies bedeutet inskünftig die Anwendbarkeit der vollstreckungsrechtlichen Bestimmungen der ZPO.

6   Die ZPO enthält, wie manche der durch sie abgelösten kantonalen Prozessordnungen, eine knappe Regelung der Realvollstreckung (krit. BERTOSSA, 121 f.; KÖLZ, Rz 386). Für die Füllung von Lücken im Recht der Realvollstreckung wurde unter kantonalem Recht

regelmässig auf die detaillierteren Regeln des SchKG zurückgegriffen (SIEGRIST, 10 ff.; FRANK/STRÄULI/MESSMER, § 303 ZPO/ZH N 3; BÜHLER/EDELMANN/KILLER, Vor § 421 ZPO/AG N 2; EDELMANN, 323). Auch unter der ZPO bietet sich das SchKG als ergänzende Normquelle zur Lückenfüllung an (z.B. betr. geschlossene Zeiten, Rechtsstillstand etc., vgl. dazu SIEGRIST, 22 ff.).

Der Anspruch auf Vollstreckung eines Gerichtsentscheids (EGMR, 19.3.1997, 18357/91, Hornsby v. Griechenland) innerhalb angemessener Frist und durch eine korrekt zusammengesetzte Behörde (EGMR, 28.7.1999, 22774/93, Immobiliare Saffi v. Italien) wird durch **Art. 6 Ziff. 1 EMRK** (KOFMEL EHRENZELLER, Realvollstreckung, 218 f.) sowie durch **Art. 29 Abs. 1 BV** verbürgt. 7

II. Vollstreckung von Entscheiden (Abs. 1)

1. Vollstreckung

Vollstreckung eines Entscheids bedeutet **zwangsweise Durchsetzung** einer gerichtlich als rechtmässig anerkannten Rechtslage (BSK IPRG-BERTI/DÄPPEN, Art. 28 N 1; STAEHELIN/STAEHELIN/GROLIMUND, § 28 N 1). Sie unterscheidet sich insofern von der Vollstreckung öffentlicher Urkunden; diese können zwar «wie Entscheide» (Art. 347) vollstreckt werden, doch bleibt die gerichtliche Beurteilung der geschuldeten Leistung in jedem Fall vorbehalten (Art. 352). 8

Im Bereiche der Realvollstreckung schliesst das Vollstreckungsverfahren nach herkömmlicher Auffassung an das Erkenntnisverfahren an (STAEHELIN/STAEHELIN/GROLIMUND, § 28 N 1). Die ZPO weicht von diesem Modell insofern ab, als das Gericht bereits im Erkenntnisverfahren Vollstreckungsanordnungen treffen und der obsiegenden Partei so ermöglichen kann, direkt an die Exekutivbehörde zu gelangen, ohne zuvor das Vollstreckungsgericht zu begrüssen (sog. **direkte Vollstreckung**, Art. 337). Das von Art. 338 ff. geregelte Verfahren vor dem Vollstreckungsgericht ist somit gegenüber der direkten Vollstreckung gem. Art. 337 **subsidiär** (Art. 338 Abs. 1 1. Satzteil; vgl. dazu GASSER, 340). 9

Lebt die unterlegene Partei dem sie verpflichtenden Entscheid nicht nach und ist keine direkte Vollstreckung möglich, so ist die obsiegende Partei auf das Verfahren vor dem Vollstreckungsgericht verwiesen. Dieses umfasst drei Abschnitte: Die *Prüfung* der Zulässigkeit der Vollstreckung sowie die *Anordnung* und die *Durchführung* der Vollstreckungsmassnahmen. Es findet seinen Abschluss entweder mit der Durchsetzung der gerichtlich festgestellten Leistungspflicht (betr. Feststellungs- und Gestaltungsentscheide vgl. N 12 f.) oder mit der Feststellung der Unzulässigkeit oder der Unmöglichkeit der Vollstreckung. 10

2. Entscheide

Art. 335 spricht allgemein von «den Entscheiden». Damit sind zunächst Entscheide gemeint, die im Rahmen der Beurteilung von privatrechtlichen Ansprüchen und privatrechtlichen Rechtsverhältnissen ergangen sind (FRANK/STRÄULI/MESSMER, § 300 ZPO/ZH N 5; HAUBENSAK, 10; PEYER, 134; zu weiteren Vollstreckungstiteln vgl. N 19). Ohne Bedeutung ist die Frage, in welchem Verfahren ein derartiger Entscheid erstritten wurde (ordentliches Verfahren nach Art. 219 ff., vereinfachtes Verfahren nach Art. 243 ff., Rechtsschutz in klaren Fällen nach Art. 257, besondere Verfahren nach Art. 271 ff., 295 ff. und 305 ff., Adhäsionsverfahren nach Art. 122 ff. StPO etc.). Dagegen bedürfen verschiedene Entscheide keiner Vollstreckung; sie sind gegen Entscheide mit vollstreckungsfähigem Inhalt abzugrenzen: 11

12 **Gestaltungsentscheide** (z.B. Ehescheidung, Ungültigerklärung einer letztwilligen Verfügung) verändern die Rechtslage und erreichen damit ihr Ziel grundsätzlich durch Selbstverwirklichung, ohne dass es dafür einer Vollstreckung bedürfte (FRANK/STRÄULI/MESSMER, Vor § 300 ZPO/ZH N 1; BSK BGG-TSCHÜMPERLIN, Art. 69 N 1). Erreicht ein Gestaltungsentscheid die Begründung, Änderung oder Aufhebung eines Rechtsverhältnisses ausnahmsweise nicht eo ipso, so bedarf er des *Vollzuges* (BSK IPRG-BERTI/DÄPPEN, Art. 28 N 1; GULDENER, ZPR, 213). Enthält ein Entscheid sowohl Gestaltungs- als auch Leistungselemente (z.B. Scheidungsentscheide), so ist die Frage der Möglichkeit bzw. Notwendigkeit einer Vollstreckung für jedes Element gesondert zu prüfen (PEYER, 133; HAUBENSAK, 5).

13 **Feststellungsentscheide** erschöpfen sich in der autoritativen Feststellung, dass ein Rechtsverhältnis besteht oder nicht besteht (Art. 88); eine Vollstreckung erübrigt sich damit (BSK IPRG-BERTI/SCHNYDER, Art. 190 N 11; GULDENER, ZPR, 211; STAEHELIN/STAEHELIN/GROLIMUND, § 28 N 1).

14 Bei **Zwischenentscheiden** i.S.v. Art. 237 handelt es sich um die Entscheidung von Vorfragen, die das Gericht im Hinblick auf den Endentscheid binden; sie sind darin mit den Feststellungsentscheiden verwandt und fallen deshalb für die Vollstreckung ebenfalls ausser Betracht (HAUBENSAK, 11; PEYER, 134).

15 **Nichteintretensentscheide** verneinen das Vorliegen einer Zulässigkeitsvoraussetzung der Sachprüfung und entfalten ihre prozessualen Folgen, ohne dass es hierfür der Vollstreckung bedürfte (HAUBENSAK, 12; PEYER, 135).

16 Gegenstand der Vollstreckung sind somit (nicht freiwillig erfüllte) **Leistungsentscheide**, mithin Entscheide, worin die unterlegene Partei zu einem Tun, Dulden oder Unterlassen verurteilt wird (FRANK/STRÄULI/MESSMER, Vor § 300 ZPO/ZH N 1; KOFMEL EHRENZELLER, Zwangsvollstreckung, 60; KUMMER, ZPR, 238). Leistungsentscheide sind auch Entscheide über Kosten und Entschädigung, und zwar auch dann, wenn sie in Feststellungs-, Gestaltungs- (HAUBENSAK, 5; SGK BV-LEUENBERGER, Art. 122 N 22) oder Nichteintretensentscheiden (PEYER, 135; WALDER/GROB, § 41 Rz 10) enthalten sind.

17 Das zur Realerfüllung eines Leistungsentscheids gebotene **Tun** kann namentlich in der Vornahme von Handlungen, insb. in der Herausgabe von Kindern (in Erfüllung familienrechtlicher Pflichten), in der Herausgabe von Sachen, der Abgabe von Willenserklärungen, der Leistung von Arbeit oder in der Vornahme anderer Handlungen (nicht aber in einer Geld- oder Sicherheitsleistung, vgl. dazu sogleich N 24 ff.) bestehen. Die Verurteilung zu einer **Unterlassung** äussert sich in einem Verbot. Die Unterlassung kann sich innerhalb der von Art. 19/20 OR gezogenen Grenze auf ein beliebiges Verhalten beziehen und mit einem Tun verbunden sein (z.B. die Beseitigung von Immissionsquellen; BÜHLER/EDELMANN/KILLER, Vor § 421 ZPO/AG N 3). Die Verurteilung zu einem **Dulden** ist dem Unterlassen insofern verwandt, als die unterlegene Partei von Massnahmen gegen einen bestimmten Zustand oder ein bestimmtes Verhalten abzusehen hat; es handelt sich somit um ein präventives Verbot.

18 In gewissen Fällen bedarf auch ein Leistungsentscheid keiner Vollstreckung bzw. keiner Durchsetzung im Rahmen eines Vollstreckungsverfahrens:
    – Keine Vollstreckung ist erforderlich, wenn der Entscheid die unterliegende Partei zur Abgabe einer genau bestimmten **Willenserklärung** verurteilt (STAEHELIN/STAEHELIN/GROLIMUND, § 28 Rz 4; VOCK, Vollstreckung, 441). Hier ersetzt der Entscheid die Willenserklärung (Art. 344 Abs. 1) und nimmt damit die Erfüllung der Urteilspflicht vorweg. Gleiches gilt, wenn das erkennende Gericht einer Registerbehörde Anwei-

sungen erteilt und damit eine Willenserklärung des Verurteilten überflüssig macht (Art. 344 Abs. 2). Im Ergebnis wird somit der Entscheid ohne Zutun des Verurteilten *vollzogen*.

– Kein Vollstreckungsverfahren (wohl aber u.U. eine Vollstreckung) ist erforderlich, wenn das Dispositiv des Entscheids bereits konkrete Vollstreckungsanordnungen enthält. Derartige Entscheide nehmen die Erfüllung durch den Verpflichteten nicht vorweg, doch sie gestatten es der obsiegenden Partei, ohne Einschaltung eines Vollstreckungsgerichts die entsprechenden Handlungen zur Durchsetzung des Entscheids zu veranlassen (direkte Vollstreckung nach Art. 337; vgl. dazu auch Art. 236 Abs. 3 und Art. 267).

Vollstreckungsfähigen Inhalts sind nicht nur Leistungsentscheide schweizerischer Gerichte (meist also Entscheide i.S.v. Art. 236 ff.). Entscheide i.S.v. Art. 335 – mithin: **Vollstreckungstitel** (STAEHELIN/STAEHELIN/GROLIMUND, § 28 Rz 5; GASSER, 340) – sind darüber hinaus auch: **19**

– Entscheidsurrogate schweizerischer Gerichte. Dies sind Klageanerkennung, Klagerückzug und gerichtlicher Vergleich (Art. 241 und Art. 208 Abs. 2). Sie werden von der ZPO zwar der «Beendigung des Verfahrens ohne Entscheid» zugeordnet, haben aber nach Art. 241 Abs. 2 die Wirkungen eines Entscheids und sind somit vollstreckbar;

– nicht oder nicht rechtzeitig abgelehnte Urteilsvorschläge i.S.v. Art. 210 f. (GASSER/RICKLI, Art. 335 ZPO N 2);

– vollstreckbare Schiedssprüche schweizerischer und ausländischer Schiedsgerichte (Art. 387, Art. 194 IPRG; vgl. auch BGE 130 III 125 ff., 128);

– vollstreckbare Entscheide schweizerischer Gerichte über vorsorgliche Massnahmen (Art. 267), wobei für deren Vollstreckung besondere Regeln gelten (vgl. dazu auch Art. 338 N 2);

– vollstreckbare öffentliche Urkunden (Art. 347 ff.);

– vollstreckbare Entscheide, Entscheidsurrogate und Massnahmeentscheide ausländischer Gerichte (nach Massgabe von Staatsverträgen bzw. des IPRG, vgl. dazu Art. 335 Abs. 3).

Vollstreckbar ist nur eine im **Dispositiv** enthaltene Leistungsanordnung (BIRCHMEIER, Art. 39 OG N 2; BSK BGG-TSCHÜMPERLIN, Art. 69 N 14; BSK IPRG-BERTI/SCHNYDER, Art. 190 N 11). **20**

Keine Entscheide i.S.v. Art. 335 sind **Nicht- oder Scheinentscheide**, mithin Anordnungen, die nicht von einer entscheidungsbefugten Instanz ausgehen (HABSCHEID, ZPR, § 37 Rz 456 ff.; VOGEL/SPÜHLER, Kap. 9 N 24) oder Entscheide, die den Parteien in keiner Weise mitgeteilt worden sind (BGE 122 I 97 ff., 99). **21**

Als Vollstreckungstitel ausser Betracht fallen auch **nichtige Entscheide**. Nichtig sind Entscheide, die an schwersten Verfahrensmängeln kranken (BGE 129 I 361 ff., 363 f.; 117 Ia 202 ff., 220 f.). Nichtige Entscheide entfalten – auch wenn sie unangefochten bleiben – keinerlei Rechtswirkungen; ihre Nichtigkeit ist jederzeit und von sämtlichen Rechtspflegeinstanzen von Amtes wegen zu beachten (BGE 133 II 366 ff., 367; 129 I 361 ff., 363; 122 I 97 ff., 98; 115 Ia 1 ff., 4). Sie kann deshalb auch im Vollstreckungsverfahren geltend gemacht werden (BGE 127 II 32 ff., 48). **22**

23 Handelt es sich um die Vollstreckung eines ausländischen Entscheids, so beantwortet sich die Frage, ob ein Entscheid vorliege, nach dem anwendbaren Staatsvertrag bzw. nach dem IPRG (Art. 335 Abs. 3). Das **LugÜ** fasst den Begriff des Entscheids weit und schliesst neben vollstreckbaren öffentlichen Urkunden auch gerichtliche Vergleiche sowie – wenn die Gesuchsgegnerin im ausländischen Verfahren angehört worden ist – Anordnungen des vorsorglichen Rechtsschutzes ein (KROPHOLLER, Europ. ZPR, Art. 32 N 8 22; LEUCH/MARBACH/KELLERHALS/STERCHI, Art. 400 ZPO/BE N 2.a). Zum Begriff des Entscheids nach dem **IPRG** vgl. näher BSK IPRG-BERTI/DÄPPEN, Art. 25 N 8; ZK IPRG-VOLKEN, Art. 25 N 7.

III. Geldzahlung und Sicherheitsleistung (Abs. 2)

24 Die Vollstreckung von Entscheiden, die zu einer Geld- oder Sicherheitsleistung verurteilen, richtet sich nach dem SchKG. Als **Geldleistung** gilt nicht nur eine in gesetzlicher Schweizer Währung denominierte Schuld, sondern auch jede Geldzahlung in fremder Währung, die in Landeswährung erfüllbar ist (BGE 134 III 151 ff., 155, E. 2.3; BGer vom 4.6.2002, 4P.47/2002 = Pra 91 [2002] Nr. 177, E. 2.2; BGE 125 III 443, 449). Steht jedoch eine **Effektivklausel** (Art. 84 Abs. 2 OR) der Erfüllung in Landeswährung im Wege, so richtet sich die Vollstreckung nach den Bestimmungen der ZPO (vgl. BGer vom 4.6.2002, 4P.47/2002 = Pra 91 [2002] Nr. 177, E. 2.2, vgl. dazu KOFMEL EHRENZELLER, Realvollstreckung, 222; a.M. RÜETSCHI/STAUBER, 48), ebenso im Falle einer «WIR»-Schuld (LEUENBERGER/UFFER-TOBLER, Art. 291 ZPO/SG N 1). Entsprechend grosse Bedeutung kommt der Formulierung des Klageantrags (bzw. des Entscheiddispositivs) zu.

25 Unter **Sicherheitsleistung** ist nach bundesgerichtlicher Rechtsprechung nicht allein die Sicherheitsleistung in Geld, sondern *jegliche* Sicherheitsleistung (z.B. Bestellung eines Faustpfandes, Hinterlegung von Wertschriften, Bestellung einer Bürgschaft oder einer Bankgarantie) zu verstehen (BGE 129 III 193 ff., 195, E. 3.4; SPÜHLER/DOLGE/VOCK, Art. 69/70 BGG N 3; BSK BGG-TSCHÜMPERLIN, Art. 69 N 5; BÜHLER/EDELMANN/KILLER, Art. 421 ZPO/AG N 1; STAEHELIN/STAEHELIN/GROLIMUND, § 28 N 1; WALDER, ZPR, § 41 N 5; a.M. SUTTER-SOMM, ZPR, § 11 Rz 1140; LEUCH/MARBACH/KELLERHALS/STERCHI, Art. 399 ZPO/BE N 2). Diese Auslegung steht im Gegensatz zum Wortlaut von Art. 69 BGG und Art. 75 BZP, die dem SchKG lediglich die Sicherheitsleistung *in Geld* vorbehalten. Da diesen Erlassen nunmehr eine jüngere bundesrechtliche Norm gegenübersteht, die dem offenen Wortlaut des SchKG entspricht (dem das Bundesgericht in BGE 129 III 193 ff., 195, E. 3.4 ausschlaggebende Bedeutung zumass), ist davon auszugehen, dass sich die Vollstreckung jeglicher Sicherheitsleistung nach dem SchKG richtet und die Formulierung von Art. 69 BGG und Art. 75 BZP ein gesetzgeberisches Versehen darstellt (vgl. dazu BSK BGG-TSCHÜMPERLIN, Art. 69 N 5).

26 Zur Durchsetzung von Entscheiden, die nicht auf Geldleistung lauten, zulasten eines **konkursiten Schuldners** vgl. Art. 211 SchKG.

IV. Entscheide mit rechtsrelevantem Auslandsbezug, IZPR (Abs. 3)

1. Vorbehalt von Staatsvertragsrecht und IPRG

27 Art. 335 Abs. 3 wiederholt im vollstreckungsrechtlichen Zusammenhang, was Art. 2 für die ZPO schlechthin festhält: Bestimmungen des **Staatsvertragsrechts** und des **IPRG** bleiben gegenüber jenen der ZPO vorbehalten. Für die Anerkennung, Vollstreckbarerklärung und Vollstreckung sind somit in erster Linie die bilateralen und multilateralen

1. Kapitel: Vollstreckung von Entscheiden   28–30   Art. 335

Staatsverträge im Hinblick auf einschlägige Normen zu beachten (Art. 1 Abs. 2 IPRG). Besteht kein Staatsvertrag, so ist subsidiär auf die einschlägigen autonomen Bestimmungen des IPRG (Art. 25 ff.) zurückzugreifen.

Fragen der Anerkennung, Vollstreckbarerklärung und Vollstreckung werden in einer Vielzahl von multilateralen und bilateralen Staatsverträgen normiert. Der für die schweizerische Praxis wohl wichtigste multilaterale Staatsvertrag ist das **LugÜ**. Ältere Abkommen mit Mitgliedstaaten des LugÜ bleiben jedoch für jene Materien in Kraft, die nicht in den sachlichen Anwendungsbereich des LugÜ fallen, ferner für sämtliche Entscheide, die vor Inkrafttreten des LugÜ ergangen sind (Art. 66 LugÜ II bzw. Art. 56 LugÜ).   28

Multilaterale Staatsverträge (Auswahl):   29

– Abkommen über die Rechtsstellung von Flüchtlingen vom 28.7.1951 (SR 0.142.30);

– Übereinkommen über die Rechtsstellung von Staatenlosen vom 28.7.1954 (SR 0.142.40);

– Übereinkommen vom 1.6.1970 über die Anerkennung von Ehescheidungen und -trennungen (SR 0.211.212.3);

– Übereinkommen vom 2.10.1973 über die Anerkennung von Unterhaltsentscheidungen (UVÜ; SR 0.211.213.02);

– Übereinkommen vom 15.4.1958 über die Anerkennung und Vollstreckung von Entscheidungen auf dem Gebiet der Unterhaltspflicht gegenüber Kindern (UVÜK, SR 0.211.221.432), teilweise ersetzt durch das UVÜ (vgl. dazu MERZ, § 189 ZPO/TG N 2);

– Übereinkommen vom 5.10.1961 über die Zuständigkeit der Behörden und das anzuwendende Recht auf dem Gebiet des Schutzes von Minderjährigen (SR 0.211.231.01);

– Europäisches Übereinkommen vom 20.5.1980 über die Anerkennung und Vollstreckung von Entscheidungen über das Sorgerecht für Kinder und die Wiederherstellung des Sorgerechts (SR 0.211.230.01);

– Übereinkommen vom 25.10.1980 über die zivilrechtlichen Aspekte internationaler Kindsentführung (SR 0.211.230.02);

– Übereinkunft vom 1.3.1954 betreffend Zivilprozessrecht (SR 0.274.12);

– Europäisches Übereinkommen vom 7.6.1968 betreffend Auskünfte über ausländisches Recht (SR 0.274.161);

– Europäisches Übereinkommen vom 16.5.1972 über Staatenimmunität (SR 0.273.1);

– Übereinkommen vom 10.6.1958 über die Anerkennung und Vollstreckung ausländischer Schiedssprüche (sog. «New Yorker Übereinkommen», SR 0.277.12; der Inhalt dieses Übereinkommens gilt nach Art. 194 IPRG auch im Verhältnis zu Staaten, die dem Übereinkommen nicht beigetreten sind).

Bilaterale Staatsverträge (Auswahl):   30

– Vertrag mit Spanien vom 19.11.1896 über die gegenseitige Vollstreckung von Urteilen oder Erkenntnissen in Zivil- und Handelssachen (SR 0.276.193.321);

– Vertrag mit der Republik Österreich vom 16.12.1960 über die Anerkennung und Vollstreckung gerichtlicher Entscheidungen (SR 0.276.191.632);

- Abkommen vom 31.8.2004 zwischen dem Schweizerischen Bundesrat und der Regierung der Vereinigten Staaten von Amerika über die Durchsetzung von Unterhaltsverpflichtungen (SR 0.211.213.133.6);

- Die Gegenseitigkeitserklärung vom 5.6.2003 zwischen der Schweizerischen Eidgenossenschaft und der Regierung der Provinz Manitoba im Bereich der Anerkennung, Vollstreckung, Schaffung und Änderung von Unterhaltsverpflichtungen (SR 0.211.213.232.1);

- Die Gegenseitigkeitserklärung vom 9.7.2003 zwischen der Schweizerischen Eidgenossenschaft und der Regierung der Provinz Saskatchewan im Bereich der Anerkennung, Vollstreckung, Schaffung und Änderung von Unterhaltsverpflichtungen (SR 0.211.213.232.2);

- Abkommen mit dem Fürstentum Liechtenstein vom 25.4.1968 über die Anerkennung und Vollstreckung von gerichtlichen Entscheidungen und Schiedssprüchen in Zivilsachen (SR 0.276.195.141);

- Niederlassungs- und Konsularvertrag mit Italien vom 22.7.1868 (SR 0.142.114.541);

- Abkommen mit Italien vom 3.1.1933 über die Anerkennung und Vollstreckung gerichtlicher Entscheidungen (SR. 0.276.194.541);

- Abkommen mit dem Deutschen Reich vom 2.11.1929 über die gegenseitige Anerkennung und Vollstreckung von gerichtlichen Entscheidungen und Schiedssprüchen (SR 0.276.191. 361);

- Abkommen mit Belgien vom 29.4.1959 über die Anerkennung und Vollstreckung von gerichtlichen Entscheidungen und Schiedssprüchen (SR 0.276.191.721).

31 Das **IPRG** regelt die Anerkennung, Vollstreckbarerklärung und Vollstreckung allgemein in Art. 25–32, ferner in Art. 50, 58 und 65 (für eherechtliche Entscheide), Art. 70, 73, 78 und 84 (für kindesrechtliche Entscheide), Art. 96 (für erbrechtliche Entscheide), Art. 108 (für sachenrechtliche Entscheide), Art. 111 (für immaterialgüterrechtliche Entscheide), Art. 149 (für obligationenrechtliche Entscheide) und in Art. 165 (für gesellschaftsrechtliche Entscheide).

2. Anwendbarkeit der ZPO

32 Unter dem Vorbehalt von Staatsvertragsrecht und IPRG finden nach Art. 335 Abs. 3 ZPO die Vorschriften des 10. Kapitels auf Verfahren über «Anerkennung, Vollstreckbarerklärung und Vollstreckung» ausländischer Entscheide Anwendung. Angesichts der unterschiedlich detaillierten Vorschriften in Staatsverträgen ergänzt die ZPO damit (subsidiär) den prozessualen Rahmen für das Exequatur- und Vollstreckungsverfahren (Begleitbericht VE-ZPO, 152). Art. 335 enthält insofern internationales Zivilprozessrecht (BOTSCHAFT ZPO, 7382).

33 Art. 335 Abs. 3 unterscheidet hinsichtlich ausländischer Entscheidungen in herkömmlicher Terminologie die **Anerkennung**, die **Vollstreckbarerklärung** und die eigentliche **Vollstreckung**, mithin die tatsächliche Durchsetzung des Entscheids. Besondere, einem Staatsvertrag oder dem IPRG entnommene Normen gelten regelmässig nur für die ersten beiden Schritte (Anerkennung und Vollstreckbarerklärung, sog. «Exequatur»); die Durchführungen der Vollstreckung folgt dagegen den allgemeinen Regeln der ZPO, wie sie auch für inländische Entscheidungen gelten (KELLERHALS, 85; STAEHELIN/STAEHELIN/GROLIMUND, § 28 Rz 13).

3. Anerkennung und Vollstreckbarerklärung

a) Terminologie

Anerkennung bedeutet die gerichtliche Feststellung, dass ein ausländischer Entscheid die erforderlichen formellen und materiellen Voraussetzungen erfüllt, dass seine Rechtswirkungen – mit Ausnahme der Vollstreckbarkeit – auf das schweizerische Hoheitsgebiet erstreckt werden können (BGE 122 III 213; ZK IPRG-VOLKEN, Art. 29 N 24; GROZ, 683). Der Anerkennung bedürfen deshalb auch jene ausländischen Entscheide, die aufgrund ihrer Natur auch ohne Vollstreckung wirksam sind, namentlich also Feststellungs- und Gestaltungsentscheide (vgl. N 12 f.). Ebenso bedarf ein ausländischer Entscheid der Anerkennung, um in der Schweiz materielle Rechtskraft zu entfalten. Dabei gilt der Grundsatz, dass die Anerkennung dem ausländischen Entscheid keine weiterreichenden Wirkungen verschafft als ihm in seinem Herkunftsstaat zukommen (BGE 129 III 626 ff., 635; 120 II 83 ff., 84). 34

Durch die **Vollstreckbarerklärung** wird dem anerkannten ausländischen Leistungsurteil – über die Anerkennung hinaus – eine zusätzliche Wirkung verliehen (BGE 118 Ia 118 ff., 121; STOJAN, 177; GROZ, 684), nämlich die Eignung, in der Schweiz zwangsweise durchgesetzt zu werden (ZK IPRG-VOLKEN, Art. 29 N 22; STAEHELIN/STAEHELIN/GROLIMUND, § 28 Rz 13). 35

b) Verfahren

aa) LugÜ

Im Unterschied zum IPRG sieht das **LugÜ** einen Anerkennungsautomatismus vor: Die ausländische Entscheidung wird anerkannt, *«ohne dass es hierfür eines besonderen Verfahrens bedarf»* (Art. 33 Abs. 1 LugÜ II bzw. Art. 26 Abs. 1 LugÜ). Es steht sowohl ein unselbstständiges als auch ein selbstständiges Exequaturverfahren zur Verfügung (BGE 135 III 324 ff., 327 ff.; 125 III 386 ff., 388 m.w.H. auf unpubl. Praxis): Während das selbstständige Verfahren einzig die Anerkennung und ggf. die Vollstreckbarerklärung des Entscheids (sog. Exequatur) anstrebt, wird im unselbständigen Verfahren ein anderes Ziel – z.B. die Vollstreckung des Entscheids – verfolgt; Anerkennung und Vollstreckbarerklärung stellen Vorfragen dar. 36

Selbständige und unselbständige Anerkennungs- bzw. Exequaturverfahren nach LugÜ richten sich – neben den staatsvertraglichen Normen – nach Art. 335 ff. ZPO, wenn die Vollstreckbarerklärung von Entscheidungen, die nicht auf Geldleistung lauten, in Frage steht, zumal hier die Art. 335 ff. ohnehin einschlägig sind. Ebenso sind – wiederum unter Vorbehalt der staatsvertraglichen Bestimmungen – Art. 335 ff. im Zusammenhang mit Geldforderungen anwendbar, wenn der Urteilsgläubiger einen selbstständigen Exequaturentscheid anstrebt (Begleitbericht VE-ZPO, 153; JEANDIN, 358; vgl. auch BGE 116 Ia 394 ff., 399 f.). Dies kommt namentlich im Hinblick auf eine sichernde Massnahme nach Art. 47 LugÜ II bzw. Art. 39 aLugÜ in Betracht (MEIER, ZPR, 40; VOCK, Vollstreckung, 434; Begleitbericht VE-ZPO, 153), deren Anordnung sich ebenfalls nach diesem Kapitel, insb. nach Art. 340, richtet (vgl. dort). 37

bb) IPRG

Auch nach Art. 29 **IPRG** können Anerkennung und Vollstreckbarerklärung eines ausländischen Entscheids Gegenstand eines **selbständigen** oder eines **unselbstständigen Verfahrens** sein (BSK IPRG-BERTI/DÄPPEN, Art. 29 N 15; MEIER, ZPR, 37; CHK-SCHRAMM, Art. 29 N 2 ff.; JOSI, 191). 38

Art. 336

39 Das selbständige Exequaturverfahren nach Art. 29 Abs. 1 IPRG richtet sich nach den Vorschriften von Art. 335 ff. ZPO, und zwar ungeachtet der Frage, ob es sich um eine Entscheidung auf Geldleistung handelt (Begleitbericht VE-ZPO, 153; JEANDIN, 358; vgl. auch BGE 116 Ia 394 ff., 399 f.). Das unselbständige Verfahren richtet sich nach den Vorschriften dieses Kapitels, wenn die Vollstreckung ausländischer Entscheide, die nicht auf Geldzahlung lauten, in Frage steht; im Übrigen aber nach dem Verfahren der Hauptsache.

Art. 336

Vollstreckbarkeit

¹ Ein Entscheid ist vollstreckbar, wenn er:
a. rechtskräftig ist und das Gericht die Vollstreckung nicht aufgeschoben hat (Art. 325 Abs. 2 und 331 Abs. 2); oder
b. noch nicht rechtskräftig ist, jedoch die vorzeitige Vollstreckung bewilligt worden ist.

² Auf Verlangen bescheinigt das Gericht, das den zu vollstreckenden Entscheid getroffen hat, die Vollstreckbarkeit.

Caractère exécutoire

¹ Une décision est exécutoire:
a. lorsqu'elle est entrée en force et que le tribunal n'a pas suspendu l'exécution (art. 325, al. 2, et 331, al. 2);
b. lorsqu'elle n'est pas encore entrée en force mais que son exécution anticipée a été prononcée.

² Le tribunal qui a rendu la décision à exécuter en atteste sur demande le caractère exécutoire.

Esecutività

¹ Una decisione è esecutiva se:
a. è passata in giudicato e il giudice non ha sospeso l'esecuzione (art. 325 cpv. 2 e 331 cpv. 2); oppure
b. pur non essendo ancora passata in giudicato, è stata dichiarata eseguibile anticipatamente.

² A richiesta, il giudice che ha preso la decisione da eseguire ne attesta l'esecutività.

Inhaltsübersicht Note

I. Normzweck und Grundlagen 1

II. Vollstreckbarkeit 2
   1. Formelle Vollstreckbarkeit 2
   2. Weitere Vollstreckbarkeitsvoraussetzungen 16

III. Vollstreckbarkeitsbescheinigung 19

Literatur

Vgl. die Literaturhinweise zu Art. 335.

I. Normzweck und Grundlagen

1 Die Bestimmung definiert den **Begriff der Vollstreckbarkeit** und damit ein zentrales Kriterium des Vollstreckungsverfahrens. Sie unterscheidet sich darin vom Vorentwurf, der eine Umschreibung der formellen Rechtskraft enthielt (Art. 234 Abs. 1) und damit

dem Vorbild zahlreicher kantonaler Prozessordnungen folgte. Ferner bildet Art. 336 die gesetzliche Grundlage für einen einheitlichen, formalisierten Nachweis der Vollstreckbarkeit durch die sog. **Vollstreckbarkeitsbescheinigung**.

II. Vollstreckbarkeit

1. Formelle Vollstreckbarkeit

Die ZPO lässt die Vollstreckbarkeit im Regelfall – aber nicht immer (vgl. N 12) – mit der Rechtskraft eintreten (Art. 336 Abs. 1 lit. a und b, je 1. Satzteil). Der Begriff der Rechtskraft wird nicht näher umschrieben (BOTSCHAFT ZPO, 7345); gemeint ist hier die **formelle Rechtskraft** (BERTI, Verfahrensarten, 343, FN 22). Formelle Rechtskraft bedeutet Unanfechtbarkeit der Entscheidung (HABSCHEID, Rz 473). Sie tritt ein, wenn gegen den Entscheid kein ordentliches Rechtsmittel, mithin keine Berufung (mehr) zur Verfügung steht (Art. 315 Abs. 1; BOTSCHAFT ZPO, 7383; BGE 131 III 87 ff., 89).

Ein berufungsfähiger Entscheid wird erst formell rechtskräftig und vollstreckbar, wenn die Parteien auf eine Berufung verzichten (Art. 239 Abs. 2 2. Satz), wenn die Berufungsfrist ungenutzt verstreicht, wenn die Berufung zurückgezogen oder wenn auf die Berufung nicht eingetreten wird (so ausdrücklich Art. 234 Abs. 1 VE-ZPO; ferner HABSCHEID, ZPR, Rz 473). Für die Ausnahme der Bewilligung der vorzeitigen Vollstreckung durch Anordnung des Gerichts vgl. N 12.

Ist innert Frist **keine Berufung eingereicht** worden, so tritt die formelle Rechtskraft und die Vollstreckbarkeit an dem Tag ein, der dem letzten Tag der Rechtsmittelfrist folgt (Begleitbericht VE, 115; JEANDIN, 358; LEUENBERGER/UFFER-TOBLER, Art. 88 ZPO/SG N 2.b; FRANK/STRÄULI/MESSMER, § 190 ZPO/ZH N 10).

Wird auf Berufung **verzichtet**, so treten die formelle Rechtskraft und die Vollstreckbarkeit an dem Tag ein, an dem die entsprechende Erklärung beim Gericht eingeht (Begleitbericht VE, 115; FRANK/STRÄULI/MESSMER, § 190 ZPO/ZH N 11; LEUENBERGER/UFFER-TOBLER, Art. 88 ZPO/SG N 2.c; VOCK, Vollstreckung, 438). Anderes gilt, wenn der Verzicht aus dem Umstand abgeleitet wird, dass die Parteien binnen 10 Tagen nach Eröffnung keine Begründung verlangt haben (Art. 239 Abs. 2 2. Satz); alsdann treten die formelle Rechtskraft und die Vollstreckbarkeit an dem Tage ein, der dem letzten Tag der Frist zur Stellung eines Antrags auf Begründung folgt.

Bei **Rückzug** der Berufung treten die formelle Rechtskraft und die Vollstreckbarkeit an dem Tag ein, an dem die entsprechende Erklärung beim Gericht eingeht (Begleitbericht VE, 115; FRANK/STRÄULI/MESSMER, § 190 ZPO/ZH N 11; LEUENBERGER/UFFER-TOBLER, Art. 88 ZPO/SG N 2.d).

Wird auf die Berufung nicht eingetreten, so treten die formelle Rechtskraft und die Vollstreckbarkeit an dem Tage ein, an dem der **Nichteintretensentscheid** ausgefällt wird (FRANK/STRÄULI/MESSMER, § 190 ZPO/ZH N 12; LEUENBERGER/UFFER-TOBLER, Art. 88 ZPO/SG N 2.e). Von dieser Regel kann abgewichen werden, wenn das Rechtsmittel missbräuchlich (z.B. offensichtlich verspätet) eingereicht wird; diesfalls wird der Eintritt der formellen Rechtskraft auf den Tag nach Ablauf der Rechtsmittelfrist zurückbezogen (LEUENBERGER/UFFER-TOBLER, Art. 88 ZPO/SG N 2.f; MESSMER/IMBODEN, N 107; VON SALIS, 75).

Die **Beschwerde** hemmt die formelle Rechtskraft und die Vollstreckbarkeit nicht (Art. 325 Abs. 1). Beschwerdefähige Entscheide werden somit mit Ausfällung rechtskräftig (und nicht erst mit Zustellung, vgl. dazu Begleitbericht VE, 114; JEANDIN, 358;

VOCK, Vollstreckung, 438; FRANK/STRÄULI/MESSMER, § 190 ZPO/ZH N 8 ff.; LEUENBERGER/UFFER-TOBLER, Art. 88 ZPO/SG N 2.a). Für die Ausnahme des Aufschubs der Vollstreckung durch Anordnung des Gerichts vgl. N 12.

9 Die **Revision** richtet sich per definitionem gegen einen bereits rechtskräftigen Entscheid (Art. 328 Abs. 1). Ihre Einlegung beseitigt weder die formelle Rechtskraft noch die Vollstreckbarkeit des angefochtenen Entscheids (Art. 331 Abs. 1), erst ihre Gutheissung führt zu seiner Aufhebung. Das mit dem Revisionsbegehren befasste Gericht kann jedoch die Vollstreckung aufschieben, sofern diese nicht bereits erfolgt ist (Art. 331 Abs. 2; Art. 126 BGG); vgl. dazu N 12.

10 Die **Beschwerde an das Bundesgericht** hat i.d.R. keine aufschiebende Wirkung (Art. 103 Abs. 1 BGG); die Frage, ob sie als ordentliches (BSK BGG-MEYER, Art. 103 N 5; ZOLLER, 72) oder als ausserordentliches (OGer BE, APH-08 552 vom 13.2.2009, E. 10 f.; VOGEL/SPÜHLER, Kap. 13 N 36; SPÜHLER/DOLGE/VOCK, Art. 103 N 2) Rechtsmittel gelten muss, ist umstritten. Der (vorzeitigen bzw. vorläufigen, vgl. dazu ZOLLER, 73) Vollstreckung steht die Zivilbeschwerde jedenfalls nur entgegen, wenn ihr vom Instruktionsrichter die aufschiebende Wirkung verliehen wird (Art. 103 Abs. 3 BGG). Geschieht dies, so tritt die aufschiebende Wirkung ex tunc ein (ZOLLER, 90).

11 **Entscheide des Bundesgerichts** erwachsen am Tag ihrer Ausfällung in Rechtskraft (Art. 61 BGG) und sind ohne weiteres vollstreckbar (Art. 69 f. BGG). Eine Beschwerde an den EGMR hindert den Eintritt der Rechtskraft nicht (SEILER/VON WERDT/GÜNGERICH, Art. 61 N 3).

12 Formelle Rechtskraft und Vollstreckbarkeit fallen in **zwei Ausnahmefällen** auseinander:
  – Vor Eintritt der formellen Rechtskraft ist ein Entscheid vollstreckbar, wenn das Berufungsgericht die **vorzeitige Vollstreckbarkeit** angeordnet hat (Art. 336 Abs. 1 lit. b 2. Satzteil i.V.m. Art. 315 Abs. 2).
  – Ungeachtet seiner formellen Rechtskraft (noch) nicht vollstreckbar ist ein Entscheid, dessen Vollstreckbarkeit die Beschwerde- oder Revisionsinstanz aufgeschoben hat (Art. 336 Abs. 1 lit. a). Ein **Aufschub der Vollstreckbarkeit** ist sowohl bei der Beschwerde (Art. 325 Abs. 2) als auch bei der Revision (Art. 331 Abs. 2) und der Beschwerde in Zivilsachen (Art. 103 Abs. 3 BGG) möglich.

13 Wird ein Entscheid nur **teilweise angefochten**, hindert die Anfechtung die Vollstreckbarkeit des unangefochtenen Teils nicht, es sei denn, der nicht angefochtene Teil werde notwendigerweise vom Ergebnis der Anfechtung beeinflusst (wie z.B. die Nebenpunkte bei Anfechtung des Scheidungsentscheids; vgl. dazu BÜHLER/EDELMANN/KILLER, § 422 ZPO/AG N 2).

14 Vollstreckbar sind auch **bedingte Entscheide** sowie Entscheide, die den Urteilsschuldner zu einer **Leistung Zug-um-Zug** verurteilen. Die Frage, ob die Bedingung eingetreten ist bzw. ob der Urteilsgläubiger seine eigene Leistung erbracht oder gehörig angeboten hat, wird im Vollstreckungsverfahren beurteilt, was die direkte Vollstreckung ausschliesst (vgl. Art. 337 N 8). Eine Vollstreckung gegen Leistung von Sicherheit, wie sie etwa § 429 ZPO/AG kannte (vgl. BÜHLER/EDELMANN/KILLER, § 429 ZPO/AG N 1; STAEHELIN/STAEHELIN/GROLIMUND, § 28 Rz 8), sieht die ZPO nicht ausdrücklich vor (Art. 325 Abs. 2 regelt den umgekehrten Fall), müsste aber a maiore minus zulässig sein.

15 An der Vollstreckbarkeit eines Entscheides ändert es grundsätzlich nichts, wenn in einem neuen Prozess dessen Abänderung beantragt worden ist. Eine Ausnahme gilt etwa für Besuchs- und Ferienrechte von Kindern, wenn der Entscheid im Abänderungsprozess

bevorsteht (BGer vom 22.8.2008, 5A_388/2008, E. 3; BGE 118 II 392 ff., 394; BGE 107 II 301 ff., 305) und das Kindeswohl durch die Vollstreckung ernstlich gefährdet würde (BGer vom 28.2.2008, 5A_627/2007, E. 3.1).

2. Weitere Vollstreckbarkeitsvoraussetzungen

Von der formellen Vollstreckbarkeit i.S.v. Art. 336 ist die tatsächliche Möglichkeit zu unterscheiden, die im Entscheid festgestellte Leistungspflicht durchzusetzen. Abgesehen von äusseren Faktoren, die sich dem Einfluss des erkennenden Gerichts und der obsiegenden Partei u.U. entziehen (z.b. Vorhandensein der herauszugebenden Sache, Aufenthalt der unterlegenen Partei in der Schweiz usw.), ist erforderlich, dass der vollstreckbare Entscheid die durchzusetzende Pflicht in sachlicher, örtlicher und zeitlicher Hinsicht so klar bestimmt, dass das Vollstreckungsgericht diesbezüglich keine eigene Erkenntnistätigkeit entfalten muss (BGer vom 25.5.2001, 5P.118/2001, E. 2.b; LEUCH/MARBACH/KELLERHALS/STERCHI, Art. 402 ZPO/BE N 4; PEYER, 133).

Erweist sich ein formell vollstreckbarer Entscheid wegen einer unklaren oder widersprüchlichen Formulierung des Dispositivs als nicht vollstreckbar, so kommen u.U. **Erläuterung** oder **Berichtigung** (Art. 334 Abs. 1) in Betracht (BGer vom 25.5.2001, 5P.118/2001, E. 2b). Nach erfolgter Erläuterung bzw. Berichtigung kann ein neues Vollstreckungsgesuch gestellt werden.

Vermögen Erläuterung und Berichtigung den Mangel nicht zu beheben und fehlt es dem Entscheid deshalb weiterhin an der Vollstreckbarkeit, so bleibt der obsiegenden Partei nur eine neue Klage. Dieser steht die materielle Rechtskraft des – nicht vollstreckbaren – früheren Entscheids trotz Identität des Streitgegenstands nicht entgegen, denn materielle Rechtskraft können nur Entscheide entfalten, die – von der Sache her – vollstreckt werden können (GULDENER, ZPR, 536; LEUCH/MARBACH/KELLERHALS/STERCHI, Art. 402 ZPO/BE N 4; VOGEL/SPÜHLER, Kap. 15 Rz 51).

III. Vollstreckbarkeitsbescheinigung

Die **Vollstreckbarkeitsbescheinigung** bezweckt, die Prüfung der Vollstreckbarkeitsvoraussetzungen (Art. 338 Abs. 2, Art. 341 Abs. 1) zu vereinfachen (BSK IPRG-BERTI, Art. 193 N 15). Sie hat die gleiche Funktion wie die in der bisherigen Praxis kantonaler Gerichte (MERZ, § 260 ZPO/TG N 5; LEUENBERGER/UFFER-TOBLER, Art. 297 ZPO/SG N 2) und auch des Bundesgerichts (BSK BGG-TSCHÜMPERLIN, Art. 69 N 16) als «Rechtskraftbescheinigung» bezeichnete Urkunde sowie die Vollstreckbarkeitsbescheinigung gemäss Art. 44 KSG und Art. 193 Abs. 2 IPRG. Da Vollstreckbarkeit und Rechtskraft nicht notwendigerweise gleichzeitig eintreten (vgl. N 12), verwendet die ZPO – wie das IPRG – den Begriff der Vollstreckbarkeitsbescheinigung (SUTTER-SOMM, ZPR, § 11 Rz 1138).

Um eine Vollstreckbarkeitsbescheinigung ausstellen zu können, muss das erkennende Gericht prüfen,

– ob ein **Entscheid** i.S.v. Art. 335 vorliegt (BGE 130 III 125 ff., 128 f.),

– ob der Entscheid der verurteilten Partei **gehörig eröffnet** wurde (Art. 136 ff.) und

– ob ein Rechtsmittel hängig ist und, gegebenenfalls, ob diesem ex lege oder auf entsprechende gerichtliche Anordnung hin die **aufschiebende Wirkung** zukommt.

Die Vollstreckbarkeitsbescheinigung stellt jenes Gericht aus, das den Entscheid gefällt hat. Die Regelung steht damit in der Tradition kantonaler Prozessgesetze (BGer vom

31.8.2004, 2A.69/2003, E. 1.1; BOTSCHAFT ZPO, 7383). Zumeist zählt die Ausstellung von Vollstreckbarkeitsbescheinigungen zu den Pflichten der juristischen **Gerichtskanzlei** (SPÜHLER, Rechtskraftbescheinigung, 130), in Betracht kommen aber auch andere Stellen, etwa ein Generalsekretariat (BSK BGG-TSCHÜMPERLIN, Art. 69 N 16).

22 Das für die Ausstellung der Vollstreckbarkeitsbescheinigung zuständige, erkennende Gericht kann die **gehörige Eröffnung** seines Entscheids anhand seiner eigenen Akten beurteilen. Berufung und Beschwerde sind jedoch bei der Rechtsmittelinstanz (iudex ad quem) einzureichen (Art. 311 Abs. 1 bzw. Art. 321 Abs. 1), die auch über Gewährung der **aufschiebenden Wirkung bzw. der vorzeitigen Vollstreckbarkeit** befindet (Art. 315 Abs. 1 bzw. Art. 325 Abs. 2). Die bescheinigende Instanz muss deshalb Auskünfte bei allen in Betracht kommenden Rechtsmittelinstanzen einholen.

23 Verurteilt der Entscheid zu einer **bedingten Leistung** oder zu einer **Leistung Zug-um-Zug**, so ist es nach Art. 342 ausschliesslich am Vollstreckungsgericht, zu beurteilen, ob die Bedingung eingetreten oder die Gegenleistung erbracht bzw. gehörig angeboten wurde. Dem für die Ausstellung der Vollstreckbarkeitsbescheinigung zuständigen Gericht ist es deshalb von vornherein unmöglich, sämtliche Voraussetzungen der Vollstreckbarkeit zu beurteilen. Deshalb die Ausstellung der Vollstreckbarkeitsbescheinigung ganz zu verweigern (GASSER, 341), erscheint angesichts des klaren gesetzlichen Wortlauts fragwürdig. Vielmehr ist der Konflikt dadurch zu vermeiden, dass die in der Vollstreckbarkeitsbescheinigung enthaltene Aussage von vornherein auf die in Abs. 1 genannten Tatsachen beschränkt wird, was klar erkennbar gemacht werden sollte.

24 Wurde das Vollstreckungsverfahren bis zur Erledigung eines Erläuterungs- und Berichtigungsverfahrens sistiert, so ist zur Fortsetzung des Verfahrens eine **neue Vollstreckbarkeitsbescheinigung** erforderlich, da der erläuterte und berichtigte Entscheid den Parteien neu eröffnet wird (Art. 334 Abs. 4). Die Fragen nach der formellen Rechtskraft des Entscheid bzw. nach der Gewährung der aufschiebenden Wirkung bzw. der vorzeitigen Vollstreckung stellen sich somit erneut (vgl. N 2 ff.).

25 Die Vollstreckbarkeitsbescheinigung ist weder ein Entscheid (i.S.v. Art. 236 ff.) noch eine prozessleitende Verfügung (i.S.v. Art. 246), sondern ein blosses **Beweismittel** (GASSER, 341; GASSER/RICKLI, Art. 336 ZPO N 3; BSK IPRG-BERTI, Art. 193 N 15). Als solches ist sie nicht anfechtbar und entfaltet gegenüber dem Vollstreckungsgericht keine Bindungswirkung – dieses bleibt vielmehr frei (und bei Vorliegen konkreter Verdachtsmomente auch verpflichtet, vgl. dazu Art. 341 N 3 ff.), die Voraussetzungen der Vollstreckbarkeit seinerseits zu prüfen (GASSER, 341; LEUCH/MARBACH/KELLERHALS/STERCHI, Art. 402 ZPO/BE N 1.a; ebenso für die Vollstreckbarkeitsbescheinigung gemäss Art. 44 KSG und Art. 193 IPRG LALIVE/POUDRET/REYMOND, Art. 44 N 1 und Art. 193 N 2; BSK IPRG-BERTI, Art. 193 N 13; nicht eindeutig BGE 130 III 125 ff., 129 sowie BGE 117 III 57 ff., 59, beide betr. Schiedsentscheide im Rechtsöffnungsverfahren). Die Vollstreckbarkeit kann nicht nur durch eine Vollstreckbarkeitsbescheinigung, sondern auch auf andere Weise nachgewiesen werden (FRANK/STRÄULI/MESSMER, § 300 ZPO/ZH N 6; VOCK, Vollstreckung, 437).

26 Die Vollstreckbarkeitsbescheinigung ist eine **öffentliche Urkunde** i.S.v. Art. 179 und Art. 9 Abs. 1 ZGB, d.h. sie erbringt für die durch sie bezeugten Tatsachen (vgl. dazu N 20) vollen Beweis, solange nicht ihre Unrichtigkeit nachgewiesen wird (SPÜHLER, Rechtskraftbescheinigung, 130; BSK BGG-TSCHÜMPERLIN, Art. 69 N 16).

27 In der Schweiz darf das Vollstreckungsgericht auf eine in gehöriger Form ausgestellte Vollstreckbarkeitsbescheinigung abstellen, ohne zusätzliche Nachforschungen anzustellen (BGE 89 I 242 E. 2) oder Beglaubigungen zu verlangen oder einzuholen. Im Anwen-

dungsbereich des LugÜ besteht ebenfalls keine Notwendigkeit, Beglaubigungen und Überbeglaubigungen (Apostillen) einzuholen (Art. 56 LugÜ II bzw. Art. 49 LugÜ). Für die Vollstreckung im übrigen **Ausland** bedarf die Vollstreckbarkeitsbescheinigung regelmässig der Beglaubigung und/oder Apostillierung (vgl. dazu insb. Haager Übereinkommen zur Befreiung öffentlicher Urkunden von der Beglaubigung, 0.172.030.4).

Art. 337

Direkte Vollstreckung	¹ Hat bereits das urteilende Gericht konkrete Vollstreckungsmassnahmen angeordnet (Art. 236 Abs. 3), so kann der Entscheid direkt vollstreckt werden. ² Die unterlegene Partei kann beim Vollstreckungsgericht um Einstellung der Vollstreckung ersuchen; Artikel 341 gilt sinngemäss.
Exécution directe	¹ Si le tribunal qui a rendu la décision a ordonné les mesures d'exécution nécessaires (art. 236, al. 3), la décision peut être exécutée directement. ² La partie succombante peut demander la suspension de l'exécution auprès du tribunal de l'exécution; l'art. 341 est applicable par analogie.
Esecuzione diretta	¹ La decisione può essere direttamente eseguita se il giudice che l'ha pronunciata ha già ordinato concrete misure d'esecuzione (art. 236 cpv. 3). ² La parte soccombente può tuttavia chiedere al giudice dell'esecuzione di sospendere l'esecuzione; l'articolo 341 si applica per analogia.

Inhaltsübersicht   Note

   I. Normzweck und Grundlagen 1

 II. Voraussetzungen und Modalitäten 5
    1. Direkter Zugang zur Exekutivbehörde 5
    2. Zuständigkeit 11
    3. Prüfungsbefugnis der Exekutivbehörde 12

III. Gesuch um Einstellung der Vollstreckung (Abs. 2) 18
    1. Anrufung des Vollstreckungsgerichts 18
    2. Sinngemässe Anwendung von Art. 341 26

Literatur

Vgl. die Literaturhinweise zu Art. 335.

I. Normzweck und Grundlagen

Ziel der direkten Vollstreckung ist die Beschleunigung und Erleichterung der Vollstreckung (BOTSCHAFT ZPO, 7383). Im traditionellen Vollstreckungsverfahren geht der Anordnung und Durchführung von Vollstreckungsmassnahmen die gerichtliche Prüfung der Vollstreckbarkeit des Vollstreckungstitels voraus. Führt diese Prüfung zu einem positiven Ergebnis, so bewilligt das Vollstreckungsgericht die Vollstreckung und ordnet das dafür Erforderliche an. Art. 337 bringt demgegenüber eine bedeutende Vereinfachung: 1

Die Bestimmung ergänzt Art. 236 Abs. 3 und Art. 267, wonach das Sach- oder Massnahmengericht (im Sachentscheid auf Antrag der obsiegenden Partei, im Massnahmeentscheid auch von Amtes wegen) selbst Vollstreckungsmassnahmen anordnet und die berechtigte Partei diese Massnahmen durch die zuständige Exekutivbehörde vollziehen lässt, ohne zuvor an das Vollstreckungsgericht zu gelangen. Dieses kann aber von der verurteilten Partei angerufen werden.

2 Die direkte Vollstreckung stellt keine Durchbrechung des Grundsatzes dar, dass unter der ZPO jede Realvollstreckung von einem Gericht angeordnet wird. Unter den Voraussetzungen der direkten Vollstreckung sind Sach- bzw. Massnahmegericht und Vollstreckungsgericht identisch (STAEHELIN/STAEHELIN/GROLIMUND, § 28 Rz 31).

3 Nicht jede Vollstreckungsmassnahme ist für die direkte Vollstreckung geeignet. Im Vordergrund stehen die Anwendung direkten Zwangs (Art. 343 Abs. 1 lit. d) sowie die Ersatzvornahme (Art. 343 Abs. 1 lit. e). Die Anordnung indirekten Zwangs (Ungehorsamsstrafe, Art. 292 StGB; Ordnungsbusse, Art. 343 Abs. 1 lit. b; Tagesbusse, Art. 343 Abs. 1 lit. c) kann das erkennende Gericht zwar androhen; praktisch bleibt die Verwirklichung dieser Androhung Sache des Vollstreckungsgerichts bzw., im Falle von Art. 292 StGB, des Strafgerichts (FRANK/STRÄULI/MESSMER, § 304 ZPO/ZH N 2).

4 Ausgeschlossen ist die **direkte Vollstreckung ausländischer Entscheide**, und zwar auch dann, wenn das ausländische Gericht eine direkte Vollstreckung anordnet und aus einem Vertragsstaat des LugÜ stammt: Jeder ausländische Entscheid bedarf der Vollstreckbarerklärung durch ein schweizerisches Gericht (STAEHELIN/STAEHELIN/GROLIMUND, § 28 Rz 39).

II. Voraussetzungen und Modalitäten

1. Direkter Zugang zur Exekutivbehörde

5 Sind die Voraussetzungen der direkten Vollstreckung erfüllt, so steht der obsiegenden Partei nur der direkte Weg zur Exekutivbehörde offen. Da das erkennende Gericht bereits Vollstreckungsmassnahmen angeordnet hat, fehlt es für eine Anrufung des Vollstreckungsgerichts am erforderlichen **Rechtsschutzinteresse** (Art. 59 Abs. 2 lit. a). Das herkömmliche («indirekte», BOTSCHAFT ZPO, 7383) Vollstreckungsverfahren verhält sich gegenüber der direkten Vollstreckung **subsidiär** (Begleitbericht VE, 153).

6 Erweist sich die im Sachendentscheid angeordnete Vollstreckungsmassnahme als **undurchführbar**, so lebt das Interesse der obsiegenden Partei an der Gewährung von Rechtsschutz durch das Vollstreckungsgericht wieder auf. Nach Abschluss des Erkenntnisverfahrens verliert jedoch das Sachgericht die Kompetenz zur Anordnung weiterer Vollstreckungsmassnahmen (STAEHELIN/STAEHELIN/GROLIMUND, § 28 Rz 31). Dies folgt bereits aus dem Grundsatz, dass das erkennende Gericht nach Erlass des Entscheids nicht mehr auf diesen zurückkommen darf (*lata sententia iudex desinit iudex esse*). Die berechtigte Partei hat sich deshalb an das Vollstreckungsgericht zu wenden, wobei dies nach Art. 339 Abs. 1 lit. c auch das Vollstreckungsgericht am Ort des erkennenden Gerichts sein kann.

7 Anderes gilt bei der **Vollstreckung vorsorglicher Massnahmen**: Das Massnahmegericht erlässt nicht nur den Massnahmeentscheid, sondern trifft auch die für die Vollstreckung der Massnahme nötigen Anordnungen (Art. 267), ohne dass es hierfür eines Vollstreckungsgesuchs bedürfte (HASENBÖHLER, 48). Aus dem gleichen Grundsatz folgt, dass es am Massnahmegericht (und nicht am Vollstreckungsgericht) ist, die Vollstreckungsmass-

nahmen nötigenfalls anzupassen. Ebenso hat sich die berechtigte Partei an das Massnahmengericht (bzw. allenfalls an die entsprechenden Rechtsmittelinstanzen) zu wenden, wenn das Massnahmengericht die Anordnung von Vollstreckungsmassnahmen versäumt hat.

Verurteilt der Entscheid zu einer **bedingten Leistung** oder zu einer **Leistung Zug-um-Zug**, so steht die Befugnis der berechtigten Partei, direkt an die Exekutivbehörde zu gelangen, im Widerspruch zur ausschliesslichen Zuständigkeit des Vollstreckungsgerichts für die Feststellung von Bedingungseintritt bzw. Erfüllung oder gehörigem Angebot der Leistung (Art. 342). Deshalb sind derartige Entscheide für die direkte Vollstreckung ungeeignet (GASSER, 343). 8

Verbindet ein Entscheid gleichwohl die Zusprechung einer bedingten Leistung mit der Anordnung von Vollstreckungsmassnahmen, so stehen der obsiegenden Partei sowohl der Weg zum Vollstreckungsgericht als auch jener zur Exekutivbehörde offen. Einerseits muss es ihr möglich sein, in Nachachtung von Art. 342 die Feststellung über den Bedingungseintritt zu verlangen. Andererseits muss sie auch direkt an die Exekutivbehörde gelangen können, wie es ihr der zu vollstreckende Entscheid gestattet – dies allerdings auf die Gefahr hin, dass die verurteilte Partei die Einstellung der Vollstreckung nach Art. 337 Abs. 2 erreicht. Anders zu entscheiden hiesse, der verurteilten Partei, die den Bedingungseintritt bzw. das gehörige Angebot nicht bestreiten will, die Kosten eines unnötigen Verfahrens vor dem Vollstreckungsgericht aufzubürden. 9

Verurteilt der Entscheid zu einer bedingten Leistung oder zu einer Leistung Zug-um-Zug und ruft die berechtigte Partei das Vollstreckungsgericht an, um Bedingungseintritt bzw. gehöriges Angebot feststellen zu lassen, so beschränkt sich die Kompetenz des Vollstreckungsgerichts auf die Prüfung dieser Frage. Im Übrigen hat es bei den vom erkennenden Gericht angeordneten Vollstreckungsmassnahmen zumindest einstweilen sein Bewenden. Andere Vollstreckungsmassnahmen kann das Vollstreckungsgericht nur und erst dann anordnen, wenn sich die vom erkennenden Gericht vorgesehenen Massnahmen als unmöglich oder untauglich erwiesen haben (vgl. dazu N 5 ff.). 10

2. Zuständigkeit

Die für die Vollstreckung zuständige Exekutivbehörde wird durch das kantonale Recht bezeichnet (HALDY, 128; GASSER/RICKLI, Art. 337 ZPO N 4). In Betracht kommen etwa Gemeinde- bzw. Stadtammann, Betreibungsbeamte, Regierungsstatthalter und die Polizei. 11

3. Prüfungsbefugnis der Exekutivbehörde

Die Anordnung von Vollstreckungsmassnahmen im Entscheid selbst (Art. 236 Abs. 3, Art. 267) bildet eine unabdingbare Voraussetzung der direkten Vollstreckung. Die Anordnung der Vollstreckung ist (zweckmässigerweise als separate Ziffer) in das Dispositiv des Entscheids aufzunehmen (STAEHELIN/STAEHELIN/GROLIMUND, § 28 Rz 31). Die Exekutivbehörde muss ohne weiteres erkennen können, welche Massnahme sie zu vollziehen hat. 12

Die Prüfungsbefugnisse der Exekutivbehörde sind eng begrenzt. Mit Blick auf die **Vollstreckbarkeit des Entscheids** darf und muss die Exekutivbehörde eine Vollstreckbarkeitsbestätigung verlangen (GASSER, 342; GASSER/RICKLI, Art. 337 ZPO N 4; JEANDIN, 358, FN 88; BOTSCHAFT ZPO, 7382; SUTTER-SOMM, ZPR, § 11 Rz 1138; Begleitbericht VE, 153; **a.M.** VOCK, Vollstreckung, 436), denn anders als das Vollstre- 13 ckungsgericht hat sie nicht zu prüfen, ob die Vollstreckbarkeit auf andere Weise nachgewiesen wurde. Diese Kompetenz steht – wie die Amtsprüfung der Vollstreckbarkeit überhaupt – nur dem Vollstreckungsgericht zu, das indessen nur tätig wird, wenn es vom Vollstreckungsgegner angerufen wird (Art. 337 Abs. 2).

14 Finden sich im Dispositiv des zu vollstreckenden Entscheids keine abweichenden Anordnungen, so darf die Exekutivbehörde ohne weiteres davon ausgehen, dass die angeordnete Massnahme **sofort** zu vollziehen ist. Eine der unterlegenen Partei eingeräumte Frist zur freiwilligen Erfüllung muss klar aus dem Dispositiv des Entscheids hervorgehen.

15 Die Exekutivbehörde hat nicht zu beurteilen, ob die vom Sachgericht angeordnete Massnahme **zweckmässig** und/oder **verhältnismässig** ist. Ihre Prüfungsbefugnis beschränkt sich auf die praktische Durchführbarkeit der angeordneten Vollstreckungsmassnahme.

16 Kommt die Exekutivbehörde zum Ergebnis, die ihr aufgetragene Vollstreckungsmassnahme sei **undurchführbar**, so teilt sie dies der antragstellenden Partei mit. Die Frage, ob und, gegebenenfalls, wie eine Verweigerung der Vollstreckung anzufechten ist, beurteilt sich nach dem auf die angerufene Exekutivbehörde anwendbaren, kantonalen Verfahrensrecht.

17 Unabhängig davon, ob der abschlägige Bescheid der Exekutivbehörde angefochten werden könnte, kann die berechtigte Partei an das Vollstreckungsgericht gelangen, um die Anordnung einer anderen Vollstreckungsmassnahme zu beantragen (zum Wiederaufleben des Rechtsschutzinteresses vgl. N 5 f.).

III. Gesuch um Einstellung der Vollstreckung (Abs. 2)

1. Anrufung des Vollstreckungsgerichts

18 Für die Prüfung der Vollstreckbarkeit ist auch im Rahmen der direkten Vollstreckung **allein das Vollstreckungsgericht** zuständig. Dieses greift jedoch weder von sich aus noch auf Veranlassung der um Vollstreckung ersuchten Exekutivbehörde, sondern einzig auf Ersuchen der verurteilten Partei ein. Die Möglichkeit, nach erfolgter Einleitung des Vollstreckungsverfahrens ein Gericht anzurufen, ist Art. 85 SchKG nachgebildet (BOTSCHAFT ZPO, 7383).

19 **Örtlich zuständig** sind die in Art. 339 Abs. 1 genannten Vollstreckungsgerichte – mithin entweder das Vollstreckungsgericht am Sitz der unterlegenen Partei, jenes am Ort der zu treffenden (bzw. bereits getroffenen) Vollstreckungsmassnahme oder jenes am Sitz des erkennenden Gerichts. Die Wahl liegt bei der unterlegenen Partei (vgl. Art. 339 N 7). Die sachliche Zuständigkeit richtet sich nach kantonalem Recht.

20 Die Anrufung eines Vollstreckungsgerichts durch die unterlegene Partei schliesst die gleichzeitige Anrufung eines der beiden anderen nach Art. 339 zuständigen Vollstreckungsgerichte aus (STAEHELIN/STAEHELIN/GROLIMUND, § 28 Rz 32).

21 Für das Gesuch um Einstellung der Vollstreckung nennt Art. 337 Abs. 2 keine **Frist**. Ein Ersuchen um Einstellung der Vollstreckung ist bis zum Abschluss der tatsächlichen Vollstreckungshandlungen möglich. Die verurteilte Partei, die sich der direkten Vollstreckung durch Anrufung des Vollstreckungsgerichts widersetzen will, wird dies so früh als möglich tun, um unnötigen Aufwand, der ihr zum kostenrelevanten Selbstverschulden gereichen könnte, zu vermeiden.

22 Die vorsorgliche Anrufung des Vollstreckungsgerichts ist trotz der u.U. bestehenden Überrumpelungsgefahr ausgeschlossen. Vorsorglichen Rechtsschutz gegen drohende

Vollstreckungsmassnahmen kann nicht das Vollstreckungsgericht, sondern nur das zuständige Massnahmengericht gewähren (Art. 13, Art. 261 ff. ZPO), da es sich dabei um einen unzulässigen Eingriff in die Rechtsposition einer Person und damit um einen Verstoss gegen materielles Recht handelt. Die Hinterlegung von Schutzschriften kommt nicht in Betracht, da das Vollstreckungsgericht von der direkten Vollstreckung erstmals durch das Einstellungsgesuch der unterlegenen Partei erfährt.

Entgegen dem Wortlaut der Bestimmung ist nicht nur die im Erkenntnisverfahren unterlegene Partei (bzw. deren Rechtsnachfolger, vgl. dazu Art. 339 N 13), sondern jeder von der Vollstreckungsmassnahme Betroffene zur Anrufung des Vollstreckungsgerichts **legitimiert**. Zu denken ist namentlich an den Einwand des Vollstreckungsgegners, er sei nicht die im Entscheid verpflichtete Person oder deren Rechtsnachfolger, so dass gegen ihn zunächst eine Verurteilung im Erkenntnisverfahren erwirkt werden müsste (FRANK/STRÄULI/MESSMER, § 305 ZPO/ZH N 2). 23

Im Rahmen eines Vollstreckungsverfahrens kann das Vollstreckungsgericht nur einmal angerufen werden. Kommt es später in gleicher Sache zu einem weiteren Vollstreckungsverfahren, so können jedoch nicht nur neue Tatsachen i.S. echter Noven (z.B. inzwischen erfolgte Erfüllung der Urteilspflicht), sondern grundsätzlich alle Einwendungen geltend gemacht werden, die im ersten Verfahren nicht vorgetragen wurden (STAEHELIN/STAEHELIN/GROLIMUND, § 28 Rz 32). Zur Reichweite der Wirkung vollstreckungsgerichtlicher Entscheide vgl. näher Art. 339 N 26 ff. 24

Das Ersuchen um Einstellung der Vollstreckung eröffnet das vollstreckungsgerichtliche Verfahren. Die **formellen Anforderungen an das Gesuch** um Einstellung des Verfahrens entsprechen deshalb grundsätzlich jenen des Vollstreckungsgesuchs nach Art. 338 (vgl. Art. 338 N 4 f.). Namentlich ist das Gesuch im Regelfall **schriftlich** einzureichen (Art. 130 i.V.m. Art. 252 Abs. 2 1. Satzteil). In einfachen oder dringenden Fällen ist aber ein **mündliches** Ersuchen möglich (Art. 252 Abs. 2 2. Satzteil), wobei die Gesuchstellerin dafür auf der Gerichtskanzlei vorzusprechen hat. 25

2. Sinngemässe Anwendung von Art. 341

Ruft der Vollstreckungsgegner das Vollstreckungsgericht an, so gilt Art. 341 sinngemäss (Art. 337 Abs. 2 2. Satzteil). Damit kommt es zwar gegenüber dem durch Vollstreckungsgesuch der obsiegenden Partei eingeleiteten Verfahren gem. Art. 338 zu einem **Wechsel der Parteirollen**, nicht aber zu einer Verlagerung der Beweislast. 26

Sinngemässe Anwendung von Art. 341 bedeutet namentlich (vgl. im Übrigen Art. 341 N 3 ff.), 27

– dass das Vollstreckungsgericht die Vollstreckbarkeit von Amtes wegen zu prüfen hat (Art. 341 Abs. 1);
– dass der berechtigten Partei Gelegenheit zur Stellungnahme zu geben ist, da das Vollstreckungsverfahren kontradiktorisch ist (Art. 341 Abs. 2);
– dass in materieller Hinsicht die gleichen Einwendungen – insb. Tilgung, Stundung, Verjährung, Verwirkung – zulässig und die gleichen Beweismittelbeschränkungen (Urkundenbeweis für Tilgung und Stundung) wirksam sind (Art. 341 Abs. 3).

Wird das Vollstreckungsgericht im Rahmen einer direkten Vollstreckung angerufen, so kann es entweder die Vollstreckung einstellen oder die Vollstreckung ihren Lauf nehmen lassen. **Einstellung der Vollstreckung** bedeutet die Anweisung an die Exekutivbehörde, keine weiteren Vollstreckungshandlungen vorzunehmen und bereits eingeleitete Vollstreckungshandlungen zu unterbrechen. 28

29 Anders als Art. 85 SchKG, an den sich Art. 337 Abs. 2 anlehnt (BOTSCHAFT ZPO, 7383) unterscheidet die Bestimmung nicht zwischen der **(definitiven) Aufhebung** und der **(vorläufigen) Einstellung** der Zwangsvollstreckung, sondern spricht lediglich allgemein von deren Einstellung. Anders als im Betreibungsverfahren, wo allenfalls das Einleitungsverfahren aufs Neue zu durchlaufen wäre, kommt der Frage bei der direkten Vollstreckung indessen kaum Bedeutung zu. Sind die Vollstreckungshandlungen nur einstweilen (z.B. wegen Stundung) unzulässig, so wird die obsiegende Partei nach Ablauf der Stundungsfrist wieder an die Exekutivbehörden herantreten. Tut sie dies, nachdem die Zwangsvollstreckung aus einem dauerhaften Grund (z.B. Tilgung) für unzulässig angesehen wurde, so muss sich die unterlegene Partei erneut mit einem Gesuch um Einstellung zur Wehr setzen.

30 Ist die **Zwangsvollstreckung abgeschlossen**, so ist eine Einstellung des Vollstreckungsverfahrens nicht mehr möglich. Das Vollstreckungsgericht ist nicht berechtigt, nachträglich die Rechtmässigkeit eines abgeschlossenen Vollstreckungsverfahrens zu beurteilen und die Rückabwicklung der Vollstreckung anzuordnen. Die von einer ungerechtfertigten Vollstreckungshandlung betroffene Partei ist diesfalls auf den Rückforderungsprozess verwiesen.

Art. 338

Vollstreckungsgesuch

¹ Kann nicht direkt vollstreckt werden, so ist beim Vollstreckungsgericht ein Vollstreckungsgesuch einzureichen.

² Die gesuchstellende Partei hat die Voraussetzungen der Vollstreckbarkeit darzulegen und die erforderlichen Urkunden beizulegen.

Requête d'exécution

¹ Si la décision ne peut être exécutée directement, une requête d'exécution est présentée au tribunal de l'exécution.

² Le requérant doit établir les conditions de l'exécution et fournir les documents nécessaires.

Domanda di esecuzione

¹ Se la decisione non può essere direttamente eseguita, una domanda di esecuzione dev'essere presentata al giudice dell'esecuzione.

² La parte richiedente deve dimostrare che le condizioni d'esecutività sono adempite e allegare i documenti necessari.

Inhaltsübersicht Note

I. Normzweck und Grundlagen 1
II. Vollstreckungsgesuch 2
III. Beweismittel 13
   1. Entscheide schweizerischer Gerichte 13
   2. Entscheide ausländischer Gerichte 21

Literatur

Vgl. die Literaturhinweise zu Art. 335.

I. Normzweck und Grundlagen

Art. 338 regelt die **Einleitung** des Vollstreckungsverfahrens vor dem Vollstreckungsgericht sowie die von der gesuchstellenden Partei zu tragende **Darlegungs-** und **Beweislast**. Die Bestimmung entspricht dem Entwurf von 2006 und enthält Elemente sowohl von Art. 326 (Randtitel: Direkte Vollstreckung oder Vollstreckungsgesuch) und Art. 328 (Randtitel: Inhalt des Vollstreckungsgesuchs) des Vorentwurfs von 2003.

II. Vollstreckungsgesuch

Das Vollstreckungsverfahren wird durch Gesuch eingeleitet. **Kein Vollstreckungsgesuch** ist erforderlich, wenn das erkennende Gericht Vollstreckungsanordnungen gem. Art. 236 Abs. 3 getroffen und damit die direkte Vollstreckung ermöglicht hat (Art. 337). Ebenso entfällt ein Vollstreckungsgesuch, wenn es sich um die Vollstreckung vorsorglicher Massnahmen handelt; das Massnahmengericht muss von Amtes wegen das für die Vollstreckung seiner Anordnungen Nötige veranlassen (Art. 267; HASENBÖHLER, 48).

Die **örtliche Zuständigkeit** des Vollstreckungsgerichts und die **Verfahrensart** (summarisches Verfahren) bestimmen sich nach Art. 339. Die als Vollstreckungsgericht **sachlich zuständige Behörde** wird auch unter der ZPO vom kantonalen Recht bezeichnet (Art. 4 Abs. 1).

Art. 338 präzisiert nicht, ob das Vollstreckungsgesuch mündlich oder schriftlich anzubringen ist. Damit gelten die allgemeinen Regeln über die Form der Eingaben (Art. 130) sowie die einschlägige Regel des summarischen Verfahrens (Art. 252 Abs. 2). Danach ist das Vollstreckungsgesuch grundsätzlich **schriftlich** einzureichen (Art. 130 i.V.m. Art. 252 Abs. 2 1. Satzteil). In einfachen oder dringenden Fällen kann das Vollstreckungsgesuch aber auch beim Vollstreckungsgericht **mündlich** zu Protokoll gegeben werden (Art. 252 Abs. 2 2. Satzteil), obwohl die Formulierung von Art. 338 Abs. 2 zumindest in der deutschen und italienischen Version erkennen lässt, dass der Gesetzgeber von einer schriftlichen Eingabe ausging («beilegen» bzw. «allegare»).

Der zu vollstreckende Entscheid ist im **Rechtsbegehren** genau zu bezeichnen (GASSER, 341). Dafür sind zumindest die Angabe von Entscheiddatum und Verfahrensnummer erforderlich; stehen mehrere Pflichten zur Vollstreckung an, so ist das Vollstreckungsbegehren unter Angabe der entsprechenden Dispositivziffern zu ergänzen. Hat das Gericht bestimmte Modalitäten, Daten oder Zeiträume im Dispositiv statuiert, so sind diese in das Vollstreckungsgesuch zu übernehmen (BGE 118 II 392 ff., 393 für die Vollstreckung eines Besuchs- und Ferienrechts).

Die obsiegende Partei kann die **Auswahl der Vollstreckungsmassnahme** dem Gericht überlassen. Dieses hat von Amtes wegen über die unter den konkreten Umständen am besten geeignete Vollstreckungsmassnahme zu entscheiden, wobei sich seine Wahl nicht nur an der Wirksamkeit, sondern auch am Gebot der Verhältnismässigkeit zu orientieren hat (FRANK/STRÄULI/MESSMER, § 306 ZPO/ZH N 1a; HABSCHEID, ZPR, Rz 956; STAEHELIN/STAEHELIN/GROLIMUND, § 28 Rz 34; MEIER, Grundfragen, 57; PEYER, 145; VOCK, Vollstreckung, 440; WALDER/GROB, § 41 Rz 33; **a.M.** GASSER, 341 f., der für direkten Zwang und Ersatzvornahme einen Parteiantrag voraussetzt und im Übrigen nur die Anordnung indirekten Zwangs für zulässig hält; in diese Richtung auch BGE 118 II 392 ff., 393 betr. Besuchsrecht). Im gleichen Sinne ist das Vollstreckungsgericht bei der Wahl der Vollstreckungsmassnahme nicht an Parteianträge gebunden; einzig **Schadenersatz** oder **Umwandlung in Geld** nach Art. 345 Abs. 1 können nur auf entsprechenden Antrag hin zugesprochen werden. Will das Gericht eine nicht beantragte Vollstreckungsmassnahme anordnen, so hat es den Parteien das rechtliche Gehör zu gewähren (STAEHELIN/STAEHELIN/GROLIMUND, § 28 Rz 34).

7   Bei **Vollstreckung von Entscheiden betreffend Kinder** (z.B. Rückführung, Ferien- und Besuchsrechte) hat das Vollstreckungsgericht bei der Wahl der Vollstreckungsmodalitäten das Kindeswohl besonders zu berücksichtigen (Art. 3 Abs. 1 UNO-Kinderrechtekonvention; Art. 11 BV, vgl. dazu BGer vom 16.10.2001, 5P.477/2000, E. 2a; BGer vom 13.9.2001, 5P.160/2001, E. 4b/aa, sowie KOFMEL-EHRENZELLER, Realvollstreckung, 221).

8   Im Unterschied zu verschiedenen kantonalen Prozessordnungen (z.B. Art. 397 Abs. 1 ZPO/BE) sieht die ZPO **keine Schonfrist** vor; ebenso ist die Ansetzung einer Frist zur freiwilligen Erfüllung durch das Vollstreckungsgericht nicht zwingend vorgeschrieben (anders § 437 ZPO/AG). In der Praxis wird allerdings eine kurze – faktische – Schonfrist bereits aus den behördlichen Bearbeitungsfristen resultieren (z.B. für die Ausstellung einer Vollstreckbarkeitsbescheinigung). Ebenso kann es im Einzelfall ein **Gebot der Verhältnismässigkeit** sein, der verurteilten Partei im Entscheid des Vollstreckungsgerichts eine kurze Frist einzuräumen, während derer sie durch freiwillige Leistung der (kostspieligen) Zwangsanwendung zuvorkommen kann (GASSER, 341; GASSER/RICKLI, Art. 338 ZPO N 2).

9   Die Stellung des Vollstreckungsgesuchs hat **verjährungsunterbrechende** Wirkung i.S.v. Art. 135 Ziff. 2 OR (ZK-BERTI, Art. 135 OR N 163; BK-BECKER, Art. 135 OR N 12; HAUBENSAK, 78); das Vollstreckungsverfahren ist der Schuldbetreibung insofern gleichgestellt.

10 Aus der verjährungsrechtlichen Gleichstellung von Vollstreckungsgesuch und Betreibungsbegehren ergeben sich die folgenden Regeln:

– Wird das Vollstreckungsgesuch *zurückgezogen*, ist die Verjährung gleichwohl unterbrochen. Dies gilt auch dann, wenn die unterlegene Partei vom Vollstreckungsgesuch – und damit vom qualifizierten Rechtsverfolgungswillen der obsiegenden Partei – keine Kenntnis erhielt (HAUBENSAK, Zwangsvollstreckung, 78; vgl. zum Betreibungsbegehren ferner BSK OR I-DÄPPEN, Art. 135 N 6 m.w.H., kritisch, doch aus Gründen der Rechtssicherheit gleichwohl zustimmend ZK-BERTI, Art. 135 N 157 f.).

– Wird das Vollstreckungsgesuch bei einem *örtlich unzuständigen Vollstreckungsgericht eingereicht*, wird die Verjährung nur unterbrochen, wenn die Vollstreckung trotz der Unzuständigkeit durchgeführt wird (a.M. HAUBENSAK, 78, der immer Verjährungsunterbrechung annimmt; betr. das bei einem unzuständigen Amt eingereichte Betreibungsbegehren vgl. näher ZK-BERTI, Art. 135 OR N 159).

11 Behauptungs- und Beweislast für die Voraussetzungen der Vollstreckbarkeit liegen bei der gesuchstellenden Partei (Begleitbericht VE, 154; KOFMEL EHRENZELLER, Zwangsvollstreckung, 60). Es ist ein Entscheid i.S.v. Art. 335 Abs. 1 beizubringen und dessen Vollstreckbarkeit nachzuweisen. Zur Beweislast betreffend Einwendungen der unterlegenen Partei vgl. Art. 341.

12 Das Vollstreckungsgericht ist nur im Rahmen von Art. 56 verpflichtet, die obsiegende Partei auf **Mängel des Vollstreckungsgesuches** und Unvollständigkeit der eingereichten Unterlagen hinzuweisen und Nachfristen zur Behebung dieser Mängel anzusetzen. Spezielle Regelungen gelten

– mit Blick auf die Bescheinigung gem. Art. 54 LugÜ II (bzw. mit Blick auf die in Art. 46 Nr. 2 und Art. 47 Nr. 2 LugÜ aufgeführten Urkunden) kraft ausdrücklicher staatsvertraglicher Regelung (Art. 55 Abs. 1 LugÜ II bzw. Art. 48 LugÜ).

– mit Blick auf die Übersetzung eingereichter fremdsprachiger Urkunden: Die Pflicht zur Ansetzung entsprechender Nachfristen ergibt sich im Bereiche des LugÜ aus staatsvertraglicher Regelung (Art. 55 Abs. 2 LugÜ II bzw. Art. 48 Abs. 2 LugÜ), im Übrigen aus dem Verbot des überspitzten Formalismus (BSK SchKG I-STAEHELIN, Art. 84 N 54).

– für Originale, die nachgereicht werden, nachdem die Echtheit der zunächst eingereichten Kopien in Zweifel gezogen wurde (Art. 180 Abs. 1).

– für Urkunden, die zur Widerlegung von Einwendungen der unterlegenen Partei im Rahmen des Replikrechts der obsiegenden Partei (vgl. dazu Art. 341 N 14) eingereicht werden.

III. Beweismittel

1. Entscheide schweizerischer Gerichte

Der Beweis der Vollstreckbarkeit des Entscheids ist – unter Vorbehalt von Art. 254 Abs. 2 – mit **Urkunden** zu führen (Art. 338 Abs. 2, Art. 254 Abs. 1). 13

Ist der Vollstreckungstitel ein schweizerischer Entscheid, so genügt eine unbeglaubigte Ausfertigung, es sei denn, die unterlegene Partei mache glaubhaft, dass es sich dabei um eine Fälschung handelt (STAEHELIN/STAEHELIN/GROLIMUND, § 28 Rz 34). Ein Antrag an das Vollstreckungsgericht, den zu vollstreckenden Entscheid von Amtes wegen beizuziehen, wie es im Betreibungsverfahren in manchen Kantonen möglich ist (BSK SchKG I-STAEHELIN, Art. 80 N 53), genügt angesichts des klaren Wortlauts von Art. 338 Abs. 2 auch dann nicht, wenn es sich um das Vollstreckungsgericht am Ort handelt, wo der zu vollstreckende Entscheid gefällt wurde (Art. 339 Abs. 1 lit. c). Ebenso ist es unzulässig, im Vollstreckungsverfahren die Edition des Entscheids von der unterlegenen Partei zu verlangen (ebenso für die Rechtsöffnung STÜCHELI, 112). 14

Handelt es sich um die Vollstreckung einer im Zusammenhang mit der Prozesserledigung durch **Klageanerkennung, Klagerückzug oder gerichtlichen Vergleichs** geschuldeten Leistung (vgl. dazu Art. 241 Abs. 2, zur Begrifflichkeit klärend BERTI, Vergleich, 109 ff.), so ist die entsprechende Urkunde einzureichen (BOTSCHAFT ZPO, 7383). Dabei wird es sich meist um den von den Parteien unterzeichneten Protokollauszug handeln, aus dem die entsprechenden Erklärungen hervorgehen (Art. 241 Abs. 1); in Betracht kommt auch ein formeller Erledigungsentscheid des Gerichts. 15

Sind die Parteien des Vollstreckungsverfahrens mit jenen des vorangehenden Erkenntnisverfahrens nicht identisch, weil inzwischen auf einer oder auf beiden Seiten eine **Rechtsnachfolge** stattgefunden hat, so ist auch diese durch Urkunde zu belegen, da es sich um eine Änderung des schriftlichen Vollstreckungstitels handelt (BÜHLER/EDELMANN/KILLER, § 434 ZPO/AG N 3). 16

Mit Vorteil, aber (im Unterschied zur direkten Vollstreckung) nicht zwingend, wird zugleich die **Vollstreckbarkeitsbescheinigung** des erkennenden Gerichts (Art. 336 Abs. 2) vorgelegt (GASSER, 341; STAEHELIN/STAEHELIN/GROLIMUND, § 28 Rz 34; **a.M.** JEANDIN, 361, FN 97). Daneben können andere Urkunden erforderlich oder hilfreich sein, etwa um nachzuweisen, dass (bei einer bedingten Leistung) die Bedingung eingetreten oder dass (bei einer Zug-um-Zug zu erbringenden Leistung) die eigene Leistung erbracht oder gehörig angeboten wurde (Realoblation). Dieser Beweis kann jedoch nicht nur mit Urkunden, sondern auch mit anderen Beweismitteln geführt werden (vgl. Art. 341 N 41). 17

18 Hinsichtlich **fremdsprachiger Urkunden** trifft die ZPO keine ausdrückliche Regelung. Verfahrenssprache ist die Amtssprache des zuständigen Kantons; bei mehreren Amtssprachen bestimmt das kantonale Recht den Sprachgebrauch (Art. 129). Werden Urkunden in einer anderen Sprache vorgelegt, so ist das Vollstreckungsgericht grundsätzlich berechtigt, eine Übersetzung zu verlangen – steht der Inhalt einer von Amtes wegen zu prüfenden Urkunde für das Gericht nicht einwandfrei fest, so ist es dazu sogar verpflichtet. Angesichts der Mehrsprachigkeit der Schweiz können der von der ZPO angestrebten vollstreckungsrechtlichen Integration daraus praktische Grenzen erwachsen. Von der Anordnung einer Übersetzung von einer Landessprache in die andere ist denn auch, wenn immer möglich, abzusehen (HUNZIKER-BLUM, 202 f.). Eine Übersetzung von in englischer Sprache abgefassten Urkunden sollte sich zumindest dann erübrigen, wenn diese weder umfangreich noch kompliziert sind; zum Verständnis derartiger Unterlagen genügende Englischkenntnisse dürfen heute vorausgesetzt werden (HUNZIKER-BLUM, 203 m.w.H. auf unpubl. Praxis).

19 Urkunden dürfen – zumindest zunächst – in (einfacher) **Kopie eingereicht** werden (Art. 180 Abs. 1 1. Satz); zur Anzahl der einzureichenden Kopien vgl. Art. 131. Originale bzw. beglaubigte Kopien sind indessen nachzureichen, wenn das Gericht oder die unterlegene Partei begründete **Zweifel an der Echtheit** der vorgelegten Kopien hegt (Art. 180 Abs. 1 2. Satz). Für den Beweis der Echtheit vgl. Art. 178.

20 Steht die Vollstreckung eines **Schiedsspruchs** i.S.v. Art. 353 ff. in Frage, so sind der Entscheid (in den Formen von Art. 381 ff.) sowie eine Vollstreckbarkeitsbescheinigung gem. Art. 386 Abs. 3 vorzulegen, wobei die Vollstreckbarkeit auch auf andere Weise nachgewiesen werden kann (Art. 254).

2. Entscheide ausländischer Gerichte

21 Wird Anerkennung und Vollstreckung eines Entscheids nach **LugÜ** beantragt, so sind die in Art. 53 f. LugÜ II bzw. Art. 46 f. LugÜ genannten Urkunden unerlässlich (KELLERHALS, 90). Dabei handelt es sich um die Ausfertigung oder eine beglaubigte Abschrift des Entscheids (Art. 53 Nr. 1 LugÜ II bzw. Art. 46 Nr. 1 LugÜ) sowie die Bescheinigungen über die Vollstreckbarkeit nach dem Recht des Ursprungsstaats und die Zustellung (Art. 54 LugÜ II bzw. Art. 47 Nr. 1 LugÜ). Auf die Bescheinigung der Vollstreckbarkeit ist zu verzichten, wenn sich aus anderen Urkunden, insb. aus dem Entscheid selbst oder aus dem Recht des Ursprungsstaats ergibt, dass der Entscheid vollstreckbar ist (STÜCHELI, 277). Ist die Entscheidung in einem Versäumnisverfahren ergangen, so war unter altem Recht zudem eine Bescheinigung über die Zustellung des prozesseinleitenden Schriftstücks an die säumige Partei beizubringen (Art. 46 Nr. 2 LugÜ). Unter dem LugÜ II ersetzt die Bescheinigung gem. Art. 53 Abs. 2, Art. 54 LugÜ II und Anhang V die Vorlage der in Art. 46 Nr. 2 und Art. 47 LugÜ erwähnten Urkunden (Dasser/Oberhammer-NAEGELI, Art. 46 LugÜ N 34 f. bzw. Art. 47 LugÜ N 24; RODRIGUEZ, 1555).

22 Verlangt der Gesuchsteller **Befreiung von Kosten und Gebühren** oder Prozesskostenhilfe nach Art. 50 LugÜ II (Art. 44 LugÜ), so hat er überdies ein Zeugnis darüber vorzulegen, dass er die entsprechenden Vergünstigungen bereits im Ursprungsstaat des Entscheids genossen hat (Art. 54 LugÜ II bzw. Art. 47 Ziff. 2). Unter dem LugÜ II geht auch diese Information aus der Bescheinigung gem. Art. 53 Abs. 2, Art. 54 LugÜ II und Anhang V hervor (vgl. dazu N 21).

23 Fehlen die für die Exequaturentscheidung erforderlichen Unterlagen, so darf das Gericht den Antrag nicht ohne weiteres abweisen, sondern muss dem Antragsteller eine Nachfrist ansetzen (Art. 55 Abs. 1 LugÜ II bzw. Art. 48 Abs. 1 LugÜ; Dasser/Oberhammer-

STAEHELIN, Art. 34 LugÜ N 5). Gleiches muss geschehen, wenn fremdsprachige Unterlagen vorgelegt werden und das Vollstreckungsgericht deren Übersetzung für nötig erachtet (Art. 55 Abs. 2 LugÜ II bzw. Art. 48 Abs. 2 LugÜ).

Stehen die Anerkennung und Vollstreckung eines Entscheids nach **IPRG** in Frage, so richtet sich die Frage, welche Urkunden vorzulegen sind, nach Art. 29 Abs. 1 IPRG (Art. 335 Abs. 3). Danach sind vorzulegen (vgl. dazu näher BSK IPRG-BERTI/DÄPPEN, Art. 29 N 16 ff.; CHK-SCHRAMM, Art. 29 IPRG N 10 ff.; ZK-VOLKEN, Art. 29 IPRG N 49 ff.): 24

- der vollständige und beglaubigte Entscheid (Art. 29 Abs. 1 lit. a IPRG);
- eine Rechtskraftbescheinigung (Art. 29 Abs. 1 lit. b IPRG) oder andere Unterlagen, aus denen sich ergibt, dass die Anforderungen von Art. 25 lit. b IPRG erfüllt sind (ZR 97 [1998] Nr. 6 E. 4);
- bei einem Säumnisurteil zudem Urkunden, aus denen sich die gehörige Ladung gem. Art. 29 Abs. 1 lit. c IPRG ergibt.

Steht die Vollstreckung eines **ausländischen Schiedsentscheids** in Frage, so ist zunächst der Schiedsspruch in den Formen von Art. 189 IPRG sowie mit Vorteil eine Vollstreckbarkeitsbescheinigung gem. Art. 193 Abs. 2 IPRG vorzulegen. Die Vollstreckbarkeit des Schiedsspruchs kann, wie jene eines anderen Entscheids, auch auf andere Weise nachgewiesen werden (Art. 254). Grundsätzlich wird dieser Nachweis nur im Rahmen eines Gegenbeweises erforderlich sein, zumal die Beweislast zur Frage, ob der vorgelegte Entscheid infolge eines Rechtsmittels nicht vollstreckbar ist, der unterlegenen Partei obliegt (Art. V Ziff. 1 lit. e NYÜ; STÜCHELI, 294). 25

Art. 339

Zuständigkeit und Verfahren

¹ **Zwingend zuständig für die Anordnung von Vollstreckungsmassnahmen und die Einstellung der Vollstreckung ist das Gericht:**
  a. **am Wohnsitz oder Sitz der unterlegenen Partei;**
  b. **am Ort, wo die Massnahmen zu treffen sind; oder**
  c. **am Ort, wo der zu vollstreckende Entscheid gefällt worden ist.**

² **Das Gericht entscheidet im summarischen Verfahren.**

Compétence et procédure

¹ Un des tribunaux suivants est impérativement compétent pour ordonner les mesures d'exécution ou suspendre l'exécution:
  a. le tribunal du domicile ou du siège de la partie succombante;
  b. le tribunal du lieu où les mesures doivent être exécutées;
  c. le tribunal du lieu où la décision à exécuter a été rendue.

² Le tribunal rend sa décision en procédure sommaire.

Competenza e procedura

¹ È imperativamente competente a decidere le misure d'esecuzione e la sospensione dell'esecuzione il giudice:
  a. del domicilio o della sede della parte soccombente;
  b. del luogo in cui le misure devono essere prese; oppure
  c. del luogo in cui è stata emanata la decisione da eseguire.

² Il giudice decide in procedura sommaria.

Art. 339 1–5

Inhaltsübersicht

	Note
I. Normzweck und Grundlagen	1
II. Örtliche Zuständigkeit (Abs. 1)	3
III. Verfahren	11

Literatur

Vgl. die Literaturhinweise zu Art. 335.

I. Normzweck und Grundlagen

1 Die Norm regelt die **örtliche Zuständigkeit** des Vollstreckungsgerichts und ist damit Art. 9 ff. vorgehende lex specialis. Die sachliche Zuständigkeit bleibt Sache der Kantone (Art. 4 Abs. 1). Das Verfahren des Vollstreckungsgerichts regelt Art. 339 nur hinsichtlich der anwendbaren **Verfahrensart** (summarisches Verfahren; Art. 248 ff.); Einleitung und Ablauf des Verfahrens richten sich dagegen nach Art. 338 bzw. Art. 340 f.

2 Die örtliche Zuständigkeit des Vollstreckungsgerichts war unter dem bisherigen kantonalen Recht unterschiedlich geregelt (BERTOSSA, 120). Während das GestG keine einschlägigen Normen enthielt, nannte Art. 29 Abs. 1 IPRG lediglich «die zuständige Behörde des Kantons, in dem die ausländische Entscheidung geltend gemacht wird». Nach Art. 4 des Konkordats über die Vollstreckung von Zivilurteilen, das durch die ZPO abgelöst wird (vgl. Art. 335 N 3), bestand eine Zuständigkeit nur am Ort, wo die Vollstreckungsmassnahmen zu treffen sind. Die ZPO geht mit Art. 339 inhaltlich über diese Regelung hinaus.

II. Örtliche Zuständigkeit (Abs. 1)

3 Art. 339 Abs. 1 enthält drei alternative und zwingende Gerichtsstände (JEANDIN, Exécution, 361; VOCK, Vollstreckung, 437; krit. BERTOSSA, 120; HALDY, 127). **Zwingend** bedeutet, dass die Parteien nicht vom gesetzlich vorgesehenen Gerichtsstand (bzw. von einem mehrerer, alternativ vorgesehener Gerichtsstände, vgl. BSK GestG-INFANGER, Art. 2 N 4) abweichen können (vgl. Art. 9 Abs. 2), auch nicht durch eine ausdrückliche oder stillschweigende Einigung bzw. durch Einlassung (BSK GestG-INFANGER, Art. 2 N 15, 22 und 24; VOCK, Vollstreckung, 437).

4 Der Gerichtsstand am Wohnsitz bzw. Sitz der unterlegenen Partei gem. Art. 339 Abs. 1 lit. a entspricht der allgemeinen Zuständigkeit gem. Art. 10 Abs. 1 lit. a bzw. b. Der Gerichtsstand am Ort der Vollstreckungsmassnahme gem. Art. 339 Abs. 1 lit. b bezieht sich auf den Ort, wo die Vollstreckungsmassnahme ihre Wirkung entfalten soll (z.B. wo die Ersatzvornahme durchzuführen ist; LEUCH/MARBACH/KELLERHALS/STERCHI, Art. 402 ZPO/BE N 2) bzw. auf den Amtsbezirk der dort für die angeordnete Massnahme zuständigen Exekutivbehörde. Es handelt sich um den unter bisherigem (kantonalem) Recht verbreiteten Vollstreckungsgerichtsstand (vgl. z.B. Art. 4 Abs. 1 KVZ; HOHL, Rz 3407). Der Gerichtsstand am Ort des in der Sache erkennenden Gerichts gem. Art. 339 Abs. 1 lit. c (vgl. z.B. § 310 ZPO/ZH) knüpft schliesslich an die Zuständigkeit dieses Gerichts zur Anordnung von Vollstreckungsmassnahmen im Rahmen der direkten Vollstreckung an (vgl. Art. 136 Abs. 3, Art. 337).

5 Mit Blick auf die Zuständigkeit des Vollstreckungsgerichts «am Ort, wo der zu vollstreckende Entscheid gefällt worden ist» gem. Art. 339 Abs. 1? lit. c stellt sich die Frage,

welches Gericht zuständig ist, wenn – etwa im Rahmen von Rechtsmittelverfahren – mehrere Gerichte mit der Sache befasst waren. In Betracht kommt nicht nur das erstinstanzlich zuständige Gericht, sondern auch jenes, das über ein Rechtsmittel (reformatorisch) entschieden hat (vgl. z.B. Art. 318 Abs. 1 lit. b ZPO; Art. 107 Abs. 2 BGG). Sachgerecht ist die Zuständigkeit am Ort des erstinstanzlichen Gerichts, da dieses einen engen Bezug zur Streitsache aufweist. Ist dieser Gerichtsstand nicht ohnehin mit jenem gem. Art. 339 Abs. 1 lit. a oder b identisch, so ist er immerhin durch Gesetz oder Vereinbarung der Streitsache verbunden – anders als der Sitz der Rechtsmittelinstanz oder des Bundesgerichts, auch wenn die zu vollstreckenden Leistungen möglicherweise erst durch diese Instanzen zugesprochen wurden.

Die Formulierung von Art. 339 Abs. 1 lit. c stellt klar, dass bei mehreren in der Hauptsache alternativ zuständigen Gerichten die virtuelle Zuständigkeit eines zwar (ebenfalls) zuständigen, aber im konkreten Fall nicht angerufenen Gerichts nicht ausreicht; die Zuständigkeit liegt allein bei jenem Gericht, dass **tatsächlich angerufen** wurde (zur unklaren Formulierung von § 310 Ziff. 1 ZPO/ZH vgl. KÖLZ, Rz 202, FN 916). 6

Die **Wahl**, an welchem der drei zugänglichen Gerichtsstände das Vollstreckungsverfahren eingeleitet wird, liegt bei jener Partei, die das Vollstreckungsgericht anruft. Im Rahmen der klassischen, «indirekten» (vgl. Art. 337 N 5) Vollstreckung ist dies die obsiegende Partei (KÖLZ, Rz 208; krit. BERTOSSA, 120), was der Rechtslage unter dem LugÜ II entspricht (Dasser/Oberhammer-STAEHELIN, Art. 52 N 12). Ersucht im Rahmen der direkten Vollstreckung der Vollstreckungsgegner um die Einstellung der Betreibung (Art. 337 Abs. 2), so liegt die Wahl bei ihm (STAEHELIN/STAEHELIN/GROLIMUND, § 28 Rz 32). 7

Erweist sich die vom Sachgericht im Rahmen der direkten Vollstreckung angeordnete Massnahme als nicht oder nicht sogleich durchführbar, so kann die unterlegene Partei ein Vollstreckungsgericht um die Einstellung der Vollstreckung ersuchen (Art. 337 Abs. 2). Beantragt die obsiegende Partei gleichzeitig bei einem anderen Vollstreckungsgericht neue Vollstreckungsmassnahmen (vgl. Art. 337 N 6), so fragt sich, ob und, gegebenenfalls, wie die beiden Verfahren aufeinander abzustimmen sind. Insofern als die beiden Verfahren unterschiedliche Fragen betreffen – die Vollstreckbarkeit des Entscheids bzw. die Anordnung durchführbarer Vollstreckungsmassnahmen – besteht die Gefahr einer widersprüchlichen Entscheidung nicht. Zur Vermeidung von Verwirrung ist gleichwohl zunächst die Grundsatzfrage der Vollstreckbarkeit zu klären; für die Dauer dieser Auseinandersetzung ist das auf neue Vollstreckungsanordnungen gerichtete Verfahren zu sistieren. 8

Im Anwendungsbereich des **LugÜ** bestimmt sich die örtliche Zuständigkeit nicht nach Art. 339 ZPO, sondern unmittelbar nach Art. 39 Abs. 2 LugÜ II bzw. Art. 32 Abs. 2 LugÜ (BOTSCHAFT LugÜ, 1822; RODRIGUEZ, 1557). Hatte die unterlegene Partei Wohnsitz in der Schweiz, stand nach altem Recht nur der Gerichtsstand am Wohnsitz des Schuldners zur Verfügung, nicht aber der subsidiäre Gerichtsstand am Ort der Zwangsvollstreckung. Unter Art. 39 LugÜ II wird diese Differenzierung hinfällig, da die Zuständigkeit am Wohnsitz und am Vollstreckungsort alsdann nicht mehr subsidiär, sondern alternativ ist (Dasser/Oberhammer-STAEHELIN, Art. 32 N 12; RODRIGUEZ, 1553). Der Wohnsitzbegriff ist jener des Zivilrechts (BGE 133 III 252 ff., 253) und richtet sich nach Art. 20 IPRG (Dasser/Oberhammer-STAEHELIN, Art. 32 N 3). 9

Richtet sich die Vollstreckung nach dem **IPRG**, so ist nach Art. 29 Abs. 1 IPRG das Begehren auf Anerkennung und Vollstreckung «an die zuständige Behörde des Kantons zu richten, in dem die ausländische Entscheidung geltend gemacht wird». Diese Behörde ist 10 nunmehr ein nach Art. 339 Abs. 1 ZPO zuständiges Vollstreckungsgericht, es sei denn, die obsiegende Partei betreibe die Durchsetzung einer Geldforderung mit vorfrageweiser Vollstreckbarerklärung im Rechtsöffnungsverfahren, so dass sich die Zuständigkeit aus dem SchKG ergibt.

III. Verfahren

11 Die Bezeichnung des **summarischen Verfahrens** als für das Vollstreckungsverfahren anzuwendende Verfahrensart entspricht der Zwecksetzung des Vollstreckungsverfahrens (rasche Vollstreckung, teilweise Beweismittelbeschränkung) sowie kantonaler Rechtstradition. Sie bedeutet die Anwendbarkeit von Art. 248 ff., insb. von Art. 252 ff. (Verfahren und Entscheid).

12 Das Vollstreckungsverfahren erweist sich insofern als typisches Summarverfahren, als der **Urkundenbeweis** im Vordergrund steht (Art. 254 Abs. 1). So kann die obsiegende Partei nur gestützt auf den schriftlichen Vollstreckungstitel durchdringen und die unterlegene Partei gewisse Einwendungen (Tilgung und Stundung) einzig durch Urkunden belegen (Art. 341 Abs. 3; vgl. dazu auch BÜHLER/EDELMANN/KILLER, § 434 ZPO/AG N 2). Auch im Übrigen sind andere Beweismittel als Urkunden nur zulässig, wenn sie das Verfahren nicht verzögern, wenn es der Verfahrenszweck erfordert oder wenn das Gericht den Sachverhalt von Amtes wegen festzustellen hat (Art. 254 Abs. 2).

13 Die **Parteien des Vollstreckungsverfahrens** sind die von der materiellen Rechtskraft des zu vollstreckenden Entscheids erfassten Personen (LEUCH/MARBACH/KELLERHALS/STERCHI, Art. 402 ZPO/BE N 1.c.). Dies sind zunächst die Parteien des Erkenntnisverfahrens; die ZPO spricht sie als «unterlegene Partei» (z.B. Art. 337 Abs. 2) bzw. als «obsiegende Partei» (z.B. Art. 345 Abs. 1) an. Ebenso kommen deren Rechtsnachfolger als Parteien des Vollstreckungsverfahrens in Betracht.

14 Auch **Dritte** können vom Vollstreckungsverfahren tangiert werden. Dies ist etwa der Fall (BÜHLER/EDELMANN/KILLER, § 434 ZPO/AG N 4; FRANK/STRÄULI/MESSMER, § 305 ZPO/ZH N 2 f.),

– wenn sich die Vollstreckung auf eine Sache richtet (Herausgabe, Wegnahme, Räumung) und Dritte Rechte geltend machen, welche die Vollstreckung ausschliessen;

– wenn ein Kind zur Ausübung eines Besuchsrechts oder der elterlichen Sorge herauszugeben ist und Dritte, z.B. Pflegeeltern, eigene Rechte geltend machen;

– wenn ein Dritter zwar Gewahrsam an einer Sache hat, jedoch keine eigenen Rechte behauptet, sondern lediglich für die unterlegene Partei besitzt.

15 Ein Dritter, der gegen die Vollstreckung eigene Rechte geltend macht, muss sich die Vollstreckung eines Entscheids in seine Rechte nicht gefallen lassen (FRANK/STRÄULI/MESSMER, § 305 ZPO/ZH N 1; BÜHLER/EDELMANN/KILLER, § 434 ZPO/AG N 4; GULDENER, ZPR, 625). Die ZPO ermöglicht ihm eine entsprechende Intervention in das Vollstreckungsverfahren und die Beschwerde als Rechtsmittel gegen den Entscheid des Vollstreckungsgerichts (Art. 346).

16 Will der Dritte nicht eigenem Recht zum Durchbruch verhelfen, sondern lediglich die unterlegene Partei im Vollstreckungsverfahren unterstützen, so enthält die ZPO hierfür kein geeignetes verfahrensrechtliches Instrument. Erwägenswert wäre die analoge Anwendung der Nebenintervention nach Art. 74 ff. (vgl. zur ZPO/AG BÜHLER/EDELMANN/KILLER, § 434 N 4.b).

Behindern Dritte die Vollstreckung, ohne ein eigenes Recht geltend zu machen (etwa 17 indem sie die herauszugebende Sache vor der Exekutivbehörde verbergen), so ist ihnen gegenüber die Anordnung von Vollstreckungsmassnahmen zulässig (BÜHLER/EDELMANN/KILLER, § 434 ZPO/AG N 4; LEUCH/MARBACH/KELLERHALS/STERCHI, Art. 402 ZPO/BE N 1.c).

Für die **Prozesskosten** (umfassend Gerichtskosten und Parteientschädigung; Art. 95 18 Abs. 1) gelten im Vollstreckungsverfahren die Regeln von Art. 95 ff. Danach kann im Vollstreckungsverfahren ein Kostenvorschuss zur Sicherstellung der mutmasslichen Gerichtskosten (Art. 98), nicht aber eine Sicherheit für die Parteientschädigung verlangt werden (Art. 99 Abs. 3 lit. c).

Die **Gerichtskosten** umfassen nicht nur die Kosten für das Verfahren vor dem Vollstre- 19 ckungsgericht, sondern auch jene der Durchführung der Vollstreckungsmassnahme selbst. Dies gilt auch für eine Ersatzvornahme i.S.v. Art. 343 Abs. 1 lit. e ZPO; Art. 98 OR bestimmt nur, dass der Vollstreckungsgegner schliesslich für die Ersatzvornahme aufkommen muss und berührt die – prozessrechtlich geregelte – Vorschusspflicht nicht (BÜHLER/EDELMANN/KILLER, § 437 ZPO/AG N 3; **a.M.** HAUBENSAK, 83).

Die Vorschriften über die **unentgeltliche Rechtspflege** (Art. 117 ff.) sind auch im Voll- 20 streckungsverfahren anwendbar. Wird einer Partei die unentgeltliche Prozessführung ganz (und nicht bloss teilweise; Art. 118 Abs. 2) gewährt, so wird die unterstützte Partei von jeglicher Vorschussleistung entlastet, einschliesslich einer solchen für die Ersatzvornahme (BÜHLER/EDELMANN/KILLER, § 438 ZPO/AG N 4). Eine im Entscheidverfahren gewährte unentgeltliche Rechtspflege gilt nicht ohne weiteres auch für das Vollstreckungsverfahren; die unterstützte Partei muss vielmehr ein neues Gesuch stellen (Art. 119 Abs. 5 analog; BÜHLER/EDELMANN/KILLER, § 437 ZPO/AG N 3).

Auch das Vollstreckungsgericht ist dem Grundsatz der **Rechtsanwendung von Amtes** 21 **wegen** (*iura novit curia*) verpflichtet (Art. 57). Einzig Einwände, die das Vollstreckungsgericht gestützt auf das Sachrecht nur auf entsprechende Einrede hin überprüfen darf, sind auch vom Vollstreckungsgericht erst dann zu berücksichtigen, wenn sie vorgebracht werden (z.B. Art. 142 OR betr. Verjährung; vgl. dazu näher ZK-BERTI, Art. 142 OR N 8 ff.).

Im **Entscheid** hat das Vollstreckungsgericht darüber zu befinden, ob auf das Vollstre- 22 ckungsgesuch eingetreten wird und, gegebenenfalls, ob es – ganz oder teilweise – gutgeheissen oder abgewiesen wird. Wird das Vollstreckungsgesuch zurückgezogen, so wird das Vollstreckungsverfahren als gegenstandslos abgeschrieben. Ebenso kommt es zur Gegenstandslosigkeit des Vollstreckungsverfahrens, wenn es nach Einreichung des Vollstreckungsgesuchs zur Tilgung oder Stundung des zu vollstreckenden Anspruchs kommt (Für das Betreibungsverfahren ebenso STÜCHELI, 97; BSK SchKG I-STAEHELIN, Art. 84 N 64).

Für **Eröffnung** und **Begründung** des Entscheids gelten die allgemeinen Regeln von 23 Art. 239.

Gegen den Entscheid des Vollstreckungsgerichts ist nur **Beschwerde** gegeben (Art. 319 24 lit. a i.V.m. Art. 309 lit. a). Damit ist auch gesagt, dass dem Rechtsmittel grundsätzlich keine aufschiebende Wirkung zukommt (Art. 325 Abs. 1), es sei denn, die aufschiebende Wirkung werde von der Rechtsmittelinstanz angeordnet (Art. 325 Abs. 1).

Wird im Geltungsbereich des LugÜ gegen den vom Vollstreckungsgericht gefällten 25 Exequaturentscheid der **Rechtsbehelf nach Art. 43 LugÜ II** ergriffen, so handelt es sich um die Beschwerde gem. Art. 327a E-ZPO, die eigens im Hinblick auf die Erfordernisse des LugÜ geschaffen werden soll (vgl. BOTSCHAFT LugÜ, 1825 f.). Anders als die ordentliche Beschwerde hat dieses Rechtsmittel aufschiebende Wirkung (Art. 327a Abs. 2 E-ZPO; vgl. dazu RODRIGUEZ, 1559).

26 Aus der ZPO geht nicht hervor, ob und inwiefern dem Entscheid, mit dem das Vollstreckungsgericht die Vollstreckung zulässt oder ablehnt, **materiell rechtskräftig** werden kann (vgl. dazu BERTI, Verfahrensarten, 343). Der Entscheid des Vollstreckungsgerichts ist nur im laufenden Vollstreckungsverfahren verbindlich (BGE 106 Ia 4 ff., 6; BÜHLER/EDELMANN/KILLER, § 435 ZPO/AG N 5; STAEHELIN/STAEHELIN/GROLIMUND, § 28 Rz 38; a.M. HAUBENSAK, Zwangsvollstreckung, 80 mit Blick auf ZPO/ZH). Die so beschränkte Verbindlichkeit entspricht jener vergleichbarer Entscheide im Betreibungsverfahren: Auch Entscheide über definitive Rechtsöffnungsbegehren bzw. Klagen nach Art. 85 SchKG (als Vorbild für das Gesuch um Einstellung der Zwangsvollstreckung bei direkter Vollstreckung, vgl. dazu Art. 337 N 29) entfalten Wirkung nur im jeweiligen Betreibungsverfahren (STÜCHELI, 157 f.; BSK SchKG I-BODMER, Art. 85 N 35).

27 Aus der auf das jeweilige Vollstreckungsverfahren beschränkten Wirkung folgt, dass die unterliegende Partei, deren materielle Einwendung vom Vollstreckungsgericht verworfen wird, **Klage auf Rückleistung** erheben kann (BGE 78 II 174 ff. 177).

28 Als weitere Folge der auf das konkrete Vollstreckungsverfahren beschränkten Entscheidwirkung kann eine Partei, deren Vollstreckungsgesuch abgewiesen wurde, erneut ein Vollstreckungsgesuch stellen (zur Rechtskraft von Exequaturentscheiden vgl. sogleich N 29 f.). Dies ist allerdings nur möglich, wenn die obsiegende Partei mit dem neuen Vollstreckungsgesuch Tatsachen und Beweismittel vorbringt, die sie im ersten Vollstreckungsverfahren nicht anrief (echte und unechte Noven, vgl. dazu BÜHLER/EDELMANN/KILLER, § 435 ZPO/AG N 5; STAEHELIN/STAEHELIN/GROLIMUND, § 28 Rz 38; ebenso für vorsorgliche Massnahmen BERTI, Massnahmen, 229 f. m.w.H.). Damit wird die Beschränkung der Entscheidwirkung auf das konkrete Vollstreckungsverfahren teilweise zurückgenommen. Mit dieser Regelung wird der Vollstreckungsgegner vor Belästigung durch identische Gesuche geschützt. Zugleich aber werden Absprachen mit der obsiegenden Partei schwieriger, da diese befürchten muss, nach Rückzug des Vollstreckungsgesuchs mangels neuer Tatsachen von der Vollstreckung ausgeschlossen zu sein (vgl. dazu HAUBENSAK, 81). Da die ZPO für den Rückzug des Vollstreckungsgesuchs keine Sonderregelung trifft (anders z.B. § 212 Abs. 2 ZPO/ZH; vgl. dazu FRANK/STRÄULI/MESSMER, § 212 ZPO/ZH N 3; HAUBENSAK, 81), wird es an der Praxis sein, für den Rückzug des Vollstreckungsbegehrens im Rahmen einer Absprache unter den Parteien eine entsprechende Ausnahme zuzulassen. Eine solche entspricht den Interessen beider Parteien und auch dem Gebot der Prozessökonomie.

29 Entscheidet das Vollstreckungsgericht über die Anerkennung und Vollstreckbarkeit (**Exequatur**) eines ausländischen Entscheids, so ist hinsichtlich der materiellen Rechtskraft des Exequaturentscheids zu unterscheiden, ob es sich dabei um eine Vor- oder eine Hauptfrage handelt. Fällt die Exequaturentscheidung vorfrageweise, so erscheint sie nicht (oder mit der Einschränkung «vorfrageweise») im Dispositiv; entsprechend kommt ihr keine materielle Rechtskraft zu (STAEHELIN/STAEHELIN/GROLIMUND, § 28 Rz 40).

30 **Gewährt** das Vollstreckungsgericht Exequatur in einem selbstständigen Verfahren (vgl. dazu Art. 335 N 36 ff.), so geht die Entscheidung aus dem Dispositiv hervor und wird materiell rechtskräftig (BGer vom 24.4.1992, JdT 1994 II 149 ff, 158 [in der amtl. Sammlung unpubl. E. 6 von BGE 118 Ia 118 ff.]; BGE 115 III 28 ff., 31; ZR 106 [2007] Nr. 18; BOTSCHAFT LugÜ, 1820; GROZ, 685; STOJAN, 186; RODRIGUEZ, 1555).

1. Kapitel: Vollstreckung von Entscheiden

Auch der im selbstständigen Exequaturverfahren ergangene Entscheid, mit dem Anerkennung und Vollstreckbarerklärung **verweigert** werden, erwächst in materielle Rechtskraft (ZG GVP 2002, 179 ff., 181, E. 2c; BSK IPRG-BERTI/SCHNYDER, Art. 29 N 6; GEIMER/SCHÜTZE, Art. 33 N 86; GROZ, 686 f. m.w.H. auf unpubl. kantonale Praxis; **a.M.** DONZALLAZ, LugÜ, N 3450; diff. GROZ, 687 sowie KROPHOLLER, Europ. ZPR, Art. 40 N 9, die dann keine materielle Rechtskraft annehmen, wenn das Exequatur nur wegen Fehlens von Unterlagen verweigert wurde). Von der materiellen Rechtskraft nicht erfasst werden Tatsachen, die nach Abschluss des Exequaturverfahrens eingetreten sind, namentlich die Aufhebung oder Abänderung des ausländischen Entscheids (vgl. BGer 5A_79/2008 und 5A_80/2008 vom 6.8.2008, E. 4.2 und 4.2.2). 31

Art. 340

Sichernde Massnahmen

Das Vollstreckungsgericht kann sichernde Massnahmen anordnen, nötigenfalls ohne vorherige Anhörung der Gegenpartei.

Mesures conservatoires

Le tribunal peut ordonner des mesures conservatoires, si nécessaire sans entendre préalablement la partie adverse.

Provvedimenti conservativi

Il giudice dell'esecuzione può ordinare provvedimenti conservativi, se necessario anche senza sentire preventivamente la controparte.

Inhaltsübersicht   Note

   I. Normzweck und Grundlagen 1
  II. Sichernde Massnahmen 4
 III. *Ex parte* Anordnung (superprovisorische Massnahme) 8
 IV. Verfahren 13

Literatur

Vgl. die Literaturhinweise zu Art. 335.

I. Normzweck und Grundlagen

Anders als etwa der Pfändungs- und Konkursbeschlag entfaltet die Vollstreckbarkeit eines Entscheids keine Sperrwirkung, die es der unterlegenen Partei verunmöglichen würde, die Vollstreckung – z.B. durch sachrechtswidrige rechtsgeschäftliche Verfügung – zu behindern. Namentlich in komplexen Verhältnissen, die es nicht erlauben, dem Ziel rascher Vollstreckung (BOTSCHAFT ZPO, 7244) nachzuleben, besteht deshalb oft ein Sicherungsbedürfnis. Art. 340 soll dieses Bedürfnis der obsiegenden Partei befriedigen. Zugleich macht die Bestimmung deutlich, dass Vollstreckungshandlungen während laufendem Vollstreckungsverfahren über die Sicherungsmassnahmen nicht hinausgehen dürfen. Sichernde Massnahmen erweisen sich damit als vorsorgliche Massnahmen unter den besonderen Bedingungen des Vollstreckungsverfahrens. 1

Nach Art. 340 richtet sich nicht nur die sichernde Massnahme im Rahmen der Vollstreckung von schweizerischen Entscheiden betreffend Nicht-Geldleistung, sondern ebenso 2 die sichernde Massnahme nach Art. 47 LugÜ II (bzw. Art. 39 LugÜ) im Anschluss an ein erstinstanzliches Exequaturverfahren (BOTSCHAFT ZPO, 7383; JEANDIN, 362). Stehen sichernde Massnahmen nach Art. 47 LugÜ II (bzw. Art. 39 LugÜ) in Frage, führt jedoch der Vorrang des Staatsvertragsrechts (Art. 2 und Art. 335 Abs. 3) zu Besonderheiten mit Blick auf die *ex parte* Anordnung sichernder Massnahmen (RODRIGUEZ, 1558). Ebenso bleiben die Bestimmungen des SchKG über sichernde Massnahmen bei der Vollstreckung von Geldforderungen vorbehalten (vgl. Art. 269 lit. a).

3   Durch die Umsetzung des LugÜ II hat Art. 340 gegenüber der Referendumsvorlage vom 19.12.2008 sowie gegenüber Art. 340 des E von 2006 und Art. 329 des VE von 2003 eine tiefgreifende Änderung erfahren (vgl. Art. 3 Ziff. 1 des Bundesbeschlusses über die Genehmigung und die Umsetzung des revidierten Übereinkommens über die gerichtliche Zuständigkeit, die Anerkennung und die Vollstreckung gerichtlicher Entscheidungen in Zivil- und Handelssachen [Lugano-Übereinkommen] vom 11.12.2009 [BBl 2009, 8809 ff.]). Zur Vermeidung von Inländerdiskriminierung wurde die bereits verabschiedete Fassung von Art. 340 noch vor Inkrafttreten der ZPO abgeändert und den Regeln des LugÜ II angepasst (vgl. dazu BOTSCHAFT LugÜ, 1821). Im Rahmen der Vollstreckung schweizerischer Entscheide und in Vollstreckungsverfahren nach IPRG setzten sichernde Massnahmen bisher die Gefahr voraus, dass die Vollstreckung vereitelt oder wesentlich erschwert werden könnte. Die Regelung der ZPO hätte sich damit von Art. 47 LugÜ II (Art. 39 aLugÜ) unterschieden: Diese Bestimmung setzt für die Anordnung sichernder Massnahmen keine spezifischen Sicherungsbedürfnisse voraus (LEUCH/MARBACH/KELLERHALS/STERCHI, Art. 400d ZPO/BE N 2.a; KELLERHALS, 97; RODRIGUEZ, 1558; KROPHOLLER, Europ. ZPR, Art. 47 N 9 m.w.H.), sondern lässt sichernde Massnahmen nach abgeschlossenem Antragsverfahren (bzw. erfolgtem Exequatur) ohne weiteres zu, solange die Frist für den Rechtsbehelf nach Art. 43 LugÜ II (Art. 36 LugÜ) läuft oder über den Rechtsbehelf nicht entschieden ist. Diesem offenen Ansatz folgt Art. 340 nun auch für das Binnenverhältnis: Ein vollstreckbarer Entscheid berechtigt unmittelbar zu einer vorsorglichen, auf Sicherung des zugesprochenen Anspruchs gerichteten Massnahme, ohne dass es dafür einer drohenden Obstruktionsgefahr bedürfte (vgl. dazu BOTSCHAFT LugÜ, 1826). Damit entspricht Art. 340 dem im Zuge der gleichen Anpassungsgesetzgebung geschaffenen Arrestgrund des definitiven Rechtsöffnungstitels nach Art. 271 Abs. 1 Ziff. 6 SchKG (BOTSCHAFT LugÜ, 1826; krit. dazu GASSER/RICKLI, Art. 340 ZPO N 4).

II. Sichernde Massnahmen

4   Ziel der Anordnung sichernder Massnahmen ist ein **Ausgleich der Parteiinteressen** während laufendem Vollstreckungsverfahren. Einerseits gilt es, die unterlegene Partei daran zu hindern, die Vollstreckung zu hintertreiben, andererseits aber darf dem Entscheid über allfällige Einwendungen der unterlegenen Partei (Art. 341 Abs. 2 und 3) nicht durch irreversible Eingriffe vorgegriffen werden. Damit fallen alle Massnahmen ausser Betracht, die nicht rückgängig gemacht werden können und den Entscheid in der Sache, d.h. den Entscheid über die Zulassung der Vollstreckung, vorwegnehmen.

5   Eine sichernde Massnahme kann im Bereiche der Realvollstreckung grundsätzlich *«jede gerichtliche Anordnung sein, die geeignet ist, den drohenden Nachteil abzuwenden»* (Art. 262); das **Instrumentarium** entspricht damit jenem des vorsorglichen Rechtsschutzes (LEUCH/MARBACH/KELLERHALS/STERCHI, Art. 400d ZPO/BE N 2.b; WALTER, ZPR, § 10 VIII 1). In Betracht kommen danach sowohl Stilllege- als auch Vorsorgemassnahmen (BSK BGG-MEYER, Art. 104 N 6; VOGEL/SPÜHLER, Kap. 12 Rz 192 ff.; zu den aus

der Sicherungsfunktion folgenden Grenzen vgl. näher WALTER, Sicherungsvollstreckung, 100 f.).

Beispiele (vgl. auch Komm. von Art. 262):

– *Verbote*, namentlich Verfügungsverbote (Stilllegemassnahme, etwa bei Entscheid auf Zuspruch des Eigentums an einer beweglichen Sache, vgl. dazu LEUCH/MARBACH/KELLERHALS/STERCHI, Art. 400d ZPO/BE N 2.b; BSK BGG-MEYER, Art. 104 N 6) oder (Grundbuch-)Sperren (JERMINI/GAMBA, 456 FN 49).

– *Hinterlegung einer beweglichen Sache* beim Gericht (Vorsorgemassnahme, etwa bei Entscheid auf Zuspruch des Eigentums an einer beweglichen Sache, vgl. dazu LEUCH/MARBACH/KELLERHALS/STERCHI, Art. 400d ZPO/BE N 2.b; WALTER, Sicherungsvollstreckung, 100 f.), wobei dann, wenn die entsprechende Weisung unbeachtet bleibt oder bereits vor Erlass feststeht, dass sie unbeachtet bleiben würde, auch die polizeiliche Wegnahme in Betracht kommt (LEUCH/MARBACH/KELLERHALS/STERCHI, Art. 400d ZPO/BE N 3).

– *Beschlagnahme* (Stilllegemassnahme; BSK BGG-MEYER, Art. 104 N 6).

– *Anweisung an Registerbehörden* oder dritte Personen (Vorsorgemassnahme; analog Art. 262 Abs. 2, z.B. die Vormerkung einer Verfügungsbeschränkung gemäss Art. 960 Abs. 1 Ziff. 1 ZGB [vgl. dazu LEUCH/MARBACH/KELLERHALS/STERCHI, Art. 326 ZPO/BE N 8.b]).

Ist das **Vollstreckungsverfahren abgeschlossen** und ist die Entscheidung zugunsten des Urteilsgläubigers gefallen, so entfällt das Interesse des Urteilsschuldners an der Aufrechterhaltung eines Schwebezustandes durch sichernde Massnahmen. Nunmehr können endgültige, irreversible Vollstreckungsschritte unternommen werden, ohne dass die sichernden Massnahmen zuvor formell aufgehoben werden müssten. Gegen Anordnungen des Vollstreckungsgerichts steht nur die Beschwerde nach Art. 319 ff. zur Verfügung (Art. 309 lit. a i.V.m. Art. 319 lit. a), der grundsätzlich keine aufschiebende Wirkung zukommt (Art. 325 Abs. 1). Entsprechend kann nach dem die Vollstreckung gutheissenden Entscheid des Vollstreckungsgerichts die Vollstreckung sogleich über sichernde Massnahmen hinaus fortgesetzt werden, es sei denn, die Rechtsmittelinstanz schiebe die Vollstreckung auf (Art. 325 Abs. 2).

III. *Ex parte* Anordnung (superprovisorische Massnahme)

Das Vollstreckungsverfahren ist grundsätzlich kontradiktorisch (Art. 341 Abs. 2 und 3). Von diesem Grundsatz erlaubt Art. 340 mit Blick auf sichernde Massnahmen eine Ausnahme, indem diese «nötigenfalls» auch «überfallartig» (BOTSCHAFT ZPO, 7383) – also ohne vorgängige Anhörung der Gegenpartei – erlassen werden kann. Dies setzt allerdings voraus, dass der Antrag auf sichernde Massnahmen **zusammen mit dem Vollstreckungsgesuch** eingereicht wird, damit das Vollstreckungsgericht die sichernden Massnahmen anordnen kann, bevor die unterlegene Partei vom Vollstreckungsverfahren Kenntnis erhält.

Art. 340 gestattet «nötigenfalls» einen Verzicht auf die Anhörung der Gegenpartei. In Anlehnung an Art. 265 Abs. 1 ist davon auszugehen, dass ein solcher Verzicht «bei **besonderer Dringlichkeit**, insbesondere bei Vereitelungsgefahr» (Art. 265 Abs. 1) geboten ist. Hierfür trägt der Antragsteller die Behauptungslast. Indem das *ex parte* Verfahren für sichernde Massnahmen nicht voraussetzungslos zur Verfügung gestellt wird, besteht weiterhin ein Unterschied zwischen Art. 340 und der Rechtslage unter dem LugÜ (vgl. dazu N 3 und 12); die Beseitigung der Inländerdiskriminierung (vgl. N 3) ist somit keine vollständige.

10 An den **Nachweis** der zeitlichen Dringlichkeit dürften keine hohen Anforderungen zu stellen sein; ist glaubhaft gemacht, dass die Gefahr einer Behinderung der Vollstreckung besteht, dürfte meist auch glaubhaft gemacht sein, dass die unterlegene Partei versuchen könnte, der sichernden Massnahme zuvorzukommen. Anderes muss gelten, wenn der Urteilsschuldner zumindest zunächst keine Möglichkeit hat, die Vollstreckung zu behindern oder vom Vollstreckungsverfahren bereits Kenntnis hat, etwa weil die sichernden Massnahmen nicht zusammen mit dem Vollstreckungsgesuch, sondern erst später beantragt wurden (vgl. N 8).

11 Wird die sichernde Massnahme ohne Anhörung des Urteilsschuldners angeordnet, so ist diesem in der Folge Gelegenheit zur mündlichen oder schriftlichen **Stellungnahme** zu geben. Auch dies wird in Art. 340 nicht ausdrücklich angeordnet, ergibt sich jedoch aus den in Art. 265 Abs. 2 für die superprovisorische Massnahme genannten Grundsätzen (BOTSCHAFT ZPO, 7356) sowie aus Art. 341 Abs. 2. Zumeist dürfte diese Stellungnahme mit jener nach Art. 341 Abs. 2 zusammenfallen.

12 Anderes gilt wiederum für die sichernde Massnahme nach Art. 47 LugÜ II (Art. 39 LugÜ), und zwar in zweifacher Hinsicht:

– Das Antragsverfahren nach Art. 38 ff. LugÜ II (Art. 31 ff. LugÜ) ist von vornherein als *ex parte* Verfahren angelegt (ATTESLANDER-DÜRRENMATT, 185; RODRIGUEZ, 1558); entsprechend erfolgt auch die Anordnung sichernder Massnahmen nach Art. 47 LugÜ II (Art. 39 aLugÜ) immer (und nicht bloss «nötigenfalls») ohne Anhörung der Gegenpartei. Massnahmen nach Art. 47 LugÜ II (Art. 39 aLugÜ) ohne Anhörung der Gegenpartei (ATTESLANDER-DÜRRENMATT, 185; JERMINI/GAMBA, 445; RODRIGUEZ, 1558).

– Die *ex parte* Anordnung sichernder Massnahmen nach Art. 47 LugÜ II (Art. 39 aLugÜ) setzt keine besondere Dringlichkeit (KELLERHALS, 99) und damit auch keine Hinweise auf eine drohende Gefahr voraus.

IV. Verfahren

13 Grundsätzlich gilt auch für die sichernden Massnahmen die **Dispositionsmaxime**: Sichernde Massnahmen hat das Vollstreckungsgericht nicht von Amtes wegen, sondern nur auf Antrag des Urteilsgläubigers anzuordnen (mit Blick auf Art. 47 LugÜ II bzw. Art. 39 aLugÜ ebenso LEUCH/MARBACH/KELLERHALS/STERCHI, Art. 400d ZPO/BE N 2.c). Die Dispositionsmaxime ist indessen insofern gemildert, als es dem Massnahmebegehren nicht schadet, wenn das Gericht nicht die beantragte Massnahme, sondern eine andere für angemessen hält, um das mit dem Massnahmegesuch angestrebte Ziel zu erreichen (BERTI, Massnahmen, 218 f.).

14 Als einzige Voraussetzung einer sichernden Massnahme hat der Antragsteller das Vorliegen eines vollstreckbaren Entscheids zu beweisen. Wird um eine *ex parte* Anordnung ersucht, so genügt es, dass der Antragsteller Dringlichkeit **glaubhaft macht**, mithin, dass die sichernde Massnahme zu scheitern droht, wenn die Gegenpartei vorgängig angehört wird.

1. Kapitel: Vollstreckung von Entscheiden **Art. 341**

Nach Art. 264 Abs. 1 und Art. 265 Abs. 3 – und in Abweichung von Art. 47 LugÜ II (bzw. Art. 39 aLugÜ; vgl. dazu DONZALLAZ, LugÜ, N 4129 f.; Dasser/Oberhammer-STAEHELIN, Art. 39 LugÜ N 87; LEUCH/MARBACH/KELLERHALS/STERCHI, Art. 400d ZPO/BE N 2.c) – ist eine Verpflichtung des Urteilsgläubigers zur **Sicherheitsleistung** nach Art. 340 zulässig. Ebenso sind Kostenvorschüsse nach Art. 95 ff. zulässig (KELLERHALS, 99; STAEHELIN/STAEHELIN/GROLIMUND, § 28 Rz 35). 15

Eine von der unterlegenen Partei mit Blick auf eine befürchtete superprovisorische Anordnung von sichernden Massnahmen eingereichte **Schutzschrift** ist zu beachten. Art. 270 Abs. 1 erwähnt die Abwehr einer Vollstreckungsmassnahme zwar nicht ausdrücklich als Anwendungsfall der Schutzschrift, doch fällt die *ex parte* Anordnung von sichernden Massnahmen unter die Generalklausel der «anderen Massnahme» (die ohne vorgängige Anhörung erlassen wird) gemäss Art. 270 Abs. 1. Die Verfahrensregeln von Art. 270 Abs. 2 und 3 gelten damit auch im Vollstreckungsverfahren. Im Zusammenhang mit dem LugÜ II ist eine Schutzschrift unzulässig, soweit sie Anerkennungs- und Vollstreckungshindernisse thematisiert (vgl. BOTSCHAFT LugÜ, 1824 f.; ferner Art. 341 N 19), mit Blick auf die Abwehr einer sichernden Massnahme bleibt sie zulässig. 16

Art. 341

Prüfung der Vollstreckbarkeit und Stellungnahme der unterlegenen Partei

¹ Das Vollstreckungsgericht prüft die Vollstreckbarkeit von Amtes wegen.

² Es setzt der unterlegenen Partei eine kurze Frist zur Stellungnahme.

³ Materiell kann die unterlegene Partei einwenden, dass seit Eröffnung des Entscheids Tatsachen eingetreten sind, welche der Vollstreckung entgegenstehen, wie insbesondere Tilgung, Stundung, Verjährung oder Verwirkung der geschuldeten Leistung. Tilgung und Stundung sind mit Urkunden zu beweisen.

Examen du caractère exécutoire et déterminations de la partie succombante

¹ Le tribunal de l'exécution examine le caractère exécutoire d'office.

² Il fixe à la partie succombante un bref délai pour se déterminer.

³ Sur le fond, la partie succombante peut uniquement alléguer que des faits s'opposant à l'exécution de la décision se sont produits après la notification de celle-ci, par exemple l'extinction, le sursis, la prescription ou la péremption de la prestation due. L'extinction et le sursis doivent être prouvés par titres.

Esame dell'esecutività e osservazioni della parte soccombente

¹ Il giudice dell'esecuzione esamina d'ufficio se le condizioni d'esecutività sono adempiute.

² Assegna un breve termine alla parte soccombente affinché presenti le proprie osservazioni.

³ Materialmente, la parte soccombente può obiettare che successivamente alla comunicazione della decisione sono intervenute circostanze che ostano all'esecuzione, in particolare l'adempimento, la concessione di una dilazione, la prescrizione o la perenzione della prestazione dovuta. L'adempimento della prestazione e la dilazione devono essere provati mediante documenti.

Art. 341 1–4

Inhaltsübersicht

	Note
I. Normzweck und Grundlagen	1
II. Amtsprüfung (Abs. 1)	3
III. Stellungnahme (Abs. 2)	10
IV. Einwendungen	21
1. Terminologie	21
2. Formelle Einwendungen	23
3. Materielle Einwendungen (Abs. 3)	28

Literatur

Vgl. die Literaturhinweise zu Art. 335.

I. Normzweck und Grundlagen

1 Art. 341 regelt den Umfang der **Prüfungsbefugnis** des Vollstreckungsgerichts, die Gewährung des rechtlichen Gehörs an die unterlegene Partei sowie deren Einreden und Einwendungen. Sowohl in inhaltlicher als auch in formeller Hinsicht ist die Bestimmung den Normen des Betreibungsverfahrens, insb. Art. 80 f. SchKG, nachgebildet (STAEHELIN/STAEHELIN/GROLIMUND, § 28 Rz 38).

2 Gelangt die unterlegene Partei im Rahmen der sog. **direkten Vollstreckung** (vgl. Art. 337) an das Vollstreckungsgericht, um die Einstellung der Vollstreckung zu erreichen, so ist Art. 341 sinngemäss anwendbar (Art. 337 Abs. 2 2. Satzteil).

II. Amtsprüfung (Abs. 1)

3 Von Amtes wegen zu prüfen ist nur die **Frage der Vollstreckbarkeit** des Entscheids. Darunter fallen die in Art. 336 genannten Elemente sowie jene Voraussetzungen, ohne deren Vorliegen sich die Frage der Vollstreckung nach Art. 335 nicht stellt (z.B. die Frage, ob überhaupt ein Entscheid i.S.v. Art. 335 vorliegt). Alle anderen Fragen, namentlich materielle Einwendungen, sind dagegen nicht von Amtes wegen, sondern nur auf entsprechende Rüge hin zu prüfen.

4 Von **Amtes wegen zu prüfen** ist demnach namentlich die Frage

- ob ein Entscheid i.S.v. Art. 335 vorliegt (im Unterschied zu einem Nichtentscheid oder einem nichtigen Entscheid, vgl. dazu Art. 335 N 21 f.);

- ob die Voraussetzungen der Vollstreckbarkeit nach Art. 336 gegeben sind (d.h. ob der Entscheid gehörig eröffnet wurde (GASSER, 341; STAEHELIN/STAEHELIN/GROLIMUND, § 28 Rz 37), ob er formell rechtskräftig oder die vorzeitige Vollstreckung bewilligt bzw. ob die aufschiebende Wirkung gewährt wurde (BOTSCHAFT ZPO, 7384; GASSER/RICKLI, Art. 341 ZPO N 1);

- ob es sich bei der Gesuchstellerin um die aus dem Entscheid berechtigte Person handelt, namentlich, ob sie mit der obsiegenden Partei identisch oder deren Rechtsnachfolgerin ist;

– ob es sich bei der Gesuchsgegnerin um die verpflichtete Partei oder deren Rechtsnachfolgerin handelt (STAEHELIN/STAEHELIN/GROLIMUND, § 28 Rz 37).

Prüfung von Amtes wegen bedeutet zunächst, dass das Vollstreckungsgericht durch unwidersprochene Parteibehauptungen nicht gebunden wird; die Vorbringen zu den Voraussetzungen der Vollstreckbarkeit sind deshalb auch dann auf ihre Schlüssigkeit zu prüfen, wenn sich die Gegenpartei nicht oder nur zu anderen Fragen vernehmen lässt (BOTSCHAFT ZPO, 7384; GASSER, 341). 5

Hinsichtlich der Prüfung der Vollstreckbarkeit ist die **Untersuchungsmaxime** anwendbar (GASSER, 341). Das Vollstreckungsgericht hat somit konkreten Hinweisen, dass die Vollstreckbarkeit nicht gegeben sein könnte, aus eigener Initiative nachzugehen. 6

Die Untersuchungsmaxime ist jedoch in zweifacher Hinsicht beschränkt: 7

– Die gesuchstellende Partei wird von einer aktiven Rolle bei der Sachverhaltsermittlung nicht entbunden (vgl. SUTTER-SOMM, Verfahrensgrundsätze, 309; KELLERHALS, 90). Namentlich ändert sich nichts daran, dass die obsiegende Partei die **Voraussetzung der Vollstreckbarkeit** darzulegen und zu beweisen hat (Art. 338 Abs. 2). Einwendungen der unterliegenden Partei gegen die Vollstreckbarkeit wiederum muss das Gericht nur Beachtung schenken, wenn diese bestimmt vorgetragen werden (GASSER, 341).

– Ohne **spezifische Anhaltspunkte** muss das Vollstreckungsgericht nicht prüfen, ob der von den Akten erweckte Anschein der Vollstreckbarkeit tatsächlich zutrifft. So muss es z.B. nicht *sua sponte* klären, ob der Entscheid tatsächlich gehörig eröffnet worden ist (GASSER, 341; STAEHELIN/STAEHELIN/GROLIMUND, § 28 Rz 37), ob er wirklich formell rechtskräftig ist oder ob gegebenenfalls die vorzeitige Vollstreckung bewilligt (bzw. die aufschiebende Wirkung gewährt) worden ist (BOTSCHAFT ZPO, 7384).

Hat das Vollstreckungsgericht über die Anerkennung und Vollstreckung ausländischer Entscheide nach IRPG zu befinden, so sind Verstösse gegen den **materiellen ordre public** (Art. 27 Abs. 1 IPRG) – anders als solche gegen den verfahrensrechtlichen ordre public – von Amtes wegen zu berücksichtigen (BSK IPRG-BERTI/DÄPPEN, Art. 27 N 29; FRANK/STRÄULI/MESSMER, § 302 ZPO/ZH N 8b). 8

Nach dem New Yorker Übereinkommen vom 10.6.1958 über die **Anerkennung und Vollstreckung ausländischer Schiedssprüche** (NYÜ) sind bestimmte Vollstreckungshindernisse von Amtes wegen zu prüfen (sog. Versagensgründe; Art. V Ziff. 2 lit. a NYÜ: Mangelnde Schiedsfähigkeit der Streitsache nach Schweizer Recht, Verletzung des schweizerischen ordre public, vgl. dazu näher JOSI, Anerkennung, 90 ff.); andere (sog. Verweigerungsgründe) sind dagegen vom Urteilsschuldner zu behaupten und zu beweisen (STAEHELIN/STAEHELIN/GROLIMUND, § 28 Rz 27). Diese Regeln unterscheiden sich in verschiedener Hinsicht von jenen des IPRG und auch zahlreicher Staatsverträge (z.B. Nachweis der Nichtvollstreckbarkeit durch die unterlegene Partei, vgl. dazu BGE 110 Ib 191 ff., 195; BGE 108 Ib 85 ff., 90 f.). 9

III. Stellungnahme (Abs. 2)

Das Vollstreckungsverfahren ist **kontradiktorisch** (BOTSCHAFT ZPO, 7384, für die Ausnahme der sichernden Massnahme vgl. Art. 340 N 12 f.). Mit der Stellungnahme kann sich die unterlegene Partei rechtliches Gehör verschaffen (vgl. dazu auch Art. 253) und 10 namentlich Einwendungen gegen das Vollstreckungsgesuch (Art. 338) vorbringen. Einwendungen können formeller oder materieller Natur sein (vgl. dazu N 23). Die unterlegene Partei ist nicht nur über das Vollstreckungsgesuch und dessen Beilagen (Art. 338), sondern zu allen entscheidungsrelevanten Tatsachen, z.B. von Amtes wegen beigezogene Unterlagen, anzuhören.

11 Mangels Beschwer bedarf es **keiner Stellungnahme** der unterlegenen Partei, wenn das Vollstreckungsgesuch offensichtlich unzulässig oder offensichtlich unbegründet ist (Art. 253 1. Satzteil) und deshalb *a limine* zurückgewiesen wird.

12 Die Stellungnahme kann – je nach Anordnung des Gerichts – **mündlich** oder **schriftlich** erfolgen (Art. 253). Die Entscheidung darüber liegt im Ermessen des Vollstreckungsgerichts (BOTSCHAFT ZPO, 7351). Soll die Stellungnahme schriftlich erfolgen, so wird das Vollstreckungsgericht eine Frist ansetzen; für diese Frist gilt kein Fristenstillstand (Art. 145 Abs. 2 lit. b). Die Formalitäten der Vorladung, der Verschiebung und der Zustellung richten sich nach Art. 133 ff. bzw. Art. 136 ff.

13 Im Falle der **Säumnis**, mithin wenn die unterlegene Partei keine Stellungnahme einreicht oder nicht zur mündlichen Verhandlung erscheint, entscheidet das Vollstreckungsgericht (Wiederherstellung der Frist vorbehalten; Art. 148) aufgrund der Akten (Art. 147 Abs. 2); die Untersuchungsmaxime (N 6 f.) gilt weiterhin.

14 Art. 341 erwähnt lediglich die Stellungnahme der unterlegenen Partei, nicht aber ein **Replikrecht** der obsiegenden Partei. Nach Art. 53 ist jedoch das rechtliche Gehör zu wahren; auch im Vollstreckungsverfahren darf das Gericht nicht aufgrund von Vorbringen entscheiden, zu denen sich die andere Partei nicht äussern konnte (BGE 106 Ia 4 ff., 6). Das Replikrecht der obsiegenden Partei gilt indessen nicht absolut, sondern besteht nur insofern, als die unterlegene Partei im Rahmen ihrer Stellungnahme neue und erhebliche Elemente geltend machte (BGE 133 I 100 ff., 104; BGE 111 Ia 1 ff., 3).

15 Die **Frist** zur Stellungnahme wird – als richterliche Frist – vom Vollstreckungsgericht nach pflichtgemässem Ermessen festgesetzt. Auch wenn das Gesetz dies nicht ausdrücklich sagt, muss die Frist angemessen, d.h. dem Einzelfall angepasst sein (vgl. dazu auch BOTSCHAFT ZPO, 7295). Als Anhaltspunkt mag der Umstand dienen, dass die Frist zur Berufungsantwort sowie die Beschwerdefrist im summarischen Verfahren zehn Tage betragen (Art. 314 Abs. 1 bzw. Art. 321 Abs. 2) und dass die Botschaft in anderem Zusammenhang eine Frist von zehn Tagen als «kurz» bezeichnet (BOTSCHAFT ZPO, 7373).

16 Die Frist kann nach Anzahl Tagen oder auf einen bestimmten Kalendertag terminiert sein (vgl. BSK BGG-AMSTUTZ/ARNOLD, Art. 44 N 2). Anwendbar sind Art. 142–146 sowie, nach Massgabe von Art. 142 Abs. 3, kantonale Bestimmungen über anerkannte Feiertage. Als richterliche Frist ist die Frist zur Stellungnahme grundsätzlich **erstreckbar** (Art. 144 Abs. 2). Die gesetzliche Vorgabe einer kurzen Frist rechtfertigt allerdings strenge Anforderungen an die Begründung des Fristerstreckungsgesuchs.

17 Handelt es sich um die – vorfrageweise oder selbstständig zu beurteilende – Anerkennung und Vollstreckbarerklärung eines ausländischen Entscheids unter **IPRG**, so ist die unterlegene Partei nach Art. 29 Abs. 2 IPRG anzuhören und es ist ihr Gelegenheit zu geben, Beweismittel geltend zu machen (BSK IPRG-BERTI/DÄPPEN, Art. 29 N 20). Diese Anhörung findet im Rahmen der Stellungnahme nach Art. 341 Abs. 2 statt.

18 Betrifft das Verfahren die Anerkennung und Vollstreckbarerklärung einer ausländischen Entscheidung nach Art. 41 LugÜ II, so wirkt sich der Vorbehalt des Staatsvertrags-

rechts aus (Art. 2; Art. 335 Abs. 3). Da nach Art. 41 LugÜ II die Exequaturentscheidung ergeht, ohne dass der Schuldner in diesem Abschnitt des Verfahrens Gelegenheit erhält, eine Erklärung abzugeben, unterbleibt die Fristansetzung zur Stellungnahme. Einwendungen gegen den Exequaturentscheid bzw. gegen die Anordnung einer sichernden Massnahme nach Art. 47 LugÜ II (Art. 39 LugÜ) kann der Schuldner erst im Rechtsbehelfsverfahren gem. Art. 43 LugÜ II (Art. 36 LugÜ) vorbringen (RODRIGUEZ, 1554, 1558).

Nach Art. 41 LugÜ II wird im einseitigen Exequaturverfahren nur noch geprüft, ob ein vollstreckbarer Titel vorliegt. Anerkennungs- und Vollstreckungshindernisse werden – entsprechende Anträge der unterlegenen Partei vorausgesetzt – erst im Rechtsbehelfsverfahren geprüft. Damit besteht unter dem LugÜ II auch kein praktischer Anwendungsbereich für die **Schutzschrift** (Art. 270 Abs. 2) mehr (BOTSCHAFT LugÜ, 1824 f.). 19

Der Rechtsbehelf nach Art. 43 LugÜ II ist die **Beschwerde gem. Art. 327a E-ZPO**, die eigens im Hinblick auf die besonderen Erfordernisse des LugÜ geschaffen werden soll (vgl. BOTSCHAFT LugÜ, 1813 f.). Anders als die ordentliche Beschwerde hat dieses Rechtsmittel **aufschiebende Wirkung** (Art. 327a Abs. 2). 20

IV. Einwendungen

1. Terminologie

Art. 341 spricht ausschliesslich von «**Einwendungen**». Damit sind alle Vorbringen der unterlegenen Partei gemeint, die sich gegen die Durchführung der Vollstreckung richten. In diesem Sprachgebrauch liegt darin namentlich keine Einschränkung auf Einwendungen im technischen Sinne, mithin auf die Bestreitung der schuldnerischen Leistungspflicht, unter Ausschluss der Einrede als Behauptung eines besonderen Rechts zur Leistungsverweigerung (vgl. dazu GAUCH/SCHLUEP/SCHMID/EMMENEGGER, Rz 76 ff.). 21

Einwendungen können **formeller oder materieller** Natur sein (VOCK, Vollstreckung, 438). Formeller Natur sind jene Einwendungen, die sich gegen die Vollstreckbarkeit als solche richten. Materielle Einwendungen zielen dagegen auf den Bestand der Leistungspflicht bzw. die Berechtigung zur Leistungsverweigerung. 22

2. Formelle Einwendungen

Formelle Einwendungen werden im Gesetz nicht ausdrücklich genannt. Sie betreffen mit den Eintretensvoraussetzungen und der Frage der Vollstreckbarkeit Zusammenhänge, die vom Vollstreckungsgericht von Amtes wegen zu beachten sind (Art. 60; Art. 341 Abs. 1). Formelle Einwendungen unterliegen deshalb (anders als materielle Einwendungen, vgl. N 30 ff.) keiner inhaltlichen Beschränkung. 23

Beispiele für formelle Einwendungen sind etwa die Behauptung 24

– das Vollstreckungsgericht sei unzuständig (Begleitbericht VE, 154);

– die gewählte Art der Vollstreckung (z.B. Realvollstreckung statt Vorgehen nach SchKG) sei unzulässig (GULDENER, ZPR, 604; BSK BGG-TSCHÜMPERLIN, Art. 70 N 12; STAEHELIN/STAEHELIN/GROLIMUND, § 28 Rz 10);

– es liege kein Entscheid i.S.v. Art. 335 Abs. 1 vor, sondern etwa ein Akt einer Verwaltungsbehörde (BÜHLER/EDELMANN/KILLER, § 435 ZPO/AG N 1);

- die im Vollstreckungsgesuch genannten Parteien seien nicht identisch mit den im Entscheid verpflichteten und berechtigten Parteien bzw. deren Rechtsnachfolgern;
- der Entscheid sei nicht (richtig) eröffnet worden (Art. 136 ff.);
- eine Berufung sei hängig (Art. 308 ff., insb. 315 Abs. 1);
- die Frist für die Berufung sei wiederhergestellt worden (Art. 148 Abs. 1);
- eine Beschwerde sei hängig und die Beschwerdeinstanz habe die aufschiebende Wirkung gewährt (Art. 325 Abs. 2);
- eine Beschwerde in Zivilsachen sei hängig und das Bundesgericht habe die aufschiebende Wirkung erteilt (Art. 103 Abs. 3 BGG);
- die im Massnahmenentscheid zur Einreichung der Klage angesetzte Frist sei ungenutzt verstrichen (Art. 263; POUDRET/HALDY/TAPPY, Art. 502 N 1);
- die Vollstreckung sei mit den gesetzlichen Mitteln unmöglich (vgl. ZR 86 [1987] Nr. 39);
- es sei angesichts einer versäumten Prozesshandlung oder eines Termins eine Wiederherstellung unter den Voraussetzungen von Art. 148 Abs. 3 verlangt worden (VOCK, Vollstreckung, 438 f.);
- eine im zu vollstreckenden Entscheid angesetzte Erfüllungsfrist sei noch nicht abgelaufen (WALDER/GROB, § 41 Rz 11);
- die von der obsiegenden Partei beantragten oder vom Vollstreckungsgericht ins Auge gefassten Vollstreckungsmassnahmen bzw. deren Modalitäten seien unzulässig (LEUCH/MARBACH/KELLERHALS/STERCHI, Art. 402 ZPO/BE N 4).

25 **Verfahrensfehler im Erkenntnisverfahren** (wie sie gem. Art. 6 lit. a und b KVZ gerügt werden konnten), z.B. fehlende Zuständigkeit, fehlende gesetzliche Vertretung der Urteilsschuldnerin, unrichtige Vorladung können im Vollstreckungsverfahren nicht beanstandet bzw. vom Vollstreckungsgericht nicht überprüft werden (BOTSCHAFT ZPO, 7384; KOFMEL EHRENZELLER, Zwangsvollstreckung, 60; GASSER/RICKLI, Art. 341 ZPO N 5), und zwar auch dann nicht, wenn das Erkenntnisverfahren in einem anderen Kanton durchgeführt (vgl. Art. 335 N 4 f.) oder ein zwingender Gerichtsstand verletzt wurde (SPÜHLER/VOCK, GestG, Art. 37 N 2; Müller/Wirth-ORELLI, Art. 37 N 11). Derartige Mängel sind im Rechtsmittelverfahren, nicht im Vollstreckungsverfahren geltend zu machen. Die Ausnahme von diesem Grundsatz bilden einzig Fehler, die zur Nichtigkeit des Entscheids führen. Die gleiche Regelung gilt – nach entsprechender Anpassung des SchKG – auch für die Vollstreckung von Entscheiden, die auf Geldleistung lauten (vgl. Art. 81 E-SchKG; KOFMEL EHRENZELLER, Zwangsvollstreckung, 63).

26 Betrifft das Verfahren die Anerkennung und Vollstreckbarerklärung einer ausländischen Entscheidung gem. **IPRG**, so können – und, da insofern keine Amtsprüfung stattfindet (BGE 120 II 83 ff., 85; BGE 118 II 188, 192; FRANK/STRÄULI/MESSMER, § 302 ZPO/ZH N 8b; POUDRET/HALDY/TAPPY, Art. 507a N 2.1), müssen – Verstösse gegen den verfahrensrechtlichen ordre public eingewendet werden (Art. 27 Abs. 2 IPRG; vgl. dazu näher BSK IPRG-BERTI/DÄPPEN, Art. 27 N 29). Dazu zählen namentlich die Einwendungen

- die unterlegene Partei sei nicht gehörig geladen worden und habe sich auch nicht vorbehaltlos eingelassen (Art. 27 Abs. 2 lit. a IPRG);
- die Entscheidung sei unter Verletzung wesentlicher Verfahrensgrundsätze zustande gekommen (Art. 27 Abs. 2 lit. b IPRG). Als wesentliche Verfahrensgrundsätze kommen namentlich in Betracht: Gehörsverweigerung, Verstösse gegen den Grundsatz der materiellen Rechtskraft (BGE 128 III 194 f.; BGE 127 III 279, 283 [obiter]), Entscheid über Kinderbelange von Amtes wegen (BSK IPRG-BERTI/DÄPPEN, Art. 27 N 16 f.);
- die Streitsache sei in der Schweiz oder in einem anderen Staat anderswo früher rechtshängig gewesen (Art. 27 Abs. 3 IPRG).

Formelle Einwendungen müssen von der unterlegenen Partei lediglich – in bestimmter Form – erhoben werden. Da die obsiegende Partei hinsichtlich der Vollstreckbarkeit die **Beweislast** trägt (Art. 338 Abs. 2), ist es an ihr, die Gültigkeit des Vollstreckungstitels zu beweisen (BÜHLER/EDELMANN/KILLER, § 435 ZPO/AG N 1). Keinen Einfluss hat die Parteirollenverteilung, mithin die Frage, ob die obsiegende Partei (beim Vollstreckungsgesuch nach Art. 338 Abs. 1) oder die unterliegende Partei (beim Gesuch nach Art. 337 Abs. 2) als Gesuchstellerin erscheint (GASSER, 343). 27

3. Materielle Einwendungen (Abs. 3)

a) Beschränkung auf echte Noven

Materielle Einwendungen richten sich gegen den Bestand der Leistungspflicht und betreffen damit grundsätzlich die im Entscheidverfahren beantwortete Frage. Sie kommen nur in Betracht, wenn sie mit der materiellen Rechtskraft des zu vollstreckenden Entscheids vereinbar sind. Als materielle Einwendungen kommen somit nur sog. **echte Noven** in Betracht, mithin Tatsachen, die «seit Eröffnung des Entscheids» eingetreten sind. 28

Eröffnung des Entscheids bedeutet grundsätzlich Übermittlung des Dispositivs an die Parteien (Art. 239 Abs. 1 lit. a), sei es anlässlich der Hauptverhandlung mit einer kurzen Begründung, sei es durch Zustellung (Art. 239 Abs. 1 lit. b). Für die Frage, ob eine Tatsache als echtes Novum i.S.v. Art. 341 Abs. 3 gelten kann, ist aber auf den Zeitpunkt abzustellen, an dem die im Entscheidverfahren unterliegende Partei **letztmals Tatsachen vorbringen** konnte (BÜHLER/EDELMANN/KILLER, § 435 ZPO/AG N 4; LEUCH/MARBACH/KELLERHALS/STERCHI, Art. 409 ZPO/BE N 2). Nach Art. 229 Abs. 1 lit. a sind echte Noven noch in der Hauptverhandlung zu hören. Die Regelung von Art. 341 Abs. 3 setzt voraus, dass die Hauptverhandlung bis unmittelbar zur Eröffnung des Entscheids währt – andernfalls würden Noven möglich, die nach dem Schluss der Hauptverhandlung, doch vor Eröffnung des Entscheids entstehen und so nach dem Wortlaut des Gesetzes als Vollstreckungshindernis entfallen, obwohl sie im Erkenntnisverfahren nicht mehr berücksichtigt werden konnten. Ähnliches könnte geschehen, wenn die Parteien nach Art. 233 auf die Durchführung der Hauptverhandlung verzichten. Hinsichtlich materieller Einwendungen gilt die Verhandlungsmaxime (GASSER/RICKLI, Art. 341 ZPO N 4). 29

b) Inhalt

Keine vollstreckungshindernden Tatsachen (und meist auch keine echten Noven) sind nach Eintritt der formellen Rechtskraft gewonnene Erkenntnisse über Unregelmässigkeiten im Erkenntnisverfahren; diese sind im Rahmen einer Revision nach Art. 328 ff. geltend zu machen; der Fortgang des Vollstreckungsverfahrens kann diesfalls durch die Ge- 30

Lorenz Droese

währung der aufschiebenden Wirkung durch die Revisionsinstanz gem. Art. 331 Abs. 2 ZPO (bzw. Art. 126 BGG) gehemmt werden.

31 Will die unterlegene Partei geltend machen, der zu vollstreckende Entscheid müsse abgeändert werden, so hat sie vor dem ordentlichen Gericht auf **Abänderung** zu klagen oder, gegebenenfalls, ein ausserordentliches Rechtsmittel einzulegen (BGer vom 16.10.2001, 5P.477/2000, E. 2a; KOFMEL EHRENZELLER, Realvollstreckung, 221; STAEHELIN/STAEHELIN/GROLIMUND, § 28 Rz 10). Die Vollstreckung des auf diese Weise in Frage gestellten Entscheids ist nur durch vorsorgliche Massnahmen im Abänderungsprozess bzw. die aufschiebende Wirkung im Rechtsmittelverfahren abzuwenden; im Vollstreckungsverfahren kann nicht darüber entschieden werden (BGE 111 II 313 ff., 315 f.; BGE 107 II 301 ff., 305). Dieser Grundsatz gilt indessen nur eingeschränkt bei der Vollstreckung von Besuchs- und Ferienrechten bei Kindern, wenn seit Eröffnung des Entscheids Zeit verstrichen und überdies anzunehmen ist, dass die Vollstreckung das Kindeswohl gefährden könnte (BGer vom 22.8.2008, 5A_388/2008, E. 3; BGer vom 28.2.2008, 5A_627/2007, E. 3.1, BGE 118 II 392 ff., 393; BGE 111 II 313 ff., 315 f.; BGE 107 II 305, relativierend dagegen mit Blick auf Rückführungsentscheide BGer vom 16.10.2001, 5P.477/2000, E. 2a; BGer vom 13.9.2001, 5P. 160/2001, E. 4b/aa).

32 Mit der ausdrücklichen Nennung von **Tilgung, Stundung, Verjährung** und **Verwirkung** nähert sich das Vollstreckungsverfahren gem. ZPO dem Verfahren der definitiven Rechtsöffnung an (BOTSCHAFT ZPO, 7384; GASSER, 341), ohne jedoch Art. 81 SchKG ganz zu entsprechen: Anders als Art. 81 SchKG bietet Art. 341 Abs. 3 ZPO keine abschliessende, sondern bloss eine beispielhafte Aufzählung («insbesondere»; krit. dazu JEANDIN, 361).

33 **Tilgung** bedeutet zunächst – richtige – Erfüllung der Verpflichtung. Darüber hinaus fällt unter den Begriff der Tilgung jeder zivilrechtliche Untergang der Forderung, der *eo ipso* zum Erlöschen der Forderung führt und nicht bloss Anspruch auf Abänderung des Entscheids gibt (BSK SchKG I-STAEHELIN, Art. 81 N 16). In Betracht kommen etwa Erlass (GESSLER, 250), Schenkung (HAUBENSAK, 77), zulässige Hinterlegung (STÜCHELI, 233) und nachträgliche, vom Schuldner nicht zu verantwortende Unmöglichkeit nach Art. 119 Abs. 1 OR (BÜHLER/EDELMANN/KILLER, § 435 ZPO/AG N 2).

34 Eine **Stundung** ist eine Abrede, mit der die bereits eingetretene Fälligkeit für eine bestimmte Frist aufgeschoben wird (GAUCH/SCHLUEP/SCHMID/EMMENEGGER, Rz 2188). Dies schliesst die Abrede ein, während dieser Frist von der Vollstreckung abzusehen (**a.M.** HAUBENSAK, 78, der Aufschub der Vollstreckbarkeit annimmt).

35 Mit der **Verjährung** erwächst der Schuldnerin ein dauerndes Leistungsverweigerungsrecht, das sie als peremptorische Einrede geltend machen kann (ZK-BERTI, Vor Art. 127–142). Im Vollstreckungsverfahren kann nur die Verjährung berücksichtigt werden, die seit Erlass des Entscheids eingetreten ist (vgl. dazu BGE 123 III 213 ff., 219). Nach Art. 137 Abs. 2 OR beginnt von der Feststellung der Forderung durch zivilgerichtlichen Entscheid an eine neue Verjährungsfrist von zehn Jahren zu laufen; die Stellung des Vollstreckungsgesuchs unterbricht die Verjährung (vgl. dazu näher Art. 338 N 10).

36 **Verwirkung** betrifft den Fall, dass der Anspruch nicht nur einredebelastet, sondern erloschen ist (GAUCH/SCHLUEP/SCHMID/EMMENEGGER, Rz 3386 ff.). Im Vollstreckungsverfahren kann die Verwirkung des Anspruchs nur berücksichtigt werden, wenn sie seit Erlass des zu vollstreckenden Entscheids eingetreten ist.

37 Art. 2 ZGB und namentlich das **Verbot des Rechtsmissbrauchs** beherrschen die gesamte Rechtsordnung und damit auch das Vollstreckungsrecht (BGE 115 III 18 ff., 21 ff.;

BGE 79 III 63 ff. 66). Die unterlegene Partei kann deshalb auch die Einwendung erheben, aufgrund bestimmter, seit Erlass des Entscheids eingetretener Tatsachen sei die Vollstreckung des Entscheids rechtsmissbräuchlich. Dieser Argumentation dürfte allerdings sehr selten Erfolg beschieden sein, da es nicht die Aufgabe des Vollstreckungsgerichts ist, die vom Sachgericht festgestellten Leistungspflichten unter dem Aspekt des Rechtsmissbrauchs zu hinterfragen. Eine Beachtung der Einwendung des Rechtsmissbrauchs kommt von vorneherein nur in Frage, wo eine erneute Auseinandersetzung vor dem Sachgericht, insb. die Abänderung des Sachentscheids (BSK SchKG I-STAEHELIN, Art. 81 N 17), ausgeschlossen ist.

c) Beweis

aa) Beweislast

Die **Beweislast** für materielle Einwendungen trägt – im Unterschied zu den formellen Einwendungen – die unterlegene Partei (GASSER, 341; STAEHELIN/STAEHELIN/GROLIMUND, § 28 Rz 36; BÜHLER/EDELMANN/KILLER, § 435 ZPO/AG N 1; HAUBENSAK, 77 ff.), und zwar sowohl für die behaupteten Tatsachen selbst als auch mit Blick auf deren Charakter als echtes Novum. Wie bei den formellen Einwendungen berührt die Parteirollenverteilung im Vollstreckungsverfahren die Beweislastverteilung nicht (GASSER, 343). **38**

Eine Ausnahme bilden Entscheide, die eine **Zug-um-Zug** zu erbringende oder eine **bedingte Leistung** zum Gegenstand haben. Gegen das Vollstreckungsgesuch kann die unterlegene Partei einwenden, die Gegenleistung sei nicht gehörig angeboten worden bzw. die Bedingung sei nicht eingetreten. Dabei handelt es sich um materielle Einwendungen aus besonderem Grund, die einer besonderen Regelung (Art. 342) unterliegen. Die Beweislast für den Bedingungseintritt bzw. die Tatsache, dass die eigene Leistung erbracht oder zumindest gehörig angeboten wurde (Art. 82 OR), trägt entgegen der allgemeinen Regel die obsiegende Partei (GASSER, 341). **39**

bb) Beweismittel

Mit Blick auf Tilgung und Stundung wird – in Übereinstimmung mit der Regelung der definitiven Rechtsöffnung (Art. 81 Abs. 1 SchKG) und in Abweichung von Art. 254 Abs. 2 – im Sinne einer **Beweismittelbeschränkung** nur der Urkundenbeweis zugelassen. Die unterlegene Partei hat die Urkunden, mit denen sie Tilgung und Stundung beweisen will, selbst einzureichen; Begehren um Edition der entsprechenden Dokumente durch die obsiegende Partei oder durch Dritte genügen den Anforderungen nicht (BSK SchKG I-STAEHELIN, Art. 84 N 57). **40**

Für alle übrigen Einwendungen gilt keine über Art. 254 hinausgehende Beweismittelbeschränkung. Dies gilt namentlich auch für die Verjährung und für die Unmöglichkeit nach Art. 119 Abs. 1 OR, da diese Umstände dem Urkundenbeweis nicht ohne weiteres zugänglich sind (BÜHLER/EDELMANN/KILLER, § 435 ZPO/AG N 2; zur Beweislast im Zusammenhang mit der Verjährung vgl. ferner ZK-BERTI, Art. 142 N 21 ff.). **Keine Beweismittelbeschränkung** besteht ferner im Verfahren der Vollstreckbarerklärung eines ausländischen Urteils (BGE 61 I 271 ff., 278 f.), es sei denn, entsprechende Einschränkungen ergeben sich aus dem einschlägigen Staatsvertragsrecht. Ebenso besteht keine Beweismittelbeschränkung, wenn der zu vollstreckende Entscheid eine Zug-um-Zug zu erbringende oder eine bedingte Leistung zum Gegenstand hat und die obsiegende Partei die Einwendung widerlegen muss, sie habe ihre Leistung weder erbracht noch gehörig **41** angeboten bzw. die Bedingung sei nicht eingetreten (Art. 254 Abs. 2 lit. b; GASSER, 341; WALDER/GROB, § 41 Rz 9a).

Art. 342

Vollstreckung einer bedingten oder von einer Gegenleistung abhängigen Leistung

Der Entscheid über eine bedingte oder eine von einer Gegenleistung abhängige Leistung kann erst vollstreckt werden, wenn das Vollstreckungsgericht festgestellt hat, dass die Bedingung eingetreten ist oder die Gegenleistung gehörig angeboten, erbracht oder sichergestellt worden ist.

Prestation conditionnelle ou subordonnée à contre-prestation

Les décisions prévoyant une prestation conditionnelle ou subordonnée à contre-prestation ne peuvent être exécutées que lorsque le tribunal de l'exécution constate que la condition est remplie ou que la contre-prestation a été régulièrement offerte, exécutée ou garantie.

Esecuzione di una prestazione condizionata o dipendente da una controprestazione

La decisione in merito a una prestazione condizionata o dipendente da una controprestazione può essere eseguita solo quando il giudice dell'esecuzione ha accertato che la condizione si è verificata oppure che la controprestazione è stata debitamente offerta, fornita o garantita.

Inhaltsübersicht

	Note
I. Allgemeines	1
II. Inhalt	6
III. Beweislast	8

Literatur

D. GASSER, Die Vollstreckung nach der Schweizerischen ZPO, Anwaltsrevue 2008, 340 ff.

I. Allgemeines

1 Bei Verurteilung zu einer bedingten Leistung bzw. zu einer von einer Gegenleistung abhängigen Leistung kann der Vollstreckungsbeklagte einwenden, die Bedingung sei nicht eingetreten oder der Vollstreckungskläger habe seinerseits nicht erbracht, nicht gehörig angeboten oder Sicherstellung geleistet. Es handelt sich dabei um eine neben den materiellen Einwendungen von Art. 341 Abs. 3 **zusätzliche Einwendungsmöglichkeit**. Die Vollstreckung ist zu verweigern, wenn das Vollstreckungsgericht sich nicht vom Vorliegen des Bedingungseintritts oder der gehörig angebotenen, erbrachten oder sichergestellten Gegenleistung zu überzeugen vermag.

2 Art. 342 bezweckt, die Vollstreckung von Urteilen, die den Vollstreckungsbeklagten zur Leistung unter Vorbehalt einer Bedingung oder zur Erbringung einer Gegenleistung anhalten will, zu erleichtern: Dem Vollstreckungskläger steht ein **vereinfachtes Nachverfahren** zur Verfügung, die Einleitung eines zweiten ordentlichen Prozesses zur Feststellung, dass die Bedingung eingetreten oder die Gegenleistung erbracht, gehörig angeboten oder sichergestellt wurde, bleibt ihm erspart. Gegenstand des Verfahrens ist, richterlich feststellen zu lassen, ob die Bedingung eingetreten oder die Gegenleistung erbracht, ge-

hörig angeboten oder sichergestellt wurde. Es geht nicht darum, den Vollstreckungskläger zur Gegenleistung an den Vollstreckungsbeklagten zu verurteilen (LEUCH/MARBACH/ KELLERHALS/STERCHI, § 397 ZPO/BE N 5.a f.).

Bei Entscheiden über eine bedingte oder eine von einer Gegenleistung abhängigen Leistung wird das urteilende Gericht **keine Vollstreckbarkeitsbescheinigung** (Art. 236 Abs. 1) ausstellen können, denn der Entscheid über den Bedingungseintritt bzw. die Erfüllung, das Anbieten oder die Sicherstellung der Gegenleistung überlässt die ZPO ausdrücklich dem Vollstreckungsgericht (GASSER, 341, 343). 3

Es ist nicht ausgeschlossen, dass u.U. auch die Vollstreckung unter dem gleichen Vorbehalt wie die Leistung angeordnet wird, z.B. zwangsweise Wegnahme der Kaufsache gegen gleichzeitige Zahlung des Kaufpreises (FRANK/STRÄULI/MESSMER, § 304 ZPO/ZH N 5b). 4

Die Beurteilung des Vollstreckungsgerichts hat **rein vollstreckungsrechtliche Bedeutung**. Sie schafft in einem nachfolgenden ordentlichen Prozess, in dem der Bedingungseintritt oder die Gegenleistung zur Beurteilung steht, keine Rechtskraft (BÜHLER/ EDELMANN/KILLER, § 429 ZPO/AG N 4). 5

II. Inhalt

Art. 342 enthält 2 Themen: die Bedingung und die von einer Gegenleistung abhängige Leistung. Mit Bedingung ist in erster Linie die aufschiebende (suspensive) Bedingung i.S.v. Art. 151 Abs. 1 OR gemeint. Jedoch sind auch Fälle denkbar, in denen es um eine auflösende (resolutive) Bedingung geht (z.B. Vollstreckungskläger fordert Leistung aufgrund eines wegen Bedingungseintritts dahingefallenen Rechtsgeschäfts). In Sachen Gegenleistung bringt Art. 342 den Grundsatz von **Art. 82 OR** zum Ausdruck, wonach die eine Partei ihre fällige Leistung nicht erbringen muss, wenn nicht auch die andere Partei ihre Leistung gehörig erfüllt oder anbietet, ausgenommen die Fälle der Vorleistungspflicht. 6

Welche Voraussetzungen erfüllt sein müssen, damit das Vollstreckungsgericht eine bedingte oder von einer Gegenleistung abhängige Leistung vollstrecken kann, ist dem **materiellen Recht** zu entnehmen (LEUCH/MARBACH/KELLERHALS/STERCHI, § 397 ZPO/ BE N 5.a). 7

a) Eine Bedingung gilt auch dann als erfüllt (Fiktion), wenn eine Partei den Eintritt einer (suspensiven) Bedingung verhindert bzw. den Eintritt einer (resolutiven) Bedingung wider Treu und Glauben herbeiführt (Art. 156 OR) (s. zur Bedingung generell BSK OR I-EHRAT, Vor Art. 151–157 und Art. 151 ff.).

b) Ist der Vollstreckungskläger vorleistungspflichtig oder muss er Zug-um-Zug leisten, so genügt es nicht, dass er seine Gegenleistung bloss durch mündliche Zusicherungen anbietet. Erforderlich ist vielmehr, dass er alle Vorbereitungshandlungen für die Erfüllung real veranlasst hat (Realoblation). Das Angebot muss quantitativ und qualitativ richtig sein. Bei Holschulden, Unterlassung der für die Erfüllung notwendigen Handlungen des Schuldners oder bei vorausgegangener Annahmeverweigerung genügt allerdings ausnahmsweise blosse Verbaloblation (BSK OR I-LEU, Art. 82 N 10).

c) Die Gegenleistung wurde erbracht, wenn die Obligation des Vollstreckungsklägers quantitativ und qualitativ richtig erfüllt wurde, mithin gehörig geleistet wurde.

d) Die Sicherstellung der Gegenleistung muss nicht durch Hinterlegung von Geld, Wertsachen oder durch Bankgarantie geleistet werden. Der Vollstreckungskläger muss ein-

Art. 343

fach gewährleisten, dass der Zugriff auf seine bereitliegende Leistung ohne weiteres, gleichzeitig oder unmittelbar nach der Erbringung der Leistung des Vollstreckungsbeklagten, gesichert ist (BÜHLER/EDELMANN/KILLER, § 429 ZPO/AG N 2). Wenn der Vollstreckungsbeklagte sich im Annahmeverzug befindet, kann der Vollstreckungskläger seine eigene Leistung gestützt auf Art. 92 OR hinterlegen.

III. Beweislast

8 Dass die Bedingung nicht eingetreten ist oder die Gegenleistung nicht erbracht, gehörig angeboten oder sichergestellt wurde, ist vom Vollstreckungsbeklagten mit **Einrede** geltend zu machen und nicht von Amtes wegen zu berücksichtigen (BSK OR I-LEU, Art. 82 N 11, BSK OR I-EHRAT, Art. 151 N 14). Der **Beweis**, dass die Bedingung nicht eingetreten ist, liegt beim Vollstreckungsbeklagten (BSK OR I-EHRAT, Vor Art. 151–157, Art. 151 N 14; BGer 4C.264/2004, E. 3.4) Die Beweislast dafür, dass die Gegenleistung erbracht, gehörig angeboten oder sichergestellt wurde, trifft den Vollstreckungskläger (BSK OR I-LEU, Art. 82 N 11).

9 Trotz des summarischen Charakters des Vollstreckungsverfahrens ist die Feststellung des Bedingungseintritts, der gehörig erbrachten oder angebotenen Leistung und der Sicherstellung nicht auf liquide Fälle beschränkt, denn es sind alle **Beweismittel** zugelassen (Art. 254 Abs. 2 lit. b; BOTSCHAFT ZPO, 7384; GASSER, 341). Das Vollstreckungsgericht kann also den Eintritt der Bedingung oder das Erbringen, gehörig Anbieten oder Sicherstellen der Gegenleistung ohne Einschränkung prüfen. Es empfiehlt sich, die Bedingung und die Gegenleistung im Sachurteil einigermassen genau zu umschreiben und die Modalitäten des Austauschs von Leistung und Gegenleistung in den Grundzügen klar festzulegen. Fehlen derart präzise Angaben, so dass die Sach- und Rechtslage wie in einem ordentlichen Verfahren beurteilt werden müsste, kann es dem Fall für das summarische Vollstreckungsverfahren an Liquidität fehlen und er wäre allenfalls ins ordentliche Verfahren zu verweisen.

Art. 343

Verpflichtung zu einem Tun, Unterlassen oder Dulden

¹ Lautet der Entscheid auf eine Verpflichtung zu einem Tun, Unterlassen oder Dulden, so kann das Vollstreckungsgericht anordnen:
a. eine Strafdrohung nach Artikel 292 StGB;
b. eine Ordnungsbusse bis zu 5000 Franken;
c. eine Ordnungsbusse bis zu 1000 Franken für jeden Tag der Nichterfüllung;
d. eine Zwangsmassnahme wie Wegnahme einer beweglichen Sache oder Räumung eines Grundstückes; oder
e. eine Ersatzvornahme.

² Die unterlegene Partei und Dritte haben die erforderlichen Auskünfte zu erteilen und die notwendigen Durchsuchungen zu dulden.

³ Die mit der Vollstreckung betraute Person kann die Hilfe der zuständigen Behörde in Anspruch nehmen.

1. Kapitel: Vollstreckung von Entscheiden

Art. 343

Obligation de faire, de s'abstenir ou de tolérer

[1] Lorsque la décision prescrit une obligation de faire, de s'abstenir ou de tolérer, le tribunal de l'exécution peut:
a. assortir la décision de la menace de la peine prévue à l'art. 292 CP;
b. prévoir une amende d'ordre de 5000 francs au plus;
c. prévoir une amende d'ordre de 1000 francs au plus pour chaque jour d'inexécution;
d. prescrire une mesure de contrainte telle que l'enlèvement d'une chose mobilière ou l'expulsion d'un immeuble;
e. ordonner l'exécution de la décision par un tiers.

[2] La partie succombante et les tiers sont tenus de fournir tous renseignements utiles et de tolérer les perquisitions nécessaires.

[3] La personne chargée de l'exécution peut requérir l'assistance de l'autorité compétente.

Obbligo di fare, omettere o tollerare

[1] Se la decisione impone un obbligo di fare, omettere o tollerare, il giudice dell'esecuzione può ordinare:
a. una comminatoria penale secondo l'articolo 292 CP;
b. una multa disciplinare fino a 5000 franchi;
c. una multa disciplinare fino a 1000 franchi per ogni giorno d'inadempimento;
d. misure coercitive come il ritiro di una cosa mobile o lo sgombero di un fondo; oppure
e. l'adempimento sostitutivo.

[2] La parte soccombente e i terzi devono fornire le necessarie informazioni e tollerare le necessarie ispezioni.

[3] La persona incaricata dell'esecuzione può far capo all'aiuto dell'autorità competente.

Inhaltsübersicht

	Note
I. Allgemeines	1
II. Indirekter Zwang	9
1. Strafandrohung nach Art. 292 StGB (Abs. 1 lit. a)	13
2. Ordnungsbusse (Abs. 1 lit. b und c)	18
III. Direkter Zwang	22
1. Zwangsmassnahme (Abs. 1 lit. d)	24
2. Ersatzvornahme (Abs. 1 lit. e)	29
IV. Abs. 2	33
V. Abs. 3	35

Literatur

Vgl. die Literaturhinweise zu Art. 342.

I. Allgemeines

Die schweizerische ZPO übernimmt den klassischen Massnahmenkatalog: Strafandrohung nach Art. 292 StGB und Busse (indirekter Zwang) sowie Zwangsmassnahme und Ersatzvornahme (direkter Zwang). 1

2 Jede Vollstreckung setzt voraus, dass die Leistung überhaupt noch **erfüllbar** ist und nicht infolge Unmöglichkeit erloschen ist (LEUCH/MARBACH/KELLERHALS/STERCHI, § 404 ZPO/BE N 3.c; STAEHELIN/STAEHELIN/GROLIMUND, 502).

3 Vollstreckungsfähig sind nur **Leistungsurteile**, die zu einem **Tun** oder **Unterlassen** verurteilen, nicht aber Feststellungs- und Gestaltungsurteile. Feststellungsurteile erschöpfen sich in der autoritativen Feststellung der Rechtslage, Gestaltungsurteile führen unmittelbar die durch sie bezweckte Änderung der materiellen oder prozessualen Rechtslage herbei und vollstrecken sich damit sozusagen selbst. Feststellungs- und Gestaltungsurteile entfalten also ihre Wirkung unmittelbar mit dem Entscheid. Sie brauchen keine weiteren Vollstreckungsmassnahmen (FRANK/STRÄULI/MESSMER, Vor § 300 ZPO/ZH N 1; LEUENBERGER/UFFER-TOBLER, Vor Art. 290 ff. ZPO/SG N 1; HABSCHEID, 579).

4 Der Vollstreckungskläger hat bloss Antrag auf Vollstreckung zu stellen, das Vollstreckungsgericht entscheidet **von Amtes wegen**, welche Vollstreckungsmittel zur Anwendung gelangen, es ist dabei nicht an einen Antrag des Vollstreckungsklägers gebunden (STAEHELIN/STAEHELIN/GROLIMUND, 499; FS SPÜHLER, 440; FRANK/STRÄULI/MESSMER, § 306 ZPO/ZH N 2; GULDENER, 623; s. aber N 22). Welche Massnahmen anzuordnen sind, entscheidet das Vollstreckungsgericht nach seinem eigenen **Ermessen** (FS SPÜHLER, 440). Es hat die zur Durchsetzung wirksamste Anordnung zu wählen. Dabei hat es den Grundsatz der **Verhältnismässigkeit** zu beachten (FS SPÜHLER, 440; FRANK/STRÄULI/MESSMER, § 306 ZPO/ZH N 1a; STAEHELIN/STAEHELIN/GROLIMUND, 502; HABSCHEID, 586). Das Vollstreckungsgericht kann mehrere Massnahmen miteinander verbinden (BOTSCHAFT ZPO, 7385). Die gleichzeitige Anordnung von Ordnungsbusse und Ungehorsamsstrafe ist aber unzulässig (FS SPÜHLER, 440).

5 Der Katalog der Vollstreckungsmassnahmen von Art. 343 ist **nicht abschliessend**. Das Vollstreckungsgericht kann somit auch andere Vollstreckungsmassnahmen anordnen, die gesetzlich nicht geordnet sind (BOTSCHAFT ZPO, 7385; STAEHELIN/STAEHELIN/GROLIMUND, 501; FS SPÜHLER, 441).

6 Die ZPO sieht nicht vor, dass vor der Anordnung einer Vollstreckungsmassnahme deren Androhung und eine Fristansetzung zur Erfüllung erfolgen muss. Im Einzelfall kann es der Verhältnismässigkeitsgrundsatz jedoch gebieten, dem Vollstreckungsbeklagten noch eine kurze Frist zum freiwilligen Vollzug einzuräumen (GASSER, 341).

7 Auch **Art. 98 OR** enthält Regeln über die Durchsetzung von Ansprüchen auf ein Tun oder Unterlassen. Die Vollstreckungsregeln der ZPO bestehen kumulativ zu diesen Rechtsbehelfen (BSK OR I-WIEGAND, Art. 98 N 3). Aus Art. 98 OR ergibt sich auch der Grundsatz, dass sowohl dingliche als auch obligatorische Ansprüche primär realiter vollstreckt werden sollen und nur sekundär in Schadenersatzansprüche umgewandelt werden. Hauptsächliches Mittel dazu ist der direkte Zwang. Es können aber auch indirekte Zwangsmittel eingesetzt werden (STAEHELIN/STAEHELIN/GROLIMUND, 502; LEUCH/MARBACH/KELLERHALS/STERCHI, § 404 ZPO/SG N 1.a).

8 Nach Art. 98 OR kann der Gläubiger bei ausbleibender Erfüllung den Anspruch auf ein Tun entweder selbst oder durch Dritte auf dem Weg der Ersatzvornahme real verwirklichen (Abs. 1). Einen Anspruch auf Unterlassen kann er direkt oder indirekt durchsetzen, indem er die Beseitigung des rechtswidrigen Zustandes verlangt (Abs. 3; BSK OR I-WIEGAND, Art. 98 N 1, 5, 10).

II. Indirekter Zwang

Indirekte Zwangsmittel sind die Strafandrohung nach Art. 292 StGB, die Ordnungsbusse und die Tagesbusse (als Variante der Ordnungsbusse). **9**

Mit indirektem Zwang wird dem Vollstreckungsbeklagten befohlen, dem Vollstreckungskläger eine Sache zu übergeben oder eine bestimmte Leistung vorzunehmen. Dieser **Befehl** wird mit der Zwangsmassnahme bzw. dessen Androhung verbunden, um den Vollstreckungsbeklagten zur betreffenden Leistung zu bringen. Wenn der Vollstreckungsbeklagte zu einem persönlichen Tun, das nicht auch von einem Dritten erfüllt werden kann, oder zu einer Unterlassung verpflichtet ist, steht als Vollstreckungsmittel lediglich der indirekte Zwang zur Verfügung (VOGEL/SPÜHLER, Kap. 15 N 29 ff.). **10**

Indirekte Zwangsmassnahmen können grundsätzlich von Amtes wegen angeordnet werden, denn sie schützen auch den Autoritätsanspruch des verurteilenden Staates (GASSER, 341). **11**

Inwieweit das Territorialitätsprinzip verletzt wird, wenn durch indirekten Zwang eine Person gezwungen werden soll, eine im Ausland liegende Sache auszuhändigen oder in die Schweiz zu bringen, ist einzelfallweise unter dem Gesichtspunkt einer sinnvollen und verhältnismässigen Interessenabwägung zu entscheiden (STAEHELIN/STAEHELIN/GROLIMUND, 506). **12**

1. Strafandrohung nach Art. 292 StGB (Abs. 1 lit. a)

«Wer der von einer zuständigen Behörde oder einem zuständigen Beamten unter Hinweis auf die Strafdrohung dieses Artikels an ihn erlassenen Verfügung nicht Folge leistet, wird mit Busse bestraft» (Art. 292 StGB). Mit Androhung der Strafe wird **indirekter psychischer Zwang** ausgeübt zur Durchsetzung der Leistung. **13**

Die Strafandrohung nach Art. 292 StGB setzt voraus, dass dem Vollstreckungsbeklagten eine hinreichend klar umschriebene Verhaltensweise auferlegt wird. Sie muss zwingend ein **Gebot** oder ein **Verbot** enthalten (BSK StGB II-RIEDO, Art. 292 N 35 f., 48 f.). Der Vollstreckungsbeklagte muss die Strafandrohung zur **Kenntnis** nehmen, ansonsten fällt eine Bestrafung ausser Betracht. Die Zustellung darf nicht fingiert werden, selbst bei schuldhafter Vereitelung. Eine öffentliche Bekanntmachung kommt nur dann in Frage, wenn der Aufenthaltsort des Vollstreckungsbeklagten unbekannt ist (BSK StGB II-RIEDO, Art. 292 N 47). **14**

Die Strafandrohung nach Art. 292 StGB kann sich nur an **natürliche Personen** richten. Nach dem Grundsatz societas delinquere non potest kann Art. 292 StGB nicht auf juristische Personen angewendet werden (obwohl das teilweise geschieht, KGer GE, 3.3.1988, SJ 1988, 330; AppGer BS, 8.5.1990, BJM 1991, 219; KassGer ZH, 17.6.1994, ZR 1995, Nr. 27). Eine Ausnahme zu diesem Grundsatz ist im StGB nicht enthalten, da es sich bei Art. 292 StGB um eine Übertretung handelt und Art. 102 StGB (Strafbarkeit des Unternehmens) nur bei Verbrechen und Vergehen zur Anwendung gelangt. Bei juristischen Personen ist die Ungehorsamsstrafe an die zuständigen **Organe** bzw. Vertreter zu richten. Ihre Bestrafung setzt aber voraus, dass sie von der Androhung Kenntnis erhalten haben (BSK StGB II-RIEDO, Art. 292 N 45; GULDENER, 626; HABSCHEID, 586 f.). **15**

Die Festsetzung der Ungehorsamsstrafe nach Art. 292 StGB obliegt dem **Strafrichter**. Es handelt sich um ein **Offizialdelikt**, die Strafverfolgung erfolgt von Amtes wegen, **16** ein Strafantrag des Vollstreckungsklägers ist nicht erforderlich (BSK StGB II-Riedo, Art. 292 N 103; Frank/Sträuli/Messmer, § 306 ZPO/ZH N 5b). Die Strafbarkeit ist an die Missachtung der richterlichen Anordnung geknüpft. Nur vorsätzliches bzw. eventualvorsätzliches Handeln ist strafbar (BSK StGB II-Riedo, Art. 292 N 85 f.). Eine mehrfache Bestrafung bei wiederholtem Ungehorsam oder bei andauerndem Aufrechterhalten des rechtswidrigen Zustandes ist möglich (BSK StGB II-Riedo, Art. 292 N 99 ff.). Zur Überprüfungsbefugnis der Strafandrohung durch den Strafrichter s. BSK StGB II-Riedo, Art. 292 N 64 ff.

17 Die Androhung muss über die nach Art. 292 StGB mögliche Strafe belehren. Darauf kann nur dann verzichtet werden, wenn der Vorhalt im selben Verfahren bereits einmal erfolgt ist (BGE 105 IV 248 f.; 68 IV 45 E. 1.; 86 IV 27; BSK StGB II-Riedo, Art. 292 N 59 f.).

2. Ordnungsbusse (Abs. 1 lit. b und c)

18 Ordnungsbusse ist als normale Busse und in Variante davon als Tagesbusse vorgesehen. Bei der Tagesbusse hat der Vollstreckungsbeklagte für jeden Tag der Nichterfüllung den festgesetzten Bussbetrag zu bezahlen.

19 Die Ordnungsbusse hat Doppelcharakter. Einerseits ist sie Beugemassnahme und soll den Willen des Schuldners brechen und die Zwangsvollstreckung durchsetzen. Anderseits hat sie auch pönalen Charakter und will strafen, weil durch das Zuwiderhandeln gegen den richterlichen Befehl Ordnung und Disziplin im staatlichen Verfahren gestört sind (Frank/Sträuli/Messmer, § 306 ZPO/ZH N 3; Leuch/Marbach/Kellerhals/Sterchi, § 403 ZPO/SG N 2.b).

20 Die Ordnungsbusse ist ein **Zwangsgeld** und keine Strafe i.S. des StGB (Staehelin/Staehelin/Grolimund, 503). Sie können deshalb auch gegen juristische Personen ausgefällt werden (Guldener, 626). Das Bussgeld kommt dem Staat und nicht dem Vollstreckungskläger zu Gute (auf die im ZPO-Vorentwurf noch vorgesehene sog. astreinte, bei der das Geld dem Vollstreckungskläger zukommt, wurde verzichtet).

21 Die Verhängung einer Busse schliesst den Anspruch auf Vollstreckung des Urteils mit anderen möglichen Mitteln nicht aus. Möglich ist auch die mehrfache Aussprechung einer Busse bei wiederholten Verstössen gegen eine richterliche Anordnung (Leuenberger/Uffer-Tobler, Art. 299 ZPO/SG N 3; Frank/Sträuli/Messmer, § 306 ZPO/ZH N 2).

III. Direkter Zwang

22 Direkter Zwang setzt voraus, dass die Leistung als solche überhaupt erzwungen oder von einem Dritten erbracht werden kann. Er wird nur auf **Antrag** des Vollstreckungsklägers angeordnet, denn er könnte ja auch darauf verzichten (Gasser, 342).

23 Das Vollstreckungsgericht hat eine **Interessenabwägung** vorzunehmen. Es wird die direkte Zwangsvollstreckung nach seinem Ermessen nur dann anordnen, wenn die reale Erzwingung der geschuldeten Handlung kein befriedigendes Resultat zeigen kann oder der Nutzen des Vollstreckungsklägers an der Realerfüllung in einem krassen Missverhältnis zum Schaden des Vollstreckungsbeklagten oder Dritter steht (Leuch/Marbach/Kellerhals/Sterchi, § 404 ZPO/BE N 1.a; BSK OR I-Wiegand, Art. 98 N 5).

1. Zwangsmassnahme (Abs. 1 lit. d)

Schärfstes Mittel der Vollstreckung ist der Zwangsvollzug. Der Richter kann die Anwendung von Zwang gegen den Vollstreckungsbeklagten oder gegen Sachen in seinem Gewahrsam anordnen (z.B. Ausweisung eines Mieters, Herausgabe eines Gemäldes). Die Aufzählung von Art. 343 Abs. 1 lit. d ist nur beispielhaft. 24

Art. 343 Abs. 1 lit. d beschlägt die Vollstreckung von Urteilen, die auf Herausgabe einer **beweglichen Sache** lauten. Zum Vollzug von Entscheiden, die auf Verschaffung von Eigentum oder eines beschränkten dinglichen Rechts an Immobilien lauten, s. Art. 344 N 18 ff. 25

Die Zwangsmassnahme richtet sich gegen den Vollstreckungsbeklagten. Bei der Räumung eines Grundstücks kann sie sich indirekt auch an die Familienangehörigen des Vollstreckungsbeklagten richten (HABSCHEID, 589). Abgesehen von diesem Fall ist die Belangung eines **Dritten** aber nicht statthaft, wenn dieser sich auf ein eigenes Recht oder dasjenige eines anderen Dritten beruft. Der Vollstreckungskläger hat alsdann auf dem Klageweg gegen den Dritten einen Vollstreckungstitel zu erwirken. Gegenüber einem Dritten, der z.B. die auszuliefernde Sache in Gewahrsam hält ohne ein besseres Recht geltend zu machen, ist indessen die Ausübung behördlichen Zwangs statthaft (LEUCH/MARBACH/KELLERHALS/STERCHI, § 406 ZPO/BE N 3; s. dazu auch Art. 346 N 2 ff.). 26

Bei der Vollziehung von Zwangsmassnahmen wird keine Rücksicht auf die **Kompetenzqualität** einer Sache genommen (FRANK/STRÄULI/MESSMER, § 207 ZPO/ZH N 2; BÜHLER/EDELMANN/KILLER, § 426 ZPO/AG N 2). 27

Zur Herausgabe von **Kindern**, sei es zur Ausübung des Besuchsrechts, sei es an den obhutsberechtigten Elternteil, s. BÜHLER/EDELMANN/KILLER, § 425 ZPO/AG N 3. 28

2. Ersatzvornahme (Abs. 1 lit. e)

Wenn der Vollstreckungsbeklagte nicht leistet, wird der Richter Ersatzvornahme anordnen, wenn die Handlung auch durch einen Dritten vorgenommen werden kann; d.h. er beauftragt Dritte oder ermächtigt den Kläger zur Auftragserteilung (VOGEL/SPÜHLER, Kap. 15 N 34 f.; GULDENER, 627; HABSCHEID, 588; LEUENBERGER/UFFER-TOBLER, Art. 299 ZPO/SG N 4.b). 29

Ersatzvornahme ist nur möglich, wenn es sich bei der vorzunehmenden Handlung um eine **vertretbare Leistung** handelt, d.h. wenn es nach richterlichem Ermessen aus der Sicht des Vollstreckungsklägers gleichgültig ist, ob sie durch den Vollstreckungsbeklagten oder einen Dritten ausgeführt wird (LEUCH/MARBACH/KELLERHALS/STERCHI, § 404 N 3.c). 30

Für die **Kosten** der Ersatzvornahme gelten die allgemeinen Bestimmungen über die Prozesskosten (Art. 104 ff.). Die Kosten treffen den Vollstreckungsbeklagten und werden analog Art. 345 Abs. 2 durch das Vollstreckungsgericht festgesetzt (STAEHELIN/STAEHELIN/GROLIMUND, 503). Die Verteilung der Kosten der Ersatzvornahme wird zwar in der ZPO nicht ausdrücklich geregelt, sie ergibt sich jedoch bei einem richterlichen Auftrag aus den allgemeinen Kostenregeln der ZPO und im Fall der Ermächtigung an den Vollstreckungskläger zur Ersatzvornahme aus Art. 98 OR (FRANK/STRÄULI/MESSMER, § 307 ZPO/ZH N 2; HABSCHEID, 588 f.). Es empfiehlt sich, dass erst dann über die Kosten entschieden wird, wenn die Kosten der Ersatzvornahme feststehen (STAEHELIN/STAEHELIN/GROLIMUND, 503). 31

32 Der Vollstreckungskläger hat die Kosten der Ersatzvornahme vorzuschiessen, sei es über einen **Kostenvorschuss** an das Vollstreckungsgericht, sei es, dass er als Auftraggeber den Dritten vorerst direkt bezahlt. Er kann in der Folge lediglich Rückgriff nehmen auf den Verpflichteten (LEUENBERGER/UFFER-TOBLER, Art. 299 ZPO/SG N 4.b; BÜHLER/EDELMANN/KILLER, § 428 ZPO/AG N 4). Die Kostenvorschusspflicht steht Art. 98 OR nicht entgegen, denn dort wird nur bestimmt, dass der Schuldner letztendlich die Kosten übernehmen muss, mit der Vorschusspflicht hat das nichts zu tun (BÜHLER/EDELMANN/KILLER, § 438 ZPO/AG N 2). Es ist jedoch auch möglich, die Vorschusspflicht auf Antrag des Vollstreckungsklägers dem Vollstreckungsbeklagten aufzuerlegen (BGE 128 III 416; BSK OR I-WIEGAND, Art. 98 N 7).

IV. Abs. 2

33 Art. 343 Abs. 2 statuiert, ähnlich wie Art. 91 und 222 SchKG, **Auskunfts- und Duldungspflichten** des Vollstreckungsbeklagten und Dritter. Das Vollstreckungsgericht kann die persönliche Befragung oder sogar die Beweisaussage anordnen (Art. 254 Abs. 2; FRANK/STRÄULI/MESSMER, § 307 ZPO/ZH N 3).

34 Soweit die in Art. 343 Abs. 2 vorgeschriebene Mitwirkung Dritte betrifft, die nicht Partei des Erkenntnisprozesses und des Vollstreckungsverfahrens waren, erscheint eine Auskunftspflicht ausserhalb der Zeugnispflicht gemäss Art. 160 ff. sowie die Anordnung von Durchsuchungen nur in Ausnahmefällen gerechtfertigt. Es wäre aber auch möglich, die Dritten bereits in das Verfahren vor Vollstreckungsgericht einzubeziehen (vgl. Art. 346 N 2 ff.; STAEHELIN/STAEHELIN/GROLIMUND, 503).

V. Abs. 3

35 Die effektive Vollstreckung der Zwangsmassnahme wird i.d.R. nicht vom Vollstreckungsgericht, sondern von der mit der Vollstreckung betrauten Person durchgeführt. Diese Person handelt dabei auf Anweisung des Gerichts (STAEHELIN/STAEHELIN/GROLIMUND, 502).

36 Die mit der Vollstreckung betraute Person wird durch das **kantonale Recht** bezeichnet (GASSER, 342). Es können dies sein: Gerichtsbeamte, Verwaltungsbehörden, Polizeiorgane etc. (GULDENER, 622).

37 Abs. 3 hält fest, dass polizeiliche Hilfe in Anspruch genommen werden kann (BOTSCHAFT ZPO, 7385). Bei der zuständigen Behörde kann es sich auch um Betreibungsbeamte etc. handeln.

Art. 344

Abgabe einer Willenserklärung

¹ **Lautet der Entscheid auf Abgabe einer Willenserklärung, so wird die Erklärung durch den vollstreckbaren Entscheid ersetzt.**

² **Betrifft die Erklärung ein öffentliches Register wie das Grundbuch und das Handelsregister, so erteilt das urteilende Gericht der registerführenden Person die nötigen Anweisungen.**

Déclaration de volonté

¹ Lorsque la condamnation porte sur une déclaration de volonté, la décision tient lieu de déclaration dès qu'elle devient exécutoire.

² Lorsque la déclaration concerne une inscription dans un registre public, tel que le registre foncier ou le registre du commerce, le tribunal qui a rendu la décision donne les instructions nécessaires à la personne chargée de tenir le registre.

Rilascio di una dichiarazione di volontà

¹ Se la decisione ha per oggetto il rilascio di una dichiarazione di volontà, la dichiarazione stessa si ha per avvenuta con l'esecutività della decisione.

² Se la dichiarazione concerne un registro pubblico, come il registro fondiario o il registro di commercio, il giudice che ha pronunciato la decisione impartisce all'ufficiale del registro le istruzioni necessarie.

Inhaltsübersicht

	Note
I. Allgemeines	1
II. Öffentliches Register	15
1. Grundbuch	17
2. Handelsregister	23

Literatur

U. FASEL, Grundbuchverordnung, Kommentar, Basel 2008; M. GWELESSIANI, Praxiskommentar zur Handelsregisterverordnung, Zürich 2008; M. KUMMER, Die Klage auf Verurteilung zur Abgabe einer Willenserklärung, ZSR 1954, 163 ff.; M. KÜNG/C. MEISTERHANS/U. ZENGER/C. BLÄSI/ M. NUSSBAUM, Handbuch für das Handelsregister, Band VII, 2000; P. V. KUNZ, Die Klagen im Schweizer Aktienrecht, 1997; P. MESSERLI, Die Vollstreckung des Urteils auf Abgabe einer Willenserklärung nach Art. 407/408 der bernischen Zivilprozessordnung, Diss. Bern 1983.

I. Allgemeines

Obwohl es in Art. 344 auch um die Vollziehung eines Urteils geht, handelt es sich dabei nicht um eine typische Vollstreckungsnorm. So richtet sich dieser Artikel nicht an das Vollstreckungsgericht, sondern an das **Erkenntnisgericht**. Und er enthält keine Vollstreckungsmassnahmen, sondern Anordnungen, die darauf gerichtet sind, ein besonderes Vollstreckungsverfahren zu vermeiden. Art. 344, insb. dessen Abs. 2, stellt eine Variante der direkten Vollstreckung (Art. 337 Abs. 1) dar.

Art. 344 betrifft Urteile auf Abgabe einer Willenserklärung. Eine Klage auf Abgabe einer Willenserklärung ist eine Leistungsklage. Eine solche Leistungsklage ist darauf gerichtet, dass der Beklagte verpflichtet wird, eine bestimmte Willenserklärung abzugeben.

Entschieden wird darüber mit einem **Leistungsurteil** (LEUCH/MARBACH/KELLERHALS/ STERCHI, § 407–408 ZPO/BE N 3.a). Bei der abzugebenden Willenserklärung kann es sich handeln um: Abtretung einer Forderung an den Kläger, Zustimmung zum Abschluss eines Hauptvertrages auf Grund eines Vorvertrages, Kündigung, Wahlerklärung, Anerkennung einer Bilanz, Abgabe einer Grundbuchanmeldung etc.

3   Keine Klage auf Abgabe einer Willenserklärung liegt vor, wenn direkt auf Feststellung oder Gestaltung eines Rechts oder eines Rechtsverhältnisses geklagt wird. Wie auch in Art. 343 N 3 dargelegt, erschöpfen sich **Feststellungsurteile** in der autoritativen Feststellung der Rechtslage. **Gestaltungsurteile** führen unmittelbar die durch sie bezweckte Änderung der materiellen oder prozessualen Rechtslage herbei. Feststellungs- und Gestaltungsurteile entfalten also ihre Wirkung unmittelbar mit dem Entscheid. Sie brauchen keine weiteren Vollstreckungsmassnahmen. Sie vollstrecken sich sozusagen selbst, indem sie ein Recht oder Rechtsverhältnis gestalten bzw. als bestehend oder nichtexistent erklären. (FRANK/STRÄULI/MESSMER, Vor § 300 ZPO/ZH N 1; LEUENBERGER/UFFER-TOBLER, Vor Art. 290 ff. ZPO/SG N 1; HABSCHEID, 579; STAEHELIN/STAEHELIN/GROLIMUND, 487).

4   Die Leistungsklage auf Abgabe einer Willenserklärung hat nur beschränkte Bedeutung, da ein Vorgehen mit Gestaltungs-, Feststellungs- oder einer anderen Klage i.d.R. direkter zum Ziel führt (LEUCH/MARBACH/KELLERHALS/STERCHI, § 407–408 ZPO/BE N 1). Es eignen sich zudem nur eine eng begrenzte Kategorie von Willenserklärungen dazu, auf dem Weg des richterlichen Ersatzes abgegeben zu werden (KUMMER, 170 ff.). Zu den möglichen Anwendungsfällen s. MESSERLI, 97 ff.

5   Verpflichtet das Erkenntnisurteil den Beklagten zur Abgabe einer Willenserklärung, sind folgende Konstellationen denkbar (VOGEL/SPÜHLER, Kap. 15 N 41):

– Die Abgabe der Erklärung wird durch den Entscheid des Vollstreckungsgerichts ersetzt, nachdem der Beklagte aufgefordert wurde, die Willenserklärung selbst abzugeben und er dieser Aufforderung nicht nachkam. Diese Lösung sahen z.B. die Zivilprozessordnungen von Zürich (§ 308) und St. Gallen (Art. 299) vor.

– Die Abgabe der Willenserklärung wird durch das Erkenntnisurteil ersetzt. Beispielsweise die Zivilprozessordnung von Bern (Art. 407–408) enthielt diese Lösung.

6   Die ZPO hat sich mit Art. 344 für die zweite Variante entschieden: die geschuldete Willenserklärung wird durch das Erkenntnisurteil ersetzt (Art. 344 Abs. 1). Das Erkenntnisurteil verliert dadurch nicht den Charakter eines Leistungsurteils. Die Eigenartigkeit eines solchen Leistungsurteils besteht darin, dass es kraft vollstreckungsrechtlicher Bestimmung die abzugebende Willenserklärung ersetzt. Dabei handelt es sich um eine **Fiktion** (LEUCH/MARBACH/KELLERHALS/STERCHI, § 407–408 ZPO/BE N 3.a; **a.M.** BÜHLER/EDELMANN/KILLER, § 430 ZPO/AG N 1, die ein Urteil, das eine vom Beklagten verlangte Willenserklärung im Dispositiv enthält, als Gestaltungsurteil ansehen).

7   Die Möglichkeit, die geschuldete Willenserklärung mit dem Erkenntnisurteil zu ersetzen, besteht kraft Bundesrechts, unabhängig davon, ob sie von der ZPO vorgesehen ist (BGE 97 II 48, 102 II 1 E. 2d; FRANK/STRÄULI/MESSMER, § 308 ZPO/ZH N 2; GULDENER, 628).

8   Der grosse Vorteil der Bestimmung von Art. 344 Abs. 1 liegt darin, dass das Erkenntnisurteil keiner besonderen Vollstreckung mehr bedarf. Es vollstreckt sich selbst,

gleichermassen wie ein Gestaltungs- und Feststellungsurteil (STAEHELIN/STAEHELIN/ GROLIMUND, 487; HABSCHEID, 590; LEUCH/MARBACH/KELLERHALS/STERCHI, § 407–408 ZPO/BE N 3.a; FS SPÜHLER, 441).

Die Ersetzung der geschuldeten Willenserklärung durch das Erkenntnisurteil erfolgt erst mit deren **Vollstreckbarkeit** (Art. 344 Abs. 1; s. zur Vollstreckbarkeit Art. 336). 9

Art. 344 erfasst Willensäusserungen, die als Erklärungen eines Gestaltungswillens ausgerichtet sind auf die Begründung, Veränderung oder Aufhebung eines Rechtsverhältnisses. Die Äusserung muss **ersetzbar** sein, was nur für Willenserklärungen mit bestimmtem, zum voraus feststehendem Inhalt zutrifft. Sogenannte Wissenserklärungen, die nicht die Herbeiführung einer Rechtsfolge bezwecken (z.B. Bescheinigungen wie Arbeitszeugnis, Auskünfte, Ermittlungen), sind nicht ausgeschlossen, jedoch fehlt es ihnen i.d.R. an der erforderlichen Bestimmtheit des Erklärungsinhalts (LEUCH/MARBACH/KELLERHALS/ STERCHI, § 407–408 ZPO/BE N 2.a). 10

Das Erkenntnisurteil auf Abgabe einer Willenserklärung erzielt die gleichen Wirkungen, wie wenn der Beklagte die von ihm geforderte Erklärung freiwillig abgegeben hätte. Weitergehend wirkt es aber nicht. Fehlt es für die Abgabe der verlangten Willenserklärung an einer vom materiellen Recht verlangten Zustimmung eines Dritten, vermag auch das Erkenntnisurteil diesen Mangel nicht zu heilen. Sieht das materielle Recht eine bestimmte **Form** für die Abgabe der Willenserklärung vor, ersetzt das Erkenntnisurteil diese Form (z.B. öffentliche Beurkundung; LEUCH/MARBACH/KELLERHALS/STERCHI, § 407–408 ZPO/BE N 3.b). 11

Die geschuldete Willenserklärung ist i.d.R. vom Schuldner gegenüber dem Gläubiger abzugeben. Sie kann aber auch eine solche sein, die an einen Dritten zu richten ist (z.B. Verurteilung des Hauseigentümers zur Kündigung eines Mieters, Abgabe einer Erklärung gegenüber einer Registerbehörde). Soll das Erkenntnisurteil auch in diesem Fall vollstreckbar sein, hat das Erkenntnisgericht dafür zu sorgen, dass der Destinatär des Erklärungsersatzes vom Urteil Kenntnis erhält (Art. 344 Abs. 2, Art. 240; LEUCH/MARBACH/ KELLERHALS/STERCHI, § 407–408 ZPO/BE N 3.a). 12

Damit die Willenserklärung durch das Erkenntnisurteil ersetzt werden kann, ist es notwendig, dass der Erklärungsinhalt vom Erkenntnisgericht bereits genau festgelegt wird, so dass sich aus dem richterlichen Entscheid selber ergibt, in welchem Sinn die Erklärung als abgegeben gilt (FRANK/STRÄULI/MESSMER, § 308 ZPO/ZH N 2; HABSCHEID, 590). Ist das nicht der Fall (und gibt der Beklagte die Willenserklärung nicht von sich aus ab, was er auch in Anbetracht von Art. 344 immer noch könnte), kann trotz Art. 344 die Vollstreckung des Erkenntnisurteils in einem Vollstreckungsverfahren notwendig werden. Der Vollstreckungsrichter wird dabei die im Erkenntnisurteil enthaltene Willenserklärung zu präzisieren haben (FRANK/STRÄULI/MESSMER, § 308 ZPO/ZH N 2). 13

Art. 344 schliesst nicht aus, dass die Vollstreckung eines Erkenntnisurteils auf Abgabe einer Willenserklärung mittels einer anderen vorgesehenen Vollstreckungsmöglichkeit (z.B. indirekter Zwang) durchgeführt wird (LEUCH/MARBACH/KELLERHALS/STERCHI, § 407–408 ZPO/BE N 3.d; FRANK/STRÄULI/MESSMER, § 308 ZPO/ZH N 3; krit. dazu aufgrund des Verhältnismässigkeitsprinzips HABSCHEID, 590). Das kann v.a. in jenen Fällen sinnvoll sein, wo die Erklärung schlecht durch das Erkenntnisgericht ersetzt werden kann oder es im Interesse des Klägers liegt, dass die Erklärung direkt vom Beklagten abgegeben wird (z.B. Ausstellung eines Arbeitszeugnisses). 14

Gian Reto Zinsli

II. Öffentliches Register

15 Mit Aufnahme der geschuldeten Willenserklärung in das Erkenntnisurteil gilt diese als ersetzt und die geschuldete Leistung ist erfüllt. Es braucht keine weiteren Handlungen mehr. Anders in den Fällen, wo die Willenserklärung noch konstitutiv oder auch nur deklaratorisch in ein öffentliches Register einzutragen ist, insb. in das Grundbuch und das Handelsregister. Art. 344 Abs. 2 regelt diesen Fall.

16 Bereits Art. 240 sieht vor, dass das Urteil vom Erkenntnisgericht den betreffenden Behörden mitgeteilt wird, wenn dies der Vollstreckung dient. Art. 344 Abs. 2 hat denselben Inhalt: im Erkenntnisurteil, das die Willenserklärung ersetzt, oder allenfalls auch in einem separaten Dokument, sind dem Registerführer die für die Eintragung notwendigen Anweisungen zu erteilen. Das hat **von Amtes wegen** zu geschehen (LEUCH/MARBACH/ KELLERHALS/STERCHI, § 404 ZPO/BE N 1.a).

1. Grundbuch

17 Die auf Abgabe einer Willenserklärung lautende **Leistungsklage** kommt im Sachenrecht nur selten vor, da die **Gestaltungsklage** zur Verfügung steht, um Eintragungen im Grundbuch zu bewirken (Art. 656 Abs. 2, Art. 665 Abs. 2, Art. 963 Abs. 2 ZGB). Die Gestaltungsklage führt i.d.R. rascher und einfacher zum Ziel als ein Vorgehen nach Art. 344. Denn es entfällt ein richterliches Vollstreckungsverfahren, da das Erkenntnisgericht in seinem Urteil rechtsgestaltend das dingliche Recht begründet oder ändert (ausserbuchlich). Das Gestaltungsurteil erbringt den Ausweis über den Rechtsgrund und die fehlende Eintragungsbewilligung des bisherigen Eigentümers für das Grundbuch und schafft somit alle Voraussetzungen für den Eintrag ins Grundbuch. Der Kläger kann unter Vorlage des rechtskräftigen Urteils von sich aus die Eintragung im Grundbuch verlangen, die nur noch deklaratorisch ist (Art. 665 Abs. 2, Art. 963 Abs. 2 ZGB; Art. 18 Abs. 2 lit. d GBV). Ein solches Vorgehen ist sowohl beim Eigentum wie auch bei den beschränkten dinglichen Rechten möglich (Art. 656 Abs. 2, Art. 731 Abs. 2 ZGB; s. dazu die ausführliche Auflistung der Rechtsgrundlagen bei LEUCH/MARBACH/KELLERHALS/ STERCHI, § 407–408 ZPO/BE N 5.b). Beim Zuspruch von Eigentum oder eines beschränkten dinglichen Rechts mittels Gestaltungsurteil ist die Ermächtigung des Grundbuchverwalters zwar entbehrlich, eine entsprechende Erklärung im Urteilsdispositiv empfiehlt sich jedoch aus Gründen der Klarheit (LEUCH/MARBACH/KELLERHALS/ STERCHI, § 407–408 ZPO/BE N 5.b).

18 Ein Leistungsurteil gibt dem Erwerber bloss einen **obligatorischen Anspruch** auf Eintragung seines Rechts im Grundbuch. Er selbst ist daher nicht zur Anmeldung legitimiert (BGE 71 I 454 E. 2), es sei denn, er wurde durch das Urteil ausdrücklich zur Anmeldung ermächtigt (BSK ZGB II-SCHMID, Art. 963 N 30; **a.M.** HABSCHEID, 591, und STAEHELIN/ STAEHELIN/GROLIMUND, 487, wonach Art. 963 Abs. 2 ZGB auch die Verurteilung zur Übereignung aufgrund einer obligatorischen Verpflichtung deckt und den Erwerber ermächtigt, unter Vorlage des Urteils beim Grundbuchamt die Eintragung zu verlangen). Hier setzt Art. 344 Abs. 2 an und beauftragt das Erkenntnisgericht, von Amtes wegen der registerführenden Person die nötigen Anweisungen für die Registereintragung zu erteilen.

19 Die Anmeldung an den Grundbuchverwalter gestützt auf ein Urteil hat die allgemeinen Voraussetzungen der Anmeldung zu erfüllen. Es bedarf jedoch keiner zusätzlichen formellen Anmeldung, wenn sich der Antrag und der Inhalt der Anmeldung aus dem Dispositiv des Erkenntnisurteils ergeben (BSK ZGB II-SCHMID, Art. 963 N 43 ff.).

Die **Eintragungsvoraussetzungen** für das Grundbuch sind in formeller Hinsicht die 20
Anmeldung (Art. 963 ZGB) und in materieller Hinsicht der Rechtsgrund sowie der
Nachweis des Verfügungsrechts (Art. 965 ZGB).

– Die Anmeldung muss schriftlich erfolgen, die Unterschrift des Erkenntnisgerichts tragen, den Eintragungswillen zum Ausdruck bringen, jede vorzunehmende Eintragung und die davon betroffenen Grundstücke nennen, Angaben über die verfügende Person und die Person des Erwerbers enthalten sowie klar, vollständig, unbedingt und vorbehaltlos sein (Art. 11 ff. GBV; BSK ZGB II-SCHMID, Art. 963 N 5 ff.).

– Der Rechtsgrund liegt im Urteil des Erkenntnisgerichts (BSK ZGB II-SCHMID, Art. 963 N 37).

– Der Nachweis des Verfügungsrechts erfolgt mittels Nachweis der sachlichen und örtlichen Zuständigkeit des Erkenntnisgerichts (BSK ZGB II-SCHMID, Art. 963 N 45; bzw. in den Fällen, wo der Erwerber durch das Erkenntnisurteil zur Anmeldung ermächtigt wurde [s.o. N 18], durch Nachweis dieser urteilsmässigen Ermächtigung, BSK ZGB II-SCHMID, Art. 963 N 30).

Die Justizdirektion des Kantons Bern definierte die Anforderungen an Urteile, die als 21
Grundlage für Grundbucheintragungen dienen, folgendermassen (ZBGR 1970, 126 ff.):

– eindeutige Bezeichnung der betroffenen Grundstücke, des einzutragenden Rechts oder abzuändernden Eintrages und allfällig des Berechtigten;

– Angabe aller Wesensmerkmale eines Geschäfts, wie Preis oder Anrechnungswert, Übernahme von Grundpfandschulden;

– Haltbarkeit von Schrift und Papier nach den für Grundbuchbelege geltenden Vorschriften.

Der Grundbuchverwalter kann das Urteil in materieller Hinsicht nicht überprüfen. Er 22
überprüft nur die örtliche und sachliche Zuständigkeit des Gerichts (Art. 17 GBV; FASEL,
Art. 17 GBV N 6 ff.).

2. Handelsregister

Wie oben in N 2 festgehalten, betrifft Art. 344 **Leistungsklagen** auf Abgabe einer Wil- 23
lenserklärung. Leistungsklagen im Handelsrecht, die eine Auswirkung auf das Handelsregister haben, dürften äusserst selten sein (s. dazu die Zusammenstellung bei KUNZ, 182 ff.). Insofern wird Art. 344 Abs. 2 im handelsrechtlichen Bereich keine grosse Bedeutung haben. Die Art. 407 und 408 der Zivilprozessordnung von Bern, die teilweise fast gleich wie Art. 344 lauteten, erwähnten das Handelsregister nicht, ebenso z.B. § 308 der Zürcher und § 430 der Aargauer Zivilprozessordnung. Da im Handelsrecht eine Art. 665 Abs. 2 ZGB analoge Bestimmung fehlt und der Kläger deshalb nicht berechtigt ist, von sich aus gestützt auf ein Gestaltungsurteil eine handelsregisterliche Änderung zu bewirken, könnte Art. 344 Abs. 2 auch bei Gestaltungs- und Feststellungsklagen, die eine Auswirkung auf das Handelsregister haben, zur Anwendung gelangen (z.B. bei Anfechtungs-, Nichtigkeits- und Auflösungsklagen).

Fehlt im Erkenntnisurteil eine Anweisung an den Handelsregisterführer, so stellt es lediglich 24
einen Beleg dar, der mittels Handelsregisteranmeldung zur Eintragung zu gelangen
hat. In diesem Fall müsste die betroffene Gesellschaft eine formelle Anmeldung abgeben
und die vorzunehmende Eintragung beantragen (KÜNG/MEISTERHANS/ZENGER/BLÄSI/
NUSSBAUM, Art. 67 HRegV N 6). Tut sie das nicht, kann das nicht durch den Kläger ge-

schehen, da er dazu nicht legitimiert ist (es sei denn, er wurde durch das Urteil ausdrücklich zur Anmeldung ermächtigt).

Deshalb enthält Art. 344 Abs. 2 den Auftrag an das Erkenntnisgericht, von Amtes wegen der registerführenden Person die nötigen Anweisungen für die Registereintragung zu erteilen.

25 Es gibt Tatsachen, die im Handelsregister eingetragen werden müssen und solche, die im Handelsregister eingetragen werden können. Ist eine Tatsache eingetragen, ist sie auch zu ändern oder zu löschen (Art. 937 f. OR). Grundsätzlich ist jede Eintragung im Handelsregister deklaratorisch, somit ohne Wirkung auf die Rechtsgültigkeit der eingetragenen Tatsachen und Rechtsverhältnisse, aber mit Wirkung auf die Beweislast, die mit der Eintragung umgekehrt wird (BSK OR II-ECKERT, Art. 933 N 1). In bestimmten vom Gesetz vorgesehenen Fällen entstehen private Rechte jedoch nicht nur durch entsprechende private Rechtsakte, sondern erst durch den öffentlich-rechtlichen Verwaltungsakt der Eintragung. Die Handelsregistereintragung hat dann konstitutive Wirkung. So erlangen die AG, Kommanditaktiengesellschaft, GmbH, Genossenschaft, SICAV, SICAF und die Kommanditgesellschaft für kollektive Anlagen das Recht der Persönlichkeit erst durch die Eintragung im Handelsregister (Art. 52 Abs. 1 ZGB; Art. 643, 764 Abs. 2, Art. 783 Abs. 1, Art. 838 Abs. 1 OR). Ebenso ist der Eintrag konstitutiv für die Entstehung der nicht-kaufmännischen Kollektiv- und Kommanditgesellschaft (Art. 553, 595 OR) und der nicht-kaufmännischen Prokura (Art. 458 Abs. 3 OR), für die Konkurs- und Wechselbetreibungsfähigkeit (Art. 39, 177 Abs. 1 SchKG) und für den Firmenschutz (Art. 946, 951, 956 OR; BSK OR II-ECKERT, Art. 933 N 1). Gemäss BGer ist bei der AG der Eintrag auch bei Statutenänderungen konstitutiv (BGE 84 II 34 E. 3).

26 **Eintragungsbedürftig** sind (BSK OR II-ECKERT, Art. 934 N 2): AG (Art. 643 Abs. 1 OR), Kommanditaktiengesellschaft (Art. 764 Abs. 2 OR), GmbH (Art. 783 Abs. 1 OR), Genossenschaft (Art. 838 Abs. 1), die nicht-kaufmännische Kollektiv- und Kommanditgesellschaft (Art. 553, 595 OR), die selbständige Stiftung (Art. 52 Abs. 2 ZGB e contrario), die SICAV (Art. 36 ff. KAG), die Kommanditgesellschaft für kollektive Anlagen (Art. 100 KAG) und die SICAF (Art. 110, 112 KAG). Diese Gesellschaften entstehen erst im Moment ihrer Eintragung im Handelsregister.

Eintragungspflichtig sind (BSK OR II-ECKERT, Art. 934 N 2): die kaufmännische Kollektivgesellschaft (Art. 552 Abs. 2 OR), die kaufmännische Kommanditgesellschaft (Art. 594 Abs. 3 OR), der Verein, der ein nach kaufmännischer Art geführtes Gewerbe betreibt (Art. 61 Abs. 2 ZGB) und die Zweigniederlassungen (Art. 935 OR). Diese Rechtsformen entstehen bereits vor dem Handelsregistereintrag, doch verlangen Ordnungsvorschriften ihre Eintragung.

Eintragungsberechtigt sind (BSK OR II-ECKERT, Art. 934 N 3): Vereine (Art. 61 Abs. 1 ZGB), selbständige Gewerbe des öffentlichen Rechts (Art. 2 lit. a Ziff. 13 HRegV), Vertreter von Gemeinderschaften (Art. 341 Abs. 3 ZGB), und nicht-kaufmännische Prokuren (Art. 458 Abs. 3 OR).

Nicht eintragungsfähig ist die einfache Gesellschaft (BSK OR II-ECKERT, Art. 934 N 4).

Der Inhalt der Eintragung bestimmt sich nach dem Gesetz, der HRegV und den entsprechenden registertechnischen Weisungen (BSK OR II-ECKERT, Art. 934 N 5). Tatsachen, deren Eintragung nicht vorgesehen ist, können nur dann eingetragen werden, wenn das öffentliche Interesse es rechtfertigt, ihnen Wirkungen gegenüber Dritten zu verleihen (Art. 30 Abs. 2 HRegV).

1. Kapitel: Vollstreckung von Entscheiden **Art. 345**

Art. 344 Abs. 2 korreliert mit **Art. 19 Abs. 1 HRegV**: Ordnet ein Gericht die Eintragung von Tatsachen in das Handelsregister an, so reicht die anordnende Stelle dem Handelsregisteramt das vollstreckbare Urteil ein. 27

Eintragungen ins Handelsregister setzen normalerweise in formeller Hinsicht eine Anmeldung (Art. 15 Abs. 1 HRegV) und in materieller Hinsicht die Einreichung von Belegen (Art. 16 Abs. 1 HRegV) voraus. Die Anmeldung muss die Rechtseinheit klar identifizieren und die einzutragenden Tatsachen angeben oder auf die entsprechenden Belege einzeln verweisen (Art. 16 Abs. 1 HRegV). Im Falle einer handelsregisterlichen Eintragung gestützt auf ein Gerichtsurteil und eine Anordnung des Gerichts werden Anmeldung und Belege durch das Erkenntnisurteil und allenfalls die Anweisungen des Erkenntnisgerichts ersetzt (KÜNG/MEISTERHANS/ZENGER/BLÄSI/NUSSBAUM, Art. 67 HRegV N 5). Die Anordnungen des Erkenntnisgerichts an den Handelsregisterführer müssen klar und vollziehbar sein. Es ist nicht Aufgabe des Registerführers, das Erkenntnisurteil oder die Anweisungen auszulegen. So genügt z.B. eine Dispositivregelung nicht, wonach der Registerführer aufgefordert wird, die erforderlichen Eintragungen i.S. der Erwägungen vorzunehmen (GWELESSIANI, Art. 19 HRegV N 94, 96). Dementsprechend hält Art. 19 Abs. 3 HRegV fest, dass das Handelsregisteramt die anordnende Stelle um schriftliche Erläuterung ersuchen muss, wenn das Urteilsdispositiv oder die Verfügung unklare oder unvollständige Anordnungen über die einzutragenden Tatsachen enthält. 28

Art. 345

Schadenersatz und Umwandlung in Geld	¹ **Die obsiegende Partei kann verlangen:** a. **Schadenersatz, wenn die unterlegene Partei den gerichtlichen Anordnungen nicht nachkommt;** b. **die Umwandlung der geschuldeten Leistung in eine Geldleistung.** ² **Das Vollstreckungsgericht setzt den entsprechenden Betrag fest.**
Dommages-intérêts et prestation en argent	¹ La partie qui a obtenu gain de cause peut exiger: a. des dommages-intérêts, si la partie succombante n'exécute pas les mesures prescrites par le tribunal; b. la conversion de la prestation due en une prestation en argent. ² Le tribunal de l'exécution détermine le montant de la prestation en argent.
Risarcimento dei danni e conversione in denaro	¹ La parte vincente può chiedere: a. il risarcimento dei danni se la parte soccombente non ottempera a quanto ordinatole dal giudice; b. in luogo della prestazione dovuta, un equivalente in denaro. ² Il giudice dell'esecuzione decide sull'ammontare di tali importi.

Inhaltsübersicht Note

  I. Allgemeines 1
 II. Schadenersatz wegen «Ungehorsam» (Abs. 1 lit. a) 7
III. Umwandlung der Realforderung in eine Geldforderung (Abs. 1 lit. b) 10

Gian Reto Zinsli

Art. 345 1–8

Literatur

Vgl. die Literaturhinweise zu Art. 342.

I. Allgemeines

1   Wenn die Vollstreckungsmassnahmen von Art. 343 Abs. 1 nicht zum Ziel führen oder der Vollstreckungskläger sich von vornherein ein eventuell erfolgloses aber umtriebiges Vollstreckungsverfahren sparen will, stellt sich die Frage nach Ersatz in Geld. Art. 345 sieht die Möglichkeit vor, die eigentliche Leistung in eine Geldleistung umzuwandeln (**Taxation**).

2   Zur Bestimmung der Geldsumme sind sämtliche **Beweismittel** zugelassen (Art. 254 Abs. 2 lit. b). Allenfalls kann sich das Einholen eines Gutachtens empfehlen (GASSER, 342).

3   Die Zusprechung eines Geldbetrages lässt den ursprünglichen Anspruch auf Realerfüllung nicht untergehen. Dieser wird erst mit der effektiven Zahlung getilgt (STAEHELIN/STAEHELIN/GROLIMUND, 504).

4   Die Taxation als Vollstreckungsmittel stösst dort an ihre **Grenzen**, wo mangels Geldwert der Leistung die Festlegung eines Schadenersatzes oder die Umwandlung in eine Geldleistung kaum machbar ist (z.B. bei der Herausgabe von Kindern zur Ausübung des Besuchsrechts).

5   Die Umwandlung der eigentlichen Leistung in eine Geldleistung ist auch schon im Bundeszivilrecht vorgesehen, nämlich in **Art. 107 Abs. 2 OR** (Verzicht auf Leistung und Ersatz des aus der Nichterfüllung entstandenen Schadens im Schuldnerverzug).

6   Der Umwandlungsentscheid ist ein definitiver Rechtsöffnungstitel. Der in eine Geldforderung umgewandelte Realanspruch kann so auf einfache Art und Weise auf dem Betreibungsweg vollstreckt werden (BOTSCHAFT ZPO, 7386).

II. Schadenersatz wegen «Ungehorsam» (Abs. 1 lit. a)

7   Wenn die Vollstreckungsmassnahmen von Art. 343 Abs. 1 keinen Erfolg haben, bleibt nur die Umwandlung des Anspruchs in Schadenersatz wegen Nichterfüllung. Es geht dabei darum, dem Vollstreckungskläger Wertersatz in Geld für die ausgebliebene Leistung zu verschaffen. Voraussetzung für die Zusprechung von Schadenersatz ist, dass die **Vollstreckung erfolglos** blieb. Die Leistung kann aber durchaus noch möglich sein (FRANK/STRÄULI/MESSMER, § 309 ZPO/ZH N 1; FS SPÜHLER, 442; GASSER, 342; STAEHELIN/STAEHELIN/GROLIMUND, 504).

8   Bei der Umwandlung in Schadenersatz nach Abs. 1 lit. a geht es um **Schadenersatz im zivilrechtlichen Sinn**. Die Nichterfüllung seitens der verurteilten Partei ist die Widerrechtlichkeit. Ein Verschulden des Vollstreckungsbeklagten ist nicht erforderlich. Die berechtigte Partei hat den Schaden zu beweisen. Der Betrag kann bis zum positiven Erfüllungsinteresse (Art. 97 OR) gehen, also höher sein als z.B. der Verkaufspreis des zu liefernden Objekts. Gemäss Botschaft ist der Ersatz weiteren Schadens einem neuen einlässlichen Zivilprozess vorbehalten (BOTSCHAFT ZPO, 7386). Aus der ZPO ergibt sich keine solche Begrenzung. Sie ist jedoch gerechtfertigt in Anbetracht dessen, dass Abs. 1 lit. a nur dazu dient, auf einfachem, möglichst schnellem Weg im summarischen Verfah-

1. Kapitel: Vollstreckung von Entscheiden **Art. 346**

ren dem Vollstreckungskläger den Ersatz für den nicht erzwingbaren Urteilsinhalt zu verschaffen (FRANK/STRÄULI/MESSMER, § 309 ZPO/ZH N 2; STAEHELIN/STAEHELIN/GROLIMUND, 504; krit. GASSER, 342). Als Schaden kann deshalb im Verfahren nach Abs. 1 lit. a nur der Wert der Primärleistung zuzüglich Verzugszins verlangt werden (Erfüllungsinteresse; STAEHELIN/STAEHELIN/GROLIMUND, 504; HABSCHEID, 591 f.; FRANK/STRÄULI/MESSMER, § 309 ZPO/ZH N 2, welche auch die Festsetzung des Verzugszinses ausschliessen). Weiterer Schaden (indirekter Schaden oder über den Verzugszins hinausgehender Wertzuwachs) muss in einem neuen materiellen Prozess geltend gemacht werden (STAEHELIN/STAEHELIN/GROLIMUND, 504; FRANK/STRÄULI/MESSMER, § 309 ZPO/ZH N 2). Wenn ein entsprechender Schaden bewiesen ist, kann auch eine bestimmte Summe pro Tag der Nichterfüllung festgesetzt werden (GASSER, 342).

Dem Vollstreckungskläger steht es offen, ob er ein Verfahren nach Abs. 1 lit. a einleiten oder direkt in einem neuen Prozess gemäss Bundeszivilrecht Schadenersatz verlangen will (STAEHELIN/STAEHELIN/GROLIMUND, 504). 9

III. Umwandlung der Realforderung in eine Geldforderung (Abs. 1 lit. b)

Diese Umwandlung ist die **Taxation im eigentlichen Sinne**. Die Taxation ist **nicht subsidiär**. Sie kann von allem Anfang an beantragt werden (BOTSCHAFT ZPO, 7386). Bei der Geldleistung nach Abs. 1 lit. b handelt es sich nicht um zivilrechtlichen Schadenersatz, sondern um den objektiven Gegenwert der ausgebliebenen Leistung. Dementsprechend braucht die Umwandlung weder einen Schadensnachweis noch einen vorgängigen (erfolglosen) Vollstreckungsversuch. Vgl. in diesem Zusammenhang Art. 211 SchKG für die Umwandlung im Konkurs. Möglich ist auch, dass der Gegenwert schon durch das erkennende Gericht festgesetzt wird (Art. 236 Abs. 3; GASSER, 342). 10

Der Inhalt des Umwandlungsanspruches bezieht sich auf den objektiven **Gegenwert der ausgebliebenen Leistung** (z.B. Börsenwert der Wertschriften, Katalogpreis des bestellten Weins, Schätzungswert des Gemäldes; GASSER, 342). Gemäss STAEHELIN/STAEHELIN/GROLIMUND (504 f.) soll es sich dabei ebenfalls um das Erfüllungsinteresse, mithin Schadenersatz gemäss Abs. 1 lit. a handeln. Diese Ansicht halte ich nicht für zutreffend. Denn erstens spricht Abs. 1 lit. a ausdrücklich von Schadenersatz, Abs. 1 lit. b jedoch nicht. Und zweitens wäre in diesem Fall der einzige Unterschied zwischen lit. a und lit. b, dass dieser unabhängig von einem Vollstreckungsversuch geltend gemacht werden kann, jener jedoch nur nach einer erfolglosen Realvollstreckung, wofür es keine unterschiedliche Regelung innerhalb Art. 344 Abs. 1 bedurft hätte. 11

Art. 346

Rechtsmittel Dritter	Dritte, die von einem Vollstreckungsentscheid in ihren Rechten betroffen sind, können den Entscheid mit Beschwerde anfechten.
Recours de tiers	Les tiers peuvent former un recours contre les décisions d'exécution qui portent atteinte à leurs droits.
Impugnazione da parte di terzi	I terzi toccati nei loro diritti dalla decisione sull'esecuzione possono proporre reclamo.

Inhaltsübersicht

Note

I. Allgemeines 1

II. Dritte als von einer Vollstreckungsmassnahme Betroffene 2

I. Allgemeines

1 Als Rechtsmittel gegen den Entscheid des Vollstreckungsgerichts steht nur die Beschwerde offen (Art. 319 lit. a i.V.m. Art. 309 lit. a). Dritte, die von einer konkreten Vollstreckungsmassnahme betroffen sind, können ebenfalls Beschwerde erheben. Dies wird in Art. 346 klargestellt.

II. Dritte als von einer Vollstreckungsmassnahme Betroffene

2 Auch Dritte können von einer Vollstreckungsmassnahme betroffen sein, z.B. bei Hausdurchsuchungen oder wenn sie zur Auskunftserteilung verpflichtet werden (Art. 343 Abs. 2). Eine Vollstreckungsmassnahme kann sich aber grundsätzlich nicht direkt an sie richten. Denn das im Erkenntnisverfahren erlangte Urteil wirkt nur unter den Parteien bzw. ihren Rechtsnachfolgern, nicht auch Dritten gegenüber. Entsprechend muss sich auch das Vollstreckungsbegehren gegen die im Erkenntnisurteil verpflichtete Partei bzw. ihren Rechtsnachfolger richten (FRANK/STRÄULI/MESSMER, § 305 ZPO/ZH N 1). Soll in eine Sache vollstreckt werden, die im Gewahrsam eines Dritten steht, hat der Vollstreckungskläger nicht nur das Vollstreckungsbegehren gegen den Dritten zu richten, sondern vorerst gar dessen Verurteilung im Erkenntnisverfahren zu bewirken. Nur wenn der Dritte für den Vollstreckungsbeklagten besitzt, ohne eigene Rechte an der Sache zu beanspruchen, kann er belangt werden, ohne dass sich das Erkenntnis- und Vollstreckungsverfahren gegen ihn richtete (FRANK/STRÄULI/MESSMER, § 305 ZPO/ZH N 2; BÜHLER/EDELMANN/KILLER, § 434 ZPO/AG N 5).

3 Dritte können in einem Vollstreckungsverfahren folgendermassen betroffen sein (BÜHLER/EDELMANN/KILLER, § 434 ZPO/AG N 4):

– der Dritte macht an der beweglichen unvertretbaren Sache, welche dem Vollstreckungskläger herauszugeben ist, ein obligatorisches oder dingliches Recht geltend, gleichgültig in wessen Gewahrsam sich die Sache befindet;

– am Grundstück, am Gebäude oder an der Wohnung, deren Besitz dem Vollstreckungskläger einzuräumen ist, macht ein Dritter ein obligatorisches oder dingliches Recht geltend, das den Besitz des Vollstreckungsklägers ausschliesst oder einschränkt;

– ein Kind ist zur Ausübung des Besuchsrechts, der elterlichen Gewalt oder zur Obhut herauszugeben und ein Dritter widersetzt sich dem unter Berufung auf ein eigenes Recht (z.B. als Vormund, als Pflegeeltern).

4 Ein Dritter, der im Erkenntnisprozess nicht einbezogen wurde und deshalb durch den dortigen Entscheid nicht gebunden ist, kann sich im Vollstreckungsverfahren zur Wehr setzen. Ihm steht die Beschwerde gegen den Vollstreckungsentscheid offen. Er kann aber auch schon im Vollstreckungsverfahren **Einsprache** erheben. Die ZPO sieht die Einsprachemöglichkeit des Dritten nicht ausdrücklich vor. Dem Dritten muss jedoch eine Möglichkeit gegeben sein, seinem Recht Nachachtung zu verschaffen. Das folgt aus Bundeszivilrecht, wonach ein Dritter die Vollstreckung eines Urteils in seine Rechte sich nicht gefallen lassen muss (BÜHLER/EDELMANN/KILLER, § 434 ZPO/AG N 4; GULDENER, 625; FRANK/STRÄULI/MESSMER, § 434 ZPO/ZH N 1).

Der Dritte kann sich als **Nebenintervenient** am Vollstreckungsverfahren beteiligen (Art. 74 ff.). Sei es auf der Seite des Vollstreckungsbeklagten, wenn die Vollstreckung abgelehnt werden soll, sei es auf der Seite des Vollstreckungsklägers, welcher dem Dritten obligatorische oder dingliche Rechte am herauszugebenden Gegenstand eingeräumt hat. Auf diese Weise kann der Dritte der unterstützten Partei aber nur mit Bezug auf deren Rechtsstellung Hilfe leisten, nicht dagegen dem eigenen Recht zum Durchbruch verhelfen (BÜHLER/EDELMANN/KILLER, § 434 ZPO/AG N 4).

5

Die Durchsetzung des eigenen Rechts kann der Dritte erreichen, wenn er nach den Regeln der **Hauptintervention** vorgeht (FRANK/STRÄULI/MESSMER, § 305 ZPO/ZH N 2; HABSCHEID, 585). Diese Möglichkeit steht ihm dann offen, wenn er ein besseres Recht an der Sache, in die vollstreckt werden soll, behauptet, das den Vollstreckungskläger und -beklagten ganz oder teilweise ausschliesst (Art. 73).

6

Vgl. in diesem Zusammenhang auch die Art. 107 f. SchKG des betreibungsrechtlichen Widerspruchsverfahrens, das mit der vorliegenden Konstellation vergleichbar ist.

7

2. Kapitel: Vollstreckung öffentlicher Urkunden

Art. 347

Vollstreckbarkeit	Öffentliche Urkunden über Leistungen jeder Art können wie Entscheide vollstreckt werden, wenn:
	a. die verpflichtete Partei in der Urkunde ausdrücklich erklärt hat, dass sie die direkte Vollstreckung anerkennt;
	b. der Rechtsgrund der geschuldeten Leistung in der Urkunde erwähnt ist; und
	c. die geschuldete Leistung:
	   1. in der Urkunde genügend bestimmt ist,
	   2. in der Urkunde von der verpflichteten Partei anerkannt ist, und
	   3. fällig ist.

Caractère exécutoire	Les titres authentiques relatifs à des prestations de toute nature peuvent être exécutés comme des décisions aux conditions suivantes:
	a. la partie qui s'oblige a expressément déclaré dans le titre qu'elle reconnaissait l'exécution directe de la prestation;
	b. la cause juridique de la prestation est mentionnée dans le titre;
	c. la prestation due est:
	   1. suffisamment déterminée dans le titre,
	   2. reconnue dans le titre par la partie qui s'oblige,
	   3. exigible.

Esecutività	Un documento pubblico avente per oggetto prestazioni di qualsiasi genere può essere eseguito alla stregua di una decisione giudiziaria se:
	a. l'obbligato ha espressamente dichiarato nel documento di riconoscere l'esecuzione diretta della prestazione;
	b. il titolo giuridico della prestazione dovuta è menzionato nel documento;
	c. la prestazione dovuta:
	   1. è sufficientemente determinata nel documento,
	   2. è riconosciuta nel documento dall'obbligato, e
	   3. è esigibile.

Claudia Visinoni-Meyer

Art. 347 1-3

Inhaltsübersicht

Note

I. Einleitung 1

II. Öffentliche Urkunde 4

III. Vollstreckbarkeit 5
1. Allgemeines 5
2. Unterwerfungserklärung (Art. 347 lit. a) 6
3. Rechtsgrund der geschuldeten Leistung (Art. 347 lit. b) 12
4. Genügend bestimmte Leistung (Art. 347 lit. c Ziff. 1) 18
5. Anerkennung der geschuldeten Leistung (Art. 347 lit. c Ziff. 2) 28
6. Fälligkeit (Art. 347 lit. c Ziff. 3) 29
7. Verjährung 30

Literatur

CH. BRÜCKNER, Schweizerisches Beurkundungsrecht, Zürich 1993; D. GASSER, Die Vollstreckung nach der Schweizerischen ZPO, Anwaltsrevue, 8/2008, 340 ff.; J. SCHMID, Die öffentliche Beurkundung von Schuldverträgen – ausgewählte bundesrechtliche Probleme, Freiburg 1988; P. STÜCHELI, Die Rechtsöffnung, Diss. Zürich 2000; C. VISINONI-MEYER, Die vollstreckbare öffentliche Urkunde im internationalen und nationalen Bereich, Diss. Zürich 2004.

I. Einleitung

1   Im europäischen Raum ist die vollstreckbare öffentliche Urkunde seit längerer Zeit bekannt und weit verbreitet. Mit dem Beitritt der Schweiz zum Lugano-Übereinkommen, welches am 1.1.1992 in Kraft getreten ist, ist die Schweiz verpflichtet, vollstreckbare öffentliche Urkunden gemäss Art. 50 LugÜ zu vollstrecken. Im **Vernehmlassungsverfahren** war die vollstreckbare öffentliche Urkunde umstritten. Es wurde bereits der Bedarf bezweifelt, weil Urkunden bereits heute einen provisorischen Rechtsöffnungstitel darstellen würden. Des Weiteren wurde grundsätzlich die Privilegierung marktmächtiger Gläubiger befürchtet. Weil im Vorentwurf die Vollstreckbarerklärung den Gläubiger direkt zum Fortsetzungsbegehren ermächtigt hatte – was heute aber nicht mehr so ist (vgl. Art. 349 N 1 ff.) – wurde auch die Besserstellung der Urkunde gegenüber Gerichtsurteilen bei der Vollstreckung von Geldforderungen kritisiert. Abgelehnt wurde des Weitern die Erteilung der Vollstreckungsklausel durch die Urkundsperson gemäss Art. 339 E-ZPO (vgl. zum Ganzen BOTSCHAFT ZPO, 7387).

2   Nun wurde aber in der neuen schweizerischen Zivilprozessordnung am Institut der vollstreckbaren öffentlichen Urkunde festgehalten. Damit wurde erstens die **Diskriminierung der Schweiz** gegenüber den Staaten, die dem LugÜ beigetreten sind, beseitigt. Zweitens könnte die **Erleichterung der Vollstreckung** auch zu einer gewissen Entlastung der Gerichte führen (BOTSCHAFT ZPO, 7387). Durch die in Art. 348 aufgeführten Leistungsarten, welche nicht direkt mittels einer öffentlichen Urkunde vollstreckt werden können – unabhängig davon, wie hoch der Streitwert ist und somit unabhängig davon, ob das vereinfachte Verfahren gelten würde oder nicht – sollte es auch nicht zu einem Missbrauch von Marktmacht kommen, wie es von gewissen Vernehmlassungsteilnehmer befürchtet worden ist (BOTSCHAFT ZPO, 7389).

3   Im Vergleich zum Entwurf der Schweizerischen Zivilprozessordnung sind ein paar **wesentliche Änderungen** vorgenommen worden. *Erstens* fällt das «Vorverfahren» auf Erteilung der sog. Vollstreckungsklausel durch die Urkundsperson weg (VISINONI-MEYER,

109 ff.). *Zweitens* wird bei der Vollstreckung einer öffentlichen Urkunde neu zwischen einer Urkunde über eine Geldleistung einerseits und über eine andere Leistung andererseits unterschieden. Erstere gilt als definitiver Rechtsöffnungstitel (Art. 349) und wird somit über den üblichen Weg der Betreibung vollstreckt. Bei der Urkunde über eine andere Leistung hingegen sieht die Zivilprozessordnung einen eigenen Vollstreckungsweg vor (vgl. Art. 350 N 1 ff. und Art. 351 N 1 ff.). *Drittens* wird bei Urkunden über eine andere Leistung der verpflichteten Partei durch die Urkundsperson eine Erfüllungsfrist angesetzt, und das Vollstreckungsgesuch kann erst nach unbenütztem Ablauf dieser Frist das Vollstreckungsgesuch stellen (vgl. auch VISINONI-MEYER, 117; Art. 350 N 5 und 8). *Viertens* wird in Art. 351 Abs. 1 explizit erwähnt, dass der Schuldner im Vollstreckungsverfahren auch materielle Einreden erheben kann (vgl. dazu Art. 351 N 8).

II. Öffentliche Urkunde

Aus Art. 9 ZGB ergibt sich keine Definition des Begriffes der **«öffentlichen Urkunde»** sondern lediglich, welche Beweiswirkung solchen Urkunden zukommt. Es handelt sich aber bei der öffentlichen Urkunde um einen eidgenössischen Begriff (BGE 84 II 640; 99 II 161; 106 II 146 f.). Gemäss Bundesgericht ist die öffentliche Beurkundung «die Aufzeichnung rechtserheblicher Tatsachen oder rechtsgeschäftlicher Erklärungen durch eine vom Staat mit dieser Aufgabe betrauten Person, in der vom Staate geforderten Form und in dem dafür vorgesehenen Verfahren» (BGE 99 II 161). Die Beurkundung gehört zur freiwilligen Gerichtsbarkeit (BK-MEIER-HAYOZ, Art. 657 ZGB N 92). Wenn bei der Herstellung einer Urkunde nur Privatpersonen anwesend sind, so liegt keine öffentliche, sondern eine **private Urkunde** vor (SCHMID, N 1). Wie die öffentliche Urkunde entsteht, regelt das kantonale Recht (Art. 55 SchlT ZGB; weitere Ausführungen zur Urkundsperson, deren Pflichten und zum Verfahren vgl. bei VISINONI-MEYER, 54 ff.). Die Urkundsperson hat nicht nur die Unterschrift zu beglaubigen, sondern muss sich aktiv an der Ausarbeitung der Urkunde beteiligen und muss insb. die verpflichtete Partei darüber informieren, welche Konsequenzen es nach sich zieht, wenn sie sich der Vollstreckung gemäss Art. 345 ff. unterwirft (STAEHELIN/STAEHELIN/GROLIMUND, N 60). Im internationalen Verhältnis kann eine Urkundsperson auch eine vollstreckbare öffentliche Urkunde errichten, wenn die Parteien keinen Wohnsitz in der Schweiz haben. Abzuklären ist aber immer, ob diese Urkunde auch vom ausländischen internationalen Recht des Landes anerkannt wird, für welches die Urkunde bestimmt ist (VISINONI-MEYER, 57). Weiter ist immer festzustellen, ob der Anspruch, der allenfalls ausländischem Recht unterliegt, unter den Ausschlusskatalog gemäss Art. 348 fallen würde, wenn er dem schweizerischen Recht unterliegen würde (STAEHELIN/STAEHELIN/GROLIMUND, N 69).

III. Vollstreckbarkeit

1. Allgemeines

Mit der öffentlichen Urkunde kann grundsätzlich **jede Art von Leistungen** vollstreckt werden (zu den Ausnahmen vgl. Art. 348), d.h. es können einmalige oder wiederkehrende Geldleistungen, Sachleistungen oder eine Abgabe einer Willenserklärung Gegenstand einer öffentlichen Urkunde sein (BOTSCHAFT ZPO, 7387). Die Art der Leistung hat lediglich Auswirkungen auf die Art der Vollstreckung. Während eine Geldleistung durch eine Betreibung vollstreckt wird (vgl. Art. 349), richtet sich die Vollstreckung einer Realleistung nach den Art. 350 und 351.

2. Unterwerfungserklärung (Art. 347 lit. a)

a) Allgemeines

6   Gemäss Art. 347 lit. a muss der Schuldner ausdrücklich erklären, dass er die direkte Vollstreckung anerkennt, d.h. die Urkunde muss eine **Unterwerfungserklärung** beinhalten, wie es z.B. auch Deutschland kennt. Es stellt sich die Frage, welche Rechtsnatur diese Erklärung des Schuldners innehat, nämlich ob sie als **privatrechtliche oder als prozessuale Willenserklärung** zu betrachten ist (VISINONI-MEYER, 86 ff.). Nach der hier vertretenen Ansicht handelt es sich bei der Unterwerfungserklärung nicht um ein privatrechtliches Rechtsgeschäft, sondern um eine Prozesshandlung, und zwar um eine einseitige Prozesshandlung, welche keiner Annahme durch den Gläubiger bedarf (VOGEL/ SPÜHLER, Kap. 9 N 44). Daraus folgt, dass grundsätzlich das Prozessrecht für die Unterwerfungserklärung zur Anwendung kommt, was aber nicht bedeutet, dass das materielle Recht gar keine Anwendung findet. Es kommt darauf an, um welche Frage es sich betreffend dieser Erklärung des Schuldners handelt (VISINONI-MEYER, 96 f.). Weil die Unterwerfungserklärung nicht annahmebedürftig ist, kann sie durch den Schuldner jederzeit abgegeben werden, d.h. auch erst, nachdem z.B. der Darlehensvertrag zustande gekommen ist (VISINONI-MEYER, 104; BOTSCHAFT ZPO, 7388). Eine weitere Folge daraus ist, dass der Gläubiger bei der Beurkundung nicht anwesend sein muss. Die Urkundsperson trifft eine **Rechtsbelehrungspflicht**, d.h. sie muss die verpflichtete Partei über die Konsequenzen der Unterwerfungserklärung aufklären (BOTSCHAFT ZPO, 7388; STAEHELIN/ STAEHELIN/GROLIMUND, N 60).

b) Folgen der Rechtsnatur

7   Prozesshandlungen können grundsätzlich nicht wegen **Willensmängeln** angefochten werden. Ausnahmen bilden der Vergleich und Abstandserklärungen wie Klagerückzug und Klageanerkennung, weil es sich um rechtsgeschäftsähnliche Parteierklärungen handelt, die wegen materiellrechtlicher Mängel angefochten werden können (VOGEL/ SPÜHLER, Kap. 9 N 84). Im Gegensatz zu den Prozesshandlungen wie Vergleich, Klagerückzug oder Klageanerkennung bewirkt die Unterwerfungserklärung des Schuldners aber keine rechtskräftige Entscheidung über den materiellen Anspruch. Aus diesem Grund sollte der Einwand eines Willensmangels bei der Abgabe der Unterwerfungserklärung im Vollstreckungs- wie auch einem allenfalls anschliessenden Rechtsmittelverfahren nicht zugelassen werden (VISINONI-MEYER, 97 ff.; a.M. STAEHELIN/STAEHELIN/ GROLIMUND, N 66).

8   Weil Prozesshandlungen nicht von **Bedingungen** abhängig gemacht werden dürfen, muss auch die Unterwerfungserklärung bedingungslos abgegeben werden (VOGEL/ SPÜHLER, Kap. 9 N 50; VISINONI-MEYER, 100 f.).

9   Für die Frage der **Stellvertretung** bei der Errichtung einer vollstreckbaren öffentlichen Urkunde gemäss Art. 347 ff. sind nicht die Regelungen in der Zivilprozessordnung betreffend Parteivertretung massgebend, sondern die Bestimmungen des Obligationenrechts und allfällige kantonale Regelungen im Beurkundungsrecht (VISINONI-MEYER, 101). Die Stellvertretung im Beurkundungsverfahren ist grundsätzlich bei allen Rechtsgeschäften möglich, die gemäss dem Bundesprivatrecht durch einen Vertreter geschlossen werden können (BRÜCKNER, N 444). D.h. auch die Unterwerfungserklärung kann grundsätzlich durch einen rechtsgeschäftlichen oder einen gesetzlichen Vertreter abgegeben werden (Expertenbericht, 158). Die *Bevollmächtigung* zur Abgabe einer Unterwerfungserklärung ist grundsätzlich an *keine Form* gebunden (Art. 32 ff. OR), gemäss Bundesgericht auch nicht in den Fällen, in denen sich die Vollmacht auch auf den Abschluss eines formbe-

dürftigen Vertrages richtet (BGE 99 II 162). Dies schliesst aber nicht aus, dass die Kantone Regelungen vorsehen, gemäss welchen sich der Vertreter durch eine gehörige schriftliche Vollmacht ausweisen muss (vgl. z.B. Art. 30 des Notariatsgesetzes des Kantons Graubünden). Aus der Vollmacht muss schliesslich klar ersichtlich sein, dass sie sich auch auf die unmittelbare Vollstreckung gemäss Art. 347 ff. bezieht. Nicht zulässig ist die Stellvertretung zur Abgabe der Unterwerfungserklärung durch den Gläubiger, weil im Beurkundungsverfahren das Selbstkontrahieren und die Doppelvertretung grundsätzlich unzulässig ist (BRÜCKNER, N 446). Bei einer Stellvertretung des Schuldners durch den Gläubiger wäre der Schutz des Schuldners vor unüberlegtem und übereiltem Preisgebens seiner Rechte nicht genügend gewährleistet (VISINONI-MEYER, 102).

Es gibt Rechtsgeschäfte, bei welchen eine Person nicht alleine handeln kann, wie bei der Gütergemeinschaft gemäss Art. 228 Abs. 1 ZGB und im Vormundschaftswesen gemäss Art. 421 und 422 ZGB und auch Art. 395 ZGB. Bei diesen Rechtsgeschäften ist die **Verfügungsbefugnis** somit beschränkt. Weil die Unterwerfungserklärung des Schuldners die Vollstreckung eines Anspruches und somit i.w.S. auch die Prozessführung betrifft, bedarf m.E. die Abgabe einer Unterwerfungserklärung für diese Rechtsgeschäfte die Zustimmung der Vormundschaftsbehörde bzw. das Mitwirken des Beirates. Auch in Bezug auf ausserordentliche Verwaltungen des Gesamtgutes der Ehegatten bei der Gütergemeinschaft bedarf es bei der Errichtung einer vollstreckbaren öffentlichen Urkunde gemäss Art. 347 ff. die Unterwerfungserklärung beider Ehegatten bzw. einer Vollmacht des einen an den anderen Ehegatten, weil bei der Gütergemeinschaft eine notwendige Streitgenossenschaft vorliegt (vgl. zum Ganzen VISINONI-MEYER, 103 f.).

c) Abstraktheit der Unterwerfungserklärung

Durch die Errichtung einer vollstreckbaren öffentlichen Urkunde erhält der Gläubiger einen Vollstreckungstitel, der vom Bestehen des zugrundeliegenden Anspruchs unabhängig ist. Die Unterwerfungserklärung ist insofern **abstrakt**. Wenn aber in einem ordentlichen Verfahren über den materiellen Anspruch entschieden und dieser Anspruch verneint worden ist, hat auch die öffentliche Urkunde keinen Bestand mehr, d.h. es kann auch keine Vollstreckung mehr erfolgen (VISINONI-MEYER, 106).

3. Rechtsgrund der geschuldeten Leistung (Art. 347 lit. b)

a) Erwähnung des Rechtsgrundes der Leistung in der Urkunde

Gemäss Art. 347 lit. b muss der **Rechtsgrund** der Leistung in der Urkunde **erwähnt** sein. Aufgrund des Wortlautes, wonach der Rechtsgrund nur «erwähnt» sein muss, geht hervor, dass nicht das ganze Verpflichtungsgeschäft öffentlich beurkundet werden muss, wenn es für dieses spezifische Rechtsgeschäft nicht von Bundesrechts wegen der Formvorschrift der öffentlichen Beurkundung bedarf. Mit der Erwähnung des Rechtsgrundes in der Urkunde wollte man sicherstellen, dass überprüft werden kann, ob die der öffentlichen Urkunde zugrundeliegende Forderung in den Ausnahmekatalog von Art. 348 fällt oder nicht (VISINONI-MEYER, 80). Die Erwähnung dient somit der Identifizierung des Anspruches. Eine abstrakte Schuldversprechung genügt folglich nicht (BOTSCHAFT ZPO, 7388).

b) Gesetzeswidrige Forderungen und Naturalobligationen

Ein Vertrag, der einen **unmöglichen oder widerrechtlichen Inhalt** hat oder **gegen die guten Sitten verstösst**, ist gemäss Art. 20 OR nichtig. Bei der Errichtung der öffentlichen Urkunde wird zwar nicht der Anspruch an sich öffentlich beurkundet, sondern lediglich die Unterwerfungserklärung, doch hat ein Notar die Errichtung einer vollstreckbaren öffentlichen Urkunde gemäss Art. 347 ff. zu verweigern, wenn Zweifel an der Rechtsmässigkeit der Forderung bestehen. Denn ein Notar darf eine Beurkundung nicht vornehmen, wenn das zu beurkundende Geschäft offensichtlich i.S.v. Art. 20 OR nichtig ist (BRÜCKNER, N 826). Auch eine **Naturalobligation** kann nicht die Anspruchsgrundlage für eine vollstreckbare öffentliche Urkunde gemäss Art. 347 ff. sein. Zwar ist sie auch eine Forderung, doch sie kann nicht eingeklagt und somit auch nicht vollstreckt werden (vgl. zum Ganzen auch VISINONI-MEYER, 80 f.).

c) Novation

14 Grundsätzlich kann auch ein **Novationsvertrag** Grundlage einer öffentlichen Urkunde gemäss Art. 347 ff. sein. Damit der Notar aber überprüfen kann, dass dieser neuen Schuld nicht eine Forderung zugrunde liegt, die in den Ausnahmekatalog gemäss Art. 348 fällt, muss er nach dem ursprünglichen Rechtsgrund fragen, wenn als Rechtsgrund der geschuldeten Leistung in der Urkunde die Novation erwähnt ist. Es darf nicht möglich sein, dass mit einer Novation die Ausnahmeregelungen von Art. 348 umgangen werden können (Protokoll Expertenkommission, 1606 ff.). Geben die Parteien diesen ursprünglichen Rechtsgrund nicht an, darf der Notar die Urkunde nicht errichten. Und weil auch Forderungen mit unmöglichem, widerrechtlichem oder sittenwidrigem Inhalt nicht Gegenstand eines Novationsvertrages sein können, können solche Forderungen auch nicht mittels Novation zum Gegenstand einer vollstreckbaren öffentlichen Urkunde werden können (VISINONI-MEYER, 81 f.).

15 Eine andere Frage ist, ob für den Fall, dass die Parteien den **Austausch eines Anspruchs** vereinbaren, bei welchem sich der Schuldner der Vollstreckung gemäss Art. 347 ff. unterworfen hat, nun auch der neue Anspruch automatisch dieser Vollstreckung unterliegen soll. Dann würde sich z.B. der Schuldner, der sich wegen einer Rente der Vollstreckung gemäss Art. 347 ff. unterworfen hat, mittels einer Vereinbarung mit dem Gläubiger auch für eine Bürgschaft, die anstelle der Rente treten soll, dieser Vollstreckung unterwerfen. Dies ist m.E. nicht zulässig, weil damit die Formvorschriften der öffentlichen Beurkundung umgangen werden könnten (anders in Deutschland; vgl. zum Ganzen VISINONI-MEYER, 82 ff.).

d) Schadenersatzansprüche

16 Die Unterwerfungserklärung gilt nicht für **Schadenersatzansprüche**, welche der Gläubiger anstelle des ursprünglichen Anspruchs fordern will (VISINONI-MEYER, 84).

e) Abtretung des Anspruches

17 Der Vollstreckungstitel gemäss Art. 347 ff. gilt nur gegenüber dem in der Urkunde bezeichneten Parteien. Tritt der ursprüngliche Gläubiger mittels **Zession** seine Forderung einem neuen Gläubiger ab, erhält der neue Gläubiger somit nicht ohne Weiteres die Möglichkeit, die Forderung sofort zu vollstrecken (VISINONI-MEYER, 85; GASSER, Vollstreckung, 343; **a.M.** STAEHELIN/STAEHELIN/GROLIMUND, N 65). Dies auch dann nicht, wenn es sich um eine Leistung aus einem dinglichen oder einem im Grundbuch vorgemerkten Recht handelt (Expertenbericht, 159; anders z.B. in Deutschland, vgl. VISINONI-MEYER, 106). Dem Schuldner steht es aber natürlich frei, auch gegenüber dem neuen Gläubiger erneut eine Unterwerfungserklärung abzugeben (VISINONI-MEYER, 85).

4. Genügend bestimmte Leistung (Art. 347 lit. c Ziff. 1)

a) Allgemeines

Gemäss Art. 347 lit. c Ziff. 1 muss die **Forderung genügend bestimmt** sein, d.h. bei einer Geldforderung muss sie entweder ziffernmässig festgestellt oder aufgrund von in der Urkunde enthaltenen Angaben zweifelsfrei berechnet werden können (Expertenbericht, 157). Die Botschaft spricht von den gleichen Kriterien wie für die Schuldanerkennung nach SchKG (BOTSCHAFT ZPO, 7388). Im Gegensatz zum provisorischen Rechtsöffnungstitel, bei welchem es genügt, wenn sich die Summe aus anderen Urkunden ergibt, sofern der Rechtsöffnungstitel auf diese Urkunden klar Bezug nimmt, müssen die Berechnungsgrundlagen selbst in der vollstreckbaren öffentlichen Urkunde aufgeführt sein (Expertenbericht, 157 f.; **a.M.** STAEHELIN/STAEHELIN/GROLIMUND, N 61). 18

Wahlobligationen, d.h. der Schuldner anerkennt z.B. eine Schuld über CHF 10 000 oder ein bestimmtes Gemälde, sind zulässig. Wenn nichts vereinbart wurde, hat der Schuldner das Wahlrecht (Art. 72 OR). Die Parteien können aber natürlich auch vereinbaren, dass dem Gläubiger das Wahlrecht zukommt. In beiden Fällen weiss der Schuldner, was er schuldet, nämlich entweder das Geld oder das Gemälde. Das Kriterium der genügenden Bestimmtheit der Leistung ist somit erfüllt. 19

Konventionalstrafen sind zu unbestimmt und können nicht mittels öffentlicher Urkunde gemäss Art. 347 ff. vollstreckt werden können, weil der Richter übermässig hohe Konventionalstrafen gemäss Art. 163 Abs. 3 OR nach seinem Ermessen herabzusetzen hat (VISINONI-MEYER, 73). 20

Periodische Leistungen können ohne weiteres Gegenstand einer vollstreckbaren öffentlichen Urkunde gemäss Art. 347 ff. sein (BOTSCHAFT ZPO, 7387), wobei jedoch in der Urkunde selbst festgehalten sein muss, ab wann die Leistung geschuldet, zu welchem Zeitpunkt sie fällig und bis wann sie geschuldet ist (VISINONI-MEYER, 73). 21

Künftige Forderungen können dann mittels öffentlicher Urkunde gemäss Art. 347 ff. vollstreckt werden, wenn ein Vertragsangebot vorliegt, welches genügend konkretisiert ist. Ist ein Anspruch tatbestandsmässig überhaupt nicht festgelegt, sondern erscheint nur als möglich, kann er nicht Gegenstand einer vollstreckbaren öffentlichen Urkunde sein (vgl. VISINONI-MEYER, 73 m.H. auf deutsche Literatur). 22

Bei der Forderung kann es sich auch um eine **indexierte Forderung** handeln (STAEHELIN/STAEHELIN/GROLIMUND, N 61). 23

b) Zins

Gesetzliche Verzugszinsen sind ab Eintritt des Verzuges geschuldet und können, wie bei den Rechtsöffnungstiteln gemäss SchKG, ebenfalls im Vollstreckungsverfahren geltend gemacht werden. Wenn es sich um ein Verfallstagsgeschäft handelt (Art. 102 Abs. 2 OR), muss der genaue Termin in der öffentlichen Urkunde enthalten sein (VISINONI-MEYER, 74). Bei **vertraglichen Zinsen** muss sich die Höhe des Zinses und der Zinsbeginn aus der Urkunde ergeben (Expertenbericht, 158). Variable **Hypothekarzinsen** sind naturgemäss nicht immer gleich wie es z.B. bei einer Festhypothek der Fall ist. Sie können sich z.B. bei einer Veränderung der Verhältnisse am Geld- und Kapitalmarkt ändern. Deswegen sind diese Zinsen nicht genügend bestimmt oder bestimmbar und können folglich nicht nach Art. 347 ff. vollstreckt werden (**a.M.** noch VISINONI-MEYER, 74). 24

c) Fremdwährung

25 Eine Geldforderung kann auch in einer **Fremdwährung** geschuldet sein (Expertenbericht, 158). Sie ist mit dem Betreibungsbegehren in Schweizer Franken umzurechnen, wobei der Gläubiger die Möglichkeit hat, eine erneute Umrechnung nach dem Kurs am Tag des Fortsetzungsbegehrens vorzunehmen (Art. 88 Abs. 4 SchKG).

d) Bedingung und Befristung

26 Es können auch **bedingte oder befristete Forderungen** Gegenstand einer vollstreckbaren öffentlichen Urkunde gemäss Art. 347 ff. sein, wobei sich aber die Bedingung oder Befristung aus der Urkunde selbst eindeutig zu ergeben hat (Expertenbericht, 158). Der Beweis für den Eintritt der Bedingung kann mit den üblichen Beweismitteln im Vollstreckungsverfahren erbracht werden (vgl. Art. 351 N 11). Der Schuldner kann aber auch in der öffentlichen Urkunde selbst angeben, welche Belege im Vollstreckungsverfahren vorgelegt werden müssen, damit das Vollstreckungsgesuch gutgeheissen werden kann (Expertenbericht, 158). Von einer bedingten Forderung muss die *bedingte Vollstreckbarerklärung* unterschieden werden, die nicht zulässig ist (N 8).

27 Es kann sich sowohl um **auflösend wie auch aufschiebend bedingte** Leistungen handeln (Expertenbericht, 158). Es darf sich aber nicht um eine Bedingung handeln, die alleine vom Willen des Schuldners abhängt (sog. *potestative* Bedingung; VISINONI-MEYER, 76). Keine eigentliche Bedingung liegt vor, wenn es sich um vergangene oder gegenwärtige, objektiv feststehende Tatsachen handelt, welche aber eine oder beide Parteien nicht kennen. Dann handelt es sich vielmehr um eine **Voraussetzung** (GAUCH/SCHLUEP/SCHMID/REY, II, N 4086 und 4159). Den Parteien steht es frei, die Vollstreckbarkeit von einer solchen Voraussetzung abhängig zu machen (VISINONI-MEYER, 76 f.).

5. Anerkennung der geschuldeten Leistung (Art. 347 lit. c Ziff. 2)

28 Gemäss Art. 347 lit. c Ziff. 2 muss die geschuldete Leistung in der Urkunde von der verpflichteten Partei **anerkannt** sein. Darin liegt auch der Unterschied zur privaten Schuldanerkennung, die ein provisorischer Rechtsöffnungstitel gemäss Art. 82 SchKG darstellt. Eine solche private Schuldanerkennung kann sich aus diversen Erklärungen des Schuldners ergeben (vgl. dazu VISINONI-MEYER, 79; STÜCHELI, 328 f.). Bei der vollstreckbaren öffentlichen Urkunde muss eine Schuldanerkennung vorliegen, welche explizit in der öffentlichen Urkunde enthalten sein muss.

6. Fälligkeit (Art. 347 lit. c Ziff. 3)

29 Bei der Errichtung der Urkunde muss eine geschuldete Leistung noch nicht fällig sein, doch sie kann erst dann vollstreckt werden, wenn sie **fällig** ist (Art. 347 lit. c Ziff. 3). Bei der Vollstreckung einer Urkunde über eine Geldforderung, die über die Betreibung und dem anschliessenden Rechtsöffnungsverfahren geht (vgl. Art. 349 N 1 ff.), muss die geschuldete Leistung spätestens im Zeitpunkt der Zustellung des Zahlungsbefehls fällig sein (BOTSCHAFT ZPO, 7388). Weil es keinen Grund gibt, die Vollstreckung einer öffentlichen Urkunde über eine andere Leistung als eine Geldleistung anders zu behandeln, muss die geschuldete Realleistung im Zeitpunkt der Zustellung der Urkunde an die verpflichtete Partei gemäss Art. 350 fällig sein (BOTSCHAFT ZPO, 7388; STAEHELIN/STAEHELIN/GROLIMUND, N 64). Da die Fälligkeit zu den Voraussetzungen der Vollstreckbarkeit gehört, muss sie das Vollstreckungsgericht von Amtes wegen prüfen (Art. 341 Abs. 1). Die *Beweislast* liegt beim Gläubiger (Art. 351 N 9). Die verpflichtete Partei

2. Kapitel: Vollstreckung öffentlicher Urkunden **Art. 348**

kann in der Urkunde nicht darauf verzichten, dass der Vollstreckungsrichter die Fälligkeit überprüft (STAEHELIN/STAEHELIN/GROLIMUND, N 64).

7. Verjährung

Wenn die der vollstreckbaren öffentlichen Urkunde zugrundeliegenden Forderung vor der Errichtung der Urkunde bereits fällig war, so wird die **Verjährung** mit der Errichtung unterbrochen, weil dabei die Forderung vom Schuldner ausdrücklich anerkannt wird (Art. 347 lit. c Ziff. 2) und die Verjährung durch eine Anerkennung gemäss Art. 135 Ziff. 1 OR unterbrochen wird. Wird die Forderung erst nach Errichtung der Urkunde fällig, wird die Verjährung, welche mit Eintritt der Fälligkeit beginnt (Art. 130 OR), durch das Einreichen eines Vollstreckungsgesuchs gemäss Art. 348 unterbrochen, wie wenn der Gläubiger die Betreibung einleiten würde oder die Forderung mit Vermittlungsbegehrens rechtshängig macht (Art. 135 Ziff. 2 OR; VISINONI-MEYER, 108).

30

Art. 348

Ausnahmen	Nicht direkt vollstreckbar sind Urkunden über Leistungen: a. nach dem Gleichstellungsgesetz vom 24. März 1995; b. aus Miete und Pacht von Wohn- und Geschäftsräumen sowie aus landwirtschaftlicher Pacht; c. nach dem Mitwirkungsgesetz vom 17. Dezember 1993; d. aus dem Arbeitsverhältnis und nach dem Arbeitsvermittlungsgesetz vom 6. Oktober 1989; e. aus Konsumentenverträgen (Art. 32).
Exceptions	Ne sont pas directement exécutoires les titres relatifs à des prestations: a. relevant de la loi du 24 mars 1995 sur l'égalité; b. découlant de contrats de bail à loyer ou à ferme d'habitations et de locaux commerciaux et de bail à ferme agricole; c. relevant de la loi du 17 décembre 1993 sur la participation; d. découlant d'un contrat de travail ou relevant de la loi du 6 octobre 1989 sur le service de l'emploi et la location de services; e. découlant de contrats conclus avec des consommateurs (art. 32).
Eccezioni	Non sono direttamente esecutivi i documenti concernenti prestazioni: a. secondo la legge del 24 marzo 1995 sulla parità dei sessi; b. inerenti alla locazione o all'affitto di locali d'abitazione e commerciali, nonché all'affitto agricolo; c. secondo la legge del 17 dicembre 1993 sulla partecipazione; d. inerenti a rapporti di lavoro e alla legge del 6 ottobre 1989 sul collocamento; e. inerenti a contratti conclusi con consumatori (art. 32).

Inhaltsübersicht Note

I. Allgemeines 1

II. Ausnahmen 2

Literatur

Vgl. die Literaturhinweise zu Art. 347.

Art. 349

I. Allgemeines

1 Gemäss Art. 347 können öffentliche Urkunden über grundsätzliche Leistungen jeder Art wie Entscheide vollstreckt werden. Art. 348 sieht nun aber gewisse **Ausnahmen** vor. Während im Vorentwurf noch aufgrund des Verweises in Art. 337 Abs. 2 E-ZPO Leistungen, für welches das vereinfachte Verfahren nach Art. 237 lit. a–d E-ZPO galt, und Leistungen aus Konsumentenverträgen vom Geltungsbereich der Vollstreckbarkeit aufgrund einer öffentlichen Urkunde ausgenommen waren (VISINONI-MEYER, 71), sind in Art. 348 die Ausnahmen direkt aufgeführt. D.h. diese Leistungen können nicht Gegenstand einer vollstreckbaren öffentlichen Urkunde sein, unabhängig davon, wie hoch der Streitwert ist und somit unabhängig davon, ob das vereinfachte Verfahren gelten würde oder nicht. Somit wurde auf die Stimmen in den Vernehmlassungen Rücksicht genommen, welche einen Missbrauch von Marktmacht befürchtet hatten (BOTSCHAFT ZPO, 7388 f.). *Familienrechtliche Unterhaltsverpflichtungen* können ohne weiteres Gegenstand einer vollstreckbaren öffentlichen Urkunde gemäss Art. 347 ff. sein (GASSER, 344).

II. Ausnahmen

2 Gemäss Art. 348 können folgende Leistungen nicht mittels vollstreckbarer öffentlicher Urkunde vollstreckt werden:

– Leistungen nach dem *Gleichstellungsgesetz* vom 24.3.1995 (lit. a);
– Leistungen aus *Miete und Pacht von Wohn- und Geschäftsräumen* sowie aus *landwirtschaftlicher Pacht* (lit. b);
– Leistungen nach dem *Mitwirkungsgesetz* vom 17.12.1993 (lit. c);
– Leistungen aus dem *Arbeitsverhältnis* und nach dem *Arbeitsvermittlungsgesetz* vom 6.10.1989 (lit. d);
– Leistungen aus *Konsumentenverträgen*. Welche Leitungen genau darunter fallen, wird in Art. 32 Abs. 2 ausgeführt (Näheres dazu vgl. Art. 32 N 3, 6 ff.).

Art. 349

Urkunde über eine Geldleistung	**Die vollstreckbare Urkunde über eine Geldleistung gilt als definitiver Rechtsöffnungstitel nach den Artikeln 80 und 81 SchKG.**
Titre portant sur une prestation en argent	Le titre exécutoire portant sur une prestation en argent vaut titre de mainlevée définitive au sens des art. 80 et 81 LP.
Documenti concernenti prestazioni in denaro	I documenti esecutivi concernenti prestazioni in denaro sono considerati titoli definitivi di rigetto dell'opposizione secondo gli articoli 80 e 81 LEF.

Inhaltsübersicht Note

I. Allgemeines 1
II. Definitiver Rechtsöffnungstitel 2
   1. Einleitungsverfahren 2
   2. Rechtsöffnungsverfahren – Einreden 3
   3. «Aberkennung» 4

Literatur

Vgl. die Literaturhinweise zu Art. 347.

I. Allgemeines

Noch im **Vorentwurf** musste der Gläubiger unabhängig davon, ob es sich um eine Geldleistung handelt oder nicht, beim Vollstreckungsgericht ein Vollstreckungsgesuch stellen (VISINONI-MEYER, 117 ff.). Erst bei der anschliessenden eigentlichen Vollstreckung kam es dann darauf an, um welche Art der Leistung es geht (VISINONI-MEYER, 125 ff.). Neu ist jetzt von Anfang an die Unterscheidung bedeutsam. Handelt es sich um eine Geldleistung, liegt ein definitiver Rechtsöffnungstitel vor und diese Leistung kann durch Betreibung vollstreckt werden. Bei Realleistungen ist hingegen ein spezielles Verfahren nach Art. 350 und 351 vorgesehen (BOTSCHAFT ZPO, 7387 f.).

II. Definitiver Rechtsöffnungstitel

1. Einleitungsverfahren

Um die vollstreckbare Urkunde über eine Geldleistung vollstrecken zu können, muss die berechtigte Partei eine **Betreibung einleiten**. D.h. sie muss die verpflichtete Partei betreiben, woraufhin das Betreibungsamt den Zahlungsbefehl ausstellt, worauf die verpflichtete Partei die Möglichkeit hat, den Rechtsvorschlag zu erheben. Im Zahlungsbefehl sollte nicht nur der Forderungsgrund (Art. 67 Abs. 1 und Art. 69 Abs. 2 SchKG), sondern auch die vollstreckbare öffentliche Urkunde erwähnt sein, damit es für den Schuldner auch erkennbar ist, dass ein definitiver Rechtsöffnungstitel vorhanden ist.

2. Rechtsöffnungsverfahren – Einreden

Für den Fall, dass die verpflichtete Partei Rechtsvorschlag erhebt (Art. 74 ff. SchKG), kann die berechtigte Partei das Rechtsöffnungsverfahren einleiten. Im Gegensatz zu einer normalen Schuldanerkennung stellt die vollstreckbare Urkunde über eine Geldleistung aber nicht nur einen provisorischen sondern einen **definitiven Rechtsöffnungstitel** dar (Art. 349). Während aber bei einem «normalen» definitiven Rechtsöffnungstitel gemäss Art. 80 SchKG der Schuldner nur beschränkte Einredemöglichkeiten hat, nämlich die Einrede der Tilgung, Stundung oder Verjährung (Art. 81 Abs. 1 SchKG), ist der Schuldner beim Vorliegen einer vollstreckbaren öffentlichen Urkunde in seinen Einreden nicht beschränkt. Er hat die gleichen **Einredemöglichkeiten** wir bei einem provisorischen Rechtsöffnungsverfahren gemäss Art. 82 Abs. 2 SchKG. Das **Beweismass** ist hingegen höher. Es genügt somit nicht, dass diese Einreden nur glaubhaft gemacht werden. Diese Einreden hat die verpflichtete Partei sofort zu beweisen, d.h. für die Einreden gilt in der Regel der Urkundenbeweis (BOTSCHAFT ZPO, 7389). Sind die Voraussetzungen für eine vollstreckbare Urkunde gemäss Art. 347 ff. nicht erfüllt, kann durch die Schuldanerkennung natürlich ein provisorischer Rechtsöffnungstitel gemäss Art. 82 SchKG vorliegen (GASSER, 344).

3. «Aberkennung»

Der Schuldner hat jederzeit die Möglichkeit, eine **gerichtliche Beurteilung** der geschuldeten Leistung zu verlangen (Art. 352). Durch das Rechtsöffnungsverfahren ist der der vollstreckbaren öffentlichen Urkunde zugrunde liegende Anspruch nicht rechtskräftig beurteilt worden. Dem Schuldner steht aber nicht wie bei der provisorischen Rechtsöffnung die Aberkennungsklage nach Art. 83 Abs. 2 SchKG offen, sondern er kann die negative Feststellungsklage nach Art. 85a SchKG oder die Rückforderungsklage nach Art. 86 SchKG einreichen (BOTSCHAFT ZPO, 7389). Zur Frage der Sistierung des Vollstreckungsverfahrens, wenn der Schuldner die gerichtliche Beurteilung verlangt, vgl. Art. 351 N 17.

Art. 350

Urkunde über eine andere Leistung

[1] Ist eine Urkunde über eine andere Leistung zu vollstrecken, so stellt die Urkundsperson der verpflichteten Partei auf Antrag der berechtigten Partei eine beglaubigte Kopie der Urkunde zu und setzt ihr für die Erfüllung eine Frist von 20 Tagen. Die berechtigte Partei erhält eine Kopie der Zustellung.

[2] Nach unbenütztem Ablauf der Erfüllungsfrist kann die berechtigte Partei beim Vollstreckungsgericht ein Vollstreckungsgesuch stellen.

Titre portant sur une autre prestation

[1] Si l'exécution porte sur une prestation autre qu'une prestation en argent, l'officier public, sur requête de l'ayant droit, notifie à la personne qui s'est obligée une copie du titre certifiée conforme et lui fixe un délai de 20 jours pour exécuter la prestation. Une copie de la notification est adressée à l'ayant droit.

[2] Si la prestation n'est pas exécutée dans le délai fixé, l'ayant droit peut présenter une requête d'exécution au tribunal de l'exécution.

Documenti concernenti prestazioni non pecuniarie

[1] Se si tratta di eseguire un documento concernente una prestazione non pecuniaria, il pubblico ufficiale che l'ha rilasciato fornisce all'obbligato, su domanda dell'avente diritto, una copia autenticata del documento e gli assegna un termine di 20 giorni per l'adempimento. L'avente diritto riceve copia della notificazione.

[2] Decorso infruttuosamente tale termine, l'avente diritto può chiedere che il giudice dell'esecuzione proceda.

Inhaltsübersicht

	Note
I. Allgemeines	1
II. Ansetzung einer Nachfrist zur Erfüllung	2
1. Antrag des Gläubigers bei der Urkundsperson	2
2. Zuständigkeit	3
3. Zustellung einer Kopie mit Fristansetzung zur Erfüllung	4
4. Kognition der Urkundsperson	6
5. Anspruch auf Zustellung der Urkunde	7
III. Vollstreckungsgesuch beim Vollstreckungsgericht	8
1. Wartefrist	8
2. Gesuch	9

Literatur

Vgl. die Literaturhinweise zu Art. 347.

I. Allgemeines

Während im Vorentwurf der Gang über die Urkundsperson bei jeder Urkunde, d.h. unabhängig davon, ob es sich um eine Geld- oder Realleistung handelte, notwendig war, hat die Urkundsperson nun lediglich bei einer Urkunde über eine andere Leistung als eine Geldleistung eine Funktion bei der Vollstreckung. Das Verfahren ist einer Betreibung nachgebildet (BOTSCHAFT ZPO, 7389) und stellt sozusagen das Einleitungsverfahren dar. Die Urkundsperson ersetzt bei Urkunden über ein andere Leistung folglich das Betreibungsamt (zur Kognition der Urkundsperson vgl. N 6).

II. Ansetzung einer Nachfrist zur Erfüllung

1. Antrag des Gläubigers bei der Urkundsperson

Die berechtigte Person kann bei der Urkundsperson einen **Antrag** stellen, dass dem Schuldner eine Frist zur Erfüllung der geschuldeten Leistung angesetzt wird. Die berechtigte Person ist der in der Urkunde aufgeführt Gläubiger oder dessen Stellvertreter. Nicht berechtigt sind hingegen allfällige Rechtsnachfolger (**a.M.** STAEHELIN/STAEHELIN/GROLIMUND, N 61; vgl. zum Ganzen Art. 347 N 17).

2. Zuständigkeit

Gemäss Art. 339 E-ZPO war noch vorgesehen, dass diejenige Urkundsperson, welche die öffentliche Urkunde verfasst hat, zuständig war. Dieser Urkundsperson kam aber auch noch eine andere Funktion zu (vgl. zur Kognition, N 6). Jetzt spricht das Gesetz lediglich von einer Urkundsperson. In den meisten Fällen wird es diejenige Urkundsperson sein, die die Urkunde auch beurkundet hat und das Original aufbewahrt (BOTSCHAFT ZPO, 7389). Grundsätzlich regelt das kantonale Recht, welche Urkundsperson zuständig ist. Bei den freien Notaren z.B. wird durch die entsprechende kantonale gesetzliche Regelung bestimmt, wer als rechtsnachfolgende Urkundsperson zuständig ist, wenn der Notar, der die Urkunde abgefasst hat, abwesend, verhindert oder gar nicht mehr tätig ist (vgl. VISINONI-MEYER, 109 f.; GASSER, 344).

3. Zustellung einer Kopie mit Fristansetzung zur Erfüllung

Die Urkundsperson **stellt** der verpflichteten Partei auf Antrag der berechtigten Partei eine beglaubigte **Kopie der Urkunde zu**. Der Schuldner muss somit nicht mit einer sofortigen Vollstreckung rechnen sondern erhält – gleich wie bei der Zustellung des Zahlungsbefehls durch das Betreibungsamt – vorerst Kenntnis darüber, dass der Gläubiger die Erfüllung der Leistung verlangt.

Im Gegensatz zum Vorentwurf ist nun neu vorgesehen, dass die Urkundsperson mit der Zustellung der beglaubigten Kopie dem Schuldner eine **Frist von 20 Tagen** zur Erfüllung der Leistung ansetzt (vgl. zum Vorentwurf VISINONI-MEYER, 117). Der Schuldner erhält somit eine Erfüllungsfrist, bevor der Gläubiger beim Vollstreckungsgericht gemäss Art. 350 Abs. 2 ein Vollstreckungsgesuch stellen kann.

4. Kognition der Urkundsperson

Gemäss Vorentwurf musste die Urkundsperson eine Ausfertigung mit einer Vollstreckungsklausel ausstellen, sofern alle Voraussetzungen der Vollstreckbarkeit offensichtlich gegeben waren und auch sonst keine Gründe vorlagen, welche die Vollstreckung offensichtlich ausschlossen. Der Urkundsperson kam somit eine beschränkte Kontrolle zu (VISINONI-MEYER, 111; Expertenbericht, 159). Gemäss der definitiven Version von

Art. 351

Art. 350 stellt nun die Urkundsperson dem Schuldner lediglich eine beglaubigte Kopie der Urkunde zu, ohne irgendeine Überprüfung vorzunehmen. Die Urkundsperson hat keinerlei **Kognition** (GASSER, 345). Der Schuldner kann seine Einwände erst vor dem Vollstreckungsgericht vorbringen, wozu auch die Rüge von Zustellungsfehlern gehört (BOTSCHAFT ZPO, 7390).

5. Anspruch auf Zustellung der Urkunde

7 Grundsätzlich hat die berechtigte Partei einen Anspruch darauf, dass die Urkundsperson die beglaubigte Kopie der verpflichteten Partei zustellt. Wenn die Urkundsperson sich jedoch weigert, die Zustellung vorzunehmen, sieht die ZPO selber kein Rechtsmittel vor, mit welchem sich die berechtigte Partei dagegen wehren könnte. Denn die Weigerung der Urkundsperson ist keine richterliche Entscheidung (BOTSCHAFT ZPO, 7390; SUTTER-SOMM, ZPR, N 1183). Denkbar ist bei einer Weigerung zur Zustellung eine kantonale Beschwerde an die Aufsichtsbehörde. Ansonsten hat der Gläubiger natürlich jederzeit die Möglichkeit, seine Leistung gerichtlich einzuklagen (BOTSCHAFT ZPO, 7390).

III. Vollstreckungsgesuch beim Vollstreckungsgericht

1. Wartefrist

8 Im Gegensatz zum Vorentwurf kann der Gläubiger das Vollstreckungsgesuch nicht mehr sofort beim Vollstreckungsgericht stellen, sondern er muss die **Wartefrist** abwarten (VISINONI-MEYER, 117 f.). Erst wenn die verpflichtete Partei die 20-tägige Erfüllungsfrist unbenutzt verstreichen lässt, kann er den Antrag um Vollstreckung beim Vollstreckungsgericht einreichen (Art. 350 Abs. 2). Für die Berechnung dieser 20-tägigen Frist sind die Bestimmungen über die Fristen gemäss Art. 142 ff. anwendbar, wobei die Gerichtsferien gemäss Art. 145 Abs. 1 keine Geltung haben (Art. 145 Abs. 2 lit. b), d.h. für diese Frist gilt kein Fristenstillstand.

2. Gesuch

9 Weil für das Vollstreckungsverfahren das summarische Verfahren zur Anwendung kommt (Art. 339 Abs. 2; BOTSCHAFT ZPO, 7390), kann das **Gesuch** gemäss Art. 252 Abs. 2 in den Formen nach Art. 130 gestellt oder in einfachen oder dringenden Fällen mündlich bei Gericht zu Protokoll gegeben werden.

Art. 351

Verfahren vor dem Vollstreckungsgericht

¹ Die verpflichtete Partei kann Einwendungen gegen die Leistungspflicht nur geltend machen, sofern sie sofort beweisbar sind.

² Ist die Abgabe einer Willenserklärung geschuldet, so wird die Erklärung durch den Entscheid des Vollstreckungsgerichts ersetzt. Dieses trifft die erforderlichen Anweisungen nach Artikel 344 Absatz 2.

Procédure devant e tribunal de l'exécution

¹ La partie succombante ne peut opposer à son obligation que des objections qu'elle peut prouver immédiatement.

² Si l'obligation consiste en une déclaration de volonté, la décision du tribunal de l'exécution en tient lieu. Celui-ci prend les mesures requises en vertu de l'art. 344, al. 2.

2. Kapitel: Vollstreckung öffentlicher Urkunden 1, 2 **Art. 351**

Procedura davanti al giudice dell'esecuzione

¹ Riguardo alla prestazione dovuta, l'obbligato può sollevare obiezioni soltanto se immediatamente comprovabili.

² Se è dovuto il rilascio di una dichiarazione di volontà, la dichiarazione stessa si ha per avvenuta con la decisione del giudice dell'esecuzione. Questi impartisce le istruzioni necessarie secondo l'articolo 344 capoverso 2.

Inhaltsübersicht

	Note
I. Allgemeines	1
II. Verfahren	2
1. Zuständigkeit	2
2. Verfahren	5
III. Sichernde Massnahmen	13
IV. Willenserklärung	14
V. Vollstreckung einer bedingten oder von einer Gegenleistung abhängigen Leistung	15
VI. Rechtsmittel	16
VII. Sistierung des Vollstreckungsverfahrens	17

Literatur

Vgl. die Literaturhinweise zu Art. 347.

I. Allgemeines

Nachdem die Urkundsperson gemäss Art. 350 Abs. 1 der verpflichteten Partei auf Antrag der berechtigten Partei eine beglaubigte Kopie der Urkunde zugestellt und ihr eine Frist von 20 Tagen zur Erfüllung der Leistung angesetzt hat, welche unbenutzt verstrichen ist, kann die berechtigte Partei beim Vollstreckungsgericht den **Antrag um Vollstreckung** einreichen (Art. 350 Abs. 2). Auch wenn ein Hinweis auf die sinngemäss Anwendung der Artikel über die Vollstreckung von Entscheiden fehlt, wie es im Vorentwurf noch vorgesehen war (VISINONI-MEYER, 117 ff.), verläuft das Verfahren vor diesem Vollstreckungsgericht grundsätzlich gleich wie bei der Vollstreckung eines Entscheides, d.h. es sind die Art. 333 ff. sinngemäss anwendbar (BOTSCHAFT ZPO, 7390). Es handelt sich somit um ein zweiseitiges Verfahren, d.h. die verpflichtete Partei ist anzuhören. Anders als bei der Vollstreckung eines Entscheides kann die verpflichtete Partei aber auch materielle Einwendungen vorbringen (s. N 8), da über den der Urkunde zugrunde liegenden Anspruch noch nicht rechtskräftig entschieden worden ist (Art. 350 Abs. 1). 1

II. Verfahren

1. Zuständigkeit

a) Örtliche Zuständigkeit

Gemäss Art. 339 Abs. 1 sind für die Anordnung von Vollstreckungsmassnahmen das Gericht am Wohnsitz oder Sitz der unterlegenen Partei (lit. a), am Ort wo die Massnahmen zu treffen sind (lit. b), oder am Ort, wo der zu vollstreckende Entscheid gefällt worden ist (lit. c), **örtlich zuständig**. 2

3   Mit dem Wohnsitz oder Sitz der unterlegenen Partei ist bei der öffentlichen Urkunde wohl derjenige der verpflichteten Partei gemeint. Im Gegensatz zum LugÜ, welches die Zuständigkeit des Ortes, wo die Massnahme zu treffend sind, nur für den Fall vorsieht, dass der Schuldner keinen Wohnsitz im Vollstreckungsstaat hat (Art. 32 Abs. 2 LugÜ), liegt hier eine alternative Zuständigkeit vor, d.h. die berechtigte Partei hat die Wahl, bei welchem dieser Gerichte sie das Gesuch einreichen will. Die Zuständigkeit gemäss lit. c kommt bei der öffentlichen Urkunde nicht zur Anwendung, weil bei der vollstreckbaren öffentlichen Urkunde noch kein Entscheid gefallen ist (VISINONI-MEYER, 118).

b) Sachliche Zuständigkeit

4   Die **sachliche Zuständigkeit** richtet sich nach kantonalem Recht (Art. 4).

2. Verfahren

a) Summarisches Verfahren

5   Für das Verfahren vor dem Vollstreckungsgericht gilt das **summarische Verfahren** (Art. 339 Abs. 2). Das Gesuch kann somit gemäss Art. 252 Abs. 1 in den Formen nach Art. 130 gestellt oder in einfachen oder dringenden Fällen mündlich bei Gericht zu Protokoll gegeben werden.

b) Zweiseitiges Verfahren

6   Beim Vollstreckungsverfahren handelt es sich um ein **zweiseitiges Verfahren**. Das Vollstreckungsgericht setzt der Gegenpartei eine kurze Frist zur Einreichung einer Stellungnahme (Art. 341 Abs. 2), wobei es gestützt auf Art. 253 entscheiden kann, ob es der Gegenpartei Gelegenheit geben möchte, mündlich oder schriftlich Stellung zu nehmen. Die **Vollstreckbarkeit** der Urkunde prüft das Vollstreckungsgericht jedoch **von Amtes wegen** (Art. 341 Abs. 1). Der Vollstreckungsrichter hat somit auch ohne entsprechende Einwendungen seitens der verpflichteten Partei zu prüfen, ob die Voraussetzungen von Art. 347 gegeben sind. Dabei hat er auch die gehörige Zustellung der Urkunde durch die Urkundsperson sowie den Ablauf der Erfüllungsfrist (Art. 350 Abs. 1) von Amtes wegen zu prüfen (BOTSCHAFT ZPO, 7390). Die Voraussetzungen der Vollstreckbarkeit wie z.B. die Fälligkeit müssen bereits zum Zeitpunkt des Vollstreckungsgesuchs gegeben sein. Davon zu unterscheiden sind die Prozessvoraussetzungen, bei welchen es genügt, wenn sie bis zur Fällung des Entscheides eingetreten sind (vgl. Art. 347 N 29; VISINONI-MEYER, 77 f. und 124 f.; VOGEL/SPÜHLER, Kap. 7 N 85).

c) Einwände

7   Die verpflichtete Partei kann einerseits **formelle Einwände** erheben wie z.B. die Unzuständigkeit des Vollstreckungsgerichts, die Nichteinhaltung der Erfüllungsfrist gemäss Art. 350 Abs. 1 oder dass die öffentliche Urkunde die Voraussetzungen von Art. 347 nicht erfüllt sind (BOTSCHAFT ZPO, 7390).

8   Im Gegensatz zur Vollstreckung von Entscheiden (Art. 341 Abs. 3) kann der Schuldner bei der öffentlichen Urkunde auch Einwendungen gegen die Leistungspflicht geltend machen, sofern sie sofort beweisbar sind (Art. 351 Abs. 1). Während im Gesetzestext in der Botschaft noch explizit von materiellen Einreden gesprochen wurde, wurde in der definitiven Bestimmung die Formulierung an diejenige von Art. 81 Abs. 2 SchKG (neu) angepasst. Der neue Wortlaut soll besser zum Ausdruck bringen, dass sowohl Einwendungen gegen die Vollstreckbarkeit als auch gegen die Leistungspflicht vorgebracht wer-

den können. Dies war im Vorentwurf noch nicht explizit vorgesehen, so dass es für den Schuldner wohl nicht möglich gewesen wäre, materielle Einwände vorzubringen (vgl. dazu VISINONI-MEYER, 123 f.). Nun kann der Schuldner aber wie bei Geldschulden bereits im Vollstreckungsverfahren jegliche Einwände erheben (vgl. auch Art. 349 N 3; zum Beweismass vgl. N 11).

d) Beweislast

Die **berechtigte Partei** hat die Voraussetzungen der *Vollstreckbarkeit* darzulegen und die erforderlichen Urkunden beizulegen (Art. 338 Abs. 2). Sie trägt somit diesbezüglich die **Beweislast** (BOTSCHAFT ZPO, 7383). Wenn der Gläubiger die Voraussetzungen der Vollstreckbarkeit nicht beweisen kann, muss er seinen Anspruch auf dem Weg über die gerichtliche Beurteilung geltend machen (Art. 352; VISINONI-MEYER, 122; BOTSCHAFT ZPO, 7391). 9

Falls die **verpflichtete Partei** *materielle Einwände* erhebt, so trägt sie hierfür die **Beweislast**. Kann der Schuldner die materiellen Einwände nicht sofort beweisen (zum Beweismass vgl. unten N 11), kann er eine gerichtliche Beurteilung des Anspruches verlangen (Art. 352; BOTSCHAFT ZPO, 7390; vgl. Art. 352 N 1 ff.). 10

e) Beweismass

Der Wortlaut von Art. 338 Abs. 2, dass die berechtigte Partei die Voraussetzungen der **Vollstreckbarkeit** die erforderlichen Urkunden beizulegen hat, deutet darauf hin, dass die berechtigte Partei die Voraussetzungen der Vollstreckbarkeit nur mittels Urkunden beweisen kann. Andererseits prüft das Vollstreckungsgericht die Vollstreckbarkeit der Urkunde von Amtes wegen (Art. 341 Abs. 1). Somit wären gestützt auf Art. 254 Abs. 2 lit. c auch andere Beweismittel zulässig. Wenn man jedoch bedenkt, welches die Voraussetzungen der Vollstreckbarkeit sind (s. Art. 347; weiter auch die Zustellung der Urkunde und der Ablauf der Erfüllungsfrist), kommt wohl nur der Urkundenbeweis in Frage. 11

Der Schuldner muss seine **Einwendungen gegen die Leistungspflicht sofort beweisen** (Art. 351 Abs. 1). Im summarischen Verfahren ist der Beweis grundsätzlich mittels Urkunden zu erbringen (Art. 254 Abs. 1). So muss bei der Vollstreckung von Entscheiden der Schuldner die Einwände der Tilgung oder Stundung ebenfalls mit Urkunden beweisen (Art. 341 Abs. 3). Es stellt sich aber bei der Vollstreckung einer öffentlichen Urkunde die Frage, inwieweit andere Beweismittel zulässig sein sollen. Die Botschaft spricht davon, dass es «in der Regel» den Urkundenbeweis erfordert (BOTSCHAFT ZPO, 7389 f.). Daraus lässt sich schliessen, dass grundsätzlich – wie in anderen summarischen Verfahren – auch andere Beweismittel zulässig sind, wenn sie das Verfahren nicht wesentlich verzögern (Art. 254 Abs. 2 lit. a), es der Verfahrenszweck erfordert (Art. 254 Abs. 2 lit. b) oder das Gericht den Sachverhalt von Amtes wegen festzustellen hat (Art. 254 Abs. 2 lit. c). Bei der Vollstreckung einer öffentlichen Urkunde kommt wohl nur derjenige Fall in Frage, bei welchem die Beweismittel das Verfahren nicht wesentlich verzögern. Die Zulassung einer Partei- oder Zeugenbefragung wäre z.B. dann denkbar, wenn das Gericht eine mündliche Verhandlung anordnet (BOTSCHAFT ZPO, 7350). Der Fall, dass das Gericht den dem Anspruch zugrunde liegenden Sachverhalt von Amtes wegen festzustellen hat, tritt bei der öffentlichen Urkunde gar nicht ein, da Urkunden über Leistungen aus denjenigen Verhältnissen, in welchen die Untersuchungsmaxime gilt, nicht direkt mit einer öffentlichen Urkunde vollstreckt werden können (vgl. Art. 348). 12

III. Sichernde Massnahmen

13 Das Vollstreckungsgericht kann bei Gefahr einer Vereitelung oder einer wesentlichen Erschwerung der Vollstreckung **sichernde Massnahmen** anordnen. Wenn es nötig ist, kann es dies ohne vorherige Anhörung der Gegenpartei tun (vgl. Art. 340).

IV. Willenserklärung

14 Wenn die verpflichtete Partei die Abgabe einer **Willenserklärung** schuldet (z.B. Grundbuchanmeldung), so wird die Erklärung durch den Entscheid des Vollstreckungsgerichts ersetzt (Art. 351 Abs. 2). Dieses kann auch die erforderlichen Anweisungen gemäss Art. 344 Abs. 2 treffen

V. Vollstreckung einer bedingten oder von einer Gegenleistung abhängigen Leistung

15 Auch **bedingte oder befristete Leistungen** können mittels öffentlicher Urkunde vollstreckt werden, wobei sich die Bedingung oder Befristung einer Forderung aber eindeutig aus der errichteten Urkunde selbst ergeben muss (vgl. dazu Art. 347 N 26 f.). Liegt nun der öffentlichen Urkunde ein bedingter oder befristeter Anspruch zu Grunde, so hat das Vollstreckungsgericht festzustellen, ob die Bedingung eingetreten ist oder die Gegenleistung gehörig angeboten, erbracht oder sichergestellt worden ist (Art. 342). Wenn die Beweismittel anhand einer summarischen Überprüfung nicht genügend liquid sind, so muss das Vollstreckungsgericht das Gesuch abweisen und der Gläubiger muss seinen Anspruch auf dem ordentlichen Weg einklagen (VISINONI-MEYER, 75; STAEHELIN/STAEHELIN/GROLIMUND, N 61).

VI. Rechtsmittel

16 Entscheide des Vollstreckungsgerichts können mittels **Beschwerde** gemäss Art. 319 ff. angefochten werden, weil die Berufung unzulässig ist (Art. 309 lit. a). Die Beschwerdefrist beträgt 10 Tage (Art. 321 Abs. 2). Der Beschwerde kommt *keine aufschiebende Wirkung* zu (Art. 325 Abs. 1). Wenn der Schuldner im Falle der Gutheissung des Vollstreckungsgesuchs die weitere Vollstreckung verhindern will, weil er in der Zwischenzeit eine gerichtliche Beurteilung des Anspruchs verlangt hat oder verlangen will, muss der Schuldner die aufschiebende Wirkung beantragen. Die Rechtsmittelinstanz kann dann die Vollstreckung aufschieben (Art. 325 Abs. 2; betreffend Sistierungsmöglichkeiten vgl. N 17).

VII. Sistierung des Vollstreckungsverfahrens

17 Wenn der Schuldner bei einer Geldforderung die *negative Feststellungsklage gemäss Art. 85a SchKG* einreicht, kann der Richter die Betreibung **vorläufig einstellen**, wenn ihm die Klage als sehr wahrscheinlich begründet erscheint (Art. 85a Abs. 2 SchKG). Der Richter muss jedoch das Betreibungsverfahren «so lange laufen lassen, bis der Gläubiger durch dieses selbst Sicherheit erhält, d.h. in der Spezialexekution bis zur Pfändung und in der Konkursbetreibung bis zum Zeitpunkt, in dem der Gläubiger eine Aufnahme des Güterverzeichnisses nach Art. 162 SchKG erlangen kann» (BSK SchKG I-BODMER, Art. 85a N 22).

18 Bei einer *ordentlichen negativen Feststellungsklage* sollte eine **Sistierung** des Vollstreckungsverfahrens gestützt auf Art. 126 Abs. 1 möglich sein und nicht über eine vorsorg-

liche Massnahme gemäss Art. 261 ff. (vgl. STAEHELIN/STAEHELIN/GROLIMUND, N 67). Das Gericht kann das Verfahren sistieren, wenn die Zweckmässigkeit dies verlangt, insbesondere dann, wenn der Entscheid vom Ausgang eines anderen Verfahrens abhängig ist (Art. 126 Abs. 1). Wenn der Schuldner den Sistierungsantrag damit begründet, dass eine negative Feststellungsklage hängig ist, sollte das Vollstreckungsverfahren sistiert werden, weil es nicht sinnvoll ist, ein Vollstreckungsverfahren fortzuführen, solange über den dem zu vollstreckenden Titel zugrunde liegenden Anspruch in einem anderen gerichtlichen Verfahren befunden wird. Um aber einen Missbrauch zu vermeiden, sollte eine Abwägung im Einzelfall vorgenommen werden. Wenn angenommen werden muss, dass die negative Feststellungsklage nur der Schikanierung und Verzögerung dient, sollte das Vollstreckungsverfahren nur sistiert werden, wenn der Schuldner eine Sicherheitsleistung gemäss Art. 340 geleistet hat (VISINONI-MEYER, 137). Der Gläubiger kann die Sistierung mittels *Beschwerde* anfechten (Art. 126 Abs. 2).

Art. 352

Gerichtliche Beurteilung	Die gerichtliche Beurteilung der geschuldeten Leistung bleibt in jedem Fall vorbehalten. Insbesondere kann die verpflichtete Partei jederzeit auf Feststellung klagen, dass der Anspruch nicht oder nicht mehr besteht oder gestundet ist.
Décision judiciaire	Une décision judiciaire concernant la prestation due est réservée dans tous les cas. La partie qui s'est obligée peut en particulier agir en tout temps pour faire constater l'inexistence, l'extinction ou la suspension de la prestation.
Azione giudiziaria	È in ogni caso fatta salva l'azione giudiziaria relativa alla prestazione dovuta. In particolare, l'obbligato può in ogni tempo chiedere al giudice di accertare che la pretesa non sussiste o non sussiste più oppure che per l'adempimento è stata concessa una dilazione.

Inhaltsübersicht

	Note
I. Allgemeines	1
II. Gerichtliche Beurteilung durch den Schuldner	3
1. Bei Geldleistungen	3
2. Bei anderen Leistungen	5
III. Gerichtliche Beurteilung durch den Gläubiger	7

Literatur

Vgl. die Literaturhinweise zu Art. 347.

I. Allgemeines

Weil der materielle Anspruch in der öffentlichen Urkunde noch nicht von einem Gericht beurteilt wurde, kommt der öffentlichen Urkunde **keine Rechtskraft** zu (BOTSCHAFT ZPO, 7390; VISINONI-MEYER, 25 f.; STAEHELIN/STAEHELIN/GROLIMUND, N 67). Aber auch durch den Entscheid des Vollstreckungsgerichts kommt dem materiellen Anspruch keine Rechtkraft zu, weil das Vollstreckungsgericht von Amtes wegen nur prüft, ob die

Urkunde an sich vollstreckbar ist. Und in Bezug auf den materiellen Anspruch prüft das Vollstreckungsgericht auf entsprechende Einwände des Schuldners hin nur materielle Einreden, die sofort beweisbar sind (Art. 351 Abs. 1). Deswegen steht der verpflichteten Partei jederzeit die Möglichkeit offen, eine **Gegenklage** zur Beurteilung des Anspruches einzureichen (BOTSCHAFT ZPO, 7390).

2   Auch wenn bei der negativen Feststellungsklage dem Schuldner die Klägerrolle zukommt, bedeutet dies keine Umkehr der **Beweislast**. Der Gläubiger hat seinen Anspruch zu beweisen, auch wenn er in der Beklagtenrolle ist. Daran ändert auch die Errichtung einer vollstreckbaren öffentlichen Urkunde nichts. Eine Schuldanerkennung bedeutet nicht eine Umkehr der Beweislast in einer allfälligen gerichtlichen Beurteilung der geschuldeten Leistung (vgl. dazu VISINONI-MEYER, 135).

II. Gerichtliche Beurteilung durch den Schuldner

1. Bei Geldleistungen

a) Negative Feststellungsklage nach Art. 85a SchKG

3   Bei Geldleistungen gibt es zwei Möglichkeiten einer negativen Feststellungsklagen: Die **ordentliche Feststellungsklage** (vgl. N 5) und die **negative Feststellungsklage nach Art. 85a SchKG** im beschleunigten Verfahren. Noch im Vorentwurf war letztere nicht unumstritten, setzt diese Klage nach SchKG nämlich voraus, dass eine Betreibung vorausgegangen ist, was eben gerade nicht der Fall war. Gemäss Vorentwurf war bei der vollstreckbaren öffentlichen Urkunde auch bei Geldschulden die Einleitung einer Betreibung nicht notwendig, weswegen nicht vom «Betriebenem» gesprochen werden konnte, wie es Art. 85a SchKG vorsieht (vgl. zum Ganzen VISINONI-MEYER, 129 ff.). Da nun bei Geldschulden der Schuldner zuerst betrieben werden muss, steht dem Schuldner natürlich auch hier die negative Feststellungsklage nach Art. 85a SchKG zu (BOTSCHAFT ZPO, 7391).

b) Rückforderungsklage nach Art. 86 SchKG

4   Bei der **Rückforderungsklage** nach Art. 86 SchKG handelt es sich um eine materiellrechtliche Leistungsklage. Der Schuldner hat die Nichtschuld unter Druck der Betreibung geleistet. Es müssen die Voraussetzungen erfüllt sein, dass die Leistung der Nichtschuld nach Unterlassung des Rechtsvorschlages oder nach dessen Beseitigung durch Rechtsöffnung erfolgt ist, und dass die Klage innert eines Jahres seit der Leistung erhoben worden ist (Art. 86 SchKG). Die Rückforderungsklage nach Art. 86 SchKG setzt im Unterschied zur Klage aufgrund Art. 62 ff. OR nicht voraus, dass sich der Schuldner im Irrtum befunden hatte (VISINONI-MEYER, 138). Der Schuldner muss lediglich beweisen, dass er eine Nichtschuld bezahlt hat (BSK SchKG I-BODMER, Art. 86 N 9).

2. Bei anderen Leistungen

5   Bei anderen Leistungen als eine Geldleistung hat der Schuldner jederzeit das Recht, die **ordentliche negative Feststellungsklage** anzuheben. Im Gegensatz zur negativen Feststellungsklage nach Art. 85a SchKG muss der Schuldner aber ein bestimmtes Feststellungsinteresse nachweisen (BSK SchKG I-BODMER, Art. 85a N 4). Ein Rechtsschutzinteresse ist gegeben, wenn eine Ungewissheit, Unsicherheit oder Gefährdung der Rechtsstellung des Klägers, wenn eine Unzumutbarkeit der Fortdauer dieser Rechtsungewissheit, und wenn eine Unmöglichkeit der Behebung der Ungewissheit auf ande-

rer Weise, insbesondere durch eine Leistungs- oder Gestaltungsklage, vorliegt (VOGEL/ SPÜHLER, Kap. 7 N 23).

Die Frage ist, ob das **Rechtsschutzinteresse** grundsätzlich auch dann zu bejahen ist, wenn der Gläubiger das Vollstreckungsverfahren noch nicht eingeleitet hat. Durch die Tatsache, dass ein besonderer Vollstreckungstitel in Form einer vollstreckbaren öffentlichen Urkunde existiert, sollte diese Frage bejaht werden können (VISINONI-MEYER, 132). Erst wenn ein Vollstreckungsgesuch abgewiesen worden ist, ist ein Rechtsschutzinteresse nur noch vorhanden, wenn auch die weiteren Voraussetzungen der ordentlichen negativen Feststellungsklage erfüllt sind (vgl. N 5).

III. Gerichtliche Beurteilung durch den Gläubiger

Falls das Vollstreckungsgericht das Vollstreckungsgesuch der berechtigten Partei abweist, kann der Gläubiger natürlich jederzeit die **gerichtliche Beurteilung** des Anspruchs in einem ordentlichen Verfahren verlangen (BOTSCHAFT ZPO, 7391).

3. Teil: Schiedsgerichtsbarkeit

Vorbemerkungen zu Art. 353–399

Inhaltsübersicht

	Note
I. Allgemeines	1
1. Vom Konkordat (KSG) zum 3. Teil der ZPO	1
2. Begriff der Schiedsgerichtsbarkeit	9
3. Arten der Schiedsgerichtsbarkeit	10
4. Abgrenzung zu verwandten Institutionen	15
5. Gründe für die Wahl der Schiedsgerichtsbarkeit anstelle der staatlichen Gerichtsbarkeit	19
II. Grundlagen der Binnenschiedsgerichtsbarkeit im 3. Teil der ZPO	22
1. Allgemeine Bestimmungen	22
2. Schiedsvereinbarung	25
3. Bestellung des Schiedsgerichts	28
4. Ablehnung, Abberufung und Ersetzung der Mitglieder des Schiedsgerichts	33
5. Das Schiedsverfahren	37
6. Der Schiedsspruch	44
7. Anerkennung und Vollstreckung	48
8. Rechtsmittel	49

Literatur

F. ADDOR, Internationale Schiedsgerichtsbarkeit: Bundesrecht oder Konkordatsrecht, in: ZSR 1993, 37 ff.; M. ADEN, Internationale Handelsschiedsgerichtsbarkeit, Kommentar zu den Schiedsverfahrensordnungen ICC – DIS – Wiener Regeln – UNCITRAL – LCIA, 2. Aufl., München 2003; ST. V. BERTI, Zur Frage des zeitlichen Anwendungsbereichs von IPRG 176 II – Bemerkungen zu BGE 115 II 390 ff., in: ASA Bull 1990, 105; A. BROCHES, Commentary on the UNCITRAL model law, in: International Council for Commercial Arbitration, International Handbook on Commercial Arbitration, Suppl. 51 (March 2008), Deventer 2002 (zit. Handbook); DERS., Commentary on the UNCITRAL Model Law on International Commercial Arbitration, Deventer/Boston 1990 (zit. Commentary); A. BUCHER, Zur Lokalisierung internationaler Schiedsgerichte in der Schweiz, in: Forstmoser et al., Festschrift für Max Keller zum 65. Geburtstag, Zürich 1989; D. CARON/ L. CAPLAN/M. PELLONPÄÄ, The UNCITRAL arbitration rules, a commentary, Oxford 2006; H. W. FASCHING/A. KONECNY, Kommentar zu den Zivilprozessgesetzen, Bd. 4, Teilbd. 2, §§ 577– 618 ZPO, 2. Aufl., Wien 2007 (zit. Fasching/Konecny-BEARBEITER); H. HAUSHEER/R. AEBI-MÜLLER, Sanktionen gegen Sportler – Voraussetzungen und Rahmenbedingungen unter besonderer Berücksichtigung der Doping-Problematik, in: ZBJV 2001, 337 ff.; M. HOLLA, Der Einsatz von Schiedsgerichten im organisierten Sport, Frankfurt a.M. 2006; F. KELLERHALS, Die Binnenschiedsgerichtsbarkeit in neuem Kleid – der 3. Teil des Vorentwurfs einer Schweizerischen Zivilprozessordnung, in: Anwaltsrevue 2003, 391 ff.; G. LÜKE/P. WAX, Münchener Kommentar zur Zivilprozessordnung, mit Gerichtsverfassungsgesetz und Nebengesetzen, Bd. 3, 2. Aufl., München 2001(zit. Lüke/Wax-BEARBEITER); E. MARBACH/K. SCHINDLER BÜHLER, Schiedsgerichtsbarkeit und Kartellrecht, in: Schweizerisches und europäisches Wettbewerbsrecht, Handbücher für die Anwaltspraxis, Bd. IX, Basel 2005, 30 ff.; F. MOHS, Drittwirkung von Schieds- und Gerichtsstandsvereinbarungen, Eine rechtsvergleichende Untersuchung zur subjektiven Reichweite von Zuständigkeitsvereinbarungen bei Forderungsabtretungen in der Schweiz, in Deutschland und in den USA, Frankfurt a.M. 2006; P. M. PATOCCHI/E. GEISINGER, Internationales Privatrecht, das IPRG sowie die wichtigsten völkerrechtlichen Verträge und Schiedsgerichtsordnungen mit Anmerkungen über die bundesgerichtliche und kantonale Rechtsprechung, Hinweisen, Bibliographie, Konkordanzregister und Sachregister, Zürich 2000 (zit. Internationales Privatrecht); W. H. RECHBERGER, Kommentar zur ZPO, 2. Aufl., New York/Wien 2006; P. SANDERS, The work of UNCITRAL on arbitration and conciliation, 2. Aufl., Den Haag u.a. 2004; M. SCHÖLL, Réflexions sur l'expertise-arbitrage en droit suisse, in: ASA Bull 24 (2006), 621 ff.; M. SCHILLIG, Schiedsgerichtsbarkeit von Sportverbänden in der Schweiz, Zürich 2000; SWISS ARBITRATION ASSOCIATION (Hrsg.), Arbitration of sports-related disputes, a collection of reports and materials delivered at the Swiss Arbitration Association – Court of Arbitration for Sport Conference held in Lausanne on January 16, 1998, Basel 1998; S. A. VOGT, Der Schiedsrichtervertrag nach schweizerischem Recht, Aachen 1996; G. WALTER, Neues Recht der Binnenschiedsgerichtsbarkeit in der Schweiz, in: G. Lüke/T. Mikami/ H. Prütting, Festschrift für Akira Ishikawa zum 70. Geburtstag am 27. November 2001, Berlin/New York 2001 (zit. Neues Recht); DERS., Die internationale Schiedsgerichtsbarkeit in der Schweiz – offene Fragen zu Kap. 12 des IPR-Gesetzes, in: ZBJV 1990, 161 ff. (zit. Offene Fragen); DERS., Alternativentwurf Schiedsgerichtsbarkeit, Schweizerische Zivilprozessordnung, Dritter Teil, Schiedsgerichtsbarkeit, Art. 1–40, Entwurf mit Erläuterungen, Basel u.a. 2004 (zit. Alternativentwurf); H. P. WALTER, Rechtsmittel gegen Entscheide des TAS nach dem neuen Bundesgesetz über das Bundesgericht und den Entwurf einer Schweizerischen Zivilprozessordnung, in: A. Rigozzi/ M. Bernasconi, The Proceedings before the Court of Arbitration for Sport/CAS & FSA/SAV Conference Lausanne 2006, Zürich u.a. 2007 (zit. WALTER, in: Rigozzi/Benasconi); D. WEHRLI, Die Schiedsgerichtsbarkeit, in: Th. Sutter-Somm/F. Hasenböhler (Hrsg.), Die künftige schweizerische Zivilprozessordnung. Mitglieder der Expertenkommission erläutern den Vorentwurf, Zürich/ Basel/Genf 2003; W. WENGER, Schiedsgerichtsbarkeit, in: ZZZ 2007, 401 ff.; DERS., Die internationale Schiedsgerichtsbarkeit, in: BJM 1989, 329 ff. (zit. Schiedsgerichtsbarkeit); R. ZÖLLER, Zivilprozessordnung, mit Gerichtsverfassungsgesetz und den Einführungsgesetzen, mit Internationalem Zivilprozessrecht, EG-Verordnungen, Kostenanmerkungen, 26. Aufl., Köln 2007 (zit. BEARBEITER, in: Zöller).

I. Allgemeines

1. Vom Konkordat (KSG) zum 3. Teil der ZPO

1 Gemäss **Art. 1 lit. d** fällt die Schiedsgerichtsbarkeit in den Geltungsbereich der ZPO. Obwohl die Schiedsgerichtsbarkeit ohne weitere Differenzierung genannt ist, kann der 3. Teil der ZPO nur die **Binnenschiedsgerichtsbarkeit** regeln (BOTSCHAFT ZPO, 7258), d.h. die *innerschweizerischen* Schiedsfälle (BOTSCHAFT ZPO, 7240). Für **internationale** Schiedsgerichte gilt mithin auch nach Inkrafttreten der ZPO weiterhin das 12. Kapitel des IPRG (zur Möglichkeit der Unterstellung internationaler Schiedsfälle unter den 3. Titel der ZPO nach Art. 176 Abs. 2 IPRG s. Art. 353 N 7 ff.; BOTSCHAFT ZPO, 7392; zur Definition der Binnenschiedsgerichtsbarkeit, die sich einzig aus der Abgrenzung zwischen internationaler und Binnenschiedsgerichtsbarkeit ergibt, s. N 2). Der **Dualismus** für nationale und internationale Schiedsgerichtsverfahren ist also **beibehalten** worden (BOTSCHAFT ZPO, 7391 f.; WEHRLI, 111; WENGER, ZZZ 207, 401; BSK IPRG-HOCHSTRASSER/BLESSING, Einl. 12. Kap., N 154; SUTTER-SOMM, Rz 1223). Dies, obwohl dieser ursprünglich weniger sachbezogen als vielmehr verfassungsrechtlich begründet war (KELLERHALS, 391). Mit der Neufassung von Art. 122 Abs. 1 BV wäre der verfassungsrechtliche Grund allerdings entfallen (WALTER, Neues Recht, 542). Dass die Zweiteilung dennoch beibehalten wurde, ist in erster Linie darauf zurückzuführen, dass sich das 12. Kapitel in der Praxis der internationalen Schiedsgerichtsbarkeit so gut bewährt hat, dass man daran keine Änderungen vornehmen wollte (Bericht VE-ZPO, 163; KELLERHALS, 392; WALTER, Neues Recht, 544 ff., der bereits 2001 den vom Gesetzgeber eingeschlagenen Weg in vielerlei Hinsicht mit guter Begründung vorgezeichnet hat).

2 Die Unterscheidung zwischen nationaler und internationaler Schiedsgerichtsbarkeit und somit die **Abgrenzung der Geltungsbereiche** des 3. Teils der ZPO und des 12. Kapitels des IPRG erfolgt aufgrund *rein formeller* Kriterien: Der 3. Teil der ZPO kommt nur dann zur Anwendung, wenn alle Streitparteien «beim Abschluss der Schiedsvereinbarung» (vgl. dazu Art. 353 N 3 ff.) ihren Sitz oder Wohnsitz in der Schweiz haben und der **Sitz des Schiedsgerichts sich in der Schweiz** befindet (Art. 353 Abs. 1 ZPO i.V.m. Art. 176 Abs. 1 IPRG; WALTER/BOSCH/BRÖNNIMANN, 34 f.). Hat eine der Parteien zu diesem

Zeitpunkt den Sitz oder Wohnsitz ausserhalb der Schweiz, kommt das 12. Kapitel des IPRG zur Anwendung (Art. 176 Abs. 1 IPRG; CHK-SCHRAMM/FURRER/GIRSBERGER, Vor Art. 176 ff. IPRG N 13; Art. 355 N 3).

Bis zum Inkrafttreten der ZPO ist die **nationale** Schiedsgerichtsbarkeit in sämtlichen Kantonen durch das **Konkordat vom 27.3.1969 über die Schiedsgerichtsbarkeit (KSG)** geregelt (BOTSCHAFT ZPO, 7391; CHK-SCHRAMM/FURRER/GIRSBERGER, Vor Art. 176 IPRG ff. N 14); dieses wird mit der Einführung der ZPO obsolet und ausser Kraft gesetzt (STAEHELIN/STAEHELIN/GROLIMUND, § 29 N 4; BSK IPRG-HOCHSTRASSER/BLESSING, Einl. 12. Kap., N 154). Mit der ZPO hat der Gesetzgeber für die Binnenschiedsgerichtsbarkeit eine ebenso flexible Ordnung geschaffen wie seinerzeit mit dem IPRG für die internationale Schiedsgerichtsbarkeit (BOTSCHAFT ZPO, 7391; BSK IPRG-HOCHSTRASSER/BLESSING, Einl. 12. Kap., N 200). Dadurch und durch verschiedene schiedsverfahrensfreundliche Besonderheiten – wie etwa die Möglichkeit der Anordnung vorsorglicher Massnahmen durch das Schiedsgericht (Art. 374), die Erleichterung der Verrechnungseinrede (Art. 377) und die direkte Beschwerde an das Bundesgericht (Art. 389) – soll die Attraktivität des Schiedsplatzes Schweiz weiter gesteigert werden (BOTSCHAFT ZPO, 7391; Bericht VE-ZPO, 162).

Da sich das **KSG** in der Praxis für Binnenschiedsgerichte weitgehend bewährt hat, bildete es die **Ausgangsbasis des 3. Teils der ZPO**. Deshalb kann in der Praxis auch weiterhin auf bewährte Lehre und Praxis zum KSG abgestellt werden (BOTSCHAFT ZPO, 7392; WEHRLI, 111). Im Gegensatz dazu dienten das IPRG und punktuell das UNCITRAL Modellgesetz, die beide für die Regelung von internationalen Schiedsverfahren geschaffen wurden (BOTSCHAFT ZPO, 7391 f.; KELLERHALS, 392), nur hinsichtlich einzelner Bestimmungen als Vorbilder für mögliche Modernisierungen und nur, soweit sie auch für die nationale Schiedsgerichtsbarkeit angezeigt waren (BSK IPRG-HOCHSTRASSER/BLESSING, Einl. 12. Kap., N 154; WENGER, ZZZ 207, 402).

Der 3. Teil der ZPO ist als eigenständiger Teil (und mithin nur mit wenigen Querverweisen auf die übrigen Teile der ZPO) ausgestaltet worden und soll grundsätzlich in der Praxis wie ein **selbständiges Gesetz** Anwendung finden (WEHRLI, 112; Bericht VE-ZPO, 163 f.; WENGER, ZZZ 207, 402); dasselbe gilt bereits für das 12. Kapitel des IPRG mit Bezug auf internationale Schiedsverfahren (BSK IPRG-HOCHSTRASSER/BLESSING, Einl. 12. Kap., N 202). Insofern wird der Ansatz des KSG weitergeführt, das auch schon als geschlossene Ordnung verstanden wurde (RÜEDE/HADENFELDT, 8). Allerdings bleibt es den Parteien und Mitgliedern eines Schiedsgerichts wie bis anhin unbenommen, sich bei der Festlegung des Verfahrens an einzelnen Vorschriften oder Teilen der ZPO für staatliche Verfahren zu orientieren (BOTSCHAFT ZPO, 7392).

Wie schon das KSG regelt der 3. Teil der ZPO das Binnenschiedsverfahren nicht im Einzelnen; entsprechend den bewährten Vorgaben des IPRG und zahlreicher ausländischer Schiedsgesetze (die oft auf dem UNCITRAL Modellgesetz basieren) soll der 3. Teil der ZPO eine **flexible Ordnung** sein, welche den *Parteien* grossen Spielraum lässt, um das Verfahren auf die Bedürfnisse und Umstände des Einzelfalles abzustimmen. So wurde namentlich der Verweis in Art. 24 Abs. 2 KSG auf die Vorschriften der BZP als subsidiäre Verfahrensordnung des Schiedsgerichts *nicht* übernommen (BOTSCHAFT ZPO, 7392). So können die Parteien im Rahmen der weitmaschigen Vorgaben der ZPO das Verfahren entweder (i.d.R. zusammen mit dem Schiedsgericht) weitestgehend selber festlegen (namentlich in sog. Ad hoc-Schiedsverfahren [N 10, 14]) oder sie können die Regeln einer Schiedsinstitution wählen, z.B. diejenige der schweizerischen Handelskammern, und diese ihren besonderen Bedürfnissen entsprechend noch mit spezifischen Verfahrensvorschriften ergänzen (institutionelle Schiedsverfahren; N 10, 11 ff.).

7   Die Neuregelung in der ZPO bot zudem die Gelegenheit, den zwischenzeitlich eingetretenen Gesetzes- und Praxisänderungen im In- und Ausland Rechnung zu tragen, indem **in der Vergangenheit kritisierte Bestimmungen** nicht mehr oder zumindest nicht mehr in der zuvor bestehenden Form in den neuen Gesetzestext übernommen wurden. Dies betrifft insbesondere:

– Art. 6 KSG (Schriftlichkeitserfordernis): vgl. Art. 358;

– Art. 5 KSG (Definition der objektiven Schiedsfähigkeit): vgl. Art. 354;

– Art. 26 KSG (Vorsorgliche Massnahmen): vgl. Art. 374;

– Art. 24 Abs. 2 KSG (subsidiärer Verweis auf BZP): vgl. Art. 373;

– Art. 29 KSG (Verrechnungseinrede): vgl. Art. 377 Abs. 1 (dazu WEHRLI, 123 f.; WENGER, ZZZ 207, 408 f.; KELLERHALS, 394 f.);

– Art. 3 lit. f KSG und Art. 84 Abs. 1 lit. a und b OG (doppelter Instanzenzug): vgl. insb. Art. 389, 390 und 396;

– Art. 35 KSG (Hinterlegung und Zustellung des Schiedsspruchs): vgl. Art. 386 Abs. 1 und 2 (vgl. Bericht VE-ZPO, 162; WEHRLI, 110 f.; BSK IPRG-HOCHSTRASSER/BLESSING, Einl. 12. Kap., N 156 ff.). Trotz Kritik beibehalten wurde die Willkürbeschwerde von Art. 36 lit. f KSG, die neu in Art. 393 lit. e geregelt ist; der Zusatz «im Ergebnis» bewirkt keine Änderung der Rechtslage gegenüber dem KSG, weil die Willkürprüfung auch unter dem KSG immer ergebnisbezogen erfolgte (WENGER, ZZZ 207, 411).

8   In **Art. 1 Abs. 3 KSG** wurden noch diejenigen **Bestimmungen** aufgezählt, die **zwingender Natur** waren; in der ZPO wird zu Recht darauf *verzichtet*. Eine detaillierte Aufzählung zahlreicher zwingender Bestimmungen birgt nämlich die Gefahr der Unvollständigkeit in sich und wird den Rechtsanwender eher fehlleiten als führen (WEHRLI, 113 f.; BSK IPRG-HOCHSTRASSER/BLESSING, Einl. 12. Kap., N 156, sprechen von einer «unpässlichen Zwangsjacke», die den Schiedsrichtern «ein Schiedsverfahren *à la Suisse*» auferlege). In der ZPO ist die zwingende oder dispositive Natur der einzelnen Bestimmungen demgegenüber *durch Auslegung* zu ermitteln (BOTSCHAFT ZPO, 7292; Bericht VE-ZPO, 165; STAEHELIN/STAEHELIN/GROLIMUND, § 29 N 8).

2. Begriff der Schiedsgerichtsbarkeit

9   Die Schiedsgerichtsbarkeit bildet als private Gerichtsbarkeit das Gegenstück zur staatlichen Gerichtsbarkeit. Ein **Schiedsgericht** ist also ein privates (d.h. nicht staatliches) *von den Parteien gewähltes Gericht* (Art. 361; CHK-SCHRAMM/FURRER/GIRSBERGER, Vor Art. 176 ff. IPRG N 2 f.), das Rechtsstreitigkeiten verbindlich entscheiden kann. Dazu bedarf es allerdings der Ermächtigung durch den Staat, indem die staatliche Rechtsordnung vorsieht, dass Schiedssprüche wie Urteile staatlicher Gerichte in Rechtskraft erwachsen und vollstreckt werden können (Art. 387 ZPO; Art. 190 und Art. 193 f. IPRG; WIGET/STRÄULI/MESSMER, Vor §§ 238–258 ZPO/ZH N 3; BSK IPRG-EHRAT/PFIFFNER, Art. 176 N 10; BERGER/KELLERHALS, Rz 4; KUMMER, 283; STAEHELIN/STAEHELIN/GROLIMUND, § 29 Rz 1; VOGEL/SPÜHLER, 14. Kapitel Rz 1 ff.; VOGT, 3 ff.).

3. Arten der Schiedsgerichtsbarkeit

10 Neben der Unterscheidung zwischen nationaler und internationaler Schiedsgerichtsbarkeit erfolgt eine zweite wichtige Unterteilung in Ad hoc-Schiedsgerichtsbarkeit und institutionelle Schiedsgerichtsbarkeit.

Die Parteien können beim Abschluss der Schiedsvereinbarung zwischen institutioneller 11
Schiedsgerichtsbarkeit oder Ad hoc-Schiedsgerichtsbarkeit wählen. In internationalen
Verhältnissen wird in der überwiegenden Zahl der Fälle **institutionelle Schiedsgerichtsbarkeit** gewählt. Dies bedeutet, dass das Verfahren von einer **Schiedsinstitution** administrativ begleitet wird. Bekannte Institutionen, die solche Dienstleistungen zur Verfügung stellen, sind etwa die *International Chamber of Commerce (ICC)* in Paris (BSK
IPRG-HOCHSTRASSER/BLESSING, Einl. 12. Kap., N 27 ff.; BERGER/KELLERHALS, Rz 28),
die Schweizer Handelskammern (BERGER/KELLERHALS, Rz 27), der *London Court
of International Arbitration (LCIA;* BSK IPRG-HOCHSTRASSER/BLESSING, Einleitung
N 35 ff.; BERGER/KELLERHALS, Rz 29), die *Stockholm Chamber of Commerce (SCC;*
BSK IPRG-HOCHSTRASSER/BLESSING, Einl. 12. Kap., N 43 ff.), die Deutsche Institution
für Schiedsgerichtsbarkeit *(DIS),* das *Singapore International Arbitration Center (SIAC)*
und viele mehr überall auf der Welt.

Neben der administrativen Unterstützung bis zur Konstituierung des Schiedsgerichts und 12
mehr oder weniger intensiver Begleitung während des Schiedsverfahrens (insb. auch
Kostenkontrolle) stellen die meisten Institutionen auch **Schiedsregeln** zur Verfügung, die
als Verfahrensvorschriften für die unter sie fallenden Schiedsverfahren gelten; so etwa
die Internationale Schiedsordnung der Schweizerischen Handelskammern *(Swiss Rules
of International Arbitration),* die für die von den Schweizer Handelskammern administrierten Verfahren zur Anwendung gelangen (BERGER/KELLERHALS, Rz 13 ff.) oder die
ICC Rules *(ICC Rules on International Arbitration)* bei Schiedsgerichten unter der administrativen Führung der *ICC* (BERGER/KELLERHALS, Rz 25 ff.).

Zurzeit sind Bestrebungen der schweizerischen Handelskammern im Gange, auch für 13
Binnenschiedsgerichte gesamtschweizerisch einheitliche Schiedsregeln zur Verfügung zu
stellen, die auf den 3. Teil der ZPO abgestimmt sind. In welcher Form dies genau erfolgen soll, ist noch offen; denkbar sind grundsätzlich drei Ansätze: i) eine neue eigene
Schiedsordnung für Binnenschiedsverfahren, ii) eine Ergänzung der bestehenden Regeln
für internationale Fälle mit Vorschriften für nationale Verfahren oder iii) ein Anhang
zu den internationalen Schiedsregeln mit den abweichenden Vorschriften für Binnenschiedsverfahren.

Für kleinere Fälle und Binnensachverhalte wird auch häufig die sog. **Ad hoc-Schieds-** 14
gerichtsbarkeit gewählt. Dies bedeutet, dass noch mehr dem freien Willen der Parteien
unterstellt ist, indem sie die Bestellung des Schiedsgerichts und die Verfahrensregeln
(i.d.R. zusammen mit den von ihnen bestimmten Schiedsrichtern) selber festlegen können. Betreffend Verfahrensvorschriften haben sie zudem die Möglichkeit, die für solche
Fälle erarbeitete UNCITRAL Rules *(UNCITRAL Arbitration Rules) oder auch die Regeln einer Schiedsinstitution* für anwendbar zu erklären (BSK IPRG-HOCHSTRASSER/
BLESSING, Einl. 12. Kap., N 94 ff.; BERGER/KELLERHALS, Rz 32). Im letzteren Fall muss
aber spezifiziert werden, dass die Regeln unter Ausschluss der administrativen Begleitung bzw. Aufsicht der entsprechenden Institution anzuwenden sind.

4. Abgrenzung zu verwandten Institutionen

Die Schiedsgerichtsbarkeit ist von der **Schiedsgutachtertätigkeit** abzugrenzen (vgl. 15
Art. 189). Diese besteht in der rechtsverbindlichen Feststellung eines bestimmten Sachverhalts oder Rechtsverhältnisses oder einer Rechtsfrage durch einen Dritten, eben den
Schiedsgutachter, der auch eine juristische Person sein kann (SCHÖLL, 626 ff.; PATOCCHI/
GEISINGER, 516 f.; VOGEL/SPÜHLER, 409; BSK IPRG-EHRAT/PFIFFNER, Art. 176 N 9,
13). Allerdings ist ein solcher Entscheid *nicht* wie der Entscheid eines Schiedsgerichts

16 *direkt vollstreckungsfähig* (STAEHELIN/STAEHELIN/GROLIMUND, § 29 N 2); d.h. Entscheide von Schiedsgutachtern müssen mittels eines Gerichtsentscheides (staatliches Gericht oder Schiedsgericht) vollstreckt werden (zu einzelnen Anhaltspunkten für die Abgrenzung s. PATOCCHI/GEISINGER, 517 f.).

16 Die **Schlichtungsbehörden in Mietsachen** sind staatliche Behörden und nicht private Schiedsgerichte (s. Art. 354 N 28 und Art. 361 N 38 ff.; WIGET/STRÄULI/MESSMER, Vor §§ 238–258 ZPO/ZH N 7); sie unterliegen nicht der Parteiautonomie, die Parteien können weder die Mitglieder der Behörde noch das Verfahren selber regeln (WENGER, ZZZ 207, 405). Art. 361 Abs. 4 schreibt vor, dass die Parteien lediglich die paritätische Schlichtungsbehörde (Art. 200; BOTSCHAFT ZPO, 7260) als Schiedsgericht einsetzen können (vgl. Art. 361 N 39).

17 Ebenfalls nicht Schiedsgerichte sind die **öffentlich-rechtlichen Schiedsgerichte**; es fehlt an der privaten Abrede und teilweise auch an der freien Verfügbarkeit des Staates (WIGET/STRÄULI/MESSMER, Vor §§ 238–258 ZPO/ZH N 9; BSK IPRG-EHRAT/PFIFFNER, Art. 176 N 11). Weiterführend s. Art. 357.

18 Gesonderte Betrachtung verdienen auch **Vereins- und Verbandsschiedsgerichte**. Namentlich im Bereich des Sports hat die schiedsgerichtliche Beurteilung verschiedenster Fragen (Mitgliedschaft bei Verbänden, Teilnahme an Wettkämpfen, Sanktionen bei Sportregelverletzungen, Doping und damit zusammenhängende Fragen) massiv an Bedeutung gewonnen. Hervorzuheben ist in erster Linie das Schiedsgericht für Sport (TAS – Tribunal Arbitral du Sport bzw. CAS – Court of Arbitration for Sport; ‹www.tas-cas.org›) mit Sitz in Lausanne. Damit stellt sich auch die Frage nach der *Rechtsqualität* von Beschlüssen entsprechender Gremien. Hierbei sind zwei Kriterien von Bedeutung: Einerseits die Rechtsgrundlagen der jeweiligen Entscheidung, und anderseits die Zusammensetzung des Spruchkörpers. Soweit Organe, die im Rahmen einer Verbandsschiedsgerichtsbarkeit tätig werden, über die Anwendung und Auslegung von *Spielregeln* oder anderen lediglich *verbandsinternen Regeln* befinden, stellen sie keine Schiedsgerichte dar. Die Abgrenzung zwischen Spiel- und internen Verbandsregeln einerseits und Rechtsnormen anderseits ist jedoch im Einzelfall sehr schwierig (SCHILLIG, 41 ff.; s.a. Art. 368 N 4). Blosse Willensäusserungen eines Vereins- oder Verbandsorgans stellen sodann keine Schiedsentscheide, sondern allenfalls Vereinsbeschlüsse dar. Bedeutung kommt dabei nach der bundesgerichtlichen Rechtsprechung in erster Linie der Frage zu, ob das als «Schiedsgericht» tätige Organ hinreichende *Gewähr für eine unabhängige und unparteiische Rechtsprechung* bietet (BERGER/KELLERHALS, Rz 63 ff.). Dies ist bei vielen Verbandsorganen, auf deren Zusammensetzung die Mitglieder keinen oder ungleichen Einfluss haben, nicht der Fall. Das TAS ist seit BGE 129 III 445 als unabhängige Instanz und damit als Schiedsgericht anerkannt.

5. Gründe für die Wahl der Schiedsgerichtsbarkeit anstelle der staatlichen Gerichtsbarkeit

19 Besonders beliebt ist die Schiedsgerichtsbarkeit in internationalen Verhältnissen, weil so vermieden werden kann, dass die ordentlichen Gerichte des Staates einer der Parteien angerufen werden müssen, um den Fall zu entscheiden (BSK IPRG-HOCHSTRASSER/BLESSING, Einl. 12. Kap., N 129). Es sprechen aber auch weitere **Gründe für die Wahl von Schiedsgerichten** anstelle von staatlichen Gerichten, die für nationale Schiedsverfahren ebenso Geltung haben wie für internationale. Für Schiedsgerichte können die Schiedsrichter je nach Verfahrensordnung von den Parteien nach deren **Fachkompetenz** ausgewählt werden (CHK-SCHRAMM/FURRER/GIRSBERGER, Vor Art. 176 ff. IPRG N 3; MARBACH/SCHINDLER BÜHLER, Rz 14.10). Dies kann bspw. in Fällen, in welchen be-

kannt ist, dass komplexe Kartellrechtsfragen für die Entscheidfindung relevant sind, von grosser Bedeutung sein.

Auch die **Nationalität**, der **Wohnsitz** oder die **Sprachkenntnisse** können relevante Kriterien für die Wahl von Mitgliedern eines Schiedsgerichts sein (vgl. Art. 367 Abs. 1 lit. a; CHK-SCHRAMM/FURRER/GIRSBERGER, Vor Art. 176 ff. IPRG N 3). Abgesehen von den beschränkten Prorogationsmöglichkeiten (wie bspw. für das HGer ZH: § 64 GVG/ZH), haben die Parteien bei staatlichen Gerichten keine Möglichkeit, Einfluss auf die Zusammensetzung des Gerichts zu nehmen bzw. die Richter nach solchen Kriterien auszuwählen.

Weitere Vorteile sind die grosse **Flexibilität** des Verfahrens (Art. 373; bspw. können Fristen den Umständen konkreten Einzelfalls angepasst und Zeugeneinvernahmen können unabhängig vom Sitz des Schiedsgerichts irgendwo durchgeführt werden; vgl. Art. 355 Abs. 4) und die **Vertraulichkeit** der Schiedsgerichtsbarkeit (BSK IPRG-HOCHSTRASSER/BLESSING, Einl. 12. Kap. N 146; CHK-SCHRAMM/FURRER/GIRSBERGER, Vor Art. 176 ff. IPRG N 4). An sich kann die (kurze) **Dauer des Verfahrens** ebenfalls einer der Vorteile gegenüber staatlichen Verfahren sein (CHK-SCHRAMM/FURRER/GIRSBERGER, Vor Art. 176 ff. IPRG N 5); allerdings liegt es weitgehend in den Händen der Parteien bzw. der Parteivertreter, wie lange ein Schiedsverfahren dauert. In der Praxis sind (zu) lange (erstinstanzliche) Verfahren in aller Regel auf das Verhalten der Parteien und ihrer Vertreter zurückzuführen; sie hätten es in der Hand, das Verfahren zu beschleunigen, was bei staatlichen Gerichten kaum möglich ist. Eine Beschleunigung wird aber auf jeden Fall dadurch erreicht, dass die *Rechtsmittel* gegen einen Schiedsspruch *stark eingeschränkt* sind, indem es nur eine Beschwerdeinstanz gibt (alternativ das Bundesgericht [Art. 389] oder ein oberes kantonales Gericht [Art. 390], wenn die Parteien mittels ausdrücklicher Erklärung diese Wahl getroffen haben), deren Kognition im Vergleich zu einer ordentlichen Rechtsmittelinstanz nur sehr eingeschränkt ist (Art. 393; vgl. für internationale Verfahren Art. 190 f. IPRG; CHK-SCHRAMM/FURRER/GIRSBERGER, Vor Art. 176 ff. IPRG N 5).

II. Grundlagen der Binnenschiedsgerichtsbarkeit im 3. Teil der ZPO

1. Allgemeine Bestimmungen

Der räumliche **Geltungsbereich** des 3. Teils der ZPO ist aufgrund rein *formaler* Kriterien definiert: Die ZPO kommt zur Anwendung, wenn der Sitz des Schiedsgerichts in der Schweiz liegt und keine der Parteien im Zeitpunkt des Abschlusses der Schiedsvereinbarung ihren Sitz oder Wohnsitz im Ausland hat (Art. 353). Gegenüber dem Anwendungsbereich des 12. Kapitels des IPRG, das für internationale Schiedsverfahren gilt, erfolgt also zusätzlich eine *negative* Abgrenzung. Gegenstand eines Binnenschiedsverfahrens können nur Ansprüche sein, über welche die Parteien *frei verfügen* können (**Schiedsfähigkeit** des Anspruchs, Art. 354).

Die Parteien können den **Sitz des Schiedsgerichts** vollkommen *frei wählen*, insb. muss keine Beziehung der Streitsache zum Sitz des Schiedsgerichtes und damit zum Ort des Verfahrens oder überhaupt zur Schweiz bestehen. Anstelle der direkten Bestimmung des Sitzes im Rahmen der Parteivereinbarung können die Parteien eine Institution oder Stelle bezeichnen, welche den Sitz zu bestimmen hat (*indirekte Bestimmung*). Wählen die Parteien institutionelle Schiedsgerichtsbarkeit, so ist es in aller Regel die in den Schiedsregeln vorgesehene Institution. In Ad hoc-Schiedsverfahren kann irgendein Dritter als beauftragte Stelle fungieren. Erfolgt eine Sitzbestimmung weder durch die Parteien noch durch die von ihnen beauftragte Stelle, so hat das Schiedsgericht seinen Sitz selbst zu bestimmen. Unterbleibt auch dies, so ist der Sitz des Schiedsgerichts am Ort, an welchem das Gericht liegt, das den Rechtsstreit entscheiden würde, wenn die Parteien keine Schiedsvereinbarung getroffen hätten (Art. 355).

24 Trotz Vorliegen einer gültigen Schiedsvereinbarung bleibt die **Zuständigkeit staatlicher (kantonaler) Gerichte** am Sitz des Schiedsgerichts für **Hilfsverfahren** bestehen (Art. 356 Abs. 2): Art. 362 (Ernennung von Schiedsrichtern); Art. 366 Abs. 2 lit. b (Verlängerung der Amtsdauer); Art. 369 Abs. 3 (Entscheid im Ablehnungsverfahren); Art. 370 Abs. 2 (Abberufung von Schiedsrichtern); Art. 371 Abs. 2 (Ersetzung eines Mitglieds des Schiedsgerichts); Art. 375 Abs. 2 (Mitwirkung bei der Beweisabnahme); Art. 386 Abs. 2 und 3 (Hinterlegung des Schiedsspruchs und Vollstreckbarkeitsbescheinigung); ebenso die Zuständigkeit des **Bundesgerichts** (Art. 389) oder eines **oberen kantonalen Gerichts** (Art. 390) im **Rechtsmittelverfahren**: Art. 389 ff. (Beschwerde); 396 ff. (Revision).

2. Schiedsvereinbarung

25 Die Zuständigkeit eines Schiedsgerichts wird durch eine Vereinbarung oder eine Klausel in einem (Haupt-) Vertrag der Parteien begründet, wonach eine schiedsfähige Streitigkeit in einem privaten Schiedsverfahren statt im staatlichen Zivilprozess behandelt werden soll (**Schiedsvereinbarung oder Schiedsklausel**; Art. 357). Eine entsprechende Vereinbarung bedarf der **Textform**, d.h. einer Übermittlungsform, die den Nachweis durch Text ermöglicht (Art. 358). Nicht verlangt ist Schriftlichkeit i.S.v. Art. 13 OR, sodass grundsätzlich auch Internet-basierte Kommunikationsformen wie namentlich E-Mail, sowie Telefax oder SMS zur Formwahrung tauglich sind.

26 Die Schiedsvereinbarung kann im Voraus (häufig im Rahmen des Hauptvertrags, in Statuten oder AGB) oder aber erst nach Entstehen einer Streitigkeit abgeschlossen werden (Art. 357 Abs. 1). Ihre Wirksamkeit beurteilt sich indes unabhängig von jener des Hauptvertrags (Art. 357 Abs. 2). Wird trotz Bestehens einer gültig zustande gekommenen Schiedsvereinbarung im betreffenden Rechtsstreit ein staatliches Gericht angerufen, so kann die Gegenpartei die Einrede der Schiedsgerichtsbarkeit vorbringen (vgl. Art. 61). Umgekehrt kann etwa bei Ungültigkeit der Schiedsvereinbarung vor dem Schiedsgericht die Unzuständigkeitseinrede erhoben werden (Art. 359 Abs. 2). Sind die Zuständigkeit bzw. die richtige Zusammensetzung des Schiedsgerichts oder die Gültigkeit bzw. der Inhalt der Schiedsvereinbarung strittig, so liegt die Kompetenz zur Beurteilung dieser Fragen grundsätzlich beim angerufenen Schiedsgericht (Art. 359 Abs. 1; sog. **Kompetenz-Kompetenz**).

27 Von der Schiedsvereinbarung zu unterscheiden ist der sog. **Schiedsrichtervertrag**, d.h. der Vertrag zwischen den Parteien und den Mitgliedern des Schiedsgerichtes. Dabei handelt es sich um ein materiellrechtliches Vertragsverhältnis, das nicht Gegenstand des Prozessrechts ist (BOTSCHAFT ZPO, 7393). Untersteht die Vereinbarung dem schweizerischen Recht, was bei Binnenschiedsgerichten in aller Regel der Fall ist, so handelt es sich dabei nach h.L. um ein *auftragsähnliches Vertragsverhältnis* (Vertrag *sui generis* mit auftragsrechtlichem Einschlag; BOTSCHAFT ZPO, 7396; KELLERHALS, 393; RÜEDE/ HADENFELDT, 156; s.a. Komm. zu Art. 364).

3. Bestellung des Schiedsgerichts

28 Art. 360 regelt die **Anzahl Schiedsrichter**. Vorrang hat die Bestimmung der Zahl durch *Vereinbarung der Parteien*. Haben diese nichts vereinbart, so sieht das Gesetz ein Dreier-Schiedsgericht vor. Das Gesetz stellt in Abs. 2 eine gesetzliche Vermutung auf, dass die

Parteien keine gerade Mitgliederzahl vereinbaren wollten und deshalb eine zusätzliche Person als Präsidentin zu bestimmen ist. Nur wenn eine eindeutige, nicht anders auslegbare Vereinbarung vorliegt, hat es bei einer geraden Mitgliederzahl sein Bewenden.

Auch die **Art und Weise der Ernennung** der Mitglieder des Schiedsgerichtes folgt primär nach der *Parteivereinbarung* (Art. 361). Dabei darf aber eine Partei keinen überwiegenden Einfluss auf die Bestellung des Schiedsgerichts ausüben, ansonsten die Gegenpartei das Schiedsgericht entsprechend Art. 368 Abs. 1 ablehnen kann. Fehlt eine Parteivereinbarung, so ernennt jede Partei die gleiche Anzahl Mitglieder, welche ihrerseits einstimmig einen Präsidenten wählen (Art. 361 Abs. 2). Einigen sich die parteiernannten Schiedsrichter nicht, so erfolgt die Ernennung des Präsidenten durch den staatlichen Richter (Art. 362 Abs. 1 lit. c). 29

Die **Ernennung durch den staatlichen Richter** erfolgt zusätzlich nach Art. 362, wenn die Schiedsvereinbarung keine andere Stelle für die Ernennung vorsieht oder diese Stelle nicht innert angemessener Frist eine Ernennung vornimmt in den Fällen da sich die Parteien über die Ernennung der Einzelschiedsrichterin oder des Präsidenten nicht einigen können (Abs. 1 lit. a), oder eine Partei die von ihr zu bezeichnenden Mitglieder nicht innert 30 Tagen seit Aufforderung ernennt (Abs. 1 lit. b). 30

In Fällen der **Mehrparteienschiedsgerichtsbarkeit** schliesslich, kann der staatliche Richter u.U. alle Mitglieder ernennen (Art. 362 Abs. 2), um dem Aspekt der Gleichbehandlung der Parteien Rechnung zu tragen bzw. den überwiegenden Einfluss einer Partei auf die Bestellung des Schiedsgerichts zu verhindern. 31

Wenn immer der staatliche Richter – sei es als Richter i.S.v. Art. 356 Abs. 2, sei es als durch Parteivereinbarung bezeichneter Richter – zur Schiedsrichterernennung angerufen wird, ist er zur Ernennung verpflichtet, ausser eine **summarische Prüfung** ergebe, dass zwischen den Parteien **offensichtlich keine Schiedsvereinbarung** bestehe (Art. 362 Abs. 3). 32

4. Ablehnung, Abberufung und Ersetzung der Mitglieder des Schiedsgerichts

Die Tatsache, dass ein Schiedsgericht nur aufgrund eines Mandats der Streitparteien aktiv werden kann, bedeutet nicht, dass es im Geltungsbereich der Parteiautonomie sich vollständig dem Willen der Parteien zu unterwerfen hätte; ein Schiedsgericht übernimmt mit dessen Konstituierung als **Teil der staatlichen Gerichtsorganisation** eine wichtige Rechtsprechungsfunktion, die nicht rein privatautonomer Natur ist. So haben sich die Mitglieder des Schiedsgerichts insb. auch an die *Grundsätze der Unabhängigkeit und Parität* zu halten (Art. 367 Abs. 1 lit. c), die ihre verfassungsmässige Grundlage in Art. 30 Abs. 1 BV haben (Garantie eines verfassungsmässigen Richters) und durch Art. 6 Ziff. 1 EMRK garantiert werden. Potentielle Konfliktsituationen haben die Mitglieder des Schiedsgerichts *unverzüglich offenzulegen* (Art. 363). 33

Besteht eine Konfliktsituation oder erfüllt ein Mitglied des Schiedsgerichts die von den Parteien vorgegebenen Anforderungen nicht, so kann jede Partei die **Ablehnung** des betreffenden Mitglieds beantragen (Art. 367). Das **Ablehnungsverfahren** können die Parteien *frei vereinbaren* (Art. 369 Abs. 1 und 2); dem *staatlichen Richter* kommt dabei neu nur noch eine *subsidiäre* Funktion zu (Art. 369 Abs. 3). Unter gewissen Umständen kann auch das gesamte Schiedsgericht abgelehnt werden (Art. 368). 34

Aus der auftragsrechtlichen Natur des Schiedsrichtervertrages (vgl. oben N 27) ergibt sich, dass jedes Mitglied des Schiedsgerichtes unabhängig von der Art seiner Ernennung **durch Parteivereinbarung abberufen** werden kann (Art. 370 Abs. 1). Abs. 2 derselben 35

Bestimmung regelt demgegenüber die **Absetzung** eines Mitglied des Schiedsgerichtes aufgrund eines *Antrages einer Partei* durch die von den Parteien bezeichnete Stelle oder den staatlichen Richter aufgrund von unsorgfältiger Aufgabenerfüllung oder Unfähigkeit der Aufgabenerfüllung innert nützlicher Frist.

36   Ist ein **Mitglied** aufgrund eines erfolgreichen Ablehnungs- oder Absetzungsbegehrens, aufgrund gemeinsamer Abberufung durch die Parteien, aufgrund Todes oder Rücktrittes, oder aus anderen Gründen zu **ersetzen**, so findet – abweichende Parteivereinbarung vorbehalten – i.d.R. die gleiche Art und Weise der Ernennung wie bei der ursprünglichen Ernennung statt (Art. 371). Wiederum gilt also primär die *Parteivereinbarung* und kann subsidiär der staatliche Richter angerufen werden (Art. 371 Abs. 2). Über die Frage, ob nach der Ersetzung gewisse *Prozesshandlungen zu wiederholen* sind, entscheidet mangels einer Einigung der Parteien das Schiedsgericht (Art. 371 Abs. 3).

5. Das Schiedsverfahren

37   Das Schiedsverfahren ist im Wesentlichen in den Art. 372–380 geregelt. Art. 373 Abs. 1 stellt für die Festlegung der Verfahrensregeln wiederum die **Parteiautonomie** in den Vordergrund. Treffen die Parteien diesbezüglich keine Regelung, so wird das Verfahren vom Schiedsgericht festgelegt (Art. 373 Abs. 2). Jede Regelung des Verfahrens muss aber die **Minimalgarantien** der *Gleichbehandlung der Parteien* und des *rechtlichen Gehörs* in einem *kontradiktorischen Verfahren* wahren (Art. 373 Abs. 4). Werden diese Minimalgarantien verletzt, ist der **Verstoss sofort** zu **rügen**, ansonsten er nicht mehr als Grundlage einer Anfechtung des Schiedsspruches dienen kann (Art. 373 Abs. 5).

38   Das Schiedsverfahren wird mit der Anrufung des in der Schiedsvereinbarung bezeichneten Schiedsgerichts, bei fehlender Vereinbarung des Schiedsgerichtes durch Einleitung des Verfahrens zur Bestellung des Schiedsgerichtes oder des von den Parteien vereinbarten Schlichtungsverfahrens **rechts- bzw. schiedshängig** (Art. 372 Abs. 1). Die Wirkungen der Schiedshängigkeit sind allerdings nicht vollumfänglich identisch mit jenen der Rechtshängigkeit im Verfahren vor staatlichen Gerichten. Sind identische Klagen mit denselben Parteien vor einem staatlichen Gericht und einem Schiedsgericht rechtshängig, so muss das später angerufene (Schieds-)Gericht das Verfahren aussetzen, bis das zuerst angerufene (Schieds-)Gericht über seine Zuständigkeit entschieden hat (Art. 372 Abs. 2).

39   Neu in der ZPO geregelt sind **Streitgenossenschaft und Klagenhäufung** (Art. 376 Abs. 1 und 2). Abweichende Parteivereinbarung vorbehalten werden hierfür mindestens sachlich zusammenhängende Ansprüche und *«übereinstimmende»* (d.h. nicht zwingend identische) *Schiedsvereinbarungen* vorausgesetzt. **Intervention** einer dritten Person und **Beitritt** einer durch Klage streitberufenen Person waren demgegenüber bereits im KSG vorgesehen. Diese setzen eine Schiedsvereinbarung zwischen der dritten Person und den Streitparteien voraus und bedürfen der Zustimmung des Schiedsgerichts (Art. 376 Abs. 3).

40   Das unter dem KSG stark kritisierte Verrechnungsverbot (vgl. oben N 7) ist nun abgeschafft. **Verrechnung** ist selbst mit einer Forderung zulässig, welche der Schiedsvereinbarung nicht unterliegt oder gar unter eine andere Schieds- oder Gerichtsstandsvereinbarung fällt (Art. 377 Abs. 1). Eine **Widerklage** ist demgegenüber nur zulässig, wenn sie eine Streitsache betrifft, die unter eine *«übereinstimmende» Schiedsvereinbarung* zwischen den Parteien fällt (Art. 377 Abs. 2).

41   Im Gegensatz zum KSG schafft die ZPO – abweichende Parteivereinbarung vorbehalten – neu eine Massnahmenkompetenz des Schiedsgerichtes (Art. 374 Abs. 1). Unterzieht sich die betroffene Person einer vom Schiedsgericht angeordneten **vorsorglichen**

Massnahme nicht freiwillig, so kann das staatliche Gericht auf Antrag des Schiedsgerichts oder einer Partei die erforderlichen Anordnungen treffen (Art. 374 Abs. 2).

Das Schiedsgericht nimmt die Beweise selber ab. Es kann hierfür – oder für die Vornahme sonstiger Handlungen – das staatliche Gericht um Mitwirkung ersuchen (Art. 375). Für die Regelung des **Beweisverfahrens** gilt ebenfalls der Vorrang der Parteiautonomie. Auch diese Regelung hat sich an die in Art. 373 Abs. 4 statuierten Minimalgarantien (vgl. oben N 37) zu halten. 42

Das Schiedsgericht kann einen **Kostenvorschuss** für die mutmasslichen Verfahrenskosten verlangen und die Durchführung des Verfahrens von dessen Leistung abhängig machen. Leistet eine Partei den von ihr verlangten Vorschuss nicht, so kann die andere Partei die gesamten Kosten vorschiessen oder auf das Schiedsverfahren verzichten. Letzterenfalls kann sie für diese Streitsache ein neues Schiedsverfahren einleiten oder aber Klage vor dem staatlichen Richter erheben (Art. 378). In Verfahren vor Schiedsgerichten besteht **kein Anspruch auf unentgeltliche Rechtspflege** (Art. 380). Erscheint die klagende Partei zahlungsunfähig, so kann das Schiedsgericht auf Antrag der beklagten Partei eine **Sicherstellung der Parteientschädigung** anordnen (Art. 379 Abs. 1). Wird einer solchen Anordnung nicht Folge geleistet, kann die beklagte Partei auf das Schiedsverfahren verzichten (Art. 379 Abs. 2). 43

6. Der Schiedsspruch

Mit dem **Schiedsspruch** beurteilt das Schiedsgericht die Rechtsbegehren der Parteien. Nach dem insoweit dispositiven Recht liegt es im Ermessen des Schiedsgerichts zu bestimmen, ob es alle Begehren gemeinsam entscheiden will, oder ob aus prozessökonomischen Überlegungen separate Entscheide über eigenständige Begehren (**Teilentscheide**) bzw. über bestimmte Vorfragen (**Vor- oder Zwischenentscheide**) ergehen sollen (Art. 383). Alle Mitglieder des Schiedsgerichts sind verpflichtet, sich am Beratungs- und Abstimmungsverfahren im Hinblick auf den zu fällenden Schiedsspruch zu beteiligen (Art. 382 Abs. 1). 44

Die **Beratung** besteht in einem geheimen Meinungsaustausch, der von der Diskussion unter Anwesenden bis hin zum Zirkularbeschluss in mannigfaltiger Form erfolgen kann. Die **Abstimmung** über das Dispositiv unterliegt dem Prinzip der einfachen Mehrheit mit Stichentscheid der Präsidentin bzw. des Präsidenten (Art. 382 Abs. 3 und 4). Verweigert ein Mitglied seine Mitwirkung, so können die übrigen Mitglieder grundsätzlich ohne dieses beraten und entscheiden (Art. 382 Abs. 2). Die Parteien legen fest, auf welcher materiellrechtlichen Grundlage der Schiedsspruch zu fällen ist (**Rechtswahl**). Dabei können sie einerseits staatliche oder private Normenkomplexe für massgeblich erklären oder andererseits einen Billigkeitsentscheid vorsehen (Art. 381 Abs. 1). Fehlt eine Rechtswahl, so wird das anwendbare Recht nach Massgabe der kollisionsrechtlichen Bestimmungen des IPRG ermittelt (Art. 381 Abs. 2). 45

Schliessen die Parteien während der Dauer des Schiedsverfahrens einen **Vergleich**, so können sie diesen in den Schiedsspruch aufnehmen lassen (Art. 385; Schiedsspruch mit vereinbartem Inhalt). Der notwendige **Inhalt des Schiedsspruchs** wird in Art. 384 festgelegt. Sofern die Parteien nicht darauf verzichtet haben, muss der Entscheid namentlich eine Begründung enthalten. Der unterzeichnete Schiedsspruch – es genügt die Unterschrift des Präsidenten (Art. 384 Abs. 2) – wird den Parteien zugestellt (Art. 386 Abs. 1). 46

Mit der Eröffnung erwächst das Dispositiv des Schiedsspruchs in formelle und materielle **Rechtskraft** (Art. 387). Der Entscheid ist damit in jedem späteren Verfahren 47 zwischen den Parteien oder deren Rechtsnachfolgern für das entscheidende Gericht oder Schiedsgericht verbindlich. Die Eröffnung bewirkt ferner unmittelbar die **Vollstreckbarkeit** des Schiedsspruchs, ohne dass es einer gerichtlichen Bescheinung bedarf (Art. 387).

7. Anerkennung und Vollstreckung

48 Die Anerkennung und Vollstreckung von schweizerischen Schiedssprüchen, die der ZPO unterstehen, richtet sich im Wesentlichen nach denselben Grundsätzen wie die Anerkennung und Vollstreckung von Urteilen staatlicher Gerichte. Dies geht klar aus Art. 387 hervor. Eine separate Vollstreckbarkeitsbescheinigung kann zwar verlangt werden (Art. 386 Abs. 3), ist aber nicht Voraussetzung für die Vollstreckung.

8. Rechtsmittel

49 Das KSG hatte ein *zweistufiges Rechtsmittelsystem* vorgesehen, gemäss welchem ein Schiedsentscheid zuerst mit Nichtigkeitsbeschwerde vor der zuständigen kantonalen Instanz und deren Entscheid sodann noch mit staatsrechtlicher Beschwerde bzw. mit Beschwerde in Zivilsachen beim Bundesgericht angefochten werden konnte. Diese Zweistufigkeit war Gegenstand häufiger *Kritik*, weshalb die ZPO nunmehr, entsprechend der Regelung für internationale Schiedssprüche (Art. 190 f. IPRG) nur noch ein **einstufiges Beschwerdesystem** vorsieht, bei welchem ein Schiedsentscheid der **Beschwerde an das Bundesgericht** unterliegt (Art. 389 Abs. 1).

50 Die Parteien können auch vereinbaren, dass anstelle des Bundesgerichts das zuständige **kantonale Gericht** entscheidet, wobei dessen Entscheidung ebenfalls endgültig ist (Art. 390). Das **Verfahren** vor Bundesgericht richtet sich nach den Art. 389 ff. ZPO und, subsidiär, nach dem BGG, wobei Art. 77 BGG einige Bestimmungen wiederum für unanwendbar erklärt. Vor der kantonalen Instanz richtet sich das Verfahren nach den Art. 319–327 (Art. 390 Abs. 2). Die Beschwerde ist erst nach Ausschöpfung eines allfälligen schiedsgerichtlichen Instanzenzuges zulässig (Art. 391). Anfechtbar sind Endentscheide, Teilentscheide und auch Zwischenentscheide, letztere jedoch nur, wenn die vorschriftwidrige Zusammensetzung des Schiedsgerichts oder dessen (Un-)Zuständigkeit gerügt werden soll (Art. 392).

51 Die möglichen **Beschwerdegründe** (Art. 393) entsprechen weitgehend denjenigen für internationale Schiedsentscheide (Art. 190 Abs. 2 IPRG): Gerügt werden kann die vorschriftswidrige Zusammensetzung des Schiedsgerichts, namentlich die Abhängigkeit oder Parteilichkeit eines oder mehrerer Mitglieder (lit. a), die Zuständigkeit oder Unzuständigkeit (lit. b), die fehlende Beurteilung bestimmter Begehren oder aber ein über die Begehren hinausgehender Schiedsspruch (lit. c), die Verletzung der Grundsätze der Gleichbehandlung und des rechtlichen Gehörs (lit. d), Willkür durch offensichtlich aktenwidrige tatsächliche Feststellungen oder offensichtliche Verletzung des Rechts oder der Billigkeit (lit. e – im Gegensatz dazu ist für internationale Schiedssprüche die Rüge wegen Verletzung des Ordre public gegeben, Art. 190 Abs. 2 lit. e IPRG) und schliesslich offensichtlich überhöhte Entschädigungen und Auslagen der Schiedsrichter (lit. f – für diese Rüge gibt es kein Pendant im IPRG).

52 Die Rechtsmittelinstanz kann den Schiedsspruch, wenn sie es für angemessen erachtet, an das Schiedsgericht zur Berichtigung oder Ergänzung zurückweisen (Art. 394). Tut sie dies nicht, oder wird die Berichtigung oder Ergänzung vom Schiedsgericht nicht, nicht genügend oder nicht fristgerecht vorgenommen, entscheidet die Rechtsmittelinstanz über die Beschwerde und **hebt den Schiedsspruch** bei Gutheissung **auf** und **weist** ihn

an das **Schiedsgericht zurück** (Art. 395). Ein Entscheid in der Sache ist der Rechtsmittelinstanz, mit Ausnahme der Kostenbeschwerde (Art. 393 lit. f), verwehrt. Die Rechtsmittelinstanz ist indessen befugt, selbst über die Zuständigkeit oder Unzuständigkeit des Schiedsgerichts (Art. 393 lit. b) zu befinden.

Als zweites ausserordentliches Rechtsmittel ist sodann, neben der Anfechtung eines Schiedsentscheides unmittelbar nach seiner Eröffnung, auch die **Revision** (Art. 396 ff.). Diese Möglichkeit existierte für Binnenschiedsentscheide schon bisher (Art. 41–43 KSG); für internationale Schiedsentscheide wird sie, trotz Fehlens einer ausdrücklichen Regelung im IPRG, vom Bundesgericht anerkannt (BGE 118 II 199). Die Revision eines Schiedsentscheides kann nach Art. 396 verlangt werden, wenn *neue Tatsachen oder Beweismittel* aufgefunden werden (Abs. 1 lit. a) oder wenn sich herausstellt, dass durch ein *Verbrechen oder Vergehen* auf den Schiedsentscheid eingewirkt wurde (Abs. 1 lit. b) sowie wenn eine EMRK-Verletzung vorliegt (Abs. 2). Revidiert werden kann auch ein *Klagerückzug, eine Klageanerkennung oder ein Vergleich*, in diesen Fällen wegen *Willensmängeln* (Abs. 1 lit. c). Das Revisionsgesuch ist nicht beim Bundesgericht, sondern beim zuständigen kantonalen Gericht einzureichen (Art. 396 Abs. 1). Es besteht eine relative *Frist* von 90 Tagen seit Entdeckung des Revisionsgrundes und eine absolute von zehn Jahren seit Eintritt der Rechtskraft des Schiedsentscheides; von der absoluten Frist ausgenommen sind Revisionsgesuche, die wegen strefrechtlich relevanten Einwirkens auf den Schiedsentscheid (Art. 396 Abs. 1 lit. b) gestellt werden. Die Revisionsinstanz **hebt** bei Gutheissung des Revisionsgesuches **den Schiedsspruch auf und weist ihn an das Schiedsgericht zurück**; ist dieses nicht mehr vollständig, ist es nach Art. 371 zu komplettieren (Art. 399).

Kein Rechtsmittel, sondern nur einen **Rechtsbehelf**, stellt die Möglichkeit der *Berichtigung, Ergänzung oder Ergänzung* des Schiedsspruches durch das Schiedsgericht dar (Art. 388). Mit einem *Berichtigungsbegehren* kann die Korrektur einfacher Schreib- oder Rechnungsfehler verlangt werden, mit einem *Erläuterungsbegehren* die Klarstellung missverständlicher Formulierungen. Wurden von den Parteien vorgebrachte Rechtsbegehren im Schiedsspruch überhaupt nicht behandelt, so kann darüber ein *ergänzender Schiedsspruch* verlangt werden. Die Berichtigung oder Ergänzung des Schiedsspruches ist auch auf Rückweisung durch die Rechtsmittelinstanz möglich (Art. 394).

1. Titel: Allgemeine Bestimmungen

Art. 353

Geltungsbereich
¹ Die Bestimmungen dieses Teils gelten für Verfahren vor Schiedsgerichten mit Sitz in der Schweiz, sofern nicht die Bestimmungen des zwölften Kapitels des IPRG anwendbar sind.

² Die Parteien können die Geltung dieses Teils durch eine ausdrückliche Erklärung in der Schiedsvereinbarung oder in einer späteren Übereinkunft ausschliessen und die Anwendung der Bestimmungen des zwölften Kapitels des IPRG vereinbaren. Die Erklärung bedarf der Form gemäss Artikel 358.

Champ d'application
¹ Les dispositions de la présente partie s'appliquent aux procédures devant les tribunaux arbitraux ayant leur siège en Suisse, sauf si les dispositions du chapitre 12 de la LDIP sont applicables.

² Les parties peuvent, par une déclaration expresse dans la convention d'arbitrage ou dans une convention conclue ultérieurement, exclure l'application du présent titre et convenir que les dispositions du chapitre 12 de la LDIP sont applicables. La déclaration est soumise à la forme prévue à l'art. 358.

Campo d'applicazione
¹ Le disposizioni del presente titolo si applicano ai procedimenti davanti ai tribunali arbitrali con sede in Svizzera, per quanto non siano applicabili le disposizioni del capitolo 12 LDIP.

² Le parti possono escludere l'applicabilità delle presenti disposizioni sull'arbitrato mediante una dichiarazione esplicita nel patto d'arbitrato o in accordo successivo e convenire di applicare le disposizioni del capitolo 12 LDIP. Tale dichiarazione richiede la forma di cui all'articolo 358.

Inhaltsübersicht

	Note
I. Normzweck und Grundlagen	1
II. Voraussetzungen für die Anwendbarkeit des 3. Teils der ZPO	3
1. Schiedsgericht mit Sitz in der Schweiz (Abs. 1)	3
2. Nationale Schiedsverfahren: Kein Ausschluss des 3. Teils der ZPO zugunsten des 12. Kapitels des IPRG (Abs. 1 und 2)	5
3. Internationale Schiedsgerichte: Ausdrückliche Erklärung betreffend die Anwendbarkeit des 3. Teils der ZPO unter Ausschluss des 12. Kapitels des IPRG (Art. 176 Abs. 2 IPRG)	7
III. Anwendbarkeit des 12. Kapitels des IPRG für Binnenschiedsgerichte (Abs. 2)	16
IV. Ausländische Schiedsverfahren (Vollstreckung in der Schweiz)	18
V. Übersicht über die anzuwendenden Normen	20
VI. Sportschiedsgerichte insbesondere	21

Literatur

Vgl. die Literaturhinweise bei den Vorbem. zu Art. 353–399 sowie BOTSCHAFT IPRG, BBl 1983 I 263 ff.

I. Normzweck und Grundlagen

Art. 353 Abs. 1 umschreibt den **Geltungsbereich** der Vorschriften für Schiedsverfahren, die dem 3. Teil der ZPO unterstehen. Wie in Art. 176 Abs. 1 IPRG ist der räumliche Geltungsbereich aufgrund rein *formaler* Kriterien definiert (Sitz des Schiedsgerichts in der Schweiz; KELLERHALS, 392; WIGET/STRÄULI/MESSMER, Vor §§ 238–258 ZPO/ZH N 2), jedoch zusätzlich gegenüber dem Anwendungsbereich des IPRG für internationale Schiedsverfahren *negativ* abgegrenzt (BOTSCHAFT ZPO, 7393; Bericht VE-ZPO, 165; s. N 3 ff.).

Art. 353 Abs. 2 statuiert neu die Möglichkeit der Parteien, anstelle des ohne anderweitige Vereinbarung anwendbaren 3. Teils der ZPO, das 12. Kapitel des IPRG für Binnenschiedsverfahren anwendbar zu erklären (WENGER, ZZZ 2007, 403; vgl. unten N 16 ff.). Bei internationalen Schiedsverfahren kommen von vornherein die Bestimmungen des IPRG zur Anwendung (vgl. Art. Art. 176 Abs. 1 IPRG), es sei denn, die Parteien hätten ausdrücklich die Anwendung des 3. Teils der ZPO vereinbart (Art. 176 Abs. 2 IPRG; vgl. unten N 7 ff.). Ein *Ausschluss sowohl der ZPO wie auch des IPRG* ist für Schiedsgerichte mit Sitz in der Schweiz *nicht möglich* (STAEHELIN/STAEHELIN/GROLIMUND, § 29 Rz 4).

II. Voraussetzungen für die Anwendbarkeit des 3. Teils der ZPO

1. Schiedsgericht mit Sitz in der Schweiz (Abs. 1)

Gemäss Art. 353 Abs. 1 ist der 3. Teil der ZPO für Schiedsgerichte mit Sitz in der Schweiz anwendbar; dasselbe gilt gemäss Art. 176 Abs. 1 IPRG für das 12. Kapitel des IPRG (BSK IPRG-EHRAT/PFIFFNER, Art. 176 N 17). Der Sitz des Schiedsgerichts ist also in der ZPO und im IPRG der *geographische Anknüpfungspunkt* für die Anwendbarkeit der Vorschriften über die Schiedsgerichtsbarkeit. Der Sitz des Schiedsgerichts ist für Verfahren nach der ZPO aufgrund von Art. 355 und für Verfahren nach dem IPRG gemäss Art. 176 Abs. 3 IPRG zu ermitteln.

Haben die Parteien bereits in der Schiedsvereinbarung oder auch zu einem späteren Zeitpunkt den Sitz des Schiedsgerichts in der Schweiz vereinbart, kommen entweder die Vorschriften der ZPO oder des IPRG als *lex arbitri* zum Zug. Ist der Sitz von den Parteien nicht bestimmt, sondern lediglich eine Stelle benannt worden, die den Sitz zu bestimmen hat (vgl. WENGER, ZZZ 2007, 402 f.; BSK IPRG-EHRAT/PFIFFNER, Art. 176 N 24; ebenso in Österreich: Fasching/Konecny-HAUSMANINGER, § 577 N 46) oder ist gar keine Regelung getroffen worden, so ist im Sinne einer *Prima facie*-Prüfung zu klären, ob es aufgrund der Umstände (die benannte Stelle ist bspw. der Gerichtspräsident eines Kantonsgerichts) und weiterer vertraglicher Regelungen (wie z.B. der Wahl des schweizerischen Rechts) der Intention der Parteien entspricht, den Sitz des Schiedsgerichts in der Schweiz zu haben. Ist dies zu bejahen, ist im nächsten Schritt zu prüfen, ob ein internationales Schiedsverfahren oder ein nationales Schiedsverfahren vorliegt (vgl. unten N 5 ff.). Haben die Parteien einen Sitz des Schiedsgerichts im Ausland festgelegt, kann auf eine weitere Prüfung des Geltungsbereichs verzichtet werden, weil dann weder das IPRG noch die ZPO Anwendung finden.

2. Nationale Schiedsverfahren: Kein Ausschluss des 3. Teils der ZPO zugunsten des 12. Kapitels des IPRG (Abs. 1 und 2)

Art. 353 Abs. 1 besagt, dass der 3. Teil der ZPO nur dann anwendbar ist, wenn das 12. Kapitel des IPRG nicht anwendbar ist. Die Bestimmung besagt also nicht durch positive Umschreibung, dass der 3. Teil der ZPO für Binnenschiedsverfahren anwendbar

Art. 353 6–8

ist, d.h. für Schiedsverfahren, in denen alle beteiligten Parteien ihren Sitz in der Schweiz haben (vgl. Art. 355). Die Anwendbarkeit für nationale Schiedsverfahren ergibt sich – vorbehältlich abweichender Parteivereinbarungen – durch die *negative Abgrenzung* gegenüber dem 12. Kapitel des IPRG. Mit anderen Worten: Da das 12. Kapitel des IPRG für internationale Schiedsverfahren zur Anwendung kommt (vgl. Art. 176 Abs. 1 IPRG), jedoch nicht für nationale Schiedsverfahren, unterstehen letztere dem 3. Teil der ZPO. Ausgangspunkt der Prüfung ist demnach immer die Frage, ob das 12. Kapitel des IPRG anwendbar ist (STAEHELIN/STAEHELIN/GROLIMUND, § 29 Rz 1).

6   Sind die Voraussetzungen von Art. 176 Abs. 1 IPRG *nicht* erfüllt, d.h. liegt *kein internationaler Sachverhalt* im Sinne des IPRG vor, und liegt der *Sitz des Schiedsgerichts in der Schweiz* (vgl. Bericht VE-ZPO, 165; KELLERHALS, 392; s. N 3 ff.), sind – vorbehältlich einer Vereinbarung gemäss Abs. 2 (VOGEL/SPÜHLER, 14. Kap. Rz 18a; WIGET/STRÄULI/MESSMER, Vor §§ 238–258 ZPO/ZH N 2; BOTSCHAFT IPRG, 459; Bericht VE-ZPO, 165; KELLERHALS, 392; ADDOR, 37; IPRG-Komm.-VISCHER, Art. 176 N 1 ff., insb. N 5 ff.; WENGER, Schiedsgerichtsbarkeit, 339 ff.; G. WALTER, Offene Fragen, 162 ff.; PATOCCHI/GEISINGER, IPRG, 513 ff., insb. 519 ff.; vgl. unten N 16 f.) – die **Vorschriften des 3. Teils der ZPO anwendbar** (G. WALTER, Neues Recht, 546 ff.). Die Abgrenzung erfolgt also anhand rein *formeller* Kriterien, womit den zentralen Geboten der Klarheit, Einfachheit und Rechtssicherheit Rechnung getragen wird (PATOCCHI/GEISINGER, IPRG, 519; BSK IPRG-EHRAT/PFIFFNER, Art. 176 N 38; BSK IPRG-HOCHSTRASSER/BLESSING, Einl. 12. Kap. N 204; BOTSCHAFT IPRG, 459).

3. Internationale Schiedsgerichte: Ausdrückliche Erklärung betreffend die Anwendbarkeit des 3. Teils der ZPO unter Ausschluss des 12. Kapitels des IPRG (Art. 176 Abs. 2 IPRG)

7   Das 12. Kapitel des IPRG ist anwendbar, wenn es sich um ein internationales Schiedsverfahren handelt. Der Begriff der internationalen Schiedsgerichtsbarkeit ist formal in Art. 176 Abs. 1 IPRG beschrieben (BSK IPRG-EHRAT/PFIFFNER, Art. 176 N 33 ff.; G. WALTER, Alternativentwurf; Bericht VE-ZPO, 165; G. WALTER, Neues Recht, 547). Danach liegt ein internationales Schiedsverfahren vor, wenn der *Sitz des Schiedsgerichts in der Schweiz* ist und beim Abschluss der Vereinbarung mindestens *eine der Vertragsparteien* (die bei einem Mehrparteienverfahren nicht zwingend am Schiedsverfahren beteiligt sein muss; BSK IPRG-EHRAT/PFIFFNER, Art. 176 N 39) *ihren Wohnsitz oder gewöhnlichen Aufenthalt nicht in der Schweiz* hatte (BSK IPRG-EHRAT/PFIFFNER, Art. 176 N 33; vgl. Art. 1 Abs. 1 lit. e IPRG; Art. 1 Abs. 3 lit. a UNCITRAL Modellgesetz; G. WALTER, Alternativentwurf, 5; G. WALTER, Neues Recht, 547; WALTER/BOSCH/BRÖNNIMANN, 35). Gemäss Art. 21 Abs. 2 IPRG gilt bei Gesellschaften der Sitz als Wohnsitz (Bericht VE-ZPO, 165; IPRG-Komm.-VISCHER, Art. 176 N 16).

8   Eine blosse **Niederlassung in der Schweiz** begründet *kein* inländisches Domizil für juristische Personen (BGE 118 II 508, 509 zum IPRG; LALIVE/POUDRET/REYMOND, Art. 176 IPRG N 3; WALTER/BOSCH/BRÖNNIMANN, 46 f.; Zuberbühler/Müller/Habegger-GILLIÉRON/PITTET, Art. 1 N 4; BOTSCHAFT IPRG, 459; BSK IPRG-EHRAT/PFIFFNER, Art. 176 N 2 ff., N 33 ff.; Bericht VE-ZPO, 165; VOGEL/SPÜHLER, 14. Kap. Rz 18a; BSK IPRG-EHRAT/PFIFFNER, Art. 176 N 8 ff.; WALTER/BOSCH/BRÖNNIMANN, 43; IPRG-Komm.-VISCHER, Art. 176 N 1, 5 ff., 13 ff.; WENGER, Schiedsgerichtsbarkeit, 339 ff.; ADDOR, 39; WIGET/STRÄULI/MESSMER, Vor §§ 238–258 ZPO/ZH N 2; G. WALTER, Neues Recht, 547; BUCHER, in: FS Keller, 565 f.). *Nicht* vorausgesetzt ist eine **Beziehung der Parteien zum Sitz des Schiedsgerichts** (WALTER/BOSCH/BRÖNNIMANN, 36 und 38; VOGEL/SPÜHLER, 14. Kap. Rz 23) und der **Tagungsort** kann sich vom Sitz des Schieds-

1. Titel: Allgemeine Bestimmungen   9–12 **Art. 353**

gerichts *unterscheiden* (Art. 355 N 32 ff.; WALTER/BOSCH/BRÖNNIMANN, 37; IPRG-Komm.-VISCHER, Art. 176 N 5).

In **Art. 176 Abs. 2 IPRG** ist eine Ausschlussklausel für das 12. Kapitel des IPRG statuiert, die bisher zugunsten des KSG bestand (IPRG-Komm.-VISCHER, Art. 176 N 21; BSK IPRG-HOCHSTRASSER/BLESSING, Einl. 12. Kap., N 168). Nach dieser Regelung konnte die Anwendung des IPRG schriftlich ausgeschlossen und die ausschliessliche Anwendung der kantonalen Bestimmungen über die Schiedsgerichtsbarkeit vereinbart werden (BGE 116 II 721, 723). Die Möglichkeit eines *Opting-out* gemäss Art. 176 Abs. 2 IPRG (bzw. Opting-in aus Sicht der ZPO) wird weiterhin bestehen, allerdings nach Inkrafttreten der ZPO **neu zugunsten des 3. Teils der ZPO** (WENGER, ZZZ 2007, 403). Gemäss Ziff. 18 des Anhangs zur ZPO lautet Art. 176 Abs. 2 IPRG neu: «Die Parteien können die Geltung dieses Artikels durch eine ausdrückliche Erklärung in der Schiedsvereinbarung oder in einer späteren Übereinkunft ausschliessen und die Anwendung des dritten Teils der ZPO vereinbaren.» Die Parteien können also auch weiterhin ein internationales Schiedsverfahren den Regeln für nationale Verfahren unterstellen (WENGER, ZZZ 2007, 403; STAEHELIN/STAEHELIN/GROLIMUND, § 29 Rz 5; BOTSCHAFT ZPO, 7392; G. WALTER sprach sich gegen diese Wahlmöglichkeit aus und forderte eine Streichung von Art. 176 Abs. 2 IPRG [G. WALTER, Alternativentwurf, 6; DERS., Neues Recht, 547]). 9

Um für eine internationale Streitigkeit den 3. Teil der ZPO (anstelle des 12. Kapitels des IPRG) als anwendbare *lex arbitri* zu wählen, sind **strenge Anforderungen** zu erfüllen. Der *ausdrückliche Ausschluss* des 12. Kapitels sowie die *ausschliessliche Anwendbarkeit* des 3. Teils der ZPO müssen durch eine *schriftliche Vereinbarung* erfolgen, die den Vorgaben des Art. 178 Abs. 1 IPRG genügt (vgl. BGE 116 II 721, 724 zum KSG; WALTER/BOSCH/BRÖNNIMANN, 47 ff.; IPRG-Komm.-VISCHER, Art. 176 N 17 ff.; BGE 115 II 390, 391 zum IPRG; BGE 118 Ib 562, 568 zum IPRG; VOGEL/SPÜHLER, 14. Kap. Rz 18; BSK IPRG-EHRAT/PFIFFNER, Art. 176 N 40 ff.; WENGER, Schiedsgerichtsbarkeit, 341), d.h. *alle drei Voraussetzungen* müssen erfüllt sein (PATOCCHI/GEISINGER, IPRG, 521). Ein teilweiser Ausschluss des 12. Kapitels ist aufgrund des klaren Wortlauts von Art. 176 Abs. 2 IPRG nicht möglich (WALTER/BOSCH/BRÖNNIMANN, 48); auch der Wortlaut von Art. 353 Abs. 1 lässt keinen anderen Schluss zu. 10

Umstritten ist, ob ein **Wechsel** vom IPRG zur ZPO (bzw. vor Inkrafttreten der ZPO zum KSG) auch **nach der Einleitung** eines Schiedsverfahrens noch möglich sein soll (offen gelassen in BGE 115 II 390, 391 zum IPRG; PATOCCHI/GEISINGER, IPRG, 526; BSK IPRG-EHRAT/PFIFFNER, Art. 176 N 47; BERTI, 105). Nach der hier vertretenen Auffassung spricht nichts dagegen, einen Wechsel *bis zur ersten Organisationsbesprechung* («organizational hearing») zuzulassen; (ähnlich IPRG-Komm.-VISCHER, Art. 176 N 23, der einen Wechsel erst nach Vornahme «entscheidender Prozessschritte» ausschliessen will; BSK IPRG-EHRAT/PFIFFNER, Art. 176 N 47); entscheidend ist, dass *keine wesentlichen Verfahrensverzögerungen* eintreten. Allerdings kann ein solcher Wechsel nicht vom Schiedsgericht von sich aus beschlossen, sondern lediglich von den Streitparteien vereinbart oder mit deren Zustimmung vom Schiedsgericht beschlossen werden. 11

Wird der Ausschluss des 12. Kapitels des IPRG rechtsgültig vereinbart, so gilt also der 3. Teil der ZPO. Unter der Geltung des KSG ging die Lehre überwiegend davon aus, dass **die materiell-rechtlichen Bestimmungen des IPRG** (dazu zählen: Art. 177: Schiedsfähigkeit; Art. 178 Abs. 1 und 2: Form und Gültigkeit der Schiedsvereinbarung; Art. 181: Rechtshängigkeit; Art. 187: Rechtsanwendung) dennoch Anwendung finden. Als Begründung dafür wurde die Normenhierarchie aufgeführt: materielles Bundeszivilrecht geht kantonalem materiellem Recht vor (BSK IPRG-EHRAT/PFIFFNER, Art. 176 N 48). 12

Mit der *Regelung* der entsprechenden Bestimmungen *in der ZPO* ist diese *Begründung nicht mehr stichhaltig*. Zudem widerspiegeln die entsprechenden Regeln in der ZPO den neuesten Stand der Schiedsgerichtspraxis und sind somit weitestgehend auch für internationale Verfahren geeignet; so etwa Art. 354 für die Beurteilung der Schiedsfähigkeit, Art. 357 und 358 für die Form und Gültigkeit der Schiedsvereinbarung, Art. 372 für die Rechtshängigkeit und Art. 381 für die Bestimmung des anwendbaren Rechts (vgl. Komm. zu Art. 381 Abs. 2 N 25 f.).

13 Für die **Schiedsfähigkeit** ergeben sich daraus die unter **Art. 354** dargelegten Abweichungen (vgl. Art. 354 N N 5, 6 ff, 19). Da Art. 178 Abs. 1 IPRG und Art. 358 – mit Ausnahme der in Art. 178 Abs. 1 IPRG noch aufgeführten Aufzählung, die von der **Schriftlichkeit** des Art. 358 selbstverständlich auch miterfasst sind – den identischen Wortlaut haben, führt hier die Anwendung von Art. 358 zu keinen Abweichungen. Hingegen *fehlt* im 3. Teil der ZPO, der für nationale Schiedsverfahren konzipiert ist, eine Bestimmung wie **Art. 178 Abs. 2 IPRG**. Wenn die Parteien in einem nationalen Schiedsverfahren eine ausländische Rechtsordnung für anwendbar erklären, rechtfertigt sich jedoch auch unter der Geltung der ZPO die *analoge Anwendung* von Art. 178 Abs. 2 IPRG.

14 Eine auf den ersten Blick erhebliche Abweichung scheint sich in der Regelung betreffend das mangels Rechtswahl **anzuwendende Recht** zu finden: Während das **IPRG** in **Art. 187 Abs. 1** direkt das Recht für anwendbar erklärt, mit dem die Streitsache am engsten zusammenhängt, schreibt **Art. 381 Abs. 2** dem Schiedsgericht vor, für seine Entscheidung das *Recht* anzuwenden, *welches ein staatliches Gericht anwenden würde*. Diese Bestimmung enthält also keine materielle Verweisungsnorm, aus der das anwendbare Recht direkt abgeleitet werden kann. Da ein staatliches Gericht bei einem internationalen Streitfall aus Vertrag bei fehlender Rechtswahl über **Art. 117 Abs. 1 IPRG** ebenfalls das Recht anwenden würde, mit welchem der Vertrag am engsten zusammenhängt, führt dies aufgrund der weiteren Vorgaben in Art. 117 Abs. 2 und 3 IPRG zwar zu einer gewissen Einschränkung der Flexibilität des Schiedsgerichts, die in der Praxis im Ergebnis jedoch kaum ins Gewicht fallen sollte (Art. 381 N 25).

15 Die **praktische Bedeutung** dieser Bestimmung ist bis heute gering; es gibt praktisch keine internationalen Schiedsverfahren, die dem KSG unterstellt worden sind (BSK IPRG-EHRAT/PFIFFNER, Art. 176 N 40). Da das 12. Kapitel des IPRG sich in der Praxis als *lex arbitri* für internationale Schiedsgerichte mit Sitz in der Schweiz sehr bewährt hat, ist auch nicht zu erwarten, dass sich dies unter der Geltung der neuen ZPO wesentlich ändern wird.

III. Anwendbarkeit des 12. Kapitels des IPRG für Binnenschiedsgerichte (Abs. 2)

16 Art. 353 Abs. 2 bietet (wie Art. 176 Abs. 2 IPRG, nur mit umgekehrter Wahlmöglichkeit; vgl. dazu oben N 7 ff.) den Parteien in Fällen, in denen das rein formelle Kriterium des Sitzes oder Wohnsitzes einer Partei zu unbefriedigenden Situationen führt, die Möglichkeit, durch Rechtswahl einzugreifen; d.h. sie können mit Bezug auf die anwendbare *lex arbitri* die Unterscheidung zwischen nationaler und internationaler Schiedsgerichtsbarkeit aufheben und so sicherstellen, dass für ähnliche Streitigkeiten keine Ungleichbehandlung erfolgt, indem sie verschiedenen Regeln unterstehen (vgl. BOTSCHAFT ZPO, 7393; WALTER, in: Rigozzi/Bernasconi, 171). Darin kommt (wie in Art. 176 Abs. 2 IPRG) eine sehr weitgehende Parteiautonomie zum Ausdruck (WENGER, ZZZ 2007, 404).

Die Parteien können also – im Gegensatz zum KSG, unter welchem keine vergleichbare Regelung bestand – neu einvernehmlich durch vertragliche Vereinbarung und *ausdrückliche Erklärung* (Art. 358) die Anwendbarkeit der ZPO ausschliessen und das 12. Kapitel des IPRG für anwendbar erklären, selbst wenn alle Parteien ihren Sitz, Wohnsitz oder gewöhnlichen Aufenthalt in der Schweiz haben (WALTER, in: Rigozzi/Bernasconi, 170 f.; WENGER, ZZZ 2007, 403; BOTSCHAFT ZPO, 7392; STAEHELIN/STAEHELIN/GROLIMUND, § 29 Rz 4). Die Parteien haben mithin neu die Möglichkeit, die Anwendbarkeit des IPRG auch auf *nationale Schiedsverfahren* anzuwenden, was insb. im Bereich des Sportes von besonderer Relevanz sein kann (vgl. N 21 ff.; WENGER, ZZZ 2007, 403; G. WALTER, Alternativentwurf, 6; BERGER/KELLERHALS, Rz 243; BOTSCHAFT ZPO, 7397; WIGET/ STRÄULI/MESSMER, Vor §§ 238–258 ZPO/ZH N 2).

IV. Ausländische Schiedsverfahren (Vollstreckung in der Schweiz)

Für die Anerkennung und Vollstreckung ausländischer Schiedssprüche ist Art. 194 IPRG anwendbar, welcher auf das New Yorker Übereinkommen vom 10.6.1958 verweist (WALTER, Alternativentwurf, 5; WALTER, Neues Recht, 547; vgl. auch zum deutschen Recht: GEIMER, in: Zöller, § 1025 N 1 ff., sowie BAUMBACH/LAUTERBACH, § 1025 N 1). *Ausländisch* ist eine Schiedssache dann, wenn das Schiedsgericht den Sitz ausserhalb der Schweiz hat; Anknüpfungspunkt ist also auch hier der *Sitz des Schiedsgerichts* (WALTER/ BOSCH/BRÖNNIMANN, 33).

Zur Vollstreckung *schweizerischer* Schiedsentscheide s. Art. 387 N 24 ff.; BERGER/ KELLERHALS, Rz 1837 ff.

V. Übersicht über die anzuwendenden Normen

	Inländisches Schiedsverfahren	Ausländisches Schiedsverfahren
Nationales Schiedsverfahren	3. Teil der ZPO Ausnahme: Art. 353 Abs. 2 ZPO → 12. Kapitel des IPRG	Art. 194 IPRG
Internationales Schiedsverfahren	12. Kapitel des IPRG Ausnahme: Art. 176 Abs. 2 IPRG → 3. Teil der ZPO	Art. 194 IPRG

VI. Sportschiedsgerichte insbesondere

Die Botschaft erwähnt ausdrücklich, dass insb. Sportverbände von der in Abs. 2 der Bestimmung umschriebenen Regelung Gebrauch machen können, indem sie nationale Schiedssachen den Art. 176 ff. IPRG unterstellen (*Opting-out;* BOTSCHAFT ZPO, 7393; vgl. N 17). Diese Möglichkeit kann v.a. für Schiedsverfahren im Bereich des Sports bedeutsam sein, weil in diesen Fällen sonst die Gefahr besteht, dass ähnliche Streitsachen unterschiedlichen Regelungen unterstehen (so insb. auch wegen des unterschiedlichen Prüfungsmassstabs der Rechtsmittelinstanzen; s. Art. 393 N [79]), nur weil eine Partei ihren Wohnsitz in der Schweiz oder im Ausland hat. Insbesondere Sportverbände mit Sitz in der Schweiz haben auch Mitglieder mit Wohnsitz im Ausland (WENGER, ZZZ 2007, 403). Entsprechend können sie in ihren Statuten für Streitfälle die einheitliche Anwendung des 12. Kapitels des IPRG vorsehen (G. WALTER, Neues Recht, 171; WENGER, ZZZ 2007, 403 f.).

22 Die üblichen Überlegungen, die zur Wahl der Schiedsgerichtsbarkeit anstelle der staatlichen Gerichte führen, gelten im Bereich des Sportrechts in besonderem Masse. So können Schiedsverfahren besonders effizient und rasch ausgestaltet und von fachkundigen Personen als Schiedsrichter geführt werden. Dadurch kann der Beizug allenfalls kostspieliger Sachverständiger vermieden werden.

Schliesslich zeigte sich in der Vergangenheit, dass die Schiedsgerichtsbarkeit auch mehr Vertrauen der Parteien geniesst, und Entscheidungen von Schiedsgerichten besser akzeptiert werden (HOLLA, 34 f.; HAUSHEER/AEBI-MÜLLER, 358; VOGT, 17; STAEHELIN/STAEHELIN/GROLIMUND, § 29 Rz 1).

23 Während die üblicherweise eingesetzten Vereins- oder Verbandsgerichte lediglich private Entscheidgremien ohne rechtliche Verbindlichkeit darstellen (s. Vor Art. 353–399 N 18), ersetzen Schiedsgerichte in Sportangelegenheiten die ordentlichen Gerichte, dies gilt sowohl für den Amateur- als auch den Profibereich (HOLLA, 33; HAUSHEER/AEBI-MÜLLER, 359 f.; BERGER/KELLERHALS, Rz 219). Schiedsgerichte dürfen jedoch nur aufgrund von *Rechts*regeln entscheiden, nicht hingegen über die Einhaltung von *Spiel*regeln (BERGER/KELLERHALS, Rz 218; BGE 103 Ia 410, 411; BGE 119 II 271, 275 zum IPRG; BGE 118 II 12, 15; HAUSHEER/AEBI-MÜLLER, 358).

Art. 354

Schiedsfähigkeit	Gegenstand eines Schiedsverfahrens kann jeder Anspruch sein, über den die Parteien frei verfügen können.
Objet de la convention d'arbitrage	L'arbitrage peut avoir pour objet toute prétention qui relève de la libre disposition des parties.
Arbitrabilità	L'arbitrato può vertere su qualsiasi pretesa su cui le parti possono disporre liberamente.

Inhaltsübersicht   Note

I. Normzweck und Grundlagen 1
II. Voraussetzungen der objektiven Schiedsfähigkeit nach Art. 354 6
   1. Freie Verfügbarkeit des Anspruchs 7
   2. Keine Ausschlussgründe 11
III. Anwendbares Recht 19
IV. Einzelfälle 23
   1. Schiedsfähige Ansprüche 23
   2. Nicht schiedsfähige Ansprüche 38
V. Prüfung der Schiedsfähigkeit/Zeitpunkt der Prüfung 44
VI. Rechtsfolgen der fehlenden Schiedsfähigkeit 47
VII. Sportrecht insbesondere 51

Literatur

Vgl. die Literaturhinweise bei den Vorbem. zu Art. 353–399 sowie M. BLESSING, Das neue internationale Schiedsgerichtsrecht in der Schweiz, in: Böckstiegel (Hrsg.), Die Internationale Schiedsgerichtsbarkeit in der Schweiz (II), Das neue Recht ab 1. Januar 1989, Köln u.a. 1989; R. BÄR, Das Internationale Privatrecht in: SIWR I/1, 2. Aufl., Basel/Frankfurt a.M. 1998; T. BERSHEDA, Les clauses d'arbitrage statutaires en droit suisse, ASA Bull 4/2009, 691–716; P. BÖCKLI, Schweizer Aktienrecht, 3. Aufl., Zürich 2004; CH. BORRIS, Die «Ergänzenden Schiedsregeln für gesellschaftsrechtliche Streitigkeiten» der DIS («DIS-ERGeS»), SchiedsZV 2009, Heft 6, 299 ff.; BOTSCHAFT IPRG, BBl 1983 I 263 ff.; L. DAVID, Der Rechtsschutz im Immaterialgüterrecht, in: SIWR I/2, 2. Aufl., Basel/Frankfurt a.M. 1998; J. D. JAEGER, Die Umsetzung des UNCITRAL-Modellgesetzes über die internationale Handelsschiedsgerichtsbarkeit im Zuge der nationalen Reformen, Frankfurt a.M. 2001; G. KAUFMANN-KOHLER/A. RIGOZZI, Arbitrage international: droit et pratique à la lumière de la LDIP, Bern 2006; M. LALONDE, The Evolving Definition of Arbitration and Arbitrability, in: A. J. van den Berg (Hrsg.), Improving the efficiency of arbitration agreements and awards, 40 years of application of the New York convention, Den Haag 1999; S. LINIGER, Immaterialgüterrechtliche Streitigkeiten vor internationalen Schiedsgerichten mit Sitz in der Schweiz, Diss. Zürich 2002; M. M. PEDRAZZINI/C. HILTI, Europäisches und schweizerischen Patent- und Patentprozessrecht, 3. Aufl., Bern 2008; J.-F. POUDRET/S. BESSON, Comparative Law of International Arbitration, 2. Aufl., London 2007; F. VISCHER/L. HUBER/D. OSER, Internationales Vertragsrecht, 2. Aufl., Bern 2000.

I. Normzweck und Grundlagen

Art. 354 stimmt inhaltlich mit **Art. 5 KSG erster Satzteil** überein (BOTSCHAFT ZPO, 7393; JOLIDON, 151 ff.; KELLERHALS, 392; VOGEL/SPÜHLER, 14. Kap. Rz 31), nicht übernommen wurde hingegen der zweite Satzteil von Art. 5 KSG («sofern nicht ein staatliches Gericht nach einer zwingenden Gesetzesbestimmung in der Sache ausschliesslich zuständig ist»; N 12 ff.). Ebenso wurde von einer Zwischenlösung, wie sie WALTER vorschlug (Alternativentwurf, 15 ff.; WALTER, Neues Recht, 551), dass vermögensrechtliche Ansprüche und nicht vermögensrechtliche Ansprüche, wenn diese frei verfügbar sind, schiedsfähig sein sollen, abgesehen (Bericht VE-ZPO, 167; SUTTER-SOMM/HASENBÖHLER, 116).

Es ist zwischen der objektiven und der subjektiven Schiedsfähigkeit zu unterscheiden. **Objektive Schiedsfähigkeit (ratione materiae)** umfasst «alle Rechtsstreitigkeiten, die im Wege eines Schiedsverfahrens entschieden werden können» (PATOCCHI/GEISINGER, 527). Die objektive Schiedsfähigkeit, welche von Art. 354 erfasst wird, betrifft die Frage, welche Ansprüche Gegenstand eines Schiedsverfahrens sein und infolgedessen durch private Gerichtsbarkeit entschieden werden können (PATOCHI/GEISINGER, Art. 177 N 1; WIGET/STRÄULI/MESSMER, Vor §§ 238–258 ZPO/ZH N 17; WALTER/BOSCH/BRÖNNIMANN, 54; BOTSCHAFT IPRG, 459; BSK IPRG-BRINER, Art. 177 N 2; SIEHR, 713; LALONDE, 47; HOLLA, 76). Sie ist dann gegeben, wenn die Rechtsstreitigkeit nach dem *Willen der Streitparteien* durch einen Vergleich oder durch Anerkennung vor einem staatlichen Gericht erledigt werden kann, d.h. wenn die Streitigkeit aufgrund ihrer besonderen Merkmale überhaupt *der Schiedsgerichtsbarkeit unterstellt werden kann*. Nicht mehr Voraussetzung ist, dass keine zwingenden Bestimmungen die ausschliessliche Zuständigkeit staatlicher Gerichte festlegen (N 11 f.; so noch BGE 118 II 193, 195 f.; SUTTER-SOMM, Rz 1202; BERGER/KELLERHALS, Rz 168). Wenn nur von «Schiedsfähigkeit» die Rede ist, ist i.d.R. die objektive Schiedsfähigkeit gemeint.

Die objektive Schiedsfähigkeit des Anspruchs ist Voraussetzung für die *materielle Gültigkeit einer Schiedsvereinbarung*; ihr Umfang steckt also zugleich auch den *materiellen Rahmen der Zulässigkeit* einer Schiedsvereinbarung ab (WIGET/STRÄULI/MESSMER, Vor §§ 238–258 ZPO/ZH N 17; WALTER/BOSCH/BRÖNNIMANN, 54; BERGER/KELLERHALS,

Rz 169, 246; BAUMBACH/LAUTERBACH, § 1030 N 1; HAUSHEER/AEBI-MÜLLER, 360; WENGER, Schiedsgerichtsbarkeit, 341). Mangelnde Schiedsfähigkeit kann auch Rügegrund in einem *Beschwerdeverfahren* gegen den Schiedsspruch sowie im *Vollstreckungsverfahren* gegen die Anerkennungsfähigkeit bzw. Vollstreckbarkeit eines ausländischen Schiedsspruchs sein (vgl. Art. 393 N [33 ff.]; Art. V Abs. 2 lit. a NYÜ; BERGER/KELLERHALS, Rz 170; WALTER/BOSCH/BRÖNNIMANN, 54; BOTSCHAFT IPRG, 459 f.).

4   Von der objektiven Schiedsfähigkeit zu unterscheiden ist die **subjektive Schiedsfähigkeit** (*ratione personae*). Die subjektive Schiedsfähigkeit bestimmt, welchen Personen *Partei-* und *Prozessfähigkeit* zukommt (WIGET/STRÄULI/MESSMER, Vor §§ 238–258 ZPO/ZH N 17; PATOCCHI/GEISINGER, 527; BGE 118 II 353, 356 zum IPRG) bzw. welche eine Schiedsvereinbarung abschliessen können (WALTER/BOSCH/BRÖNNIMANN, 54; BSK IPRG-BRINER, Art. 177 N 3). Im 3. Teil der ZPO finden sich dazu (wie im 12. Kapitel des IPRG für internationale Schiedsfälle; BGer, 4A.428/2008, E. 3.2) *keine eigene Bestimmungen*. So sind sie auch nicht Gegenstand von Art. 354, sondern sind in Anwendung allgemeiner prozessualer Grundsätze für schweizerische Parteien nach den allgemeinen Regeln im ZGB (Art. 11 ff. bzw. 52 ff.) und für ausländische Parteien nach deren Rechtsordnungen (Art. 33 f. bzw. 154 f. IPRG) festzustellen (vgl. Art. 66 und 67; BGer, 4A.428/2008, E. 3.2, zur fehlenden subjektiven Schiedsfähigkeit einer konkursiten Gesellschaft; s. Art. 393 N 35).

5   In **internationalen** Fällen bestimmt sich die objektive Schiedsfähigkeit (*ratione materiae*) nach **Art. 177 Abs. 1 IPRG** (SIEHR, 713; WALTER/BOSCH/BRÖNNIMANN, 54; BERGER/KELLERHALS, Rz 190). Im Gegensatz zu Art. 354 (N 9) enthält Art. 177 Abs. 1 IPRG eine *materiellrechtliche Regelung*, aufgrund derer die objektive Schiedsfähigkeit festgelegt wird (BGE 118 II 193, 195 zum IPRG; WALTER, Offene Fragen, 166; BSK IPRG-HOCHSTRASSER/BLESSING, Einl. 12. Kap. N 205). Danach ist die Schiedsfähigkeit einer Streitigkeit dann gegeben, wenn ein *vermögensrechtlicher*, d.h. geldwerter, Anspruch für mindestens eine der Parteien Gegenstand des Schiedsverfahrens ist (BOTSCHAFT IPRG, 460 f.; WIGET/STRÄULI/MESSMER, Vor §§ 238–258 ZPO/ZH N 20; WALTER, Offene Fragen, 165 ff.; SIEHR, 713; BLESSING, 34; PATOCCHI/GEISINGER, 528; IPRG-Komm.-VISCHER, Art. 177 N 1 ff.; VISCHER/HUBER/OSER, Rz 1387 ff.; SPÜHLER/MEYER, 122; LALIVE/POUDRET/REYMOND, Art. 177 IPRG N 2m; BGE 118 II 353, 355). *Nicht vermögensrechtliche* Streitigkeiten können *als Vorfrage* für die Entscheidung eines vermögensrechtlichen Anspruchs (aber auch nur hierfür) *schiedsfähig* sein (IPRG-Komm.-VISCHER, Art. 177 N 11; **a.A.** SIEHR, 713).

II. Voraussetzungen der objektiven Schiedsfähigkeit nach Art. 354

6   Damit ein Anspruch schiedsfähig i.S.v. Art. 354 ist, muss dieser einerseits für die Parteien *frei verfügbar* sein (N 6 ff.), und es dürfen andererseits *keine Ausschlussgründe* bestehen (N 10 ff.) (STAEHELIN/STAEHELIN/GROLIMUND; § 29 Rz 12).

1. Freie Verfügbarkeit des Anspruchs

7   Nach Art. 354 ist ein Anspruch dann schiedsfähig, wenn die Parteien über diesen **frei verfügen** können, wobei die freie Verfügbarkeit nach Art. 354 – im Gegensatz zu Art. 177 Abs. 1 IPRG – *sowohl vermögensrechtliche als auch nicht vermögensrechtliche Streitigkeiten* umfasst (Bericht VE-ZPO, 167; BOTSCHAFT ZPO, 7393; HAUSHEER/AEBI-MÜLLER, 361 f.; WALTER, Alternativentwurf, 15; WALTER, Neues Recht, 550 ff.; KELLERHALS, 392; BERSHEDA, 709; SUTTER-SOMM/HASENBÖHLER, 116; SUTTER-SOMM, Rz 1203; BGE 118 II 353, 356 zum IPRG). Freie Verfügbarkeit bedeutet, dass eine Strei-

1. Titel: Allgemeine Bestimmungen

tigkeit rechtsverbindlich durch einen aussergerichtlichen Vergleich bereinigt oder durch Anerkennung vor einem staatlichen Gericht beendet werden kann (RÜEDE/HADENFELDT, 49; ZR 89 [1990] Nr. 79, 170 m.w.H.; WIGET/STRÄULI/MESSMER, Vor §§ 238–ZPO/ZH N 18).

Vermögensrechtliche Ansprüche sind i.d.R. frei verfügbar (BERGER/KELLERHALS, Rz 198), jedoch nicht immer; es gibt auch geldwerte Rechte, über die nicht frei verfügt werden kann (WIGET/STRÄULI/MESSMER, Vor §§ 238–258 ZPO/ZH N 20). So kann beispielsweise der Entzug einer staatlichen Konzession vermögensrechtliche Ansprüche tangieren (und wäre damit nach Art. 177 IPRG objektiv schiedsfähig), nach der massgeblichen *lex causae* aber nicht frei verfügbar sein, womit er nach Art. 354 nicht schiedsfähig wäre (BSK IPRG-HOCHSTRASSER/BLESSING, Einl. 12. Kap. N 205). Umgekehrt gibt es aber auch *nicht vermögensrechtliche Ansprüche*, über die frei verfügt werden kann (WENGER, ZZZ 2007, 404: «Schulbeispiel hierfür sind der Ausschluss aus einer kulturellen Organisation sowie Ansprüche auf Schutz von Persönlichkeitsrechten»). 8

Die Regelung von Art. 354 ist also *einerseits weiter* als diejenige von Art. 177 Abs. 1 IPRG, indem sie auch nicht vermögensrechtliche Ansprüche umfasst, andererseits ist sie im Ergebnis dann *enger*, wenn vermögensrechtliche Ansprüche aufgrund der anwendbaren *lex causae* (N 8) nicht frei disponibel sind (Bericht zum Vorentwurf der Expertenkommission, Juni 2003, 167; BERGER/KELLERHALS, Rz 235). Ob letzteres der Fall ist, muss in jedem *Einzelfall* geprüft werden (RÜEDE/HADENFELDT, 49), eine Prüfung, die nach Art. 177 Abs. 1 IPRG aufgrund der materiellrechtlichen Regelung, die auf den vermögensrechtlichen Charakter des Anspruches abstellt, nicht erforderlich ist (N 5; Bericht VE-ZPO, 167; BOTSCHAFT ZPO, 7393; BSK IPRG-BRINER, Art. 177 N 7; BGE 118 II 353, 356 zum IRPG; STAEHELIN/STAEHELIN/GROLIMUND, § 29 Rz 12). Mit anderen Worten ist in internationalen Fällen die freie Disponibilität eines vermögensrechtlichen Anspruchs nach der anwendbaren *lex causae* gar nicht zu prüfen, weil sie für die Frage der Schiedsfähigkeit nicht relevant ist (BERGER/KELLERHALS, Rz 198). 9

Anders sieht es in den Fällen aus, in welchen gemäss **Art. 176 Abs. 2 IPRG** ein internationales Schiedsverfahren den Regeln des 3. Teils der ZPO unterstellt wird. Da eine solche Unterstellung nur in umfassender Anwendung des 3. Teils der ZPO und unter vollständigem Ausschluss des 12. Kapitels des IPRG erfolgen kann (Art. 353 N 10), beurteilt sich auch die *Schiedsfähigkeit nach Art. 354* und nicht nach Art. 177 Abs. 1 IPRG. 10

2. Keine Ausschlussgründe

Als zweite Voraussetzung neben der freien Verfügbarkeit des Anspruchs ist zu prüfen, ob keine Ausschlussgründe vorliegen. Solche können sich insb. aus **zwingenden gesetzlichen Vorschriften** ergeben. Unter der Geltung des *KSG* konnten auch noch zwingende Vorschriften in *kantonalen Verfahrensrechten* (z.B. § 13 Abs. 3 ZH GVG für arbeitsrechtliche Streitsachen; BERGER/KELLERHALS, Rz 237) die Schiedsgerichtsbarkeit ausschliessen (WIGET/STRÄULI/MESSMER, Vor §§ 238–258 ZPO/ZH N 18; RÜEDE/ HADENFELDT, 55); mit *Inkrafttreten der ZPO*, die dem Bundesrecht angehört, sind solche kantonalen Vorbehalte jedoch *unbeachtlich geworden* (vgl. RÜEDE/HADENFELDT, 56, zu Art. 177 IPRG). Weiterhin kann sich der Ausschluss der freien Verfügbarkeit und damit der Schiedsfähigkeit jedoch aus zwingendem Bundesrecht ergeben. 11

Der **zweite Satzteil von Art. 5 KSG** («sofern nicht ein staatliches Gericht nach einer zwingenden Gesetzesbestimmung in der Sache ausschliesslich zuständig ist») ist *nicht in* 12

Art. 354 übernommen worden (WENGER, ZZZ 2007, 404; WENGER, Schiedsgerichtsbarkeit, 342; WEHRLI, 117; BSK IPRG-HOCHSTRASSER/BLESSING, Einl. 12. Kap. N 205); dies zu Recht. Er war unnötig und hat höchstens zu Missverständnissen Anlass gegeben (Bericht VE-ZPO, 167). Wenn ein Anspruch der freien Verfügbarkeit der Parteien entzogen ist, bedeutet dies zwangsläufig, dass dafür exklusiv staatliche (Gerichts-) Behörden zuständig sind, und umgekehrt bringt das ausdrückliche Verbot des Abschlusses einer Schiedsvereinbarung den Ausschluss der freien Verfügbarkeit mit sich (BERGER/KELLERHALS, Rz 236).

13   Das bewusste Weglassen des zweiten Satzteils des Art. 5 KSG ist als *qualifiziertes Schweigen* des Gesetzgebers aufzufassen; mit Ausnahme von mietrechtlichen Streitigkeiten im Zusammenhang mit Wohnräumen (Art. 361 Abs. 4; N 38 ff.) soll die *freie Verfügbarkeit das einzig relevante Kriterium* zur Bestimmung der objektiven Schiedsfähigkeit sein (WENGER, ZZZ 2007, 405). Entsprechend wurde auch der von der Expertenkommission noch vorgeschlagene Abs. 2 («Gesetzliche Vorschriften ausserhalb dieser Abteilung, wonach bestimmte Streitigkeiten einem Schiedsverfahren nicht oder nur unter bestimmten Voraussetzungen unterworfen werden dürfen, bleiben unberührt»; WALTER, Neues Recht, 550) nicht beibehalten.

14   Durch das qualifizierte Schweigen stellt der Gesetzgeber klar, dass die *Schiedsfähigkeit unabhängig* von der Frage des *zwingenden Charakters eines Gerichtsstands* zu beurteilen ist (WEHRLI, 117; BOTSCHAFT ZPO, 7394; WENGER, ZZZ 2007, 405; WALTER/BOSCH/BRÖNNIMANN, 60 f.; BERGER/KELLERHALS, Rz 237; BERSHEDA, 709). Dies entspricht nicht nur dem Grundgedanken, dass der 3. Teil der ZPO als eigenständiges Regelwerk zu betrachten ist, sondern steht auch im Einklang mit der Regelung für internationale Schiedsfälle im 12. Kapitel des IPRG. Auch dort ist die Frage der Schiedsfähigkeit unabhängig von etwaigen zwingenden Gerichtsständen oder dem Ausschluss von Gerichtsstandsvereinbarungen zu beurteilen (IPRG-Komm.-VISCHER, Art. 177 N 12; a.A. SIEHR, 713; WIGET/STRÄULI/MESSMER, Vor §§ 238–258 ZPO/ZH N 21, nach deren Ansicht die zwingenden und ausschliesslichen Gerichtsstände des IPRG – nicht aber anderer Bundesrechtserlasse – die Schiedsgerichtsbarkeit ausschliessen; vgl. auch WENGER, Schiedsgerichtsbarkeit, 342).

Sodann ist dies auch deshalb sachlich gerechtfertigt, weil zwingende Gerichtsstandsbestimmungen lediglich die örtliche Zuständigkeit betreffen, nicht jedoch die sachliche (SUTTER-SOMM, Rz 1205). Dessen ungeachtet lässt sich feststellen, dass viele Ansprüche, für welche ein zwingender Gerichtsstand vorgeschrieben ist, aufgrund ihrer Natur zugleich auch nicht frei verfügbar und damit nicht schiedsfähig sind (beispielsweise Angelegenheiten der freiwilligen Gerichtsbarkeit, Todes- oder Verschollenerklärungen, Kraftloserklärung von Wertpapieren; N 39 ff.).

15   Haben die Parteien in einem Vertrag eine gültige **Gerichtsstandsvereinbarung** getroffen, so führt dies ohne abweichende Abrede zur ausschliesslichen Zuständigkeit der gewählten staatlichen Gerichte (Art. 17 Abs. 1), und zugleich bringen die Parteien damit zum Ausdruck, dass sie eben keine Schiedsgerichtsbarkeit wünschen.

16   Für die Beurteilung der Schiedsfähigkeit eines Anspruchs ist die **Vollstreckbarkeit** des zu fällenden Urteils des Schiedsgerichts *unbeachtlich* (BERGER/KELLERHALS, Rz 177 ff. unter Verweis auf die Erwägungen des Bundesgerichts in BGE 118 II 353); mit anderen Worten führt die fehlende Vollstreckbarkeit – wie unter der Geltung des IPRG – nicht zur Schiedsunfähigkeit eines Anspruchs (WALTER, Offene Fragen, 168; BOTSCHAFT IPRG, 460; BSK IPRG-BRINER, Art. 177 N 16; SPÜHLER/MEYER, 122; WALTER/BOSCH/BRÖNNIMANN, 55; VOGEL/SPÜHLER, 14. Kap. Rz 31; BGE 118 II 353, 356 zum IPRG). Für Bin-

nenschiedsgerichte ist diese Problematik allerdings von eher untergeordneter Bedeutung, da ihre Urteile i.d.R. auf schweizerischem materiellen Recht basieren und auch in der Schweiz zu vollstrecken sind; ein Auseinanderfallen der Beurteilung der Schiedsfähigkeit aufgrund der Anwendbarkeit verschiedener materieller Rechtsordnungen ist in diesen Fällen also nicht gegeben.

Für *internationale Schiedsverfahren* wurde das *Risiko der fehlenden Vollstreckbarkeit* mit der materiellrechtlichen Lösung von Art. 177 Abs. 1 IPRG *bewusst in Kauf genommen* (WALTER, Offene Fragen, 166). Ohne sich zur Frage der Schiedsfähigkeit eines Anspruchs selber zu äussern (BERGER/KELLERHALS, Rz 172; JAEGER, 67), sieht das NYÜ in Art. V Abs. 2 lit. a vor, dass der Vollstreckungsstaat die Anerkennung und Vollstreckung eines Schiedsurteils verweigern darf, wenn «der Gegenstand des Streites nach dem Recht dieses Landes nicht auf schiedsrichterlichem Wege geregelt werden kann»; der Vollstreckungsrichter wird also auf seine *lex fori* verwiesen. Da die Frage, ob ein Anspruch schiedsfähig ist oder nicht, im Regelfall auf gesellschafts- und wirtschaftspolitischen Grundsatzentscheiden des Gesetzgebers hinsichtlich des Umfangs der Materien beruht, die der staatlichen Gerichtsbarkeit vorbehalten bleiben sollen (BERGER/KELLERHALS, Rz 168), besteht also ein erhebliches Risiko, dass ein Vollstreckungsstaat die Vollstreckung verweigern würde, wenn ein Anspruch nach seiner Rechtsordnung eben nicht schiedsfähig ist (PATOCCHI/GEISINGER, 527; BERGER/KELLERHALS, Rz 190; WENGER, Schiedsgerichtsbarkeit, 342, geht gar so weit zu verlangen, dass in gewissen Fällen, in denen die Beziehungen zu einer ausländischen Rechtsordnung sehr eng sind – bspw. zum Recht am Sitz einer Partei –, und nach dieser ein Anspruch nicht schiedsfähig ist, die schweizerische Regel von Art. 177 Abs. 1 IPRG dieser ausländischen Bestimmung zu weichen habe). 17

Wird ein internationaler Sachverhalt aufgrund von Art. 176 Abs. 2 IPRG dem 3. Teil der ZPO unterstellt, so hat dies unter anderem zur Folge, dass sich die Schiedsfähigkeit des Anspruchs nach Art. 354 beurteilt. Ist die *lex causae* die Rechtsordnung des Vollstreckungsstaats, so stellt sich das Problem der allenfalls fehlenden Vollstreckbarkeit mangels Schiedsfähigkeit nicht. Ist die *lex causae* eine andere Rechtsordnung, so stellt sich die Problematik in gleicher Weise wie bei der Anwendung von Art. 177 Abs. 1 IPRG (N 17). Denkbar ist auch, dass die Streitpartei, gegen die das Urteil vollstreckt werden muss, während oder nach Abschluss des Schiedsverfahrens ihren Wohnsitz oder Sitz ins Ausland verlegt hat; auch dann kann sich die gleiche Problematik stellen. Auch wenn durch mögliche Hindernisse im Rahmen des Vollstreckungsverfahrens die Frage der Schiedsfähigkeit des Anspruchs und letztlich der Zuständigkeit des Schiedsgerichts nicht tangiert wird, kann es in gewissen Fällen beim Abschluss der Schiedsvereinbarung also dennoch angezeigt sein zu prüfen, ob der Anspruch auch in dem (wahrscheinlichen) Vollstreckungsstaat schiedsfähig ist (WALTER/BOSCH/BRÖNNIMANN, 62). 18

III. Anwendbares Recht

Im Gegensatz zu Art. 177 Abs. 1 IPRG, der eine materiellrechtliche Lösung vorsieht (N 5), enthält *Art. 354* eine *Kombination aus materiellem Recht und Kollisionsrecht*. Ausgehend von der materiellrechtlichen Vorgabe der freien Verfügbarkeit hat ein **Schiedsgericht** für die Bestimmung deren Inhalts und Umfangs die massgebende *lex causae* zu befragen (BERGER/KELLERHALS, Rz 191; RÜEDE/HADENFELDT, 48; SUTTER-SOMM/HASENBÖHLER, 116), was bei Binnenschiedsfällen i.d.R. das materielle schweizerische Recht sein dürfte (Bericht VE-ZPO, 167; BOTSCHAFT ZPO, 7393; BERGER/KELLERHALS, Rz 242). 19

20 Eine *ausländische Rechtsordnung* kann beispielsweise dann als *lex causae* berufen sein, wenn zwei schweizerische Tochtergesellschaften von internationalen Konzernen mit Hauptsitz im Ausland eine Auseinandersetzung vor einem Schiedsgericht mit Sitz in der Schweiz haben. Da beide Tochtergesellschaften ihren Sitz in der Schweiz haben, gilt eine solche Auseinandersetzung ohne anderslautende Vereinbarung als nationales Schiedsverfahren, das dem 3. Teil der ZPO untersteht (Art. 353 ZPO i.V.m. Art. 176 Abs. 1 IPRG). Ebenso ist an die (wohl seltenen) Fälle zu denken, in denen ein internationaler Schiedsfall gemäss Art. 176 Abs. 2 IPRG dem 3. Teil der ZPO unterstellt wird; in solchen Fällen kann durchaus ausländisches materielles Recht anwendbar sein (KELLERHALS, 392). Und schliesslich steht es natürlich auch schweizerischen Parteien jederzeit frei, ihren Vertrag einer anderen (materiellen) Rechtsordnung zu unterstellen. In all diesen Fällen ist die Frage der freien Verfügbarkeit des im Streit liegenden Anspruchs anhand der anwendbaren ausländischen Rechtsordnung zu prüfen.

21 Hat ein **staatliches Gericht**, bei dem eine Klage eingereicht und vom Beklagten eine *Schiedseinrede* erhoben wurde, auf Antrag des Klägers zu prüfen, ob der Streitgegenstand überhaupt schiedsfähig sei, so enthält das schweizerische Recht dafür keine Vorschrift (weder Art. 7 lit. b IPRG noch Art. II Abs. 1 oder Abs. 3 NYÜ regeln dies; BERGER/KELLERHALS, Rz 181). Der wohl *überwiegende Teil der Lehre* spricht sich für die Anwendung der *lex fori* aus (BERGER/KELLERHALS, Rz 183). Eine andere Möglichkeit ist, dass der staatliche Richter die *lex arbitri* befragen soll, wie dies das zuständige Schiedsgericht tun müsste (POUDRET/BESSON, Rz 336). Ist aus der zu beurteilenden Schiedsklausel ersichtlich, dass der Sitz des Schiedsgerichts in der Schweiz vorgesehen ist, ist die Unterscheidung bedeutungslos, weil sowohl die *lex fori* als auch die *lex arbitri* für die Beurteilung der Schiedsfähigkeit in nationalen Schiedsfällen zur Anwendung von Art. 354 und in internationalen Schiedsfällen von Art. 177 Abs. 1 IPRG führt. Liegt der Sitz des Schiedsgerichts im Ausland, ist der von POUDRET/BESSON (Rz 336) vorgeschlagenen Lösung zu folgen, dass die Schiedsfähigkeit nach der (ausländischen) *lex arbitri* zu beurteilen ist. Bietet die Ermittlung der anwendbaren (ausländischen) *lex arbitri* jedoch übermässige Schwierigkeiten oder ist der Ort des Schiedsverfahren noch gar nicht bekannt, ist ein Rückgriff auf die *lex fori* legitim (BERGER/KELLERHALS, Rz 183).

22 Wird mittels einer **Schiedsbeschwerde nach Art. 393 lit. b** (vgl. auch Art. 190 Abs. 2 lit. b IPRG) geltend gemacht, das Schiedsgericht habe sich wegen fehlender Schiedsfähigkeit der Streitsache zu Unrecht für zuständig erklärt (vgl. Art. 393 N [33] ff.), so hat das urteilende Gericht dies nach der anwendbaren *lex arbitri*, d.h. nach Art. 354 zu beurteilen (in internationalen Schiedsfällen nach Art. 177 Abs. 1 IPRG; BERGER/KELLERHALS, Rz 184). Im Rahmen eines **Anerkennungs- und Vollstreckungsverfahrens** hat für nationale Schiedsurteile keine zweite Prüfung und für internationale Schiedsurteile die Beurteilung nach der *lex fori* zu erfolgen (Art. V Abs. 2 lit. a NYÜ; BERGER/KELLERHALS, Rz 185 f.).

IV. Einzelfälle

1. Schiedsfähige Ansprüche

23 Ansprüche aus **Vertragsrecht, ausservertraglicher Haftung** und **Gesellschaftsrecht** (IPRG-Komm.-VISCHER, Art. 177 N 5), Klagen gesellschaftsrechtlicher Natur unter Mitgliedern einer Gesellschaft oder zwischen der Gesellschaft und einzelnen Mitgliedern, wie Ausschluss eines Mitglieds oder auch Gestaltungsklagen betreffend Anfechtung eines Generalversammlungsbeschlusses (BSK OR-DUBS/TRUFFER, Art. 706 N 24 f.) oder eine Auflösungsklage sind schiedsfähig, sofern in den Statuten eine Schiedsklausel

vorgesehen ist (BERSHEDA, 708 f.; WIGET/STRÄULI/MESSMER, Vor §§ 238–258 ZPO/ZH N 19; IPRG-Komm.-VISCHER, Art. 177 N 5); nach Art. 358 sind statutarische Schiedsklauseln zulässig (BOTSCHAFT ZPO, 7395; s. Art. 357 N [29] ff.; BÖCKLI, Rz 149 ff.; vgl. dazu auch BGH, Urt. v. 6.4.2009 – II ZR 255/08 («Schiedsfähigkeit II»), NJW 2009, 1962, und die daraus resultierenden Ergänzenden Regeln für gesellschaftsrechtliche Streitigkeiten der DIS Rules vom 15.9.2009; BORRIS, 299 ff.).

Durch die Regelung in Art. 354 *fällt die bisherige kantonale Kompetenz dahin*, **arbeitsrechtliche Ansprüche** der Schiedsgerichtsbarkeit zu entziehen (bzw. den Zugang zu Schiedsgerichtsbarkeit zu beschränken wie dies bspw. in z.B. § 13 Abs. 3 ZH GVG der Fall ist). Dies ist zu begrüssen, da in Arbeitsverhältnissen mit einer im Ausland ansässigen Partei Schiedsvereinbarungen ebenfalls zulässig sind und somit eine einheitliche Regelung geschaffen wurde (WENGER, ZZZ 2007, 406). Daraus könnte der Schluss gezogen werden, dass arbeitsrechtliche Ansprüche neu uneingeschränkt der Schiedsgerichtsbarkeit unterstellt werden könnten. Für *Arbeitgeberansprüche* ist dies sicherlich der Fall. Fraglich ist, ob dies auch für die *Ansprüche der Arbeitnehmer* gilt (vgl. Art. 341 OR und Art. 35 Abs. 1 lit. d). *Dafür* sprechen würde, dass weder zwingende noch teilzwingende Gerichtsstände (Art. 35; BOTSCHAFT ZPO, 7269) für die Beurteilung der Schiedsfähigkeit eines Anspruchs von Bedeutung sind (N 13 f.; so spricht sich auch WENGER, ZZZ 2007, 406, unter Verweis auf die Regelung im IPRG für die «unbeschränkte Schiedsfähigkeit im Binnenverhältnis» aus). *Dagegen* spricht der Schutzgedanke des sozialen Privatrechts, indem durch eine Schiedsvereinbarung Sinn und Zweck des teilzwingenden Gerichtsstands für Arbeitnehmeransprüche vereitelt werden könnte. Dies sollte aber nicht zur generellen Ablehnung der Schiedsfähigkeit solcher Ansprüche führen, sondern unter gewissen Umständen zum Ausschluss der Schiedsgerichtsbarkeit trotz vorliegender Schiedsfähigkeit (N 25). Dies rechtfertigt sich insb. auch vor dem Hintergrund, dass für arbeitsrechtliche Streitigkeiten darauf verzichtet wurde, eine paritätische Schlichtungsstelle vorzuschreiben (BOTSCHAFT ZPO, 7259).

24

Als *rechtsmissbräuchlich* und *unzulässig* sollte eine Schiedsvereinbarung also nur in den Fällen qualifiziert werden, in welchen das Schiedsverfahren so vereinbart wird, dass die Geltendmachung der Arbeitnehmeransprüche in ungebührlicher Weise erschwert werden (bspw. andere Sprache als die Amtssprache am Arbeitsort oder Wohnsitz des Arbeitnehmers).

25

Dieselben Überlegungen (N 24 f.) gelten auch für Streitigkeiten aus dem **Arbeitsvermittlungsgesetz** vom 6.10.1989, für die in Art. 34 Abs. 2 i.V.m. Art. 35 Abs. 1 lit. d ebenfalls ein teilzwingender Gerichtsstand vorgesehen ist.

26

Für **Konsumentenstreitigkeiten** gelten die gleichen Überlegungen wie für die arbeitsrechtlichen Ansprüche (N 24 f.). Typische Konsumentenverträge sind beispielsweise Haustürgeschäfte und ähnliche Verträge, Abzahlungs- und Vorauszahlungsverträge, Konsumkreditverträge, Verträge mit Kleinreisenden nach dem Bundesgesetz über die Handelsreisenden und Pauschalreiseverträge (BOTSCHAFT GestG, 2860). Für Streitigkeiten aus diesen Verträgen und allen weiteren Konsumentenverträgen, die der Definition von Art. 32 Abs. 2 genügen, sieht Art. 32 Abs. 1 i.V.m. Art. 35 Abs. 1 lit. a einen teilzwingenden Gerichtsstand vor. Da weder zwingende noch teilzwingende Gerichtsstände gegen die Schiedsfähigkeit eines Anspruchs sprechen (N 11, 13 f.), und Ansprüche aus Konsumentenverträgen in aller Regel frei verfügbar sind, sind sie schiedsfähig (BERGER/KELLERHALS, Rz 237). Dies gilt auf jeden Fall für die *Ansprüche des Anbieters*. Der Schutzgedanke des sozialen Privatrechts kann jedoch bei Vorliegen bestimmter Umstände im Einzelfall dazu führen, dass die Schiedsvereinbarung für die Geltendmachung von *Ansprüchen des Konsumenten* als missbräuchlich und somit unzulässig zu qualifizieren

27

ist (vgl. N 24 zu den Arbeitnehmeransprüchen; vgl. auch IPRG-Komm.-VISCHER, Art. 177 N 16). Dasselbe gilt auch in internationalen Fällen (IPRG-Komm.-VISCHER, Art. 177 N 12; **a.A.** WENGER, Schiedsgerichtsbarkeit, 342).

28 Ansprüche im Zusammenhang mit der **Miete und Pacht von unbeweglichen Sachen und Geschäftsräumen** sind schiedsfähig (BGer, 4A.428/2009, E. 3). Einzig Angelegenheiten aus der Miete von Wohnräumen sind nicht schiedsfähig (N 38). So steht insb. der teilzwingende Gerichtsstand von Art. 33 (i.V.m. Art. 35 Abs. 1 lit. b) für Klagen aus Miete und Pacht unbeweglicher Sachen der Schiedsfähigkeit nicht entgegen (N 11). Auch *Art. 243 Abs. 2 lit. c*, der für Streitigkeiten «aus Miete und Pacht von Wohn- und Geschäftsräumen sowie aus landwirtschaftlicher Pacht ein vereinfachtes Verfahren vorschreibt, sofern die Hinterlegung von Miet- und Pachtzinsen, der Schutz vor missbräuchlichen Miet- und Pachtzinsen, der Kündigungsschutz oder die Erstreckung des Miet- oder Pachtverhältnisses betroffen ist», steht der Schiedsfähigkeit nicht entgegen; ebenso wenig die in *Art. 247 Abs. 2 lit. b Ziff. 1* festgeschriebene Offizialmaxime (WIGET/STRÄULI/ MESSMER, Vor §§ 238–258 ZPO/ZH N 18). Entsprechend sind die Ansprüche des Vermieters bzw. Verpächters *umfassend schiedsfähig*. Sollte der (wohl eher unwahrscheinliche) Fall eintreten, dass eine Schiedsvereinbarung in einen Miet- oder Pachtvertrag aufgenommen wurde, um den Schutzzweck der vorstehend genannten Vorschriften der ZPO zu vereiteln, müsste im Einzelfall geprüft werden, ob sich für Ansprüche des Mieters bzw. Pächters ein Ausschluss der Schiedsgerichtsbarkeit rechtfertigt.

29 Ansprüche aus **Immaterialgüterrecht**: gewerblicher Rechtsschutz wie **Marken, Design, Patente**, einschliesslich Klagen auf Feststellung der Nichtigkeit von im Register eingetragenen Schutzrechten (BERGER/KELLERHALS, Rz 210; RÜEDE/HADENFELDT, 51) sowie **urheberrechtliche** Ansprüche sind schiedsfähig (LINIGER, 41 ff.; BLESSING, 34; SIEHR, 713; IPRG-Komm.-VISCHER, Art. 177 N 5; BSK IPRG-BRINER, Art. 177 N 16). Dabei steht es den Parteien frei festzulegen, ob der Schiedsspruch nur *inter partes* Wirkung entfalten oder ob seine Rechtskraft auch auf Dritte ausgedehnt werden soll (LINIGER, 33). Bei Rechten mit Registereintrag (beispielsweise Patent-, Design- und Markenrechte) erfolgt diese Ausdehnung der Wirkung *erga omnes* durch den Registereintrag (LINIGER, 115; z.B. durch Publikation der Löschung eines Patents im Anschluss an die Nichtigerklärung durch das Schiedsgericht, dessen Entscheid dieselbe Wirkung zukommt wie dem Urteil eines staatlichen Gerichts, Art. 387; DAVID, 41; im Ausland ist die Vollstreckung nicht überall gesichert, weil gewisse Staaten nicht nur die Eintragung sondern auch die Nichtigerklärung eines Rechts als staatlichen Hoheitsakt sehen; PEDRAZZINI/HILTI, 501). Bei Immaterialgüterrechten ohne Registereintrag (wie dem Urheberrecht) schaffen bspw. Nichtigkeitsklagen nur Rechte zwischen den Parteien (BÄR, 149 f.); dasselbe gilt für Rechte mit Registereintrag bei positiven Bestandesklagen und abgewiesenen Nichtigkeitsklagen (DAVID, 41). Der Beitritt von *dritten Personen* richtet sich nach Art. 376 Abs. 3 (s. Art. 373 N 30 ff.).

30 **Kartellrechtliche** Ansprüche sind schiedsfähig (WENGER, ZZZ 2007, 406; IPRG-Komm.-VISCHER, Art. 177 N 6; BERGER/KELLERHALS, Rz 212 ff.): Nach der hier vertretenen Auffassung hat ein Schiedsgericht mit Sitz in der Schweiz die Kartellrechtskonformität von Verträgen zu prüfen, aus denen im Rahmen eines Schiedsverfahrens Ansprüche abgeleitet werden können (Art. 12 f. KG). Diese Prüfung kann neben dem KG auch ausländische Wettbewerbsrechte, so insb. die Regelungen des EU-Wettbewerbsrechts oder des US-Kartellrechts einschliessen (IPRG-Komm.-VISCHER, Art. 177 N 6); dies ist dann der Fall, wenn die betreffenden Rechtsordnungen aufgrund des Auswirkungsprinzips selber Geltung beanspruchen (BSK KG-WEBER-STECHER, Nach Art. 12– 17 N 18 ff.; BGE 132 III 389 = Pra. 2007 Nr. 20).

Ansprüche aus **UWG** sind schiedsfähig (BERGER/KELLERHALS, Rz 212; BGE 102 Ia 493; WIGET/STRÄULI/MESSMER, Vor §§ 238–258 ZPO/ZH N 18a). **31**

Vermögensrechtliche Ansprüche aus **Familienrecht**: güterrechtliche Auseinandersetzung; Unterhaltsansprüche (Art. 26; **a.M.** KELLERHALS, 392; WIGET/STRÄULI/MESSMER, Vor §§ 238–258 ZPO/ZH N 19, die solche Ansprüche wegen des Vorbehalts der richterlichen Genehmigung als schiedsunfähig qualifizieren) sind schiedsfähig; allerdings braucht es für deren Vollstreckung noch die Genehmigung durch den staatlichen Richter (Art. 140 ZGB; BERGER/KELLERHALS, Rz 208); Unterhaltsansprüche der unverheirateten Mutter (Art. 27). Zur Schiedsunfähigkeit der familienrechtlichen Statusfragen: N 39. **32**

Vermögensrechtliche Ansprüche aus **Erbrecht** (Art. 28) (IPRG-Komm.-VISCHER, Art. 177 N 7; BERGER/KELLERHALS, Rz 209) und die Abberufung eines Willensvollstreckers (RÜEDE/HADENFELDT, 52) sind schiedsfähig. **33**

Materiellrechtliche Ansprüche im Zusammenhang mit **Betreibungs- und Konkursverfahren**: Anerkennungsklage (Art. 77 Abs. 4, Art. 79, Art. 153a, Art. 186 SchKG), Aberkennungsklage (Art. 83 Abs. 2 SchKG), Rückforderungsklage (Art. 86 und Art. 187 SchKG); Schadenersatzklagen gegen den säumigen Ersteigerer (Art. 129 Abs. 4 SchKG), Admassierungsklage (Art. 242 Abs. 3 SchKG), Arrestprosequierungsklagen (Art. 279 SchKG), Klage auf Einstellung oder Aufhebung der Betreibung (Art. 85a SchKG), Kollokationsklagen (Art. 148 und 250 SchKG), Arrestschadenersatzklagen (Art. 273 Abs. 2 SchKG), Retentionsprosequierungsklage (Art. 283 SchKG), Klage auf Rückschaffung von Retentionsgegenständen (Art. 284 SchKG) sind schiedsfähig (BERGER/KELLERHALS, Rz 226; RÜEDE/HADENFELDT, 51; WIGET/STRÄULI/MESSMER, Vor §§ 238–258 ZPO/ZH N 19; IPRG-Komm.-VISCHER, Art. 177 N 7). **34**

Klagen betreffend die Eintragung eines **Bauhandwerkerpfandrechts** sind schiedsfähig (Art. 29 Abs. 1 lit. c) (RÜEDE/HADENFELDT, 52). **35**

Ansprüche im Zusammenhang mit dem Ausschluss aus einer **kulturellen Organisation** sind schiedsfähig (WENGER, ZZZ 2007, 404). **36**

Ansprüche aus der Verletzung von **Persönlichkeitsrechten** (Art. 20 lit. a) sind schiedsfähig, auch wenn kein geldwerter Reparationsanspruch geltend gemacht wird (BOTSCHAFT ZPO, 7393; Bericht VE-ZPO, 167); ebenso das Begehren um Gegendarstellung (Art. 20 lit. b). Diese Ansprüche sind *frei verfügbar* (Art. 354), aber nicht vermögensrechtlich (also nicht schiedsfähig nach Art. 177 Abs. 1 IPRG: WENGER, ZZZ 2007, 404; IPRG-Komm.-VISCHER, Art. 177 N 8). **37**

2. Nicht schiedsfähige Ansprüche

Für Angelegenheiten aus **Miete (und Pacht) von Wohnräumen** schreibt **Art. 361 Abs. 4** (der Art. 274c OR übernimmt; BOTSCHAFT ZPO, 7395) vor, dass die Parteien lediglich die *paritätische Schlichtungsbehörde* (Art. 200; BOTSCHAFT ZPO, 7260) *als Schiedsgericht einsetzen* können. Die Art. 274–274g OR sind mit dem Inkrafttreten der ZPO aufgehoben (Anhang 1 Ziff. II.5. des Anhangs zur ZPO). Mithin sind nach der hier vertretenen Auffassung Ansprüche im Zusammenhang mit Miete von Wohnräumen *nicht schiedsfähig*, weil die freie Bestimmung der Schiedsrichter ein zentrales Element der Privatautonomie ist, auf der die Schiedsgerichtsbarkeit basiert (WENGER, ZZZ 2007, 405). Immerhin bewirkt aber Art. 361 Abs. 4, dass der Sachentscheid einer Schlichtungsbehörde, welcher in einer Vereinbarung zwischen den Parteien die Kompetenz zur **38**

Entscheidung als Schiedsgericht eingeräumt wurde, *in seinen Wirkungen einem Schiedsspruch gleichstellt* wird (s. Art. 361 N 39). Die fehlende Schiedsfähigkeit gilt für sämtliche Ansprüche, so insb. auch für die nach Art. 243 Abs. 2 lit. c im vereinfachten Verfahren zu behandelnde Hinterlegung von Mietzinsen, den Schutz vor missbräuchlichen Mietzinsen, den Kündigungsschutz oder die Erstreckung des Mietverhältnisses soweit sie Wohnräume betreffen. Hingegen sind Ansprüche im Zusammenhang mit der Miete und Pacht von unbeweglichen Sachen (ausser Wohnräumen) und Geschäftsräumen schiedsfähig (N 28).

39 **Familienrechtliche Statusfragen**: Heirat, Vaterschaft (Art. 25: Feststellung des Kindsverhältnisses), Ehescheidung, Eheschutz, Trennungsverfahren, eingetragene Partnerschaft (Art. 24) sind nicht schiedsfähig. Diese Angelegenheiten betreffen primär *persönliche Aspekte* bzw. *ideelle Werte* und sind deshalb der Parteidisposition entzogen (RÜEDE/HADENFELDT, 49; WALTER, Alternativentwurf, 16; KELLERHALS, 392; BERGER/KELLERHALS, Rz 207). Zur Schiedsfähigkeit von Unterhaltsklagen und güterrechtlichen Ansprüchen: N 32.

40 Ansprüche, die den **Personenstand** betreffen, wie Anfang und Ende der Persönlichkeit, Rechts- und Handlungsfähigkeit, Heimat, Wohnsitz, sind nicht schiedsfähig (SUTTER-SOMM, Rz 1204; JAEGER, 177; VOGEL/SPÜHLER, 14. Kap. Rz 32).

41 Akte der **freiwilligen Gerichtsbarkeit**: Todes- und Verschollenerklärung (Art. 21), Namensschutz und Namensänderung (Art. 20 lit. c) (BERGER/KELLERHALS, Rz 239); Registersachen (Zivilstandsregister [Art. 22], Grundbuch, Handelsregister, Register des Geistigen Eigentums); öffentliche Beurkundung (Art. 55 SchlT ZGB); Zivilsachen, die von kantonalen Verwaltungsbehörden behandelt werden (Art. 54 SchlT ZGB) sind nicht schiedsfähig; bei diesen wird weiterhin kantonales Verwaltungsverfahrensrecht zur Anwendung kommen; Kindesschutz und das Vormundschaftsrecht (BOTSCHAFT ZPO, 7257 f.).

42 **Kraftloserklärung von Wertpapieren** ist nicht schiedsfähig (Art. 43; BERGER/KELLERHALS, Rz 239).

43 Rein **betreibungsrechtliche** Streitigkeiten, die in einem *beschleunigten* Verfahren abgehandelt werden, sind nicht schiedsfähig (STAEHELIN/STAEHELIN/GROLIMUND, § 29 Rz 15; RÜEDE/HADENFELDT, 51).

V. Prüfung der Schiedsfähigkeit/Zeitpunkt der Prüfung

44 Es ist umstritten, ob ein Schiedsgericht die Schiedsfähigkeit von Amtes wegen oder nur auf Einrede hin zu prüfen hat (BERGER/KELLERHALS, Rz 245). *Für* eine Prüfung *ex officio* sprechen sich folgende Autoren aus: JOLIDON, Art. 5 N 62; RÜEDE/HADENFELDT, 55; KAUFMANN-KOHLER/RIGOZZI, Rz 193; IPRG-Komm.-VISCHER, Art. 177 N 26; BSK IPRG-WENGER, Art. 186 N 34; BERSHEDA, 708. VISCHER begründet dies damit, dass die Schiedsfähigkeit die sachliche Begrenzung der Schiedsgerichtsbarkeit betreffe, weshalb sie von Amtes wegen zu prüfen sei. *Gegen* eine Prüfung von Amtes wegen sprechen sich BERGER/KELLERHALS (Rz 246) und LALIVE/POUDRET/REYMOND (Art. 177 IPRG N 6 und Art. 186 N 11) aus. BERGER/KELLERHALS (Rz. 246 ff.) führen dazu aus, dass die Prüfung der Schiedsfähigkeit nicht *ex officio,* sondern nach den gleichen Regeln zu erfolgen habe, wie die Prüfung der Zuständigkeit des Schiedsgerichts. Die Schiedsfähigkeit sei eine materielle Voraussetzung für die Gültigkeit der Schiedsvereinbarung, welche wiederum Voraussetzung für die Zuständigkeit sei; diese habe das Schiedsgericht nur dann zu prüfen, wenn eine Partei die Einrede der Unzuständigkeit erhebe.

Nach der hier vertretenen Auffassung hat die Prüfung der Schiedsfähigkeit nach Art. 354 *ex officio* zu erfolgen. Mit der Entscheidung, ob ein Anspruch schiedsfähig ist oder nicht, trifft der Gesetzgeber eine grundlegende Entscheidung betreffend die Abgrenzung zwischen staatlicher Gerichtsbarkeit und Schiedsgerichtsbarkeit, die dem Einfluss der Parteien vollständig entzogen ist. Darin ist auch die Rechtfertigung einer abweichenden Behandlung der Beurteilung der Schiedsfähigkeit von der Frage der Zuständigkeit zu sehen; letztere ist nur aufgrund einer Vereinbarung der Parteien gegeben (bzw. kann sich eine Partei mit zuständigkeitsbegründender Wirkung auf ein Schiedsverfahren einlassen; vgl. Art. 359 N 23 ff.).

Für *nationale* Schiedsverfahren ist eine klare Stellungnahme zugunsten der *Ex officio*-Prüfung der Schiedsfähigkeit selbst dann gerechtfertigt, wenn man die Beurteilung der Schiedsfähigkeit von Amtes wegen für internationale Verfahren ablehnen sollte. Mit der materiellrechtlichen Regelung der Schiedsfähigkeit in Art. 177 Abs. 1 IPRG hat der Gesetzgeber bewusst das Risiko in Kauf genommen, dass ein Schiedsspruch mangels Schiedsfähigkeit im Vollstreckungsland nicht vollstreckt werden kann. Entsprechend kann in internationalen Schiedsverfahren die Einrede der fehlenden Schiedsfähigkeit nochmals oder auch erstmals im *Vollstreckungsverfahren* erhoben werden, wenn die Anerkennung und Vollstreckung in einem anderen Staat zu erfolgen hat, als demjenigen, in welchem der Schiedsspruch ergangen ist (Art. V Abs. 2 lit. a NYÜ; BERGER/KELLERHALS, Rz 250).

VI. Rechtsfolgen der fehlenden Schiedsfähigkeit

Ist eine Streitsache nicht schiedsfähig, so ist eine diesbezügliche *Schiedsabrede nichtig oder teilnichtig* (vgl. CHK-SCHRAMM/FURRER/GIRSBERGER, Art. 176–178 IPRG N 9); sie leidet an einem inhaltlichen Mangel. Ein darauf basierendes Schiedsgericht ist also nicht rechtsgültig berufen worden, weshalb es *unzuständig* (BERGER/KELLERHALS, Rz 259) und – sollte es dennoch aktiv geworden sein – der von ihm gefällte *Schiedsspruch nichtig oder teilnichtig* ist (WIGET/STRÄULI/MESSMER, Vor §§ 238–258 ZPO/ZH N 17).

Eine Einlassung mit «schiedsfähigkeitsbegründender Wirkung» ist also nicht denkbar (vgl. Art. 359 N 8); unterbleibt die Einrede der Schiedsunfähigkeit, so führt dies nicht zur Schiedsfähigkeit des Anspruchs; dieser bleibt schiedsunfähig und die Schiedsabrede mithin nichtig.

Einer Streitpartei muss es – Missbrauch vorbehalten – gestattet sein, sich im Laufe des *gesamten* Schiedsverfahrens auf die fehlende Schiedsfähigkeit des Anspruchs zu berufen (**a.M.** BGer, 4P.217/1992, in dem das Gericht die Einrede der Schiedsunfähigkeit zurückwies, die erst im Anfechtungsprozess erhoben wurde; BERGER/KELLERHALS, Rz 247). Dies besagt nicht, dass den Parteien nicht dennoch zu empfehlen ist, mit der Einrede der Schiedsunfähigkeit nicht beliebig zuzuwarten, sondern diese zu erheben, sobald sie von der Schiedsunfähigkeit des Anspruchs Kenntnis erlangt bzw. diese erkennt (vgl. Art. 393 N 35 f.); im Gegensatz zur Einrede der Unzuständigkeit (Art. 359 Abs. 2) ist es aus den vorgenannten Gründen (N 44 ff.) jedoch *nicht* erforderlich, die Einrede der Schiedsunfähigkeit *vor* der Einlassung auf die Hauptsache zu erheben.

Das Bundesgericht behandelt Beschwerden wegen einer Verletzung von Art. 177 Abs. 1 IPRG als Zuständigkeitsbeschwerden i.S.v. Art. 190 Abs. 2 lit. b IPRG (BGE 118 II 193, 195 ff. zum IPRG). Mithin ist davon auszugehen, dass das Bundesgericht eine Beschwerde wegen Verletzung von Art. 354 als Beschwerdegrund i.S.v. Art. 393 lit. b behandeln wird (s. Art. 393 N 32 f.).

VII. Sportrecht insbesondere

51 Schiedsfähig sind nur Ansprüche, die sich auf eine *Rechtsregel* stützen, d.h. über die Einhaltung oder Verletzung von *Spielregeln* kann ein Schiedsgericht *nicht* entscheiden (BGer, 4A.392/2008, E. 4.1.2; RÜEDE/HADENFELDT, 47; BSK IPRG-BRINER, Art. 177 N 17; **a.M.** IPRG-Komm.-VISCHER, Art. 177 N 9). Zur Abgrenzung von Rechtsregeln und Spielregeln: BGE 118 II 12, 15. Im Falle der Verletzung von Rechtsregeln ist es jedoch irrelevant, ob es sich um Amateur- oder Berufssportler handelt; Sportschiedsgerichte können Streitigkeiten in beiden Bereichen erledigen (BSK IPRG-BRINER, Art. 177 N 17; BERGER/KELLERHALS, Rz 218 f.).

52 Als schiedsfähig i.S.v. Art. 177 Abs. 1 IPRG wurde u.a. die Sperrung eines Sportlers durch den Entscheid einer Verbandsinstanz (IPRG-Komm.-VISCHER, Art. 177 IPRG N 9) sowie der Entzug von Preisgeld und die rückwirkende Disqualifizierung verbunden mit Geldbussen erachtet (BERGER/KELLERHALS, Rz 220; BGE 119 II 271, 280 f.). Da es sich bei diesen Angelegenheiten nicht nur um vermögensrechtliche, sondern auch um frei verfügbare Ansprüche handelt, ist von deren Schiedsfähigkeit auch unter Art. 354 auszugehen.

Art. 355

Sitz des Schiedsgerichtes

¹ Der Sitz des Schiedsgerichtes wird von den Parteien oder von der durch sie beauftragten Stelle bestimmt. Erfolgt keine Sitzbestimmung, so bestimmt das Schiedsgericht seinen Sitz selbst.

² Bestimmen weder die Parteien noch die von ihnen beauftragte Stelle noch das Schiedsgericht den Sitz, so ist dieser am Ort des staatlichen Gerichtes, das bei Fehlen einer Schiedsvereinbarung zur Beurteilung der Sache zuständig wäre.

³ Sind mehrere staatliche Gerichte zuständig, so hat das Schiedsgericht seinen Sitz am Ort des staatlichen Gerichtes, das als erstes in Anwendung von Artikel 356 angerufen wird.

⁴ Haben die Parteien nichts anderes vereinbart, so kann das Schiedsgericht auch an jedem andern Ort verhandeln, Beweise abnehmen und beraten.

Siège du tribunal arbitral

¹ Le siège du tribunal arbitral est fixé par les parties ou par l'organe qu'elles ont désigné. A défaut, le siège est fixé par le tribunal arbitral.

² Si les parties, l'organe qu'elles ont désigné ou le tribunal arbitral ne parviennent pas à fixer le siège, celui-ci est au for de l'autorité judiciaire qui, à défaut d'arbitrage, serait compétente pour statuer sur le litige.

³ Lorsque plusieurs autorités judiciaires sont compétentes, le siège du tribunal arbitral est au for de la première autorité saisie en vertu de l'art. 356.

⁴ Sauf convention contraire des parties, le tribunal arbitral peut tenir audience, administrer des preuves et délibérer en tout autre lieu.

1. Titel: Allgemeine Bestimmungen   **Art. 355**

Sede del tribunale   ¹ La sede del tribunale arbitrale è stabilita dalle parti o dall'ente da esse
arbitrale   designato. In subordine, la sede è stabilita dal tribunale arbitrale stesso.

² Se non è stabilita dalle parti, dall'ente da esse designato o dal tribunale arbitrale, la sede è nel luogo del tribunale statale che sarebbe competente per giudicare il merito della causa in mancanza di patto di arbitrato.

³ Se più tribunali statali sono competenti, il tribunale arbitrale ha sede nel luogo del primo tribunale statale adito in applicazione dell'articolo 356.

⁴ Se le parti non hanno pattuito diversamente, il tribunale arbitrale può dibattere, assumere prove e deliberare anche in qualsiasi altro luogo.

Inhaltsübersicht   Note

I. Normzweck und Grundlagen 1
II. Bestimmung des Sitzes des Schiedsgerichts 6
    1. Parteibestimmung (direkte Sitzvereinbarung) 7
    2. Beauftragte Stelle (indirekte Sitzvereinbarung) 14
    3. Schiedsgericht 18
    4. Sitz am Ort des staatlichen Gerichts (Abs. 2) 21
    5. Bestimmung des Sitzes bei Zuständigkeit mehrerer staatlicher Gerichte
       (Abs. 3) 25
III. Bedeutung des Sitzes des Schiedsgerichts 26
IV. Tagungsort (Abs. 4) 32

Literatur

Vgl. die Literaturhinweise bei den Vorbem. zu Art. 353–399 sowie A. S. BAKER/M. D. DAVIS, The UNCITRAL arbitration rules in practice, the experience of the Iran-United States Claims Tribunal, Deventer/Boston 1992; B. BERGER/F. KELLERHALS, Internationale und interne Schiedsgerichtsbarkeit in der Schweiz, Bern 2006; S. BESSON, 'Arbitration in Switzerland', Note on an Award rendered in an Arbitration under the Swiss Rules of International Arbitration, ASA Bull 4/2007, 769–767; M. BLESSING, Das neue internationale Schiedsgerichtsrecht in der Schweiz, in: Böckstiegel (Hrsg.), Die Internationale Schiedsgerichtsbarkeit in der Schweiz (II), Das neue Recht ab 1. Januar 1989, Köln u.a. 1989; P. BRATSCHI/R. BRINER, Bemerkungen über die Schiedsgerichtsbarkeit, SJZ 1976, 101 ff.; A. BROCHES, Commentary on the UNCITRAL Model Law on International Commercial Arbitration, Deventer/Boston 1990 (zit. Commentary); DERS., Commentary on the UNCITRAL model law, in: Sanders Peter/van den Berg Jan (General Editors), International Handbook on Commercial Arbitration, Suppl. 51 (March 2008), Deventer 2002 (zit. Handbook); A. BUCHER, Zur Lokalisierung internationaler Schiedsgerichte in der Schweiz, in: Forstmoser et al. (Hrsg.), Festschrift für Max Keller zum 65. Geburtstag, Beiträge zum Familien- und Vormundschaftsrecht, Schuldrecht, Internationalen Privatrecht, Verfahrens-, Banken-, Gesellschafts- und Unternehmensrecht, zur Rechtsgeschichte und zum Steuerrecht, Zürich 1989; D. D. CARON/ L. M. CAPLAN/M. PELLONPÄÄ, The UNCITRAL arbitration rules, a commentary, Oxford 2006; D. GIRSBERGER/M. MRÁZ, Missglückte («pathologische») Schiedsvereinbarungen: Risiken und Nebenwirkungen, in: Spühler (Hrsg.), Internationales Zivilprozess- und Verfahrensrecht III, Zürich 2003; G. KAUFMANN-KOHLER/A. RIGOZZI, Arbitrage international: droit et pratique à la lumière de la LDIP, Bern, 2006; W. H. RECHBERGER, Kommentar zur ZPO, 3. Aufl., New York/Wien 2006; K. H. SCHWAB/G. WALTER, Schiedsgerichtsbarkeit, systematischer Kommentar zu den Vorschriften der Zivilprozessordnung des Arbeitsgerichtsgesetzes, der Staatsverträge und der Kostengesetze über das privatrechtliche Schiedsgerichtsverfahren, 7. Aufl., München 2005; J. J. VAN HOF, Commentary on the UNCITRAL arbitration rules, the application by the Iran-U.S. claims tribunal, Deventer/ Boston 1991; F. VISCHER/L. HUBER/D. OSER, Internationales Vertragsrecht, 2. Aufl., Bern 2000; S. A. VOGT, Der Schiedsrichtervertrag nach schweizerischem und internationalem Recht, Aachen 1996; F. WIGET, Über das Verhältnis der Schiedsgerichtsordnungen ICC, UNCITRAL, ECE zum Zürcher Schiedsgerichtsrecht, SJZ 1979, 17 ff.

I. Normzweck und Grundlagen

1 Der Bestimmung des Sitzes des Schiedsgerichts kommt die zentrale Funktion zu, das **Schiedsverfahren** und das Schiedsurteil zu **lokalisieren**; wie aus Art. 353 ersichtlich ist, ist der 3. Teil der ZPO nur anwendbar, wenn der *Sitz des Schiedsgerichts in der Schweiz* ist. Aus der Sitzwahl ergeben sich neben der *lex arbitri* die Zuständigkeit der staatlichen Gerichte für etwaige Hilfsverfahren (Art. 356; BLESSING, 30) sowie der Gerichtsstand für eine allfällige Anfechtung des Schiedsspruchs (Art. 389 f.; N 29; BERGER/KELLERHALS, Rz 688). Dennoch zählt die Sitzbezeichnung *nicht* zu den *essentialia negotii* der Schiedsvereinbarung (Art. 357 N 19). Vom Sitz des Schiedsgerichts zu unterscheiden ist der Tagungsort (Abs. 4; N 32 ff.).

2 **Art. 355 Abs. 1–3** entsprechen inhaltlich Art. 2 KSG (mit redaktioneller Überarbeitung). Die Absätze 1 und 2 entsprechen inhaltlich sodann Art. 176 Abs. 3 IPRG sowie Art. 20 (1) UNCITRAL Model Law (BROCHES, Handbook, Art. 20; BROCHES, Commentary, 102 ff.) und Art. 16 (1) UNCITRAL Arbitration Rules (CARON/CAPLAN/PELLONPÄÄ, 75 ff.; ADEN, Art. 16 N 1 ff.; VAN HOF, 109 ff.; BAKER/DAVIS, 77 ff.; Zuberbühler/Müller/Habegger-WÜSTEMANN/JERMINI, Art. 16 N 1 ff.). **Abs. 4** handelt vom Tagungsort und wurde aus Gründen der Klarstellung im Sinne der internationalen und nationalen Schiedsgerichtsbarkeitspraxis neu eingefügt (BOTSCHAFT ZPO, 7394; Art. 16 [2] und [3] UNCITRAL Arbitration Rules; Art. 20 (2) UNCITRAL Model Law).

3 Auch in **internationalen** Schiedsverfahren erfolgt die Sitzbestimmung nach **Art. 176 Abs. 3 IPRG** durch die *Parteien*, die dabei wie unter der ZPO völlig frei sind (WALTER/BOSCH/BRÖNNIMANN, 37), oder durch die von den Parteien benannte *Schiedsinstitution* (BSK IPRG-EHRAT/PFIFFNER, Art. 176 N 21 ff.; RÜEDE/HADENFELDT, 119); ist beides nicht erfolgt, durch die *Schiedsrichter* (PATOCCHI/GEISINGER, IPRG, 513 ff.; IPRG-Komm.-VISCHER, Art. 176 IPRG N 7; BUCHER, 568 ff.; WIGET, 18; LALIVE/POUDRET/REYMOND, Art. 176 IPRG N 6). Unter dem IPRG ist die Bestimmung des Sitzes ebenfalls *formlos*, also auch mittels stillschweigender Vereinbarung möglich (PATOCCHI/GEISINGER, IPRG, 522 f.). Durch die Wahl eines Sitzes in der Schweiz unterstellen die Parteien ein internationales Schiedsverfahren dem 12. Kapitel des IPRG (WALTER/BOSCH/BRÖNNIMANN, 38; BSK IPRG-EHRAT/PFIFFNER, Art. 176 N 17).

4 Seit dem Inkrafttreten des neuen **deutschen** Schiedsverfahrensrechts im Januar 1998 sieht die ZPO in § 1043 Abs. 1 D-ZPO vor, dass die Bestimmung des Sitzes durch Parteivereinbarung erfolgt, mangels einer solchen durch das Schiedsgericht selbst (SCHWAB/WALTER, Kap. 15 N 38 ff.; BAUMBACH/LAUTERBACH, § 1042 N 1 ff.; Lüke/Wax-MÜNCH, § 1042 N 1 ff.; GEIMER, in: Zöller, § 1042 N 1 ff.). Damit hat der deutsche Gesetzgeber den früher stark kritisierten Ansatz, der in Abweichung von der territorialen Theorie für die Lokalisierung des Schiedsgerichts auf Bezugspunkte wie den Verfahrensort oder das Verfahrensrecht abstellte (BLESSING, 30), eliminiert. So wird in § 1043 Abs. 2 D-ZPO (wie in Art. 354 Abs. 4) klargestellt, dass das Schiedsgericht ungeachtet des Ortes des schiedsrichterlichen Verfahrens «an jedem ihm geeigneten Ort zu einer mündlichen Verhandlung, zur Vernehmung von Zeugen, Sachverständigen oder der Parteien, zur Beratung zwischen seinen Mitgliedern, zur Besichtigung von Sachen oder zur Einsichtnahme in Dokumente zusammentreten» kann.

5 In **Österreich** besagt § 595 Abs. 1 ZPO, dass die Sitzbestimmung durch Schieds- oder Parteivereinbarung oder durch die benannte Institution erfolgt und ohne entsprechende Vereinbarung durch das Schiedsgericht (RECHBERGER, § 595 N 1 ff.; Fasching/Konecny-HAUSMANINGER, § 595 N 1 ff.; BERGER/KELLERHALS, Rz 702 ff.; BLESSING, 29 f.).

II. Bestimmung des Sitzes des Schiedsgerichts

Unter dem KSG galt bisher folgende Regelung für die Bestimmung des Sitzes des Schiedsgerichts: Gemäss **Art. 2 KSG** wurde der Sitz des Schiedsgerichts zunächst nach dem Parteiwillen (Prozessvertrag) bestimmt, entweder direkt durch die Bestimmung des Sitzes oder indirekt durch Benennung der Stelle, die den Sitz bestimmen soll. Wenn keine Parteiabrede bestand, erfolgte die Sitzbestimmung durch Beschluss der Schiedsrichter. Erst wenn auch eine solche Bestimmung fehlte, befand sich das Schiedsgericht am Sitz am Ort des Gerichts, das beim Fehlen einer Schiedsabrede für den Rechtsstreit zuständig wäre. Wenn mehrere Gerichte zuständig waren, dann befand sich der Sitz des Schiedsgerichts am Ort der richterlichen Behörde, die als erste zum Zwecke richterlicher Rechtshilfe angerufen wurde. Unter dem KSG handelte es sich mithin um ein *geschlossenes System* zur Bestimmung des Schiedsgerichts (HABSCHEID, Rz 842; WENGER, ZZZ 2007, 402 f.). *An diesem System hält Art. 355 fest.*

1. Parteibestimmung (direkte Sitzvereinbarung)

Die Sitzbestimmung erfolgt grundsätzlich durch *Vereinbarung der Parteien* (*direkte* Sitzvereinbarung; Art. 355 Abs. 1, 1. Satzteil). Die Parteien können den Sitz des Schiedsgerichts *vollkommen frei wählen*, insb. muss keine Beziehung der Streitsache zum Sitz des Schiedsgerichtes und damit zum Ort des Verfahrens oder überhaupt zur Schweiz bestehen (RÜEDE/HADENFELDT, 111 f.; WIGET/STRÄULI/MESSMER, Vor §§ 238–258 ZPO/ZH N 36; JOLIDON, Art. 2 KSG N 41; WENGER, ZZZ 2007, 403; WIGET, 18; LALIVE/POUDRET/REYMOND, Art. 176 IPRG N 6; BERGER/KELLERHALS, Rz 696; BRATSCHI/BRINER, 103; BSK IPRG-EHRAT/PFIFFNER, Art. 176 N 21; WALTER/BOSCH/BRÖNNIMANN, 37).

Allzu strenge Anforderungen dürfen an die **Bestimmtheit** oder **Bestimmbarkeit des Sitzes** nicht gestellt werden. Dennoch ist es in aller Regel zweckmässig und ratsam, dass die Parteien eine *konkrete Ortsangabe* machen (BLESSING, 29; STAEHELIN/STAEHELIN/GROLIMUND, § 29 Rz 6; RÜEDE/HADENFELDT, 113; JOLIDON, Art. 2 KSG N 42: «le lieu de l'arbitrage est à Genève»; AppGer BS, Urteil v. 25.8.1983, BJM 1985, 97: Basel als «lieu d'arbitrage»). Die *Angabe eines Kantons* ist *ausreichend* (VISCHER/HUBER/OSER, Rz 1367; BERGER/KELLERHALS, Rz 701; WIGET/STRÄULI/MESSMER, Vor §§ 238–258 ZPO/ZH N 36). Der für die Ernennung der Schiedsrichter zuständige staatliche Richter ergibt sich dann aus dem anwendbaren kantonalen Gerichtsorganisationsrecht (Art. 356 Abs. 2 lit. a; für internationale Schiedsfälle: Art. 179 Abs. 2 IPRG). So kann über den Umweg der Ernennung der Schiedsrichter durch das staatliche Gericht die Bestimmung des Schiedsortes durch das Schiedsgericht erfolgen (WIGET/STRÄULI/MESSMER, Vor §§ 238–258 ZPO/ZH N 36). Der Verweis auf ein bestimmtes *kantonales Prozessrecht* kann ein Indiz für eine Sitzbestimmung sein, ist i.d.R. für sich *allein* aber *nicht ausreichend* (RÜEDE/HADENFELDT, 113 f.); ebenso wenig ist die Bezeichnung eines *Erfüllungs-* oder *Zahlungsorts* für sich alleine ausreichend, um ein Schiedsgericht dort zu lokalisieren (BERGER/KELLERHALS, Rz 700).

Bezeichnungen wie «Schweiz», «Arbitration in Switzerland» oder «Arbitrage en Suisse» sind nach einem Teil der Lehre für die Sitzbezeichnung *nicht* ausreichend (WIGET/STRÄULI/MESSMER, Vor §§ 238–258 ZPO/ZH N 36; BSK IPRG-EHRAT/PFIFFNER, Art. 176 N 29; VISCHER/HUBER/OSER, Rz 1367; **a.A.** WALTER/BOSCH/BRÖNNIMANN, 39), es sei denn, dass aus den Umständen klar erkennbar ist, in welchem Kanton der Schweiz der Ort des Verfahrens liegen soll (WALTER, Alternativentwurf, 9; BRATSCHI/BRINER, 102; BLESSING, 29 f.; RÜEDE/HADENFELDT, 115 f.; WIGET/STRÄULI/MESSMER,

Vor §§ 238–258 ZPO/ZH N 36; PATOCCHI/GEISINGER, IPRG, 523). Diese Überlegungen sind heute aber lediglich für *internationale Ad hoc*-Schiedsverfahren noch von gewisser Bedeutung, weil die fehlende oder unpräzise Sitzbestimmung in der Schweiz nur in diesen Verfahren allenfalls die faktische Unwirksamkeit der Schiedsklausel zur Konsequenz haben kann, sollten sich die Parteien über die Konstituierung des Schiedsgerichts nicht einigen können (N 22). Die neuere Lehre geht allerdings auch in solchen Fällen – zu Recht – in die Richtung, von der Wirksamkeit der Schiedsklausel auszugehen (N 24; BERGER/KELLERHALS, Rz 704; KAUFMANN-KOHLER/RIGOZZI, Rz 311; BESSON, 774 f.). Für *institutionelle* Schiedsverfahren bspw. nach den Swiss Rules findet sich eine Lösung in Art. 16 Abs. 1 Swiss Rules (N 16; Zuberbühler/Müller/Habegger-WÜSTEMANN/ JERMINI, Art. 16 N 10) und in *nationalen* Schiedsverfahren stellt sich einerseits diese Problematik eher selten und andererseits schafft hier die umfassende Regelung von Art. 355 Abs. 2 Abhilfe (dies war bereits nach Art. 2 Abs. 2 KSG der Fall; N 21).

10 Die Sitzvereinbarung kann grundsätzlich **formfrei** geschlossen werden (vgl. Art. 358 N 9); eine *stillschweigende* oder *konkludente* Vereinbarung ist folglich auch möglich (WIGET/STRÄULI/MESSMER, Vor §§ 238–258 ZPO/ZH N 36; BERGER/KELLERHALS, Rz 698; HABSCHEID, Rz 842; VOGT, 4; PATOCCHI/GEISINGER, IPRG, 522; LALIVE/ POUDRET/REYMOND, Art. 176 IPRG N 6); eine solche kann sich schon alleine aus der Tatsache ergeben, dass beide Parteien und der Schiedsrichter im selben Kanton Wohnsitz haben (RÜEDE/HADENFELDT, 113). Eine stillschweigende Wahl des Schiedsgerichtssitzes kann auch darin gesehen werden, dass die Parteien einem bestimmten kantonalen Gericht die Ernennung der Schiedsrichter übertragen (PATOCCHI/GEISINGER, IPRG, 522).

11 Es ist nicht erforderlich, dass die Sitzbestimmung in der Schiedsabrede erfolgt (JOLIDON, Art. 2 KSG N 52), sie kann auch zu einem späteren **Zeitpunkt** erfolgen (BSK IPRG-EHRAT/PFIFFNER, Art. 176 N 21). Die Sitzbestimmung ist aber ein so zentraler Aspekt, dass es empfehlenswert ist, den Sitz des Schiedsgerichts bereits in der Schiedsabrede festzulegen (WENGER, ZZZ 2007, 403; BERGER/KELLERHALS, Rz 697); er muss spätestens dann feststehen, wenn das Schiedsgericht oder eine der Parteien staatliche Hilfe in Anspruch nehmen will (d.h. bspw. bei Hinterlegung oder der Erteilung einer Vollstreckungsbescheinigung durch das Sitzgericht) (RÜEDE/HADENFELDT, 111; BLESSING, 29 f.; BERGER/KELLERHALS, Rz 697; WIGET/STRÄULI/MESSMER, Vor §§ 238–258 ZPO/ZH N 36). Ist dies bis zu diesem Zeitpunkt weder durch die Parteien noch durch eine von diesen beauftragte Stelle oder das Schiedsgericht gemäss Art. 355 Abs. 1 erfolgt, so greifen die Auffangbestimmungen von Art. 355 Abs. 2 und 3 (WENGER, ZZZ 2007, 403).

12 Eine Sitzwahl kann im Einzelfall **unwirksam** sein. Das ist bspw. dann der Fall, wenn aus der Schiedsvereinbarung nicht klar ersichtlich ist, dass der Sitz des Schiedsgerichts in einem anderen Kanton liegt als die beklagte Partei ihren Wohnsitz oder Sitz hat; dann kann es sein, dass der verfassungsmässige Schutz gegen den Zwang zur Einlassung vor einem ausserkantonalen Schiedsgericht gemäss Art. 30 BV greift. Im Zweifel führt die unwirksame Sitzwahl nicht zur Ungültigkeit der gesamten Schiedsklausel, sondern vielmehr zur *Bestimmung des Sitzes nach Art. 355 Abs. 2 und 3* (RÜEDE/HADENFELDT, 112); dies gilt auch für eine Sitzwahl, die im Widerspruch zum halbzwingenden Gerichtsstand für Arbeitsrechtsstreitigkeiten gemäss Art. 34 i.V.m. Art. 35 Abs. 1 lit. d (früher Art. 343 Abs. 1 OR) steht (RÜEDE/HADENFELDT, Supplement, 30).

13 Eine **Sitzverlegung** ist *durch Parteivereinbarung jederzeit* – d.h. auch während des Schiedsverfahrens – möglich (BERGER/KELLERHALS, Rz 715; RÜEDE/HADENFELDT, 114; JOLIDON, Art. 2 KSG N 52; BSK IPRG-EHRAT/PFIFFNER, Art. 176 N 22; Zuberbühler/Müller/Habegger-WÜSTEMANN/JERMINI, Art. 16 N 15). Ist bei einem staatlichen Gericht vor der Sitzverlegung ein Mitwirkungsbegehren eingereicht oder ein Rechtsmittel

anhängig gemacht worden, so bleibt dieses Gericht bei einer Sitzverlegung innerhalb der Schweiz weiter zuständig; bei einer Sitzverletzung ins Ausland fällt die Zuständigkeit als gegenstandslos dahin, weil dann weder die ZPO noch das IPRG anwendbar sind (WIGET/STRÄULI/MESSMER, Vor §§ 238–258 ZPO/ZH N 36; RÜEDE/HADENFELDT, 117; BSK IPRG-EHRAT/PFIFFNER, Art. 176 N 22). Ist der staatliche Richter am früheren Sitz noch nicht bemüht worden, wechselt die Zuständigkeit zum Gericht am neuen Sitz (BSK IPRG-EHRAT/PFIFFNER, Art. 176 N 22; Zuberbühler/Müller/Habegger-WÜSTEMANN/ JERMINI, Art. 16 N 16). Zur beschränkten Möglichkeit des Schiedsgerichts, den Sitz zu verlegen: N 20.

2. Beauftragte Stelle (indirekte Sitzvereinbarung)

Wenn der Sitz nicht direkt im Rahmen der Parteivereinbarung bestimmt worden ist, die Parteien jedoch eine Institution oder Stelle bezeichnet haben, welche den Sitz zu bestimmen hat, so hat die Sitzbestimmung durch diese zu erfolgen (WIGET/STRÄULI/ MESSMER, Vor §§ 238–258 ZPO/ZH N 35; JOLIDON, Art. 2 KSG N 43; WENGER, ZZZ 2007, 403). Wählen die Parteien **institutionelle Schiedsgerichtsbarkeit**, so ist es in aller Regel die in den Schiedsregeln vorgesehene Institution (JOLIDON, Art. 2 KSG N 43; LALIVE/POUDRET/REYMOND, Art. 176 IPRG N 6; BSK IPRG-EHRAT/PFIFFNER, Art. 176 N 22). Während Art. 176 Abs. 3 IPRG für die alternative Sitzbestimmung lediglich die Wahl einer Schiedsgerichtsinstitution vorsieht (N 17; BUCHER, in: FS Keller 566; BSK IPRG-EHRAT/PFIFFNER, Art. 176 N 26), kann nach der ZPO – wie auch nach der bisherigen Regelung im KSG – in **Ad hoc-Schiedsverfahren** *irgendein Dritter als beauftragte Stelle* fungieren. Als beauftragte Stelle können somit anstelle einer Schiedsgerichtsinstitution bspw. auch der Präsident eines kantonalen Gerichts, der Präsident des Bundesgerichts, der Präsident einer Handelskammer, die über eine eigene Schiedsgerichtsordnung verfügt, oder der Präsident der economiesuisse fungieren (Bericht VE-ZPO, 165; WENGER, ZZZ 2007, 402 ff.).

14

Die Beauftragung eines Dritten birgt das Risiko, dass dieser seinen Auftrag überhaupt nicht oder nicht so wahrnimmt, dass er den Interessen der bzw. aller Parteien gerecht wird (WALTER, Alternativentwurf, 7; RÜEDE/HADENFELDT, 114). Allerdings ist die beauftragte Stelle in der Sitzbestimmung *nicht* wie die Parteien *vollständig frei*, sondern muss diese *zweckmässig* und *sachlich begründet* vornehmen (WIGET/STRÄULI/MESSMER, Vor §§ 238–258 ZPO/ZH N 37; WIGET, 18; Zuberbühler/Müller/Habegger-WÜSTEMANN/ JERMINI, Art. 16 N 8). Dennoch ist eine zusätzliche Vereinbarung, die den Parteien das Recht einräumt, zu einem Vorschlag der beauftragten Stelle Stellung zu nehmen oder sogar zustimmen zu müssen, empfehlenswert (BERGER/KELLERHALS, Rz 709; RÜEDE/ HADENFELDT, 114).

15

Auch in **internationalen** Schiedsverfahren ist die fehlende Sitzbestimmung i.d.R. dann unkritisch, wenn die Parteien eine *Schiedsinstitution* gewählt haben, deren Schiedsregeln einen Auffangmechanismus vorsehen, wie dies bspw. in *Art. 16 Abs. 1 Swiss Rules* (Bestimmung des Sitzes durch den Ausschuss der Schiedskommission der betreffenden Handelskammer; Zuberbühler/Müller/Habegger-WÜSTEMANN/JERMINI, Art. 16 N 3) oder *Art. 14 Abs. 1 ICC Rules* (Bestimmung des Sitzes durch den Internationalen Schiedsgerichtshof in Paris; GIRSBERGER/MRÁZ, 147; WALTER/BOSCH/BRÖNNIMANN, 37) der Fall ist (BSK IPRG-EHRAT/PFIFFNER, Art. 176 N 26). Die Schiedsinstitution ist in der Sitzbestimmung allerdings nicht völlig frei, sondern hat dabei die *massgeblichen Umstände* zu berücksichtigen (Art. 16 Abs. 1 Swiss Rules). In aller Regel sollte den Parteien vorgängig auch die Möglichkeit eingeräumt werden, zur Wahl des Schiedsortes Stellung zu nehmen (BERGER/KELLERHALS, Rz 709).

16

17 *Umstritten* ist, ob entgegen dem Wortlaut von Art. 176 Abs. 3 IPRG, der für die alternative Sitzbestimmung lediglich die Wahl einer Schiedsgerichtsinstitution vorsieht, – wie in nationalen Schiedsverfahren nach Art. 355 Abs. 1 (N) – dennoch **andere Stellen** oder Dritte bezeichnet werden dürfen, welche diese Funktion übernehmen. Dagegen: WIGET/STRÄULI/MESSMER, Vor §§ 238–258 ZPO/ZH N 37; RÜEDE/HADENFELDT, 119; BUCHER, 566); dafür: LALIVE/POUDRET/REYMOND, 296; BERGER/KELLERHALS, Rz 710 f. Letztere Auffassung ist aus den dort aufgeführten Gründen vorzuziehen; in der Regel sollte auch der Präsident eines kantonalen Gerichts, der Präsident des Bundesgerichts, der Präsident einer Handelskammer oder der Präsident der economiesuisse Gewähr dafür bieten können, dass sie die Bestimmung des Sitzes des Schiedsgerichts nach zweckmässigen, sachlichen Kriterien erfolgt.

3. Schiedsgericht

18 Erfolgt eine Sitzbestimmung weder durch die Parteien noch durch die von ihnen beauftragte Stelle, so hat das **Schiedsgericht** seinen Sitz selbst zu bestimmen (JOLIDON, Art. 2 KSG N 44). Dies entspricht heute einem international anerkannten Standard (BERGER/KELLERHALS, Rz 712). Aufgrund der Bedeutung des Sitzes ist das Schiedsgericht nicht nur dazu befugt, sondern auch *verpflichtet*, einen solchen zu bestimmen. Dabei hat es sich – im Gegensatz zu den Parteien, die völlig frei wählen können – wie die beauftragte Stelle *an zweckmässigen sachlichen Kriterien zu orientieren* (RÜEDE/HADENFELDT, 115; WIGET/STRÄULI/MESSMER, Vor §§ 238–258 ZPO/ZH N 35, 38; JOLIDON, Art. 2 KSG N 44; BERGER/KELLERHALS, Rz 714; BLESSING, 29 f.; WENGER, ZZZ 2007, 403). Zur Form des Entscheides enthält Art. 355 Abs. 1 im Gegensatz zu Art. 2 Abs. 1 KSG, welcher dafür – allerdings nicht zwingend gemäss Art. 1 Abs. 3 KSG – noch die Beschlussform vorschrieb, keine Vorschrift mehr. Entsprechend kann sie auch in einer *prozessleitenden Verfügung* erfolgen (vgl. dazu auch die Überlegungen von JOLIDON, Art. 2 KSG N 44, zur Sitzbestimmung durch das Schiedsgericht).

19 Die Sitzbestimmung durch das Schiedsgericht ist nicht gleichbedeutend mit der Entscheidung über seine Zuständigkeit und kann mithin auch nicht mit den Rechtsmitteln gegen den Zuständigkeitsentscheid angefochten werden (vgl. Art. 393 lit. b; RÜEDE/HADENFELDT, 115).

20 Das Schiedsgericht kann den **Sitz** auch **nachträglich** wieder **verlegen**, dies allerdings nur dann, wenn es den Sitz aufgrund der Vorgabe in der Schiedsvereinbarung zuvor selber bestimmt hat. Haben die Parteien den Sitz vereinbart, steht es dem Schiedsgericht grundsätzlich nicht zu, diesen nachträglich zu verlegen (BERGER/KELLERHALS, Rz 716). Eine *spätere Sitzverlegung* durch das Schiedsgericht von der Schweiz *ins Ausland* ist problematisch, weil dies mangels fortdauernder Anwendbarkeit der *lex arbitri* zu einem Unterbruch des Verfahrens führen würde. In nationalen Schiedsfällen ist dieses Szenario ohnehin eher unwahrscheinlich; es ist aber auch in internationalen Schiedsverfahren im Grundsatz *abzulehnen*, weil es dadurch aus dem Anwendungsbereich des 12. Kapitels des IPRG fallen würde, was mit erheblichen Risiken für die Parteien verbunden sein könnte (zu grenzüberschreitenden Sitzverlegungen in Ausnahmefällen: BERGER/KELLERHALS, Rz 717 f.).

4. Sitz am Ort des staatlichen Gerichts (Abs. 2)

21 Art. 355 Abs. 2 entspricht Art. 2 Abs. 2 KSG. Nach dieser Vorschrift ist der Sitz des Schiedsgerichts mangels Festlegung nach Abs. 1 (d.h. weder die Parteien noch die von Ihnen beauftragte Stelle noch das Schiedsgericht haben den Sitz bestimmt) anhand von *objektiven Anknüpfungskriterien* festzustellen (JOLIDON, Art. 2 KSG N 451): der Sitz ist dann am Ort, an welchem das Gericht liegt, das den Rechtsstreit entscheiden würde, wenn die Parteien keine Schiedsvereinbarung getroffen hätten (WIGET/STRÄULI/ MESSMER, Vor §§ 238–258 ZPO/ZH N 35 und 39; JOLIDON, Art. 2 KSG N 452; WALTER, Alternativentwurf, 8). Art. 355 Abs. 2 stellt also eine *umfassende Auffangordnung* auch für den Fall auf, dass sich eine Partei nicht nur der einvernehmlichen Sitzbestimmung widersetzt, sondern auch die Bestellung des Schiedsgerichts verweigert (BERGER/ KELLERHALS, Rz 706). Eine entsprechende Vorschrift findet sich weder in Art. 176 IPRG noch in Art. 20 UNCITRAL Model Law (RÜEDE/HADENFELDT, 119; BERGER/KELLER-HALS, Rz 707; BSK IPRG-EHRAT/PFIFFNER, Art. 176 N 28 ff.).

In *internationalen* **Ad hoc-Schiedsverfahren** birgt die **fehlende Sitzbestimmung** ein gewisses *Risiko*, dass die *Schiedsvereinbarung undurchsetzbar* ist, weil das IPRG (Art. 176 Abs. 3) keine Art. 355 Abs. 2 entsprechende Regelung kennt und sich somit allenfalls kein staatliches Gericht für die Bestellung des Schiedsgerichts zuständig erklärt (Art. 179 Abs. 2 IPRG; BERGER/KELLERHALS, Rz 702; RÜEDE/HADENFELDT, 119). Das IPRG fordert also von den Parteien ein *Minimum an Klarheit* bei der Sitzbezeichnung (BLESSING, 30; BSK IPRG-EHRAT/PFIFFNER, Art. 176 N 28), das weitergeht als unter Art. 355. 22

Denkbar ist allerdings, dass der angerufene staatliche Richter, der bei Fehlen einer Schiedsvereinbarung örtlich zuständig wäre, sich in sinngemässer Anwendung von Art. 355 Abs. 2 für zuständig erklären würde (BLESSING, 30; LALIVE/POUDRET/REYMOND, Art. 176 IPRG N 6; so wohl auch HABSCHEID, Rz 842; «neutral» BSK IPRG-EHRAT/ PFIFFNER, Art. 176 N 29; ähnlich wie hier BERGER/KELLERHALS, Rz 690; allerdings lehnen sie an anderer Stelle – wohl im Einklang mit der noch immer h.L.: WIGET/STRÄULI/ MESSMER, Vor §§ 238–258 ZPO/ZH N 39; RÜEDE/HADENFELDT, 119 – die sinngemässe Anwendung von Art. 2 Abs. 2 KSG [= Art. 355 Abs. 2] ab: N 703; ebenfalls WALTER/ BOSCH/BRÖNNIMANN, 42). Für das so berufene Schiedsgericht mit Sitz in der Schweiz würde dann das 12. Kapitel des IPRG Anwendung finden (JOLIDON, 92 f.; WALTER/ BOSCH/BRÖNNIMANN, 42). 23

Für internationale Schiedsverfahren plädiert ein Teil der Lehre noch weitergehend dafür, dass in Fällen, in welchen in der Schiedsvereinbarung bspw. lediglich **«Arbitration in Switzerland»** vereinbart wurde, die klagende Partei irgendein kantonales Gericht anrufen könne, welches nach dem kantonalen Verfahrensrecht für die Ernennung von Schiedsrichtern zuständig sei (BESSON, 774 f.; KAUFMANN-KOHLER/RIGOZZI, Rz 311; BERGER/KELLERHALS, Rz 704). Zu einer Präjudizierung des Sitzes des Schiedsgerichts führe dies dennoch nicht, weil die ernannten *Schiedsrichter* dann nach Art. 176 Abs. 3 IPRG *für die Sitzbestimmung zuständig* seien (BERGER/KELLERHALS, Rz 704); dieser Auffassung ist zuzustimmen. **A.M.** sind EHRAT/PFIFFNER, nach welchen es in so einem Fall trotz Bemühen des *favor validitatis* dabei bleiben müsste, dass das Minimum der Klarheit bei der Vereinbarung der Schiedsklausel nicht erreicht wäre, weshalb ein Schiedsverfahren in der Schweiz nicht stattfinden könnte (BSK IPRG-EHRAT/PFIFFNER, Art. 176 N 31 f.). 24

5. Bestimmung des Sitzes bei Zuständigkeit mehrerer staatlicher Gerichte (Abs. 3)

Sollten mehrere staatliche Gerichte nach Abs. 2 zuständig sein, befindet sich der Sitz des Schiedsgericht an dem Ort, der in Anwendung von Art. 356 ZPO *als erster angerufen* wird (WIGET/STRÄULI/MESSMER, Vor §§ 238–258 ZPO/ZH N 35 und 39; JOLIDON, Art. 2 KSG N 453). In diesem Fall findet also ein Wechsel von einem örtlichen zu einem *zeitlichen* Kriterium statt. 25

III. Bedeutung des Sitzes des Schiedsgerichts

26 Der 3. Teil der ZPO ist (wie das 12. Kapitel des IPRG für internationale Schiedsverfahren; N 3) nur anwendbar, wenn der Sitz des Schiedsgerichts *in der Schweiz* ist (Art. 353; WENGER, ZZZ 2007, 402; WIGET/STRÄULI/MESSMER, Vor §§ 238–258 ZPO/ZH N 34; WALTER, Alternativentwurf, 7; BRATSCHI/BRINER, 102; BSK IPRG-EHRAT/PFIFFNER, Art. 176 N 17). Zweck dieser Norm ist es also, das Schiedsverfahren sowie den Schiedsspruch anhand eines formalen Kriteriums *territorial zu fixieren* (IPRG-Komm.-VISCHER, Art. 176 IPRG N 5; BERGER/KELLERHALS, Rz 689, 691). Der Sitz ist das **Rechtsdomizil** des Schiedsgerichts. Dies bedeutet, dass mit der Festlegung des Sitzes des Schiedsgerichts zugleich auch die anwendbare *lex arbitri* bestimmt wird (Art. 353 N 3 ff.; JOLIDON, Art. 2 KSG N 32; AppGer BS, Urteil v. 25.8.1983, BJM 1985, 97; RÜEDE/HADENFELDT, 116; WIGET/STRÄULI/MESSMER, Vor §§ 238–258 ZPO/ZH N 34). Nach dem Sitzrecht bestimmt sich der *Spielraum der Parteien* für die Festlegung der eigenen Verfahrensregeln, die Anfechtungsmöglichkeiten betreffend den Zuständigkeitsentscheid sowie das Schiedsurteil.

27 Die Regelung von Art. 355 (wie schon von Art. 2 KSG und Art. 176 Abs. 3 IPRG) folgt aus der Erkenntnis der früher geführten Diskussionen über delokalisierte Schiedsentscheide (BSK IPRG-EHRAT/PFIFFNER, Art. 176 N 20), dass eine Verankerung in einer nationalen *lex arbitri* notwendig ist (BSK IPRG-HOCHSTRASSER/BLESSING, Einl. 12. Kap. N 137). Das Schiedsverfahrensrecht am Sitz der Streitparteien ist hingegen unbeachtlich (BGE 110 Ia 59, 61 = Pra 73 Nr. 238); diesem kommt allenfalls dann Bedeutung zu, wenn im betreffenden Staat um Vollstreckung des Schiedsurteils nachgesucht wird.

28 Der Sitz des Schiedsgerichts ist bestimmend für die **Zuständigkeit der staatlichen Gerichte**, welchen gemäss **Art. 356** im Rahmen von Schiedsverfahren gewisse *Unterstützungs- und Überwachungsaufgaben* zufallen (RÜEDE/HADENFELDT, 118; WIGET/STRÄULI/MESSMER, Vor §§ 238–258 ZPO/ZH N 34; JOLIDON, Art. 2 KSG N 33; BRATSCHI/BRINER, 102; für internationale Schiedsverfahren: Art. 184 Abs. 2 und Art. 185 IPRG; BSK IPRG-EHRAT/PFIFFNER, Art. 176 N 18) sowie für deren *einschlägige Verfahrensordnung* (BGE 108 Ia 308, 310 zum KSG; WALTER, Alternativentwurf, 7; JOLIDON, Art. 2 KSG N 32; BRATSCHI/BRINER, 102; BERGER/KELLERHALS, Rz 688; GIRSBERGER/MRÁZ, 143; für internationale Schiedsverfahren: Art. 184 Abs. 2, zweiter Satz, IPRG); die Bestimmung des Sitzes des Schiedsgerichts hat also zugleich *Prorogationswirkung* für die staatlichen Gerichte, unabhängig davon, ob eine der Parteien Sitz oder Wohnsitz im betreffenden Kanton hat (RÜEDE/HADENFELDT, 118).

29 Auch die **Anfechtungsmöglichkeiten** bspw. gegen den Zuständigkeitsentscheid oder das Schiedsurteil (Art. 393) werden durch die Sitzwahl und die mit ihr einhergehende Wahl der *lex arbitri* bestimmt. Dies ergibt sich aus Art. 176 Abs. 1 IPRG auch für Beschwerden in internationalen Schiedsverfahren, obwohl Art. 191 Abs. 1 IPRG nicht ausdrücklich festhält, dass die Beschwerde nach Art. 190 IPRG nur gegen Schiedsentscheide von Schiedsgerichten mit Sitz in der Schweiz zulässig ist (BERGER/KELLERHALS, Rz 692).

30 Der Sitz des Schiedsgerichts bestimmt die **«Nationalität» des Schiedsspruchs**, d.h. wenn der Sitz eines Schiedsgerichts in der Schweiz liegt, gilt dessen Entscheid als schweizerischer Schiedsspruch (WIGET/STRÄULI/MESSMER, Vor §§ 238–258 ZPO/ZH N 34; BSK IPRG-EHRAT/PFIFFNER, Art. 176 N 18). Beispielsweise Art. 31 Abs. 3 UNCITRAL Modellgesetz lautet wie folgt: «*The award shall state its date and the place of arbitration as determined in accordance with article 20(1). The award shall be*

deemed to have been made at that place.» Ob der Schiedsspruch tatsächlich am Sitz des Schiedsgerichts beraten und gefällt wurde, ist dabei unerheblich (WALTER/BOSCH/ BRÖNNIMANN, 37). Die Lokalisierung in einem bestimmten Staat ist auch mit Bezug auf die *Vollstreckung des Schiedsspruchs* von Bedeutung. So sind nationale Schiedsurteile in der Schweiz nach Art. 387 *wie rechtskräftige und vollstreckbare Entscheide von staatlichen schweizerischen Gerichten vollstreckbar*. Die Vollstreckung ausländischer Schiedsurteile richtet sich in der Schweiz hingegen nach den Vorschriften des NYÜ (Art. 194 IPRG; BLESSING, 30; BERGER/KELLERHALS, Rz 693).

In Anbetracht der grossen Bedeutung des Sitzes des Schiedsgerichts ist die **abschliessende Auffangregelung** von Art. 355 für die Festlegung des Sitzes zu begrüssen. Durch sie kann (im Gegensatz zur Regelung in Art. 176 Abs. 3 IPRG) sichergestellt werden, dass die Schiedsvereinbarung selbst dann nicht hinfällig wird, wenn in ihr keine Sitzbestimmung erfolgt ist oder die drei Alternativen von Abs. 1 (Parteien, beauftragte Stelle, Schiedsgericht) versagt haben. Daraus ist auch ersichtlich, dass die Sitzbestimmung trotz ihrer grossen Bedeutung für die Gültigkeit der Schiedsvereinbarung zumindest in nationalen Schiedsverfahren nicht eine unabdingbare Voraussetzung ist (Art. 357 N 19 [betr. Zeitpunkt der Sitzbestimmung]). Zur Problematik in internationalen Schiedsverfahren: N 3 ff.

IV. Tagungsort (Abs. 4)

Die Bestimmung zum Tagungsort in Art. 355 Abs. 4 wurde neu aufgenommen. Allerdings galt bereits unter dem KSG auch ohne ausdrückliche Regelung, dass der Tagungsort und der Sitz des Schiedsgerichts nicht am selben Ort zu sein brauchen (RÜEDE/ HADENFELDT, 117). Mit dieser ausdrücklichen Regelung wird der Praxis Rechnung getragen, nach der Schiedsgerichte oft an anderen Orten als dem Sitz des Schiedsgerichts tagen (BSK IPRG-EHRAT/PFIFFNER, Art. 176 N 19; BLESSING, 30; Zuberbühler/Müller/ Habegger-WÜSTEMANN/JERMINI, Art. 16 N 17 ff.); dies gilt insb. für internationale aber auch für nationale Schiedsgerichte.

Diese Bestimmung stellt einerseits klar, dass die Festlegung eines Sitzes des Schiedsgerichts in Bezug auf den Ort, an dem Amtshandlungen des Gerichts (wie Zeugeneinvernahmen, Verhandlungen oder Beratungen etc.) durchzuführen sind, keinen Einfluss hat; andererseits zeigt die Regelung auch, dass es für die Sitzbestimmung *nicht relevant* ist, *wo* die *Schiedsgerichtsverhandlungen* tatsächlich durchgeführt werden bzw. ob am Sitz des Schiedsgerichts überhaupt Verhandlungen oder Beratungen stattfinden (WALTER/ BOSCH/BRÖNNIMANN, 37) oder ob der Schiedsspruch tatsächlich dort gefällt wird bzw. dort unterzeichnet wird (Bericht VE-ZPO, 165; Zuberbühler/Müller/Habegger-WÜSTEMANN/JERMINI, Art. 16 N 21 ff.; BERGER/KELLERHALS, Rz 691, 719 f.; WALTER, Alternativentwurf, 8; RÜEDE/HADENFELDT, 116; WIGET/STRÄULI/MESSMER, Vor §§ 238– 258 ZPO/ZH N 34; BUCHER, 566, IPRG-Komm.-VISCHER, Art. 176 IPRG N 6).

Der Tagungsort kann unabhängig davon, ob der Sitz des Schiedsgerichts in der Schweiz ist, auch **im Ausland** gewählt werden. Beachtet werden sollte jedoch, dass durch die Wahl des Tagungsortes nicht eine zu starke Bindung zu einem anderen Staat entsteht, da ausländische Rechtsordnungen existieren, die ein territoriales Kriterium anwenden, nach dem Schiedsgerichtsverhandlungen an einem bestimmten Ort dazu führen können, dass dieser Ort als Sitz des Schiedsgerichts betrachtet wird und mithin eine Unterstellung unter die dort geltende Rechtsordnung erfolgt (BSK IPRG-EHRAT/PFIFFNER, Art. 176 N 19; CHK-SCHRAMM/FURRER/GIRSBERGER, Vor Art. 176 ff. IPRG N 3; BERGER/KELLERHALS, Rz 720; IPRG-Komm.-VISCHER, Art. 176 IPRG N 6; BLESSING, 30; BUCHER, 566).

Art. 356

34 **Interkantonal** ist die Wahl des Tagungsortes für die Sitzbestimmung seit Inkrafttreten der ZPO schon deshalb *irrelevant*, weil der Sitzbegriff von Art. 355 wie derjenige von Art. 176 IPRG eine *bundesrechtliche* Begriffsbestimmung ist (BSK IPRG-EHRAT/PFIFFNER, Art. 176 N 19).

Art. 356

Zuständige staatliche Gerichte	¹ Der Kanton, in dem sich der Sitz des Schiedsgerichts befindet, bezeichnet ein oberes Gericht, das zuständig ist für: a. Beschwerden und Revisionsgesuche; b. die Entgegennahme des Schiedsspruchs zur Hinterlegung und die Bescheinigung der Vollstreckbarkeit. ² Ein vom Sitzkanton bezeichnetes anderes oder anders zusammengesetztes Gericht ist als einzige Instanz zuständig für: a. die Ernennung, Ablehnung, Abberufung und Ersetzung der Schiedsrichterinnen und Schiedsrichter; b. die Verlängerung der Amtsdauer des Schiedsgerichts; c. die Unterstützung des Schiedsgerichts bei den Verfahrenshandlungen.
Autorités judiciaires compétentes	¹ Le canton dans lequel le tribunal arbitral a son siège désigne un tribunal supérieur compétent pour: a. statuer sur les recours et les demandes en révision; b. recevoir la sentence en dépôt et attester son caractère exécutoire. ² Le canton du siège du tribunal arbitral désigne un tribunal différent ou composé différemment, qui, en instance unique: a. nomme, récuse, destitue ou remplace des arbitres; b. prolonge la mission du tribunal arbitral; c. assiste le tribunal arbitral dans l'accomplissement de tout acte de procédure.
Tribunali statali competenti	¹ Il Cantone dove ha sede il tribunale arbitrale designa un tribunale superiore competente per: a. statuire sui reclami e sulle domande di revisione; b. ricevere in deposito il lodo e attestarne l'esecutività. ² Un altro tribunale o un tribunale composto in altro modo, designato dal Cantone dove ha sede il tribunale arbitrale, è competente in istanza unica per: a. nominare, ricusare, revocare e sostituire gli arbitri; b. prorogare il mandato del tribunale arbitrale; c. prestare concorso al tribunale arbitrale per procedere ad atti procedurali.

Inhaltsübersicht   Note

I. Normzweck und Grundlagen 1

II. Rechtsmittelverfahren, Hinterlegung des Schiedsspruchs und Vollstreckung (Abs. 1) 8
    1. Beschwerden und Revisionsgesuche (lit. a) 9
    2. Entgegennahme des Schiedsspruchs zur Hinterlegung und Bescheinigung der Vollstreckbarkeit (lit. b) 11

III. Hilfsverfahren (Abs. 2) 12
   1. Ernennung, Ablehnung, Abberufung und Ersetzung der Schiedsrichter (lit. a)   14
   2. Verlängerung der Amtsdauer des Schiedsgerichts (lit. b) 19
   3. Unterstützung des Schiedsgerichts bei den Verfahrenshandlungen (lit. c) 20
IV. Die konkreten Zuständigkeiten 21

Literatur

Vgl. die Literaturhinweise bei den Vorbem. zu Art. 353–399.

I. Normzweck und Grundlagen

Eine gültige Schiedsvereinbarung führt grundsätzlich zur Zuständigkeit des berufenen Schiedsgerichts anstelle von staatlichen Gerichten. Dennoch können staatlichen Gerichten im Rahmen von Schiedsgerichtsverfahren verschiedene Aufgaben zufallen; dabei handelt es sich um gewisse *Unterstützungs- und Überwachungsaufgaben* (WIGET/STRÄULI/MESSMER, Vor §§ 238–258 ZPO/ZH N 34; STAEHELIN/STAEHELIN/GROLIMUND, § 29 Rz 10).   **1**

Art. 356 regelt sowohl die örtliche als auch (teilweise) die sachliche Zuständigkeit der kantonalen Gerichte für die aufgeführten Rechtsmittelverfahren, die Handlungen im Zusammenhang mit der Vollstreckung von Schiedsentscheiden (Abs. 1) sowie die unterstützenden Handlungen im Rahmen des Schiedsverfahrens (Abs. 2). Die **örtliche Zuständigkeit** ergibt sich aus dem *Sitz des Schiedsgerichts* (Art. 355 N 20; RÜEDE/HADENFELDT, 118; JOLIDON, Art. 2 KSG N 33; BRATSCHI/BRINER, 102; für internationale Schiedsverfahren: Art. 184 Abs. 2 und Art. 185 IPRG; BSK IPRG-EHRAT/PFIFFNER, Art. 176 N 18). Die Bestimmung des Sitzes des Schiedsgerichts hat also *Prorogationswirkung* für die staatlichen Gerichte, unabhängig davon, ob eine der Parteien Sitz oder Wohnsitz im betreffenden Kanton hat.   **2**

Für die **sachliche Zuständigkeit** der kantonalen Gerichte gibt Art. 356 insofern den Rahmen vor, als den Gerichten einerseits vorgeschrieben wird, dass für Entscheide über *Rechtsmittel gegen Schiedsentscheide und Vollstreckungshilfe* ein *oberes* kantonales Gericht zuständig sein muss (Abs. 1); dies ist also je nach Kanton bspw. das Kantonsgericht, das Obergericht, das Appellationsgericht oder das Tribunal Supérieur (N 21). Und für die Zuständigkeit in *Hilfsverfahren* gibt Abs. 2 vor, dass es eine andere Instanz bzw. ein anders zusammengesetztes Gericht sein muss und dass es als *einzige* Instanz zuständig sein muss; ob es sich dabei um ein kantonales oder regionales (bspw. Amts- oder Bezirksgericht) oder um den Präsidenten eines Gerichts oder einen Einzelrichter handelt, ergibt sich aus den *kantonalen Gerichtsorganisationsgesetzen* (N 21), weil die Gerichtsorganisation auch unter der Geltung der ZPO Sache der Kantone ist (BOTSCHAFT ZPO, 7410; Bericht VE-ZPO, 166).   **3**

Art. 356 führt neu *zwingend* eine klare *Trennung* ein zwischen der Instanz, die für Rechtsmittel und Vollstreckungshilfe zuständig ist, und der Instanz, die im Verfahren unterstützend mitwirkt; diese zwingende Zweiteilung gab es in Art. 3 KSG noch nicht (BOTSCHAFT ZPO, 7394; SUTTER-SOMM/HASENBÖHLER, 118; Bericht VE-ZPO, 165 f.). Immerhin bestand auch unter dem KSG die *Möglichkeit* für die Kantone, für die Hilfsverfahren und die Vollstreckbarkeitsbescheinigung die Zuständigkeit einer anderen richterlichen Behörde als des «oberen ordentlichen Zivilgerichts des Kantons» vorzusehen (Art. 3 i.V.m. Art. 45 Abs. 2 KSG); dieses war nur für die Rechtsmittelverfahren zwingend zuständig (Art. 3 lit. f KSG i.V.m. Art. 45 Abs. 2 KSG). Ziel der neuen Regelung ist   **4**

Art. 356 5–10 1. Titel: Allgemeine Bestimmungen

es u.a. zu vermeiden, dass das gleiche Gericht den Entscheid eines von ihm ernannten Schiedsrichters im Rechtsmittelverfahren beurteilen muss (Bericht VE-ZPO, 165 f.; SUTTER-SOMM/HASENBÖHLER, 118; BOTSCHAFT ZPO, 7394).

5 Vor Inkrafttreten der ZPO führten die staatlichen Gerichte die Rechtsmittel- und Hilfsverfahren nach ihren einschlägigen *kantonalen Verfahrensordnungen* durch (BGE 108 Ia 308, 310 zum KSG; WALTER, Alternativentwurf, 7; JOLIDON, Art. 2 KSG N 32; BRATSCHI/BRINER, 102; BERGER/KELLERHALS, Rz 688; GIRSBERGER/MRÀZ, 143; für internationale Schiedsverfahren: Art. 184 Abs. 2, zweiter Satz, IPRG; RÜEDE/HADENFELDT, 118). Die zwingende Vorschrift von Art. 45 Abs. 1 KSG, wonach den Kantonen vorgeschrieben wurde, das Hilfsverfahren als summarisches Verfahren auszugestalten, wurde zwar *nicht* in die ZPO übernommen. Für die Art der Geschäfte, die im Hilfsverfahren gemäss Art. 356 Abs. 2 behandelt werden müssen, ist das *summarische Verfahren (Art. 248 und 252 ff.)* in der Regel dennoch die geeignete Verfahrensart.

6 **Konkordanztabelle**

Schweizerische ZPO	Konkordat über die Schiedsgerichtsbarkeit
Art. 354 Abs. 1 lit. a	Art. 3 lit. f
Art. 354 Abs. 1 lit. b	Art. 3 lit. e (Entgegennahme des Schiedsspruchs zur Hinterlegung) Art. 3 lit. g (Bescheinigung der Vollstreckbarkeit)
Art. 354 Abs. 2 lit. a	Art. 3 lit. a (Ernennung) Art. 3 lit. b (Ablehnung, Abberufung, Ersetzung)
Art. 354 Abs. 2 lit. b	Art. 3 lit. c

7 Die alternative Zuständigkeit der staatlichen Gerichte für **vorsorgliche Massnahmen** wird hier *nicht* geregelt; für sie gelten die allgemeinen Regeln der ZPO; d.h. die örtliche Zuständigkeit wird in Art. 13 und die sachliche in Art. 4 Abs. 1 (Verweis auf kantonales Recht) abschliessend geregelt (Art. 374 N 14 f.; SUTTER-SOMM/HASENBÖHLER, 118; vgl. Art. 13).

II. Rechtsmittelverfahren, Hinterlegung des Schiedsspruchs und Vollstreckung (Abs. 1)

8 Als *oberes* Gericht kommen je nach kantonaler Gerichtsorganisation das Kassations-, Ober-, Kantons- oder Appellationsgericht in Frage (Bericht VE-ZPO, 166).

1. Beschwerden und Revisionsgesuche (lit. a)

9 Das obere kantonale Gericht ist für **Beschwerden** dann zuständig, wenn die Parteien gemäss **Art. 390 Abs. 1** durch eine ausdrückliche Erklärung in der Schiedsvereinbarung oder in einer späteren Übereinkunft vereinbaren, dass der Schiedsspruch bei dieser Gerichtsbehörde *anstelle des Bundesgerichts* (Art. 389) angefochten werden soll (BGE 126 III 529, 530) (STAEHELIN/STAEHELIN/GROLIMUND, § 20 Rz 10). Für **Revisionsgesuche** sieht **Art. 396 Abs. 1** vor, dass diese bei der kantonalen Instanz gemäss Art. 356 Abs. 1 einzureichen sind.

10 Die kantonalen Rechtsmittel gegen Schiedsentscheide werden in der ZPO *abschliessend* geregelt, d.h. die Kantone können keine zusätzlichen Rechtsmittel einführen (Bericht VE-ZPO, 166; BOTSCHAFT ZPO, 7394).

2. Entgegennahme des Schiedsspruchs zur Hinterlegung und Bescheinigung der Vollstreckbarkeit (lit. b)

Gemäss **Art. 386 Abs. 2** kann jede Partei beim zuständigen staatlichen Gericht ein Exemplar des Schiedsspruchs hinterlegen und nach **Art. 386 Abs. 3** stellt dieses Gericht auf Antrag einer Partei eine Vollstreckbarkeitserklärung aus. 11

III. Hilfsverfahren (Abs. 2)

Gemäss Abs. 2 ist für die unterstützende Tätigkeit (**Hilfsverfahren**) ein *anderes Gericht* als das obere kantonale Gericht gemäss Absatz 1 zu bezeichnen. Sollte die Zuständigkeit für die unterstützenden Aktivitäten ebenfalls beim oberen Gericht liegen, dann ist sicherzustellen, dass das Gericht *in anderer Zusammensetzung*, z.B. in einer anderen Abteilung, entscheidet (Bericht VE-ZPO, 166). Mit dieser Bestimmung werden die Vorgaben von Art. 6 EMRK an ein faires Gerichtsverfahren erfüllt, wonach es ausreichend ist, wenn nicht der identische Spruchkörper für die unterstützenden Handlungen und die Aufsichtsfunktion zuständig ist (Bericht VE-ZPO, 166). 12

Das *untere* kantonale Gericht (i.d.R. Bezirks- oder Amtsgerichte, Gerichtspräsidenten oder Einzelrichter; N 21) entscheidet i.d.R. als einzige Instanz *endgültig* (vgl. Art. 180 Abs. 3 IPRG). Nach bundesgerichtlicher Rechtsprechung kann sein Entscheid also weder direkt (BGE 122 I 370, 372) noch zusammen mit dem Endurteil des Schiedsgerichts angefochten werden (BGE 128 III 330, 332; Art. 369 N 36 ff. und Art. 393 N 25 STAEHELIN/STAEHELIN/GROLIMUND, § 29 Rz 11). Eine *Ausnahme* besteht dann, wenn sich das Gericht weigert, die *Ernennung* eines Schiedsrichters vorzunehmen; dagegen ist eine Beschwerde an das Bundesgericht möglich (BGE 121 I 81, 83; STAEHELIN/STAEHELIN/GROLIMUND, § 29 Rz 25). Diese richtet sich allerdings nach den ordentlichen Bestimmungen über das Rechtsmittelverfahren der ZPO und nicht nach denjenigen des 3. Teils (Art. 389 ff.). Ein *Teil der Lehre* spricht sich auch für die indirekte Überprüfbarkeit von *Ablehnungsentscheiden* staatlicher Gerichte aus; danach kann ein solcher Entscheid mit der Schiedsbeschwerde gegen den (nächstmöglichen) Schiedsspruch nach Art. 393 lit. a angefochten werden (Art. 369 N 36 f.; SUTTER-SOMM/HASENBÖHLER, 118; STAEHELIN/STAEHELIN/GROLIMUND, § 29 Rz 10). 13

1. Ernennung, Ablehnung, Abberufung und Ersetzung der Schiedsrichter (lit. a)

Wenn die Parteien in der Schiedsvereinbarung keine andere Stelle für die **Ernennung** der Mitglieder eines Schiedsgerichts vorgesehen haben oder diese die Ernennung nicht innert angemessener Frist vornimmt, so ist gemäss **Art. 362 Abs. 1** auf Antrag einer der Parteien der staatliche Richter zuständig, um (a) den Einzelschiedsrichter oder Präsidenten eines Schiedsgerichts zu ernennen, wenn sich die Parteien nicht einigen können; (b) das oder die Mitglieder zu ernennen, das oder die eine der Parteien trotz Aufforderung nicht innerhalb von 30 Tagen ernennt; oder (c) den Präsidenten zu ernennen, wenn sich die Parteischiedsrichter nicht innerhalb von 30 Tagen seit ihrer Ernennung über die Wahl eines solchen einigen können. Im Falle eines Schiedsverfahrens mit mehreren Parteien kann das nach Art. 356 Abs. 2 zuständige staatliche Gericht alle Mitglieder ernennen (**Art. 362 Abs. 2**). 14

Wird das Mitglied eines Schiedsgerichts abgelehnt und setzt es sich gegen die **Ablehnung** zur Wehr, so kann die gesuchstellende Partei gemäss **Art. 369 Abs. 3** innert 15

30 Tagen einen Entscheid von der von den Parteien bezeichneten Stelle oder, wenn keine solche bezeichnet wurde, von dem nach Art. 356 Abs. 2 zuständigen staatlichen Gericht verlangen (s. Art. 369 N 23 ff.).

16 Ist ein Mitglied des Schiedsgerichts ausserstande, seine Aufgabe innert nützlicher Frist oder mit der gehörigen Sorgfalt zu erfüllen, so kann gemäss **Art. 370 Abs. 2** auf Antrag einer Partei die von den Parteien bezeichnete Stelle oder, wenn keine solche bezeichnet wurde, das nach Art. 356 Abs. 2 zuständige staatliche Gericht dieses Mitglied **absetzen**.

17 Ist ein Mitglied des Schiedsgerichts zu **ersetzen**, so gilt das gleiche Verfahren wie für seine Ernennung, sofern die Parteien nichts anderes vereinbart haben oder vereinbaren (**Art. 371 Abs. 1**). Kann es nicht auf diese Weise ersetzt werden, so wird das neue Mitglied gemäss **Art. 371 Abs. 2** durch das nach Art. 356 Abs. 2 zuständige staatliche Gericht ernannt, es sei denn, die Schiedsvereinbarung schliesse diese Möglichkeit aus oder eine solche falle nach Ausscheiden eines Mitglieds des Schiedsgerichts dahin.

18 Kantonale Entscheide über die Ablehnung oder Abberufung eines Schiedsrichters können *nicht selbständig* angefochten werden. Zur indirekten Überprüfbarkeit zusammen mit dem ersten anfechtbaren Schiedsspruch: N 13.

2. Verlängerung der Amtsdauer des Schiedsgerichts (lit. b)

19 Die Parteien können die Amtsdauer, innerhalb der das Schiedsgericht den Schiedsspruch zu fällen hat, in der Schiedsvereinbarung oder in einer späteren Vereinbarung befristen (**Art. 366 Abs. 1**). Sie können gemäss **Art. 366 Abs. 2** aber auch eine Verlängerung der Amtsdauer des Schiedsgerichts vereinbaren (Art. 366 N 13 ff.). Erfolgt keine entsprechende Parteivereinbarung oder in institutionellen Schiedsverfahren kein Entscheid durch die zuständige Institution, kann eine Partei oder das Schiedsgericht einen Antrag auf Verlängerung der Amtsdauer bei dem nach Art. 356 Abs. 2 zuständigen staatlichen Gericht stellen.

3. Unterstützung des Schiedsgerichts bei den Verfahrenshandlungen (lit. c)

20 Grundsätzlich nimmt das Schiedsgericht die Beweise selber ab (**Art. 375 Abs. 1**). Ist für die Beweisabnahme oder für die Vornahme sonstiger Handlungen des Schiedsgerichts jedoch staatliche Rechtshilfe erforderlich, so kann das Schiedsgericht gemäss **Art. 375 Abs. 2** das nach Art. 356 Abs. 2 zuständige staatliche Gericht um Mitwirkung ersuchen. Mit Zustimmung des Schiedsgerichts kann dieses Gesuch auch von einer der Parteien gestellt werden.

IV. Die konkreten Zuständigkeiten

21 In vielen Kantonen wurden bis zum Zeitpunkt der Abgabe des Manuskripts für diese Kommentierung noch keine Ausführungsbestimmungen erlassen. Es ist jedoch anzunehmen, dass die kantonalen Gerichtsorganisationsregelungen unter der Geltung der schweizerischen ZPO nicht stark von der bisherigen Regelung abweichen werden. Die folgende Auflistung zeigt den zurzeit der Drucklegung aktuellen Stand (17.3.2010) der zuständigen kantonalen Gerichte, welcher noch nicht überall definitiv ist. In Klammern sind die Artikel der kantonalen Gerichtsorganisationsregelung – welche auch noch nicht alle definitiv sind – vermerkt.

- **Aargau**
Art. 356 Abs. 1 lit. a: Obergericht (§ 10 lit. d Einführungsgesetz zur Schweizerischen Zivilprozessordnung [EG ZPO])
Art. 356 Abs. 1 lit. b: hauptamtliches Mitglied des Obergerichts als Einzelrichter/in (§ 11 lit. d Einführungsgesetz zur Schweizerischen Zivilprozessordnung [EG ZPO])
Art. 356 Abs. 2 lit. a: Obergericht (§ 10 lit. d Einführungsgesetz zur Schweizerischen Zivilprozessordnung [EG ZPO])
Art. 356 Abs. 2 lit. b und c: hauptamtliches Mitglied des Obergerichts als Einzelrichter/in (§ 11 lit. d Einführungsgesetz zur Schweizerischen Zivilprozessordnung [EG ZPO])

- **Appenzell A. Rh.**
Art. 356 Abs. 1 lit. a: Obergericht (Art. 26 Abs. 3 Gesetz über die Organisation der Gerichte und der Staatsanwaltschaft [Gerichtsorganisationsgesetz])
Art. 356 Abs. 1 lit. b und Abs. 2: offen

- **Appenzell I. Rh.**
Art. 356 Abs. 1: Kantonsgericht (Abteilung Zivil- und Strafgericht) (Art. 9 Ziff. 3 Einführungsgesetz zur Schweizerischen Zivilprozessordnung [EG ZPO])
Art. 356 Abs. 2: Kantonsgerichtspräsident (Art. 7 Ziff. 2 Einführungsgesetz zur Schweizerischen Zivilprozessordnung [EG ZPO])

- **Basel-Landschaft**
Art. 356 Abs. 1: Dreierkammer der Abteilung Zivilrecht des Kantonsgerichts (§ 7 Abs. 2 Einführungsgesetz zur Schweizerischen Zivilprozessordnung [EG ZPO])
Art. 356 Abs. 2: Präsidium der Abteilung Zivilrecht des Kantonsgerichts (§ 6 Abs. 3 Einführungsgesetz zur Schweizerischen Zivilprozessordnung [EG ZPO])

- **Basel-Stadt**
Art. 356 Abs. 1: Appellationsgericht (§ 10 Abs. 3 Gesetz über die Einführung der Schweizerischen Zivilprozessordnung [EG ZPO])
Art. 356 Abs. 2: Einzelrichter/in des Appelationsgerichts (§ 11 Abs. 3 Gesetz über die Einführung der Schweizerischen Zivilprozessordnung [EG ZPO])

- **Bern**
Art. 356 Abs. 1: obere kantonale Gericht (Art. 6 Abs. 3 Einführungsgesetz zur Zivilprozessordnung, zur Strafprozessordnung und zur Jugendstrafprozessordnung [EG ZSJ], BSG 271.1)
Art. 356 Abs. 2: Regionalgerichte (Art. 8 Abs. 2 Einführungsgesetz zur Zivilprozessordnung, zur Strafprozessordnung und zur Jugendstrafprozessordnung [EG ZSJ], BSG 271.1)

- **Freiburg**
Art. 356 Abs. 1: Appellationshof des Kantonsgerichts (Art. 134 Abs. 1 Justizgesetz [JG])
Art. 356 Abs. 3: Präsident des Bezirksgerichts (Art. 134 Abs. 2 Justizgesetz [JG])

- **Genf**
Art. 356 Abs. 1: Le tribunal supérieur (Art. 115 lit. a Loi du Conseil d'Etat sur l'organisation judiciaire)
Art. 356 Abs. 2: Le tribunal de première instance (Art. 85 lit. d Loi du Conseil d'Etat sur l'organisation judiciaire)

Art. 356

– **Glarus**
Art. 356 Abs. 1: Obergericht (Art. 16 Abs. 1 lit. d Einführungsgesetz zur Schweizerischen Zivilprozessordnung [EG ZPO])
Art. 356 Abs. 2: Kantonsgerichtspräsidium (Art. 6 Einführungsgesetz zur Schweizerischen Zivilprozessordnung [EG ZPO])

– **Graubünden**
Art. 356 Abs. 1 lit. a: Kantonsgericht (Art. 6 Abs. 1 Einführungsgesetz zur Schweizerischen Zivilprozessordnung)
Art. 356 Abs. 1 lit. b: Kantonsgericht in einzelrichterlicher Kompetenz (Art. 6 Abs. 2 Einführungsgesetz zur Schweizerischen Zivilprozessordnung)
Art. 356 Abs. 2: Kantonsgericht in einzelrichterlicher Kompetenz (Art. 6 Abs. 2 Einführungsgesetz zur Schweizerischen Zivilprozessordnung)

– **Jura**
Art. 356 Abs. 1: Le cour civile du tribunal cantonal (Art. 4 Abs. 3 Loi d'introduction du Code de procédure civile [LiCPC])
Art. 356 Abs. 2: Le président du tribunal cantonal (Art. 6 Abs. 3 Loi d'introduction du Code de procédure civile [LiCPC])

– **Luzern**
Art. 356 Abs. 1: Obergericht (§ 15 lit. e Gesetz über die Organisation der Gerichte und Behörden im Zivil- und Strafverfahren [OGB])
Art. 356 Abs. 2: Arbeitsgericht (§ 32 Gesetz über die Organisation der Gerichte und Behörden im Zivil- und Strafverfahren [OGB])

– **Neuenburg**
Art. 356 Abs. 1: La Cour Civile (Art. 44 Loi d'organisation judiciaire neuchâteloise [OJN])
Art. 356 Abs. 2: Le Tribunal Civil (Art. 19 Loi d'organisation judiciaire neuchâteloise [OJN])

– **Nidwalden**
Art. 356 Abs. 1: Obergericht (Art. 28 Gesetz über die Gerichte und die Justizbehörden [Gerichtsgesetz, GerG])
Art. 356 Abs. 2: Einzelgericht (Art. 19 Ziff. 2 Gesetz über die Gerichte und die Justizbehörden [Gerichtsgesetz, GerG])

– **Obwalden**
Art. 356 Abs. 1: Obergericht (Art. 38 Abs. 1 Gesetz über die Justizreform)
Art. 356 Abs. 2 lit. a und b: Kantonsgericht (Art. 38 Abs. 2 Gesetz über die Justizreform)
Art. 356 Abs. 2 lit. c: Kantonsgerichtspräsidium (Art. 38 Abs. 3 Gesetz über die Justizreform)

– **Schaffhausen**
Art. 356 Abs. 1 lit. a: Obergericht (Art. 40 Abs. 1 Justizgesetz [JG])
Art. 356 Abs. 1 lit. b: Präsident/in des Obergerichts (Art. 40 Abs. 2 Justizgesetz [JG])
Art. 356 Abs. 2: Einzelrichter/in des Kantonsgerichts (Art. 30 Justizgesetz [JG])

– **Schwyz**
Art. 356 Abs. 1: Beschwerdeinstanz (§ 101 Abs. 1 Justizverordnung [JV, SRSZ 231.110])

Art. 365 Abs. 2 (Einzelrichter des Bezirksgerichts (§ 101 Abs. 2 Justizverordnung [JV, SRSZ 231.110])

– **Solothurn**
Art. 356 Abs. 1: Zivilkammer (§ 30 Abs. 1 lit. d Einführungsgesetzgebung zur Schweizerischen Zivilprozessordnung)
Art. 356 Abs. 2: Amtsgerichtspräsident als Einzelrichter (§ 10 Abs. 2 lit. d d Einführungsgesetzgebung zur Schweizerischen Zivilprozessordnung)

– **St. Gallen**
Art. 356 Abs. 1: Kantonsgericht (Art. 12 lit. c und d Einführungsgesetz zur Schweizerischen Zivilprozessordnung)
Art. 356 Abs 2: Einzelrichter/in des Kantonsgerichts (Art. 11 lit. c Einführungsgesetz zur Schweizerischen Zivilprozessordnung)

– **Tessin**
voraussichtlich
Art. 356 Abs. 1: Appellationsgericht mit drei Richtern
Art. 356 Abs. 2: Appellationsrichter

– **Thurgau**
Art. 356 Abs. 1: Obergericht (§ 26 Abs. 1 Gesetz über die Zivil- und Strafrechtspflege [ZSRG])
Art. 356 Abs. 2: Obergerichtspräsidium (§ 26 Abs. 4 Gesetz über die Zivil- und Strafrechtspflege [ZSRG])

– **Uri**
Art. 356 Abs. 1: zivilrechtliche Abteilung des Obergerichts (Art. 40 Abs. 1 Gesetz über die Organisation und die Zuständigkeit der richterlichen Behörden [Gerichtsorganisationsgesetz, GOG])
Art. 356 Abs. 2: verwaltungsrechtliche Abteilung des Obergerichts (Art. 40 Abs. 2 Gesetz über die Organisation und die Zuständigkeit der richterlichen Behörden [Gerichtsorganisationsgesetz, GOG])

– **Waadt**
Art. 356 Abs. 1: Le tribunal cantonal (Art. 47 Abs. 1 Code de droit privé judiciaire vaudois)
Art. 356 Abs. 2: Le président du tribunal d'arrondissement (Art. 47 Abs. 2 Code de droit privé judiciaire vaudois)

– **Wallis**
Art. 356 Abs. 1: Kantonsgericht (Art. 5 Abs. 3 Einführungsgesetz zur Schweizerischen Zivilprozessordnung [EGZPO])
Art. 356 Abs. 2: Bezirksgericht (Art. 4 Abs. 3 lit. b Einführungsgesetz zur Schweizerischen Zivilprozessordnung [EGZPO])

– **Zürich**
Art. 356 Abs. 1: Obergericht (§ 44 Gesetz über die Gerichts- und Behördenorganisation im Zivil- und Strafprozess [GOG])
Art. 356 Abs. 2 lit. a und b: Obergericht (§ 44 Gesetz über die Gerichts- und Behördenorganisation im Zivil- und Strafprozess [GOG])
Art. 356 Abs. 2 lit. c: Einzelgericht (§ 30 Gesetz über die Gerichts- und Behördenorganisation im Zivil- und Strafprozess [GOG])

- **Zug**
  Art. 356 Abs. 1: Zivilabteilung (§ 19 lit. c Gesetz über die Organisation der Zivil- und Strafrechtspflege [Gerichtsorganisationsgesetz, GOG])
  Art. 356 Abs. 2 lit. a und b: Kantonsgericht (§ 27 Abs. 2 Gesetz über die Organisation der Zivil- und Strafrechtspflege [Gerichtsorganisationsgesetz, GOG])
  Art. 356 Abs. 2 lit. c: Einzelrichter/in (§ 28 Abs. 2 lit. j Gesetz über die Organisation der Zivil- und Strafrechtspflege [Gerichtsorganisationsgesetz, GOG])

2. Titel: Schiedsvereinbarung

Art. 357

Schieds-vereinbarung

¹ Die Schiedsvereinbarung kann sich sowohl auf bestehende als auch auf künftige Streitigkeiten aus einem bestimmten Rechtsverhältnis beziehen.

² Gegen die Schiedsvereinbarung kann nicht eingewendet werden, der Hauptvertrag sei ungültig.

Convention d'arbitrage

¹ La convention d'arbitrage peut porter sur des litiges existants ou futurs résultant d'un rapport de droit déterminé.

² La validité de la convention ne peut pas être contestée pour le motif que le contrat principal ne serait pas valable.

Oggetto

¹ Il patto d'arbitrato può riferirsi a controversie esistenti o future derivanti da un determinato rapporto giuridico.

² Contro il patto d'arbitrato non può essere eccepita l'invalidità del contratto principale.

Inhaltsübersicht

	Note
I. Normzweck und Grundlagen	1
1. Normzweck	1
2. Terminologie	4
3. Rechtsnatur	5
4. Bedeutung doppelrelevanter Tatsachen	8
5. Parteien	9
6. Auslegung	10
II. Zustandekommen und Voraussetzungen	13
1. Allgemeines	13
2. Einzelne Voraussetzungen	15
3. Mittelbare Schiedsvereinbarungen	26
4. Erstreckung oder Wirkung der Schiedsvereinbarung auf Dritte	32
III. Rechtsfolgen	44
1. Rechtsfolge bei gesetzeskonformem Zustandekommen	44
2. Rechtsfolge bei mangelhaftem Zustandekommen	45
3. Rechtsfolge bei Ungültigkeit des Hauptvertrages (Abs. 2)	46

Literatur

Vgl. die Literaturhinweise bei den Vorbem. zu Art. 353–399 sowie A. ABDULLA, The Arbitration Agreement, in: G. Kaufmann-Kohler/B. Stucki (Hrsg.), International Arbitration in Switzerland, A Handbook for Practitioners, The Hague 2004, 5 ff.; H. BATLINER/J. GASSER, Sind Schiedsklauseln zulasten Dritter gemäss Art. 6 EMRK zulässig?, in: M. Monti/Prinz Nikolaus von und zu Liechtenstein/B. Vesterdorf/J. Westbrook/L. Wildhaber (Hrsg.), Economic Law and Justice in Times of Globalisation = Wirtschaftsrecht und Justiz in Zeiten der Globalisierung, FS Carl Baudenbacher, Baden-Baden 2007, 705 ff.; M. BERNET, Schiedsgericht und Konkurs einer Partei, in: M. Jametti Greiner/B. Berger/A. Güngerich (Hrsg.), Rechtsetzung und Rechtsdurchsetzung – Zivil- und schiedsverfahrensrechtliche Aspekte, FS Franz Kellerhals, Bern 2005, 3 ff.; T. BERSHEDA, Les clauses d'arbitrage statutaires en droit suisse, ASA Bull 2009, 691–716; ST. V. BERTI, Zum Verhältnis zwischen materiellem Recht und Prozessrecht, in: St. V. Berti/M. Knellwolf/K. Köppe/M. Wyss (Hrsg.), Beiträge zu Grenzfragen des Prozessrechts, Zürich 1991, 9 ff.; D. BROWN-BERSET/ L. LÉVY, Faillite et Arbitrage, in: ASA Bull 1998, 664 ff.; P. DEVAUD, La convention d'arbitrage signée par le représentant sans pouvoirs, ASA Bull 2005, 2 ff.; E. GAILLARD/J. SAVAGE (Hrsg.), Fouchard/Gaillard/Goldman on International Commercial Arbitration, The Hague/Boston/London 1999; D. GIRSBERGER, Pitfalls in Swiss Arbitration Agreements, in: Ch. Müller (Hrsg.), New Developments in International Arbitration, Zürich 2008, 81 ff.; DERS., Widersprüchliche Schiedsklauseln vor Bundesgericht, ZZZ 2004, 533 ff.; D. GIRSBERGER/S. GABRIEL, Die Rechtsnatur der Schiedsvereinbarung im schweizerischen Recht, in: P. Gauch/F. Werro/P. Pichonnaz (Hrsg.), Mélanges en l'honneur de Pierre Tercier, Zürich 2008, 819 ff.; D. GIRSBERGER/C. HAUSMANINGER, Assignment of Rights and Agreement to Arbitrate, Arbitration International 8 (1992), 121 ff.; D. GIRSBERGER/ M. MRÁZ, Missglückte («pathologische») Schiedsvereinbarungen: Risiken und Nebenwirkungen, in: K. Spühler (Hrsg.), Internationales Zivilprozess- und Verfahrensrecht III, Zürich 2003; 129 ff.; D. G. GROSS, Zur Inanspruchnahme Dritter vor Schiedsgerichten in Fällen der Durchgriffshaftung, SchiedsVZ 2006, 194 ff.; M. KNELLWOLF, Zur materiellrechtlichen Bedeutung des Schiedsabrede, in: St. V. Berti/M. Knellwolf/K. Köppe/M. Wyss (Hrsg.), Beiträge zu Grenzfragen des Prozessrechts, Zürich 1991, 45 ff.; P. KRAUSKOPF, Der Vertrag zugunsten Dritter, Freiburg i.Ue. 2000; J. C. LANDROVE, Assignment and arbitration: a comparative study, Zürich 2009; F. LA SPADA, The Law Governing the Merits of the Dispute and Awards ex Aequo et Bono in: G. Kaufmann-Kohler/B. Stucki (Hrsg.), International Arbitration in Switzerland, A Handbook for Practitioners, The Hague 2004, 115 ff.; J. D. M. LEW/L. A. MISTELIS/S. KRÖLL, Comparative International Commercial Arbitration, The Hague 2003; I. MEIER, Einbezug Dritter vor internationalen Schiedsgerichten, Zürich 2007 (zit. Einbezug); F. MOHS, Drittwirkung von Schieds- und Gerichtsstandsvereinbarungen, Frankfurt a.M. 2006; G. NAEGELI, Die Auswirkungen der Konkurserklärung auf ein hängiges Schiedsverfahren, Jusletter 31. August 2009; F. PERRET, Faillite et arbitrage international, in: ASA Bull 2007, 36 ff.; J. F. POUDRET/S. BESSON, Droit comparé de l'arbitrage international, Zürich/Basel/Genf 2002; A. REDFERN/M. HUNTER, Law and Practice of International Commercial Arbitration, 4. Aufl., London 2004; M. STACHER, Die Rechtsnatur der Schiedsvereinbarung, Zürich/St. Gallen 2007; P. TERCIER, Les contrats spéciaux, 3. Aufl., Zürich/Basel/Genf 2003; F. VISCHER/L. HUBER/D. OSER, Internationales Vertragsrecht, 2. Aufl., Bern 2000; M. VEIT, Security for Costs in International Arbitration – Some Comments to Procedural Order No. 14 of November 27 2002, in: ASA Bull 2005, 116 ff.; G. WAGNER, Prozessverträge, Tübingen 1998; W. WENGER, Schiedsvereinbarung und schiedsgerichtliche Zuständigkeit, in: A. Kellerhals (Hrsg.), Schiedsgerichtsbarkeit, Zürich 1997, 223 ff. (zit. Schiedsvereinbarung); R. ZUBER, Wirtschaftliche Betrachtungsweise und Durchgriff im Zivilprozess, Bern 2005; T. ZUBERBÜHLER, Signatory or Not? Groups, Affiliates and MBOs, ASA Bull 2008, 559 ff.

I. Normzweck und Grundlagen

1. Normzweck

1 Art. 357 betrifft den Abschluss der Schiedsvereinbarung (Abs. 1) und ihr Verhältnis zum Hauptvertrag (Abs. 2). Die Bestimmung gründet in der Erkenntnis, dass jedes Schiedsverfahren auf zwei konsensualen Rechtsverhältnissen beruht: (i) dem Verhältnis der Streitparteien untereinander und (ii) dem Verhältnis zwischen den Streitparteien und der beurteilenden Instanz.

2 Nach Art. 30 Abs. 1 BV (dessen Bedeutungsgehalt im vorliegenden Zusammenhang Art. 6 Ziff. 1 EMRK entspricht) hat jede Person, deren Sache in einem gerichtlichen Verfahren beurteilt werden muss, Anspruch auf ein durch Gesetz geschaffenes, zuständiges, unabhängiges und unparteiisches Gericht. Ausnahmegerichte sind untersagt. Schiedsgerichte sind keine Ausnahmegerichte i.S. des zweiten Satzes dieser Bestimmung (HÄFELIN/HALLER/KELLER, Rz 850). «Zuständig» i.S. des verfassungsrechtlichen Grundsatzes kann ein Schiedsgericht aber nur sein, wenn die Streitparteien es gültig gewählt (und gleichzeitig das andernfalls zuständige staatliche Gericht abgewählt) haben. Aus-

serdem sind die für staatliche Gerichte geltenden Grundsätze in der Regel auch auf Schiedsgerichte anwendbar (BGE 135 I 14 E. 2).

Daher erlässt der Staat Verfahrensnormen, welche die Beziehungen der Streitparteien untereinander und zum Gericht umfassend und ausgewogen regeln sollen. Die Schiedsgerichtsbarkeit stellt in gewisser Hinsicht eine Ausnahme von dieser Regel dar, indem die Streitparteien im Einzelfall übereinstimmend auf den staatlichen Rechtsweg verzichten und stattdessen ein privates Schiedsgericht anrufen können. Im Zentrum der Schiedsvereinbarung steht somit der **Konsens** der Streitparteien mit dem Inhalt, einen bestimmten Streit unter (allerdings i.d.R. limitiertem) Ausschluss der staatlichen Gerichtsbarkeit von einem privaten Schiedsgericht beurteilen zu lassen. Art. 357 regelt die Anforderungen an diesen Konsens. Die Schiedsvereinbarung bildet damit die Grundlage für die Zuständigkeit des Schiedsgerichts und deshalb auch für die Beurteilung einer Zuständigkeitsrüge nach Art. 393 lit. b.

Die bisherige Rechtslage wird durch die Schweizerische ZPO wenig berührt. Immerhin drei Besonderheiten sind gegenüber der bisherigen Regelung zu erwähnen: (i) Die Schiedsvereinbarung unterliegt nun auch mit Bezug auf Abschluss und Gültigkeit dem **Bundesrecht** und damit ausschliesslich der bundesgerichtlichen Überprüfung (vgl. dazu Art. 392 und 393). (ii) Die **Terminologie** der Binnenschiedsgerichtsbarkeit wurde der Terminologie von Art. 178 IPRG angeglichen (vgl. N 4). (iii) Der **Zeitpunkt** des Abschlusses der Schiedsvereinbarung wird neu nicht besonders erwähnt, was allerdings keine Änderungen zur Folge hat (vgl. N 4). Bedauert werden könnte allerdings, ebenso wie im internationalen Verhältnis, dass die Gelegenheit nicht genutzt wurde, die besonders umstrittenen Fragen der Rechtsnachfolge (dazu unten N 34 ff.) und der Erstreckung auf Dritte (dazu unten N 41 f.) zumindest im Grundsatz zu regeln (vgl. dazu ZUBERBÜHLER, 564).

2. Terminologie

Der Begriff der Schiedsvereinbarung bezeichnet einen **Vertrag** der Streitparteien mit dem Inhalt, dass ihre Streitigkeit durch ein Schiedsgericht anstelle eines staatlichen Gerichts zu beurteilen ist (vgl. BERGER/KELLERHALS, Rz 261; HABSCHEID, Rz 833). Zu welchem **Zeitpunkt** die Parteien die Schiedsvereinbarung abschliessen, war unter der Herrschaft des KSG noch von Bedeutung, wird in der ZPO aber begrifflich nicht mehr unterschieden (vgl. BOTSCHAFT ZPO, 7394). Im KSG wurde der Begriff «Schiedsabrede» als Überbegriff für «Schiedsklausel» (Einigung vor Ausbruch des Streits) und «Schiedsvertrag» (Einigung nach Ausbruch des Streits) verwendet (vgl. RÜEDE/HADENFELDT, 37 f.). Gemäss dem Wortlaut von Art. 357 Abs. 1 werden diese Konstellationen nun neu unter dem Begriff der Schiedsvereinbarung zusammengefasst. Damit wird die Terminologie der Binnenschiedsgerichtsbarkeit (Art. 357 ff. ZPO) jener der internationalen Schiedsgerichtsbarkeit (Art. 178 IPRG) angeglichen (vgl. BOTSCHAFT ZPO, 7394). Auch inhaltlich ist der Begriff der Schiedsvereinbarung in Art. 357 ZPO identisch mit dem in Art. 178 IPRG verwendeten (vgl. Bericht VE-ZPO, 166; RÜEDE/HADENFELDT, 37).

3. Rechtsnatur

Die Rechtsnatur der Schiedsvereinbarung ist in der Schweiz umstritten. Das Bundesgericht und einige Stimmen aus der Lehre qualifizierten die Schiedsvereinbarung mit Bezug auf das KSG als **rein prozessrechtlich** (vgl. BGE 116 Ia 56 E. 3a [ständige Rechtsprechung]; RÜEDE/HADENFELDT, 46 f.; JOLIDON, 109; WIGET/WIGET, Vor § 238–258 ZPO/ZH N 24; vgl. auch STACHER, 180). Nach einer abweichenden Auffassung, die namentlich im Zusammenhang mit dem IPRG steht, ist die Schiedsabrede ein Vertrag mit gemischtem (prozessrechtlichem und materiellrechtlichem) Inhalt (vgl. BERGER/ KELLERHALS, Rz 294; IPRG-Komm.-VOLKEN, Art. 178 N 12; HABSCHEID, Rz 838; BSK IPRG-WENGER/MÜLLER, Art. 178 N 3 ff., m.Nw.).

6 M.E. lässt sich die Rechtsnatur der Schiedsvereinbarung nicht einheitlich bestimmen. Vielmehr hängt sie primär vom konkreten Inhalt der einzelnen Parteiabrede ab (vgl. STACHER, 34; betreffend das deutsche Recht WAGNER, 46 f.). Der Kerngehalt aller Schiedsabreden lässt sich aber wie folgt differenzieren: (i) Es besteht ein *Verhältnis zweier gleichgestellter Rechtssubjekte*, die gegenseitig bestimmte Rechte und Pflichten begründen, die von den Parteien erfüllt werden müssen. Dazu gehört die Pflicht, es zu unterlassen, ein staatliches Gericht anzurufen, und die Pflicht, beim Schiedsverfahren mitzuwirken (z.B. bei der Schiedsrichterbestellung und der Leistung eines Kostenvorschusses). Abreden, die dieses Verhältnis betreffen, haben **materiellrechtlichen Charakter** (vgl. BSK IPRG-WENGER/MÜLLER, Art. 178 N 4; IPRG-Komm.-VOLKEN, Art. 178 N 12; **a.M.** STACHER, 147). (ii) Ausserdem besteht ein *Verhältnis der Rechtssubjekte zum Staat*. Die staatlichen Rechtspflegeorgane treten auf Einrede hin nicht auf eine der Schiedsgerichtsbarkeit unterworfene Streitsache ein und vollstrecken das Urteil aus dem Schiedsverfahren grundsätzlich wie ein staatliches Urteil. Diese Rechtsfolgen gründen im Konsens der Parteien und bedürfen aufgrund ihrer Gestaltungswirkung keiner separaten Erfüllungshandlungen durch die Parteien (vgl. STACHER, 70). Dieser zweite Kerngehalt jeder Schiedsabrede ist **prozessrechtlicher Natur** (vgl. BSK IPRG-WENGER/MÜLLER, Art. 178 N 4). Das bedeutet: Jede Schiedsabrede hat sowohl materiellrechtlichen als auch prozessrechtlichen Gehalt. Konsequenterweise findet auf den prozessrechtlichen Teil Prozessrecht und auf den materiellrechtlichen Teil das materielle Recht Anwendung.

7 Daraus, dass auf den **prozessrechtlichen Teil der Schiedsabrede** Prozessrecht anwendbar ist (vgl. N 6), folgt, dass die Regeln betreffend Vertragsschluss und Gültigkeit der Schiedsvereinbarung rechtsdogmatisch dem Prozessrecht entnommen werden müssen. Über Abschluss und Gültigkeit dieser prozessrechtlichen Vereinbarung spricht sich die ZPO jedoch nicht aus. Daher müssen die Grundsätze des allgemeinen Vertragsrechts herangezogen werden (vgl. bereits unter der Herrschaft des Konkordats BGE 116 Ia 56, 57 f.; JOLIDON, 109; STACHER, 181). Dies hatte vor dem Inkrafttreten der ZPO weit reichende Folgen: Alle materiellrechtlichen Grundsätze aus dem OR wurden vom BGer analog als (subsidiäres) kantonales Prozessrecht verstanden und waren daher der bundesgerichtlichen Überprüfung mittels Berufung in weiten Teilen entzogen. Diese Rechtsprechung wurde allerdings nach dem Beitritt des Kantons Zürich zum Konkordat geändert. Das Bundesgericht betrachtete die Grundsätze aus dem Allgemeinen Teil des OR nunmehr als subsidiäres Konkordatsrecht, welches der freien bundesgerichtlichen Überprüfung unterlag (vgl. BGE 116 Ia 56, 57 f.; BERGER/KELLERHALS, Rz 298; JOLIDON, 109; zum Ganzen GIRSBERGER/GABRIEL, 819, 821 ff.). Solche Konstellationen gehören mit Inkrafttreten der ZPO der Vergangenheit an. Dennoch behält die Unterscheidung eine gewisse Bedeutung, denn für prozessrechtliche Institute ist das allgemeine Vertragsrecht nicht notwendigerweise unverändert massgebend, sondern nur **subsidiär**. **Materiellrechtliche Abreden** beruhen demgegenüber auf materiellem Privatrecht. Dieses findet direkte Anwendung.

4. Bedeutung doppelrelevanter Tatsachen

8 Die Rechtsnatur der Schiedsvereinbarung hat besondere Bedeutung im Zusammenhang mit den sog. **doppelrelevanten Tatsachen**. Dabei geht es um Sachverhalte, bei denen die Frage der Gebundenheit einer Partei an die Schiedsvereinbarung nicht von derjenigen der

Gebundenheit an den Hauptvertrag getrennt werden kann, die Parteifähigkeit und die Sachlegitimation somit verknüpft sind (BGE 128 III 50 E. 2b/bb). Doppelrelevant sind in diesen Fällen die Parteifähigkeit und die der Sachlegitimation zu Grunde liegenden Sachverhaltselemente (BERGER/KELLERHALS, Rz 332 ff., m.w.Bsp.). Anders als ein staatliches Gericht kann sich ein Schiedsgericht in einem solchen Fall nicht mit einer bloss summarischen Prüfung seiner Zuständigkeit begnügen, sondern muss die doppelrelevanten Tatsachen vorfrageweise und umfassend prüfen (BERGER/KELLERHALS, Rz 336 f.; BSK IPRG-WENGER/SCHOTT, Art. 186 N 61). Das Bundesgericht begründet dies mit der vertraglichen Natur der Schiedsgerichtsbarkeit, bei der eine Partei nicht gezwungen werden kann, sich zu (materiell) strittigen Ansprüchen zu äussern, bei denen auch in Frage steht, ob sie überhaupt von einer Schiedsvereinbarung gedeckt sind (BGE 121 III 495 E. 6d; BGE 128 III 50, E. 2b; vgl. dazu auch Art. 359 N 7 und Art. 393 N 50).

5. Parteien

Die Frage, wer Partei einer Schiedsvereinbarung sein kann, betrifft die sog. subjektive Schiedsfähigkeit (zur Abgrenzung gegenüber der objektiven Schiedsfähigkeit vgl. Art. 354 N 2 ff.). Diese Frage ist zu unterscheiden von der Frage, wer in einem konkreten Fall Partei einer Schiedsvereinbarung geworden ist (BSK IPRG-WENGER/MÜLLER, Art. 178 N 74). Diese Frage ist im Normalfall einfach zu beantworten, weil die Parteien des Schiedsvertrages in aller Regel aus dem (Haupt-)Vertrag klar ersichtlich sind (zur Zurechenbarkeit von Parteierklärungen vgl. N 12). Schwieriger zu beantworten wird die Frage, wenn eine Übertragung von Rechten und Pflichten im Zusammenhang mit dem Hauptvertrag auf Dritte stattfindet (vgl. dazu N 34 ff.; BSK IPRG-WENGER/SCHOTT, Art. 186 N 25), etwa im Rahmen einer Singularsukzession (z.B. durch Abtretung, dazu N 38) oder bei Erweiterung der Pflichten auf Dritte (z.B. im Rahmen eines Konzernverhältnisses; vgl. BGer, 4A.376/2008, dazu N 42) oder wenn eine Durchgriffssituation vorliegt (vgl. BGer, 4A.160/2009, E. 4.3, dazu N 43).

6. Auslegung

Bei der **Auslegung von Schiedsvereinbarungen** ist in Anlehnung an die bundesgerichtliche Rechtsprechung zweistufig vorzugehen: (i) Zuerst ist zu untersuchen, ob die Beteiligten eine Schiedsvereinbarung unter *Ausschluss* der staatlichen Gerichtsbarkeit abschliessen wollten. In dieser Hinsicht ist im Zweifel eine **restriktive** Auslegung geboten, weil der Ausschluss der staatlichen Gerichtsbarkeit grosse Tragweite hat (vgl. BGE 129 III 675 E. 2.3). Indessen besteht keine Vermutung gegen die Schiedsgerichtsbarkeit (vgl. BSK IPRG-WENGER/MÜLLER, Art. 178 N 52, die allerdings offen lassen, ob sich in der Binnenschiedsgerichtsbarkeit eine restriktivere Haltung anbietet, als im internationalen Verhältnis). (ii) Falls die Auslegung zum Ergebnis führt, dass die Parteien grundsätzlich Schiedsgerichtsbarkeit vereinbart haben, ist in einem zweiten Schritt der konkrete Inhalt der Vereinbarung auszulegen. Für diesen zweiten Schritt ist keine restriktive Auslegung mehr angezeigt. Vielmehr sollen unklare oder widersprüchliche Bestimmungen der Schiedsvereinbarung **geltungserhaltend** ausgelegt werden (vgl. BGer, 4A.376/2008, E. 7.1; BGE 129 III 675 E. 2.3; 116 Ia 56 E. 3b; BERGER/KELLERHALS, Rz 283, 422 ff.; CHK-SCHRAMM/FURRER/GIRSBERGER, Art. 178 IPRG N 16; BSK IPRG-WENGER/MÜLLER, Art. 178 N 56). Falls trotz klarem Willen zur Schiedsgerichtsbarkeit auch durch Auslegung keine Schiedsinstitution identifiziert werden kann, ist *Ad hoc*-Schiedsgerichtsbarkeit anzunehmen (vgl. GIRSBERGER/MRÁZ, 141 f.).

Die beschriebene Auslegung der Gültigkeit von Schiedsvereinbarungen stimmt mit der neueren internationalen Kasuistik überein (vgl. dazu ausführlich BORN, Bd. I, 655 ff.):

So hat die *Cour d'appel de Paris* etwa entschieden, dass ein klarer Parteiwille zugunsten der Schiedsgerichtsbarkeit nicht durch eine ungeschickte Formulierung von Schiedsregeln derogiert werde (vgl. Urteil der Cour d'appel de Paris, 25.10.2000, Revue de l'arbitrage 2001, 575 f.; GIRSBERGER/MRÁZ, 139 f.); und der englische Commercial Court, Queen's Bench Division, hatte über eine Schiedsvereinbarung mit folgendem Inhalt zu befinden: «*Disputes may be dealt with [through arbitration] but shall otherwise be referred to the English Courts.*» Das Gericht erwog, dass die staatliche Gerichtsbarkeit diesfalls nur gegeben sei, falls vor Gericht geklagt werde und keine Partei die Einrede der Schiedgerichtsbarkeit erhebe (vgl. Urteil des Commercial Court, Queen's Bench Division, 22.11.1999, ASA Bull 2000, 241 ff.).

12 Im Übrigen sind Schiedsvereinbarungen, auf die schweizerisches Recht anwendbar ist, in Übereinstimmung mit dem materiellen Vertragsrecht nach dem Grundsatz von Art. 18 OR und bei Fehlen eines konkreten übereinstimmenden Parteiwillens nach Treu und Glauben und namentlich nach dem **Vertrauensprinzip** auszulegen (vgl. BGer, 4A.376/2008, E. 7.3.1; BGer, 4A.244/2007, E. 5.4; BGE 130 III 66 E. 3.2; 129 III 675 E. 2.3; GIRSBERGER/MRÁZ, 136 ff.; BSK IPRG-WENGER/MÜLLER, Art. 178 N 55). Dies gilt namentlich für die Frage, wem eine (formgültige) Schiedsvereinbarung zuzurechnen ist. Wenn eine nicht hinreichend vertretungsbefugte Person (im Falle der Duldung durch den «Vertretenen») wie ein Vertreter handelt und ein Dritter in guten Treuen von einem Vertretungsverhältnis ausgehen durfte, so muss der auf diese Weise Vertretene auch im Bereich der Schiedsgerichtsbarkeit die Rechtshandlungen trotz fehlender Vollmacht gegen sich gelten lassen (*Anscheins- bzw. Duldungsvollmacht*; vgl. ZUBER, 56 ff.; DEVAUD, 2 ff.).

II. Zustandekommen und Voraussetzungen

1. Allgemeines

13 Damit eine wirksame Schiedsvereinbarung zustande kommt, müssen folgende Voraussetzungen erfüllt sein: (i) **Konsens** über den notwendigen Inhalt, (ii) Einhalten der vorgeschriebenen **Form**, (iii) **Schiedsfähigkeit** des Streitgegenstandes und (iv) Bestimmbarkeit des **Schiedsgerichts** (vgl. BGE 130 III 66 E. 3.1; BERGER/KELLERHALS, Rz 284; CHK-SCHRAMM/GIRSBERGER/FURRER, Art. 178 IPRG N 15; IPRG-Komm.-VOLKEN, Art. 178 N 1).

14 Für eine Schiedsvereinbarung ist i.d.R. eine **ausdrückliche Erklärung** der betroffenen Parteien notwendig, weil der Verzicht auf den staatlichen Richter nicht leichthin angenommen werden kann (vgl. RÜEDE/HADENFELDT, 81; HABSCHEID, Rz 850). Dritte sind grundsätzlich nicht an eine Schiedsvereinbarung gebunden (vgl. CHK-SCHRAMM/FURRER/GIRSBERGER Art. 178 IPRG N 21). Zu erwähnen sind in diesem Zusammenhang allerdings Konstellationen, in welchen das Einverständnis der betroffenen Personen nur **mittelbar** erfolgt (dazu unten N 41 f.).

2. Einzelne Voraussetzungen

a) Konsens über den notwendigen Inhalt

15 Die Parteien müssen sich über den notwendigen Inhalt der Vereinbarung (*essentialia negotii*) einigen (vgl. BGE 130 III 66 E. 3.1; BSK IPRG-WENGER/MÜLLER, Art. 178 N 30). Der **notwendige Vereinbarungsinhalt** umfasst folgende Elemente: (i) Eine Streitigkeit soll anstelle eines staatlichen Gerichts von einem Schiedsgericht beurteilt werden.

(ii) Die Bestimmung (bzw. Bestimmbarkeit) dieser Streitigkeit muss aus der Vereinbarung hervorgehen (vgl. BGE 130 III 66 E. 3.1; 129 III 675 E. 2.3; VD, Chambre des recours, 11.7.2001, 11; BERGER/KELLERHALS, Rz 270 ff.; WENGER, Schiedsvereinbarung, 229; BSK IPRG-WENGER/MÜLLER, Art. 178 N 37; RÜEDE/HADENFELDT, 69; WIGET/WIGET, Vor § 238–258 ZPO/ZH N 25). Falls kein Konsens über den notwendigen Inhalt einer Schiedsvereinbarung besteht, ist sie nicht wirksam, und die Schiedsgerichtsbarkeit kann nicht gegen den Willen der ins Recht gefassten Parteien durchgesetzt werden (zur Einlassung vgl. Art. 359 N 23 ff.).

aa) Beurteilung durch ein Schiedsgericht

Der Konsens der Parteien muss sich darauf beziehen, dass eine nicht als staatliche Hoheitsträgerin eingesetzte Instanz über eine Streitigkeit der Parteien in autoritativer Weise urteilt (vgl. BSK IPRG-WENGER/MÜLLER, Art. 178 N 302). Ob dieser Wille besteht, ist nach dem **Vertrauensprinzip** zu ermitteln (vgl. BGE 130 III 66 E. 3.2; 129 III 675 E. 2.3; BERGER/KELLERHALS, Rz 414 ff.; RÜEDE/HADENFELDT, 73). Deshalb ist nicht etwa zu verlangen, dass die Schiedsvereinbarung in dieser Hinsicht vollständig ausformuliert ist. Wendungen wie «Im Falle von Streitigkeiten: Schiedsgericht in Bern» oder *«Arbitration: In London if necessary»* erfüllen bereits die Mindestanforderungen an einen Vereinbarungstext (vgl. BSK IPRG-WENGER/MÜLLER, Art. 178 N 56). Zum Sitz des Schiedsgerichts vgl. Art. 355 und unten N 19.

bb) Bestimmte Streitigkeit

Eine Schiedsvereinbarung kann sich auf gegenwärtige oder zukünftige Streitigkeiten beziehen. Für beide Fälle gilt, dass die Streitigkeit **individuell** genügend bestimmt oder bestimmbar sein muss (vgl. BGE 130 III 66 E. 3.1; BERGER/KELLERHALS, Rz 284 ff.; RÜEDE/HADENFELDT, 67). Eine Klausel, «Alle derzeitigen und zukünftigen Streitigkeiten zwischen X und Y unterliegen dem Schiedsgericht Z in Zürich», würde dem individuellen Bestimmtheitserfordernis nicht genügend Rechnung tragen (zum Ganzen BSK IPRG-WENGER/MÜLLER, Art. 178 N 35).

Die individuelle Bestimmung einer Streitigkeit kann vor allem bei Schiedsvereinbarungen über **zukünftige Streitigkeiten** problematisch sein. Eine Schranke bildet Art. 27 Abs. 2 ZGB, wonach Verpflichtungen, welche ein sittenwidriges Mass erreichen, unwirksam sind. Diese Grenze kann je nach den konkreten Umständen erreicht sein, wenn die Bedeutung und Natur einer Streitigkeit im Zeitpunkt des Abschlusses der Schiedsvereinbarung nicht absehbar waren (vgl. BERGER/KELLERHALS, Rz 286). In dieser Hinsicht ist allerdings Vorsicht geboten, damit der auch für die Schiedsgerichtsbarkeit geltende Grundsatz, dass Verträge zu halten sind (*pacta sunt servanda*), nicht ausgehöhlt wird. Die **exakte Bezeichnung** eines Rechtsverhältnisses in der Schiedsvereinbarung genügt stets dem Bestimmtheitserfordernis. Im Zweifel ist die Schiedsvereinbarung **umfassend** zu verstehen (vgl. BGE 116 Ia 56 E. 3b; RÜEDE/HADENFELDT, 74; BSK IPRG-WENGER, Art. 178 N 33). Ebenfalls gültig sind deshalb Schiedsvereinbarungen, die Teil eines umfassenden Vertragswerks sind. Die enge Verbindung mit den daraus entspringenden Rechtsverhältnissen legt für diese Fälle nahe, dass alle Streitigkeiten in deren Zusammenhang unter die Schiedsgerichtsbarkeit fallen sollen (vgl. RÜEDE/HADENFELDT, 69). In der Regel fallen deshalb auch alle Streitigkeiten über Zustandekommen, Wirksamkeit, Inhalt und Erfüllung eines Vertrages sowie Fälle der *culpa in contrahendo* unter die Schiedsvereinbarung. Allfällige Einschränkungen der Schiedsgerichtsbarkeit müssen demnach in solchen Fällen explizit vereinbart werden, etwa wie folgt: «Streitigkeiten in Zusammenhang mit dem Vertrag V zwischen X und Y sind grundsätzlich von einem Schiedsgericht in Basel zu beurteilen. Ausgenommen sind Streitigkeiten über Willensmängel.» Der Geltungsbereich einer offen formulierten Schiedsvereinbarung darf indes auch nicht überdehnend ausgelegt werden. Prinzipiell nicht davon erfasst sind Ansprüche aus anderen Verträgen mit anders lautenden Schiedsvereinbarungen (vgl. BGer, 4A.452/2007 E. 2.5.1).

cc) *Wichtige Inhalte zusätzlich zu den essentialia negotii*

19 Ausserhalb des notwendigen Inhalts der Schiedsvereinbarung sollte mindestens noch der **Sitz** des Schiedsgerichts mit Ortsnamen bestimmt oder zumindest bestimmbar sein (VD, Chambre des recours, 11.7.2001, 11; BERGER/KELLERHALS, Rz 289 ff.; vgl. Art. 355 N 6 ff.). Denn falls das Schiedsgericht gerichtlich bestellt werden muss, bezeichnet der Sitz auch die örtliche Zuständigkeit des staatlichen Gerichts.

20 Die **Anzahl** der **Mitglieder** des Schiedsgerichts und deren **Ernennung** sind in der ZPO dispositiv geregelt (vgl. Art. 360 und 361). Falls die Parteien von der Regelung in der ZPO abweichen wollen, müssen sie dies ebenfalls vereinbaren, sei es direkt oder indirekt, z.B. durch Wahl einer Schiedsinstitution.

b) Formvorschriften

21 Die Form der Schiedsvereinbarung richtet sich nach Art. 358.

c) Schiedsfähigkeit des Streitgegenstandes

22 Die Schiedsfähigkeit des Streitgegenstandes richtet sich nach Art. 354. Betreffend die Möglichkeit, die Schlichtungsbehörde in Mietsachen als Schiedsgericht einzusetzen, vgl. Art. 354 N 28 und Art. 362 N 39.

d) Bestimmbarkeit des Schiedsgerichts

23 Erforderlich für die Wirksamkeit einer Schiedsvereinbarung ist ferner die **Bestimmbarkeit des Schiedsgerichts** (vgl. BERGER/KELLERHALS, Rz 276 ff.; CHK-SCHRAMM/FURRER/GIRSBERGER, Art. 178 N 15). Das Bundesgericht hat sich allerdings in dieser Hinsicht noch nicht mit der notwendigen Eindeutigkeit geäussert. Auf jeden Fall ist eine Schiedsvereinbarung in dieser Hinsicht nach Möglichkeit geltungserhaltend auszulegen (vgl. BGer, 4A.376/2008, E. 7.3.1; BGE 130 III 66 E. 3.2; vgl. auch N 10).

24 **Kasuistik** (w.H. GIRSBERGER/MRÁZ; GIRSBERGER, Pitfalls):

– Eine Schiedsvereinbarung, welche die ICC in Verbindung mit einer Stadt in der Schweiz nennt, kann gemäss Bundesgericht so verstanden werden, dass die Parteien (i) die Verfahrensregeln der ICC und (ii) ein Schiedsgericht mit Sitz am angegebenen Ort wählen wollten (vgl. BGE 129 III 675 E. 2).

– Formulierungen wie «Commercial Court respectively an Economic Court with seat in Zurich», «Swiss Arbitration Court, Zurich», «International Trade Organization in Zurich» oder «International Trade Arbitration in Zurich» wurden vom Bundesgericht als Wahl eines Schiedsgerichts der Zürcher Handelskammer ausgelegt (vgl. BGE 129 III 675 E. 2).

– Im Falle einer widersprüchlichen Klausel («Rules of Conciliation and Arbitration of the Zurich Chamber of Commerce» und «ICC shall be the appointing authority acting in accordance with the rules adopted by ICC for that purpose») entschied das Bundesgericht aufgrund seiner geltungserhaltenden Auslegung nach Vertrauensprinzip auf Gültigkeit der Schiedsvereinbarung (vgl. BGE 130 III 66 E. 3; GIRSBERGER, 533 ff.; BERGER/KELLERHALS, 58 ff.).

- Selbst die falsche Bezeichnung der Bestellungsbehörde («Tribunal de Commerce de Genève, Suisse») führte nicht zur Ungültigkeit der Schiedsvereinbarung (vgl. CJ GE vom 7.2.1991 = ASA Bull 1991, 275).

- In BGer, 4A.376/2008, E. 7.3.1 bezeichnete die Schiedsklausel einen (inexistenten) «Arbitration Court of the International Chamber of Commerce of Zurich, in Lugano». Das BGer entschied unter Würdigung der Umstände m.E. zu Recht, dass damit ein institutionelles Schiedsverfahren nach den ICC-Regeln mit Sitz in Lugano gemeint sein müsse, und nicht, wie eine Partei behauptet hatte, ein Verfahren nach den «Swiss Rules» der Schweizerischen Handelskammern (krit., aber im Ergebnis zustimmend M. SCHERER, ASA Bull 2009, 736 f.).

Die Parteien können auch ein **zweistufiges Schiedsverfahren** vorsehen. Dabei kann entweder der Entscheid des Schiedsgerichts an ein Oberschiedsgericht weitergezogen werden oder es können Entscheide parteiinterner Organe bei einem Schiedsgericht angefochten werden. Entsprechende Klauseln finden sich häufig in den Statuten von (Sport-)Verbänden. In solchen Fällen ist es besonders wichtig, die Anwendungsbereiche der erst- und zweitinstanzlich ausgestalteten Schiedsverfahren klar voneinander abzugrenzen, da es andernfalls leicht zu Auslegungsschwierigkeiten kommen kann (vgl. BGer, 4A.392/2008 E. 4; zur Verbandsschiedsgerichtsbarkeit allgemein vgl. Vor Art. 353–399 N 18 und 21 ff.). 25

3. Mittelbare Schiedsvereinbarungen

a) Schiedsvereinbarungen in AGB

Eine Schiedsvereinbarung in **AGB** ist unter den üblichen Gültigkeitsvoraussetzungen von AGB wirksam. Falls die relevanten AGB (i) korrekt übernommen worden sind, (ii) nicht ungewöhnlich sind und (iii) den Individualabsprachen nicht entgegenstehen, ist auch eine darin enthaltene Schiedsvereinbarung gültig, falls die vorgeschriebene Form eingehalten wurde (vgl. RÜEDE/HADENFELDT, 41 f.; SCHWENZER, Rz 44.01 ff.; zur Form vgl. Art. 358 N 16). 26

Eine Schiedsvereinbarung in AGB ist gültig **übernommen**, wenn: (i) entweder in einem Vertrag spezifisch auf die Schiedsklausel in den AGB verwiesen wurde, oder (ii) im Hauptvertrag global auf die AGB verwiesen wird und die AGB an die Vertragspartei abgegeben wurden, oder (iii) ein Globalverweis besteht und die AGB zwar nicht abgegeben wurden, aber aufgrund von Handelsbräuchen oder sonstigen Umständen auf eine Schiedsvereinbarung geschlossen werden muss (vgl. BSK IPRG-WENGER/MÜLLER, Art. 178 N 58 ff.). Allerdings ist die Frage der Formwirksamkeit zusätzlich zu prüfen (vgl. Justizkommission ZG vom 11.9.1998, Gerichts- und Verwaltungspraxis des Kantons Zug, 140 f.; zur Form vgl. Art. 358). 27

Eine Ausnahme vom soeben genannten Grundsatz (und damit eine weitere Hürde der Wirksamkeit von Schiedsklauseln in AGB) stellt die **Ungewöhnlichkeitsregel** dar, die allerdings nur dann gilt, wenn schwache oder unerfahrene Parteien beteiligt sind, also v.a. bei Konsumentenverträgen (vgl. BERGER/KELLERHALS, Rz 441 ff.): Danach ist davon auszugehen, dass geschäftlich unerfahrenen und rechtlich nicht versierten Kunden die volle Bedeutung der Schiedsvereinbarung in den AGB erklärt werden muss, damit sie wirksam ist (vgl. RÜEDE/HADENFELDT, 42). Das ist bei internationalen Verhältnissen 28 teilweise anders zu beurteilen, weil dort die Vermutung besteht, dass man eine gewisse Geschäftserfahrenheit hat, wenn man über die Grenze kontrahiert (vgl. BSK IPRG-WENGER/MÜLLER, Art. 178 N 61). So ist nach der neueren Praxis des Bundesgerichts im Bereich der internationalen Sportschiedsgerichtsbarkeit ein völliger Rechtsmittelverzicht nach Massgabe von Art. 192 Abs. 1 IPRG regelmässig auch dann als gültig anzusehen, wenn er lediglich darauf gründet, dass die Schiedsvereinbarung auf eine institutionelle Schiedsordnung verweist (beispielhaft BGE 131 III 173 E. 4.2). Vorbehalten sind über das Internet geschlossene Konsumentenverträge, weil sich hier die Konsumenten je länger je weniger bewusst sind, dass die Internationalität zu unterschiedlichen Rechtsfolgen führen kann.

b) Schiedsvereinbarung in Gesellschaftsverträgen und Statuten

29 Es gilt als allgemein bekannt, dass sich eine Person mit dem Beitritt zu einer juristischen Person deren Gesellschaftsverfassung (d.h. i.d.R. den Statuten) unterwirft. **Statutarische Schiedsvereinbarungen** in Gesellschaftsverhältnissen sind daher grundsätzlich zulässig (zur Voraussetzung der objektiven Schiedsfähigkeit gesellschaftsrechtlicher Ansprüche Art. 354 N 23; BERSHEDA, 708 f.) und wirksam (vgl. Justizkommission ZG vom 11.9.1998, Gerichts- und Verwaltungspraxis des Kantons Zug, 139 f.; RÜEDE/HADENFELDT, 43 f.). Allerdings müssen sie von den betroffenen Parteien (i) wirksam übernommen worden sein und (ii) dem Bestimmtheitserfordernis genügen. Vorbehalten bleiben ausserdem die Anforderungen an die Form (vgl. dazu Art. 358 N 4).

30 Art. 6 Abs. 2 KSG bestimmte, dass sich die Schiedsvereinbarung aus der schriftlichen Erklärung des Beitritts zu einer juristischen Person ergeben kann, sofern diese Erklärung ausdrücklich auf die in den Statuten oder in einem sich darauf stützenden Reglement enthaltene Schiedsklausel Bezug nimmt. Diese Bestimmung führte zu einer restriktiven Handhabung von statutarischen Schiedsklauseln in der Lehre (vgl. BSK IPRG-WENGER/MÜLLER, Art. 178 N 69 a.E.). Die Aufgabe der restriktiven Formulierung lässt den Schluss zu, dass sich nach dem geltenden Recht eine schiedsfreundlichere Handhabung rechtfertigt. Allerdings kann dabei nicht einzig auf die sehr schiedsfreundliche neuere Rechtsprechung des BGer betreffend internationale Verhältnisse abgestellt werden (vgl. BGer, 4A.460/2008, E. 5.2 und 6.2; 4P.126/2001, E. 2c). Denn diese ist von Art. 178 IPRG beseelt, der seinerseits eine äusserst schiedsfreundliche Haltung widerspiegelt, welche in der ZPO kein Pendant findet.

Unter diesen Umständen kann eine Schiedsvereinbarung in Statuten (in Anlehnung an die Rechtslage bei AGB) als gültig **übernommen** gelten:

– bei *Personengesellschaften und Vereinen* nur dann, wenn (i) entweder ein Globalverweis auf den Gesellschaftsvertrag oder die Statuten in der Beitrittserklärung steht und die Statuten an die Vertragspartei abgegeben wurden, oder (ii) in einer Beitrittserklärung ein spezifischer Verweis auf die Schiedsklausel in den Statuten steht, oder (iii) ein Globalverweis besteht und obwohl die Statuten nicht abgegeben wurden, aufgrund von Handelsbräuchen oder sonstigen Umständen auf eine Schiedsvereinbarung geschlossen werden musste. Vorbehalten bleiben wiederum Fragen der Form. (Für ein Beispiel, in dem das Bestehen einer Schiedsvereinbarung abgelehnt wurde, vgl. Justizkommission ZG vom 11.9.1998, Gerichts- und Verwaltungspraxis des Kantons Zug 1998, 140 f.; w.H. s. BERSHEDA, 697 FN 21.);

– bei *Kapitalgesellschaften*: ohne weiteres mit dem Erwerb der Gesellschafterstellung, weil diese nur als Bündel erworben werden kann (**a.A.** betreffend IPRG wohl BSK

IPRG-WENGER/MÜLLER, Art. 178 N 69). Ausgenommen sind Fälle, in denen die streitige Rechtsbeziehung bereits entstanden ist, bevor der Erwerber die Gesellschafterstellung erlangt hat.

Grundsätzlich entfaltet eine statutarische Schiedsvereinbarung nur Wirkung in Bezug auf das Verhältnis zwischen Gesellschaft und Gesellschaftern. Ausnahmsweise kann sie sich auch auf das Verhältnis unter den Gesellschaftern beziehen, nämlich dann, wenn die Streitigkeit klar mit dem Gesellschafterverhältnis zusammenhängt (vgl. BERGER/ KELLERHALS, Rz 446; RÜEDE/HADENFELDT, 43). Andererseits würde eine statutarische Bestimmung, wonach ein Schiedsgericht auch für Streitigkeiten unter den Gesellschaftern zuständig wäre, regelmässig das **Bestimmtheitsgebot** verletzen (dazu oben N 17 f.); ausserdem überschreiten entsprechende Statutenbestimmungen i.d.R. den zulässigen Einfluss einer Gesellschaft auf ihre Mitglieder (vgl. RÜEDE/HADENFELDT, 44 m.Nw.; BERSHEDA, 706 f.). 31

4. Erstreckung oder Wirkung der Schiedsvereinbarung auf Dritte

a) Vertrag zugunsten Dritter

Falls zwei Parteien in ihrem Vertrag mit Schiedsvereinbarung einen Dritten begünstigen, kann der Begünstigte die Begünstigung insgesamt (also unter Einschluss der Schiedsklausel) annehmen oder darauf verzichten; nicht aber nur die materielle Begünstigung annehmen und die Schiedsklausel nicht gegen sich gelten lassen (vgl. BSK IPRG- WENGER/MÜLLER, Art. 178 N 66; RÜEDE/HADENFELDT, 41; KRAUSKOPF, Rz 1760). 32

Von dieser Konstellation zu unterscheiden ist der prozessrechtliche Schiedsvertrag zugunsten Dritter (*clause compromissoire à faveur d'un tiers*), bei welchem dem Dritten ein Wahlrecht zukommt, ob er bei Streitigkeiten mit dem Promittenten das vertragliche Schiedsgericht oder die staatliche Gerichtsbarkeit anrufen will (KRAUSKOPF, Rz. 1759). 33

b) Nachfolgekonstellationen

aa) Notwendigkeit der Differenzierung

Bei Nachfolgekonstellationen sind zwei unterschiedliche Fallgruppen zu unterscheiden: (i) Die Schiedsgerichtsbarkeit wurde **vertraglich begründet** und wird einseitig weiter übertragen. (ii) Die Schiedsgerichtsbarkeit wird durch einen **einseitigen Übertragungsakt begründet** (vgl. BSK IPRG-WENGER/MÜLLER, Art. 178 N 63 ff.). Die erste Fallkonstellation führt zur Schiedsgerichtsbarkeit, da die Begründung der Schiedsgerichtsbarkeit auf einer Vereinbarung der ursprünglich Betroffenen beruht (vgl. BGE 128 III 50 E. 2b/bb, am Beispiel einer Zession; BERGER/KELLERHALS, Rz 500 ff. mit kritischen Bemerkungen in Rz 504, i.E. aber zustimmend). 34

Falls eine Übertragung der zugrunde liegenden Forderung jedoch grundsätzlich ausgeschlossen ist (vgl. dazu Art. 164 Abs. 2 OR), kann auch die Schiedsvereinbarung nicht übertragen und somit nicht wirksam werden (vgl. BGE a.a.O.; BERGER/KELLERHALS, Rz 504).

bb) Schiedsgerichtsbarkeit wird durch einen einseitigen Übertragungsakt begründet

Die Wirkung dieser zweiten Fallkonstellation (einseitiger Übertragungsakt) ist in der Literatur umstritten. Eine ältere, wohl immer noch massgebende Lehre bejaht die Zuständigkeit eines Schiedsgerichts aufgrund einseitiger Anordnung im Fall von *Testamenten, Stiftungserrichtungsakten, Preisausschreiben und Auslobungen* (Übersicht bei BSK IPRG-WENGER/MÜLLER, Art. 178 N 63 f.). Nach einer neueren Auffassung, die zu 35 begrüssen ist, stellen einseitige Anordnungen der Schiedsgerichtsbarkeit lediglich eine Offerte zur Schiedsvereinbarung dar, die von den Betroffenen angenommen werden muss. Gemäss dieser neueren Lehre ist es jedoch möglich, die relevanten Rechte (z.B. aus einem Testament) derart mit der Schiedsanordnung zu *verbinden*, dass das Akzept zur entsprechenden Rechtsstellung nur gemeinsam mit dem Akzept zur Schiedsgerichtsbarkeit gegeben werden kann (vgl. BERGER/KELLERHALS, Rz 454 ff.; BSK IPRG-WENGER/MÜLLER, Art. 178 N 66).

Die beiden Lehrmeinungen unterscheiden sich nach dem Gesagten nur in einem Punkt: Nach der älteren Lehre sind die materielle Rechtsstellung (z.B. Erbenstellung) und die Schiedsanordnung *grundsätzlich untrennbar*, es sei denn, der Verfügende (z.B. Erblasser) habe ausdrücklich etwas anderes bestimmt. Nach der neueren Lehrmeinung sind die materielle Rechtsstellung und die Schiedsanordnung *grundsätzlich trennbar*, es sei denn, der Verfügende lege etwas Anderes fest. Nach der Auffassung des Bundesgerichts soll nicht leichthin Schiedsgerichtsbarkeit angenommen werden, weil sie weitgehende Konsequenzen für die Betroffenen nach sich zieht (vgl. BGE 129 III 675 E. 2.3). Trotzdem darf u.E. nicht davon ausgegangen werden, dass eine begünstigende Rechtsstellung auch ohne Schiedsklausel angenommen werden kann.

36 Zur Wirksamkeit **testamentarischer Anordnungen der Schiedsgerichtsbarkeit für Erbschaftsstreitigkeiten** durch den Erblasser vgl. BSK IPRG-WENGER/MÜLLER, Art. 178 N 64; BERGER/KELLERHALS, Rz 452, Art. 354 N 33.

37 **Anordnung von Schiedsgerichtsbarkeit in Preisausschreiben und Auslobung sowie Stiftungen**: In diesen Konstellationen bemüht sich regelmässig eine Person um eine *Begünstigung* einer andern (Stiftung, Preisausschreiben). Falls sich die Parteien auf Schiedsgerichtsbarkeit einigen (z.B. weil die Begünstigung unter der Bedingung des Konsenses über die Schiedsgerichtsbarkeit steht), ist diese Schiedsvereinbarung nach nicht unumstrittener Auffassung gültig (BERGER/KELLERHALS, Rz 454; vgl. aber BATLINER/GASSER, 713). Dies setzt jedoch zumindest voraus, dass die Preisausschreibungsunterlagen oder die Unterlagen zur Bewerbung um eine Stiftungsleistung über die Schiedsgerichtsbarkeit ausreichend *informieren*.

cc) Schiedsgerichtsbarkeit wurde vertraglich begründet und wird einseitig weiter übertragen

38 **Universalsukzession und Zession**: In Fällen der Rechtsnachfolge durch Universalsukzession, namentlich Fusion und Erbgang, gilt die bereits geschlossene Schiedsvereinbarung auch für den Rechtsnachfolger (BERGER/KELLERHALS, Rz 493 ff.; HABSCHEID 525, Rz 852; BSK IPRG- WENGER/MÜLLER, Art. 178 N 76). Dasselbe soll auch für die Zession gelten (vgl. BGE 128 III 50 E. 2b/bb; BERGER/KELLERHALS, Rz 493 ff.; HABSCHEID, 525, Rz 852). Beides lässt sich aber nicht ohne weiteres gleich behandeln, weil Fusion und Erbgang zu einer Universalsukzession von Rechten und Pflichten führen, während durch Zession ohne Zustimmung des Schuldners bloss Forderungen übertragen werden können. Dieser Unterschied hat wichtige Konsequenzen für die Frage, ob der Schuldner der zedierten Forderung sich den Übergang der Streiterledigungsklausel auf eine ihm allenfalls unbekannte oder weniger verlässliche Person gefallen lassen muss. (Zum Ganzen fundiert [und rechtsvergleichend] LANDROVE, passim; betreffend Teilaspekte MOHS sowie GIRSBERGER/HAUSMANINGER. Zu Art. 178 IPRG BSK IPRG-WENGER/MÜLLER, Art. 178 N 77.) Zu differenzieren ist ferner, ob die Übertragung der Schiedsklausel vor Einleitung oder während des Schiedsverfahrens erfolgt. Letztere ist eine Frage des Parteiwechsels, vgl. dazu Art. 376 N 24.

2. Titel: Schiedsvereinbarung

c) Weitere Drittwirkungskonstellationen

Die von einer Gesellschaft abgeschlossene Schiedsvereinbarung gilt im Falle einer **Kollektivgesellschaft** auch für die Gesellschafter, im Falle einer **Kommanditgesellschaft** bindet sie auch die Kommanditäre (RÜEDE/HADENFELDT, 81). 39

Die **Konkurseröffnung** begründet nach schweizerischem Konkursrecht keine Rechtsnachfolge (BSK IPRG-WENGER/MÜLLER, Art. 178 N 68; zur Problematik in der internationalen Schiedsgerichtsbarkeit vgl. BGer, 4A.428/2008, wonach die Auswirkung des Konkurses auf die Parteifähigkeit vor einem Schiedsgericht von der materiellrechtlichen Vorfrage der Rechtsfähigkeit abhänge, welche durch das Personal- bzw. Gesellschaftsstatut, also das gemäss Art. 33 f. IPRG [für natürliche Personen] bzw. Art. 154, 155 lit. c IPRG [für juristische Personen] anwendbare Recht bestimmt wird; Procedural Order No. 14, 27.11.2002, Ad Hoc Arbitration of the Arbitral Tribunal in Zurich, in: ASA Bull 2005, 108 ff.; dazu BROWN-BERSET/LÉVY, 664 ff.; kritisch NAEGELI, Rz. 28 ff.; PERRET, 36 ff.; VEIT, 116 ff., je m.w.Nw.). Dennoch ist die Konkursmasse bzw. der Konkursverwalter an eine vom Gemeinschuldner getroffene Schiedsvereinbarung gebunden (BERGER/KELLERHALS, 178; JOLIDON, 141), und zwar unabhängig davon, ob das Schiedsverfahren vor oder nach der Konkurseröffnung eingeleitet wird (BERNET, 8). Analoges gilt grundsätzlich für die Gläubiger bei der Abtretung von Rechtsansprüchen gemäss Art. 260 SchKG und für den Willensvollstrecker (vgl. RÜEDE/HADENFELDT, 81; JOLIDON, 141 f.). Im Übrigen ist der Konkursverwalter nach schweizerischem Recht auch berechtigt, nach seiner Ernennung gültig eine Schiedsvereinbarung abzuschliessen, sofern er vom Gläubigerausschuss oder von der zweiten Gläubigerversammlung dazu ermächtigt worden ist (vgl. BERNET, 9). 40

Unter dem Stichwort der **Ausdehnung der Schiedsvereinbarung auf Dritte** werden Konstellationen diskutiert, in welchen der subjektive Geltungsbereich einer Schiedsvereinbarung, ausserhalb von Nachfolgekonstellationen, auf Nichtvertragspartner ausgeweitet wird. Ausgehend von der Praxis zur internationalen Schiedsgerichtsbarkeit rechtfertigt sich die Ausdehnung auf einen Nichtvertragspartner jedenfalls dann, wenn dieser nach aussen den Anschein erweckt, sich an Stelle bzw. neben einem Vertragspartner an den Hauptvertrag samt Schiedsklausel binden zu wollen *(Rechtsscheinshaftung;* BERGER/KELLERHALS, Rz 519 ff.; BATLINER/GASSER, 713 f.; vgl. auch BGE 129 III 727). 41

Diese Voraussetzungen gelten namentlich auch im Fall von konzerngebundenen Gesellschaften oder sonst eng miteinander verbundenen Verträgen, vgl. neuerdings – zum internationalen Verhältnis – BGer, 4A.376/2008, E. 8.4; BGE 134 III 565 E. 3.2 sowie BGer, 4A.244/2007 und die Anm. von ZUBERBÜHLER, 562 ff. Eine Erweiterung auf Dritte ist unter diesen Umständen nicht bloss bei einem Verstoss gegen Treu und Glauben zuzulassen, im Gegensatz etwa zur französischen Rechtspraxis und Doktrin, wonach die Ausdehnung auf eine konzernverbundene Gesellschaft nur bei einem Verstoss gegen Treu und Glauben möglich ist (zum Ganzen ZUBER, 40 f.; POUDRET/BESSON, Rz 255 ff.; BERGER/KELLERHALS, Rz 529 ff.). 42

Relevant ist ferner der (im Schrifttum nicht unumstrittene) **Durchgriff** durch den Schleier der juristischen Person in analoger Anwendung der privatrechtlichen Kriterien: Wenn sich die Berufung auf die Selbständigkeit einer juristischen Person bei wirtschaftlicher Identität von Gesellschaft und Aktionär als rechtsmissbräuchlich erweist, so fällt die Selbständigkeit der juristischen Person ausser Betracht und die Vertragswirkungen werden auf das dahinter stehende Rechtssubjekt bezogen (vgl. BGer, 4A.160/2009, E. 4.3.1; BGE 121 III 319 E. 5a; ZUBER, 8 ff.). Dieses Rechtssubjekt tritt auch hinsichtlich der Schiedsvereinbarung ohne weiteres an die Stelle der juristischen Person, welche sie 43 abgeschlossen hat (einlässlich ZUBER, 50 ff.; BERGER/KELLERHALS, Rz 526 ff.; GROSS, 195 f.). Zutreffend deshalb auch BGer, 4A.160/2009, E. 4.3.1: «Wo durchgriffsrechtlich die Selbständigkeit der Tochtergesellschaft als juristischer Person verneint wird, rechtfertigt sich im Allgemeinen, die Verbindlichkeit der Schiedsklausel ohne weiteres auf die Muttergesellschaft auszudehnen, weil hier die Vertragswirkungen gleichsam verlagert werden (Urteil vom 29.1.1996, 4P.330/1994, E. 6b, in: ASA Bull 1996, 506). Diese Überlegungen gelten auch, wenn hinter dem sog. «corporate veil» ein Aktionär steht, auf welchen durchgegriffen wird [...]».

III. Rechtsfolgen

1. Rechtsfolge bei gesetzeskonformem Zustandekommen

44 Kommt die Schiedsvereinbarung gültig zustande, bewirkt sie zwei Arten von Rechtsfolgen:

– *Prozessuale* Rechtsfolgen: Prozessuale Vereinbarungen erfordern keine gesonderte Erfüllungshandlung durch die Parteien. Sie bestimmen indessen den weiteren Rechtsweg, indem für einen bestimmten Streitfall ein Schiedsgericht für zuständig erklärt wird, welches nach dem vereinbarten Verfahren eine Entscheidung fällt (vgl. BERGER/KELLERHALS, Rz 458; RÜEDE/HADENFELDT, 78). Wird für diesen bestimmten Streitfall von einer Partei dennoch ein staatliches Gericht angerufen, kann die Gegenpartei aufgrund der Schiedsvereinbarung einen Nichteintretensentscheid bewirken. Sie muss dazu die **Einrede der Schiedsgerichtsbarkeit** explizit vorbringen (vgl. dazu Art. 359).

– *Materiellrechtliche* Rechtsfolgen: Materiellrechtliche Vereinbarungen erfordern regelmässig eine Erfüllungshandlung (bzw. ein Dulden oder Unterlassen) durch die Parteien (z.B. Leistung eines Prozesskostenvorschusses oder maximale Beschleunigung des Verfahrens). Bleibt diese Erfüllung aus, kann unter den Voraussetzungen des Allgemeinen Teils des OR (insb. Art. 97 OR) Schadenersatz gefordert werden, was allerdings teilweise umstritten ist (vgl. GIRSBERGER/GABRIEL, 822, 826, 829; BSK IPRG-WENGER/MÜLLER, Art. 178 N 79; **abl.** RÜEDE/HADENFELDT, 80 f. m.Nw.).

2. Rechtsfolge bei mangelhaftem Zustandekommen

45 Bei mangelhaftem Zustandekommen der Schiedsvereinbarung können die Behelfe des Allgemeinen Teils des OR, je nach Inhalt der spezifischen Abrede analog oder direkt, ergriffen werden (insb. Art. 20 und 23 ff. OR; vgl. RÜEDE/HADENFELDT, 46 und 84 ff.). Falls die entsprechenden Voraussetzungen erfüllt sind, ist die Schiedsvereinbarung wie jeder andere Vertrag ungültig (vgl. RÜEDE/HADENFELDT, 83 ff.). Dieser Umstand bildet die Grundlage für eine Anfechtung der Zuständigkeit eines Schiedsgerichts, muss aber im Rahmen von Art. 359 eingewendet werden, um vom Beklagten wirksam geltend gemacht werden zu können (vgl. Art. 359 N 8 und 14).

3. Rechtsfolge bei Ungültigkeit des Hauptvertrages (Abs. 2)

46 Nach Abs. 2 kann gegen die Schiedsvereinbarung nicht eingewendet werden, der Hauptvertrag sei ungültig. Mit *Hauptvertrag* meint der Gesetzgeber den Vertrag, auf den sich die Schiedsklausel bezieht, i.d.R. also ein (rein) materiellrechtliches Vertragswerk (z.B. ein Austauschvertrag wie Kauf oder ein Auftrag oder auch ein Gesellschaftsvertrag). Die

2. Titel: Schiedsvereinbarung **Art. 358**

Schiedsvereinbarung ist als Schiedsklausel meist ein Teil (i.d.R. gegen Ende) dieses Vertrages (vgl. RÜEDE/HADENFELDT, 87). Dennoch gilt nach dem klaren Willen des Gesetzgebers analog zum IPRG das allgemein anerkannte Prinzip der **«Autonomie der Schiedsvereinbarung»** auch im Binnenverhältnis (im englischen Sprachraum *«separability»* oder *«severability doctrine»* genannt), was nunmehr explizit geregelt ist (vgl. zum IPRG GIRSBERGER/MRÁZ, 136; BSK IPRG- WENGER/MÜLLER, Art. 178 N 90 ff.; IPRG-Komm.-VOLKEN, Art. 178 N 63). Dies bedeutet, dass die Schiedsvereinbarung grundsätzlich unabhängig vom Hauptvertrag zu beurteilen ist. Das bedeutet aber nicht ohne weiteres, dass im Einzelfall Hauptvertrag *und* Schiedsvereinbarung ungültig sind (vgl. BGE 128 III 50 E. 2b/bb). Diese Frage hängt oft von der Auslegung der konkreten Vereinbarung ab; notwendig ist ausserdem eine Differenzierung mit Bezug auf den konkreten Ungültigkeitsgrund (BSK IPRG-WENGER/MÜLLER, Art. 178 N 90).

Trotz des insofern ungenauen Wortlautes muss die Regel auch für Fälle gelten, in denen die Schiedsklausel sich nicht auf einen Vertrag als Ganzes, sondern nur auf einzelne Forderungen aus einem Vertrag oder einem anderen (schiedsfähigen) Rechtsverhältnis bezieht.

47

Art. 358

Form	**Die Schiedsvereinbarung hat schriftlich oder in einer anderen Form zu erfolgen, die den Nachweis durch Text ermöglicht.**
Forme	La convention d'arbitrage est passée en la forme écrite ou par tout autre moyen permettant d'en établir la preuve par un texte.
Forma	Il patto d'arbitrato dev'essere stipulato per scritto o in un'altra forma che consenta la prova per testo.

Inhaltsübersicht Note

I. Normzweck und Grundlagen 1
II. Voraussetzungen 5
   1. Voraussetzungen der Textform 6
   2. Sonderfragen 10
III. Rechtsfolgen 19
   1. Grundsatz: Ungültigkeit der Schiedsabrede bei Formmängeln ... 19
   2. Wirkungen einer ungültigen Schiedsvereinbarung 21
   3. Heilung von Formmängeln der Schiedsvereinbarung 22

Literatur

T. BERSHEDA, Les clauses d'arbitrage statutaires en droit suisse, ASA Bull 2009, 691 ff.; M. BLESSING, The Arbitration Agreement – Its Multifold Critical Aspects (Preface and Introductory Report), ASA Special Series No. 8, Zürich 1994, 7 ff.; O. Y. MAIBACH, Formvorschriften und Online-Schiedsgerichtsbarkeit, Norderstedt 2009; C. MÜLLER, International Arbitration, A Guide to the Complete Swiss Case Law, Zürich 2004; J. F. POUDRET, Présentation critique du projet de réglementation de l'arbitrage interne (art. 351 à 397 P-CPC), in: S. Lukic (Hrsg.), Le projet de Code de procédure civile fédérale, Lausanne 2008, 235 ff.; vgl. ausserdem die Literaturhinweise zu Art. 357.

I. Normzweck und Grundlagen

1 Art. 358 regelt die **Form der Schiedsvereinbarung**. Danach erfüllt die Schiedsvereinbarung die Anforderungen an die Formwirksamkeit, wenn sie entweder schriftlich abgeschlossen wurde oder ihr Inhalt anderweitig durch Text nachgewiesen werden kann. Dieses Formerfordernis ist weniger weitgehend als die einfache Schriftform nach Art. 13 OR, denn es verlangt keine Unterschrift. Damit entspricht Art. 358 der Formvorschrift von Art. 178 Abs. 1 IPRG, welcher die Form für Schiedsvereinbarungen im internationalen Verhältnis regelt (vgl. BOTSCHAFT ZPO, 7395). Diese Art von Formvorschriften (sowie die gleich lautende Bestimmung von Art. 5 IPRG) wird zwecks Unterscheidung von der einfachen Schriftlichkeit zunehmend als «**Textform**» bezeichnet (vgl. POUDRET/BESSON, Rz 193; BSK IPRG-WENGER/MÜLLER, Art. 178 N 11).

2 Vor Inkrafttreten der ZPO verlangte Art. 6 Abs. 1 KSG für Schiedsvereinbarungen im Bereich der Binnenschiedsgerichtsbarkeit die einfache Schriftlichkeit. Dies behinderte den Abschluss einer Schiedsvereinbarung mittels moderner Kommunikationsmittel und wurde deshalb als Nachteil angesehen (vgl. WEHRLI, 110 und 115). Mit der Übernahme der Textform konnte nicht nur dieser Nachteil beseitigt (vgl. statt vieler BSK IPRG-WENGER/MÜLLER, Art. 178 N 13 m.w.Nw.), sondern gleichzeitig eine **Angleichung** an die internationale Schiedsgerichtsbarkeit erreicht werden: Art. 358 ZPO ist nämlich nicht nur mit Art. 178 Abs. 1 IPRG, sondern auch mit der Formulierung von Art. 2 Ziff. 2 NYÜ vereinbar (BOTSCHAFT ZPO, 7395; Bericht VE-ZPO, 168; POUDRET/BESSON, Rz 193; BERSHEDA, 697).

3 Auch der Zweck der Textform nach Art. 358 ZPO ist derselbe wie derjenige von Art. 178 Abs. 1 IPRG: Beabsichtigt ist primär der **Schutz der Parteien vor Übereilung**: Schiedsvereinbarungen sollen aufgrund der einschneidenden Konsequenzen bewusst und ohne Eile abgeschlossen werden; immerhin verzichten die Parteien damit auf den verfassungsmässigen Richter nach Art. 30 Abs. 1 BV (vgl. BSK IPRG-WENGER/MÜLLER, Art. 178 N 7; IPRG-Komm.-VOLKEN, Art. 178 N 21). Die Textform bezweckt aber auch **inhaltliche Klarheit**: Ein Schiedsgericht (oder staatlicher Richter) soll den Willen der Parteien einfach und mit einer gewissen praktischen Sicherheit beurteilen können (vgl. IPRG-Komm.-VOLKEN, Art. 178 N 21). Eine eigentliche Beweisfunktion kann Art. 358 demgegenüber trotz des Wortlauts «Nachweis durch Text» nicht zugesprochen werden: Im Gegensatz zu einem unterzeichneten Dokument, das eine gewisse Fälschungsresistenz aufweist, bietet die Textform keine erhöhte Sicherheit dafür, dass es sich um den unveränderten Text eines bestimmten Urhebers handelt (vgl. MAIBACH, 18 mit Blick auf E-Mail Nachrichten).

4 Im Gegensatz zum bisherigen Recht (Art. 6 Abs. 2 KSG) wird der Beitritt zu juristischen Personen in Art. 358 nicht mehr speziell geregelt. Hier gelten die allgemeinen Formvorschriften (vgl. BOTSCHAFT ZPO, 7395). Bei Körperschaften geht das Körperschaftsrecht als lex specialis Art. 358 vor (vgl. zum identischen Problem im internationalen Verhältnis BSK IPRG-WENGER/MÜLLER, Art. 178 N 67 ff). Zur Wirksamkeit statutarischer Schiedsklauseln vgl. Art. 357 N 29 ff.

II. Voraussetzungen

5 Die Textform i.S.v. Art. 358 bedeutet, dass es ausreichend (und erforderlich) ist, dass mittels **bildlichem Text** nachgewiesen werden kann, dass (i) sich die Parteien über den notwendigen Inhalt der Schiedsvereinbarung geeinigt haben und (ii) der Text den massgebenden Parteien zugeordnet werden kann (CHK-SCHRAMM/FURRER/GIRSBERGER,

Art. 178 IPRG N 18). Weder ist dazu eine eigenhändige Unterschrift noch eine elektronische Signatur erforderlich (vgl. POUDRET/BESSON, Rz 193).

1. Voraussetzungen der Textform

Um die Voraussetzungen der **gültigen Textform** zu umschreiben, sind folgende Fragen zu beantworten: a) Was ist unter einem rechtsgenügenden Text zu verstehen? b) Muss der Text in besonderen Fällen unterzeichnet sein? c) Welche Inhalte müssen von der Textform erfasst werden?

a) Text

An den Erklärungstext ist nach Art. 358 folgende Anforderung zu stellen: Die Erklärung muss in einem **(geschriebenen) Schriftbild** visuell wahrnehmbar und körperlich reproduzierbar beim Empfänger eingehen (vgl. BSK IPRG-WENGER/MÜLLER, Art. 178 N 11 und 13; WENGER, 225 f.; BERGER/KELLERHALS, Rz 395). Demnach sind Kommunikationsmittel wie E-Mail (POUDRET, 242), Telefax, Telegramm (bzw., soweit überhaupt noch verwendet, auch Telex) zur Formwahrung geeignet (vgl. BOTSCHAFT ZPO, 7395; IPRG-Komm.-VOLKEN, Art. 178 N 21). Äquivalent zu diesen Kommunikationsformen sind überdies SMS, MMS (soweit darin Text übermittelt wird) und vergleichbare Technologien, soweit ihr Absender genügend bestimmbar ist. Es war deshalb richtig, die massgeblichen Bestimmungen von Art. 5 und 178 Abs. 1 IPRG ohne die Aufzählung von einzelnen modernen Kommunikationsmitteln zu übernehmen, um den Einsatz der jeweils modernsten Technologien zu ermöglichen (vgl. Bericht VE-ZPO, 168). Es ist daher davon auszugehen, dass auch zukünftige Formen der Kommunikation als gesetzeskonform betrachtet werden dürfen, sofern sie den beschriebenen Anforderungen genügen. Bei elektronischen Kommunikationsmitteln ist das Erfordernis der physischen Reproduzierbarkeit nur dann gegeben, wenn der Text nicht nur während einer beschränkten Zeit am Bildschirm oder Display betrachtet, sondern sofort ausgedruckt oder die Datei dauerhaft abgespeichert werden kann (vgl. BSK IPRG-WENGER/MÜLLER, Art. 178 N 13). Demgegenüber erfüllen bspw. Tonträger mit gesprochenen Erklärungen die Formvorschrift nicht (vgl. BSK IPRG-WENGER/MÜLLER, Art. 178 N 13).

b) Gewillkürte Schriftform

Da Art. 358 für die Schiedsvereinbarung die Textform vorschreibt, dürfen die Parteien diese Formvorschrift nicht durch formlose Parteiabrede abschwächen. Es ist ihnen aber gemäss Art. 16 Abs. 1 OR (der Anwendung findet, soweit auf die Schiedsvereinbarung schweizerisches Recht anwendbar ist, was in der Binnenschiedsgerichtsbarkeit praktisch immer der Fall ist) gestattet, diese zu ergänzen oder zu verstärken (vgl. BSK OR I-SCHWENZER, Art. 16 N 1). Insbesondere dürfen sie die Schiedsvereinbarung der Schriftform unterwerfen (sog. gewillkürte Schriftform nach Art. 16 Abs. 2 OR i.V.m. Art. 13 Abs. 1 OR). Ist dies der Fall, bedarf die Schiedsvereinbarung trotz Art. 358 der Unterschriften aller beteiligten Parteien. Enthält ein an sich formfreier Hauptvertrag (z.B. über einen Fahrniskauf) neben einer Schiedsvereinbarung auch eine Schriftformklausel, so wird es dem (unausgesprochenen) Willen der Parteien in aller Regel entsprechen, die Schriftform für beides, den Hauptvertrag und die Schiedsvereinbarung, zu verlangen.

c) Umfang

Von der Textform müssen alle objektiv und subjektiv **wesentlichen Vertragspunkte** erfasst sein (vgl. BERGER/KELLERHALS, Rz 405; BSK IPRG-WENGER/MÜLLER, Art. 178

N 9; SCHWENZER, Rz 31.02, zum Umfang des Formzwangs mit Verweisen auf die entsprechende Praxis des BGer). Demnach muss aus dem Text mindestens der Wille der Parteien zum Ausdruck kommen, dass über bestimmte bestehende oder künftige Streitigkeiten ein bestimmtes oder zumindest bestimmbares Schiedsgericht und somit kein staatliches Gericht entscheiden soll (vgl. BGE 129 III 675 E. 2.3; Art. 357 N 16). Die Wahl des Sitzes unterliegt grundsätzlich nicht der Formvorschrift von Art. 358 (vgl. Art. 355 N 7).

2. Sonderfragen

a) Zuordnung der Erklärung

10   Bei der Textform stellt sich das Problem der Zuordnung einer Erklärung zu einer Person. Bei der einfachen Schriftlichkeit ist diese Zuordnung einfach, weil eine eigenhändige Unterschrift verlangt ist; sie ist ausserdem einigermassen fälschungssicher. Bei der einfachen Textform dagegen, bei der eine eigenhändige Unterschrift gerade nicht erforderlich ist, muss die **Zuordnung des Textes zum Verfasser** auf andere Art vorgenommen werden, indem die Erklärungen in Textform mit den erklärenden Personen auf andere Weise in Verbindung gebracht werden (vgl. CHK-SCHRAMM/FURRER/GIRSBERGER, Art. 178 IPRG N 18). Dies kann durch fakultative eigenhändige Unterschrift geschehen oder durch spezifische Absendernachweise bei einzelnen Kommunikationsformen (z.B. automatisch generierte Absenderzeile in E-Mail-Nachrichten) oder wenigstens durch eine maschinelle Namenssetzung unter dem Text. Eine Schiedsvereinbarung, die sich nicht einer erklärenden Person zuordnen lässt, kann nicht als Willensäusserung verstanden werden und die Form in diesen Fällen somit nicht als gewahrt gelten.

b) Formwahrung und Austausch von mehreren Erklärungen

11   Beim Vorliegen mehrerer Erklärungen von verschiedenen Personen sind hinsichtlich der Form die folgenden beiden Fragen auseinander zu halten: aa) ob alle Erklärungen in Textform verfasst sein müssen und bb) ob ein eigentlicher *Austausch* der Erklärungen vorliegen muss, damit die Form gewahrt ist.

aa) Allseitige Formwahrung

12   Einigkeit besteht darüber, dass die Textform von **allen Parteien** eingehalten werden muss, die sich durch ihre Erklärung verpflichten (vgl. BSK IPRG-WENGER/MÜLLER, Art. 178 N 16, die von *allen Beteiligten der Schiedsbindung* sprechen; für den Spezialfall der Nachfolgekonstellationen, vgl. Art. 357 N 34 ff.). Umstritten ist in diesem Zusammenhang, ob die Textform gewahrt ist, wenn eine Partei formgültig offeriert und die andere Partei konkludent oder stillschweigend akzeptiert (*bejahend*: BLESSING, Arbitration Agreement, 10 m.w.Nw.; wohl auch SIEHR, 715 m.Vw. auf HGer ZH, 30.8.1993 und POUDRET, 242; *ablehnend*: BSK IPRG-WENGER/MÜLLER, Art 178 N 16 m.w.H.; IPRG-Komm.-VOLKEN, Art. 178 N 31; BGE 119 II 391, 394 mit Bezug auf den ähnlichen Art. 5 IPRG).

13   Die Befürworter der Formgültigkeit weisen auf den Fall hin, in dem ein ganzes Vertragswerk mit Schiedsvereinbarung schriftlich an den Vertragspartner gesandt wird und dieser durch Erfüllung konkludent akzeptiert. In diesem Fall müsse auch die Schiedsvereinbarung als formgültig angenommen gelten. Die Gegner verweisen auf den Schutzzweck der Form: Es könne nicht angehen, dass dieser sich nur bei der einen oder anderen

2. Titel: Schiedsvereinbarung   14–17   **Art. 358**

Partei auswirke. M.E. empfiehlt sich der Grundsatz, dass die Form **allseitig** gewahrt sein muss. Das bedeutet:

– *Unter Anwesenden* genügt nur die gemeinsame schriftliche Niederlegung in einem Dokument.

– *Unter Abwesenden* muss jede Partei einen Text kommunizieren (und sei das nur per Mausklick), welcher die Schiedsvereinbarung enthält oder genügend klar auf sie verweist.

Nur so können der Schutzzweck und der Zweck der grösseren Klarheit der Textform erfüllt werden. Eine Aufweichung der Formvorschrift zum Zweck der grösseren Handelsverkehrstauglichkeit und zur Vermeidung von Rückabwicklungsfällen ist in Binnenverhältnissen im Gegensatz zum internationalen Handel nicht angezeigt.

Eine *Ausnahme* muss jedoch dann gelten, wenn eine Partei eine schriftliche Offerte durch 14
Erfüllung oder auf vergleichbare Weise konkludent akzeptiert oder ihre spätere Berufung auf die selber nicht eingehaltene Textform auf andere Weise gegen Treu und Glauben verstossen würde (BGE 121 III 38, Leitsatz 2; IPRG-Komm.-VOLKEN, Art. 178 N 31; BGE 119 II 391, 395 mit starker Betonung des Schutzzwecks der Textform, allerdings in einem Entscheid zu Art. 5 IPRG; teilweise **a.A.** BSK IPRG-WENGER/MÜLLER, Art 178 N 17).

bb) Austausch von Erklärungen

Ein **Austausch** von Erklärungen ist nicht notwendig, wenn die Form allseitig ge- 15
wahrt wird (vgl. IPRG-Komm.-VOLKEN, Art. 178 N 31; POUDRET/BESSON, Rz 193 mit Bsp., etwa genehmigte Sitzungsprotokolle in Textform; BSK IPRG-WENGER/MÜLLER, Art. 178 N 16; BERGER/KELLERHALS, Rz 400).

c) *Verweisung*

Die **Verweisung auf eine Schiedsvereinbarung**, die sich in einem anderen Text findet, 16
ist unter dem Formaspekt unter den folgenden Voraussetzungen zulässig: (i) Die Vereinbarung, welche die Verweisung enthält, muss in Textform vorliegen und (ii) das Dokument, auf welches verwiesen wird und welches auch die Schiedsvereinbarung enthält, muss ebenfalls in Textform vorliegen (vgl. SIEHR, 715 m.Vw. auf BGE 110 II 54, E. 3 und Handelsgericht Zürich 14.12.1989; IPRG-Komm.-VOLKEN, Art. 178 N 37 ff.; BSK IPRG-WENGER/MÜLLER, Art. 178 N 17). Verweisungen auf AGB, Musterverträge, Konossemente etc. sind demnach in formeller Hinsicht grundsätzlich unproblematisch. Inwiefern solche Verweisungen vom **Konsens** getragen werden, ist indessen nicht eine Frage der Formwirksamkeit (vgl. hierzu Art. 357 N 26 ff.; BSK IPRG-WENGER/MÜLLER, Art. 178 N 58 ff.).

d) *Vollmacht*

Der Abschluss einer Schiedsvereinbarung durch einen **Bevollmächtigten** ändert an den 17
formellen Voraussetzungen für eine gültige Schiedsvereinbarung grundsätzlich nichts. Umstritten ist, ob die Bevollmächtigung **formfrei** erfolgen kann. M.E. ist das angesichts des Schutzzwecks der Formvorschrift (oben N 3) abzulehnen. Die Auffassung, wonach sich die Vollmacht nach (mindestens) derselben Formvorschrift zu richten hat wie die Schiedsklausel selbst, entspricht einer klaren Tendenz in der inländischen Lehre (vgl.

Daniel Girsberger

BSK IPRG-WENGER/MÜLLER, Art. 178 N 10; POUDRET/BESSON, Rz 274; **a.A.** IPRG-Komm.-VOLKEN, Art. 178 N 41 ff., je m.w.H.) und ist bspw. in Italien die Regel (vgl. Art. 1392 CC it.; BSK OR I-WATTER/SCHNELLER, Art. 33 N 14).

18 Eine Ausnahme von diesem Erfordernis muss gelten, wenn die Grundsätze über die Anscheins- bzw. Duldungsvollmacht Anwendung finden (vgl. Art. 357 N 12).

III. Rechtsfolgen

1. Grundsatz: Ungültigkeit der Schiedsabrede bei Formmängeln

a) Allgemeines

19 Nach Auffassung des Bundesgerichts zieht jede Formungültigkeit die *absolute Nichtigkeit* der formbedürftigen Vereinbarungen nach sich und ist von Amtes wegen zu beachten (vgl. BGE 112 II 330, 334 f.; SCHWENZER, Rz 31.27 ff.). Falls allerdings die Anrufung des Gerichts wegen Formungültigkeit als **rechtsmissbräuchlich** i.S.v. Art. 2 Abs. 2 ZGB erscheint, wird dieser Rechtsmissbrauch vom Bundesgericht nicht geschützt. Ein solcher Rechtsmissbrauch ist von Amtes wegen zu beachten (BGE 112 II 330, 336). Diese (im Ergebnis zu begrüssende) Praxis des Bundesgerichts schränkt die Doktrin der absoluten Nichtigkeit stark ein. In Bezug auf ein Vertragswerk mit formbedürftigen und formfreien Elementen ist gemäss Art. 20 Abs. 2 OR *Teilnichtigkeit* möglich (vgl. SCHWENZER, Rz 31.28).

b) Formmängel der Schiedsvereinbarung im Besonderen

20 In der Lehre wird diskutiert, ob **Formmängel von Schiedsvereinbarungen** mit Bezug auf ihre Wirkungen anders behandelt werden sollten als Formmängel von rein materiellrechtlichen Vereinbarungen. In Bezug auf die Textform des internationalen Schiedsgerichtsrechts der Schweiz, die sich in Art. 7 und 178 IPRG findet, wurde erwogen, ob der Gesetzgeber anstelle eines Formerfordernisses eine blosse Regel zur Beweiserleichterung erlassen solle (befürwortend LALIVE/POUDRET/REYMOND, Art. 178 IPRG N 11; RÜEDE/HADENFELDT, 66; abl. IPRG-Komm.-VOLKEN, Art. 178 N 21; BSK IPRG-WENGER, 1. Aufl., Art. 178 N 7; ZUBER, 29 f.). Nachdem sich die Auffassung der Befürworter nicht durchgesetzt hat, ist davon auszugehen, dass die Textform eine **eigenständige Form** darstellt, die ebenfalls den Schutzzweck der Formvorschrift (N 3) erfüllen muss. Das hat zur Folge, dass Formmängel grundsätzlich zur Ungültigkeit des formbedürftigen Geschäftes, also der Schiedsvereinbarung, führen. Dennoch ist zu beachten, dass sich eine Schiedsvereinbarung nicht in jeder Hinsicht mit rein materiellrechtlichen Verträgen gleichsetzen lässt, was zu einer Reihe von Besonderheiten mit Bezug auf die Rechtsfolgen führt:

2. Wirkungen einer ungültigen Schiedsvereinbarung

21 Es fragt sich, wer darüber zu entscheiden hat, ob die Textform für eine Schiedsvereinbarung gewahrt wurde, das aufgeführte Schiedsgericht oder ein staatliches Gericht. Die Partei, welche sich der Schiedsgerichtsbarkeit widersetzt, wird regelmässig nicht an der Bestellung des Schiedsgerichts mitwirken. In diesem Zusammenhang fragt sich etwa, ob die **Ernennungsinstanz** (vereinbarte Institution gemäss Art. 361 oder staatliches Gericht gemäss Art. 362) eine vorläufige Beurteilung der Form vornehmen muss, um zur Ernennung zu schreiten. Das ist zu bejahen. Sie wird sich dabei vom Grundgedanken des Art. 362 Abs. 3 leiten lassen (der sich seinerseits an Art. 179 Abs. 3 IPRG orientiert) und eine summarische Prüfung vornehmen müssen. Befürwortet sie auf-

2. Titel: Schiedsvereinbarung   **Art. 359**

grund dieser Prüfung die **Formgültigkeit**, liegt die endgültige Beurteilung in der Kompetenz des Schiedsgerichts (vgl. Art. 359). Verneint die Ernennungsinstanz das Vorliegen einer formgültigen Schiedsvereinbarung, wird das Schiedsgericht nicht ernannt und eingesetzt; der Partei, welche auf der Formgültigkeit beharrt, bleibt diesfalls nur die Beurteilung durch ein staatliches Gericht (i.E. gleich BSK IPRG-WENGER/MÜLLER, Art. 178 N 22).

3. Heilung von Formmängeln der Schiedsvereinbarung

Grundsätzlich können die Parteien eine Schiedsvereinbarung jederzeit einvernehmlich abändern. Die Parteien können demnach bei Vorliegen eines Formmangels jederzeit (d.h. auch während des Verfahrens) gemeinsam eine formgültige Schiedsvereinbarung abschliessen. Damit werden frühere **Formmängel geheilt** (vgl. RÜEDE/HADENFELDT, 91; BSK IPRG-WENGER/MÜLLER, Art. 178 N 23). 22

Auch eine **vorbehaltlose Einlassung** (vgl. dazu Art. 359) heilt Formmängel der Schiedsvereinbarung (vgl. BSK IPRG-WENGER/MÜLLER, Art. 178 N 23; RÜEDE/HADENFELDT, 91 ff.; vgl. Art. 359 N 8). Es ist ausserdem davon auszugehen, dass die Praxis des Bundesgerichts betreffend Heilung infolge rechtsmissbräuchlicher Berufung auf einen Formmangel mit Bezug auf materiellrechtliche Vereinbarungen ebenfalls für die Form von Schiedsvereinbarungen nach Art. 358 gilt (N 19). 23

Im Falle der Rechtsnachfolge und der Erweiterung auf Dritte (dazu Art. 357 N 34 ff.) bedarf es keiner zusätzlichen formwirksamen Schiedsvereinbarung; dies liegt in der Natur der Rechtsnachfolge und der Erweiterungstatbestände (vgl. BSK IPRG-WENGER/ MÜLLER, Art. 178 N 8). 24

Art. 359

Bestreitung der Zuständigkeit des Schiedsgerichts

[1] **Werden die Gültigkeit der Schiedsvereinbarung, ihr Inhalt, ihre Tragweite oder die richtige Konstituierung des Schiedsgerichts vor dem Schiedsgericht bestritten, so entscheidet dieses darüber mit Zwischenentscheid oder im Entscheid über die Hauptsache.**

[2] **Die Einrede der Unzuständigkeit des Schiedsgerichts muss vor der Einlassung auf die Hauptsache erhoben werden.**

Contestation de la compétence du tribunal arbitral

[1] Si la validité de la convention d'arbitrage, son contenu, sa portée ou la constitution régulière du tribunal sont contestés devant le tribunal arbitral, celui-ci statue par une décision incidente ou dans la décision sur le fond.

[2] L'exception d'incompétence du tribunal arbitral doit être soulevée préalablement à toute défense au fond.

Contestata competenza del tribunale arbitrale

[1] Se la validità, il contenuto o la portata del patto d'arbitrato oppure la corretta costituzione del tribunale arbitrale sono contestati davanti allo stesso, il tribunale arbitrale pronuncia in merito con una decisione incidentale o nella decisione finale.

[2] L'eccezione d'incompetenza del tribunale arbitrale deve essere proposta prima di entrare nel merito della causa.

Inhaltsübersicht

Note

I. Normzweck und Grundlagen 1
II. Entscheidungskompetenz über die schiedsgerichtliche Zuständigkeit (Abs. 1) ... 6
   1. Allgemeines 6
   2. Zuständigkeitsentscheide staatlicher Gerichte 9
   3. Gültigkeit und Inhalt der Schiedsvereinbarung 14
   4. Formelle Probleme aufgrund der Tragweite der Schiedsgerichtsbarkeit 15
   5. Richtige Konstituierung des Schiedsgerichts 21
   6. Zuständigkeit durch Einlassung 23
   7. Zuständigkeitsentscheid des Schiedsgerichts 26
III. Einrede der Unzuständigkeit des Schiedsgerichts (Abs. 2) 27

Literatur

M. BLESSING, The Arbitration Agreement – Its Multifold Critical Aspects (Preface and Introductory Report), ASA Special Series No. 8, Zürich 1994, 7 ff.; E. BUCHER, Rechtsvergleichende und kollisionsrechtliche Bemerkungen zur Verrechnung («Kompensation»), in: W. A. Stoffel/Volken (Hrsg.), Conflicts et harmonisation, FS Overbeck, Freiburg 1990; E. GAILLARD/J. SAVAGE (Hrsg.), Fouchard/Gaillard/Goldman on International Commercial Arbitration, Den Haag 1999.

I. Normzweck und Grundlagen

1 Art. 359 regelt das **Verfahren** zur Bestimmung der schiedsgerichtlichen Zuständigkeit. Er kann damit als die verfahrensrechtliche Seite der materiellen und formellen Regeln über die Schiedsvereinbarung angesehen werden. Damit beantwortet das Gesetz die Frage, wer in welchem Verfahren über die bestrittene Zuständigkeit eines Schiedsgerichts entscheidet. Die Frage selbst, aber auch die Antwort darauf, wird in der Lehre allgemein mit dem Begriff der **Kompetenz-Kompetenz** umschrieben (vgl. BERGER/KELLERHALS, Rz 607 ff.; IPRG-Komm.-HEINI, Art. 186 N 1 ff.; FRANK/STRÄULI/MESSMER, Vor § 238–258 ZPO/ZH N 30; SIEHR, 717; LALIVE/POUDRET/REYMOND, Art. 8 KSG N 1; CHK-SCHRAMM/FURRER/GIRSBERGER, Art. 186 IPRG N 26; HABSCHEID, Rz 885; BSK IPRG-WENGER/SCHOTT, Art. 186 N 2; GAILLARD/SAVAGE, Rz 650 f., m.w.H.).

2 Die Frage stellt sich vor dem folgenden Hintergrund: Grundsätzlich ist für jede Zivilrechtsstreitigkeit ausschliesslich die staatliche Gerichtsbarkeit massgebend. Nur durch eine Schiedsvereinbarung können die Streitparteien die Zuständigkeit der staatlichen Gerichte ausschliessen und ihre Streitigkeit stattdessen von einem Schiedsgericht beurteilen lassen (vgl. Art. 357 N 2). Falls gerade dieser Konsens bestritten wird, stellt sich die Frage, **welche Instanz** darüber **entscheiden soll**, ob er besteht; ein staatliches Gericht oder ein Schiedsgericht. Die unterschiedlichen Sichtweisen der Streitparteien führen zu unterschiedlichen Ergebnissen: Aus dem Blickwinkel der Streitpartei, die eine korrekt zustande gekommene Schiedsvereinbarung bestreitet, müsste für diesen Entscheid ein staatliches Gericht zuständig sein, da für den Entscheid eines Schiedsgerichts die Grundlage fehlt. Aus dem Blickwinkel der Streitpartei, welche eine korrekt zustande gekommene Schiedsvereinbarung behauptet, müsste dagegen kraft Privatautonomie der Parteien das Schiedsgericht entscheiden.

3 Der Gesetzgeber hat die Frage in Art. 359 ausdrücklich beantwortet: Danach **entscheidet grundsätzlich das angerufene Schiedsgericht** über Gültigkeit, Inhalt, Tragweite der Schiedsvereinbarung und die richtige Konstituierung des Schiedsgerichts (vgl. Bericht VE-ZPO, 168).

Die Formulierung von Art. 359 lehnt sich stark an das **bisherige Recht** an. Absatz 1 entspricht im Wesentlichen der Formulierung von Art. 8 Abs. 1 KSG. Hinzugekommen ist lediglich die ausdrückliche Erwähnung der richtigen Konstituierung des Schiedsgerichts (vgl. Bericht VE-ZPO, 168). Absatz 2 entspricht wörtlich der Formulierung in Art. 8 Abs. 2 KSG und inhaltlich auch Art. 186 Abs. 2 IPRG (vgl. BOTSCHAFT ZPO, 7395). Wichtige Änderungen gegenüber der früheren Rechtslage ergeben sich jedoch im Zusammenhang mit **Verrechung** und **Widerklage** (vgl. Art. 377). 4

Nach praktisch einhelliger Lehre stellen die Regeln über die schiedsgerichtliche Zuständigkeit **zwingendes Rechts** dar (vgl. IPRG-Komm.-HEINI, Art. 186 N 4; LALIVE/ POUDRET/REYMOND, Art. 8 KSG N 1; JOLIDON, 180; BSK IPRG-WENGER/SCHOTT, Art. 186 N 2). Sie können demnach von den Parteien nicht rechtsverbindlich abgeändert werden. Eine Klausel, wonach «alle Streitigkeiten über die Zuständigkeit des Schiedsgerichts ausschliesslich von staatlichen Gerichten beurteilt werden sollen», ist somit ungültig. Unsicher ist demgegenüber, ob auch Abs. 2 zwingender Natur ist, denn es gäbe durchaus Gründe für die Parteien, den Zeitpunkt der Erhebung der Unzuständigkeitseinrede einvernehmlich zu verschieben (vgl. z.B. Art. 3 Abs. 7 lit. b Swiss Rules, wonach die Unzuständigkeitseinrede bis «spätestens» mit der Klageantwort [also nicht zwingend mit der Einleitungsantwort] erhoben werden muss, ähnlich BSK IPRG-WENGER/SCHOTT, Art. 186 N 54). Zur Nichtigkeit wegen mangelnder Schiedsfähigkeit allgemein vgl. Art. 354 N 47 ff. 5

II. Entscheidungskompetenz über die schiedsgerichtliche Zuständigkeit (Abs. 1)

1. Allgemeines

Die Frage, wer die Kompetenz hat, über eine bestrittene schiedsgerichtliche Zuständigkeit zu entscheiden, hat in der Lehre zu einer Diskussion über die korrekte **Terminologie** geführt. Die prägnante Aussage, die *Kompetenz-Kompetenz* liege beim Schiedsgericht, ist auf Widerstand gestossen (vgl. HABSCHEID, 541; BSK IPRG-WENGER/SCHOTT, Art. 186 N 2; LALIVE/POUDRET/REYMOND, Art. 8 KSG N 1, mit einer kurzen Zusammenfassung der sprachlichen Differenzen). Zu Recht wird geltend gemacht, dass unter dem IPRG und dem KSG der Zuständigkeitsentscheid eines Schiedsgerichts mit voller Kognition vom Bundesgericht überprüft werden konnte. Die Entscheidung liegt damit letzten Endes bei einem staatlichen Gericht (vgl. BGE 121 III 38, 41; 120 II 155, 164 f.; HABSCHEID, 541; BSK IPRG-WENGER/SCHOTT, Art. 186 N 2); LALIVE/POUDRET/REYMOND, Art. 8 KSG N 1). Präziser müsste man daher von der **relativen Kompetenz-Kompetenz** des Schiedsgerichts sprechen (vgl. WENGER, 242; BSK IPRG-WENGER/SCHOTT, Art. 186 N 2) oder von der Kompetenz-Kompetenz mit gerichtlicher Nachkontrolle (vgl. IPRG-Komm.-HEINI, Art. 186 N 1). 6

Die Rechtslage hat sich in Bezug auf die bundesgerichtliche Überprüfung von schiedsgerichtlichen Zuständigkeitsentscheiden gegenüber dem KSG nicht verändert. Gemäss Art. 389 unterliegt der Schiedsspruch der Beschwerde an das Bundesgericht. Gemäss Art. 392 lit. b i.V.m. Art. 393 lit. b und Art. 389 kann gegen jeden Schiedsspruch und jeden Zwischenschiedsspruch über die Zuständigkeit des Schiedsgerichts die Beschwerde an das Bundesgericht ergriffen werden. Das Bundesgericht ist im Rahmen der internationalen Schiedsgerichtsbarkeit befugt, die Frage der Zuständigkeit als Rechtsfrage des Bundesrechts mit **voller Kognition** zu überprüfen (vgl. zum IPRG BGE 121 III 38, 41; 117 II 94, 97; BSK IPRG-WENGER/SCHOTT, Art. 186 N 2). Demnach gilt das zur Terminologie unter dem KSG und IPRG Ausgeführte auch für die ZPO. 7

Daniel Girsberger

8 Das Schiedsgericht ist grundsätzlich weder berechtigt noch verpflichtet, seine Zuständigkeit **von Amtes wegen** zu prüfen. Die Zuständigkeitsprüfung ist vielmehr nur dann durchzuführen, wenn eine Partei die **Unzuständigkeitseinrede** ergreift. Das ergibt sich schon daraus, dass stets eine Einlassung auf die Schiedsgerichtsbarkeit möglich ist (vgl. Abs. 2). Eine Ausnahme besteht dann, wenn entweder die Schiedsfähigkeit der Streitsache in Frage steht, wobei hier zwischen der objektiven und der subjektiven Schiedsfähigkeit (und allenfalls innerhalb der objektiven Schiedsfähigkeit zusätzlich) zu differenzieren ist (vgl. dazu Art. 354 N 2 ff.; Art. 393 N 33 f.) oder (nach nicht unumstrittener Auffassung) wenn eine Partei nicht am Verfahren teilnimmt (vgl. BGE 120 II 155, 162; CHK-SCHRAMM/FURRER/GIRSBERGER, Art. 186 IPRG N 28).

2. Zuständigkeitsentscheide staatlicher Gerichte

a) Verhältnis staatliches Gericht und Schiedsgericht

9 Ausgangslage für die Frage der Zuständigkeit eines Schiedsgerichts ist stets die Uneinigkeit der Streitparteien. Dabei sind **drei Fallgruppen** zu unterscheiden: (i) Klage vor dem staatlichen Gericht, (ii) Klage vor dem Schiedsgericht oder (iii) beim staatlichen Gericht und beim Schiedsgericht werden identische Klagen anhängig gemacht.

10 Falls der Kläger der Meinung ist, es bestehe keine schiedsgerichtliche Zuständigkeit, wird er regelmässig vor dem **staatlichen Gericht** klagen, und der Beklagte wird die Einrede der Schiedsgerichtsbarkeit erheben. In dieser Fallkonstellation stellt sich die Frage, ob das staatliche Gericht trotz des Grundsatzes der (relativen) Kompetenz-Kompetenz des Schiedsgerichts einen Zuständigkeitsentscheid fällen kann. Dies wird in Lehre und Rechtsprechung überwiegend bejaht (vgl. BGE 121 III 38, 41 ff.; BERGER/KELLERHALS, Rz 607; RÜEDE/HADENFELDT, 231; WIGET/WIGET, Vor § 238–258 ZPO/ZH N 31; **a.A.** A. BUCHER, Rz 139). Nach der bundesgerichtlichen Rechtsprechung kommt die Befugnis des Schiedsgerichts, über seine Zuständigkeit zu entscheiden, in erster Linie dann zum Zug, wenn sie **innerhalb des Schiedsverfahrens** bestritten wird (vgl. BGE 121 III 38, 41). Daraus folgt aber auch, dass Klagen auf Feststellung des Bestehens oder Nichtbestehens einer Schiedsvereinbarung beim staatlichen Gericht nach der Einleitung eines Schiedsverfahrens unzulässig sind (vgl. HABSCHEID, 541; BSK IPRG-WENGER/SCHOTT, Art. 186 N 4, m.w.H.). Bejaht umgekehrt ein staatliches Gericht seine Zuständigkeit durch formellen Entscheid *vor* Einleitung eines Schiedsverfahrens, steht dieser Entscheid einer späteren schiedsgerichtlichen Zuständigkeitsbeurteilung mit bindender Wirkung entgegen (vgl. BSK IPRG-WENGER/SCHOTT, Art. 186 N 10). Aus dem Grundsatz der Kompetenz-Kompetenz des Schiedsgerichts ergibt sich, dass ein Unzuständigkeitsentscheid des staatlichen Gerichts die Zuständigkeit des Schiedsgerichts nicht präjudizieren kann (vgl. BGE 120 II 155, 164; BSK IPRG-WENGER/SCHOTT, Art. 186 N 8; WIGET/WIGET, Vor § 238–258 ZPO/ZH N 31).

11 Falls der Kläger ein **Schiedsgericht** anruft und der Beklagte die Einrede der Unzuständigkeit erhebt, hat das Schiedsgericht kraft seiner (relativen) Kompetenz-Kompetenz zu entscheiden. Eine staatliche Beurteilung der schiedsgerichtlichen Zuständigkeit ist diesfalls erst im Rechtsmittelverfahren möglich (vgl. N 26). Eine Ausnahme bildet der praktisch seltene (oder jedenfalls selten erkannte) Fall von **angemasster Schiedsgerichtsbarkeit**, in dem sich ein Pseudo-Schiedsgericht auf Klage hin für zuständig erklärt, obwohl nicht einmal der Anschein einer Schiedsvereinbarung besteht (vgl. IPRG-Komm.-HEINI, Art. 186 N 6). Einem solchen Gremium fehlt mangels Konsens der Parteien die Entscheidungskompetenz zur Sache und zur Zuständigkeit. Diese Unzuständigkeit soll von einem staatlichen Gericht jederzeit festgestellt werden können (vgl. BSK

IPRG-WENGER/SCHOTT, Art. 186 N 4; BGE 120 II 155, 164). Das bedeutet aber nicht, dass die relative Kompetenz-Kompetenz des Schiedsgerichts bereits dann entfällt, wenn eine Partei bloss *behauptet*, es fehle jeglicher Anschein einer Schiedsvereinbarung (vgl. BGE 120 II 155, 162 f.; IPRG-Komm.-HEINI, Art. 186 N 6).

Falls bei einem staatlichen Gericht und einem Schiedsgericht identische Klagen mit bloss vertauschten Kläger-Beklagten-Rollen anhängig gemacht worden sind, entscheidet sich das weitere Verfahren grundsätzlich danach, welche Klage zuerst **rechtshängig** gemacht worden ist. Vgl. dazu Art. 372 N 25 ff. 12

b) Feststellung der Zuständigkeit durch das staatliche Gericht

Die Zuständigkeit eines Schiedsgerichts für eine bestimmte Streitsache kann grundsätzlich nicht mittels Feststellungsklage durch ein staatliches Gericht entschieden werden. Das für eine Feststellungsklage erforderliche **Feststellungsinteresse** ist nämlich regelmässig nicht gegeben (vgl. BSK IPRG-WENGER/SCHOTT, Art. 186 N 4; IPRG-Komm.-HEINI, Art. 186 N 2; WIGET/STRÄULI/MESSMER, Vor § 238–258 ZPO/ZH N 31; RÜEDE/HADENFELDT, 238 f., mit Diskussion verschiedener älterer Meinungen). Dies folgt aus der Möglichkeit der Parteien, ihre Rechtsfrage direkt der potentiell zuständigen Instanz zu unterbreiten: (i) Wer die Auffassung vertritt, ein Schiedsgericht sei zuständig, sorgt für dessen Konstituierung und reicht seine Klage dort ein. (ii) Wer dagegen der Ansicht ist, ein staatliches Gericht sei zuständig, reicht seine Klage bei diesem ein. 13

3. Gültigkeit und Inhalt der Schiedsvereinbarung

Nach dem Wortlaut des Gesetzes beinhaltet die Zuständigkeitsprüfung die Fragen nach der Gültigkeit und dem Inhalt der Schiedsvereinbarung. Die Frage der **Gültigkeit** befasst sich vor allem mit dem rechtsgenügenden Zustandekommen der Schiedsvereinbarung: Dazu muss (i) Konsens über den notwendigen **Inhalt** bestehen, (ii) die Textform eingehalten sein und (iii) eine objektiv schiedsfähige Streitsache vorliegen (vgl. Art. 357, 358, 354; BSK IPRG-WENGER/SCHOTT, Art. 186 N 17; IPRG-Komm.-HEINI, Art. 186 N 6). 14

4. Formelle Probleme aufgrund der Tragweite der Schiedsgerichtsbarkeit

Die Frage nach der **Tragweite** enthält zwei Teilaspekte, einen subjektiven und einen objektiven. 15

Zur **subjektiven Tragweite** gehört zunächst die **Identifizierung** der von der Schiedsvereinbarung betroffenen **Parteien**. Hierzu kann es notwendig sein, materiellrechtliche Vorfragen wie bspw. die Frage der Rechtsnachfolge bereits bei der Zuständigkeitsprüfung zu berücksichtigen (vgl. BGE 117 II 94, 99; BGer, 4A.428/2008, E. 3.1). Diese Prüfung soll jedoch nur insoweit stattfinden, als sie Einfluss darauf hat, ob die Parteien überhaupt an einem Schiedsverfahren teilnehmen dürfen. Die Frage der Aktiv- und Passivlegitimation ist demgegenüber eine Frage des anwendbaren materiellen Rechts, auch wenn die beiden Probleme eng miteinander verbunden sind (vgl. BSK IPRG-WENGER/SCHOTT, Art. 186 N 26, m.w.H.). 16

Gleich wie vor einem staatlichen Gericht können sich vor einem Schiedsgericht Fragen der Streitgenossenschaft und/oder der Intervention stellen. Wegen der konsensualen Natur der Schiedsgerichtsbarkeit gilt aber grundsätzlich im Gegensatz zur staatlichen Gerichtsbarkeit, dass stets die **Zustimmung aller** involvierten **Parteien** zur Schiedsgerichtsbarkeit vorliegen muss (zu den Ausnahmen vgl. BSK IPRG-WENGER/SCHOTT, 17

Art. 186 N 27; zum Spezialfall der Einlassung vgl. N 23 f.). Die Voraussetzungen der Streitgenossenschaft und der Intervention sind im Gesetz in Art. 376 Abs. 1 und 3 geregelt.

18 Die Zuständigkeitsprüfung des Schiedsgerichts steht in direktem Zusammenhang mit dem Umfang der gestellten Rechtsbegehren (**objektive Tragweite**). Nur wenn diese einen **Streitgegenstand** betreffen, der aufgrund einer Schiedsvereinbarung der Schiedsgerichtsbarkeit unterworfen ist, kann die Zuständigkeit bejaht werden (vgl. BSK IPRG-WENGER/SCHOTT, Art. 186 N 36 f., m.w.H.; differenzierend a.a.O., N 52). Falls eine Klage eine Vielzahl von Rechtsbegehren enthält (objektive Klagehäufung), kann sich ein Schiedsgericht nur für jene Begehren als zuständig erklären, die von der Schiedsvereinbarung abgedeckt sind; für alle anderen hat es sich für unzuständig zu erklären (zu den Voraussetzungen der objektiven Klagehäufung, vgl. Art. 376 Abs. 2).

19 Die Beurteilung formeller und materieller **Vorfragen** gehört grundsätzlich zum Streitgegenstand und fällt damit in die Zuständigkeit des Schiedsgerichts (vgl. WENGER, 238; RÜEDE/HADENFELDT, 285).

20 Zwei praktisch besonders relevante Probleme der objektiven Tragweite der Schiedsgerichtsbarkeit betreffen die **Verrechnung** und die **Widerklage**. Sie sind nun in Art. 377 besonders geregelt. Damit spricht das Gesetz nun ein wichtiges Problem ausdrücklich an, das unter dem KSG noch unbefriedigend geregelt war.

5. Richtige Konstituierung des Schiedsgerichts

21 Nach der bundesgerichtlichen Rechtsprechung zu Art. 8 KSG war das Schiedsgericht auf Einrede hin befugt, über seine **ordnungsgemässe Zusammensetzung** zu entscheiden (vgl. BGE 110 1a 59, 61; 108 Ia 308, 311). Diese Rechtsprechung wurde kritisiert, weil diese Befugnis keine Grundlage im Gesetzestext finde (vgl. RÜEDE/HADENFELDT, 234). Darauf hat der Gesetzgeber nun reagiert und die Befugnis, über die ordentliche Konstituierung des Schiedsgerichts zu entscheiden, ebenfalls dem Schiedsgericht übertragen (vgl. Bericht VE-ZPO, 168).

22 In diesem Zusammenhang lassen sich die Frage der **Zusammensetzung** und der **Identität** des Schiedsgerichts unterscheiden. Die Zusammensetzung des Schiedsgerichts betrifft die korrekte *Bestellung* der Schiedsrichter gemäss Art. 360 ff., während die Identität des Schiedsgerichts die Übereinstimmung des Bestellungsverfahrens mit den Abmachungen in der Schiedsvereinbarung betrifft. Da die Abgrenzung im Einzelfall schwierig sein kann, kann sie namentlich zu Problemen im Rahmen der Anfechtung führen, weil der Beschwerdegrund dort genau zu bezeichnen ist (vgl. dazu Art. 393 N 10, betreffend das Verhältnis von lit. a zu lit. b; BSK IPRG-WENGER, Art. 186 N 29 f.).

6. Zuständigkeit durch Einlassung

a) Voraussetzungen

23 Einlassung bedeutet, dass der Beklagte am Schiedsverfahren teilnimmt, ohne rechtzeitig und genügend klar einzuwenden, dass das Schiedsgericht nicht zuständig sei. Sie ist im Wesentlichen von zwei Voraussetzungen abhängig, einer positiven und einer negativen:

– In positiver Hinsicht ist zu verlangen, dass die beklagte Partei sich vor dem Schiedsgericht **zur Streitsache äussert**. Dazu gehören alle Äusserungen, die auf die Erledigung des Verfahrens mittels Sachurteil zielen. Hierzu gehören Tatsachenbehauptungen und rechtliche Ausführungen zur Sache. Nicht dazu gehören Äusserungen, welche die

2. Titel: Schiedsvereinbarung 24–27 Art. 359

Einleitung des Schiedsverfahrens und die Konstituierung des Schiedsgerichts betreffen, etwa die Leistung eines Kostenvorschusses, das Vorlegen einer Vollmacht, die Mitwirkung bei der Festlegung der Verfahrensordnung oder ein Gesuch um Fristverlängerung (vgl. WENGER, 241; LALIVE/POUDRET/REYMOND, Art. 8 KSG N 3; RÜEDE/HADENFELDT, 91 f.).

– Die zweite Voraussetzung ist eine negative: Der Beklagte darf die **Einrede der Unzuständigkeit** nicht erheben. Tut er dies spätestens gleichzeitig mit den Äusserungen zur Sache, kann eine Einlassung nicht angenommen werden (BSK IPRG-WENGER/SCHOTT, Art. 186 N 48 ff., m.w.H.; RÜEDE/HADENFELDT, 91).

Typische Einlassungshandlungen sind:

– Einreichung einer Klageantwort, ohne wenigstens gleichzeitig zur Frage der Zuständigkeit Stellung zu nehmen;

– Bestreitung lediglich der Aktivlegitimation der Klägers;

– Erhebung einer Widerklage oder Verrechnungseinrede ohne Zuständigkeitsvorbehalt, und zwar selbst dann, wenn das Schiedsgericht für die Widerklage oder die Beurteilung der Verrechnungsforderung (dazu Art. 377) nicht zuständig ist (BERGER/KELLERHALS, Rz 589);

– Abschluss eines Vergleichs ohne Vorbehalt vor dem unzuständigen Schiedsgericht.

Zum Ganzen BERGER/KELLERHALS, Rz 587 ff.

b) Rechtsfolgen

Eine Partei, die sich materiell auf ein Schiedsverfahren einlässt, wird gleich behandelt, wie wenn sie in das entsprechende Schiedsverfahren mittels Schiedsvereinbarung eingewilligt hätte (vgl. WENGER, 241; RÜEDE/HADENFELDT, 91; weiterführend Art. 393 N 35 f.).

7. Zuständigkeitsentscheid des Schiedsgerichts

Das Schiedsgericht hat auf Einrede hin einen Entscheid über seine Zuständigkeit zu fällen. (i) Falls das Schiedsgericht seine Zuständigkeit ablehnt, hat der Entscheid die Wirkungen eines Endentscheids (vgl. RÜEDE/HADENFELDT, 235). (ii) Falls der Entscheid die schiedsgerichtliche Zuständigkeit bejaht, ist er nach dem insofern klaren Wortlaut des Gesetzes entweder als selbständig anfechtbarer Zwischenentscheid oder aber zusammen mit dem Endentscheid zur Sache zu fällen. Dabei hat das Schiedsgericht ein weites **Ermessen**. Denn im Gegensatz zur entsprechenden Regelung in Art. 186 Abs. 3 IPRG hat der Gesetzgeber darauf verzichtet, den Zwischenentscheid als Regelfall zu bezeichnen. Dennoch ist es aus Gründen der *Prozessökonomie* auch unter der ZPO i.d.R. angezeigt, über eine umstrittene Zuständigkeit früh zu entscheiden und damit ein Beschwerdeverfahren nach Art. 392 lit. b i.V.m. Art. 393 lit. b zuzulassen, bevor zur Sache verhandelt wird. Denn andernfalls muss in Fällen, wo die Beschwerdeinstanz die Zuständigkeit anders entscheidet, das gesamte Verfahren regelmässig ein zweites Mal vor staatlichen Gerichten durchgeführt werden.

III. Einrede der Unzuständigkeit des Schiedsgerichts (Abs. 2)

Abs. 2 entspricht dem Wortlaut von Art. 8 Abs. 2 KSG und Art. 186 Abs. 2 IPRG (BOTSCHAFT ZPO, 3795). Er regelt den letztmöglichen **Zeitpunkt**, in welchem die Einrede der Unzuständigkeit des Schiedsgerichts vorgebracht werden kann. Es wäre missbräuchlich, wenn man sich *vorbehaltlos* zur Sache äussern und erst später die Unzuständigkeit vorbringen könnte (vgl. RÜEDE/HADENFELDT, 91).

28 Aufgrund des Wortlautes des Gesetzes ist die Einrede der Unzuständigkeit des Schiedsgerichts *vor* der Einlassung auf die Hauptsache selbst vorzubringen. Nach diesem Wortlaut könnte eigentlich eine Unzuständigkeitseinrede vom Schiedsgericht nicht mehr gehört werden, wenn sie erst **gleichzeitig** mit Äusserungen zur Sache erhoben wird (z.B. in einen einzigen Schriftsatz). Zu Recht wird die Rechtzeitigkeit aber auch für solche Fälle bejaht, denn die Verwirkung der Unzuständigkeitseinrede nach der materiellen Einlassung hat ihren Ursprung im Prinzip von Treu und Glauben, und dieser Grundsatz wird bei Gleichzeitigkeit der Einrede nicht verletzt (vgl. BSK IPRG-WENGER/SCHOTT, Art. 186 N 53, m.w.H.).

3. Titel: Bestellung des Schiedsgerichts

Art. 360

Anzahl der Mitglieder

¹ Die Parteien können frei vereinbaren, aus wie vielen Mitgliedern das Schiedsgericht besteht. Haben sie nichts vereinbart, so besteht es aus drei Mitgliedern.

² Haben die Parteien eine gerade Zahl vereinbart, so ist anzunehmen, dass eine zusätzliche Person als Präsidentin oder Präsident zu bestimmen ist.

Nombre des arbitres

¹ Les parties peuvent convenir librement du nombre d'arbitres. A défaut de convention, les arbitres sont au nombre de trois.

² Lorsque les parties sont convenues d'un nombre pair d'arbitres, il est présumé qu'un arbitre supplémentaire doit être désigné en qualité de président.

Numero degli arbitri

¹ Le parti possono liberamente stabilire il numero degli arbitri. In assenza di un accordo, il loro numero è tre.

² Se le parti hanno stabilito un numero pari di arbitri, si presume che un'ulteriore persona debba essere designata come presidente.

Inhaltsübersicht Note

I. Normzweck und Grundlagen 1
II. Festlegung der Anzahl Mitglieder (Abs. 1) 2
   1. Parteiautonomie 2
   2. Kriterien für die Festlegung der Mitgliederzahl 6
   3. Fehlende Parteivereinbarung 7
III. Gerade Mitgliederzahl (Abs. 2) 8
   1. Gesetzliche Vermutung, dass gerade Mitgliederzahl nicht gewollt ist 8
   2. Pattsituation 10

Literatur

P. BRATSCHI/R. BRINER, Bemerkungen zum Konkordat über die Schiedsgerichtsbarkeit, SJZ 1976, 101 ff.; F. PERRET, Arbitrage interne, in: Trindade/Jeandin (Hrsg.), Unification de la procédure civile: Présentation et critique de l'Avant-projet de Loi fédérale de procédure civile suisse/Journée en l'honneur du Professeur François Perret, Zürich 2004, 133 ff.; J.-F. POUDRET, Arbitrage interne, in: Trindade/Jeandin (Hrsg.), Unification de la procédure civile: Présentation et critique de l'Avant-projet de Loi fédérale de procédure civile suisse/Journée en l'honneur du Professeur François Perret, Zürich 2004, 153 ff.; J.-F. POUDRET/S. BESSON, Comparative Law of International Arbitration, 2. Aufl., Zürich 2007; H. U. WALDER-BOHNER, Die neuen Zürcher Bestimmungen über die Schiedsgerichtsbarkeit im Lichte des Konkordats, SJZ 1976, 249 ff. (zit. Zürcher Bestimmungen); DERS., Das schweizerische Konkordat über die Schiedsgerichtsbarkeit, Zürich 1982 (zit. Konkordat).

I. Normzweck und Grundlagen

Art. 360 regelt die **Anzahl** Mitglieder des Schiedsgerichts. Er entspricht inhaltlich Art. 10 und 11 Abs. 1 KSG, ist jedoch prägnanter formuliert. Das IPRG hingegen kennt keine entsprechende Bestimmung. Die Bestimmungen des KSG über die Anzahl Mit-   **1** glieder des Schiedsgerichts waren indes über den engen Wortlaut von Art. 179 Abs. 2 IPRG hinaus auch im Bereich der internationalen Schiedsgerichtsbarkeit heranzuziehen für den Fall, da es an einer diesbezüglichen Vereinbarung fehlte (WENGER, Schiedsgerichtsbarkeit, 345).

II. Festlegung der Anzahl Mitglieder (Abs. 1)

1. Parteiautonomie

a) Allgemeines

2   Die Parteien sind autonom in der Festlegung der Anzahl Mitglieder des Schiedsgerichts. Denkbar und zulässig ist demnach auch die Bestellung mit einer *geraden* Mitgliederzahl (vgl. demgegenüber etwa Art. 1026 [1] der niederländischen ZPO von 1986; Art. 1681 [1] der belgischen ZPO vom 10.10.1967; Art. 809 [1] der italienischen ZPO von 2006 sowie – allerdings nur für Binnenschiedsgerichte – Art. 1453 der französischen ZPO, welche allesamt eine *ungerade* Anzahl von Schiedsrichtern verlangen). Eine gerade Mitgliederzahl ist zwar die Ausnahme (JOLIDON, Art. 10 KSG N 32), aber etwa vorgesehen in Art. 51 Abs. 2 der neuen Schiedsgerichtsordnung der italienischen Handelskammer für die Schweiz für kleinere Streitwerte (vgl. ‹http://www.ccis.ch/pdf/Reglement_Deutsch.pdf›).

3   Die Parteivereinbarung kann auch **indirekt** erfolgen, indem sich die Parteien einer Schiedsgerichtsordnung unterwerfen, die auch Bestimmungen über die Anzahl Mitglieder des Schiedsgerichts enthält (vgl. etwa BGE 102 Ia 493 E. 3c, in welchem das Bundesgericht festhielt, dass die für die Parteien verbindliche ICC-Schiedsordnung die Bestimmungen des Konkordats derogiere).

b) Bestellung eines Dreierschiedsgerichts im Besonderen

4   Eine Festlegung auf **drei Mitglieder** kann dann problematisch werden, wenn mehr als zwei Parteien am Verfahren beteiligt sind. Aktuell wird diese Problematik insb. bei Streitgenossen mit unterschiedlichen Interessen, die sich nicht auf einen gemeinsamen Schiedsrichter einigen können (vgl. LALIVE/POUDRET/REYMOND, Art. 10 KSG N 2, die vorschlagen, dass diesfalls alle drei Mitglieder durch die von den Parteien «beauftragte Stelle» bzw. durch das staatliche Gericht bestimmt werden sollten).

5   Die **Vorteile eines Dreierschiedsgerichts** liegen in der breiteren Meinungsbildung sowie im Umstand, dass sowohl die Kläger- als auch die Beklagtenseite «ihren» Schiedsrichter ernennen kann, während als **Nachteile** die höheren Kosten (drei Schiedsrichterhonorare) und die längere Verfahrensdauer (durch die Notwendigkeit der Terminkoordination) zu nennen sind (RÜEDE/HADENFELDT, 128; Zuberbühler/Müller/Habegger-BÜHLER, Art. 6 N 7). Insbesondere im Bereich der internationalen Schiedsgerichtsbarkeit ist – wegen den genannten gewichtigen Vorteilen und den oft sehr unterschiedlichen rechtlichen, kulturellen, sprachlichen, politischen und sozio-ökonomischen Hintergründen der Parteien – eine Tendenz hin zur Vereinbarung eines Dreierschiedsgerichts feststellbar (Zuberbühler/Müller/Habegger-BÜHLER, a.a.O.). Neuere Schiedsgerichtsordnungen gehen demgegenüber vermutungsweise von einem Einzelschiedsgericht aus (vgl. N 7).

2. Kriterien für die Festlegung der Mitgliederzahl

6   Kriterien für die Festlegung der Mitgliederzahl des Schiedsgerichts sind nebst dem Streitwert sowie der Natur und Bedeutung insb. die **Komplexität des (potenziellen) Streites** (Zuberbühler/Müller/Habegger-BÜHLER, Art. 6 N 7): Bei einem sowohl tatsäch-

lich als auch rechtlich einfach gelagerten Streit anerbietet sich die Bestellung eines Einzelschiedsrichters (RÜEDE/HADENFELDT, 128), wohingegen bei einem komplexeren Streit das Schiedsgericht mit mehreren Mitgliedern bestellt werden sollte. Es ist den Parteien deshalb zu empfehlen, «immer dann [...], wenn sich nicht voraussehen lässt, ob der allenfalls entstehende Streit von seiner Komplexität oder von den wirtschaftlichen Interessen her klarerweise für ein Einzel- oder ein Dreier-Schiedsgericht spricht, diese Frage in der Schiedsabrede offen zu lassen und es den Organen einer Schiedsgerichtsinstitution zu überlassen, die Schiedsrichteranzahl zu gegebener Zeit nach Massgabe der konkreten Umstände des Streitfalls zu entscheiden» (WENGER, Schiedsgerichtsbarkeit, 345; vgl. auch Zuberbühler/Müller/Habegger-BÜHLER, Art. 6 N 5 i.f.).

3. Fehlende Parteivereinbarung

Fehlt eine entsprechende Parteivereinbarung, so bestimmt Abs. 1, dass das Schiedsgericht diesfalls aus **drei Mitgliedern** besteht (ebenso Art. 5 UNCITRAL Rules; vgl. demgegenüber die Vermutung eines *Einzel*schiedsgerichts in Section 15 [3] des englischen Arbitration Acts von 1996 sowie in diversen neueren Schiedsgerichtsordnungen, mit dem Vorbehalt zugunsten der Flexibilität allerdings, dass bei komplexeren Fällen die Möglichkeit der Bestellung eines Dreierschiedsgericht besteht [Art. 6 Abs. 2 Swiss Rules; Art. 8 Abs. 2 ICC Rules; Art. 5 Abs. 4 LCIA Rules; Art. 14 lit. b WIPO Rules]).

III. Gerade Mitgliederzahl (Abs. 2)

1. Gesetzliche Vermutung, dass gerade Mitgliederzahl nicht gewollt ist

In Anlehnung an die Section 15 (2) des englischen Arbitration Act von 1996 (vgl. POUDRET/BESSON, Rz 388) stellt Abs. 2 die **Vermutung** auf, dass eine zusätzliche Person als Präsidentin bzw. als Präsident zu bestimmen ist, wenn die Parteien eine *gerade* Mitgliederzahl festgelegt haben. Somit wird sichergestellt, dass die Parteien nur dann ein Schiedsgericht mit einer geraden Anzahl Mitgliedern bestellen, wenn dies auch tatsächlich ihrem Willen entspricht (BOTSCHAFT ZPO, 7395; vgl. demgegenüber noch POUDRET/BESSON, Rz 388 m.H. auf BGE 121 I 81 E. 2b: «[...], *where the parties have chosen to submit their dispute to an arbitral tribunal composed of an even number of members, the appointment of an additional arbitrator would be inadmissible under Swiss law*»). Aus dem Wortlaut geht nicht hervor, *wer* die zusätzliche Person zu bestimmen hat – hierfür in Frage kommen nebst den Parteien auch die bereits bezeichneten Mitglieder des Schiedsgerichts oder das nach Art. 356 Abs. 2 lit. a zuständige staatliche Gericht (PERRET, 138). Diese Ernennung wird sich (wie jede andere Ernennung auch) nach Art. 361 f. zu richten haben (POUDRET, 157).

Nur wenn eine **eindeutige, nicht anders auslegbare Vereinbarung** vorliegt, die bestimmt, dass das Schiedsgericht aus einer geraden Mitgliederzahl bestehen soll, kann angenommen werden, dass sich die Parteien tatsächlich auf eine gerade Anzahl geeinigt haben (BGE 121 I 81 E. 2b). Gegen die Annahme einer geraden Mitgliederzahl sprechen etwa Abreden, wonach das Schiedsgericht mit «mindestens» zwei Schiedsrichtern zu besetzen sei und «endgültig» zu entscheiden habe (BGE 121 I 81 E. 2c).

2. Pattsituation

Nicht übernommen wurde Art. 11 Abs. 4 KSG, wonach bei gerader Mitgliederzahl die Parteien vereinbaren mussten, dass bei Stimmengleichheit entweder die Stimme des Obmanns oder aber das Schiedsgericht einstimmig bzw. mit qualifizierter Mehr-

Art. 361

heit entscheidet (diese Bestimmung verletzte zwar nicht den schweizerischen Ordre public [BGE 101 Ia 521 E. 3], gab in der Literatur aber dennoch Anlass zu Kritik, vgl. BRATSCHI/BRINER, 103 f.; WALDER-BOHNER, Zürcher Bestimmungen, 254; DERS., Konkordat, 16; RÜEDE/HADENFELDT, 129). Folglich liegt es unter der nunmehr geltenden ZPO an den Parteien bzw. am Schiedsgericht, im Falle von **Stimmengleichheit bei gerader Mitgliederzahl (Pattsituation)** eine Lösung zu finden (vgl. auch BGE 121 I 81 ff., wonach die Parteien bei einem Zweierschiedsgericht – in Ermangelung einer Regelung hinsichtlich einer allfälligen Pattsituation – befugt sind, das ordentliche Gericht um Ernennung eines dritten Schiedsrichters zu ersuchen). Hingegen sind die Mitglieder des Schiedsgerichts nicht befugt, bei Stimmengleichheit *von sich aus* eine dritte Schiedsrichterin bzw. einen dritten Schiedsrichter hinzu zu ziehen (RÜEDE/HADENFELDT, 130). Dieselbe Problematik stellt sich im Übrigen auch im Bereich der *internationalen* Schiedsgerichtsbarkeit (vgl. hierzu BSK IPRG-PETER/LEGLER, Art. 179 N 10, die festhalten, dass bei gerader Schiedsrichterzahl einem Richter der Stichentscheid zukommen sollte, andernfalls die Gefahr bestünde, dass kein gültiges Urteil gefällt werden könne).

Art. 361

Ernennung durch die Parteien

¹ Die Mitglieder des Schiedsgerichts werden nach der Vereinbarung der Parteien ernannt.

² Bei Fehlen einer Vereinbarung ernennt jede Partei die gleiche Anzahl Mitglieder; diese wählen einstimmig eine Präsidentin oder einen Präsidenten.

³ Wird eine Schiedsrichterin oder ein Schiedsrichter der Stellung nach bezeichnet, so gilt als ernannt, wer diese Stellung bei Abgabe der Annahmeerklärung bekleidet.

⁴ In den Angelegenheiten aus Miete und Pacht von Wohnräumen können die Parteien einzig die Schlichtungsbehörde als Schiedsgericht einsetzen.

Nomination des arbitres par les parties

¹ Les arbitres sont nommés conformément à la convention passée entre les parties.

² A défaut de convention, chaque partie désigne un nombre égal d'arbitres; ceux-ci choisissent, à l'unanimité, une autre personne en qualité de président.

³ Lorsqu'un arbitre est désigné par sa fonction, le titulaire de la fonction qui a accepté le mandat arbitral est nommé.

⁴ Dans les litiges relatifs aux baux à loyer ou à ferme d'habitations, seule l'autorité de conciliation peut être désignée comme tribunal arbitral.

Designazione ad opera delle parti

¹ Gli arbitri sono nominati secondo quanto pattuito fra le parti.

² Se tale pattuizione manca, ciascuna parte designa un numero uguale di arbitri; questi, a voto unanime, eleggono un presidente.

³ Se un arbitro è designato per funzione, si reputa designato il titolare della stessa al momento dell'accettazione del mandato arbitrale.

⁴ Per le controversie in materia di locazione o affitto di locali d'abitazione, le parti possono designare quale tribunale arbitrale unicamente l'autorità di conciliazione.

3. Titel: Bestellung des Schiedsgerichts

Inhaltsübersicht

	Note
I. Normzweck und Grundlagen	1
II. Ernennung durch Parteivereinbarung (Abs. 1)	3
1. Parteiautonomie	3
III. Ernennung bei fehlender Parteivereinbarung (Abs. 2)	23
1. Allgemeines	23
2. Ernennung von Parteischiedsrichtern (Abs. 2, Teilsatz 1)	24
3. Ernennung eines Präsidenten (Abs. 2, Teilsatz 2)	29
IV. Ernennung der Stellung nach (Abs. 3)	33
1. Grundsatz	34
2. Personenmehrheit	35
3. Natur der Stellung	36
4. Folgen der Niederlegung des Amtes während des Schiedsverfahrens	37
V. Angelegenheiten aus Miete und Pacht von Wohnräumen (Abs. 4)	38
1. Allgemeines	38
2. Beschränkte Schiedsfähigkeit der Wohnraummiete	39
3. Schiedsverfahren	42

Literatur

A. BUCHER, Le nouvel arbitrage international en suisse, Basel 1988; M. GEHRI, Gerichtsstandsvereinbarungen und Schiedsklauseln bei nationalen und internationalen Grundstückskauf- und Mietverträgen, AJP 2001, 1239 ff.; CH. MÜLLER, International arbitration: A guide to the complete Swiss case law (unreported and reported), Zürich 2004; J.-F. POUDRET/S. BESSON, Comparative Law of International Arbitration, 2. Aufl., Zürich 2007; W. WENGER, Schiedsgerichtsbarkeit, ZZZ 2007, 401 ff.

I. Normzweck und Grundlagen

Art. 361 statuiert, dass die Ernennung der Schiedsrichter primär durch **Parteivereinbarung** erfolgt, regelt aber auch die Vorgehensweise bei Fehlen einer solchen. Abs. 1 übernimmt Art. 179 Abs. 1 IPRG, Abs. 2 entspricht Art. 11 Abs. 3 KSG, wobei der gebräuchliche Begriff des Obmanns aufgegeben wurde, da es dafür keine weibliche Entsprechung gibt und stattdessen jener der «Präsidentin» bzw. des «Präsidenten» des Schiedsgerichts verwendet wird (Bericht VE-ZPO, 169).

Abs. 3 deckt sich inhaltlich mit Art. 11 Abs. 2 KSG und Abs. 4 schliesslich übernimmt den bis anhin geltenden Art. 274c OR betreffend die Ernennung von Schiedsrichtern in Verfahren aus **Miete und Pacht von Wohnräumen**.

II. Ernennung durch Parteivereinbarung (Abs. 1)

1. Parteiautonomie

Eines der Hauptanliegen der ZPO war es, die nationale Schiedsgerichtsbarkeit attraktiver zu machen, um so zur Entlastung der staatlichen Gerichte beizutragen (BOTSCHAFT ZPO, 7243). Besonders deutlich kommt dieses Bestreben in Art. 361 Abs. 1 zum Ausdruck, wo festgehalten wird, dass die Parteien bei der Ernennung des Schiedsgerichts **autonom** sind (vgl. RÜEDE/HADENFELDT, 127 f.; BERGER/KELLERHALS, Rz 742 ff.; BSK IPRG-PETER/LEGLER, Art. 179 N 5 ff.; BGer, 4P.129/2002, E. 3.3). Das Primat der Parteiautonomie im Bereich der Bestellung des Schiedsgerichts ist indes kein neues Postulat, sondern geht vielmehr zurück auf Art. 10–12 KSG und findet sich auch in Art. 179 IPRG wieder (BSK IPRG-PETER/LEGLER, Art. 179 N 7).

4 Parteien, die ein dem 3. Teil der ZPO unterstelltes Schiedsgerichtsverfahren führen und hierfür die Hilfe einer Schiedsinstitution (z.B. Handelskammer des Kantons Zürich) beanspruchen, unterwerfen sich damit auch den Bestimmungen dieser Institution bezüglich Ernennung, Abberufung und Ersetzung der Schiedsrichter – und zwar ohne dass es dazu eines zusätzlichen ausdrücklichen Verweises bedürfte (BGE 110 Ia 59 E. 3b). Diesfalls gehen die in der Schiedsordnung enthaltenen Bestimmungen über Anzahl und Ernennung der Schiedsrichter jenen von Art. 361 f. vor (vgl. BGE 102 Ia 493 E. 4). Zur *Anfechtbarkeit des Ernennungsentscheids einer Schiedsinstitution* (als privates Gremium) s. N 18. Neben der **direkten Ernennung** des Schiedsgerichts steht den Parteien somit auch die **indirekte Ernennung** offen, d.h. die Konstituierung des Schiedsgerichts nach den Regeln einer Schiedsinstitution (z.B. Handelskammer des Kantons Zürich), nach einer bestimmten Verfahrensordnung (z.B. Swiss Rules) oder nach Anordnung einer beauftragten Stelle, regelmässig bestehend aus einem Mitglied einer bestimmten Gerichtsbehörde wie etwa dem Präsidenten des Obergerichts (WALTER/BOSCH/BRÖNNIMANN, 104; BSK IPRG-PETER/LEGLER, Art. 179 N 11; BERGER/KELLERHALS, Rz 749 ff.).

5 Die Parteien können auch die **Anzahl Schiedsrichter** autonom bestimmen (s. Art. 360 Abs. 1 sowie die Komm. zu Art. 360 N 2 f.; BGE 121 I 81 E. 2b), und es steht ihnen frei, die Schiedsrichter bereits in der Schiedsklausel **namentlich** oder der **Stellung** nach zu nennen oder sich auf die Regelung des **Ernennungsverfahrens** zu beschränken (BSK IPRG-PETER/LEGLER, Art. 179 N 10; BERGER/KELLERHALS, Rz 742). Kann oder will die namentlich genannte Person das Schiedsrichteramt nicht annehmen, so fällt die Schiedsvereinbarung dahin, wenn für die Parteien die Mandatsannahme der betr. Person wesentlich war (WIGET/STRÄULI/MESSMER, Vor §§ 238–258 ZPO/ZH N 42; vgl. auch Art. 371 N 5) – ansonsten aber kommt es bei gegebenen Voraussetzungen zur Ernennung durch das zuständige staatliche Gericht (vgl. WIGET/STRÄULI/MESSMER, a.a.O.; s. Art. 362 N 17) bzw. allenfalls zu einer Ersetzung i.S.v. Art. 371 (s. Art. 371 N 20).

6 Das Schiedsgericht wird **primär** entsprechend der von den Parteien getroffenen Vereinbarung ernannt (vgl. Abs. 1) und nur subsidiär erfolgt die Ernennung durch das staatliche Gericht, vgl. Art. 362 (BERGER/KELLERHALS, Rz 742).

a) Schranken der Parteiautonomie

7 Schranken der Parteiautonomie ergeben sich einerseits aus dem das ganze Schiedsgerichtsrecht beherrschenden Grundsatz, wonach das Schiedsgericht **«hinreichende Gewähr für eine unparteiische und unabhängige Rechtsprechung»** (BGE 107 Ia 155 E. 2a, Hervorhebung d. Verf.; BGE 119 II 271 E. 3b; ZR 2002 Nr. 21 E. 4d) bieten muss (s. Art. 363 N 8 ff. und Art. 367 N 12 ff.) sowie andererseits aus der daraus fliessenden Regel, dass **keine Partei** einen **überwiegenden Einfluss auf die Ernennung** der Mitglieder des Schiedsgerichts ausüben darf (WIGET/STRÄULI/MESSMER, Vor §§ 238–258 ZPO/ZH N 41; MÜLLER, Art. 179 IPRG N 1.6). Zur *überwiegenden Einflussnahme einer Partei auf die Ernennung und deren Folgen* s. N 15 sowie Art. 368 N 6 ff..

b) Die Person des Schiedsrichters insbesondere

8 Absatz 1 stellt keine besonderen Anforderungen an die Person des Schiedsrichters (insb. auch nicht hinsichtlich ihrer Nationalität; RÜEDE/HADENFELDT, 138; WALTER/BOSCH/BRÖNNIMANN, 99; vgl. auch POUDRET/BESSON, Rz 389), sondern überlässt es – wie-

3. Titel: Bestellung des Schiedsgerichts   9–12 **Art. 361**

derum ganz im Zeichen der Parteiautonomie – vielmehr den Parteien, allfällige **Qualifikationen** der Schiedsrichter (vgl. die Bsp. bei RÜEDE/HADENFELDT, 139) zu vereinbaren. Aus der vertraglichen Natur des Verhältnisses zwischen den Parteien und den Mitgliedern des Schiedsgerichts folgt indes, dass die Mitglieder voll *handlungsfähig* i.S.v. Art. 13 ZGB sein müssen (POUDRET/BESSON, Rz 387; vgl. auch WALTER/BOSCH/ BRÖNNIMANN, 100 sowie Art. 18 Abs. 2 KSG, der mangelnde Handlungsfähigkeit ausdrücklich als Ablehnungsgrund aufführte). Im Rahmen der Parteiautonomie zulässig ist es etwa, vorzusehen, dass die Mitglieder des Schiedsgerichts über das *Rechtsanwaltspatent* oder über *juristische Kenntnisse* verfügen (RÜEDE/HADENFELDT, 131). Denkbar ist auch die Bestellung eines staatlichen Richters als Schiedsrichter, der alsdann *ausser*amtlich tätig wird (RÜEDE/HADENFELDT, 131; POUDRET/BESSON, Rz 390 mit dem Hinweis, dass die Annahme eines Schiedsrichtermandats einem staatlichen Richter u.U. gesetzlich bzw. vertraglich verboten ist). Es versteht sich von selbst, dass eine Partei (und auch ein allenfalls vertretungsberechtigtes Organ von ihr) niemals Schiedsrichterin sein kann (s.a. die Bsp. bei WALTER/BOSCH/BRÖNNIMANN, 101; s. Ziff. 1.1 und 1.2 der Non-Waivable Red List der IBA Guidelines on Conflicts of Interest in International Arbitration). Zur Zulässigkeit von *Schiedsrichterlisten* s. POUDRET/BESSON, Rz 389 a.E. und 404; MÜLLER, Art. 179 IPRG N 1.6 sowie BGE 129 III 445 E. 3.3.3.2; zur *Unabhängigkeit* und *Unparteilichkeit* der Schiedsrichter s. Art. 363 N 8 ff. und Art. 367 N 12 ff.

Die allfälligen Qualifikationen können in der **Schiedsvereinbarung** selbst oder in einem **separaten Dokument** wie etwa einem Schiedsreglement, auf das sich die Parteien beziehen, geregelt werden (WIGET/STRÄULI/MESSMER, Vor §§ 238–258 ZPO/ZH N 41; BSK IPRG-PETER/LEGLER, Art. 179 N 9). 9

Zulässig ist auch die Ernennung einer **juristischen Person** als Schiedsrichterin (BSK IPRG-PETER/LEGLER, Art. 179 N 10 m.w.V.; WALTER/BOSCH/BRÖNNIMANN, 99; KGer VD, 1.11.1988, JdT 1991 III 64 mit Bezugnahme auf BGE 107 Ia 152 ff.; LALIVE/ POUDRET/REYMOND, Art. 10 KSG N 1; **a.M.** JOLIDON, Art. 10 KSG N 34; RÜEDE/ HADENFELDT, 138; IPRG-Komm.-VISCHER, Art. 179 N 24; KGer VD, 30.3.1993, ASA Bull 1995, 66). Das BGer betont in seiner Rechtsprechung zum KSG, dass grundsätzlich nur eine *natürliche* Person als Schiedsrichterin in Erscheinung treten könne, dies aber nicht absolut gelte und für eine Auslegung insoweit noch Raum bestehe, «als aus der Bezeichnung einer juristischen Person auf bestimmte natürliche Personen geschlossen werden kann [könne]» (BGE 117 III 57 E. 4b; vgl. auch BGE 107 Ia 318 E. 5b = Pra 71 Nr. 146 E. 5b). 10

c) Verfahren der Ernennung

aa) Allgemein

Auch das Ernennungsverfahren ist vom Grundsatz der **Parteiautonomie** (s. N 2) beherrscht. So ist es etwa zulässig und verstösst nicht gegen das Gleichbehandlungsgebot, wenn die Schiedsvereinbarung vorsieht, dass ein von der Klägerin vorgeschlagener Einzelschiedsrichter als gewählt gilt, falls die Beklagte nicht ihrerseits Vorschläge macht (BGer, 4P.129/2002, E. 4; vgl. auch Section 17 [2] des englischen Arbitration Act von 1996). 11

Die Parteien können das Verfahren der Ernennung ad hoc in der **Schiedsvereinbarung** oder aber in einem **separaten**, zum Vertragsbestandteil gewordenen **Dokument** regeln. In letzterem Falle ist insb. an ein für die Parteien verbindliches Schiedsreglement zu denken (BGE 129 III 675 E. 2.3; BERGER/KELLERHALS, Rz 742; vgl. etwa Art. 7–10 ICC Rules oder Art. 5–8 Swiss Rules, ebenso Art. 6–8 UNCITRAL Rules). 12

Philipp Habegger

13 Zur Problematik im Zusammenhang mit **Mehrparteienschiedsverfahren** s. Art. 362 N 25 ff.

bb) Verfahren bei Ernennung durch ein bestimmtes Organ

14 Im Gesetz finden sich keine Bestimmungen über das **Verfahren** der Ernennung des oder der Schiedsrichter, wenn in der Schiedsvereinbarung oder im für die Parteien verbindlichen Schiedsreglement die **Ernennung durch ein bestimmtes Organ** (z.B. Handelskammer des Kt. ZH, Präsident der ASA, Präsident eines kantonalen Anwaltsverbandes usw.) vorgesehen ist. Mangels anderer Bestimmung in der Schiedsvereinbarung oder im Schiedsreglement sind die Parteien in Bezug auf die Konstituierung des Schiedsgerichts gleichberechtigt, d.h. sie können gleichermassen an der Konstituierung teilnehmen und gleichartigen Einfluss auf die das Schiedsgericht bildenden Mitglieder ausüben (BSK IPRG-PETER/LEGLER, Art. 179 N 12; LALIVE/POUDRET/REYMOND, Art. 179 IPRG N 3; zum Grundsatz der *Gleichbehandlung* der Parteien als Verfahrensgarantie s. Art. 373 Abs. 4 sowie die Komm. zu Art. 373 N 61 und RÜEDE/HADENFELDT, 143 f.; BERGER/KELLERHALS, Rz 1011; BGer, 4P.64/2004, E. 3.1).

cc) Überwiegender Einflusses einer Partei auf die Ernennung der Mitglieder des Schiedsgerichts und dessen Folgen

15 Eine Partei nimmt dann überwiegenden Einfluss auf die Ernennung der Mitglieder des Schiedsgerichts, wenn die Schiedsvereinbarung ihr eine solche **Einflussnahmemöglichkeit** einräumt und die Partei auch tatsächlich von ihr Gebrauch macht oder aber wenn die betr. Partei sich eines Mechanismus bedient, der ihr diese **vorherrschende Position** verschafft, ohne dass der Gegenpartei eine entsprechende Position zukommt (CJ GE, 26.11.1982, SemJud 1984, 309 E. 8). In diesem Sinne von vornherein unzulässig wäre etwa die Vereinbarung, wonach eine Partei alleine alle Mitglieder des Schiedsgerichts oder auch nur schon die Mehrzahl von ihnen ernennen soll (WALTER/BOSCH/BRÖNNIMANN, 103 m.w.V.). Zulässig wäre hingegen etwa die Vereinbarung, wonach ein Parteischiedsrichter, für den Fall, dass die Gegenpartei von ihrem Ernennungsrecht nicht innert einer gewissen Frist Gebrauch macht, alleine entscheiden soll – diesfalls liegt nämlich kein *anfängliches* Übergewicht vor, sondern es wird vielmehr erst nachträglich, durch Säumnis der Gegenpartei geschaffen (WALTER/BOSCH/BRÖNNIMANN, a.a.O.; vgl. N 10).

16 Übt eine Partei einen überwiegenden Einfluss auf die Ernennung der Mitglieder des Schiedsgerichts aus, so **kann die Gegenpartei das Schiedsgericht** entsprechend Art. 368 Abs. 1 **ablehnen bzw.** – falls die betr. Partei erst am Ende des Verfahrens davon Kenntnis nimmt – den **Schiedsspruch** mit der Rüge der Verletzung des Gleichbehandlungsgebots (Art. 393 lit. d) **anfechten** (vgl. ZR 2002 Nr. 21 E. 4d). Das IPRG demgegenüber enthält für diesen Fall keine Regelung (BSK IPRG-PETER/LEGLER, Art. 179 N 14; vgl. aber WALTER/BOSCH/BRÖNNIMANN, 103, welche von der Unwirksamkeit der Schiedsrichterbestellung ausgehen, was insoweit zur [Teil-]Nichtigkeit des Schiedsvertrags führe).

d) Anfechtung des Entscheids der Ernennungsinstanz

aa) Allgemein

17 Damit die Zusammensetzung des Schiedsgerichts durch ein staatliches Gericht überprüft werden kann, muss vorerst ein **Teil- oder Endschiedsspruch** ergehen. Daneben kann die beschwerte Partei indes vom Schiedsgericht anlässlich seiner konstituierenden Sitzung

einen **Vorentscheid** (etwa über seine Zuständigkeit) verlangen, welcher alsdann – bei gegebener Vorschriftswidrigkeit – selbständig anfechtbar ist (BSK IPRG-PETER/LEGLER, Art. 179 N 16; BERGER/KELLERHALS, Rz 784). Problematisch ist die Geltendmachung einer Vorschriftswidrigkeit dann, wenn das von den Parteien beigezogene Schiedsreglement dem Ernennungsorgan eine unbeschränkte Entscheidungsgewalt einräumt (BSK IPRG-PETER/LEGLER, a.a.O.). Vorbehalten bleibt überdies das **Ablehnungsrecht** der beschwerten Partei, soweit sie von den Ablehnungsgründen erst *nach* Ernennung der Mitglieder des Schiedsgerichts Kenntnis genommen hat (BERGER/KELLERHALS, Rz 780 und 784).

bb) Anfechtung des Ernennungsentscheids eines privaten Gremiums

Obliegt die Ernennung der Mitglieder des Schiedsgerichts entsprechend dem Parteiwillen einem **privaten Gremium** (wie etwa dem Präsidenten eines kantonalen Anwaltsverbandes als private Stelle oder der ICC als private Schiedsgerichtsinstitution), so handelt dieses in *privater,* d.h. nicht-hoheitlicher *Funktion*. Dies hat zur Folge, dass dessen Ernennungsentscheid einer Überprüfung durch ein staatliches Gericht am Sitz des Schiedsgerichts weitgehend entzogen ist – der betr. Entscheid ist i.d.R. **nicht anfechtbar**, zumal er als administrativer Akt qualifiziert wird (vgl. BSK IPRG-PETER/LEGLER, Art. 179 N 15 m.w.V.; IPRG-Komm.-VISCHER, Art. 179 N 13; BERGER/KELLERHALS, Rz 783 ff.; WIGET/STRÄULI/MESSMER, Vor §§ 238–258 ZPO/ZH N 45; BGE 118 II 359 E. 3b; BGer, 16.5.1983, ASA Bull 1984, 203 ff. 18

Ein von einem privaten Gremium erlassener Ernennungsentscheid ist nun aber der Überprüfung durch ein staatliches Gericht insofern nicht entzogen, als die vorschriftswidrige Ernennung bzw. Zusammensetzung des Schiedsgerichtes **im Rahmen der Anfechtung des Schiedsspruches selbst gerichtlich überprüfbar** ist (vgl. hierzu Art. 393 lit. a). Überdies besteht für die beschwerte Partei auch die Möglichkeit, bereits bei der konstituierenden Sitzung des Schiedsgerichts einen entsprechenden *Zwischenschiedsspruch* zu verlangen, der alsdann i.S.v. Art. 392 lit. b i.V.m. Art. 393 lit. a selbständig angefochten werden kann (s. Art. 393 N 25; BSK IPRG-PETER/LEGLER, Art. 179 N 8; IPRG-Komm.-VISCHER, Art. 179 N 13; BERGER/KELLERHALS, Rz 784). Vorbehalten bleibt letztlich auch das Recht der beschwerten Partei i.S.v. Art. 367 Abs. 2, die **Ablehnung** des entsprechend ernannten Mitglieds des Schiedsgerichts wegen Mängeln zu verlangen, von denen sie erst nach der Ernennung Kenntnis erhalten hat (BERGER/KELLERHALS, a.a.O.; s. Art. 367 N 30). 19

e) *Folgen einer unpräzisen Bezeichnung des Schiedsgerichts bzw. einer nicht realisierbaren Regelung*

Ist die von den Parteien gewählte **Bezeichnung unpräzise**, bedarf die Schiedsvereinbarung diesbezüglich der Auslegung (Art. 357 N 8). In einem Fall, da die Parteien den (nicht existierenden) *«Président du Tribunal cantonal»* als Schiedsrichter ernannten, hat das BGer folgendes entschieden: «*Si l'arrêt attaqué se tait, c'est que la réponse va de soi. Le magistrat visé par les parties est évidemment le Président de la Cour de justice, tribunal suprême du canton de Genève*» (BGer, 15.11.1961, zit. nach JOLIDON, Art. 11 KSG N 331). Eine unpräzise Bezeichnung des Schiedsgerichts führt folglich *nicht* zur Ungültigkeit der Schiedsvereinbarung, wenn es dem Gericht am Sitz des Schiedsgerichts gelingt, durch Auslegung zu ermitteln, welches Schiedsgericht die Parteien gemeint haben (RÜEDE/HADENFELDT, 85; POUDRET/BESSON, Rz 159 f.; BGE 130 III 66 E. 3.2; BGE 129 III 675 E. 2.4). Anders zu entscheiden, würde einem *überspitzten Formalismus* gleichkommen (CJ GE, 7.2.1991, ASA Bull 1991, 269 ff. E. 3b/aa). 20

Philipp Habegger

21 Gültig ist eine Schiedsvereinbarung auch dann, wenn sich die **Bestellung des Schiedsgerichts** nach der von den Parteien getroffenen Regelung als **nicht realisierbar** erweist, aus ihr aber klar hervor geht, dass es der Wille der Parteien war, ihre Streitigkeiten der privaten Schiedsgerichtsbarkeit zu unterstellen (BGE 130 III 66 E. 3.1; vgl. auch ZR 1982 Nr. 95 E. 3b). Dies folgt aus dem *Utilitätsgedanken,* nach welchem «möglichst ein Vertragsverhältnis zu suchen ist, das die Schiedsvereinbarung bestehen lässt» (BGE 130 III 66 E. 3.2; vgl. auch BGE 110 Ia 59 E. 4). Jedenfalls aber muss der Nachweis des eindeutigen Verzichts auf die staatliche Gerichtsbarkeit erbracht werden (BGE 130 III 66 E. 3.1).

22 Gleiches gilt auch für den Fall, da die **bezeichnete Person nicht** als Schiedsrichterin **zur Verfügung** steht – ungültig wäre die Schiedsvereinbarung mithin nur dann, wenn die Person des Schiedsrichters gemäss Vereinbarung derart wichtig ist, dass die aussergerichtliche Streitbeilegung mit ihr steht und fällt (vgl. N 5 sowie Art. 371 N 5). Grundsätzlich aber ist vom Fortbestand der Schiedsvereinbarung auszugehen, da sich die Parteien regelmässig nicht bloss einer Person wegen für die aussergerichtliche Streitbeilegung entscheiden (JOLIDON, Art. 4 KSG N 912 und Art. 12 KSG N 21; RÜEDE/HADENFELDT, 100; POUDRET/BESSON, Rz 392; JdT 1988 III 15 f.).

III. Ernennung bei fehlender Parteivereinbarung (Abs. 2)

1. Allgemeines

23 Abs. 2 enthält eine subsidiäre Regelung für den Fall, dass die Parteien über die Ernennung der Mitglieder des Schiedsgerichts **keine Vereinbarung** getroffen haben: Jede Partei ernennt die gleiche Anzahl Mitglieder (Parteischiedsrichter), welche ihrerseits einstimmig einen Präsidenten wählen. Die Ernennung eines *Einzel*schiedsrichters – auf welche Abs. 2 nicht anwendbar ist – erfolgt auf Antrag einer Partei durch das nach Art. 356 Abs. 2 zuständige staatliche Gericht, sofern die Parteien gemäss Schiedsvereinbarung den Einzelschiedsrichter gemeinsam zu ernennen haben, sich aber nicht einigen können oder aber die Schiedsvereinbarung gar nicht erst bestimmt, wem die Ernennung des Einzelschiedsrichters obliegt (vgl. Art. 362 Abs. 1 lit. a; JOLIDON, Art. 11 KSG N 341; LALIVE/POUDRET/REYMOND, Art. 11 KSG N 4).

2. Ernennung von Parteischiedsrichtern (Abs. 2, Teilsatz 1)

24 Die Ernennung der Parteischiedsrichter ist an **keine Form** gebunden, mithin auch mündlich möglich (LALIVE/POUDRET/REYMOND, Art. 11 KSG N 4; RÜEDE/HADENFELDT, 120). Den Parteien steht es frei, ihren jeweiligen Schiedsrichter *namentlich* oder bloss *der Stellung nach* (vgl. Abs. 3; s. N 33 ff.) zu ernennen (JOLIDON, Art. 11 KSG N 342).

25 Im **Zeitpunkt des Zugangs** der schriftlichen oder mündlichen **Mitteilung** bei der Gegenpartei gilt die Ernennung als erfolgt. Unter dem Vorbehalt der Annahme des Schiedsrichtermandats durch die bezeichnete Person (vgl. Art. 364) ist die betr. Partei ab diesem Zeitpunkt an ihre Wahl als Prozesserklärung gebunden (JOLIDON, Art. 11 KSG N 342; RÜEDE/HADENFELDT, 120; Verwaltungskommission OGer ZH, ZR 1930 Nr. 63).

26 Eine Partei sollte ihren Schiedsrichter auch dann wählen, wenn sie annimmt, die **Schiedsvereinbarung** sei **unwirksam** – andernfalls würde nämlich das staatliche Gericht stellvertretend einen (der betr. Partei womöglich weniger genehmen) Schiedsrichter ernennen, weil die Frage der Gültigkeit der Schiedsvereinbarung im Ernennungsverfahren nicht definitiv entschieden wird (RÜEDE/HADENFELDT, 120 f.).

Aus dem Wortlaut von Abs. 2 («[...] ernennt jede *Partei* die gleiche Anzahl Mitglieder [...]», sowie aus dem Gleichbehandlungsgebot ergibt sich, dass mehrere **Streitgenossen** jeweils *gemeinsam* (d.h. als Partei) nur einen Schiedsrichter bestellen können (s.a. RÜEDE/HADENFELDT, 121 und 126; ZR 2002 Nr. 21 E. 4f bezüglich *notwendiger* Streitgenossenschaft; vgl. aber auch IPRG-Komm.-VISCHER, Art. 179 N 19, der darauf hinweist, dass das Gleichbehandlungsgebot u.U. auch dann verletzt werden kann, wenn innerhalb einer Streitgenossenschaft Personen mit sehr unterschiedlichen Interessen gemeinsam einen Schiedsrichter ernennen müssen). Vgl. auch die Komm. zu Art. 362 Abs. 2 (s. Art. 362 N 29 ff.). 27

Zur Zulässigkeit von **vorgängigen Interviews von potenziellen Schiedsrichtern** durch von den Parteien beauftragte Anwälte vgl. POUDRET/BESSON, Rz 394. 28

3. Ernennung eines Präsidenten (Abs. 2, Teilsatz 2)

Es obliegt den ernannten Parteischiedsrichtern, **einen dritten Schiedsrichter als Präsidenten** zu ernennen. Es ist in der Praxis nicht unüblich, dass die Parteischiedsrichter hierfür – meist nach vorgängiger Absprache untereinander – die sie ernennende Partei konsultieren. 29

Wie sich aus Art. 362 Abs. 1 lit. a ergibt, kann die Parteivereinbarung aber auch vorsehen, dass die Parteien den Präsidenten bestimmen (VERNEHMLASSUNG ZPO, 801; BOTSCHAFT ZPO, 7396; s. Art. 362 N 11). Die Stimme des so gewählten Präsidenten hat indes nicht mehr Gewicht als jene der anderen Schiedsrichter, sondern die betr. Person ist bloss ein Mitglied des Schiedsgerichts. Die – v.a. unter dem IPRG vertretene – Auffassung, dass die Unabhängigkeit des Präsidenten als nicht durch die Parteien ernannte Person grundsätzlich strenger als diejenige der anderen Mitglieder zu beurteilen ist (JOLIDON, Art. 11 KSG N 344; LALIVE/POUDRET/REYMOND, Art. 11 KSG N 4 und Art. 180 IPRG N 4; BSK-PETER/FREYMOND, Art. 180 N 10; IPRG-Komm.-VISCHER, Art. 180 N 8) verliert zunehmend an Bedeutung (vgl. BERGER/KELLERHALS, Rz 738) und bestand schon vor dem KSG bzw. vor Art. 30 BV (bzw. Art. 58 aBV) nicht (BGE 105 Ia 247; 113 Ia 407 E. 2; 115 Ia 400 E. 3). Auch in den IBA Guidelines als internationalem Harmonisierungs-Effort gelten die in *General Standard 5* statuierten Unabhängigkeitsgrundsätze denn auch für alle Mitglieder des Schiedsgerichtes. In BGE 129 III 445 E. 3.3.3. a.E. liess das Bundesgericht die Frage offen (s.a. Art. 367 N 19 f.). 30

Die Wahl des Präsidenten muss **einstimmig** erfolgen. Können sich die Parteien nicht innert 30 Tagen seit ihrer Ernennung einigen, so erfolgt die Ernennung durch das staatliche Gericht (Art. 362 Abs. 1 lit. c; s. Art. 362 N 15). 31

Dem oben bei den Parteischiedsrichtern Ausgeführten entsprechend, gilt auch für die Ernennung des Präsidenten, dass die Wahl ab dem **Zeitpunkt des Zugangs der schriftlichen oder mündlichen Mitteilung bei den Parteien** verbindlich ist (wiederum vorbehaltlich der Wahlannahme durch den Präsidenten, RÜEDE/HADENFELDT, 121). 32

IV. Ernennung der Stellung nach (Abs. 3)

Die namentliche Bezeichnung eines Schiedsrichters birgt immer auch die Gefahr in sich, dass die bezeichnete Person nicht zur Verfügung steht (etwa weil sie sich weigert, das Amt anzunehmen oder weil sie inzwischen verstorben ist), weshalb sich grundsätzlich wenn schon eine **Ernennung «der Stellung nach»** empfiehlt (POUDRET/BESSON, Rz 392 und 393; vgl. auch MÜLLER, Art. 179 IPRG N 1.4). 33

1. Grundsatz

34 Wird ein Schiedsrichter nicht namentlich, sondern eben bloss «der Stellung nach» bezeichnet (z.B. «Präsident von economiesuisse»), so gilt entsprechend Abs. 3 jene Person als ernannt, welche diese Stellung im Zeitpunkt der Abgabe der **Annahmeerklärung** i.S.v. Art. 364 innehat.

2. Personenmehrheit

35 Handelt es sich um eine Stellung, die von einer **Personenmehrheit** (wie etwa einem Gericht) bekleidet wird, so bedarf die Erklärung der Auslegung (RÜEDE/HADENFELDT, 138; BGE 117 III 57 E. 4b), wobei grundsätzlich *alle* umfassten Personen als ernannt gelten (JOLIDON, Art. 11 KSG N 333; LALIVE/POUDRET/REYMOND, Art. 11 KSG N 3; vgl. z.B. BGE 107 Ia 152 ff. [staatliches Einigungsamt]; 112 Ib 538 ff. [Eidgenössische Schätzungskommission]).

3. Natur der Stellung

36 Die Parteien sind frei, Personen als Schiedsrichter zu nennen, die eine **private Funktion** (z.B. Präsidium der ASA) oder aber eine **öffentliche Funktion** (z.B. Präsidium des OGer ZH) ausüben (JOLIDON, Art. 11 KSG N 331). Davon zu unterscheiden ist die Art der Tätigkeit der so gewählten Person – diese ist in jedem Fall ausschliesslich privater Natur (BGE 107 Ia 152 E. 2c).

4. Folgen der Niederlegung des Amtes während des Schiedsverfahrens

37 Legt ein der Stellung nach ernanntes Mitglied des Schiedsgerichts sein Amt, auf welches die Parteien sich bezogen haben (z.B. das Präsidium des OGer ZH), im Laufe des Schiedsverfahrens nieder, bleibt dies für seine Tätigkeit als Schiedsrichter ohne Wirkung (RÜEDE/HADENFELDT, 131 m.w.V.; OGer ZH, 18.10.1941, SJZ 1941/42, 203 f.). Denn das Mitglied des Schiedsgerichts trifft nebst anderen auch die *Pflicht, das Schiedsrichtermandat zu Ende zu führen* (BSK IPRG-PETER/LEGLER, Art. 179 N 57). Vorbehalten bleiben eine **Amtsniederlegung** rechtfertigende wichtige Gründe, wobei diese jedoch restriktiv zu beurteilen sind (BSK IPRG-PETER/LEGLER, a.a.O. m.w.V.; zum Rücktrittsrecht der Mitglieder des Schiedsgerichts s. Art. 371 N 11 ff.).

V. Angelegenheiten aus Miete und Pacht von Wohnräumen (Abs. 4)

1. Allgemeines

38 Abs. 4 übernimmt die Bestimmung von Art. 274c OR, der mit Inkrafttreten der ZPO aufgehoben wird. Er gehört – unter der Voraussetzung, dass der Wohnsitz oder der gewöhnliche Aufenthalt des Mieters in der Schweiz liegt (IPRG-Komm.-VISCHER, Art. 177 N 17) – zum schweizerischen **Ordre public** und kommt daher auch im *internationalen* Verhältnis zur Anwendung (BSK OR I-WEBER, Vor Art. 253–274g N 6a und Art. 274c N 1; ZK-HIGI, Art. 274c OR N 4 ff.; IPRG-Komm.-VISCHER, Art. 177 N 17; **a.M.** GEHRI, 1243; BERGER/KELLERHALS, Rz 229; WENGER, ZZZ 2007, 405).

2. Beschränkte Schiedsfähigkeit der Wohnraummiete

39 Es wird davon gesprochen, dass die Schiedsfähigkeit der **Wohnraummiete** insofern beschränkt sei, als die Parteien die Zuständigkeit der Schlichtungsbehörden und der richterlichen Behörden nicht durch vertraglich vereinbarte Schiedsgerichte ausschliessen dürfen. Als Schiedsgericht könne bei der Miete von Wohnräumen folglich einzig die **Schlichtungsbehörde** eingesetzt werden (BSK OR I-WEBER, Art. 274c N 1; ZK-HIGI, Art. 274c OR N 4). Nach richtiger Auffassung (WENGER, ZZZ 2007, 405) liegt im Aufzwingen eines behördlich vorbestimmten Gremiums der Entzug der Essenz der Schiedsgerichtsbarkeit (s. Art. 354 N 11 und 13), da die freie Wahl von Schiedsrichtern durch die Parteien zum Wesen der Schiedsgerichtsbarkeit gehört. Entsprechend ist die *Schiedsfähigkeit* von Angelegenheiten aus Miete und Pacht von Wohnräumen nicht bloss beschränkt, sondern *gar nicht erst gegeben*. Aus Art. 361 Abs. 4 ergibt sich aber, dass der Gesetzgeber einen Sachentscheid einer Schlichtungsbehörde, welcher durch Parteivereinbarung Entscheidkompetenz eingeräumt wurde, in seinen Wirkungen einem Schiedsspruch gleichstellt.

Aufgrund des Schutzeszweckes von Abs. 4 nicht ausgeschlossen ist, dass die Parteien vereinbaren, dass Mieter und Vermieter «ihren» Schiedsrichter frei aus den jeweiligen Vertretern des Mieter- bzw. Hauseigentümerverbandes (Art. 274a Abs. 2 OR) der entsprechenden Schlichtungsbehörde wählen (ZK-HIGI, Art. 274c OR N 36). Aus der Bestimmung ergibt sich m.E. aber nicht, dass rechtsgültig nur die Schlichtungsbehörde am Ort der gelegenen Sache «als Schiedsgericht» vereinbart werden kann (**a.M.** ZK-HIGI, Art. 274c OR N 23). 40

Keine Einschränkungen erfahren Schiedsabreden **bei allen übrigen Mietverhältnissen** wie etwa bei der Miete von Geschäftsräumen, von Ferienwohnungen oder von Konsumgütern (BSK OR I-WEBER, Art. 274c N 1a; ZK-HIGI, Art. 274c OR N 11 ff.). 41

3. Schiedsverfahren

Das «Schieds»verfahren in Angelegenheiten aus Miete und Pacht von Wohnräumen richtet sich nach den allgemeinen Regeln von **Art. 372 ff.** (s. dort). Insbesondere muss dem Schiedsverfahren **kein Schlichtungsverfahren** vorangehen, da die Schiedsgerichtsbarkeit die staatliche Gerichtsbarkeit (mithin auch jene der Schlichtungsbehörde) derogiert (BSK OR I-WEBER, Art. 274c N 3). Im Gegensatz zum Schlichtungsverfahren besteht auch Kostenpflicht (ZK-HIGI, Art. 274c OR N 37 m.Vw. auf abweichende Meinungen). 42

Art. 362

Ernennung durch das staatliche Gericht

¹ Sieht die Schiedsvereinbarung keine andere Stelle für die Ernennung vor oder ernennt diese die Mitglieder nicht innert angemessener Frist, so nimmt das nach Artikel 356 Absatz 2 zuständige staatliche Gericht auf Antrag einer Partei die Ernennung vor, wenn:
  a. die Parteien sich über die Ernennung der Einzelschiedsrichterin, des Einzelschiedsrichters, der Präsidentin oder des Präsidenten nicht einigen;
  b. eine Partei die von ihr zu bezeichnenden Mitglieder nicht innert 30 Tagen seit Aufforderung ernennt; oder
  c. die Schiedsrichterinnen und Schiedsrichter sich nicht innert 30 Tagen seit ihrer Ernennung über die Wahl der Präsidentin oder des Präsidenten einigen.

Art. 362

3. Titel: Bestellung des Schiedsgerichts

² Im Falle einer Mehrparteienschiedssache kann das nach Artikel 356 Absatz 2 zuständige staatliche Gericht alle Mitglieder ernennen.

³ **Wird ein staatliches Gericht mit der Ernennung betraut, so muss es die Ernennung vornehmen, es sei denn, eine summarische Prüfung ergebe, dass zwischen den Parteien keine Schiedsvereinbarung besteht.**

Nomination par l'autorité judiciaire

¹ Lorsque la convention d'arbitrage ne prévoit pas d'autre organe de nomination ou si celui-ci ne nomme pas les membres dans un délai raisonnable, l'autorité judiciaire compétente en vertu de l'art. 356, al. 2, procède à la nomination, sur requête de l'une des parties, dans les cas suivants:
  a. les parties ne peuvent s'entendre sur la nomination de l'arbitre unique ou du président;
  b. une partie omet de désigner un arbitre dans les 30 jours à compter de celui où elle a été appelée à le faire;
  c. les arbitres désignés ne peuvent s'entendre sur le choix d'un président dans les 30 jours qui suivent leur nomination.

² En cas d'arbitrage multipartite, l'autorité judiciaire compétente en vertu de l'art. 356, al. 2, peut nommer tous les arbitres.

³ Lorsqu'une autorité judiciaire est appelée à nommer un arbitre, elle procède à la nomination, sauf si un examen sommaire démontre qu'il n'existe aucune convention d'arbitrage entre les parties.

Designazione ad opera del tribunale statale

¹ Se il patto d'arbitrato non specifica l'ente incaricato della designazione del tribunale arbitrale o se l'ente incaricato non designa gli arbitri entro un congruo termine, il tribunale statale competente ai sensi dell'articolo 356 capoverso 2, su richiesta di una parte, provvede alla designazione qualora:
  a. le parti non si accordino sulla designazione dell'arbitro unico o del presidente;
  b. una parte non designi gli arbitri di sua competenza entro 30 giorni da quando ne è stata richiesta; oppure
  c. gli arbitri non si accordino sulla scelta del presidente entro 30 giorni dalla loro designazione.

² In caso di arbitrato concernente più parti, il tribunale statale competente ai sensi dell'articolo 356 capoverso 2 può designare tutti gli arbitri.

³ Il tribunale statale cui è stata affidata la designazione procede alla stessa eccetto che da un esame sommario risulti che le parti non sono legate da un patto d'arbitrato.

Inhaltsübersicht

	Note
I. Normzweck und Grundlagen	1
II. Zwingende Natur von Art. 362	5
III. Ernennung durch die Autorité judiciaire d'appui (Abs. 1)	6
1. Ausgangslage	6
2. Anwendungsfälle (Abs. 1 lit. a–c)	7
3. Zuständiges staatliches Gericht (Verweis auf Art. 356 Abs. 2)	18
4. Das Verfahren vor dem zuständigen staatlichen Gericht	19
IV. Mehrparteienschiedsverfahren (Abs. 2)	25
1. Allgemeines	25
2. Gesetzliche Regelung	31

V. Verpflichtung des staatlichen Gerichts zur Schiedsrichterernennung (Abs. 3) 34
1. Das zuständige Gericht 34
2. Grundsatz: Ernennungsverpflichtung des staatlichen Gerichts 35
3. Ausnahme: Summarische Prüfung ergibt Fehlen einer Schiedsvereinbarung .. 37
4. Natur des Ernennungsentscheides und Rechtsmittelweg 41

Literatur

Vgl. die Literaturhinweise bei den Vorbem. zu Art. 353–399 sowie L. GAILLARD, La nomination de l'arbitre par le juge, ASA Bull 1995, 149 ff.; L. HIRSCH, Voies de recours contre le refus de nomination d'arbitre, in: Jusletter 15.12.2008; CH. MÜLLER, International arbitration: A guide to the complete Swiss case law (unreported and reported), Zürich 2004; G. NATER-BASS, «Prima-Facie» Zuständigkeitsentscheide in internationalen Schiedsgerichtsverfahren aus der Sicht der Parteien, ASA Bull 2002, 608 ff.; J.-F. POUDRET, Arbitrage multipartite et droit suisse, ASA Bull 1991, 8 ff. (zit. Arbitrage multipartite); DERS., Arbitrage interne, in: Trindade/Jeandin (Hrsg.), Unification de la procédure civile: Présentation et critique de l'Avant-projet de Loi fédérale de procédure civile suisse/Journée en l'honneur du Professeur François Perret, Zürich 2004, 153 ff. (zit. Arbitrage interne); J.-F. POUDRET/S. BESSON, Comparative Law of International Arbitration, 2. Aufl., Zürich 2007; P. VOLKEN, Zur Ernennung von Schiedsrichtern durch den staatlichen Richter, ASA Bull 1992, 462 ff.

I. Normzweck und Grundlagen

Art. 362 regelt die subsidiäre **Ernennung** von Schiedsrichtern **durch das staatliche Gericht** für die Fälle, da Parteien, Schiedsrichter oder eine parteiernannte Stelle säumig sind. Sodann räumt die Bestimmung dem staatlichen Gericht die Befugnis ein bei Mehrparteienschiedssachen alle Mitglieder des Schiedsgerichtes zu ernennen. 1

Abs. 1 übernimmt Art. 12 KSG, aufgrund der Vernehmlassungsergebnisse zum VE-ZPO (VERNEHMLASSUNG ZPO, 801 f.; s. bereits JOLIDON, Art. 12 KSG N 21 und RÜEDE/HADENFELDT, 122) jedoch ergänzt durch den Fall, da sich *die* (gemäss Schiedsvereinbarung für die Ernennung des Präsidenten zuständigen) *Parteien* über die Ernennung *des Präsidenten* nicht einigen können (BOTSCHAFT ZPO, 7396). Überdies regelt Abs. 1 entsprechend der Bundesgerichtspraxis (vgl. BGE 110 Ia 59 ff.) auch die *versäumte* Ernennung durch die von den Parteien bezeichnete Stelle und die einzuhaltenden Fristen. Art. 179 Abs. 2 IPRG ist insofern weiter gefasst, als er bestimmt, dass immer dann, wenn eine Parteivereinbarung über die Ernennung der Schiedsrichter fehlt, der Richter am Sitz des Schiedsgerichts angerufen werden kann (vgl. demgegenüber auch Art. 361 Abs. 2). 2

Abs. 2 ist neu. Dem staatlichen Gericht (nicht aber auch der «in der Schiedsvereinbarung bezeichnete[n] Stelle» wie noch in Art. 353 Abs. 2 VE-ZPO vorgesehen) wird ermöglicht, in einem Mehrparteienschiedsverfahren alle Mitglieder des Schiedsgerichts zu ernennen. Zweck dieser Bestimmung ist es, eine Blockierung des Verfahrens zu verhindern (BOTSCHAFT ZPO, 7396; vgl. französisches KassGer, 7.1.1992 [Dutco], Bull. civ. I n° 2 sowie JIntArb 1993, 5 ff.; s. N 28 ff.). 3

Abs. 3 entspricht **Art. 179 Abs. 3 IPRG**. 4

II. Zwingende Natur von Art. 362

Art. 362 ist insofern **zwingend**, als die Parteien die Möglichkeit der Ernennung von Mitgliedern des Schiedsgerichts durch das zuständige staatliche Gericht in den von Art. 362 geregelten Fällen nicht ausschliessen können (vgl. LALIVE/POUDRET/REYMOND, Art. 12 KSG N 1; RÜEDE/HADENFELDT, 123; BGE 108 Ia 308 E. 2a). 5

III. Ernennung durch die Autorité judiciaire d'appui (Abs. 1)

1. Ausgangslage

6 Unter bestimmten Voraussetzungen und jeweils **auf Antrag einer Partei**, erfolgt die Ernennung der Mitglieder des Schiedsgerichts durch das nach Art. 356 Abs. 2 zuständige staatliche Gericht (d.h. durch die sog. *«Autorité judiciaire d'appui»*; die Verwendung dieses Begriffs statt *«Juge d'appui»* scheint angebracht, da die ZPO nunmehr vom zuständigen staatlichen Gericht und nicht mehr vom Richter spricht).

2. Anwendungsfälle (Abs. 1 lit. a–c)

7 Die Anwendungsfälle der Ernennung durch die Autorité judiciaire d'appui nach Art. 362 Abs. 1 lit. a–c stehen allesamt unter der Voraussetzung, dass die Schiedsvereinbarung für die Ernennung der Mitglieder des Schiedsgerichts entweder **keine andere Stelle beauftragt, oder** eine solche Stelle vorgesehen ist, diese die **Ernennung** aber **nicht innert angemessener Frist** vornimmt, wobei hier auch der Fall erfasst ist, da die beauftragte Stelle die Ernennung *nicht vornehmen kann oder will* (RÜEDE/HADENFELDT, 122; BSK IPRG-PETER/LEGLER, Art. 179 N 20; Tribunale di Appello TI, 6.8.1982, ASA Bull 1983, 35; BGE 108 Ia 308 ff.; 110 Ia 59 ff.) bzw. da die beauftragte Stelle gar *nicht (mehr) vorhanden* ist (BSK IPRG-PETER/LEGLER, Art. 179 N 21).

8 Sieht die Schiedsvereinbarung eine Stelle für die Ernennung vor, so wird für die Bemessung der **«angemessenen Frist»** innert welcher diese Stelle zu handeln hat, i.d.R. von mehr als 30 Tagen ausgegangen werden müssen, da sich die Stelle vergewissern muss, ob die andere Partei oder die Schiedsrichter effektiv säumig waren und allenfalls weitere Abklärungen – z.B. hinsichtlich geeigneter Kandidaten – notwendig sind.

a) Fehlende Einigung der Parteien über die Einzelschiedsrichterin bzw. den Präsidenten (Abs. 1 lit. a)

9 *Erstens* erfolgt die Ernennung (auf Antrag einer Partei) durch die Autorité judiciaire d'appui, wenn die **Parteien** entsprechend der Vereinbarung gemeinsam einen **Einzelschiedsrichter** bestellen sollten, sich jedoch **nicht** auf eine Person **einigen** können. Vorauszusetzen ist, dass die antragstellende Partei die Einigung mit der Gegenpartei zumindest gesucht hat und letztere nicht innert angemessener Frist einlenkte (JOLIDON, Art. 12 KSG N 21).

10 Unter Abs. 1 lit. a ist auch der Fall zu subsumieren, da die **Parteien** ein **Schiedsgericht bestehend aus mehreren Mitgliedern** vereinbart haben, und sie die Mitglieder jeweils gemeinsam zu bestellen haben, sich jedoch bezüglich einzelner oder aller Mitglieder **nicht einigen** können, namentlich wenn sich die eine Partei weigert, an der Bestellung überhaupt mitzuwirken (vgl. JOLIDON, Art. 12 KSG N 21).

11 Wenngleich die Ernennung des Präsidenten durch die Mitglieder des Schiedsgerichts häufiger ist, kommt es in der Praxis doch auch regelmässig vor, dass die Ernennung des Präsidenten entsprechend der Schiedsvereinbarung *den Parteien* obliegt (VERNEHMLASSUNG ZPO, 801 f.). Deshalb erfolgt nach Abs. 1 lit. a die Ernennung *zweitens* (auf Antrag) dann durch die Autorité judiciaire d'appui, wenn es gemäss Vereinbarung Aufgabe der **Parteien** ist, den **Präsidenten** zu ernennen, die Parteien sich aber wiederum **nicht** auf eine Person **einigen** können.

b) Fehlende Schiedsrichterbezeichnung einer Partei (Abs. 1 lit. b)

Ernennt eine **Partei** die von ihr zu bezeichnenden **Mitglieder nicht innert 30 Tagen seit Aufforderung**, so nimmt diese Aufgabe *drittens* wiederum ersatzweise und auf Antrag die Autorité judiciaire d'appui wahr. Kommt die säumige Partei ihrer Ernennungsverpflichtung erst im Verfahren vor der Autorité judiciaire d'appui nach, so beeinflusst dies die Ernennung nur (aber immerhin) insofern, als die Autorité judiciaire d'appui dem **Wahlvorschlag der säumigen Partei** grundsätzlich den **Vorrang** zu geben hat, sofern keine besonderen Gründe gegen die vorgeschlagene Person sprechen (s.u. N 22; AGVE 1998, 105 E. 2 und 3c, mit dem Argument, dass die richterliche Ernennung bloss ersatzweise an Stelle der säumigen Partei erfolge und «nicht, um einen besonders sachkundigen, fachlich ausgewiesenen oder unabhängigen Schiedsrichter zu bestellen»).

Die Unterlassung der Ernennung – trotz entsprechender Verpflichtung nach Schiedsvereinbarung – kommt im Übrigen einer **Verletzung des Gebots des Handelns nach Treu und Glauben** gleich (OGer ZH, 8.4.1993 [zit. von MÜLLER, Art. 179 IPRG N 1.7], bestätigt im KassGer ZH, 28.3.1994 [zit. von MÜLLER, a.a.O.]).

Zur Frage, ob die antragstellende Partei ihrerseits «ihren» Schiedsrichter schon ernannt und der Gegenpartei namentlich bekannt gegeben haben muss vgl. das CJ GE, 15.9.1983, ASA Bull 1984, 15.

c) Die Mitglieder des Schiedsgerichts einigen sich nicht auf Präsidenten (Abs. 1 lit. c)

Viertens erfolgt die Ernennung (auf Antrag) durch die Autorité judiciaire d'appui in jenem Falle, da gemäss Schiedsvereinbarung oder gemäss dispositivem Art. 361 Abs. 2 (vgl. JOLIDON, Art. 12 KSG N 23; LALIVE/POUDRET/REYMOND, Art. 12 KSG N 1.3) die Ernennung des **Präsidenten** den **Mitgliedern des Schiedsgerichts** obliegt, diese ihrer Aufgabe jedoch nicht innert 30 Tagen seit ihrer Ernennung nachkommen. Vorauszusetzen ist auch hier, dass die Mitglieder des Schiedsgerichts zumindest versucht haben, sich auf eine Person zu einigen (JOLIDON, Art. 12 KSG N 23).

d) Weitere (gesetzlich nicht ausdrücklich geregelte) Fälle

Einigen sich mehrere **Streitgenossen** nicht auf das von ihnen zu ernennende Mitglied des Schiedsgerichts, so erfolgt *fünftens* auch hier die Ernennung ersatzweise und auf Parteiantrag durch die Autorité judiciaire d'appui (RÜEDE/HADENFELDT, 122). Zur Mehrparteienschiedsgerichtsbarkeit s.u. N 25 ff.

Von Art. 362 erfasst wird *sechstens* auch der Fall, da die in der Schiedsvereinbarung **namentlich genannten Personen** das Schiedsrichteramt nicht übernehmen können oder wollen (RÜEDE/HADENFELDT, a.a.O.; WIGET/STRÄULI/MESSMER, Vor §§ 238–258 ZPO/ZH N 43) sowie *siebtens* und endlich der Fall, da die Parteien sich die namentliche Bezeichnung in der Schiedsvereinbarung vorbehielten, sich aber nicht einigen können (RÜEDE/HADENFELDT, a.a.O.).

3. Zuständiges staatliches Gericht (Verweis auf Art. 356 Abs. 2)

Das für die ersatzweise Ernennung zuständige staatliche Gericht ergibt sich kraft Verweises in Abs. 1 aus **Art. 356 Abs. 2**. Die örtliche Zuständigkeit bestimmt sich folglich nach dem Sitz des Schiedsgerichts. Immer vorauszusetzen ist indes, dass die Parteien den Sitz des Schiedsgerichts überhaupt festgelegt haben (BGE 130 III 66 E. 3.2; 129 III 675 E. 2.3; vgl. aber auch Art. 355 Abs. 2). Vgl. auch Art. 356 N 2 und Art. 355 N 21.

4. Das Verfahren vor dem zuständigen staatlichen Gericht

a) Erfordernis eines Parteiantrags

19 Das Ernennungsverfahren vor der Autorité judiciaire d'appui wird erst auf einen **Parteiantrag** hin in Gang gesetzt. Bei der ersatzweisen Ernennung eines Parteischiedsrichters muss der Antrag von der Gegenpartei aus kommen; unzulässig (insb. weil mit dem Gebot des Handelns nach Treu und Glauben nicht vereinbar) ist demgegenüber der Antrag einer Partei auf Bestellung des von ihr selbst zu ernennenden Schiedsrichters (JOLIDON, Art. 12 KSG N 33; LALIVE/POUDRET/REYMOND, Art. 12 KSG N 3; RÜEDE/HADENFELDT, 123; Tribunal de 1ère Instance GE, 6.10.2005, SZIER 2007, 117). Auch im Falle von Abs. 1 lit. c sind nicht etwa die bereits ernannten Mitglieder des Schiedsgerichts, sondern einzig *die Parteien* antragsberechtigt (JOLIDON, Art. 12 KSG N 33; LALIVE/POUDRET/REYMOND, Art. 12 KSG N 3; WIGET/STRÄULI/MESSMER, § 239 ZPO/ZH N 27). Kontrovers ist die Frage, ob *Streitgenossen* einzeln (vgl. RÜEDE/HADENFELDT, 123) oder nur gemeinsam (vgl. LALIVE/POUDRET/REYMOND, Art. 12 KSG N 3; POUDRET/BESSON, Rz 237) antragsberechtigt sind.

20 Der Parteiantrag unterliegt **keinem Formerfordernis** (LALIVE/POUDRET/REYMOND, Art. 12 KSG N 3), inhaltsmässig sollte er aber «jedenfalls das enthalten, was erforderlich ist, um dem Gericht eine baldige und sachgerechte Entscheidung zu ermöglichen» (RÜEDE/HADENFELDT, 124; vgl. auch WIGET/STRÄULI/MESSMER, § 239 ZPO/ZH N 27). Nebst der Schiedsvereinbarung und der Nennung des Streites gehören auch Ausführungen über die Umstände der verpassten Ernennung dazu. Damit die Autorité judiciaire d'appui eine möglichst geeignete Person als Schiedsrichterin bestellen kann, sollten zudem hinreichende Anhaltspunkte für die Auswahl geliefert werden (RÜEDE/HADENFELDT, a.a.O.).

b) Verfahren

21 Die ZPO sagt nicht, welche Verfahrensart Anwendung findet. Unter dem Konkordat wurde von der Anwendbarkeit des **summarischen Verfahrens** ausgegangen (JOLIDON, Art. 12 KSG N 34; LALIVE/POUDRET/REYMOND, Art. 12 KSG N 3; WIGET/STRÄULI/MESSMER, Vor §§ 238–258 ZPO/ZH N 44; BGE 108 Ia 308 E. 2a). Dies sollte auch unter der ZPO zutreffen (s. Art. 356 N 5). In BGE 108 Ia 308 E. 2a hat das Bundesgericht festgehalten, dass es sich bei der Ernennung eines Mitglieds des Schiedsgerichts um eine **nicht streitige Angelegenheit** («décision non contentieuse») handle. JOLIDON (Art. 12 KSG N 34) hält diese Qualifikation für fragwürdig, weil die Ernennung eines Mitglieds eines Schiedsgerichts nicht aus dem Bundesprivatrecht stamme, sondern ausschliesslich prozessrechtlicher Natur sei und die Parteien vor dem Entscheid über die Ernennung angehört werden sollten und weil es gegen den Entscheid der Autorité judiciaire d'appui von vornherein keine Beschwerdemöglichkeit gebe [«*un recours en réforme contre la décision de l'autorité judiciaire est d'emblée exlu*»]. Folgt man der Qualifikation des Bundesgerichts, liesse sich die Anwendbarkeit des summarischen Verfahrens zusätzlich gestützt auf Art. 248 lit. e begründen.

22 Bei gegebenen Voraussetzungen trifft das zuständige staatliche Gericht eine Pflicht zum Tätigwerden; der Entscheid über das Tätigwerden liegt mithin *nicht* in seinem freien Ermessen (RÜEDE/HADENFELDT, 122; s. Abs. 3, s. N 34 ff.). Davon zu unterscheiden ist allerdings die **Ernennung als solche** (d.h. die Auswahl der Schiedsrichter), welche ihrerseits **im freien Ermessen des zuständigen staatlichen Gerichts** liegt (JOLIDON, Art. 12 KSG N 34; RÜEDE/HADENFELDT, 125; BERGER/KELLERHALS, Rz 764; vgl. demgegenüber die Vorgaben in Art. 11 Abs. 5 UNCITRAL Model Law), wobei aber das Gericht

die Parteien (insb. zwecks Prüfung allfälliger Ablehnungsgründe) je nach den Umständen vorgängig anhören sollte (JOLIDON, a.a.O.; LALIVE/POUDRET/REYMOND, Art. 12 KSG N 3; RÜEDE/HADENFELDT, a.a.O.; BERGER/KELLERHALS, a.a.O.; WIGET/STRÄULI/MESSMER, § 239 ZPO/ZH N 27; vgl. auch AGVE 1998, 105 E. 3c sowie ZR 2002 Nr. 21 E. 5a und RÜEDE/HADENFELDT, 125, wonach das Ernennungsgericht allfällige Wahlvorschläge der säumigen Partei zu berücksichtigen habe). Nicht mehr grundsätzlich angezeigt ist es, eine am Sitz des Schiedsgerichts wohnhafte Person als Schiedsrichterin zu bestellen (so noch WIGET/STRÄULI/MESSMER, § 239 ZPO/ZH N 29). Vorbehalten bleibt allerdings immer der Fall, da die Parteien übereingekommen sind, dass die Schiedsrichter bestimmte Qualifikationen aufzuweisen haben (vgl. z.B. ZR 1982 Nr. 95 E. 4). In der Praxis fragt das zuständige staatliche Gericht die für das Schiedsrichteramt ausgesuchte Person regelmässig vorerst schriftlich oder mündlich an, ob sie einer allfälligen Ernennung Folge leisten würde, wobei die positive Antwort der betr. Person einer «vorweggenommenen Annahmeerklärung» (WIGET/STRÄULI/MESSMER, a.a.O.) analog Art. 364 Abs. 1 entspricht.

Grundsätzlich werden die **Verfahrenskosten** der das Verfahren verursachenden (d.h. säumigen) Partei auferlegt (vgl. etwa ZR 2002 Nr. 21 E. 6 oder AGVE 1998, 105 E. 4). Im Falle, da sich die Parteischiedsrichter über die Wahl des Präsidenten nicht einigen können, sollten die Verfahrenskosten jedoch als allgemeine Schiedsgerichtskosten der Gesuchstellerin auferlegt und von der Schiedsgerichtskasse ersetzt werden (WIGET/STRÄULI/MESSMER, § 239 ZPO/ZH N 27). 23

c) Wirkungen des Entscheids des Ernennungsgerichts

Der **Entscheid des Ernennungsgerichts** ist nicht präjudiziell für die Frage der Zuständigkeit des Schiedsgerichts, des Vorhandenseins oder der Gültigkeit sowie der Tragweite einer Schiedsvereinbarung. Vorbehalten bleibt aber die Anfechtung eines *Zwischenschiedsspruchs* über die Besetzung des Schiedsgerichts nach Art. 392 lit. b i.V.m. Art. 393 lit. b bzw. die Anfechtung des *(End-)Schiedspruchs* mit Beschwerde nach Art. 393 lit. b (vgl. JOLIDON, Art. 12 KSG N 34; LALIVE/POUDRET/REYMOND, Art. 12 KSG N 3; RÜEDE/HADENFELDT, 125; WIGET/STRÄULI/MESSMER, § 239 ZPO/ZH N 31; BGE 108 Ia 308 E. 2a). Zur Frage der Anfechtbarkeit des Entscheids des Ernennungsgerichts vgl. unten N 41 ff. 24

IV. Mehrparteienschiedsverfahren (Abs. 2)

1. Allgemeines

a) Begriff des Mehrparteienschiedsverfahrens

Ein Mehrparteienschiedsverfahren (sog. *Multi-party Arbitration*) liegt immer dann vor, wenn eine **Mehrheit von Personen** in ein Schiedsverfahren verwickelt ist; sei dies nun durch das Bestehen einer Streitgenossenschaft auf einer oder auf beiden Seiten oder durch die Beteiligung eines Hauptintervenienten, eines Gewährleistungsbeklagten (sog. *appelé en cause*), eines Nebenintervenienten oder eines Litisdenunziaten am Prozess (BERGER/KELLERHALS, Rz 771; POUDRET, Arbitrage multipartite, 9 ff.). 25

b) Recht der Parteien auf Teilnahme am Verfahren zur Bestellung des Schiedsgerichts

Es ist unbestritten, dass auch in einem Mehrparteienschiedsverfahren der einzelnen **Partei** die **Teilnahme am Verfahren zur Bestellung des Schiedsgerichts** zwingend offen stehen muss (BGer, 4P.86/1994 E. 3 und 4). Ebenso klar ist anderseits, dass die einzel- 26 ne Partei (mangels anderer Parteiabrede) keinen Anspruch auf Bezeichnung eines bestimmten Schiedsrichters ihrer Wahl hat (BERGER/KELLERHALS, Rz 773).

27 Nur die **Hauptparteien** (Kläger; Beklagter; Streitgenossen; Hauptintervenient; Gewährleistungsbeklagter), nicht aber die **Nebenparteien** (Nebenintervenient; Litisdenunziat) sind berechtigt, an der Bestellung des Schiedsgerichts mitzuwirken (BERGER/ KELLERHALS, Rz 771).

c) Problematik im Zusammenhang mit Mehrparteienschiedsverfahren

28 Ein Mehrparteienschiedsverfahren ist insofern problematisch, als es die **Gefahr** in sich birgt, **dass sich die Kläger- oder die Beklagtenseite nicht auf einen gemeinsamen Parteischiedsrichter einigen kann** (BSK IPRG-PETER/LEGLER, Art. 179 N 13). Aktualisieren kann sich dieses Problem etwa in einem Verfahren mit vier Parteien und einem Dreierschiedsgericht (BOTSCHAFT ZPO, 7396).

29 Kontrovers ist insb. die Frage, ob der **Grundsatz der Gleichbehandlung** dadurch verletzt wird, dass auf der Kläger- oder Beklagtenseite nur *eine* Partei beteiligt ist, die (widerspruchslos) einen bestimmten Schiedsrichter ihrer Wahl bestellen kann, während auf der anderen Seite *mehrere* Parteien beteiligt sind, die sich u.U. auf keinen gemeinsamen Schiedsrichter einigen können, mit der Folge, dass eine Institution oder die Autorité judiciaire d'appui ersatzweise einen Schiedsrichter für sie bestellt (BERGER/KELLERHALS, Rz 773; Zuberbühler/Müller/Habegger-BÜHLER, Art. 8 N 14 ff.). In E. 2 des Westland-Urteils vom 16.5.1983 hat das BGer eine Verletzung des Gleichbehandlungsgebots implizit verneint (s. sogleich).

30 Das Bundesgericht schützte im **Westland-Urteil** (BGer, 16.5.1983, ASA Bull 1984, 203 ff.; eingehend hierzu POUDRET, Arbitrage multipartite, 12 ff.) das Vorgehen der Internationalen Handelskammer als Ernennungsinstanz, die nur den gemeinsamen Schiedsrichter der Beklagten ernannte, die bereits erfolgte Bezeichnung des Parteischiedsrichters des Klägers jedoch aufrechterhielt. POUDRET (Arbitrage multipartite, 19) kritisierte diesen Entscheid in der Folge dahingehend, dass die Ernennungsinstanz nicht nur ein Mitglied, sondern unter dem Gleichbehandlungsgebot *alle* drei Mitglieder des Schiedsgerichts hätte ernennen sollen und somit die allenfalls bereits erfolgte Ernennung des klägerischen Schiedsrichters hätte rückgängig machen sollen. Der Argumentationslinie von POUDRET folgte vereinzelt auch das internationale Schiedswesen (BSK IPRG-PETER/LEGLER, Art. 179 N 13; vgl. aber demgegenüber der Hinweis auf die gegenteilige Praxis schweizerischer Gerichte bei Zuberbühler/Müller/Habegger-BÜHLER, Art. 8 N 18 ff.). Exemplarisch hierfür ist der vieldiskutierte sog. **Dutco-Entscheid** des französischen KassGer vom 7.1.1992 (s. Bull. civ. I n° 2 sowie Revue de l'arbitrage 1992, 470 und JIntArb 1993, 5 ff.).

2. Gesetzliche Regelung

31 Auch wenn mehrere Parteien am Schiedsverfahren beteiligt sind, erfolgt die Bestellung des Schiedsgerichts primär nach **Vereinbarung der Parteien**, welche sich aus der Schiedsvereinbarung oder kraft Verweises auf ein Schiedsreglement ergeben kann (BERGER/KELLERHALS, Rz 772; **a.M.** offenbar POUDRET, Arbitrage interne, 158, nach welchem Abs. 2 dem staatlichen Gericht in einem Mehrparteienschiedsverfahren die Befugnis einräumt, alle Mitglieder des Schiedsgerichts zu ernennen, «même si la convention d'arbitrage prévoit le système classique sur lequel chaque partie nomme ‹son› arbitre»).

32 Das Gesetz überlässt in einem Mehrparteienschiedsverfahren dem nach Art. 356 Abs. 2 zuständigen **staatlichen Gericht** die **Wahl**, alle Mitglieder des Schiedsgerichts zu er-

3. Titel: Bestellung des Schiedsgerichts   33–35 Art. 362

nennen «oder eine andere, fallspezifische Lösung zu finden» (BOTSCHAFT ZPO, 7396; vgl. auch Bericht VE-ZPO, 169, wonach das zuständige staatliche Gericht die Ernennung aller Mitglieder des Schiedsgerichts etwa dann ablehnen könne, «wenn die mehreren Kläger oder die mehreren Beklagten gemeinsam einen Schiedsrichter ernannt haben oder während des Bestellungsverfahrens ernennen und gegen dieses Vorgehen keine triftigen Gründe sprechen»; ferner auch WEHRLI, 123). Vgl. auch Chambre des Affaires arbitrales des KGer NE, 17.6.1994, ASA Bull 1995, 51 ff. E. 3b, wonach das staatliche Gericht im Zeitpunkt der Konstituierung des Schiedsgerichts die Parteien des Schiedsverfahrens zu bestimmen sowie aus diesen Parteien Gruppen mit gleichen Interessen zu bilden habe, wobei in der Folge jede Gruppe ein Mitglied des Schiedsgerichts zu ernennen habe.

Nicht klar angesprochen wird die Frage, wie zu verfahren ist, wenn Streitverkündung, Intervention oder *appel en cause* erst erklärt werden, nachdem das Schiedsgericht bereits gebildet ist. Nach BERGER/KELLERHALS (Rz 776) ist zu unterscheiden zwischen Streitverkündung und Gewährleistungsklage einerseits und Intervention anderseits wie folgt: 33

– Litisdenunziat und *appelé en cause* können nicht in das Verfahren hineingezogen werden, ohne ihnen das Recht zu gewähren, sich zur Zusammensetzung des Schiedsgerichts zu äussern. Die Litisdenunziantin oder Gewährleistungsklägerin muss in diesem Fall entweder auf den bereits ernannten Schiedsrichter verzichten, damit die Ernennungsbehörde für diese beiden (Litisdenunziantin und Litisdenunziatin; Gewährleistungsklägerin und Gewährleistungsbeklagte) einen gemeinsamen Schiedsrichter bezeichne, oder Kläger- und Beklagtenseite müssen auf den bereits bezeichneten Vorsitzenden verzichten, damit an dessen Stelle ein Dritter, von der Streitberufenen oder Gewährleistungsbeklagten zu bezeichnender Schiedsrichter, eingesetzt werden kann (so auch POUDRET, Arbitrage multipartite, 21; s. aber Art. 376 N 44 [Streitverkündungsbeklagte] und N 60 [Streitberufener]).

– Von einem **Haupt- oder Nebenintervenienten** kann das Schiedsgericht verlangen, dass er die bereits bestehende Zusammensetzung des Schiedsgerichts anerkennt. Erklärt er sich damit nicht einverstanden, braucht das Schiedsgericht dem Antrag auf nachträgliche Intervention nicht stattzugeben, selbst wenn die übrigen Voraussetzungen für eine Haupt- oder Nebenintervention erfüllt wären (s. aber Art. 376 N 43 [Hauptintervention] und N 61 [Nebenintervention]).

V. Verpflichtung des staatlichen Gerichts zur Schiedsrichterernennung (Abs. 3)

1. Das zuständige Gericht

Von der Regelung des Abs. 3 betroffen ist jedes schweizerische kantonale oder eidg. Gericht, das zur Ernennung eines Schiedsrichters angerufen wird. Es handelt sich dabei entweder um ein von den Parteien zum Zweck der Ernennung der Schiedsrichter (in der Schiedsvereinbarung oder durch Verweis auf ein Schiedsreglement) bestimmtes staatliches oder um das nach Abs. 1 i.V.m. Art. 356 Abs. 2 zuständige **staatliche Gericht** (vgl. BSK IPRG-PETER/LEGLER, Art. 179 N 36 m.w.V.; IPRG-Komm.-VISCHER, Art. 179 N 14; BGE 118 Ia 20 E. 2b). Jedenfalls ist Abs. 3 nur auf das *staatliche* Gericht, nicht aber auch auf eine von den Parteien mit der Ernennung beauftragte nicht-staatliche Stelle anwendbar (BGE 118 Ia 20, a.a.O.). 34

2. Grundsatz: Ernennungsverpflichtung des staatlichen Gerichts

Grundsätzlich ist ein mit der Ernennung betrautes staatliches Gericht nach Abs. 3 **verpflichtet, die Ernennung vorzunehmen.** Mit der nämlichen Bestimmung im *internatio-* 35

Philipp Habegger 1733

nalen Schiedsgerichtsrecht (Art. 179 Abs. 3 IPRG) sollte der Praxis entgegen getreten werden, die Ernennung eines Schiedsrichters abzulehnen, wenn eine Partei die Gültigkeit der Schiedsvereinbarung bestritt (wie in BGE 88 I 100 E. 2). Letztlich wird mit der Ernennungsverpflichtung des angerufenen staatlichen Gerichts sichergestellt, dass die Schiedsvereinbarung, d.h. die Pflicht zur schiedsgerichtlichen Streiterledigung von den Parteien auch tatsächlich eingehalten wird (Grundsatz *pacta sunt servanda*, VOLKEN, 471).

36   Das zur Ernennung verpflichtete staatliche Gericht muss die **Ernennung ohne Verzug** vornehmen, so dass das vereinbarte Schiedsverfahren baldmöglichst beginnen und die vereinbarte schiedsgerichtliche Streitbeilegung auch tatsächlich erfolgen kann (VOLKEN, 471). Es ist insofern mit Art. 362 Abs. 3 nicht vereinbar, ein umfangreiches kontradiktorisches Verfahren durchzuführen.

3. Ausnahme: Summarische Prüfung ergibt Fehlen einer Schiedsvereinbarung

37   Das zur Ernennung angerufene staatliche Gericht trifft ausnahmsweise dann keine Ernennungsverpflichtung, wenn eine **summarische Prüfung** (*prima facie*) ergibt, dass zwischen den Parteien offensichtlich keine Schiedsvereinbarung besteht. Die Beschränkung auf eine summarische Prüfung ist zu begrüssen, zumal sie eine lange und komplexe Diskussion über die Gültigkeit der Schiedsvereinbarung verhindert (POUDRET/BESSON, Rz 408 a.E.).

38   Sowohl die ZPO als auch das IPRG schweigen sich darüber aus, was genau unter einer summarischen Prüfung zu verstehen ist. Namentlich geht aus keinem der beiden Gesetze hervor, ob die Prüfung eine rein formelle ist (i.S. einer Überprüfung des Vorliegens einer Schiedsvereinbarung zwischen den Parteien), oder ob sie darüber hinausgehen soll. Jedenfalls aber soll mit der summarischen Prüfung die spätere Prüfung des Schiedsgegenstandes nicht vorweg genommen werden; die schiedsgerichtliche Streitfrage soll mithin nicht Gegenstand der Prüfung des Ernennungsgerichts sein (BSK IPRG-PETER/LEGLER, Art. 179 N 40; IPRG-Komm.-VISCHER, Art. 179 N 16). Letztlich hat sich der Umfang der richterlichen Kontrolle an Art. 359 Abs. 1 zu messen, wonach das Schiedsgericht selbst über seine Zuständigkeit entscheiden muss (vgl. BSK IPRG-PETER/LEGLER, Art. 179 N 40). Diese schiedsgerichtliche Überprüfungsbefugnis (sog. «*Kompetenz-Kompetenz*») umfasst mitunter auch die Frage, ob ein geltend gemachter Anspruch überhaupt unter die Schiedsvereinbarung fällt (BSK IPRG-PETER/LEGLER, a.a.O.; VOLKEN, 176). Entsprechend dem das Tätigwerden staatlicher Gerichte beherrschenden *Subsidiaritätsprinzip* sollten sich die Gerichte im Rahmen ihrer summarischen Prüfung i.S.v. Abs. 3 auf eine *prima facie*-Kontrolle beschränken und sich somit **im Zweifelsfalle für eine Ernennung** entscheiden (vgl. BSK IPRG-PETER/LEGLER, a.a.O.; VOLKEN, 473 und 475 f.).

39   In einem zu Art. 179 Abs. 3 IPRG auf staatsrechtliche Beschwerde hin ergangenen Urteil (BGE 118 Ia 20 ff.) hat das Bundesgericht die Auffassung der Vorinstanz als nicht willkürlich bezeichnet, nach welcher das staatliche Gericht die Ernennung eines Schiedsrichters zwar immer vorzunehmen habe, wenn es nach einer summarischen Prüfung für möglich hält, dass die geltend gemachten Ansprüche unter die Schiedsvereinbarung fallen könnten, es die Ernennung aber nicht auch dann vorzunehmen habe, wenn die Ansprüche nach seiner Überzeugung von der Schiedsvereinbarung eindeutig nicht erfasst werden (BGE 118 Ia 20 E. 5b; ebenso unv. Urteil des KassGer ZH vom 3.6.1991 [zit. von MÜLLER, Art. 179 IPRG N 3.2]). Im Einklang mit der Lehre hält das Bundesgericht sodann fest, dass das mit der Ernennung befasste Gericht «mit summarischer oder prima facie

Prüfung **lediglich über den Bestand, nicht aber über die Gültigkeit oder die genaue Tragweite** der Schiedsabrede zu befinden [habe]» (BGE 118 Ia 20 E. 5b). Andererseits schütze Art. 179 Abs. 3 IPRG eine Partei aber auch davor, sich selbst dann auf ein Schiedsverfahren einlassen zu müssen, wenn nicht einmal der Anschein einer Schiedsvereinbarung besteht (BGE 118 Ia 20 E. 5b). Das Bundesgericht fördert folglich die Ansicht, die eine rein formelle Überprüfung des Vorliegens einer Schiedsvereinbarung im Rahmen von Art. 179 Abs. 3 IPRG *nicht* genügen lassen will (BSK IPRG-PETER/ LEGLER, Art. 179 N 41). Bestand der Anschein einer Schiedsvereinbarung nach der früheren (vor Inkrafttreten des IPRG entwickelten) bundesgerichtlichen Praxis bereits beim Vorliegen einer schriftlichen, von den Parteien unterzeichneten Schiedsvereinbarung (vgl. BGer, 14.11.1979, SemJud 1980, 443 ff. E. 4 sowie BGer, 26.1.1987, SemJud 1987, 230 ff. E. 2b), so geht die heutige Auffassung des Bundesgerichts darüber hinaus und begründet letztlich eine Pflicht zur Prüfung der Existenz einer Beziehung zwischen der Schiedsvereinbarung und den von den Parteien geltend gemachten Ansprüchen (BSK IPRG-PETER/LEGLER, a.a.O.; vgl. auch Präsident des HGer ZH, 3.4.1990, ASA Bull 1992, 347 ff. E. 3.2.1 und 3.2.2). Kritisch zu dieser Auffassung zeigen sich zu Recht PETER/LEGLER, die zu bedenken geben, dass sich das Ernennungsgericht gezwungen sehen könnte, die entsprechende Streitsache nicht nur *prima facie* zu prüfen, womit sich das Ernennungsgericht in den – dem Schiedsgericht vorbehaltenen – Bereich der Zuständigkeitsprüfung nach Art. 186 Abs. 1 IPRG begeben würde (BSK IPRG-PETER/LEGLER, a.a.O.; ebenso BERGER/KELLERHALS, Rz 769). Mit PETER/LEGLER ist festzuhalten, dass das Ernennungsgericht richtigerweise «nur eine summarische Prüfung der Existenz und keinesfalls der Tragweite der zwischen den Parteien bestehenden Schiedsvereinbarung vorzunehmen» hat (BSK IPRG-PETER/LEGLER, a.a.O.; ebenso JOLIDON, Art. 12 KSG N 23; LALIVE/POUDRET/REYMOND, Art. 12 KSG N 2, Art. 179 IPRG N 5, Art. 186 IPRG N 1; RÜEDE/HADENFELDT, 124; IPRG-Komm.-VISCHER, Art. 179 N 16; BERGER/KELLERHALS, a.a.O.; BGE 118 Ia 20 E. 5b; ZR 81 Nr. 95, 225 ff., 228 E. 3c), wobei die Existenz einer Schiedsvereinbarung nicht abstrakt, sondern *konkret* mit Bezug auf die behaupteten Ansprüche des Klägers zu prüfen ist (unv. Urteil des KassGer ZH vom 3.6.1991 [zit. von MÜLLER, Art. 179 IPRG N 3.2]). Vgl. auch CJ GE, 7.2.1991, ASA Bull 1991, 155 ff. und 1991, 269 ff., welche einem Ernennungsgesuch stattgab trotz Vorliegen einer «pathologischen» Schiedsklausel, die den Sitz des Schiedsgerichts nicht nannte und den zuständigen Richter unrichtig bezeichnete; ferner ZR 2005 Nr. 19, in welchem das OGer ZH in Anlehnung an BGE 118 Ia 20 ff. die Existenz einer Schiedsvereinbarung mit voller Kognition überprüft hat.

Weil Art. 362 Abs. 3 von der Existenz einer gültigen Schiedsvereinbarung ausgeht, hat dies für die **Beweislast** zur Folge, dass dem Schiedsbeklagten der summarische Gegenbeweis des Nichtbestehens einer Schiedsvereinbarung obliegt, will er die Bestellung des Schiedsgerichts erfolgreich abwehren (vgl. BSK IPRG-PETER/LEGLER, Art. 179 N 42). **40**

4. Natur des Ernennungsentscheides und Rechtsmittelweg

In BGE 118 Ia 20 E. 2b äusserte sich das Bundesgericht auch zur Natur des vom zuständigen Richter aufgrund von Art. 179 Abs. 3 IPRG erlassenen Entscheids. Es hielt fest, dass es sich (weil der fragliche Artikel eine bundesrechtliche Prozessvorschrift darstelle) um **echte staatliche Gerichtsbarkeit** handle, und nicht etwa um einen Entscheid eines als privater Beauftragter handelnden staatlichen Richters (vgl. demgegenüber OGer ZH, 22.3.1995, SJZ 1995, 276 f.). Dies führt auch unter Art. 362 Abs. 3 zu einer entsprechenden Öffnung des Rechtsweges (vgl. unten N 43 ff.). Charakterisiert sich Art. 362 Abs. 3 als **bundesrechtliche Prozessvorschrift**, so folgt daraus, dass es – sofern kein anderes **41** prozessuales Hindernis besteht – möglich sein muss, dessen Verletzung mit einem Rechtsmittel an das Bundesgericht zu rügen (vgl. BGE 118 Ia 20 E. 2b; anders noch VOLKEN, 469; WALTER/BOSCH/BRÖNNIMANN, 106 ff.; WENGER, Schiedsgerichtsbarkeit, 346).

42 Im Bereich der internationalen Schiedsgerichtsbarkeit hat das BGer hinsichtlich möglicher **Rechtsmittel** unterschieden zwischen dem Fall eines positiven Ernennungsentscheides (BGE 115 II 294) und jenem der Ernennungsverweigerung (BGer, 4A.215/2008; BGE 118 Ia 20). Während nach bundesgerichtlicher Rechtsprechung im ersteren Fall keine unmittelbaren Rechtsmittel bestehen (vgl. N 43), kann im letzteren Fall an das BGer gelangt werden (BGer, 4A.215/2008, E. 1.1; vgl. N 45).

a) Kein Rechtsmittel gegen einen positiven Ernennungsentscheid

43 Handelt es sich beim die Ernennung vornehmenden staatlichen Gericht um das nach Art. 356 Abs. 2 zuständige staatliche Gericht, ist es einzige kantonale Instanz i.S.v. Art. 75 Abs. 2 lit. a BGG, so dass theoretisch einzig der direkte Weg ans Bundesgericht offensteht. Ein positiver Ernennungsentscheid eines staatlichen Gerichts stellt aber keinen Endentscheid i.S.v. Art. 90 BGG und auch keinen Vor- oder Zwischenentscheid i.S.v. Art. 92 f. BGG dar (BGer, 4A.215/2008, E. 1.1; BGE 118 Ia 20 E. 2a) – namentlich vermag er keinen «nicht wieder gutzumachenden Nachteil» i.S.v. Art. 93 Abs. 1 lit. a zu bewirken, da nach wie vor die Möglichkeit der Anfechtung des Schiedsspruches besteht (POUDRET, Arbitrage interne, 158: *«[I]l s'agit d'une décision incidente ne causant pas de dommage irréparable puisque le moyen pourra être repris contre la sentence au terme de l'arbitrage)»*. Entsprechend ist ein **positiver Ernennungsentscheid** wie unter dem IPRG **nicht anfechtbar** (BGE 118 Ia 20 E. 2a; HIRSCH, 2 ff.; vgl. ferner BSK IPRG-PETER/LEGLER, Art. 179 N 44 und 48; IPRG-Komm.-VISCHER, Art. 179 N 21 f.; VOLKEN, 468 f.).

44 Diese Lösung ist mit dem Nachteil behaftet, dass ein definitiver Entscheid über die Zusammensetzung des Schiedsgerichts auf das Stadium des Urteilsspruchs verschoben wird, was bei Gutheissung der Anfechtung (gemäss BGer gemäss Art. 190 Abs. 2 lit. a und b IPRG [entsprechend Art. 393 lit. a und b]) dazu führen kann, dass das ganze Verfahren wiederholt werden muss. Eine Milderung des Problems ergibt sich einzig durch die Möglichkeit, vom Schiedsgericht einen Vorentscheid zu verlangen, der dann angefochten werden kann (LALIVE/POUDRET/REYMOND, Art. 179 IPRG N 14; NATER-BASS, 610; IPRG-Komm.-VISCHER, Art. 179 N 22).

b) Rechtsmittel gegen einen negativen Ernennungsentscheid (Ernennungsverweigerung)

45 Weil es sich bei der Ernennungsverweigerung durch das staatliche Gericht um einen Endentscheid i.S.v. Art. 90 BGG handelt (vgl. oben N 43), besteht die Möglichkeit, diesen Entscheid mit der **Einheitsbeschwerde in Zivilsachen i.S.v. Art. 72 ff. BGG** an das Bundesgericht weiter zu ziehen. Entscheide über die Ernennung von Mitgliedern des Schiedsgerichts qualifizieren als *«Entscheide in Zivilsachen»* i.S.v. Art. 72 Abs. 1 BGG (BGer, 4A.215/2008, E. 1.1).

46 Eine für die Einheitsbeschwerde in Zivilsachen vorausgesetzte **Vorinstanz** liegt dann vor, wenn das mit der Ernennung betraute kantonale Gericht seine Zuständigkeit aus Art. 356 Abs. 2 ableitet: Nach Art. 72 Abs. 2 BGG haben die Kantone als letzte kantonale Instanzen obere Gerichte einzusetzen, welche als Rechtsmittelinstanzen entscheiden, wovon aber nach Abs. 2 lit. a Fälle ausgenommen sind, in denen «ein Bundesgesetz eine einzige kantonale Instanz vorschreibt», wie dies eben bei Art. 356 Abs. 2 der Fall ist (vgl. zum Ganzen auch POUDRET, Arbitrage interne, 158).

3. Titel: Bestellung des Schiedsgerichts   **Art. 363**

Nach der hier vertretenen Auffassung gilt dies auch für den Fall, dass das handelnde   47
staatliche Gericht von den Parteien zum Zweck der Ernennung der Schiedsrichter in der
Schiedsvereinbarung als «**Stelle**» i.S.v. **Art. 362 Abs. 1** bestimmt wurde (und seine Zuständigkeit sich also nicht aus Art. 356 Abs. 2 ableitet). Auch diesfalls ist – ausser der Parteiwille sehe etwas anderes vor – von einer einzigen kantonalen Instanz auszugehen (z.B. dem Präsidenten eines Obergerichts). In solchen Fällen kann aber der Rechtsmittelweg an das Bundesgericht selbst bei Ernennungsverweigerung ausgeschlossen sein, nämlich wenn die nach Art. 362 Abs. 3 von den Parteien bestimmte gerichtliche Instanz z.B. das Bundesgericht selbst oder dessen Präsident ist (Art. 75 BGG; BSK IPRG-PETER/ LEGLER, Art. 179 N 51; NATER-BASS, 611).

Art. 363

Offenlegungspflicht	¹ **Eine Person, der ein Schiedsrichteramt angetragen wird, hat das Vorliegen von Umständen unverzüglich offenzulegen, die berechtigte Zweifel an ihrer Unabhängigkeit oder Unparteilichkeit wecken können.** ² **Diese Pflicht bleibt während des ganzen Verfahrens bestehen.**
Obligation de déclarer	¹ Toute personne investie d'un mandat d'arbitre doit révéler sans retard l'existence des faits qui pourraient éveiller des doutes légitimes sur son indépendance ou son impartialité. ² Cette obligation perdure jusqu'à la clôture de la procédure arbitrale.
Obbligo di trasparenza	¹ La persona proposta quale arbitro deve rivelare senza indugio l'esistenza di circostanze che potrebbero far dubitare legittimamente della sua imparzialità o indipendenza. ² Tale obbligo sussiste durante l'intero procedimento.

Inhaltsübersicht   Note

I.   Normzweck und Grundlagen 1
II. Offenlegungspflicht (Abs. 1) 7
III. Zeitpunkt/Zeitraum der Offenlegungspflicht (Abs. 2) 17
IV. Konsequenzen der Bekanntgabe einer Konfliktsituation 19
V.   Folgen eines Verstosses gegen die Pflicht zur Offenlegung 28

Literatur

Vgl. die Literaturhinweise bei den Vorbem. zu Art. 353–399 sowie R. BRINER/P. M. PATOCCHI, Switzerland, in: P. Sanders (Hrsg.), International Handbook on Commercial Arbitration, national reports and legal texts, Suppl. 51 (March 2008), Deventer 2002; J. D. JAEGER, Die Umsetzung des UNCITRAL-Modellgesetzes über die internationale Handelsschiedsgerichtsbarkeit im Zuge der nationalen Reformen, Frankfurt a.M. 2001; D. SUTTON/J. GILL/M. GEARING, Russell on Arbitration, 23. Aufl., London 2007; N. VOSER, Interessenkonflikte in der Internationalen Schiedsgerichtsbarkeit – die Initiative der International Bar Association (IBA), SchiedsVZ 2003, 59–65; N. VOSER/P. GOLA, in: G. Kaufmann-Kohler/B. Stucki (Hrsg.), International Arbitration in Switzerland, A Handbook for Practitioners, Den Haag 2004; F. WIGET, Über das Verhältnis der Schiedsgerichtsordnungen ICC, UNCITRAL, ECE zum Zürcher Schiedsgerichtsrecht, SJZ 1979, 17 ff.; CH. ZULEGER, Die UNCITRAL-Schiedsregeln – 25 Jahre nach ihrer Schaffung. Eine Untersuchung wichtiger Problemkreise unter besonderer Berücksichtigung der Rechtsprechung des Iran-U.S. Claims Tribunals und der Regelungen ausgewählter Schiedsordnungen, Frankfurt a.M. 2002.

I. Normzweck und Grundlagen

1 Weder im KSG noch im IPRG (N 5) gibt es eine Regelung der Offenlegungspflicht, wie sie Art. 363 vorschreibt (WENGER, ZZZ 2007, 413). Die Autoren des **KSG** sind noch davon ausgegangen, dass sich die *Pflicht zur Offenlegung* für Schiedsrichter bereits *aus ihrem Mandatsverhältnis* zu den sie beauftragenden Parteien ergibt (s. Art. 364 N 7); entsprechend wurde eine ausdrückliche Festschreibung der Pflicht im Verfahrensrecht aus dogmatischer Sicht für redundant erachtet. Mit Art. 363 soll den heute geltenden nationalen und internationalen Gepflogenheiten Rechnung getragen werden (BOTSCHAFT ZPO, 7396; BGE 111 Ia 72, 75; CHK-SCHRAMM/FURRER/GIRSBERGER, Art. 179–180 IPRG N 15). Für Mitglieder ordentlicher Gerichte besteht dieselbe Pflicht zur Anzeige von Ablehnungsgründen (Art. 48; vgl. bspw. auch § 97 Satz 1 ZH GVG).

2 Die Bestimmung lehnt sich an **Art. 12 Ziff. 1 UNCITRAL Modellgesetz** an (Bericht VE-ZPO, 170; BOTSCHAFT ZPO, 7396; VOSER, 61; WALTER, Alternativentwurf, 22): «*When a person is approached in connection with his possible appointment as an arbitrator, he shall disclose any circumstances likely to give rise to justifiable doubts as to his impartiality or independence. An arbitrator, from the time of his appointment and throughout the arbitral proceedings, shall without delay disclose any such circumstances to the parties unless they have already been informed of them by him.*»

3 Sämtliche **Regeln** von internationalen **Schiedsinstitutionen** enthalten heute entsprechende Offenlegungspflichten: so bspw. Art. 9 Abs. 2 Swiss Rules: «Wer als Schiedsrichter vorgesehen ist, hat denjenigen, die im Zusammenhang mit seiner möglichen Bestellung an ihn herantreten, alle Umstände bekanntzugeben, die geeignet sind, berechtigte Zweifel an seiner Unparteilichkeit oder Unabhängigkeit aufkommen zu lassen. Nach seiner Bestellung hat der Schiedsrichter den Parteien solche Umstände mitzuteilen, es sei denn, er habe sie schon vorher darüber unterrichtet.» (s.a. Art. 9 UNCITRAL Arbitration Rules, Art. 7 Abs. 2 ICC Rules, § 16.1 DIS Rules, Art. 5.3 LCIA Rules; BERGER/KELLERHALS, Rz 795; BSK IPRG-PETER/BESSON, Art. 180 N 23; KELLERHALS, 393; BROCHES, Handbook, 58 ff.; BROCHES, Commentary, 59 ff.; ZULEGER, 77 ff.; WEHRLI, 118 f.).

4 Die International Bar Association (IBA; ‹http://www.ibanet.org/›) hat im Mai 2004 **Guidelines on Conflicts of Interest in International Arbitration** genehmigt (**IBA-Richtlinien**; s. Art. 367 N 39 ff.). Dabei handelt es sich um international anerkannte Standards zum fundamentalen Grundsatz, dass Schiedsrichter in jedem Fall und immer unabhängig und unparteiisch sein müssen. Diese Richtlinien haben keine Rechtsverbindlichkeit, werden aber in der Praxis von Schiedsrichterinnen und Schiedsrichtern häufig konsultiert, um sich in Grenzfällen selber Klarheit über ihre Unabhängigkeit und Unparteilichkeit zu verschaffen. Betreffend Offenlegungspflicht hält Grundsatz 3 fest: «*(a) If facts or circumstances exist that may, in the eyes of the parties, give rise to doubts as to the arbitrator's impartiality or independence, the arbitrator shall disclose such facts or circumstances to the parties, the arbitration institution or other appointing authority (if any, and if so required by the applicable institutional rules) and to the co-arbitrators, if any, prior to accepting his or her appointment or, if thereafter, as soon as he or she learns about them.*»

3. Titel: Bestellung des Schiedsgerichts   5–9 **Art. 363**

Im 12. Kapitel des IPRG gibt es *keine* dem Art. 363 entsprechende Vorschrift. Der Tatbestand der Offenlegungspflicht gehört inhaltlich jedoch in den Rahmen von Art. 180 IPRG (WALTER/BOSCH/BRÖNNIMANN, 97 ff.; VOSER/GOLA, 42). Es gehört zu den Gepflogenheiten der internationalen Schiedsgerichtspraxis, dass mögliche Interessenskonflikte zu jedem Zeitpunkt des Verfahrens unverzüglich offenzulegen sind. Diese Gepflogenheiten waren denn auch der Ausgangspunkt für die Regelung von Art. 363 (N 1).   5

Gemäss Art. 180 Abs. 1 lit. c IPRG ist die fehlende Unabhängigkeit der einzige gesetzliche Ablehnungsgrund (BERGER/KELLERHALS, Rz 794). Obwohl der Wortlaut von Art. 180 Abs. 1 lit. c IPRG nur die Unabhängigkeit erwähnt, ist auch nach dieser Vorschrift zusätzlich Unparteilichkeit gefordert (Art. 367 N 14 f.; BERGER/KELLERHALS, Rz 795; Zuberbühler/Müller/Habegger-MARGUERAT, Art. 9 N 14; WALTER/BOSCH/BRÖNNIMANN, 99; SPÜHLER/MEYER, 123; BGE 111 I a 259, 261).   6

II. Offenlegungspflicht (Abs. 1)

Untersteht die Vereinbarung betreffend Übernahme eines Schiedsrichtermandats dem schweizerischen Recht, was bei Binnenschiedsgerichten in aller Regel der Fall ist, so handelt es sich dabei nach h.L. um ein **auftragsähnliches Vertragsverhältnis** (Vertrag *sui generis* mit auftragsrechtlichem Einschlag; BOTSCHAFT ZPO, 7396) mit den entsprechenden Verpflichtungen aus Auftragsrecht (s. Art. 364 N 5 ff.; KELLERHALS, 393; RÜEDE/HADENFELDT, 156). Aus der *Pflicht zur getreuen und sorgfältigen Geschäftsführung* nach **Art. 398 Abs. 2 OR** ergibt sich auch die Pflicht des Beauftragten, Tatsachen und Umstände offenzulegen, die möglicherweise eine Konfliktsituation erzeugen und mit der Ausübung seines Mandats allenfalls in Widerspruch stehen (BSK IPRG-PETER/BESSON, Art. 180 N 23; IPRG-Komm.-VISCHER, Art. 180 IPRG N 17). Dazu gehören bei Schiedsrichtermandaten in jedem Fall und an erster Stelle Tatsachen oder Umstände, die berechtigte Zweifel an der Unabhängigkeit oder Unparteilichkeit des betreffenden Mandatsträgers wecken können (Art. 367 N 12 ff.; BOTSCHAFT ZPO, 7396; WEHRLI, 119; KELLERHALS, 393; RÜEDE/HADENFELDT, 155; WIGET/STRÄULI/MESSMER, Vor §§ 238 258 ZPO/ZH N 46; WIGET, 19 f.; BRINER/PATOCCHI, 18).   7

Da die Offenlegungspflicht bereits im OR geregelt ist, wäre eine **zusätzliche Regelung in der ZPO** nicht zwingend notwendig gewesen (WEHRLI, 119). Eine explizite Regelung der Offenlegungspflicht, wie sie Art. 363 vorsieht, rechtfertigt sich aber dennoch aus verschiedenen Gründen (vgl. bspw. auch § 1036 Abs. 1 D-ZPO und § 588 Abs. 1 öZPO): Zunächst handelt es sich bei der Verpflichtung der Schiedsrichterinnen und Schiedsrichter, zu jedem Zeitpunkt unabhängig und unparteiisch zu sein, um einen **Grundpfeiler der Schiedsgerichtsbarkeit** (WIGET/STRÄULI/MESSMER, Vor §§ 238–258 ZPO/ZH N 46, 52; SUTTON/GILL/GEARING, N 4-023; Zuberbühler/Müller/Habegger-MARGUERAT, Art. 9 N 1; JAEGER, 199). Die selbstverständliche und unbedingte Beachtung dieser Verpflichtung durch die Schiedsrichterinnen und Schiedsrichter ist daher essenziell, um das Vertrauen der Parteien im konkreten Einzelfall und der Nutzer der Schiedsgerichtsbarkeit in die Institution insgesamt zu erhalten.   8

Art. 30 BV statuiert die Grundsätze der Unabhängigkeit und Unparteilichkeit der Gerichte in der Schweiz (VOSER/GOLA, 42). Diese Grundsätze gelten für Schiedsgerichte genau gleich wie für staatliche Gerichte, weil die Tätigkeit als Schiedsrichter materielle Rechtsprechung ist, die zu vollstreckbaren Urteilen führt (WALTER/BOSCH/BRÖNNIMANN, 100 f.); sie hochzuhalten und jederzeit zu befolgen, ist eine verfassungsrechtliche Pflicht der Schiedsrichterinnen und Schiedsrichter als *Teil der staatlichen Gerichtsorganisation* (BGE 111 Ia 72, 75; KELLERHALS, 393; WALTER, Alternativentwurf, 22; WIGET/STRÄULI/   9

MESSMER, Vor §§ 238–258 ZPO/ZH N 41 und 46; STAEHELIN/STAEHELIN/GROLIMUND, § 29 Rz 26; BGE 119 II 271, 280).

10 In nationalen Schiedsverfahren wird das Vertragsverhältnis zwischen den Schiedsrichtern und den Streitparteien in aller Regeln dem schweizerischen Recht und somit dem OR unterstehen (N 5). In **internationalen Fällen** – die gemäss Art. 176 Abs. 2 IPRG durch Parteivereinbarung dem 3. Teil der ZPO unterstellt werden können – ist dies zumindest in den Fällen fraglich, in welchen Personen mit Wohnsitz im Ausland als Mitglieder eines Schiedsgerichts mit Sitz in der Schweiz amten. Wurde keine Rechtswahl getroffen, was in der Praxis regelmässig der Fall ist, so besteht eine grosse Wahrscheinlichkeit, dass das Rechtsverhältnis einer ausländischen Rechtsordnung untersteht (vgl. Art. 117 Abs. 3 lit. c IPRG); wurde eine Rechtswahl zugunsten einer ausländischen Rechtsordnung getroffen, so ist diese anwendbar. In diesen Fällen besteht keine Gewähr dafür, dass sich eine Offenlegungspflicht der Schiedsrichterinnen und Schiedsrichter, wie sie aus Art. 398 Abs. 2 OR abzuleiten ist, bereits aus dem zugrunde liegenden materiellen Rechtsverhältnis zwischen den Mitgliedern des Schiedsgerichts und den Parteien des Schiedsverfahrens ergibt. Entsprechend ist eine Festschreibung der Offenlegungspflicht in der anwendbaren *lex arbitri* zweckmässig und notwendig.

11 Detaillierte Ausführungen zur den Grundsätzen der **Unabhängigkeit** und **Unparteilichkeit** von Mitgliedern eines Schiedsgerichts: Art. 367 N 12 ff.

12 Aus Gründen der Geheimhaltung ist der **Umfang der Offenbarungspflicht** auf die Bekanntgabe des Vorliegens möglicherweise kritischer Umstände beschränkt. Nicht offengelegt werden müssen die Umstände als solche, wenn sie geheimnisrelevant sind, was bspw. bei Anwälten in aller Regel der Fall ist (BOTSCHAFT ZPO, 7396; WEHRLI, 119).

13 Die **Adressaten** der Information über Tatsachen und Umstände, die möglicherweise zu einem Konflikt führen, variieren je nach Phase und Art des Schiedsverfahrens. Haben die Parteien ein **institutionelles Schiedsverfahren** vereinbart, so müssen Personen, die als Schiedsrichter angefragt werden, in aller Regel vor bzw. mit der Abgabe der *Annahmeerklärung* ein *Formular der Schiedsinstitution* ausfüllen, in dem sie bestätigen, dass sie unabhängig und unparteiisch sind. Liegen keine Umstände vor, die einer Ernennung im Wege stehen, liegt es üblicherweise an der Schiedsinstitution, die Schiedsrichter zu bestätigen (bspw. Art. 5 Abs. 1 Swiss Rules; Art. 9 ICC Rules, § 17.1 DIS Rules, Art. 5.5 LCIA Rules; Grundsatz 3a der IBA-Richtlinien, N 4).

14 Im Falle eines **Ad hoc-Schiedsverfahrens** erfolgt die Bestellung üblicherweise durch die Parteien selber (Art. 361). Entsprechend ist eine Erklärung bezüglich der Unabhängigkeit und Unparteilichkeit den **Parteien** gegenüber abzugeben. In Ad hoc-Verfahren ist dies allerdings selten standardisiert, so dass i.d.R. nur dann eine Aussage bezüglich Unabhängigkeit und Unparteilichkeit zu erfolgen hat, wenn tatsächlich eine Konfliktsituation besteht. Ist in einer Schiedsklausel vorgesehen, dass die Ernennung der Schiedsrichter durch einen **Dritten** (z.B. den Präsidenten der Handelskammer oder den Präsidenten der ASA) zu erfolgen hat, so ist diesem Dritten gegenüber die Unabhängigkeit und Unparteilichkeit zu bestätigen, wenn eine diesbezügliche Aufforderung erfolgt ist; ist letzteres nicht gegeben, ist auf jeden Fall wie bei der Ernennung durch die Parteien, dem Dritten gegenüber mitzuteilen, wenn eine Konfliktsituation besteht (Grundsatz 3a der IBA-Richtlinien, N 4).

15 Entsteht die Konfliktsituation **während des Schiedsverfahrens**, so haben die bereits bestellten Schiedsrichter in erster Linie die **Parteien** und bei Schiedsgerichten mit meh-

reren Mitgliedern die anderen **Mitglieder des Schiedsgerichts** sowie bei institutionellen Verfahren auch die **Schiedsinstitution** *unverzüglich* darüber zu informieren: (Art. 9 Abs. 2, 2. Satz Swiss Rules; Art. 9, 2. Satz UNCITRAL Arbitration Rules, Art. 7 Abs. 3 ICC Rules, § 16.3 DIS Rules, Art. 5.3 LCIA Rules; Grundsatz 3a der IBA-Richtlinien, N 4). Ob im Falle eines Ad hoc-Schiedsverfahrens, in welchem eine Ernennung der Schiedsrichter durch einen **Dritten** vorgesehen ist, dieser Dritte während des Verfahrens über eine Konfliktsituation zu informieren ist, muss im Einzelfall geprüft werden. Dies ist dann der Fall, wenn die Schiedsvereinbarung dies ausdrücklich vorsieht, aber auch dann, wenn die Parteien (und gegebenenfalls die übrigen Mitglieder des Schiedsgerichts) sich über die Folgen der Mitteilung der Konfliktsituation nicht einigen können.

Können sich die Parteien in einem Ad hoc-Schiedsverfahren über die Ernennung des oder der Schiedsrichter nicht einigen, und haben sie für diesen Fall keinen Dritten vorgesehen, der die Ernennung vornimmt, erfolgt diese durch den **staatlichen Richter** (Art. 362 i.V.m. Art. 356 Abs. 2 lit. a). Die entsprechenden Erklärungen im Zusammenhang mit der Ernennung sind also dem staatlichen Richter gegenüber abzugeben; ob dies auch während des Verfahrens angezeigt ist, muss im Einzelfall geprüft werden (N 15). 16

III. Zeitpunkt/Zeitraum der Offenlegungspflicht (Abs. 2)

Die Offenlegung hat **unverzüglich** nach Kenntnisnahme des Ablehnungsgrundes zu erfolgen (Abs. 1) und zwar nach Abs. 2 nicht nur im Zeitpunkt der Ernennung einer Person zum Schiedsrichter, sondern **während der gesamten Verfahrensdauer** (Art. 12 Ziff. 1 2. Satz UNCITRAL-Modellgesetz; N 2; Art. 9 Abs. 2, 2. Satz Swiss Rules; Art. 9, 2. Satz UNCITRAL Arbitration Rules, Art. 7 Abs. 3 ICC Rules, § 16.3 DIS Rules, Art. 5.3 LCIA Rules; Grundsatz 3a der IBA-Richtlinien, N 4; PATOCCHI/GEISINGER, IPRG, 557; RÜEDE/HADENFELDT, 173). 17

Abs. 2 bestätigt die nationale und internationale Schiedsgerichtspraxis, dass es *nicht* ausreicht, wenn ein Schiedsrichter vor und zu Beginn des Verfahrens die Anforderungen an die Unabhängigkeit und Unparteilichkeit erfüllt. Diese Eigenschaften darf er auch im Laufe des Verfahrens nicht verlieren; nur so ist sichergestellt, dass das Schiedsurteil von einem unabhängigen und unparteiischen Schiedsgericht erlassen wird, wie dies auch Art. 30 BV vorschreibt (N 9). Entsprechend muss er beispielsweise sicherstellen, dass während des laufenden Verfahrens nicht ein Interessenskonflikt im Verhältnis zu einer der Streitparteien entsteht. Andererseits bedeutet der Hinweis «während des Verfahrens» nicht, dass offenlegungsrelevante Sachverhalte, die zwar bereits vor dem Verfahren bestanden haben, aber erst während des Verfahrens zur Kenntnis genommen werden, nicht mehr offengelegt werden müssen; auch solche Sachverhalte müssen unverzüglich offengelegt werden und können je nach Schwere des Konflikts dazu führen, dass das betroffene Mitglied des Schiedsgerichts abgelehnt oder abberufen wird oder selber das Amt niederlegt. 18

IV. Konsequenzen der Bekanntgabe einer Konfliktsituation

Liegt ein **offensichtlicher** Konflikt vor, der die Unabhängigkeit oder Unparteilichkeit zweifelsfrei beeinträchtigt, so hat der Schiedsrichter nicht nur die Pflicht, diesen offenzulegen, sondern darf das **Mandat nicht übernehmen** oder, falls die Konfliktsituation während des Verfahrens auftaucht, muss er das übernommene **Mandat unverzüglich niederlegen** (RÜEDE/HADENFELDT, 156). 19

20 Sollte die vorgeschlagene Person nicht von sich aus auf das Mandat verzichten, wird in institutionellen Schiedsverfahren die zuständige **Institution** die **Ernennung nicht vornehmen** bzw. keine Bestätigung im Amt erfolgen. In Ad hoc-Verfahren wird es i.d.R. auch nicht zur Ernennung kommen, sei dies aufgrund der Ablehnung durch mindestens eine der Parteien (Art. 367 ff.) oder weil die von diesen bezeichnete Stelle die Ernennung nicht vornimmt.

21 In zahlreichen Fällen ist **nicht** offensichtlich, ob eine Konfliktsituation hinreichend schwerwiegend ist, um berechtigte Zweifel an der Unabhängigkeit oder Unparteilichkeit einer Person zu wecken. Ein Blick in die differenzierende Liste potenzieller Konfliktsituationen, welche den Grundsätzen der IBA-Richtlinien angefügt ist (Art. 367 N 40 ff. [zu lit. c]), zeigt, dass diese Beurteilung je nach Umständen für die betroffene Person selber schwierig sein kann. Kommt die fragliche Person von sich aus zum Schluss, dass ihre Unabhängigkeit oder Unparteilichkeit zweifelhaft ist, und lehnt sie deshalb die Annahme des Mandates ab, ist dies von den übrigen Beteiligten zu akzeptieren und für Ersatz zu sorgen, was i.d.R. nach denselben Vorschriften zu erfolgen hat wie die Ernennung (vgl. Art. 371 Abs. 1); niemand kann zu einer Übernahme des Mandates verpflichtet werden.

22 Erklärt sie jedoch trotz Bestehens einer möglichen Konfliktsituation ihre Bereitschaft zur Annahme des Mandates, ist es **im Zusammenhang mit der Bestellung des Schiedsgerichts** in institutionellen Schiedsverfahren die **Schiedsinstitution**, die den Entscheid über die Ernennung oder Nichternennung aufgrund einer Abwägung der bekannt gegebenen (und allenfalls zusätzlich nachzufragenden) Umstände vornehmen muss (Art. 5 Abs. 1 Swiss Rules; Art. 9 ICC Rules, § 17.1 DIS Rules, Art. 5.5 LCIA Rules).

23 In **Ad hoc-Schiedsverfahren** wird es in solchen Fällen i.d.R. die **Partei** sein, die den betroffenen Schiedsrichter nicht vorgeschlagen hat, die dann ein Ablehnungsgesuch stellt; dies ist zumindest dann zu erwarten, wenn die Parteien keine abweichende Regelung getroffen haben (Art. 367 Abs. 1 lit. c i.V.m. Art. 369 Abs. 2; Art. 369 N 21 f.).

24 Tritt **während des Verfahrens** die Situation ein, dass aufgrund der bekannt gegebenen Umstände an der Unabhängigkeit oder Unparteilichkeit eines Schiedsrichters Zweifel entstehen, welche dieser nicht teilt, so ist ein *Ablehnungsgesuch der Partei*, die ihn nicht benannt hat, das wahrscheinlichste Szenario (Art. 367 Abs. 1 lit. c i.V.m. Art. 369 Abs. 2; Art. 369 N 21 f.). In den (seltenen) Fällen, in denen auch die Partei, die den Schiedsrichter vorgeschlagen hat, sich für dessen Amtsniederlegung ausspricht, kann eine *Abberufung* durch schriftliche Vereinbarung der Parteien erfolgen (Art. 370 Abs. 1).

25 In **institutionellen Schiedsverfahren** ist das Gesuch um Ablehnung bei der betreffenden *Schiedsinstitution* einzureichen, die dann nach Anhörung der anderen Partei(en) und der Mitschiedsrichter einen Entscheid fällt (so Art. 11 Swiss Rules; Art. 11 ICC Rules, Art. 10.3 und 10.4 LCIA Rules; anders in § 18.1 und 18.2 DIS Rules, gemäss deren Vorschriften das Schiedsgericht über das Ablehnungsbegehren zu entscheiden hat; Art. 369 N 18 f.).

26 In **Ad hoc-Schiedsverfahren** ist entsprechend dem von den Parteien vorgesehenen Ablehnungsverfahren vorzugehen (Art. 369 Abs. 1). In den meisten Fällen finden sich jedoch in einer Schiedsvereinbarung nicht Regeln über die Ablehnung von Schiedsrichtern; in diesen Fällen ist gemäss *Art. 369 Abs. 2* vorzugehen (s. Art. 369 N 21 f.).

27 Den Parteien steht es frei, auf die Ablehnung eines Schiedsrichters zu **verzichten**, auch wenn Zweifel an dessen Unabhängigkeit oder Unparteilichkeit bestehen (s. dazu im Detail Art. 367 N 31 ff.).

3. Titel: Bestellung des Schiedsgerichts   **Art. 364**

V. Folgen eines Verstosses gegen die Pflicht zur Offenlegung

Auch wenn in Art. 363 die prozessuale Pflicht zur Offenlegung vorgesehen ist, bleibt das 28
Rechtsverhältnis zwischen den Mitgliedern des Schiedsgerichts und den Parteien ein
materiellrechtliches. Entsprechend richten sich Sanktionen bei Verstoss gegen die Pflicht
zur Offenlegung von Befangenheitsgründen grundsätzlich nach dem **Schiedsrichtervertrag** als dem materiellrechtlichen Grundverhältnis (s. Art. 364 N 5 ff.). In den weitaus
meisten Fällen haben die Parteien keine vertraglichen Sanktionen vereinbart. Entsprechend richten sich die Konsequenzen in den Fällen, in welchen der Schiedsrichtervertrag
schweizerischem Recht untersteht, nach den Regeln der Vertragsverletzung im Obligationenrecht, insb. den auftragsrechtlichen Regeln (ADEN, Art. 9 UNCITRAL N 1;
JAEGER, 199)

Art. 364

Annahme des Amtes

¹ Die Schiedsrichterinnen und Schiedsrichter bestätigen die Annahme des Amtes.

² Das Schiedsgericht ist erst konstituiert, wenn alle Mitglieder die Annahme des Amtes erklärt haben.

Acceptation du mandat

¹ Les arbitres confirment l'acceptation de leur mandat.

² Le tribunal arbitral est réputé constitué lorsque tous les arbitres ont accepté leur mandat.

Accettazione del mandato

¹ Gli arbitri confermano l'accettazione del mandato.

² Il tribunale arbitrale è costituito soltanto quando tutti gli arbitri hanno dichiarato di accettare il mandato.

Inhaltsübersicht   Note

  I. Normzweck und Grundlagen   1
 II. Annahme des Amtes und deren Bestätigung (Abs. 1)   3
     1. Formfreiheit   3
     2. Kein Amtszwang   4
     3. Schiedsrichtervertrag (receptum arbitri)   5
III. Konstituierung des Schiedsgerichts (Abs. 2)   10

Literatur

W. HABSCHEID, Grundsätzliches zur Dogmatik des Schiedsrichtervertrags im schweizerischen Recht, in: Holzhammer/Jelinek/Böhm (Hrsg.), FS für Hans W. Fasching, Wien 1988 (zit. Schiedsrichtervertrag); G. K. L. REAL, Der Schiedsrichtervertrag, Diss. Köln 1983; H.-H. INDERKUM, Der Schiedsrichtervertrag nach dem Recht der nicht internationalen Schiedsgerichtsbarkeit der Schweiz unter Mitberücksichtigung der Schiedsordnung des IPRG, Diss. Freiburg 1988; F. HOFFET, Rechtliche Beziehungen zwischen Schiedsrichtern und Parteien, Diss. Zürich 1991; C. OETIKER, Eintritt und Wirkungen der Rechtshängigkeit in der internationalen Schiedsgerichtsbarkeit, Diss. St. Gallen 2003; J.-F. POUDRET/S. BESSON, Comparative Law of International Arbitration, 2. Aufl., Zürich 2007; S. A. VOGT, Der Schiedsrichtervertrag nach schweizerischem Recht, Diss. Zürich 1989.

I. Normzweck und Grundlagen

1 Die Bestimmung regelt die **Annahme des Amtes** durch die Schiedsrichter. Der Verweis auf ein «*Amt*» trotz der auftragsrechtlichen Natur des Mandates (s. N 5), verweist noch darauf, dass der Schiedsrichter durch Parteivereinbarung gewisse hoheitliche, ansonsten dem staatlichen Richter vorbehaltene Befugnisse übernimmt, wie eben die Rechtsprechungskompetenz.

2 **Art. 364** entspricht inhaltlich **Art. 14 KSG**, beschränkt indes die Annahme des Amtes durch die Schiedsrichter nicht mehr wie noch Art. 14 Abs. 2 KSG auf «die ihnen vorgelegte Streitsache». Es wird Aufgabe der Praxis sein, zu entscheiden, ob daraus folgt, dass die Schiedsrichter auch bei einer erheblichen Erweiterung der Streitsache im Amt bleiben müssen (BOTSCHAFT ZPO, 7396). Im IPRG findet sich keine dem Art. 364 entsprechende Bestimmung.

II. Annahme des Amtes und deren Bestätigung (Abs. 1)

1. Formfreiheit

3 Die Schiedsrichter sind gehalten, die Annahme des Amtes zu bestätigen. Die **Annahme** des Amtes wie auch deren **Bestätigung** können mangels anders lautender Parteiabrede sowohl explizit als auch stillschweigend (etwa durch Aufnahme der Tätigkeit) erfolgen (JOLIDON, Art. 14 KSG N 322; LALIVE/POUDRET/REYMOND, Art. 14 KSG N 1; BERGER/KELLERHALS, Rz 914; KGer VD, 29.11.1977, SJZ 1979, 133 Nr. 34; BGE 107 Ia 152 E. 2c).

2. Kein Amtszwang

4 Niemand kann zur Übernahme eines Mandates gezwungen werden (BOTSCHAFT ZPO, 7396; JOLIDON, Art. 14 KSG N 322; LALIVE/POUDRET/REYMOND, Art. 14 KSG N 1; RÜEDE/HADENFELDT, 153) – Abs. 1 ist mithin **nicht** i.S. eines **Amtszwanges**, sondern vielmehr so zu verstehen, dass die Rechte und Pflichten der Schiedsrichter erst mit der Bestätigung der Annahme begründet werden (ebenso RÜEDE/HADENFELDT, 153).

3. Schiedsrichtervertrag (receptum arbitri)

5 Ernennung der Schiedsrichter durch die Parteien (bzw. durch das staatliche Gericht) und Übernahme des Amtes durch die Schiedsrichter entsprechen Antrag und Annahme i.S.v. Art. 1 OR. Das Rechtsverhältnis zwischen Schiedsrichter und Parteien beruht mithin auf auftragsähnlicher vertraglicher Grundlage (**Schiedsrichtervertrag; «receptum arbitri»**). Hierbei handelt es sich um einen *Vertrag sui generis,* welcher vorwiegend durch das Privatrecht (namentlich durch Art. 394 ff. OR) bestimmt wird (JOLIDON, Art. 14 KSG N 311; RÜEDE/HADENFELDT, 151; BERGER/KELLERHALS, Rz 889; WIGET/STRÄULI/MESSMER, Vor §§ 238–258 ZPO/ZH N 45; BSK IPRG-PETER/LEGLER, Art. 179 N 56; IPRG-Komm.-VISCHER, Art. 179 N 2; OETIKER, Rz 251; vgl. auch BGE 111 Ia 72 E. 2c, wo das Bundesgericht von einem Vertrag des *Prozess*rechts ausgeht). *Vertragsparteien* sind die einzelnen Mitglieder des Schiedsgerichts je für sich auf der einen Seite sowie die Schiedsparteien als Solidargläubiger und -schuldner auf der anderen Seite (WIGET/STRÄULI/MESSMER, a.a.O.). Der Schiedsrichtervertrag findet sein *Ende* ordentlicherweise mit Eintritt der formellen Rechtskraft des Schiedsspruches (WIGET/STRÄULI/MESSMER, a.a.O.).

6 Zum *Schiedsrichtervertrag* allgemein s. JOLIDON, Art. 14 KSG N 32; LALIVE/POUDRET/REYMOND, Art. 14 KSG N 3; RÜEDE/HADENFELDT, 151 ff.; BERGER/KELLERHALS,

3. Titel: Bestellung des Schiedsgerichts Art. 365

Rz 889 ff.; BSK IPRG-PETER/LEGLER, Art. 179 N 55 ff.; POUDRET/BESSON, Rz 437 ff.; HABSCHEID, Schiedsrichtervertrag, 195 ff. sowie eingehend REAL; INDERKUM; VOGT und HOFFET.

Aus dem Schiedsrichtervertrag entstehen im Hinblick auf das **Verhalten während des Schiedsverfahrens** gewisse **Pflichten** (vgl. auch BSK IPRG-PETER/LEGLER, Art. 179 N 57; IPRG-Komm.-VISCHER, Art. 179 N 2 je m.H. darauf, dass sich die Rechte und Pflichten der Parteien des Schiedsrichtervertrags primär aus der Schiedsvereinbarung ergeben; WIGET/STRÄULI/MESSMER, Vor §§ 238–258 ZPO/ZH N 45; POUDRET/BESSON, Rz 443 f.; OETIKER, Rz 252). Seitens der Schiedsrichter bestehen nebst anderen die Pflicht zur Verschwiegenheit, die Pflicht zur Offenlegung möglicher Interessenkonflikte und die Pflicht zur Aufklärung der Parteien bez. allfälliger Ablehnungsgründe (s. Art. 363 N 7). Seitens der Parteien zu nennen ist namentlich die Pflicht zur Entrichtung eines Honorars. 7

Wegen seiner Konnexität zum Schiedsverfahren ist zu vermuten, dass der Schiedsrichtervertrag bei objektiver Anknüpfung dem **Recht am Sitz des Schiedsgerichts** untersteht (BSK IPRG-PETER/LEGLER, Art. 179 N 56; IPRG-Komm.-VISCHER, Art. 179 N 2). 8

Zum *Widerrufsrecht der Parteien* s. Art. 370 N 5 ff.; zum *Rücktrittsrecht der Mitglieder des Schiedsgerichts* s. Art. 371 N 11 ff. 9

III. Konstituierung des Schiedsgerichts (Abs. 2)

Erst wenn alle Mitglieder des Schiedsgerichts die Annahme des Amtes erklärt haben (d.h. im Zeitpunkt der letzten Annahme), gilt das Schiedsgericht als konstituiert. Vor dem **Zeitpunkt der letzten Annahme** existiert mit anderen Worten kein Schiedsgericht, das als solches handeln kann (JOLIDON, Art. 14 KSG N 324 lit. b). Dieser Zeitpunkt ist weiter entscheidend für die Anwendbarkeit der ZPO sowie für die Berechnung der allfällig befristeten Amtsdauer i.S.v. Art. 366 Abs. 1 (vgl. JOLIDON, Art. 14 KSG N 324 lit. b; LALIVE/POUDRET/REYMOND, Art. 14 KSG N 2). 10

Schiedssprüche, welche **vor der Annahme des Amtes durch den letzten Schiedsrichter** ergehen, sind mit Beschwerde nach Art. 389 ff. anfechtbar. Als Beschwerdegrund kann i.S.v. Art. 393 lit. a geltend gemacht werden, das *Schiedsgericht* sei *vorschriftswidrig zusammengesetzt* worden (vgl. JOLIDON, Art. 14 KSG N 1; LALIVE/POUDRET/REYMOND, Art. 14 KSG N 2; s.a. Art. 393 N 8 ff.). 11

Art. 365

Sekretariat	¹ **Das Schiedsgericht kann ein Sekretariat bestellen.** ² **Die Artikel 363 Absatz 1 und 367–369 gelten sinngemäss.**
Secrétaire	¹ Le tribunal arbitral peut désigner un secrétaire. ² Les art. 363, al. 1, et 367 à 369 sont applicables par analogie.
Segretariato	¹ Il tribunale arbitrale può dotarsi di un segretariato. ² Gli articoli 363 capoverso 1 e 367–369 si applicano per analogia.

Philipp Habegger

Inhaltsübersicht

Note

I. Normzweck und Grundlagen 1

II. Bestellung eines Sekretariats (Abs. 1) 2

III. Rechtsstellung der Mitglieder des Sekretariats 3
   1. Rechtsverhältnis zwischen den Mitgliedern des Sekretariats und den Parteien 3
   2. Rechte der Mitglieder des Sekretariats 4
   3. Pflichten der Mitglieder des Sekretariats 6

Literatur

P. BRATSCHI/R. BRINER, Bemerkungen zum Konkordat über die Schiedsgerichtsbarkeit, SJZ 1976, 101 ff.; C. PARTASIDES, The Fourth Arbitrator? The Role of Secretaries to Tribunals in International Arbitration, Arb Intl Vol. 18 No. 2 2002, 147 ff.

I. Normzweck und Grundlagen

1   Art. 365 regelt die Bestellung eines Schiedsgerichtssekretärs. Er deckt sich inhaltlich mit **Art. 15 KSG**, mit dem Unterschied allerdings, dass die Bestellung eines Sekretariats nicht mehr länger vom Einverständnis der Parteien abhängt. Das **IPRG** hingegen enthält **keine Bestimmung** über das Sekretariat des Schiedsgerichts – der Grundsatz, dass Schiedsgerichte (jedenfalls mit Einverständnis der Parteien) ein Sekretariat bestellen können, gilt indes ungeschrieben auch im internationalen Schiedsgerichtsrecht (RÜEDE/HADENFELDT, 192; BERGER/KELLERHALS, Rz 919).

II. Bestellung eines Sekretariats (Abs. 1)

2   Während die Bestellung eines Sekretariats nach gewissen Schiedsordnungen (vgl. z.B. die *Note concerning the appointment of administrative secretaries by arbitral tribunals* des Sekretariats des ICC Gerichtshofs vom 1.10.1995) im alleinigen Ermessen des Schiedsgerichts liegt, setzte Art. 363 Abs. 1 des Entwurfs der schweizerischen Zivilprozessordnung noch das Einverständnis der Parteien voraus. Dem Antrag der ständerätlichen Kommission für Rechtsfragen vom 21.6.2007 (AmtlBull StR 2007 641) folgend, ist das **Einverständnis der Parteien** nunmehr **entbehrlich,** da anderenfalls die Gefahr bestünde, dass eine Partei ihr Einverständnis verweigern und dadurch das Verfahren verzögern oder zumindest erschweren könnte.

III. Rechtsstellung der Mitglieder des Sekretariats

1. Rechtsverhältnis zwischen den Mitgliedern des Sekretariats und den Parteien

3   Die Bestellung eines Sekretariats begründet zwischen den Mitgliedern des Sekretariats und den Parteien ein Vertragsverhältnis, das sich nach den Bestimmungen über den **einfachen Auftrag i.S.v. Art. 394 ff. OR** richtet (JOLIDON, Art. 15 KSG N 41; LALIVE/POUDRET/REYMOND, Art. 15 KSG; BRATSCHI/BRINER, 104; RÜEDE/HADENFELDT, 193).

2. Rechte der Mitglieder des Sekretariats

Nach ihrer Ernennung haben die Mitglieder des Sekretariats grundsätzlich das Recht auf **Verfolgung des Verfahrens,** das Recht auf **Teilnahme** an Verhandlungen und Beweisabnahmen, das Recht auf **Anwesenheit** bei Beratungen des Schiedsgerichts sowie das Recht auf **Entlöhnung** (BERGER/KELLERHALS, Rz 921 f.). Da sie im Gegensatz zu den Schiedsrichtern nicht – wie im Regelfall – durch die Parteien wählbar waren und deshalb in geringerem Masse eine Person deren Vertrauens darstellen, sollte ihnen aber **keine beratende Stimme** zukommen (PARTASIDES, Arb Int 2002, 156). 4

Je nach konkreter Ausgestaltung bzw. allfälliger Vereinbarung mit den Parteien hat der Sekretär einen Honoraranspruch direkt gegenüber den Parteien oder gegenüber dem Schiedsgericht. Im letzteren Fall kann dieses für das an Sekretär geleistete Honorar Auslagenersatz gegenüber den Parteien verlangen (s. Art. 384 N 33). So das Schiedsgericht einen Sekretär beizuziehen beabsichtigt, empfiehlt es sich diese Modalitäten früh mit den Parteien aufzunehmen und zu 5

3. Pflichten der Mitglieder des Sekretariats

Das Sekretariat erfüllt ausschliesslich **administrative Aufgaben** und hat keinen Einfluss auf den Ausgang des Verfahrens (JOLIDON, Art. 15 KSG N 42; LALIVE/POUDRET/REYMOND, Art. 15 KSG; RÜEDE/HADENFELDT, 193 f.). Insbesondere hat das Sekretariat in der Urteilsberatung keine beratende Stimme. Die konkrete Umschreibung des Aufgabenbereichs des Sekretariats obliegt den Parteien bzw. in Ermangelung einer entsprechenden Regelung, dem Schiedsgericht (RÜEDE/HADENFELDT, 193). Potenzielle Aufgaben sind etwa die Protokollführung, die Leitung des Schriftwechsels, die Führung der Akten (RÜEDE/HADENFELDT, 194) und allenfalls die Vorbereitung der Begründung von Verfügungen und Schiedssprüchen nach den Weisungen des Schiedsgerichtes bzw. seiner Mehrheit (BERGER/KELLERHALS, Rz 921). 6

Im Übrigen gelten für die Mitglieder des Sekretariats dieselben Pflichten wie für die Mitglieder des Schiedsgerichts, insb. trifft auch sie eine **Geheimhaltungs- und Offenbarungspflicht** (vgl. den Verweis in Abs. 2 auf Art. 363 Abs. 1). 7

Auch hinsichtlich **Unabhängigkeit und Unparteilichkeit** unterliegen die Mitglieder des Sekretariats und jene des Schiedsgerichts denselben Anforderungen, was Abs. 2 mit Hilfe eines Verweises auf Art. 363 Abs. 1 und 367–369 verdeutlicht. Es gelten mithin dieselben Grundsätze über die **Ablehnung** (BERGER/KELLERHALS, Rz 920). Art. 365 Abs. 2 ist indes dispositiver Natur, weshalb das Ablehnungsrecht ausgeschlossen werden kann (vgl. JOLIDON, Art. 15 KSG N 1 und 243 f. Art. 15 KSG N 5; RÜEDE/HADENFELDT, 195). Siehe auch Art. 367 N 24 und 31 ff. 8

Konsequenterweise muss daraus folgen, dass ein Schiedsspruch unter Art. 393 lit. a auch wegen des Anscheins der Abhängigkeit oder Parteilichkeit des Sekretärs angefochten werden kann (s. Art. 393 N 14). Da nicht effektive Abhängigkeit oder Parteilichkeit vorliegen muss, spielt es auch keine Rolle, wenn der Sekretär korrekt keinen Einfluss auf den Ausgang des Verfahrens ausübte (N 6), da berechtigte Zweifel aufgrund des Anscheins genügen (Art. 367 N 17). 9

Die **Abberufung** eines Mitglieds des Sekretariats richtet sich *nicht* nach Art. 370, sondern nach Auftragsrecht, d.h. nicht nur die Parteien, sondern auch das Schiedsgericht kann ein Sekretariatsmitglied abberufen (JOLIDON, Art. 15 KSG N 5 und 310 Art. 22 KSG N 2). Ebenso gilt für die **Ersetzung** eines Mitglieds des Sekretariats *nicht* Art. 371, sondern diese erfolgt vielmehr durch das Schiedsgericht (vgl. JOLIDON, a.a.O.; RÜEDE/HADENFELDT, 196). 10

Philipp Habegger

Art. 366

Amtsdauer

¹ In der Schiedsvereinbarung oder in einer späteren Vereinbarung können die Parteien die Amtsdauer des Schiedsgerichts befristen.

² Die Amtsdauer, innert der das Schiedsgericht den Schiedsspruch zu fällen hat, kann verlängert werden:
a. durch Vereinbarung der Parteien;
b. auf Antrag einer Partei oder des Schiedsgerichts durch Entscheid des nach Artikel 356 Absatz 2 zuständigen staatlichen Gerichts.

Durée de la mission

¹ Les parties peuvent limiter, dans la convention d'arbitrage ou dans un accord ultérieur, la durée de la mission du tribunal arbitral.

² Le délai dans lequel le tribunal arbitral est tenu de rendre sa sentence peut être prolongé:
a. par convention entre les parties;
b. à la demande de l'une d'elles ou du tribunal arbitral, par une décision de l'autorité judiciaire compétente en vertu de l'art. 356, al. 2.

Durata del mandato

¹ Le parti possono limitare nel patto d'arbitrato o in un accordo successivo la durata del mandato del tribunale arbitrale.

² La durata del mandato entro cui il tribunale arbitrale deve pronunciare il lodo può essere prorogata:
a. per accordo tra le parti;
b. su richiesta di una parte o del tribunale arbitrale, mediante decisione del tribunale statale competente ai sensi dell'articolo 356 capoverso 2.

Inhaltsübersicht Note

I. Normzweck und Grundlagen 1
II. Befristung der Amtsdauer (Abs. 1) 2
   1. Befristung durch Parteivereinbarung 2
   2. Bedeutung der Befristung 4
   3. Beginn und Ende der Befristung 7
   4. (Keine) Hemmung des Fristenlaufs 8
   5. Folgen der Fristüberschreitung 11
III. Verlängerung der Amtsdauer (Abs. 2) 13
   1. Verlängerung durch Parteivereinbarung (Abs. 2 lit. a) 13
   2. Verlängerung durch den staatlichen Richter auf Antrag einer Partei bzw. des Schiedsgerichts (Abs. 2 lit. b) 15
   3. Verlängerung nach Ablauf der Frist 17
   4. Anwendbarkeit von Abs. 2 auf Art. 371, 394 und 399 18
IV. Anhörung der Gegenpartei 19

Literatur

L. W. CRAIG/W. W. PARK/J. PAULSSON, Annotated Guide to the 1998 ICC Arbitration Rules, N.Y. 1998; CH. MÜLLER, International arbitration: A guide to the complete Swiss case law (unreported and reported), Zürich 2004; J.-F. POUDRET/S. BESSON, Comparative Law of International Arbitration, 2. Aufl., Zürich 2007; M. SCHNEIDER, Funktionen des staatlichen Richters am Sitz des internationalen Schiedsgerichts gemäss 12. Kapitel des IPRG, Zürich/St. Gallen 2009.

3. Titel: Bestellung des Schiedsgerichts   1–6 **Art. 366**

I. Normzweck und Grundlagen

Art. 366 regelt die **Amtsdauer** des Schiedsgerichts. Er entspricht inhaltlich **Art. 16 Abs. 1 und 2 KSG**. Weil Abs. 3 der nämlichen Bestimmung einen blossen Anwendungsfall von Art. 373 Abs. 4 darstellt, wurde dieser nicht übernommen (BOTSCHAFT ZPO, 7397). Das IPRG kennt keine entsprechende Bestimmung – die Zulässigkeit der Befristung der Amtsdauer des Schiedsgerichts beurteilt sich im Bereich des internationalen Schiedsgerichtsrechts nach Art. 178 Abs. 2 IPRG (RÜEDE/HADENFELDT, 60), eine Verlängerung der Amtsdauer durch den staatlichen Richter wird aber gestützt auf Art. 185 IPRG bejaht (SCHNEIDER, 87 ff.). 1

II. Befristung der Amtsdauer (Abs. 1)

1. Befristung durch Parteivereinbarung

Die ZPO verzichtet darauf, die Amtsdauer des Schiedsgerichts zu befristen. Indes steht es den Parteien offen, eine solche Befristung in einer **Schieds- oder einer späteren Vereinbarung** vorzusehen. Diese Parteivereinbarung ist an keine Form gebunden (JOLIDON, Art. 16 KSG N 31; LALIVE/POUDRET/REYMOND, Art. 16 KSG N 1). 2

Eine Befristung der Amtsdauer des Schiedsgerichts kann sich auch aus einem für die Parteien verbindlichen **Schiedsreglement** ergeben (ZWR 1978, 28 E. 7A; unv. Urteil des OGer ZH vom 2.6.1992 [zit. von MÜLLER, Art. 179 IPRG N 1.11]). Soweit solche Reglemente Fristen zum Erlass des Endschiedsspruches vorsehen, ist damit jedoch keine Befristung der Amtsdauer des Schiedsgerichtes verbunden (AppGer BS, 2.1.1984, ASA Bull 1985 24 f.; zu Art. 24 Abs. 1 ICC Rules vgl. CRAIG/PARK/PAULSSON, 356; zu Art. 42 Abs. 1 lit. d Swiss Rules vgl. Zuberbühler/Müller/Habegger-LA SPADA, Art. 42 N 16). 3

2. Bedeutung der Befristung

Die Befristung der Amtsdauer des Schiedsgerichts hat zur Folge, dass das Schiedsgericht innert der festgesetzten Frist seinen **Schiedsspruch** fällen und den Parteien eröffnen muss (Bericht VE-ZPO, 170; BOTSCHAFT ZPO, 7396; JOLIDON, Art. 16 KSG N 32). Befristet wird also die Amtsdauer *des Schiedsgerichts* an sich und nicht die Dauer der individuellen Mandate der Mitglieder des Schiedsgerichts (JOLIDON, Art. 16 KSG N 32; WIGET/STRÄULI/MESSMER, § 239 ZPO/ZH N 39). 4

Die Frage, ob eine vereinbarte Frist peremptorisch wirkt, derart, dass der unbenutzte Ablauf der Frist zur **Beendigung des Prozesses** führt, muss durch Interpretation der Vereinbarung beantwortet werden (JOLIDON, Art. 16 KSG N 32 m.H. auf das unv. Urteil des BGer in der Sache B vs. B vom 20.7.1979, E. 3 sowie KGer VS, 15.6.1977, ZWR 1978, 28 ff. E. 7A). 5

Es erscheint fraglich, ob eine solche Befristung sinnvoll ist. Einerseits können sich die Parteien zwar mit der Vereinbarung einer Befristung vor einer Verzögerung des schiedsgerichtlichen Verfahrens schützen. Andererseits gilt es aber auch zu bedenken, dass sich erstens Zeitdruck negativ auf die **Qualität der Entscheidung** auswirken kann und zweitens das **Risiko** besteht, dass das **Schiedsverfahren** nach der (zu kurzen) Frist **scheitert** und dann vor einem staatlichen Gericht von neuem begonnen werden muss (LALIVE/POUDRET/REYMOND, Art. 16 KSG N 1; RÜEDE/HADENFELDT, 60). 6

Philipp Habegger 1749

3. Beginn und Ende der Befristung

7   Haben die Parteien eine Befristung der Amtsdauer des Schiedsgerichts vereinbart, so beginnt diese mangels anderer Parteiabrede im **Zeitpunkt der Annahme des Amtes durch den letzten Schiedsrichter** (vgl. Art. 364 Abs. 2) und endet – wiederum mangels anderer Parteiabrede – im **Zeitpunkt des Erlasses des Endschiedsspruchs**, vorausgesetzt dieser Schiedsspruch ist gültig oder wird zumindest nicht aufgehoben und an das Schiedsgericht zurück gewiesen (JOLIDON, Art. 16 KSG N 32; LALIVE/POUDRET/REYMOND, Art. 16 KSG N 4; RÜEDE/HADENFELDT, 60 m.w.H.; POUDRET/BESSON, Rz 455).

4. (Keine) Hemmung des Fristenlaufs

8   Nach KSG wurde der Fristenlauf einzig dadurch gehemmt, dass das Schiedsverfahren infolge **Verrechnung** gehemmt wurde (Art. 29 Abs. 3 KSG). Da nun aber das Schiedsgericht das Schiedsverfahren nicht mehr wie noch unter Geltung des KSG sistieren muss, bis das für die Verrechnungsforderung zuständige Gericht entschieden hat (BOTSCHAFT ZPO, 7400), entfällt dieser Unterbrechungsgrund (s. Art. 377 N 2).

9   Art. 371 Abs. 4 hält ausdrücklich fest, dass der Fristenlauf *nicht* dadurch gehemmt wird, dass die **Ersetzung** eines Mitglieds des Schiedsgerichts erforderlich wird (s. Art. 371 N 32). Überdies wird der Fristenlauf auch nicht gehemmt während der Dauer anderer Verfahren vor dem Schiedsgericht (wie jenes um **Verlängerung** der Amtsdauer i.S.v. Abs. 2, um **Ablehnung** eines Mitglieds des Schiedsgerichts i.S.v. Art. 367 ff., um **Abberufung** eines Mitglieds des Schiedsgerichts i.S.v. Art. 370 [JOLIDON, Art. 16 KSG N 32]).

10 Letztlich vermag auch das **Ergreifen eines Rechtsmittels** (Beschwerde i.S.v. Art. 389 ff. bzw. Revision i.S.v. Art. 396 ff.) den Fristenlauf nicht zu hemmen (JOLIDON, Art. 16 KSG N 32; RÜEDE/HADENFELDT, 60, 356, 363).

5. Folgen der Fristüberschreitung

11 Erlässt bzw. eröffnet das Schiedsgericht seinen Schiedsspruch erst *nach* der festgesetzten Frist, so ist dieser nicht nichtig, sondern mit **Beschwerde i.S.v. Art. 389 ff.** anfechtbar (JOLIDON, Art. 16 KSG N 5; LALIVE/POUDRET/REYMOND, Art. 16 KSG N 4; RÜEDE/HADENFELDT, 62), weshalb er nach unbenutztem Ablauf der Beschwerdefrist in Rechtskraft erwächst (ZWR 1978, 28 ff. E. 7). War für diesen Fall unter der Geltung des KSG noch ein spezieller Beschwerdegrund vorgesehen, ist er heute unter Art. 393 lit. b zu subsumieren, da es sich schlicht um den *Entscheid eines unzuständigen Schiedsgerichts* handelt (Frage der zeitlichen Tragweite der Schiedsabrede, s. Art. 393 N 45; BERGER/KELLERHALS, Rz 917). Eine Aufhebung des Schiedsspruchs fällt allerdings dann ausser Betracht, wenn die Geltendmachung des Beschwerdegrundes dem Grundsatz von **Treu und Glauben** (Art. 2 ZGB) widerspricht, so etwa wenn die beschwerdeführende Partei selbst das Verfahren verschleppt hat (JOLIDON, Art. 16 KSG N 5; RÜEDE/HADENFELDT, 62, 340; ZWR 1978, 28 ff. E. 7A).

12 Eine schuldhafte Fristüberschreitung führt zum **Verlust des Honoraranspruchs** des Schiedsgerichts und begründet unter gegebenen Voraussetzungen eine **Schadenersatzpflicht** desselben (JOLIDON, Art. 16 KSG N 5; RÜEDE/HADENFELDT, 62).

III. Verlängerung der Amtsdauer (Abs. 2)

1. Verlängerung durch Parteivereinbarung (Abs. 2 lit. a)

Die Verlängerung der Amtsdauer kann durch **Parteivereinbarung** erfolgen. Namentlich konkludent auch dadurch, dass die Parteien nach der festgesetzten Amtsdauer weiterhin widerspruchslos vor dem Schiedsgericht verhandeln (ZWR 1982, 173 ff. E. IV/1 und 2; JOLIDON, Art. 16 KSG N 41 m.w.H.; LALIVE/POUDRET/REYMOND, Art. 16 KSG N 2; RÜEDE/HADENFELDT, 61; POUDRET/BESSON, Rz 453). 13

Der Verlängerung durch Parteivereinbarung gleichzustellen ist der Fall, da die Verlängerung in einem **Schiedsreglement** vorgesehen ist, welchem sich die Parteien unterworfen haben (JOLIDON, Art. 16 KSG N 41; LALIVE/POUDRET/REYMOND, Art. 16 KSG N 2; vgl. z.B. Art. 42 Abs. 1 lit. d Swiss Rules). 14

2. Verlängerung durch den staatlichen Richter auf Antrag einer Partei bzw. des Schiedsgerichts (Abs. 2 lit. b)

Alternativ zur Parteivereinbarung, kann die Verlängerung der Amtsdauer durch das nach Art. 356 Abs. 2 zuständige staatliche Gericht auch auf **Antrag** einer Partei oder des Schiedsgerichts hin erwirkt werden (vgl. Art. 356 Abs. 2 lit. c; Art. 356 N 19; SCHNEIDER, 93). 15

Da das Schiedsverfahren je nach Entscheid seinen Fortgang findet oder nicht, dürfte für den **Rechtsmittelweg** die unter Art. 362 Abs. 3 entwickelte Praxis analog Anwendung finden (s. Art. 362 N 43 [kein Rechtsmittel bei Fortgang] und N 45 [Beschwerde in Zivilsachen an das Bundesgericht bei Verweigerung der Verlängerung]). 16

3. Verlängerung nach Ablauf der Frist

Eine Verlängerung der Amtsdauer kann selbst *nach* Ablauf der festgesetzten Amtsdauer noch vereinbart bzw. auf Antrag hin erwirkt werden, d.h. die Amtsdauer kann auch nachträglich noch durch eine oder beide Parteien bzw. durch das Schiedsgericht verlängert werden (ZWR 1978, 28 ff. E. 7A; JOLIDON, Art. 16 KSG N 41 und 42; krit. LALIVE/POUDRET/REYMOND, Art. 16 KSG N 2). 17

4. Anwendbarkeit von Abs. 2 auf Art. 371, 394 und 399

Die Bestimmung des Abs. 2 über die Verlängerung der Amtsdauer ist ebenfalls anwendbar bei **Ersetzung** eines Mitglieds des Schiedsgerichts nach Art. 371 sowie bei **Rückweisung** des Schiedsspruchs an das Schiedsgericht nach Art. 394 und 399 (Bericht VE-ZPO, 170; BOTSCHAFT ZPO, 7397; vgl. noch ausdrücklich Art. 43 Abs. 4 KSG). 18

IV. Anhörung der Gegenpartei

War in Art. 16 Abs. 3 KSG noch ausdrücklich vorgeschrieben, dass die Gegenpartei bei einem Parteiantrag um Verlängerung der Amtsdauer anzuhören ist, ergibt sich diese Pflicht heute aus **Art. 373 Abs. 4** (Bericht VE-ZPO, 170; BOTSCHAFT ZPO, 7397). 19

4. Titel: Ablehnung, Abberufung und Ersetzung der Mitglieder des Schiedsgerichts

Art. 367

Ablehnung eines Mitgliedes

¹ Ein Mitglied des Schiedsgerichts kann abgelehnt werden, wenn:
a. es nicht den von den Parteien vereinbarten Anforderungen entspricht;
b. ein Ablehnungsgrund vorliegt, der in der von den Parteien vereinbarten Verfahrensordnung vorgesehen ist; oder
c. berechtigte Zweifel an seiner Unabhängigkeit oder Unparteilichkeit bestehen.

² Eine Partei kann ein Mitglied, das sie ernannt hat oder an dessen Ernennung sie mitgewirkt hat, nur aus Gründen ablehnen, von denen sie erst nach der Ernennung Kenntnis erhalten hat. Der Ablehnungsgrund ist dem Schiedsgericht und der anderen Partei unverzüglich mitzuteilen.

Récusation d'un arbitre

¹ Un arbitre peut être récusé dans les cas suivants:
a. faute des qualifications convenues entre les parties;
b. en présence d'un motif de récusation prévu par le règlement d'arbitrage adopté par les parties;
c. en cas de doutes légitimes sur son indépendance ou son impartialité.

² Une partie ne peut récuser un arbitre qu'elle a désigné ou contribué à désigner que pour un motif dont elle a eu connaissance après la nomination. Le motif de la récusation est communiqué sans délai au tribunal arbitral et à la partie adverse.

Ricusazione di un arbitro

¹ Un arbitro può essere ricusato se:
a. non soddisfa i requisiti convenuti dalle parti;
b. vi è un motivo di ricusazione contemplato dall'ordinamento procedurale convenuto dalle parti; oppure
c. sussistono dubbi legittimi quanto alla sua indipendenza o imparzialità.

² Una parte può ricusare un arbitro da lei designato, o alla cui designazione ha partecipato, soltanto per motivi di cui è venuta a conoscenza dopo la designazione. Il motivo di ricusazione dev'essere comunicato senza indugio al tribunale arbitrale e all'altra parte.

Inhaltsübersicht   Note

I. Normzweck und Grundlagen 1
II. Ablehnungsgründe (Abs. 1) 6
    1. Vereinbarte Anforderungen (lit. a) 7
    2. Ablehnungsgrund aus vereinbarter Verfahrensordnung (lit. b) 9
    3. Berechtigte Zweifel an Unabhängigkeit oder Unparteilichkeit (lit. c) 12
III. Ausschluss der Ablehnung bei Ernennung trotz Kenntnis der Befangenheit
    (Abs. 2) 27

4. Titel: Ablehnung, Abberufung u. Ersetzung der Mitgl. des Schiedsg. **Art. 367**

IV. Verzicht auf die Geltendmachung von Ablehnungsgründen 31
    1. Allgemein 31
    2. Der Schiedsrichter als Vermittler 35
V. Folgen der Ablehnung 38
VI. Richtlinien der IBA zu Interessenskonflikten in der internationalen Schiedsgerichtsbarkeit (Grundsätze zur Unabhängigkeit und Unparteilichkeit) 40
    1. Allgemeines 40
    2. Die einzelnen Listen der IBA-Richtlinien 45
VII. Kasuistik des Bundesgerichts 55

Literatur

Vgl. die Literaturhinweise bei den Vorbem. zu Art. 353–399 sowie P. BRATSCHI/R. BRINER, Bemerkungen über die Schiedsgerichtsbarkeit, SJZ 1976, 101 ff.; D. HAHN, Remarque sur l'application des articles 179 à 181 LDIP, ASA Bull 1/1992, 33; J. D. JAEGER, Die Umsetzung des UNCITRAL-Modellgesetzes über die internationale Handelsschiedsgerichtsbarkeit im Zuge der nationalen Reformen, Frankfurt a.M. 2001; J.-F. POUDRET/S. BESSON, Comparative Law of International Arbitration, 2. Aufl., London 2007; P. SCHWEIZER, Récusation d'Arbitre, Devoirs et incombances à propos de quelques arrêts récents qui brouillent l'écoute, ASA Bull 3/2009, 520 ff.; D. SUTTON/J. GILL/M. GEARING, Russell on Arbitration, 23. Aufl., London 2007; J. J. VAN HOF, Commentary on the UNCITRAL arbitration rules, the application by the Iran-U.S. claims tribunal, Deventer/Boston 1991; N. VOSER, Interessenskonflikte in der Internationalen Schiedsgerichtsbarkeit – die Initiative der International Bar Association (IBA), SchiedsVZ 2003, 59–65; N. VOSER/ P. GOLA, in: G. Kaufmann-Kohler/B. Stucki (Hrsg.), International Arbitration in Switzerland, A Handbook for Practitioners, Den Haag 2004; W. WENGER, Zur Ablehnung von Schiedsrichtern im schweizerischen Schiedsverfahrensrecht, IPRAx 1988, 116 ff.; F. WIGET, Über das Verhältnis der Schiedsgerichtsordnungen ICC, UNCITRAL, ECE zum Zürcher Schiedsgerichtsrecht, SJZ 1979, 17 ff.; CH. ZULEGER, Die UNCITRAL-Schiedsregeln – 25 Jahre nach ihrer Schaffung, Eine Untersuchung wichtiger Problemkreise unter besonderer Berücksichtigung der Rechtsprechung des Iran-U.S. Claims Tribunals und der Regelungen ausgewählter Schiedsordnungen, Frankfurt a.M. 2002.

I. Normzweck und Grundlagen

Art. 367 entspricht inhaltlich den **Art. 180 Abs. 1 und 2 IPRG** (BOTSCHAFT ZPO, 7397; Bericht VE-ZPO, 171). Nach Art. 180 Abs. 1 lit. a IPRG können sich Ablehnungsgründe aus vereinbarten Anforderungen (PATOCCHI/GEISINGER, IPRG, 553) und gemäss Art. 180 Abs. 1 lit. b IPRG aus der vereinbarten Schiedsordnung ergeben; andererseits kann das Mitglied eines Schiedsgerichts dann abgelehnt werden, wenn Umstände vorliegen, die Anlass zu berechtigten Zweifeln an dessen Unabhängigkeit geben (Art. 180 Abs. 1 lit. c IPRG; PATOCCHI/GEISINGER, IPRG, 553; BGE 124 I 121, 122; 118 II 359, 361; 115 Ia 400, 404; 113 Ia 407, 408; 111 Ia 259, 261; IPRG-Komm.-VISCHER, Art. 180 N 1 ff.; BSK IPRG-PETER/BESSON, Art. 180 N 6 ff.; WALTER/BOSCH/BRÖNNIMANN, 108 ff.; BERGER/KELLERHALS, Rz 810 ff.). Art. 180 Abs. 1 lit. c IPRG enthält wie Art. 367 Abs. 1 lit. c eine Generalklausel (N 15). In Art. 180 Abs. 1 lit. c IPRG ist nur die *Unabhängigkeit ausdrücklich erwähnt*; es ist jedoch weitgehend unstreitig, dass die *Unparteilichkeit ebenfalls erfasst* wird (BSK IPRG-HOCHSTRASSER/BLESSING, Einl. 12. Kap. N 214; BERGER/KELLERHALS, Rz 795; differenzierend BSK IPRG-PETER/BESSON, Art. 180 N 8 ff.). Ein Schiedsrichter kann – wie nach Art. 367 Abs. 2 – nur aus Gründen abgelehnt werden, die die Partei nicht schon vor dessen Ernennung kannte (Art. 180 Abs. 2 IPRG; SIEHR, 717; IPRG-Komm.-VISCHER, Art. 180 N 16 ff.; BSK IPRG-PETER/BESSON, Art. 180 N 20 ff.; WALTER/BOSCH/BRÖNNIMANN, 108 ff.; BERGER/KELLERHALS, Rz 810).

Art. 367 2–6   4. Titel: Ablehnung, Abberufung u. Ersetzung der Mitgl. des Schiedsg.

2   In klarer *Abweichung von* **Art. 18 Abs. 1 KSG** enthält Art. 367 zu Recht keinen Verweis mehr auf das einschlägige Gesetz für die Ausstandsgründe von Mitgliedern des Bundesgerichts (früher Art. 22 und 23 OG, heute Art. 34 BGG), sondern regelt die Gründe für die Ablehnung eines Mitglieds des Schiedsgerichts *direkt*. Entsprechend finden auch die Ausstandsgründe für Gerichtspersonen von Art. 47 keine unmittelbare Anwendung auf Mitglieder von Schiedsgerichten. Dies bedeutet allerdings nicht, dass diese Gründe – wie die IBA-Richtlinien – im Sinne einer Orientierungshilfe in einem (nationalen) Schiedsgerichtsverfahren in der Praxis nicht beigezogen werden dürfen.

3   Eine *Unterscheidung* zwischen **Ausschliessungs- und Ablehnungsgründen** erfolgt *nicht mehr* (BERGER/KELLERHALS, Rz 788). Die meisten in Art. 34 BGG und Art. 47 ZPO aufgezählten Ausstandsgründe für Mitglieder des Bundesgerichts bzw. kantonaler Gerichte liessen sich unter Art. 367 lit. c subsumieren (WIGET/STRÄULI/MESSMER, Vor §§ 238–258 ZPO/ZH N 51 noch zu Art. 22/23 OG). Auch die Ablehnungsgründe von *Art. 18 Abs. 2 KSG* (Begehen eines Verbrechens oder Vergehens bzw. Handlungsunfähigkeit eines Schiedsrichters) wurden *nicht in Art. 367 übernommen*. Art. 18 Abs. 3 KSG ist in *Art. 367 Abs. 2* übergegangen.

4   Der Zweck dieser Norm ist einerseits sicherzustellen, dass das Schiedsgericht den **Vorstellungen der Parteien** entspricht, als diese die Schiedsvereinbarung geschlossen haben. Entsprechend müssen die Mitglieder des Schiedsgerichts den von den Parteien vereinbarten Anforderungen genügen (Abs. 1 lit. a; N 7 f.) und dürfen nicht einen der Ablehnungsgründe setzen, die in der von den Parteien gewählten Verfahrensordnung genannt sind (Abs. 1 lit. b; N 9 ff.).

5   Andererseits stellt diese Norm sicher, dass die Anforderungen, die vom Gesetzgeber an eine «**objektive Rechtsprechung durch unabhängige Richter**» gestellt werden (WIGET/STRÄULI/MESSMER, Vor §§ 238–258 ZPO/ZH N 48), von den Parteien auch durchgesetzt werden können; auch in nationalen Schiedsverfahren wird daher ausdrücklich die *Unbefangenheit der Mitglieder des Schiedsgerichts bis zum Abschluss des Verfahrens* verlangt (BOTSCHAFT ZPO, 7397; POUDRET/BESSON, N 413 f.; BSK IPRG-PETER/BESSON, Art. 180 N 5; BERGER/KELLERHALS, Rz 788). Die dabei anzuwendenden Massstäbe sind grundsätzlich dieselben wie für staatliche Richter (RÜEDE/HADENFELDT, 177), wobei dem Charakter der Schiedsgerichtsbarkeit als private Gerichtsbarkeit Rechnung zu tragen ist; so ist z.B. i.d.R. nicht zu beanstanden, dass Schiedsrichter und Parteivertreter, die oftmals praktizierende Anwälte sind, sich aus gemeinsamen beruflichen Aktivitäten besser kennen, als dies i.d.R. für staatliche Richter und Parteivertreter der Fall ist (N 40 ff.).

II. Ablehnungsgründe (Abs. 1)

6   In Art. 367 werden die möglichen Befangenheits- und Ablehnungsgründe nicht einzeln aufgelistet. Als Ausfluss der Parteiautonomie ergeben sie sich einerseits aus der **Parteivereinbarung** und andererseits aus der *lex arbitri* (Art. 367 oder Art. 180 IPRG; ADEN, 601 f.; JAEGER, 74; BSK IPRG-PETER/BESSON, Art. 180 N 3); die Parteivereinbarung kann sich materiell zu geforderten Qualifikationen der Mitglieder des Schiedsgerichts äussern (lit. a) oder prozessual im Rahmen der von den Parteien festzulegenden Verfahrensordnung (lit. b). Lit. c führt die **gesetzlichen Ablehnungsgründe** der Unabhängigkeit und Unparteilichkeit auf, die in ihrem Grundgehalt **zwingend** sind (N 33). Die Regelung von Art. 367 ist bezüglich der *Quellen* der Ablehnungsgründe *abschliessend* (IPRG-Komm.-VISCHER, Art. 180 N 2; BSK IPRG-PETER/BESSON, Art. 180 N 6; CHK-

SCHRAMM/FURRER/GIRSBERGER, Art. 179–180 IPRG N 10). Zu den Ablehnungsgründen unter dem KSG: RÜEDE/HADENFELDT, 174 ff.

1. Vereinbarte Anforderungen (lit. a)

Art. 367 Abs. 1 lit. a entspricht **Art. 180 Abs. 1 lit. a IPRG** und stellt eine **Generalklausel** dar, die es den Parteien ermöglicht, ihre Vorstellungen bezüglich der Qualifikationen, welche die Mitglieder des Schiedsgerichts erfüllen müssen, umfassend zum Tragen zu bringen (BSK IPRG-PETER/BESSON, Art. 180 N 7). Oftmals werden bestimmte fachliche Qualifikationen oder sprachliche Voraussetzungen gefordert, manchmal auch eine bestimmte Nationalität oder ein bestimmter Wohnsitz eines Mitglieds des Schiedsgerichts etc. Die Parteien können sich – was in der Praxis am häufigsten der Fall ist – aber auch auf die Bezeichnung eines anwendbaren Schiedsreglements beschränken und somit die dort enthaltenen Ablehnungsgründe für verbindlich erklären (N 10).

Erfüllt das Mitglied eines Schiedsgerichts die zwischen den Parteien vereinbarten Anforderungen nicht, so erfüllt es den Schiedsrichtervertrag nicht, weshalb es von jeder der Parteien abgelehnt werden kann (JAEGER, 74; ZULEGER, 81; BERGER/KELLERHALS, Rz 789). Dies bedeutet, dass der Schiedsrichtervertrag entweder nicht zustande kommt (wenn die Ablehnung unmittelbar mit der Ernennung zusammen erfolgt) oder während des Verfahrens wegen Schlecht- oder Nichterfüllung aufgelöst wird. Wählen die Parteien ein bestimmtes *gesetzlich geregeltes Verfahrensrecht* (Art. 373 Abs. 1 lit. c; vgl. Art. 182 Abs. 1 IPRG für internationale Schiedsverfahren), so gelten i.d.R. auch die darin vorgesehenen Ablehnungsgründe (BERGER/KELLERHALS, Rz 792 f.).

2. Ablehnungsgrund aus vereinbarter Verfahrensordnung (lit. b)

Art. 367 Abs. 1 lit. b ZPO entspricht **Art. 180 Abs. 1 lit. b IPRG**. Diese Norm stellt eine *Präzisierung von lit. a* dar (IPRG-Komm.-VISCHER, Art. 180 N 4) und zeigt den indirekten Parteiwillen (BSK IPRG-PETER/BESSON, Art. 180 N 7).

In der Praxis stellen die Parteien selten direkt in der Schiedsvereinbarung entsprechende Verfahrensregeln auf. Hingegen sehen die häufig gewählten Regeln der Schiedsinstitution in **institutionellen Schiedsverfahren** jeweils Ablehnungsgründe vor. Allerdings sind diese oft – den gesetzlichen Ablehnungsgründen von Art. 367 Abs. 1 lit. c und Art. 180 Abs. 1 lit. c IPRG entsprechend – auf die *Befangenheit der Mitglieder des Schiedsgerichts* beschränkt. Teils finden sich noch zusätzliche Formulierungen im Sinne von Generalklauseln wie «andere Gründe» (so z.B. Art. 11 Abs. 1 ICC Rules) oder eine Verweisung auf die Parteivereinbarung wie z.B. in § 18.1 DIS Rules: «wenn er die zwischen den Parteien vereinbarten Voraussetzungen nicht erfüllt». Damit gelangt man wieder in den Anwendungsbereich von Art. 367 Abs. 1 lit. a. Die Swiss Rules, die UNCITRAL Arbitration Rules sowie die LCIA Rules nennen neben der Befangenheit der Schiedsrichter keine weiteren Ablehnungsgründe (Zuberbühler/Müller/Habegger-MARGUERAT, Art. 10 N 5).

Sowohl in institutionellen wie in Ad hoc-Schiedsverfahren werden **weitere Verfahrensregeln** unmittelbar *nach der Konstituierung des Schiedsgerichts* unter der Leitung des Schiedsgerichts festgelegt. Auch in diesen Verfahrensregeln finden sich in der Praxis jedoch eher selten spezifische Regeln über die Ablehnung von Schiedsrichtern, so insb. nicht die Nennung neuer Ablehnungsgründe, die allenfalls der Fortsetzung des Amtes der bereits aktiven Schiedsrichter entgegenstehen würden. Dabei müsste es sich ja um die Formulierung bestimmter Anforderungsmerkmale für die Schiedsrichter, wie fachliche Qualifikationen oder einen bestimmten konkreten Erfahrungsschatz oder ähnliches, handeln; solche Qualifikationsvorgaben werden aber in aller Regel schon zwischen den Parteien im Rahmen der Vertragsverhandlungen festgelegt und somit Bestandteil der Schiedsvereinbarung.

3. Berechtigte Zweifel an Unabhängigkeit oder Unparteilichkeit (lit. c)

12 Die Begriffe der Unabhängigkeit und Unparteilichkeit zählen zu den zentralen Grundwerten der Schiedsgerichtsbarkeit (Zuberbühler/Müller/Habegger-MARGUERAT, Art. 9 N 1 ff.; JAEGER, 199) und werden in der schweizerischen Rechtspraxis oft *gleichbedeutend* verwendet (JAEGER, 201 f.; SUTTER-SOMM/HASENBÖHLER, 119; SUTTON/GILL/ GEARING, 124; BOTSCHAFT ZPO, 7396; HAHN, 33); nach überwiegender Auffassung umfasst jedoch die Unabhängigkeit auch die Unparteilichkeit (BERGER/KELLERHALS, Rz 795), wird mithin als Oberbegriff verwendet. Dennoch lassen sich die beiden Begriffe *differenzierend definieren* (BGE 113 Ia 407, 409). Unter **Unabhängigkeit** i.e.S., welche eine *objektive* Situation bzw. Umstände charakterisiert, werden alle Fragen im Zusammenhang mit dem Vorhandensein einer Beziehung (insb. finanzieller Art) verstanden, während unter dem *subjektiven* Begriff der **Unparteilichkeit** die Befangenheit und Vorurteile bzgl. der Streitsache oder der Parteien zu verstehen ist (POUDRET/BESSON, N 416; Zuberbühler/Müller/Habegger-MARGUERAT, Art. 9 N 5 f.). Die Begriffe sind *weit* zu verstehen (POUDRET/BESSON, N 413, 415; BERGER/KELLERHALS, Rz 794 ff.); sie setzen eine *«personne morale»* bzw. eine *«independence of minds»* voraus (WIGET/STRÄULI/ MESSMER, Vor §§ 238–258 ZPO/ZH N 46; HAHN, 33; Zuberbühler/Müller/Habegger-MARGUERAT, Art. 9 N 7; WIGET, 19 f.).

13 Für in der Schweiz durchgeführte Schiedsverfahren haben die Grundsätze der Unabhängigkeit und Parität der Mitglieder des Schiedsgerichts in **Art. 30 Abs. 1 BV** (Garantie eines verfassungsmässigen Richters; BGE 104 Ia 271, 273 f.) eine verfassungsrechtliche Grundlage (VOGEL/SPÜHLER, 14. Kap. Rz 46; BGE 107 Ia 155, 158; WALTER/BOSCH/ BRÖNNIMANN, 101; LALIVE/POUDRET/REYMOND, Art. 180 IPRG N 4) und werden durch **Art. 6 Ziff. 1 EMRK** garantiert (BSK IPRG-PETER/BESSON, Art. 180 N 11, 19). Schiedsgerichte gelten in der Schweiz als *Teil der staatlichen Gerichtsorganisation* (KELLERHALS, 393; WALTER, Alternativentwurf, 22; WIGET/STRÄULI/MESSMER, Vor §§ 238–258 ZPO/ZH N 41 und 46; STAEHELIN/STAEHELIN/GROLIMUND, § 29 Rz 26; BGE 119 II 271, 280).

14 Der Grundsatz der Unabhängigkeit und Unparteilichkeit ist regelmässig in den nationalen **Schiedsgerichtsgesetzen** (*lex arbitri*) festgeschrieben (Art. 180 Abs. 1 lit. c IPRG; § 1035 Abs. 5 dZPO; § 587 Abs. 8 ö ZPO). So wird dem Grundsatz der Unbefangenheit in Schiedsverfahren umfassend Geltung verschafft (ZULEGER, 78 f.; RÜEDE/HADENFELDT, 156; WALTER/BOSCH/BRÖNNIMANN, 102 f.; POUDRET/BESSON, Rz 418 ff.; HAUSHEER/AEBI-MÜLLER, 363 ff.; BERGER/KELLERHALS, Rz 796 f.; BGE 119 II 271, 275; 117 Ia 166, 168; 107 Ia 155, 158; 92 I 271, 275; 111 Ia 72, 74; 124 I 121, 122; 73 I 186; 92 I 271, 275).

15 Bei Art. 367 Abs. 1 lit. c handelt es sich um eine **Generalklausel**, die inhaltlich Art. 180 Abs. 1 lit. c IPRG entspricht (BSK IPRG-PETER/BESSON, Art. 180 N 8 ff.), obwohl letztere nur die Unabhängigkeit, nicht aber die Unparteilichkeit erwähnt (BSK IPRG-HOCHSTRASSER/BLESSING, Einl. 12. Kap. N 214). Diese beiden Normen setzen für nationale und internationale Schiedsverfahren in der Schweiz die verfassungsmässige Garantie auf Gesetzesstufe um, indem sie die Befangenheit der Mitglieder von Schiedsgerichten als *gesetzliche* Ablehnungsgründe festschreiben (WALTER/BOSCH/BRÖNNIMANN, 100; SUTTON/GILL/GEARING, Rz 4-051; BERGER/KELLERHALS, Rz 794). Da die

Parteien in den wenigsten Fällen bestimmte Vorgaben für die Schiedsrichter bereits im Vertrag bzw. in der Schiedsvereinbarung festhalten und auch selten eine detaillierte Verfahrensordnung mit Ablehnungsgründen vorab festlegen (N 7–11), sind die gesetzlichen Ablehnungsgründe nicht nur die *bedeutendste Grundlage* für Ablehnungsverfahren, sondern auch die in der Praxis am häufigsten angerufene.

Auch in den **institutionellen Regelwerken** der internationalen Schiedsgerichtsbarkeit ist die Unabhängigkeit und Unparteilichkeit einer Person in aller Regel Voraussetzung der Wählbarkeit als Mitglied eines Schiedsgerichts (Art. 9 Abs. 1 Swiss Rules; Art. 6 Abs. 4 UNCITRAL Arbitration Rules; Art. 7 Abs. 1 ICC Rules; § 15 DIS Rules; Art. 5.2 LCIA Rules; Art. 5 Abs. 4 Schieds- und Schlichtungsordnung für die ständigen Schiedsgerichte der Wirtschaftskammern in Österreich; die gesamten IBA-Richtlinien behandeln nur diese Grundsätze, N 40 ff.; BERGER/KELLERHALS, Rz 791). Sie können ebenfalls zur Interpretation der Begriffe der Unabhängigkeit und Unparteilichkeit herangezogen werden (BSK IPRG-PETER/BESSON, Art. 180 N 16).

Es müssen **objektive Umstände** vorliegen, die *Anlass zu ernsthaften oder berechtigten Zweifeln* an der Unabhängigkeit oder Unparteilichkeit des betroffenen Schiedsrichters geben (ZULEGER, 78; BERGER/KELLERHALS, Rz 795; BROCHES, Commentary, 60; BROCHES, Handbook, 58; BSK IPRG-PETER/BESSON, Art. 180 N 13). Die Abhängigkeit oder Parteilichkeit muss also nicht tatsächlich vorliegen oder bewiesen werden; es reicht wenn die objektiven Umstände derart sind, dass sie bei einer «*vernünftigen Drittperson*» («**reasonable third person**» oder einer «normal empfindenden Person»; CHK-SCHRAMM/FURRER/GIRSBERGER, Art. 179–180 IPRG N 12), der sie zur Kenntnis gebracht werden, berechtigte Zweifel an der Unbefangenheit hervorrufen (BGE 113 I a 407, 409; 112 Ia 290, 293; 105 Ia 157, 160; vgl. Grundsatz 2b der IBA-Richtlinien); es handelt sich also um einen Test mit *objektiven* Kriterien (VOSER, 61; IPRG-Komm.-VISCHER, Art. 180 N 13; CHK-SCHRAMM/FURRER/GIRSBERGER, Art. 179–180 IPRG N 12), das *subjektive* Empfinden der Partei, die einen Ablehnungsgrund geltend macht, ist *unerheblich* (RÜEDE/HADENFELDT, 176; BERGER/KELLERHALS, Rz 795; IPRG-Komm.-VISCHER, Art. 180 N 13). Wann die Schwelle überschritten ist, um berechtigte Zweifel an der Unbefangenheit hervorzurufen, ist jeweils aufgrund einer Abwägung sämtlicher relevanter Tatsachen und objektiver Umstände *im Einzelfall* zu prüfen (PATOCCHI/GEISINGER, IPRG, 554; CHK-SCHRAMM/FURRER/GIRSBERGER, Art. 179–180 IPRG N 12; LALIVE/POUDRET/REYMOND, Art. 180 IPRG N 5; BSK IPRG-PETER/BESSON, Art. 180 N 13).

Das **Bundesgericht** schreibt in einem Urteil vom 20.3.2008 (zur Garantie des verfassungsmässigen Richters gemäss Art. 30 BV): «*Elle n'impose pas la récusation seulement lorsqu'une prévention effective du juge est établie, car une disposition interne de sa part ne peut guère être prouvée; il suffit que les circonstances donnent l'apparence de la prévention et fassent redouter une activité partiale du magistrat.* **Seules les circonstances constatées objectivement doivent être prises en considération**; *les impressions purement individuelles d'une des parties au procès ne sont pas décisives (ATF 128 V 82 consid. 2a p. 84 et les arrêts cités). L'impartialité subjective – qui est présumée jusqu'à preuve du contraire – assure à chacun que sa cause sera jugée sans acception de personne. Si la simple affirmation de la partialité ne suffit pas, mais doit reposer sur des faits objectifs, il n'est, en revanche, pas nécessaire que le juge soit effectivement prévenu; la suspicion est légitime même si elle ne se fonde que sur des apparences, pour autant que celles-ci résultent de circonstances examinées objectivement (ATF 129 III 445 consid. 3.3.3 p. 454; 128 V 82 consid. 2a p. 84 et les arrêts cités).*» (BGer, 4A_506/2007, E. 3.1.1.; Hervorhebung durch Verfasser; weitere Hinweise zur diesbezüglichen bundesgerichtlichen Rechtsprechung: BSK IPRG-PETER/BESSON, Art. 180 N 18).

19 Es gelten für **alle Mitglieder des Schiedsgerichts** (Vorsitzender, Parteischiedsrichter oder Einzelschiedsrichter) **dieselben Kriterien**, obwohl die Parteischiedsrichter von einer der Parteien ernannt oder zumindest vorgeschlagen werden (BGE 105 Ia 247; 124 I 121, 122; 118 II 359, 361; Wiget/Sträuli/Messmer, Vor §§ 238–258 ZPO/ZH N 49; Patocchi/Geisinger, IPRG, 555; Rüede/Hadenfeldt, 173 f.; BSK IPRG-Peter/Besson, Art. 180 N 5; Staehelin/Staehelin/Grolimund, § 29 Rz 32). So ist insb. betreffend ihre objektive Unabhängigkeit der gleiche Massstab anzulegen (Rüede/Hadenfeldt, 174; **a.M.** IPRG-Komm.-Vischer, Art. 180 N 8, der für den Einzelschiedsrichter und den Vorsitzenden des Schiedsgerichts eine «gesteigerte Unabhängigkeit» fordert).

20 Dennoch ist in subjektiver Hinsicht in der Praxis eine **gewisse minimale «Parteilichkeit» der Parteischiedsrichter** unvermeidbar (BGE 105 Ia 247, 248; 92 I 271, 276; Lalive/Poudret/Reymond, Art. 180 IPRG N 4; Zuleger, 77; Jaeger, 201). Immerhin handelt es sich oftmals um Personen, zu denen die sie benennende Partei ein gewisses Vertrauensverhältnis hat (Rüede/Hadenfeldt, 174). Nach Auffassung einiger Autoren hat der Gesetzgeber beim Erlass des IPRG aus diesem Grund in Art. 180 Abs. 1 lit. c auf die Nennung der Unparteilichkeit verzichtet (BSK IPRG-Peter/Besson, Art. 180 N 10).

21 Wenn sich die Parteilichkeit in so engen Grenzen hält, dass die *Objektivität* des Schiedsrichters dadurch *nicht in Frage gestellt* wird, ist das nicht grundsätzlich zu beanstanden (Rüede/Hadenfeldt, 174; BSK IPRG-Peter/Besson, Art. 180 N 14). So ist es bspw. nicht unüblich, dass im Rahmen der Beratungen innerhalb eines Dreierschiedsgerichts die beiden Parteischiedsrichter Sachverhaltselemente hervorheben oder rechtliche Überlegungen anfügen, die eher positiv für die Partei sind, von der sie benannt worden sind. Dadurch wird eine erspriessliche kontradiktorische Diskussion der relevanten Tatsachen und möglicher Rechtsfolgen unter Umständen erst richtig möglich. Wenn die Positionsvertretung aber so weit geht, dass ein Parteischiedsrichter eine Position zugunsten der Partei, die ihn berufen hat, wie ein Parteianwalt vertritt, dann verletzt er den Grundsatz der Unparteilichkeit klar (**a.M.** IPRG-Komm.-Vischer, Art. 180 N 5). Sodann ist die vorstehend angesprochene zurückhaltende «Positionsvertretung» ausschliesslich im geschlossenen Rahmen der Beratungen des Schiedsrichtergremiums zulässig, jedoch nicht in Anwesenheit der Parteien oder Parteianwälte

22 Nicht zu verwechseln ist diese sehr beschränkte subjektive Parteilichkeit eines Parteischiedsrichters (N 20) mit der «**Dissenting Opinion**». Bei letzterer geht es nicht darum (bzw. sollte es nicht darum gehen), dass ein Schiedsrichter aus Überlegungen der Parteilichkeit im Rahmen der Beratungen des Schiedsgerichts eine abweichende Meinung vertritt (vgl. allerdings Art. 382 N 42 ff.), sondern weil er auch nach Diskussionen im Kreise des Schiedsrichtergremiums weiterhin einer anderen Rechtsauffassung ist, die er in Abweichung vom Mehrheitsentscheid kundtun will.

23 Die Unabhängigkeit und Unparteilichkeit muss **während der gesamten Verfahrensdauer** gewährleistet sein: Art. 363 N 18.

24 Für den **Sekretär** eines Schiedsgerichts gelten i.d.R. **dieselben Ablehnungsgründe** wie für die Mitglieder des Schiedsgerichts (s. Art. 365 N 8; Art. 15 Abs. 5 Swiss Rules; vgl. auch Ausstandsgründe für Mitglieder des Bundesgerichts gemäss Art. 34 BGG, die auch für die Gerichtssekretäre gelten). In den IBA-Richtlinien ist der Sekretär des Schiedsgerichts zwar in den Grundregeln nicht direkt erwähnt; jedoch wird im Kommentar zu Grundregel 5 festgehalten, dass es nach Auffassung der Autoren die Aufgabe des Schiedsgerichts sei, für die Unbefangenheit des Sekretärs zu sorgen; auch dieser muss

also unabhängig und unparteiisch sein. Auch die ICC Rules enthält keine Bestimmung zum Sekretär des Schiedsgerichts; wenn vom Schiedsgericht ein solcher eingesetzt wird, muss gemäss einer «Note on the appointment of administrative secretaries by arbitral tribunals» des ICC Sekretariats vom 1.10.1995 ebenfalls durch das Schiedsgericht sichergestellt werden, dass der Sekretär genau dieselben Anforderungen an die Unabhängigkeit erfüllt wie die Mitglieder des Schiedsgerichts.

Diese Anforderungen an den Sekretär gelten, obwohl diesem in Schiedsgerichtsverfahren oft eine weniger weitgehende Rolle zukommt als den Gerichtssekretären in staatlichen Verfahren. In letzteren haben die Gerichtssekretäre oft eine beratende Stimme und sind für die Erstredaktion des Urteils zuständig; sie haben somit erheblichen Einfluss auf die Entscheidfindung des Gerichts. In Schiedsverfahren hat der Sekretär i.d.R. keine beratende Stimme (vgl. z.B. die Vorgaben der ICC für «Administrative Secretaries»: *The duties of the Administrative Secretary must be strictly limited to administrative tasks. [...] Such person must not influence in any manner whatsoever the decisions of the Arbitral Tribunal. In particular the Administrative Secretary must not assume the functions of an arbitrator, notably by becoming involved in the decision-making process of the tribunal or expressing opinions or conclusions with respect to the issues in dispute.*»); er ist lediglich unter der Leitung des Vorsitzenden oder Einzelschiedsrichters für die Organisation des Verfahrens zuständig. Allerdings kommt es insb. in umfangreicheren Verfahren in der Praxis dennoch häufig vor, dass der Sekretär des Schiedsgerichts bei der Vorbereitung, Beratung und Abfassung von Entscheiden mitwirkt. Vor diesem Hintergrund rechtfertigt es sich zweifelsohne, an die Unbefangenheit des Sekretärs dieselben Anforderungen zu stellen wie an die Mitglieder des Schiedsgerichts.

Zur **Berechtigung**, ein Gesuch auf Ablehnung zu stellen: Art. 369 N 6 ff.

III. Ausschluss der Ablehnung bei Ernennung trotz Kenntnis der Befangenheit (Abs. 2)

Abs. 2 von Art. 367 richtet sich in erster Linie an die **Partei, die den Schiedsrichter vorgeschlagen oder ernannt hat**. Sind ihr die Ablehnungsgründe zur Zeit der Benennung bekannt gewesen, kann sie sich nachträglich während des Verfahrens nicht mehr auf diese berufen (RÜEDE/HADENFELDT, 178); es besteht keine Möglichkeit mehr zur Anfechtung, der Anspruch zur Ablehnung ist *verwirkt* (HAHN, 36 f.; BSK IPRG-PETER/ BESSON, Art. 180 N 20 ff.; ADEN, 602; BERGER/KELLERHALS, Rz 286 ff., ZULEGER, 81; WALTER, Alternativentwurf, 26; HABSCHEID, Rz 870; JAEGER, 74; PATOCCHI/GEISINGER, IPRG, 553, 556; SIEHR, 717; WIGET/STRÄULI/MESSMER, Vor §§ 238–258 ZPO/ZH N 52; VOGEL/SPÜHLER, 14. Kap. Rz 46a; IPRG-Komm.-VISCHER, Art. 180 N 19 f.; BGE 111 Ia 259, 261; 111 Ia 72, 74). Dies ergibt sich aus dem Gebot zum Verhalten nach Treu und Glauben bzw. aus dem *Verbot widersprüchlichen Verhaltens* (BSK IPRG-PETER/BESSON, Art. 180 N 20). Die Bestimmung soll also verhindern, dass sich eine Partei nachträglich aus prozesstaktischen Überlegungen auf einen Ablehnungsgrund berufen kann, der ihr bei der Ernennung des Schiedsrichters bereits bekannt war (BERGER/KELLERHALS, Rz 806; Zuberbühler/Müller/Habegger-MARGUERAT, Art. 10 N 19).

Es stellt sich die Frage, ob die Partei, welche einen Schiedsrichter benennen will, eine **Abklärungspflicht** mit Bezug auf dessen Unbefangenheit hat bzw. wie weit eine solche Abklärungspflicht gehen kann oder soll (Zuberbühler/Müller/Habegger-MARGUERAT, Art. 10 N 20). Das Bundesgericht verlangt in seiner Rechtsprechung zu Art. 180 Abs. 2 IPRG von der benennenden Partei, dass sie von sich aus Abklärungen betreffend die Unbefangenheit des Schiedsrichters vornimmt, ansonsten, je nach Umständen, eine spätere

Ablehnung wegen Befangenheit des Schiedsrichters als gegen den Grundsatz von Treu und Glauben verstossend beurteilt werden und die Verwirkung des Anspruchs zur Folge haben könnte (BGer, 15.10.2001, ASA Bull 2/2002, 321 ff., 325; Zuberbühler/Müller/Habegger-MARGUERAT, Art. 10 N 20; N 29). In einem Urteil aus dem März 2008 schreibt das Bundesgericht zur Abklärungspflicht der Parteien: «*La plus élémentaire prudence lui commandait donc de procéder à des investigations pour s'assurer que les arbitres chargés de statuer sur sa requête offraient des garanties suffisantes d'indépendance et d'impartialité. Il ne pouvait se contenter, à cet égard, de la déclaration générale d'indépendance faite par chaque arbitre sur la formule ad hoc. De fait, comme le relève le TAS dans sa réponse au recours, les données, accessibles en tout temps, fournies par son site internet en ce qui concerne T. indiquent expressément que cet arbitre est le président de l'association E.*» (BGer, 4A.506/2007, E. 3.2; vgl. auch BGer, 4A.528/2008, E. 2.5.2.2 und 4A.234/2008, E. 2.2.2; s.a. Art. 393 N 23). Das Bundesgericht geht als davon aus, dass die ernennende Partei sich auf die allgemeine Unabhängigkeitserklärungen der Schiedsrichter nicht verlassen dürfe, sondern unabhängig davon selber Recherchen (z.B. im Internet) betreffend mögliche Befangenheitsgründe zu tätigen habe. Diese Rechtsprechung geht nach der hier vertretenen Auffassung zu weit und wurde deshalb zu Recht kritisiert (SCHWEIZER, ASA Bull 3/2009, 524 ff.). Die Abklärungspflicht der Parteien darf jedenfalls nicht so weit gehen, dass die jetzt in Art. 363 gesetzlich verankerte (umfassende) Aufklärungspflicht des zu benennenden Schiedsrichters ihres Gehalts entleert wird.

29 Auch wenn Abs. 2 sich in erster Linie an die den Schiedsrichter ernennende Partei richtet, so wird aus dem Wortlaut («oder an dessen Ernennung sie mitgewirkt hat») deutlich, dass **auch die andere Partei** sich dann nicht mehr für die Ablehnung eines Schiedsrichters aussprechen kann, wenn ihr der Ablehnungsgrund zur Kenntnis gebracht wurde und sie sich nicht unverzüglich für eine Ablehnung des betreffenden Mitglieds des Schiedsgerichts ausgesprochen hat (RÜEDE/HADENFELDT, 186).

30 Sollten Ablehnungsgründe **nach der Ernennung** auftreten, so muss die Partei, die das betreffende Mitglied des Schiedsgerichts ablehnen will, *unverzüglich* nach Bekanntwerden des Ablehnungsgrundes das Gesuch um Ablehnung stellen (Abs. 2 Satz 2; vgl. dazu Art 363; VOSER/GOLA, 41; STAEHELIN/STAEHELIN/GROLIMUND, § 29 Rz 33; BSK IPRG-PETER/BESSON, Art. 180 N 21); unterlässt sie eine umgehende Ablehnung, ist der Anspruch *verwirkt* (BGer, 4A.506/2007, E. 3.1.2.; BGE 129 III 445, 449; BERGER/KELLERHALS, Rz 808; RÜEDE/HADENFELDT, 178; BSK IPRG-PETER/BESSON, Art. 180 N 22).

Abgesehen von der Einschränkung der Ablehnungsmöglichkeit gemäss Art. 367 Abs. 2 ist für die Frage der Ablehnung eines Mitglieds des Schiedsgerichts *irrelevant*, wer das betreffende Mitglied ernannt hat (RÜEDE/HADENFELDT, 172).

IV. Verzicht auf die Geltendmachung von Ablehnungsgründen

1. Allgemein

31 Aus dem **Primat der Parteiautonomie** folgt nicht nur die Möglichkeit, Ablehnungsgründe und -verfahren frei zu formulieren und im Falle des Eintritts eines Ablehnungsgrundes das Gesuch um Ablehnung zu stellen, sondern auch das Recht, auf die Geltendmachung von bestehenden Ablehnungsgründen zu *verzichten* (126 III 249, 255; RÜEDE/HADENFELDT, 180). Ein Verzicht ist grundsätzlich unproblematisch für Anforderungen, die von den Parteien formuliert worden sind (Art. 367 Abs. 1 lit. a). *Fraglich* ist indessen,

ob es den Parteien frei gestellt sein soll, auf die Geltendmachung der *gesetzlichen* Ablehnungsgründe gänzlich zu verzichten.

Mit Blick auf **Grundsatz 4 der IBA-Richtlinien** ist zu differenzieren. Gemäss diesem Grundsatz steht es einer Partei an sich frei, auf die Geltendmachung von Ablehnungsgründen zu verzichten. Stellt sie nicht innerhalb von 30 Tagen nach Kenntnisnahme des Ablehnungsgrundes ein Ablehnungsgesuch, wird vermutet, dass sie auf dieses Recht verzichtet hat, eine spätere Geltendmachung ist dann ausgeschlossen (Grundsatz 4a). Eine Schranke setzen die Richtlinien jedoch da, wo es um den Verzicht auf die Ablehnung eines Mitglieds des Schiedsgerichts geht, das eine *schwerwiegende Interessenkollision* hat (N 46–48). In Grundsatz 4b steht, dass ein Verzicht der Parteien in diesem Fall als *ungültig* zu betrachten sei (BSK IPRG-PETER/BESSON, Art. 180 N 28). Sodann ist ein Verzicht *im Voraus* auf die Geltendmachung des Ablehnungsrechts wegen berechtigter Zweifel an der Unabhängigkeit oder Unparteilichkeit *unzulässig* (BERGER/KELLERHALS, Rz 816; RÜEDE/HADENFELDT, 180, unter Hinweis auf die zwingende Natur von Art. 18 und 19 KSG). 32

Für die Beachtung dieses Grundsatzes auch in **nationalen** Schiedsverfahren spricht, dass die Fortführung eines Schiedsgerichtsverfahrens mit stark befangenen Schiedsrichtern nicht nur einem fundamentalen Grundsatz der Schiedsgerichtsbarkeit, sondern auch der Garantie des verfassungsmässigen Richters (Art. 30 BV und Art. 6 Ziff. 1 EMRK) zuwiderläuft; in Bezug auf diesen Grundgehalt ist Art. 367 Abs. 1 lit. c *zwingender Natur* (vgl. Zuberbühler/Müller/Habegger-MARGUERAT, Art. 10 N 8). Andererseits ist die Parteiautonomie ein ebenso fundamentaler Grundsatz, dass wohl in extremen Ausnahmesituationen trotz Vorliegens eines schwerwiegenden Ablehnungsgrundes auf die Ablehnung verzichtet werden kann; allerdings ist zu verlangen, dass ein solcher Verzicht ausdrücklich erfolgt. Für diese Auffassung spricht auch, dass eine Partei das Recht auf Ablehnung verwirken kann, wenn sie diese nicht rechtzeitig geltend macht (VOSER, 62; N 29). 33

In den etwas weniger schwerwiegenden Konfliktfällen, die in der sog. «verzichtbaren roten Liste» der IBA-Richtlinien aufgeführt sind (N 49 f.), ist eine Fortführung des Schiedsrichteramtes dann zulässig, wenn (i) die Konfliktsituation allen Beteiligten gegenüber (d.h. den Parteien, Mitschiedsrichtern, evtl. Schiedsinstitution oder beauftragten Dritten) *umfassend offengelegt* wurde und (ii) alle Parteien der Fortführung des Schiedsrichteramtes trotz Bestehens des Interessenskonflikts *ausdrücklich zugestimmt* haben (Grundsatz 4c). Erfolgt eine sorgfältige Abwägung der relevanten Umstände und involvierten Interessen im Einzelfall, so ist auch diesem Grundsatz zuzustimmen. 34

2. Der Schiedsrichter als Vermittler

Eine Situation, die für die Frage der Befangenheit besondere Beachtung verdient, kann im Verlaufe des Schiedsverfahrens dann entstehen, wenn der Schiedsrichter anlässlich von **Vergleichsgesprächen** zwischen den Parteien zu vermitteln versucht (IPRG-Komm.-VISCHER, Art. 180 N 14) und allenfalls seine provisorische Rechtsauffassung kundtut, wie dies z.B. in Verfahren vor dem Handelsgericht des Kantons Zürich in einem frühen Verfahrensstadium regelmässig der Fall ist (meistens nach dem ersten Schriftenwechsel, im Rahmen einer sog. Referentenaudienz). Die Zielsetzung der Kundgabe der provisorischen Rechtsauffassung vor der Durchführung eines allenfalls aufwändigen Beweisverfahrens mit Zeugeneinvernahmen, Expertenbefragungen, Augenschein etc., ist grundsätzlich zu begrüssen: die Parteien sollen in einem möglichst frühen Stadium des Verfahrens dazu bewogen werden, einen Vergleich zu schliessen und so u.a. weitere Kos- 35 ten zu vermeiden. Bei Vorliegen folgender *Voraussetzungen* ist gegen solche Vermittlungsversuche nichts einzuwenden: (1) alle Parteien müssen dem Vermittlungsversuch vorab ausdrücklich zustimmen; (2) der relevante Sachverhalt sollte aufgrund der in diesem Stadium vorhandenen Akten (Schriftsätze einschliesslich Beilagen) bereits weitgehend erfassbar sein; und (3) die provisorische Rechtsauffassung muss auf einer sorgfältigen Analyse der Rechtslage mit angemessener Zurückhaltung vorgetragen werden.

36 In **nationalen** Schiedsverfahren ist die Rolle des Schiedsrichters als Vermittler weniger problematisch, weil die Parteien des Schiedsverfahrens sich entsprechende Vermittlungsversuche von staatlichen Gerichten eher gewohnt sind. In **internationalen** Schiedsverfahren oder nationalen Schiedsverfahren mit Parteien, die durch **ausländische Personen** vertreten sind, ist für Vermittlungsversuche dann grosse Zurückhaltung angezeigt, wenn die Personen, die vor Gericht auftreten, aus einem Rechtskreis (wie z.B. dem angloamerikanischen) kommen, in dem diese Tradition nicht besteht. Durch einen Vermittlungsversuch kann sich ein Schiedsrichter unvermittelt dem Risiko aussetzen, anschliessend zumindest von einer der Parteien als befangen abgelehnt zu werden. Vor diesem Hintergrund ist es in jedem Fall ratsam, einen Vermittlungsversuch überhaupt nur dann anzustrengen, wenn die Parteien *zuvor ausdrücklich* (wenn möglich schriftlich) erklärt haben, dass der Vermittlungsversuch als solcher nicht die Befangenheit des Schiedsrichters bewirken kann (vgl. dazu BGE 104 V 174, 177) und somit *keinen Ablehnungsgrund* darstellt für den Fall, dass das Schiedsverfahren mangels Einigung der Parteien fortgeführt werden muss. Eine entsprechende Empfehlung findet sich auch in Grundsatz 4d der IBA-Richtlinien.

37 Grundsatz 4d der IBA-Richtlinien empfiehlt allerdings dem Schiedsrichter, der einen erfolglosen Vermittlungsversuch gemacht hat, unabhängig von der Verzichtserklärung der Parteien das **Amt** dann aus eigener Initiative **niederzulegen**, wenn ihm aufgrund seiner Vermittlungsbemühungen Zweifel an seiner Fähigkeit aufkommen, im künftigen Verlauf des Schiedsverfahrens unabhängig und unparteiisch zu bleiben (vgl. dazu BGE 105 Ia 157, 158 f.).

V. Folgen der Ablehnung

38 In aller Regel legt ein Mitglied des Schiedsgerichts, gegen das ein Ablehnungsgesuch gestellt worden ist, von sich aus das Mandat nieder, es sei denn, es handle sich um ein offensichtlich unhaltbares Begehren. Tritt das abgelehnte Mitglied nicht von sich aus zurück, erfolgt die Ablehnung mittels Entscheid des dafür zuständigen Gremiums (Art. 369 N 31 ff.). Damit verliert das betreffende Mitglied das Mandat zur Mitwirkung am Schiedsverfahren und muss **ersetzt** werden (Art. 371; BSK IPRG-PETER/BESSON, Art. 180 N 37). Für die Ablehnung des Gesamtschiedsgerichts hält Art. 368 Abs. 2 unter Verweis auf die Art. 361 und 362 ausdrücklich fest, dass die Neubestellung des Schiedsgerichts nach denselben Vorschriften zu erfolgen hat, die bei der Ernennung des ersten Schiedsgerichts Anwendung fanden; dasselbe gilt auch für die Ersetzung eines einzelnen Mitglieds des Schiedsgerichts (s. Art. 371 N 16 ff.; BERGER/KELLERHALS, Rz 841).

39 Wird das Ablehnungsgesuch *gutgeheissen*, so ist mit Bezug auf die Prozesshandlungen, die unter Mitwirkung des abgelehnten Mitglieds erfolgt sind, zu differenzieren. Die Frage, ob eine Prozesshandlung zu wiederholen ist, stellt sich nur für solche Handlungen, die von den Ursachen betroffen sind, die zur Ablehnung des Schiedsrichters geführt haben. Ob dies der Fall ist, ist vom neuen *vorschriftsgemäss zusammengesetzten Schiedsgericht* dann neu zu beurteilen, wenn dies von einer *Partei* verlangt wird (BERGER/KELLERHALS, Rz 880); diese können einen Antrag auf Ungültigerklärung gewisser Hand-

lungen stellen, der dann vom Schiedsgericht zu beurteilen ist (dies war schon unter der Geltung des KSG der Fall, BERGER/KELLERHALS, 881; vgl. dazu auch Art. 51 Abs. 1 ZPO für staatliche Gerichtsverfahren). Betroffene Handlungen sind dann allenfalls für ungültig zu erklären (BSK IPRG-PETER/BESSON, Art. 180 N 38). Haben die Parteien diesbezüglich eine Vereinbarung getroffen, ist diese zu beachten (BSK IPRG-PETER/BESSON, Art. 180 N 38; BERGER/KELLERHALS, 881). Das *staatliche Gericht* entscheidet in diesem Zusammenhang nur dann, wenn das Schiedsgericht nicht in der Lage sein sollte, über die allenfalls notwendigen Wiederholungen von gewissen Handlungen selber zu entscheiden (BSK IPRG-PETER/BESSON, Art. 180 N 38; BERGER/KELLERHALS, Rz 881).

VI. Richtlinien der IBA zu Interessenskonflikten in der internationalen Schiedsgerichtsbarkeit (Grundsätze zur Unabhängigkeit und Unparteilichkeit)

1. Allgemeines

Die Initiative der International Bar Association (**IBA**; ‹http://www.ibanet.org/›) zum Erlass von Richtlinien zur Beurteilung von potenziellen Interessenkonflikten entstand 2001 (VOSER, 59). Die Initiative mündete in die am 22.5.2004 verabschiedeten «IBA Guidelines on Conflicts of Interest in International Arbitration» (**IBA-Richtlinien**). Die IBA-Richtlinien enthalten nicht nur **Grundsätze zur Unabhängigkeit und Unparteilichkeit** von Personen, die in internationalen Schiedsfällen Mitglied eines Schiedsgerichts sind (Teil 1), sondern in einem 2. Teil auch **detaillierte Listen von möglichen Konfliktsituationen**; eine *deutsche Übersetzung* dieser Listen findet sich unter N 45 ff.

Diese Listen sollen den Schiedsgerichtspraktikern als *Leitlinien* und *Checklisten* zur Beurteilung möglicher Konfliktsituationen dienen (VOSER, 60). In einem Entscheid aus dem Jahr 2008 hält auch das Bundesgericht fest, dass sich die Parteien eines Schiedsverfahrens zur Beurteilung der Unbefangenheit von Schiedsrichtern an diesen Richtlinien orientieren können (BGer, 20.3.2008, 4A_506/2007, E. 3.3.2.2.). Auf den Seiten 26 f. der IBA-Richtlinien findet sich ein Flussdiagramm, das die Anwendung der Listen erleichtert.

Obwohl diese Leitlinien nicht verbindliches Gesetzesrecht sind, erachtet sie das **Bundesgericht** als wertvolles Arbeitsinstrument, um die Standards in der internationalen Schiedsgerichtsbarkeit zur Beurteilung von Interessenskonflikten zu harmonisieren und vereinheitlichen (BGer, 4A_506/2007, E. 3.3.2.2.). Das Bundesgericht führt dazu aus: « ... *lequel instrument ne devrait pas manquer d'avoir une influence sur la pratique des institutions d'arbitrage et des tribunaux (*KAUFMANN-KOHLER/RIGOZZI*, op. cit., n. 374). Ces lignes directrices énoncent des principes généraux. Elles contiennent aussi une énumération, sous forme de listes non exhaustives, de circonstances particulières: une liste rouge, divisée en deux parties (situations dans lesquelles il existe un doute légitime quant à l'indépendance et l'impartialité, les parties ne pouvant pas renoncer aux plus graves d'entre elles); une liste orange (situations intermédiaires qui doivent être révélées, mais ne justifient pas nécessairement une récusation); une liste verte (situations spécifiques n'engendrant objectivement pas de conflit d'intérêts et que les arbitres ne sont pas tenus de révéler). Il va sans dire que, nonobstant l'existence de semblables listes, les circonstances du cas concret resteront toujours décisives pour trancher la question du conflit d'intérêts (*KAUFMANN-KOHLER/RIGOZZI*, op. cit., n. 374 in fine).*»

Zu beachten ist, dass diese Richtlinien der IBA von einer Arbeitsgruppe mit Mitgliedern aus der ganzen Welt für *internationale* Schiedsfälle erstellt wurden (IBA-Richtlinien, 6

FN 1). Es mussten also die Rechtstraditionen und Gepflogenheiten von ganz verschiedenen Rechtskreisen in den Grundsätzen und Richtlinien mitberücksichtigt werden. Zudem herrschen in solchen Fällen oftmals komplexe und teilweise unübersichtliche Verhältnisse, nicht nur auf Seiten der Parteien (die oftmals Gruppengesellschaften international tätiger Konzerne sind), sondern auch auf Seiten der involvierten Anwaltskanzleien, die oft international vernetzte Grosskanzleien mit Büros in verschiedenen Ländern sind.

44 In *nationalen* Schiedsverfahren sind die Verhältnisse oft einfacher und übersichtlicher und deshalb einfacher erfassbar; dem ist bei der Anwendung der IBA-Richtlinien in solchen Fällen Rechnung zu tragen. In der kleinräumigen Schweiz ist zudem (in internationalen und nationalen Verfahren) zu beachten, dass eine Anwendung der IBA-Richtlinien mit übereifriger Musterschülermentalität in der Praxis dazu führen könnte, dass qualifizierte Personen, die regelmässig im Schiedsgerichtswesen tätig sind, sei dies als Mitglieder eines Schiedsgerichts oder als Parteivertreter, aus (prozesstaktischen) Gründen abgelehnt werden könnten, die bei genauer Betrachtung der tatsächlich vorliegenden Umstände keine sachlich gerechtfertigten Gründe wären. Entsprechend ist es insb. beim Einsatz der orangen Liste, teilweise aber auch der «verzichtbaren» roten Liste, angezeigt, diese *nicht (über)formalistisch anzuwenden*, sondern vielmehr unter Berücksichtigung aller relevanten Umstände des konkreten Einzelfalls sich *mit gesundem Menschenverstand («reasonable third person»)* daran zu orientieren. Auch das Bundesgericht betont, dass es sich nur um Richtlinien handelt und letztlich immer die konkreten Umstände des Einzelfalls für die Beurteilung der Unbefangenheit relevant sind (BGer, 4A_506/2007, E. 3.3.2.2.).

2. Die einzelnen Listen der IBA-Richtlinien

45 Die Listen im 2. Teil der IBA-Richtlinien beschreiben gravierende Konfliktsituationen («non-waivable red list»), weniger schwerwiegende («waivable red list» und «orange list») und schliesslich unproblematische Sachverhalte («green list»). Die Listen sind entsprechend ihrem Charakter als Richtlinien *nicht als abschliessende* Listen zu verstehen: ‹http://www.ibanet.org›(24.1.2010). Nachfolgend werden diese im Original nur in englischer Sprache existierenden Listen in einer vom Autor erstellten inoffiziellen deutschen Übersetzung aufgeführt.

46 «**Non-waivable red list**»: Die erste Liste beschreibt die Konfliktsituationen, die sich aus dem fundamentalen Prinzip ergeben, dass niemand sein eigener Richter sein kann, weshalb diese Situationen auch *durch Offenlegung nicht geheilt werden* und die Parteien somit auch nicht rechtswirksam auf eine Ablehnung verzichten können (Grundsatz 4b; N 32).

47 Die einzelnen Tatbestände der «**non-waivable red list**»:

– Bei Identität zwischen einer Partei und dem Schiedsrichter (WALTER/BOSCH/BRÖNNIMANN, 101 f.) oder wenn der Schiedsrichter gleichzeitig der Rechtsvertreter einer der Parteien ist (1.1);

– Wenn der Schiedsrichter zugleich Manager, Direktor oder ein Mitglied des Aufsichtsgremiums einer der Parteien ist oder ähnliche Einflussmöglichkeiten hat (1.2);

– Wenn der Schiedsrichter ein erhebliches finanzielles Interesse an einer der Parteien oder am Ausgang des Verfahrens hat (1.3);

– Wenn der Schiedsrichter die eine Partei oder eine mit ihr verbundene Gesellschaft regelmässig berät und der Schiedsrichter oder seine Kanzlei erhebliche Einnahmen daraus generieren (1.4).

4. Titel: Ablehnung, Abberufung u. Ersetzung der Mitgl. des Schiedsg.   48–50   Art. 367

Im Grundsatz ist davon auszugehen, dass diese Ablehnungsgründe auch in **nationalen** 48
Schiedsverfahren *unverzichtbar* sind. Immerhin ist in nationalen schweizerischen Verhältnissen denkbar, dass die beteiligten Parteien in *Ausnahmefällen* im Wissen um eine an sich schwerwiegende Konfliktsituation (bspw. nach Ziff. 1.4) die betreffende (objektiv befangene) Person dennoch mit dem Schiedsrichtermandat betrauen möchten (N 33; VOSER, 62); so z.B. dann, wenn es sich bei der Person um den einzigen oder klar am besten ausgewiesenen Experten für die spezifische Fragestellung handelt, über die im konkreten Fall zu befinden ist, und beide oder – bei Mehrparteienverfahren – alle beteiligten Parteien trotz voller Kenntnis der objektiv vorliegenden Konfliktsituation (z.B. wenn der betreffende Experte eine der Parteien schon in einem anderen Verfahren als Parteianwalt vertreten hat) dieser Person das Vertrauen schenken, dass sie im konkreten Fall allein aufgrund ihrer Fachkenntnisse unbefangen urteilt. Das sollte aber nur in besonderen Ausnahmesituationen und ausschliesslich bei Vorliegen der vorstehend genannten oder vergleichbaren Voraussetzungen vorkommen.

«**Waivable red list**»: Die zweite Liste enthält etwas weniger gravierende Konfliktsituationen, die aber dennoch einen *klaren Interessenskonflikt* darstellen. Entsprechend darf ein Schiedsrichter, wenn überhaupt, nur dann sein Amt annehmen oder fortführen, wenn die Parteien in voller Kenntnis aller relevanten Umstände auf seine Ablehnung ausdrücklich verzichten bzw. der Amtsübernahme ausdrücklich zustimmen (Grundsatz 4a; N 32). Es rechtfertigt sich, diesen Grundsatz in gleicher Weise in nationalen Schiedsverfahren anzuwenden. Diese Liste kann zwar als Richtschnur dienen, letztlich sind jedoch einzig die *konkreten Umstände des Einzelfalls* für die Frage der Befangenheit des Schiedsrichters ausschlaggebend. 49

Die einzelnen Tatbestände der «**waivable red list**»: 50
– Beziehung des Schiedsrichters zur Streitsache (2.1.):
  – Der Schiedsrichter hat eine der Parteien oder eine mit ihr verbundene Gesellschaft («affiliate») in der Streitsache rechtlich beraten oder für sie dazu ein Rechtsgutachten abgefasst (2.1.1);
  – Der Schiedsrichter war zuvor in die Streitsache involviert (2.1.2).
– Direktes oder indirektes Interesse des Schiedsrichters an der Streitsache (2.2.):
  – Der Schiedsrichter hält direkt oder indirekt Anteile («shares») an einer der Parteien oder an einer mit ihr verbundenen Gesellschaft («affiliate»), die privat gehalten werden (2.2.1);
  – Ein nahes Familienmitglied des Schiedsrichters hat ein massgebliches finanzielles Interesse am Ausgang des Streites (2.2.2);
  – Der Schiedsrichter oder ein nahes Familienmitglied hat eine enge Beziehung zu einer Drittpartei, auf welche eine Streitpartei im Falle des Unterliegens zurückgreifen kann (2.2.3).
– Beziehung des Schiedsrichters zu den Parteien oder Parteivertretern (2.3):
  – Der Schiedsrichter vertritt oder berät gegenwärtig eine der Parteien oder eine mit ihr verbundene Gesellschaft («affiliate») (2.3.1);
  – Der Schiedsrichter vertritt gegenwärtig den Anwalt oder die Anwaltskanzlei, welche eine der der Parteien vertritt (2.3.2);
  – Der Schiedsrichter ist ein Anwalt aus derselben Anwaltskanzlei wie der Vertreter einer der Parteien (2.3.3);
  – Der Schiedsrichter ist Manager, Direktor oder Mitglied des Aufsichtsgremiums oder hat ähnliche Einflussmöglichkeiten in einer mit einer der Parteien verbundenen Gesellschaft («affiliate»), wenn die verbundene Gesellschaft direkt in den Streitgegenstand des Schiedsverfahrens involviert ist (2.3.4);

- Die Kanzlei des Schiedsrichters hat – jedoch ohne Beteiligung des Schiedsrichters – im betreffenden Fall früher mitgewirkt; heute ist die Mitwirkung der Kanzlei beendet (2.3.5);
- Die Kanzlei des Schiedsrichters hat gegenwärtig eine bedeutende wirtschaftliche Beziehung zu einer der Streitparteien oder einer mit ihr verbundenen Gesellschaft («affiliate») (2.3.6);
- Der Schiedsrichter berät regelmässig die ihn benennende Partei oder eine mit ihr verbundene Gesellschaft («affiliate»), jedoch ohne daraus ein massgebliches finanzielles Einkommen für ihn oder seine Anwaltskanzlei zu erhalten (2.3.7);
- Der Schiedsrichter hat eine enge familiäre Beziehung zu einer der Parteien oder einem Manager, Direktor oder Mitglied des Aufsichtsgremiums oder irgendeiner Person mit ähnlich kontrollierendem Einfluss auf eine der Parteien oder eine mit ihr verbundenen Gesellschaft («affiliate») oder mit einem Vertreter einer der Parteien (2.3.8);
- Ein nahes Familienmitglied des Schiedsrichters hat ein massgebliches finanzielles Interesse an einer der Parteien oder einer mit ihr verbundenen Gesellschaft («affiliate») (2.3.9).

51 «Orange list»: Diese Liste beschreibt spezielle Situationen, die je nach den Umständen des konkreten Einzelfalls in den Augen der Parteien möglicherweise berechtigte Zweifel an der Unabhängigkeit oder Unparteilichkeit des Schiedsrichters hervorrufen können. Solche Situationen **muss ein Schiedsrichter gemäss Art. 363 offenlegen**. Die Tatbestände der orangen Liste (oder ähnliche Tatbestände) gehören zu denjenigen, die in der Praxis am häufigsten auftreten und bei den Betroffenen eine gewisse Unsicherheit auslösen, weil sie **weder eine klare (schwerwiegende) Konfliktsituation** darstellen **noch völlig problemlos** sind, da doch gewisse Tatsachen vorliegen, die je nach den konkreten Umständen des Einzelfalls durchaus berechtigte Zweifel an der Unabhängigkeit des betreffenden Schiedsrichters hervorrufen können. Die Tatsache der Offenlegung als solche darf aber nicht im Sinne einer Vermutung für seine Befangenheit interpretiert werden und somit zur automatischen Ablehnung des betreffenden Schiedsrichters führen. Vielmehr muss eine Partei ein Gesuch um Ablehnung stellen, wenn sie aus den offengelegten Umständen berechtigte Zweifel an der Unbefangenheit des Schiedsrichters ableitet; stellt keine der Parteien ein entsprechendes Gesuch, so wird vermutet, dass die Parteien mit der Übernahme des Schiedsrichteramtes durch die betreffende Person einverstanden sind.

52 Die einzelnen Tatbestände der «**orange list**»:
- Frühere Dienstleistungen für eine der Parteien oder anderweitiges Mitwirken im Fall (3.1):
  - Der Schiedsrichter hat innerhalb der letzten drei Jahre für eine der Parteien oder eine mit ihr verbundene Gesellschaft («affiliate») als Rechtsvertreter gehandelt oder hat die Partei, die ihn benannt hat, oder eine mit dieser verbundene Gesellschaft («affiliate») früher in einer Angelegenheit ohne Bezug zum Streitgegenstand beraten oder ist um Rat gefragt worden; es besteht jedoch keine fortdauernde Beziehung zwischen dem Schiedsrichter und dieser Partei oder einer mit ihr verbundenen Gesellschaft («affiliate») (3.1.1.);
  - Der Schiedsrichter war innerhalb der letzten drei Jahre als Rechtsvertreter in einer Angelegenheit ohne Bezug zum Streitgegenstand gegen eine der Parteien oder eine mit ihr verbundene Gesellschaft tätig («affiliate») (3.1.2.);
  - Der Schiedsrichter ist innerhalb der letzten drei Jahre von einer der Parteien oder einer mit ihr verbundenen Gesellschaft («affiliate») in zwei oder mehr Angelegenheiten als Schiedsrichter benannt worden (3.1.3.);

- Die Kanzlei des Schiedsrichters hat innerhalb der letzten drei Jahre – jedoch ohne Beteiligung des Schiedsrichters – für eine der Parteien oder eine mit ihr verbundenen Gesellschaft («affiliate») in einer Angelegenheit ohne Bezug zum Streitgegenstand gehandelt (3.1.4.);
- Der Schiedsrichter dient gegenwärtig oder hat innerhalb der letzten drei Jahre als Schiedsrichter in einer verbundenen Sache gedient, in die eine der Parteien oder eine mit ihr verbundene Gesellschaft («affiliate») involviert ist (3.1.5.).

– Gegenwärtige Dienstleistungen für eine der Parteien (3.2):
  - Die Kanzlei des Schiedsrichters – jedoch ohne Beteiligung des Schiedsrichters – erbringt gegenwärtig Dienstleistungen an eine der Parteien oder eine mit ihr verbundene Gesellschaft («affiliate»), ohne eine massgebliche wirtschaftliche Beziehung aufzubauen (3.2.1);
  - Eine Kanzlei, welche die Einnahmen oder Honorare mit der Kanzlei des Schiedsrichters teilt, erbringt in diesem Schiedsverfahren Dienstleistungen an eine der Parteien oder eine mit ihr verbundene Gesellschaft («affiliate») (3.2.2);
  - Der Schiedsrichter oder die Kanzlei des Schiedsrichters vertritt regelmässig eine Partei oder eine mit ihr verbundene Gesellschaft («affiliate»), ist jedoch nicht als Vertreter in die laufende Auseinandersetzung involviert (3.2.3).

– Beziehung zwischen dem Schiedsrichter und einem anderen Schiedsrichter oder einem Parteivertreter (3.3):
  - Der Schiedsrichter und ein anderer Schiedsrichter sind Anwälte in derselben Kanzlei (3.3.1);
  - [barristers' chambers] (3.3.2);
  - Der Schiedsrichter war innerhalb der letzten drei Jahre ein Partner oder in anderer Weise mit einem anderen Schiedsrichter oder einem der Parteivertreter im gleichen Schiedsverfahren verbunden (3.3.3);
  - Ein Anwalt aus der Kanzlei des Schiedsrichters ist Schiedsrichter in einem anderen Schiedsverfahren, in dem die gleiche Partei oder gleichen Parteien oder eine mit ihr verbundene Gesellschaft («affiliate») involviert sind (3.3.4);
  - Ein nahes Familienmitglied des Schiedsrichters ist Partner oder Angestellter in der Kanzlei, die eine der Parteien vertritt, hilft jedoch in dieser Auseinandersetzung nicht mit (3.3.5);
  - Zwischen einem Schiedsrichter und einem Rechtsvertreter einer der Parteien besteht ein enges freundschaftliches Verhältnis, das sich darin manifestiert, dass der Schiedsrichter und der Parteivertreter regelmässig beträchtliche Zeitspannen gemeinsam verbringen, ohne einen Bezug zu beruflichen Verpflichtungen oder Aktivitäten in professionellen Vereinigungen oder gesellschaftlichen Organisationen zu haben (3.3.6);
  - Der Schiedsrichter ist innerhalb der letzten drei Jahre von demselben Parteivertreter oder derselben Kanzlei mehr als dreimal benannt worden (3.3.7).

– Beziehung zwischen dem Schiedsrichter und einer Partei und anderen, die in das Schiedsverfahren involviert sind (3.4):
  - Die Kanzlei des Schiedsrichters handelt gegenwärtig gegen eine der Parteien oder eine mit ihr verbundene Gesellschaft («affiliate») (3.4.1);
  - Der Schiedsrichter war in den vergangenen drei Jahren mit einer Partei oder einer mit ihr verbundenen Gesellschaft («affiliate») in beruflicher Hinsicht verbunden, wie z.B. als früherer Angestellter oder Partner (3.4.2);
  - Zwischen dem Schiedsrichter und einem Manager, Direktor oder Mitglied des Aufsichtsgremiums oder einer Person, die vergleichbaren kontrollierenden Einfluss auf

eine der Parteien oder eine mit ihr verbundenen Gesellschaft («affiliate») hat, oder einem Zeugen oder Experten besteht ein enges freundschaftliches Verhältnis, das sich darin manifestiert, dass der Schiedsrichter und der Manager, Direktor, eine andere Person, Zeuge oder Experte regelmässig beträchtliche Zeitspannen gemeinsam verbringen, ohne einen Bezug zu beruflichen Verpflichtungen oder Aktivitäten in professionellen Vereinigungen oder gesellschaftlichen Organisationen zu haben (3.4.3);
– Wenn der Schiedsrichter ein früherer Richter ist, der innerhalb der letzten drei Jahre einen wichtigen Gerichtsfall hatte, in dem dieselben Parteien involviert waren (3.4.4).

– Andere Umstände (3.5):
  – Der Schiedsrichter hält direkt oder indirekt Anteile («shares»), die aufgrund der Anzahl oder der Kategorie eine substanzielle Beteiligung an einer Partei oder einer mit ihr verbundenen Gesellschaft («affiliate») ist, die börsenkotiert ist (3.5.1);
  – Der Schiedsrichter hat öffentlich eine spezifische Position bezüglich des Falles vertreten, der Gegenstand des Schiedsverfahrens ist, entweder in einer Publikation, einem Vortrag oder anderweitig (3.5.2);
  – Der Schiedsrichter hält eine Position in einer Schiedsinstitution, der im betreffenden Streitfall Benennungsautorität zukommt (3.5.3);
  – Der Schiedsrichter ist ein Manager, Direktor oder Mitglied des Aufsichtsgremiums oder hat einen vergleichbaren kontrollierenden Einfluss auf eine mit einer der Parteien verbundenen Gesellschaft («affiliate»), wobei diese verbundene Gesellschaft nicht direkt in die Angelegenheit involviert ist, die Gegenstand des Schiedsverfahrens ist (3.5.4).

53 «Green list»: In der vierten Liste sind die Situationen aufgeführt, die vom objektiven Standpunkt eines vernünftigen Dritten aus *keinen Anlass zu Zweifeln an der Unbefangenheit* geben; solche Umstände hat der Schiedsrichter also **nicht** offenzulegen, wenn er aufgrund der eigenen Beurteilung der relevanten Tatsachen und Umstände vernünftigerweise davon ausgehen darf, dass **keine** Konfliktsituation besteht.

54 Die einzelnen Tatbestände der «**green list**»:

– Früher geäusserte Rechtsauffassungen (4.1):
  – Der Schiedsrichter hat früher eine allgemeine Meinung geäussert (wie z.B. in einem Artikel in einer Rechtszeitschrift oder einer öffentlichen Vorlesung) betreffend einen Aspekt, der ebenfalls im Schiedsverfahren auftaucht (aber seine Meinungsäusserung bezieht sich nicht auf den Fall, der Gegenstand des Schiedsverfahrens bildet) (4.1.1).

– Frühere Dienstleistungen gegen eine Partei (4.2):
  – Die Kanzlei des Schiedsrichters – jedoch ohne Beteiligung des Schiedsrichters – handelte gegen eine der Parteien oder eine mit ihr verbundene Gesellschaft («affiliate») in einer Angelegenheit, die keinen Bezug zum Streitgegenstand hat (4.2.1).

– Gegenwärtige Dienstleistungen für eine der Parteien (4.3):
  – Eine Kanzlei in Assoziation oder Verbindung mit der Kanzlei des Schiedsrichters, die jedoch nicht das Honorar oder andere Einkünfte mit der Kanzlei des Schiedsrichters teilt, erbringt Dienstleistungen für eine der Parteien oder eine mit ihr verbundene Gesellschaft («affiliate») in einer Angelegenheit, die keinen Bezug zum Streitgegenstand hat (4.3.1).

- Kontakt zu einem anderen Schiedsrichter oder zu einem Rechtsvertreter einer der Parteien (4.4):
  - Der Schiedsrichter hat eine Beziehung zu einem anderen Schiedsrichter oder zum Rechtsvertreter einer der Parteien durch eine Mitgliedschaft in derselben Vereinigung oder gesellschaftlichen Organisation (4.4.1);
  - Der Schiedsrichter und Rechtsvertreter für eine der Parteien oder ein anderer Schiedsrichter haben früher als Schiedsrichter oder Co-Rechtsvertreter zusammen gearbeitet (4.4.2).
- Kontakte zwischen dem Schiedsrichter und einer der Parteien (4.5):
  - Der Schiedsrichter hatte bereits früher, vor der Ernennung, Kontakt mit der ihn benennenden Partei oder einer der mit ihr verbundenen Gesellschaften («affiliate») (oder mit deren Rechtsvertreter), sofern sich dieser Kontakt auf die Verfügbarkeit und Qualifikation des Schiedsrichters beschränkte oder es um die möglichen Namen für einen Vorsitzenden ging und nicht um den Streitgegenstand oder prozessuale Aspekte des Verfahrens (4.5.1);
  - Der Schiedsrichter besitzt eine unbedeutende Anzahl Anteile («shares») an einer der Parteien oder einer mit ihr verbundenen Gesellschaft («affiliate») (4.5.2);
  - Der Schiedsrichter und ein Manager, Direktor oder Mitglied des Aufsichtsgremiums oder irgendeine andere Person mit ähnlichem Einfluss auf eine der Parteien oder eine mit ihr verbundenen Gesellschaft («affiliate») haben als gemeinsame Sachverständige oder in einer beruflichen Angelegenheit zusammen gearbeitet, einschließlich die Zusammenarbeit als Schiedsrichter im gleichen Fall (4.5.3).

VII. Kasuistik des Bundesgerichts

Nachfolgend finden sich Auszüge aus der bundesgerichtlichen Rechtsprechung zu folgenden Stichworten und Themenbereichen: **Kriterien zur Beurteilung der Unbefangenheit** eines Richters bzw. Schiedsrichters (N 54); **Garantie des verfassungsmässigen Richters** (Art. 30 BV; Art. 58 Abs. 1 aBV; N 55); **gleicher Massstab für Schiedsgerichte wie für staatliche Gerichte** (N 56); **objektiver Test** für die Beurteilung der Befangenheit (N 57); Begriffe der **Unabhängigkeit** und **Unparteilichkeit** (N 58); **Verwirkung des Anspruchs auf Ablehnung** eines Schiedsrichters (N 59); zur Unabhängigkeit des Schiedsgerichts für Sport (**Tribunal Arbitral du Sport TAS**) im Besonderen (N 60).

Kriterien zur Beurteilung der Unbefangenheit eines Richters bzw. **Schiedsrichters**:

- **BGE 135 I 14, 16**: «Das Bundesgericht erklärte, ein als Richter amtender Anwalt erscheine befangen, wenn zu einer Partei ein noch offenes Mandat bestehe oder er für eine Partei in dem Sinne mehrmals anwaltlich tätig geworden sei, dass eine Art Dauerbeziehung bestehe; zu bedenken sei insbesondere, dass ein Anwalt auch ausserhalb seines Mandats versucht sein könne, in einer Weise zu handeln, die seinen Klienten ihm gegenüber weiterhin gut gesinnt lasse; ohne Bedeutung sei, dass die Mandate nicht in einem Sachzusammenhang mit dem zu beurteilenden Streitgegenstand stünden.»
- **BGE 133 I 89**: «Hat sich ein Schiedsrichter vor seiner Ernennung in einer Fachpublikation zu Rechtsfragen geäussert, die mit der zu beurteilenden Streitsache zusammenhängen, entsteht der Anschein der Befangenheit, wenn sich der Schiedsrichter durch die Art seiner Äusserung in einer Weise festgelegt hat, die bei objektiver Betrachtungsweise befürchten lässt, er habe seine Meinung abschliessend gebildet und werde die sich im Streitfall konkret stellenden Fragen nicht mehr umfassend und offen beurteilen (E. 3).»

- **BGE 133 I 89, 92 f.**: «Einem Ablehnungsbegehren ist [...] zu entsprechen, wenn bei objektiver Betrachtungsweise Gegebenheiten vorliegen, die den Anschein der Befangenheit und die Gefahr der Voreingenommenheit zu begründen vermögen (BGE 131 I 113, 116 f. E. 3.4; 111 Ia 259, 263 E. 3a 263 je m.H.). Eine gewisse Besorgnis der Voreingenommenheit kann danach bei den Parteien immer dann entstehen, wenn eine Gerichtsperson in einem früheren Verfahren mit der konkreten Streitsache schon einmal befasst war. In einem solchen Fall der Vorbefassung ist massgebend, ob sich ein Richter durch seine Mitwirkung an früheren Entscheidungen in einzelnen Punkten bereits in einem Masse festgelegt hat, das das Verfahren nicht mehr als offen erscheinen lässt, was anhand aller tatsächlichen und verfahrensrechtlichen Umstände zu beurteilen ist (BGE 131 I 24 26 E. 1.2; 131 I 113, 116 E. 3.4; 126 I 68, 73 E. 3c je m.H.). Im vorliegenden Fall war der designierte Schiedsrichter mit der Auseinandersetzung der Parteien früher formell nie befasst. Er hat sich vielmehr öffentlich dazu geäussert. Der Anschein der Befangenheit und die Gefahr der Voreingenommenheit entsteht nicht schon dann, wenn sich ein Richter in einer bestimmten Sachfrage eine Meinung gebildet hat (BGE 105 Ia 157, 163 E. 6a). Auch die Meinungsäusserung zu Rechtsfragen ausserhalb des Gerichts durch einen Richter erweckt bei objektiver Betrachtungsweise grundsätzlich noch nicht den Anschein der Voreingenommenheit für den Entscheid eines konkreten Streitfalls, selbst wenn sie für die Entscheidung erheblich ist (REGINA KIENER, Richterliche Unabhängigkeit, Verfassungsrechtliche Anforderungen an Richter und Gerichte, Habilitationsschrift, Bern 2001, 194). Erscheinen öffentliche Aussagen zu hängigen Verfahren objektiv geboten, so darf und muss vorausgesetzt werden, dass der informierende Richter in der Lage ist, seine Beurteilung des Prozessstoffes im Laufe des Verfahrens entsprechend dem jeweils neuesten Stand ständig neu zu prüfen und bei Vorliegen neuer Tatsachen und Argumente auch zu revidieren (BGE 127 I 196, 200 E. 2).»

- **BGE 129 III 445, 454**: «De fait, le milieu de l'arbitrage international est étroit et il est inévitable que, après quelques années de pratique arbitrale, les arbitres, souvent eux-mêmes avocats, aient eu l'occasion de collaborer dans d'autres arbitrages avec l'un ou l'autre de leurs collègues ou avec l'un ou l'autre des conseils. Il n'en résultera pas automatiquement une perte d'indépendance.»

- **BGE 115 Ia 400, 404**: «Vorab ist festzuhalten, dass an die Unbefangenheit eines Schiedsrichters die gleichen Anforderungen zu stellen sind wie an jene eines staatlichen Richters (BGE 105 Ia 247 f. m.H.). Es gelten deshalb die Prinzipien, welche das Bundesgericht im Zusammenhang mit Ablehnungsbegehren gegen staatliche Richter aus **Art. 58 Abs. 1 BV** abgeleitet hat. Dazu gehört insbesondere der Grundsatz, dass prozessuale Fehler oder auch ein möglicherweise falscher materieller Entscheid für sich allein nicht den Anschein der Voreingenommenheit zu begründen vermögen. Anders verhält es sich nur, wenn besonders krasse oder wiederholte Irrtümer vorliegen, die als schwere Verletzung der Richterpflichten beurteilt werden müssen. Denn mit der Tätigkeit des Richters ist untrennbar verbunden, dass er über Fragen zu entscheiden hat, die oft kontrovers oder weitgehend in sein Ermessen gestellt sind. Selbst wenn sich die im Rahmen der normalen Ausübung seines Amtes getroffenen Entscheide als falsch erweisen, lässt das nicht an sich schon auf seine Parteilichkeit schliessen (BGE 114 Ia 158 E. bb; 111 Ia 264 m.H.; vgl. auch BGE 113 Ia 409/10). Zudem kann das Ablehnungsverfahren in der Regel nicht zur Beurteilung behaupteter Verfahrens- oder anderer Fehler des Richters dienen. Solche Rügen sind im dafür vorgesehenen Rechtsmittelverfahren geltend zu machen (BGE 114 Ia 158 E. bb; nicht publ. Urteil vom 14.11.1979 E. 8b, zit. von JOLIDON, 272 lit. f; SemJud 1983, 524).»

4. Titel: Ablehnung, Abberufung u. Ersetzung der Mitgl. des Schiedsg. **Art. 367**

- **BGE 112 Ia 344**: Schiedsrichter können wegen ihrer Teilnahme am früheren Verfahren nur abgelehnt werden, wenn ein Schiedsspruch aufgehoben wird, der materiell über den geltend gemachten Anspruch entschieden und das Schiedsverfahren beendet hat.

- **BGE 111 Ia 72, 74**: «Une telle apparence de partialité existe, en général, lorsque l'arbitre a un intérêt, indirect mais proche, à la solution du différend soumis à arbitrage. [...] Si, comme l'a allégué l'actuelle recourante à l'appui de sa demande de récusation, l'arbitre X. devait effectivement s'attendre à supporter – en tant qu'actionnaire important de la société Y. – les conséquences financières d'une perte de procès par L., actuel intimé, cette circonstance serait propre, selon ce qui précède, à faire douter de l'entière indépendance de cet arbitre pour juger de la cause soumise au tribunal arbitral. Ainsi donc de tels faits pourraient, s'ils étaient avérés, constituer un motif de récusation.»

- **BGE 105 Ia 157, 158**: «Das Bezirksgericht [...] beschloss schliesslich am 15.11.1978, in allen mit dem Kernkraftwerk Kaiseraugst zusammenhängenden Straf- und Zivilprozessen in seiner Gesamtheit in den Ausstand zu treten. Es begründete diesen Beschluss mit dem Austrittsgrund des früheren Handelns in derselben Streitsache». Das Bundesgericht hat diesen Entscheid letztinstanzlich geschützt.

- **BGE 105 Ia 157, 162**: «Umstände, die auf die Unparteilichkeit eines Richters einwirken, können zunächst in äusseren Tatbeständen wie früherem Mitwirken am Rechtsstreit, Abhängigkeits- oder Verwandschaftsverhältnissen oder in einem sonstwie gearteten Interesse am Prozessausgang liegen. Abgesehen von solchen Gegebenheiten, denen die gesetzlichen Ausstandsgründe im allgemeinen Rechnung tragen, können aber auch andere Einflüsse, wie etwa gesellschaftliche Sitten, Gewohnheiten, Werturteile, die öffentliche Meinung oder bestimmte politische Ereignisse, auf die Unabhängigkeit des richterlichen Urteils einwirken und die innere Freiheit des Richters beeinträchtigen.»

- **BGE 105 Ia 157, 163**: «Vom Richter kann und muss erwartet werden, dass er seine Unvoreingenommenheit wahrt' (BGE 104 Ia 274). Nicht jeder beliebige Einfluss dieser Art, dem der Richter im täglichen Leben ausgesetzt ist, vermag eine Befangenheit zu begründen, welche ihn unfähig macht, in einer Streitsache als Richter zu amten. Das Postulat der richterlichen Unparteilichkeit verlangt insbesondere nicht, dass er wegen des blossen Umstandes, dass er sich in einer bestimmten Sachfrage eine Meinung gebildet hat, in einem Prozess, der mit dieser Frage zusammenhängt, in den Ausstand treten muss.»

- **BGE 104 V 174**: «Ein Schiedsrichter kann nicht deswegen als befangen abgelehnt werden, weil er bereits am vorangegangenen Vermittlungsverfahren vor der Schlichtungsinstanz mitgewirkt hat (Art. 25 Abs. 4 KUVG).»

Garantie des verfassungsmässigen Richters (Art. 30 BV; Art. 58 Abs. 1 aBV): 57

- **BGE 135 I 14, 15**: «Nach den von der Beschwerdeführerin angerufenen Bestimmungen von **Art. 30 Abs. 1 BV** und **Art. 6 Ziff. 1 EMRK**, die im einschlägigen Punkt dieselbe Tragweite haben, hat der Einzelne Anspruch darauf, dass seine Sache von einem unabhängigen und unparteiischen Gericht ohne Einwirken sachfremder Umstände entschieden wird (BGE 133 I 1, 3 E. 5.2 m.H.).»

- **BGE 133 I 89, 92**: «Das Appellationsgericht hat vielmehr im angefochtenen Urteil ausdrücklich geprüft, ob Umstände vorliegen, die im Sinne von **Art. 23 OG** den Anschein der Befangenheit und die Gefahr der Voreingenommenheit zu begründen vermögen. Diese Norm gewährleistet wie schon **Art. 30 Abs. 1 BV** und **Art. 6 Ziff. 1 EMRK** den Anspruch des Rechtsuchenden auf einen unparteiischen, unvoreingenommenen und unbefangenen Richter, der ohne Einwirken sachfremder Umstände entscheiden soll.»

– **BGE 129 III 445, 454**: «Pour dire si un tribunal arbitral présente des garanties suffisantes d'indépendance et d'impartialité, il faut se référer aux principes constitutionnels développés au sujet des tribunaux étatiques (ATF 125 I 389 consid. 4a; 118 II 359, 361 consid. 3c). Selon l'art. 30 al. 1 Cst., toute personne dont la cause doit être jugée dans une procédure judiciaire a droit à ce que sa cause soit portée devant un tribunal établi par la loi, compétent, indépendant et impartial. Cette garantie permet d'exiger la récusation d'un juge dont la situation ou le comportement est de nature à faire naître un doute sur son impartialité (ATF 126 I 68, 73 consid. 3a).»

– **BGE 124 V 22, 26**: «Die Vorbringen des beschwerdeführenden Versicherers sind nicht geeignet, eine Verletzung des aus Art. 58 Abs. 1 BV [heute Art. 30 BV] und Art. 6 Ziff. 1 EMRK fliessenden und grundsätzlich auch im Verfahren vor den kantonalen Schiedsgerichten gemäss Art. 89 KVG zu beachtenden Anspruchs der Prozessparteien darauf, dass ihre Sache von einem unabhängigen, unvoreingenommenen und unbefangenen Richter ohne Einwirkung sachfremder Umstände entschieden wird, darzutun. Namentlich vermag die Tatsache allein, dass Dr. G. Präsident des Verwaltungsrates einer ebenfalls im Kanton Thurgau gelegenen Privatklinik ist, bei objektiver Betrachtung nicht den Anschein der Befangenheit und die Gefahr der Voreingenommenheit zu begründen (vgl. BGE 120 V 365 E. 3a; 119 Ia 226 E. 3; 115 V 260).»

– **BGE 118 II 359, 361**: «Die berechtigten Zweifel an der Unabhängigkeit eines Schiedsrichters im Sinne von Art. 180 Abs. 1 lit. c IPRG bestimmen sich im wesentlichen nach der Rechtsprechung des Bundesgerichts zu Art. 58 BV [heute Art. 30 BV] und zu Art. 19 des Schiedsgerichtskonkordats (SR 279). Danach muss sich ein ernsthafter Zweifel an der Unabhängigkeit des Schiedsrichters auf konkrete Tatsachen stützen, die objektiv und vernünftigerweise geeignet sind, Misstrauen gegen die schiedsrichterliche Unabhängigkeit zu erwecken (BGE 115 Ia 403; 113 Ia 409; 111 Ia 263 m.H.).» Art. 367 Abs. 1 Bst. c entspricht Art. 180 Abs. 1 lit.c IPRG.

– **BGE 115 V 257, 260 f.**: «Nach Art. 58 Abs. 1 (erster Teilsatz) BV darf niemand seinem verfassungsmässigen Richter entzogen werden. Diese Verfassungsnorm verleiht dem einzelnen einen Anspruch auf richtige Besetzung des Gerichts. Dazu gehört wesentlich, dass im konkreten Verfahren unvoreingenommene Richter mitwirken, welche die nötige Gewähr für eine unabhängige und unparteiische Beurteilung der Streitsache bieten (BGE 114 Ia 54, 144, 155 E. 3b; 113 Ia 63 E. 3a, 408 E. 2a und 416 E. 2a; 112 Ia 292 E. 3).»

– **BGE 113 Ia 407, 408 f.**: «Nach der neueren Rechtsprechung des Bundesgerichts hat der Einzelne gemäss Art. 58 Abs. 1 BV auch Anspruch auf Beurteilung seiner Streitsache durch ein unparteiisches und unabhängiges Gericht (BGE 112 Ia 143 und 292/93 m.H.). Diese Verdeutlichung der verfassungsmässigen Garantie wird von der Lehre allgemein gebilligt (GULDENER, Schweiz. Zivilprozessrecht, 3. Aufl., 15; MÜLLER/MÜLLER, Grundrechte, Besonderer Teil, 275 ff.; HALLER/HÄFELIN, Schweiz. Bundesstaatsrecht, 472 Rz 1659; VOGEL, Grundriss des Zivilprozessrechts, 51 Rz 71).»

4. Titel: Ablehnung, Abberufung u. Ersetzung der Mitgl. des Schiedsg. 58, 59 **Art. 367**

Gleicher Massstab für Schiedsgerichte **wie für staatliche Gerichte:** 58

– **BGE 135 I 14, 15**: «Die dargelegten Grundsätze [zu dem aus Art. 30 BV fliessenden Anspruch des Einzelnen auf eine unabhängigen und unparteiischen Richter] gelten nicht nur bei staatlichen Gerichten, sondern auch bei privaten Schiedsgerichten, deren Entscheide denjenigen der staatlichen Instanzen hinsichtlich Rechtskraft und Vollstreckbarkeit gleichstehen und die deshalb dieselbe Gewähr für eine unabhängige Rechtsprechung bieten müssen (BGE 119 II 271, 275 E. 3b m.H.).»

– **BGer, 4P.188/2001, E. 2.b**: «Selon la jurisprudence du Tribunal fédéral, une sentence arbitrale, exécutoire de la même manière qu'un jugement, suppose que le tribunal arbitral qui la rend offre, à l'instar des tribunaux étatiques, des garanties suffisantes d'impartialité et d'indépendance (ATF 119 II 271 consid. 3b; 117 Ia 166 consid. 5a; 107 Ia 155 consid. 2b).»

– **BGE 115 Ia 400, 404**: «Vorab ist festzuhalten, dass an die Unbefangenheit eines Schiedsrichters die gleichen Anforderungen zu stellen sind wie an jene eines staatlichen Richters (BGE 105 Ia 247 f. m.H.). Es gelten deshalb die Prinzipien, welche das Bundesgericht im Zusammenhang mit Ablehnungsbegehren gegen staatliche Richter aus Art. 58 Abs. 1 BV abgeleitet hat.»

– **BGE 113 Ia 407, 408 f.**: «Bereits aus BGE 92 I 276 erhellt sodann, dass Schiedsgerichte dieselbe Gewähr für Unparteilichkeit bieten müssen wie ordentliche Gerichte, die Unbefangenheit ihrer Mitglieder folglich nach dem gleichen Massstab zu beurteilen ist. Das Bundesgericht hat daran seither festgehalten, und die herrschende Lehre steht auf dem gleichen Standpunkt (BGE 105 Ia 247 f. mit Zitaten; ferner VOGEL, 51 Rz 72 und 302 Rz 46; RÜEDE/HADENFELDT Schweiz. Schiedsgerichtsrecht, 168 und 170; JOLIDON, 257).»

– **BGE 105 Ia 247, 248**: «Das Bundesgericht erklärte in BGE 92 I 276 ausdrücklich, Schiedsgerichte müssten dieselbe Gewähr für Unparteilichkeit bieten wie ordentliche Gerichte, und es legte daher bei der Prüfung der Unbefangenheit eines von der einen Prozesspartei ernannten Mitgliedes eines Dreierschiedsgerichtes den nämlichen Massstab an, der für einen ordentlichen Richter gilt.»

Objektiver Test für die Beurteilung der Befangenheit: 59

– **BGE 135 I 14, 15**: «Liegen bei objektiver Betrachtungsweise Gegebenheiten vor, die den Anschein der Befangenheit und die Gefahr der Voreingenommenheit zu begründen vermögen, so ist die Garantie des verfassungsmässigen Richters verletzt (BGE 131 I 113, 116 E. 3.4 m.H.).»

– **BGer, 4A_506/2007, E. 3.1.1.**: N 18.

– **BGE 133 I 89**: «Hat sich ein Schiedsrichter vor seiner Ernennung in einer Fachpublikation zu Rechtsfragen geäussert, die mit der zu beurteilenden Streitsache zusammenhängen, entsteht der Anschein der Befangenheit, wenn sich der Schiedsrichter durch die Art seiner Äusserung in einer Weise festgelegt hat, die bei objektiver Betrachtungsweise befürchten lässt, er habe seine Meinung abschliessend gebildet und werde die sich im Streitfall konkret stellenden Fragen nicht mehr umfassend und offen beurteilen.»

– **BGE 129 III 445, 454**: «Elle n'impose pas la récusation seulement lorsqu'une prévention effective du juge est établie, car une disposition interne de sa part ne peut guère être prouvée; il suffit que les circonstances donnent l'apparence de la prévention et fassent redouter une activité partielle du magistrat. Seules les circonstances constatées objectivement doivent être prises en considération; les impressions purement individuelles d'une des parties au procès ne sont pas décisives (ATF 128 V 82 consid. 2a p. 84 et les arrêts cités).»

- **BGE 118 II 359, 361 f.**: «Die berechtigten Zweifel an der Unabhängigkeit eines Schiedsrichters im Sinne von Art. 180 Abs. 1 lit. c IPRG bestimmen sich im wesentlichen nach der Rechtsprechung des Bundesgerichts zu Art. 58 BV und zu Art. 19 des Schiedsgerichtskonkordats (SR 279). Danach muss sich ein ernsthafter Zweifel an der Unabhängigkeit des Schiedsrichters auf konkrete Tatsachen stützen, die objektiv und vernünftigerweise geeignet sind, Misstrauen gegen die schiedsrichterliche Unabhängigkeit zu erwecken (BGE 115 Ia 403; 113 Ia 409; 111 Ia 263 m.H.).»

- **BGE 115 V 257, 263**: «Nach der Rechtsprechung ist Befangenheit anzunehmen, wenn Umstände vorliegen, die geeignet sind, Misstrauen in die Unparteilichkeit eines Richters zu erwecken. Bei der Befangenheit handelt es sich allerdings um einen innern Zustand, der nur schwer bewiesen werden kann. Es braucht daher für die Ablehnung eines Richters nicht nachgewiesen zu werden, dass dieser tatsächlich befangen ist. Es genügt vielmehr, wenn Umstände gegeben sind, die den Anschein der Befangenheit und die Gefahr der Voreingenommenheit zu begründen vermögen. Bei der Beurteilung des Anscheins der Befangenheit und der Gewichtung solcher Umstände kann jedoch nicht auf das subjektive Empfinden einer Partei abgestellt werden. Das Misstrauen in den Richter muss vielmehr in objektiver Weise als begründet erscheinen (BGE 114 Ia 54/55 E. 3b, 144 E. 3b, 155 E. 3; 113 Ia 409; 112 Ia 293 E. 3a m.H.).»

- **BGE 113 Ia 107, 109 f.**: «Zu bedenken ist ferner, dass die Verfahrensgarantie des Art. 58 Abs. 1 BV nicht besagt, der abgelehnte Richter müsse tatsächlich befangen sein; es genügt, dass Umstände bei einer Partei den Eindruck von Befangenheit erwecken können (BGE 112 Ia 293 E. 3a; MÜLLER/MÜLLER, 276 Anm. 16). Dies beurteilt sich jedoch nicht bloss nach dem subjektiven Empfinden der Partei; deren Misstrauen muss vielmehr bei objektiver Betrachtung der Umstände als gerechtfertigt erscheinen (BGE 92 I 276; RÜEDE/HADENFELDT, 173). BGE 113 Ia 409 f.: Da es sich um einen innern Zustand handelt, sind an den Nachweis der Befangenheit keine allzu strengen Anforderungen zu stellen (BGE 105 Ia 160 E. 4b). Das heisst nicht, im Zweifelsfall sei stets auf Befangenheit zu erkennen. Gewiss ist das Vertrauen einer Partei in die Unabhängigkeit und Unparteilichkeit des Richters in hohem Mass schützenswert, und ist auch einfühlbar, dass eine Partei einem Richter misstraut, vor dem sie schon früher unterlegen ist. Dem steht aber das Interesse der andern Partei und der Allgemeinheit an einem geordneten Verlauf des Prozesses gegenüber. Wollte man einen Richter schon wegen seiner früheren Mitwirkung an Zwischen- oder Endentscheiden als befangen ablehnen, so würde die Rechtsprechung erheblich erschwert. Auch allgemeine Verfahrensverstösse, die in Rechtsmittelverfahren beanstandet und beseitigt werden können, genügen dafür nicht. Es müssen vielmehr zusätzliche Tatsachen, die den Schluss auf Parteilichkeit zulassen, vorgebracht werden (BGE 112 Ia 293 m.H. und 105 Ib 303 f.).»

60 Begriffe der **Unabhängigkeit** und **Unparteilichkeit**

- **BGE 113 Ia 407, 409**: «Richterliche Unparteilichkeit, auf welche die Beschwerdeführerin sich beruft, gebietet Gleichbehandlung der Parteien und ist deshalb nicht mit richterlicher Unabhängigkeit gleichzusetzen, mag Parteilichkeit in einem Einzelfall auch auf fehlende Unabhängigkeit zurückgehen.»

Verwirkung des Anspruchs auf Ablehnung eines Schiedsrichters: 61

- **BGE 126 III 249, 254 f.**: «Wer den Richter, Beamten oder gerichtlichen Experten nicht unverzüglich ablehnt, sobald er vom Ablehnungsgrund Kenntnis erhält, sondern sich stillschweigend auf den Prozess einlässt oder diesen fortführt, verwirkt den Anspruch auf spätere Anrufung des Ablehnungsgrundes (BGE 124 I 121, 122 f. E. 2; 119 Ia 221, 228 f. E. 5a m.H.). [...] Während ein Ausschluss- bzw. Ausstandsgrund von Amtes wegen berücksichtigt werden muss, ist die Mitwirkung einer Person, gegen die ein Ablehnungsgrund vorliegt, nicht von vornherein unzulässig. Ein Richter oder Experte kann namentlich dann gültig tätig sein, wenn keine Partei die Ablehnung beantragt (GEISER/MÜNCH, Prozessieren vor Bundesgericht, 2. Aufl., 41 Rz 1.81c; VOGEL, a.a.O., 89 Rz 39; MESSMER/IMBODEN, Die eidgenössischen Rechtsmittel in Zivilsachen, 9; KUMMER, a.a.O., 37/8). Daraus erhellt, dass auf das Ablehnungsrecht verzichtet und dieses auch verwirkt werden kann. Einer solchen Verwirkung stehen nach bundesgerichtlicher Rechtsprechung entgegen der Auffassung der Beschwerdeführerin auch keine unverzichtbaren und unverjährbaren Grundrechtsansprüche entgegen (BGE 118 Ia 282 E. 6).»

- **BGE 115 V 257, 262**: «Es ist richtig, dass die Ablehnung eines Richters so früh wie möglich geltend zu machen ist. Wer eine ungehörige Besetzung des Gerichts feststellt und dagegen keinen Einspruch erhebt, sondern sich stillschweigend auf den Prozess einlässt, verwirkt grundsätzlich den Anspruch auf Anrufung der verletzten Verfahrensbestimmung (BGE 114 V 62 E. 2b; vgl. auch 112 Ia 340 E. 1c; 111 Ia 74 E. 2b und 261 E. 2a).»

- **BGE 111 Ia 72, 75**: «Il leur appartient donc de faire valoir leurs moyens de récusation sans tarder. Si elles s'en abstiennent, elles sont déchues de la possibilité d'invoquer ultérieurement la cause de récusation (cf. TF in SJ 1980, 75 et 1983, 541 ss), sauf si celle-ci se rapporte à un vice irréparable.»

Zur Unabhängigkeit des Schiedsgerichts für Sport (**Tribunal Arbitral du Sport: TAS**) im Besonderen: 62

- **BGer, 4A_506/2007, E. 3.1.1 und 3.1.2**: «Un tribunal arbitral doit, à l'instar d'un tribunal étatique, présenter des garanties suffisantes d'indépendance et d'impartialité (ATF 125 I 389 consid. 4a; 119 II 271 consid. 3b et les arrêts cités). Le non-respect de cette règle conduit à une composition irrégulière relevant de la disposition précitée (ATF 118 II 359 consid. 3b). Pour dire si un tribunal arbitral présente de telles garanties, il faut se référer aux principes constitutionnels développés au sujet des tribunaux étatiques (ATF 125 I 389 consid. 4a; 118 II 359, 361 consid. 3c). Il convient, toutefois, de tenir compte des spécificités de l'arbitrage, et singulièrement de l'arbitrage international, lors de l'examen des circonstances du cas concret (ATF 129 III 445, 454 consid. 3.3.3). A cet égard, l'arbitrage en matière de sport institué par le TAS présente des particularités qui ont déjà été mises en évidence par ailleurs (ATF 129 III 445 consid. 4.2.2.2), telle la liste fermée d'arbitres, et dont on ne saurait faire abstraction, même si elles ne justifient pas en soi de se montrer moins exigeant en matière d'arbitrage sportif qu'en matière d'arbitrage commercial (cf. ANTONIO RIGOZZI, L'arbitrage international en matière de sport, n. 950; GABRIELLE KAUFMANN-KOHLER/ ANTONIO RIGOZZI, Arbitrage international, n. 368).»

- «Selon l'art. 30 al. 1 Cst., toute personne dont la cause doit être jugée dans une procédure judiciaire a droit à ce que sa cause soit portée devant un tribunal établi par la loi, compétent, indépendant et impartial. Cette garantie permet d'exiger la récusation d'un juge dont la situation ou le comportement est de nature à faire naître un doute sur son impartialité (ATF 126 I 68, 73 consid. 3); elle tend notamment à éviter que des circonstances extérieures à la cause ne puissent influencer le jugement en faveur ou au détriment d'une partie. Elle n'impose pas la récusation seulement lorsqu'une prévention effective du juge est établie, car une disposition interne de sa part ne peut guère être prouvée; il suffit que les circonstances donnent l'apparence de la prévention et fassent redouter une activité partiale du magistrat. Seules les circonstances constatées objectivement doivent être prises en considération; les impressions purement individuelles d'une des parties au procès ne sont pas décisives (ATF 128 V 82 consid. 2a p. 84 et les arrêts cités).»

— «L'impartialité subjective – qui est présumée jusqu'à preuve du contraire – assure à chacun que sa cause sera jugée sans acception de personne. Si la simple affirmation de la partialité ne suffit pas, mais doit reposer sur des faits objectifs, il n'est, en revanche, pas nécessaire que le juge soit effectivement prévenu; la suspicion est légitime même si elle ne se fonde que sur des apparences, pour autant que celles-ci résultent de circonstances examinées objectivement (ATF 129 III 445, 454 consid. 3.3.3; 128 V 82, 84 consid. 2a et les arrêts cités).»

— [E. 3.1.2] «La partie qui entend récuser un arbitre doit invoquer le motif de récusation aussitôt qu'elle en a connaissance. Cette règle jurisprudentielle, reprise expressément à l'art. R34 du Code, vise aussi bien les motifs de récusation que la partie intéressée connaissait effectivement que ceux qu'elle aurait pu connaître en faisant preuve de l'attention voulue (ATF 129 III 445, 465 consid. 4.2.2.1 et les références), étant précisé que choisir de rester dans l'ignorance peut être regardé, suivant les cas, comme une manoeuvre abusive comparable au fait de différer l'annonce d'une demande de récusation (arrêt 4P. 188/2001 du 15.10.2001, consid. 2c). La règle en question constitue une application, au domaine de la procédure arbitrale, du principe de la bonne foi. En vertu de ce principe, le droit d'invoquer le moyen tiré de la composition irrégulière du tribunal arbitral se périme si la partie ne le fait pas valoir immédiatement, car elle ne saurait le garder en réserve pour ne l'invoquer qu'en cas d'issue défavorable de la procédure arbitrale (ATF 129 III 445, 449 consid. 3.1 et les arrêts cités).»

— **BGE 129 III 445**: «Das Schiedsgericht für Sport ist vom Internationalen Olympischen Komitee genügend unabhängig, damit seine Entscheide in Angelegenheiten, welche die Interessen des Internationalen Olympischen Komitees berühren, als Urteile betrachtet werden können, die mit solchen eines staatlichen Gerichts vergleichbar sind (E. 3). Ablehnung eines Schiedsrichters; prozessrechtlicher Ordre public (Art. 180 Abs. 1 lit. c und Art. 190 Abs. 2 lit. e IPRG): Das Schiedsgericht, dessen gesamte Besetzung abgelehnt wird, kann selbst über ein offensichtlich unzulässiges oder unbegründetes Gesuch entscheiden, ohne den prozessrechtlichen Ordre public zu verletzen; dies selbst dann, wenn der Entscheid gemäss dem anwendbaren Verfahrensrecht von einer anderen Instanz zu fällen wäre (E. 4.2.2). «Diejenige Partei, welche einen Schiedsrichter abzulehnen beabsichtigt, muss den Ablehnungsgrund angeben, sobald sie diesen kennt oder bei gehöriger Aufmerksamkeit hätte kennen können (E. 4.2.2.1). Die Tatsache, dass jedes Schiedsgerichtsmitglied bei anderer Gelegenheit mit dem Anwalt einer Partei getagt hat, stellt für sich allein keinen Grund dar, an der Unabhängigkeit des Schiedsgerichts objektiv zu zweifeln (E. 4.2.2.2).»

Art. 368

Ablehnung des Schiedsgerichts	[1] Eine Partei kann das Schiedsgericht ablehnen, wenn die andere Partei einen überwiegenden Einfluss auf die Ernennung der Mitglieder ausgeübt hat. Die Ablehnung ist dem Schiedsgericht und der anderen Partei unverzüglich mitzuteilen. [2] Das neue Schiedsgericht wird im Verfahren nach den Artikeln 361 und 362 bestellt. [3] Die Parteien sind berechtigt, Mitglieder des abgelehnten Schiedsgerichts wiederum als Schiedsrichterinnen und Schiedsrichter zu ernennen.
Récusation du tribunal arbitral	[1] Une partie peut récuser le tribunal arbitral si l'autre partie a exercé une influence prépondérante sur la nomination des membres. La récusation est communiquée sans délai au tribunal arbitral et à la partie adverse. [2] Le nouveau tribunal arbitral est constitué selon la procédure prévue aux art. 361 et 362. [3] Les membres du tribunal arbitral récusé peuvent être désignés à nouveau.
Ricusazione del tribunale arbitrale	[1] Una parte può ricusare l'intero tribunale arbitrale qualora l'altra parte abbia esercitato un influsso preponderante sulla designazione degli arbitri. Il motivo della ricusazione dev'essere comunicato senza indugio al tribunale arbitrale e all'altra parte. [2] Il nuovo tribunale arbitrale è costituito secondo la procedura prevista negli articoli 361 e 362. [3] Le parti hanno il diritto di designare nuovamente come arbitri i membri del tribunale arbitrale ricusato.

Inhaltsübersicht

	Note
I. Normzweck und Grundlagen	1
II. Ablehnungsgründe (Abs. 1)	6
III. Verfahren für die Neubestellung (Abs. 2)	11
IV. Abgelehnte Mitglieder (Abs. 3)	12

Literatur

Vgl. die Literaturhinweise bei den Vorbem. zu Art. 353–399 sowie KNOEPFLER/PH. SCHWEIZER, Arbitrage International/Jurisprudence, SZIER 2002, 529 ff.; M. LALONDE, The Evolving Definition of Arbitration and Arbitrability, in: A. J. van den Berg (Hrsg.), Improving the efficiency of arbitration agreements and awards, 40 years of application of the New York convention, Den Haag 1999; H. RAESCHKE-KESSLER, Some Developments on Arbitrability and Related Issues, in: A. J. van den Berg (Hrsg.), International Arbitration and national courts: the never ending story, Den Haag 2001; K. H. SCHWAB/G. WALTER, Schiedsgerichtsbarkeit, systematischer Kommentar zu den Vorschriften der Zivilprozessordnung des Arbeitsgerichtsgesetzes, der Staatsverträge und der Kostengesetze über das privatrechtliche Schiedsgerichtsverfahren, 7. Aufl., München 2005; D. SUTTON/J. GILL/ M. GEARING, Russell on Arbitration, 23. Aufl., London 2007; J. J. VAN HOF, Commentary on the UNCITRAL arbitration rules, the application by the Iran-U.S. claims tribunal, Deventer/Boston 1991; A. VON SAUKEN, Die Reform des österreichischen Schiedsverfahrensrechts auf der Basis des

UNCITRAL-Modellgesetzes über die internationale Handelsschiedsgerichtsbakeit. Ein Diskussionbeitrag, Frankfurt a.M. 2004; W. WENGER, Zur Ablehnung von Schiedsrichtern im schweizerischen Schiedsverfahrensrecht, in: IPRAx 1988, 116 ff.

I. Normzweck und Grundlagen

1   Art. 368 ZPO entspricht Art. 19 KSG (BOTSCHAFT ZPO, 7397; JOLIDON, 270 ff.; WALTER, Alternativentwurf, 27). Historisch ist diese Bestimmung auf die Bundesgerichtspraxis zum *Verbandsschiedswesen* zurückzuführen (BERGER/KELLERHALS, Rz 798 FN 22).

2   Art. 368 behandelt einen **speziellen Unterfall** der in **Art. 367** geregelten Ablehnungsgründe: Wenn eine Partei im Zusammenhang mit der Bestellung des Schiedsgerichts überwiegenden Einfluss auf die Ernennung der Mitglieder des Schiedsgerichts ausgeübt hat, so kann dies dazu führen, dass das gesamte Schiedsrichtergremium die Beurteilung des Falles nicht mehr unbefangen vornehmen kann. Die Norm, die ein Ausfluss des Gleichbehandlungsgebots nach Art. 373 Abs. 4 ist (Art. 373 N 46 ff.), bezweckt, auch in diesen Fällen die Einhaltung der Garantie des verfassungsmässigen Richters und damit eine *unabhängige und unparteiische Rechtsprechung* sicherzustellen (Art. 30 Abs. 1 BV; VOGEL/SPÜHLER, 14. Kap. Rz 46; BERGER/KELLERHALS, Rz 799; HABSCHEID, Rz 871). Deshalb kann für die Grundsatzerwägungen zur Unbefangenheit von Mitgliedern eines Schiedsgerichts auf die Komm. von Art. 367 verwiesen werden: Art. 367 N 12 ff.

3   Da die Ablehnung des Schiedsgerichts in seiner Gesamtheit weitergehende Konsequenzen hat als die Ablehnung eines einzelnen Mitglieds, ist sie nur mit Zurückhaltung bei **Vorliegen triftiger Gründe** gutzuheissen; mit anderen Worten rechtfertigt sich tendenziell ein *strengerer Beurteilungsmassstab* als für Einzelmitglieder eines Schiedsgerichts (BGE 105 Ia 164).

4   Art. 368 ist vor allem für diejenigen Fälle von Bedeutung, in welchen ein **Verband** (oder eine Gesellschaft bei Vorliegen statutarischer Schiedsklauseln) auf die Bestellung des Schiedsgerichts übermässig Einfluss nimmt (Bericht VE-ZPO, 171; BOTSCHAFT ZPO, 7397; WALTER, Alternativentwurf, 27; HABSCHEID, Rz 871; WALTER/BOSCH/BRÖNNIMANN, 101 f.; BGE 97 I 488; 76 I 87). Unter Umständen kann der Einfluss so stark sein, dass nach bundesgerichtlicher Rechtsprechung gar nicht mehr von einem Schiedsgericht, sondern lediglich von einer Willensäusserung eines Verbandsorgans gesprochen werden muss (BGE 125 I 389, 390 f.; vgl. Vor Art. 353–399 N 18 und Art. 389 N 11). Die Abgrenzung ist im Einzelfall jedoch schwierig.

5   Eine der Art. 368 vergleichbare Bestimmung, welche die Ablehnung des Gesamtschiedsgerichts regelt, existiert unter dem **IPRG** nicht (WALTER, Alternativentwurf, 27); das IPRG kennt nur die in Art. 180 Abs. 1 IPRG geregelten Tatbestände zur Ablehnung einzelner Mitglieder.

II. Ablehnungsgründe (Abs. 1)

6   Ein **überwiegender Einfluss einer Partei auf die Bestellung der Mitglieder eines Schiedsgerichts** (RÜEDE/HADENFELDT, 178; BERGER/KELLERHALS, Rz 798; HABSCHEID, Rz 871; VOGEL/SPÜHLER, 14. Kap. Rz 44 f.; STAEHELIN/STAEHELIN/GROLIMUND, § 29 Rz 32; SPÜHLER/MEYER, 123; BGE 107 Ia 158; 125 I 390 f.) besteht insb., wenn:

- das Gebot der überparteilichen Rechtspflege missachtet wird (WALTER, Alternativentwurf, 27);

- eine Partei die Schiedsrichter alleine benennt oder wählt (WALTER, Alternativentwurf, 27; WALTER/BOSCH/BRÖNNIMANN, 103);

- das Schiedsgericht nur mit Verbandsmitgliedern besetzt werden kann und nur eine Partei (Gegenpartei) Verbandsmitglied ist (HABSCHEID, Rz 871; BERGER/KELLERHALS, Rz 799).

Siehe dazu auch BGE 67 I 215; 72 I 88; 97 I 491; 78 I 112; 76 I 92.

Die Ablehnung des Schiedsgerichtes muss **unverzüglich** der anderen Partei resp. der Gegenpartei mitgeteilt werden (Abs. 1 Satz 2; BOTSCHAFT ZPO, 7397), andernfalls der Anspruch *verwirkt* ist (Art. 367 N 30; VOGEL/SPÜHLER, 14. Kap. Rz 46a; BERGER/KELLERHALS, Rz 810; BGE 111 Ia 262; im Entwurf zur ZPO war noch eine Frist von 30 Tagen vorgesehen; STAEHELIN/STAEHELIN/GROLIMUND, § 29 Rz 33). 7

Jede Partei hat gegenüber dem Schiedsgericht **während der gesamten Verfahrensdauer** ein Ablehnungsrecht, aber nicht mehr nach der Fällung des Schiedsspruchs (BERGER/KELLERHALS, Rz 801). 8

Nach der Fällung des Schiedsspruchs ist allenfalls ausnahmsweise die **Schiedsbeschwerde** möglich, weil das Schiedsgericht vorschriftswidrig ernannt bzw. zusammengesetzt worden ist (Art. 393 lit. a). Diese ist aber dann nicht zuzulassen, wenn die betreffende Partei es zu Beginn oder während des Schiedsverfahrens trotz Kenntnis des Ablehnungsgrunds unterlassen hat, das Schiedsgericht abzulehnen (HABSCHEID, Rz 871). 9

Für das **Ablehnungsverfahren** gilt Art. 369. 10

III. Verfahren für die Neubestellung (Abs. 2)

Abs. 2 von Art. 368 verweist für die Neubestellung des Schiedsgerichts nach erfolgter Ablehnung auf das Verfahren nach **Art. 361 und 362**. Vorbehältlich der Präzisierung in Abs. 3 (N 11) gelten also dieselben Bestimmungen wie bei der erstmaligen Bestellung eines Schiedsgerichts (LALIVE/POUDRET/REYMOND, 113 f.). 11

IV. Abgelehnte Mitglieder (Abs. 3)

Schiedsrichter des abgelehnten Schiedsgerichts können gemäss Art. 368 Abs. 3 für das neue Schiedsgericht *wieder als Schiedsrichter* ernannt werden (LALIVE/POUDRET/REYMOND, 114). Damit wird klargestellt, dass eine Ablehnung der Mitglieder eines Schiedsgerichts in ihrer Gesamtheit nicht *per se* ein Ablehnungsgrund für die einzelnen Mitglieder des Schiedsgerichts ist. Der überwiegende Einfluss einer Partei auf die Bestellung des Gesamtgerichts hat weder zwingend die Befangenheit der einzelnen Mitglieder des Schiedsgerichts zur Folge noch findet umgekehrt der Ablehnungsgrund für das Gesamtschiedsgericht seine Ursache in der individuellen Befangenheit der Schiedsrichter (BERGER/KELLERHALS, Rz 800). Sicher ist in einer solchen Fallkonstellation aufgrund der konkreten Umstände besonders sorgfältig zu prüfen, ob mit Bezug auf die Mitglieder, die wieder ernannt werden sollen, keine berechtigten Zweifel an deren Unbefangenheit bestehen. 12

Art. 369

Ablehnungsverfahren

¹ Die Parteien können das Ablehnungsverfahren frei vereinbaren.

² Haben sie nichts vereinbart, so ist das Ablehnungsgesuch schriftlich und begründet innert 30 Tagen seit Kenntnis des Ablehnungsgrundes an das abgelehnte Mitglied zu richten und den übrigen Mitgliedern mitzuteilen.

³ Bestreitet das abgelehnte Mitglied die Ablehnung, so kann die gesuchstellende Partei innert 30 Tagen einen Entscheid von der von den Parteien bezeichneten Stelle oder, wenn keine solche bezeichnet wurde, von dem nach Artikel 356 Absatz 2 zuständigen staatlichen Gericht verlangen.

⁴ Haben die Parteien nichts anderes vereinbart, so kann das Schiedsgericht während des Ablehnungsverfahrens das Verfahren ohne Ausschluss der abgelehnten Personen bis und mit Schiedsspruch weiterführen.

⁵ Der Entscheid über die Ablehnung kann nur zusammen mit dem ersten Schiedsspruch angefochten werden.

Procédure de récusation

¹ Les parties peuvent convenir librement de la procédure de récusation.

² Si aucune procédure n'a été convenue, la demande de récusation, écrite et motivée, doit être adressée à l'arbitre dont la récusation est demandée dans les 30 jours qui suivent celui où la partie a pris connaissance du motif de récusation; la demande est communiquée aux autres arbitres dans le même délai.

³ Si l'arbitre conteste sa récusation, la partie requérante peut demander dans les 30 jours à l'organe désigné par les parties de statuer ou, à défaut, à l'autorité judiciaire compétente en vertu de l'art. 356, al. 2.

⁴ Sauf convention contraire des parties, le tribunal arbitral peut, pendant la procédure de récusation, continuer la procédure et rendre une sentence avec la participation de l'arbitre visé par la récusation.

⁵ La décision sur la récusation ne peut être revue qu'à la faveur d'un recours contre la première sentence attaquable.

Procedura di ricusazione

¹ Le parti possono accordarsi liberamente sulla procedura di ricusazione.

² In mancanza di accordo, l'istanza di ricusazione, scritta e motivata, dev'essere proposta entro 30 giorni dalla conoscenza del motivo di ricusazione all'arbitro ricusato e comunicata agli altri arbitri.

³ Se l'arbitro ricusato contesta la ricusazione, la parte istante può, entro 30 giorni, rivolgersi all'ente designato dalle parti oppure, se un tale ente non è stato previsto, chiedere di pronunciarsi al tribunale statale competente ai sensi dell'articolo 356 capoverso 2.

⁴ Se le parti non hanno pattuito altrimenti, durante l'esame dell'istanza di ricusazione il tribunale arbitrale può continuare la procedura fino e compresa la pronuncia del lodo, senza escludere l'arbitro ricusato.

⁵ La decisione sulla ricusazione può essere impugnata soltanto assieme al primo lodo.

Inhaltsübersicht

Note

I. Normzweck und Grundlagen 1
II. Einzelne Aspekte des Ablehnungsverfahrens 6
   1. Aktiv- und Passivlegitimation 6
   2. Zeitpunkt (Frist) für die Stellung des Ablehnungsgesuchs 11
   3. Freie Vereinbarung des Ablehnungsverfahren (Abs. 1) 14
   4. Ablehnungsgesuch ohne Vereinbarung des Ablehnungsverfahrens (Abs. 2) ... 21
   5. Bestreitung der Ablehnung durch ein abgelehntes Mitglied (Abs. 3) 23
   6. Weiterführung des Schiedsverfahrens (Abs. 4) 28
   7. Rechtsmittel (Abs. 5) 31

Literatur

Vgl. die Literaturhinweise bei den Vorbem. zu Art. 353–399 sowie S. A. BAKER/M. D. DAVIS, The UNCITRAL arbitration rules in practice, the experience of the Iran-United States Claims Tribunal, Deventer/Boston, 1992; B. BERGER/F. KELLERHALS, Internationale und interne Schiedsgerichtsbarkeit in der Schweiz, Bern 2006; D. D. CARON/L. M. CAPLAN/M. PELLONPÄÄ, The UNCITRAL arbitration rules, a commentary, Oxford 2006; D. HAHN, Remarque sur l'application des articles 179 à 181 LDIP, ASA Bull 1992, 33; J. D. JAEGER, Die Umsetzung des UNCITRAL-Modellgesetzes über die internationale Handelsschiedsgerichtsbarkeit im Zuge der nationalen Reformen, Frankfurt a.M. 2001; F. KNOEPFLER/PH. SCHWEIZER, Arbitrage International/ Jurisprudence, SZIER 2002, 529 ff.; P. MÜNCH, in: G. Lüke/P. Wax (Hrsg.), Münchener Kommentar zur Zivilprozessordnung, mit Gerichtsverfassungsgesetz und Nebengesetzen, Bd. 3, 2. Aufl., München 2001; RECHBERGER/MELIS, in: W. H. Rechberger (Hrsg.), Kommentar zur ZPO, Wien/New York 2006; J. J. VAN HOF, Commentary on the UNCITRAL arbitration rules, the application by the Iran-U.S. claims tribunal, Deventer/Boston 1991; A. VON SAUKEN, Die Reform des österreichischen Schiedsverfahrensrechts auf der Basis des UNCITRAL-Modellgesetzes über die internationale Handelsschiedsgerichtsbakeit, Ein Diskussionbeitrag, Frankfurt am Main 2004; G. WALTER, Neuere Rechtsprechung des Schweizer Bundesgerichts zur Schiedsgerichtsbarkeit, in: K. Spühler (Hrsg.), Internationales Zivilprozess und Verfahrensrecht V, Zürich, 2005, 31 ff. (zit. Neuere Rechtsprechung).

I. Normzweck und Grundlagen

Art. 369 Abs. 1–3 entsprechen inhaltlich im Wesentlichen den Art. 20 und 21 KSG; Abs. 4 und 5 wurden neu eingefügt. Abs. 5 wurde durch Art. 180 Abs. 3 IPRG inspiriert, wonach der Entscheid des staatlichen Richters, der im Bestreitungsfalle über ein Ablehnungsbegehren zu befinden hat, endgültig ist (Bericht VE-ZPO, 171).   **1**

Im Rahmen der ordentlichen Gerichtsbarkeit wird der Anspruch des Einzelnen auf richtige Besetzung des Gerichts durch die auf Art. 30 Abs. 1 BV basierenden staatlichen Verfahrensordnungen garantiert. (WIGET/STRÄULI/MESSMER, Vor § 238–258 Rz 48). In der Schiedsgerichtsbarkeit ist es als Ausfluss der **Parteiautonomie** (Art. 367 N 6; BERGER/KELLERHALS, Rz 817) *in erster Linie die Angelegenheit der Parteien*, die relevanten Verfahrensvorschriften zu vereinbaren, so auch für die Ablehnung von Schiedsrichtern, wenn einer der Tatbestände von Art. 367 oder 368 erfüllt ist (Art. 369 Abs. 1; Art. 13 Abs. 1 UNCITRAL Model Law; BSK IPRG-PETER/BESSON, Art. 180 N 1 zu Art. 180 Abs. 3 IPRG).   **2**

Art. 369 ist also einerseits **dispositives Verfahrensrecht**, auf das zurückzugreifen ist, wenn die Parteien nichts anderes vereinbart haben (Art. 369 Abs. 2–4). **Abs. 2** regelt das Verfahren der ersten Phase, das sich noch ausschliesslich zwischen den direkt am   **3**

Schiedsverfahren Beteiligten, d.h. den Schiedsrichtern und Parteien, abspielt (N 21 f.). **Abs. 3** kommt dann zum Zug, wenn das abgelehnte Mitglied (oder im Fall von Art. 368 das abgelehnte Gesamtschiedsgericht) und die Gegenpartei sich der Ablehnung widersetzen; dann entsteht die Zuständigkeit der von den Parteien bezeichneten Stelle und, mangels Bezeichnung einer solchen Stelle, des staatlichen Richters gemäss Art. 356 Abs. 2 (N 23 ff.). **Abs. 4** klärt eine bis anhin bestehende Unsicherheit, indem er mangels anderer Parteivereinbarung dem abgelehnten Mitglied oder Gesamtschiedsgericht die Berechtigung zuspricht, während des Ablehnungsverfahrens das Amt weiter auszuüben (N 28 ff.).

4 **Zwingendes Verfahrensrecht** enthält **Abs. 5**, der (i.S.v. Art. 180 Abs. 3 IPRG) vorschreibt, dass der Entscheid über die Ablehnung eines Schiedsrichters (oder des Gesamtschiedsgerichts) in dem Sinne *endgültig* ist, als er nur zusammen mit dem nächstmöglichen Schiedsspruch angefochten werden kann; dies gilt für *Ablehnungsentscheide des Schiedsgerichts* und der von den Parteien *bezeichneten Stelle* (N 31–35), aber auch für solche des *staatlichen Richters* (N 36–38).

5 Für die einzelnen **Ablehnungsgründe**: Art. 367 Abs. 1 und Art. 368 Abs. 1. Zur **Offenlegungspflicht** der Schiedsrichter: Art. 363. Zur **Einschränkung des Anspruchs auf Ablehnung** eines Schiedsrichters, der von den Parteien selber vorgeschlagen oder ernannt worden ist: Art. 367 Abs. 2. Zum möglichen **Verzicht** auf die Geltendmachung eines Ablehnungsgrundes: Art. 367 N 31 ff. (für *internationale* Schiedsverfahren: WIGET/STRÄULI/MESSMER, Vor §§ 238–258 ZPO/ZH N 53; BERGER/KELLERHALS, Rz 817; HAHN, 36 f.; LALIVE/POUDRET/REYMOND, Art. 180.12; IPRG-Komm.-VISCHER, Art. 180 N 21).

II. Einzelne Aspekte des Ablehnungsverfahrens

1. Aktiv- und Passivlegitimation

6 Die **Aktivlegitimation** zur Stellung eines Gesuchs um Ablehnung eines Schiedsrichters steht in erster Linie den *Parteien* zu (RÜEDE/HADENFELDT, 172; IPRG-Komm.-VISCHER, Art. 180 N 1; BSK IPRG-PETER/BESSON, Art. 180 N 4). Dies ergibt sich zunächst aus den Wortlauten von Art. 367 Abs. 2, Art. 368 Abs. 1 und Art. 369 Abs. 3. Sodann entspricht es Sinn und Zweck des Ablehnungsverfahrens und ergibt sich aus dem Primat der Parteiautonomie, dass diejenige Partei, welche berechtigte Zweifel an der Unbefangenheit eines Mitglieds des Schiedsgerichts hat, das Gesuch um Ablehnung des betreffenden Mitglieds selber stellen kann (BERGER/KELLERHALS, Rz 817; BSK IPRG-HOCHSTRASSER/BLESSING, Einl. 12. Kap. N 213).

7 In institutionellen Schiedsverfahren steht die Aktivlegitimation der *Schiedsinstitution* zu, wenn die Kompetenz zur Ablehnung eines Schiedsrichters kraft Verweises auf die Schiedsregeln der Institution übertragen worden ist (BSK IPRG-HOCHSTRASSER/BLESSING, Einl. 12. Kap. N 211).

8 Die *Mitschiedsrichter*, die Kenntnis von einem Ablehnungsgrund betreffend das dritte Mitglied des Schiedsgerichts erhalten, sollten diese Tatsache nicht einfach unbeachtet lassen. Es stellt sich jedoch die Frage, welches die richtige Reaktion ist. Zunächst wird es i.d.R. angezeigt sein, das nach Auffassung der anderen Mitglieder befangene (oder ev. auch den vereinbarten Anforderungen der Parteien nicht genügende) Mitglied auf ihre Bedenken aufmerksam zu machen und es zur Stellungnahme aufzufordern. Bleiben die Schiedsrichter untereinander uneinig, so sind die Parteien über die Umstände und den

potentiellen Ablehnungsgrund zu informieren. Stellt trotz Kenntnisnahme der Umstände, die allenfalls zu einer Ablehnung des betreffenden Mitglieds führen könnten, keine der Parteien ein Ablehnungsgesuch, so haben die Schiedsrichter dies in aller Regel zu akzeptieren.

Die Stellung eines eigentlichen Ablehnungsgesuchs durch ein anderes Mitglied des Schiedsgerichts, wie dies bspw. § 98 ZH GVG für die Mitglieder staatlicher Gerichte vorsieht, ist jedoch *abzulehnen* (RÜEDE/HADENFELDT, 173)

Obwohl sich ein Ablehnungsgesuch im Fall von Art. 367 gegen ein Mitglied und im Fall von Art. 368 gegen das gesamte Schiedsgericht richtet, ist nicht der abzulehnende Schiedsrichter (oder die anderen Mitglieder des Schiedsgerichts), sondern die *Gegenpartei* **passivlegitimiert** (WIGET/STRÄULI/MESSMER, Vor § 238–258 ZPO/ZH N 54); sie ist die Adressatin des Ablehnungsgesuchs (RÜEDE/HADENFELDT, 181) und hat es in der Hand, durch Zustimmung zum Ablehnungsgesuch das Ablehnungsverfahren obsolet zu machen (N 12) oder umgekehrt, durch Bestreitung des Ablehnungsanspruchs, einen Entscheid der zuständigen Stelle oder des staatlichen Richters zu provozieren. Das *Schiedsgericht* ist zu *informieren* (RÜEDE/HADENFELDT, 181) und der *abzulehnende Schiedsrichter* ist *anzuhören*. 9

Der Schiedsrichter, gegen den ein Ablehnungsgesuch eingereicht wird, hat das Recht, von sich aus das *Mandat niederzulegen* (Art. 13 Abs. 2 UNCITRAL Model Law; BERGER/KELLERHALS, Rz 819; RÜEDE/HADENFELDT, 181), auch gegen den Willen der Partei, die ihn ernannt hat. Stimmt die Gegenpartei dem Ablehnungsgesuch zu, so können sie ihn gemeinsam *abberufen* (RÜEDE/HADENFELDT, 181); dies hat durch schriftliche Vereinbarung zu erfolgen (Art. 370 Abs. 1). Bestreiten sowohl die Gegenpartei als auch das betroffene Mitglied des Schiedsgerichts das Vorliegen eines Ablehnungsgrundes, so hat die gesuchstellende Partei das Ablehnungsverfahren gemäss Abs. 3 einzuleiten (N 23 ff.). 10

2. Zeitpunkt (Frist) für die Stellung des Ablehnungsgesuchs

Ein Ablehnungsverfahren kann grundsätzlich **jederzeit**, d.h. während des gesamten Verfahrens, eingeleitet werden (WALTER, Alternativentwurf, 29 f.; BERGER/KELLERHALS, Rz 801), allerdings muss ein Ablehnungsgrund aufgrund des Beschleunigungsgebots stets **sofort nach Kenntnisnahme** bekannt gegeben werden (vgl. Art. 367 Abs. 2 Satz 2; Art. 368 Abs. 1 Satz 2; BGE 111 Ia 72, 75; RÜEDE/HADENFELDT, 178 f.; LALIVE/POUDRET/REYMOND, Art. 20 N 1 ff.; JOLIDON, 286 ff.; BERGER/KELLERHALS, Rz 821 ff.). Dies ergibt sich in Bezug auf den Ablehnungsgrund der Befangenheit auch als Korrelat zur Pflicht der Mitglieder eines Schiedsgerichts, während des gesamten Verfahrens unabhängig und unparteiisch zu bleiben und etwaige Ablehnungsgründe *unverzüglich* offenzulegen (Art. 363 N 17 f.). Vorbehalten bleibt allerdings Art. 367 Abs. 2, der das Ablehnungsrecht der Partei beschränkt, die ein Mitglied des Schiedsgerichts in Kenntnis des Vorliegens von Ablehnungsgründen benannt hat (Art. 367 N 27 ff.). Da Abs. 2 für den Fall, dass die Parteien nichts vereinbart haben, eine Frist von 30 Tagen als ausreichend erachtet, ist allerdings auch im Fall einer Parteivereinbarung ohne spezifische Frist der Begriff «unverzüglich» so zu verstehen, dass ein Ablehnungsgesuch innerhalb von 30 Tagen ab Kenntnisnahme noch als rechtzeitig zu qualifizieren ist (BERGER/KELLERHALS, Rz 827). 11

Nach Abschluss des Verfahrens (aber noch während der Beschwerdefrist von 30 Tagen gemäss Art. 100 BGG i.V.m. Art. 77 BGG, die aufgrund des Verweises in Art. 389 Abs. 2 Anwendung finden) besteht das Ablehnungsrecht *nicht* mehr (RÜEDE/HADENFELDT, 12

180). Einzig, wenn eine Partei als Folge des Schweigens eines Schiedsrichters erst zu diesem Zeitpunkt von einem Ablehnungsgrund Kenntnis erlangt, ist eine Anfechtung des Schiedsspruchs wegen vorschriftswidriger Zusammensetzung des Schiedsgerichts möglich (Art. 393 lit. a; BGE 111 Ia 72, 76 ff.; BERGER/KELLERHALS, Rz 802; RÜEDE/HADENFELDT, 180).

13 *Nach Ablauf der Beschwerdefrist* kann ein bereits vor der Fällung des Schiedsspruchs existierender, aber erst nach Ablauf der Beschwerdefrist bekannt gewordener Ablehnungsgrund nur noch im Rahmen einer *Revision* gegen den Schiedsspruch geltend gemacht werden (Art. 396 Abs. 1 lit. a; vgl. dazu Art. 51 Abs. 3).

3. Freie Vereinbarung des Ablehnungsverfahren (Abs. 1)

14 Noch deutlicher als Art. 180 Abs. 3 IPRG bringt der Wortlaut von Art. 369 Abs. 1 zum Ausdruck, dass die Parteien das Ablehnungsverfahren *frei vereinbaren* können (Art. 13 Abs. 1 UNCITRAL Model Law; IPRG-Komm.-VISCHER, Art. 180 N 21; WALTER, Alternativentwurf, 29; Zuberbühler/Müller/Habegger-FREY, Art. 13 N 18; BROCHES, Handbook, 61; BAKER/DAVIS, 70; BROCHES, Commentary, 62). Die Parteien können zwischen einem *direkten* Ablehnungsverfahren, in dem sie das Verfahren direkt selber regeln, und einem *indirekten* wählen, in dem die von ihnen bezeichnete Stelle das Ablehnungsverfahren regelt (BERGER/KELLERHALS, Rz 818; BSK IPRG-PETER/BESSON, Art. 180 N 27 f.). Wählen sie das indirekte Ablehnungsverfahren, so wird damit in aller Regel auch die Kompetenz zur Entscheidung über das Ablehnungsgesuch auf die bezeichnete Stelle oder die Schiedsinstitution übertragen (N 18; WALTER, Alternativentwurf, 26; WIGET/STRÄULI/MESSMER, Vor §§ 238–258 ZPO/ZH N 53; BSK IPRG-PETER/BESSON, Art. 180 N 24 ff.).

15 Haben die Parteien gemäss Art. 369 Abs 1 von ihrem Recht Gebrauch gemacht und ein Ablehnungsverfahren vereinbart, so sieht das Bundesgericht darin einen Verzicht auf das Recht der Parteien, für diesen Entscheid ein staatliches Gericht anzurufen (WIGET/STRÄULI/MESSMER, Vor §§ 238–258 ZPO/ZH N 53). Dies war unter der Geltung des KSG noch nicht möglich (Art. 21 Abs. 1 hatte dafür zwingend die Zuständigkeit des staatlichen Richters vorgesehen; BGE 111 Ia 255, 256; BERGER/KELLERHALS, Rz 821; RÜEDE/HADENFELDT, 182). Der Entscheid einer durch die Parteien bestimmten Stelle war also «rechtlich praktisch bedeutungslos» (WIGET/STRÄULI/MESSMER, Vor §§ 238–258 ZPO/ZH N 54).

16 Ist in der Schiedsvereinbarung ein Ablehnungsverfahren geregelt, so ist dieses anzuwenden (WALTER, Offene Fragen, 168; WALTER, Alternativentwurf, 26; BROCHES, Handbook, 10; BSK IPRG-PETER/BESSON, Art. 180 N 7). Dabei können die Parteien vereinbaren, dass das **Schiedsgericht** selber den endgültigen Entscheid über ein Ablehnungsbegehren treffen kann (WIGET/STRÄULI/MESSMER, Vor § 238–258 ZPO/ZH N 53; RÜEDE/HADENFELDT, 183; BERGER/KELLERHALS, Rz 825). Allerdings darf das abgelehnte Mitglied an diesem Entscheid nicht mitwirken (RÜEDE/HADENFELDT, 183).

17 Die Parteien können eine **bestimmte Stelle** bezeichnen, die im Falle der Ablehnung eines Mitglieds zu entscheiden hat (N 34). In **Ad hoc-Schiedsverfahren** können dieselben Stellen wie für die Sitzbestimmung (Art. 355 N 14) mit der Behandlung von Ablehnungsgesuchen betraut werden, so bspw. der Präsident eines kantonalen Gerichts (BERGER KELLERHALS, Rz 824), der Präsident des Bundesgerichts, der Präsident einer Handelskammer, der Präsident der economiesuisse oder der Präsident der Association Suisse de l'Arbitrage (ASA).

Die Parteien können auch in nationalen Verfahren **institutionelle** Schiedsgerichtsbarkeit wählen. Bis jetzt war dies in der Praxis vor allem in internationalen Schiedsverfahren der Fall; es sind jedoch Bestrebungen der Schweizer Handelskammern im Gange, auch für nationale Schiedsverfahren moderne Schiedsregeln zur Verfügung stellen, die soweit als möglich den Swiss Rules folgen und nur dort abweichen, wo dies erforderlich ist. Die meisten **Schiedsregeln** sehen ein *Ablehnungsverfahren* vor (so bspw. Art. 11 Swiss Rules; Art. 9–12 UNCITRAL Arbitration Rules; Art. 11 ICC Rules, Art. 10.3 und 10.4 LCIA Rules, § 18 DIS Rules). Danach liegt der *(endgültige) Entscheid* über das Ablehnungsgesuch i.d.R. bei der **Schiedsinstitution** (so bspw. Art. 11 Swiss Rules; Art. 11 ICC Rules, Art. 10.3 und 10.4 LCIA Rules; IPRG-Komm.-VISCHER, Art. 180 N 21, 22); einzig § 18.1 und 18.2 DIS Rules sehen vor, dass das **Schiedsgericht** über das Ablehnungsbegehren zu entscheiden hat. Da die Schiedsregeln der Institutionen durch die Wahl des betreffenden institutionellen Schiedsverfahrens integraler Bestandteil der Schiedsvereinbarung zwischen den Parteien werden (BERGER/KELLERHALS, Rz 823), wird dadurch jeweils auch die Zuständigkeit der betreffenden Schiedsinstitution zum Entscheid über Ablehnungsbegehren begründet. 18

Art. 11 Swiss Rules ist ein Beispiel für eine sehr kurze Regelung: «1. Tritt ein Schiedsrichter, der abgelehnt wird, nicht zurück, entscheidet der Ausschuss der Schiedskommission über das Ablehnungsbegehren. 2. Der Entscheid des Ausschusses der Schiedskommission ist *endgültig*. Der Ausschuss ist nicht verpflichtet, seinen Entscheid zu begründen» (Zuberbühler/Müller/Habegger-MARGUERAT, Art. 11 N 20, 29, 31 ff.). Eine ausführlichere Regelung findet sich bspw. in **Art. 11 ICC Rules (Ablehnung von Schiedsrichtern)**: «1. Der Antrag auf Ablehnung eines Schiedsrichters, sei er auf die Behauptung fehlender Unabhängigkeit oder auf andere Gründe gestützt, ist schriftlich beim Sekretariat einzureichen. Darin sind die Tatsachen und Umstände darzulegen, auf die sich der Antrag stützt. 2. Ein Antrag auf Ablehnung ist nur zulässig, wenn die Partei ihn binnen 30 Tagen ab Mitteilung über die Ernennung oder Bestätigung des Schiedsrichters durch den Gerichtshof stellt, oder binnen 30 Tagen, nachdem die Partei, die den Antrag stellt, über die Tatsachen und Umstände, auf die sich der Antrag stützt, Kenntnis erhalten hat, soweit dieser Zeitpunkt nach dieser Mitteilung liegt. 3. Der Gerichtshof entscheidet über die Zulässigkeit und, wenn diese gegeben ist, gleichzeitig über die Begründetheit eines Antrags, nachdem das Sekretariat dem betroffenen Schiedsrichter, der oder den anderen Partei(en) und den anderen Mitgliedern des Schiedsgerichts Gelegenheit zur schriftlichen Stellungnahme binnen angemessener Frist gegeben hat. Diese Stellungnahmen sind den Parteien und den Schiedsrichtern zu übermitteln.» 19

Obwohl die Parteien in der Festlegung des Verfahrens weitestgehend frei sind, ist für das **Ablehnungsgesuch** grundsätzlich zu fordern, dass dieses *begründet* und in *schriftlicher Form* zu erfolgen hat (Art. 13 Abs. 2 UNCITRAL Model Law: «written statement of the reasons for the challenge»; BERGER/KELLERHALS, Rz 818). 20

4. Ablehnungsgesuch ohne Vereinbarung des Ablehnungsverfahrens (Abs. 2)

Abs. 2 kommt zum Tragen, wenn die Parteien kein Ablehnungsverfahren vereinbart haben. In der Praxis ist dies in aller Regel dann der Fall, wenn die Parteien **Ad hoc-Schiedsgerichtsbarkeit** gewählt haben. Haben sie nämlich **institutionelle Schiedsgerichtsbarkeit** gewählt, beinhaltet dies in aller Regel auch die Zustimmung zu dem in der Schiedsordnung geregelten Ablehnungsverfahren (N 14). 21

Ohne Vereinbarung eines Ablehnungsverfahrens durch die Parteien muss nach Abs. 2 ein schriftlich begründetes Ablehnungsgesuch an das **abgelehnte Mitglied** adressiert und an 22 die *anderen Mitglieder zur Information* versandt werden. Die erste Stufe des Ablehnungsverfahrens bleibt also auch nach dem dispositiven Verfahrensrecht der ZPO innerhalb des Kreises der am Schiedsverfahren direkt beteiligten Personen; sie basiert auf der Annahme, dass ein Mitglied des Schiedsgerichts, gegen das ein Ablehnungsgrund berechtigterweise vorgebracht wird, von sich aus die Konsequenzen zieht und das Amt niederlegt. Ob ein Ablehnungsgrund in berechtigter Weise geltend gemacht wird, ist bei den Ablehnungsgründen gemäss Art. 367 Abs. 1 und 2 durch Auslegung der Parteivereinbarung zu ermitteln. Wird ein Mitglied wegen angeblicher Befangenheit abgelehnt (Art. 367 Abs. 3), so ist zu prüfen, ob die Zweifel an der Unabhängigkeit oder Unparteilichkeit des betreffenden Mitglieds des Schiedsgerichts berechtigt sind. Kommen das betroffene Mitglied und die Gegenpartei zum Schluss, dass dies nicht der Fall ist, muss die gesuchstellende Partei einen Ablehnungsantrag an die externe Stelle gemäss Abs. 3 richten.

5. Bestreitung der Ablehnung durch ein abgelehntes Mitglied (Abs. 3)

23 Bestreiten die Gegenpartei und das Mitglied, gegen das ein Ablehnungsgesuch eingereicht worden ist, das Vorliegen eines Ablehnungsgrundes, so hat die gesuchstellende Partei 30 Tage Zeit, um das Ablehnungsverfahren fortzuführen. Dies erfolgt durch einen Antrag an die **zuständige Stelle**, sofern die Parteien eine solche bezeichnet haben (N 31, 34). Haben die Parteien eine institutionelle Schiedsgerichtsbarkeit gewählt, so ist in aller Regel die in den Schiedsregeln vorgesehene Institution für die Behandlung von Ablehnungsgesuchen zuständig (N 16, 18 [vorne unter 3.]); in Ad hoc-Schiedsverfahren die von ihnen bezeichnete Stelle.

24 Haben die Parteien für den Fall des Bestreitens der Ablehnung durch das abgelehnte Mitglied keine zuständige (private) Stelle bezeichnet, so ist das **staatliche Gericht** im Sitzkanton des Schiedsgerichts nach **Art. 356 Abs. 2** für den Entscheid über das Ablehnungsgesuch zuständig (WALTER, Alternativentwurf, 29 ff.; LALIVE/POUDRET/REYMOND, Art. 21.1 ff.; JOLIDON, 295 ff.; RÜEDE/HADENFELDT, 181; BERGER/KELLERHALS, Rz 826; IPRG-Komm.-VISCHER, Art. 180 N 22). Dem staatlichen Richter kommt nunmehr im Ablehnungsverfahren im Gegensatz zur Regelung unter dem KSG lediglich eine *subsidiäre* Funktion zu (BSK IPRG-PETER/BESSON, Art. 180 N 2). Das staatliche Gericht führt das Ablehnungsverfahren in Anwendung seines eigenen Verfahrensrechts durch (WIGET/ STRÄULI/MESSMER, Vor §§ 238–258 ZPO/ZH N 54; BERGER/KELLERHALS, Rz 830) nach der hier vertretenen Auffassung im *summarischen* Verfahren nach *Art. 248 und 252 ff.* (s. Art. 356 N 5). Materiell muss es sich an die Art. 367 und 368 halten (WIGET/ STRÄULI/MESSMER, Vor §§ 238–258 ZPO/ZH N 54) und sowohl den Eigenheiten der Schiedsgerichtsbarkeit (Art. 367 N 5) als auch den konkreten Umständen des Einzelfalls Rechnung tragen.

25 Die *Gerichtsorganisation* ist weiterhin Sache der Kantone (BOTSCHAFT ZPO, 7410); entsprechend werden die diesbezüglichen kantonalen Vorschriften ebenfalls Geltung behalten (vgl. bspw. § 95 ff. ZH GVG). Die zwingende Vorschrift von Art. 45 Abs. 1 KSG, wonach den Kantonen vorgeschrieben wurde, das Ablehnungsverfahren als summarisches Verfahren auszugestalten, wurde *nicht* in die ZPO übernommen, was nach der hier vertretenen Auffassung auf einem redaktionellen Versehen beruht. Für das Ablehnungsverfahren, wie für die anderen Hilfsverfahren nach Art. 356 Abs. 2 ist das *summarische Verfahren* nach *Art. 248 und 252 ff.* die geeignete Verfahrensart (s. Art. 356 N 5) und sollte von den staatlichen Gericht entsprechend angewendet werden. Auch eine Ausnahme betreffend Beweismittelführung, wie sie in Art. 21 Abs. 2 KSG als Korrektur zum zwingend vorgeschriebenen summarischen Verfahren vorgesehen war (WIGET/STRÄULI/

MESSMER, Vor §§ 238–258 ZPO/ZH N 54; d.h. keine Beweismittelbeschränkung wie üblicherweise im summarischen Verfahren; vgl. Art. 254), ist sachlich gerechtfertigt und sollte auch unter der ZPO weiterhin gelten.

Die *Beweislast* trägt die Partei, welche das Ablehnungsgesuch stellt. Das *rechtliche Gehör* ist den Parteien in jedem Fall zu gewähren, und der betroffene Schiedsrichter ist zur Stellungnahme aufzufordern; eine Pflicht des staatlichen Gerichts, die Ablehnungsgründe von Amtes wegen zu erforschen, besteht nicht (RÜEDE/HADENFELDT, 184). 26

Ein Schiedsgericht, das in seiner **Gesamtheit** abgelehnt wird, kann über ein offensichtlich unzulässiges oder unbegründetes Gesuch selbst entscheiden, ohne dadurch den prozessrechtlichen Ordre public zu verletzen; dies gilt selbst dann, wenn der Entscheid gemäss dem anwendbaren Verfahrensrecht von einer anderen Instanz zu fällen wäre (BGE 129 III 445, 464 = ASA Bull 2003, 601; CHK-SCHRAMM/FURRER/GIRSBERGER, Art. 179–180 IPRG N 16; BSK IPRG-PETER/BESSON, Art. 180 N 4). 27

6. Weiterführung des Schiedsverfahrens (Abs. 4)

Diese Norm ist **neu** (weder im KSG noch im IPRG bestand bzw. besteht eine entsprechende Regelung; KELLERHALS, 396), spiegelt aber die *Auffassung der Lehre und Praxis* wider (BGE 128 III 234, 240; BOTSCHAFT ZPO, 7397; RÜEDE/HADENFELDT, 182; WALTER, Alternativentwurf, 32; BERGER/KELLERHALS, Rz 832; WIGET/STRÄULI/MESSMER, Vor §§ 238–258 ZPO/ZH N 54; BSK IPRG-PETER/BESSON, Art. 180 N 39). Abs. 4 sieht vor, dass das von einer Partei abgelehnte Mitglied oder das abgelehnte Gesamtschiedsgericht das **Verfahren weiterführen** darf, bis der Anspruch auf Ablehnung durch Entscheid erledigt wird (BGE 128 III 234, 240; CHK-SCHRAMM/FURRER/GIRSBERGER, Art. 179–180 IPRG N 16); das Schiedsgericht darf während des hängigen Ablehnungsverfahrens das Verfahren sogar *durch Schiedsspruch abschliessen* (WALTER, Neuere Rechtsprechung, 52; Art. 13 Abs. 3 UNCITRAL Model Law). Durch diese Vorgaben wird vermieden, dass die Aktivitäten von Schiedsgerichten durch Ablehnungsgesuche über längere Phasen partiell oder vollständig blockiert werden können. Die Tatsache alleine, dass ein Mitglied, gegen das ein Ablehnungsgesuch hängig ist, während des Ablehnungsverfahrens weiterhin am Verfahren teilnimmt, ist also kein hinreichender Grund, um den Schiedsspruch nachher wegen vorschriftswidriger Zusammensetzung des Schiedsgerichts anzufechten, wenn das Ablehnungsgesuch abgewiesen worden ist. 28

Wird das Ablehnungsgesuch *gutgeheissen*, so sind die unter Beteiligung des oder der abgelehnten Mitglieder eines Schiedsgerichts vorgenommen Handlungen von dem neuen vorschriftsgemäss zusammengesetzten Schiedsgericht neu zu beurteilen und allenfalls für ungültig zu erklären (Art. 367 N 39; vgl. auch Art. 51 Abs. 1; BSK IPRG-PETER/BESSON, Art. 181 N 37 ff.). Wird das Ablehnungsgesuch *abgelehnt*, so behalten alle schiedsgerichtlichen Handlungen ihre Gültigkeit und das Verfahren wird fortgeführt, wie wenn das Ablehnungsverfahren nicht stattgefunden hätte. 29

Das Schiedsgericht muss während eines hängigen Ablehnungsverfahrens das Schiedsverfahren nicht zwingend weiterführen; es kann jederzeit eine **Sistierung** des Verfahrens beschliessen, wenn es diesen Schritt für angezeigt hält (WIGET/STRÄULI/MESSMER, Vor §§ 238–258 ZPO/ZH N 54). Eine Sistierung kann insb. dann zweckmässig sein, wenn bspw. aufwändige Beweisverfahren bevorstehen, die allenfalls wiederholt werden müssten, wenn das Ablehnungsgesuch (kurz) nachher gutgeheissen wird. 30

7. Rechtsmittel (Abs. 5)

a) Gegen Entscheide privater Gremien

31   Abs. 5 stellt klar, dass der Entscheid des Schiedsgerichts (falls die Parteien dieses hierfür für zuständig erklärt haben) oder der von den Parteien bezeichneten Stelle über die Ablehnung eines Schiedsrichters in dem Sinne «**endgültig**» ist (vgl. Art. 180 Abs. 3, IPRG-Komm.-VISCHER, Art. 180 N 21; PATOCCHI/GEISINGER, IPRG, 560; CHK-SCHRAMM/FURRER/GIRSBERGER, Art. 179–180 IPRG N 16), als er *nicht selbständig* angefochten werden kann (Art. 13 Abs. 3 UNCITRAL Model Law; IPRG; BSK IPRG-PETER/BESSON, Art. 180 N 29 und 33 ff.; BGE 122 I 370; 118 Ia 20; 128 III 330; IPRG-Komm.-VISCHER Art. 180 N 22 ff.; vgl. dazu auch den Nationalratsbeschluss vom 6.10.1986 zu Art. 171c Abs. 3 E-IPRG [heute Art. 180 Abs. 3 IPRG; AmtlBull NR 1986 1366]: «Soweit die Parteien das Ablehnungsverfahren nicht geregelt haben, entscheidet im Bestreitungsfalle der Richter am Sitz des Schiedsgerichts. Gegen seinen Entscheid ist kein Rekurs möglich.»), sondern nur zusammen mit dem ersten anfechtbaren Schiedsspruch; dies gilt auch für die Beschwerde an das Bundesgericht (BGE 122 I 370). Damit wird eine unter dem KSG bestehende Unsicherheit beseitigt und etwaigen Missbräuchen ein Riegel geschoben (BOTSCHAFT ZPO, 7397). Auch muss nicht mehr durch Auslegung ermittelt werden, ob es der Wille der Parteien war, dass die von ihr bezeichnete Stelle oder das Schiedsgericht endgültig entscheiden darf, wie dies im Zusammenhang mit Art. 180 Abs. 3 IPRG mangels entsprechender gesetzlicher Regelung erforderlich ist (BERGER/KELLERHALS, Rz 822).

32   Ist das **Schiedsgericht** gemäss Vereinbarung der Parteien befugt, über ein Ablehnungsbegehren zu entscheiden und tut es dies vor der Fällung des Schiedsspruchs in Form einer *verfahrensleitenden Verfügung*, so kann diese *nicht unmittelbar* selbständig angefochten werden, weil kein Zwischen-, Teil- oder Endschiedsspruch i.S.v. Art. 392 vorliegt (BERGER/KELLERHALS, Rz 837). Insofern bestätigt Art. 369 Abs. 5 nur, was sich schon aus den Rechtsmittelvorschriften von Art. 392 f. ergibt.

33   Erfolgt der Ablehnungsentscheid im Rahmen eines *Zwischenschiedsspruchs* (Art. 190 Abs. 3 IPRG spricht in diesem Zusammenhang von «*Vorentscheid*»), so kann dieser wegen vorschriftswidriger Zusammensetzung des Schiedsgerichts mit Beschwerde an das Bundesgericht gezogen werden (Art. 392 lit. b i.V.m. Art. 393 lit. a bzw. an ein kantonales Gericht, falls die Parteien von ihrem Wahlrecht nach Art. 390 Gebrauch gemacht haben; vgl. auch Art. 190 Abs. 2 lit. a IPRG). Dasselbe gilt, wenn der Ablehnungsentscheid in einem *Teil- oder Endschiedsspruch* erfolgt (Art. 392 lit. a i.V.m. Art. 393 lit. a; BERGER/KELLERHALS, Rz 837)

34   Fällt ein von den Parteien **bezeichnetes privates Gremium** den Ablehnungsentscheid, so ergibt sich einerseits neu aus Art. 369 Abs. 5, dass auch dieses *endgültig* entscheidet. Dies war im Geltungsbereich des KSG nicht der Fall, weil die Zuständigkeit des staatlichen Richters am Wohnsitz zwingend war und die private Institution somit lediglich unverbindlich entscheiden konnte (Art. 21 Abs. 1 KSG i.V.m. Art. 1 Abs. 3 KSG; WIGET/STRÄULI/MESSMER, Vor §§ 238–258 ZPO/ZH N 54; BERGER/KELLERHALS, Rz 834; BSK IPRG-PETER/BESSON, Art. 180 N 2). Andererseits hat sich die fehlende Anfechtbarkeit des Entscheides einer privaten Stelle schon vor Einführung von Art. 369 Abs. 5 daraus ergeben, dass ihr Entscheid *kein hoheitlicher Akt* ist, der direkt vor einem staatlichen Gericht angefochten werden kann (BGE 118 II 359, 361; BERGER/KELLERHALS, Rz 835). Die Parteien müssen also einen einmal gefällten Ablehnungsentscheid einer privaten Institution während des Schiedsverfahrens akzeptieren, können diesen jedoch nachträglich zusammen mit dem **Schiedsspruch** *wegen vorschriftswidriger Zusammensetzung*

des Schiedsgerichts anfechten (Art. 392 i.V.m. Art. 393 lit. a). So ist sichergestellt, dass trotz weitestgehender Parteiautonomie dennoch die Möglichkeit besteht, die «rechtsstaatliche Unbedenklichkeit» des Schiedsverfahrens zusammen mit dem Schiedsspruch von einer staatlichen Gerichtsbehörde überprüfen zu lassen; dies gilt nicht nur für Ablehnungsgründe, von denen die Parteien erst nach dem Erlass des Schiedsspruchs Kenntnis erhalten haben, sondern auch für solche, die *vor* Erlass des Schiedsentscheids bekannt waren und allenfalls auch geltend gemacht wurden, von dem über das Ablehnungsgesuch entscheidenden privaten Gremium jedoch nicht geprüft oder abgewiesen wurden (BGE 122 I 370, 372; 118 II 359, 361; BSK IPRG-PETER/BESSON, Art. 180 N 30).

Gemäss Abs. 5 ist der Ablehnungsentscheid jeweils mit dem *nächstmöglichen* anfechtbaren Zwischen-, Teil- oder Endentscheid des Schiedsgerichts anzufechten (N 32 f.; BGer, 4P.168/1999, E. 1.b und c; BERGER/KELLERHALS, Rz 836). 35

b) Gegen Entscheide staatlicher Gerichte

Entscheidet aufgrund von Art. 369 Abs. 3 (wenn die Parteien kein privates Gremium bezeichnet haben) das **staatliche Gericht** des Sitzkantons des Schiedsgerichts über ein Ablehnungsgesuch, so ist dieser Entscheid *endgültig* (BSK IPRG-PETER/BESSON, Art. 180 N 33). Nach Auffassung des *Bundesgerichts* sollen diese Entscheide nicht mehr überprüfbar (also absolut endgültig) sein, da – im Gegensatz zur Überprüfung des Entscheids eines privaten Gremiums – die Sicherstellung der rechtsstaatlichen Unbedenklichkeit (N 34) hier entfalle; der erste Entscheid sei ja bereits durch ein staatliches Gericht gefällt worden (BGE 128 III 330, 332; noch offen gelassen in BGE 122 I 370; BERGER/KELLERHALS, Rz 839). Abs. 5 würde danach für Ablehnungsentscheide ordentlicher Gerichte *keine Anwendung* finden. 36

In der *Lehre* sind die Auffassungen dazu im Zusammenhang mit Art. 180 IPRG *geteilt*: ein Teil der Lehre spricht sich dafür aus, dass auch die Ablehnungsentscheide staatlicher Gerichte *indirekt* mit dem Schiedsspruch angefochten werden können (bspw. BSK IPRG-PETER/BESSON, Art. 180 N 36; WEHRLI, 118; STAEHELIN/STAEHELIN/GROLIMUND, § 29 Rz 10), andere sprechen sich dagegen aus (WALTER/BOSCH/BRÖNNIMANN, 111; IPRG-Komm.-VISCHER, Art. 180 N 23 will die Anfechtung im Zusammenhang mit der Beschwerde gegen den Schiedsspruch nur im Falle einer Rechtsverweigerung durch die kantonale Instanz zulassen). 37

Nach der hier vertretenen Ansicht verdient die erste Auffassung den Vorzug. Der Wortlaut von Abs. 5 macht keinerlei Differenzierung betreffend die den Ablehnungsentscheid fällende Instanz. Im Expertenbericht zum Vorentwurf von 2003 (171) und in der **Botschaft des Bundesrates** (7397) ist zudem *ausdrücklich* festgehalten, dass diese Bestimmung *auch für staatliche Gerichte* anwendbar ist, die einen Ablehnungsentscheid fällen. Der Gesetzgeber hat sich also entgegen der Auffassung des Bundesgerichts – zumindest für nationale Schiedsverfahren – für die indirekte Überprüfbarkeit von Ablehnungsentscheiden staatlicher Gerichte ausgesprochen. 38

Entsprechend kann der Entscheid eines staatlichen Gerichts wie die Entscheide privater Gremien *mit der Schiedsbeschwerde gegen den (nächstmöglichen) Schiedsspruch nach Art. 392 i.V.m. 393 lit. a angefochten* werden (zu den Anfechtungsmöglichkeiten unter der Geltung des KSG: BERGER/KELLERHALS, Rz 838).

Art. 370

Abberufung

¹ Jedes Mitglied des Schiedsgerichts kann durch schriftliche Vereinbarung der Parteien abberufen werden.

² Ist ein Mitglied des Schiedsgerichts ausser Stande, seine Aufgabe innert nützlicher Frist oder mit der gehörigen Sorgfalt zu erfüllen, so kann auf Antrag einer Partei die von den Parteien bezeichnete Stelle oder, wenn keine solche bezeichnet wurde, das nach Artikel 356 Absatz 2 zuständige staatliche Gericht dieses Mitglied absetzen.

³ Für die Anfechtung eines solchen Entscheides gilt Artikel 369 Absatz 5.

Révocation

¹ Tout arbitre peut être révoqué par accord écrit entre les parties.

² Lorsqu'un arbitre n'est pas en mesure de remplir sa mission en temps utile ou ne s'en acquitte pas avec la diligence requise, il peut être destitué, à la demande d'une partie, par l'organe désigné par les parties ou, à défaut, par l'autorité judiciaire compétente en vertu de l'art. 356, al. 2.

³ L'art. 369, al. 5, s'applique au recours contre la décision de révocation.

Destituzione

¹ Ciascun arbitro può essere destituito per accordo scritto tra le parti.

² Ad istanza di parte, l'ente designato dalle parti oppure, se un tale ente non è stato previsto, il tribunale statale competente ai sensi dell'articolo 356 capoverso 2 può destituire un arbitro che non si dimostri in grado di adempiere i suoi compiti in un termine utile o di agire con la cura richiesta dalle circostanze.

³ All'impugnazione di una tale decisione si applica l'articolo 369 capoverso 5.

Inhaltsübersicht Note

I. Normzweck und Grundlagen 1

II. Terminologie 3

III. Abberufung eines Mitglieds des Schiedsgerichts durch Parteivereinbarung (Abs. 1) 4
   1. Dispositive Natur von Abs. 1 4
   2. Freies Widerrufsrecht der Parteien 5
   3. Verfahren 8

IV. Absetzung eines Mitglieds des Schiedsgerichts (Abs. 2) 9
   1. Einseitig zwingende Natur von Abs. 2 9
   2. Antragsrecht und -frist 12
   3. Absetzungsgründe 14
   4. Das Verfahren vor der beauftragten Stelle bzw. vor dem staatlichen Gericht .. 18

V. Rechtswirkung der Abberufung bzw. Absetzung eines Mitglieds des Schiedsgerichts 21

VI. Anfechtung des Absetzungsentscheids (Abs. 3) 24

Literatur

C. OETIKER, Eintritt und Wirkungen der Rechtshängigkeit in der internationalen Schiedsgerichtsbarkeit, Diss. St. Gallen 2003; J.-F. POUDRET/S. BESSON, Comparative Law of International Arbitration, 2. Aufl., Zürich 2007.

I. Normzweck und Grundlagen

Die Bestimmung regelt die Abberufung eines Schiedsrichters durch Parteivereinbarung ohne die Notwendigkeit des Vorliegens besonderer Gründe oder auf Antrag einer Partei, wenn ein Schiedsrichter seine Aufgabe nicht (mehr) gehörig erfüllen kann.

Abs. 1 entspricht **Art. 22 Abs. 1 KSG**, unter Abs. 2 zusammengefasst sind die Abberufung nach **Art. 22 Abs. 2 KSG** und die Rechtsverzögerungsbeschwerde nach **Art. 17 KSG** (Bericht VE-ZPO, 171; BOTSCHAFT ZPO, 7397), indem festgehalten ist, dass ein Mitglied des Schiedsgerichts abgesetzt werden kann, wenn es ausser Stande ist, seine Aufgabe entweder «innert nützlicher Frist» oder «mit der gehörigen Sorgfalt» zu erfüllen. Für die Anfechtung des Abberufungsentscheids verweist Abs. 3 auf die Anfechtung des Ablehnungsentscheids nach Art. 369 Abs. 5. Das IPRG regelt die Abberufung nicht in einem separaten Artikel, sondern erwähnt sie einzig im Rahmen der Konstituierung des Schiedsgerichts in Art. 179 Abs. 1 und 2.

II. Terminologie

Die **Abberufung** eines Mitglieds des Schiedsgerichts ist in Abs. 1 geregelt und muss von der **Absetzung** i.S.v. Abs. 2, von der in Art. 367–369 geregelten **Ablehnung** sowie von der **Ersetzung** nach Art. 371 (als Folge u.a. der Abberufung, der Absetzung oder der Ablehnung) unterschieden werden (BERGER/KELLERHALS, Rz 843; WIGET/STRÄULI/MESSMER, § 239 ZPO/ZH N 53; POUDRET/BESSON, Rz 431; ebenso im internationalen Schiedsgerichtsrecht, BSK IPRG-PETER/LEGLER, Art. 179 N 27).

III. Abberufung eines Mitglieds des Schiedsgerichts durch Parteivereinbarung (Abs. 1)

1. Dispositive Natur von Abs. 1

Die Regelung von Abs. 1 ist **dispositiver Natur**, d.h. die Parteien können das Abberufungsrecht einvernehmlich ausschliessen, die Abberufungsbefugnis auf eine Drittperson übertragen oder vom Formerfordernis der Schriftlichkeit (s.u. N 7) einvernehmlich absehen (vgl. JOLIDON, Art. 22 KSG N 1 und Art. 22 KSG N 4; LALIVE/POUDRET/REYMOND, Art. 22 KSG N 1; RÜEDE/HADENFELDT, a.a.O.; BERGER/KELLERHALS, Rz 845).

2. Freies Widerrufsrecht der Parteien

Das Recht der Parteien, jedes Mitglied des Schiedsgerichts durch Vereinbarung abzuberufen, folgt aus der Natur des **Schiedsrichtervertrags** als auftragsähnlicher Vertrag sui generis (s. Art. 364 N 5 ff.): Entsprechend **Art. 404 Abs. 1 OR** ist der Auftrag jederzeit und voraussetzungslos (mithin ohne Angabe von Gründen; WIGET/STRÄULI/MESSMER, § 239 ZPO/ZH N 32) frei widerrufbar – dasselbe gilt auch für den Schiedsrichtervertrag (JOLIDON, Art. 22 KSG N 2 und 310 Art. 22 KSG N 3; LALIVE/POUDRET/REYMOND, Art. 22 KSG N 1 [widersprüchlich aber Art. 179 IPRG N 8]; RÜEDE/HADENFELDT, 169; BSK IPRG-PETER/LEGLER, Art. 179 N 27). Die Abberufung ist mithin nichts anderes als eine Kündigung durch den Auftraggeber (JOLIDON, a.a.O.). Unmöglich ist indes ein

Widerruf des Schiedsrichtervertrags durch eine Partei alleine, was daraus folgt, dass der Schiedsrichtervertrag immer zwischen dem Mitglied des Schiedsgerichts und *beiden* bzw. *allen* Parteien geschlossen wird (RÜEDE/HADENFELDT, a.a.O.; BERGER/KELLERHALS, Rz 844; s. Art. 364 N 5). Vorbehalten bleibt immer auch ein allfälliger Schadenersatzanspruch des abberufenen Mitglieds aus **Art. 404 Abs. 2 OR**, sollte die Abberufung zur Unzeit erfolgt sein (IPRG-Komm.-VISCHER, Art. 179 N 5; s.u. N 22).

6 Abberufen werden können nur die **Mitglieder des Schiedsgerichts,** nicht jedoch das Schiedsgericht *als solches* (JOLIDON, Art. 22 KSG N 2; vgl. bereits den Wortlaut von Abs. 1: «Jedes Mitglied des Schiedsgerichts kann [...] abberufen werden.»). Keine Rolle spielt hingegen, ob es sich bei der abzuberufenden Person um ein von den Parteien oder den parteiernannten Schiedsrichtern (bzw. einer beauftragten Stelle) i.S.v. Art. 361 oder vom Gericht i.S.v. Art. 362 ernanntes Mitglied des Schiedsgerichts handelt (JOLIDON, a.a.O.; WIGET/STRÄULI/MESSMER, § 239 ZPO/ZH N 53; BSK IPRG-PETER/LEGLER, Art. 179 N 27; BERGER/KELLERHALS, Rz 843; OETIKER, Rz 262).

7 Weil die Folgen für den weiteren Ablauf des Schiedsverfahrens gravierend sein können, verlangt (der dispositive) Abs. 1 für die Abberufung eines Mitglieds des Schiedsgerichts eine **schriftliche Parteivereinbarung.**

3. Verfahren

8 Für die Abberufung spielt – anders als für die Ersetzung (vgl. Art. 371 Abs. 1) – das Verfahren der Ernennung keine Rolle (LALIVE/POUDRET/REYMOND, Art. 179 IPRG N 9; IPRG-Komm.-VISCHER, Art. 179 N 5). Eine **Anhörung des abzuberufenden Mitglieds** des Schiedsgerichts vor der Abberufung ist **nicht erforderlich** (JOLIDON, Art. 22 KSG N 4).

IV. Absetzung eines Mitglieds des Schiedsgerichts (Abs. 2)

1. Einseitig zwingende Natur von Abs. 2

9 Die Bestimmung von Abs. 2 ist insofern **zwingender Natur,** als die Parteien nicht im Voraus auf das Recht verzichten können, Mitglieder des Schiedsgerichts nach Abs. 2 abzusetzen (vgl. LALIVE/POUDRET/REYMOND, Art. 22 KSG N 2). Dies ergibt sich u.a. daraus, dass die in Abs. 2 statuierten Voraussetzungen als *wichtige Gründe* qualifizieren (BERGER/KELLERHALS, Rz 849), auch wenn dieser in Art. 22 Abs. 1 KSG verwendete Begriff nicht in die ZPO übernommen wurde.

10 Nach Abs. 2 ausdrücklich zulässig ist es aber, für die Absetzung anstatt des staatlichen Gerichts nach Art. 356 Abs. 2 eine **andere Stelle** für zuständig zu erklären (was unter Geltung des KSG noch unzulässig war, LALIVE/POUDRET/REYMOND, a.a.O.). Vgl. z.B. auch Art. 12 Abs. 1 Swiss Rules; Art. 12 Abs. 2 ICC Rules.

11 Im Rahmen der Privatautonomie weiter zulässig sind auch besondere Vereinbarungen über die Gründe, die eine Partei ermächtigen, die Absetzung eines Mitglieds des Schiedsgerichts zu beantragen – solche **Absetzungsgründe** können sich namentlich aus einer für die Parteien verbindlichen Schiedsordnung ergeben (BERGER/KELLERHALS, Rz 852).

2. Antragsrecht und -frist

12 Die von den Parteien beauftragte Stelle bzw. das nach Art. 356 Abs. 2 zuständige staatliche Gericht können gemäss dem Wortlaut von Abs. 2 weder von sich aus (anders Art. 12 Abs. 2 ICC Rules; Art. 32 WIPO Rules; vgl. auch Art. 12 Swiss Rules und

dazu Zuberbühler/Müller/Habegger-MARGUERAT, Art. 12 N 10), noch auf Ersuchen des Schiedsgerichts hin, sondern einzig auf **Parteiantrag** hin ein Mitglied des Schiedsgerichts nach Abs. 2 absetzen (JOLIDON, Art. 22 KSG N 52; LALIVE/POUDRET/REYMOND, Art. 22 KSG N 2; RÜEDE/HADENFELDT, 167). BERGER/KELLERHALS (Rz 849, m.Vw. auf den nicht unter dem KSG ergangenen Entscheid der Verwaltungskommission des OGer ZH publiziert in ZR 1978 Nr. 2) sehen auch ein Antragsrecht für die anderen Mitglieder des Schiedsgerichtes vor. Diese Ansicht ist zu begrüssen, sind doch Absetzungsgründe für die Parteien u.U. nicht im gleichen Masse wie für die anderen Mitglieder des Schiedsgerichtes ersichtlich und ergibt sich für diese eine Pflicht – mindestens zur Offenlegung gegenüber den Parteien – allenfalls aus dem Schiedsrichtervertrag.

Zwar sieht Abs. 2 **keine besondere Frist** vor, innert welcher der Antrag zu erfolgen hat – dennoch ist i.S. des Gebots des Handelns nach Treu und Glauben zu verlangen, dass ein Absetzungsgrund unmittelbar gerügt wird, «andernfalls die Partei, die das Schiedsverfahren vorbehaltlos fortsetzt, so zu behandeln ist, als habe sie auf ihr Recht, Einspruch zu erheben, verzichtet» (BERGER/KELLERHALS, Rz 854). 13

3. Absetzungsgründe

Unter der Geltung des KSG stand die Doktrin dafür ein, dass bei der Annahme eines wichtigen Grundes (als einziger Absetzungsgrund nach Art. 22 Abs. 2 KSG) **grosse Zurückhaltung** an den Tag gelegt wurde (JOLIDON, Art. 22 KSG N 54; LALIVE/POUDRET/REYMOND, Art. 22 KSG N 2; vgl. auch Zuberbühler/Müller/Habegger-MARGUERAT, Art. 12 N 7; a.M. RÜEDE/HADENFELDT, 168). Es wurde geltend gemacht, der vorgebrachte «wichtige Grund» müsse derart sein, dass von der antragstellenden Partei vernünftigerweise objektiv nicht mehr verlangt werden könne, weiter an jene Schiedsvereinbarung gebunden zu sein, in welcher sie (gemeinsam mit der Gegenpartei) der abzusetzenden Person das Vertrauen einräumte, eine sie betreffende Streitigkeit verbindlich zu entscheiden (JOLIDON, Art. 22 KSG N 54). Die Absetzung sollte gleichsam das letzte Mittel darstellen, um das Schiedsverfahren noch zu retten (JOLIDON, a.a.O.). Diese restriktive Auslegung muss auch für die nunmehr in Art. 370 Abs. 2 ZPO aufgeführten Absetzungsgründe gelten, will man eine Beeinflussung des Schiedsverfahrens möglichst verhindern. In Anlehnung an Zuberbühler/Müller/Habegger-MARGUERAT (Art. 12 N 6) ist immerhin zu fordern, dass der beauftragten Stelle bzw. dem staatlichen Gericht bei der Frage des Vorliegens eines Absetzungsgrundes **weites Ermessen** zukommt, damit sie bzw. es dem Einzelfall gerecht werden kann. 14

a) Unfähigkeit der Aufgabenerfüllung innert nützlicher Frist

Als «wichtiger Grund» i.S.v. Art. 22 Abs. 2 KSG wurde in der Literatur namentlich die **ungerechtfertigte Verzögerung des Verfahrens** aufgeführt (vgl. JOLIDON, Art. 22 KSG N 54; RÜEDE/HADENFELDT, 168; BERGER/KELLERHALS, Rz 852). Dieser Absetzungsgrund kommt nur in Frage, wenn die Parteien das Amt des betreffenden Mitglieds des Schiedsgerichts *nicht* i.S.v. Art. 366 Abs. 1 befristet haben. Wurde das Amt hingegen befristet und erlässt bzw. eröffnet das Schiedsgericht seinen Schiedsspruch erst *nach* der festgesetzten Frist, so bleibt einzig die Möglichkeit einer Beschwerde nach Art. 393 lit. b (vgl. LALIVE/POUDRET/REYMOND, Art. 17 KSG N 2). Verschleppen die Mitglieder des Schiedsgerichts die Ernennung des Präsidenten, so kommt nicht etwa eine Absetzung nach Abs. 2 in Frage, sondern es gelangt vielmehr Art. 362 Abs. 1 lit. c zur Anwendung. 15

16 Die Verzögerung misst sich nicht an einer von den Parteien festgesetzten Frist, sondern an der Sorgfalt, welche man vom Schiedsgericht unter Berücksichtigung der Komplexität der Sache, des gewöhnlich schnellen Ganges eines Schiedsverfahrens sowie der diesbezüglichen Kooperation der Parteien erwarten darf (LALIVE/POUDRET/REYMOND, Art. 17 KSG N 2; RÜEDE/HADENFELDT, 159). Jedenfalls muss die beauftragte Stelle bzw. das zuständige staatliche Gericht bei der Beurteilung einer Verzögerung **grosse Zurückhaltung** walten lassen (JOLIDON, Art. 17 KSG N 34; LALIVE/POUDRET/REYMOND, a.a.O.; **a.M.** RÜEDE/HADENFELDT, a.a.O.). Zu verwerfen ist jedoch die Ansicht, dass sich eine Amtsenthebung erst rechtfertigen lässt, nachdem die nach Abs. 2 zuständige Instanz dem betreffenden Mitglied des Schiedsgerichts eine **Frist für die Vornahme der nicht ausgeführten Prozesshandlung** angesetzt hat, verbunden mit der Androhung der Ersetzung nach unbenütztem Ablauf der Frist (so KGer GR, in: PKG 1977, 94 ff. E. 4). Eine Abmahnung durch die Parteien oder allenfalls die anderen Mitglieder des Schiedsgerichtes sollte genügen (vgl. auch Art. 12 Abs. 1 Swiss Rules, wonach der Absetzung eines Schiedsrichters eine schriftliche Mahnung durch die anderen Schiedsrichter oder die Kammern vorangehen muss).

b) Unsorgfältige Aufgabenerfüllung

17 Nebst der Unfähigkeit der Aufgabenerfüllung innert nützlicher Frist kann auch die **unsorgfältige Aufgabenerfüllung** als Absetzungsgrund von den Parteien geltend gemacht werden (ähnlich auch Art. 12 Abs. 1 Swiss Rules). Das Mass der von den einzelnen Mitgliedern des Schiedsgerichts anzuwendenden *Sorgfalt* richtet sich nach Auftragsrecht, insb. nach Art. 398 Abs. 2 OR (RÜEDE/HADENFELDT, 156). So hat es nach Amtsübernahme insb. alles zu unterlassen, was das Vertrauen einer oder beider Parteien in seine Unabhängigkeit erschüttern könnte wie etwa das Zulassen von Besuchen durch die Parteien oder die Entgegennahme von Weisungen. Die Pflicht der einzelnen Mitglieder des Schiedsgerichts zur sorgfältigen Aufgabenerfüllung erfasst auch die Pflicht zur Offenbarung von Ablehnungsgründen, die nur dem betreffenden Mitglied bekannt sind (s. Art. 363; RÜEDE/HADENFELDT, a.a.O.). Denkbar ist ferner, dass das betreffende Mitglied des Schiedsgerichts etwa infolge **Krankheit** oder **längeren Auslandaufenthalts** ausser Stande ist, seine Aufgabe sorgfältig zu erfüllen (RÜEDE/HADENFELDT, 168).

4. Das Verfahren vor der beauftragten Stelle bzw. vor dem staatlichen Gericht

18 Die Absetzung eines Mitglieds des Schiedsgerichts erfolgte nach Art. 45 Abs. 1 KSG ausdrücklich im **summarischen Verfahren** (vgl. LALIVE/POUDRET/REYMOND, Art. 22 KSG N 2; RÜEDE/HADENFELDT, 167). Da nunmehr nebst dem staatlichen Gericht auch die von den Parteien berufene Stelle mit der Absetzung betraut sein kann (anders nach überwiegender Auffassung noch das KSG; vgl. BERGER/KELLERHALS, Rz 850) ist ein Verweis auf das summarische Verfahren nicht angebracht. Auch wenn nicht in den Katalog von Art. 248 ff. aufgenommen, ist jedoch für Absetzungsverfahren vor staatlichen Gerichten kein Grund ersichtlich, warum eine materielle Änderung gegenüber dem KSG vorgenommen werden sollte (vgl. Art. 356 N 5).

19 Das abzusetzende Mitglied des Schiedsgerichts hat (anders als das abzuberufende Mitglied, s.o. N 8) das **Recht, vor** seiner **allfälligen Absetzung angehört zu werden** (LALIVE/POUDRET/REYMOND, Art. 22 KSG N 2; RÜEDE/HADENFELDT, 167; vgl. auch Art. 12 Abs. 2 Swiss Rules; **a.M.** JOLIDON, Art. 22 KSG N 52). Daneben ist auch die (nicht antragstellende) Gegenpartei vorgängig anzuhören, da ihre Rechtsstellung durch die allfällige Absetzung berührt wird (RÜEDE/HADENFELDT, 167).

4. Titel: Ablehnung, Abberufung u. Ersetzung der Mitgl. des Schiedsg. 20–25 **Art. 370**

Den Parteien steht es frei, durch Vereinbarung eine **besondere Stelle** zu bezeichnen, welche für allfällige Absetzungen nach Abs. 2 zuständig sein soll. Subsidiär, d.h. mangels einer für zuständig erklärten Stelle, erfolgt die Absetzung eines Mitglieds eines Schiedsgerichts nach Abs. 2 durch ein **staatliches Gericht**. Dieses ergibt sich – wie schon bei der ersatzweisen Ernennung nach Art. 362 (s. Art. 362 N 18) – kraft Verweises aus **Art. 356 Abs. 2**. Vgl. auch Art. 356 N 16. 20

V. Rechtswirkung der Abberufung bzw. Absetzung eines Mitglieds des Schiedsgerichts

Der **Absetzungsentscheid** der beauftragten Stelle bzw. des zuständigen staatlichen Gerichts ist **nicht rückwirkend** (JOLIDON, Art. 22 KSG N 55; LALIVE/POUDRET/REYMOND, Art. 22 KSG N 2; RÜEDE/HADENFELDT, 169), d.h. er berührt die Gültigkeit der Schiedsvereinbarung nicht (JOLIDON, Art. 22 KSG N 6; LALIVE/POUDRET/REYMOND, a.a.O.; RÜEDE/HADENFELDT, a.a.O.). Die beauftragte Stelle bzw. das zuständige staatliche Gericht haben sich auf die Absetzung des betreffenden Mitglieds des Schiedsgerichts zu beschränken; insb. ist ihnen verwehrt, über die materiell- oder prozessrechtlichen Folgen dieser Absetzung zu entscheiden (JOLIDON, Art. 22 KSG N 53). 21

Die Abberufung bzw. Absetzung gilt als erfolgt im Zeitpunkt, da sie dem betreffenden Mitglied des Schiedsgerichts zur Kenntnis gelangt. Durch die Abberufung bzw. Absetzung wird das **Mandat** des betreffenden Mitglieds **beendet** (JOLIDON, Art. 22 KSG N 4; LALIVE/POUDRET/REYMOND, Art. 22 KSG N 1) und das betreffende Mitglied ist nach Art. 371 zu ersetzen (BERGER/KELLERHALS, Rz 847). Die Honoraransprüche bleiben gewahrt; überdies hat das betreffende Mitglied u.U., nämlich bei Abberufung bzw. Absetzung zur Unzeit, einen **Schadenersatzanspruch** gegenüber den abberufenden bzw. absetzenden Parteien i.S.v. Art. 404 Abs. 2 OR (JOLIDON, Art. 22 KSG N 3; LALIVE/ POUDRET/REYMOND, a.a.O.; vgl. auch OETIKER, Rz 264, nach welchem der Honoraranspruch des *abberufenen* Mitglieds des Schiedsgerichts grundsätzlich weiter besteht, sofern er nicht aus anderen Gründen wie etwa wegen Schlechterfüllung dahinfällt, weshalb dem abberufenen Mitglied grundsätzlich in jedem Fall, d.h. unabhängig davon, ob ihm «durch die vorzeitige Auflösung des Mandats ein Schaden entsteht oder ob diese zur Unzeit erfolgte», ein [geminderter] Honoraranspruch zustehe). 22

Zur Frage, ob und inwieweit **Prozesshandlungen,** an denen das abberufene oder abgesetzte Mitglied des Schiedsgerichts mitgewirkt hat, weiter gelten oder zu **wiederholen** sind vgl. BERGER/KELLERHALS, Rz 879 ff. sowie Art. 371 N 24 ff. 23

VI. Anfechtung des Absetzungsentscheids (Abs. 3)

Abs. 3 bedient sich für die Regelung der Anfechtung des **Absetzungsentscheids** eines Verweises auf Art. 369 Abs. 5, woraus sich ergibt, dass der Abberufungsentscheid nicht selbstständig, sondern **nur** zusammen **mit dem nächsten Schiedsspruch angefochten** werden kann (s. Art. 369 N 31 ff.). Als Anfechtungsgrund kommt Art. 393 lit. a in Frage. 24

Keine Anfechtungsmöglichkeit gegen den **Abberufungsentscheid** der Parteien haben das Schiedsgericht und das abberufene Mitglied desselben; namentlich können sie die Parteivereinbarung über die Abberufung nicht von sich aus überprüfen bzw. überprüfen lassen (BERGER/KELLERHALS, Rz 848). 25

Art. 371

Ersetzung eines Mitglieds des Schiedsgerichts

¹ Ist ein Mitglied des Schiedsgerichts zu ersetzen, so gilt das gleiche Verfahren wie für seine Ernennung, sofern die Parteien nichts anderes vereinbart haben oder vereinbaren.

² Kann es nicht auf diese Weise ersetzt werden, so wird das neue Mitglied durch das nach Artikel 356 Absatz 2 zuständige staatliche Gericht ernannt, es sei denn, die Schiedsvereinbarung schliesse diese Möglichkeit aus oder falle nach Ausscheiden eines Mitglieds des Schiedsgerichts dahin.

³ Können sich die Parteien nicht darüber einigen, welche Prozesshandlungen, an denen das ersetzte Mitglied mitgewirkt hat, zu wiederholen sind, so entscheidet das neu konstituierte Schiedsgericht.

⁴ Während der Dauer des Ersetzungsverfahrens steht die Frist, innert der das Schiedsgericht seinen Schiedsspruch zu fällen hat, nicht still.

Remplacement d'un arbitre

¹ Lorsqu'un arbitre doit être remplacé, la procédure prévue pour sa nomination est applicable, à moins que les parties n'en aient convenu ou n'en conviennent autrement.

² Si le remplacement ne peut être effectué selon cette procédure, le nouvel arbitre est nommé par l'autorité judiciaire compétente en vertu de l'art. 356, al. 2, sauf si la convention l'exclut ou que le retrait d'un membre du tribunal arbitral la rend caduque.

³ Le tribunal arbitral reconstitué décide, à défaut d'entente entre les parties, dans quelle mesure les actes auxquels a participé l'arbitre remplacé sont réitérés.

⁴ Le remplacement d'un arbitre ne suspend pas le délai dans lequel le tribunal arbitral doit rendre sa sentence.

Sostituzione di un arbitro

¹ Alla sostituzione di un arbitro si applica la procedura seguita per la sua designazione, eccetto che le parti si siano accordate o dispongano diversamente.

² Se non si può procedere in tal modo, il nuovo arbitro è designato dal tribunale statale competente ai sensi dell'articolo 356 capoverso 2, salvo che il patto d'arbitrato escluda tale possibilità o, in seguito al venir meno di un arbitro, debba considerarsi decaduto.

³ Se le parti non possono accordarsi in merito, il neocostituito tribunale arbitrale decide quali atti processuali a cui il membro sostituito aveva partecipato debbano essere ripetuti.

⁴ La procedura di sostituzione di un arbitro non sospende il decorso del termine assegnato al tribunale arbitrale per pronunciare il giudizio.

4. Titel: Ablehnung, Abberufung u. Ersetzung der Mitgl. des Schiedsg.   1, 2   **Art. 371**

Inhaltsübersicht   Note

  I. Normzweck und Grundlagen 1

 II. Vorbemerkungen 4
    1. Voraussetzungen für eine Ersetzung 4
    2. Parteiautonomie 6

III. Fälle der Ersetzung eines Mitglieds des Schiedsgerichts (Abs. 1, 1. Teilsatz) ... 7
    1. Tod eines Mitglieds bzw. mehrerer Mitglieder des Schiedsgerichts 8
    2. Ablehnung eines Mitglieds bzw. mehrerer Mitglieder des Schiedsgerichts
       i.S.v. Art. 367 9
    3. Abberufung bzw. Absetzung eines Mitglieds bzw. mehrerer Mitglieder des
       Schiedsgerichts i.S.v. Art. 370 10
    4. Rechtmässiger Rücktritt eines Mitglieds bzw. mehrerer Mitglieder des
       Schiedsgerichts 11
    5. Weitere Fälle 14

 IV. Verfahren der Ersetzung 15
    1. Parteiautonomie (Abs. 1 i.f.) 15
    2. Gleiches Verfahren wie bei der Ernennung des oder der betreffenden
       Mitglieder des Schiedsgerichts (Abs. 1, 2. Teilsatz) 16
    3. Unmöglichkeit der Ersetzung nach Abs. 1 (Abs. 2) 20
    4. Verfahren 22

  V. Aussetzung des Schiedsverfahrens 23

 VI. Folgen der Ersetzung 24
    1. Entscheid über Aufhebung und Wiederholung der Prozesshandlungen
       (Abs. 3) 24
    2. Stellung des Ersatzmitglieds des Schiedsgerichts 31
    3. Keine Hemmung des Fristenlaufs (Abs. 4) 32

VII. Beschwerde gegen die Ersetzung eines Mitglieds des Schiedsgerichts 33

Literatur

B. BERGER, Jederzeitiges Kündigungsrecht des Schiedsrichters?, ASA Bull 2002, 5 ff.; E. BUCHER, Noch einmal das Rücktrittsrecht des Schiedsrichters: Zurück zum receptum arbitri, und sodann Rezepte gegen die Untat böser Buben, ASA Bull 2002, 413 ff. (zit. Rücktrittsrecht); G. FRIEDLI/ D. EICHENBERGER, Praktische Probleme eines Schiedsrichters, TREX 2002, 260 ff.; CH. OETIKER, Eintritt und Wirkungen der Rechtshängigkeit in der internationalen Schiedsgerichtsbarkeit, Diss. St. Gallen 2003; J.-F. POUDRET/S. BESSON, Comparative Law of International Arbitration, 2. Aufl., Zürich 2007; W. WENGER, Säumnis und Säumnisfolgen im internationalen Schiedsverfahren, in: Recueil de travaux suisses sur l'arbitrage international, Ouvrage publié sous la direction de Claude Reymond et Eugène Bucher à l'occasion du Congrès Intérimaire du International Council for Commercial Arbitration (ICCA), Zürich 1984, 245 ff.; vgl. ausserdem die Literaturhinweise zu Art. 367 und 368.

I. Normzweck und Grundlagen

Die Bestimmung behandelt die Ersetzung eines Mitgliedes des Schiedsgerichts, welches   1
sein Amt nach der Übernahme nicht mehr ausüben kann oder will.

Abs. 1 übernimmt (sprachlich leicht modifiziert) **Art. 23 Abs. 1 KSG**, ergänzt durch den   2
Hinweis allerdings, dass die Parteien (auch bereits zum Voraus in der Schiedsvereinba-

rung) eine abweichende Regelung treffen können. Abs. 2 entspricht inhaltlich **Art. 23 Abs. 2 KSG**, ergänzt durch den Hinweis, dass es den Parteien offen steht, die Ernennung durch das nach Art. 356 Abs. 2 zuständige staatliche Gericht in der Schiedsvereinbarung auszuschliessen.

3 Abs. 3 weicht von **Art. 23 Abs. 3 KSG** insofern ab, als die Entscheidungsbefugnis über die Weitergeltung von Prozesshandlungen nicht mehr dem staatlichen Gericht, sondern dem neu konstituierten Schiedsgericht zusteht. Damit wird der Kritik Rechnung getragen, dass das staatliche Gericht sich zu wenig in den Prozessstoff vertiefen könne, um einen sachgerechten Entscheid zu fällen (Bericht VE-ZPO, 172; BOTSCHAFT ZPO, 7398; s. z.B. die Kritik bei KELLERHALS, 396). Abs. 4 letztlich deckt sich inhaltlich mit **Art. 23 Abs. 4 KSG**. Das IPRG regelt die Ersetzung nicht gesondert, sondern erwähnt sie einzig im Rahmen der Konstituierung des Schiedsgerichts in Art. 179 Abs. 1 und 2.

II. Vorbemerkungen

1. Voraussetzungen für eine Ersetzung

4 Eine Ersetzung ist immer dann notwendig, wenn ein Mitglied oder mehrere Mitglieder des Schiedsgerichts ihr **Amt** (nach der Übernahme) **nicht mehr ausüben können oder wollen**, obwohl ihr Mandat an sich noch nicht beendet wäre, weil noch kein Urteil gefällt oder aber das gefällte Urteil aufgehoben und die Sache zur Neubeurteilung an das Schiedsgericht zurück gewiesen wurde (LALIVE/POUDRET/REYMOND, Art. 23 KSG N 1; RÜEDE/HADENFELDT, 188).

5 Damit ein Mitglied überhaupt ersetzt werden kann, ist nebst dem **Ausscheiden** des betr. Mitglieds auch der **Fortbestand der Schiedsvereinbarung** vorausgesetzt und zwar derart, dass sie nicht als erloschen oder dahingefallen zu erachten ist (RÜEDE/HADENFELDT, a.a.O.; BERGER/KELLERHALS, Rz 871 f.). Eine Schiedsvereinbarung kann u.U. als dahin gefallen gelten, wenn sie abhängig ist von der Person eines ernannten Schiedsrichters (BOTSCHAFT ZPO, 7398; WIGET/STRÄULI/MESSMER, Vor §§ 238–258 ZPO/ZH N 42; vgl. auch POUDRET/BESSON, Rz 434).

2. Parteiautonomie

6 Es steht den Parteien im Rahmen der Parteiautonomie frei, zu vereinbaren, dass das **Schiedsverfahren** beim Eintreten eines die Ersetzung auslösenden Umstandes **beendet** werden soll. Eine solche Parteivereinbarung kann auch konkludent erfolgen, etwa dadurch, dass die Parteien in der Schiedsvereinbarung übereingekommen sind, dass eine namentlich bestimmte Person als Einzelschiedsrichterin tätig werden soll (JOLIDON, Art. 23 KSG N 21 m.H. auf SemJud 1965, 411; BOTSCHAFT ZPO, 7398). Denkbar und zulässig ist auch die Vereinbarung, dass bei Ausscheiden eines Mitglieds des Schiedsgerichts das **Schiedsverfahren** von den verbleibenden Mitgliedern (also ohne Ernennung eines Ersatzmitglieds) **fortgesetzt** werden soll (IPRG-Komm.-VISCHER, Art. 179 N 7; BGE 117 Ia 166 E. 6c).

III. Fälle der Ersetzung eines Mitglieds des Schiedsgerichts (Abs. 1, 1. Teilsatz)

7 Während Art. 23 Abs. 1 KSG noch ausdrücklich (jedoch nicht abschliessend, JOLIDON, Art. 23 KSG N 22) Fälle der Ersetzung eines Mitglieds des Schiedsgerichts nannte, begnügt sich Abs. 1 von Art. 371 nunmehr mit der **Generalklausel** «Ist ein Mitglied des Schiedsgerichts zu ersetzen, […]».

4. Titel: Ablehnung, Abberufung u. Ersetzung der Mitgl. des Schiedsg.   8–11 **Art. 371**

1. Tod eines Mitglieds bzw. mehrerer Mitglieder des Schiedsgerichts

Der **Tod eines Mitglieds** bzw. mehrerer Mitglieder des Schiedsgerichts führt zu dessen 8
bzw. deren Ersetzung nach Art. 371 (vgl. z.B. BGE 108 Ia 197).

2. Ablehnung eines Mitglieds bzw. mehrerer Mitglieder des Schiedsgerichts i.S.v. Art. 367

Dieser Fall umfasst einzig die **Ablehnung** eines bzw. mehrerer Schiedsrichter **nach** 9
Art. 367, nicht aber die Ablehnung des Schiedsgerichts *als solches* nach Art. 368 (JOLI-
DON, Art. 23 KSG N 1 und 321 Art. 23 KSG N 22 lit. b; LALIVE/POUDRET/REYMOND,
Art. 23 KSG N 1.3; RÜEDE/HADENFELDT, 190). Im letzteren Fall erfolgt die Neubestel-
lung vielmehr entsprechend Art. 361 f. (Art. 368 Abs. 2), da es keiner Ersetzung der Mit-
glieder des Schiedsgerichts, sondern der Bestellung eines neuen Schiedsgerichts bedarf
(JOLIDON, Art. 23 KSG N 22 lit. b).

3. Abberufung bzw. Absetzung eines Mitglieds bzw. mehrerer Mitglieder des Schiedsgerichts i.S.v. Art. 370

Anders als bei der Ablehnung, erfolgt die Ersetzung bei der **Abberufung bzw. Abset-** 10
zung eines Mitglieds bzw. mehrerer Mitglieder des Schiedsgerichts **i.S.v. Art. 370** auch
dann nach Art. 371, wenn *alle* Mitglieder abberufen bzw. abgesetzt werden (JOLIDON,
Art. 23 KSG N 22 lit. c).

4. Rechtmässiger Rücktritt eines Mitglieds bzw. mehrerer Mitglieder des Schiedsgerichts

Auch wenn der Schiedsrichtervertrag seiner Natur nach auftragsähnlich ist (vgl. Art. 364 11
N 5), ist ein **Rücktritt** – mangels anders lautender Parteivereinbarung (auch etwa
kraft Verweises auf ein Schiedsreglement, z.B. auf Art. 11 Abs. 3 UNCITRAL Rules;
Art. 11 Abs. 1 Swiss Rules; Art. 12 Abs. 1 ICC Rules; Art. 10 Abs. 4 LCIA Rules) –
nur aus **wichtigen Gründen** zulässig (JOLIDON, Art. 23 KSG N 22 lit. d; LALIVE/
POUDRET/REYMOND, Art. 23 KSG N 1.4; RÜEDE/HADENFELDT, 170; BERGER/KELLER-
HALS, Rz 860; IPRG-Komm.-VISCHER, Art. 179 N 3; BSK IPRG-PETER/LEGLER,
Art. 179 N 29; BERGER, 12 ff.; OETIKER, Rz 275; ZR 1978 Nr. 2 [Entscheid der Verwaltungskommission des OGer ZH]). Die Annahme des Amtes i.S.v. Art. 364 verpflichtet die Mitglieder des Schiedsgerichts mitunter zur Mitwirkung am Verfahren bis zu
dessen endgültigen Erledigung. Die Gewährung eines freien, jederzeitigen Widerrufs-
bzw. Kündigungsrechts wäre mit dieser Verpflichtung nicht vereinbar (JOLIDON, a.a.O.;
RÜEDE/HADENFELDT, a.a.O.; BERGER/KELLERHALS, a.a.O.; OETIKER, Rz 274; Cour de
Justice GE, 10.2.1984, ASA Bull 1984, 155; vom BGer offen gelassen in BGE 117 Ia
166 E. 6c). Zur Auslegung des Begriffs des wichtigen Grundes ist vorerst auf die Lehre
und Rechtsprechung zur Vertragsauflösung aus wichtigem Grund zurück zu greifen
(BERGER/KELLERHALS, Rz 861; eingehend BGE 128 III 428). Demnach gilt als wichtiger
Grund «jeder Umstand, bei dessen Vorhandensein dem Schiedsrichter nach Treu und
Glauben die Weiterführung seines Amtes nicht mehr zugemutet werden kann» (BERGER/
KELLERHALS, a.a.O.). Was etwa Art. 11 Abs. 3 UNCITRAL Arbitration Rules bestimmt,
nämlich, dass ein *Mitglied des Schiedsgerichts, gegen das ein Ablehnungsbegehren*
gestellt wurde, freiwillig zurück treten kann, gilt als allgemein anerkannt (vgl. auch
Art. 11 Abs. 1 Swiss Rules; Art. 10 Abs. 4 LCIA Rules). Denkbar sind überdies *in der*
Person des Schiedsrichters liegende wichtige Gründe wie etwa eine schwere Krankheit (vgl. auch BUCHER, 419, der einen Rücktritt einzig bei Vorliegen einer schweren

Philipp Habegger

Krankheit als zulässig erachtet), nachträglicher Verlust einer von den Parteien an das Schiedsrichteramt gestellten Qualifikation, nachträglicher Verlust der Handlungsfähigkeit, nachträgliche Übernahme eines öffentlichen Amtes mit welchem die gleichzeitige Schiedsrichtertätigkeit von Rechts wegen unvereinbar ist, nachträgliche Umstände, die Zweifel an der Unabhängigkeit bzw. Unparteilichkeit der betr. Person entstehen lassen oder etwa das Begehen eines Verbrechens oder Vergehens nach Amtsantritt. Einen wichtigen Grund für einen Rücktritt kann ferner auch der Umstand bilden, dass die übrigen Mitglieder des Schiedsgerichts schwerwiegend gegen Verfahrensgarantien verstossen haben oder gar der Umstand, dass Kostenvorschüsse nicht bezahlt wurden (JOLIDON, a.a.O.; RÜEDE/HADENFELDT, a.a.O.; BERGER/KELLERHALS, a.a.O.). *Keinen* wichtigen Grund zu begründen vermag indes der allgemeine Hinweis auf die «eingetretene Situation» bzw. auf «Arbeitsüberlastung» (ZR 1978 Nr. 2 [Entscheid der Verwaltungskommission des OGer ZH]).

12 Erklärt ein Mitglied des Schiedsgerichts seinen **Rücktritt**, *ohne* einen wichtigen Grund dafür nachzuweisen, kann es zwar auch diesfalls nicht zur Weiterführung seines Mandates gezwungen werden (JOLIDON, Art. 23 KSG N 22 lit. d; POUDRET/BESSON, Rz 432; BGE 117 Ia 166 E. 6c; LALIVE/POUDRET/REYMOND, Art. 23 KSG N 1.4), macht sich jedoch u.U. gegenüber den Parteien *privatrechtlich haftbar* (JOLIDON, Art. 23 KSG N 22 lit. d und 237 f. Art. 14 KSG N 33; LALIVE/POUDRET/REYMOND, a.a.O.; WIGET/STRÄULI/MESSMER, Vorbem. zu §§ 238–258 ZPO/ZH N 46; POUDRET/BESSON, Rz 432 und 445 ff.; BERGER, 23; BGE 117 Ia 166, a.a.O.). Für den weiteren Gang des Schiedsverfahrens hingegen ist irrelevant, ob der Rücktritt recht- oder unrechtmässig erfolgt ist (JOLIDON, a.a.O.) – in beiden Fällen hat grundsätzlich eine Ersetzung zu erfolgen (IPRG-Komm.-VISCHER, Art. 179 N 4; vgl. auch Zuberbühler/Müller/Habegger-FREY, Art. 13 N 15). Eingehend zum Rücktrittsrecht des Schiedsrichters vgl. BERGER, 5 ff.; BUCHER, 413 ff.

13 Über die **Frage der Rechtmässigkeit des Rücktritts** eines Mitglieds des Schiedsgerichts haben nicht die verbliebenen Mitglieder, sondern das *zuständige staatliche Gericht i.S.v. Art. 356 Abs. 2* zu befinden, das entweder die Beendigung des Schiedsrichtermandats festzustellen hat oder – in Ermangelung wichtiger Gründe für einen Rücktritt – das betr. Mitglied aufzufordern hat, am Verfahren weiterhin mitzuwirken, verbunden mit der Androhung der Schadenersatzpflicht im Falle der Weigerung (BGE 117 Ia 166 E. 6c; IPRG-Komm.-VISCHER, Art. 179 N 3; vgl. auch den ZR 1978 Nr. 2 [Entscheid der Verwaltungskommission des OGer ZH]). Als *Kläger* des Verfahrens um Ermittlung der Recht- bzw. Unrechtmässigkeit des Rücktritts kommt neben dem Schiedsgericht auch die betroffene Partei in Frage (IPRG-Komm.-VISCHER, a.a.O.).

5. Weitere Fälle

14 Folgende weitere Fälle der Ersetzung eines Mitglieds des Schiedsgerichts werden in der Literatur genannt:

– Die Parteien vereinbaren, ein Mitglied des Schiedsgerichts zu ersetzen (JOLIDON, Art. 23 KSG N 22 lit. e m.H. darauf, dass dieser Fall praktisch einer Abberufung nach Art. 22 Abs. 1 KSG [bzw. Art. 370 Abs. 1] gleichkommt).

– Eine als Schiedsrichter bestellte Person weigert sich, das Schiedsrichtermandat zu übernehmen (JdT 1988 III 16; JOLIDON, a.a.O. m.H. darauf, dass diesfalls vorerst abgeklärt werden müsste, ob die Schiedsvereinbarung diesbezüglich eine besondere Regelung enthält und falls nicht, nach Art. 23 Abs. 1, 2 und 4 KSG [bzw. Art. 371 Abs. 1, 2 und 4] verfahren werden müsste).

- Ein Schiedsrichter weigert sich (explizit oder durch konkludentes Verhalten), das Amt auszuüben, ohne aber auszudrücken, zurücktreten zu wollen (JOLIDON, a.a.O. m.H. darauf, dass für diesen Fall vorerst nach Art. 22 KSG [bzw. Art. 370] vorgegangen werden muss; vgl. auch OETIKER, Rz 279 ff. und 305 ff.; BERGER/KELLERHALS, Rz 885 ff. und Zuberbühler/Müller/Habegger-FREY, Art. 13 N 31 ff. [Stichwort *truncated tribunal*] sowie unten N 23; s.a. Art. 393 N 18).

- Nachdem der Schiedsrichter das Amt angenommen hat, ist er (z.B. infolge schwerer Krankheit) an der Ausübung dauerhaft verhindert oder unfähig, sein Amt auszuüben, tritt aber (obwohl ein wichtiger Grund gegeben wäre, s.o. N 11) *nicht* von sich aus zurück (JOLIDON, a.a.O. m.H. darauf, dass er diesfalls vorerst abberufen bzw. abgesetzt werden müsste). Vgl. auch Art. 13 Abs. 2 UNCITRAL Rules («*de jure* or *de facto* impossibility»).

IV. Verfahren der Ersetzung

1. Parteiautonomie (Abs. 1 i.f.)

Die Parteien sind im Rahmen der **Parteiautonomie** frei in der Festlegung des Verfahrens der Ersetzung, wobei sie diesbezügliche Regelungen bereits in der Schiedsvereinbarung oder auch erst nach Eintreten des die Ersetzung auslösenden Umstandes treffen können. Denkbar und zulässig ist es auch, diese Befugnis auf einen Dritten zu übertragen, wie etwa dann, wenn sich die Parteien einem Schiedsreglement einer bestimmten Institution unterworfen haben (JOLIDON, Art. 23 KSG N 1; LALIVE/POUDRET/REYMOND, Art. 23 KSG N 2 m.H. auf BGE 108 Ia 97; RÜEDE/HADENFELDT, 189).

2. Gleiches Verfahren wie bei der Ernennung des oder der betreffenden Mitglieder des Schiedsgerichts (Abs. 1, 2. Teilsatz)

Subsidiär, d.h. mangels anders lautender Parteivereinbarung, wird das betreffende Mitglied des Schiedsgerichts in jenem **Verfahren** ersetzt, das bei seiner **Ernennung** bzw. Bestellung erfolgt ist (vgl. auch Art. 13 Abs. 1 Swiss Rules).

Wurde etwa das zu ersetzende Mitglied i.S.v. Art. 362 Abs. 1 lit. b wegen Säumnis einer Partei ersatzweise durch das zuständige staatliche Gericht ernannt, so ist nach herrschender Auffassung letzteres (und nicht etwa die mit der Ernennung säumige Partei) auch für seine Ersetzung zuständig (JOLIDON, Art. 23 KSG N 32; LALIVE/POUDRET/REYMOND, Art. 23 KSG N 2; RÜEDE/HADENFELDT, 189; FRIEDLI/EICHENBERGER, 265). Massgebend sei das *tatsächlich* befolgte Verfahren, welches u.U. auch von dem in der Schiedsvereinbarung vorgesehenen Verfahren abweichen kann (JOLIDON, a.a.O.; LALIVE/POUDRET/REYMOND, a.a.O.; RÜEDE/HADENFELDT, a.a.O.; WIGET/STRÄULI/MESSMER, Vor §§ 238–258 ZPO/ZH N 56). Die h.L. lässt sich m.E. nicht mit dem Verhältnismässigkeitsprinzip und dem Grundsatz vereinbaren, dass sich die Sanktion bei Säumnis immer nur auf die versäumte prozessuale Handlung zu beziehen hat (WENGER, 249; s.a. Art. 373 N 85; s.a. Art. 179 Abs. 1 IPRG, der auf das von den Parteien *vereinbarte* Verfahren abstellt). Anders verhält es sich nur in dem vom Art. 371 nicht erfassten Fall, da das Schiedsgericht als solches i.S.v. Art. 368 abgelehnt wird und ein neues Schiedsgericht zu bestellen ist (JOLIDON, a.a.O.; s. oben N 9).

Haben die Parteien das zu ersetzende Mitglied des Schiedsgerichts nur «seiner **Stellung** nach» i.S.v. Art. 361 Abs. 3 bezeichnet, so wird das betreffende Mitglied durch jene Person ersetzt, die nunmehr diese Stellung inne hat. Sollte jedoch das zu ersetzende Mitglied die Stellung noch immer bekleiden, ist eine Ersetzung nach Abs. 1 nicht möglich, und Abs. 2 kommt zur Anwendung (JOLIDON, a.a.O.).

19 Auf die Stellung des Präsidenten des Schiedsgerichts hat die Ersetzung eines Parteischiedsrichters keinen Einfluss, er ist also nicht etwa neu zu wählen (RÜEDE/HADENFELDT, 189; FRIEDLI/EICHENBERGER, 265).

3. Unmöglichkeit der Ersetzung nach Abs. 1 (Abs. 2)

20 Stellt sich heraus, dass die Ersetzung nicht nach dem Verfahren der Ernennung erfolgen kann (etwa weil der mit der Ernennung beauftragte Dritte inzwischen gestorben ist), ist vorab zu untersuchen, ob sich der Schieds- oder einer anderen Parteivereinbarung für diesen Fall eine Lösung entnehmen lässt (JOLIDON, Art. 23 KSG N 33; RÜEDE/HADENFELDT, 190). Erst wenn dies nicht der Fall ist und die Schiedsvereinbarung nach Ausscheiden eines Mitglieds des Schiedsgerichts auch nicht dahinfällt, erfolgt subsidiär die **Ersetzung durch** das nach Art. 356 Abs. 2 zuständige **staatliche Gericht**.

21 Anzumerken bleibt, dass es nicht zu einer (nochmaligen) summarischen Prüfung der Frage des Bestehens einer Schiedsvereinbarung kommt – eine solche ist nur für den Fall der Erstnennung i.S.v. Art. 362 Abs. 3 vorgesehen (Bericht VE-ZPO, 172).

4. Verfahren

22 Art. 45 Abs. 1 KSG sah noch ausdrücklich vor, dass die Ersetzung eines Mitglieds des Schiedsgerichts durch den staatlichen Richter im **summarischen Verfahren** erfolgt (vgl. JOLIDON, Art. 23 KSG N 1; LALIVE/POUDRET/REYMOND, Art. 23 KSG N 2; RÜEDE/HADENFELDT, 190). Da auch die von den Parteien berufene Stelle mit der Ersetzung betraut sein kann (anders nach überwiegender Auffassung noch das KSG; vgl. BERGER/KELLERHALS, Rz 850) wäre ein Verweis auf das summarische Verfahren verfehlt. Auch wenn nicht in den Katalog von Art. 248 ff. ZPO aufgenommen, ist jedoch für die Ersetzung durch den staatlichen Richter kein Grund ersichtlich, warum eine materielle Änderung gegenüber dem KSG vorgenommen werden sollte (s. Art. 356 N 5).

V. Aussetzung des Schiedsverfahrens

23 Auch wenn sich der ZPO (und im Übrigen auch den meisten Schiedsordnungen) keine Regelung entnehmen lässt, wonach das **Schiedsverfahren während eines laufenden Ersetzungsverfahrens auszusetzen** ist, versteht sich dies von selbst, wäre doch der Schiedsspruch eines unvollständig und somit *vorschriftswidrig zusammen gesetzten Schiedsgerichts* nach Art. 393 lit. a mit Beschwerde anfechtbar (JOLIDON, Art. 23 KSG N 41; LALIVE/POUDRET/REYMOND, Art. 23 KSG N 4; BERGER/KELLERHALS, Rz 878; BGE 117 Ia 166 E. 6c). Noch immer *ordnungsgemäss zusammengesetzt* ist ein *Schiedsgericht* hingegen dann, wenn ein Mitglied des Schiedsgerichts nicht formell auf sein Amt verzichtet, sondern bloss die Mitwirkung verweigert oder Obstruktion betreibt (insb. Nicht-Teilnahme an Beratungen des Schiedsgerichts ohne hinreichenden Grund). Diesfalls kann das betreffende Mitglied mit seinem Verhalten das Schiedsgericht nicht daran hindern, durch Mehrheitsbeschluss auf dem Zirkulationsweg die Fortsetzung des Verfahrens und die Fällung eines Schiedsspruchs zu beschliessen (BGE 128 III 234 E. 3b aa = SZIER 2002, 554 = Pra 2002 Nr. 91; OETIKER, Rz 282; vgl. auch Art. 12 Abs. 5 ICC Rules; Art. 12 LCIA Rules; Art. 35 WIPO Rulessowie implizit Art. 15 Abs. 1 i.V.m. Art. 31 Abs. 1 und Art. 32 Abs. 4 Swiss Rules). Im Falle der Nicht-Teilnahme an Beratungen des Schiedsgerichts gilt dies allerdings nur insofern, als das betreffendes Mitglied gehörig über Ort und Datum der Beratungen informiert worden ist (IPRG-Komm.-VISCHER, Art. 179 N 10; vgl. auch Zuberbühler/Müller/Habegger-FREY, Art. 13 N 37; s.a. Art. 393 N 18).

VI. Folgen der Ersetzung

1. Entscheid über Aufhebung und Wiederholung der Prozesshandlungen (Abs. 3)

In erster Linie liegt es im Rahmen der Parteiautonomie an den Parteien, sich darüber zu einigen, welche **Prozesshandlungen** (z.B. bisherige Beschlüsse des Schiedsgerichts oder durchgeführte Beweisaufnahmen), an denen das ersetzte Mitglied des Schiedsgerichts mitgewirkt hat, weiter gelten bzw. **wiederholt** werden sollen. Angesichts der Gefahr, dass der Entscheid der Parteien einen wichtigen Grund für den Rücktritt (s.o. N 11) der anderen Mitglieder des Schiedsgerichts setzen könnte, ist den Parteien zu empfehlen, diesen reiflich zu überdenken, ohne jedoch dabei Zeit zu verlieren (JOLIDON, Art. 23 KSG N 42). Einigen sich die Parteien, so ist ihr Entscheid auch für das neu konstituierte Schiedsgericht verbindlich; es ist diesem mithin verwehrt, erneut über die Aufhebung bzw. Weitergeltung der Prozesshandlungen zu befinden (JOLIDON, Art. 23 KSG N 42; LALIVE/POUDRET/REYMOND, Art. 23 KSG N 3).

Können die Parteien **keine Einigung** finden (was gemäss OETIKER, Rz 296, die Regel darstellen soll), so kann das **neu konstituierte Schiedsgericht** um einen diesbezüglichen Entscheid ersucht werden. War unter Geltung des KSG noch das staatliche Gericht zuständig, kann nunmehr der Problematik ausgewichen werden, dass das staatliche Gericht, weil selber zu wenig vertraut mit dem Prozessstoff, vor seinem Entscheid regelmässig das neu konstituierte Schiedsgericht konsultieren musste (vgl. JOLIDON, Art. 23 KSG N 42; vgl. auch OETIKER, Rz 288 ff., insb. 296). In jedem Fall bedarf es eines *Parteiantrags* (vgl. demgegenüber Art. 12 Abs. 4 ICC Rules; Art. 14 UNCITRAL Rules; Art. 34 WIPO Rules), d.h. das neu konstituierte Schiedsgericht entscheidet nicht von Amtes wegen über Aufhebung und Wiederholung der Prozesshandlungen (BERGER/KELLERHALS, Rz 880; IPRG-Komm.-VISCHER, Art. 179 N 9; vgl. aber LALIVE/POUDRET/REYMOND, Art. 23 KSG N 3, nach welchen das neu konstituierte Schiedsgericht auch *ohne* Parteiantrag entscheiden kann) – es ist grundsätzlich davon auszugehen, dass das neu konstituierte Schiedsgericht in das Verfahren eintritt, «wie es zur Zeit des Eintritts der Vakanz bestanden hat» (IPRG-Komm.-VISCHER, Art. 179 IPRG N 8; so auch Art. 14 Swiss Rules; anders Art. 14 UNCITRAL Rules, mit der Idee, dass aus dem *Anspruch auf rechtliches Gehör* folgend jede Partei die Möglichkeit haben sollte, ihre Sache dem neu konstituierten Schiedsgericht nochmals vorzutragen [Zuberbühler/Müller/Habegger-FREY, Art. 14 N 4]) und die bisherigen Prozesshandlungen nicht nichtig sind (BERGER/KELLERHALS, Rz 880). Dass Prozesshandlungen wiederholt werden, ist folglich eher die Ausnahme als die Regel, was darin begründet ist, dass das Entstehen zusätzlicher Kosten vermieden sowie das Betreiben von Obstruktion möglichst unterbunden werden soll (Zuberbühler/Müller/Habegger-FREY, Art. 14 N 6 f.).

Abs. 3 nennt keine **Frist**, nach deren Ablauf das neu konstituierte Schiedsgericht angerufen werden kann – jedenfalls muss aber die gesuchstellende Partei nachweisen, dass sie die Einigung mit der Gegenpartei gesucht, aber nicht innert angemessener Frist gefunden hat (JOLIDON, Art. 23 KSG N 42).

Handelt es sich bei der ersetzten Person um einen **Einzelschiedsrichter**, so hat der neue Einzelschiedsrichter praktisch notwendigerweise alle Prozesshandlungen zu wiederholen (so ausdrücklich Art. 14 UNCITRAL Rules). Dasselbe gilt für den Fall, da die Mehrheit der Mitglieder eines Mehrpersonenschiedsgerichts ersetzt worden ist (JOLIDON, Art. 23 KSG N 42).

Das neu konstituierte Schiedsgericht entscheidet nach **freiem Ermessen**, jedoch unter Berücksichtigung der konkreten Umstände der Ersetzungsgründe, wobei es all jene Prozesshandlungen weiter gelten lassen wird, die von den Ersetzungsgründen unbeeinflusst geblieben sind (JOLIDON, Art. 23 KSG N 42; LALIVE/POUDRET/REYMOND, Art. 23 KSG N 3). *Nicht* im freien Ermessen des neu konstituierten Schiedsgerichts liegt hingegen der Entscheid über das Tätigwerden – erging rechtskonform ein Antrag, so muss das neu konstituierte Schiedsgericht über die Aufhebung bzw. Wiederholung der Prozesshandlungen entscheiden. Nicht mehr wiederholbare Beweiserhebungen sollte das neu konstituierte Schiedsgericht in Analogie zu Art. 51 Abs. 2 in jedem Fall berücksichtigen dürfen (LALIVE/POUDRET/REYMOND, a.a.O.; RÜEDE/HADENFELDT, 191; BERGER/KELLERHALS, Rz 883). Massgebend für den Entscheid des neu konstituierten Schiedsgerichts ist nebst dem *Verfahrensstadium* insb. die *Qualität der Dokumentation des bisherigen Verfahrens* (Zuberbühler/Müller/Habegger-FREY, Art. 14 N 21; vgl. auch OETIKER, Rz 297 ff., der als weiteres Entscheidungskriterium den *Ausscheidungsgrund* nennt). Entscheidet sich das neu konstituierte Schiedsgericht *für* eine Wiederholung, so bedeutet dies nicht notwendigerweise, dass die betr. Prozesshandlungen in genau gleicher Weise und innert derselben Zeit zu wiederholen sind – es liegt vielmehr im Ermessen des neu konstituierten Schiedsgerichts, einige oder sämtliche Prozesshandlungen in einem beschleunigten Verfahren zu wiederholen (Zuberbühler/Müller/Habegger-FREY, Art. 14 N 19).

29   Das neu konstituierte Schiedsgericht hat bei seinem Entscheid dem **Anspruch der Parteien auf rechtliches Gehör** Rechnung zu tragen (vgl. BSK IPRG-PETER/LEGLER, Art. 179 N 32 m.H. auf Art. 12 Ziff. 4 ICC Rules; Zuberbühler/Müller/Habegger-FREY, Art. 14 N 13). Indes sollte den Parteien grundsätzlich nicht gestattet werden, neue Tatsachen in das Verfahren einzubringen (Zuberbühler/Müller/Habegger-FREY, Art. 14 N 20).

30   Im Übrigen steht es den Parteien auch frei, anstatt des staatlichen Gerichts eine **beauftragte Stelle** bez. des Entscheids über die Aufhebung und Wiederholung der Prozesshandlungen für zuständig zu erklären (BERGER/KELLERHALS, Rz 881).

2. Stellung des Ersatzmitglieds des Schiedsgerichts

31   Das Ersatzmitglied des Schiedsgerichts sollte in die Lage versetzt werden, sich seine **eigene Meinung über die sich im Streit befindliche Sache** zu bilden (Zuberbühler/Müller/Habegger-FREY, Art. 14 N 9 und 26). Aus dem *Anspruch der Parteien auf rechtliches Gehör* (s. unten Art. 373 N 53 und Art. 375 N 31) ergibt sich, dass das Ersatzmitglied nicht nur durch die verbliebenen Mitglieder des Schiedsgerichts, sondern in einer offenen und direkten Weise auch durch die Parteien, deren Zeugen und Experten über den zu entscheidenden Fall informiert werden sollte (Zuberbühler/Müller/Habegger-FREY, a.a.O.). Indem auch dem Ersatzmitglied gewährt wird, tatsächlich am Verfahren teilzunehmen, kann die Gefahr einer erfolgreichen Anfechtung des Schiedsspruchs wegen Verletzung des rechtlichen Gehörs i.S.v. Art. 393 lit. d minimiert werden (Zuberbühler/Müller/Habegger-FREY, Art. 14 N 10).

3. Keine Hemmung des Fristenlaufs (Abs. 4)

32   Art. 371 Abs. 4 bestimmt für den Fall, da die **Amtsdauer** i.S.v. Art. 366 Abs. 1 **befristet** wurde, dass die vereinbarte Frist während der Dauer des Ersetzungsverfahrens – vorbehaltlich anders lautender Parteiabrede (JOLIDON, Art. 23 KSG N 43) – *nicht* still steht, der **Fristenlauf** mithin **nicht gehemmt** wird (vgl. auch oben Art. 366 N 9). Die Ersetzung führt im Übrigen auch nicht dazu, dass die Amtsdauer mit der Neubesetzung des Schiedsgerichts von neuem beginnt (JOLIDON, a.a.O.). Diese Regelung kann zur Folge haben, dass das neu bestellte Mitglied sein Amt nur unter der Bedingung annimmt, dass ihm eine Verlängerung der Amtsdauer i.S.v. Art. 366 Abs. 2 gewährt wird.

VII. Beschwerde gegen die Ersetzung eines Mitglieds des Schiedsgerichts

Kommt es während eines Schiedsverfahrens zur Ersetzung eines Mitglieds des Schiedsgerichts, so ist mit Beschwerde nur die **Neubesetzung** anfechtbar, die auch tatsächlich einen Schiedsspruch gefällt hat (BGE 118 II 359 E. 3a). Die (im Rahmen der Parteiautonomie zulässige) Vereinbarung der Parteien, dass bei Ausscheiden eines Mitglieds des Schiedsgerichts keine Neubesetzung erfolgen soll, kann im Rahmen der Anfechtung des Schiedsspruchs nach Art. 393 lit. a auf ihre Gültigkeit hin überprüft werden (vgl. im internationalen Schiedsgerichtsrecht BSK IPRG-BERTI/SCHNYDER, Art. 190 N 31). Im Übrigen gelten in Bezug auf die *Rekursmöglichkeiten* gegen den Ersetzungsentscheid eines privaten Gremiums oder des staatlichen Richters sinngemäss die gleichen Grundsätze wie für den (erstmaligen) Ernennungsentscheid (BERGER/KELLERHALS, Rz 877; s.o. Art. 362 N 41 ff.).

5. Titel: Das Schiedsverfahren

Art. 372

Rechtshängigkeit

¹ Das Schiedsverfahren ist rechtshängig:
a. sobald eine Partei das in der Schiedsvereinbarung bezeichnete Schiedsgericht anruft; oder
b. wenn die Vereinbarung kein Schiedsgericht bezeichnet: sobald eine Partei das Verfahren zur Bestellung des Schiedsgerichts oder das von den Parteien vereinbarte vorausgehende Schlichtungsverfahren einleitet.

² Werden bei einem staatlichen Gericht und einem Schiedsgericht Klagen über denselben Streitgegenstand zwischen denselben Parteien rechtshängig gemacht, setzt das zuletzt angerufene Gericht das Verfahren aus, bis das zuerst angerufene Gericht über seine Zuständigkeit entschieden hat.

Litispendance

¹ L'instance arbitrale est pendante:
a. dès qu'une partie saisit le tribunal arbitral désigné dans la convention d'arbitrage;
b. si la convention d'arbitrage ne désigne aucun tribunal arbitral, dès qu'une partie engage la procédure de constitution du tribunal arbitral ou la procédure de conciliation préalable convenue entre les parties.

² Lorsque les parties déposent des demandes identiques devant une autorité judiciaire et un tribunal arbitral, celui qui a été saisi en second suspend d'office la procédure jusqu'à droit connu sur la compétence du premier saisi.

Pendenza

¹ Il procedimento arbitrale è pendente:
a. appena una parte adisce il tribunale arbitrale designato nel patto d'arbitrato; oppure
b. in mancanza di tale designazione, appena una parte avvia la procedura di costituzione del tribunale arbitrale oppure la preventiva procedura di conciliazione pattuita dalle parti.

² Se davanti a un tribunale statale e a un tribunale arbitrale sono pendenti, tra le medesime parti, cause concernenti il medesimo oggetto litigioso, il tribunale successivamente adito sospende la procedura finché il tribunale preventivamente adito abbia deciso sulla sua competenza.

Inhaltsübersicht

	Note
I. Normzweck und Grundlagen	1
II. Begriff der Schiedshängigkeit	3
III. Zeitpunkt der Schiedshängigkeit	4
1. Vorbemerkung	4
2. Bei bereits bestehendem Schiedsgericht (Abs. 1 lit. a): Anrufung des Schiedsgerichts	5
3. Bei noch zu bildendem Schiedsgericht	7
4. Bei fehlender Schiedsklausel: Unterzeichnung des Schiedsvertrags	15

IV. Wirkungen der Schiedshängigkeit 17
   1. Prozessuale Wirkungen 17
   2. Materiellrechtliche Wirkung: Fristwahrung 20
V. Gleichzeitige Hängigkeit bei einem staatlichen Gericht und einem
   Schiedsgericht (Abs. 2) 25
   1. Ausgangslage 25
   2. Rechtsfolge 29
VI. Folgen nicht gehöriger Anwendung von Art. 372 31

Literatur

Vgl. die Literaturhinweise bei den Vorbem. zu Art. 353–399 sowie P. BRATSCHI/R. BRINER, Bemerkungen zum Konkordat über die Schiedsgerichtsbarkeit, SJZ 1976, 101 ff.; A. BUCHER, Die neue internationale Schiedsgerichtsbarkeit in der Schweiz, Basel 1989; M. BÜHLER/T. WEBSTER, Handbook of ICC Arbitration, London 2005; CH. OETIKER, Eintritt und Wirkungen der Rechtshängigkeit in der internationalen Schiedsgerichtsbarkeit, Diss. St. Gallen 2003; F. PERRET, Arbitrage interne, in: R. Trigo Trindade/N. Jeandin (Hrsg.), Unification de la procédure civile: Présentation et critique de l'Avant-projet de Loi fédérale de procédure civile suisse. Journée en l'honeur du Professeur François Perret, Zürich 2004, 133 ff.; J.-F. POUDRET, L'application du concordat intercantonal sur l'arbitrage par le tribunal cantonal vaudois, JdT 1981 III 66–124; H.-U. WALDER-BOHNER, Die neuen Zürcher Bestimmungen über die Schiedsgerichtsbarkeit im Lichte des Konkordats, SJZ 1976, 249 ff.

I. Normzweck und Grundlagen

Art. 372 regelt die **Schiedshängigkeit**. Abs. 1 deckt sich inhaltlich mit **Art. 13 Abs. 1** **1** **lit. a und b** und **Art. 13 Abs. 2 KSG**. Von *Art. 181 IPRG* weicht Abs. 1 insofern ab, als er – in Übereinstimmung mit Art. 13 Abs. 2 KSG – bestimmt, dass die Rechtshängigkeit auch mit Einleitung des von den Parteien vereinbarten vorausgehenden Schlichtungsverfahrens begründet werden kann.

Abs. 2 klärt das Verhältnis zwischen einem staatlichen Gericht und einem Schiedsgericht, **2** wenn beide Klagen über denselben Streitgegenstand zwischen denselben Parteien rechts- bzw. schiedshängig gemacht werden. Wird als erstes das staatliche Gericht angerufen, findet Art. 61 Anwendung (Bericht VE-ZPO, 172; BOTSCHAFT ZPO, 7398; SUTTER-SOMM/HASENBÖHLER, 119; s. Art. 61 N 1 ff.). Zwischen Abs. 2 und *Art. 9 IPRG* besteht insofern eine Parallele, als beide Bestimmungen als Tatbestand das gleichzeitige Anhängigmachen von (im Streitgegenstand und in der Parteibesetzung) identischen Klagen bei verschiedenen Gerichten voraussetzen und als Rechtsfolge vorsehen, dass das später angerufene Gericht den Entscheid über seine Zuständigkeit auszusetzen hat.

II. Begriff der Schiedshängigkeit

Art. 372 regelt unter der Marginalie «Rechtshängigkeit» das Anhängigmachen der **3** Schiedsklage, was zum Eintritt der *Schieds*hängigkeit führt (vgl. BSK IPRG-VOGT, Art. 181 N 1). Mit Eintritt der Schiedshängigkeit gilt das Schiedsverfahren als eröffnet (LALIVE/POUDRET/REYMOND, Art. 13 KSG N 1). Indem man von der «Schiedshängigkeit» spricht, wird dem Umstand Rechnung getragen, dass ihre *Wirkungen nicht* vollständig *deckungsgleich mit* jenen der *Rechtshängigkeit* im Verfahren vor staatlichen Gerichten sind (diesen Umstand erkennen auch der Bericht VE-ZPO, 172; BOT-

SCHAFT ZPO, 7398 und SUTTER-SOMM/HASENBÖHLER, 119, jedoch halten sie – ohne es zu begründen – am Begriff der «Rechtshängigkeit» fest).

III. Zeitpunkt der Schiedshängigkeit

1. Vorbemerkung

4   In Art. 372 nicht aufgenommen wurde eine Art. 63 entsprechende Bestimmung über den Tatbestand der **Rechtshängigkeit bei Neueinreichung einer wegen fehlender Zuständigkeit zurückgezogener oder zurückgewiesener Klage**, weshalb es offen bleibt, ob bei Klageeinleitungen vor dem unzuständigen Schiedsgericht eine analoge Anwendung von Art. 63 in Frage kommt «und ob dies gegebenenfalls auch dann der Fall ist, wenn anstelle des seine Zuständigkeit verneinenden Schiedsgerichts nicht ein staatliches Gericht, sondern ein anderes Schiedsgericht zuständig wäre» (SUTTER-SOMM/HASENBÖHLER, 120).

2. Bei bereits bestehendem Schiedsgericht (Abs. 1 lit. a): Anrufung des Schiedsgerichts

5   Ist das **Schiedsgericht bereits** in der Schiedsvereinbarung **bezeichnet** worden, so tritt die Schiedshängigkeit ein, sobald eine Partei dieses Gericht anruft, wobei bei einem Kollegialschiedsgericht die Anrufung eines einzelnen Mitgliedes des Schiedsgerichts ausreicht (im Gegensatz zu Abs. 1 lit. a spricht Art. 181 IPRG [und im Übrigen auch noch Art. 362 VE-ZPO] nicht von der Anrufung «des bezeichneten Schiedsgerichts», sondern von der Anrufung «des oder der bezeichneten Schiedsrichter», insofern präsentiert sich die Situation im internationalen Schiedsgerichtsrecht etwas anders: Nach BSK IPRG-VOGT, Art. 181 N 7 genügt bei einem Kollegialschiedsgericht ebenfalls die Anrufung *eines* Mitglieds des Schiedsgerichts; a.M. WIGET/STRÄULI/MESSMER, Vor §§ 238–258 ZPO/ZH N 60 sowie RÜEDE/HADENFELDT, 217, 219 und 221, welche die Anrufung des Präsidenten des Schiedsgerichts, nicht aber die Anrufung eines Parteischiedsrichters genügen lassen). Dies folgt aus der Pflicht der einzelnen bestellten Mitglieder, «für die entsprechende Inkenntnissetzung der übrigen Schiedsrichter besorgt zu sein» (BSK IPRG-VOGT, a.a.O.).

6   Eine **Anrufung** in diesem Sinne setzt voraus, dass die anrufende Partei gegenüber dem Schiedsgericht ihre zu beurteilenden Ansprüche (je nach anwendbarer Verfahrensordnung mündlich oder schriftlich [LALIVE/POUDRET/REYMOND, Art. 13 KSG N 2 lit. a]) summarisch formuliert (LALIVE/POUDRET/REYMOND, Art. 181 IPRG N 2; RÜEDE/HADENFELDT, 219; BSK IPRG-VOGT, Art. 181 N 11; WIGET/STRÄULI/MESSMER, Vor §§ 238–258 ZPO/ZH N 60; vgl. auch IPRG-Komm.-VOLKEN, Art. 181 N 32). Nicht vorausgesetzt ist indes, dass sie bereits ihr Rechtsbegehren einreicht (LALIVE/POUDRET/ REYMOND, a.a.O. sowie Art. 13 KSG N 1 und 2 lit. a; RÜEDE/HADENFELDT, a.a.O.; vgl. aber den deutschen Wortlaut von Art. 181 IPRG und dazu BSK IPRG-VOGT, a.a.O.; WIGET/STRÄULI/MESSMER, a.a.O. sowie OETIKER, Rz 97). Einer genügenden *Identifizierung des Streitgegenstands* bedarf es allerdings dann, wenn die Anrufung die prozessuale Sperrwirkung und die materiellrechtliche Fristenunterbrechung herbeiführen soll (BSK IPRG-VOGT, Art. 181 N 12; WENGER, Schiedsgerichtsbarkeit, 348; RÜEDE/HADENFELDT, 220; vgl. auch JOLIDON, 226 Art. 13 KSG N 331 lit. b m.H. auf 225 Art. 13 KSG N 32 lit. b; **a.M.** LALIVE/POUDRET/REYMOND, Art. 13 KSG N 1 und 2 lit. a). Die Anrufung des Schiedsgerichts i.S.v. Abs. 1 lit. a muss im Übrigen nicht zwingend durch die *Parteien,* sondern kann auch durch eine *Schiedsinstitution* erfolgen, dessen Reglementen sich die Parteien unterworfen haben (LALIVE/POUDRET/REYMOND, Art. 13 KSG N 2 lit. a; vgl. auch Art. 3 Abs. 2 ICC Rules).

3. Bei noch zu bildendem Schiedsgericht

a) Einleitung des Ernennungsverfahrens (Abs. 1 lit. b, 1. Teilsatz)

Fehlt in der Parteivereinbarung die Bezeichnung eines Schiedsgerichts (d.h. ist das Schiedsgericht erst noch zu bilden), so tritt die Schiedshängigkeit einerseits dann ein, wenn eine Partei das **Verfahren zur Ernennung der Mitglieder des Schiedsgerichts einleitet** (vgl. auch Art. 13 Abs. 1 lit. b KSG, der noch vom «Verfahren auf *Bildung* des Schiedsgerichts» gesprochen hat und dazu die Kritik von JOLIDON, 226 Art. 13 KSG N 332 lit. a). Grundsätzlich wird das Schiedsgericht nach der von den Parteien getroffenen Vereinbarung bestellt (Art. 361 Abs. 1) bzw. sofern eine solche fehlt, ernennt jede Partei die gleiche Anzahl Mitglieder, welche dann ihrerseits einstimmig den Präsidenten wählen (Art. 361 Abs. 2).

Was unter der **«Einleitung des Verfahrens»** genau zu verstehen ist, ergibt sich aus den bereits bestehenden Parteivereinbarungen (IPRG-Komm.-VOLKEN, Art. 181 N 34). Soll etwa die Ernennung gemäss Parteivereinbarung durch eine Drittperson erfolgen (vgl. Art. 361 N 14), so ist das Ernennungsverfahren mit dem Zugang der an diese Person gerichteten Aufforderung, die Ernennung vorzunehmen, als eingeleitet zu betrachten (JOLIDON, 227 Art. 13 KSG N 332 lit. a).

Im Bereich der **institutionellen Schiedsgerichtsbarkeit** gilt das Ernennungsverfahren regelmässig mit dem Zugang der **Einleitungsanzeige bei der betr. Schiedsgerichtsorganisation** als eingeleitet (vgl. Art. 3 Abs. 1 und 2 Swiss Rules und dazu Zuberbühler/Müller/Habegger-GILLIÉRON/PITTET, Art. 3 N 3; Zuberbühler/Müller/Habegger-BERGER, Art. 18 N 6; Art. 4 Abs. 1 und 2 ICC Rules und dazu BÜHLER/WEBSTER, N 4–8 ff. sowie OETIKER, Rz 124 ff.). Unabhängig davon, was im für die Parteien verbindlichen Schiedsreglement vorgesehen ist, setzt Abs. 1 – analog Art. 181 IPRG im internationalen Schiedsgerichtsrecht (vgl. IPRG-Komm.-VOLKEN, Art. 181 N 40; BSK IPRG-VOGT, Art. 181 N 8) – den (schiedsrechtlichen) Minimalstandard, den es für den Eintritt der Schiedshängigkeit zu beachten gilt. Zu den Folgen bei Nichteinhaltung dieses Minimalstandards s.u. N 29.

Ein **ad hoc-Schiedsverfahren** demgegenüber wird i.d.R. eingeleitet durch die *klägerische Mitteilung des Klagebegehrens und des Parteischiedsrichters* (bzw. des Wahlvorschlags für einen Einzelschiedsrichter [BGer, 4P.129/2002, E. 3.3) *an die beklagte Partei* (BSK IPRG-VOGT, Art. 181 N 9; vgl. etwa Art. 3 Abs. 1 und 2 UNCITRAL Rules, wonach das Schiedsverfahren mit Eingang der entsprechenden Anzeige *bei der Gegenpartei* hängig ist [s. hierzu OETIKER, Rz 131 f.]), verbunden mit der Aufforderung, es ihr gleich zu tun (JOLIDON, 227 Art. 13 KSG N 332 lit. b; LALIVE/POUDRET/REYMOND, Art. 13 KSG N 2 lit. b; RÜEDE/HADENFELDT, 220; OETIKER, Rz 98 und 124 ff.; BGE 56 III 233 E. 4; Art. 3 Abs. 1 und 2 UNCITRAL Arbitration Rules). Kommt die Gegenpartei dieser Aufforderung nicht nach, so kann – unter gegebenen Voraussetzungen – das nach Art. 362 zuständige staatliche Gericht angerufen werden (vgl. RÜEDE/HADENFELDT, 220).

Zu den zusätzlich an diese Mitteilungen zu stellenden Anforderungen, falls gleichzeitig eine **Fristwahrung** angestrebt wird, vgl. N 20 ff.

b) Einleitung des Schlichtungsverfahrens (Abs. 1 lit. b, 2. Teilsatz)

Die Schiedshängigkeit tritt bei fehlender Bezeichnung des Schiedsgerichts in der Parteivereinbarung andererseits dann ein, wenn eine Partei das von den Parteien vereinbarte vorausgehende **Schlichtungsverfahren einleitet** – immer unter dem Vorbehalt allerdings, dass die Parteien nicht übereingekommen sind, dass eine solche Einleitung nicht zur Schiedshängigkeit führen soll (JOLIDON, 228 Art. 13 KSG N 334 lit. a).

13 Grundsätzlich bedarf es für eine Klageerhebung vor dem Schiedsgericht keines vorgängigen Schlichtungsverfahrens (RÜEDE/HADENFELDT, 216). Damit die Einleitung des Schiedsverfahrens zur Schiedshängigkeit führen kann, muss das Schlichtungsverfahren deshalb entweder in der **Schiedsvereinbarung** (bzw. in einer späteren Parteivereinbarung [LALIVE/POUDRET/REYMOND, Art. 13 KSG N 2 lit. e; RÜEDE/HADENFELDT, 219]) oder aber im für die Parteien verbindlichen **Schiedsregelement** auch tatsächlich **vorgesehen** sein (JOLIDON, a.a.O.; LALIVE/POUDRET/REYMOND, a.a.O.). Ist dies der Fall, so kommt die Anrufung des Schlichtungsorgans im Übrigen nicht einem Verzicht auf die aussergerichtliche Streitbeilegung gleich (BGer, 4C.161/2005, E. 2.5.1; mp 2007, 43 ff., 46 f.). Schliessen die Parteien hingegen nach Entstehen der Streitigkeit einen *Schiedsvertrag* in welchem sie vorsehen, dass dem Schieds- ein Schlichtungsverfahren voran zu gehen habe, so ist der für die Schiedshängigkeit massgebende Zeitpunkt jener der Unterzeichnung dieses Schiedsvertrags und nicht erst jener der Einleitung des Schlichtungsverfahrens (s. sogleich; JOLIDON, a.a.O.; vgl. demgegenüber LALIVE/POUDRET/REYMOND, a.a.O., nach welchen wohl auch diesfalls der Zeitpunkt der Einleitung des Schlichtungsverfahrens massgebend sein soll; zum Ganzen s.u. N 14).

14 Nach ständiger Rechtsprechung des BGer genügt die Anrufung des Sühnebeamten nur dann zur **Wahrung einer bundesrechtlichen Klagefrist**, «wenn der Sühnebeamte die Streitsache gemäss kantonalem Prozessrecht mangels Aussöhnung von Amtes wegen an das Gericht weiterzuleiten hat oder wenn zwischen dem Sühne- und dem eigentlichen Prozessverfahren nach kantonalem Prozessrecht ein Zusammenhang wenigstens in dem Sinne besteht, dass der Kläger den Streit innert einer gewissen Frist nach Abschluss des Sühneverfahrens vor den urteilenden Richter bringen muss, um die Verwirkung des Klagerechts oder andere Rechtsnachteile zu vermeiden, und der Kläger diese Frist im konkreten Falle auch wirklich eingehalten hat» (BGE 98 II 176 E. 11). Diese Fortführungslast wurde in die ZPO auch für Mediationsverfahren anstelle des staatlichen Schlichtungsverfahrens übernommen (Art. 209 Abs. 3 i.V.m. Art. 213 Abs. 3). *Per analogiam* darf also das Schlichtungsverfahren kein isoliertes, rein fakultatives sein, soll die Einleitung desselben die Schiedshängigkeit herbeiführen (LALIVE/POUDRET/REYMOND, Art. 13 KSG N 2 lit. e; RÜEDE/HADENFELDT, 219).

4. Bei fehlender Schiedsklausel: Unterzeichnung des Schiedsvertrags

15 Hat das KSG in Art. 13 Abs. 1 lit. d die Schiedshängigkeit bei erst **nachträglicher** (d.h. nach Entstehung des Streits abgeschlossener) **Vereinbarung der schiedsgerichtlichen Streitbeilegung** noch ausdrücklich geregelt, findet sich nunmehr unter Geltung der ZPO keine entsprechende Bestimmung mehr. Weiterhin gilt aber, dass die Schiedshängigkeit mit **Unterzeichnung des Schiedsvertrags** (s. hierzu oben Art. 358) eintritt, jedoch nur unter der Voraussetzung, dass der Schiedsvertrag das Schiedsgericht bereits bezeichnet und zumindest den Streitgegenstand oder die zu beurteilenden Fragen nennt (LALIVE/POUDRET/REYMOND, Art. 13 KSG N 2 lit. d und Art. 181 IPRG N 2; BSK IPRG-VOGT, Art. 181 N 13; WALDER-BOHNER, 254; RÜEDE/HADENFELDT, 219). Soweit eine Klagefrist gewahrt bzw. die Verjährung unterbrochen werden soll, ist überdies zu fordern, «dass dann auch gemäss dem Schiedsvertrag das Schiedsverfahren in Gang gesetzt wird» (RÜEDE/HADENFELDT, a.a.O.; ebenso LALIVE/POUDRET/REYMOND, a.a.O.; WALDER-BOHNER, a.a.O.; vgl. auch JOLIDON, 225 Art. 13 KSG N 32 lit. b).

16 Bezeichnet der Schiedsvertrag hingegen das Schiedsgericht *nicht*, so gilt das zu Abs. 1 lit. b Ausgeführte (s.o. N 12 ff.) analog (vgl. JOLIDON, 225 Art. 13 KSG N 32 lit. b).

IV. Wirkungen der Schiedshängigkeit

1. Prozessuale Wirkungen

a) Sperrwirkung

Unter der Voraussetzung, dass der Streitgegenstand durch die Einleitungshandlung der klagenden Partei hinreichend bestimmbar ist, zeitigt die Schiedshängigkeit insofern eine **prozessuale Sperrwirkung**, als ein später konstituiertes Schiedsgericht mit Sitz in der Schweiz für die bereits hängige identische Klage nicht zuständig ist (Art. 64 Abs. 1 lit. a analog; vgl. auch BSK IPRG-VOGT, Art. 181 N 14 und BERGER/KELLERHALS, Rz 945 für die internationale Schiedsgerichtsbarkeit). 17

Ob sich der **Eintritt der Sperrwirkung im Bereich der institutionellen Schiedsgerichtsbarkeit** aus den Bestimmungen der für die Parteien verbindlichen Schiedsgerichtsordnung ergeben kann, ist umstritten (bejahend wohl IPRG-Komm.-VOLKEN, Art. 181 N 37; verneinend BSK IPRG-VOGT, Art. 181 N 14, mit dem auch für die nationale Schiedsgerichtsbarkeit zutreffenden Argument, dass sich der Eintritt der Sperrwirkung im internationalen Schiedsgerichtsrecht ausschliesslich nach dem Minimalstandard von Art. 181 IPRG bestimme). 18

b) Weitere prozessuale Wirkungen

Weitere prozessuale Wirkungen der Schiedshängigkeit (wie etwa *Parteifixierung*; *erschwerte Klageänderung*; *Fortführungslast*) ergeben sich (erst) aus dem nach Art. 373 anwendbaren Verfahrensrecht (ebenso im internationalen Schiedsgerichtsrecht, BSK IPRG-VOGT, Art. 181 N 15; vgl. auch RÜEDE/HADENFELDT, 217 f.; WIGET/STRÄULI/ MESSMER, Vor §§ 238–258 ZPO/ZH N 61) – und nicht wie im Verfahren vor staatlichen Gerichten bereits aus dem Gesetz (vgl. Bericht VE-ZPO, 172). 19

2. Materiellrechtliche Wirkung: Fristwahrung

Die in Abs. 1 genannten Parteihandlungen führen nicht zwingend zur Fristunterbrechung (anders wohl BRATSCHI/BRINER, 104) – ob und welche Verjährungs- und Verwirkungsfristen des schweizerischen Rechts mit Eintritt der Schiedshängigkeit unterbrochen werden, ergibt sich vielmehr erst aus den anwendbaren materiellrechtlichen Bestimmungen (BSK IPRG-VOGT, Art. 181 N 17; JOLIDON, 220 ff. Art. 13 KSG N 21–23; LALIVE/ POUDRET/REYMOND, Art. 13 KSG N 1; RÜEDE/HADENFELDT, 218; OETIKER, Rz 589 i.f.; vgl. auch BGE 101 II 77 E. 2a; anders noch Art. 362 VE-ZPO, der in Abs. 3 klarstellte, dass die für die Begründung der Rechtshängigkeit erforderlichen Einleitungshandlungen für die Verjährungsunterbrechung genügten). 20

a) Unterbrechung der Verjährung

Der **Umfang der Verjährungsunterbrechung** durch die von Abs. 1 genannten Parteihandlungen (Anrufung des Schiedsgerichts; Einleitung des Ernennungsverfahrens; Einleitung des Schlichtungsverfahrens; Unterzeichnung des Schiedsvertrags) i.S.v. **Art. 135 Ziff. 2 OR** lässt sich erst dann bestimmen, wenn nebst der *Art* der geltend gemachten Forderung auch deren *Höhe* angegeben wird (BSK IPRG-VOGT, Art. 181 N 18; WALTER/ BOSCH/BRÖNNIMANN, 123; BGE 60 II 199 E. 4; 119 II 339 E. 1c; 122 III 195 E. 9c). Verjährungsunterbrechende Wirkung hat eine von Abs. 1 erfasste Handlung deshalb nur, wenn sie den *Streitgegenstand hinreichend bestimmt* (BSK IPRG-VOGT, a.a.O.; WIGET/ STRÄULI/MESSMER, Vor §§ 238–258 ZPO/ZH N 61). Wurde das Schiedsgericht bereits bestellt, so ist *für die Verjährungsunterbrechung* vorauszusetzen, dass die anrufende Par- 21 tei diesem ein spezifisches (bei Geldforderungen beziffertes) Rechtsbegehren einreicht (BSK IPRG-VOGT, a.a.O.; WENGER, Schiedsgerichtsbarkeit, 348; ZK-BERTI, Art. 135 OR N 143), während in den übrigen Fällen dem an das Schiedsgericht gestellten Einleitungsgesuch «zugleich die Klage, d.h. ein den materiellen Anforderungen des auf die Verjährungsunterbrechung anwendbaren Rechts genügendes Rechtsbegehren» (BSK IPRG-VOGT, a.a.O.; ebenso BK-BECKER, Art. 135 OR N 19; WALTER/BOSCH/BRÖNNIMANN, a.a.O.; s.a. BGE 33 II 306 E. 2) beizulegen ist. Dasselbe gilt auch für den Fall, da die Ernennung der Mitglieder des Schiedsgerichts nicht durch die Parteien, sondern durch das zuständige staatliche Gericht i.S.v. Art. 362 erfolgt (vgl. BSK IPRG-VOGT, a.a.O.). Zur Frage, ob die mit der Unterzeichnung eines Schiedsvertrags (i.c. durch Korrespondenzwechsel) eingetretene Schiedshängigkeit eine Verjährungsunterbrechung i.S.v. Art. 135 Ziff. 2 OR bewirken kann vgl. KGer VD, 13.12.1977, SJZ 1979, 133 Nr. 35 und dazu POUDRET, Application, 75 f.

22 Hervorzuheben bleibt, dass **Art. 134 Ziff. 6 OR** im Rahmen von Art. 372 Abs. 1 analog anwendbar ist (RÜEDE/HADENFELDT, 218; vgl. für die internationale Schiedsgerichtsbarkeit BSK IPRG-VOGT, a.a.O.): Solange eine Forderung vor einem Schiedsgericht mit Sitz in der Schweiz nicht anhängig gemacht werden kann (etwa weil der Sitz noch nicht bestimmt ist), ist die Verjährung unterbrochen (RÜEDE/HADENFELDT, a.a.O.).

b) Unterbrechung der Verwirkung

23 Über die Wahrung von Verwirkungsfristen durch die von Abs. 1 erfassten Parteihandlungen ist entsprechend den Grundsätzen über die Verjährungsunterbrechung (N 21 f.) zu entscheiden (BSK IPRG-VOGT, Art. 181 N 19; BGE 110 II 387 E. 2b). Es lässt sich jedoch nicht allgemein sagen, welche Handlung zur Wahrung einer Verwirkungsfrist nötig ist – dies ergibt sich vielmehr erst aus der jeweiligen Rechtsnorm (OETIKER, Rz 583).

24 Ist für die **Arrestprosequierung** ein Schiedsgericht zuständig, so reicht der blosse Antrag auf Schiedsgerichtsbildung i.S.v. Abs. 1 lit. b nicht aus. Der Gläubiger muss innert 10 Tagen die für die Bezeichnung der Schiedsrichter notwendigen Vorkehren treffen und, sobald die schiedsgerichtliche Konstitution stattgefunden hat, innert weiterer 10 Tagen die Klage einreichen (BGE 101 III 58, 62 f.; 112 III 120, 123 ff.). In den Fällen, in denen nach der anwendbaren Schiedsordnung das Schiedsgericht nicht sofort zu bestellen, sondern hierfür die Ansetzung einer Frist erforderlich ist, hat der Betreibende seine Bezeichnung des Schiedsrichters innert 10 Tagen seit Mitteilung der Frist zu treffen, selbst wenn diese Frist von der Schiedsbehörde länger bemessen wurde (BGE 112 III 120, 124 f.). Daraus wird auch generell geschlossen, dass die Gläubigerin «... nicht nur ihre erste Rechtshandlung fristgerecht vornehmen, sondern ... diese Frist auch für alle späteren Schritte (z.B. die Bezahlung einer Gerichtsgebühr) beachten [muss]» (BUCHER, N 185).

V. Gleichzeitige Hängigkeit bei einem staatlichen Gericht und einem Schiedsgericht (Abs. 2)

1. Ausgangslage

25 Wird eine Klage über *denselben Streitgegenstand* zwischen *denselben Parteien* sowohl bei einem staatlichen Gericht als auch bei einem Schiedsgericht anhängig gemacht, so stellt sich die Frage nach dem **Verhältnis zwischen** dem betr. **staatlichen Gericht und** dem betr. **Schiedsgericht**.

a) Prioritäre Anhängigkeit der Klage

Vorerst setzt Abs. 2 voraus, dass eine Klage entweder bei einem staatlichen Gericht oder aber bei einem Schiedsgericht prioritär anhängig gemacht wird. **Klage** im funktionalen Sinne ist «ein Gesuch um die autoritative Klärung zivilrechtlicher Verhältnisse durch eine rechtsprechende Instanz im materiellen Sinne» (BSK IPRG-BERTI, Art. 9 N 11). Nach konstanter bundesgerichtlicher Rechtsprechung ist unter der **Klageanhebung** jene prozesseinleitende oder vorbereitende Handlung der klagenden Partei zu verstehen, mit der sie erstmals «in bestimmter Form für den von ihm [ihr] erhobenen Anspruch den Schutz des Richters anruft» (BGE 74 II 14 E. 1; 101 II 77 E. 2a; 110 II 387 E. 2a; 114 II 335 E. 3a; 118 II 479 E. 3; 133 III 645 E. 5.4; vgl. dazu auch OETIKER, Rz 44 ff.). Diese Umschreibung bringt zum Ausdruck, dass die klagende Partei dem Gericht anzugeben hat, «de manière suffisamment claire sinon par des conclusions formelles, ce qu'il lui demande de prononcer» (JOLIDON, 223 Art. 13 KSG N 23 i.f.).

b) Identischer Streitgegenstand und identische Parteien

Zur Identifizierung des Streitgegenstandes nach der *Theorie des Lebenssachverhalts* vgl. vorne Art. 64 N 10 f.

Die anhängig gemachten Klagen müssen weiter einen Prozess zwischen **denselben Parteien** (vgl. hierzu oben Art. 64 N 5) betreffen, wobei es keine Rolle spielt, ob am einen Verfahren weitere Parteien beteiligt sind (BSK IPRG-BERTI, Art. 9 N 16) und ob die Parteien in beiden Verfahren dieselben Parteirollen innehaben (IPRG-Komm.-VOLKEN, Art. 9 N 48). Als identische Parteien gelten nach der sog. *funktionalen Parteiidentität* auch Rechtsnachfolger, die in eine bereits rechtskräftig beurteilte Rechtsstellung einer Partei eintreten (BSK IPRG-BERTI, a.a.O.; IPRG-Komm.-VOLKEN, Art. 9 N 49). Parteiidentität ist hingegen nicht gegeben, «wenn verschiedene Personen aus je eigenem Recht klagen» (IPRG-Komm.-VOLKEN, a.a.O.).

2. Rechtsfolge

Sind die eben genannten Voraussetzungen erfüllt, so muss das **später angerufene Gericht** gem. Abs. 2 das **Verfahren sofort aussetzen**, und zwar solange «bis das zuerst angerufene Gericht über seine Zuständigkeit entschieden hat.» Es ist dem später angerufenen Gericht insb. verwehrt, selbst über seine Zuständigkeit zu entscheiden (vgl. auch BSK IPRG-BERTI, Art. 9 N 24).

Fällt die **Prüfung der Zuständigkeit** durch das zuerst angerufene Gericht *positiv* aus (d.h. erklärt es sich für zuständig), erübrigt sich eine weitere Prüfung des später angerufenen Gerichts (PERRET, 140 f.). Befindet das zuerst angerufene Gericht hingegen *negativ* über seine Zuständigkeit (d.h. erklärt es sich für *un*zuständig), hat eine weitere Prüfung des später angerufenen Gerichts zu erfolgen, und zwar gestützt auf die im Zeitpunkt der Unzuständigkeitserklärung des zuerst angerufenen Gerichts bestehende Tatsachenlage (vgl. auch BSK IPRG-BERTI, Art. 9 N 24).

VI. Folgen nicht gehöriger Anwendung von Art. 372

Nicht gehörige Anwendung von Art. 372 Abs. 1 oder 2 kann dazu führen, dass das (Schieds-)Urteil nicht vollstreckt werden kann (vgl. IPRG-Komm.-VOLKEN, Art. 181 N 29; BSK IPRG-VOGT, Art. 181 N 16; BGE 127 III 279 E. 2d).

Art. 373

Allgemeine Verfahrensregeln

¹ Die Parteien können das Schiedsverfahren:
a. selber regeln;
b. durch Verweis auf eine schiedsgerichtliche Verfahrensordnung regeln;
c. einem Verfahrensrecht ihrer Wahl unterstellen.

² Haben die Parteien das Verfahren nicht geregelt, so wird dieses vom Schiedsgericht festgelegt.

³ Die Präsidentin oder der Präsident des Schiedsgerichts kann über einzelne Verfahrensfragen allein entscheiden, wenn eine entsprechende Ermächtigung der Parteien oder der andern Mitglieder des Schiedsgerichts vorliegt.

⁴ Das Schiedsgericht muss die Gleichbehandlung der Parteien und ihren Anspruch auf rechtliches Gehör gewährleisten und ein kontradiktorisches Verfahren durchführen.

⁵ Jede Partei kann sich vertreten lassen.

⁶ Verstösse gegen die Verfahrensregeln sind sofort zu rügen, andernfalls können sie später nicht mehr geltend gemacht werden.

Règles générales de procédure

¹ Les parties peuvent:
a. régler elles-mêmes la procédure arbitrale;
b. régler la procédure en se référant à un règlement d'arbitrage;
c. soumettre la procédure arbitrale à la loi de procédure de leur choix.

² Si les parties n'ont pas réglé la procédure, celle-ci est fixée par le tribunal arbitral.

³ Le président du tribunal arbitral peut trancher lui-même certaines questions de procédure s'il y est autorisé par les parties ou par les autres membres du tribunal.

⁴ Le tribunal arbitral garantit l'égalité entre les parties et leur droit d'être entendues en procédure contradictoire.

⁵ Chaque partie peut se faire représenter.

⁶ Toute violation des règles de procédure doit être immédiatement invoquée; à défaut, elle ne peut l'être par la suite.

Regole generali di procedura

¹ Le parti possono regolare la procedura arbitrale:
a. esse medesime;
b. mediante richiamo di un ordinamento procedurale arbitrale;
c. dichiarando applicabile un diritto procedurale di loro scelta.

² Se non è stata regolata dalle parti, la procedura è stabilita dal tribunale arbitrale.

³ Il presidente del tribunale arbitrale può decidere personalmente su singole questioni procedurali se così autorizzato delle parti o dagli altri membri del tribunale arbitrale.

⁴ Il tribunale arbitrale deve garantire la parità di trattamento delle parti e il loro diritto d'essere sentite, nonché procedere a un contraddittorio.

⁵ Ogni parte può farsi rappresentare.

⁶ Le violazioni di regole di procedura devono essere eccepite immediatamente, pena la perenzione.

5. Titel: Das Schiedsverfahren **Art. 373**

Inhaltsübersicht Note
I. Normzweck und Grundlagen 1
II. Grundsatz 4
III. Verfahrensregelung durch Parteivereinbarung (Abs. 1) 7
   1. Anknüpfung, Form, Gültigkeit und Auslegung 7
   2. Regelung durch Verweis auf eine schiedsgerichtliche Verfahrensordnung (Abs. 1 lit. b) 14
   3. Unterstellung unter ein Verfahrensrecht (Abs. 1 lit. c) 25
IV. Verfahrensregelung durch das Schiedsgericht (Abs. 2) 29
V. Verfahrensleitung durch den Präsidenten (Abs. 3) 39
   1. Grundsatz: Prozessleitende Entscheide durch das Gesamtgericht 39
   2. Ausnahme: Delegation einzelner Verfahrensfragen an den Präsidenten 40
VI. Gleichbehandlung und rechtliches Gehör in einem kontradiktorischen Verfahren (Abs. 4) 46
   1. Grundsatz 46
   2. Vertragliche Abweichung von den Mindestgarantien 50
   3. Gewährung des rechtlichen Gehörs 53
   4. In einem kontradiktorischen Verfahren 57
   5. Gleichbehandlung der Parteien 61
VII. Rügepflicht (Abs. 6) 65
VIII. Recht auf Vertretung (Abs. 5) 68
IX. Einzelfragen zum Verfahren 74
   1. Pflicht zum Verhalten nach Treu und Glauben 74
   2. Anträge der Parteien 76
   3. Verfahrensablauf 92

Literatur

S. BESSON, Arbitrage international et mesures provisoires, Etude de droit comparé, Zurich 1997; DERS., Note sur l'arrêt du Tribunal fédéral du 14 juin 1990, ASA Bull 1994 230 ff.; M. BLESSING, Le processus arbitral CCI, 3e partie: La procédure devant le tribunal arbitral, Bulletin de la Cour Internationale d'arbitrage de la CCI, 1992, no 2, 20 ff.; F. HOFFET, Rechtliche Beziehungen zwischen Schiedsrichtern und Parteien, Diss. Zürich 1991; C. JERMINI, Die Anfechtung der Schiedssprüche im internationalen Privatrecht, Diss. Zürich 1997; F. PERRET, Les conclusions et leur cause juridique au regard de la règle «ne eat judex ultra petita partium», in: Dominicé/Patry/Reymond (Hrsg.), FS Pierre Lalive, Basel 1993, 595 ff.; J.-F. POUDRET, Remarques sur les art. 182 à 185 LDIP, ASA Bull 1992, 49 ff.; J.-F. POUDRET/S. BESSON, Comparative Law of International Arbitration, 2. Aufl., Zürich/London; C. REYMOND, Le président du tribunal arbitral, in: Etudes offertes à Pierre Bellet, Paris 1991, 467 ff.; F. SATMER, Verweigerung der Anerkennung ausländischer Schiedssprüche wegen Verfahrensmängeln, Diss. Zürich 1994; P. SCHLOSSER, Das Recht der internationalen privaten Schiedsgerichtsbarkeit, 2. Aufl., Tübingen 1989; VOGT, Der Schiedsrichtervertrag nach schweizerischem Recht, Diss. Zürich 1989; W. WENGER, Säumnis und Säumnisfolgen im internationalen Schiedsverfahren, in: Recueil de travaux suisses sur l'arbitrage international, Ouvrage publié sous la direction de Claude Reymond et Eugène Bucher à l'occasion du Congrès Intérimaire du International Council for Commercial Arbitration (ICCA), Zürich 1984, 245 ff. (zit. Säumnis); W. WIEGAND, Iura novit curia vs. ne ultra petita – Die Anfechtbarkeit von Schiedsgerichtsurteilen im Lichte der jüngsten Rechtsprechung des Bundesgerichts, in: Jametti Greiner/Berger/Güngerich (Hrsg.), FS Franz Kellerhals, Bern 2005, 127 ff.; M. WIRTH, Rechtsbegehren in internationalen Schiedsverfahren – wie bestimmt müssen sie sein?, in: Jametti Greiner/Berger/Güngerich (Hrsg.), FS Franz Kellerhals, Bern 2005, 145 ff.

I. Normzweck und Grundlagen

1   Die Bestimmung spricht die **allgemeinen Verfahrensregeln** an, regelt die «Normenhierarchie» und formuliert die zwingenden Mindestanforderungen an das Verfahren.

2   Abs. 1 entspricht weitgehend **Art. 182 Abs. 1 IPRG**. Abs. 2 entspricht inhaltlich weitgehend **Art. 24 Abs. 1 KSG**. Aufgehoben wurde die in Art. 24 Abs. 2 KSG vorgesehene subsidiäre Anwendbarkeit des Bundesgesetzes vom 4.12.1947 über den Bundeszivilprozess (BZPO).

3   **Abs. 3** (*Präsidialbefugnisse*), **5** (*Recht auf Vertretung*) **und 6** (*Rügepflicht* bei Verfahrensverletzungen) sind neu. **Abs. 4** über die *zwingenden Minimalanforderungen* ersetzt den bisherigen Art. 25 KSG und ist an **Art. 182 Abs. 3 IPRG** angeglichen. Abs. 6 ist neu, gibt aber die bestehende Rechtslage gemäss bundesgerichtlicher Rechtsprechung wieder. Nicht übernommen wurde Art. 7 KSG. Das Recht auf Vertretung ist neu in Abs. 5 geregelt.

II. Grundsatz

4   Art. 373 ist Ausdruck der Regel, die sich im Schiedsrecht hinsichtlich der Verfahrensgestaltung allgemein durchgesetzt hat: Vorrang der Parteiautonomie, subsidiär Regelung durch das Schiedsgericht (BERGER/KELLERHALS, Rz 977) und Berücksichtigung eines verfahrensrechtlichen Mindeststandards (BSK IPRG-SCHNEIDER, Art. 182 N 1; vgl. z.B. Art. 18 und 19 UNCITRAL Model Law).

5   Der Gesetzgeber hat nunmehr wie auch schon im IPRG bewusst darauf verzichtet, die Anwendung eines *staatlichen Zivilprozessrechts* auch nur *hilfsweise* vorzusehen (für das IPRG vgl. AmtlBull NR 1987, 1071 und AmtlBull StR 1987, 510), wie dies noch in Art. 24 Abs. 2 KSG vorgesehen war. Die neue ZPO ist daher auch nicht analog auf das Verfahren anwendbar (im Grundsatze auch WALTER/BOSCH/BRÖNNIMANN, 120). Etwas anderes gilt nur, falls die Parteien ein solches Zivilprozessrecht ausdrücklich gewählt haben (wovon nicht leichthin auszugehen ist, s. N 26 ff.) oder wenn es vom Schiedsgericht festgelegt wird (BERGER/KELLERHALS, Rz 980; JOLIDON, Art. 24 KSG N 71; LALIVE/POUDRET/REYMOND, Art. 182 IPRG N 4; BSK IPRG-SCHNEIDER, Art. 182 N 2).

6   Abgesehen von der Pflicht zur Wahrung der verfahrensrechtlichen Mindeststandards gemäss Abs. 4 hat der Gesetzgeber den Parteien und hilfsweise dem Schiedsgericht völlige Freiheit bei der Verfahrensgestaltung gegeben. Dieses grosse Mass an Flexibilität und Freiheit bei der Verfahrensgestaltung birgt aber auch das Risiko von Ungewissheit und Überraschungen, da die Parteien nebst der Wahl einer Schiedsordnung oft die Einzelheiten des Verfahrens nicht regeln (BSK IPRG-SCHNEIDER, Art. 182 N 3). Die Schiedsrichter haben daher eine besondere Verantwortung und die Pflicht, Voraussehbarkeit über den Verfahrensgang zu schaffen (BERGER/KELLERHALS, Rz 1045).

III. Verfahrensregelung durch Parteivereinbarung (Abs. 1)

1. Anknüpfung, Form, Gültigkeit und Auslegung

7   Die Parteivereinbarung über die Verfahrensgestaltung ist von der Schiedsvereinbarung, mit der die Parteien schiedsgerichtliche Streiterledigung vorsehen, zu unterscheiden (BSK IPRG-SCHNEIDER, Art. 182 N 4). Gültigkeit und Auslegung der Vereinbarung über das Schiedsverfahren bestimmen sich nach der ZPO. Die **materielle Gültigkeit** der Vereinbarung richtet sich daher in erster Linie nach Abs. 4 (zu Vereinbarungen im Widerspruch mit zwingenden Verfahrensregeln vgl. SATMER, 59).

Abs. 1 schreibt **keine besondere Form** für die Verfahrensvereinbarung vor (BERGER/ KELLERHALS, Rz 985). Daraus ist zu schliessen, dass Verfahrensvereinbarungen auch stillschweigend oder konkludent geschlossen werden können (LALIVE/POUDRET/REYMOND, Art. 24 KSG N 2 m.w.H.). Im Interesse der Vorhersehbarkeit des Verfahrensablaufs ist bei der Annahme stillschweigender oder konkludent abgeschlossener Verfahrensvereinbarungen jedoch Zurückhaltung geboten. Aus anderen Vereinbarungen zwischen den Parteien oder aus ihrem Verhalten im Verfahren können sich zwar Hinweise darauf ergeben, dass die Parteien bestimmte *Vorstellungen über den Verfahrensablauf* und die darauf anwendbaren Regeln gehabt haben. Die stillschweigende Zustimmung zu einem Beschluss des Schiedsgerichts zur Verfahrensgestaltung durch widerspruchslose Befolgung stellt keine Parteiübereinkunft dar (BERGER/KELLERHALS, Rz 984; LALIVE/POUDRET/REYMOND, Art. 182 IPRG N 2; BSK IPRG-SCHNEIDER, Art. 182 N 5). 8

Bei der **Auslegung** der Parteivereinbarung sind die für Verträge allgemein geltenden Grundsätze anzuwenden (BGer, 14.6.1990, ASA Bull 1994, 228, E. 4c). Streitigkeiten darüber, ob zu einem bestimmten Punkt eine Vereinbarung getroffen worden ist und ggf. wie sie auszulegen ist, entscheidet das Schiedsgericht (RÜEDE/HADENFELDT, 202; BSK IPRG-SCHNEIDER, Art. 182 N 31). Gegen derartige Entscheidungen besteht i.d.R. kein Rechtsmittel (vgl. Art. 393 N 70). 9

Aus der Vereinbarung muss sich der Wille der Parteien ergeben, auch die **Schiedsrichter** an die vereinbarten Verfahrensregeln zu **binden** (BERGER/KELLERHALS, Rz 984; LALIVE/ POUDRET/REYMOND, Art. 182 IPRG N 2). Regelungen, die zwischen den Parteien und dem Schiedsgericht in einem «Schiedsauftrag» («*Terms of Reference*»; vgl. hierzu BERGER/KELLERHALS, Rz 968) oder ähnlichen Schriftstücken (z.B. einvernehmlich mit den Parteien verabschiedeter *Konstituierungsbeschluss* des Schiedsgerichtes; vgl. BERGER/KELLERHALS, Rz 970) festgelegt werden, erfüllen diese Voraussetzung regelmässig (BSK IPRG-SCHNEIDER, Art. 182 N 8). 10

Inhaltlich gleichlautende oder **gemeinsame Anträge der Parteien** stellen nur dann eine Verfahrensvereinbarung dar, soweit sie den gemeinsamen Willen der Parteien ausdrücken, eine Verfahrensfrage für das Schiedsgericht verbindlich zu regeln, wobei das Schiedsgericht solchen identischen Anträgen i.d.R. stattgeben sollte (BSK IPRG-SCHNEIDER, Art. 182 N 9). 11

Bei Vereinbarungen der Parteien über den Verfahrensablauf sind auch die **Rechte und Interessen des Schiedsgerichts** in Betracht zu ziehen. Dieses muss zwar den Parteiwillen auch gegen die eigene Überzeugung beachten, ihm bleibt aber als letzter Ausweg der Rücktritt bzw. vorgängig die Nichtannahme des Mandates (BERGER/ KELLERHALS, Rz 983; JOLIDON, Art. 24 KSG N 55; RÜEDE/HADENFELDT, 199 f.; BSK IPRG-SCHNEIDER, Art. 182 N 10; vgl. Art. 364 N 4 und Art. 371 N 11). 12

Angesichts der grossen Auswahl von Schiedsordnungen und der recht detaillierten Regelung im 3. Teil der ZPO ist es für die Parteien meist nicht sehr sinnvoll, selbst eine weitere Regelung zu schaffen, die den Verfahrensablauf in allen Einzelheiten bestimmt. Zu empfehlen ist die Regelung des Verfahrens weitestgehend dem Schiedsgericht zu überlassen oder auf eine Schiedsordnung zu verweisen, mithin nur die **Punkte von besonderer Bedeutung für die Parteien**, wie z.B. *Verfahrenssprache*, Anwendung eines beschleunigten Verfahrens (z.B. Art. 42 Abs. 2 Swiss Rules), Art und Weise der Zeugenbefragung, in ad hoc Verfahren Entschädigung der Schiedsrichter, gesondert zu ordnen (BERGER/KELLERHALS, Rz 987). 13

2. Regelung durch Verweis auf eine schiedsgerichtliche Verfahrensordnung (Abs. 1 lit. b)

14 Der **Zeitpunkt der Wahl** einer Schiedsordnung fällt meist mit demjenigen des Abschlusses der Schiedsvereinbarung zusammen. Erfolgt sie erst nach Einleitung des Verfahrens – und allenfalls auch Bestellung des Schiedsgerichts – können Unsicherheiten entstehen, ob bestimmte Verfahrensschritte, für welche die Schiedsordnung eigene Bestimmungen enthält, ganz oder teilweise zu wiederholen sind (BERGER/KELLERHALS, Rz 988; BSK IPRG-SCHNEIDER, Art. 182 N 11).

15 Wurde die vereinbarte Schiedsordnung seit dem Einigungszeitpunkt ergänzt oder geändert, stellt sich die Frage der **anwendbaren Fassung**. Sie ist im Streitfall durch Ermittlung des Parteiwillens zu beantworten (BERGER/KELLERHALS, Rz 989). Ein Teil der Lehre stellt bei Fehlen einer ausdrücklichen Abrede der Parteien auf die bei Abschluss der Vereinbarung gültige Fassung ab (LALIVE/POUDRET/REYMOND, Art. 1 KSG N 2.2). Nach dem Bundesgericht ist bei vereinbarten institutionellen Schiedsordnungen vermutungsweise davon auszugehen, dass Parteien regelmässig «die jeweils im Zeitpunkt der Einreichung des Schiedsbegehrens geltende Regelung übernehmen» (BGer, 4P.252/2003, E. 5.4; ebenso RÜEDE/HADENFELDT, 71), dies mindestens, wenn die Änderungen nicht überraschend und strukturverändernd sind (BGer, 14.4.1990, ASA Bull 1994, 228 ff., E. 4c; krit. BESSON, ASA Bull 1994, 235 ff.). Vereinzelt halten institutionelle Schiedsordnungen vorbehältlich anderer Parteivereinbarung fest, dass die im Zeitpunkt der Einleitung des Schiedsverfahrens in Kraft stehende Fassung Anwendung finden soll (vgl. z.B. Art. 1 Abs. 3 Swiss Rules; vgl. Zuberbühler/Müller/Habegger-GILLIÉRON/PITTET, Art. 1 N 14 f.).

16 Bei einem Verweis auf eine bestehende Verfahrensordnung unterstellen die Parteien das Verfahren einer **umfassenden Ordnung** (BERGER/KELLERHALS, Rz 990). Diese umfasst bei Institutionen auch die Regeln, die nicht in der Verfahrensordnung selbst enthalten sind, soweit die Institution deren Anwendung eindeutig angekündigt hat, wie z.B. die Geschäftsordnung des ICC Schiedsgerichtshofs oder der Schweizerischen Schiedskommission unter den Swiss Rules («Internal Rules») oder die Kostentabellen (BSK IPRG-SCHNEIDER, Art. 182 N 22).

17 Die umfassende Ordnung ist i.d.R. aus sich selbst heraus zu interpretieren (BSK IPRG-SCHNEIDER, Art. 182 N 13). Die Regeln der Vertragsinterpretation treten bei der **Auslegung der Schiedsordnung** und der Lückenfüllung in den Hintergrund, doch können Vorarbeiten zur Schiedsordnung und die Rechtsprechung von staatlichen Gerichten und Schiedsgerichten zur Anwendung der Ordnung herangezogen werden (BSK IPRG-SCHNEIDER, Art. 182 N 13). Eine Gleichstellung von Anwendung und Auslegung einer Schiedsordnung mit der Gesetzesanwendung ist jedoch abzulehnen, da die Vorstellungen und Erwartungen der Parteien, soweit sie sich feststellen lassen, ebenfalls zu berücksichtigen sind (BSK IPRG-SCHNEIDER, Art. 182 N 13; **a.M.** SATMER, 56). Soweit die Schiedsordnung selbst eine Bestimmung über Auslegung und Lückenfüllung enthält (so etwa Art. 15 ICC Rules), geht diese jedoch vor. Auf das staatliche Prozessrecht ist dagegen im Anwendungsbereich von Abs. 1 nicht zurückzugreifen (vgl. N 5), es sei denn, die Vereinbarung der Parteien oder die gewählte Schiedsordnung sehe dies vor.

18 Bei nicht-institutionellen Schiedsordnungen kann das Fehlen einer **Instanz für Hilfsfunktionen** gelegentlich zu Schwierigkeiten führen. Zwar ist die Regelung über die richterlichen Hilfsfunktionen in den Art. 356 Abs. 2 angemessen und ausreichend. Trotzdem ist empfohlen, bei Vereinbarung etwa der UNCITRAL Rules eine Benennungsstelle, z.B. die Zürcher Handelskammer, ausdrücklich zu bezeichnen (BSK IPRG-SCHNEIDER, Art. 182 N 14).

19 Unter den heute angewandten Verfahrensordnungen überwiegen jedoch bei weitem die **institutionellen Schiedsordnungen**, bei denen ständige Einrichtungen den Rahmen für das Verfahren schaffen und nach Art und Umfang unterschiedliche Hilfsfunktionen ausüben, aber u.U. für die Parteien auch zusätzliche Pflichten entstehen lassen, wie z.B. die Bezahlung einer Einschreibegebühr (vgl. z.B. Appendix A Ziff. 1 Swiss Rules) oder die Bezahlung von Verwaltungskosten (vgl. etwa Art. 30 ICC Rules). Für Binnenschiedsverfahren in der Schweiz sind insb. die (Binnenschieds-)Reglemente der Handels- und Industriekammern von Basel, Bern, Genf, Tessin und Zürich zu nennen. Die von diesen (und anderen) Kammern gemeinsam herausgegebenen und verwalteten **Swiss Rules**, sind (in der aktuellen Fassung) für internationale Schiedsverfahren vorgesehen, können nunmehr aber von den Parteien auch für Binnenschiedsfälle gewählt werden, ohne dass die Kammern die Administrierung eines solchen Verfahrens verweigern würden. Der Erlass eines gemeinsamen Schiedsreglements dieser Kammern für Binnenverfahren ist für einen Zeitpunkt nach Inkrafttreten der ZPO vorgesehen. Von Bedeutung sind sodann im Bau- und Immobilienwesen **SIA Norm 150** (Ausgabe 1977) und die Schiedsgerichtsordnung der Immobilienwirtschaft («**SVIT-Schiedsgericht**»). An internationalen Schiedsinstitutionen sind die **ICC**, das **Tribunal Arbitral du Sport** in Lausanne (BSK IPRG- HOCHSTRASSER/BLESSING, Einleitung zum 12. Kapitel IPRG N 270 f.; ASA Bull 1991, 201 ff. und ASA Bull 1993, 412 ff.) und das Schiedszentrum der Weltorganisation für gewerblichen Rechtsschutz in Genf (**WIPO/OMPI**; vgl. BSK IPRG-HOCHSTRASSER/ BLESSING, Einl. 12. Kap. N 165, dazu ASA Bull 1995, 1 ff.) zu nennen, unter deren Regeln regelmässig auch Binnenschiedsverfahren mit Sitz in der Schweiz geführt werden (z.B. vertragsrechtliche Streitigkeiten zwischen schweizerischen Tochtergesellschaften ausländischer Konzerne; Streitigkeiten zwischen Athleten/Vereinen und Sportverbänden; Domain-name Streitigkeiten zwischen schweizerischen Parteien). Schliesslich haben eine Vielzahl von nationalen Sportverbänden auch Schiedsreglemente für sportrechtliche Streitigkeiten.

20 Wird das Verfahren unter einer institutionellen Schiedsordnung durchgeführt, kommt es zu einem **Vertrag zwischen der Institution und den Parteien** (SCHLOSSER, N 450, 498). Gelegentlich wird ausgeführt, bei institutionellen Schiedsverfahren, etwa nach den ICC Rules, komme es nur zu einem Vertrag der Parteien mit der Institution, nicht aber mit den Schiedsrichtern (so SCHLOSSER, N 498; VOGT, 69 ff.; **a.M.** HOFFET, 156 ff.). Zwar ist es richtig, dass nach diesen ICC Rules die Schiedsrichter von der Institution bestellt werden und keinen direkten Vergütungsanspruch gegenüber den Parteien haben. Richtig ist es aber wohl, von drei getrennten, wenn auch auf einander bezogenen Verträge auszugehen: Parteien – Schiedsinstitution, Schiedsinstitution – Schiedsrichter und Schiedsrichter – Parteien (BSK IPRG-SCHNEIDER, Art. 182 N 17).

21 Treffen die Parteien **Regelungen, die von der vereinbarten SchO abweichen**, sind diese gültig, soweit sie dem Mindeststandard von Abs. 4 entsprechen. Bei nicht-institutionellen Schiedsordnungen ist dies i.d.R. problemlos. Manche institutionelle Schiedsordnungen schränken allerdings die Vereinbarungsfreiheit der Parteien ein. Bestehen die Parteien dennoch auf abweichenden Vereinbarungen, sind diese gemäss Abs. 1 gültig. Die Schiedsinstitution ist allerdings nicht gehalten, das Verfahren in ihrem Rahmen durchzuführen (BERGER/KELLERHALS, Rz 991; BSK IPRG-SCHNEIDER, Art. 182 N 18; Zuberbühler/Müller/Habegger-BESSON, Introduction N 30–37 und Zuberbühler/Müller/ Habegger-WÜSTEMANN/JERMINI, Art. 15 N 6).

22 Nicht empfehlenswert ist, eine institutionelle Schiedsordnung zu vereinbaren, aber zugleich die **verwaltende Organisation auszuschliessen** (z.B. um die Verwaltungskosten einzusparen). Zwar sind solche Vereinbarungen zulässig (LALIVE/POUDRET/

REYMOND, Art. 1 KSG N 2.2.), aber meist nicht zweckmässig, da die Schiedsordnung i.d.R. auf das Tätigwerden der Institution in verschiedenen Stadien des Verfahrens zugeschnitten ist (BERGER/KELLERHALS, Rz 990; BSK IPRG-SCHNEIDER, Art. 182 N 19).

23 Eine **ungenaue Bezeichnung der Schiedsordnung** und der Institution schadet nicht, solange sich feststellen lässt, welche Schiedsordnung die Parteien gemeint haben. Das ist verschiedentlich im Zusammenhang mit der Gültigkeit von Schiedsklauseln entschieden worden (vgl. Art. 357 N 23 f.); trifft aber für die Bezeichnung der Verfahrensordnung nach Art. 373 Abs. 1 genauso zu (BSK IPRG-SCHNEIDER, Art. 182 N 20; RÜEDE/HADENFELDT, 85).

24 Bei **Untergang der bezeichneten Schiedsinstitution** ist im gültigkeitserhaltenden Sinne im Allgemeinen davon auszugehen, dass der hypothetische Wille der Parteien darauf zielt, die vereinbarte institutionelle Verfahrensordnung an die neue Situation anzupassen und als nicht-institutionelle Schiedsordnung anzuwenden (BSK IPRG-SCHNEIDER, Art. 182 N 23 m.w.H.), andernfalls die Regelung des Schiedsverfahrens dem Schiedsgericht zu überlassen ist (Abs. 2).

3. Unterstellung unter ein Verfahrensrecht (Abs. 1 lit. c)

25 Abs. 1 lit. c stellt den Parteien auch frei, ein **staatliches Verfahrensrecht** zu wählen. Die durch die Bestimmung eröffnete Wahl ist jedoch nicht ratsam (BSK IPRG-SCHNEIDER, Art. 182 N 25). Insbesondere die Wahl des Zivilprozessrechts am Sitz des Schiedsverfahrens kann oft unzweckmässig sein, wenn der Verweis ohne Einschränkungen erfolgt, da bestimmte Bestimmungen offensichtlich vor Schiedsgerichten nicht gelten können (wie z.B. über Gerichtsferien, Zwangsmassnahmen u.a.m.) oder von den Parteien oft nicht gewünscht werden (z.B. der Ausschluss einer Partei als Zeuge [vgl. Art. 169]) (vgl. zum Ganzen BERGER/KELLERHALS, Rz 994).

26 Die Parteien können Bestimmungen für das **Verfahren vor den staatlichen Gerichten oder vor Schiedsgerichten** wählen (BERGER/KELLERHALS, Rz 992; LALIVE/POUDRET/REYMOND, Art. 24 KSG N 2 und Art. 182 IPRG N 1; BSK IPRG-SCHNEIDER, Art. 182 N 26). Bei der *Auslegung des Parteiwillens* hinsichtlich des tatsächlich gewählten Rechts kann bei der Wahl ausländischen Rechts nicht leichthin angenommen werden, in einer Vereinbarung zur Regelung des Schiedsverfahrens hätten die Parteien die Regeln des Verfahrens vor den staatlichen Gerichten und nicht die für das Schiedsverfahren wählen wollen (BSK IPRG-SCHNEIDER, Art. 182 N 27). Beim Verweis auf ein «Schiedsverfahren in Bern nach schweizerischem Recht» dürfte aber ein Verweis auf die vor staatlichen Gericht anwendbaren Bestimmungen der ZPO gemeint sein, da der 3. Teil der ZPO über die Binnenschiedsgerichtsbarkeit ja keine detaillierten Verfahrensvorschriften aufweist (so allgemein VOGEL/SPÜHLER, 420, N 65, die annehmen, bei der Wahl durch die Parteien werde «häufig ein bestimmtes Prozessgesetz für anwendbar erklärt»).

27 Bei dem Recht, dem die Parteien das Schiedsverfahren unterstellen, kann es sich auch um das **KSG** oder um **frühere kantonale Prozessordnungen** handeln. In der Praxis wird auf einige Zeit noch mit diesbezüglichen Bestimmungen zu rechnen sein (LALIVE/POUDRET/REYMOND, Art. 182 IPRG N 1 bzgl. Inkrafttreten des IPRG). Die ausdrückliche Wahl des KSG als Verfahrensrecht führt u.U. auch zur hilfsweisen Anwendung der (mittlerweile ebenfalls aufgehobenen) Bundeszivilprozessordnung wie es Art. 24 Abs. 2 KSG vorsah (BERGER/KELLERHALS, Rz 994 i.f.; so auch POUDRET, ASA Bull 1992, 49 bei Inkrafttreten des IPRG).

Die **Wirkung** der Unterstellung unter ein Verfahrensrecht ist auf das Verfahren vor dem 28
Schiedsgericht beschränkt. Das gewählte Verfahrensrecht wird zum gewillkürten Prozessrecht, womit die Parteien in den Schranken von Abs. 4 von den zwingenden Bestimmungen des gewählten Prozessrechts abweichen können (BERGER/KELLERHALS, Rz 993;
RÜEDE/HADENFELDT, 200). Die Unterstellung nach Abs. 1 lit. c entspricht somit eher
einer materiell-rechtlichen Verweisung als einer eigentlichen Rechtswahl, womit der
3. Teil der ZPO anwendbar bleibt und sich insb. auch die richterlichen Hilfs- und Kontrollfunktionen danach richten (BSK IPRG-SCHNEIDER, Art. 182 N 30).

IV. Verfahrensregelung durch das Schiedsgericht (Abs. 2)

Die Regelung des Verfahrens durch das Schiedsgericht ist **subsidiär**. Die Schiedsrichter 29
sind zu einer Regelung nur befugt, soweit die Parteien von ihrer Freiheit nicht oder nur
teilweise Gebrauch gemacht haben (BERGER/KELLERHALS, Rz 995). Einschränkungen
der Regelungsbefugnis der Schiedsrichter ergeben sich auch aus der von den Parteien
vereinbarten Schiedsverfahrensordnung (BSK IPRG-SCHNEIDER, Art. 182 N 33).

Das Schiedsgericht kann – wie die Parteien – das Verfahren direkt selbst festlegen, sich 30
für eine Schiedsordnung entscheiden oder das Verfahren einer gesetzlichen Verfahrensordnung unterstellen (BERGER/KELLERHALS, Rz 995; IPRG-Komm.-VISCHER, Art. 182
N 3; LALIVE/POUDRET/REYMOND, Art. 182 IPRG N 4). Mit Ausnahme der Grundsätze
des Abs. 4 ist es **nicht an staatliches Recht gebunden**, auch nicht subsidiär oder analog.
Der Gesetzgeber hat wie schon unter dem IPRG bewusst darauf verzichtet, eine subsidiäre Anwendung staatlichen Rechts, wie noch in Art. 24 Abs. 2 KSG vorgesehen, vorzuschreiben.

Üblicherweise werden meist diejenigen **Bestimmungen für** bestimmte **Standardsitua-** 31
tionen festgelegt, die vielfach auch in den Schiedsordnungen nicht angemessen geregelt
sind. Damit wird Vorhersehbarkeit des Verfahrensablaufes erreicht, was insb. von Parteien und Anwälten mit wenig Erfahrung in Schiedsverfahren geschätzt wird. Von Überreglementierung sollte Abstand genommen werden, da sich viele Fragen besser und angemessener regeln lassen, wenn das konkrete Verfahrensproblem sich abzeichnet (BSK
IPRG-SCHNEIDER, Art. 182 N 37).

Als **zwingender Regelungsbedarf** werden etwa Regelung der *Sprache*, Regeln über die 32
Beweisabnahme sowie die *Grundsätze der Verfahrensregeln* und die grossen Linien des
Verfahrensablaufs (provisorischer Zeitplan) genannt, wobei unter allen Umständen der
Anspruch auf rechtliches Gehör zu gewährleisten ist (BERGER/KELLERHALS, Rz 997;
RÜEDE/HADENFELDT, 203 f.). Grosse Bedeutung kommt auch der Regelung der Kommunikation zwischen Parteien und Schiedsgericht (*Kommunikationsmittel* für die Einreichung von Schriftsätzen oder einfachen Mitteilungen; Definition der Fristwahrung usw.)
samt der Verwendung von Informationstechnologie zu (BSK IPRG-SCHNEIDER, Art. 182
N 37).

Das Schiedsgericht kann den **Zeitpunkt**, an welchem es die Regelung trifft, frei bestim- 33
men. Es kann eine umfassende Regelung zu Beginn des Verfahrens festlegen oder sich
erst in dessen Verlauf bei Auftreten von Einzelfragen entscheiden. Im Gegensatz zur ZPO
schreibt Art. 182 Abs. 2 IPRG die Regelung des Verfahrens durch das Schiedsgericht
lediglich «soweit als nötig» vor, womit die Regelung von Einzelfragen in einem späteren Zeitpunkt bewusst vorbehalten wird (BUCHER, Arbitrage International, 64 N 190;
LALIVE/POUDRET/REYMOND, Art. 182 IPRG N 3). Dies dürfte auch im Geltungsbereich
der ZPO gültig sein, dennoch ist im Interesse der Vorhersehbarkeit eine möglichst frühe

Regelung der wesentlichen Verfahrensfragen ratsam (vgl. oben N 31), nicht zuletzt da die Parteien in diesem Zeitpunkt in Verfahrensfragen meist noch eher zu einvernehmlichen Lösungen bereit sind (BERGER/KELLERHALS, Rz 997; BSK IPRG-SCHNEIDER, Art. 182 N 38). Die Abfassung des Schiedsauftrags (Art. 18 Abs. 1 ICC Rules), die Erstellung des Zeitplans (Art. 18 Abs. 4 ICC Rules; Art. 15 Abs. 3 Swiss Rules) oder die Erstellung des Konstituierungsbeschlusses sind hierfür geeignete Zeitpunkte, an welchen an einer *Vorbereitungsverhandlung* bzw. *Organisationsbesprechung am Telefon* diese Punkte besprochen und nach Möglichkeit einvernehmlich geregelt werden können (BERGER/KELLERHALS, Rz 969; BSK IPRG-SCHNEIDER, Art. 182 N 39). UNCITRAL hat für derartige verfahrensleitende Besprechungen Richtlinien erarbeitet (s. «UNCITRAL Notes on Organizing Arbitral Proceedings» von 1996; englische Sprachversion einsehbar unter ‹www.uncitral.org/uncitral/en/uncitral_texts/arbitration/1996Notes_proceedings›).

34　Die Entscheide des Schiedsgerichts zur Gestaltung des Verfahrens und dessen Ablauf sind als **verfahrensleitende Verfügungen oder Beschlüsse** zu qualifizieren, welche nicht anfechtbar sind und welche es in Wiedererwägung ziehen kann. Für den Fall der *Wiedererwägung* sollten allerdings die Parteien angehört werden, denn die Parteien haben sich möglicherweise auf einen bestimmten Verfahrensablauf eingerichtet, so dass eine unverhoffte Änderung treuwidrig sein könnte (BERGER/KELLERHALS, Rz 998; LALIVE/POUDRET/REYMOND, Art. 24 KSG N 2; RÜEDE/HADENFELDT, 205; BSK IPRG-SCHNEIDER, Art. 182 N 41 und 47/48). Bei Verletzung der Grundsätze von Gleichbehandlung und rechtlichem Gehör besteht möglicherweise ein Anfechtungsgrund gegen den dann erlassenen Schiedsspruch (dazu Art. 393 N 65 ff.).

35　Zur *Beratung und Abstimmung* betr. verfahrensleitende Entscheide vgl. unten N 39.

36　Die **Form** verfahrensleitender Verfügungen oder Beschlüsse ist nicht vorgeschrieben. Eine schriftliche Abfassung ist zweckmässig, aber nicht unbedingt erforderlich; mündliche Verkündung in der Verhandlung ist ausreichend, insb. dann, wenn später ein (Summar-)Protokoll erstellt wird (BSK IPRG-SCHNEIDER, Art. 182 N 44). In der Praxis werden verfahrensleitende Entscheide oft durchnummeriert («Verfügung Nr. 1», «Verfügung Nr. 2» etc.). Sie können aber auch in Form eines einfachen Briefes oder Emails an die Parteien übermittelt werden.

37　Verfahrensleitende Entscheide bedürfen nicht zwingend einer **Begründung**, doch bei Entscheiden von grosser Tragweite entspricht es aus Gründen der Nachvollziehbarkeit für die Parteien guter Praxis, mindestens in einer mündlichen Begründung den Parteien zu verdeutlichen, dass ihre wesentlichen Argumente zur Kenntnis genommen und in der Entscheidfindung angemessen berücksichtigt wurden (BSK IPRG-SCHNEIDER, Art. 182 N 45).

38　In ihrer **Wirkung** werden die Entscheidungen, in denen das Schiedsgericht das Verfahren bestimmt, den Parteivereinbarungen gleichgestellt. Davon geht auch das BGer aus (Entscheid vom 19.4.1994, ASA Bull 1994, 404 ff., E. 5a; BGE 120 II 155).

V. Verfahrensleitung durch den Präsidenten (Abs. 3)

1. Grundsatz: Prozessleitende Entscheide durch das Gesamtgericht

39　In Ermangelung einer besonderen Parteivereinbarung oder Regelung in einer anwendbaren Schiedsordnung gilt die auf Schiedssprüche anwendbare Ordnung für Beratungen und Abstimmungen (vgl. Art. 382 N 4 ff.) analog auch für prozessleitende Entscheide (POUDRET/BESSON, Rz 543). Es gilt entsprechend das Mehrheitsprinzip (Art. 382 Abs. 3;

JOLIDON, Art. 24 KSG N 63; LALIVE/POUDRET/REYMOND, Art. 24 KSG N 3; RÜEDE/ HADENFELDT, 201) oder der Präsidialentscheid, so wenn der Präsident der Meinung weder des einen noch das anderen Mitschiedsrichters anschliessen will (vgl. unten Art. 382 N 39 ff.; POUDRET/BESSON, N 543).

2. Ausnahme: Delegation einzelner Verfahrensfragen an den Präsidenten

Abs. 3 ist neu und «bestätigt die Zulässigkeit der in der Praxis oft geübten **Delegation einzelner Verfahrensfragen an den Präsidenten** des Schiedsgerichts» (Bericht VE-ZPO, 173; BOTSCHAFT ZPO, 7398). Entsprechende Bestimmungen finden sich auch in einzelnen Schiedsordnungen (Art. 31 Abs. 2 UNCITRAL Rules; Art. 31 Abs. 2 Swiss Rules; Art. 14 Abs. 3 LCIA Rules). 40

a) Umfang der zulässigen Delegation

Die in Abs. 3 erwähnten «**Verfahrensfragen**» sind nicht zwingend deckungsgleich mit denjenigen schiedsgerichtlichen Entscheidungen, welche in der Form der Prozessverfügung bzw. eines verfahrensleitenden Beschlusses (statt eines Schiedsspruches) zu ergehen haben. So soll nach gewissen Lehrmeinungen eine Entscheidung über vorsorgliche Massnahmen (Art. 374) nicht als (im Voraus) delegierbare Verfahrensfrage gelten, selbst wenn nicht in der Form eines Schiedsspruches erlassen (BESSON, N 99; Zuberbühler/ Müller/Habegger-BESSON, Art. 31 N 27; **a.M.** Zuberbühler/Müller/Habegger-OETIKER, Art. 26 N 5; s. aber Art. 374 N 24). Auch eine Delegation der Beweisaufnahme an den Präsidenten ist von klar eingeschränkten Ausnahmen abgesehen höchstens mit dem Einverständnis der Parteien zulässig (REYMOND, 469 f.; vgl. auch unten Art. 375 N 52). 41

Diese Auffassungen verdienen Unterstützung, entspricht es doch der Erwartungshaltung der Parteien, dass die von ihnen ernannten Schiedsrichter in jegliche Entscheidfindung des Schiedsgerichtes, welche geeignet ist, den Ausgang des Verfahrens zu beeinflussen, involviert sind (vgl. Art. 382 betr. Schiedssprüche; BSK IPRG-SCHNEIDER, Art. 182 N 43). In der **Praxis** werden denn auch meist nur zwei Arten von Entscheidungen vorab an den Präsidenten delegiert: Fristerstreckungen und verfahrensleitende Entscheide von besonderer Dringlichkeit, wenn keine Beratung mit den Mitschiedsrichtern möglich ist. Letztere aber nur unter dem Vorbehalt der nachträglichen Bestätigung durch das Schiedsgericht als Ganzes. 42

Nach Abs. 3 delegierbare bzw. delegierte Befugnisse sind nicht zu verwechseln mit bestimmten **Präsidialbefugnissen**, welche dem Präsidenten Kraft seiner Funktion ohnehin zustehen. Dazu zählen insb. *Fragen der Organisation* der Verhandlung sowie der *Sitzungsleitung* (REYMOND, 473–477; POUDRET/BESSON, N 543 i.f.; sehr weitgehend diesbezüglich RÜEDE/HADENFELDT, 245 f.). 43

b) Ermächtigung durch die Parteien oder durch die anderen Mitglieder des Schiedsgerichtes

Eine Delegation an den Präsidenten bedarf der Zustimmung **aller** Parteien. 44

Aufgrund des in N 41 ff. Ausgeführten sollte das Schiedsgericht von sich aus nur sehr zurückhaltend von seiner Delegationsbefugnis Gebrauch machen. Nach einer Lehrmeinung bedarf die Delegation an den Präsidenten der **Einstimmigkeit** aller übrigen Schiedsrichter (POUDRET/BESSON, N 543). 45

Philipp Habegger

VI. Gleichbehandlung und rechtliches Gehör in einem kontradiktorischen Verfahren (Abs. 4)

1. Grundsatz

46 Die von den Parteien bzw. vom Schiedsrichter getroffenen Verfahrensregelungen müssen «in allen Fällen» die Einhaltung der beiden Grundsätze der «**Gleichbehandlung der Parteien**» und der Gewährung des «*rechtlichen Gehörs* in einem kontradiktorischen Verfahren» gewährleisten. Die Bestimmung ist **zwingendes Recht**, dessen Verletzung im Anfechtungsverfahren nach Art. 393 lit. d gerügt werden kann (BGE 117 II 346, 347; 116 II 375; BERGER/KELLERHALS, Rz 1018). Das Erfordernis des *kontradiktorischen Verfahrens* fand sich im KSG noch nicht. Die Botschaft (BBl 2006 7398) verweist diesbezüglich lapidar auf eine Entsprechung zu Art. 182 Abs. 3 IPRG.

47 Aufgrund der zwingenden Natur der Bestimmungen darf das Schiedsgericht weder bei der Festlegung der Verfahrensvorschriften (Abs. 2) noch bei der Anwendung derselben im Einzelfall **im Laufe des Prozesses davon abweichen**. Zur *Wegbedingung durch die Parteien* vgl. unten N 50 ff.

48 Es handelt sich bei diesen beiden Grundsätzen um einen **verfassungs- und konventionsrechtlichen**, aber auch internationalen verfahrensrechtlichen **Mindeststandard**, wie er in vielen Gesetzen und Verfahrensordnungen für Schiedsgerichte, aber auch für staatliche Gerichte verankert ist (z.B.: Art. 18 UNCITRAL Model Law und Art. 15 Abs. 1 UNCITRAL Rules; Art. 6 Abs. 1 EMRK). Auch wenn dies bei der Anwendung der Bestimmung zu berücksichtigen sein wird, sollte für die interne Schiedsgerichtsbarkeit unter der ZPO aber nach wie vor auf die besondere Ausgestaltung Bezug genommen werden, da sich diese Grundsätze in der Schweiz erhalten haben (anders für die internationale Schiedsgerichtsbarkeit zu Recht BSK IPRG-SCHNEIDER, Art. 182 N 50 und 53). Entsprechend ist die vom BGer in Rahmen von Art. 4 aBV bzw. Art. 8 und 29 BV entwickelte Praxis zur Gleichbehandlung und zum Gehörsanspruch auch für die interne Schiedsgerichtsbarkeit massgebend (BERGER/KELLERHALS, Rz 1006). Der Respekt vor diesen Minimalgarantien ist in der Schiedsgerichtsbarkeit umso mehr geboten, als Rechtsmittel gegen Schiedsurteile nur in beschränktem Masse zur Verfügung stehen (JOLIDON, Art. 25 KSG N 52).

49 Die Grundsätze gehören zum **verfahrensrechtlichen Ordre public**. Sie erschöpfen diesen aber nicht (so nennen LALIVE/POUDRET/REYMOND, Art. 190 IPRG N 6, das Verbot des Rechtsmissbrauchs als weiteren Grundsatz des verfahrensrechtlichen Ordre public; aus Sicht der ZPO sind sicherlich auch die in Art. 393 lit. c und e statuierten Grundsätze dazu zu zählen).

2. Vertragliche Abweichung von den Mindestgarantien

50 Zwar sind die Grundsätze des Abs. 4 zwingender Natur und «in allen Fällen» zu gewährleisten. Auch die Parteien können diese Grundsätze entsprechend **nicht durch generell-abstrakte Übereinkunft wegbedingen**. Ihnen ist aber erlaubt, für bestimmte, überschaubare Konstellationen oder im konkreten Einzelfall, einseitig oder im gegenseitigen Einvernehmen auf die vollständige Einhaltung der Minimalgarantien zu verzichten (BERGER/KELLERHALS, Rz 1018).

51 So können die Parteien z.B. **auf den Zeugenbeweis verzichten** und ein «documents only» Schiedsverfahren vereinbaren. Sie können auch vereinbaren, dass die Entscheidung nur aufgrund der vorgelegten Unterlagen und der schriftlichen Eingaben zu ergehen hat; dem Anspruch auf rechtliches Gehör ist dann auch ohne persönliches Erscheinen

der Parteien vor dem Schiedsgericht Genüge getan (BSK IPRG-SCHNEIDER, Art. 182 N 68).

Bei vertraglicher Ausgestaltung des Mindeststandards sind die Verfahrensgrundsätze durch das Schiedsgericht so zu beachten, wie es der Vereinbarung der Parteien entspricht. Wenn z.B. die Parteien bestimmen, dass ihnen mindestens auf Antrag einer Partei vor Erlass des Schiedsspruchs Gelegenheit zu einer mündlichen Verhandlung zu geben ist (vgl. z.B. Art. 20 Abs. 2 ICC Rules), handelt es sich dabei um eine Konkretisierung des Gehörsanspruchs, an die das Schiedsgericht gebunden ist. Es stellt sich bei **Missachtung durch das Schiedsgericht** die Frage, ob damit ein Verstoss gegen Art. 373 Abs. 4 vorliegt, welcher den Schiedsspruch gemäss Art. 393 lit. d anfechtbar macht. Unter dem IPRG wird dies vom BGer in konstanter Rechtsprechung verneint. Die Vereinbarung sei zwar bindend für das Schiedsgericht, erhebe die getroffene Regelung aber nicht zu einem zwingenden Verfahrensgrundsatz (BGE 117 II 348; BGer, 7.1.2004, ASA Bull 2004, 592 ff., 602; kritisch BSK IPRG-SCHNEIDER, Art. 182 N 69). Diese Rechtsprechung wird auf Binnenverfahren unter der ZPO übertragbar sein (s. Art. 393 N 70).

3. Gewährung des rechtlichen Gehörs

Die Gewährung des rechtlichen Gehörs ist in Art. 29 Abs. 2 BV verfassungsrechtlich gesichert. Entsprechend hält das BGer dafür, dass der Anspruch auf rechtliches Gehör im Schiedsverfahren nach Art. 182 Abs. 3 und Art. 190 Abs. 2 lit. d IPRG sich **von dem in Art. 29 Abs. 2 BV geschützten Recht nicht unterscheidet** (BGer, 7.1.2004, ASA Bull 2004, 592 ff., 598; BGer, 16.10.2003, ASA Bull 2004, 377; BGE 127 III 576, 578 f.; 119 II 388; BGer, 7.4.1993, ASA Bull 1993, 526; BGE 117 II 347; 116 II 85; ähnlich RÜEDE/HADENFELDT, 206; BSK IPRG-SCHNEIDER, Art. 182 N 52). Dies dürfte mehr denn je auch für die Binnenschiedsgerichtsbarkeit unter Art. 373 Abs. 4 und Art. 393 lit. d ZPO zutreffen (BERGER/KELLERHALS, Rz 1008).

Eine Einschränkung macht das BGer unter dem IPRG hinsichtlich der **Begründungspflicht** (BGE 116 II 375; 127 III 578 E. 2c; JERMINI, N 461; krit. IPRG-Komm.-VISCHER, Art. 182 N 17; differenzierend BERGER/KELLERHALS, FN 53 bei Rz 1007). Aufgrund des (zwingenden) Art. 384 Abs. 1 lit. e wird dies im Binnenschiedsrecht ohne ausdrücklichen Verzicht der Parteien nicht ohne weiteres zutreffen (vgl. Art. 384 N 14 und 59–61; Art. 393 N 772).

Der Anspruch auf rechtliches Gehör umfasst «die Rechte der Parteien auf **Teilnahme am Verfahren** und auf **Einflussnahme auf den Prozess der Entscheidungsfindung**». Daraus wird das Recht der Parteien abgeleitet, «sich über alle für das Urteil wesentlichen Tatsachen zu äussern, ihren Rechtsstandpunkt zu vertreten, erhebliche Beweisanträge zu stellen und an den Verhandlungen teilzunehmen, sowie das Recht, in die Akten Einsicht zu nehmen» (BGE 127 III 578, m.w.H.; 116 II 643).

In der Schweiz wird die **richterliche Hinweis- und Fragepflicht** als Aspekt des Grundsatzes des rechtlichen Gehörs betrachtet (HABSCHEID, 326; GULDENER, 165). Sie bewirkt eine Einschränkung der Verhandlungsmaxime und soll hinsichtlich des Sachverhalts den Parteien Gelegenheit verschaffen, Unklarheiten in ihrem Vortrag zu beseitigen und unvollständiges Vorbringen zu ergänzen. In rechtlicher Hinsicht hat das Gericht darauf hinzuwirken, dass die Parteien zweckdienliche Anträge stellen und die erforderlichen Beweise antreten. Das BGer hat diese Fragepflicht auch für das (internationale) Schiedsverfahren bejaht (BGer, 18.8.1992 E. 5b; in BGE 118 II 359 weggelassen).

4. In einem kontradiktorischen Verfahren

57 Der Anspruch auf rechtliches Gehör ist in einem **kontradiktorischen Verfahren** zu gewähren. Im Gegensatz zu dem im schweizerischen Recht fest verankerten Begriff des rechtlichen Gehörs gibt es für den Anspruch auf ein «kontradiktorisches Verfahren» mit Ausnahme von Art. 182 Abs. 3 IPRG *kein eindeutig identifizierbares Vorbild*. Dort fand der Begriff erst über den Entwurf der Nationalratskommission (s. BSK IPRG-HOCHSTRASSER/BLESSING, Einleitung zu Kapitel 12 IPRG, N 171 f.) Eingang in den Text (AmtlBull NR 1986, 1366). Er ist dem französischen Prozessrecht entlehnt, wo der Grundsatz der «contradiction» ausdrücklich in Art. 14–16 NCPC geregelt ist, scheint aber auch dem englischen Recht bekannt zu sein (so auch LALIVE/POUDRET/REYMOND, Art. 182 IPRG N 8). Die *adversarial procedure* des englischen Rechts und verwandter Systeme lässt den Verfahrensablauf, einschliesslich der Beweisabnahme, weitgehend in der Hand der Parteien (BSK IPRG-SCHNEIDER, Art. 182 N 58) und dürfte dem Gesetzgeber, trotz der Vereinbarkeit mit Art. 373 Abs. 4, gerade für Binnenverfahren kaum vorgeschwebt haben.

58 Das BGer definiert den Begriff des kontradiktorischen Verfahrens unter dem IPRG dahingehend, dass jeder Partei ermöglicht werden muss, «die **Vorbringen der Gegenpartei** zu prüfen, dazu Stellung zu nehmen und zu versuchen, diese mit eigenen Vorbringen und Beweisen zu widerlegen» (BGE 130 III 35; 116 II 643 mit Verweis auf BGer, 23.10.1989, ASA Bull 1990, 51 f.; ebenso BGE 117 II 348). Anzufügen ist, dass die Parteien natürlich auch zu den relevanten Elementen Gelegenheit zur Stellungnahme einzuräumen ist, welche das Schiedsgericht von sich aus in das Verfahren einbringt (BERGER/KELLERHALS, Rz 1014; POUDRET/BESSON, Rz 550; JOLIDON, Art. 25 KSG N 541). Inwieweit die Garantie des kontradiktorischen Verfahrens über die vom BGer unter Art. 29 Abs. 2 BV entwickelten Grundsätze zum Gehörsanspruch hinausgeht ist unklar (vgl. im Einzelnen BERGER/KELLERHALS, Rz 1015; LALIVE/POUDRET/REYMOND, Art. 190 IPRG N 5d; BSK IPRG-SCHNEIDER, Art. 182 N 59). So ist wohl eher von einer Verbindung zweier Konzepte auszugehen (so auch BGE 130 III 35 E. 5 und 117 II 347).

59 In der Schweiz gilt das Prinzip *iura novit curia* schon seit langem als ungeschriebenes Recht (GULDENER, 155 ff. m.w.H.). Entsprechend hat der (Schieds-)richter in Bezug auf die ihm von den Parteien in den Prozess eingeführten Umstände das gesamte ihm bekannte Recht anzuwenden und ist dabei nicht an die Auffassungen der Parteien gebunden. Eine Verletzung des Grundsatzes «ne eat judex ultra petita partium» liegt selbst dann nicht vor, wenn ein Schiedsgericht «den eingeklagten Anspruch in rechtlicher Hinsicht ganz oder teilweise abweichend von den Begründungen der Parteien würdigt, sofern er vom Rechtsbegehren gedeckt ist» (BGE 120 II 172 E. 3a; BGer, 4P.260/2000, E. 5b und c; WIEGAND, 131 u. 136). In einem kontradiktorischen Verfahren darf sich das Schiedsgericht in seinem Schiedsspruch aber nur auf Rechtssätze stützen, zu denen die Parteien Stellung haben nehmen können. Entsprechend muss das Schiedsgericht den Parteien einen besonderen **Hinweis und Gelegenheit zur Stellungnahme** geben, wenn es den Schiedsspruch auf eine Rechtsauffassung stützen will, die die Parteien in ihrem Vortrag nicht in Erwägung gezogen haben (HABSCHEID, 317; PERRET, 601, spricht von einem «principe cardinal de procedure»; RÜEDE/HADENFELDT, 211; BSK IPRG-SCHNEIDER, Art. 182 N 60; WIEGAND, 138). Dieses Prinzip soll vor allem dann zur Anwendung gelangen, wenn es sich um für die Parteien *überraschende Rechtsansichten* handelt bzw. sich das (Schieds-)gericht seinen Entscheid mit einem Rechtsgrund zu begründen beabsichtigt, mit dessen Erheblichkeit die Parteien vernünftigerweise nicht rechnen mussten (BGer, 4P.260/2000 E. 6a mit Verweis auf BGE 126 I 19 E. 2c/aa; 130 III 35; BERGER/KELLERHALS, Rz 1016).

Das vorgeschriebene kontradiktorische Verfahren gibt den Parteien nicht nur das Recht, zum gegnerischen Vortrag gehört zu werden; es begründet nach zutreffender Auffassung auch eine **Obliegenheit zur Stellungnahme und zum Bestreiten gegnerischer Tatsachenbehauptungen**, die eine Partei nicht gelten lassen will (BSK IPRG-SCHNEIDER, Art. 182 N 61). Dies ergibt sich im schweizerischen Zivilprozessrecht schon aus der Verhandlungsmaxime (Art. 55 Abs. 1), gemäss welcher nicht (substantiiert) bestrittene Behauptungen keines Beweises bedürfen. Aufgrund der Vorschrift eines kontradiktorischen Verfahrens gilt diese Obliegenheit auch im Schiedsverfahren. Der Grundsatz wird allerdings durch die Frage- und Hinweispflicht des Schiedsgerichts gemildert (BERGER/KELLERHALS, Rz 1017; BSK IPRG-SCHNEIDER, Art. 182 N 61). Will dieses unbestrittene Tatsachen als erwiesen ansehen und darauf seine Entscheidung gründen, sollte es sicherstellen, dass die Gegenseite sich der entscheidrelevanten Bedeutung der Behauptung bewusst war und in Kenntnis dieser Bedeutung es unterlassen hat, sie detailliert zu bestreiten (BGer, 17.8.1994, ASA Bull 1995, 198 ff., 203).

5. Gleichbehandlung der Parteien

Der Grundsatz der Gleichbehandlung bestand schon unter dem Konkordat (Art. 25 KSG). Die zu Art. 25 KSG entwickelte Rechtsprechung und Lehre können entsprechend auch bei der Anwendung dieses Grundsatzes nach Art. 373 Abs. 4 herangezogen werden. Der Grundsatz zählt auch international zum **verfahrensrechtlichen Mindeststandard** (vgl. z.B. UNCITRAL-MG Art. 18 und Art. 15 Abs. 1 UNCITRAL Rules).

Der Gleichbehandlunganspruch gemäss Abs. 4 (Art. 25 KSG sprach von «Gleichberechtigung»; im französischen Text von Art. 25 KSG und Art. 182 Abs. 3 IPRG ist die Terminologie einheitlich, im italienischen unterschiedlich) ist aus Art. 29 Abs. 2 BV (bzw. Art. 4 aBV) abgeleitet (LALIVE/POUDRET/REYMOND, Art. 25 KSG N 2 m.w.H.). Nach überwiegender Auffassung **deckt sich** der Anspruch auf Gleichbehandlung inhaltlich **weitgehend mit** dem **Anspruch auf rechtliches Gehör** (BERGER/KELLERHALS, Rz 1011; BSK IPRG-SCHNEIDER, Art. 182 N 64; BSK IPRG-BERTI/SCHNYDER, Art. 190 N 61; JERMINI, N 450 spricht von Interdependenz). Dennoch sind die beiden Ansprüche nicht deckungsgleich, was aber den Ausnahmefall darstellt (Beispiele bei LALIVE/POUDRET/REYMOND, Art. 25 KSG N 2). Das Gleichbehandlungsgebot kann aber insb. schon *vor* dem Beginn des eigentlichen strittigen Schiedsverfahrens, z.B. bei der Bestellung (vgl. oben Art. 361 N 14 f., Art. 362 N 28 ff.), Wirkungen entfalten (JERMINI, N 450).

Der Grundsatz der Gleichbehandlung hat eine positive und eine negative Seite. Einerseits darf der Schiedsrichter einer Partei nicht verweigern, was er der anderen gewährt hat. Andererseits darf der Schiedsrichter der einen Partei nicht gewähren, was er der anderen verweigert hat (LALIVE/POUDRET/REYMOND, Art. 182 IPRG N 7; BSK IPRG-SCHNEIDER, Art. 182 N 65). Die Gleichbehandlung erfordert also nur eine **relative Gleichbehandlung**, d.h. dass gleiche Sachverhalte gleich behandelt werden («traitement semblable à situation égale», BGer, ASA Bull 1992 381 ff., 396 m.V. auf LALIVE/POUDRET/REYMOND, Art. 182 IPRG N 7; JERMINI, N 448). Die Schwierigkeit bei der Anwendung des Grundsatzes besteht denn gerade auch in der Abgrenzung von gleichen und ungleichen Sachverhalten. So sind die Fristen für Schriftsätze und andere Eingaben zwar grundsätzlich gleich lang zu bemessen (vgl. auch BGer, 4P.64/2004, E. 3.1); aber für die Antwort auf eine einfache Widerklage kann eine kürzere Frist gerechtfertigt sein, als für die Erwiderung auf eine umfangreiche Hauptklage; Fristverlängerungen können in einem Fall gerechtfertigt sein, in einem anderen nicht oder nicht in gleichem Umfang;

verspätetes Vorbringen kann in einem Fall entschuldbar sein, in einem anderen nicht (JERMINI, N 449; BSK IPRG-SCHNEIDER, Art. 182 N 66).

64 Der «Grundsatz der Gleichbehandlung [ist] nur insoweit anzuwenden, als die Parteien im Verfahren selbst **betroffen** sind und ein **rechtliches Interesse** an der Gleichbehandlung haben [...]» (BGer, 4P.129/2002 m.V. auf BSK IPRG-SCHNEIDER, Art. 182 N 67). Dies ist etwa nicht der Fall, wenn der Ort der mündlichen Verhandlung nicht in gleicher Entfernung vom Geschäftssitz der Parteien liegt (doch kann sich aus der Wahl des Verhandlungsortes für eine Partei ein erheblich grösseres Erschwernis in der Verfahrensführung ergeben als für die andere, was u.U. hingenommen werden muss, etwa wenn aus Kostengründen die Verhandlung mit einem Augenschein vor Ort verbunden und in der Nähe des Sitzes einer der Parteien abgehalten wird; BSK IPRG-SCHNEIDER, Art. 182 N 67). Auch aus der Entscheidung über die Verfahrenssprache können sich für eine Partei praktische Vorteile ergeben, insb. wenn dadurch sie selbst oder ihre Anwälte das Verfahren in ihrer normalen Arbeitssprache führen können; heutzutage ist allerdings fremdsprachiger Geschäftsverkehr so verbreitet, dass die Notwendigkeit, ein Schiedsverfahren in einer anderen als der normalen Arbeitssprache zu führen, im Regelfall nicht als Beeinträchtigung der Rechte im Verfahren zu betrachten ist (IPRG-Komm.-VISCHER, Art. 182 N 15).

VII. Rügepflicht (Abs. 6)

65 Abs. 6 «entspricht der **Praxis des Bundesgerichts**» (Bericht VE-ZPO, 174; BOTSCHAFT ZPO, 7399). Verletzungen des verfahrensrechtlichen Mindeststandards von Abs. 4 können im Anfechtungsverfahren nach Art. 393 lit. d geltend gemacht werden, allerdings nur, wenn sie im Schiedsverfahren sofort gerügt worden sind (vgl. z.B. BGE 119 II 388 mit Verweis auf LALIVE/POUDRET/REYMOND, Art. 36 KSG N 4d; Art. 182 N 12 und Art. 190 N 5d IPRG). Das BGer hat bereits in BGE 113 Ia 67 entschieden, der **Anfechtungsgrund** sei **bei verspäteter Rüge ausgeschlossen** (s.a. BGE 116 II 644; JOLIDON, Art. 36 KSG N 35 und 72; RÜEDE/HADENFELDT, 214; BSK IPRG-SCHNEIDER, Art. 182 N 71). Bestimmungen dieser Art finden sich auch in einzelnen Schiedsordnungen (Art. 33 ICC Rules; Art. 30 UNCITRAL Rules; Art. 30 Swiss Rules; Art. 59 WIPO Rules).

66 Der Ausschluss des Rechts, Verstösse gegen den verfahrensrechtlichen Mindeststandard im Anfechtungsverfahren geltend zu machen, wird mit Verwirkung begründet, da es gegen **Treu und Glauben** verstosse eine Verletzung des rechtlichen Gehörs im Schiedsverfahren nicht zu rügen und sie erst im Nichtigkeitsverfahren gegen den Schiedsspruch geltend zu machen (BGE 113 Ia 67; 119 II 388 m.w.H.; RÜEDE/HADENFELDT, 214; SATMER, 89 ff.).

67 Aus dem Erfordernis der sofortigen Rüge ergibt sich, dass das Schiedsgericht berechtigt und verpflichtet ist, gerügte **Verfahrensverstösse** zu **korrigieren**. Eine Grundlage in der anwendbaren Schiedsordnung oder anderen Verfahrensregelungen ist hierfür nicht notwendig (BSK IPRG-SCHNEIDER, Art. 182 N 72).

VIII. Recht auf Vertretung (Abs. 5)

68 Als Ausfluss ihres Anspruchs auf rechtliches Gehör haben die Parteien das Recht, sich durch Beauftragte ihrer Wahl «*vertreten oder verbeiständen* zu lassen» (so schon Art. 25 lit. d KSG). Die **Bestimmung** ist **zwingend**. Das BGer zählt das Recht auf

Vertretung zum geschützten Anspruch auf rechtliches Gehör (BGE 117 II 347), entsprechend sind dem widersprechende vorgängige Vereinbarungen nichtig (BERGER/KELLERHALS, Rz 1042). Es besteht weder Anwaltszwang noch sind die Parteien gehalten, am Ort des Schiedsverfahrens zugelassene Anwälte beizuziehen oder mit der Vertretung zu beauftragen (BERGER/KELLERHALS, Rz 1058; BSK IPRG-Schneider, Art. 182 N 76).

Nicht übernommen wurde die Regel von Art. 7 KSG, wonach der **Ausschluss von Juristinnen und Juristen** vom Schiedsverfahren nichtig ist. Die Botschaft begründet einen solchen Ausschluss im Einzelfall etwa durch das Anliegen der Kostenersparnis oder – für Anwälte nicht ganz schmeichelhaft – der Förderung des Verhandlungsklimas (BOTSCHAFT ZPO, 7398 f.). Ob ein gegenseitig vereinbarter Verzicht auf Vertretung und Verbeiständung nach Ausbruch des Streites zulässig ist, soll sich nach den Umständen des Einzelfalles (BERGER/KELLERHALS, Rz 1042 u. 1058; RÜEDE/HADENFELDT, 215) und unter Berücksichtigung sich aus dem rechtlichen Gehör und dem Persönlichkeitsschutz ergebender Grenzen beurteilen (BOTSCHAFT ZPO, 7398). 69

Abs. 5 regelt nur die Vertretung und Verbeiständung **vor dem Schiedsgericht**, nicht aber vor dem staatlichen Richter als mitwirkender Behörde (Art. 356 Abs. 2) oder als Rechtsmittelinstanz (Art. 356 Abs. 1 lit. a und Art. 389 Abs. 1) (BERGER/KELLERHALS, Rz 1057). 70

Der Vertreter oder Beistand kann vom Schiedsgericht angehalten werden, seine Bestellung durch eine **Vollmacht** nachzuweisen (BERGER/KELLERHALS, Rz 1060; LALIVE/POUDRET/REYMOND, Art. 25 N 3d; RÜEDE/HADENFELDT, 214). Eine solche sollte vom Schiedsgericht als Regel verlangt werden. Eine Partei, die es im Verfahren versäumt hat, vom Vertreter der Gegenseite den Nachweis der Bevollmächtigung zu verlangen, kann sich später nicht auf das Fehlen dieses Nachweises berufen (JdT 1981 III 86 no 9; LALIVE/POUDRET/REYMOND, Art. 25 KSG N 3d). 71

Das Recht auf Vertretung entbindet eine Partei nicht vom **persönlichen Erscheinen**, wenn dies vom Schiedsgericht so angeordnet wird (BERGER/KELLERHALS, Rz 1059). 72

Sind mehrere Parteien auf der Kläger- oder Beklagtenseite am Verfahren beteiligt, so ist ihnen allen in gleicher Weise rechtliches Gehör in einem kontradiktorischen Verfahren zu gewähren. Dies schliesst ein, dass selbst bei Zweckmässigkeit eine gemeinsame Vertretung den Streitgenossen nicht aufgezwungen werden kann (BSK IPRG-SCHNEIDER, Art. 182 N 75). 73

IX. Einzelfragen zum Verfahren

1. Pflicht zum Verhalten nach Treu und Glauben

Das **Gebot**, nach Treu und Glauben zu handeln, gehört zu den Grundlagen der schweizerischen Rechtsordnung. Es gilt **auch im Prozessrecht** und dort auch vor Schiedsgerichten (LALIVE/POUDRET/REYMOND, Art. 182 N 12). Für das Verhalten des Richters gegenüber den Parteien schreibt dies Art. 9 BV ausdrücklich fest. Für die Parteien handelt es sich nicht um einen Verfassungsgrundsatz, sondern um eine anerkannte Norm des Prozessrechts (BGE 102 Ia 574 E. 6; BERGER/KELLERHALS, Rz 1044). 74

Zur *Rügepflicht* als Ausfluss der Pflicht zum Verhalten nach Treu und Glauben vgl. oben N 65 ff. 75

2. Anträge der Parteien

a) Rechtsbegehren

76 Die ZPO – wie auch die meisten Schiedsordnungen – enthält keine Angaben, wie genau ein **Rechtsbegehren** formuliert sein muss. Für das Binnenschiedsrecht ist unter dem Grundsatz des rechtlichen Gehörs (Abs. 4) zu postulieren, dass Rechtsbegehren in einem Grade bestimmt sein müssen, dass die antwortende Partei in die Lage versetzt wird, auf alle Teile und Aspekte der Klage zu antworten (WIRTH, 148, 155). Idealerweise sollte das Rechtsbegehren sodann für den Fall der Gutheissung durch das Schiedsgericht ohne Abänderung in das Dispositiv des Schiedsspruchs übernommen werden und durch den Vollstreckungsrichter ohne Auslegung oder Zuhilfenahme der Erwägungen vollzogen werden können (BERGER/KELLERHALS, Rz 1096). Letztlich formuliert aber das anwendbare Verfahrensrecht die Anforderungen.

b) Klageänderung und -ergänzung

77 **Klageänderung und -ergänzung** ist grundsätzlich **zulässig**. Der 3. Teil ZPO enthält hierüber keine Vorschriften. Die diesbezüglichen Beschränkungen vor staatlichen Gerichten (vgl. Art. 227) sind als solche im Schiedsverfahren nicht anwendbar (BSK IPRG-SCHNEIDER, Art. 182 N 82). Dafür muss bei der Klageänderung auch der zusätzliche Anspruch **der Schiedsvereinbarung unterliegen**.

78 Ist das Schiedsgericht hinsichtlich bestimmter Ansprüche gebildet worden, kann trotz Deckung der neuen Ansprüche durch die Schiedsvereinbarung gegen die **Ausweitung des Verfahrens** sprechen, wenn die neuen Ansprüche zwar von der Schiedsvereinbarung gedeckt, aber den Rahmen und möglicherweise auch die Qualifizierung des Streitgegenstandes überschreiten, die bei der Bildung des Schiedsgerichts von den Parteien und den Schiedsrichtern ins Auge gefasst worden waren (BSK IPRG-SCHNEIDER, Art. 182 N 82).

79 Weitere Beschränkungen ergeben sich vielfach aus der **anwendbaren Schiedsordnung**. Art. 19 ICC Rules lässt neue Ansprüche nur zu, als sich diese in den Grenzen des Schiedsauftrages halten bzw. vom Schiedsgericht zugelassen werden (CRAIG/PARK/PAULSSON, 277 ff.). Art. 20 Swiss Rules (basierend auf Art. 20 UNCITRAL Rules) eröffnet dem Schiedsgericht die Möglichkeit, Klageänderungen abzulehnen, wenn es dies «wegen der *Verspätung*, mit der eine solche Änderung vorgenommen wird, wegen des *Nachteils für die andere Partei*, oder wegen irgendwelcher anderer Umstände für unangebracht» hält. Selbst ohne solche ausdrückliche Vorschrift steht dem Schiedsgericht ein solches Ablehnungsrecht zu; wobei es dann aber vorab mit den Parteien erörterte Fristen setzen sollte, nach deren Ablauf Klageänderungen unberücksichtigt bleiben können (BERGER/KELLERHALS, Rz 1098 i.f.; RÜEDE/HADENFELDT, 218). Einverständlich können die Parteien als Herren des Verfahrens Klageänderungen jederzeit zulassen, wobei die Zustimmung des Schiedsgerichts insofern erforderlich ist als das *receptum arbitri* betroffen ist (vgl. Art. 364 N 5; für ein allfälliges Rücktrittsrecht der Schiedsrichter vgl. Art. 371 N 11). In jedem Fall ist bei Klageänderung darauf zu achten, dass das rechtliche Gehör hinsichtlich des geänderten Anspruchs gewahrt wird (BSK IPRG-SCHNEIDER, Art. 182 N 83).

80 Das blosse **Vorbringen neuer Tatsachen, neuer Beweismittel oder neuer rechtlicher Argumente** zur Unterstützung des bestehenden Streitgegenstandes stellt keine Klageänderung dar (BERGER/KELLERHALS, Rz 1100; Zuberbühler/Müller/Habegger-BERGER, Art. 20 N 3; CRAIG/PARK/PAULSSON, 278), ebenso wenig eine blosse Erhöhung des anfänglich geltend gemachten Schadens (ICC-Schiedsspruch ASA Bull 1993 518). Eben-

falls nicht als Klageänderung bzw. -ergänzung qualifizieren der Verzicht auf ein Hauptbegehren zugunsten eines Eventualbegehrens oder die Präzisierung eines ursprünglich unbestimmten gestellten Rechtsbegehrens (BERGER/KELLERHALS, Rz 1101). Für Einzelheiten vgl. BERGER/KELLERHALS, Rz 1103–1107.

c) Weitere Verfahrensfragen

Für *Widerklage und Verrechnung* vgl. Kommentierung zu Art. 377; für *vorsorgliche Massnahmen* Kommentierung zu Art. 374; für die *Beweisabnahme* Kommentierung zu Art. 375; für *objektive und subjektive Klagenhäufung, Intervention und Streitverkündung* Kommentierung zu Art. 376.

d) Verfahrenssprache

Die **Verfahrenssprache** wird gelegentlich in der Schiedsvereinbarung bestimmt. Ist das 81 nicht geschehen, und können die Parteien sich nicht auf eine solche einigen, entscheidet das Schiedsgericht. Als Entscheidungskriterium wird vielfach auf die *Sprache des Vertrages* verwiesen (Art. 16 ICC Rules; ohne Betonung dieses Kriteriums Art. 17 Swiss Rules). Es können jedoch auch andere Kriterien herangezogen werden, wie die Sprache der Korrespondenz und Zweckmässigkeitsüberlegungen, insb. die sprachlichen Fähigkeiten der Verfahrensbeteiligten. Normalerweise hat zumindest das Schiedsgericht die Verfahrenssprache zu benutzen.

Allenfalls können **unterschiedliche Regelungen** festgelegt werden für den *Schriftverkehr* 82 (Schriftsätze, prozessleitende Entscheide, Korrespondenz etc.) und für *mündliche Verhandlungen* und insb. *Zeugeneinvernahmen* (BERGER/KELLERHALS, Rz 1056). Beherrschen die Schiedsrichter und die Parteivertreter mehrere Sprachen, kann auch vorgesehen werden, dass mehr als eine Verfahrenssprache benutzt wird, was nebst Vereinfachung aber auch neue Schwierigkeiten schaffen kann (BSK IPRG-SCHNEIDER, Art. 182 N 86). Die Festlegung einer Verfahrenssprache bedeutet auch nicht unbedingt, dass alle vorgelegten Unterlagen in diese zu übersetzen sind. Bei der Verfahrenssprache muss es sich nicht um eine «Amtssprache» handeln (BSK IPRG-SCHNEIDER, Art. 182 N 86). Bei der Festlegung der Verfahrenssprache ist der Gleichbehandlung der Parteien Rechnung zu tragen (BSK IPRG-SCHNEIDER, Art. 182 N 67; Zuberbühler/Müller/Habegger-WÜSTEMANN/JERMINI, Art. 17 N 9).

e) Fristen und Säumnis

Fristen für die Vornahme von Prozesshandlungen können von den Parteien vereinbart 83 werden, regelmässig werden sie jedoch vom Schiedsgericht festgesetzt. Das Schiedsgericht bzw. der Obmann sind gehalten, die Parteien gleich zu behandeln, was nicht notwendigerweise für beide Seiten gleich lange Fristen bedeutet (vgl. oben N 63). Die angesetzten Fristen müssen genügend Zeit für die Vornahme der Prozesshandlung lassen, wobei auch im Rahmen des Üblichen die anderweitige Auslastung der Parteien und ihrer Vertreter zu berücksichtigen ist.

Bei der **Fristberechnung** ist das Schiedsgericht nicht an die im Verfahren vor staatlichen 84 Gerichten geltenden Bestimmungen gebunden (BSK IPRG-SCHNEIDER, Art. 182 N 87; **a.M.** RÜEDE/HADENFELDT, 242). Das Schiedsgericht, bzw. bei entsprechender Delegation (vgl. oben N 42) auch der Präsident allein, sind zu Fristverlängerungen befugt.

Säumnis liegt vor, wenn eine Partei die ihr obliegende Prozesshandlung nicht oder nicht 85 fristgerecht erfüllt (VOGEL/SPÜHLER, 12 N 54). Die Sanktion bei Säumnis bezieht sich in der Regel immer nur auf die versäumte prozessuale Handlung (WENGER, Säumnis, 249). Nur ausnahmsweise treffen die Parteien selbst Absprachen über Säumnis und ihre Folgen. Verschiedene Schiedsordnungen enthalten aber Bestimmungen dazu (Art. 28 Swiss Rules; Art. 21 Abs. 2 ICC Rules). Jede Regelung von Säumnisfolgen hat dem Anspruch auf rechtliches Gehör zu genügen (LALIVE/POUDRET/REYMOND, Art. 24 KSG N 3; POUDRET/BESSON, N 592). Findet hilfsweise ein vor staatlichen Gerichten massgebendes Verfahrensrecht auf das Schiedsverfahren Anwendung ist zu beachten, dass die dortigen Regelungen der Säumnisfolgen u.U. nicht ohne weiteres auf das Schiedsverfahren anwendbar sind (BERGER/KELLERHALS, Rz 1066, erwähnen das Beispiel der Nichtleistung von Kostenvorschüssen).

86 Die Regelung von **Säumnisfolgen** sollte zwei Grundsätzen Rechnung tragen: Säumnis sollte nicht als Zugeständnis zu den Behauptungen und Begehren der Gegenpartei gewertet werden und sollte zudem den Fortgang des Verfahrens nicht in Frage stellen (BERGER/KELLERHALS, Rz 1067; differenzierend WENGER, Säumnis, 250 ff.).

87 Die säumige Partei sollte zudem die Möglichkeit haben **Entschuldigungsgründe** für ihre Säumnis anzuführen, um die Säumnisfolgen abzuwenden (BERGER/KELLERHALS, Rz 1067). Schliesslich sollten die Säumnisfolgen **vorgängig angedroht** worden sein (RÜEDE/HADENFELDT, 211, 242). Nach anderer Auffassung ergibt sich die Rechtsfolge der Nichtbeachtung der verspätet vorgenommenen Prozesshandlung aus der Fristsetzung selbst und muss nicht eigens angedroht werden. Das Schiedsgericht ist jedoch nicht zur Nichtbeachtung gezwungen (BSK IPRG-SCHNEIDER, Art. 182 N 87; BLESSING, 31).

f) Protokolle und Aufzeichnungen

88 Es besteht *keine Vorschrift* über die **Protokollierung** der mündlichen Verhandlung oder anderweitige Aufzeichnungen über den Verfahrensverlauf. Gelegentlich wird unzutreffenderweise behauptet, Protokollpflicht bestehe zumindest für Zeugeneinvernahmen (IPRG-Komm.-VISCHER, Art. 182 N 9). Wohl lässt sich die Einhaltung der minimalen Verfahrensgarantien nur kontrollieren, wenn der Verlauf der für die Entscheidfindung ausschlaggebenden Teile des Prozesses dokumentiert ist (BERGER/KELLERHALS, Rz 1078), doch hat das BGer schon unter der Ägide des Konkordates und dessen Verweis auf die Protokollierungspflicht in Art. 7 BZP verneint, dass «wegen fehlender bzw. fehlerhafter Protokollierung von einer Verletzung einer zwingenden Verfahrensvorschrift (Art. 25 KSG) und damit vom Vorliegen eines Nichtigkeitsgrundes auszugehen wäre (Art. 36 lit. d KSG)» (BGer, 4P.78/2004, E. 2.1). Soweit der Anspruch auf rechtliches Gehör es erfordert, einer Partei zu ermöglichen, alle vor dem Schiedsgericht abgegebenen und für den Verfahrensausgang relevanten Erklärungen zur Kenntnis zu nehmen und zu ihnen Stellung zu beziehen (vgl. oben N 55), ist hierfür nicht zwingend eine Protokollierung oder andere Aufzeichnung notwendig; selbst eine mündliche Mitteilung aus dem Gedächtnis kann ausreichend sein (BSK IPRG-SCHNEIDER, Art. 182 N 95).

89 In den meisten Fällen erfolgt jedoch in **Absprache mit den Parteien** eine Aufzeichnung durch *Protokoll, Tonbandaufnahme* mit oder ohne nachheriger *Abschrift* oder Stenogramm unter Berücksichtigung der Umstände des Einzelfalles wie Komplexität des Verfahrens bzw. Verfahrensschrittes (Beweisaufnahme oder Organisationsbesprechung am Telefon) (BERGER/KELLERHALS, Rz 1078; RÜEDE/HADENFELDT, 249; BSK IPRG-SCHNEIDER, Art. 182 N 95) und der allenfalls anwendbaren Schiedsordnung (vgl. z.B. Art. 25 Abs. 3 Swiss Rules, wonach das Schiedsgericht Vorkehrungen für die Anfertigung eines Verhandlungsprotokolls nur trifft, wenn es dies nach den Umständen für geboten hält, oder wenn die Parteien es rechtzeitig verlangen).

g) Vertraulichkeit

Das Öffentlichkeitsgebot von Art. 30 Abs. 3 BV gilt für Schiedsverfahren nicht, da es eine private Angelegenheit zwischen den Parteien der Schiedsvereinbarung ist. Die ZPO lässt aber – wie schon IPRG und KSG – die Frage offen, ob und inwieweit Parteien, Schiedsrichter und andere involvierte Personen (Zeugen, Experten, Sekretäre, Übersetzer etc.) zu **Vertraulichkeit** verpflichtet sind (BERGER/KELLERHALS, Rz 1118 ff.). BERGER/KELLERHALS, Rz 1120 f., plädieren dafür, dass die *Geheimnisherrschaft* bei den Parteien liegt und alle anderen involvierten Personen Geheimnisträger sind, für welche sich eine Pflicht zur Geheimhaltung aus dem Mandat (Schiedsrichter, Hilfspersonen des Schiedsgerichts) oder durch Geheimhaltungsvereinbarungen (Zeugen und parteiernannte Experten) oder allenfalls Arbeitsvertrag ergibt. *Zwischen den Parteien* ergibt sich eine Pflicht zur vertraulichen Behandlung des Schiedsverfahrens aufgrund von Vereinbarung (Geheimhaltungsklausel im Vertrag, Geheimhaltungsklausel in vereinbarter Schiedsordnung) (BERGER/KELLERHALS, Rz 1121). 90

Bestehen keine besonderen Abmachungen dürfte es sich so verhalten, dass die blosse *Existenz des Schiedsverfahrens* keine geheimhaltungspflichtige Tatsache darstellt, währenddem für das Verfahren bestimmte *Dokumente* (Rechtsschriften, Protokolle, Korrespondenz zwischen Schiedsgericht und Parteien) sowie weitere als Beweismittel in das Verfahren eingebrachte Unterlagen im Zweifel als vertraulich zu behandeln sind (BERGER/KELLERHALS, Rz 1121). 91

3. Verfahrensablauf

a) Gängige Verfahrensstruktur

Bei der **Gestaltung des Verfahrensablaufs** durch Parteivereinbarung oder durch die Schiedsrichter haben sich im Schiedswesen gewisse Verfahrensschemata herausgebildet (LALIVE/POUDRET/REYMOND, Art. 182 N 15). Diese richten sich weniger nach anwendbarem Schiedsverfahrensrecht und vereinbarter Schiedsordnung, als v.a. nach Herkunft, Erfahrung und persönlichem Stil der Schiedsrichter und Parteivertreter (BSK IPRG-SCHNEIDER, Art. 182 N 84). In Binnenschiedsverfahren nach ZPO dürften Besonderheiten kantonaler Prozessrechte je nach Herkunft der Parteivertreter noch für eine geraume Zeit überleben. Gerade bei der Teilnahme erfahrener Parteivertreter zeigen sich aber viele *Harmonisierungstendenzen*, die sich nicht an zivilprozessualen Traditionen orientieren, sondern auf die besondere Situation in Schiedsverfahren zugeschnitten sind (BSK IPRG-SCHNEIDER, Art. 182 N 84). 92

b) Schriftsatzwechsel

Das Verfahren vor dem Schiedsgericht beginnt meist mit **schriftlichen Stellungnahmen**. Umfangreiche Schriftsatzwechsel sind insb. im handelsrechtlichen Zivilprozess der Schweiz die Regel. Schriftliche Stellungnahmen werden nicht nur zu Beginn des Verfahrens, sondern vielmals auch nach der mündlichen Verhandlung vorgelegt, die zum Ergebnis der Verhandlung Stellung nehmen und die Positionen der Parteien abschliessend darlegen. 93

Was **Reihenfolge und Zeitpunkt** betrifft, werden Rechtsschriften vom Kläger und Beklagten meist nacheinander eingereicht, gelegentlich, bei Stellungnahmen zum Beweisergebnis gar regelmässig, aber auch gleichzeitig (LALIVE/POUDRET/REYMOND, Art. 182 IPRG N 16; IPRG-Komm.-VISCHER, Art. 182 N 16). Neuere Tendenzen zur Förderung der Effizienz von Schiedsverfahren postulieren, die Einreichung von Widerklage- oder 94

Verrechnungsforderungsbegründungen zeitgleich mit der Klageschrift vermehrt in Erwägung zu ziehen (s. z.B. Techniques pour maîtriser le temps et les coûts dans l'arbitrage, publication CCI no 843, 2008, technique no. 48).

95 Der Schriftsatzwechsel besteht normalerweise aus **Klageschrift und Klagebeantwortung** (so etwa Art. 18 und 19 UNCITRAL Rules) und aus einem ähnlichen Austausch im Fall der Widerklage. Es findet *nicht notwendigerweise ein weiterer Schriftsatzwechsel* statt (vgl. z.B. Art. 22 Swiss Rules), auch wenn dies in der Praxis meist die Regel darstellt (BLESSING, 34). In der Regel wird angeordnet, dass Schriftsätze, die dem Schiedsgericht vorgelegt werden, gleichzeitig mit den Anlagen auch der Gegenseite zugestellt werden.

c) Mündliche Verhandlung

96 In Schiedsverfahren findet *regelmässig mindestens eine* **mündliche Verhandlung** statt. Wesentlicher Inhalt der mündlichen Verhandlung ist der Vortrag der Parteien und die Vernehmung von Zeugen und Sachverständigen. Zur Beweisabnahme s. Art. 375.

97 Das **persönliche Erscheinen** der Parteien und der mündliche Vortrag sind gerade in grösseren Verfahren von besonderer Bedeutung (BLESSING, 35, 40). In den meisten für Verfahren in der Schweiz verwendeten Schiedsordnungen ist die Abhaltung einer solchen Verhandlung, wenn überhaupt, nur noch **auf Verlangen einer Partei** zwingend vorgesehen (Art. 15 Abs. 2 UNCITRAL Rules; Art. 25 Swiss Rules; Art. 21 ICC Rules).

98 Nach dem BGer besteht **kein Anspruch auf mündliche Äusserung**. Selbst wenn im Mandat an den Schiedsrichter das Recht auf eine abschliessende mündliche Stellungnahme ausdrücklich vorgesehen sei, könne sich das Schiedsgericht darüber hinwegsetzen, ohne den Anspruch auf rechtliches Gehör zu verletzen (BGE 117 II 348; BGer, 7.1.2004, ASA Bull 2004, 598; **a.M.** BSK IPRG-SCHNEIDER, Art. 182 N 90).

99 Die Festsetzung des **Termins** für die mündliche Verhandlung ist mit den Parteien abzustimmen, um die Teilnahme zu erlauben (BLESSING, 40). Das *Teilnahmerecht* ist Bestandteil des Anspruchs auf rechtliches Gehör (BGer, 25.5.1992 E. 5b, zit. bei BSK IPRG-SCHNEIDER, Art. 182 N 91; IPRG-Komm.-VISCHER, Art. 182 N 16). Es ist genügend Zeit zur Instruktion und Vorbereitung der Anwälte einzuräumen (RÜEDE/HADENFELDT, 209). Ein gewisses Mass an Verfügbarkeit darf von allen Verfahrensbeteiligten erwartet werden; das Schiedsgericht muss Verzögerungen durch wiederholte Ablehnung von Terminvorschlägen seitens einer Partei entgegentreten können (BSK IPRG-SCHNEIDER, Art. 182 N 91).

100 Bei grösseren Verfahren mit umfangreicher Beweisaufnahme ist es oft zweckmässig, vor der eigentlichen mündlichen Verhandlung eine **Vorbesprechung** des Schiedsgerichts mit den Parteivertretern abzuhalten um die Verhandlung zu strukturieren (BLESSING, 35; s.a. Ziff. 74 ff. der UNCITRAL Notes on Organizing Arbitral Proceedings 1996 zit. oben in N 33) und den Parteien mitzuteilen, welche Sach- und Rechtsfragen dem Schiedsgericht aufgrund des bisherigen Parteivortrages für die Entscheidfindung wesentlich erscheinen.

101 Verhandlungen vor dem Schiedsgericht sind regelmässig **nicht öffentlich** (vgl. oben N 90). Die Parteien können aber entscheiden, welche Personen für sie an der Verhandlung teilnehmen. So nehmen vereinzelt nebst Mitarbeitern und Beratern einer Partei auch Vertreter anderer Unternehmen, wie z.B. Vertreter eines Haftpflichtversicherers einer Partei, an der Verhandlung teil (BSK IPRG-SCHNEIDER, Art. 182 N 93).

Art. 374

Vorsorgliche Massnahmen, Sicherheit und Schadenersatz

¹ Das staatliche Gericht oder, sofern die Parteien nichts anderes vereinbart haben, das Schiedsgericht kann auf Antrag einer Partei vorsorgliche Massnahmen einschliesslich solcher für die Sicherung von Beweismitteln anordnen.

² Unterzieht sich die betroffene Person einer vom Schiedsgericht angeordneten Massnahme nicht freiwillig, so trifft das staatliche Gericht auf Antrag des Schiedsgerichts oder einer Partei die erforderlichen Anordnungen; stellt eine Partei den Antrag, so muss die Zustimmung des Schiedsgerichts eingeholt werden.

³ Ist ein Schaden für die andere Partei zu befürchten, so kann das Schiedsgericht oder das staatliche Gericht die Anordnung vorsorglicher Massnahmen von der Leistung einer Sicherheit abhängig machen.

⁴ Die gesuchstellende Partei haftet für den aus einer ungerechtfertigten vorsorglichen Massnahme erwachsenen Schaden. Beweist sie jedoch, dass sie ihr Gesuch in guten Treuen gestellt hat, so kann das Gericht die Ersatzpflicht herabsetzen oder gänzlich von ihr entbinden. Die geschädigte Partei kann den Anspruch im hängigen Schiedsverfahren geltend machen.

⁵ Eine geleistete Sicherheit ist freizugeben, wenn feststeht, dass keine Schadenersatzklage erhoben wird; bei Ungewissheit setzt das Schiedsgericht eine Frist zur Klage.

Mesures provisionnelles, sûretés et dommages-intérêts

¹ L'autorité judiciaire ou, sauf convention contraire des parties, le tribunal arbitral peut, à la demande d'une partie, ordonner des mesures provisionnelles, notamment aux fins de conserver des moyens de preuve.

² Si la personne visée ne se soumet pas à une mesure ordonnée par le tribunal arbitral, celui-ci ou une partie peut demander à l'autorité judiciaire de rendre les ordonnances nécessaires; si la demande est déposée par une partie, celle-ci doit requérir l'assentiment du tribunal arbitral.

³ Le tribunal arbitral ou l'autorité judiciaire peuvent astreindre le requérant à fournir des sûretés si les mesures provisionnelles risquent de causer un dommage à la partie adverse.

⁴ Le requérant répond du dommage causé par des mesures provisionnelles injustifiées. Toutefois, s'il prouve qu'il les a demandées de bonne foi, le tribunal arbitral ou l'autorité judiciaire peuvent réduire les dommages-intérêts ou ne pas en allouer. La partie lésée peut faire valoir ses prétentions dans la procédure arbitrale pendante.

⁵ Les sûretés sont libérées dès qu'il est établi qu'aucune action en dommages-intérêts ne sera intentée; en cas d'incertitude, le tribunal arbitral impartit à l'intéressé un délai pour agir.

Provvedimenti cautelari, garanzie e risarcimento dei danni

¹ Il tribunale statale o, salvo diversa pattuizione delle parti, il tribunale arbitrale può, ad istanza di parte, ordinare provvedimenti cautelari, compresi quelli per assicurare i mezzi di prova.

² Se la persona contro cui è ordinato il provvedimento del tribunale arbitrale non vi si sottopone spontaneamente, il tribunale statale, su richiesta del tribunale arbitrale o ad istanza di parte, prende le necessarie disposizioni; l'istanza di parte richiede il consenso del tribunale arbitrale.

Philipp Habegger

Art. 374

³ Se vi è da temere un danno per l'altra parte, il tribunale arbitrale o statale può subordinare i provvedimenti cautelari alla prestazione di garanzie.

⁴ La parte instante risponde del danno causato da un provvedimento cautelare ingiustificato. Tuttavia, se essa prova di aver presentato l'istanza in buona fede, il tribunale arbitrale o statale può ridurre o escludere il risarcimento. La parte lesa può far valere la sua pretesa nel procedimento arbitrale pendente.

⁵ La garanzia è liberata se è certo che non è promossa alcuna azione di risarcimento del danno; se vi è incertezza in proposito, il tribunale arbitrale assegna un termine per proporre l'azione.

Inhaltsübersicht

	Note
I. Normzweck und Grundlagen	1
II. Anordnung vorsorglicher und sichernder Massnahmen (Abs. 1)	6
1. Allgemeines; Begriff der vorsorglichen und sichernden Massnahmen	6
2. Voraussetzungen für die Anordnung vorsorglicher und sichernder Massnahmen (Anspruchsvoraussetzungen)	14
3. Anordnung durch das staatliche Gericht	16
4. Anordnung durch das Schiedsgericht	22
5. Rechtsschutz gegen die Anordnung vorsorglicher und sichernder Massnahmen	32
III. Anordnung einer Sicherheitsleistung (Abs. 3)	34
1. Allgemeines	34
2. Voraussetzung für die Pflicht zur Sicherheitsleistung	35
3. Zuständiges staatliches Gericht	36
4. Antragsbedürftigkeit?	37
5. Art und Höhe der Sicherheitsleistung	38
6. Begründung einer Zuständigkeit für die Geltendmachung einer Schadenersatzforderung	39
IV. Durchsetzung vorsorglicher und sichernder Massnahmen (Abs. 2)	40
1. Allgemeines	40
2. Antragsberechtigte	42
3. Zuständiges staatliches Gericht	43
4. Umfang der Überprüfungsbefugnis des staatlichen Gerichts	44
5. Rechtsschutz gegen die Anordnungen des staatlichen Gerichts und gegen die Vollstreckung	46
V. Haftung infolge ungerechtfertiger vorsorglicher oder sichernder Massnahme (Abs. 4)	47
1. Allgemeines und Zuständigkeit	47
2. Auf die Schadenersatzforderung anwendbares Recht	49
3. Möglichkeit des Entlastungsbeweises	51
VI. Freigabe einer geleisteten Sicherheit (Abs. 5)	52

Literatur

Vgl. die Literaturhinweise bei den Vorbem. zu Art. 353–399 sowie S. BESSON, Arbitrage international et mesures provisoires – étude de droit comparé, Diss. Lausanne 1997; G. COUCHEPIN, La clause pénale – étude générale de l'institution et de quelques applications pratiques en droit de la construction, Diss. Fribourg 2007; J.-F. POUDRET, Les recours au Tribunal fédéral en matière d'arbitrage interne selon les projets de lois sur le Tribunal fédéral et de procédure civile suisse, in: Rechtssetzung und Rechtsdurchsetzung, FS für Franz Kellerhals, Bern 2005, 75 ff.; L. GAILLARD, Les mesures provisionnelles en droit international privé, SemJud 1993, 141 ff.; E. GEISINGER, Les relations entre l'arbitrage commercial international et la justice étatique en matière de mesures provisionnelles, SemJud 2005, 375 ff.; W. J. HABSCHEID, Einstweiliger Rechtsschutz durch Schiedsgerichte nach dem schweizerischen Gesetz über das internationale Privatrecht (IPRG), IPrax 1989, 134 ff. (zit. Rechtsschutz); L. LÉVY, Les astreintes et l'arbitrage international en Suisse, ASA Bull 2001, 21 ff.; J.-F. POUDRET/S. BESSON, Comparative Law of International Arbitration, 2. Aufl., Zürich 2007; D. SANGIORGIO, Der vorsorgliche Rechtsschutz in der internationalen Schiedsgerichtsbarkeit nach Art. 183 IPRG, Diss. Zürich 1996; M. SCHNEIDER, Funktionen des staatlichen Richters am Sitz des internationalen Schiedsgerichts gemäss 12. Kapitel des IPRG, Zürich/St. Gallen 2009; H. VAN HOUTTE, The Reasons Against a Proposal for Ex Parte Interim Measures of Protection in Arbitration, ArbInt 2004, 85 ff.; M. WIRTH, Interim or preventive measures in support of international arbitration in Switzerland, ASA Bull 2000, 31 ff.; vgl. ausserdem die Literaturhinweise zu Art. 371 und 378.

I. Normzweck und Grundlagen

Art. 374 ersetzt den von der Lehre stark kritisierten **Art. 26 KSG**, welcher zur Anordnung vorsorglicher Massnahmen noch ausschliesslich die staatlichen Gerichte für zuständig erklärte. Die Bestimmung lehnt sich stark an **Art. 183 IPRG** und den bereits in zahlreichen anderen Staaten übernommenen **Art. 17 UNCITRAL Model Law** an. Der Artikel stellt insofern eine *Sonderbestimmung* zu Art. 373 dar, als er einen Bereich der nach Art. 373 zu bestimmenden Verfahrensordnung regelt. Aus diesem Verhältnis ergibt sich denn auch, dass Regelungen zu vorsorglichen Massnahmen sich stets an Art. 373 zu orientieren und namentlich die in Art. 373 Abs. 4 enthaltenen Grundsätze der Gleichbehandlung der Parteien, des Anspruchs der Parteien auf rechtliches Gehör und des kontradiktorischen Verfahrens zu beachten haben. 1

Abs. 1 folgt der h.L. und Praxis zu Art. 183 IPRG, indem er bestimmt, dass nebst dem staatlichen Gericht **auch das Schiedsgericht** zur Anordnung vorsorglicher Massnahmen **zuständig** ist. Abs. 2 deckt sich inhaltlich weitgehend mit Art. 183 Abs. 2 IPRG, präzisiert aber, dass auch die Parteien das staatliche Gericht zum Treffen von Anordnungen zur Vollstreckung der Massnahme der betr. Anordnung anrufen können. Abs. 3 entspricht Art. 183 Abs. 3 IPRG bzw. Art. 264 Abs. 1 im Verfahren vor staatlichen Gerichten. 2

Abs. 4 (Schadenersatz aus ungerechtfertigter vorsorglicher Massnahme) und 5 (Freigabe geleisteter Sicherheit) sind neu und bilden das Pendant zu Art. 264 Abs. 2 und 3 im Verfahren vor staatlichen Gerichten. 3

Nicht geregelt (wie im Übrigen im Bereich der internationalen Schiedsgerichtsbarkeit auch im IPRG nicht) sind – trotz Kritik im Vernehmlassungsverfahren (vgl. Vernehmlassung ZPO, 809 f.) – die **superprovisorischen vorsorglichen Massnahmen**. Gemäss Bericht VE-ZPO (174) und BOTSCHAFT ZPO (7399) sind solche aber auch im Schiedsverfahren zulässig (ebenso KELLERHALS, 394; SUTTER-SOMM/HASENBÖHLER, 122), wobei sich das Schiedsgericht hinsichtlich der Gewährung des (nachträglichen) rechtlichen Gehörs von dem für die staatlichen Gerichte massgebenden Art. 265 Abs. 2 inspirieren lassen könne. Anzumerken bleibt aber, dass in der Praxis einer Partei nur sehr zurückhaltend superprovisorischer Rechtsschutz gewährt (werden) wird (vgl. auch BSK IPRG-BERTI, Art. 183 N 12; IPRG-Komm.-VISCHER, Art. 183 N 14; POUDRET/BESSON, Rz 626), ist doch das Schiedsverfahren grundsätzlich auf Kooperation und weniger auf Konfrontation ausgerichtet und entspricht es eigentlich nicht seinem Wesen, einer Partei 4 vorsorglichen Rechtsschutz ohne vorherige Anhörung der Gegenpartei zu gewähren. Einen etwas anderen Ansatz verfolgen Art. 17 B und C UNCITRAL Model Law, nach welchen es dem Schiedsgericht ermöglicht werden soll, auf Antrag einer Partei anstatt superprovisorische vorsorgliche Massnahmen sog. *«preliminary orders»* zu erlassen, vorausgesetzt, «it considers that prior disclosure of the request of the interim measure to the party against whom it is directed risks frustrating the purpose of the measure» (Art. 17 B Abs. 2 UNCITRAL Model Law). Dieser Ansatz hat den Vorteil, dass die andere Partei von dem Antrag unterrichtet wird und sie die Möglichkeit erhält, sich dazu zu äussern (VAN HOUTTE, 89). Grundsätzlich kritisch gegenüber schiedsgerichtlichen superprovisorischen Massnahmen namentlich VAN HOUTTE, 85 ff.; Zuberbühler/Müller/Habegger-OETIKER, Art. 26 N 16.

5   Art. 374 regelt die **Zuständigkeit zum Erlass vorsorglicher und sichernder Massnahmen im Schiedsverfahren**. Wohl wird auch das Schiedsgericht zum Erlass solcher Massnahmen für zuständig erklärt, indes sind die von ihm erlassenen Massnahmen insofern ineffizient, als Schiedsgerichte selbst keine Kompetenz zur Anordnung von Vollstreckungsmassnahmen haben (vgl. BSK IPRG-BERTI, Art. 183 N 1 m.w.H.; LALIVE/POUDRET/REYMOND, Art. 183 IPRG N 2; CJ GE, 8.2.1990, SemJud 1990, 196 E. 4; differenzierend BESSON, Rz 524 ff.). Angesichts der für einen ordentlichen Prozess benötigten Dauer, erscheint es (im Interesse wirksamer Durchsetzung materieller Rechte und Pflichten) geboten, einstweiligen Schutz der umstrittenen Parteiansprüche zu gewährleisten sowie eine vorübergehende Ordnung der Beziehungen zwischen den Streitparteien sicherzustellen (BERGER/KELLERHALS, Rz 1139).

II. Anordnung vorsorglicher und sichernder Massnahmen (Abs. 1)

1. Allgemeines; Begriff der vorsorglichen und sichernden Massnahmen

6   Nach Abs. 1 kann sowohl das staatliche Gericht als auch (vorbehaltlich einer anders lautenden Parteivereinbarung) das Schiedsgericht auf Antrag einer Partei vorsorgliche Massnahmen einschliesslich solcher für die Sicherung von Beweismitteln anordnen (**Parallelkompetenz**). Die gesuchstellende Partei hat somit die Möglichkeit, für den vorsorglichen Rechtsschutz jene Gerichtsbarkeit zu wählen, welche ihr geeigneter erscheint (BOTSCHAFT ZPO, 7399; SUTTER-SOMM/HASENBÖHLER, 121). Beschränkt wird die Ausübung dieser parallel bestehenden Massnahmenkompetenz indes dadurch, dass es unzulässig wäre, ein identisches Massnahmebegehren gleichzeitig bei mehreren Instanzen zu stellen (BSK IPRG-BERTI, Art. 183 N 14). In einem solchen Fall wird jene Instanz zuständig, vor welcher die Rechtshängigkeit des Gesuchsverfahrens als erstes begründet wurde (BERGER/KELLERHALS, Rz 1169; unentschlossen LALIVE/POUDRET/REYMOND, Art. 183 IPRG N 15; **a.M.** BESSON, Rz 421 ff.; GEISINGER, 382 f.; Zuberbühler/Müller/Habegger-BERGER, Art. 26 N 30) – es sei denn, es handle sich um ein Gesuch um superprovisorischen Rechtsschutz; diesfalls erscheint es sachgerecht, das staatliche Gericht auch dann für zuständig zu erklären, wenn es erst später angerufen wurde (BERGER/KELLERHALS, Rz 1169; IPRG-Komm.-VISCHER, Art. 183 N 4; WIRTH, 43).

7   Unzulässig ist es, wenn eine mit ihrem Antrag auf einstweiligen Rechtsschutz vor dem staatlichen Gericht nicht durchgedrungene Partei **denselben Antrag** (Identität der Parteien und des Streitgegenstands) **später** auch noch **beim Schiedsgericht** stellt (oder umgekehrt), vorausgesetzt, die beiden Instanzen kennen dieselben Anspruchsvoraussetzungen und die als erste angerufene Instanz hat die minimalen prozessualen Garantien eingehalten (vgl. ICC Schiedsgericht, 2.4.2002, ASA Bull 2003, 810 ff.; Zuberbühler/Müller/Habegger-OETIKER, Art. 26 N 30). Anders verhält es sich nur,

wenn sich die Verhältnisse seit dem Entscheid über den ersten Antrag erheblich verändert haben (BERGER/KELLERHALS, Rz 1170; WIRTH, 43). Siehe eingehend zum Verhältnis zwischen Schieds- und staatlichen Gerichten bei der Anordnung vorsorglicher bzw. sichernder Massnahmen im Bereich der (internationalen) Schiedsgerichtsbarkeit GEISINGER, 375 ff.

In der Praxis wird der Gesuchsteller das staatliche Gericht anrufen, wenn das Schiedsgericht **noch nicht konstituiert** ist oder wenn eine umgehende Vollstreckung der Massnahme angestrebt wird. An das Schiedsgericht hingegen wird sich der Gesuchsteller regelmässig dann wenden, wenn es bereits konstituiert und dessen Vertrautheit mit der Schiedssache von Bedeutung ist (WENGER, ZZZ 2007, 408). **8**

Die Anordnung vorsorglicher und sichernder Massnahmen setzt stets einen **Parteiantrag** voraus (vgl. auch Art. 183 Abs. 1 IPRG; Art. 26 Abs. 1 UNCITRAL Rules; Art. 23 Abs. 1 Satz 1 ICC Rules; Art. 25 Abs. 1 LCIA Rules; Art. 46 lit. a Satz 1 WIPO Rules; Art. 26 Abs. 1 Swiss Rules). Von sich aus (*ex officio*) wird das staatliche bzw. das Schiedsgericht nicht tätig. Welchen Formerfordernissen dieser Parteiantrag unterliegt, bestimmt sich nach dem anwendbaren Verfahren (BERGER/KELLERHALS, Rz 1138). **9**

Vorsorgliche und sichernde Massnahmen i.S.v. Art. 374 sind «alle Anordnungen, die dazu dienen, während des Schiedsverfahrens (oder allenfalls bereits vor Einleitung desselben) die umstrittenen Ansprüche der Parteien vor Bedrohungen zu schützen, die Durchsetzung der beantragten Rechtsbegehren zu sichern oder die Beziehungen unter den Streitparteien vorläufig zu regeln» (BERGER/KELLERHALS, Rz 1127). Charakteristisch für vorsorgliche und sichernde Massnahmen ist, dass sie nur bei **zeitlicher Dringlichkeit** angeordnet werden und sie nur von **provisorischer Gültigkeit** sind (BERGER/KELLERHALS, Rz 1139; vgl. auch SANGIORGIO, 130 ff.) – sie also mit Eintritt der Rechtskraft des Schiedsspruchs dahin fallen (RÜEDE/HADENFELDT, 253). Eine vorsorgliche bzw. sichernde Massnahme kann den Gesuchsgegner sowohl zu einem *Tun* als auch zu einer *Unterlassung* verpflichten (Zuberbühler/Müller/Habegger-OETIKER, Art. 26 N 10). Als vorsorgliche bzw. sichernde Massnahme nur zurückhaltend zuzulassen ist die *vorläufige Befriedigung des Hauptantrags einer Partei* (wobei zwischen der nur ganz ausnahmsweise zulässigen vorläufigen Zusprechung eines Geldbetrages und der vorläufigen Anordnung anderer positiver Leistungen zu unterscheiden ist, BSK IPRG-BERTI, Art. 183 N 7 lit. a; Zuberbühler/Müller/Habegger-OETIKER, Art. 26 N 10); in jedem Fall gilt es das vertragliche Gleichgewicht («*équilibre contractuel*») zwischen den Parteien zu wahren (BESSON, Rz 446 ff.). **10**

Zur Einteilung vorsorglicher Massnahmen in **Sicherungs-, Leistungs- und Regelungsmassnahmen** vgl. BESSON, Rz 39; GAILLARD, 142; HABSCHEID, ZPR, Rz 611 ff.; SANGIORGIO, 130 ff.; VOGEL/SPÜHLER, 349 ff. Rz 192 ff.; WALTER/BOSCH/BRÖNNIMANN, 133 f.; differenzierend Zuberbühler/Müller/Habegger-OETIKER, Art. 26 N 9 und Art. 262. **11**

Nach Abs. 1 fallen ausdrücklich auch **Anordnungen zur Sicherung gefährdeter Beweismittel** unter die vorsorglichen und sichernden Massnahmen i.S.v. Art. 374 (obwohl nicht ausdrücklich erwähnt, gilt nach h.L. dasselbe auch bei Art. 183 IPRG im Rahmen der internationalen Schiedsgerichtsbarkeit [Bericht VE-ZPO, 173; BESSON, Rz 444; BERGER/KELLERHALS, Rz 1140; LALIVE/POUDRET/REYMOND, Art. 183 IPRG N 6; RÜEDE/HADENFELDT, 253; **a.M.** WALTER/BOSCH/BRÖNNIMANN, 135 f.]), nicht aber der vorsorglichen Klärung der Beweislage dienende Anordnungen (sog. *vorsorgliche Beweisführung*, vgl. BERGER/KELLERHALS, Rz 1128). **12**

Die Frage, ob im Bereich der Schiedsgerichtsbarkeit auch der **Arrest** zu den vorsorglichen und sichernden Massnahmen zu zählen sei, wird in der Literatur unterschiedlich **13** beantwortet (bejahend etwa BSK IPRG-BERTI, Art. 183 N 7; vgl. auch ZR 2006 Nr. 18 E. 3a; verneinend etwa BERGER/KELLERHALS, Rz 1141; BESSON, Rz 72; HABSCHEID, Rechtsschutz, 134 f.; IPRG-Komm.-VISCHER, Art. 183 N 6; LALIVE/POUDRET/REYMOND, Art. 183 IPRG N 7; WALTER/BOSCH/BRÖNNIMANN, 130 f.; differenzierend RÜEDE/ HADENFELDT, 253 und SANGIORGIO, 137 ff., insb. 163–167, nach welchem sich aus Art. 183 Abs. 1 IPRG eine schiedsgerichtliche *Arrestbewilligungs*kompetenz herleiten lässt). Sie ist aus folgenden Gründen zu verneinen: Der vom Arrest bewirkte Vermögensbeschlag steht in aller Regel in keinem Zusammenhang mit dem in das Schiedsverfahren eingebrachten Streitgegenstand, sollen doch mit dem Arrest beliebige Vermögensteile des Schuldners blockiert werden (ebenso BERGER/KELLERHALS, Rz 1141; HABSCHEID, Rechtsschutz, 135; WALTER/BOSCH/BRÖNNIMANN, 130 f.; anders SANGIORGIO, 153). Ferner ist auch in vollstreckungsrechtlicher Hinsicht unvorstellbar, dass der (vom Gericht am Belegenheitsort der zu verarrestierenden Vermögenswerte gegenüber den Vollstreckungsbehörden auszusprechende) Arrest eine vorsorgliche Massnahme darstellt, die auch von einem Schiedsgericht angeordnet werden könnte (ebenso BERGER/KELLERHALS, Rz 1141; WALTER/BOSCH/BRÖNNIMANN, 131). Letztlich widerspräche es auch der Praktikabilität, die Kompetenz zur Anordnung eines Arrestes auch dem Schiedsgericht zuzusprechen, ist doch die Anrufung des staatlichen Gerichts regelmässig schneller und damit wirksamer (ebenso BERGER/KELLERHALS, Rz 1141).

2. *Voraussetzungen für die Anordnung vorsorglicher und sichernder Massnahmen (Anspruchsvoraussetzungen)*

14 Vorab hat das angerufene Gericht stets zu prüfen, ob der Antrag auf Anordnung vorsorglicher bzw. sichernder Massnahmen mit der von der Schiedsvereinbarung erfassten Hauptsache zusammenhängt. Ist ein solcher **Zusammenhang** gegeben, hat das angerufene Gericht auf den Antrag einzutreten, andernfalls hat es mangels Zuständigkeit einen Nichteintretensentscheid zu erlassen (BERGER/KELLERHALS, Rz 1143).

15 Damit das Gericht einem Parteiantrag auf Anordnung einer vorsorglichen Massnahme statt gibt, bedarf es einerseits eines **Verfügungsanspruchs**, d.h. des Bestandes eines rechtlich geschützten Anspruchs und andererseits eines **Verfügungsgrunds**, d.h. eines Rechts auf sofortigen Schutz dieses Anspruchs bei Gefahr im Verzug (BERGER/ KELLERHALS, Rz 1129 und 1145 f.; WIRTH, 37 f.). Eingehend zu diesen von der gesuchstellenden Partei glaubhaft zu machenden Voraussetzungen s. Art. 261. Die Voraussetzungen für die Anordnung vorsorglicher Massnahmen vor staatlichen Gerichten sind nicht direkt auf Schiedsverfahren anwendbar. Mangels anderer Parteivereinbarung (Art. 373 Abs. 1) können sie dem Schiedsgericht aber als Inspiration dienen.

3. *Anordnung durch das staatliche Gericht*

a) *Allgemeines*

16 Ersucht eine Partei ein **zuständiges staatliches Gericht** um einstweiligen Rechtsschutz, so bedeutet dies nicht etwa einen Verzicht auf das vereinbarte Schiedsgericht; genauso wenig, wie auch die Einlassung des Gesuchsgegners vor dem staatlichen Massnahmegericht nicht als ein solcher Verzicht gedeutet werden darf – m.a.W. wird die Gültigkeit einer getroffenen Schiedsvereinbarung durch die Inanspruchnahme der staatlichen Gerichtsbarkeit für einstweiligen Rechtsschutz in keinem Fall präjudiziert (BERGER/ KELLERHALS, Rz 1168; RÜEDE/HADENFELDT, 251; SANGIORGIO, 64 FN 112; WALTER/ BOSCH/BRÖNNIMANN, 146; vgl. auch Art. 26 Abs. 3 Swiss Rules; Art. 23 Abs. 2 Satz 2 ICC Rules). Anzumerken bleibt ferner, dass sich der Gesuchsgegner der Zuständigkeit

des staatlichen Gerichts zur Anordnung vorsorglicher bzw. sichernder Massnahmen nicht mit der **Schiedseinrede** entziehen kann (Bericht VE-ZPO, 173), ausser die Parteien hätten die Massnahmekompetenz des staatlichen Richters in der Schiedsvereinbarung ausgeschlossen (s.u. N 19).

b) Zuständiges staatliches Gericht

Art. 374 schweigt sich darüber aus, welches staatliche Gericht zur Anordnung vorsorglicher und sichernder Massnahmen zuständig ist – es finden die allgemeinen Bestimmungen über die örtliche (Art. 13) und die sachliche Zuständigkeit (Art. 4) Anwendung (BOTSCHAFT ZPO, 7394). **Örtlich** zuständig ist somit zwingend das Gericht am Ort, an dem die Zuständigkeit für die Hauptsache gegeben ist (Art. 13 lit. a, also das Gericht am Sitzort des bereits konstituierten oder noch zu konstituierenden Schiedsgerichts [BOTSCHAFT ZPO, 7394; BERGER/KELLERHALS, Rz 1131]) oder am Ort, an dem die Massnahme vollstreckt werden soll (Art. 13 lit. b). Die **sachliche Zuständigkeit** richtet sich nach kantonalem Recht (Art. 4 Abs. 1).

Soll **ausserhalb der Schweiz** einstweiliger Rechtsschutz erreicht werden, gilt es in LugÜ-Vertragsstaaten für die räumliche Zuständigkeit – trotz des die Schiedssachen vom Anwendungsbereich des LugÜ grundsätzlich ausschliessenden Art. 1 Abs. 2 Ziff. 4 LugÜ (zu diesem Vorbehalt vgl. BERGER/KELLERHALS, Rz 1172 und 1188) – Art. 31 LugÜ zu beachten, «sofern zwischen dem Gegenstand der vorsorglichen Massnahme, um die ersucht wird, und dem Vertragsstaat eine ‹reale Verknüpfung› besteht» (BERGER/KELLERHALS, Rz 1132). Eine solche «reale Verknüpfung» ist etwa dann gegeben, wenn sich der Belegenheitsort der zu beschlagnahmenden Wertobjekte in dem betr. Staat befindet (BERGER/KELLERHALS, Rz 1173 m.w.H.). Handelt es sich hingegen beim betr. Staat nicht um einen LugÜ-Vertragsstaat, so bestimmt sich die räumliche Zuständigkeit nach dessen nationaler Gesetzgebung einschliesslich anderweitiger anwendbarer Staatsverträge (BERGER/KELLERHALS, Rz 1132). Die sachliche Zuständigkeit bestimmt sich in beiden Fällen nach der *lex fori* des örtlich zuständigen Massnahmegerichts (BERGER/KELLERHALS, Rz 1173; WALTER/BOSCH/BRÖNNIMANN, 147).

Ein genereller, von den Parteien vereinbarter **Ausschluss der Zuständigkeit der staatlichen Gerichte** zur Anordnung vorsorglicher und sichernder Massnahmen dürfte – jedenfalls solange das Schiedsgericht nicht konstituiert ist – einem unzulässigen Verzicht auf den Anspruch auf Justizgewährung gleichkommen (vgl. für die internationale Schiedsgerichtsbarkeit BERGER/KELLERHALS, Rz 1166; **a.M.** IPRG-Komm.-VISCHER, Art. 183 N 3 a.E.; SANGIORGIO, 63 f.; WALTER/BOSCH/BRÖNNIMANN, 146).

c) Anwendbares Verfahren

Das Verfahren vor dem für die Anordnung vorsorglicher bzw. sichernder Massnahmen angerufenen schweizerischen staatlichen Gericht bestimmt sich nach Art. 261 ff.; die vorsorglichen und sichernden Massnahmen sind – ihrem Wesen entsprechend – dem **summarischen Verfahren** zugeordnet.

Das von einer Partei zwecks Erreichung einstweiligen Rechtsschutzes angerufene staatliche Gericht wendet – wie im Übrigen auch das bei der Durchsetzung vorsorglicher und sichernder Massnahmen i.S.v. Abs. 2 um Mitwirkung ersuchte staatliche Gericht (hierzu unten N 38 ff.) – sein eigenes Recht an; vor einem staatlichen Gericht können mitunter nur solche Massnahmen beantragt werden, welche seinem Recht bekannt sind (BERGER/KELLERHALS, Rz 1175; IPRG-Komm.-VISCHER, Art. 183 N 16).

4. Anordnung durch das Schiedsgericht

a) Allgemeines

22 Weil mit der Sache bereits vertraut, eignet sich regelmässig **nach** seiner **Konstituierung** das Schiedsgericht selbst am besten, um über Massnahmebegehren zu befinden. Mit der gesetzlich verankerten Massnahmekompetenz des Schiedsgerichts steigert sich die Effizienz des Schiedsverfahrens (welche jedoch wiederum durch die dem Schiedsgericht fehlende Vollstreckungsgewalt geschmälert wird, s.o. N 28) und somit das Vertrauen in die Schiedsgerichtsbarkeit (BERGER/KELLERHALS, Rz 1124).

23 Damit dem Schiedsgericht aber überhaupt eine Massnahmekompetenz zukommt, muss dasselbe nach h.L. über eine **prima facie-Zuständigkeit in der Hauptsache** verfügen (POUDRET/BESSON, Rz 626; Zuberbühler/Müller/Habegger-OETIKER, Art. 26 N 6 m.w.H.). Dieser Ansatz ist insoweit nicht unproblematisch, als dass sich – wie die Zuständigkeit in der Hauptsache – eine Massnahmekompetenz des Schiedsgerichts nur aufgrund einer Schiedsvereinbarung i.S.v. Art. 357 ergeben kann, welche das Schiedsgericht im Bestreitungsfall nötigenfalls inkl. Beweisabnahme (s. Art. 357 N 8, Art. 393 N 50) zuerst feststellen muss. Er erscheint aber als einzig gangbare Lösung, da der Gesetzgeber die Anordnung vorsorglicher Massnahmen durch das Schiedsgericht ausdrücklich vorsieht und Art. 374 seines Zweckes (Gewährung dringlichen einstweiligen Rechtsschutzes) völlig verlustig ginge, wenn er nur greifen würde nachdem das Schiedsgericht seine Zuständigkeit bereits vollumfänglich abgeklärt hat.

24 Abs. 1 setzt voraus, dass im Zeitpunkt des Ersuchens um einstweiligen Rechtsschutz ein **handlungsfähiges Schiedsgericht** besteht, «da der Massnahmebeklagte den Erlass von vorsorglichen Massnahmen vor der Konstituierung durch Torpedierung des Bestellungsverfahrens hinauszögern kann» (SUTTER-SOMM/HASENBÖHLER, 121; vgl. ferner auch BERGER/KELLERHALS, Rz 1136; KELLERHALS, 393; RÜEDE/HADENFELDT, 252; WALTER/BOSCH/BRÖNNIMANN, 140 und 143). Denkbar ist indes auch die Gewährung von einstweiligem Rechtsschutz durch eine Schiedsinstanz *vor* Konstituierung des Spruchkörpers. So können von den Parteien gewählte Schiedsordnungen zur Anordnung vorsorglicher und sichernder Massnahmen etwa ein permanentes Organ einer Schiedsinstitution oder ein durch die Schiedsinstitution einzelfallweise zu bezeichnendes Mitglied des Schiedsgerichts (*emergency arbitrator*) für zuständig erklären (BERGER/KELLERHALS, Rz 1136; vgl. insb. die *ICC Rules for a Pre-Arbitral Referee Procedure* vom 1.1.1990; Art. 32 Abs. 4 und Appendix II der Arbitration Rules des Arbitration Institute der Stockholm Chamber of Commerce; Art. 37 International Arbitration Rules der American Arbitration Association).

25 Zuständig für die Anordnung vorsorglicher bzw. sichernder Massnahmen ist grundsätzlich das **Schiedsgericht als Ganzes**; zulässig ist aber auch die Übertragung dieser Kompetenz an den Präsidenten des Schiedsgerichts (vgl. RÜEDE/HADENFELDT, 253; Zuberbühler/Müller/Habegger-OETIKER, Art. 26 N 5 m.w.H.). Bei besonderer Dringlichkeit dürfte der Präsident des Schiedsgerichts auch ohne besondere Ermächtigung der übrigen Mitglieder des Schiedsgerichts zur Anordnung vorsorglicher bzw. sichernder Massnahmen befugt sein, vorausgesetzt, die betr. Massnahmen werden in der Folge von ihnen abgesegnet (Zuberbühler/Müller/Habegger-OETIKER, a.a.O.).

26 Die einem Schiedsgericht von Art. 374 verliehene **Massnahmenjurisdiktion** kann durch Parteivereinbarung **modifiziert** bzw. **entzogen** werden (vgl. Abs. 1). Diese Vereinbarung untersteht keinem besonderen Formerfordernis; zulässig ist eine solche auch nach Eintritt der Schiedshängigkeit (ebenso in der internationalen Schiedsgerichtsbarkeit, vgl. BERGER/KELLERHALS, Rz 1137; BSK IPRG-BERTI, Art. 183 N 3).

Eine *Modifikation* der Zuständigkeit des Schiedsgerichts zur Anordnung vorsorglicher und sichernder Massnahmen ergibt sich ferner, wenn die Parteien eine Schiedsordnung wählen, die eine einschlägige Regelung enthält wie namentlich Art. 26 Swiss Rules, Art. 26 UNCITRAL Rules und Art. 23 Abs. 1 ICC Rules (vgl. BERGER/KELLERHALS, Rz 1137; BSK IPRG-BERTI, Art. 183 N 4; IPRG-Komm.-VISCHER, Art. 183 N 2; WALTER/BOSCH/BRÖNNIMANN, 142 f.). 27

b) Anwendbares Verfahren

Das **Verfahren** vor dem für die Anordnung vorsorglicher bzw. sichernder Massnahmen angerufenen Schiedsgericht bestimmt sich nach Art. 373 Abs. 1 und 2. Dem auf das Verfahren anwendbaren Recht sodann ist der Inhalt der angeordneten Massnahme zu entnehmen (vgl. BSK IPRG-BERTI, Art. 183 N 8; POUDRET/BESSON, Rz 624; Zuberbühler/Müller/Habegger-OETIKER, Art. 26 N 9). 28

c) Grenzen schiedsgerichtlicher Befugnisse

Wohl kann das Schiedsgericht nach Abs. 1 vorsorgliche und sichernde Massnahmen anordnen – für die **Durchsetzung der getroffenen Anordnung** bleibt es indes auf die Bereitschaft des Gesuchsgegners, die betr. Anordnung freiwillig zu befolgen bzw. andernfalls auf die Mitwirkung des staatlichen Gerichts angewiesen (hierzu unten N 38 ff.). Es ist dem Schiedsgericht namentlich verwehrt, der Gesuchsgegnerin von sich aus *Zwangsmassnahmen* für den Fall der Unterlassung oder der Zuwiderhandlung (wie namentlich eine Ungehorsamsstrafe nach Art. 292 StGB) anzudrohen (BERGER/KELLERHALS, Rz 1155; BESSON, Rz 540; BSK IPRG-BERTI, Art. 183 N 9, 11 und 16; IPRG-Komm.-VISCHER, Art. 183 N 7; **a.M.** WALTER/BOSCH/BRÖNNIMANN, 137 f.). 29

Differenzierter zu beantworten ist die Frage, ob das Schiedsgericht die Anordnung vorsorglicher bzw. sichernder Massnahmen mit der Androhung einer **privaten Geldstrafe** (sog. *astreinte [civile]*) versehen darf. Im Unterschied zu einer Ordnungsbusse etwa i.S.v. Art. 343 Abs. 1 lit. b, hat die belastete Partei den betr. Betrag nicht an den Staat, sondern unmittelbar an die Gegenpartei zu bezahlen, welcher auch die Eintreibung überlassen wird (BERGER/KELLERHALS, Rz 1156 FN 48; COUCHEPIN, Rz 1130). Die Androhung einer *astreinte* dürfte nur zulässig sein, wenn (i) das materielle Recht, welches auf das umstrittene Rechtsverhältnis anwendbar ist, eine solche Geldstrafe vorsieht oder (ii) die Parteien i.S.v. Art. 373 Abs. 1 lit. a eine Verfahrensbestimmung aufgestellt haben, welche das Schiedsgericht ausdrücklich zur Androhung einer *astreinte* ermächtigt (vgl. BERGER/KELLERHALS, Rz 1156; COUCHEPIN, Rz 1138; POUDRET/BESSON, Rz 540 und 630; weitergehend LÉVY, 22 f.; rechtsvergleichend zur Problematik der *astreinte* BESSON, Rz 533 ff.; vgl. ferner auch BGE 43 II 660, wonach sich die *astreinte* dann mit dem Bundesrecht nicht vereinbaren lässt, wenn sie «impliquait une condamnation définitive à une indemnité à raison d'un dommage futur, c'est-à-dire si le juge avait entendu fixer d'avance la quotité de la réparation d'un dommage non encore réalisé et qu'actuellement il est donc impossible de déterminer d'une façon sûre»). Damit die schiedsgerichtliche Anordnung einer *astreinte* aber auch effizient wäre, müsste sie durch das Schiedsgericht selbst vollstreckt werden können (COUCHEPIN, Rz 1149), was indes nicht zutrifft (vgl. unten N 38 ff.), ausser sie werde der gesuchstellenden Partei letztendlich (nochmals) zusammen mit dem Schiedsspruch in der Hauptsache zugesprochen. 30

Zur Frage, ob das Schiedsgericht auch vorsorgliche bzw. sichernde **Massnahmen gegenüber Dritten** anordnen kann, vgl. unten N 39. 31

Philipp Habegger

5. *Rechtsschutz gegen die Anordnung vorsorglicher und sichernder Massnahmen*

a) *Rechtsschutz im Massnahmeverfahren vor staatlichen Gerichten*

32 Die Rechtsmittel gegen Verfügungen eines angerufenen staatlichen Gerichts über einstweiligen Rechtsschutz bestimmen sich nach der **lex fori** (BERGER/KELLERHALS, Rz 1174; WALTER/BOSCH/BRÖNNIMANN, 156) – bei Anrufung eines schweizerischen staatlichen Gerichts also nach Art. 308 ff. ZPO und Art. 72 ff. BGG.

b) *Rechtsschutz im Massnahmeverfahren vor Schiedsgerichten*

33 Gegen Verfügungen des Schiedsgerichts über einstweiligen Rechtsschutz bestehen (mangels anfechtbarem Schiedsspruch i.S.v. Art. 392) **keine Rechtsmittel** (POUDRET, 80; WENGER, Schiedsgerichtsbarkeit, 417 FN 26; vgl. auch BERGER/KELLERHALS, Rz 1157; IPRG-Komm.-VISCHER, Art. 183 N 15; LALIVE/POUDRET/REYMOND, Art. 183 IPRG N 13; SANGIORGIO, 128 und 139; WALTER/BOSCH/BRÖNNIMANN, 155). Eine Beschwerdemöglichkeit besteht einzig in jenem Fall, «où l'arbitre, sous couleur d'ordonner des mesures provisionnelles, aurait en fait rendu une décision définitive» (LALIVE/POUDRET/REYMOND, a.a.O.). Der Umstand, dass keine Rechtsmittel bestehen, ist insofern unbedenklich, als sich ja die betroffene Person der schiedsgerichtlichen vorsorglichen bzw. sichernden Massnahme gar nicht unterziehen muss (sondern es auf ein Verfahren vor staatlichem Gericht ankommen lassen kann, wo wiederum Rechtsmittel bestehen [s.u. N 44]).

III. Anordnung einer Sicherheitsleistung (Abs. 3)

1. Allgemeines

34 Nach Abs. 3 kann das *Schiedsgericht oder* das *staatliche Gericht* die Anordnung vorsorglicher bzw. sichernder Massnahmen (allenfalls auch ohne Parteiantrag, vgl. unten N 35) von der Leistung einer **Sicherheit** abhängig machen.

2. *Voraussetzung für die Pflicht zur Sicherheitsleistung*

35 Damit die Gesuchstellerin überhaupt eine Pflicht zur Sicherheitsleistung trifft, ist vorausgesetzt, dass dem Gesuchsgegner durch die Anordnung einer vorsorglichen bzw. sichernden Massnahme ein **Schaden** entstehen kann. Mit der Verpflichtung der Gesuchstellerin zur Sicherheitsleistung soll dem Gesuchsgegner nämlich die Vollstreckung eines allfälligen späteren Schadenersatzanspruches infolge ungerechtfertigter vorsorglicher bzw. sichernder Massnahme erleichtert werden, wobei es auf die Solvenz des Gesuchstellers nicht ankommen darf (BERGER/KELLERHALS, Rz 1179; BSK IPRG-BERTI, Art. 183 N 14; WALTER/BOSCH/BRÖNNIMANN, 152).

3. *Zuständiges staatliches Gericht*

36 Aus Abs. 3 ist nicht ersichtlich, welches staatliche Gericht die Anordnung vorsorglicher bzw. sichernder Massnahmen von der Leistung einer Sicherheit abhängig machen kann, weshalb wiederum die allgemeinen Bestimmungen über die örtliche (Art. 13) und die sachliche Zuständigkeit (Art. 4) Anwendung finden (BOTSCHAFT ZPO, 7394; vgl. oben N 17 ff.).

4. Antragsbedürftigkeit?

Der Wortlaut von Abs. 3 lässt offen, ob es für die Anordnung einer Sicherheitsleistung eines Antrags bedarf oder ob das Schiedsgericht auch von Amtes wegen eine Sicherheitsleistung anordnen kann. In der Praxis wird der Gesuchsgegner – sofern nicht die Gesuchstellerin bereits von sich aus eine Sicherheitsleistung angeboten hat – regelmässig einen entsprechenden **Antrag** stellen (BERGER/KELLERHALS, Rz 1177). Sind die an einer Streitsache beteiligten Parteien unerfahren oder besteht die Gefahr eines hohen Schadens für die Betroffenen, dürfte es zu den Sorgfaltspflichten des Schiedsgerichts gehören, von sich aus eine Sicherheitsleistung anzuordnen (BERGER/KELLERHALS, a.a.O.), was insb. auch bei der Anordnung superprovisorischer Massnahmen zu gelten hat (BERGER/KELLERHALS, a.a.O.; WALTER/BOSCH/BRÖNNIMANN, 151 f.). 37

5. Art und Höhe der Sicherheitsleistung

Art und Höhe der Sicherheitsleistung werden vom angerufenen Gericht bestimmt, wobei dieses nicht an die Parteianträge gebunden ist (BERGER/KELLERHALS, Rz 1178; LALIVE/POUDRET/REYMOND, Art. 183 IPRG N 12). Richtpunkt bei der Bestimmung der Höhe der Sicherheitsleistung ist die Maximalhöhe des allenfalls drohenden Schadens (WALTER/BOSCH/BRÖNNIMANN, 152). 38

6. Begründung einer Zuständigkeit für die Geltendmachung einer Schadenersatzforderung

Im Geltungsbereich des IPRG wird argumentiert, dass mit der Hinterlegung einer Sicherheitsleistung am Sitz des Schiedsgerichts eine **Zuständigkeit für die Geltendmachung einer Schadenersatzforderung** infolge ungerechtfertigter vorsorglicher bzw. sichernder Massnahmen begründet wird (BSK IPRG-BERTI, Art. 183 N 15). Im Geltungsbereich der ZPO besteht diese unabhängig von einer hinterlegten Sicherheitsleistung aufgrund von Abs. 4 (vgl. hierzu unten N 46). 39

IV. Durchsetzung vorsorglicher und sichernder Massnahmen (Abs. 2)

1. Allgemeines

Weil das Schiedsgericht über **keine eigenen Zwangsmittel** verfügt, um die von ihm erlassenen vorsorglichen und sichernden Massnahmen zu vollstrecken (BERGER/KELLERHALS, Rz 1125, 1158 und 1183; BESSON, Rz 64 ff.; KELLERHALS, 393; LALIVE/POUDRET/REYMOND, Art. 183 IPRG N 2 und 8; WALTER/BOSCH/BRÖNNIMANN, 128 und 137; WENGER, Schiedsgerichtsbarkeit, 408); eine solche Massnahme also *«lex imperfecta»* ist (BSK IPRG-BERTI, Art. 183 N 16; Zuberbühler/Müller/Habegger-OETIKER, Art. 26 N 18; WIRTH, 39), sieht Abs. 2 für den Fall, dass der Gesuchsgegner sich der angeordneten Massnahme nicht freiwillig unterzieht, die **Möglichkeit der Anrufung des staatlichen Gerichts** vor. Um das staatliche Gericht anrufen zu können, genügt bereits, dass auf Grund der Umstände oder des Verhaltens des Gesuchsgegners auf Nichtbefolgung der angeordneten Massnahme zu schliessen ist (RÜEDE/HADENFELDT, 254; WALTER/BOSCH/BRÖNNIMANN, 148). 40

Der Wortlaut von Abs. 2, wonach diese Möglichkeit dem Schiedsgericht bzw. den Parteien zustehen soll, wenn eine **«betroffene Person»** sich nicht freiwillig der angeordneten schiedsgerichtlichen Massnahme unterzieht, spricht dafür, dass das Gesetz davon ausgeht, dass sich eine vorsorgliche bzw. sichernde schiedsgerichtliche Massnahme nicht zwingend gegen eine der Schiedsparteien richten muss, sondern sich *auch gegen Dritte* 41 richten kann (so offenbar auch KELLERHALS, 393 FN 17). Hierzu ist indes folgendes anzumerken: Auch wenn wirksamer Schutz häufig (auch) den Einbezug Dritter (wie etwa einer von einem Verfügungsverbot mitbetroffenen Bank) verlangt, gründet die schiedsgerichtliche Streitbeilegung immer auf einer gültigen Schiedsvereinbarung (das Tätigwerden des Schiedsgerichts beruht m.a.W. auf einer gültigen Schiedsvereinbarung) und ergibt sich die Massnahmekompetenz des Schiedsgerichts immer erst aus dem Schiedsrichtervertrag, weshalb *verbindliche* vorsorgliche bzw. sichernde Massnahmen nur gegenüber den Schiedsparteien angeordnet werden können (vgl. BERGER/KELLERHALS, Rz 1125; BESSON, Rz 81 ff. m.w.H.; Zuberbühler/Müller/Habegger-OETIKER, Art. 26 N 11).

2. Antragsberechtigte

42 Antragsberechtigt sind nebst dem **Schiedsgericht** auch die **Parteien** (ob die Parteien auch im Bereich der internationalen Schiedsgerichtsbarkeit antragsberechtigt sind, ist umstritten [bejahend etwa BSK IPRG-BERTI, Art. 183 N 16; POUDRET/BESSON, Rz 637; verneinend etwa BERGER/KELLERHALS, Rz 1160; BESSON, Rz 511; IPRG-Komm.-VISCHER, Art. 183 N 8]) – stammt der Antrag von einer Partei, gilt es jedoch die *Zustimmung des Schiedsgerichts* einzuholen. Das Antragsrecht der Parteien lässt sich damit begründen, dass der von einer vorsorglichen bzw. sichernden Massnahme begünstigten Partei ein eigener Anspruch auf Vollstreckung der betr. Massnahme zukommt und dass die Massnahmekompetenz des Schiedsgerichts keine ausschliessliche ist, sondern es den Parteien vielmehr freigestellt ist, jedes zuständige staatliche Gericht um Erlass vorsorglicher bzw. sichernder Massnahmen zu ersuchen (BSK IPRG-BERTI, Art. 183 N 16).

3. Zuständiges staatliches Gericht

43 Abs. 2 ist nicht zu entnehmen, welches staatliche Gericht für die Vollstreckungshilfe zuständig sein soll – es finden wiederum die allgemeinen Bestimmungen über die örtliche (Art. 13) und die sachliche Zuständigkeit (Art. 4) Anwendung (BOTSCHAFT ZPO, 7394; vgl. oben N 17 ff.).

4. Umfang der Überprüfungsbefugnis des staatlichen Gerichts

44 Abs. 2 stellt klar, dass das angerufene staatliche Gericht nicht etwa eigene vorsorgliche bzw. sichernde Massnahmen anordnet, sondern lediglich (unter Anwendung seines eigenen Rechts) die zur **Vollstreckung** erforderlichen Anordnungen trifft (Bericht VE-ZPO, 173; BOTSCHAFT ZPO, 7399; SUTTER-SOMM/HASENBÖHLER, 121). Um die vom Schiedsgericht angeordneten vorsorglichen bzw. sichernden Massnahmen mit seinem eigenen Recht in Einklang zu bringen, kann das angerufene staatliche Gericht die betr. Massnahmen umformulieren bzw. modifizieren (Bericht VE-ZPO, a.a.O.; BOTSCHAFT ZPO, a.a.O.; SUTTER-SOMM/HASENBÖHLER, 121 f.). Offen bleibt, inwieweit das staatliche Gericht in diesem Sinne anpassend eingreifen darf, wobei sich die Frage der Modifikation im Bereich der Binnenschiedsgerichtsbarkeit in der Praxis allerdings eher selten stellen wird, da die Mitglieder des (Binnen-)Schiedsgerichts mit den Möglichkeiten und Grenzen des vorsorglichen Rechtsschutzes nach schweizerischem Recht regelmässig vertraut sind (KELLERHALS, 393 f.). Das angerufene staatliche Gericht hat im Übrigen – anders als das Schiedsgericht (vgl. oben N 27) – auch die Möglichkeit der Verhängung einer Ungehorsamsstrafe i.S.v. Art. 292 StGB (Bericht VE-ZPO, a.a.O.; BOTSCHAFT ZPO, a.a.O.; KELLERHALS, 393; SUTTER-SOMM/HASENBÖHLER, 122).

Das Vollstreckungsgericht muss sich in Anlehnung an Art. 362 Abs. 3 darauf beschränken, *summarisch* zu prüfen, ob die betr. Anordnung auf einer wirksamen *Schiedsvereinbarung* beruht und von einem rechtmässig bestellten Schiedsgericht entsprechend seiner Massnahmekompetenz erlassen wurde (vgl. für die internationale Schiedsgerichtsbarkeit BESSON, Rz 520; BSK IPRG-BERTI, Art. 183 N 18; RÜEDE/HADENFELDT, 254; SANGIORGIO, 89 f.; SCHNEIDER, 42; WALTER/BOSCH/BRÖNNIMANN, 149 f.; **a.M.** LALIVE/POUDRET/REYMOND, Art. 183 IPRG N 9, welche dem staatlichen Gericht die Kompetenz einräumen wollen, die schiedsgerichtliche vorsorgliche bzw. sichernde Massnahme daraufhin zu überprüfen, ob sie in Bezug auf die Dringlichkeit, die Gefahr eines nicht leicht wieder gut zu machenden Nachteils und die Glaubhaftmachung des gefährdeten Anspruchs der *lex fori* entspricht; ähnlich HABSCHEID, Rechtsschutz, 136; etwas zurückhaltender BESSON, Rz 520: «[…], nous estimons que cet examen doit rester sommaire et que le juge ne peut s'écarter qu'avec la plus grande retenue de la solution de l'arbitre»). Bei dieser **summarischen Prüfung** hat sich das schweizerische staatliche Gericht einzig davon zu überzeugen, «dass das Schiedsgericht eine Massnahme anordnet, welche dem schweizerischen Recht bekannt ist, und dass das Schiedsgericht bei seiner Entscheidung die richtigen Voraussetzungen geprüft hat, nämlich diejenigen des Glaubhaftmachens des Anspruchs unter Prüfung der Wahrscheinlichkeit des Obsiegens, sowie des nicht leicht wieder gutzumachenden Nachteils» (SANGIORGIO, 90; vgl. auch Bericht VE-ZPO, 173; SUTTER-SOMM/HASENBÖHLER, 121; SCHNEIDER, 42). Hinsichtlich der inhaltlichen Übernahme des Erkenntnisteils der Anordnung ist das Vollstreckungsgericht somit an jene Vollstreckungsmassnahmen gebunden, welche sein Recht vorsieht (Bericht VE-ZPO, 173; BERGER/KELLERHALS, Rz 1164; BSK IPRG-BERTI, Art. 183 N 18; LALIVE/POUDRET/REYMOND, Art. 183 IPRG N 10; WALTER/BOSCH/BRÖNNIMANN, 132 und 149; vgl. etwa Art. 343 f.); materiell darf das Vollstreckungsgericht die Anordnung des Schiedsgerichts einzig unter dem Gesichtspunkt des schweizerischen vollstreckungsrechtlichen Ordre public prüfen (BSK-IPRG-BERTI, Art. 183 N 18; SCHNEIDER, 42; IPRG-Komm.-VISCHER, Art. 183 N 16; WALTER/BOSCH/BRÖNNIMANN, 149; **a.M.** BESSON, Rz 520).

5. Rechtsschutz gegen die Anordnungen des staatlichen Gerichts und gegen die Vollstreckung

Gegen die Anordnungen des staatlichen Gerichts sowie gegen die Vollstreckung an sich stehen der betroffenen Person jene Rechtsmittel zur Verfügung, welche das Bundesrecht im Rahmen des Vollstreckungsverfahrens vorsieht: Es sind dies die **Beschwerde** (Art. 319 ff.) sowie die **Beschwerde in Zivilsachen** (Art. 72 ff. BGG). Hinsichtlich der Anfechtung der Anordnungen des staatlichen Gerichts bleibt jedoch anzumerken, dass das Anfechtungsobjekt nur jener Teil der vorsorglichen bzw. sichernden Massnahme ist, der vom staatlichen Gericht als eigene Entscheidung übernommen worden ist (und nicht etwa auch die eigentliche schiedsgerichtliche vorsorgliche bzw. sichernde Massnahme) (RÜEDE/HADENFELDT, 255; SCHNEIDER, 45).

V. Haftung infolge ungerechtfertiger vorsorglicher oder sichernder Massnahme (Abs. 4)

1. Allgemeines und Zuständigkeit

Nach Abs. 4 **haftet** die gesuchstellende Partei für den durch eine ungerechtfertigte vorsorgliche oder sichernde Massnahme entstandenen Schaden.

Zuständig für die Beurteilung eines Schadenersatzanspruches der gesuchstellenden Partei ist das staatliche Gericht oder – falls der betr. Anspruch während des Schiedsverfahrens geltend gemacht wird oder er sich aus der Schieds- oder aus einer späteren Parteivereinbarung ergibt – das Schiedsgericht (Bericht VE-ZPO, 173; BOTSCHAFT ZPO, 7399; SUTTER-SOMM/HASENBÖHLER, 122). Zu prüfen bleibt im Einzelfall, ob das anwendbare Verfahrensrecht die vermutungsweise in einem späten Verfahrensstadium erfolgende Geltendmachung solcher Ansprüche in demselben Schiedsverfahren noch zulässt oder von der Zulassungsgenehmigung des Schiedsgerichts abhängig macht (vgl. z.B. Art. 19 ICC Rules).

2. Auf die Schadenersatzforderung anwendbares Recht

a) Im Verfahren vor Schiedsgerichten

49 Hat das Schiedsgericht den Schadenersatzanspruch zu beurteilen, ist das nach Art. 373 zu bestimmende **Recht des Hauptverfahrens** anzuwenden (vgl. BERGER/KELLERHALS, Rz 1182; BESSON, Rz 462 Abs. 2; IPRG-Komm.-VISCHER, Art. 183 N 18; WALTER/BOSCH/BRÖNNIMANN, 152 f.; anders BSK IPRG-BERTI, Art. 183 N 15, der geltend macht, dass «als selbstständige Haftungsgrundlage der *lex arbitrii* an eine analoge Anwendung von Art. 273 SchKG zu denken» sei).

b) Im Verfahren vor staatlichen Gerichten

50 Das staatliche Gericht hingegen hat die Schadenersatzklage nach seinem eigenen Recht, d.h. nach dem **Recht**, gestützt auf welches es die zur Schadenersatzklage Anlass gebende **vorsorgliche bzw. sichernde Massnahme angeordnet** hat, zu beurteilen (BERGER/KELLERHALS, Rz 1182; BESSON, Rz 470 Abs. 3; WALTER/BOSCH/BRÖNNIMANN, 153).

3. Möglichkeit des Entlastungsbeweises

51 Gemäss Satz 2 von Abs. 4 kann «das Gericht» (gemeint ist sowohl das Schieds- als auch ein staatliches Gericht; Bericht VE-ZPO, 174) die Ersatzpflicht der gesuchstellenden Partei herabsetzen oder ganz von ihr entbinden, falls die gesuchstellende Partei beweist, «dass sie ihr Gesuch in guten Treuen gestellt hat». Damit handelt es sich bei der Haftung der gesuchstellenden Partei um eine **gemilderte Kausalhaftung** – bestünde hingegen eine scharfe Kausalhaftung (d.h. wäre ein Entlastungsbeweis nicht möglich), hätte dies für den vorsorglichen Rechtsschutz prohibitive Folgen (vgl. BOTSCHAFT ZPO, 7356). Hinsichtlich der Frage, wann ein Gesuch «in guten Treuen» gestellt wurde vgl. die Komm. zu Art. 264 Abs. 2.

VI. Freigabe einer geleisteten Sicherheit (Abs. 5)

52 Steht fest, dass keine Schadenersatzklage erhoben wird, so ist nach Abs. 5 eine geleistete Sicherheit freizugeben; ist die Erhebung einer Schadenersatzklage ungewiss, so setzt das Schiedsgericht dem potenziellen Schadenersatzgläubiger eine Frist zur Klage. Nicht aufgenommen wurde der im Vernehmlassungsverfahren (Vernehmlassung ZPO, 809 i.V.m. 691) vorgebrachte Vorschlag, den Gesetzestext so zu formulieren, dass die Klagefrist bereits im Massnahmeentscheid gesetzt wird. Zum Ganzen vgl. die Komm. zu Art. 264 Abs. 3.

Art. 375

Beweisabnahme und Mitwirkung des staatlichen Gerichts	¹ Das Schiedsgericht nimmt die Beweise selber ab. ² Ist für die Beweisabnahme oder für die Vornahme sonstiger Handlungen des Schiedsgerichts staatliche Rechtshilfe erforderlich, so kann das Schiedsgericht das nach Artikel 356 Absatz 2 zuständige staatliche Gericht um Mitwirkung ersuchen. Mit Zustimmung des Schiedsgerichts kann dies auch eine Partei tun. ³ Die Mitglieder des Schiedsgerichts können an den Verfahrenshandlungen des staatlichen Gerichts teilnehmen und Fragen stellen.
Administration des preuves et concours de l'autorité judiciaire	¹ Le tribunal arbitral procède lui-même à l'administration des preuves. ² Lorsque l'administration des preuves ou l'accomplissement de tout autre acte de procédure nécessite l'appui d'autorités étatiques, le tribunal arbitral peut requérir le concours de l'autorité judiciaire compétente en vertu de l'art. 356, al. 2. Une partie peut également solliciter son concours avec l'assentiment du tribunal arbitral. ³ Les arbitres peuvent assister aux actes de procédure de l'autorité judiciaire et poser des questions.
Assunzione delle prove e collaborazione del tribunale statale	¹ Il tribunale arbitrale procede lui stesso all'assunzione delle prove. ² Il tribunale arbitrale può chiedere la collaborazione del tribunale statale competente ai sensi dell'articolo 356 capoverso 2 per assumere prove o effettuare altri atti giudiziari. Con il consenso del tribunale arbitrale tale collaborazione può essere chiesta anche da una parte. ³ Gli arbitri possono partecipare agli atti procedurali del tribunale statale e porre domande.

Inhaltsübersicht

	Note
I. Normzweck und Grundlagen	1
II. Beweisabnahme durch das Schiedsgericht (Abs. 1)	6
1. Gegenstand der Beweiserhebung	6
2. Beweislast	10
3. Beweismittel	13
4. Beweisabnahme	50
5. Beweiswürdigung	61
III. Staatliche Rechtshilfe (Abs. 2)	64
1. Allgemeines	64
2. Voraussetzungen für staatliche Rechtshilfe	66
3. Antragsberechtigte	70
4. Zuständiges staatliches Gericht	71
5. Anwendbares Recht	75
6. Anwendbares Verfahren	76
7. Rechtsmittel gegen einen Entscheid betr. ersuchte staatliche Rechtshilfe	82

Philipp Habegger

Literatur

W. L. CRAIG/W. W. PARK/J. PAULSSON, International Chamber of Commerce Arbitration, 3. Aufl., New York 2000; E. GAILLARD/J. SAVAGE (Hrsg.), Fouchard Gaillard Goldman on International Commercial Arbitration, Den Haag 1999; G. KAUFMANN-KOHLER/P. BÄRTSCH, Discovery in international arbitration: How much is too much?, SchiedsVZ 2004, 13 ff.; H. NATER, Zur Zulässigkeit anwaltlicher Zeugenkontakte im Zivilprozess, SJZ 2006, 256 ff.; W. PETER, «Witness Conferencing», ArbInt 2002, 47 ff.; J.-F. POUDRET, Expertise et droit d'être entendu dans l'arbitrage international, in: Ch. Dominicé/R. Patry/C. Reymond (Hrsg.), Etudes de droit international en l'honneur de Pierre Lalive, Basel 1993, 607 ff. (zit. FS Lalive); J.-F. POUDRET/S. BESSON, Comparative Law of International Arbitration, 2. Aufl., Zürich 2007; K. SPÜHLER/M. GEHRI, Die Zulassung von Experten zur Urteilsberatung: Neue Wege für Schiedsverfahren?, ASA Bull 2003, 16 ff.; G. VON SEGESSER, Witness Preparation in International Commercial Arbitration, ASA Bull 2002, 222 ff.; vgl. ausserdem die Literaturhinweise zu Art. 374 und 379.

I. Normzweck und Grundlagen

1   Art. 375 enthält Grundsätze über die **schiedsgerichtliche Beweisabnahme** und die **Mitwirkung des staatlichen Gerichts** bei dieser sowie bei der Vornahme sonstiger schiedsgerichtlicher Handlungen (Generalklausel) und stellt insofern eine *Sonderbestimmung* zu Art. 373 dar, als er einen Bereich der nach Art. 373 zu bestimmenden Verfahrensordnung regelt. Aus diesem Verhältnis ergibt sich denn auch, dass Regelungen zur Ausgestaltung der Beweisabnahme sich stets an Art. 373 zu orientieren und namentlich die in Art. 373 Abs. 4 enthaltenen Grundsätze der Gleichbehandlung der Parteien, des Anspruchs der Parteien auf rechtliches Gehör und des kontradiktorischen Verfahrens zu beachten haben (vgl. BSK IPRG-SCHNEIDER, Art. 184 N 1 f.).

2   Abs. 1 entspricht wörtlich **Art. 27 Abs. 1 KSG** sowie **184 Abs. 1 IPRG**.

3   Die in Abs. 2 vorgesehene Mitwirkung des staatlichen Gerichts soll dem **Fortgang des Schiedsverfahrens** dienen (vgl. auch BSK IPRG-BERTI, Art. 185 N 5; LALIVE/POUDRET/REYMOND, Art. 185 IPRG N 2 i.f.). Abs. 2 geht über Art. 27 Abs. 2 KSG hinaus, ist inspiriert von **Art. 184 Abs. 2 IPRG** und integriert gleichzeitig auch den Normgehalt von **Art. 185 IRPG**. Auf Grund von Kritik im Vernehmlassungsverfahren (vgl. Vernehmlassung ZPO, 811), setzt Abs. 2 (anders als noch Art. 365 Abs. 2 VE-ZPO und übereinstimmend mit Art. 184 Abs. 2 IPRG) für die Mitwirkung des staatlichen Gerichts voraus, dass staatliche Rechtshilfe für die Beweisabnahme oder für die Vornahme sonstiger schiedsgerichtlicher Handlungen «erforderlich» ist. Weggelassen – weil selbstverständlich – wurde der in Art. 27 Abs. 2 KSG und in Art. 184 Abs. 2 IPRG enthaltene Hinweis, dass das für die Rechtshilfe zuständige staatliche Gericht sein eigenes Recht anzuwenden habe (Bericht VE-ZPO, 174).

4   Die Mitwirkungspflicht staatlicher Gerichte bindet nur *schweizerische* Instanzen. Indem Art. 375 unter dem 5. Titel der Schiedsgerichtsbarkeit («Das Schiedsverfahren») eingeordnet ist, bezieht sich auch Abs. 2 auf das **Erkenntnisverfahren** vor dem Schiedsgericht. Zumindest seine analoge Anwendung auch ausserhalb dieses Bereichs dürfte nicht ausgeschlossen sein (vgl. auch BSK IPRG-BERTI, Art. 185 N 6; LALIVE/POUDRET/REYMOND, Art. 185 IPRG N 7).

5   **Abs. 3** ist **neu** und hält fest, dass auch die **Mitglieder des Schiedsgerichts** berechtigt (nicht aber verpflichtet, vgl. Bericht VE-ZPO, a.a.O.; BOTSCHAFT ZPO, 7400) sind, an den **Verfahrenshandlungen des staatlichen Gerichts teilzunehmen** und auch Fragen zu stellen.

II. Beweisabnahme durch das Schiedsgericht (Abs. 1)

1. Gegenstand der Beweiserhebung

Die Beweiserhebung dient der **Feststellung des entscheiderheblichen Sachverhalts** (BERGER/KELLERHALS, Rz 1193; BSK IPRG-SCHNEIDER, Art. 184 N 4). Welcher Sachverhalt für den Entscheid erheblich ist, bestimmt sich nach dem auf den Sachverhalt anzuwendenden Rechtssatz (BERGER/KELLERHALS, a.a.O.). In Bezug auf den staatlichen Zivilprozess geht das Bundesgericht dementsprechend davon aus, dass das anwendbare *materielle Bundesrecht* entscheidet, «ob ein danach zu beurteilender Anspruch durch die Sachvorbringen einer Partei ausreichend substantiiert sei [ist]» (BGE 108 II 337 E. 2b), wobei es dies daraus ableitet, dass das materielle Recht verlange, dass «jede sich darauf gründende Rechtsbehauptung bei hinreichendem Interesse zum Urteil zuzulassen sei» und entsprechend auch das materielle Recht darüber entscheide, ob «die von einer Partei nach dem kantonalen Prozessrecht form- und fristgemäss vorgebrachten tatbeständlichen Anbringen erlauben, ihre Rechtsbehauptung zu beurteilen» (BGE 98 II 113 E 4a). 6

Folglich entscheidet das auf die Streitsache anwendbare Recht darüber, welche Partei hinsichtlich Sachvorbringen die **Behauptungslast** und die **Substanzierungspflicht** trägt. Dieser Grundsatz gilt auch für das schweizerische Schiedsgerichtsrecht (BERGER/KELLERHALS, Rz 1193; BSK IPRG-SCHNEIDER, Art. 184 N 8). In welchen Formen und innert welchen Fristen die Parteien Sachvorbringen zu substantiieren haben und inwieweit ein Fragerecht bzw. eine Fragepflicht des Gerichts allenfalls die Verhandlungsmaxime abzuschwächen vermag, ergibt sich demgegenüber aus dem anwendbaren *Verfahrensrecht* (BGE 108 II 337 E. 2d). Auch dieser Grundsatz gilt ebenso für das schweizerische Schiedsgerichtsrecht (BGer, 8.2.1978, SemJud 1980, 73; BERGER/KELLERHALS, Rz 1194 und 1198; BSK IPRG-SCHNEIDER, Art. 184 N 8) – so dass sich im Bereich der Binnenschiedsgerichtsbarkeit die prozessuale Ausgestaltung der Behauptungslast und der Substantiierungspflicht nach dem gem. Art. 373 anwendbaren Verfahren zu richten hat. 7

Gegenstück zur Substantiierungspflicht einer Partei bildet die Pflicht der Gegenpartei, die vorgetragenen Tatsachenbehauptungen substantiiert zu bestreiten, wobei ein gesamthaftes **Bestreiten** grundsätzlich ungenügend ist. Um die Gewährung des rechtlichen Gehörs sicherzustellen, sollte das Schiedsgericht aber die Parteien auf die Obliegenheit substantiierter Bestreitung hinweisen bzw. bei wichtigen Punkten zur Stellungnahme auffordern (vgl. für die internationale Schiedsgerichtsbarkeit BGer, 17.8.1994, ASA Bull 1995, 204; BSK IPRG-SCHNEIDER, Art. 184 N 9). 8

Beweis zu erheben hat das Schiedsgericht nur über die von den Parteien **vorgetragenen, strittigen und erheblichen Tatsachenbehauptungen** (BERGER/KELLERHALS, Rz 1196; BSK IPRG-SCHNEIDER, Art. 184 N 10; RÜEDE/HADENFELDT, 210) – es ist m.a.W. nicht dazu verpflichtet, von den Parteien nicht angebotene Beweise von sich aus abzunehmen (BERGER/KELLERHALS, Rz 1194; BGer, 16.10.2003, ASA Bull 2004, 379; BGer, 21.8.1990, ASA Bull 1991, 32; BSK IPRG-SCHNEIDER, a.a.O.). Jedoch sollte das Schiedsgericht die Parteien im Rahmen seiner Aufklärungs- und Hinweispflicht auf ihre diesbezügliche Obliegenheit hinweisen und allenfalls eine Frist zur Bezeichnung der Beweismittel ansetzen (BSK IPRG-SCHNEIDER, a.a.O.; RÜEDE/HADENFELDT, 210 und 261). Die Einleitung des Beweisverfahrens mit einem förmlichen *Beweisbeschluss* ist allerdings nicht erforderlich (BGE 116 II 639 E. 4c; BERGER/KELLERHALS, Rz 1202; BSK IPRG-SCHNEIDER, a.a.O.; JOLIDON, Art. 27 KSG N 32 i.f.; RÜEDE/HADENFELDT, 264; vgl. auch Zuberbühler/Müller/Habegger-NATER-BASS, Art. 24 N 10). 9

2. Beweislast

10 Mangels anders lautender Parteivereinbarung bestimmt sich die Verteilung der **Beweislast** vor dem Schiedsgericht nach dem auf den Vertrag oder das Rechtsverhältnis anwendbaren materiellen Recht (BERGER/KELLERHALS, Rz 1203; BSK IPRG-SCHNEIDER, Art. 184 N 11; POUDRET/BESSON, Rz 643; RÜEDE/HADENDELDT, 275 und 345; Zuberbühler/Müller/Habegger-NATER-BASS, Art. 24 N 3). Ist schweizerisches Recht anwendbar, gilt primär die Beweislastregel von Art. 8 ZGB, wonach (vorbehaltlich einer anderen gesetzlichen Regelung) «derjenige das Vorhandensein einer behaupteten Tatsache zu beweisen [hat], der aus ihr Rechte ableitet.» Diese Regelung impliziert auch die Regelung der Folgen der Beweislosigkeit: Im Falle einer unbewiesenen Tatsache ist (vorbehaltlich einer anderen gesetzlichen Regelung) «zuungunsten desjenigen zu entscheiden, der aus ihrem Vorhandensein seine Rechte ableitet» (BK-KUMMER, Art. 8 ZGB N 34). Nach der **lex fori**, d.h. Art. 373, hingegen bestimmen sich speziell *verfahrensrechtliche Beweislastregeln*, welche nicht auf das vertragliche Schuldverhältnis abgestimmt sind, sondern an das Verhalten der Parteien im Prozess anknüpfen (BSK IPRG-SCHNEIDER, Art. 184 N 12 m.w.H.; Zuberbühler/Müller/Habegger-NATER-BASS, a.a.O.).

11 Die Beweislastverteilung wird gegenstandslos, wenn das Schiedsgericht bei der Beweiswürdigung (vgl. unten N 61 ff.) zur Überzeugung gelangt, eine Tatsachenbehauptung sei *bewiesen oder widerlegt* (vgl. BGE 130 III 591 E. 5.4; BERGER/KELLERHALS, Rz 1203).

12 Eine **Regelung in einer Schiedsordnung** wie jene von Art. 24 Abs. 1 Swiss Rules, wonach jede Partei «die Beweislast für die Tatsachen, auf die sie ihre Klage oder Klagebeantwortung stützt, zu tragen» habe, kann nicht als Parteivereinbarung interpretiert werden, welche die sich aus dem anwendbaren Recht ergebenden Vorschriften über die Beweisführungslast und die Folgen der Beweislosigkeit als autonome Beweislastregel ersetzen soll. Eine solche Regelung kann vielmehr nur «als *deklaratorische Bestätigung* des allgemeinen Grundsatzes gelten, wonach derjenige, der das Vorhandensein einer Tatsache behauptet, diese auch zu beweisen hat» (BERGER/KELLERHALS, Rz 1204; ebenso POUDRET/BESSON, Rz 646).

3. Beweismittel

a) Zulässigkeit

13 Die Frage, ob ein bestimmtes **Beweismittel** im konkreten Fall **zulässig** ist, ist nicht nach dem materiellen Recht zu beantworten, sondern ausschliesslich nach der *lex fori* und damit nach dem gem. Art. 373 anwendbaren **Verfahrensrecht** (vgl. BERGER/KELLERHALS, Rz 1198 und 1205; BSK IPRG-SCHNEIDER, Art. 184 N 13; IPRG-Komm.-VOLKEN, Art. 184 N 10; JOLIDON, Art. 27 KSG N 33; LALIVE/POUDRET/REYMOND, Art. 27 KSG N 1; POUDRET/BESSON, Rz 643 und 645; RÜEDE/HADENFELDT, 262; WALTER/BOSCH/BRÖNNIMANN, 160; Zuberbühler/Müller/Habegger-NATER-BASS, Art. 24 N 3). Entsprechend Art. 373 Abs. 1 liegt es demnach primär in der Kompetenz der Parteien, die zulässigen Beweismittel zu bestimmen. Das Schiedsgericht ist in den Grenzen von Art. 373 Abs. 4 an die von den **Parteien getroffenen Regelungen** gebunden. Begnügt sich das Schiedsgericht mit weniger als vom anwendbaren Verfahrensrecht vorgesehen, z.B. mit einer formlosen Erkundigung bei Zeugen anstatt der vorgesehenen Zeugenvernehmung, verletzt es damit den Anspruch der Parteien auf rechtliches Gehör (RÜEDE/HADENFELDT, a.a.O.). Damit ist jedoch noch nicht ohne weiteres ein Anfechtungsgrund nach Art. 393 lit. d gesetzt (s. Art. 373 N 51).

Allfällige Beweismittelbeschränkungen des in der Hauptsache anwendbaren Rechts sind **14**
unbeachtlich (vgl. BERGER/KELLERHALS, Rz 1205; BSK IPRG-SCHNEIDER, Art. 184
N 13 f.). Die Parteien können etwa – für das Schiedsgericht verbindlich – regeln, dass ein
Beizug von Sachverständigen ausgeschlossen sein soll oder dass Erklärungen in Vergleichsverhandlungen nicht verwertet werden dürfen (vgl. BERGER/KELLERHALS, a.a.O.;
BSK IPRG-SCHNEIDER, Art. 184 N 14 und 34; LALIVE/POUDRET/REYMOND, Art. 27 KSG
N 1; RÜEDE/HADENFELDT, 262 f. m.H. darauf, dass solche Parteivereinbarungen problematisch seien und «jedenfalls nicht im voraus getroffen werden» sollten; zur mit einer
den Beizug von Sachverständigen verbietenden Parteivereinbarung verbundenen Problematik im Besonderen vgl. unten N 39).

Abgesehen von vertraglichen Vereinbarungen zwischen den Parteien können sich **Zu-** **15**
lässigkeitsschranken vorab aus dem Gesetz oder aus dem Standesrecht, aus einer Geheimhaltungspflicht oder aus dem Anspruch auf Gleichbehandlung und auf ein faires
Verfahren ergeben (BERGER/KELLERHALS, Rz 1206; vgl. auch Art. 9 Abs. 2 lit. b, e–f
IBA Rules of Evidence). Eine weitere Schranke ergibt sich aus dem Grundsatz des prozessualen Handelns nach Treu und Glauben, der namentlich die *Verwertung rechtswidrig
erlangter Beweismittel* verbietet (BERGER/KELLERHALS, Rz 1207; vgl. auch BSK IPRG-SCHNEIDER, Art. 184 N 14). Nach bundesgerichtlicher Rechtsprechung zur Zulässigkeit
der Verwertung unrechtmässig erlangter Beweise im Strafprozess gilt dieses Verbot nicht
uneingeschränkt, sondern das Gericht muss eine Abwägung zwischen dem Schutzinteresse des bei der Beschaffung des Beweismittels verletzten Rechtsgutes und dem Interesse an der Wahrheitsfindung vornehmen. Überwiegt das Interesse an der Ermittlung der
Wahrheit, so kann das Gericht ein rechtswidrig erlangtes Beweismittel allenfalls (doch)
für verwertbar erklären (vgl. zum Ganzen BGE 131 I 272 E. 3.2.3.3 und E. 4). Eine
Beachtung dieser Grundsätze auch im Schiedsverfahren scheint sachgerecht (BERGER/
KELLERHALS, a.a.O.).

b) Urkunden

Ganz allgemein gelten **Urkunden** als die *wichtigsten Beweismittel* (BERGER/KELLER- **16**
HALS, Rz 1210; BSK IPRG-SCHNEIDER, Art. 184 N 15; POUDRET/BESSON, Rz 649), wobei Schriftstücke, die aus der Zeit stammen, als die Parteien in (auf den Streitgegenstand
bezogenen) geschäftlichem Verkehr standen, «am ehesten geeignet [sind], objektiv wiederzugeben, was die Parteien damals unternommen, unterlassen, vereinbart oder gedacht
haben» (BERGER/KELLERHALS, a.a.O.). Unter den Begriff der «Urkunde» fällt alles, was
in Textform verfügbar oder in lesbarer Form reproduzierbar ist wie Verträge, Protokolle,
E-Mails (BERGER/KELLERHALS, a.a.O.).

Hinsichtlich der **Form der vorzulegenden Urkunden** gilt in der Praxis der Grundsatz, **17**
dass die Vorlage von *Fotokopien* genügt (BERGER/KELLERHALS, Rz 1218; BSK IPRG-SCHNEIDER, Art. 184 N 16; vgl. auch CRAIG/PARK/PAULSSON, 389; Zuberbühler/Müller/
Habegger-NATER-BASS, Art. 24 N 15), wobei aber das Schiedsgericht bei Streit über die
Übereinstimmung von Original und Kopie das Original verlangen kann (BERGER/
KELLERHALS, a.a.O.; BSK IPRG-SCHNEIDER, a.a.O.; vgl. Art. 3 Abs. 11 IBA Rules of
Evidence). Bestreitet eine Partei die Echtheit eines Originals (d.h. erhebt sie den Einwand der Fälschung), so kann das Schiedsgericht nach h.M. – soweit für das Schiedsverfahren relevant – selbst darüber entscheiden und muss die Parteien also nicht etwa auf ein
Strafverfahren verweisen oder gar ein Strafurteil abwarten (BERGER/KELLERHALS, a.a.O.;
BSK IPRG-SCHNEIDER, a.a.O.; GAILLARD/SAVAGE, Rz 1276; POUDRET/BESSON, Rz 655).
Betreffend die **Auswahl der vorzulegenden Urkunden** gilt, dass die Urkunden grundsätzlich *vollständig* vorzulegen sind. Ausnahmsweise kann auch eine auszugsweise Vor-

lage zulässig sein, so bei umfangreicheren und bei geheim zu haltenden Dokumenten (BSK IPRG-SCHNEIDER, a.a.O.; vgl. auch Zuberbühler/Müller/Habegger-NATER-BASS, a.a.O.).

18 Grundsätzlich hat eine Partei nur jene Urkunden vorzulegen, die als Beweismittel dienen, nicht hingegen Gesetzestexte, Gerichtsentscheidungen, Lehrbücher und dgl. (BSK IPRG-SCHNEIDER, a.a.O.; vgl. auch Zuberbühler/Müller/Habegger-NATER-BASS, Art. 24 N 9). Bei der Anwendbarkeit ausländischen Rechts oder der Berufung auf nicht leicht zugängliche Rechtsquellen laden Schiedsgerichte die Parteien jedoch vielfach ein, die entsprechenden Urkunden einzureichen.

19 **Art und Zeitpunkt der Einreichung der Urkunden** bestimmen sich nach dem gem. Art. 373 anwendbaren Verfahren. Dem in Binnenschiedsverfahren üblichen kontinentaleuropäischen Stil entspricht es dabei, dass jede Partei ihren Schriftsätzen die Unterlagen beifügt, welche als Beweismittel dienen sollen (BERGER/KELLERHALS, Rz 1211; BSK IPRG-SCHNEIDER, Art. 184 N 17; POUDRET/BESSON, Rz 649; vgl. etwa Art. 15 Abs. 6 LCIA Rules; Art. 18 Abs. 3 und Art. 19 Abs. 2 Satz 3 Swiss Rules; Art. 18 Abs. 2 UNCITRAL Rules). Zwecks *Identifizierung der Urkunden* ist – im Gegensatz zu gewissen kantonalen Usanzen – eine durchgehende Nummerierung über das ganze Verfahren üblich (BSK IPRG-SCHNEIDER, a.a.O.).

20 Ebenfalls aus dem nach Art. 373 anwendbaren Verfahren bestimmt sich, ob und ggf. in welchem Umfang Zugang zu **Urkunden im Besitz der Gegenpartei** gewährt wird (BSK IPRG-SCHNEIDER, Art. 184 N 18 f.). Es entspricht einer allgemeinen, sich aus dem Grundsatz der *Mitwirkung am Verfahren nach Treu und Glauben* ergebenden Verfahrensregel, dass eine Partei von der Gegenpartei die Vorlage bestimmter Dokumente zu verlangen berechtigt ist (BSK IPRG-SCHNEIDER, Art. 184 N 18 m.w.H.) – nach kontinentaleuropäischem Verständnis jedoch eingeschränkt dadurch, dass jedes im Besitz der Gegenpartei geglaubte Dokument hinreichend präzise umschrieben und seine Bedeutung für den Verfahrensausgang dargetan wird (Verbot von *«fishing expeditions»*; BERGER/KELLERHALS, Rz 1216).

21 In der Praxis wird eine Partei vorerst die Gegenpartei direkt darum ersuchen, ihr die gewünschten Urkunden herauszugeben und sich in der Folge, falls die **Aufforderung** erfolglos bleibt, an das Schiedsgericht wenden (vgl. BSK IPRG-SCHNEIDER, Art. 184 N 20). Verschiedene Schiedsordnungen sehen ausdrücklich vor, dass das Schiedsgericht (auf Antrag bzw. auf eigene Initiative) die Vorlage bestimmter Dokumente anordnen kann (so etwa Art. 24 Abs. 3 UNCITRAL Rules; Art. 22 Abs. 1 lit. e LCIA Rules; Art. 20 Abs. 5 ICC Rules; Art. 48 lit. b WIPO Rules; Art. 24 Abs. 3 Swiss Rules; Art. 3 Abs. 4 und 9 IBA Rules of Evidence). Selbst wenn die schiedsgerichtliche Befugnis zur Edition nicht ausdrücklich in der Verfahrensordnung vorgesehen ist, steht sie ihm – als Ergänzung zur Vorlagepflicht der aufgeforderten Partei – im Rahmen seines Auftrags zur Ausgestaltung des Schiedsverfahrens zu (BERGER/KELLERHALS, Rz 1212; BSK IPRG-SCHNEIDER, Art. 184 N 20; CRAIG/PARK/PAULSSON, 449 f.; GAILLARD/SAVAGE, Rz 1272; POUDRET/BESSON, Rz 650; RÜEDE/HADENFELDT, 263).

22 Aus einer allfälligen **Weigerung der aufgeforderten Partei zur Vorlage** eines Dokuments kann das Schiedsgericht auf dessen Inhalt schliessen (BERGER/KELLERHALS, Rz 1240; BSK IPRG-SCHNEIDER, Art. 184 N 21; CRAIG/PARK/PAULSSON, 456; GAILLARD/SAVAGE, Rz 1275; POUDRET/BESSON, a.a.O.; vgl. auch Art. 9 Abs. 5 IBA Rules of Evidence). Allerdings sollte darauf geachtet werden, «dass die nachteiligen Schlüsse erst gezogen werden, wenn der Schiedsrichter selbst die Vorlage angeordnet und den Rechtsnachteil angedroht hat» (BSK IPRG-SCHNEIDER, a.a.O.). Zur Frage der

Zulässigkeit der Anordnung eines Strafgeldes im Weigerungsfalle (sog. *astreinte*) vgl. Art. 374 N 28 und zur Möglichkeit des Schiedsgerichts, das zuständige staatliche Gericht um Rechtshilfe zu ersuchen vgl. unten N 64 ff.

Hinsichtlich **Urkunden im Besitz eines** am Verfahren nicht beteiligten **Dritten** steht dem Schiedsgericht demgegenüber keine Editionsbefugnis zu (BERGER/KELLERHALS, Rz 1213; KAUFMANN-KOHLER/BÄRTSCH, 18), ebenso wenig wie in diesem Fall allein wegen einer allfälligen Weigerung zur Edition nachteilige Schlüsse gezogen werden dürfen (BERGER/KELLERHALS, a.a.O.). Eine Ausnahme besteht allenfalls bei einer Partei nahestehenden Personen wie Konzerngesellschaften. Vorbehalten bleibt die Möglichkeit des Schiedsgerichts oder (mit Zustimmung des Schiedsgerichts) einer Partei, das zuständige staatliche Gericht i.S.v. Abs. 2 um Mitwirkung zu ersuchen (vgl. unten N 64 ff.), «wobei das Schiedsgericht einem (begründeten) Antrag einer Partei nur stattzugeben braucht, wenn es nach eigenem Ermessen zum Schluss kommt, dass es sich um Urkunden handelt, die Einfluss auf den Ausgang des Verfahrens haben können» (BERGER/KELLERHALS, a.a.O. m.H. auf Art. 3 Abs. 8 IBA Rules of Evidence). 23

c) Zeugen- und Parteiaussagen

Jedenfalls im Bereich der internationalen Schiedsgerichtsbarkeit gilt heute als anerkannt, dass – mangels anders lautender Parteivereinbarung – als **Zeuge** «grundsätzlich jede Person in Frage kommt, die aus eigener (direkter oder indirekter) Wahrnehmung über den Tatbestand berichten kann» (BERGER/KELLERHALS, Rz 1220), wozu namentlich die Parteien selbst, ihre Vertreter sowie Organe und Angestellte juristischer Personen zählen (BERGER/KELLERHALS, a.a.O. m.H. auf BGE 113 Ia 67 E. 2a; vgl. auch Art. 20 Abs. 7 LCIA Rules und Art. 4 Abs. 2 IBA Evidence Rules). Im Bereich der Binnenschiedsgerichtsbarkeit sind die Parteien nicht an Art. 159 gebunden und können auch Organe einer juristischen Person als Zeugen zulassen. 24

Will das Schiedsgericht bei einer mündlichen Verhandlung auch die **Parteien als Zeugen** vernehmen, bedarf es jedoch eines ausdrücklichen Hinweises in der Ladung (nach BGE 113 Ia 67 E. 2a könnte im Unterlassen eines entsprechenden Hinweises möglicherweise ein Verstoss gegen den Gleichbehandlungsgrundsatz liegen, der aber sofort zu rügen wäre). Dies dürfte sich aufgrund von Art. 159 auch bei der Einvernahme von Organen als Zeugen empfehlen. Das Schiedsgericht wird den Umstand, dass eine Partei oder ein Organ im Gegensatz zu einem «normalen» Zeugen naturgemäss ein starkes Interesse am Verfahrensausgang hat, bei der Beweiswürdigung entsprechend zu berücksichtigen haben (BSK IPRG-SCHNEIDER, Art. 184 N 44). Hinsichtlich der Belehrung einer als Zeugin auftretenden Partei über Wahrheitspflicht und Straffolgen vgl. unten N 32. 25

Das nach Art. 373 anwendbare Verfahrenrecht bestimmt über die **Zulässigkeit und Durchführung des Zeugenbeweises**. Die einschlägigen Schiedsordnungen enthalten diesbezüglich i.d.R. keine näheren Bestimmungen, so dass es – mangels entsprechender Vereinbarung der Parteien – regelmässig dem Schiedsgericht obliegt, die Modalitäten festzulegen (vgl. Art. 373 Abs. 2). Anders lautende Parteivereinbarung bzw. anwendbare Bestimmung einer Schiedsordnung vorbehalten, kann das Schiedsgericht jederzeit Zeugen befragen, über die zeitliche Dauer der Befragung und über die Zulässigkeit einer Frage bestimmen, ein Kreuzverhör beschränken oder ablehnen etc. (BERGER/KELLERHALS, Rz 1221 m.H. auf Art. 8 Abs. 1 und 2 IBA Rules of Evidence). Ebenso entscheidet das Schiedsgericht über eine allfällige Zurückziehung von Zeugen während der Befragung anderer Zeugen (BERGER/KELLERHALS, Rz 1221; vgl. etwa Art. 25 Abs. 4 Swiss Rules). Ferner kann das Schiedsgericht auch eine Gegenüberstellung von Zeugen oder 26 ein sog. «*witness conferencing*» (gleichzeitige Einvernahme mehrerer Zeugen zu einem bestimmten Prozessthema; vgl. PETER, 47 ff. und unten N 33) anordnen.

27 Ist das Schiedsgericht der Überzeugung, dass der angebotene Zeugenbeweis nicht entscheidungserheblich ist oder dass der Aufwand für die Befragung in keinem Verhältnis zum mutmasslichen Resultat steht, kann es die Anhörung eines Zeugen ablehnen (BERGER/KELLERHALS, Rz 1221 m.H. auf Art. 8 Abs. 1 IBA Rules of Evidence; POUDRET/BESSON, Rz 659). Das Schiedsgericht muss den Zeugenbeweis auch nicht abnehmen, wenn es die durch den Zeugenbeweis zu erstellende Tatsache als nicht relevant oder bereits bewiesen erachtet, oder wenn es davon ausgeht, dass der beantragte Zeugenbeweis seine Überzeugung nicht mehr zu ändern vermag (sog. «**antizipierte Beweiswürdigung**»). Nach bundesgerichtlicher Rechtsprechung stellt dies keine Verletzung des rechtlichen Gehörs dar (BGer, 4P.196/2003; s. Art. 393 N 94).

28 Schliesslich kann das Schiedsgericht auch jederzeit eine Person anhören, welche nicht von den Parteien als Zeugin bezeichnet wurde (BERGER/KELLERHALS, Rz 1221 m.H. auf Art. 8 Abs. 4 IBA Rules of Evidence).

29 **Schriftliche Zeugenerklärungen** zur Vorbereitung der mündlichen Einvernahme und zu deren Abkürzung sind zwar v.a. in internationalen Schiedsgerichtsverfahren Usanz (BERGER/KELLERHALS, Rz 1222; BSK IPRG-SCHNEIDER, Art. 184 N 24; GAILLARD/SAVAGE, Rz 1284), aber durchaus auch in Binnenschiedsverfahren denkbar, zulässig und immer mehr verbreitet. Solche Erklärungen werden i.d.R. in Form von unbeeidigten, unterzeichneten Erklärungen einer als Zeugin auftretenden Person erfolgen (BSK IPRG-SCHNEIDER, a.a.O.; Zuberbühler/Müller/Habegger-NATER-BASS, Art. 25 N 22). Sofern die Gegenpartei nicht das Erscheinen der Zeugin verlangt (vgl. auch Art. 4 Abs. 7 IBA Rules of Evidence, wonach ein Verzicht auf das persönliche Erscheinen der Zeugin einer Parteivereinbarung bedarf), kommt solchen schriftlichen Erklärungen Beweiskraft zu (BSK IPRG-SCHNEIDER, a.a.O., m.w.H. und m.H. darauf, dass dies zu Beginn des Verfahrens klargestellt werden sollte; vgl. auch Art. 20 Abs. 3 LCIA Rules; BGer, 27.5.2003, ASA Bull 2003, 625). Hält das Schiedsgericht den Beitrag von Personen, welche eine Erklärung im erwähnten Sinne abgegeben haben, für nicht entscheidungserheblich, so ist es nicht verpflichtet, diese Personen auch noch anzuhören (BSK IPRG-SCHNEIDER, a.a.O. und POUDRET/BESSON, Rz 657, je m.H. auf BGer, 7.1.2004, ASA Bull 2004, 600). Schriftliche Zeugenerklärungen sind denn auch insofern von Nutzen, als von ihnen auf die entsprechende Zeugenaussage geschlossen werden kann und dadurch die Entscheidung über eine allfällige Vernehmung der betr. Zeugin wesentlich erleichtert wird (BSK IPRG-SCHNEIDER, a.a.O.; GAILLARD/SAVAGE, Rz 1284). Sollte die Zeugin in der mündlichen Verhandlung einvernommen werden, so erleichtert eine vorliegende schriftliche Zeugenerklärung ihre Vernehmung insofern, als die Zeugin – im Falle, dass die Parteien sie befragen – ihre Aussage regelmässig nur nochmals kurz bestätigt und sie alsdann sofort von der Gegenpartei einvernommen wird («cross examination») bzw. – im Falle, dass das Schiedsgericht die Zeugin selbst befragt – sich die Vernehmung regelmässig nur noch auf die Ergänzung und Klarstellung der schriftlichen Aussage konzentriert (BSK IPRG-SCHNEIDER, a.a.O. m.H. darauf, dass ein unmittelbarer Beginn mit dem Kreuzverhör nachteilig sein kann, «da sie das Schiedsgericht um den unmittelbaren Eindruck der eigentlichen Zeugenaussage bringt und der Zeuge nur unter der Belastung des Kreuzverhörs und zu den von der Gegenseite ausgewählten Fragen vernommen wird», weshalb es ratsam sei «mit einer, allerdings kurzen, direkten Befragung zu den wichtigsten Punkten zu beginnen»).

30 Das in den anwaltlichen Standesregeln enthaltene **«Verbot des Berichtens»** gilt für die Schiedsgerichtsbarkeit nicht. Es muss m.a.W. den Parteien, ihren Organen, ihren Ange-

stellten und insb. auch ihren Vertretern erlaubt sein, sich mit möglichen Zeugen vor deren allfälligen Anhörung in Bezug auf ihre späteren Aussagen abzusprechen, was gerade auch (aber nicht nur) zu gelten hat für Schiedsverfahren, in denen Zeugen eine schriftliche Zeugenerklärung abgeben (BERGER/KELLERHALS, Rz 1224; BSK IPRG-SCHNEIDER, Art. 184 N 25; POUDRET/BESSON, Rz 660; vgl. auch Art. 4 Abs. 3 IBA Evidence Rules; Art. 20 Abs. 6 LCIA Rules; Art. 25 Abs. 6 Swiss Rules; anders GAILLARD/SAVAGE, Rz 1285, die geltend machen, dass ein entsprechendes Verbot durchaus zulässig sein kann, vorausgesetzt, es gilt für alle Betroffenen gleichermassen; zu den Vorteilen und Grenzen von «witness preparation» vgl. VON SEGESSER, ASA Bull 2002, 222 ff.). Bei richtiger Betrachtungsweise stehen die obgenannten Handlungen aber auch nicht unbedingt im Widerspruch zu standesrechtlichen Pflichten (NATER, 257 f.).

Das **Erscheinen der Zeugen an der Verhandlung** liegt grundsätzlich in der Verantwortung der Parteien (BSK IPRG-SCHNEIDER, Art. 184 N 26; vgl. auch Art. 54 lit. e WIPO Rules). Fehlt indes einer Partei *in concreto* die Weisungspflicht gegenüber einem Zeugen, so muss es möglich sein, das Schiedsgericht anzurufen, damit dieses den betr. Zeugen vorlädt (wozu es jedenfalls dann verpflichtet ist, wenn die betr. Zeugenaussage entscheidungserheblich sein könnte, BSK IPRG-SCHNEIDER, a.a.O.; RÜEDE/HADENFELDT, 263; vgl. auch Art. 4 Abs. 10 und 11 IBA Rules of Evidence). Im Falle eines sich der Vorladung des Schiedsgerichts widersetzenden Zeugen besteht nach Abs. 2 die Möglichkeit der Anrufung des zuständigen staatlichen Gerichts (vgl. unten N 64 ff.) – das Schiedsgericht kann aber auch, sofern es sich um einen im Einflussbereich einer Partei stehenden Zeugen handelt, aus der Weigerung nachteilige Schlüsse zu Lasten dieser Partei ziehen (BERGER/KELLERHALS, Rz 1226; FRIEDLI/EICHENBERGER, 262; RÜEDE/HADENFELDT, 265). Zieht das Schiedsgericht keine negativen Schlüsse, kommt dies aber nicht etwa einer Verletzung des rechtlichen Gehörs gleich (BERGER/KELLERHALS, a.a.O., m.H. auf BGer, 4P.221/1997 E. 3c).

31

Die Frage, ob es einem Schiedsgericht mit Sitz in der Schweiz erlaubt ist, **Zeugen zu vereidigen**, ist umstritten (bejahend etwa POUDRET/BESSON, Rz 661; verneinend etwa RÜEDE/HADENFELDT, 263; unentschlossen BSK IPRG-SCHNEIDER, Art. 184 N 27 m.w.H.; Zuberbühler/Müller/Habegger-NATER-BASS, Art. 25 N 20). Jedenfalls aber ist nach Art. 309 lit. a StGB auch ein unbeeidigtes falsches Zeugnis vor Schiedsgerichten strafbar nach Art. 307 Abs. 1 und 3 StGB. Angesichts dessen sollte jede als Zeugin auftretende Person vorgängig durch das Schiedsgericht **über die Wahrheitspflicht und die Straffolgen belehrt werden** (BERGER/KELLERHALS, Rz 1225 m.H. darauf, dass im Hinblick auf eine spätere strafrechtliche Verfolgung einer allfälligen Falschaussage darauf zu achten sei, dass die Belehrung im Vernehmungsprotokoll festgehalten werde; BSK IPRG-SCHNEIDER, Art. 184 N 27; JOLIDON, Art. 27 KSG N 34; RÜEDE/HADENFELDT, 263 f.; vgl. auch Art. 8 Abs. 3 IBA Evidence Rules). Es ist zu empfehlen, eine als Zeuge auftretende Partei oder auftretendes Organ gesondert darauf hinzuweisen, dass sie/es sich bei einer Falschaussage nicht nach Art. 306 StGB, sondern nach Art. 307 StGB (welcher eine höhere Maximalstrafe androht) strafbar macht. Dies, da aufgrund von Art. 159 diese Personen nicht mit der Anwendbarkeit von Art. 307 StGB rechnen mussten.

32

Weil die Parteien eines schweizerischen Binnenschiedsverfahrens regelmässig mit dem kontinental-europäischen Rechtskreis vertraut sein werden, wird die **Vernehmung von Zeugen** – entsprechend dieser Rechtstradition und analog zur staatlichen Gerichtsbarkeit – i.d.R. primär durch das Schiedsgericht erfolgen. Zeugen dürfen vom Schiedsgericht immer nur in Anwesenheit aller Parteien vernommen werden, ausser eine Partei sei säumig (GAILLARD/SAVAGE, Rz 1289). Aber auch in der Binnenschiedsgerichtsbarkeit sind Konstellationen denkbar, in denen es angebracht ist, die Vernehmung von Zeugen primär

33

den Parteien (bzw. ihren Vertretern) zu überlassen. Begonnen wird in solchen Fällen regelmässig mit der Befragung durch jene Partei, welche den Zeugen vorgeschlagen hat (*«direct examination»*, vielfach ganz oder teilweise ersetzt durch schriftliche Zeugenerklärungen, s. oben N 29), bevor dann eine direkte Befragung (*«cross examination»*; Kreuzverhör) durch die Gegenpartei(en) erfolgt und anschliessend allenfalls die erste Partei und dann auch die Gegenpartei nochmals Gelegenheit erhalten, Ergänzungsfragen zu stellen (*«re-direct examination»* und *«re-cross examination»*; zum Ganzen BERGER/KELLERHALS, Rz 1223 m.H. auf Art. 8 Abs. 2 IBA Rules of Evidence; GAILLARD/SAVAGE, Rz 1287). Einverständnis der Parteien vorausgesetzt, besteht alternativ auch die Möglichkeit des sog. *«Witness Conferencing» (Zeugenkonferenz)*, bei welchem mehrere Zeugen beider Parteien gruppenweise und themenspezifisch geordnet gleichzeitig befragt werden (hierzu eingehend PETER, «Witness Conferencing», ArbInt 2002, 47 ff.). Weil dem Schiedsgericht hinsichtlich der Regelung der Zeugenvernehmung letztlich oft ein grosser Entscheidungsspielraum verbleibt (vgl. BGer, 27.5.2003, ASA Bull 2003, 626), ist es besonders wichtig, die Verfahrensregeln rechtzeitig vor der Verhandlung bekannt zu geben, so dass sich alle Beteiligten darauf einstellen und sich entsprechend vorbereiten können (BSK IPRG-SCHNEIDER, Art. 184 N 28; IPRG-Komm.-VOLKEN, Art. 184 N 14).

d) Sachverständige

34 Während in der anglo-amerikanischen Tradition die **Rolle von Sachverständigen** in jener von «Gehilfen der Parteien» gesehen wird und ihre Erkenntnisse von den Parteien wie Zeugenaussagen in das Verfahren eingeführt werden (sog. *«expert witnesses»*), kommt den Sachverständigen in der kontinentaleuropäischen Tradition mehr die Funktion von unabhängigen, durch das Gericht bestellten *«Gehilfen des Gerichts»* zu (BERGER/KELLERHALS, Rz 1227; BSK IPRG-SCHNEIDER, Art. 184 N 29; POUDRET/BESSON, Rz 662 m.w.H.). Eine Verschmelzung dieser beiden Systeme findet sich in Art. 26 UNCITRAL Model Law, bei welchem der gerichtlich bestellte Sachverständige in Abs. 1 geregelt wird, gleichzeitig aber in Abs. 2 festgehalten wird, dass – wenn von einer Partei verlangt oder vom Schiedsgericht als notwendig erachtet – «the expert shall, after delivery of his written or oral report, participate in a hearing where the parties have the opportunity to put questions to him and to present expert witnesses in order to testify on the points at issue.». Diesem Modell folgen heute denn auch alle gebräuchlichen Schiedsordnungen (vgl. etwa Art. 20 Abs. 3 und 4 ICC Rules; Art. 21 LCIA Rules; Art. 27 Swiss Rules; Art. 27 Abs. 4 UNCITRAL Rules; Art. 55 WIPO Rules; ferner auch Art. 5–6 IBA Rules of Evidence).

aa) Von den Parteien bestellte Sachverständige

35 Die **von den Parteien bestellten Sachverständigen** denselben Regeln zu unterstellen, die auch für die Zeugenvernehmung gelten, ist insofern ungenau, als diese Sachverständigen zwar oft schriftliche Gutachten und Gegengutachten abgeben und hierzu wie Zeugen einvernommen werden (mit der häufigen Folge einer *«battle of experts»*), sie aber auch an der Vorbereitung des Falls und der Schriftsätze mitwirken und gelegentlich auch die Parteivertreter in der mündlichen Verhandlung unterstützen (BSK IPRG-SCHNEIDER, Art. 184 N 32 m.w.H.). In den verschiedenen Schiedsordnungen werden denn auch die von den Parteien bestellten Sachverständigen und die Zeugen regelmässig getrennt behandelt. Die Sachverständigengutachten können technischer, wirtschaftlicher, finanzieller, historischer, politischer oder anderer Natur sein (BERGER/KELLERHALS, Rz 1228). Auch ein von einer Partei vorgelegtes Rechtsgutachten gilt als Gutachten eines Sachverständigen im erwähnten Sinne (BERGER/KELLERHALS, a.a.O.).

Nach bundesgerichtlicher Rechtsprechung haben die **Parteien** als Ausfluss aus ihrem 36
Anspruch auf rechtliches Gehör unter folgenden Voraussetzungen ein **Recht auf Bestellung eines Sachverständigen**: «Tout d'abord, la partie qui entend se prévaloir de ce droit doit avoir requis expressément l'administration d'une expertise. Il faut encore que la preuve ait été requise dans les formes convenues et en temps utile, et que la partie ait accepté d'en avancer les frais. En outre, l'expertise doit porter sur des faits pertinents, c'est-à-dire susceptibles d'influer sur la sentence, être propre à prouver ces faits de caractère technique ou faisant, de toute outre manière, appel à des connaissances spéciales, de telle sorte qu'ils ne peuvent être prouvés d'une autre manière, et si, d'autre part, les arbitres ne disposent pas eux-mêmes de ces connaissances.» (BGer, 4P.320/1994 E. 3b = BGer, 6.9.1996, ASA Bull 1997, 307; wiederholt in BGer, ASA Bull 2004, 377; vgl. auch POUDRET, FS Lalive, 614 ff.). Mit BSK IPRG-SCHNEIDER (Art. 184 N 35) ist davon auszugehen, dass zwar die Parteien als Ausfluss ihres Gehörsanspruchs einen Anspruch darauf haben, «zum Beweis entscheidungserheblicher Tatsachen zugelassen zu werden», es aber Sache des Schiedsgerichts ist, «zu entscheiden, ob die angebotenen Beweismittel zweckmässig und erfolgversprechend sind» (vgl. bereits POUDRET, FS Lalive, 614). Zur Frage, ob das Schiedsgericht den Anspruch der Parteien auf rechtliches Gehör verletzt, wenn es ein stichhaltiges Ersuchen auf Anordnung einer gerichtlichen Expertise ablehnt, vgl. unten N 40.

Im Gegensatz zu Privatgutachten vor staatlichen Gerichten (vgl. hierzu BGE 95 II 368; 37
105 II 3; FRANK/STRÄULI/MESSMER, Vor § 171 ZPO/ZH N 4) haben Gutachten eines von einer Partei bestellten Sachverständigen nach Massgabe der Beweiswürdigung durch das Schiedsgericht **Beweiswert** und werden *nicht* als *blosse Parteibehauptung* behandelt.

bb) Vom Schiedsgericht bestellte Sachverständige

Die **vom Schiedsgericht bestellten Sachverständigen** bzw. deren Befunde sind einer- 38
seits Beweismittel, andererseits stehen diese Sachverständigen aber auch (als «Gehilfen des Gerichts») in einem *Auftragsverhältnis zum Schiedsgericht* und übernehmen Aufgaben, welche letzteres mangels Sachverstand nicht selbst in der Lage zu verrichten ist (BERGER/KELLERHALS, Rz 1229; zu dieser Doppelfunktion vgl. auch BGer, 4C.126/2004 E. 2.5). Bei den so übertragenen Aufgaben kann es sich etwa um die Beratung in technischen Fragen, die Aufklärung technischer Sachverhalte, das Zusammenfassen und Vortragen umfangreicher Beweismittel (wie etwa von Testergebnissen oder von Buchhaltungsunterlagen), um Aufgaben der Beweissicherung oder gar um eine Stellungnahme zu Ansprüchen insgesamt handeln. Der Beitrag eines Sachverständigen im erwähnten Sinne braucht dabei nicht zwingend in Form eines Gutachtens zu erfolgen (BSK IPRG-SCHNEIDER, Art. 184 N 33 m.w.H.). Ein vom Schiedsgericht bestellter Sachverständiger muss von den Parteien *unabhängig und unparteiisch* sein (BERGER/KELLERHALS, Rz 1234; vgl. auch Art. 6 Abs. 2 IBA Rules of Evidence; Art. 27 Abs. 5 Swiss Rules). Die für Mitglieder des Schiedsgerichts anwendbaren Grundsätze (vgl. oben Art. 367 N 6 ff.) gelten sinngemäss (ASA Bull 2006, 284 E. 2.2; BERGER/KELLERHALS, a.a.O.; POUDRET/BESSON, Rz 667). Ein das Gutachten eines befangenen Sachverständigen berücksichtigender Schiedsspruch ist gestützt auf Art. 393 lit. e anfechtbar, soweit die behauptete Befangenheit von der Beschwerdeführerin vor Schiedsgericht rechtzeitig und substanziert gerügt wurde (vgl. BERGER/KELLERHALS, a.a.O., welche für den Bereich der internationalen Schiedsgerichtsbarkeit auf den Beschwerdegrund der Verletzung des verfahrensrechtlichen Ordre public nach Art. 190 Abs. 2 lit. e IPRG hinweisen).

Das Schiedsgericht hat grundsätzlich ein **Recht auf Beizug** eines Sachverständigen 39
(BGer, 8.2.1978, SemJud 1980, 73; BSK IPRG-SCHNEIDER, Art. 184 N 34 m.w.H.;

RÜEDE/HADENFELDT, 157 f.; so ausdrücklich auch Art. 6 Abs. 1 IBA Rules of Evidence Rules; Art. 20 Abs. 4 ICC Rules; Art. 27 Abs. 1 Swiss Rules; Art. 21 Abs. 1 LCIA Rules; Art. 27 UNCITRAL Rules; krit. CRAIG/PARK/PAULSSON, 458 f.). Vorbehalten bleibt aber eine anders lautende Parteivereinbarung (BSK IPRG-SCHNEIDER, a.a.O.; RÜEDE/HADENFELDT, 262; OGer ZH, SJZ 1982 Nr. 35; **a.M.** KassGer ZH, SJZ 1972 Nr. 21, das eine solche Vereinbarung als Verstoss gegen den Ordre public sah; gl.M. POUDRET, FS Lalive, 616). Eine solche Parteivereinbarung ist dann problematisch, wenn sie dem Schiedsgericht, das über die zur Ermittlung der relevanten Sachfragen erforderlichen Spezialkenntnisse nicht verfügt, letztlich verunmöglicht, «den Rechtsstreit *en connaissance de cause*» zu entscheiden (BERGER/KELLERHALS, Rz 1235). Halten sich die Mitglieder des Schiedsgerichts an die entsprechende Parteivereinbarung, bleibt ihnen als Ausweg wohl nur noch die *Kündigung aus wichtigem Grund* (BERGER/KELLERHALS, a.a.O.; POUDRET/BESSON, Rz 663; zur Kündigung aus wichtigem Grund im Allgemeinen vgl. oben Art. 371 N 11). Setzen sie sich über die Parteivereinbarung hinweg, kommt dies noch keinem Verstoss gegen einen zwingenden Verfahrensgrundsatz i.S.v. Art. 393 lit. d (der eine Anfechtung des Schiedsspruchs erlauben würde) gleich (vgl. BGE 117 II 346 E. 1b/aa; BERGER/KELLERHALS, Rz 1235).

40 Ob das Schiedsgericht gar eine **Pflicht zum Beizug** eines Sachverständigen trifft, ist umstritten. Nach Auffassung des BGer besteht eine solche Pflicht dann, wenn das Schiedsgericht selbst nicht über den für die Entscheidung einer streitigen Frage erforderlichen technischen Sachverstand verfügt (BGer, 11.5.1992, ASA Bull 1992, 397 m.H. auf unveröff. Ausführungen in BGE 102 Ia 493; ebenso RÜEDE/HADENFELDT, 210; krit. JOLIDON, Art. 25 KSG N 542; POUDRET, FS Lalive, 614) – und zwar unabhängig davon, ob die Parteien überhaupt eine entsprechende Expertise verlangt haben oder nicht (BGer, 4P.23/1991 E. 5b; implizit auch BGer, 4A_2/2007 E. 3.3; krit. zu Recht BERGER/KELLERHALS, Rz 1232: «Es kann höchstens ein Recht, hingegen keine Pflicht des Schiedsgerichts sein, eine nicht verlangte Expertise anzuordnen. Bleibt ein Sachumstand unbewiesen, weil die beweisführungspflichtige Partei den Antrag auf Erstellung eines gerichtlichen Gutachtens unterlässt oder versäumt, muss es dem Schiedsgericht unbenommen bleiben, die einschlägigen Regeln über die Folgen der Beweislosigkeit anzuwenden»).

41 Bei der **Auswahl des Sachverständigen** sollte das Schiedsgericht die Parteien anhören (BERGER/KELLERHALS, Rz 1233; BSK IPRG-SCHNEIDER, Art. 184 N 36 m.w.H.; POUDRET, FS Lalive, 617; so ausdrücklich auch Art. 27 Abs. 1 Swiss Rules) – es kann die Parteien auffordern, Vorschläge zu machen oder aber auch selbst Kandidaten vorschlagen (BSK IPRG-SCHNEIDER, a.a.O.; CRAIG/PARK/PAULSSON, 459). Es steht dem Schiedsgericht auch frei, sich an eine Institution (wie etwa an die Internationale Zentralstelle der ICC für technische Gutachten) zu wenden oder offizielle Sachverständigenlisten zu konsultieren (BSK IPRG-SCHNEIDER, a.a.O.).

42 Die Frage, ob die **Ablehnung** eines vom Schiedsgericht bestellten Sachverständigen durch die Parteien bei Vorliegen bestimmter Gründe – analog zum Verfahren vor staatlichen Gerichten – möglich ist, bestimmt sich nach dem gem. Art. 373 anwendbaren Verfahrensrecht. Fehlt es an einer diesbezüglichen Regelung, so können die entsprechenden Bestimmungen des Zivilprozessrechts nicht unbesehen auf das Binnenschiedsverfahren übernommen werden. Jedenfalls aber sollte das Schiedsgericht begründete Einwendungen gegen einen Sachverständigen entgegen nehmen, wobei es ihm anheim gestellt bleibt, wie es diesen Einwendungen Rechnung trägt (vgl. zum Ganzen BSK IPRG-SCHNEIDER, Art. 184 N 37).

43 Die Parteien sollten ferner auch bei der **Festlegung** und Durchführung **des Auftrags** des Sachverständigen angehört werden (BERGER/KELLERHALS, Rz 1233; BSK IPRG-

SCHNEIDER, Art. 184 N 38; CRAIG/PARK/PAULSSON, 459; vgl. auch Art. 6 Abs. 1 IBA Evidence Rules). Wichtig bei der Absteckung des Aufgabenbereichs ist nebst der Zusammenarbeit zwischen dem Schiedsgericht und den Parteien auch jene zwischen dem Schiedsgericht und dem Sachverständigen (BERGER/KELLERHALS, a.a.O.; BSK IPRG-SCHNEIDER, a.a.O.). Dem Sachverständigen müssen für die **Durchführung seines Auftrags** die notwendigen Unterlagen herausgegeben werden, wobei der Sachverständige nebst bereits im Schiedsverfahren vorgelegten Schriftstücken regelmässig noch zusätzlicher Unterlagen bedarf. Hat er eine Ortsbesichtigung vorzunehmen, muss ihm der entsprechende Zugang gewährt werden (BERGER/KELLERHALS, Rz 1232; BSK IPRG-SCHNEIDER, Art. 184 N 39). Die *Zusammenarbeit mit den Parteien* ist deshalb oft unabdingbar; gewisse Schiedsordnungen verpflichten die Parteien denn auch ausdrücklich zur notwendigen Unterstützung (so etwa Art. 27 Abs. 2 Swiss Rules; Art. 27 Abs. 2 UNCITRAL Rules; vgl. auch Art. 6 Abs. 3 IBA Rules of Evidence). Bestehen hinsichtlich der Herausgabepflicht oder des Zugangs Meinungsverschiedenheiten, so entscheidet das Schiedsgericht – verhält sich eine Partei weiter unkooperativ, kann es aus diesem Verhalten negative Schlüsse zu Lasten dieser Partei ziehen (BERGER/KELLERHALS, Rz 1233 und 1240; vgl. bereits oben N 22).

In der schweizerischen Gerichtspraxis wird davon ausgegangen, dass der **Grundsatz des kontradiktorischen Verfahrens vor dem Sachverständigen** nicht gewahrt zu werden braucht, sondern es vielmehr genüge, wenn das Gutachten des Sachverständigen vor dem Schiedsgericht diskutiert werden könne (BGer, 1.7.1991, ASA Bull 1991, 417; weitere Hinweise bei POUDRET, FS Lalive, 618 ff.). Problematisch ist dies insofern, als allfällige Kritik der Parteien den Sachverständigen *nach* Abgabe seines Gutachtens nur selten zur Änderung seiner Meinung bewegen werden und das Schiedsgericht nur selten bereit sein wird, auf die Kritik der Parteien überhaupt einzugehen (BSK IPRG-SCHNEIDER, Art. 184 N 40; POUDRET, FS Lalive, 618). Es wird von den Umständen des Einzelfalls abhängen, welche weiteren Vorkehrungen (namentlich während der Tatbestandsaufnahme) der Sachverständige zu treffen hat (BSK IPRG-SCHNEIDER, Art. 184 N 40 m.H. auf die uneinheitliche Schiedspraxis bez. der Frage der Konsultation der Parteien durch den Sachverständigen). 44

Der Sachverständige reicht sein Gutachten dem Schiedsgericht i.d.R. in schriftlicher Form ein. Aus dem Anspruch der Parteien auf rechtliches Gehör folgt mitunter, dass den Parteien **Gelegenheit zur Stellungnahme** zum Sachverständigengutachten gegeben werden muss, wofür ihnen das Gutachten zugänglich zu machen ist (vgl. für Verfahren vor staatlichen Gerichten BGE 104 Ia 69 E. 3b; 101 Ia 309 E. 1b; 99 Ia 42 E. 3b; 92 I 185; dasselbe gilt aber auch in Schiedsverfahren, BGer, 8.2.1978, SemJud 1980, 74; BERGER/KELLERHALS, Rz 1233; BSK IPRG-SCHNEIDER, Art. 184 N 41; CRAIG/PARK/ PAULSSON, 459 f.; POUDRET, FS Lalive, 621; POUDRET/BESSON, Rz 665; RÜEDE/ HADENFELDT, 210; vgl. auch Art. 6 Abs. 5 IBA Rules of Evidence). Soweit die Parteien oder das Schiedsgericht es verlangen, hat der Sachverständige auch in der mündlichen Verhandlung zu erscheinen (dabei handelt es sich um einen wesentlichen Bestandteil des Anspruchs auf rechtliches Gehör, BGer, 8.2.1978, SemJud 1980, 73 ff.; BERGER/ KELLERHALS, Rz 1233; vgl. auch Art. 6 Abs. 6 IBA Rules of Evidence). Es ist in der Praxis häufig, dass der Sachverständige den Parteien sein Gutachten als Entwurf vorlegt und ihrer Kritik dann bei Verfassung der Endversion Rechnung trägt (BSK IPRG-SCHNEIDER, a.a.O. m.w.H.). Einige Schiedsordnungen sehen die Möglichkeit der persönlichen Befragung des Sachverständigen durch die Parteien vor (so etwa Art. 27 Abs. 4 Swiss Rules; Art. 27 Abs. 4 UNCITRAL Rules). Besonderer Vorkehrungen bedarf es für den Fall, dass der Sachverständige vom Schiedsgericht nicht zur Erstellung eines Gutachtens, sondern als Berater beigezogen wird (BSK IPRG-SCHNEIDER, a.a.O. m.w.H.). 45

46 Es besteht **keine Bindung des Schiedsgerichts** an die Stellungnahme des Sachverständigen (das gilt auch für den vom Schiedsgericht bestellten Sachverständigen), denn «das Schiedsgericht muss sich eine eigene Meinung bilden und darf seinen Entscheidungsauftrag nicht an den Sachverständigen delegieren» (BSK IPRG-SCHNEIDER, Art. 184 N 42 m.w.H.; vgl. auch POUDRET/BESSON, Rz 666, die darauf hinweisen, dass es sich anders verhält bei einem mit Zustimmung der Parteien in Auftrag gegebenen *Schiedsgutachten*). Als Beweismittel unterliegen Sachverständigengutachten der *freien Würdigung des Schiedsgerichts* (BGer, 4C.126/2004 E. 2.5; BSK IPRG-SCHNEIDER, a.a.O.; CRAIG/PARK/PAULSSON, 416). Weicht das Schiedsgericht indes von der Meinung eines unabhängigen Sachverständigen ab, so hat es hierfür Gründe zu nennen (POUDRET/BESSON, a.a.O.).

47 Entscheidet sich das Schiedsgericht für eine **nochmalige Konsultation** des Sachverständigen **nach Abgabe seines Gutachtens**, so ist ein besonderes Augenmerk auf die Wahrung des Anspruchs auf rechtliches Gehör der Parteien zu richten (BSK IPRG-SCHNEIDER, Art. 184 N 43). Die *Teilnahme des Sachverständigen an den Beratungen* des Schiedsgerichts ist nur zulässig, wenn er mit Zustimmung der Parteien als Berater beigezogen wurde, wobei er aber keine neuen Überlegungen, zu denen die Parteien nicht Stellung nehmen konnten, einbringen darf (BERGER/KELLERHALS, Rz 1236; BSK IPRG-SCHNEIDER, a.a.O.; anders CRAIG/PARK/PAULSSON, 460, welche eine Teilnahme des Sachverständigen an der Beratung des Schiedsgerichts grundsätzlich ablehnen; anders auch SPÜHLER/GEHRI, 21 f., nach welchen die Teilnahme des Sachverständigen an der Urteilsberatung auch ohne Zustimmung der Parteien möglich sei, wenn die Parteien das Verfahren nicht selbst geregelt hätten und das Schiedsgericht somit nach Art. 182 Abs. 2 IPRG [bzw. nach Art. 373 Abs. 2] in der Ausgestaltung des Verfahrens frei sei).

e) Augenschein

48 Mit dem Augenschein soll das Gericht durch seine **eigene sinnliche Wahrnehmung** Beweise erheben können (BERGER/KELLERHALS, Rz 1237; BSK IPRG-SCHNEIDER, Art. 184 N 47), gleichzeitig dient der Augenschein aber auch einem besseren Verständnis der Parteivorbringen und der vorgebrachten Beweismittel (BSK IPRG-SCHNEIDER, a.a.O.). «Augenschein nehmen» kann das Gericht nicht nur in Form von *Ortsbesichtigungen* (etwa einer Baustelle), sondern auch in Form *anderer Feststellungen* wie etwa der Untersuchung einer Warenprobe und dgl. (BERGER/KELLERHALS, a.a.O.; BSK IPRG-SCHNEIDER, a.a.O.).

49 Über die **Zulässigkeit und Durchführung** eines Augenscheins entscheidet das nach Art. 373 anwendbare Verfahrensrecht. Vereinzelt enthalten gewisse Schiedsordnungen diesbezügliche Regelungen (so etwa Art. 22 Abs. 1 lit. c und d LCIA Rules; Art. 50 WIPO Rules). Der im Verfahren vor staatlichen Gerichten aus dem Anspruch auf rechtliches Gehör abgeleitete Grundsatz, dass die am Verfahren Beteiligten zum Augenschein beizuziehen sind, wenn dieser der Feststellung eines streitigen, unabgeklärten Sachverhalts dient (vgl. BGE 116 Ia 94 E. 3b) gilt vor Schiedsgerichten (BERGER/KELLERHALS, Rz 1237; BSK IPRG-SCHNEIDER, Art. 184 N 48; POUDRET/BESSON, Rz 668). Ganz allgemein ist die schiedsgerichtliche Vornahme des Augenscheins in Anwesenheit der Parteien vorzunehmen. Eine Ausnahme ist denkbar, wenn von einem *frei zugänglichen Objekt* (etwa einer Strasse) Augenschein genommen werden soll – das Schiedsgericht hat aber, soweit es sich um entscheidungserhebliche Feststellungen handelt, die Parteien über seine Feststellungen zu informieren und ihnen die Möglichkeit einzuräumen, sich nachträglich dazu zu äussern (BERGER/KELLERHALS, a.a.O.; BSK IPRG-SCHNEIDER, a.a.O.). Einen *Augenschein nur in Gegenwart einer der Parteien* durchzuführen, ist unzulässig, wenn der anderen Partei nicht ebenfalls rechtzeitig Gelegenheit zur Teilnahme gegeben

wurde (BERGER/KELLERHALS, a.a.O.; BSK IPRG-SCHNEIDER, a.a.O.; bezogen auf die Beweisabnahme im Allgemeinen RÜEDE/HADENFELDT, 264). In jedem Fall empfiehlt es sich, über den Augenschein *Protokoll* zu führen (BERGER/KELLERHALS, a.a.O.; POUDRET/BESSON, a.a.O.). Hinsichtlich der Pflicht der Parteien zur Gewährung des Zugangs für eine Ortsbesichtigung gilt das zu den Sachverständigen Ausgeführte sinngemäss (oben N 43).

4. Beweisabnahme

Vorweg ist festzuhalten, dass sich auch die Beweisabnahme als Teil des Schiedsverfahrens nach dem gem. Art. 373 **anwendbaren Verfahrensrecht** richtet (vgl. BERGER/KELLERHALS, Rz 1198; IPRG-Komm.-VOLKEN, Art. 184 N 2 m.H. auf die Unterschiede zwischen anglo-amerikanischen und kontinentaleuropäischen Grundsätzen) und somit die detaillierten Beweisabnahmevorschriften des staatlichen Zivilprozessrechts grundsätzlich nicht analog auf Schiedsverfahren übertragen werden können, sondern dem Schiedsgericht hinsichtlich der Beweisabnahme – Abreden zwischen den Parteien vorbehalten – typischerweise ein grosses Ermessen zukommt. 50

Die Bestimmung von Abs. 1, wonach das Schiedsgericht die Beweise selber abnimmt, verlangt **Unmittelbarkeit** der Beweiserhebung, d.h. die Beweise sind dem Schiedsgericht selbst vorzulegen (BSK IPRG-SCHNEIDER, Art. 184 N 49; WALTER/BOSCH/BRÖNNIMANN, 160; IPRG-Komm.-VOLKEN, Art. 184 N 11). Hierzu ist das Schiedsgericht verpflichtet, sobald es konstituiert ist und somit tätig werden kann – bis zu diesem Zeitpunkt können Anordnungen, die der vorsorglichen Klärung der Beweislage dienen *(vorsorgliche Beweisführung)*, von den zuständigen staatlichen Gerichten erlassen werden (BERGER/KELLERHALS, Rz 1128; JOLIDON, Art. 26 KSG N 2 und 388 f. Art. 27 KSG N 2; LALIVE/POUDRET/REYMOND, Art. 26 KSG N 1 und Art. 27 KSG N 1; RÜEDE/HADENFELDT, 263). An das Ergebnis einer allfälligen vorsorglichen Beweisführung durch ein staatliches Gericht ist das Schiedsgericht indes nicht gebunden (CJ GE, 15.10.1999, ASA Bull 2000, 802; JOLIDON, Art. 27 KSG N 2; WALTER/BOSCH/BRÖNNIMANN, 169). 51

Abs. 1 verbietet (dem Schiedsgericht und den Parteien) nicht nur eine **Delegation** der Beweisabnahme an einen Dritten wie etwa einen Sekretär des Schiedsgerichts oder eine staatliche Instanz, sondern auch eine schiedsgerichtsinterne Delegation der Beweisabnahme etwa an den Präsidenten des Schiedsgerichts, d.h. die Beweisabnahme hat grundsätzlich durch das Schiedsgericht *in corpore* zu erfolgen (BERGER/KELLERHALS, Rz 1197; BSK IPRG-SCHNEIDER, Art. 184 N 49; IPRG-Komm.-VOLKEN, Art. 184 N 11; JOLIDON, Art. 27 KSG N 1 und Art. 27 KSG N 31; LALIVE/POUDRET/REYMOND, Art. 31 KSG N 1 und Art. 184 IPRG N 2; WALTER/BOSCH/BRÖNNIMANN, 160). Eine schiedsgerichtsinterne Delegation ist ausnahmsweise dann zulässig, wenn ihr die Parteien zugestimmt haben und gewährleistet ist, dass das Ergebnis der Beweisabnahme in der Folge den übrigen Mitgliedern des Schiedsgerichts zugänglich gemacht werden kann (BERGER/KELLERHALS, a.a.O.; IPRG-Komm.-VOLKEN, a.a.O.; JOLIDON, Art. 27 KSG N 31; LALIVE/POUDRET/REYMOND, a.a.O.; POUDRET/BESSON, Rz 642; RÜEDE/HADENFELDT, 264; WALTER/BOSCH/BRÖNNIMANN, a.a.O.; weitergehend BSK IPRG-SCHNEIDER, a.a.O., der mit Zustimmung der Parteien auch eine Delegation an Dritte als zulässig erachtet; **a.M.** LALIVE/POUDRET/REYMOND, Art. 27 KSG N 1 und Art. 31 KSG N 1). Allenfalls ist eine weitere Ausnahme vom Grundsatz der Unmittelbarkeit dann angezeigt, wenn ein Mitglied des Schiedsgerichts aus Obstruktion der Beweisabnahme fernbleibt. Diesfalls scheint jedoch eine Abberufung nach Art. 370 sachgerechter (vgl. BSK IPRG-SCHNEIDER, a.a.O.). 52

53 Der Entscheid über die **Zulässigkeit und Relevanz** der angebotenen Beweismittel liegt beim Schiedsgericht (BSK IPRG-SCHNEIDER, Art. 184 N 50; IPRG-Komm.-VOLKEN, Art. 184 N 12; LALIVE/POUDRET/REYMOND, Art. 184 IPRG N 3; WALTER/BOSCH/BRÖNNIMANN, 159; vgl. auch Art. 19 Abs. 2 UNCITRAL Model Law; Art. 25 Abs. 6 UNCITRAL Rules; Art. 48 lit. a WIPO Rules). Soweit sie relevant sind, hat das Schiedsgericht alle form- und fristgerecht vorgelegten Beweise abzunehmen, folgend aus dem Recht der Parteien, zum Beweis zugelassen zu werden (vgl. BGE 119 II 386 E. 1b; 106 II 170 E. 6b; 106 Ia 161 E. 2b; BERGER/KELLERHALS, Rz 1239; BSK IPRG-SCHNEIDER, a.a.O.; JOLIDON, Art. 25 KSG N 542 und Art. 27 KSG N 32; LALIVE/POUDRET/REYMOND, a.a.O.; RÜEDE/HADENFELDT, 210 und 261; POUDRET, FS Lalive, 611 m.w.H.). Dem nicht entsprechende Beweise braucht es hingegen nicht zu erheben, insb. muss es nicht Beweise abnehmen, die von keiner Partei angeboten wurden (BGer, 15.3.1993, ASA Bull 1993, 409; BSK IPRG-SCHNEIDER, a.a.O.; JOLIDON, Art. 25 KSG N 542 und 390 Art. 27 KSG N 32; RÜEDE/HADENFELDT, 261 f.; SZIER 1994, 149, Note KNOEPFLER; zur Möglichkeit der Aussetzung des Schiedsverfahrens bei Vorliegen entschuldbarer Gründe für die nicht fristgerechte Einreichung von Beweisen sogleich N 54). Dem Schiedsgericht steht es auch zu, untaugliche (d.h. für einen Tatsachenbeweis ungeeignete) Beweisangebote abzulehnen (BGE 116 II 639 E. 4c; BGer, 4P.23/2006 E. 3.1; BERGER/KELLERHALS, a.a.O.; BSK IPRG-SCHNEIDER, a.a.O.; POUDRET, FS Lalive, 611). Ferner kann das Schiedsgericht eine Beweisabnahme auch ablehnen, wenn es in *antizipierter Beweiswürdigung* erwartet, dass weitere Beweise keine Änderung des auf Grund der bereits abgenommenen Beweise ermittelten Ergebnisses zu bewirken vermögen (BGer, 4A_2/2007 E. 3.3; BGer, 4P.23/2006 E. 3.1; BGer, 16.10.2003, ASA Bull 2004, 378 m.H. auf BGE 119 Ib 492 E. 5 b/bb; vgl. auch BGer, 4A.220/2007 E. 8.2.5 f.; BGE 103 Ia 490 E. 5; BERGER/KELLERHALS, a.a.O.; BSK IPRG-SCHNEIDER, a.a.O.; JOLIDON, Art. 25 KSG N 542; vgl. auch Art. 393 N 94 und oben N 27). Letztlich hat das Schiedsgericht auch ein Recht, die Abnahme eines Beweises zu verweigern, wenn der dafür verlangte Kostenvorschuss nicht geleistet worden ist (BSK IPRG-SCHNEIDER, a.a.O.; RÜEDE/HADENFELDT, 210 und 261).

54 Bestehen für die nicht fristgerechte Einreichung von Beweisen entschuldbare Gründe, so kann ausnahmsweise eine **Aussetzung des Schiedsverfahrens** sachgerecht erscheinen (BERGER/KELLERHALS, 1209). Eine solche kann ferner angezeigt sein, wenn der Beweis einer Tatsache vom Ausgang eines anderen Verfahrens abhängig ist (BSK IPRG-SCHNEIDER, Art. 184 N 50). Eine Pflicht zur Aussetzung des Schiedsverfahrens besteht freilich in beiden Fällen nicht, sondern das Schiedsgericht ist gehalten, jeweils eine Abwägung der Parteiinteressen vorzunehmen; eine Aussetzung wird nur selten angebracht sein (BGE 119 II 386 E. 1b; BSK IPRG-SCHNEIDER, a.a.O.).

55 Was den **Zeitpunkt** der Beweisabnahme betrifft, so ist festzuhalten, dass das Schiedsgericht in jedem Verfahrensstadium über angebotene Beweismittel befinden kann, es dies aber regelmässig zunächst nach dem Schriftsatzwechsel tun wird (BSK IPRG-SCHNEIDER, Art. 184 N 50). Ein solcher Entscheid ist auch später noch möglich, so etwa, um die Zeugenvernehmung durch die Parteien einzuschränken oder gar abzubrechen, wenn das Schiedsgericht sie als nicht mehr relevant erachtet (BSK IPRG-SCHNEIDER, a.a.O.; vgl. auch Art. 8 Abs. 1 IBA Rules of Evidence).

56 Damit sich die Parteien der Beweisthemen und des Beweisverfahrens bewusst sind, bedarf es einer ordnungsgemässen **Ankündigung** der Beweiserhebung durch das Schiedsgericht. Will es in der mündlichen Verhandlung Beweis erheben, so muss die Vorladung der Parteien einen entsprechenden Hinweis enthalten (BSK IPRG-SCHNEIDER, Art. 184 N 51; RÜEDE/HADENFELDT, 210). Dasselbe gilt auch für eine allfällige Parteivernehmung

(CJ GE, 3.10.1986, ASA Bull 1986, 218 f.; ebenso BSK IPRG-SCHNEIDER, a.a.O.; RÜEDE/HADENFELDT, a.a.O.; vgl. ferner BGE 113 Ia 67 E. 2a; **a.M.** LALIVE/POUDRET/ REYMOND, Art. 25 KSG N 3 lit. c). Eine Ankündigung der Parteivernehmung ist deshalb nötig, weil die Parteien «sich auch durch die Auswahl ihrer Vertreter und durch deren sachliche Einarbeitung auf die mündliche Verhandlung vorbereiten können» müssen (BSK IPRG-SCHNEIDER, a.a.O.). Es ist dem Schiedsgericht verwehrt, die Beweiserhebung über ihre Ankündigung hinaus auf Themen zu erstrecken, die den Parteien nicht bewusst sein konnten (BSK IPRG-SCHNEIDER, a.a.O.; vgl. auch RÜEDE/HADENFELDT, a.a.O., welche dies auf den Fall des Ausbleibens einer Partei beschränken). Über die *Form der Ankündigung* kann das Schiedsgericht selbst entscheiden, namentlich bedarf es keines formellen Beweisbeschlusses (BGE 116 II 639 E. 4c; vgl. bereits oben N 9). *Inhalt der Ankündigung* bilden in der Praxis regelmässig die zu vernehmenden Zeugen, die Beweisthemen und allenfalls das Verhandlungsprogramm (BSK IPRG-SCHNEIDER, a.a.O. m.w.H.).

Um Unklarheiten vorzubeugen, empfiehlt es sich, die Durchführung der Beweisabnahme möglichst *früh* eindeutig zu *regeln*, haben die Parteien u.U. unterschiedliche Vorstellungen vom Ablauf einer Beweisabnahme (BSK IPRG-SCHNEIDER, Art. 184 N 52; IPRG-Komm.-VOLKEN, Art. 184 N 14; LALIVE/POUDRET/REYMOND, Art. 184 IPRG N 3; WALTER/BOSCH/BRÖNNIMANN, 159). Fehlt es an einer entsprechenden Parteivereinbarung, so hat – in Anwendung von Art. 373 Abs. 2 – das Schiedsgericht hierüber zu befinden. 57

Der Anspruch der Parteien auf rechtliches Gehör (hierzu oben Art. 373 N 53 ff.) impliziert auch ein **Recht auf Stellungnahme**, d.h. einen Anspruch darauf, «an der Erhebung wesentlicher Beweise entweder mitzuwirken oder sich zumindest zum Beweisergebnis zu äussern, wenn dieses geeignet ist, den Entscheid zu beeinflussen» (BGE 115 Ia 8 E. 2b m.H. auf BGE 114 Ia 97 E. 2a; 106 Ia 161 E. 2b). Dasselbe hat auch in Schiedsverfahren zu gelten (BGE 116 II 639 E. 4c; BGer, 23.10.1989, ASA Bull 1989, 51; BSK IPRG-SCHNEIDER, Art. 184 N 53; LALIVE/POUDRET/REYMOND, Art. 25 KSG N 3 lit. a und Art. 182 IPRG N 8; RÜEDE/HADENFELDT, 208, 210 und 264). Das Recht der Parteien auf Stellungnahme erfordert auch eine Offenlegung entscheidungserheblicher Ergebnisse der schiedsgerichtlichen Ermittlungen (BSK IPRG-SCHNEIDER, a.a.O.; RÜEDE/HADENFELDT, 210). Diese Offenlegungspflicht umfasst (soweit entscheidungserheblich und nicht als bekannt vorauszusetzen) auch das private Wissen der einzelnen Mitglieder des Schiedsgerichts (BSK IPRG-SCHNEIDER, a.a.O.; RÜEDE/HADENFELDT, 210 f.). 58

Andererseits besteht bei der Beweiserhebung auch eine **Kooperationspflicht der Parteien**, wobei es jedoch berechtigte Parteiinteressen an *Vertraulichkeit* und *Geheimnisschutz* zu wahren gilt, «was gelegentlich besondere Vorkehrungen verlangt, um diesen auch in einem kontradiktorischen Verfahren gerecht zu werden» (BSK IPRG-SCHNEIDER, Art. 184 N 54 m.w.H.; vgl. auch Art. 52 WIPO Rules, der u.a. die Einsetzung eines «confidentiality advisor» vorsieht). 59

Für die **Kosten** der Beweisabnahme (u.a. an Zeugen und Sachverständige zu leistende Vergütungen) haften die Parteien solidarisch, da die Beweisabnahme auftrags und in Vollmacht beider Parteien erfolgt (JOLIDON, Art. 27 KSG N 35; LALIVE/POUDRET/ REYMOND, Art. 27 KSG N 1; RÜEDE/HADENFELDT, 267). Das Schiedsgericht kann für die mutmasslichen Kosten einen *Kostenvorschuss* verlangen (JOLIDON, Art. 27 KSG N 35; LALIVE/POUDRET/REYMOND, Art. 27 KSG N 1; RÜEDE/HADENFELDT, 268), wobei dieser vom Kostenvorschuss für die mutmasslichen Verfahrenskosten i.S.v. Art. 378 zu unterscheiden ist und sich namentlich die Kostenaufteilung an der Beweislast zu orientieren hat (vgl. auch unten Art. 378 N 7). Leistet eine Partei den von ihr zu bezahlenden 60

Kostenvorschuss nicht, verwirkt sie damit ihr Recht auf Beweisabnahme durch das Schiedsgericht (LALIVE/POUDRET/REYMOND, a.a.O.; RÜEDE/HADENFELDT, a.a.O. m.H. darauf, dass auf diese Rechtsfolge aber grundsätzlich vorher hingewiesen werden müsse, da ansonsten der Anspruch auf rechtliches Gehör der betr. Partei verletzt werde), ausser sie vermag nachzuweisen, «dass sie zwischenzeitlich verarmt und deshalb nicht in der Lage ist, den Vorschuss aufzubringen oder dass die Beweismassnahmen unvorhersehbar teuer sind und ihre finanzielle Leistungskraft übersteigen» (RÜEDE/HADENFELDT, a.a.O.). Diesfalls ist der Gegenpartei in Anlehnung an Art. 378 Abs. 2 Gelegenheit zu geben, den Kostenvorschuss zu bezahlen oder auf die Beweisabnahme zu verzichten (vgl. Art. 378 N 18 ff.).

5. Beweiswürdigung

61 Auch die **Beweiswürdigung**, d.h. die Frage nach der Beweiskraft eines Beweismittels, wird durch das gem. Art. 373 anwendbare Verfahrensrecht geregelt (vgl. BERGER/KELLERHALS, Rz 1238; BK-KUMMER, Art. 8 ZGB N 64). Mangels entsprechender Parteivereinbarung i.S.v. Art. 373 Abs. 1, bestimmt demnach das Schiedsgericht, wie es die angebotenen und abgenommenen Beweise zu würdigen gedenkt (Art. 373 Abs. 2).

62 Nicht nur im Verfahren vor staatlichen Gerichten, sondern auch im Schiedsverfahren gilt – andere Abrede der Parteien vorbehalten – der Grundsatz der **freien Beweiswürdigung**, wonach das Gericht seine Überzeugung durch freie Würdigung der ihm angebotenen Beweise und losgelöst von festen Beweisregeln bilden soll (JOLIDON, Art. 27 KSG N 5; BERGER/KELLERHALS, Rz 1238; vgl. auch Art. 19 Abs. 2 UNCITRAL Model Law; Art. 25 Abs. 6 UNCITRAL Rules; Art. 25 Abs. 7 Swiss Rules; Art. 48 lit. a WIPO Rules; Art. 9 Abs. 1 IBA Rules of Evidence). Zur Zulässigkeit antizipierter Beweiswürdigung vgl. oben N 27. Zur Möglichkeit, ein unkooperatives Verhalten einer Partei bei der Herausgabe eines Dokumentes bzw. bei der Gewährung des Zugangs für eine Ortsbesichtigung und das Fernbleiben eines vorgeladenen, im Einflussbereich einer Partei stehenden Zeugen im Rahmen der Beweiswürdigung zu berücksichtigen vgl. oben N 22, 31, 43.

63 Die schiedsgerichtliche Beweiswürdigung ist nicht selbständig anfechtbar gestützt auf Art. 393 lit. d oder e (vgl. BERGER/KELLERHALS, Rz 1241).

III. Staatliche Rechtshilfe (Abs. 2)

1. Allgemeines

64 Weil das **Schiedsgericht** über **keine Zwangsgewalt** verfügt, sehen Schiedsgesetze regelmässig vor, dass zwecks Durchsetzung schiedsgerichtlicher Anordnungen staatliche Gerichte um Rechtshilfe ersucht werden können. So bestimmt denn auch Abs. 2, dass das Schiedsgericht oder die Parteien mit dessen Zustimmung das nach Art. 356 Abs. 2 zuständige staatliche Gericht um Mitwirkung ersuchen können, wenn «für die Beweisabnahme oder für die Vornahme sonstiger Handlungen des Schiedsgerichts staatliche Rechthilfe erforderlich» ist.

65 Die *praktische Bedeutung* der ähnlichen Regelungen von Art. 27 Abs. 2 KSG und von Art. 184 Abs. 2 IPRG war bis anhin bescheiden (BSK IPRG-SCHNEIDER, Art. 184 N 56 m.w.H.; vgl. auch Zuberbühler/Müller/Habegger-NATER-BASS, Art. 24 N 20 und SCHNEIDER, 54) – auch von der in Art. 375 Abs. 2 vorgesehenen Möglichkeit staatlicher Rechtshilfe wird das Schiedsgericht in der Praxis nur dann Gebrauch machen, wenn dies unumgänglich ist – die Weigerung einer Partei etwa, bestimmte Dokumente heraus zu geben oder die Säumnis einer sich im Einflussbereich einer Partei befindlichen Zeugin,

kann das Schiedsgericht stattdessen auch bei der Beweiswürdigung entsprechend berücksichtigen (vgl. bereits oben N 22 und 31).

2. Voraussetzungen für staatliche Rechtshilfe

Die Prüfung der Voraussetzungen für staatliche Rechtshilfe obliegt dem angegangenen staatlichen Gericht (BERGER/KELLERHALS, Rz 1248; LALIVE/POUDRET/REYMOND, Art. 184 IPRG N 9; WALTER/BOSCH/BRÖNNIMANN, 165). 66

a) Handlung des Schiedsgerichts

Staatliche Rechtshilfe kann das Schiedsgericht (oder die Parteien mit dessen Zustimmung) nach Abs. 2 einerseits ausdrücklich im Rahmen der **Beweisabnahme** beantragen, also etwa bei der *Edition von Dokumenten*, bei der *Zeugeneinvernahme* oder bei der *Befragung eines Sachverständigen*. 67

Andererseits kann ein Rechtshilfegesuch ganz allgemein bei «**Vornahme sonstiger Handlungen**» gestellt werden. Damit wird i.S. einer subsidiären Generalklausel eine umfassende Grundlage für Rechtshilfe, die sich nicht bereits auf eine spezifische Bestimmung (Art. 362, Art. 366 Abs. 2 lit. b, Art. 369 Abs. 3, Art. 370 Abs. 2, Art. 371 Abs. 2 und Art. 374 Abs. 2) stützen lässt, geschaffen (vgl. BSK IPRG-BERTI, Art. 185 N 2; WALTER/BOSCH/BRÖNNIMANN, 170). Denkbar ist Rechtshilfe etwa bei der *Konsolidierung zweier Schiedsverfahren durch die gemeinsame Autorité judiciaire d'appui* (vgl. BSK IPRG-BERTI, Art. 185 N 12; LALIVE/POUDRET/REYMOND, Art. 185 IPRG N 7). 68

b) Erforderlichkeit staatlicher Rechtshilfe

Damit einem Rechtshilfegesuch stattgegeben werden kann, setzt Abs. 2 sodann voraus, dass **staatliche Rechtshilfe** für eine schiedsgerichtliche Handlung im vorgenannten Sinne «**erforderlich**» ist. Hinter dieser Voraussetzung steckt die allgemeine zivilprozessuale Voraussetzung eines *schutzwürdigen Interesses* (vgl. BSK IPRG-BERTI, Art. 185 N 17). Grund zur Annahme, dass das staatliche Gericht nur um Mitwirkung ersucht werden kann, wenn das Schiedsgericht selbst zur Vornahme der betr. Handlung nicht befugt ist (vgl. WALTER/BOSCH/BRÖNNIMANN, 161), besteht nach dem Wortlaut nicht. Vielmehr kann das zuständige staatliche Gericht auch etwa angegangen werden, wenn das Schiedsgericht bei seinen Handlungen auf tatsächliche Schwierigkeiten (wie etwa grosse Distanz zwischen Schiedsort und Wohnsitz eines Zeugen oder absehbare Aussageverweigerung eines Zeugen) trifft (vgl. BSK IPRG-SCHNEIDER, Art. 184 N 57; RÜEDE/HADENFELDT, 265). Der Entscheid über die Erforderlichkeit staatlicher Rechtshilfe liegt im pflichtgemässen Ermessen der angegangenen Instanz (vgl. BSK IPRG-BERTI, Art. 185 N 17 m.H. darauf, dass bei der entsprechenden Beurteilung u.a. das Kriterium der *Verhältnismässigkeit* zu berücksichtigen sei, die ersuchte Rechtshilfe also das geeignetste Mittel sein müsse, um dem Bedürfnis des Schiedsverfahrens gerecht zu werden). 69

3. Antragsberechtigte

Die Mitwirkung eines staatlichen Gerichts i.S.v. Art. 375 Abs. 2 setzt einen Antrag voraus; von Amtes wegen darf ein staatliches Gericht nicht in das Schiedsverfahren eingreifen. Antragsberechtigt sind das **Schiedsgericht** (als Kollegialbehörde) sowie – mit Zustimmung des Schiedsgerichts – auch die **Parteien**. Das Erfordernis schiedsgerichtlicher Zustimmung zum Antrag einer Partei ist Eintretensvoraussetzung und das angegangene staatliche Gericht hat folglich das Rechtshilfegesuch (allenfalls zur Verbesserung) zurückzuweisen, wenn die Zustimmung des Schiedsgerichts nicht vorliegt (BERGER/ 70

KELLERHALS, Rz 1244; LALIVE/POUDRET/REYMOND, Art. 184 IPRG N 9; RÜEDE/HADENFELDT, 266; WALTER/BOSCH/BRÖNNIMANN, 165; **a.M.** BSK IPRG-SCHNEIDER, Art. 184 N 58, welcher dem zuständigen staatlichen Gericht bei unbegründeter Zustimmungsverweigerung zugestehen will, das Rechtshilfegesuch dennoch anzunehmen). Das Schiedsgericht hat bloss das Recht, nicht aber die Pflicht, von sich aus staatliche Rechtshilfe in Anspruch zu nehmen (BGE 119 II 271 unveröff. E. 7b; BERGER/KELLERHALS, Rz 1245).

4. Zuständiges staatliches Gericht

71   Abs. 2 bestimmt, dass für Rechtshilfe «das nach Art. 356 Abs. 2 zuständige staatliche Gericht» im Sitzkanton angegangen werden kann. Nach der hier vertretenen Meinung kann die durch Abs. 2 begründete Zuständigkeit staatlicher Gerichte zur Rechtshilfe zu Gunsten eines Schiedsgerichts bzw. einer Schiedspartei nicht vorgängig durch **Parteivereinbarung** wegbedungen werden (anders BSK IPRG-BERTI, Art. 185 N 21, der es im Bereich der internationalen Schiedsgerichtsbarkeit für zulässig erachtet, einzelne Mitwirkungshandlungen durch Parteivereinbarung an andere Instanzen als an ein staatliches Gericht zu delegieren).

72   Nicht ausgeschlossen ist, dass das Schiedsgericht **andere staatliche Stellen im In- und Ausland** um Mitwirkung ersucht und dass diese dem Gesuch Folge leisten (vgl. BERGER/KELLERHALS, Rz 1247; BSK IPRG-SCHNEIDER, Art. 184 N 60 m.H. darauf, dass solche Unterstützung etwa vom Bundesamt für Polizeiwesen und von Schweizer Botschaften im Ausland gewährt würden; WALTER/BOSCH/BRÖNNIMANN, 162 f.; **a.M.** IPRG-Komm.-VOLKEN, Art. 184 N 22). Diese Mitwirkung beruht dann allerdings nicht auf einer entsprechenden Pflicht i.S.v. Abs. 2, sondern allenfalls auf einer ungeschriebenen Übung oder auf einem Rechtshilfeabkommen (vgl. BERGER/KELLERHALS, a.a.O.).

73   Nach der hier vertretenen Ansicht muss das Schiedsgericht (bzw. eine Partei mit Zustimmung des Schiedsgerichts) auch an ein zur beantragten Beweisaufnahme sachlich näheres und von einem Kanton **ausserhalb des Sitzkantons nach** Massgabe von **Art. 356 Abs. 2 bezeichnetes Gericht** gelangen können. Dies ergibt sich aus dem Sinngehalt von Abs. 2 und aus Gründen der Prozessökonomie (Verhinderung der Notwendigkeit, dass das Gericht im Sitzkanton seinerseits Rechtshilfehandlungen bei einem ausserkantonalen Gericht beantragen muss; vgl. unten N 80).

74   Mangels Zuständigkeit und Rechtshilfebereitschaft werden *ausländische Behörden* Rechtshilfegesuchen schweizerischer Schiedsgerichte regelmässig nicht stattgeben, wobei als mögliche Ausnahmen österreichische und amerikanische Behörden genannt werden (vgl. BSK IPRG-SCHNEIDER, a.a.O. m.w.H.; vgl. auch Art. 17 J UNCITRAL Model Law, der solche Unterstützungsmassnahmen auch für Schiedsgerichte im Ausland vorsieht).

5. Anwendbares Recht

75   Anders als Abs. 2, sehen Art. 27 Abs. 2 KSG und Art. 184 Abs. 2 IPRG vor, dass **das angerufene staatliche Gericht** im Rahmen eines Rechtshilfeersuchens **sein eigenes (Prozess-)Recht anzuwenden hat**. Dasselbe hat indes auch für Abs. 2 zu gelten – der entsprechende Hinweis wurde bloss nicht angebracht, weil er als selbstverständlich erachtet wurde (Bericht VE-ZPO, 174). Somit gibt das eigene Recht des angegangenen staatlichen Gerichts Aufschluss darüber, welche Handlungen das staatliche Gericht vornehmen darf und auf welche Art dies zu geschehen hat. Jedenfalls aber müssen diese

Handlungen dem Fortgang des Schiedsverfahrens dienen und dürfen dieses nicht etwa lähmen (vgl. LALIVE/POUDRET/REYMOND, Art. 185 IPRG N 4).

6. Anwendbares Verfahren

Für das Verfahren vor dem um Rechtshilfe ersuchten staatlichen Gericht gilt, dass das betr. Gericht wohl seine eigene, nicht aber die Zuständigkeit des Schiedsgerichts zu prüfen hat, also nicht zu prüfen hat, ob zwischen den Parteien eine wirksame Schiedsvereinbarung besteht (BERGER/KELLERHALS, Rz 1248; BSK IPRG-SCHNEIDER, Art. 184 N 62; JOLIDON, Art. 27 N 43 i.f.; RÜEDE/HADENFELDT, 266; a.M. WALTER/BOSCH/BRÖNNIMANN, 165 und 175). Was die Beweisabnahme betrifft, so nimmt das angegangene staatliche Gericht die Beweise selber ab (wobei es zu prüfen hat, ob die beantragte Massnahme nach dem gem. Art. 373 anwendbaren Verfahren zulässig, nicht aber auch, ob sie erheblich, zweckmässig oder tauglich ist, vgl. BERGER/KELLERHALS, a.a.O.; LALIVE/POUDRET/REYMOND, Art. 27 KSG N 2; WALTER/BOSCH/BRÖNNIMANN, 166; ferner bereits WIGET/STRÄULI/MESSMER, § 239 ZPO/ZH N 11), wobei es die Parteien wegen deren auch vor staatlichen Gerichten zu wahrenden Anspruchs auf rechtliches Gehör zur Teilnahme und Mitwirkung an der Beweisabnahme einzuladen hat und auch die Anwesenheit der Mitglieder des Schiedsgerichts regelmässig geboten ist (BERGER/KELLERHALS, Rz 1252; BSK IPRG-SCHNEIDER, a.a.O.; JOLIDON, Art. 27 N 44; LALIVE/POUDRET/REYMOND, a.a.O.; RÜEDE/HADENFELDT, 267; WALTER/BOSCH/BRÖNNIMANN, 168 f.).

Nach Abs. 3 haben auch die Mitglieder des **Schiedsgerichts** das Recht (nicht aber die Pflicht, vgl. Bericht VE-ZPO, 174; BOTSCHAFT ZPO, 7400; BERGER/KELLERHALS, Rz 1252), an den **Verfahrenshandlungen des staatlichen Gerichts teilzunehmen** und Fragen zu stellen.

Das **Ergebnis** der Beweisabnahme ist sodann dem Schiedsgericht in geeigneter Form (etwa in Form eines *Protokolls* einer Zeugenaussage oder eines *Berichts* über einen Augenschein) zu übermitteln (BERGER/KELLERHALS, a.a.O.; BSK IPRG-SCHNEIDER, a.a.O.; JOLIDON, Art. 27 N 44; RÜEDE/HADENFELDT, a.a.O.; WALTER/BOSCH/BRÖNNIMANN, 169).

Das staatliche Gericht kann die ihm nach seinem Recht zur Verfügung stehenden Zwangsmittel einsetzen (BSK IPRG-SCHNEIDER, a.a.O.; IPRG-Komm.-VOLKEN, Art. 184 N 18) und so etwa einen Zeugen vor das staatliche Gericht (nicht aber vor das Schiedsgericht; a.M. Tribunal de 1re instance GE, 9.5.1990, ASA Bull, 1990, 283 ff.; BERGER/KELLERHALS, Rz 1250; POUDRET/BESSON, Rz 671; diesbezüglich unklar WALTER/BOSCH/BRÖNNIMANN, 163 f.) zwangsvorführen lassen (BSK IPRG-SCHNEIDER, a.a.O.; JOLIDON, Art. 27 N 44; LALIVE/POUDRET/REYMOND, Art. 27 KSG N 2; RÜEDE/HADENFELDT, 267).

Das angegangene staatliche **Gericht** kann **seinerseits Rechtshilfe** beantragen (BERGER/KELLERHALS, Rz 1251; BSK IPRG-SCHNEIDER, Art. 184 N 63; LALIVE/POUDRET/REYMOND, Art. 184 IPRG N 7; vgl. auch WIGET/STRÄULI/MESSMER, § 239 ZPO/ZH N 13). Die ZPO kennt in Art. 194 ff. eine eigene Regelung, die sowohl die *inner-* als auch die *interkantonale Rechtshilfe* betrifft (Bericht VE-ZPO, 92; BOTSCHAFT ZPO, 7327). Für die *internationale Rechtshilfe* kann sich das betr. Gericht auf die Haager Zivilprozess-Übereinkunft von 1954 (SR 0.274.12), auf das Haager Übereinkommen vom 18.3.1979 über die Beweisaufnahme im Ausland in Zivil- und Handelssachen (SR 0.274.132) sowie auf diverse bilaterale Abkommen stützen (BSK IPRG-SCHNEIDER, Art. 184 N 63; IPRG-Komm.-VOLKEN, Art. 184 N 23).

Art. 376

81   Die **Kosten** staatlicher Rechtshilfe bestimmen sich nach kantonalem Recht, wobei dieses aber die Verwirklichung des Bundesrechts nicht übermässig erschweren darf (vgl. BSK IPRG-BERTI, Art. 185 N 18). Die spätere *Kostenüberwälzung innerhalb des Schiedsverfahrens* ist dann Sache des Schiedsgerichts (vgl. BSK IPRG-BERTI, Art. 185 N 18).

7. Rechtsmittel gegen einen Entscheid betr. ersuchte staatliche Rechtshilfe

82   Die Rechtsmittel gegen einen Entscheid betr. einer ersuchten staatlichen Rechtshilfe richten sich nach **Art. 308 ff.** Gegen letztinstanzliche kantonale Entscheide steht ggf. die Einheitsbeschwerde in Zivilsachen ans BGer i.S.v. **Art. 72 ff. BGG** zur Verfügung.

Art. 376

Streitgenossenschaft, Klagenhäufung und Beteiligung Dritter

¹ Ein Schiedsverfahren kann von oder gegen Streitgenossen geführt werden, wenn:
a. alle Parteien unter sich durch eine oder mehrere übereinstimmende Schiedsvereinbarungen verbunden sind; und
b. die geltend gemachten Ansprüche identisch sind oder in einem sachlichen Zusammenhang stehen.

² Sachlich zusammenhängende Ansprüche zwischen den gleichen Parteien können im gleichen Schiedsverfahren beurteilt werden, wenn sie Gegenstand übereinstimmender Schiedsvereinbarungen der Parteien sind.

³ Die Intervention einer dritten Person und der Beitritt einer durch Klage streitberufenen Person setzen eine Schiedsvereinbarung zwischen der dritten Person und den Streitparteien voraus und bedürfen der Zustimmung des Schiedsgerichts.

Consorité, cumul d'actions et participation de tiers

¹ La procédure d'arbitrage peut être introduite par ou contre des consorts aux conditions suivantes:
a. toutes les parties sont liées entre elles par une ou plusieurs conventions d'arbitrage concordantes;
b. les prétentions élevées par ou contre elles sont identiques ou connexes.

² Les prétentions connexes entre les mêmes parties peuvent être jointes dans un même arbitrage pour autant qu'elles fassent l'objet de conventions d'arbitrage concordantes entre ces parties.

³ L'intervention et l'appel en cause d'un tiers doivent être prévus par une convention d'arbitrage entre le tiers et les parties en litige et sont soumis à l'assentiment du tribunal arbitral.

Litisconsorzio, cumulo d'azioni e partecipazione di terzi

¹ Un procedimento arbitrale può essere condotto da o contro più litisconsorti se:
a. tutte le parti sono legate tra loro da uno o più patti d'arbitrato concordanti; e
b. le pretese fatte valere sono identiche o materialmente connesse.

² Le pretese materialmente connesse possono essere giudicate nello stesso procedimento arbitrale se sono oggetto di patti d'arbitrato concordanti.

³ L'intervento di un terzo e la partecipazione della persona chiamata in causa presuppongono l'esistenza di un patto d'arbitrato tra il terzo e le parti in causa e sono subordinati al consenso del tribunale arbitrale.

5. Titel: Das Schiedsverfahren   1   **Art. 376**

Inhaltsübersicht   Note
I.   Normzweck und Grundlagen   1
II. Streitgenossenschaft (Abs. 1)   4
     1. Allgemeines; Terminologie   4
     2. Voraussetzungen der Zulässigkeit von Streitgenossenschaften   9
     3. Wirkungen der einfachen Streitgenossenschaft   16
III. (Objektive) Klagenhäufung (Abs. 2)   17
     1. Allgemeines; Terminologie   17
     2. Voraussetzungen der Zulässigkeit einer Klagenhäufung   18
IV. Vorbemerkungen zu Intervention und Streitverkündung   21
     1. Allgemeines   21
     2. Intervention   25
     3. Beitritt einer streitberufenen Person   28
V.   Hauptintervention und Streitverkündungsklage (Abs. 3)   31
     1. Sachlicher Geltungsbereich von Abs. 3   31
     2. Voraussetzungen der Beteiligung Dritter als Hauptpartei   32
     3. Wirkungen der Beteiligung Dritter als Hauptpartei   46
VI. Nebenintervention und einfache Streitverkündung   48
     1. Vorbemerkungen   48
     2. Voraussetzungen der Beteiligung Dritter als Nebenpartei   51
     3. Wirkungen des Beitritts als Nebenpartei   62

Literatur

N. J. FREI, Die Interventions- und Gewährleistungsklagen im Schweizer Zivilprozess, Diss. Zürich 2004; W. J. HABSCHEID, Zum Problem der Mehrparteienschiedsgerichtsbarkeit, in: C. Reymond/ E. Bucher (Hrsg.), Schweizer Beiträge zur internationalen Schiedsgerichtsbarkeit, Zürich 1984, 173 ff. (zit. Mehrparteienschiedsgerichtsbarkeit); A. MEIER, Einbezug Dritter vor internationalen Schiedsgerichten, Diss. Zürich 2007; J.-F. POUDRET, Arbitrage multipartite et droit suisse, ASA Bull 1991 8 ff. (zit. Arbitrage multipartite); P. REETZ, Die allgemeinen Bestimmungen des Gerichtsstandsgesetzes, Diss. Zürich 2001; A. REINER, Handbuch der ICC-Schiedsgerichtsbarkeit: Die Verfahrensordnung des Schiedsgerichtshofes der Internationalen Handelskammer unter Berücksichtigung der am 1.1.1988 in Kraft getretenen Änderungen, Wien 1989; V. SALVADÉ, Dénonciation d'instance et appel en cause, Diss. Lausanne 1995; P. SCHLOSSER, Schiedsrichterliches Verfahrensermessen und Beiladung von Nebenparteien, in: R. A. Schütze (Hrsg.), Einheit und Vielfalt des Rechts – Festschrift für Reinhold Geimer zum 65. Geburtstag, München 2002, 947 ff. (zit. Nebenparteien); N. D. TAKEI, Die Streitverkündung und ihre materiellen Wirkungen, Diss. Basel 2005; C. VON HOLZEN, Die Streitgenossenschaft im schweizerischen Zivilprozess, Diss. Basel 2006; N. VOSER, Multi-party Disputes and Joinder of Third Parties, in: 50 Years of the New York Convention, International Council for Commercial Arbitration Congress series no. 14, Alphen aan den Rijn 2009, 343 ff.; vgl. ausserdem die Literaturhinweise zu Art. 371 und 372.

I. Normzweck und Grundlagen

Art. 376 regelt die Voraussetzungen, unter denen die (aktive oder passive) einfache   1
Streitgenossenschaft, die (objektive) *Klagenhäufung* sowie die *Beteiligung Dritter* am Schiedsverfahren zulässig sind. Durch die Möglichkeit der Durchführung von **Mehrparteienschiedsverfahren** (hierzu Art. 362 N 25) soll die *Effizienz der Schiedsgerichtsbarkeit* verbessert werden (Bericht VE-ZPO, 174; BOTSCHAFT ZPO, 7400; SUTTER-SOMM/ HASENBÖHLER, 122).

2   Abs. 1 und 2 sind **neu**, wohingegen Abs. 3 in der deutschen Gesetzesversion auf einer sprachlichen Modifikation von **Art. 28 KSG** beruht. Art. 376 stellt insofern eine *Sonderbestimmung* zu Art. 373 dar, als er einen Bereich der nach Art. 373 zu bestimmenden Verfahrensordnung regelt. Aus diesem Verhältnis ergibt sich denn auch, dass Regelungen zur Ausgestaltung sich stets an Art. 373 zu orientieren und namentlich die in Art. 373 Abs. 4 enthaltenen Grundsätze der Gleichbehandlung der Parteien, des Anspruchs der Parteien auf rechtliches Gehör und des kontradiktorischen Verfahrens zu beachten haben.

3   Die von Art. 376 aufgestellten Voraussetzungen sind vor dem Hintergrund der Besonderheiten der Schiedsgerichtsbarkeit (namentlich des Umstands, dass es sich um eine **auf Parteiwillen beruhende Gerichtsbarkeit** handelt) zu sehen (vgl. JOLIDON, Art. 28 KSG N 3: «Ce dessaisissement exceptionnel des juridictions ordinaires pose une limite, plus stricte encore que dans la procédure étatique, à la possibilité de faire trancher dans un seul et même procès l'ensemble des aspects et des multiples conséquences d'un litige»). Art. 376 ist mitunter Ausdruck des allgemeinen Grundsatzes, dass der staatlichen Gerichtsbarkeit entzogen und der Schiedsgerichtsbarkeit nur unterworfen sein soll, wer dies auch vereinbart hat (vgl. WALTER/BOSCH/BRÖNNIMANN, 125).

II. Streitgenossenschaft (Abs. 1)

1. Allgemeines; Terminologie

4   Abs. 1 nennt die Voraussetzungen für die Zulässigkeit der Bildung einer Streitgenossenschaft. Unter dem Begriff der Streitgenossenschaft (bzw. der *subjektiven Klagenhäufung*) ist eine Mehrheit von Parteien auf der Klägerseite (**aktive Streitgenossenschaft**) bzw. auf Beklagtenseite (**passive Streitgenossenschaft**) zu verstehen (HABSCHEID, ZPR, Rz 278; VON HOLZEN, 37 m.w.H.).

5   Die **notwendige Streitgenossenschaft** charakterisiert sich dadurch, dass die kläger- bzw. beklagtenseitige Parteienmehrheit auf zwingenden, materiell-rechtlichen Bestimmungen beruht – die Kläger *müssen* (im Falle einer *eigentlichen notwendigen Streitgenossenschaft*) gemeinsam auftreten bzw. die Beklagten *müssen* gemeinsam belangt werden oder das zwischen den Parteien bestehende Rechtsverhältnis *muss* (im Falle einer *uneigentlichen notwendigen Streitgenossenschaft*) bei einer gerichtlichen Auseinandersetzung einheitlich beurteilt werden (HABSCHEID, ZPR, Rz 278; VOGEL/SPÜHLER, 143 Rz 47 f.; VON HOLZEN, 39 und 71).

6   Um eine **einfache Streitgenossenschaft** handelt es sich demgegenüber dann, «wenn an einem Verfahren ohne zwingende materiell-rechtliche Vorschrift mehrere Kläger oder Beklagte als Parteien beteiligt sind, wobei die Klagen einen inneren Zusammenhang aufweisen» (VON HOLZEN, 40 und 174; vgl. ferner HABSCHEID, ZPR, Rz 278 f.; VOGEL/SPÜHLER, 146 Rz 59 f.). Eine einfache Streitgenossenschaft wird regelmässig aus Gründen der Zweckmässigkeit und zwecks Verhinderung widersprüchlicher Urteile gebildet (vgl. etwa BGer, 4C.40/2003 E. 4.2; BGE 125 III 95 E. 2a/aa; 111 II 270 E. 1; Bericht VE-ZPO, 37; VON HOLZEN, 40).

7   Abs. 1 befasst sich einzig mit der Form der einfachen Streitgenossenschaft, denn bei der notwendigen Streitgenossenschaft «on ne se trouve plus dans le cadre d'un arbitrage multipartite, les consorts constituant une seule et même partie en raison de l'indivisibilité de la cause» (PERRET, Arbitrage interne, 143; ebenso LALIVE/POUDRET/REYMOND, Art. 28 KSG N 1.1).

Zu den Besonderheiten hinsichtlich der **Ernennung der Mitglieder des Schiedsgerichts bei bestehender Streitgenossenschaft** vgl. Art. 361 N 15 und Art. 362 N 28 ff. 8

2. *Voraussetzungen der Zulässigkeit von Streitgenossenschaften*

a) Übereinstimmende Schiedsvereinbarung(en) (lit. a)

Abs. 1 verlangt einerseits in lit. a das Vorliegen einer oder mehrerer übereinstimmender Schiedsvereinbarung(en) i.S.v. Art. 357 ff. unter den Parteien. Hinsichtlich des Kriteriums der «**Übereinstimmung**» wird zumindest zu verlangen sein, «dass die Klauseln die gleiche *lex arbitri*, die gleiche Anzahl Schiedsrichter und das gleiche Verfahren vorsehen» (BERGER/KELLERHALS, Rz 516 FN 386) – die wesentlichen Eckpunkte der fraglichen Schiedsabreden (wie Sitz; Anzahl Schiedsrichter; anwendbares Verfahren) müssen m.a.W. gleich lauten (KELLERHALS, 394) bzw. «in der Weise identisch sein, dass sie trotz des einheitlichen Verfahrens respektiert werden» (SUTTER-SOMM/HASENBÖHLER, 123). Keine Übereinstimmung in diesem Sinne läge etwa vor, wenn eine der Schiedsvereinbarungen von einem ad hoc Schiedsgericht, die andere aber von einem institutionellen Schiedsgericht ausginge (PERRET, Arbitrage interne, 143; vgl. auch Art. 377 N 18 ff.). 9

Unterliegt bei einer *einfachen* Streitgenossenschaft einer der Streitgenossen keiner oder einer mit den anderen **nicht übereinstimmenden Schiedsvereinbarung**, so kann *dieser* nur vor staatlichen Gerichten oder einem anderen Schiedsgericht, nicht aber vor dem vorliegenden Schiedsgericht klagen bzw. beklagt werden (WIGET/STRÄULI/MESSMER, Vor §§ 238–258 ZPO/ZH N 74; LALIVE/POUDRET/REYMOND, Art. 28 KSG N 1.1; RÜEDE/HADENFELDT, 255). Handelt es sich aber um eine *notwendige* Streitgenossenschaft und unterliegt einer oder mehrere Streitgenossen keiner oder einer mit den anderen nicht übereinstimmenden Schiedsvereinbarung, so können *alle* Streitgenossen nur vor staatlichen Gerichten klagen bzw. beklagt werden (WIGET/STRÄULI/MESSMER, a.a.O.; LALIVE/POUDRET/REYMOND, a.a.O.; RÜEDE/HADENFELDT, a.a.O.). Die in BGE 129 III 80 zu Art. 7 Abs. 1 GestG begründete Rechtsprechung, wonach der passive Streitgenosse auch dann bei jedem Gericht, das für eine der beklagten Parteien zuständig ist, verklagt werden kann, wenn sich die klagende Partei auf eine Gerichtsstandsklausel stützt, die sie nur mit einer beklagten Partei abgeschlossen hat, lässt sich nicht einfach so auf Schiedsvereinbarungen übertragen (BERGER/KELLERHALS, Rz 515 FN 384). 10

b) Identität oder sachlicher Zusammenhang der geltend gemachten Ansprüche (lit. b)

Andererseits setzt Abs. 1 in lit. b voraus, dass die geltend gemachten Ansprüche entweder identisch sind oder in einem sachlichen Zusammenhang zueinander stehen. In Bezug auf das Kriterium des «**sachlichen Zusammenhangs**» bzw. der Konnexität können Lehre und Rechtsprechung zu Art. 22 LugÜ, Art. 8 IPRG sowie zu Art. 14 und 15 Abs. 2 (bzw. vormals Art. 6 und 7 Abs. 2 GestG) herangezogen werden, wo dieser Begriff in einem vergleichbaren Kontext vorkommt (BERGER/KELLERHALS, Rz 516 FN 386; KELLERHALS, 394; vgl. hierzu auch vorne Art. 14 N 14 ff.). 11

Unter sinngemässer Heranziehung von Lehre und Rechtsprechung zu Art. 8 IPRG und zu Art. 14 und 15 Abs. 2 (bzw. vormals Art. 6 und 7 GestG) liegt **Konnexität** vor (vgl. BGE 129 III 230 E. 3.1; BSK IPRG-BERTI, Art. 8 N 9 ff.; IPRG-Komm.-VOLKEN, Art. 8 N 22; BSK GestG-SPÜHLER, Art. 6 N 11; Kellerhals/von Werdt/Güngerich-KELLERHALS/ GÜNGERICH, Art. 6 N 11 ff.; REETZ, 77; VOGEL/SPÜHLER, 201 Rz 58), wenn: 12

– sich die verschiedenen Klagen der Streitgenossen auf *dasselbe Rechtsverhältnis* stützen (vgl. BGE 93 I 549 E. 2; 87 I 126 E. 3; 80 I 200) oder

– die verschiedenen Klagen der Streitgenossen auf *demselben Lebenssachverhalt* beruhen oder

– die verschiedenen Klagen der Streitgenossen zwar auf verschiedenen Sachverhalten beruhen, aber zwischen ihnen eine *enge rechtliche Beziehung* besteht (sog. *materielle Konnexität*, vgl. BGE 21 I 354 E. 1).

Nicht erforderlich ist, dass sich die von den Streitgenossen geltend gemachten Ansprüche auf dieselbe *Rechtsgrundlage* stützen. So ist etwa denkbar, dass der eine Streitgenosse einen obligatorischen und ein anderer einen dinglichen Anspruch geltend macht (vgl. BSK IPRG-BERTI, Art. 8 N 12; IPRG-Komm.-VOLKEN, Art. 8 N 24; BSK GestG-SPÜHLER, Art. 6 N 12; Kellerhals/von Werdt/Güngerich-KELLERHALS/GÜNGERICH, Art. 6 N 9; REETZ, 78). Ebenso wenig vorausgesetzt sind identische *Rechtsschutzformen*, so dass ein sachlicher Zusammenhang auch etwa dann bestehen kann, wenn die eine Streitgenossin auf Leistung, während die andere auf Feststellung klagt (vgl. BSK IPRG-BERTI, a.a.O.; IPRG-Komm.-VOLKEN, a.a.O.; BSK GestG-SPÜHLER, a.a.O.; Kellerhals/von Werdt/Güngerich-KELLERHALS/GÜNGERICH, Art. 6 N 10; REETZ, 77 f.).

13   Für die Annahme einer Konnexität genügt es demgegenüber nicht, wenn die *Klagen* der Streitgenossinnen bloss *gleichartig* sind oder lediglich Gründe der *Prozessökonomie* für eine gemeinsame Beurteilung der Klagen sprechen (vgl. BGE 71 I 344 E. 2 und 3, wo es um zwei voneinander unabhängige Klagen auf Löschung von Marken derselben Warenkategorie ging; BSK IPRG-BERTI, Art. 8 N 12a; BSK GestG-SPÜHLER, Art. 6 N 11; Kellerhals/von Werdt/Güngerich-KELLERHALS/GÜNGERICH, Art. 6 N 24; REETZ, 78).

14   Von einem etwas engeren Verständnis geht demgegenüber Art. 28 Abs. 3 LugÜ aus, wonach es für die Annahme von Konnexität einer so engen Beziehung zwischen den betr. Klagen bedarf, dass eine gemeinsame Verhandlung und Entscheidung zwecks Verhinderung sich widersprechender, in separaten Verfahren ergehenden Entscheidungen geboten erscheint. «*Widersprüchlichkeit*» in diesem Sinne wird vom EuGH weit ausgelegt, indem diese selbst dann vorliegt, «wenn die Entscheidungen getrennt vollstreckt werden können und sich ihre Rechtsfolgen nicht gegenseitig ausschliessen» (EuGH, Rs. C-406/92, Slg. 1994, I-5439 Ziff. 53). Für die Annahme von Konnexität genügt im Anwendungsbereich des LugÜ indes nicht, dass dieselbe Sachverhalts- oder eine gleiche abstrakte Rechtsfrage vorliegt – vielmehr müsste sich dieselbe Rechtsfrage in einem auch tatbeständlich übereinstimmenden Verfahren stellen bzw. ein für die fraglichen Ansprüche wesentliches tatsächliches Element übereinstimmend vorhanden sein (Dasser/Oberhammer-DASSER, Art. 22 N 8 m.w.H.).

15   Abs. 1 ist **nicht zwingend**. Verfahrensrechtliche Vereinbarungen der Parteien oder ein vereinbartes Schiedsreglement können an das Erfordernis der Konnexität geringere Anforderungen stellen oder dieses ganz wegbedingen (Art. 373).

3. Wirkungen der einfachen Streitgenossenschaft

16   Sind die Voraussetzungen für eine Streitgenossenschaft im ausgeführten Sinne gegeben, so folgt daraus, dass die betr. Streitgenossen nunmehr der nach Art. 373 zu bestimmenden Verfahrensordnung unterstehen (vgl. JOLIDON, Art. 28 KSG N 5; LALIVE/POUDRET/REYMOND, Art. 28 KSG N 3). Erst aus dem *anwendbaren Verfahren* ergibt sich letztlich, welche **Rechte und Pflichten** ihnen **im Schiedsverfahren** zukommen (JOLIDON, a.a.O.; LALIVE/POUDRET/REYMOND, a.a.O.).

III. (Objektive) Klagenhäufung (Abs. 2)

1. Allgemeines; Terminologie

Abs. 2 lassen sich die Voraussetzungen entnehmen, unter denen im Bereich der Binnenschiedsgerichtsbarkeit eine (objektive) Klagenhäufung zulässig ist. **(Objektive) Klagenhäufung** meint, dass der Kläger «*im gleichen Verfahren mehrere Ansprüche gegen den Beklagten* geltend machen [kann], und zwar *kumulativ* nebeneinander oder im *Eventual*verhältnis (Gutheissung des Anspruchs B, falls der Anspruch A abgewiesen wird), aber nicht alternativ» (VOGEL/SPÜHLER, 198 Rz 44). Sind die von Abs. 2 aufgestellten Voraussetzungen erfüllt, so besteht die Möglichkeit, die betr. Ansprüche im selben Schiedsverfahren beurteilen zu lassen, wobei aufgrund der Parteiautonomie im Schiedsrecht (Art. 373) im Gegensatz zum staatlichen Verfahren auch denkbar ist, dass Ansprüche alternativ geltend gemacht werden dürfen.

2. Voraussetzungen der Zulässigkeit einer Klagenhäufung

a) Sachlicher Zusammenhang der geltend gemachten Ansprüche

Gleich wie bei der Streitgenossenschaft in Abs. 1, setzt auch Abs. 2 für die Klagenhäufung voraus, dass zwischen den im gleichen Schiedsverfahren zu beurteilenden Ansprüchen ein **sachlicher Zusammenhang** besteht. Das zu Abs. 1 Ausgeführte (s.o. N 11 ff.) gilt sinngemäss.

b) Identische Parteien

Abs. 2 verlangt weiter, dass die fraglichen Ansprüche zwischen denselben Parteien bestehen. **Parteiidentität** ist auch dann gewahrt, wenn einer der Ansprüche nicht gegen eine der ursprünglichen Parteien, sondern gegen eine Rechtsnachfolgerin derselben geltend gemacht wird. Wirtschaftliche Identität (wie etwa zwischen einer Aktiengesellschaft und ihrem Alleinaktionär) alleine genügt nicht; es muss vielmehr eine **juristische Identität** der Parteien bestehen (vgl. JOLIDON, Art. 28 KSG N 3 m.w.H.; LALIVE/POUDRET/REYMOND, Art. 28 KSG N 1.3).

c) Übereinstimmende Schiedsvereinbarungen

Schliesslich setzt Abs. 2 – wie bereits Abs. 1 lit. a bei der Streitgenossenschaft – voraus, dass die fraglichen Ansprüche Gegenstand **übereinstimmender Schiedsvereinbarungen** sind. Das zu Abs. 1 lit. a Ausgeführte (oben N 9) gilt sinngemäss. Vgl. überdies die Kommentierung zu Art. 377 Abs. 2 (Art. 377 N 18 ff.).

IV. Vorbemerkungen zu Intervention und Streitverkündung

1. Allgemeines

Abs. 3 statuiert die Voraussetzungen, unter denen die **Beteiligung einer dritten Person** am Schiedsverfahren mittels *Intervention* einerseits und andererseits auf Grund einer vorangegangenen *Streitverkündung* zulässig ist. Die Bestimmung regelt die Frage der Beteiligung einer dritten Person in einem Zeitpunkt, in welchem die «ursprünglichen» Prozessparteien durch ein das Schiedsverfahren einleitendes Schriftstück bereits definiert wurden. Der Einbezug des Dritten hat mithin zur Folge, dass das bereits hängige Schiedsverfahren um ein **weiteres Streitverhältnis und eine weitere Haupt- oder Nebenpartei erweitert** wird (MEIER, 50).

Art. 376 22–26

22 Anwendungsfälle sind etwa die folgenden Konstellationen (VOSER, 347 f.):
   – die Beklagte will nicht nur gegen die Klägerin, sondern auch gegen eine Drittpartei oder nur gegen eine Drittpartei eine Widerklage anhängig machen (vgl. auch Art. 81 N 7; MEIER, 67);
   – die Klägerin möchte in einem späteren Verfahrensstadium eine weitere Partei einklagen (vgl. auch Art. 81 N 8; MEIER, 67 f.);
   – eine beklagte Partei möchte einen Anspruch gegen eine andere beklagte Partei erheben (VOSER, 347);
   – eine Drittpartei möchte als Haupt- (vgl. auch Art. 73) oder Nebenintervenientin am Verfahren teilnehmen (MEIER, 68).

23 Im Grundsatz ist von einem **umfassenden Klageinstrumentarium des Einbezugs Dritter** vor Schiedsgerichten auszugehen, da die Parteien bei der Verfahrensgestaltung *nicht an Institute eines nationalen Prozessrechts gebunden* sind (Art. 373; MEIER, 68 f.). Die nachstehenden Ausführungen (N 31 ff. und 48 ff.) beschränken sich dennoch auf die der ZPO für das staatliche Verfahren bekannten Formen des Dritteinbezugs.

24 Nach h.M. (zum Konkordat) anwendbar ist Abs. 3 auch auf den **freiwilligen Parteiwechsel**, namentlich bei der Zession einer Geldforderung oder bei der Schuldübernahme, hingegen nicht auf die Wiederaufnahme des Prozesses als Rechtsnachfolger einer Partei (kraft Universalsukzession oder besonderer gesetzlicher Bestimmung), denn diesfalls handelt es sich nicht um die Beteiligung einer «dritten Person» am Schiedsverfahren i.S.v. Abs. 3 und folglich ist auch die Zustimmung durch das Schiedsgericht entbehrlich (JOLIDON, Art. 28 KSG N 23; LALIVE/POUDRET/REYMOND, Art. 28 KSG N 1.2; vgl. auch BGE 128 III 50 E. 2c/bb/bbb und ferner BGE 102 Ia 574 E. 8a, wo die Anwendung von Art. 28 KSG für die in Art. 17 Abs. 3 BZP genannten Fälle der Rechtsnachfolge auf Grund von Gesamtnachfolge sowie kraft besonderer gesetzlicher Bestimmungen ausgeschlossen wurde). Nach der hier vertretenen Auffassung ist fraglich, ob Abs. 3 auch auf diejenigen freiwilligen Parteiwechsel anwendbar sein soll, bei welchen die Schiedsabrede – wie im Falle der Zession – als Nebenrecht auf eine andere Person übergeht, ist doch der mit Abs. 3 verfolgte Schutzgedanke in diesen Fällen i.d.R. nicht gefährdet (vgl. oben N 3). Siehe auch Art. 357 N 36.

2. Intervention

25 Die Bedeutung des Begriffs «**Interventionsklage**» war schon in den Materialien zum GestG nicht klar definiert (FREI, 18 f.). In der Literatur zu dem Art. 6 Abs. 2 LugÜ nachgebildeten Art. 8 GestG wird vereinzelt geltend gemacht, dass es sich bei der «Interventionsklage» um einen Oberbegriff für jede direkte Einbeziehung Dritter als Partei in einem Verfahren handle (Müller/Wirth-MÜLLER, Art. 8 GestG N 16). Da Abs. 2 zwischen der Intervention einer dritten Person und dem Beitritt einer streitberufenen Person differenziert, ist davon auszugehen, dass vorliegendenfalls mit dem Begriff *nur die von einem Dritten als Kläger angestrengte Klage* gegen eine oder mehrere Verfahrensparteien erfasst wird.

26 Im Vordergrund steht demnach die **Hauptintervention**. Hauptintervenient ist, wer am Streitgegenstand ein besseres, beide Parteien (ganz oder teilweise) ausschliessendes Recht behauptet bzw. das streitige Recht für sich beansprucht und dieses durch eine gegen beide Parteien gerichtete Klage geltend macht. Der Hauptintervenient ist *Hauptpartei (Kläger)* in einem neuen Prozess (WIGET/STRÄULI/MESSMER, § 43 ZPO/ZH N 2; HABSCHEID, ZPR, Rz 322; MEIER, 17; VOGEL/SPÜHLER, 153 Rz 90; vgl. Art. 81 N 8).

Die **Nebenintervention** dagegen meint die unaufgeforderte Prozessteilnahme einer dritten Person zwecks Unterstützung einer Partei, an deren Obsiegen sie ein rechtliches Interesse hat (FREI, 10; MEIER, 36; VOGEL/SPÜHLER, 149 Rz 68). Bei Letzterer ist weiter zu unterscheiden zwischen der *abhängigen Nebenintervention,* bei welcher durch den Prozessausgang ein zwischen der unterstützten Partei und der Nebenintervenientin bestehendes Rechtsverhältnis beeinflusst wird und der *unabhängigen (bzw. streitgenössischen oder selbständigen) Nebenintervention,* bei welcher der Prozessausgang ein zwischen der Gegenpartei und der Nebenintervenientin bestehendes Rechtsverhältnis beeinflusst (FREI, 12; MEIER, 36; VOGEL/SPÜHLER, 150 Rz 69; s. N 57). Für letzteren Fall können z.B. Gestaltungsklagen, deren Gestaltungswirkung auch den Dritten erfassen soll, erwähnt werden (FREI, 12; MEIER, 137 f.; vgl. Art. 354 N 23). In beiden Fällen tritt die intervenierende Dritte als blosse Nebenpartei dem Verfahren bei.

3. Beitritt einer streitberufenen Person

Einfache Streitverkündung meint die von einer Haupt- oder Nebenpartei an eine dritte Person (die sog. Litisdenunziatin) gerichtete Aufforderung zur Unterstützung in einem hängigen Prozess (MEIER, 31; VOGEL/SPÜHLER, 151 Rz 81; vgl. Art. 78 ff.) mit anschliessender Möglichkeit der Nebenintervention der Dritten. Damit wird allerdings die Dritte nicht Partei, sondern erhält lediglich die Position eines Streithelfers bzw. einer Nebenpartei (WIGET/STRÄULI/MESSMER, § 47 ZPO/ZH N 2; Müller/Wirth-MÜLLER, Art. 8 GestG N 12).

Der französische Gesetzeswortlaut von Abs. 3 spricht von «**appel en cause**» und der deutsche Text im Gegensatz zum Konkordat nicht mehr von «Streitverkündung», sondern von «einer durch Klage streitberufenen Person». Diesfalls geht es um Streitverkündung an den Dritten nicht bloss als Nebenpartei, sondern um dessen Einbezug als Hauptpartei mittels Erhebung einer zweiten selbständigen **Streitverkündungsklage** analog zu Art. 81, durch welche ein Dritter in den hängigen Schiedsprozess gezwungen werden soll (BERGER/KELLERHALS, Rz 518).

Das Institut der Streitverkündungsklage (vgl. vorne Art. 81 ff.) erlaubt es, über den Regressanspruch ebenfalls im Rahmen des Hauptprozesses zu entscheiden, wobei es keine Rolle spielt, auf welchem **Rechtsgrund des Anspruches** der die Streitverkündungsklage anstrengenden Partei beruht. Denkbar sind Ansprüche aus kauf- oder werkvertraglicher Sach- oder Rechtsgewährleistung oder auch aus vertraglichen Schadloshaltungsversprechen inklusive Versicherungsverträgen. Weiter fallen Ansprüche aus Garantien, Bürgschaften, Patronatserklärungen und dergleichen in Betracht, wie auch Regressansprüche aus gesetzlicher Haftung wie Art. 50 oder 759 Abs. 3 OR. Schliesslich sind auch Konstellationen im Verhältnis zwischen Besteller, Generalunternehmer und Subunternehmer denkbar.

V. Hauptintervention und Streitverkündungsklage (Abs. 3)

1. Sachlicher Geltungsbereich von Abs. 3

Nach dem gegenüber Art. 28 KSG in der deutschen Version veränderten Gesetzeswortlaut (vgl. oben N 2) scheint nunmehr in Abs. 3 nur die Konstellation angesprochen, in welcher im zweiten Prozess die Drittperson eine (weitere) beklagte [Streitverkündungsklage] oder klagende [Hauptintervention] Hauptpartei wird, während eine der ursprünglichen Prozessparteien die Klägerrolle innehat (Müller/Wirth-MÜLLER, Art. 8 GestG N 13) oder mehrere (als passive Streitgenossen, Art. 81 N 8) die Beklagtenrolle [Hauptintervention]. Nach der hier vertretenen Auffassung ist mithin der Fall einer **Nebenintervention** (sei es freiwillig oder streitberufen) vom Geltungsbereich **von Abs. 3 nicht erfasst**, was auch deshalb als sachgerecht erscheint, als dass in diesem Fall die Voraussetzung des Vorliegens einer Schiedsvereinbarung – wie von Abs. 3 verlangt – zwischen dem Dritten und den ursprünglichen Streitparteien nicht notwendig erscheint (vgl. unten N 52 ff.).

2. Voraussetzungen der Beteiligung Dritter als Hauptpartei

a) Schiedsvereinbarung

32 Vorausgesetzt ist gemäss dem Wortlaut von Abs. 3 erstens, dass zwischen der dritten Person und den Streitparteien eine **Schiedsvereinbarung** i.S.v. Art. 357 ff. besteht. Unerheblich ist, ob nur *eine* oder ob *mehrere Schiedsvereinbarungen* unter den Parteien bestehen, allein massgeblich ist (wie bei der Streitgenossenschaft nach Abs. 1), dass alle (Haupt-)Parteien untereinander mit einer Schiedsvereinbarung verbunden sind (BERGER/ KELLERHALS, Rz 518; LALIVE/POUDRET/REYMOND, Art. 28 KSG N 2.2; sehr krit. MEIER, 49).

33 Im Gegensatz zu Abs. 1 lit. a und Abs. 2 verlangt der Wortlaut von Abs. 3 keine «*übereinstimmende* Schiedsvereinbarung», wobei diese Unterlassung wohl auf einem redaktionellen Versehen beruht. Es bestehen keine sachlichen Gründe hier eine identische Schiedsvereinbarung mit derjenigen vorauszusetzen, auf welcher die Hauptklage fusst (ebenso BERGER/KELLERHALS, Rz 518).

34 Die Schiedsvereinbarung(en) kann bzw. können bereits *vorbestehend* sein (wie etwa bei Vorliegen einer statutarischen Schiedsklausel und Unterwerfung der dritten Person unter die entsprechenden Statuten) oder aber auch erst *während des bereits hängigen Schiedsverfahrens* im Hinblick auf die Ermöglichung der Beteiligung der dritten Person am betr. Schiedsverfahren geschlossen werden (JOLIDON, Art. 28 KSG N 41; LALIVE/POUDRET/ REYMOND, Art. 28 KSG N 2.2; RÜEDE/HADENFELDT, 256). Denkbar und zulässig ist auch, dass die Parteien mit der dritten Person erst *nach erfolgter Intervention bzw. Streitverkündungsklage* eine Vereinbarung schliessen (JOLIDON, a.a.O.).

35 Die *Bestreitung des Vorliegens oder der Tragweite der Schiedsvereinbarung(en)* bedeutet gleichzeitig auch die Bestreitung der Zuständigkeit des Schiedsgerichts, wobei letzteres nach Art. 359 Abs. 1 über seine eigene Zuständigkeit mit Zwischenentscheid oder im Entscheid über die Hauptsache entscheidet (vgl. JOLIDON, Art. 28 KSG N 41; LALIVE/ POUDRET/REYMOND, Art. 28 KSG N 2.2 i.f.).

b) Zustimmung des Schiedsgerichts

aa) Schiedsrichtervertrag

36 Damit die Beteiligung einer dritten Person am Schiedsverfahren zulässig ist, bedarf es gem. Abs. 3 zweitens der Zustimmung des Schiedsgerichts. Ähnlich zur Annahme des Schiedsrichteramtes nach Art. 364 muss auch hier **jedes einzelne Mitglied des Schiedsgerichts** eine **Erklärung** abgeben, in welcher es zur Beteiligung der dritten Person am Schiedsverfahren zustimmt, und es hat nicht etwa ein Zwischenentscheid des Schiedsgerichts zu ergehen (JOLIDON, Art. 28 KSG N 42; LALIVE/POUDRET/REYMOND, Art. 28 KSG N 2.3; RÜEDE/HADENFELDT, 256). Hinsichtlich der Form der Erklärung gilt das zu Art. 364 Ausgeführte analog (vgl. oben Art. 364 N 3).

37 Das Erfordernis der Zustimmung des Schiedsgerichts wird damit begründet, dass der Schiedsrichtervertrag (sog. «receptum arbitri», hierzu oben Art. 364 N 5 ff.) die Mitglieder des Schiedsgerichts nur gegenüber jenen Parteien bindet, mit denen sie ihn geschlos-

sen haben (JOLIDON, Art. 28 KSG N 3). Im Grunde genommen handelt es sich bei den Erklärungen der einzelnen Mitglieder des Schiedsgerichts um nichts anderes als um ein Einverständnis zur **Übernahme eines neuen Mandats** (JOLIDON, Art. 28 KSG N 42). Wie bereits zu Art. 364 ausgeführt (vgl. oben Art. 364 N 4), gilt auch hier an und für sich der Grundsatz, dass kein Mitglied zur Übernahme dieses neuen Mandats gezwungen werden kann (JOLIDON, a.a.O.; LALIVE/POUDRET/REYMOND, Art. 28 KSG N 2.3).

Dieser Grundsatz wird allerdings massgeblich eingeschränkt, denn die Parteien haben mit dem Abschluss eines Schiedsrichtervertrages nicht auf ihr Recht zu nachträglichen Vereinbarungen oder einvernehmlichen Änderungen bestehender Verfahrensregeln verzichtet (MEIER, 83). Die Schiedsrichter haben keinen Anspruch darauf, den Dritten nicht im Verfahren zuzulassen, wenn sein Einbezug von allen Parteien gewünscht wird. Auch ein **Rücktritt aus wichtigen Gründen** wird nicht ohne weiteres statthaft sein, da ein durch den Beizug verursachter, bei Mandatsannahme nicht vorhersehbarer Mehraufwand zu einer allgemeinen Unsicherheit in Bezug auf die zu erwartende Arbeitsbelastung gehört, mit welcher Schiedsrichter – wie schon bei der Erhebung einer Widerklage – stets zu rechnen haben (MEIER, 84; BSK IPRG-PETER/LEGLER, Art. 179 N 57; vgl. vorne Art. 371 N 11). 38

Die Zustimmung kann sich bereits daraus ergeben, wenn Schiedsrichter ihr Amt in **Kenntnis** einer Schiedsvereinbarung, eines Schiedsreglements (z.B. Art. 4 Abs. 2 Swiss Rules) oder einer *lex arbitri* übernehmen, welche Intervention und Streitverkündungsklage vorsehen (MEIER, 83; RÜEDE/HADENFELDT, 256). 39

bb) Kriterium Zeitpunkt

Art. 82 legt für Verfahren vor staatlichen Gerichten einen **Letztzeitpunkt** für die Anhängigmachung einer Streitverkündungsklage in einem hängigen Verfahren fest. Ob und falls ja wann ein solcher Zeitpunkt besteht, bestimmt sich für Schiedsgerichte nach dem gem. Art. 373 anwendbaren Verfahrensrecht. In Ermangelung einer Bestimmung bestimmt das Schiedsgericht nach Massgabe von Art. 373 Abs. 3, ob eine Interventionsklage oder Streitverkündungsklage im betreffenden Verfahrensstadium noch zulässig sind. 40

cc) Kriterium Mitwirkung Bestellung Schiedsgericht

Vgl. sogleich N 43 und 44 je i.f. 41

c) Mitwirkungsmöglichkeit der Parteien bei der Bestellung des Schiedsgerichts

Für den als Hauptpartei beitretenden Dritten ist sicherzustellen, dass er sich zur **Zusammensetzung des Schiedsgerichts** äussern kann. Ist das Schiedsgericht noch nicht konstituiert kann auf die Ausführungen zu Art. 362 N 25 ff. verwiesen werden. 42

Ist das Schiedsgericht bereits konstituiert, herrscht die Auffassung vor, dass der **intervenierende Dritte** nur noch als Hauptpartei zum Verfahren zugelassen werden kann, wenn er das bereits gebildete Schiedsgericht anerkennt (MEIER, 86). Erklärt er sich damit nicht einverstanden, braucht das Schiedsgericht dem Antrag auf nachträgliche Intervention nicht stattzugeben, selbst wenn die übrigen Voraussetzungen erfüllt wären (BERGER/KELLERHALS, Rz 776 a.E.). 43

Auch dem **Streitverkündungsbeklagten** ist das Recht zu gewähren, auf die Zusammensetzung des Schiedsgerichts Einfluss zu nehmen. Als Möglichkeiten diskutiert werden, dass die Streitverkündungsklägerin in diesem Fall entweder auf den bereits ernannten Schiedsrichter verzichtet, damit sie sich zusammen mit dem Streitverkündungsbeklagten 44 auf einen Schiedsrichter einigt oder die Ernennungsbehörde für beide einen gemeinsamen Schiedsrichter bezeichnet, oder dass Kläger- und Beklagtenseite auf den bereits bezeichneten Vorsitzenden verzichten, damit an dessen Stelle ein Dritter, vom Streitverkündungsbeklagten zu bezeichnender Schiedsrichter eingesetzt werden kann (POUDRET, Arbitrage multipartite, 21; BERGER/KELLERHALS, Rz 776). Wird dem Streitverkündungsbeklagten diese Einflussmöglichkeit nicht gewährt, sollte das bestehende Schiedsgericht die Streitverkündungsklage nicht zulassen.

d) Kein Erfordernis des qualifizierten Zusammenhanges zwischen den Ansprüchen

45 Bei Vorliegen einer gemeinsamen bzw. übereinstimmenden Schiedsvereinbarung zwischen mehreren Parteien ist der Parteiwille dahingehend zu deuten, dass spätere Streitigkeiten zwischen den Parteien im selben Verfahren vereinigt werden können, ihm aber kein Erfordernis eines qualifizierten Zusammenhanges zwischen den Ansprüchen entnommen werden kann (MEIER, 63; REINER, 90 f.), es sei denn, das anwendbare Verfahrensrecht bestimme etwas anderes.

3. Wirkungen der Beteiligung Dritter als Hauptpartei

46 Sind die Voraussetzungen für eine Beteiligung Dritter am Schiedsverfahren im ausgeführten Sinne gegeben, so folgt daraus, dass die betr. Drittpersonen nunmehr der nach Art. 373 zu bestimmenden **Verfahrensordnung** unterstehen (vgl. JOLIDON, Art. 28 KSG N 5; LALIVE/POUDRET/REYMOND, Art. 28 KSG N 3). Erst aus dem **anwendbaren Verfahren** ergibt sich letztlich, welche Rechte und Pflichten ihnen als neuer Hauptpartei im Schiedsverfahren zukommen (JOLIDON, a.a.O.; LALIVE/POUDRET/REYMOND, a.a.O.). So ist z.B. nicht zum vorneherein ausgeschlossen, dass auch die streitberufene Person eine weitere Streitverkündungsklage erheben kann (anders Art. 81 Abs. 2 für das staatliche Verfahren).

47 Als Hauptpartei erstreckt sich die Rechtskraftwirkung von Schiedssprüchen auch auf den beigetretenen Dritten.

VI. Nebenintervention und einfache Streitverkündung

1. Vorbemerkungen

48 **Streitverkündungs- und Interventionswirkung** sind nunmehr für das staatliche Verfahren übereinstimmend geregelt (vgl. Art. 77 und 80). Die Wirkungen der Streitverkündung ergaben sich bisher im Wesentlichen aus der (materiell-rechtlichen?) Regelung von Art. 193 Abs. 1 u. 2 aOR, Art. 193 Abs. 3 und Art. 194 OR (FREI, 16; BSK OR I-HONSELL, Art. 193 OR N 2; MEIER, 189; **a.M.** HABSCHEID, ZPR, Rz 326, welcher von einer *bundesrechtlichen Regel des Prozessrechts* spricht). Die Streichung der bisherigen Abs. 1 und 2 von Art. 193 OR und deren Ersetzung durch einen Verweis auf die ZPO für die Voraussetzungen und Wirkungen der Streitverkündung dürften daran nichts geändert haben (vgl. oben Art. 77 N 10). Die Interventionswirkung war demgegenüber – wenn überhaupt – nur vereinzelt in kantonalen Prozessgesetzen geregelt (nun Art. 77; vgl. FREI, 12). Generell wurde aber dafür gehalten, dass aufgrund des Grundsatzes von Treu und Glauben jedermann, der sich an einem Prozessverfahren beteiligt, gewisse Konsequenzen mittragen muss (FREI, 12; HABSCHEID, ZPR, Rz 318).

49 Die Streitverkündung entfaltet ihre Wirkung nicht nur dort, wo das Gesetz dies ausdrücklich vorsieht, sondern in allen Fällen der Gewährleistung oder Schadloshaltung, weil sie ein **Ausfluss des Handelns nach Treu und Glauben** im Vertragsverhältnis ist

(BGE 90 II 404.; 100 II 24; MEIER, 191; FREI, 17; SALVADÉ, 62 f.; TAKEI, 47; HGer ZH, SJZ 1992 Nr. 5, S. 31 ff.). Ein gegen den Streitverkünder ergangenes ungünstiges Urteil wirkt dann auch gegen den Streitberufenen, wenn er auf Grund seines Rechtsverhältnisses zum Streitverkünder oder nach Treu und Glauben zur Unterstützung des Streitverkünders im Prozess «verpflichtet» war. Zwar kann der Streitverkünder seinen im Unterliegensfalle entstehenden Anspruch direkt gegen den Streitberufenen mittels Streitberufungsklage (vgl. oben N 31 ff.) einklagen, doch ist die Unterstützung des Streitberufenen durch den Streitverkünder nicht einklagbar. Mithin erweist sich die Unterstützungspflicht des Streitberufenen als **Obliegenheit** (BSK OR I-HONSELL, Art. 193 OR N 2).

Demgegenüber besteht eine gleichgelagerte Obliegenheit bei der freiwilligen Nebenintervention nicht. Dies rechtfertigt in gewissen Teilen eine *unterschiedliche Regelung der Zulassungsvoraussetzungen* für die beiden Institute (vgl. unten N 54, 56 und 57). 50

2. Voraussetzungen der Beteiligung Dritter als Nebenpartei

a) Übereinstimmende Schiedsvereinbarung oder anderweitige Zustimmung

Im staatlichen Verfahren muss sich eine Partei den Beitritt eines Nebenintervenienten gefallen lassen, wenn dieser ein rechtliches Interesse am Beitritt hat (vgl. oben Art. 74 ff.). Auf das von den Verfahrensformen der ZPO losgelöste Binnenschiedsverfahren sind die ZPO Bestimmungen zur Nebenintervention jedoch nicht anwendbar (vgl. vorne Art. 373 N 5; ebenso für die internationale Schiedsgerichtsbarkeit MEIER, 132). Entsprechend sind die Verfahrensparteien nur nach Massgabe des 3. Teils der ZPO zur Duldung des Beitritts eines Nebenintervenienten verpflichtet. Hiervon wird *a maiore minus* auszugehen sein, wenn die Parteien i.S.v. Abs. 1 durch eine **«übereinstimmende Schiedsvereinbarung»** (vgl. oben N 9) miteinander verbunden sind und in diesem Punkt die Voraussetzung für eine Streitverkündungsklage bzw. eine Hauptintervention erfüllt wäre (ebenso SCHLOSSER, Nebenparteien, 954 f. für den Fall der *gemeinsamen* Schiedsvereinbarung, da es diesfalls kein Recht gebe, sich die Schiedsverfahrenspartner selber auszusuchen; gl.M. bei Vorliegen einer gemeinsamen Schiedsvereinbarung für die Binnenschiedsgerichtsbarkeit MEIER, 141). 51

Demgegenüber wird nicht zu verlangen sein, dass die Parteien mittels einer überstimmenden Schiedsvereinbarung verbunden sein müssen, wenn eine **Zustimmung – soweit notwendig – anderweitig** (N 54) erteilt wird, da das Schiedsgericht ja nicht über ein Rechtsverhältnis zwischen der Nebenpartei einerseits und den bisherigen Parteien andererseits zu entscheiden hat (WALDER-BOHNER, 257; vgl. für Bewirkung der Streitverkündungswirkung aber N 63 ff.). Es wäre nicht gerechtfertigt in Bezug auf diese Instrumente im Schiedsverfahren zusätzliche Voraussetzungen aufzustellen, die ansonsten nicht bestehen, da der Dritte ja bloss Nebenpartei wird und vor dem staatlichen Richter die Möglichkeit der Nebenintervention oder Litisdenunziation insb. auch dann besteht, wenn die Hauptparteien vor einem *prorogierten* Gericht streiten (BERGER/KELLERHALS, Rz 517; WALDER-BOHNER, 257; WIGET/STRÄULI/MESSMER, § 11 ZPO/ZH N 37). Entsprechend gehen diese Autoren davon aus, dass überhaupt keine Zustimmung der ursprünglichen Prozessparteien zur Nebenintervention notwendig ist (BERGER/KELLERHALS, Rz 517; WALDER-BOHNER, 257: «Besteht für den Nebenintervenienten ein Interesse am Obsiegen der von ihm unterstützten Partei, so muss er sie auch dort unterstützen können, wo sie ihrerseits Recht zu suchen hat, und das ist eben im konkreten Falle das Schiedsgericht»). Dem ist aufgrund des in N 55 ff. nachstehend Ausgeführten nicht uneingeschränkt zuzustimmen. 52

b) Zustimmung der Parteien

aa) Einfache Streitverkündung

53 Der **Empfänger** einer *einfachen Streitverkündung* kann selber entscheiden, ob er am betreffenden Verfahren teilnimmt. Sein Beitritt ist somit wie bei der unaufgeforderten Nebenintervention freiwillig und entspricht in Bezug auf die prozessualen Rechte auch dieser (MEIER, 131). Für die (separate) Zustimmung zur Interventionswirkung vgl. unten N 63 ff. Tritt er dem Schiedsverfahren allerdings nicht bei, hat er aus der Verletzung seiner materiellrechtlichen Obliegenheit (vgl. oben N 49) im Gegensatz zum staatlichen Verfahren i.d.R. keine Konsequenzen zu tragen (vgl. unten N 64).

54 Will der Dritte aufgrund einer Streitverkündung dem Schiedsverfahren als Nebenpartei beitreten, ist davon auszugehen, dass der **Streitverkünder vorgängig sein Einverständnis** zum Beitritt des Dritten zwecks Unterstützung bekundet hat. Bei einem Beitrittsgesuch ohne vorangehende Streitverkündung hat demgegenüber keine ursprüngliche Partei vorgängig einem Beitritt des Dritten zugestimmt (MEIER, 132).

55 MEIER (133 ff.) verlangt aufgrund der Privatheit des zwischen den ursprünglichen Prozessparteien vereinbarten Schiedsverfahrens, dass auch die **nichtunterstützte Prozesspartei** dem Beitritt zustimmen muss. Dem ist aus folgenden Gründen zuzustimmen: Die Interventionswirkung greift gegenüber der streitberufenen Partei nur im Ausnahmefall von Art. 194 OR ohne deren Einverständnis, aber auch dann nur deshalb, weil die streitberufene Partei die Führung des Prozesses vor dem staatlichen Richter vorher ausgeschlagen hat (vgl. unten N 63 f.). In allen anderen Fällen kann die streitberufene Partei die Bindungswirkung von ihrem Einverständnis abhängig machen (vgl. unten N 64). Damit hat es die streitberufene Partei stets selbst in der Hand, den mit der Interventionswirkung eines Schiedsspruches verbundenen Rechtsnachteil zu verhindern. Das Festhalten am Zustimmungserfordernis der nicht unterstützten Partei widerspricht demnach dem Grundsatz, dass das Prozessrecht der Verwirklichung des materiellen Rechts zu dienen habe, nicht, da der Litisdenunziat die Ausübbarkeit seiner Unterstützungsobliegenheit vor dem staatlichen Richter hätte sicherstellen können.

bb) Freiwillige Nebenintervention

56 Im Falle der **abhängigen Nebenintervention** möchte der Dritte mit seiner Teilnahme drohende Nachteile für seine eigene Rechtsstellung gegenüber der unterstützten Partei abwenden (vgl. oben N 27). Er hat hierzu aber noch im Folgeprozess Gelegenheit. Zwar hat die Entscheidung im Erst(schieds)prozess eine präjudizielle Wirkung für den Folgeprozess, mangels einer Obliegenheit zur Unterstützung im Erstprozess bleiben dem nichtteilnehmenden Dritten aber im Folgeprozess alle ihm zur Verfügung stehenden Verteidigungsmittel erhalten, und er erleidet ohne Beitritt keine Rechtsnachteile (MEIER, 137). Damit spricht nichts dagegen, seinen Beitritt davon abhängig zu machen, dass die Hauptparteien zustimmen, dass von der vereinbarten Privatheit ihres Schiedsverfahrens Abstand genommen wird.

57 Bei der **streitgenössischen Nebenintervention** ist der Dritte durch den Ausgang des Verfahrens dagegen unmittelbar in seiner Rechtsposition berührt (vgl. oben N 27). Unter diesem – materiell-rechtlichem – Gesichtspunkt ist ihm die Teilnahme am Verfahren zu erlauben (MEIER, 137), ansonsten die Klage – auch zwischen den bestehenden Hauptparteien – vor dem staatlichen Gericht ausgetragen werden muss (s.o. N 19). Sollte man also mit einem Teil der Lehre die Schiedsfähigkeit von Gestaltungsklagen mit Wirkung gegenüber Dritten bejahen (vgl. Art. 354 N 23), wird man z.B. die Teilnahme eines Aktionärs an der Schiedsklage eines anderen Gesellschafters gegen die Gesellschaft auf

Anfechtung eines Generalversammlungsbeschlusses nicht von der Zustimmung der bisherigen Hauptparteien abhängig machen dürfen, ansonsten diese mit der Klage auf die staatlichen Gerichte zu verweisen sind.

c) Keine Zustimmung des Schiedsgerichts notwendig

Bei der streitberufenen und der freiwilligen Nebenintervention ergeben sich noch weniger als bei Hauptintervention und Streitverkündungsklage (vgl. oben N 38 f.) Bedenken hinsichtlich der Notwendigkeit der Zustimmung des Schiedsgerichts unter dem Aspekt des Schiedsrichtervertrages. Weder tritt eine neue Hauptpartei dazu, noch wird der Streitgegenstand erweitert (MEIER, 142). Nur wenn der durch den Beitritt verursachte Mehraufwand unzumutbare Ausmasse annimmt, ist den Schiedsrichtern im Einzelfall ein **Rücktrittsrecht aus wichtigem Grund** zuzugestehen (MEIER, 142; vgl. oben N 38; a.M. RÜEDE/HADENFELDT, 256).

58

d) Zulässiger Zeitpunkt, rechtliches Interesse und weitere Voraussetzungen

Bis zu welchem Zeitpunkt eine Nebenintervention zulässig, ob ein rechtliches (analog Art. 74) oder tatsächliches Interesse oder weitere Bedingungen vorausgesetzt sind, bestimmt sich nach dem gem. Art. 373 anwendbaren Verfahrensrecht. In Ermangelung einer ausdrücklichen Bestimmung oder einer Vereinbarung der Hauptparteien bestimmt das Schiedsgericht nach Massgabe von Art. 373 Abs. 3 ob eine freiwillige Nebenintervention im betreffenden Verfahrensstadium noch zulässig ist. Vor staatlichen Gerichten ist der Beitritt eines Nebenintervenienten in jedem Verfahrensstadium möglich (Art. 74). Dies sollte auch für das Schiedsverfahren gelten, insb. wenn der beitretende Nebenintervenient keinen Anspruch auf Wiederholung von Verfahrenshandlungen hat (MEIER, 144).

59

e) Mitwirkungsmöglichkeit der Parteien bei der Bestellung des Schiedsgerichts

aa) Einfache Streitverkündung

Der streitberufene Nebenintervenient hat es in der Hand, die Streitverkündungswirkungen des Schiedsentscheids zu verhindern (vgl. unten N 63 f.). Es besteht entsprechend keine Notwendigkeit seine Mitwirkung bei der Bestellung sicherzustellen (Meier, 190; a.M. BERGER/KELLERHALS, Rz 776; POUDRET, Arbitrage multipartite, 21). Er kann aber natürlich versuchen seine Zustimmung zur Streitverkündungswirkung von einer Mitwirkung bei der Bestellung des Schiedsgerichts abhängig zu machen (zu den hierzu diskutierten Varianten vgl. oben N 44).

60

bb) Freiwillige Nebenintervention

Von einem freiwilligen Nebenintervenienten kann das Schiedsgericht verlangen, dass er die **bereits bestehende Zusammensetzung** des Schiedsgerichts **anerkennt** (BERGER/KELLERHALS, Rz 776; POUDRET, Arbitrage multipartite, 21).

61

3. Wirkungen des Beitritts als Nebenpartei

a) Verfahrensrechtliche Stellung

Sind die Voraussetzungen für eine Beteiligung Dritter als Nebenpartei am Schiedsverfahren im ausgeführten Sinne gegeben, so folgt daraus, dass die betr. Drittpersonen nunmehr der nach Art. 373 zu bestimmenden Verfahrensordnung unterstehen (vgl. JOLIDON, Art. 28 KSG N 5; LALIVE/POUDRET/REYMOND, Art. 28 KSG N 3). Erst aus dem anwendbaren Verfahren ergibt sich letztlich, welche **Rechte und Pflichten** ihnen als

62

Philipp Habegger

neuer Nebenpartei im Schiedsverfahren zukommen (JOLIDON, a.a.O.; LALIVE/POUDRET/ REYMOND, a.a.O.).

b) Interventionswirkungen

aa) Streitberufene Nebenintervention

63 Die **Streitverkündungswirkungen** beruhen für den streitberufenen Nebenintervenienten im materiellen Recht bzw. Prozessrecht des Bundes (vgl. oben N 48), sind aber im Schiedsverfahren in ihrem Anwendungsbereich stark eingeschränkt. Dies ergibt sich aus **Art. 194 OR**, welche kaufrechtliche Bestimmung nach h.L. auf alle Fälle der Streitverkündung ausgedehnt wird (vgl. oben N 48). Sie besagt, dass die streitberufene Partei nur dann an die Entscheidung des Schiedsgerichts gebunden wird, dem sich der Streitverkünder unterworfen hat, wenn der Streitverkünder der streitberufenen Partei die Einschaltung des Schiedsgerichts angedroht und ihr die Führung des Prozesses vor dem staatlichen Richter angeboten hat. Nur wenn die streitberufene Partei dieses Angebot ausschlägt, darf der Streitverkünder den Weg der Schiedsgerichtsbarkeit beschreiten, weshalb der streitberufenen Partei auf diesem Weg der staatliche Richter nicht entzogen wird (BK-GIGER, Art. 194 OR N 13; MEIER, 190; TAKEI, 50). Damit wird aber nur die *Ausnahmekonstellation* abgedeckt, da der Streitverkünder die Schiedsvereinbarung mit der anderen Hauptpartei nach Entstehen des Streites zwischen diesen abschliesst (BK-GIGER, Art. 194 OR N 13; MEIER, 191).

64 Art. 194 OR ist also nicht anwendbar in der *Mehrheit der Fälle*, da der Streitverkünder sich vorgängig aufgrund einer Schiedsvereinbarung zur Durchführung eines Schiedsverfahrens verpflichtet hat und damit **dem Litisdenunziaten die Führung seines Prozesses vor dem staatlichen Richter nicht mehr anbieten kann** (MEIER, 191). Da die in Art. 194 OR vorgesehene Streitverkündungswirkung nur greift, weil im Ausnahmeszenario der streitberufenen Partei der staatliche Richter nicht entzogen wird (N 63), ergibt sich auch für das Regelszenario, dass die streitberufene Partei selber darüber entscheiden können muss, ob sie hinsichtlich der die Interventionswirkung bewirkenden Entscheidungsinstanz auf ihren staatlichen Richter verzichten möchte (ähnlich MEIER, 194). Damit entsteht eine **Streitverkündungswirkung nur mit** dem **Einverständnis** des streitberufenen Dritten und Art. 77 (i.V.m. Art. 80) ist nicht analog anwendbar. Aufgrund der rechtskraftähnlichen Wirkung der Interventionswirkung ist zu verlangen, dass für dieses Einverständnis mit dem Streitverkünder die **Form der Schiedsvereinbarung** (Art. 358) gewahrt wird (MEIER, 201 f.).

bb) Freiwillige Nebenintervention

65 Beim **freiwilligen Nebenintervenienten** wird demgegenüber in der Lehre dafür gehalten, dass er mit seinem Beitritt ohne weiteres einer Interventionswirkung zustimmt (HABSCHEID, Mehrparteienschiedsgerichtsbarkeit, 185; gl.M. wohl MEIER, 208, welche nur für das internationale Schiedsverfahren eine abweichende Meinung zu vertreten scheint). Der Dritte mag aber auch bloss den Zweck verfolgen, auf das hängige Verfahren in eine bestimmte Richtung einzuwirken ohne eine Bindungswirkung zu beabsichtigen. Bei der *streitgenössischen* Nebenintervention kann dies allerdings *per se* nicht der Fall sein (vgl. oben N 57) und wird bei der freiwilligen abhängigen Nebenintervention nicht leichthin zu vermuten sein. Bei der abhängigen freiwilligen Nebenintervenietion hängt der Beitritt sodann von der Zustimmung der Verfahrensparteien ab (vgl. oben N 56), so dass diese den Beitritt von der Vereinbarung einer Bindungswirkung abhängig machen können (MEIER, 208). Da der freiwillige Nebenintervenient vermutungsweise aus eigenem Antrieb auf den staatlichen Richter hinsichtlich der Interventionswirkung verzichtet

5. Titel: Das Schiedsverfahren   Art. 377

– sich mithin freiwillig auf das Schiedsverfahren einlässt, muss die Form der Schiedsvereinbarung zwischen ihm und dem Streitverkünder nicht zwingend gewahrt sein (Art. 359 Abs. 2 *per analogiam*).

Art. 377

Verrechnung und Widerklage	¹ Erhebt eine Partei die Verrechnungseinrede, so kann das Schiedsgericht die Einrede beurteilen, unabhängig davon, ob die zur Verrechnung gestellte Forderung unter die Schiedsvereinbarung fällt oder ob für sie eine andere Schiedsvereinbarung oder eine Gerichtsstandsvereinbarung besteht.
	² Eine Widerklage ist zulässig, wenn sie eine Streitsache betrifft, die unter eine übereinstimmende Schiedsvereinbarung der Parteien fällt.
Compensation et reconvention	¹ Le tribunal arbitral est compétent pour statuer sur l'exception de compensation même si la créance qui la fonde ne tombe pas sous le coup de la convention d'arbitrage ou fait l'objet d'une autre convention d'arbitrage ou d'une prorogation de for.
	² La reconvention est recevable si elle porte sur une prétention couverte par une convention d'arbitrage concordante.
Compensazione e domanda riconvenzionale	¹ Il tribunale arbitrale è competente a statuire su un'eccezione di compensazione sollevata da una parte anche se la pretesa posta in compensazione non soggiace al patto d'arbitrato e anche se per la stessa è stato stipulato un altro patto d'arbitrato o una proroga di foro.
	² Una domanda riconvenzionale è ammessa solo se concerne una lite che ricade in un patto d'arbitrato concordante.

Inhaltsübersicht   Note

    I. Normzweck und Grundlagen   1
   II. Verrechnung (Abs. 1)   6
       1. Verrechnung vor dem Schiedsgericht   6
       2. Verrechnung vor einem staatlichen Gericht   12
       3. Verrechnungsverzicht   14
  III. Widerklage (Abs. 2) 17
       1. Allgemeines 17
       2. Erfordernis des Vorliegens einer übereinstimmenden Schiedsvereinbarung ... 20
   IV. Verfahren 21
       1. Form- und fristgerechte Widerklage bzw. Verrechnungseinrede 21
       2. Nicht form- oder fristgerechte Widerklage bzw. Verrechnungseinrede 24
       3. Anspruch der Klägerin auf rechtliches Gehör   25

Literatur

Vgl. die Literaturhinweise bei den Vorbem. zu Art. 353–399 sowie K. P. BERGER, Set-Off in International Economic Arbitration, ArbInt 1999, 53 ff.; A. BUCHER, Le nouvel arbitrage international en suisse, Basel 1988 (zit. Arbitrage); H. K. JAUCH, Aufrechnung und Verrechnung in der

Schiedsgerichtsbarkeit – Eine rechtsvergleichende Studie Deutschland/Schweiz, Konstanz 2001; P. A. KARRER, Verrechnung und Widerklage vor Schiedsgericht, in: Rechtsetzung und Rechtdurchsetzung, FS für Franz Kellerhals, Bern 2005, 49 ff.; CH. KOLLER, Aufrechnung und Widerklage im Schiedsverfahren, Wien 2009; A. MOURRE, The Set-off Paradox in International Arbitration, ArbInt 2008, 387 ff.; F. PERRET, BGE 116 Ia 154 ff., Observations, ASA Bull 1990, 293 ff.; L. PITTET, La compétence de juge et de l'arbitre en matière de compensation, Diss. Lausanne 2000; J.-F. POUDRET, Compensation et arbitrage, in: J.-M. Rapp/M. Jaccard (Hrsg.), Le droit en action, Lausanne 1996, 361 ff.; J.-F. POUDRET/S. BESSON, Comparative Law of International Arbitration, 2. Aufl., Zürich 2007; SCHÖLL, Set-off Defenses, in: M. Wirth (Hrsg.), Best Practices in International Arbitration, ASA Special Series No. 26, 2006, 97 ff.; CH. ZIMMERLI, Die Verrechnung im Zivilprozess und in der Schiedsgerichtsbarkeit, Diss. Basel 2002.

I. Normzweck und Grundlagen

1   Hinsichtlich der **Verrechnung weicht** Abs. 1 **von** dem in der Literatur wiederholt kritisierten zwingenden (Art. 1 Abs. 3 KSG) **Art. 29 Abs. 1 KSG ab** (vgl. eingehend mit einem Überblick PITTET, Rz 376 ff.; FS KELLERHALS, 50 f. und im Einzelnen etwa die Kritik bei BUCHER, Arbitrage, Rz 192; LALIVE/POUDRET/REYMOND, Art. 29 KSG N 2; HABSCHEID, ZPR, Rz 888; RÜEDE/HADENFELDT, 259; PERRET, 301; PITTET, Rz 376 ff.; SCHÖLL, 105; BERGER, 71 f.; ZIMMERLI, 184 ff.; IPRG-Komm.-VISCHER, Art. 182 N 16 und insb. bei POUDRET, Compensation et arbitrage, 361 ff.), nach welchem das Schiedsgericht das Schiedsverfahren noch bis zum Entscheid des für die Verrechnungsforderung zuständigen Gerichts sistieren musste, falls die zur Verrechnung gestellte Forderung weder von der Schieds- noch von einer späteren Parteivereinbarung umfasst wurde.

2   Kritisiert wurde insb., dass eine solche Aussetzung zu trölerischer Prozessverschleppung geradezu einlud (LALIVE/POUDRET/REYMOND, Art. 29 KSG N 2; RÜEDE/HADENFELDT, 259; HABSCHEID, ZPR, Rz 888; BERGER, 72). In BGE 116 Ia 154 («*SOFIDIF*» = Pra 79 Nr. 185) E. 4c reagierte das BGer auf diese Kritik insofern, als es für eine restriktive Auslegung von Art. 29 Abs. 1 KSG eintrat. Der internationalen Schiedsordnung der schweizerischen Handelskammern (Art. 21 Abs. 5 Swiss Rules) entsprechend, ist eine **Sistierung** nun **nicht** mehr **erforderlich**, was auch den Bedürfnissen der Praxis gerechter wird (Bericht VE-ZPO, 175; BOTSCHAFT ZPO, 7400; BERGER, 72; vgl. auch die Äusserungen in der Vernehmlassung ZPO, 812 f.).

3   **Abs. 2**, der sich mit der **Widerklage** befasst, ist **neu**. Indem die Widerklage im selben Artikel wie die Verrechnung geregelt wird, kommt die Ähnlichkeit dieser beiden Institute zum Ausdruck. Ihrer unterschiedlichen Natur wegen (nach schweizerischer [und kontinentaleuropäischer] Rechtsauffassung ist die Verrechnung materiellrechtlicher Natur, die Widerklage hingegen prozessrechtlicher Natur [JAUCH, 38 ff.; KARRER, 49 und 52; KOLLER, 36 und 54; ZIMMERLI, 120 und 41 ff. mit einem rechtsvergleichenden Überblick; Zuberbühler/Müller/Habegger-BERGER, Art. 19 N 11 und 14 f.; PITTET, Rz 9, 15, 22) sind sie jedoch voneinander zu trennen, weshalb sie konsequenterweise in je einem separaten Absatz geregelt sind.

4   Dem **IPRG** lässt sich **keine** dem Art. **377 entsprechende Bestimmung** entnehmen. Fällt die zur Verrechnung gestellte Forderung nicht unter die Schieds- bzw. eine spätere Parteivereinbarung, so kann indes auch im Verfahren vor einem internationalen Schiedsgericht die Verrechnungseinrede erhoben werden, womit das Schiedsgericht zuständig wird für den Entscheid über die Zulässigkeit der Verrechnung sowie über das Bestehen der Gegenforderung (LALIVE/POUDRET/REYMOND, Art. 186 IPRG N 8; RÜEDE/HADENFELDT, 260; WIGET/STRÄULI/MESSMER, Vor §§ 238–258 ZPO/ZH N 75 i.f.; BSK IPRG-WENGER/SCHOTT, Art. 186 N 45; BSK IPRG-DASSER, Art. 148 N 27; IPRG-Komm.-

KELLER/GIRSBERGER, Art. 148 N 58 ff.; POUDRET/BESSON, Rz 324; WENGER, Schiedsgerichtsbarkeit, 408 f.; ZIMMERLI, 215 f.; a.M. BERGER, 74 ff.).

Art. 377 stellt insofern eine Sonderbestimmung zu Art. 373 dar, als er einen Bereich der nach Art. 373 zu bestimmenden Verfahrensordnung regelt. Aus diesem Verhältnis ergibt sich denn auch, dass Regelungen zur Ausgestaltung sich stets an Art. 373 zu orientieren und namentlich die in Art. 373 Abs. 4 enthaltenen Grundsätze der Gleichbehandlung der Parteien, des Anspruchs der Parteien auf rechtliches Gehör und des kontradiktorischen Verfahrens zu beachten haben.

II. Verrechnung (Abs. 1)

1. Verrechnung vor dem Schiedsgericht

a) Allgemeines

Nach Abs. 1 kann das *Schiedsgericht* die Verrechnungseinrede einer Partei unabhängig davon beurteilen, «ob die zur Verrechnung gestellte Forderung unter die Schiedsvereinbarung fällt oder ob für sie eine andere Schiedsvereinbarung oder eine Gerichtsstandsvereinbarung besteht.» Hinter dieser Bestimmung steckt die Überlegung, dass die **Verrechnung** eine **materiellrechtliche Tilgungseinrede** darstellt, welche vom Schiedsgericht losgelöst von der Frage zu beachten ist, ob die betr. Verrechnungsforderung unter die Schieds- oder eine spätere Parteivereinbarung fällt (BERGER/KELLERHALS, Rz 484 [zu Art. 21 Abs. 5 Swiss Rules]; KARRER, 49; SUTTER-SOMM/HASENBÖHLER, 123; WENGER, Schiedsgerichtsbarkeit, 409).

Einerseits trägt Abs. 1 zur **Prozessökonomie** bei – andererseits ist aber auch zu bedenken, dass sich nunmehr ein Kläger, «der sich gegen seinen Willen vor einem Schiedsgericht, dessen Zuständigkeit er nur für die von ihm eingeklagte Forderung anerkannt hat, gegen Ansprüche zur Wehr setzen muss, die der Beklagte klageweise vor andern Instanzen geltend machen müsste» (KELLERHALS, 395). Den Parteien steht es indes frei, im Sinne eines *Verrechnungsverzichts* vorgängig übereinzukommen, dass Forderungen aus dem betr. Rechtsverhältnis nicht mit schiedsklauselfremden Ansprüchen verrechnet werden dürfen (s.u. N 11 und 14 ff.).

b) Bedeutung der «Kann»-Vorschrift des Abs. 1

Indem Abs. 1 als **«Kann»-Vorschrift** konzipiert wurde (insofern abweichend die Formulierung von Art. 21 Abs. 5 Swiss Rules), wird dem **Schiedsgericht** hinsichtlich der verfahrensrechtlichen Zulassung einer Verrechnungseinrede ein gewisses **Ermessen** eingeräumt, welches – je nach vorliegender Konstellation – unterschiedlich zu handhaben ist (WENGER, Schiedsgerichtsbarkeit, 409 m.H. auf BSK IPRG-DASSER, Art. 148 N 27; SCHÖLL, 131 ff.; BSK IPRG-WENGER/SCHOTT, Art. 186 N 44 ff.).

aa) Verrechnungsforderung ohne Schiedsvereinbarung oder Gerichtsstandsklausel

Besteht für die zur Verrechnung gebrachte Forderung **weder** eine **andere Schiedsvereinbarung noch** eine **Gerichtsstandsklausel**, so wird das Schiedsgericht i.d.R. entsprechend dem Grundsatz *«Le juge de l'action est le juge de l'exception»* (vgl. unten N 12) vorgehen, mithin über die Verrechnungseinrede zu befinden haben.

bb) Verrechnungsforderung mit inhaltlich identischer Schiedsvereinbarung

Ist auf die zur Verrechnung gebrachte Forderung zwar nicht dieselbe, aber eine **inhaltlich identische Schiedsvereinbarung** (z.B. je eine Swiss Rules-Klausel) anwendbar, so wird das Schiedsgericht in gleicher Weise zu verfahren haben, d.h. es wird von der ihm eingeräumten Beurteilungsbefugnis Gebrauch machen müssen.

cc) Verrechnungsforderung mit Schiedsvereinbarung für Schiedsgericht mit Spezialkenntnissen oder für Hauptforderung beschleunigtes Verfahren vereinbart

11 Besteht für die Verrechnungsforderung eine Schiedsvereinbarung, nach welcher ein Schiedsgericht zu bestellen ist, das über **Spezialkenntnisse** aus einem anderen Bereich verfügt als das urteilende Schiedsgericht, «so wird das Schiedsgericht möglicherweise diese Vereinbarung dahingehend verstehen, dass die Parteien implizit die Verrechenbarkeit von Ansprüchen aus jenem Rechtsverhältnis ausserhalb von Verfahren vor dem spezialisierten Schiedsgericht ausschliessen wollten». Ist für die **Hauptforderung** ein **beschleunigtes Verfahren** vereinbart worden und würde die Beurteilung der Verrechnungsforderung es verunmöglichen, die kurzen Erledigungsfristen einzuhalten, dürfte das Schiedsgericht wohl ähnlich vorgehen (KOLLER, 134; WENGER, Schiedsgerichtsbarkeit, 409; BSK IPRG-WENGER/SCHOTT, Art. 186 N 44; IPRG-Komm.-KELLER/GIRSBERGER, Art. 148 N 58 ff.; IPRG-Komm.-VISCHER, Art. 182 N 17).

2. Verrechnung vor einem staatlichen Gericht

12 Vor dem *staatlichen Gericht* gilt der Grundsatz, dass eine Verrechnung auch vor Gerichten erklärt werden kann, die – würde die Verrechnungsforderung selbständig eingeklagt – örtlich oder sachlich *nicht* zuständig wären. Der Richter der Klage entscheidet also immer auch über die gegen diese erhobenen Einreden: *«Le juge de l'action est le juge de l'exception»* (BERGER/KELLERHALS, Rz 481; BGE 85 II 103 E. 2b [bezüglich sachlicher Zuständigkeit]; 124 III 207 E. 3b/bb [bezüglich örtlicher Zuständigkeit]).

13 Ist die **vor dem staatlichen Gericht zur Verrechnung gebrachte Forderung** nun von einer **Schiedsvereinbarung** erfasst, erachteten die bisherige Rechtsprechung und die ältere Lehre die Verrechnung für unzulässig (BGE 23 I 774 E. 5; bestätigt in einem *obiter dictum* in BGE 63 II 133 E. 3c, wonach eine Verrechnung ausgeschlossen sei, weil die Parteien mit der Schiedsvereinbarung «die Beurteilung der Gegenforderung der staatlichen Gerichtsbarkeit schlechtweg entzogen» hätten; ZK OR-AEPPLI, Vor Art. 120–126 N 130 m.w.H.; BSK OR I-PETER, Vor Art. 120–126 N 3; vgl. auch BERGER, 79 f.). Im Einklang mit der neueren Lehre (vgl. ZIMMERLI, 220 m.H.; PITTET, Rz 95) soll nun aber mit Einführung des Art. 377 Abs. 1 auch in diesem Fall die Verrechnung möglich sein (BOTSCHAFT ZPO, 7400).

3. Verrechnungsverzicht

14 Wollen die Parteien die Verrechnungsmöglichkeit vor einem Schiedsgericht oder einem staatlichen Gericht ganz oder teilweise ausschliessen, müssen sie nach dem oben Ausgeführten einen (materiellrechtlichen) **Verrechnungsverzicht** vereinbaren. Über die Gültigkeit und den Umfang des Verzichts entscheidet das Schiedsgericht oder gegebenenfalls das staatliche Gericht (Bericht VE-ZPO, 175; BOTSCHAFT ZPO, 7400; ZK OR-AEPPLI, Vor Art. 120–126 N 131; PITTET, Rz 97 ff. und 381; SUTTER-SOMM/HASENBÖHLER, 124; bezüglich der internationalen Schiedsgerichtsbarkeit vgl. auch SCHÖLL, 131 f.; IPRG-Komm.-VISCHER, Art. 182 N 17).

15 Für die Annahme eines Verzichts auf die Verrechnung *vor einem staatlichen Gericht* genügt weder der Umstand, dass Haupt- und Gegenforderung je unter eine andere Zuständigkeitsvereinbarung fallen, noch das blosse Vorliegen einer Schiedsabrede (ZIMMERLI, 220; PITTET, Rz 100 und 104; vgl. auch SCHÖLL, 132; IPRG-Komm.-VISCHER, Art. 182

N 17). Vielmehr bedarf es hierfür **besonderer Umstände**, welche etwa dann gegeben sind, «wenn ein bereits vor einem staatlichen Gericht Beklagter für seine Gegenforderung eine Schiedsabrede abschliesst» (ZIMMERLI, a.a.O.). Besonderer Umstände bedarf es auch im Fall, da die Verrechnung *vor einem Schiedsgericht* ausgeschlossen werden soll (vgl. vorne N 11).

Sind die Parteien übereingekommen, dass die **Verrechnung** mit der Gegenforderung vor einem staatlichen Gericht oder vor einem Schiedsgericht **ausgeschlossen** sein soll, ist das betr. Gericht folglich für die materiellrechtliche Beurteilung der entsprechenden Gegenforderung nicht zuständig, und es liegt am Beklagten, prozessual sicher zu stellen, dass er seiner Gegenforderung nicht verlustig geht (ZIMMERLI, 221). 16

III. Widerklage (Abs. 2)

1. Allgemeines

Die Widerklage ist (gleich wie die Verrechnung) solange unproblematisch, als der mit ihr geltend gemachte Anspruch auf **derselben Schiedsvereinbarung** beruht wie jener der Hauptklage. Wird der geltend gemachte Anspruch hingegen nicht von derselben Schiedsvereinbarung erfasst, so stellen sich ähnliche Fragen wie bei der Verrechnung (BERGER/KELLERHALS, Rz 487; MOURRE, 388). 17

Während die Lehre im Bereich der internationalen Schiedsgerichtsbarkeit für die Zulässigkeit einer Widerklage (mangels einer entsprechenden Bestimmung) grundsätzlich voraussetzt, dass die Widerklage «within the scope of the arbitration agreement» liegen müsse (BERGER, 64; MOURRE, 388; vgl. auch Zuberbühler/Müller/Habegger-BERGER, Art. 21 N 36 f.), knüpft Abs. 2 die Zulässigkeit an das Vorliegen einer «**übereinstimmenden Schiedsvereinbarung**» (kritisch hierzu KARRER, 54). *Nicht* erforderlich hingegen ist ein sachlicher Zusammenhang («Konnexität») zwischen Haupt- und Widerklage (Bericht VE-ZPO, 175; BOTSCHAFT ZPO, 7400; BERGER/KELLERHALS, Rz 489; SUTTER-SOMM/HASENBÖHLER, 124). SUTTER-SOMM/HASENBÖHLER (a.a.O.) begründet dies damit, dass nach dem Wortlaut von Abs. 2 die Widerklage auch dann zulässig ist, wenn sich die übereinstimmende Schiedsvereinbarung in einem anderen, zwischen den Parteien geschlossenen Vertrag findet, räumt aber gleichzeitig ein, dass es nicht eindeutig sei, «da dieser Fall in der Diskussion der Subkommission nicht explizit erörtert, sondern lediglich für den umgekehrten Fall, dass Konnexität gegeben ist, festgestellt wurde, dass dieses Kriterium für die Begründung der Zulässigkeit der Widerklage nicht genügt, sondern eine Schiedsvereinbarung erforderlich ist.» 18

Im Vernehmlassungsverfahren zur ZPO wurde das Weglassen des Erfordernisses der Konnexität u.a. deshalb kritisiert, weil eine solche inhaltliche Übereinstimmung etwa dann nicht zu befriedigen vermöge, «wenn der Hauptkläger im Hinblick auf den Streitgegenstand seiner Klage als Schiedsrichter einen Elektroingenieur bestellt hat und wenn der später zur Kenntnis gelangende Streitgegenstand der Widerklage erkennen lässt, dass *Fachkenntnisse* in der Chemie nützlich wären» (Vernehmlassung ZPO, 813). 19

2. Erfordernis des Vorliegens einer übereinstimmenden Schiedsvereinbarung

Während der Bericht zum Vorentwurf der Expertenkommission es gänzlich unterlässt, das Erfordernis des Vorliegens einer übereinstimmenden Schiedsvereinbarung näher zu konkretisieren, lässt sich der bundesrätlichen BOTSCHAFT zur ZPO (7400) nur vermeintlich mehr entnehmen: «Die Schiedsvereinbarung, auf die sich die Widerklage stützt, muss daher im Wesentlichen jener der Hauptklage entsprechen. So wird eine Widerklage 20 unzulässig sein, wenn die eine Schiedsvereinbarung ein aus Informatikfachleuten, die andere hingegen ein aus Sportrechtsspezialisten und -spezialistinnen zusammengesetztes Schiedsgericht vorsieht». Wie bereits beim Erfordernis des Vorliegens einer bzw. mehrerer Schiedsvereinbarungen nach Art. 376 Abs. 1 lit. a wird auch hier zu verlangen sein, dass die **Essentialia** der fraglichen Schiedsvereinbarungen (wie *Sitz*; *Anzahl Schiedsrichter*; *anwendbares Verfahren*) **identisch** sind (vgl. bereits oben Art. 376 N 9). So dürfte etwa keine «Übereinstimmung» i.S.v. Art. 377 Abs. 2 vorliegen, wenn zwar sowohl die Schiedsvereinbarung, auf welche sich die Klage stützt, als auch jene, auf welcher die Widerklage beruht, die Swiss Rules für anwendbar erklären, in der einen aber Genf und in der anderen Zürich als Sitz des Schiedsgerichts bestimmt ist (vgl. hierzu auch den ICC Case No. 5971 in ASA Bull 1995, 728 ff. und dazu die Kritik von MOURRE, 392 f.). Es wird im Übrigen Aufgabe der Praxis sein, darüber zu befinden, welche Schiedsvereinbarungen in diesem Sinne übereinstimmend sind und welche nicht.

IV. Verfahren

1. Form- und fristgerechte Widerklage bzw. Verrechnungseinrede

21   Widerklage und Verrechnungseinrede sind in derselben Form zu erheben wie die Klage. Die Prozessökonomie verlangt, «dass die Beklagte ein Widerklage- oder Aufrechnungsbegehren so früh wie möglich, spätestens aber anlässlich der Erarbeitung des Prozessprogramms *(Terms of Reference;* s. Art. 373 N 10) oder, wenn kein solches erstellt wird, nicht später als zusammen mit der Klagebeantwortung anhängig macht» (BERGER/KELLERHALS, Rz 1108). Da die ZPO selbst allerdings **keinen Letztzeitpunkt** zur Erhebung von Verrechnungseinrede oder Widerklage vorsieht, sind solche prozessökonomischen Überlegungen nicht zwingend. Dieser Zeitpunkt bestimmt sich demnach nach dem *anwendbaren Verfahrensrecht* (Art. 373).

22   Nach form- und fristgerecht erhobener Widerklage bzw. Verrechnungseinrede und entsprechendem Einspruch der Klägerin hat das Schiedsgericht vorerst deren **prozessuale Zulässigkeit** (s.o. N 8 und 20) zu prüfen.

23   Erachtet das Schiedsgericht die Widerklage bzw. die Verrechnungseinrede als prozessual zulässig, so hat in einem nächsten Schritt eine Prüfung der **materiellen Begründetheit** des Gegenanspruchs zu erfolgen. Bei einem widerklageweise geltend gemachten Anspruch kann diese Prüfung unmittelbar erfolgen, wohingegen bei einem zur Verrechung gestellten Anspruch das Schiedsgericht vorerst über die materielle Zulässigkeit der Verrechnung entscheiden muss, wobei das Schiedsgericht mangels Rechtswahl das mit der Streitsache am engsten zusammenhängende Recht anzuwenden hat (BERGER/KELLERHALS, Rz 1109; vgl. Art. 187 Abs. 1 IPRG). Mit BERGER/KELLERHALS (a.a.O.) ist davon auszugehen, dass «die materielle Zulässigkeit der Verrechnung am engsten mit dem Recht der Hauptforderung verknüpft» ist.

2. Nicht form- oder fristgerechte Widerklage bzw. Verrechnungseinrede

24   Erfolgt die Widerklage bzw. die Verrechnungsrede nicht form- bzw. fristgerecht, sollte das Schiedsgericht darauf nur bei Zustimmung der Gegenpartei eintreten oder wenn genügende Entscheidungsgründe vorliegen oder wenn aus der Nichtbeachtung eine (materielle) Rechtsverweigerung folgen würde (BERGER/KELLERHALS, a.a.O.; vgl. auch BERGER, 69).

3. Anspruch der Klägerin auf rechtliches Gehör

25   Das Schiedsgericht ist gehalten, der **Klägerin** nach Eingang einer Widerklage bzw. einer Verrechnungseinrede (etwa im Rahmen eines zweiten Schriftenwechsels) **Gelegenheit**

5. Titel: Das Schiedsverfahren **Art. 378**

zur **Stellungnahme** zu geben (BERGER/KELLERHALS, Rz 1110; vgl. auch Zuberbühler/Müller/Habegger-BERGER, Art. 19 N 17).

Lautet die Widerklage auf Geldzahlung, so steht der Klägerin offen, ihrerseits die **Verrechnungseinrede gegen die Widerklage** zu erheben. Hingegen dürfte die Erhebung einer *Widerklage der Klägerin auf die Widerklage der Beklagten* auch vor Schiedsgerichten (vor staatlichen Gerichten vgl. Art. 224 Abs. 3 Satz 2) unzulässig oder nur unter erschwerten Voraussetzungen zulässig sein (BERGER/KELLERHALS, a.a.O.; vgl. auch Zuberbühler/Müller/Habegger-BERGER, Art. 19 N 19). 26

Art. 378

Kostenvorschuss

¹ Das Schiedsgericht kann einen Vorschuss für die mutmasslichen Verfahrenskosten verlangen und die Durchführung des Verfahrens von dessen Leistung abhängig machen. Soweit die Parteien nichts anderes vereinbart haben, bestimmt es die Höhe des Vorschusses jeder Partei.

² Leistet eine Partei den von ihr verlangten Vorschuss nicht, so kann die andere Partei die gesamten Kosten vorschiessen oder auf das Schiedsverfahren verzichten. Verzichtet sie auf das Schiedsverfahren, so kann sie für diese Streitsache ein neues Schiedsverfahren einleiten oder Klage vor dem staatlichen Gericht erheben.

Avance de frais

¹ Le tribunal arbitral peut ordonner l'avance des frais de procédure présumés et subordonner la poursuite de la procédure au versement de l'avance. Sauf convention contraire des parties, il fixe le montant à la charge de chacune des parties.

² Si une partie ne verse pas l'avance de frais qui lui incombe, l'autre partie peut avancer la totalité des frais ou renoncer à l'arbitrage. Dans ce cas, cette dernière peut introduire un nouvel arbitrage ou procéder devant l'autorité judiciaire pour la même contestation.

Anticipazione delle spese

¹ Il tribunale arbitrale può esigere un anticipo delle spese procedurali presumibili e farne dipendere la continuazione del procedimento. Salvo diverso accordo tra le parti, esso ne determina l'importo a carico di ciascuna.

² Se una parte non versa l'anticipo che le incombe, l'altra può o anticipare lei stessa il totale delle spese o rinunciare al procedimento arbitrale. In quest'ultimo caso, essa può, per la stessa lite, avviare un nuovo procedimento arbitrale o promuovere una causa davanti al tribunale statale.

Inhaltsübersicht Note

I. Normzweck und Grundlagen 1
II. Allgemeines 3
III. Recht des Schiedsgerichts auf Kostenvorschuss und Leistung desselben zur Durchführung des Verfahrens (Abs. 1) 5
   1. Recht auf Kostenvorschuss für mutmassliche Verfahrenskosten 5
   2. Recht, die Verfahrensdurchführung von der Leistung des Kostenvorschusses abhängig zu machen 13
   3. Entscheid des Schiedsgerichts über den Kostenvorschuss 15

IV. Folgen der Nichtleistung des Kostenvorschusses 16
   1. Beidseitige Nichtleistung 16
   2. Einseitige Nichtleistung: Wahlrecht der nicht säumigen Partei (Abs. 2) 18
V. Abrechnung 31

Literatur

H. BAUMGARTNER, Die Kosten des Schiedsgerichtsprozesses, Diss. Zürich 1981; M. BERNET, Schiedsgericht und Konkurs einer Partei, in: Rechtssetzung und Rechtsdurchsetzung, FS für Franz Kellerhals, Bern 2005, 3 ff.; P. BRATSCHI/R. BRINER, Bemerkungen zum Konkordat über die Schiedsgerichtsbarkeit, SJZ 1976, 101 ff.; M. BÜHLER, Non-payment of the advance on costs by the respondent party – is there really a remedy?, ASA Bull 2006, 290 ff.; I. FADLALLAH, Payment of the advance to cover costs in ICC arbitration: the parties' reciprocal obligations, ICC Bull 2003, 53 ff.; X. FAVRE-BULLE, Les conséquences du non-paiement de la provision pour frais de l'arbitrage pare une partie, ASA Bull 2001, 227 ff.; E. GAILLARD/J. SAVAGE (Hrsg.), Fouchard/Gaillard/Goldman on International Commercial Arbitration, Den Haag 1999; S. JARVIN, Wenn die beklagte Partei ihren Anteil des Kostenvorschusses nicht bezahlt, Folgen der Nichtzahlung aus Sicht der ICC-Verfahrensordnung, schwedischen und schweizerischen Rechts, in: A. Plantey/K.-H. Böckstiegel/J. Bredow (Hrsg.), FS für Ottoarndt Glossner zum 70. Geburtstag, Heidelberg 1994, 155 ff.; F. KELLERHALS, Die Binnenschiedsgerichtsbarkeit in neuem Kleid – der 3. Teil des Vorentwurfs einer Schweizerischen Zivilprozessordnung, Anwaltsrevue 2003, 391 ff.; J.-F. POUDRET, Arbitrage interne, in: R. Trigo Trindade/N. Jeandin (Hrsg.), Unification de la procédure civile: Présentation et critique de l'Avant-projet de Loi fédérale de procédure civile suisse. Journée en l'honneur du Professeur François Perret, Zürich 2004, 153 ff. (zit. Arbitrage interne); M. SECOMB, Awards and orders dealing with the advance on costs in ICC arbitration: theoretical questions and practical problems, ICC Bull 1/2003, 59 ff.; vgl. ausserdem die Literaturhinweise zu Art. 372.

I. Normzweck und Grundlagen

1   Die Bestimmung regelt den **Kostenvorschuss** an das Schiedsgericht. Abs. 1 entspricht **Art. 30 Abs. 1 KSG**, stellt die Regelung des Kostenvorschusses jedoch ausdrücklich unter den Vorbehalt einer abweichenden Parteivereinbarung. Abs. 2 Satz 1 deckt sich inhaltlich mit **Art. 30 Abs. 2 KSG**. Der zweite Satz von Abs. 2 weicht insofern von Art. 30 Abs. 2 KSG ab, als die nicht säumige Partei, welche auf die Fortsetzung des Schiedsverfahrens verzichtet, nunmehr die Wahl hat, später ein neues Schiedsverfahren einzuleiten oder die säumige Gegenpartei vor dem staatlichen Gericht einzuklagen. Diese Neuerung schneidet der säumigen Partei die unter Geltung des KSG noch bestehende Möglichkeit ab, durch Nichtleistung des Kostenvorschusses ein Dahinfallen der Schiedsvereinbarung zu provozieren (Bericht VE-ZPO, 175; BOTSCHAFT ZPO, 7401; BERGER/KELLERHALS, Rz 1455).

2   Das IPRG enthält keine Bestimmung über den Kostenvorschuss. Indes kann das Schiedsgericht auch im Bereich der internationalen Schiedsgerichtsbarkeit (gestützt auf Art. 182 Abs. 2 IPRG oder unter Berufung auf das Rechtsverhältnis zwischen den Mitgliedern des Schiedsgerichts und den Parteien, aus welchem sich ein **Honoraranspruch** und ein **Anspruch auf Auslagenersatz** der Ersteren ergibt) von den Parteien Kostenvorschüsse verlangen (WIGET/STRÄULI/MESSMER, Vor §§ 238–258 ZPO/ZH N 76; BERGER/KELLERHALS, Rz 1444). Es liegt an den Parteien bzw. am Schiedsgericht, über die Kostenvorschüsse zu bestimmen und insb. die Folgen der Nichtleistung eines Kostenvorschusses zu regeln (IPRG-Komm.-VISCHER, Art. 182 N 10). Mangels einer Regelung bez. Folgen der Nichtleistung ist nicht vom Dahinfallen der Schiedsvereinbarung, sondern von der Suspendierung bzw. Beendigung des Schiedsverfahrens auszugehen (LALIVE/POUDRET/REYMOND, Art. 182 IPRG N 17; IPRG-Komm.-VISCHER, a.a.O.).

II. Allgemeines

Die Regelung des Art. 378 über den Kostenvorschuss ist einerseits in Beziehung zu setzen mit **Art. 364** («en ce sens qu'elle confère aux arbitres la possibilité de s'assurer de l'execution de l'obligation incombant aux parties, en vertu du contrat d'arbitrage [...], de couvrir leurs frais et honoraires» [LALIVE/POUDRET/REYMOND, Art. 30 KSG N 1]) und andererseits mit **Art. 373**, weil der Ablauf des Prozesses von der Leistung eines Kostenvorschusses abhängen kann (LALIVE/POUDRET/REYMOND, a.a.O.). 3

Es steht den Parteien im Rahmen der **Parteiautonomie** frei, eine von Art. 378 abweichende *Regelung über den Kostenvorschuss* (bzw. über die Folgen der Nichtleistung desselben, BERGER/KELLERHALS, Rz 1448 m.H. auf BGer, 4P.2/2003, E. 3.3 = ASA Bull 2003, 822 ff., 826) zu treffen (und so etwa zu bestimmen, dass kein Kostenvorschuss zu leisten ist) – Art. 378 ist mithin dispositiver Natur (vgl. JOLIDON, Art. 30 KSG N 1; LALIVE/POUDRET/REYMOND, Art. 30 KSG N 1; RÜEDE/HADENFELDT, 222 und 224). Es ist auch denkbar, dass die für die Parteien verbindliche Schiedsgerichtsordnung eine von Art. 378 abweichende Tarifregelung enthält (BOTSCHAFT ZPO, 7401; bezüglich Regelung der Folgen der Nichtleistung vgl. auch BERGER/KELLERHALS, Rz 1449). Mit RÜEDE/HADENFELDT (224) ist indes fest zu halten, dass es «[a]uf einem anderen Blatt steht [...], ob die Schiedsrichter angesichts der Parteivereinbarung zur Amtsübernahme bereit sind oder der Vereinbarung, wird sie später getroffen, zustimmen». 4

III. Recht des Schiedsgerichts auf Kostenvorschuss und Leistung desselben zur Durchführung des Verfahrens (Abs. 1)

1. Recht auf Kostenvorschuss für mutmassliche Verfahrenskosten

a) Allgemeines

Abs. 1 gewährt dem Schiedsgericht das **Recht** (nicht aber die Pflicht, BERGER/KELLERHALS, Rz 1445 m.H. auf das BGer, 4P.2/2003, E. 3.1 = ASA Bull 2003, 822 ff., 825 f.), von den Parteien für die mutmasslichen Verfahrenskosten einen Kostenvorschuss zu verlangen. Dieses Recht steht (mangels abweichender Parteivereinbarung) dem Schiedsgericht als solchem (LALIVE/POUDRET/REYMOND, Art. 30 KSG N 2) in jedem Verfahrensstadium zu (JOLIDON, Art. 30 KSG N 413; LALIVE/POUDRET/REYMOND, a.a.O.; RÜEDE/HADENFELDT, 224; vgl. auch Art. 41 Abs. 3 Swiss Rules und hierzu Zuberbühler/Müller/Habegger-STACHER, Art. 41 N 13). Fordert das Schiedsgericht nicht sogleich nach seiner Konstituierung einen Kostenvorschuss, kommt dies nicht etwa einem Verzicht auf einen Kostenvorschuss gleich (RÜEDE/HADENFELDT, a.a.O.). 5

Auch wenn die Mitglieder des Schiedsgerichts je einzeln Gläubiger ihrer Honorar- und Auslagenansprüche sind, wird das Schiedsgericht regelmässig *einen* Kostenvorschuss für seine Mitglieder verlangen, welcher alle Honorare abdeckt (JOLIDON, Art. 30 KSG N 412; LALIVE/POUDRET/REYMOND, Art. 30 KSG N 2; RÜEDE/HADENFELDT, 222). Eine in der Folge unterschiedliche Verteilung des Kostenvorschusses durch das Schiedsgericht auf die einzelnen Mitglieder ist dadurch allerdings nicht ausgeschlossen (JOLIDON, a.a.O.). 6

Die von Art. 378 Abs. 1 angesprochenen **Verfahrenskosten** entsprechen jenen von Art. 384 Abs. 1 lit. f und setzen sich zusammen aus den (mutmasslichen) *Honoraren* der Mitglieder des Schiedsgerichts, den (mutmasslichen) *Auslagen* des Schiedsgerichts (z.B. für Expertisen [diesbezüglich zurückhaltend Zuberbühler/Müller/Habegger-STACHER, Art. 41 N 5]) und der (mutmasslichen) *Vergütung* eines allfälligen *Sekretariats* des 7

Schiedsgerichts (BAUMGARTNER, 76 f. und 298; JOLIDON, Art. 30 KSG N 43; LALIVE/
POUDRET/REYMOND, Art. 30 KSG N 1; RÜEDE/HADENFELDT, 223; WIGET/STRÄULI/
MESSMER, Vor §§ 238–258 ZPO/ZH N 76; BERGER/KELLERHALS, Rz 1443; GAILLARD/
SAVAGE, Rz 1253; KGer VD vom 23.10.1990, SJZ 1991, 398). Grundsätzlich *nicht*
hierunter fallen hingegen die Kosten der Beweisabnahmen – diese bilden allenfalls
Gegenstand eines anderen (gesonderten) Kostenvorschusses (JOLIDON, a.a.O.; LALIVE/
POUDRET/REYMOND, a.a.O.; RÜEDE/HADENFELDT, 268 f.). Weiterhin *nicht* erfasst vom
Kostenvorschuss i.S.v. Abs. 1 (mangels abweichender Parteivereinbarung bzw. mangels
abweichender anwendbarer Schiedsordnung) ist auch die (mutmassliche) Parteientschädigung (JOLIDON, a.a.O.; LALIVE/POUDRET/REYMOND, a.a.O.; vgl. auch BAUMGARTNER,
92 ff.; RÜEDE/HADENFELDT, 241 [nach welchen es für die Annahme, dass der Kostenvorschuss auch die Parteientschädigung erfasst, eines deutlichen Hinweises bedürfte];
HABSCHEID, ZPR, Rz 1202; Schiedsgericht der Zürcher Handelskammer vom 25.6.1956,
SJZ 1958, 92 f.; BGer, 4P.2/2003, E. 3.1 = ASA Bull 2003, 822 ff., 825 f.; BGer, 4P.263/
2003, E. 5.4; zur Sicherstellung der Parteientschädigung s. unten Art. 379 N 1 ff.), denn
der Kostenvorschuss «dient [...] allein den Interessen der Schiedsrichter, für die Ausübung des übernommenen Amtes dereinst auch bezahlt zu werden» (BERGER/KELLERHALS, Rz 1445; ebenso JOLIDON, Art. 30 KSG N 42; OGer ZH vom 4.7.1978, SJZ 1978
Nr. 48).

8   Die **Zahlungsmodalitäten** werden durch das Schiedsgericht festgelegt (JOLIDON, Art. 30
KSG N 42; LALIVE/POUDRET/REYMOND, Art. 30 KSG N 2; vgl. in der staatlichen Gerichtsbarkeit auch BGE 107 Ia 117 E. 2b, wonach es nicht gegen das Willkürverbot verstösst, wenn Kostenvorschüsse ausschliesslich in bar entgegen genommen werden).

b) Höhe des Kostenvorschusses

9   Entgegen anders lautender Parteivereinbarung, **legt das Schiedsgericht die Höhe** des
von jeder Partei zu leistenden Kostenvorschusses **fest** (Abs. 1 Satz 2). Aus dem Wortlaut
von Abs. 1 Satz 2 («[...] bestimmt es die Höhe des Vorschusses jeder Partei») lässt sich
ableiten, dass das Schiedsgericht die Parteien nicht zwingend zur Leistung eines gleich
hohen Betrags verpflichten muss (vgl. aber etwa Art. 41 Abs. 1 UNCITRAL Rules;
Art. 41 Abs. 1 Swiss Rules; Art. 30 Abs. 3 ICC Rules; Art. 70 lit. a WIPO Rules), sondern dass der Entscheid über die Verteilung des Kostenvorschusses auf die Parteien vielmehr im **Ermessen des Schiedsgerichts** liegt (LALIVE/POUDRET/REYMOND, Art. 30
KSG N 2; BRATSCHI/BRINER, 105; BERGER/KELLERHALS, Rz 1447; **a.M.** BAUMGARTNER,
316 f.). Immerhin aber folgt aus dem *Gleichbehandlungsgebot* (hierzu Art. 373 N 61 ff.),
dass das Schiedsgericht den Kostenvorschuss nicht von einer Partei (namentlich von der
klagenden Partei) alleine verlangen darf, es sei denn, es bestünden hierfür sachliche
Gründe (JOLIDON, Art. 30 KSG N 45; LALIVE/POUDRET/REYMOND, a.a.O.; RÜEDE/
HADENFELDT, 223; vgl. auch BGer, 4P.2/2003, E. 3.2 = ASA Bull 2003, 822 ff., 826; vgl.
auch Art. 41 Abs. 2 Swiss Rules; Art. 30 Abs. 2 ICC Rules).

10 **Kriterien für die Bestimmung der Höhe des Kostenvorschusses** sind die Wichtigkeit
der schiedsrichterlichen Tätigkeit, die Komplexität der Sache, die Bedeutung der Sache
für die Parteien und deren finanzielle Situation, die von den Mitgliedern des Schiedsgerichts übernommene Verantwortung und (falls bestimmbar) zu einem gewissen Grad
auch die Höhe des Streitwerts (JOLIDON, Art. 30 KSG N 44; KGer VD vom 5.6.1985,
JdT 1988 III 37).

11 Bestehen auf Kläger- und/oder Beklagtenseite **mehrere Parteien**, so wird das Schiedsgericht – falls keine Streitgenossenschaft besteht – die Höhe der von den einzelnen Parteien
zu leistenden Kostenvorschüsse im Verhältnis ihres jeweiligen Streitwerts zum gesamten

Streitwert festsetzen. Haben sich die einzelnen Parteien zu einer Streitgenossenschaft verbunden, so haften die betreffenden Parteien hingegen gemeinsam für den gesamten von ihrer Seite geschuldeten Kostenvorschuss (Zuberbühler/Müller/Habegger-STACHER, Art. 41 N 7).

Je nach Entwicklung des Verfahrens (z.B. bei einer wesentlichen Erweiterung desselben) ist auch **eine Erhöhung bzw. Ergänzung des Kostenvorschusses** im Laufe des Verfahrens denkbar (JOLIDON, Art. 30 KSG N 413 und Art. 30 KSG N 52; LALIVE/POUDRET/REYMOND, Art. 30 KSG N 2; RÜEDE/HADENFELDT, 224; KGer VD vom 23.10.1990, SJZ 1991, 398; OGer ZH vom 2.11.1916, SJZ 1918, 18; vgl. auch Art. 41 Abs. 3 Swiss Rules und hierzu Zuberbühler/Müller/Habegger-STACHER, Art. 41 N 13). 12

2. Recht, die Verfahrensdurchführung von der Leistung des Kostenvorschusses abhängig zu machen

Abs. 1 berechtigt sodann das Schiedsgericht, die Durchführung des Verfahrens von der Leistung des verlangten Kostenvorschusses abhängig zu machen, mithin das **Verfahren bis zur Leistung des Kostenvorschusses zu sistieren bzw. einzustellen** (JOLIDON, Art. 30 KSG N 413 i.f.; LALIVE/POUDRET/REYMOND, Art. 30 KSG N 2). Dieses Recht steht dem Schiedsgericht – wie jenes zur Festsetzung von Kostenvorschüssen – in jedem Verfahrensstadium zu (LALIVE/POUDRET/REYMOND, a.a.O.). Es steht dem Schiedsgericht indes auch frei, das **Verfahren** auch ohne Leistung des verlangten Kostenvorschusses **fortzuführen** (BAUMGARTNER, 330; JOLIDON, Art. 30 KSG N 63; LALIVE/POUDRET/REYMOND, Art. 30 KSG N 3; RÜEDE/HADENFELDT, 226; vgl. BGer, 4P.2/2003, E. 3.3 = ASA Bull 2003, 822 ff., 826). Unabhängig vom Grund für die Nichtleistung des Kostenvorschusses, ist auch die **Neuansetzung der Zahlungsfrist** durch das Schiedsgericht zulässig (BAUMGARTNER, 329 f.; LALIVE/POUDRET/REYMOND, Art. 30 KSG N 3; RÜEDE/HADENFELDT, 227; ZR 1978 Nr. 51; BGer, 4P.2/2003, a.a.O.). 13

Unzulässig ist demgegenüber der **Erlass eines Säumnisurteils** wegen Nichtleistung des Kostenvorschusses (JOLIDON, Art. 30 KSG N 33; BRATSCHI/BRINER, 105; BERGER/KELLERHALS, Rz 1457; ZWR 1993, 232 ff. E. 2b), wäre dies doch mit dem Anspruch auf rechtliches Gehör unvereinbar, zumal die unentgeltliche Rechtspflege im Schiedsverfahren nach Art. 380 ausgeschlossen ist (s. unten Art. 380 N 1 ff.; BERGER/KELLERHALS, a.a.O.). 14

3. Entscheid des Schiedsgerichts über den Kostenvorschuss

Der Entscheid des Schiedsgerichts über die Leistung eines Kostenvorschusses ist nicht anfechtbar, sondern stellt vielmehr eine **prozessleitende Verfügung** dar (BAUMGARTNER, 321; JOLIDON, Art. 30 KSG N 413; LALIVE/POUDRET/REYMOND, Art. 30 KSG N 2; RÜEDE/HADENFELDT, 224; FAVRE-BULLE, 242). 15

IV. Folgen der Nichtleistung des Kostenvorschusses

1. Beidseitige Nichtleistung

Kommen beide Parteien ihrer Kostenvorschusspflicht nicht nach, so kann das Schiedsgericht – «solange die schiedsgerichtliche Bindung nicht durch die Parteien aufgrund Verzichts auf die Schiedsabrede oder aber in sonstiger Weise, etwa durch einverständliche Aufhebung der Schiedsabrede, beseitigt ist» (RÜEDE/HADENFELDT, 226; ebenso JOLIDON, Art. 23 KSG N 52) – **gleichwohl tätig werden** oder aber das **Verfahren sistieren bzw. einstellen** oder die **Zahlungsfrist neu ansetzen** (s. bereits oben N 13). 16

17 Alternativ steht den Mitgliedern des Schiedsgerichts bei Nichtzahlung des Kostenvorschusses nach abgelaufener Nachfrist auch **das Recht zu**, den **Schiedsrichtervertrag aus wichtigem Grund zu kündigen** (JOLIDON, Art. 23 KSG N 22 lit. d; LALIVE/POUDRET/REYMOND, Art. 30 KSG N 3; RÜEDE/HADENFELDT, 170 und 227; BERGER/KELLERHALS, Rz 860 s. bereits oben Art. 371 N 11).

2. Einseitige Nichtleistung: Wahlrecht der nicht säumigen Partei (Abs. 2)

18 Abs. 2 gewährt der nicht säumigen Partei bei Nichtleistung des Kostenvorschusses durch die andere Partei das Recht, zwischen der **Leistung** auch dieses Vorschusses einerseits und dem **Verzicht** auf das Schiedsverfahren andererseits zu wählen.

19 Steht es allerdings in der Befugnis des Schiedsgerichts, über die Folgen der Nichtleistung des Kostenvorschusses zu entscheiden, und ist dieses mithin auch frei, das Verfahren trotz Nichtleistung des Kostenvorschusses fortzusetzen (s.o. N 13 und 16), so folgt daraus, dass dieses Wahlrecht (mangels abweichender Parteivereinbarung) nur besteht, wenn es das Schiedsgericht mittels prozessleitender Verfügung gewährt hat – m.a.W. steht das Wahlrecht des Abs. 2 unter dem **Vorbehalt der Genehmigung durch das Schiedsgericht**. Eigenmächtig, d.h. gegen den Willen des Schiedsgerichts, kann das Wahlrecht nicht ausgeübt werden (JOLIDON, Art. 30 KSG N 63 lit. a; BERGER/KELLERHALS, Rz 1452 m.H. auf BGer, 4P.2/2003, E. 3.5 = ASA Bull 2003, 822 ff., 827 f.; vgl. auch den Schiedsspruch publiziert in ASA Bull 1993, 507 ff. E. b).

20 Gestattet das Schiedsgericht einer Partei, die Differenz des Kostenvorschusses an Stelle der säumigen Partei zu bezahlen, um alsdann das Verfahren fortsetzen zu können, so kann dies nicht etwa als Billigung der Zahlungsverweigerung einer Partei gedeutet werden (FADLALLAH, 56; JARVIN, 157; Zuberbühler/Müller/Habegger-STACHER, Art. 41 N 19).

a) Voraussetzungen des Wahlrechts

21 Unter folgenden Voraussetzungen hat das Schiedsgericht der nicht säumigen Partei das **Wahlrecht** des Abs. 2 zu gewähren (BERGER/KELLERHALS, Rz 1452; JOLIDON, Art. 30 KSG N 62; LALIVE/POUDRET/REYMOND, Art. 30 KSG N 3; RÜEDE/HADENFELDT, 226 f.; BGer, 4P.2/2003, E. 3.6 = ASA Bull 2003, 822 ff., 828):

- *ausdrückliche Androhung* des Schiedsgerichts, dass der nicht säumigen Partei bei nicht fristgerechter Leistung des Kostenvorschusses durch die Gegenpartei das Wahlrecht von Art. 378 Abs. 2 zustehe (fehlt eine solche Androhung, muss der säumigen Partei eine [weitere] Zahlungsfrist angesetzt werden, verbunden mit der Androhung im erwähnten Sinne; BERGER/KELLERHALS, Rz 1452);

- *nicht* (bzw. nicht vollständige) *fristgerechte Leistung* des Kostenvorschusses durch eine Partei trotz Androhung des Wahlrechts (wobei der Grund für die Nichtleistung irrelevant ist, JOLIDON, Art. 30 KSG N 62);

- die *andere Partei hat ihren Kostenvorschuss tatsächlich geleistet*.

b) Die nicht säumige Partei bezahlt den gesamten Kostenvorschuss

22 Durch Bezahlung auch des von der säumigen Partei geschuldeten Kostenvorschusses stellt die nicht säumige Partei die **Fortsetzung** des Schiedsverfahrens sicher. Das Schiedsgericht ist gehalten, das Verfahren (wieder) aufzunehmen, sobald die nicht

säumige Partei den gesamten Kostenvorschuss tatsächlich und fristgerecht bezahlt hat (JOLIDON, Art. 30 KSG N 64 lit. a).

Es stellt sich in diesem Zusammenhang die Frage, ob die nicht säumige Partei vom Schiedsgericht den **Erlass eines (vollstreckbaren) Schiedsurteils** verlangen kann, welches die säumige Partei zur sofortigen Erstattung des auf sie entfallenen Kostenanteils verpflichtet, so dass die nicht säumige Partei m.a.W. die Möglichkeit erhält, diesen Kostenanteil schon *vor* dem Endschiedsspruch zurück erstattet zu erhalten (wie dies etwa Art. 24 Abs. 3 LCIA Rules vorsieht). Diese Frage ist (insb. auch im Bereich der internationalen Schiedsgerichtsbarkeit) umstritten (vgl. etwa FAVRE-BULLE, 227 ff.; BERNET, 14 f.; SECOMB, 59 ff.; Zuberbühler/Müller/Habegger-STACHER, Art. 41 N 19 f.; BGer, 4P.2/2003, E. 3 = ASA Bull 2003, 822 ff., 824 ff.) – sie ist zu bejahen, wenn die Parteien (direkt in der Schiedsvereinbarung oder durch Verweis auf eine entsprechende Schiedsordnung) eine anteilsmässige Kostenvorschusspflicht vereinbart haben bzw. wenn das Schiedsgericht die Parteien i.S.v. Art. 378 Abs. 1 i.f. zur anteilsmässigen Bezahlung verpflichtet hat (vgl. Zuberbühler/Müller/Habegger-STACHER, Art. 41 N 20; GAILLARD/SAVAGE, Rz 1254; BSK IPRG-WENGER/MÜLLER, Art. 178 N 82, welche gar eine [implizite] Pflicht der Parteien zur Leistung eines anteilsmässigen Kostenvorschusses annehmen; a.M. BÜHLER, 290 ff.; JOLIDON, Art. 30 KSG N 64; LALIVE/POUDRET/REYMOND, Art. 30 KSG N 3 i.f., nach welchen sich ein Rückgriffsrecht erst aus dem endgültigen Kostenentscheid ergeben kann; RÜEDE/HADENFELDT, 225, nach welchen der nicht säumigen Partei für den an Stelle der säumigen Partei geleisteten Kostenanteil mangels Solidarschuld bez. des Kostenvorschusses kein Rückgriffsrecht gegen die säumige Partei zusteht, «solange kein die Kostenpflicht endgültig regelnder Schiedsspruch ergangen ist»; FAVRE-BULLE, 242; BERGER/KELLERHALS, Rz 1458 und BERNET, 15, wonach die Anordnung der sofortigen Rückerstattung eines geleisteten Vorschusses wegen des bloss provisorischen Charakters der anteilsmässigen Kostenvorschusspflicht nur über eine materiell- oder prozessrechtliche vorsorgliche Massnahme zulässig sei). Anders präsentiert sich die Sachlage allerdings, wenn für Klage und Widerklage je separate Kostenvorschüsse festgelegt werden (vgl. Art. 41 Abs. 2 Swiss Rules und Art. 30 Abs. 2 Satz 3 und Abs. 3 Satz 4 ICC Rules); bezahlt eine Partei diesfalls ihren Teil des getrennten Kostenvorschusses nicht oder handelt es sich bei der klagenden Partei um eine «empty shell» (BSK IPRG-WENGER/MÜLLER, Art. 178 N 82 m.H. auf den Schiedsentscheid der Genfer Handelskammer vom 25.9.1997, ASA Bull 2001, 745 ff., 749), so wird ihre Klage einfach nicht behandelt (JARVIN, 157).

Einige Autoren gestehen der nicht säumigen Partei gar das **Recht** zu, gegen die säumige Partei **auf Zahlung** des von Letzterer geschuldeten Kostenanteils **zu klagen**, ohne vorher den betr. Betrag selbst vorschiessen zu müssen (FADLALLAH, 57; FAVRE-BULLE, 239; BSK IPRG-WENGER/MÜLLER, Art. 178 N 82).

Beziffert die Schiedsvereinbarung bereits die Kostenvorschüsse, so könnte die Schiedsvereinbarung grundsätzlich als **provisorischer Rechtsöffnungstitel** taugen (BRATSCHI/BRINER, 105; a.M. LALIVE/POUDRET/REYMOND, Art. 30 KSG N 2 i.f.).

c) Die nicht säumige Partei verzichtet auf das Schiedsverfahren

Der **Verzicht** der nicht säumigen Partei auf das Schiedsverfahren ist **formlos möglich** – er kann mithin auch dadurch erfolgen, dass die nicht säumige Partei den Kostenanteil der anderen Partei nicht innert der vom Schiedsgericht angesetzten Frist bezahlt (JOLIDON, Art. 30 KSG N 63).

aa) Grundsatz: Recht der nicht säumigen Partei, ein neues Schiedsverfahren einzuleiten oder Klage vor dem staatlichen Gericht zu erheben

27 Abs. 2 Satz 2 bestimmt nunmehr (in Abweichung zu Art. 30 Abs. 2 KSG), dass die nicht säumige Partei, welche sich infolge Nichtleistung des Kostenvorschusses durch die Gegenpartei für den Verzicht auf das Schiedsverfahren entscheidet, zwischen der Einleitung eines neuen Schiedsverfahrens und der Erhebung einer Klage vor dem staatlichen Gericht **wählen kann** – mithin fällt die Schiedsvereinbarung infolge Nichtleistung des Kostenvorschusses nicht mehr automatisch dahin (BOTSCHAFT ZPO, 7401), und die säumige Partei bleibt – will sie später angriffsweise gegen die nicht säumige Partei vorgehen – an die Schiedsvereinbarung gebunden (KELLERHALS, 396; BERGER/KELLERHALS, Rz 1455).

28 Es fragt sich aber, ob dieser Grundsatz – von Prozessarmut der säumigen Partei abgesehen (vgl. unten N 30) – auch für den säumigen Kläger gelten kann. Wie PERRET (Arbitrage interne, 145 f.) zu Recht ausführt, scheint der Gesetzgeber nur den säumigen Beklagten im Auge gehabt zu haben. Für den Fall des säumigen Klägers sollte demgegenüber das Dahinfallen der Schiedsvereinbarung die Rechtsfolge sein, wie auch das Wahlrecht stets nur der nicht säumigen Partei zustehen sollte (POUDRET, Arbitrage interne, 162).

29 Auf den Verzicht der nicht säumigen Partei hin hat das Schiedsgericht das Verfahren durch **Abschreibungsentscheid** für beendigt zu erklären (BERGER/KELLERHALS, Rz 1454; a.M. RÜEDE/HADENFELDT, 226 und KGer GR vom 15.5.1986, ASA Bull 1988, 66 f. [Nichteintretensentscheid]). Mangels abweichender Parteivereinbarung hat das Schiedsgericht im Abschreibungsentscheid über die Höhe und die Verteilung der Verfahrenskosten und über eine allfällige Parteientschädigung zu befinden (BERGER/KELLERHALS, Rz 1454; JOLIDON, Art. 30 KSG N 73; LALIVE/POUDRET/REYMOND, Art. 30 KSG N 4; vgl. auch KGer GR vom 15.5.1986, ASA Bull 1988, 66 f., wonach die Kosten nicht notwendigerweise beiden Parteien hälftig auferlegt werden müssen, sondern berücksichtigt werden könne, dass die säumige Partei durch ihr Verhalten den Verzicht auf das Schiedsverfahren provozierte und damit die unnütz gewordenen Aufwendungen für das Schiedsverfahren verursachte). Unter Vollstreckungsgesichtspunkten sollte ein solcher Kosten- und Entschädigungsentscheid in die Form eines Schiedsspruches gekleidet werden.

bb) Ausnahme bei Prozessarmut der säumigen Partei

30 Der Grundsatz, nach welchem die **säumige Partei** an die Schiedsvereinbarung gebunden bleibt, bedarf dann einer Ausnahme, wenn die betr. Partei infolge **Prozessarmut** den von ihr zu leistenden Kostenvorschuss nicht bezahlen *kann* (KELLERHALS, 396 FN 36; BERGER/KELLERHALS, Rz 1455 FN 26). Gerade weil die unentgeltliche Rechtspflege im Schiedsverfahren nach Art. 380 ausgeschlossen ist (vgl. hierzu unten Art. 380 N 1 ff.), erscheint es in Fällen der Prozessarmut der säumigen Partei gerechtfertigt, von Abs. 2 Satz 2 abzuweichen (KELLERHALS, a.a.O.). Denkbar wäre etwa, der säumigen Partei diesfalls ein **Recht auf Kündigung der Schiedsvereinbarung aus wichtigem Grund** einzuräumen (BERGER/KELLERHALS, a.a.O. und Rz 572).

V. Abrechnung

31 Nach Abschluss ihrer Tätigkeit (spätestens im Endschiedsspruch bzw. im Abschreibungsbeschluss) müssen die Mitglieder des Schiedsgerichts **über die geleisteten Kostenvorschüsse abrechnen** (RÜEDE/HADENFELDT, 225; BERGER/KELLERHALS, Rz 1459;

vgl. auch Art. 41 Abs. 5 UNCITRAL Rules; Art. 41 Abs. 5 Swiss Rules). Die geleisteten Kostenvorschüsse sollen gemeinsam die Verfahrenskosten decken (RÜEDE/HADENFELDT, a.a.O.) – das Schiedsgericht ist allerdings nicht gehindert, im Schiedsspruch Kosten festzusetzen, welche die geleisteten Vorschüsse übersteigen (KGer VD vom 21.6.1995, ASA Bull 1998, 423 E. 3b; vgl. auch Zuberbühler/Müller/Habegger-STACHER, Art. 41 N 22). Sollte der Kostenvorschuss die gemäss Vereinbarung für die tatsächlich erbrachte Arbeit geschuldeten Schiedsrichterhonorare übersteigen, sind die Mitglieder des Schiedsgerichts zur **Rückerstattung des Überschusses an die Parteien** verpflichtet (BERGER/ KELLERHALS, a.a.O.; Zuberbühler/Müller/Habegger-STACHER, Art. 41 N 21) – und zwar im Verhältnis zum von den Parteien je geleisteten Vorschuss, unabhängig vom Ausgang des Verfahrens (Zuberbühler/Müller/Habegger-STACHER, a.a.O.).

Insoweit die obsiegende Partei auch den Kostenvorschuss der anderen Partei bezahlt hat und die Verfahrenskosten alleine hieraus gedeckt werden, muss das Schiedsgericht der obsiegenden Partei im Verhältnis ihres Obsiegens ein **Rückgriffsrecht** gegen die unterliegende Partei gewähren (BERGER/KELLERHALS, Rz 1486; Zuberbühler/Müller/ Habegger-STACHER, a.a.O.; vgl. auch BAUMGARTNER, 335). 32

Art. 379

Sicherstellung der Parteientschädigung	**Erscheint die klagende Partei zahlungsunfähig, so kann das Schiedsgericht auf Antrag der beklagten Partei verfügen, dass deren mutmassliche Parteientschädigung innert bestimmter Frist sicherzustellen ist. Für die beklagte Partei gilt Artikel 378 Absatz 2 sinngemäss.**
Sûretés pour les dépens	Si le demandeur paraît insolvable, le tribunal arbitral peut ordonner, sur demande du défendeur, que des sûretés soient fournies pour ses dépens présumés dans un délai déterminé. L'art. 378, al. 2, est applicable par analogie.
Cauzione per le spese ripetibili	Se risulta che l'attore è insolvente, il tribunale arbitrale può, su richiesta del convenuto, disporre che per le costui spese ripetibili presumibili sia prestata cauzione entro un dato termine. Al convenuto si applica per analogia l'articolo 378 capoverso 2.

Inhaltsübersicht   Note

I.   Normzweck und Grundlagen 1

II. Allgemeines 2
     1. Begriff und sachlicher Anwendungsbereich 2
     2. Rechtsnatur der Kautionsverfügung 3
     3. Zuständigkeit für den Erlass einer Kautionsverfügung 4
     4. Antragsberechtigte 5

III. Voraussetzungen für den Erlass einer Kautionsverfügung 6
     1. Verfügungsanspruch 7
     2. Verfügungsgrund 9

IV. Umfang der Prozesskaution 13

V.   Folgen der Nichtleistung der Prozesskaution 17

Literatur

P. BAUMGARTNER, Die Kosten des Schiedsgerichtsprozesses, Diss. Zürich 1981; B. BERGER, Prozesskostensicherheit (cautio iudicatum solvi) im Schiedsverfahren, ASA Bull 2004, 9 ff.; M. BERNET, Schiedsgericht und Konkurs einer Partei, in: Rechtssetzung und Rechtsdurchsetzung, FS für Franz Kellerhals, Bern 2005, 3 ff.; E. GAILLARD/J. SAVAGE (Hrsg.), Fouchard/Gaillard/Goldman on International Commercial Arbitration, Den Haag 1999; P. A. KARRER/M. DESAX, Security for costs in international arbitration – Why, when, and what if ..., in: R. Briner et al. (Hrsg.), Law of international business and dispute settlement in the 21st century, Liber Amicorum Karl-Heinz Böckstiegel, Köln/Berlin/Bonn/München 2001, 339 ff.; CH. MÜLLER, International arbitration: A guide to the complete Swiss case law (unreported and reported), Zürich 2004; J.-F. POUDRET/S. BESSON, Comparative Law of International Arbitration, 2. Aufl., Zürich 2007; O. SANDROCK, The cautio judicatum solvi in arbitration proceedings ort he duty of an alien claimant to provide security for the costs of the defendant, JIntArb 1997, 17 ff.; M. C. VEIT, Security for costs in international arbitration – some comments to procedural order no. 14 of 27 November 2002, ASA Bull 2005, 116 ff.; M. WIRTH, Interim or preventive measures in support of international arbitration in Switzerland, ASA Bull 2000, 31 ff.

I. Normzweck und Grundlagen

1 **Art. 379** ist neu – weder das KSG noch das IPRG enthalten eine entsprechende Bestimmung. Erklärte der Vorentwurf der ZPO (im Einklang mit der älteren Lehre, vgl. etwa BAUMGARTNER, 92 ff.; JOLIDON, Art. 30 KSG N 43; LALIVE/POUDRET/REYMOND, Art. 30 KSG N 1; GULDENER, Das internationale und interkantonale Zivilprozessrecht der Schweiz, Zürich 1951, 611) die Sicherstellung der Parteientschädigung im Bereich der Schiedsgerichtsbarkeit noch für unzulässig (vgl. hierzu die knappe Bemerkung der Expertenkommission, Bericht VE-ZPO, 175), wurde auf Kritik im Vernehmlassungsverfahren hin (vgl. Vernehmlassung ZPO, 814 f. sowie BERGER, 19 f.) und im Einklang mit der neueren Lehre (vgl. etwa BERGER, 14; KARRER/DESAX, 343; POUDRET/BESSON, Rz 610 und 628; SANDROCK, 20) und Rechtsprechung (vgl. die zahlreichen Hinweise bei KARRER/DESAX, 343 FN 13; BERGER/KELLERHALS, Rz 1461 FN 40 und bei BERNET 16 f.) eine Bestimmung über die Sicherstellung der Parteientschädigung in die ZPO aufgenommen (BOTSCHAFT ZPO, 7401).

II. Allgemeines

1. Begriff und sachlicher Anwendungsbereich

2 Unter Prozesskaution bzw. *cautio iudicatum solvi* ist im vorliegenden Zusammenhang die **Sicherstellung** des allfälligen Anspruchs der beklagten Partei auf Ersatz ihrer **Parteikosten** zu verstehen (BERGER, 4). Hingegen erstreckt sich die Kautionspflicht unter Geltung des Art. 379 *nicht* auf einen allfällig geleisteten Kostenvorschuss i.S.v. Art. 378.

2. Rechtsnatur der Kautionsverfügung

3 Mit dem Antrag auf Sicherstellung der Parteientschädigung bezweckt die antragstellende Partei die sofortige Abwendung einer drohenden Rechtsgefährdung; die Kautionsverfügung soll deshalb die spätere Realerfüllung einer gefährdeten Rechtsposition sicherstellen (BERGER, 10; BERGER/KELLERHALS, Rz 1462). Wegen dieses Sicherungszwecks stellt die Kautionsverfügung eine **vorsorgliche Massnahme** (Sicherungs- oder Erhaltungsmassnahme) dar (BERGER, 10 ff.; BERGER/KELLERHALS, a.a.O.; POUDRET/BESSON, Rz 610 und 628; WIRTH, 36; **a.M.** Zuberbühler/Müller/Habegger-STACHER, Art. 41 N 24, welcher auf die Zuständigkeit des Schiedsgerichts zur Beurteilung von Streitigkeiten aus der Schiedsvereinbarung und den Verfahrensgrundsatz von Treu und Glauben abstellt).

5. Titel: Das Schiedsverfahren

3. Zuständigkeit für den Erlass einer Kautionsverfügung

Zuständig für den Erlass vorsorglicher Massnahmen wie der Kautionsverfügung ist gem. Art. 374 Abs. 1 das **staatliche Gericht oder**, sofern die Parteien nichts anderes vereinbart haben, das **Schiedsgericht** (anders demgegenüber noch Art. 26 Abs. 1 KSG; vgl. hierzu auch die in England durch den Entscheid des House of Lords aus dem Jahre 1994 im Fall Ken-Ren [zit. von GAILLARD/SAVAGE, Rz 1256 FN 152; KARRER/DESAX, 353 und SANDROCK, 30] ausgelöste heftige Kontroverse). Die **Zahlungsmodalitäten** werden ebenfalls durch das die Kautionsverfügung erlassende Gericht festgelegt (KARRER/DESAX, 349 f.).

4. Antragsberechtigte

Nach Art. 379 steht nur der **beklagten Partei** bei gegebenen Voraussetzungen ein Recht auf Sicherstellung ihrer Parteientschädigung zu. Mit BERGER/KELLERHALS (Rz 1461 FN 42) ist festzuhalten, dass auch Fälle denkbar sind, in welchen die *klagende* Partei berechtigt ist, Sicherstellung ihrer Parteientschädigung zu verlangen (wie etwa bei absichtlicher Vermögensentäusserung seitens der beklagten Partei). Der Wortlaut von Art. 379, wonach nur die beklagte Partei antragsberechtigt ist, verstösst insofern gegen das von Art. 373 Abs. 4 garantierte und zwingende Gleichbehandlungsgebot der Parteien (hierzu Art. 373 N 61 ff.) und vermag nicht zu befriedigen. Deshalb rechtfertigt es sich, entweder Art. 379 gegen seinen Wortlaut auszulegen und bei gegebenen Voraussetzungen auch der **klagenden Partei** ein Recht auf Sicherstellung ihrer Parteientschädigung zuzugestehen oder ein solches Recht für die klagende Partei aus der schiedsgerichtlichen Kompetenz zum Erlass von vorsorglichen Massnahmen gemäss Art. 374 abzuleiten.

III. Voraussetzungen für den Erlass einer Kautionsverfügung

Der Anspruch auf Erlass einer Kautionsverfügung (als vorsorgliche Massnahme) setzt einerseits einen **Verfügungsanspruch**, d.h. den Bestand eines rechtlich geschützten Anspruchs und andererseits einen **Verfügungsgrund**, d.h. ein Recht auf sofortigen Schutz dieses Anspruchs bei Gefahr im Verzug, voraus (BERGER, 12; BERGER/KELLERHALS, Rz 1465; WIRTH, 37 f.; s.o. Art. 374 N 15).

1. Verfügungsanspruch

Ein Verfügungsanspruch ist gegeben, wenn die im Schiedsverfahren (mehrheitlich) obsiegende gegen die (mehrheitlich) unterliegende Partei auf Antrag hin einen **Anspruch auf Ersatz ihrer Parteikosten** hat (BERGER/KELLERHALS, Rz 1466). Ob und in welchem Umfang der obsiegenden Partei ein solcher Anspruch zusteht, bestimmt sich primär nach der *Parteivereinbarung* (BERGER/KELLERHALS, a.a.O.).

Die ZPO enthält im dritten Teil über die Binnenschiedsgerichtsbarkeit (wie zuvor auch das KSG) keine Regelung hinsichtlich der Verlegung der Verfahrens- und Parteikosten – Art. 384 Abs. 1 lit. f bestimmt lediglich, dass der Schiedsspruch u.a. auch «die Höhe und die Verteilung der Verfahrenskosten und der Parteientschädigung» zu enthalten habe. Fehlt eine entsprechende Parteivereinbarung, wird die Verlegung der Verfahrens- und Parteikosten weitgehend im **Ermessen des Schiedsgerichts** liegen (BERGER/KELLERHALS, a.a.O.). Dennoch dürfte insb. im Bereich der Binnenschiedsgerichtsbarkeit unbestritten sein, dass bei fehlender anders lautender Parteivereinbarung «die obsiegende Partei gegen die unterliegende Partei einen Anspruch auf Ersatz ihrer Parteikosten hat», weshalb hier ein *Verfügungsanspruch regelmässig gegeben* sein wird (BERGER, 14).

2. Verfügungsgrund

9   Ein Verfügungsgrund liegt andererseits vor, wenn die antragstellende Partei eine **Vereitelung oder** zumindest eine **erhebliche Gefährdung ihres Verfügungsanspruchs** («nicht leicht wiedergutzumachender Nachteil») bei nicht sofortiger Sicherstellung glaubhaft macht (BERGER, 13; BERGER/KELLERHALS, Rz 1467).

10 Stets vorauszusetzen ist, dass sich die **Verhältnisse** zwischen den Parteien seit Abschluss der Schiedsvereinbarung **fundamental geändert** haben (KARRER/DESAX, 345 und 347; SANDROCK, 30; Zuberbühler/Müller/Habegger-STACHER, Art. 41 N 26; zum Sonderfall, in welchem die beklagte Partei die Zuständigkeit des angerufenen Schiedsgerichts mit dem Argument bestreitet, sie sei nicht Partei der Schiedsvereinbarung; vgl. Procedural Order No. 14 vom 27.11.2002, ASA Bull 2005, 108 E. 4.9 und hierzu VEIT, 116 ff.).

11 Als einzigen Verfügungsgrund (und somit als Anwendungsfall einer solchen fundamentalen Änderung der Verhältnisse) nennt Art. 379 die **Zahlungsunfähigkeit** der klagenden Partei (vgl. hierzu BERNET, 15 ff.). Die Annahme von Zahlungsunfähigkeit sollte indes nicht leichtfertig erfolgen – der blosse Umstand, dass ein Konkurs- oder ein Nachlassverfahren eröffnet wurde, dürfte hierfür nicht genügen (denn solange in der Konkurs- oder Nachlassmasse genügend Aktiven zur Deckung des allfälligen Anspruchs der antragstellenden Partei vorhanden sind, ist dieser Anspruch nicht gefährdet und fehlt es folglich am Verfügungsgrund [BERGER, 16; BERGER/KELLERHALS, Rz 1468; GAILLARD/SAVAGE, Rz 1256; POUDRET/BESSON, Rz 610; Zuberbühler/Müller/Habegger-STACHER, Art. 41 N 27; Procedural Order No. 14 vom 27.11.2002, ASA Bull 2005, 108 E. 4.9 und hierzu VEIT, 116 ff.]). Hingegen dürfte bei Einstellung eines Konkurses mangels Aktiven sowie bei Vorhandensein eines provisorischen oder definitiven Verlustscheines von Zahlungsunfähigkeit ausgegangen werden BERGER, 15 f.; BERGER/KELLERHALS, a.a.O.; Zuberbühler/Müller/Habegger-STACHER, a.a.O.).

12 Insofern Art. 379 einzig die Zahlungsunfähigkeit der klagenden Partei als Verfügungsgrund nennt, erweist sich diese Bestimmung als zu eng (BERGER/KELLERHALS, Rz 1461 FN 42) – denkbar wären nämlich noch zahlreiche **andere Verfügungsgründe** (wie etwa [jeweils in Verbindung mit einem kollusiven, d.h. gegen das Gebot von Treu und Glauben verstossenden Verhalten] Klagen durch sog. *«Special Purpose Vehicles»*, Klagen nach erfolgter Vermögensentäusserung oder [Wohn-]Sitzverlegung der Klägerin in einen Staat, in welchem die Vollstreckung von Schiedssprüchen nicht gewährleistet oder erheblich erschwert ist [BERGER, 16 f.; BERGER/KELLERHALS, Rz 1469 ff.]). Es kann als verfehlt bezeichnet werden, im Bereiche der Schiedsgerichtsbarkeit einen Verfügungsgrund gesetzlich zu fixieren – vielmehr «müssen die Verfügungsgründe im ungeschriebenen Recht gesucht oder im Wege richterlicher Rechtsfortbildung gefunden werden» (BERGER, 20). Dies ist umso mehr der Fall, als Art. 99 Abs. 1 lit. d für den staatlichen Richter eine Generalklausel bereithält. Aus dem Gleichbehandlungsgebot der Parteien, dem Gebot des Handelns nach Treu und Glauben sowie der (schieds-)gerichtlichen Kompetenz zum Erlass vorsorglicher Massnahmen (Art. 374) muss entsprechend folgen, dass es dem die Kautionsverfügung erlassenden Schiedsgericht gestattet sein muss, nicht nur bei Zahlungsunfähigkeit der klagenden Partei, sondern auch in anderen Fällen eine Sicherstellung der Parteientschädigung zu verfügen, wenn diese als erheblich gefährdet erscheint.

IV. Umfang der Prozesskaution

13 Die Höhe der Prozesskaution hat gemäss h.L. dem **Betrag der mutmasslichen Parteientschädigung** zu entsprechen, darf nach der hier vertretenen Auffassung infolge der Charakterisierung als vorsorgliche Massnahme aber bereits entstandene Parteikosten

– welche entsprechend nicht mehr sichergestellt werden können – nicht zu umfassen (BERGER, 17; BERGER/KELLERHALS, Rz 1474; MÜLLER, 198; Zuberbühler/Müller/Habegger-STACHER, Art. 41 N 27; BGE 79 II 295 E. 3; 118 II 87 E. 2). Nach Art. 379 *nicht* sicherstellungspflichtig ist hingegen ein von der antragstellenden Partei allenfalls geleisteter Vorschuss für die Verfahrenskosten gemäss Art. 378 (hierzu krit. BERGER/KELLERHALS, Rz 1461 FN 42).

Kriterien für die Bestimmung der Höhe der mutmasslichen Parteientschädigung sind u.a. die Komplexität der Sache, der Streitwert des Klagebegehrens und der mutmassliche Umfang des Beweisverfahrens (BERGER, 17; BERGER/KELLERHALS, Rz 1474). *Nicht* zu berücksichtigen sind hingegen der Aufwand für eine allfällige Widerklage sowie der Aufwand für ein allfälliges späteres Rechtsmittelverfahren (BERGER, a.a.O.; BERGER/KELLERHALS, a.a.O.).

14

Bestehen **mehrere klagende Parteien**, so wird das Schiedsgericht – falls keine Streitgenossenschaft besteht – die Höhe der von den einzelnen Parteien (welche die Voraussetzungen erfüllen) zu leistenden Prozesskaution im Verhältnis ihres jeweiligen Streitwerts zum gesamten Streitwert festsetzen. Haben sich die einzelnen Parteien zu einer Streitgenossenschaft verbunden, so haften die betr. Parteien hingegen gemeinsam für die gesamte geschuldete Prozesskaution (Zuberbühler/Müller/Habegger-STACHER, Art. 41 N 7 analog; vgl. auch KARRER/DESAX, 349).

15

Sollte absehbar sein, dass das Verfahren länger dauert, empfiehlt es sich, die **Prozesskaution schrittweise zu erhöhen**, «damit die sicherstellungspflichtige Partei durch die so gebundenen Mittel nicht über Gebühr belastet wird» (BERGER, 17; BERGER/KELLERHALS, Rz 1475).

16

V. Folgen der Nichtleistung der Prozesskaution

Hinsichtlich der Folgen der Nichtleistung der Prozesskaution durch die klagende Partei verweist Art. 379 auf **Art. 378 Abs. 2**. Die beklagte Partei kann folglich auf das Schiedsverfahren verzichten und alsdann ein neues Schiedsverfahren einleiten oder Klage vor dem staatlichen Gericht erheben (vgl. zum Ganzen Art. 378 N 18 ff.; vgl. auch BERNET, 17; POUDRET/BESSON, Rz 593; Zuberbühler/Müller/Habegger-STACHER, Art. 41 N 28). Die Regelung *qua* Verweis ist insoweit etwas unglücklich und entsprechend eng auszulegen, als dass die Pflicht der Parteien zur Leistung eines Kostenvorschusses *gegenüber den Mitgliedern des Schiedsgerichts*, die Pflicht der einen Partei zur Leistung einer Prozesskaution hingegen *gegenüber der anderen* besteht und somit die Nichtleistung in diesen beiden Fällen nicht gleich behandelt werden sollte (KARRER/DESAX, 352).

17

Art. 380

Unentgeltliche Rechtspflege	Die unentgeltliche Rechtspflege ist ausgeschlossen.
Assistance judiciaire	L'assistance judiciaire est exclue.
Gratuito patrocinio	Il gratuito patrocinio è escluso.

Inhaltsübersicht

	Note
I. Normzweck und Grundlagen	1
II. Sachlicher Anwendungsbereich	3
III. Begriff der unentgeltlichen Rechtspflege	4
IV. Verfassungs- und Grundrechtskonformität	5
1. Ausgangslage	5
2. Anspruch auf unentgeltliche Rechtspflege nach Art. 29 Abs. 3 BV	6
3. Rechtsweggarantie nach Art. 6 Ziff. 1 EMRK; Art. 14 Abs. 1 UNO-Pakt II und Art. 29a BV	10

Literatur

A. BÜHLER, Die neuere Rechtsprechung im Bereiche der unentgeltlichen Rechtspflege, SJZ 1998, 225 ff.; C. FAVRE, L'assistance judiciaire gratuite en droit suisse, Diss. Lausanne 1989; A. HÄFLIGER, Alle Schweizer sind vor dem Gesetze gleich, Bern 1985, 115 ff.; C. KISS, Rechtsweggarantie und Totalrevision der Bundesrechtspflege, ZBJV 1998, 288 ff.; A. KLEY-STRULLER, Der Anspruch auf unentgeltliche Rechtspflege – Die aktuelle Rechtsprechung des Bundesgerichts zu Art. 4 Abs. 1 BV und der Organe der Europäischen Menschenrechtskonvention zu Art. 6 EMRK, AJP 1995, 179 ff.; S. MEICHSSNER, Das Grundrecht auf unentgeltliche Rechtspflege (Art. 29 Abs. 3 BV), Diss. Basel 2008; M. MÜLLER, Die Rechtsweggarantie – Chancen und Risiken, ZBJV 2004, 161 ff.; J. P. MÜLLER/M. SCHEFER, Grundrechte in der Schweiz, 4. Aufl., Bern 2008; M. E. VILLIGER, Handbuch der Europäischen Menschenrechtskonvention (EMRK), 2. Aufl., Zürich 1999; P. WAMISTER, Die unentgeltliche Rechtspflege, die unentgeltliche Verteidigung und der unentgeltliche Dolmetscher unter dem Gesichtswinkel von Art. 4 BV und Art. 6 EMRK, Diss. Basel 1983.

I. Normzweck und Grundlagen

1 **Art. 380** ist **neu** – weder das KSG noch das IPRG äussern sich zur unentgeltlichen Rechtspflege im Schiedsverfahren. Bereits der Vorentwurf der ZPO bestimmte, dass die unentgeltliche Rechtspflege im Verfahren vor Schiedsgerichten ausgeschlossen sei (Art. 105 Abs. 2 lit. c VE-ZPO). Aus systematischen Gründen wurde diese Bestimmung in den Teil über die Schiedsgerichtsbarkeit verschoben (BOTSCHAFT ZPO, 7401).

2 Der Ausschluss der unentgeltlichen Rechtspflege wird mit Bezugnahme auf deren Natur begründet: «[L]'Etat n'a pas à faciliter l'accès à des tribunaux qui ne dépendent pas de lui» (BGE 99 Ia 325 E. 3b).

II. Sachlicher Anwendungsbereich

3 Aus Art. 380 geht nicht ohne weiteres hervor, ob die unentgeltliche Rechtspflege auch in schiedsgerichtsbezogenen Verfahren vor *staatlichen* Gerichten (wie etwa im Verfahren der Ernennung der Mitglieder des Schiedsgerichts nach Art. 362) ausgeschlossen sein soll – auf Grund seiner systematischen Stellung im Titel über die Schiedsgerichtsbarkeit ist aber davon auszugehen, dass die Ausnahme auch solche Verfahren beschlägt (vgl. Vernehmlassung ZPO, 309).

III. Begriff der unentgeltlichen Rechtspflege

4 Die **unentgeltliche Rechtspflege** ist als Oberbegriff für unentgeltliche Prozessführung einerseits und für unentgeltliche Rechtsverbeiständung andererseits zu verstehen (MEICHSSNER, 3 f.; MÜLLER/SCHEFER, 895; HÄFELIN/HALLER/KELLER, Rz 841 ff.; ab-

weichende Terminologie bei SGK BV-STEINMANN, Art. 29 N 35, welcher die unentgeltliche Rechtspflege nebst der unentgeltlichen Verbeiständung als *Unter*begriff der unentgeltlichen Prozessführung versteht).

IV. Verfassungs- und Grundrechtskonformität

1. Ausgangslage

Verfügt die *klagende* Partei nicht über genügend Mittel, um den ihr vom Schiedsgericht 5
nach Art. 378 Abs. 1 auferlegten Kostenvorschuss zu bezahlen, kann die *beklagte* Partei nach ihrer Wahl auch diesen Kostenvorschuss bezahlen oder auf das Schiedsverfahren verzichten (Art. 378 Abs. 2; vgl. Art. 378 N 18 ff.). Dieses Wahlrecht steht entsprechend dem Wortlaut von Art. 378 Abs. 2 nur der *nicht* säumigen, nicht aber der säumigen Partei zu. Leistet nun die klagende Partei den ihr auferlegten Kostenvorschuss nicht, und wird dieser auch nicht von der beklagten Partei bezahlt, so wird das Schiedsgericht auf die Klage nicht eintreten, und es stellt sich insofern unter dem verfassungsrechtlichen **Anspruch auf unentgeltliche Rechtspflege** sowie der verfassungsrechtlichen **Rechtsweggarantie** die Frage, ob nicht auch der mittellosen klagenden Partei die Möglichkeit zugestanden werden müsste, sich von der Schiedsvereinbarung durch Kündigung zu lösen, um Klage vor dem staatlichen Gericht einleiten und alsdann ein Gesuch um unentgeltliche Rechtspflege stellen zu können (vgl. auch BERGER/KELLERHALS, Rz 1043; s. Art. 378 N 30).

2. Anspruch auf unentgeltliche Rechtspflege nach Art. 29 Abs. 3 BV

a) Persönlicher Geltungsbereich

Der Anspruch auf unentgeltliche Rechtspflege ist als verfahrensrechtliches Sozial- 6
recht auf **natürliche Personen** (unabhängig von ihrer Staatsangehörigkeit und ihrem Wohnsitz) zugeschnitten (BÜHLER, 227; SGK BV-STEINMANN, Art. 29 N 36; HÄFELIN/HALLER/KELLER, Rz 840a; HÄFLIGER, 162 f.; KLEY-STRULLER, 183; MEICHSSNER, 30 ff.; MÜLLER/SCHEFER, 894 f.). **Juristische Personen** (des Privatrechts) sind indes ausnahmsweise dann antragsberechtigt, «wenn ihr einziges Aktivum im Streit liegt und neben ihr [ihnen] auch die wirtschaftlich Beteiligten mittellos sind» (BGE 131 II 306 E. 5.2.2; 119 Ia 337 E. 4c und e; BÜHLER, 228 f.; SGK BV-STEINMANN, Art. 29 N 36; KLEY-STRULLER, 183; MÜLLER/SCHEFER, 894 f.; krit. MEICHSSNER, 44 f., m.H. darauf, dass es sich bei der unentgeltlichen Rechtspflege nach Art. 29 Abs. 3 BV um ein soziales Grundrecht handle, das als solches ausschliesslich dem Menschen diene). Auch **Kollektiv- und Kommanditgesellschaften** geniessen Anspruch auf unentgeltliche Rechtspflege, vorausgesetzt, sowohl die Gesellschaft als auch sämtliche Gesellschafter (bei der Kommanditgesellschaft nur alle unbeschränkt haftenden Gesellschafter) sind selbst mittellos (BGE 124 I 241 E. 4d; 116 II 651 E. 2d; BÜHLER, 228; KLEY-STRULLER, 183 f.; MEICHSSNER, 47 f.; MÜLLER/SCHEFER, 895).

Nicht unter den persönlichen Geltungsbereich der unentgeltlichen Rechtspflege nach 7
Art. 29 Abs. 3 BV fällt hingegen die **Konkurs- bzw. Nachlassmasse** (BGE 131 II 306 E. 5.2.1; 125 V 371 E. 5c; BÜHLER, 228; HÄFLIGER, 163; MEICHSSNER, 49; MÜLLER/SCHEFER, 895).

b) Sachlicher Geltungsbereich

Der sachliche Geltungsbereich der unentgeltlichen Rechtspflege nach Art. 29 Abs. 3 BV 8
erstreckt sich auf das **gesamte** staatliche **Verfahren**, in welches die gesuchstellende Per-

son einbezogen ist, wobei die Rechtsnatur des betr. Verfahrens und die befasste Instanz (erst- oder oberinstanzlich) irrelevant ist (BGE 130 I 180 E. 2.2 und 3.2; 128 I 225 E. 2.3; 125 V 32 E. 4a; 123 I 145 E. 2b/aa; 122 I 267 E. 2a; 121 I 60 E. 2a/bb; 119 Ia 264 E. 3a; SGK BV-STEINMANN, Art 29 N 36; HÄFLIGER, 159 ff.; MEICHSSNER, 61; MÜLLER/SCHEFER, 899 f.; FAVRE, 115; vgl. auch den Überblick über die bundesgerichtliche Rechtsprechung bei KLEY-STRULLER, 179 ff. sowie bei BÜHLER, 225 ff.).

c) Fazit

9   Aus der Beschränkung des sachlichen Geltungsbereichs auf *staatliche* Verfahren folgt, dass sich ein Anspruch auf unentgeltliche Rechtspflege in **Schiedsgerichtsverfahren** nicht aus Art. 29 Abs. 3 BV ableiten lässt (SGK BV-STEINMANN, Art. 29 N 36; BÜHLER, 227; MEICHSSNER, 65; differenzierend HÄFLIGER, 164, der darauf hinweist, dass dies dann nicht ganz zu befriedigen mag, «wenn ein in bescheidenen finanziellen Verhältnissen lebender Käufer einen sog. Formularvertrag mit einer Schiedsabrede abgeschlossen hat»; BGE 99 Ia 325 E. 3b; vgl. auch BGE 121 I 321 E. 2b, in welchem das Bundesgericht die Ableitung eines Anspruchs auf unentgeltliche aussergerichtliche Rechtsberatung [im Hinblick auf den Abschluss einer Ehescheidungskonvention] aus Art. 4 aBV verneinte; ebenso FAVRE, 114; MÜLLER/SCHEFER, 896; krit. MARTIN, Probleme des Rechtsschutzes, ZSR 1988, 50 f.; differenzierend G. MÜLLER, Staatsrechtliche Rechtsprechung des Bundesgerichts der Jahre 1994 und 1995, ZBJV 1996, 715).

3. Rechtsweggarantie nach Art. 6 Ziff. 1 EMRK; Art. 14 Abs. 1 UNO-Pakt II und Art. 29a BV

a) Inhalt der Rechtsweggarantie

10 Im Rahmen der Justizreform wurde die Rechtsweggarantie als **Nachvollzug der Rechtsprechung zu Art. 6 Ziff. 1 EMRK** in die BV aufgenommen. Art. 14 Abs. 1 UNO-Pakt II statuiert eine parallele Garantie (SGK BV-KLEY, Art. 29a N 3 f.; MÜLLER, 165). Die Rechtsweggarantie umfasst «das Recht, die mit der Streitigkeit verbundenen Rechtsfragen und den ihr zugrunde liegenden Sachverhalt vollumfänglich von einem unabhängigen Gericht prüfen zu lassen» (SGK BV-KLEY, Art. 29a N 5). Die Anforderungen an die «richterliche Behörde» i.S.v. Art. 29a BV ergeben sich aus **Art. 30 BV** (MÜLLER/SCHEFER, 909; MÜLLER, 167). Namentlich muss es sich bei dem Gericht um eine «staatliche Rechtsprechungsinstanz mit richterlicher Unabhängigkeit» (KISS, 294) handeln.

b) Persönlicher Geltungsbereich

11 Nach Art. 29a BV fällt **«jede Person»** in den Schutzbereich der Rechtsweggarantie, mithin spielt weder die Staatsangehörigkeit, der Wohnsitz bzw. Sitz der betr. Person eine Rolle, noch ob es sich um eine natürliche oder juristische Person handelt (SGK BV-KLEY, Art. 29a N 10; MÜLLER/SCHEFER, 911).

c) Sachlicher Geltungsbereich

12 Die Rechtsweggarantie besteht ausschliesslich hinsichtlich **Rechtsstreitigkeiten** (SGK BV-KLEY, Art. 29a N 12 ff.; MÜLLER/SCHEFER, 911 ff.), wobei es bei der Rechtsweggarantie nach Art. 29a BV (im Gegensatz zu jener nach Art. 6 Ziff. 1 EMRK bzw. zu jener nach Art. 14 Abs. 1 UNO-Pakt II) keine Rolle spielt, welcher Rechtsbereich von der Streitigkeit betroffen ist (SGK BV-KLEY, Art. 29a N 14; KISS, 295; MÜLLER/SCHEFER, 907 und 911). Eine Rechtsstreitigkeit ist immer dann gegeben, «wenn der Einzelne in einem Interesse betroffen ist, das nicht rein faktischer Art ist, sondern vom Recht als

schützenswert anerkannt wird» (MÜLLER/SCHEFER, 912; **a.M.** KISS, 291 f. und MÜLLER, 173, welche Art. 29a BV streng prozessualistisch verstehen, insofern als eine Rechtsstreitigkeit nur vorliege, wenn sich die betr. Auseinandersetzung im Rahmen eines formellen Verfahrens abspielt).

d) Fazit

Zweck einer **Schiedsvereinbarung** ist es gerade, die Zuständigkeit staatlicher Gerichte auszuschliessen. Mit dem Abschluss einer Schiedsvereinbarung verzichten die Parteien somit auf die in Art. 6 Ziff. 1 EMRK (bzw. in Art. 14 Abs. 1 UNO-Pakt II bzw. in Art. 29a BV) enthaltene Rechtsweggarantie (VILLIGER, Rz 439). Die Schiedsvereinbarung lässt sich dann mit Art. 6 Ziff. 1 EMRK vereinbaren, «wenn sie freiwillig erfolgt und das nationale Recht gewisse Mindestgarantien eines fairen Verfahrens sichert bzw. die (staatliche) Aufhebung eines Schiedsurteils wegen Verfahrensmängeln ermöglicht» (VILLIGER, a.a.O.). Fragen lässt sich allerdings, ob solche Mindestgarantien durch einen absoluten Ausschluss der unentgeltlichen Rechtspflege für eine *mittellose klagende Partei* nicht unterlaufen werden. Mit BERGER/KELLERHALS, Rz 1043 (dort allerdings zur unentgeltlichen Verbeiständung) wäre deshalb zu fordern, dass für den Fall, dass eine klagende Partei nicht in der Lage ist, den Schiedsprozess selbst zu finanzieren (und die beklagte Partei den klägerischen Kostenvorschuss nicht bezahlt), die Aufkündigung der Schiedsvereinbarung zu gestatten ist und ihr zu erlauben wäre, die Streitsache – allenfalls – vor den staatlichen Gerichten auszutragen und dort vom Anspruch auf unentgeltliche Rechtspflege Gebrauch zu machen (vgl. auch RÜEDE/HADENFELDT, 209; s. Art. 378 N 30).

6. Titel: Schiedsspruch

Art. 381

Anwendbares Recht ¹ Das Schiedsgericht entscheidet:
    a. nach den Rechtsregeln, welche die Parteien gewählt haben; oder
    b. nach Billigkeit, wenn es von den Parteien dazu ermächtigt worden ist.

² Fehlt eine solche Wahl oder eine solche Ermächtigung, so entscheidet es nach dem Recht, das ein staatliches Gericht anwenden würde.

Droit applicable ¹ Le tribunal arbitral statue:
    a. selon les règles de droit choisies par les parties;
    b. en équité si les parties l'y ont autorisé.

² A défaut de choix ou d'autorisation, il statue selon le droit qu'une autorité judiciaire aurait appliqué.

Diritto applicabile ¹ Il tribunale arbitrale decide:
    a. secondo le regole di diritto scelte dalle parti; oppure
    b. secondo equità, se così autorizzato dalle parti.

² In mancanza di tale scelta o autorizzazione, il tribunale arbitrale decide secondo il diritto che sarebbe applicato da un tribunale statale.

Inhaltsübersicht

	Note
I. Normzweck und Grundlagen	1
II. Abgrenzung gegenüber internationaler Schiedsgerichtsbarkeit	5
III. Subjektive Anknüpfung: Rechtswahl der Parteien (Abs. 1)	8
1. Allgemeines	8
2. Wahl von Rechtsregeln durch die Parteien (lit. a)	9
3. Entscheid nach Billigkeit (Abs. 1 lit. b)	22
IV. Mangels Rechtswahl anwendbares Recht (Abs. 2)	25

Literatur

Vgl. die Literaturhinweise bei den Vorbem. zu Art. 353–399 sowie ST. V. BERTI, Zum Ausschluss der Schiedsgerichtsbarkeit aus dem sachlichen Anwendungsbereich des Luganer Übereinkommens, in: I. Schwander/W. A. Stoffel (Hrsg.), Beiträge zum schweizerischen und internationalen Zivilprozessrecht, Festschrift für Oscar Vogel zum 65. Geburtstag, Fribourg 1991, 337 ff.; M. BLESSING, Impact of the Extraterritorial Application of Mandatory Rules of Law on International Contracts, Basel 1999; M. BÜHLER/S. JARVIN, L'amiable compositeur: Peut-il laisser la question du droit applicable au fond indéterminée? in: F. Bohnet/P. Wessner (Hrsg.), Mélanges en l'honneur de François Knoepfler, Basel 2005, 325 ff.; D. BÜHR, Der internationale Billigkeitsschiedsspruch in der privaten Schiedsgerichtsbarkeit der Schweiz, Bern 1993; M. COURVOISIER, In der Sache anwendbares Recht vor internationalen Schiedsgerichten mit Sitz in der Schweiz, Zürich 2005; F. DASSER, Internationale Schiedsgerichte und lex mercatoria, Zürich 1989; DERS., Lex Mercatoria – Critical Comments on a Tricky Topic, Jusletter 6.1.2003; E. GAILLARD/J. SAVAGE (Hrsg.), Fouchard/

Gaillard/Goldman on International Commercial Arbitration, Den Haag 1999; A. FURRER/D. GIRSBERGER/K. SIEHR, Internationales Privatrecht, Allgemeine Lehren, SPR Bd. XI/1, Basel 2008; D. GIRSBERGER/U. M. WEBER-STECHER, Die Einrede der Wettbewerbsrechtswidrigkeit vor schweizerischen Schiedsgerichten, in: R. Forstmoser (Hrsg.), Festschrift für Roger Zäch zum 60. Geburtstag, Zürich 1999, 681 ff.; D. HOCHSTRASSER, Public and Mandatory Law in International Arbitration, in: E. Gaillard et al. (Hrsg.), Towards a Uniform International Arbitration Law? New York/Bern 2005, 7 ff.; G. KAUFMANN-KOHLER, Iura novit arbiter – Est-ce bien raisonnable? In: A. Heritier Lachat/L. Hirsch (Hrsg.), De Lege Ferenda – Etudes pour le Professeur Alain Hirsch, Geneva 2004, 71 ff.; G. KAUFMANN-KOHLER, The arbitrator and the law: does he/she know it? Apply it? How? And a few more questions, ASA Special Series 26 (2006), 87 ff.; G. KAUFMANN-KOHLER/A. RIGOZZI, When is a Swiss arbitration international?, Jusletter 7.10.2002; F. KELLERHALS/B. BERGER, Iura novit arbiter, in: E. Bucher/C.-W. Canaris/H. Honsell/T. Koller (Hrsg.), Festschrift für Wolfgang Wiegand zum 65. Geburtstag, Bern 2005, 387 ff.; F. KNOEPFLER, L'article 19 est-il adapté à l'arbitrage international? in: Etudes de droit international en l'honneur de Pierre Lalive, Basel/Frankfurt a.M. 1993, 531 ff.; F. LA SPADA, The Law Governing the Merits of the Dispute and Awards ex Aequo et Bono, in: G. Kaufmann-Kohler/B. Stucki (Hrsg.) International Arbitration in Switzerland, The Hague 2004, 115 ff.; J.-F. POUDRET, Présentation critique du projet de réglementation de l'arbitrage interne (art. 351 à 397 P-CPC), in: S. Lukic (Hrsg.), Le projet de Code de procédure civile fédérale, Lausanne 2008, 235 ff.; J.-F. POUDRET/S. BESSON, Comparative Law of International Arbitration, 2007; M. RUBINO-SAMMARTANO, Amiable Compositeur (Joint Mandate to Settle) and Ex Bono et Aequo (Discretional Authority to Mitigate Strict Law), J.Int.Arb. 1992 I, 5 ff.; A. K. SCHNYDER, Vertragsstatut und Eingriffsnormen in der internationalen Schiedsgerichtsbarkeit der Schweiz, in: W. Wiegand et al. (Hrsg.), Tradition mit Weitsicht, Festschrift für Eugen Bucher zum 80. Geburtstag, Bern/Zürich 2009, 683 ff. (zit. FS Bucher).

I. Normzweck und Grundlagen

Art. 381 regelt die Bestimmung des materiellen Rechts, welches einem Schiedsspruch in der Sache zugrunde liegt.

Die Bestimmung ist bewusst ähnlich gefasst wie Art. 187 IPRG, der für die schweizerische internationale Schiedsgerichtsbarkeit anwendbar ist. Der Wortlaut des Gesetzestexts wurde bewusst an Art. 187 IPRG angelehnt (vgl. BOTSCHAFT ZPO, 7401), der wie folgt lautet: «(1) Das Schiedsgericht entscheidet die Streitsache nach dem von den Parteien gewählten Recht oder, bei Fehlen einer Rechtswahl, nach dem Recht, mit dem die Streitsache am engsten zusammenhängt. (2) Die Parteien können das Schiedsgericht ermächtigen, nach Billigkeit zu entscheiden.»

Gegenstand von Art. 381 ist (wie bei Art. 187 IPRG) die Frage, nach welchen **Rechtsregeln** und Gesichtspunkten das Schiedsgericht den Streit *materiell* entscheiden soll. Im Gegensatz zu staatlichen Gerichten kann ein Schiedsgericht (und zwar sowohl ein nationales als auch ein internationales) ermächtigt werden, nach **Billigkeit** zu entscheiden.

Gemeinsam ist den beiden Regelungen,

– dass primär das von den Parteien privatautonom gewählte Recht anwendbar ist (vgl. BOTSCHAFT ZPO, 7401; BERGER/KELLERHALS, Rz 1261; JOLIDON, 452);

– dass die Parteien das Schiedsgericht auch ermächtigen können, nach Billigkeit zu entscheiden;

– dass, falls die Parteien weder das eine noch das andere wirksam gewählt haben, eine Kollisionsregel gilt.

Entgegen dem Wortlaut des parallelen Art. 187 IPRG in seiner deutschsprachigen Fassung besteht ausserdem kein Unterschied mit Bezug auf das Objekt der Rechtswahl: Sowohl nach der ZPO als auch nach dem IPRG (bei letzterem zumindest nach der h.L. und

Praxis) sind die Parteien bei ihrer Wahl nicht auf staatliches Recht beschränkt (vgl. dazu ausführlich BSK IPRG-KARRER, Art. 187 N 84, 88 ff.)

Da sich die Frage des anwendbaren Rechts in der Praxis der Binnenschiedsgerichte viel weniger häufig stellt als in der internationalen Schiedsgerichtsbarkeit, aber zumindest mit Bezug auf Art. 381 Abs. 1 identisch zu beantworten ist, sei es erlaubt, sie im vorliegenden Kommentar in der gebotenen Kürze anzusprechen und für Einzelheiten auf die ausführliche (Kommentar-) Literatur namentlich zum parallelen Art. 187 IPRG zu verweisen (namentlich BSK IPRG-KARRER sowie COURVOISIER, je m.w.H.)

4   Ein wesentlicher **Unterschied** gegenüber der Regelung des **IPRG** besteht darin, dass die ZPO für die objektive Anknüpfung auf das Recht verweist, das ein staatliches Gericht anwenden würde, also im Wesentlichen einen Verweis auf die Kollisionsregeln des IPRG ausspricht (Art. 381 Abs. 2), während das IPRG direkt das Recht des engsten Zusammenhangs mit der Streitsache für anwendbar erklärt (Art. 187 Abs. 1 zweiter Halbsatz IPRG).

II. Abgrenzung gegenüber internationaler Schiedsgerichtsbarkeit

5   Die Frage, welche Regel gilt, diejenige der ZPO für die **Binnenschiedsgerichtsbarkeit** oder diejenige für die **internationale Schiedsgerichtsbarkeit** gem. Art. 176 IPRG, ist gleich geblieben wie unter dem Konkordat, obwohl das KSG selber keine Regel über das anwendbare Recht enthielt (vgl. dazu BSK IPRG-KARRER, Art. 187 N 76).

6   Massgebend ist die Abgrenzungsregel von Art. 353, die dem IPRG den Vorrang lässt, sofern das Schiedsverfahren in dessen Anwendungsbereich fällt (vgl. BERGER/KELLERHALS, Rz 109 f.; Näheres Art. 353 N 7).

7   Es steht den Parteien ausserdem frei, im Bereich der Binnenschiedsgerichtsbarkeit die Regelung des 12. Kapitels des IPRG mittels Übereinkunft in Textform (Art. 358 N 5 ff.) für anwendbar zu erklären und damit die Bestimmungen der ZPO über die Schiedsgerichtsbarkeit auszuschliessen (vgl. Art. 353 Abs. 2). Das Spiegelbild dieser Bestimmung findet sich in Art. 176 Abs. 2 IPRG, wonach die Parteien in einem internationalen Schiedsverfahren die Bestimmungen der ZPO für ausschliesslich anwendbar erklären können, dazu Art. 353 N 16.

III. Subjektive Anknüpfung: Rechtswahl der Parteien (Abs. 1)

1. Allgemeines

8   Die Parteiautonomie steht bei der Wahl des anwendbaren Sachrechts im Vordergrund. Gemäss Wortlaut von Abs. 1 haben die Parteien die Möglichkeit, (i) Rechtsregeln als Entscheidungsgrundlage zu wählen (lit. a.) oder (ii) das Schiedsgericht zu ermächtigen, nach Billigkeit zu entscheiden (lit. b).

2. Wahl von Rechtsregeln durch die Parteien (lit. a)

a) Allgemeines

9   Art. 381 ist eine spezielle Kollisionsnorm für Schiedsgerichte: Sie schaltet (im Gegensatz zu Abs. 2, der die objektive Anknüpfung betrifft) die Kollisionsregeln des IPRG über das anwendbare Recht aus (zum insoweit identischen Art. 187 vgl. IPRG-Komm.-HEINI, Art. 187 N 2; BSK IPRG-KARRER, Art. 187 N 19 f., je m.w.H.). Nicht anwendbar ist sie

auf die Anknüpfung nicht schiedsfähiger Vorfragen (dazu CHK-SCHRAMM/FURRER/ GIRSBERGER, Art. 176–178 IPRG N 14).

Nach Abs. 1 lit. a hat das Schiedsgericht primär das parteiautonom gewählte Recht anzuwenden. Eine Rechtswahl wird meist im Hauptvertrag, unter Umständen auch stillschweigend getroffen (IPRG-Komm.-HEINI, Art. 187 N 11; LA SPADA, 118 f.). Sie erstreckt sich grundsätzlich auf alle Rechtsfragen, die schiedsfähig und Gegenstand des Schiedsverfahrens sind. Die Parteien können aber auch verschiedene Rechte für verschiedene selbständige Einzelfragen wählen (*Teilrechtswahl, dépeçage*; COURVOISIER, 393 ff.; zurückhaltend BSK IPRG-KARRER, Art. 187 N 155 ff.). Auch eine *bedingte* Rechtswahl, eine *kumulative* Rechtswahl (Anwendbarkeit mehrerer Rechtsordnungen) oder eine *negative* Rechtswahl (teilweiser oder vollständiger Ausschluss bestimmter Rechtsordnungen) sind grundsätzlich zulässig (vgl. SCHNYDER, FS Bucher, 685). Vorbehalten ist stets die (unter sehr restriktiven Bedingungen gebotene) Anwendung international zwingender Normen. Die Rechtswahl kann auch darin bestehen, dass die Parteien eine Schiedsordnung wählen, die Kollisionsregeln enthält, z.B. die Swiss Rules oder die UNCITRAL Rules (vgl. deren Art. 33) oder die ICC Rules (vgl. dort Art 17); sog *indirekte* Rechtswahl (ausführlich dazu COURVOISIER, 408 ff.). **10**

Sehr umstritten ist die Frage, ob und in welchem Umfang das Schiedsgericht **Eingriffsnormen** (dazu CHK-SCHRAMM/FURRER/GIRSBERGER, Art. 18 IPRG N 6 ff. und Art. 19 IPRG N 4 ff.) berücksichtigen kann oder muss (äusserst restriktiv aber ausführlich BSK IPRG-KARRER, Art. 187 N 229 ff.). Besonders problematisch ist die Berücksichtigung von Eingriffsnormen eines anderen als des eigentlich anwendbaren Rechts. Die Frage ist beim Vorliegen einer Rechtswahl nicht ohne weiteres gleich zu beantworten wie beim Fehlen einer Rechtswahl (vgl. BERGER/KELLERHALS, Rz 1304). Grundsätzlich hat das gewählte Recht Vorrang, so dass nur international zwingende Normen, die einen transnationalen Ordre public-Charakter haben, eingreifen können, und auch dann nur, wenn ähnliche Voraussetzungen erfüllt sind, wie sie Art. 19 IPRG verlangt (zu diesem komplexen Problem vgl. BERGER/KELLERHALS, Rz 1300 ff.; GAILLARD/SAVAGE, Rz 1515 ff.; IPRG-Komm.-HEINI, Art. 187 N 19 ff.; BSK IPRG-KARRER, Art. 187 N 229 ff.). So handelt es sich etwa bei den zwingenden Normen des EU Wettbewerbsrechts nach der – allerdings z.T. vehement kritisierten – Rechtsprechung des EuGH zwar um Normen, die innerhalb der EU zum Ordre public gehören. Das bedeutet jedoch nicht, dass sie von einem Schiedsgericht mit Sitz in der Schweiz ohne weiteres als Eingriffsnormen Anwendung finden, wenn sie nicht Bestandteil der lex causae sind (s. dazu den ebenfalls z.T. heftig kritisierten BGE 132 III 389 E. 3.1 m.w.H.; zum Ganzen vgl. FURRER/GIRSBERGER/SIEHR, Rz 847 ff.; SCHNYDER, FS Bucher, 689 ff.). **11**

Steht das anwendbare Recht fest, stellt sich insb. die Frage, ob die Parteien dessen Inhalt beweisen müssen oder ob das Schiedsgericht selbst Recherchen anstellen darf oder sogar muss. Gemäss Bundesgericht muss das Schiedsgericht das Recht von Amtes wegen anwenden (BGer, 4P.114/2001, E. 3a; 4P.260/2000, E. 5b). In dieser Absolutheit ist die Feststellung im Rahmen der Schiedsgerichtsbarkeit jedoch problematisch. Zumindest ist Art. 16 IPRG analog anzuwenden, wonach der Nachweis fremden Rechts in vermögensrechtlichen Streitigkeiten den Parteien überbunden werden kann (vgl. KELLERHALS/ BERGER, Iura novit arbiter, 392 ff.; BSK IPRG-KARRER, Art. 187 N 169). **12**

b) Form der Rechtswahl

Der Konsens über die Rechtswahl bedarf (im Gegensatz zur Schiedsvereinbarung) keiner besonderen **Form** (vgl. zum insofern identischen IPRG BERGER/KELLERHALS, Rz 1269; BSK IPRG-KARRER, Art. 187 N 102). **13**

14 Der **Konsens** kann ein ausdrücklicher oder ein nichtausdrücklicher, ein konkreter oder ein normativer sein. Hingegen genügt der hypothetische Parteiwille, also der Wille, der gerade nicht zum Ausdruck gebracht wurde, für die Annahme einer Rechtswahl nicht (vgl. IPRG-Komm.-HEINI, Art. 187 N 11). In diesem Fall besteht gerade keine Rechtswahl und das Schiedsgericht muss das anwendbare Sachrecht nach Abs. 2 bestimmen (vgl. BERGER/KELLERHALS, Rz. 1270).

15 Die **Auslegung** einer Rechtswahlklausel erfolgt (in Anlehnung an die Rechtslage nach Art. 187 IPRG) ZPO-autonom. Dies bedeutet, dass die Auslegung der Rechtswahlklausel nicht nach dem gewählten Recht, sondern nach der ZPO und damit nach Treu und Glauben vorzunehmen ist (vgl. zum Konkordat BGE 102 II 143 E. 1b).

c) Inhalt der Rechtswahl

16 Im Gegensatz zu vielen staatlichen Kollisionsrechtsordnungen (z.B. Art. 116 IPRG, vgl. dazu BGE 132 III 285 E. 1.3) sind bei der subjektiven Anknüpfung (und nur bei dieser) nach der ausdrücklichen Regelung von Abs. 1 auch «Rechtsregeln» wählbar. Das bedeutet nach dem klaren Willen des Gesetzgebers, dass nicht nur staatliche, sondern auch nichtstaatliche «Rechtsordnungen» wählbar sind.

17 Zu den Rechtsregeln, die **kein staatliches Recht** sind, gehören z.B. die «UNIDROIT Principles of International Commercial Contracts» (BSK IPRG-KARRER, Art. 187 N 96; IPRG-Komm.-HEINI, Art. 187 N 7; **a.A.** COURVOISIER, 421).

18 Allgemeine Rechtsgrundsätze, namentlich solche, die der sog. «lex mercatoria» entstammen, können von den Parteien ebenfalls für anwendbar erklärt werden. Das ist allerdings nicht unbestritten (*pro* BSK IPRG-KARRER, Art. 187 N 97 m.H.; *contra* z.B. WIGET/WIGET, Vor § 238–258 ZPO/ZH N 83). Jedenfalls ist der Begriff der *«lex mercatoria»* unscharf und umstritten, und die Literatur dazu ist inzwischen unüberschaubar geworden (vgl. etwa COURVOISIER, 225–279; GAILLARD/SAVAGE, Rz 1449 ff.; POUDRET/BESSON, Rz 695 ff.). Da die Parteien gem. Abs. 1 lit. b auch einen Entscheid nach Billigkeit, also ohne Anwendung von Rechtsregeln, vereinbaren und damit praktisch auf jede Vorhersehbarkeit verzichten können (vgl. unten N 22 ff.), wäre allerdings nicht einzusehen, warum sie nicht auch allgemeine Rechtsgrundsätze vereinbaren und so auf einen Teil der Voraussehbarkeit verzichten können.

19 Die gewählten staatlichen oder nichtstaatlichen Regelwerke sind dabei grundsätzlich in ihrer Gesamtheit als Sachrecht anzuwenden (vgl. WIGET/WIGET, Vor § 238–258 ZPO/ZH N 82 ff.). Eine Mischwahl von Regelwerken (z.B. deutsches BGB mit der Regel zum Grundlagenirrtum aus dem Schweizer OR) kann somit von den Parteien nicht zum anwendbaren Sachrecht ernannt werden, da einer solchen Rechtswahl die innere Konsistenz abgeht, was die Entscheidfindung praktisch verunmöglicht. Fraglich ist, ob allenfalls einzelne Rechtsregeln ausgeschlossen werden können (z.B. Schweizer Recht ohne die Gefahrtragungsregel in Art. 185 OR). Dies ist zumindest nach einem Teil der Lehre zulässig (vgl. BSK IPRG-KARRER, Art. 187 N 157; SCHNYDER, FS Bucher, 685). Wohl nicht zulässig wäre dagegen der Ausschluss von wesensnotwendigen Normen eines Rechtssystems (z.B. der Ausschluss von Art. 2 ZGB innerhalb des gewählten schweizerischen Rechts).

d) Folgen und Tragweite der Rechtswahl

20 Falls die Parteien ein staatliches Recht gewählt haben (z.B. Schweizer Recht), ist davon auszugehen, dass sich diese Rechtswahl direkt auf das Sachrecht dieses Staates bezieht und nicht auf dessen Kollisionsregeln. Im Übrigen ist das gewählte Recht aber vom

Schiedsgericht umfassend anzuwenden, d.h. mit allen Bestimmungen, die auf den Sachverhalt anwendbar sind (vgl. BERGER/KELLERHALS, Rz. 1274). Eine krasse Rechtsverletzung durch das Schiedsgericht kann nach dem Wortlaut von Art. 393 lit. e ZPO angefochten werden, wo von «Willkür» und nicht wie im IPRG bloss von «Ordre public-Widrigkeit» die Rede ist. Vgl. dazu und ebenfalls zu den Folgen der Anwendung eines «falschen» Rechts Art. 393 N 79 ff.

Die Rechtswahlklausel ist unabhängig von der Gültigkeit des Hauptvertrages zu beachten. Sie kann ihre Gültigkeit selbst dann behalten, wenn der Hauptvertrag nach dem gewählten Recht ungültig sein sollte (vgl. BERGER/KELLERHALS, Rz 1274; BSK IPRG-KARRER, Art. 187 N 43).

Eine Rechtswahlklausel ist, wie die Schiedsvereinbarung, im Zweifel umfassend zu verstehen (vgl. Art. 357 N 18). Demnach sind mangels expliziter Einschränkungen alle Rechtsfolgen aus dem betreffenden Vertrag, aus *culpa in contrahendo* und weiteren mit dem Vertrag zusammenhängenden ausservertraglichen Ansprüchen anwendbar (vgl. BERGER/KELLERHALS, Rz 1283 f.). 21

3. Entscheid nach Billigkeit (Abs. 1 lit. b)

Die Parteien können nach lit. b (wie auch nach Art. 187 Abs. 2 IPRG) das Schiedsgericht ermächtigen, nach **Billigkeit** zu entscheiden (als *amiable compositeur, ex aequo et bono*, dazu COURVOISIER, 387 ff.). Umstritten ist, ob die Wahl ausdrücklich sein muss oder auch stillschweigend erfolgen kann (vgl. LA SPADA, 133; IPRG-Komm.-HEINI, Art. 187 N 28; differenzierend BSK IPRG-KARRER, Art. 187 N 289). M.E. ist angesichts der Tragweite einer solchen Vereinbarung zwar nicht Ausdrücklichkeit, aber zumindest Zweifelsfreiheit zu verlangen. 22

Verfahrensrechtliche Fragen sollen nach der Rechtsprechung des Bundesgerichts zum KSG davon ebenfalls erfasst sein (BGE 107 Ib 63 = Pra 1981 583 E. 2a). Diese Auffassung ist abzulehnen (ebenso BERGER/KELLERHALS, Rz 1323; IPRG-Komm.-HEINI, Art. 187 N 22). 23

Anzustreben ist ein (sach-)gerechter Schiedsspruch: Das Schiedsgericht entscheidet den Einzelfall aufgrund von Gerechtigkeitserwägungen ohne Bindung an die Rechtsnormen des eigentlich anwendbaren Rechts (selbst die zwingenden, vgl. BGer, 4P.114/2001, E. 2c/bb/aaa; BGE 107 Ib 63 E. 2). Es kann sich aber von diesen Normen leiten lassen. Demgegenüber ist das Schiedsgericht auch bei Billigkeitsentscheidungen an das Willkürgebot gebunden (dazu Art. 393 N 82 ff.). Umstritten ist die Frage, inwieweit das Schiedsgericht an den *Vertrag* gebunden ist (vgl. BERGER/KELLERHALS, Rz 1321; dazu GAILLARD/SAVAGE, Rz 1507; BSK IPRG-KARRER, Art. 187 N 304; LA SPADA, 132; POUDRET/BESSON, Rz 718). M.E. besteht kein Grund, das Schiedsgericht von der Vereinbarung der Parteien abweichen zu lassen, was allerdings nicht bedeutet, dass es keine Korrekturen aufgrund des Rechtsmissbrauchsverbots vornehmen oder eine «unechte» Vertragslücke nach Treu und Glauben ausfüllen darf (BSK IPRG-KARRER, Art. 187 N 304). Auf jeden Fall hat das Schiedsgericht aber stets das *rechtliche Gehör* der Parteien zu wahren (vgl. BGer, 4P.23/2006, E. 2). 24

IV. Mangels Rechtswahl anwendbares Recht (Abs. 2)

Fehlt eine Rechtswahl und ist auch keine Schiedsordnung mit ihren Kollisionsregeln anwendbar (s. N 10), ist gemäss Abs. 2 so vorzugehen, wie ein staatliches Gericht vorgehen würde. Das bedeutet für die Binnenschiedsgerichtsbarkeit eine Abkehr von der sog. *«voie* 25

Art. 382

directe», welche nach Art. 187 IPRG gilt, wonach das Recht des engsten Zusammenhangs anzuwenden ist (vgl. aber Art. 353 N 14). Damit sind also die Kollisionsnormen der ersten elf Kapitel des IPRG (und eben nicht des 12. Kapitels) anwendbar (POUDRET, 251), wann immer sich die Frage des anwendbaren Rechts stellt, was selten vorkommen wird, weil sich solche Fragen vor allem stellen, wenn ein internationales Schiedsgericht (i.S.v. Art. 176 IPRG) zu entscheiden hat.

26 Aus dem global gehaltenen Hinweis in Abs. 2 geht hervor, dass auch andere Kollisionsregeln, die im Recht der internationalen Schiedsgerichtsbarkeit zu finden sind, dem IPR für staatliche Gerichte entnommen werden sollen und nicht dem 12. Kapitel des IPRG über die Schiedsgerichtsbarkeit. Das muss auch für das auf die Frage der Form der Schiedsvereinbarung anwendbare Recht gelten, so dass nicht Art. 178 IPRG zur Anwendung kommt, sondern direkt und ausschliesslich Art. 358 ZPO.

Art. 382

Beratung und Abstimmung

¹ **Bei den Beratungen und Abstimmungen haben alle Mitglieder des Schiedsgerichts mitzuwirken.**

² **Verweigert ein Mitglied die Teilnahme an einer Beratung oder an einer Abstimmung, so können die übrigen Mitglieder ohne es beraten und entscheiden, sofern die Parteien nichts anderes vereinbart haben.**

³ **Das Schiedsgericht fällt den Schiedsspruch mit der Mehrheit der Stimmen seiner Mitglieder, es sei denn, die Parteien hätten etwas anderes vereinbart.**

⁴ **Ergibt sich keine Stimmenmehrheit, so fällt die Präsidentin oder der Präsident den Schiedsspruch.**

Délibération et sentence

¹ Les arbitres participent aux délibérations et décisions du tribunal arbitral.

² Si un arbitre refuse de participer à des délibérations ou à une décision, les autres peuvent délibérer ou prendre des décisions sans lui, à moins que les parties en aient convenu autrement.

³ La sentence est rendue à la majorité des voix, à moins que les parties en aient convenu autrement.

⁴ Si aucune majorité ne se dégage, la sentence est rendue par le président.

Deliberazioni e votazioni

¹ Alle deliberazioni e alle votazioni devono partecipare tutti gli arbitri.

² Se un arbitro si rifiuta di partecipare a una deliberazione o a una votazione, gli altri arbitri possono deliberare e decidere senza di lui, sempre che le parti non si siano accordate diversamente.

³ Il tribunale arbitrale pronuncia il lodo a maggioranza dei voti, eccetto che le parti si siano accordate diversamente.

⁴ Se non si raggiunge una maggioranza di voti, il voto del presidente decide.

Inhaltsübersicht Note

I. Normzweck und Grundlagen 1
II. Beratung und Abstimmung 4
   1. Form der Beratung 4
   2. Vertraulichkeit: Beratungsgeheimnis 12
   3. Gegenstand der Abstimmung 18
III. Mitwirkungspflicht der Schiedsrichter (Abs. 1) 19
IV. Rechtsfolgen bei verweigerter Mitwirkung (Abs. 2) 28
V. Mehrheitsprinzip und Präsidialentscheid (Abs. 3 und 4) 34
   1. Allgemeines 34
   2. Grundsatz: Mehrheitsprinzip 36
   3. Ausnahme: Präsidialentscheid 39
VI. Dissenting Opinions 42

Literatur

Vgl. die Literaturhinweise bei den Vorbem. zu Art. 353–399 sowie M. ARROYO, Dealing with Dissenting Opinions in the Award: Some Options for the Tribunal, ASA Bull 2008, 437 ff.; G. BORN, International Commercial Arbitration, Bd. 1 und 2, Alphen aan den Rijn et al. 2009; P. BRATSCHI/R. BRINER, Bemerkungen zum Konkordat über die Schiedsgerichtsbarkeit, SJZ 72 (1976), 101 ff.; D. D. CARON/L. M. CAPLAN/M. PELLONPÄÄ, The UNCITRAL Arbitration Rules, Oxford 2006; A. FURRER, The Duty of Confidentiality in International Arbitration, in: P. Gauch/F. Werro/P. Pichonnaz (Hrsg.), Mélanges en l'honneur de Pierre Tercier, Genf 2008, 801 ff.; E. GAILLARD/J. SAVAGE (Hrsg.), Fouchard/Gaillard/Goldman on International Commercial Arbitration, Den Haag 1999; PH. LEBOULANGER, Principe de collégialité et délibéré arbitral, in: F. Bohnet/P. Wessner (Hrsg.), Mélanges en l'honneur de François Knoepfler, Basel et al. 2005, 259 ff.; J. D. M. LEW/L. A. MISTELIS/S. KRÖLL, Comparative International Commercial Arbitration, Den Haag 2003; I. D. LIFSCHITZ, Sind Minderheitsvoten in Schiedsgerichtsurteilen aufzunehmen?, SJZ 79 (1983), 338; O. M. PELTZER, Die Dissenting Opinion in der Schiedsgerichtsbarkeit, Frankfurt a.M. 2000; F. PERRET, Le projet d'une loi de procédure civile fédérale: une réforme qui s'arrête à mi-chemin, in: A. Héritier Lachat/A. Hirsch (Hrsg.), De lege ferenda, Genf 2004, 435 ff.; P. J. REES/P. ROHN, Dissenting Opinions: Can they Fulfil a Beneficial Role, in: Arbitration International, The Journal of the London Court of International Arbitration, Volume 25 Number 3, 2009, 329 ff.; R. A. SCHÜTZE, Ausgewählte Probleme des deutschen und internationalen Schiedsverfahrensrechts, Köln 2006; H. SMIT, Dissenting Opinions in Arbitration, ICC Bulletin 2004, 37 ff.; H. P. WESTERMANN, Das dissenting vote im Schiedsgerichtverfahren, SchiedsVZ 2009, 102 ff.

I. Normzweck und Grundlagen

Bei der Bestimmung über Beratung und Abstimmung handelt es sich um eine der wenigen gesetzlichen Regelungen, welche primär das Verhalten der Schiedsrichter unter sich – und nicht primär das Verhältnis zu den Parteien betreffen. Art. 382 entspricht unverändert dem Art. 380 des Entwurfs von 2006 und Art. 370 des Vorentwurfs von 2003. 1

Die Bestimmung regelt das Zustandekommen eines Schiedsspruchs. Sie ist nicht nur auf Endentscheide anwendbar, sondern ebenfalls auf Teilentscheide sowie Vor- bzw. Zwischenentscheide (BERGER/KELLERHALS, Rz 1331). 2

Die Mitwirkungspflicht der Schiedsrichter (Abs. 1) und das Mehrheitsprinzip (Abs. 3) wurden aus Art. 31 Abs. 1 und 2 KSG übernommen. Eine wesentliche Neuerung ist die Befugnis des Schiedsgerichts, bei obstruktivem Verhalten eines Mitglieds ohne dessen 3

Mitwirkung zu beraten und einen Entscheid zu fällen (Abs. 3). Ebenfalls in Abweichung zum KSG und in Anlehnung an die Regelung in Art. 189 Abs. 2 IPRG kommt dem Präsidenten die Befugnis zu, den Schiedsspruch zu fällen, falls sich keine Stimmenmehrheit ergibt (Abs. 4).

II. Beratung und Abstimmung

1. Form der Beratung

4 Beratung bedeutet, dass zwischen den Schiedsrichtern ein Meinungsaustausch stattfindet, der einen Entscheid ermöglicht (IPRG-Komm.-HEINI, Art. 189 N 4). Die **Grundsätze** des **Beratungsverfahrens** finden sinngemäss auch auf die Abstimmung Anwendung (BERGER/KELLERHALS, Rz 1343). Bei Dreierschiedsgerichten ist die Organisation und die Leitung von Beratung und Abstimmung eine der wichtigsten Aufgaben des Vorsitzenden (= Obmann = Präsident des Schiedsgerichts; diese Begriffe werden synonym verwendet). Im Einverständnis aller Mitglieder muss sie sich vorübergehend an ein anderes Mitglied delegieren lassen (etwa bei einer krankheitsbedingten vorübergehenden Schwäche des Vorsitzenden während der Zeugeneinvernahme); insgesamt jedoch nur mit Zustimmung aller Parteien.

5 Das Gesetz erwähnt nicht, in welcher Form die Beratungen zu erfolgen haben. Dem **Erfordernis eines echten Meinungsaustausches** wird in aller Regel die *mündliche Beratung* mit physischer Präsenz aller Schiedsrichter am besten gerecht (IPRG-Komm.-HEINI, Art. 189 N 1). Als Mindestanforderung muss die informierte Meinungsäusserung und die unmissverständliche Stimmabgabe aller Mitglieder des Schiedsgerichts in jedem Fall sichergestellt sein (vgl. BGE 111 Ia 336 E. 3a).

6 Während früher oft die Ansicht vertreten wurde, dass dem Erfordernis der Unmittelbarkeit der Beratung ausschliesslich dann Genüge getan werden könne, wenn das Schiedsgericht physisch zusammentreffe, hat der Siegeszug der **neuen Technologien** in den vergangenen Jahrzehnten ein weit gehendes Umdenken bewirkt. Ausserdem wird zunehmend davon ausgegangen, dass das Schiedsgericht hinsichtlich der Form der Beratung ein weites Ermessen haben soll (LEBOULANGER, 260 ff.). Dabei ist zu unterscheiden, ob das Schiedsgericht sich diesbezüglich einig ist oder nicht. Bei Uneinigkeit ist ein anderes Vorgehen geboten, als wenn Einigkeit über die Form der Beratung besteht.

a) Bei Einigkeit über die Art des Meinungsaustauschs

7 Bei Einigkeit über die Beratungsform muss es dem Schiedsgericht überlassen bleiben, ob es sich zu physischen Besprechungen treffen, Telefonkonferenzen abhalten oder auch nur auf schriftlichem Wege beraten will. Im letzteren Fall sind mehrere Formen des Meinungsaustausches möglich, deren *Vorbereitung* in gradueller Hinsicht höchst unterschiedlich sein kann; sie kann bestehen:

— in einer spontanen Diskussion (was allerdings in aller Regel nicht effizient ist),

— in einer Diskussion aufgrund einer einfachen Traktandenliste (was bei komplexen Fragestellungen i.d.R. ebenfalls nicht genügt),

— in einem Fragenkatalog, der i.d.R. vom Vorsitzenden initiiert wird und – abhängig von der Komplexität der Probleme und vom Detaillierungsgrad – oft die optimale Grundlage für eine ausgeglichene Diskussion bildet, bei der nicht zu vieles präjudiziert ist,

— in der Diskussion über einen (üblicherweise durch den Vorsitzenden erarbeiteten) Entwurf des Entscheids.

In vielen Fällen einigen sich die Schiedsrichter im Voraus, manchmal sogar stillschweigend, über die Art des Vorgehens.

Was die *Art der Kommunikationsmittel* betrifft, sind neben persönlichen (physischen) Treffen denkbar:

- der Austausch von schriftlichen Meinungsäusserungen, Fragebögen, Entscheidentwürfen oder anderen Dokumenten;
- die Kommunikation mittels Videokonferenz;
- Telefonkonferenzen;
- beliebige Kombinationen dieser Kommunikationsformen.

Das Bundesgericht hat erkannt, dass ein Schiedsspruch auf dem Zirkularweg («entre absents») den Anforderungen an die Beratung grundsätzlich genügen kann (BGE 111 Ia 336 E. 3a).

b) Bei Uneinigkeit über die Art des Meinungsaustauschs

Können sich die Mitglieder des Schiedsgerichts über die Beratungsmodalitäten nicht einigen, ist darüber im Verfahren gem. Abs. 3 und 4 abzustimmen (vgl. auch BERGER/KELLERHALS, Rz 1338). Für den Fall, dass über den Verzicht auf eine mündliche Beratung keine Einigkeit besteht oder ein Mitglied des Schiedsgerichts ausdrücklich die Durchführung einer solchen verlangt, schien das BGer unter der Geltung des Konkordats (Art. 31 Abs. 2 KSG) davon auszugehen, dass der Schiedsentscheid in Gegenwart aller Schiedsrichter zu beraten sei (BGE 111 Ia 336 E. 3a). Bei der Frage, wie unter dem neuen schweizerischen Recht, das nur die Binnenschiedsgerichtsbarkeit betrifft, zu entscheiden ist, muss berücksichtigt werden, dass in dieser Beziehung nicht ohne weiteres analog zur internationalen Schiedsgerichtsbarkeit vorgegangen werden kann. Denn bei Letzterer kann die Abwägung zwischen Effizienz und Ausgewogenheit der Beratung zu anderen Ergebnissen führen als bei der Binnenschiedsgerichtsbarkeit, zumal wenn grosse geographische oder sprachliche Distanzen zu überwinden sind. So kann etwa die Aussage, dass es nach Art. 182 Abs. 2 IPRG einem internationalen Schiedsgericht gestattet sein sollte, auf eine **mündlichen Beratung** durch Mehrheitsbeschluss zu **verzichten** (BERGER/KELLERHALS, Rz 1339), für die Binnenschiedsgerichtsbarkeit nicht ohne weiteres übernommen werden.

2. Vertraulichkeit: Beratungsgeheimnis

Recht des Schiedsgerichts: Weder das IPRG noch die ZPO setzen voraus, dass Beratung und Abstimmung geheim, d.h. unter Ausschluss der Parteien zu erfolgen haben. Dennoch ist heute sowohl international als auch bei der Binnenschiedsgerichtsbarkeit von einem (meist ungeschriebenen) Grundsatz auszugehen, dass Beratung und Abstimmung den Parteien nicht offen gelegt werden müssen (BERGER/KELLERHALS, Rz 1344). Die Frage, ob die Beratung geheim oder in Gegenwart der Parteien erfolgen soll, ist von der Mehrheit des Schiedsgerichts zu entscheiden. Parteivereinbarungen sind in dieser Hinsicht nicht zulässig (vgl. RÜEDE/HADENFELDT, 295). In der Praxis wird in aller Regel geheim beraten.

Pflicht des Schiedsgerichts: Der Zweck einer geheimen Beratung lässt sich nur dann vollumfänglich erreichen, wenn damit auch eine Pflicht zur Wahrung des Beratungsgeheimnisses einhergeht (RÜEDE/HADENFELDT, 295). Die **Vertraulichkeit** ist denn auch – jedenfalls nach überwiegender Auffassung im deutschsprachigen Rechtsraum – nicht nur ein Recht, sondern **auch eine Pflicht des Schiedsgerichts**, wenngleich die Ansichten über das Ausmass dieser Pflicht auseinander gehen (vgl. FURRER, 808). Im Wesentlichen hat das Beratungsgeheimnis zur Folge, dass den Parteien in keiner Weise Informationen über den Verlauf der Beratungen und Abstimmungen (z.B. Urteilsentwürfe, Aktennotizen, Arbeitspapiere etc.) weiterzugeben sind. Nach der bundesgerichtlichen Rechtsprechung bezieht sich dieses Beratungsgeheimnis auf alle Meinungsäusserungen, die im Verlaufe der Diskussion gemacht werden, namentlich auch die Weise, auf welche die Mehrheit zu ihrer Entscheidung gelangt ist: «*tous les avis émis au cours de la discussion à savoir, en définitive, la façon dont la majorité s'est decidée*» (BGer, 12.11.1991, ASA Bull 1992, 264 ff., E. 1b/bb).

14 International nicht gelöst ist die Frage, ob das **Beratungsgeheimnis** verletzt wird, wenn ein Schiedsrichter «seiner» Partei lediglich das Ergebnis der Beratungen vor der ordnungsgemässen Eröffnung des Entscheids mitteilt. In der schweizerischen Praxis ist selbst ein solches Vorgehen verpönt, weil es geeignet ist, die geforderte Unabhängigkeit der Mitglieder des Schiedsgerichts in Frage zu stellen.

15 Unter besonderen Umständen kann es allerdings geboten sein, dass der Präsident oder die Mehrheit des Schiedsgerichts – auch gegen den Willen einzelner Schiedsrichter – die Parteien über Einzelheiten der Beratung in Kenntnis setzt. Dies gilt namentlich dann, wenn es den Parteien mitzuteilen gilt, dass sich ein Mitglied weigert, an den Beratungen teilzunehmen (BERGER/KELLERHALS, Rz 1348).

16 Gegenüber *Dritten* darf das Schiedsgericht hingegen nur Auskunft geben, wenn eine Rechtspflicht besteht (z.B. im Rahmen eines Strafverfahrens).

17 Fraglich ist, welche *Rechtsfolgen* ein Verstoss gegen das Beratungsgeheimnis auslöst: Nach internationaler Auffassung führt ein solcher zu Schadenersatzansprüchen gegen die Person, welche das Geheimnis verletzt hat, nicht jedoch zur Aufhebung des Schiedsspruchs (GAILLARD/SAVAGE, 1374). Dasselbe muss auch in der Binnenschiedsgerichtsbarkeit gelten (ebenso BERGER/KELLERHALS, Rz 1350).

3. Gegenstand der Abstimmung

18 Gegenstand der Abstimmung ist formal nur das Dispositiv des Entscheids. Die Beschlussfassung darüber bedingt jedoch i.d.R. auch eine Einigung über die Begründung (BERGER/KELLERHALS, Rz 1342; BSK IPRG-WIRTH Art. 189 N 15).

III. Mitwirkungspflicht der Schiedsrichter (Abs. 1)

19 Abs. 1, wonach bei den **Beratungen und Abstimmungen** sämtliche Mitglieder des Schiedsgerichts **mitzuwirken** haben, entspricht Art. 31 Abs. 1 KSG. Die Bestimmung statuiert einen Stimmzwang aller Schiedsrichter (BRATSCHI/BRINER, 105). Dabei handelt es sich um zwingendes Recht, in dessen Anwendungsbereich weder die Parteien noch die Mitglieder des Schiedsgerichts Regeln vereinbaren können, welche dazu im Widerspruch stehen; insb. können sie nicht die Entscheidkompetenz dem Vorsitzenden übertragen (JOLIDON, 437).

20 Das Erfordernis der Mitwirkung ergibt sich aus dem Mandat, das jeder Schiedsrichter mit den Parteien eingeht (dem sog. *receptum arbitri* oder Schiedsrichterauftrag), und das der Schiedsrichter akzeptiert haben muss, um tätig werden zu können (vgl. dazu Art. 364 N 5 ff.). Die Mitwirkung bei der Entscheidungsbildung gehört zu den zentralen Anforderungen an dieses Mandat und damit zu den von den Schiedsrichtern übernommenen selbstverständlichen Pflichten (RÜEDE/HADENFELDT, 294). Die Mitwirkungspflicht beinhaltet einerseits das Gebot, sich zu allen Punkten eines zu fällenden Entscheids zu äus-

sern, und andererseits ein Verbot der Stimmenthaltung (was e contrario aus Abs. 2 hervorgeht).

Die Mitwirkungspflicht bedingt naturgemäss ein Mitwirkungsrecht. Erforderlich ist diesbezüglich allerdings nur, aber immerhin, dass alle Schiedsrichter die Möglichkeit haben, an der Beratung und Abstimmung aktiv teilzunehmen: «*...aient la faculté d'y participer chacun dans la même mesure, en sachant quel est l'objet de leur participation*» (vgl. BGE 111 Ia 336 E. 3a). 21

Das einzelne Mitglied ist nicht verpflichtet, seinen Standpunkt detailliert darzulegen oder zu allen Argumenten der Parteien oder der anderen Mitglieder Stellung zu nehmen. Es ist ausreichend, wenn es sich zu allen Entscheidungspunkten i.e.S. (also vor allem zum Dispositiv) verlauten lässt und darüber abstimmt (JOLIDON, 443). Insbesondere ist ein **Entscheid auf dem Zirkulationsweg zulässig** (s. N 10). Da das Gesetz zwischen Beratung und Abstimmung unterscheidet, kann eine Meinungsäusserung während der Beratung nicht ohne weiteres als Stimmabgabe aufgefasst werden (BGE 111 Ia 336 E. 3a; RÜEDE/HADENFELDT, 294). 22

Massgeblich für die *Ausübung der Mitwirkung* sind die Modalitäten, die von den Parteien bzw. vom Schiedsgericht selbst vorgegeben worden sind. Das Beratungsverfahren wird nämlich vom Gesetz nicht geregelt, so dass es – unter Vorbehalt einer abweichenden Parteivereinbarung – durch das Schiedsgericht selbst bestimmt werden kann. Ein Entscheid des Schiedsgerichts zur Wahl seines Vorgehens unterliegt keiner besonderen Form, darf jedoch keine Zweifel hinsichtlich seines Gegenstands offen lassen (BGE 111 Ia 336). 23

Schranken der umfassenden Mitwirkung: Würde man die Bestimmung in Abs. 2 wörtlich nehmen, beträfe sie sämtliche Beratungen und Beschlüsse des Schiedsgerichts und damit auch Beschlüsse, die keine eigentlichen Entscheide darstellen, sowie Beratungen, die nicht auf das Fällen eines Entscheids ausgerichtet sind. Eine derart weite Auslegung wäre allerdings nicht sinnvoll und ist angesichts der Systematik des Gesetzes, das auf Entscheide i.e.S. ausgerichtet ist, auch nicht geboten (betreffend Art. 31 Abs. 1 KSG s. JOLIDON, 438 f.; ähnlich LALIVE/POUDRET/REYMOND, 169). 24

Das bedeutet jedoch nicht, dass die prozessleitenden und weiteren Beschlüsse, die während des Schiedsverfahrens zu treffen sind, nicht grundsätzlich auch der Mitwirkung aller Schiedsrichter bedürften. Allerdings können die Parteien einvernehmlich oder das Schiedsgericht im Einverständnis der Parteien auf die Voraussetzung der Mitwirkung aller Schiedsrichter an Beratungen und Beschlüssen verzichten, soweit es sich nicht um Entscheide i.e.S. (vgl. dazu Art. 384 N 7) handelt (JOLIDON, 439). 25

Es wird ausserdem verbreitet als zulässig angesehen, wenn die Schiedsrichter untereinander auf **informelle Weise den Verfahrensgegenstand diskutieren**, selbst wenn nicht alle Mitglieder des Schiedsgerichts anwesend sind. Solche Kontakte fallen nicht in den Anwendungsbereich von Art. 382 Abs. 1. 26

Sofern sich nicht das Gegenteil aus der Schiedsvereinbarung oder der Natur des zu fassenden Entscheids ergibt, gilt der allgemeine zivilprozessuale Grundsatz, dass Beschlüsse, die sich nicht wesentlich auf die Rechtsstellung der Parteien auswirken (z.B. Schriftenwechsel, Fristen und deren Erstreckung, Vorladung der Parteien und Zeugen) wirksam durch den Vorsitzenden getroffen werden können (JOLIDON, 439; vgl. auch Art. 373 N 29 ff. und 39 ff.). Allerdings darf dieses Vorgehen kein Ausmass erreichen, welches die freie Entscheidung und die notwendige Unabhängigkeit bei den formellen Beratungen und Entscheiden gefährden würde. Stets im Rahmen des gesamten Schiedsgerichts zu 27 überprüfen sind Entscheidungen des Vorsitzenden oder einer Mehrheit des Schiedsgerichts, wenn sich ein Schiedsrichter ihnen widersetzt.

IV. Rechtsfolgen bei verweigerter Mitwirkung (Abs. 2)

28 Abs. 2 ist neu und regelt den praktisch bedeutsamen Fall, dass sich ein Mitglied des Schiedsgerichts nicht kooperativ zeigt und bspw. einer Verhandlung unentschuldigt fernbleibt (BOTSCHAFT ZPO, 7402). Diese blosse Obstruktion stellt keinen Fall der vorschriftswidrigen Zusammensetzung des Schiedsgerichts dar (vgl. Art. 393 N 17 und Art. 371 N 14), kann aber den Fortgang des Verfahrens lähmen. Die in Abs. 2 getroffene Regelung ermöglicht nun, dass die anderen Schiedsrichter in einer solchen Konstellation ohne das renitente Mitglied beraten und entscheiden können, ohne dass zuerst ein oftmals zeitraubendes und kompliziertes Abberufungs- und Ersetzungsverfahren (Art. 370 f.) stattfinden muss (WALTER, Alternativentwurf, 58). Diese Lösung ist inspiriert durch das deutsche Schiedsverfahrensrecht, das diesbezüglich im Grundsatz vom UNCITRAL-Modellgesetz (Art. 13 Abs. 2 und 15 Abs. 1) abweicht (vgl. § 1052 Abs. 2 D-ZPO; ähnlich § 604 Abs. 2 Ö-ZPO). Die Regelung entspricht auch der Praxis des Bundesgerichts zum IPRG, wo eine entsprechende explizite Bestimmung fehlt. Siehe hierzu BGE 128 III 234 E. 3b, wo das Bundesgericht entschieden hat, dass bei einem sog. «mauernden» Schiedsrichter ein Schiedsgericht die Beratung und Abstimmung auch ohne entsprechende Parteivereinbarung ohne das betreffende Mitglied durchführen kann. Der Entscheid betrifft einen Fall, in dem ein Schiedsrichter den Schiedsspruch zu verhindern bzw. zu verzögern versuchte, indem er die Teilnahme an der Beratung des Schiedsgerichts ablehnte, ohne aber als Schiedsrichter formell zurückzutreten.

29 Bei **Teilnahmeverweigerung eines Schiedsrichters** haben die übrigen Mitglieder des Schiedsgerichts, also in der Regel der Vorsitzende in Absprache mit dem mitwirkenden Schiedsrichter, das weitere Vorgehen zu bestimmen und den sich verweigernden Schiedsrichter darüber in Kenntnis zu setzen. Entsprechend ist auch dann zu verfahren, wenn ein Schiedsrichter die Teilnahmeverweigerung nicht ausdrücklich ausspricht, indem er etwa auf einen ihm unterbreiteten Urteilsentwurf innert angemessener Frist nicht antwortet oder mündlichen Beratungen ohne genügende Entschuldigung fernbleibt (BSK IPRG-WIRTH, Art. 189 N 20). Dieses Verfahren entspricht einer weit verbreiteten internationalen Praxis (vgl. BORN, Bd. 2, 2463; GAILLARD/SAVAGE, 1373).

30 Trotz dieser Regel kann es jedoch vorkommen, dass das Schiedsgericht nicht entscheiden kann, etwa weil sich unter den anderen Mitgliedern keine Mehrheit ergibt. Das Schiedsgericht ist dann neu zu konstituieren (BOTSCHAFT ZPO, 7402).

31 Ein **Entscheid durch die übrigen Mitglieder des Schiedsgerichts** ist ausgeschlossen, wenn der abwesende Schiedsrichter nicht zu den Beratungen eingeladen worden ist, wenn er die an ihn versandte Einberufung nicht erhalten hat oder wenn es ihm unmöglich war, dieser nachzukommen. In solchen Fällen wird es aber i.d.R. genügen, wenn der abwesende Schiedsrichter nachträglich orientiert wird und er nachträglich die Möglichkeit erhält, sich zu beteiligen und seine Meinung in hinreichendem Masse einzubringen (vgl. BGE 128 III 234 E. 3b). Ist er ohne sein Verschulden von der Teilnahme an der Beratung der übrigen Mitglieder abgehalten worden, muss er immerhin das Recht haben, auch gegen den Willen der Mehrheit weitere Beratungen zu verlangen (**a.A.** JOLIDON, 444).

32 Abs. 2 verleiht dem Schiedsgericht nicht die Kompetenz, in **unvollständiger Besetzung** zu entscheiden, wenn ein Schiedsrichter sein Mandat niedergelegt hat. Für den Bereich der internationalen Schiedsgerichtsbarkeit, der sich diesbezüglich nicht von der Binnenschiedsgerichtsbarkeit unterscheidet, hat das BGer bereits entschieden, dass ein

derart unvollständig besetztes («tronqué», «truncated») Schiedsgericht keinen Schiedsspruch erlassen kann, solange der fehlende Schiedsrichter nicht ersetzt worden ist: In BGE 117 Ia 166 E. 6 wurde festgehalten, dass die verbleibenden Schiedsrichter selbst dann nicht weiterverhandeln können, wenn der Rücktritt zur Unzeit und ohne Grund erfolgt ist. Der fehlende Schiedsrichter muss vielmehr vorher ersetzt werden. Diese Praxis wurde in der Lehre kritisiert (Zuberbühler/Müller/Habegger-BESSON, Art. 31 N 20), aber in BGE 128 III 234 E. 3b bestätigt und ist auch für Schiedsverfahren nach Massgabe der ZPO einschlägig (POUDRET, 251 f.). Das Verfahren zur Ersetzung eines Schiedsrichters ist in Art. 371 geregelt.

Verweigert ein Schiedsrichter die **Unterschrift**, so sehen alle institutionellen Schiedsregeln einen Weg vor, auf dem die Mehrheit dieses Hindernis überwinden kann (vgl. dazu GAILLARD/SAVAGE, 1409). Zahlreiche Regelwerke, wie etwa das UNCITRAL-Modellgesetz (Art. 32 Abs. 4) und die Verfahrensordnung des LCIA (Art. 26.4), verlangen jedoch, dass der Grund für die Verweigerung im Entscheid aufzuführen ist. Dieses Vorgehen empfiehlt sich aus Beweisgründen auch unter der ZPO, obwohl es dort nicht ausdrücklich verlangt ist. 33

V. Mehrheitsprinzip und Präsidialentscheid (Abs. 3 und 4)

1. Allgemeines

Die Abs. 3 und 4 entsprechen inhaltlich im Wesentlichen Art. 189 Abs. 2 IPRG und weichen insofern von Art. 31 KSG ab, als sie dem **Präsidenten** das Recht einräumen, den Schiedsspruch unabhängig von den Mitschiedsrichtern zu fällen, wenn sich keine Stimmenmehrheit ergibt. 34

Art. 31 Abs. 4 KSG, wonach das Schiedsgericht einer Partei grundsätzlich nicht mehr bzw. nichts anderes zusprechen darf, als diese verlangt hat, wurde nicht übernommen, da sich das Verbot, *ultra petita* zu entscheiden, bereits aus dem Beschwerdegrund von Art. 393 lit. c ZPO ergibt (BOTSCHAFT ZPO, 7402). 35

2. Grundsatz: Mehrheitsprinzip

Der Schiedsentscheid wird gem. Abs. 3 mit **Stimmenmehrheit** gefällt (zum Gegenstand der Abstimmung vgl. oben N 18). Gemeint ist die Stimmenmehrheit der das Schiedsgericht bildenden Mitglieder, unabhängig davon, ob sie tatsächlich an der Abstimmung teilnehmen oder nicht (LALIVE/POUDRET/REYMOND, 413). 36

Es steht den Parteien frei, andere Mehrheitserfordernisse, namentlich Einstimmigkeit oder ein qualifiziertes Mehr, für alle oder bestimmte Entscheide des Schiedsgerichts vorzusehen. 37

Das **Abstimmungsverfahren** wird durch Parteivereinbarung bzw. subsidiär durch das Schiedsgericht selbst definiert. Eine Abstimmung unter Abwesenden (d.h. auf schriftlichem Weg) ist zulässig (dazu oben N 10). In der Praxis geschieht dies regelmässig in der Weise, dass der Vorsitzende den Mitschiedsrichtern einen Urteilsvorschlag vorlegt, der den Meinungsäusserungen im Beratungsverfahren Rechnung trägt und die Schiedsrichter zur definitiven Zustimmung oder Ablehnung auffordert (BSK IPRG-WIRTH Art. 189 N 16). 38

3. Ausnahme: Präsidialentscheid

Abs. 4 gibt dem **Präsidenten** des Schiedsgerichts ausnahmsweise das Recht, den Schiedsspruch unabhängig von den Meinungen der Mitschiedsrichter zu fällen. 39

Daniel Girsberger

40 Die Regel ist inspiriert durch Art. 25 Abs. 1 der ICC Rules sowie Art. 26.3 der LCIA Rules und entspricht Art. 189 Abs. 2 IPRG. Sie weicht ab vom UNCITRAL-Modellgesetz (dazu CARON/CAPLAN/PELLONPÄÄ, 750 ff.) sowie von verschiedenen weiteren Regelungen (vgl. BORN, Bd. 2, 2459 ff.) und zielt darauf ab, zu vermeiden, dass sich der Präsident notgedrungen der Meinung eines anderen Schiedsrichters anschliessen muss, die er nicht oder nur teilweise teilt, mit dem einzigen Zweck, eine Mehrheit herbeizuführen und eine Pattsituation zu vermeiden (LALIVE/POUDRET/REYMOND, 413). Damit wird der an Art. 31 Abs. 2 KSG geübten Kritik Rechnung getragen für den Fall, dass keine Stimmenmehrheit zusammenkommt, etwa dann, wenn jeder Schiedsrichter eine andere Lösung propagiert (SUTTER-SOMM/HASENBÖHLER, 125; krit. WALTER, Alternativentwurf, 58).

41 Wird ein Entscheid ohne Mehrheit durch den Präsidenten getroffen, so ist dies im Schiedsspruch aufzuführen (LALIVE/POUDRET/REYMOND, 413).

VI. Dissenting Opinions

42 Bei einem Mehrheitsentscheid haben die unterlegenen Mitglieder begriffsnotwendig eine abweichende Meinung. Diese wird bisweilen in Form einer **Dissenting Opinion** zum Ausdruck gebracht, welche dem Schiedsspruch als Anhang beigefügt wird. Ein solches Vorgehen ist inspiriert vom amerikanischen Recht, wo solche Dissenting Opinions auch in der staatlichen Gerichtsbarkeit zulässig und verbreitet sind. Demgegenüber ist eine entsprechende Befugnis in der schweizerischen Rechtstradition nur in wenigen Fällen vorgesehen (z.B. in § 138 Abs. 4 GVG/ZH). Weder in der ZPO noch im IPRG wird das Problem angesprochen. Die wenigsten Schiedsverfahrensgesetze befassen sich explizit mit dieser Frage; nur vereinzelt werden Dissenting Opinions ausdrücklich erwähnt und für zulässig erklärt (vgl. ARROYO, 440 f.).

43 Von Vertretern des kontinentaleuropäischen Rechtskreises wird gelegentlich gefordert, die Zulässigkeit des Beifügens von Dissenting Opinions davon abhängig zu machen, dass die Mehrheit des Schiedsgerichts dem zustimmt. Argumentiert wird ferner damit, dass die Veröffentlichung abweichender Meinungen das Beratungsgeheimnis aushöhle (zum Ganzen BORN, Bd. 2, 2463 ff.; REES/ROHN, 337 ff.; zum restriktiven Ansatz im deutschen Recht SCHÜTZE, 194 ff.). In der Tat kann das Recht auf eine abweichende Meinungsäusserung gegenüber Dritten nicht schrankenlos sein.

44 Eine Zulassung von Dissenting Opinions birgt die Gefahr, dass ein Schiedsrichter tendenziell den Standpunkt der Partei verteidigt, welche ihn ernannt hat, statt sich einer Mehrheitsentscheidung des Schiedsgerichts anzuschliessen (LALIVE/POUDRET/REYMOND, 186). Deshalb ist zumindest für die schweizerische *Binnenschiedsgerichtsbarkeit* das Zugänglichmachen von Dissenting Opinions im Grundsatz abzulehnen (offenbar anders: Bericht VE-ZPO, 177), jedenfalls solange die Mehrheit des Schiedsgerichts dem nicht zustimmt (ähnlich BERGER/KELLERHALS, Rz 1369). Diese Lösung drängt sich auch angesichts des Umstands auf, dass Dissenting Opinions in der schweizerischen Verfahrenstradition kaum verankert sind.

45 Auch nach der Auffassung des Bundesgerichts im Bereich der *internationalen Schiedsgerichtsbarkeit* ist es Sache des Schiedsgerichts, darüber zu befinden, ob und in welcher Form eine Dissenting Opinion den Parteien zugänglich gemacht werden darf, solange keine anders lautende Parteivereinbarung besteht (BGer, 11.5.1992, ASA Bull 1992, 381 ff., E. 2b; ARROYO, 446 ff.). In der Lehre findet diese Rechtsprechung grundsätzlich Zustimmung (BERGER/KELLERHALS, Rz 1369).

46 Sofern allerdings ein Mitglied des Schiedsgerichts gravierende Verfahrensfehler im Rahmen der Beratung feststellt, welche ansonsten aufgrund des Beratungsgeheimnisses

unentdeckt bleiben würden, muss es ihm auch gegen den Willen der Mehrheit erlaubt sein, die Parteien davon in Kenntnis zu setzen (ebenso POUDRET/BESSON, Rz 753 f.). Auch muss das in der Abstimmung unterlegene Mitglied verlangen können, dass im Entscheid darauf hingewiesen wird, dass dieser nur mit einer Mehrheit (oder nur durch den Präsidenten) zustande gekommen ist (vgl. dazu N 39). Denn ein Hinweis, wonach der Entscheid einstimmig oder nur mit Stimmenmehrheit zustande gekommen ist, ist mit Rücksicht auf das Beratungsgeheimnis unbedenklich.

Unter Vorbehalt dieser Ausnahmen hat das Interesse des unterlegenen Schiedsrichters an der Bekanntgabe seiner Minderheitsmeinung vor dem Interesse der Mehrheit an der Wahrung von Vertraulichkeit und Abstimmungsgeheimnis jedoch zurückzustehen (BERGER/KELLERHALS, Rz 1369).

Soweit eine Dissenting Opinion vom Schiedsgericht ausnahmsweise zugelassen wird, muss folgendes gelten: **47**

– Inhalt, Verfahren und Form der Bekanntmachung einer zulässigen Dissenting Opinion (z.B. als Anhang zum Schiedsspruch oder als unabhängiges Dokument, welches getrennt zugestellt wird; unter Angabe des Verfassers oder anonymisiert) richten sich nach Mehrheitsbeschluss des Schiedsgerichts oder, soweit erforderlich, Präsidialentscheid (BERGER/KELLERHALS, Rz 1370). In jedem Fall muss die Dissenting Opinion eindeutig als individuelle Meinungsäusserung des Verfassers deklariert sein (z.B. Bezeichnung als *«Dissenting Opinion»*, nicht aber als *«Dissenting Award»*) und darf keine Argumente enthalten, welche dieser während der Beratung vorzubringen versäumt hatte (zum Ganzen ARROYO, 456, m.w.Nw.).

– Eine zulässige Dissenting Opinion kann frühestens bekannt gegeben werden, wenn das Schiedsgericht einen Mehrheitsentscheid gefällt hat. Bis zu diesem Zeitpunkt sind Dokumente, welche einen von der Mehrheitsmeinung abweichenden Standpunkt zum Ausdruck bringen, als Teil der Beratung anzusehen (GAILLARD/SAVAGE, 1403). Ebenfalls unstatthaft ist ausserdem – sofern das Schiedsgericht nicht zustimmt – das «Nachschieben» einer Dissenting Opinion nachdem den Parteien der Schiedsentscheid bereits eröffnet worden ist (BERGER/KELLERHALS, Rz 1372).

– Eine Dissenting Opinion ist kein Bestandteil des Schiedsentscheids (BGer, 4P.23/1991, E. 2b); sie kann somit auch nicht Gegenstand einer Anfechtung sein. In einem Rechtsmittelverfahren gegen den Schiedsentscheid darf der Dissenting Opinion ferner keine erhöhte Bedeutung oder Beweiskraft zukommen (so für den internationalen Bereich GAILLARD/SAVAGE, 1405).

Art. 383

Zwischen- und Teilschiedssprüche	**Haben die Parteien nichts anderes vereinbart, so kann das Schiedsgericht das Verfahren auf einzelne Fragen und Rechtsbegehren beschränken.**
Sentences incidentes et partielles	Sauf convention contraire des parties, le tribunal arbitral peut limiter la procédure à des questions ou des conclusions déterminées.
Lodi incidentali e lodi parziali	Salvo diversa pattuizione delle parti, il tribunale arbitrale può limitare il procedimento a singole questioni o conclusioni.

Daniel Girsberger

Inhaltsübersicht

	Note
I. Normzweck und Grundlagen	1
II. Teilentscheide	5
1. Begriff	5
2. Zulässigkeit und Wirkung	11
III. Vor- bzw. Zwischenentscheide	17
1. Begriffe	17
2. Zulässigkeit und Wirkung	19
IV. Entscheid zur Beschränkung des Verfahrens	24

Literatur

E. GAILLARD/J. SAVAGE (Hrsg.), Fouchard/Gaillard/Goldman on International Commercial Arbitration, Den Haag 1999; J. HABSCHEID, Teil-, Zwischen- und Vorabschiedssprüche im schweizerischen und deutschen Recht, ihre Anfechtbarkeit und die Rechtsfolgen ihrer Aufhebung durch das Staatsgericht (unter besonderer Berücksichtigung der Streitgenossenschaft), ZSR 106 (1987) 1, 669 ff.; F. PERRET, Arbitrage interne, in: R. Trigo Trindade/N. Jeandin (Hrsg.), Unification de la procédure civile, Genf 2004, 131 ff.; vgl. ausserdem die Literaturhinweise zu Art. 382.

I. Normzweck und Grundlagen

1 Diese Bestimmung übernimmt inhaltlich Art. 32 KSG und Art. 188 IPRG (BOTSCHAFT ZPO, 7402).

2 Art. 383 entspricht unverändert dem Art. 381 des Entwurfs von 2006. In Art. 371 des Vorentwurfs von 2003 hiess es noch «einzelne Fragen *oder* Rechtsbegehren».

3 Wie die Marginalie präzisiert, erlaubt Art. 383 dem Schiedsgericht, Teil- oder Zwischenentscheide hinsichtlich einzelner strittiger Punkte zu fällen. Die Unterscheidung zwischen diesen beiden Begriffen ist wichtig, wird aber im Schrifttum nicht einheitlich gehandhabt (s. hierzu N 5 ff. und 17 ff.).

4 Art. 383 ist dispositives Recht: Die Parteien können die Möglichkeit von **Teilentscheiden** zu jedem Zeitpunkt des Verfahrens durch Übereinkunft ausschliessen. Eine solche Übereinkunft berührt allerdings nicht allfällige vor diesem Zeitpunkt bereits getroffene Teilentscheide. Im Zweifelsfall ist ausserdem eher von der Zulässigkeit von Teilentscheiden auszugehen: Somit vermag eine Partei allein das Fällen von Teilentscheiden nicht zu verhindern, solange sie nicht eine Parteivereinbarung nachweisen kann, welche dies verbietet (JOLIDON, 460).

II. Teilentscheide

1. Begriff

5 Obwohl der Text des Art. 383 (im Gegensatz allerdings zur Marginalie) es tunlichst vermeidet, die Begriffe Teil- und Zwischenschiedsspruch zu verwenden, kommt man nicht ganz ohne Begrifflichkeiten aus. Ein **Teilentscheid** («partial award») ist ein Entscheid des Schiedsgerichts, mit dem über einzelne, aber nicht alle Begehren der Parteien in einem Schiedsverfahren endgültig entschieden wird (BOTSCHAFT ZPO, 7402; LEW/MISTELIS/KRÖLL, Rz 24–22). Der Entscheid erwächst diesbezüglich in Rechtskraft. Viele nationale Schiedsverfahrensgesetze gewähren dem Schiedsgericht ausdrücklich die

6. Titel: Schiedsspruch

Kompetenz, auch ohne entsprechende Parteivereinbarung Teilentscheide zu erlassen (ausser die Parteien hätten dies explizit ausgeschlossen, was sehr selten geschieht), und auch institutionelle Verfahrensregeln sehen diese Möglichkeit üblicherweise vor (vgl. etwa Swiss Rules Art. 32 Ziff. 1, der die Formulierung des UNCITRAL-Modellgesetzes [Art. 32 Abs. 1] übernimmt: «*In addition to making a final award, the arbitral tribunal shall be entitled to make interim, interlocutory, or partial awards*»; zum Ganzen BORN, Bd. 2, 2430 f.).

In der Lehre zum inhaltlich gleichen Art. 188 IPRG wird vereinzelt die Auffassung vertreten, dass auch materielle oder prozessuale **Vor- bzw. Zwischenentscheide** (z.B. über die Zuständigkeit, eine *res iudicata*-Einrede, die Wirksamkeit eines Vertrags oder die Verjährung) vom Begriff des Teilentscheids erfasst seien (so BUCHER, Rz 322; RÜEDE/HADENFELDT, 286). Demgegenüber gehen das Bundesgericht und die wohl h.L. zutreffend davon aus, dass nur *materielle Endentscheide* über einen abgegrenzten Teil der Klage (sog. echte Teilentscheide oder Teilentscheide i.e.S.) erfasst sind (so BGE 130 III 755 E. 1.2.2 m.w.Nw.; 130 III 76 E. 3.1; IPRG-Komm.-HEINI, Art. 188 N 5; DUTOIT, Art. 188 N 2). 6

Teilentscheide sind insbesondere: 7

– Entscheide über einzelne Rechtsbegehren, die nicht von anderen abhängig sind;

– Entscheide über ein Widerklagebegehren oder Entscheide, welche das Schiedsverfahren für einen oder mehrere Streitgenossen beenden;

– Entscheide, die einen quantitativen Teil des Streitgegenstands abschliessend beurteilen (HABSCHEID, 671 f.).

Beschränkt auf die so beantwortete Frage ist der Teilentscheid immer ein Endentscheid und entfaltet diesbezüglich die volle **Rechtskraftwirkung** (PERRET, 147). Somit liegt allerdings dann kein (Teil-)Entscheid vor, wenn sich das Schiedsgericht einen späteren Endentscheid in der beurteilten Frage ausdrücklich vorbehalten hat (JOLIDON, 462).

Wesentlich ist, dass ein Teilentscheid i.e.S. einem Voll-Endentscheid in Bezug auf Rechtsmittel gleichsteht – im Gegensatz zu den Vor- oder Zwischenentscheiden (WALTER/BOSCH/BRÖNNIMANN, 197). *Res iudicata*-Wirkung besteht somit nur bei echten Teilentscheiden, auch wenn Vor- bzw. Zwischenentscheiden ebenfalls eine gewisse Bindungswirkung (vgl. hierzu N 21 f.) zukommt (BGE 128 III 191 E. 4a). 8

Da Teilentscheide i.e.S. mit Bezug auf die geregelten Fragen Endentscheide sind, unterstehen sie prinzipiell denselben Formvorschriften wie diese (JOLIDON, 463; BSK IPRG-WIRTH, Art. 188 N 18; vgl. dazu Art. 384 N 7). 9

Teilentscheide sind stets abzugrenzen gegenüber verfahrensleitenden Anordnungen. Diese enthalten keine endgültige Beurteilung des Streitgegenstands (vgl. JOLIDON, 463). 10

2. Zulässigkeit und Wirkung

Grundsätzlich können alle Fragen, die in einem **Endentscheid** behandelt werden können, auch Gegenstand eines **Teilentscheids** sein. Hingegen ist es nicht zulässig, dass das Schiedsgericht durch die Beschränkung auf Teilentscheide Fragen trennt, die unauflösbar miteinander verbunden sind (JOLIDON, 464). Es kann insb. dann sinnvoll sein, Teilentscheide zu fällen, wenn zahlreiche Rechtsbegehren zu behandeln sind, bei denen der Beurteilungsaufwand sich stark unterscheidet, oder die aus anderen Gründen vorzugsweise sukzessive behandelt werden (BSK IPRG-WIRTH, Art. 188 N 15). 11

12 Der Erlass von Teilentscheiden liegt grundsätzlich im Ermessen des Schiedsgerichts, auch wenn kein Parteiantrag vorliegt (BSK IPRG-WIRTH, Art. 188 N 12). Kein Ermessensspielraum besteht allerdings dann, wenn die Parteien übereinstimmend einen Teilentscheid hinsichtlich eines bestimmten Gegenstands verlangen oder aber ausschliessen (BSK IPRG-WIRTH, Art. 188 N 13).

13 Ein **Teilentscheid** kann mit einem – grundsätzlich sofort vollstreckbaren – **Kostenentscheid** verbunden werden. Nach der bundesgerichtlichen Praxis verstösst dies selbst dann nicht gegen den Ordre public, wenn die Möglichkeit besteht, dass der Gegenpartei im Endentscheid höhere Kosten auferlegt werden, als der Partei, die die Kosten des Teilentscheids zu tragen hat (BGer, 4P.196/2002, E. 4; BSK IPRG-WIRTH, Art. 188 N 19). In der Praxis sind Kostenentscheide in Teilschiedssprüchen allerdings eher selten. Meistens ist es sinnvoll, die Kostenregelung dem Endentscheid vorzubehalten (RÜEDE/HADENFELDT, 289). Andererseits kann es in gewissen Fällen sinnvoll sein, einen auf die bisher aufgelaufenen Kosten beschränkten Teilentscheid zu fällen, der nicht bloss Zwischenentscheid ist; etwa, wenn das Verfahren in mehrere Stufen aufgeteilt wird, ohne dass die erste Stufe vom Ergebnis der zweiten Stufe beeinflusst werden kann (z.B. erste Stufe: Bestimmung, ob eine Haftpflicht des Beklagten besteht; zweite Stufe: Umfang des Schadenersatzes; vgl. dazu BSK IPRG- WIRTH, Art. 188 N 21).

14 Nach der Rechtsprechung des BGer zur internationalen Schiedsgerichtsbarkeit liegt eine Verletzung des Ordre public vor, wenn ein Schiedsgericht sich über die **materielle Rechtskraft eines früheren (Teil-)Endentscheids** hinwegsetzt (BGE 128 III 191 E. 4; BSK IPRG-WIRTH, Art. 188 N 22). Ähnliches muss auch im Binnenverhältnis gelten, selbst wenn sich der bereits gefällte Teilentscheid als fehlerhaft erweisen sollte (RÜEDE/HADENFELDT, 285; JOLIDON, 462 f.). Daraus ergibt sich, dass das Schiedsgericht beim Fällen des Endentscheids den Teilentscheid nicht mehr überprüfen und auch keine indirekt dagegen vorgebrachten Argumente würdigen kann (BGE 112 Ia 166 E. 3d).

15 Ein späterer Entscheid muss einen vorangegangenen rechtskräftigen Teilentscheid nicht explizit bestätigen, er darf sich aber auch nicht dazu in Widerspruch setzen (JOLIDON, 462). Dies kann dann Probleme bereiten, wenn ein Schiedsgericht in der Zwischenzeit zu einer anderen Meinung über die im Teilentscheid behandelte Frage kommt, ist aber aus Gründen der Rechtssicherheit nicht zu ändern. Umstritten ist, ob die Parteien einen **Teilentscheid durch Vereinbarung aufheben** und verlangen können, dass er durch einen Globalentscheid des Schiedsgerichts ersetzt werde (*pro*: BRATSCHI/BRINER, 108; RÜEDE/HADENFELDT, 289; *contra*: JOLIDON, 462). M.E. hat im Bereich der Schiedsgerichtsbarkeit die Parteiautonomie Vorrang, so dass, unter Vorbehalt des Rechtsmissbrauchs in Spezialfällen, der Wirksamkeit einer solchen Vereinbarung und deren Beachtung nichts entgegensteht.

16 Zur *Anfechtbarkeit* von Teilentscheiden vgl. Art. 392 lit. a.

III. Vor- bzw. Zwischenentscheide

1. Begriffe

17 **Vor- oder Zwischenentscheide** klären eine Vorfrage, die entweder prozessualer Natur (z.B. über die Zuständigkeit des Schiedsgerichts) oder materiellrechtlicher Natur (z.B. betreffend die Verjährung oder eine Haftung im Grundsatz) sein kann, ohne dass durch deren Klärung das Verfahren ganz oder teilweise beendet wird (BSK IPRG-WIRTH, Art. 188 N 5). In Literatur und Rechtsprechung werden die Begriffe allerdings nicht einheitlich verwendet. Besonders im internationalen Verhältnis wird der Begriff Zwischen-

entscheid («*interim award*», teilweise auch «*interlocutory award*») in einem weiten Sinn oft als Synonym zum Begriff des Teilentscheids benützt (BORN, Bd. 2, 2434 f.). Auch die **schweizerische Terminologie** ist uneinheitlich (HABSCHEID, 673 f.). Eine Unterscheidung zwischen (materiellrechtlichen) Vorentscheiden und (prozessrechtlichen) Zwischenentscheiden wird vor allem im deutschsprachigen Schrifttum getroffen (vgl. dazu BGE 130 III 76 E. 3.1.3). Selbst dort werden die beiden Begriffe allerdings häufig deckungsgleich verwendet und unter dem Oberbegriff des Zwischenentscheids (wie etwa in der Überschrift des Art. 383 ZPO, wo der Begriff Vorentscheid nicht erwähnt wird), oder auch des Vorentscheids (wie etwa in Art. 190 Abs. 3 IPRG) zusammengefasst. Die Unterscheidung der Begriffe Vor- und Zwischenentscheid ist für den Bereich der ZPO nicht notwendig, da beide Kategorien, richtig verstanden, in rechtlicher Hinsicht identisch behandelt werden.

Zu den **Vor- bzw. Zwischenentscheiden** gehören insbesondere: 18

– das Abweisen der Unzuständigkeitseinrede (unabhängig davon, dass eine Gutheissung zu einem Endentscheid führen würde);

– das Bejahen der Haftbarkeit des Beklagten im Grundsatz (ohne dass gleichzeitig über die quantitativen Elemente der konkreten Haftung entschieden wird);

– das Abweisen der Verjährungseinrede oder

– das Abweisen des Einwands der fehlenden Aktiv- bzw. Passivlegitimation (wobei auch hier bei Gutheissung ein Endentscheid ergehen müsste; vgl. zum Ganzen PERRET, 147).

2. Zulässigkeit und Wirkung

Die Zulässigkeit von Vor- und Zwischenentscheiden beurteilt sich primär nach der Vereinbarung der Parteien, etwa wenn diese auf institutionelle Schiedsregeln verweisen, die solche Entscheide zulassen (BSK IPRG-WIRTH, Art. 188 N 10). 19

Wird die Zulässigkeit nicht durch konkrete Parteiabrede oder durch eine vereinbarte Verfahrensordnung geregelt, so liegt es im Ermessen des Schiedsgerichts, darüber zu bestimmen (BSK IPRG-WIRTH, Art. 188 N 11). Es besteht m.a.W., vorbehaltlich gegenteiliger Parteivereinbarung, eine weitgehende Ermächtigung des Schiedsgerichts, Vor- und Zwischenentscheide zu erlassen, auch ohne dass ein entsprechender Parteiantrag vorliegt. Kein Ermessensspielraum besteht allerdings dann, wenn alle Parteien übereinstimmend einen Vor- oder Zwischenentscheid über eine bestimmte materiellrechtliche Vorfrage oder Prozesseinrede verlangt oder ausgeschlossen haben (BSK IPRG-WIRTH, Art. 188 N 13). 20

Vor- und Zwischenentscheide entfalten – anders als Teilentscheide i.e.S. – **keine materielle Rechtskraft**. Dennoch kommt ihnen im Gegensatz zu verfahrensleitenden Anordnungen (*simples ordonnances, directives de procédure, procedural orders*) eine gewisse Bindungswirkung für das weitere Verfahren zu (HABSCHEID, 673). So ist es unzulässig, dass das Schiedsgericht von einer in einem Vor- oder Zwischenentscheid geäusserten Ansicht abweicht; es kann dann sogar eine Verletzung des (verfahrensrechtlichen) Ordre public vorliegen (BGE 128 III 191 E. 4; IPRG-Komm.-HEINI, Art. 188 N 2). 21

Die Bindungswirkung beschränkt sich allerdings darauf, dass der Endentscheid nicht im Widerspruch zu einem früheren Vor- bzw. Zwischenentscheid stehen darf. Das bedeutet aber nicht etwa, dass bei einem Vorentscheid, mit dem die Haftung einer Partei im Grundsatz bejaht wird, die Klage später nicht dennoch – aus anderen Gründen – abge- 22 wiesen werden könnte. Eine entsprechende Konstellation ist z.B. denkbar, wenn nach dem Vorentscheid das Fehlen einer Sachentscheidsvoraussetzung, der Wegfall einer rechtsbegründenden oder der Eintritt einer rechtsvernichtenden Tatsache festgestellt wird oder wenn im Beweisverfahren über die Schadenshöhe überhaupt kein Schaden festgestellt werden kann (BSK IPRG-WIRTH, Art. 188 N 24).

23   Nicht nur in der Schweiz, sondern auch in anderen Rechtsordnungen (z.B. in Österreich, Deutschland, Australien) ist die **gerichtliche Anfechtung bzw. Anerkennung und Vollstreckung von Vor- und Zwischenentscheiden**, im Gegensatz zu Teilentscheiden (i.e.S.), ausgeschlossen (vgl. BORN, Band 2, 2435).

Vgl. zur Anfechtbarkeit von Vor- bzw. Zwischenentscheiden Art. 392 N 7 und Art. 393 N 5.

IV. Entscheid zur Beschränkung des Verfahrens

24   Mangels einer abweichenden Parteivereinbarung ist es Sache des Schiedsgerichts zu entscheiden, ob das Verfahren angesichts der konkreten Umstände sinnvoller Weise beschränkt und ob ein Teil-, Vor- oder Zwischenentscheid erlassen werden soll (LALIVE/POUDRET/REYMOND, 179). Auch der Zeitpunkt im Verfahren, in dem ein solcher Entscheid getroffen wird, liegt im Ermessen des Schiedsgerichts. Dieses sollte sich im Wesentlichen an den Gesichtspunkten der effizienten und beförderlichen Verfahrensabwicklung orientieren (CARON/CAPLAN/PELLONPÄÄ, 792).

25   Wenn etwa die zu behandelnden materiellen Fragen sehr komplex sind, wird sich regelmässig eine Zweiteilung und damit eine **Beschränkung des Verfahrens** auf einzelne Fragen anbieten (sog. *«Bifurcation»*). Auch kann etwa ein Vorentscheid über die Frage der grundsätzlichen Haftung eine Einigung wahrscheinlicher machen und die Instruktion allfälliger Sachverständiger erleichtern. Auf der anderen Seite besteht die Gefahr, dass das Verfahren in die Länge gezogen wird und sich das Schiedsgericht zu bestimmten Punkten festlegen muss, ohne sämtliche relevanten Tatsachen und Umstände hinreichend zu kennen (vgl. GAILLARD/SAVAGE, Rz 1362). Auch kann eine Beschränkung auf die Zuständigkeitsfrage ausgeschlossen sein, wenn die dafür zu ermittelnden Tatsachen doppelrelevant sind (vgl. dazu Art. 357 N 8 und Art. 393 N 50).

Art. 384

Inhalt des Schiedsspruches

¹ **Der Schiedsspruch enthält:**
a. die Zusammensetzung des Schiedsgerichts;
b. die Angabe des Sitzes des Schiedsgerichts;
c. die Bezeichnung der Parteien und ihrer Vertretung;
d. die Rechtsbegehren der Parteien oder, bei Fehlen von Anträgen, eine Umschreibung der Streitfrage;
e. sofern die Parteien nicht darauf verzichtet haben: die Darstellung des Sachverhaltes, die rechtlichen Entscheidungsgründe und gegebenenfalls die Billigkeitserwägungen;
f. das Dispositiv in der Sache sowie die Höhe und die Verteilung der Verfahrenskosten und der Parteientschädigung;
g. das Datum des Schiedsspruches.

² **Der Schiedsspruch ist zu unterzeichnen; es genügt die Unterschrift der Präsidentin oder der Präsidenten.**

6. Titel: Schiedsspruch **Art. 384**

Contenu de la sentence

¹ La sentence arbitrale contient:
a. la composition du tribunal arbitral;
b. l'indication du siège du tribunal arbitral;
c. la désignation des parties et de leurs représentants;
d. les conclusions des parties ou, à défaut, la question à juger;
e. sauf si les parties y renoncent expressément, les constatations de fait, les considérants en droit et, le cas échéant, les motifs d'équité;
f. le dispositif sur le fond et sur le montant et la répartition des frais du tribunal et des dépens;
g. la date à laquelle elle est rendue.

² La sentence est signée; la signature du président suffit.

Contenuto del lodo

¹ Il lodo contiene:
a. la composizione del tribunale arbitrale;
b. l'indicazione della sede del tribunale arbitrale;
c. la designazione delle parti e dei loro rappresentanti;
d. le conclusioni delle parti oppure, in mancanza di concrete richieste, una descrizione dei punti litigiosi;
e. in quanto le parti non vi abbiano rinunciato, l'esposizione dei fatti, i considerandi di diritto e se del caso quelli di equità;
f. il dispositivo sul merito della lite come pure l'importo e la ripartizione delle spese procedurali e delle ripetibili;
g. la data del giudizio.

² Il lodo dev'essere firmato; è sufficiente la firma del presidente.

Inhaltsübersicht

	Note
I. Normzweck und Grundlagen	1
1. Entwicklung	1
2. Zwingender Charakter	5
3. Abschliessender Charakter	6
4. Anwendungsbereich	7
II. Einzelne Erfordernisse	8
1. Angabe der Zusammensetzung des Schiedsgerichts (Abs. 1 lit. a)	8
2. Angabe des Sitzes (Abs. 1 lit. b)	9
3. Bezeichnung der Parteien und ihrer Vertretung (Abs. 1 lit. c)	11
4. Angabe der Rechtsbegehren, subsidiäre Umschreibung der Streitfrage (Abs. 1 lit. d)	12
5. Begründung (Sachverhalt und rechtliche Entscheidungsgründe) bzw. gegebenenfalls Billigkeitserwägungen (Abs. 1 lit. e)	14
6. Dispositiv und Kostenentscheid (Abs. 1 lit. f)	29
7. Entscheiddatum (Abs. 1 lit. g)	44
8. Notwendige Unterschriften (Abs. 2)	48
9. Schriftform	54
III. Verletzung der Erfordernisse	56
1. Allgemeines	56
2. Fehlende Angabe der Zusammensetzung des Schiedsgerichts gemäss Abs. 1 lit. a	58
3. Fehlende Begründung gemäss Abs. 1 lit. e	59
4. Fehlendes Dispositiv oder fehlender Kostenentscheid gemäss Abs. 1 lit. f	62
5. Fehlendes Datum gemäss Abs. 1 lit. g	64
6. Fehlende Unterschriften gemäss Abs. 2	65

Literatur

T. VON BODUNGEN/K. PÖRNBACHER, Kosten und Kostentragung im Schiedsverfahren, in: T. von Bodungen et al. (Hrsg.), Taktik im Schiedsverfahren, Köln 2008, 121 ff.; G. BORN, International Commercial Arbitration, Bd. 1 und 2, Alphen aan den Rijn et al. 2009; Y. DERAINS/ E. A. SCHWARTZ, A Guide to the ICC Rules of Arbitration, 2. Aufl., Den Haag 2005; P. FOUCHARD, La motivation de la sentence en matière d'usages, in: Revue de l'arbitrage 1970, 58 ff.; E. GAILLARD/J. SAVAGE (Hrsg.), Fouchard/Gaillard/Goldman on International Commercial Arbitration, Den Haag 1999; J. W. T. POWER/P. LALIVE, On the Reasoning of International Arbitral Awards, Journal of International Dispute Settlement 2010, 55 ff.; C. W. KONRAD, Costs in International Commercial Arbitration – A Comparative Overview of Civil and Common Law Doctrines, in: C. Klausegger et al. (Hrsg.), Austrian Arbitration Yearbook 2007, Wien et al. 2007, 261 ff.; M. WIGET, Vergleich, Klageanerkennung und Klagerückzug vor Schiedsgerichten, Zürich 2008; vgl. ausserdem die Literaturhinweise zu Art. 382.

I. Normzweck und Grundlagen

1. Entwicklung

1   Sofern das Schiedsverfahren nicht abgeschrieben wird (z.B. bei Rückzug), wird es durch den **Schiedsspruch** beendet. Die inhaltliche und äusserliche Normierung des Schiedsspruchs dient primär dazu, den Entscheid als solchen erkennbar zu machen und von anderen Bekanntmachungen und Beschlüssen des Schiedsgerichts zu unterscheiden (WALTER, Alternativentwurf, 59 f.).

2   Artikel 384 entspricht unverändert dem Art. 382 des Entwurfs von 2006. Gegenüber dem Vorentwurf von 2003 wurde einerseits ein Absatz gestrichen, wonach auch der Tag, an dem der Schiedsspruch erlassen wird, anzugeben gewesen wäre, und andererseits das Erfordernis mehrerer Unterschriften fallengelassen (vgl. N 48).

3   Abs. 1 entspricht im Wesentlichen Art. 33 Abs. 1 KSG, so dass für die Auslegung die bisherige Praxis berücksichtigt werden kann (BOTSCHAFT ZPO, 7402). Wie schon die Bestimmung des KSG ist Art. 384 ZPO wesentlich ausführlicher gehalten als Art. 189 IPRG und trägt damit dem Bedürfnis nach grösserer Normdichte in der nationalen Schiedsgerichtsbarkeit Rechnung (WALTER, Alternativentwurf, 59).

4   Anders als für **Entscheide staatlicher Gerichte** (vgl. Art. 238 lit. f) wird für Schiedssprüche keine Rechtsmittelbelehrung vorgeschrieben – dies mit Blick auf die Laienschiedsgerichte und die bisherige Praxis. Art. 384 hat allerdings nur den Mindestinhalt eines Schiedsspruchs zum Gegenstand (BOTSCHAFT ZPO, 7402), so dass eine Rechtsmittelbelehrung nicht ausgeschlossen ist.

2. Zwingender Charakter

5   Artikel 33 Abs. 1 KSG, die Vorgängerbestimmung von Art. 384 ZPO, ist gemäss ausdrücklicher Vorschrift weitgehend zwingender Natur (vgl. Art. 1 Abs. 3 KSG). Eine Ausnahme bildet Art. 33 Abs. 1 lit. g KSG, wonach die Spruchformel (das Dispositiv) eine Regelung über die Höhe und die Verlegung der Kosten und Entschädigung enthalten muss (JOLIDON, 468). Art. 33 Abs. 1 lit. a–f KSG wurde so interpretiert, dass weder die Parteien noch die Schiedsrichter davon abweichen dürfen (LALIVE/POUDRET/REYMOND, 183). Obwohl die zwingende Natur in Art. 384 nicht ausdrücklich erwähnt wird (vgl. immerhin Abs. 1 lit. e, *e contrario*), muss Analoges auch für Art. 384 gelten, weil der Schiedsspruch als Gegenstand der staatlichen Überprüfung und Vollstreckung inhaltlich und formell gewissen Mindestanforderungen zu genügen hat, die der Parteiautonomie und dem Ermessen des Schiedsgerichts entzogen sein müssen, um dem staatlichen Justizgewährungsanspruch zu genügen.

3. Abschliessender Charakter

So wie die Aufzählung des **notwendigen Inhalts des Entscheids** in Art. 33 lit. a–f KSG als abschliessend galt (JOLIDON, 471), ist auch die Liste von Art. 384 Abs. 1 abschliessend, soweit sie den zwingenden Inhalt eines Schiedsspruchs betrifft. Es steht dem Schiedsgericht aber frei, zusätzliche Elemente in den Entscheid, ja selbst ins Dispositiv aufzunehmen, allerdings nur, soweit dadurch nicht zwingende Elemente des Schiedsspruchs entkräftet werden (wie etwa durch den Hinweis, dass die Parteien auf eine Anfechtung verzichten, oder dass die schriftliche Fassung blosse Beweiskraft und die mündliche Abrede Vorrang habe o.ä.).

4. Anwendungsbereich

Art. 384 gilt kraft seines Wortlautes nur für den «Schiedsspruch», d.h. die Entscheidung des Schiedsgerichts, die den Streit (ganz oder – im Falle von Teilentscheiden – teilweise) beendet. Vereinzelt wird die Ansicht vertreten, dass nicht nur Endentscheide und Teilentscheide i.e.S. (dazu Art. 383 N 5 ff.), sondern auch Vor- und Zwischenentscheide (dazu Art. 383 N 17 ff.) in der gleichen Form und mit Begründung zu erlassen sind, also im Wesentlichen wie Endschiedssprüche gemäss Art. 384, was sich angesichts der Bindungswirkung von solchen Entscheiden rechtfertige (BSK IPRG-WIRTH, Art. 188 N 18). M.E. geht diese Ansicht, die sich weder auf den Wortlaut noch auf die Materialien stützen lässt, zu weit. Zwar müssen **Vor- und Zwischenentscheide** die verfahrensrechtlichen Garantien (rechtliches Gehör, Gleichbehandlung) beachten. Das bedeutet aber nicht, dass sie jederzeit dem **schriftlichen Begründungserfordernis** entsprechen und alle in Art. 384 genannten Elemente aufweisen müssen. Auch in den Regelwerken von Schiedsinstitutionen sind solche Entscheide und prozessleitende Anordnungen oft weniger strengen Anforderungen unterworfen.

II. Einzelne Erfordernisse

1. Angabe der Zusammensetzung des Schiedsgerichts (Abs. 1 lit. a)

Während Art. 33 Abs. 1 lit. a KSG von den «Namen der Schiedsrichter» spricht, verlangt Art. 384 ZPO Angaben über «die Zusammensetzung des Schiedsgerichts». Aufzuführen sind also **alle Mitglieder des Schiedsgerichts mit ihren Funktionen**. Ein juristischer Sekretär ist davon nach wie vor nicht mit umfasst (so betreffend das KSG JOLIDON, 471). Ersetzte Schiedsrichter müssen bei der Angabe der Zusammensetzung nicht erwähnt werden, sondern allenfalls im Rahmen der Prozessgeschichte.

2. Angabe des Sitzes (Abs. 1 lit. b)

Anzugeben ist der Sitz des Schiedsgerichts i.S.v. Art. 355 ZPO, was schon nach Art. 33 Abs. 1 lit. c KSG verlangt war (LALIVE/POUDRET/REYMOND, 184). Nicht notwendig ist die Angabe des Ortes, an dem das Schiedsgericht effektiv tagte, oder des Ortes, wo der Schiedsspruch abgefasst bzw. unterzeichnet wurde. Ob eine indirekte Angabe genügt, z.B. durch Verweis auf die Schiedsvereinbarung, aus welcher der Sitz klar hervorgeht (JOLIDON, 472), ist umstritten. M.E. ist dies zumindest dann zu bejahen, wenn der Sitz als solcher in der Schiedsvereinbarung erwähnt wird, so dass **kein Zweifel** darüber entstehen kann. Angesichts der Unsicherheiten in diesem Zusammenhang ist auf jeden Fall zu empfehlen, den Sitz ausdrücklich aufzuführen, sei es zu Beginn oder am Ende des Schiedsentscheids.

Inzwischen ist sowohl international als auch im Binnenverhältnis weitgehend anerkannt, dass der vereinbarte **Sitz im Rechtssinne** und der **tatsächliche Entscheidungsort** oder

der Ort, an dem die Verhandlungen hauptsächlich geführt werden, auseinanderfallen können und dürfen (vgl. GAILLARD/SAVAGE, Rz 1410).

3. Bezeichnung der Parteien und ihrer Vertretung (Abs. 1 lit. c)

11 Diese Vorschrift fand sich bereits im KSG (Art. 33 Abs. 1 lit. b): Die Bezeichnung muss hinreichend präzise sein, so dass die Parteien und ihre Vertretung klar identifiziert werden können, sei es in einem Rechtsmittel- oder in einem Vollstreckungsverfahren. Sind die Parteien nicht namentlich im Entscheidkopf oder im Dispositiv aufgeführt, so muss sich deren **Identität** wenigstens aus den Angaben im Entscheid eindeutig ermitteln lassen (LALIVE/POUDRET/REYMOND, 184). Dies ist bspw. der Fall, wenn das Dispositiv zwar nur eine «Gruppe» von Gesellschaften nennt, aus dem Entscheid aber genau hervorgeht, welche Gesellschaften zu dieser Gruppe gehören. (JOLIDON, 471 f. m.Vw. auf Rechtsprechung). Ausserdem muss klar aus dem Entscheid hervorgehen, wer Partei und wer Vertreter ist (WALTER/BOSCH/BRÖNNIMANN, 202). Unter der «Vertretung» sind nicht die geschäftsführenden Organe von juristischen Personen gemeint, sondern die Personen, welche den Prozess für die betreffenden Parteien geführt haben, i.d.R. also die Rechtsanwälte mit Prozessvollmacht (vgl. Komm. zu Art. 238). Massgebend sind die im Zeitpunkt des Entscheids vertretungsberechtigten Personen.

4. Angabe der Rechtsbegehren, subsidiäre Umschreibung der Streitfrage (Abs. 1 lit. d)

12 Aus der Formulierung von Abs. 1 lit. d ergibt sich, dass **explizite Rechtsbegehren** nicht zwingend erforderlich sind; andernfalls würde das Erfordernis der subsidiären Umschreibung der Streitfrage keinen Sinn machen. Allerdings darf das Schiedsgericht nur über Streitpunkte entscheiden, die ihm auch unterbreitet worden sind (dazu Art. 393 N 52 ff.), weshalb in jedem Fall zumindest aus den Umständen bzw. aus den weiteren Parteivorbringen hervorgehen muss, welche Streitpunkte die Parteien beurteilt haben wollen.

13 Haben die Parteien explizite Rechtsbegehren gestellt, so müssen diese – und nicht nur die Streitfragen – zwingend im Entscheid erwähnt werden. Das geht aus dem Wortlaut von lit. d klar hervor und galt bereits unter dem KSG. Fehlen konkrete Rechtsbegehren, so hat der Entscheid «die Streitfrage» zu umschreiben. Das bedeutet, dass der Entscheid zum Ausdruck zu bringen hat, was die Parteien bis zum Abschluss des Verfahrens tatsächlich erreichen wollten. Diese Absicht ist mit Hilfe der gesamten Eingaben und Erklärungen der betreffenden Partei zu ermitteln (JOLIDON, 472). Eine möglichst genaue Umschreibung ist in jedem Fall erforderlich, um zu vermeiden, dass das Schiedsgericht *extra* oder *ultra petita* entscheidet (vgl. Art. 393 lit. c; LALIVE/POUDRET/REYMOND, 185).

5. Begründung (Sachverhalt und rechtliche Entscheidungsgründe) bzw. gegebenenfalls Billigkeitserwägungen (Abs. 1 lit. e)

a) Allgemeines

14 Im Entscheid ist der Sachverhalt und sind die Entscheidungsgründe wiederzugeben. Nach der ausdrücklichen Vorschrift von Abs. 1 lit. e können die Parteien darauf allerdings auch verzichten. Diese Bestimmung entspricht Art. 189 Abs. 2 IPRG und bestand in ähnlicher Form schon im KSG. Im Gegensatz zu Art. 33 lit. e KSG, der für den Verzicht Ausdrücklichkeit verlangte, muss unter der ZPO auch ein konkludenter Verzicht im Nachgang zum Entscheid möglich sein (so zum IPRG BGE 130 III 125 E. 2.2).

Falls darauf nicht verzichtet wird, ist die Begründungspflicht im Wesentlichen dieselbe wie jene des staatlichen Richters (BGE 107 Ia 246 E. 3a). Massstab ist die **Gewährung des rechtlichen Gehörs**. Das bedeutet, dass die Begründung auch summarisch gehalten werden kann, sofern sie nur das Verständnis für die Tragweite der Entscheidung und der wichtigsten Gründe gewährleistet, welche dazu geführt haben (LALIVE/POUDRET/REYMOND, 185; RÜEDE/HADENFELDT, 301 f.). 15

Als Faustregel muss gelten, dass die **Begründung** eine Beurteilung zulassen soll, ob das Schiedsgericht *ultra* oder *infra petita* entschieden hat und ob der Grundsatz der Gleichbehandlung der Parteien eingehalten wurde (vgl. Art. 393 lit. c und d). Aus dem Schiedsspruch soll sich zumindest ergeben, dass sämtliche wesentlichen Streitpunkte und Ansprüche wiedergegeben und beurteilt worden sind (WALTER/BOSCH/BRÖNNIMANN, 202). Nach herkömmlicher Ansicht erstreckt sich die Begründungspflicht hingegen nicht auf den Entscheid über Kosten und Entschädigung (JOLIDON, 474; vgl. aber N 29). 16

An einer Begründung fehlt es etwa, wenn das Schiedsgericht lediglich auf die Ergebnisse eines Gutachtens verweist, ohne wenigstens summarisch die Gründe für diese Verweisung zu erläutern. Die Anforderungen dürfen jedoch nicht zu hoch angesetzt werden. So ist der Begründungspflicht etwa Genüge getan, wenn zum einen festgehalten wird, dass massgebliche Usanzen bestehen, und zum anderen aufgezeigt wird, weshalb deren Anwendung auf den beurteilten Fall sachdienlich sei (vgl. FOUCHARD, 58 ff.). 17

Ein wesentlicher Widerspruch innerhalb der Begründung oder zwischen Begründung und Dispositiv kann dem Fehlen einer Begründung gleichkommen (JOLIDON, 474 m.w.Nw.). 18

Das Prinzip, dass der Schiedsentscheid zu begründen ist, soweit die Parteien nicht darauf verzichtet haben, findet sich auch in den Regelwerken der bekanntesten Schiedsinstitutionen, vgl. z.B. Art. 32 Abs. 2 Swiss Rules; Art. 26 Abs. 1 LCIA Rules; Art. 62 lit. c WIPO Rules (Zuberbühler/Müller/Habegger-BESSON, Art. 32 N 21). Art. 25 Abs. 2 ICC Rules nennt die Möglichkeit der Parteien, auf eine Begründung zu verzichten, nicht explizit; in der Praxis ist ein Verzicht aber auch unter diesen Regeln nicht ausgeschlossen (DERAINS/SCHWARTZ, 309). 19

Aufbau und Form der schriftlichen Begründung stehen im Ermessen des Schiedsgerichts. Eine Trennung von Sachverhalt und rechtlicher Würdigung wird allerdings i.d.R. zweckmässig sein (WALTER, Alternativentwurf, 61). 20

b) Darstellung des Sachverhalts und der rechtlichen Entscheidungsgründe

aa) Sachverhalt

Was den *Sachverhalt* betrifft, so besteht der notwendige Inhalt des Entscheids im Allgemeinen aus dem Ergebnis der Beweiswürdigung durch das Schiedsgericht. Eine konzise Darstellung des für den Entscheid relevanten Sachverhalts ist selbst dann unerlässlich, wenn das Schiedsgericht nach **Billigkeit entscheiden** soll, auch wenn dies aus dem Gesetzestext nicht genügend klar hervorgeht. Immerhin kann ein späterer (Teil-)Entscheid auf einen früheren verweisen, soweit es um den identischen Sachverhalt geht (JOLIDON, 475 m.w.H.). 21

bb) Rechtliche Entscheidungsgründe

Die *rechtliche Begründung* des Entscheids ist ein Element, das die Schiedsgerichtsbarkeit von alternativen Streiterledigungsmethoden, namentlich der Mediation, unterscheidet. Die rechtlichen Entscheidungsgründe verlangen i.d.R. nach einer ausdrücklichen oder 22 wenigstens impliziten Nennung der **rechtlichen Entscheidungsgrundlagen**, also i.d.R. gesetzlicher Bestimmungen, sowie nach einer minimalen Analyse der Rechtsbeziehungen zwischen den Parteien. Eine Begründung, die nur mit vertieftem Aktenstudium nachvollziehbar ist, genügt nicht (JOLIDON, 475; vgl. auch STAEHELIN/STAEHELIN/GROLIMUND, 400).

23 Die rechtlichen Erwägungen sind nur aufzuführen, wenn und soweit nicht von der Möglichkeit Gebrauch gemacht wird, nach Billigkeit zu entscheiden (vgl. Art. 381 N 22 ff.)

cc) Billigkeitserwägungen

24 Falls das Schiedsgericht durch die Parteien ermächtigt ist, einen **Billigkeitsentscheid** zu fällen, und es von dieser Möglichkeit Gebrauch gemacht hat, darf auf eine rechtliche Begründung verzichtet werden; es sind aber die Billigkeitserwägungen wiederzugeben, aufgrund derer das Schiedsgericht zu seinem Entscheid gekommen ist. Es ist darzulegen, aus welchen Gründen der jeweilige Entscheid als recht und billig angesehen wird, besonders falls von der gesetzlichen Rechtsfolge abgewichen wird (JOLIDON, 475).

c) Möglichkeit des Verzichts auf Begründung

25 Die Möglichkeit eines Verzichts auf Begründung wird im Gesetz erwähnt, ohne dass – wie dies in Art. 33 lit. e KSG der Fall war – Ausdrücklichkeit des Verzichts verlangt wird. Ausserdem war unter dem KSG ein im Voraus ausgesprochener Verzicht auf Begründung faktisch unmöglich, weil eine Nichtigkeitsbeschwerde, wenn nur das Dispositiv vorlag, i.d.R. gar nicht begründet werden konnte.

26 Der **Verzicht** muss eindeutig von **allen Parteien** erklärt werden. Der blosse gemeinsame Wunsch der Parteien nach einer raschen Erledigung der Streitigkeit genügt nicht, um daraus auf einen Verzicht auf Begründung schliessen zu können. Ebenso wenig kann der Verzicht auf die Begründung daraus abgeleitet werden, dass die Parteien das Schiedsgericht ermächtigen, nach Billigkeit zu entscheiden (WALTER, Alternativentwurf, 61). Es ist nicht verlangt, dass der Verzicht schriftlich zu erfolgen hat. Immerhin hat jedoch das Schiedsgericht, welches keine Begründung vornimmt, sicherzustellen, dass der Verzicht der Parteien in jedem Fall unzweifelhaft nachweisbar ist (z.B. mittels eines Protokolls der mündlichen Parteierklärungen, JOLIDON, 476).

27 Der **Verzicht auf eine Begründung bedeutet keinen Rechtsmittelverzicht**. Auch ein nicht begründeter Entscheid kann angefochten werden, etwa wenn er im Ergebnis willkürlich oder mit dem Ordre public unvereinbar ist (vgl. JOLIDON, 475; LALIVE/POUDRET/REYMOND, 415; RÜEDE/HADENFELDT, 300; Art 393 N 6 und 72 ff.). Die massgeblichen Anfechtungsgründe von Art. 393 müssen sich allerdings in solchen Fällen aus den Prozessakten (insb. Protokollen und verfahrensleitenden Anordnungen) ermitteln lassen und werden deshalb oft schwierig zu dokumentieren sein.

28 Auch wenn die Parteien auf eine Begründung des Entscheids verzichtet haben, ist es dem Schiedsgericht nicht verwehrt, dennoch eine solche auszufertigen (RÜEDE/HADENFELDT, 300).

6. Dispositiv und Kostenentscheid (Abs. 1 lit. f)

a) Allgemeines

29 Das Gesetz verlangt nebst dem Dispositiv in der Sache ausdrücklich auch einen Entscheid über die Höhe und die Verteilung der Kosten sowie der Parteientschädigung. Allerdings ist auch dieses Element nicht zwingend: Ein Verzicht der Parteien im Voraus ist

sowohl hinsichtlich der Kostenverteilung (z.B. durch vorgängige Vereinbarung der Kostentragung) als auch bezüglich der Parteientschädigung (z.B. bei Vorabverzicht auf Entschädigung) denkbar (LALIVE/POUDRET/REYMOND, 187). Im Übrigen kann das Schiedsgericht nur dann eine Parteientschädigung zusprechen, wenn dies entweder nach den von den Parteien vereinbarten Verfahrensregeln vorgesehen ist oder ein entsprechender Parteiantrag vorliegt. Spricht das Schiedsgericht einer Partei eine Entschädigung zu, ohne dass eine dieser Voraussetzungen gegeben ist, liegt darin ein Entscheid *extra petita* (dazu Art. 393 N 57 ff.). Umgekehrt entscheidet das Schiedsgericht *infra petita* (dazu Art. 393 N 61), wenn es ein Begehren um Parteientschädigung gänzlich unbeurteilt lässt.

b) Dispositiv in der Sache

Das **Dispositiv in der Sache** (auch Urteils- oder Spruchformel) ist das Kernstück des Entscheids, mit welchem das Schiedsgericht zum Ausdruck bringt, wie es die ihm unterbreiteten Fragen beurteilt und welche Verpflichtungen es infolgedessen den Parteien auferlegt (JOLIDON, 477). Das Dispositiv stellt den eigentlichen Entscheid dar und dient dazu, den Umfang der Rechtskraftwirkung und der Vollstreckbarkeit zu definieren. Aus diesem Grund muss es sich zu sämtlichen vorgelegten Rechtsbegehren äussern (RÜEDE/HADENFELDT, 302). 30

Lautet der **Entscheid auf ein Tun oder Unterlassen**, sollten auch die Folgen der Zuwiderhandlung im Dispositiv angedroht werden. Soweit das Gesetz die Androhung bestimmter Folgen durch das erkennende Gericht vorsieht, gilt diese Ermächtigung auch für das Schiedsgericht (RÜEDE/HADENFELDT, 303 und 314). Darüber hinaus kommt allenfalls eine an den Gläubiger zahlbare Tagesstrafe (*«Astreinte»*) in Betracht, welche wie eine zugesprochene Forderung vollstreckbar ist. Werden keine Folgen der Zuwiderhandlung angedroht, so macht dies den Entscheid für sich allein aber nicht anfechtbar. 31

Das Dispositiv unterliegt keinen besonderen Formvorgaben. Es kann genauso gut am Anfang wie am Schluss des Entscheids stehen, wobei letzteres der Normalfall ist. Es ist üblich, dass das Dispositiv vom Rest des Entscheids abgetrennt erscheint, dies ist allerdings keine zwingende Anforderung. Erforderlich, aber auch ausreichend, ist, dass es sich zum einen visuell klar erkennbar von den Erwägungen abhebt und dass es zum anderen in einer Weise formuliert ist, die sogleich und unzweifelhaft erkennen lässt, wie das Schiedsgericht die verschiedenen Rechtsbegehren beurteilt hat (LALIVE/POUDRET/REYMOND, 187; JOLIDON, 477). 32

c) Höhe und Verteilung von Verfahrenskosten sowie Parteientschädigung

aa) Verfahrenskosten

Als **Verfahrenskosten** wird der Gesamtbetrag der Kosten des Schiedsverfahrens bezeichnet (vgl. dazu Komm. zu Art. 95). Da das Gesetz keine explizite Regelung enthält, wie sich diese Kosten zusammensetzen, ist es Sache der Parteien, dies festzulegen. Fehlt eine Parteivereinbarung, so liegt die Frage im Ermessen des Schiedsgerichts. Üblicherweise fallen die Honorare und Auslagen der Schiedsrichter, die Kosten für einen Sekretär sowie die Kosten für Expertisen und weitere Beweisaufnahmen darunter (BERGER/KELLERHALS, Rz 1478 ff.; WALTER, Alternativentwurf, 64; VON BODUNGEN/PÖRNBACHER, 127; WIGET, 64). 33

Grundsätzlich sind die Höhe und die Verteilung der Verfahrenskosten im Entscheid zu erwähnen. Die Parteien können allerdings auch auf eine Erwähnung verzichten, was schon unter dem Konkordat zulässig war (vgl. dazu oben N 29). Sie können Fragen, die 34 sich in diesem Kontext stellen, direkt oder indirekt mittels Verweis auf eine institutionelle Schiedsordnung regeln, wonach bspw. der Kostenentscheid durch eine andere Instanz als das Schiedsgericht getroffen wird und nicht notwendigerweise im Schiedsspruch erscheint (JOLIDON 478; vgl. z.B. Art. 31 Abs. 1 der ICC Rules, wonach die Verwaltungskosten und Schiedsrichterhonorare für jedes Verfahren vom Internationalen Schiedsgerichtshof, d.h. von der Institution selbst, festgelegt werden).

35 Die Parteien können das Schiedsgericht auch davon entbinden, über die Verteilung der Kosten zu befinden, indem sie die Kostenverteilung selber regeln. Eine derartige Vereinbarung kann formfrei und bis zur Eröffnung des Entscheids jederzeit getroffen werden (LALIVE/POUDRET/REYMOND, 187 f.). Auch die von einzelnen Parteien zu tragende maximale, minimale oder genaue Höhe der Kosten kann von den Parteien gemeinsam bestimmt werden, allerdings mit Bezug auf die Kosten und Auslagen des Schiedsgerichts nur vor dessen Einsetzung, damit die Mitglieder des Schiedsgerichts ihr Mandat in Kenntnis der Erwartungen der Parteien annehmen oder ablehnen können; später nur noch mit deren Einverständnis.

36 Beim **Fehlen** einer entsprechenden **Parteivereinbarung** muss das Schiedsgericht (insoweit zwingend) über die Kosten nach Massgabe von lit. f entscheiden und diesen Entscheid auch im Schiedsspruch dokumentieren. Da sich das Gesetz zur Frage der Höhe und Verteilung der Kosten ausschweigt, verfügt das Schiedsgericht diesbezüglich über einen weiten Ermessensspielraum (JOLIDON, 478). Soweit institutionelle Verfahrensregeln gewählt wurden, enthalten diese eigene Bestimmungen über Kosten und Entschädigung, etwa die Swiss Rules in Art. 38–40 oder die ICC Rules in Art. 31. Wo kein solches Regelwerk für anwendbar erklärt wurde, kann das Schiedsgericht die Kosten im eigenen Ermessen selber festsetzen (a.M. WALTER, Alternativentwurf 66, wonach das Schiedsgericht nie berechtigt sei, seine eigenen Gebühren festzusetzen); sie dürfen aber nicht unangemessen sein. Regelmässig wird die Anwendung von Entschädigungstarifen einer bestimmten Berufsgruppe, der die Mitglieder des Schiedsgerichts angehören, sinnvoll sein. Zu erwähnen sind z.B. die Honoraransätze der Anwaltsverbände, die Honorarempfehlungen der Treuhand-Kammer (Schweizerische Kammer der Wirtschaftsprüfer, Steuerexperten und Treuhandexperten) oder die Honorarordnungen der SIA (Schweizerischer Ingenieur- und Architektenverein). Die Bezugnahme auf derartige Empfehlungen kann sich allerdings als willkürlich erweisen, soweit die Schiedsrichter nicht zu der jeweiligen Berufsgruppe gehören.

bb) Parteientschädigung

37 Unter **Parteientschädigung** ist der ersatzfähige Verfahrensaufwand der Parteien zu verstehen (vgl. dazu Art. 95 N 16), der durch das Gesetz allerdings nicht näher umschrieben wird. Typischerweise fallen darunter namentlich die Kosten für die anwaltliche Vertretung sowie die Honorare bzw. Entschädigungen an Zeugen und Sachverständige durch die Parteien (vgl. VON BODUNGEN/PÖRNBACHER, 133 ff.; WIGET, 64 f.). Kosten, welche unmittelbar bei der Rechtsabteilung oder sonstigen Mitarbeitern einer Partei anfallen, werden in der Praxis regelmässig nicht entschädigt, sofern dies nicht explizit vereinbart worden ist (VON BODUNGEN/PÖRNBACHER, 135).

38 Mit Bezug auf die Parteientschädigungen bilden die kantonalen oder nationalen Tarife der Gerichte und ebenfalls der Anwaltsverbände einen sinnvollen Anhaltspunkt, vgl. z.B. das Reglement über die Parteientschädigung und die Entschädigung für die amtliche Vertretung im Verfahren vor dem Bundesgericht (SR 173.110.210.3) oder auf kantonaler Ebene etwa die Verordnung des Obergerichts des Kantons ZH über die Anwaltsgebühren (LS 215.3) oder die Honorarordnung für die Anwältinnen und Anwälte des Kantons Ba-

sel-Stadt (SG 291.400), auch wenn diese sich durchgehend zu staatlichen Gerichtsverfahren und nicht zu Schiedssachen äussern. Sie sind für das Schiedsgericht bei der Bemessung einer Parteientschädigung aber nicht verbindlich.

In der Vernehmlassung zum Vorentwurf von 2003 wurde die Verwendung des Begriffs «Parteientschädigung» kritisiert, da damit angesichts der Definition in Art. 86 Abs. 3 VEZPO die persönlichen Auslagen einer Partei nicht erfasst gewesen wären. Diese Kritik wurde mit der veränderten Definition gem. Art. 95 Abs. 3 ZPO gegenstandslos.

cc) Verteilung

Bei der **Verteilung von Kosten und Parteientschädigung** geht es darum zu bestimmen, in welchem Masse die Kosten des Schiedsgerichts (Honorare und Auslagen der Schiedsrichter) den Parteien aufzuerlegen sind und in welchem Masse eine Partei der anderen allenfalls eine Parteientschädigung als teilweisen oder vollständigen Ausgleich der Parteikosten auszurichten hat. Gemäss schweizerischer Auffassung, die nun in der ZPO verankert ist (vgl. Art. 106 Abs. 1), hat die unterlegene Partei grundsätzlich die Verfahrenskosten zu tragen und die obsiegende Partei hat zumindest im kontinentaleuropäisch geprägten Verfahren Anrecht auf eine Entschädigung. Diese Verteilregel entspricht auch der allgemeinen Usanz in der Schiedsgerichtsbarkeit. Sie kann wie im staatlichen Prozess an die besonderen Verhältnisse des Einzelfalls angepasst werden, z.B. wenn eine Partei nur mit einem von mehreren Rechtsbegehren durchgedrungen ist, mit überflüssigen Eingaben Mehrkosten verursacht hat oder nicht mehr zugesprochen erhalten soll, als ihr die andere Partei im Rahmen eines gütlichen Einigungsvorschlags angeboten hat. In solchen Fällen kann es angebracht sein, die Verfahrenskosten in einem vernünftigen Verhältnis aufzuteilen oder den Parteien zu gleichen Teilen aufzuerlegen und allenfalls die Parteikosten entsprechend aufzuteilen oder darauf zu verzichten (d.h. sie gegenseitig «wettzuschlagen») (JOLIDON, 479; WALTER, Alternativentwurf, 64 f.).

Wenn das Schiedsgericht sein **Honorar** in offensichtlich **unangemessener Höhe** festlegt, kann der Schiedsspruch in diesem Punkt aufgehoben werden, was nun ausdrücklich aus Art. 393 lit. f hervorgeht. Zum Ausschluss der Kontrolle betreffend Parteientschädigung und Drittauslagen vgl. Art. 393 N 99).

Ergeht der Schiedsspruch aufgrund eines Vergleichs der Parteien (vgl. Art. 385), so ist eine darin enthaltene Parteivereinbarung hinsichtlich der Verteilung von Kosten und Entschädigungen für das Schiedsgericht verbindlich. Besteht keine solche Vereinbarung, so sind die Kosten nach den allgemeinen Grundsätzen zu verlegen (vgl. WIGET, 68 f.).

Der Kostenentscheid des Schiedsgerichts beschlägt die Kostenerstattung zwischen den Parteien, begründet jedoch keine unmittelbaren Ansprüche Dritter, auch nicht der Schiedsrichter oder Parteivertreter, gegen eine Partei (WALTER, Alternativentwurf, 65). Das kann allerdings nur für die Entscheidung über die Verteilung gelten. Hingegen muss das Kostendispositiv durchaus auch dem Schiedsgericht Ansprüche einräumen können, etwa wenn die geleisteten Vorschüsse das festgesetzte Honorar nicht decken (vgl. OGer ZH, ASA Bull 2006, 797 ff.; Art. 386 N 13).

7. Entscheiddatum (Abs. 1 lit. g)

Nach lit. g ist das Entscheiddatum in den Schiedsspruch aufzunehmen. Die meisten Rechtsordnungen sehen die Angabe des Datums vor (BORN, Bd. 2, 2448), dasselbe gilt für die UNCITRAL Rules und verschiedene institutionelle Schiedsregeln (vgl. z.B. Art. 32 Abs. 4 der UNCITRAL Rules und der Swiss Rules, im Gegensatz zu Art. 28 der ICC Rules, wonach der Entscheid durch die ICC zu kommunizieren ist).

45 Grundsätzlich obliegt die Festsetzung des für den Entscheid massgeblichen Datums dem Schiedsgericht. In Frage kommen das **Datum der gemeinsamen Unterzeichnung**, das der letzten Unterschrift, das der **Abstimmung** oder das Datum des **Versands** an die Parteien. Das Datum dient lediglich der Identifizierung des Schiedsspruchs, hat jedoch in der Schweiz auf eine allfällige Anfechtung keinen Einfluss, da deren Frist mit der Zustellung des Entscheids an die Parteien zu laufen beginnt (BERGER/KELLERHALS, 1364; WALTER, Alternativentwurf, 61).

46 Die Bestimmung des Datums, an dem der Entscheid gefällt wurde, kann zu Schwierigkeiten führen, besonders wenn der Entscheid auf dem Zirkulationsweg ergangen ist oder einer formellen Vorprüfung unterliegt. Dadurch, dass nun nach dem ausdrücklichen Wortlaut des Gesetzes die Unterschrift des Präsidenten allein genügt (vgl. N 48), lässt sich das Problem allerdings einfach lösen. Denn wenn nur der Präsident datiert und unterschreibt, was nun ausdrücklich zulässig ist, werden dadurch mehrere Daten vermieden (WALTER/BOSCH/BRÖNNIMANN, 203).

47 Abweichende Regeln von Schiedsinstitutionen gehen mit Bezug auf die privatautonomen Wirkungen vor, nicht aber mit Bezug auf die Anfechtungsmöglichkeiten nach der ZPO (ähnlich JOLIDON, 481). Obwohl es in der Praxis üblich ist, dass der Schiedsspruch von allen Mitgliedern des Schiedsgerichts unterschrieben wird, ist damit sichergestellt, dass es nur ein Datum braucht, das auf dem Schiedsspruch erscheint. Wenn dennoch verschiedene Daten erscheinen, ist es eine Frage der Auslegung, welches das massgebende Entscheiddatum ist.

8. Notwendige Unterschriften (Abs. 2)

48 Die ZPO sagt nun ausdrücklich, dass der Schiedsspruch zu unterzeichnen ist, dass aber die **Unterschrift des Präsidenten genügt**. Gegenüber Art. 33 Abs. 2 KSG und Art. 372 Abs. 3 des Vorentwurfs von 2003 wurde das Erfordernis einer Unterzeichnung mindestens durch eine Mehrheit der Schiedsrichter fallengelassen. Die neue Regelung entspricht Art. 189 Abs. 2 IPRG *in fine* (BOTSCHAFT ZPO, 7402). Die schweizerische Lösung folgt also einem wenig formalistischen Ansatz.

49 In vielen Rechtsordnungen ist nach wie vor die Unterschrift aller Schiedsrichter zwingend erforderlich. Bei strenger Auslegung würde dieser Umstand einem sich weigernden Schiedsrichter zweckwidrig die Möglichkeit geben, den Entscheid zu blockieren (rechtsvergleichend BORN, Bd. 2, 2446 f.; GAILLARD/SAVAGE, Rz 1409; LEW/MISTELIS/KRÖLL, Rz 24–58 ff.).

50 Die Unterschrift weiterer Mitglieder des Schiedsgerichts oder jene des Sekretärs sind nicht erforderlich, schaden aber auch nicht (RÜEDE/HADENFELDT, 303).

51 Nach herkömmlicher Ansicht ist die eigenhändige, handschriftliche Unterschrift (RÜEDE/HADENFELDT, 304) oder eine elektronische Signatur gem. Art. 14 Abs. 2bis OR erforderlich. Weder eine gescannte noch eine Telefax-Unterschrift sind ausreichend. Ebenso wenig genügen Faksimile-Stempel oder eine Unterschrift durch bevollmächtigte Dritte (WALTER/BOSCH/BRÖNNIMANN, 203).

52 Es ist allerdings fraglich, ob die Eigenhändigkeit zwingend ist. Für das KSG wurde das bejaht (JOLIDON, 481). M.E. ist zu differenzieren: Nur wenn der original unterzeichnete Schiedsspruch vorliegt, kann er mit der staatlichen Zwangsgewalt durchgesetzt werden. Im Verhältnis zu den Parteien und innerhalb des Schiedsgerichts muss eine Kopie oder eine gescannte Unterschrift genügen und einen (allerdings kaum durch Realerfüllung durchsetzbaren) Anspruch auf eigenhändige Unterschrift verleihen.

Sollte der Vorsitzende von den anderen Schiedsrichtern überstimmt werden und daraufhin seine Unterschrift verweigern, so genügen die Unterschriften der Mitglieder des Schiedsgerichts, welche die Mehrheit bilden, mit dem Vermerk, dass der Vorsitzende seine Unterschrift verweigert habe (LALIVE/POUDRET/REYMOND, 416).

9. Schriftform

Aus dem **Unterschriftserfordernis** ergibt sich, dass der Schiedsspruch der Schriftform bedarf (RÜEDE/HADENFELDT, 298). Dieses Erfordernis entspricht den allermeisten Schiedsgesetzen und auch dem NYÜ (Art. 2). Die meisten nationalen Schiedsgesetze gehen implizit von der Schriftlichkeit aus (BORN, Bd. 2, 2352).

Was die **Sprache des Schiedsspruchs** betrifft, so ist bei Fehlen einer Regelung durch die Parteien davon auszugehen, dass der Entscheid in jener Sprache abzufassen ist, in welcher das Verfahren geführt wurde (GAILLARD/SAVAGE, Rz 1391). Ist der Entscheid in einer anderen Sprache abgefasst, so kommt den Parteien ein Anspruch auf Übersetzung zu, den sie mit dem Rechtsbehelf des Erläuterungsbegehrens geltend machen können (vgl. Art. 388).

III. Verletzung der Erfordernisse

1. Allgemeines

Obwohl Art. 384 die notwendigen Elemente des Schiedsspruchs im Sinne streng zu interpretierender Formvorschriften auflistet, kann nicht jeder Verstoss gegen einzelne davon zur Nichtigkeit führen (LALIVE/POUDRET/REYMOND, 183). Liegt ein minimaler Schiedsspruch vor, der nicht alle formalen und inhaltlichen Erfordernisse erfüllt, ist er vielmehr gem. Art. 393 von Gesetzes wegen anfechtbar (und nicht nichtig), falls einer der dort genannten Anfechtungsgründe gegeben ist (gl.M. bzgl. KSG und IPRG RÜEDE/HADENFELDT, 305; vgl. auch BGE 130 III 125 E. 2.1.1), und/oder die Parteien können die Erläuterung bzw. Ergänzung nach Art. 388 verlangen. Ein Schiedsspruch ist nur dann nichtig (und nicht bloss anfechtbar), wenn der Entscheid nicht als Schiedsspruch oder der Spruchkörper nicht als Schiedsgericht identifiziert werden kann. Massgebendes Abgrenzungskriterium muss dabei die Vollstreckbarkeit sein, die nur bei einem genügenden Inhalt gewährleistet ist. Erfüllt der Entscheid diese Voraussetzung voraussichtlich nicht, ist er als nichtig anzusehen. Geht das Urteil nicht auf alle Rechtsbegehren ein, ist primär Anfechtbarkeit i.S.v. Art. 393 lit. c gegeben. Generell kann gesagt werden, dass die Nichtigkeit subsidiär zur Anfechtbarkeit sein muss.

Zu den **Minimalerfordernissen eines Schiedsspruchs** vgl. BGE 130 III 125 E. 3.1, wonach von Nichtigkeit namentlich in Fällen gesprochen werden kann, in denen ein Schiedsspruch in seiner äusseren Form nicht als Entscheid erkennbar ist oder an einem besonders schweren Mangel leidet, insb. wenn überhaupt keine Schiedsvereinbarung besteht (vgl. auch Art. 357 N 45) oder kein Verfahren durchgeführt worden ist. Dass die ZPO in dieser Hinsicht liberaler sein will, als das bisherige Recht, geht schon daraus hervor, dass der Beschwerdegrund des Verstosses gegen Formvorschriften gem. Art. 36 lit. h KSG in Art. 393 ZPO nicht übernommen wurde.

2. Fehlende Angabe der Zusammensetzung des Schiedsgerichts gemäss Abs. 1 lit. a

Die Verletzung der Bestimmung betreffend Aufnahme der Zusammensetzung des Schiedsgerichts (lit. a) berührt nicht die Existenz des Entscheids als Rechtsöffnungs- bzw. Vollstreckungstitel und bildet auch keinen eigenständigen Anfechtungsgrund (gl.M.

betreffend IPRG und KSG LALIVE/POUDRET/REYMOND, 184), verleiht aber einen Berichtigungsanspruch nach Art. 388 (vgl. Art. 388 N 8 ff.).

3. Fehlende Begründung gemäss Abs. 1 lit. e

59 Einige Rechtsordnungen sehen die Aufhebung (annullment) des Schiedsentscheids vor, wenn die **erforderliche Begründung** fehlt, in anderen haben die Gerichte entschieden, dass das Fehlen einer Begründung kein Grund für eine Aufhebung darstelle (vgl. BORN, Bd. 2, 2456).

60 Im Gegensatz zum KSG (Art. 36 lit. h i.V.m. Art. 33 Abs. 1 lit. e) nennen weder Art. 393 ZPO noch Art. 190 Abs. 2 IPRG den Beschwerdegrund der fehlenden Entscheidungsgründe. Das entspricht dem Willen des Bundesgesetzgebers, die Möglichkeit der Anfechtung von Schiedsurteilen im Vergleich zum KSG einzuschränken (so in anderem Zusammenhang bereits BGE 115 II 288 E. 2b). Dem Willen des Gesetzgebers liefe es diametral entgegen, wenn der Beschwerdegrund der fehlenden Begründung dadurch Eingang in die neue Regelung fände, dass der in Art. 393 lit. d ZPO garantierte Gehörsanspruch mit dem aus Art. 4 BV hergeleiteten Gehörsanspruch gleichgesetzt würde, der die Begründungspflicht einschliesst (BGE 107 Ia 246 E. 3a m.H.; **a.A.** betreffend das insofern gleich lautende IPRG offenbar BUCHER, Rz 351). Dass sich der Einbezug der Begründungspflicht in den Gehörsanspruch nach Art. 393 lit. d nicht mit der neuen Ordnung vereinbaren lässt, bestätigt der französische Gesetzestext dieser Bestimmung, der das rechtliche Gehör im Gegensatz zur deutschen und italienischen Fassung auf das Recht der Parteien «d'être entendues en procédure contradictoire» beschränkt und damit die Entscheidbegründung, deren Wünschbarkeit aus der Natur des kontradiktorischen Verfahrens folgt, nicht erfasst (LALIVE/POUDRET/REYMOND, 426; vgl. zum IPRG BGE 133 III 235 E. 5.2 m.w.Nw). Zum gleichen Ergebnis führt eine Auslegung nach dem Gesetzeskontext: Art. 393 lit. d übernimmt nur die zwingenden Verfahrensvorschriften des Art. 373 Abs. 4 als Beschwerdegrund, nicht aber das in Art. 384 Abs. 1 lit. e für Schiedsurteile vorgeschriebene (aber verzichtbare) Begründungserfordernis.

61 Die fehlende Begründung eines Schiedsurteils erfüllt für sich allein auch nicht den Beschwerdegrund der Willkür oder der Aktenwidrigkeit gem. Art. 393 lit. e. (vgl. betreffend Ordre public BGE 101 Ia 516 E. 4; 116 II 373 E. 7b). Diese Erkenntnis steht allerdings im Widerspruch zur Aussage des Bundesgerichts, dass die **Begründungspflicht** einem **fundamentalen Recht der Parteien** entspreche, ohne welches ihnen das Anfechtungsrecht als solches entzogen würde (BGE 107 Ia 246 E. 3a; IPRG-Komm.-HEINI, Art. 189 N 12). Dennoch geht das BGer davon aus, dass ein Schiedsspruch wegen unbefugt unterlassener Begründung allein nicht angefochten werden kann (so betreffend IPRG BGE 130 III 125 E. 2.2; BERGER/KELLERHALS, 1362). Immerhin steht die Möglichkeit des Ergänzungsbegehrens zur Verfügung (Art. 388). Eine Ausnahme muss allerdings dann gelten, wenn die fehlende Begründung eine Beurteilung anderer Rügegründe verunmöglicht und das Schiedsgericht die Begründung auch im bundesgerichtlichen Verfahren nicht näher darlegt (Zuberbühler/Müller/Habegger-BESSON, Art. 32 N 24).

4. Fehlendes Dispositiv oder fehlender Kostenentscheid gemäss Abs. 1 lit. f

62 Fehlt das Dispositiv, ist ein «Entscheid» in aller Regel nichtig. Es handelt sich jedenfalls dann nicht um einen Entscheid, wenn er wegen seiner äusserlichen Form nicht als solcher erkennbar ist (vgl. BGE 130 III 125 E. 3.1; WALTER, Alternativentwurf, 60).

63 Falls es das Schiedsgericht trotz eines entsprechenden Antrags gänzlich unterlässt, im Schiedsspruch über die Kosten und/oder die Parteientschädigung zu befinden, und die

6. Titel: Schiedsspruch

Parteien keine abweichende Regelung getroffen haben, ist der **Entscheid unvollständig** und muss durch das Schiedsgericht selbst im Verfahren nach Art. 388 ergänzt werden (JOLIDON, 480; WIGET, 65 f.). Hat das Schiedsgericht zwar dem Grunde nach über die Kostentragung entschieden, ohne jedoch die Höhe der Kosten zu bestimmen, so liegt ein Zwischenentscheid vor (hierzu Art. 383 N 17 ff.). Diesfalls muss das Verfahren fortgesetzt und die Höhe der Kosten in einem ergänzenden Entscheid jedenfalls insoweit festgesetzt werden, als dies ziffernmässig möglich ist (WALTER, Alternativentwurf, 65).

5. Fehlendes Datum gemäss Abs. 1 lit. g

Ein **fehlendes Datum** kann über ein Ergänzungsbegehren nach Massgabe von Art. 388, nicht aber durch Anfechtung gem. Art. 393 korrigiert werden (ebenso betreffend KSG JOLIDON, 481). 64

6. Fehlende Unterschriften gemäss Abs. 2

Nach einer Auffassung, die zum KSG geäussert wurde, ist ein «Entscheid» ohne jede Unterschrift noch kein Entscheid, der einem Rechtsmittel oder der Rechtskraft zugänglich ist (JOLIDON, 481). Nach einer ergänzenden Ansicht konnte das Fehlen von Datum und/oder Unterschrift im Verfahren der gerichtlichen Anfechtung behoben werden, indem die Rechtsmittelinstanz die Sache zur **Berichtigung** an die Schiedsrichter zurückweisen und dazu eine Frist setzen konnte (vgl. Art. 39 KSG); nur subsidiär musste der Entscheid als nichtig betrachtet werden (LALIVE/POUDRET/REYMOND, 190). Gleiches muss nach der ZPO gelten, da Art. 394 der Rechtsmittelinstanz dieselbe Möglichkeit verschafft. 65

Art. 385

Einigung der Parteien	Erledigen die Parteien während des Schiedsverfahrens die Streitsache, so hält das Schiedsgericht auf Antrag die Einigung in Form eines Schiedsspruches fest.
Accord entre les parties	Lorsque les parties mettent fin au litige pendant la procédure d'arbitrage, le tribunal arbitral leur en donne acte, sur requête, sous la forme d'une sentence.
Intesa tra le parti	Se durante il procedimento arbitrale le parti pongono fine alla controversia, il tribunale arbitrale, su richiesta, lo constata sotto forma di lodo.

Inhaltsübersicht Note

  I. Normzweck und Grundlagen 1

  II. Erledigung der Streitsache 10

  III. Antrag 12

  IV. Schiedsspruch 14

  V. Dispositive Natur 17

Literatur

G. NATER-BASS, Praktische Aspekte des Vergleichs in Schiedsgerichtsverfahren, ASA Bull 20 (2002), 427 ff.; M. WIGET, Vergleich, Klageanerkennung und Klagerückzug vor Schiedsgerichten, Zürich 2008; vgl. ausserdem die Literaturhinweise zu Art. 382–384.

Daniel Girsberger

I. Normzweck und Grundlagen

1 Als Grundlage für Art. 385 diente Art. 34 KSG mit folgendem Wortlaut: «Das Vorliegen einer den Streit beendigenden Einigung der Parteien wird vom Schiedsgericht in der Form eines Schiedsspruches festgestellt.» Im Vorentwurf wurde dieser Wortlaut in Art. 373 VE-ZPO bereits in die heutige Form gebracht und in der parlamentarischen Beratung nicht mehr verändert. Inhaltlich wurde im Vergleich zu Art. 34 KSG der Hinweis auf den Antrag der Parteien hinzugefügt und die Bestimmung auf sämtliche Arten der Streiterledigung (inkl. Rückzug bzw. Anerkennung der Klage) ausgeweitet (POUDRET, 252). Im Übrigen kann auch unter dem neuen Recht ohne weiteres auf die Praxis und Lehre zu Art. 34 KSG abgestellt werden.

2 Art. 385 will sicherstellen, dass ein Schiedsverfahren auch dann durch einen formellen Schiedsspruch beendet werden kann, wenn das Verfahren direkt durch die Parteien und nicht durch einen Entscheid des Schiedsgerichts erledigt wird. Art. 385 macht es zum einen möglich, dass mit der Einigung zwischen den Parteien das Schiedsverfahren erledigt wird, zum andern aber auch, dass ein zwischen den Parteien geschlossener Vergleich auch tatsächlich vollstreckt werden kann. Beides wird durch den Erlass eines formellen Schiedsspruchs gewährleistet.

3 In der Praxis wird ein erheblicher Teil aller Schiedsverfahren durch **Vergleich** erledigt (WIGET, 2; BERGER/KELLERHALS, Rz 1420; NATER-BASS, 427). Für die Binnenschiedsgerichtsbarkeit gilt dies mindestens so sehr, wie für die internationale Schiedsgerichtsbarkeit, weil die Vergleichskultur in der Schweiz im Verhältnis zu derjenigen in anderen Staaten, etwa in Deutschland, stärker ausgeprägt ist.

4 Ein Vergleich kann von den Parteien über alle Ansprüche getroffen werden, die ihrer Dispositionsbefugnis unterliegen (RÜEDE/HADENFELDT, 269). Weil Schiedsverfahren nur über solche Ansprüche vereinbart werden können (vgl. Art. 354), ist im Schiedsverfahrensrecht also stets ein Vergleich möglich (WIGET, 21). Vorbehalten bleiben zwingende Bestimmungen, etwa des Kartell- oder des Arbeitsrechts, von denen auch im Rahmen eines an sich zulässigen Schiedsverfahrens nicht abgewichen werden kann. Im Falle der notwendigen Streitgenossenschaft bedarf der Schiedsvergleich zudem der Zustimmung aller notwendigen Streitgenossen (WIGET, 33).

5 Der Vergleich kann auf einen Teil der Streitsache beschränkt werden (Teilvergleich) oder aber die gesamte Streitsache (Gesamtvergleich) regeln. Ansprüche, die ausserhalb des Prozessgegenstands liegen, können zumindest dann einbezogen werden, wenn sie von der Schiedsvereinbarung erfasst sind (WIGET, 15 ff., mit Ausführungen zur umstrittenen Frage inwieweit auch Ansprüche mit einbezogen werden können, die nicht von der Schiedsabrede erfasst sind). Ferner kann der Vergleich grundsätzlich auch Bedingungen enthalten (vgl. hierzu WIGET, 31 f.).

6 Ein **Vergleich** kann **aussergerichtlich** erfolgen oder aber Teil des Schiedsentscheids sein (Schiedsvergleich). Beim *aussergerichtlichen Vergleich* besteht die Einigung der Parteien in einem materiellrechtlichen Vertrag. Dieser entfaltet nur zwischen den Parteien Wirkungen und begründet ausschliesslich privatvertragliche Verpflichtungen, deren Durchsetzung notfalls klageweise verlangt werden muss (zum Ganzen NATER-BASS, 427 f.; RÜEDE/HADENFELDT, 269).

7 Ein aussergerichtlicher Vergleich ist deshalb vor allem dann sinnvoll, wenn beide Parteien ihre Ansprüche direkt beim Abschluss des Vergleichs erfüllen, oder wenn eine Vollstreckung von den Parteien als unnötig angesehen wird. Wenn hingegen nach der Einigung der Parteien noch Forderungen offen bleiben, deren Erfüllung nicht ohne weiteres

gesichert ist, bringt nur ein vom Schiedsgericht sanktionierter Vergleich die notwendige Vollstreckungssicherheit (zum Ganzen NATER-BASS, 429 ff.).

Anders als der aussergerichtliche Vergleich wird ein **Schiedsvergleich** in einem formellen Schiedsspruch festgehalten, der wie jeder andere Schiedsspruch vollstreckt werden kann. Ein Schiedsvergleich erzeugt im Gegensatz zum aussergerichtlichen Vergleich neben der materiellrechtlichen folglich auch eine direkte prozessuale Wirkung (NATER-BASS, 428). Ohne Bedeutung ist dabei, ob die Parteien den Vergleich direkt vor dem Schiedsgericht oder sogar unter Mitwirkung des Schiedsgerichts geschlossen haben, oder ob ein aussergerichtlich geschlossener Vergleich nachträglich in ein Schiedsurteil aufgenommen und damit zum Schiedsvergleich erhoben wird (NATER-BASS, 428; RÜEDE/HADENFELDT, 270). 8

Artikel 385 sieht vor, dass jede den Streit beendende Einigung der Parteien in einem formellen Schiedsspruch festgehalten wird. Dieser Wortlaut ist insofern ungenau, als er den Anschein erwecken könnte, dass aussergerichtliche Vergleiche während der Dauer des Schiedsverfahrens nicht zulässig seien. Das war jedoch nicht die Meinung des Gesetzgebers, was durch die Präzisierung «auf Antrag» im Gesetzestext verdeutlicht wird. Die Bestimmung gewährleistet vielmehr, dass auch aussergerichtlich geschlossene Vergleiche zum Schiedsvergleich erhoben werden können und die Parteien am Ende des Schiedsprozesses in jedem Fall einen vollstreckbaren Titel in Händen halten können. Geht man davon aus, dass sich im Bereich der Binnenschiedsgerichtsbarkeit zuweilen auch in juristischen Angelegenheiten relativ unerfahrene Parteien auf einen Schiedsprozess einlassen, dient Art. 385 als deren zusätzlicher Schutz. Er bewahrt sie vor der Gefahr, im Schiedsprozess einen rein aussergerichtlichen Vergleich abzuschliessen, der dann nicht direkt vollstreckt werden kann. In solchen Fällen muss es zum Schutz der Parteien auch zulässig sein, dass das Schiedsgericht auf die Möglichkeit der Erhebung zum Schiedsspruch hinweist. 9

II. Erledigung der Streitsache

Art. 385 kommt nur zur Anwendung, wenn die Parteien die Streitsache während des Schiedsverfahrens erledigen. Art. 385 lässt dabei sämtliche Möglichkeiten der Streiterledigung offen. Neben dem bereits angesprochenen Vergleich (über den ganzen, über alle oder auch nur über teilweise Ansprüche) fallen darunter auch die Klageanerkennung und der Klagerückzug (BOTSCHAFT ZPO, 7402; RÜEDE/HADENFELDT, 272). 10

Entscheidend ist jedoch, dass die Parteien tatsächlich eine Einigung erzielt haben. Das Schiedsgericht ist zwingend verpflichtet, die Parteierklärungen auf Klarheit, Bestimmtheit und Vollständigkeit zu prüfen (WIGET, 28). Kommt das Schiedsgericht zum Schluss, dass keine oder keine gültige Einigung vorliegt, kann es den Erlass eines entsprechenden Schiedsspruchs verweigern und das Verfahren fortsetzen (BERGER/KELLERHALS, Rz 1423 f.; NATER-BASS, 433; RÜEDE/HADENFELDT, 271). 11

III. Antrag

Der in Art. 385 verlangte Antrag bedeutet, dass beide Parteien das Schiedsgericht ausdrücklich und übereinstimmend von der Einigung in Kenntnis zu setzen haben (vgl. Bericht VE-ZPO, 177). Entscheidend kann jedoch nicht sein, dass beide Parteien dem Schiedsgericht beantragen, den Vergleich in einem Schiedsspruch festzuhalten – was im Geltungsbereich des IPRG notwendig wäre, da es dort keine dem Art. 385 ZPO entsprechende Bestimmung gibt (vgl. BERGER/KELLERHALS, Rz 1422). Entscheidend ist vielmehr, dass eine **gleich lautende Einigung aller Parteien** vorliegt. Ist dies der Fall, so 12 genügt es, wenn nur eine Partei dem Schiedsgericht die Einigung mitteilt und beantragt, sie zum Schiedsspruch zu erheben. Die Rechtsfolge einer Erledigung durch die Parteien wird bereits durch Art. 385 bestimmt und muss von den Parteien nicht speziell beantragt werden.

13 In zeitlicher Hinsicht bezieht sich Art. 385 auf Vergleiche, die «während des Schiedsverfahrens» geschlossen werden. Dies bedeutet, dass der abgeschlossene Vergleich dem Schiedsgericht bis zur Ausfällung des rechtskräftigen Schiedsspruchs zur Kenntnis gebracht werden muss (WIGET, 24).

IV. Schiedsspruch

14 Haben die Parteien die Streitsache durch Vergleich erledigt, erlässt das Schiedsgericht einen Schiedsspruch mit vereinbartem Inhalt («*award on agreed terms*», «*award by consent*», «*sentence d'accord parties*»; vgl. NATER-BASS, 429; WIGET, 8 f.). Dazu hat das Schiedsgericht den streiterledigenden Teil des Vergleichs in das Dispositiv des Schiedsspruchs zu integrieren (Bericht VE-ZPO, 177; WIGET, 47). Erst die Aufnahme der Einigung in das Dispositiv des Schiedsspruchs löst die prozessualen Wirkungen des Vergleichs, der Klageanerkennung oder des Klagerückzugs aus und führt zur Beendigung des Schiedsverfahrens (WIGET, 40 f.) sowie zur Vollstreckbarkeit.

15 Der Schiedsspruch muss den formellen und inhaltlichen Anforderungen von Art. 384 genügen. Dies wurde im Rahmen der Vernehmlassung vereinzelt kritisiert. Die Regelung sei zu streng und bedeute eine «sinnlose Erschwerung der Arbeit von Schiedsrichtern, wenn diese beim Vergleichsabschluss daran denken müssen, die Parteien zum Verzicht auf die Angaben von Art. [385] Abs. 1 lit. e aufzufordern, damit nicht im Abschreibungsbeschluss noch eine Schilderung des Sachverhaltes und der rechtlichen Erwägungen (die im Vergleichsfall ohnehin kaum von Bedeutung oder sogar unerwünscht sind) formuliert werden» müssen (Kanton Basel-Stadt, in: Zusammenstellung der Vernehmlassungsergebnisse, 818). Solche Bedenken lassen sich damit ausräumen, dass auch im Falle eines Vergleichs durch Schiedsspruch der **blosse Hinweis auf den Vergleichsabschluss** der Parteien als Begründung grundsätzlich genügt (RÜEDE/HADENFELDT, 270; BERGER/KELLERHALS, Rz 1424 und dazugehörige FN 10). Das Schiedsgericht muss im entsprechenden Schiedsspruch also keine Erwägungen formulieren. Mangels Verzicht durch die Parteien empfiehlt es sich aber weiterhin, eine kurze Schilderung des Sachverhalts im Schiedsurteil wiederzugeben. Sie hilft, den Streitgegenstand eindeutig zu identifizieren und so den Parteien in einem allfälligen späteren Prozess die Einrede der abgeurteilten Sache (*res iudicata*) zu ermöglichen (BERGER/KELLERHALS, Rz 1428).

16 Ein gestützt auf Vergleich, Klagerückzug oder Klageanerkennung erlassener Schiedsentscheid erwächst nach Massgabe von Art. 387 gleich wie ein eigentlicher Sachentscheid des Schiedsgerichts in Rechtskraft und Vollstreckbarkeit (s. zum Ganzen WIGET, 56 ff.). Er ist somit auch anfechtbar, wobei primär das Rechtsmittel der Revision (Art. 396 ff.) in Frage kommen wird. Eine Anfechtung mittels Beschwerde (Art. 389 ff.), z.B. wegen Willensmängeln, ist normativ nicht ausgeschlossen, dürfte in der Praxis jedoch von geringer Bedeutung sein.

V. Dispositive Natur

17 Art. 385 ZPO ist wie bereits Art. 34 KSG dispositiver Natur (WIGET, 39). Es steht den Parteien frei, eine Vergleichsmöglichkeit oder wenigstens das Festhalten derselben in einem Schiedsurteil (etwa aus Kostengründen) von vornherein auszuschliessen oder sich

6. Titel: Schiedsspruch   **Art. 386**

erst nach Abschluss eines Vergleichs darauf zu einigen, dass der Vergleich nicht in ein Schiedsurteil einfliessen soll.

Wenn statt eines Schiedsspruchs lediglich eine **Abschreibungsverfügung** («*termination order*») zu erlassen ist, haben die Parteien dies im Vergleichstext festzuhalten oder entsprechende gleich lautende Anträge an das Schiedsgericht zu stellen. In diesem Fall hat das Schiedsgericht das Verfahren als durch Vergleich erledigt abzuschreiben. Geht die Prozesserledigungsart aus dem Erledigungsentscheid nicht hervor, so ist die Auslegungsfrage, ob ein Schiedsspruch mit vereinbartem Inhalt oder eine Erledigungsverfügung vorliegt, allenfalls vom Vollstreckungsrichter zu entscheiden. Der Unterschied besteht darin, dass eine blosse Erledigungsverfügung nicht vollstreckt werden kann. Das ist vor allem dann wichtig, wenn der Vergleich in der Zukunft liegende Leistungen vorsieht (vgl. NATER-BASS, 431; s. zum Ganzen Bericht VE-ZPO, 177).   18

Art. 386

Zustellung und Hinterlegung	¹ **Jeder Partei ist ein Exemplar des Schiedsspruches zuzustellen.** ² **Jede Partei kann auf ihre Kosten beim nach Artikel 356 Absatz 1 zuständigen staatlichen Gericht ein Exemplar des Schiedsspruches hinterlegen.** ³ **Auf Antrag einer Partei stellt dieses Gericht eine Vollstreckbarkeitsbescheinigung aus.**
Notification et dépôt de la sentence	¹ Un exemplaire de la sentence est notifié à chacune des parties. ² Chaque partie peut déposer, à ses frais, un exemplaire de la sentence auprès de l'autorité judiciaire compétente en vertu de l'art. 356, al. 1. ³ Ce tribunal certifie, à la requête d'une partie, que la sentence est exécutoire.
Notificazione e deposito	¹ Una copia del lodo dev'essere notificata ad ogni parte. ² Ogni parte, a sue spese, può depositare un esemplare del lodo presso il tribunale statale competente ai sensi dell'articolo 356 capoverso 1. ³ Su richiesta di una parte, detto tribunale statale rilascia un'attestazione di esecutività.

Inhaltsübersicht   Note
I. Normzweck und Grundlagen 1
II. Zustellung des Schiedsspruchs (Abs. 1) 4
III. Hinterlegung des Schiedsspruchs (Abs. 2) 6
IV. Vollstreckbarkeitsbescheinigung (Abs. 3) 7

Literatur

H. VAN HOUTTE, The Delivery of Awards to the Parties, in: Arbitration International 2005, 177 ff.; vgl. ausserdem die Literaturhinweise bei den Vorbem. zu Art. 353–399 sowie bei Art. 382–385.

I. Normzweck und Grundlagen

1 Art. 386 regelt die **Zustellung des Schiedsspruchs** durch das Schiedsgericht und eröffnet den Parteien die Möglichkeit, ein Exemplar des Schiedsspruchs auf eigene Kosten beim zuständigen kantonalen Gericht zu hinterlegen. Ausserdem hält Abs. 3 fest, dass das zuständige kantonale Gericht auf Parteiantrag eine Vollstreckbarkeitsbescheinigung über das Schiedsurteil ausstellen kann.

2 Abs. 1 ist neu und ersetzt die in Art. 35 Abs. 1–4 KSG vorgesehene Zustellung durch die **Hinterlegungsbehörde**. Die Zustellung kann somit einfacher und billiger erfolgen als vor Inkrafttreten der ZPO. Abs. 2 und 3 entsprechen inhaltlich Art. 193 Abs. 1 und 2 IPRG. Abs. 2 will klarstellen, dass es sich bei der Hinterlegung um eine Möglichkeit zu Gunsten der Parteien handeln soll. Daher ist es für die Vollstreckung eines Schiedsspruchs innerhalb der Schweiz nicht notwendig, dass er hinterlegt und dass seine Vollstreckbarkeit bescheinigt wird (POUDRET, 252). Abs. 3 ersetzt in einfacherer Form die Vorschrift von Art. 44 KSG (zum Ganzen BOTSCHAFT ZPO, 7402 f.).

3 Der bisherige Art. 35 KSG wurde erheblich verändert und vereinfacht (KELLERHALS, 396). Bei dieser Bestimmung handelte es sich um eine der meist kritisierten des Konkordats (SUTTER-SOMM/HASENBÖHLER, 110 f.). Dieser Kritik wurde nun mit Art. 386 Abs. 1 vollständig Rechnung getragen, indem man die in Art. 35 Abs. 1–4 KSG vorgesehene Zustellung durch die Hinterlegungsbehörde durch die direkte Zustellung durch das Schiedsgericht ersetzt hat. Anzumerken ist allerdings, dass die Parteien bereits unter dem Konkordat auf die Hinterlegung und Zustellung durch die richterliche Behörde verzichten konnten (Art. 35 Abs. 5 KSG; RÜEDE/HADENFELDT, 305), wovon in der Praxis oft Gebrauch gemacht wurde. Mit der neuen Regelung wird die Hinterlegung des Entscheids aber nunmehr von der Regel zur Ausnahme (POUDRET, 252).

II. Zustellung des Schiedsspruchs (Abs. 1)

4 Gemäss Abs. 1 wird das Schiedsurteil den Parteien direkt vom Schiedsgericht zugestellt. Eine Partei wird solange nicht durch einen Entscheid verpflichtet, als ihr dieser nicht gültig eröffnet worden ist (VAN HOUTTE, 181).

5 In welcher **Form** die **Zustellung** zu erfolgen hat, schreibt die ZPO nicht vor und es existieren diesbezüglich auch keine einheitlichen internationalen Standards (VAN HOUTTE, 179 f.). In aller Regel wird sie innerhalb der Schweiz auf dem Wege des eingeschriebenen Briefs, ausserhalb der Schweiz per Kurierdienst erfolgen. Im Übrigen ist die Bestimmung dispositiver Natur, so dass es den Parteien frei steht, im Rahmen von Art. 373 ein besonderes Zustellungsverfahren vorzusehen. In der Praxis wird oft bereits im Rahmen der Konstituierung des Schiedsgerichts unter den Parteien vereinbart oder durch das Schiedsgericht angeordnet, auf welche Weise der Endentscheid den Parteien zuzustellen ist. Dabei ist es nicht unüblich, dass auf eine qualifizierte Zustellung (etwa durch Einschreiben oder Kurier) verzichtet wird.

III. Hinterlegung des Schiedsspruchs (Abs. 2)

6 Abs. 2 entspricht inhaltlich Art. 193 Abs. 1 IPRG (BOTSCHAFT ZPO, 7403). Im internationalen Verhältnis ist die Hinterlegung nach dem schweizerischen Recht für die Wirksamkeit und Vollstreckbarkeit des Entscheids bedeutungslos, kann aber der Betonung der «Nationalität» des Schiedsentscheids oder den Interessen der Parteien, insb. an sicherer Aufbewahrung, dienen (CHK-SCHRAMM/FURRER/GIRSBERGER, Art. 193 IPRG N 2;

BSK IPRG-BERTI, Art. 193 N 7). Ähnliches gilt mit Bezug auf die Hinterlegung nach Art. 386 Abs. 2 ZPO.

IV. Vollstreckbarkeitsbescheinigung (Abs. 3)

Nach Art. 387 hat ein Schiedsspruch die **Wirkung eines rechtskräftigen und vollstreckbaren gerichtlichen Entscheids**. Eine besondere Vollstreckbarkeitsbescheinigung ist deshalb nicht notwendig. Gemäss Art. 386 Abs. 3 kann eine Partei dennoch beim Gericht, das nach Art. 356 Abs. 1 vom Sitzkanton des Schiedsgerichts zu bezeichnen ist, eine Vollstreckbarkeitsbescheinigung verlangen (zur Sitzbestimmung vgl. Art. 353). Diese Bestimmung ersetzt Art. 44 KSG, der den staatlichen Richter verpflichtete, auf Antrag und unter bestimmten Voraussetzungen die Vollstreckbarkeit eines Schiedsspruchs zu bestätigen, wobei die dem Gesuchsgegner zur Verfügung stehenden Einwendungen im Gesetz selber abschliessend aufgeführt waren (BERGER/KELLERHALS, Rz 1823 und 1829).

Eine **Vollstreckbarkeitsbescheinigung** kann die Vollstreckung vereinfachen, denn die neuen Regeln über die Vollstreckung von Schiedsentscheiden werden wohl noch längere Zeit nicht überall in der Schweiz so bekannt sein, dass die Gleichwertigkeit von Schiedsentscheiden und staatlichen Entscheiden und deren Vollstreckbarkeit als selbstverständlich angesehen wird. Eine Vollstreckbarkeitsbescheinigung eines staatlichen Gerichts kann hier die gewünschte Klärung bringen.

Die Vollstreckbarkeitsbescheinigung dient dem Nachweis, dass der Schiedsspruch rechtskräftig und vollstreckbar ist (vgl. für das internationale Verhältnis Art. 5 Abs. 1 lit. 2 NYÜ). Nur ein rechtskräftiger Entscheid kann vollstreckt werden (WALTER/BÖSCH/BRÖNNIMANN, 226). Voraussetzung für die Vollstreckbarkeitsbescheinigung ist deshalb ein Schiedsspruch, gegen den keine Anfechtung erfolgt ist, die Anfechtung keine aufschiebende Wirkung hat oder diese endgültig abgewiesen wurde (vgl. CHK-SCHRAMM/FURRER/GIRSBERGER, Art. 193 IPRG N 3). Umstritten ist, ob die Vollstreckbarkeitsbescheinigung einen schiedsfähigen Streitgegenstand voraussetzt (bejahend BERGER/KELLERHALS, Rz 1835 m.w.H.; a.A. z.B. LALIVE/POUDRET/REYMOND, Art. 193 IPRG N 2). Nicht erforderlich ist, dass eine Partei, die eine Vollstreckbarkeitsbescheinigung verlangt, den Schiedsspruch dem zuständigen Gericht nicht nur vorlegt, sondern diesen auch nach Abs. 2 hinterlegt (vgl. BSK IPRG-BERTI, Art. 193 N 9; a.A. WALTER/BOSCH/BRÖNNIMANN, 267 und BUCHER, Rz 332, beide jedoch ohne Begründung).

Die Vollstreckbarkeitsbescheinigung ist deklaratorischer Natur, d.h., sie erbringt den (widerlegbaren) Beweis dafür, dass der Schiedsspruch mit den staatlichen Mitteln vollstreckt werden kann (BERGER/KELLERHALS, Rz 1822, m.H. auf abweichende Meinungen).

Die Vollstreckung eines vollstreckbaren Entscheids ist dieselbe wie diejenige eines Entscheides eines staatlichen schweizerischen Gerichts (vgl. Art. 387). Sie erfolgt für Schiedssprüche auf Geldleistung durch definitive Rechtsöffnung (BERGER/KELLERHALS, Rz 1839 ff.), für nicht monetäre Leistungen mittels des Vollstreckungsverfahrens der Art. 335 ff. ZPO (BERGER/KELLERHALS, Rz 1849 ff.).

Wird gestützt auf die Vollstreckbarkeitsbescheinigung **definitive Rechtsöffnung** verlangt, so ist sie für den Rechtsöffnungsrichter bindend (OGer SO, ASA Bull 2003, 421). Die Rechtsöffnung scheitert weder am Nichtvorlegen der Schiedsvereinbarung, noch – vorbehältlich Nichtigkeit des Schiedsspruchs – an Gründen, die durch Anfechtung gem. Art. 392 f. hätten geltend gemacht werden können, aber nicht wurden (so mit Bezug auf das insofern identische IPRG BGE 130 III 125 E. 2 f.).

13 Entgegen dem Wortlaut von Art. 386 Abs. 3 muss das Gericht auch auf Antrag des Schiedsgerichts eine Vollstreckbarkeitsbescheinigung ausstellen können, nämlich dann, wenn ein Schiedsrichter seinen Honoraranspruch durchsetzen will (OGer ZH, ASA Bull 2006, 797). Im Gegensatz zu Art. 193 Abs. 3 IPRG ist das Schiedsgericht selbst nicht ermächtigt, eine Vollstreckbarkeitsbescheinigung auszustellen.

Art. 387

Wirkungen des Schiedsspruches	Mit der Eröffnung hat der Schiedsspruch die Wirkung eines rechtskräftigen und vollstreckbaren gerichtlichen Entscheids.
Effets de la sentence	Dès qu'elle a été communiquée, la sentence déploie les mêmes effets qu'une décision judiciaire entrée en force et exécutoire.
Effetti del lodo	Una volta comunicato alle parti, il lodo ha gli stessi effetti di una decisione giudiziaria esecutiva e passata in giudicato.

Inhaltsübersicht Note

I. Normzweck und Grundlagen 1
II. Eröffnung 5
III. Rechtskraft 9
IV. Vollstreckbarkeit 24

Literatur

G. VON ARX, Der Streitgegenstand im schweizerischen Zivilprozess, Diss. Basel 2006; D. D. CARON/L. M. CAPLAN/M. PELLONPÄÄ, The UNCITRAL Arbitration Rules, Oxford 2006; E. GAILLARD/J. SAVAGE (Hrsg.), Fouchard/Gaillard/Goldman on International Commercial Arbitration, Den Haag 1999; D. SOLOMON, Die Verbindlichkeit von Schiedssprüchen in der internationalen privaten Schiedsgerichtsbarkeit, München 2007; vgl. ausserdem die Literaturhinweise bei den Vorbem. zu Art. 353–399 sowie bei Art. 382–386.

I. Normzweck und Grundlagen

1 Diese Bestimmung ist neu. Im KSG findet sich eine entsprechende Regelung nur indirekt und unvollständig in Art. 44. Art. 387 geht auch über die sehr knappe Formulierung von Art. 190 Abs. 1 IPRG («Mit der Eröffnung ist der Entscheid endgültig») hinaus, indem sie die beiden juristisch präzisen Begriffe «Vollstreckbarkeit» und «Rechtskraft» verwendet, anstatt auf den unklaren Begriff der Endgültigkeit abzustellen (BOTSCHAFT ZPO, 7403). In beiden Erlassen ist der Schiedsspruch im Ergebnis einem staatlichen Gerichtsentscheid gleichgestellt, was sich auch mit der bisherigen Praxis des Bundesgerichts deckt (vgl. BGE 119 II 271 E. 3b; 117 Ia 166 E. 5a). Während sich die Entscheidungswirkungen eines Gerichtsurteils allerdings auf die staatliche Hoheitsgewalt stützen, müssen sie bei einem Schiedsentscheid durch eine Vereinbarung im Rahmen der Parteiautonomie legitimiert sein (einlässlich SOLOMON, 310 ff.).

2 Art. 387 entspricht unverändert Art. 385 des Entwurfs von 2006 und Art. 375 des Vorentwurfs von 2003.

Die Regelung entspricht dem **allgemeinen Standard** in der internationalen Schiedsgerichtsbarkeit: Der Schiedsspruch hat allgemein die Wirkung, dass er die Zuständigkeit der Schiedsrichter über den Streitgegenstand beendet, soweit sie diesen aus ihrer Sicht definitiv entschieden haben (wobei noch die beschränkten Möglichkeiten bestehen, eine Erläuterung oder Berichtigung zu verlangen, s. dazu Art. 388). Darüber hinaus markiert er den Zeitpunkt, von dem an i.d.R. *res iudicata*-Wirkung besteht (GAILLARD/SAVAGE, 1413).

In **rechtsvergleichender Hinsicht** ist vor allem Art. 32 Abs. 2 des UNCITRAL-Modellgesetzes zu erwähnen, der dasselbe ausdrücken will wie Art. 387 ZPO: «The award [...] shall be final and binding on the parties. The parties undertake to carry out the award without delay». «Final» verweist dabei auf die formelle Rechtskraft, «binding» auf die materielle Rechtskraft: Während formelle Rechtskraft die Absenz von Anfechtungsmöglichkeiten meint, bedeutet materielle Rechtskraft Verbindlichkeit der Entscheidung für künftige Verfahren über den gleichen Streitgegenstand (vgl. z.B. BGer, 5C.91/2004, E. 4.1). Aus diesen Wirkungen ergibt sich letztlich auch eine Pflicht der Schiedsrichter, auf einen gültigen und durchsetzbaren Entscheid hinzuarbeiten (zum Ganzen CARON/CAPLAN/PELLONPÄÄ, 797 ff.).

II. Eröffnung

Der Begriff «Eröffnung» ist aus Art. 190 Abs. 1 IPRG übernommen. Somit genügt für die Begründung der Rechtskraft und der Vollstreckbarkeit unter Umständen bereits eine mündliche Eröffnung (BOTSCHAFT ZPO, 7403; dazu unten N 7).

Die Form der Eröffnung kann von den Parteien geregelt werden. Haben sie darüber keine Vereinbarung getroffen, so ist der Schiedsentscheid schriftlich nach Massgabe von Art. 384 zu eröffnen. Üblicherweise erfolgt die Eröffnung mittels Zustellung durch das Schiedsgericht oder eine private Schiedsorganisation an die Parteien bzw. deren Vertreter (BSK IPRG-BERTI/SCHNYDER, Art. 190 N 6).

Die **mündliche Eröffnung des Dispositivs** im Anschluss an einen Verhandlungstermin kann nur dann als rechtswirksam angesehen werden, wenn die Parteien auf die Schriftform verzichtet haben. Andernfalls wird der Entscheid erst mit der späteren schriftlichen Zustellung gehörig eröffnet (betreffend IPRG s. BSK IPRG-WIRTH, Art. 189 N 74; BUCHER, Rz 330; **a.M.** zum KSG RÜEDE/HADENFELDT, 298 f.).

Wird zunächst nur das **Dispositiv schriftlich** abgegeben, aber ausdrücklich auf eine spätere Zustellung des schriftlichen Entscheids hingewiesen, so gilt der Entscheid erst mit der Zustellung der Begründung als eröffnet, es sei denn, die Parteien hätten auf eine Begründung verzichtet (BSK IPRG-WIRTH, Art. 189 N 74).

III. Rechtskraft

Schiedssprüche erwachsen wie Urteile staatlicher Gerichte in **materielle und formelle Rechtskraft**, sobald kein ordentliches Rechtsmittel mehr ergriffen werden kann, also i.d.R. sofort, denn die Beschwerde an das BGer ist kein ordentliches Rechtsmittel (vgl. dazu Art. 389 N 18). Nach Art. 103 Abs. 1 BGG hat die Beschwerde nämlich i.d.R. keine aufschiebende Wirkung, und Abs. 2 gilt gem. Art. 77 Abs. 2 E-BGG nicht für die Schiedsgerichtsbarkeit. Vorbehalten bleiben Vereinbarungen der Parteien oder ein allfällig vereinbarter Weiterzug an ein «Oberschiedsgericht» (vgl. Art. 391 ZPO).

10 Für den Eintritt der Rechtskraft bedarf es keiner Mitwirkung eines staatlichen Gerichts. Es ist weder die Hinterlegung des Schiedsentscheids noch die Ausstellung einer staatlichen Rechtskraftbescheinigung erforderlich (so schon betreffend das KSG RÜEDE/HADENFELDT, 310).

11 Die **formelle Rechtskraft** («Unabänderlichkeit») beendet die Rechtshängigkeit und löst gegebenenfalls die Freigabe des Schiedsentscheids zur Vollstreckung aus (BERGER/KELLERHALS, Rz 1497).

12 Die formelle Rechtskraft, und damit die Vollstreckbarkeit, ist allerdings dann nur eine bedingte, wenn noch die Möglichkeit der Anfechtung mit aufschiebender Wirkung besteht. Dabei handelt es sich aber um eine auflösende, nicht eine aufschiebende Bedingung (vgl. dazu Art. 389 N 40), mit deren Wegfall die Rechtskraft und die Vollstreckbarkeit eintreten. Dies entspricht der Verbindlichkeit i.S.v. Art. V Ziff. 1 lit. e NYÜ (BSK IPRG-BERTI/SCHNYDER, Art. 190 N 7), wobei allerdings das NYÜ auf Binnenschiedssprüche bei Vollstreckung im Inland nicht anwendbar ist (vgl. dazu BSK IPRG-PATOCCHI/JERMINI Art. 194 N 12 ff.).

13 Die **materielle Rechtskraft** («Massgeblichkeit») hat eine positive und eine negative Wirkung: Die *positive Wirkung* besteht darin, dass die im Dispositiv des Schiedsentscheids getroffenen Feststellungen in jedem späteren gerichtlichen oder schiedsgerichtlichen Verfahren zwischen den Parteien oder ihren Rechtsnachfolgern das erkennende Gericht binden (sog. Vorgreiflichkeit, auch Bindungswirkung; s. BSK IPRG-BERTI/SCHNYDER, Art. 190 N 9). Die *negative Wirkung* der materiellen Rechtskraft steht einer erneuten inhaltlichen Entscheidung in der identischen Sache entgegen (negative Prozessvoraussetzung, auch Ausschlusswirkung oder Prozesshindernis genannt; BSK IPRG-BERTI/SCHNYDER, Art. 190 N 10). Die materielle Rechtskraft ist gegeben, sobald und solange die formelle Rechtskraft vorliegt (BERGER/KELLERHALS, Rz 1499).

14 Die Ausschlusswirkung der materiellen Rechtskraft gegenüber einem allfälligen neuen Verfahren gilt in *persönlicher Hinsicht* nur für die Verfahrensparteien und für deren allfällige Rechtsnachfolger. Im Falle der Bindung eines Dritten an die Schiedsvereinbarung wirkt die Rechtskraft des Schiedsentscheids auf diesen grundsätzlich nach denselben Voraussetzungen, die bei Urteilen staatlicher Gerichte für die Rechtskrafterstreckung auf Dritte bzw. die Drittwirkung der Rechtskraft massgeblich sind (WALTER, Alternativentwurf, 67 f.).

15 In *sachlicher Hinsicht* besteht die Ausschlusswirkung zudem nur in Bezug auf die entschiedene konkrete Rechtsfolge und gegenüber einem gleichen Rechtsbegehren aufgrund eines identischen Sachverhalts (BERGER/KELLERHALS, Rz 1506 f.). Darin eingeschlossen sind auch Rechtsbegehren, mit denen das sog. kontradiktorische Gegenteil der rechtskräftig entschiedenen Begehren gefordert wird (vgl. dazu und zum schwierigen und umstrittenen Begriff der Identität allgemein VON ARX, insb. 70 ff.).

16 Der Rechtskraft zugänglich sind nur Entscheide, die den Rechtsstreit vollständig oder teilweise beenden, also Endentscheide und Teilentscheide i.e.S. (vgl. dazu Art. 383 N 5 ff.); nicht hingegen Vor- und Zwischenentscheide (vgl. dazu Art. 383 N 17 ff.) oder prozessleitende Anordnungen (BERGER/KELLERHALS, Rz 1500 ff.).

17 *Gegenstand* der Rechtskraft ist ausschliesslich das Dispositiv (RÜEDE/HADENFELDT, 303), wobei die Erwägungen zur Auslegung des Dispositivs heranzuziehen sind. Dies gilt insb. bei Klageabweisung, zumal das Dispositiv («Die Klage wird abgewiesen.») regelmässig keinerlei den eingeklagten Anspruch identifizierende Hinweise enthält.

Eine Besonderheit betrifft die **Verrechnung**: Wenn eine Klage ganz oder teilweise abgewiesen wird, weil der Bestand einer Verrechnungsforderung bejaht bzw. verneint wird, so erwachsen neben dem Dispositiv auch jene Urteilserwägungen in Rechtskraft, aus denen sich die Entscheidung über den Bestand des Verrechnungsanspruchs ergibt. (BERGER/KELLERHALS, Rz 1508). Zur Verrechnung allgemein vgl. Art. 377. 18

Im zivilgerichtlichen Verfahren ist die Rechtskraft von Amtes wegen zu berücksichtigen (Art. 60 i.V.m. Art. 59 Abs. 2 lit. e ZPO); dies gilt auch für einen rechtskräftigen Schiedsspruch. Wird der Anspruch, über den das Schiedsgericht entschieden hat, erneut vor einem staatlichen Gericht geltend gemacht, tritt zudem die Einrede der Rechtskraft an die Stelle der Einrede der Schiedsabrede (RÜEDE/HADENFELDT, 311). 19

Soweit der Endentscheid des Schiedsgerichts den gesamten Streitgegenstand umfasst und die Schiedsabrede sich nicht auf weitere Streitigkeiten erstreckt, erlischt diese mit Rechtskraft des Schiedsentscheids. Sie kann jedoch wieder aufleben, wenn der Rechtsstreit aufgrund eines Rechtsmittels neu vor dem Schiedsgericht verhandelt werden muss (RÜEDE/HADENFELDT, 312). 20

Wird ein **schweizerisches staatliches Gericht** in einem Rechtsstreit zwischen denselben Parteien und über denselben Gegenstand angerufen, hat es auf die Klage nicht einzutreten, denn nach Art. 59 Abs. 2 lit. e ZPO ist das Fehlen einer rechtskräftigen Beurteilung eine Prozessvoraussetzung, welche nach Art. 60 ZPO von Amtes wegen zu prüfen ist. Dasselbe gilt für später angerufene Schiedsgerichte: Wird ein (internes oder internationales) Schiedsgericht mit Sitz in der Schweiz in der gleichen Sache zwischen den identischen Parteien angerufen, ist die Bindungswirkung der materiellen Rechtskraft uneingeschränkt und von Amtes wegen zu beachten. 21

Ein internationales Schiedsgericht mit Sitz in der Schweiz, das bei seinem Entscheid die materielle Rechtskraft eines früheren (Schieds-)Entscheids nicht beachtet, verletzt den verfahrensrechtlichen Ordre public i.S.v. Art. 190 Abs. 2 lit. e IPRG (BGE 128 III 191 E. 4a). Dies muss auch mit Bezug auf die Rechtskraft eines früheren Entscheids eines schweizerischen Binnenschiedsgerichts gelten. 22

Da die **Rechtskraft** des Schiedsspruchs **von Amtes wegen** zu berücksichtigen ist (s. N 19), ist dessen konsensuale Aufhebung durch die Parteien nur im Sinne eines Verzichts auf die aus ihm hervorgehenden Rechte denkbar, wenn die Möglichkeit einer erneuten gerichtlichen Beurteilung des Streitgegenstandes ausgeschlossen werden soll (RÜEDE/HADENFELDT, 311 f.). 23

IV. Vollstreckbarkeit

Nach Art. 387 ZPO hat der Schiedsspruch mit Eröffnung die Wirkung eines vollstreckbaren gerichtlichen Entscheids. Im Gegensatz zur früheren Regelung gemäss Art. 44 KSG bedarf es keiner (auch damals nur als deklaratorisch angesehenen) Vollstreckbarkeitsbescheinigung mehr (POUDRET, 252 f.; BERGER/GÜNGERICH, Rz 1431; Art. 386 N 7). 24

Vollstreckbar ist ein Schiedsspruch nur (aber immerhin) insoweit, als das **Dispositiv** einen **vollstreckungsfähigen Inhalt** aufweist. Das ist namentlich bei Feststellungsurteilen nicht der Fall (BSK IPRG-BERTI/SCHNYDER, Art. 190 N 11). Wird eine Partei im Schiedsspruch zu einer Geldzahlung verurteilt, so stellt dieser einen definitiven Rechtsöffnungstitel i.S.v. Art. 80 SchKG dar (BSK SchKG I-D. STAEHELIN, Art. 80 N 16). Dies gilt selbst dann, wenn gegen den Schiedsspruch eine Beschwerde erhoben worden ist, 25

Art. 388

26 Die Äquivalenz vollstreckbarer Schiedssprüche mit vollstreckbaren Zivilurteilen staatlicher Gerichte gilt grundsätzlich unabhängig von der Frage, ob das Schiedsgericht hinreichende Gewähr für eine unabhängige Rechtsprechung geboten hat (RÜEDE/HADENFELDT, 315).

falls bzw. solange das Bundesgericht dieser Beschwerde nicht aufschiebende Wirkung zuerkannt hat (BSK SchKG I-STAEHELIN, Art. 80 N 8; BSK IPRG-BERTI/SCHNYDER, Art. 190 N 8).

27 Mit der Eröffnung ist der Entscheid sogleich vollstreckbar, es sei denn, einer eingelegten Beschwerde würde **aufschiebende Wirkung** verliehen (RÜEDE/HADENFELDT, 310). Das Schiedsgericht selbst kann keine vorläufige oder endgültige Einstellung der Vollstreckung des von ihm erlassenen Schiedsspruchs beschliessen (RÜEDE/HADENFELDT, 314). Nicht unmittelbar vollstreckbar sind dagegen Entscheide über vorsorgliche Massnahmen (vgl. Art. 374 Abs. 2; WENGER, ZZZ 2007, 408).

28 Nicht vollstreckbar ist ein **nichtiger Schiedsspruch** (RÜEDE/HADENFELDT, 313). In welchen Fällen ein nichtiger Schiedsspruch vorliegt, wird nicht einheitlich beantwortet. Nichtigkeit wird nach der Rechtsprechung des Bundesgerichts bspw. angenommen, wenn ein Schiedsspruch bereits aufgrund seiner äusseren Form nicht als Entscheid erkennbar ist oder er an einem besonders schweren Mangel leidet, namentlich wenn überhaupt keine Schiedsvereinbarung besteht und überhaupt kein Verfahren durchgeführt worden ist (BGE 130 III 125 E. 3.1 m.w.Nw.). Einige Autoren wollen demgegenüber nur im Falle eines Schiedsspruchs, der in einer nicht schiedsfähigen Sache ergangen ist, Nichtigkeit annehmen (RÜEDE/HADENFELDT, 358) oder lehnen die Nichtigkeitstheorie gänzlich ab und gehen in allen Fällen von blosser Anfechtbarkeit aus (BERGER/KELLERHALS, Rz 1656). M.E. ist ein Schiedsspruch jedenfalls dann als nichtig zu betrachten, wenn sein Inhalt derart ungenügend ist, dass die für eine Vollstreckung erforderlichen Angaben daraus nicht abgeleitet werden können (vgl. Art. 384 N 56 f.). Die fehlende Vollstreckbarkeit ergibt sich somit bereits aus den faktischen Gegebenheiten.

Art. 388

Berichtigung, Erläuterung und Ergänzung des Schiedsspruchs

¹ Jede Partei kann beim Schiedsgericht beantragen, dass dieses:
a. Redaktions- und Rechnungsfehler im Schiedsspruch berichtigt;
b. bestimmte Teile des Schiedsspruchs erläutert;
c. einen ergänzenden Schiedsspruch über Ansprüche fällt, die im Schiedsverfahren zwar geltend gemacht, im Schiedsspruch aber nicht behandelt worden sind.

² Der Antrag ist innert 30 Tagen seit Entdecken des Fehlers oder der erläuterungs- und ergänzungsbedürftigen Teile des Schiedsspruches zu stellen, spätestens aber innert eines Jahres seit Zustellung des Schiedsspruches.

³ Der Antrag hemmt die Rechtsmittelfristen nicht. Wird eine Partei durch den Ausgang dieses Verfahrens beschwert, so läuft für sie bezüglich dieses Punktes die Rechtsmittelfrist von neuem.

6. Titel: Schiedsspruch   **Art. 388**

Rectification et interprétation de la sentence; sentence additionnelle

¹ Toute partie peut demander au tribunal arbitral:
a. de rectifier toute erreur de calcul ou erreur rédactionnelle entachant la sentence;
b. d'interpréter certains passages de la sentence;
c. de rendre une sentence additionnelle sur des chefs de demande exposés au cours de la procédure arbitrale, mais omis dans la sentence.

² La demande est adressée au tribunal arbitral dans les 30 jours qui suivent la découverte de l'erreur, des passages à interpréter ou des compléments à apporter mais au plus tard dans l'année qui suit la notification de la sentence.

³ La demande ne suspend pas les délais de recours. Si une partie est lésée par le résultat de cette procédure, elle bénéfice d'un nouveau délai de recours sur ce point.

Rettifica, interpretazione e completamento del lodo

¹ Ogni parte può chiedere al tribunale arbitrale di:
a. rettificare errori di redazione e di calcolo nel lodo;
b. interpretare determinate parti del lodo;
c. emanare un lodo complementare su pretese che, pur fatte valere nel procedimento arbitrale, non sono state oggetto di trattazione nel lodo.

² La richiesta dev'essere presentata al tribunale arbitrale entro 30 giorni dalla scoperta dell'errore o dell'esigenza di interpretazione o di completamento di alcune parti del lodo, in ogni caso però entro un anno dalla notificazione del lodo.

³ La richiesta non sospende i termini d'impugnazione. Se una parte subisce un pregiudizio dall'esito di questa procedura, relativamente al punto controverso decorre per lei un nuovo termine d'impugnazione.

Inhaltsübersicht

	Note
I. Normzweck und Grundlagen	1
II. Die einzelnen Rechtsbehelfe (Abs. 1)	8
1. Berichtigung (lit. a)	8
2. Erläuterung (lit. b)	14
3. Ergänzung (lit. c)	18
III. Geeignete Form der Berichtigung, Erläuterung und Ergänzung	20
IV. Frist und Form (Abs. 2)	22
V. Verhältnis zu den Rechtsmitteln (Abs. 3)	23
1. Abgrenzung zur Beschwerde und Revision	23
2. Legitimation der Parteien (Beschwer)	24
VI. Zwingende oder dispositive Norm?	25

Literatur

P. BINDER, International Commercial Arbitration and Conciliation in UNCITRAL Model Law Jurisdictions, London 2005; M. CHRIST, Berichtigung, Auslegung und Ergänzung des Schiedsspruches: Das schiedsgerichtliche Korrekturverfahren nach § 1058 ZPO, Frankfurt a.M. 2008; C. LIEBSCHER, The Healthy Award – Challenge in International Commercial Arbitration, Den Haag 2003; J.-F. POUDRET, Présentation critique du projet de réglementation de l'arbitrage interne (art. 351 à 397 P-CPC), in: S. Lukic (Hrsg.), Le projet de code de procédure civile fédérale, Lausanne 2008, 235 ff.; J.-F. POUDRET/S. BESSON, Comparative law of international arbitration, London 2007; UNCITRAL (Hrsg.), Yearbook, New York 1985; M. ROTH, The UNCITRAL Model Law on International Commercial Arbitration, in: F. B. Weigand (Hrsg.), Practitioner's Handbook on International Arbitration, Bern 2002, 1153 ff.; H.-R. SCHÜPBACH, Les voies de recours en matière d'arbitrage selon l'avant-projet de code de procédure civile, in: F. Bohnet/P. A. Wessner (Hrsg.), Mélanges en l'honneur de François Knoepfler, Basel et al. 2005, 401 ff.; vgl. ausserdem die Literaturhinweise bei den Vorbem. zu Art. 353–399 sowie bei Art. 382.

I. Normzweck und Grundlagen

1 Mit der **Eröffnung des Schiedsspruchs** hat das Schiedsgericht seine Aufgabe erfüllt (s. Art. 387 N 3). Die durch die Schiedsvereinbarung begründete Rechtsprechungskompetenz ist damit grundsätzlich erschöpft («*functus officio*»), soweit der Streitfall nicht von einer Rechtsmittelinstanz an das Schiedsgericht zurückgewiesen wird (s. N 26 sowie Art. 394 und 399). Art. 388 Abs. 1 erstreckt die Kompetenzen des Schiedsgerichts über den Zeitpunkt der Eröffnung des Schiedsspruchs hinaus, indem er das Schiedsgericht ermächtigt und verpflichtet, über einen Antrag einer Partei auf Berichtigung, Erläuterung oder Ergänzung des Schiedsspruchs zu entscheiden (vgl. LEW/MISTELIS/KRÖLL, Rz 24–94).

2 Art. 388 regelt die **Rechtsbehelfe**, welche den Parteien nach Eröffnung des Schiedsspruchs offen stehen, um vom Schiedsgericht Redaktions- und Rechnungsfehler im Schiedsspruch berichtigen (Abs. 1 lit. a) und unklare oder ungenau formulierte Teile des Schiedsspruchs erläutern (Abs. 1 lit. b) zu lassen. Sofern das Schiedsgericht im Schiedsspruch über ordentlich vorgebrachte Ansprüche nicht entschieden hat, können die Parteien vom Schiedsgericht verlangen, den Schiedsspruch zu ergänzen (Abs. 1 lit. c). Schliesslich regelt Art. 388 die für diese Rechtsbehelfe geltenden Fristen (Abs. 2) und das Verhältnis der Rechtsbehelfe zu den im nachfolgenden 7. Titel behandelten Rechtsmitteln.

3 Der Zweck der Bestimmung besteht darin, dass eine Partei allfällige Redaktions- und Rechnungsfehler, unklare Formulierungen oder allfällige nicht behandelte Ansprüche direkt beim Schiedsgericht, also beim Urheber, rügen kann, ohne dass sie deswegen gleich den ganzen Entscheid beim staatlichen Richter anfechten muss (vgl. POUDRET/BESSON, Rz 760).

4 Im Konkordat waren die hier aufgeführten Rechtsbehelfe nicht geregelt und entsprechende Fehler im Entscheid waren primär durch die Rechtsmittelinstanz zu korrigieren; insofern stellt die Bestimmung eine wesentliche Neuerung dar (POUDRET, 253; CHRIST, 29 f.). Allerdings entspricht der Anspruch auf Erläuterung und Berichtigung faktisch einer bereits unter Konkordatsrecht gängigen Praxis (SCHÜPBACH, Mélanges Knoepfler, 419; JOLIDON, 496).

5 Art. 388 wurde im Grundsatz von Art. 33 des UNCITRAL-Modellgesetzes inspiriert (BOTSCHAFT ZPO, 7403; Bericht VE-ZPO, 178; differenzierend POUDRET, a.a.O.). Insbesondere wurden die Gründe für einen Antrag beim Schiedsgericht übernommen, nicht hingegen die Antragsfrist (BOTSCHAFT ZPO, 7403). Diese wurde insofern grosszügiger ausgestaltet, als nicht bereits die Zustellung des Schiedsspruchs, sondern erst die Entdeckung des Fehlers den Fristbeginn auslöst. Ein Antrag auf Berichtigung, Erläuterung oder Ergänzung ist somit ggf. auch noch nach Ablauf der 30-tägigen Beschwerdefrist i.S.v. Art. 389 Abs. 2 ZPO i.V.m. Art. 100 Abs. 1 BGG möglich. Soweit eine Partei durch eine Berichtigung, Erläuterung oder Ergänzung beschwert wird, beginnt in diesem Punkt eine neue Beschwerdefrist zu laufen (Abs. 3).

6 Anders als das UNCITRAL-Modellgesetz sieht Art. 388 ZPO nicht vor, dass das Schiedsgericht von Amtes wegen Berichtigungen, **Erläuterungen und Ergänzungen**

vornehmen darf. Nach richtiger Auffassung soll dies ein Schiedsgericht aber nicht daran hindern, den Parteien einen offensichtlichen Fehler anzuzeigen und es ihnen zu überlassen, innert Frist einen entsprechenden Antrag zu stellen (BOTSCHAFT ZPO, 7403).

In welcher **Form** ein Antrag auf **Berichtigung, Erläuterung und Ergänzung** vorgebracht werden muss, regelt die ZPO genau so wenig wie die Frage, in welcher Form ein Entscheid des Schiedsgerichts über einen solchen Antrag ergehen muss. Anders als in Art. 33 Abs. 5 des UNCITRAL-Modellgesetzes wollte es der Gesetzgeber der Praxis überlassen, die jeweils geeignete Form zu finden (BOTSCHAFT ZPO, 7403; s. dazu N 20 ff.). Ausserdem wurde in Abweichung von Art. 33 des Modellgesetzes darauf verzichtet, dem Schiedsgericht eine Frist für die Behandlung der Anträge auf Berichtigung, Erläuterung oder Ergänzung aufzuerlegen. Es ist vielmehr den Parteien überlassen, allfällige Fristen vorzusehen. Dabei ist allerdings zu beachten, dass damit allfällige frühere Befristungen des Mandats des Schiedsgerichts abgeändert werden müssen (s. Art. 366 N 13 ff.).

II. Die einzelnen Rechtsbehelfe (Abs. 1)

1. Berichtigung (lit. a)

Das Schiedsgericht wird in Abs. 1 lit. a ermächtigt und verpflichtet, über einen Antrag auf **Berichtigung von Redaktions- und Rechnungsfehlern** im Schiedsspruch zu entscheiden. Dabei hat es zu prüfen, ob der Antrag frist- und ggf. auch formgerecht eingereicht wurde (s. N 7 und 22) und ob die verlangte Berichtigung tatsächlich nur einen Redaktions- oder Rechnungsfehler betrifft (s. N 8 ff.).

Das Schiedsgericht kann nur Redaktions- und Rechnungsfehler berichtigen, nicht aber darüber hinausgehende Fehler. Inwieweit korrigierbare Redaktions- und Rechnungsfehler von anderen, nicht korrigierbaren Fehlern abzugrenzen sind, geht aus dem Wortlaut nicht hervor und muss durch Auslegung ermittelt werden.

Da der hier kommentierten Bestimmung Art. 33 des UNCITRAL-Modellgesetzes zugrunde liegt, kann dieser als Auslegungshilfe herangezogen werden (s. N 5). Nach Art. 33 Abs. 1 lit. a des Modellgesetzes sind *«any errors in computation, any clerical or typographical errors or any errors of similar nature»* einer Berichtigung zugänglich. Die Expertenkommission hat darauf verzichtet, diese nicht abschliessende Auflistung in ihren Vorentwurf zu übernehmen, sondern vielmehr die Sammelbegriffe «Redaktions- und Rechnungsfehler» (*«erreur de calcul ou erreur rédactionnelle»* und *«errori di redazione o di calcolo»*) gewählt (s. Art. 376 VE-ZPO). Die Expertenkommission hielt in ihrem Bericht zum Vorentwurf aber ausdrücklich fest, dass der Begriff «Redaktionsfehler» auch die im Modellgesetz erwähnten «Schreib- und Druckfehler oder Fehler ähnlicher Art» enthalte (Bericht VE-ZPO, 178). Als Beispiel für einen «einfachen Redaktionsfehler» nennen die Expertenkommission und die Botschaft die Verwechslung von Parteibezeichnungen (Bericht VE-ZPO, 179; BOTSCHAFT ZPO, 7403). In der Botschaft wurde der Hinweis auf «Fehler ähnlicher Art» (hierzu CHRIST, 70 ff.) ohne Angabe von Gründen weggelassen, was aber für die Auslegung des Begriffs «Redaktionsfehler» keine Bedeutung haben kann. Denn auch die Botschaft weist darauf hin, dass Abs. 1 die Gründe aus Art. 33 des UNCITRAL-Modellgesetzes übernimmt (BOTSCHAFT ZPO, 7403).

Bei **Redaktionsfehlern** handelt es sich um solche Fehler, die mit der Redaktion des Schiedsurteils zusammenhängen, die also während des Diktier-, Schreib-, Überarbeitungs-, Übersetzungs- oder Reproduktionsprozesses geschehen. Es handelt sich mithin um Fehler, die bei der Kundgabe des Willens ihrer Verfasser, d.h. der Mitglieder des Schiedsgerichts entstehen. Dabei ist entscheidend, dass es sich um eine versehentliche Divergenz von Wille und Erklärung handelt (zum deutschen Recht vgl. CHRIST, 69). Nicht vom Begriff des Redaktionsfehlers erfasst sind hingegen Unstimmigkeiten, die auf eine mangelhafte Willensbildung, d.h. auf den intellektuellen Entscheidprozess zurückzuführen sind (zum Ganzen vgl. LIEBSCHER, 142).

12 Gleiches gilt für **Rechnungsfehler**. Nur «mechanische» Fehler bei der Berechnung, also solche, die durch die Missachtung der Regeln der Mathematik entstanden sind (z.B. 1+1=3), dürfen korrigiert werden. Umstritten ist, ob dies auch für das Übersehen oder Verwechseln von Rechnungsposten gelten soll (vgl. CHRIST, 65, m.V. auf BGE 131 III 164). Soweit das Schiedsgericht bei an sich korrekten Berechnungen im Schiedsspruch Zahlen falsch wiedergibt (z.B. Zahlen vertauscht oder Stellen weglässt), kann jedenfalls ein nach Abs. 1 korrigierbarer Redaktionsfehler vorliegen.

13 Irren sich die Schiedsrichter hingegen bei der anzuwenden Rechenmethode, wenden sie irrtümlich die falschen Operatoren an oder liegt der Fehler im Rechenansatz (z.B. Ausgehen von fehlerhaftem Zahlenmaterial), so handelt es sich nicht mehr um einen eigentlichen Rechnungsfehler, sondern um einen Denkfehler, welcher der Berichtigung nicht zugänglich ist (vgl. LIEBSCHER, 142 f.; CHRIST, 66 ff.). Die Grenze der Berichtigung ist dort erreicht, wo sie in eine materielle Überprüfung des Schiedsentscheids übergeht (CHRIST, 83; SCHÜPBACH, Mélanges Knoepfler, 419 f.; LEW/MISTELIS/KRÖLL, Rz 24–92).

2. Erläuterung (lit. b)

14 Es kann vorkommen, dass ein Schiedsspruch **unklare, unvollständige, zweideutige oder widersprüchliche Formulierungen enthält** (vgl. BGE 110 Ia 123). In einem solchen Fall gibt Art. 388 Abs. 1 lit. b den Parteien die Möglichkeit, direkt beim Schiedsgericht die umstrittene Formulierung klarstellen zu lassen. Einziges Ziel dieses Behelfs ist es, mögliche Schwierigkeiten hinsichtlich Rechtskraft oder Vollstreckung des Entscheids auszuräumen; er darf indes nicht zu einer Wiederaufnahme des Entscheidfindungsprozesses führen (SCHÜPBACH, Mélanges Knoepfler, 419 f.; CHRIST, 91).

15 Wie bereits aus dem Wortlaut hervorgeht, beschränkt sich der Rechtsbehelf der Erläuterung auf «bestimmte Teile» des Schiedsspruchs. Damit sind – wie oben erwähnt – einzelne unklare, unvollständige, zweideutige oder widersprüchliche Formulierungen gemeint (vgl. Art. 129 BGG). Eine generelle Erläuterung des Schiedsspruchs als Gesamtes ist ausgeschlossen. Dies auch deshalb, weil damit das Prinzip der Endgültigkeit des Schiedsspruchs verletzt würde (vgl. ROTH, Art. 33 UNCITRAL-Modellgesetz N 12).

16 Ob ein bestimmter Teil eines Schiedsspruchs als erläuterungsbedürftig anzusehen ist, liegt letztlich im Ermessen des Schiedsgerichts bei der Beurteilung des entsprechenden Antrags. Dabei ist den diesbezüglichen Einschätzungen der Parteien ein grosses Gewicht einzuräumen. Ein offensichtlich missbräuchlicher Erläuterungsantrag verdient allerdings keinen Rechtsschutz (vgl. zum Ganzen CHRIST, 101 f.).

17 Während der Beratung von Art. 33 des UNCITRAL-Modellgesetzes war der Rechtsbehelf der Erläuterung äusserst umstritten und einige Staaten plädierten für dessen Streichung (s. UNCITRAL Yearbook 1985, 495 f.; LEW/MISTELIS/KRÖLL, Rz 24–96). Am Ende einigte man sich auf den Wortlaut von Art. 33(1)(b) des Modellgesetzes, wonach der Rechtsbehelf der Erläuterung nur offen steht, wenn er von den Parteien vereinbart

wird: «(b) [I]f so agreed by the parties, a party, with notice to the other party, may request the arbitral tribunal to give an interpretation of a specific point or part of the award.» (Art. 33[1][b] UNCITRAL-Modellgesetz). Diese Einschränkung wurde nicht in die ZPO übernommen. Gemäss Art. 388 Abs. 1 lit. b kann die Erläuterung eines bestimmten Teils des Schiedsspruchs von einer Partei beantragt werden, ohne dass die andere Partei zustimmen müsste. Dieser Umstand wird im Bericht zum Vorentwurf und in der Botschaft nicht erwähnt, obwohl es sich hier um eine erhebliche Abweichung von Art. 33(1)(b) UNCITRAL-Modellgesetz handelt.

3. Ergänzung (lit. c)

Berichtigung und Erläuterung sind dem schweizerischen Verfahrensrecht nicht unbekannt (vgl. z.B. Art. 129 BGG und Art. 332 ZPO). Neu ist dagegen die Möglichkeit der Ergänzung durch blossen Rechtsbehelf (lit. c; vgl. KELLERHALS, 395).

Sollte das Schiedsgericht über Ansprüche, die im Schiedsverfahren korrekt geltend gemacht wurden, nicht entschieden haben, kann jede Partei mit dem Rechtsbehelf von Art. 388 Abs. 1 lit. c verlangen, dass das Schiedsgericht in einem ergänzenden Schiedsspruch über diese Ansprüche entscheidet. Der Begriff des ergänzungsfähigen Anspruchs ist dabei prozessual im Sinne des Streitgegenstands zu verstehen und nicht etwa im Sinne einzelner materiellrechtlicher Klagegründe (so zum deutschen Recht CHRIST, 129).

III. Geeignete Form der Berichtigung, Erläuterung und Ergänzung

Die Berichtigung, Erläuterung oder Ergänzung stellt keinen «neuen» (Teil-)Entscheid dar, sondern wird lediglich zum inhaltlichen Bestandteil eines vorbestehenden Entscheids (vgl. Zuberbühler/Müller/Habegger-VEIT, Art. 35/36 N 14). Wie in N 7 dargelegt, wollte es der Gesetzgeber der Praxis überlassen, in welcher Form das Schiedsgericht über eine beantragte Berichtigung, Erläuterung oder Ergänzung entscheidet. Nach der hier vertretenen Auffassung müssen die Form- und Inhaltsvorschriften eines Schiedsspruchs (Art. 384) jedoch immer dann und insoweit eingehalten werden, als mit der Berichtigung, Erläuterung oder Ergänzung das Dispositiv verändert wird. Andernfalls besteht die Gefahr von Problemen bei der Vollstreckung. Es ist deshalb problematisch, wenn die Botschaft ohne zu differenzieren davon ausgeht, dass bei einfachen Redaktionsfehlern, wie bspw. bei der Verwechslung von Parteibezeichnungen («Klägerin» statt «Beklagte») ein Brief des Schiedsgerichts oder seines Präsidenten genügen soll (BOTSCHAFT ZPO, 7403). Allerdings ist es den Parteien unbenommen, einen solchen Brief zu akzeptieren, nämlich dann, wenn sie gemeinsam die Vollstreckung als unnötig oder unproblematisch ansehen.

Ein **Entscheid über eine Berichtigung, Ergänzung oder Erläuterung** sollte dann nach den Vorschriften von Art. 382 ergehen, wenn:

– der Schiedsspruch noch vollstreckt werden muss; und

– mit der Berichtigung, Erläuterung oder Ergänzung der Wortlaut des Dispositivs verändert wird (z.B. Berichtigung verwechselter Parteibezeichnungen; Berichtigung eines Betrags); oder

– Erwägungen verändert oder ergänzt werden, deren Inhalt für die Vollstreckung des Schiedsspruchs herangezogen werden muss (z.B. die in den Erwägungen enthaltene Definition eines im Dispositiv verwendeten Begriffs).

IV. Frist und Form (Abs. 2)

22 Die Parteien haben mit ihrem Antrag auf Berichtigung, Erläuterung oder Ergänzung des Schiedsspruchs eine relative **Frist von 30 Tagen** ab Entdeckung des Fehlers oder des erläuterungs- oder ergänzungsbedürftigen Teils und eine absolute Verwirkungsfrist von einem Jahr seit Zustellung des Schiedsspruchs zu wahren (Abs. 2). Im positiven Fall, d.h. wenn das Schiedsgericht auf den Antrag eingeht, beginnt eine neue Beschwerdefrist zu laufen, selbst wenn die Frist mit Bezug auf den ursprünglichen Entscheid abgelaufen ist, was das Gesetz in Abs. 3 ausdrücklich festhält. Der Antrag ist, sofern die Parteien nichts anderes vereinbart haben, nicht an eine besondere Form gebunden und kann somit grundsätzlich z.B. auch telefonisch, per Fax oder E-Mail gestellt werden (vgl. CHRIST, 197 f.).

V. Verhältnis zu den Rechtsmitteln (Abs. 3)

1. Abgrenzung zur Beschwerde und Revision

23 Im Gegensatz zu den Rechtsmitteln der Beschwerde und der Revision richten sich die Rechtsbehelfe der Berichtigung, Erläuterung und Ergänzung **direkt an das Schiedsgericht**. Eine nicht unbedeutende Problematik betreffend das Verhältnis der Rechtsbehelfe von Art. 388 zu den Rechtsmitteln des 2. Kapitels liegt darin, dass teilweise dieselben Unzulänglichkeiten im Schiedsspruch sowohl mit einem Rechtsbehelf nach Art. 388 als auch mit einem Rechtsmittel angefochten werden können (vgl. unten N 26). Zu prüfen ist deshalb insb. das Verhältnis zwischen dem Rechtsbehelf der Ergänzung (Art. 388 Abs. 1 lit. c) und dem Beschwerdegrund von Art. 393 lit. c («Ein Schiedsspruch kann nur angefochten werden, wenn [...] das Schiedsgericht [...] Rechtsbegehren unbeurteilt gelassen hat»). Im Vorfeld der ZPO wurde deshalb vorgeschlagen, den soeben zitierten Teilsatz zu streichen (KELLERHALS, 395), was nicht geschehen ist. Es ist deshalb davon auszugehen, dass grundsätzlich beide Rechtsbehelfe zulässig sind. Ein ergänzender Entscheid des Schiedsgerichts lässt eine parallele Beschwerde nach Art. 393 lit. c gegenstandslos werden bzw. kann seinerseits innert einer neuen Beschwerdefrist, welche mit seiner Eröffnung zu laufen beginnt, angefochten werden (POUDRET, 254).

2. Legitimation der Parteien (Beschwer)

24 Nach der Praxis des Bundesgerichts und der Lehre zum staatlichen Rechtsschutz setzt jeder Anspruch auf staatlichen Rechtsschutz eine Beschwer voraus. Die **formelle Beschwer** ist gegeben, wenn der Partei nicht zugesprochen worden ist, was sie beantragt hatte. Zudem muss aber auch eine **materielle Beschwer** vorliegen, d.h. der angefochtene Entscheid muss die Partei in ihrer Rechtsstellung treffen und für sie in ihrer rechtlichen Wirkung nachteilig sein. Die Partei muss deshalb an der Abänderung interessiert sein. Diese Voraussetzung gilt auch für die eidgenössischen Rechtsmittel und muss auch für das Recht der Schiedsgerichtsbarkeit gem. ZPO gelten (zum Ganzen BGE 120 II 5 E. 2a m.w.H.). Ein solches Interesse ist in aller Regel ohne weiteres gegeben, wenn eine formelle Beschwer vorliegt. Allerdings kann eine hinreichende Beschwer unter Art. 388 Abs. 3 von vornherein nur in Fällen vorliegen, in welchen der Antrag tatsächlich zu einer «positiven» Berichtigung, Erläuterung oder Ergänzung geführt hat, nicht hingegen, wenn der Antrag abgelehnt worden oder das Schiedsgericht nicht darauf eingetreten ist. Andernfalls könnten die gesetzlichen Rechtsmittelfristen durch Stellen eines Berichtigungs-, Erläuterungs- oder Ergänzungsantrags, und sei er offensichtlich grundlos, einfach umgangen werden.

VI. Zwingende oder dispositive Norm?

Inwieweit Art. 388 zwingende Bestimmungen enthält, ist der ZPO nicht direkt zu entnehmen, sondern muss **durch Auslegung** bestimmt werden (SUTTER-SOMM/HASENBÖHLER, 113 f.). Nach der hier vertretenen Auffassung ist die gesamte Bestimmung (einschliesslich der Fristen) als dispositiv anzusehen. Denn es ist nicht einzusehen, weshalb die Parteien nicht im Rahmen der Privatautonomie, welche das Schiedsgerichtsrecht auszeichnet (BERGER/KELLERHALS, Rz 83), einzelne Rechtsbehelfe zum Voraus ausschliessen oder Fristen für entsprechende Anträge verlängern können sollten. Ein Ausschluss von einzelnen Rechtsbehelfen kann z.B. geboten sein, wenn ein Entscheid an einen Verfalltag gebunden ist, wie etwa bei einer Dopingsperre in der Sportschiedsgerichtsbarkeit, die innert weniger Stunden entschieden werden muss, damit der Athlet noch an einem Wettkampf teilnehmen kann.

Teilweise **abweichende Auffassungen** werden zu Art. 33 des UNCITRAL-Modellgesetzes vertreten, welcher als zwingend betrachtet wird (s. BINDER, Rz 6–100). Dabei ist allerdings zu bedenken, dass sich das Modellgesetz an die internationale Schiedsgerichtsbarkeit richtet. Würde man die Rechtsbehelfe von Art. 33 des Modellgesetzes ausschliessen, könnte ein unzulänglicher Schiedsspruch je nach staatlicher Beschwerderegelung unter Umständen nicht mehr korrigiert, ergänzt oder erläutert werden. Nach dem Binnenschiedsrecht der ZPO kann die Ergänzung des Schiedsspruchs auch im Rahmen der Beschwerde (vgl. Art. 393 lit. c *in fine*) geltend gemacht werden. Eine Berichtigung kann im Rechtsmittelverfahren insoweit erfolgen, als die Rechtsmittelinstanz den Schiedsspruch im Beschwerdeverfahren zur Berichtigung an das Schiedsgericht zurückweisen kann (vgl. Art. 394).

7. Titel: Rechtsmittel

1. Kapitel: Beschwerde

Art. 389

Beschwerde an das Bundesgericht

¹ **Der Schiedsspruch unterliegt der Beschwerde an das Bundesgericht.**

² **Für das Verfahren gelten die Bestimmungen des Bundesgerichtsgesetzes vom 17. Juni 2005, soweit dieses Kapitel nichts anderes bestimmt.**

Recours au Tribunal fédéral

¹ La sentence arbitrale peut faire l'objet d'un recours devant le Tribunal fédéral.

² La procédure est régie par la loi du 17 juin 2005 sur le Tribunal fédéral sauf disposition contraire du présent chapitre.

Ricorso al Tribunale federale

¹ Il lodo è impugnabile mediante ricorso al Tribunale federale.

² La procedura è retta dalle disposizioni della legge del 17 giugno 2005 sul Tribunale federale, salvo che il presente capitolo disponga altrimenti.

Inhaltsübersicht Note

- I. Vorbemerkung: Das Rechtsmittelsystem des 7. Titels 1
- II. Normzweck und Grundlagen 7
- III. Beschwerde gegen Schiedsspruch (Abs. 1) 10
    1. Beschwerdeobjekt: Schiedsspruch 10
    2. Nichtige Schiedssprüche? 16
    3. Rechtsnatur der Beschwerde 18
- IV. Verfahren (Abs. 2) 19
    1. Ausnahmekatalog von Art. 77 BGG 19
    2. Besondere Regelungen in den Art. 389 ff. 22
    3. Das Verfahren vor Bundesgericht gemäss BGG – Einzelfragen 23
    4. Endgültige Entscheidung 49
- V. Kein Rechtsmittelverzicht 51

Literatur

S. BESSON, Le recours contre la sentence arbitrale internationale selon la nouvelle LTF (aspects procéduraux), ASA Bull 25 [2007], 2 ff. (zit. Recours); DERS., Arbitration and Human Rights, ASA Bull 24 [2006], 395 ff. (zit. Human Rights); C. JERMINI, Die Anfechtung der Schiedssprüche im internationalen Privatrecht, Zürich 1997; C. JOSI, Die Anerkennung und Vollstreckung der Schiedssprüche in der Schweiz, Bern 2005; C. MÜLLER, International Arbitration, Zürich/Basel/Genf 2004 (zit. International Arbitration); J.-F. POUDRET, Le recours au Tribunal Fédéral suisse en matière d'arbitrage – Commentaire de l'art. 77 LTF, ASA Bull 25 [2007], 669 ff. (zit. Recours); DERS., Présentation critique du projet de réglementation de l'arbitrage interne (art. 351 à 397

P-CPC), in: S. Lukic (Hrsg.), Le projet de Code de procédure civile fédérale, Lausanne 2008, 237 ff. (zit. Présentation 2008); M. SCHÖLL, Réflexions sur l'expertise-arbitrage en droit suisse, ASA Bull 24 [2006], 621 ff.; G. WALTER, Neues Recht der Binnenschiedsgerichtsbarkeit in der Schweiz, in: Lüke/Mikami/Prütting, FS Akira Ishikawa, Berlin/New York 2001, 541–557; W. WENGER, Schiedsgerichtsbarkeit, in: ZZZ 2007, 401 ff.; M. WIGET, Vergleich, Klageanerkennung und Klagerückzug vor Schiedsgerichten, Zürich 2008; vgl. zudem die Literaturhinweise bei den Vorbem. zu Art. 353–399.

I. Vorbemerkung: Das Rechtsmittelsystem des 7. Titels

Der 7. Titel des 3. Teils (Schiedsgerichtsbarkeit) befasst sich mit den Anfechtungsmöglichkeiten eines Schiedsentscheides vor staatlichen Gerichten.

Das KSG hatte ein **zweistufiges System** vorgesehen, gemäss welchem ein Schiedsentscheid zuerst mit Nichtigkeitsbeschwerde vor der zuständigen kantonalen Instanz (Art. 36 i.V.m. Art. 3 KSG) und deren Entscheid sodann noch mit staatsrechtlicher Beschwerde gemäss Art. 84 Abs. 1 lit. a und b OG (vgl. z.B. BGE 131 I 45) bzw., seit dem 1.1.2007, mit Beschwerde in Zivilsachen gemäss Art. 72 ff. BGG, beim Bundesgericht angefochten werden konnte. Dieses zweistufige System war Gegenstand zahlreicher Kritik.

Die mit der Vorbereitung des Entwurfs für den Schiedsgerichtsteil der neuen ZPO befasste Expertenkommission hatte in ihrem Bericht zum **Vorentwurf** diese Kritik zwar vermerkt (Bericht VE-ZPO, 162 und 179), hielt jedoch in ihrem Entwurf am zweistufigen System fest mit der Begründung, eine direkte Beschwerdemöglichkeit an das Bundesgericht (analog zu Art. 190 f. IPRG) laufe dem zentralen Anliegen der Justizreform, der Entlastung des Bundesgerichts, zuwider (vgl. Bericht VE-ZPO, 179). Stattdessen sah der Vorentwurf von 2003 in Art. 384 die Möglichkeit eines Verzichts auf eine Weiterziehung des kantonalen Beschwerdeentscheides an das Bundesgericht vor, nicht aber einen gänzlichen Verzicht auf die Anfechtung eines Schiedsentscheides (wie in Art. 192 IPRG), vor.

Das Festhalten am doppelten Instanzenzug stiess in der anschliessenden Vernehmlassung weiterum auf (die bereits bekannte) Kritik. Mit Blick auf das Anliegen der Steigerung der Attraktivität der Binnenschiedsgerichtsbarkeit und die Parallelität zur internationalen Schiedsgerichtsbarkeit wurde gefordert, eine einzige Rechtsmittelstufe einzuführen. Der Entwurf des Bundesrats nahm diese Kritik auf und führte mit dem Bundesgericht eine **einzige Beschwerdeinstanz** ein (BOTSCHAFT ZPO, 7404; Art. 387 des Entwurfs von 2006). Alternativ sollten die Parteien auch eine Beschwerde an ein kantonales Gericht vorsehen können, welches ebenfalls endgültig entscheidet (Art. 388 des Entwurfs von 2006; vgl. nunmehr Art. 390).

Der vom Bundesrat 2006 präsentierte Entwurf für den 7. Titel des 3. Teils der ZPO stellte eine **Abkehr vom bisherigen zweistufigen Beschwerdesystem** dar, wie es noch im Vorentwurf von 2003 vorgelegt worden war. Trotz dieser bedeutenden Wende war dieser Titel in den parlamentarischen Beratungen **unbestritten**, sieht man einmal vom (nicht mehr weiterverfolgten) Antrag von Ständerat Pfister (AG) ab, die Beibehaltung zweier Rechtsmittelinstanzen nochmals zu prüfen (AmtlBull StR 2007, 642). Auch die vom Bundesgericht in einem Brief geäusserten Bedenken, die Einführung einer einzigen, zumal beim Bundesgericht angesiedelten, Rechtsmittelinstanz würde zu einer zusätzlichen Belastung des Bundesgerichts führen, wurden vom Ständerat als Erstrat verworfen und im Nationalrat nicht mehr aufgenommen. Grund dafür war auch die Tatsache, dass sich das Bundesgericht pro Jahr mit ca. 20 Beschwerden in Schiedssachen befasst und das Verhältnis von internationalen zu nationalen Fällen fünf zu eins ist (AmtlBull StR 2007,

642). Letztlich überwog, selbst bei einer angenommenen Zunahme von Beschwerden, das Argument der einheitlichen Behandlung von Binnenschiedssprüchen und internationalen Schiedssprüchen (Votum BR Blocher, AmtlBull StR 2007, 643).

5 Die **Parallelität** zwischen nationaler und internationaler Schiedsgerichtsbarkeit darf aber **nicht verabsolutiert** werden: Art. 2 ZPO behält die Regelungen des IPRG ausdrücklich vor. Dies gilt auch für die internationale Schiedsgerichtsbarkeit, welche bewusst nicht in das System der ZPO eingebunden wurde. Begründet wurde dies mit dem – gerade in internationalen Verhältnissen – «grossen Bedürfnis nach freier Gestaltung des Verfahrens und nach Beschränkung der Rechtsmittelmöglichkeiten», sowie auch mit dem grossen internationalen Vertrauen in die Regelung des IPRG (Bericht VE-ZPO, 20). So wurde namentlich der Katalog der *Beschwerdegründe* (Art. 393) nicht vollständig an denjenigen von Art. 190 Abs. 2 IPRG angepasst sondern steht zwischen diesem und der bisherigen Regelung (Art. 36 KSG). Trotz verschiedentlicher Kritik (vgl. Bericht VE-ZPO, 162), blieb die *Willkürbeschwerde* erhalten (bisher Art. 36 lit. f KSG, neu Art. 393 lit. e). Auch enthält die ZPO keine dem Art. 192 IPRG analoge Bestimmung über den *Rechtsmittelverzicht* (vgl. dazu unten N 51 ff.).

6 Als Rechtsmittel gegen einen unter der ZPO ergangenen Schiedsspruch ist nunmehr regelmässig die **Beschwerde an das Bundesgericht** gegeben (Art. 389). Die Parteien können stattdessen auch das am Sitz des Schiedsgerichts **zuständige kantonale Gericht** als Rechtsmittelinstanz vereinbaren; auch dessen Entscheid ist indessen endgültig (Art. 390). Beibehalten wurde auch die Möglichkeit der **Revision** von Schiedssprüchen (bisher Art. 41 KSG, nunmehr Art. 396 ZPO). Das Revisionsgesuch kann **einzig beim zuständigen kantonalen Gericht** gestellt werden (Art. 396 Abs. 1). Kein Rechtsmittel stellt hingegen die Möglichkeit der Berichtigung, Ergänzung oder Ergänzung des Schiedsspruchs durch das Schiedsgericht dar; diese ist sowohl auf Antrag der Parteien (Art. 388) wie auch auf Rückweisung durch die Rechtsmittelinstanz (Art. 394) möglich.

II. Normzweck und Grundlagen

7 Art. 389 regelt die **Beschwerde** gegen einen Schiedsspruch. Die Bestimmung ersetzt – zusammen mit Art. 393 ZPO – Art. 36 KSG und korrespondiert mit Art. 191 IPRG für internationale Schiedsentscheide.

8 Art. 389 entspricht unverändert dem Art. 387 des Entwurfs von 2006. Art. 377 des Vorentwurfs von 2003 lautete «Jeder Teil- oder Endschiedsspruch in der Sache und jeder Zwischen- oder Endschiedsspruch über die Zuständigkeit nach Artikel [350] unterliegt der Beschwerde an das nach Artikel [346] Absatz 1 zuständige staatliche Gericht».

Für das Beschwerdeverfahren vor der Beschwerdeinstanz verwies Art. 381 des Vorentwurfs von 2003 auf die Art. 313–317 des Vorentwurfs von 2003 über das Beschwerdeverfahren. Dies quasi in Fortschreibung des KSG, welches in Art. 45 Abs. 1 auf die jeweiligen kantonalen Zivilprozessordnungen verwiesen hatte. Der Entwurf von 2006 und der nunmehrige Art. 389 Abs. 2 verweisen hingegen, analog zur Regelung im IPRG (Art. 191), auf die Beschwerde in Zivilsachen gemäss BGG (mit den im dortigen Art. 77 festgelegten Abweichungen).

9 Nicht Gegenstand der Art. 389 ff. – dies ergibt sich schon aus dem Wortlaut von Art. 389 Abs. 1 («Schiedsspruch») – sind Entscheide zuständiger kantonaler Gerichte in Schiedssachen (Art. 356 Abs. 2; vgl. hierzu Art. 356 N 12 ff. sowie POUDRET, Présentation 2008, 254 ff.).

III. Beschwerde gegen Schiedsspruch (Abs. 1)

1. Beschwerdeobjekt: Schiedsspruch

Beim Beschwerdeobjekt (wie auch beim Objekt eines Revisionsgesuchs – Art. 396 Abs. 1) muss es sich zunächst um einen **Schiedsspruch** handeln, d.h. um einen *Akt privater Gerichtsbarkeit*, der eine zwischen zwei oder mehreren Parteien umstrittene Rechtsfrage (BERGER/KELLERHALS, Rz 1519 bzw. 1705) entscheidet. Keine anfechtbaren Schiedsentscheide sind daher Entscheide von Instanzen, die Inhalt oder Tragweite von *Spielregeln* beurteilen (BGE 119 II 271 E. 3a). Schiedsentscheide nach Art. 389 Abs. 1 stellen auch die Entscheide der *Schlichtungsbehörden* in Miet- und Pachtsachen dar, jedoch nur, insoweit diese als vereinbartes Schiedsgericht i.S.v. Art. 361 Abs. 4 entschieden haben.

Entscheide privater Spruchkörper, die im Rahmen einer **Verbandsschiedsgerichtsbarkeit** oder dgl. (zum Begriff: BERGER/KELLERHALS, Rz 60 ff.; RÜEDE/HADENFELDT, 25 f. und 110 sowie Vor Art. 353–399 N 18) gefällt werden, stellen nur dann Schiedsentscheide dar, wenn solche Spruchkörper hinreichende *Gewähr für eine unabhängige und unparteiische Rechtssprechung* bieten (BGE 125 I 389 E. 4a; 119 II 271 E. 3b, m.w.H. auf die Lehre). Andernfalls stellen solche Entscheide blosse *Willensäusserungen* des betreffenden Verbandes und keine in der ganzen Schweiz vollstreckbaren Zivilurteile dar; sie können damit auch nicht mit den für Schiedsentscheide vorgesehenen Rechtsmitteln angefochten werden (BGE 125 I 389 E. 4a; BESSON, Recours, 5). Dieses Kriterium vermag nicht zu überzeugen, kann doch selbst eine insgesamt fehlende Unabhängigkeit und Unparteilichkeit eines Schiedsgerichts sowohl bei dessen Bestellung (Art. 367 Abs. 1 lit. c, evtl. auch Art. 368) wie auch im Rahmen der Anfechtung eines von ihm erlassenen Entscheides (Art. 393 lit. a) gerügt werden (gl.M. BERGER/KELLERHALS, Rz 1521; JOLIDON, Art. 1 N 236). Zudem kann eine Partei ein berechtigtes Interesse an der formellen Aufhebung eines solchen Entscheides in einem Rechtsmittelverfahren haben, um sich nicht bloss darauf berufen zu müssen, dem fraglichen Entscheid gehe die Rechtsnatur eines Schiedsentscheides ab.

Einschränkend sei immerhin erwähnt, dass BGE 119 II 271, den Lehre und BGE 125 I 389 anführen, seinerseits auf BGE 97 I 489 E. 1 Bezug nahm. Dort war ein Fall zu beurteilen, bei dem ein *Organ eines Vereins*, welcher selbst Streitpartei war, entschieden hatte. Für solche Fälle einer «Entscheidung in eigener Sache» wollte das Bundesgericht – verständlicherweise – den Schutzmechanismus der Rüge der fehlenden Unabhängigkeit und Unparteilichkeit im Ablehnungs- oder Beschwerdeverfahren nicht allein genügen lassen. Im Allgemeinen gilt weiterhin die Regel, dass die Frage, ob ein unabhängiger und unbefangener Spruchkörper entschieden hat und demzufolge überhaupt ein anfechtbarer Schiedsspruch vorliegt, *fallweise*, unter Berücksichtigung der entsprechenden Verbandsreglemente und -institutionen, zu beantworten ist (JOLIDON, Art. 1 N 68 und 235; in diesem Sinne auch BGE 125 I 389 E. 4b). Zur Unabhängigkeit von Verbandsschiedsgerichten s.a. RÜEDE/HADENFELDT, 146–150.

Ebenfalls keine Schiedssprüche sind **Schiedsgutachten** (Art. 189). In einem Schiedsgutachtervertrag wird ein Dritter beauftragt, für die Parteien eines Rechtsverhältnisses verbindlich bestimmte tatsächliche Feststellungen zu treffen oder bestimmte Rechtsfragen zu beantworten (BGE 129 III 535 E. 2; SCHÖLL, 626 f.). Die Bestimmungen der ZPO über die Schiedsgerichtsbarkeit, und damit auch diejenigen über Rechtsmittel gegen Schiedssprüche, finden auf Schiedsgutachten keine Anwendung (BGer, 4P.199/2003, E. 3.3; BGE 117 Ia 365 E. 5a; BESSON, Recours, 5; RÜEDE/HADENFELDT, 21 ff.; JOLIDON, Art. 1 N 64).

13 Für eine Beschwerde gemäss Art. 389 muss es sich schliesslich um einen **Schiedsspruch** eines den Bestimmungen von Art. 353 ff. unterstehenden Schiedsgerichtes handeln (**Art. 353 Abs. 1**). Soweit das Schiedsverfahren unter dem 12. Kapitel des IPRG stand (**Art. 176 Abs. 1 IPRG**) oder die Parteien seine Anwendbarkeit vereinbart haben (Art. 353 Abs. 2 ZPO), richtet sich die Beschwerde gegen einen in einem solchen Verfahren ergangenen Entscheid nach den Art. 190 ff. IPRG.

14 Für den «Schiedsspruch» als **Anfechtungsobjekt** vgl. Komm. zu Art. 392. Anfechtbar sind *Teil- und Endschiedssprüche* sowie – mit Einschränkungen – *Zwischenentscheide*. Prozessleitende Beschlüsse und Verfügungen des Schiedsgerichts unterliegen hingegen nicht selber der Beschwerde; sie können höchstens in einer Beschwerde gegen einen Teil-, End- oder Zwischenentscheid (mit-)gerügt werden (Bericht VE-ZPO, 179).

15 In Fällen von Art. 391 (schiedsgerichtlicher Instanzenzug) ist das Anfechtungsobjekt der letztinstanzliche Entscheid des *Oberschiedsgerichts* (vgl. Art. 391 N 8).

2. Nichtige Schiedssprüche?

16 Teilweise wird in Lehre und Rechtsprechung die Möglichkeit eines **nichtigen Schiedsentscheides** erwogen, mithin eines eigentlichen «Nicht-Entscheides», der überhaupt keine rechtlichen Wirkungen zu entfalten vermöge und demzufolge auch nicht angefochten werden müsse, sondern auf dessen Nichtigkeit man sich **jederzeit**, in jedem Verfahren berufen könne (BGE 130 III 125 E. 3; BERGER/KELLERHALS, Rz 1656 m.w.H.; BSK IPRG-BERTI/SCHNYDER, Art. 190 N 89 f.; JOSI, 23 ff. m.w.H.; MÜLLER, International Arbitration, 137 f.; JERMINI, 395 ff.). Nach dem erwähnten Bundesgerichtsentscheid liege eine solche Nichtigkeit vor, wenn ein Schiedsspruch «bereits wegen seiner äusseren Form nicht als Entscheid erkannt wird und auch nicht erkannt werden muss» oder er, «insbesondere, wenn überhaupt keine Schiedsvereinbarung besteht und kein Verfahren durchgeführt wurde, an einem derart schweren Mangel leidet, dass von einem nichtigen Entscheid gesprochen werden muss» (BGE 130 III 125 E. 3).

17 Eine allgemein gültige **Definition** existiert nicht. Die bundesgerichtliche Definition scheint eher äussere Umstände des Schiedsentscheides zu betreffen. *Keine Nichtigkeit* kann angenommen werden, wo diese auf einem *gesetzlich statuierten Anfechtungsgrund* beruht, so deutlich er im konkreten Fall auch sein möge (z.B. Entscheid eines offensichtlich unzuständigen Schiedsgerichts, massiver Verstoss gegen den Grundsatz der Gleichbehandlung oder des rechtlichen Gehörs, Willkür bzw. Ordre public-Widrigkeit; differenzierend für den Fall des offensichtlichen Fehlens jeglicher Schiedsvereinbarung jedoch JOSI, 25 ff). Solche Verstösse sind im dafür vorgesehenen Verfahren zu rügen. Soweit ein Schiedsgericht über eine *nicht schiedsfähige Sache* entschieden hat (Art. 354), liegt diesbezüglich kein rechtskräftiger Schiedsentscheid vor, und ein neuer Prozess in derselben Sache ist möglich (BERGER/KELLERHALS, Rz 1656 und 1511). Davon zu unterscheiden sind Schiedssprüche, die *andere Lebenssachverhalte oder Ansprüche* als die in der Schiedsvereinbarung umschriebenen beurteilen; diese sind wegen fehlender *Zuständigkeit* (Art. 393 lit. b) oder allenfalls wegen Entscheides *ultra petita* (Art. 393 lit. c) anzufechten (JOSI, 26).

3. Rechtsnatur der Beschwerde

18 Nach (zutreffender) h.L. ist die Beschwerde gegen einen Schiedsspruch gemäss ZPO, gleich wie die Beschwerde gegen einen unter dem IPRG ergangenen Schiedsspruch, ein **ausserordentliches Rechtsmittel** (BERGER/KELLERHALS, Rz 1496; JOSI, 66 f.; für IPRG-Schiedsentscheide insb. BESSON, Recours, 5 und 33; POUDRET, Recours, 671 ff.;

s.a. WALTER, 556, zum Entwurf an die Expertenkommission). Dies ergibt sich auch aus der Tatsache, dass die Beschwerde gemäss Art. 319 ff., für die die Parteien des Schiedsverfahrens anstelle der Beschwerde an das Bundesgericht optieren können (Art. 390), ebenfalls als ausserordentliches Rechtsmittel gilt (BOTSCHAFT ZPO, 7370 und 7378).

IV. Verfahren (Abs. 2)

1. Ausnahmekatalog von Art. 77 BGG

Für das Beschwerdeverfahren gelten gemäss Abs. 2 in erster Linie die besonderen Bestimmungen der Art. 389–395 und, subsidiär, die Bestimmungen des BGG. Mit dem Verweis auf das BGG ist die Beschwerde in Zivilsachen gemäss Art. 72 ff. BGG gemeint (BOTSCHAFT ZPO, 7404). Dabei ist insb. **Art. 77 Abs. 2 BGG** zu beachten, der für die Beschwerde gegen Schiedsentscheide gewisse *Einschränkungen* aufstellt. 19

Art. 77 BGG galt bislang lediglich für die internationale Schiedsgerichtsbarkeit. Mit dem Inkrafttreten der ZPO wird auch Art. 77 BGG geändert, indem der bisherige Verweis von Art. 77 Abs. 1 BGG auf die Art. 190–192 IPRG neu zu lit. a wird und zudem eine lit. b mit einem Verweis auf die Art. 389–395 ZPO eingefügt wird. Gleichzeitig wird auch der bisherige Abs. 2 von Art. 77 BGG geändert, indem neu nicht mehr nur Art. 93 Abs. 1 lit. b, sondern der gesamte Abschnitt über die **anfechtbaren Entscheide** *(Art. 90–94 BGG)* bei Beschwerden gegen nationale oder internationale Schiedsentscheide für *unanwendbar* erklärt wird. Die sich aus der bisherigen Regelung ergebenden Divergenzen sind entfallen (BESSON, Recours, 10 f.). Die Frage nach den *anfechtbaren Entscheiden* beurteilt sich damit, für den Bereich der Binnenschiedsgerichtsbarkeit, ausschliesslich nach *Art. 392* (und 389 Abs. 1). 20

Art. 77 Abs. 2 BGG erklärt die Art. 48 Abs. 3, Art. 90–98, Art. 103 Abs. 2, Art. 105 Abs. 2, Art. 106 Abs. 1 und Art. 107 Abs. 1, soweit dieser dem Bundesgericht erlaubt, in der Sache selbst zu entscheiden, für *unanwendbar* (vgl., noch zur bisherigen Fassung, BSK BGG-KLETT Art. 77 N 7 sowie SEILER/VON WERDT/GÜNGERICH, Art. 77 BGG N 3 ff.). Unklar ist, ob der Katalog der Ausnahmen von Art. 77 Abs. 2 BGG abschliessend ist (vgl. BERGER/KELLERHALS, Rz 1622; SEILER/VON WERDT/GÜNGERICH, Art. 77 BGG N 12). Dies betrifft namentlich die Frage nach der *Streitwertgrenze* (Art. 74 BGG; unten N 31 f.) sowie auch generell die (allenfalls analoge) Anwendung der Vorschriften zum Verfahren vor der *Vorinstanz* (Art. 110–112 BGG), insb. die *Begründungspflicht* für Entscheide (Art. 112 Abs. 1 lit. a und b BGG; unten N 34). 21

2. Besondere Regelungen in den Art. 389 ff.

Besondere Bestimmungen sind in erster Linie Art. 392 (Anfechtungsobjekt) und 393 (Beschwerdegründe). Diese gehen den Art. 90–94 bzw. 95–98 BGG vor (vgl. Art. 77 Abs. 2 BGG). Im Gegensatz zu Art. 102 Abs. 1 BGG, der lediglich eine Vernehmlassung der Vorinstanz vorsieht, offeriert Art. 394 sodann die Möglichkeit einer *Rückweisung* des Schiedsentscheides durch die Rechtsmittelinstanz an das Schiedsgericht zwecks *Berichtigung oder Ergänzung*. Art. 395 schliesslich geht teilweise Art. 107 Abs. 2 BGG vor (vgl. Art. 77 Abs. 2 BGG). 22

3. Das Verfahren vor Bundesgericht gemäss BGG – Einzelfragen

Die Beschwerde ist beim **Bundesgericht** selbst einzureichen; die rechtzeitige Einreichung einer Beschwerde beim Schiedsgericht ist nicht fristwahrend (Art. 48 Abs. 3 BGG e contrario; BESSON, Recours, 13; POUDRET, Recours, 677). 23

24 Hinsichtlich der **Frist** für die Beschwerde an das Bundesgericht sieht Art. 100 Abs. 1 BGG vor, dass diese innert 30 Tagen «nach der Eröffnung der vollständigen Ausfertigung» beim Bundesgericht einzureichen ist (s.a. Art. 44 BGG).

25 Für die **Vollständigkeit des Entscheides** sei auf die nachstehenden Ausführungen zu Art. 112 BGG (N 34) verwiesen: Über Art. 112 BGG kann keine generelle Begründungspflicht von Schiedsentscheiden eingeführt werden. Haben die Parteien auf eine *Begründung* des Schiedsspruchs *verzichtet*, so können sie das unbegründete *Dispositiv* mit Beschwerde beim Bundesgericht anfechten. Zu beachten ist allerdings, dass die Begründung der Beschwerde unter diesen Umständen wesentlich erschwert wird (N 52).

26 Die **Eröffnung des Schiedsspruchs**, und damit der Beginn des Fristenlaufs, richtet sich nach Art. 387, mithin nach *Parteivereinbarung* oder *schiedsgerichtlicher Anordnung* (Art. 373 Abs. 1 und 2). Es empfiehlt sich, die genaue Form der Eröffnung klar und unmissverständlich zu regeln, wobei für die Zustellung von prozessleitenden und anderen Verfügungen und diejenige von (anfechtbaren) Schiedssprüchen durchaus unterschiedliche Regeln vereinbart werden können. Üblicherweise erfolgt Eröffnung schriftlich, mittels Zustellung des Schiedsspruches an die Parteien per (eingeschriebener) Post oder Kurier. Zulässig, wegen der damit verbundenen Unsicherheiten über den genauen Zugang jedoch weniger empfehlenswert, ist die Zustellung eines Schiedsspruches via Telefax oder E-Mail (BESSON, Recours, 13). Denkbar ist sogar eine *mündliche Eröffnung* (BOTSCHAFT ZPO, 7403). Dieser letztere Zeitpunkt dürfte jedoch nur dann als für den *Beginn der Anfechtungsfrist* massgeblicher Zeitpunkt gelten, wenn die Parteien ausdrücklich auf die Zustellung des schriftlichen Entscheides verzichtet haben oder die mündliche Eröffnung als massgeblich stipuliert haben (anders, zum KSG, noch RÜEDE/HADENFELDT, 349). Zur Eröffnung vgl. Art. 387 N 5 ff. sowie Art. 386 N 4 f.).

27 Die *Beschwerdefrist* kann, als gesetzliche Frist und im Gegensatz zur bundesgerichtlich angeordneten Frist zur Beantwortung der Beschwerde, *nicht verlängert* werden (Art. 47 BGG; für Wiederherstellung vgl. Art. 50 BGG). Die Beschwerdefrist steht still gemäss **Art. 46 Abs. 1 BGG**. Sie steht nicht still bei Einreichung eines Gesuchs um Erläuterung, Berichtigung oder Ergänzung beim Schiedsgericht (Art. 388 Abs. 3).

28 Die Frist zur Bezahlung eines allfälligen **Kostenvorschusses** gilt als eingehalten, wenn der Betrag einem Post- oder Bankkonto in der Schweiz zu Gunsten des Bundesgerichts belastet wurde (Art. 48 Abs. 4 BGG; BESSON, Recours, 13).

29 Das **Beschwerderecht (Legitimation)** richtet sich nach Art. 76 BGG: Berechtigt ist, wer am Schiedsverfahren *teilgenommen* hat (oder keine Möglichkeit zur Teilnahme erhalten hat) und wer *ein rechtlich geschütztes Interesse* an der Aufhebung des Schiedsentscheides hat. Diese Voraussetzung kann streitig sein, wenn es bspw. um einen zeitweiligen Ausschluss eines Sportlers von Veranstaltungen geht und diese Sperre zum Zeitpunkt der Beschwerde bereits abgelaufen ist (vgl. BESSON, Recours, 14 f.).

30 Bezüglich **Vertretung einer Partei** vor Bundesgericht gilt Art. 40 BGG, der nicht im Ausnahmekatalog von Art. 77 Abs. 2 BGG enthalten ist (vgl. dazu POUDRET, Recours, 687).

31 Art. 74 BGG figuriert nicht im Ausschlusskatalog von Art. 77 Abs. 2 BGG. Nach der hier vertretenen Meinung ist die **Streitwertgrenze** von Art. 74 BGG auf Beschwerden gegen (nationale wie internationale) Schiedsentscheide gleichwohl **nicht anwendbar**. Solche Beschwerden (kantonale Nichtigkeitsbeschwerden gemäss Art. 36 KSG bzw. staatsrechtliche Beschwerde gemäss Art. 85 lit. c OG) unterstanden vor Einführung des BGG keiner Streitwertgrenze. Die Einführung des BGG sollte nach dem Willen des Bundesrats am

bis dato geltenden Rechtsweg nichts ändern (BOTSCHAFT Bundesrechtspflege, 4312). Eine Anwendung der Streitwertgrenze auf Schiedssprüche hätte ferner zur Folge, dass bei Schiedssprüchen mit Streitwerten unterhalb der Grenze überhaupt keine Überprüfungsmöglichkeit durch ein staatliches Gericht bestünde, da ja auch die subsidiäre Verfassungsbeschwerde (Art. 113 ff. BGG) gegen Schiedsentscheide nicht gegeben ist. Ein solcher genereller Ausschluss jeglicher Anfechtungsmöglichkeiten sollte gemäss gesetzgeberischer Anordnung aber bei internationalen Schiedssprüchen nur in den engen Grenzen von Art. 192 IPRG und bei nationalen Schiedssprüchen überhaupt nicht möglich sein (vgl. unten N 51 f.; gl.M. BESSON, Recours, 15 ff.; POUDRET, Présentation 2008, 259 f.; DERS., Recours, 687 ff.; WIGET, 94 ff.).

Die Frage wurde bisher vom *Bundesgericht nicht entschieden.* Im Urteil 4A.392/2008, E. 2.3, hielt das Bundesgericht fest, dass die Streitwertgrenze von Art. 74 BGG – analog zur Rechtsprechung zu letztinstanzlichen kantonalen Entscheiden – jedenfalls in den Fällen nicht anwendbar sei, bei denen es um die Mitgliedschaft in einer Vereinigung gehe, weil es sich hierbei nicht um eine vermögensrechtliche Angelegenheit handle (s.a. BGer, 4A.258/2008, E. 3.3, und BGer, 5A.260/2007, E. 1). 32

Das **Anfechtungsobjekt** bestimmt sich nach Art. 392. Anfechtbar sind damit nicht nur *Teil- und Endentscheide,* sondern auch *Zwischenentscheide.* Bei letzteren ist *Art. 93 Abs. 1 BGG* aufgrund von Art. 77 Abs. 2 BGG *nicht anwendbar.* Nicht verlangt ist somit, dass der Zwischenentscheid für den Beschwerdeführer einen nicht wieder gutzumachenden Nachteil können oder die Gutheissung der Beschwerde eine Aufwandersparnis mit sich bringen könnte (WENGER, 411 f.). 33

Fraglich ist, ob **Art. 112 BGG** – insb. dessen Abs. 1 lit. a und b, der im Ausnahmekatalog von Art. 77 Abs. 2 BGG nicht enthalten ist – auf das Schiedsverfahren bzw. den Schiedsspruch Anwendung finden muss (vgl. oben N 25). Nach der hier vertretenen Meinung ist dies nicht der Fall: Der 7. Abschnitt (Art. 110–112 BGG) zum Kapitel Beschwerdeverfahren im BGG stellt ausdrücklich Vorschriften für das Verfahren bei den **kantonalen (Vor-)Instanzen** auf. Schiedsgerichte, zumal nationale, gelten jedoch nicht als «Vorinstanzen» im Sinne des BGG (BOTSCHAFT Bundesrechtspflege, 4311). Eine direkte oder sinngemässe Anwendung von Art. 112 Abs. 1 lit. a und b BGG rechtfertigt sich daher schon aus diesem Grunde nicht. Dies gilt auch für Art. 112 Abs. 2 BGG, dessen (sinngemässe) Anwendung (vgl. BSK BGG-KLETT, Art. 77 N 7 FN 43) nämlich ansonsten dazu führen würde, dass die Parteien eines Schiedsverfahrens mit einem zum Voraus erklärten Verzicht auf eine Begründung des Schiedsspruches (vgl. dazu Art. 384 N 25 ff.) gleichzeitig auch die Anfechtbarkeit des Schiedsspruches ausschliessen würden (BOTSCHAFT Bundesrechtspflege, 4351, sowie BSK BGG-AMSTUTZ/ARNOLD, Art. 100 N 4). Möglich bleibt jedoch, dass die Parteien zwar nicht auf eine Begründung verzichten, jedoch vereinbaren, dass das Schiedsgericht seinen Entscheid vorerst nur im Dispositiv eröffnet; in einem solchen Falle ist die analoge Anwendung von Art. 112 Abs. 2 BGG gerechtfertigt (BESSON, Recours, 13 f.; POUDRET, Recours, 696). 34

Die **Beschwerdegründe** bestimmen sich nach Art. 393. 35

Das Bundesgericht wendet das Recht nicht von Amtes wegen an (Art. 106 Abs. 1 BGG e contrario); wie für Beschwerden gegen internationale Schiedsentscheide gilt das strikte **Rügeprinzip** von Art. 106 Abs. 2 BGG (Art. 77 Abs. 3 BGG; vgl. BGer, 4A.452/2007, E. 1.1 und 4A.392/2008, E. 2.5.1; POUDRET, 684 f.). Davon zu unterscheiden ist natürlich die Prüfung der eigenen *Zuständigkeit* bzw. der *Zulässigkeit des Rechtsmittels* durch das Bundesgericht; diese erfolgt von Amtes wegen und mit voller Kognition (BGer, 4A.218/2009, E. 1; BGE 135 III 1 E. 1.1). 36

37 Stützt sich ein Schiedsentscheid auf mehrere unabhängige und für sich allein genügende, subsidiäre oder alternative Begründungen, so muss die Beschwerdeführerin *jede dieser Begründungen anfechten*, ansonsten sie riskiert, dass das Bundesgericht auf die Beschwerde nicht eintritt (BESSON, Recours, 17 f.; POUDRET, 679; BGer, 4A.392/2008, E. 2.5.2, m.Vw. auf BGE 115 II 300, E. 2 und BGer, 4P.278/2005, E. 1.2.2, erwähnt in BGE 132 III 389). Die Pflicht, mehrere parallele Begründungen anzufechten, bezieht sich jedoch lediglich auf den *Schiedsentscheid*. Eine Beschwerde führende Partei ist nicht verpflichtet, auch sämtliche Argumente, welche die Gegenpartei im Schiedsverfahren vorgebracht hat, vor der Rechtsmittelinstanz anzufechten (BGer, 4A.392/2008, E. 2.5.2).

38 Die Voraussetzungen für die **Beschwerdeschrift** richten sich nach Art. 42 BGG. Bei der Formulierung der Rechtsbegehren sollte die beschwerdeführende Partei der *kassatorischen Natur des Rechtsmittels* Rechnung tragen: Beantragt werden kann grundsätzlich einzig die *Aufhebung* des Schiedsentscheides, nicht eine Entscheidung in der Sache; bei Zuständigkeitsrügen kann zusätzlich die *Feststellung der Zuständigkeit oder Unzuständigkeit* des Schiedsgerichts beantragt werden (BERGER/KELLERHALS, Rz 1653; für Einzelheiten und Ausnahmen vgl. Art. 395). *Beilagen* zur Beschwerde müssen nicht übersetzt werden, soweit sie nicht für die Analyse der einzelnen Rügen erforderlich sind oder die Beschwerdegegnerin eine Übersetzung ausdrücklich beantragt (Art. 54 Abs. 3 BGG). In der Regel verlangt das Bundesgericht keine vollständige *Übersetzung* von englischen Schiedssprüchen in eine Amtssprache (BESSON, Recours, 19).

39 Das Bundesgericht stellt die Beschwerde, soweit erforderlich, dem Schiedsgericht und dem oder den Beschwerdegegner(n) zur **Vernehmlassung** inner angesetzter Frist zu (Art. 102 Abs. 1 BGG); ein *zweiter Schriftenwechsel* findet i.d.R. nicht statt (Art. 102 Abs. 3 BGG). Wünscht die Beschwerdeführerin, auf die Beschwerdeantwort zu *replizieren*, weil diese neue Argumente enthält, so hat sie dies von sich aus und unverzüglich nach Empfang der Beschwerdeantwort zu tun (BGer, 1P.827/2005, E. 2.2; 1A.92/2005, E. 3.3.4). Die entsprechende *Frist* dürfte näher bei 14 denn bei 30 Tagen liegen (BESSON, Recours, 19 f.; BGer, 4P.114/2006, E. 3.2.2). Stellt die Beschwerdeführerin lediglich unverzüglich ein Gesuch um Anordnung eines zweiten Schriftenwechsels, riskiert sie, bei dessen Ablehnung nicht mehr replizieren zu können; ein entsprechendes Gesuch sollte somit in jedem Falle möglichst detailliert begründet werden (BESSON, Recours, 20).

40 Als ausserordentliches Rechtsmittel hat die Beschwerde an das Bundesgericht in keinem Falle **aufschiebende Wirkung** (Art. 103 i.V.m. Art. 77 Abs. 2 BGG). Der Schiedsspruch bleibt damit *rechtskräftig und vollstreckbar* (Art. 387), ausser, das Bundesgericht ordne die aufschiebende Wirkung von Amtes wegen oder auf Antrag einer Partei ausdrücklich an (Art. 103 Abs. 3 BGG; vgl. dazu POUDRET, Recours, 682 f.). Gewöhnlich wird die aufschiebende Wirkung vom Bundesgericht auf Antrag der Beschwerdeführerin (superprovisorisch) erteilt und die Beschwerdegegnerin eingeladen, sich dazu zu äussern (wobei das Bundesgericht regelmässig nicht den Begriff «aufschiebende Wirkung» sondern die Formulierung «bis zum Entscheid über das Gesuch haben alle Vollziehungsvorkehrungen zu unterbleiben» verwendet). Anschliessend entscheidet das Bundesgericht, ob die Anordnung weiter aufrechterhalten wird oder dahinfällt. In der Praxis wird die (definitive) aufschiebende Wirkung nur selten erteilt (BESSON, Recours, 23).

41 Grundsätzlich sind die **Sachverhaltsfeststellungen** des Schiedsgerichts für das Bundesgericht verbindlich, und es kann diese selbst bei offensichtlicher Unrichtigkeit, oder wenn sie auf einer Rechtsverletzung i.s.v. Art. 95 BGG beruhen, nicht berichtigen oder ergänzen (Art. 105 Abs. 2 BGG *e contrario*). Überprüft werden können die tatsächlichen

Feststellungen des angefochtenen Schiedsentscheids, soweit gegenüber diesen zulässige Rügen nach Art. 393 vorgebracht werden (in Frage kommen namentlich lit. d und e) oder ausnahmsweise *Noven* nach Art. 99 Abs. 1 BGG zulässig sind (zu Letzterem s. BESSON, Recours, 25 f.; POUDRET, Recours, 680 f.). Beruft sich eine Beschwerde führende Partei auf eine solche Ausnahme, um den Sachverhalt gestützt darauf zu berichtigen oder zu ergänzen, hat sie «mit Aktenhinweisen darzulegen, dass entsprechende Sachbehauptungen bereits im vorinstanzlichen Verfahren prozesskonform aufgestellt worden sind» (zum Ganzen BGer, 4A.176/2008, E. 2.3, m.w.H.).

Zuständigkeitsrügen (Art. 393 lit. b) überprüft das Bundesgericht in rechtlicher Hinsicht *frei*, einschliesslich materiellrechtlicher Vorfragen, von deren Beantwortung die Zuständigkeit abhängt (BGer, 4A.210/2008, E. 3.1; BGE 133 III 139 E. 5; vgl. Art. 393 N 46 f.). Dies gilt auch für Vorfragen, die sich nach *ausländischem Recht* beurteilen (BGer, 4A.428/2008, E. 3.1; 4P.137/2002, E. 7.2.1). Zu beachten ist die – für die **Kognition** entscheidende – Frage, ob das Schiedsgericht bezüglich der Existenz einer Schiedsvereinbarung einen tatsächlichen oder einen *normativen Konsens* angenommen hat (vgl. Art. 393 N 46 ff.). Nur letztere Feststellungen stellen frei überprüfbare Rechtsfragen dar. 42

Die **Gerichtskosten** richten sich gemäss Art. 65 Abs. 2 BGG nach Streitwert, Umfang und Schwierigkeit der Sache, Art der Prozessführung und finanzieller Lage der Parteien. Der *Höchstbetrag* beläuft sich auf CHF 100 000, unter besonderen Umständen kann dieser Betrag bis auf das *Doppelte* erhöht werden (Art. 65 Abs. 3 und 5 BGG). Die Beschwerde führende Partei hat einen *Vorschuss* in der Höhe der erwarteten Kosten zu leisten (Art. 62 Abs. 1 BGG). Sie kann zudem, wenn sie in der Schweiz keinen festen Wohnsitz hat oder nachweislich zahlungsunfähig ist, auf Antrag verpflichtet werden, eine allfällige *Parteientschädigung sicherzustellen* (Art. 62 Abs. 2 BGG; allerdings sind *Staatsverträge* zu berücksichtigen, die eine solche Sicherstellungspflicht allenfalls ausschliessen; BESSON, Recours, 30). Kosten und Parteientschädigung werden nach Ausgang des Beschwerdeverfahrens verlegt: Bei Abweisung wird die Beschwerdeführerin kosten- und entschädigungspflichtig, bei Gutheissung die Beschwerdegegnerin (Art. 66 Abs. 1 und Art. 68 Abs. 2 BGG). 43

Das **Beweisverfahren** vor Bundesgericht richtet sich nach den Vorschriften des Bundeszivilprozesses (Art. 55 Abs. 1 BGG). In der Praxis beschränkt es sich zumeist auf die Kenntnisnahme der Beilagen zur Beschwerde und Beschwerdeantwort. Mündliche **Beratungen** sind selten, der Entscheid wird zumeist auf dem Zirkularweg gefasst (BESSON, Recours, 31). 44

Schliesslich ist davon auszugehen, dass die Art. 108 f. BGG über das *vereinfachte Verfahren*, namentlich das Nichteintreten auf offensichtlich unzulässige bzw. die Abweisung offensichtlich unbegründeter Beschwerden, auch bei Beschwerden gegen Schiedsentscheide zur Anwendung gelangen (BESSON, Recours, 32). 45

Der Entscheid des Bundesgerichts ergeht i.d.R. in der **Sprache** des Schiedsentscheides. Wurde dieser in einer anderen als einer Amtssprache abgefasst, bedient sich das Bundesgericht der von den Parteien verwendeten Amtssprache und, wenn sich die Parteien verschiedener Sprachen bedienen, der *Sprache der Beschwerde* (BGer, 4A.210/2008, E. 1; 4A_506/2007, E. 1). 46

Zum **Entscheid** des Bundesgerichts vgl. Art. 395: Der Entscheid lautet auf Abweisung oder Gutheissung der Beschwerde. Das Bundesgericht kann (von wenigen Ausnahmen abgesehen; Art. 395 N 13) bei Gutheissung den Schiedsentscheid aufgrund der *kassatorischen Natur* der Beschwerde nur aufheben und kann nicht selber in der Sache ent- 47 scheiden. Eine Neuentscheidung ergeht somit grundsätzlich durch das Schiedsgericht (Art. 395 Abs. 2).

48 Der Beschwerdeentscheid des Bundesgerichts wird den Parteien und dem Schiedsgericht zuerst lediglich im *Dispositiv* mitgeteilt; die Begründung erfolgt später (BESSON, Recours, 32 f.).

4. Endgültige Entscheidung

49 Das Bundesgericht entscheidet über eine Beschwerde gegen einen Schiedsspruch **endgültig**. Gegen seinen Entscheid existiert *kein ordentliches Rechtsmittel* mehr. Möglich bleibt ein *Revisionsgesuch* gemäss Art. 121 ff. BGG oder ein Gesuch um *Erläuterung bzw. Berichtigung* gemäss Art. 129 BGG – in beiden Fällen natürlich bezogen auf den bundesgerichtlichen Entscheid (BERGER/KELLERHALS, Rz 1657 ff.). Die Revision bzw. die Erläuterung/Berichtigung des Schiedsspruches richtet sich nach den Art. 396 ff. bzw. 388 und 394.

50 Denkbar ist eine Beschwerde nach Art. 35 EMRK an den Europäischen Gerichtshof für Menschenrechte, zumindest insofern als die beschwerdeführende Partei geltend macht, die Konventionsgarantien seien im Schiedsverfahren oder im bundesgerichtlichen Verfahren verletzt worden (eingehend zum Thema Schiedsverfahren und Menschenrechte BESSON, Human Rights, 395 ff.; vgl. BGE 117 Ia 166 E. 5a, der die Gültigkeit von Art. 6 EMRK auch für Schiedsverfahren bejaht; anders hingegen BGE 112 Ia 166 E. 3a; s.a. RÜEDE/HADENFELDT, 328 FN 8; vgl. schliesslich Art. 396 N 32 ff.).

V. Kein Rechtsmittelverzicht

51 Ein Rechtsmittelverzicht unter bestimmten Bedingungen, wie in Art. 192 IPRG, ist für Schiedsverfahren unter dem 3. Teil ZPO nicht vorgesehen. Obschon der bisherige Katalog der zwingenden Bestimmungen (Art. 1 Abs. 3 KSG), der auch die Artikel über die Rechtsmittel umfasste, abgeschafft wurde und die zwingende Natur einer Bestimmung neu durch Auslegung zu ermitteln ist (BOTSCHAFT ZPO, 7392), ist davon auszugehen, dass das Fehlen einer mit Art. 192 IPRG vergleichbaren Bestimmung eine bewusste Entscheidung des Gesetzgebers gegen einen Rechtsmittelverzicht darstellt. Dies ist auch folgerichtig: Art. 192 IPRG steht einer schweizerischen Partei gar nicht offen; umso mehr muss das für Schiedsverfahren unter der ZPO gelten, deren Regeln im Grundsatz auf Verfahren mit ausschliesslicher Beteiligung von Schweizer Parteien anwendbar sind (Art. 353 Abs. 1 ZPO bzw. Art. 176 Abs. 1 IPRG *e contrario*). Aus dem gleichen Grund ist ein Verzicht auch nicht möglich, indem Parteien statt der ZPO die Anwendbarkeit des 12. Kap. des IPRG vereinbaren (Art. 353 Abs. 2 ZPO). Die Parteien eines Schiedsverfahrens unter der ZPO können somit in keinem Falle, weder ganz noch teilweise, zum Voraus auf die Anfechtung des Schiedsspruches verzichten (BERGER/KELLERHALS, Rz 1708 f.; WENGER, 412 f.; RÜEDE/HADENFELDT, 334; ein nachträglicher Verzicht ist möglich, mit der Folge des Nichteintretens der Rechtsmittelinstanz). Dies gilt auch für den (wohl ohnehin sehr seltenen) Fall, dass zwei ausländische Parteien gestützt auf Art. 176 Abs. 2 IPRG die Anwendbarkeit des 3. Kapitels ZPO vereinbaren (vgl. dazu BSK IPRG-EHRAT/PFIFFNER, Art. 176 N 40 ff.): Schliessen sie die Art. 176 ff. IPRG aus, können sie sich auch nicht mehr auf die Möglichkeit des Rechtsmittelverzichts unter Art. 192 IPRG berufen.

52 Ein Rechtsmittelverzicht kann auch nicht in einem Verzicht auf die Begründung des Schiedsentscheides erblickt werden (LALIVE/POUDRET/REYMOND, Art. 36 N 1.2;

1. Kapitel: Beschwerde

Art. 390

JOLIDON, Art. 33 N 533; vgl. oben N 34). Schwierigkeiten ergeben sich für die Beschwerde führende Partei in solchen Fällen jedoch regelmässig bei der Begründung der Beschwerde, muss doch in solchen Fällen das Vorliegen eines Anfechtungsgrundes ausschliesslich aus den Prozessakten, ohne Möglichkeit des Rückgriffs auf schiedsgerichtliche Erwägungen, erstellt werden (Art. 384 N 59 ff.). Haben die Parteien auf eine Begründung verzichtet, kann eine Beschwerdeführerin nicht nachträglich das Fehlen derselben mit Beschwerde nach Art. 393 lit. d rügen (Art. 393 N 72 ff.).

Art. 390

Beschwerde an das kantonale Gericht

¹ Die Parteien können durch eine ausdrückliche Erklärung in der Schiedsvereinbarung oder in einer späteren Übereinkunft vereinbaren, dass der Schiedsspruch mit Beschwerde beim nach Artikel 356 Absatz 1 zuständigen kantonalen Gericht angefochten werden kann.

² Für das Verfahren gelten die Artikel 319–327, soweit dieses Kapitel nichts anderes bestimmt. Das kantonale Gericht entscheidet endgültig.

Recours au tribunal cantonal

¹ Les parties peuvent, par une déclaration expresse dans la convention d'arbitrage ou dans une convention conclue ultérieurement, convenir que la sentence arbitrale peut faire l'objet d'un recours devant le tribunal cantonal compétent en vertu de l'art. 356, al. 1.

² La procédure est régie par les art. 319 à 327, sauf disposition contraire du présent chapitre. La décision du tribunal cantonal est définitive.

Ricorso al tribunale cantonale

¹ Le parti possono, mediante una dichiarazione esplicita nel patto d'arbitrato o in accordo successivo, convenire che il lodo possa essere impugnato mediante ricorso davanti al tribunale cantonale competente secondo l'articolo 356 capoverso 1.

² La procedura è retta dagli articoli 319–327, salvo che il presente capitolo disponga altrimenti. Il tribunale cantonale decide definitivamente.

Inhaltsübersicht

	Note
I. Normzweck und Grundlagen	1
II. Wahl einer kantonalen Rechtsmittelinstanz (Abs. 1)	4
III. Verfahren vor der kantonalen Rechtsmittelinstanz (Abs. 2)	7
1. Verfahren (Abs. 2, Satz 1)	7
2. Endgültige Entscheidung (Abs. 2, Satz 2)	18

Literatur

Vgl. die Literaturhinweise bei Art. 389 sowie C. MÜLLER, Neues aus der schweizerischen Gesetzgebung zur internationalen und nationalen Schiedsgerichtsbarkeit, ASA Bull 24 [2006], 647 ff. (zit. Gesetzgebung).

I. Normzweck und Grundlagen

1 Die Bestimmung ist neu. Das KSG hatte noch vorgesehen, dass eine Beschwerde gegen einen Schiedsentscheid stets beim zuständigen kantonalen Gericht einzureichen war (Art. 36 i.V.m. Art. 3 KSG), was nunmehr durch die Regel der Anfechtung beim **Bundesgericht** (Art. 389 Abs. 1) ersetzt wurde.

2 Art. 390 entspricht unverändert dem Art. 388 des Entwurfs von 2006. Der Vorentwurf von 2003 stand noch auf der Grundlage des *zweistufigen Rechtsmittelverfahrens* und enthielt dementsprechend keine Wahlmöglichkeit zu Gunsten des kantonalen Gerichts (Art. 377 des Vorentwurfs von 2003). Hingegen umfasst der Verweis in Art. 390 Abs. 2 auf das Beschwerdeverfahren gemäss ZPO das ganze 2. Kapitel des 9. Titels der ZPO; Art. 381 des Vorentwurfs von 2003 verwies lediglich auf die Art. 313–317, enthielt dafür aber keinen Verweis wie nun Art. 390 Abs. 2, Satz 1).

3 Dem Prinzip der **Einstufigkeit des Rechtsmittelweges** entsprechend sieht Art. 390 Abs. 2 vor, dass das kantonale Gericht *endgültig* entscheidet. Gegen den Entscheid des kantonalen Gerichts sind weder die Beschwerde in Zivilsachen noch die subsidiäre Verfassungsbeschwerde an das Bundesgericht (Art. 113 ff. BGG) gegeben (BOTSCHAFT ZPO, 7404). Der Schiedsentscheid kann auch nicht, nachdem das kantonale Gericht gemäss Art. 390 Abs. 2 entschieden hat, erneut beim Bundesgericht angefochten werden.

II. Wahl einer kantonalen Rechtsmittelinstanz (Abs. 1)

4 Art. 390 gibt den Parteien die Möglichkeit, als (einzige) Rechtsmittelinstanz statt des Bundesgerichts das zuständige **kantonale Gericht** zu vereinbaren. Es wird sich weisen, ob Parteien von dieser Möglichkeit häufig Gebrauch machen werden. Eine analoge Bestimmung für internationale Schiedsentscheide (aArt. 191 Abs. 2 IPRG) wurde mit Inkrafttreten des BGG und der damit verbundenen Neufassung von Art. 191 IPRG *mangels Nachfrage* in der Praxis wieder *gestrichen* (WENGER, 412).

5 Die Wahl der kantonalen Rechtsmittelinstanz muss «durch eine ausdrückliche Erklärung in der Schiedsvereinbarung oder in einer späteren Übereinkunft» erfolgen. Die Formulierung entspricht derjenigen von Art. 353 Abs. 2 für die Wahl des 12. Kapitels des IPRG. Allerdings verweist jene Bestimmung bezüglich **Form** zusätzlich auf Art. 358, wonach ein «Nachweis durch Text» möglich sein muss. Nimmt man ein qualifiziertes Schweigen des Gesetzgebers an, so gilt die (ohnehin nicht sehr strenge) Formvorschrift von Art. 358 für die Erklärung von Art. 390 Abs. 1 nicht, zumindest nicht, soweit die Erklärung ausserhalb der Schiedsvereinbarung (die Art. 358 untersteht) erfolgt. Sie kann somit *formlos* erfolgen, solange sie «ausdrücklich», mithin *eindeutig* ist. Sie kann somit u.U. auch *stillschweigend* erfolgen. Dies deckt sich mit der Praxis zur früheren analogen Bestimmung von aArt. 191 Abs. 2 IPRG (vgl. IPRG-Komm.-HEINI, Art. 191 N 19 f.; LALIVE/POUDRET/REYMOND, Art. 191 N 4).

6 Was den **Zeitpunkt** der Wahl angeht, so muss *jeder Zeitpunkt* vor der tatsächlichen Anhängigmachung einer Beschwerde – theoretisch sogar nach einer solchen, aber noch während laufender Beschwerdefrist – zulässig sein. Eine stillschweigende Übereinkunft kann auch durch *Einlassung* auf das Verfahren vor der kantonalen Instanz erfolgen.

III. Verfahren vor der kantonalen Rechtsmittelinstanz (Abs. 2)

1. Verfahren (Abs. 2, Satz 1)

Da Art. 389 Abs. 2 lediglich das Verfahren vor Bundesgericht zum Inhalt hat, bedarf es für das Verfahren vor dem prorogierten kantonalen Gericht einer eigenen Regelung. Soweit nicht besondere Bestimmungen der Art. 389 ff. zu Anwendung kommen, verweist Abs. 2 von Art. 390 auf das **Beschwerdeverfahren (Art. 319–327)**. Für Einzelheiten sei auf die jeweilige Komm. verwiesen. Ebenso wie die Beschwerde gemäss Art. 389 Abs. 1 (vgl. Art. 389 N 18) ist die Beschwerde an das kantonale Gericht ein *ausserordentliches Rechtsmittel* (BOTSCHAFT ZPO, 7370). 7

Besondere Bestimmungen sind insb. Art. 392 (Anfechtungsobjekt) und Art. 393 (Beschwerdegründe). Diese derogieren die entsprechenden Art. 319 bzw. 320. 8

Hinsichtlich der **Frist** schreibt Art. 321 Abs. 1 vor, dass die Beschwerde innert 30 Tagen «seit Zustellung des begründeten Entscheides oder seit der nachträglichen Zustellung der Entscheidbegründung» schriftlich und begründet beim prorogierten kantonalen Gericht einzureichen ist. Damit stellt sich erstens die Frage, ob es für den Beginn der Frist auf die «Eröffnung» (Art. 387) oder auf die «Zustellung» (Art. 386 Abs. 1) des Schiedsspruches ankommt und zweitens, ob die Eröffnung oder Zustellung des Dispositivs genügt, wenn die Parteien auf eine Begründung verzichtet haben (Art. 384 Abs. 1 lit. e i.V.m. Art. 373 Abs. 1). 9

Der in Art. 390 Abs. 2 statuierte Vorbehalt der Art. 389–395 bezieht sich, wie derjenige von Art. 389 Abs. 2, nur auf das Verfahren vor der Rechtsmittelinstanz. Die Form der «Eröffnung» des Schiedsentscheides gehört jedoch noch zum schiedsgerichtlichen Verfahren und kann daher von den Parteien, im Rahmen von Art. 373 Abs. 1, selber bestimmt werden. 10

Daraus folgt, dass für den Beginn der Frist die **Eröffnung des Schiedsspruches** gemäss Art. 387 massgeblich ist, was schon aus Gründen der einheitlichen Handhabung des Fristenlaufs vor der bundesrechtlichen und der kantonalen Rechtsmittelinstanz geboten ist (vgl. zu ersterer Art. 100 Abs. 1 BGG). Im Übrigen gilt das zu Art. 389 Abs. 2 Gesagte (Art. 389 N 26). 11

Aus dem Vorrang der Parteivereinbarung folgt sodann auch, dass bei einem gültigen **Verzicht auf eine Begründung** des Schiedsspruches die Beschwerdefrist von Art. 321 Abs. 1 mit der Eröffnung des *Dispositivs* zu laufen beginnt. Es wäre zudem widersprüchlich, wenn Art. 384 Abs. 1 lit. e den Verzicht der Parteien auf eine Begründung zuliesse, Art. 321 Abs. 1 eine solche aber wieder vorschriebe. 12

Der Schiedsspruch ist der Beschwerde beizulegen (Art. 321 Abs. 3). 13

Das kantonale Gericht stellt der **Gegenpartei** die Beschwerde zur **Stellungnahme** innert gleicher Frist (30 Tage) zu (Art. 322). Auf die Einholung einer Stellungnahme kann verzichtet werden, wenn die Beschwerde offensichtlich unzulässig (z.B. wegen offensichtlicher Nichteinhaltung der Frist) oder offensichtlich unbegründet ist. Da im letzteren Falle die Beschwerde in jedem Falle abgewiesen wird, beeinträchtigt ein Verzicht auf die Einholung der Stellungnahme der Gegenpartei deren Anspruch auf rechtliches Gehör nicht. Für Einzelheiten vgl. Art. 322. 14

Art. 323 schliesst die **Anschlussbeschwerde aus**. Ist also eine Partei des Schiedsverfahrens mit dem Schiedsspruch nicht einverstanden (beispielsweise wenn sie obsiegt hat, 15 aber die Verfahrenskosten als überhöht erachtet), so muss sie diesen ebenfalls innert der ursprünglichen Frist gemäss Art. 321 Abs. 1 selbständig anfechten und kann sich dies nicht für den Fall der Beschwerde der anderen Partei vorbehalten.

16 Das kantonale Gericht kann die Schiedsbeschwerde gemäss Art. 324 auch dem **Schiedsgericht zur Stellungnahme** zukommen lassen. Dies kann gerade bei Schiedssprüchen, bei denen die Parteien einvernehmlich auf eine Begründung verzichtet haben, geboten sein. Allerdings darf diese Bestimmung nicht dazu führen, nachträglich eine Begründung vom Schiedsgericht zu fordern. Es sind in erster Linie die Parteien, die die Konsequenzen eines einvernehmlichen Begründungsverzichtes zu tragen haben. Das Schiedsgericht kann in einem solchen Falle auch auf eine Stellungnahme verzichten oder es bei einer kurzen Stellungnahme bewenden lassen.

17 Als ausserordentliches Rechtsmittel hat die Beschwerde an das prorogierte kantonale Gericht **keine aufschiebende Wirkung** (Art. 325 Abs. 1; BOTSCHAFT ZPO, 7378). Der Schiedsspruch bleibt damit rechtskräftig und vollstreckbar (Art. 387), ausser, das kantonale Gericht ordne ausdrücklich einen Aufschub der Vollstreckung an (Art. 325 Abs. 2).

2. Endgültige Entscheidung (Abs. 2, Satz 2)

18 Das kantonale Gericht entscheidet gemäss Abs. 2 **endgültig**. Bezüglich der entsprechenden Bestimmung von aArt. 191 Abs. 2 IPRG wurde in der Lehre die Kontroverse geführt, ob gegen den Entscheid des kantonalen Gerichts, trotz dessen «Endgültigkeit», noch die *staatsrechtliche Beschwerde* zulässig sei (vgl. für eine Zusammenstellung der Meinungen IPRG-Komm.-HEINI, Art. 191 N 24 ff.). Für Art. 390 Abs. 2 soll eine solche Diskussion ausgeschlossen sein: Gegen den kantonalen Entscheid ist weder die Beschwerde in Zivilsachen noch die subsidiäre Verfassungsbeschwerde gegeben (BOTSCHAFT ZPO, 7404; SUTTER-SOMM, Rz 1226). Damit entfallen auch die bisherigen Fragen bezüglich der Prüfungsbefugnis des Bundesgerichts als (zweite) Rechtsmittelinstanz (vgl. BGE 133 III 634 E. 1.1.2 und 1.1.3). Möglich bleibt jedoch ein Revisionsgesuch gemäss Art. 328 ff. sowie der Rechtsbehelf der Erläuterung oder Berichtigung gemäss Art. 324.

Bestehen bleiben jedoch die grundsätzlichen bundesgerichtlichen *Vorbehalte* gegenüber einem vollständigen Ausschluss des Bundesgerichts als *Verfassungsgericht* auch für allgemeine Rechtsschutzgarantien der Verfassung (POUDRET, Présentation 2008, 260; MÜLLER, Gesetzgebung, 674 f.); ebenso bleibt die Frage ungeklärt, wie zu verfahren ist, wenn die Prorogation nach Art. 390 Abs. 1 streitig ist und daraus ein *Kompetenzkonflikt* zwischen dem Bundesgericht und dem kantonalen Richter entsteht oder zu entstehen droht, z.B. weil die kantonale Instanz ihre Zuständigkeit zu Unrecht bejaht haben soll (vgl. die diesbezüglichen Bedenken des Bundesgerichts zu aArt. 191 Abs. 2 IPRG in BGE 116 II 727 E. 5).

19 Das kantonale Gericht kann, wie das Bundesgericht, in der Sache selbst nicht neu entscheiden, sondern kann den Schiedsspruch lediglich **aufheben** und an das Schiedsgericht zur Neuentscheidung im Sinne der Erwägungen **zurückweisen** (Art. 395 Abs. 1 und 2, die Art. 327 Abs. 3 derogieren). Die vom Bundesgericht hierbei anerkannten oder diskutierten Ausnahmen dürften gleichermassen auch für die kantonale Rechtsmittelinstanz gelten (vgl. Art. 395 N 13).

Art. 391

Subsidiarität	Die Beschwerde ist erst nach Ausschöpfung der in der Schiedsvereinbarung vorgesehenen schiedsgerichtlichen Rechtsmittel zulässig.
Subsidiarité	Le recours n'est recevable qu'après épuisement des voies de recours arbitrales prévues dans la convention d'arbitrage.
Sussidiarietà	Il ricorso è ammissibile unicamente dopo l'esaurimento dei mezzi d'impugnazione arbitrali previsti nel patto d'arbitrato.

Inhaltsübersicht Note

I. Normzweck und Grundlagen 1
II. Voraussetzungen der Anwendbarkeit von Art. 391 6

Literatur

Vgl. die Literaturhinweise bei Art. 389.

I. Normzweck und Grundlagen

Art. 391 regelt eine **Prozessvoraussetzung** für die Anfechtbarkeit eines Schiedsspruches. 1
Ein solcher ist erst dann anfechtbar, wenn die Beschwerdeführerin einen gesondert vereinbarten oder in einer vereinbarten Schiedsordnung vorgesehenen schiedsgerichtlichen Instanzenzug durchlaufen hat.

Diese Bestimmung übernimmt inhaltlich Art. 37 Abs. 2 KSG (BOTSCHAFT ZPO, 7404), 2
wobei «Erschöpfung» durch «Ausschöpfung» und «Schiedsabrede» durch «Schiedsvereinbarung» ersetzt wurde.

Art. 391 entspricht unverändert dem Art. 389 des Entwurfs von 2006 und – abgesehen 3
von der Ersetzung des Begriffs «Erschöpfung» durch «Ausschöpfung» – auch dem
Art. 379 des Vorentwurfs von 2003.

Die Möglichkeit eines *schiedsgerichtlichen Instanzenzuges* ist – theoretisch – auch unter 4
dem *IPRG* gegeben, stellt doch Art. 182 Abs. 1 IPRG es in erster Linie den Parteien anheim, das schiedsgerichtliche Verfahren zu regeln und einen solchen Instanzenzug vorzusehen oder eine entsprechende Schiedsordnung zu wählen (RÜEDE/HADENFELDT, 336).

In der Praxis kommen schiedsgerichtliche Instanzenzüge, abgesehen von Fällen der 5
Verbandsschiedsgerichtsbarkeit, jedoch kaum vor, was bereits unter der Regelung des
KSG (dort Art. 37 Abs. 2) galt (LALIVE/POUDRET/REYMOND, Art. 37 N 2; RÜEDE/
HADENFELDT, 336; JOLIDON, Art. 37 N 4). Grund dafür ist, dass ein solcher Instanzenzug im Widerspruch steht zum Vorteil eines rascheren Verfahrens (für Einzelheiten vgl.
WIGET, 148 ff.).

II. Voraussetzungen der Anwendbarkeit von Art. 391

Die Situation von Art. 391 ist nicht zu verwechseln mit derjenigen, bei der ein *Ent-* 6
scheid eines Verbandsgremiums an ein **(echtes) Schiedsgericht** weitergezogen werden
kann. In diesem Fall handelt es sich nicht um einen schiedsgerichtlichen Instanzenzug.

Vielmehr stellt der Entscheid des angerufenen Schiedsgerichts überhaupt erst einen *anfechtbaren Schiedsspruch* dar (vgl. dazu Art. 389 N 11; vgl. auch den in BGer, 4A.392/2008, E. 4 behandelten Fall, bei welchem das Schiedsgericht für Sport [TAS] als Beschwerdeinstanz gegen eine Entscheidung eines UEFA-Spruchkörpers amtete; vgl. auch BGer, 4A.358/2009 Sachverhalt A.a und B betr. die diversen involvierten Spruchkörper).

7   Kein «*schiedsgerichtliches Rechtsmittel*» i.S.v. Art. 391 stellt Art. 388 dar; eine Partei, die einen Schiedsspruch anfechten will, ist nicht verpflichtet, stets zuerst das Schiedsgericht um **Berichtigung, Erläuterung oder Ergänzung** anzugehen, selbst wenn die *lex arbitri* und/oder eine anwendbare Schiedsordnung eine solche Möglichkeit vorsehen (zurückhaltender BGE 130 III 755 E. 1.3, m.Vw. auf BGer, 4P.198/2002, E. 1.2 sowie auf MÜLLER, 204 und JERMINI, 357). Ist eine Partei unsicher, ob eher der Rechtsbehelf der Erläuterung oder aber eine Anfechtung des Schiedsspruches erforderlich ist, sollte sie zur Sicherheit beide Möglichkeiten ausschöpfen (JERMINI, *ibid.*).

8   Existiert ein vereinbarter schiedsgerichtlicher Instanzenzug, so ist dieser vor einer Beschwerde an die Rechtsmittelinstanz gemäss Art. 389 Abs. 1 oder Art. 390 Abs. 1 **auszuschöpfen**. Anfechtungsobjekt ist in einem solchen Fall stets nur der *letztinstanzliche Schiedsentscheid* (WIGET, 156); dies setzt voraus, dass das *Verfahren vor dem Oberschiedsgericht* ebenfalls dem 3. Teil der ZPO untersteht (RÜEDE/HADENFELDT, 338). Andernfalls, wenn das Oberschiedsgericht seinen **Sitz** nicht in der Schweiz hat, wäre auf eine gegen den Schiedsspruch der unteren Schiedsinstanz gerichtete Beschwerde wegen Fehlens der (Prozess-)Voraussetzung von Art. 391 nicht einzutreten. Gleiches dürfte, aufgrund von BGE 130 III 755 E. 1.3, auch für IPRG-Schiedssprüche gelten.

9   Das **Verfahren vor dem Oberschiedsgericht** unterliegt, wenn die Voraussetzungen von Art. 353 erfüllt sind, ebenfalls den Art. 353 ff. Hingegen untersteht der *schiedsgerichtliche Instanzenzug selbst*, d.h. die Voraussetzungen und Grenzen für den Weiterzug des Entscheides der unteren Schiedsinstanz, nicht den Regeln von Art. 389 ff. Die Art der anfechtbaren Schiedssprüche und die Beschwerdegründe richten sich ausschliesslich nach dem auf diesen Instanzenzug anwendbaren Reglement. Es ist somit durchaus denkbar, dass im Rahmen eines schiedsgerichtlichen Instanzenzuges ein Schiedsentscheid des unteren Schiedsgerichts von der oberen Instanz mit voller Kognition, in Bezug sowohl auf Tat- wie auch auf Rechtsfragen, überprüfbar ist. Erst der Entscheid des Oberschiedsgerichts untersteht den Art. 389 ff., insb. Art. 393.

10   Hält eine Partei die Vorschrift von Art. 391 nicht ein, fehlt es an einer **Prozessvoraussetzung**. Die Rechtsmittelinstanz tritt in einem solchen Falle auf eine Beschwerde nach Art. 389 ff. nicht ein.

11   Tritt die obere Schiedsinstanz auf eine gegen einen Entscheid der unteren Instanz gerichtete Beschwerde nicht ein oder erklärt sie sich für **unzuständig**, so kann ebenfalls nur dieser Entscheid – mit diesem Streitpunkt – zum Gegenstand einer Beschwerde nach Art. 389 ff. gemacht werden. Verpasst also bspw. eine Partei im schiedsgerichtlichen Instanzenzug eine Anfechtungsfrist, kann sie ihre vor der oberen Instanz verspätet vorgebrachten Rügen nicht mehr bei der Rechtsmittelinstanz nach Art. 389 ff. vortragen. Erklärt sich die obere Schiedsinstanz trotz Fehlens einer Prozessvoraussetzung für das schiedsgerichtliche Rechtsmittel zuständig, kann die andere Partei einen solchen Zuständigkeitsentscheid nach Art. 393 lit. b rügen.

Art. 392

Anfechtbare Schiedssprüche	**Anfechtbar ist:** a. jeder Teil- oder Endschiedsspruch; b. ein Zwischenschiedsspruch aus den in Artikel 393 Buchstaben a und b genannten Gründen.
Sentences attaquables	Le recours est recevable pour: a. les sentences partielles ou finales; b. les sentences incidentes pour les motifs énoncés à l'art. 393, let. a et b.
Lodi impugnabili	È impugnabile: a. ogni lodo parziale o finale; b. ogni lodo incidentale per i motivi di cui all'articolo 393 lettere a e b.

Inhaltsübersicht

                                                                                                Note

I. Normzweck und Grundlagen 1
II. Einzelne Anfechtungsobjekte 4
    1. Teilschiedsspruch (lit. a) 5
    2. Endschiedsspruch (lit. a) 6
    3. Zwischenschiedsspruch (lit. b) 7
    4. Vergleich 8
III. Andere Beschlüsse des Schiedsgerichts 9
IV. Mögliche Beschwerdegründe 11

Literatur

Vgl. die Literaturhinweise bei Art. 389.

I. Normzweck und Grundlagen

Das KSG enthielt keine gesonderte Regelung der anfechtbaren Schiedssprüche. Der Nichtigkeitsbeschwerde (Art. 36 KSG) unterlagen sowohl der Endentscheid (Art. 31 KSG) wie auch Teilentscheide (Art. 32 KSG) sowie, gestützt auf die Sondervorschrift von Art. 9 KSG, ein Zwischenentscheid über die Zuständigkeit (BERGER/KELLERHALS, N 1706). Für andere Vor- oder Zwischenentscheide war die Nichtigkeitsbeschwerde nicht gegeben (vgl. *obiter dictum* in BGE 130 III 76, 85 E. 4.3).   **1**

Art. 392 entspricht unverändert dem Art. 390 des Entwurfs von 2006. Art. 377 des Vorentwurfs von 2003 liess die Beschwerde nur gegen den «Teil- oder Endschiedsspruch in der Sache und jeden Zwischen- oder Endschiedsspruch über die Zuständigkeit» zu, schloss also die Beschwerde gegen Zwischenschiedssprüche wegen anderen Beschwerdegründen als der Zuständigkeit aus. Art. 392 lit. b ZPO entspricht nunmehr der Bestimmung von Art. 190 Abs. 3 IPRG.   **2**

Art. 392 legt das **Anfechtungsobjekt** fest. Anfechtbar sind demnach sowohl Teil- und Endschiedssprüche (lit. a) wie auch Zwischenschiedssprüche (lit. b).   **3**

II. Einzelne Anfechtungsobjekte

4 Zum Anfechtungsobjekt «Schiedsspruch» vgl. Art. 389 N 10 ff. Nicht Gegenstand einer Anfechtung nach Art. 389 ff. kann eine sog. *«Dissenting Opinion»* sein (vgl. dazu Art. 382 N 42 ff.).

Für die Unterscheidung zwischen Teil- und Zwischenschiedssprüchen vgl. Art. 383. Für die Frage der Anwendbarkeit von Art. 112 BGG vgl. Art. 389 N 34.

1. Teilschiedsspruch (lit. a)

5 Ein **Teilschiedsspruch** (Teilurteil, Teilentscheid) ist ein Schiedsspruch, in welchem das Schiedsgericht über einen quantitativen Teil der Ansprüche entscheidet (BOTSCHAFT, 7402; BGE 130 III 76 E. 3.1.2). Dabei handelt es sich um einen Teilentscheid im engeren Sinne (vgl. BGE 130 III 755, 756 f.: *sentence partielle proprement dite* bzw. *sentence partielle stricto sensu*). Da das Schiedsgericht über die fraglichen Ansprüche *abschliessend* entscheidet, handelt es sich bei einem solchen Teilentscheid um einen *Teil-Endentscheid*, der hinsichtlich Rechtskraft einem Endentscheid gleichkommt (BSK IPRG-WIRTH, Art. 188 N 4; vgl. auch Art. 383 N 5 ff.). Aus diesem Grunde setzt Art. 392 Abs. 1 Teilschiedssprüche und Endschiedssprüche auch in Bezug auf Rechtsmittel und Beschwerdegründe gleich. Aus demselben Grunde müssen Teilentscheide *umgehend* angefochten werden, ansonsten die Rügen verwirkt sind; ein Zuwarten bis zum Endentscheid ist nicht möglich (BESSON, 9; vgl. auch BGer, 4A.370/2007, E. 2.3.1).

2. Endschiedsspruch (lit. a)

6 Ein **Endschiedsspruch** ist ein Schiedsspruch, der das Verfahren vor dem Schiedsgericht durch eine volle oder teilweise Gutheissung oder Abweisung der Rechtsbegehren oder durch Nichteintreten *gesamthaft beendet* und diese Instanz abschliesst (BGE 130 III 76, 78 f.).

3. Zwischenschiedsspruch (lit. b)

7 Ein **Zwischenschiedsspruch** ist ein Schiedsspruch, der sich auf einen *qualitativen Teil* des Streitgegenstandes bezieht; er beendet das Schiedsverfahren weder über alle noch über einzelne der eingeklagten Ansprüche, sondern klärt eine *Vorfrage prozessualer* (vgl. z.B. Art. 359 Abs. 1) oder *materieller Natur* (BGE 130 III 76 E. 3.1.3; Art. 383 N 17 ff.).

4. Vergleich

8 Ein **Vergleich** zwischen den Parteien über die (teilweise oder gänzliche) Erledigung der Streitigkeit kann auf Antrag in Form eines Schiedsspruches festgehalten werden (Art. 385). Ist dies der Fall, so stellt er grundsätzlich ein taugliches Anfechtungsobjekt i.S.v. Art. 392 dar (WIGET, 90 f.; BERGER/KELLERHALS, Rz 1429; RÜEDE/HADENFELDT, 271; **a.M.** LALIVE/POUDRET/REYMOND, Art. 34 N 2, die lediglich Revision zulassen wollen). Zu den einzelnen Beschwerdegründen vgl. WIGET, 102 ff. Zur Revision vgl. Art. 396 Abs. 1 lit. c.

III. Andere Beschlüsse des Schiedsgerichts

9 **Prozessleitende Beschlüsse und Verfügungen** des Schiedsgerichts stellen keine Zwischenentscheide i.S.v. Art. 392 lit. b dar und unterliegen nicht selber der Beschwerde. Sie können höchstens in einer Beschwerde gegen einen Teil-, End- oder Zwischenentscheid (mit-)gerügt werden (Bericht VE-ZPO, 179).

Ebenfalls keine Zwischenentscheide i.S.v. Art. 392 lit. b sind vom Schiedsgericht erlassene **vorsorgliche oder sichernde Massnahmen** (vgl. Art. 374 N 32; BESSON, 8; POUDRET [Présentation], 255; differenzierend BERGER/KELLERHALS, Rz 1539 f., die für eine Anfechtbarkeit plädieren, wenn das Schiedsgericht auf ein Massnahmegesuch wegen angeblicher Unzuständigkeit nicht eintritt oder wenn eine Partei im Massnahmeverfahren vor Schiedsgericht dessen Unzuständigkeit eingewendet hat). 10

IV. Mögliche Beschwerdegründe

Teil- und Endschiedssprüche können aus *allen* in Art. 393 angeführten Rügegründen angefochten werden. 11

Zwischenschiedssprüche unterliegen ebenfalls der Beschwerde nach Art. 389 ZPO, doch können gegen sie lediglich die Beschwerdegründe der *vorschriftswidrigen Bestellung* des Schiedsgerichts (Art. 393 lit. a) und der Verletzung von *Zuständigkeitsvorschriften* (Art. 393 lit. b) geltend gemacht werden. Diese Bestimmung korreliert mit Art. 359 Abs. 1, der sowohl Gültigkeit, Inhalt und Tragweite der Schiedsvereinbarung (und damit die Zuständigkeit) wie auch die richtige Konstituierung anführt. 12

Nicht erforderlich ist, dass der betreffende Zwischenschiedsspruch *ausdrücklich die Zuständigkeit oder die Zusammensetzung* des Schiedsgerichts zum Gegenstand hat. Behandelt das Schiedsgericht in einem Zwischenschiedsspruch andere (materielle oder prozessuale) Vorfragen, so liegt darin eine implizite Bestätigung der Zuständigkeit und vorschriftsgemässen Zusammensetzung, weshalb die Anfechtungsgründe von Art. 393 lit. a und b auch gegen einen solchen Entscheid vorgebracht werden können und – wegen der Gefahr der Verwirkungsfolge – auch müssen (BERGER/KELLERHALS, Rz 1535 f.; BESSON, 10). 13

Andere Rügegründe, bspw. die Verletzung des rechtlichen Gehörs, sind – bei Verwirkungsfolge – mit dem *nächsten anfechtbaren Entscheid* des Schiedsgerichts bei der Rechtsmittelinstanz anzufechten (BERGER/KELLERHALS, Rz 1589; WENGER, 411). Hingegen sollen, nach überzeugender Ansicht von BERGER/KELLERHALS, Rz 1537 und 1561, im Rahmen einer Zuständigkeitsbeschwerde auch andere als in lit. a und b genannte Rügegründe «adhäsionsweise» vorgebracht werden können, soweit sie mit der Zuständigkeitsrüge zusammenhängen, wenn also bspw. das Schiedsgericht bei der Ermittlung des für die Zuständigkeit relevanten Sachverhaltes das rechtliche Gehör einer Partei verletzt hat (zustimmend BESSON, Recours, 9 FN 24). 14

Ein Schiedsentscheid, mit dem das Schiedsgericht seine *Zuständigkeit verneint*, gilt als *Endentscheid*; betrifft er nur eine von mehreren Parteien, gilt er als *Teilentscheid*. Beide können somit, obwohl vom Inhalt her lediglich Zuständigkeitsentscheide, aus *allen* in Art. 393 genannten Gründen angefochten werden (BGer, 4A.428/2008, E. 2.1). Ein Schiedsentscheid, mit dem das Schiedsgericht seine *Zuständigkeit bejaht*, gilt als *Zwischenentscheid*. Ein solcher kann lediglich aus den in Art. 392 lit. b genannten Gründen angefochten werden (BGer, 4A.452/2007, E. 1.2, zu Art. 190 IPRG; POUDRET, Recours, 690 und 693; BERGER/KELLERHALS, Rz 654 f. 15

Art. 393

Beschwerdegründe Ein Schiedsspruch kann nur angefochten werden, wenn:
  a. die Einzelschiedsrichterin oder der Einzelschiedsrichter vorschriftswidrig ernannt oder das Schiedsgericht vorschriftswidrig zusammengesetzt worden ist;
  b. sich das Schiedsgericht zu Unrecht für zuständig oder für unzuständig erklärt hat;
  c. das Schiedsgericht über Streitpunkte entschieden hat, die ihm nicht unterbreitet wurden, oder wenn es Rechtsbegehren unbeurteilt gelassen hat;
  d. der Grundsatz der Gleichbehandlung der Parteien oder der Grundsatz des rechtlichen Gehörs verletzt wurde;
  e. er im Ergebnis willkürlich ist, weil er auf offensichtlich aktenwidrigen tatsächlichen Feststellungen oder auf einer offensichtlichen Verletzung des Rechts oder der Billigkeit beruht;
  f. die vom Schiedsgericht festgesetzten Entschädigungen und Auslagen der Mitglieder des Schiedsgerichts offensichtlich zu hoch sind.

Motifs de recours Les motifs suivant sont recevables:
  a. l'arbitre unique a été irrégulièrement désigné ou le tribunal arbitral irrégulièrement composé;
  b. le tribunal arbitral s'est déclaré à tort compétent ou incompétent;
  c. le tribunal arbitral a statué au-delà des demandes dont il était saisi ou a omis de se prononcer sur un des chefs de la demande;
  d. l'égalité des parties ou leur droit d'être entendues en procédure contradictoire n'a pas été respecté;
  e. la sentence est arbitraire dans son résultat parce qu'elle repose sur des constatations manifestement contraires aux faits résultant du dossier ou parce qu'elle constitue une violation manifeste du droit ou de l'équité;
  f. les dépenses et les honoraires des arbitres fixés par le tribunal arbitral sont manifestement excessifs.

Motivi di ricorso Il lodo può essere impugnato unicamente se:
  a. l'arbitro unico è stato designato irregolarmente oppure il tribunale arbitrale è stato costituito irregolarmente;
  b. il tribunale arbitrale si è dichiarato, a torto, competente o incompetente;
  c. il tribunale arbitrale ha deciso punti litigiosi che non gli erano stati sottoposti o ha omesso di giudicare determinate conclusioni;
  d. è stato violato il principio della parità di trattamento delle parti o il loro diritto di essere sentite;
  e. è arbitrario nel suo esito perché si fonda su accertamenti di fatto palesemente in contrasto con gli atti oppure su una manifesta violazione del diritto o dell'equità;
  f. le indennità e le spese degli arbitri, fissate dal tribunale arbitrale, sono manifestamente eccessive.

1. Kapitel: Beschwerde **1 Art. 393**

Inhaltsübersicht
Note
- I. Allgemeines 1
  1. Normzweck und Grundlagen 1
  2. Anfechtbare Entscheide 5
  3. Zwingende Natur von Art. 393 7
- II. Einzelne Anfechtungsgründe 8
  1. Vorschriftswidrige Bestellung (lit. a) 8
  2. Verletzung von Zuständigkeitsbestimmungen (lit. b) 28
  3. Entscheidung ultra oder infra petita (lit. c) 52
  4. Verletzung der Grundsätze der Gleichbehandlung oder des rechtlichen Gehörs (lit. d) 65
  5. Willkür (lit. e) 79
  6. Überhöhte Entschädigungen und Auslagen (lit. f) 95
  7. Entfallene Rügegründe 101

Literatur

Vgl. die Literaturhinweise bei Art. 389 sowie B. CORBOZ, Le recours au Tribunal Fédéral en matière d'arbitrage international, SJ 2002 II 1 ff.; M. MRÁZ, Extension of an Arbitration Agreement to Non-Signatories: Some Reflections on Swiss Judicial Practice, Belgrade Law Review LVII (2009), 54 ff.; J.-P. MÜLLER/M. SCHEFER, Grundrechte in der Schweiz, 4. Aufl., Bern 2008; P. SCHWEIZER, Récusation d'Arbitre, Devoirs et incombances à propos de quelques arrêts récents qui brouillent l'écoute, ASA Bull 3/2009, 520 ff.; H. P. WALTER, Willkür und Ordre public-Widrigkeit: Ein ungleiches Geschwisterpaar im schiedsrichterlichen Anfechtungsverfahren, in: Jametti Greiner/Berger/Güngerich, Rechtsetzung und Rechtsdurchsetzung – FS Franz Kellerhals, Bern 2005, 109 ff.; W. WENGER, Die Rechtsmittel gegen schiedsrichterliche Entscheidungen gemäss Konkordatsrecht und gemäss zürcherischem Recht, in: Internationale Schiedsgerichtsbarkeit in der Schweiz, Köln 1979, Bd. I, 53 ff.; W. WIEGAND, Iura novit curia vs. Ne ultra petita – Die Anfechtbarkeit von Schiedsgerichtsurteilen im Lichte der jüngsten Rechtsprechung des Bundesgerichts, in: Jametti Greiner/Berger/Güngerich, Rechtsetzung und Rechtsdurchsetzung – FS Franz Kellerhals, Bern 2005, 127 ff.; M. WIRTH, Rechtsbegehren in internationalen Schiedsverfahren – wie bestimmt müssen sie sein?, in: Jametti Greiner/Berger/Güngerich, Rechtsetzung und Rechtsdurchsetzung – FS Franz Kellerhals, Bern 2005, 145 ff.

I. Allgemeines

1. Normzweck und Grundlagen

Art. 393 ZPO legt den Katalog möglicher **Beschwerdegründe** fest. Diese weichen sowohl von der bisherigen Regelung (Art. 36 KSG) wie auch von der für internationale Schiedsentscheide geltenden Regelung (Art. 190 Abs. 2 IPRG) ab. Letztlich handelt es sich aber um einen *Kompromiss*, bei welchem eine Annäherung an die Regelung unter dem IPRG gesucht wurde, ohne die Eigenheiten des KSG völlig aufzugeben (BOTSCHAFT ZPO, 7405). 1

Die lit. a–c von Art. 393 stimmen weitgehend mit der bisherigen Regelung von Art. 36 lit. a–c KSG wie auch mit Art. 190 Abs. 2 lit. a–c IPRG überein. Lit. d nennt ausdrücklich die beiden Grundsätze der Gleichbehandlung der Parteien und des rechtlichen Gehörs; er ist mit Art. 190 Abs. 2 lit. d IPRG identisch, während der bisherige Art. 36 lit. d KSG auf die zwingenden Verfahrensvorschriften i.S.v. Art. 25 KSG (rechtliches Gehör) verwies. Die *Willkürrüge* gemäss lit. e entspricht der bisherigen Regelung von Art. 36 lit. f KSG. Sie findet im IPRG keine Parallele. Art. 190 Abs. 2 lit. e IPRG ermöglicht vielmehr die inhaltliche Anfechtung von internationalen Schiedsentscheiden unter dem Aspekt der Verletzung des Ordre public. Lit. f schliesslich entspricht dem bisherigen

Art. 36 lit. i KSG. Dieser Rügegrund kommt im IPRG für die Anfechtung internationaler Schiedsentscheide nicht vor.

Aus Art. 36 KSG *nicht ausdrücklich übernommen* wurden lit. e (das Schiedsgericht habe einer Partei mehr oder, ohne dass besondere Gesetzesvorschriften es erlauben, anderes zugesprochen, als sie verlangt hat), lit. g (das Schiedsgericht habe nach Ablauf seiner Amtsdauer entschieden) und lit. h (die Vorschriften des Art. 33 – Inhalt des Schiedsspruches – seien missachtet worden oder die Spruchformel sei unverständlich oder widersprüchlich). Das bedeutet aber nicht, dass diese Rügegründe gänzlich entfallen wären; vielmehr können sie entweder unter anderen Rügegründen vorgebracht oder mit Hilfe von Art. 388 (Berichtigung, Erläuterung oder Ergänzung) korrigiert werden (für Einzelheiten vgl. N 101 ff.).

2 Art. 393 entspricht unverändert dem Art. 391 des Entwurfs von 2006, mit der einzigen Ausnahme einer sprachlichen Modifikation in lit. d, die im Entwurf von 2006 lautete «die Grundsätze der Gleichbehandlung der Parteien oder des rechtlichen Gehörs». Art. 393 entspricht auch unverändert Art. 378 des Vorentwurfs von 2003, mit Ausnahme ebenfalls zweier rein sprachlicher Abweichungen in lit. d und f («das rechtliche Gehör» statt «der Grundsatz des rechtlichen Gehörs» sowie «offensichtlich übersetzt» statt «offensichtlich zu hoch»).

3 Erstinstanzliche Entscheide staatlicher Gerichte können mit Berufung oder Beschwerde angefochten werden, und es kann sowohl die unrichtige Rechtsanwendung wie auch die (offensichtlich) unrichtige Tatsachenfeststellung gerügt werden (vgl. Art. 310 bzw. 320). Ein Schiedsentscheid hingegen kann *nur aus den in Art. 393 aufgezählten Gründen angefochten* werden. Dies ist die unmittelbare Folge der Natur der Schiedsgerichtsbarkeit als *privatautonome Streiterledigung*, die sich nicht nur im Verfahren selber, sondern auch in den (lediglich limitierten) Kontrollmöglichkeiten der staatlichen Justiz über Schiedsentscheide niederschlägt. Weitere Gründe für eine Beschränkung sind sodann die *Vermeidung zusätzlicher Belastung* staatlicher Rechtsmittelinstanzen, namentlich des Bundesgerichts, sowie das Bedürfnis, die Schiedsgerichtsbarkeit als eine echte Alternative einer – nach Möglichkeit – *rascheren Streiterledigung* anzubieten (BSK IPRG-BERTI/SCHNYDER, Art. 190 N 17 f.).

4 Vom Katalog der beschränkten Anfechtungsgründe unberührt bleiben allfällige *interne Weiterzugsmöglichkeiten* bspw. an ein Oberschiedsgericht (Art. 391). Ein solches könnte also den Schiedsentscheid des unteren Schiedsgerichts durchaus mit voller Kognition sowohl hinsichtlich der Tat- wie auch der Rechtsfragen überprüfen.

2. Anfechtbare Entscheide

5 Für die anfechtbaren Entscheide vgl. Art. 392; anfechtbar ist jeder Teil- oder Endschiedsspruch sowie jeder Zwischenschiedsspruch, letzterer jedoch nur aus den Gründen von Art. 393 lit. a und b.

6 Anfechtbar sind auch *Entscheide ohne Begründung*: Im Verzicht auf eine Begründung des Schiedsspruches (Art. 384 Abs. 1 lit. e i.V.m. Art. 373 Abs. 1) liegt kein Rechtsmittelverzicht (vgl. Art. 389 N 52 und Art. 384 N 25 ff.).

3. Zwingende Natur von Art. 393

7 Anders als unter dem IPRG (dort Art. 192) können die Parteien eines Schiedsverfahrens unter der ZPO die Anfechtung eines Schiedsentscheids *weder ganz ausschliessen noch auf einzelne Anfechtungsgründe beschränken* (vgl. Art. 389 N 51). Art. 393 ist in diesem Sinne *zwingend*.

II. Einzelne Anfechtungsgründe

1. Vorschriftswidrige Bestellung (lit. a)

a) Allgemeines

Der Anfechtungsgrund von Art. 393 lit. a ist – von wenigen sprachlichen Anpassungen abgesehen – mit demjenigen von Art. 190 Abs. 2 lit. a IPRG identisch und entspricht demjenigen von Art. 36 lit. a KSG. Die Lehre wie auch die (kantonale und insb. bundesgerichtliche) Rechtsprechung zu diesen beiden Bestimmungen kann daher vollumfänglich berücksichtigt werden (BERGER/KELLERHALS, Rz 1711). **8**

Art. 393 lit. a ermöglicht die Anfechtung eines Schiedsentscheides (oder auch eines Zwischenentscheides), wenn der Einzelschiedsrichter bzw. die Einzelschiedsrichterin oder das Schiedsgericht **vorschriftswidrig bestellt** worden ist. «Vorschriftswidrige Ernennung bzw. Bestellung» meint dabei die **verfassungsrechtliche Garantie des gesetzlichen Richters** (Art. 30 Abs. 1 BV); geschützt wird mit anderen Worten die Einhaltung der (gesetzlichen oder parteiautonomen) *Regeln über die Bestellung* der Mitglieder Schiedsgerichts sowie der *Anspruch auf ein unabhängiges und unparteiisches Schiedsgericht* (vgl. BSK IPRG-BERTI/SCHNYDER, Art. 190 N 25; BERGER/KELLERHALS, Rz 1546). **9**

Nicht die Vorschriftsmässigkeit eines Schiedsgerichts (Art. 393 lit. a), sondern dessen **Zuständigkeit** (Art. 393 lit. b) steht in Frage, wenn ein gänzlich anderes als das vereinbarte Schiedsgericht tätig wird, beispielsweise dasjenige einer anderen als der vereinbarten Wirtschafts- oder Berufskammer (JERMINI, 135; RÜEDE/HADENFELDT, 234). Gleiches gilt, wenn ein Schiedsgericht nach den Regeln des IPRG anstelle eines solchen unter den (vereinbarten) Regeln der ZPO tätig wird (oder umgekehrt: Art. 353 Abs. 2 ZPO; Art. 176 Abs. 2 IPRG; BGE 116 II 721 E. 3; BSK IPRG-BERTI/SCHNYDER, Art. 190 N 34 f.). Nach der hier vertretenen Auffassung liegt hingegen ein Fall von Art. 393 lit. a und nicht von lit. b vor, wenn ein ad hoc- anstelle eines institutionellen Schiedsgerichts tätig wird (**a.M.** JERMINI, a.a.O.). **10**

b) Normgehalt

Die Regeln über die **Bestellung** der Mitglieder des Schiedsgerichts und über deren **Unabhängigkeit und Unparteilichkeit** sind in den Artikeln über die Bestellung (**Art. 360 ff.**) und die Ablehnung einzelner oder aller Mitglieder des Schiedsgerichts (**Art. 367 ff.**) enthalten. Ein Einzelschiedsrichter oder ein Mitglied eines Schiedsgerichts kann also Art. 393 lit. a erstens abgelehnt werden, wenn die Vorschriften zu seiner Ernennung bzw. Bestellung nicht eingehalten wurden (Art. 361 f. und auch 364 – zu letzterem vgl. Art. 364 N 11), wenn er oder sie nicht den vereinbarten Anforderungen entspricht (Art. 367 Abs. 1 lit. a) oder wenn ein vereinbarter Ablehnungsgrund besteht (Art. 367 Abs. 1 lit. b), und zweitens insb. dann, wenn «berechtigte Zweifel an seiner Unabhängigkeit oder Unparteilichkeit» bestehen (Art. 367 Abs. 1 lit. c). **11**

Die **verfassungsrechtliche Garantie des gesetzlichen Richters** gilt gleichermassen im Schiedsverfahren wie im Verfahren vor staatlichen Gerichten (BGE 129 III 445 E. 3.3.3 **a.A.**: «Pour dire si un tribunal arbitral présente des garanties suffisantes d'indépendance et d'impartialité, il faut se référer aux principes constituionnels développés au sujet des tribunaux étatiques.»). Dies bedeutet aber nicht, dass das Bundesgericht den **Besonderheiten** der (internationalen) Schiedsgerichtsbarkeit wie namentlich die personell überschaubaren Verhältnisse keine Rechnung tragen würde: Dass ein Schiedsrichter beispielsweise mit einem anderen Schiedsrichter oder mit einem Parteivertreter bereits in einem früheren Fall zu tun gehabt hat, vermag für sich allein noch keine Beeinträchti- **12** gung seiner Unabhängigkeit darzustellen. Dieser Grundsatz kommt bei Binnenschiedsverfahren gleichermassen zur Anwendung (BGer, 4A.586/2008, E. 3.1.1). Ob hingegen an die Unabhängigkeit und Unparteilichkeit eines Parteischiedsrichters – im Gegensatz zu derjenigen eines Obmanns – andere (tiefere) Anforderungen zu stellen sind, hat das Bundesgericht bisher offen gelassen (BGE 129 III 445 E. 3.3.3 a.E.; vgl. dazu auch JERMINI, 141 ff.; vgl. auch Art. 361 N 30 sowie Art. 367 N 19 ff.).

13 Die durch Art. 30 Abs. 1 BV gewährleistete Unabhängigkeit und Unparteilichkeit eines (Schieds-)Richters ist laut Bundesgericht verletzt, wenn bei *objektiver Betrachtungsweise* Gegebenheiten vorliegen, die den **Anschein der Befangenheit** und die **Gefahr der Voreingenommenheit** zu begründen vermögen; mit anderen Worten wird *nicht* verlangt, dass die betreffende Person *tatsächlich befangen* ist (da dies als innere Tatsache wohl kaum je zu beweisen wäre). Vielmehr hat eine Beschwerde führende Partei *Umstände* darzutun, die, bei objektiver Betrachtung, einen Prozess aus Sicht aller Beteiligten als *nicht mehr offen erscheinen lassen* (BGer, 4A.586/2008, E. 3.1.1; 1B.269/2008, E. 2.2; 1B.234/2007, E. 4.2).

14 Die Regeln über die Unabhängigkeit und Unparteilichkeit gelten nicht nur für die Mitglieder des Schiedsgerichts, sondern auch für allfällige vom Schiedsgericht oder Einzelschiedsrichter ernannten **Sekretäre** (vgl. Art. 367 N 24 f. und Art. 365 N 9). Hat im Schiedsverfahren ein Sekretär mitgewirkt, über dessen Unabhängigkeit oder Unparteilichkeit Zweifel bestehen, so kann dies mit entsprechender Beschwerde (Art. 393 lit. a) gerügt werden.

15 Für Einzelheiten zum Inhalt des Anspruchs auf ein unabhängiges und unparteiliches Schiedsgericht sei auf die Kommentierung von **Art. 363 und 367** verwiesen. Vgl. ferner auch die Zusammenstellung bei MÜLLER/SCHEFER, 936 ff. (allg. zu richterlicher Unabhängigkeit und Unparteilichkeit gemäss Art. 30 Abs. 1 BV).

c) Fehlende Teilnahme eines Schiedsrichters

16 Grundsätzlich haben auch die Parteien eines Schiedsverfahrens Anspruch auf einen vollzähligen Spruchkörper (MÜLLER/SCHEFER, 927). Zu unterscheiden sind Verfahrenshandlungen im Beisein und solche in Abwesenheit der Parteien:

17 Nimmt ein Mitglied eines Schiedsgerichts nicht an einer *Parteiverhandlung* oder einer *Zeugenanhörung* teil, so stellt dies keine (zeitweilige) vorschriftswidrige Zusammensetzung des Schiedsgerichts, sondern vielmehr eine Verletzung des Anspruchs auf **rechtliches Gehör** und damit den Rügegrund von Art. 393 lit. d dar (BSK IPRG-SCHNEIDER, Art. 182 N 43). Eine Ausnahme gemäss Art. 373 Abs. 3 dürfte in solchen Fällen kaum gegeben sein (Art. 373 N 40 ff.).

18 Nimmt ein Mitglied eines Schiedsgerichts nicht an *schiedsgerichtlichen Beratungen oder Abstimmungen* teil, so ist **Art. 382 Abs. 2** zu beachten: Vorbehältlich anderweitiger Vereinbarung zwischen den Parteien können die verbleibenden Mitglieder des Schiedsgerichts **ohne das fehlende Mitglied** beraten und entscheiden. Diese Bestimmung setzt die bundesgerichtliche Praxis um, wonach ein Schiedsrichter, ohne formell von seinem Amt zurückzutreten, das Schiedsverfahren nicht durch seine Verweigerungshaltung verzögern oder gar paralysieren können soll; es genügt in einem solchen Falle, dass das betreffende Mitglied die *Möglichkeit gehabt hätte*, am Beratungen oder Abstimmungen teilzunehmen (BGE 128 III 234 E. 3b; vgl. Art. 371 N 23). Etwas anderes gilt jedoch, wenn ein Mitglied des Schiedsgerichts *formell zurückgetreten* ist (vgl. Art. 371 N 11 f.): In einem solchen Falle ist das Schiedsgericht nicht mehr vorschriftsgemäss besetzt, und es ist *zuerst ein neues Mitglied zu bestellen*, ehe das Schiedsverfahren seinen Fortgang nehmen kann;

würden die verbleibenden Schiedsrichter das Verfahren gleichwohl fortsetzen, wäre der Rügegrund von Art. 393 lit. a gegeben (BGE 117 Ia 166 E. 6; vgl. ferner Art. 382 N 28 ff.).

Der Anspruch auf eine vorschriftsgemässe Ernennung der Einzelschiedsrichterin oder des Einzelschiedsrichters bzw. vorschriftsgemässe Zusammensetzung des Schiedsgerichts ist **formeller Natur** (LALIVE/POUDRET/REYMOND, Art. 36 N 4a; RÜEDE/HADENFELDT, 341). Eine Beschwerde führende Partei braucht also nicht nachzuweisen, dass der Entscheid bei vorschriftsgemässer Besetzung anders ausgefallen wäre. Die Partei muss sich ebenfalls nicht entgegenhalten lassen, dass auch das vorschriftswidrig zusammengesetzte Schiedsgericht über ausreichende Qualitäten verfüge, die Streitigkeit zu entscheiden. So kann eine Partei also in jedem Falle rügen, dass beispielsweise ein Einzelschiedsrichter statt eines vereinbarten Dreierschiedsgerichts ernannt worden sei (nicht aber, wenn die Partei zwar ein Dreierschiedsgericht beantragt hatte, der ernennenden Behörde hierbei aber ein Ermessen zustand; vgl. BGE 102 Ia 493 E. 5d), ein Mitglied des Schiedsgerichts oder ein Einzelschiedsrichter nicht die zwischen den Parteien vereinbarten Eigenschaften (Nationalität, Berufserfahrung, Fachkenntnisse o.ä.) habe oder der Obmann nicht nach der Parteivereinbarung ernannt worden sei.

19

Wird im Laufe des Schiedsverfahrens ein Mitglied eines Schiedsgerichtes **ersetzt** (Art. 371), ist eine Rüge nach Art. 393 lit. a *unzulässig*, soweit sie sich auf Verfahrenshandlungen der *ursprünglichen* Besetzung des Schiedsgerichtes bezieht (BERGER/KELLERHALS, Rz 1548, m.Vw. auf BGE 118 II 359 E. 3a; differenzierend JERMINI, 133 ff.).

20

Die Rüge, ein Schiedsgericht habe nach Ablauf seiner **Amtsdauer** entschieden (Art. 366), beschlägt nicht seine vorschriftsgemässe Zusammensetzung, sondern seine *Zuständigkeit* (vgl. nachfolgend N 45).

21

d) Verfahren

Eine Partei, welche die vorschriftswidrige Ernennung bzw. Bestellung einer Schiedsrichterin oder eines Schiedsrichters bzw. des Schiedsgerichts rügen will, hat diese Rüge, vorbehältlich anderweitiger Vereinbarung, **innert 30 Tagen**, seit sie vom entsprechenden Ablehnungsgrund **Kenntnis** erlangt hat, schriftlich und begründet zu erheben (Art. 369 Abs. 2). Von solchen Umständen kann eine Partei selber, *zufällig oder durch Nachforschungen*, oder aber durch das betreffende Mitglied des Schiedsgerichts im Rahmen von Art. 363 Kenntnis erlangen. Nach Art. 363 Abs. 2 hat eine Person, die ein Schiedsrichteramt übernommen hat, auch nach ihrem Amtsantritt die Pflicht, den Parteien jederzeit und unverzüglich Umstände *offenzulegen*, die berechtigte Zweifel an ihrer Unabhängigkeit und Unparteilichkeit wecken können.

22

Die Regel, wonach ein Ablehnungsgrund *sofort zu rügen* ist, gilt allgemein: Nach bundesgerichtlicher Rechtsprechung ist es *treuwidrig und rechtsmissbräuchlich*, einen Ablehnungsgrund in «Reserve» zu halten, um diesen später bei ungünstigem Prozessverlauf und voraussehbarem Prozessverlust nachzuschieben. Wer einen Ablehnungsgrund nicht unverzüglich nach dessen Kenntnisnahme geltend macht, **verwirkt** seine spätere Anrufung (BGer, 4A.305/2009, E. 4.2; 4A.176/2008, E. 3.3; BGE 129 III 445 E. 3.1; BERGER/KELLERHALS, Rz 806 und 808 sowie 1536). Das Bundesgericht erwartet dabei von den Parteien, dass diese ihnen *zumutbare Abklärungen* (z.B. Internet-Recherche) auch von selbst unternehmen und sich nicht mit einer auf einem Standardformular gemachten Erklärung betreffend Unabhängigkeit und Unparteilichkeit zufrieden geben (vgl. BGer, 4A.506/2007, E. 3.2; sowie BGer, 4A.528/2008, E. 2.5.2.2 und 4A.234/2008, E. 2.2.2,

23

beide im Rahmen von Revisionsgesuchen ergangen, vgl. dazu Art. 396 N 14; krit. hierzu SCHWEIZER, 524 ff.; s.a. Art. 367 N 28).

24 Das **Zusammenspiel** zwischen dem **Ablehnungsverfahren** gemäss Art. 369 und der **Anfechtung** eines Schiedsentscheides wegen vorschriftswidriger Ernennung bzw. Bestellung gemäss Art. 393 lit. a wird in Art. 369 Abs. 5 geregelt: Nach dieser Bestimmung kann ein Entscheid über Ablehnung nur zusammen mit dem ersten Schiedsspruch angefochten werden. Es sind daher mehrere unterschiedliche Situationen denkbar:

– Eine Partei erfährt *während eines laufenden Schiedsverfahrens* vom Ablehnungsgrund und leitet das Verfahren nach Art. 369 ein. Das Schiedsverfahren wird bis zum Entscheid durch die zuständige Stelle *unterbrochen* (Art. 369 Abs. 4 *e contrario*): Die Partei muss den Entscheid der zuständigen Stelle *abwarten* und kann diesen, falls ihr Ablehnungsgesuch abgewiesen worden ist, zusammen mit dem nächsten Schiedsspruch (sei dies ein Zwischen-, Teil- oder Endschiedsspruch, Art. 392) gemäss Art. 393 lit. a bei der Rechtsmittelinstanz anfechten. Hat das Schiedsgericht nach Vereinbarung der Parteien (Art. 369 Abs. 3) selbst über das Ablehnungsgesuch entschieden so ist zu unterscheiden, ob der Entscheid in Form einer prozessleitenden Verfügung oder eines Schiedsspruches nach Art. 392 ergangen ist. Nur in letzterem Falle ist eine direkte Anfechtung gemäss Art. 393 lit. a möglich; in ersterem Falle ist keine direkte Anfechtung möglich und ist zuerst ein anfechtbarer Entscheid nach Art. 392 abzuwarten (Art. 369 N 32 f.; BERGER/KELLERHALS, Rz 837).

– Eine Partei erfährt *während eines laufenden Schiedsverfahrens* vom Ablehnungsgrund und leitet das Verfahren nach Art. 369 ein. In der Zwischenzeit läuft das Schiedsverfahren *weiter* (Art. 369 Abs. 4). Drei Situationen sind zu unterscheiden:
  – Das Schiedsverfahren läuft weiter, ohne dass in der Zwischenzeit ein Entscheid nach Art. 392 ergeht; die nach Art. 369 Abs. 3 zuständige Stelle fällt einen abschlägigen Entscheid: Will die Partei diesen anfechten, so hat sie dies nach Art. 369 Abs. 5 zusammen mit dem nächstmöglichen Schiedsspruch (Art. 392) zu tun.
  – Noch während dieses Verfahrens ergeht ein Zwischen- oder Teilentscheid (Art. 392) des Schiedsgerichts: Die Partei muss das Verfahren nach 369 zuerst zu Ende führen und kann einen allfälligen negativen Entscheid gemäss Art. 369 Abs. 5 erst zusammen mit dem nächsten Schiedsentscheid nach Art. 393 lit. a anfechten.
  – Noch während dieses Verfahrens ergeht der Endentscheid des Schiedsgerichts: Die Partei kann den Endentscheid nach Art. 393 lit. a anfechten und braucht nicht die Beendigung des Verfahrens nach Art. 369 abzuwarten (BERGER/KELLERHALS, Rz 1547).

– Eine Partei erfährt *nach einem Endentscheid* des Schiedsgerichts, aber noch *während* laufender Rechtsmittelfrist gemäss Art. 100 Abs. 1 BGG (vgl. Art. 389 N 24) vom Ablehnungsgrund: Sie kann den betreffenden Grund direkt mit Beschwerde gemäss Art. 393 lit. a rügen (BERGER/KELLERHALS, Rz 1547).

– Eine Partei erfährt *nach einem Endentscheid* des Schiedsgerichts und *nach* Ablauf der Beschwerdefrist von einem Ablehnungsgrund: Es steht ihr einzig noch die Revision nach Art. 396 Abs. 1 lit. a zur Verfügung.

25 Die **Rechtsmittelinstanz** ist an den Entscheid der gemäss Art. 369 Abs. 3 zuständigen Stelle **nicht gebunden**, soweit es sich dabei um ein *privates Gremium* (bspw. eine Kommission einer Schiedsinstitution) handelt (BGer, 4A.210/2008, E. 4.1; BGE 128 III 330). Hat jedoch ein *kantonales Gericht* nach Art. 369 Abs. 3 i.V.m. Art. 356 Abs. 2 entschieden, kann dessen Entscheid nach BGE 128 III 330 E. 2.2 (der allerdings zum IPRG er-

gangen ist) nicht mehr zusammen mit dem nächsten Schiedsentscheid angefochten werden). Für weitere Einzelheiten vgl. Art. 369 N 36 ff.

Unabhängig vom Vorangehenden muss eine Partei im Rahmen einer Beschwerde gemäss Art. 393 lit. a in ihrer Beschwerdeschrift *substantiiert nachweisen* können, dass sie die konkreten Ablehnungsgründe im Schiedsverfahren **rechtzeitig** und auch **formgerecht** gerügt hat. Werden Ablehnungsgründe durch eine Partei im Rahmen des Schiedsverfahrens beispielsweise lediglich anlässlich einer Verhandlung mündlich vorgebracht und *nicht verfahrenskonform*, durch Stellung eines konkreten Ablehnungsantrages, erhoben, ist diese Partei mit dem entsprechenden Antrag vor Bundesgericht *ausgeschlossen* (BGer, 4A.176/2008, E. 3.3 a.E.). 26

Ob die Rechtsmittelinstanz im Falle einer erfolgreichen Beschwerde gemäss Art. 393 lit. a lediglich den betreffenden Schiedsspruch *aufheben* kann oder auch gleich das oder die betreffende(n) Mitglied(er) des Schiedsgerichts *absetzen* kann, wurde vom Bundesgericht bisher *offen gelassen* (BGer, 4A.210/2008, E. 2.2; vgl. Art. 395 N 13). 27

2. Verletzung von Zuständigkeitsbestimmungen (lit. b)

a) Allgemeines

Der Anfechtungsgrund von Art. 393 lit. b ist mit demjenigen von Art. 190 Abs. 2 lit. b IPRG und auch von Art. 36 lit. b KSG identisch. Die Lehre wie auch die (kantonale und insb. bundesgerichtliche) Rechtsprechung zu diesen beiden Bestimmungen kann daher vollumfänglich berücksichtigt werden (BERGER/KELLERHALS, Rz 1713). 28

Art. 393 lit. b ermöglicht die Anfechtung eines Schiedsentscheides (oder auch eines Zwischenentscheides), wenn sich ein Einzelschiedsrichter bzw. eine Einzelschiedsrichterin oder das Schiedsgericht **zu Unrecht für zuständig oder unzuständig** erklärt hat. Die Zuständigkeit des Schiedsgerichts richtet sich in erster Linie nach der Schiedsvereinbarung (Art. 357). Folgende Teilaspekte können hierunter gerügt werden: 29

– Mangelnde Schiedsfähigkeit;

– Einlassung;

– Formelle und/oder materielle Gültigkeit der Schiedsvereinbarung;

– Objektive Tragweite der Schiedsabrede (sachliche Zuständigkeit);

– Subjektive Tragweite der Schiedsabrede;

– Zeitliche Tragweite der Schiedsabrede;

(vgl. BSK IPRG-BERTI/SCHNYDER, Art. 190 N 32; BERGER/KELLERHALS, Rz 1551).

Ebenfalls eine Frage der Zuständigkeit ist, wenn ein Schiedsgericht unter den Regeln der *ZPO anstelle derjenigen des IPRG* (oder umgekehrt) tätig wird (vgl. oben N 10). Die Zuständigkeitsrüge ist ferner auch gegeben, wenn das Schiedsgericht überhaupt keine oder nur summarische *tatsächliche Feststellungen* zu seiner Zuständigkeit getroffen hat (BGer, 4P.226/2004, E. 4.3.3; BGE 128 III 50 E. 2b; 121 III 495 E. 6d). Nach Art. 393 lit. b anfechtbar ist sodann ein Entscheid eines Schiedsgerichts, der den Grundsatz der *Rechtshängigkeit* verletzt (BGE 127 III 279 E. 2a, zu Art. 9 IPRG; BERGER/KELLERHALS, Rz 1553; POUDRET, Présentation 2008, 256; vgl. auch Art. 372 N 25 ff.). 30

Keine Zuständigkeitsfrage ist hingegen die Aktiv- und Passivlegitimation; sie betrifft vielmehr die materiellrechtliche Seite eines Anspruchs (BSK IPRG-BERTI/SCHNYDER, Art. 190 N 33; BERGER/KELLERHALS, Rz 330 ff.; BGE 128 III 50 E. 2b/bb). 31

b) Mangelnde Schiedsfähigkeit

32 Lehre und Praxis behandeln den Einwand der mangelnden Schiedsfähigkeit hinsichtlich der Anfechtung von Schiedsentscheiden als *Unterfall der Unzuständigkeit* (BGer, 4A.428/2008, E. 3.1; BGE 118 II 353 E. 3a; BERGER/KELLERHALS, Rz 1551). Allerdings sind Schiedsfähigkeit und Tragweite der Schiedsvereinbarung auseinanderzuhalten: Während die *Tragweite der Schiedsvereinbarung* in jedem Falle *nur auf Einrede* überprüft wird, ist in der Lehre umstritten, ob die Schiedsfähigkeit vom Schiedsgericht *ex officio* überprüft werden sollte (vgl. Art. 354 N 44 ff.). Dies hat auch Auswirkungen auf die Frage der Einlassung (vgl. unten N 36). Unterschiede bestehen schliesslich auch hinsichtlich des Entscheides der Rechtsmittelinstanz (vgl. Art. 395 N 13).

33 Die **objektive Schiedsfähigkeit** – die Frage, ob ein materiellrechtlicher Anspruch Gegenstand eines Schiedsverfahrens sein kann – richtet sich nach Art. 354 (vgl. dort). Die Rechtsmittelinstanz kann mithin im Rahmen der Zuständigkeitsprüfung die korrekte Anwendung von Art. 354 durch das Schiedsgericht überprüfen. Die Verletzung des Grundsatzes der *res iudicata*, wenn eine bereits beurteilte Streitigkeit zwischen den gleichen Parteien erneut zum Gegenstand eines Schiedsverfahrens gemacht wird, ist keine Frage der objektiven Schiedsfähigkeit des Anspruchs und damit der Zuständigkeit des Schiedsgerichts, sondern kann gegebenenfalls mit der Willkürrüge (Art. 393 lit. e) angefochten werden (vgl. BERGER/KELLERHALS, Rz 1555, sowie unten N 89; vgl. auch BGer, 1P.113/2000, E. 3b: Das Schiedsgericht hätte in einem solchen Falle einen Nichteintretensentscheid zu fällen, «dessen Begründung in der *res iudicata* und nicht in seiner fehlenden Zuständigkeit liegt»).

34 **Subjektive Schiedsfähigkeit** bedeutet Rechts- bzw. Parteifähigkeit und Handlungs- bzw. Prozessfähigkeit (BERGER/KELLERHALS, Rz 324 ff.). Sie stellt mithin eine Frage der Zuständigkeit im weiteren Sinne dar (IPRG-Komm.-HEINI, Art. 186 N 6). Dabei hängt die Parteifähigkeit von der materiellrechtlichen Frage der Rechtsfähigkeit ab (BGer, 4A.428/2008, E. 3.2). Sie richtet sich nach den Grundsätzen von Art. 66 f. (vgl. Art. 354 N 4) und den entsprechenden Bestimmungen des materiellen Rechts (für Schweizer Recht vgl. BERGER/KELLERHALS, Rz 329 und 343). In Fällen mit Auslandsbezug bestimmt sich die Rechtsfähigkeit nach dem gemäss Art. 33 f. IPRG (für natürliche Personen) bzw. nach Art. 154, 155 lit. c IPRG (für juristische Personen) anwendbaren Recht (BGer, 4A.428/2008, E. 3.2; im konkreten Fall bestimmte das anwendbare ausländische Recht, dass eine konkursite Gesellschaft nicht mehr Partei eines Schiedsverfahrens sein könne, mithin ihre subjektive Schiedsfähigkeit verliere; das Bundesgericht hat den Unzuständigkeitsentscheid des Schiedsgerichts geschützt. Es stellt sich allerdings die Frage, ob im betreffenden Fall das ausländische Konkursrecht tatsächlich die Handlungsfähigkeit der Konkursitin und nicht eher (nur) die materielle Gültigkeit einer Schiedsvereinbarung in einem Konkursfalle regelte. In letzterem Falle hätte die Schiedsvereinbarung, in Anwendung des Prinzips des *favor validitatis* von Art. 178 Abs. 2 IPRG, aufrechterhalten werden können, soweit die ausländische Bestimmung nicht als zwingend anwendbare Eingriffsnorm zu qualifizieren gewesen wäre).

c) Einlassung

35 Die Rüge der Unzuständigkeit des Schiedsgerichts muss **vor oder mit der Einlassung auf die Hauptsache** erhoben werden (Art. 359 Abs. 2). Unterlässt es die Partei, die Unzuständigkeitseinrede rechtzeitig zu erheben, hat sie sich auf das Verfahren *eingelassen* und kann den Rügegrund von Art. 393 lit. b später nicht mehr geltend machen. Zur Einlassung vgl. Art. 359 N 23 und 27; vgl. auch BERGER/KELLERHALS, Rz 587 ff. für einzelne Einlassungshandlungen). Die Frage, ob sich eine Partei gültig auf das Verfahren ein-

gelassen habe, kann Gegenstand einer *Zuständigkeitsbeschwerde* nach Art. 393 lit. b sein (BSK IPRG-BERTI/SCHNYDER, Art. 190 N 50).

Die Einlassung umfasst *alle zuständigkeitsbegründenden Elemente* und nicht nur die personelle Tragweite der Schiedsvereinbarung. Im Falle einer Einlassung kann somit auch nicht mehr gerügt werden, die Schiedsvereinbarung sei formell oder materiell ungültig oder die Streitigkeit sei objektiv oder zeitlich nicht von der Schiedsvereinbarung umfasst. Ob diejenigen Elemente, die der **Disposition der Parteien entzogen** sind (namentlich die Schiedsfähigkeit, Art. 354) ebenfalls durch Einlassung «geheilt» werden können, ist in der Lehre *umstritten* (vgl. für eine Zusammenstellung der Meinungen Art. 354 N 44 ff.; vgl. auch CHK-SCHRAMM/FURRER/GIRSBERGER, Art. 177 N 13; JERMINI, 73 ff.). Das Bundesgericht scheint der Auffassung zu sein, auch die Einrede der mangelnden Schiedsfähigkeit sei vor der Einlassung auf die Hauptsache zu erheben, andernfalls die spätere Rüge verwirkt sei (vgl. den bei BERGER/KELLERHALS, Rz 247 angeführten BGE; vgl. sodann DIES., Rz 1557). Dies wird begründet mit der Tatsache, dass auch die mangelnde Schiedsfähigkeit im Rahmen der Zuständigkeitsrüge (Art. 393 lit. b) vorzubringen sei. Dieses Argument kann jedoch nicht unbesehen auf Binnenschiedssprüche übertragen werden: Erstens können für *internationale Schiedsentscheide*, die oftmals nur im Ausland vollstreckt werden sollen, allfällige Schwierigkeiten mit einer mangelnden Schiedsfähigkeit durchaus den Parteien überlassen werden. Demgegenüber erscheint für (zumeist im Inland vollstreckbare) *Binnenschiedssprüche* eine restriktivere Handhabung konsequenter: Anders als in Art. 177 IPRG («vermögensrechtlicher Anspruch»), ist die Schiedsfähigkeit in Art. 354 über das Kriterium der *Dispositionsfähigkeit* definiert (vgl. Art. 354 N 7 ff.). Ist ein Anspruch der Disposition der Parteien entzogen, dann kann es auch nicht möglich sein, die Dispositionsfähigkeit hierüber durch Einlassung doch herzustellen. Aus diesen Gründen muss auch eine *spätere Berufung* auf die mangelnde Schiedsfähigkeit, im Rahmen einer Beschwerde gegen den Endentscheid oder gar erst im Vollstreckungsverfahren, *möglich* sein. Eine Schranke dürfte hier das Gebot des Handelns nach *Treu und Glauben* darstellen: Beruft sich eine Partei – aus taktischen Gründen oder aus Nachlässigkeit – erst zu einem späten Zeitpunkt auf die mangelnde Schiedsfähigkeit, führt dies zwar nicht zur Einlassung, kann jedoch eine Schadenersatzpflicht auslösen. Einer Partei, die die mangelnde (personelle oder objektive) Schiedsfähigkeit rügen möchte, ist daher in jedem Falle zu empfehlen, diese Einrede vor der Einlassung auf die Hauptsache zu erheben.

d) Formelle und/oder materielle Gültigkeit der Schiedsvereinbarung

Die formelle Gültigkeit der Schiedsvereinbarung, d.h. die Frage der Einhaltung der für die Gültigkeit erforderlichen **Formvorschriften**, bestimmt sich nach Art. 358 (s. dort). Die materielle Gültigkeit, d.h. die Frage nach der **Willensübereinstimmung** (Konsens) der Parteien, bestimmt sich nach Art. 357 (s. dort, insb. N 15 ff.).

Die Schiedsvereinbarung ist **unabhängig vom Hauptvertrag** zu beurteilen (Art. 357 Abs. 2; vgl. Art. 357 N 46). Lehnt ein Schiedsgericht seine Zuständigkeit mit dem blossen Hinweis ab, der Hauptvertrag sei ungültig, so kann dagegen Beschwerde nach Art. 393 lit. b geführt werden (BSK IPRG-BERTI/SCHNYDER, Art. 190 N 37). Zur Theorie der *doppelrelevanten Tatsache* vgl. unten N 50.

e) Objektive Tragweite der Schiedsabrede (sachliche Zuständigkeit)

Die sachliche Zuständigkeit des Schiedsgerichts bestimmt sich nach dem *Umfang* der dem Schiedsgericht von den Parteien unterbreiteten *Tat- und Rechtsfragen*. Dabei ist in erster Linie die **Schiedsvereinbarung** massgebend (vgl. dazu Art. 357 N 17 f.), sodann aber auch ein allfälliger späterer **Schiedsauftrag**. Die Zuständigkeitsrüge nach Art. 393 lit. b kann mithin erhoben werden, wenn das Schiedsgericht über Ansprüche befunden hat, die ihm von den Parteien nicht unterbreitet wurden, sei es, weil überhaupt *keine Schiedsvereinbarung* existierte oder diese die betreffenden Ansprüche *nicht umfasste* (Entscheid *extra potestatem*) (BGer, 4A.210/2008, E. 3.1; 4P.114/2001, E. 2a).

40 Die Bindung des Schiedsgerichts an die Schiedsabrede bzw. einen Schiedsauftrag bezieht sich nicht nur auf ganze Ansprüche, sondern, gegebenenfalls, auch auf *einzelne Aspekte ihrer Beurteilung*: Eine Verletzung der Zuständigkeitsregeln (und nicht des unter Art. 393 lit. c zu rügenden Prinzips *ne eat iudex ultra petita partium*) ist auch gegeben, wenn die Parteien in ihrer Schiedsabrede oder einem Schiedsauftrag die Zuständigkeit des Schiedsgericht auf die Beurteilung bestimmter *Rechtsfragen* (z.B. auf die Frage der Vertragsverletzung) haben, das Schiedsgericht die vorgetragenen Tatsachen dann aber auch unter anderen Rechtsnormen (z.B. Delikt) prüft (WIEGAND, 134 f.; BERGER/KELLERHALS, Rz 1574; vgl. unten N 59).

41 Eine Verletzung der Schiedsabrede, und damit ein Rügegrund gemäss lit. b, ist gegeben, wenn das Schiedsgericht *nach Billigkeit statt nach einem von den Parteien gewählten Recht* entscheidet; in einem solchen Falle geht das Schiedsgericht in grundsätzlicher Weise über eine Befugnis hinaus, die ihm die Parteien in der Schiedsabrede eingeräumt haben (BGE 110 Ia 56 E. 1b; ebenso BSK IPRG-BERTI/SCHNYDER, Art. 190 N 67; **a.M.** BERGER/KELLERHALS, Rz 1725, und RÜEDE/HADENFELDT, 347 m.w.H., die hierin eine offenbare Verletzung des Rechts [lit. e] erblicken; vgl. auch IPRG-Komm.-HEINI, Art. 187 N 13, der hierin einen Verstoss gegen den Ordre public sieht). Entscheidet das Schiedsgericht die Streitigkeit nach einem anderen als dem von den Parteien gewählten Recht (Art. 381 Abs. 1 lit. a), so ist dies nach der hier vertretenen Auffassung nicht unter lit. b (Zuständigkeit), sondern unter lit. e (Willkür) zu rügen: Das Schiedsgericht entscheidet hier nach Rechtsnormen, hält sich also grundsätzlich an den ihm von den Parteien eingeräumten Rahmen seiner Befugnis. Es rechtfertigt sich daher, den Schiedsentscheid in einem solchen Falle nicht automatisch, sondern nur dann aufzuheben, wenn die Anwendung des «falschen» Rechts im Ergebnis willkürlich ist. Gleiches gilt auch, wenn das Schiedsgericht nach Recht statt nach Billigkeit entscheidet (vgl. N 92). Zur Frage der Wirkungen ausländischer zwingender Normen vgl. Art. 381 N 9 ff.

42 Die (sachliche) Zuständigkeit eines Schiedsgerichts zur Beurteilung einer *Verrechnungseinrede* oder einer *Widerklage* richtet sich nach den Voraussetzungen von Art. 377; für Einzelheiten s. dort.

43 Zur Abgrenzung vom Rügegrund des Entscheides *ultra petita* (lit. c) vgl. N 55 und 59.

f) Subjektive Tragweite der Schiedsabrede

44 Die subjektive Tragweite der Schiedsabrede beschlägt die Frage, ob eine (subjektiv schiedsfähige, d.h. partei- und prozessfähige) Partei (vgl. oben N 34) durch eine Schiedsvereinbarung gebunden ist. Hierunter fallen Fragen der **Bindung einer Schiedsvereinbarung** bei einer *Abtretung* oder *Einzel- oder Gesamtrechtsnachfolge*, bei *Gruppengesellschaften* (BGE 120 II 155), bei Schiedsvereinbarungen durch *Verweis* (in AGB, parallelen Verträgen oder in Statuten), beim Handeln durch *Vertreter* und weitere Möglichkeiten der Bindung einer Schiedsklausel für *Nichtunterzeichner* wie namentlich die Bindung auf Grund erweckten Vertrauens (vgl. dazu BGE 129 III 727; BGer 4P.48/2005) oder bei Durchgriff (vgl. Entscheid bei POUDRET/BESSON, Rz 259). Vgl. hierzu Art. 357

N 26 ff. sowie BERGER/KELLERHALS, Rz 491 ff.; RÜEDE/HADENFELDT, 57 ff. und 81 ff., je m.w.H. sowie die bei MRÁZ, 57 ff. zit. Entscheide.

g) Zeitliche Tragweite der Schiedsabrede

Die Zuständigkeit des Schiedsgerichts kann auch in **zeitlicher Hinsicht beschränkt** werden (Art. 366). Haben die Parteien die Amtsdauer des Schiedsgerichts *befristet* – sei es durch ausdrückliche Regelung, sei es durch Verweis auf eine Schiedsordnung, die eine solche Befristung vorsieht –, so kann im Falle eines Schiedsentscheids, der nach Ablauf der festgelegten Frist gefällt worden ist, die Unzuständigkeitsbeschwerde gemäss Art. 393 lit. b erhoben werden (vgl. zu diesem bisher separaten Rügegrund unten N 103 f.). Es ist allerdings – gerade angesichts der einschneidenden Konsequenzen – in diesen Fällen genau zu ermitteln, ob eine vereinbarte oder in einer Schiedsordnung vorgesehene Frist überhaupt als *zwingend* anzusehen ist (RÜEDE/HADENFELDT, 61). Auch kann, in Fällen der Überschreitung der Amtsdauer, die Berufung auf den Rügegrund der (nicht mehr gegebenen) Zuständigkeit *missbräuchlich* sein, wenn die betreffende Partei die Überschreitung bspw. durch trölerisches Prozessieren selber verursacht hat (JOLIDON, Art. 16 N 5; LALIVE/POUDRET/REYMOND, Art. 16 N 4; vgl. auch Art. 366 N 11). 45

h) Kognition des Bundesgerichts

Das Bundesgericht prüft **Zuständigkeitsrügen** bezüglich internationaler Schiedsentscheide nach Art. 190 Abs. 2 lit. b IPRG in rechtlicher Hinsicht **frei**, einschliesslich materiellrechtlicher Vorfragen (bspw. Rechtsfähigkeit, Gültigkeit einer Zession), von deren Beantwortung die Zuständigkeit abhängt (BGer, 4A.210/2008, E. 3.1; BGE 133 III 139 E. 5). *Tatsächliche Feststellungen* des angefochtenen Schiedsentscheids prüft das Bundesgericht hingegen auch im Rahmen der Zuständigkeitsrüge nur, wenn gegen diese zulässige Rügen i.S.v.Art. 190 Abs. 2 IPRG vorgebracht oder ausnahmsweise *Noven* berücksichtigt werden (BGer, 4A.452/2007, E. 2.1; BGE 133 III 139 E. 5; 129 III 727 E. 5.2.2). Dies gilt entsprechend auch für Rügen unter Art. 393 lit. b (vgl. Art. 359 N 7; vgl. auch BERGER/KELLERHALS, Rz 1559 und den dort zitierten BGE 117 II 94 E. 5a). 46

Eine (frei überprüfbare) *Rechtsfrage* liegt vor, wenn das Schiedsgericht die Existenz einer gültigen Schiedsvereinbarung durch normative Auslegung (Vertrauensprinzip) ermittelt hat, eine (nur eingeschränkt überprüfbare) *Tatfrage* hingegen, wenn das Schiedsgericht nach Würdigung der Parteivorbringen und Beweise einen tatsächlichen Konsens bezüglich der Schiedsabrede festgestellt hat (BERGER/KELLERHALS, Rz 1562). 47

Beurteilen sich allfällige Vorfragen nach *ausländischem Recht*, so überprüft das Bundesgericht dessen Anwendung im Rahmen der Zuständigkeitsbeschwerde ebenfalls frei und mit voller Kognition. Dabei folgt das Bundesgericht «der in der anwendbaren ausländischen Rechtsordnung klar herrschenden Auffassung und bei Kontroversen zwischen Rechtsprechung und Lehre der höchstrichterlichen Judikatur» (BGer, 4A.428/2008, E. 3.1; 4P.137/2002, E. 7.2.1). 48

i) Verfahren

Im Falle der Bestreitung seiner Zuständigkeit kann das Schiedsgericht darüber im Laufe des Verfahrens mit **Zwischenentscheid** oder aber erst im *(End-)Entscheid* über die Hauptsache entscheiden (Art. 359 Abs. 1). Die Rüge der zu Unrecht bejahten Zuständigkeit oder Unzuständigkeit ist *gegen jeden Schiedsspruch* zulässig (Art. 392). Eine Partei muss die Rüge der Unzuständigkeit bzw. der zu Unrecht bejahten Zuständigkeit oder Unzuständigkeit damit in einem *doppelten Sinne rechtzeitig* erheben: Erstens vor dem 49

Schiedsgericht vor oder zumindest gleichzeitig mit der Einlassung auf die Hauptsache (Art. 359 Abs. 2; vgl. oben N 35) und sodann auch vor der Rechtsmittelinstanz: Wird ein Zwischenentscheid über die Zuständigkeit nicht wegen Art. 393 lit. b angefochten, ist die entsprechende Rüge gegen einen späteren (End-)Entscheid ausgeschlossen (BERGER/ KELLERHALS, Rz 1558). Das komplette Abseitsstehen (Säumnis) einer Partei gilt nicht als Einlassung; hingegen verwirkt eine solche Partei ihr Recht auf die spätere Geltendmachung der Unzuständigkeit des Schiedsgerichts, wenn sie einen ihr ordnungsgemäss eröffneten Schiedsspruch zur Zuständigkeit nicht rechtzeitig anficht (BGE 120 II 155 E. 3b/bb).

50 Die Regel von Art. 359 Abs. 1 ist jedoch nicht anwendbar in Fällen, bei denen die Frage der Gebundenheit einer Partei an die Schiedsvereinbarung nicht von derjenigen der Gebundenheit an den Hauptvertrag getrennt werden kann, die Parteifähigkeit und die Sachlegitimation somit verknüpft sind (BGE 128 III 50 E. 2b/bb). Die der Parteifähigkeit und der Sachlegitimation zu Grunde liegenden Sachverhaltselemente stellen damit **doppelrelevante Tatsachen** dar (BERGER/KELLERHALS, Rz 332 ff., m.w.Bsp.). Anders als ein staatliches Gericht kann sich ein Schiedsgericht in einem solchen Falle *nicht mit einer bloss summarischen Prüfung seiner Zuständigkeit begnügen,* sondern muss diese vorfrageweise und umfassend prüfen (BERGER/KELLERHALS, Rz 336 f.; BSK IPRG-WENGER/ SCHOTT, Art. 186 N 61). Das Bundesgericht begründet dies mit der vertraglichen Natur der Schiedsgerichtsbarkeit, bei der eine Partei nicht gezwungen werden kann, sich zu (materiell) strittigen Ansprüchen zu äussern, bei denen auch in Frage steht, ob sie überhaupt von einer Schiedsvereinbarung gedeckt sind (BGE 121 III 495 E. 6d; 128 III 50 E. 2b).

51 Heisst die Rechtsmittelinstanz eine Beschwerde nach Art. 393 lit. b gut, kann sie *selber die Zuständigkeit oder Unzuständigkeit des Schiedsgerichts feststellen*; dies auch in Bezug auf einzelne dem Schiedsgericht unterbreitete Begehren (BGer, 4P.210/2008, E. 2.2). Vgl. dazu auch Art. 395 N 13.

3. Entscheidung ultra oder infra petita (lit. c)

a) Allgemeines

52 Der Anfechtungsgrund von Art. 393 lit. c ist mit demjenigen von Art. 190 Abs. 2 lit. c IPRG identisch. Lehre und Rechtsprechung hierzu können somit ebenfalls berücksichtigt werden (BERGER/KELLERHALS, Rz 1715). Art. 393 lit. c entspricht den bisherigen Anfechtungsgründen von Art. 36 lit. c und e KSG.

53 Zwischen der deutschen und italienischen einerseits und der französischen Fassung von Art. 393 lit. c anderseits besteht die gleiche Diskrepanz wie bei Art. 190 Abs. 2 lit. c IPRG, indem die französische Fassung («*a statué au-delà des demandes dont il était saisi*») diesen Rügegrund auf Situationen beschränkt, in denen das Schiedsgericht im Rahmen seiner Zuständigkeit über Parteibegehren hinausgeht oder diese teilweise unberücksichtigt lässt (vgl. BERGER/KELLERHALS, Rz 1569; BSK IPRG-BERTI/SCHNYDER, Art. 190 N 53).

54 Lit. c spricht von «Streitpunkten» und «Rechtsbegehren» («*demandes*» und «*chefs de la demande*» bzw. «*punti litigiosi*» und «*determinate conclusioni*»). Der 3. Teil der ZPO enthält allerdings keine Bestimmung, die den Parteien des Schiedsverfahrens ausdrücklich vorschreiben würde, **konkrete Rechtsbegehren** zu stellen (eine solche Pflicht wird sich aber zumeist aus den von den Parteien gewählten Schiedsregeln ergeben). Mit Blick auf den Rügegrund von lit. c muss jedenfalls aus den von einer Partei dem Schiedsgericht

unterbreiteten Streitpunkten – selbst wenn diese keine eigentlichen Rechtsbegehren darstellen – zumindest mit hinreichender Deutlichkeit ersichtlich sein, was diese Partei maximal verlangt (WIRTH, 150).

Unter Art. 393 lit. c zu rügen ist also:

- Wenn das Schiedsgericht **mehr oder anderes** zugesprochen hat, als begehrt worden ist (Entscheid *ultra* bzw. *extra petita*; dies stellt nach Bundesgericht einen Unterfall des Anspruchs auf *rechtliches Gehör* dar, weil das Schiedsgericht in einem solchen Falle Ansprüche beurteilt, zu denen sich die Parteien weder in rechtlicher noch in tatsächlicher Hinsicht äussern konnten (BGE 120 II 172 E. 3a; 116 II 641 E. 3; 116 II 80 E. 3a).

- Wenn das Schiedsgericht ein oder mehrere (formgültig und rechtzeitig gestellte) Rechtsbegehren **unbeurteilt gelassen** hat (Entscheid *infra petita*); dies stellt eine *formelle Rechtsverweigerung* dar (BGE 128 III 234 E. 4a).

Unter Art. 393 lit. b ist hingegen zu rügen, wenn das Schiedsgericht über Streitpunkte entschieden hat, die *nicht von der Schiedsvereinbarung erfasst* werden (Entscheid *extra potestatem*; BERGER/KELLERHALS, Rz 1569; BSK IPRG-BERTI/SCHNYDER, Art. 190 N 53; JERMINI, 206).

Soweit ein Schiedsgericht ermächtigt ist, *Teilschiedssprüche* zu erlassen (vgl. Art. 383) kann ein solcher nicht mit der Rüge nach Art. 393 lit. c angefochten werden; Art. 36 lit. c KSG enthielt einen ausdrücklichen Vorbehalt, doch folgt dies bereits aus der Befugnis zum Erlass von Teilschiedssprüchen selbst (BERGER/KELLERHALS, Rz 1571, FN 74; JOLIDON, Art. 36 N 64).

b) Ultra Petita und extra petita

Das Prinzip *ne eat iudex ultra (bzw. infra) petita partium* ist Ausfluss der **Dispositionsmaxime**, d.h. der Bindung des (Schieds-)Gerichts an die Rechtsbegehren der Parteien (WIEGAND, 133). Ein Entscheid *ultra petita* liegt vor, wenn ein Schiedsgericht eine negative Feststellungsklage nicht nur abweist, sondern den Kläger zur Zahlung der betreffenden Schuld verurteilt, ohne dass dies vom Beklagten verlangt worden wäre (BGE 118 II 193, unpubl. E. 2b, bestätigt in BGE 120 II 172 E. 3a). Kein Entscheid *ultra petita* liegt hingegen vor, wenn ein Schiedsgericht, das eine unbegründete negative Feststellungsklage zu beurteilen hat, diese im Dispositiv nicht abweist, sondern stattdessen das Bestehen des betreffenden streitigen Rechtsverhältnisses feststellt (BGE 120 II 172 E. 3a).

Kein Entscheid *ultra petita* liegt vor, wenn ein Schiedsgericht sämtliche Rechtsbegehren der Parteien beurteilt hat, sich dabei aber auf von den Parteien nicht vorgetragene Rechtsnormen stützt; auch in der Schiedsgerichtsbarkeit gilt das Prinzip *iura novit curia* (BGE 120 II 172 E. 3a; BGer, 4P.260/2000, E. 5b/c). Allerdings sollte das Schiedsgericht, wenn es die Anwendung nicht vorgetragener Normen beabsichtigt, den Parteien *Gelegenheit zur Stellungnahme* geben (BSK IPRG-BERTI/SCHNYDER, Art. 190 N 57; eingehend WIEGAND, 137 ff.). Anfechtbarkeit unter Art. 393 lit. d (Verletzung des rechtlichen Gehörs) kann gegeben sein, wenn das Schiedsgericht, ohne den Parteien zuvor Gelegenheit zur Stellungnahme gegeben zu haben, Rechtsnormen zur Anwendung bringt, mit denen die Parteien *vernünftigerweise nicht rechnen mussten* (BERGER/KELLERHALS, Rz 1573; vgl. unten N 71).

Haben die Parteien, in ihrer *Schiedsabrede* oder in einem später gesondert abgefassten *Schiedsauftrag*, die Zuständigkeit des Schiedsgericht auf die Beurteilung bestimmter

Rechtsfragen beschränkt (z.B. auf die Frage der Vertragsverletzung), dann verstösst ein Schiedsgericht gegen diesen Auftrag, wenn es die vorgetragenen Tatsachen auch unter anderen Rechtsnormen (z.B. Delikt) prüft. Eine solche Verletzung ist unter Art. 393 lit. b (Zuständigkeit) zu rügen (WIEGAND, 134 f.; BERGER/KELLERHALS, Rz 1574; vgl. oben N 40). Davon zu unterscheiden ist wiederum der Fall, in welchem eine Partei in ihrem eigenen *Rechtsbegehren*, d.h. im Rahmen der Dispositionsmaxime, eine solche Beschränkung auf bestimmte Rechtsfragen vornimmt. Hat die Gegenpartei in einem solchen Falle nicht den Kreis der zu beurteilenden Rechtsfragen durch ihre eigenen Rechtsbegehren (z.B. durch Erhebung einer entsprechenden Feststellungsklage) ausgeweitet, und geht das Schiedsgericht über diese Rechtsfragen hinaus, liegt ein Entscheid *ultra petita* vor (BSK IPRG-BERTI/SCHNYDER, Art. 190 N 58; BERGER/KELLERHALS, Rz 1574).

60 Zur Problematik der möglichen Verletzung des Prinzips ultra petita bei offenen, breiten Rechtsbegehren («*catch all-clauses*») vgl. BERGER/KELLERHALS, Rz 1577 und 1097; vgl. auch WIRTH, v.a. 154 ff.).

c) Infra petita

61 Ein Schiedsentscheid ist gleichermassen anfechtbar, wenn das Schiedsgericht gewisse Rechtsbegehren der Parteien **unbeurteilt gelassen** hat (Entscheid *infra petita*). Keine Verletzung dieses Grundsatzes liegt allerdings vor, wenn das Schiedsgericht auf ein *verspätetes Rechtsbegehren* nicht eingetreten ist, selbst wenn seine Zuständigkeit eigentlich gegeben gewesen wäre (JOLIDON, Art. 36 N 63; RÜEDE/HADENFELDT, 344). Gleiches gilt, wenn ein Schiedsgericht Rechtsbegehren unbeurteilt gelassen hat, die wegen eines Zwischen- oder Teilentscheids *gegenstandslos* geworden sind (z.B. über das Quantum des Schadens, wenn eine Haftung bereits grundsätzlich verneint worden ist; BGE 107 Ia 250 E. 4) oder die eine Partei im Laufe des Schiedsverfahrens zurückgezogen hat (JOLIDON, Art. 36 N 63).

d) Abgrenzungen

62 Offensichtlich übersetzte *Schiedsrichterhonorare* können separat unter Art. 393 lit. f gerügt werden (s. unten N 95 ff.). Hat das Schiedsgericht hingegen eine Parteientschädigung zugesprochen, ohne dass eine solche *beantragt* gewesen wäre, so stellt dies eine Verletzung des Prinzips *ultra petita* dar und kann unter Art. 393 lit. c gerügt werden; vorbehalten ist der Fall, wo sich die Möglichkeit der Zusprechung von Parteientschädigungen bereits aus der *Schiedsabrede* bzw. aus einer anwendbaren *Schiedsordnung* ergibt (BSK IPRG-BERTI/SCHNYDER, Art. 190 N 55; BSK IPRG-WIRTH, Art. 189 N 68).

63 Hat ein Schiedsgericht Begehren der Parteien unbeurteilt gelassen, kann sich neben der Anfechtung nach Art. 393 lit. c auch die Frage eines **Ergänzungsgesuchs** unter Art. 388 lit. c stellen (vgl. dazu Art. 388 N 22 f.). Reicht eine Partei lediglich das Rechtsmittel nach Art. 393 lit. c ein, kann die Rechtsmittelinstanz allerdings auch von sich aus den Schiedsentscheid zur Ergänzung zurückweisen (Art. 394). Reicht eine Partei sowohl das Rechtsmittel der Beschwerde nach Art. 393 lit. c wie auch den Rechtsbehelf des Ergänzungsgesuchs nach Art. 388 Abs. 1 lit. c ein, kann die Gutheissung des Rechtsbehelfs durch das Schiedsgericht das Rechtsmittel *gegenstandslos* werden lassen; der ergänzte Entscheid (zur Form vgl. Art. 388 N 20 f.) kann wiederum, innert der ordentlichen Anfechtungsfrist von 30 Tagen (Art. 389 N 24 bzw. Art. 390 N 9) Gegenstand einer Beschwerde nach Art. 389 ff. sein, allerdings nur in Bezug auf die Ergänzung (Art. 388 Abs. 3; BOTSCHAFT ZPO, 7403). Das bedeutet auch, dass eine Partei stets (auch) die Beschwerde nach Art. 389 ff. erheben muss, wenn sie gegen den Schiedsspruch, der u.U.

nach Art. 393 lit. c bzw. nach Art. 388 ergänzungsbedürftig ist, noch andere Rügegründe vorbringen will.

Reicht eine Partei lediglich den Rechtsbehelf nach Art. 388 Abs. 1 lit. c ein, und tritt das Schiedsgericht darauf nicht ein oder weist es den Antrag ab, so kann die betreffende Partei das Rechtsmittel nach Art. 393 lit. c *nicht mehr erheben*: Gemäss Art. 388 Abs. 3 werden die *Rechtsmittelfristen* durch einen Antrag nach Art. 388 *nicht gehemmt* (POUDRET, Présentation 2008, 254), und die Wiederherstellung der Rechtsmittelfrist nach Art. 388 Abs. 3 gilt nur für Fälle, da ein Antrag zu einer Ergänzung führt. Im Zweifelsfalle sollte eine Partei somit sowohl den Antrag nach Art. 388 wie auch das Rechtsmittel nach Art. 389 ff. erheben, andernfalls sie einen Rechtsverlust riskiert. **64**

4. Verletzung der Grundsätze der Gleichbehandlung oder des rechtlichen Gehörs (lit. d)

a) Allgemeines

Der Anfechtungsgrund von Art. 393 lit. d ist mit demjenigen von Art. 190 Abs. 2 lit. d IPRG identisch. Art. 36 lit. d KSG erlaubte die Rüge der Verletzung einer zwingenden Verfahrensvorschrift i.S.v. Art. 25 KSG; diese Bestimmung präzisierte den Inhalt des rechtlichen Gehörs. Lehre und Rechtsprechung zu Art. 190 Abs. 2 lit. d IPRG können jedoch nicht in allen Punkten übernommen werden: Es bestehen *Unterschiede* bei der Frage der Aktenwidrigkeit (vgl. unten N 76), und es ist unsicher, ob sich das Bundesgericht bei der Frage der Begründungspflicht an seiner (strengen) Rechtsprechung zu Art. 190 Abs. 2 lit. d IPRG orientieren wird (vgl. unten N 72 ff.). **65**

Art. 393 lit. d ermöglicht die Anfechtung eines Schiedsentscheides bei Verletzung grundlegender Vorschriften, die ein **faires Verfahren** sicherstellen sollen. Die Bestimmung nimmt inhaltlich Bezug auf Art. 373 Abs. 4. Der in dieser Bestimmung vorkommende Begriff «kontradiktorisches Verfahren» kommt in der deutschen und italienischen Fassung von Art. 393 lit. d nicht vor, hingegen in der französischen (vgl. dazu Art. 373 N 57 f.). In der parallelen Situation bei internationalen Schiedsentscheiden (vgl. Art. 182 Abs. 3 IPRG und Art. 190 Abs. 2 lit. d in der deutschen und französischen Fassung) hält das Bundesgericht die französische Fassung von Art. 190 Abs. 2 lit. d für massgeblich (BGE 116 II 373 E. 7b; BERGER/KELLERHALS, Rz 1580); dies dürfte auch für die Binnenschiedsgerichtsbarkeit gelten. **66**

b) Inhalt

Für Einzelheiten vgl. in erster Linie die Komm. zu Art. 373 Abs. 4. **67**

Der Anspruch auf rechtliches Gehör im Schiedsverfahren entspricht – nach BGer, 4A.176/2008, E. 4 – mit Ausnahme des Anspruchs auf *Begründung* (vgl. dazu unten N 72 ff.), «dem in **Art. 29 Abs. 2 BV gewährleisteten Verfassungsrecht** (BGE 130 III 35 E. 5; 127 III 576 E. 2c). Die Rechtsprechung leitet daraus insb. das Recht der Parteien ab, sich zu allen für das Urteil *wesentlichen Tatsachen zu äussern*, ihren *Rechtsstandpunkt zu vertreten*, ihre entscheidwesentlichen Sachvorbringen mit tauglichen sowie rechtzeitig und formrichtig offerierten Mitteln zu *beweisen*, sich an den *Verhandlungen* zu beteiligen und in die *Akten Einsicht* zu nehmen (BGE 133 III 139 E. 6.1; 130 III 35 E. 5; 127 III 576 E. 2c). Aus dem Anspruch auf rechtliches Gehör folgt die grundsätzliche Pflicht der Behörde, die *rechtserheblichen Vorbringen zu prüfen und zu würdigen*. Dabei kann sie sich auf die für den Entscheid wesentlichen Gesichtspunkte beschränken (BGE 126 I 97 E. 2b; 121 III 331 E. 3b).» **68**

c) Beweisabnahme und -würdigung

69 Nach bundesgerichtlicher Rechtsprechung ist der Gehörsanspruch auch im schiedsgerichtlichen Verfahren **nicht unbegrenzt**: Dem Schiedsgericht ist es «nicht verboten, den Sachverhalt nur aufgrund der als tauglich und erheblich erachteten Beweismittel festzustellen (BGE 116 II 639 E. 4c). Das Beweisverfahren darf geschlossen werden, wenn die noch offenen Beweisanträge eine nicht *rechtserhebliche Tatsache* betreffen oder *offensichtlich untauglich* sind oder wenn das Gericht aufgrund der bereits abgenommenen Beweise seine Überzeugung gebildet hat und in *vorweggenommener Beweiswürdigung* annehmen kann, dass seine Überzeugung durch weitere Beweiserhebungen nicht geändert würde (vgl. dazu BGE 130 II 425 E. 2.1; 124 I 208 E. 4a; 122 II 464 E. 4a)» (BGer, 4P.23/2006, E. 3.1; vgl. auch BGer, 4A.220/2007, E. 8.1). Zur Beweiswürdigung vgl. unten N 95 f.

70 Missachtet das Schiedsgericht von den Parteien aufgestellte **Verfahrensregeln**, so ist ein solcher Verstoss nach der bundesgerichtlichen Rechtsprechung gewöhnlich nicht anfechtbar (vgl. Art. 373 N 52; vgl. auch BERGER/KELLERHALS, Rz 1584 betr. Beweisverfahren ohne Beweisverfügung). Wiederholte oder schwere Verfahrensfehler können hingegen eine Verletzung der Pflichten eines Schiedsrichters darstellen und den Anschein der Befangenheit begründen (BGer, 4A.539/2008, E. 3.3.2; BGE 115 Ia 400 E. 3b). Das Schiedsgericht verletzt jedoch das rechtliche Gehör, wenn es auf die Einholung einer Expertise verzichtet und selbst nicht über die nötigen technischen Kenntnisse zur Lösung der sich stellenden Frage verfügt (BGer, 4A.2/2007, E. 3.1, m.H.a. BGer vom 11.5.1992 (publ. in ASA Bull 1992, 381 ff., 397). (Angeblich) irregulär eingeholte Zeugenaussagen bewirken keine Verletzung des rechtlichen Gehörs, sofern die Gegenpartei Gelegenheit hatte, sich zu den Zeugenaussagen zu äussern (BGer vom 9.6.1998, ASA Bull 1998, 653 ff.).

71 Die Parteien des Schiedsverfahrens haben keinen Anspruch, zur **rechtlichen Würdigung** der Tatsachen durch das Schiedsgericht besonders angehört zu werden oder auf den **entscheidrelevanten Sachverhalt** *hingewiesen* zu werden. Eine Ausnahme gilt laut Bundesgericht dann, wenn ein Gericht seinen Entscheid mit einem Rechtsgrund oder einer Vertragsbestimmung zu begründen beabsichtigt, auf die sich die beteiligten Parteien *nicht berufen* haben und mit deren Erheblichkeit sie *vernünftigerweise nicht rechnen mussten* (BGer, 4A.108/2009, E. 2.1; 4P.260/2000, E. 6a; eingehend auch BGE 130 III 35 E. 5; CORBOZ, 23). Das Bundesgericht auferlegt sich Zurückhaltung bei der Beurteilung der Frage, ob eine Rechtsanwendung des Schiedsgerichts als «überraschend» zu qualifizieren ist: «Damit soll den Besonderheiten des Verfahrens – namentlich dem übereinstimmenden Willen der Parteien, ihren Streit nicht vor staatlichen Gerichten auszutragen, sowie der Tatsache, dass die Schiedsrichter unterschiedlichen Rechtstraditionen entstammen können – Rechnung getragen und verhindert werden, dass das Argument der überraschenden Rechtsanwendung dazu missbraucht wird, eine materielle Überprüfung des Schiedsurteils durch das Bundesgericht zu erwirken» (4P.105/2006, E. 7.2).

d) Anspruch auf Begründung des Schiedsentscheids?

72 Nach ständiger Rechtsprechung des Bundesgerichts bezüglich internationaler Schiedssprüche umfasst der Grundsatz des rechtlichen Gehörs nach Art. 182 Abs. 3 IPRG und Art. 190 Abs. 2 lit. d IPRG **keinen Anspruch auf Begründung** des Entscheids (BGer, 4A.452/2007, E. 3.3; BGE 133 III 235 E. 5.2; 130 III 125 E. 2.2; 128 III 234 E. 4b; 116 II 373) sowie krit. hierzu BSK IPRG-VISCHER, Art. 182 N 17 und BSK IPRG-BERTI/SCHNYDER, Art. 190 N 64 f.). Fraglich ist, ob diese Praxis gleichermassen auch für Bin-

nenschiedssprüche Geltung beanspruchen wird: Der (zwingende) Art. 384 Abs. 1 lit. e führt für den Inhalt des Schiedsspruches auch «die rechtlichen Entscheidungsgründe» an, sofern die Parteien nicht darauf verzichtet haben. Dies würde dafür sprechen, bei Fehlen einer Begründung, sofern kein Verzicht vorliegt, auch eine entsprechende Rügemöglichkeit anzunehmen. Anderseits ist im Vergleich zum KSG der Anfechtungsgrund der fehlenden Begründung entfallen (zuvor Art. 36 lit. h i.V.m. Art. 33 Abs. 1 lit. e KSG; vgl. BOTSCHAFT ZPO, 7405 zu Art. 391, die Art. 36 lit. h KSG nicht mehr erwähnt; vgl. auch BERGER/KELLERHALS, Rz 1731, wonach die «ohnehin exorbitanten» Vorschriften von Art. 33 KSG aus rechtsstaatlicher Sicht keine zwingenden Nichtigkeitsgründe darstellten und Art. 36 lit. h KSG im Katalog der Beschwerdegründe von [nunmehr] Art. 393 zu Recht nicht mehr enthalten sei). Eine Klärung dieser Frage ist auch nicht über Art. 112 BGG i.V.m. Art. 77 BGG zu erreichen (vgl. Art. 389 N 34; vgl. BSK BGG-KLETT, Art. 77 N 12 a.E.). Nach der hier vertretenen Meinung kann gegen das Fehlen einer Begründung, zumindest bei Binnenschiedssprüchen, mit Beschwerde nach Art. 393 lit. d vorgegangen werden. Dies ist konsistent mit dem Umstand, dass in der Binnenschiedsgerichtsbarkeit ein Rechtsmittelverzicht absolut ausgeschlossen ist (vgl. Art. 389 N 51 f.). Es wird sich daher zeigen, ob das Bundesgericht die Neufassung der Regeln über die Binnenschiedsgerichtsbarkeit zum Anlass nehmen wird, die diesbezügliche Praxis zu Art. 190 Abs. 2 lit. d IPRG zu überdenken oder aber seine Praxis zu Art. 393 lit. d bezüglich der Begründung von Schiedssprüchen an die jetzige zu Art. 190 Abs. 2 lit. d IPRG anpassen wird.

Immerhin anerkennt das Bundesgericht auch für das Verfahren der internationalen Schiedsgerichtsbarkeit die *minimale Pflicht* des Schiedsgerichts, die *rechtserheblichen Vorbringen der Parteien tatsächlich zu hören und zu prüfen*. Das bedeutet jedoch nicht, dass sich das Schiedsgericht ausdrücklich mit jedem Argument der Parteien auseinander setzen muss (BGer, 4A.452/2007, E. 3.3). 73

Setzt eine Partei, in Kenntnis eines Verstosses gegen den Grundsatz der Gleichbehandlung oder des rechtlichen Gehörs durch das Schiedsgericht, das Verfahren fort, ohne diesen Verstoss zu rügen, hat sie ihr späteres Anfechtungsrecht damit **verwirkt** (Art. 373 Abs. 6; vgl. Art. 373 N 65 ff. m.w.H.; BERGER/KELLERHALS, Rz 1588 ff.). 74

Nimmt ein *Mitglied eines Schiedsgerichts nicht* an einer Parteiverhandlung oder einer Zeugenanhörung *teil*, so stellt dies eine Verletzung des Anspruchs auf rechtliches Gehör dar (BSK IPRG-SCHNEIDER, Art. 182 N 43). Eine Ausnahme gemäss Art. 373 Abs. 3 dürfte in solchen Fällen kaum gegeben sein (Art. 373 N 40 ff.). 75

e) Aktenwidrigkeit

Die unter Art. 190 Abs. 2 lit. d IPRG geführte Diskussion, ob Fälle von Aktenwidrigkeit ebenfalls eine Verletzung des rechtlichen Gehörs darstellen (vgl. BSK IPRG-BERTI/SCHNYDER, Art. 190 N 68 m.w.H.; vgl. demgegenüber die ständige bundesgerichtliche Rechtsprechung, wonach eine Anfechtung nur möglich ist, wenn in der Aktenwidrigkeit gleichzeitig eine formelle Rechtsverweigerung liegt: BGer, 4A.176/2008, E. 4.1.1 m.w.H.) ist für den Bereich der Binnenschiedsgerichtsbarkeit obsolet, da Art. 393 lit. e die aktenwidrige Tatsachenfeststellung als einen möglichen Grund der **Willkürrüge** anführt (vgl. unten N 85 ff.). 76

f) Verfahren

Eine Partei, die eine Verletzung des Grundsatzes der Gleichbehandlung oder des rechtlichen Gehörs nach Art. 393 lit. d rügen möchte, ist gehalten, ihre Rüge **eingehend zu substantiieren**, m.a.W. genau darzulegen, worin konkret die Verletzung der Verfahrens- 77 vorschriften besteht (BSK IPRG-BERTI/SCHNYDER, Art. 190 N 70; BERGER/KELLERHALS, Rz 1588). Zudem muss sie die fragliche Verletzung bereits im Schiedsverfahren gerügt haben, andernfalls ihr Anfechtungsanspruch *verwirkt* ist (Art. 373 Abs. 6).

78   Der Anspruch auf rechtliches Gehör ist nach bisheriger Rechtsprechung **formeller Natur**; seine Verletzung führt daher zur Aufhebung des betreffenden Entscheides, ungeachtet der Relevanz der Verletzung für das konkrete Ergebnis des Entscheides (BGE 121 III 331 E. 3c; BGE 127 III 576 E. 2d). Es ist allerdings fraglich, ob diese Praxis weiterhin Bestand haben wird oder das Bundesgericht inskünftig nicht von der beschwerten Partei verlangen wird darzutun, inwiefern die Gehörsverweigerung für den Ausgang des Schiedsverfahrens kausal war (BERGER/KELLERHALS, Rz 1592 f.; SEILER/VON WERDT/GÜNGERICH, Art. 97 BGG N 26). In der Binnenschiedsgerichtsbarkeit wird dieser Diskussion zudem etwas die Schärfe genommen durch die Tatsache, dass offensichtliche Versehen unter *Willkür* (Art. 393 lit. e) gerügt werden können, mithin kein Nachweis einer «formellen Rechtsverweigerung» nötig ist.

5. *Willkür (lit. e)*

a) Allgemeines

79   Der Anfechtungsgrund von Art. 393 lit. e entspricht dem bisherigen Art. 36 lit. f KSG, wobei die neue Bestimmung präzisiert, dass der Schiedsspruch «**im Ergebnis**» willkürlich zu sein hat. Damit wird jedoch lediglich die bereits bestehende bundesgerichtliche Praxis kodifiziert (BGE 112 Ia 166 E. 3f: «*Seule l'erreur causale conduit à l'annulation du prononcé*»). Ein Schiedsspruch ist damit (nur) aufzuheben, wenn sich der willkürliche Akt auch *auf das Urteilsdispositiv auswirkt* (BERGER/KELLERHALS, Rz 1718, m.w.H.). Die bisherige Lehre und Rechtsprechung Art. 36 lit. f KSG kann daher vollumfänglich berücksichtigt werden.

80   Art. 393 lit. e ist, wie Art. 190 Abs. 2 lit. e IPRG für internationale Schiedsentscheide, der einzige Anfechtungsgrund, der eine **inhaltliche Überprüfung** des Schiedsentscheides ermöglicht (für die Entschädigungen und Auslagen vgl. Art. 393 lit. f). Art. 190 Abs. 2 lit. e IPRG beschränkt diese Überprüfung jedoch auf Verletzungen des *Ordre public*, während Art. 393 lit. e eine solche unter dem Aspekt der *Willkür* ermöglicht. Art. 190 Abs. 2 lit. e IPRG schränkt mithin die (materiellrechtlichen) Anfechtungsmöglichkeiten im Vergleich zu Art. 393 lit. e nochmals erheblich ein, indem selbst eine offensichtlich aktenwidrige Tatsachenfeststellung oder eine offenbare Verletzung des Rechts für sich allein nicht ausreicht, um ein Schiedsurteil aufzuheben (BGE 132 III 389 E. 2.2.2; 131 I 45 E. 3.7; 121 III 331 E. 3a; 116 II 634 E. 4; eingehend zur Unterscheidung zwischen Willkür und Ordre public H. P. WALTER, 113 ff.).

81   Obschon die Willkürbeschwerde (Art. 36 lit. f KSG) unter dem bisherigen Rechtsmittelsystem kritisiert wurde (vgl. Bericht VE-ZPO, 162), verblieb sie im Katalog der Beschwerdegründe. Der in der Vernehmlassung teilweise geäusserte Vorschlag, die bisherige Willkürbeschwerde durch den Beschwerdegrund der Verletzung des **Ordre public** zu ersetzen und damit die inhaltliche Anfechtung von Binnenschiedssprüchen derjenigen internationaler Schiedssprüche anzugleichen, blieb unberücksichtigt: Der Begriff Ordre public sei im nationalen Bereich wenig präzis und zudem unbekannt; Willkür hingegen sei durch die bundesgerichtliche Rechtsprechung definiert (BOTSCHAFT ZPO, 7405; zustimmend POUDRET, Présentation 2008, 261 f.). Diese verbleibende *Diskrepanz* kann dazu führen, dass ähnlich gelagerte Fälle – beispielsweise zwei Schiedsentscheide eines Sportschiedsgerichts desselben Sportverbandes wegen Dopingvergehen zweier Sportler an einer Sportveranstaltung – vom Bundesgericht mit einem *unterschiedlichen Prü-*

fungsmassstab überprüft werden, je nach dem, ob neben dem Sportverband auch der beteiligte Sportler seinen Wohnsitz im Inland (Art. 353 Abs. 1) oder im Ausland (Art. 176 Abs. 1 IPRG) hatte (vgl. Beispiel bei H. P. WALTER, 111). Aus diesem Grunde wohl erwähnt die BOTSCHAFT ZPO, 7393, ausdrücklich, dass Sportverbände von der Möglichkeit Gebrauch machen können, ihre nationalen Schiedssachen gemäss Art. 353 Abs. 2 dem 12. Kapitel des IPRG zu unterstellen (vgl. auch Art. 353 N 21).

b) Tragweite

Die Umschreibung der Willkür unter Art. 393 lit. e (bzw. früher unter Art. 36 lit. f KSG) stimmt im Ergebnis mit dem durch die bundesgerichtliche Rechtsprechung zu **Art. 9 BV** entwickelten **Willkürbegriff** überein (JOLIDON, Art. 36 N 93), wobei dieser auf die drei in Art. 393 lit. e genannten Formen bzw. Situationen beschränkt wird: Ein Schiedsentscheid ist willkürlich, wenn er (1) auf offensichtlich aktenwidrigen Tatsachenfeststellungen gründet, (2) eine offenbare Verletzung des Rechts oder (3) der Billigkeit enthält (BGer, 4A.218/2009, E. 2.3; BGE 131 I 45 E. 3.4). «Kennzeichen des willkürlichen Schiedsspruchs i.S.v. Art. 36 lit. f KSG [nunmehr Art. 393 lit. e] ist ein krasser Justizirrtum des Schiedsgerichts» (H. P. WALTER, 118). **82**

Willkür ist nicht bereits dann gegeben, wenn eine *andere Lösung ebenfalls vertretbar* erscheint oder sogar vorzuziehen wäre (BGer, 4P.69/2006, E. 3.1.1). Willkür darf auch nicht mit *Gesetzesverletzung* gleichgestellt werden (BGE 103 Ia 356 E. 3). Willkür ist nach der Rechtsprechung des Bundesgerichts erst gegeben, und ein angefochtener Entscheid aufzuheben, wenn der Entscheid **offensichtlich unhaltbar** erscheint, eine **Norm** oder einen unumstrittenen **Rechtsgrundsatz** in **schwerwiegender Weise verkennt** oder in stossender Weise dem **Gerechtigkeitsgedanken** zuwiderläuft. Willkür liegt sodann nur vor, wenn nicht bloss die Begründung eines Entscheides, sondern auch das **Ergebnis** unhaltbar ist. Das Bundesgericht weicht von einer getroffenen Lösung nur ab, wenn diese offensichtlich unhaltbar ist, zur tatsächlichen Situation in klarem Widerspruch steht, ohne objektiven Grund und in Verletzung klaren Rechts getroffen wurde (BGer, 4P.194/2004, E. 1.2: Schiedsgericht unter dem Landesmantelvertrag des Bauhauptgewerbes, Busse wegen Schwarzarbeit, im konkreten Fall Willkür bejaht; vgl. auch BGE 129 I 173 und 103 Ia 356 E. 3). **83**

Die Rüge der Willkür ist somit erst dann zu bejahen, wenn die vom Schiedsgericht getroffen tatsächlichen Feststellungen vor dem Hintergrund der Akten die rechtlichen Entscheidungsgründe bzw. die Billigkeitserwägungen **nicht mehr als vertretbar** erscheinen lassen. Die Rechtsmittelinstanz kann daher, wenn sie ein sorgfältig begründetes Urteil zu überprüfen hat, ihre eigenen Erwägungen durchaus kurz halten und sich auf eine «Vertretbarkeitskontrolle» beschränken (RÜEDE/HADENFELDT, 346; BGE 103 Ia 356 E. 3). **84**

c) Aktenwidrige Tatsachenfeststellung

Eine aktenwidrige Tatsachenfeststellung liegt nach Bundesgericht vor, wenn sich das Schiedsgericht «infolge **Versehens** mit den Akten in Widerspruch gesetzt hat, sei es, dass es Aktenstellen übersehen oder ihnen einen anderen als den wirklichen Inhalt beigemessen hat, sei es, dass es irrig davon ausgegangen ist, eine Tatsache sei aktenmässig belegt, während die Akten in Wirklichkeit darüber keinen Aufschluss geben [...]. Aktenwidrigkeit ist *nicht mit Beweiswürdigung gleichzusetzen*, sondern liegt nur vor, wenn der Richter bei der Beweiswürdigung von *unrichtigen tatsächlichen Prämissen* ausgeht [...]. Nicht das Ergebnis der Beweiswürdigung und die darin liegenden Wertungen sind Gegenstand der Willkürrüge, sondern durch Akten unstreitig widerlegte Tatsachenfeststel- **85** lungen» (BGE 131 I 45 E. 3.6). Zur Frage, ob willkürliche Beweiswürdigung ebenfalls unter Aktenwidrigkeit zu subsumieren ist, vgl. unten N 93 f.

86 Keine Aktenwidrigkeit ist gegeben, wenn ein Schiedsgericht einander widersprechende Aktenstücke bewertet (RÜEDE/HADENFELTD, 346).

87 Die Beschwerde führende Partei hat die behauptete Aktenwidrigkeit detailliert zu belegen, unter Verweis auf die fraglichen Aktenstücke, die der vom Schiedsgericht festgestellten Tatsache widersprechen (LALIVE/POUDRET/REYMOND, Art. 36 N 4f 1; JOLIDON, Art. 36 N 94).

d) Offenbare Rechtsverletzung

88 Eine offenbare Rechtsverletzung liegt vor, wenn ein Schiedsspruch einen **klaren und unumstrittenen Rechtssatz**, beruhe dieser auf Gesetz oder ständiger, unumstrittener Rechtsprechung, **offensichtlich verletzt** (RÜEDE/HADENFELDT, 346). Ist die Rechtsprechung *umstritten*, existieren *unterschiedliche Lehrmeinungen* (selbst wenn diese nicht gleichmässig verteilt sind), kann keine offenbare Rechtsverletzung vorliegen (BERGER/KELLERHALS, Rz 1723; LALIVE/POUDRET/REYMOND, Art. 36 N 4f 2.; JOLIDON, Art. 36 N 95 m.H. auf BGE 93 I 284 E. 5b). Eine offenbare Rechtsverletzung läge beispielsweise in der Missachtung einer geltend gemachten Verjährungs- oder Verwirkungsfrist oder in der Berücksichtigung der Verjährung von Amtes wegen (BERGER/KELLERHALS, Rz 1724, m.w.Bsp.). Sodann kann auch die Überschreitung oder der Missbrauch des Ermessens eine offenbare Rechtsverletzung darstellen (LALIVE/POUDRET/REYMOND, Art. 36 N 4f 2; BERGER/KELLERHALS, Rz 1723).

89 In Frage kommen grundsätzlich nur **Verletzungen materiellen Rechts**; Verletzungen prozessualer Bestimmungen können nicht nach Art. 393 lit. e gerügt werden (BGE 112 Ia 350 E. 2b: Entscheid betraf die behauptete Verletzung der Eventualmaxime; **a.M.** LALIVE/POUDRET/REYMOND, Art. 36 N 4f 2.; differenzierend BERGER/KELLERHALS, Rz 1717, m.w.H. und 1723, die dafür plädieren, dass in Analogie zur Rechtsprechung zu Art. 190 Abs. 2 lit. e IPRG auch Prozessfehler gerügt werden sollen, die den Ordre public verletzen, bspw. das Recht auf einen unabhängigen und unparteiischen Experten oder die Beachtung des Grundsatzes der *res iudicata*, einschliesslich bezüglich eigener, früherer Teilentscheide des gleichen Schiedsgerichts; vgl. Art. 383 N 14; vgl. BGE 128 III 191 E. 4a). Die letztere Meinung verdient Zustimmung, würde doch andernfalls der konsequente Ausschluss elementarer prozessualer Prinzipien unter Art. 393 lit. e einen weniger weitgehenden Schutz darstellen als ihn Parteien unter Art. 190 Abs. 2 lit. e IPRG geniessen.

e) Offenbare Verletzung der Billigkeit

90 Nach Art. 381 Abs. 1 lit. b können die Parteien das Schiedsgericht auch ermächtigen, nach Billigkeit anstelle eines anwendbaren Rechts zu entscheiden. Der Entscheid eines so ermächtigten Schiedsgerichts ist dann wegen Willkür aufzuheben, wenn dessen Entscheid **offensichtlich unbillig** ist (BERGER/KELLERHALS, Rz 1726; LALIVE/POUDRET/REYMOND, Art. 36 N 4f 3). Offensichtliche Unbilligkeit liegt vor, wenn die Billigkeitserwägungen des Schiedsgerichts in *stossender Weise dem Gerechtigkeitsgedanken zuwiderlaufen*, wobei zu berücksichtigen ist, dass das Schiedsgericht auch nicht an zwingende Normen des eigentlich anwendbaren Rechts gebunden ist (BERGER/KELLERHALS, Rz 1726; RÜEDE/HADENFELDT, 347; LALIVE/POUDRET/REYMOND, Art. 36 N 4f 3; vgl. ferner die in Art. 381 N 24 zit. Entscheide).

Entscheidet ein Schiedsgericht (befugtermassen) zwar nach Rechtsnormen, *verweisen diese ihrerseits aber auf Billigkeit*, so liegt ebenfalls eine offenbare Verletzung der Billigkeit vor, wenn die Anwendung dieser Normen offensichtlich unbillig erscheint (BGE 107 Ib 63 E. 2a; BERGER/KELLERHALS, Rz 1727, m.Bsp. für solche Rechtsnormen: Art. 26 Abs. 2, Art. 29 Abs. 2, Art. 39 Abs. 2, Art. 368 Abs. 1 OR).

Entscheidet ein Schiedsgericht *nach Billigkeit anstatt nach dem auf den Streit anwendbaren Recht*, so liegt nach der hier vertretenen Auffassung eine unter lit. b zu rügende *Verletzung der Schiedsvereinbarung* vor (vgl. N 41; BGE 110 Ia 56 E. 1b; ebenso BSK IPRG-BERTI/SCHNYDER, Art. 190 N 67; **a.M.** BERGER/KELLERHALS, Rz 1725, und RÜEDE/HADENFELDT, 347 m.w.H., die hierin eine offenbare Verletzung des Rechts [lit. e] erblicken; vgl. auch IPRG-Komm.-HEINI, Art. 187 N 13, der hierin einen Verstoss gegen den Ordre public sieht). Im umgekehrten Fall (*Entscheid nach Recht statt nach Billigkeit*), oder wenn das Schiedsgericht *nach einem anderen als dem von den Parteien gewählten Recht* entscheidet, ist nach der hier vertretenen Auffassung unter lit. e (Willkür durch offenbare Rechtsverletzung) zu rügen; die Beschwerdeführerin hat in diesen Fällen also zu zeigen, dass der Entscheid *im Ergebnis* willkürlich ist.

f) Willkür in der Beweiswürdigung

Zur Beweiswürdigung vgl. Art. 375 N 61 ff. Nach bundesgerichtlicher Rechtsprechung **umfasst** die Rüge der offensichtlich aktenwidrigen tatsächlichen Feststellung **nicht die Beweiswürdigung** (BGer, 5A.304/2007, E. 3.2; 4P.49/2006, E. 3.1.1; BGE 131 I 45 E. 3.–3.7, m.H. auf die Gegenmeinungen von LALIVE/POUDRET/REYMOND, Art. 36 N 4f und von JOLIDON, Art. 36 N 94, die sich jeweils auf BGE 107 Ia 246 E. 5a/aa stützen). Die Rechtsmittelinstanz beschränkt sich somit darauf zu prüfen, ob die festgestellten Tatsachen nicht offensichtlich aktenwidrig sind, prüft jedoch nicht die Beweiswürdigung als solche. Das Bundesgericht begründet dies auch rechtspolitisch (BGE 131 I 45 E. 3.7): «Was die tatsächlichen Feststellungen anbelangt, sind mögliche Rügen auf klare Fälle beschränkt. Ob eine tatsächliche Annahme offensichtlich aktenwidrig ist, ist keine Wertungs-, keine Ermessensfrage. Demgegenüber beruht die Beweiswürdigung oft auf Ermessen und ebenso die Beurteilung der Frage, ob dieses Ermessen willkürlich gehandhabt wurde. Es macht durchaus Sinn, bei der Überprüfung von Schiedssprüchen dieses schwer fassbare Feld auszusparen. Wer seinen Streit einem Schiedsgericht unterbreitet, hat dessen Beweiswürdigung hinzunehmen, nicht jedoch offensichtlich aktenwidrige tatsächliche Feststellungen.»

Bezüglich der **antizipierten Beweiswürdigung** nimmt das Bundesgericht, bei internationalen Schiedssprüchen, zwar keine Verletzung des rechtlichen Gehörs, immerhin aber die Möglichkeit einer Prüfung unter dem Blickwinkel des *Ordre public* an (BGer, 4P.23/2006, E. 3.1; CORBOZ, 23). Entsprechend rechtfertigt es sich, eine antizipierte Beweiswürdigung dann zum Gegenstand einer Beschwerde (nach Art. 393 lit. e) machen zu können, wenn sie *im Ergebnis willkürlich* ist, weil sie namentlich offensichtlich aktenwidrig ist oder eine offenbare Rechtsverletzung zur Folge hat. Eine Willkürrüge wäre damit bspw. zulässig, wenn das Schiedsgericht im Rahmen einer antizipierten Beweiswürdigung rechtsgenüglich angebotene Beweise nicht zur Kenntnis nimmt, mit denen auf einfache Weise der Eintritt der Verjährung bewiesen werden könnte.

6. Überhöhte Entschädigungen und Auslagen (lit. f)

Der Anfechtungsgrund von Art. 393 lit. f entspricht dem bisherigen Art. 36 lit. i KSG, wobei die neue Bestimmung ergänzt ist um die «Auslagen» des Schiedsgerichts. Damit wird jedoch lediglich die bereits bestehende Praxis kodifiziert (RÜEDE/HADENFELDT,

348; JOLIDON, Art. 36 N 12). Das «und» ist nicht kumulativ zu verstehen; der Rügegrund ist auch gegeben, wenn lediglich die Entschädigungen oder die Auslagen offensichtlich zu hoch sind.

96 Gemäss Art. 384 Abs. 1 lit. f enthält der *Schiedsspruch* neben dem Dispositiv in der Sache auch die Höhe und die Verteilung der Verfahrenskosten und der Parteientschädigung. Art. 393 lit. f ermöglicht die Anfechtung des Schiedsspruches, wenn das Schiedsgericht sein **Honorar in offensichtlich unangemessener Höhe festlegt**. Mit Art. 393 lit. f können somit Entschädigungen und Auslagen des Schiedsgerichts angefochten werden, wenn sie «das Mass des noch Vertretbaren übersteigen» (RÜEDE/HADENFELDT, 348; krit. hierzu BERGER/KELLERHALS, Rz 1734, die dafür plädieren, Streitigkeiten über die Entschädigung der Schiedsrichter grundsätzlich vor dem zuständigen *Zivilrichter* auszutragen).

97 Der Rügegrund von Art. 393 lit. f kann auch erhoben werden, wenn die Entschädigungen und Auslagen nicht vom Schiedsgericht selbst, sondern von einer *Schiedsinstitution* festgelegt werden RÜEDE/HADENFELDT, 348; LALIVE/POUDRET/REYMOND, Art. 36 N 4i; **a.M.** JOLIDON, Art. 36 N 12).

98 Ob die Entschädigungen oder Auslagen «offensichtlich zu hoch» sind, ist eine **Wertungsfrage**, die durch die Rechtsmittelinstanz unter Berücksichtigung des Streitwertes, des Zeitaufwandes, des Schwierigkeitsgrades und allfälliger besonderer Fachkenntnisse entschieden werden muss (RÜEDE/HADENFELDT, 348). Es spricht nichts dagegen, wenn die Rechtsmittelinstanz sich bei ihrem Entscheid an den *üblichen Honoraren für die entsprechende Berufsgattung* der Schiedsrichter (Anwälte, Architekten, Ingenieure, Treuhänder) orientiert (LALIVE/POUDRET/REYMOND, Art. 36 N 4i). Hingegen dürfte die alleinige Anwendung von *gerichtlichen Tabellen* über Anwaltsgebühren zur Bemessung der Entschädigung nur in Frage kommen, wenn dies von den Parteien ausdrücklich vereinbart wurde. Haben die Parteien vereinbart, dass die Entschädigungen und Auslagen des Schiedsgerichts nach einem bestimmten *Tarif* festzulegen sind, so hebt die Rechtsmittelinstanz den Kostenentscheid nur auf, wenn dieser Tarif offensichtlich überschritten wurde (JOLIDON, Art. 36 N 12).

99 Nicht gerügt werden kann nach Art. 393 lit. f die Festlegung der **Parteientschädigungen** oder der Auslagen für **Drittpersonen** wie Sachverständige (RÜEDE/HADENFELDT, 348; LALIVE/POUDRET/REYMOND, Art. 36 N 4i; BERGER/KELLERHALS, Rz 1733). Diese Sachverhalte – wie auch die Entschädigungen und Auslagen des Schiedsgerichts – können jedoch gegebenenfalls wegen anderer Rügegründe von Art. 393 angefochten werden. In Frage kommen in erster Linie Art. 393 lit. b (wenn das Schiedsgericht zu einem Kostenentscheid gar nicht ermächtigt war; vgl. oben N 39), lit. c (wenn das Schiedsgericht trotz fehlendem Antrag eine Parteientschädigung zugesprochen hat; vgl. oben N 62) oder lit. e (wenn Parteientschädigungen oder die Festlegung von Auslagen für Drittpersonen willkürlich sind).

100 Die Rechtsmittelinstanz kann über die Höhe der Entschädigungen und Auslagen des Schiedsgerichts **selber entscheiden** (Art. 395 Abs. 4). Dies in Abweichung von der Regel, dass ein Schiedsentscheid bei Gutheissung einer Beschwerde an das Schiedsgericht zurückzuweisen ist (Art. 395 Abs. 2).

7. Entfallene Rügegründe

101 Gegenüber dem bisherigen Art. 36 sind drei Rügegründe nicht mehr ausdrücklich im Gesetz erwähnt:
– lit. e: das Schiedsgericht habe einer Partei *mehr oder*, ohne dass besondere Gesetzesvorschriften es erlauben, *anderes* zugesprochen, als sie verlangt hat;

– lit. g: das Schiedsgericht habe nach Ablauf seiner *Amtsdauer* entschieden; und

– lit. h: die Vorschriften des Art. 33 (*Inhalt des Schiedsspruches*) seien missachtet worden oder die Spruchformel sei unverständlich oder widersprüchlich.

a) Bisheriger lit. e – ultra petita

Der Rügegrund der bisherigen lit. e von Art. 36 KSG ist **nicht entfallen**. Er wird auf Grund seiner grosse Nähe, und weil Lehre und Praxis regelmässig auf Abgrenzungsschwierigkeiten verwiesen (LALIVE/POUDRET/REYMOND, Art. 36 N 4c und 4e), nunmehr vom Rügegrund von Art. 393 lit. c als miterfasst angesehen. 102

b) Bisheriger lit. g – Entscheid nach Ablauf der Amtsdauer

Nach dem bisherigen Recht konnte ein Schiedsentscheid angefochten werden, wenn er von einem Schiedsgericht erlassen worden war, dessen *Amtsdauer zum Entscheidzeitpunkt abgelaufen* war. Der Rügegrund stand im Zusammenhang mit Art. 16 KSG, der die Amtsdauer des Schiedsgerichts regelte und bestimmte, dass die Parteien das dem Schiedsgericht übertragene Amt befristen konnten (Art. 16 Abs. 1 KSG). In solchen Fällen war die Amtsdauer bei deren Ablauf durch die zuständige richterliche Behörde auf Antrag einer Partei oder des Schiedsgerichts zu *verlängern* (Art. 16 Abs. 2 KSG). Möglich blieb aber auch die *stillschweigende Übereinkunft* der Parteien durch widerspruchslose Weiterführung des Verfahrens (RÜEDE/HADENFELDT, 61). Die Möglichkeit der Befristung der Amtsdauer des Schiedsgerichts ist nunmehr in Art. 366 geregelt, der in Abs. 2 die Verlängerung durch Parteivereinbarung oder, auf Antrag einer Partei oder des Schiedsgerichts, durch das nach Art. 356 Abs. 2 zuständige kantonale Gericht vorsieht. 103

Der Rügegrund der Entscheidung nach Ablauf der Amtsdauer ist mit der h.L. als **Unterfall der Zuständigkeitsbeschwerde** anzusehen; die Befristung der Amtsdauer des Schiedsgerichts ist letztlich eine Befristung der Schiedsabrede (BERGER/KELLERHALS, Rz 1729; RÜEDE/HADENFELDT, 60 und 347 f.; LALIVE/POUDRET/REYMOND, Art. 36 N 4g.). Das Schiedsgericht ist damit nach Ablauf der festgelegten Amtsdauer (sachlich) nicht mehr zuständig (BERGER/KELLERHALS, a.a.O.), und eine entsprechende Rüge kann unter Art. 393 lit. b erhoben werden (vgl. oben N 45). 104

c) Bisheriger lit. h – Missachtung der Vorschriften über Inhalt, Unverständlichkeit

Art. 36 lit. h KSG sah den besonderen Rügegrund der *Verletzung der Vorschriften von Art. 33 KSG* sowie die *Unverständlichkeit* oder *Widersprüchlichkeit* der Spruchformel vor. Art. 33 KSG regelte die inhaltlichen (Abs. 1) und äusseren (Abs. 2) Formalien des Schiedsspruches (vgl. nunmehr Art. 384). Unter Art. 36 lit. h KSG konnte gerügt werden, dass der fragliche Schiedsspruch diesen Kriterien nicht genügte, dass also beispielsweise die Namen der Schiedsrichter (Art. 33 Abs. 1 lit. a KSG) oder die Anträge der Parteien bzw. die Umschreibung der Streitfrage (Art. 33 Abs. 1 lit. d KSG) oder die Begründung (Art. 33 Abs. 1 lit. e KSG) fehlten oder der Schiedsspruch nicht unterzeichnet oder datiert war (Art. 33 Abs. 2 KSG). Ebenso konnte geltend gemacht werden, der Schiedsspruch sei schlicht unverständlich oder in sich widersprüchlich. 105

Dieser bisherige Rügegrund von Art. 36 lit. h KSG ist **entfallen**. Einerseits stellten die einzelnen Vorschriften von Art. 33 Abs. 1 KSG *keine derart bedeutenden Elemente* des Schiedsspruches dar, dass ihr Fehlen zwingend zu einer Aufhebung führen musste (vgl. BERGER/KELLERHALS, Rz 1731), und anderseits kann ein unverständliches oder wider- 106 sprüchliches Dispositiv – wie auch das Fehlen der vormals in Art. 33 Abs. 1 enthaltenen Formalien – nunmehr im Rahmen von Art. 388, gegebenenfalls auch von Art. 394, **berichtigt, erläutert oder ergänzt** werden (für Einzelheiten vgl. Art. 388 bzw. Art. 394). Zur Frage der möglichen Verletzung des rechtlichen Gehörs (Art. 393 lit. d) wegen fehlender Begründung des Schiedsspruches vgl. oben N 72 ff.

Art. 394

Rückweisung zur Berichtigung oder Ergänzung	Die Rechtsmittelinstanz kann den Schiedsspruch nach Anhörung der Parteien an das Schiedsgericht zurückweisen und ihm eine Frist zur Berichtigung oder Ergänzung setzen.
Renvoi pour complément ou rectification	Le Tribunal fédéral ou le tribunal cantonal peuvent, après audition des parties, renvoyer la sentence au tribunal arbitral et lui impartir un délai pour la rectifier ou la compléter.
Rinvio per rettifica o completamento	L'autorità di ricorso, sentite le parti, può rinviare il lodo al tribunale arbitrale fissando a quest'ultimo un termine per rettificarlo o completarlo.

Inhaltsübersicht   Note

    I. Normzweck und Grundlagen 1
   II. Einzelfragen 4
        1. Keine Rückweisungspflicht 4
        2. «Anhörung der Parteien» 5
        3. Sachdienlichkeit 6
        4. Rückweisung 9
        5. Frist 10
        6. «Berichtigung oder Ergänzung» 12
        7. Vorgehen des Schiedsgerichts 14
        8. Verfahren vor Rechtsmittelinstanz 15

Literatur

Vgl. die Literaturhinweise bei Art. 389.

I. Normzweck und Grundlagen

1   Art. 394 ZPO übernimmt inhaltlich Art. 39 KSG, wobei der in dieser Bestimmung noch enthaltene Zusatz «und wenn sie es als sachdienlich erachtet» weggefallen ist.

2   Für internationale Schiedsentscheide sieht das **IPRG** *keine Möglichkeit* des Bundesgerichts zu einer Rückweisung zur Berichtigung oder Ergänzung vor. Zu berücksichtigen ist allerdings, dass die meisten gebräuchlichen internationalen *Schiedsordnungen*, analog zu Art. 388, die Möglichkeit der Parteien vorsehen, beim Schiedsgericht selbst um Berichtigung oder Ergänzung wegen bestimmter Fehler im Schiedsentscheid nachzusuchen (vgl. BERGER/KELLERHALS, Rz 1399 dort FN 70 m.H. auf Schiedsregeln).

3   Art. 394 entspricht unverändert dem Art. 392 des Entwurfs von 2006 wie auch Art. 382 des Vorentwurfs von 2003.

II. Einzelfragen

1. Keine Rückweisungspflicht

Art. 394 ist eine **«Kann»-Vorschrift**. Es steht im *Ermessen* der Rechtsmittelinstanz, ob sie von dieser Möglichkeit Gebrauch machen will. Unter den Art. 394 und 395 hat die Rechtsmittelinstanz somit die Wahl, ob sie den Entscheid zuerst an das Schiedsgericht zur Berichtigung oder Ergänzung zurückweist oder aber sofort über die Anfechtung nach Art. 389 bzw. 390 i.V.m. Art. 393 entscheidet (JOLIDON, 39 N 21). Die Rechtsmittelinstanz kann hingegen den Schiedsentscheid nicht selber berichtigen oder ergänzen (JOLIDON, Art. 39 N 21; LALIVE/POUDRET/REYMOND, Art. 39 N 1).

2. «Anhörung der Parteien»

Die **Rechtsmittelinstanz entscheidet selbst** über eine allfällige Rückweisung. Zieht sie eine solche in Betracht, gibt sie den Parteien Gelegenheit zur *Stellungnahme*, ist jedoch an deren Meinung – selbst wenn diese einhellig sein sollte – nicht gebunden (JOLIDON, 39 N 22; **a.M.** LALIVE/POUDRET/REYMOND, Art. 39 N 1, die den Begriff «nach Anhörung der Parteien» auf das Beschwerdeverfahren beziehen und einen Entscheid der Rechtsmittelinstanz über eine allfällige Rückweisung somit nach einer ersten Stellungnahme der Beschwerdegegnerin zur Beschwerde annehmen). Das *Schiedsgericht* braucht vorgängig nicht konsultiert zu werden (JOLIDON, 39 N 22).

3. Sachdienlichkeit

Gegenüber der bisherigen Bestimmung von Art. 39 KSG ist der Zusatz «und wenn sie es als sachdienlich erachtet» entfallen. Bei der Neuformulierung von Art. 394 handelt es sich aber lediglich um eine *redaktionelle Vereinfachung* (BOTSCHAFT ZPO, 7405; Expertenbericht, 181). Die Rechtsmittelinstanz dürfte sich somit im Rahmen dieser «Kann»-Vorschrift auch in Zukunft am Kriterium der Sachdienlichkeit orientieren.

Ob eine Rückweisung stets impliziert, dass die Beschwerde *Aussicht auf Erfolg* hat (so LALIVE/POUDRET/REYMOND, Art. 39 N 1, m.Vw. auf BGE 101 Ia 521 E. 4b) ist zumindest heute fraglich; unter der bisherigen Regelung stellte eine Verletzung der Vorschriften von Art. 33 KSG (heute Art. 384) stets einen Nichtigkeitsgrund dar, was heute nicht mehr der Fall ist. Eine Rückweisung kann jedenfalls angebracht sein, wenn die geltend gemachten Rügen eine Berichtigung oder Ergänzung des Schiedsentscheides geboten erscheinen lassen, im Übrigen aber nicht für eine Gutheissung der Beschwerde ausreichen. So beispielsweise, wenn *Formalien* nach Art. 384 Abs. 1 nicht eingehalten wurden (vgl. im Einzelnen Art. 384 N 56 ff. sowie LALIVE/POUDRET/REYMOND, Art. 39 N 1; vgl. auch Bsp. bei JOLIDON, Art. 39 N 22).

Eine Rückweisung kann schliesslich selbst dann in Frage kommen, wenn eigentlich der Rügegrund von Art. 393 lit. c – die Nichtberücksichtigung eines oder mehrerer Rechtsbegehren im Sinne einer Entscheidung *infra petita* (vgl. Art. 393 N 55 und 61) – gegeben wäre, der Mangel indessen so *offensichtlich* ist und gleichzeitig so *einfach behoben* werden kann, dass eine Ergänzung des Schiedsentscheids durch das Schiedsgericht zweckmässiger erscheint als die vorgängige Durchführung eines Rechtsmittelverfahrens samt Aufhebung des Schiedsentscheids (JOLIDON, 39 N 22).

4. Rückweisung

Entscheidet sich die Rechtsmittelinstanz für eine Rückweisung an das Schiedsgericht, so impliziert dies *keine Stellungnahme über die Begründetheit* der Beschwerde; die «Rückweisung» i.S.v. Art. 394 bedeutet mithin nicht dasselbe wie die Rückweisung nach einer Aufhebung des Schiedsentscheides gemäss Art. 395 Abs. 2 (JOLIDON, 39 N 23).

5. Frist

10   Weist die Rechtsmittelinstanz den Schiedsentscheid im Rahmen von Art. 394 zurück, so setzt sie dem Schiedsgericht eine *Frist zur Berichtigung oder Ergänzung* des Schiedsentscheides. Die Ansetzung einer solchen Frist bedingt, dass die Rechtsmittelinstanz genau mitteilt, welche Elemente im Dispositiv (und nötigenfalls zusätzlich in der Begründung) nach seiner Ansicht zu berichtigen oder zu ergänzen sind (LALIVE/POUDRET/REYMOND, Art. 39 N 1; JOLIDON, 39 N 23).

11   Als spätester Zeitpunkt für eine Rückweisung und Fristansetzung an das Schiedsgericht dürfte ein Zeitpunkt kurz *nach Eingang der Beschwerdeantwort* der Beschwerdegegnerin (und allenfalls des Schiedsgerichts) sein, da spätestens zu diesem Zeitpunkt klar sein dürfte, ob die vom Beschwerdeführer gerügten Fehler tatsächlich im Rahmen einer Berichtigung oder Ergänzung verbessert werden können.

6. «Berichtigung oder Ergänzung»

12   Für die Begriffe «Berichtigung» und «Ergänzung» vgl. **Art. 388**. Berichtigt werden können *Redaktions- und Rechnungsfehler*, mithin Fehler der *Willenskundgabe* des Schiedsgerichts, *nicht* hingegen solche, die letztlich auf eine *mangelhafte Willensbildung* des Schiedsgerichts zurückzuführen sind. Ergänzungen müssen sich auf das Dispositiv beziehen und nicht bloss auf die Begründung (BERGER/KELLERHALS, Rz 1416).

13   Im Gegensatz zu Art. 388 sieht Art. 394 keine Rückweisung zur **Erläuterung** vor. Erläuterung ist die *Bereinigung von Unklarheiten in der Spruchformel* (Dispositiv) des Entscheids (BERGER/KELLERHALS, Rz 1408). Gemäss BOTSCHAFT ZPO (7405) weist hingegen die Rechtsmittelinstanz den angefochtenen Schiedsspruch «zur blossen Berichtigung, Erläuterung oder Ergänzung zurück». Die frühere h.L., wonach eine Erläuterung durch das Schiedsgericht höchstens im Rahmen einer Stellungnahme zur Beschwerde möglich war, nicht jedoch im gesonderten Verfahren nach Art. 394 bzw. Art. 39 KSG (RÜEDE/HADENFELDT, 309; BGE 110 Ia 123; **a.M.** LALIVE/POUDRET/REYMOND, Art. 39 N 3), dürfte damit obsolet sein. Es ist davon auszugehen, dass das Schiedsgericht bei einer Zurückweisung im Rahmen von Art. 394 die gleichen Möglichkeiten hat wie bei einem Gesuch unter Art. 388, mithin bei Unklarheiten das Dispositiv auch erläutern kann.

7. Vorgehen des Schiedsgerichts

14   Die Rechtsmittelinstanz kann das Schiedsgericht *nicht* zu einer Berichtigung, Ergänzung oder Erläuterung des Schiedsentscheides *zwingen* (JOLIDON, 39 N 3). Vielmehr ergibt sich die Rechtsfolge aus Art. 395 Abs. 1: Nimmt das Schiedsgericht die Berichtigung oder Ergänzung *nicht fristgerecht* vor, so kann der Schiedsentscheid, bei Gutheissung der Beschwerde, aufgehoben werden. Gleiches gilt auch, wenn das Schiedsgericht die Berichtigung, Erläuterung oder Ergänzung nur *teilweise*, oder *anders*, vornimmt, als von der Rechtsmittelinstanz angeregt.

8. Verfahren vor Rechtsmittelinstanz

15   Den *Parteien* ist in jedem Falle durch die Rechtsmittelinstanz Gelegenheit zu geben, zum geänderten Schiedsentscheid *Stellung zu nehmen* (RÜEDE/HADENFELDT, 353 f.). Berichtigt, erläutert oder ergänzt das Schiedsgericht den zurückgewiesenen Entscheid zur vollen Zufriedenheit der Rechtsmittelinstanz, und sind damit sämtliche Rügen der Beschwerde erledigt, kann die Rechtsmittelinstanz das Beschwerdeverfahren als gegenstandslos *abschreiben* (LALIVE/POUDRET/REYMOND, Art. 39 N 3; JOLIDON, Art. 39 N 3). Fällt die Berichtigung, Ergänzung oder Erläuterung *ungenügend* aus oder erfolgt

1. Kapitel: Beschwerde   **Art. 395**

sie *nicht rechtzeitig*, wird das Beschwerdeverfahren *fortgesetzt* (RÜEDE/HADENFELDT, 353).

Aus der Berichtigung, Ergänzung oder Erläuterung können sich schliesslich auch *neue Anfechtungsgründe* ergeben; in einem solchen Falle müssen die Parteien Gelegenheit haben, die entsprechenden Rügen vorzubringen (LALIVE/POUDRET/REYMOND, Art. 39 N 2, die aus diesem Grunde auch für eine gehörige Eröffnung dieses Entscheides plädieren; **a.M.** hierzu JOLIDON, Art. 39 N 3; vgl. auch RÜEDE/HADENFELDT, 354). Zweckmässigerweise sind solche neuen Rügen im *gleichen Beschwerdeverfahren* zu behandeln (JOLIDON, Art. 39 N 3). Es käme einem unnötigen Leerlauf gleich, bezüglich eines in Anwendung von Art. 394 berichtigten, ergänzten oder erläuterten Entscheides in analoger Anwendung von Art. 388 Abs. 3 ein neues Beschwerdeverfahren beginnen zu lassen.   16

Art. 395

Entscheid

¹ Wird der Schiedsspruch nicht an das Schiedsgericht zurückgewiesen oder von diesem nicht fristgerecht berichtigt oder ergänzt, so entscheidet die Rechtsmittelinstanz über die Beschwerde und hebt bei deren Gutheissung den Schiedsspruch auf.

² Wird der Schiedsspruch aufgehoben, so entscheidet das Schiedsgericht nach Massgabe der Erwägungen im Rückweisungsentscheid neu.

³ Die Aufhebung kann auf einzelne Teile des Schiedsspruches beschränkt werden, sofern die andern nicht davon abhängen.

⁴ Wird der Schiedsspruch wegen offensichtlich zu hoher Entschädigungen und Auslagen angefochten, so kann die Rechtsmittelinstanz über diese selber entscheiden.

Prononcé

¹ Si la sentence n'est ni renvoyée au tribunal arbitral pour complément ou rectification ni rectifiée ou complétée dans le délai imparti, le Tribunal fédéral ou le tribunal cantonal statue; s'il admet le recours, il annule la sentence.

² Lorsque la sentence est annulée, les arbitres statuent à nouveau en se conformant aux considérants de l'arrêt de renvoi.

³ L'annulation peut se limiter à certains chefs du dispositif de la sentence, sauf si les autres en dépendent.

⁴ Lorsque la sentence est attaquée au motif que les dépenses et les honoraires des arbitres sont manifestement excessifs, le Tribunal fédéral ou le tribunal cantonal peuvent en fixer le montant.

Decisione

¹ Se il lodo non è rinviato al tribunale arbitrale oppure se non è rettificato o completato da quest'ultimo nel termine assegnatogli, l'autorità di ricorso pronuncia sul ricorso e, se l'accoglie, annulla il lodo.

² Se il lodo è annullato, il tribunale arbitrale decide di nuovo fondandosi sui considerandi del giudizio di rinvio.

³ L'annullamento può limitarsi a singole parti del lodo, salvo che le altre dipendano da queste.

⁴ Se il lodo è impugnato per indennità e spese manifestamente eccessive, l'autorità di ricorso può fissare essa stessa le indennità e spese dovute.

Art. 395   1–4   7. Titel: Rechtsmittel

Inhaltsübersicht   Note

   I. Normzweck und Grundlagen 1

  II. Entscheid über Beschwerde (Abs. 1) 5

 III. Neue Entscheidung des Schiedsgerichts (Abs. 2) 8
     1. Zusammensetzung des Schiedsgerichts 8
     2. Ausnahmen: Reformatorischer Entscheid der Rechtsmittelinstanz 13
     3. Neuer Schiedsspruch 14

 IV. Teilaufhebung des Schiedsentscheids (Abs. 3) 16

  V. Entscheid über Kosten und Auslagen (Abs. 4) 18

 VI. Endgültigkeit des Entscheids der Rechtsmittelinstanz 19

Literatur

Vgl. die Literaturhinweise bei Art. 389 sowie G. WALTER, Alternativentwurf Schiedsgerichtsbarkeit, Anhang I zur Zusammenstellung der Vernehmlassungen zum Vorentwurf ZPO, 850 ff. (zit. Alternativentwurf Walter).

I. Normzweck und Grundlagen

1   Art. 395 befasst sich mit dem Inhalt des Entscheides der Rechtsmittelinstanz über eine Beschwerde nach Art. 389 bzw. 390. Die Rechtsmittelinstanz entscheidet grundsätzlich **kassatorisch**, d.h. sie kann den Schiedsentscheid lediglich aufheben (Abs. 1) und zur neuen Entscheidung an das Schiedsgericht zurückweisen (Abs. 2). Lediglich über die Entschädigungen und Auslagen kann die Rechtsmittelinstanz gleich selber entscheiden (Abs. 4).

2   Art. 395 übernimmt inhaltlich weitestgehend den bisherigen Art. 40 KSG: Abs. 1 entspricht, mit Ausnahme des neuen Begriffs der «Rechtsmittelinstanz», dem bisherigen Art. 40 Abs. 1 KSG. Abs. 2 entspricht dem ersten Satzteil von Art. 40 Abs. 4 KSG, wobei die neue Bestimmung präzisiert, dass die Rechtsmittelinstanz «nach Massgabe der Erwägungen im Rückweisungsentscheid» zu entscheiden hat (BOTSCHAFT ZPO, 7405). Abs. 3 entspricht wörtlich Art. 40 Abs. 2 KSG. Abs. 4 entspricht Art. 40 Abs. 3 KSG, doch ist die Bestimmung neu als «Kann»-Vorschrift formuliert; die Rechtsmittelinstanz kann somit die Neufestsetzung der Entschädigung auch dem Schiedsgericht überlassen, was sich namentlich dort aufdrängt, wo die tatsächlichen Angaben zum geleisteten Aufwand fehlen (BOTSCHAFT ZPO, 7405).

3   Eine entsprechende, ausdrückliche Regelung findet sich im **IPRG** nicht. Für Entscheide über Beschwerde gegen internationale Schiedsentscheide nach Art. 190 f. IPRG ergeben sich die Grundsätze von Art. 395 Abs. 1 und 2 aus Art. 191 IPRG i.V.m. Art. 77 Abs. 2 bzw. Art. 107 Abs. 2 BGG (Rückweisung zur neuen Entscheidung). Da im Beschwerdekatalog von Art. 190 Abs. 2 IPRG eine Art. 393 lit. f entsprechende Bestimmung fehlt, existiert für internationale Schiedsentscheide auch keine dem Art. 395 Abs. 4 analoge Vorschrift.

4   Art. 395 entspricht unverändert dem Art. 393 des Entwurfs von 2006 sowie, mit Ausnahme einer lediglich sprachlichen Abweichung, auch dem Art. 383 des Vorentwurfs von 2003. Dessen Abs. 4 lautete: «Wird der Schiedsspruch wegen Verletzung von Artikel 378

Buchstabe f angefochten, so kann die Rechtsmittelinstanz über die Entschädigung und Auslagen selber entscheiden.»

II. Entscheid über Beschwerde (Abs. 1)

Art. 395 Abs. 1 und 2 verwenden beide den Begriff der «**Rückweisung**»; allerdings beziehen sich Abs. 1 und 2 auf zwei unterschiedliche Situationen: Abs. 1 nimmt Bezug auf die Möglichkeit der Rückweisung nach Art. 394, also *vor* einer Entscheidung der Rechtsmittelinstanz, während Abs. 2 die Rückweisung *nach* Entscheidung der Rechtsmittelinstanz meint.

Die Rechtsmittelinstanz entscheidet mithin gemäss Abs. 1 über die Beschwerde, wenn sie (a) von der Möglichkeit von Art. 394 überhaupt *keinen Gebrauch* macht oder (b) zwar davon Gebrauch gemacht hat, das Schiedsgericht den Schiedsentscheid aber innert der ihm von der Rechtsmittelinstanz angesetzten Frist *nicht (oder nicht ausreichend) berichtigt oder ergänzt* hat (LALIVE/POUDRET/REYMOND, Art. 40 N 1; für Einzelheiten vgl. Art. 394 N 14 f.).

Erachtet die Rechtsmittelinstanz die Beschwerde als unbegründet, so weist sie sie ab, soweit sie darauf eintritt. Erachtet sie die Beschwerde als begründet, heisst sie sie gut. Auf Grund der **kassatorischen Natur** der Beschwerde gemäss Art. 389 ff. kann die Rechtsmittelinstanz grundsätzlich nur den angefochtenen Schiedsentscheid **aufheben** und nicht selber in der Sache entscheiden (BGE 102 Ia 574 E. 4, für internationale Schiedsentscheide BGer, 4A.358/2009, E. 4; BERGER/KELLERHALS, Rz 1741; RÜEDE/ HADENFELDT, 354; LALIVE/POUDRET/REYMOND, Art. 40 N 1; für Ausnahmen vgl. N 13). Die Entscheidung der Rechtsmittelinstanz lautet in solchen Fällen: «Die Beschwerde wird gutgeheissen und der Entscheid der Vorinstanz vom [...] wird aufgehoben.» (vgl. z.B. BGer, 4A.358/2009, Dispositiv-Ziff. 1).

III. Neue Entscheidung des Schiedsgerichts (Abs. 2)

1. Zusammensetzung des Schiedsgerichts

Wird die Beschwerde gutgeheissen und der Schiedsentscheid aufgehoben, so weist das Bundesgericht den Schiedsentscheid an das Schiedsgericht zurück; Abs. 2 derogiert mithin Art. 107 Abs. 2 BGG bzw. Art. 327 Abs. 3 ZPO (vgl. auch Art. 77 Abs. 2 BGG). Die Aufhebung und Rückweisung des Schiedsentscheides führt zu einem **Wiederaufleben der Schiedsabrede und der Schiedsrichterverträge** (BGE 117 II 94 E. 4; RÜEDE/ HADENFELDT, 355). Davon ausgenommen ist einerseits der Fall, wo der angefochtene Schiedsentscheid von der Rechtsmittelinstanz wegen *Unzuständigkeit* gemäss Art. 393 lit. b aufgehoben worden ist; in einem solchen Fall stellt die Rechtsmittelinstanz endgültig die Unzuständigkeit des Schiedsgerichts bezüglich der anhängig gemachten Streitsache fest (BERGER/KELLERHALS, Rz 565; vgl. N 13). Anderseits besteht eine Ausnahme in denjenigen Fällen, in denen der Schiedsentscheid wegen *vorschriftswidriger Zusammensetzung* des Schiedsgerichts (Art. 393 lit. a) aufgehoben worden ist; in einem solchen Falle können nicht mehr die gleichen Schiedsrichter entscheiden (vgl. auch N 13).

Die bisherige Regelung sah in Art. 40 Abs. 4 KSG vor, dass die gleichen Schiedsrichter den neuen Entscheid zu fällen hatten, «soweit sie nicht wegen ihrer Teilnahme am früheren Verfahren oder aus einem anderen Grund abgelehnt werden». Die Einschränkung der möglichen Ablehnung ist bereits im Vorentwurf ZPO (dort Art. 383 Abs. 2) und nunmehr in Abs. 2 entfallen: die Bestimmung verweist lapidar auf «das Schiedsgericht». Im Alternativentwurf Walter (dort Art. 35 Abs. 6) war folgender Text vorgeschlagen: «Die Aufhebung des Schiedsspruchs hat im Zweifel zur Folge, dass wegen des Streitgegenstandes die Schiedsvereinbarung wieder auflebt.» Das Mandat der bisherigen Schiedsrichter sollte m.a.W. in der Regel nicht mehr aufleben (ALTERNATIVENTWURF WALTER, 913).

10   Der Wegfall der Einschränkung von Art. 40 Abs. 4 zweiter Satzteil KSG macht nun klar, dass der neue Schiedsentscheid von denselben Schiedsrichtern zu fällen ist (BERGER/KELLERHALS, Rz 565 und 804 sowie BGE 112 Ia 344 E. 3, der sich mit der Entstehung und Auslegung von Art. 40 Abs. 4 KSG auseinandersetzt). Vorbehalten bleibt die Möglichkeit einer Ablehnung einzelner Schiedsrichter aus den in Art. 365 vorgesehenen Gründen. Die blosse Teilnahme eines Schiedsrichters am ersten Schiedsverfahren bildet hingegen keinen Grund mehr für dessen Ablehnung (so schon LALIVE/POUDRET/REYMOND, Art. 40 N 4, unter der bisherigen Regelung).

11   Art. 395 enthält keine dem Art. 399 Abs. 2 analoge Bestimmung über das Vorgehen, wenn das Schiedsgericht nach einer Rückweisung des Schiedsentscheides bei gutgeheissenem Revisionsgesuch (Art. 396) **nicht mehr vollständig** ist. Der Grund hierfür liegt in der grossen zeitlichen Nähe zwischen dem Erlass eines Schiedsentscheides und dessen Aufhebung durch die Rechtsmittelinstanz gemäss Art. 395; die Zeitspanne liegt üblicherweise näher bei einem halben denn einem ganzen Jahr, während sie bei Revisionsgesuchen sogar über zehn Jahre sein kann (vgl. z.B. BGer, 4A.596/2009: 13 Jahre). Sollte das ursprüngliche Schiedsgericht jedoch bei einer Zurückweisung nach Art. 395 Abs. 2 nicht mehr vollständig sein, so ist ebenfalls nach **Art. 371** vorzugehen (BERGER/KELLERHALS, Rz 1654, zu int. Schiedssprüchen).

12   War die Amtsdauer des Schiedsgerichts **befristet**, und ist sie beim Rückweisungsentscheid bereits abgelaufen, liegt eine (analoge) Anwendung von Art. 366 nahe: Sofern die Parteien die Amtsdauer nicht durch ausdrückliche oder stillschweigende Vereinbarung verlängern, entscheidet hierüber das nach Art. 356 Abs. 2 zuständige staatliche Gericht (so schon, für die bisherige Regelung, RÜEDE/HADENFELDT, 356).

2. Ausnahmen: Reformatorischer Entscheid der Rechtsmittelinstanz

13   Hat die Rechtsmittelinstanz über eine Zuständigkeitsrüge (Art. 393 lit. b) zu befinden, so kann sie, in Abweichung von der oben (N 7) dargestellten Regel, ausnahmsweise reformatorisch entscheiden und selber die **Zuständigkeit oder Unzuständigkeit** des Schiedsgerichts feststellen (BGE 127 III 282 E. 1b; 117 II 94 E. 4). Diese Ausnahme gilt indessen *nicht*, wenn das Schiedsgericht seine Unzuständigkeit lediglich mangels (subjektiver oder objektiver) *Schiedsfähigkeit* festgestellt hat, das gültige Zustandekommen der Schiedsvereinbarung hingegen noch gar nicht geprüft hat; unter diesen Umständen kann die Rechtsmittelinstanz *nicht reformatorisch* entscheiden (BGer, 4A.428/2008, E. 2.4; BERGER/KELLERHALS, Rz 1652; POUDRET, Recours, 686; BESSON, Recours, 22).

Offen gelassen hat das Bundesgericht bislang die Frage, ob es bei einer Rüge wegen **vorschriftswidriger Zusammensetzung** des Schiedsgerichts (Art. 393 lit. a) ebenfalls nur kassatorisch entscheiden oder aber zusätzlich auch gleich die Absetzung des oder der befangenen Schiedsrichter(s) anordnen kann (BGer, 4A.210/2008, E. 2.2, m.H. auf 4P.196/2003, E. 2.2; BERGER/KELLERHALS, Rz 1652; POUDRET, Recours, 686; BESSON, Recours, 22, der die Frage aus zutreffenden, praktischen Gründen bejaht).

3. Neuer Schiedsspruch

Das Schiedsgericht muss sodann «nach Massgabe der Erwägungen im Rückweisungsentscheid» einen neuen Schiedsspruch erlassen; Abs. 2 kodifiziert damit lediglich den bereits zuvor unbestrittenen prozessualen Grundsatz, dass das Schiedsgericht an den **Entscheid der Kassationsinstanz gebunden** ist (BGE 113 Ia 407 E. 2b; 112 Ia 166 E. 3e; BESSON, Recours, 21; RÜEDE/HADENFELDT, 355; LALIVE/POUDRET/REYMOND, Art. 40 N 4; vgl. auch Komm. zu Art. 327 Abs. 3 lit. a). Das Schiedsgericht muss diejenigen Punkte seines ersten Schiedsentscheides, die Anlass zu dessen Aufhebung gegeben haben, *im Lichte der Erwägungen der Rechtsmittelinstanz nochmals behandeln*; im Übrigen bleibt es aber an seinen bisherigen Entscheid gebunden (BESSON, Recours, 21). Das Schiedsgericht hat den Parteien vor der Fällung des neuen Entscheids in jedem Falle das *rechtliche Gehör* zu gewähren. Der neue Entscheid unterliegt wiederum der *Beschwerde* nach Art. 389 ff. (RÜEDE/HADENFELDT, 356; LALIVE/POUDRET/REYMOND, Art. 40 N 4). Eine Beschwerde ist insb. gegeben, wenn das Schiedsgericht in seinem zweiten Entscheid über den ihm von der Rechtsmittelinstanz gesetzten Rahmen hinausgeht (BESSON, Recours, 21 f.).

Über die *Kosten* des ersten Schiedsverfahrens wird im zweiten Schiedsentscheid zu befinden sein. Es liegt nahe, die Kosten derjenigen Partei aufzuerlegen, die (im zweiten Schiedsentscheid) endgültig unterliegt (RÜEDE/HADENFELDT, 354).

IV. Teilaufhebung des Schiedsentscheids (Abs. 3)

Gemäss Abs. 3 kann die Rechtsmittelinstanz den angefochtenen Schiedsentscheid, d.h. dessen Dispositiv, auch nur **teilweise aufheben**, wenn die anderen Teile nicht davon abhängen. Eine teilweise Aufhebung kann sich ergeben aus einer nur teilweisen, auf einzelne Punkte des Dispositivs beschränkten Anfechtung oder einer nur teilweisen Gutheissung einer Beschwerde, bspw. einer Bejahung der Verletzung des rechtlichen Gehörs bei nur einem von mehreren (selbständigen) Ansprüchen oder beim Anspruch nur eines von mehreren Streitgenossen (RÜEDE/HADENFELDT, 354; LALIVE/POUDRET/REYMOND, Art. 40 N 2).

Die Rechtsmittelinstanz hat *genau zu prüfen*, ob eine Teilaufhebung wirklich möglich ist; über die Unabhängigkeit der restlichen, u.U. ebenfalls angefochtenen Punkte des Dispositivs darf kein Zweifel bestehen (JOLIDON, Art. 40 N 4). Ficht eine Partei in ihrer Beschwerde nur einzelne Punkte des Dispositivs eines Schiedsentscheides an, hängen diese aber eng mit anderen, nicht angefochtenen zusammen, so ist die Beschwerde abzuweisen, selbst wenn sie begründet ist (BESSON, Recours, 22, m.Vw. auf Art. 107 Abs. 1 BGG; JOLIDON, Art. 40 N 4). Im *Zweifelsfalle* wird eine Beschwerdeführerin daher stets im Hauptbegehren die Aufhebung des gesamten Schiedsentscheides beantragen. Bei einer Rüge wegen *vorschriftswidriger Zusammensetzung* (Art. 393 lit. a) ist eine Teilaufhebung a priori nicht denkbar, da sich die fehlende Unabhängigkeit oder Unparteilichkeit auf das ganze Verfahren auswirkt.

V. Entscheid über Kosten und Auslagen (Abs. 4)

Abs. 4 ist ein *Anwendungsfall von Abs. 3*, wenn die Beschwerde einzig auf Art. 393 lit. f gestützt wird (RÜEDE/HADENFELDT, 354; LALIVE/POUDRET/REYMOND, Art. 40 N 2). Im Gegensatz zur grundsätzlich kassatorischen Natur der Beschwerde nach Art. 389 bzw. 390 (vgl. N 7) ist die Rechtsmittelinstanz im Falle einer Kostenbeschwerde gemäss Art. 393 lit. f bei deren Gutheissung befugt, gleich **selber** über die Kosten und Auslagen des Schiedsgerichts zu **entscheiden**, d.h. diese auf das von ihr als angemessen erachtete Mass herabzusetzen (vgl. im Übrigen Art. 393 N 95 ff.).

Art. 396

VI. Endgültigkeit des Entscheids der Rechtsmittelinstanz

19 Das Bundesgericht entscheidet über eine Beschwerde gegen einen Schiedsspruch endgültig; gegen seinen Entscheid existiert *kein ordentliches Rechtsmittel mehr* (für Einzelheiten vgl. Art. 389 N 49 f. Gleiches gilt, wenn anstelle des Bundesgerichts die *kantonale Rechtsmittelinstanz* gemäss Art. 390 entschieden hat (Art. 390 Abs. 2; für Einzelheiten vgl. Art. 390 N 18 f.).

2. Kapitel: Revision

Art. 396

Revisionsgründe

¹ Eine Partei kann beim nach Artikel 356 Absatz 1 zuständigen staatlichen Gericht die Revision eines Schiedsspruchs verlangen, wenn:
   a. sie nachträglich erhebliche Tatsachen erfährt oder entscheidende Beweismittel findet, die sie im früheren Verfahren nicht beibringen konnte; ausgeschlossen sind Tatsachen und Beweismittel, die erst nach dem Schiedsspruch entstanden sind;
   b. wenn ein Strafverfahren ergeben hat, dass durch ein Verbrechen oder ein Vergehen zum Nachteil der betreffenden Partei auf den Schiedsspruch eingewirkt wurde; eine Verurteilung durch das Strafgericht ist nicht erforderlich; ist das Strafverfahren nicht durchführbar, so kann der Beweis auf andere Weise erbracht werden;
   c. geltend gemacht wird, dass die Klageanerkennung, der Klagerückzug oder der schiedsgerichtliche Vergleich unwirksam ist.

² Die Revision wegen Verletzung der EMRK kann verlangt werden, wenn:
   a. der Europäische Gerichtshof für Menschenrechte in einem endgültigen Urteil festgestellt hat, dass die EMRK oder die Protokolle dazu verletzt worden sind;
   b. eine Entschädigung nicht geeignet ist, die Folgen der Verletzung auszugleichen; und
   c. die Revision notwendig ist, um die Verletzung zu beseitigen.

Motifs de révision

¹ Une partie peut, pour l'une des raisons suivantes, demander au tribunal compétent en vertu de l'art. 356, al. 1, la révision d'une sentence entrée en force:
   a. elle découvre après coup des faits pertinents ou des moyens de preuve concluants qu'elle n'a pu invoquer dans la procédure précédente, à l'exclusion des faits ou moyens de preuve postérieurs à la sentence;
   b. une procédure pénale établit que la sentence a été influencée au préjudice du recourant par un crime ou un délit, même si aucune condamnation n'est intervenue; si l'action pénale n'est pas possible, la preuve peut être administrée d'une autre manière;
   c. elle fait valoir que le désistement d'action, l'acquiescement ou la transaction judiciaire n'est pas valable.

² La révision pour violation de la CEDH peut être demandée aux conditions suivantes:
a. la Cour européenne des droits de l'homme a constaté, dans un arrêt définitif, une violation de la CEDH ou de ses protocoles;
b. une indemnité n'est pas de nature à remédier aux effets de la violation;
c. la révision est nécessaire pour remédier aux effets de la violation.

Motivi di revisione
¹ Una parte può chiedere la revisione del lodo al tribunale statale competente secondo l'articolo 356 capoverso 1 se:
a. ha successivamente appreso fatti rilevanti o trovato mezzi di prova decisivi che non ha potuto allegare nella precedente procedura, esclusi i fatti e mezzi di prova sorti dopo la pronuncia del lodo;
b. da un procedimento penale risulta che il lodo a lei sfavorevole è stato influenzato da un crimine o da un delitto; non occorre che sia stata pronunciata una condanna dal giudice penale; se il procedimento penale non può essere esperito, la prova può essere addotta in altro modo;
c. fa valere che l'acquiescenza, la desistenza o la transazione arbitrale è inefficace.

² La revisione può essere chiesta per violazione della CEDU se:
a. la Corte europea dei diritti dell'uomo ha accertato in una sentenza definitiva che la CEDU o i suoi protocolli sono stati violati;
b. un indennizzo è inadatto a compensare le conseguenze della violazione; e
c. la revisione è necessaria per rimuovere la violazione.

Inhaltsübersicht   Note

I. Allgemeines 1
II. Normzweck und Grundlagen 7
III. Objekt und Zuständigkeit (Abs. 1) 9
IV. Revisionsgründe (Abs. 1 und 2) 12
    1. Erhebliche Tatsachen oder entscheidende Beweismittel (Abs. 1 lit. a) 12
    2. Einwirkung durch ein Verbrechen oder Vergehen (Abs. 1 lit. b) 22
    3. Unwirksamkeit von Klageanerkennung, Klagerückzug oder Vergleich (Abs. 1 lit. c) 29
    4. Verletzung der EMRK (Abs. 2) 32

Literatur

Vgl. die Literaturhinweise bei Art. 389 sowie L. HIRSCH, Révision d'une sentence arbitrale 12 ans après, Jusletter 4. Januar 2010, 1 ff.; G. KAUFMANN-KOHLER/A. RIGOZZI, Arbitrage international, Bern 2006; F. KNOEPFLER/P. SCHWEIZER, Arbitrage international, Zürich 2003; A. RIGOZZI/ M. SCHÖLL, Die Revision von Schiedssprüchen nach dem 12. Kapitel des IPRG, Bibliothek zur Zeitschrift Schweizerisches Recht – Beiheft 37 (2002); P. SCHWEIZER, Récusation d'Arbitre, Devoirs et incombances à propos de quelques arrêts récents qui brouillent l'écoute, ASA Bull 3/2009, 520 ff.; TRECHSEL et al. (Hrsg.), Schweizerisches Strafgesetzbuch – Praxiskommentar, Zürich/ St. Gallen 2008; M. VILLIGER, Handbuch der Europäischen Menschenrechtskonvention, 2. Aufl., Zürich 1999.

I. Allgemeines

Die Art. 396–399 behandeln die **Revision** von Schiedssprüchen. Damit kann ein Schiedsentscheid, selbst wenn er unangefochten geblieben oder eine Beschwerde nach Art. 389 ff. gegen ihn abgewiesen worden ist, nachträglich noch aus bestimmten Gründen aufgehoben werden. Die Revision stellt rechtspolitisch und rechtsstaatlich ein bedeutsames und akzeptiertes *Korrektiv* dar, indem die *Rechtskraft eines Entscheides ausnahmsweise aufgehoben* werden kann, wenn sich die dem Entscheid zugrunde gelegten Tatsachen nachträglich, und ohne Verschulden einer Partei, als falsch herausstellen und die korrekten Tatsachen zu einer anderen rechtlichen Beurteilung geführt hätten (BGE 118 II 199 E. 2b/cc). Der Mangel betrifft somit *nicht den Schiedsspruch selbst, sondern die Umstände*, die zu ihm geführt haben oder die Grundlagen, auf denen er beruht (RIGOZZI/SCHÖLL, 5 [zum OG, heute BGG]). Weil Schiedsentscheiden in der schweizerischen Rechtsordnung die gleiche Rechtskraft zukommt wie Entscheiden staatlicher Gerichte, muss die Revision nicht nur für staatliche Entscheide, sondern auch für Schiedsentscheide möglich sein.

2   Das ausserordentliche Rechtsmittel der Revision existierte bereits unter dem KSG (Art. 41–43 KSG); für internationale Schiedssprüche existierte mit dem Inkrafttreten des **IPRG** keine ausdrückliche Bestimmung, jedoch wurde die Möglichkeit der Revision durch die **bundesgerichtliche Rechtsprechung** in Füllung einer Gesetzeslücke bereits wenige Jahre später anerkannt (BGE 118 II 199; vgl. die Zusammenstellung der seither ergangenen Entscheide bei HIRSCH, Rz 4 FN 17). Analog anwendbar sind bei diesen Entscheiden die Art. 121 ff. BGG (BGE 118 II 199 E. 4; BERGER/KELLERHALS, Rz 1788; POUDRET, Présentation 2008, 257), wobei als Revisionsgründe lediglich Art. 123 Abs. 1 und Abs. 2 lit. a und, in nunmehriger Analogie zu Art. 396 Abs. 2, wohl auch Art. 122 BGG in Frage kommen; die verfahrensrechtlichen Revisionsgründe von Art. 121 BGG hingegen stellen bei internationalen Schiedsentscheiden Anfechtungsgründe nach Art. 190 Abs. 2 IPRG dar und können grundsätzlich nicht mit Revision gerügt werden (BERGER/KELLERHALS, Rz 1788; RIGOZZI/SCHÖLL, 22; vgl. allerdings N 18 ff.). Soweit die Revisionsgründe für internationale Schiedsentscheide identisch sind, kann die entsprechende bundesgerichtliche Rechtsprechung zur Auslegung der Revisionsgründe von Art. 396 beigezogen werden. Auch die von der (kantonalen und bundesgerichtlichen) Rechtsprechung für die Revision staatlicher Entscheide entwickelten Grundsätze können in solchen Fällen berücksichtigt werden.

3   Die Revision *kantonaler Gerichtsentscheide* ist im 2. Teil in den Art. 328 ff. ZPO geregelt, die Revision von *Bundesgerichtsentscheiden* in den Art. 121 ff. BGG. Der 3. Teil der ZPO stellt für die Revision von Schiedssprüchen teilweise eigene (wenn auch weitgehend identische) Regeln auf, teilweise verweist er auf die entsprechenden Bestimmungen des 2. Teils (Art. 398 betreffend Verfahren).

4   Gemäss Art. 396 kann im Wesentlichen aus zwei Gründen eine Revision verlangt werden: Im (klassischen) Fall des Auffindens **neuer Tatsachen oder Beweismitteln** (Abs. 1 lit. a) sowie im (eher seltenen) Fall einer **strafrechtlich relevanten Einwirkung** auf den Schiedsentscheid (Abs. 1 lit. b). Zwei Sonderfälle sind sodann die Revision einer Klageanerkennung, eines Klagerückzugs oder Vergleichs aufgrund von **Willensmängeln** (Abs. 1 lit. c) sowie die Revision eines Entscheides bei **EMRK-Verletzung** (Abs. 2).

5   Ein Revisionsgesuch ist in jedem der genannten Fälle binnen **90 Tagen** seit Entdeckung des Revisionsgrundes einzureichen (Art. 397); es besteht eine absolute Revisionsfrist von **zehn Jahren** seit Eintritt der Rechtskraft des Schiedsspruchs; danach kann die Revision nur noch im Falle des strafrechtlichen relevanten Einwirkens auf den Schiedsentscheid (Abs. 1 lit. b) verlangt werden (vgl. hierzu BGer, 4A.596/2008: zwölf Jahre). Ausschliesslich zuständig ist, in Abweichung von Art. 389 Abs. 1 und Art. 390 Abs. 1, **das kantonale Gericht** gemäss Art. 356 Abs. 1. Für das Verfahren gelten die Bestimmungen für die Revision staatlicher Entscheide (Art. 330 und 331 betr. Stellungnahme der Gegenpartei und fehlende aufschiebende Wirkung). Die Revisionsinstanz hebt bei Gutheis-

sung des Revisionsgesuchs den Schiedsspruch auf und weist die Sache zur **Neubeurteilung an das Schiedsgericht** zurück (Art. 399 Abs. 1). Ist dieses nicht mehr vollständig, ist es nach Art. 371 zu komplettieren (Art. 399 Abs. 2).

Auch wenn eine ausdrückliche Bestimmung fehlt (anders KSG Art. 1 Abs. 3), ist davon auszugehen, dass die Art. 396–399 zwingender Natur sind, die Parteien somit eine Revision (im Voraus) weder ganz noch teilweise ausschliessen oder die Revisionsmöglichkeiten erweitern oder das Verfahren (bspw. die Fristen) ändern können; ebenso ist es den Parteien verwehrt, eine andere als die in Art. 396 Abs. 1 vorgesehene Instanz als Revisionsinstanz zu vereinbaren (zum Konkordat RÜEDE/HADENFELDT, 359; vgl. auch HIRSCH, Rz 44 FN 89). 6

II. Normzweck und Grundlagen

Art. 396 bestimmt die Revisionsinstanz und die zulässigen **Revisionsgründe**. Einzige Instanz für die Behandlung von Revisionsgesuchen ist das nach Art. 356 Abs. 1 zuständige kantonale Gericht. Dies entspricht der bisherigen Regelung von Art. 42 KSG. Art. 396 Abs. 1 lit. a und b übernimmt inhaltlich die Revisionsgründe von Art. 41 KSG. Im Gegensatz zur bisherigen Regelung kann nun aber auch die Revision verlangt werden, wenn eine Klageänderung, ein Klagerückzug oder ein schiedsgerichtlicher Vergleich zivilrechtlich unwirksam ist (Abs. 1 lit. c; BOTSCHAFT ZPO, 7406). Gegenüber dem KSG neu hinzugekommen ist auch die Möglichkeit der Revision wegen festgestellter EMRK-Verletzung (Abs. 2). Die zulässigen Revisionsgründe sind mit denjenigen für staatliche Gerichtsentscheide (Art. 328) identisch. 7

Art. 396 entspricht unverändert dem Art. 394 des Entwurfs von 2006. Art. 385 enthielt noch keine Möglichkeit der Revision wegen festgestellter EMRK-Widrigkeit und auch nicht den letzten Satz von Art. 396 Abs. 1 lit. b betr. Möglichkeit, den Beweis der strafrechtlich relevanten Einwirkung auch durch andere Weise als durch ein Strafverfahren zu erbringen. 8

III. Objekt und Zuständigkeit (Abs. 1)

Gegenstand der Revision kann, gleich wie bei der Beschwerde (Art. 389 Abs. 1), nur ein «**Schiedsspruch**» sein. Das 2. Kapitel enthält allerdings, anders als das 1. Kapitel mit Art. 392, keine eingehendere Regelung der der Revision unterliegenden Entscheide. Analog zur Praxis bei internationalen Schiedsentscheiden ist davon auszugehen, dass *alle Schiedssprüche* – Teil- oder Endschiedsprüche in der Sache wie auch alle Vor- und Zwischenentscheide – *revisibel* sind, letztere, soweit sie für das Schiedsgericht *bindend* sind (BGE 134 III 286 E. 2.2; 122 III 492 E. 1b/aa–bb; BERGER/KELLERHALS, Rz 1763). 9

Nicht der Revision unterliegen (Zwischen-)Entscheide, die das Schiedsgericht selbst *nicht binden*, namentlich prozessleitende Verfügungen, die jederzeit vom Schiedsgericht geändert werden können (BGE 122 III 492 E. 1b/bb). Dies kann selbst bei Zwischenentscheiden des Schiedsgerichts in der Sache der Fall sein, soweit erkennbar ist, dass das Schiedsgericht in einem späteren Entscheid darauf zurückkommen kann (BGE 134 III 286, E. 2.2 und 2.3; BGer, 4P.237/2005, E. 3.2; vgl. zu letzterem die Kritik von SCHWEIZER in SZIER 2007, 85–86, der von einem «Fehlentscheid» spricht; BERGER/KELLERHALS, Rz 1799). Gegen ein Schiedsgutachten ist keine Revision gegeben (BGE 117 Ia 365 E. 5–8).

Während für die Revision von internationalen Schiedsentscheiden das *Bundesgericht* als einzige Instanz zuständig ist (BGE 118 II 199 E. 3), und während eine Partei bei einer 10

Beschwerde zwischen dem Bundesgericht (Art. 389 Abs. 1) und dem kantonalen Gericht (Art. 390 Abs. 1) *wählen* kann, ist für die Revision von Schiedssprüchen nach dem 3. Teil der ZPO stets nur das nach Art. 356 Abs. 1 zuständige **kantonale Gericht** anzurufen. Der Gesetzgeber hat also darauf *verzichtet*, für die Beschwerde und die Revision die *gleiche Instanz* vorzusehen. Zumindest theoretisch sind damit Konflikte und Abstimmungsprobleme zwischen Bundesgericht und kantonaler Instanzen bei parallel eingereichten Rechtsmitteln nicht ausgeschlossen (BERGER/KELLERHALS, Rz 1784; POUDRET, Présentation 2008, 256). Für Rechtsmittel gegen den Entscheid der kantonalen Revisionsinstanz vgl. Art. 399 N 11 f.

11   Eine Revision eines Schiedsentscheides kann nur auf entsprechendes **Gesuch** und dessen Gutheissung durch die *zuständige Revisionsinstanz* erfolgen; das Schiedsgericht kann seinen Entscheid, selbst wenn es bei noch laufendem Verfahren oder im Rahmen einer Erläuterung nach Art. 388 in einem Teil- oder dem Endentscheid einen Revisionsgrund entdecken sollte, nie von sich aus oder auf direktes Gesuch einer Partei hin revidieren (BGE 122 III 492 E. 1b/aa; 110 Ia 123 E. 5d; BERGER/KELLERHALS, Rz 1781; HIRSCH, Rz 3).

IV. Revisionsgründe (Abs. 1 und 2)

1. Erhebliche Tatsachen oder entscheidende Beweismittel (Abs. 1 lit. a)

12   Der Revisionsgrund von Abs. 1 lit. a entspricht inhaltlich dem bisherigen Revisionsgrund von Art. 41 lit. b. Er ist mit demjenigen von Art. 328 Abs. 1 lit. a ZPO und demjenigen von Art. 123 Abs. 2 lit. a BGG identisch.

13   Wie der letzte Satzteil von Abs. 1 lit. a klar macht, muss es sich um Tatsachen oder Beweismittel handeln, die **bereits während des Schiedsverfahrens bestanden** haben (sog. *unechte Noven*). *Echte Noven* berechtigen nicht zu einer Revision. Massgeblicher *Zeitpunkt* ist derjenige, bis zu welchem noch neue Tatsachen und Beweismittel vorgebracht werden konnten (BGer, 4A.368/2009, E. 3.2.1; im entsprechenden Fall verneint für ein nach Abschluss des Beweisverfahrens in Kraft getretenes Dopingreglement, dessen Inkrafttreten jedoch bereits anlässlich einer Verhandlung zwei Monate zuvor erwartet worden war).

14   Sodann muss eine Gesuchstellerin dartun, dass sie die Tatsachen oder Beweismittel im Schiedsverfahren **nicht beibringen konnte**. Vorausgesetzt ist, dass es der betreffenden Partei trotz Beachtung der *gehörigen Sorgfalt* nicht möglich oder zumutbar war, die Tatsachen oder Beweismittel rechtzeitig ausfindig zu machen, zu beschaffen und vorzubringen (BERGER/KELLERHALS, Rz 1771; RÜEDE/HADENFELDT, 361). Laut dem Bundesgericht mangelt es an genügender Sorgfalt, «wenn die Entdeckung neuer Tatsachen oder Beweismittel auf Nachforschungen zurückzuführen ist, die bereits im früheren Verfahren hätten angestellt werden können und müssen. Dass es einer Prozesspartei unmöglich war, eine bestimmte Tatsache bereits im früheren Verfahren vorzubringen, ist nur mit Zurückhaltung anzunehmen, da der Revisionsgrund der unechten Noven nicht dazu dient, bisherige Unterlassungen in der Prozessführung wieder gutzumachen» (BGer, 4A.528/2008, E. 2.5.2.2). Im betreffenden Fall verneinte das Bundesgericht eine entsprechende Sorgfalt der Gesuchstellerin, die die Mitgliedschaft sowohl eines Schiedsrichters wie auch des Rechtsvertreters der Gesuchsgegnerin in der gleichen Vereinigung mit geringem Aufwand schon wesentlich früher hätte entdecken und rügen können (E. 2.5.3; vgl. auch BGer, 4A.234/2008, E. 2.2.2, wo das Bundesgericht zu einem angeblich erst später entdeckten Ausstandsgrund festhielt, die Gesuchstellerin hätte sich, angesichts der Bedeu-

tung der Streitsache, nicht mit der auf einem Standardformular gemachten Erklärung betreffend Unabhängigkeit und Unparteilichkeit des Einzelschiedsrichters zufrieden geben müssen, sondern hätte weitere Abklärungen im Internet tätigen können, um den beruflichen Hintergrund des betreffenden Schiedsrichters besser zu kennen; krit. hierzu SCHWEIZER, 524 ff.; vgl. auch Art. 367 N 28). Im Urteil 4A.42/2008, E. 4.2 verneinte das Bundesgericht die genügende Sorgfalt bei Dokumenten, die die Gesuchstellerin in ihren eigenen Archiven fand. Die Vorlegung eines neuen Gutachtens dürfte die Voraussetzungen von Art. 396 Abs. 1 lit. a i.d.R. ebenfalls nicht erfüllen (RÜEDE/HADENFELDT, 361). Im Urteil 4P.117/2003 E. 4.2 verneinte das Bundesgericht die gehörige Sorgfalt bei einem neu eingereichten Gutachten eines Experten in einer Bausache, der im Schiedsverfahren bereits ein Gutachten erstattet hatte und bei seiner Anhörung ausgesagt hatte, dass, sollte die Verantwortung für die von ihm im Gutachten festgestellten Mängel geprüft werden, dies neue Abklärungen erfordern würde. Nach dem Bundesgericht hätte die Gesuchstellerin daraufhin diese neuen Abklärungen verlangen und gegen eine Schliessung des Beweisverfahrens opponieren müssen. Im Entscheid 4P.120/2002 (E. 2.2.1 und 2.2.2) schliesslich verneinte das Bundesgericht eine gehörige Sorgfalt bei der Neueinrichung einer Aussage eines Zeugen, zu dessen Anrufung die Gesuchstellerin bereits im Schiedsverfahren Anlass gehabt hätte.

Und schliesslich müssen die neu entdeckten Tatsachen «**erheblich**» sein, d.h. sie müssen «geeignet sein, die tatsächliche Grundlage des angefochtenen Urteils zu verändern, so dass sie bei zutreffender rechtlicher Würdigung zu einer anderen Entscheidung führen können» (BGer, 4A.528/2007, E. 2.5.2.1). Die neu entdeckten Beweismittel haben «**entscheidend**» zu sein. Das Bundesgericht hat diese Voraussetzungen im Entscheid 4A.42/2008, E. 4.1, wie folgt definiert: «Die neuen Tatsachen müssen erheblich sein, das heisst sie müssen geeignet sein, die tatsächliche Grundlage des angefochtenen Urteils zu verändern, so dass sie bei zutreffender rechtlicher Würdigung zu einer anderen Entscheidung führen können. Neue Beweismittel haben entweder dem Beweis der die Revision begründenden neuen erheblichen Tatsachen oder dem Beweis von Tatsachen zu dienen, die zwar im früheren Verfahren bekannt waren, aber zum Nachteil des Gesuchstellers unbewiesen geblieben sind. Sollen bereits vorgebrachte Tatsachen mit den neuen Mitteln bewiesen werden, so hat der Gesuchsteller darzutun, dass er die Beweismittel im früheren Verfahren nicht beibringen konnte. Erheblich ist ein Beweismittel, wenn anzunehmen ist, es hätte zu einem anderen Urteil geführt, falls das Gericht im Hauptverfahren davon Kenntnis gehabt hätte. Ausschlaggebend ist, dass das Beweismittel nicht bloss der Sachverhaltswürdigung, sondern der Sachverhaltsermittlung dient. Ein Revisionsgrund ist nicht schon dann gegeben, wenn das Gericht bereits im Hauptverfahren bekannte Tatsachen unrichtig gewürdigt hat. Notwendig ist vielmehr, dass die unrichtige Würdigung erfolgte, weil für den Entscheid wesentliche Tatsachen unbewiesen geblieben sind (BGE 110 V 138 E. 2; vgl. auch BGE 118 II 199 E. 5; 121 IV 317 E. 2 mit Verweisen). Wird die Revision eines internationalen Schiedsgerichtsurteils beantragt, hat das Bundesgericht gestützt auf die in diesem Urteil aufgeführten Entscheidgründe zu beurteilen, ob die Tatsache erheblich ist und – wäre sie bewiesen worden – wahrscheinlich zu einem anderen Entscheid geführt hätte (Urteil 4P.102/2006 E. 2.1).» Die Revisionsinstanz prüft nicht, welches der konkrete Einfluss der neuen Tatsache bzw. des neuen Beweismittels auf das Dispositiv des betreffenden Schiedsspruches sein wird; dies ist Aufgabe des Schiedsgerichts im Falle der Gutheissung des Revisionsgesuchs. Die Revisionsinstanz beschränkt sich vielmehr auf die Prüfung einer «**hypothetischen Schlüssigkeit**» der neuen Tatsachen und Beweismittel vor dem Hintergrund der Erwägungen im Schiedsspruch (BGer, 4P.117/2003, E. 1.2; 4P.120/2002, E. 1.4; eingehend dazu RIGOZZI/SCHÖLL, 48 ff.).

16 Das Bundesgericht hat eine *Erheblichkeit* eines nachträglich beigebrachten Beweismittels **bejaht** in einem Fall (BGer, 4P.102/2006), in welchem dieses Beweismittel (*in casu*: Affidavit eines Organs der Gesuchsgegnerin) geeignet war, eine Tatsache (*in casu*: die Person des wirtschaftlich Berechtigten an der Gesuchsgegnerin) zu beweisen, deren Kenntnis für die Abklärung einer Behauptung der Gesuchstellerin im Schiedsverfahren notwendig war. Das Schiedsgericht hatte es im Schiedsverfahren, gestützt auf die damals vorliegenden Beweise, als erwiesen erachtet, dass eine bestimmte Person an der Gesuchsgegnerin wirtschaftlich berechtigt sei und die gegenteilige Behauptung der Gesuchstellerin verworfen. Das neu beigebrachte Beweismittel diente somit der Sachverhaltsermittlung und nicht der Sachverhaltswürdigung (BGer, 4P.102/2006, E. 2.1 und 4.2).

17 Zu **verneinen** ist eine Erheblichkeit bei «neuen» Beweismitteln, die vom Schiedsgericht im Rahmen der Beweiswürdigung *bereits ausdrücklich unberücksichtigt* geblieben sind (z.B. auf Grund einer antizipierten Beweiswürdigung, vgl. BGer, 4P117/2003 E. 4.2, oder weil sie vom Schiedsgericht für die Prüfung des Parteibegehrens als irrelevant beurteilt wurden, RIGOZZI/SCHÖLL, 27), auch wenn hierzu vom Gesuchsteller *neue Elemente* beigebracht werden (z.B. neue Aussagen eines Zeugen, der vom Schiedsgericht als unglaubwürdig erachtet worden war; RIGOZZI/SCHÖLL, 27). Als nicht erheblich betrachtet werden auch neue Beweismittel zu Argumenten, die vom Schiedsgericht in seinem Entscheid *geprüft, aber verworfen* wurden (RIGOZZI/SCHÖLL, 27) oder die sich lediglich auf eine von mehreren Begründungen beziehen und der Schiedsspruch auch ohne diese Begründung Bestand hätte (BGer, 4A.234/2008, E. 3.2.2 für behauptetes strafbares Verhalten). Unerheblich sind schliesslich auch Tatsachen und Beweismittel, die nicht geeignet sind, eine vom Schiedsgericht vorgenommene rechtliche Würdigung zu ändern (BGer, 4P.120/2002, E. 2.2.3) oder die sich auf die *Beweiswürdigung* beziehen (BGE 118 II 199 E. 5 betr. neuer Umstände, die lediglich die Glaubwürdigkeit eines Zeugen erschüttern sollen).

18 Ein besonderes Problem stellt sich bei der nachträglichen Entdeckung der **Verletzung von Verfahrensvorschriften** (vgl. Art. 121 BGG). Bei internationalen Schiedsentscheiden können die Revisionsgründe von Art. 121 BGG grundsätzlich nicht vorgebracht werden (BERGER/KELLERHALS, Rz 1788; RIGOZZI/SCHÖLL, 22). Dies ist sicherlich sachgerecht für die Revisionsgründe von Art. 121 lit. b–d BGG, da diese bei normaler Sorgfalt innert der Beschwerdefrist von 30 Tagen entdeckt werden können (auch Art. 124 Abs. 1 lit. b sieht hierfür lediglich eine Frist von 30 Tagen seit Eröffnung der vollständigen Ausfertigung des Entscheides vor) bzw., im Falle der Aktenwidrigkeit (Art. 121 lit. d BGG) auch mit Beschwerde gemäss Art. 190 Abs. 2 IPRG nicht gerügt werden können. Diskutiert wird hingegen, ob nicht die nachträglich entdeckte Verletzung von **Ausstandsvorschriften** (Art. 121 lit. a BGG), wiewohl ebenfalls eine verfahrensrechtliche Frage, mit Revision gerügt werden können sollte. Art. 124 Abs. 1 lit. a BGG sieht hierfür nämlich eine bloss relative Frist von 30 Tagen seit Entdeckung des Ausstandsgrundes vor. Diese Frage ist gleichermassen auch für Binnenschiedssprüche relevant, insbesondere, weil anstelle der Berücksichtigung des Revisionsgrundes von Art. 121 lit. a BGG alternativ auch vorgeschlagen wird, solche Fälle ebenfalls als «nachträglich entdeckte erhebliche Tatsachen» i.S.v. Art. 123 Abs. 2 lit. a BGG zu behandeln (KAUFMANN-KOHLER/RIGOZZI, Rz 859; KNOEPFLER/SCHWEIZER, 170).

19 Einerseits ist zutreffend, dass die vorschriftswidrige Zusammensetzung des Schiedsgerichts, namentlich die Befangenheit oder Parteilichkeit eines oder mehrerer Mitglieder, bereits einen ausdrücklichen *Beschwerdegrund* darstellen (Art. 393 lit. a ZPO, Art. 190 Abs. 2 lit. a IPRG) und damit im entsprechenden Verfahren zu rügen sind. Anderseits

erscheint es stossend, einen Schiedsentscheid bestehen lassen zu müssen, an welchem ein abhängiger oder parteiischer Schiedsrichter mitgewirkt hat.

Das Bundesgericht hat diese Frage (für einen internationalen Schiedsentscheid) im Entscheid 4A.528/2007 (E. 2) eingehend diskutiert, im Ergebnis aber *offen gelassen*, weil die Voraussetzungen sowohl für eine Anwendung von Art. 121 lit. a BGG wie auch für diejenige von Art. 123 Abs. 2 lit. a BGG nicht gegeben gewesen wären (E. 2.5; offen gelassen auch im späteren Entscheid 4A.234/2008, E. 2.1 und 2.2.1).

Nach der hier vertretenen Meinung stellt auch eine *nachträglich entdeckte Abhängigkeit oder Parteilichkeit* eines oder mehrerer Mitglieder des Schiedsgerichts eine *«erhebliche Tatsache»* i.S.v. Art. 396 Abs. 1 lit. a dar und kann somit im Rahmen eines Revisionsverfahrens geltend gemacht werden. Auf den Revisionsgrund kann sich eine Partei jedoch nur berufen, wenn sie den Ablehnungsgrund nicht bereits im Schiedsverfahren oder im Rahmen einer Beschwerde nach Art. 389 ff. hätte erkennen und geltend machen können; eine solche Unmöglichkeit wird eher zurückhaltend anzunehmen sein (BGer, 4A.528/2007, E. 2.5.2.2).

2. Einwirkung durch ein Verbrechen oder Vergehen (Abs. 1 lit. b)

Der Revisionsgrund von Abs. 1 lit. b entspricht inhaltlich dem bisherigen Revisionsgrund von Art. 41 lit. a KSG. Er ist mit demjenigen von Art. 328 Abs. 1 lit. b und demjenigen von Art. 123 Abs. 1 BGG identisch.

Abs. 1 lit. b ermöglicht die Revision, wenn durch ein **Verbrechen oder ein Vergehen zum Nachteil einer Partei** auf den Schiedsspruch **eingewirkt** wurde. Der Nachweis des Verbrechens oder Vergehens hat dabei grundsätzlich durch ein *Strafverfahren* zu erfolgen. Eine Verurteilung durch das Strafgericht ist aber nicht zwingend erforderlich. Wenn das Strafverfahren *nicht durchführbar* ist, kann der Beweis auch auf *andere Weise* erbracht werden. Ist hingegen ein Strafverfahren durchführbar, so ist vorab ein solches einzuleiten und dessen Abschluss abzuwarten, bevor ein Revisionsgesuch gestellt werden kann (RIGOZZI/SCHÖLL, 32 f.; BGer, 4A.234/2008, E. 3.2.1). Das Strafverfahren braucht nicht in der Schweiz durchgeführt worden zu sein; der entsprechende Nachweis kann auch durch die Ergebnisse eines *ausländischen Verfahrens* erbracht werden, soweit in diesem die *minimalen Verfahrensgarantien* von Art. 6 Ziff. 2 und 3 und Art. 14 Abs. 2–7 UNO-Pakt II (SR 0.103.2) respektiert wurden (BGer, 4A.596/2008, E. 4.1, der aber keinerlei Belegstellen für diese Aussage anführt; vgl. HIRSCH, Rz 38 FN 77).

Die zuständige Strafbehörde hat die Verwirklichung der **objektiven Tatbestandsmerkmale** des Verbrechens oder Vergehens festzustellen (BGer, 4A.596/2008, E. 4.1). Ist keine Verurteilung erfolgt, weil im Rahmen eines *Freispruchs* oder einer *Verfahrenseinstellung* die Tatbestandsmerkmale der strafbaren Handlung *verneint* wurden, ist die Revisionsinstanz ebenfalls daran gebunden (HIRSCH, Rz 38 FN 76). Eine eigene Überprüfung durch die Revisionsinstanz kann mithin nur erfolgen, wenn eine Verurteilung wegen *Verfolgungsverjährung, Tod des Angeschuldigten oder dessen Zurechnungsunfähigkeit* ausgeblieben ist (RIGOZZI/SCHÖLL, 33; BGE 92 II 68 E. 1a; BGer, 4A.596/2008, E. 4.1). In solchen Fällen muss ein Gesuchsteller der Revisionsinstanz sämtliche Umstände darlegen, die es ihr ermöglichen, die Verwirklichung der objektiven Tatbestandsmerkmale selber zu prüfen.

Die Beschränkung auf «Verbrechen oder Vergehen» schliesst *Übertretungen und Verletzungen kantonalen Rechts* aus (BSK BGG-ESCHER, Art. 123 N 3). Von Bedeutung sind im schweizerischen Strafrecht namentlich die *Urkundendelikte* (Art. 251 ff. StGB), die *Rechtspflegedelikte* von Art. 306 StGB (falsche Beweisaussage einer Partei) und Art. 307

StGB (falsches Zeugnis oder Gutachten, falsche Übersetzung), je i.V.m. Art. 309 lit. a StGB, und schliesslich die *Bestechungsdelikte* von Art. 322ter ff. StGB (eingehend zu Art. 307 StGB RIGOZZI/SCHÖLL, 34 ff.: Schwierigkeiten können sich namentlich aus den unterschiedlichen Vorschriften über die Zeugenqualität bestimmter Personen stellen sowie im Zusammenhang mit der Frage, ob die Einhaltung bestimmter Formalien wie die vorgängige Strafdrohung, die Belehrung über das Zeugnisverweigerungsrecht und das Verlesen und die Unterzeichnung des Zeugenprotokolls Strafbarkeitsbedingung ist; vgl. TRECHSEL et al., Art. 307 N 12).

26 Gemäss Abs. 1 lit. b kommen für ein Revisionsbegehren nur diejenigen Verbrechen oder Vergehen in Frage, mit denen «zum Nachteil der betreffenden Partei auf den Schiedsspruch eingewirkt wurde». Die **Einwirkung** muss tatsächlich stattgefunden haben, der blosse Versuch dazu genügt nicht (RIGOZZI/SCHÖLL, 38). Nicht erforderlich ist hingegen, dass das Delikt von einer Partei verübt wurde; auch Dritte, selbst ohne Wissen einer Partei handelnde Personen kommen in Frage (HIRSCH, Rz 38). Vorausgesetzt ist stets eine kausale Verbindung zwischen dem begangenen Delikt und dem Dispositiv des Schiedsentscheides, um dessen Revision ersucht wird (BGer, 4A.596/2008, E. 4.1).

27 Im Urteil 4A.596/2008 (E. 4.2) hat das Bundesgericht die Einwirkung zum Nachteil einer Partei *bejaht* in einem Fall, in welchem ein französischer Untersuchungsrichter in seiner Schlussverfügung zu einem langjährigen Strafverfahren festgehalten hatte, ein Zeuge im Schiedsverfahren hätte, durch zahlreiche Machenschaften, bewirkt, dass die seinerzeitigen Schiedsrichter über die wahren Hintergründe der Streitsache (es handelte sich um Kommissionszahlungen im Rahmen der sog. «Fregatten-Affäre» in Frankreich) getäuscht worden seien. Dies habe dazu geführt, dass die Schiedsrichter die Beklagte und Gesuchstellerin zur Zahlung einer Geldsumme an zwei Klägerinnen verurteilt hätten. Zu einer Verurteilung des Täters kam es nicht, weil dieser in der Zwischenzeit verstorben war. Das Bundesgericht stützte sich vollumfänglich auf die, nach seiner Ansicht eingehend begründete und plausible, Schlussverfügung und kam zum Ergebnis, der besagte Zeuge hätte einen Prozessbetrug (Art. 146 StGB) begangen. Dieser habe sich unmittelbar zum Nachteil der Gesuchstellerin ausgewirkt, weil die Schiedsrichter, hätten sie um die wahren Hintergründe der Kommissionsvereinbarung gewusst, diese als nichtig hätten qualifizieren müssen (BGer, 4A.596/2008, E. 4.2.3). Das Bundesgericht hob den Schiedsentscheid auf, weil es auch die Voraussetzung des schutzwürdigen Interesses (vgl. Art. 398 N 8) als erfüllt ansah; die Vollstreckung des seinerzeitigen Schiedsentscheides war für die Dauer des Strafverfahrens ausgesetzt worden (BGer, 4A.596/2008, E. 3.5).

28 Eine Einwirkung zum Nachteil der Gesuchstellerin ist zu *verneinen* in Fällen, in denen das behauptete strafbare Verhalten lediglich auf eine subsidiäre Begründung des Schiedsspruches Einfluss gehabt hätte und der Schiedsspruch auch ohne diese Begründung haltbar wäre (BGer, 4A.234/2008, E. 3.2.2), oder wenn sich eine Falschaussage oder ein gefälschtes Dokument auf entscheidunerhebliche Tatsachen bezog (RIGOZZI/SCHÖLL, 39).

3. Unwirksamkeit von Klageanerkennung, Klagerückzug oder Vergleich (Abs. 1 lit. c)

29 Abs. 1 lit. c ermöglicht die Revision, wenn eine Klageanerkennung, ein Klagerückzug oder ein Vergleich **zivilrechtlich unwirksam** sind. Ein solcher Revisionsgrund existierte unter dem KSG nicht. Der Revisionsgrund ist mit demjenigen von Art. 328 Abs. 1 lit. c identisch. Der für die Revision von internationalen Schiedsentscheiden massgebliche Art. 123 BGG sieht keinen solchen Revisionsgrund vor. Ein entsprechender Revision-

grund war bspw. in § 293 Abs. 2 ZPO/ZH gegeben (vgl. dazu FRANK/STRÄULI/MESSMER, § 293 ZPO/ZH N 10 ff.).

Die «zivilrechtliche Unwirksamkeit» bezieht sich auf **Willensmängel** des Erklärenden nach den Art. 23 ff. OR, also wesentlichen Irrtum, absichtliche Täuschung oder Drohung, sodann aber auch auf Handlungsfähigkeit, Dissens oder Unsittlichkeit (FRANK/STRÄULI/MESSMER, § 293 ZPO/ZH N 11 f.). Der Hauptfall des *Grundlagenirrtums* (Art. 24 Ziff. 4 OR) beim Vergleich ist jedoch ausgeschlossen für Punkte, die zum Zeitpunkt des Vergleichsschlusses bestritten und ungewiss waren und später anderweitig aufgeklärt werden; andernfalls könnten diejenigen Punkte zum Gegenstand des Revisionsgesuchs gemacht werden, die durch den Vergleich gerade erledigt werden sollten (FRANK/STRÄULI/MESSMER, § 293 ZPO/ZH N 11). Ausgeschlossen ist auch ein Irrtum über das Vorhandensein von Beweismitteln (*ibid.*). Für Einzelheiten sei ferner auf die Komm. zu Art. 328 Abs. 1 lit. c verwiesen. 30

Nach dem Wortlaut von Abs. 1, erster Satzteil, kann eine Revision jedoch nur verlangt werden, wenn die entsprechende Erledigung durch «Schiedsspruch» erfolgte (was bei Vergleichen von den Parteien nach Art. 385 beantragt werden kann). Wurde bspw. der Klagerückzug vom Schiedsgericht lediglich in einer Abschreibungsverfügung festgehalten, ist somit keine Revisionsmöglichkeit gegeben (Bericht VE-ZPO, 182). 31

4. Verletzung der EMRK (Abs. 2)

Abs. 2 ermöglicht die Revision, wenn durch den Europäischen Gerichtshof für Menschenrechte (EGMR) eine **Verletzung der EMRK** festgestellt worden ist. Ein solcher Revisionsgrund existierte unter dem KSG nicht. Der Revisionsgrund ist mit demjenigen von Art. 328 Abs. 2 und demjenigen von Art. 122 BGG identisch. Letzterer dürfte, obschon in der Lehre und bundesgerichtlichen Praxis bislang nicht ausdrücklich erwähnt, auch für internationale Schiedsentscheide als Revisionsgrund in Frage kommen. 32

Im Falle von Schiedsverfahren ist in erster Linie an Verletzungen von **Art. 6 Ziff. 1 EMRK** (Anspruch auf faires Verfahren) zu denken (vgl. VILLIGER, 278; BGE 117 II 166 E. 5). Denkbar sind jedoch auch andere Konventionsgarantien wie die Eigentumsgarantie (Art. 1 des 1. Zusatzprotokolls EMRK vom 20.3.1952) oder die Achtung der Privatsphäre (Art. 8 EMRK) (vgl. BESSON, Human Rights, 397; zur Frage, ob Schiedsgerichte überhaupt an Art. 6 Ziff. 1 EMRK gebunden sind vgl. *ibid.*, 400 ff.; zur europäischen Praxis vgl. *ibid.*, 407 ff.). 33

Die **Voraussetzungen** für eine Beschwerde an den EGMR ergeben sich aus Art. 35 EMRK. Die innerstaatlichen Rechtsbehelfe müssen ausgeschöpft sein (Art. 35 Abs. 1 EMRK). Ein Beschwerdeführer muss daher vorab das Beschwerdeverfahren nach Art. 389 ff. beschreiten. Eine Beschwerde ist innert *sechs Monaten* seit der endgültigen innerstaatlichen Entscheidung einzureichen, vorliegend also sechs Monate nach dem (negativen) Urteil der Beschwerdeinstanz nach Art. 389 Abs. 1 bzw. Art. 390 Abs. 1. Massgeblich dürfte dabei die Zustellung des begründeten Entscheides sein (vgl. Art. 389 N 48). 34

Die Revision kann nach Abs. 2 nur verlangt werden, wenn, **kumulativ,** der EGMR endgültig eine EMRK-Verletzung festgestellt hat (lit. a), die Verletzung nicht durch eine Entschädigung ausgeglichen werden kann (lit. b) und daher eine Revision des Schiedsurteils erforderlich ist (lit. c). 35

Der EGMR erlässt ein **Feststellungs-, kein Gestaltungsurteil**; das Urteil hat innerstaatlich keine unmittelbare Wirkung, weder auf das Schiedsgericht noch die Rechtsmittelinstanz (VILLIGER, 148). Ob ein Urteil des EGMR endgültig ist, beurteilt sich nach 36

Art. 44 EMRK (vgl. BSK BGG-ESCHER, Art. 122 N 4). Kann die Verletzung durch eine Entschädigung (Art. 41 EMRK) wieder gutgemacht werden, ist eine Revision ausgeschlossen, ebenso, wenn eine Entschädigung beantragt, aber abgelehnt wurde (BSK BGG-ESCHER, Art. 122 N 5). Bei Verfahrensmängeln dürfte eine Wiedergutmachung durch eine Entschädigung kaum möglich sein (BGE 120 V 150 E. 2b), weshalb in solchen Fällen i.d.R. die Notwendigkeit der Revision zu prüfen sein wird (BSK BGG-ESCHER, Art. 122 N 7).

Art. 397

Fristen

[1] Das Revisionsgesuch ist innert 90 Tagen seit Entdeckung des Revisionsgrundes einzureichen.

[2] Nach Ablauf von zehn Jahren seit Eintritt der Rechtskraft des Schiedsspruches kann die Revision nicht mehr verlangt werden, ausser im Fall von Artikel 396 Absatz 1 Buchstabe b.

Délais

[1] La demande de révision est déposée dans les 90 jours à compter de la découverte du motif de révision.

[2] Le droit de demander la révision se périme par dix ans à compter de l'entrée en force de la sentence, à l'exception des cas prévus à l'art. 396, al. 1, let. b.

Termini

[1] La domanda di revisione dev'essere presentata entro 90 giorni dalla scoperta del motivo di revisione.

[2] Dopo dieci anni dal passaggio in giudicato del lodo, la revisione non può più essere domandata, salvo nel caso di cui all'articolo 396 capoverso 1 lettera b.

Inhaltsübersicht — Note

I. Normzweck und Grundlagen ... 1
II. Fristen ... 4
   1. Relativ: 90 Tage seit Entdeckung des Revisionsgrundes (Abs. 1) ... 4
   2. Absolut: 10 Jahre (Ausnahme: Art. 396 Abs. 1 lit. b) (Abs. 2) ... 7
   3. Fristwahrung ... 8

Literatur

Vgl. die Literaturhinweise bei Art. 396.

I. Normzweck und Grundlagen

1 Art. 397 behandelt die **relative** (90 Tage) und die **absolute Frist** (10 Jahre, mit Ausnahme) für die Einreichung eines Revisionsgesuches. Art. 42 KSG sah eine relative Frist von 60 Tagen und eine (ausnahmslose) Frist von fünf Jahren vor.

2 Art. 397 entspricht unverändert dem Art. 395 des Entwurfs von 2006. Art. 386 des Vorentwurfs von 2003 sah eine relative Frist von drei Monaten und, wie Art. 42 KSG, eine (ausnahmslose) absolute Frist von fünf Jahren nach Zustellung des Schiedsspruches vor. Diese kürzere Frist wurde damit begründet, dass danach ein Schiedsgericht nur

unter grossen Schwierigkeiten in der gleichen Zusammensetzung amten könne (Bericht VE-ZPO, 182). Für die endgültige Fassung von Art. 397 gaben jedoch die Koordination mit Art. 329 und die Möglichkeit der Ersatzernennung nach Art. 399 Abs. 2 i.V.m. Art. 371 den Ausschlag (BOTSCHAFT ZPO, 7406).

Art. 397 ist bezüglich der Fristen mit **Art. 329 identisch**; letzterer verlangt jedoch in Abs. 1 zusätzlich, dass das Revisionsgesuch «schriftlich und begründet» einzureichen sei. Diese Diskrepanz ist praktisch jedoch irrelevant; vgl. hierzu Art. 398 N 6. 3

II. Fristen

1. Relativ: 90 Tage seit Entdeckung des Revisionsgrundes (Abs. 1)

Das Revisionsgesuch muss i.d.R. binnen **90 Tagen**, von der Entdeckung des Revisionsgrundes an, bei der Revisionsinstanz anhängig gemacht werden. Das Revisionsgesuch kann *nicht vor Eintritt der Rechtskraft*, d.h. vor der Eröffnung (Art. 386 und 387) des betreffenden Schiedsspruchs bzw. – in Fällen von Art. 396 Abs. 1 lit. b – *nicht vor dem Abschluss eines laufenden Strafverfahrens* gestellt werden (RIGOZZI/SCHÖLL, 26 f.; BGer, 4A.234/2008, E. 3.1 und 3.2.1 zu Strafverfahren). Nach BGE 86 II 198 ist ein vor Abschluss des Strafverfahrens eingereichtes Revisionsgesuch *abzuweisen*, es ist somit nicht unzulässig, sondern unbegründet (RIGOZZI/SCHÖLL, 27). 4

Die Frist beginnt für den Revisionsgrund von Art. 396 Abs. 1 lit. a, sobald der Gesuchsteller «**hinreichend sichere Kenntnis** von den *massgebenden Tatsachen oder Beweismitteln* hat» (BGer, 4P.102/2006, E. 4.1). Die Voraussetzung ist nicht zu verwechseln mit dem «Kennenmüssen» gemäss Art. 396 Abs. 1 lit. a (vgl. Art. 396 N 14); diese ist erst für die Begründetheit des Revisionsgesuchs massgeblich. *Beweispflichtig* für die Einhaltung der Frist ist der Gesuchsteller (BGer vom 2.7.1997, publ. in ASA Bull 15 [1997], 494 ff., E. 2). Der Zeitpunkt der «hinreichend sicheren Kenntnis» lässt sich nicht immer mit absoluter Sicherheit bestimmen, weshalb sich die Revisionsinstanz hierbei in erster Linie auf die Behauptungen des Gesuchstellers abstützen muss. Dem Gesuchsgegner steht die Möglichkeit offen nachzuweisen, dass der Gesuchsteller schon früher von den Tatsachen oder Beweismitteln Kenntnis hatte BGer, 4P.102/2006, E. 4.1; RIGOZZI/SCHÖLL, 27). 5

Für den Revisionsgrund von Art. 396 Abs. 1 lit. b beginnt die Frist mit *Kenntnisnahme* durch den Gesuchsteller *von der Verurteilung bzw. vom Abschluss des Verfahrens* oder, wenn ein Strafverfahren nicht möglich ist, mit Kenntnisnahme der *strafbaren Handlung* und der diesbezüglichen *Beweise* (BGer, 4A.596/2008, E. 3.3; HIRSCH, Rz 35). 6

2. Absolut: 10 Jahre (Ausnahme: Art. 396 Abs. 1 lit. b) (Abs. 2)

Die absolute Frist für die Einreichung eines Revisionsgesuchs beträgt **zehn Jahre** *ab Rechtskraft des Schiedsspruches*, mithin also zehn Jahre nach dessen *Eröffnung* (Art. 387). Danach ist keine Revision mehr möglich, mit Ausnahme der Fälle von Art. 396 Abs. 1 lit. b, also wenn mittels eines Verbrechens oder Vergehens zum Nachteil einer Partei auf den Schiedsentscheid eingewirkt wurde. Ein auf diesen Grund gestütztes Revisionsgesuch kann **jederzeit**, selbst nach Eintritt der Verfolgungsverjährung (Art. 396 N 24) gestellt werden, sofern die relative Frist von Abs. 1 beachtet worden ist (N 4). 7

3. Fristwahrung

Die Frist ist gewahrt, wenn das Revisionsgesuch spätestens am letzten Tag des Fristablaufs beim **zuständigen kantonalen Gericht** eingereicht wird. Es gelten, auch ohne besonderen Verweis, die Art. 142 ff., namentlich auch Art. 145 über den Fristenstillstand 8 (für internationale Schiedsentscheide gilt analog Art. 46 BGG; vgl. BGer, 4P.120/2002, E. 2.1; HIRSCH, Rz 34). Die Einreichung des Revisionsgesuchs beim (allenfalls noch bestehenden) *Schiedsgericht*, bei einem seinerzeitigen Mitglied des Schiedsgerichts oder bei der für die Administration des Verfahrens damals zuständigen Schiedsinstitution ist *nicht fristwahrend* (RÜEDE/HADENFELDT, 362).

Art. 398

Verfahren	**Für das Verfahren gelten die Artikel 330 und 331.**
Procédure	La procédure est régie par les art. 330 et 331.
Procedura	Alla procedura si applicano gli articoli 330 e 331.

Inhaltsübersicht   Note

   I. Normzweck und Grundlagen 1

   II. Einzelfragen 4

Literatur

Vgl. die Literaturhinweise bei Art. 396.

I. Normzweck und Grundlagen

1 Art. 398 regelt bestimmte Aspekte des **Revisionsverfahrens**, indem es auf die entsprechenden Bestimmungen über die Revision von staatlichen Gerichtsentscheiden verweist. Das KSG enthielt keinen solchen Verweis; das Verfahren richtete sich ohnehin nach dem jeweiligen kantonalen Recht des für das Revisionsverfahren zuständigen Gerichts (Art. 42 i.V.m. Art. 45 Abs. 1 und Art. 3 KSG; BERGER/KELLERHALS, Rz 1775).

2 Art. 398 entspricht unverändert dem Art. 396 des Entwurfs von 2006. Art. 387 des Vorentwurfs von 2003 hatte lediglich die aufschiebende Wirkung zum Gegenstand und verwies auf die entsprechende Bestimmung (dort Art. 321, heute Art. 331). Gegenüber Art. 387 des Vorentwurfs von 2003 ist neu auch der Verweis auf Art. 330 (Zustellung des Revisionsgesuchs durch das Gericht an die Gegenpartei zur Stellungnahme) hinzugekommen.

3 Während das 9. Kapitel für die Revisionsgründe (Art. 396), die Fristen (Art. 397) und die Rückweisung an das Schiedsgericht (Art. 399) eigene Regeln aufstellt, richtet sich das Verfahren vor dem zuständigen kantonalen Gericht im Übrigen nach den gleichen Bestimmungen, wie sie für die Revision staatlicher Gerichtsentscheide gelten (Art. 330 und 331). Der Verweis auf die Art. 330 und 331 bezieht sich auf die Zustellung des Revisionsgesuchs durch das Gericht an die Gegenseite zur Stellungnahme (Art. 330) sowie auf die (grundsätzlich fehlende) aufschiebende Wirkung des Revisionsgesuchs (Art. 331). Es kann daher in erster Linie auf die Art. 330 und 331 verwiesen werden.

II. Einzelfragen

4 Gemäss Art. 330 ist das Revisionsgesuch der Gegenpartei zur **Stellungnahme** zu unterbreiten, es sei denn, das Gesuch sei offensichtlich unzulässig oder offensichtlich unbegründet. Da Art. 330 von der Einreichung des Revisionsgesuchs beim *iudex a*

quo (Art. 328 Abs. 1) ausgeht, berücksichtigt er das *Schiedsgericht* nicht. Die Revisionsinstanz sollte, gleich wie das Bundesgericht bei internationalen Schiedsentscheiden, das Revisionsgesuch nach Möglichkeit auch dem Schiedsgericht zustellen (HIRSCH, Rz 41).

Als ausserordentliches Rechtsmittel hat das Revisionsgesuch keine **aufschiebende Wirkung** (Art. 331). Eine solche kann ihm vom angerufenen Gericht auf *Ersuchen* hin jedoch erteilt werden. Das Bundesgericht ordnet bei Revisionsgesuchen betr. internationale Schiedssprüche die aufschiebende Wirkung sehr zurückhaltend an. 5

Gemäss Art. 329 ist das Revisionsgesuch «**schriftlich und begründet**» einzureichen. Eine entsprechende Vorschrift ist im (ansonsten identischen) Art. 397 nicht enthalten. Art. 398 wiederum verweist für das Verfahren lediglich auf die Art. 330 und 331, nicht aber auf 329. Dass auch ein Revisionsgesuch unter Art. 396 ff. schriftlich zu sein hat, ergibt sich jedoch aus Art. 330 (Zustellung an Gegenpartei), und ein unbegründetes Gesuch dürfte zudem kaum Aussicht auf Gutheissung nach Art. 399 Abs. 1 haben. Die Diskrepanz ist daher in der Praxis unbeachtlich. 6

Für **Fristen** vgl. Art. 397 N 4 ff.; die Art. 142 ff. sind anwendbar. 7

Der Gesuchsteller muss schliesslich ein **schutzwürdiges Interesse** an der Revision des Schiedsspruches haben; die Revision muss dem Gesuchsteller m.a.W. den gewünschten Erfolg bringen können (BGer, 4A.596/2008, E. 3.5; RIGOZZI/SCHÖLL, 24 ff.). Im Wesentlichen geht es dabei um die Frage, ob ein Schiedsspruch, der bereits *vollständig vollstreckt* worden ist, überhaupt noch revidiert werden kann. Die Antwort hängt davon ab, ob die vollstreckten Leistungen rückabgewickelt werden können oder nicht. Sind die Vollstreckungshandlungen *irreversibel*, und kann der Gesuchsteller auch *kein Feststellungsinteresse* dartun, ist auf das Revisionsgesuch mangels schutzwürdigen Interesses *nicht einzutreten* (RIGOZZI/SCHÖLL, 25 f.; in BGer, 4A.596/2008, E. 3.5 wurde das schutzwürdige Interesse trotz eines Revisionsgesuchs 13 Jahre nach dem Schiedsspruch bejaht, weil die Vollstreckung des Schiedsspruches für die Dauer des Strafverfahrens ausgesetzt worden war). 8

Für **Rechtsmittel** gegen den Entscheid der Revisionsinstanz vgl. Art. 399 N 11 f. 9

Art. 399

Rückweisung an das Schiedsgericht

¹ Heisst das Gericht das Revisionsgesuch gut, so hebt es den Schiedsspruch auf und weist die Sache zur Neubeurteilung an das Schiedsgericht zurück.

² Ist das Schiedsgericht nicht mehr vollständig, so ist Artikel 371 anwendbar.

Renvoi au tribunal arbitral

¹ Si la demande de révision est admise, la sentence arbitrale est annulée et la cause renvoyée au tribunal arbitral pour qu'il statue à nouveau.

² Si le tribunal arbitral ne comprend plus le nombre d'arbitres requis, l'art. 371 est applicable.

Rinvio al tribunale arbitrale

¹ Se accoglie la domanda di revisione, il tribunale statale annulla il lodo e rinvia gli atti al tribunale arbitrale per un nuovo giudizio.

² Se il tribunale arbitrale non è più al completo, è applicabile l'articolo 371.

Art. 399 1–5

Inhaltsübersicht   Note

   I. Normzweck und Grundlagen 1

  II. Verfahren 5
     1. Aufhebung und Rückweisung an das Schiedsgericht (Abs. 1) 5
     2. Ersetzung/Neukonstituierung des Schiedsgerichts (Abs. 2) 9

 III. Rechtsmittel 11

Literatur

Vgl. die Literaturhinweise bei Art. 396.

I. Normzweck und Grundlagen

1 Art. 399 regelt die **Kompetenzen** der (staatlichen) Revisionsinstanz im Falle der Revision eines Schiedsentscheides. Bei Gutheissung des Revisionsgesuches hebt die Revisionsinstanz den Schiedsentscheid auf und weist ihn an das Schiedsgericht zur Neubeurteilung zurück, wobei ein unvollständiges Schiedsgericht nach den dafür vorgesehenen Bestimmungen zu ergänzen oder gar neu zu bilden ist.

2 Die Rückweisung an das Schiedsgericht war in Art. 43 KSG geregelt. Art. 399 Abs. 1 ZPO entspricht inhaltlich Art. 43 Abs. 1. Art. 399 Abs. 2 ZPO regelt die Neubestellung von Mitgliedern des Schiedsgerichts und verweist hierfür auf die entsprechenden Regeln von Art. 371 ZPO. Die Regelung von Art. 43 Abs. 2 KSG, wonach die Ersetzung einzelner verhinderter Schiedsrichter, im Gegensatz zur Neubestellung des ganzen Schiedsgerichts (Art. 43 Abs. 3 KSG), zwingend durch das zuständige staatliche Gericht vorzunehmen sei, ist entfallen. Art. 399 Abs. 2 verweist nun allgemein auf die die Parteiautonomie respektierenden Regeln von Art. 371 ZPO, was auch den Fall der Ersetzung sämtlicher Mitglieder des Schiedsgerichts abdeckt (Bericht VE-ZPO, 182).

3 Art. 399 entspricht, mit einer geringfügigen sprachlichen Änderung in Abs. 1, dem Art. 397 des Entwurfs von 2006. Dieser, wie auch Art. 388 Abs. 1 des Vorentwurfs von 2003, begann mit «Wird das Revisionsgesuch gutgeheissen, so hebt das Gericht den Schiedsspruch auf». Art. 388 Abs. 2 des Vorentwurfs von 2003 lautete «Verhinderte Mitglieder des Schiedsgerichts werden nach den Vorschriften von Artikel 361 ersetzt»

4 Eine entsprechende Bestimmung fehlt im **IPRG**; dies wird durch die bundesgerichtliche Rechtsprechung korrigiert (vgl. Art. 396 N 2).

II. Verfahren

1. Aufhebung und Rückweisung an das Schiedsgericht (Abs. 1)

5 Revisionsgesuche betreffend *staatliche Entscheide* sind bei demjenigen Gericht einzureichen, welches als letztes über die Sache entschieden hat (Art. 328 Abs. 2). Dieses entscheidet über das Revisionsgesuch und, bei dessen Gutheissung, auch gleich in der Sache neu (Art. 333 Abs. 1). Bei Revisionsgesuchen betreffend *Schiedsentscheiden* hat die nach Art. 396 Abs. 1 angerufene staatliche Instanz nicht die gleiche Kompetenz zur Neuentscheidung in der Sache. Vielmehr kann die Revisionsinstanz gemäss Abs. 1 bei Gutheissung des Revisionsgrundes lediglich den Schiedsspruch aufheben und die Sache zur

Neubeurteilung an das Schiedsgericht zurückweisen. Der Entscheid über ein Revisionsgesuch betreffend einen Schiedsentscheid ist mithin **kassatorischer Natur** (BERGER/ KELLERHALS, Rz 1779).

Auch wenn Art. 399 Abs. 1, im Gegensatz zu Art. 395 Abs. 3, die **teilweise Aufhebung** 6
des Schiedsentscheides nicht ausdrücklich vorsieht, dürfte sie aus Gründen der Prozessökonomie unter den gleichen Voraussetzungen – z.B. neu entdeckter Beweis bezüglich nur eines Klagebegehrens – möglich sein (RÜEDE/HADENFELDT, 363; LALIVE/POUDRET/ REYMOND, Art. 43 N 1).

Bei einer Rückweisung hat das ursprüngliche Schiedsgericht das Verfahren wieder auf- 7
zunehmen und nach den seinerzeit vereinbarten Verfahrensregeln zu einem neuen Abschluss zu bringen. Zu diesem Zweck müssen die **gleichen Schiedsrichter** wie im ersten Verfahren zusammentreten. Zu wiederholen ist indessen *nicht das ganze Schiedsverfahren*, sondern lediglich diejenigen Verfahrensschritte, die mit dem oder den geltend gemachten Revisionsgründen zusammenhängen (BERGER/KELLERHALS, Rz 1780; RÜEDE/ HADENFELDT, 362; LALIVE/POUDRET/REYMOND, Art. 43 N 5). In jedem Falle ist den Parteien vor einer neuen Entscheidung das rechtliche Gehör zu gewähren (eingehend RIGOZZI/SCHÖLL, 56 ff.).

Da die Revisionsgründe nicht den Schiedsentscheid als solchen, sondern dessen Grund- 8
lagen bzw. die Umstände seines Zustandekommens zum Gegenstand haben, ist das Schiedsgericht im Falle einer Rückweisung des Schiedsentscheides **nicht an die Erwägungen der Revisionsinstanz gebunden**. Die Revisionsinstanz hat in einem solchen Falle lediglich über die *Wahrscheinlichkeit* der Erheblichkeit einer neuen Tatsache oder eines neuen Beweismittels entschieden. Das *Schiedsgericht ist frei*, den *tatsächlichen Einfluss* der neuen Tatsache oder des neuen Beweismittels auf den Ausgang des Schiedsverfahrens *zu prüfen* (BGer, 4P.117/2003, E. 1.2; HIRSCH, Rz 20; BERGER/KELLERHALS, Rz 1811; RIGOZZI/SCHÖLL, 56). Eine engere Bindung an die Feststellungen der Revisionsinstanz dürfte jedoch in Fällen von *Prozessbetrug* gegeben sein (vgl. die deutlichen Aussagen des Bundesgerichts in BGer, 4A.596/2008, E. 4.2.3; krit. hierzu HIRSCH, Rz 21.).

2. Ersetzung/Neukonstituierung des Schiedsgerichts (Abs. 2)

Ist das Schiedsgericht nicht mehr vollständig, so sind die fehlenden Mitglieder gemäss 9
Art. 371 zu ersetzen. Die Unvollständigkeit kann dabei Folge von Tod, höherer Gewalt, Weigerung oder auch Ablehnung nach Art. 367 sein (LALIVE/POUDRET/REYMOND, Art. 43 N 2). Anders als noch unter dem KSG muss die Ersetzung nun *nicht mehr zwingend durch das staatliche Gericht* vorgenommen werden, sondern kann auch mittels Parteivereinbarung erfolgen (BOTSCHAFT ZPO, 7406). Die Regel, dass lediglich fehlende Mitglieder ersetzt werden und nicht eine Neubestellung des Schiedsgerichts stattfindet, gilt auch bei Revision weiter zurückliegender Schiedsentscheide (vgl. BGer, 4A.596/2008, Dispositiv-Ziff. 3). Es wäre zumindest zu überlegen, ob in solchen Fällen nicht, aus Gründen der Gleichbehandlung, eine Neubestellung erfolgen sollte (so, mit überzeugenden Argumenten, HIRSCH, Rz 29).

War die Amtsdauer des Schiedsgerichts **befristet**, und ist sie beim Rückweisungsent- 10
scheid bereits abgelaufen, so verwies der bisherige Art. 43 Abs. 4 KSG auf Art. 16 KSG betr. Amtsdauer und deren Verlängerung. Eine analoge Anwendung – Verlängerung durch Übereinkunft zwischen den Parteien oder durch das zuständige Gericht – dürfte auch hier geboten sein (vgl. Art. 395 N 12).

III. Rechtsmittel

11 Der neue Entscheid des Schiedsgerichts unterliegt, als Schiedsspruch, wiederum den Rechtsmitteln des 7. Titels, d.h. der **Beschwerde** und der **Revision** (BERGER/KELLERHALS, Rz 1782).

12 Anders als der 1. Titel mit Art. 390 Abs. 2 enthält der 2. Titel keine Bestimmung, wonach die kantonale Rechtsmittelinstanz **endgültig** entscheidet. Beim Entscheid des nach Art. 356 Abs. 1 zuständigen Gerichts handelt es sich um einen Gerichts- und nicht um einen Schiedsentscheid; *Art. 77 BGG ist damit nicht anwendbar*. Weist die Revisionsinstanz das Revisionsgesuch ab, so handelt es sich um einen Endentscheid gemäss Art. 90 BGG, gegen den die *Beschwerde in Zivilsachen* zulässig sein dürfte (POUDRET, Présentation 2008, 256; BERGER/KELLERHALS, Rz 1783). Bei Gutheissung der Beschwerde wird der Schiedsentscheid aufgehoben und die Sache an das Schiedsgericht zurückgewiesen (Art. 399 Abs. 1). Bei diesem Entscheid handelt es sich somit um einen *Zwischenentscheid* nach Art. 93 BGG. Eine Beschwerde gegen diesen Entscheid dürfte in erster Linie aufgrund von Art. 93 Abs. 1 lit. b – das Bundesgericht könnte bei Gutheissung der Beschwerde die Neubeurteilung durch das Schiedsgericht verhindern – zulässig sein (POUDRET, Présentation 2008, 256).

4. Teil: Schlussbestimmungen

1. Titel: Vollzug

Art. 400

Grundsätze

[1] Der Bundesrat erlässt die Ausführungsbestimmungen.

[2] Er stellt für Gerichtsurkunden und Parteieingaben Formulare zur Verfügung. Die Formulare für die Parteieingaben sind so zu gestalten, dass sie auch von einer rechtsunkundigen Partei ausgefüllt werden können.

[3] Er kann den Erlass administrativer und technischer Vorschriften dem Bundesamt für Justiz übertragen.

Principes

[1] Le Conseil fédéral édicte les dispositions d'exécution.

[2] Il met à disposition des formules pour les actes des parties et du tribunal. Les formules destinées aux parties doivent être conçues de sorte à pouvoir être utilisées par des personnes n'ayant pas de connaissances juridiques.

[3] Le Conseil fédéral peut déléguer l'édiction de prescriptions techniques et administratives à l'Office fédéral de la justice.

Principi

[1] Il Consiglio federale emana le norme d'attuazione.

[2] Esso mette a disposizione i moduli per i documenti giudiziari e per gli atti scritti delle parti. I moduli per gli atti scritti delle parti devono essere concepiti in modo da poter essere compilati anche da una parte non esperta in fatto di diritto.

[3] Il Consiglio federale può delegare all'Ufficio federale di giustizia l'emanazione di norme amministrative e tecniche.

1 Art. 400 gibt dem Bundesrat zunächst das Recht, **Ausführungsbestimmungen** zur Eidgenössischen Zivilprozessordnung zu erlassen. Geplant ist bspw. eine Verordnung über den elektronischen Verkehr zwischen Parteien und Gerichten (GASSER/RICKLI, Art. 400 N 1).

2 Der gleiche Artikel legt dem Bundesrat indes auch die **Pflicht** auf, für Gerichtsurkunden und Parteieingaben **Formulare** zur Verfügung zu stellen. Die Formulare werden im Internet zur Verfügung stehen (GASSER/RICKLI, Art. 400 N 3). Anwendungsfelder sind insb. die folgenden Verfahren bzw. Verfahrensarten:

– Gesuch um unentgeltliche Prozessführung;

– Schlichtungsgesuch;

– Summarische Verfahren wie Eheschutz, Ehescheidung, nachbarrechtliche Streitigkeiten;

– Klagen im vereinfachten Verfahren;

– Arbeitsprozesse oder

– kleine Forderungsstreitigkeiten.

3 Diese Formulare sind nicht zwingend im Verkehr mit den Gerichten (GASSER/RICKLI, Art. 400 N 3). Sie müssen **zwingend** von einer rechtsunkundigen Partei ausgefüllt werden können. Damit soll der soziale Zivilprozess verwirklicht bzw. Prozesshürden abgebaut werden. Ziel ist es, den Zugang zu den Gerichten zu erleichtern.

4 Den **Erlass administrativer und technischer Vorschriften** beispielsweise betreffend das Format des elektronischen Rechtsverkehrs kann der Bundesrat an das zuständige Bundesamt delegieren.

Art. 401

Pilotprojekte	¹ Die Kantone können mit Genehmigung des Bundesrates Pilotprojekte durchführen. ² Der Bundesrat kann die Zuständigkeit für die Genehmigung dem Bundesamt für Justiz übertragen.
Projets pilotes	¹ Les cantons peuvent mener des projets pilotes avec l'approbation du Conseil fédéral. ² Le Conseil fédéral peut déléguer à l'Office fédéral de la justice la compétence d'approuver ces projets.
Progetti pilota	¹ Con il benestare del Consiglio federale i Cantoni possono attuare progetti pilota nel settore del diritto processuale civile. ² Il Consiglio federale può delegare la competenza di concedere il benestare all'Ufficio federale di giustizia.

1 Die Regelung des Zivilprozessrechts ist zwar Sache des Bundes. Die Kantone können indes aufgrund dieser Bestimmung **Pilotprojekte** durchführen.

2 Solche Pilotprojekte sind denkbar im Zusammenhang mit der *Einführung von alternativen Streitbeilegungsmechanismen (ADR), der Online-Schlichtung oder eines Schutzschriftenregisters* (GASSER/RICKLI, Art. 401 N 1). Dadurch soll die Rechtsentwicklung gefördert werden.

3 Für die Durchführung von Pilotprojekten ist die **Genehmigung des Bundesrates** erforderlich, damit es nicht zu einer erneuten Zersplitterung des Zivilprozessrechts kommt (GASSER/RICKLI, Art. 401 N 2). Der Bundesrat kann die Zuständigkeit für die Genehmigung an das Bundesamt für Justiz übertragen.

2. Titel: Anpassung von Gesetzen

Art. 402

Aufhebung und Änderung bisherigen Rechts

Die Aufhebung und die Änderung bisherigen Rechts werden in Anhang 1 geregelt.

Abrogation et modification du droit en vigueur

L'abrogation et la modification du droit en vigueur sont réglées dans l'annexe 1.

Abrogazione e modifica del diritto vigente

L'abrogazione e la modifica del diritto vigente sono disciplinate nell'allegato 1.

Inhaltsübersicht

	Note
I. Allgemeines	1
II. Aufhebung bisherigen Rechts auf Bundesebene	2
III. Aufhebung bisherigen Rechts auf kantonaler Ebene	3
IV. Änderung bisherigen Rechts	4

I. Allgemeines

Mit der Aufhebung oder Änderung bisherigen Rechts soll – soweit als möglich – das materielle Zivilrecht von prozessrechtlichen Regelungen entlastet werden, insb. soll damit auch eine Angleichung an das BGG, aber z.B. auch an das SchKG erzielt werden. 1

II. Aufhebung bisherigen Rechts auf Bundesebene

Mit Inkrafttreten der Zivilprozessordnung wird das **Gerichtsstandsgesetz** vom 24.3.2000 **ausser Kraft** gesetzt (Anhang 1 ZPO). 2

III. Aufhebung bisherigen Rechts auf kantonaler Ebene

Die Kompetenz des Bundes zum Erlass einer schweizerischen Zivilprozessordnung ist in Art. 122 Abs. 1 BV statuiert. Weiter hält Art. 49 Abs. 1 BV fest, dass das Bundesrecht bei entgegenstehendem kantonalem Recht letzterem vorgeht. Tritt die Schweizerische **Zivilprozessordnung in Kraft**, hat sie bezüglich den kantonalen Zivilprozessordnungen eine nachträgliche **derogatorische Kraft**, weshalb die kantonalen Zivilprozessordnungen (auch ohne förmliche Ausserkraftsetzung) aufgehoben werden. 3

IV. Änderung bisherigen Rechts

Gemäss Anhang 1 zur ZPO sind 31 Bundesgesetze von Änderungen betroffen. Die Änderungen betreffen vorwiegend die Streichung von Vorschriften über die Zuständigkeit, das Verfahren, die Legitimation etc. So werden bspw. im Familienrecht sämtliche Artikel, welche das Scheidungsverfahren regeln (Art. 135–149 ZGB), mit dem Inkrafttreten der ZPO aufgehoben (Anhang 1 zur ZPO, Ziff. II. 3.). 4

Art. 403

Koordinationsbestimmungen	Die Koordination von Bestimmungen anderer Erlasse mit diesem Gesetz wird in Anhang 2 geregelt.
Dispositions de coordination	La coordination de la présente loi avec d'autres actes législatifs est réglée dans l'annexe 2.
Disposizioni di coordinamento	Il coordinamento di disposizioni di altri nuovi atti normativi con il presente Codice è regolato nell'allegato 2.

Inhaltsübersicht Note

 I. Allgemeines zu den Koordinationsbestimmungen 1

 II. Koordination mit dem Kernenergiehaftpflichtgesetz (KHG) 2

 III. Koordination mit der Änderung vom 19.12.2008 des ZGB (Erwachsenenschutz, Personenrecht und Kindesrecht 4

I. Allgemeines zu den Koordinationsbestimmungen

1 Mit den im Anhang 2 geregelten Koordinationsbestimmungen wird sichergestellt, dass die Vorschriften der ZPO und die zivilprozessualen Vorschriften des Kernenergiehaftpflichtgesetzes (KHG) bzw. des Zivilgesetzbuches im Bereich Erwachsenenschutz, Personenrecht und Kindesrecht (ZGB) in zeitlicher Hinsicht stets lückenlos aufeinander abgestimmt sind. Die Koordination wird gesetzestechnisch dadurch erreicht, dass die Bestimmungen unabhängig davon gelten, ob die ZPO oder die Gesetzesänderung betreffend KHG (Ziff. 1 und 2 des Anhanges 2) bzw. ZGB (Ziff. 3 des Anhanges 2) zuerst in Kraft tritt. Erfolgt das Inkrafttreten der ZPO jedoch früher, wird die Geltung der Koordinationsbestimmungen gleichsam bis zum Inkrafttreten der Änderungen im materiellrechtlichen Gesetzeserlass (neues KHG bzw. geändertes ZGB) aufgeschoben. Bei gleichzeitigem oder späterem Inkrafttreten der ZPO bewirken die Koordinationsbestimmungen eine unmittelbare Selbstanpassung der Zivilprozessordnung und – im Fall von Ziff. 2 – zugleich eine Änderung des neuen Kernenergiehaftpflichtgesetzes. Ein zusätzlicher Hoheitsakt für die jeweilige Gesetzesanpassung ist nicht erforderlich.

II. Koordination mit dem Kernenergiehaftpflichtgesetz (KHG)

2 Mit Datum vom 13.6.2008 wurde ein neues KHG erlassen (BBl 2008 5339), dessen Inkrafttreten dasjenige vom 18.3.1983 (SR 732.44) ersetzen wird. Ist dannzumal die ZPO bereits in Kraft, erfolgt nachträglich eine zweifache Anpassung (Ziff. 1 des Anhanges 2): Art. 5 Abs. 1 lit. e ZPO wird dahingehend geändert, dass sich die sachliche und funktionale Zuständigkeit der einzigen kantonalen Instanz, welche Streitigkeiten nach dem Kernenergiehaftpflichtgesetz beurteilt, nach dem neuen KHG vom 13.6.2008 bestimmt. Zugleich wird ein neuer Art. 38a ZPO für die örtliche Zuständigkeit bei Klagen aus Nuklearschäden eingefügt. Die genannten Bestimmungen gelten unmittelbar gestützt auf Ziff. 1 des Anhanges 2, wenn beide Gesetze (neues KHG und ZPO) gleichzeitig oder die ZPO später in Kraft tritt.

3 Die Zivilprozessordnung enthält im Anhang 1 (Aufhebungen und Änderung bisherigen Rechts) eine Änderung sowohl des (alten) KHG vom 18.3.1983 (Ziff. 19 des Anhangs 1) als auch eine Änderung des (neuen) KHG vom 13.6.2008 (Ziff. 20 des Anhangs 1), ob-

wohl letzteres noch gar nicht in Kraft steht. Gilt im Zeitpunkt des Inkraftsetzens bereits die ZPO, so wird Ziff. 19 des Anhangs 1 gegenstandslos und das neue KHG gemäss Ziff. 20 des Anhangs 1 geändert. Danach wird Art. 21 nKHG (betreffend Zuständigkeit der einzigen kantonalen Instanz) aufgehoben, an dessen Stelle Art. 5 Abs. 1 lit. e nZPO tritt, sowie Art. 22 nKHG durch eine schlankere Regelung zur Untersuchungs- und Offizialmaxime ersetzt. Bei gleichzeitigem Inkrafttreten beider Gesetzes (neues KHG und ZPO) oder bei späterem Inkrafttreten der ZPO gelten für das neue KHG unmittelbar die Bestimmungen gemäss Ziff. 20 des Anhanges 1 (gestützt auf Ziff. 2 des Anhanges 2).

III. Koordination mit der Änderung vom 19.12.2008 des ZGB (Erwachsenenschutz, Personenrecht und Kindesrecht

Mit Datum vom 19.12.2008 wurde das ZGB im Bereich des Erwachsenenschutzes, Personen- und Kindesrechts geändert (SR 210; BBl 2009 141). Sobald die Gesetzesänderung des ZGB in Kraft tritt, werden folgende Artikel der bereits geltenden ZPO geändert (Ziff. 3 des Anhanges 2): Art. 99 Abs. 2 (Benachrichtigung der Erwachsenen- und Kindesschutzbehörde); Art. 160 Abs. 2 erster Satz (Entscheid über die Mitwirkungspflicht einer minderjährigen Person nach gerichtlichem Ermessen); Art. 165 Abs. 1 lit. b (Verweigerungsrecht der für eine Partei zur Vormundschaft oder zur Beistand eingesetzten Person); Art. 249 lit. a (summarisches Verfahren im Personenrecht; Art. 249 lit. b wird aufgehoben) sowie Art. 299 Abs. 2 lit. b (Prüfung einer Vertretung auf Antrag der Kindesschutzbehörde oder eines Elternteils). Tritt die ZPO gleichzeitig oder später in Kraft, gelten die genannten Bestimmungen unmittelbar gestützt auf Ziff. 3 des Anhanges 2.

3. Titel: Übergangsbestimmungen

Art. 404

Weitergelten des bisherigen Rechts

¹ Für Verfahren, die bei Inkrafttreten dieses Gesetzes rechtshängig sind, gilt das bisherige Verfahrensrecht bis zum Abschluss vor der betroffenen Instanz.

² Die örtliche Zuständigkeit bestimmt sich nach dem neuen Recht. Eine bestehende Zuständigkeit nach dem alten Recht bleibt erhalten.

Application de l'ancien droit

¹ Les procédures en cours à l'entrée en vigueur de la présente loi sont régies par l'ancien droit de procédure jusqu'à la clôture de l'instance.

² La compétence à raison du lieu est régie par le nouveau droit. Toutefois, la compétence conférée en application de l'ancien droit est maintenue.

Applicabilità del diritto previgente

¹ Fino alla loro conclusione davanti alla giurisdizione adita, ai procedimenti già pendenti al momento dell'entrata in vigore del presente Codice si applica il diritto procedurale previgente.

² La competenza per territorio si determina secondo il nuovo diritto. Nondimeno, una competenza esistente in base al diritto previgente permane.

Inhaltsübersicht Note

I. Allgemeine Vorbemerkung 1
II. Verfahrensrecht (Abs. 1) 4
   1. Grundsatz der Weitergeltung bisherigen Rechts 4
   2. Voraussetzung 7
   3. Anwendungsbereich 9
   4. Zeitliche Beschränkung 10
III. Örtliche Zuständigkeit (Abs. 2) 14
   1. Grundlagen 14
   2. Voraussetzung 20
   3. Anwendungsbereich 21
   4. Wirkungen von Gerichtsstandsvereinbarungen 24

Literatur

BROGGINI, in SPR Bd. 1, Basel 1969; C. SCHOCH, Das intertemporale Zivilprozessrecht, Diss. Zürich 1959; Y. SCHWANDER, Zwei Entscheidungen zur Tragweite und zur intertemporalrechtlichen Behandlung von Zuständigkeitsvereinbarungen, AJP 1993, 1268; F. VISCHER, Bemerkungen zu BGE 119 II 177, AJP 1994, 515.

I. Allgemeine Vorbemerkung

1   Im vierten Teil (Schlussbestimmungen) finden sich unter dem dritten Titel (Übergangsbestimmungen) insgesamt vier Artikel zum **intertemporalen Recht** (Art. 404–407). Funktionell handelt es sich um Kollisionsrecht, das die zeitliche Geltung der neuen Zivilprozessordnung regelt. Art. 404 mit der Marginalie «Weitergelten des bisherigen

3. Titel: Übergangsbestimmungen 2–6 **Art. 404**

Rechts» unterscheidet im Hinblick auf den Gegenstand der Anknüpfung zwischen Verfahrensrecht (Abs. 1) und örtlicher Zuständigkeit (Abs. 2).

Das intertemporale Zivilprozessrecht kennt prinzipiell zwei Lösungsansätze für rechtshängige Prozesse. Entweder es ordnet die Weitergeltung des bisherigen, formell ausser Kraft stehenden Gesetzes an (**Grundsatz der Nichtrückwirkung**), oder es wirkt insofern zurück, als es fingiert, dass die bisherigen Vorgänge unter der Geltungsherrschaft des in Kraft stehenden Gesetzes erfolgt seien (SCHOCH, 25 ff.). Um eine echte Rückwirkung, die verpönt ist, weil sie auf bereits entstandene Prozesswirkungen Einfluss nehmen will, kann es sich nicht handeln, sondern nur um eine unechte Rückwirkung in dem Sinn, dass das neue Gesetz auf die zukünftige Entwicklung des bestehenden Prozessrechtsverhältnisses einwirkt. Dies hat die Bedeutung, dass neues Prozessrecht auf bereits rechtshängige Verfahren sofort und uneingeschränkt anwendbar ist (**Grundsatz der sofortigen Anwendbarkeit neuen Verfahrensrechts**). Davon geht das Bundesgericht aus, soweit die Übergangsbestimmungen nichts anderes vorschreiben (BGE 115 II 97; 122 III 324). 2

Der Übergangsbestimmung von Art. 404 liegt das erstgenannte Prinzip zugrunde, soweit die Anwendung von Verfahrensvorschriften im Allgemeinen in Frage steht (Art. 404 Abs. 1), während sie für die örtliche Zuständigkeit dem zweitgenannten folgt (Art. 404 Abs. 2, Satz 1); beides jedoch – wie nachfolgend zu zeigen ist – je mit einer bedeutsamen Einschränkung bzw. Relativierung. 3

II. Verfahrensrecht (Abs. 1)

1. Grundsatz der Weitergeltung bisherigen Rechts

Art. 404 Abs. 1 statuiert die Weitergeltung des bisherigen Verfahrensrechts auf bereits rechtshängige Prozesse (Prinzip der Nichtrückwirkung), beschränkt die Weitergeltung aber **bis zum Abschluss vor der betroffenen Instanz**. Dem liegt die Überlegung zugrunde, dass das Verfahren in einzelne selbständige Abschnitte zerfällt, die wegen ihrer Selbständigkeit verschiedenen Prozessrechten unterworfen werden können (SCHOCH, 47). Jede Instanz (erste, zweite oder allenfalls dritte kantonale Instanz), vor welcher ein Verfahren hängig ist, hat es nach bisherigem Prozessrecht weiterzuführen und zum Abschluss zu bringen, in der Meinung, dass das Verfahren vor der betroffenen Instanz endgültig abgeschlossen werden kann, wenn kein Rechtsmittel erhoben wird (vgl. SCHOCH, 47 f.). Das Verfahrensrecht eines allfälligen innerkantonalen Rechtsmittelverfahrens bestimmt sich nach Art. 405. 4

Entstehungsgeschichtlich ist mit den Übergangsbestimmungen (Art. 404/405) eine Mittellösung Gesetz geworden. Der Vorentwurf, der noch ohne Einschränkung von der Anwendung bisherigen Rechts auf rechtshängige Prozesse ausging (Art. 391 VE), stiess in der Vernehmlassung auf Ablehnung. Einerseits wurde befürchtet, dass mehrere Prozessrechtsordnungen auf unbestimmte Zeit nebeneinander Anwendung finden; andererseits steht der sofortigen und uneingeschränkten Anwendbarkeit neuen Rechts entgegen, dass mit der Vereinheitlichung des Zivilprozessrechts tiefgreifende (gerichtsorganisatorische) Neuerungen verbunden sind (Zusammenstellung der Vernehmlassungen, 835 f.). Die Weitergeltung bisherigen Rechts wurde deshalb im bundesrätlichen Entwurf zeitlich beschränkt. Abgesehen von redaktionellen Anpassungen wurden die Übergangsbestimmungen in den eidgenössischen Räten unverändert und ohne Diskussion verabschiedet. 5

Nach **Sinn und Zweck** von Art. 404 Abs. 1 sollen die Prozesssubjekte nicht während des laufenden Verfahrens vor ein und derselben Instanz mit neuem Prozessrecht konfrontiert werden. Die Parteien, die sich auf ein bestimmtes Verfahrensrecht eingestellt haben, wer- 6 den damit in ihrem Vertrauen auf das Weitergelten bisherigen Rechts (vor der betroffenen Instanz) geschützt. Die Streiterledigung soll nicht durch neues, wenig bewährtes Prozessrecht verzögert oder erschwert werden.

2. Voraussetzung

7 Art. 404 Abs. 1 setzt **Rechtshängigkeit** voraus. Für alle Verfahren, die nach dem Inkrafttreten der ZPO rechtshängig werden (d.h. nach dem 1.1.2011), gilt die neue Verfahrensordnung, was sich von selbst versteht (Art. 404 Abs. 1 e contrario). Ist die Rechtshängigkeit bereits früher eingetreten (d.h. vor dem 1.1.2011), kommt weiterhin das bisherige Verfahrensrecht zur Anwendung.

8 Die Übergangsbestimmung regelt nicht, ob sich der **Zeitpunkt des Eintritts der Rechtshängigkeit** nach altem oder neuem Recht bestimmt. Beides ist denkbar. Während das neue Recht die Rechtshängigkeit zum frühest möglichen Zeitpunkt, gegebenenfalls mit Einreichung des Schlichtungsgesuchs, eintreten lässt (Art. 62), sahen die bisherigen kantonalen Zivilprozessrechte vielfach vor, dass das Verfahren erst mit Einreichung der Klage bei Gericht rechtshängig wird (s. die Übersicht bei VOGEL/SPÜHLER, Kap. 8 Rz 34 ff.). Wegen der Vorverschiebung des massgeblichen Zeitpunkts stellt sich übergangsrechtlich die Frage, was passiert, wenn der Rechtswechsel gerade während der Schwebezeit (zwischen Sühnverfahren und Klageeinreichung) stattfindet. Nimmt man an, dass sich der Zeitpunkt der Rechtshängigkeit in solchen Fällen nach kantonalem Recht richtet, wäre das Verfahren bei Inkrafttreten noch nicht rechtshängig und käme auf die Klageeinreichung bei Gericht neues Recht zu Anwendung (Art. 404 e contrario). Als Folge davon sind u.U. schwierige Anpassungen vorzunehmen, wenn die alten und neuen Vorschriften über die Einleitung der Klage oder die mangelhafte Durchführung eines Schlichtungsverfahrens, über die Spruchkompetenz des Aussöhnungsrichters oder die Befristung der Klagemöglichkeit bei Gericht divergieren. Dieser Lösungsansatz vermag daher ein lückenloses Nebeneinander von altem und neuem Recht nicht ohne weiteres zu garantieren. Nimmt man dagegen an, dass für den Zeitpunkt der Rechtshängigkeit neues Recht massgebend ist, lassen sich solche Anpassungsschwierigkeiten (grösstenteils) vermeiden. Für diese Lösung spricht, dass die Voraussetzung des «rechtshängigen Verfahrens» ein Merkmal der zeitlichen Kollisionsnorm darstellt, das aus Sicht des neuen, seine Geltung selbst bestimmenden Gesetzes auszulegen ist. Weiter spricht eine «soziologisch-psychologische» Sichtweise dafür (BROGGINI, 422): Der innerste, engste Zusammenhang besteht zum kantonalen Prozessrecht, wenn die Klage unter dessen Herrschaft beim Aussöhnungsrichter eingeleitet worden ist. Schliesslich könnte sichergestellt werden, dass ein Gesuch um Sicherung durch vorsorgliche Massnahmen und der spätere Hauptprozess dem gleichen kantonalen Prozessrecht unterworfen sind. Denn dies (die Gesuchseinreichung) genügt praxisgemäss als Klageanhebung (BGE 110 II 387 E. 2), die zeitlich nunmehr mit der Rechtshängigkeit zusammenfällt (vgl. Art. 62 Abs. 1, dritte Variante sowie Art. 64 Abs. 2). Gegen diese Lösung lässt sich jedenfalls nicht das Verbot der Rückwirkung anführen, weil der Anwendungswille des neuen Gesetzes durch Art. 404 Abs. 1 gerade beschränkt wird. Es findet nur eine «Rückanknüpfung» statt und lediglich insoweit, als auf einen unter der Herrschaft des alten Rechts verwirklichten Vorgang abgestellt wird, um intertemporal die Weitergeltung eben dieses Verfahrensrechts anzuordnen.

3. Anwendungsbereich

9 Das berufene Verfahrensrecht gilt grundsätzlich umfassend weiter, d.h. für alle prozessualen Fragen des staatlichen Gerichtsverfahrens (Ausstand von Gerichtspersonen, Parteistellung, Verfahrensgrundsätze, Prozessvoraussetzungen, Prozesshandlungen, usw.),

soweit das Gesetz nichts anderes vorsieht. Art. 404 Abs. 1 ist insofern eine Art intertemporale **Grundnorm**. Vorbehalten bleiben die speziellen zeitlichen Kollisionsregeln zur örtlichen Zuständigkeit (Art. 404 Abs. 2), zu den Rechtsmitteln (Art. 405) und zur Gültigkeit einer Gerichtsstandsvereinbarung (Art. 406). Der Gesetzgeber hat – trotz Hinweis in der Vernehmlassung (Zusammenstellung, 836) – davon abgesehen, einen Vorbehalt zugunsten des für die Parteien günstigeren Rechts aufzunehmen. Die Anknüpfung erfolgt allein über das zeitliche Moment der Rechtshängigkeit. Bereits rechtshängige Verfahren sind nach altem Recht fortzuführen ohne Rücksicht darauf, ob das neue Recht z.B. Nova, eine Klageänderung oder Beweisvorkehren in einem weitergehenden Umfang zuliesse.

4. Zeitliche Beschränkung

Art. 404 Abs. 1 beschränkt die Fortgeltung des bisherigen Rechts. Es gilt nur solange, wie das Verfahren vor der **betroffenen Instanz** noch nicht zum Abschluss gekommen ist. Als Instanz im Sinne dieser Bestimmung gilt grundsätzlich jede (gerichtliche) Behörde, die befugt ist, über den Rechtsstreit verbindlich zu entscheiden.

Allerdings stellt ein **Schlichtungsverfahren** (vor dem Aussöhnungsrichter, der Schlichtungsbehörde in Miet- und Pachtsachen usw.) noch keine Instanz dar, soweit die Behörde nicht verbindlich entscheidet, sondern nur feststellt, dass keine Einigung zustande gekommen ist und damit eine Prozessvoraussetzung schafft (s. BSK IPRG-GEISER/JAMETTI GREINER, Art. 198 N 12). Mit der Feststellung der Nichteinigung entfällt die Verfahrenszuständigkeit der Schlichtungsbehörde, doch ist das Verfahren damit nicht i.S.v. Art. 404 Abs. 1 zum Abschluss gekommen. Das in der Folge stattfindende Gerichtsverfahren ist deshalb nach bisherigem Recht durchzuführen. Dies gilt auch für den Fall, dass die Schlichtungsbehörde in Miet- und Pachtsachen (nach den im Anhang aufgehobenen Art. 259i und Art. 273 Abs. 4 OR) einen Sachentscheid fällt, weil es sich dabei lediglich um einen «prima facie-Vorentscheid» handelt (BGE 117 II 504 E. 2b; s.a. 135 III 253 E. 2). Anderes gilt, wenn die Schlichtungsbehörde über den Rechtsstreit endgültig entscheidet (z.B. der Aussöhnungsrichter im Rahmen seiner Spruchkompetenz) oder von Vergleich, Klagerückzug oder Klageanerkennung Vormerk nimmt und das Verfahren abschreibt. Kommt dies nach dem einschlägigen Prozessrecht einer gerichtlichen Verfahrenserledigung gleich, was regelmässig zutrifft, wird das Verfahren gemäss Art. 404 Abs. 1 vor der betroffenen Instanz abgeschlossen. Für ein allfälliges Rechtsmittel gegen den Entscheid gilt die Übergangsbestimmung von Art. 405.

Das **gerichtliche Verfahren** vor der betroffenen Instanz kommt zum Abschluss, wenn das Gericht einen Endentscheid (Sach- oder Prozessurteil) fällt oder, gleichbedeutend, das Verfahren aufgrund eines Urteilssurrogates (Vergleich, Klageanerkennung, Klagerückzug) oder infolge Gegenstandslosigkeit abschreibt. Für das Rechtsmittelverfahren ist darauf abzustellen, ob der angefochtene Entscheid vor oder nach Inkrafttreten der ZPO eröffnet worden ist (Art. 405). Vor- und Zwischenentscheide sowie prozessleitende Entscheide wirken schon begrifflich nicht verfahrensabschliessend und vermögen einen Rechtswechsel nicht herbeizuführen (s.a. Art. 405 N 7 f.).

Dem Gesetz ist nicht ausdrücklich zu entnehmen, welches Recht zur Anwendung kommt, wenn die Rechtsmittelinstanz den angefochtenen Entscheid aufhebt und zur Fortsetzung des Hauptverfahrens oder Durchführung eines Beweisverfahrens an die untere Instanz zurückweist. Die **Rückweisung** bewirkt, dass der Prozess in die Lage zurückversetzt wird, in der er sich vor Ausfällung des angefochtenen Entscheids befunden hat (GULDENER, ZPR, 497). Das Verfahren vor der unteren Instanz ist somit nicht zum Abschluss gekommen, so dass für die Fortsetzung des Verfahrens bisheriges Recht weitergilt (Art. 404 Abs. 1). Dazu ist ein Vorbehalt anzubringen: Wenn es im Rahmen eines *ordentlichen Rechtsmittels* zur Fortführung des Prozesses in der Rechtsmittelinstanz kommt, ist sinnvollerweise darauf abzustellen, ob das neue Recht bei Eröffnung des angefochtenen Entscheids bereits in Kraft war oder nicht. Denn es kann vorkommen, dass die obere Instanz in Anwendung neuen Rechts etwas verweigert, was die untere Instanz gemäss altem Recht zuzugestehen hätte, oder umgekehrt (SCHOCH, 48). Weil diese aber an die dem Rückweisungsentscheid zugrunde liegende Auffassung gebunden ist (GULDENER, ZPR, 487; SCHOCH, 48), bedarf es der Koordination. Das Rechtsmittelverfahren und das Verfahren der Rückweisung sind dem gleichen Recht zu unterstellen. War der Rechtswechsel bei Eröffnung des angefochtenen Entscheids noch nicht eingetreten, brachte die obere Instanz mithin altes Verfahrensrecht zur Anwendung, gilt dieses Recht auch für die Rückweisung. Hatte der Rechtswechsel dagegen bereits zum damaligen Zeitpunkt stattgefunden und heisst die obere Instanz eine neurechtliche Berufung gut, ohne selbst zu entscheiden, so bleibt es bei diesem einen Wechsel. Das neue Verfahrensrecht gilt auch für die Fortsetzung des Verfahrens vor der unteren Instanz (zum *ausserordentlichen Rechtsmittel* der Beschwerde s. Art. 405 N 15 f.).

III. Örtliche Zuständigkeit (Abs. 2)

1. Grundlagen

14 Art. 404 Abs. 2 bestimmt das intertemporal anwendbare Recht für die Frage der örtlichen Zuständigkeit. Wie die Vorläufernorm im Gerichtsstandsgesetz (Art. 38 aGestG; BOTSCHAFT ZPO, 7404) beruht die Übergangsbestimmung auf einer **doppelten Grundlage**. Primär gilt der Grundsatz der sofortigen Anwendbarkeit neuen Rechts (Satz 1), subsidiär das Prinzip der *perpetuatio fori* (Satz 2). Mit der gegenüber Art. 38 aGestG neu gewählten Formulierung bringt das Gesetz dieses Verhältnis besser zum Ausdruck. Im Ergebnis kann auf eine bei Inkrafttreten der ZPO rechtshängige Klage nur dann nicht eingetreten werden, wenn weder nach bisherigem Recht (GestG) noch nach neuem Recht ein Gerichtsstand gegeben ist (BGE 129 III 80 E. 1; Müller/Wirth-DASSER, Art. 38 GestG N 18; Kellerhals/von Werdt/Güngerich-VON WERDT, Art. 38 GestG N 1; GestG-Komm.-WITTMANN, Art. 38 N 5).

15 Entsprechend ihrer Struktur (Satz 1 und 2) hat die Übergangsbestimmung von Art. 404 Abs. 2 vor allem **zwei intertemporale Konstellationen** im Blickfeld. Die erste ist gegeben, wenn die ZPO neu eine örtliche Zuständigkeit zur Verfügung stellt, die unter altem Recht nicht vorgesehen war (z.B. Gerichtsstand des Erfüllungsortes; Art. 31). Die zweite Konstellation betrifft den umgekehrten Fall, dass ein vormals gewährter Gerichtsstand unter neuem Recht wegfällt (z.B. Wegfall des alternativen Gerichtsstandes am Wohnsitz des Beklagten bei Klage auf Errichtung eines Bauhandwerkerpfandrechts; Art. 29 Abs. 1 lit. c und Abs. 2).

a) Grundsatz der sofortigen Anwendbarkeit neuer Gerichtsstandsvorschriften

16 Die sofortige Anwendbarkeit neuen Rechts hat zur Folge, dass immer zuerst zu prüfen ist, ob das neue Recht einen Gerichtsstand gewährt (Art. 9–48). Hat das Gericht seine Zuständigkeit gestützt darauf zu bejahen, ist ohne Belang, dass die Klage nach altem Recht beim örtlich unzuständigen Gericht rechtshängig gemacht worden ist. Der ursprüngliche Mangel der fehlenden Zuständigkeit wird durch den Rechtswechsel «geheilt» (GestG-Komm.-WITTMANN, Art. 38 N 5; vgl. auch Müller/Wirth-DASSER, Art. 38 GestG N 11).

3. Titel: Übergangsbestimmungen

Der **Rechtswechsel** kann bis zur Urteilsfällung **geltend gemacht** werden, weil das Urteil 17 der neuen Zuständigkeitsordnung im Zeitpunkt seiner Ausfällung entsprechen soll. Das ergibt sich nun unmittelbar aus Satz 1 und hängt nicht (mehr) von der Ausgestaltung des kantonalen Zivilprozessrechts ab, nach dem das Gericht verfährt. Auch im Rahmen ordentlicher Rechtsmittel ist eine durch das neue Recht begründete Zuständigkeit beachtlich. Wird vor Inkrafttreten der ZPO ein Nichteintretensentscheid eröffnet, der nach Massgabe des kantonalen Rechts nicht endgültig ist, kann die Änderung der Zuständigkeitsvorschriften auch noch im kantonalrechtlichen Rechtsmittelverfahren vorgebracht werden. Selbst im Verfahren der Beschwerde in Zivilsachen vor Bundesgericht steht diese Möglichkeit offen. Die Berücksichtigung der Rechtsänderung in Bezug auf neue Gerichtsstandsvorschriften lässt sich allgemein mit dem Gebot der Prozessökonomie begründen (BGE 116 II 209 E. 2bb und cc).

b) Prinzip der perpetuatio fori

Das Prinzip der *perpetuatio fori* besagt, dass eine einmal begründete Zuständigkeit nicht 18 durch nachträglich eingetretene Umstände wegfällt (VOGEL/SPÜHLER, Kap. 1 Rz 95; GULDENER, ZPR, 53; HABSCHEID, Rz 223). Einen solchen Umstand stellt auch die Rechtsänderung der Zuständigkeitsvorschriften dar. Es liegt im Interesse der Parteien und ist prozessökonomisch sinnvoll, dass sich die örtliche Zuständigkeit bis zur Beendigung der Rechtshängigkeit perpetuiert.

Intertemporalrechtlich bewirkt das Prinzip einen **Vorrang des** für die Zuständigkeit 19 **günstigeren Rechts** (Müller/Wirth-DASSER, Art. 38 GestG N 18). Soweit die neue Zuständigkeitsordnung keinen Gerichtsstand gewährt, steht ihre Anwendbarkeit unter der Bedingung, dass auch ein altrechtlicher Gerichtsstand nicht zur Verfügung steht. Einzig dort, wo sich eine örtliche Zuständigkeit ausschliesslich aufgrund des im Anhang aufgehobenen Gerichtsstandsgesetzes begründen lässt, wird das neue Recht zurückgedrängt und kommt es zu einer «Weitergeltung bisherigen Rechts».

2. Voraussetzung

Die Anwendung von Art. 404 Abs. 2 setzt die **Rechtshängigkeit** des Verfahrens voraus 20 (zum Zeitpunkt des Eintritts der Rechtshängigkeit vgl. N 8). Das ergibt sich aus dem systematischen Zusammenhang zu Abs. 1 und den allgemeinen Grundsätzen des Übergangsrechts. Der Wortlaut des Gesetzes, wonach eine «bestehende Zuständigkeit nach altem Recht erhalten bleibt», ist leicht missverständlich. Die Zuständigkeit kann nur fortdauern, wenn sie für eine bei Inkrafttreten rechtshängige Klage konkret gegeben war. Wird die Klage erst nachher rechtshängig gemacht, lässt sich anhand einer abstrakten Gerichtsstandsnorm des dannzumal aufgehobenen GestG natürlich keine Zuständigkeit mehr begründen.

3. Anwendungsbereich

Art. 404 Abs. 2 beinhaltet eine Übergangsregel einzig und allein für die Frage der **örtli-** 21 **chen Zuständigkeit**. Dazu gehören auch die Wirkungen einer altrechtlichen Gerichtsstandsvereinbarung (N 24 ff.), sofern sie nach dem zur Zeit ihres Abschlusses in Kraft stehenden Rechts gültig ist (Art. 406).

Die sog. **gerichtsstandsnahen Regelungen**, die Ausschlusswirkung der Rechtshängig- 22 keit (Art. 35 aGestG) und jene der Koordination von mehreren in Zusammenhang stehenden Verfahren (Art. 36 aGestG), fallen nicht in den Anwendungsbereich von Art. 404

Abs. 2. Diese Fragen sind über die Grundnorm von Art. 404 Abs. 1 anzuknüpfen mit der Folge, dass bisheriges Recht massgebend bleibt. Da die ZPO nahezu identische Regelungen vorsieht (Art. 64 Abs. 1 lit. a und Art. 127) wirkt sich die Anknüpfung jedoch kaum praktisch aus.

23 Die **sachliche und funktionelle Zuständigkeit** bleibt weitgehend Sache der Kantone (Art. 4). Soweit diesbezüglich Rechtsänderungen in Frage stehen, sind die Übergangsbestimmungen des kantonalen Anpassungsrechts zu konsultieren. Wohingegen sachliche und funktionelle Zuständigkeitsaspekte nunmehr dem Bundesrecht zu entnehmen sind (vgl. Art. 5–8), ist die übergangsrechtliche Grundnorm von Art. 404 Abs. 1 anwendbar.

4. Wirkungen von Gerichtsstandsvereinbarungen

24 Ein Sonderproblem des Übergangsrechts stellen altrechtliche Gerichtsstandsvereinbarungen dar, d.h. solche, die vor Inkrafttreten des neuen Gesetzes getroffen wurden. Nach der bisherigen bundesgerichtlichen Rechtsprechung (zu Art. 196 IPRG und Art. 39 aGestG) ist zwischen der Gültigkeit solcher Vereinbarungen (Form, Konsens, Willensmängel, persönliche Voraussetzungen) und deren Wirkungen zu unterscheiden (BGE 119 II 180 E. 3b; 129 III 80 E. 2.4). Die Frage der Gültigkeit altrechtlicher Gerichtsstandsvereinbarungen untersteht altem Recht, die Frage der Wirkungen aber neuem Recht (zustimmend zum GestG Kellerhals/von Werdt/Güngerich-WALTHER, Art. 39 GestG N 3; Müller/Wirth-DASSER, Art. 39 GestG N 14; **a.A.** GestG-Komm.-REETZ, Art. 39 N 13; kritisch zum IPRG SCHWANDER, 1268; ablehnend VISCHER, 515). Zu den Derogations- und Prorogationswirkungen gehört insb. die Frage, ob das prorogierte Gericht ausschliesslich oder nur alternativ zuständig ist, aber auch etwa jene, ob das Gericht seine Zuständigkeit trotz gültiger Prorogation ablehnen kann (*forum non conveniens*).

25 Nachdem Art. 406 seinem Wortlaut nach (wie Art 39 aGestG) nur die Gültigkeit einer altrechtlichen Gerichtsstandsvereinbarung regelt, ist ohne weiteres anzunehmen, dass das Bundesgericht an der Unterscheidung weiterhin festhalten und deren Wirkungen Art. 404 Abs. 2 unterstellen wird.

26 Für die aufgeworfenen Fragen der Wirkungen einer altrechtlichen Gerichtsstandsvereinbarung beruft Art. 404 Abs. 2 stets **neues Recht**. Dies aus folgenden Gründen: Die Derogations- und Prorogationswirkungen richten sich ohnehin nach neuem Recht, wenn die Klage bei Inkrafttreten der ZPO noch nicht rechtshängig ist. Ist sie rechtshängig, kommt zwar theoretisch neues Recht oder – subsidiär, nach dem «Günstigkeitsprinzip» – altes Recht zur Anwendung. Unter altem Recht ist jedoch nicht das historische kantonale Recht, das im Zeitpunkt des Abschlusses in Kraft stand, zu verstehen. Gemeint ist vielmehr die vor Inkrafttreten der ZPO herrschende Rechtslage, mithin die Lage unter der Herrschaft des GestG (ab 1.1.2001). Auch bei früher abgeschlossenen Gerichtsstandsvereinbarungen beantwortet sich indessen weder die Frage der ausschliesslichen Wirkung der Prorogation noch jene nach der Ablehnungsbefugnis des prorogierten Gerichts nach GestG. Erstere nicht, da die gesetzliche Vermutung der Ausschliesslichkeit unter neuem Recht unverändert gilt (Art. 17), letztere nicht, weil von einem günstigeren Recht nicht die Rede sein kann, wenn das Gericht befugt ist, seine Zuständigkeit mangels genügenden Bezuges abzulehnen. Eine Ablehnungsbefugnis, wie früher vorgesehen (Art. 9 Abs. 3 aGestG), kennt die ZPO nicht mehr. Mit dem Inkrafttreten ergibt sich somit für sämtliche Gerichtsstandsvereinbarungen eine Annahmepflicht, soweit das angerufene Gericht nur gültig vereinbart wurde.

3. Titel: Übergangsbestimmungen

Art. 405

Rechtsmittel ¹ Für die Rechtsmittel gilt das Recht, das bei der Eröffnung des Entscheides in Kraft ist.

² Für die Revision von Entscheiden, die unter dem bisherigen Recht eröffnet worden sind, gilt das neue Recht.

Recours ¹ Les recours sont régis par le droit en vigueur au moment de la communication de la décision aux parties.

² La révision de décisions communiquées en application de l'ancien droit est régie par le nouveau droit.

Impugnazioni ¹ Alle impugnazioni si applica il diritto in vigore al momento della comunicazione della decisione.

² Alla revisione di decisioni comunicate secondo il diritto previgente si applica il nuovo diritto.

Inhaltsübersicht   Note
 I. Allgemeines   1
 II. Rechtsmittel (Abs. 1)   3
   1. Normzweck   3
   2. Massgeblicher Zeitpunkt   4
   3. Anwendungsbereich   5
   4. Auswirkungen im Instanzenzug   9
 III. Revision (Abs. 2) 17

Literatur

C. SCHOCH, Das intertemporale Zivilprozessrecht, Diss. Zürich 1959; O. VOGEL, Die Rechtsprechung des Bundesgerichts zum Zivilprozessrecht, I. Varianten im intertemporalen Zivilprozessrecht, ZBJV 1991, 277 ff.

I. Allgemeines

Art. 405 setzt die erste Übergangsbestimmung, welche die Weitergeltung des bisherigen Prozessrechts bis zum Abschluss vor der betroffenen Instanz beschränkt (Art. 404 Abs. 1), in gewisser Weise notwendig fort. Wären – wie im Vorentwurf noch vorgesehen (Art. 391 VE) – rechtshängige Verfahren ohne Einschränkung, d.h. bis zum Eintritt der materiellen Rechtskraft, nach bisherigem Recht fortzuführen, bräuchte es keine eigene Übergangsbestimmung für die Rechtsmittel (mit Ausnahme der Revision). 1

Die Norm entspricht, abgesehen von redaktionellen Änderungen, der Fassung des bundesrätlichen Entwurfs. In den eidgenössischen Räten wurde sie nicht diskutiert. 2

II. Rechtsmittel (Abs. 1)

1. Normzweck

Der Bestimmung von Art. 405 Abs. 1 liegt die Überlegung zugrunde, dass die neue Rechtsmittelordnung möglichst rasch und umfassend anzuwenden ist, soweit nicht Gründe der Rechtssicherheit oder der Prozessökonomie oder das Verbot der Nichtrückwirkung 3 eine weitere Anwendung des bisherigen Rechtsmittelrechts erheischen (vgl. GULDENER, ZPR, 53; BGE 115 II 97). Wie die Übergangsbestimmung von Art. 132 BGG garantiert sie, dass bereits laufende Rechtsmittelfristen nicht verkürzt werden (KARLEN, 75).

2. Massgeblicher Zeitpunkt

4 Gemäss Art. 405 Abs. 1 ist auf den Zeitpunkt der **Eröffnung des Entscheids** abzustellen, um intertemporal das anwendbare Rechtsmittelrecht zu bestimmen. Klar ist, dass das neue Recht auf Rechtsmittel, deren Frist bei Inkrafttreten bereits zu laufen begonnen hat, sowie auf hängige Rechtsmittelverfahren nicht zur Anwendung kommen kann. Dies wird durch Art. 404 Abs. 1 bestätigt und ergibt sich als Folge der gesetzlichen Konzeption über die Prozessabschnitte (Art. 404 N 4; SCHOCH, 47 ff., insb. 54; BGE 115 II 102, 300 E. 1; s.a. 116 II 209 E. 2b/cc). Unklarheit besteht insoweit, als die «Eröffnung» des Entscheids nicht mit dem Zeitpunkt gleichgesetzt werden kann, der die Rechtsmittelfrist auslöst. Wird der Entscheid nach kantonalem Recht vorerst ohne schriftliche Begründung im Dispositiv eröffnet und setzt die Rechtsmittelfrist mit der Zustellung des begründeten Entscheids bzw. der nachträglichen Entscheidbegründung ein (wie neu für die Berufung [Art. 311] und die Beschwerde [Art. 321] vorgesehen), so gilt das Datum der Dispositivveröffnung. Massgebend ist demnach die erstmalige (mündliche oder schriftliche) Eröffnung des Entscheids (im Dispositiv), der mit einer entsprechenden Rechtsmittelbelehrung zu versehen ist. Praktischer wäre wohl gewesen, statt auf die Eröffnung auf das frühere Datum abzustellen, an welchem das Urteil ausgefällt wurde (so Art. 132 BGG; zum kantonalen Recht s. VOGEL/SPÜHLER, Kap. 1 Rz 96). Denn wird der Entscheid auf schriftlichem Weg eröffnet oder schlägt die Zustellung fehl, so kommt es auf den Zustellnachweis an, um intertemporal das Rechtsmittel zu bestimmen. Dabei kann es vorkommen, dass eine nach altem Recht abgefasste Rechtsmittelbelehrung unrichtig wird, was der Fall ist, wenn das neue Recht zwischen der Ausfällung und der Eröffnung (Zustellung) in Kraft tritt. Soweit eine rechtzeitige Zustellung vor Inkrafttreten nicht mehr gewährleistet scheint, ist deshalb zu empfehlen, den Entscheid nach Inkrafttreten mit einer Rechtsmittelbelehrung nach neuem Recht zuzustellen. Wo dies nicht geschieht, ist jedenfalls zu beachten, dass den Parteien nach Treu und Glauben aus einer unrichtigen Rechtsmittelbelehrung kein Nachteil erwachsen darf (Art. 5 Abs. 3 BV). Durfte sich die Partei auf eine altrechtliche Belehrung verlassen und erweist sich das neurechtliche Rechtsmittel unter irgendeinem Aspekt (Anfechtungsobjekt, Legitimation, Frist usw.) für sie als nachteilig, muss die zeitliche Kollisionsnorm korrigiert werden. In diesem Fall ist ausnahmsweise nicht an den Zeitpunkt der Eröffnung, sondern an das Urteilsdatum anzuknüpfen, so dass sich das Rechtsmittel nach bisherigem kantonalen Recht bestimmt.

3. Anwendungsbereich

5 Das nach Art. 405 Abs. 1 berufene Recht entscheidet über die **Zulässigkeit** von Rechtsmitteln (die funktionelle Zuständigkeit der Rechtsmittelinstanz) sowie über das Prozessrecht des **Rechtsmittelverfahrens** (SCHOCH, 52; BGE 115 II 97 E. 2a).

6 Die Bestimmung ist grundsätzlich auf alle Arten von **Rechtsmitteln** anwendbar (vorbehältlich der Revision, Art. 405 Abs. 2). Erfasst werden auch Rechtsbehelfe. Zu nennen sind Erläuterung, Berichtigung oder Beschwerde wegen Rechtsverzögerung. Voraussetzung ist, dass sich der Rechtsbehelf überhaupt gegen einen gerichtlichen Entscheid bzw. Nichtentscheid (bei Rechtsverzögerung) richtet. Im letzten Fall ist je nach Parteibehauptung darauf abzustellen, ob bei beförderlicher Prozesserledigung vor oder nach Inkrafttreten des Gesetzes ein Entscheid hätte ergehen müssen. Nicht erfasst werden dagegen die Rechtsbehelfe, die dem kantonalen Recht verbleiben und das Organisationsrecht

beschlagen, wie z.B. die Aufsichtsbeschwerde betreffend die allgemeine Amtsführung des Gerichts oder die Aufsichtsbeschwerde gegen Rechtsanwälte (vgl. Art. 3 und 14 BGFA).

Der Wortlaut spricht unterschiedlos von Rechtsmitteln gegen eröffnete «**Entscheide**». Auf die Art des Verfahrens, in welchem der Entscheid ergangen ist, kann es gewiss nicht ankommen. Doch drängt sich eine Unterscheidung nach der Qualifikation des anzufechtenden Entscheids auf. Liest man Art. 405 Abs. 1 als logische Fortsetzung von Art. 404 Abs. 1, wonach ein Rechtswechsel voraussetzt, dass das Verfahren vor der betroffenen Instanz zum «Abschluss» gekommen ist, muss das Anfechtungsobjekt einen **Endentscheid** darstellen, der das Verfahren – ganz oder teilweise – abschliesst. Teilentscheide werden ebenfalls erfasst, da sie eine Variante des Endentscheids bilden und mit ihnen über eines oder einige von mehreren Rechtsbegehren abschliessend befunden wird (vgl. BGE 135 III 212 E. 1.2). Anfechtungsobjekte, die schon begrifflich nicht verfahrensabschliessend wirken (Vor- und Zwischenentscheide sowie prozessleitende Verfügungen), werden nicht erfasst. Werden solche Entscheide angefochten, bleibt das Verfahren regelmässig vor der betroffenen Instanz hängig und das Verfahren kommt gerade nicht zum Abschluss, was einen Rechtswechsel gemäss dem in Art. 404 Abs. 1 enthaltenen Verbot der Rückwirkung hindert. 7

Neben dem systematischen Zusammenhang zu Art. 404 Abs. 1 spricht Folgendes gegen eine Unterstellung von nicht-verfahrensabschliessenden Entscheiden: Es könnte zu einer empfindlichen Schmälerung des Rechtsschutzes kommen. Das leuchtet namentlich ein, wenn ein nach kantonalem Recht taugliches Anfechtungsobjekt in Frage steht, das die ZPO nicht mehr kennt. Prozessleitende Verfügungen sind eng mit einem bestimmten Verfahrensrecht verbunden, das die Parteien vor Augen hatten, und darauf ist die Rechtsmittelordnung abgestimmt. Würden nicht-verfahrensabschliessende Entscheide dem neuen Recht unterstellt, ist auch nicht auszuschliessen, dass vor ein und derselben Instanz sowohl altes wie neues Verfahrensrecht zur Anwendung kommt, was kaum praktikabel wäre und eine zusätzliche Belastung für die Parteien darstellte. Schliesslich ist darauf hinzuweisen, dass prozessuale Vorentscheide häufig im Hinblick auf ein Rechtsmittel erlassen werden, dessen Erledigung sofort einen Endentscheid herbeiführen kann. Diese Möglichkeit sollte nicht durch einen frühzeitigen Wechsel des Rechtsmittelsystems aufs Spiel gesetzt werden. Dem Normzweck entsprechend (N 3), sind daher nicht-verfahrensabschliessende Entscheide aus Gründen der Rechtssicherheit und der Prozessökonomie vom Anwendungsbereich von Art. 405 Abs. 1 auszunehmen. 8

4. Auswirkungen im Instanzenzug

Ob die Zulässigkeit des Rechtsmittels und das Rechtsmittelverfahren sich nach dem alten oder neuen Recht beurteilen, stellt die eine (kollisionsrechtliche) Frage dar. Die andere (sachrechtliche) Frage ist, ob und inwieweit die Rechtsmittelinstanz bei der Überprüfung von Verfahrensrügen einen erfolgten Rechtswechsel zu beachten hat. Sie stellt sich deshalb, weil dem angefochtenen Entscheid – mit Ausnahme der örtlichen Zuständigkeit (Art. 404 Abs. 2) – immer bisheriges, kantonales Prozessrecht zugrunde liegt, auch wenn er nach dem Datum des Inkrafttretens (1.1.2011) eröffnet wird (Art. 404 Abs. 1). Beantwortet wird diese Frage im Wesentlichen durch die berufene Rechtsmittelordnung selbst, wobei es auf die Art des Rechtsmittels (ordentliches oder ausserordentliches Rechtsmittel) ankommt. Weder lässt sich die allgemeine Aussage treffen, dass neues Recht ausser Betracht bleibt, wenn die Rechtsmittelinstanz altrechtlich verfährt (a), noch kann ohne Weiteres gesagt werden, dass Verfahrensrügen nicht mehr an altem Recht zu messen wären, wenn die Rechtsmittelinstanz neurechtlich verfährt (b). Diese Zusammenhänge gilt 9 es nachfolgend in groben Zügen zu skizzieren und ein möglicher Lösungsweg für die damit verbundenen Probleme aufzuzeigen.

a) Rechtsmittelverfahren nach altem Recht

10 Wenn nach Massgabe des kantonalen Prozessrechts ein **ordentliches Rechtsmittel** gegeben ist, stünde der Anwendung des neuen, mittlerweile in Kraft getretenen Rechts durch die Rechtsmittelinstanz an sich nichts entgegen. Nachdem aber für die vor dem 1.1.2011 eröffneten Entscheide gemäss Art. 405 Abs. 1 gerade kein Rechtswechsel erfolgt, hat die Rechtsmittelinstanz (im Rahmen ihrer Kognition) grundsätzlich nur zu prüfen, ob die unter der Herrschaft des alten Rechts vorgenommene Prozesshandlung oder Beschaffenheit der handelnden Stelle (z.B. Besetzung des Gerichtes) vor dem bisherigen Verfahrensrecht standhält. Trifft das zu, bleibt es beim Fortbestand der gültigen Handlung, ohne dass zu prüfen wäre, ob ihre Vornahme auch den Anforderungen des neuen Verfahrensrechts entspricht. Gleiches gilt in umgekehrter Richtung: Leidet der angefochtene Entscheid nach altem Recht an einem Prozessmangel, ist er zu verbessern, auch wenn ein Mangel bei Zugrundelegung des neuen Rechts zu verneinen wäre. Nimmt die obere Instanz die Verbesserung nicht selbst vor, sondern hebt sie den angefochtenen Entscheid auf und weist die Sache an die untere Instanz zurück, ist diese an die Erwägungen des Rückweisungsentscheides gebunden. Deshalb ist dafür zu halten, dass auch für die Fortsetzung vor der unteren Instanz das bisherige Verfahrensrecht weitergilt (Art. 404 N 13). Ein Rechtswechsel während des Rechtsmittelverfahrens bleibt insoweit unbeachtlich.

11 Ein Vorbehalt ist anzubringen für die neuen Vorschriften über die örtliche Zuständigkeit, die sofort anwendbar sind (Art. 404 Abs. 2 Satz 1). Im Rahmen von ordentlichen Rechtsmitteln ist ein Wechsel der Zuständigkeitsvorschriften zu beachten, wenn ein neuer Gerichtsstand zur Verfügung steht, der unter altem Recht nicht gegeben war. Das gilt selbst für den Fall, dass der Rechtswechsel erst während des Rechtsmittelverfahrens eintritt (BGE 116 II 209 E. 2b). Fragen liesse sich, ob das für die übrigen Prozessvoraussetzungen nicht gleichermassen Gültigkeit haben soll. Gleich wie bei der örtlichen Zuständigkeit müssen die Prozessvoraussetzungen im Zeitpunkt des Sachurteils vorliegen, und die ordentliche Rechtsmittelinstanz ist regelmässig befugt, ein neues Sachurteil zu fällen.

12 Wenn das kantonale Recht lediglich ein **ausserordentliches Rechtsmittel** zur Verfügung stellt und der angefochtene Entscheid in Rechtkraft erwachsen ist, so überprüft die Rechtsmittelinstanz nur die Anwendung des Verfahrensrechts durch die Vorinstanz, ohne das (alte oder neue) Recht selbst «anzuwenden». Ausserordentliche Rechtsmittel haben einen anderen Streitgegenstand. Ob hier ein Vorbehalt zugunsten der Prozessvoraussetzungen anzubringen ist, erscheint mehr als fraglich, kann doch kaum von einem groben Mangel eines endgültigen Entscheids gesprochen werden, wenn ein solcher nur aufgrund des Rechtswechsels bejaht werden könnte.

b) Rechtsmittelverfahren nach neuem Recht

13 Die **Berufung** ist ein ordentliches, suspensives und grundsätzlich reformatorisches Rechtsmittel (Art. 308 ff.) und ermöglicht in gewissem Umfang die Weiterführung des Prozesses in der Rechtsmittelinstanz. Diese Möglichkeit steht auch gegen altrechtliche Entscheide offen, soweit sie nach dem 1.1.2011 eröffnet werden. Da das Berufungsverfahren ein eigener Prozessabschnitt darstellt und der Rechtswechsel bereits eingetreten ist, hat die Berufungsinstanz umfassend neues Recht zu beachten. Das gilt für den äusseren Gang des Verfahrens ebenso wie für die Zulässigkeit, neue Tatsachen und Beweismit-

tel vorzubringen oder eine Klageänderung vorzunehmen (Art. 317). Der Gesetzgeber hat, obwohl in der Vernehmlassung angeregt (Zusammenstellung, 836), darauf verzichtet, einen Vorbehalt für das günstigere Recht aufzunehmen. Die Zulässigkeit von Noven ist daher allein an Art. 317 zu prüfen, auch wenn das kantonale Prozessrecht ein weitergehendes Novenrecht zulassen würde. Weil mit der Berufung ein eigener Verfahrensabschnitt beginnt, ist neues Recht aber auch Massstab zur Überprüfung von prozessualen Fragen, die *in appellatorio* vorgebracht werden. Wird z.B. geltend gemacht, der angefochtene Entscheid beruhe auf einer fehlerhaften Grundlage, weil die Vorinstanz ein unter altem Recht angebotenes Beweismittel zu Unrecht für unzulässig erklärt habe, hat die Rechtsmittelinstanz diese Frage in Anwendung neuen Rechts zu entscheiden. Wäre es die Meinung gewesen, dass eine gültige Prozesshandlung in jedem Fall ihre Wirkung beibehält, wäre ein entsprechender gesetzlicher Hinweis zu erwarten gewesen. Ein solcher aber fehlt.

Wird der angefochtene Entscheid in Gutheissung der Berufung aufgehoben und die Sache – ausnahmsweise – zur Neubeurteilung an die erste Instanz zurückgewiesen (Art. 318 Abs. 1 lit. c), bleibt es beim erfolgten Rechtswechsel, damit der Bindungswirkung des Rückweisungsentscheids Nachachtung verschafft werden kann (Art. 404 N 13). **14**

Die **Beschwerde** ist ein ausserordentliches, nicht-suspensives und grundsätzlich kassatorisches Rechtsmittel (Art. 319 ff.). Das Beschwerdeverfahren hat einen anderen Streitgegenstand. Es dient nicht der Fortsetzung des Prozesses in der Rechtsmittelinstanz, sondern der Überprüfung des angefochtenen Entscheids. Neue Anträge, Behauptungen und Beweismittel sind ausgeschlossen (Art. 326) und als Beschwerdegrund ist nur eine Rechtsverletzung zulässig, die auch in einer offensichtlich unrichtigen Sachverhaltsfeststellung bestehen kann (Art. 320 lit. a und b). Ist die Überprüfungsbefugnis aber auf eine Rechtskontrolle beschränkt, hat die Beschwerdeinstanz grundsätzlich nur die Anwendung des kantonalen Prozessrechts durch die Vorinstanz zu prüfen. Prüfungsmassstab bleibt insoweit das alte Recht. Der angefochtene Entscheid wird nicht allein deshalb fehlerhaft, weil eine prozessuale Frage im Lichte des neuen Rechts anders zu entscheiden wäre. Eine entsprechende Rüge wäre unzulässig, weil es sich um eine neue Tatsache handelt, die im ausserordentlichen Rechtsmittelverfahren nicht zu hören ist. Dass der Rechtswechsel bereits vor der Eröffnung des angefochtenen Entscheids erfolgt ist, vermag daran nichts zu ändern. Er bewirkt nur, dass die Zulässigkeit des Rechtsmittels und das Beschwerdeverfahren dem neuen Recht unterstellt sind, ist jedoch ohne Einfluss auf die Rechtsnatur der Beschwerde. **15**

Wird die Beschwerde gutgeheissen, ist der angefochtene Entscheid aufgrund der kassatorischen Natur der Beschwerde – grundsätzlich – aufzuheben und an die untere Instanz zurückzuweisen (Art. 327 Abs. 3). Da die geltend gemachten Verfahrensmängel durch die obere Instanz anhand des kantonalen Prozessrechts überprüft wurden, scheint es gerechtfertigt, die Wiederholung der Verfahrensschritte durch die untere Instanz in Anwendung bisherigen Rechts vorzunehmen. Andernfalls besteht die Gefahr, dass die bindenden Erwägungen des Rückweisungsentscheides ihre Wirkung verfehlen und unnötigerweise ein weiteres Beschwerdeverfahren provoziert wird. **16**

III. Revision (Abs. 2)

Art. 405 Abs. 2 soll die bundesrechtliche Vereinheitlichung des Revisionsrechts rasch gewährleisten. Würde sich die Revision gegen unter altem Recht eröffnete Entscheide weiterhin nach kantonalem Recht richten, könnte dieser **Zweck** nicht erreicht werden. **17**

Denn regelmässig setzt die Frist mit Entdeckung des Revisionsgrundes ein und eine lange absolute Verwirkungsfrist (i.d.R. zehn Jahre) ist vorgesehen.

18 **Anknüpfungsmoment** ist nach Art. 405 Abs. 2 die Eröffnung des altrechtlichen Entscheids, nicht der Beginn des Fristenlaufs zur Einlegung des Revisionsgesuches (wie bei Abs. 1). Wird nach Inkrafttreten der ZPO um Revision ersucht, gilt neues Recht, auch wenn es im Zeitpunkt des eröffneten Entscheids noch nicht in Kraft stand, womit es insoweit zu einer Rückwirkung kommt (anders als bei Abs. 1).

19 Nach dem Inkrafttreten der ZPO beurteilt sich Zulässigkeit der Revision mithin stets **nach neuem Recht** (Art. 328–333). Das gilt auch dort, wo die Revision nach dem bisherigen kantonalen Recht zulässig wäre, nach neuem Recht aber ausgeschlossen ist. Der Gesetzgeber geht von der Gleichwertigkeit der neuen Revisionsordnung aus. Ein Vorbehalt für das günstigere Recht fehlt. Der Revisionskläger kann deshalb nicht unter Berufung auf eine (stillschweigende) Vorbehaltsklausel geltend machen, altes Recht sei anwendbar, weil das Inkrafttreten während laufender Frist des kantonalen Revisionsrechts erfolgt sei.

20 Nicht geregelt wird in Art. 405 Abs. 2 der Fall, dass das Revisionsverfahren bei Inkrafttreten bereits rechtshängig ist. Solche **altrechtlich angehobenen Revisionsverfahren** sind nach bisherigem Recht abzuschliessen, da für rechtshängige Verfahren allgemein der Grundsatz der Nichtrückwirkung gilt (Art. 404 Abs. 1). Erstinstanzliche kantonale Revisionsentscheide, die nach dem Inkrafttreten eröffnet werden, sind – gestützt auf Art. 405 Abs. 1 – mit Beschwerde anfechtbar (Art. 332).

Art. 406

Gerichtsstands-vereinbarung	Die Gültigkeit einer Gerichtsstandsvereinbarung bestimmt sich nach dem Recht, das zur Zeit ihres Abschlusses gegolten hat.
Election de for	La validité d'une clause d'élection de for est déterminée selon le droit en vigueur au moment de son adoption.
Proroga di foro	La validità di una proroga di foro si determina in base al diritto in vigore al momento in cui fu pattuita.

Inhaltsübersicht Note

I. Allgemeines 1
II. Anwendungsbereich 2
   1. Begriff der Gültigkeit einer Gerichtsstandsvereinbarung 2
   2. Abgrenzung 5
III. Rechtsfolge und praktische Bedeutung 6
   1. Zustandekommen 8
   2. Form 9
   3. Zulässigkeit 12

Literatur

K. SPÜHLER, Gerichtsstandsvereinbarungen überprüfen!?, SZW 2000, 238 ff.

3. Titel: Übergangsbestimmungen 1–4 **Art. 406**

I. Allgemeines

Art. 406 regelt als dritte Übergangsbestimmung die Gültigkeit von Gerichtsstandsvereinbarungen. Die Bestimmung entspricht wörtlich dem bundesrätlichen Entwurf und «übernimmt» die im Anhang aufgehobene Regelung des Gerichtsstandsgesetzes (Art. 39 aGestG; BOTSCHAFT ZPO, 7404). **Drei Zeiträume** sind auseinanderzuhalten: Neurechtliche (d.h. nach dem 1.1.2011 abgeschlossene) Gerichtsstandsvereinbarungen sind ausschliesslich an neuem Recht zu messen, was sich von selbst versteht. Die Gültigkeit altrechtlicher Gerichtsstandsvereinbarungen beurteilt sich entweder nach GestG, wenn sie unter dessen Herrschaft abgeschlossen wurden (d.h. in der Zeit vom 1.1.2001 bis 31.12.2010), oder nach dem im Abschlusszeitpunkt in Kraft stehenden (kantonalen) Zivilprozessrecht, wenn sie vor dem Inkrafttreten des GestG getroffen wurden (d.h. vor dem 1.1.2001).

1

II. Anwendungsbereich

1. Begriff der Gültigkeit einer Gerichtsstandsvereinbarung

Der Begriff der «**Gültigkeit**» einer Gerichtsstandsvereinbarung ist in einem weiten Sinne zu verstehen. Er umfasst das Zustandekommen (Konsens, Willensmängel, persönliche Voraussetzungen), die Form und die Zulässigkeit einer Gerichtsstandsvereinbarung. Wenn sie nach Massgabe des berufenen Rechts unter allen Aspekten gültig ist, ist die altrechtliche Vereinbarung auch heute noch verbindlich und ein neurechtliches Prorogationsverbot steht ihr nicht entgegen. Darin kommt das Prinzip der Nichtrückwirkung zum Ausdruck.

2

Als Grund für die Weitergeltung des historischen (kantonalen) Rechts lässt sich das Bedürfnis nach Vertragstreue, Vertrauen in die Rechtsordnung und Rechtssicherheit anführen (Müller/Wirth-DASSER, Art. 39 GestG N 8). Daraus folgt allerdings die Schwierigkeit, für mehr als ein Jahrzehnt alte Gerichtsstandsklauseln des damals in Kraft stehenden Rechts zu ermitteln und anzuwenden. Das hätte sich leicht vermeiden lassen können, wenn im Sinne des *favor negotii* ein Vorbehalt für das günstigere Recht aufgenommen worden wäre. Namentlich im Hinblick auf die strengeren, altrechtlichen Formvorschriften vieler kantonaler Zivilprozessordnungen hätte sich eine solche übergangsrechtliche Lösung aufgedrängt. Im Gegensatz zu Schiedsklauseln (Art. 407 Abs. 1) enthält das Gesetz aber **keinen** solchen **Vorbehalt** für Gerichtsstandsklauseln (Art. 406). Da die unterschiedliche gesetzliche Behandlung von Gerichts- und Schiedsklauseln geradezu ins Auge springt, ist anzunehmen, dass die Unterscheidung vom Gesetzgeber gewollt ist.

3

In der Lehre wurde zu Art. 39 aGestG die Auffassung vertreten, der Wortlaut der Bestimmung sei teleologisch zu reduzieren und einzig auf die Zulässigkeit altrechtlicher Gerichtsstandsvereinbarungen zu beschränken (Kellerhals/von Werdt/Güngerich-WALTHER, Art. 39 GestG N 7; Müller/Wirth-DASSER, Art. 39 GestG N 9; **a.A.** GestG-Komm.-REETZ, Art. 39 N 9–10; noch Art. 393 VE sah eine solche Beschränkung vor). Unter dem Gerichtsstandsgesetz war eine restriktive Auslegung vor allem deshalb vertretbar, weil das Parlament sich damals ausschliesslich mit der Frage der Zulässigkeit, nicht dagegen mit derjenigen der Form auseinandersetzte, wobei die Entstehungsgeschichte des GestG nicht zwingend gegen eine wörtliche Auslegung sprach (GestG-Komm.-REETZ, Art. 39 N 10). Nachdem nunmehr das Gesetz altrechtliche Gerichtsstandsvereinbarungen anders (als Schiedsvereinbarungen) behandelt wissen will und die Gültigkeit gemäss Botschaft ausdrücklich «Zulässigkeit **und** Form» (BOTSCHAFT ZPO,

4

7407) betrifft, scheint der Weg einer teleologischen Reduktion verschlossen. Soweit Art. 406 ZPO bezweckt, dass ein geltendes Prorogationsverbot dem Grundsatz *pacta sunt servanda* zu weichen hat und ihm insofern keine rückwirkende Kraft zukommen kann, liegt auch keine vom Zweck nicht gedeckte Redundanz vor. Denn die Unverbindlichkeit einer (form-)ungültigen Gerichtsstandsvereinbarung ist bloss die Kehrseite des genannten Grundsatzes, der diese miteinschliesst. Bei den jetzigen Vorgaben scheint eine gesonderte Anknüpfung von Form und Zulässigkeit altrechtlicher Gerichtsstandsvereinbarungen daher kaum machbar.

2. Abgrenzung

5   **Nicht** erfasst vom Begriff der «Gültigkeit» werden die **Wirkungen** einer Gerichtsstandsvereinbarung, wozu insb. die Frage gehört, ob der vereinbarte Gerichtsstand ein ausschliesslicher sei oder nicht. Die Abgrenzung zwischen Gültigkeit und Wirkung – in Art. 196 Abs. 1 und 2 IPRG angelegt (BGE 119 II 180) – ist gemäss bundesgerichtlicher Praxis auch Art. 39 aGestG zugrunde zu legen (BGE 129 III 80 E. 2.4). Dabei wird es bleiben. Die Wirkungen altrechtlicher Gerichtsstandsvereinbarung unterstehen Art. 404 Abs. 2 und damit neuem Recht (Art. 404 N 26).

III. Rechtsfolge und praktische Bedeutung

6   Gemäss Art. 406 wird immer das Recht berufen, das im Zeitpunkt des Abschlusses der Gerichtsstandsvereinbarung in Kraft stand. Spätere Rechtsänderungen sind für die Gültigkeit solcher Vereinbarung unbeachtlich, auch deshalb, weil ein gesetzlicher Vorbehalt im Sinne des *favor negotii* fehlt. Irrelevant ist sodann, ob das Verfahren bei Inkrafttreten der ZPO bereits rechtshängig ist oder die Rechtshängigkeit erst später eintritt. Ist die Gerichtsstandsvereinbarung nach dem berufenen Recht gültig, bleibt eine altrechtlich geschaffene «Zuständigkeitsoption» auch unter neuem Recht gewahrt.

7   Da die ZPO im Wesentlichen die Rechtslage des früheren GestG fortführt, wirkt sich Art. 406 praktisch nur auf Gerichtsstandsvereinbarungen aus, die vor dem Inkrafttreten des GestG am 1.1.2001 abgeschlossen wurden (wenn auch nicht ganz ausnahmslos, N 12). Die Bedeutung der Übergangsbestimmung für das Zustandekommen, die Formgültigkeit und die Zulässigkeit solcher Vereinbarungen ist allgemein als gering einzustufen. Im Einzelnen gilt Folgendes:

1. Zustandekommen

8   Auf das Zustandekommen altrechtlicher Gerichtsstandsvereinbarungen wirkt sich Art. 406 nicht aus. Es handelt sich um einen Vertrag des Prozessrechts. Für die Beurteilung von Konsens und Willensmängeln sowie der subjektiven Voraussetzungen zum Abschluss (Prozess- bzw. Handlungsfähigkeit und Vertretungsmacht) waren letztlich schon immer die schuldrechtlichen Bestimmungen heranzuziehen (Art. 1 und 23 ff. OR analog). Eine massgebliche Rechtsänderung liegt insoweit nicht vor. Anzumerken bleibt, dass eine Gerichtsstandsklausel nach Ablauf von zehn Jahren wegen Willensmängel ohnehin nicht mehr angefochten werden kann, soweit man (in Analogie zu Art. 127 OR) eine absolute Verwirkungsfrist gelten lassen will (GAUCH/SCHLUEP/SCHMID/REY, Rz 910 f.).

2. Form

9   Bezüglich Formgültigkeit ist Art. 406 ohne Auswirkung auf **unter der Herrschaft des GestG** abgeschlossene Gerichtsstandsvereinbarungen, denn Art. 9 GestG und Art. 17 ZPO stimmen im Gehalt überein (BOTSCHAFT ZPO, 7264). Beide Bestimmungen lassen

3. Titel: Übergangsbestimmungen   10–13 **Art. 406**

neben der Schriftlichkeit andere den Textnachweis ermöglichende Übermittlungsformen (Telex, Telefax, E-Mail) zu.

Bei **vor Inkrafttreten des GestG** getroffenen Gerichtsstandsvereinbarungen ist dagegen weiterhin zu beachten, dass das kantonale Zivilprozessrecht in Bezug auf die Form vielfach Schriftlichkeit i.S.v. Art. 13 OR verlangt. Auch die sog. typographische Rechtsprechung des Bundesgerichts zu Art. 59 aBV, wonach eine Gerichtsstandsklausel innerhalb eines Vertrags an gut sichtbarer Stelle platziert sein und drucktechnisch deutlich hervortreten muss, bleibt hier beachtlich (zuletzt BGE 118 Ia 297 m.w.H.).   **10**

Die bei der Einführung des GestG aufgeworfene Frage, ob bereits bestehende Gerichtsstandsvereinbarungen neu abgeschlossen werden sollten, wenn ihre Gültigkeit unter altem Recht zweifelhaft, unter GestG aber klar war (dazu SPÜHLER, SZW 2000, 241), hat nach Ablauf von weiteren zehn Jahren an Bedeutung verloren. Sie dürfte nur noch in wenigen Einzelfällen virulent sein. Erfolgte nach Inkrafttreten des GestG eine Änderung des Vertrags oder die Zustellung neuer allgemeiner Geschäftsbedingungen, ist auf dieses Datum abzustellen, um das massgebende Recht für die (Form-)Gültigkeit der darin enthaltenen Gerichtsstandsklausel zu bestimmen (Kellerhals/von Werdt/Güngerich-WALTHER, Art. 39 GestG N 9).   **11**

3. Zulässigkeit

Was die Zulässigkeit von Gerichtsstandsvereinbarungen anbelangt, so übernimmt die ZPO die teilzwingenden und zwingenden Gerichtsstände des GestG, ohne neue Prorogationsverbote einzuführen. Eine Ausnahme gibt es zu verzeichnen: Art. 27 sieht neu einen zwingenden Gerichtsstand für die vermögensrechtlichen Ansprüche der unverheirateten Mutter vor. Wurde diesbezüglich **unter der Herrschaft des GestG** eine Gerichtsstandsvereinbarung abgeschlossen, war sie zulässig und ist auch heute noch verbindlich.   **12**

Gilt für die Zulässigkeit der Rechtszustand **vor Inkrafttreten des GestG**, sind die früheren teilzwingenden Prorogationsverbote des Bundesrechtes zu beachten, die im Anhang des GestG aufgehoben wurden (Art. 26l aOR, Art. 274b aOR, Art. 343 Abs. 1 OR). Diese liessen eine Prorogation z.T. in weiterem Umfang zu, als es das GestG tat. So war eine vor Entstehung der Streitigkeit getroffene Prorogationsvereinbarung betreffend Miete von Geschäftsräumen zulässig (Art. 274b aOR e contrario; GestG-Komm.-REETZ, Art. 39 N 8). Ein gesetzlicher Ausschluss kann auch aufgrund des kantonalen Rechts bestehen. Nach Massgabe der einschlägigen kantonalen Zivilprozessordnung ist jeweils zu prüfen, ob die Zulässigkeit einer Gerichtsstandsvereinbarung auf vertragliche Ansprüche beschränkt wird (so Art. 27 Abs. 1 ZPO/BE; LEUCH/MARBACH/KELLERHALS/STERCHI, Art. 27 ZPO/BE N 4) oder ob sie für alle vermögensrechtlichen Ansprüche aus einem bestimmten Rechtsverhältnis zulässig ist, gleichviel, ob das Rechtsverhältnis durch Gesetz oder Vertrag begründet ist (so § 11 ZPO/ZH; FRANK/STRÄULI/MESSMER, § 11 ZPO/ZH N 4 und 12). In diesem Zusammenhang ist schliesslich zu beachten, dass die Parteien vor Inkrafttreten des GestG über den Streitgegenstand frei verfügen können mussten, um eine Gerichtsstandsvereinbarung gültig abzuschliessen. Ob ihnen freie Verfügungsbefugnis zukommt, bestimmt sich nach dem zur Zeit des Abschlusses geltenden (i.d.R. ungeschriebenen) Bundesrecht (GestG-Komm.-REETZ, Art. 39 N 7).   **13**

Art. 407

Schiedsgerichtsbarkeit

¹ Die Gültigkeit von Schiedsvereinbarungen, die vor Inkrafttreten dieses Gesetzes geschlossen wurden, beurteilt sich nach dem für sie günstigeren Recht.

² Für Schiedsverfahren, die bei Inkrafttreten dieses Gesetzes rechtshängig sind, gilt das bisherige Recht. Die Parteien können jedoch die Anwendung des neuen Rechts vereinbaren.

³ Für die Rechtsmittel gilt das Recht, das bei der Eröffnung des Schiedsspruches in Kraft ist.

⁴ Für Verfahren vor den nach Artikel 356 zuständigen staatlichen Gerichten, die bei Inkrafttreten dieses Gesetzes rechtshängig sind, gilt das bisherige Recht.

Convention d'arbitrage

¹ La validité des conventions d'arbitrage conclues avant l'entrée en vigueur de la présente loi est déterminée selon le droit le plus favorable.

² Les procédures d'arbitrage pendantes à l'entrée en vigueur de la présente loi sont régies par l'ancien droit. Les parties peuvent toutefois convenir de l'application du nouveau droit.

³ Le droit en vigueur au moment de la communication de la sentence s'applique aux voies de recours.

⁴ Les procédures judiciaires visées à l'art. 356 qui sont pendantes à l'entrée en vigueur de la présente loi sont régies par l'ancien droit.

Giurisdizione arbitrale

¹ La validità dei patti d'arbitrato conclusi prima dell'entrata in vigore del presente Codice si giudica secondo il diritto per essi più favorevole.

² Ai procedimenti arbitrali pendenti al momento dell'entrata in vigore del presente Codice si applica il diritto previgente. Le parti possono tuttavia pattuire l'applicazione del nuovo diritto.

³ I mezzi d'impugnazione sono retti dal diritto in vigore al momento della comunicazione del lodo.

⁴ Ai procedimenti davanti al tribunale statale competente ai sensi dell'articolo 356, se già pendenti al momento dell'entrata in vigore del presente Codice, continua ad applicarsi il diritto previgente.

Inhaltsübersicht

	Note
I. Normzweck und Grundlagen	1
II. Intertemporale Gültigkeit von Schiedsvereinbarungen (Abs. 1)	2
III. Intertemporale Behandlung hängiger Verfahren	4
1. Hängige Schiedsverfahren (Abs. 2)	4
2. Hängige staatliche Hilfsverfahren (Abs. 4)	5
IV. Anwendbares Recht in Rechtsmittelverfahren (Abs. 3)	7

I. Normzweck und Grundlagen

1 Artikel 407 regelt einerseits die übergangsrechtliche Beurteilung der Gültigkeit einer Schiedsvereinbarung und andererseits das anwendbare Recht in Schiedsverfahren oder staatlichen Hilfsverfahren, welche bei Inkrafttreten der ZPO bereits hängig sind, sowie in Rechtsmittelverfahren.

II. Intertemporale Gültigkeit von Schiedsvereinbarungen (Abs. 1)

Abs. 1 kommt zur Anwendung, wenn die Frage der Gültigkeit einer **Schiedsvereinbarung bzw. Schiedsklausel** in Frage steht, welche **vor Inkrafttreten der ZPO** geschlossen worden ist. Die Gültigkeitsfrage beurteilt sich nach dem für die Schiedsvereinbarung günstigeren Recht, d.h. es kommt jenes Recht zur Anwendung, nach welchem sich im konkreten Fall die Gültigkeit der fraglichen Schiedsvereinbarung eher bejahen lässt.

Somit können die grosszügigeren Formvorschriften der ZPO (vgl. hierzu Art. 358 N 1 ff.) eine Schiedsvereinbarung retten, welche nach altem Recht noch als ungültig angesehen worden wäre (BOTSCHAFT ZPO, 7407), etwa weil sie zwar in Textform vorliegt, den Massstäben der Schriftlichkeit i.S.v. Art. 13 OR aber nicht genügt.

III. Intertemporale Behandlung hängiger Verfahren

1. Hängige Schiedsverfahren (Abs. 2)

Die bei Inkrafttreten der ZPO hängigen *Schiedsverfahren* werden grundsätzlich nach altem Recht zu Ende geführt (BOTSCHAFT ZPO, 7407). Die Parteien können allerdings von diesem Grundsatz abweichen und die Anwendung des neuen Rechts vereinbaren. Eine derartige Vereinbarung bedarf keiner besonderen Form und kann sogar konkludent erfolgen (vgl. zur analogen Frage der Rechtswahl Art. 381 N 13).

2. Hängige staatliche Hilfsverfahren (Abs. 4)

Sind bei Inkrafttreten der ZPO *staatliche Hilfsverfahren* – darunter fallen namentlich Ernennungs- oder Ablehnungsverfahren sowie Mitwirkungsverfahren gemäss Art. 375 – bei den nach Massgabe von Art. 356 zuständigen Gerichtsbehörden anhängig, so werden diese Verfahren in jedem Fall **nach altem Recht** zu Ende geführt (BOTSCHAFT ZPO, 7407). Abweichende Vereinbarungen der Parteien sind diesbezüglich nicht zulässig.

Hilfsverfahren, die nach Inkrafttreten der ZPO eingeleitet werden, richten sich nach dem neuen Recht, und zwar auch dann, wenn das Schiedsverfahren, auf welches sie sich beziehen, bereits vor dem Inkrafttreten der ZPO hängig gemacht wurde (Bericht zum VE-ZPO, 183).

IV. Anwendbares Recht in Rechtsmittelverfahren (Abs. 3)

Rechtsmittelverfahren richten sich nach jenem Recht, welches bei **Eröffnung des angefochtenen Schiedsentscheids** in Kraft ist. Massgeblich ist somit der Zeitpunkt der Eröffnung (vgl. hierzu Art. 387 N 5) und nicht etwa der Zeitpunkt, in welchem das Rechtsmittel ergriffen wird (Bericht zum VE-ZPO, 183).

Abs. 3 entspricht inhaltlich der analogen Regelung zur staatlichen Gerichtsbarkeit in Art. 405 (BOTSCHAFT ZPO, 7407), weshalb insofern auf die dort gemachten Ausführungen verwiesen werden kann.

4. Titel: Referendum und Inkrafttreten

Art. 408

¹ **Dieses Gesetz untersteht dem fakultativen Referendum.**
² **Der Bundesrat bestimmt das Inkrafttreten.**

¹ La présente loi est sujette au référendum.
² Le Conseil fédéral fixe la date de l'entrée en vigueur.

¹ Il presente Codice sottostà a referendum facoltativo.
² Il Consiglio federale ne determina l'entrata in vigore.

Inhaltsübersicht Note
   I. Fakultatives Referendum 1
  II. Inkrafttreten 2

I. Fakultatives Referendum

1 Gegen die am 9.1.2009 veröffentlichte Zivilprozessordnung (BBl 2009 21) wurde das fakultative Referendum nicht ergriffen. Die Referendumsfrist ist am 16.4.2009 unbenützt verstrichen.

II. Inkrafttreten

2 Die Schweizerische Zivilprozessordnung wird am 1.1.2011 in Kraft treten (Medienmitteilung EJPD vom 31.3.2010; AS 2010, 1739–1860).

Sachregister

A

Abänderung vorsorglicher Massnahmen, 271 N 10; 276 N 11
Abänderungs- und Ergänzungsklagen
– elterliche Sorge, 23 N 13
– Unterhalt, 23 N 13; 24 N 13 f.; 26 N 2 f., 11
Abänderungsklage, 300 N 1; 301 N 18; 302
– Eheschutz, 301
– Scheidung, 295 N 7
– Trennung, 297 N 7
– Unterhaltspflicht, 302 N 10 ff.
Abberufung
– von Liquidatoren, 40 N 3
– der Schiedsrichter, Vor Art. 353–399 N 35; 370 N 2 ff.
  – Anfechtung, 370 N 25
  – durch Parteivereinbarung, 370 N 4 ff.
  – Rechtswirkung, 370 N 21 ff.
  – Verfahren, 370 N 8
– des Sekretärs, 365 N 10
Aberkennungsklage, 46 N 19
Abholungseinladung, 138 N 15, 18
Ablehnung
– Ausschluss der, 367 N 27 ff.
– des Schiedsgerichts, *s. dort*
– der Schiedsrichter, *s. dort*
– des Sekretärs, 365 N 8 f.
Ablehnung der Schiedsrichter, 367 N 1 ff.
– Ablehnungsgründe, 367 N 6
– Ablehnungsverfahren, Vor Art. 353–399 N 34
– aus vereinbarter Verfahrensordnung, 367 N 9 ff.
– Ausschliessungsgründe, 367 N 3
– Folgen der, 367 N 38
– gesetzliche Ablehnungsgründe, 367 N 6
– Unabhängigkeit, 367 N 12 ff.
– Unparteilichkeit, 367 N 12 ff.
– vereinbarte Anforderungen, 367 N 7 f.
– Verwirkung des Anspruchs, 367 N 61
– Verzicht auf Geltendmachung, 367 N 31 ff.
Ablehnung des Schiedsgerichts, 368 N 1 ff.
– Ablehnungsgründe, 368 N 6

– Ablehnungsverfahren, 368 N 10; 369 N 1 ff.
– dispositives Verfahrensrecht, 369 N 3
– Verfahren für die Neubestellung, 368 N 11
– zwingendes Verfahrensrecht, 369 N 4
Ablehnungsgründe, allgemeine, 47 N 16
Ablehnungsverfahren in der Schiedsgerichtsbarkeit
– Ablehnungsgesuch, 369 N 20
– Aktivlegitimation, 369 N 6
– Bestreitung der Ablehnung, 369 N 23
– freie Vereinbarung, 369 N 14 ff.
– ohne Vereinbarung, 369 N 21
– Passivlegitimation, 369 N 9
– Rechtsmittel gegen Entscheide privater Gremien, 369 N 31 ff.
– Rechtsmittel gegen Entscheide staatlicher Gerichte, 369 N 36 ff.
– Sistierung des Verfahrens, 369 N 30
– staatliches Gericht, 369 N 24
– Weiterführung des Schiedsverfahrens, 369 N 28 f.
– Zeitpunkt für die Stellung des Ablehnungsgesuchs, 369 N 11 ff.
Abschreibung
– Abgrenzung zum Endentscheid, 242 N 5 ff.
– Gegestandslosigkeit, 242 N 1 ff.
– Rechtsfolgen, 242 N 13 f.
– Rechtskraft, 242 N 13
– Vergleich, 241 N 10
– Wegfall der Prozessvoraussetzungen, 242 N 5
– Wegfall materiellrechtlicher Tatbestandselemente, 242 N 5
Abschreibungsbeschluss, 241 N 23
– Kosten, 234 N 20
– Rechtskraft, 234 N 18
– Vergleich, 241 N 31
Absetzung der Schiedsrichter, 370 N 9 ff.
– Absetzungsgründe, gesetzliche, 370 N 14 ff.
– Absetzungsgründe, gewillkürte, 370 N 11
– Anfechtung, 370 N 24

2053

Abstammung

– Frist, 370 N 13
– Parteiantrag, 370 N 12
– Rechtswirkung, 370 N 21 ff.
– Unfähigkeit der Aufgabenerfüllung, 370 N 15 f.
– Unsorgfältige Aufgabenerfüllung, 370 N 17
– Verfahren, 370 N 18 ff.
Abstammung, 25 N 2, 12
– Gutachten, 296 N 22, 26
Abstammungsprozess, Mitwirkungspflicht im Beweisverfahren, 160 N 48
Abstimmung des Schiedsgerichts, 382 N 18
Abtrennung der Widerklage, 125 N 12, 16
Abtretungsgläubiger, 46 N 8
Abwehrklage, 5 N 4; 20 N 8
Adhäsionsklage, 1 N 4
Admassierungsklage, 46 N 12
Administrativberichtigung, 22 N 15
Adoption, 25 N 13; Vor Art. 295–304
– Auflösungsklage, 295 N 5
– Behörde, Vor Art. 295–304 N 5
– eingetragene Partnerschaft, 305 N 3, 27
Akteneinsicht, 53 N 27 ff.
– Einschränkungen des Akteneinsichtsrecht, 53 N 31
– Nebenintervention, 76 N 1
– Streitverkündung, 78 N 8
– Streitverkündungsklage, 81 N 48 f.; 82 N 24 ff.
Akteneinsichtsrecht, 29 BV N 27 f.
Aktionär, 47 N 20
Alternative Gerichtsstände, 44 N 4
Alternative Klagenhäufung, 15 N 16
Alternative Streibeilegungsmechanismen, 401 N 2
Alternative Streitgenossenschaft, 15 N 7
Alternativität, 13 N 12
Alters- und Invalidenversicherung, 280 N 6
amiable compositeur, *s. Billigkeitsschiedsspruch*
Amortisationsverfahren, 43 N 4, 11
Amtsbetrieb, 277 N 3
Amtskreis, 22 N 21
Amtsprüfung der Vollstreckbarkeit, 337 N 13, 27; 341 N 3 ff.
Amtssprachen, 129 N 1 ff.
– Bern, 129 N 11
– Freiburg, 129 N 12
– Graubünden, 129 N 13
– bei internationaler Rechtshilfe, 129 N 16 ff.
– kantonale, 129 N 3
– Wallis, 129 N 14
– zwingende Verwendung, 129 N 4
Amtsstellen, schriftliche Auskunft, 190 N 3
Änderung von Registereintragungen, 22 N 14 ff.
Androhung vorsorglicher Massnahmen, 263 N 21 f.
Anerkennung
– ausländische Scheidung, 280 N 10; 281 N 7
– ausländische Urkunden, 279 N 9
– ausländische Vereinbarungen, 279 N 9
– ausländischer Entscheidungen
  – Auflösung einer Partnerschaft, 24 N 20
  – Ehescheidung, 23 N 24
  – Kindessachen, 25 N 21
  – Unterhaltssachen, 26 N 19; 27 N 12
– von Entscheiden, 335 N 1, 27, 31, 34 f.
– und Vollstreckung von Schiedssprüchen, 341 N 9
Anerkennungsautomatismus (LugÜ), 335 N 36
Anerkennungsklage, 46 N 6
– in der Betreibung auf Pfandverwertung, 46 N 9
– beim nachträglichen Rechtsvorschlag, 46 N 5
Anerkennungsverfahren, *s. Sistierung*
Anfechtung
– der Auschlagung, 28 N 4
– des Beschlusses, 42 N 6
– der Enterbung, 28 N 4
– eines Erbteilungsvertrages, 28 N 4
– eines Erbvertrages, 28 N 4
– des Fusionsbeschlusses, 42 N 6
– des Kindesverhältnisses, 25 N 14
– einer lebzeitigen Zuwendung, 28 N 4
– teilweise, 336 N 13
– eines Testamentes, 28 N 4
Anfechtungsklage, 42 N 6 f.
Angebot, öffentliches, 41 N 2
Angelegenheit, öffentlich-rechtliche, 1 N 4
Anhörung, 297 N 5, 9 ff., 15; 298 N 25
– Alter des Kindes, 298 N 15
– Ausnahmen, 298 N 14 ff.

Aufschiebende Wirkung

- Delegation, 298 N 11 ff.
- Durchführung, 298 N 18 ff.
- der Ehegatten, Eltern, 297 N 2 ff.
- durch Gericht, 298 N 9 f.
- des Kindes, 298 N 3 ff.
- der Parteien, 287 N 1
- Protokollierung, 298 N 23 f.
- Rechtsfolgen bei Nichtanhörung, 298 N 30

Anknüpfung
- alternative, 13 N 1
- in der Schiedsgerichtsbarkeit
  - objektive Anknüpfung, 381 N 4, 25 f.
  - subjektive Anknüpfung, 381 N 8 ff.

Anleger, 45 N 1
Anleihensobligation, 44 N 1
Anordnung der Gütertrennung, 271 N 16 f.
Anordnung vorsorglicher Massnahmen, 47 N 54
Anschein der Befangenheit, 47 N 3
Anscheinsvollmacht in der Schiedsgerichtsbarkeit, 357 N 12
Anschlussberufung, 312 N 2; 313 N 1 ff.
- Streitwert, 313 N 3
- summarisches Verfahren, 314 N 3

Anschlussbeschwerde, Fehlen einer, 323 N 1 f.

Anspruch
- auf Ergänzungsfrage, 173 N 1
- aus persönlicher Verantwortlichkeit, 42 N 6
- aus solidarischer Haftung, 42 N 6

Ansprüche der unverheirateten Mutter, 27 N 1, 6
Anspruchskonkurrenz, 15 N 23
Anstand, gebotener, 128 N 7
Antizipierte Beweiswürdigung, 53 N 21
Antrag, *s.a. Rechtsbegehren*
- des Vollstreckungsklägers, 343 N 4, 22

Anwälte, 47 N 27
- als bestellte Rechtsbeistände, 118 N 13 ff.
- in eigener Sache, Entschädigung, 95 N 21 ff.
- Entschädigung als Rechtsbeistände, 122 N 5 ff.
- Entschädigung der Vertretungskosten, 95 N 18 ff.
- kantonale Tarife, 96 N 4 ff.
- Verbot reiner Erfolgshonorare, 96 N 7

Anwaltskorrespondenz, Edition, 160 N 16 ff.
Anweisung an Schuldner, 271 N 24 f.
Anwendbares Recht, *s.a. Rechtswahl*
- in der Schiedsgerichtsbarkeit, 381 N 1 ff.

Anwendungsbereich, 13 N 4 ff.
Anzahl der Schiedsrichter,
  s. Schiedsrichter, Anzahl
Apostillen (Überbeglaubigungen), 336 N 27
Arbeitsgericht, 3 N 4
Arbeitsort, *s. Gerichtsstand*
Arbeitsrecht, *s. Gerichtsstand*
Arrest
- Beschwerde, 319 N 2
- Zuständigkeitsregel, 13 N 7

Arrestgrund des definitiven Rechtsöffnungstitels, 340 N 3
Arrestprosequierungsklage, 46 N 15
Arrestschadenersatzklage, 46 N 19
Art. 15 Abs. 1 DSG, 20 N 23 ff.
Astreinte, 343 N 20; *s.a. Private Geldstrafe*
Aufenthaltsort, 11 N 1 ff.
- gewöhnlicher, 28 N 14

Aufhebung, 51 N 2
- des gemeinsamen Haushalts, 271 N 8

Aufklärung im Beweisverfahren, 161 N 1 ff.
Aufklärungspflicht
- über Prozesskosten, 97 N 1 ff.
- Verletzung, Folgen, 97 N 5
- Zeitpunkt und Inhalt, 97 N 3 ff.

Auflage, erbrechtliche, 28 N 4, 19
Auflösung
- der eingetragenen Partnerschaft, 28 N 11 ff.
- eingetragenen Partnerschaft, Schlichtungsverfahren, 198 N 18
- einer Gesellschaft, 40 N 1
- des gesetzlichen Güterstandes, 297 N 5

Auflösungsklage, 40 N 3
- eingetragene Partnerschaft, 307 N 18 f.

Aufnahme eines Inventars, 271 N 18 f.
Aufschiebende Wirkung, Vor Art. 261–269 N 55; 325 N 1 ff.; 341 N 4
- Berufung, 315 N 1 ff.
- Beschwerden bei LugÜ-Vollstreckung, 327a N 8 f.
- Gegendarstellungsrecht, 315 N 4

Aufschub der Vollstreckung

– im Vollstreckungsverfahren, 339 N 24
– vorsorgliche Massnahmen, 315 N 4
Aufschub der Vollstreckung, 336 N 8, 12
Aufsichtsbehörde, 22 N 15
Aufzeichnungen, 176 N 11
– audiovisuelle, 176 N 11
– der Zeugeneinvernahme, 176 N 11
Augenschein, 181 N 1 ff.; 221 N 38
– Delegation, 181 N 13 f.
– Duldung, 160 N 30
– Durchführung, 181 N 1 ff.
– Funktion, 181 N 1 ff.
– Gegenstand, 181 N 6 ff.
– Protokoll, 182 N 1 f.
Augenscheinsobjekte, 181 N 6 ff.
Auseinandersetzung, güterrechtliche, 28 N 2, 7 ff., 11 ff., 14, 16, 35; 305 N 21 ff.
Ausführungsbestimmungen zur ZPO, 400 N 1
Ausgleichung, erbrechtliche, 28 N 4
Auskunft
– über Einkommen, 271 N 14
– über Vermögen, 271 N 14 f.
– zu Prozesszwecken erteilte, schriftliche, 190 N 1
Auskunfterteilung, 5 N 13; 45 N 2
Auskunftsklage gegen Miterben, 28 N 4
Auskunftspflicht bei Vollstreckung, 343 N 33 f.
Auskunftsrecht, eingetragene Partnerschaft, 305 N 14
Auslagenersatz als Teil der Parteientschädigung, 95 N 17
Ausland, 21 N 11, 16
Auslandanleihe, 44 N 7
Ausländische Staatsangehörigkeit, 21 N 15
Ausländische Versorgungseinrichtung, 281 N 6
Ausländisches Recht, *s. Rechtsanwendung von Amtes wegen*
Auslandsbezug, 335 N 27 ff.
Auslandschweizer, 21 N 11
Auslandsfälle, 23 N 20; 24 N 16 ff.; 25 N 17 ff.; 26 N 15 ff.; 27 N 9 ff.; 280 N 7 ff.; 281 N 6 f.
– Ansprüche der Mutter, 27 N 9 ff.
– eherechtliche Gesuche und Klagen, 23 N 20 ff.
– eingetragenen Partnerschaft, 24 N 16 ff.

– Feststellung und Anfechtung eines Kindesverhältnisses, 25 N 17 ff.
– Unterhaltsachen, 26 N 15 ff.
Auslegungshilfe, 29 BV N 6; 30 BV N 5
Ausnahmegericht, 30 BV N 8; 3 N 4; 6 N 3
Aussage, freie, 171 N 5
Ausschlagung der Erbschaft, 28 N 4, 21; 271 N 22 f.
Ausschliessungsgründe, 47 N 16
Ausschluss
– der Öffentlichkeit, 54 N 19 ff.
– von der Verhandlung, 171 N 7
Äussere Umstände, 47 N 5
Aussergerichtlicher Vergleich, 241 N 14
– in der Schiedsgerichtsbarkeit, 385 N 6
Äusserungen
– beleidigende, 128 N 9 ff.
– ehrverletzende, 128 N 9 ff.
– wertende, 47 N 36
Äusserungsrecht des Verfahrensbeteiligten, 29 BV N 26
Aussetzung des Schiedsverfahrens, *s. Sistierung des Schiedsverfahrens*
Aussichtslosigkeit
– bei unentgeltlicher Rechspflege, fehlende, 117 N 18 ff.
– fehlende, *s. Erfolgsaussichten, Prüfung*
Ausstand, Vor Art. 261–269 N 76 ff.
– Anfechtbarkeit, 50 N 4 f.
– Aufhebung von Amtshandlungen, 51 N 1 ff.
– «aus anderen Gründen», 47 N 37 ff.
– Ausstandsgesuch, 49 N 1 ff.
– Beweismassnahmen, 51 N 5 f.
– des Richters, 47 N 1 ff.
– Ehe, 47 N 31
– eingetragene Partnerschaft, 47 N 31
– Entscheid, 50 N 1 ff.
– faktische Lebensgemeinschaft, 47 N 31
– Feindschaft, 47 N 34 ff.
– Folgen der Verletzung, 51 N 1 ff.
– Freundschaft, 47 N 34 ff.
– gerichtliche Überprüfung, 50 N 1 ff.
– von Gerichtspersonen, 30 BV N 15 ff.
– Mitteilungspflicht, 48 N 1 ff.
– Negativkatalog, 47 N 49 ff.
– persönliches Interesse, 47 N 19 ff.
– Revision, 51 N 7
– Schlichtungsverfahren, 201 N 8
– Schwägerschaft zu einer Partei, 47 N 32

Berufsverbände

- Schwägerschaft zum Vertreter einer Partei, 47 N 33
- Stellungnahme, 49 N 5 f.
- Tätigkeit in einer anderen Stellung, 47 N 24 ff.
- Verwandtschaft zu einer Partei, 47 N 32
- Verwandtschaft zum Vertreter einer Partei, 47 N 33

Ausstandsgesuch, 49 N 1 ff.
Ausstandsgründe, 47 N 16 ff.; 175 N 1 ff.
- «aus anderen Gründen», 47 N 37
- Verwirkung, 47 N 17

Ausstandsverfahren, 30 BV N 17
Austrittsleistungen, 280 N 1 ff.; 281 N 1 ff.; 283 N 3
- Barauszahlung, 281 N 5
- Bestätigung, 280 N 3
- Einigung über, 280 N 2 f.
- Gesetzmässigkeit, 280 N 4
- Mitteilung, 280 N 5
- Teilung, 280 N 2
- Teilungsverhältnis, 281 N 2, 4 f.
- Vereinbarung, 280 N 1 ff., 11
- Verzicht, 280 N 6

B

Beamte, Mitwirkungsverweigerungsrecht im Beweisverfahren, 166 N 11
Bedenkzeit, 287 N 2; 288 N 1 f., 8; 291 N 1
Bedingte Leistung, Beweislast, 341 N 39, 41
Bedingung
- erbrechtliche, 28 N 19
- einer Leistung, 337 N 8 ff.
- resolutive, 342 N 6 f.
- suspensive, 342 N 6 f.

Beeinflussung, 171 N 8
Beendigung des Schiedsverfahrens durch Vergleich, 385 N 14 ff.
Befragung
- am Aufenthaltsort, 170 N 4
- beider Parteien, 191 N 8
- des Zeugen, 172 N 1

Befreiung von Kosten und Gebühren, 338 N 22
Beglaubigung, 336 N 27
Begleitung (Schlichtungsverhandlung), 204 N 7
Begründung
- Anspruch auf rechtliches Gehör, 239 N 11
- auf Parteiantrag, 239 N 8 f.
- Beantragung, 238 N 5, 8 f.
- Elemente, 239 N 14
- des Entscheides im summarischen Verfahren, 256 N 6 f.
- inhaltliche Anforderungen, 239 N 11 ff.
- mündliche, 239 N 3
- Pflicht, 238 N 10
- schriftliche, 239 N 5 ff.
- der vereinfachten Klage, 245 N 10 ff.
- von Amtes wegen, 239 N 6 f.

Begründungspflicht, 239 N 10
- im Schiedsverfahren, 384 N 15

Behauptungslast, 55 N 3; 221 N 15 ff.
- im Schiedsverfahren, 375 N 7

Behörde
- am Sterbeort, 28 N 25
- unzuständige, Wahrung der Frist, 143 N 3

Behördenadressen, 130 N 15
Beilagen, fehlende, 132 N 13 f.
Beitrittserklärung, 40 N 10
Beklagter, Wohnsitz, 28 N 14
Belehrung
- im Beweisverfahren, 161 N 2 ff.
- des Zeugen, 171 N 3

Berater, 47 N 27
Beratung des Schiedsgerichts, 382 N 4 ff.
Beratungsgeheimnis im Schiedsverfahren, 382 N 12 ff.
Berchtoldstag, Einfluss auf Fristende, 142 N 21
Bereinigung, 21 N 16; 22 N 1
- i.w.S., 22 N 14
- von Personenstandsdaten, 22 N 6
- des Zivilstandsregisters, 22 N 1 ff.

Bereinigungsklage, 22 N 16
Berichtigung, 20 N 7; 336 N 24
- Anwendungsbereich, 334 N 7 ff.
- von Entscheiden, 336 N 17 f.
- des Schiedsspruchs, 388 N 8 ff.
- des Schiedsspruchs, im Beschwerdeverfahren, 394 N 1 ff.

s.a. Erläuterung
Berufliche Vorsorge, 283 N 3
Berufsgeheimnisträger, Mitwirkungsverweigerungsrecht im Beweisverfahren, 166 N 5
Berufsständisch zusammengesetztes Organ, 47 N 15
Berufsverbände, 47 N 45

Berufung

Berufung, 15 N 31; 310 N 1 ff.; 336 N 2 ff.
- Begründung, 312 N 5
- Erledigungsarten, 318 N 1 f.
- Rückweisungsentscheid, 318 N 4
- Rückzug, 336 N 6
- Streitwertberechnung, 91 N 8
- summarisches Verfahren, 314 N 1 ff.
- vollkommenes Rechtsmittel, 310 N 1

Berufungsantwort, 312 N 1 ff., 4

Berufungsentscheid
- Kosten, 318 N 6
- Mitteilung, 318 N 5

Berufungserklärung
- einstufige Lösung, 311 N 1 ff.
- zweistufige Lösung, 311 N 4

Berufungsfähigkeit, 309 N 1 ff., 6, 9
- Ausnahmen, 309 N 1 ff.

Berufungsverfahren
- Maximen, 316 N 5
- zweiter Schriftenwechsel, 316 N 3

Berufungsverhandlung, mündliche, 316

Bescheinigung gemäss Art. 54 LugÜ II, 338 N 12, 21

Beschleunigtes Verfahren (altrechtlich), Vor Art. 243–247 N 8 ff.

Beschleunigungsgebot, 29 BV N 14 ff.; 52 N 21; 124 N 2

Beschlussfassung, 236 N 7
- Mehrheitsentscheid, 236 N 7
- Stimmzwang, 236 N 7

Beschränkung
- auf einzelne Fragen, 125 N 5 f.
- auf einzelne Rechtsbegehren, 125 N 7 f.
- des Verfahrens, 125 N 4 ff.

Beschwerde, 15 N 31; 20 N 30; 21 N 13; 22 N 22; 50 N 4; 281 N 4; 319 N 1 ff.
- gegen amtlichen Liquidator, 28 N 21
- gegen Erbschaftsverwalter, 28 N 21
- gegen Ablehnung oder Entzug der, 121 N 1 f.
- gegen selbständige Kostenentscheide, 110 N 1 ff.
- in Zivilsachen, 336 N 10
- gegen internationalen Vollstreckungsentscheid, 327a N 3 ff.
- Kognition bei Vollstreckungssachen, 327a N 4 f.
- nach Art. 319 ff., 336 N 8
- Nachteil, 319 N 7
- offensichtlich unzulässig, 322 N 3 ff.
- ohne Sachentscheid, 319 N 6
- reformatorisches Rechtsmittel, 327 N 5
- gegen Schiedssprüche, *s. dort*
- trölerische, 322 N 1
- Vollstreckungsverfahren, Rügen, 327a N 6 f.
- gegen Willensvollstrecker, 28 N 21
- in Zivilsachen, 6 N 1, 7, 10; 8 N 2; 15 N 31 f.; 20 N 30; 21 N 13; 22 N 22; 50 N 5

Beschwerde gegen Schiedssprüche
- Anfechtungsobjekt, 389 N 10 ff.; 392 N 1 ff.
  - Beschwerdegründe, 392 N 11 ff.
- Anträge, 389 N 36 f.
- Aufhebung des Schiedsspruches, 395 N 7
  - Teilaufhebung, 395 N 16 f.
- Berichtigung oder Ergänzung
  - vor Beschwerdeentscheid, 394 N 1 ff.
- Beschwerdeentscheid, *s.a. Rückweisung*
  - Endgültigkeit, 389 N 49 f.; 395 N 19
  - kassatorische Natur, 395 N 7
  - Kostenentscheid, 395 N 18
  - neuer Schiedsspruch, 395 N 14
  - reformatorische Natur, 395 N 13
- Beschwerdegründe
  - Bindung an Rechtsbegehren (petita), 393 N 52 ff.
  - Gleichbehandlung der Parteien, 393 N 65 ff.
  - rechtliches Gehör, 393 N 65 ff.
  - überhöhte Entschädigung des Schiedsgerichts, 393 N 95 ff.
  - vorschriftswidrige Besetzung, 393 N 8 ff.
  - Willkür, 393 N 79 ff.
  - Zuständigkeit, 393 N 28 ff.
- Beschwerdeinstanz, *s. Zuständigkeit*
- Beschwerdeobjekt, 389 N 10 ff.; 392 N 1 ff.
- Entstehungsgeschichte, 389 N 1 ff.
- Frist
  - Bundesgericht, 389 N 24
  - Kantonales Gericht, 390 N 9
- Legitimation, 389 N 29
- Prorogation des kantonalen Gerichts, 390 N 1 ff.
  - Endgültigkeit, 390 N 18 f.
  - Verfahren, 390 N 7 ff.
- Rechtsmittelverzicht, 389 N 51 ff.
- Rechtsnatur, 389 N 18

Beweiserhebung im Schiedsverfahren

- Rückweisung
  - nach Beschwerdeentscheid, 395 N 8 ff.
  - Terminologie, 395 N 6
  - vor Beschwerdeentscheid, 394 N 1 ff.
  - Zusammensetzung des Schiedsgerichts, 395 N 8 ff.
- Rügepflicht, 389 N 36 f.
- Streitwert, 389 N 31 f.
- Subsidiarität, 391 N 1 ff.
- Verfahren
  - Bundesgericht, 389 N 19 ff.
  - Kantonales Gericht, 390 N 7 ff.
- Vergleich zum KSG, 389 N 1 ff.; 393 N 101 ff.
- Vorinstanzen, 391 N 8 f.
- Zuständigkeit
  - Bundesgericht, 389 N 23 ff.
  - Kantonales Gericht, 390 N 4 ff.

Beschwerdeantwort, 322 N 1 ff.
Beschwerdeantwortfrist, 322 N 5
Beschwerdebegründung, 321 N 4 f.
Beschwerdefähigkeit, 319 N 4
Beschwerdefrist, 321 N 1 ff.
- Vollstreckung LugÜ, 327a N 10 ff.

Beschwerdegutheissung, kassatorische Wirkung, 327 N 4
Beschwerdelegitimation Dritter gegen Kostenentscheide, 110 N 2 f.
Beschwerdeverfahren, 327 N 2 ff.
Beseitigung, 5 N 4
Beseitigungsklage, 20 N 5, 9, 14
Besitzesschutz, 262 N 32 ff.
Bestandesklage, 5 N 4; 20 N 12
Bestellung des Schiedsgerichts, Vor Art. 353–399 N 28
Bestreitungslast, 222 N 10
Bestreitungsvermerk, 20 N 25
Besuchsrechte
- bei Kindern, 341 N 31
- von Kindern, 336 N 15

Beteiligungspapier, 43 N 4
Betreibungsrechtliche Summarsachen
- Gerichtskosten nach GebV SchKG, 95 N 8

Beurkundung, 22 N 3, 18
- öffentliche, 1 N 6; 19 N 10

Bewegliche Sachen
- Begriff im Rahmen des Gerichtsstandes, 30 N 3 ff.
- Gerichtsstand bei «Anderen Klagen», 30 N 12 ff.
- Gerichtsstand bei durch Faustpfand gesicherte Forderungen, 30 N 10
- Gerichtsstand bei Klagen über dingliche Recht oder über den Besitz, 30 N 9
- Gerichtsstand bei vorsorgliche Massnahmen, 30 N 16
- Wahlgerichtsstand, 30 N 1

Beweisabnahme, 155 N 1 ff.; 231 N 1 ff.; s.a. Beweiserhebung
- Ablauf, 231 N 4
- Akteneinsichtsrecht, 155 N 14
- Beweisverfügung, 231 N 2
- Delegation, 155 N 4 ff.; 231 N 1
- Entscheidverfahren, 203 N 9 ff.
- ergänzende, 231 N 3
- Form, 231 N 5
- Interessenabwägung, 155 N 9
- Keine Wiederholung, 155 N 13
- Mischsystem, 155 N 6 f.
- Mittelbarkeit, 155 N 2 ff.
- Realproduktion, 155 N 10
- Schlichtungsverhandlung, 203 N 4 ff.
- Teilnahmerecht, 155 N 14
- Umfang, 231 N 3
- Unmittelbarkeit, 155 N 2 ff.
- Unmittelbarkeitsprinzip, 231 N 1
- Verfahren mit Urteilsvorschlag, 203 N 9 ff.
- Wiederholung, 231 N 3

Beweisanspruch, 152 N 1 ff.
Beweisantrag, 152 N 3; 221 N 22
- Formen und Fristen, 152 N 4

Beweisaussage, bestimmte Tatsachen oder Beweissätze, 192 N 6
Beweisbeschluss des Schiedsgerichts, 375 N 9
Beweisbeschränkung, 254 N 1 ff.
Beweiserhebung
- Ausnahmen von der Vorschusspflicht, 102 N 5 f.
- Kostenvorschuss, 102 N 1 ff.
- von Amtes wegen, 153 N 1 ff.

Beweiserhebung im Schiedsverfahren
- Ankündigung, 375 N 56
- Augenschein, 375 N 48 f.
- Behauptungslast, 375 N 7
- Bestreitungslast, 373 N 60; 375 N 8
- Beweisbeschluss, 375 N 9
- Beweislast, 375 N 10 ff.

2059

Beweisführung

- Beweismittel, 375 N 13 ff.
- Delegation an Präsidenten, 375 N 52
- Durchsetzung mit privater Geldstrafe, 375 N 22
- Edition von Urkunden, 375 N 20 ff., 67
- Feststellung des Sachverhalts, 375 N 6
- Gegenstand, 375 N 6 ff.
- Geheimhinmnisschutz, 375 N 15, 59
- Kooperationspflicht der Parteien, 375 N 59
- Kosten, 375 N 60, 81
- Kreuzverhör, 375 N 33
- Mitwirkung des staatlichen Richters, 375 N 64 ff.
- Ortsbesichtigung, 375 N 48
- Pflicht zum Erscheinen, 375 N 31
- Privatgutachten, 375 N 37
- rechtliches Gehör, 375 N 58
- Rechtsmittel, 375 N 82
- Relevanz der Beweismittel, 375 N 53
- Sachverständige, 375 N 34 ff., 67
- schriftliche Zeugenerklärungen, 375 N 29
- Sistierung des Verfahrens, 375 N 54
- strittige und erhebliche Tatsachenbehauptungen, 375 N 9
- Substanzierungspflicht, 375 N 7
- Teilnahmerecht des Schiedsgerichts, 375 N 5, 77
- Unmittelbarkeit, 375 N 51 f.
- Urkunden, 375 N 16 ff.
- Verbot des Berichtens, 375 N 30
- Vereidigung von Zeugen, 375 N 32
- Verfahren, 375 N 50 ff.
- Vertraulichkeit, 375 N 59
- Verzicht auf Beweismittel, 373 N 51
- vorsorgliche Beweisführung, 375 N 51
- Wahrheitspflicht, 375 N 32
- Warenprobe, 375 N 48
- Witness Conferencing, 375 N 33
- Zeitpunkt, 375 N 55 ff.
- Zeugen- und Parteiaussagen, 375 N 24 ff., 67
- Zulässigkeit Beweismittel, 375 N 53
- zuständiges staatliches Gericht, 375 N 71 ff.
- Zuständigkeit des Schiedsgerichts, 375 N 1

Beweisführung
- einfache Streitgenossenschaft, 71 N 37
- Gefährdung der Beweismittel, 158 N 3
- Kosten, 95 N 11 f.
- Prozesschancen, 158 N 5
- schutzwürdiges Interesse, 158 N 5
- vorsorgliche, 13 N 5; 158 N 1 ff.; Vor Art. 261–269 N 27 ff.

Beweisführungslast, 154 N 2 f.
Beweisführungsvertrag, 53 N 23
Beweisgegenstand, 150 N 1 ff.; 154 N 2
Beweiskraft öffentlicher Register und Urkunden, 179 N 10 ff.
Beweislast, 2 N 5
- Mitwirkungspflicht im Beweisverfahren, 160 N 31
- negative Feststellungsklage, 88 N 29
- im Schiedsverfahren, 375 N 10 ff.
- bei Vollstreckung, 342 N 8
- Zuständigkeit, 10 N 40 f.; 11 N 13 f.

Beweislastverteilung, 2 N 5
Beweismass, 157 N 5
- Beweiserleichterung, 157 N 11
- Beweismittelhierarchie, 157 N 6
- Glaubhaftmachung, 157 N 7 ff.
- hohe Wahrscheinlichkeit, 157 N 7 ff.
- strenge Beweis, 157 N 7 ff.
- Verwertungsfreiheit, 157 N 5

Beweismassbeschränkung, Vor Art. 248–256 N 6; 249 N 3; 250 N 3; 251 N 3; 254 N 10 f.
Beweismässige Abklärung, 168 N 15
Beweismassnahmen, 51 N 5
Beweismittel, 154 N 2 f.; 221 N 21; *s.a. Beweiserhebung*
- abschliessende Aufzählung, 168 N 1
- Beweiseinwendungen, 222 N 11
- Beweistauglichkeite, 222 N 11
- Editionsbegehren, 221 N 23
- Gemeinsamkeit, 168 N 21
- neue, 229 N 1 ff.
- parteiliche, 152 N 9
- keine Rangfolge, 168 N 5
- rechtswidrig beschaffte, 29 BV N 10; 168 N 8
- rechtswidrig erlangtes, 152 N 11 ff.
- Reihenfolge der Abnahme, 168 N 18
- taugliches, 152 N 6 f.; 168 N 22
- bei Taxation, 345 N 2
- Urkunden, 221 N 23
- Verzeichnis, 221 N 39
- bei Vollstreckung, 342 N 9
- Wahl, 168 N 14

- zulässige, 168 N 1
- zulässiges, 152 N 5
- Zulässigkeit, 168 N 13
- Zulassung, 168 N 13

Beweismittelbeschränkung, 219 N 10; Vor Art. 248–256 N 6; 249 N 3; 250 N 3; 251 N 3; 254 N 2 ff.; 337 N 27
- im Vollstreckungsverfahren, 339 N 11 f.

Beweisnot, 157 N 11

Beweissicherung im Schiedsverfahren, 374 N 12

Beweisverbot, Mitwirkungspflicht im Beweisverfahren, 160 N 44

Beweisverfahren, 6 N 3
- Beweisverbot, 160 N 44
- Mitwirkungspflicht, 296 N 36
- Recht auf Teilnahme, 29 BV N 25 f.

Beweisverfügung, 154 N 1 ff.; 266 N 18
- Abänderung, 231 N 2
- Anfechtung, 231 N 2
- Bereinigung, 231 N 2
- erforderliche, 154 N 12 f.
- Ergänzung, 231 N 2
- Inhalt, 231 N 2
- jederzeit abänderbar, 154 N 7
- Kostenvorschuss, 154 N 5
- Prozessprogramm, 154 N 1
- Selektion, 154 N 6

Beweiswürdigung, 272 N 5
- antizipierte, 152 N 7 f.; 157 N 14
- Beweiskraft, 157 N 1
- Beweismass, 157 N 1 ff.
- freie, 157 N 1 ff.
- im Schiedsverfahren, *s. dort*
- Spruchreife, 236 N 6
- Überzeugung, 157 N 1 ff.

Beweiswürdigung im Schiedsverfahren, 375 N 61 ff.
- Anfechtbarkeit, 375 N 63
- antizipierte, 375 N 27, 53
- Bindung an Gutachten, 375 N 46
- freie, 375 N 46, 62
- Konsultation des Sachverständigen, 375 N 47

Bewilligungsträger, 45 N 1, 8

Beziehungen, persönliche, 172 N 4 f.

Bezifferung
- unbezifferte Forderungsklage, 85 N 4 ff.

- Unmöglichkeit, 85 N 4
- Unzumutbarkeit, 85 N 4

Bifurcation, *s. Gabelung des Schiedsverfahrens*

Bild- und Tonaufnahmen, 128 N 8

Billigkeitshaftung des Kantons für Gerichtskosten, 107 N 11

Billigkeitsschiedsspruch, 381 N 22 ff.

Bindung bei Rückweisungsentscheid, 318 N 3

Bindungswirkung, Vor Art. 236–242 N 36 f.
- inhaltliche Bindung, Vor Art. 236–242 N 37

Binnensachverhalt, 2 N 3
- reiner, 22 N 25

Binnenschiedsgerichtsbarkeit, 1 N 10; *s.a. Schiedsgerichtsbarkeit*

Binnenstreitigkeit, 42 N 14

Bisheriges Recht
- Änderung, 402 N 4
- Aufhebung, 402 N 1

Böswillige Prozessführung, *s. Mutwillige Prozessführung*

Bund, 10 N 36 ff.

Bundesamt für Justiz, 401 N 3

Bundesgericht, 1 N 1; 281 N 4

Bundesgerichtsgesetz, 1 N 1

Bundesgesetz über das bäuerliche Bodenrecht, 28 N 26 ff.

Bundesgesetz über das internationale Privatrecht, 28 N 29 ff.

Bundespatentgericht, 122 BV N 14

Bundesprivatrecht, 1 N 4

Bundesrecht, derogatorische Kraft, 335 N 2

Bundesversicherungsgericht, 281 N 4

Bundeszivilrechtliche Ansprüche, 15 N 25

C

Check, 43 N 11 f.

CIEC-Übereinkommen, 25 N 19

Class action, 89 N 1

D

Datensammlung, 20 N 27

Datenschutzgesetz, 20 N 19 ff.

Datum, Entscheid, 238 N 4

Deklaratorisch, 6 N 11

Delegation

Delegation
- der Beweisabnahme, 155 N 4 f.
- des Bundesrats, 400 N 4
- der Prozessleitung, 124 N 5

Depotbank, 45 N 8
Direktanspruch, 271 N 25
Direkte Vollstreckung, 337 N 1 ff.;
　338 N 2; 339 N 8; *s.a. Vollstreckung*
- Anwendung von Art. 341, 341 N 2
- ausländischer Entscheide, 337 N 4
- Beweislast, 337 N 26
- Parteirollen, 337 N 26
- Undurchführbarkeit, 337 N 6

Direktprozesse, 335 N 5
Dispositionsgrundsatz, 58 N 3 ff.;
　238 N 7
- Bindung an die von den Parteien gestellten Rechtsbegehren, 58 N 5 f.
- Zwischenentscheid, 237 N 6

Dispositionsmaxime, 4 N 4; 247 N 4, 21; 272 N 1
- bei vorsorglichen Massnahmen, 261 N 4 f.
- sichernde Massnahmen, 340 N 13

Dispositiv, 238 N 7; 335 N 18, 20, 24; 337 N 14; 338 N 5
- materielle Rechtskraft, Vor Art. 236–242 N 41 f.
- des Schiedsspruchs, 384 N 29 ff.
- Übergabe, 239 N 2
- Zustellung, 239 N 2

Dissenting opinion im Schiedsverfahren, 382 N 42 ff.
Disziplinarstrafe, 128 N 23
DNA-Gutachten, 296 N 27
Dolmetscher, *s. rechtliches Gehör*
Dolmetscher, Beizug, 129 N 7
Doppelrelevante Tatsachen im Schiedsverfahren, 357 N 8
Dringliche vorsorgliche Massnahmen, Sicherheitsleistung, 101 N 4
Dringlichkeit
- besondere, 340 N 9
- Nachweis, 340 N 10

Dritter
- als Hauptintervenient im Vollstreckungsverfahren, 346 N 6
- als Nebenintervenient im Vollstreckungsverfahren, 346 N 5
- im Vollstreckungsverfahren, 343 N 33 f.; 346 N 1 ff.

Dritter Teil der ZPO
- flexible Ordnung, Vor Art. 353–399 N 6
- Geltungsbereich, Vor Art. 353–399 N 2; 353 N 1 ff.
- Geltungsbereich, internationale Schiedsgerichte, 353 N 7 ff.
- Geltungsbereich, nationale Schiedsverfahren, 353 N 5 ff.
- selbständiges Gesetz, Vor Art. 353–399 N 5

Drittperson, 47 N 48
Dualismus, vollstreckungsrechtlicher, 335 N 2
Duldungspflicht, 296 N 22 ff., 25
- Verweigerung, 296 N 22 f.
- bei Vollstreckung, 343 N 33 f.

Duldungsvollmacht in der Schiedsgerichtsbarkeit, 357 N 12
Durchgriff im Schiedsverfahren, 357 N 43

E

Echte Normenkonkurrenz, 20 N 18
Echte Streitgenossenschaft, 15 N 8;
　s.a. Streitgenossenschaft, echte
Edition
- Anwaltskorrespondenz, 160 N 16 ff.
- Ausforschungsverbot, 160 N 24
- genügende Bezeichnung, 160 N 23
- Prozessrelevanz, 160 N 29
- Selbstaufzeichnungen, 160 N 26
- VR-Protokoll, 160 N 28

Effektivklausel, 335 N 24
Ehe, homosexuelle, 24 N 2
Ehegatte, Tod des, 28 N 2, 7 ff., 14, 16, 35
Ehegüterrecht, 276 N 14
Eherechtliche Gesuche und Klagen, 23 N 1
Eherechtliche Verfahren, Kindervertretungskosten, 95 N 14 f.
Eheschliessung, 23 N 8
Eheschutzmassnahme, 23 N 16; 271 N 5 ff.; 276 N 2 ff., 10 ff.
- Abänderung, 276 N 11
- Aufhebung, 276 N 11

Eheschutzverfahren, 47 N 55
Ehetrennung, 294 N 1 ff.
- Trennungsfolgen, 294 N 4

Eheungültigkeit, 294 N 1 ff.
- Scheinehe, 294 N 2

Ehevertrag, 28 N 16, 18, 22; 279 N 1
Eid, 171 N 2

Eidgenossenschaft, 10 N 36 ff.
Eigentlich notwendige Streitgenossenschaft, 15 N 6
Einberufung
- der Generalversammlung, 40 N 3
- der Gläubigerversammlung, 44 N 1
Einfache Streitgenossenschaft, 15 N 3; s.a. *Streitgenossenschaft, einfache*
- im Schlichtungsverfahren, 208 N 21
Einfaches und rasches Verfahren, 295; 295 11 ff.
Einfluss auf Fristende
- Berchtoldstag, 142 N 21
- Sechseläuten, 142 N 21
Eingaben
- Anzahl, 131
- Begriff, 130 N 3; 132 N 2
- Form der, 130
- in Papierform, 130 N 8 ff.
- querulatorische, 132 N 32 f.
- rechtsmissbräuchliche, 132 N 34
- trölerische, 132 N 34
- unbeachtliche, 132 N 30 ff.
- ungebührliche, 132 N 25 f.
- unleserliche, 132 N 23 f.
- unverständliche, 132 N 27 f.
- Verbesserung von, 132 N 20 ff.
- weitschweifige, 132 N 29
Eingetragene Partnerschaft, 24 N 1
- Adoption, 305 N 3, 27; 307 N 22
- Auflösung, 305 N 3; 307 N 1 ff.
- Auskunftsrecht, 305 N 14
- Fortpflanzungsmedizin, 305 N 3, 27; 307 N 22
- gemeinsame Wohnung, 305 N 11
- güterrechtliche Auseinandersetzung, 305 N 21 ff.
- Güterstand, 305 N 3, 16, 28
- Haftung, 305 N 3
- Inventar, 305 N 18
- Kinderbelange, 305 N 3, 16, 27; 307 N 11, 22
- Mitwirkungsverweigerungsrecht im Beweisverfahren, 165 N 11
- Schuldneranweisung, 305 N 9 f.
- Trennung, 305 N 15 f.; 307 N 18, 20 f.
- Ungültigkeit, 305 N 3; 307 N 1 ff.
- Unterhalt, 305 N 7 ff., 15; 307 N 11
- Verfahren, 305 N 1 ff.
- Verfügungsbefugnis, 305 N 19 f.
- Vertretungsbefugnis, 305 N 12 f.

Einstellung der Vollstreckung

- Vorsorgeausgleich, 307 N 10
- vorsorgliche Massnahme, 307 N 7
- Wirkung, 305 N 3
- Zahlungsfristen, 305 N 21 ff.
- zweite Säule, 305 N 29
Eingetragener Partner, *s. Partner, eingetragener; s. Eingetragene Partnerschaft*
Eingriffsnormen im Schiedsverfahren, 381 N 11
Einheit des Entscheids, 283 N 1
Einheit des Scheidungsurteils, 125 N 12
Einigung
- der Parteien, *s.a. Vergleich*
- im Schlichtungsverfahren, 208 N 1 ff.
Einkommen des Ehegatten, 276 N 4
Einlassung, 6 N 15; 9 N 3, 24 f.; 13 N 12; 18 N 1 ff.; 28 N 15 f.; 42 N 12; 45 N 9
- Begriff, 18 N 5
- Kasuistik, 18 N 10 f.
- Mediationsklausel, 213 N 12
- Rechtsfolgen, 18 N 12 ff.
- im Schiedsverfahren, 359 N 23 ff.
- im Schiedsverfahren, freiwilliger Nebenintervenient, 376 N 65
- Voraussetzungen, 18 N 6 ff.
Einmaligkeitswirkung, Vor Art. 236–242 N 32 ff., 44
Einrede, 57 N 26 f.
- der Rechtshängigkeit, 64 N 21
- der Unzuständigkeit, 59 N 10
- bei Vollstreckung, 342 N 8
Einrichtung der beruflichen Vorsorge, 280 N 3, 12; 281 N 3 f., 6
Einsetzung eines Sonderprüfers, 40 N 3
Einsprache bei gerichtlichem Verbot
- Folgen der Einsprache, 260 N 5
- Form der Einsprache, 260 N 3
- Frist der Einsprache, 260 N 1 f.
- Gericht am Ort der gelegenen Sache, 260 N 7
- Inhalt der Einsprache, 260 N 4
- Klageverfahren gegen den Einsprecher, 260 N 6 ff.
- Wohnsitz des Einsprechers, 260 N 7
Einsprache des Dritten im Vollstreckungsverfahren, 346 N 4
Einstellung, *s. Sistierung*
Einstellung der Vollstreckung, 337 N 18 ff.
- nach Abschluss der Zwangsvollstreckung, 337 N 30

Einstellungsgesuch

Einstellungsgesuch, *s.a. Gesuch um Einstellung der Vollstreckung*
Einstweiliger Rechtsschutz im Schiedsverfahren
- Anordnung einer Sicherheitsleistung, 374 N 35 ff.
- Anrufung des staatlichen Gerichts zur Durchsetzung, 374 N 41 ff.
- Arrest, 374 N 14
- Art und Höhe der Sicherheitsleistung, 374 N 39
- auf Schadenersatzforderung anwendbares Recht, 374 N 50 f.
- Ausschluss der Zuständigkeit, 374 N 27 f.
- Ausschluss staatlicher Gerichte, 374 N 19
- Emergency Arbitrator, 374 N 25
- Entlastungsbeweis gegen Schadenersatzforderung, 374 N 52
- Freigabe der Sicherheitsleistung, 374 N 52
- Inhalt von Massnahmen, 374 N 11 ff.
- Massnahmen gegenüber Dritten, 374 N 32, 43
- nach Konstituierung des Schiedsgerichts, 374 N 22, 25
- parallele Zuständigkeit des staatlichen Gerichts, 374 N 2, 6 f.
- Parteiantrag, 374 N 9
- Pre-Arbitral Referee, 374 N 25
- prima facie Zuständigkeit in der Hauptsache, 374 N 23
- private Geldstrafe (Astreinte), 374 N 31
- Rechtsschutz gegen Massnahmeentscheide, 374 N 33 f., 47
- Schadenersatz, 374 N 3
- Sicherung gefährdeter Beweismittel, 374 N 12
- superprovisorische Massnahmen, 374 N 4, 6
- Verfahren vor dem Schiedsgericht, 374 N 29
- Verfahren vor dem staatlichen Richter, 374 N 20 f.
- Vollstreckbarkeit, 374 N 5, 30
- vor Konstituierung des Schiedsgerichts, 374 N 8, 24
- Voraussetzungen, 374 N 14 ff.
- zuständiges staatliches Gericht, 374 N 16 ff.
- Zuständigkeit, 374 N 2, 26
- Zuständigkeit für Schadenersatzforderung, 374 N 40, 49
- Zwangsmassnahmen, 374 N 30, 41
Einwendungen, 337 N 24
- Beispiele, 341 N 24, 26
- Beweislast, 341 N 27, 38 f.
- Beweismittel, 341 N 40
- Beweismittelbeschränkung, 341 N 40 f.
- echte Noven, 341 N 28
- formelle, 341 N 23 ff.
- materielle, 341 N 23, 28 ff.
- Rechtsmissbrauch, 341 N 37
- Stundung, 337 N 27; 341 N 32, 34
- Tilgung, 337 N 27; 341 N 32 f.
- Verfahrensfehler im Erkenntnisverfahren, 341 N 25
- Verjährung, 337 N 27; 341 N 32, 35
- Verwirkung, 337 N 27; 341 N 32, 36
- gegen Vollstreckung, 341 N 21 ff.
- des Vollstreckungsbeklagten, 342 N 1 ff.
Einzelbefragung des Zeugen, 171 N 4
Einzelrechtsnachfolge, materielle Rechtskraft, Vor Art. 236–242 N 48 f.
Einzelunternehmen, 6 N 12
Elektronische Signatur, 130 N 12 f.
Elektronischer Übermittlungsweg, 130 N 2, 11 ff.
Elemente des Einvernahmeprotokolls, 176 N 4 f.
Elterliche Obhut, 276 N 8
Elterliche Sorge, 279 N 7
Elternschutz, Mitwirkungsverweigerungsrecht im Beweisverfahren
- Mitwirkungsverweigerungsrecht im Beweisverfahren, 165 N 10
EMRK Art. 6 Ziff. 1
- Anwendung auf Schiedsgerichte, 357 N 2
Endentscheid, 236 N 1 f.
- Abgrenzung zur Abschreibung, 242 N 5 ff.
- i.d.R. mit Verteilung der Prozesskosten, 104 N 4
- Nichteintretensentscheid, 242 N 1
- Sach-, 308 N 4
- Sachentscheid, 236 N 1
Enge Beziehung, 15 N 33
Enterbung, Anfechtung, 28 N 4

Ergänzung

Entschädigung
- für Mitwirkung im Beweisverfahren, 160 N 67 ff.
- unentgeltlicher Rechtsbeistände, 122 N 5 ff.

Entscheid, 50 N 1 ff.; 212 N 1 ff.; 335 N 11 ff.
- Abänderung, 341 N 31
- Anordnung von Vollstreckungsmassnahmen, 236 N 9
- Begründung, 239 N 5 ff.; 336 N 5
- Bezeichnung, Vor Art. 236–242 N 2
- Bezeichnung des Entscheids, 238 N 6
- Bezeichnung des Gerichts, 238 N 3
- bundesgerichtlicher, 336 N 11
- Datum, 238 N 4
- Dispositiv, 238 N 7
- Endentscheid, 236 N 1 ff.
- Entscheidbegriff, Vor Art. 236–242 N 1 ff.
- Entscheidexistenz, Vor Art. 236–242 N 3 ff.
- Entscheidmängel, Vor Art. 236–242 N 7 ff.
- Erledigungsentscheid, 241 N 18
- Eröffnung, 239 N 1 ff.
- fehlerhafter, Vor Art. 236–242 N 7 ff.
- Feststellungsentscheid, 335 N 13
- Gestaltungsentscheid, 335 N 12
- Leistungsentscheid, 335 N 16 ff.
- Mehrheitsentscheid, 236 N 7
- Mitteilung und Veröffentlichung, 240 N 1 ff.
- Nichtentscheid, Vor Art. 236–242 N 3 ff.; 335 N 21
- Nichteintretensentscheid, 236 N 1; 335 N 15 f.
- nichtiger, 335 N 22; 341 N 4
- Nichtigkeit, Vor Art. 236–242 N 9 ff.
- Nichturteil, Vor Art. 236–242 N 3 ff.
- Rechtsmittelbelehrung, 238 N 5
- Sachentscheid, 236 N 1
- Scheinentscheid, 335 N 21
- Scheinurteil, Vor Art. 236–242 N 3 ff.
- im summarischen Verfahren, 256 N 1 ff.
- Teilentscheid, 236 N 3 ff.; 237 N 8
- über Kosten und Entschädigung, 335 N 16
- Unterschrift des Gerichts, 238 N 2
- Urteilselemente, 238 N 1
- Urteilsentwurf, Vor Art. 236–242 N 4
- Urteilswirkungen, Vor Art. 236–242 N 13 ff.
- im vereinfachten Verfahren, 246 N 22
- Vorentscheid, 236 N 3
- Zwischenentscheid, 335 N 14

Entscheidsurrogat
- gerichtlicher Vergleich, 335 N 19
- Klageanerkennung, 335 N 19
- Klagerückzug, 335 N 19

Entscheidverfahren, ohne Gerichtskosten, 114 N 1 ff.

Erbbescheinigung, 28 N 21

Erbe, 28 N 1 ff.
- Gerichtsstandsvereinbarung, 28 N 16
- Schiedsgericht, 28 N 19

Erbenruf, 28 N 21

Erbenvertreter, Bestellung, 28 N 21

Erbgang, *s. Massnahmen bei Erbgang*

Erblasser, *s.a. Wohnsitz, letzter*
- Forderungen gegen, 28 N 6
- Gerichtsstandsvereinbarung, 28 N 16
- Schiedsgericht, 28 N 19

Erbrecht, 28 N 1 ff.
- Sicherungsmassnahmen, 269 N 2 ff.
- vorsorgliche Massnahmen, Vor Art. 261–269 N 41 f.

Erbschaftsgläubiger, 28 N 6

Erbschaftsklage, 28 N 4 f., 19

Erbschaftsverwalter, 28 N 4, 21
- Parteibefragung, 191 N 10

Erbschaftsverwaltung, 28 N 21

Erbteilung, 28 N 21
- Mitwirkung, 28 N 21

Erbteilungsklage, 28 N 4, 19

Erbteilungsvertrag, 28 N 4

Erbvertrag, 28 N 4, 16, 18 f., 32

Erfahrungssatz, 150 N 2
- allgemein anerkannter, 151 N 4

Erfolgsaussichten, Prüfung bei unentgeltlicher Rechtspflege, 117 N 20 f.

Erfolgsort, 20 N 31

Erfüllbarkeit bei Vollstreckung, 343 N 2

Erfüllungsklage, 41 N 9

Erfüllungsort, *s. Gerichtsstand*

Ergänzung
- einer Entscheidung, 279 N 10; 280 N 12
- des Schiedsspruchs, 388 N 18 f.
- des Schiedspruchs im Beschwerdeverfahren, 394 N 1 ff.

2065

Ergänzungsfragen

Ergänzungsfragen, 173 N 1 ff.
- abgelehnte, 176 N 8; 193 N 5
- Parteibefragung, 191 N 19

Ergänzungsklage, 295; 295 7
Erhebliche Gründe, 47 N 6
Erinnerung, 171 N 6
Erkenntnisgericht als Vollstreckungsgericht, 344 N 1
Erkenntnisurteil
- auf Abgabe einer Willenserklärung, 344 N 2 ff.
- als Formersatz, 344 N 11

Erkenntnisverfahren, 13 N 8
Erlass von Gerichtskosten, 112 N 1
Erläuterung, 336 N 24
- Anwendungsbereich, 334 N 3 ff.
- von Entscheiden, 336 N 17 f.
- des Schiedsspruchs, 388 N 14 ff.
- Übergangsrecht, 334 N 19 f.
- Verfahren und Prozesskosten, 334 N 12 ff.

s.a. Berichtigung

Erledigungsentscheid, 241 N 18, 22
- als Quelle der Rechtskraft, 241 N 18 ff.

Ermächtigung zur Grundbuchanmeldung, 344 N 18
Ermahnung zur Wahrheit, 171 N 2 ff.
Ernennung
- von Liquidatoren, 40 N 3
- des Schiedsgerichts, *s. dort*
- der Schiedsrichter, *s. dort*
- einer Vertretung, 45 N 2

Ernennung der Schiedsrichter
- Anzahl der Schiedsrichter, 361 N 5
- Bezeichnung nach Stellung, 361 N 5, 22, 33 ff.
- Bezeichnung namentlich, 361 N 5, 22; 362 N 17
- Bezeichnung unpräzise, 361 N 20
- direkte, 361 N 4
- durch beauftragte Stelle, 361 N 14
- durch den staatlichen Richter, 362 N 6 ff.
- durch Parteivereinbarung, 361 N 3 ff.; 362 N 31
- fehlende Bezeichnung durch Partei, 362 N 12 ff.
- fehlende Einigung der Parteien, 362 N 9 ff.
- fehlende Einigung der Schiedsrichter, 362 N 15
- fehlende Parteivereinbarung, 361 N 23 ff.
- Gewähr für unabhängige Rechtsprechung, 361 N 7
- indirekte, 361 N 4
- Intervention, 362 N 33
- juristische Person als Schiedsrichter, 361 N 10
- Mehrparteienschiedsverfahren, 362 N 25 ff.
- Miete und Pacht von Wohnräumen, 361 N 38 ff.
- Präsident, 361 N 29 f.
- Qualifikationen des Schiedsrichters, 361 N 8 ff.
- Rechtsmittel gegen Ernennungsentscheid, 361 N 17 ff.; 362 N 41 ff.
- Regelung Verfahren, 361 N 5, 11 ff.
- Streitgenossenschaft, 361 N 27; 362 N 16
- Streitverkündung, 362 N 33
- summarische Prüfung der Schiedsvereinbarung, 362 N 37 ff.
- überwiegender Einfluss einer Partei, 361 N 7, 15 f.
- unrealisierbare Regelung, 361 N 21 f.
- Verfahren vor dem staatlichen Gericht, 362 N 19 ff., 34 ff.
- zuständiges staatliches Gericht, 362 N 18, 34

Ernennung des Schiedsgerichts
- Parteivereinbarung, Vor Art. 353–399 N 29
- staatlicher Richter, Vor Art. 353–399 N 30

Eröffnung des Entscheids, 239 N 1 ff.; 301; 336 N 20, 22; 341 N 4, 29
- den Eltern, 301 N 12 ff.
- dem Kind, 301 N 15 ff.
- bei Kinderbelangen, 301 N 2 ff.
- der Kindesvertretung, 301 N 14
- mündlich, 301 N 6

Eröffnung einer letztwilligen Verfügung, 28 N 21
Eröffnungsbehörde, 28 N 34
Errungenschaftsbeteiligung, 28 N 8, 12 f.
Ersatzvornahme, 337 N 3; 343 N 8, 29 ff.
- Kosten, 343 N 31 f.

Ersatzwagen, 276 N 3
Erscheinen, persönliches, 204 N 1 ff.
Erscheinen vor Gericht, keine Entschädigung, 95 N 23
Erscheinungspflicht
– Rechtsnatur, 133 N 27, 29
– Zeuge, 160 N 14
Erschwerung der Vollstreckung, 340 N 3, 7 f.
Ersetzung der Schiedsrichter, Vor Art. 353–399 N 36
– Anfechtung des Ernennungsentscheides, 371 N 33
– bei Abberufung, 371 N 10
– bei Ablehnung, 371 N 9
– bei Absetzung, 371 N 10
– bei Rücktritt, 371 N 11
– bei Tod, 371 N 8
– durch das staatliche Gericht, 371 N 20 f.
– Folgen, 371 N 24 ff.
– nach Massgabe Parteivereinbarung, 371 N 15 ff.
– Sistierung des Verfahrens, 371 N 23
– Verfahren, 371 N 15 ff.
– Verlängerung Amtsdauer, 371 N 32
– Voraussetzungen, 371 N 4 f.
– Wiederholung von Prozesshandlungen, 371 N 24 ff.
Ersetzung des Sekretärs, 365 N 10
euronational, 45 N 11
Eventualbegehren
– bei objektiver Klagenhäufung, 93 N 5
– Präklusionswirkung, Vor Art. 84 N 4
– Streitwert, keine Hinzurechnung, 91 N 5
Eventualmaxime, 76 N 1, 6 ff.; 229 N 1; 272 N 1; 296 N 37, 42
Eventualwiderklage, 14 N 6
Eventuelle Klagenhäufung, 15 N 16
ex aequo et bono,
 s.a. Billigkeitsschiedsspruch
Exekutivbehörde, 337 N 1, 8 ff.
Exequatur, 338 N 21 ff.
Exequaturverfahren, 340 N 2; 341 N 17 ff.
– für ausländische Entscheide, 335 N 36 f.
– für ausserkantonale Entscheide, 335 N 4
– Schutzschrift, 341 N 19
– selbständiges, 335 N 36 ff.; 339 N 30; 341 N 17
– unselbständiges, 335 N 36 ff.; 339 N 31; 341 N 17

Existenzminimum, 276 N 4
Experte, Expertise, s. Sachverständige Person; s. Gutachten

F

Fachgericht, 6 N 3
Fachrichter, 6 N 6
Fachvertreter als unentgeltliche Rechtsbeistände, 118 N 13
Fachvotum, s. Sachverständiges Gericht
Faktische Organe, Parteibefragung, 191 N 9
Fälle
– grosse, komplexe, 324 N 3
– klare, 257 N 1 ff.
Falschaussage, Hinweis auf Straffolgen, 192 N 7
Familienrecht, vorsorgliche Massnahmen, Vor Art. 261–269 N 40
Fax, Eingabe per, 130 N 4 f.
Fehler, verbesserlicher, 132 N 6
Feiertage, Einfluss auf Fristen, 142 N 21
Feindschaft, 47 N 34
Ferienrechte
– bei Kindern, 341 N 31
– von Kindern, 336 N 15
Ferienwohnung, 276 N 3
Fernwirkung von rechtswidrig erlangten Beweismitteln, 152 N 16
Festsetzung von Zahlungsfristen, 271 N 20 f.
Feststellung
– der Geschlechtszugehörigkeit, 25 N 2, 12
– des Kindesverhältnisses, 303 N 10
– des Kindesverhältnisses bei Unterhaltsklagen, 303 N 10
– der Mutterschaft, 25 N 1, 11
– tatsächliche, 320 N 3
– der Vaterschaft, 25 N 10; 296 N 24
Feststellungsinteresse, 88 N 9 ff.
– faktisches Interesse, 88 N 10
– Kollisionsrecht, 88 N 2
– Massstab, 88 N 10
– negative Feststellungsklage, 88 N 26
– Subsidiarität, 88 N 17
– Ungewissheit, 88 N 13
– Unzumutbarkeit, 88 N 15
– Voraussetzungen, 88 N 13 ff.
– Wegfall, 88 N 19 ff.
– Zeitpunkt, 88 N 19

Feststellungsklage

Feststellungsklage, 15 N 17; 20 N 6, 9, 13; 22 N 14; 88 N 1 ff.; 295 N 5
– erbrechtliche, 28 N 4
– Feststellungsinteresse, 88 N 9 ff.
– im Handelsrecht, 344 N 23
– künftig eintretende Schäden, 88 N 6
– negativ, 4 N 4
– negative, 88 N 22 ff.
– positiv gesetzliche, 88 N 20
– Rechtsbegehren, 88 N 7
– Rechtsfragen, 88 N 5
– Rechtsgrundlage, 88 N 2
– Rechtsverhältnisse Dritter, 88 N 8
– Sachlegitimation, 88 N 3
– selbständige Klage, 295 N 5
– Subsidiarität, 88 N 17
– Tatsachen, 88 N 4
– Widerrechtlichkeit, 88 N 6
Feststellungsklagen, 25 N 10 ff.
Feststellungsurteil, 344 N 3 f.
– Vollstreckung, 343 N 3
Feststellungsvergleich, 241 N 32
Finanzielle Lage, 47 N 20
Finanzmarktaufsicht, 41 N 1
Firma, 5 N 7
Firmenrecht, 20 N 18
Fixationswirkung, 64 N 1
Folgen des falschen Zeugnisses, 171 N 2
Fondsleitung, 5 N 13; 45 N 1, 8
Forderungen gegen den Erblasser, 28 N 6
Forderungsklage
– bezifferte, 85 N 1 f.
– Informationsanspruch, 85 N 5
– unbezifferte, 64 N 18; 85 N 4 ff.
Form
– des Antrages, 173 N 2
– der Einvernahme, 171 N 1 ff.
Formalismus, überspitzter, 132 N 3
Format der elektronischen Eingabe, 130 N 16 f.
Formelle Rechtskraft, Vor Art. 236–242 N 20, 25
Formenstrenge, übertriebene, 29 BV N 20
Formulare, 400 N 2
Fortführungslast, 62 N 3; 63 N 17; 64 N 20
– Beginn, 65 N 2 ff.
– Folgen, 65 N 5 ff.
Fortpflanzungsmedizin, eingetragene Partnerschaft, 305 N 3, 27

forum rei sitae, 43 N 7
Forum shopping, 42 N 1
Fragepflicht, richterliche, 324 N 4
Freibeweis, 168 N 1, 11; 221 N 21
Freiwillige Gerichtsbarkeit, 248 N 11 ff.; 255 N 4
– Anerkennung und Vollstreckung, 19 N 19
– Anwendbarkeit der ZPO, 19 N 13
– Aufhebung bzw. Abänderung eines Entscheides, 256 N 9
– Begriff, 19 N 3 f.
– besondere Gerichtsstände, 19 N 6
– Gesuchstellende Partei, 19 N 12
– internationale Verhältnisse, 19 N 19
– internationaler Gerichtsstand, 19 N 18
– kantonal begründete Zuständigkeiten, 19 N 8 ff.
– Rechtsmittel, 19 N 16
– summarisches Verfahren, 19 N 15
– Verfahren, 19 N 1
– Zuständigkeit, 19 N 2
  – Ausnahmen, 19 N 6 ff.
  – Grundsatz, 19 N 5
– zwingender Gerichtsstand, 19 N 6
Freundschaft, 47 N 34
Frist
– angemessene, 29 BV N 17
– Beginn, 142 N 12
– Begriff, 142 N 2
– Bemessung, 222 N 3
– gesetzliche, Begriff, 142 N 5
– gesetzliche, Grundsatz der Nichterstreckbarkeit, 144 N 1 ff.
– Gesuch um Einstellung der Vollstreckung, 337 N 21
– Handlungsfrist, 142 N 3
– richterliche, Begriff, 142 N 5
– richterliche, Erstreckbarkeit, 144 N 5 ff.
– zur Stellungnahme, richterliche, 341 N 15
– Wahrung, 142 N 4
– Wiederherstellung, *s. dort*
– zur freiwilligen Erfüllung, 337 N 14
– Zwischenfrist, 142 N 3
Fristansetzung bei vorsorglichen Massnahmen, 262 N 52
Fristbeginn
– Beweislast, 142 N 16
– Nichtbeginn während Stillstand, 146 N 1 ff.

Fristen
- gesetzliche, 321 N 3
- im vereinfachten Verfahren, 246 N 4 f.

Fristende, 142 N 18

Fristenlauf, Streigenossenschaft, 72 N 13

Fristersterstreckungsgesuch, Kasuistik, 144 N 10

Fristerstreckung, 222 N 2
- im vereinfachten Verfahren, 246 N 6

Fristerstreckungsgesuch
- Formvorschriften, 144 N 6
- Rechtsmittel, 144 N 15
- Voraussetzungen, 144 N 8

Fristwahrung
- Beweislast, 143 N 11
- elektronische Form, allgemein, 143 N 15
- Papierform, allgemein, 143 N 5
- Papierform, Einreichung Schweizerische Post, 143 N 8
- Papierform, Verwendung von Zustelldiensten, 143 N 8
- Papierform, Zustellung im Ausland, 143 N 9
- Zahlungen, allgemein, 143 N 19
- Zahlungen, Überbringung in bar, 143 N 20 f.
- Zahlungsauftrag, 143 N 22

Fruit of the poisonous tree, 152 N 16

Funktionelle Zuständigkeit, Prüfung, 202 N 21 ff.

Fürsorgerische Unterbringung, 295 N 13

Fusion, 42 N 7

G

Gabelung des Schiedsverfahrens, 383 N 25

Gang des Verfahrens, 128 N 7

Gefahr
- der Vereitelung oder wesentlichen Erschwerung der Vollstreckung, 340 N 3 ff.
- der Voreingenommenheit, 47 N 3

Gefährdung des schutzwürdigen Interesses, 156 N 3

Gegenanwalt, 47 N 39

Gegenbeweis, 154 N 2

Gegendarstellungsklage, 20 N 9

Gegenpartei, 47 N 40

Gegenstand
- des Beweises, 150 N 1 ff.
- primärer, 13 N 4

Gegenstandslosigkeit, 242 N 1 ff.
- Abgrenzungen, 242 N 5 ff.
- Fälle, 242 N 2 ff.
- Grundsätze, 242 N 3
- Rechtsfolgen, 242 N 13 f.
- Säumnis, 242 N 1

Gegenüberstellung, 174 N 1 ff.

Geheimnisträger
- Mitwirkungsverweigerungsrecht im Beweisverfahren, 166 N 16 ff.

Gehör, rechtliches, 124 N 3;
s.a. Rechtliches Gehör

Gehörsanspruch, 29 BV N 22 ff.

Geistliche, Mitwirkungsverweigerungsrecht im Beweisverfahren, 166 N 7

Geldersatz bei Vollstreckung, 345 N 1 ff.

Geldleistung, 335 N 24

Geltendmachung der Gewährleistungsansprüche, 28 N 4

Gemeinde, Parteibefragung, 191 N 10

Gemeinsame Wohnung, eingetragene Partnerschaft, 305 N 11

Genehmigung
- von Pilotprojekten, 401 N 3
- einer Vereinbarung die in einer Mediation erzielt wurde, 217 N 1 ff.

Genossenschaft, 40 N 2

Genugtuung, 5 N 4

Gerichtliche Fragepflicht, 56 N 1 ff.
- Abgrenzungen, 56 N 16 f.
- Geltungsbereich, 56 N 5 ff.
- Grenzen der, 56 N 12 ff.
- Unparteilichkeit, 56 N 15

Gerichtliches Verbot, 248 N 7 f.
- Adressatenkreis, 258 N 3
- Aktivlegitimation, 258 N 13 ff.
- Antragsberechtigt, 258 N 24
- Begriff und Normzweck, 258 N 1 f.
- Bekanntmachung des dinglichen Verbots, 259 N 1 ff.
- Dauer des Verbots, 258 N 7
- Dienstbarkeitsberechtigte, 258 N 15
- freiwillige Gerichtsbarkeit, 258 N 8
- Gerichtsstand, 258 N 10
- Gesamteigentümer, 258 N 14
- Glaubhaftmachung einer Störung, 258 N 20
- Inhalt des Verbots, 258 N 4
- Miteigentum, 258 N 14

Gerichtliches Verfahren im SchKG

- Modalitäten der Antragsstellung, 258 N 27
- öffentlich-rechtliche Körperschaften, 258 N 16
- Untersuchungsgrundsatz, 258 N 12
- Verfahren, 258 N 8 ff.
- Verfahrensart, 258 N 11
- vorzusehende Sanktion, 258 N 21 ff.
- Widerhandlung als Antragsdelikt, 258 N 24 ff.

Gerichtliches Verfahren im SchKG, 1 N 8

Gerichtsbarkeit
- freiwillige, 1 N 6 f.; 9 N 3; 21 N 1; 22 N 11; 28 N 1, 20 ff., 31; 43 N 2; 44 N 1
- nicht streitig, 21 N 1
- streitige, 28 N 1
- streitige und freiwillige, 319 N 3

Gerichtsexperte, 47 N 28

Gerichtsferien
- allgemein, 145 N 2 ff.
- ausgenommene Verfahren, 145 N 5 ff.
- Fristberechnung, 145 N 3 f.
- Nichtgeltung, Hinweis auf, 145 N 8
- im vereinfachten Verfahren, 246 N 7

Gerichtsgebühr, *s.a. Pauschale* 95 6 ff.

Gerichtskosten
- Auferlegung in unentgeltlichen, 115 N 1 f.
- Befreiung bei unentgeltlicher, 118 N 8
- Befreiung nach kantonalem Recht, 116 N 1 ff.
- Begriff, 95 N 6 ff.
- Festsetzung, *s. Kostenfestsetzung*
- kantonale Tarife, 96 N 4 ff.
- Kosten der Beweisführung, 95 N 11 f.
- Kosten für die Uebersetzung, 95 N 13
- Kosten für die Vertretung des Kindes, 95 N 14 f.
- Kostenlosigkeit in Entscheidverfahren, 114 N 1 ff.
- Kostenlosigkeit in Schlichtungsverfahren, 113 N 4 ff.
- Pauschale, 95 N 6 ff.
- Stundung, Erlass, Verjährung, Verzinsung, 112 N 1 ff.
- Verteilung, *s. Kostenverteilung*
- Vollstreckungsverfahren, 339 N 19
- Vorschusspflicht, Ermessen des Gerichts, 98 N 1 ff.

Gerichtsorganisation, 122 BV N 11 ff.; 3 N 1, 3

Gerichtsperson, 3 N 3; 47 N 10

Gerichtsschreiber, 47 N 12; 124 N 6, 10

Gerichtsstand, 20 N 29; 21 N 9 ff.; 22 N 21; *s.a. Zuständigkeit*
- Abtretung, 35 N 8 f.
- bei Adhäsionsklagen
  - Anwendungsbereich, 39 N 2 ff.
  - internat. Zivilprozessrecht, 39 N 7
  - Normzweck, 39 N 1
  - ordentlicher Zivilprozess, 39 N 6
  - Zuständigkeit der Strafgerichte, 39 N 5
- alternativer, 9 N 16; 28 N 26; 42 N 10
- Ansprüche aus unerlaubter Handlung
  - allgemein, 36 N 11
  - Grundstück, 36 N 13
- bei arbeitsrechtlichen Klagen, 34 N 4 ff.
- ausschliesslicher, 9 N 2 ff.
- am Entsendeort, 34 N 1, 29
- im Erbrecht, 28 N 1 ff.
- bei erbrechtlichen Klagen, 28 N 3 ff., 14
- am Erfüllungsort, 31 N 1 ff.
- bei gemischten Verträgen, 31 N 18; 33 N 9; 34 N 11
- am gewöhnlichen Arbeitsort, 34 N 16 ff.
- bei güterrechtlicher Auseinandersetzung, 28 N 7 ff., 14
- der Hauptsache, 13 N 8 f.
- bei Klagen aus Arbeitsvermittlung, 34 N 20 ff.
- bei Klagen aus culpa in conrahendo, 31 N 3; 32 N 12; 34 N 5
- bei Klagen aus Konsumentenvertrag, 32 N 1 ff.
- bei Klagen aus landwirtschaftlicher Pacht, 33 N 15 ff.
- bei Klagen aus Miete, 33 N 3 ff.
- für Klagen aus Motorfahrzeug- und Fahrradunfälle
  - Anwendungsbereich, 38 N 4 ff.
  - Begriff, 38 N 4 ff.
  - deliktsrechtliche Klagen, 38 N 8 ff.
  - die einzelnen Gerichtsstände, 38 N 13 ff.
  - Einlassung, 38 N 17
  - internat. Zuständigkeit, 38 N 18
  - Normzweck, 38 N 1 ff.
  - Prorogation, 38 N 17

Gestaltungsentscheide

- für Klagen aus Nuklearschäden
  - Anwendungsbereich, 38a N 5 ff.
  - Einlassung, 38a N 11
  - Gerichtsstände, 38a N 8 ff.
  - internat. Zuständigkeit, 38a N 12 f.
  - Normzweck, 38a N 1 ff.
  - Prorogation, 38a N 11
- bei Klagen aus Pacht, 33 N 3 ff.
- bei Klagen aus Personalverleih, 34 N 24 ff.
- bei Klagen aus Persönlichkeitsverletzung, 36 N 12
- bei Klagen aus unerlaubter Handlung
  - Anspruchskonkurrenz, 36 N 15 ff.
  - Begriff, 36 N 6
  - die einzelnen Gerichtsstände, 36 N 18 ff.
  - Einlassung, 36 N 29 f.
  - internat. Zuständigkeit, 36 N 31 f.
  - Normzweck, 36 N 1 ff.
  - Prorogation, 36 N 29 f.
- bei Klagen aus Vertrag, 31–35
- im Konsumentenrecht, 17 N 5
- für Massnahmen Erbgang, 28 N 20 ff.
- nicht zwingend, 20 N 29; 21 N 15
- nicht zwingender, 28 N 15 f.; 43 N 2
- objektive Klagenhäufung, 35 N 12
- am Ort der gelegenen Sache, 33 N 11 ff.
- prorogierter, 13 N 9
- Rechtsnachfolge, 35 N 8 f.
- bei Schadenersatzklagen
  - Anwendungsbereich, 37 N 4 ff.
  - die einzelnen Gerichtsstände, 37 N 13 ff.
  - Einlassung, 37 N 17
  - internat. Zuständigkeit, 37 N 18
  - lex specialis, 37 N 12
  - Normzweck, 37 N 1 ff.
  - Prorogation, 37 N 17
- am Sitz, 40 N 2
- subjektive Klagenhäufung, 35 N 11
- teilzwingender, 9 N 6, 19; 32 N 2; 33 N 2; 34 N 3; 35 N 2, 13 ff.
- Verbandsklagen von Konsumentenorganisationen, 32 N 14
- Verzicht, 15 N 29
- des Vollstreckungsorts, 13 N 10 f.
- Widerklage, 14 N 1 ff.; 35 N 10
- am Wohnsitz, 40 N 2
- Zuweisung Gewerbe/Grundstück, 28 N 26 ff.
- zwingend, 21 N 12; 22 N 10; 45 N 9
- zwingender, 9 N 1 ff.; 28 N 2, 22

Gerichtsstände
- alternative, 13 N 8 ff.; 23 N 4; 24 N 4; 25 N 5; 26 N 4; 27 N 3
- Ansprüche der Mutter, 27 N 3 ff.
- eherechtliche Gesuche und Klagen, 23 N 4 ff.
- eingetragene Partnerschaft, 24 N 4 ff.
- Klagen auf Feststellung und Anfechtung eines Kinderverhältnisses, 25 N 5 ff.
- Unterhaltsklagen, 26 N 4 ff.
- zwingende, 23 N 5; 24 N 5; 25 N 6
- Zwingende, 26 N 6
- zwingende, 27 N 4

Gerichtsstandgarantie zugunsten des Beklagten, 30 BV N 18

Gerichtsstandsgesetz, 28 N 2, 6 f., 22, 25 f.; 402 N 2

Gerichtsstandsklausel, statutarisch, 45 N 9

Gerichtsstandsvereinbarung, 9 N 11, 16; 13 N 12; 15 N 13; 17 N 1 ff.; 28 N 15 f., 22; 42 N 11 f.; 45 N 9
- Form, 17 N 26 ff.; 406 N 9 ff.
- Gültigkeit, 406 N 1 ff.
- Inhalt, 17 N 20 ff.
- Rechtsfolgen, 406 N 6 ff.
- vorsorgliche Massnahmen, Vor Art. 261–269 N 18
- Wirkungen, 17 N 20 ff.; 406 N 2
- Zulässigkeit, 406 N 12 ff.

Gerichtsverfahren
- Gerichtskosten, Pauschale, 95 N 10
- Kostenlosigkeit, 95 N 10

Gerichtsverfassung, 3 N 1

Gesamtrechtsnachfolge, materielle Rechtskraft, Vor Art. 236–242 N 48 f.

Geschäftsfirma, 5 N 7

Geschäftsführungshaftung, 40 N 2

Geschäftsführungsorgan, 45 N 6

Geschäftsgeheimnis, 156 N 1 ff.

Geschäftsniederlassung, 40 N 9
- Begriff, 12 N 7 ff.

Geschlechtsumwandlung, Gestaltungsklage, 22 N 13

Geschlossene Zeiten, 335 N 6

Gesellschaftsgläubiger, 45 N 6

Gesellschaftsrecht, 40 N 1

Gestaltungsentscheide, 314 N 5 ff.

Gestaltungsklage

Gestaltungsklage, 15 N 17; 20 N 16; 22 N 15; 87 N 1 ff.
- Geschlechtsumwandlung, 22 N 13
- Gestaltungserklärung, 87 N 2
- Gestaltungswirkung, 87 N 4; Vor Art. 236–242 N 15 ff.
- für Grundbucheintragungen, 344 N 17 f.
- im Handelsrecht, 344 N 23
- numerus clausus, 87 N 2
- prozessrechtliche, 87 N 3
- Rechtskraft, 87 N 5

Gestaltungsurteil, 344 N 3 f.
- Vollstreckung, 343 N 3

Gestaltungswirkung, Vor Art. 236–242 N 14 ff.
- prozessuale, Vor Art. 236–242 N 18

Gesuch, 252 N 3 ff.; 261 N 3
- bei vorsorglichen Massnahmen, 261 N 3 ff., 6 ff.
- offensichtlich unbegründetes, 253 N 12
- offensichtlich unzulässiges, 253 N 12
- um Einstellung der Vollstreckung, formelle Anforderungen, 337 N 25
- um Einstellung der Vollstreckung, mündliches, 337 N 25
- um Einstellung der Vollstreckung, schriftliches, 337 N 25

Gewährleistungsansprüche, erbrechtliche, 28 N 4

Gewährleistungsklage, 42 N 12; *s.a. Streitverkündungsklage*
- Begriffliches, 81 N 5 ff.
- Gerichtsstand, 16 N 1 ff.

Gewerbe, landwirtschaftliches, 28 N 26 ff.

Gewohnheitsrecht, 150 N 9

Gewöhnlicher Aufenthalt, 21 N 9

Glaubhaftigkeit, 172 N 4 f.

Glaubhaftmachung
- bei superprovisorischen Massnahmen, 265 N 6 ff.
- der Vaterschaft, 303 N 13

Gleichbehandlungsgebot im Schiedsverfahren
- rechtliches Interesse, 373 N 64
- relative Gleichbehandlung, 373 N 63
- verfahrensrechtlicher Mindeststandard, 373 N 61 f.
- verfahrensrechtlicher Ordre public, 373 N 49
- vertragliche Abweichungen, 373 N 50 ff.
- zulässige Beweismittel, 375 N 15
- zwingendes Recht, 373 N 46 ff.

Gleiche Sache, 47 N 27

Gleiche Verfahrensart, 15 N 15, 19

Gleichgeschlechtliche Partnerschaft, *s.a. Eingetragene Partnerschaft*
- Eintragung, 305 N 3

GmbH, 40 N 2

Grundbuch
- Anmeldung bei Vollstreckung, 344 N 19 f.
- Eintragungsvoraussetzungen, 344 N 20
- als Vollstreckungsadressat, 344 N 17 ff.

Grundgeschäft, 6 N 8

Grundstücke
- dingliche Klagen, 29 N 8
- Gerichtsstand bei Angelegenheiten der freiwilligen Gerichtsbarkeit, 29 N 28 f.
- Gerichtsstand bei Grunddienstbarkeiten, 29 N 7
- Gerichtsstand bei Grundlasten, 29 N 7
- Gerichtsstand bei Klagen über den Besitz an Grundstücken, 29 N 14 ff.
- Gerichtsstand bei Klagen über dingliche Rechte an Grundstücken, 29 N 9 ff.
- Gerichtsstand bei vorsorglichen Massnahmen, 29 N 30
- Gerichtsstand der gelegenen Sache *(forum rei sitae)*, 29 N 1
- Gerichtsstand Errichtung gesetzlicher Pfandrechte, 29 N 21 ff.
- Gerichtsstand Klagen mit dinglichem Bezug zum Grundstück, 29 N 24
- Gerichtsstands bei Klagen gegen die Gemeinschaft der Stockwerkeigentümer, 29 N 19 ff.
- IPRG, 28 N 33
- landwirtschaftliche, 28 N 2, 26 ff.
- Wahlgerichtsstand bei «Rechte an Grundstücken», 29 N 24

Gründungshaftung, 40 N 2

Grundverfahren
- Dispositionsmaxime, 219 N 2 ff.
- Instruktionsverhandlung, 219 N 2 ff.
- Schriftenwechsel, 219 N 2
- Verhandlungsmaxime, 219 N 2 ff.

Gruppenklage, 15 N 26

Gültigkeit, 40 N 1

Gutachten, 183 N 1 ff.; 221 N 25;
s.a. *Gutachtensauftrag*;
s.a. *Sachverständige Person*
- Anforderungen, 183 N 7 ff.
- Anforderungen, formelle, 183 N 9 f.
- Anforderungen, inhaltliche, 183 N 11 ff.
- Auftrag, 185 N 1 ff.
- Begriff, 183 N 1 ff.
- Beweiswürdigung, 183 N 15 f.
- Erläuterung und Ergänzung, 187 N 4 ff.; 188 N 8
- Erstattung, 187 N 1 ff.
- Frist, 185 N 8
- Gegenstand, 183 N 4 ff.
- Grundsätze, 183 N 7 ff.
- im internationalen Verhältnis, 183 N 35
- Kostenvorschuss, 183 N 34
- Mängel, 188 N 1, 7 ff.
- Mitwirkungspflichten, 186 N 3 ff.
- mündliche Ergänzung, 187 N 11
- mündliches, 187 N 1 f.
- Obergutachten, 188 N 9
- private, 168 N 4
- Privatgutachten, 183 N 17
- Rechte der Parteien, 183 N 36 ff.
- Säumnis, 188 N 2 ff.
- Schiedsgutachten, 183 N 18; 189 N 1 ff.
- schriftliches, 183 N 7 ff.; 187 N 1
- überschiessendes Beweisergebnis, 183 N 16
- unklares, unvollständiges, 188 N 7 ff.
Gutachtensauftrag, 185 N 1 ff., 8 f.
- Abänderungs- und Ergänzungsanträge, 185 N 2
- Delegation, 184 N 15; 185 N 5
- Fragestellung, 185 N 1 ff.
- Hilfspersonen, 185 N 4 f.
- mangelhafte Ausführung, 184 N 20 ff.; 188 N 7 ff.
- Rechtsnatur, 184 N 1 ff.
- Widerruf, 184 N 23 f.
Gutachter, *s. Sachverständige Person*
- Honorare, Tarife, 95 N 11 f.
Gütergemeinschaft, 28 N 8
Güterrechtliche Auseinandersetzung, 274 N 4; 277 N 1; 283 N 3; 305 N 21 ff.; *s.a. Auseinandersetzung, güterrechtliche*
Güterstand, eingetragene Partnerschaft, 305 N 3, 28
Gütertrennung, 28 N 8, 11, 13

Gütliche Einigung, *s. Vergleich*
GV-Anfechtung, 40 N 3

H
Haager Kindesschutzübereinkommen von 1996, 23 N 22; 24 N 24; 276 N 13
Haager Unterhaltsstatut-Übereinkommen von 1973, 276 N 14; 284 N 9 f.
Haager Unterhaltsvollstreckungs-Übereinkommen, 26 N 17; 284 N 9
Haftung
- aus culpa in contrahendo, 36 N 8
- der Revisionsstelle, 40 N 2
Handelsgericht, 3 N 4; 6 N 1; 219 N 7
Handelsgerichtsbarkeit, 6 N 1; 8 N 1
Handelsregister, 6 N 11, 14
- als Vollstreckungsadressat, 344 N 23 ff.
Handelsregisteranmeldung, 344 N 28
- bei Vollstreckung, 344 N 24
Handelsregistereintrag
- deklaratorisch, 344 N 25
- eintragungsbedürftig, 344 N 26
- eintragungsberechtigt, 344 N 26
- eintragungspflichtig, 344 N 26
- konstitutiv, 344 N 25
Handgelübde, 171 N 2
Handlungsort, 20 N 32 f.
Hauptbeweis, 154 N 2
Hauptintervention, 169 N 9
- formelle Voraussetzungen, 73 N 4 ff.
- Gerichtsstand, 16 N 10 f.
- International, 73 N 23 f.
- Interventionsprozess, 73 N 20 ff.
- materielle Voraussetzungen, 73 N 8 ff.
- im Schiedsverfahren, *s. dort*
- im Schlichtungsverfahren, 198 N 22; 208 N 20
- im Vollstreckungsverfahren, 346 N 6
Hauptintervention im Schiedsverfahren, 376 N 26
- anwendbares Verfahren, 376 N 46
- Bestellung des Schiedsgerichts, 376 N 42 ff.
- Einbezug als Hauptpartei, 376 N 29
- Interventionsklage, 376 N 25
- Konnexität, 376 N 45
- Rechtsgrund des Anspruches, 376 N 30
- Rechtskraftwirkung, 376 N 47
- Rücktrittsrecht des Schiedsrichters, 376 N 38

- sachlicher Zusammenhang, 376 N 45
- übereinstimmende Schiedsvereinbarungen, 376 N 32 ff.
- Übernahme eines neuen Mandates, 376 N 37
- Zeitpunkt, 376 N 40
- Zustimmung des Schiedsgerichts, 376 N 36 ff.

Hauptsache, Begriff, 13 N 8
Hauptverhandlung, 228 N 2 ff.
- Dispens, 234 N 6
- Fernbleiben, 228 N 2
- Nichterscheinen, 234 N 6
- Parteivorträge, 228 N 2a
- Respektstunde, 234 N 7
- Säumnisfolgen, 234 N 10 ff.
- Vertretung, 234 N 9
- Verzicht, 233 N 1 ff.; 234 N 19
- Vorladung, 234 N 4

Hausrat, Zuteilung, 276 N 3
- Auslandsfälle, 276 N 14

Heimatort, 28 N 32
Herabsetzungsklage, 28 N 4, 16, 19
Herausgabe des Gewinns, 5 N 4
Heterosexuelle Partnerschaft, 24 N 2
Hilfsgeschäft, 6 N 8
Hilfstatsache, 150 N 2
Hinterlegung bei Unterhalts- und Vaterschaftsklagen, 303 N 4 f.

I

IBA-Richtlinien
- die einzelnen Listen, 367 N 45 ff.
- green list, 367 N 53 f.
- non-waivable red list, 367 N 46 ff.
- Offenlegungspflicht der Schiedsrichter, 363 N 4
- orange list, 367 N 51 f.
- waivable red list, 367 N 49 f.
- zu Interessenskonflikten in der internationalen Schiedsgerichtsbarkeit, 367 N 40 ff.

Immaterialgüterrecht
- vorsorgliche Massnahmen, Vor Art. 261–269 N 45

Immunität, Mitwirkungsverweigerungsrecht im Beweisverfahren, 160 N 55

Indiz, 157 N 12
Indizienbeweis, 168 N 3; 169 N 1
Infostar, 22 N 2

Inhabercheck, 43 N 11
Inhaberpapier, 43 N 4 f.
Inhalt
- der Einvernahme, 172 N 1 ff.
- wesentlicher, 176 N 7 ff.

Inkrafttreten, 408 N 2
Inlandanleihe, 44 N 7
Innerstaatliche Wirkung, 15 N 36
Instance double, 3 N 6; 4 N 9; 6 N 1; 8 N 2
Instanz, kantonale, 1 N 1
Institut des öffentlichen Rechts, 6 N 12
Institutionelle Schiedsgerichtsbarkeit, *s.a. Schiedsgerichtsbarkeit*
Instruktionsverhandlung, 221 N 22; 222 N 18; 226 N 1 ff.
- Anordnung, 266 N 2 ff.
- Beweisabnahme, 266 N 15 ff.
- Durchführung, 226 N 1 ff.
- Einigungsversuch, 266 N 12
- Fernbleiben, 266 N 11, 13
- Fragepflicht, 266 N 7
- Funktion, 266 N 7 ff.
- persönliches Erscheinen, 266 N 6
- Sachverhaltsergänzung, 266 N 9
- im vereinfachten Verfahren, 246 N 15
- Vergleichsgespräche, 266 N 12
- Vorladung, 266 N 6

Intensität, gewisse, 47 N 35
Interesse an der Wahrheitsfindung, 152 N 14
Interim award, *s. Zwischenentscheid*
Interlocutory award, *s. Zwischenentscheid*
international, 45 N 11
Internationale Kindesentführung, 302 N 2, 7 ff.
Internationale Zuständigkeit, 276 N 13; 279 N 7
- Ansprüche der Mutter, 27 N 9
- eherechtliche Gesuche und Klagen, 23 N 20
- eingetragene Partnerschaft, 24 N 16
- Klagen auf Feststellung und Anfechtung eines Kindesverhältnisses, 25 N 17
- Unterhaltsklagen, 26 N 15

Internationales Privatrecht, 28 N 29 ff.
Internet, 151 N 2
Intertemporales Recht, 404 N 1 ff.
- ausserordentliches Rechtsmittel, 405 N 12

– Berufungsverfahren, 405 N 13 f.
– Beschwerdeverfahren, 405 N 15 f.
– Gerichtsstandsvereinbarung, 404 N 24 ff.; 406 N 1 ff.
– Instanzenzug, 405 N 9
– Nichtrückwirkung, 404 N 2 ff.
– ordentliches Rechtsmittel, 405 N 10
– örtliche Zuständigkeit, 404 N 14 ff.
– Perpetuatio fori, 404 N 18 ff.
– Rechtshängigkeit, 404 N 7 f.
– Rechtsmittel, 405 N 1 ff.
– Revisionsverfahren, 405 N 17 ff.
– Rückweisung, 404 N 13
– Rückwirkung, 404 N 2 ff.
– Verfahrensabschluss, 404 N 11 f.
– Zeitliche Beschränkung, 404 N 10
Intervenierende Person, 191 N 11
Intervention im Vollstreckungsverfahren, 339 N 14 ff.
Interventionsgesuch
– Nebenintervention, 74 N 8 f.; 75 N 1 ff.
– Streitverkündungsklage, 82 N 1 ff.
Interventionsklage, 42 N 12; s.a. *Hauptintervention; s.a. Streitverkündungsklage*
– Begriffliches, 81 N 5 ff.
Interventionswirkung
– Einreden, 77 N 6 f.; 80 N 4 ff.
– Nebenintervention, 77 N 1 ff.
– Streitverkündung, 77 N 1 ff.; 80 N 1 ff.
– Streitverkündungsklage, 81 N 42 ff.
Inventar
– eingetragene Partnerschaft, 305 N 18
– öffentliches, 28 N 21
Inventaraufnahme, Erbrecht, 28 N 21, 25
Investmentgesellschaft
– mit festem Kapital, 45 N 1
– mit variablem Kapital, 5 N 13; 45 N 1
IPRG, 15 N 35 ff.; 20 N 34 f.; 21 N 15 f.; 22 N 24
– Ansprüche der Mutter, 27 N 11
– Ehesachen, 23 N 23
– Feststellung und Anfechtung eines Kindesverhältnisses, 25 N 20
– Partnerschaft, 24 N 19
– Unterhaltsklagen, 26 N 18
Iura novit curia, *s. Rechtsanwendung von Amtes wegen*
– im Schiedsverfahren, 373 N 59

J
Juristische Person, 10 N 30 ff.; 191 N 9
Justizreform, 122 BV N 1

K
Kanton, 10 N 39
Kantonale Hoheit, 116 N 1 ff.
– Befreiung von Prozesskosten, 96 N 3
– Rahmentarife für Pauschale, 95 N 7
– Tarife für berufsmässige Vertreter, 95 N 18
– Tarife für Beweiskosten, 95 N 11 f.
– Tarife für Kindervertretung, 95 N 15
– Tarife für Prozesskosten, Inhalt, 96 N 1 ff.
Kantonales Recht, Aufhebung, 402 N 3
Kapitalanlage, offen kollektiv, 5 N 13
Kapitalbeteiligung, 47 N 20
Kapitalwert als Streitwert, 92 N 1 ff.
Kartell- und Lauterkeitsrecht, vorsorgliche Massnahmen, Vor Art. 261–269 N 46
Kartellrecht, 5 N 6
Kassation im Beschwerdeverfahren, 327 N 12
Kasuistik, 6 N 9
Kautionsgrund
– der Prozesskostenschuld, 99 N 16
– der Zahlungsunfähigkeit, 99 N 12 ff.
– Gefährdung der Parteientschädigung, 99 N 17
– Kein Wohnsitz in der Schweiz, 99 N 7 ff.
– Vorbehalt von Staatsverträgen, 99 N 9 ff.
Kautionspflicht
– einfache Streitgenossenschaft, 71 N 28
– notwendige Streitgenossenschaft, 70 N 22
Keine Ausstandsgründe, 47 N 49 ff.
Kernenergiehaftpflichtgesetz, 219 N 6
Kernpunkttheorie, Vor Art. 84 N 14 ff.
– negative Feststellungsklage, 88 N 23
Kettenstreitverkündung, 78 N 17 f.; 81 N 40 f.
Kinderbelange, 219 N 13
– eingetragene Partnerschaft, 305 N 3, 16, 27; 307 N 11, 22
– in familienrechtlichen Angelegenheiten, Beweismittel, 168 N 11
– Freibeweis, 221 N 21
– Unterhaltsklage, 219 N 13

Kindes- und Erwachsenenschutz, Verfahren

– Verfahrensbestimmungen, Vor Art. 295–304 N 2
Kindes- und Erwachsenenschutz, Verfahren, Vor Art. 295–304 N 4
Kindesanhörung, 298 N 3 ff.
Kindesentführung, 25 N 15, 19
Kindesschutz, 1 N 6
Kindesschutzmassnahmen, 25 N 15, 19; 271 N 8; 276 N 7; 298 N 31
– Auslandsfälle, 276 N 14
– des Kindes, 298 N 2
Kindesvertretung, 299 N 3 ff.
Kindeszuteilung, 276 N 8
– persönlicher Verkehr, 296 N 19
Kindsverhältnis
– Anfechtung, 219 N 13
– Feststellung, 219 N 13
– Offizialmaxime, 219 N 13
– Untersuchungsmaxime, 219 N 13
Klage
– auf Abänderung, 295 N 7
– aus abgetretenem Erbteil, 28 N 4
– der Abtretungsgläubiger, 46 N 13
– der Abtretungsgläubiger in der Betreibung auf Pfändung, 46 N 8
– der Abtretungsgläubiger nach Schluss des Konkursverfahrens, 46 N 14
– gegen amtlichen Liquidator, 28 N 4
– der Anleger, 45 N 4 ff.
– arbeitsrechtliche, 42 N 4
– auf Ausgleichung, 28 N 4
– auf Auskunft, 40 N 3
– auf Auskunfterteilung, 45 N 2
– bei Bewilligung des Rechtsvorschlages in der Wechselbetreibung, 46 N 11
– class action, 89 N 1
– auf Einsicht, 40 N 3; 42 N 6
– erbrechtliche, 28 N 2, 3 ff., 14, 16 f., 19
– des Erbschaftsgläubigers, 28 N 6
– und Erbschaftsverwalter, 28 N 4
– auf Erbteilung, 28 N 4
– Essentialien, Vor Art. 84 N 2
– auf Festsetzung, 42 N 6
– auf Feststellung des Retentionsrechtes, 46 N 16
– Feststellungsklage, 88 N 1 ff.
– gegen den früheren Ersteigerer und seinen Bürgen, 46 N 7
– gegen den Bund, 5 N 11
– des Gesellschaftsgläubigers, 45 N 6
– aus gesellschaftsrechtlicher Verantwortlichkeit, 40 N 2
– Gestaltungsklage, 87 N 1 ff.
– güterrechtliche, 28 N 2, 7 ff., 11 ff., 14, 16 f.
– haftpflichtrechtliche, 5 N 1
– immaterialgüterrechtliche, 5 N 1
– Leistungsklage, 84 N 1 ff.
– negative Feststellungsklage, 88 N 22 ff.
– aus persönlicher Haftung, 42 N 6
– Rechtsbegehren, Vor Art. 84 N 3
– auf Rückleistung, 339 N 27
– auf Rückschaffung von Retentionsgegenständen, 46 N 18
– Sammelklage, 89 N 1
– gegen Scheinvater, 26 N 13
– schriftliche, 221 N 1
– selbständige, 28 N 2, 26
– Stufenklage, 85 N 12 ff.
– Teilklage, 86 N 2 ff.
– auf Unterhalt, 28 N 4
– auf Untersagung einer Eintragung, 42 N 6
– Verbandsklage, 89 N 1 ff.
– vereinfachte, Vor Art. 84 N 5 f.
– des Vermächtnisnehmers, 28 N 4, 16
– auf Verschiebung Erbteilung, 28 N 4
– der Vertretung der Anlegergemeinschaft, 45 N 6
– auf Vollziehung Auflage, 28 N 4
– auf Vollzug Erbteilungsvertrag, 28 N 4
– wettbewerbsrechtliche, 5 N 1
– gegen Willensvollstrecker, 28 N 4
– auf Zahlung bei Hinterlegung in der Wechselbetreibung, 46 N 10
– auf Zuweisung Gewerbe, 28 N 26 ff.
– auf Zuweisung Grundstück, 28 N 2, 26 ff.
Klageänderung, 64 N 19; 227 N 1 ff.; 230 N 1 ff.; 294 N 6
– Anwenungsbereich, 230 N 11
– bei Berufung, 317 N 8 ff.
– neue Beweismittel, 230 N 5
– gleiche Verfahrensart, 227 N 20
– keine, 227 N 9
– Klagefundament, 227 N 8
– Konnexität, 227 N 13 ff.
– ordentliches Verfahren, 227 N 23; 230 N 11
– örtliche Zuständigkeit, 227 N 21

Klagerückzug

- Prozessüberweisung, 230 N 10
- Prozessvoraussetzung, 227 N 25
- Rechtsbegehren, 227 N 7
- sachliche Zuständigkeit, 227 N 22
- sachlicher Zusammenhang, 227 N 11
- Scheidungsverfahren, 227 N 24
- Streitgegenstand, 227 N 2 ff.
- Summarverfahren, 227 N 24
- neue Tatsachen, 230 N 5
- Überweisung, 227 N 27
- vereinfachtes Verfahren, 227 N 24
- Voraussetzungen, 230 N 2 ff.
- Zulässigkeit, 227 N 11 ff.
- sachlicher Zusammenhang, 230 N 4
- Zustimmung Gegenpartei, 227 N 19; 230 N 6

Klageanerkennung, 241 N 1 ff., 15 ff.; 338 N 15
- Abschreibung, 241 N 17
- Doppelnatur, 241 N 15
- prozessuale Gültigkeitsvoraussetzungen, 241 N 42
- Rechtskraft, 241 N 18 ff.
- Rechtskraftgegenstand, 241 N 26 f.
- im Schlichtungsverfahren, 208 N 1 ff., 15 ff.
- Wirksamkeitsvoraussetzungen, 241 N 40 ff.

Klageantwort
- Beschränkung, 222 N 13 ff.
- Einforderung, 223 N 5
- Fristansetzung, 222 N 2
- mangelhaft, 223 N 7
- mangelhafte, 222 N 17
- Nachbesserung, 223 N 7
- Nachfrist, 223 N 6, 8
- Säumnis, 223 N 1 ff.

Klagebeschränkung, 227 N 30 ff.
Klagebewilligung, 209 N 1 ff.; 221 N 31
- fehlende, 132 N 14
- Inhalt, 209 N 6
- Klägerrolle, 209 N 5
- Prosequierungsfrist, 209 N 1
- unrichtige oder unvollständige, 209 N 18 ff.

Klageeinreichung
- Klagebewilligung, 220 N 11
- Mängelbehebung, 220 N 5
- massgeblich für Streitwertberechnung, 91 N 7 f.
- ordnungsgemässe, 220 N 6
- Prüfung, 220 N 5
- Schlichtungsverfahren, 220 N 7 f.
- Streitgenossenschaft, 220 N 9
- Wirkung, 220 N 4

Klagehäufung, 42 N 12; 125 N 8, 10
- objektive, 5 N 5; 14 N 2
- subjektive, 42 N 10

Klagen
- auf Anfechtung einer Namensänderung, 20 N 16
- auf Beseitigung einer bestehenden Störung, 20 N 5
- auf Genugtuung, 20 N 8
- auf Namensschutz, 20 N 11 ff.
- auf Publikation einer Berichtigung oder eines Urteils, 20 N 7
- auf Schadenersatz, 20 N 8
- auf Unterlassung einer drohenden Störung, 20 N 4
- aus Persönlichkeitsverletzung, 20 N 3
- auf Herausgabe eines Gewinns, 20 N 8
- über Personenstand, 198 N 17
- selbständige, Vor Art. 295–304 N 3

Klagenhäufung, 9 N 20 f.; 63 N 13; 90 N 1 ff.
- Dispositionsgrundsatz, 90 N 2
- Eventualbegehren, 90 N 1
- Gerichtsstand, 90 N 3 ff.
- objektive, 89 N 7; 90 N 1 ff.
- im Schiedsverfahren, objektive, 359 N 18
- Streitwert, 93 N 5
- subjektive, 89 N 7

Klageprovokation, 58 N 4
Klagerückzug, 241 N 1 ff., 15 ff.; 338 N 15
- Abschreibung, 241 N 17
- Bindungswirkung, 241 N 29
- Doppelnatur, 241 N 15
- Einmaligkeitswirkung, 241 N 29
- Folgen, 65 N 1 ff.
- prozessuale Gültigkeitsvoraussetzungen, 241 N 42
- Rechtskraft, 241 N 18 ff.
- Rechtskraftgegenstand, 241 N 28 ff.
- im Schlichtungsverfahren, 208 N 1 ff., 11 ff.
- Sperrwirkung, 241 N 15
- Wirksamkeitsvoraussetzungen, 241 N 40 ff.

Klagetrennung

Klagetrennung, 125 N 9 ff.
– im Ehescheidungsverfahren, 125 N 11
– bei Klagenhäufung, 125 N 9
Klarer Fall, 257 N 1 ff.
Klärung von Widersprüchen, 174 N 1
Klausel, statutarische, 40 N 10
Kognition, 320 N 2
– freie, 319 N 12
Kollektiv- und Kommanditgesellschaften, Parteibefragung, 191 N 10
Kommanditaktiengesellschaft, 40 N 2
Kommanditaktiengesellschaft für kollektive Kapitalanlagen, 45 N 1, 8
Kommunikationsformen in der Schiedsgerichtsbarkeit, 382 N 9
Kompetenz des Bundes
– im Zivilprozessrecht, 122 BV N 8 ff.
– im Zivilrecht, 122 BV N 5 ff.
Kompetenz-Kompetenz des Schiedsgerichts, Vor Art. 353–399 N 26; 359 N 6 ff.
Kompetenzstück bei Vollstreckung, 343 N 27
Konfrontation, 174 N 1 ff.
– von Zeugen und Parteien, 192 N 4
Konkordat über die Vollstreckung von Zivilurteilen (KVZ), 335 N 3
Konkurs, 40 N 6
Konkursverwaltung, Parteibefragung, 191 N 10
Konnexität, 15 N 21
Konnexitat, *s. Zusammenhang, sachlicher*
Konnexität
– der Verfahren, 126 N 11
Konsolidierung von Schiedsverfahren, *s. Vereinigung von Schiedsverfahren*
Konstituierung des Schiedsgerichts, 359 N 21 f.; 364 N 10
Konstitutiv, 6 N 11
Konsulent, 47 N 27
Konsumentenvertrag, *s.a. Gerichtsstand*
Kontradiktorisches Verfahren, *s.a. Rechtliches Gehör*
Konventionalstrafe, Mediation, 213 N 10
Koordinationsbestimmungen, 403 N 1 ff.
– Kernenergiehaftpflichtgesetz, 403 N 2 f.
– ZGB, 403 N 4
Kopien, Recht auf Anfertigung von, 29 BV N 28
Kosten, *s.a. Aufklärungspflicht*
– der Beweisführung, 95 N 11 f.
– einfache Streitgenossenschaft, 71 N 45
– für Übersetzung, 95 N 13
– für Vertretung des Kindes, 95 N 14 f.
– Mediation, 215 N 6
– notwendige Streitgenossenschaft, 70 N 45
– im Schiedsverfahren, 384 N 29 ff.
  – Parteientschädigung, *s. dort*
  – Verfahrenskosten, 384 N 33 ff.
– des Schlichtungsverfahren, 207 N 1 ff.
Kosten- und Entschädigungsfolgen
– Nebenintervention, 77 N 2 ff.
– Parteiwechsel, 83 N 28 ff.
– Streitverkündungsklage, 81 N 57 ff.; 82 N 21
Kostenauflage bei Überweisung, 127 N 13
Kostenentscheid, 110 N 1 ff.
– Anfechtung durch Beschwerde, 95 N 4
– Anfechtung durch betroffene Dritte, 95 N 4
– Anfechtung vor Bundesgericht, 110 N 4
– Festsetzung und Verlegung der Prozess-, 104 N 1 ff.
– rechtliches Gehör, Rechtsmittel, 104 N 2 f.
– des Schiedsgerichts, 384 N 29, 40 ff.
Kostenfestsetzung
– der Gerichtskosten von Amtes wegen, 105 N 1
– der Parteientschädigung nur auf Antrag, 105 N 2
– nach Kostendeckung- und Äquivalenzprinzip, 96 N 2 ff.
– Moderationsverfahren, 105 N 3
– nach Streitwert, 91 N 1 f.
Kostenfolgen bei unentgeltlicher Rechtspflege im Falle des Obsiegens, 122 N 2 f., 4
Kostenlosigkeit
– nicht bei mutwilliger Prozessführung, 115 N 1 f.
– von Rechtsmittelverfahren, 114 N 2
– von Verfahren, 96 N 2 f.; 113 N 4 ff.; 114 N 1 ff.
Kostenpflicht Dritter, 106 N 2
Kostenverteilung
– bei besonderen Umständen, 107 N 9 f.
– Billigkeitshaftung des Kantons, 107 N 11
– der Gerichtskosten von Amtes wegen, 105 N 1

- der Parteientschädigung nur auf Antrag, 105 N 2
- zulasten der unterliegenden Partei, 106 N 3 ff.
- im Endentscheid, 104 N 4
- nach Ermessen, 107 N 1 ff.
- in familienrechtlichen Verfahren, 107 N 6 f.
- bei Gegenstandslosigkeit, 107 N 8
- im Rechtsmittelverfahren, 106 N 5 ff.
- bei mehreren Prozessbeteiligten, 106 N 9 f.
- bei teilweisem Obsiegen, 106 N 8
- bei Überklagen, 107 N 3 f.
- unnötiger Prozesskosten, 108 N 1
- bei Vergleich, 109 N 1 f.
- Verteilungsgrundsätze, 106 N 1 ff.
- vorsorglichen Massnahmen, 104 N 5
- bei Zwischenentscheiden, 104 N 5 ff.

Kostenvorschuss
- Kinderbelange, Vor Art. 295–304 N 8
- Rechtsmittel, 103 N 1 f.
- Verrechnung im Kostenentscheid, 111 N 1 ff.

Kostenvorschuss für Beweiserhebungen
- Ausnahmen, 102 N 5 f.
- Pflichtige und Umfang, 102 N 1 ff.

Kostenvorschuss für Gerichtskosten
- Adressaten, Rechtsmitteleinleger, 98 N 4
- Ausnahmen, 98 N 6
- Höhe, Zeitpunkt, 98 N 1 ff.
- keine Rückerstattung, 98 N 7

Kostenvorschuss im Schiedsverfahren, 378 N 5 ff.
- Abrechnung, 378 N 31 f.
- Auslagen der Schiedsrichter, 378 N 7
- Entscheid Schiedsgericht (Anfechtbarkeit), 378 N 15
- Erhebung der Klage vor staatlichem Gericht, 378 N 27 ff.
- Folge bei Nichtleistung, 378 N 16 ff.
- Höhe, 378 N 9 ff.
- Honorare der Schiedsrichter, 378 N 7
- Klage der nicht säumigen Partei auf Zahlung, 378 N 23 ff.
- Leistung anstelle der säumigen Gegenpartei, 378 N 22
- mutmassliche Verfahrenskosten, 378 N 5

- Prozessarmut der säumigen Partei, 378 N 30
- Recht des Schiedsgerichts, 378 N 5 f.
- Rückerstattung der Überschüsse, 378 N 31
- Rückgriffsrecht der obsiegenden Partei, 378 N 32
- Rücktritt Schiedsrichter wegen Nichtleistung, 378 N 17
- Sistierung des Verfahrens, 378 N 13, 16
- Vergütung des Sekretärs, 378 N 7
- Verzicht auf Schiedsverfahren durch nicht säumige Partei, 378 N 26 ff.
- Wahlrecht der nicht säumigen Partei, 378 N 18 ff.
- Zahlungsmodalitäten, 378 N 8

Kraftloserklärung, 5 N 14
- der Beteiligungspapiere, 43 N 6
- von Grundpfandtiteln, 43 N 7
- von Versicherungspolicen, 43 N 8
- der Wertpapiere, 43 N 8, 14

Krankenversicherung, soziale, 7 N 1
Krankenversicherungsgesetz, 219 N 7
Kriterium, 4 N 3
Kumulative Klagenhäufung, 15 N 16

L

Landwirtschaftliche Pacht, *s. Gerichtsstand*
lata sententia (iudex desinit iudex esse), 337 N 6
Lauterkeitsrecht, 20 N 18
Lebensgemeinschaft
- gleichgeschlechtliche, 305 N 1 ff.
- Mitwirkungsverweigerungsrecht im Beweisverfahren, 165 N 4

Lebenssachverhalt, Vor Art. 84 N 9 ff.
- Begriff, Vor Art. 84 N 11 f.

Legitimation
- Dritter zur Beschwerde gegen Kostenentscheide, 110 N 2 f.
- zum Gesuch um Einstellung der Vollstreckung, 337 N 23

Leibrenten, Barwert als Streitwert, 92 N 3

Leistung
- bedingte, 336 N 14, 23; 337 N 8 f.; 342 N 1 ff.
- Erbringung, 336 N 14
- von Gegenleistung abhängig, 342 N 1 ff.

Leistungen
– gehöriges Angebot, 336 N 14
– Zug-um-Zug, 336 N 14, 23; 337 N 8 f.
– Zug-um-Zug, Beweislast, 341 N 39, 41
Leistungen
– unbestimmter Dauer, Streitwert, 92 N 3 f.
– wiederkehrende, Streitwert, 92 N 1 ff.
Leistungserbringer, 7 N 5
Leistungsklage, 15 N 17; 84 N 1 ff.; 295 N 5; 344 N 2
– Duldungsklage, 84 N 1
– Fälligkeit des Anspruchs, 84 N 11 ff.
– für Grundbucheintragungen, 244 N 17
– im Handelsrecht, 344 N 23
– künftige Leistung, 84 N 13
– Leistungsbefehl, 84 N 3
– negative, 84 N 1
– positive, 84 N 1, 6 ff.
– Rechtsschutzinteresse, 84 N 6 ff.
– Unterlassungsklage, 84 N 1, 4
– vor Fälligkeit, 84 N 14
– Zahlungsklage, 84 N 2
Leistungsurteil, 344 N 2
Letzter bekannter Aufenthaltsort, 21 N 9
lex fori, 2 N 4 f.
– im Beweisverfahren, 160 N 75 f.
lex mercatoria in der Schiedsgerichtsbarkeit, 381 N 18
lex specialis, 42 N 12; 43 N 13; 44 N 1; 45 N 2
Liquidation
– amtliche, 28 N 21
– der Prozesskosten, 122 N 1 ff.
– der Prozesskosten bei unentgeltlicher Rechtspflege, 111 N 5
– der Prozesskosten, Verrechnung der Vorschüsse, 111 N 1 ff.
Liquidationsvergleich, 40 N 6
Liquidator
– amtlicher, 28 N 4, 21
– Parteibefragung, 191 N 10
Löschung, 22 N 17
– des Rechtsträgers, 42 N 9
Lückenfüllung, 13 N 15; 335 N 6
LugÜ II, 15 N 33 f.; 20 N 31 ff.; 21 N 14; 22 N 23; 28 N 30
– Ansprüche der Mutter, 27 N 10
– Beschwerde, 327a N 1 ff.
– Ehesachen, 23 N 2
– Feststellung und Anfechtung eines Kindesverhältnisses, 25 N 18

– Partnerschaft, 24 N 17
– Unterhaltssachen, 26 N 16

M
Mandat, 47 N 38
Mängel, Behebung von, 132 N 8 ff.
Massnahmen, s.a. *Sichernde Massnahmen*; s.a. *Vorsorgliche Massnahmen*
– disziplinarische, 128 N 3
– bei Erbgang, 28 N 2, 20 ff., 34
– vorsorgliche, 5 N 15; 13 N 4; 28 N 24; 42 N 13; 43 N 10
Massnahmenverfahren, 13 N 8
Massnahmezuständigkeit, 13 N 9, 11
– allgemein, internationale, 13 N 14
Materielle Rechtskraft, Vor Art. 236–242 N 14, 21 ff.
– Abänderungsklage, Vor Art. 236–242 N 57
– Abklärungsverfahren, Vor Art. 236–242 N 57
– Berücksichtigung von Amtes wegen, Vor Art. 236–242 N 58 f.
– Beschränkung auf Entscheidgegenstand, Vor Art. 236–242 N 29 ff.
– Bindungswirkung, Vor Art. 236–242 N 36 f.
– Dispositiv, Vor Art. 236–242 N 41 f.
– Einmaligkeitswirkung, Vor Art. 236–242 N 32 ff., 44
– Einzelrechtsnachfolge, Vor Art. 236–242 N 48 f.
– Entscheidungsgründe, Vor Art. 236–242 N 42
– Exequaturentscheid, 339 N 29 ff.
– Feststellungswirkung, Vor Art. 236–242 N 36 f.
– Gesamtrechtsnachfolge, Vor Art. 236–242 N 48 f.
– Gesetzgebung, Vor Art. 236–242 N 27 f.
– Gestaltungsurteil, Vor Art. 236–242 N 16
– inhaltliche Bindung, Vor Art. 236–242 N 37
– kontradiktorisches Gegenteil, Vor Art. 236–242 N 34 f.
– ne bis in idem, Vor Art. 236–242 N 33 ff.
– Nichteintretensentscheid, Vor Art. 236–242 N 30

Mediation

- objektive Grenzen, Vor Art. 236–242 N 41 ff.
- Präjudizialitätswirkung, Vor Art. 236–242 N 36 f.
- Präklusionswirkung, Vor Art. 236–242 N 38 f., 45
- prozessual-deklaratorische Funktion, Vor Art. 236–242 N 23 f.
- rechtliches Gehör, Vor Art. 236–242 N 21 ff.
- Rechtskrafterstreckung auf Dritte, Vor Art. 236–242 N 48
- Rechtskrafterstreckung infolge prozessualer Repräsentation, Vor Art. 236–242 N 52
- Rechtskrafterstreckung infolge Rechtsnachfolge, Vor Art. 236–242 N 49
- Rechtskrafterstreckung infolge zivilrechtlicher Abhängigkeit, Vor Art. 236–242 N 50
- Rechtskrafterstreckungsnormen, Vor Art. 236–242 N 53
- Rechtskraftgrenzen, Vor Art. 236–242 N 27 f., 40 ff.
- Rechtskrafttheorien, Vor Art. 236–242 N 23 ff.
- Relativierung, Vor Art. 236–242 N 26
- Sperrwirkung, Vor Art. 236–242 N 33 ff.
- Streitgegenstand, Vor Art. 236–242 N 29, 40 ff.
- subjektive Grenzen, Vor Art. 236–242 N 47 ff.
- summarisches Verfahren, Vor Art. 236–242 N 31
- Verbindlichkeit des Entscheides, Vor Art. 236–242 N 21
- Verletzung, Vor Art. 236–242 N 59
- Verrechnung, Vor Art. 236–242 N 43
- Vollstreckungsentscheid, 339 N 26
- Vorfragen, Vor Art. 236–242 N 42
- Wirkungsweisen, Vor Art. 236–242 N 32 ff.
- zeitliche Grenzen, Vor Art. 236–242 N 55 ff.

Mediation, 215 N 1, 3 ff.
- Ablauf, 215 N 7
- absolute Vertraulichkeit, 216 N 9
- Antrag sämtlicher Parteien, 213 N 7 ff.
- Ausbildung der Mediationsperson, Vor Art. 213–218 N 12
- Ausstand, 216 N 16
- Definition, Vor Art. 213–218 N 8 ff.
- Einigung der Parteien, 213 N 27 f.
- Empfehung durch Richter, 214 N 2
- Ersatz des Schlichtungsverfahrens, 213 N 4
- Form, Antrag auf Durchführung einer Mediation, 213 N 14 f.
- Freiwilligkeit, Vor Art. 213–218 N 14 f.
- Genehmigung einer Vereinbarung, 217 N 1 ff.
- gerichtliche Empfehlung, 214 N 7 ff.
- gerichtsinterne, 214 N 5
- Gerichtsverfahren, 214 N 1 ff.
- Historische Entwicklung, Vor Art. 213–218 N 1 ff.
- Kinderbelange, 297 N 6, 13 ff.
- Kosten, 215 N 6; 218 N 1 ff.
- Kosten und kantonale Erleichterungen, 218 N 14
- Kosten und kindesrechtliche Angelegenheiten, 218 N 7 ff.
- Kostentragung durch die Parteien, 218 N 4
- Neutralität der Mediationsperson, Vor Art. 213–218 N 10
- Organisation und Durchführung, 213 N 18; 215 N 1 ff.
- Parteiautonomie, 215 N 1
- Prozessvoraussetzung, 213 N 8
- Rechtshängigkeit, 213 N 17
- Richter als Mediator, 216 N 5
- Säumnis, 213 N 20 ff.
- der Scheitern, 213 N 23 ff.
- Schiedsverfahren, 214 N 4
- Schlichtungsverfahren, 213 N 1 ff.
- Sistierung, 214 N 12 ff.
- Sistierung des Schlichtungsverfahrens, 213 N 6
- Unabhängigkeit, 216 N 3 ff.
- Unabhängigkeit der Mediationsperson, Vor Art. 213–218 N 9
- unentgeltliche Rechtspflege, 118 N 6
- Unvereinbarkeit, 216 N 5
- Verantwortung für Durchführung, 215 N 4
- Vereinbarung einer Mediationssitzung, 213 N 19

Mediation-Arbitration-Klausel

- Verhältnis zum gerichtlichen Verfahren, 216 N 1 ff.
- Verjährung, 213 N 17
- Verpflichtung zur Vertraulichkeit, 216 N 8
- Vertraulichkeit, 216 N 7 ff.
- Verwertungsverbot, 216 N 11 ff.
- vorsorgliche Massnahmen, 214 N 14
- des Wahl des Mediators, 215 N 3, 8
- während Gerichtsverfahren, 214 N 6 ff.
- Zeitpunkt, Antrag auf Durchführung einer Mediation, 213 N 13
- Zeugnisverweigerungsrecht, beschränktes, 216 N 17

Mediation-Arbitration-Klausel, 213 N 11
Mediationsklausel, 213 N 8 ff.
- Einlassung, 213 N 12
- Schiedsverfahren, 213 N 11

Mediator, 47 N 30
Medien, vorsorgliche Massnahmen, 266 N 1 ff.
Medienschaffende, Mitwirkungsverweigerungsrecht im Beweisverfahren, 166 N 13 ff.
Mehrheitsprinzip im Schiedsverfahren, 382 N 36 ff.
Mehrleistung, 7 N 5
Mehrparteienschiedsgerichtsbarkeit, Vor Art. 353–399 N 31
Miete, *s.a. Gerichtsstand*
Mietgericht, 3 N 4
Mietstreitigkeiten, Streitwert, 92 N 3 f.
Mietvertrag mit Erblasser, 28 N 5
Mitgliedschaft einer Behörde, 47 N 26
Mitgliedschaft in ideellen Vereinigungen, 47 N 41
Mitteilung an Wohnsitzbehörde, 28 N 25
Mitteilung und Veröffentlichung
- an Dritte, 240 N 2
- Entscheid, 240 N 1 ff.
- Mitteilungspflichten, 240 N 3

Mitteilungspflicht, 48 N 1 ff.
Mittellosigkeit bei unentgeltlicher Rechtspflege
- Begriff, 117 N 7 ff.
- massgebliche Einkommen und Auslagen, 117 N 9 ff.
- Richtlinien zur Berechnung des Existenzminimums, 117 N 12
- Schulden, Vermögen, Leistungen Dritter, 117 N 14 ff.

Mitwirkung bei Erbteilung, 28 N 21
Mitwirkung des staatlichen Richters im Schiedsverfahren
- Absetzung, 370 N 18 ff.
- Antragsrecht, 374 N 43; 375 N 70
- anwendbares Recht, 375 N 75
- Beweiserhebung, 375 N 64 ff.
- Ersetzung, 371 N 17, 20
- Kosten, 375 N 81
- Protokoll, 375 N 78
- Rechtshilfe, 375 N 80
- Rechtsmittel, 375 N 82
- schutzwürdiges Interesse, 375 N 69
- Teilnahmerecht der Schiedsrichter, 375 N 78
- Verfahren, 375 N 76 ff.
- Verhältnismässigkeit, 375 N 69
- vorsorgliche Massnahmen, 374 N 41 ff.
- Zuständigkeit, 375 N 71 ff.
- Zwangsmittel, 375 N 79

Mitwirkungs- und Duldungspflicht, 296 N 22 ff.
Mitwirkungspflicht
- von Parteien und Dritten, 296 N 1 ff.
- der Schiedsrichter, 382 N 19 ff.

Mitwirkungspflicht im Beweisverfahren, 160 N 1 ff.
- Befreiung von der Geheimhaltungspflicht, 160 N 34
- Beweislast, 160 N 31
- Beweisschwierigkeiten, 160 N 11
- Entschädigung, 160 N 67 ff.
- formalisierter Entscheid, 160 N 41
- internationale Verhältnisse, 160 N 74 ff.
- juristische Personen, 160 N 64
- materiellrechtliche Mitwirkungspflichten, 160 N 65 f.
- Minderjährige, 160 N 58 ff.
- örtliche Zuständigkeit zum Entscheid, 160 N 38
- Rechtsmittel, 160 N 42 f.
- Rechtsnatur, 160 N 8
- Sachliche Zuständigkeit zum Entscheid, 160 N 37
- Säumnis, 160 N 40
- Treu und Glauben, 160 N 9
- vertragliche Schweigepflicht, 160 N 49
- vorprozessuale Durchsetzung, 160 N 36
- Weigerung, 160 N 39

Mitwirkungsrecht der Eltern, 297 N 5
Mitwirkungsverweigerung
– berechtigte, im Beweisverfahren, 162 N 1 ff.
– unberechtigte, im Beweisverfahren, 164 N 1 ff.
– unberechtigte, Konsequenzen, 167 N 1 ff.
Mitwirkungsverweigerungspflicht im Beweisverfahren, 160 N 56
– Bankgeheimnis, 160 N 57
Mitwirkungsverweigerungsrecht im Beweisverfahren
– Allgemeines, 160 N 44 ff.
– Beamte, 166 N 11
– Berufsgeheimnisträger, 166 N 5
– Eheschutz, 165 N 10
– eingetragene Partnerschaft, 165 N 11
– Elternschutz, 165 N 10
– Geheimnisträger, 166 N 16 ff.
– Geistliche, 166 N 7
– gesetzlich geschützte Geheimnisse, 163 N 8
– Glaubhaftmachung, 163 N 7
– Immunität, 160 N 55
– Lebensgemeinschaft, 165 N 4
– materiellrechtliche Offenbarungspflicht, 160 N 50
– Medienschaffende, 166 N 13 ff.
– Pflegekindverhältnis, 165 N 8 f.
– Rechtsanwälte, 166 N 7
– sonstige Geheimnisträger, 166 N 16 ff.
– Sozialversicherungsrecht, 166 N 19
– StPO, 160 N 3
– Unternehmensjuristen, 160 N 20
– Verschwägerte, 165 N 7
– Verwandte, 165 N 5
– Verzicht, 160 N 51 ff.
Monatsfristen, Berechnung, 142 N 17
Mündliche Verhandlung, 273 N 1 ff.
Mündlichkeit bei Beschwerdeverfahren, 327 N 3
Musterklage/-prozess, 89 N 4
– Musterprozessvereinbarung, 89 N 4
– Sistierung, 89 N 6
– Verjährungsverzicht, 89 N 5
Mutwillige Prozessführung, 128 N 19 ff.
– Auferlegung von Gerichtskosten, 115 N 1 f.

N

Nachehelicher Unterhalt, 277 N 2; 279 N 1
Nacherbeneinsetzung, 28 N 21
Nachfrist, 29 BV N 21; 63 N 1
– Dauer, 223 N 9
– zur Einreichung von Urkunden, 338 N 12, 23
– Gewährung einer, 132 N 4
– bei offensichtlichem Irrtum, 132 N 16
– bei ungenügender Begründung, 132 N 18 f.
– bei Unklarheit, 132 N 17
– zur Verbesserung eines Mangels, 132 N 7, 35
Nachlassverfahren, 28 N 31
Nachteil, vorsorgliche Massnahmen, 262 N 37 f.
Nachtrag von Amtes wegen, 22 N 18
Nachverfahren, vereinfachtes, 342 N 2
Nachweis des ausländischen Rechts, 150 N 8
Nachzahlung, unentgeltliche Rechtspflege, 123 N 1 ff.
Namenpapier, 43 N 4
Namensänderung, 20 N 16
Namensanmassung, 20 N 12, 16
Namensbestreitung, 20 N 12
Namensschutz, 20 N 11 ff.
Natur
– des Anspruchs, 4 N 3
– zwingende der Gerichtsstände, 13 N 12
ne bis in idem, Vor Art. 236–242 N 33 ff.
Nebenamtliche Richter, 47 N 37
Nebengeschäft, 6 N 8
Nebenintervention, 169 N 6
– Einreden, 77 N 6 f.
– Eventualmaxime, 76 N 6 ff.
– International, 74 N 19 f.; 77 N 12
– Interventionsgesuch, 74 N 8 f.; 75 N 1 f.
– Kostenfolgen, 77 N 2 f.
– Parteiwechsel, 76 N 14 ff.
– Rechte der intervenierenden Partei, 76 N 1 ff.
– Rechtliches Gehör, 75 N 6 f.
– rechtliches Interesse, 74 N 2 ff.
– Rechtsmittel, 75 N 9 ff.
– Rückzug, 75 N 4 f.
– im Schlichtungsverfahren, 208 N 20
– Streitgenössische, 76 N 18 ff.
– im Vollstreckungsverfahren, 346 N 5

Nebenintervention im Schiedsverfahren

- Voraussetzungen, formell, 74 N 8 ff.
- Voraussetzungen, materiell, 74 N 2 ff.
- Wirkungen, 77 N 1 ff.
- Zulassung, 75 N 8

Nebenintervention im Schiedsverfahren, 376 N 27
- abhängige, 376 N 27
- anwendbares Verfahren, 376 N 62
- Bestellung des Schiedsgerichts, 376 N 60 f.
- Gestaltungklage mit Drittwirkung, 376 N 27
- Interventionswirkung, 376 N 48 f., 65
- nach Streitverkündung, 376 N 31
- Rücktrittsrecht des Schiedsrichters, 376 N 58
- selbständige, 376 N 27
- streitgenössische, 376 N 27
- übereinstimmende Schiedsvereinbarungen, 376 N 51
- unabhängige, 376 N 27
- Zeitpunkt, 376 N 59
- Zustimmung der Parteien, 376 N 52, 56 f.
- Zustimmung des Schiedsgerichts, 376 N 58

Nebenpartei, 169 N 5
Negative Feststellungsklage, 88 N 22 ff.
- Beweislast, 88 N 29
- Feststellungsinteresse, 88 N 26
- forum running, 88 N 23
- Kernpunkttheorie, 88 N 23
- Rechtskraft, 88 N 30
- Teilklage, 86 N 11 ff.
- Torpedoklagen, 88 N 25

Negatorische Ansprüche, 20 N 3, 19
Nettoeinkommen, 276 N 4
Nichteintretensentscheid, 336 N 7
- materielle Rechtskraft, Vor Art. 236–242 N 30

Nichtentscheid, 341 N 4
Nichtigkeit, 5 N 4; 40 N 1
- von Entscheiden, Vor Art. 236–242 N 9 ff.; 335 N 22
- von Schiedssprüchen, 387 N 28; 389 N 16 f.

Nichtigkeitsklage, 40 N 3
Nichturteil/Nichtentscheid, Vor Art. 236–242 N 3 ff.
Niederlassung, 12 N 1 ff.
- geschäftliche, 44 N 3
- öffentlich-rechtliche, 10 N 14

Notariatsverfahren
- Kompetenz der Kantone, 19 N 10
- örtliche Zuständigkeit, 19 N 10

Notfrist, 63 N 1
Notorietät, 151 N 2
Nottestament und Beurkundung, 28 N 21
Notwendige Streitgenossenschaft, 15 N 4; 169 N 5; s. *Streitgenossenschaft, notwendige*
- im Schlichtungsverfahren, 208 N 21

Noven, 296 N 42
- Ausnahmen bei Beschwerde, 326 N 3 f.
- Ausschluss bei Beschwerde, 326 N 1 ff.
- bei Berufung, 317 N 1 ff.
- echte, 229 N 7, 10
- unechte, 229 N 12
- im Vollstreckungsverfahren, 339 N 28
- Zulässigkeit, 229 N 14 ff.

Novenrecht, 229 N 8 ff.
- im vereinfachten Verfahren, 247 N 23

Novenverbot, 229 N 3
Nutzungen
- unbestimmter Dauer, Streitwert, 92 N 3 f.
- wiederkehrende, Streitwert, 92 N 1 ff.

O

Objektive Klagenhäufung, 15 N 1 ff., 14 ff.; 90 N 1 ff.; 302 N 2
- Gerichtsstand, 90 N 3 ff.
- gleiche Verfahrensart, 90 N 3
- Internationale Zuständigkeit, 90 N 5
- Leistungsklage, 90 N 6
- negative Feststellungsklage, 90 N 6
- im Schiedsverfahren, *s. dort*
- Trennung der Klagen, 90 N 4
- Voraussetzungen, 90 N 3 ff.

Objektive Klagenhäufung im Schiedsverfahren, 376 N 17 ff.
- Parteiidentität, 376 N 19
- sachlicher Zusammenhang, 376 N 18
- übereinstimmende Schiedsvereinbarungen, 376 N 20

Obligationenrecht, vorsorgliche Massnahmen, Vor Art. 261–269 N 44
Obstruktion, *s. Teilnahmeverweigerung*
Offenlegungspflicht der Schiedsrichter
- IBA-Richtlinien, 363 N 4
- Umfang, 363 N 12

- Verletzung der Pflicht, 363 N 28
- Zeitpunkt, 363 N 17 f.

Öffentliche Bekanntmachung, 141
- bei ausländischem Domizil, 141 N 12 ff.
- Publikationsorgan, 141 N 6 ff.
- bei unbekanntem Aufenthaltsort, 141 N 2
- ungerechtfertigte, 141 N 11

Öffentliche Beurkundung
- örtliche Zuständigkeit, 19 N 10
- Verfahren, 19 N 10

Öffentliche Register und Urkunden, 179 N 1 ff.

Öffentliche Urkunde, *s. Vollstreckung öffentlicher Urkunden*

Öffentliches Recht, kantonales, 122 BV N 6 f.

Öffentlichkeit
- Schlichtungsverfahren, 203 N 12 ff.
- Verfahren in Kinderbelangen, Vor Art. 295–304 N 4

Öffentlichkeitsanspruch, Umfang, 30 BV N 24

Öffentlichkeitsprinzip, 54 N 1 ff.; 236 N 8
- im erstinstanzlichen Verfahren, 54 N 9 f.
- und Medien, 54 N 4
- Öffentlichkeit der Verhandlungen, 54 N 8 ff.
- Publikumsöffentlichkeit, 54 N 5
- im Rechtsmittelverfahren, 54 N 11
- im summarischen Verfahren, 54 N 12
- Urteilsberatung, 236 N 8
- und Urteilsberatungen, 54 N 18

Offizialgrundsatz, 58 N 10 ff.; 257 N 12; 296 N 1, 6; *s.a. Offizialmaxime*
- Abgrenzungen, 58 N 11 ff.
- Anwendungsbereich, 58 N 15 ff.

Offizialmaxime, Vor Art. 243–247 N 6 f.; 247 N 3 f.; 272 N 1; *s.a. Offizialgrundsatz*
- bei vorsorglichen Massnahmen, 261 N 5

Online-Schlichtung, 401 N 2

Ordentliches Verfahren, Einleitung, 220 N 1 ff.

Ordnungsbusse, 128 N 14, 23 ff.; 337 N 3; 343 N 18 ff.
- gegen Person im Ausland, 128 N 28
- bei querulatorischen Eingaben, 132 N 38

Ordre public
- materieller, 341 N 8 f.
- in der Schiedsgerichtsbarkeit, 381 N 11, 14

Ordrepapier
- anderes, 43 N 11
- wechselähnliches, 43 N 11

Organe
- faktische, 159 N 2
- formelle, 159 N 3
- juristische Person, 159 N 1 ff.
- vollstreckungsrechtliche, 159 N 3

Organisatorische Zuständigkeit, Prüfung, 202 N 24

Ort
- der gelegenen Sache, 28 N 26, 34; 43 N 7
- der Zweigniederlassung, 43 N 9

Örtliche Zuständigkeit, *s. Gerichtsstand*
- Prüfung, 202 N 11 ff.
- Vollstreckungsgericht, 339 N 1 ff.

Ortsgebrauch, 150 N 7

P

Pacht, *s. Gerichtsstand*

Paritätisch zusammengesetztes Organ, 47 N 15

Paritätische Schlichtungsbehörde, 244 N 5

Partei
- Anhörung der Gegenpartei, 265 N 35 ff.
- bei vorsorglichen Massnahmen, 261 N 1 f.

Partei- und Prozessfähigkeit
- freiwillige Gerichtsbarkeit, Vor Art. 66/67 N 2
- Zweiparteienverfahren, Vor Art. 66/67 N 1

Parteiantrag, schriftliche Auskunft, 190 N 2

Parteibefragung
- Anordnung von Amtes wegen, 191 N 3
- faktische Organe, 191 N 9
- bei Kollektiv- und Kommanditgesellschaften, 191 N 10
- Konkursverwaltung, 191 N 10
- der prozessunfähige Partei, 191 N 12
- qualifizierte Form, 192 N 2
- vollwertiges Beweismittel, 191 N 4

Parteibezeichnung, unklare, 317 N 11

Parteien

Parteien
- materielle Rechtskraft, Vor Art. 236–242 N 47
- persönliches Erscheinen, 297 N 12

Parteientschädigung, *s. Entschädigung unentgeltlicher Rechtsbeistände; s. Kostenfestsetzung und Kostenverteilung; s. Sicherheit für Parteientschädigung*
- Anfechtung durch Anwalt in eigenem Namen, 110 N 3
- Begriff, 95 N 16 ff.
- Ersatz notwendiger Auslagen, 95 N 17
- kantonale Tarife, 96 N 4 ff.
- Kosten berufsmässiger Vertreter, 95 N 18 ff.
- in kostenlosen Entscheidverfahren, 114 N 1
- nicht im Schlichtungsverfahren, 113 N 2
- im Schiedsverfahren, *s. dort*
- Sicherheit für, 245 N 8; 253 N 7
- Sicherheitsleistung, 99 N 1 ff.; Vor Art. 295–304 N 9
- Umtriebsentschädigung, 95 N 21 ff.

Parteientschädigung im Schiedsverfahren
- Folgen bei Nichtleistung der Prozesskaution, 379 N 17
- Höhe und Verteilung, 384 N 37 ff.
- Prozesskaution als vorsorgliche Massnahme, 379 N 3 ff.
- Sicherstellung durch Prozesskaution, 379 N 2 ff.
- Umfang der Prozesskaution, 379 N 13 ff.
- Voraussetzung für Prozesskaution, 379 N 6 ff.
- Zahlungsunfähigkeit, 379 N 11

Parteifähigkeit, 2 N 5; *s.a. Schiedsfähigkeit, subjektive*
- aktive, 66 N 1
- Erbengemeinschaft, 66 N 38 ff.
- Erbschaftsvermögen bei der amtlichen Nachlassliquidation und ungeteilter Nachlass, 66 N 26 f.
- falsche Parteibezeichnungen, 66 N 55
- Fehlen der Parteifähigkeit, 66 N 56
- Fehlen, Mängel oder Zweifel an der Parteifähigkeit, 66 N 50 ff.
- Gebilde ohne Parteifähigkeit, 66 N 35 ff.
- gegenstandslose Abschreibung, 66 N 51
- Gemeinschaft der Stockwerkeigentümer, 66 N 28 ff.
- gesondertes Prozessurteil, 66 N 51
- Gläubigergemeinschaft bei Anleihensobligationen, 66 N 34
- IPR, 66 N 58 ff.
- jursitische Personen, 66 N 11 ff.
- Kollektivgesellschaften, 66 N 19
- Kommanditgesellschaften, 66 N 19
- Kommanditgesellschaften für kollektive Kapitalanlagen, 66 N 22
- Konkursmasse, vetreten durch Konkursverwaltung, 66 N 23 ff.
- Körperschaften und Anstalten, Verein, Stiftung, 66 N 12
- Liquidationsmasse beim Nachlassvertrag mit Vermögensabtretung, 66 N 25
- Miteigentümergemeinschaft, 66 N 43
- nasciturus, 66 N 7
- Natürliche Personen, 66 N 6 ff.
- Nichteintreten auf die Klage, 66 N 51
- passive, 66 N 1
- Rechtsfähigkeit, 66 N 4 f.
- Rechtsgemeinschaften resp. Gesamthandverhältnisse, 66 N 35 ff.
- Tote, 66 N 10
- Totgeburt eines nasciturus, 66 N 57
- Trust, 66 N 48 f.
- verselbständigte Sondervermögen ohne Rechtspersönlichkeit, 66 N 23 ff.
- vertraglicher Anlagefonds, 66 N 46 f.
- Verwaltung der AG, GmbH, Genossenschaft, 66 N 33
- Willensvollstrecker, amtlicher Erbschaftsverwalter, Erbenvertreter, 66 N 40
- zufolge Bundesrecht, 66 N 19 ff.
- Zweigniederlassung, 66 N 44

Parteihandlung, als Quelle der Rechtskraft, 241 N 18 ff.

Parteiöffentlichkeit, 30 BV N 23

Parteirollen, Fixierung, 63 N 12

Parteistellung des Kindes, 300 N 3 ff.

Parteivereinbarung, 4 N 5

Parteiverhandlung
- Beschwerde, 325 N 4
- Mündliche bei Beschwerde, 326 N 1

Präsidialbefugnisse im Schiedsverfahren

Parteivertretung
- bei einer Gesellschaft oder juristischen Person, 68 N 21
- gewillkürte Parteivertreter, 68 N 2 f.
- kein Vertretungsobligatorium, 68 N 1
- Mehrheit von Prozessvertretern, 68 N 5
- nach Anwaltsgesetz, 68 N 8
- persönliches Erscheinen, 68 N 19 ff.
- Prozessfähigkeit des Vertreters, 68 N 4
- RechtsagentIn, 68 N 11
- Rechtspraktikanten, 68 N 9
- SachwalterInnen, 68 N 10
- Sanktionen bei Nichterscheinen, 68 N 22
- VertreterIn nach Art. 27 SchKG, 68 N 12
- Vollmacht, 68 N 14 ff.
- vor Miet- oder Arbeitsgerichten, 68 N 13
- Voraussetzungen, 68 N 6 f.

Parteivorträge
- Form, 228 N 3
- Plädoyernotizen, 228 N 3

Parteiwechsel, 169 N 11
- Erbgang, 83 N 37 f.
- Fusionsgesetz, 83 N 39 ff.
- gesetzlicher, 83 N 36 ff.
- gewillkürter (schlichter), 83 N 33 ff.
- Konkurs und Nachlass, 83 N 42 ff.
- Kostenfolgen, 83 N 28 ff.
- im Schiedsverfahren, 376 N 24
- Sicherheitsleistung, 83 N 30 f.
- Streitverkündung, 83 N 50
- teilweiser, 83 N 32

Partial award, *s. Teilentscheid*
Partner, eingetragener, 28 N 11 ff., 14, 16, 35; *s.a. Eingetragene Partnerschaft*
Partnerschaft, 24 N 1 ff., 8 ff.; *s.a. Eingetragene Partnerschaft; s.a. Gleichgeschlechtliche Partnerschaft*
Partnerschaftsgesetz, 305 N 1 ff.; *s.a. Eingetragene Partnerschaft; s.a. Partner, eingetragener*
Partnerschutzmassnahme, 24 N 15
Passive notwendige Streitgenossenschaft, 15 N 5
Passive Streitgenossenschaft, 15 N 1
Passivlegitimation, 45 N 4
Patentrecht, vorsorgliche Massnahmen, Vor Art. 261–269 N 53 f.

Pathologische Schiedsklauseln, 357 N 24
Pauschale
- als kantonale Gerichtsgebühr, Bestandteile, 95 N 6 ff.
- Kriterien für kantonale Rahmentarife, 95 N 7

perpetuatio fori, 64 N 12 ff.; 274 N 5
Person
- juristische, 10 N 30 ff.
- natürliche, 6 N 12

Personalien des Zeugen, 172 N 2 f.
Personengesellschaften, 10 N 28 f.
Personenstandsregister, 22 N 2
- Änderung, 22 N 6
- Berichtigung, 22 N 6
- Ergänzung, 22 N 6
- Feststellungskage, 22 N 8
- Gestaltungsklage, 22 N 9
- Löschung, 22 N 6
- nicht streitige Angaben, 22 N 7
- streitige Angaben, 22 N 8 f.

Personenwagen, 276 N 3
Persönliche Anhörung des Kindes, formfrei, 168 N 12
Persönlicher Verkehr, Kindeszuteilung, 296 N 19
Persönliches Erscheinen, 273 N 3 ff.
- Abwesenheit, 273 N 4
- Dispens, 273 N 4

Persönliches Interesse, 22 N 16 f., 20; 47 N 19
Persönlichkeitsschutz, 20 N 1 ff.
Persönlichkeitsverletzung, 20 N 3 ff.
- Beseitigung, 20 N 23
- Feststellung, 20 N 23
- Unterlassung, 20 N 23
- Verbandsklage, 89 N 10

Pflegekindverhältnis, Mitwirkungsverweigerungsrecht im Beweisverfahren, 165 N 8 f.
Pflichtteil, 28 N 19
Pilotprojekte, 401 N 1
Pilotprozess, 89 N 4
Politische Partei, 47 N 43
Polizei, Beizug, 128 N 16
Präklusionswirkung, Vor Art. 236–242 N 38 f., 45
Präsidialbefugnisse im Schiedsverfahren, 373 N 39 ff.
- Delegation Beweiserhebung, 375 N 52

2087

Präsidialentscheid im Schiedsverfahren

Präsidialentscheid im Schiedsverfahren, 382 N 39 ff.
Private Geldstrafe (Astreinte) im Schiedsverfahren
– Durchsetzung von Editionsentscheiden, 375 N 22
– Durchsetzung von Massnahmeentscheiden, 374 N 31
Private Schiedsgerichte, 47 N 7
Privatpersonen, schriftliche Auskunft, 190 N 4
Privatrecht, 1 N 4
– kantonal, 1 N 4
Prorogation, 8 N 1; 9 N 3, 22 ff.
Prosequierungsfrist
– spezielle, 209 N 23 ff.
– veräumte, 209 N 26 ff.
Prospekthaftung, 40 N 2
Protokoll, 176 N 1 ff.; 235 N 1 ff.
– Anträge, 235 N 16, 17
– Augenschein, 182 N 1 f.
– Beweisprotokoll, 235 N 21
– Form, 235 N 26 f.
– Gutachten, 187 N 2
– Hauptverhandlung, 235 N 23
– Inhalt, 235 N 11
– Kinderanhörung, 235 N 9
– Klageanerkennung, 241 N 1
– Klagerückzug, 241 N 1
– Parteien, 235 N 14
– Parteivertreter, 235 N 15
– Parteivorbringen, 235 N 23
– Protokollführungspflicht, 235 N 5
– Prozesserklärungen, 235 N 16, 18
– rechtliches Gehör, 235 N 5
– Rechtsbegehren, 235 N 16 f.
– Schiedsgericht, 235 N 10
– im Schiedsverfahren
    – Aufzeichnung Verfahrensablauf, 373 N 88 f.
    – Augenschein, 375 N 49
    – Beweiserhebung durch staatl. Gericht, 375 N 78
    – Führung durch den Sekretär, 365 N 6
– Schlichtungsverfahren, 235 N 7
– Schlussvortrag, 235 N 23
– Sprache, 235 N 28
– Umfang, 235 N 22
– Unterschrift, 235 N 20
– Urkunde, 235 N 3
– Verfügungen, 235 N 19
– Vergleich, 241 N 1
– Vergleichsverhandlung, 235 N 8
– Verhandlungsort, 235 N 12
– Verhandlungszeit, 235 N 12
– Zusammensetzung Gericht, 235 N 13
Protokollberichtigung
– Form, 235 N 37
– Frist, 235 N 36
– Gesuch, 235 N 32 ff.
– Legitimation, 235 N 35
– Rechtsmittel, 235 N 38 ff.
– Verfahren, 235 N 34
– Versehen, 235 N 30
– Zuständigkeit, 235 N 33
Protokollführungspflicht, 29 BV N 28
Protokollierung der Fragen, 193 N 4
Prozess
– international, 2 N 4
– kurzer, 257 N 2
Prozessarmut im Schiedsverfahren, Bindung an die Schiedsvereinbarung, 378 N 30; 380 N 13
Prozesschancen, 158 N 5
Prozessfähigkeit, 2 N 5; s.a. *Schiedsfähigkeit, subjektive*
– Aktiengesellschaft, 67 N 19
– Ausnahme: Eigenes Handeln der Prozessunfähigen, 67 N 23
– Ausübung höchstpersönlicher Rechte, 67 N 24 ff.
– Begriff und Normzweck, 67 N 1 ff.
– Bei Mängeln in der Organisation von juristischen Personen, 67 N 18 ff.
– Beiratschaft, 67 N 12
– Bevormundete, 67 N 15
– Dringlichkeit, 67 N 29
– Einschränkungen der Handlungsfähigkeit, 67 N 9
– Fehlen, Mängel oder Zweifel an der Prozessfähigkeit, 67 N 35 ff.
– gemäss ZGB, 67 N 8
– gemäss OR, 67 N 7 f.
– Genossenschaft, 67 N 19
– Gesetzliche Vertretung bei prozessunfähigen natürlichen Personen, 67 N 15 ff.
– GmbH, 67 N 19
– Handeln durch die gesetzliche Vertretung bei Prozessfähigkeit, 67 N 15 ff.

Prozessvoraussetzungen

- Handlungsfähigkeit gestützt auf gesetzliche Sonderregelung resp. Rechtsprechung, 67 N 6 ff.
- hinsichtlich eines Teils der Klagebegehren, 67 N 37
- höchstpersönliche Rechte, 67 N 26
- IPR, 67 N 41 ff.
- Juristische Personen mit den unerlässlichen Organen, 67 N 5 f.
- des Kindes, 300 N 5 ff.
- Prozessfähigkeit in bestimmten Bereichen der urteilsfähigen Handlungsunfähigen (Abs. 3), 67 N 24 ff.
- Prozessfähigkeit zufolge Handlungsfähigkeit, 67 N 4 ff.
- Querulant, 67 N 40
- relativ höchstpersönliche Rechte, 67 N 27
- Stiftung, 67 N 21
- Unmündige, 67 N 11, 15
- Urteilsfähige und mündige natürliche Personen, 67 N 4
- urteilsunfähige Entmündigte, 67 N 10
- Urteilsunfähige Prozessfähige, 67 N 26
- Verein, 67 N 20

Prozessführung, mutwillige, 128 N 19 ff.
Prozessführungsbefugnis des Kindes, 301 N 23
Prozesshandlungen, Wiederholung bei Ersetzung eines Schiedsrichters, 371 N 24 ff.
Prozesskosten, *s.a. Gerichtskosten;*
  s.a. Parteientschädigung;
  s.a. Kostenentscheid;
  s.a. Verfahrenskosten
- Aufklärung durch Gericht, 97 N 1 ff.
- Aufklärung über, 245 N 6; 253 N 4
- Befreiung nach kantonalem Recht, 116 N 1 ff.
- Begriff, 95 N 1 ff.
- Festsetzung, *s. Kostenfestsetzung*
- bei Klage und Widerklage, 94 N 3 f.
- Kostenvorschuss für, 245 N 7; 253 N 5 f.
- Liquidation, 111 N 1 ff.
- Liquidation bei unentgeltlicher Rechtspflege, 122 N 1 ff.
- Tarife, kantonale Hoheit, 96 N 1 ff.
- unnötige, 108 N 1 f.
- Verteilung, *s. Kostenverteilung*
- Vollstreckungsverfahren, 339 N 18
- zulasten Dritter, 108 N 2

Prozesskostenhilfe gemäss LugÜ, 117 N 22 f.
Prozesskostenvorschuss, 276 N 6
Prozessleitende Verfügungen, 246 N 3 ff.; 324 N 2
Prozessleitung, formelle, 124 N 1
Prozessrechtsverhältnis, Streitverkündungsklage, 81 N 45, 51, 54 ff., 58
Prozessstandschaft, 169 N 8
Prozessvoraussetzungen, 15 N 24; 59 N 1 ff.
- abgeurteilte Sache, 59 N 18 f.
- anderweitige Rechtshängigkeit, 59 N 13 ff.
- Anwendungsbereich, 59 N 3 ff.
- einfache Streitgenossenschaft, 71 N 27 f.
- Einlassung bei Vorliegen einer Schiedsvereinbarung, 61 N 8
- Fehlen einer Prozessvoraussetzung, 60 N 11 ff.
- fehlende, 132 N 5
- Feststellungsinteresse, 59 N 8
- Kostenvorschuss, 59 N 20 ff.
- Mediationsklausel, 213 N 8
- nachträgliches Wegfallen einer Prozessvoraussetzung, 59 N 4
- notwendige Streitgenossenschaft, 70 N 21
- Partei- und Prozessfähigkeit, 59 N 12
- Rechtsbegehren, Vor Art. 84 N 3
- Rechtsschutzinteresse, 59 N 5 ff.
- sachliche und örtliche Zuständigkeit, 59 N 9 ff.
- Schiedsvereinbarung, 61 N 1 ff.
- Sicherheit für Parteientschädigung, 99 N 1 f.
- Sicherheit für Prozesskosten, 59 N 20 f.
- Sistierung des Verfahrens bei Vorliegen einer Schiedsvereinbarung, 61 N 2 f.
- im summarischen Verfahren, 253 N 2 ff.
- Überprüfung der Prozessvoraussetzungen, 60 N 1 ff.
- Ungültige Schiedsvereinbarung, 61 N 9 f.
- im vereinfachten Verfahren, 245 N 3 ff.
- Zeitpunkt des Vorliegens, 59 N 3

2089

Prüfung

Prüfung
- der funktionellen Zuständigkeit, 202 N 21 ff.
- der Standhaftigkeit, 174 N 2

Prüfungsbefugnis
- Exekutivbehörde, 337 N 12 ff.
- Vollstreckungsgericht, 337 N 18

Publikationskosten und Streitwert, 91 N 5
Publikumsöffentlichkeit, 30 BV N 23

Q

Qualifizierte Streitverkündung, 81 N 10
Quote, verfügbare, 28 N 19

R

Realerfüllung
- durch Dulden, 335 N 17
- durch Tun, 335 N 17
- durch Unterlassung, 335 N 17

Receptum arbitri, *s. Schiedsrichtervertrag*

Recht
- altes, *s.a. Gerichtsstandsgesetz*
- auf anwaltliche Vertretung, 53 N 24
- ausländisches, 310 N 4
- bei ausländisches, vermögensrechtlichen Streitigkeiten, 150 N 8
- auf Begründung, 29 BV N 29 f.
- auf Beweis, 152 N 1 ff.; 168 N 2
- öffentliches, 1 N 4; 310 N 1
- auf Orientierung, 29 BV N 25
- auf Prüfung, 29 BV N 29
- schweizerisches, 28 N 31 f.
- auf Vertretung und Verbeiständung, 29 BV N 31

Rechtliches Gehör, 125 N 4
- Anspruch auf, 53 N 4
- Ausführungen zu Rechtsfragen, 53 N 15
- Ausnahmen, 53 N 8
- Äusserungsrechte, 53 N 12
- Dolmetscher, 53 N 16
- Grundsatz, 53 N 1
- materielle Rechtskraft, Vor Art. 236–242 N 21 f.
- personeller Wechsel im Gerichtskörper, 53 N 17
- Recht auf Anhörung, 53 N 7
- im Rechtsmittelverfahren, 53 N 13
- im Schiedsverfahren, *s. dort*
- im summarischen Verfahren, 53 N 14
- Teilgehalte, 29 BV N 23 ff.
- Teilnahme an Verhandlungen, 53 N 11
- Verweigerung des, 53 N 33 f.
- im Vollstreckungsverfahren, 341 N 10

Rechtliches Gehör im Schiedsverfahren, 373 N 46 ff.
- Anhörung bei Sachverständigenbestellung, 375 N 41, 43
- Ankündigung Beweiserhebung, 375 N 56
- Begründungspflicht, 373 N 54; 384 N 7, 58; 393 N 71 f.
- Bestreitungspflicht, 373 N 60; 375 N 8
- Einflussnahme auf Entscheidfindung, 373 N 55
- iura novit curia, 373 N 59
- kontradiktorisches Verfahren, 373 N 57 ff.; 375 N 44
- Obliegenheit zur Stellungnahme, 373 N 60
- Pflicht zum Beizug eines Sachverständigen, 375 N 40
- Recht auf Sachverständigen, 375 N 36
- Recht auf Stellungnahme, 375 N 45, 58
- Recht auf Vertretung, 373 N 68
- richterliche Hinweis- und Fragepflicht, 373 N 56; 375 N 8
- Teilnahme am Augenschein, 375 N 49
- Teilnahme am Verfahren, 373 N 55
- verfahrensrechtlicher Ordre public, 373 N 49
- verfassungsrechtlicher Mindeststandard, 373 N 48, 53
- vertragliche Abweichungen, 373 N 50 ff.

Rechtliches Interesse, *s.a. Rechtsschutzinteresse*

Rechtsanwälte, Mitwirkungsverweigerungsrecht im Beweisverfahren, 166 N 7

Rechtsanwendung, unrichtige, 310 N 2

Rechtsanwendung von Amtes wegen, 57 N 1 f.; 296 N 45
- ausländisches Recht, 57 N 14 ff.
- betroffene Rechtsnormen, 57 N 8 ff.
- Billigkeitsentscheide, 57 N 29 f.
- vor Bundesgericht, 57 N 18 ff.
- Einschränkungen, 57 N 22 ff.
- Gewohnheitsrecht, 57 N 11 ff.

Rechtskraft

- in der Schiedsgerichtsbarkeit, 381 N 12
- Vollstreckungsverfahren, 339 N 21

Rechtsbegehren, 221 N 4 ff.
- Auskunftserteilung, 221 N 6
- bedingtes, Vor Art. 84 N 4
- auf bestimmte Geldsumme, 91 N 3 f.
- ohne bestimmte Geldsumme, 91 N 6
- Bezifferung, 85 N 1
- Dispositionsmaxime, 221 N 8
- Eventualbegehren, Vor Art. 84 N 4
- Eventualmaxime, 221 N 7
- Feststellungsklage, 88 N 7
- Formulierung, Vor Art. 84 N 3
- Fragepflicht, 221 N 9
- mit Fremdwährungen, 91 N 4
- bei Klage und Widerklage, Streitwert, 94 N 1 ff.
- Klageänderung, 221 N 7
- Klageantwort, 222 N 7
- Leistungsklage, 221 N 5
- Prozessvoraussetzung, Vor Art. 84 N 3; 221 N 10
- Rechnungslegung, 221 N 6
- im Schiedsverfahren, 373 N 76; 384 N 12 f.
- Schlichtungsgesuch, 202 N 4
- Streitgegenstandstheorie, Vor Art. 84 N 9
- Streitwert, 91 N 3 ff.
- Treu und Glaube, 221 N 9
- unbeziffertes, 221 N 6
- Urteilsantrag, Vor Art. 84 N 3
- Urteilsdispositiv, Vor Art. 84 N 3
- und Verrechnungs-Gegenforderungen, 91 N 3
- Verzugszins, 221 N 5

Rechtsbehelf
- nach Art. 43 LugÜ II, 339 N 25; 341 N 20
- nach LugÜ II, 327a N 1

Rechtsbelehrungen, 47 N 46

Rechtshängigkeit, 6 N 14; 13 N 9; 23 N 6; 24 N 6; 25 N 7 f.; 26 N 6 f.; 27 N 5; 62 N 1 ff.; 274 N 3 ff.; 275 N 1 f.; *s.a. Schiedshängigkeit*
- Ansprüche der Mutter, 27 N 5
- Bestätigung, 62 N 27 ff.
- Dauer, 62 N 1
- eherechtliche Gesuche und Klagen, 23 N 6
- Einrede, 64 N 21
- Eintretensvoraussetzungen, 62 N 14 ff.
- Eintritt, 62 N 8 ff.
- Ende, 62 N 22 ff.
- bei falscher Verfahrensart, 63 N 1 ff.
- bei fehlender Zuständigkeit, 63 N 1 ff.
- Fortführungslast, 62 N 3
- Fristwahrung, 64 N 34 ff.
- Kernpunkttheorie, Vor Art. 84 N 14 ff.
- Klagen auf Feststellung und Anfechtung eines Kindesverhältnisses, 25 N 7 f.
- Klagen aus Partnerschaft, 24 N 6
- materiellrechtliche Wirkungen, 64 N 25 ff.
- Mediation, 213 N 17
- objektive Grenzen, Vor Art. 84 N 14
- Prozessvoraussetzung, 62 N 12
- Rechtshängigkeitssperre, Vor Art. 84 N 17 ff.
- rückdatierte, 63 N 3
- eines Schiedsverfahrens, 62 N 21
- Streitgegenstand, Vor Art. 84 N 14 ff.
- im summarischen Verfahren, 252 N 2
- unentgeltliche Rechtspflege, 64 N 24
- Unterhaltsklagen, 26 N 6 f.
- Verfahrenskoordination, Vor Art. 84 N 19
- vorsorgliche Massnahmen, Vor Art. 261–269 N 75 f.; 263 N 1 ff.
- einer Widerklage, 62 N 20
- Wirkungen, 64 N 1 ff.
- Zeitpunkt, 62 N 2

Rechtshängigkeitssperre
- im engeren Sinne, Vor Art. 84 N 17 ff.
- zuständigkeitskoordinierende, Vor Art. 84 N 17 ff.

Rechtshilfe
- Arten, 194–196 N 4 ff.
- Beweiserhebung, 194–196 N 6, 18 ff.
- innerkantonale, 194–196 N 2 ff.
- internationale, 194–196 N 13 ff.
- Kosten, 194–196 N 10
- Rechtshilfegesuch, 194–196 N 8
- Sprache, 194–196 N 7, 8, 10
- Übergangsrecht, 194–196 N 12
- Zustellungen, 194–196 N 6, 14 ff.

Rechtskraft
- Abschreibung, 242 N 13
- einfache Streitgenossenschaft, 71 N 42
- Erledigungsentscheid, 241 N 18 ff.
- formelle, Vor Art. 236–242 N 20, 25
- Formelle, 325 N 5

2091

Rechtskraft des Schiedsspruchs

- formelle, 336 N 1 ff.; 341 N 30
- Gestaltungsklage, 87 N 5
- materielle, Vor Art. 236–242 N 14, 21 ff.; 336 N 18
- negative Feststellungsklage, 88 N 30
- notwendige Streitgenossenschaft, 70 N 43
- Quelle, 241 N 18 ff.
- Rechtskraftgegenstand, 241 N 26 ff.
- des Schiedsspruchs, *s. dort*
- staatliche Entscheidung, 241 N 21
- Teilklage, 86 N 8 ff.
- von vorsorglichen Massnahmen, 268 N 3 ff.

Rechtskraft des Schiedsspruchs, 387 N 9 ff.
- bei Verrechnung, 387 N 18
- formelle, 387 N 4, 11 f.
- gegenüber beigetretenem Dritten, 376 N 47
- materielle, 387 N 4, 13 ff.

Rechtskraftbescheinigung, 338 N 24; *s.a. Vollstreckbarkeitsbescheinigung*

Rechtskrafterstreckung, Vor Art. 236–242 N 48 ff.
- auf Dritte, Vor Art. 236–242 N 48
- infolge prozessualer Repräsentation, Vor Art. 236–242 N 52
- Rechtskrafterstreckungsnormen, Vor Art. 236–242 N 53
- infolge Rechtsnachfolge, Vor Art. 236–242 N 49
- infolge zivilrechtlicher Abhängigkeit, Vor Art. 236–242 N 50

Rechtskraftgegenstand
- Klageanerkennung, 241 N 26 f.
- Klagerückzug, 241 N 28 ff.
- Vergleich, 241 N 31 ff.

Rechtskraftgrenzen, Vor Art. 236–242 N 27 f., 40 ff.
- Abänderungsklage/-verfahren, Vor Art. 236–242 N 57
- objektive Grenzen, Vor Art. 236–242 N 41 ff.
- Prozessparteien, Vor Art. 236–242 N 47
- prozessualer Dispositionsgrundsatz, Vor Art. 236–242 N 46
- Rechtskrafterstreckung, Vor Art. 236–242 N 48 ff.
- subjektive Grenzen, Vor Art. 236–242 N 47 ff.
- zeitliche Grenzen, Vor Art. 236–242 N 55 ff.

Rechtskraftwirkungen, Vor Art. 236–242 N 32 ff.
- Beschränkung auf Entscheidgegenstand, Vor Art. 236–242 N 29 ff.
- Zwischenentscheid, 237 N 6 f.

Rechtslage, klare, 257 N 11

Rechtsmissbrauch und Vollstreckung, 341 N 37

Rechtsmissbrauchsverbot, 52 N 3

Rechtsmittel, 15 N 31 ff.; 21 N 13; 22 N 22
- Begriff, Vor Art. 308–334 N 1
- gegen Entscheid des Vollstreckungsgerichts, 339 N 24
- gegen Ablehnung oder Entzug der unentgeltlichen Rechtspflege, 121 N 1 f.
- gegen selbständigen Kostenentscheid, 110 N 1 ff.
- gegen Vorschüsse und Sicherheiten, 103 N 1 f.
- Hauptrechtsmittel, Vor Art. 308–334 N 2
- kantonale, Vor Art. 308–334 N 6
- Mitwirkungspflicht im Beweisverfahren, 160 N 42 f.
- ordentliche, 336 N 1, 10
- reformatorische, 310 N 5
- Rückzug, Vor Art. 308–334 N 9
- gegen Schiedssprüche, Vor Art. 353–399 N 49 ff.; *s.a. Beschwerde gegen Schiedssprüche; s.a. Revision von Schiedssprüchen*
- Stellungnahme, Vor Art. 308–334 N 4
- im summarischen Verfahren, 256 N 8 f.
- im vereinfachten Verfahren, 246 N 23
- Verfahrenskosten, 95 N 5
- Verzicht, Vor Art. 308–334 N 8
- vollkommenes, 320 N 1
- gegen Vollstreckungsentscheid, 346 N 1
- vorsorgliche Massnahmen, 261 N 115 ff.
- Zweiteilung, Vor Art. 308–334 N 3

Rechtsmittelbelehrung, 238 N 5

Rechtsmittelverfahren
- einfache Streitgenossenschaft, 71 N 43 f.
- Kostenlosigkeit, 114 N 2
- notwendige Streitgenossenschaft, 70 N 44

- unentgeltliche Rechtspflege, 117 N 7
Rechtsnachfolge im Schiedsverfahren, 357 N 34 ff.; 376 N 24
- freiwilliger Parteiwechsel, 376 N 24
Rechtsnachfolger, 40 N 5
Rechtsöffnung, 47 N 53; 257 N 29 f.
Rechtsöffnungsrichter, 327a N 2
Rechtspflege, unentgeltliche, 29 BV N 33 f.; s.a. *Unentgeltliche Rechtspflege*
- einfache Streitgenossenschaft, 71 N 40
- Mediation, 218 N 7 ff.
- notwendige Streitgenossenschaft, 70 N 37
Rechtsschrift, 221 N 1
- Anzahl, 221 N 1
- elektronische, 221 N 1
- Faxeingabe, 221 N 26
- Formvorschriften, 221 N 26
- Inhalt, 221 N 3
- mangelhafte, 132 N 5
- Parteibezeichnung, 221 N 3
- Unterschrift, 221 N 27
- Vertreter, 221 N 3
Rechtsschutz
- einstweiliger, 13 N 1
- gewerblicher, 5 N 4
- in klaren Fällen, 248 N 4 ff.; 257 N 1 ff.; Vor Art. 261–269 N 57
- rascher, 257 N 1 ff.
- schneller, 257 N 1 ff.
Rechtsschutzantrag, 236 N 1
Rechtsschutzinteresse, 337 N 5, 17
- Duldungs- und Unterlassungsklage, 84 N 9 ff.
- Feststellungsklage, 88 N 9 ff.
- Nebenintervention, 74 N 2 ff.
- positive Leistungsklage, 84 N 6 ff.
- Streitverkündung, 78 N 4 f.
- Streitverkündungsklage, 81 N 17 ff.; 82 N 8, 26
Rechtssprechung, typografische, 17 N 31
Rechtsstillstand, 335 N 6
Rechtsstreit
- bestehender, 17 N 7 ff.
- künftiger, 17 N 7 ff.
Rechtsträger, 42 N 1, 9
Rechtsvermutung, 157 N 13
Rechtsvertreter, 47 N 46

Rechtsverweigerung, 29 BV N 11 ff.
- formelle, 29 BV N 2
- im engeren Sinne, 29 BV N 12 f.
Rechtsverzögerung
- formelle und materielle, 319 N 9
- Sanktionen, 29 BV N 19
Rechtsverzögerungsbeschwerden, 319 N 8 ff.; 321 N 7; 324 N 2; 327 N 13 f.
Rechtswahl, 28 N 32
Rechtswahl im Schiedsverfahren, 381 N 8 ff.
- Auslegung, 381 N 15
- Form, 381 N 13
- Inhalt, 381 N 16 ff.
- Konsens, 381 N 14
- Parteiautonomie, 381 N 3
- Tragweite, 381 N 20 f.
- Umfang, 381 N 20 f.
- Wahl einer Schiedsordnung, 381 N 10
- Wahl von Rechtsregeln, 381 N 9 ff.
Refentenaudienz, 6 N 3
Referendum, fakultatives, 408 N 1
Reformatio in peius, 327 N 11
Register
- ausländisches, 6 N 14
- vergleichbar ausländisches, 6 N 11, 13
Registerbereinigung, 21 N 3
Registerbereinigungsklage, 22 N 14, 24
Registerführung, 22 N 26
Registersachen, 1 N 6
Regressanspruch, 40 N 7; 42 N 8
- einfache Streitgenossenschaft, 71 N 46
- notwendige Streitgenossenschaft, 70 N 46
- der verantwortlichen Beteiligten, 45 N 7
Religionsgemeinschaft, 47 N 44
Reparatorische Ansprüche, 20 N 3, 19
Reparatorische Klagen, 20 N 8, 15, 17
Replik
- Versäumnis, 225 N 3
- Verzicht, 225 N 3
Replikrecht, 29 BV N 25 f.; 136 N 7 f.
- im Vollstreckungsverfahren, 341 N 14
Res iudicata, *s.a. Rechtskraft*
Restitutio in integrum, *s. Wiederherstellung*
Retentionsprosequierungsklage, 46 N 17

Revision

Revision, 51 N 7; 336 N 9
– Abgrenzung ZPO-BGG, 328 N 8 ff.
– absolute Frist, 329 N 10 ff.
– Charakteristika, 328 N 17 ff.
– Formerfordernisse, 329 N 12 ff.
– prozessuale Sorgfaltspflicht, 328 N 50 f.
– relative Frist, 329 N 3 ff.
– Revisionsfähigkeit, 328 N 24 ff.
– von Schiedssprüchen, *s. dort*
– Supsensivwirkung, 331 N 1 ff.
– Übergangsrecht, 328 N 86 ff.
– Verhältnis zu Hauptrechtsmitteln, 328 N 20 ff.
– Zweck, 328 N 1 ff.
Revision von Schiedssprüchen
– absolute Fristen, 397 N 7
– Neukonstituierung des Schiedsgerichts, 399 N 9 f.
– relative Fristen, 397 N 4 ff.
– Revisionsentscheid
   – kassatorische Natur, 399 N 5
   – Rechtsmittel, 399 N 11 f.
   – Rückweisung, 399 N 7 f.
– Revisionsobjekt, 396 N 9
– Revisionstatbestände
   – Einwirkung durch Verbrechen oder Vergehen, 396 N 22 ff.
   – EMRK-Verletzung, 396 N 32 ff.
   – neuentdeckte Tatsache oder Beweismittel, 396 N 12 ff.
   – Unwirksamkeit einer Erklärung, 396 N 29 ff.
   – Verletzung von Verfahrens- oder Ausstandsvorschriften, 396 N 18 ff.
– Verfahren, 398 N 1 ff.
– Zuständigkeit, 396 N 10 f.
Revisionsgrund
– Einwirkung eines Verbrechens oder Vergehens auf den Entscheid, 328 N 52 ff.
– nachträgliche Entdeckung von Tatsachen und Beweismitteln, 328 N 36 ff.
– Unwirksamkeit einer Prozesshandlung, 328 N 61 ff.
– Verletzung der EMRK, 328 N 67 ff.
Revisionsverfahren
– Anfechtung des neuen Sachentscheides, 332 N 4 ff.
– Anfechtung des Revisionsentscheides, 332 N 1 ff.

– Beschwer, 328 N 83
– Legitimation, 328 N 82
– Noven, 333 N 3
– Prozesskosten, 333 N 5 f.
– Rechtsschutzinteresse, 328 N 84
– Revisionsinstanz, 328 N 74 ff.
– Stellungnahme des Revisionsbeklagten, 330 N 1 ff.
Richter, verfassungsmässiger, 30 BV N 7 ff.
Richterbank, Besetzung, 30 BV N 10
Richterkollegen, 47 N 21
Richterliche Fragepflicht, 241 N 41
Richterliche Unabhängigkeit, 47 N 1 ff.
Richterliches Urteil, 20 N 7
Rückerstattung, 5 N 13; 45 N 2
– von Vorschüssen, 26 N 12
Rückerstattungsklage, 45 N 2
Rückforderungsklage, 46 N 19
Rücktritt des Schiedsrichters
– wegen Nichtleistung des Kostenvorschusses, 378 N 17
– Wirkung, 371 N 12
– Zulässigkeit, 371 N 11 ff.
Rückweisung
– bei Beschwerde, 327 N 6 ff.
– Mitwirkung der gleichen Richter, 327 N 9
Rückweisungsentscheid
– Anfechtung beim Bundesgericht, 327 N 10
– Kostenverteilung, 104 N 7

S

Sachenrecht, vorsorgliche Massnahmen, Vor Art. 261–269 N 43
Sachentscheid, 236 N 1
Sachlegitimation
– notwendige Streitgenossenschaft, 70 N 23
– bei Unterhalts- und Vaterschaftsklagen, 303 N 12, 14
Sachliche Zuständigkeit, 15 N 15
– Prüfung, 202 N 19 f.
– Vollstreckungsgericht, 339 N 1
Sachlicher Zusammenhang, 15 N 15, 18, 39; 125 N 14
Sachverhalt
– internationaler, 42 N 14
– liquider, 257 N 10
– sofort beweisbarer, 257 N 10

Sachverhaltsfeststellung
- von Amtes wegen, 153 N 3
- bei Kinderbelangen, 297 N 10
- Organisation/Durchführung, 297 N 16 ff.
- Pflicht, 297 N 14
- Zweifel, 153 N 11

Sachverständige Person, 47 N 10; 183 N 20 ff.
- Abklärungen, 186 N 1 ff.
- Ablieferungspflicht, 184 N 5 f.
- Anforderungen, 183 N 20 ff.
- Ausstand, 183 N 20 ff.
- Belehrung, 183 N 32; 184 N 16 f.; 185 N 6
- Bestellung, 183 N 28 f.
- Beweisabnahmen, 186 N 1 ff.
- Delegation von Aufgaben, 184 N 15
- Eignung, 183 N 20 ff.
- Entschädigung, 184 N 9 ff., 25
- Fachwissen, 183 N 25
- Informationsanspruch, 184 N 18 f.
- Instruktion, 184 N 15; 185 N 1 ff.
- juristische Person, 183 N 27
- Kostenauflage, 184 N 27
- mehrere, 183 N 30; 187 N 3
- Ordnungsbusse, 184 N 26; 188 N 5
- Pflichtverletzungen, 184 N 20 ff.
- Rechte und Pflichten, 184 N 3
- Schadenersatz, 184 N 29 ff.
- Unabhängigkeit, 183 N 20 ff.
- Verfahrenspflichten, 184 N 7 f.

Sachverständiger, 47 N 13 f., 28
Sachverständiges Gericht, 183 N 39 ff.
Sachzusammenhang, 15 N 9
- des Gerichtsstand, 14 N 1 ff.
- Streitverkündungsklage, 81 N 23; 82 N 32

Sammelklage, 15 N 27; 71 N 47; 89 N 1
Säumnis
- Berufungsbeklagter, 312 N 3
- besondere Verfahren, 223 N 15 ff.; 234 N 21 ff.
- Grundsatz/Legaldefinition, 147 N 3
- Hauptverhandlung, 223 N 14; 234 N 1 ff.
- Instruktionsverhandlung, 234 N 2
- Mediation, 213 N 20 ff.
- Nachfrist, 223 N 3
- Nichtbeachtung einer Frist, 147 N 4 ff.
- Nichtbeachtung eines Termins, 147 N 8 ff.
- Partei, 234 N 10
- der Parteien, 296 N 24
- Prozessabschreibung, 234 N 17
- Replik, 223 N 3
- Respektstunde, 147 N 9
- der sachverständigen Person, 188 N 2 ff.
- Scheidungsverfahren, 223 N 15; 234 N 24
- Schlichtungsverhandlung, 206 N 1 ff.
- Streitgenossenschaft, 234 N 8
- im summarischen Verfahren, 253 N 16, 19
- Summarverfahren, 223 N 17; 234 N 23
- Untersuchungsmaxime, 234 N 15 f.
- vereinfachte Verfahren, 223 N 16
- im vereinfachten Verfahren, 245 N 15, 19
- vereinfachtes Verfahren, 234 N 22
- Verhandlungsmaxime, 234 N 14
- zweimalige, 223 N 11

Säumnisfolgen, 171 N 3; 223 N 12 ff.
- allgemein, 133 N 27
- Androhung, 234 N 5
- und Aufklärungspflicht des Gerichts, 133 N 31
- Ausnahmen, 147 N 15 ff.
- gerichtlicher Hinweis auf Säumnisfolgen, 147 N 19 f.
- Grundsatz, 147 N 14
- bei Nichterscheinen zu Beweisverhandlung, 133 N 28
- Präklusivwirkung, 147 N 14
- Relativierungen, 147 N 15 ff.
- Schlichtungsverhandlung, 206 N 9 ff.
- für Zeugen, 133 N 29 f.

Schadenersatz, 5 N 4
- bei vorsorglichen Massnahmen, 264 N 36 ff.
- statt Vollstreckung, 345 N 7 ff.

Schadenersatzklage, 41 N 9
Schädigung
- mittelbare, 40 N 6
- unmittelbare, 40 N 6

Scheidung, 23 N 9; 288 N 1 ff.
- Abänderungsklage, 295 N 7
- Abweisung, 288 N 8 f.
- Auslandsfälle, 288 N 12
- Fristsetzung, 288 N 9

Scheidung auf gemeinsames Begehren

– Parteirollen, 288 N 5
– Rechtsmissbrauch, 289 N 6
– Rechtsmittel, 289 N 1
– Rollenverteilung, 288 N 5
– Scheidungswille, 288 N 8
– Teileinigung, 288 N 7
– umfassende Einigung, 288 N 1 ff.
– Vereinbarung über Scheidungsfolgen, 288 N 1
– Verfahren, 288 N 6; 289 N 2
– vorsorgliche Massnahmen, 288 N 11
– Widerruf der Zustimmung, 289 N 2
Scheidung auf gemeinsames Begehren, 274 N 1 ff.; 285 N 1 ff.; 292 N 1
– Auslandsfälle, 285 N 3
– Rückverweisung, 285 N 3
– Scheidungsfolgen, 285 N 2
Scheidungsfolgen, 23 N 10; 280 N 8; 284 N 1 ff.
– Änderung, 284 N 1 ff.
– Auslandsfälle, 284 N 9 f.
– gerichtliche Genehmigung, 279 N 1
– Unterhalt, 284 N 2 ff.
– Vereinbarung über, 279 N 1 ff.
– Verfahren, 284 N 8
– Zuständigkeit, 284 N 2 ff.
Scheidungsklage, 274 N 1 ff.; 290 N 1 ff.
– Auslandsfälle, 290 N 3
– Begründung, 290 N 3
– Klageschrift, 290 N 2
Scheidungskonvention, 279 N 2; 288 N 2
– Abschluss, 279 N 2
– gerichtliche Genehmigung, 279 N 2, 5 f.
– Inhalt der Vereinbarung, 279 N 3
– Unterhalt, 279 N 8
– Vorbehalt, 279 N 4
Scheidungsverfahren, 291 N 1 ff.
– Auslandsfälle, 291 N 7; 292 N 7
– Bedenkfrist, 291 N 1
– Einigung, 291 N 2
– Einverständnis, 292 N 1
– keine Sicherheitsleistung, 99 N 21
– Klageantwort, 292 N 2
– Klagebegründung, 291 N 6
– Klageschrift, 291 N 1; 292 N 2
– Scheidungsfolgen, 291 N 1, 4
– Scheidungsgrund, 291 N 3, 5; 292 N 1 f.
– Schlichtung, 291 N 1
– Schlichtungsverfahren, 198 N 18

– Zuständigkeit, 13 N 6
– Zweijahresfrist, 292 N 1
Scheidungswiderklage, 274 N 3
Scheinurteil, Vor Art. 236–242 N 3 ff.
Schiedgutachtensvereinbarung
– anwendbares Recht, 189 N 26 f.
– Form, 189 N 17 ff.
– freie Verfügbarkeit des Rechtsverhältnisses, 189 N 21 ff.
– Inhalt, 189 N 10 ff.
Schiedsabrede, *s. Schiedsvereinbarung*
Schiedsbeschwerde, *s. Beschwerde gegen Schiedssprüche*
Schiedsentscheid, *s. Schiedsspruch*
Schiedsfähigkeit, 354 N 1 ff.
– anwendbares Recht, 354 N 19 ff.
– Ex-officio-Prüfung, 354 N 44 ff.
– fehlende, 354 N 47 ff.
– fehlende als Anfechtungsgrund, 354 N 22
– Miete und Pacht von Wohnräumen, 361 N 39 ff.
– nicht schiedsfähige Ansprüche, 354 N 38 ff.
– objektive, 354 N 2
– Voraussetzungen, 354 N 6 ff.
– Prüfung der, 354 N 44 ff.
– schiedsfähige Ansprüche, 354 N 23 ff.
– subjektive, 354 N 4; 357 N 9
Schiedsgericht, *s.a. Schiedsvereinbarung*
– Amtsdauer
– Befristung durch Parteivereinbarung, 366 N 2 f., 7
– Verlängerung durch den staatlichen Richter, 366 N 15 f.
– Verlängerung durch Parteivereinbarung, 366 N 13 f.
– Wirkung der Befristung, 366 N 4 ff.
– Identität, 359 N 22
– Zusammensetzung, 359 N 21 f.
Schiedsgerichtsbarkeit, 9 N 26 ff.
– Abgrenzung
– öffentlichrechtliche Schiedsgerichte, Vor Art. 353–399 N 17
– Schiedsgutachtertätigkeit, Vor Art. 353–399 N 15
– Schlichtungsbehörden in Mietsachen, Vor Art. 353–399 N 16
– Vereins- und Verbandsschiedsgerichte, Vor Art. 353–399 N 18

Schiedsrichtervertrag

- angemasste, 359 N 11
- Arten
  - Ad hoc-Schiedsgerichtsbarkeit, Vor Art. 353–399 N 14
  - institutionelle Schiedsgerichtsbarkeit, Vor Art. 353–399 N 11 ff.
- aufgrund einseitiger Anordnung, 357 N 34 ff.
  - Auslobung, 357 N 37
  - Preisausschreiben, 357 N 37
  - Stiftungserrichtung, 357 N 37
  - Testament, 357 N 36
- aufgrund Universalsukzession, 357 N 38
- aufgrund Zession, 357 N 38
- Begriff, Vor Art. 353–399 N 9
- Gründe für, Vor Art. 353–399 N 19
- Intertemporales Recht, Schiedsvereinbarung, 407 N 2 f.
- Intertemporales Recht, Schiedsverfahren, 407 N 4 ff.
- und Konkurs, 357 N 40
- Verfahrenskosten, 95 N 5

Schiedsgutachten, 189 N 1 ff.
- Abgrenzung zum Gutachten, 189 N 56 f.
- Abgrenzung zum Schiedsspruch, 189 N 58 ff.
- Anfechtungsgründe, 189 N 46 ff.
- Begriff, 189 N 1 ff.
- Gleichbehandlungsgebot, 189 N 52
- Offensichtliche Unrichtigkeit, 189 N 53 f.
- Rechtsnatur, 189 N 5 ff.
- Schiedsgutachtensvereinbarung, 189 N 10 ff.
- Terminologie, 189 N 4
- Unverbindlichkeit, 189 N 46 ff.
- Verletzung der Ausstandsregeln, 189 N 50 f.
- Wirkung, 189 N 38 ff.

Schiedsgutachter
- Anforderungen, 189 N 29 ff.
- Bestellung, 189 N 34 ff.
- Entschädigung, 189 N 32

Schiedsgutachtervertrag
- Inhalt, 189 N 28 ff.
- Rechtsnatur, 189 N 28

Schiedshängigkeit, 372 N 1 ff.
- Begriff, 372 N 3
- gleichzeitige Hängigkeit bei staatlichem Gericht, 372 N 25 ff.
  - fehlende Vollstreckbarkeit des (Schieds-)urteils, 372 N 31
  - Identischer Streitgegenstand und Parteien, 372 N 27 f.
  - Sistierung, 372 N 29 f.
- Wirkungen
  - Arrestprosequierung, 372 N 24
  - Sperrwirkung, 372 N 17 f.
  - Verjährungsunterbrechung, 372 N 21 f.
  - Verwirkungsunterbrechung, 372 N 23 f.
  - weitere prozessuale Wirkugnen, 372 N 19
- Zeitpunkt, 372 N 4 ff.
  - bei bestehendem Schiedsgericht, 372 N 5 f.
  - bei fehlender Schiedsklausel, 372 N 15 f.
  - bei noch zu bildendem Schiedsgericht, 372 N 7 ff.
  - bei vorausgehendem Schlichtungsverfahren, 372 N 12 ff.
  - Wahrung bundesrechtlicher Klagefristen, 372 N 14

Schiedsinstitution
- Untergang, 373 N 24
- Vertrag mit den Parteien, 373 N 20

Schiedsklausel, 42 N 11; s.a. Schiedsvereinbarung

Schiedsrichter, 47 N 11; s.a. Abberufung der Schiedsrichter; s.a. Ablehnung der Schiedsrichter; s.a. Absetzung der Schiedsrichter; s.a. Ernennung der Schiedsrichter
- Anzahl
  - drei Mitglieder, 360 N 4 f., 7
  - gerade Zahl, 360 N 2, 8 ff.
  - Kriterien, 360 N 6
  - Parteivereinbarung, 360 N 2 f.; 361 N 5
  - Streitgenossenschaft, 360 N 4
- Honorar, 384 N 41

Schiedsrichterauftrag, s. Schiedsrichtervertrag

Schiedsrichtervertrag, Vor Art. 353–399 N 27; 364 N 5 ff.; 382 N 20
- Annahme des Amtes, 364 N 3 f.

Schiedsspruch

- Beteiligung Dritter am Schiedsverfahren, 376 N 36 ff.
- Rücktrittsrecht
  - aus wichtigen Gründen, 371 N 11 ff.; 375 N 39
  - bei Beteiligung eines Dritten am Verfahren, 376 N 38
- Übernahme eines neuen Mandates, 376 N 37
- Widerrufsrecht der Parteien, 370 N 4 ff.

Schiedsspruch, 338 N 20, 25; Vor Art. 353–399 N 44 ff.
- Anerkennung und Vollstreckung, 341 N 9
- Begründung, 384 N 14 ff.
  - Verzicht auf, 384 N 25 ff.
- Berichtigung, 388 N 8 ff.
  - Antrag, 388 N 7
  - Form der, 388 N 20 f.
  - Frist, 388 N 22
- Ergänzung, 388 N 18 f.
  - Antrag, 388 N 7
  - Form der, 388 N 20 f.
  - Frist, 388 N 22
- Erläuterung, 388 N 14 ff.
  - Antrag, 388 N 7
  - Form der, 388 N 20 f.
  - Frist, 388 N 22
- Eröffnung, 387 N 5 ff.
  - Form der, 387 N 6
- Form, 384 N 54 f.
- Hinterlegung, 386 N 6
- Inhalt, 384 N 1 ff.
  - abschliessender Charakter, 384 N 6
  - Begründung, 384 N 14 ff.
  - Billigkeitserwägungen, 384 N 24
  - Datum des Entscheids, 384 N 44 ff.
  - Dispositiv, 384 N 29 ff.
  - Parteien und Vertreter, 384 N 11
  - Rechtliche Entscheidungsgründe, 384 N 22 f.
  - Rechtsbegehren, 384 N 12 f.
  - Sachverhalt, 384 N 21
  - Sitz des Schiedsgerichts, 384 N 9 f.
  - Unterschriften, 384 N 48 ff.
  - Zusammensetzung des Schiedsgerichts, 384 N 8
  - zwingender Charakter, 384 N 5
- Nichtigkeit, *s. Nichtigkeit von Schiedssprüchen*
- Rechnungsfehler, 388 N 12 f.
- Redaktionsfehler, 388 N 11
- Teilentscheid, 383 N 5 ff.
- mit vereinbartem Inhalt, 385 N 14 ff.
- Vollstreckbarkeit, 387 N 24 ff.
- Vorentscheid, 383 N 17 ff.
- Wirkung, 387 N 1 ff.
- Zustellung, 386 N 4 f.
  - Form der, 386 N 5
- Zwischenentscheid, 383 N 17 ff.

Schiedsvereinbarung, 28 N 17 ff., 22; 61 N 1 ff.; Vor Art. 353–399 N 25 ff.
- Abschluss, 357 N 1 ff.
  - unter Abwesenden, 358 N 13
  - unter Anwesenden, 358 N 13
  - Vollmacht, 358 N 17 f.
  - Zeitpunkt, 357 N 4
- in AGB, 357 N 26 ff.
- Ausdehnung auf Dritte, 357 N 32 ff.
- Auslegung, 357 N 10 ff.
- Autonomie der, 357 N 46 f.
- Begriff, 357 N 4
- Essentialia negotii, 357 N 15 ff.
- Form, 358 N 1 ff.
  - Schriftform, 358 N 8
  - Textform, 358 N 1, 5 ff.
  - Unterschrift, 358 N 10
  - Voraussetzungen, 358 N 5 ff.
  - Zweck, 358 N 3
- Formmängel, 358 N 19 ff.
- Intertemporales Recht, 407 N 2 f.
- Kündigung aus wichtigem Grund
  - bei Prozessarmut, 378 N 30
- objektive Tragweite, 359 N 18
- Parteien, 357 N 9
- pathologische, 357 N 24
- Rechtsnatur, 357 N 5 ff.
- statutarische, 357 N 29 ff.
- subjektive Tragweite, 359 N 16 f.
- übereinstimmende
  - bei Hauptintervention, 376 N 32 ff.
  - bei Nebenintervention, 376 N 51
  - bei objektiver Klagenhäufung, 376 N 20
  - bei Streitgenossenschaft, 376 N 9 f.
  - bei Streitverkündungsklage, 376 N 32 ff.
  - bei Widerklage, 377 N 20
- Ungewöhnlichkeitsregel, 357 N 28
- durch Verweisung, 358 N 16
- Voraussetzungen, 357 N 13 ff.

Schlichtungsgesuch

- Zustandekommen, 357 N 13 ff.
- Konsens, 357 N 2, 15 ff.

Schiedsverfahren, Vor Art. 353–399 N 37 ff.
- Beschwerde, *s. Beschwerde gegen Schiedssprüche*
- Fristen, 373 N 83 ff.
- Hauptintervention, *s. dort*
- Klageänderung und -ergänzung, 373 N 77 ff.
- Klageantwort, 373 N 95
- Klageschrift, 373 N 95
- Mediation, 214 N 4
- mündliche Verhandlung, 373 N 96 ff.
- Nebenintervention, *s. dort*
- neue Tatsachen und Beweismittel, 373 N 80
- Objektive Klagenhäufung, *s. dort*
- persönliches Erscheinen, 373 N 72, 97
- Protokoll, 373 N 88 f.
- Rechtsbegehren, 373 N 76
- Rechtsmittel, *s. Beschwerde gegen Schiedssprüche*
- Regelung durch Parteivereinbarung, 373 N 7 ff.
  - Auslegung, 373 N 9, 17
  - Form, 373 N 8
  - gemeinsame Anträge, 373 N 11
  - Gültigkeit, 373 N 7, 10
  - Rechte und Interessen der Schiedsrichter, 373 N 12
  - Verweis auf Schiedsordnung, 373 N 14 ff.
  - Wahl staatliches Verfahrensrecht, 373 N 25 ff.
- Regelung durch Schiedsgericht, 373 N 29 ff.
  - Beweiserhebung, *s. dort*
  - Grundsätze der Verfahrensregeln, 373 N 32
  - Organisationsbesprechung, 373 N 33, 100
  - rechtliches Gehör, *s. dort*
  - Regelung Kommunikation, 373 N 32
  - subsidiäre Anwendung staatliches Recht, 373 N 30
  - Verfahrensablauf (Zeitplan), 373 N 32
  - Verfahrenssprache, 373 N 32
  - Zeitpunkt, 373 N 33
- Rügepflicht, 373 N 65, 75
- Säumnis und Säumnisfolgen, 373 N 85 ff.
- Schriftsatzwechsel, 373 N 93 ff.
- staatliche Gerichte, 356 N 1 ff.
  - Ablehnung, 356 N 15
  - Absetzung, 356 N 16
  - Beschwerden, 356 N 9
  - Ernennung, 356 N 14
  - Ersetzung, 356 N 17
  - Hilfsverfahren, 356 N 12
  - örtliche Zuständigkeit, 356 N 2
  - Revisionsgesuche, 356 N 9
  - sachliche Zuständigkeit, 356 N 3
- Streitgenossenschaft, *s. dort*
- Streitverkündung, *s. dort*
- Subjektive Klagenhäufung, *s. Streitgenossenschaft*
- Treu und Glauben, *s. dort*
- Verfahrensablauf, 373 N 92 ff.
- Verfahrensleitende Entscheide
  - Begründungspflicht, 373 N 37
  - Beratung und Abstimmung, 373 N 35
  - durch den Präsidenten, 373 N 39 ff.
  - Form, 373 N 36
  - Wirkung, 373 N 38
- Verfahrenssprache, 373 N 32, 81 f.
- Verrechnung, *s. dort*
- Vertraulichkeit, 373 N 90 f., 101
- Vertretung, 373 N 68 ff.
- vorsorgliche Massnahmen, Vor Art. 261–269 N 36 ff.; *s. Einstweiliger Rechtsschutz*
- Widerklage, *s. dort*
- Zuständigkeit, 13 N 6

Schiedsvergleich, *s. Vergleich im Schiedsverfahren*

Schiedsvertrag
- *s. Schiedsvereinbarung; s.a. Schiedsvereinbarung*

SchKG-Angelegenheiten, 309 N 3 ff.
SchKG-Klagen, Schlichtungsverfahren, 198 N 19
SchKG-Streitigkeiten, 308 N 9
Schlichtungsbehörde, 47 N 52
- Aufgaben, 201 N 1 ff.
- Organisation, 198 N 9 f.
- paritätische, 200 N 1 ff.
- als Schlichtungsstelle, 202 N 13 ff.

Schlichtungsgesuch
- Anzahl, 202 N 7

2099

Schlichtungsverfahren
- Form, 202 N 1
- Inhalt, 202 N 3 ff.
- als Protokollerklärung, 202 N 9
- Rechtsbegehren, 202 N 4
- Wirkungen, 202 N 32

Schlichtungsverfahren, 47 N 52; 113 N 2 f.; 197 ff.; 221 N 31 ff.; 274 N 2
- Auflösung der eingetragenen Partnerschaft, 198 N 18
- Ausnahmen, 198 N 1 ff.
- Einfache Streitgenossenschaft, 208 N 21
- Einigung, 208 N 1 ff.
- Einleitung, 202 N 1 ff.
- Hauptintervention, 73 N 6; 198 N 22; 208 N 20
- Klageanerkennung, 208 N 1 ff., 15 ff.
- Klagen über den Personenstand, 198 N 17
- Klagerückzug, 208 N 1 ff., 11 ff.
- Kosten, 207 N 1 ff.
- Kostenvorschuss, 98 N 6
- Nebenintervention, 208 N 20
- Notwendige Streitgenossenschaft, 208 N 21
- ohne Parteientschädigung, 95 N 19
- Prozessvoraussetzung, 221 N 33
- Prüfung der Prozessvoraussetzungen, 202 N 12
- Säumnis, 206 N 1 ff.
- Scheidungsverfahren, 198 N 18
- SchKG-Klagen, 198 N 19
- Streitverkündungsklage, 81 N 39; 198 N 22
- unentgeltliche Rechtspflege, 118 N 6
- Verfahren ohne Gerichtskosten, 113 N 4 ff.
- Verfahrenskosten, Pauschale, 95 N 9
- Vergleich, 208 N 1 ff., 6 ff.
- Vertraulichkeit, 205 N 1 ff.
- Verzicht, 199 N 1 ff.
- Vollstreckungsverfahren, 198 N 7
- Widerklage, 198 N 22
- Zuständigkeit, 202 N 10 ff.
- Zuständigkeitsprüfung, 202 N 10 ff.

Schlichtungsverhandlung, 203 N 1 ff.
- Begleitung, 204 N 7
- Beweisabnahme, 203 N 4 ff.
- Öffentlichkeit, 203 N 12 ff.
- Säumnisfolgen, 206 N 9 ff.
- Verhinderungsgrund, 204 N 4
- Vertretung, 204 N 5 f.

Schlichtungsversuch, Vor Art. 295–304 N 7
- im vereinfachten Verfahren, 244 N 3 ff.

Schlussvortrag, 232 N 1
- Form, 232 N 2
- schriftlich, 232 N 4
- Verzicht, 232 N 5
- Zweck, 232 N 2

Schonfrist, 338 N 8

Schriftenwechsel
- dritter, 225 N 5
- im vereinfachten Verfahren, 246 N 12 ff.
- zweiter, 225 N 1 ff.

Schriftliche Auskunft, zu Prozesszwecken erteilte, 168 N 7

Schriftliche Begründung, 301 N 17 ff.
- des Entscheids, 301 N 7 f.
- Eröffnung des Entscheids, 301 N 20 ff.

Schriftliches Protokoll, 193 N 2

Schuldbetreibungs- und Konkursrecht, vorsorgliche Massnahmen, Vor Art. 261–269 N 47

Schuldneranweisung, 302 N 16, 19 ff.

Schützenswertes Interesse, 21 N 16

Schutzinteresse, 152 N 15; 156 N 2

Schutzmassnahme
- Akteneinsichtsrecht, 156 N 1 ff.
- Verhältnismässigkeit, 156 N 1 ff.

Schutzschrift
- Anwendungsbereich, 270 N 6 ff.
- Arbeitsrecht, 270 N 7
- Arrest, 270 N 7
- Aufbewahrungsdauer, 270 N 31 f.
- Bauhandwerkerpfandrecht, 270 N 7
- Begriff, 270 N 1 f.
- Einsichtsrecht der Gegenpartei, 270 N 26 ff.
- Form, 270 N 10
- Gegenpartei, 270 N 16 f.
- Hinterleger, 270 N 12 ff.
- Historisches, 270 N 3 ff.
- Inhalt, 270 N 10, 21 ff.
- Kosten, 270 N 34 ff.
- LugÜ, 270 N 8 f.
- Nachbarrecht, 270 N 7, 17
- nachträgliche Ergänzung, 270 N 24
- Nebenintervenient, 270 N 14 f.
- Persönlichkeitsschutz, 270 N 7
- rechtliches Gehör, 270 N 4

Signatur

- Rechtsbegehren, 270 N 11, 21
- SchKG, 270 N 7
- Schutzschriftenregister, 270 N 20
- Streitgenossen, 270 N 13
- Substantiierung, 270 N 22 f.
- im Verfahren der direkten Vollstreckung, 337 N 22
- Verlängerung der Aufbewahrungsdauer, 270 N 32
- Vollstreckbarerklärung, 270 N 8 f.
- vorweggenommene Gesuchsantwort, 270 N 33
- zuständiges Gericht, 270 N 18 ff.
- Zustellung an Gegenpartei, 270 N 25

Schutzwürdigkeit, 156 N 4
- Beweismass, 156 N 4

Schweizer, 28 N 32

Sechseläuten, Einfluss auf Fristende, 142 N 21

Sekretär des Schiedsgerichts, 365 N 2 ff.
- Abberufung, 365 N 10
- Ablehnung, 365 N 8 f.
- Bestellung, 365 N 2
- Ersetzung, 365 N 10
- Geheimhaltungs- und Offenbarungspflicht, 365 N 7
- Protokollführung, 365 N 6
- Rechtsstellung, 365 N 3 ff.
- Unabhängigkeit, 367 N 24 f.

Selbständige Klagen, Anwendungsbereich und Voraussetzungen, 295 N 5 ff.

Selbstanzeige, 48 N 2

Selbstverschulden, 337 N 21

Separability doctrine, 357 N 46 f.

Separate Verfahren, 283 N 2

Severability doctrine, 357 N 46 f.

SICAF, 45 N 8

SICAV, 45 N 8

Sicherheit für Parteientschädigung,
s.a. Parteientschädigung
- Antragsberechtigte, Leistungspflichtige, 99 N 3 ff.
- Art und Höhe der Sicherheit, 100 N 1 ff.
- Fristansetzung mit Anspruch auf Nachfrist, 101 N 1 f.
- Kautionsgrund der Gefährdung der Parteientschädigung, 99 N 17
- Kautionsgrund der Prozesskostenschuld, 99 N 16
- Kautionsgrund der Zahlungsunfähigkeit, 99 N 12 ff.
- Kautionsgrund fehlender Wohnsitz, 99 N 7 ff.
- nachträgliche Änderung, 100 N 3
- Nichteintreten bei Nichtleistung, 101 N 3
- Prozessvoraussetzung, auf Antrag hin, 99 N 1 ff.
- Rechtsmittel, 103 N 1 f.
- Sonderfall, Ausnahmen, 99 N 18 ff.
- Umfang, Zeitpunkt, Rechtsmittel, 99 N 5 f.
- Verfahren, Anhörung des Pflichtigen, 100 N 4
- Verwendung, Freigabe, 100 N 5

Sicherheitsleistung, 335 N 2, 24, 25
- bei superprovisorischen Massnahmen, 265 N 18 ff.
- bei vorsorglichen Massnahmen, 264 N 1 ff., 36 ff.
- Freigabe, 265 N 67 ff.
- in Geldleistungen, 335 N 24
- Parteiwechsel, 83 N 30 f.
- vorsorgliche Massnahmen, Vor Art. 261–269 N 80

Sichernde Massnahme
- Anordnung ex parte, 340 N 8 ff.
- Anweisung an Dritte, 340 N 6
- Anweisung an Registerbehörden, 340 N 6
- Beschlagnahme, 340 N 10
- Hinterlegung, 340 N 10
- Schutzschrift, 340 N 16
- Sicherheitsleistung des Gläubigers, 340 N 15
- Verbote, 340 N 6
- im Vollstreckungsverfahren, 340 N 1 ff.

Sichernde Massnahmen, 335 N 37;
s. Einstweiliger Rechtsschutz
- nach Art. 47 LugÜ II, 340 N 2 f.

Sicherstellung
- von Unterhaltsansprüchen, 302 N 16, 20
- bei Vollstreckung, 342 N 7
- bei Vorsorgeeinrichtungen, 42 N 2

Sicherungsbedürfnis, 340 N 1, 3

Sicherungsmassnahmen, 28 N 34
- bei Aufhebung der Vollstreckbarkeit, 325 N 8
- erbrechtliche, 28 N 21, 24 f.
- keine aufschiebende Wirkung, 327a N 9

Siegelung, 28 N 21, 25

Signatur, *s. elektronische Signatur*

2101

Sistierung

Sistierung
- wegen anderen Verfahrens, 126 N 11 ff.
- Aufhebung der, 126 N 14
- Hauptintervention, 73 N 13 ff.
- im internationalen Verhältnis, 126 N 17 f.
- bei Konkurs einer Partei, 126 N 6
- bei Mediation, 126 N 8
- Rechtsfolgen, 126 N 16 f.
- des Schiedsverfahrens, *s. dort*
- wegen Strafverfahrens, 126 N 13
- Streitverkündungsklage, 82 N 15 f.
- bei Tod einer Partei, 126 N 4 f.
- bei Urteilsunfähigkeit, 126 N 7
- des Verfahrens, 126
- bei Vergleichsverhandlungen, 126 N 9
- Vollstreckungsverfahren, 339 N 8

Sistierung des Schiedsverfahrens
- bei Ersetzung eines Schiedsrichters, 371 N 23
- bei Nichtleistung des Kostenvorschusses, 378 N 13, 16
- bei Rechtshängigkeit vor staatlichem Gericht, 372 N 29 f.
- im Beweisverfahren, 375 N 54
- infolge Verrechnungseinrede, 377 N 2

Sitz, 10 N 1 ff.; 43 N 8 f.; 44 N 3; 45 N 8
- der Gesellschaft, 40 N 2; 42 N 5
- des Rechtsträgers, 42 N 9
- des Schiedsgerichts, *s. dort*
- statutarisch, 45 N 8
- der Zielgesellschaft, 41 N 8

Sitz des Schiedsgerichts, 355 N 1 ff.
- am Ort des staatlichen Gerichts, 355 N 21
- Bedeutung des Sitzes, 355 N 26 ff.
- Bestimmbarkeit, 355 N 8 ff.
- Bestimmtheit, 355 N 8 ff.
- Bestimmung, 355 N 6 ff.
- Bestimmung durch Schiedsgericht, 355 N 18
- direkte Sitzvereinbarung, 355 N 7
- Geltungsbereich, 353 N 3 ff.
- indirekte Sitzvereinbarung, 355 N 14
- Sitzverlegung, 355 N 13
- Tagungsort, 355 N 32 ff.
- unwirksame Sitzwahl, 355 N 12

Sitzungspolizei, 124 N 2; 128 N 2
Sondergericht, 3 N 4
Sonderprüfer, 5 N 12
Sonderprüfungsverfahren, 5 N 12

Sonderzivilstandsämter, 22 N 2
Sozialleistungen, 271 N 25
Sozialversicherungsgericht, 281 N 5 f.
Spaltung, 42 N 7
Sperrwirkung, 64 N 3 ff.; Vor Art. 236–242 N 32 ff., 44 ff.
- kontradiktorisches Gegenteil, Vor Art. 236–242 N 34 f.
- materielle Rechtskraft, Vor Art. 236–242 N 32 ff.

Spezialgericht, 3 N 4; 30 BV N 8
Splitting, 281 N 4
Sportrecht, 354 N 51 f.
Sportschiedsgerichte, 353 N 21 ff.
Sprachenfreiheit, 129 N 2
Spruchformel, *s. Dispositiv*
Spruchreife, 236 N 6
Staatshaftung, 46 N 3
Staatsvertrag, 28 N 29 ff.
Staatsverträge, 335 N 27 ff.
- bilaterale, 335 N 30
- multilaterale, 335 N 29
- als Vorbehalt gegen Sicherheitsleistungen, 99 N 9 ff.

Statusklage, 22 N 12
- allgemeine, 22 N 14
- selbständige Klage, 295 N 5

Statutarische Klausel, 40 N 10
Steitigkeiten
- handelsrechtliche, 6 N 1

Stellung
- systematische, 13 N 2

Stellungnahme, 49 N 5 f.; 245 N 16 ff.; 253 N 13 ff.
- der berechtigten Partei (bei direkter Vollstreckung), 337 N 27
- Beschwerde, 324 N 1
- im Beschwerdeverfahren, 324 N 4
- der unterlegenen Partei im Vollstreckungsverfahren, 341 N 1 ff.
- mündliche, 341 N 12
- Säumnis, 341 N 13
- schriftliche, 341 N 12
- zur Anordnung von sichernden Massnahmen, 340 N 11

Sterbeort, 28 N 25
Stiftung, 40 N 2
Stillstand, *s. Sistierung*
Stimmrecht, suspendieren, 41 N 1 f.
Stimmrechtssuspendierungsklage, 5 N 14; 41 N 4, 9

Streitigkeit

StPO, Mitwirkungsverweigerungsrecht im Beweisverfahren, 160 N 3
Strafandrohung nach Art. 292 StGB, 343 N 13 ff.
Straffolge, 171 N 3
Strafgericht, 1 N 4
Strafprozessrecht, vorsorgliche Massnahmen, Vor Art. 261–269 N 50 ff.
Strafsache, 1 N 4
Streitberufene Person, 191 N 11
Streitgegenstand, Vor Art. 84 N 7 ff.
- Begriff, Vor Art. 84 N 9 ff.
- Fixierung, 64 N 22
- Identität, 64 N 6 ff.
- Kernpunkttheorie, Vor Art. 84 N 14 ff.
- Klageanerkennung, 241 N 37
- Klagerückzug, 241 N 38
- materielle Rechtskraft, Vor Art. 236–242 N 29, 40 ff.
- Rechtshängigkeit, Vor Art. 84 N 14 ff.
- Relevanz, Vor Art. 84 N 13
- Terminologie, Vor Art. 84 N 8
- vereinfachte Klage, Vor Art. 84 N 5 f.
- Verfügbarkeit, 241 N 34 ff.
- Vergleich, 241 N 36
- zweigliedrige Streitgegenstandstheorie, Vor Art. 84 N 9, 19
Streitgenossenschaft, 15 N 1 ff., 2 ff.
- alternative, 71 N 8
- echte, 71 N 7
- einfache, 71 N 1 ff., 6; 125 N 10
  - Begriff, 71 N 5 ff.
  - Beweisführung, 71 N 37
  - Entstehung, 71 N 9 ff.
  - Fälle, 71 N 21 ff.
  - gleiche sachliche Zuständigkeit, 71 N 17
  - gleiche Verfahrensart, 71 N 16
  - internationales Recht, 71 N 48
  - Konnexität, 71 N 14
  - Kosten, 71 N 45
  - örtliche Zuständigkeit, 71 N 29
  - Prozessvoraussetzungen, 71 N 27 f.
  - Rechtskraft, 71 N 42
  - Rechtsmittelverfahren, 71 N 43 f.
  - Regressansprüche, 71 N 46
  - selbständiges Handeln der Streitgenossen, 71 N 30 ff.
  - Streitwert, 71 N 39; 93 N 1 ff.
  - unentgeltliche Rechtspflege, 71 N 40
  - Urteil, 71 N 41
  - Zeuge, 71 N 36
  - Zulässigkeitsentscheid, 71 N 18 ff.
  - Zulässigkeitsvoraussetzungen, 71 N 13 ff.
- einheitliche Entscheidung, 70 N 17 ff.
- eventuelle subjektive, 71 N 8
- Gemeinschaften zur gesamten Hand, 70 N 6 ff.
- Gestaltungsklagen, 70 N 10 ff.
- notwendige, 70 N 1 ff.; 71 N 6; 125 N 11
  - Ausnahmen, 70 N 38 ff.
  - Begriff, 70 N 2 f.
  - Entstehung, 70 N 4
  - Fälle, 70 N 5 ff.
  - internationales Recht, 70 N 47
  - Kautionspflicht, 70 N 22
  - Kostenfestsetzung, 70 N 45
  - Prozessvoraussetzung, 70 N 21
  - Rechtskraft, 70 N 43
  - Rechtsmittelverfahren, 70 N 44
  - Regressansprüche, 70 N 46
  - Sachlegitimation, 70 N 23
  - Streitwert, 70 N 34; 93 N 4
  - übereinstimmendes Handeln, 70 N 29 ff.
  - unentgeltliche Rechtspflege, 70 N 37
  - Urteil, 70 N 42
  - Zeuge, 70 N 33
- Sicherheitsleistung, 99 N 18
- unechte, 71 N 7
Streitgenossenschaft im Schiedsverfahren, 376 N 4 ff.
- aktive, 376 N 4
- Anzahl der Schiedsrichter, 360 N 4
- eigentlich notwendige, 376 N 5
- einfache, 376 N 6
- Ernennung der Schiedsrichter, 361 N 27; 362 N 16; 376 N 8
- Konnexität, 376 N 11 ff.
- notwendige, 376 N 5
- passive, 376 N 4
- sachlicher Zusammenhang der Ansprüche, 376 N 11 ff.
- übereinstimmende Schiedsvereinbarungen, 376 N 9 f.
- uneigentlich notwendige, 376 N 5
- Wirkungen, 376 N 16
Streitigkeit
- erbrechtliche, 28 N 31

Streitigkeiten
- mit Privatversicherern, 7 N 3
- vermögensrechtliche, 8 N 1

Streitigkeiten
- arbeitsrechtliche, 243 N 9 f.
- Auskunftsrecht nach Datenschutzgesetz, 243 N 20
- betreibungsrechtliche mit materiellrechtlichem Hintergrund, Vor Art. 243–247 N 8 ff.
- betreibungsrechtliche mit zivilrechtlichem Hintergrund, 243 N 12 f.
- Gewalt, Drohung oder Nachstellung, 243 N 16
- Gleichstellungsgesetz, 243 N 15
- Konsumentenschutz, 243 N 11
- landwirtschaftliche Pacht, 243 N 17 ff.
- Miete und Pacht von Wohn- und Geschäftsräumen, 243 N 17 ff.
- Mitwirkungsgesetz, 243 N 21
- nicht vermögensrechtliche, 221 N 13
- vermögensrechtliche, 221 N 12; 243 N 2 ff.
- Zusatzversicherung zur sozialen Krankenversicherung, 243 N 22

Streitverkündung, 169 N 7
- Einreden, 80 N 4 ff.
- International, 78 N 19
- Kettenstreitverkündung, 78 N 17 f.
- Kostenfolgen, 80 N 12 ff.
- Nebenintervention, 79 N 6 ff.
- ohne Aussenwirkung, 79 N 4 f.
- Parteiwechsel, 79 N 12 f.
- Unterbruch Verjährung, 80 N 11
- Unterstützungspflicht, 79 N 18 f.
- Vertretung, 79 N 11
- Voraussetzungen, formell, 78 N 6 ff.
- Voraussetzungen, materiell, 78 N 4 f.
- Widerruf, 79 N 15
- Wirkungen, 77 N 4 ff.; 80 N 1 ff.

Streitverkündung im Schiedsverfahren, 376 N 28 ff.
- anwendbares Verfahren, 376 N 46, 62
- Bestellung des Schiedsgerichts, 376 N 42 ff., 60
- Einbezug als Hauptpartei, 376 N 29
- einfache, 376 N 28
- Konnexität, 376 N 45
- Nebenintervention, 376 N 28, 31
- Rechtsgrund des Anspruches, 376 N 30
- Rechtskraftwirkung, 376 N 47
- Rücktrittsrecht des Schiedsrichters, 376 N 38, 58
- sachlicher Zusammenhang, 376 N 45
- Streitverkündungsklage, 376 N 29
- Streitverkündungswirkung, 376 N 48 f., 63 ff.
- übereinstimmende Schiedsvereinbarungen, 376 N 32 ff.
- Übernahme eines neuen Mandates, 376 N 37
- Zeitpunkt, 376 N 40, 59
- Zustimmung der Parteien, 376 N 53 ff.
- Zustimmung des Schiedsgerichts, 376 N 36 ff., 58

Streitverkündungsklage, 169 N 10
- Akteneinsicht, 81 N 48 f.
- Bedingte Klage, 81 N 11 f.
- Begriffliches, 81 N 5 ff.
- Begründung, 82 N 8 f., 22 f.
- Frist, 81 N 28; 82 N 1 ff.
- Gerichtsstand, 16 N 1 ff.
- in verschiedenen Verfahren, 81 N 31 ff.
- International, 81 N 68 ff.
- Kettenstreitverkündungsklage, 81 N 40 f.
- Kostenfolgen, 81 N 57 ff.
- Mehrparteienprozess, 81 N 45 ff.; 82 N 24 f.
- Rechtliches Gehör, 82 N 14
- rechtliches Interesse, 81 N 17 ff.
- Rechtsbegehren, 81 N 67; 82 N 10 ff.
- Rechtsmittel, 81 N 54 ff.; 82 N 17 ff.
- Sachzusammenhang mit Hauptklage, 81 N 23 f.
- Schlichtungsverfahren, 81 N 39; 198 N 22
- Schriftenwechsel, 82 N 29 ff.
- Streitverkündung (qualifizierte), 81 N 10
- Urteil, 81 N 50, 52 ff.
- verschiedene Prozessrechtsverhältnisse, 81 N 45 ff.
- Vollstreckbarkeit, 81 N 51
- Voraussetzungen, formell, 81 N 25 ff.
- Voraussetzungen materiell, 81 N 15 ff.
- Wirkungen, 81 N 42 ff.
- Zeugenstellung, 82 N 38
- Zulassungsverfahren, 82 N 1 ff.
- Zuständigkeit, örtlich, 16 N 1 ff.; 81 N 34

Tatsachenbehauptung

- Zuständigkeit, sachlich, 81 N 35 ff.
- Zwischenentscheid über Zulassung, 82 N 5 ff.

Streitwert, 3 N 5; 4 N 3; 5 N 9; 94 N 1 ff.; 125 N 16, 18; 221 N 11; 243 N 6 ff.; 308 N 7
- Bedeutung, 91 N 1 f.
- Bemessung durch Gericht, 91 N 6
- bei einfacher Streitgenossenschaft, 71 N 39; 93 N 1 ff.
- Festlegung durch Parteien, 91 N 6
- bei Internationalen Vollstreckbarerklärungsverfahren gemäss LugÜ, 91 N 9
- als Kapitalwert, 92 N 1 ff.
- bei Klagenhäufung, 93 N 5
- Kostenfestsetzung, 91 N 1
- bei Lohnforderungen, 91 N 4
- bei Mietstreitigkeiten, 92 N 3 f.
- Nebenansprüche, 308 N 7
- notwendige Streitgenossenschaft, 70 N 34
- Rechtsbegehren, 91 N 3 ff.
- Rechtsmittel, 91 N 1, 8
- Sachliche Zuständigkeit, 91 N 1, 7
- selbständige Klagen, 295 N 6
- Teilklagen, 91 N 4
- Veränderung, 91 N 7
- Verfahrenskosten, nicht zu berücksichtigende, 91 N 5
- Widerklage, 91 N 4
- Widerklage bei internationalen Verhältnissen, 94 N 5
- Zeitpunkt der Bestimmung, 91 N 7 f.

Strengbeweis, 168 N 1
Stufenklage, 85 N 12 ff.
- Gegenstandslosigkeit, 85 N 16
- Informationsanspruch, 85 N 13 ff.
- Rechtsbegehren, 85 N 13
- Rechtsschutzinteresse, 85 N 16
- Voraussetzungen, 85 N 13 ff.

Stundung, Gerichtskosten, 112 N 1
Subjektive Klagenhäufung, 15 N 1 ff.;
   s.a. *Streitgenossenschaft, aktive*
Subjektive Schiedsfähigkeit,
   s.a. *Schiedsfähigkeit*
Substantiierung, 168 N 15
Substantiierungslast, 221 N 15 ff.
Substantiierungspflicht, 55 N 4
- im Schiedsverfahren, 375 N 7
Summarentscheide, Verfahren, 316 N 4

Summarisches Verfahren, 271 N 1 ff.
- atypisches, Vor Art. 248–256 N 7
- Beweismittel, 168 N 10
- keine Sicherheitsleistung, 99 N 22

summarisches Verfahren
- materielle Rechtskraft, Vor Art. 236–242 N 31

Summarisches Verfahren
- Schlichtungsverfahren, 198 N 14 ff.
- typisches, Vor Art. 248–256 N 6

Summarverfahren, besonderes, 219 N 11
Superprovisorische Massnahmen, 265 N 1 ff.
- Besondere Dringlichkeit, 265 N 6 ff.
- Bestätigungsverfahren, 265 N 35 ff.
- Gesuch, 265 N 5
- Glaubhaftmachen, 265 N 15 ff.
- Rechtsmittel, 265 N 32 ff., 46 ff.

T

Tagesbusse, 337 N 3; 343 N 18
Taggeldversicherung, private, 7 N 6
Tarife für Prozesskosten, 96 N 1 ff.
- Festsetzung, 105 N 1 f.
- Festsetzung der Pauschale, 95 N 7
- Gebühren im Verfahren nach Art. 52 LugÜ, 96 N 8
- Inhalt, Bemessungsgrundsätze, 96 N 4 ff.
- kantonale Hoheit, 95 N 3
- bei Klage und Widerklage, 94 N 4
- Tarife der Beweiskosten, 95 N 12
- Tarife für berufsmässige Vertreter, 95 N 18

Tatbestandswirkung, Vor Art. 236–242 N 14, 17 f.
- Reflexwirkung, Vor Art. 236–242 N 17

Tätigkeit, geschäftliche, 6 N 8
Tatsache
- allgemein bekannte, 151 N 2
- behauptete, streitige, rechtserhebliche, 150 N 1 ff.
- beweisbedürftige, 150 N 4
- gerichtsnotorisch, 221 N 18
- gerichtsnotorische, 151 N 3
- neue, 229 N 1 ff.
- notorische, 151 N 2
- offenkundige, 151 N 2
- streitige, 150 N 4

Tatsachenbehauptung, 150 N 2
- rechtserhebliche, 150 N 3
- streitige, 150 N 4

2105

Tatsachenvermutung

Tatsachenvermutung, 157 N 13
Taxation, 345 N 10 ff.
Teileinigung, 286 N 1 ff.
Teilentscheid, 125 N 17; 236 N 4 ff.;
    308 N 8; *s.a. Schiedsspruch,
    Teilentscheid*
– in der Regel mit Verteilung der
    Prozesskosten, 104 N 4
Teilkage
– offene, 86 N 5 ff.
Teilklage, 86 N 2 ff.
– Abwehrmassnahmen, 86 N 11 f.
– Dispositionsgrundsatz, 86 N 1
– echte, 86 N 4
– Feststellungswiderklage, 86 N 11 f.
– offene, 86 N 2
– Rechtskraft, 86 N 8 ff.
– unechte, 86 N 3
– verdeckte, 86 N 2, 5 ff.
– Verzicht, 86 N 7
– Vorbehalt, 86 N 6 f.
Teilnahmeverweigerung eines
    Schiedsrichters an Beratung und
    Abstimmung, 382 N 28 ff.
Teilschiedsspruch, *s.a. Schiedsspruch,
    Teilentscheid*
Teilzwingender Gerichtsstand,
    s. Gerichtsstand
Telefonkonferenz in der
    Schiedsgerichtsbarkeit, 382 N 9
Territorialitätsprinzip, 129 N 2
Territorialitätsprinzip bei Vollstreckung
– bei Vollstreckung, 343 N 12
Testament, *s.a. Verfügung, letztwillige*
Textform der Schiedsvereinbarung,
    358 N 5 ff.
Tod
– des Ehegatten, 28 N 7 ff., 14, 16
– des eingetragenen Partners, 28 N 11 ff.,
    14, 16
Todeserklärung, 21 N 2
Trennung, eingetragene Partnerschaft,
    23 N 9; 305 N 15 f.; 307 N 18, 20 f.
Trennungsklage, eingetragene
    Partnerschaft, 307 N 20 f.
Treu und Glauben
– Berufung auf Formmangel, 52 N 9
– böswillige Vornahme einer
    Prozesshandlung, 52 N 13
– böswilliges Unterlassen einer
    Prozesshandlung, 52 N 13

– Fallgruppen, 52 N 5 ff.
– Pflicht zum Handeln nach, 52 N 1 ff.
– Prozessverzögerung, 52 N 7
– Rechtsfolgen bei treuwidrigem
    Verhalten, 52 N 14 ff.
– schickanöseRechsausübung, 52 N 12
– unrichtige, unklare oder zweideutige
    Rechtsmittelbelehrung, 52 N 19
– Verbot der nutzlosen Rechtsausübung,
    52 N 5
– Verursachen unnötiger Prozesskosten,
    52 N 8
– Wahrheitspflicht, 52 N 6
– widersprüchliches Verhalten, 52 N 10
Treu und Glauben im Schiedsverfahren
– Bezeichnung der Schiedsrichter,
    362 N 13
– Edition von Urkunden, 375 N 20
– Kooperationspflicht, 375 N 59
– Rügepflicht, 373 N 66, 74
Tribunal Arbitral du Sport (TAS)
– Unabhängigkeit des Schiedsgerichts,
    367 N 62

U
Übergangsrecht
– Ansprüche der Mutter, 27 N 13
– eherechtliche Gesuche und Klagen,
    23 N 25
– Klagen auf Feststellung und Anfechtung
    iens Kindesverhältnisses, 25 N 22
– Klagen aus Partnerschaft, 24 N 21
– Unterhaltsklagen, 26 N 20
Übernahmeangebot, öffentliches, 41 N 1
Überprüfungsbefugnis des
    Grundbuchverwalters, 344 N 22
Überprüfungsklage, 42 N 6 f.
Übersetzung
– von Dokumenten, 129 N 6
– Kosten, 95 N 13; 129 N 8
– Nachfrist zur, 129 N 9
– Urkunden, 180 N 16 f.
Überspitzter Formalismus, 52 N 20;
    132 N 3
Überweisung
– bei Gerichtsstandsvereinbarung,
    127 N 7
– bei unterschiedl. Instanzen, 127 N 8
– bei unterschiedl. Verfahrensart,
    127 N 5
– bei verschiedenen Klagearten, 127 N 5

Unentgeltliche Rechtspflege

- von Amtes wegen, 63 N 4, 16
- bei zusammenhängenden Verfahren, 127
- bei zwingendem Gerichtsstand, 127 N 6

Übrige Ehewirkungen, 276 N 14
Übung, 150 N 7
Umtriebsentschädigung für Parteien ohne berufsmässigen Vertreter, 95 N 21 ff.
Umwandlung, 42 N 7
- in Geld, 345 N 10 ff.

Unabhängiges und unparteiisches Gericht, 47 N 2
Unabhängigkeit
- der Mediationsperson, Vor Art. 213–218 N 9
- richterliche, 6 N 6
- des Sachverständigen im Schiedsverfahren, 375 N 38, 42
- des Schiedsgerichtssekretärs, 365 N 8 f.; 367 N 24 f.

Unabhängigkeit der Schiedsrichter, 367 N 12 ff.
- als Revisionsgrund, 396 N 18 ff.
- nicht offensichtlicher Konflikt, 363 N 21 ff.
- Offenlegungspflicht, 363 N 1 ff.
- offensichtlicher Konflikt, 363 N 19
- Parteischiedsrichter, 367 N 20
- Vergleichsgespräche, 367 N 35

Unbefangenheit der Schiedsrichter
- Garantie des verfassungsmässigen Richters, 367 N 57
- Kasuistik des Bundesgerichts, 367 N 55 ff.
- Kriterien zur Beurteilung, 367 N 56
- objektiver Test, 367 N 59
- Unparteilichkeit, 367 N 60

Unbezifferte Forderungsklage, 85 N 4 ff.
- Mindestbetrag, 85 N 7 ff.
- sachliche Zuständigkeit, 85 N 8
- Streitwert, 85 N 7
- Unmöglichkeit oder Unzumutbarkeit, 85 N 4 ff.

Unechte Streitgenossenschaft, 15 N 8
Uneigentlich einfache Streitgenossenschaft, 15 N 12
Uneigentlich notwendige Streitgenossenschaft, 15 N 6
Unentgeltliche Mediation, 117 N 6

Unentgeltliche Rechtsbeistände, 122 N 5 ff.; *s.a. Anwälte; s.a. Fachvertreter*
- Begriff, Rechtsverhältnis, 118 N 9
- Entschädigung, 118 N 16
- Entschädigung im Schlichtungsverfahren, 113 N 3
- Erfordernis der Notwendigkeit, 118 N 10 ff.
- Kriterium der Waffengleichheit, 118 N 12
- Nachforderungsrecht, 123 N 3
- Person und Stellung, 118 N 13 ff.

Unentgeltliche Rechtspflege, 117 N 6; 118 N 6, 6 f.; 119 N 6; *s.a. Erfolgsaussichten; s.a. Mittellosigkeit; s.a. Prozesskostenhilfe gemäss LugÜ; s.a. Rechtspflege, unentgeltliche*
- Aufklärung über Anspruch, 97 N 4 f.
- Befreiung von Gerichtskosten, 118 N 8
- Beginn, Dauer, 118 N 5
- bloss ausnahmsweise Rückwirkung, 119 N 5
- Entschädigung der Gegenpartei, 118 N 4
- Entzug, 120 N 1 f.
- fehlende Aussichtslosigkeit, 117 N 18 ff.
- Inhalt des Gesuchs, Formular, 119 N 1
- für juristische Personen, 117 N 3
- keine Beweiskostenvorschüsse, 102 N 5
- keine Kostenvorschusspflicht, 98 N 6
- keine Sicherheitsleistung, 99 N 19
- Liquidation der Prozesskosten, 122 N 1 ff.
- Nachzahlung, 123 N 1 ff.
- Neubeurteilung durch Rechtsmittelinstanz, 117 N 21
- örtliche und sachliche Zuständigkeit, 119 N 2
- Rechtsmittel gegen Ablehnung oder Entzug, 121 N 1 f.
- im Schiedsverfahren, 380 N 1 ff.
- Begriff, 380 N 4
- Prozessarmut der klagenden Partei, 380 N 13
- Rechtsweggarantie, 380 N 10 ff.
- schiedsgerichtsbezogene Verfahren vor staatlichen Gerichten, 380 N 3
- Verfassungs- und Grundrechtskonformität, 380 N 5 ff.

Unentgeltliche Rechtspflege

- summarisches, kostenloses Verfahren, 119 N 7 ff.
- teilweise, vorschussweise, 118 N 2
- Überblick, Anspruchsvoraussetzungen, 117 N 1 ff.
- Umfang, Wirkungen, 118 N 1 ff.
- unentgeltliche Mediation, 117 N 6
- Untersuchungsgrundsatz, Mitwirkungspflicht, 119 N 3
- als Verfassungsgarantie, 95 N 2
- Vollstreckungsverfahren, 339 N 20
- Vorschüsse der Gegenpartei, 111 N 5
- für zivilprozessuale Verfahren, 117 N 6

Unentgeltliche Rechtspflege, 47 N 51
Unerlaubte Handlung, 20 N 28, 31, 34
Ungehorsamsstrafe, 337 N 3
Ungültigerklärung eines Verfügung von Todes wegen, 28 N 4
Ungültigkeit
- der Ehe, 23 N 9
- eines Fusionsvertrages, 42 N 6

Ungültigkeitsklage, eingetragene Partnerschaft, 307 N 20 f.
UNIDROIT Principles in der Schiedsgerichtsbarkeit, 381 N 17
Universalsukkzession, 28 N 5
Unklarheit, 324 N 4
Unmittelbarkeit
- Gründe für, 155 N 7
- persönlicher Eindruck, 155 N 2

Unmittelbarkeitsgrundsatz, 124 N 5
- im Schiedsverfahren, 382 N 6

Unmöglichkeit
- bei Vollstreckung, 343 N 2

Unparteilichkeit
- des Sachverständigen im Schiedsverfahren, 375 N 38, 42
- der Schiedsrichter, 367 N 12 ff.
- der Schiedsrichter als Revisionsgrund, 396 N 18 ff.
- des Sekretärs des Schiedsgerichts, 365 N 8 f.

Unterhalt
- Änderung, 305 N 10
- Anpassung, 305 N 10
- Dauer, 305 N 8
- des Ehegatten, 276 N 4
- eingetragene Partnerschaft, 305 N 7 ff., 15; 307 N 11
- der Familie, 271 N 7
- Geldleistung, 305 N 7
- von Kind und Mutter, 25 N 16
- der Kinder, 276 N 9; 277 N 2
- Sachleistung, 305 N 7
- Schuldneranweisung, 305 N 9 f.

Unterhaltsklage, 295 N 5; 303 N 1, 13 ff.
Unterhaltsansprüche der Mutter, 27 N 7 f.
Unterhaltsbeiträge, 282 N 1 ff.
- Abänderung, 282 N 2 f.
- Anfechtung, 282 N 6
- Anpassung, 282 N 1
- Auslandsfälle, 282 N 7
- Berechnung, 282 N 2
- Deckung, 282 N 4
- Indexierung, 282 N 5
- Neufestsetzung, 282 N 6
- Rechtsmittel, 282 N 6

Unterhaltsklage, 26 N 8 ff.
- des mündigen Kindes, 303 N 11
- vorsorgliche Massnahmen, Vor Art. 261–269 N 35
- Zuständigkeit, 13 N 6

Unterhaltpflicht, Dauer, 305 N 8
Unterlassung, 5 N 4
Unterlassungsklage, 20 N 4, 13; 84 N 4 f.
- Rechtsbegehren, 84 N 5

Unternehmensjuristen, Mitwirkungsverweigerungsrecht im Beweisverfahren, 160 N 20
Unterschrift
- fehlende, 132 N 10
- fehlende bei Fax, 132 N 11
- des Gerichts, 238 N 2
- des Zeugen, 176 N 9

Untersuchungsgrundsatz, 55 N 17 ff.; 124 N 4; Vor Art. 243–247 N 7; 247 N 1 ff.; 255 N 2 ff.; 272 N 1 ff.; 296 N 1 ff., 6 ff., 10 ff., 20 f., 28, 41; 303 N 3; 341 N 6 ff.
- abgeschwächte (beschränkte), 153 N 5 ff.
- Abstammungsbeweis, 296 N 19
- Anwendungsbereich, 55 N 21 ff.
- Begriff, 296 N 10
- beschränkter, 296 N 8 f.
- Beschränkung, 341 N 7
- Beweis, 296 N 14 ff.
- eingeschränkter Untersuchungsgrundsatz, 55 N 19
- Ermessen des Gerichts, 296 N 18
- erstinstanzliches Verfahren, 296 N 34 ff.
- Eventualmaxime, 296 N 37, 42, 48

Urteilswirkungen

- in familienrechtlichen Prozessen, 55 N 21 ff.
- gemässigte, Vor Art. 243–247 N 2; 255 N 5 ff.
- gemässigte (soziale), 247 N 4 ff.
- klassische (umfassende), 153 N 7
- Missachtung, 296 N 32 f.
- Mitwirkungspflichten der Parteien, 55 N 18
- Säumnis der Parteien, 296 N 34 ff.
- im summarischen Verfahren, 55 N 28
- unbeschränkte, 247 N 3
- uneingeschränkter, 296 N 10 ff.
- im vereinfachten Verfahren, 55 N 25 ff.
- Verfahren vor Bundesgericht, 296 N 43 ff.
- vorsorgliche Massnahmen im Unterhalts- und Vaterschaftsprozess, 296 N 43 ff.
- zweitinstanzliches Verfahren, 296 N 38

Untersuchungsmaxime,
 s. *Untersuchungsgrundsatz*

Unvereinbarkeit, 47 N 9
- Mediation, 216 N 5

Unvermögen der Partei zur Prozessführung
- Aufforderung des Gerichts zum Beizug einer Vertretung, 69 N 5 f.
- fehlende Prozessfähigkeit, 69 N 27
- Feststellung und Wirkungen der Postulationsfähigkeit, 69 N 16 ff.
- Feststellungsverfahren, 69 N 17 ff.
- Folgen der Nichtbeachtung der Frist, 69 N 24 ff.
- Grundsatz des fairen Verfahrens, 69 N 9
- kein Anwaltszwang, 69 N 1
- offensichtliches Unvermögen, den Prozess selbst zu führen, 69 N 8
- Überweisung an Vormundschaftsbehörde, 69 N 28
- Voraussetzungen der Bestellung eines Vertreters durch das Gericht, 69 N 10 ff.
  - Abwesenheit der Partei, 69 N 14
  - Analphabetismus und Unbeholfenheit, 69 N 12
  - fremdsprachige Prozesspartei, 69 N 13
  - Störung des Verfahrens, 69 N 15
- Wirkungen der festgestellten Postulationsfähigkeit, 69 N 21 ff.

- Zweifel an Prozessfähigkeit, vormundschaftliche Massnahmen, 69 N 7

Unvollständigkeit, 324 N 4

Unzuständigkeit, Rechtsfolgen, 9 N 32 ff.

Unzuständigkeitseinrede, 28 N 16; s.a. *Zuständigkeit des Schiedsgerichts*

Urkunde, 177 N 1 ff.
- Akten, 180 N 3 f.
- Arten, 177 N 6 ff.
- Arztzeugnis, 177 N 13
- Begriff, 177 N 1 ff.
- Beweiswert, 177 N 11; 179 N 10 ff.
- Echtheit, 178 N 1 ff.
- Edition, Einreichung, 180 N 1 ff.
- elektronische, 177 N 6 f.
- fremdsprachige, 180 N 16 f.
- Kopie, 180 N 7 ff.
- öffentliche, 177 N 8; 179 N 1 ff.; 336 N 26
- Original, 180 N 7 ff.
- Privates Bestätigungsschreiben, 177 N 12
- Übersetzung, 180 N 16 f.
- umfangreiche, 180 N 12 ff.

Urkunden, 221 N 34 ff.; 338 N 12 ff.
- fremdsprachige, 338 N 12, 18, 23
- Kopien, 338 N 19
- Originale, 338 N 12, 19

Urkundenbeweis für Tilgung, Stundung, 337 N 27

Urteil, vollstreckungsfähige, 343 N 3

Urteilsberatung, 236 N 8
- öffentliche, 30 BV N 25
- Öffentlichkeitsprinzip, 236 N 8

Urteilsdispositiv, 279 N 6

Urteilselemente, 238 N 1 ff.

Urteilseröffnung, 54 N 13 ff.

Urteilsfähig, 191 N 12

Urteilsvorschlag, 210 N 1 ff.
- Ablehnung, 211 N 4 ff.
- Ablehnungsfolgen, 211 N 8 ff.
- Inhalt, 210 N 5 ff.
- Wirkungen, 211 N 1 ff.

Urteilswirkungen, Vor Art. 236–242 N 13 ff.
- Gestaltungswirkung, Vor Art. 236–242 N 14
- materielle Rechtskraft, Vor Art. 236–242 N 14, 21 ff.

Vaterschaftsklage

- prozessrechtliche,
  Vor Art. 236–242 N 19
- Tatbestandswirkung,
  Vor Art. 236–242 N 14, 17 f.
- Vollstreckbarkeit,
  Vor Art. 236–242 N 14, 19

V

Vaterschaftsklage, 295 N 5; 303 N 3 ff.;
  s.a. *Unterhaltsklage*
- Sachlegitimation, 303 N 12, 14
- selbständige Klage, 295 N 5
- vorsorgliche Massnahmen,
  Vor Art. 261–269 N 35; 303 N 3 ff.
- Zuständigkeit, 13 N 6
Verantwortlichkeitsanspruch der
  Gesellschaft, 45 N 6
Verantwortlichkeitsklage, 5 N 13;
  42 N 6 f.; 45 N 2, 4
- der Anleger, 45 N 1
- gesellschaftsrechtliche, 40 N 1
Verantwortlichkeitsprozess, 45 N 5
Veräusserung Streitobjekt
- mit Prozessbeitritt, 83 N 8 f.
- ohne Prozessbeitritt, 83 N 10 ff.
Verbandsklage, 89 N 1 ff., 8 ff.
- Aktivlegitimation, 89 N 9
- Beseitigung, 89 N 19
- Feststellung, 89 N 19
- Gegendarstellung, 89 N 19
- gesamtschweizerische Bedeutung,
  89 N 13
- klagebefugte Verbände, 89 N 11 ff.
- Klagenhäufung, 89 N 7
- Musterklage/-prozess, 89 N 4
- Personengruppe, 89 N 16
- Persönlichkeitsverletzung, 89 N 10
- positive Leistungsklage, 89 N 19
- Publikationsanspruch, 89 N 19
- Rechtsschutzziel, 89 N 19
- regionale Bedeutung, 89 N 13 ff.
- statutarische Interessenwahrung,
  89 N 12
- Unterlassung, 89 N 19
- Vorbehalt, 89 N 22
- Wirkungen, 89 N 20
Verbandsschiedsgerichte, 357 N 25
- Beschwerdemöglichkeiten, 389 N 11
Verbeiständung, *s. Vertretung*
Verbot der Rechtsverzögerung,
  s. Beschleunigungsgebot **52** 21

Verein, 40 N 2
Vereinfachte Klage, Vor Art. 84 N 5 f.
- Beilagen, 244 N 16
- Form, 244 N 9 ff.
- Inhalt, 244 N 12 ff.
Vereinfachtes Verfahren
- Entscheid, 246 N 22
- Fristen, 246 N 4 f.
- Fristerstreckung, 246 N 6
- Gerichtsferien, 246 N 7
- Instruktionsveerhandlung, 246 N 15
- keine Sicherheitsleistung, 99 N 20
- Novenrecht, 247 N 23
- Rechtsmittel, 246 N 23
- Säumnis, 245 N 15, 19
- Schlichtungsversuch, 244 N 3
- Schriftenwechsel, 246 N 12 ff.
- Verschiebungsgesuch, 246 N 6
- Widerklage, 245 N 21
Vereinfachung des Prozesses,
  125 N 1 ff.
Vereinheitlichung des Zivilprozessrechts,
  122 BV N 1
Vereinigung, 15 N 21
- von Schiedsverfahren, Mitwirkung des
  staatlichen Richters, 375 N 68
- von Verfahren, 125 N 13 ff.
Vereitelung der Vollstreckung,
  340 N 1 ff.
Vereitelungsgefahr, 340 N 9 ff.
Verfahren, 302 N 3 ff.
- bei vorsorglichen Massnahmen,
  261 N 67 ff.
- Berufung, 316 N 1 ff.
- eherechtliche, 219 N 12
- einfaches und rasches, 295 N 5, 11 ff.
- bei eingetragener Partnerschaft,
  305 N 1 ff.; 306 N 1 ff.; 307 N 1 ff.
- Einleitung, 307 N 6
- faires, 29 BV N 8
- gerichtliches, Mindestanforderungen,
  30 BV N 1 ff.
- kontradiktorisches, 1 N 5
- ordentliches, 219 N 1
- Streitwertgrenze, 219 N 5
- summarisches, 21 N 1; 219 N 10; 305;
  306; 307 N 7, 21
- summarisches, bei Kinderbelangen,
  302 N 3 ff.
- vereinfachtes, 219 N 9;
  295 N 1 ff.

Verhinderungsgründe, Schlichtungsverhandlung

- bei vorsorglichen Massnahmen (Unterhalts- und Vaterschaftsklagen), 302 N 3 ff.

Verfahrensart
- bei einfacher Streitgenossenschaft mit zusammengerechneten Ansprüchen, 93 N 1 ff.
- und Streitwert, 91 N 1

Verfahrensdisziplin, 128
- Massnahmen, 128 N 12
- im schriftlichen Verfahren, 128 N 18

Verfahrensgarantien im Schiedsverfahren
- Gleichbehandlungsgebot, 373 N 61 ff.
- kontradiktorisches Verfahren, 373 N 57 ff.
- rechtliches Gehör, 373 N 53 ff.
- Rügepflicht bei Verletzung, 373 N 65 ff.

Verfahrensgrundsätze, 296 N 1, 29 ff., 35, 35 f.
- Untersuchungsgrundsatz, 296 N 12 f.

Verfahrenskonzentration, 15 N 37

Verfahrenskosten, *s.a. Kosten im Schiedsverfahren; s.a. Prozesskosten*
- bei Klage und Widerklage, 94 N 3 f.
- und Streitwertberechnung, 91 N 5

Verfahrensleitende Anordnung im Schiedsverfahren, 383 N 10

Verfahrensleitung, *s. Prozessleitung*

Verfassungsmässiges Recht, 47 N 1 ff.

Verfügbarkeit des Streitgegenstandes, 241 N 34 ff.

Verfügung
- definitive, Vor Art. 261–269 N 56
- letztwillige, 28 N 4, 16, 19, 21, 32
- prozessleitende, 319 N 5
- über Vermögenswerte, 271 N 9
- von Todes wegen, 28 N 4
- über Wohnung, 271 N 12 f.

Verfügungsbefugnis
- Beschränkung, 305 N 19
- eingetragene Partnerschaft, 305 N 19 f.

Vergleich, 124 N 7 ff.; 241 N 1, 6 ff.; 338 N 15
- Abschreibung, 241 N 10 ff.
- Abschreibungsbeschluss, 241 N 31
- aussergerichtlicher Vergleich, 241 N 14
- Doppelnatur, 241 N 5
- Erledigungsentscheid, 241 N 10 ff.
- Feststellungsvergleich, 241 N 32
- gerichtlicher, 241 N 5 ff.
- Kostenverteilung, 109 N 1 f.
- prozessuale Gültigkeitsvoraussetzungen, 241 N 42
- prozessuale Mängel, 241 N 9
- prozessuale (Un-)Wirksamkeit, 241 N 8 ff.
- Ratifikationsvorbehalt, 241 N 4
- Rechtskraft, 241 N 18 ff.
- Rechtskraftgegenstand, 241 N 31 ff.
- Revision als Rechtsbehelf, 241 N 6 ff.
- Streitgegenstand, 241 N 2
- Teilvergleich, 241 N 3
- Vollstreckbarkeit, 124 N 11
- Willensmängel, 241 N 6
- Wirksamkeitsvoraussetzungen, 241 N 13, 40
- Wirkung, 124 N 9
- Zuständigkeit, 241 N 42

Vergleich im Schiedsverfahren, 385 N 4 ff.
- Gesamtvergleich, 385 N 5
- Schiedsspruch, 385 N 14 ff.
- im Schlichtungsverfahren, 208 N 1 ff., 6 ff.
- Teilvergleich, 385 N 5
- Voraussetzungen, 385 N 11

Vergleichsverhandlung, 6 N 3

Verhältnis
- euronationales, 42 N 15; 44 N 7
- international, 2 N 1, 3
- internationales, 42 N 16; 44 N 7

Verhältnismässigkeit
- Frist zur freiwilligen Erfüllung, 338 N 8
- bei Vollstreckung, 343 N 4 ff.
- vorsorgliche Massnahmen, 262 N 47 ff.

Verhandlung, Verschiebungsgründe, 135 N 5 f.

Verhandlungsgrundsatz, 55 N 2 ff.
- allgemein bekannte Tatsachen, 55 N 9
- und gerichtliche Fragepflicht, 55 N 8
- gesetzliche Tatsachenvermutung, 55 N 16
- Indizien, 55 N 15
- Milderung des, 55 N 7 ff.
- notorische Tatsachen, 55 N 10 f.
- zugestandene Tatsachen, 55 N 13

Verhandlungsmaxime, 221 N 20; 247 N 1, 7; 255 N 1; 272 N 1; 277 N 1

Verhinderung von Suggestivfragen, 172 N 2

Verhinderungsgründe, Schlichtungsverhandlung, 204 N 4

Verjährung

Verjährung
- von Gerichtskosten, 112 N 2, 3
- Mediation, 213 N 17
- des Nachzahlungsanspruchs, 123 N 2
- Parteiwechsel, 83 N 23
- Streitverkündung, 80 N 11
- Streitverkündungsklage, 81 N 44

Verjährungsfrist bei Sistierung, 126 N 16
Vermächtnisnehmer, 28 N 4
- Gerichtsstandsvereinbarung, 28 N 16
- Schiedsgericht, 28 N 19

Vermögensvertrag, 28 N 12 f., 16, 18
Vermögensverwalter schweizerischer kollektiver Kapitalanlagen, 45 N 8
Vermutungen, tatsächliche, 157 N 11
Vernehmlassung, Beschwerde, 324 N 1
Veröffentlichung
- des Entscheides, 240 N 1 ff.
- von Urteilen, 54 N 14

Verrechnung
- materielle Rechtskraft, Vor Art. 236–242 N 43

Verrechnung im Schiedsverfahren, 377 N 6 ff.
- Ermessen des Schiedsgerichts, 377 N 8
- Frist, 377 N 21
- materielle Begründetheit, 377 N 23
- prozessuale Zulässigkeit, 377 N 22
- rechtliches Gehör, 377 N 25
- Verrechnungsforderung mit identischer Schiedsabrede, 377 N 10
- Verrechnungsforderung mit Schiedsabrede vor staatlichem Gericht, 377 N 13
- Verrechnungsforderung mit Spezialverfahren, 377 N 11
- Verrechnungsforderung ohne Forumsabrede, 377 N 9
- Verrechnungsverzicht, 377 N 7, 14 ff.

Verrechnungskompetenz des Staates für Gerichtskostenforderung, 111 N 3 f.
Verschiebung
- einer Verhandlung, 135 N 1 ff.
- einer Verhandlung, Rechtsmittel, 135 N 10

Verschiebungsgesuch im vereinfachten Verfahren, 246 N 6
Verschiebungsgründe (Verhandlung), 135 N 5 f.
Verschollenerklärung, 21 N 3 ff.

Verschollenheitsverfahren
- amtliches, 21 N 7
- privates, 21 N 4 ff.

Verschwägerte, Mitwirkungsverweigerungsrecht im Beweisverfahren, 165 N 7
Versorgungsausgleich, 274 N 4; 280 N 9
- Anwartschaften, 280 N 9

Verteter der Anlegergemeinschaft, 45 N 1 ff., 5
Vertrag, s.a. *Gerichtsstand*
Vertragsklage, 5 N 4
Vertrauensprinzip in der Schiedsgerichtsbarkeit, 357 N 12
Vertraulichkeit
- Mediation, 216 N 7 ff.
- im Schiedsverfahren, 373 N 90 f.; 382 N 12 ff.

Vertreter
- ausländischer kollektiver Kapitalanlagen, 45 N 8

Vertretung
- einfache Streitgenossenschaft, 72 N 1 ff.
- gemeinsame, Auflösung, 72 N 10 f.
- gemeinsame, Begründung, 72 N 6 ff.
- gewillkürte, 72 N 2
- des Kindes, Kosten, 95 N 14 f.
- Schlichtungsverhandlung, 204 N 5 f.

Vertretung im Schiedsverfahren, 373 N 68 ff.
- Anspruch auf rechtliches Gehör, 373 N 68
- Ausschluss von Juristen, 373 N 69
- gemeinsame bei Streitgenossenschaft, 373 N 73
- persönliches Erscheinen, 373 N 72
- Vollmacht, 373 N 71

Vertretungsbefugnisse, 271 N 9, 11
- eingetragene Partnerschaft, 305 N 12 f.

Vertretungsbewilligung, fehlende, 132 N 15
Vertretungskosten
- für Anwälte, 95 N 18 ff.
- prozessuale und vorprozessuale, 95 N 20

Vertriebsträger, 45 N 8
Verwaltungsgerichtsbarkeit, 42 N 3
Verwaltungshaftung, 40 N 2
Verwaltungsorgan, 45 N 6
Verwaltungsrecht, vorsorgliche Massnahmen, Vor Art. 261–269 N 48

Vollstreckung öffentlicher Urkunden

Verwandte,
  Mitwirkungsverweigerungsrecht im Beweisverfahren, 165 N 5
Verweigerung, ungerechtfertigte, 171 N 3
Verweigerungsrecht, 171 N 3; 299 N 21, 23, 25; 300 N 12
– Anordnung, 299 N 4 ff.
– über die Belehrung, 192 N 9
– bei der Beweiserhebung, 168 N 7
– Parteibefragung, 191 N 17
– Rechtsfolgen bei Nichtanordnung, 299 N 16 ff.
– Voraussetzungen, 299 N 15 ff.
Verweis, 128 N 12 f.
Verwertungsverbot, Mediation, 216 N 11
Verwirkung, 49 N 3
Verwirkungsfrist, 63 N 15
Verzicht, 49 N 6
Videokonferenz in der Schiedsgerichtsbarkeit, 382 N 9
Vollmacht, 221 N 28 ff.
– fehlende, 132 N 12
Vollstreckbarbescheinigung des urteilenden Gerichts, 342 N 3
Vollstreckbarerklärung von Entscheiden, 335 N 1, 27, 31, 35 f.
Vollstreckbarerklärungsverfahren
– Streitwert nach LugÜ, 91 N 9
– Verbot abgestufter Gebühren nach LugÜ, 96 N 8
Vollstreckbarkeit, Vor Art. 236–242 N 19; 325 N 5 ff.; 336 N 1 ff.
– Amtsprüfung, 341 N 3 ff.
– Prüfung, 341 N 1 ff.
– des Schiedsspruchs, 387 N 24 ff.
– vorzeitige, 336 N 3, 12, 22
Vollstreckbarkeitsbescheinigung, 336 N 1, 19 ff.; 337 N 13; 338 N 17, 24
– bei bedingter Verurteilung oder Verurteilung zur Leistung Zug-um-Zug, 336 N 23
– als Beweismittel, 336 N 25
– über den Schiedsspruch, 386 N 7 ff.
Vollstreckung, 236 N 9; 300 N 18; 303 N 27 ff.; s.a. *Direkte Vollstreckung*
– Androhung von Strafen, 236 N 10
– Aufhebung, 337 N 29
– einer bedingten Leistung, 342 N 1 ff.
– Behinderung durch Dritte, 339 N 17

– direkt, 344 N 1
– direkte, 335 N 9 f.
– eines mit Beschwerde angefochtenen Entscheides, 325 N 2 f.
– Einstellung, 337 N 18 ff., 28 f.
– von Entscheide betreffend Kinder, 338 N 7
– von Entscheiden, 335 N 1, 27, 31 ff.
– von Geldleistungen, 335 N 2, 24, 37
– gemäss LugÜ, Verweigerungsgründe, 327a N 5
– und Kinder, 343 N 28
– Kompetenzen, 300 N 1, 16 ff.
– Kosten, 300 N 15
– gegen Leistung von Sicherheit, 336 N 14
– von Nicht-Geldleistung (Realvollstreckung), 335 N 2 ff., 37
– realiter, 343 N 7
– Rechtsstellung, 300 N 8 ff.
– von Sicherheitsleistungen, 335 N 2
– Unmöglichkeit, 335 N 10
– Unterhaltsansprüche, 300 N 19
– Unzulässigkeit, 335 N 10
– Verweigerung, 342 N 1
– einer von einer Gegenleistung abhängigen Leistung, 342 N 1 ff.
– von vorsorglichen Massnahmen, 267 N 1 ff.; 337 N 7
– von vorsorglichen Massnahmen in Unterhalts- und Vaterschaftsklagen, 300 N 12
– vorzeitige, 314 N 6
– einer Willenserklärung, 344 N 1 ff.
– von Zivilurteilen, 122 BV N 10
Vollstreckung öffentlicher Urkunden, 347 N 1 ff.
– Anerkennung der Leistung, 347 N 28
– Ausnahmen, 348 N 1 ff.
– Definition der öffentlichen Urkunde, 347 N 4
– definitiver Rechtsöffnungstitel, 349 N 1 ff.
– Fälligkeit der Leistung, 347 N 29
– Geldleistungen, 347 N 5; 349 N 1 ff.
  – definitiver Rechtsöffnungstitel, 349 N 2 ff.
– genügend bestimmte Leistung, 347 N 18 ff.
– Gerichtliche Beurteilung, 352 N 1 ff.

2113

Vollstreckungsanweisungen von Amtes wegen

– Realleistungen, 347 N 1 ff.; 350 N 1 ff.
  – Anspruch auf Zustellung der Urkunde, 350 N 7
  – Kognition der Urkundsperson, 350 N 6
  – Nachfrist zur Erfüllung, 350 N 2 ff.
  – Vollstreckungsgesuch, 350 N 8 f.
  – zuständige Urkundsperson, 350 N 3
  – Zustellung einer Kopie mit Fristansetzung, 350 N 4 f.
– Rechtsgrund der geschuldeten Leistung, 347 N 12 ff.
– Unterwerfungserklärung, 347 N 6 ff.
– Verjährung, 347 N 30
– Vollstreckbarkeit, 347 N 5 ff.
– Vollstreckungsverfahren bei Geldleistungen, 349 N 1 ff.
– Vollstreckungsverfahren bei Realleistungen, 351 N 1 ff.
  – bedingte oder befristete Leistung, 351 N 15
  – Rechtsmittel, 351 N 16
  – Sichernde Massnahmen, 351 N 13
  – Sistierung, 351 N 17 f.
  – Verfahren, 351 N 5 ff.
  – Willenserklärung, 351 N 14
  – Zuständigkeit, 351 N 2 ff.

Vollstreckungsanweisungen von Amtes wegen, 344 N 16

Vollstreckungsgericht, 335 N 4; 337 N 1
– örtliche Zuständigkeit, 338 N 3; 339 N 1 ff.
– Prüfungsbefugnis, 341 N 1 ff.
– sachliche Zuständigkeit, 338 N 3; 339 N 1

Vollstreckungsgerichtsstand, *s.a. Vollstreckungsgericht, örtliche Zuständigkeit*

Vollstreckungsgesuch, 338 N 2 ff.
– Einreichung bei örtlich unzuständigem Gericht, 338 N 10
– mangelhaftes, 338 N 12
– mündliches, 338 N 4
– Rückzug, 338 N 10
– schriftliches, 338 N 4
– verjährungsunterbrechende Wirkung, 338 N 9 f.

Vollstreckungsmassnahme, 337 N 1, 3 ff., 12 ff.; 338 N 6; 343 N 1 ff.
– Anordnung im Entscheid, 236 N 9 f.

– Anordnung von Amtes wegen, 343 N 4
– Auswahl, 338 N 6
– direkter Zwang, 337 N 3
– Ersatzvornahme, 337 N 3; 339 N 4
– indirekter Zwang, 337 N 3
– Umwandlung in Geld, 338 N 6
– Undurchführbarkeit, 337 N 16
– Verhältnismässigkeit, 337 N 15
– Zweckmässigkeit, 337 N 15

Vollstreckungsorgan, 1 N 9
Vollstreckungsort, Begriff, 13 N 10
Vollstreckungsparteien bei Beschwerde, 327a N 1 f.
Vollstreckungsrechtlicher Dualismus, 335 N 2
Vollstreckungsrichter, 327a N 2
Vollstreckungstitel, 335 N 19
– Entscheidsurrogat, 335 N 19
– Leistungsentscheid, 335 N 16
– Massnahmeentscheide, 335 N 19
– Schiedsspruch, 335 N 19; 338 N 20
– vollstreckbare öffentliche Urkunde, 335 N 19

Vollstreckungsverfahren, *s. Sistierung* **126** 21
– Berücksichtigung des Kindeswohls, 338 N 7
– Beweislast, 338 N 1, 11
– Darlegungslast, 338 N 1, 11
– Einleitung, 338 N 1 ff.
– Einstellung, 339 N 8
– Entscheid, 339 N 22
– Gerichtskosten, 339 N 19
– Parteien, 339 N 13
– Prozesskosten, 339 N 18
– rechtsanwendung von Amtes wegen, 339 N 21
– Rechtsbegehren, 338 N 5
– Rechtsnachfolge, 338 N 16
– Schlichtungsverfahren, 198 N 7
– unentgeltliche Rechtspflege, 339 N 20
– Verfahrensart, 338 N 3
– Verfahrensart (summarisches), 339 N 11 ff.
– Verfahrensart (summarisches Verfahren), 339 N 1
– Verfahrenskosten, 95 N 5

Vorbefassung, 30 BV N 16; 47 N 24 ff.

Vorsorgliche Massnahmen

Vorbehalt
- echter Natur, 2 N 6
- von Staatsvertragsrecht und IPRG, 335 N 27
- unecht, 2 N 6
- bei Vollstreckung, 342 N 4

Vorentscheid, 236 N 4; *s.a. Schiedsspruch, Vorentscheid*

Vorfragen im Schiedsverfahren, 359 N 19

Vorladung, 170 N 1 ff.
- im Ausland, 133 N 33
- Begriff, 133 N 2
- Form, 133 N 5
- gehörige, 133 N 4
- Inhalt im Einzelnen, 133 N 11 ff.
- mündliche, 133 N 7
- zur Parteibefragung, 191 N 13
- in prozessleitender Verfügung, 133 N 8
- Rechtsnatur, 133 N 3
- Sprache/Übersetzung, 133 N 9 f.
- telefonische, 133 N 6
- Unterzeichnung, 133 N 34
- Vorbereitungszeit, 134 N 3
- Zusammensetzung des Gerichts, 133 N 35

Vorladungsfrist, Gehörsverletzung, 134 N 2 f.

Vorladungsmängel
- Heilung, 133 N 36
- Rechtsmittel, 133 N 38 f.; 134 N 4
- Wiederherstellung, 133 N 37

Vorläufige Zahlung, 303 N 4 f., 13, 21
- bei vorsorglichen Massnahmen (Unterhalts- und Vaterschaftsklagen), 303 N 27

Vorleistungspflicht bei Vollstreckung, 342 N 6 f.

Vormundschaftsrecht, 1 N 6

Vorschriften, administrative und technische, 400 N 4

Vorschuss, *s. Kostenvorschuss*

Vorsorgeausgleich, 274 N 4; 277 N 2; 279 N 8
- Auslandsfälle, 280 N 7 ff.; 281 N 6 f.
- Scheidungsfolge, 280 N 8

Vorsorgeleistungen, 280 N 6

Vorsorgeverfahren, selbständiges, 43 N 11

Vorsorgliche Beweisführung, Vor Art. 261–269 N 27 ff.

Vorsorgliche Massnahmen, 15 N 30; 20 N 9; 248 N 9 f.; Vor Art. 261–269 N 9 ff.; 261 N 1 ff., 85; 276 N 1 ff., 10 ff.; *s.a. Einstweiliger Rechtsschutz*
- Änderung, 268 N 1 ff.
- Androhung, 262 N 53 ff.
- Anweisung an Dritten, 262 N 22 ff.
- Anweisung an Registerbehörde, 262 N 17 ff.
- Aufhebung, 268 N 1 ff.
- Befristung, 262 N 52
- Besitzesschutz, 262 N 32 ff.
- Beweissicherungsmassnahme, 262 N 11
- Dahinfallen, 263 N 23 ff.
- Definition, Vor Art. 261–269 N 1
- Dringlichkeit, 261 N 39 ff.
- drohender Nachteil, 262 N 37 f.
- Eignung, 262 N 37 f.
- eingetragene Partnerschaft, 307 N 7
- im Erbrecht, Vor Art. 261–269 N 43
- erbrechtliche Sicherungsmassregeln, 269 N 10 f.
- im Familienrecht, Vor Art. 261–269 N 41 f.
- Feststellungsmassnahme, 262 N 12
- freezing injunction, 262 N 30
- Fristansetzung, 263 N 8 ff.
- Fristwahrung, 263 N 23 ff., 33 ff.
- gegen Medien, 266 N 1 ff.
- Geldzahlung, 262 N 27 ff., 31; 269 N 2 ff.
- Gesuch, 261 N 3 ff.
- Glaubhaftmachen, 261 N 50 ff.
- Glaubhaftmachungslast, 261 N 58
- Glaubhaftmachungsmittel, 261 N 60 ff.
- Hauptsachenprognose, 261 N 12
- Hinauszögern, 261 N 42 ff.
- im Immaterialgüterrecht, Vor Art. 261–269 N 46
- Inhalt, 262 N 1 ff.
- Internationale Verhältnisse, Vor Art. 261–269 N 9 ff.
- im Kartell- und Lauterkeitsrecht, Vor Art. 261–269 N 47
- Kostenverteilung, 104 N 6
- Leistungsmassnahme, 262 N 4 ff.
- Mareva injunction, 262 N 30

Vorsorgliche Massnahmen

- Massnahme, 261 ff.; 261 N 86 ff.
- Medien, 266 N 1 ff.
- Nachteilsprognose, 261 N 31
- nicht leicht wieder gutzumachender Nachteil, 261 N 25 ff.
- Obligationenrecht, Vor Art. 261–269 N 44 f.
- Partei, 261 N 1 f.
- Patentrecht, 269 N 12
- im Patentrecht, 269 N 12
- im Personenrecht, Vor Art. 261–269 N 40
- Prosekution, Vor Art. 261–269 N 4
- Rechtshängigkeit, 62 N 6
- Rechtsmittel, 261 N 115 ff.
- Regelungsmassnahme, 262 N 10
- Sachenrecht, Vor Art. 261–269 N 43
- im Sachenrecht, Vor Art. 261–269 N 44
- Schuldbetreibungs- und Konkursrecht, Vor Art. 261–269 N 47
- im Schuldbetreibungs- und Konkursrecht, Vor Art. 261–269 N 48
- Sicherheitsleistung, 264 N 1 ff.
- Sicherungsmassnahme, 262 N 3
- Strafprozessrecht, Vor Art. 261–269 N 50 ff.
- superprovisorische, Vor Art. 261–269 N 3
- Unzulässigkeit der Massnahme, 262 N 36
- Verbot, 262 N 15
- Vereitelungsgefahr, 261 N 23 f.
- Verfahren, 261 N 67 ff.
- Verfahrensfragen, Vor Art. 261–269 N 58 ff.
- Verfügungsanspruch, 261 N 15 ff.
- Verfügungsgrund, 261 N 16 ff.
- Verhältnismässigkeit, 262 N 39 ff., 47 ff.
- Verwaltungsrecht, Vor Art. 261–269 N 48 ff.

Vorsorgliche Massnahmen
- Vollstreckung, 267 N 1 ff.
- vor Rechtshängigkeit, 263 N 1 f.
- Voraussetzungen, 261 N 10 ff.
- vorgängige Abmahnung, 261 N 13
- Zweck, Vor Art. 261–269 N 2

Vorsorgliche Massnahmenentscheide, Vollstreckung, 314 N 7

Vorzeitige Vollstreckung, 341 N 4

W

Wahlmodell, Mediation, 213 N 2 f.
Wahlmöglichkeit, 44 N 4
Wahlrecht, 6 N 15
Wahrheit zur Ermahnung, 192 N 7
Wahrheitspflicht, 171 N 2 f.
Wahrheitsversprechen, 171 N 2
Wahrnehmungen, 169 N 1
- fremde, 169 N 1
- mittelbare, 169 N 1
- zur Sache, 172 N 6 f.
- unmittelbare, 169 N 1
Wahrung von schutzwürdigen Interessen, 156 N 1 ff.
Wechsel, 43 N 11 f.
- eigener, 43 N 11
- gezogener, 43 N 11
Wegweisung aus dem Gerichtssaal, 128 N 15
Wertpapiere, übrige, 43 N 8
Wettbewerb, unlauter, 5 N 8
Wettbewerbskommission, 5 N 6
Wettbewerbsrecht der EU in der Schiedsgerichtsbarkeit, 381 N 11
Widerklage, 5 N 5; 9 N 18; 42 N 12; 222 N 7; 224 N 1 ff.; 225 N 4; 294 N 5; s. Abtrennung
- Auswirkung auf Prozesskosten, 94 N 3 f.
- Einlassung, 14 N 11
- Eventualwiderklage, 224 N 2
- der Gerichtsstand, 14 N 1 ff.
- Gerichtsstandsvereinbarung, 14 N 10, 13
- gleiche Verfahrensart, 14 N 25
- Handelsgericht, 224 N 6
- Hauptklage, 14 N 28 ff.
- im Massnahmeverfahren, 261 N 72
- bei internationalen Verhältnissen, Streitwert, 94 N 5
- internationales Recht, 14 N 31 f.
- Konnexität, 224 N 7 ff.
- örtliche Zuständigkeit, 14 N 9 ff.
- Rechtshängigkeit, 62 N 20
- Rechtshängigkeit der Hauptklage, 14 N 26
- sachliche Zuständigkeit, 14 N 31
- sachlicher Zusammenhang zwischen Widerklage und Hauptklage, 14 N 14 ff.
- Schiedsklausel, 14 N 13
- im Schlichtungsverfahren, 198 N 22

Wohnung

- Streitwert, 94 N 1 ff.
- im summarischen Verfahren, 224 N 4; 253 N 22
- Überweisung, 224 N 5
- im vereinfachten Verfahren, 245 N 21
- Verrechnung, 14 N 8
- Voraussetzungen, 224 N 3 ff.
- Widerklageantwort, 224 N 9 ff.
- Wider-Widerklage, 224 N 10
- zweiter Schriftenwechsel, 224 N 11
- zwingende Gerichtsstände, 14 N 12

Widerklage im Schiedsverfahren, 377 N 17 ff.
- Frist, 377 N 21
- Konnexität, 377 N 18 f.
- materielle Begründetheit, 377 N 23
- prozessuale Zulässigkeit, 377 N 22
- rechtliches Gehör, 377 N 25
- sachlicher Zusammenhang, 377 N 18 f.
- übereinstimmende Schiedsvereinbarungen, 377 N 20
- Verrechnungseinrede gegen Widerklage, 377 N 26
- Voraussetzungen Zulässigkeit, 377 N 17 f.
- Widerklage auf Widerklage, 377 N 27

Wider-Widerklage, 14 N 7

Wiedereinsetzung in den vorigen Stand, *s. Wiederherstellung*

Wiederherstellung
- bei Abwesenheiten, 148 N 22 ff.
- Anrechnung der Säumnis von Vertretern/Hilfspersonen, 148 N 14 ff.
- Anspruch auf Wiederherstellung, 148 N 4
- Begriff und Zweck, 148 N 2 ff.
- bei Einwilligung der Gegenpartei, 148 N 33 f.
- Entscheid, 149 N 7 ff.
- Form des Wiederherstellungsgesuchs, 148 N 37
- formelle Voraussetzungen, 148 N 35 ff.
- einer Frist, 29 BV N 21
- Frist für das Wiederherstellungsgesuch, 148 N 41 f.
- Gegenstand der Wiederherstellung, 148 N 5 f.
- Inhalt des Wiederherstellungsgesuchs, 148 N 38 ff.
- Kasuistik, 148 N 19 ff.
- bei Katastrophen/unvorhergesehene Ereignisse, 148 N 25 f.
- Kausalität des Hinderungsgrundes, 148 N 12
- Materielle Voraussetzungen, 148 N 5 ff.
- nach Eröffnung des Entscheids, 148 N 43 f.
- Rechtsmittel gegen Wiederherstellungsentscheid, 149 N 10 ff.
- sachliche Zuständigkeit, 149 N 2 f.
- Säumnis von Vertretern/Hilfspersonen, 148 N 14 ff.
- Säumnisgrund/Hinderungsgrund, 148 N 9 ff.
- Stellungnahme der Gegenpartei, 149 N 6
- bei Unfall/Krankheit, 148 N 20 ff.
- bei Unkenntnis/Irrtum, 148 N 27 ff.
- unverschuldete/leicht verschuldete Unmöglichkeit, 148 N 9 ff.
- Verfahren, 149 N 4 ff.
- bei Versehen, 148 N 30 ff.
- Wiederherstellungsgesuch, 148 N 35 f.
- Wiederherstellungsfall, 148 N 7 f.

Wiederholung, 51 N 3

Willenserklärung
- Abgabe, 335 N 18
- Vollstreckung, 344 N 1 ff.

Willensvollstrecker, 28 N 4, 21

Willkürbeschwerde, 320 N 4

Wirkung, aufschiebende, 336 N 10, 20, 22

WIR-Schuld, 335 N 24

Wochenaufenthalter, 10 N 26 f.

Wohnsitz, 10 N 1 ff.; 20 N 29; 21 N 9, 15; 22 N 10; 43 N 8 f.; 45 N 8
- abgeleiteter, 10 N 20 ff.
- Begründung, Zeitpunkt, 10 N 15
- des Beklagten, 28 N 14
- letzter, 28 N 1 f., 5 ff., 13 f., 16, 22, 25 f., 31 ff.

Wohnsitzbehörde, Mitteilung an, 28 N 25

Wohnsitzrichter, Garantie des, 30 BV N 18 ff.

Wohnung
- bei Auslandsfällen, 276 N 14
- Verfügung über, 271 N 12 ff.
- Zuteilung, 276 N 3

Zahlungsverbot

Z

Zahlungsverbot, 43 N 10, 13
Zeitpunkt
- der Ausgabe, 44 N 5
- der Klageanhebung, 45 N 8
Zeuge, 47 N 29; 221 N 24
- Erscheinungspflicht, 160 N 14
- Hauptintervention, 87 N 22
- Mitnahme, 170 N 3
- Nebenintervention, 75 N 13; 76 N 5
- Nebenpartei, 169 N 4
- Partei, 169 N 3
- Parteiwechsel, 83 N 26 f.
- Pflicht zum Stillschweigen, 160 N 35
- sachverständiger, 175 N 1 ff.
- spontanes Erscheinen, 170 N 3
- Streitverkündung, 79 N 4
- Streitverkündungsklage, 82 N 38
- Zurverfügungstellung von Zeugenadressen, 160 N 33
Zeugen
- Entschädigungen, Tarife, 95 N 11 f.
Zeugenbefragung, 172 N 1
- nachträgliche, 190 N 5
- parteiliche, 173 N 3
Zeugenfähigkeit, 160 N 7
Zeugenfragethema, 172 N 7
Zeugengeld, 160 N 67 ff.
Zeugenstand, 171 N 7
Zeugenstatus, 171 N 7
Zeugnis, 169 N 1 ff.
- Empfindungen, 169 N 2
- vom Hörensagen, 168 N 7; 169 N 1
- Sinneswahrnehmungen, 169 N 2
Zeugnisfähigkeit, 160 N 7
Zeugnispflicht, 170 N 1;
 s.a. Mitwirkungspflicht im Beweisverfahren
Zeugnisverweigerungsrecht,
 s. Mitwirkungsverweigerungsrecht im Beweisverfahren
- Mediator, 216 N 17
Zinsen und Streitwert, 91 N 5
Zirkularverfahren in der Schiedsgerichtsbarkeit, 382 N 10, 22
Zivilklage, 42 N 6
Zivilprozess, sozialer, 400 N 3
Zivilprozessrecht, internationales, 13 N 14; 168 N 6
Zivilrechtsstreit, 1 N 5
Zivilrechtsweg, 7 N 3

Zivilsache, 1 N 3
Zivilstandsämter, 22 N 2
Zivilstandsbehörden, 22 N 19
Zivilstandsregister, 22 N 2
Zug-um-Zug-Leistung bei Vollstreckung, 342 N 7
Zusammenhang, sachlicher, 127 N 1, 9
Zusammenrechnung von Ansprüchen
- bei einfacher Streitgenossenschaft, 93 N 1 ff.
- nicht bei Klage und Widerklage, 94 N 1 f.
- bei objektiver Klagenhäufung, 93 N 5
Zusammensetzung des Handelsgerichts, 6 N 4
Zusatzleistung, 7 N 4
Zusatzversicherung, 7 N 1, 3
Zuständigkeit, 295 N 5 ff., 13; 302 N 14 ff., 22, 26 ff., 27, 28, 29, 31, 32; 304 N 1, 3 ff., 4 f.; *s.a. Gerichtsstand*
- der Adoptionsbehörde, Vor Art. 295–304 N 5
- bei vorsorglichen Massnahmen, 268 N 10 ff.
- Beweislast, 10 N 40 ff.; 11 N 13 f.
- der Exekutivbehörde, 337 N 11
- auf Feststellung od. Anfechtung des Kindesverhältnisses, 295 N 5
- funktionelle, 4 N 1, 7; 295 N 9
- IPRG, 28 N 31 ff.
- Kindesschutzmassnahmen, 302 N 28
- konkrete, national-örtliche, 13 N 15
- Kosten, 302 N 36
- mangelnde, 63 N 6 ff.
- Mediation, Vermittlung, 302 N 27
- (national-)örtliche, 13 N 3
- örtliche, 40 N 1; 295 N 8
- örtliche (des Vollstreckungsgerichts), 337 N 19
- Prüfung, 9 N 30 f.
- sachlich, 4 N 3
- sachliche, 4 N 1, 5; 13 N 3; 295 N 9; Vor Art. 308–334 N 5
- sachliche, bei Widerklage, 94 N 2
- Schiedsgericht, 28 N 17 ff.
- schweizerische, 28 N 32
- am Sterbeort, 28 N 25
- Vollstreckung, 302 N 34 ff.
- vorsorgliche Massnahmen, Vor Art. 261–269 N 58 ff.

- für vorsorglichen Massnahmen (Unterhalts- und Vaterschaftsklagen), Vor Art. 295–304 N 5
- zwingende, 9 N 1 ff.

Zuständigkeit des Schiedsgerichts, 359 N 1 ff.
- Einrede gegen die, 359 N 8, 23, 27 f.
- Kognition des Bundesgerichts, 359 N 7
- Kompetenz-Kompetenz, 359 N 6 ff.
- Prüfung durch das Schiedsgericht, 359 N 8, 26
- Prüfung durch das staatliche Gericht, 359 N 13

Zuständigkeitsprüfung, 13 N 13

Zustellplattform, 130 N 14

Zustellung, 136; 321 N 5
- auf andere Weise, 138 N 9
- bei Annahmeverweigerung, 138 N 23
- ins Ausland, 138 N 27 ff.; 140 N 2
- durch die Post, 138 N 6 ff.
- im Dispositiv, 321 N 2
- eigenhändige, 138 N 13
- von Eingaben, 136 N 5
- elektronische, 139
- von Entscheiden, 136 N 3 f., 13
- förmliche, 138 N 6 ff.
- bei Nachsendeauftrag, 138 N 21
- ins Postfach, 138 N 19
- postlagernde, 138 N 20 f.
- Streitgenossenschaft, 72 N 12
- unmögliche, 138 N 24; 141 N 3 f.
- Unwirksamkeit der, 138 N 26
- von Verfügungen, 136 N 3 f., 12
- von Vernehmlassungen, 136 N 6 ff.
- bei Vertretung, 137
- von Vorladungen, 136 N 2, 11
- von Vorladungen zum persönlichen Erscheinen, 137 N 2
- bei Zurückbehaltungsauftrag, 138 N 22

Zustellungen
- ins Ausland, 136 N 16

Zustellungsdomizil, 140
- fehlendes, 141 N 5

Zustellungsempfänger, 138 N 12 f.

Zustellungsfiktion, 138 N 3 f., 17 ff.

Zustellungsort, 138 N 3

Zustellungszeitpunkt, 138 N 14 ff.

Zuweisung
- landwirtschaftliches Gewerbe, 28 N 26 ff.
- landwirtschaftliches Grundstück, 28 N 2, 26 ff.

Zwang
- direkt, 343 N 22 ff.
- direkter, 337 N 3
- indirekt, 343 N 9 ff.
- indirekter, 337 N 3

Zwangsmassnahme, 343 N 24 ff.
- Adressat, 343 N 26

Zweigniederlassung, 12 N 10 ff.; 40 N 9

Zweitberufung, 313 N 4

Zweite Säule, 305 N 29
- eingetragene Partnerschaft, 305 N 29

Zwischenentscheid, 236 N 2 ff.; 237 N 1 ff.; 308 N 5; s.a. *Schiedsspruch, Zwischenentscheid*
- Anspruch auf Fällung, 237 N 4
- über bedingende Rechtsverhältnisse, 237 N 3
- über Bestehen der Hauptforderung, 237 N 3
- über Entstehung des Anspruchs dem Grunde nach, 237 N 3
- im gerichtlichen Ermessen, 237 N 5
- Kostenverteilung, 104 N 4 ff.
- materielle Rechtskraftwirkung, 237 N 6 f.
- prozessuale Bedeutung, 237 N 6 ff.
- über Prozessvoraussetzungen, 237 N 3
- Rückweisung im Beschwerdeverfahren, 327 N 6 ff.